Magnus Müller, Gießen Jan. 1992

DER BROCKHAUS

IN EINEM BAND

Dritte Auflage

F. A. Brockhaus Mannheim

Redaktionelle Leitung der 3. Auflage:
Eberhard Anger M. A.

Redaktionelle Bearbeitung:
Helmut Kahnt, Wolfram Schwachulla, Kurt Dieter Solf,
Irmgard Theobald, Dr. Joachim Weiß

CIP-Titelaufnahme der Deutschen Bibliothek
Der **Brockhaus:** in einem Band; neu; von A bis Z. - 3. Aufl.
Mannheim: Brockhaus, 1990
ISBN 3-7653-0390-9

Satz: R. Oldenbourg GmbH, München
Druck: Druckhaus Kaufmann, Lahr
Bindearbeit: Klambt Buchbinderei GmbH, Speyer
Karten: Karl Wenschow Franzis-Druck GmbH, München
Printed in Germany
ISBN 3-7653-0390-9

A

a, A das, **1)** Selbstlaut, der 1. Buchstabe im Abc. **A und O, Alpha und Omega,** der 1. und der letzte Buchstabe im grch. Alphabet, daher Anfang und Ende (Offb. 1,8). **2)** der 6. Ton der C-Dur-Tonleiter. Das eingestrichene a (**a**^{1}) ist der Stimmton (→Kammerton). **3) A,** Abk. für Ampere. **4)** Abk. für lat. **anno. 5) a,** Abk. für →Ar. **6)** auf Münzen **A** Bez. der wichtigsten Prägestelle eines Landes, z. B. Berlin.

a..., vor Selbstlaut **an...,** [grch.], nicht..., un..., ...los, z.B. **amorph,** gestaltlos; **asozial,** unsozial.

à [frz.], für je, das Stück zu.

ä, Ä [ɛ], Umlaut des A, in dt., finn., estn., slowak. Schrift.

å, Å [o], Buchstabe im Schwedischen, Dänischen, Norwegischen; früher aa geschrieben.

Å, Einheitenzeichen für →Ångström.

AA, Abk. für **A**uswärtiges **A**mt.

Aa, Aach, Ache [ahd. »Wasser«] die, Name vieler dt. Flüsse und Bäche.

Aa, Aia, in der grch. Sage das Sonnenland im Osten, Heimat der Medea, auch der Kirke.

Aachen, Stadt in NRW; Heilbad mit 233500 Ew. Münster (→Aachener Münster), got. Rathaus, Techn. Hochschule, Fachhochschulen, Fachschulen; Bahnknoten; Textil-, Maschinen-, Gummi-, Glas-, elektrotechn. Ind., Süßwaren **(Aachener Printen).** – A. war vom 13. bis 18. Jh. Reichsstadt, 936-1531 wurden hier die dt. Könige gekrönt.

Aachen: Münster

Aachener Friede, 1) vom 2. 5. 1668, beendete den →Devolutionskrieg Ludwigs XIV. **2)** vom 18. 10. 1748, beendete den Österreich. Erbfolgekrieg.

Aachener Münster. Den Kern bildet die um 800 geweihte Pfalzkapelle Karls d. Gr., ein 16eckiger Bau mit 8eckigem, kuppelüberwölbtem Mittelbau (Oktogon), um den die Vorhalle, der got. Chor (1355 beg.) und 5 Kapellen gelagert sind.

Aal, Flußaal, schlangenförmiger räuber. Knochenfisch, wertvoller Speisefisch im Süßwasser Europas; wandert zum Laichen in die Sargassosee. Die weidenblattförmigen Larven entwickeln sich, während sie im Golfstrom europawärts treiben, zu farblosen **Glasaalen.** Die im Salz- oder Brackwasser verbleibenden Tiere wachsen zu Männchen heran, die ins Süßwasser aufsteigenden zu Weibchen.

a^1, eingestrichenes a

Aalborg, →Ålborg.

Aalen, industriereiche Krst. in Bad.-Württ., 63500 Ew., am oberen Kocher; Schubart-, Limes-Museum; 1360-1803 Reichsstadt.

Aalmutter, lebendgebärender Küstenfisch.

Aalquappe, Aalrutte, bis 1 m langer Raubfisch, lebt im Süßwasser.

Aalst, frz. **Alost,** Stadt in Belgien, Ostflandern, 78000 Ew.; Brauereien, Textilind.

Aalstrich, dunkler Rückenstreifen bei Säugetieren.

Aalto, Alvar, finn. Architekt, *1898, †1976, schuf u.a. Wohn- und Industriebauten in Finnland, USA, Frankreich und der Bundesrep. Dtl.

Aaltonen, Wäinö, führender Bildhauer Finnlands, *1894, †1966.

a. a. O., **a**m **a**ngeführten **O**rt (in Büchern).

Aar der, 🄳 der Adler.

Aachen

Aarau, Hptst. des Kt. Aargau, Schweiz, 15800 Ew.; feinmechan., Metall-, Maschinenind.

Aare, Aar die, linker Nebenfluß des Rheins in der Schweiz, 295 km.

Aargau, Kt. im N der Schweiz, 1404 km^2, 473000 Ew., umfaßt das fruchtbare Hügelland beiderseits der Aare bis zum Rhein; Hptst.: Aarau. Elektro-, Textilind. A., seit 1415 von den Eidgenossen verwaltet, wurde 1803 Kanton.

Aargau

Aarhus, →Århus.

Aaron, der Bruder des Moses.

Aas das, -es, Mz. Äser, verwesende Tierleiche; **Aasgeier,** Greifvogel (→Geier); U gemeiner Mensch.

Aaskäfer, aasfressende Käfer mit Keulenfühlern, bes. die **Totengräber; Rübenaaskäfer** sind Pflanzenschädlinge.

Aaskäfer: Rothalsiger A.

ab, ⚠ Versand zu Lasten des Käufers: ab Lager.

Abadan, iran. Erdölausfuhrhafen im Pers. Golf, 310000 Ew.; Erdölraffinerie.

Abaelard, Peter, frz. Mönch, *1079, †1142, führender Vertreter der Scholastik, wurde wegen seiner Liebe zu Héloïse entmannt. Den Briefwechsel mit ihr hat A. frei gestaltet. A.s Hauptbedeutung liegt auf dem Gebiet der Logik. In seiner Ethik betonte A. die Rolle der Gesinnung im Handeln.

Abakus [lat.] der, **1)** Rechenbrett. **2)** 🏛 Deckplatte des Säulenkapitells.

Abano Terme, ital. Heilbad (Prov. Padua), 16500 Ew.; radioaktive Kochsalzthermen (87 °C), Schwefelquellen, Schlammbäder (gegen Rheumatismus).

ABB, Abk. für →Asea Brown Boveri.

Abbado, Claudio, italien. Dirigent, *1933.

Abbagnano [abaŋ'a:no], Nicola, ital. Existenzphilosoph, *1901.

Abbasiden, mohammedan. Herrscherhaus (750-1258 Kalifen von Bagdad, bis 1517 in Kairo).

Abbau, 1) Einschränkung, Leistungsabfall. **2)** ⚒ die Gewinnung von Bodenschätzen, auch die Grubenräume hierfür. **3)** ⚗ Zerfall kom-

Abbe

plizierter chem. Verbindungen (A.-Reaktion). **4) Ausbau,** Verlegung eines Bauernhofs auf neu zugewiesenes Land.

Abbazia, ital. Name für → Opatija.

Abbe, Ernst, Physiker, *1840, †1905, Prof. in Jena, wurde 1889 Alleininhaber der Firma Carl Zeiss und übertrug diese auf die von ihm gegr. sozialreformer. Carl-Zeiss-Stiftung; erfand viele opt. Geräte.

Abbé [frz. »Abt«] der, in Frankreich Titel des Weltgeistlichen.

Abbevillien [abvilj'ɛ̃, nach Abbeville, Frankreich] das, Kulturstufe der Altsteinzeit.

Abbildung, Darstellung räuml. Figuren in der Ebene. **1)** ⚖ künstler., wissenschaftl. und techn. A. sind urheberrechtl. geschützt. **2) optische A.** eines Gegenstandes in der Bildebene mittels Linsen. **3)** △ allgemeinere Zuordnung zw. Figuren, Punktmengen u.a.

abbinden, 1) Festwerden von Mörtel, Beton. **2)** ♡ Umschnüren von Blutgefäßen zur Blutstillung.

Abbreviatur [lat.] die, Abkürzung.

Abbruch, Beendigung eines Computerprogramms durch den Benutzer oder das Betriebssystem.

ABC [eɪbi:si:], Abk. für **A**merican **B**roadcasting **C**ompany, amerikan. Rundfunkgesellschaft.

Abchasen, Volk im W-Kaukasus, Sunniten und Orthodoxe, **Abchasische ASSR,** autonome Sowjetrep. in der Grusin. SSR, am Schwarzen Meer, 8600 km², 530000 Ew. (A., Georgier u.a.); Hptst.: Suchumi.

ABC-Kampfstoffe, atomare, **b**iologische und **c**hemische Kampfstoffe.

ABC-Staaten, Argentinien, **B**rasilien, **C**hile.

Abd [arab.], Knecht, häufig in Eigennamen.

Abdachung, ⊕ Neigung des Geländes.

Abdampf, → Abwärme.

Abdankung, 1) Thronverzicht. **2)** Rücktritt. **3)** schweizerisch: Trauerfeier.

Abd ar-Rahman I., omaijad. Herrscher (756-88), begr. das arab. Kalifat von Córdoba; unter **A. III.** (912-61) Blütezeit des arab. Spaniens.

Abdecker [von Decke = Haut], ✤ wer gewerbsmäßig Tierleichen beseitigt oder verwertet.

Abd el-Kader, *um 1808, †1883, Führer alger. Berberstämme gegen die Franzosen.

Abd el-Krim, *1880, †1963, Führer der Rifkabylen, kämpfte gegen die Spanier und Franzosen, war 1926-47 in frz. Verbannung.

Abdera, altgrch. Stadt in Thrakien. Als **Abderiten** bezeichnete man in der Antike beschränkte Kleinbürger.

Abderhalden, Emil, schweizer. Physiologe, *1877, †1950; erforschte bes. Stoffwechsel, entdeckte die → Abwehrfermente.

Abdikation [lat.], Abdankung. Zeitw. **abdizieren.**

Abdingbarkeit, ⚖ die Möglichkeit, von gesetzl. Vorschriften durch Vertrag abzuweichen.

Abdomen [lat.] das, Unterleib, Bauch.

Abdruck, ⚖ Wiedergabe eines Drucktextes oder Bildes; ohne Erlaubnis des Berechtigten verboten, bei Vorsatz strafbar.

Abel, der 2. Sohn Adams, → Kain.

Abencerragen [-θɛrr'axən], maur. Adelsgeschlecht aus dem Königreich Granada (14./15. Jh.).

Abendland, Okzident, Europa i. Ggs. zum Morgenland (Orient).

Abendmahl, die als Gedächtnismahl gefeierte Wiederholung des letzten Mahls Jesu mit seinen Jüngern; Höhepunkt des Gottesdienstes in fast allen christl. Glaubensgemeinschaften. In der Kath. Kirche meist »unter einer Gestalt« (nur das Brot, → Transsubstantiation) verteilt; die evang. Kirchen verteilen das A. »unter beiderlei Gestalt« (Brot und Wein). Luther verwarf die Wandlung, lehrte aber die wirkl. Gegenwart Christi in Brot und Wein; für Zwingli ist das A. eine sinnbildl. Handlung, Calvin lehrte die geistige Gegenwart Christi.

Abendrot, entsteht durch Beugung des Sonnenlichtes an Staubteilchen und Tröpfchen in der Luft; ähnlich das Morgenrot.

Abendschulen, Fortbildungseinrichtungen für Berufstätige, neben **Abendkursen** der Volkshochschulen gibt es **Abendgymnasien** (Ziel: Hochschulreife), **Abendrealschulen** (Ziel: mittlere Reife), **Abendtechnikerschulen** (Ziel: Technikerausbildung) und **Abendmeisterschulen** (Ziel: Vorbereitung auf Meisterprüfung). In Österreich Gymnasien und Realgymnasien für Berufstätige.

Abendstern, der Planet → Venus.

Aberdeen [æbəd'i:n], Handelsstadt an der O-Küste Schottlands, 190200 Ew.; Univ.; got. Kathedrale; Fischereihafen, Schiffbau.

Aberglaube, der Glaube an naturgesetzlich unerklärte Kräfte, soweit diese nicht in der Religionslehre selbst begründet sind: Zauberbräuche, Riten, Glaube an Geister, Wahrsagerei, Talismane.

Aberkennung, ⚖ Absprechen, z.B. der bürgerl. → Ehrenrechte.

Aberration, 1) ☆ der Winkel zw. der Richtung, in der ein Stern erscheint, und derjenigen, in der er erscheinen würde, wenn die Erde stillstände. **2)** Linsenfehler: **sphärische A.,** Öffnungsfehler; **chromatische A.,** Farbabweichung.

Abessinien, frühere Bez. von Äthiopien.

Abessinier-Brunnen, → Brunnen.

Abfahrtslauf, Disziplin des alpinen Skisports: Abfahrtsstrecke mit Kontrolltoren.

Abfall, Müll, Abwässer, radioaktive A. u.a., unschädlich gemacht durch A.-Beseitigung; A.-Verwertung strebt die Rückführung wiederverwertbarer Abfallstoffe in die Produktion an **(Recycling).**

Abfallbeseitigung, i.e.S. die Beseitigung von Abfallstoffen und des Hausmülls. Sie umfaßt Sammlung, Transport, Behandlung, Vernichtung und Deponie der Abfallstoffe.

Abfindung, ⚖ Tilgung wiederkehrender oder nicht genau feststellbarer vermögensrechtl. Ansprüche durch eine einmalige Leistung.

Abführmittel, ♡ Mittel zur Förderung des Stuhlgangs, z.B. Glaubersalz, Rizinusöl.

Abgabe, Zahlung, die von einer Behörde oder öffentl.-rechtl. Körperschaft erhoben wird (Steuern, Zölle, Gebühren u.a.).

Abgase, bei Verbrennungsvorgängen entstehende Gase.

Abgassonderuntersuchung, Abk. **ASU,** gesetzlich vorgeschriebene jährl. Überprüfung der Abgase von Kfz.

Abgasturbolader, → Turbolader.

ABGB, Abk. für **A**llgemeines **B**ürgerliches **G**esetz**b**uch (Österreich, in Kraft seit 1812).

Abgeordnetenhaus, 1) in Preußen 1855 bis 1918 die Zweite Kammer des Landtags. **2)** in Berlin-West seit 1950 die Volksvertretung.

Abgeordneter, gewähltes Mtgl. einer Volksvertretung oder öffentlich-rechtl. Körperschaft.

Abgottschlange, eine → Riesenschlange.

Abguß, Abformung plast. Gebilde in Gips, Wachs, Ton, Metall (v.a. Bronze).

abhanden gekommene Sachen, Gegenstände, die ihrem Besitzer verlorengegangen sind; auf sie finden die allg. Grundsätze über den gutgläubigen Erwerb des Eigentums vom Nichteigentümer keine Anwendung, wenn es sich nicht um Geld, Inhaberpapiere oder auf einer öffentl. Versteigerung erworbene Sachen handelt.

Abhorchen, → Auskultation.

Ableger: 1 Triebspitze (Efeu), **2** Ausläufer (Judenbart), **3** Blattsteckling mit Tochterpflanzen (Begonie), **4** Brutzwiebelbildung (Amaryllis), **5** Knollensteckling mit Tochterpflanzen (Kartoffel)

Abhörgerät, U **Wanze,** versteckt angebrachtes Mikrophon mit drahtlosem Sender.

Abidjan, Hptst., wichtigster Hafen und Industrieplatz der Rep. Elfenbeinküste, 1,9 Mio. Ew.

Abitur [lat.] das, die Reifeprüfung.

Abkömmling, Nachkomme, → Deszendent.

Ablagerung, ⊕ Anhäufung fester Stoffe durch Wasser, Wind, Eis, Vulkane, z. B. Salze, Löß, Dünen, Humus, Moränen.

Ablaß, kath. Kirche: außersakramentaler Nachlaß zeitl. Sündenstrafen.

Ablation [lat.] die, Abschmelzen der Gletscher.

Ablationskühlung, Schmelzkühlung, Kühlverfahren zum Schutz vor unzulässiger Aufheizung, bes. bei in die Atmosphäre zurückkehrenden bemannten Raumflugkörpern.

Ablativ [lat.] der, Beugungsfall der Trennung, Absonderung; bedeutet von ... weg, woher.

Ablaut, regelmäßiger Wechsel des Selbstlautes der Wurzelsilbe, z. B. bei starken Zeitwörtern: binden, band, gebunden.

Ableger, junge Pflanze, aus einem Seitentrieb der Mutterpflanze **(Absenker).** (BILD S. 4)

Ablehnung, Zurückweisung. ⚖ Im Prozeßrecht besteht das Recht zur A. von Gerichtspersonen, wenn diese kraft Gesetz ausgeschlossen sind (→ Ausschließung) oder Besorgnis der Befangenheit besteht.

Ablenkung, ⊠⊙ Richtungsänderung eines Körpers oder von Teilchen. Von großer Bedeutung ist die Strahl-A., z. B. in Bildröhren und Beschleunigern (→ Zyklotron).

Ablösung, ⚖ Aufhebung von Lasten und Verpflichtungen gegen Entschädigung, meist in Geld.

Abmagerung, Abnahme des Körpergewichts durch Hunger, Krankheiten (Magen-Darm-Erkrankungen, Drüsenstörungen, Krebs). **A.-Kur,** Behandlung der → Fettsucht.

ABM-System, Abk. für **A**nti-**B**allistic-**M**issile-System, **Abfangflugkörper-System,** ⁂ amerikan. System zur Abwehr ballist. Interkontinentalraketen.

Abmusterung, Beendigung des Dienstverhältnisses der Seeleute vor dem Seemannsamt.

abnorm [lat.], regelwidrig; krankhaft. **Abnormität** die, Mißbildung, Entartung.

Åbo ['o:bu:], schwed. Name für → Turku.

Abodriten, Obotriten, slaw. Stamm in Mecklenburg, von Heinrich d. Löwen unterworfen.

Abolition [lat.] die, **1)** das Niederschlagen eines Strafverfahrens. **2)** Abschaffung der Sklaverei.

Abonnement [abɔnm'ã, frz.] das, -s/-s, Anrecht, Dauermiete, Dauerbezug. der **Abonnent,** Dauerbezieher.

Aboriginals, Aborigines [æbɔr'ɪdʒɪnls, -dʒɪnɪ:z, engl.], Mz., die Ureinwohner, bes. in Australien.

Abort [lat.] der, die → Fehlgeburt.

abortiv [lat.], unfertig entwickelt (Keim).

ab ovo [lat. »vom Ei an«], vom Uranfang an.

Abplattung, bei Himmelskörpern die Verkürzung des Poldurchmessers gegenüber dem Äquatordurchmesser, ausgedrückt in Teilen des letzteren. A. der Erde: $1/_{298}$, des Saturn: $1/_{9,3}$.

Abraham, der Stammvater der Israeliten.

Abraham a Sancta Clara, volkstüml. Kanzelredner in Augsburg, Graz, Wien, *1644, †1709.

Abrasion [lat.], **1)** ⊕ abtragende Tätigkeit der Brandungswellen an Küsten; Abschabung. **2) Abrasio** die, → Ausschabung.

Abraum, ⚒ unbrauchbares Gestein über Bodenschätzen; **A.-Salze,** ✤ Kalirohsalze.

Abraxas, Zauberformel.

Abreaktion [lat.], meist plötzl. Lösung einer seel. Spannung durch Worte, Gebärden, Handlungen (Aggressionen), Ablenkungen (Spiele).

Abrechnung, Verrechnung der gegenseitigen Forderungen und Schulden zw. Kaufleuten zur Verringerung der Barzahlungen. **Abrechnungsverkehr** im internat. Handel, → Clearing.

Abri [frz. »Obdach«] der, steinzeitl. Siedlungsstelle unter einem Felsüberhang **(Balme).**

Abriß, 1) Abbruch. **2)** kurze Darstellung.

Abrüstung, Abbau militär. Potentials, auch Rüstungskontrolle, bisher vergeblich angestrebt, so auf den Haager Friedenskonferenzen (1899; 1907), im Völkerbund, auf der Genfer Abrüstungskonferenz (1932/33). Die Rüstungen zur See wurden zw. den Hauptseemächten 1922-37 mehrmals begrenzt. Einseitige Rüstungsbegrenzungen wurden den besiegten Mächten nach dem 1. Weltkrieg, Italien nach dem 2. Weltkrieg auferlegt. Dtl. und Japan wurden nach dem 2. Weltkrieg einer völligen A. unterworfen. 1963 wurde ein Atomwaffen-Versuchsstopp vereinbart, 1968 ein Vertrag über die Nichtweiterverbreitung von Kernwaffen und spaltbarem Material, 1972 der Vertrag SALT I, 1979 SALT II (von den USA noch nicht ratifiziert; → SALT) abgeschlossen. Gespräche zum Abbau konventioneller Waffen wurden in Wien geführt (→ MBFR); im Dez. 1987 schlossen die USA und die UdSSR ein Abkommen, das weltweit ihre landgestützten Mittelstreckenwaffen beseitigt. 1989 vereinbarten NATO und Warschauer Pakt »Verhandlungen über konventionelle Streitkräfte in Europa« (VKSE), im Juni 1989 begannen die neuen START-Verhandlungen zw. den USA und der UdSSR über den Abbau der atomaren Langstreckenwaffen.

Abruzzen, Mz., ital. Gebirgsteil des Apennin, nordöstl. von Rom; Viehwirtschaft; in den Tälern Getreide-, Wein-, Obst-, Olivenanbau. Im O der Gran Sasso d'Italia (2914 m).

ABS, Abk. für → **A**nti**b**lockier**s**ystem.

Abs, Hermann Josef, Bankier, *1901, war leitend im dt. Kreditwesen (u. a. Dt. Bank) tätig.

Absalom, der 3. Sohn Davids.

Absatz, ⚖ die Abgabe von Gütern oder Dienstleistungen durch ein Unternehmen an Dritte. Die **A.-Höhe** wird bestimmt durch Preis, Qualität, Produktgestaltung, Sortiment und Werbung.

Abschiebung, 1) Verwaltungsmaßnahme zur Entfernung unerwünschter Personen aus einem Gebiet. **2)** → Ausweisung.

Abschied, 1) die Entlassung aus einer öffentl. Dienststellung (Beamte, Offiziere). **2)** im Dt. Reich vom Kaiser verkündete Beschlüsse bei Abschluß eines Reichstages **(Reichsabschied).**

Abschirmung, 1) ⚡ A. von elektr. Bauelementen oder Geräten durch metall. Umhüllung gegen elektr. oder magnet. Beeinflussung. **2)** Kern- oder Röntgentechnik: Schutz vor radioaktiven oder Röntgenstrahlen. **3)** Abwehr: → Militärischer Abschirmdienst.

Abschlag, 1) Verminderung, Preissenkung. **2)** ⚖ Teilzahlung. **3)** ↗ Golf: engl. **Tee** [ti:], ebene Grasfläche, Startplatz für das zu spielende Loch. **4)** Werkzeug der altsteinzeitl. Klingenkultur.

Abschluß, 1) gültige Abmachung, Kaufvertrag. **2)** Jahresabschlußrechnung. **Abschlußprüfung,** vorgeschriebene Prüfung des A. durch einen unabhängigen **Abschlußprüfer.**

Abschöpfung, Maßnahme, durch die der Preis einer Ware bei der Einfuhr dem im Inland festgelegten oder angestrebten Preis angeglichen wird.

abschrecken, rasch abkühlen, z. B. ein glühendes Werkstück beim Härten.

Abraham a Sancta Clara

Abschreibung, Herabsetzung des Buchwertes eines Vermögensgegenstandes in der Bilanz, dient der anteilmäßigen Verteilung der gebrauchsbedingten Wertminderung auf die Nutzungsdauer.

Abseits, Fußball: ein Spieler ist im A., wenn er in der gegner. Spielhälfte in dem Augenblick, in dem der Ball gespielt wird, der gegner. Torlinie näher ist als der Ball. Ausnahmen: 1) 2 Spieler der gegner. Mannschaft stehen ihrer Torlinie näher als er, 2) der Ball wurde zuletzt von einem Gegner berührt, 3) er erhält den Ball direkt von einem Abstoß, Eckstoß, Einwurf.

Absence [abs'ã:s, frz. »Abwesenheit«], kurze Bewußtseinstrübung.

Absenker, ⚘ der → Ableger.

absent [lat.], abwesend. Hptw.: die **Absenz.**

Absinth [grch.], Trinkbranntwein aus Wermut; gesundheitsschädlich, Herstellung verboten.

absolute Musik, Instrumentalmusik ohne poetische Vorlage und begrifflich faßbaren Inhalt. Ggs.: Programmusik.

absoluter Nullpunkt, die tiefste mögliche → Temperatur. Sie beträgt −273,15°C.

absolutes Gehör, die Fähigkeit, Töne in ihrer tatsächl. Höhe ohne Hilfsmittel zu bestimmen.

Absolution [lat.] die, Freisprechung. Kath. Kirche: Lossprechung bei der Beichte.

Absolutismus [neulat.] der, Regierungsform, in der der Herrscher die unbeschränkte gesetzgebende und vollziehende Gewalt innehat, im 17. und 18. Jh. in vielen europ. Staaten; Höhepunkt in Frankreich unter Ludwig XIV.

Absolvent [lat.], jemand, der eine Schule, ein Studium bis zur Prüfung durchlaufen **(absolviert)** hat.

Absonderung, 1) ♡ Abgabe von Stoffen durch Drüsen oder Haargefäßwände, nach außen (→ Exkrete), in Körperhöhlen (→ Sekrete) oder ins Blut (→ Inkret). **2)** ⚖ Herausnahme eines Gegenstandes, an dem ein Pfand- oder Zurückbehaltungsrecht besteht, aus der Konkursmasse zur vorzugsweisen Befriedigung des (Pfand-)Gläubigers.

Absorberstab, Stab aus neutronenabsorbierendem Material (z. B. Bor-Verbindungen) zur Regelung und Beendigung des Neutronenflusses im Kernreaktor (→ Reaktor).

Absorption [lat.] die, **1)** Aufsaugung. **2)** ⚗ Aufnahme von Gasen durch Flüssigkeiten oder Feststoffe. **3)** ⊠ Schwächung von Strahlen beim Durchgang durch Materie. Zeitw.: **absorbieren.**

Abstammungslehre, Deszendenzlehre, Evolutionslehre, die Lehre, daß alle Organismen sich während sehr langer Zeiträume aus einfacheren Formen durch Höherentwicklung und Spezialisierung herausgebildet haben. Sie wurde zuerst durch J. Lamarck 1809 wissenschaftl. begründet und 1859 durch C. Darwin (→ Darwinismus) vertieft. Beweise für die A. liefern Funde vorweltl. Lebewesen, die Entwicklungsgeschichte (Ontogenie), die vergleichende Anatomie und Morphologie, die Tier- und Pflanzengeographie.

Abstand, 1) ⚖ Zahlung für das Überlassen einer Sache oder eines Rechts. **2)** △ kürzeste Entfernung zweier Punkte.

abstechen, geschmolzenes Metall aus dem Schmelzofen ablassen.

Abstimmung, 1) Verfahren zur Ermittlung des Willens einer Gesamtheit von Personen oder Staaten über einen Vorschlag oder Antrag. **Öffentl. A.:** durch Zuruf (→ Akklamation), namentl. Stimmabgabe. **Geheime A.:** durch verdeckte Abgabe von Zetteln. **2)** ⚡ Einstellen des Schwingungskreises eines Senders oder Empfängers auf die gewünschte Frequenz.

Abzeichen 1): 1 Dt. Jugendherbergswerk. **2** Dt. Turnerbund. **3** Dt. Sportabzeichen. **4** Olymp. Ringe. **5** Christl. Verein Junger Männer

Abstinenz [lat.] die, Enthaltsamkeit.

abstrakt [lat.], rein begrifflich. Ggs.: konkret. Hptw.: das **Abstraktum,** -s/...ta. **Abstraktion** die, das Bilden von allg. Begriffen. Zeitw.: **abstrahieren.**

abstrakte Kunst, i.a. von jeder gegenständl. Darstellung losgelöste Kunstrichtung des 20. Jh. (→ moderne Kunst).

abstrakte Kunst: Kandinsky, Dreiklang

Abstrich, ♡ Probeentnahme von Zellen oder Schleimhautabsonderungen zur bakteriolog. Untersuchung, dient dem Nachweis best. Krankheitserreger.

abstrus [lat.], verworren, unverständlich.

Absud der, Abkochung z. B. von Heilkräutern.

absurd [lat.], widersinnig, sinnlos.

absurdes Theater, absurdes Drama, will durch absurde Handlungen und Dialoge die Sinnlosigkeit der menschl. Existenz in einer sinnentleerten Welt darstellen.

Abszeß [lat.] der, ♡ Entzündung im Körpergewebe mit Eiterbildung.

Abszisse [lat.] die, → Koordinaten.

Abt [von Abba »Vater«] der, Vorsteher eines Klosters der kath. Orden und in der Ostkirche.

abtakeln, Masten, Segel, Taue abnehmen.

Abtei die, unter einem Abt (Äbtissin) stehendes Kloster. **A. nullius** (bis 1977) mit eigenem Territorium, das nicht dem Bischof untersteht.

abteufen, ⚒ Schächte niederbringen.

Äbtissin, Vorsteherin eines Frauenklosters.

Abtragung, 🌐 allmähl. Einebnen der Oberflächen des Festlandes, bes. durch Wasser, Wind.

Abtreibung, → Schwangerschaftsabbruch.

Abtretung, Zession, ⚖ Übertragung einer Forderung oder eines Rechtes (Urheber-, Patentrechtes) auf einen anderen durch Vertrag. Bei der Forderungsabtretung ist die Zustimmung des Schuldners nicht erforderlich (§§ 398 ff. BGB).

Abtrieb, 1) ‡ der → Kahlhieb. **2)** Heimkehr der Herde von der Sommerweide.

Abtrift, 1) ✈/⛴ Abweichen vom Kurs durch Wind oder Strömung. **2)** → Abtrieb 2).

Abu [arab.], Vater; oft in Eigennamen.

Abu Bekr, erster Kalif, *um 573, †634, Schwiegervater Mohammeds.

Abu Dhabi, Scheichtum der Verein. Arab. Emirate, 70 500 km², 520 000 Ew., gleichnamige Hptst., bedeutende Erdölfelder.

Abuja, künftige Hptst. Nigerias.

Abukir, ägypt. Seebad bei Alexandria; 1. 8. 1798 engl. Seesieg (Nelson) über die frz. Flotte.

Abulie [grch.] die, Willenlosigkeit.
Abundanz [lat.] die, Überfluß.
ab urbe condita [lat.], Abk. **a.u.c.**, seit Gründung der Stadt (Rom, 753 v. Chr., → Ära).
Abu Simbel, 2 Felsentempel Ramses' II. in Ägypten, am westl. Nilufer, nördl. von Wadi Halfa. Wegen Überflutung ihres bisherigen Standorts durch den Stau des neuen Assuan-Damms (1964-68) wurden sie aus dem Sandsteinfelsen herausgelöst und 60 m höher wieder aufgebaut.
abusiv [lat.], mißbräuchlich.
Abusus [lat.] der, Mißbrauch, bes. von Arzneimitteln, Alkohol, Drogen.
Abwärme, Abhitze, als Nebenprodukt anfallende Restwärme in Dampf, Flüssigkeit oder Gas nach Austritt aus Kraftmaschinen oder Apparaten nach Hochtemperaturprozessen. Sie wird z. B. genutzt zur Kühlung, zur Heizung, zur Vorwärmung von Kesselspeisewasser, zur Erzeugung mechan. Energie u. a.
Abwässer, verunreinigte Wässer aus Haushaltungen und Gewerbe sowie Niederschlagswasser, die vor der Einleitung in einen Wasserlauf in Kläranlagen zu reinigen sind. Die groben Stoffe werden durch Sandfänge, Rechen, Schlammabsetzbecken entfernt. Fäulnisfähige Stoffe können durch Chemikalien (z. B. Chlor) oder durch biolog. Abbau unschädlich gemacht werden. Das beim Ausfaulen entstehende Gas (zu 80% Methan) kann als Heiz- oder Treibgas verwendet werden.
Abwehrdienst, militärischer Geheimdienst.
Abwehrfermente, vom Blut gebildete Schutzstoffe, die eingedrungene blutfremde Eiweißkörper chemisch abbauen sollen.
Abweichung, ☆ → Deklination.
Abwerbung, 1) Arbeitskräfte aus anderem Betrieb für den eigenen gewinnen. **2)** in der Dt. Dem. Rep. die Verleitung zur »Republikflucht«; mit Freiheitsstrafe bedroht.
Abwertung, 1) Herabsetzung des Wertes (Parität) einer Währung gegenüber ausländ. Währungen **(Devalvation). 2)** bei inländ. Währungsreform Herabsetzung des Wertes der neuen gegenüber der alten Währung.
abwickelbare Flächen, △ Flächen von Körpern, die sich in eine Ebene ausbreiten lassen, z. B. Kegel- und Zylindermantel.
Abydos, 1) ägypt. **Abodu,** alte oberägypt. Stadt mit Tempelruinen, Gräbern. **2)** altgrch. Stadt in Kleinasien, am Hellespont.
Abzahlungsgeschäft, Verkauf gegen Teilzahlungen (Raten), bei dem die Kaufsache sogleich übergeben wird. Der Käufer kann jede von ihm abgegebene Kauferklärung innerhalb einer Woche und ohne Begründung widerrufen. Der Verkäufer muß den Käufer schriftlich auf sein Widerrufsrecht hinweisen.
Abzeichen, 1) Kennzeichnung der Zugehörigkeit, des Dienstgrads, auch des Verwendungszwecks u. a. (BILD S. 6).
2) ♘ weiße Stellen in Haar und Haut der Haustiere (z. B. Blesse).
Abzug, 1) Öffnung zum Entweichen von Gasen: **Rauchabzug. 2)** Kopie (Lichtbild, Druck). **3)** Vorrichtung zum Abfeuern von Schußwaffen.
Ac, chem. Zeichen für → Actinium.
AC, Abk. für **A**lternating **C**urrent, svw. → Wechselstrom.
a. c., Abk. für **1)** → anni currentis. **2)** → à conto.
Académie française [frãs'ɛ:z, frz.] → Akademie.
a cappella [ital.], ♩ nur für Singstimmen, Gesang ohne Instrumentalbegleitung.
Acapulco, amtl. **A. de Juárez,** mexikan. Hafenstadt am Pazif. Ozean, 638 000 Ew., einer der besten Naturhäfen; internat. Seebad.
accelerando [attʃɛ-, ital.], ♩ schneller werdend.
Accent aigu [aksãtɛg'y], **A. grave** [-gr'a:v], **A. circonflexe** [-sirkɔ̃fl'ɛks], frz. Namen für die Betonungszeichen ´, `, ^.
Accentus [lat.], der, rezitativischer liturg. Gesang; Ggs.: Concentus, der eigtl. Gesang.
Accessoire [aksɛsw'a:r, frz.] das, mod. Zubehör (Hut, Tasche u. a.).
Accra, Akkra, Hptst. von Ghana, Hafen, bed. Handelsplatz, 1,2 Mio. Ew.; Flughafen.
Acetate Mz. [lat.] Ez. **Acetat** das, Salze und Ester der Essigsäure.
Aceton das, CH_3COCH_3, einfachstes → Keton, farblose, brennbare Flüssigkeit, Lösungsmittel für Fette und Lacke.
Acetylcellulose, Essigsäureester der Zellulose; dient zur Herstellung von Lacken, Folien, Kunststoffen.
Acetylen das, **Äthin, Ethin,** C_2H_2, gasförmiger Kohlenwasserstoff aus der Gruppe der Alkine; hergestellt durch Pyrolyse von Kohlenwasserstoffen (etwa 1500 °C), früher durch Zersetzung von CaC_2 mit Wasser.
Achaia, 1) grch. Landschaft im NW der Peloponnes, Hptst.: Patras. **2)** Name Griechenlands als röm. Provinz.
Achaier Mz., **1)** altgrch. Volksstamm in Thessalien und Peloponnes. **2)** bei Homer Gesamtname der Griechen.
Achaischer Bund, altgrch. Städtebund (281/80-146 v. Chr.), umfaßte zeitweise die ganze Peloponnes, 146 römisch.
Achaimeniden Mz., altpers. Herrschergeschlecht; erlosch 330 v. Chr. mit Dareius III.
Achäne [grch.] die, Nußfrucht der Korbblüter.
Achard [aʃ'a:r], **1)** Franz Carl, Chemiker, *1753, †1821, begründete die industrielle Rübenzuckerproduktion. **2)** Marcel, frz. Dramatiker, *1899, †1974, schrieb geistreiche Komödien.
Achat [grch.] der, Schmuckstein, verschiedenfarbig aufgebauter Chalcedon.

Achat (geschliffen)

Achensee, größter See Tirols, Österreich, 6,8 km²; Wasserkraftwerk.
Acheron der, Fluß im südl. Epirus, Griechenland; grch. Sage: der Fluß der Unterwelt.
Acheuléen [aʃøle'ɛ̃, nach Saint-Acheul, Vorort von Amiens] das, auf das Abbevillien folgende Kulturstufe der Altsteinzeit.
Achill, grch. **Achilleus,** lat. **Achilles,** bei Homer der tapferste grch. Held vor Troja, Sohn des Peleus (daher: »der Pelide«) und der Thetis, tötete Hektor, der seinen Freund Patroklos erschlagen hatte, fiel durch Paris. Nach späterer Sage war er nur an der Ferse verwundbar **(Achillesferse).**
Achillea [grch.] die, ⚘ Gattung → Garbe.
Achillessehne, Sehne des Wadenmuskels, setzt an der Ferse an.
Achmatowa, Anna Andrejewna, russ. Lyrikerin, *1889, †1966; 1946 als »bourgeois« verurteilt, später rehabilitiert; knapper, mit Elementen der Umgangssprache arbeitender Stil.
a. Chr., Abk. für **a**nte **Chr**istum (natum) [lat.], vor Christi Geburt.
achromatisch [grch.] sind Linsen oder Prismen, die von Farbfehlern freie Abbildungen erzeugen. Der **Achromat** ist ein a. Linsensystem.

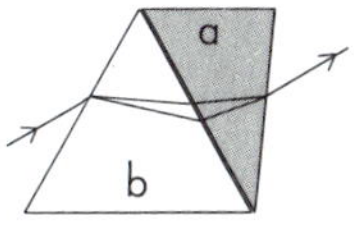

achromatisch: grau: Flint, weiß: Kron

Achse die, **1)** gedachte gerade Linie, um die ein Körper sich dreht **(Rotationsachse),** z. B. Erdachse. **2)** △ Symmetrieachse, → Symmetrie. **3) optische A.,** Gerade durch die Mittelpunkte von Linsen und Spiegeln eines optischen Geräts; auch optisch ausgezeichnete Gerade in Kristallen. **4)** ⊙ Maschinenteil, zum Abstützen von Rädern, Rollen, Scheiben (Starr-A., Pendel-A., Lenker-A.). **5)** ⚘ Stengel, Schaft, Halm, Stamm, Wurzelstock.
Achse Berlin-Rom, die polit. Zusammenarbeit zw. Hitler und Mussolini (1936-43).
Achsel, 1) die Schulter. **2)** ⚘ der Winkel, den ein Blatt mit seiner Mutterachse bildet.

Achslast, der auf eine Fahrzeugachse entfallende Anteil des Gesamtgewichts.

Achsstand, bei Schienenfahrzeugen der Abstand zw. den Mitten zweier Achsen, bei Kraftfahrzeugen: **Radstand.**

Acht die, im german. Recht die Ausstoßung eines Friedensbrechers aus der Gemeinschaft; jeder durfte ihn bußlos töten. Im MA. nur noch für Landfriedensbruch verhängt.

achter [niederdt.], hinter. **achtern,** hinten. das **Achterdeck,** rückwärtiges Schiffsdeck.

Achter, ↗ Boot für 8 Ruderer und Steuermann.

ADAC

Achtundvierziger, die Anhänger der liberalen und nationalen Bewegung, die in der Revolution von 1848 die »großdt. Lösung« erstrebten.

Achylie die, Fehlen eines Verdauungssaftes, v. a. des Magensafts.

Acidum [lat.] das, Säure.

Acireale [-tʃ-], Hafenstadt auf Sizilien, 26 000 Ew.; radioaktive Thermen, Seebäder.

Acker, früheres Feldmaß, 22-65 Ar.

Ackerbau, Agrikultur, allg. die gesamte Landwirtschaft, im bes. nur Anbau und Ernte der Nutzpflanzen (Pflanzenbau), meist verbunden mit Viehzucht und -haltung. Wirtschaftsgeschichtlich ist der A. eine Entwicklungsstufe der Menschheit, die durch die Verwendung von Pflug, Hacke und Zugtier gekennzeichnet ist.

Ackermann, Konrad E., Schauspieler und Bühnenleiter, *1710/12, †1771, erbaute 1765 in Hamburg ein Theater.

Ackermann aus Böhmen, → Tepl, Joh. von.

Ackernahrung, die Ackerfläche, die eine vierköpfige Familie allein bewirtschaften kann und die ihr ausreichenden Lebensunterhalt gibt; heutige Bez. **bäuerl. Familienbetrieb.**

Ackerschnecke, graue bis rötlichgraue Nacktschnecke, Pflanzenschädling, bis 6 cm groß.

Aconcagua, der höchste Berg Gesamtamerikas, 6959 m, in den argentin. Anden.

à condition [a kɔ̃:disj'ɔ̃, frz.], bedingt. Lieferungsform im Buchhandel.

Aconitum [lat.] das, ⚘ der → Eisenhut.

a conto [ital. »auf Rechnung«], Abk. a/c oder a. c., Abschlagszahlung auf eine Schuld.

Acosta, Uriel, jüd. Religionsphilosoph, *um 1585, †1640. Trauerspiel »Uriel A.« von Gutzkow.

acre ['eikə] der, Flächenmaß in den angloamerikan. Ländern (4046,85 m^2).

Acrylfarben, wäßrige Dispersionen von Polyacrylharzen, schnelltrocknend, vielfach in der zeitgenöss. Kunst verwandt.

Acrylharze, Acrylglas, → Polyacrylharze.

Acrylnitril, Vinylcyanid, wichtiger Rohstoff für Polymerisations-Kunststoffe, v. a. in der Chemiefaserherstellung; Atemgift, krebserregender Arbeitsstoff.

Acrylsäure, ⚗ die einfachste ungesättigte organ. Säure $CH_2{=}CH \cdot COOH$.

act [ækt, engl.], im angloamerikan. Recht: Gesetz, Beschluß, auch Rechtshandlung, Willenserklärung.

Acta [lat. »Geschehenes«, »Verhandeltes«] Mz., → Akten. **ad acta legen,** als erledigt betrachten.

ACTH, adrenocorticotropes **H**ormon, ein Hormon des Vorderlappens der Hirnanhangdrüse.

Actinium das, **Ac,** radioaktives Metall.

Actinoide Mz., die chem. Elemente, die im Periodischen System auf das Actinium folgen.

Action Française [aksj'ɔ̃ frɑ̃s'ɛ:z], frz. royalist. und nationalist. Gruppe, bestand 1898-1936; Führer: Ch. Maurras und L. Daudet.

Action-Painting ['ækʃən p'eɪntɪŋ, engl.], abstrakte Malweise, die das Erlebnis entfesselter Aktion im Malvorgang unmittelbar sichtbar werden läßt.

ad [lat.], **1)** zu, z. B. **ad rem,** zur Sache. **2)** Vorsilbe in Fremdwörtern: bei..., zu..., z. B. Adjektiv, das Beigefügte.

a.D., Abk. für **a**ußer **D**ienst.

a.D. oder **A.D.,** Abk. für **a**nno **D**omini (→ anno).

ADA [nach Augusta Ada Byron, *1815, †1852], modular aufgebaute Programmiersprache.

ADAC, Abk. für **A**llgemeiner **D**eutscher **A**utomobil-**C**lub.

adagio [ad'a:dʒo, ital.], 𝅗𝅥 langsam. **Adagio** das, langsamer Satz einer Sonate, Sinfonie.

Adahandschrift, Prachtevangeliar der Hofschule Karls d. Gr. um 800 (Trier, Stadtbibl.).

Adalbert, männl. Vorname, → Albrecht.

Adalbert, Erzbischof von Hamburg-Bremen, *um 1000, †1072, missionierte die nord. Länder bis Island und Grönland; 1063-66 Vormund Heinrichs IV.

Adalbert von Prag, *um 956, Bischof von Prag, wurde 997 erschlagen, als er die Prußen bekehren wollte; Heiliger (Tag 23. 4. u. 25. 8.).

Adam [hebr. »Mensch«] und **Eva** [hebr. »Leben«], das erste Menschenpaar.

Adam, Adolphe, frz. Opernkomponist, *1803, †1856; »Der Postillon von Lonjumeau« (1836).

Adamaua, Landschaft in Afrika, im Grenzgebiet von Kamerun und Nigeria.

Adamello, Gebirgsgruppe in den südl. Rätischen Alpen (Italien), bis 3554 m hoch.

Adams ['ædəmz], **1)** Henry, Enkel von 3), Historiker und Geschichtsphilosoph, *1838, †1918. **2)** John, 2. Präs. der USA (1797-1801), *1735, †1826, schloß 1783 den Frieden mit England. **3)** John Quincy, Sohn von 2), 6. Präs. der USA (1825-29), *1767, †1848.

Adamsapfel, Teil des Schildknorpels am Kehlkopf.

Adamsbrücke, Inselreihe zw. S-Indien und Ceylon (Sri Lanka).

Adam von Bremen, Chronist, † zw. 1081 und 1085, schrieb »Geschichte der Hamburg. Kirche«.

Adana, Stadt im SO der Türkei, 776 000 Ew.; Textil-, Baustoff-, Nahrungsmittel-Industrie.

Adapazarı [-zarə], Stadt in der Türkei, 155 500 Ew.; Getreide, Tabak, Zuckerind.

Adapter [engl.] der, ⊙ Verbindungsstück zur Erweiterung und/oder Anpassung verschiedenartiger Geräte oder Teile miteinander.

adaptieren [lat.], anpassen. **Adaptation** die, Anpassung, z. B. der Lichtempfindlichkeit des Auges an die Beleuchtung.

adaptierte Milch, industriell bearbeitete und angereicherte Milch zur Säuglingsernährung, der Muttermilch ähnlich.

adäquat [lat.], angemessen, passend.

ad calendas graecas [lat. »bis zu den grch. Kalenden« → Calendae], lat. Sprichwort, svw. »nie« (grch. Kalenden gab es nicht).

Adda die, linker Nebenfluß des Po, Italien.

addieren [lat], zusammenzählen. Hauptw. **Addition,** → Grundrechnungsarten.

addio [ital.], Gott befohlen! Leb' wohl!

Addis Abeba [»neue Blume«], Hptst. von Äthiopien, 2420 m ü. M., 1,2 Mio. Ew.; Flughafen, Bahn nach Djibouti. Univ.; Industrie.

Addison ['ædɪsn], **1)** Joseph, engl. Schriftsteller, *1672, †1719, gab mit Steele die ersten moralischen Wochenschriften heraus. **2)** Thomas, engl. Arzt, *1793, †1860; **Addisonsche Krankheit,** Erkrankung mit bronzegelber Verfärbung der Haut (Bronzekrankheit) beim Fehlen von Nebennierenrindenhormon.

Adebar [niederdt. »Glücksbringer«], der Storch.

Adel [ahd. adal »edles Geschlecht«] der, ein ehemals durch Abstammung und Besitz bevorrechteter Stand. Die älteste Schicht des dt. A. sind die Edelfreien des frühen MA.; aus ihnen entstand der **hohe A.** der Landesfürsten und der späteren → Standesherren. Durch ritterl. Kriegsdienst (→ Ministeriale) und Ausstattung mit Lehen bildete sich dann im hohen MA. der Ritterstand, der Kern des **niederen A. (Dienstadel).** Seit dem 14. Jh. wurde der A. auch durch kaiserl. **Adelsbrief** verliehen **(Briefadel).** Die Adelsvorrechte wurden im 19. Jh. beseitigt. Seit 1919 werden die Adelsbez. (Herzog, Fürst, Graf, Freiherr oder Baron, Ritter, Edler und das bloße »von«) nicht mehr verliehen; sie sind in Dtl. nur Teil des Namens.

Adelaide ['ædəleɪd], Hptst. von Süd-Australien, 960000 Ew.; 2 Universitäten.

Adelboden, Kurort und Wintersportplatz im Berner Oberland, Schweiz, 1353 m ü. M., 3300 Ew.

Adele [ahd. Adala »die Edle«], weibl. Vorname. **Adelheid** [ahd. »Stand«], weibl. Vorname.

Adelheid, *um 931, †999, burgund. Königstochter, seit 951 2. Gemahlin Kaiser Ottos I., führte 991-994 für ihren Enkel Otto III. die Regentschaft. Heilige (Tag 16. 12.).

Adelie-Land, Landstreifen in der Antarktis, südl. von Australien; von Frankreich beansprucht.

Adelung, Johann Christoph, Sprachforscher, Lexikograph, *1732, †1806.

Aden [eɪdn, engl.], **1)** Hptst. der Demokrat. VR Jemen, Hafenstadt, 365000 Ew. **2) Staat A.,** bis 1955 brit. Kolonie A., war seit 1963 Gliedstaat der Südarab. Föderation unter brit. Oberhoheit, wurde 1967 Teil der VR Jemen.

Adenauer, Konrad, *1876, †1967, 1917 bis 1933 und 1945 Oberbürgermeister von Köln, Mitgründer und Vors. der CDU, Bundeskanzler 1949-63, 1951-1955 auch Außenmin. A. stellte in enger Anlehnung an die Westmächte 1955 die Souveränität der Bundesrep. her, setzte sich für die europ. Einigung ein, erreichte die Verständigung mit Frankreich, stellte die diplomat. Beziehungen zur Sowjetunion her. 1963 trat er als Bundeskanzler, 1966 als Vors. der CDU zurück. 1965-68 erschienen seine »Erinnerungen«.

Adenin, 6-Aminopurin, Baustein der → Nucleinsäuren; in der DNS bildet A. mit Thymin eine Basenpaarung.

adenoide Wucherungen, ♡ Schwellungen der Rachenmandeln, meist im Kindesalter; sie verlegen die Nasenatmung und bewirken Luftmangel.

Adenom das, Drüsengeschwulst.

Adenosin das, organ. Verbindung aus der Purinbase Adenin und dem Zucker Ribose. **A.-Triphosphat, ATP,** spielt als chemisch gespeicherter Energievorrat der lebenden Zelle eine wesentl. Rolle bei energieverbrauchenden Reaktionen.

Adept [lat.] der, (in eine Geheimlehre) Eingeweihter, Anhänger einer Lehre.

Aderlaß, Blutentnahme aus einer Vene mittels Hohlnadel oder Venenschnitt zu Heilzwecken.

Adern, 1) die → Blutgefäße. **2)** mineral. Füllmasse schmaler Gesteinsspalten. **3)** Teil eines verzweigten Liniengewirrs: **Blattader, Marmorader.**

Adhäsion [lat. »Anhaften«] die, **1)** ⊠ das Haften von versch. Stoffen aneinander, beruht auf Molekularkräften. **2)** die bindegewebige Verwachsung sonst nicht miteinander verbundener Organe, z. B. von Lunge und Rippenfell.

adiabatisch heißen chem. oder physikal. Vorgänge (Ausdehnung eines Gases u. ä.), bei denen Wärme weder zu- noch abgeführt wird.

Adiantum [lat.] das, Farngattung; dazu gehört das zierliche **Frauen-** oder **Venushaar.**

adieu [adj'ø, frz. »Gott befohlen«], Lebewohl.

Adige ['a:didʒe], ital. für → Etsch.

Ädilen [lat.] Mz., im alten Rom Beamte, urspr. 2, später 6, die die Ordnungs-, Markt-, Sitten- und Gesundheitsbehörde vertraten.

ad infinitum [lat.], bis ins Unendliche.

Adipinsäure, Butan-1,4dicarbonsäure, Zwischenprodukt der Nylon-, Alkydharz- und Polyurethanproduktion.

Adipositas die, → Fettsucht.

à discrétion [a diskresj'ɔ̃, frz.], nach Belieben, nach Herzenslust; auf Gnade und Ungnade.

Adjektiv [lat.] das, → Eigenschaftswort.

Adjunkt der, ✤ Amtsgehilfe.

Adjutant [lat.] der, Begleitoffizier eines höheren Generals.

Adler, Greifvögel mit kurzem, gerundetem Schwanz, Hakenschnabel und z. T. rings befiederten Läufen: **Steinadler** (bis 230 cm Spannweite), horstet in den Alpen; **Kaiseradler** (SO-Europa). **Fischadler** (NO-Europa). **2)** SINNBILD UND WAHRZEICHEN: Heereszeichen bei den Persern, Ägyptern und Römern, bei den napoleon. Heeren; ferner als Wappentier vieler Staaten, Städte und Fürsten. Als Sinnbild kaiserl. Macht vom alten Rom her von Karl d. Gr. übernommen, wurde der A. seit dem 12. Jh. Reichswappen (später ein Doppeladler). Der einköpfige A. wurde 1871 Reichswappen und in der 1919 geänderten Form 1950 Bundeswappen. **3)** ☆ nördl. Sternbild in der Milchstraße mit Atair.

Adler, 1) Alfred, Arzt, *1870, †1937, Begründer der Individualpsychologie, erklärte viele seel. Störungen aus mangelhaft befriedigtem Geltungsstreben. **2)** Viktor, *1852, †1918, Gründer und Führer der Sozialdemokrat. Partei Österreichs.

Adlerfarn, über 2 m hoher Farn in lichten Wäldern; auf dem schräg durchgeschnittenen Blattstiel findet sich eine doppeladlerähnl. Figur.

Adlergebirge, tschech. **Orlické hory** [-tskɛ -], westl. Kamm der Mittelsudeten.

Adlerorden, versch. Orden, z. B.: **Schwarzer A.,** der höchste preuß. Orden (1701-1918), **Roter A.,** zweithöchster preuß. Orden (1792-1918).

ad libitum [lat.], nach Belieben.

ad maiorem Dei gloriam [lat.], zur größeren Ehre Gottes, Wahlspruch der Jesuiten.

Administration [lat.] die, Verwaltung. **Administrator** der, -s/...toren, Verwalter.

Admiral [frz. aus arab.] der, **1)** oberster Dienstgrad in einer Kriegsmarine. Die **Admiralität,** oberste Verwaltungs- und Kommandobehörde einer Kriegsmarine. **2)** schwarz-rot-weißer Tagschmetterling. (BILD Schmetterlinge)

Admiralitäts-Inseln, Gruppe im Bismarck-Archipel; 2070 km²; Hauptinsel: Manus; Teil von Papua-Neuguinea.

Admont, Luftkurort in der Steiermark, Österreich, 641 m ü. M., 3100 Ew.; Benediktinerabtei.

ADN, Abk. für **A**llgemeiner **D**eutscher **N**achrichtendienst (Dt. Dem. Rep.).

Adnex, Annex [lat.] der, Anhang; z. B. die seitl. Anhänge (Eierstock, Eileiter) der Gebärmutter.

Adobe der, luftgetrockneter Lehmziegel; Baustoff in vielen Trockengebieten.

Adoleszenz [lat.] die, der spätere Abschnitt des Jugendalters (17.-20. Lebensjahr).

Adolf [got. »Adel« u. »Wolf«], männl. Vorname.

Adolf von Nassau, dt. König (1292-98), abgesetzt am 26. 6. 1298, fiel gegen Albrecht v. Österreich bei Göllheim.

Adonai [hebr. »mein Herr«], bei den Juden Gebetsanrede an Gott, Name für Jahwe.

Adenauer

Adler: oben Steinadler, unten Fischadler

Adlerfarn

Adonis [grch.], **1)** oriental. Naturgott. **2)** grch. Mythos: Geliebter der Aphrodite; schöner Jüngling.

Adonisröschen, Gatt. der Hahnenfußgewächse. Das gelbblühende **Frühlings-A.** wird in der Homöopathie verwendet.

Adoption [lat.], die → Annahme als Kind.

Adoration [lat.] die, Anbetung.

Adorno, Theodor, eigtl. **Wiesengrund,** Philosoph, Soziologe, Musiktheoretiker, *1903, †1969, übt an Hegel und Marx orientierte dialekt. Wissenschafts-, Sozial- und Musikkritik. Vertreter der → Kritischen Theorie.

Adour [ad'u:r] der, Fluß in SW-Frankreich.

Adrenalin das, Hormon des Nebennierenmarks, steigert Blutdruck und Zuckergehalt des Blutes.

adrenocorticotropes Hormon, das → ACTH.

Adressat, 1) Empfänger einer Postsendung. **2)** im Wechselrecht der Bezogene.

Adresse [frz.] die, **1)** Briefanschrift. **2)** Wort zur Kennzeichnung eines Speicherplatzes in der Datenverarbeitung.

Adressiermaschine, Büromaschine zum Abdruck wiederkehrender Anschriften.

adrett [frz.], geschickt, behend; sauber.

Adria, die, das → Adriatische Meer.

Adrian [lat.], männl. Vorname.

Adriatisches Meer, Becken des Mittelmeers zw. Apennin- und Balkanhalbinsel, 132 000 km², bis 1260 m tief. Haupthäfen: Triest, Venedig.

Adscharen, georg. Stamm im SW-Kaukasus, Muslime. **Adscharische ASSR,** autonome Sowjetrep. in der Georg. SSR, am Schwarzen Meer, 3000 km², 358 000 Ew.; Hptst.: Batumi. Anbau von Tee, Tabak u.a.; Erdölverarbeitung.

adsorbieren [lat.], ansaugen. **Adsorption** die, Aufnahme von Gasen, Dämpfen oder gelösten Stoffen an der Oberfläche fester Körper.

Adstringentia [lat.] Mz., → zusammenziehende Mittel. **adstringieren,** zusammenziehen.

Adula-Alpen, Teil der W-Alpen (Graubünden, Tessin), im Rheinwaldhorn 3402 m.

Adular der, Schmuckstein.

Adular: Mondstein (geschliffen)

adult [lat.], erwachsen, geschlechtsreif.

ad usum [lat.], zum Gebrauch.

Adveniat [lat.], seit 1961 jährliche Sammelaktion der dt. Katholiken für die kirchl. Betreuung Lateinamerikas.

Advent [lat. »Ankunft«] der, Vorbereitungszeit auf das Fest der Geburt Christi, beginnt mit dem 4. Sonntag vor Weihnachten (zugleich Beginn des Kirchenjahres).

Advent-Bai, Seitenarm des Eisfjords, Westspitzbergen; Kohlengruben.

Adventisten vom Siebenten Tag, christl. Religionsgemeinschaft, gegr. 1831 in den USA. Die A. erwarten die baldige Wiederkehr Christi. Gesamtzahl etwa 3 Mio., in Dtl. etwa 28 000.

adventiv [lat.], ♀ **1)** in fremdes Wuchsgebiet eingeschleppt: **Adventivpflanzen; 2)** mit regelwidrigem Entstehungsort: **Adventivknospe, Adventivwurzel.**

Adverb [lat.] das, -s/...bien, → Umstandswort.

adversativ [lat.], gegensätzlich.

Advocatus Dei [lat. »Gottesanwalt«], bei Selig- und Heiligsprechungen der Befürworter des Antrags; die Einwände bringt der **A. Diaboli** [»Teufelsanwalt«] vor.

Advokat [lat.], der, der → Rechtsanwalt.

A-D-Wandler, Abk. für → Analog-Digital-Wandler.

AEC, Abk. für **A**tomic **E**nergy **C**ommission.

AEG, → Allgemeine Elektricitäts-Gesellschaft, AEG-Telefunken.

aero... [grch.], in Fremdwörtern: Luft... **Aerodynamik** die, Lehre von den Bewegungsgesetzen der Gase. **Aerologie,** Lehre von der Erforschung der Lufthülle. **Aeronautik,** Luftfahrt. **Aeroplan,** ✤ Flugzeug. **Aerosol,** schwebestoffhaltige Luft; das medizin. Aerosol enthält vernebelte Arzneimittel von feinster Teilchengröße (→ Inhalation). **Aerostatik,** Lehre vom Gleichgewicht der Gase.

aerob, bei Anwesenheit von Sauerstoff lebend; Ggs.: anaerob.

Aerobics [engl.], Freizeitsport: im Rhythmus von Discomusik betriebene, intensive Form der Gymnastik.

Aeroflot, die staatl. Organisation für zivilen Luftverkehr in der UdSSR.

Aetius, Flavius, röm. Feldherr, Staatsmann, *390, †454, schlug 451 Attila auf den Katalaun. Feldern.

AFC, Abk. für **A**utomatic **F**requency **C**ontrol, automat. Scharfabstimmung in Radiogeräten.

Affäre die, Vorfall, Angelegenheit.

Affekt [lat.] der, heftige Gemütsbewegung.

affektiert [lat.], gekünstelt, geziert.

Affektion die, **1)** ✤ Wohlwollen, Gunst. **affektioniert,** gewogen. **2)** ♡ krankhafter Zustand.

Affen, Unter-Ordn. der Herrentiere, umfaßt die Tierarten, die dem Menschen am nächsten verwandt sind (→ Menschenaffen). Die meisten A. sind Baumbewohner. Hand und Fuß (Greiffuß) sind dem Klettern angepaßt. Die A. leben gesellig in tropischen Gebieten und sind vorwiegend Pflanzenfresser. Die **Altweltaffen** oder **Schmalnasen** leben in Afrika, Gibraltar und Asien, z.B. Meerkatzen, Paviane, Makaken, Menschen-A. Die **Neuweltaffen, Breitnasen,** im heißen Amerika, meist mit Greifschwanz.

Affenbrotbaum, trop. Steppenbaum in Afrika, bis 9 m dick; eßbare Früchte.

affettuoso [ital.], 𝅗𝅥 leidenschaftlich bewegt.

Affidavit [lat.] das, eidesstattl. Beurkundung, bes. im angelsächs. Recht als Beweismittel vor Gerichten oder Behörden; auch: Bürgschaftserklärung für den Unterhalt eines Einwanderers.

Affinität [lat. »Verwandtschaft«] die, ☜ Bestreben zweier Reinstoffe, miteinander unter Bildung neuer Verbindungen zu reagieren.

Affix [lat.] das, Nachsilbe.

Afghanistan, Rep. in Vorderasien, 647 497 km², 17,2 Mio. Ew.; Hptst.: Kabul. A. ist gebirgiges Binnenland, teilweise Steppe; dürftige Pflanzenwelt in den Gebirgen (Hindukusch, über 7000 m); größter Fluß der Hilmend. Bev.: Paschtunen (Afghanen), Tadschiken, türk. und mongol. Stämme. Staatsreligion: Islam. In den bewässerten Tälern Akkerbau und Obstbau, im Gebirge Viehzucht (Karakulschafe). Bodenschätze: Kohle, Lapislazuli, Erdöl, Erdgas. Ausfuhr: Karakulfelle, Obst, Baumwolle, Wolle, Teppiche, Erdgas. Autostraßen, Flugverkehr. ⊕ S. 483.

Afghanistan

Ⓖ Im 10. und 11. Jh. war A. Mittelpunkt eines iran.-islam. Staates, im 16. und 17. Jh. zw. Persien und den Großmoguln aufgeteilt. Ein afghan. Reich wurde 1747 gegr., geriet unter engl. Einfluß, konnte aber seine Selbständigkeit behaupten. 1921 erlangte es völlige Unabhängigkeit; 1926-73 Königreich, seither Rep. Nach einem kommunistisch orientierten Umsturz 1978 rebellierten weite Teile der Bev. gegen gesellschaftl. Veränderungen. Mit ihrem Einmarsch (Dez. 1979) suchte die UdSSR den Widerstand gegen die kommunist. Reg. zu brechen. Muslim. Freiheitskämpfer (Mudjahedin) erzwangen 1989 den Abzug der sowjet. Truppen und stellten sich, weite Teile A.s kontrollierend, gegen die Reg. in Kabul.

AFL-CIO, Dachorganisation der amerikan. Gewerkschaften (**A**merican **F**ederation of **L**abor, **C**ongress of **I**ndustrial **O**rganizations).

AFN, American Forces Network in Europe, Sender für die amerikan. Streitkräfte.

à fonds perdu [afɔ̃pɛrd'y, frz.], mit Verzicht auf Gegenleistung; übertragen: verlorenes Geld.

AFP, Abk. für → Agence France-Presse.

Afra, Heilige (Tag 7. 8.), † um 304 als Märtyrerin in Augsburg.

Afrika, der drittgrößte Erdteil, mit Inseln rd. 30 Mio. km², liegt beiderseits des Äquators. Hafenarme Küste. Im NO hängt A. durch die Landenge von Suez mit Asien zusammen. ⊕ S. 482.

LANDESNATUR. Der größere nördl. Teil, im NW vom Atlas (bis 4165 m), im S von den Beckenlandschaften des Sudans begrenzt, wird vom Tafelland der Sahara durchzogen; im Südteil Hochländer (Sambesi-Hochland) und durch Schwellen begrenzte Beckenlandschaften (Kongo, Kalahari); im O eine Zone von Grabenbrüchen (Zentralafrikan. Graben) und Vulkanen (Kilimandjaro 5895 m). – Ströme: in das Mittelmeer der Nil; in den Ind. Ozean Sambesi, Limpopo; in den Atlant. Ozean Oranjefluß, Kongo, Niger, Volta, Gambia, Senegal; Bewässerung und Energiegewinnung durch Stauanlagen am Volta (Akosombo), Sambesi (Kariba Cabora Bassa), Nil (Assuan). In den Wüsten zahlreiche Trockentäler (Wadis, Riviere). – Der größte See A.s ist der Victoriasee im O; zu den abflußlosen Binnenseen gehört der Tschadsee.

KLIMA: Äquatoriale Tropenzone mit Regen zu allen Jahreszeiten bei geringen Temperaturschwankungen; im N und S angrenzend Zonen mit Wechsel von Regen- und Trockenzeiten; fast regenlos sind die Sahara und die W-Küste von Süd-A.; der Nordrand und Süd-A. sind subtropisch. Schnee fällt nur in den Hochgebirgen. – PFLANZENWELT: immergrüner Urwald im feuchten Kongobecken und an der Guinea-Küste; nach N und S schließen sich Savannen und Steppen an; Sahara und Namib sind reine Wüsten; im subtrop. NW und S gibt es immergrünen Mittelmeer-Pflanzenwuchs. – TIERWELT: Elefant, Nashorn, Büffel, Zebra, Giraffe, Antilope, Löwe, Leopard, Schakal, Hyäne, viele Affenarten, Krokodil, Flußpferd, Strauß, Termiten. Haustiere: Rind, Esel, Schaf, Ziege, Kamel.

BEVÖLKERUNG: Rd. 514 Mio. Gesamt-Bev. In den Gebieten südl. der Sahara (Schwarzafrika) leben v.a. Neger (Bantu-, Sudanvölker), nördl. von ihnen (Weißafrika) bes. Araber, Berber u.a. hamit. und semit. Völker, im O und SO auch Asiaten. Die ältesten einheim. Völker sind die Buschmänner und Hottentotten im S und die Zwergvölker (Pygmäen) in Mittel-A. – Rd. 41,5% der Bev. gehören dem Islam, rd. 45,4% dem Christentum, rd. 12,3% traditionellen afrikan. Religionen sowie 0,8% religiösen Minderheiten an.

WIRTSCHAFT: A. ist weitgehend agrarisch strukturiert. Haupterzeugnisse der Landwirtschaft sind Erdnüsse, Bananen, Kakao, Palmöl, Sisal, Kaffee, Baumwolle. A. besitzt sehr reiche Bodenschätze. So werden in der Rep. Südafrika, in Sambia, Simbabwe und Zaire z.B. Gold, Diamanten, Platinmetalle, Antimon, Kupfer, Mangan und Chrom abgebaut. Erdölförderung in Nigeria, Algerien, Libyen. – Ausfuhr: Neben den landwirtschaftl. und Bergbauerzeugnissen werden auch Edelhölzer ausgeführt. Haupthandelspartner: Westeuropa, USA. – VERKEHR: Eisenbahn-Netze nur in Nord- und Süd-A.; das Straßennetz wird ausgebaut, bedeutender Luftverkehr, daneben im Binnenverkehr Flußschiffahrt.

afrikan. Kunst: Bemalte Holzskulptur der Mende; Sierra Leone

1

2

3

afrikan. Kunst: 1 Orakelgerät der Kuba; Kongo. **2** Perlenbesetzte Häuptlingsstühle; Kamerun. **3** Maskengewand der Chokwe; SO-Angola (Göttingen, Institut f. Völkerkunde)

Ⓖ In A. stammen die ältesten Zeugnisse für das Auftreten des Menschen aus dem Villafranchien (2,5 Mio. Jahre: Olduvai, Tansania). Mit der Vereinigung von Ober- und Unterägypten um 2800 v. Chr. beginnt die Geschichte des Pharaonenreiches (→ Ägypten). Im Altertum galt A. als Teil Asiens, wozu auch das Reich der ägypt. Pharaonen gerechnet wurde. Seit dem 12. Jh. v. Chr. entfaltete sich die phönik. Pflanzstadt Karthago zu einer großen See- und Handelsmacht, bis sie im 3. und 2. Jh. v. Chr. den Römern erlag. Das röm. Kaiserreich umfaßte alle Küstenländer Nordafrikas. Im 7. Jh. n. Chr. begann die Eroberung des größten Teils von Nord- und Ost-A. durch die muslim. Araber, deren Vorherrschaft bis in die Neuzeit dauerte. Seit dem 15. Jh. setzte die systemat. Erschließung A.s ein: die Portugiesen, dann auch die Holländer, Engländer, Franzosen und Dänen gründeten Handelsstützpunkte an den Küsten. Ins Innere A.s drangen als erste seit 1788 die Engländer vor. Der Erforschung bes. in der 1. Hälfte des 19. Jh.s folgte seit etwa Mitte des Jh.s die Aufteilung A.s unter die europ. Kolonialmächte. Anfang des 20. Jh.s stand mit Ausnahme von Äthiopien und Liberia ganz A. unter der Herrschaft der Weißen. Nach dem 2. Weltkrieg erlangten die afrikan. Völker im Rahmen der ehemaligen Kolonialgrenzen ihre Unabhängigkeit. – Gesamtafrikan. Probleme suchen die unabhängigen Staaten A.s. in der → OAU zu lösen. (Vgl. auch Übersicht Staatl. Gliederung und die jeweiligen Länderartikel.)

Afrikạans das, **Kapholländisch,** Sprache der Buren. **Afrikạander,** → Buren.

afrikanische Literatur. Die Sprachen Schwarzafrikas waren urspr. keine Schriftsprachen. Neben reichen mündl. Überlieferungen gibt es seit dem MA. islamisch-relig. Dichtung (in arab. Schrift). Erst im 19. Jh. entstanden einige eigene Schriftsysteme und Werke in etwa 40 afrikan. Sprachen (in lat. Schrift).

Afrikanischer Nationalkongreß, engl. **African National Congress** ['æfrıkən n'æʃənl k'ɔŋgrəs] Abk. **ANC,** 1912 gegr. südafrikan. Partei v. a. der Bantu, fordert soziale und polit. Gleichberechtigung, 1960-90 im Untergrund.

Ạfter, lat. **Anus,** die Öffnung des Mastdarms.

Afterlehen, durch einen Lehensträger (Vasall) weiterverliehenes Lehen.

Ag, chem. Zeichen für → Silber (Argentum).

a. G., 1) als Gast, **2)** auf Gegenseitigkeit (Versicherungen).

AG, Abk. für → Aktiengesellschaft.

Aga, Agha, früherer türk. Titel für Offiziere und Beamte.

Ạgadir, Hafenstadt in Süd-Marokko; 1960 durch Erdbeben fast völlig zerstört, 70 000 Ew.

Ägạdische Inseln, ital. **Egadi,** Gruppe von 4 Inseln vor Sizilien, 43,5 km^2; 241 v. Chr. Seesieg der Römer über die Karthager.

ägäische Kultur, bronzezeitl. Kultur des 3. und 2. Jahrtsd. v. Chr. auf dem grch. Festland (**helladische,** ihr folgend die **mykenische** Kultur), den Inseln des grch. Archipels (**Kykladenkultur),** Kreta (nach dem sagenhaften König Minos: **minoische Kultur**) und an der Küste Kleinasiens (Troja). Zu ihrer Blüte kommt sie auf Kreta seit 1550 v. Chr.: Paläste von Knossos, Phaistos, Mallia mit Höfen, Freitreppen. Wandmalerei, Bildhauerei kamen zu hoher Vollendung. Mykene stand unter kret. Einfluß, zeigte aber in Burgen mit gewaltigen Mauerringen, Palästen, Kuppelgräbern (Schatzhaus des Atreus), in der Plastik (Löwentor) auch gestalter. Kraft.

Ägäisches Meer, Teil des Mittelmeers zw. Balkanhalbinsel und Kleinasien, 179 000 km^2, bis 2524 m tief, umschließt die **Ägäischen Inseln:** Kykladen, Sporaden und Dodekanes.

Aga Khan, religiöses Oberhaupt der Ismailiten, einer mohammedan. (schiit.) Sekte; Karim al-Husaini Schah (*1936) ist der 4. A. K.

Agamẹmnon, grch. Mythos: König von Mykene oder Argos, Sohn des Atreus, grch. Oberfeldherr vor Troja, nach der Rückkehr auf Anstiften seiner Gattin Klytämnestra von Ägisth ermordet; Kinder: Orest, Iphigenie, Elektra.

Afrika: Staatliche Gliederung

(Jahr der Unabhängigkeit)	1000 km^2	Mio. Ew.	(Jahr der Unabhängigkeit)	1000 km^2	Mio. Ew.
Ägypten (1922)	1000	50,7	Mauritius (1968)	2	1,0
Algerien (1962)	2382	22,9	Moçambique (1975)	783	15,5
Angola (1975)	1246	9,2	Namibia (1990)	823	1,7
Äquatorial-Guinea (1968)	28	0,4	Niger (1960)	1267	6,5
Äthiopien	1222	46,2	Nigeria (1960)	924	101,9
Benin (1960)	113	4,3	Ruanda (1962)	26	6,5
Bophutha Tswana (1977)[1]	40	1,6	Sambia (1964)	753	7,5
Botswana (1966)	600	1,2	São Tomé e Principe (1975)	0,9	0,1
Burkina Faso (1960)	274	8,3	Senegal (1960)	196	6,7
Burundi (1962)	28	5,0	Seychellen (1976)	0,4	0,06
Ciskei (1981)[1]	9,4	0,8	Sierra Leone (1961)	72	3,8
Djibouti (1977)	22	0,3	Simbabwe (1980)	391	8,6
Elfenbeinküste (1960)	322	11,1	Somalia (1960)	638	6,9
Gabun (1960)	267	1,0	Südafrika (1910)	1095	23,4
Gambia (1965)	11	0,8	Sudan (1956)	2506	23,1
Ghana (1957)	239	13,7	Swasiland (1968)	17	0,7
Guinea (1958)	246	6,3	Tansania (gegr. 1964)	945	23,2
Guinea-Bissau (1974)	36	0,9	Togo (1960)	56	3,1
Kamerun (1960)	475	10,8	Transkei (1976)[1]	37	2,7
Kap Verde (1975)	4	0,8	Tschad (1960)	1284	5,2
Kenia (1963)	583	22,9	Tunesien (1956)	164	7,6
Komoren (1975)	1,8	0,4	Uganda (1962)	236	16,5
Kongo (1960)	342	1,8	Venda (1979)[1]	7,4	0,5
Lesotho (1966)	30	1,6	Westsahara[2]	266	0,2
Liberia (1847)	111	2,3	Zaire (1971)	2345	32,4
Libyen (1951)	1760	4,0	Zentralafrikan. Rep. (1960)	623	2,7
Madagaskar (1960)	587	10,8	**Britisch:** St. Helena	0,1	0,006
Malawi (1964)	118	7,5	**Spanisch:** Kanar. Inseln	7,2	1,3
Mali (1960)	1240	8,6	Nordafrikan. Besitz	0,03	0,2
Marokko (1956)	447	23,3	**Französisch:** Réunion, Mayotte	2,8	0,5
Mauretanien (1960)	1031	1,8			

[1] internat. nicht anerkannt. [2] Status umstritten, seit Aug. 1979 von Marokko besetzt.

Agamen [lat.], Echsen der warmen altweltl. Gebiete, z. B. **Flugdrache** im trop. Asien.

Agamie [grch.] die, Ehelosigkeit. **Agamogonie,** Fortpflanzung ohne Befruchtung. Eigw. **agam.**

Agape [grch. »Liebe«] die, **1)** Nächstenliebe. **2)** Liebesmahl.

Agar-Agar der, Polysaccharid aus Rot- und Braunalgen; daraus Gelatine, bes. als Nährboden für Bakterienzucht, Salben, Tabletten.

Agatha, 1) sizil. Märtyrerin, † um 250, Heilige. Tag: 5. 2. **2) Agathe,** weibl. Vorname.

Agave [grch.] die, Pflanzengatt. mit 300 Arten aus dem wärmeren Amerika; Die A. blühen nur einmal, oft erst nach 100 Jahren und sterben dann ab. Die Faser der **Sisalagave** gibt **Sisalhanf.**

Agen [aʒ'ɛ̃], Hptst. des frz. Dép. Lot-et-Garonne, 33000 Ew.; Obsthandel, Textilien.

Agence France Presse [aʒ'ã:s frã:s prɛs] die, **AFP,** frz. Nachrichtenbüro, gegr. 1944.

Agenda [lat.] die, -/...den, Merkbuch. **Agende** die, in der evang. Kirche Buch mit gottesdienstl. Gebeten und Vorschriften.

Agens [lat. »das Wirkende«] das, -/Agenzien, wirkende Ursache oder Triebkraft.

Agent [lat.] der, **1) polit. A.,** tätig im geheimen Nachrichtendienst. **2)** selbständ. Kaufmann, der für einen anderen im Auftrag tätig ist.

Agent provocateur [aʒ'ã prɔvɔkat'œ:r], Lockspitzel.

Agentur, das Geschäft eines Agenten.

Agenzia Nazionale Stampa Associata [adʒents'ia...assotʃ'a:ta], Abk. **ANSA,** ital. Nachrichtenbüro, Rom, 1945 gegr.

Agglomerat [lat. »Zusammengeballtes«] das, ⊕ Anhäufung (z. B. loser Gesteinstrümmer).

Agglomeration [lat.] die, Ballung von Bevölkerung und Industrie in Großstädten.

Agglutination [lat.] die, **1)** ♡ Verklebung, Zusammenballung von Krankheitserregern oder roten Blutkörperchen. **2) agglutinierende Sprachen** bilden durch Anhängung von Silben neue Formen, z. B. die finnisch-ugrischen Sprachen.

Aggregat [lat.] das, **1)** ⚒ Verwachsung von Mineralien gleicher oder versch. Art. **2)** △ mehrgliedrige algebraische Summe. **3)** ⊙ aus mehreren Teilen bestehender Maschinensatz.

Aggregatzustand, Zustandsform der Materie: fest, flüssig oder gasförmig.

Aggression [lat.] die, Angriff. Völkerrecht: der Angriffskrieg. **aggressiv,** angriffslustig. **Aggressor,** Angreifer.

Ägide [grch.] die, Leitung, Schutz, Obhut.

Ägidius, frz. Abt, † um 723, Heiliger (Tag 1.9.), einer der 14 Nothelfer.

agieren [lat.], **1)** handeln. **2)** eine Rolle spielen.

agil [lat.], flink, gewandt.

agile ['adʒile, ital.], ♩ leicht, behend.

Agilolfinger Mz., das älteste bayer. Herzogsgeschlecht, 788 erloschen.

Ägina, grch. Insel im Saron. Golf. Stätten frühgrch. Kunst; Aphaia-Tempel.

Agio [aʒjo, frz.], **Aufgeld, 1)** Differenz zw. Kurs- und Nennwert eines Wertpapiers oder einer Geldsorte. Ggs.: **Disagio. 2)** Betrag, um den Aktien über dem Nennwert ausgegeben werden **(Überpari-Emission).** – **Agiotage** [aʒjɔta:ʒ], Ausnutzung von Kursschwankungen bei Börsengeschäften.

Ägisth, grch. **Aigisthos,** grch. Mythos: Sohn des Thyestes, von seinem Oheim Atreus erzogen, den er erschlug; verführte Klytämnestra, die Gattin Agamemnons, den er ermordete, wofür ihn Orest erschlug.

Agitation [lat.], Werbung, aggressive polit. Beeinflussung. **Agitator,** wer A. treibt; Zeitw. **agitieren.**

agitato [adʒit'ato, ital.], ♩ erregt.

Agitprop, im kommunist. Sprachgebrauch: **Agit**ation und **Prop**aganda.

Agnaten Mz., Ez. der **Agnat** [lat.], **1)** röm. Recht: die durch Geburt oder Adoption unter derselben väterl. Gewalt Stehenden. **2)** dt. Recht: die männl. Blutsverwandten in männl. Linie **(Schwertmagen).**

Agnes [von grch. »keusch«], weibl. Vorname.

Agnes, Märtyrerin in Rom, †258/59 oder 304, Heilige; Feste: 21. und 28. 1.

Agnes von Poitou [- pwat'u:] wurde 1043 2. Gemahlin Kaiser Heinrichs III. und war 1056-62 Regentin für ihren Sohn Heinrich IV.

Agnetendorf, poln. **Jagniątków** [-'ɔntkuf], Kurort am Riesengebirge, letzter Wohnsitz G. Hauptmanns.

Agni, der ind. Gott des Feuers.

Agnon, Samuel Josef, eigtl. J. S. **Czaczkes,** hebr. Erzähler, *1888, †1970, erhielt 1966 den Nobelpreis für Literatur (zus. mit N. Sachs). Er schrieb u. a.: »Bräutigamssuche«, »Gestern, Vorgestern«, »Nur wie ein Gast zur Nacht«.

Agnostizismus [grch.] der, Lehre, daß Fragen nach dem Sinn des Daseins, der Geschichte, nach Gott unlösbar seien.

agnoszieren [lat.], als richtig anerkennen.

Agnus Dei [lat. »Lamm Gottes«], **1)** Bez. Jesu. **2)** lat. Liturgie: Bittruf zum Brotbrechen vor der Kommunion. **3)** Kunst: Lamm als Sinnbild Christi.

Agogik [grch.] die, ♩ Feinabstufung des Zeitmaßes als Vortragsmittel.

Agon der, grch. Wettkampf, z. B. bei den Olymp. Spielen. **Agonist,** Wettkämpfer.

Agonie [grch.] die, Todeskampf.

Agora, grch. Heeres- oder Volksversammlung, später auch der Versammlungsort, danach der Marktplatz der grch. Stadt.

Agoraphobie [grch.] die, Platzangst.

Agoult [ag'u], Marie Catherine S., Gräfin d'A., frz. Schriftstellerin, *1805, †1876, Lebensgefährtin von F. Liszt (1835-39).

Agra, Stadt in Indien, 694000 Ew.; Prachtbauten: Große Moschee, Grabmal → Taj Mahal; Univ.; Textil-, Leder-Ind.

Agraffe [frz.] die, Schmuckspange.

Agram, dt. Name für → Zagreb.

Agrar ..., Agr ... [grch. agros, lat. ager], im Fremdwort: Landwirtschaft ...

Agrarpolitik, Landwirtschaftspolitik, staatl. Maßnahmen zum Schutz und zur Förderung der Landwirtschaft, z. B. Einfuhrzölle auf landwirtschaftl. Erzeugnisse, Preisstützung, Subventionen, Hebung von Produktivität und Wettbewerbsfähigkeit. Innerhalb der EG wird die Weiterentwicklung der bäuerl. Struktur und die Bildung größerer Wirtschaftseinheiten gefördert.

Agrarreform, → Bodenreform.

Agave americana

Agnus Dei

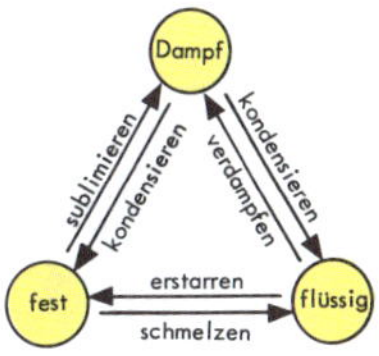

Aggregatzustand

Ägina: Aphaia-Tempel

Agrarsoziologie befaßt sich mit den Formen des menschl. Lebens auf dem Land.

Agrarstaat, ein Staat, in dem Land- und Forstwirtschaft vorwiegen.

Agreement [əgr'i:mənt, engl.] das, Einverständnis, Vereinbarung (→Gentlemen's agreement).

Agrément [agrem'ã, frz.] das, vor Entsendung eines diplomat. Vertreters das vertraulich eingeholte Einverständnis des Empfangsstaates zu dessen Person.

Agricola, Rudolf, dt. Frühhumanist, *1444, †1485, u. a. Musiker und Maler.

Agrigent, ital. **Agrigento** [-dʒ'ɛnto], Stadt an der S-Küste Siziliens, 54500 Ew.; Schwefelgewinnung. Im Altertum bedeutende grch. Stadt (Akragas; Tempelruinen).

Agrikultur [lat.] die, →Ackerbau.

Agrippa, Marcus Vipsanius, röm. Feldherr und Staatsmann, *63, †12 v. Chr., Freund und Schwiegersohn des Augustus; siegte 31 v. Chr. bei Aktium; Erbauer des Pantheons in Rom.

Agrippa von Nettesheim, Arzt, Theologe, Philosoph, *1486, †1535, bekämpfte die scholast. Wissenschaft, den Hexenglauben.

Agrippina (die Jüngere), Gattin des Kaisers Claudius, den sie vergiften ließ; *15 n. Chr., 59 n. Chr. auf Befehl ihres Sohnes Nero ermordet.

Agronom [grch.] der, wissenschaftlich ausgebildeter Landwirt. **Agronomie** die, Ackerbaulehre.

Agrostadt, 1) stadtähnl. Siedlung, deren Bev. landwirtschaftlich arbeitet (S-Italien, Spanien, S-Amerika, W-Afrika, VR China). **2)** in der UdSSR v. a. von N. S. Chruschtschow geforderte Kolchosen mit landwirtschaftl. Verarbeitungsind.

Agrumen [ital.], die Citrusfrüchte.

Aguascalientes, Hptst. des Staates A., Mexiko, 1900 m ü. M., 257500 Ew., warme Quellen.

Aguti der und das, Familie hasengroßer Nagetiere in Südamerika, z. B. der Goldhase.

Ägypten

Ägypten, Rep. im NO Afrikas, 1 Mio. km², davon rd. 35500 km² bebautes Land, 45,9 Mio. Ew., Hptst. Kairo. ⊕ S. 482.

Ä. hat Präsidialverfassung; Gesetzgebungsorgan ist die Nationalversammlung, der Präs. hat Prüfungsrecht. Gouverneure verwalten 25 Distr. (Grenzbez., Prov., 4 Stadtbez.). – Ä. umfaßt das fruchtbare Niltal mit Schwemmland, das kahle Felsengebirge im O bis ans Rote Meer, im W die Hochfläche der Libyschen Wüste; verbunden mit Asien durch die Landenge von Suez und die Sinai-Halbinsel. KLIMA: heiß, trocken. Staudämme (Assuan) ermöglichen künstl. Bewässerung des Niltals. – BEVÖLKERUNG: Araber (Fellachen, Beduinen), Nubier, Europäer. 92% Muslime, 7% Christen (4% Kopten). Staatsreligion: Islam. – Anbau von Weizen, Mais, Reis, Gerste, Zuckerrohr, Baumwolle; Viehzucht; ⚒ auf Phosphate, Eisenerze, Erdöl, Erdgas. Industrie: Textilien, Nahrungsmittel, Maschinen, Chemikalien, Erdöl, Tabak, Eisenhütten; Ausfuhr: Baumwolle, Textilien, Bergbauprodukte; Einfuhr: Lebensmittel, Chemikalien, Rohstoffe, Maschinen. ✈ im Deltagebiet und im Niltal bis Assuan. Haupthäfen: Alexandria, Port Said, Suez.

Ägypten: König Chefren mit Horusfalke (um 2500 v. Chr.)

❻ Um 2800 v. Chr. vereinigte ein König, angeblich Menes, Ober- und Unter-Ä. zu einem Reich, gründete die 1. Dynastie, Hptst.: Memphis. Unter den Königen der 4. und 5. Dynastie (2550-2315; Cheops, Chephren, Mykerinos) erreichte das **Alte Reich** seinen Höhepunkt, wurde der Sonnenglauben Staatsreligion. Im **Mittleren Reich** (2040-1785) wandelte sich die Herrschaftsform durch das Hervortreten des Bürgertums. Nach der Fremdherrschaft der Hyksos (1650-1552) wurde Ä. im **Neuen Reich** mit der 18. und 19. Dynastie zur Weltmacht (1552-1070); Könige: Thutmosis, Amenophis, Sethos, Ramses. Unter der 25. Dynastie (712-633) kämpften Äthiopier und Assyrer um die Herrschaft in Ä. Mit der 21. Dynastie begann der endgültige Verfall **(Spätzeit).** 525 wurde Ä. pers. Provinz, unterlag 332 v. Chr. Alexander d. Gr., dessen Nachfolger, die Ptolemäer, Ä. wieder zu Ansehen brachten. 30 v. Chr.-395 n. Chr. röm. Provinz. Im 7. Jh. wurde Ä. von den muslim. Arabern erobert und dem Kalifenreich einverleibt. Im 10.-12. Jh. herrschten die Fatimiden, seit dem 13. Jh. die Mamelucken. 1517 wurde Ä. von den Türken erobert, die Mameluckenhäuptlinge (Beis; 1517-1798) machten sich weitgehend unabhängig. Der ägypt. Feldzug Napoleons I. (1798-1801) scheiterte. Der türk. Statthalter Mehmed Ali (1805-49) schuf sich eine fast unabhängige erbl. Herrschaft; seit 1867 wurden die Statthalter Khediven (Vizekönige) genannt. 1869 Eröffnung des Suezkanals; 1882 engl. Besetzung des Landes; 1883 Aufstand des Mahdi im Sudan; 1898 Niederwerfung der Mahdisten durch die Engländer und Abtrennung des Sudans von Ä. Im 1. Weltkrieg wurde Ä. brit. Protektorat, 1922 unter Fuad ein dem Namen nach unabhäng. Königreich, behielt aber eine brit. Besatzung, die 1936 auf die Suezkanalzone zurückgezogen wurde. König Faruk I. (seit 1936) wurde 1952 abgesetzt. 1956 räumten die Engländer die Suezkanalzone. Das brit.-ägypt. Kondominat über den Sudan wurde 1955 beendet, der Sudan wurde unabhängig. Die Verstaatlichung der Suezkanal-Gesellschaft 1956 löste einen Krieg zw. Israel und Ä. aus; unter dem Druck der USA, der UNO und der UdSSR Rückzug der Gegner. 1967 besiegte Israel Ä. und eroberte die Sinai-Halbinsel. Der Krieg gegen Israel 1973 endete ohne Sieg mit einem Waffenstillstand. Im März 1979 unterzeichneten Ä. (Präs. Sadat, ermordet 1981) und Israel (MinPräs. Begin) einen von den anderen arab. Staaten nicht anerkannten Friedensvertrag, der u. a. den Rückzug Israels von der Sinai-Halbinsel (bis April 1982) bestimmte. Staatspräs.: H. Mubarak (seit Okt. 1981).

Die altägypt. KUNST ist die erste, die mächtige Bauten aus behauenem Naturstein errichtete. Hauptwerke: (3. Jahrtsd. v. Chr., Altes Reich) Pyramiden, Totentempel, (2. Jahrtsd., Mittleres Reich) Göttertempel, Felsengräber. Einzigartiges schufen gleichzeitig auch die Bildnerei (Figuren von Göttern, Königen, Sphinxen, Tieren; Reliefs) und die Malerei, die in der Kunst von Amarna (Neues Reich) zu einem erstaunl. Realismus kamen. Bedeutend war auch das Kunstgewerbe: Möbel, Alabastergefäße, Steinschneidekunst, Goldschmuck. (Weitere BILDER S. 15)

ägyptische Finsternis, svw. tiefe Dunkelheit.

Ahab, König von Israel (870-851 v. Chr.), führte den Baalkult in Samaria ein.

Ahaggar, Gebirge der südalger. Sahara, bis zu 3000 m; Stamm der Tuareg.

Ahasverus, Volkssage: der →Ewige Jude.

Ahaus, Stadt in Nordrh.-Westf., nahe der holländischen Grenze, 29000 Ew.; Barockschloß.

Ahlbeck, Ostseebad auf Usedom, 6000 Ew.

Ahle die, **Pfriem,** Stechwerkzeug des Schuhmachers und Sattlers, auch des Setzers.

Ahlen, Industriestadt in Nordrh.-Westf., 52500 Ew.; Kohlenbergbau; Metallind.

Ahlsen, Leopold, Schriftst., *1927, verfaßte Dramen, Fernseh- und Hörspiele (»Philemon und Baucis«), Roman.

Ahmadabad, Ahmedabad, Stadt in Indien, 2,51 Mio. Ew.; Moscheen, Grabdenkmäler; Univ.; Handwerkskunst, Textilind.

Ahnenkult, bei vielen Völkern, bes. Chinesen, Japanern: Verehrung verstorbener Vorfahren.

Ähnlichkeit. △ Figuren heißen ähnlich (Zeichen ~), wenn entsprechende Winkel und entsprechende Seitenverhältnisse gleich sind.

Aho, Juhani, finn. Erzähler, *1861, †1921, Bahnbrecher des modernen finn. Realismus.

Ahorn der, baum- und strauchförmige Pflanzengattung auf der Nordhalbkugel mit geflügelten Spaltfrüchten. Mitteleurop. Arten: **Bergahorn, Spitzahorn, Feldahorn** (strauchartig), **Eschenahorn** mit weiß-bunten Fiederblättern, **Zuckerahorn** aus Nordamerika.

Ahr die, linker Nebenfluß des Rheins, mündet bei Sinzig, kommt aus der Eifel; Weinbau.

Ähre die, Blütenstand; an einer Achse sitzen ungestielte Einzelblüten. Die Ä. der Getreidearten ist ein zusammengesetzter Blütenstand, dessen Teilblütenstände **Ährchen** heißen. (BILD Blüte)

Ahrensburg, Stadt nordöstlich von Hamburg, Schlesw.-Holst., 27500 Ew.; Schloß.

Ahriman, altiran. Geist des Bösen.

Ahura Masda, auch **Ormuzd,** altiran. Gott des Guten.

Ahwas, Ahvaz, Stadt im westl. Iran, 471000 Ew.; Univ., Erdölfeld.

Ai [indian.] das, ein Faultier.

Aias, Ajax, grch. Sage: 2 grch. Heerführer vor Troja, A. der Kleine, König der Lokrer, kam auf der Rückkehr um. A. der Große, Sohn des Telamon, König von Salamis, tötete sich, als Odysseus die Waffen des Achill erhielt.

Aibling, Bad A., Stadt in Bayern, 12800 Ew.; Sol- und Moorbäder.

Aichach, Krst. in Bayern, 15700 Ew., spätgot. Pfarrkirche; Industrie. Bei A. Ruine der 1209 zerstörten Stammburg der Wittelsbacher.

Aichinger, Ilse, Schriftstellerin, *1921; Erzählungen, Hörspiele, oft aus dem Visionären heraus gestaltet; ⚭ Günter Eich (†1972).

Aide-mémoire [ɛ:dmemw'ar], Niederschrift einer mündl. Erklärung im diplomat. Verkehr.

AIDS, Abk. für engl. **A**cquired **I**mmune **D**eficiency **S**yndrome [əkw'aɪəd ɪmj'u:n dɪf'ɪʃnsɪ s'ɪndrəʊm], eine erworbene Abwehrschwäche, führt zum Zusammenbruch des körpereigenen menschlichen Abwehrsystems.

Aigeus, grch. Sage: König von Athen, stürzte sich, weil er seinen Sohn Theseus tot glaubte, ins Meer (danach: Ägäisches Meer).

Aigis [grch. »Ziegenfell«] die, von Hephaist geschmiedeter Schild des Zeus, den auch Athene trug.

Aigrette [ɛ:gr'ɛt, frz.] die, **1)** Helmzier aus Reiherfeder. **2)** büschelförmiger Diadem.

Aikido [japan.], japan. Selbstverteidigungskunst, nutzt die Kraft des Gegners aus.

Aimara, indian. Kulturvolk in Bolivien und Peru (etwa 600000).

Ainu Mz., altasiat. Volk auf Hokkaido, S-Sachalin und den Kurilen, dem europiden Rassenkreis zugehörig.

Air [ɛ:r, frz.] das, **1)** Aussehen, Haltung, Benehmen. **2)** ♩ Melodie, Weise, Lied.

Air bag ['ɛə bæ:g, engl.], der selbsttätig aufblasbare Luftsack im Auto zum Insassenschutz.

Airbus ['ɛ:rbʌs, engl.], europ. Großraumflugzeug für Kurz- und Mittelstrecken, von frz., dt., engl., niederländ. und span. Firmen gebaut, seit 1975 im Einsatz.

Airedaleterrier [ɛədeɪl-] der, Hunderasse.

Airolo, Gem. im Kt. Tessin, Schweiz, 2600 Ew.; S-Ausgang des Gotthardtunnels.

aïs das, ♩ das um einen Halbton erhöhte a.

Aischa, Lieblingsfrau Mohammeds, Tochter des Abu Bekr, *um 613/14, †678.

Aischylos, grch. Dichter, *525, †456 v. Chr., Vollender der grch., Schöpfer der abendländ. Tragödie. Von 90 Dramen sind

Ahorn: oben Berg-A., unten Spitz-A.

1

2

3

4

ägypt. Kunst: **1** Nofretete, Kalkstein; Amarna, um 1360 v. Chr.; Berlin **2** Damenbildnis; Theben, Grab des Menna, um 1410 v. Chr. **3** Skarabäus und Paviane, aus dem Grabe Tut-ench-Amuns. **4** Eingang zum Grab der Königin Nefertari; Theben, um 1250 v. Chr.

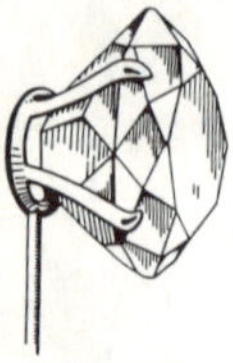

à jour gefaßt

Akanthus 1)

Akanthus 2)

Akazie

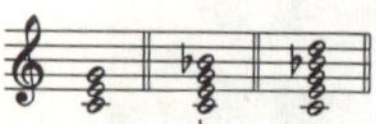

Akkord: a Dreiklang (C-Dur Akkord), b Vierklang (Septimenakkord), c Fünfklang (Nonenakkord)

nur 7 erhalten (Orestie, Perser, Der gefesselte Prometheus u.a.).

Aisne [ɛ:n] die, linker Nebenfluß der Oise (Frankreich), entspringt in den S-Argonnen.

Aix-en-Provence [ɛksãprɔvãs], Stadt in Südfrankreich, 124500 Ew., altes Heilbad; Oliven- und Mandelanbau; alte Kirchen. 102 v.Chr. schlug hier Marius die Teutonen **(Aquae Sextiae).**

Aix-les-Bains [ɛksləbɛ̃], Stadt in Savoyen, Frankreich, 23000 Ew., seit der Römerzeit Bad.

Aja [ital.], Erzieherin; **Frau A.,** Scherzname für Goethes Mutter.

Ajaccio [aj'attʃo], Hptst. von Korsika, 55500 Ew.; Winterkurort; Geburtsort Napoleons I.

Ajatollah, relig. Führer der Schiiten.

Ajmer, Stadt im Staate Rajasthan, Indien, 332400 Ew.; Prachtbauten: Palast Akbars, Heiligengrab Dargah.

à jour [aʒ'u:r, frz.], **1)** bis auf den heutigen Tag fortgeführt. **2)** durchsichtig. **à jour fassen,** Edelsteinen eine Fassung geben, die den Stein frei läßt.

Ajtmatow, Aitmatow, Tschingis, russ.-kirgis. Schriftsteller, *1928; Erz. »Dschamila«, Dramen.

Akaba, 1) Golf von A., Bucht des Roten Meeres zw. Sinai-Halbinsel und Arabien. **2) A.,** einziger Hafen Jordaniens, am Golf von A., 27000 Ew.

Akademgorodok, eigens als Wohn- und Arbeitsort für Wissenschaftler errichtete Viertel sowjet. Städte, bekannt ist A. von Nowosibirsk, 1959 gegr.

Akademie [grch.] die, **1)** Altertum: geweihter Hain bei Athen mit Anlagen für Leibesübungen; Lieblingsaufenthalt des Plato und seiner Schüler. Daher später Name für seine Denkerschule. **2)** Vereinigung von Gelehrten zur Förderung der Wissensch.; z.B. Académie française, →Leopoldina, Preuß. A. der Wissensch. Berlin (von Friedrich III. 1700 gestiftet, 1946-72 Dt. A. der Wissensch. Berlin, seither A. der Wissensch. der DDR), Göttinger A. der Wissensch. (gegr. 1751 durch A. v. Haller), Bayer. A. der Wissensch., München (1759), Sächs. A. der Wissensch. Leipzig (1846), A. in Wien (1847), Heidelberger A. (1909), A. der Wissensch. und Literatur in Mainz (1949). **3)** Name für versch. Hochschulen und höhere Fachschulen in Dtl., z.B. Berg-A., A. für bildende Kunst, für Musik.

Akademiker, Hochschulgebildeter; Student.

akademisch, 1) hochschulmäßig, Hochschul-... **2)** KUNST: mehr überlieferten Regeln als freier Eingebung folgendes Schaffen.

akademische Freiheit, von W. v. Humboldt (anläßl. der Gründung der Univ. Berlin) geprägter Begriff für die Freiheit des Forschens, Lehrens und Lernens. Die Lernfreiheit der Hochschulstudenten ist heute durch Studienordnungen eingeengt; die Freizügigkeit (Hochschulwechsel) ist durch Zulassungsbeschränkungen eingeschränkt.

akademische Grade, von wissenschaftl. Hochschulen auf Grund schriftl. und mündl. Abschlußprüfungen verliehen, z.B. →Diplomgrade, →Magister Artium, →Doktor.

Akan, afrikan. Stammes-, Sprachgruppe.

Akanthus [grch.] der, **1) Bärenklau,** staudige Pflanzengattung mit großen Blättern; am Mittelmeer. **2)** 🏛 nach dem A.-Blatt gebildete Schmuckform, z.B. am korinth. Kapitell.

Akarnanien, grch. Landschaft zw. Ambrak. Golf und Acheloos, Bergland (bis 1600 m).

akausal [lat.], nicht kausal.

Akazie die, baum- und strauchförmige Gattung der Mimosengewächse in wärmeren, trockenen Gebieten. Viele afrikan. und austral. Arten liefern Gummi, Gerbstoff. **Falsche A.,** →Robinie.

Akbar [arab. »der Große«], Großmogul von Indien, *1542, †1605; Muslim, einer der bedeutendsten Herrscher Asiens.

Akelei die, Gattung der Hahnenfußgewächse mit fünfsporigen Blüten.

Akershus, histor. Festung bei Oslo.

Akiba, Ben, jüd. Schriftgelehrter, schuf die erste Mischna-Sammlung (→Talmud), beim Aufstand der Juden 136 n.Chr. hingerichtet.

Akihito, auch **Heisei Tenno,** Kaiser von Japan, *1933, heiratete 1959 Michiko Shôda (aus bürgerl. Hause), folgte seinem 1989 verstorbenen Vater Hirohito auf dem Thron, Devise »Heisei« (Frieden und Eintracht).

Akita, japan. Hafen auf Honshu, 287000 Ew., Univ., Flughafen.

Akkad, alte Stadt in N-Babylonien, Vorläuferin Babylons; nach ihr wird die Bev. und die Sprache Altbabyloniens **akkadisch** genannt.

Akklamation [lat.] die, Zuruf. Wahl durch Zuruf, im MA. bei Königswahlen.

Akklimatisation [lat.-grch.] die, Eingewöhnung in fremdes Klima. Zw.: **akklimatisieren.**

Akkomodation [lat.] die, Anpassung, bes. die Einstellungsfähigkeit des Auges auf versch. Entfernungen. Zw.: **akkommodieren.**

Akkon, Akka, Stadt in Israel, 35500 Ew., ehemals wichtige Hafenstadt in Palästina, 1191-1291 Hauptsitz der Kreuzfahrer.

Akkord [frz.] der, **1)** 𝅗𝅥 sinnvolle Verbindung mehrerer Töne zu einem Zusammenklang (→Dreiklang). **2) Akkordlohn, Stücklohn,** Lohn nach dem tatsächl. Arbeitsergebnis. Ggs.: Zeitlohn (→Lohn).

Akkordeon das, eine →Ziehharmonika.

akkreditieren [frz.], **1)** beglaubigen (einen Gesandten). **2)** eine Bank anweisen, einem Dritten auf Abfordern Geldbeträge bis zu einer bestimmten Gesamthöhe auszuzahlen. Das **Akkreditiv,** die darüber ausgestellte Urkunde.

Akkulturation, Völkerkunde: die Übernahme fremder Kulturgüter.

Akkumulation [lat.] die, Anhäufung.

Akkumulator, 1) ⚡ Abk. **Akku,** Sammler, dient zum Speichern elektr. Energie in Form chem. Energie. Meist verwendet wird der **Blei-A.:** In ein Bleigitter wird für die positive Elektrode Bleidioxid, für die negative Elektrode fein verteiltes, poröses Blei gepreßt; Elektrolyt ist verdünnte Schwefelsäure. Beim Entladen liefert der A. Gleichstrom (Nennspannung 2 Volt), auf beiden Platten wird Bleisulfat gebildet, die Säuredichte fällt. Beim Laden mit Gleichstrom verläuft der Vorgang in umgekehrter Richtung. Fassungsvermögen (Kapazität) wird in Amperestunden (Ah) gemessen und hängt von der Plattengröße ab. Stromausbeute etwa 90%, Energieausbeute etwa 75%. Für höhere Spannungen werden Zellen zu **A.-Batterien** hintereinandergeschaltet; z.B. ergeben 3 Zellen hintereinander in Kraftfahrzeugen 6 V. **Nickel-Eisen-A.** mit Elektroden aus Nickelhydroxid und Eisen in Kalilauge: Zellenspannung 1,3 V; der energet. Nutzeffekt ist mit 50% geringer als beim Bleiakkumulator. Zur Stromversorgung elektron. Geräte (Rundfunkgeräte, Hörgeräte, Taschenrechner) dienen gasdichte **Nickel-Cadmium-A.** mit einer Entladespannung von 1,25 V je Zelle. Neuentwicklungen wie der **Natrium-Schwefel-A.** oder die **Lithiumchloridzelle** verwenden feste Ionenleiter oder Salzschmelzen als Elektrolyt und zielen auf eine höhere Speicherkapazität und längere Lebensdauer. (BILD S. 17)

2) hydraulischer A., Druckwasserspeicher zum Betrieb von Arbeits- und Kraftmaschinen.

3) DATENVERARBEITUNG: Ergebnisregister von Rechenanlagen.

akkurat [lat.], genau, sorgfältig. **Akkuratesse** die, Sorgfalt.

Akkusativ [lat.] der, der → Wenfall.

Akme [grch.] die, Höhepunkt (bes. bei Fieber).

Akne [grch.] die, eitrige Knötchen durch Vereiterung von Talgdrüsen.

Akosombo-Damm, Staudamm und Kraftwerk am Volta in Ghana.

AKP-Staaten, die Entwicklungsländer aus Afrika, der **K**aribik und dem **P**azifik, die mit der EG assoziiert sind.

Akquisition die, Erwerbung. **Akquisiteur** [akvisit'œr] der, Anzeigenwerber.

Akribie [grch.] die, peinliche Genauigkeit.

Akrobat [grch. »Zehengänger«] der, Turn- und Geschicklichkeitskünstler.

Akromegalie [grch.] die, nach Abschluß des normalen Wachstums einsetzendes »Spitzenwachstum« (Hände, Füße, Nase) infolge einer Erkrankung der Hypophyse.

Akron ['ækrən], Industriestadt in Ohio, USA, 232 000 Ew.; Gummi-Industrie.

Akronym [grch.] das, Kurzwort aus den Anfangsbuchstaben mehrerer Wörter, z. B. UNO.

akropetal [grch.], aufsteigend.

Akropolis [grch. »Oberstadt«] die, befestigter, hochgelegener Teil alter grch. Städte; z. B. die A. von Athen mit ihren Tempeln. (BILD Athen)

Akrostichon [grch. »Versspitze«] das, -s/... stichen, Gedicht, in dem die Anfangsbuchstaben, -silben oder -worte der einzelnen Verse einen Namen oder Spruch ergeben.

Akroterion [grch.] das, -s/...rien, 🏛 Giebelverzierung am grch. Tempel.

Aksum, Stadt in Äthiopien, 20 000 Ew., ehem. Krönungsstadt der äthiop. Kaiser.

Akt [lat.] der, **1)** Handlung, Vorgang. **2)** SCHAUSPIEL: Aufzug des Bühnenstückes. **3)** KUNST: Darstellung des nackten Menschenkörpers.

Aktaion, grch. Sage: Held, der Artemis im Bade überraschte; von ihr in einen Hirsch verwandelt, von den eigenen Hunden zerrissen.

Akten [lat.], die über eine bestimmte Angelegenheit gesammelten Schriftstücke.

Akteur [akt'œ:r, frz.] der, Handelnder; Schauspieler.

Aktie die, Anteil, Teilbetrag des Grundkapitals einer → Aktiengesellschaft; auch die Urkunde, die dem Inhaber **(Aktionär)** seine Rechte verbrieft. Die A. ist ein Wertpapier und wird i. d. R. an der Börse gehandelt. Der dort erzielte Preis ist der **Aktienkurs;** mehrere A. einer AG in einer Hand bilden ein **Aktienpaket.**

Aktiengesellschaft, Abk. **AG,** eine Handelsgesellschaft, deren Gesellschafter **(Aktionäre)** mit Einlagen auf das in **Aktien** zerlegte Grundkapital (mindestens 100 000 DM) beteiligt sind, ohne persönl. für die Verbindlichkeiten der A. zu haften. Organe: **Vorstand** (vom Aufsichtsrat bestellt; Aufgaben: Geschäftsführung, Vertretung der A.), **Aufsichtsrat** (bei Betrieben mit über 2000 Arbeitnehmern: paritätische Mitbestimmung: gleichmäßige Beschickung des Aufsichtsrats durch Vertreter der Anteilseigner und der Arbeitnehmer, seit 1976; Aufgaben: Überwachung der Geschäftsführung), **Hauptversammlung** der Aktionäre (alljährl. Entlastung von Vorstand und Aufsichtsrat, Beschluß über Gewinnverteilung, ggf. Satzungsänderung). – Aktien-Gesetz v. 6. 9. 1965.

Aktienindex, eine Durchschnittsberechnung von Aktienkursen, zeigt die Kursentwicklung.

Aktinie [grch.] die, Korallentier, → Seerose.

Aktinometrie [grch.] die, Messung der Sonnen-, der photochem. wirksamen und der Röntgenstrahlung.

Aktion Sorgenkind, Hilfsaktion für behinderte Kinder, gegr. 1964 vom ZDF und Spitzenverbänden der Freien Wohlfahrtspflege.

Aktionsradius [lat.] der, Fahrbereich, Tätigkeitsbereich.

Aktionsstrom, eine elektr. Begleiterscheinung körperl. Vorgänge; bes. der bei Tätigkeit von Nerven, Gehirn, Muskeln, Herz ableitbare Strom.

aktiv [lat.], **1)** tätig, wirksam. Gegensatz: → passiv. **Aktivität** die, Tätigkeit. **2)** ⁂ zum stehenden Heer gehörig; **inaktiv,** verabschiedet. **3)** → Wahlrecht.

Aktiv, Aktivum [lat.] das, die Tätigkeitsform (→ Zeitwort).

Aktiva [lat.], **Aktiven** Mz., Vermögensteile eines Unternehmens i. Ggs. zu den Schulden (Passiva, Passiven).

Aktivgeschäft, → Banken.

Aktivierungsenergie, die in einem Stoffgemisch zum Einleiten einer chem. Reaktion benötigte Energie.

Aktivismus [lat.] der, Tatgeist, zielbewußtes Handeln. **Aktivist,** wer sich tatkräftig für etwas einsetzt. Länder mit staatl. gelenkter Wirtschaft versuchen, durch »Aktivisten der Arbeit« den Leistungswillen zu steigern.

Aktivität, svw. → Radioaktivität.

Aktivkohle, stark adsorbierende Kohle, zur Reinigung von Flüssigkeiten und Gasen.

Aktivlegitimation, → Sachlegitimation.

Aktjubinsk, Hptst. des Gebiets A., Kasach. SSR, 239 000 Ew.; Bergbau.

aktuell [frz.], gerade jetzt bedeutsam. Hauptwort: die **Aktualität.**

Akupressur [lat.] die, -/-en, Heilmethode, sucht durch leichten Druck der Fingerspitzen auf die den jeweiligen Organen zugeordneten Körperpunkte Linderung zu schaffen.

Akupunktur [lat.] die, -/-en, ♡ altes Verfahren der chines. Heilkunde, das Einstechen von langen Nadeln an Punkten der Körperoberfläche, die einzelnen Organen zugeordnet sind, zur Schmerzausschaltung.

Akustik [grch.] die, Lehre vom → Schall.

Akustikkoppler, Gerät zur Datenfernübertragung über das Telefonnetz.

Akustoelektronik, Gebiet der Elektronik, das auf der Ausbreitung und Wandlung von Schallwellen in Festkörpern beruht. Technisch bedeutsam sind Oberflächenwellen-Bauelemente auf der Basis des → piezoelektrischen Effektes, z. B. als Verzögerungsleitungen.

akut [lat.], **1)** plötzlich auftretend, vordringlich. **2)** ♡ rasch, heftig verlaufend. Ggs.: chronisch. **Akut** der, eine Art des Akzents.

Akzeleration [lat.] die, Beschleunigung, **1)** ☆ nichtperiod. Änderung der Mondbewegung (in 100 Jahren um 8″). **2)** Entwicklungsbeschleunigung bei Jugendlichen.

Akzent [lat.] der, **1)** Betonung, Hervorheben einer Silbe im Wort oder eines Wortes im Satz durch lautl. Mittel. **2)** Zeichen, das in Schrift oder Druck den A. angibt.

Akzept [lat. »angenommenes«] das, **1)** auf einem Wechsel die Erklärung des Bezogenen **(Akzeptanten),** daß er den Wechsel zur Verfallzeit einlösen werde. **2)** der akzeptierte Wechsel.

akzeptabel [lat.], annehmbar; **akzeptieren,** annehmen.

Akzeptor, Fremdatom in einem Halbleiter, das 1 Valenzelektron weniger als die Atome des Halbleiters aufweist; er wird dadurch p-leitend.

akzessorisch [lat.], **1)** hinzukommend. **2)** ⚖ Sicherungsrechte, die von einem anderen Recht abhängig sind.

Akzidens [lat.] das, -/...denzien, Unwesentliches; **akzidentell,** unwesentlich. Ggs.: Substanz, substantiell, auch essentiell.

Akzise [lat.] die, frühere Verbrauchsteuer.

Al, chem. Zeichen für Aluminium.

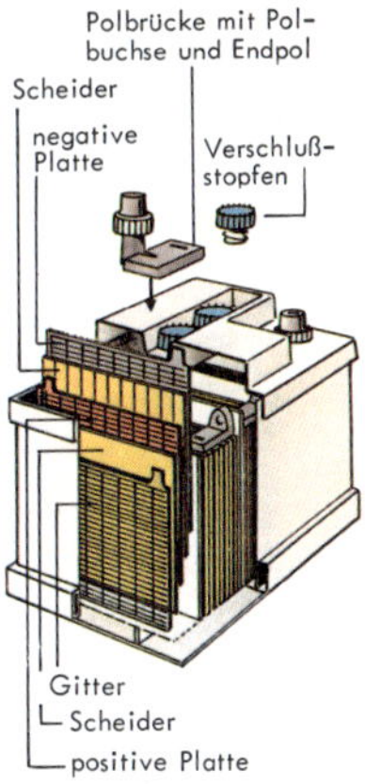

Akkumulator 1): Schnittbild

Akroterion

Alabama, Abk. **Ala.,** Staat im SO der USA, 133 667 km^2, 4 Mio. Ew., davon 24% Farbige. Hptst.: Montgomery. Anbau: Mais, Erdnüsse, Rinderhaltung; ⚒ auf Kohle, Eisenerz; Stahl-, chem. Ind.; Raketen-, Raumfahrtforschung. Haupthafen: Mobile. ⊕ S. 494.

Alabaster der, feinkörnige, durchscheinende Art des Gipses, weiß, rot oder grau.

ALADI, Abk. für **A**sociación **L**atino-**a**merican **d**e **I**ntegración, die → Lateinamerikanische Freihandelszone.

Alaigebirge, Hochgebirge in Asien (UdSSR), am Nordrand des Pamir, bis 5539 m.

Alain [al'ɛ̃], eigtl. Emile **Chartier,** frz. Essayist und Philosoph, *1868, †1951.

Alain-Fournier [al'ɛ̃ furnj'e], Henri, eigtl. Henri-Alban **Fournier,** frz. Schriftsteller, *1886, †1914.

Aland der, Art der Karpfenfische.

Ålands-Inseln ['o:lands-], Inselgruppe in der Ostsee, im Südteil des Bottn. Meerbusens, gehört polit. zu Finnland (Selbstverwaltung, schwed. Amts- und Schulsprache).

Alanen, iran. Reitervolk nördl. des Kaukasus, heutiger Rest → Osseten, um 350 von den Hunnen unterworfen; mit den Wandalen drangen sie 409 in Spanien ein.

Alant der, Gattung staudiger, gelbblühender Korbblüter; A.-Kampfer ist Heilmittel.

Alarich, Könige der Westgoten, **A. I.,** *um 370, drang auf seinen Eroberungszügen in Makedonien und Griechenland seit 401 in Italien ein, eroberte Rom, starb 410 in Unteritalien und wurde im Busento begraben (Gedicht von Platen).

Alarm [ital. »zu den Waffen!«] der, **1)** ⁂ plötzlich angeordnete Marsch- oder Gefechtsbereitschaft. **2)** Gefahrmeldung.

Alaska, Abk. **Alas.,** Bundesstaat der USA, 1,52 Mio. km^2, 400 500 Ew., davon ⅙ Eskimos und Indianer; Hptst.: Juneau; größte Städte: Anchorage (48 000 Ew.), Fairbanks (14 800 Ew.). Im S das Alaskagebirge (Mount McKinley 6193 m), Hauptfluß der Yukon (3700 km). Erzeugnisse: Lachs, Pelze, Holz, Papier, Gold, Kupfer, größte Erdöllagerstätten Nordamerikas. Verkehrserschließung noch gering, daher bes. Luftverkehr. – 1867 kauften die USA A. von Rußland. **Alaskastraße** (Autostraße, 1942 gebaut) von Dawson Creek (NW-Kanada) nach Fairbanks. ⊕ S. 484.

Alassio, Hafenstadt und Seebad in Italien, am Golf von Genua (Riviera di Ponente), 12 800 Ew.

Alaun [lat.] der, Doppelsalz aus Kaliumsulfat und Aluminiumsulfat; zum Gerben, als Beizmittel in der Färberei und zum Blutstillen verwendet.

Alba

Alb, Alp der, **1)** Elfe. **2)** Kobold, Naturgeist.

Alb, Alpe die, → Alm; Teil von landschaftl. Namen, z. B. Schwäbische Alb.

Alba, Herzog von A., span. Feldherr, Staatsmann, *1507, †1582, entschied 1547 den Schmalkald. Krieg zw. Kaiser Karl V. und den dt. Protestanten durch den Sieg bei Mühlberg, war 1567-73 Statthalter der Niederlande, wo er mit großer Härte gegen den Protestantismus und die Stände einschritt (Hinrichtung Egmonts). Sein Gewaltregiment führte zum Abfall der Nordprovinzen unter Wilhelm von Oranien.

Albacete [albaθ'ete], Hauptstadt der Prov. A., im kastil. Hochland, Spanien, 117 000 Ew.

Alba Longa, älteste Hptst. des Latinerbundes in Latium; von den Römern zerstört.

Albanien

Albaner Mz., Nachkommen thrakisch-illyr. Stämme mit indogerman. Sprache, in Albanien (rd. 2,4 Mio.), Jugoslawien, S-Italien, N-Griechenland.

Albaner Berge, bewaldetes vulkan. Ringgebirge südöstl. von Rom mit dem **Albaner See.**

Albanien, Sozialist. VR auf der Balkanhalbinsel, am Adriat. Meer; 28 748 km^2, 3,02 Mio. Ew.; Hptst.: Tirana. Staatsoberhaupt ist der Vors. des Präsidiums der Nationalvers. – Vorwiegend zerklüftete Kalksteingebirge; in Teilen des fruchtbaren Hügellandes und im flachen Küstenland mediterranes Klima; Hauptflüsse: Drin, Mat, Erzen, Shkumbî. Bev.: → Albaner (98%). – Anbau von Mais, Weizen, Oliven, Südfrüchten. ⚒ auf Erdöl, Erze. Ausfuhr: Erdöl, Erze; Einfuhr: Maschinen. Handelspartner: VR China, EG, Tschechoslowakei. Haupthafen: Durazzo. – A. stand im MA. zeitweise unter serb., bulgar., byzantin. oder normann. (Sizilien) Oberhoheit und war nur kurze Zeit selbständig unter dem Nationalhelden Skanderbeg (1444-68). 1479-1912 gehörte es zur Türkei, wurde 1913 unabhängiges Fürstentum (2. Balkankrieg). Nach ständigen Parteikämpfen errang 1922 Achmed Zogu die Herrschaft (seit 1928 König). 1939 wurde A. von Italien annektiert. Seit 1946 kommunistisch geführte VR (→ Volksdemokratie). 1961 kam es zum Bruch mit der UdSSR. A. wurde bis 1977 von der VR China unterstützt. Erster Sekr. der Kommunist. Partei: R. Alia (seit 1985), MinPräs.: A. Carcani. ⊕ S. 492.

Albany ['ɔlbənɪ], Hptst. des Staates New York, USA, am Hudson, 102 000 Ew.; Verwaltungs- und Handelsmittelpunkt, Textilind.

Albatros der, -/...trosse, langflügliger, schneller Sturmvogel südl. Meere.

Albe [lat.] die, weißes Chorhemd der kath. und anglikan. Priester.

Albedo [lat. albus »weiß«] die, Rückstrahlvermögen eines nicht selbstleuchtenden Körpers. Ein weißer Körper hat die A. 1, sonst ist sie stets kleiner als 1.

Albee ['ɔ:lbɪ], Edward, amerikan. Schriftsteller, *1928; »Wer hat Angst von Virginia Woolf?« (1962), »Seeskapade« (1974).

Albeniz [-niθ], Isaak, span. Pianist und Komponist, *1860, †1909.

Albergo [ital.] das, Hotel.

Alberich, in der dt. Sage ein Zwerg, Hüter des Nibelungenhorts, von Siegfried bezwungen und der Tarnkappe und des Hortes beraubt.

Albers, Hans, Bühnen- und Filmschauspieler, *1892, †1960; »Vor Sonnenuntergang« (1956).

Albert, Albertine, Vornamen, → Albrecht.

Albert, 1) A., Prinz von Sachsen-Coburg-Gotha, *1819, †1861, Prinzgemahl der engl. Königin Viktoria. **2) A.,** König von Sachsen, *1828, †1902, König seit 1873. **3) A. I.,** König der Belgier, *1875, †1934, König seit 1909.

Albert, Eugen **d'A.** [dalb'ɛ:r], Pianist und Komponist, *1864, †1932; Oper »Tiefland« (1903).

Alberta [ælb'ə:tə], Prov. im SW Kanadas mit Anteil am Felsengebirge, 661 188 km^2, 2,34 Mio. Ew.; Hptst.: Edmonton. Ackerbau. Anbau: Weizen, Hafer. ⚒ auf Erdöl, Erdgas, Kohle. Chem. u. a. Ind.

Alberti, Leon Battista, ital. Künstler, *1404, †1472, Architekt und Schriftsteller.

Albertina in Wien, staatl. Sammlung von Handzeichnungen und Graphik, gegr. 1769 von Herzog Albrecht von Sachsen-Teschen.

Albertkanal, Groß-Schiffahrtsweg in Belgien, zw. Lüttich und Antwerpen, 129 km lang.

Albertsee, seit 1972 **Mobutu-Sese-Seko-See,** See in Ostafrika, 5340 km^2 groß, sein Abfluß ist der Albert-Nil (Weiße Nil).

Albertus Magnus, Graf von Bollstedt, Dominikaner, *um 1200, †Köln 1280, lehrte als Scholastiker in Paris und Köln, erschloß dem Abendland die Schriften des Aristoteles; Thomas von Aquin war sein Schüler.

Albi, alte Stadt in Südfrankreich, 45300 Ew.; festungsartige Kathedrale (1282).

Albigenser, nach → Albi benannte Sekte des 12./13. Jh.; als Gegner der Kirche und des Papsttums **(Katharer)** wurden sie in blutigem Kreuzzug (**A.-Kriege,** 1209-29) vernichtet.

Albino der, ein Mensch oder Tier mit weißen Haaren, weißer Haut, rötl. Augen. Der **Albinismus** beruht auf einem angeborenen Farbstoffmangel, der vererbbar ist.

Albion [vielleicht vorkelt.], Britannien.

Alboin, Albuin, Langobardenkönig, eroberte 568 Italien bis zum Tiber, wurde 572 ermordet.

Ålborg ['ɔ:lbɔr], Hafenstadt in Dänemark, am Limfjord, 154800 Ew.; Flugplatz.

Albrecht [aus ahd. adal »Adel« und beraht »glänzend«], männl. Vorname, Nebenform **Albert, Adalbert.**

Albrecht, 1) A. I., dt. König (1298-1308), *1255, †1308, Sohn Rudolfs I. von Habsburg, erlangte nach seinem Sieg über Adolf von Nassau die Königswürde; Hausmachtpolitiker; von seinem Neffen Johann Parricida ermordet. **2) A. der Bär,** *um 1100, †1170, aus dem Hause der Askanier, wurde 1134 Markgraf der Nordmark (Altmark), gründete im Kampf gegen die Wenden die Mark Brandenburg. **3. A. II.,** *1490, †1545, Markgraf von Brandenburg, Erzbischof von Magdeburg und Mainz (Kurfürst), ließ von Tetzel den Ablaß vertreiben, gegen den sich Luther stellte. **4) A.,** Herzog von Preußen, *1490, †1568, seit 1510 letzter Hochmeister des → Deutschen Ordens, verwandelte auf Luthers Rat den Ordensstaat 1525 in ein weltl. Erbherzogtum unter poln. Lehnsoberhoheit; führte die Reformation ein; Stifter der Univ. Königsberg.

Albrecht, Ernst, *1930, Politiker (CDU), 1976-90 MinPräs. von Niedersachsen.

Albstadt, Stadt in Bad.-Württ., 45900 Ew.

Albulapaß, in Graubünden, 2312 m hoch, vom Rheintal ins Ober-Engadin **(Albulabahn).**

Album [lat.] das, -s/Alben, Sammelbuch für Lichtbilder, Briefmarken u.a.

Albumine [lat.] Mz., Gruppe von Eiweißkörpern. → Eiweiß. **albuminös,** eiweißhaltig.

Albuquerque ['ælbəkə:kı], Stadt in New-Mexiko, USA, 342000 Ew., 2 Univ., Mittelpunkt der Kern- und Raumfahrtforschung.

Albuquerque [albʊk'ɛrke], Afonso de, portugies. Eroberer, *zw. 1445 und 1462, †1515; seit 1510 Statthalter Ostindiens, eroberte Goa, Malakka, Ormuz.

Alcantara, Handelsname eines Kleiderstoffs aus Kunstfaser, Wildledercharakter.

Alcázar [arab.] der, Schloß, Feste (Spanien).

Alchemie, Alchimie [arab.] die, im MA. die mit magischen Vorstellungen durchflochtene experimentelle Beschäftigung mit chem. Stoffen.

Älchen, Sammelbez. für mehrere Arten von Fadenwürmern, z.B. das Rübenälchen. Viele Ä. sind Kulturpflanzenschädlinge, andere Insektenschmarotzer.

Aldan der, rechter Nebenfluß der Lena in O.-Sibirien, 2273 km lang.

Aldebaran [arab.] der, Stern (1. Größe) im Sternbild des Stiers, mit stark rötlichem Licht.

Aldegrever, Heinrich, Maler, Kupferstecher, Goldschmied, *Paderborn 1502, †nach 1555.

Aldehyde, Ez. **Aldehyd** der, ⚗ organ. Verbindungen, die durch Oxidation von Alkoholen entstehen; meist flüchtige, farblose Flüssigkeiten. **A.-Harze,** durch alkal. Kondensation von A. entstehende Kunstharze für Farben und Lacke.

Alderman ['ɔ:ldəmən, engl.], Ratsherr.

Aldington ['ɔ:ldıŋtən], Richard, engl. Dichter, *1892, †1962; Vertreter der → Imagisten.

Aldobrandinische Hochzeit, röm. Wandgemälde nach hellenist. Vorbild, 1605 in Rom gefunden, dann im Besitz der Familie Aldobrandini, seit 1818 im Vatikan.

Aldosteron das, Hormon der Nebennierenrinde, regelt Elektrolythaushalt, Stickstoff- und Kohlenhydratstoffwechsel des Körpers.

Ale [eıl, engl.] das, obergäriges engl. Bier.

Alea iacta est [lat.], der Würfel (d.h. die Entscheidung) ist gefallen. Ausspruch Caesars.

aleatorisch [lat.], vom Zufall bestimmt.

Alemán, Mateo, span. Schriftsteller, *1547, †um 1614; Schelmenroman: »Guzmán«.

Alemannen Mz., dt. Stamm, aus versch. Stämmen an der Elbe hervorgegangen, um 213 ins Maingebiet abgewandert. Sie entrissen im 3.-5. Jh. den Römern SW-Dtl., das Elsaß und die Ostschweiz; um 500 von den Franken unterworfen. Aus ihrem Gebiet bildete sich das Hzgtm. → Schwaben. Später übertrugen Franzosen, Spanier u.a. den Namen der A. auf die Bewohner ganz Dtl.s (Allemagne).

Albrecht

Alembert [alãb'ɛ:r], d'A., Jean **le Rond,** frz. Naturwissenschaftler, *1717, †1783, gab mit Diderot die »Encyclopédie« heraus (35 Bände).

Alençon [alãsɔ̃], Hptst. des frz. Dép. Orne, 33300 Ew.; Leinwand-, Spitzenherstellung.

Aleph, 1) Anfangsbuchstabe des hebr. Alphabets. **2)** △ Formelzeichen für die Mächtigkeit einer Menge.

Aleppo, Haleb, Stadt in Syrien, 975000 Ew.; Textilindustrie. Mittelalterl. Zitadelle.

alert [frz.], **1)** lebhaft. **2)** wachsam.

Alessandria, Industrie- und Messestadt in Oberitalien, 96000 Ew.; Hüte, Maschinen.

Ålesund ['o:ləsyn], Hafenstadt, Fischerei- und Handelsplatz an der norweg. Westküste, 38000 Ew.

Aletschgletscher, der größte und längste (24,7 km) Gletscher der Alpen, an der Südseite der Jungfrau (Schweiz).

Aleuron [grch.] das, Kleber-Eiweiß aus fetthaltigen Pflanzensamen.

Aleuten Mz., vulkan. Inselgruppe zw. Beringmeer und Pazif. Ozean, gehört zu Alaska. Kein Baumwuchs, 17666 km², 8100 Ew. Fischerei. Entdeckt 1741 von V. Bering.

Alexander, Fürsten. Bulgarien. **1) A. I.,** Prinz von Battenberg, wurde 1879 Fürst von Bulgarien, mußte 1886 abdanken. – Jugoslawien. **2) A. I.,** König (1921-34), führte 1929 die Diktatur ein (bis 1931); wurde in Marseille ermordet. – Rußland. **3) A. I.,** Zar (1801-25), kämpfte 1805-07 mit Österr., Preußen gegen Napoleon, schloß dann ein Bündnis mit ihm. 1812/15 blieb er Sieger gegen Napoleon, wieder verbündet mit Preußen und Österreich (→ Freiheitskriege). 1815 stiftete er die Heilige Allianz. **4) A. II.,** Zar (1855-81), beendete 1856 den Krimkrieg und hob 1861 die Leibeigenschaft auf (»der Befreier«). **5) A. III.,** Zar (1881-94), begünstigte das Altrussentum und panslawist. Bestrebungen. – Serbien. **6) A. I.,** König (1889-1903), von Offizieren ermordet.

Alexander, Päpste, **1) A. III.** (1159-81), Gegner Friedrichs I. Barbarossa und Heinrichs II. von England. **2) A. VI.** (1492-1503), förderte Kunst und Wissenschaft, mißbrauchte die päpstl. Macht zur Versorgung seiner Kinder (Borgia).

Alexander der Große, König von Makedonien (336-323 v.Chr.), *356, †Babylon 323 v.Chr., Sohn Philipps II., erzogen von Aristoteles, begann nach der Befestigung seiner Herrschaft in Makedonien und Griechenland den Krieg gegen die Perser, schlug sie 334 am Granikos, 333 bei Issos, zog nach Ägypten, gründete 331 Alexandria, schlug Darius 331 vernichtend bei Gaugamela, eroberte die östl. Teile des Perserreichs und drang 327/25 bis

Alexander d. Gr. (Münze)

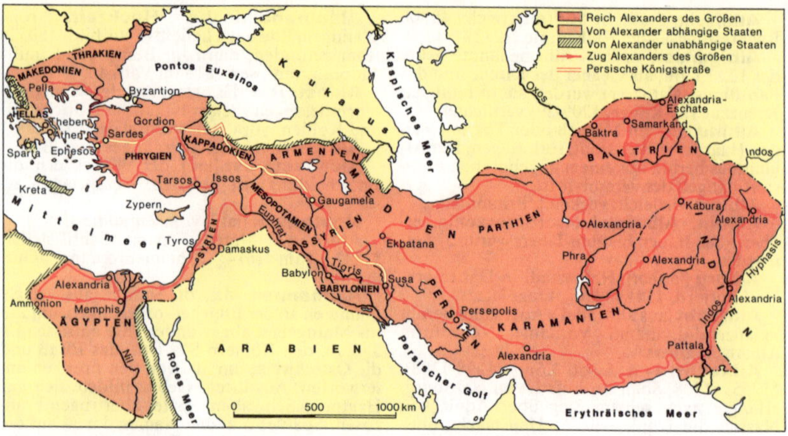

Alexanderreich

nach Indien vor. Seine Eroberungen eröffneten der grch. Kultur den Weg nach Vorderasien und Ägypten; damit begann das Zeitalter des Hellenismus. Nach seinem Tode zerfiel das Reich (→ Diadochen).

Alexanderschlacht, Mosaik aus Pompeji, das den Sieg Alexanders d. Gr. über Darius darstellt (Neapel, Nat. Mus.), kopiert nach einem Ende des 4. Jh. v. Chr. entstandenen grch. Vorbild.

Alexandrette, türk. Stadt, → Iskenderun.

Alexandria, zweitgrößte Stadt Ägyptens, 2,89 Mio. Ew., wichtigster Ein- und Ausfuhrhafen des Landes am äußersten Westende des Nildeltas; hat arab. Univ., Museum griechisch-ägypt. Altertümer, Museum für Meereskunde. Ⓖ A. wurde 331 v. Chr. durch Alexander d. Gr. gegründet; unter den Ptolemäern geistiger Mittelpunkt der hellenist. Welt **(Alexandrin. Zeitalter),** zur Zeit der Römer Weltverkehrsplatz, unter den Arabern (seit 641 n. Chr.) Verfall, erneuter Aufschwung im 19. Jh.

Alken: Papageientaucher

Alexandriner der, ein zwölfsilb., bei weibl. Ausgang dreizehnsilb. Vers mit einem Einschnitt (Zäsur) nach der 6. Silbe. Der A. ist in der klassischen frz. Dichtung beliebt. Beispiel:

Wenn's was / zu na / schen gibt,
sind al / le flugs / beim Schmau / se.
(Goethe)

Alexandrinische Bibliothek, Name der beiden von Ptolemaios I. Soter und Ptolemaios II. Philadelphos (283-246 v. Chr.) gegr. Bibliotheken in Alexandria.

Alexandrinische Theologenschule, christl. Theologenschule in Alexandria, 2. bis 5. Jh., versuchte christl. Glaubenslehre mit platon. und stoischen Gedanken zu begründen.

Alexis, Willibald, eigentl. Wilh. **Häring,** Schriftst., *1798, †1871; Begründer des histor. Romans (»Die Hosen des Herrn von Bredow«).

Alfa [arab.] die, Faserstoff, → Esparto.

Alfa Romeo, ital. Kfz.-Werk, Mailand.

Alfeld, Kreisstadt in Niedersachsen, an der Leine, 23 400 Ew.; Papier-, Korkwarenind.

Alfieri, Vittorio, Graf, größter ital. Tragödiendichter des 18. Jh., *1749, †1803.

Algerien

Alfons [span. aus ahd. Adalfuns, von adal »Adel« und funs »bereit«], männl. Vorname.

Alfons, 1) A. X., der Weise, König von Kastilien und León (1252-82), förderte Kunst und Wissenschaft. 1256 wurde er zum dt. König gewählt, konnte aber den Thron nicht einnehmen. **2) A. XIII.,** König von Spanien, *1886, †1941, ging nach dem republikan. Wahlsieg 1931 ins Exil.

Alfred [angelsächsisch aelf »Elf« und red »Rat«], männlicher Vorname.

Alfred der Große, angelsächs. König (871 bis 899) brach die Macht der dän. Wikinger in England, förderte Rechtspflege, Verwaltung, Schulen.

al fresco [ital.], → Freskomalerei.

Algazel, → Ghasali.

Algarve, Landschaft und hist. Prov. in Portugal, Distrikt Faso, Fremdenverkehr.

Algebra [arab.] die, Teil der Mathematik, urspr. die Lehre von den → Gleichungen, später die Strukturtheorie der Gruppen, Ringe, Körper u. a. Der von Gauß gefundene Fundamentalsatz der Algebra besagt, daß im Bereich der komplexen Zahlen jede Gleichung *n*-ten Grades genau *n* Lösungen hat. Die moderne A. untersucht die Strukturen mathemat. Mengen.

Algeciras [alxeθ'iras], span. Hafen am Golf von Gibraltar, 86 100 Ew. 1906 **Algeciras-Konferenz** über die Marokkofrage.

Algen [lat. »Seetang«] Mz., niedere blütenlose Pflanzen, meist im Wasser. Sie enthalten stets Blattgrün, auch andere Farbstoffe. Viele A. sind mikroskopisch klein, manche Meeres-A. dagegen sehr ansehnlich (Braunalgen bis 70 m). Untergruppen: **Grün-A.** (bes. im Süßwasser), **Rot-A.** (in großer Meerestiefe), **Braun-A.** (Tange), **Blau-A., Kiesel-A., Joch-A., Armleuchtergewächse.** (BILDER S. 21)

Algenpilze, niederste Klasse der Pilze. A. sind u. a. Erreger von Pflanzenkrankheiten und der Kopfschimmel auf Lebensmitteln.

Algerien, Rep. in N-Afrika, 2,382 Mio. km², 21,5 Mio. Ew.; Hptst.: Algier. A. ist volksdemokrat. Rep. mit Präsidialverf.; 31 Wilayate (Bezirke). ⊕ S. 482.

Im N steppenreiche, abflußlose Hochebene mit Salzsümpfen (Schotts), eingeschlossen vom küstenparallelen fruchtbaren Gebirgsland des Tell- und den Ketten des Sahara-Atlas (2328 m). Im S hat A. mit 85% der Staatsfläche Anteil an der Sahara. – BEVÖLKERUNG: Araber, Berber (Kabylen), daneben Europäer, Juden. Staatsreligion: Islam. Anbau: Getreide, Wein, Südfrüchte; Viehwirtschaft. ⚒ auf Erdöl, Erdgas, Eisenerz, Phosphate. Metall-, Baustoffind. Ausfuhr: Erdöl, Erze, Wein, Datteln, Oliven. Haupthandelspartner: Frankreich. – Ⓖ A. war seit dem 16. Jh. ein mohammed. Seeräuberstaat, wurde 1830-47 von den Franzosen erobert. Das Streben nach Unabhängigkeit führte 1954 zum Aufstand gegen Frankreich. 1962 wurde die Unabhängigkeit A.s proklamiert. Ben Bella, Führer der Aufständischen, wurde 1962 MinPräs., 1963 Staatspräs., 1965 von Boumedienne gestürzt (1976-78 Staatspräs.). Staatspräs.: B. Chadli; MinPräs. K. Merbah (seit 1988).

Algier ['alʒir], Hptst. Algeriens, 2,16 Mio. Ew.; Univ., archäolog. Museum, Zitadelle.

Algol [arab.] der, Doppelstern 3. Größe im Perseus.

ALGOL, Abk. für engl. **algo**rithmic **l**anguage, eine → Programmiersprache.

Algonkin Mz., indian. Sprachfamilie in N-Amerika.

Algonkium, ✤ für → Proterozoikum.

Algorithmus, durch Regeln festgelegter Rechenvorgang, der eine zyklisch sich wiederholende Gesetzmäßigkeit aufweist.

Alhambra [arab. »die Rote«] die, Schloß der maur. Herrscher, in Granada, Spanien, im islam. Stil (13./14. Jh.).

Alhambra: Löwenhof

Alianza Popular Revolucionaria Americana, APRA, sozialist., proindian. Bewegung in mehreren südamerikan. Staaten, von dem peruan. Politiker V. R. Haya de la Torre 1924 gegr.

alias [lat.], sonst, mit anderem Namen.

Alibi [lat. »anderswo«] das, **Alibibeweis,** ⚖ Nachweis der Abwesenheit am Tatort zur Tatzeit.

Alicante, Hafenstadt in Spanien, am Mittelmeer, 251 400 Ew.; Ausfuhr von Wein u. a.

Alice Springs ['ælıs sprıŋz], größte Siedlung Zentralaustraliens, 16 500 Ew.

Aligarh, Stadt im Staate Uttar Pradesh, Indien, 320 000 Ew., bed. Festung, alte Moschee, muslim. Univ.; Textil-, Metallind.

Alimente [lat. »Nahrungsmittel«] Mz., Unterhaltsbeiträge, bes. für nichtehel. Kinder.

a linea [lat.], mit Absatz oder neuer Zeile beginnend. **Alinea** das, neue Zeile, Absatz.

aliphatische Verbindungen [grch.], organ. Verbindungen, die sich nur von offenketligen Kohlenwasserstoffen ableiten. Ggs.: aromat. Verbindungen.

Alişar Hüyük [-ʃ'ar -], kleinasiat. Ruinenhügel östl. von Ankara, das hethit. **Ankura;** Ausgrabungen.

ALITALIA, staatl. ital. Luftverkehrsges.

alitieren, alumetieren, ⊙ eine aluminiumhaltige Schutzschicht auf Eisen- und Stahlgegenständen durch Glühen in Aluminium erzeugen.

Alizarin das, Krapprot, Farbstoff der Krappwurzel, künstlich aus Anthracen gewonnen.

Alkaios, grch. Lyriker um 600 v. Chr., Zeitgenosse der Sappho; Kampf-, Liebeslieder.

Alkalien [arab.], Ez. **Alkali** das, Hydroxide und Carbonate der Alkalimetalle.

Alkalimetalle, Lithium, Natrium, Kalium, Rubidium, Cäsium, Francium.

Alkaloide, Ez. **Alkaloid** das, ☜ Pflanzenbasen, meist giftig; beeinflussen Gehirn und Rückenmark, dienen als Arzneimittel. Wichtigste A.: Chinin, Coffein, Cocain, Morphin, Nikotin, Strychnin.

Alkalose die, Anhäufung basischer Stoffe im Blut. – Ggs.: **Azidose.**

Alkannawurzel, Wurzel der Färberochsenzunge des östl. Mittelmeerbereichs; dient zum Rotfärben.

Alken Mz., gesellig lebende Tauchvögel nord. Felsküsten; die rückgebildeten Flügel dienen als Ruder. (BILD S. 20)

Alkene, Ez. **Alken** das, -s, **Olefine, Alkylene,** die ungesättigten Kohlenwasserstoffe mit n Atomen Kohlenstoff und 2n Atomen Wasserstoff. Sie enthalten eine Kohlenstoff-Doppelbindung, die sie bes. reaktionsfähig macht. Einfachste Vertreter sind Äthen (Äthylen), Propen (Propylen), Buten.

Alkestis, Alkeste, grch. Sage: Gemahlin des Königs Admetos, starb, um ihn vom Tode zu retten, freiwillig für ihn; sie wurde von Herakles aus dem Hades (Unterwelt) befreit.

Alkibiades, athen. Staatsmann und Feldherr, *um 450, †404 v. Chr.; veranlaßte den unglücklichen Feldzug nach Sizilien, schlug die Spartaner im Peloponnes. Krieg 411 bei Abydos, 410 bei Kyzikos.

Alkinoos, grch. Sage: König der Phäaken, Vater der Nausikaa, Gastfreund des Odysseus.

Alkmaar, alte Stadt in den Niederlanden, nördl. von Amsterdam, 74 000 Ew.; Metall-, Möbelind., Käsehandel.

Alkmaioniden, mächtiges athen. Adelsgeschlecht, Gegner der Peisistratiden.

Alkmene, grch. Sage: Gemahlin des Amphitryon, durch Zeus Mutter des Herakles.

Alkohol [arab.] der, **Äthylalkohol,** wird meist durch Gärung von zuckerhaltigen Flüssigkeiten hergestellt (Spiritusbrennerei). Der A. des Handels enthält stets Wasser. Durch Kalk wasserfrei gemachter A. heißt **absoluter A.** A. ist eine wasserhelle, leicht entzündl. Flüssigkeit, brennt mit bläulicher, wenig leuchtender Flamme, siedet bei 78,5 °C, erstarrt bei –114 °C. A. wird als Lösungsmittel für viele Stoffe, zur Herstellung von Teerfarben, Lakken, Firnissen, zur Beleuchtung und bes. für → alkoholische Getränke verwendet.

Alkoholblutprobe, → Blutprobe.

alkoholische Getränke. Alkoholgehalt bei:

	Gew.-%		Gew.-%
Bier	2-4	Rotwein	8-12
Exportbier	4-6	Schaumwein	9-12
Apfelwein	5	Dessertwein	10-20
Weißwein	6-15	Likör	25-45 Vol.-%
Obstwein ..	8-11	Branntwein	30-80 Vol.-%

Der Genuß a. G. ist über den Erdball verbreitet. Ihre Verträglichkeit ist individuell sehr verschieden; auch kleine Mengen können schaden. Besonders groß sind die Gefahren im Verkehr.

Alkoholismus, → Alkoholvergiftung.

Alkoholverbot, → Prohibition.

Alkoholvergiftung, Alkoholismus. Rausch- und Trunkenheitszustand, der mit gesundheitl. Störungen einhergeht und oft ärztl. Hilfe notwendig macht. Die **chronische A., Trunksucht,** begünstigt Leber- und Nierenerkrankungen, kann zu dauernden Geistesstörungen führen. Behandlung: Entziehungskur mit individueller medikamentöser und psychotherapeutischer Nachsorge. Die **akute A.** nach übergroßem Alkoholgenuß kann zum Tod führen.

Alkoven [arab.] der, fensterloses Nebengemach eines Zimmers, Bettnische.

Alkuin, *um 730, †804, Angelsachse,

Algen

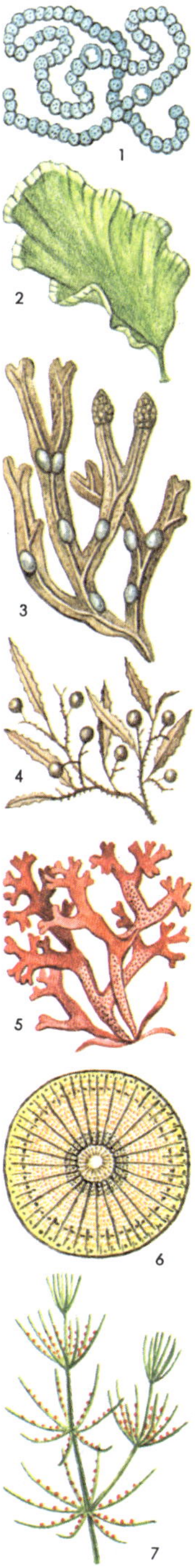

Algen: 1 Gallertalge: Nostoc (Blaualge); **2** Meersalat (Grünalge); **3** Blasentang; **4** Beerentang (3 und 4 Braunalgen); **5** Knorpeltang (Rotalge); **6** Kieselalge: Arachnoidiscus; **7** Armleuchteralge bedeutender Ratgeber und Mitarbeiter Karls d. Gr.

Alkyl das, ⚗ einwertiger Kohlenwasserstoffrest C_nH_{2n+1}, z. B. Methyl CH_3, Äthyl C_2H_5, Propyl C_3H_7.

Alkyone die, **1)** Stern im Sternbild des Stiers, zugleich der hellste der Plejadengruppe. **2)** grch. Sage: Gemahlin des Keyx; wegen ihrer Trauer um dessen Tod in einen Eisvogel verwandelt.

alla breve [ital.], ♩ schneller ²⁄₂-Takt mit den Halben als Zählzeichen.

Allah [arab.], islam. Name Gottes.

Allahabad, Stadt in N-Indien, am Ganges, 616 100 Ew.; Univ.; Wallfahrtsort der Hindu.

Allais [alɜ], Maurice, frz. Wirtschaftswissenschaftler, *1911; Nobelpreis 1988 für Forschungen zur Theorie des Marktes.

Alldeutscher Verband, 1891 gegr. überparteil. polit. Verband mit nationalist. Zielen; nach 1918 Bedeutungsverlust; aufgelöst 1939.

Allee die, von Baumreihen eingefaßte Straße.

Allegheny [ˈælɪgenɪ], **1)** nördl. Quellfluß des Ohio in N-Amerika. **2)** Gebirge, Teil der → Appalachen.

Allegorie die, Gleichnis; Verbildlichung unanschaul. Begriffe in Dichtung und Kunst, z. B. der Tod als Sensenmann. **allegorisch,** gleichnishaft.

allegretto [ital.], ♩ mäßig schnell.

allegro [ital.], ♩ freudig, lebhaft. **Allegro** das, schneller Satz eines Musikstücks.

Alleinerzieher, Bez. für die alleinstehenden Mütter und Väter.

Allemande [almˈɑ̃d, frz.] die, langsamer Tanz des 16./18. Jh.; ♩ Satz der Suite.

Allen [ˈælən], Woody, amerikan. Regisseur und Schauspieler, Film »Der Stadtneurotiker«.

Allenstein, poln. **Olsztyn** [ɔlʃtin], Hptst. der poln. Wwschaft A., an der Alle, 147 100 Ew., Schloß des Dt. Ordens. Ehem. Krst. in O-Preußen.

Allentown [ˈælɪntaʊn], Stadt in Pennsylvania, USA, 104 000 Ew.; Eisen- und Stahlindustrie.

Alleppey [əlˈepɪ, engl.], Hafenstadt in Kerala, Indien, 160 100 Ew.

Altar: Kanzelaltar (Weilar, um 1740)

Aller die, rechter Nebenfluß der Weser, 260 km lang, entspringt westl. Magdeburgs.

Allergie die, teils angeborene, teils erworbene Überempfindlichkeit gegen bestimmte Stoffe **(Allergene)**; so wird Heufieber durch Pollen, Bronchialasthma oft durch Staubarten hervorgerufen. **Allergische Krankheiten (Allergosen)** sind auch manche Hautkrankheiten (z. B. Ekzem) und Magen-Darm-Störungen. Die **alimentäre A.** ist auf Nahrungsmittel (z. B. Erdbeeren), die **Arzneimittel-A.** auf Medikamente (z. B. Penicillin) zurückzuführen.

Allergiepaß, eine Art Personalausweis, eingetragen Überempfindlichkeiten sowie durchgemachte allerg. Krankheiten.

Allerheiligen, Fest der kath. Kirche zum Gedächtnis aller Heiligen (1. November).

Allerheiligstes, 1) Kath.: die Hostie nach der Wandlung. **2)** Jüd.: Raum der Stiftshütte, später des Tempels mit der Bundeslade.

Allerseelen, kath. Fest zum Gedächtnis der Verstorbenen (2. November).

Allgäu das, Alpen- und Voralpenland östl. vom Bodensee, umfaßt Teile von Schwaben, Vorarlberg und Tirol; wald- und wiesenreich, Viehzucht, Milchverarbeitung. Mittelpunkt: Kempten; Fremdenverkehr (Oberstdorf).

Allgemeine Elektricitäts-Gesellschaft, Berlin-Frankfurt a. M., führendes Unternehmen der dt. elektrotechn. Industrie, gegr. 1883, 1967 nach Eingliederung der Telefunken AG Umfirmierung in AEG-Telefunken, 1981 Neugliederung, seit 1985 Dt. Bank Mehrheitsaktionär.

Aloe

Allia die, antiker Name des Fosso di Bettina (Nebenfluß des Tibers). 387 v. Chr. Sieg der Gallier unter Brennus über die Römer.

Allianz [frz.] die, Bündnis.

Allianz für Deutschland, zur Volkskammerwahl 1990 geschlossenes Wahlbündnis von CDU, Demokrat. Aufbruch (DA) und Dt. Sozialer Union (DSU); errang 192 Sitze.

Allier [aljˈe] der, schiffbarer linker Nebenfluß der Loire, in Frankreich, 375 km lang.

Alligator der, -s/toren, Familie der Krokodile in N-Amerika und China. Die Bauchhaut liefert Leder.

Alliierte, Verbündete; im 1. und 2. Weltkrieg die gegen das Dt. Reich verbündeten Mächte.

Alliteration [neulat.] die, → Stabreim.

Allmende die, Teil der Gemeindeflur (Wald, Weide), der gemeinsam benutzt wird.

allo..., grch. Vorsilbe: anders, fremd...

Allod das, freies Eigengut im Unterschied zum Lehens- oder Staatsgut.

Allonge [alˈɔ̃ʒ, frz.] die, Anhang; bei Schriftstücken, bes. Wechseln, ein angeklebtes Blatt Papier als Verlängerungszettel. – **A.-Perücke,** große Perücke des 17. Jh. (BILD S. 25)

allons! [alˈɔ̃, frz. »gehen wir!«], vorwärts!

Allons, enfants de la patrie! [alɔ̃z ɑ̃fɑ̃dəlapatri:], Anfang der → Marseillaise.

Allopathie die, ♡ übl. arzneil. Behandlung i. Ggs. zur → Homöopathie.

Allotria [grch.], unnütze Dinge, Unfug.

Allotropie die, Eigenschaft chem. Elemente, in versch. Zuständen **(allotropen Modifikationen)** aufzutreten, z. B. Kohlenstoff als Diamant und Graphit.

allright [ɔ:lrˈaɪt, engl.], alles in Ordnung!

allround [ɔ:lrˈaʊnd, engl.], allseitig. **Allroundman** [mæn], vielseitig Beschlagener.

Allschwil, Gem. im Halbkanton Basel-Land, Schweiz, 18 500 Ew.; Apparate- und chem. Ind.

Allstromgerät, elektr. Gerät, das mit Gleich- oder Wechselstrom betrieben werden kann.

Allüren [frz.] Mz., Benehmen.

Alluvium [lat. »das Angeschwemmte«] das, ⚘ Bez. für **Holozän.**

Alm, Alpe, die, Weideland im Gebirge über der Getreidegrenze, z. T. mit einfachen Baulichkeiten, Sennereibetrieb. Die A. werden im Sommer bewohnt **(Alm-, Sennzeit), Almfahrt** im Frühling und **-abfahrt** im Herbst festlich begangen.

Alma [lat. »Segenspendende«], weibl. Vorname.

Alma-Ata, Hptst. der Kasach. SSR, 1,09 Mio. Ew.; Univ., Hochgebirgs-Eisstadion.

Almadén [-ðen], span. Bergwerksstadt, 9500 Ew.; reichste Quecksilberminen der Erde.

Almagro, Diego de, span. Konquistador, *1475, †(ermordet) 1538, eroberte zus. mit Pizarro Peru, 1535-37 Chile.

Alma mater [lat. »nahrungspendende Mutter«], Hochschule, Universität.

Almanach [arab.] der, Jahrbuch; urspr. Kalender mit belehrenden Beigaben.

Almansor, → Mansur.

Almería, span. Hafenstadt am Mittelmeer, 141 000 Ew.; Ausfuhr von Erzen, landwirtschaftl. Erzeugnissen; Fischereistandort; Flughafen, Solarkraftwerke.

Almohaden Mz., islam. Sekte, auch die sie leitende maurisch-span. Dynastie (1147-1269).

Almoraviden Mz., islam. Sekte, auch die sie leitende maurisch-span. Dynastie (1036 bis 1147).

Almosen das, milde Gabe.

Almenrausch der, die Alpenrose → Rhododendron. (BILD Alpenpflanzen I)

Aloe die, Gattung staudiger, dickblättriger Liliengewächse, bes. in den Steppen S-Afrikas. Der Saft dient als Abführmittel.

Alp der, → Alb.
Alp die, → Alb, → Alm.
Alpaka das, → Lama.
Alpakka das, → Neusilber.
Alpen Mz., das höchste Gebirge Europas, zieht in weitem Bogen vom Golf von Genua bis zur Donau bei Wien, rd. 1200 km lang, 150 bis 250 km breit. Die höchsten Erhebungen (Montblanc 4810 m, Monte Rosa 4634 m) liegen im W; höchste Gipfel der Ost-A.: Bernina 4049 m, Ortler 3899 m, Großglockner 3797 m; höchster dt. Gipfel ist die Zugspitze (2963 m). Die A. sind nur noch wenig vergletschert, größter Gletscher ist der Aletschgletscher. Schneegrenze: Randgebiete: 2500-2600 m, im Inneren 2800-3100 m ü. M.
EINTEILUNG: Eine Linie Bodensee-Rhein-Splügen-Comer See teilt die A. in **Ost-** und **West-A.** Von N nach S: Nördl. Kalk-A., kristalline Zentral-A. (Granit, Gneis, Schiefer), Südl. Kalk-A. (fehlen in den West-A., sind in den Dolomiten stark ausgeprägt). – Die A. entstanden im Tertiär durch Faltung, Heraushebung und Überschiebung (Deckengebirge).
KLIMA: Geringere Mitteltemperatur als im nördl. Vorland; in größeren Höhen auch geringere Jahresschwankung. Wärmster Monat August, kältester Februar; im S mediterraner Einfluß. Örtl. Besonderheiten: Berg- und Talwinde, Föhn. Jährl. Niederschläge bis 3000 mm.
GEWÄSSER: Die A. gehören zu den Hauptstromgebieten von Rhône, Rhein, Donau und Po; einige Flüsse fließen direkt zum Ligur. oder Adriat. Meer. Seen sind im N: Vierwaldstätter See, randlich Bodensee, Zürichsee und Genfer See; im S: Lago Maggiore, Luganer See, Comer See, Gardasee; viele kl. Hochseen.
PFLANZEN- UND TIERWELT: Zw. Schnee- und Waldgrenze (1500-2200 m) Matten mit → Alpenpflanzen, abwärts Krummholzgürtel, Laubwald und Getreidebau (1000-1500 m), auf den wärmsten Talböden Walnuß, Edelkastanie, Wein. – Kennzeichnend für die Tierwelt sind, über der Baumgrenze lebend, Murmeltier, Gemse, Steinbock, Steinadler, Schneehuhn.
VERKEHR: Viele Längs- und Quertäler sowie zahlreiche Pässe machen die A. zu einem der wegsamsten Gebirge der Erde. Wichtige Straßen führen über die Pässe: Großer St. Bernhard, Simplon, St. Gotthard, Splügen, Stilfser Joch, Reschenscheideck, Brenner, Semmering; Straßentunnels durch den Montblanc, San Bernardino, Gr. St. Bernhard, Arlberg, die Felber Tauern, St. Gotthard. Wichtige Bahntunnels: Mont Cenis, Simplon, Lötschberg, St. Gotthard, Semmering, Hohe Tauern, Arlberg; Bahnlinie über den Brenner.
WIRTSCHAFT: Haupterwerbszweige: Viehzucht (Almwirtschaft), Holzverarbeitung; Akkerbau nur in den Tälern, Weinbau nur im S. Bergbau wird bes. in den Ost-A. betrieben (Kohle, Salz, Steinbrüche, Zement, Blei-, Zink-, Eisen-, Kupfer-, Silber-, Magnesit- und Graphitvorkommen). Die Wasserkraftnutzung wird stark ausgebaut. Zahlreiche Solbäder, Mineralquellen und Thermen treten auf. Der Fremdenverkehr ist von großer Bedeutung. (BILD S. 25)
Alpendohle, kleiner gelbschnäbliger, rotfüßiger Rabenvogel der Hochgebirge.
Alpengarten, Felsgarten am natürl. Standort.
Alpenglöckchen, Primelgewächse mit violetten Glockenblüten, in den Alpen und höheren Mittelgebirgen **(Soldanelle, Troddelblume).** BILD Alpenpflanzen II
Alpenglühen, Widerschein des nach Sonnenuntergang auftretenden Purpurlichts an Fels- und Eisgipfeln.
Alpenpflanzen, dem Hochgebirge angepaßte Pflanzen. (Weitere BILDER S. 24)
Alpenrose, die Zwergalpenrose (BILD → Alpenpflanzen I), → Rhododendron.
Alpenveilchen, 1) purpurblütiges Primelgewächs **(Cyclamen),** wild wachsend. (BILD S. 25). **2)** Topfpflanze.
Alpenvereine, dienen der Erschließung (Wege- und Hüttenbau) und Erforschung (Schrifttum, Karten) der Bergwelt. **Deutscher A.,** gegr. 1869, wiedergegr. 1950, Sitz München; **Österreich. A.,** gegr. 1862, wiedergegr. 1950, Sitz Innsbruck; **Schweizer Alpen-Club,** gegr. 1863, Sitz Bern. Weltverband: **Union Internationale des Associations d'Alpinisme,** gegr. 1932.
Alpha, der 1. Buchstabe des grch. Alphabets. **A. und Omega,** Anfang und Ende.
Alphabet [nach der grch. Buchstabenreihe: Alpha, Beta ...], das Abc.
Alphastrahlen, α-Strahlen, von radioaktiven Atomkernen mit sehr großer Geschwindigkeit ausgestrahlte Heliumkerne **(Alphateilchen).** A. sind im magnet. Feld stark ablenkbar, rufen auf Zinksulfidschirmen Lichtblitze hervor und können in der Nebelkammer indirekt sichtbar gemacht werden. Das Alphateilchen besteht aus 2 Protonen und 2 Neutronen.
Alpheios der, größter, jedoch nicht schiffbarer Fluß der Peloponnes (Griechenland).
Alphorn das, Holzblasinstrument (bis 4 m lang).
alpin, die Alpen betreffend, wie in den Alpen.
Alpine Kombination, Skisport: Doppelwettbewerb (Abfahrtslauf, Slalom oder Riesenslalom).
Alpinismus, Alpinistik, 1) Alpenkunde. **2)** Hochgebirgsbergsteigen und seine Technik.
Alpirsbach, Stadt und Luftkurort im Kr. Freudenstadt, 6600 Ew.; ehem. Benediktinerkloster.
Alraun der, **Alraune** die, Wurzelstock des giftigen Nachtschattengewächses Mandragora, hat menschenähnl. Gestalt, gilt als Zauberpflanze, Liebes-, Glücksbringer.
Alsdorf, Industriestadt im Kr. Aachen, 46300 Ew.; Steinkohlenbergbau, Kunststoff-, chem. Ind.
Alse die, Heringsfisch in Nordsee, Mittelmeer, laicht in Flüssen.
Alsen, fruchtbare dän. Insel im Kleinen Belt, 315 km², 53000 Ew.; Hauptort Sonderburg. A. wurde 1864 preuß., 1920 dänisch.
Alsfeld, Stadt in Hessen, 16700 Ew.; mittelalterl. Fachwerkrathaus.
Alster die, rechter Nebenfluß der Elbe, erweitert sich in Hamburg seenartig zur **Außen-** und **Binnen-A.**
Alt der, linker Nebenfluß der Donau in Rumänien, 670 km lang.
Alt [ital. alto »hoch«] der, ♩ die tiefe Frauen- oder tiefe Knabenstimme; Umfang a (f) bis f''.
Altai der, innerasiat. Gebirge, in der Belucha 4506 m hoch, reich an Gold, Silber, Kupfer, Eisen.
Altamira, Höhle in der Prov. Santander, Spanien, mit altsteinzeitl. farbigen Felsbildern von Tieren der Eiszeit. (BILD S. 26)
Altan der, Söller, Balkon.
Altar der, -s/-äre, erhöhte Opferstätte; in christl. Kirchen anfangs ein Tisch, seit dem 4. Jh. oft mit Baldachin, seit dem 11. Jh. mit Aufsatz, später auch mit Flügeln **(Flügel-A.);** Mittelpunkt des Gotteshauses. (BILD S. 22)
Altarsakrament, → Eucharistie.
Altbier, → Bier.
altchristliche Kunst, → frühchristliche Kunst.
Altdorf, Hauptort des Kt. Uri, Schweiz, 8200 Ew.; Schauplatz der Tell-Sage.
Altdorfer, Albrecht, Maler, Kupferstecher, Meister der Donauschule, *um 1480, †1538; schuf das erste reine Landschaftsbild in der europ. Malerei. (BILD S. 24)

Alraun

Alpenpflanzen I
1 Almenrausch oder Alpenrose, **2** Stengelloser Enzian, **3** Edelweiß

Altdorfer: Donaulandschaft bei Regensburg

Alpenpflanzen II
1 Alpenglöckchen (Soldanelle), **2** Gletschermannsschild, **3** Himmelsherold, **4** Alpenleinkraut, **5** gelbes Hungerblümchen

Altena, Stadt in NRW, an der Lenne, 33 300 Ew.; Metall-, Radio-, Fernsehind.

Altenberg, ehem. Zisterzienserabtei (Bergischer Dom) im Berg. Land, NRW, Wallfahrtsort.

Altenburg, Krst. im Bez. Leipzig, 55 400 Ew., Ind.: Spielkarten, Elektrogeräte.

Altenburg, Wolfgang, General, *1928, 1983-86 Gen.-Inspekteur der Bundeswehr; 1986-89 Vors. des Militärausschusses der NATO.

alten Stils, Abk. **a. St.,** Zeitrechnung; → Kalender.

Altenteil, Ausgedinge, Leibgedinge, Leistungen, die zur Versorgung eines Bauern bei der Gutsübergabe auf Lebenszeit festgesetzt werden (z. B. Wohnung, Rente).

Alter. Über das A. von Menschen, Tieren und Pflanzen → Lebenserwartung. Zur rechtl. Bedeutung vgl. ÜBERSICHT S. 26.

Alter Bund, das Alte Testament.

alter ego [lat. »das andere Ich«], Freund.

Alter Herr, Abk. **A. H.,** im Beruf stehendes Mitglied einer student. Verbindung.

Altern, 1) der letzte Abschnitt in der Entwicklung der Lebewesen. Beim Menschen kommt es, indem die wachstumsfördernden Hormondrüsen ihre Tätigkeit einstellen, zu bestimmten Veränderungen: die Knochen werden brüchig, das Unterhautfett schwindet, die Oberhaut wird faltig, die Organe verlieren an Leistungsfähigkeit. Körperl. und geistige Kräfte nehmen ab **(Altersschwäche);** auch seel. Veränderungen können eintreten. – **Altersforschung (Gerontologie)** und **Altersheilkunde (Geriatrie)** dienen der Gesunderhaltung und der Vorbeugung von Altersschäden und -krankheiten. **2)** bei kristallisierten Stoffen, bes. Metallen, Änderungen im Kristallgefüge.

Alternativbewegung, seit den 70er Jahren verstärkt formierte Gegenbewegung zur polit., sozialen und kulturellen Ordnung sowie den Lebens- und Produktionsformen der Gesellschaft in den westl. Industrienationen.

Alternative die, Wahl zw. 2 Möglichkeiten. – Eigenschaftswort: **alternativ.**

Alternativenergie, jede zur Energieversorgung nutzbare, sich erneuernde Energie, z. B. Wind-, Gezeiten-, Sonnen-, geothermische Energie. Ggs. Kernenergie, Energie aus fossilen Brennstoffen.

Altersaufbau, die Gliederung einer Bev. nach Altersklassen.

Altersgrenze, das Lebensalter, in dem Beamte und Angestellte in den Ruhestand treten.

Alterspräsident, ältestes Mitglied eines Parlaments, das nach Neuwahlen bis zur Wahl des Präsidenten dessen Geschäfte führt.

Alterssichtigkeit, das Abnehmen der Akkommodationsfähigkeit des Auges, tritt etwa vom 45. Lebensjahr an als Folge des Starrwerdens der Linse in der Einstellung für das Sehen in der Ferne auf.

Alters- und Hinterlassenen-Versicherung, AHV, allg. verbindl. Volksversicherung in der Schweiz.

Altersversorgung. Über die A. bei Beamten → Ruhegehalt, für selbständig Tätige → Lebensversicherung, für Handwerker → Handwerkerversicherung, → Landwirt (Altershilfe), für versicherungspflichtige Arbeitnehmer → Rentenversicherung. – Zusätzlich zu den Leistungen der Sozialversicherung gewähren viele Unternehmen **betriebliche A.**

Altertum, die Zeit von den Anfängen schriftl. geschichtl. Überlieferung bis zum Ende des Weström. Reichs (476 n. Chr.). **Klassisches A., Antike,** die Zeit der Griechen und Römer. – **A.-wissenschaft, A.-kunde,** Erforschung und Darstellung der Kultur des A. – **Altertümer (Antiquitäten),** die aus dem A. eines Volkes stammenden Zeugnisse, bes. Kunstdenkmäler. (BILDER griechische, römische und etruskische Kunst)

Ältestenrat, ein Organ des Bundestags, das den Bundestagspräsidenten unterstützt.

Altes Testament, → Bibel.

Alte Welt, die Erdteile Asien, Afrika, Europa, i. Ggs. zu Amerika, der **Neuen Welt.**

Althee die, Gatt. der Malvengewächse; z. B. Eibisch; einige Arten sind Arzneimittel.

Althing das, Volksvertretung Islands (seit 930).

althochdeutsch, Abk. **ahd.,** älteste Stufe des Hochdeutschen, von etwa 750 bis 1100.

Altkatholiken, christl. Religionsgemeinschaft, trennte sich 1870 von der kath. Kirche

Altlasten, Bez. für ehem. Deponien, Aufschüttungen und oberflächl. Bodenschichten ehem. Ind.-Betriebe, die mit Schad- oder Giftstoffen versetzt sind.

Altlutheraner, → Lutherische Kirchen.

Altman ['æltmən], Sidney, kanad. Biochemiker, *1939; für weiterführende Forschungen zur Ribonucleinsäure 1989 mit T. R. Cvech Nobelpreis für Chemie.

Altmark, Landschaft im nördl. Teil des Bez. Magdeburg: Hauptort Stendal; ehem. Stammland Brandenburgs.

Altmühl die, linker Nebenfluß der Donau, 220 km, mündet bei Kelheim.

altnordisch, german. Sprachen Skandinaviens (mit Island und den Färöern) bis ins 15. Jh.; die Wurzel des A. ist das Urnordische; seit der Wikingerzeit (800-1050) in Ostnordisch (Schwedisch, Dänisch) und Westnordisch (Norwegisch, Isländisch) gegabelt.

altnordische Literatur im norweg.-isländ. Bereich die Dichtungsgattungen Eddalieder, Skaldendichtung und Saga; Blütezeit im 10./11., Aufzeichnung erst im 13./14. Jh.

Alto Adige ['a:didʒe, ital. »Oberetsch«], die ital. Prov. Bozen und Trient.

Altötting, Krst. in Oberbayern, im Inntal, 11 000 Ew.; Wallfahrtsort.

Altphilologe, Gelehrter oder Lehrer der grch. und lat. Sprache und Literatur.

Altpreußische Union, die evang. Kirche im Bereich des preuß. Staates vor 1866; seit 1953 heißt sie »Evang. Kirche der Union«.

Altruismus der, Selbstlosigkeit.

Altstätten, Stadt im Kt. St. Gallen, Schweiz, südl. vom Bodensee im Rheintal, 9500 Ew.; Stickerei, Holzbearbeitung.

Altsteinzeit, Paläolithikum, der älteste Abschnitt der Menschheitsgeschichte, begann mit dem Auftreten des Menschen am Ende des Tertiärs, dauerte bis zum Ende der Eiszeit. **Altpaläolithikum** (etwa 2 Mio. bis etwa 40000 v. Chr.): Pithecanthropus, Neandertaler; Vervollkommnung der Feuersteinwerkzeuge (Faustkeile, Klingen, Bohrer), Bestattung mit Beigaben, Tieropfer. **Jungpaläolithikum** (etwa 40000 bis etwa 8000 v. Chr.): erste Stufe des Homo sapiens; neue Werkstoffe: Knochen, Horn, Holz; Höhepunkt der Feuersteintechnik, Erfindung des Bogens und der Harpune; aus dem Jagdzauber erwuchs die Tierdarstellung (Höhlenmalereien in SW-Europa).

Altvatergebirge, tschech. **Hrubý Jeseník** [hr'ubi: j'ɛsɛnji:k], südöstl. Teil der Sudeten, bis 1492 m hoch.

Altweibersommer, Schönwetterlage im Frühherbst, charakterisiert u. a. durch das Auftreten von Spinnfäden, an denen sich junge Spinnen mit dem Wind forttragen lassen.

ALU, Abk. für **A**rithmetic and **L**ogic **U**nit, der Teil innerhalb der Zentraleinheit eines Computers, der zur Ausführung arithmet. und log. Operationen dient.

Aluminate, aluminiumhaltige Salze, die durch Auflösung von Aluminiumhydroxid in Alkalilaugen entstehen.

Aluminieren, das Aufbringen von Überzügen aus Aluminium z. B. durch Plattieren, Schmelztauchen, Metallspritzen, Aufdampfen oder Galvanisieren. Beim Aufdampfen im Vakuum können beliebige Materialien beschichtet werden.

Aluminium das, chem. Zeichen **Al,** chem. Element, silberweißes Leichtmetall, Atommasse 26,98, Schmelzpunkt 660°C, Siedepunkt 2467°C, Dichte 2,69. An der Luft ist A. infolge Bildung feiner, dichter Oxidhäute gut beständig; es ist schmied-, hämmer-, schweiß- und walzbar **(A.-Folien).** – A. ist das auf der Erde verbreitetste Metall, kommt aber nur in Verbindungen vor (Feldspat, Ton, Bauxit). Aus Bauxit wird nach versch. Verfahren **A.-Oxid** hergestellt, in geschmolzenem Kryolith gelöst und das A. durch Elektrolyse abgeschieden (hoher Bedarf an elektr. Strom). – Verwendung: rein und in Form von Legierungen im Geräte-, Fahrzeug-, Flugzeugbau, im Hoch- und Ingenieurbau, für Freileitungen, Verpakkungen u. v. a.

Alumnat das, Schülerwohnheim.

Alvarado [alβar'aðo], Pedro de, span. Konquistador in Kuba, Mexiko, Guatemala, *1485, †1541.

Alveole [lat. »Bläschen«] die, **1)** ♡ Zahnfächer in Kiefern. **2)** Lungenbläschen.

Alwegbahn [nach dem schwed. Industriellen **A. L. We**nner-Gren], Einschienenbahn.

Alwin [ahd. Adalwin; adal »edles Geschlecht«, wini »Freund«], männl. Vorname; weibl. **Alwine.**

Alzey, Krst. in Rheinl.-Pf., 15700 Ew.; Textil-, Möbel-, Maschinenind. Weinbau.

Alzheimer-Krankheit [nach A. Alzheimer], altersbedingte Hirnatrophie mit zunehmender Demenz.

Am, chem. Zeichen für Americium.

Amadis, Titelheld eines span. Ritterromans des 16. Jh., vielfach fortgeführt und übersetzt.

Amado, Jorge, brasilian. Schriftst., *1912; sozialkrit. und unterhaltende Romane.

Amagasaki, Stadt auf Honshu, Japan, 509000 Ew., Schwer-, chem. und Baumwollind.

Amalasuntha, Amalaswintha, Tochter Theoderichs d. Gr., nach dessen Tod (526) Regentin für ihren Sohn Athalarich, 535 ermordet.

Amalekiter Mz., Bibel: Nomadenstamm südwestl. vom Toten Meer, bekämpfte die Israeliten.

Amaler Mz., die Amelungen der Heldensage, ostgot. Herrschergeschlecht (bes. Theoderich d. Gr.), erlosch 536.

Alpen: Blick auf den Wilden Kaiser bei Going, Tirol

Amalfi, ital. Stadt am Golf von Salerno, 6400 Ew.; im frühen MA. Seehandelsstadt.

Amalgam das, ⚲ die Legierung eines Metalls mit Quecksilber; A. aus Zinn, Silber und Quecksilber für Zahnfüllungen.

amalgamieren, verschmelzen.

Amalie [german.], weibl. Vorname.

Amaltheia, grch. Sage: Nährmutter des Zeus, eine Nymphe oder Ziege; wurde unter die Sterne versetzt.

Amarant der, meist trop. Kräuter. **Garten-A., Fuchsschwanz,** mit purpurnem Blütenstand, **Papageifeder,** buntlaubig.

Amarelle die, Sauerkirsche.

Amarillo [æmər'ɪləʊ], Stadt in Texas, USA, 149000 Ew.; Erdgas- und Erdölfelder, chem. Ind., Zinkhütte.

Amarna, Tell el-Armarna, heutiger Name der Hptst. Amenophis' IV. in Mittelägypten, dem Sonnengott Aton geweiht (daher damals **Achet-Aton**), nach dem Tod des Königs verlassen. Freigelegt wurden Tempel, Paläste, Häuserblocks, ein Tontafelarchiv mit Briefen vorderasiat. Könige in Keilschrift; in einer Bildhauerwerkstatt fand man die Büste der Nofretete.

Allonge-Perücke

Amaryllis die, Pflanzengatt.; i. e. S. nur die Belladonnalilie, Zierpflanze. (BILD S. 26)

Amateur [-t'œ:r, frz.], **1)** Liebhaber, Nicht-Fachmann. **2)** Sportler, der den Sport ohne materiellen Gewinn betreibt. Ggs.: **Berufssportler.**

Amati, ital. Geigenbauerfam. in Cremona (16./17. Jh.): Andrea, Antonio, Girolamo, Nicola.

Amazonas, 1) Amazonenstrom, im Oberlauf **Marañon,** längster Strom Südamerikas (ohne Krümmungen 6518 km) mit dem größten Stromgebiet der Erde (7 Mio. km²), fließt von den Anden zum Atlant. Ozean; ⅘ der Länge sind schiffbar, von den über 200 Nebenflüssen sind etwa 100 befahrbar. **2)** größter Staat Brasiliens, 1564445 km² mit 1,45 Mio. Ew., Hptst. Manaus.

Amazonen, grch. Sage: krieger. Frauenvolk, kämpfte unter Penthesilea vor Troja.

Ambassadeur [ãbasad'œ:r, frz.] der, Botschafter.

Amber der, → Ambra.

Amberg, Krst. in der Oberpfalz, Bayern, 43300 Ew.; Bahnknoten; vielseitige Industrie.

Ambesser, Axel von, Deckname für A. von Österreich, Schriftst., *1910, †1988; Filmregisseur.

ambi..., Vorsilbe: beid..., doppel...

Alpenveilchen

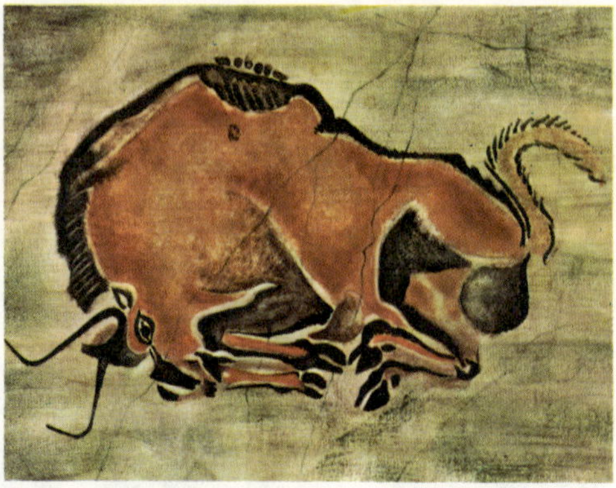

Altamira: ruhender Wisent

Ambiance [-ãs, frz.], **Ambiẹnte** [ital.], Umwelt, Umgebung.

Ambitiọn die, Ehrgeiz, Streben.

Ambivalẹnz die, Doppelwertigkeit.

Ambo der, Mz. **Ambonen,** in altchristl. Basiliken erhöhte Lesebühne vor den Chorschranken.

Ambo, Owạmbo, Volk der Bantu-Sprachgruppe in Angola und Namibia.

Amenophis IV.

Ambon, Molukkeninsel bei Ceram, Indonesien.

Amboß, 1) ⊙ stählerne Unterlage beim Schmieden. **2)** ♡ ♘ Gehörknöchelchen im Ohr.

Ambra das, **Amber** der, öliges Stoffwechselprodukt des Pottwals; Rohstoff in der Parfümindustrie.

Ambras, Schloß südöstl. von Innsbruck; der Hauptbestand der Kunst- und Handschriftensamml. (mhd. Epen) kam 1806 nach Wien.

Ambrọsia die, grch. Sage: Speise, verleiht den Göttern Unsterblichkeit (→ Nektar).

Ambrosiạna, Bibliothek und Gemäldegalerie in Mailand, Anfang des 17. Jh. gegr.

Ambrọsius, Kirchenvater, 374 Bischof von Mailand, förderte den Kirchengesang (danach in der Mailänd. Liturgie **Ambrosianischer Gesang**); Heiliger, Tag 7. 12.

ambulạnt [lat.], nicht ortsfest, wandernd. **ambulanter Gewerbebetrieb,** Straßen-, Hausierhandel. **Ambulạnz** die, Krankenwagen, Feldlazarett. **ambulatọrische Behandlung,** Sprechstundenbehandlung.

Amaryllis, Ritterstern

Ameisen, zu den Hautflüglern gehörige staatenbildende Insekten, rd. 6000 Arten; errichten kunstvolle Wohnbauten und sind weit verbreitet. Das A.-Volk besteht aus geflügelten Männchen und Weibchen (Königinnen) sowie den zahlenmäßig überwiegenden ungeflügelten rückgebildeten Weibchen (Arbeiterinnen), die Nestbau, Ernährung und Brutpflege besorgen. Die Nahrung bilden Kleintiere, Pflanzensäfte, Samen, ferner Saft von Blattläusen, die als »Haustiere« gehalten werden. Die A. verständigen sich durch gegenseitiges Betasten und bilden hochorganisierte Staaten. Die **Roten Wald-A.** vertilgen Schadinsekten. Die »A.-Eier« (verpuppte Larven) dienen als Vogel- und Fischfutter. **Weiße A.** → Termiten. (Weiteres BILD S. 27)

Ameisenbär, südamerikan. Säugetier, zahnlos mit langer Zunge und Grabkrallen, scharrt Ameisen und Termiten aus; mit Schwanz 2,50 m lang. (BILD S. 27)

Ameisengäste, mit Ameisen zusammenlebende Gliedertiere, z. B. Blattläuse.

Ameisenigel, stachelige Kloakentiere in Australien, Neuguinea, fressen Ameisen u. a.

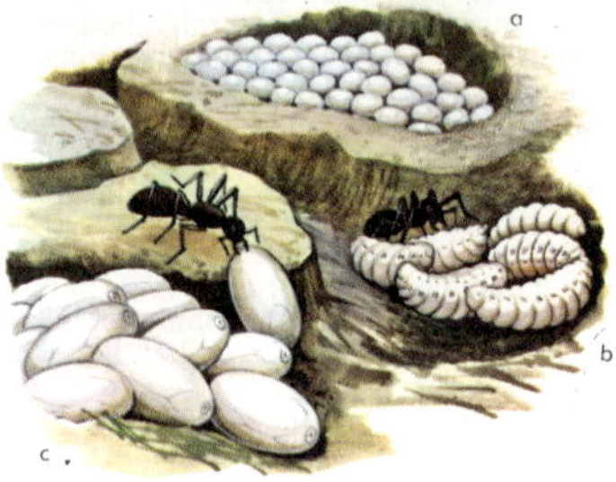

Ameisen: Entwicklungsstadien: a Eier, b Larven, c Puppen

Ameisenlöwe, Larve des libellenähnl. Netzflüglers **Ameisenjungfer,** lauert in selbstgegrabenen Sandtrichtern auf Ameisen.

Ameisenpflanzen, trop. Gewächse, die von Ameisen bewohnt werden; auch Pflanzen, an deren Verbreitung Ameisen beteiligt sind.

Ameisensäure, HCOOH, organ. Säure, Bestandteil des Ameisengiftes. Die Salze heißen **Formiate.** Konservierungsmittel.

Ạmeland, westfries. Insel der Niederlande.

Ameliẹ [grch.] die, das angeborene Fehlen aller Glieder bei Menschen und Tieren.

Ạmelungen Mz., die → Amaler.

Ạmen [hebr. »Ja, gewiß«], bibl. Bekräftigungsformel, von Christentum und Islam übernommen.

Amendemẹnt [amãdm'ã, frz.], Verf.-Recht: → Änderungsantrag. **Amendment**

Rechtliche Bedeutung der Lebensalter (Vollendung des jeweiligen Lebensjahres)

Geburt: Rechtsfähigkeit; Parteifähigkeit; Geschäftsunfähigkeit; Deliktsunfähigkeit.
7. Lebensjahr: beschränkte Geschäftsfähigkeit; bedingte Verantwortlichkeit für unerlaubte Handlungen.
12. Lebensjahr: keine Änderung des religiösen Bekenntnisses gegen den Willen des Kindes.
14. Lebensjahr: Beginn der strafrechtl. Verantwortlichkeit; eigene Entscheidung über religiöses Bekenntnis.
16. Lebensjahr: Eidesfähigkeit; Testierfähigkeit; Mindestalter für Führerschein Kl. 4 und 5; Pflicht zum Besitz eines Personalausweises.
18. Lebensjahr: aktives und passives Wahlrecht in der Bundesrep. Dtl., Volljährigkeit, Ehefähigkeit; Ende der elterlichen Sorge; volle Geschäftsfähigkeit; Prozeßfähigkeit; Wehrpflichtbeginn; Ende der Unterhaltspflicht für nichteheliche Kinder; Mindestalter für Führerschein Kl. 1 und 3; Volljährigkeit und aktives und passives Wahlrecht (Dt. Dem. Rep.); in einigen wenigen Kantonen der Schweiz aktives und passives Stimm- und Wahlrecht.
19. Lebensjahr: Volljährigkeit und aktives Wahlrecht in Österreich.
20. Lebensjahr: Volljährigkeit, aktives und passives Wahlrecht in der Schweiz.
21. Lebensjahr: volle Straffähigkeit als Erwachsener; Mindestalter für Führerschein Kl. 2.
25. Lebensjahr: Todeserklärung wegen Verschollenheit möglich; Mindestalter für Adoption; passives Wahlrecht in Österreich.
35. Lebensjahr: Wählbarkeit als Staatspräs. der Dt. Dem. Rep.; Wählbarkeit als Bundespräs. von Österreich; in der Schweiz Mindestalter für Adoption.
40. Lebensjahr: Wählbarkeit als Bundespräs. (Bundesrep. Dtl.).
45. Lebensjahr: Ende der Wehrpflicht für Mannschaften.
60. Lebensjahr: Ende der Wehrpflicht für Unteroffiziere und Offiziere. Rentenalter für Frauen.
65. Lebensjahr: Altersgrenze für Beamte (schon ab 63 möglich); Rentenalter für Männer (schon ab 63 möglich).

[əm'endmənt, engl.], USA: Verbesserungs- oder Ergänzungsvorschlag zu einem Gesetz; Zusatzartikel zur Verfassung.

Amenophis, ägypt. **Amenhotep,** 4 ägypt. Könige des 2. Jahrtsds. v. Chr.; der bedeutendste war A. IV. (Echnaton), 1364-47 v. Chr. (BILD S. 26)

Amenorrhöe [grch.] die, Ausbleiben der Menstruation.

American Broadcasting Company [əm'erıkən br'ɔ:dkæstıŋ k'ʌmpənı], → ABC.

Americium, chem. Zeichen **Am,** künstl. hergestelltes radioaktives Element, ein → Transuran.

Amerika [nach Amerigo Vespucci], die beiden Erdteile → Nordamerika und → Südamerika, die als Neue Welt der Alten Welt gegenübergestellt werden und durch die Land- und Inselbrücke → Mittelamerika miteinander verbunden sind. A. liegt zw. Atlant. und Pazif. Ozean und reicht vom äußersten N (Kap Murchison auf der Halbinsel Boothia, 72° n. Br.) bis zum äußersten S (Kap Froward in Patagonien, fast 54° s. Br.) über 14 500 km, einschl. der beiderseits vorgelagerten Inselgruppen sogar über 15 500 km mit einer Fläche von mehr als 42 Mio. km². Es erstreckt sich über alle Klimazonen der Erde (mit Ausnahme der antarkt.). Nord- und Süd-A. haben fast die gleiche Breite von 5000 km. Bezeichnend für den Bau des Doppelkontinents sind der auf der W-Seite durchlaufende Zug erdgeschichtlich junger Hochgebirge, auf der O-Seite alte Rumpfgebirge, in der Mitte große Tafel- und Stromtiefländer. Nur im äußersten N tritt A. über die Beringstraße näher an Asien und, über Grönland und Island, an Europa heran. Im S kommt A. dem Südpolarkontinent am nächsten.

Ameisenbär

Über BEVÖLKERUNG und WIRTSCHAFT → Nordamerika, → Mittelamerika, → Südamerika.

Ⓖ A. wurde um 1000 n. Chr. durch Normannen entdeckt (→ Vinland), vielleicht auch schon im 6. Jh. durch irische Mönche (St. Brendan): die eigentl. Erschließung für Europa begann 1492 mit Kolumbus. Bald danach setzte die Gründung von Kolonien ein. Im 16. Jh. war A. zunächst span. und portugies. Kolonialgebiet, erst im 17. Jh. folgten andere westeurop. Mächte (vor allem nach Nord-A.). Franzosen setzten sich in Kanada und im Mississippigebiet, Engländer an der Antlantikküste fest. In dem langen Ringen um die Vorherrschaft blieben die Engländer 1763 Sieger über die Franzosen, verloren jedoch durch den amerikan. Unabhängigkeitskampf (1775-83) außer Kanada alle Kolonien, die sich zum Bundesstaat der USA zusammenschlossen.

Im 19. Jh. schüttelten auch die span. und portugies. Kolonien in Süd-A. (Latein-A.) die Herrschaft ihrer Mutterländer ab und bildeten eigene Freistaaten. – Die USA stiegen im

Ameisenlöwe: links Fangtrichter; rechts ausgebildetes Insekt, Ameisenjungfer

19. Jh., gestützt auf die → Monroe-Doktrin und den Panamerikanismus, zur polit., im 20. Jh. auch zur wirtschaftl. Vormacht in A. auf. Die von ihnen nach dem 2. Weltkrieg betriebene panamerikan. Politik führte zu Beistandspakten gegen jeden Angriff von außen, zur Errichtung eines Schiedsgerichts für Streitfragen und zur Zusammenarbeit in Zoll- und Wirtschaftsfragen.

Amerika-Häuser, Informationszentren und Bibliotheken der USA zur Pflege kultureller Beziehungen im Ausland.

Amerikanerreben, Rebsorten aus Amerika, widerstandsfähig gegen Reblaus.

amerikanische Literatur, → nordamerikanische Literatur, → lateinamerikan. Literatur.

Amerikanismus der **1)** Eigentümlichkeiten der engl. Sprache in Nordamerika. **2)** nordamerikan. Reformbewegung der Kath. Kirche des 19. Jh.s.

Amerikanistik, 1) Erforschung der Geschichte und Kultur Amerikas in vorspanischer Zeit. **2)** die Wissenschaft von der Sprache und Literatur Nordamerikas.

Amersfoort, Stadt in der niederländ. Prov. Utrecht, 88 500 Ew.; Tabak, Baumwolle.

Amethyst [grch.] der, violette bis purpurrote Schmucksteinvarietät vom Quarz.

Amfortas, bei Wolfram von Eschenbach der König der Grals, Parzivals Oheim.

Amhara, 1) äthiop. Landschaft um den Tanasee. **2)** herrschender Stamm der Äthiopier.

Amide, Ez. **Amid** das, ⊙ Verbindungen, bei denen ein oder mehrere Wasserstoffatome des Ammoniaks durch organische Säurereste ersetzt sind, z. B. **Acetamid,** $CH_3CO \cdot NH_2$.

Amiens [amj'ɛ̃], Hptst. des frz. Dép. Somme, 136 000 Ew.; got. Kathedrale; Textilind., Univ.

Ämilische Straße, Via Aemilia, vom Konsul Marcus Aemilius Lepidus 187 v. Chr. angelegte Römerstraße von Rimini nach Piacenza.

Amine, Ez. **Amin** das, ⊙ organ. Basen, gebildet durch Ersatz von Wasserstoffatomen des Ammoniaks durch Alkyle oder Aryle.

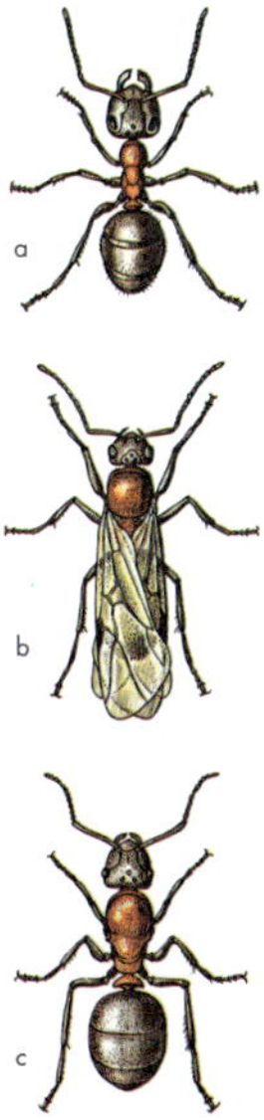

Ameisen: Rote Wald-A., a Arbeiterin, b Männchen, c Weibchen

Amethyst

Amiens: Kathedrale

Ammanati: Brunnen in Florenz

Aminoplaste Mz., härtbare Kunstharze und Preßmassen auf der Grundlage von Formaldehyd und organ. Verbindungen mit Aminogruppen. Wegen der Gefahren durch Formaldehyddämpfe ist ihre Produktion rückläufig.

Aminosäuren, organ. Säuren, bei denen an Kohlenstoff gebundene Wasserstoffatome durch die Aminogruppe $-NH_2$ ersetzt sind. A. sind lebensnotwendig; diejenigen, die nicht im Körper synthetisiert werden können, müssen mit der Nahrung aufgenommen werden **(essentielle A.).**

Amman, Hptst. Jordaniens, 684000 Ew.

Amman, Jost, schweizer. Graphiker in Nürnberg, *1539, †1591. Holzschnitte zur Bibel sowie für das Leben der Zeit aufschlußreiche Holzschnittillustrationen.

Ammann [Amtmann], Beamter, bes. Bezirks- oder Gemeindevorsteher in schweizer. Kantonen.

Amme, Frau, die ein fremdes Kind stillt.

Ammenzeugung, ein → Generationswechsel.

Ammer die, im Unterlauf **Amper,** linker Nebenfluß der Isar, durchfließt den **Ammersee.**

Ammern die, Singvogelgattung, mit Garten- (Ortolan), Grau-, Goldammer.

Ammon, Amun, Götterkönig und Reichsgott der alten Ägypter.

Ammon

Ammoniak, NH_3, farbloses Gas von stechendem Geruch, entsteht in der Natur bei der Verwesung organ. Stickstoffverbindungen (Geruch in Ställen!), technisch als Nebenprodukt bei der Stadtgas- und Koksgewinnung **(A.-Wasser),** synthetisch aus Luftstickstoff und Wasserstoff (Haber-Bosch-Verfahren). A. läßt sich durch Druckanwendung leicht verflüssigen (bei 20°C etwa 8,5 at), es siedet bei −33,5°C mit großem Wärmeverbrauch und wird deshalb in Kältemaschinen verwendet. Gasförmiges A. ist sehr leicht löslich in Wasser **(Salmiakgeist).** A. dient zur Herstellung von Düngemitteln, Salpetersäure, Harnstoff.

Ammoniakvergiftung, durch Einatmen oder Trinken von Salmiakgeist. ERSTE HILFE: Zitronensaft, verdünnter Essig, Arzt rufen.

Ammoniten Mz., **Ammonshörner,** Ende der Kreidezeit ausgestorbene Kopffüßer mit spiraliger Kalkschale.

Ammoniten

Ammoniter, A.T.: semit. Volk östl. des Jordans.

Ammonium, NH_4, ⚗ Atomgruppe, Radikal, das als selbständiges Molekül nicht auftritt, vertritt in Salzen die Stelle eines einwertigen Metalls (A.-Salze).

Amnestie [grch.] die, ⚖ allg. Begnadigung.

amnesty international ['æmnəstɪ ɪntən'æʃnl, engl.], Abk. **ai,** internat. Hilfsorganisation, gegr. 1961; betreut Menschen, die aus polit. oder relig. Gründen in Haft sind, versucht Freilassung oder Strafmilderung zu erwirken, 500000 Mitgl. in über 150 Ländern. Friedensnobelpreis 1977.

Amnion [grch.] das, **Schafhaut,** die Hülle, die der Embryo der höheren Wirbeltiere **(Amnioten)** während seiner Entwicklung um sich bildet.

Amöben [grch.] Mz., mikroskop. kleine Einzeller aus der Klasse der Wurzelfüßer, von veränderl. Gestalt **(Wechseltierchen).** Der Körper bildet lappenartige Fortsätze, Pseudopodien, die zur Fortbewegung dienen und die Nahrung umfließen. Die meisten A. leben im Süßwasser, einige als Schmarotzer im Darm **(Amöbenruhr).** (BILD S. 29)

Amoklaufen, plötzl. Geistesstörung mit sinnloser Angriffs- und Mordwut; zuerst bei malaiischen Eingeborenen beobachtet.

Amor [lat.] der, der altröm. Liebesgott.

Amorbach, Stadt im RegBez. Unterfranken, Bayern, 4300 Ew.; Luftkurort im Odenwald; ehem. Benediktinerabtei mit Barockkirche.

Amoriter, 1) nach 2000 v.Chr. auftauchende Bevölkerungsschicht Babyloniens. **2)** kanaanäischer Kleinstaat in Syrien-Palästina (Amarna- und Ramessidenzeit, etwa 1350-1250 v.Chr.).

amoroso [ital.], ♩ zärtlich, innig.

amorph [grch.], gestaltlos; Ggs. kristallinisch.

Amortisation [lat. »Ertötung«] die, planmäßige Tilgung einer langfristigen Schuld (z.B. Hypothek). **amortisieren,** allmählich tilgen.

Amos, israelit. Prophet um 750 v.Chr., verkündete den Untergang Israels.

Amour [am'u:r, frz.] die, Liebe, Liebling; **Amouren** Mz., Liebschaften.

Amoy, amtl. **Xiamen,** südchines. Hafenstadt, gegenüber der Insel Taiwan, 350000 Ew.; Univ.; Fischverarbeitung.

Ampel die, hängende Lampe oder Behälter, Verkehrsampel.

Ampère [ãp'ɛ:r], André Marie, frz. Mathematiker, Physiker, *1775, †1836, entdeckte die elektrodynam. Erscheinungen. Nach ihm benannt das **Ampere,** Abk. **A,** Einheit der elektr. Stromstärke: die Stärke eines zeitlich unveränderl. Stroms durch 2 parallele lange Leiter im Vakuum, die im Abstand von 1 m eine Kraft von $2 \cdot 10^{-7}$ Newton je Meter Länge der Doppelleiter aufeinander ausüben. **Amperemeter,** Gerät zum Messen eines elektr. Stroms. **Amperesches Gesetz,** parallele und gleichgerichtete elektr. Ströme ziehen sich an, parallele, aber entgegengesetzt gerichtete stoßen sich ab.

Ampex-Verfahren, Handelsname eines magnet. Aufzeichnungsverfahrens für Fernsehsignale, bei dem die Aufzeichnungsspuren senkrecht zur Laufrichtung des Bandes liegen.

Ampezzo, Tallandschaft der Dolomiten.

Ampfer der, artenreiche Gattung der Knöterichgewächse mit Rispen oder Trauben unscheinbarer Blütchen. **Großer** und **Kleiner Sauerampfer** enthalten Oxalsäure.

amphi... [grch.], doppel..., beid..., zwei...; herum... **Amphibolie** die, Zweideutigkeit, Vieldeutigkeit eines Begriffs.

Amphibien [grch. »Doppellebige«; im Wasser und auf dem Land], Ez. **Amphibium** das, -s, die → Lurche. **A.-Fahrzeug,** schwimmfähiges Straßenfahrzeug.

Amphibole [grch.] Mz., verbreitete, in Prismenform kristallisierende Mineralien.

Amphiktyonie die, im alten Griechenland ein kultisch-polit. Verband der »Umwohner« eines großen Heiligtums.

Amphitheater in Pompeji

Amphitheater [grch.] das, im Röm. Reich Theater für Tier- und Gladiatorenkämpfe mit ellipt. Arena und rundum angeordneten Sitzreihen.
Amphitrite, grch. Sage: Gemahlin des grch. Gottes Poseidon, Königin des Meeres.
Amphitryon, grch. Sage: König von Tiryns; Gemahl der Alkmene.
Amphora [grch.] die, -/...phoren, großes Tongefäß mit 2 Henkeln. (BILD Vasen)
Amplitude [lat.] die, ⊠ Schwingungsweite.
Amplitudenmodulation, → Modulation.
Ampulle [lat.] die, **1)** bauchiges Gefäß. **2)** kleines Glasgefäß mit leicht abzufeilendem Hals für keimfreie Arzneiflüssigkeiten.
Amputation [lat.] die, ♡ operatives Entfernen eines verletzten oder kranken Körperteils. Zeitw. **amputieren.**
Amritsar, Stadt im Pandshab, Indien, 589 200 Ew.; Wallfahrtsort der Sikhs.
Amrum, dt. Nordseeinsel, eine der Nordfries. Inseln; Seebäder Wittdün und Norddorf.
Amsberg, Jonkheer Claus von, Prinz der Niederlande, *1926, 1961-65 im dt. diplomat. Dienst; ⚭ 1966 mit der niederländ. Thronfolgerin Beatrix.
Amsel, Schwarzdrossel, Singvogel, Männchen schwarz mit gelbem Schnabel, Weibchen braunschwarz.
Amselfeld, Gebirgsbecken im südl. Jugoslawien. – Auf dem A. siegten die Türken 1389 über die Serben, am 19. 10. 1448 über die Ungarn.
Amsterdam, Hptst. (nicht Reg.-Sitz) der Niederlande, 675 300 Ew.; 2 Univ., Akad. der Künste, Kernforschungsinstitut; Reichsmuseum, Reichsmuseum Vincent van Gogh, Städt. Museum, Rembrandthaus; reich an Grachten; Handels- und Stapelplatz, bes. für Tabak, Kaffee, Tee, Kakao, Reis, Kautschuk, Erdöl; Chemie-, Metallind.
Amstetten, Bezirksstadt in Niederösterreich, an der Ybbs, 22 000 Ew.; Stein-, Holz-, Metall-, Hut- und chem. Industrie.
Amt, dauernd bestimmter Aufgabenkreis im Dienst anderer. **1)** i. e. S.: **öffentl. Amt,** der nach der Zuständigkeit abgegrenzte Geschäftsbereich der Staatsgewalt oder Selbstverwaltung. **2)** Behörde oder deren Sitz. **3)** **Amtsbezirk,** Verwaltungseinheit.
Amtmann, Beamter des gehobenen Dienstes (z. B. Justizamtmann).
Amtsanmaßung, unbefugte Ausübung eines öffentl. Amtes, strafbar.
Amtsanwalt, Vertreter der Staatsanwaltschaft beim Amtsgericht.
Amtsarzt, der Leiter eines Gesundheitsamtes, ein Medizinalbeamter.
Amtseid, Diensteid, Eid, den das Staatsoberhaupt, Minister, Beamte, Soldaten vor Dienstantritt leisten.
Amtsgeheimnis, Dienstgeheimnis, Verpflichtung zur Verschwiegenheit in Amtsangelegenheiten (→ Berufsgeheimnis).
Amtsgericht, → Gerichtswesen, ÜBERSICHT.
Amtshaftung, Verantwortlichkeit eines Beamten für die Gesetzmäßigkeit seiner Handlungen. Neben oder an Stelle des Beamten haften der Staat oder die Körperschaft.
Amtsrat, Rangstufe über dem → Amtmann.
Amtsvergehen und **Amtsverbrechen,** die strafrechtlich, nicht nur dienststrafrechtlich, zu ahndenden Verletzungen der Amtspflicht.
Amtsvormundschaft, staatlich geregelte Vormundschaft; wird i. d. R. vom Jugendamt ausgeübt.
Amudarja der, Fluß in Turkestan, 2540 km lang, fließt vom Pamir zum Aralsee.
Amulett [lat.] das, ein Gegenstand, der Dämonen, Unglück oder Gefahren abwenden soll.
Amundsen, Roald, norweg. Polarforscher, *1872, verschollen 1928 im Nördl. Eismeer, entdeckte 1903-06 die Nordwestl. Durchfahrt, 1911 den Südpol, überflog 1926 den Nordpol.
Amur der, Hauptstrom Ostsibiriens, 4400 km lang, im Mittellauf Grenze zw. der UdSSR und der Mandschurei (China), zu deren Umgehung die Russen 1908-16 die **Amurbahn** bauten.
amusisch, ohne Kunstverständnis.
Amygdalin das, Glucosid in bitteren Mandeln und manchen Obstkernen, Zersetzungsprodukt u. a. Blausäure.
Amylalkohol, ⊙ $C_5H_{11}OH$, Hauptbestandteil des Fusels, für techn. Lösungsmittel.
Amylase die, stärkeabbauendes Enzym der Bauchspeicheldrüse und im Mundspeichel.
an..., Vorsilbe in Fremdwörtern: → a...
ana... [grch.], Vorsilbe in Fremdwörtern: svw. wieder..., z. B. **Anabaptist,** Wiedertäufer.
Anabasis [grch.] die, Name der Feldzugsberichte von Xenophon über Kyros d. J. und von Arrian über Alexander d. Gr. Beide wichtige Quellen der jeweiligen Zeit.
Anabiose [grch.] die, Wiederaufleben aus todähnl. Trocken- oder Kältestarre.
Anabolika, anabole Steroide, den Eiweißaufbau des Körpers fördernde, sich von den Androgenen ableitende synthet. Arzneimittel, im Sport Dopingmittel.
Anachoret [grch. »zurückgezogen«] der, christl. Einsiedler im Altertum.
Anachronismus [grch.] der, **1)** Fehler in der Zeitrechnung. **2)** etwas, das nicht in die Zeit paßt.
Anadyr, Strom in NO-Sibirien, entspringt im A.-Gebirge, mündet in das Bering-Meer.
anaerob, ohne Luft (Sauerstoff). → aerob.
Anaeroben [grch.] Mz., Lebewesen, die keinen Luftsauerstoff zum Atmen brauchen, z. B. Hefen, viele Bakterien, Würmer im Darm.
Anaglyphenverfahren [Kw. grch.], Raumbildverfahren, in der Photogrammetrie für räuml. Darstellung des Geländes oder dreidimensionaler Gebilde angewandt.

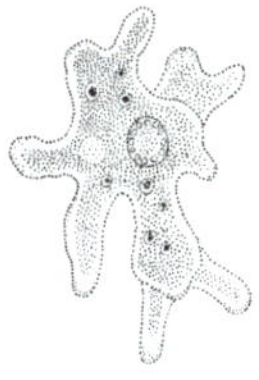

Amöben: A. proteus

Amsterdam

Amundsen

Amsterdam: Montalbaanturm

Anagramm [grch.] das, Buchstabenversetzung, um ein neues Wort, Decknamen oder Rätsel zu bilden.

Anakoluth [grch.] das, die veränderte Fortsetzung oder Unterbrechung eines Satzgefüges.

Anakonda die, südamerikan. Riesenschlange.

Anakreon, grch. Dichter, † um 500 v. Chr.; schrieb Trink- und Liebeslieder. **Anakreontiker,** dt. Dichter des 18. Jh., die A. nachahmten (Gleim, Uz).

anal [lat.], den After betreffend.

Ana|leptika [grch.] Mz., → Anregungsmittel.

An|algesie [grch.] die, Schmerzlosigkeit.

An|algetika [grch.] Mz., schmerzstillende Mittel.

analog [grch.], **1)** entsprechend, gleichartig. **2)** übertragbar, sinngemäß anwendbar. **3)** ähnlich.

Analog-Digital-Wandler, A-D-Wandler, Einrichtung zum Umsetzen analoger in digitale Signale, z. B. in Computern oder Übertragungssystemen.

Analogie [grch.] die, Ähnlichkeit, Entsprechung zw. versch. Erscheinungen. ⚖ Die sinngemäße Anwendung eines Rechtssatzes auf einen vom Gesetz nicht geregelten Tatbestand. – Im **A.-Schluß** werden aus der Ähnlichkeit zweier Dinge in bestimmten Punkten Folgerungen auf ihre Ähnlichkeit in anderen gezogen; kein zuverlässiges Beweismittel.

Analogrechner, eine Rechenanlage, die die Rechengrößen durch kontinuierl. veränderl. physikal. Größen wie Längen, Winkel, Ströme darstellt.

Analphabet [grch.] der, des Lesens und Schreibens unkundiger Mensch.

Analyse [grch. »Auflösung«] die, Zerlegung, Auflösung. **1)** LOGIK: Auflösung eines Begriffs in seine wesentl. Merkmale; Ggs.: Synthese. **2)** ⚗ **qualitative A.,** Ermittlung der Bestandteile einer chem. Verbindung oder eines Gemenges; **quantitative A.,** Ermittlung der Mengen der Bestandteile einer chem. Verbindung. **analysieren,** auflösen, zerlegen.

Analysis, Teilgebiet der Mathematik, umfaßt Infinitesimalrechnung, Funktionentheorie, Differential- und Integralgleichungen.

analytische Geometrie, Teilgebiet der Mathematik: geometr. Gebilde werden punktweise durch Zahlen (Koordinaten) festgelegt, die zw. diesen bestehenden Beziehungen durch Gleichungen ausgedrückt.

analytisches Drama. Das Bühnengeschehen des a. D. umfaßt nur die letzten Auswirkungen, die Katastrophe; die eigentl. Handlung liegt vor seinem Beginn und enthüllt sich im Laufe des Spiels, z. B. in Schillers »Braut von Messina«.

Anämie [grch.] die, zu geringer Gehalt des Blutes an roten Blutkörperchen oder Blutfarbstoff (»Blutarmut«); → perniziöse Anämie.

Anamnese [grch. »Erinnerung«] die, ♡ die Vorgeschichte einer Krankheit.

Ananas

Ananas die, trop. Gewächs aus Mittelamerika, fleischige, wohlschmeckende Frucht; Hauptanbaugebiete: Hawaii, Brasilien, Taiwan u. a.

Anapäst [grch.] der, dreisilbiger Versfuß, aus zwei kurzen und einer langen Silbe, z. B. »in der Kunst« (◡◡–́).

Anapher [grch.] die, eindrucksteigernde Wiederholung am Anfang mehrerer Satzglieder; z. B. »Das Wasser rauscht, das Wasser schwoll.«

Anaphylaxie [grch.] die, ♡ Überempfindlichkeit des Körpers gegen körperfremdes Eiweiß, das nicht durch den Darm aufgenommen, sondern parenteral einverleibt wird.

Anarchie [grch.] die, Herrschafts-, Gesetzlosigkeit.

Anarchismus, polit. Ideologie, die die Beseitigung des Staates sowie jeder Zwangsordnung und die unbeschränkte Freiheit des einzelnen und freigebildeter Gruppen erstrebt. Der **individualist. A.** fordert unbeschränktes Privateigentum und ist meist Gegner der Gewaltanwendung (Godwin, Proudhon); für Gewalt war Stirner. Der **kollektivist. A.** tritt für Kollektiveigentum (Bakunin, Kropotkin) und für Attentate und Sabotage ein. Im 20. Jh. entstand, bes. in Frankreich, Italien, Spanien, der **Anarcho-Syndikalismus** (→ Syndikalismus).

ANAS, Abk. für Azienda Nazionale Autonoma delle Strade Statali, ital. staatl. Organisation, der die Staatsstraßen unterstehen.

Anästhesie [grch.] die, ♡ → Betäubung. – **Anästhesiologie,** Lehre von der Schmerzbetäubung.

Anastigmat [grch.] der, opt. Linsensatz, frei von → Astigmatismus und Farbfehlern.

Anastomose [grch.] die, ♡ Querverbindung zweier Blutgefäße; bewirkt Blutversorgung von mehreren Stellen her.

Anatas, TiO_2, Titandioxid, → Titan.

Anathema [grch.] das, Bannspruch der kath. Kirche gegen Ketzer. (→ Kirchenbann)

Anatolien [türk. »Morgenland«], Kleinasien.

Anatomie [von grch. »aufschneiden«] die, **1)** Lehre vom äußeren und inneren Bau der Lebewesen (Menschen, Tiere, Pflanzen). **Mikroskop. A.:** Lehre von den Zellen und Geweben. Die **systemat. A.** erforscht die Bestandteile des Körpers. Sie gliedert sich in Knochen- und Knorpellehre, Muskel-, Bänder-, Gefäß-, Nerven-, Eingeweidelehre und Lehre von den Sinneswerkzeugen. Die **topographische A.** beschreibt die Körpergegenden und -teile nach ihrer Lage, unter Berücksichtigung der Bedürfnisse des Arztes. Die **vergleichende A.** vergleicht den Bau aller tier. Wesen, Grundlage der wissenschaftl. Tierkunde. **2) A., anatom. Institut,** Lehr- und Forschungseinrichtung an Hochschulen.

Anaxagoras, grch. Philosoph, *um 500, †428 v. Chr., sah in der Vernunft die verursachende Kraft alles erkennbaren Seins.

Anaximander, grch. Philosoph, *611, †um 546 v. Chr.; schrieb als erster ein philosoph. Werk: Dinge entstehen in Gegensätzen aus dem Grenzenlosen (Apeiron) und vergehen wieder in ihm.

Anaximenes, grch. Philosoph, im 6. Jh. v. Chr., Schüler des Anaximander, dessen »Grenzenloses« er mit der Luft gleichsetzte.

Anchorage ['æŋkərɪdʒ], größte Stadt und wichtigstes Handelszentrum des Staates Alaska, USA, 227 000 Ew.; Flughafen.

Anchovis, Sardelle, ein Heringsfisch; auch Bez. für filetierte Sprotte.

Ancien régime [ãsj'ɛ̃ reʒ'i:m, frz.] das, alte Regierungsform, bes. das absolutistisch regierte Frankreich vor 1789.

Ancona, ital. Hafenstadt am Adriat. Meer, 106 300 Ew.; Flugplatz, Schiffbau, Zuckerind.

Andalusien, Landschaft im S Spaniens, im W fruchtbares Tiefland am Guadalquivir, im O vom **Andalus. Gebirge** (3481 m) durchzogen. Die Andalusier, deren Aussehen, Sprache und Sitten arab. Einfluß zeigen, bauen Weizen, Oliven, Wein, Südfrüchte, Korkeichen, Baumwolle und Zuckerrohr an; Schaf-, Pferde- und Kampfstierzucht. Erzlager: Eisen, Kupfer, Blei, Zink. Wichtigste Städte: Sevilla, Córdoba, Granada, Almería, Málaga.

Andamanen Mz., Inseln zw. Birma und Indien, bilden mit den Nikobaren das ind. Unionsterritorium, **A. und Nikobaren,** 8120 km^2, rd. 190 000 Ew. Ausfuhr: Kopra. – Ureinwohner: Negritos, fast ausgestorben.

andante [ital. »gehend«], ♩ mäßig langsam. **Andante** das, mäßig langsamer Satz eines Tonstücks. **Andantino** das, ein kurzes Andante.

Andechs, Wallfahrtsort in Oberbayern, 2600 Ew., Benediktinerkloster.

Anden Mz., die südamerikan. → Kordilleren.

Andermatt, Höhenkurort in der Schweiz, 1350 Ew., 1444 m ü. M., an der Gotthard-, Furka- und Oberalpstraße.

Andernach, Stadt in Rheinl.-Pf., 26500 Ew.; Schwemmsteinind.

Andersch, Alfred, Schriftsteller, *1914, †1980; Hörspiele; Romane »Sansibar oder der letzte Grund«, »Die Rote«, »Winterspelt«, »Flucht in Etrurien« u. a.

Andersen, Hans Christian, dän. Dichter, *1805, †1875. Kindermärchen (»Des Kaisers neue Kleider«, »Die Prinzessin auf der Erbse«, »Däumelinchen« u. a.)

Andersen-Nexø, Martin, dän. Schriftst., *1869, †1954, schildert in seinen Romanen die soziale Not (»Pelle der Eroberer«).

Anderson ['ændəsn], **1)** Maxwell, amerikan. Dramatiker, *1888, †1959; desillusionist. Stücke. **2)** Sherwood, amerikan. Erzähler, *1876, †1941; wegweisend für die Kurzgesch.

Änderungsantrag, Amendement, Antrag im Parlament zur Änderung eines Gesetzentwurfs.

Andischan, Gebietshptst. in der Usbek. SSR, 267000 Ew.; Verkehrszentrum; Erdöl-, Erdgaslager, Maschinenbau.

Andorra, Rep. in den östl. Pyrenäen, 453 km², 47000 Ew.; Hauptort: Andorra la Vella. A. steht unter der Oberherrschaft Frankreichs und des span. Bischofs von Urgel. Viehzucht, Fremdenverkehr. ⊕ S. 490.

Andragogik die, Lehre von der Erwachsenenbildung.

Andrássy ['ɔndra:ʃi], Julius, Graf, *1823, †1890, 1867-71 ungar. MinPräs., 1871-79 österr.-ungar. Außenmin., schloß den Zweibund.

Andreas, Apostel (Tag 30. 11.), Schutzpatron Rußlands, Bruder des Petrus, wurde nach der Legende an einem schrägen Kreuz gekreuzigt (**A.-Kreuz,** BILD KREUZ).

Andreas-Salomé, Lou, Schriftstellerin, *1861, †1937; Romane, Erzählungen, Essays.

Andreotti, Giulio, *1919, ital. Politiker (Democrazia Cristiana), 1972-73 und 1976-79, wiederum 1989 MinPräs.

Andres, Stefan, realist. Erzähler und Lyriker, *1906, †1970; »Wir sind Utopia«; »Die Sintflut«.

Andrić ['andritsj], Ivo, serb. Dichter, *1892, †1975, Romane, Erz. aus der Gesch. Bosniens; Nobelpreis für Literatur 1961.

Androgene Mz., männl. Geschlechtshormone.

androgyn [grch.], mann-weiblich, zwitterig.

Andromache, grch. Sage: Gattin Hektors.

Andromeda, 1) grch. Sage: Königstochter, zur Besänftigung des Götterzornes einem Meerungeheuer preisgegeben, Perseus befreite und heiratete sie. **2)** ☆ nördl. Sternbild, mit dem **A.nebel,** dem nächsten Sternsystem.

Andros, nördlichste Kykladeninsel.

Androsteron [grch.], männl. Geschlechtshormon; Umwandlungsform des Testosteron.

Andrzejewski [andʒə-], Jerzy, poln. Schriftsteller, *1909, †1983; Romane »Asche und Diamant« u. a.

Äneas, grch. Sage: trojan. Held, flüchtete nach dem Fall Trojas, erreichte nach Irrfahrten, die Vergil in der **Äneis** schildert, Italien.

Anekdote [grch.] die, kurze, heitere, auch scharf charakterisierende Erzählung über eine histor. Persönlichkeit oder Begebenheit.

Anemometer, Gerät zur Messung der Windgeschwindigkeit, mit zusätzl. Registriereinrichtung als **Anemograph** bezeichnet.

Anemone die, Gatt. Hahnenfußgewächse; darunter einheim. Frühlingsblumen, z. B. das weiß-rötlich blühende **Buschwindröschen.**

Anerbenrecht das, bäuerl. Erbfolge. Das Gut soll ungeteilt auf einen Erben übergehen.

Anerkenntnis, ⚖ **1)** Erklärung des Beklagten im Zivilprozeß, daß der Anspruch des Klägers berechtigt sei. **2)** vertragl. Anerkennung eines bestehenden Schuldverhältnisses (Schuld-A.).

Anerkennung, 1) Privatrecht: Zugeständnis, daß ein Rechtsverhältnis besteht. A. unterbricht die Verjährung (§ 208 BGB). **2)** Völkerrecht: Bereitschaft eines Staates, mit einem neuen Staat Beziehungen aufzunehmen.

Aneroid [grch.] das, → Barometer.

Aneto, Pico de A., höchster Gipfel der Pyrenäen, 3404 m, im Maladetta-Massiv.

Aneurin, das Vitamin B_1.

Aneurysma [grch.] das, örtlich begrenzte Erweiterung einer Arterie oder der Herzwand.

Anfechtung, 1) Versuchung. **2)** ⚖ Herbeiführen der Unwirksamkeit einer Willenserklärung (z. B. Kaufvertragsangebot, Testament), wenn diese durch Irrtum, Täuschung oder Drohung zustande gekommen ist.

Anfrage, 1) Ersuchen von Abgeordneten an die Regierung um Auskunft über bestimmte Tatsachen: **Mündliche A., Kleine A., Große A. 2)** in der Datenverarbeitung das Abrufen von Information aus Datenbanken.

Angara die, Nebenfluß des Jenissej, kommt aus dem Baikalsee, 1779 km lang.

Angarsk, 1948 gegr. Stadt in O-Sibirien, UdSSR, 254000 Ew., Asphaltbeton-, Eisenbeton-, Elektromaschinenwerk, Holzverarb.

Angebot, 1) Vorschlag (zur Hilfeleistung). **2)** Gesamtheit der zum Verkauf auf den Markt gebrachten Güter. Ggs.: Nachfrage.

Angehöriger, Verwandter oder Verschwägerter. Im Strafrecht sind A. Verwandte oder Verschwägerte auf- und absteigender Linie, Adoptiv- und Pflegeeltern und -kinder, Ehegatten, Geschwister und deren Ehegatten sowie Verlobte.

Angeklagter, ⚖ Beschuldigter, gegen den die Eröffnung des Hauptverfahrens beschlossen ist.

Angel Fall ['eɪndʒəl fɔ:l], der höchste Wasserfall der Erde, Fallhöhe 978 m, Venezuela.

Angelfischerei, Angeln, der Fischfang mit der Handangel; **Wurfangeln** (für Forellen, Lachse) haben eine biegsame, zusammenlegbare **Angelrute,** eine **Schnur** aus Seide oder Kunstfaser, den durch Köder getarnten **Angelhaken** und das **Vorfach** (lösbare Verbindung zw. Haken und Schnur). – **Schleppangeln** verwendet man für Haie, Schwert- und Thunfische. – Hauptarten der A.: Grund-, Fliegen- und Blinkerfischerei.

Angelico [andʒ'e:liko], Fra, ital. Maler, *um 1401/02, †1455, Künstler der Frührenaissance. (BILD italienische Kunst)

Angeln Mz., german. Stamm in Schleswig; danach Landschaft zw. Schlei und Flensburger Förde (Ost-Schleswig).

Angelsachsen Mz., **1)** die german. Stämme der **Sachsen, Angeln** und **Jüten,** die im 5. und 6. Jh. den Hauptteil Britanniens eroberten und der Kern des engl. Volkes wurden. Ihr Reich erlag 1066 den Normannen. **2)** Menschen engl. Abstammung.

Angelsächsisch, Altenglisch, die älteste Form der → englischen Sprache, bis etwa 1150.

Angelus [lat.] der, Bote, Engel. **A. Dei (Domini),** katholisch: morgens, mittags und abends beim **A.-Läuten** zu verrichtendes Gebet.

Angelus Silesius, eigtl. Joh. **Scheffler,** schles. geistl. Dichter, getauft 1624, †1677; Spruchgedichte »Cherubinischer Wandersmann«.

Anger der, Weideplatz im oder am Dorf.

Angerapp die, entspringt den Masur. Seen in Ostpreußen, vereinigt sich mit der Inster zum Pregel.

Andersen

Andorra

Andres

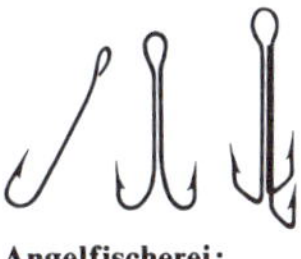

Angelfischerei: Angelhaken

Angola

Angerburg, poln. **Węgorzewo** [vɛŋ-gɔʒ'ɛvɔ], Stadt im ehem. O-Preußen, 10500 Ew.

Angermanland ['ɔŋərman-], malerische Landschaft in N-Schweden. Hptst.: Härnösand.

Angermünde, Krst. im Bez. Frankfurt a.d.O., 12000 Ew., in der Uckermark.

Angers [ã:ʒ'e], Stadt im nordwestl. Frankreich, an der Maine, 141100 Ew., Univ., Kathedrale (12./13. Jh.), Anjou-Schloß (13. Jh.); Textilind.

Angeschuldigter, Beschuldigter, gegen den die öffentl. Klage erhoben worden ist.

Angestellte, Arbeitnehmer, die nicht Beamte oder Arbeiter sind; sie erhalten meist Monatsgehalt. Man unterscheidet kaufmänn., techn., Verwaltungs- u.a. A. Das A.-Verhältnis ist geregelt durch BGB (§ 611 ff.) und HGB sowie in der GewO.

Angestelltengewerkschaften wahren die besonderen Interessen der Angestellten. In der Bundesrep. Dtl. besteht neben der Einheitsgewerkschaft (Dt. Gewerkschaftsbund): Dt. Angestelltengewerkschaft« (DAG). →Gewerkschaften.

Angestelltenversicherung, →Rentenversicherung.

Angina [lat.] die, ♡ die →Mandelentzündung.

Angina pectoris, Stenokardie, Anfälle von heftigen Herzschmerzen, bis in die linke Schulter ausstrahlend, verbunden mit einem Gefühl der Todesangst. Bei jüngeren Menschen auftretende A.p. beruht auf einem Krampf der Herzkranzgefäße, A.p. älterer Menschen meist auf Wandveränderung der Gefäße.

Angiographie [grch.] die, **Vasographie,** Röntgenuntersuchung von Blutgefäßen nach Einspritzen eines Kontrastmittels.

Angiologie die, ♡ Lehre von den Blutgefäßen.

Angiom [grch.] das, die Adergeschwulst.

Angiospermen [grch.] Mz., ⚘ die Bedecktsamigen, →Blüte.

Angkor, Ort in Kambodscha mit Resten von Tempeln der Khmer aus dem 9.-13. Jh.; der Grabtempel **A.-Vat** ist das größte Bauwerk SO-Asiens.

Anglesey ['æŋlsɪ], brit. Insel in der Irischen See, an der Nordwestküste von Wales.

Anglikanische Kirche, engl. protestant. Staatskirche; schließt sich im Bekenntnis der reformierten Kirche an, steht nach Gottesdienst und Verfassung zw. prot. und kath. Wesen; 1535 von der röm. Kirche getrennt. Gottesdienst und Glaubenslehre wurden geregelt durch das Common Prayer Book und das Glaubensbekenntnis der 39 Artikel. Oberster Kirchenherr ist der König; es gibt 2 Erzbischöfe und 43 Bischöfe, sie haben Sitz im Oberhaus. 3 Richtungen bestimmen das kirchl. Leben: die **hochkirchliche** (High Church), zur kath. Ausgestaltung des Gottesdienstes neigend; die **niederkirchliche** (Low Church), tätig in Bibelverbreitung u.a.; die **breitkirchliche** (Broad Church), mit freierer Glaubenslehre.

Anglist der, Lehrer der **Anglistik,** der Wissenschaft von der engl. Sprache und Dichtung.

Anglizismus der, in eine andere Sprache übernommene engl. Spracheigentümlichkeit.

Anglo-Amerikaner, 1) Amerikaner engl. Abstammung. **2)** Briten und Nordamerikaner.

Angola, VR in SW-Afrika, mit →Cabinda 1,25 Mio. km², 8,5 Mio. Ew. (meist Bantus, rd. 200000 Europäer); etwa 40% Christen. A. ist eine von Flüssen zerschnittene Hochfläche, im Innern bis zu 2610 m hoch, mit Steilabfall zum Küstensaum. Klima tropisch-warm, auf dem Hochland gemildert; vorherrschend Savanne, im S Steppe. – Ausfuhr: Kaffee, Diamanten, Sisal, Eisenerz. Wichtigster Hafen: Lobito. A. wurde nach der Entdeckung durch den Portugiesen Diego Cão 1483 portugies. Provinz, im Nov. 1975 unabhängig. 3 Unabhängigkeitsbewegungen kämpften um die Herrschaft in A. Es siegte die kommunist. MPLA (Volksbewegung für die Befreiung A.s) mit Hilfe Kubas und der UdSSR. Sie rief 1975 die VR A. aus, die von der Befreiungsbewegung UNITA bekämpft wird; 1989 Rückzug kuban. Truppen vereinbart. Staatspräs.: J.E. dos Santos (seit 1979).

Angora, langes Seidenhaar, z.B. der A.-Katze; das der A.-Ziege kommt als **Angorawolle** (Mohair) in den Handel.

Angosturarinde, bittere Rinde südamerikan. Rautengewächse.

Angoulême [ãgul'ɛ:m], Stadt in SW-Frankreich, 46200 Ew., altertüml. Stadt, roman. Kathedrale; Papierfabriken.

Angst, allg.: Furcht; psychologisch: das Gefühl einer unbestimmten Bedrohung.

Ångström [nach dem schwed. Physiker A. J. Ångström, 1814-74], nicht gesetzl. Einheit zur Angabe von Wellenlängen des Lichts und Atomradien: $1\,\text{Å} = 10^{-10}\,\text{m} = 0{,}10\,\text{nm}$.

Anhalt, ehem. Land des Dt. Reiches, 2326 km² mit (1939) 432000 Ew., im Gebiet des Unterharzes und beiderseits der mittl. Elbe. – A. ist als Fürstentum (seit 1806/07 Herzogtum) der Askanier entstanden. 1919-33 war A. Freistaat, 1933-45 unterstand es mit Braunschweig einem gemeinsamen Reichsstatthalter, nach 1945 kam es zum Land Sachsen-Anhalt, 1952 ging es z.gr. T. im Bez. Halle auf.

Anhydride [grch. »ohne Wasser«] Mz., ⚗ chem. Verbindungen, die aus anderen durch Wasserentzug entstehen.

Anhydrit [grch.] der, $CaSO_4$, Mineral, wasserfreier Gips.

Anilin [arab.] das, **Aminobenzol,** farblose giftige Flüssigkeit, die sich an der Luft schnell bräunt, gewonnen aus Nitrobenzol; dient zur Herstellung der **A.-Farben.**

Anima [lat.], Seele. **con anima, animato** [ital.], ♩ beseelt, belebt.

animalisch [lat.], tierisch; aus dem Tierreich.

Animateur [-t'œ:r, frz.], Tourismus: Betreuer bei der Gestaltung von Urlaubsaktivitäten.

animieren [lat.], anregen, erheitern.

Animismus [lat. von anima »Seele«] der, Glaube an die Beseeltheit der Natur und der Naturkräfte, urspr. bei Naturvölkern.

Animosität [lat.] die, Feindseligkeit.

An|ion das, negatives Ion.

Anis [grch.] der, weißblütiger Doldenblüter aus dem östl. Mittelmeerbereich. Die Früchte und das aus ihnen gewonnene äther. **A.-Öl** werden als Gewürz, in der Likörind., Parfümerie und Heilkunde verwendet. **Anisette,** A.-Likör.

an|isotrop, nicht isotrop.

Anita [ital., span. »Ännchen«], weibl. Vorname.

Anjou [ãʒ'u], alte Grafschaft in NW-Frankreich. Das Haus A. stellte Herrscher auf den engl., neapolit.-sizil., ungar. und poln. Thron. Nach Aussterben der frz. Linie 1480 wurde »Herzog von A.« Titel der 3. Söhne der frz. Könige.

Ankara, Hptst. der Türkei, mit Vororten 2,85 Mio. Ew.; Univ.; Flughafen; Ind. (BILD S. 33)

Anker der, **1)** ⚓ schwerer eiserner Haken zum Festhalten von Wasserfahrzeugen auf freiem Wasser. Schiff und A. sind durch eine Gliederkette verbunden. Der A. liegt bei größeren Schiffen in der **A.-Klüse,** einem schräg nach oben verlaufenden Rohr. Beim Fallenlassen gräbt er sich in den Grund; mit einer Winde **(A.-Spill)** wird er hochgezogen. **2)** ⚡ der bewegl. Teil eines magnet. Kreises, der bei Einschalten des Stromes angezogen wird und

Stockanker

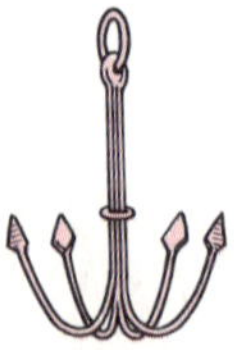

Draggen

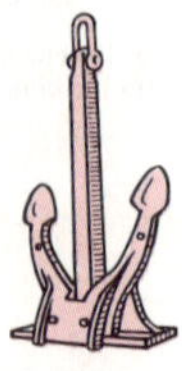

Hallanker

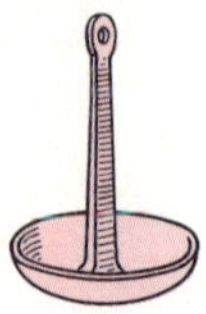

Pilzanker

Anker 1)

dabei z. B. Schalter, Bremsen, Membrane betätigt; bei umlaufenden elektr. Maschinen der Teil, in dem eine elektr. Spannung induziert wird; bei Gleichstrommaschinen der Läufer, bei Wechselstromgeneratoren der Ständer, bei Wechselstrommotoren Primär-A. im Ständer, Sekundär-A. im Läufer. **3)** Stab aus Stahl, Stahlbeton, auch Holz zum Zusammenhalten von Bauteilen. **4)** bei Uhren: Teil der Steigradhemmung.

Anklage, bei Gericht gestellter Antrag auf Einleitung eines Strafverfahrens.

Anklam, Krst. im Bez. Neubrandenburg, 20300 Ew., Zuckerraffinerie, Metall- und Holzind.

Ankylose [grch.] die, Gelenkversteifung.

Anlage, 1) die im Keim vorhandenen körperl.-seel. Begabungen des Menschen, die nach ihrer Entwicklung im Laufe des Lebens die Persönlichkeit prägen. Manche A. sind nach bestimmten Gesetzen vererbbar. **2)** die erste Andeutung eines bestimmten Organs oder Organbereichs in der Entwicklung eines Lebewesens, z. B. die A. der Kiemen. Die befruchtete Eizelle enthält die A. zu allen Teilen des endgültigen Körpers.

Anlagekapital, Anlagevermögen, langfristig angelegte Vermögensteile eines Unternehmens (Grundstücke, Gebäude, Maschinen).

Anlasser, 1) ⚡ regelbarer Widerstand, der dem Anker oder Läufer eines Elektromotors beim Anlassen vorübergehend vorgeschaltet wird, um beim Einschalten zu große Ströme zu verhindern. Mit Erhöhung der Drehzahl des Motors wird der Widerstand allmählich verringert. **2)** veraltete Bez. für → Starter.

Anlaut, der Anfangslaut eines Wortes.

Anleihe, langfristige Geldaufnahme, bes. durch den Staat, Gemeinden, Unternehmen.

Anlieger, Eigentümer eines Hauses (Grundstücks) an öffentl. Straße oder an Wasserlauf.

Anliegersiedlung, Vergrößerung landwirtschaftl. Kleinbetriebe bis zur vollen Ackernahrung.

Anmusterung, Abschluß des Heuervertrags (→ Heuer).

Anna [hebr. »Gnade«], weibl. Vorname.

Anna, Heilige (Tag 26. 7.), Mutter der Jungfrau Maria, Schutzheilige der Mütter.

Anna, Fürstinnen. **1) Anna Amalia,** Herzogin von Sachsen-Weimar, *1739, †1807, Nichte Friedrichs d. Gr., führte 1758-75 für ihren Sohn Karl August die Regierung; Mittelpunkt des geistigen Lebens in Weimar (Herder, Wieland, Goethe). **2) A. Boleyn** [b'ulin], *1507, †1536, Geliebte, dann 2. Gemahlin des engl. Königs Heinrich VIII., Mutter der Königin Elisabeth I., wegen unbewiesenen Ehebruchs enthauptet. **3) A. Stuart,** *1665, †1714, engl. Königin seit 1702; unter ihrer Regierung wurde der Span. Erbfolgekrieg erfolgreich beendet.

Annaba, früher **Bône,** Hafenstadt in Algerien, 348000 Ew.; Erz- und Phosphatausfuhr.

Annaberg-Buchholz, Krst. im Erzgebirge, Bez. Karl-Marx-Stadt, 26200 Ew.; Spitzenklöppelei, Posamentenind.

Annahme als Kind, Adoption. Ein Kind, das von anderen Eltern abstammt, erhält (seit 1. 1. 1977) durch die A. a. K. die volle rechtl. Stellung eines ehel. Kindes und wird auch mit den Verwandten der Adoptiveltern verwandt.

Annalen [lat. »Jahrbücher«] Mz., jahrweise Aufzeichnungen geschichtl. Ereignisse.

Annam, Teil von Vietnam; ehem. Kaiserreich in Indochina.

Annamiten, früherer Name der Vietnamesen.

Annapolis [ən'æpɔlis], Hptst. von Maryland, USA, 32000 Ew.; Marineakad.

Ankara: Zitadelle

Annapurna, Berg im Himalaya, 8091 m hoch, Erstbesteigung 1950.

Ann Arbor [æn 'a:bə], Stadt in Michigan, USA, 108000 Ew.; Univ., Elektroind., Maschinenbau.

Anna selbdritt, Darstellung der hl. Anna mit ihrer Tochter Maria und dem Jesuskind.

Annaten [lat.] Mz., Jahrgeld; Abgabe des ganzen oder halben **(Halb-A.)** ersten Jahresertrags an den Papst für die Verleihung einer niederen Pfründe.

Annecy [an'si], Hpst. des Dép. Haute-Savoie, 51600 Ew.; am **Lac d'A.,** Baumwollspinnerei.

annektieren [lat.], sich aneignen.

Anneliden Mz., die → Ringelwürmer.

Annex [lat.] der, -es/-e, Zubehör; Anbau.

Annexion [lat.], die, Einverleibung.

anni currentis [lat.], **a. c.,** laufenden Jahres. **anni futuri,** künftigen Jahres. **anni praeteriti,** vergangenen Jahres.

anno [lat.], im Jahre. **a. Domini,** im Jahre des Herrn (d. h. nach Christus).

Anno II., Erzbischof v. Köln, *um 1010, †1075, brachte 1062 den minderjähr. Kaiser Heinrich IV. in seine Obhut und zog die Regierungsgeschäfte an sich, seit 1063 mit Adalbert von Bremen. Heiliger (Tag 4. 12.).

Annonce [an'ɔ̃sə, frz.] die, Zeitungsanzeige.

Annuität [von lat. annus »Jahr«] die, Jahresrate zur Abtragung und Verzinsung einer Schuld.

annullieren [lat.], für ungültig erklären.

Annunzio, Gabriele d'A., → D'Annunzio.

Anode [grch.] die, Elektrode, aus der die positive Ladung austritt.

anomal [grch.], regelwidrig. **Anomalie** die, Abweichung von der Regel.

anonym [grch.], ohne Namensnennung. **Anonymus** der, ungenannte Person.

Anonyme Alkoholiker, Abk. **AA,** von ehem. Alkoholabhängigen 1935 in den USA gegr. Selbsthilfeorganisation Alkoholkranker.

Anopheles [grch. »die Unnütze«] die, Mückengattung, → Fiebermücke.

Anorak [grönländ.] der, wasser- und winddichte Bluse mit Kapuze.

anorganisch [grch.], nicht zur lebenden Natur gehörend. Die **a. Chemie** umfaßt alle Grundstoffe mit ihren Verbindungen außer den organischen Verbindungen des Kohlenstoffs.

anormal [grch.-lat.], svw. → anomal.

Anouilh [an'uj], Jean, frz. Dramatiker, *1910, †1987; dramatisierte psycholog. Konstruktionen mit geistreichen Dialogen. Seine Komödien und »schwarzen Stücke« spielen über einem Untergrund von Nihilismus und Schwermut (»Becket oder die Ehre Gottes«, »Die Goldfische«, »Liebe Vögel«).

Anouilh

Anpassung, 1) vorteilhafte Angleichung eines Lebewesens an seine Lebensbedingungen. **2)** Angleichung des Einzelmenschen an Formen, Gesetze, Forderungen seiner sozialen Umwelt. **3)** ⚡ Angleichung des Widerstandes eines Stromverbrauchers an den der Stromquelle.

Anregung, Energiezufuhr an ein Atom oder Molekül durch Wärme (therm. A.), Stoß (Stoß-A.), Strahlung (Strahlungs-A.).

Anregungsmittel, Weckmittel, Analeptika, Mittel, die Hirn-, Herz-Kreislauf-Funktion, Atmung oder Stoffwechsel, bes. Teile des Zentralnervensystems anregen.

ANSA, → Agenzia Nazionale Stampa Associata.

Ansbach, Stadt in Mittelfranken, Bayern, 37500 Ew.; Elektro-, Maschinenind.

Ansbach-Bayreuth, ehem. fränk. Markgrafschaften, die 1791 an Preußen, 1805 (Ansbach) und 1810 (Bayreuth) an Bayern fielen.

Anschauungsunterricht, Unterricht, der vom Gegenstand, von seiner Wiedergabe oder Anfertigung ausgeht, z. B. Biologieunterricht am Skelett.

Anschero-Sudschensk, Stadt in Westsibirien, 110000 Ew., Steinkohlenbergbau, Industrie.

Anschluß, Völkerrecht: Eintritt eines Staates in einen anderen Staatsverband (bes. → Österreich, Geschichte).

Anschuldigung, ⚖ → Verdächtigung.

Anselm [ahd. »der im Schutz der Asen Stehende«], männl. Vorname.

Anselm von Canterbury [k'æntəbərı], *1033, †1109, Erzbischof von Canterbury, Hauptvertreter der Frühscholastik; Heiliger (Tag 21.4.).

Ansgar, Apostel des Nordens, wurde 845 Erzbischof von Bremen, missionierte in Schweden, Jütland und Schleswig; Heiliger (Tag 3.2.).

Anshan, Industriestadt in NO-China, 1,2 Mio. Ew., Stahlwerke.

Anspruch, das Recht, von einem andern ein Tun oder Unterlassen zu verlangen (§ 194 BGB).

Anstalt des öffentlichen Rechts, ein Träger öffentl. Verwaltung mit z. T. mit eigener Rechtspersönlichkeit oder als ein abgrenzbarer Teil der Staatsverwaltung.

Anstaltserziehung, Erziehung von Heranwachsenden in bes. Bildungseinrichtungen (Waisenhäusern, Blindenanstalten), entweder von den Erziehungsberechtigten veranlaßt oder zwangsweise angeordnet (Fürsorgeerziehung). Die A. entwickelt sich immer mehr zur Heimerziehung.

Anstand, 1) gutes Benehmen. **2)** ♈ Platz, an dem der Jäger auf Wild wartet.

ansteckende Krankheiten, Infektionskrankheiten, werden durch Krankheitserreger von einem Lebewesen auf ein anderes übertragen **(Ansteckung).** Die Erreger sind niedere, meist einzellige pflanzl., tier. Kleinlebewesen oder Viren. Die Ansteckung erfolgt durch Berührung oder durch Luft, Wasser, Gegenstände, Ausleerungen, Insektenstiche usw. Nicht jeder, der einer a. K. ausgesetzt ist, erkrankt; viele sind unempfindlich (immun). Zw. Ansteckung und Auftreten der ersten Krankheitserscheinungen vergeht bei den versch. Krankheiten eine verschieden lange Zeit **(Inkubationszeit).** Zur Verhütung der a. K. dienen: Absonderung der Erkrankten, Desinfektion, Mundpflege, Sauberkeit, Schutzimpfungen.

Anstiftung, ⚖ vorsätzl. Verleitung eines anderen zu einer Straftat. Der **Anstifter** wird wie der Täter bestraft (§ 26 StGB).

Antagonismus [grch.] der, Gegenwirkung, Gegensatz, Widerstreit.

Antaios, grch. Sage: Riese, unbesiegbar,

Wichtige ansteckende Krankheiten des Menschen

Krankheit	Übertragungsweise	Zeit zw. Ansteckung und Auftreten der ersten Erscheinungen	Wichtigste Krankheitszeichen
Aussatz (Lepra)	Berühren	½ Jahr bis zu Jahrzehnten	Hautknoten, Hautzerfall
Cholera	Verschlucken, Berühren	1-4 Tage	Durchfall, Erbrechen, Wadenkrämpfe
Diphtherie	Einatmen, Berühren	2-4, selten bis 10 Tage	Fieber, Rachenbelag, Atmungserschwerung
Flecktyphus	Stich der Kleiderlaus	10-14 Tage	Fieber, Kopf- und Gliederschmerzen, Hautflecke
Grippe	Einatmen	1-3 Tage	Fieber, katarrhalische Erscheinungen
Keuchhusten	Einatmen, Berühren	1-2 Wochen	Krampfhusten mit pfeifender Einatmung
Kinderlähmung, spinale	Einatmen, Verschlucken	9-17 Tage	Fieber, Lähmung
Lungenentzündung	Einatmen	2-14 Tage	Fieber, erschwerte Atmung
Malaria	Stich der Mücke Anopheles	8-17 Tage auch 6-10 Monate	Wechselfieber
Masern	Einatmen	11 Tage	Fieber, Schnupfen, Lichtscheu, Hautflecke
Milzbrand	Berühren, Einatmen	1-3 Tage	Fieber, Bildung von Karbunkeln
Pest	Flohstich, Einatmen	2-5 Tage	Fieber, Kopfschmerzen, Benommenheit, vereiternde Drüsenschwellungen, Hautbeulen oder Lungenentzündung
Rückfallfieber	Stich von Zecken, Wanzen usw.	5-8 Tage	Kreuz- und Gliederschmerzen, Fieber von 4-7 Tagen Dauer, 6-10 Tage Fieberfreiheit, dann zweiter Anfall
Ruhr	Berühren, Verschlucken	2-6 Tage	blutiger Durchfall, Fieber
Scharlach	Berühren, Einatmen	2-8, meist 4-7 Tage	Fieber, Halsentzündung, flächenhaft zusammenfließende rote Hautstippchen
Schlafkrankheit, afrikan.	Stich der Fliege Glossina palpalis	14-21 Tage	Fieber, Drüsenschwellung, schwankender Gang, Schlafsucht
Starrkrampf	Wundverunreinigung	4-14 Tage, seltener länger	sehr schmerzhafte Muskelkrämpfe
Syphilis, Lues	Berühren	14-23 Tage	anfangs Geschwüre an der Ansteckungsstelle mit Drüsenschwellung, später rote Hautflecke
Tripper	Berühren	2-3 Tage	eitriger Ausfluß, Brennen in der Harnröhre
Tuberkulose	Einatmen	Wochen bis Monate	bei Lungentuberkulose Lungenkatarrh, Abmagerung
Typhus (Unterleibstyphus)	Berühren, Verschlucken	7-21 Tage	Fieber, Hautflecke bes. auf dem Bauch, Benommenheit, Durchfall
Weicher Schanker	Berühren	1-2 Tage	Geschwürbildung, Drüsenvereiterung

solange er die Erde, seine Mutter, berührte; Herakles hob ihn hoch und erwürgte ihn.

Antakya, türk. Hafenstadt, 94900 Ew., das alte Antiochia; Handel.

Antalya, türk. Hafenstadt in S.-Anatolien, 173500 Ew.; Südfrüchte.

Antananarivo, bis 1976 **Tananarive,** Hptst. von Madagaskar, 800000 Ew.; ehem. Königspalast; Univ.; Flughafen.

Antares [grch.] der, roter Stern 1. Größe, α im Skorpion.

Antarktis die, Südpolargebiet. ⊕ S. 496.

ante [lat.], vor. **a. Christum natum,** vor Christi Geburt (bei Zeitangaben). **a. meridiem, a. m.,** vormittags.

Antenne [lat.] die, **1)** Fühler der Gliedertiere. **2)** Vorrichtung zum Senden und Empfangen elektromagnet. Wellen. Empfangs-A.: Es gibt **Außen-** und **Innen-A.** Am wirksamsten ist die **Hoch-A.,** eine zw. hochgelegenen Punkten isoliert ausgespannte Kupfer- oder Aluminiumlitze oder ein auf dem Dach aufmontiertes Stahlrohr **(Stab-A.). Gemeinschafts-A.** (für Mietshäuser), meist eine Stab-A., von der aus über einen Verstärker die Empfänger gespeist werden. Innen-A. laufen als Drahtwendel durchs Zimmer, möglichst weit entfernt von elektr. Leitungen. **Ferrit-A.,** Zylinderspule mit Ferritkern, oft im Empfänger eingebaut. **Rahmen-A.,** drehbarer kreisförmiger Rahmen mit vielen Drahtwindungen, hat Richtwirkung, d. h. er empfängt am stärksten die in Richtung der Rahmenebene einfallenden Wellen. **Dipol-A.,** 2 kurze, ausgestreckte oder auch zu einem offenen Ring gebogene Drähte, dienen zum Empfang sehr kurzer Wellen (UKW); sie haben ebenfalls Richtwirkung. Die **Yagi-A.** für den Fernsehempfang hat zusätzl. mehrere Dipole ohne Zuleitungen (Direktoren) zur Bündelung der Empfangsenergie. **Sende-A.:** Für den Rundfunk verwendet man **Rundstrahler,** die gleichmäßig nach allen Richtungen strahlen, im Kurzwellenverkehr **Richtstrahler** (Dipol-A.). Bei **Höchstfrequenz-A.** (Dezimeter- und Mikrowellen-A.) wird wegen ihrer Richtwirkung meist eine **Spiegel-A. (Flächen-A.)** als Richtstrahler verwendet. **Cassegrain-A.** schaffen bei Erdefunkstellen die Nachrichtenverbindungen über Satelliten. Die **aktive A.** oder **elektron. A.** ist eine Empfangs- oder Sende-A., die durch aktive Bauelemente (Transistoren, integrierte Schaltungen) verstärkt wird (dadurch sehr kleine Abmessungen z. B. Auto-A.).

Antependium [mlat.] das, Verkleidung der Vorderseite, auch der Seiten des Altars.

Anthologie [grch. »Blütenlese«] die, Sammlung von Gedichten, Sprüchen, Prosa.

Anthozoen [grch.] Mz., → Korallentiere.

Anthracen [grch.] das, fester Kohlenwasserstoff im Steinkohlenteer, der durch Oxidation Anthrachinon liefert.

Anthrachinon das, gelbe Kristalle, Ausgangsstoff für die wichtigen **A.-Farbstoffe** (auch Alizarin- oder Anthracenfarbstoffe).

Anthrazit [grch.] der, Glanzkohle, sehr harte, glänzende Steinkohle mit größtem Heizwert.

anthropo... [grch. »Mensch«], in Fremdwörtern: auf den Menschen bezüglich, Menschen...

Anthropoiden [grch.], die → Menschenaffen.

Anthropologie [grch.] die, Lehre vom Menschen, seiner Entwicklung, seinen körperl. und geistig-seel. Eigenschaften. Die **biolog. A.** beschäftigt sich mit Erb-, Abstammungslehre, Rassenkunde. Die **philosoph. A.** untersucht das Wesen des Menschen, seine Sonderstellung im Kosmos, sein Verhalten zur Umwelt, sein körperlich-geist. Doppelwesen.

Anthropometrie [grch.] die, Messung und Beschreibung des menschl. Körpers und Skeletts.

Anthropomorphismus [grch.] der, Übertragung menschl. Wesens auf andere Lebewesen, bes. Götter.

Anthropophage [grch.], Menschenfresser.

Anthroposophie [grch.] die, → Steiner.

anthropozentrische Weltanschauung, in ihr ist der Mensch Sinn und Ziel des Weltgeschehens.

Anthurium das, Gattung tropisch-amerikan. Aronstabgewächse; Schwanzblume.

anti... [grch.], in Fremdwörtern: gegen...

Antiallergika [grch.] Mz., Mittel zur Behandlung allerg. Krankheiten.

Anti-Baby-Pille, → Empfängnis.

Antibes [ãt'i:b], frz. Seehafen an der Mittelmeerküste, 63200 Ew.; das nahegelegene **Cap d'Antibes** ist Kurort.

Antibiotika [grch.] Mz., Ez. ...kum, ♡ von Lebewesen, heute auch synthetisch gebildeter Stoff, der andere Lebewesen zu hemmen oder zu zerstören vermag; Heilmittel gegen ansteckende Krankheiten. Die nur gegen einen best. Erreger wirksamen A. wurden zunehmend von den → Breitband-Antibiotika verdrängt.

Antiblockiersystem, Abk. **ABS,** elektron. Regeleinrichtung im Bremssystem von Kraftfahrzeugen, die bei größtmöglicher Verzögerung das Blockieren der Räder verhindert.

antichambrieren [-ʃãbr'i:ren, frz.], lange im Vorzimmer warten. Übertragen: schmeicheln.

Antichrist [grch.] der, -s, **Widerchrist,** der große Gegenspieler des wiederkommenden Christus in der Endzeit.

Antidepressiva [grch.-lat.], **Thymoleptika** Mz., ♡ Arzneimittel zur Behandlung von Depressionen.

Antidiabetika [grch.] Mz., ♡ Mittel gegen die → Zuckerkrankheit.

Antidot [grch.-lat.] das, ♡ Gegenmittel.

Antifaschismus, Gegnerschaft des → Faschismus (→ Widerstandsbewegung).

Antigene [grch.] Mz., ♡ Stoffe (z. B. artfremdes Eiweiß, Bakteriengifte), deren Einspritzung oder Einimpfung die Bildung von Abwehrstoffen (→ Antikörper) hervorruft.

Antigone, grch. Sage: Tochter des Ödipus und der Iokaste, bestattete gegen Kreons Gebot ihren Bruder Polyneikes; lebendig eingemauert, tötete sie sich selbst. Tragödie von Sophokles.

Antigoniden, grch. Herrschergeschlecht, Nachkommen des Diadochen Antigonos.

Antigua und Barbuda, Staat in Mittelamerika, auf den Kleinen Antillen, umfaßt die Inseln Antigua, Barbadu und Redonda, 422 km², 77000 Ew.; unabhängig seit 1. 11. 1981.

Antihistaminkörper, ♡ Mittel gegen die Wirkung des Histamins im Körper; zur Behandlung allerg. Erscheinungen.

Antike [lat.] die, das grch.-röm. → Altertum. **antik,** alt, bes. altgriechisch, altrömisch.

Antiklopfmittel, → Klopfen der Motoren.

Antikoagulantia [grch.-lat.] Mz., gerinnungshemmende Mittel, verhindern Blutgerinnsel z. B. bei Arterienverkalkung.

Antikominternpakt, → Komintern.

antikonzeptionelle Mittel, die Empfängnis verhütende Mittel, → Empfängnis.

Antikörper, ♡ durch Antigene hervorgerufene Abwehrstoffe.

Antilibanon der, dem Libanon gleichlaufendes Gebirge in Syrien, bis 2629 m hoch.

Antillen Mz., Teil Westindiens, Inselbogen zw. Nord- und Südamerika. Man trennt: Die **Großen A.** (Kuba, Jamaika, Haiti, Puerto Rico) und die **Kleinen A.,** geteilt in **Inseln über dem Winde** (Virgin-Islands bis Trinidad) und **Inseln unter dem Winde** (vor der Küste Venezuelas). Die A. sind meist gebirgig (auf Haiti bis 3175 m hoch); auf einigen tätige Vulkane (St. Vincent, Martinique). Klima tropisch, mit Wirbelstürmen. Bevölkerung: Schwarze, Mu-

Anthurium

Antilopen: Elenantilope

latten, Inder, Indianer fast ausgerottet; Weiße. Erzeugnisse: Zucker, Kaffee, Tabak, Früchte, Baumwolle, Gewürze, Farbhölzer, Erze. ⊕ S. 485.

Antilopen Mz., hirschähnl. Horntiere, bes. in Steppen Afrikas und des warmen Asiens.

Antimaterie [grch.-lat.] die, ⊠ aus Antiteilchen (→ Elementarteilchen) aufgebaute Atome; Materie und A. zerstrahlen beim Aufeinandertreffen.

Antimetabolite, Stoffe, die aufgrund ihrer chem. Ähnlichkeit mit Zellbestandteilen deren Platz in der Zelle einnehmen, ohne aber deren Funktionen zu erfüllen.

Antimodernisteneid, → Modernismus.

Antimon das, **Sb**, lat. Stibium, chem. Element, graues, sprödes Metall. Dichte 6,67 g/cm^3, schmilzt bei 630,5°C, wird als härtender Legierungszusatz verwendet.

Antineuralgika [grch. Kw.] Mz., ♡ Mittel gegen Zahn-, Kopf-, Nervenschmerzen.

Antinomie [grch.] die, unaufhebbarer Widerspruch zw. 2 Sätzen.

Antiochia, am Orontes im antiken Syrien, 300 v. Chr. gegr., eine der größten Städte des Röm. Reiches; prachtvolle Bauten; heute → Antakya.

antiparallel, zwei gerichtete, parallel verlaufende Geraden, Strecken, Vektoren, Kräfte u. a. mit entgegengesetzter Richtung.

Antipassat der, in 3 bis 10 km Höhe aus westl. Richtung wehende Winde der Tropen.

Antipathie [grch.] die, Abneigung.

Antiphlogistika [grch.] Mz., ♡ die entzündungshemmenden Mittel.

Antiphon [grch.] die, kirchl. Wechselgesang zw. 2 einstimmigen Chören.

Antipode [grch.] der, Bewohner der entgegengesetzten Seite der Erdhalbkugel.

Antiproton, negativ geladenes Antiteilchen zum Proton.

Antipyretika [von grch. pyr »Feuer«] Mz., ♡ fiebersenkende Mittel.

Antiqua [lat.] die, Altschrift, → Schriften.

Antiquar [lat.] der, **1)** Buchhändler, der mit älteren und gebrauchten Büchern handelt (Antiquariatsbuchhandel). **2)** Antiquitätenhändler.

antiquiert [lat.], veraltet, überholt.

Antiquitäten [lat.], Altertümer, → Altertum.

Antisemitismus, Abneigung und Feindseligkeit gegen Juden. Das Wort kam im letzten Viertel des 19. Jh. auf; antisemit. Ausschreitungen sind mit der Geschichte der Juden verbunden, seit diese über die Welt verstreut wurden (Diaspora, → Juden). Als sich die bürgerl. Gleichstellung der Juden (»Emanzipation«) im 18. und 19. Jh. durchsetzte, fand der A. bes. in Dtl. und Frankreich neuen Antrieb und wurde zum polit. Schlagwort einzelner Parteien und Politiker (so Stöcker, Schönerer u. a.). Schwere Judenverfolgungen gab es in Rußland (Pogrom). Weitverbreitete Schriften, wie die von Renan, Gobineau und H. St. Chamberlain, und Fälschungen wie die »Protokolle der Weisen von Zion« suchten dem A. eine scheinwissenschaftl. Grundlage zu geben. Seinen furchtbaren Höhepunkt erreichte der A. nach 1933 unter Hitler mit der systemat. Ausrottung der großen Mehrzahl der europ. Juden. Die Antisemiten versuchten, ihre Feindschaft mit tatsächl. oder vorgebl. Unterschieden der Religion, der Rasse, der wirtschaftl. Stellung, der polit. Haltung usw. zu begründen. Dort, wo die Juden sich dem Volk, unter dem sie leben, nicht assimilieren, wird der A. auch als ein Sonderfall der Vorurteile angesehen, denen Minderheiten oft ausgesetzt sind. – Der Beseitigung des A. dienen u. a. internat. Verträge zur Gewährleistung der Menschenrechte und die entsprechenden innerstaatl. Verbote der unterschiedl. Behandlung wegen Abstammung, Rasse, Herkunft, Glauben, relig. oder polit. Anschauung (Art. 3 GG der Bundesrep. Dtl.).

Antisepsis [grch.] die, Abtötung der Krankheitserreger in der Wunde mit chem. Mitteln. Die A. war Vorläufer der → Asepsis.

Antispasmodika Mz., ♡ krampflösende Mittel.

Antisthenes, grch. Philosoph aus Athen, *um 440 v. Chr., Gründer der Schule der → Kyniker.

Antitaurus, Gebirge in Kleinasien, → Taurus.

Antiteilchen, → Elementarteilchen.

Antithese [grch.] die, der der These entgegengesetzte Satz. Eigw.: **antithetisch.**

Antitoxin [grch.] das, -s/-e, ♡ Gegengift, wird im Körper zur Unschädlichmachung eingedrungener, von Lebewesen erzeugter Gifte (**Toxine**) gebildet.

Antitrinitarier, kirchl. Gruppen, die die Lehre von der Dreifaltigkeit (Trinität) ablehnen.

Antitrustgesetzgebung [-trʌst-], 1890 durch den Sherman-Act in den USA eingeleitete Gesetzgebung, die den freien Wettbewerb sichern soll.

Antizipation [lat.] die, Vorwegnahme.

antizyklische Finanzpolitik, Einsatz

Antonius der Große: Versuchung des hl. Antonius, Gemälde von H. Bosch

der staatl. Einnahmen und Ausgaben gegenläufig zur Konjunkturlage.

Antizyklone [grch.] die, Hochdruckgebiet.

Antofagasta, Salpeterhafen im nördl. Chile, an der Morenabai. 142400 Ew.; Univ.

Antonello da Messina, ital. Maler der Frührenaissance, *um 1430, †1479.

Antoninus Pius, röm. Kaiser (138-161 n.Chr.), gerechter und friedliebender Herrscher.

Antonius, Heilige, **1) A. der Große** (Tag 17.1.), Einsiedler in der Wüste, Vater des Mönchtums, †356; A.-Kreuz. (BILD S.36)

2) A. von Padua (Tag 13.6.), †1231, Franziskaner; das Sankt-A.-Brot ist eine Gabe für Arme.

Antonius, Marcus, röm. Staatsmann, *um 82 v.Chr., Anhänger Caesars, schloß das Triumvirat mit Oktavian (→Augustus) und Lepidus, erhielt 40 v.Chr. die östl. Reichshälfte, von der ägypt. Königin Kleopatra beeinflußt; unterlag Oktavian 31 bei Actium; †(Selbstmord) 30 v.Chr.

Antragsdelikt, ⚖ strafbare Handlung, die nur auf Antrag des Verletzten verfolgt wird. Antragsfrist: 3 Monate seit Kenntnis der Tat.

Antrieb, in der Technik **1)** der einem Körper (Maschine) zugeführte Impuls; i.w.S. die Kraftmaschine, die den mechan. A. liefert. **2)** die Anlagen- oder Maschinenteile, die die Bewegung übertragen.

Antwerpen, frz. **Anvers** [ãv'ɛ:r], größter Seehafen Belgiens, an der Schelde, 185000 Ew.; kultureller Mittelpunkt der Flamen; bed. Handels- und Stapelplatz, Ausfuhr von Eisen, Stahl, Kohle, Maschinen, Chemikalien, Glas, Textilien. Industrie: Erdölraffinerien, Großchemie, Diamantschleiferei. Kanäle zu Maas und Rhein. – A. wurde 1291 Stadt, später Mitglied der Hanse; stieg im 16. Jh. zur führenden Handelsstadt Europas auf.

Antwortschein, internationaler A., Gutschein im Wert des Auslandsportos für einen gewöhnl. Brief, gültig in den Ländern des Weltpostvereins.

Antwortzeit, Bearbeitungszeit eines Rechners für einen Auftrag, setzt sich aus Warte- und Bedienzeit zusammen.

Anubis, ägypt. Totengott mit Hundekopf.

ANUGA, Abk. für **A**llgemeine **N**ahrungs- **u**nd **G**enußmittel**a**usstellung, Köln.

Anurie [grch.] die, ♡ fehlende Harnabsonderung.

Anus [lat.] der, ♡ After.

Anwalt, →Rechtsanwalt.

Anwaltszwang, ⚖ Verpflichtung der Parteien, sich vor Land- und höheren Gerichten durch einen beim Prozeßgericht zugelassenen Anwalt vertreten zu lassen **(Anwaltsprozeß).**

Anwartschaft, dem **Anwärter** zustehende Aussicht auf ein später zu erwerbendes Recht oder Amt.

Anweisung, ⚖ schriftl. Aufforderung, durch die jemand (der **Anwesende**) einen anderen (den **Angewiesenen**) anweist, einem Dritten **(Anweisungsempfänger)** Geld, Wertpapiere oder andere vertretbare Sachen zu leisten. Der Dritte erhält das Recht, die Leistung im eigenen Namen zu erheben. Bes. Arten der A. sind Wechsel, Scheck.

Anzeige, 1) Veranlassung zu strafrechtl. Verfolgung. **2) Annonce, Inserat,** von Auftraggebern ausgehende Veröffentlichung (Geschäfts-, Familien-, amtl. A.). – **Anzeigenvermittler,** nimmt Anzeigenaufträge an und leitet sie weiter.

Anzeigepflicht, 1) STRAFRECHT: die Pflicht zur Anzeige eines bekannten drohenden Verbrechens (z.B. Mord, Raub). **2)** die Pflicht zur Anzeige von Geburten und Sterbefällen. – Verletzung der A. ist strafbar.

Anzengruber, Ludwig, Dichter, *Wien 1839, †1889, naturalist. Volksstücke (»Der G'wissenswurm«) und Romane (»Der Sternsteinhof«).

Antwerpen: Marktplatz

Anziehung, ⊠ Kraftwirkung, die den Abstand zweier Körper zu verkleinern sucht.

ANZUS-Pakt, der →Pazifik-Pakt.

a. o., Abk. für außerordentlich.

AOK, Allgemeine **O**rts**k**rankenkasse.

Äolier, Äoler Mz., altgrch. Stamm in der Landschaft Äolien in Kleinasien, urspr. in Thessalien und Böotien.

Äolische Inseln, die →Liparischen Inseln.

Äolsharfe, mit gestimmten Saiten bespannter Schallkasten; der Wind erzeugt die Töne.

Äolus, der grch. Gott der Winde.

Aomori, Hafenstadt in Japan, im N Honshus, 290000 Ew.; Eisenbahnfähre nach Hokkaido.

Äon [grch.] der, meist **Äonen** Mz., Zeitraum, Ewigkeit; auch: antike Gottheit.

Aorist [grch.] der, Zeitform des Ereignisberichtes in der grch. Sprache.

Aorta [grch.] die, Hauptschlagader, die aus der linken Herzkammer entspringende Arterie. Aus der A. gehen alle Arterien des Körpers hervor. (BILD Blutkreislauf)

Aosta, Hptst. der autonom. ital. Region A.-Tal, 37300 Ew., Bischofssitz; Ausgangspunkt der Paßstraßen über den Gr. und Kl. St. Bernhard.

Aostatal, ital. **Valle d'Aosta,** autonom. Region Italiens, 3262 km², 113000 Ew.

AP, Abk. für **A**ssociated **P**ress, amerikan. Nachrichtenagentur.

APA, Abk. für **A**ustria-**P**resse-**A**gentur, österreich. Nachrichtenagentur.

Apachen Mz. [-x-], Indianerstämme im SW der USA (z.B. Mescalero, Lipan), urspr. krieger. Nomaden, heute meist Viehzüchter in Reservationen.

Apanage [-n'a:ʒ] die, Zuwendung an die nicht regierenden Angehörigen von Fürstenhäusern.

Apartheid [afrikaans »Trennung«], in der Rep. Südafrika die Trennung von Weißen und Farbigen auf allen Lebensgebieten zugunsten der Führung der Weißen.

Apartment, →Appartement.

Apathie [grch.] die, Teilnahmslosigkeit.

Apatit der, Mineral, chlor- oder fluorhaltiges Calciumphosphat.

Apeiron [grch. »das Grenzenlose«] das, der ungeformte Urgrund aller Dinge.

Apeldoorn, Stadt in Geldern, Niederlande, 144200 Ew.; Papierindustrie.

Apelles, grch. Maler des 4. Jh. v.Chr., Freund Alexanders d.Gr.; Werke nicht erhalten.

Apennin der, auch Mz. -en, Gebirge Italiens, 1400 km lang. Höchste Erhebung: Gran Sasso d'Italia in den Abruzzen, 2914 m hoch.

Apfel: Cox Orange

Apfelblütenstecher: oben: Käfer (vergr.)

Aphrodite: Venus von Milo

Apis

Apothekenzeichen

Apenrade, Åbenrå, dän. Hafen an der Ostsee, 21200 Ew.; bis 1920 beim Dt. Reich.

aper [von lat. apertus »offen«], schneefrei.

Aperçu [apɛrs'y, frz.] das, **1)** kurze Übersicht. **2)** geistreicher Einfall.

Aperitif [frz.] der, alkoholisches, anregendes Getränk, vor dem Essen genossen.

Apex [lat.] der, ☆ der Punkt, auf den die Bewegung der Erde in ihrer Bahn um die Sonne gerichtet ist.

Apfelbaum, heimisches Kernobst, Gattung der Rosengewächse; veredelt in rund 1500 Zuchtformen. Rosa Blüten sitzen in Büscheln. Es gibt zahlreiche Apfelsorten. Verwertung des Apfels als Tafelobst, Dörrobst, Fruchtgallert (Apfelkraut, Apfelgelee) und zu Getränken (**Apfelsaft** alkoholfrei, **Apfelwein** alkoholhaltig). Der bis 10 m hohe Baum liefert hartes Nutzholz.

Apfelblütenstecher, Rüsselkäfer, dessen Made die Apfelblütenknospen ausfrißt.

Apfelkraut, dick eingekochter Apfelsaft ohne Zuckerzusatz; Brotaufstrich.

Apfelschimmel, graugeflecktes weißes Pferd.

Apfelsine [niederländ. »Apfel aus China«], **Orange,** wichtigste Art der Gattung Citrus, angebaut in Mittelmeerländern, in S-Amerika und Kalifornien, Jaffa-Orangen in Israel.

Apfelwickler, .Kleinschmetterling, → Wickler.

Aphaia, aus Kreta stammende grch. Göttin, der der Tempel von Ägina geweiht war.

Aphel [grch.] das, ☆ → Apsiden.

Aphorismus [grch.] der, kurzer, bedeutungsvoller Satz, Gedankensplitter, Sinnspruch.

Aphrodisiakum [grch.] das, -/...ka, Mittel, das den Geschlechtstrieb steigern soll.

Aphrodite, die grch. Göttin der Liebe, nach der Göttersage aus dem Schaum des Meeres geboren; von den Römern der Venus gleichgestellt.

Apis der, im alten Ägypten, bes. in Memphis, göttlich verehrter Stier.

APL, Abk. für **A P**rogramming **L**anguage, eine Programmiersprache, die 1962 für technisch-wissenschaftl. Anwendungen entwickelt wurde.

apl., Abk. für **a**ußer**pl**anmäßig.

Aplanat [lat.] der, photograph. Linsensatz, der frei ist von Verzeichnung, Farbfehlern und der nur einen geringen Astigmatismus hat.

APO, Abk. für → Außerparlamentarische Opposition.

Apochromat [grch.], Objektiv, bei dem der chromat. Abbildungsfehler für drei Wellenlängen (rot, grün, blau) und die sphär. Abweichung für zwei Wellenlängen korrigiert ist.

apodiktisch [grch.], unwiderleglich; keinen Widerspruch duldend.

Apogäum [grch.], Erdferne, → Apsiden.

Apokalypse [grch. »Offenbarung«] die, → Offenbarung des Johannes.

Apokalyptik [grch.] die, prophet. Offenbarungsschrifttum, in allen Religionen vorhanden, in denen die Frömmigkeit von der Erwartung eines Weltendes und Weltgerichts mitbestimmt ist. Die Weissagungen werden meist in dunkler, doppelsinniger Sprache gegeben. Zur **jüd. A.** zählen u.a. das Daniel-, Henoch-, 4. Esrabuch und die Testamente der 12 Patriarchen; zur **christl. A.** neben der Johannesoffenbarung u.a. die Petrus- und die Paulusapokalypse, der »Hirt« des Hermas.

Apokalyptische Reiter, sinnbildl. Gestalten: Pest, Krieg, Hungersnot, Tod (Offb. 6, 1-8); oft künstlerisch dargestellt (Dürer).

Apokalyptische Zahl, die den Antichrist bezeichnende Zahl 666 (Offb. 13, 18).

Apokryphen [grch. »verborgene«] Mz., BIBEL: den Kanonischen Büchern nicht gleichgestellte jüdische und christl. Schriften, im A.T. z.B. Makkabäer, Judith, Tobias, Jesus Sirach. **apokryph,** unecht, später zugesetzt.

Apolda, Krst. im Bez. Erfurt, 28700 Ew.; Ind.: Wirkwaren, Glocken, Maschinen.

Apoll, lat. **Apollo,** grch. **Apollon,** Sohn des Zeus und der Leto, Gott der Reinheit, Weissagung (Delphi), des Saitenspiels und Gesangs, der Rede und des Maßes; Licht- und Sonnengott. **apollinisch,** in Klarheit zu Ordnung und Maß gebändigt und abgeklärt (Ggs.: dionysisch). BILD S. 39

Apollinaire [apolin'ɛ:r], Guillaume, frz. Dichter und Kunstkritiker, *1880, †1918; bedeutender Einfluß auf die erste Nachkriegsgeneration (Kubismus, Surrealismus u.a.).

Apollinaris, Heiliger (Tag 23. 7.), wirkte um 200.

Apollodor aus Damaskus, Baumeister der röm. Kaiserzeit, 2. Jh. n. Chr. (Trajansforum).

Apollofalter, Tagfalter, in den Alpen, weiß-schwarz, Hinterflügel rotäugig. (BILD Schmetterlinge).

Apollo-Programm, → Raumfahrt.

Apollo Sojuz Test Project, → Raumfahrt.

Apologetik [grch.] die, Verteidigung des Christentums durch Schriften und Lehre. **Apologet,** Verteidiger eines Bekenntnisses.

Apologie die, Verteidigungsrede, -schrift.

Apoplexie [grch.] die, ♡ Schlaganfall. Eigenschaftswort: **apoplektisch.**

Apostat [grch.] der, Abtrünniger. **Apostasie** die, Abtrünnigkeit vom Glauben.

Apostel [grch. »Sendbote«], der, **1)** die 12 Jünger Jesu, ferner Paulus. **2)** Ehrentitel bed. Missionare, z.B. Bonifatius, der »A. der Deutschen«. **A.-Geschichte,** Buch des N.T., Fortsetzung des Lukasevangeliums.

Apostelkonzil, Zusammenkunft des Apostels Paulus u.a. mit der Kirchenleitung in Jerusalem (etwa 48 n. Chr.) zur Klärung der Stellung der Heidenchristen sowie zur Abgrenzung der Missionsgebiete.

a posteriori [lat. »aus dem Späteren«], Erkenntnis aus Erfahrung (Ggs.: a priori).

apostolisch, was von den Aposteln unmittelbar herrührt oder ihre Wesenszüge zeigt. **A. Gemeinden,** von den Aposteln gestiftete Gemeinden, z.B. Jerusalem, Ephesus, Korinth. **Apostol. Delegat,** ständiger päpstl. Gesandter zur kirchl. Beaufsichtigung, ohne diplomat. Status. **Apostol. Nuntius,** Vertreter des Papstes bei einem Staatsoberhaupt. **Apostol. Stuhl,** Bischofssitz des Papstes in Rom. **Apostol. Segen,** päpstl. Segen. **Apostol. Väter,** altchristl. Schriftsteller des 1. und 2. Jh.

Apostolisches Glaubensbekenntnis, Apostolicum, Credo, »Ich glaube an Gott den Vater ...«, das älteste christl. Glaubensbekenntnis, allen christl. Kirchen gemeinsam.

Apostroph [grch.] der, Auslassungszeichen.

apostrophieren [grch.], feierlich anreden.

Apotheke [grch.] die, Bereitungs- und Verkaufsstätte von Arzneien. Für Eröffnung und Betrieb einer A. ist behördl. Erlaubnis nötig.

Apotheose [grch.] die, Vergöttlichung, Huldigung; auch: Schlußbild einer Schaustellung.

Appalachen Mz., Gebirge auf der Ostseite Nordamerikas, 2600 km lang, bis 2037 m hoch (Mt. Mitchell): Kohlen, Eisenerze.

Apparat [lat.] der, ⊙ zusammengesetztes Gerät, Vorrichtung, Werkzeug.

Apparatschik [russ.] der, abwertende Bez. für Parteibürokraten in totalitären Staaten.

Appartement [apartm'ã, frz.] das, **Apartment** [engl.], Mietwohnung, Zimmerreihe.

appassionato [ital.], ♩ leidenschaftlich.

Appeasement [əp'i:zmənt, engl.], Beschwichtigung, Beruhigung.

Appell [frz.] der, **1)** Aufruf. **2)** Antreten einer Truppe, zur Befehlsausgabe.

Appellation [lat.] die, Anrufung eines höheren Gerichts, → Berufung. Zeitwort: **appellieren.**

Appendix [lat.] der, -/...dizes, **1)** Anhang. **2)** → Blinddarm.

Appendizitis die, → Blinddarm.

Appenzell, 2 Halb-Kt. (seit 1513) im NO der Schweiz: **A.-Innerrhoden,** 173 km², 13100 Ew., und **A.-Außerrhoden,** 243 km², 49300 Ew.

Apperzeption [lat.] die, klare und bewußte Aufnahme von Erlebnissen, Wahrnehmungen, Eindrücken.

Appetit [lat.] der, Begehren, die Eßlust.

Appetitzügler, Arzneimittel v.a. zu Bekämpfung der Fettleibigkeit; bei unkontrollierter Anwendung Gefahr von Gesundheitsschädigungen.

Appische Straße, Via Appia, alte Römerstraße von Rom nach Capua, später bis Brindisi.

applaudieren [lat.], Beifall **(Applaus)** klatschen.

Applikation [lat.], Nadelarbeit; Aufnähen von Mustern aus Leder, Filz oder Stoff.

Applikatur [lat.] die, → Fingersatz.

apportieren [frz.], herbeibringen; Befehlsform (für Hunde): **apport!**

Apposition [lat. »Zusatz«] die, Beifügung, zur näheren Bestimmung des Hauptworts.

appretieren [frz.], Gewebe durch Scheren, Rauhen, Walken u.a. sowie durch Zusatz von Kleb- und Füllstoffen wasserabweisend, knitterfrei, flammenhemmend, krumpfarm machen. Hauptwort: die **Appretur.**

Approbation [lat.] die, **1)** Zulassung, → Bestallung. **2)** bischöfl. Genehmigung von relig. Druckschriften. **approbieren,** nach Prüfung gutheißen, genehmigen.

approximativ [lat.], annähernd, ungefähr.

Aprikose die, **Marille,** Steinobst, die orangegelbe Frucht ist säuerlich-süß.

April [lat. »Eröffner«] der, 4. Monat des Julian. Kalenders, hat 30 Tage. Der 1. A. ist der Tag des **A.-Scherzes.**

a prima vista [ital.], vom Blatt (spielen).

a priori [lat. »von vornherein«], Erkenntnis, unabhängig von aller Erfahrung, sie ist allg. gültig. Ggs.: a posteriori.

apropos [aprɔp'o, frz.], übrigens ...

Apscheron, Halbinsel des Kasp. Meeres; Erdöl- und Erdgasförderung bei Baku.

Apsiden [grch.] Mz., die beiden Punkte der ellipt. Bahn eines Himmelskörpers, an denen er dem Himmelskörper, den er umkreist, am nächsten und fernsten ist. Bei der Erdbahn heißen sie **Perihel** (Sonnennähe) und **Aphel** (Sonnenferne), bei der Mondbahn **Perigäum** (Erdnähe) und **Apogäum** (Erdferne).

Apsis [grch.] die, halbrunder oder vielseitiger überwölbter Teilraum, in Kirchen der des Altars.

APT, Abk. für **A**utomatic **P**rogramming for **T**ools (automat. Programmierung für Werkzeuge), Programmiersprache zur Steuerung von numer. Werkzeugmaschinen.

Apuleius, röm. Dichter, *um 125 n.Chr., schrieb den Roman »Metamorphosen« (Der Goldene Esel) mit der Novelle »Amor und Psyche«.

Apuli|en, Landschaft in SO-Italien, im Innern trockene Kalkhochfläche (Weiden), an der Küste fruchtbar (Öl, Wein, Getreide); dicht bevölkert.

aqua [lat.], Wasser; **aqua destillata,** durch Destillation gewonnenes chemisch reines Wasser.

Aquädukt [lat.] der, altröm. Wasserleitung, auf brückenartigem Bau. (BILD → Tarragona)

Aquamanile [lat.] das, kath. Kirche: Gießgefäß zur Handwaschung des Priesters bei der Messe.

Aquamarin der, Mineral, ein Beryll von Edelsteinqualität, meergrün bis blaßblau.

Aquaplaning [engl.], Aufschwimmen von Kfz-Reifen auf Wasseransammlungen der Fahrbahn; tritt auf, wenn durch das Reifenprofil nicht mehr genügend Wasser abgeleitet wird.

Aquarellmalerei, Malerei mit Wasserfarben **(Aquarellfarben).** (FARBTAFEL Maltechniken)

Aquarium [lat.] das, Glasbehälter für Wassertiere und Wasserpflanzen, mit Süß- oder Seewasser gefüllt, bei trop. Tieren geheizt. (BILD S. 40)

Aquatinta [lat.-ital.] die, Verfahren der Radierkunst, erzielt tuscheähnl. Wirkungen.

Äquator [lat. »Gleicher«] der, **1) Erd-Ä.** ist der größte Breitenkreis der Erdkugel, 40075 km lang. Vom Nordpol und vom Südpol gleich weit entfernt, scheidet er die Erde in nördl. und südl. Halbkugel. (BILD Breite)

2) Himmels-Ä. ist der dem Erd-Ä. entsprechende größte Kreis der Himmelskugel. Alle im Ä. stehenden Sterne verweilen 12 Stunden über und ebensolange unter dem Horizont. Wenn die Sonne im Ä. steht, sind auf der ganzen Erde Tag und Nacht einander gleich (Frühlings- und Herbstanfang).

Äquatorial-Guinea, Rep. in Afrika, besteht aus den Inseln Annobón (Pagalu) und Bioko (Fernando Póo) und dem festländ. Gebiet Rio Muni, 28051 km², 0,4 Mio. Ew. Trop. Urwaldgebiete; Ausfuhr von Holz (Rio Muni), Kaffee, Kakao (Fernando Póo); Hptst.: Malabo auf Fernando Póo. 1843 von den Spaniern erworben, unabhängig seit 1968; Staatspräs.: T. Obiang Nguema Mbasogo. ⊕ S. 482.

Äquatortaufe, Linientaufe, scherzhafter, meist derber Brauch auf Schiffen, bei der erstmals den Äquator Kreuzende mit Wasser begossen oder unfreiwillig gebadet werden.

Aquavit [lat. »Lebenswasser«] der, Branntwein.

Aquileja, Stadt in Italien, Prov. Udine, alte röm. Handelsstadt; im MA. Sitz eines Patriarchen.

Äquilibrist [lat.] der, Seiltänzer.

Äquinoktialgegenden, die Tropenländer.

Äquinoktium [lat.] das, die → Tagundnachtgleiche.

Aquitanien, histor. Landschaft Frankreichs zw. Pyrenäen und Garonne.

äquivalent [lat.], gleichwertig. **Äquivalentgewicht,** die relat. Masse eines Elements oder Moleküls in Gramm, die bei einer chem. Reaktion einem Mol Wasserstoff (= 1,008 g) oder einem Mol Elektronen (= 96450 Coulomb) äquivalent ist. Das Ä. ist i.a. der Quotient aus Atom- oder Molekulargewicht und Wertigkeit.

äquivok [lat.], zweideutig.

Ar das, Abk. **a,** Flächenmaß = 100 m².

Ar, chem. Zeichen für Argon.

Ara die, Gattung sittichartiger Papageien, langschwänzig, lebhaft gefärbt.

Ära [lat.] die, -/Ären, Zeitalter; Zeitrechnung von einem bestimmten wichtigen geschichtl. Ereignis an; z.B. a) **christl. Ä.,** von Christi Geburt an; seit dem 10. Jh. bei den abendländ. Christen allg. üblich, seit Ende des 18. Jh. auch für die vorchristl. Zeit rückwärts. b) **mohammedan. Ä., Hidschra,** vom Tage der Auswanderung des Propheten von Mekka nach Medina an (16. 7. 622 n.Chr.). c) die **buddhist. Ä., Nirwana,** vom Todesjahr Buddhas an (544 v.Chr.). d) **Olympiaden-Ä.,** gerechnet nach Olympiaden (= Zeitraum von 4 Jahren) von 776 v.Chr. an, wo zum erstenmal die Namen der Sieger bei den Olymp. Spielen aufgezeichnet wurden. e) **Ä. von der Gründung der Stadt Rom** (753/52 v.Chr.) an (**p.u.c.,** post urbem conditam; **a.u.c.,** ab urbe condita; **a.u.,** anno urbis).

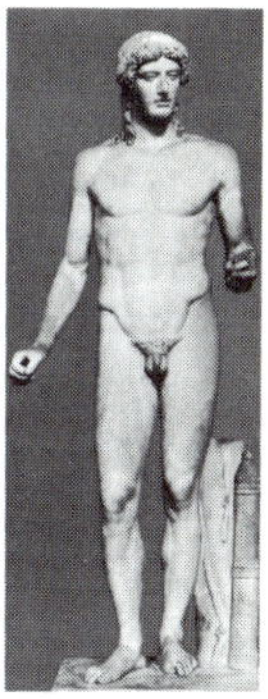

Apoll (röm. Kopie nach Phidias)

Aprikose

Aquamanile

Aquamarin (geschliffen)

Äquatorial-Guinea

1 2 3 4 5 1 6 7

Aquarium: Wasserpflanzen: **1** Riesenwasserfreund. **2** Indischer Wasserwedel. **3** Ludwigie. **4** Haarnixe. **5** Wasserkelch. **6** Sumpfschraube. **7** Großblättrige Wasserpest.

Arabische Liga

Araber Mz., **1)** Bewohner der arab. Halbinsel. **2)** i. w. S. alle, die Arabisch als Muttersprache sprechen (von SW-Asien über N-Afrika bis in den mittl. und östl. Sudan und an die O-Küste Afrikas). Die A. sind teils Nomaden (Beduinen), teils seßhafte Bauern (Fellachen). – Seit dem 7. Jh. Hauptträger des Islams, drangen die A. über N-Afrika zeitweise bis nach Spanien vor. Im MA. bedeutende Leistungen in Dichtung (→ arabische Literatur) und Wissenschaft (Astronomie, Mathematik). Im 16. Jh. gerieten die A. unter türk., in neuerer Zeit zum großen Teil unter brit. oder frz. Herrschaft; nach dem 1. und 2. Weltkrieg entstanden unabhängige arab. Staaten. **3)** → Pferde 3).

Arabeske [ital.] die, Ziermuster aus verschlungenen stilisierten Blattranken, von der islam. (arab.) Kunst ausgebildet.

Arabien, Halbinsel Vorderasiens, etwa 3,5 Mio. km², rd. 15 Mio. Ew. (überwiegend → Araber), stellt über die Landenge von Suez die Verbindung mit Afrika her. A. ist hohes Tafelland, das nach O allmählich abfällt. Sehr wasserarm (fast keine Flüsse); nur die Randländer, bes. Jemen, sind fruchtbar. Im Innern Wüsten mit Oasen (Datteln), nach den Rändern zu in Steppen übergehend. A. hat große Erdöllager.

STAATLICH gliedert sich A. in Saudi-Arabien, Arab. Rep. Jemen, Dem. VR Jemen, Oman, Verein. Arab. Emirate, Katar, Bahrain und Kuwait. Jordanien und Irak haben Anteil an A.

G Mit dem Auftreten Mohammeds (um 600) griff A. in die Geschichte ein. Der Islam gab den Stämmen polit. Stoßkraft (Krieg gegen die Ungläubigen). In Asien, Afrika und Spanien entstanden arab. Reiche (Höhepunkt nach 700: die Araber vor Byzanz und Paris). Im 10.-12. Jh. löste sich das arab. Gesamtreich in Teildynastien auf; Kämpfe gegen die Kreuzfahrer. Im 16. Jh. kam A. unter osman. Herrschaft, die es erst nach dem 1. Weltkrieg abschütteln konnte. Das mit brit. Hilfe errichtete Königreich Hidjas konnte sich nicht halten. Ein innerarab. Sultan, Ibn Saud, eroberte 1924/25 das Hidjas und proklamierte sich 1926 zu dessen König. Mit der Erschließung der Erdölvorkommen um 1930 setzte eine neue wirtschaftl. und polit. Entwicklung ein.

arabische Kunst, → islamische Kunst.

Arabische Liga, Zusammenschluß (1945) von Saudi-Arabien, Ägypten, Irak, Jordanien, Jemen, Syrien und Libanon zu polit., wirtschaftl. und kultureller Zusammenarbeit. Zw. 1945 und 1974 traten weitere 13 Staaten und die Palästinens. Befreiungsfront bei. 1979 bis 1989 war Ägypten wegen des mit Israel geschlossenen Friedensvertrags ausgeschlossen. Gen.-Sekr. Chedli Klibi (seit 1979); Sitz: Kairo (seit 1990).

arabische Literatur, Sprache, Schrift. Samml. held. Dichtung einzelner Stämme, vor Mohammed entstanden seit dem 8. Jh.: Muallakat (Auswahlen), Diwane (Samml.) der 6 altarab. Dichter, Hamasa (9. Jh.). Nach Mohammeds Tod blühte die Liebesdichtung, unter den Abbasiden Trink- und Jagdlieder. Bestimmend für die Prosa war der Koran, dazu kamen Lagererz., später Geschichtsromane. Hariri (1054-1121) gab der Makame (gereimte Prosa) klass. Form. Indisch-pers. Märchen wurden Grundlage der Samml. »Tausendundeine Nacht«. Die moderne arab. Literatur ging von engl. und frz. Vorbildern aus. Sie greift neuerdings häufig soziale Probleme auf. – Die **arab. Sprache** bildet mit der äthiop. den südwestl. Zweig der semit. Sprachen. Durch den Islam wurde sie in Vorderasien, Nordafrika und Spanien verbreitet. – Die **arab. Schrift** geht auf die altsemit. Konsonantenschrift zurück, sie hat 28 Mitlautzeichen; Vokalzeichen fast nur im Koran gebraucht. Sie läuft von rechts nach links.

Arabisches Meer, der NW-Teil des Ind. Ozeans.

Arabische Wüste, Gebirgswüste zw. Nil und Rotem Meer in Ägypten.

arabische Ziffern, die übl. Zahlzeichen, durch arab. Vermittlung aus Indien übernommen.

Arad, Stadt in Rumänien, am Maros, 184 500 Ew.; Bahnknoten, Industrie, Handel.

Arafat, Jasir, palästinens. Politiker und Guerillaführer, *1929, gründete 1958 die Untergrundorganisation Al Fatah, Vors. des Exekutivrates der PLO, Präs. des 1988 ausgerufenen, international nicht anerkannten Staates ›Pälestina‹.

Arago, Dominique François, frz. Physiker und Astronom, *1786, †1853.

Aragon [-g'ɔ̃], Louis, frz. Schriftst., *1897, †1982; Surrealist, seit 1930 Kommunist. Roman »Die Karwoche« (1958, dt. 1961) u. a.

Aragonien, span. **Aragón,** geschichtl. Landschaft NO-Spaniens, Hptst.: Saragossa; trockenes Hügel- und Steppenland, Anbau nur in den Tälern. – A. wurde 1035 Königreich; durch die Ehe Ferdinands II. von A. mit Isabella I. von Kastilien (1469) entstand (seit 1479) der span. Gesamtstaat.

Aragonit der, $CaCO_3$, Mineral, rhombisch kristallisierendes Calciumcarbonat.

Aralsee, flacher See in Turan, UdSSR, 64 500 km^2 (mit Inseln), abflußlos, schwach salzig, fischreich. Zuflüsse: Syr- und Amu-Darja; Wasserfläche schrumpft durch Wasserentnahme aus den Zuflüssen.

Aramäa, im A.T. Syrien und Mesopotamien. Das **Aramäische,** ein Zweig des Semitischen, war z. Z. Christi Umgangssprache in Palästina.

Aranjuez [araŋx'uεθ], Stadt in Spanien, am Tajo bei Madrid, 36 000 Ew.; ehem. Sommerresidenz der span. Könige.

Aräometer [grch.] das, **Senkwaage,** Gerät zur Bestimmung der Dichte von Flüssigkeiten (z. B. Messung des Alkoholgehalts).

Ara Pacis Augustae die, »Altar des Augustusfriedens«, errichtet in Rom 9 v. Chr. nach Befriedung aller Provinzen.

Arapaima der, größter Süßwasserfisch (bis 5 m lang, 250 kg), in Südamerika.

Ararat der, Vulkan in der östl. Türkei, nahe der iran.-sowjet. Grenze; **Großer A.** 5165 m.

Ärarium, Ärar [lat.] das, **1)** bei den Römern: Staatsschatz, Staatskasse. **2)** Österr.: Staatskasse.

Araukaner Mz., Indianerstamm in S-Chile.

Araukarie die, bis 60 m hohe Nadelbäume; A. sind die **Norfolktanne** von der Norfolk-Insel (im Jugendzustand »Zimmertanne«) und die **chilen. A. (Andentanne).**

Arbeit, 1) Berufstätigkeit. **2)** bewußtes Handeln zur Befriedigung von Bedürfnissen. – A. ist eine Grundlage der Gütererzeugung und der Bedarfsdeckung sowohl der Gesamtheit wie des einzelnen, mit Kapital und Boden einer der 3 Produktionsfaktoren. **3)** ⊠ das Produkt der an einem Körper angreifenden Kraft und des unter deren Einfluß zurückgelegten Weges, wenn Kraft und Weg in ihrer Richtung übereinstimmen. Einheiten: Joule (J), Newtonmeter (Nm), Kilowattstunde (kWh).

Arbeiter, i. w. S. jeder Berufstätige, bes. der Arbeitnehmer; i. e. S. der gegen Lohn beschäftigte Hand-A., nach Industriegruppen unterschieden in Berg-, Bau-, Metall-A. u. a.

Arbeiterbewegung, der gesellschaftl. Machtkampf der Industriearbeiterschaft (des »4. Standes«), der im 2. Drittel des 19. Jh. einsetzte, hervorgerufen durch das starke Anwachsen der Arbeitermassen und deren krisengefährdete, ungesicherte wirtschaftl. Lage. Die ersten Äußerungen der A. waren ungeregelt und ohne klare Zielsetzung (Maschinenstürmerei). Geistige Grundlagen boten die Theorien des Sozialismus, bes. die Lehren von K. Marx. Träger der A. wurden die Arbeiterparteien und ihre Presse (politisch), die Gewerkschaften (Vertretung der wirtschaftl. Forderungen) und die Genossenschaften (als Einrichtungen der wirtschaftl. Selbsthilfe). Durch das Kommunist. Manifest (1848) war die A. zum internat. Zusammenschluß aufgerufen worden (→ Internationale). – Seit 1918 haben in vielen Ländern sozialdemokrat. Politiker die Regierungsverantwortung allein oder in einer Koalition mitübernommen. Seit dem Sieg des Bolschewismus in der russ. Oktoberrevolution 1917 trennte sich überall eine radikale kommunist. Richtung der A. von der sozialdemokratischen ab, die sich jedoch im Zuge der polit. Reformen in den osteurop. Ländern seit Ende der 1980er Jahre wiederum sozialdemokrat. Positionen annäherte.

Arbeiterdichter, Dichter, die Arbeiter sind oder waren und die die sozialen Nöte und polit. Kämpfe der Arbeiter behandeln.

Arbeiterrat, Vertretung der Arbeiter und Soldaten zur Durchführung der Revolution; 1905 und 1917 (Sowjets der Arbeiter- und Soldatendeputierten) in Rußland, 1918 (Arbeiter- und Soldatenräte) für kurze Zeit im Dt. Reich.

Arbeiterrentenversicherung, die → Rentenversicherung der Arbeiter.

Arbeitervereine pflegen kulturelle und geistige Interessen: Turn-, Sänger-, Wander-, konfessionelle A. (kath., evang. A.).

Arbeiterwohlfahrt e.V., Organisation der freien Wohlfahrtspflege; Sitz Bonn.

Arbeitgeber, wer einen anderen gegen Entgelt zur Leistung von Diensten verpflichtet.

Arbeitgeberverbände, freier Zusammenschluß der Arbeitgeber zur gemeinschaftl. Wahrnehmung der sozialpolit. Belange ihrer Mitglieder. Die A. sind die Partner der Gewerkschaften in den Verhandlungen um die Tarifverträge. Sie sind nach Branchen und Bezirken organisiert; Spitzenverband ist die »Bundesvereinigung der Dt. Arbeitgeberverbände e. V.«

Arbeitnehmer, wer sich einem anderen gegen Entgelt (Lohn, Gehalt) zur Leistung von Diensten verpflichtet hat (bes. Arbeiter und Angestellte, nicht aber Beamte, Selbständige und mithelfende Familienangehörige). **Arbeitnehmerverbände,** → Gewerkschaften.

Arbeitsamt, unterste Verwaltungsstelle der Bundesanstalt für Arbeitsvermittlung und Arbeitslosenversicherung zur Arbeitsvermittlung, Berufsberatung, Umschulung u. a.

Arbeitsbeschaffung, wirtschafts-, sozial- und arbeitspolit. Maßnahmen und Einrichtungen zur Schaffung oder Bereitstellung von Arbeitsplätzen für Arbeitslose.

Arbeitsdienst, nach dem 1. Weltkrieg entstandene Einrichtung vieler Länder mit dem Ziel, die männl. (z. T. auch die weibl.) Jugendlichen für eine bestimmte Zeit zur Ableistung gemeinsamer Arbeit für den Staat zusammenzufassen, teils freiwillig, teils pflichtmäßig. 1935-1945 war der **Reichsarbeitsdienst** (RAD) in Dtl. Pflicht.

Arbeitsdirektor, Leiter des Arbeits- und Sozialwesens in Betrieben, die der Mitbestimmung unterliegen (z. B. Bergbau).

Arbeitserlaubnis, für die Arbeitsaufnahme von Ausländern (Ausnahme: Angehörige der EG) in der Bundesrep. Dtl. geforderte Erlaubnis der Bundesanstalt für Arbeit.

Arbeitsförderungsgesetz, Abk. **AFG,** regelt die Aufgaben und Leistungen der Bundesanstalt für Arbeit.

Arbeitsgerichtsbarkeit, die besondere Gerichtsbarkeit für arbeitsrechtl. Streitigkeiten (bes. zw. Arbeitnehmern und Arbeitgebern aus dem Arbeitsverhältnis, zw. Tarifvertragsparteien sowie zw. Arbeitnehmern aus der gemeinsamen Arbeit); geregelt im Arbeitsge-

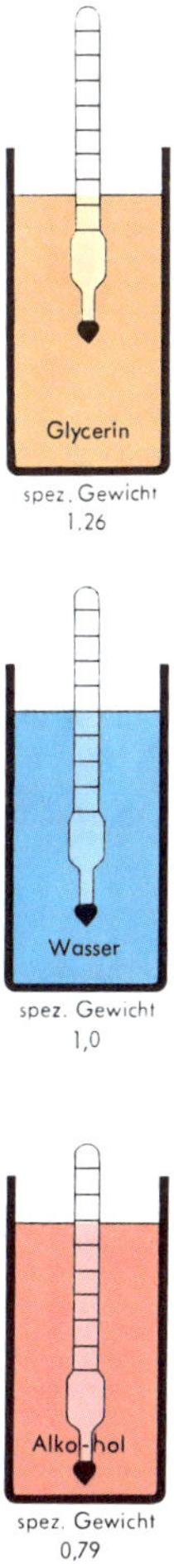

Aräometer: Das A. sinkt in einer Flüssigkeit um so tiefer, je kleiner die Dichte der Flüssigkeit ist

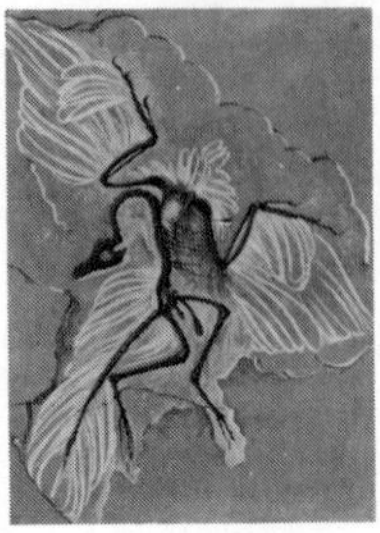

Archaeopteryx

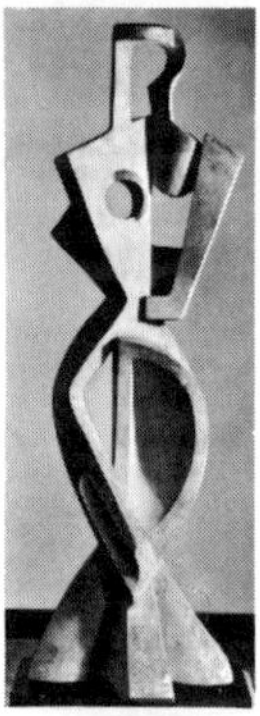

Archipenko: Stehende (1920)

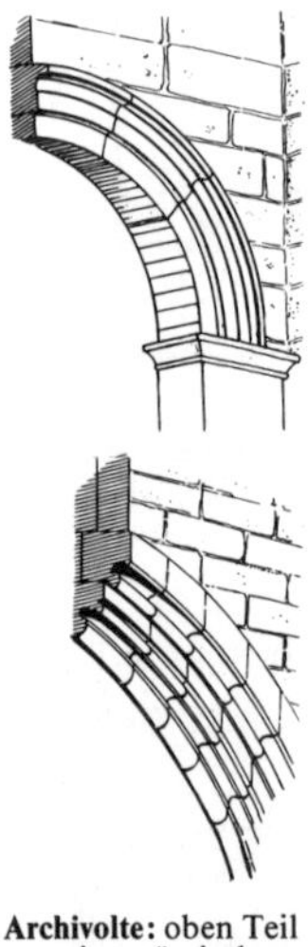

Archivolte: oben Teil einer römischen, unten Teil einer gotischen A.

richts-Ges. v. 8. 7. 1975. Zuständig sind die **Arbeitsgerichte** als 1. Instanz, die **Landesarbeitsgerichte** als Berufungsinstanz und das **Bundesarbeitsgericht** (Kassel) als Revisionsinstanz.

Arbeitslenkung, Beeinflussung des Arbeitsmarktes durch Beratung und Umschulung Arbeitsloser, bei staatl. Wirtschaftsplanung durch Kontrolle des Arbeitsplatzwechsels und durch Dienstverpflichtung.

Arbeitslosenversicherung, Pflichtversicherung der Arbeitnehmer gegen die Folgen der Arbeitslosigkeit. Träger der A. ist die Bundesanstalt für Arbeit (Nürnberg), Durchführungsbehörden sind die Arbeitsämter. Die Beiträge werden je zur Hälfte von Arbeitnehmern und Arbeitgebern aufgebracht. Die A. gewährt **Arbeitslosengeld** in Höhe von 63%, in manchen Fällen 68%, des letzten Netto-Arbeitsentgelts. Das Arbeitslosengeld wird bis zu 1 Jahr gewährt (nach Vollendung des 49. Lebensjahrs unter best. Bedingungen bis zu 1½ Jahren). Arbeitslose, die keinen Anspruch auf Arbeitslosengeld haben, erhalten **Arbeitslosenhilfe.**

Arbeitslosigkeit, Mangel an Erwerbsgelegenheit für Arbeitsfähige und Arbeitswillige. Man unterscheidet: **saisonale A.,** infolge der Saisonabhängigkeit versch. Berufe (Baugewerbe, Landwirtschaft), **konjunkturelle A.,** in wirtschaftl. Krisenzeiten, **strukturelle A.,** infolge tiefgreifender Veränderungen in der Volkswirtschaft (z. B. Zonenrandgebiete).

Arbeitsmarkt, Zusammentreffen von Angebot an und Nachfrage nach menschl. Arbeitsleistung.

Arbeitsmaschinen verrichten Arbeit im physikal. Sinne und werden i. d. R. von einer Kraftmaschine angetrieben.

Arbeitsmedizin, untersucht die Einwirkung von Arbeitsprozessen auf den menschl. Körper.

Arbeitspapiere, die für die rechtl. Ordnung eines Arbeitsverhältnisses notwendigen Unterlagen des Arbeitnehmers, v. a. Steuerkarte, Versicherungskarten, Dienstzeugnisse.

Arbeitsphysiologie untersucht die günstigsten Bedingungen für die menschl. Arbeit.

Arbeitsplatz, allg.: Aufgabengebiet des Arbeitnehmers; betrieblich: Stelle im Betrieb, an der eine Person beschäftigt ist.

Arbeitsrecht, Sonderrecht der Arbeitnehmer, in der Bundesrep. Dtl. nicht einheitl. zusammengefaßt. Hauptgegenstände: Arbeitsvertrag, Tarifvertrag, Betriebsverfassung, Mitbestimmung, Arbeitsgerichtsbarkeit, Sozialversicherung.

Arbeitsschule, 1) Schule mit handarbeitl. Betätigung. **2)** Bestrebungen, im Unterricht aller Schulen die Selbsttätigkeit der Schüler an die Stelle des mechan. Lernens zu setzen.

Arbeitsschutz, gesetzl. Schutz der Arbeitnehmer vor den Gefahren, die sich aus der Arbeit ergeben.

Arbeitsspeicher, zur Zentraleinheit eines Rechners gehörender Speicher, der Programme und Zwischenergebnisse aufnimmt.

Arbeitsteilung, 1) Auflösung einer Arbeitsleistung in Teilverrichtungen und ihre Verteilung auf versch. Erwerbszweige und Berufe, Kennzeichen bes. der modernen Industrieges. **2)** im Bienen-, Ameisen-, Termitenstaat die mit der Körperverschiedenheit (Differenzierung) verbundene Verschiedenheit der Leistungen; ebenso bei den Einzelwesen im Tierstock (z. B. Staatsqualle) und den Zellverbänden im Lebewesen.

Arbeitsverhältnis, Rechtsverhältnis zw. Arbeitgeber und Arbeitnehmer, entsteht durch Arbeitsvertrag oder vielfach schon durch die tatsächl. Aufnahme der Arbeit.

Arbeitsvertrag, Vertrag zw. Arbeitgeber und Arbeitnehmer über zu verrichtende Arbeit, Entgelt, Arbeitszeit u. Urlaub, an Tarifverträge und Ges. gebunden.

Arbeitswerttheorie, Lehre, daß der Wert aller Güter allein durch die zu ihrer Herstellung aufgewendete Arbeit bestimmt sei.

Arbeitszeit, Zeit der Anwesenheit der Arbeitnehmer im Betrieb. Die tarifl. wöchentl. A. betrug 1989 für die Mehrzahl der Beschäftigten der priv. Wirtschaft und im öffentl. Dienst 38 (37,5) Stunden an 5 Tagen. Die 35-Stunden-Woche ist Ziel der Gewerkschaften.

Arber, Großer A., höchster Berg des Böhmerwaldes, 1457 m hoch.

Arbiter, Zeuge, Beobachter, Schiedsrichter. **A. elegantiarum,** Schiedsrichter in Fragen des Geschmacks. **arbiträr,** nach Ermessen.

Arbitrage [arbitr'a:ʒə, frz.] die, Ausnutzung der Kursunterschiede zw. versch. Börsenplätzen im Wechsel-, Geldsortenhandel.

Arbon, Stadt im Kt. Thurgau, Schweiz, am Bodensee, 12 500 Ew.; Masch.-Ind.

Archaeopteryx [grch. »Urvogel«] der, älteste bekannte Vogelgatt., zeigt noch Merkmale der Kriechtiere; als Abdruck im Solnhofer Schiefer.

Archaikum, Azoikum, älteste geolog. Formationsgruppe.

archaisch [grch. »uranfänglich«], frühzeitlich, bes. grch. Kunstwerke, die vor 480 v. Chr. entstanden sind (→ griechische Kunst). **Archaismus,** Gebrauch veralteter Wörter und Redewendungen.

Archangelsk, Hafenstadt in der nördl. UdSSR, 412 000 Ew., im Mündungsgebiet der Nördl. Dwina ins Weiße Meer; Ind.; Ausfuhr von Holz, Getreide, Pelzwerk.

Archäologie [grch.] die, Altertumskunde, bes. Erforschung der Kunstdenkmäler (nicht aus Schriftquellen). Sonderzweige: klass. A., christl. A., oriental. A.

Arche [lat. »Kasten«] die, Schiff Noahs.

Archegonium [grch.] das, flaschenförmige Eizellenbehälter der Farne und Moose.

Archetypen [grch.] Mz., Urbilder, Ideen.

Archi... [grch. »der Erste«, »Oberste«], in Fremdwörtern: Erz..., Ur..., Anfangs...

Archidiakon [grch.] der, → Diakon.

Archimandrit [grch.] der, morgenländ. Kirche: Klostervorsteher, auch Titel höherer Geistlicher.

Archimedes, bed. grch. Mathematiker und Physiker, *um 285 v. Chr., †212 v. Chr.; entdeckte den Schwerpunkt, das Hebelgesetz, das spezif. Gewicht u. a. **Archimedisches Prinzip,** das Gesetz vom → Auftrieb.

Archipel [grch.] der, Bez. für Inselgruppen, z. B. Malaiischer A.

Archipenko, Alexander, russ. Bildhauer, *1887, †1964, abstrakte Plastik.

Archipoeta [lat.-grch. »Erzdichter«], Selbstbezeichnung mehrerer lat. Dichter des MA. Ihr wichtigster, Vertreter der Vagantenlyrik, schrieb 1159-67 im Dienste des Reinald von Dassel.

Architekt [grch.] der, der entwerfend tätige Baufachmann; meist mit Hochschulbildung.

Architektur [grch.] die, Baukunst.

Architrav [lat.] der, von Säulen oder Pfeilern getragene waagerechte Balken. (BILD S. 43)

Archiv [grch.] das, geordnete Samml. von Urkunden und Akten **(Archivalien). Archivar,** wissenschaftl. A.-Beamter.

Archivolte [ital.] die, profilierte Bogenfront.

Archon [grch.], Antike: der oberste Staatsbeamte in einigen grch. Stadtstaaten.

ARD, Arbeitsgemeinschaft der Öffentl.-rechtl. Rundfunkanstalten der Bundesrep. Dtl.

Ardèche [ard'ɛʃ], **1)** Nebenfluß der Rhône, S-Frankreich. **2)** Dép. in S-Frankreich, 5529 km², 268 000 Ew.; Hptst. Privas.

Ardenne, Manfred von, Physiker, *1907, entwickelte wichtige Neuerungen in Funk- und Fernsehtechnik sowie Elektronenoptik,

Architrav am Tempel der Minerva Lindea (Rhodos)

seit 1965 Forschungen zur Krebsbehandlung, Sauerstoffmehrschritt-Therapie.

Ardennen Mz., waldreiches Mittelgebirge in West-Europa, die westl. Fortsetzung des Rhein. Schiefergebirges. Steinkohlen, Zink, Eisen, Blei.

Areal [lat.] das, Flächenraum, Flächeninhalt.

Arelat, Niederburgund, → Burgund.

Arendt, Hanna, dt.-amerikan. Politologin, *1906, †1975.

Areopag [grch.] der, Hügel im alten Athen und der nach ihm benannte Gerichtshof.

Arequipa [arek'ipa], Stadt im südl. Peru, 500000 Ew.; 2363 m ü. M.; Univ.; Handel.

Ares, grch. Kriegsgott, Liebhaber der Aphrodite; entspricht dem röm. Mars.

Arete [grch.] die, in der Antike die Tugend.

Aretino, Pietro, ital. Dichter, *1492, †1556; burleske Komödien, Satiren.

Arezzo, Industriestadt in Italien, bei Florenz, 92100 Ew.; Geburtsort des Petrarca.

Argenteuil [arʒãt'œj], Industriestadt bei Paris, 95300 Ew.; Automobil- und Flugzeugind.

Argentinien, in S-Amerika, 2,9 Mio. km², 29,6 Mio. Ew., rd. 90% röm.-kath.; Hptst.: Buenos Aires. Amtssprache Spanisch. ⊕ S. 485.

A. ist Bundesrep. mit Präsidialverfassung; Einteilung in 22 Prov., den Bundesdistrikt Buenos Aires und Feuerland. – Der größere östl. Teil ist Flachland, meist steppenhaft (Pampa, jetzt Getreidefluren und Luzerne-Fettweiden), nur im NO waldig. Im W hat A. Anteil an den Anden (Aconcagua 6959 m). Im S (Patagonien) dürftige Steppen. Klima: warm-gemäßigt, trocken. – WIRTSCHAFT: In der östl. Pampa Ackerbau und Rasseviehzucht; im trocknen W Weideviehzucht und Oasenkulturen (Wein); im N Waldnutzung, Zuckerrohr- und Baumwollanbau; im S Schafzucht. Erdölgewinnung; Lebensmittel- (Fleisch), Maschinen-, Textil-, Schwerindustrie. Ausfuhr: Fleisch, Getreide, Wolle. Haupthafen und Mittelpunkt des Bahn- (☞ Transandenbahnen), Straßen- und Luftverkehrs ist Buenos Aires.

G Die Portugiesen entdeckten 1516 die Mündung des La Plata; seit 1525 kolonisierten die Spanier das Land. 1810-16 riß sich A. von Spanien los. Als Freistaat wurde es zunächst von langen Bürgerkriegen heimgesucht, in denen sich Bolivien, Paraguay und Uruguay selbständig machten: dann nahm es mit Hilfe einer europ. Masseneinwanderung einen großen wirtschaftl. Aufschwung. Seit 1943 Militärdiktatur. Der 1946 zum Präs. gewählte Perón regierte autoritär: Planwirtschaft, Industrialisierung, Sozialreformen (Evita Perón), Ausschaltung der Opposition; 1955 von Teilen der Armee gestürzt, 1973-74 wieder Staatspräs. Nach der Präsidentschaft seiner Frau Isabella P. (1974-76) übernahm das Militär die Macht. Nach dem Krieg mit Großbritannien um die → Falkland-Inseln (1982) kehrte A. zu demokrat. Reg.-Formen zurück. Staatspräs.: C. S. Menem (seit Juli 1989, nach Wahlen vom Mai 1989).

Argentum, Abk. **Ag,** Silber.

Ärgernis, ⚖ Verletzung des relig. oder sittl. Gefühls; strafbar, sobald die Mitmenschen daran Anstoß nehmen.

Argeş ['ardʒeʃ], **Argeşul,** linker Nebenfluß der unteren Donau in Rumänien.

Argiver Mz., **1)** die Bewohner von Argos. **2)** bei Homer: alle Griechen.

arglistige Täuschung, ⚖ vorsätzl. Erregung oder Erhaltung eines Irrtums in einem anderen durch bewußte Angabe falscher oder Unterdrückung wahrer Tatsachen. Wer zur Abgabe einer Willenserklärung durch a. T. bestimmt worden ist, kann die Erklärung binnen Jahresfrist nach Entdeckung der Täuschung anfechten.

Argolis, nordöstl. Halbinsel der Peloponnes. Nach einer Blüte in der Frühbronzezeit wurde A. Kernlandschaft der Myken. Kultur.

Argon [grch.] das, **Ar,** farb- und geruchloses Edelgas, in der Luft (1,3%) und in Quellen; Füllung für Glühlampen und Leuchtröhren.

Argonauten Mz., grch. Sage: Helden, die unter Iasons Führung auf dem Schiff Argo aus Kolchis das → Goldene Vlies zurückholten.

Argonnen, Hochfläche in NO-Frankreich.

Argos, die alte Hptst. der → Argolis.

Argot [arg'o, frz.] das, Gauner- und Diebessprache; auch Dialekt oder Dialekt bestimmter Personenkreise (Soldaten, Studenten).

Argus der, grch. Sage: hundertäugiger Riese, Wächter der Io. **Argusaugen:** wachsame Augen.

Århus ['ɔrhuz], Hafenstadt in Dänemark, am Kattegat, 248500 Ew.; Bischofssitz; Univ.

Ariadne, grch. Sage: Tochter des Minos, verhalf Theseus mit einem Garnknäuel **(A.-Faden)** zur Rückkehr aus dem Labyrinth, wo er den Minotaurus getötet hatte.

Ariane, Bez. der von der Europ. Weltraumorganisation entwickelten europ. Satelliten-Trägerrakete.

Arianer, die Anhänger des Priesters Arius in Alexandria (†336), der in seiner Lehre die Wesensgleichheit Christi mit Gott dem Vater verneinte (→ Athanasius). Arius wurde 320 abgesetzt, der **Arianismus** auf den Kirchenversammlungen von Nicaia 325 und Konstantinopel 381 verdammt.

Arias Sánchez [santʃes], Oskar, costarican. Politiker, *1941; 1986-90 Präs.; Friedensnobelpreis 1987 für Bemühungen um Frieden in Mittelamerika.

Ari|e [ital.] die, ♩ Einzelgesang mit Instrumentalbegleitung in Opern, Oratorien u. a.

Ari|el [hebr. »Gottesherd«], **1)** Engel. **2)** Luftgeist in Shakespeares »Sturm«; in Goethes »Faust«. **3)** Uranusmond.

Ari|er [Sanskrit »der Edle«], Sprachwissenschaft: indoiran. Zweig der Indogermanen. Der Begriff A. im rass. Sinn ist unwissenschaftlich.

Arion, grch. Dichter, Musiker, um 620 v. Chr.

Arioso [ital.] das, ♩ kurzes Gesangstück, im Charakter zw. Arie und Rezitativ.

Ariosto, Ludovico, ital. Dichter, *1474, †1533, schrieb antikisierende Lustspiele, Epen (»Der rasende Roland«).

Ariovist, german. Heerführer, †um 54 v. Chr., drang über den Rhein nach Gallien vor, wurde 58 v. Chr. von Caesar geschlagen.

Aristarch von Samos, grch. Astronom des 3. Jh. v. Chr.

Aristides, athen. Staatsmann und Feldherr, †um 467 v. Chr., einer der Anführer in der Schlacht bei Marathon, Gründer des 1. Attischen Seebundes.

Argentinien

Ariosto

Aristippos, grch. Philosoph, * um 435 v. Chr., Gründer der → Kyrenäischen Schule.
Aristokratie [grch. »Herrschaft der Edelsten«] die, **1)** Staatsform, bei der ein bevorzugter Stand des Volkes die oberste Staatsgewalt innehat, i. Ggs. zur → Monarchie und zur → Demokratie. **2)** der bevorzugte Stand selbst.
Aristophanes, grch. Dichter, * um 445, † Athen um 385 v. Chr., der bedeutendste Vertreter der attischen Komödie (»Lysistrata«, »Die Frösche«, »Die Wespen«, »Die Vögel«).
Aristoteles, grch. Philosoph in Athen, *384, †322 v. Chr., Lehrer Alexanders d. Gr., Schüler des Plato, von dem er sich durch stärkere Hinwendung zum Erfahrungswissen zunehmend entfernte. Seine Logik, Metaphysik, Physik, Ethik, Politik, Poetik waren von tiefgreifender Wirkung auf das Abendland. Das Wesen jedes Dinges oder Geschehens verwirklicht sich nach A. aus dem viele Möglichkeiten bergenden Stoff durch eine bewegende formende Kraft (Entelechie). Die Wiederaufnahmen seines Systems (z. B. durch Thomas von Aquin) nennt man **Aristotelismus.**
Arithmetik [grch.] die, Zahlenlehre, ein Teil der Mathematik, behandelt die Rechengesetze der Zahlen und die Zahlentheorie.
arithmetische Reihe, → Reihe; **arithmetisches Mittel,** → Mittel.
Arius, Presbyter in Alexandria, → Arianer.

Armbrust

Arizona [æriz'əunə], Abk. **Ariz.,** Staat im SW der USA; 295 260 km², 3,05 Mio. Ew.; Hptst.: Phoenix. Klima wüstenhaft; Anbau in Bewässerungsgebieten (Baumwolle, Obst). ⚒ auf Gold, Kupfer. Flugzeug-, Raketenbau. ⊕ S. 494.
Arkade [von lat. arcus »Bogen«] die, 🏛 Gewölbebogen.
Arkadien, im alten Griechenland die Herzlandschaft der Peloponnes; von Vergil idyllisch verklärt. **Arkadische Poesie,** Bez. für Hirten- und → Schäferdichtung.
Arkansas [engl. 'ɑ:kənsɔ:], **1)** der, rechter Nebenfluß des Mississippi, 2333 km lang. **2)** Abk. **Ark.,** Staat der USA, westl. des Mississippi; 137 754 km², 2,35 Mio. Ew.; Hptst.: Little Rock. Soja, Reis, Baumwolle; Bauxit, Erdöl, Kohle. ⊕ S. 494.
Arkebuse [frz.] die, urspr. eine Armbrust, seit dem 15. Jh. ein Feuerrohr mit Luntenschloß. Der **Arkebusier,** mit der A. bewaffneter Schütze.
Arkona, nördl. Vorgebirge der Insel Rügen, aus Kreidegestein, mit Leuchtturm und frühgeschichtl. Burganlage.
Arktis [von grch. arktos »Bär«] die, Land- und Meergebiete im → Nordpolargebiet. ⊕ S. 494.
Arkturus [grch. »Bärenhüter«] der, rotgelber Stern 1. Größe im Sternbild des Bootes.
Arkwright ['ɑ:kraɪt], Sir Richard, *1732, †1792, erfand die Spinnmaschine.
Arlberg, Alpenpaß zw. Tirol und Vorarlberg (1793 m hoch) mit der **A.-Bahn** Innsbruck-Bludenz, die den Paß in dem 10,3 km langen **A.-Tunnel** unterfährt; A.-Straßentunnel befahrbar seit 1978.

Arkade

Arles [arl], Stadt in S-Frankreich, an der Rhône, 50 800 Ew.; Reste röm. Bauten, Amphitheater, jetzt Stierkampfarena, roman. und got. Bauten. – Gegen Ende des 2. Jh. v. Chr. römisch, war zeitweilig Regierungssitz Konstantins III., im MA. Hptst. des burgund. Königreichs Arelat.
Arlesheim, Bez.-Hauptort im Kt. Basel-Landschaft, Schweiz, 8300 Ew.
Arm, Körperteil, besteht aus Oberarm, Unterarm (mit Elle und Speiche) und der Hand (8 Handwurzelknochen, 5 Mittelhandknochen und 14 Fingergliedknochen). Durch sein freies Schultergelenk ist der A. des Menschen die beweglichste Gliedmaße.
Armada [span.] die, allg. mächtige Kriegsflotte, bes. die große **span. A.** Philipps II. zur Niederwerfung Englands, wurde 1588 im Kanal von den Engländern besiegt, der Rest durch Stürme vernichtet.
Armagnac [-ŋ'ak], **1)** ehem. frz. Gfsch. in der Gascogne, Hptst.: Auch. **2)** Weinbrand aus dem A. – **Armagnaken,** frz. Söldner (15. Jh.).
Armatur [lat.] die, **1)** Ausrüstung. **2)** ⊙ Ausrüstungsteile: Ventile, Hähne, Schalter, Regler.
Armawir, Stadt am Kuban, im Krai Krasnodar, UdSSR, 168 000 Ew.; Getreidehandel.
Armbrust, Schußwaffe für Bolzen und Pfeile, Verbesserung des Bogens; im 17. Jh. von der Handfeuerwaffe abgelöst.
Armee [frz.] die, **1)** Heer. **2)** im Kriege größerer Truppenverband unter einheitl. Oberbefehl.
Ärmelkanal, engl. **English Channel** ['ɪŋlɪʃ tʃ'ænl], frz. **La Manche** [-mãʃ], Verbindung des Atlant. Ozeans mit der Nordsee zw. der frz. Nord- und der engl. Südküste. Eisenbahntunnel im Bau.
Armenia, Mittelpunkt des Kaffeedistrikts von Quindio, Kolumbien, 198 000 Ew.
Armenien, 1) Hochland zw. Kleinasien, Iran und der UdSSR, südl. des Kaukasus (Ararat-Hochland); Beckenlandschaften und Hochplateaus (vorwiegend Steppe), mit Gipfeln bis 5165 m (Ararat). Bevölkerung: Armenier, Kurden, Türken. Weidewirtschaft, Getreidebau. Politisch ist A. aufgeteilt zw. der Türkei, Iran und der UdSSR. – Ⓖ Um 300 trat A. zum Christentum über. Politisch war es nur im 9. und 10. Jh. selbständig, wurde dann wechselnd beherrscht von Byzantinern, Seldschuken, Mongolen, Persern und Türken.
2) Armen. Sozialist. Sowjetrep., sowjet. Teil von 1), Unionsrep. (seit 1936), 29 800 km², 3,3 Mio. Ew.; Hptst.: Eriwan. Viehzucht, Ackerbau, Erzlagerstätten, Energiewirtschaft. – Dez. 1988 schweres Erdbeben. 1989/90 Auseinandersetzungen zw. A. und Aserbeidschan um Nagornij Karabach.
Armenier, Mischvolk aus der Urbev. Armeniens und eingewanderten Indogermanen, mit indogerman. Sprache; rd. 4 Mio., bes. in der UdSSR. Die **Armen. Kirche** ähnelt in Aufbau und Gottesdienst der Ostkirche.
armenische Kunst, bis ins 13. Jh. blühende Kirchenbaukunst, Zentral- wie auch Langhausbauten in Gußmauerwerk errichtet, mit Reliefplatten aus Lava und Tuff verkleidet, von Kuppeln überwölbt. Buchmalerei: Etschmiadsin-Evangeliar (989, Eriwan).
Armenrecht, ⚖ die → Prozeßkostenhilfe.
Armer Heinrich, Versnovelle (um 1200) von Hartmann von Aue, schildert die wunderbare Heilung des A. H. vom Aussatz durch die Opferbereitschaft eines Mädchens; Oper von Pfitzner, Schauspiel von G. Hauptmann.
Armer Konrad, ein aufständ. Bauernbund von 1514 in Württemberg.
Armfüßer, Brachiopoden, kalk- oder

hornschalige festsitzende Meerestiere, im Erdaltertum formenreich.

armieren [lat.], ausrüsten, bewaffnen.

Arminianer, Remonstranten, reformierte Gruppe der niederländ. Kirche (nach Jakob Arminius, *1560, †1609), verwarf die unbedingte Prädestinationslehre Calvins.

Arminius, fälschlich Hermann, Fürst der Cherusker, schlug 9 n. Chr. die Römer (unter Varus) im Teutoburger Wald; um 21 n. Chr. von Verwandten ermordet. – Hermannsdenkmal bei Detmold.

Armleuchteralgen, grüne, in Süß- und Brackwasser wachsende Algen. (BILD Algen)

Armorika, alte kelt. Bez. der Bretagne.

Armstrong, 1) Louis, amerikan. Jazztrompeter, Sänger, *1900, †1971. **2)** Neil Alden, amerikan. Astronaut, *1930, betrat als erster Mensch den Mond. **3)** Sir William George, engl. Ingenieur, *1810, †1900, erfand u. a. den hydraul. Kran, förderte die Waffentechnik.

Armutszeugnis, → Prozeßkostenhilfe.

Arnauld [arn'o], Antoine, frz. Philosoph und Theologe, *1612, †1694, verfaßte zus. mit P. Nicole die »Logik von Port-Royal« (1662).

Arndt, Ernst Moritz, Schriftst., *1769, †1860, floh 1806-09 vor Napoleon nach Schweden, wirkte 1812-15 mit Frhr. v. Stein durch Lieder (»Der Gott, der Eisen wachsen ließ«) und Flugschriften für die Erhebung Preußens; wirkte zeitlebens für die polit. Freiheit und Einheit der Deutschen. Hauptwerk: »Geist der Zeit«.

Arnheim, niederländ. **Arnhem,** Stadt in den Niederlanden, am Rhein, 128 000 Ew.; größte Kunstseidefabrik der Niederlande.

Arnika die, **Wohlverleih,** Korbblüterstaude mit großen, dottergelben Blüten; Heilpflanze. **A.-Tinktur** wirkt anregend durch örtl. Durchblutung. (BILD Heilpflanzen)

Arnim, 1) Achim v., Dichter, *1781, †1831; gab mit C. Brentano die Volksliedersammlung »Des Knaben Wunderhorn« heraus, schrieb u. a. den geschichtl. Roman »Die Kronenwächter«. **2)** Elisabeth v., genannt Bettina, Schwester von Clemens Brentano, Gattin von 1), *1785, †1859, »Goethes Briefwechsel mit einem Kinde« (1835).

Arno der, ital. Fluß, 241 km, kommt vom Apennin, fließt durch Florenz, mündet bei Pisa.

Arnold [ahd. arn »Adler« und walto »Herrscher«], männl. Vorname.

Arnold von Brescia [-br'eʃʃa], †1155, Augustiner, predigte gegen die weltl. Herrschaft des Papsttums; von Kaiser Friedrich I. ausgeliefert, in Rom gehängt.

Arnolfo di Cambio, *um 1245, †wohl 1302, ital. Baumeister (Neubau des Doms von Florenz) und Bildhauer (bes. in Rom).

Arnsberg, Hptst. des RegBez. A., Nordrh.-Westf., 73 900 Ew., Papier- u. a. Ind.

Arnstadt, Krst. im Bez. Erfurt, 30 000 Ew.; Handschuhe, Schuhe, Maschinen.

Arnulf [ahd. arn »Adler« und wulf »Wolf«], männl. Vorname.

Arnulf von Kärnten, röm.-dt. Kaiser (896-99), schlug als dt. König (seit 887) die Normannen bei Löwen 891.

Arnulf von Metz, *um 582, †640?, einer der Ahnherren der Karolinger. 610/611 Bischof von Metz, 622 mit Pippin d. Ä. Regent von Austrasien, 629 Einsiedler; Heiliger.

Arolsen, Stadt in Hessen, 14 700 Ew., ehem. Residenz des Fstt. Waldeck; Barockschloß.

Aroma das, -s/-men, Wohlgeruch. **aromatisch,** wohlriechend, würzig. **aromat. Verbindungen,** ⊸ vom Benzol abgeleitete zykl. organ. Verbindungen; sie bilden rd. ⅓ aller bekannten organ. Verbindungen.

Aronstab, Giftpflanze mit kolbigem Blütenstand in tütenförmiger Hülle.

Arosa, Wintersportplatz und Luftkurort in Graubünden, 1766-1825 m ü. M., 3800 Ew.

Arp, Hans, Dichter, Maler, Bildhauer, *1887, †1966; dadaistische und surrealist. Werke.

Árpád ['a:rpa:d], erster Großfürst der Magyaren, †907, führte sein Volk 895 aus S-Rußland nach Ungarn, Stammvater des Königshauses der **Árpáden.**

Arpeggio [arp'ɛdʒo, ital.] das, ♩ harfenartig gebrochener Akkord. Zeichen: .

Arrabal, Fernando, spanisch-frz. Schriftst., *1932, schreibt in frz. Sprache im Geist des absurden Theaters. Dramen, Romane, Gedichte.

Arrak, Arak der, Branntwein aus Reis-, Palmwein, Zuckerrohrmelasse (38-60 Vol.-%).

Arrangement [arãʒəm'ã, frz.], **1)** Anordnung, Übereinkommen. **2)** Bearbeitung einer Komposition für mehrere Instrumente. **arrangieren,** einrichten.

Arras, befestigte Bischofsstadt, Stadtbilder aus dem 17. Jh., in N-Frankreich; 41 700 Ew.

Arrau, Claudio, chilen. Pianist, *1903.

Arrest [mittellat.] der, **1)** Beschlagnahme von Vermögensgegenständen des Schuldners **(dingl. A.)** oder notfalls Verhaftung des Schuldners **(persönl. A.),** wenn die künftige Zwangsvollstreckung gefährdet ist; durch gerichtl. Beschluß **(A.-Befehl)** angeordnet. **2)** Strafrecht: Freiheitsstrafe, in Dtl. nur für Jugendliche **(Jugend-A.). 3)** der Haft gleichwertige Strafart für militär. Straftaten **(Strafarrest).**

arretieren [frz.], feststellen, sperren (Geräte); verhaften.

Arrhythmie [grch.] die, ♡ unregelmäßiges Schlagen des Herzens.

arriviert [frz.], emporgekommen.

Arroganz [frz.] die, Anmaßung, Dünkel.

arrondieren [frz.], abrunden, zusammenlegen.

Arrondissement [arɔ̃dism'ã] das, frz. Verwaltungsbezirk, Unterabt. des Départements.

Arrowroot ['ærəʊru:t, engl.] das, trop. Stärkemehl, meist aus den Knollen der Pfeilwurz, auch Bez. der Pflanze.

Arrupe, Pedro, span. Jesuit, *1907, 1965 bis 1983 Generaloberer der Jesuiten.

Ars [lat.] die, Kunst, Wissenschaft, Geschicklichkeit. **Ars amandi,** die Kunst zu lieben, Gedichte von Ovid.

Arsen das, **As,** chem. Element mit teils metall., teils nichtmetall. Eigenschaften; Dichte des grauen metall. A. 5,72, des gelben nichtmetall. A. 1,97 g/cm³, Ordnungszahl 33. In der Natur kommt A. nur in der metall. Modifikation vor, teils in elementarer Form **(Scherbenkobalt),** teils in Verbindungen **(A.-Kies).** Die Gewinnung von A. geschieht meist durch Erhitzen von A.-Kies unter Luftabschluß. Gediegenes A. wird als Legierungszusatz für Schrotmetall verwendet. Die meisten A.-Verbindungen sind giftig.

Arsenal [ital.] das, Zeughaus, Waffenlager.

Arsenik, ⊸ Arsentrioxid, As_2O_3, giftige Arsenverbindung, wird zur Schädlingsbekämpfung und in der Medizin verwendet. **A.-Vergiftung, Arsenvergiftung,** erzeugt Schwindel, Kopfschmerzen, Erbrechen, jagende Atmung, Leibschmerzen mit blutigen Durchfällen. Gegenmaßnahmen: Erbrechen herbeiführen; sofort Arzt rufen.

Art, lat. **speci|es,** Gruppe gleicher oder ähnl. Gegenstände (oder Lebewesen), Teil der nächsthöheren Gruppe, der Gattung. **1)** Anthropologie: Die heutige und die vorgeschichtl. Menschheit. Menschenformen werden dann als Unterarten, Varietäten oder Rassen angesehen. **2)** Biologie: Gruppe von Populationen ähnl. Einzelwesen, die sich frei kreuzen. Genbedingte physiolog. und morpholog. Ursachen verhindern eine Vermischung mit anderen Gruppen.

Armfüßer

A. v. Arnim

B. v. Arnim

Aronstab: Gefleckter A., links Fruchtstand

Artemis (Paris, Louvre)

Artaxerxes, altpers. Könige. **1) A. I.** (464-424 v. Chr.), beendete 448 im »Vertrag des Kallias« den Krieg mit Athen. **2) A. II.** (404 bis 363? v. Chr.), diktierte 386 den Griechen den »Frieden des Antalkidas«.

Art Déco [a:rdek'o, frz.], Stilbez. für Kunsthandwerk und Malerei um 1920/30.

Artefakt [lat.] das, Kunsterzeugnis.

Artemis, grch. Göttin, Tochter des Zeus und der Leto, Schwester Apollons; Göttin der Jagd, Schützerin der Geburten. Die Römer stellten A. der Diana gleich.

Artenschutz, durch versch., bes. behördl. Maßnahmen angestrebter Schutz von vom Aussterben bedrohten Tier- und Pflanzenarten, zurückgehend auf das Washingtoner Artenschutzabkommen und die Bundesartenschutz-VO.

Arterie [grch.] die, Schlagader.

Arterienverkalkung, Arteriosklerose, ein bes. nach dem 40. Lebensjahr auftretendes Blutgefäßleiden; beginnt mit Einlagerung von Fett und Cholesterin in die Gefäßwand. Die Geschmeidigkeit der Gefäße schwindet, der Blutdruck steigt.

Arteriographie [lat.-grch.] die, Darstellung der Körperschlagadern im Röntgenbild.

artesischer Brunnen, → Brunnen.

Artes liberales [lat.], die → Freien Künste.

Arthritis [grch.] die, → Gelenkentzündung.

Arthropoden [grch.] Mz., ⚘ Gliederfüßer.

Arthrose [grch.] die, Gelenkleiden durch Abnutzung und Abbau der Gelenkknorpel.

Artikel [lat.] der, **1)** Ⓢ das Geschlechtswort. **2)** Abschnitt eines Gesetzes, eines Schriftstücks; Glaubenssatz. **3)** schriftstellerischer Beitrag, Aufsatz (in der Presse).

Artischocke

Artikulation [lat.] die, **1)** Lautbildung. **2)** ♩ Gliederung. **3)** ♡ Stellungsbeziehungen zw. den Zahnreihen des Ober- und Unterkiefers.

Artillerie [frz.] die, mit Geschützen oder Raketen ausgerüstete Truppengattung.

Artischocke die, distelartiger Korbblüter aus N-Afrika; Blütenboden eßbar.

Artist [frz.] der, Künstler im Zirkus, Varieté.

Artois [artw'a] das, geschichtl. Landschaft in NO-Frankreich.

Artur, Arthur [kelt.], männl. Vorname.

Artus, Arthur, sagenhafter König der kelt. Briten, um 500 n. Chr., wurde mit dem mittelalterl. Sagenkreis um den Gral verknüpft; um A. scharen sich 12 tapfere Ritter der »Tafelrunde«, darunter: Erek, Lancelot, Iwein, Parzival, Tristan. **Artushöfe,** im MA. Körperschaften zur Pflege der Geselligkeit nach dem Vorbild der »Tafelrunde«.

Aruak, eine der größten Völkerfamilien der Südamerikan. Indianer.

Aruba, niederländ. Antilleninsel vor der N-Küste Südamerikas; Erdölraffinerien, Phosphat.

Arve die, → Zirbelkiefer.

Arzneimittel, Medikamente, Pharmaka, Stoffe zur Erkennung, Verhütung und Behandlung von Krankheiten. Man verwendet: Pflanzenteile oder ihre wässerigen und alkohol. Auszüge (Tees, Infuse, Tinkturen), aus Drogen gewonnene reine Wirkstoffe, Hormonpräparate, Stoffwechselprodukte von Mikroorganismen (Antibiotika) sowie viele synthet. chem. Verbindungen. A. werden als **Tabletten, Pulver, Dragées** eingenommen, unter die Haut **(subkutan),** in die Muskeln **(intramuskulär)** oder in die Venen **(intravenös)** eingespritzt, als Einlauf oder Zäpfchen (Suppositorien) in den Mastdarm **(rektal)** eingeführt, durch Einatmen in die Lunge aufgenommen.

Aschaffenburg: Schloß am Main

Arzneipflanzen, → Heilpflanzen.

Arzt, Hochschulabsolvent, der nach bestandenen Prüfungen die staatl. Zulassung zur Ausübung der Heilkunde (Bestallung, Approbation) erhält. Nach der Approbation kann sich der A. durch freiwillige Weiterbildung spezialisieren, z. B. zum »A. für Chirurgie«.

As das, Asses/Asse, **1)** röm. Gewicht und Bronzemünze. **2)** früheres dt. Münz- und Handelsgewicht. **3)** die Eins auf den Spielwürfeln. **4)** das höchste Blatt der frz. Spielkarte.

As, chem. Zeichen für Arsen.

as das, ♩ Halbton unter a.

ASA-Grad, amerikan. Normmaß (American Standards Association) für die Empfindlichkeit photograph. Materials. 50 ASA = 18 DIN.

Asam, bayer. Künstlerfamilie des 17./18. Jh. Baumeister, Bildhauer, Maler, Meister des süddt. Barocks und Rokokos.

Asbest [grch. »unverkennbar«] der, faseriges Mineral; **Serpentin-A.** ist feuerfest, **Hornblende-A.** dazu auch säurefest. Die langen, verspinnbaren Fasern wurden für feuerfeste Schutzkleidung usw., kürzere zu Dichtungen, Isolierungen, A.-Zement, Füllstoffen verwendet. Der bei der Verarbeitung von A. und durch Abrieb von asbesthaltigem Material entstehende **A.-Staub** gilt als krebserregend oder führt zur **Asbestose;** die Produktion wurde stark eingeschränkt.

Ascension [əs'enʃən], brit. Felseninsel im südl. Atlant. Ozean, Kabelknotenpunkt.

Asch, tschech. **Aš,** Stadt in Böhmen, nördl. von Eger, 12 000 Ew.; Textilfabrikation.

Aschaffenburg, Stadt in Bayern, am Main, 59 700 Ew.; Hafen, Bekleidungs-, Maschinen-, Papierindustrie; Renaissanceschloß, roman.-got. Stiftskirche.

Aschchabad, Hptst. der Turkmen. SSR, UdSSR, 356 000 Ew.; Univ., Ind.

Aschdod, Ashdod, Stadt in Israel, südl. von Tel-Aviv, 37 000 Ew.; Tiefseehafen.

Asche, ⚗ bei Verbrennung organ. Stoffe zurückbleibende anorgan. Bestandteile.

Äsche die, forellenähnlicher Lachsfisch.

Aschenbahn, ⚐ mit einer Schlackenschüttung versehene Lauf- oder Rennbahn.

Aschermittwoch, Mittwoch nach Fastnacht, in der kath. Kirche Beginn der Fastenzeit.

Aschersleben, Krst. im Bez. Halle, am Harzrand, 34 200 Ew.; Kalibergbau, Industrie.

Aschkenasim, Askenas, urspr. Name eines Volkes der bibl. Völkertafel, dann Bez. der mittel-, osteurop. Juden. Ggs.: Sephardim.

Aschoka, ind. König (272-237 v. Chr.), nach blutigen Eroberungskriegen Förderer des Buddhismus, den er über ganz Indien verbreitete.

ASCII, Abk. für American Standard Code for Information Interchange, aus sieben oder acht Bits bestehende Codierung für die Darstellung alphanumer. Zeichen; bes. in PC und Heimcomputern verwendet.

Ascoli Piceno [-pitʃ'ɛ:no], ital. Stadt in den Marken, 53 300 Ew.; Glas- u. a. Industrie.

Ascona, Kurort im Kt. Tessin, Schweiz, am Lago Maggiore, 4800 Ew.

Ascorbinsäure, $C_6H_8O_6$, das Vitamin C.

Asea Brown Boveri, Abk. **ABB,** 1988 durch die Fusion von Allmänna Svenska Elektrika A.B. (ASEA) und Brown Boveri & Cie. AG (BBC) entstandenes Unternehmen.

ASEAN, Abk. für Association of South

East Asian Nations [əsəʊsɪ'eɪʃn ɔv saʊθ i:st 'eɪʃn n'eɪʃnz], 1967 gegr. Bündnis südostasiat. Staaten (Brunei, Indonesien, Malaysia, Philippinen, Singapur, Thailand) zur Förderung wirtschaftl. Wachstums und sozialen Fortschritts.

Asen Mz., Götter des german. Heidentums, an ihrer Spitze Odin; Sitz Asgard.

Asepsis [grch.] die, Keimfreiheit, verhindert bei Operationen Wundinfektion und Eiterung. A. wird erzielt durch →Desinfektion (→Antisepsis).

Aserbaidschan, 1) Landschaft im NW Irans, im O des armen. Hochlandes. **2) Aserbaidschan. Sozialist. Sowjetrep.,** Unionsrep. (seit 1936) der UdSSR, 86600 km², 6,7 Mio. Ew., davon ¾ Aserbaidschaner (Turkvolk), am O-Ende des Kaukasus, am Kasp. Meer; Hptst.: Baku. Erdöl, Erdgas, Baumwolle, Tabak u. a. – 1989/90 Auseinandersetzungen mit Armen. Sozialist. Sowjetrep. um Nagornij Karabach, Besetzung Bakus durch die Rote Armee.

Ashanti, Aschanti, Volk der Akan-Gruppe in S-Ghana. Das Gebiet ihres ehem. Königreiches bildet heute die Regionen **Brong-Ahofo** und **A.**

Asien, der größte Erdteil, einschl. Binnenmeere 44,2 Mio km² = 30% der Landfläche der Erde, über 3,07 Mrd. Ew. = rd. 60% der Erdbev. A. reicht vom Nördl. Eismeer bis 10° s. Br., in W-O-Richtung von 26° ö. L. bis 170° w. L. Nur aus geschichtl. Gründen werden A. und Europa als 2 Erdteile betrachtet; als Grenze gelten Uralgebirge, Uralfluß, Manytschniederung. ⊕ S. 483.

LANDESNATUR. Die Festlandmasse ist nur wenig durch Randmeere gegliedert. Die wichtigsten Halbinseln sind: Anatolien, Arabien, Vorderindien, Hinterindien, Korea, Kamtschatka, Tschuktschen-Halbinsel. Mit Afrika ist A. durch die Landenge von Suez verbunden, nach Australien leitet die Inselbrücke des Malaiischen Archipels hinüber, nach Amerika die Aleuten. Im O und SO Inselketten (Japan, Philippinen, Indonesien). Inner-A. ist ein Hochland (Tibet, 4000 m), dessen Randgebirge die höchsten Gipfel der Erde tragen (Mount Everest 8848 m). Junge Faltengebirge durchziehen A. von Anatolien-Kaukasus über das Iran. Hochland und Pamir bis nach Hinterindien und zur Mongolei. Im NW und N große Tiefländer (W-Sibirien). Inner-A. und weite Gebiete West-A.s sind ohne Abfluß zum Weltmeer; die Flüsse enden in salzigen Seen oder Sümpfen. Es münden ins Nördl. Eismeer: Ob, Jenissej, Lena; in den Pazif. Ozean: Amur, Hwangho, Jangtsekiang; in den Indischen Ozean: Ganges, Indus, Euphrat-Tigris. Seen: Kasp. Meer, Aral-, Balchasch-, Baikalsee, Lop-nor.

KLIMA vorherrschend binnenländisch. Im N sehr kalte Winter (Kältepol der Erde in Sibirien) und gemäßigte Sommer, in Arabien und Mittel-A. heiße, trockene Sommer, in Vorder-A. Mittelmeerklima, in Süd- und Ost-A. Monsunklima mit Wechsel von Regen- und Trockenzeit. Im äußersten S (Malaiischer Archipel, Sri Lanka) z. T. Tropenklima. – PFLANZENWELT: Im N polare Steppe (Tundra), daran anschließend sibir. Nadelwald (Taiga); Vorder- und Inner-A. haben meist Steppen, Salzsteppen und Wüsten mit Oasen; in Süd- und Ost-A. Laub- und Mischwälder, in den Tropengebieten Urwald. – TIERE. Im N artenarme arkt. Tierwelt (Lemming, Ren, Polarfuchs). Nord- und Inner-A. haben viele europ. Tierarten, bes. Pelztiere, Nagetiere; Vorder-A. hat Mittelmeertiere, Süd-A. tropische Tierarten (Elefant, Tiger, Leopard).

BEVÖLKERUNG. Zum europiden Rassenkreis gehören die indogerman. (Afghanen, Belutschen, Hindu, Perser, Russen) und semit. Völker (Araber); ihm nahe stehen die Altsibirier und die Ainu. Zum mongol. Rassenkreis zählen die inner- (Mongolen, Tibeter), ost- (Chinesen, Japaner, Koreaner), nordost- (Tungusen, Tschuktschen) und südostasiat. Völker (Thai, Vietnamesen); ihm angegliedert sind die Turkvölker und Malaien. Im S kleinwüchsige Stämme (Wedda) und Zwergvölker (Negrito). – RELIGION. Alle Hochreligionen sind in A. vertreten. In Ost- und Inner-A. herrscht der Buddhismus vor, in Vorderindien der Hinduismus, in Vorder-A. und Indonesien der Islam; christl. Völker sind Armenier, Georgier, Russen; das Judentum ist die Religion Israels. In abgelegenen Gebieten Naturreligionen.

WIRTSCHAFT. Führend ist das hochindustrialisierte Japan; doch beträgt der Anteil A.s am Weltsozialprodukt insges. nur rd. 21%. Haupterzeugnisse der Landwirtschaft: Reis (China, Indien), Kautschuk (Malaysia, Indonesien), Jute (Indien, Bangladesh), Kopra (Indonesien), Tee (Indien, Sri Lanka), Baumwollsamen (China, Indien), Sojabohnen (China); Fischfang (Japan, China). ⚒ auf Zinn (Malaysia), Wolfram (S-Korea), Steinkohle (China), Erdöl (Kuwait, Saudi-Arabien u. a.), Antimon (China), Eisenerz (Indien, China), Manganerz (Indien, China) u. a. Industrie bes. in Japan, in der UdSSR, China, Indien, Hongkong, Israel.

STAATLICHE GLIEDERUNG

	1000 km²	Mio. Ew.		1000 km²	Mio. Ew.
Afghanistan	652	14,7	Libanon	10	2,7
Bahrain	0,6	0,4	Malaysia	330	16,5
Bangladesh	143	102,5	Malediven	0,3	0,1
Bhutan	47	1,4	Mongol. Volksrepublik	1565	2,0
Birma (Myanmar)	676	39,1	Nepal	141	17,8
Brunei	5,8	0,2	Oman	212	1,3
China (Volksrep.)	9561	1069,0	Pakistan	803	102,2
Indien	3287	797,0	Philippinen	300	57,3
Indonesien	2027	170,1	Saudi-Arabien	2150	13,6
Irak	435	17,0	Singapur	0,6	2,6
Iran	1648	51,2	Sowjetunion, asiat. Teil	16831	82,7
Israel	21	4,4	Sri Lanka	66	16,3
Japan	372	122,5	Syrien	185	10,9
Jemen (Arab. Rep.)	195	7,3	Taiwan	36	19,7
Jemen (Dem. VR)	333	2,4	Thailand	514	53,6
Jordanien	98	3,7	Türkei, asiat. Teil	757	47,0
Kambodscha	181	7,6	Verein. Arab. Emirate	83	1,4
Katar	11	0,3	Vietnam	329	62,8
Korea (Süd-)	98	41,9	Zypern	9	0,6
Korea (Nord-)	121	21,4			
Kuwait	18	1,8	**Britisch:** Hongkong	0,1	5,6
Laos	237	3,7	**Portugies.:** Macao	0,01	0,4

– AUSFUHR. Reis, Tee, Tabak, Gummi, Baumwolle, Jute, Zucker, Kopra, Ölfrüchte; Erdöl, Zinn; industrielle Massenerzeugnisse (Japan). – Dichtes Eisenbahnnetz in Indien, Pakistan, Japan und der UdSSR. Moderne Straßennetze in Japan, Indien, Pakistan, Indonesien. Zunehmender Luftverkehr.

Ⓖ A. ist das Gebiet der ältesten Staatengründungen (Sumerer, Babylonier, Phöniker, Chinesen). Seine Geschichte wird bestimmt durch den Ggs. zw. den alten Hochkulturen und den Nomadenvölkern Inner-A.s. Griechen und Römer standen mit Vorder-A. (bis nach Indien) in regem Verkehr, die Araber mit Südchina. Um 1500 begann der Zugriff der Europäer auf asiat. Gebiet (Portugiesen in Indien). Die Engländer errichteten ihre Herrschaft in Indien, die Niederländer in Indonesien, die Franzosen in Indochina und die Spanier, später die Amerikaner, auf den Philippinen. Rußland besetzte Sibirien und eroberte im 19. Jh. Inner-A. Im 20. Jh. erwachte der Nationalismus der asiat. Völker. Nach 1945 wurden u. a. Birma, Ceylon, Indien, Indonesien, Pakistan und die Philippinen, Laos, Kambodscha, Vietnam und der Malaiische Bund unabhängige Staaten. Im arab. Bereich endete die brit. und frz. Mandatsherrschaft. Der Kommunismus kam in China, der Äußeren Mongolei, Nordkorea, Vietnam und Kambodscha zur Herrschaft und übt in weiteren Ländern großen Einfluß aus. Die polit. und ideolog. Gegensätze zw. der VR China, der UdSSR und den USA beeinflußten die Entwicklung bes. in SO-A. Weltpolit. Bedeutung erlangten der Nahost-Konflikt, die sowjet. Besetzung Afghanistans (1979-89) sowie die islam. Revolution in Iran. Die danach einsetzende Re-Islamisierung bestimmte in vielen arab. Ländern das öffentl. Leben und griff auch auf die islamisch besiedelten Teile der UdSSR über. Über die Erdölpolitik suchten die arab. Staaten ihre polit. Stellung gegenüber den Industrienationen aufzuwerten. Demokratisierungsforderungen in der VR China wurden 1989 blutig niedergeworfen.

Äskulapstab

Askanier [nach der ehem. Burg bei Aschersleben], dt. Fürstenhaus, regierte 1134-1319 in der Mark Brandenburg und bis 1918 in Anhalt.

Askari [arab.], ostafrikan. Eingeborenensoldat in Kolonialarmeen.

Askese [grch. »Übung«] die, mönchische Entsagung, harte Selbstzucht.

Äskulap, grch. **Asklepios,** bei Griechen und Römern Gott der Heilkunde. Sinnbild: schlangenumwundener Stab **(Äskulapstab);** noch jetzt Abzeichen des ärztl. Standes.

Äskulapnatter, bis 1,5 m lange ungiftige Schlange, in Dtl. nur bei Schlangenbad, Hirschhorn, Lörrach, Passau.

Asmara, Hptst. der Prov. Eritrea, Äthiopien, 425 500 Ew.

Äsop, sagenhafter grch. Fabeldichter (6. Jh. v. Chr.); die ihm zugeschriebene Fabelsammlung ist spätantik.

Asowsches Meer, flaches, fischreiches Seitenbecken des Schwarzen Meers.

Asparagus [lat.] der, Pflanzengattung Spargel.

Aspasia, durch Bildung ausgezeichnete Griechin aus Milet, 2. Gattin des Perikles.

Aspekt [lat.] der, **1)** Anblick, Aussicht, Gesichtspunkt. **2)** ☆ gegenseitige Stellung von Sonne, Mond und Planeten, von der Erde aus gesehen: **Konjunktion** (Zeichen ☌), beide Himmelskörper stehen auf demselben Längenkreis (z. B. Sonne, Mond bei Neumond); **Opposition** (☍) bei 180° Längenunterschied (bei Vollmond).

Aspern und **Eßling,** Stadtteile von Wien; 1809 Sieg der Österreicher über Napoleon I.

Asseln

Asphalt [grch.] der, natürl. oder künstl. braune bis schwarze, zähe Masse aus Bitumen und Mineralstoffen. Verwendung bes. als geräuschdämpfende, staubfreie Straßendecke, als Isolierung, Kitt und Korrosionsschutz.

Asphyxie [grch. »Pulslosigkeit«] die, ♡ Atemstillstand mit drohender Erstickung.

Aspidistra die, Schildblume, japan. Liliengewächs; Zimmerpflanze.

Aspirant [lat.] der, Bewerber, Anwärter.

Aspiration [lat.] die, **1)** Behauchung. **2)** Streben, Ehrgeiz.

Aspirin das, Handelsname für Acetylsalicylsäure; Mittel gegen Fieber und Schmerzen.

assai [ital.], ♩ sehr (z. B. allegro a.).

Assam, Staat im NO Indiens, 78 438 km², 19,9 Mio. Ew.; Hptst.: Dispur; A. liefert 80% der Tee-Ernte Indiens; Erdölförderung.

Assekuranz [lat.] die, ✤ Versicherung.

Asseln, die **Assel,** ♘ Krebstiere mit etwa käferähnl. Leib.

Assemblée Nationale [asäbl'e nasjɔn'al], die frz. → Nationalversammlung (Parlament).

Assembler [engl.], maschinenorientierte Programmiersprache, die mnemotechn. Symbole verwendet. Bei der Abarbeitung eines A.-Programms werden die Symbole durch einen **Assemblierer** in den Binärcode übersetzt.

Assen, Hptst. der niederländ. Prov. Drente, 46 700 Ew., Nahrungsmittel-Ind., Schiffahrt.

Assessor [lat. »Beisitzer«], Richter und Beamte am Anfang der höheren Laufbahn; neuerdings führt der A. die Bez. des Eingangsamtes mit dem Zusatz »z. A.« (zur Anstellung).

Assignaten [frz.] Mz., das Papiergeld während der Frz. Revolution, zuletzt ganz wertlos.

Assimilation [lat.] die, **1)** ⚘ ♘ Umwandlung der Nahrung in körpereigene Stoffe. Jedoch können nur die Pflanzen anorgan. Stoffe in organ. umwandeln; bes. die A. des Kohlenstoffs, bei der das Kohlendioxid der Luft und Wasser unter Abgabe von Sauerstoff zu Kohlenhydraten (z. B. Traubenzucker, Stärke) aufgebaut werden. Diese Umwandlung ist nur möglich im Licht mit Hilfe des Chlorophylls. **2)** Ⓢ Angleichung zweier Laute zur Vereinfachung der Aussprache, z. B. Assimilation für Adsimilation. **3)** das Aufgehen in einem anderen Volkstum.

Assise [frz.] die, ⚖ in der Schweiz und in Frankreich: Gerichtssitzung, Schwurgericht.

Assisi, Stadt in Mittelitalien, 25 000 Ew.; Geburtsort des hl. Franz von A., sein Grab in der dreifach übereinandergebauten Klosterkirche mit Fresken von Cimabue und Giotto.

Assisi: Kloster San Francesco

Assistent(in) [lat.], fachlich gebildete Hilfskraft; **Assistenz** die, Beihilfe, Anwesenheit. **assistieren,** beistehen, helfen.

Assiut, Stadt in Oberägypten, 214 000 Ew.; Hochschulen; Kunstgewerbe; Nilstaudamm.

Aßmannshausen, Weinort am Rhein, Thermalquelle; seit 1977 Stadtteil von Rüdesheim.

Associated Press [əs'əuʃieɪtɪd-], **AP,** amerikan. Nachrichtenbüro, New York.

Assonanz [lat. »Anklang«] die, unvollständiger Reim, bei dem sich nur die Vokale von der letzten betonten Silbe an decken (z. B. Gang/sacht).

Assoziation [neulat.] die, **1)** Verknüpfung von Vorstellungen auf Grund ihrer Ähnlichkeit. **2)** Soziologie: Vereinigung von Personen (auch von Kapitalien) zum Zusammenwirken für gemeinschaftl. Zweck. **3)** Zusammenlagerung zweier oder mehrerer Einzelmoleküle zu Molekülkomplexen.

Assoziierung, Form der Beteiligung eines Staates an einer Staatenverbindung.

ASSR, Abk. für **A**utonome **S**ozialistische **S**owjet**r**epublik.

Assuan, Stadt in Ägypten, am Nil, 146000 Ew.; Handelsplatz, Endpunkt der ägypt. Bahnlinie, Winterkurort, großer Staudamm.

Assurbanipal, König Assyriens, 669- etwa 627 v. Chr.; seine Tontafel-Bibliothek aus Ninive ist jetzt im Brit. Museum.

Assyrien, altes Reich in Asien, urspr. das Land am mittleren Tigris (Teil des heutigen Iraks), dann beherrschende Macht in Vorderasien. Sein erster Aufstieg begann im 18. Jh. v. Chr.; im 13., 12. Jh. wurde es die bedeutendste Macht neben Babylonien. Nach Rückschlägen begann etwa seit 900 der 2. bedeutendere Aufstieg (Eroberung Babyloniens). 612 v. Chr. erlag es den Erhebungen der Meder und Babylonier. Hptst.: Assur, daneben Ninive, Kalach, Dûr-Sargon. Die assyr. Kunst entwickelte einen großartigen Realismus, bes. in Reliefs, auf denen Jagd- und Kriegszenen der Könige dargestellt sind.

a. St., Abk. für **a**lten **St**ils (→ Kalender).

AStA, Abk. für **A**llgemeiner **St**udenten**a**usschuß.

Astaire [əst'eə], Fred, amerikan. Tänzer und Filmschauspieler, *1899, †1987; »Daddy Langbein« (1955) u. a.

Astarte, meist nackt dargestellte Fruchtbarkeits- und Kriegsgöttin Palästina-Syriens.

Astat das, **At,** radioaktives Element.

Aster [grch. »Stern«] die, Korbblüter, wildwachsend **(Strand-A., Alpen-A.)** und als Gartenpflanze.

Asteroiden, die Planetoiden, → Planeten.

Astheniker [grch.], Mensch von schmächtigem Körperbau. **asthenisch,** schmal, zart.

Ästhetik [grch.] die, **1)** Lehre von der Sinneserkenntnis. **2)** Lehre vom Schönen und Häßlichen, bes. in der Kunst. **ästhetisch, 1)** was Sinnen und Empfindung angehört. **2)** mit künstler. Formensinn begabt; schöngeistig.

Ästhetizismus, Überbewertung des Schönen im Verhältnis zu den anderen Werten (dem Wahren, dem Sittlichen, dem Heiligen).

Asthma [grch.] das, anfallsweise auftretende Atemnot. **1) Bronchial-A.** beruht auf einer Verengung der bronchialen Atemwege mit starker Schleimabsonderung, oft ausgelöst durch Überempfindlichkeit (Allergie) gegen bestimmte Staubarten. **2) Herz-A.** bei Herzklappenfehler und arteriellem Hochdruck.

Asti, Stadt in Oberitalien, 80000 Ew.; Muskateller- und Schaumwein **(Asti Spumante).**

Astigmatismus [grch.] der, Fehler bei opt. Abbildungen: die abzubildenden Punkte werden nicht in der gleichen Bildebene abgebildet, sondern dahinter oder davor. Der A. des Auges beruht auf Ungleichmäßigkeiten in der Oberfläche der brechenden Fläche, bes. der Hornhaut; Korrektur durch zylindr. geschliffene Gläser.

Astor, Johannes Jacob, *Walldorf bei Heidelberg 1763, †New York 1848, durch Pelzhandel und Grundstückspekulation Millionär.

Astra, direktstrahlender luxemburg. Fernsehsatellit, gestartet 1989.

Astrachan, Handelsstadt im Mündungsgebiet der Wolga, UdSSR, 503000 Ew.; Werften, Holz-, Fischind. (Kaviar).

Astrachan der, **1)** schwarzbraune Schaflammfelle. **2)** gemusterter Plüsch.

Astragalos, Perlstab, Rundprofil, durch runde oder längl. Perlen zw. flachen Scheiben gegliedert.

astral [lat.], auf die Gestirne bezüglich.

Astralleib, im Okkultismus ein feinstoffl. Körper als Brücke zw. Leib und Seele.

Astrobiologie, Wiss. vom Leben auf anderen Himmelskörpern.

Astrodynamik [grch.] die, Anwendung der Himmelsmechanik auf Planung und Berechnung der Bahnen von Raumfahrzeugen.

Astrograph [grch.] der, Fernrohr zum Photographieren der Gestirne.

Astrologie [grch.] die, → Sterndeutung.

Astronautik, die Raumfahrt. **Astronaut** der, Teilnehmer eines Raumfluges.

Astronomie [grch.] die, **Himmelskunde, Sternkunde** (→ Himmel, → Stern), untersucht die Bewegungen und räuml. Entfernungen sowie den physikal. Zustand der Himmelskörper. **Astronom. Ort,** Standort eines Gestirns an der Himmelskugel. **Astronom. Uhr,** durch astronom. Messungen kontrollierte Quarz- oder Atomuhr von höchster Genauigkeit. **Astronom. Zeichen,** in der A. und in Kalendern angewendete Zeichen für Sonne, Mond, Planeten und die 12 Tierkreiszeichen. **Astronom. Einheit,** Abk. **AE,** der mittlere Abstand Erde-Sonne = $149{,}6 \cdot 10^9$ m.

Assyrisches Kultrelief: Unbekannter Berggott

Astrophysik [grch.] die, Zweig der Astronomie, erforscht chem. und physikal. Aufbau, Temperatur, Masse, Dichte, Leuchtkraft und Entwicklung der Sterne.

Asturias, Miguél Angel, guatemaltek. Schriftsteller, *1899, †1974; Nobelpreis 1967.

Asturien, gebirgige Landschaft in N-Spanien; in den Tälern Weizen, Mais, Obst und Wein. Bodenschätze: Kohle, Eisen. Hptst.: Oviedo. – Ausgangsort der Reconquista.

ASU, Abk. für → **A**bgas**s**onder**u**ntersuchung.

Asunción [asunsj'ɔn], Hptst. von Paraguay, 455000 Ew.; Univ., Handel, Ind.

Asyl [grch.] das, Zuflucht, Unterkunft. – **Asylbewerber, Asylant,** um A. Nachsuchender.

Asylrecht, Recht eines politisch, rassisch, religiös oder anderweitig Verfolgten zur sicheren Aufnahme in einem anderen Staat; auch das in den einzelnen Staaten die Asylgewährung regelnde Recht.

Asymmetrie [grch.] die, Mangel an → Symmetrie.

Asymptote [grch.] die, △ Gerade, der sich eine Kurve (z. B. eine Hyperbel) annähert, ohne sie im Endlichen jemals zu berühren.

Aster: Garten-A.

Asynchronmotor, → Elektromotor.

Aszendent [lat.] der, **1)** Vorfahr (Eltern und Voreltern); Ggs.: Deszendent. **2)** Aufgangspunkt eines Gestirns. **Aszendenz** die, aufsteigende Linie der Verwandtschaft.

at, Abk. für techn. → Atmosphäre.

A.T., Abk. für **A**ltes **T**estament.

At, chem. Zeichen für Astat.

Atacama, fast regenlose Wüste, im nördl. Chile, bis 4000 m hoch, mit Salzseen und Vulkanen; reich an Kupfer, Silber, Salpeter.

Atair, Stern 1. Größe im Sternbild Adler.

Ataman [türk.] der, Kosakenführer.

Atatürk, Kemal, bis 1934 **Mustafa Kemal Pascha,** türk. General und Staatsmann, *1881, †1938, Armeeführer im 1. Weltkrieg, danach Führer der nationalen Freiheitsbewegung, erzwang 1922 den Rückzug der Griechen aus Kleinasien, war Gründer der türk. Rep., 1923-38 Staatspräs., gab der Türkei durch innere Reformen und ausgewogene Außenpolitik Ansehen und Macht.

Atatürk

Atavismus [lat.] der -/...vismen, **Rückschlag,** Wiedererscheinen von urspr. Merkma-

Athen: Akropolis (Luftaufnahme)

len stammesgeschichtl. Vorfahren, z. B. Mehrzehigkeit bei Pferden.

Ataxie [grch.] die, ♡ Störung des Stehens, Gehens, Sprechens usw.

Atbara der, nördlichster rechter Nebenfluß des Nils, 1120 km lang.

Atelier [atəlj'e:, frz.] das, Werkstätte, bes. für Künstler und Photographen.

a tempo [ital.], ♩ wieder im Hauptzeitmaß.

Atemschutzgeräte sollen Atmung in nicht atembarer Atmosphäre aufrechterhalten; Anwendung u.a. im Bergbau, bei der Feuerwehr; unterschieden werden **Filtergeräte** (z. B. Gasmaske), **Frischluftgeräte** mit Zufuhr atembarer Luft von außen; **Sauerstoffschutzgeräte** und **Preßluftatmer** reichern die Atemluft mit Sauerstoff aus einem Behälter an.

Atemwurzeln, in die Luft ragende Seitenwurzeln von Bäumen; erleichtern die Sauerstoffaufnahme.

Athabasca der, Strom in Kanada, Nordamerika, 1231 km lang, mündet in den Athabasca-See.

Äthiopien

Äthan, Ethan, das, ⚗ gasförmiger Kohlenwasserstoff, C_2H_6, in Erdgasen.

Athanasianisches Glaubensbekenntnis, eins der 3 allg. christl. Glaubensbekenntnisse, enthält die Lehren von der Dreieinigkeit und der Menschwerdung Gottes in Christus; fälschlich nach Athanasios benannt.

Athanasios, Kirchenlehrer, Bischof in Alexandria, *um 295, †373, vertrat die Lehre von der Wesensgleichheit Christi mit Gott.

Äthanol, Ethanol, fachsprachl. Bez. für Äthylalkohol (→ Alkohol).

Atheismus [grch. atheos »ohne Gott«] der, das Leugnen des Daseins Gottes. **Atheist** der, Gottesleugner.

Athen, Hptst., geistiger, kultureller und wirtschaftl. Mittelpunkt Griechenlands, in Attika, 3,03 Mio. Ew. mit Agglomeration; Univ., Flughafen, Hafen → Piräus. Der älteste Teil ist die Akropolis, mit Parthenon, Erechtheion, Niketempel und Propyläen.

Ⓖ A. ist seit dem 3. Jahrtsd. v. Chr. als Siedlung nachweisbar, um 1000 wurde A. Hauptort Attikas. Die Königsherrschaft ging im 7. Jh. in Adelsherrschaft über. A. erreichte im 5. Jh. v. Chr. den Höhepunkt seiner Macht. Im MA. unbedeutend. Im Befreiungskampf gegen die Türken wurde es 1834 Hptst. Griechenlands.

Athene (grch. Vasenmalerei, um 490-480 v. Chr.)

Äthen, svw. Äthylen.

Athenäum das, urspr. Heiligtum der Athene, später Name höherer Unterrichtsanstalten, Akademien, Gesellschaften.

Athene, Pallas A., grch. Göttin, von den Römern mit Minerva gleichgesetzt, dem Haupt ihres Vaters Zeus entsprungen, die »Jungfräuliche« (Parthenos), Schutzgöttin der Helden, der Städte, der Wissenschaft und Künste. Die Eule war ihr heilig.

Äther [grch.] der, **Ether, 1)** ⚗ Anhydride der Alkohole, in denen 2 Alkoholreste durch ein Sauerstoffatom verbunden sind. Der wichtigste ist der gewöhnl. Ä. (Diäthyl-Ä.) $C_2H_5OC_2H_5$, eine farblose, leicht entzündliche Flüssigkeit, die bei 35°C siedet: Lösungsmittel für Fette, Betäubungsmittel. Ä.-Dämpfe sind extrem feuergefährlich. **2)** hypothet., das All ausfüllendes Medium, galt als Träger der Lichtwellen.

ätherisch [grch.], **1)** himmlisch, zart; durchgeistigt. **2)** ⚗ flüchtig. **ätherische Öle,** flüchtige, stark riechende, flüssige Öle, aus Pflanzen gewonnen, für Duftstoffe.

Atherom [grch.] das, → Grützbeutel.

Äthin, svw. → Acetylen.

Äthiopien, früher auch **Abessinien,** VR in O-Afrika, 1,22 Mio. km², 42,0 Mio. Ew.; Hptst.: Addis Abeba; Staatssprache: Amharisch. – Überwiegend Hochland (im N Ras Daschan, 4620 m), das nach SO zum Somali-Hochland abfällt. Abfluß durch den Nil (Blauer Nil, Atbara). Im NO Halbwüste. Die Bewohner (Äthiopier) sind Semiten und Hamiten, wenig Neger (führendes Staatsvolk: Amhara). Staatskirche: Äthiop. Kirche; daneben Islam (fast 31%). Erzeugnisse: Getreide, Kaffee, Häute und Felle, Ölsaaten. ⊕ S. 482.

Ⓖ Ä., das alte Aithiopia, stand zunächst unter ägypt. und grch. Einfluß und nahm im 4. Jh. das Christentum an, wurde durch das Vordringen des Islams von der christl. Welt abgeschnitten. Im 10.-13. Jh. wanderten viele Juden ein. Neben dem Kaiser (Negus) gab es Statthalter (Ras), die sich im 18. Jh. unabhängig machten. Im 19. Jh. wurde ein neuer Gesamtstaat geschaffen. Kaiser Haile Selassie (seit 1930) unterlag im Krieg gegen das faschist. Italien 1935/36; Ä. wurde mit Italien vereinigt. Mit Hilfe der Engländer gewann Ä. 1941/42 seine Unabhängigkeit zurück. Kaiser Haile Selassie wurde 1974 vom Militär gestürzt, 1975 die Rep. ausgerufen, seit 1987 ›Demokrat. VR Ä.‹, Staatsoberhaupt: Staatspräs. Mengistu Haile Mariam.

Athlet [grch.] der, im Altertum Wettkämpfer, heute Kraftmensch. **athletisch,** kräftig, sportlich, auch → Konstitution des Körpers.

Athos, grch. Halbinsel im Ägäischen Meer. Auf dem **Berg A.** 20 Großklöster (ältestes 10. Jh.), davon 17 der grch. Kirche.

Äthyl das, **Ethyl,** ⚗ die einwertige Alkylgruppe C_2H_5–. **Äthylalkohol,** → Alkohol.

Äthylchlorid, Ethylchlorid, C_2H_5Cl, bei 12,5°C siedende Flüssigkeit, erzeugt Verdunstungskälte; früher verwendet zur örtl. Betäubung.

Äthylen das, **Ethylen,** -s, **Äthen, Ethen,** gasförmiger ungesättigter Kohlenwasserstoff, das erste Glied der Alkene. Ä. ist farb- und fast geruchlos; einer der wichtigsten chem. Grundstoffe, aus dem der größte Teil der Kunststoffe (Polyä(e)thylen), Narkosemittel, Alkohol, Essigsäure u. a. hergestellt wird.

Athos: Kirche des Klosters Lawra

Atlant [grch.] der, 🏛 männl. Figur, die an Stelle eines Wandpfeilers ein Gebälk oder eine Konsole stützt (→Atlas).

Atlanta [ətl'æntə], Hptst. von Georgia, USA, 425000 Ew.; mehrere Univ.; Handels- und Verkehrszentrum, vielseitige Ind.

Atlantic City [ətl'æntɪk s'ɪtɪ], Stadt im Staat New Jersey, USA, 47900 Ew.; Seebad.

Atlantik der, →Atlantischer Ozean.

Atlantik-Charta, die am 14. 8. 1941 auf einem Kriegsschiff im Atlantik von Roosevelt und Churchill vereinbarte Erklärung der USA und Großbritanniens über die Grundlagen einer künftigen Weltordnung. Am 24. 9. 1941 schloß sich u.a. die UdSSR an. Am 1. 1. 1942 erkannten alle damaligen Kriegsgegner Dtl.s die A.-C. als gemeinsames Programm an.

Atlantik-Pakt, der →Nordatlantikpakt.

Atlantis die, im Altertum eine sagenhafte Insel; nach Platon außerhalb der Meerenge (Gibraltar?) gelegen.

Atlantischer Ozean, Atlantik, Teil des Weltmeeres, zw. Europa und Afrika im O, Amerika im W, 106 Mio km^2 groß. Wichtigste Neben- und Randmeere: Amerikan., Europ. Meer, Mittelmeer, Nordpolarmeer, Nordsee. Mittlere Tiefe 3293 m, größte 9219 m (Puerto-Rico-Graben).

Atlas der, **1)** grch. Sage: Sohn des Titanen Iapetos, Träger des Himmelsgewölbes. **2)** ♡ oberster Halswirbel. **3)** Mz. **Atlasse,** Satin, glänzendes Gewebe mit A.-Bindung. Von den Fadensystemen (Kette, Schuß) überwiegt immer das eine an der Oberfläche. **4)** ⊕ Gebirge in NW-Afrika, gleichlaufende Ketten: Tell-A., Sahara-A., fortgesetzt im Hohen A., 4165 m hoch, und Anti-A., dazwischen die Hochebene der Schotts. **5) A.,** Mz. **Atlanten,** Kartenband, →Landkarte.

Atmosphäre [grch.] die, **1)** Gashülle eines Sterns oder eines Planeten; bes. die Lufthülle der Erde. Der untere Teil der A. ist die zw. 8 und 16 km hohe **Troposphäre,** in der alles Wettergeschehen sich abspielt. Daran schließt sich bis zu 40-45 km Höhe die sauerstoffarme, wenig bewegte **Stratosphäre** an (in ihr zw. 20 und 30 km Höhe die Ozonschicht), von 45-85 km Höhe die ozonreiche **Mesosphäre** und endlich die **Ionosphäre** oder **Thermosphäre,** der Schauplatz der Nordlichterscheinungen. **2)** Maßeinheiten: 1) **physikal. A.,** Einheitenzeichen **atm,** Vergleichsmaß für den mittleren Atmosphärendruck, keine gesetzl. Einheit; 1 atm = 760 Torr = 1,01325 bar = 101325 Pa. 2) **techn. A.,** Einheitenzeichen **at,** veraltete, nicht gesetzl. Einheit des Druckes; 1 at = 1 kp/cm^2 = 0,980665 bar = 98066,5 Pa.

Atmung, lebensnotwendige Körpervorgänge, durch die der Sauerstoff der Luft oder des Wassers dem Blut zugeführt und das im Blut angehäufte Kohlendioxid aus dem Körper entfernt wird **(äußere A.);** Hauptorgane: Lungen, Kiemen, Tracheen. Die Atembewegungen des Menschen werden unwillkürlich infolge des Reizes ausgelöst, den das mit Kohlensäure beladene Blut auf das im verlängerten Rückenmark gelegene **Atemzentrum** ausübt; sie können für kürzere Zeit willkürlich unterdrückt werden. Die Einatmung geschieht durch Erweiterung der Brusthöhle und damit der Lungen infolge der Tätigkeit der Rippenhebemuskeln und des Zwerchfells, die Ausatmung durch Zurückfedern des Brustkorbes. Erwachsene atmen 16-20mal in der Minute, Säuglinge und Fieberkranke häufiger. Bei ruhiger A. wird etwa ½ l Luft je Atemzug gewechselt, bei angestrengter A. bis zu 3½ l. Die in 1 min. gewechselte Luft **(Atemgröße)** beträgt bei vollständiger Ruhe 4½-6 l, bei starker Arbeit bis über 50 l. Die eingeatmete Luft enthält 21% Sauerstoff und 0,03% Kohlendioxid, die ausgeatmete Luft 16-17% Sauerstoff und 3-4% Kohlendioxid. Der Austausch von Sauerstoff und Kohlendioxid zw. Blut und Körpergewebe heißt **Gewebe-A.,** die Energie liefernden chem. Vorgänge bei der Verbrennung von Nahrungs- oder Körperstoffen **innere A.** Auch die Pflanzen haben innere A., die von ihrer Assimilation zu unterscheiden ist. **Künstliche A.** vgl. TAFEL Erste Hilfe.

Ätna der, tätiger Vulkan an der Ostküste Siziliens, 3263 m hoch.

Ätolien, Landschaft Mittelgriechenlands.

Atoll [malaiisch] das, ringförmiges Korallenriff trop. Meere, umschließt eine seichte Lagune.

Atom [grch. »unteilbar«], kleinstes Teilchen eines chem. Elements, das mit chem. Mitteln nicht weiter teilbar ist. Die Größe aller A. liegt im Bereich von 1-10 Å. Nach der Theorie von Bohr (1913) ist jedes A. aufgebaut aus einem elektr. positiv geladenen **Atomkern** (Durchmesser etwa 1 billionstel cm), der fast die ganze Masse des A. enthält, und der sehr leichten Hülle von negativen Elektronen **(Atomhülle),** die den Kern in einer Entfernung von 1 hundertmillionstel cm umgibt und die positive Kernladung absättigt. Der Atomkern selbst ist aus Nukleonen (Protonen und Neutronen) zusammengesetzt (→Kernphysik). Die Anzahl der Elektronen, die mit der Zahl der positiven Ladungen im Kern übereinstimmt, ist die **Ordnungszahl** des betr. A. (Platznummer des Elements im Period. System). Der Anordnung der Elektronen in der Hülle entspringen die Gesetzmäßigkeiten des →Periodensystems der Elemente. Durch Energiezufuhr von außen (Stoß, Strahlung) können die Elektronen auf weiter außen gelegene »Bahnen« in der Hülle gebracht werden. Bei der Rückkehr auf die urspr. Bahn strahlen sie die aufgenommene Energie als Licht ab. Bei genügend großer Energiezufuhr kann ein Elektron aus der Hülle losgerissen und das Atom ionisiert werden (→Ion). Wechselwirkungen der Hüllenelektronen zweier oder mehrerer A. untereinander sind die Ursachen der chem. →Bindung. (BILDER S. 52, 53)

Atombomben-explosion

Atombombe, Bombe, deren vernichtende Kraft auf das plötzl. Freiwerden von →Atomenergie durch Kernspaltungen zurückgeht; Wirkung durch sehr hohe Temperaturen (im Augenblick der Explosion bis zu 20 Mio. Grad), starke Druckwelle und intensive radioaktive Strahlung. Man unterscheidet **Kernspaltungsbomben** (→Kernspaltung) und **Kernverschmelzungs-** oder **Kernfusionsbomben** (→Kernverschmelzung).

Atomenergie, Kernenergie, Bindungsenergie der Kernbausteine (Protonen und Neutronen) im Atomkern, entspringt den außerordentl. starken Kräften, die auf sehr kurze Entfernungen zw. den Kernteilchen auftreten. Ein Teil der A. schwerster Atome kann heute durch **Kernspaltung** im →Reaktor nutzbringend gewonnen oder in Atomwaffen zerstörerisch freigesetzt werden. Die **Kernverschmelzung** oder **Kernfusion** (Wasserstoffkerne werden zu Heliumkernen verschmolzen, wobei ein Energieüberschuß freigegeben wird) ist für den Energiehaushalt der Sterne (z.B. der Sonne) maßgebend; auf ihr beruht die Wasserstoffbombe. An der gesteuerten Kernfusion zur Energiegewinnung wird intensiv gearbeitet.

Atomismus, Atomistik, naturphilosoph. Lehre, nach der das Naturgeschehen von einer Vielzahl kleinster Urteilchen (Atome) verursacht ist.

Atomkern, der zentrale, elektr. positiv geladene Bestandteil eines Atoms, der rd. 99,9% der Atommasse enthält, →Kernphysik.

Atommasse, relative Atommasse, die durchschnittl. Masse der Atome eines chem. Elements, bezogen auf $^1/_{12}$ der Masse des Kohlenstoffisotops mit der Massenzahl 12.

Atommedizin, →Nuklearmedizin.

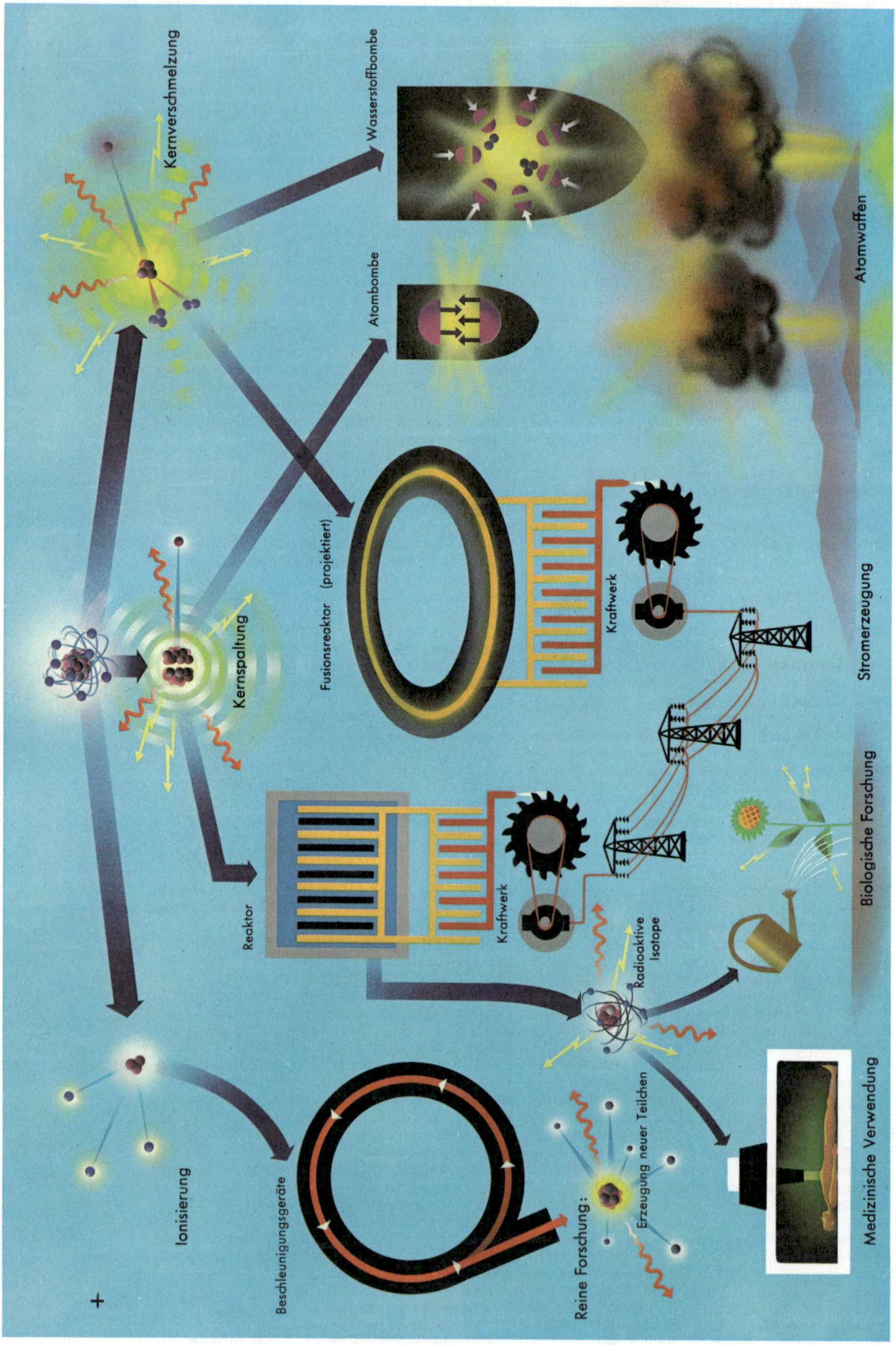
Kernverschmelzung
Wasserstoffbombe
Atombombe
Atomwaffen
Kernspaltung
Fusionsreaktor (projektiert)
Kraftwerk
Stromerzeugung
Reaktor
Kraftwerk
Radioaktive Isotope
Biologische Forschung
Ionisierung
Beschleunigungsgeräte
Reine Forschung:
Erzeugung neuer Teilchen
Medizinische Verwendung

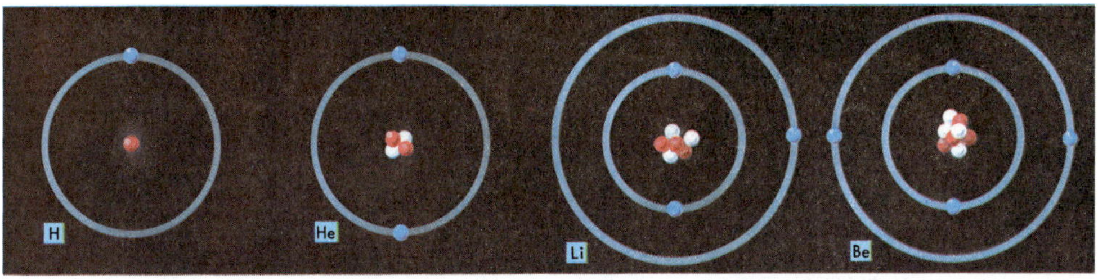

1

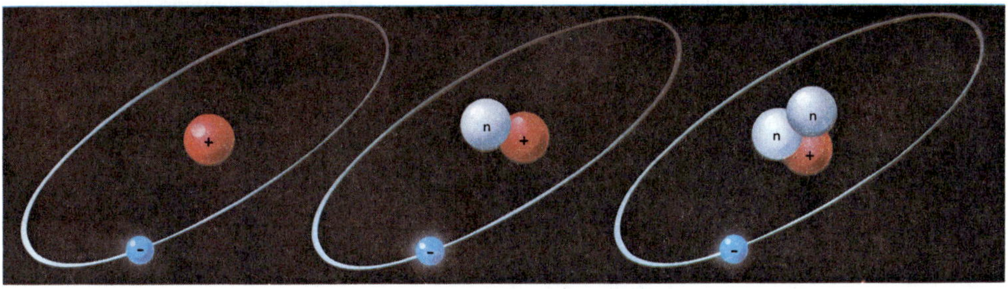

2

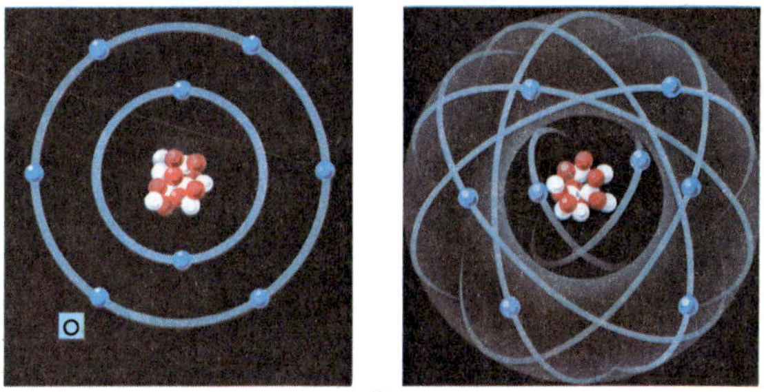

3

Atom: 1 Vereinfachte Atommodelle von Wasserstoff bis Beryllium; bei Helium ist die Elektronenaußenschale ganz besetzt. **2** Die drei Isotope des Wasserstoffs: links gewöhnlicher, in der Mitte schwerer (Deuterium), rechts überschwerer (Tritium); + Proton, n Neutron, – Elektron. **3** Sauerstoffatom: das vereinfachte Atommodell (links) im Vergleich zum vereinfachten Bohrschen Modell

Atomuhr, Zeitmeßanordnung höchster Genauigkeit, nutzt die Hyperfeinstrukturübergänge von Cäsium- oder Rubidiumatomen zur Zeitmessung.

Atomumwandlung, → Radioaktivität.

Atomvolumen, der von einem Grammatom eines chem. Elementes im festen Zustand eingenommene Raum.

Atomwaffen, allg. Bez. für Kernwaffen (→ Atombombe, → Wasserstoffbombe).

Atomwärme, Wärmemenge, die erforderlich ist, um 1 Mol eines chem. Elements um 1 Grad zu erwärmen.

atonale Musik, → moderne Kunst.

Atonie [grch.] die, Erschlaffung, Zustand, in dem die leichte Dauerspannung **(Tonus)** der menschl. und tier. Gewebe nachgelassen hat.

Atout [at'u, frz.] das, Trumpf im Kartenspiel.

ATP, → Adenosin.

Atreus, grch. Sage: König von Mykene, Sohn des Pelops, Vater des Agamemnon und Menelaos, der **Atriden,** von Ägisth erschlagen.

Atrium [lat.] das, **1)** Hauptraum des altitalischen Hauses. **2)** Vorhof frühchristl. und frühmittelalterl. Kirchen.

Atrophie [grch.] die, ♡ Verkleinerung eines Körperteils oder Organs.

Atropin das, giftiges Alkaloid in Nachtschattengewächsen, bes. in der Tollkirsche (lat. Atropa), hemmt Schweiß- und Speichelbildung; löst Krämpfe der Eingeweide, erweitert die Pupillen.

Attaché [ataʃ'e, frz.], Angehöriger des Vorbereitungsdienstes für den höheren auswärtigen Dienst; Sachverständiger bei einer Auslandsvertretung: **Militär-, Handels-A.** u. a.

Attacke [frz.] die, **1)** Angriff, bes. zu Pferde. **2)** Anfall **(Herz-A.).**

Attendorn, Stadt in NRW, 21900 Ew.; Metall-, Blechwalzwerke.

Attentat [lat.] das, Anschlag, bes. aus polit. Gründen, gegen das Leben eines Gegners.

Atterbom, Per Daniel Amadeus, schwed. Dichter und Literaturhistoriker, *1790, †1855; Hauptvertreter der schwed. Romantik.

Attersee, Kammersee, größter See des Salzkammerguts, 20 km lang, 45,9 km², 467 m ü. M.

Attest [lat.] das, (ärztl.) Bescheinigung.

Attika, Landschaft im SO Mittelgriechenlands, Hptst.: Athen; kahle Gebirgszüge; Wein, Öl, Feigen; Marmor, Blei, Zink.

Attika [grch.] die, 🏛 geschlossene, oft geschmückte Wand über dem Hauptgesims eines Baus, meist zur Verdeckung des Daches.

Attila [got. »Väterchen«], König der Hunnen, der **Etzel** der german. Sage, †453, wurde 451 auf den Katalaun. Feldern von dem weström. Feldherrn Aëtius geschlagen.

Attila der oder die, kurzer schnurbesetzter ungar. Männerrock, dann der Husarenrock.

Attitüde [frz.] die, Stellung, Haltung.

Atto... [grch.], Vorsatzzeichen **a,** Vorsatz vor Maßeinheiten für 10^{-18} (Trillionstel).

Attractants [ətr'æktənts, engl.], → Lockstoffe.

Attraktion [lat.] die, Anziehung, zugkräftige Schaunummer.

Attrappe [frz. »Falle«] die, täuschende Nachbildung.

Attribut [lat.] das, **1)** wesentl. Merkmal, Eigenschaft. **2)** Kennzeichen (Sinnbild) eines Heiligen. **3)** Ⓢ Beifügung.

ätzen, 1) mit auflösenden Mitteln Teile der Oberfläche eines Körpers entfernen (z. B. einer Druckplatte). **Ätzmittel:** Säuren, Chloride; nicht zu verändernde Stellen sind durch den

Atrium

Ätzgrund (Wachs u. a.) geschützt. Von bes. Bedeutung ist das Ä. bei der Herstellung integrierter Schaltungen. **2)** gefärbte Gewebe durch **Ätzbeizen** mustern (→ Zeugdruck). **3)** ♡ Körpergewebe durch chem. Mittel (Säuren, Laugen, Höllenstein) zerstören.

Au, chem. Zeichen für Gold (Aurum).

AUA, Abk. für **A**ustrian **A**irlines, österreich. Luftverkehrsgesellschaft.

Aube [o:b], **1)** Nebenfluß der Seine. **2)** Dép. in Frankreich, 6002 km², 289300 Ew., Hpst. Troyes.

Auber [ob'ɛ:r], Daniel, frz. Komponist, *1782, †1871; Opern: »Die Stumme von Portici«, »Fra Diavolo« u. a.

Aubergine [obɛrʒ'i:n, frz.] die, → Eierpflanze.

Aubusson [obys'ɔ̃], Stadt in Mittelfrankreich, 7000 Ew.; Gobelins und Teppiche.

Auch [o:ʃ], Stadt in SW-Frankreich, 25000 Ew.; Erzbischofssitz, spätgot. Kathedrale; Textil- und Weinhandel.

Auckland ['ɔ:klənd], größte Stadt und Überseehafen Neuseelands, 863900 Ew.; Univ., Flughafen; chem., landwirtschaftl. Erzeugnisse.

Auden [ɔ:dn], Wystan Hugh, engl. Dichter, *1907, †1973, expressionist. Lyrik, Prosa u. a.

audiatur et altera pars [lat.], man höre auch den andern Teil (ehe man urteilt).

Audiberti [odi-], Jacques, frz. Schriftst., *1899, †1965; Gedichte, Romane, Dramen.

audio-visuell, opt. und akust. Information vermittelnd, Film und Fernsehen, auch andere zur beliebigen Wiedergabe geeigneten Verfahren der Bild- und Tonspeicherung, z. B. magnet. Aufzeichnung oder Bildplatte; **a.-v. Unterrichtsmittel** sind Lehr- und Lernmittel mit hör- und sichtbarer Information.

Auditorium [lat.] das, -s/...rien, **1)** Hörsaal. **2)** Zuhörerschaft.

Aue oder **Au** die, Wiese; fruchtbare Ebene.

Aue, Krst. im Erzgebirge, im Bez. Karl-Marx-Stadt, 29400 Ew.; Textil-, Metallind.

Auer, Carl Frhr. v. Welsbach, Chemiker, *1858, †1929, erfand das Gasglühlicht **(A.-Licht)** und die Metallfadenlampe.

Auer von Welsbach

Auerbach, Berthold, Schriftst., *1812, †1882, Wegbereiter der dt. Dorfgeschichte.

Auerbachs Keller, Weinkeller in Leipzig, 1530 erbaut, Ort einer Szene in Goethes »Faust«.

Auerbach/Vogtland, Krst. im Bez. Karl-Marx-Stadt, 21600 Ew.; Textilindustrie.

Auerhuhn, größtes europ. Waldhuhn; Hahn schwarz und weiß, Brust grün schimmernd, etwa 1 m lang; balzt März/Mai; Henne kleiner, rebhuhnbraun gefärbt.

Auerochs, Ur, ausgestorbenes europ. Wildrind; Stammform des Hausrindes.

Auerstedt, Dorf nahe Jena; 14. 10. 1806 Sieg der Franzosen über die Preußen.

Auesow, Muchtar Omarchanowitsch, kasach. Schriftsteller, *1897, †1961; bed. Vertreter der kasach. Gegenwartsprosa.

Aufbauschule, weiterführende Schule in Aufbauform, schließt an das 6. (spätestens 7.) Schuljahr der Hauptschule oder Förderstufe an. A. gibt es als **Aufbaugymnasien, Aufbaurealschulen** und **Berufsaufbauschulen.**

Auerhuhn: Hahn in Balzstellung

Aufbereitung, 1) ⚒ Vorbereitung der Rohstoffe für hüttenmäßige Verarbeitung und Verkauf. **2)** Brennstoffaufbereitung in der Kerntechnik.

Aufbewahrungspflicht, Verpflichtung der Vollkaufleute, Handelsbücher, Bilanzen, Inventare 10 Jahre, Handelsbriefe 6 Jahre aufzubewahren (§§ 44 HGB, 147 AO).

aufbrechen, ⚲ die Eingeweide (den **Aufbruch**) ausnehmen.

aufbringen, ⚓ Wegnahme eines Handelsschiffes durch ein Kriegsschiff (→ Prise).

Aufenthaltserlaubnis. In der Bundesrep. Dtl. benötigen Deutsche nach dem Grundrecht der Freizügigkeit keine A.; Ausländer bedürfen in der Bundesrep. Dtl. i. d. R. einer A., sofern sie nicht Angehörige von vor 1980 der EG beigetretenen Ländern sind. Deutschen aus der Dt. Dem. Rep. darf der Aufenthalt in der Bundesrep. Dtl. nicht verweigert werden, wenn sie die Dt. Dem. Rep. aus zwingenden Gründen verlassen mußten.

Auferstehung Christi, die im N.T. bezeugte Wiedererweckung Jesu nach seinem Kreuzestod, das grundlegende Ereignis für die Bildung der christl. Gemeinde und für den Glauben an Jesus als Gottessohn. Ihr Fest ist Ostern.

Aufforstung, 1) erste Waldanlegung auf einer Fläche. **2)** Wiederbesetzung eines Kahlschlages.

Aufführungsrecht, → Urheberrecht.

Aufgebot, 1) gerichtl. Aufruf, Rechte oder Ansprüche anzumelden, mit der Wirkung, daß eine unterlassene Anmeldung Rechtsnachteile zur Folge hat (z. B. vor Todeserklärung, Kraftloserklärung von Urkunden). **2)** standesamtl. Verfahren vor der Eheschließung.

Aufgeld, → Agio.

Aufgußtierchen, Infusorien, einzellige Tierchen mit Wimper-Fortsätzen (zur Fortbewegung). (BILD Urtiere).

Aufklärung, europ. Geistesbewegung des 18. Jh. Sie sah in der Vernunft das eigentl. Wesen des Menschen, suchte die Kultur von kirchl. Bevormundung und von Mystizismus zu befreien, erstrebte Toleranz und glaubte an den Fortschritt der Menschheit durch Gestaltung des Lebens nach vernünftig-natürl. Grundsätzen und durch wissenschaftl. Forschung. Dt. Vertreter waren Lessing, Kant. Politisch wirkte die A. auf die unumschränkte Fürstenherrschaft ein **(aufgeklärter Absolutismus)** und bereitete die Frz. Revolution vor.

Aufladung, 1) Aufnehmen positiver oder negativer Ladung gegenüber der Umgebung. **2)** Vorverdichtung der Verbrennungsluft oder des Luft-Kraftstoff-Gemisches bei Verbrennungsmotoren (→ Turbolader).

Auflage, 1) Buchhandel: Gesamtzahl der in einem Druck hergestellten Stücke eines Buches. **2)** ⚖ die einer beschenkten oder in einer letztwilligen Verfügung bedachten Person auferlegte Verpflichtung zu einer Leistung.

Auflassung, 1) Stillegung (Betrieb, Bergwerk). **2)** ⚖ zur rechtsgeschäftl. Übertragung des Eigentums an einem Grundstück erforderl. Einigung von Veräußerer und Erwerber; muß in Anwesenheit beider vor einem Notar erklärt werden (§ 925 BGB).

Auflösung, 1) ♩ Fortschreiten der Töne eines Dissonanzakkords zur Konsonanz. **2)** Optik: Zerlegung eines Bildes in getrennt wahrnehmbare Elemente. **3)** Parlament: vorzeitige Beendigung der Legislaturperiode.

Auflösungsvermögen, bei opt. Geräten der kleinste Abstand zweier Punkte, die noch getrennt wahrgenommen werden können.

Aufrechnung, Kompensation, ⚖ Tilgung einer Schuld durch die Verrechnung mit einer fälligen gleichartigen Gegenforderung.

Aufriß, Darstellung eines Gegenstandes in einer senkrechten Ebene, → Projektion.

Aufruf, in der Rechentechnik die Verwendung einer Prozedur oder einer Funktion an einer beliebigen Programmstelle.

Aufruhr, jede Zusammenrottung, bei der gegen die gesetzmäßige Tätigkeit der Träger der öffentl. Gewalt gewalttätiger Widerstand geleistet wird. Die Strafvorschrift des bisherigen § 115 StGB wurde 1970 aufgehoben.

aufschließen, saure und lösl. Substanzen durch Schmelzen (z. B. mit Soda) in wasser- oder säurelösliche Verbindungen überführen.

Aufsichtspflicht, gesetzl. Pflicht zur Beaufsichtigung von Personen, die wegen Minderjährigkeit oder wegen ihres körperl. oder geistigen Zustandes der Aufsicht bedürfen.

Aufsichtsrat, → Aktiengesellschaft.

Auftakt, unbetonter Taktteil am Anfang eines Tonstücks, eines Themas.

Auftrag, 1) Abschluß eines entgeltl. Vertrags aus Lieferung von Waren oder Erbringung von Leistung. **2)** Vertrag, durch den sich der Beauftragte verpflichtet, ein ihm vom Auftraggeber übertragenes Geschäft unentgeltlich zu besorgen. **3) Job,** in der Datenverarbeitung Gesamtheit aller Befehle und Programme für eine Problemlösung.

Auftrieb, aufwärtswirkende Kraft, die auf in Flüssigkeiten oder Gase getauchte Körper einwirkt. Die durch den A. bewirkte Gewichtsverminderung ist gleich der Gewichtskraft der verdrängten Flüssigkeits- oder Gasmenge **(Archimedisches Prinzip).**

Aufwandsentschädigung, Vergütung für Ausgaben im Dienst; zur Entschädigung der Abgeordneten → Diäten.

Aufwendungen, Aufwand, in der Gewinn- und Verlustrechnung der Verbrauch an Gütern und Leistungen (Löhne und Gehälter, Abschreibungen, Zinsen, Steuern u. a.).

Aufwertung, 1) nachträgl. Erhöhung des Nennbetrags einer Geldschuld zum Ausgleich einer Geldentwertung. **2)** Erhöhung der Parität einer Währung gegenüber ausländ. Währungen **(Revalvation).**

Aufzug, senkrechte oder schräge Förderanlage für Personen und Lasten zur Überwindung von Höhenunterschieden.

Auge, Sinneswerkzeug zur bildhaften Wahrnehmung der Außenwelt. Das Auge besteht aus Schutzorganen (Lidern, Wimperhaaren, Brauen) und dem in der knöchernen **A.-Höhle** gelegenen **Augapfel,** der von den **A.-Muskeln** bewegt und vorn von der zarten, durchscheinenden **A.-Bindehaut** überzogen wird. Der Augapfel ist umschlossen von der **Lederhaut** (der harten Haut oder dem Weißen), die vorn in die uhrglasförmige, durchsichtige **Hornhaut** übergeht; nach innen von dieser liegt die gefäßreiche **Aderhaut,** von der aus der Augapfel ernährt wird, ganz nach innen die **Netzhaut** mit den lichtempfindlichen Stäbchen und den farbenempfindl. Zapfen, an die die Enden des Sehnervs herantreten. Nach vorn geht die Aderhaut in die ringförmige, je nach Dichte und Anordnung des Farbstoffs (Pigments) grau, blau oder braun gefärbte **Regenbogenhaut (Iris)** über, in deren Mittelpunkt das Sehloch (die **Pupille**) liegt. Hinter der Iris die durchsichtige **A.-Linse,** die die Lichtstrahlen bricht und durch den hinter ihr gelegenen durchsichtigen Glaskörper auf die Netzhaut wirft. Zw. Hornhaut und Vorderfläche von Linse und Iris befindet sich die **vordere,** zw. Hinterfläche der Iris und Glaskörper die **hintere A.-Kammer,** beide mit wäßriger Flüssigkeit angefüllt. Nach oben oder außen über dem Augapfel die Tränenflüssigkeit absondernde Tränendrüse; Abfluß der Tränen vom inneren Augenwinkel aus durch den Tränennasengang in die Nase. An der Eintrittsstelle (Papille) des Sehnervs hat die Netzhaut keine Stäbchen und Zapfen und ist deshalb für Lichteindrücke unempfindlich **(blinder Fleck);** die empfindlichste Stelle der Netzhaut, der Pupille gegenüber, ist der **gelbe Fleck. – Künstl. A.,** augengleich bemalte Schale aus Glas. **Facetten-A.,** bei den Insekten und anderen Gliederfüßern, sind bienenwabenartig zusammengesetzt aus vielen Einzelaugen.

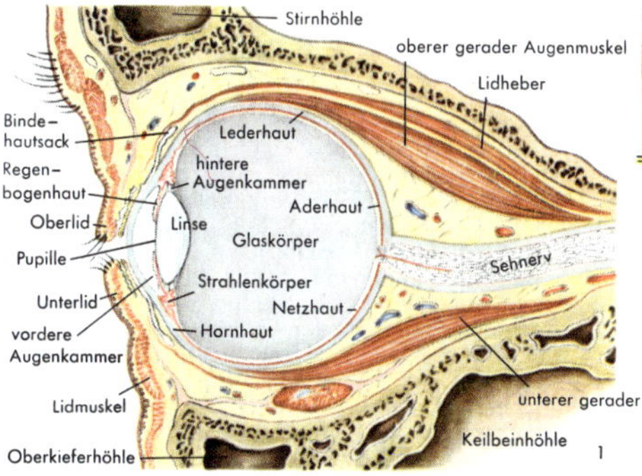

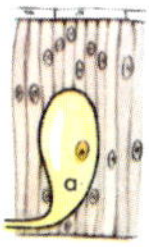

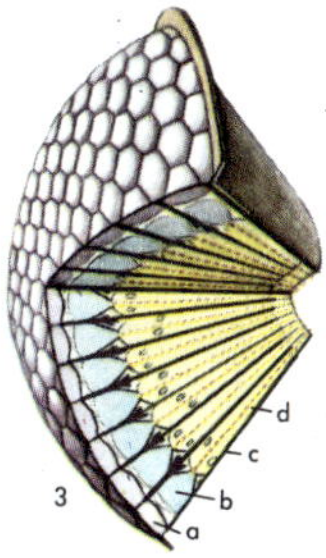

Auge: 1 Schnitt durch die Augenhöhle. **2** Lichtsinneszelle (a) in der Haut eines Regenwurms. **3** Facettenauge (angeschnitten, schematisch): a Linse, b Kristallkegel, c Pigment, d Sehzelle

Augendiagnose die, Erkennen von Krankheiten aus der Beschaffenheit der Regenbogenhaut; wissenschaftlich umstritten.

Augenfalter, Tagfalter mit Augenflecken, z. B. **Schachbrett.**

Augenspiegel, ♡ Gerät zur Beleuchtung und Untersuchung des Augeninnern; durchbohrter Hohlspiegel; heute meist elektr. A.

Augentrost, Halbschmarotzer auf Wiesen, mit weißen oder bläul. Rachenblüten.

Augias, sagenhafter König von Elis, reich an Herden; Herakles reinigte seine Ställe an einem Tag. Danach: **Augiasstall,** große Unordnung.

Augsburg, Hptst. des RegBez. Schwaben, Bayern, am Lech, 246 000 Ew.; Bischofssitz, Univ.; Dom, Rathaus, Fuggerei; Maschinen-, Textil-, Elektro- u. a. Ind. ❻ Als röm. Militärkolonie 15 v. Chr. gegründet, seit dem 6. Jh. Bistum, 1276-1805 Reichsstadt, im 15./16. Jh. z. Z. der Fugger und Welser blühende Handelsstadt, bedeutende Reichstage der Reformationszeit: 1530, 1548, 1555.

Augsburger Religionsfriede, den Anhängern der Augsburg. Konfession Besitz und freie Religionsausübung gewährendes Gesetz von 1555.

Augsburgische Konfession, lat. **Confessio Augustana,** Bekenntnisschrift der luth. Kirche, von Melanchthon lateinisch und deutsch verfaßt, von den Protestanten auf dem Reichstag in Augsburg 1530 Kaiser Karl V. überreicht.

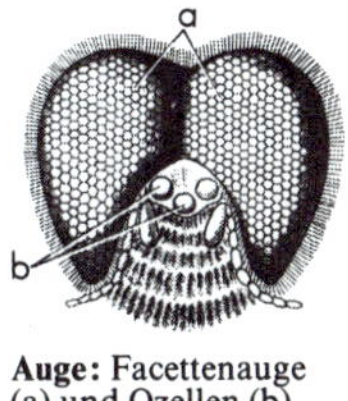

Auge: Facettenauge (a) und Ozellen (b) einer Biene

Augstein, Rudolf, Publizist, *1923, Herausgeber des wöchentlich erscheinenden Nachrichtenmagazins »Der Spiegel«.

Auguren, Ez. **Augur** der, altröm. Priester, die bei wichtigen Staatshandlungen aus Vogelflug, Vogelschrei u. a. Zeichen den Willen der Götter erkundeten. **A.-Lächeln,** Lächeln Eingeweihter über einfältig Gläubige.

August der, 8. Monat; der 6. der altröm. Zeitrechnung, nach Kaiser Augustus benannt; hat 31 Tage.

August [von → Augustus], männl. Vorname.

August II., der Starke, als **Friedrich August I.,** Kurfürst von Sachsen (1694-1733), *1670, †1733, erlangte durch Übertritt zum Katholizismus 1697 die poln. Krone, wurde im Nord. Krieg vom Schwedenkönig Karl XII. besiegt und zum Verzicht auf die poln. Krone gezwungen (1706-1709); prachtliebend, ver-

August d. Starke

schönerte er Dresden durch Barockbauten (Zwinger, Frauenkirche), ebenso Warschau.

Augusta, weibl. Form zu → August(us).

Augusta, dt. Kaiserin und Königin von Preußen, *1811, †1890, ⚭ mit dem späteren Kaiser Wilhelm I.; Gegnerin Bismarcks.

Augusta [ɔ:g'ʌstə], Hptst. von Maine, USA, 22000 EW.; Verkehrsknoten, Flughafen, Textil-, Papier-, Schuhindustrie.

Auguste Viktoria, letzte dt. Kaiserin, Gemahlin Wilhelms II., *1858, †1921.

Augustiner Mz., kath. Ordensgenossenschaft, leben nach der **Augustinerregel** (11. Jh.). **A.-Chorherren:** in klösterl. Gemeinschaft lebende Domherren. **A.-Eremiten:** Bettelorden, tragen schwarze Kutte (weiße zu Hause), spitze Kapuze, Ledergürtel, Schuhe **(beschuhte A.), A.-Barfüßer,** unbeschuhte A.

Augustinus, abendländ. Kirchenlehrer, *Tagaste (Nordafrika) 354 (Mutter: hl. Monika), † Hippo Regius 430; Bischof von Hippo Regius, Heiliger (Tag 28.8.). Seine Schriften, bes. die Lehre von Sünde und Gnade, haben die abendländ. Theologie und Philosophie beeinflußt. Werke: »Bekenntnisse«, »Über den Gottesstaat« (De civitate Dei).

Augustus [lat. »der Erhabene«], Ehrenname der röm. Kaiser, zuerst des Octavianus.

Augustus

Augustus, Gaius Octavius, 1. röm. Kaiser, *63 v. Chr., †14 n. Chr., verband sich 43 mit Antonius und Lepidus zum Triumvirat; schlug 42 bei Philippi Brutus und Cassius, die Mörder seines Adoptivvaters Caesar. In der Auseinandersetzung mit Antonius errang er 31 durch den Sieg bei Actium die Alleinherrschaft, erhielt 27 den Titel **A.** Seine Regierung **(Augusteisches Zeitalter)** war die Blütezeit röm. Dichtung (Vergil, Horaz, Ovid, Livius) und Kunst.

Auktion [lat.] die, Versteigerung. **Auktionator** der, berufsmäßiger Versteigerer.

Aula [lat.] die, -/...len, **1)** Innenhof im altgrch. Haus. **2)** Vorhof altchristl. Kirchen. **3)** Festsaal in Schulen und Hochschulen.

Aurelian

Aulis, altgrch. Hafen an der Ostküste Böotiens. Ausgangsort des Zuges gegen Troja.

au pair [op'ɛ:r, frz.], Arbeitsleistung gegen Wohnung und Kost, ggf. Taschengeld.

Aura [grch.] die, **1)** Okkultismus: lichtartiger Schein. **2)** Ü Ausstrahlung eines Menschen.

Aurelian, Lucius Domitius, röm. Kaiser (270-275), *214, †(ermordet) 275, kämpfte erfolgreich gegen Goten und Wandalen, sicherte Rom mit einer langen Mauer.

Aureole [lat.] die, **1)** Heiligenschein. **2)** Hof um Sonne oder Mond.

Aurich, Krst. in Ndsachs., am Ems-Jade-Kanal, 35000 Ew.; Viehmärkte.

Aurignac-Mensch [oriŋ'ak; nach dem Fundort in S-Frankreich], späteiszeitl. Menschenform.

Aurikel die, Art der Gattung → Primel.

Aurillac [ɔrij'ak], Hptst. des Dép. Cantal, 33000 Ew.

Aurora, röm. Göttin der Morgenröte.

Aurorafalter, Weißlingschmetterling.

Aurum [lat.], das Gold.

Aurorafalter

Ausbildungsberufe, Berufe mit fachl. Ausbildung, untergliedert in Lehr- und Anlernberufe.

Ausbildungsförderung, Geldleistungen öffentlich-rechtl. Gemeinwesen zur allg. und berufl. Förderung; im Bundesausbildungsförderungsgesetz (BAföG) für Studenten, im Ausbildungsförderungsgesetz für Maßnahmen berufl. Bildung.

Ausbürgerung, Aberkennung der → Staatsangehörigkeit.

Auschwitz, poln. **Oświęcim** [ɔsjfj'ɛntsjim], Stadt in der poln. Wwschaft Bielsko-Biała, 45000 Ew.; nat.-soz. Vernichtungslager.

Ausdehnung, 1) Längen- oder Volumenzunahme von Körpern bei Erwärmung. **2)** ☆ **A. des Weltalls,** Annahme, daß sich das Weltall im Zustand fortschreitender A. befindet.

Ausdruck, 1) eine Formulierung in Programmiersprachen, deren Ausführung einen Wert liefert. **2)** auf einem Drucker ausgedruckte Daten.

Ausdruckslehre, Ⓟ Wissenschaft, die die sichtbare Erscheinung und Handlungsweise des Menschen, Sprache, Schrift, Gebärde, Gang und Arbeitsweise als Ausdruck seel. Eigenschaften betrachtet.

Ausdruckstanz, zu Beginn des 20. Jh. entstandene, durch Isadora → Duncan geförderte Richtung der Tanzkunst. Ziel ist die tänzerische Gestaltung seel. Erlebnisse. Bedeutendste Vertreterin des A. war Mary → Wigman.

Ausfallerscheinung, ♡ Aufhebung oder Abschwächung einer Lebenstätigkeit bei fehlendem oder erkranktem Organ, Gewebe.

Ausfallzeiten, die 1 Monat überschreitende Unterbrechung einer rentenversicherungspflichtigen Beschäftigung (Krankheit, Arbeitslosigkeit).

Ausfluß, lat. **Fluor,** ♡ verstärkte Flüssigkeitsabsonderung aus den weibl. Geschlechtswegen.

Ausführungsgesetze, auf dem Gesetzes- oder Verordnungsweg erlassene Bestimmungen zur Gesetzesdurchführung.

Ausgabe (engl. output), in der Datenverarbeitung die Übergabe von Programmen oder Daten an Peripheriegeräte, z. B. Drucker.

Ausgedinge das, ✾ → Altenteil.

Ausgleichsgetriebe, Differentialgetriebe, Zahnrad-(Planeten-)Getriebe, gleicht verschieden schnelle Drehung der Räder in den Kurven aus.

Ausgleichsgymnastik, Gymnastik zum Ausgleich einseitiger Körperbeanspruchung.

Ausgleichsrente, Kriegsopferversorgung: Rente für Schwerbeschädigte, Witwen, Waisen.

Ausgrabungen, Freilegung geschichtl. und vorgeschichtl. Siedlungsstätten, Bauten, Denkmäler und sonstiger Überreste. Zu A. antiker Kunstwerke kam es zuerst im Italien des 15. Jh. Wissenschaftl. A. begannen im 19. Jh. Sie haben die Kenntnis der Antike stark erweitert und auch Vorstellungen von vorgeschichtl. Zeiträumen vermittelt.

Aushärtung, in der Metallurgie eine Wärmebehandlung von Legierungen durch Glühen und Abschrecken; bei härtbaren Harzen der Endzustand, der durch Erhitzen oder durch chem. Einwirkung erreicht werden kann.

Auskragung, 🏛 Vorspringen von Bauteilen über die Stützwand.

Auskultation [lat. »Behorchen«] die, ♡ Abhorchen des Körpers, bes. der Lungen und des Herzens (Atemgeräusche und Herztöne), meist durch Auflegen des Stethoskops.

Auskunftei die, erteilt gewerbsmäßig Auskunft über persönl. und wirtschaftl. Verhältnisse Dritter (z. B. Zahlungsfähigkeit).

Auskunftspflicht, ⚖ Pflicht des einzelnen, den Behörden über ihn selbst betreffende Angelegenheiten Auskunft zu geben. Sie kann nur durch Gesetz auferlegt werden, z. B. im Steuerrecht.

Ausländer, Person, die eine andere als die Staatsangehörigkeit ihres Aufenthaltslandes besitzt. Ein A., der das gewährte Gastrecht verletzt, kann ausgewiesen werden. Der A. hat kein Wahlrecht und ist von der Wehrpflicht befreit. Im Straf-, Privat- und Steuerrecht ist er dem Inländer gleichgestellt.

ausländische Arbeitnehmer arbeiten (vorübergehend) in einem Staat dessen Staatsangehörigkeit sie nicht besitzen.

Ausläufer, ⚘ über den Boden kriechender, wurzelnder Seitentrieb (z. B. bei der Erdbeere), dient der Vermehrung.

Auslaut, Endlaut einer Silbe (→ Inlaut).

Ausleger der, **1)** ⛵ bei Ruderbooten Gestell zum Auflegen der Riemen. **2)** ⛵ mit dem Boot verbundener Balken, der gegen das Umschlagen sichert. **3)** bei Kränen das über die Unterstützung hinausragende Gerüst.

Auslegung, 1) die Deutung (Interpretation) des Sinnes von Schriftwerken, bes. der Bibel. **2)** ⚖ Klarstellung des Sinnes von Rechtssätzen und Rechtsgeschäften (§§ 133, 157 BGB) sowie im Erbrecht (§§ 2006 ff. BGB).

Auslese, 1) natürliche Auslese, → Darwinismus. **2)** Soziologie: das soziale und gesellschaftl. Emporsteigen bes. begabter und geeigneter Einzelpersonen **(Elite). 3)** Wein von besten, edelfaulen oder geschrumpften Beeren.

Auslieferung, Übergabe eines Ausländers an seinen Heimatstaat oder an einen dritten Staat zur Strafverfolgung oder -vollstreckung. Eine völkerrechtl. Verpflichtung zur A. besteht nur kraft gegenseitiger **A.-Abkommen.** Politisch Verfolgte genießen Asylrecht. Kein Deutscher darf an das Ausland ausgeliefert werden (Art. 16 GG).

Auslobung, ⚖ öffentl. Zusicherung einer Belohnung für eine Leistung (§§ 657 ff. BGB), z. B. Ermittlung des Täters einer strafbaren Handlung.

Auslöser, Verhaltensforschung: Organe und Instinktbewegungen, die angeborene Auslösemechanismen (z. B. Balzhandlung) ansprechen.

ausmerzen [im März minderwertige Tiere ausscheiden], Minderwertiges ausscheiden.

Ausnahmezustand, staatl. → Notstand, bei dem außerordentl. Maßnahmen zur Wiederherstellung der öffentl. Sicherheit und Ordnung getroffen werden.

Ausonius, lat. Dichter, *um 310, † um 395 n. Chr.; bekannt durch sein Preisgedicht auf die Mosel (»Mosella«).

Auspizien [lat.] Mz., **1)** Aussichten. **2)** Voraussagen.

auspowern [zu power »arm«], **1)** verarmen, verelenden. **2)** ausbeuten.

Auspuffanlage, Gesamtheit aller Bauteile, mit denen die Abgase einer Verbrennungskraftmaschine aus dem Zylinder ins Freie abgeführt werden, bestehend aus **Auspuffkrümmer, -leitung (-rohr), -topf** (Schalldämpfer) und Abgaskatalysator (bei Benzinmotoren).

Ausrüstung, 1) ⁂ Bekleidung, Waffen und Gerät für den Einzelsoldaten wie für die Truppe. **2)** die Appretur eines Gewebes.

Aussatz, Lepra, durch Leprabakterien verursachte, von Siechtum begleitete Infektionskrankheit mit teilweise tödl. Ausgang. Beginnt mit Hautflecken und Hautknoten, die später geschwürig zerfallen. Durch Brandigwerden einzelner Gliedmaßen kann es zu schweren Verstümmelungen kommen.

Ausschabung, lat. **Abrasio, Kürettage,** ♡ Auskratzen der Gebärmutter mit der **Kürette.**

Ausschlag, grch. **Exanthem,** ♡ Hauterkrankung, charakteristisch bei Infektionskrankheiten (Masern, Scharlach, Röteln, Windpocken u. a.).

Ausschuß, 1) aus einer Körperschaft, einer Versammlung, einer Gesellschaft usw. gewählter, mit bes. Aufgaben betrauter Kreis von Mitgl., z. B. parlamentar. A. **2)** Stoffe oder Ware mit Fehlern.

Ausschwitzung, die → Exsudation.

Aussee, Bad A., Solbad im Salzkammergut, Österreich, 5100 Ew.; 650-750 m ü. M.

Außenbordmotor, wird am Heck von Booten befestigt, treibt über ein Kegelradgetriebe die Schraube an.

Außenhandel, der Teil der Warenumsätze, der über die Landesgrenzen geht (Einfuhr und Ausfuhr), im Unterschied zum **Binnenhandel.** Die **A.-Statistik** erfaßt Menge und Wert des A., die **Handelsbilanz** gibt einen Überblick über den gesamten A. eines Staates. **A.-Banken** vermitteln die Finanzierung (Devisengeschäfte). – Teil der → Außenwirtschaft.

Außenhandel (1988) in Mio. DM

Land	Einfuhr	Ausfuhr
Verein. Staaten	809973	566396
Bundesrep. Dtl. ...	439768	567750
Großbritannien ...	333109	234911
Japan	329683	465907
Frankreich	304339	294624
Italien	243302	225984
Kanada	188116	196902
Sowjetunion	181699	187497
Niederlande	174810	181340
Belgien-Lux.	165440	163680
Schweiz	99264	88704

Außenpolitik, Gestaltung der Beziehungen eines Staates zu fremden Staaten und zu zwischenstaatl. Einrichtungen.

Außenseiter [engl. outsider], **1)** Wettkämpfer mit geringen Aussichten auf Gewinn. **2)** übertragen: Nichtfachmann.

Außenstände, unbeglichene Forderungen.

Außenwirtschaft, alle Wirtschaftsbeziehungen zw. Staaten. Die A. umfaßt den Außenhandels-, Dienstleistungs- und Kapitalverkehr; eine Übersicht darüber gibt die **Zahlungsbilanz.**

Außerparlamentarische Opposition, Abk. **APO,** in der Bundesrep. Dtl. 1966 entstandene Gruppierungen, die ihre polit. Überzeugungen nicht von den parlamentar. Parteien vertreten sahen; gingen nach 1969 in der → Neuen Linken auf.

Aussetzung, ⚖ **1)** bedingter Strafaufschub. **2)** vorläufiger Stillstand eines Gerichtsverfahrens. **3)** vorsätzl. Verlassen einer hilflosen Person.

Aussiedler, dt. Staats- oder Volksangehörige, denen nach 1951 (Ende der allg. Vertreibungsmaßnahmen) die Übersiedlung aus den Ländern des Ostblocks aufgrund bilateraler Verträge gestattet wird.

Aussig, tschech. **Ústí nad Labem,** Stadt in der ČSFR, an der Elbe, 90000 Ew.; Umschlaghafen, chem., Glas-, Porzellanind.

Aussonderung, ⚖ im Konkurs die Rückgabe von Gegenständen, die dem Gemeinschuldner nicht gehören, an den Berechtigten.

Aussperrung, Entlassung aller oder eines Teils der Arbeitnehmer als Gegenmaßnahme der Arbeitgeber gegen Streik.

Ausstand, der → Streik.

Ausstattung, ⚖ **1)** Familienrecht: Zuwendung der Eltern an ein Kind, das heiraten oder eine selbständige Lebensstellung erlangen will (§§ 1624 f. BGB). **2)** äußere Aufmachung.

Aussterben, Verschwinden von Arten, Gattungen oder Stämmen von Lebewesen, oft durch Umweltveränderungen oder den Menschen.

Aussteuern, Erlöschen des Krankengeldanspruchs an die Krankenversicherung nach längerer Inanspruchnahme; auch bei der Arbeitslosenversicherung.

Austauschbau, 1) 🏛 Bauverfahren mit vorgefertigten Bauteilen, die gegeneinander ausgetauscht werden können. **2)** ⊙ Bau von Maschinen, deren Teile so gearbeitet sind, daß sie ohne Nacharbeit austauschbar sind. Grundlage der Massenfertigung und der wirtschaftl. Instandsetzung (→ Passung).

Auster die, schmackhafte Meermuschel; in **Austernbänken** kultiviert.

Austerity [ɔsˈtɛrɪtɪ, engl. »strenge Einfachheit«], die nach 1945 von der engl. Labourregierung angewendete Politik der Sparsamkeit.

Austerlitz, Stadt in Südmähren, ČSFR;

Austernfischer

6300 Ew.; 1805 »Dreikaiserschlacht«: Napoleon I. besiegte die Russen (unter Alexander I.) und Österreicher (unter Franz II.).

Austernfischer, taubengroßer Watvogel aus der Gruppe der Regenpfeifer.

Austin ['ɔ:stɪn], Hptst. von Texas, USA, am Colorado, 368 500 Ew.; Univ.

austral [lat.], südlich.

Australide, Aborigines, dunkelhäutige Eingeborene Australiens, schlank, mit vorspringenden Kiefern, fliehender Stirn; urspr. Sammler und Jäger; Laubhütten, ferner Höhlen als Wohnung, Kleidung vielfach durch Körperbemalung ersetzt; Steinwerkzeuge; Totemismus. 1967 Anerkennung als Staatsbürger.

Australien [lat. »Südland«], **1)** der kleinste Erdteil. Er wird länderkundlich mit Tasmanien, Neuguinea, Neuseeland sowie der Inselwelt Ozeaniens als **Australien und Ozeanien** zusammengefaßt: insges. 8,6 Mio. km^2 mit 26,0 Mio. Ew. Das eigentliche A. und die Insel Tasmanien bilden **Festland-Australien,** 7,68 Mio. km^2 mit 16,5 Mio. Ew. ⊕ S. 486.

Festland-A. liegt beiderseits des südl. Wendekreises, hat wenig gegliederte Küsten; nur an der SW- und SO-Küste gute Hafenbuchten. Im W trockenes, z. T. wüstenhaftes Tafelland, im genügend bewässerten O teils Gebirge (Austral. Kordillere, bis 2230 m hoch), teils Hügelland. Nur ein größeres Stromsystem (Murray-Darling), sonst meist nur zeitweise Wasser führende Flüsse (Creeks) und im S Seen ohne Abfluß zum Meer (Eyre-, Torrens-See); viele Salzsümpfe. Klimatisch gehört Nord-A. zu den Tropen, Süd-A. zur gemäßigten Zone, das Innere zum subtrop. Trockengürtel (Wüste, Buschland). Pflanzenwelt: Eukalyptus, Akazien, Flaschen- und Grasbäume sind bestimmend, im NO Urwald. Tierwelt: Die höheren Säugetiere fehlen fast ganz. Vorherrschend sind altertüml. Tierarten: Beuteltiere (Känguruh), Schnabeltier, Dingo, Emu, Leierschwanz, Schwarzer Schwan.

2) Australischer Bund, engl. **Commonwealth of Australia,** Bundesstaat, das Festland A., Tasmanien und kleinere Inseln, 7,68 Mio. km^2, 16,5 Mio. Ew.; Hptst.: Canberra. ⊕ S. 486.

Australien 2)

A. ist parlamentar. Monarchie innerhalb des Brit. Commonwealth; Staatsoberhaupt: brit. Krone, vertreten durch Generalgouverneur. Einteilung in 6 Bundesstaaten, 2 unmittelbare Bundesgebiete. – Bev. fast nur in den Randbez., bes. im SO und O; überwiegend Weiße, meist brit. Abstammung, daneben rd. 30 000 reinblütige sowie 110 000 mischblütige Ureinwohner (→ Australide). Religion: versch. christl. Kirchen, bes. die anglikan. – WIRTSCHAFT. Im O und SW Landwirtschaft (Weizen), im O und W und in weiten Gebieten des Innern Viehzucht, bes. Schafe. In der Welterzeugung von Wolle steht A. an erster Stelle. ⚒ auf Stein- und Braunkohle, Bauxit, Erze. Polit. Bedeutung hat die Urangewinnung. Eisen-, Stahl-, Zement-, Elektro-, chem. u. a. Industrie. Ausfuhr: Wolle, Weizen, Bergbauprodukte. Haupthandelspartner: Großbritannien, USA, Japan. Wichtigste Verkehrsmittel sind Auto und Flugzeug. Haupthäfen: Sydney, Melbourne, Fremantle, Newcastle, Geelong.

Ⓖ Die Nordküste wurde 1605, die Westküste 1644 von den Holländern entdeckt, deshalb Neuholland genannt, die Ostküste 1770 von dem Engländer Cook. Die engl. Besiedlung begann 1788 (anfangs Sträflingskolonien); seit 1825 erforschte man auch das Innere. Allmählich entstanden mehrere Kolonien mit Selbstverwaltung, die sich 1900 zu einem Bundesstaat, dem Commonwealth of Australia, im Rahmen des Brit. Weltreichs zusammenschlossen. Im 1. Weltkrieg unterstützte A. die Entente. A. 1954-77 Mitgl. des Südostasiat. Verteidigungspaktes (SEATO). MinPräs. B. Hawke (seit 1983).

AUSTRALIEN UND OZEANIEN: STAATLICHE GLIEDERUNG	1000 km^2	Mio. Ew.
Australischer Bund	7687	16,5
Fidschi	18	0,7
Kiribati[1])	0,9	0,06
Nauru	0,02	0,008
Neuseeland	269	3,3
Papua-Neuguinea	461	3,6
Salomonen	28,4	0,5
Samoa	3	0,2
Tonga	0,6	0,1
Tuvalu[2])	0,03	0,008
Vanuatu[3])	14,8	0,1
Australisch: Norfolk-Insel, Kokos-I., Weihnachts-I.	0,02	0,005
Britisch: Pitcairn	0,005	0,00001
Französisch: Neukaledonien, Frz.-Polynesien	23	0,4
Neuseeländisch: Cook-Inseln, Niue, Tokelau-Inseln	0,5	0,02
USA: Guam, Amerikan. Samoa	0,7	0,2
Treuhandverwaltung: Pazifische Inseln (USA)	2	0,1

[1]) ehem. Gilbert-Inseln [2]) ehem. Ellice-Inseln
[3]) ehem. Neue Hebriden

Australopithecus, afrikan. Gattung der → Hominiden, vor etwa 3 Mio. Jahren.

Austrasien, Austrien [Ostreich], unter den Merowingern der Osten des Fränk. Reichs mit den Residenzen Reims und Metz.

Austria, lat. Name für Österreich.

Austrofaschismus, polit. Bewegung in Österreich (1919-38), stützte sich v. a. auf die Heimwehr.

Austromarxismus, österr. Richtung des Marxismus: orthodox. marxist. Lehre mit Mehrheitsherrschaft in demokrat.-parlamentar. Regierungsform.

Ausverkauf, Veräußerung vorhandener Warenvorräte zu niedrigen Preisen, genehmigungspflichtig; als **Saisonschlußverkäufe** bes. Ende des Sommers und Winters.

Auswanderung, Verlassen des Heimatstaats, um sich in einem fremden Staat niederzulassen. Zunehmend aus wirtschaftl. Gründen; polit. begründete A. nennt man **Emigration.** – Nach den großen A. nach Übersee im 19. Jh. und nach dem 1. Weltkrieg gewann die A. nach 1945 erneut an Bedeutung, bes. in West-Dtl., wohin über 10 Mio. Vertriebene, Verschleppte und Flüchtlinge geströmt waren.

Auswärtiges Amt, die für die Außenpolitik der Bundesrep. Dtl. zuständige Behörde unter dem Bundesminister des Auswärtigen.

Ausweisung, Aufenthaltsverbot mit der Pflicht, das Staatsgebiet zu verlassen, und polizeil. Abschiebung, wenn das Verbot nicht befolgt wird. Deutsche können aus der Bundesrep. Dtl. nicht ausgewiesen werden. Die A. unerwünschter Ausländer ist rechtlich zulässig.

Auswinterung, 1) Absterben eines Nutzpflanzenbestandes durch Winterschäden. **2)** Ersticken der Fische unter dem Eis.

auswuchten, ⊙ Beseitigen von **Unwuchten** bei Rädern und rotierenden Maschinenteilen.

Auswurf, lat. **Sputum,** durch Husten aus den Atmungswegen herausbeförderte Stoffe. Untersuchung des A. für Erkennung von Krankheiten wichtig, z. B. Tuberkulose.

Auszubildender, heute für → Lehrling.

Autarkie [grch.] die, Selbstgenügsamkeit. Wirtschaftl. **autark** ist ein Land, das alles selbst besitzt oder erzeugt, was es braucht.

Authentizität [grch.] die, Echtheit einer Schrift oder Urkunde; **authentisch,** echt.

Autismus, Selbst- oder Ichbezogenheit; in der Psychiatrie eingeführte Bez. für extreme Insichgekehrtheit einer Person.

auto... [grch.], in Fremdwörtern: Selbst...

Autobahn, Schnellverkehrsweg mit getrennten, kreuzungsfrei geführten Richtungsfahrbahnen (in jeder Richtung zwei- oder mehrspurig). Streckenlänge 1985: Bundesrep. Dtl. 8198 km.

Autobiographie [grch.] die, Beschreibung des eigenen Lebens.

autochthon [grch.], an Ort und Stelle entstanden.

Autodafé [portug. »Glaubensakt«] das, öffentl. Verkündigung, auch Vollstreckung eines Urteils der → Inquisition in Spanien und Portugal; öffentl. Bücherverbrennung.

Autodidakt [grch.] der, durch Selbstunterricht Gebildeter.

Autodrom [grch.] das, Renn- und Versuchsstrecke für Kraftfahrzeuge.

Autogamie [grch.] die, Selbstbestäubung oder Selbstbefruchtung (→ Bestäubung).

autogenes Schweißen und **Schneiden,** ⊙ Verschmelzen oder Trennen von Metall durch eine Stichflamme aus Wasserstoff oder Acetylen und Sauerstoff.

autogenes Training, psychotherapeut., stufenweise erlernbare Übungen, um bestimmte Körperfunktionen und störende innere Spannungen unter Kontrolle zu bringen.

Autogramm [grch.] das, eigenhändige Unterschrift.

Autograph das, Handschriftliches (bekannter Personen).

Auto|intoxikation [grch.-lat.] die, Selbstvergiftung durch Stoffe, die im Körper gebildet werden, z. B. bei Leberkrankheiten durch Rückstauung von Galle ins Blut.

autokephal [grch.], unabhängig; bes. für die selbständigen orthodoxen Landeskirchen.

Autoklav der, luftdicht verschließbares Metallgefäß zum Erhitzen unter Druck.

Autokratie [grch.] die, Selbstherrschaft, Staatsform, bei der der Herrscher, der **Autokrat,** die unumschränkte Staatsgewalt innehat.

Automat [grch. »Selbstbeweger«] der, mechan. oder elektron. Einrichtung, bei der nach Ingangsetzen ein Vorgang selbsttätig abläuft. **Münz-A.** verabfolgen eine Ware (z. B. Briefmarken, Zigaretten) oder eine Leistung (z. B. Fernsprech-, Wiege-A.) nach Einwurf eines Geldstücks. In elektr. Anlagen bewirken Schalt- und Sicherungs-A. das Abschalten bei Kurzschluß oder Überlastung. **Werkzeug-A.** sind Werkzeugmaschinen mit selbsttätig regelndem Arbeitsablauf. – **automatisch, 1)** selbsttätig. **2)** unwillkürlich.

Automatisierung die, -, **Automation,** Anwendung von techn. Mitteln, mit deren Hilfe ohne Einflußnahme des Menschen mechanisierte Arbeitsmittel teilweise oder ganz nach vorgegebenen Programmen best. Operationen durchführen. Angewandt wird die A. bes. in der Energie-, Verfahrens-, Fertigungs-, Förder-, Nachrichtentechnik, bei der Datenverarbeitung. – Die A. bewirkt einerseits eine große Zunahme von Produktion und Produktivität, höheren Lebensstandard, höhere Löhne bei kürzerer Arbeitszeit, Entlastung von schwerer körperl. Arbeit, kann aber auch unerwünschte Folgen haben: vorübergehende Freisetzung von Arbeitskräften (bes. Hilfsarbeiter), Notwendigkeit von Berufswechseln. Diesen versucht man zu begegnen durch bessere Schul- und Berufsausbildung, Umschulung, Weiterbildung, Anpassungsbeihilfen, Rationalisierungsschutz-Abkommen.

Automobil [grch.-lat.] das, Kraftwagen.

Autonomie [grch.] die, Selbstgesetzgebung, Unabhängigkeit; das Recht eines Gemeinwesens, seine Angelegenheiten durch eigene Satzung zu ordnen. **autonom,** eigengesetzlich, selbständig.

Autopsie [grch.] die, ♡ Leichenöffnung.

Autor [lat.] der, -s/-oren, Urheber, Verfasser.

Autorisation [lat.] die, Erteilung einer Vollmacht. **autorisieren,** ermächtigen.

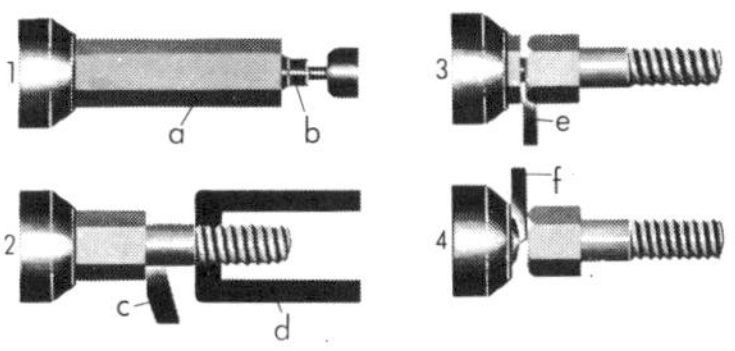

Automat: Herstellung einer Schraube auf einem Dreh-Automaten. **1** Vorschieben der Stange a bis zum Anschlag b, **2** Abdrehen des Schaftes mit Drehstahl c und Gewindeschneiden mit Schneidkopf d, **3** Abfasen des Kopfes mit Formstahl, **4** Abstechen der fertigen Schraube mit Abstechstahl f

autoritär [lat.], mit überlegener Macht ausgestattet; aus eigener Machtvollkommenheit handelnd, bes. bei Regierungen ohne frei gewählte Volksvertretung.

Autorität [lat.] die, **1)** Ansehen, Geltung. **2)** maßgeblicher Fachmann.

Autosuggestion [grch.-lat.] die, Selbstbeeinflussung (→ Suggestion).

Autotypie [grch.] die, → Netzätzung.

Autun [ot'œ̃], Stadt in Burgund, Frankreich, 23 000 Ew.; röm. Bauten, roman. Kathedrale.

Auvergne [o:v'ɛrŋ] die, Hochland in Mittel-Frankreich; viele erloschene Vulkane (1886 m); Viehzucht, Erz-, Steinkohlenlager.

Auxerre [o:s'ɛr], Hptst. des Dép. Yonne, Frankreich, 38 700 Ew.; röm. Gründung.

Aval [frz.] der, Wechselbürgschaft.

Avance [av'ãs, frz.] die, **1)** Vorteil. **2)** ermutigendes Entgegenkommen.

Avancement [avãsm'ã, frz.] das, Beförderung.

Avantgarde [avãg'ard, frz.] die, militärisch und übertragen: Vortrupp, Vorhut. **Avantgardist,** Vorkämpfer.

AvD, **A**utomobilklub **v**on **D**eutschland.

Ave [lat. »sei gegrüßt!«, »lebe wohl!«]; **Ave Maria,** Gruß des Erzengels Gabriel an Maria (Luk. 1, 28), daher **Englischer Gruß.**

Avenarius, Ferdinand, Schriftst., *1856, †1923, gründete die Ztschr. »Der Kunstwart« und den »Dürerbund«.

Avencebrol, Avicebron, → Gabirol.

Aventin, der einer der 7 Hügel Roms.

Aventurin der, rötlichbraune Art des Quarzes, goldschimmernder Schmuckstein.

Avenue [avn'y, frz.] die, breite Straße.

Averroes, arabisch **Ibn Roschd,** islam. Philosoph, *1126, †1198; seine Kommentare zu Aristoteles beeinflußten stark die mittelalterl. Weltanschauung.

Avers [lat.] der, die Vorderseite einer Münze, oft mit Kopfbild; Rückseite: **Revers.**

Aversion [lat.] die, Abneigung.

Aveyron [aver'ɔ̃], **1)** Nebenfluß des Tarn, Frankreich. **2)** Dép. in Frankreich, Hptst.: Rodez.

Aviatik [lat.], Flugwesen, Flugtechnik.

Avicenna, arab. **Ibn Sina,** pers. Arzt und Philosoph, *980, †1037, wirkte stark auf das Abendland als Vermittler grch. Wissenschaft.

Avignon [aviŋ'ɔ̃], Stadt in S-Frankreich, an der Rhône, 89 000 Ew.; Kirchen (got. Kathedrale), Klöster; Papstschloß (14. Jh.). Handelsplatz. – A. gehörte im MA. zur Gfsch. Provence, 1309-76 Sitz der Päpste. (BILD S. 60)

Avila, Stadt in Spanien, 42 000 Ew.; Stadtmauer, Klöster; Wallfahrtsort.

Avionik, Kw. für **Avi**atik und Elektro**nik,** Gesamtheit elektron. Luftfahrtgeräte, auch die Wissenschaft und Technik dieser Geräte.

Avis [frz.] das, der Bericht, Anzeige, Mitteilung. Zeitwort: **avisieren.**

Avitaminosen [lat. Kw.] Mz., die Vitaminmangelkrankheiten.

Avocado [span.], birnenähnl. dunkelgrüne Frucht, als Frischobst, Salat oder als Vorspeise.

Avogadrosches Gesetz, von dem ital. Physiker A. C. Avogadro (*1776, †1856) aufgestellte Regel: Alle Gase enthalten in der Raumeinheit die gleiche Anzahl Atome oder Moleküle, wenn Druck und Temperatur gleich

Avignon: Papstschloß

Azalee

sind. **Avogadrosche Konstante,** die Anzahl der Atome oder Moleküle eines Gases in einem Mol eines Stoffes,, $N_A = 6{,}0221367 \cdot 10^{23}$ mol^{-1}..

AWACS, Abk. für **A**irborne early **W**arning **a**nd **C**ontrol **S**ystem, luftgestütztes Frühwarnsystem v.a. der NATO.

Awaren, Avaren, 1) den Hunnen verwandtes Reitervolk, gründete um 565/70 n. Chr. in Ungarn ein Reich, das Karl d. Gr. 791-803 zerstörte. **2)** Kaukasusvolk in der Dagestan. ASSR.

Awesta das, hl. Schriften der altpers. Religion (→ Zarathustra).

axial [lat.], in Richtung der Achse gelegen.

Axiologie, die → Wertphilosophie.

Axiom [grch.] das, Ursatz, der nicht bewiesen (abgeleitet) werden kann.

Axolotl der, nord- und mittelamerikan., oft weißer Wassermolch, schon als kiementragende Larve fortpflanzungsfähig.

Ayers Rock [eəz-], größter Inselberg der Erde, in Australien, 9 km Umfang, myth. Ort der Ureinwohner.

Azalee, Azalia die, Zierpflanzengattung der Heidekrautgewächse, gelb-, rot-, weißblühend; aus N-Amerika und O-Asien.

azeotropes Gemisch, Gemisch von Flüssigkeiten, die durch einfache Destillation nicht zu trennen sind, sondern bei einem bestimmten Mischungsverhältnis konstant sieden.

Azidität die, Säuregehalt. **Azidimetrie,** Bestimmung der A. durch Neutralisation.

Azimut [arab.] der, das, **1)** ☆ Winkel zw. dem Südpunkt und dem Schnittpunkt des Vertikalkreises eines Gestirns mit dem Horizont. **2)** in der Navigation der Winkel zw. der Richtung zu einem Objekt und der Nordrichtung.

Azofarbstoffe, künstl. organ. Farbstoffe.

Azoren [»Habichtsinseln«] Mz., 9 portugies. Inseln im Atlant. Ozean, vulkanisch, fruchtbar (Bananen, Ananas), mildes Klima.

Baalbek: Säulen des großen Altarhofs (Jupitertempel), 1.-2. Jh.

Azteken, polit. mächtigster der indian. Stämme Mexikos, dessen Reich von den Spaniern unter Cortez 1519-21 unterworfen wurde (Hptst. Tenochtitlán); ihre Religion kannte blutige Menschenopfer, die Kultur baute auf der früherer Völker auf (z. B. der Tolteken).

Azulejos [aðul'ɛxɔs] Mz., span. Wandfliesen, mit vielfarbigen Mustern bemalt und glasiert.

Azur [pers.] der, himmelblaue Farbe.

B

b, B, 1) stimmhafter Lippenverschlußlaut; der 2. Buchstabe des dt. Abc. **2)** Kurszettel: **B** → Brief, bezahlt. **3)** ♩ **b,** um einen Halbton erniedrigtes h; als Vorzeichen (b) erniedrigt es die Note, vor der es steht, um einen halben Ton. **4)** Münzen: **B** Zeichen für Hannover (bis 1878) und Wien (1938-1944). **5) B,** ⚗ chem. Zeichen für Bor.

Ba, ⚗ chem. Zeichen für Barium.

B. A., **B**achelor of **A**rts, → Bakkalaureus.

Baader, Franz Xaver von, *1765, †1841; der Romantik nahestehender Philosoph.

Baal [hebr. »Herr«], Gott der Westsemiten, als Stier oder Mensch dargestellt, Bauerngott der Kanaaniter, von den jüd. Propheten bekämpft.

Baalbek, Balbek, Ort am Antilibanon, grch. **Heliopolis,** im späten Altertum bedeutende Stadt; Reste großartiger Tempel.

Baar die, rauhe Hochebene zw. südl. Schwarzwald und Schwäb. Alb.

Baas [niederdt.] der, → Bas.

Baath-Partei, »Sozialist. Partei der arab. Wiedergeburt« v. a. in Syrien und im Irak, tritt für die arab. Einheit ein.

Babel, bibl. Name für → Babylon.

Babel, Issaak Emmanuilowitsch, russ. Schriftst., *1894, †1941(?); Vertreter der revolutionären Romantik und ornamentalen Prosa; Erzählzyklen (»Budjonnys Reiterarmee«).

Bab el-Mandeb [arab. »Tor der Trauer«], Meerenge zw. Rotem Meer und dem Golf von Aden.

Babenberger Mz., Fürstengeschlecht, das 976-1246 in Österreich herrschte.

Babenhausen, Stadt in Hessen, 14300 Ew., Schloß (13. Jh.).

Babeuf [bab'œf], François Noël, frz. Revolutionär und Vertreter des Jakobinerterrors, *1760, †(hingerichtet) 1797.

Babisten Mz., islam. Erneuerungssekte in Iran, gegr. im 19. Jh. von Ali Mohammed, blutig verfolgt; lebt in der → Baha'i-Religion fort.

Babits [b'ɔbitʃ], Mihály, ungar. Schriftst., *1883, †1941; Gedankenlyrik, Gegenwartsromane, Übersetzungen (Dante, Shakespeare, Goethe).

Babylon [Tor Gottes], bibl. **Babel,** seit etwa 2000 v. Chr. Hptst. Babyloniens, beiderseits des Euphrats, von den Assyrern mehrfach zerstört, im 7./6. Jh., bes. durch Nebukadnezar, glanzvoll aufgebaut. 539 von Kyros, 331 von Alexander d. Gr. erobert.

Babylonien, das im Altertum wegen seiner Fruchtbarkeit begehrte Tiefland am unteren Euphrat und Tigris, Ausgangspunkt großer Reiche. Im S herrschten seit dem 3. Jahrtsd. v. Chr. die Sumerer, im N seit 2600 v. Chr. die Akkader, die unter Sargon und Naramsin das erste Großreich schufen. Ihr Vermächtnis nahmen um 2000 die Könige von Ur, um 1700 Hammurapi auf. In der Folge beherrschten erst die Kassiten B., dann geriet es in Abhängigkeit von Assyrien. Das **Neubabylon. Reich** wurde unter Nebukadnezar II. (605-562) noch

babylonische Kunst: links Kultstandarte von Ur, um 2500 v. Chr., rechts Löwe von der Prozessionsstraße am Ischtartor in Babylon, um 575 v. Chr.

einmal Großmacht; 539 wurde es vom Perserkönig Kyros erobert. Tempel-, Palastbau (Ziegel) und Bildkunst gehen auf sumer. Kultwerke zurück. – Das Gilgamesch-Epos gehört zur Weltliteratur.

Babylonische Gefangenschaft, 1) Aufenthalt der Juden in Babylonien nach der Eroberung und Zerstörung Jerusalems durch Nebukadnezar (597 und 586 v. Chr.) bis zur Rückkehr unter Kyros (538 v. Chr.). **2)** Aufenthalt der Päpste in Avignon (1309-76).

Babylonischer Turm, etwa 90 m hohes Heiligtum des Marduk in Babylon. Nach 1. Mos. 11 wurde die Vollendung durch die Sprachverwirrung verhindert **(Babylonische Verwirrung).**

Bacău [bak'əu], Stadt in Rumänien, 169 500 Ew.; Industrieschwerpunkt für Metall, Papier, Lebensmittel, Leder; Erdölquellen.

Bacchanal [lat.] das, -s/-ien, altröm. Fest des Gottes Bacchus, oft ausschweifend begangen.

Bacchant [lat.] der, Teilnehmer an einem Bacchanal; im MA. auch fahrender Schüler. **bacchantisch, bacchisch,** wild, freudetoll, trunken.

Bacchelli [bak'ɛli], Riccardo, ital. Schriftsteller, *1891, †1985; schrieb Novellen, histor. Romane.

Bacchus, grch. und röm. Gott, → Dionysos.

Bach, Johann Sebastian, einer der größten Komponisten und der bedeutendste protestant. Kirchenmusiker, *1685, †1750, seit 1723 Thomaskantor in Leipzig. Seine von tiefster Frömmigkeit getragene Musik verbindet die kontrapunkt. Mehrstimmigkeit mit dem jungen, harmonisch bestimmten Konzertstil. Fuge und Kanon erhielten durch ihn ihre klass. Gestalt. Werke: 200 Kirchenkantaten, Weihnachtsoratorium, Johannes- und Matthäuspassion, Hohe Messe, Präludien und Fugen, Fantasien, Choralvorspiele für Orgel; Klavierwerke: Inventionen, »Das wohltemperierte Klavier«, Suiten u. a.; Instrumentalkonzerte: 6 Brandenburg., Violinkonzerte u. a.; »Das musikal. Opfer«; »Die Kunst der Fuge«. Von seinen Söhnen waren die begabtesten Wilhelm Friedemann B. (1710-84), Carl Philipp Emanuel B. (1714-88), Johann Christian B. (1735-82).

Bacharach, Weinort am Rhein, 2400 Ew.

Bache die, Wildsau nach dem 2. Jahr.

Bachmann, Ingeborg, österreich. Lyrikerin, *1926, †1973; schrieb Erzählungen und Hörspiele.

Bachofen, Johann Jakob, Rechts- und Altertumsforscher in Basel, *1815, †1887, stellte die Lehre vom Mutterrecht in der Vorzeit auf.

Bachstelzen, Singvögel, wasserliebende Zugvögel mit langem Schwanz, jagen Insekten; in Mitteleuropa: **Weiße B.** (weiß-schwarzgrau), **Gebirgs-** oder **Bergstelze** (gelbbauchig), **Schafstelze** (grünlich).

Bachstelzen: Weiße Bachstelze

Bachtaran [-x-], früher **Kermanschah,** Provinz-Hptst. in Iran, 531 400 Ew.; Erdölraffnerien, Textilindustrie.

Back die, **1)** ⚓ der vordere Aufbau eines Schiffes. **2)** ⚓ Eßtisch auf Schiffen. **3)** Schüssel.

Backbord der, das, ⚓ linke Schiffsseite.

Backnang, Gr. Krst. an der Murr, Bad.-Württ., 29 100 Ew. Textilien; Elektrotechnik.

Backpulver, Treibmittel zum Lockern des Teiges, meist Mischung von Natriumbicarbonat mit sauren Salzen.

Backsteinbau, Bau aus Backsteinen (durch Brennen gehärtete Ziegel aus Lehm oder Tonerde) ohne oder mit Verputz oder Verkleidung; in Mesopotamien schon seit dem 4. Jahrtsd. v. Chr., auch bei den Ägyptern, Römern, in Byzanz, vom MA. aufgenommen und dann bes. in Nord-Dtl. gepflegt **(Backsteingotik).**

Bacon [b'eɪkən] der, engl. Frühstücksspeck.

Bacon [b'eɪkən], **1)** Francis, Baron v. Verulam, engl. Staatsmann und Philosoph, *1561, †1626, wurde 1618 Großkanzler. Als Gegner mittelalterl. Buchwissens sah er in der Erfahrung die einzig verläßl. Erkenntnisquelle. **2)** → Roger Bacon.

Bad, Eintauchen des Körpers in warmes oder kaltes Wasser mit oder ohne Zusätze, zur Reinigung, Abhärtung oder Heilwirkung (Wasserheilverfahren; Heilquellen); angewendet als **Voll-** oder **Teil-B.** (Sitz-, Arm-, Fuß-B.). I. w. S. spricht man von B. auch beim **Sand-B.,** bei der Anwendung von Wasserdampf **(Dampf-B.),** von heißer oder kühler Luft **(Heißluft-B., elektr. Licht-, Luft-B.),** beim **Sonnen-B.** (Sonnenlichtbestrahlung, Höhensonne), bei der Anwendung von Elektrizität **(Vierzellen-B., elektr. Wasser-B.).** Kombinierte B. sind u. a. **Türkisches B., Sauna.**

Ⓖ Die Römer schätzten bes. warme Bäder (Thermen). In N- und Mitteleuropa findet sich sehr früh neben dem Fluß-B. das Warm-B. Im MA. bestanden viele öffentl. Badestuben. Durch Kriege und Seuchen ging im 17. Jh. das Badewesen stark zurück. Erst im 19. Jh. nahm es wieder großen Aufschwung (Schwimmanstalten, Volks-B.).

J. S. Bach

Badajoz [-ðax'ɔθ], alte Festungsstadt im südl. Estremadura, Spanien, 114 500 Ew.; Bischofssitz.

Baden, ehem. Land im SW des Dt. Reiches, 15 069 km², (1939) 2,5 Mio. Ew.; Hptst.: Karlsruhe. B. umfaßt die Gebiete rechts des Rheins vom Hochrhein und mittleren Bodensee bis in den südl. Odenwald und das untere Taubertal (Bauland).

Ⓖ Im 11. Jh. entstand die Markgfsch. B. unter den Zähringern aus versch. Lehen des

Baden-Württemberg

Badge: oben B. des Verein. Königreichs von Großbritannien und Nordirland; unten B. des Prince of Wales

Bahamas

ehem. Hzgt. Schwaben. Karl Friedrich (†1811) vergrößerte sie in der napoleon. Zeit um die rechtsrhein. Kurpfalz, den Breisgau und wurde 1806 Großherzog. 1818 wurde eine liberale Verfassung eingeführt. 1848/49 kam es zu republikan. Aufständen. 1918 wurde B. Freistaat, 1945 kam N-B. zu Württ.-B., S-B. wurde als B. eigenes Bundesland; 1952 zu →Baden-Württemberg zusammengeschlossen.

Baden, 1) B. bei Wien, Kurort und Heilbad in Niederösterreich, 22000 Ew. **2) B. in der Schweiz,** Industrie- und Badestadt im Aargau, 14000 Ew.

Baden-Baden, Stadt in Bad.-Württ. im nordwestl. Schwarzwald, 49700 Ew.; seit der Römerzeit Heilbad; Pferderennen; Spielbank.

Baden-Powell [b'eɪdn p'əʊəl], Sir Robert Stephenson Smyth, brit. General, *1857, †1941; Gründer (1907) der Pfadfinder.

Badenweiler, Heilbad im südl. Schwarzwald, 3700 Ew.

Baden-Württemberg, Land der Bundesrep. Dtl., 35751 km², 9,33 Mio. Ew.; Hptst.: Stuttgart. 4 RegBez.: Stuttgart, Karlsruhe, Freiburg, Tübingen. STATISTIK Bundesrep. Dtl. ⊕ S. 488/489.

B.-W. umfaßt den rechtsrhein. Teil der Oberrhein. Tiefebene bis zum südl. Odenwald, den Schwarzwald, den vulkan. Hegau, den westl. Teil des Alpenvorlandes zw. Bodensee, Iller und Donau, die Schwäb. Alb und die Hügellandschaften beiderseits des Neckars bis zur Tauber im O, die von den fruchtbaren Gäuflächen und von bewaldeten Höhenrükken durchzogen werden. Wichtigste Flüsse: Donau, Neckar mit Nebenflüssen. Bodenschätze: Salzlager im Neckarland, Kali und Erdöl in der Oberrheinebene, viele Mineralquellen (Baden-Baden, Rippoldsau, Mergentheim, Wildbad u.a.). – B.-W. ist das am stärksten industrialisierte Land der Bundesrep. Dtl.: Stahl- und Maschinenbau, Elektro-, Textil-, chem., Spiel-, Schmuckwaren-, feinmechan., opt., Uhrenind. Viehzucht; Getreide-, Obst-, Weinbau, Forstwirtschaft; Wasserkraftwerke, Erdölraffinerien; Kernforschungszentrum; Fremdenverkehr. – B.-W. wurde 1952 aus den Ländern Württemberg-Baden, Baden und Württemberg-Hohenzollern gebildet. MinPräs. L. Späth; seit 1972 Alleinregierung der CDU.

Badge [bædʒ], in England ein neben dem Wappen geführtes Erkennungszeichen.

Badische Anilin- und Soda-Fabrik AG., BASF, Ludwigshafen a. Rh., Unternehmen der chem. Ind., gegr. 1865.

Badminton [b'ædmɪntən, engl.] das, turniermäßiges Federballspiel.

Badoglio [bad'ɔʎo], Pietro, ital. Marschall, *1871, †1956, mehrfach Generalstabschef, 1943/44 MinPräs., schloß 1943 den Waffenstillstand mit den Alliierten.

Baedeker, Buchhändlerfamilie. Karl B. (1801-1859) gründete 1827 den Reisehandbücherverlag B.

Bagdad: Khadimain

Baer, Karl Ernst v., *1792, †1876, Zoologe, Begründer der modernen Embryologie, entdeckte das Ei der Säugetiere.

Baez [ba'ɛs], Joan, amerikan. Sängerin, *1941, Vertreterin der anglo-amerikan. Folklore-Renaissance und des Protestsongs.

Baffin [b'æfɪn], William, engl. Seefahrer, nahm 1612-16 an Entdeckungsfahrten im Nördl. Eismeer teil. **Baffinland,** kanad. Insel des amerikan.-arkt. Archipels, 688808 km²; Eisenerzvorkommen.

Bagage [bag'a:ʒ, frz.] die, **1)** Gepäck. **2)** Troß eines Heeres. **3)** Gesindel.

Bagdad, Hptst. des Irak, am Tigris, 3,85 Mio. Ew. (mit Vororten); 3 Univ., Ind. – Im MA. Sitz der arab. Kalifen, Mittelpunkt von Kunst und Wissenschaft.

Bagdadbahn, Eisenbahn Konya-Bagdad (3200 km).

Bagdad-Pakt, →CENTO.

Bagger, Baumaschine zum Lösen und Transport großer Mengen von Erde, Kies, Kohlen u.a. **Trocken-B.** fahren an Land, auf fester Gleisanlage oder auf Raupenketten, **Naß-B.** sind in Schiffe eingebaut. Beim **Eimerketten-B.** läuft an einer heb- und senkbaren Eimerleiter eine endlose, mit Schürfeimern besetzte Kette um, der **Schräm-B.** hat statt Eimern Kratzeisen. Der **Löffel-B.** besitzt als Schürfgerät ein Grabgefäß (Löffel), beim **Schaufelrad-B.** löst ein an einem bewegl. Ausleger umlaufendes Rad mit Eimern das Gut und gibt es auf ein Förderband. Der **Saug-B.** pumpt ein Gemisch aus Wasser und festen Teilen vom Gewässergrund ab.

Baha'i-Religion, humanitär-aufklärer. Glaubensbewegung, genannt nach ihrem Künder Baha-Ullah (*1817, †1892).

Bahamas, Staat auf den Bahama-Inseln, einer Inselgruppe Westindiens, zw. Florida und Haiti, 13935 km², 0,25 Mio. Ew. Südfrüchte, Edelhölzer. – Auf den B. betrat Kolumbus 1492 zuerst amerikan. Boden; seit 1718 britisch, seit 1973 unabhängig.

Bahia, 1) alter Name von →Salvador. **2)** Küstenstaat Brasiliens, 561026 km², 10,5 Mio. Ew.; Erdöl; Kakao, Kaffee, Tabak (Zigarren).

Bahia Blanca, Ausfuhrhafen Argentiniens für landwirtschaftl. Erzeugnisse, 224000 Ew.

Bahn, 1) ⊠ Weg, den ein Körper zurücklegt. **2) Bahnelemente,** ☆ die voneinander unabhängigen Bestimmungsstücke, aus denen sich die B. eines Himmelskörpers berechnen läßt.

Bahnhof, Anlage der Eisenbahn für den Personen- und Güterverkehr. Nach der Lage zum Bahnnetz unterscheidet man **End-** und **Zwischen-B.,** nach dem Grundriß **Kopf-** oder **Sack-B.** (in denen die Gleise enden) und **Durchgangs-B.** (mit durchlaufenden Hauptgleisen). – Auf **Verschiebe-(Rangier-)B.** werden Güterzüge zerlegt und zusammengestellt, auf **Lokomotiv-B.** werden Lokomotiven gereinigt und fahrbereit gemacht.

Bahnhofsmission, auf größeren Bahnhöfen Fürsorge konfessioneller Verbände zur Betreuung hilfsbedürftiger Reisender.

Bahnpolizei, Sonderpolizei zur Überwachung der Sicherheit und Ordnung des Eisenbahnbetriebs.

Bahr [arab.] der, Meer, großes Gewässer. **B. el-Ghasal,** Gazellenfluß.

Bahr, Egon, Journalist, *1922, Politiker (SPD), führte 1969-72 als Staatssekr. im Rahmen der Ostpolitik der Bundesregierung die Verhandlungen mit der UdSSR, Polen und der Dt. Dem. Rep.; 1976-81 Bundesgeschäftsführer der SPD, seit 1984 Leiter des »Instituts für Friedensforschung und Sicherheitspolitik« (Hamburg).

Bähr, George, Baumeister des dt. Barocks, *1666, †1738; Frauenkirche in Dresden (1945 zerstört).

Bahrain, Inselgruppe im Pers. Golf, selbständiges Scheichtum, bis 1971 brit. Protektorat, 662 km^2, 417 200 Ew.; Erdöl.

Bai, engl. **Bay** [beɪ] die, Meeresbucht.

Baia Mare, Bergwerksstadt, Rumänien, 127 000 Ew., Kupfer-, Gold- und Silbererze.

Baiersbronn, Luftkurort im nördl. Schwarzwald; 14 500 Ew.; Holzindustrie.

Baikalsee, Binnensee im südl. Sibirien, 31 500 km^2; der tiefste See der Erde, 1620 m; Abfluß nach dem Jenissej. Der B. wird im S von der Sibir. Eisenbahn umfahren. Am NW-Ufer das **B.-Gebirge,** bis 2572 m hoch, reich an Metallen.

Baikonur, Siedlung im Gebiet der Kasach. SSR, UdSSR; Raumfahrtzentrum.

Bairam, Beiram der, muslim. Feste nach dem Fastenmonat Ramadan.

Baisse [bɛs, frz.] die, Sinken der Börsenkurse. Ggs.: Hausse.

Bajadere [portug.] die, indische Tänzerin.

Bajazzo [ital.] der, Hanswurst, Possenreißer.

Ba Jin [- dʒɪn], chines. Schriftsteller, *1904; meist autobiograph. Romane über den modernen Umbruch in der konfuzian. Gesellschaftsordnung.

Bajonett [frz.] das, Stoßwaffe am Gewehrlauf, später das aufgepflanzte → Seitengewehr.

Bajonettverschluß, leicht lösbare Verbindung von Stangen, Hülsen, Rohren, bei der die Krallen eines Teiles in Schlitze des anderen gesteckt und bis zum Anschlag verdreht werden, z. B. bei photograph. Kameras mit Wechselobjektiven (Bajonettfassung).

Bake die, **1)** ⚓ an Land feststehendes Seezeichen. **2)** 🚂 Tafeln mit 1, 2 und 3 schrägen schwarzen Strichen 100, 175 und 250 m vor dem Vorsignal. **3)** 🚗 weiße Tafeln mit 1, 2 und 3 roten rückstrahlenden Schrägstrichen 80, 160 und 240 m vor einem schienengleichen Übergang.

Baker [b'eɪkə], **1)** James Addison, amerikan. Politiker (Republikaner), *1930, seit 1989 Außen-Min. der USA. **2)** Josephine, frz. Tänzerin und Sängerin afro-amerikan. Herkunft. *1906, †1975.

Baker-Eddy [b'eɪkə'edɪ], Mary, *1821, †1910, Amerikanerin, gründete die → Christian Science.

Bakkalaureus [lat.] der, früher der akadem. Titel für den Studenten. Das **Bakkalaureat,** ein niederer akadem. Grad in anglo-amerikan. Ländern; in Frankreich: Abitur.

Bakkarat, Baccara [frz.] das, Kartenglücksspiel.

Bakonywald [b'ɔkɔnj-], Waldgebirge in W-Ungarn, bis 713 m.

Bakri, Al-B., Abu, maurischer Geograph, *1040, †1094; sein geograph. Werk ist eines der bedeutendsten der maur. Wissenschaft.

Bakterien [grch. »Stäbchen«], Ez. **Bakterium** das, einzellige Mikroorganismen (z. T. kleiner als 1/1000 mm), die sich durch Zweiteilung vermehren (Spaltpilze). Man unterscheidet: **Kugel-B.** (Kokken), **Stäbchen-B., Schrauben-B., Faden-B.** (mehrere Zellen zu einem Faden vereinigt). Manche B. bewegen sich durch feine Härchen (Geißeln), andere sind unbeweglich. Sie finden sich in großen Mengen im Erdboden, in der Luft, im Wasser und in Lebewesen. Die B. leben meist von organ. Stoffen, die sie zersetzen. Viele Bakterien können sehr ungünstige Lebensbedingungen in Dauerformen (Sporen) überleben. Diese sporenbildenden B. werden auch als **Bazillen** bezeichnet. Es gibt unter den B. Fäulnis- und Gärungserreger (→ Gärung) sowie Erreger ansteckender Krankheiten, z. B. Tuberkulose, Diphtherie, Pest, Cholera, Syphilis. Ihre größte Bedeutung haben die B. im Stoffkreislauf der Natur, z. B. im Ackerboden bei der Humusbildung als **Fäulnis-B., Nitrat-B., Nitrit-B., Eisen-B., Schwefel-B.** usw., ferner in der wirtschaftl. Anwendung (Säuerung der Milch, Käsereifung, Futtermittelsilage, Gewinnung von Essig usw.) sowie als → Darmbakterien. (BILD S. 64)

Bakteriologie [grch.] die, Wissenschaft von den Bakterien.

Bakteriophagen [grch.] Mz., **Phagen,** Viren, die Bakterien befallen und zerstören. B. sind meist in Kopf- und Schwanzteile gegliedert.

bakterizid [lat.], bakterientötend.

Baktrien, im Altertum das Gebiet des oberen Oxus (Amu-Darja); pers. Satrapie.

Baku, Hptst. der SSR Aserbeidschan, wichtigster Hafen am Kasp. Meer, 1,1 Mio. Ew.; Univ.; Erdölförderung.

Bakunin, Michail, *1814, †1876, russ. Revolutionär. Anarchist, Gegenspieler von Marx, 1872 aus der 1. Internationale ausgeschlossen.

Balakirew, Milij, russ. Komponist, *1837, †1910; Gründer der Nationalruss. Schule.

Balalaika die, russ. Zupfinstrument mit 3 Saiten. (BILD Zupfinstrumente)

Balance [bal'ãs, frz.] die, Gleichgewicht.

Balanchine [balãʃ'in, frz.], Georges, russ. Tänzer und Choreograph, *1904, †1983, lebte in den USA.

Balboa, Vasco Nuñez de, span. Eroberer, *um 1475, †1519, entdeckte 1513 den Pazif. Ozean.

Balboa, Währungseinheit Panamas.

Balchaschsee, abflußloser Steppensee in Innerasien, UdSSR, 17 000-22 000 km^2.

Baldachin [ital.] der, zeltähnl. Decke; fest als Bett-, Thron-, Altarhimmel; auf Stangen bei kirchl. Gelegenheiten als Traghimmel.

Balder, Baldur, Baldr, german. Lichtgott, auf Anstiften Lokis von seinem blinden Bruder Hödr (Hödur) getötet.

Baldower [hebr.] der, Gauner, der Diebstahlgelegenheiten auskundschaftet; **baldowern, ausbaldowern,** auskundschaften.

Baldrian, Gatt. **Valeriana,** Kräuter oder Halbsträucher mit gegenständigen Blättern und blaßroten bis weißlichen Blüten in Trugdolden. Der **Gemeine B. (Katzenkraut)** wächst in Wäldern und auf feuchten Wiesen, enthält in der Wurzel das flüchtige, starkriechende **B.-Öl,** das in Form von Tee oder Tropfen beruhigend, krampflösend, blutdrucksenkend wirkt. (BILD Heilpflanzen)

Baldung, Hans, genannt **Grien,** Maler und Zeichner, *1484/85, †1545; bedeutendster Schüler Dürers. Altäre (Freiburger Münster u. a.), Andachtsbilder, Bildnisse, Entwürfe zu Glasmalereien, Holzschnitte.

Bahrain

Bajonettverschluß

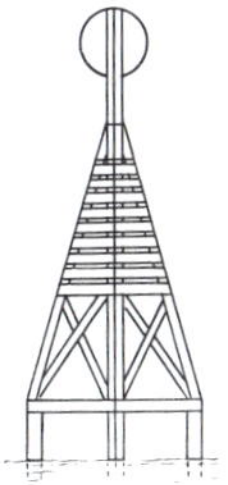

Bake

Baldung: Wetterhexen

a
b
c
d

Bakterien: a Kugelbakterien, b Stäbchen-, c Schraubenbakterien, d verschiedene Formen der Begeißelung

Baldwin [b'ɔ:ldwɪn], **1)** James, afro-amerikan. Schriftst., *1924, †1987; Romane, Dramen. **2)** Stanley, Earl **B. of Bewdley,** brit. Staatsmann, *1867, †1947, Führer der Konservativen, mehrfach MinPräs.

Balearen Mz., gebirgige span. Inselgruppe im westl. Mittelmeer; umfaßt: Mallorca, Menorca, Cabrera, die Pityusen. Hptst.: Palma de Mallorca. Oliven, Südfrüchte; bed. Fremdenverkehr.

Balfour [b'ælfuə], Arthur James, **Earl of B.** (1922), brit. Staatsmann, *1848, †1930; MinPräs. 1902-05, Außenmin. 1916-19, gab 1917 die **B.-Erklärung** ab (Errichtung einer nationalen Heimstätte der Juden in Palästina).

Balgfrucht, Balgkapsel, Trockenfrucht, die längs einer Naht aufspringt (z. B. Rittersporn).

Balggeschwulst, ♡ → Grützbeutel, → Zyste.

Bali, die westlichste der Kleinen Sunda-Inseln, Indonesien; Reisanbau mit künstl. Bewässerung.

Balikesir, Hptst. der Prov. B., Türkei, 124 000 Ew.; Tabakbau, Wollindustrie.

Balingen, Krst. in Baden-Württ., am Rande der Schwäb. Alb, 29 900 Ew.

Balkan [türk. »Gebirge«] der, Gebirge in Bulgarien, in der Höhenregion flachkuppig, im Botew 2376 m hoch; zahlreiche Pässe.

Balkanhalbinsel, südöstl. Halbinsel Europas, wird im N bis zur Save und unteren Donau gerechnet; umfaßt den größten Teil Jugoslawiens, Bulgarien, Albanien, Griechenland, europ. Türkei. Verschiedentlich wird Rumänien mit einbezogen. Die B. ist vorherrschend gebirgig (Rilagebirge 2925 m, Olymp 2911 m, Balkan 2376 m); Tiefländer im östl. Thrakien, in O-Rumelien und N-Bulgarien. Hauptflüsse: Donau mit Save, Morawa, Maritza. Im Inneren Binnen-, an den Küsten Mittelmeerklima; in den Bergländern Wälder, in den östl. Tiefländern Steppen; an den Küsten Macchie, Anbau von Wein, Oliven, Südfrüchten. ❻ → Südosteuropa.

Balkankriege, 1) 1912/13 Balkanbund (Bulgarien, Serbien, Griechenland, Montenegro) gegen die Türkei. **2)** Sommer 1913 Griechenland, Serbien, Montenegro, Rumänien, Türkei gegen Bulgarien, das vernichtend geschlagen wurde.

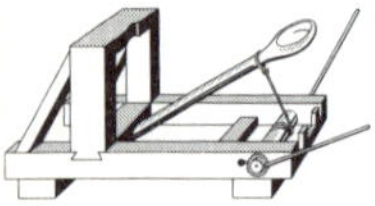

Balliste

Balkanpakt, 1954 in Bled zw. Griechenland, Jugoslawien und der Türkei abgeschlossener Bündnispakt.

Balkencode, Strichcode, zur opt. Datenerfassung geeigneter Code, bei dem die Informationen in Streifen unterschiedl. Breite und Abstände verschlüsselt sind.

Balkon [frz.] der, Vorbau mit Brüstung.

Ball der, **1)** kugelförmiges Spiel- und Sportgerät. **2)** Tanzfest.

Ballade [ital. »Tanzlied«] die, seit dem 12. Jh. bei den südroman. Völkern kürzeres Tanzlied; der Name wird im 18. Jh., zuerst in England, auf alte erzählende Volkslieder übertragen. Die engl.-schott. B. leitete um 1770 eine dt. Kunstballadendichtung ein. B.-Dichter: Bürger, Goethe, Schiller, Liliencron, B. v. Münchhausen, A. Miegel u. a.; Komponisten: Zumsteeg, Schubert, K. Loewe.

Ballast, Gewichtsausgleich (Schiffe, Ballone).

Ballei die, Verwaltungsbez. der geistl. Ritterorden, umfaßt mehrere Komtureien.

Ballenstedt, Kurort am Unterharz, Bez. Halle, 9400 Ew.

Ballerina [ital.] die, -/...inen, Ballettänzerin; **Prima-B.,** erste (Einzel-)Solotänzerin.

Ballett [ital.] das, von Musik begleiteter künstler. Bühnentanz, auch das Ensemble.

Balzac

Ballgoal [b'ɔ:lgəʊl, engl.], Ballspiel, das einerseits mit dem Fußball verwandt ist, ebenfalls von Mannschaften mit je 11 Spielern ausgetragen wird, andererseits dem → Lacrosse nahesteht.

Ballhausschwur, Schwur des Dritten Standes (Nationalversammlung) am 20. 6. 1789 im Ballhaus in Versailles, nicht eher auseinanderzugehen, bis Frankreich eine Verfassung habe.

Ballin, Albert, Reeder, *1857, †(Selbstmord) 1918, Generaldirektor der Hamburg-Amerika-Linie.

Balliste [grch.] die, Wurfgeschütz des Altertums.

Ballistik [grch.] die, Lehre von der Bewegung geworfener oder geschossener Körper (→ Flugbahn, → Wurf).

Ballon [bal'ɔ̃, frz.] der, **1)** durch den stat. Auftrieb eines Füllgases (z. B. Helium, Heißluft), getragenes Luftfahrzeug. **2)** ⊙ große, bauchige, kurzhalsige Glasflasche bis etwa 50 l.

Ballotage [balot'a:ʒ, frz.], Abstimmung mit weißen (ja) und schwarzen (nein) Kugeln.

Balmoral Castle [bælm'ɔrəl kɑ:sl], Schloß bei Aberdeen, Sommersitz der engl. Könige.

Balmung, dt. Sage: das Schwert Siegfrieds.

Balneologie [lat.-grch.] die, Bäderkunde.

Bal paré [frz.] der, bes. festlicher Ball.

Balsaholz, sehr leichtes Holz aus Mittel- und Südamerika.

Balsam [arab.] der, natürl. Gemisch von Harzen und äther. Ölen, das in vielen Baumarten vorkommt. Verwendung zu Riech- und Heilmitteln, auch zu techn. Zwecken.

Balsamine die, Gatt. Springkrautgewächse, Pflanzen mit Spornblüten. Im Laubwald **Springkraut,** mit gelber Blüte und schotenähnl. Frucht, die beim Berühren plötzlich aufspringt und die Samen ausstreut. Zimmerpflanze: **Fleißige Lieschen** mit karmin- oder rosaroten Blüten; im Garten die rosenrot und weiß blühende **Garten-B.**

Balten, 1) balt. Völker; Gesamtbevölkerung der Balt. Staaten Litauen, Lettland und Estland. **2)** i. e. S. Angehörige der balt. Sprach- und Kulturfamilie. **3)** seit der Mitte des 19. Jh. öfter gemeinsame Bez. der Deutschen in den russ. Ostseeprovinzen **(Deutschbalten).**

Balthasar, einer der Heiligen → Drei Könige.

Baltikum das, Gebiet von Estland, Lettland und Litauen (die **Baltischen Länder**).

Baltimore [b'ɔ:ltɪmɔ:], Stadt im Staat Maryland, USA, 787 000 Ew.; Univ.; Akademie der Wissenschaften. Hafen, Docks, Ind.

Baltischer Landrücken, Baltische Seenplatte, hügelige, seenreiche Moränenlandschaft an der Südküste der Ostsee, Aufschüttungsgebiet des nord. Inlandeises. Durch Weichsel, Oder und Trave in Preußischen, Pommerschen, Mecklenburg und Holstein. Landrücken geteilt.

Baltisches Meer, die → Ostsee.

Baltrum, ostfries. Nordseeinsel; Seebad.

Baltschik, Seebad an der bulgar. Schwarzmeerküste, nördl. Warna.

Balustrade [frz.] die, 🏛 Brüstungsgeländer aus gedrehten Säulen **(Baluster, Docken).**

Balz die, Paarungszeit und Begattung bei Auer-, Birkwild u. a. Vögeln. Die Hähne umwerben das Weibchen mit **B.-Tänzen** oder **-flügen** (Zurschaustellung des Gefieders, **B.-Rufe**).

Balzac [balz'ak], Honoré de, frz. Schriftst., *1799, †1850; schilderte in seinem Romanzyklus »Die menschl. Komödie« die Gesellschaft seiner Zeit.

Bamako, Hptst. der Rep. Mali, Afrika, am oberen Niger, 600 000 Ew.; Handelsplatz.

Bamberg, Stadt in Oberfranken, Bayern, an der Regnitz, 69 500 Ew.; Erzbischofssitz, Dom (Bamberger Reiter); Univ.; Textilind. (BILD S. 65)

Bambi, 1) Trickfilmfigur von Walt Disney, ein Rehkitz. **2)** dt. Filmpreis.

Bambino [ital.] der, kleines Kind.

Bamberg: altes Rathaus

Bambus der, **Bambusrohr,** trop. Grasgatt.; viele Arten baumförmig, bis 40 m hoch. Die knotigen, hohlen Halme (bis 30 cm dick) werden zu Bau- und Möbelholz, Röhren, Gefäßen, Stöcken **(Pfefferrohr)** verwendet, die Faser zu Geflecht, Stricken u. a. Einige ostasiat. Arten sind in Europa Zierpflanzen.

Bambuti, → Pygmäen.

Bamm, Peter, eigtl. Curt **Emmrich,** Schriftst., *1897, †1975; »Die unsichtbare Flagge«, »Frühe Stätten der Christenheit«.

Banane, die, trop. Pflanzengatt., Scheinstamm und Schopf sind palmähnlich. Der traubige Fruchtstand hat Früchte mit musartigem, stärke- und zuckerreichem Fleisch.

Banat das, geschichtl. Landschaft zw. Theiß, Donau, Mieresch und Karpaten, mit dem **Banater Gebirge** (wald-, kohlen- und erzreich); Hptst.: Temesvar (dt. Temeschburg). Das B. fiel 1718 an Österreich und wurde unter Maria Theresia z. T. mit dt. Bauern (Banater Schwaben) besiedelt, im Vertrag von Trianon (1920) zw. Jugoslawien, Ungarn und Rumänien aufgeteilt.

Banause [grch. »Handwerker«] der, für Kunst unempfängl., spießiger Mensch.

Band, das, **1)** ♡ Gebilde aus bindegewebl. oder elast. Fasern zur Befestigung bewegl. Teile des Körpers. **2)** ⊤ schmaler Bereich von Frequenzen. **3)** [bænd, engl.] die, Tanz-, Jazzkapelle.

Bandage [band'a:ʒə], Verband, Schutzbinde, z. B. Kniebandage.

Banda-Inseln, Inselgruppe der Molukken (Indonesien); Gewürzanbau.

Bande, 1) urspr. Söldnerhaufen, Freischärlertruppe. **2)** innere Umrandung der Billardtafel. **3)** Einfassung eines Spielfeldes (Eishokkey), einer Rennbahn u. ä. **4)** Verbrecher-B.

Banderilla [bander'iʎa, span.] die, geschmückter Speer mit Widerhaken beim span. Stierkampf.

Bändermodell, ⊠ theoret. Modell zur Beschreibung elektron. Energiezustände (Bänder) in Festkörpern. Die Bänder sind durch **Bandlücken (verbotene Zonen)** voneinander getrennt. Mit dem B. lassen sich z. B. die unterschiedl. elektr. Leitfähigkeiten von Metallen, Halbleitern und Isolatoren gut erklären.

Banderole [frz.] die, Streifband als Zeichen der Versteuerung, z. B. bei Tabakwaren.

Bandgenerator, Maschine zur Erzeugung sehr hoher elektr. Spannungen, in der Kern- und Elementarteilchenphysik als Teilchenbeschleuniger benutzt.

Bandkeramik, Kulturkreis der Jungsteinzeit in Mitteleuropa, bes. im Donauraum, benannt nach bandförmigen Verzierungen der Gefäße.

Bandmaß, Band aus Wachstuch oder dünnem Stahlblech mit Maßeinteilung.

Bandoneon [nach dem Erfinder H. Band] das, eine Art Ziehharmonika.

Bandscheibe, ♡ Zwischenwirbelscheibe; elast., zw. die Wirbelkörper eingebettete Scheibe in der Wirbelsäule, kann infolge äußerer Schädigung in den Wirbelkanal vorquellen (**B.-Vorfall;** meist an der Lenden- oder Halswirbelsäule), durch Druck auf Rückenmark oder Nervenwurzeln Schmerzen verursachen.

Bandung, Stadt auf Java (Indonesien), 1,5 Mio. Ew.; TH, Univ. In B. tagte 1955 die afrikan.-asiat. Konferenz (29 Staaten), die auf der Basis der Blockfreiheit beschloß, das Gewicht der Dritten Welt u. a. durch kulturelle, wirtschaftl. und polit. Zusammenarbeit zu erhöhen.

Bandura, kleinruss. Baßlaute mit 6 Spiel- und bis zu 40 Begleitsaiten.

Bandurria, span. → Zupfinstrument mit 6 zwei- oder dreichörigen Saiten. (BILD Zupfinstrumente)

Bandwürmer, zu den Plattwürmern gehörige Schmarotzer des Menschen und der Wirbeltiere. Der Körper der B. ist bandförmig abgeplattet und wird bis 10 m und länger. Der stecknadelgroße Kopf ist mit Saugnäpfen und Hakenkränzen ausgestattet. Er bildet an seinem Hinterende die einzelnen Glieder der B.-Kette, die die zwittrigen Geschlechtsorgane enthalten. Sinnesorgane und Verdauungswerkzeuge fehlen, das Nervensystem ist stark rückgebildet. Der B. lebt im Dünndarm, heftet sich mit dem Kopf an der Darmwand fest und nimmt die Nahrungssäfte durch die Hautoberfläche auf. Entwicklungsgang: Die ältesten, mit reifen Eiern angefüllten Glieder lösen sich und gehen mit dem Kot des Wirtes ab. Werden die Eier von einem Tier mit der Nahrung aufgenommen, so schlüpft im Darm dieses Zwischenwirtes aus dem Ei eine Hakenlarve. Diese gelangt in den Blutkreislauf und setzt sich als Finne in Muskeln, Hirn oder Leber fest. An der Innenwand dieses Blasenwurmes entsteht ein B.-Kopf. Gelangt finniges Fleisch in Magen oder Darm des Hauptwirtes, so stülpt sich aus der Finnenblase der Kopf des B. hervor. Er setzt sich an der Darmwand fest und wächst zum B. aus. Die B. machen somit einen Generationswechsel durch, der mit einem Wirtswechsel verbunden ist. Die wichtigsten B. des Menschen: **Schweine-B.** (Kopf mit Hakenkranz, als Finne im Schwein), **Rinder-B.** (Finne im Rind). **Hunde-B. (Hülsen-B.),** nur 5 mm lang (Finne in Leber, Lunge, Magen oder Gehirn), wachsen durch Knospung zu einem kindskopfgroßen Gebilde heran. Durch nahen Umgang mit Hunden kann sich der Mensch mit den Eiern infizieren und lebensgefährlich erkranken. **Fisch-B. (Breiter B., Grubenkopf),** als Finne in Fischen. Andere B.: **Quesen-B.,** erzeugt als Finne im Gehirn von Schafen die Drehkrankheit. B. verursachen Koliken, Erbrechen, Schwindel, Abmagerung.

Bandy [b'ændi, engl.] das, eishockeyähnl. Treibballmannschaftsspiel; von Elfermannschaften gespielt.

Banff Nationalpark, Naturschutzpark im Kanad. Felsengebirge; Skigelände.

Bang, Herman, dän. Schriftst., *1857, †1912, Vertreter des literar. Impressionismus.

Bangalore [b'æŋgəlɔ:, engl.], Hptst. von Karnataka, Indien, 2,56 Mio. Ew.; Flugzeugwerke, Textilind., Univ.

Bangemann, Martin, Politiker (FDP), *1934, 1972–80 MdB, 1984-88 Bundeswirtschaftsmin.; 1985-88 Vors. der FDP; seit 1989 Mitgl der EG-Kommission.

Bangka, Banka, Insel Indonesiens, östl. von Sumatra, 11 924 km², rd. 400 000 Ew.

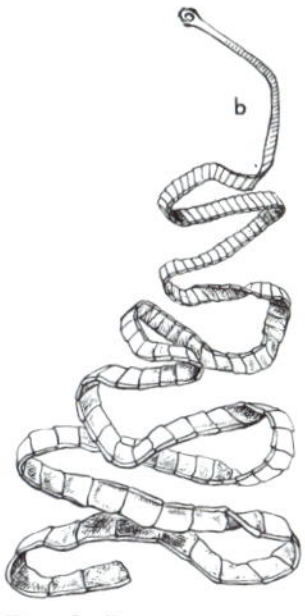

Bandwürmer: Schweinebandwurm

Bambus

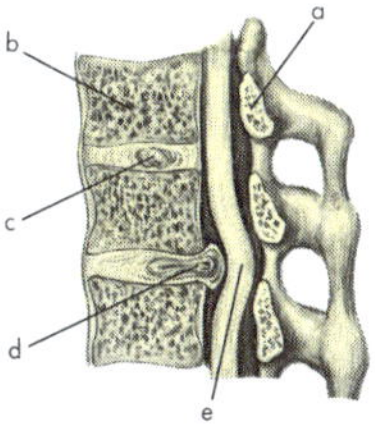

Bandscheibe: oben B. normal, unten Bandscheibenvorfall; a Wirbelbogen (durchtrennt), b Wirbelkörper, c Kern der Bandscheibe, d Vorfall, e verdrängtes Rückenmark

Bangkok:
Krokodil-Tempel

Bangkok, Hptst. von Thailand, Hafen, an der Mündung des Menam, 5,4 Mio. Ew. (Agglomeration); Tempel, Klöster, Paläste; Hochschulen; Flugplatz.

Bangladesh, VR in Vorderindien. 143998 km² mit 98,7 Mio. Ew. (86% Muslime, 13,5% Hindu). ⊕ S. 483. (BILD S. 67)

B. liegt im Mündungsgebiet von Ganges und Brahmaputra. Hptst. Dhaka. Haupterwerbszweig Landwirtschaft (Reis, Jute, Tabak, Tee). Erdgasfelder im O. Führender Industrieort ist Chittagong mit Stahlwerk, Erdölraffinerie, Schiffbau, Papier-, chem., Maschinen-Industrie. Ausfuhr Jute, Textilien. Flughäfen Dacca, Chittagong.

Aus einer Autonomie-Bewegung entwikkelte sich in O-Pakistan 1971 eine Unabhängigkeits-Bewegung. Mit ind. Hilfe gelang es dieser 1972, den Staat B. zu errichten. Nach Militärputsch 1982 ließ sich Gen. H. M. Ershad 1983 zum Präs. wählen.

Bangsche Krankheit, → Brucellose.

Bangui, Hptst. der Zentralafrikan. Rep., 387000 Ew.; am Ubangi.

Bani Sadr, Abol Hasan, iran. Politiker, *1934; 1963-79 im Exil, schloß sich dort Khomeini an, nach versch. polit. Ämtern 1980 Staatspräs. der »Islam. Rep. Iran«, 1981 abgesetzt und ins Exil geflohen.

Banja Luka, Stadt in Bosnien (Jugoslawien), 124000 Ew.; Bischofssitz.

Banjarmasin [bandʒ-], Hafenstadt in Südborneo, Indonesien, 381000 Ew., Univ.

Banjo das, gitarrenähnl. → Zupfinstrument, zweifelliges Tamburin, 4-7 Saiten. (BILD Zupfinstrumente)

Banjul, bis 1973 **Bathurst,** Hptst. von Gambia, 45000 Ew.; Flughafen.

Bänkelsänger, fahrende Leute, die, meist auf Jahrmärkten, Räuber- und Schauergeschichten **(Moritaten)** von einer Bank herab vortrugen.

Banken, Unternehmen für Geldverkehr und Kreditvermittlung. Wichtigste Arten: **Zentralnoten-B.** (geben Banknoten aus) und **Geschäfts-B.** (darunter: Kredit-B., Realkreditinstitute, Sparkassen, private Spezialkreditinstitute, Postscheck- und Postsparkassenämter). – Haupttätigkeit der B.: **Aktivgeschäfte,** bei denen die Bank Geld gibt (Kontokorrent-, Diskont-, Lombard-, Hypotheken-, Akkreditiv-, langfristiges Kreditgeschäft), **Passivgeschäfte,** bei denen sie Geld nimmt (Depositen-, Noten-, Pfandbriefgeschäft), und Dienstleistungsgeschäfte, bei denen sie Geschäftsbesorgungen übernimmt (Zahlungsverkehrs-, Inkasso-, Münz- und Sorten-, Effekten- und Depotgeschäft). Auf Grund des Ges. über Kreditwesen i.d.F.v. 3. 5. 1976 untersteht das gesamte dt. Bankwesen der **Bankenaufsicht.**

Bankett [frz.] das, **1)** Festmahl. **2)** Seitenweg neben der Fahrbahn.

Bank für Gemeinwirtschaft, Frankfurt a.M., gegr. 1958, größte dt. → Gemeinwirtschaftsbank.

Bank für internationalen Zahlungsausgleich, BIZ, Basel, gegr. 1930 von mehreren Notenbanken und einer amerikan. Bankengruppe, bes. als Treuhänder für internat. Zahlungsgeschäfte tätig.

Bankgeheimnis, Verpflichtung einer Bank, die Vermögenswerte und die Aufträge ihrer Kunden geheimzuhalten. Die Finanzbehörden können in gewissen Fällen Auskünfte verlangen.

Bankier [baŋkj'e, frz.] der, Kaufmann, der berufsmäßig Bankgeschäfte betreibt.

Banking-Prinzip [æ], die Lehre, daß Banknoten keine volle Edelmetalldeckung brauchen, da sich die Geldmenge elastisch dem Bedarf anpasse. Ggs.: Currency-Prinzip.

Bankleitzahl, Abk. **BLZ,** in der Bundesrep. Dtl. achtstellige Ziffer zur numer. Kennzeichnung der Bankstellen (Kreditinstitute, Filialen) im bargeldlosen Zahlungsverkehr.

Banknote, das von den Notenbanken (in der Bundesrep. Dtl. von der Dt. Bundesbank) ausgegebene Papiergeld. Meist ist zur Ausgabe von B. nur die Zentralnotenbank berechtigt **(B.-Monopol).**

Bankrott [aus ital.] der, Unvermögen eines Schuldners, seine Gläubiger zu befriedigen (→ Konkurs); strafbar, wenn der Schuldner durch leichtsinniges Gebaren, z.B. übermäßigen Aufwand, nachlässige Buchführung **(einfacher B.),** oder durch betrüger. Manipulationen zum Nachteil der Gläubiger **(betrügerischer B.)** die Zahlungseinstellung oder Konkurseröffnung verursachte.

Bank von England, Bank of England, brit. Zentralnotenbank, Sitz London, gegr. 1694, 1946 verstaatlicht.

Bank von Frankreich, Banque de France, frz. Zentralnotenbank, Sitz Paris, gegr. 1800, 1946 verstaatlicht.

Bann der, **1)** MA.: Recht der Könige und Grafen, bei Strafe zu gebieten und zu verbieten. **2)** dieses Gebot oder Verbot selbst. **3)** der Bezirk, der unter der Gewalt des Bannherrn stand. **4)** → Kirchenbann.

bannen, im Volksglauben das Unschädlichmachen böser Geister.

Banner das, Fahne, die an einer mit dem Schaft verbundenen Querstange befestigt ist.

Banngut, Bannware, 1) Schmuggelware. **2)** im Krieg die Waren, deren Transport in feindl. Häfen ein Kriegführender untersagt.

Bannmeile, 1) im MA. Umgebung eines Ortes bis zu einer Meile, innerhalb derer kein Fremder Handel oder Gewerbe treiben durfte. **2)** für polit. Kundgebungen gesperrter Bez., bes. um Parlamentsgebäude.

Bannrechte, bis 1869: Rechte, auf Grund derer die Ew. eines Bez. gezwungen waren, lebensnotwendige Gegenstände bei best. Berechtigten zu erwerben. Aufgehoben durch die Gewerbeordnung.

Bannwald gewährt Ortschaften, Straßen usw. Schutz gegen Lawinen und Bergstürze; er darf nicht abgeholzt werden.

Bantamgewicht, → Gewichtsklasse beim Boxen, Ringen, Gewichtheben.

Banting [b'æntɪŋ], Frederick Grant, kanad. Arzt, *1891, †1941, entdeckte 1921 das Insulin; 1923 Nobelpreis.

Bantu [»Menschen«] Mz., viele Völker und Stämme im südl. und mittleren Afrika, rd. 90 Mio. Menschen, die die **B.-Sprachen** sprechen.

Bantu Homelands [- h'əʊmlændz, engl. »Bantu-Heimatländer«], **Bantustans,** → Homelands.

Banz, Schloß und ehem. Benediktinerkloster (gegr. 1071) in Oberfranken, Barockkirche.

Baobab der, → Affenbrotbaum.

Baptisten [grch. »Täufer«] Mz., christl. Gemeinschaft mit Erwachsenentaufe; gehören zu den Freikirchen. In England im 17. Jh. entstanden, nach Nordamerika verbreitet, in Dtl. seit 1834.

Baptisterium das, -s/...rien. **1)** 🏛 Taufkirche, Taufkapelle. **2)** Taufbecken.

Bar [engl. »Schranke«], die Gaststätte zum Ausschank alkohol. **(Bier-B.)** oder anderer Getränke **(Milch-B.)**. **Barkeeper,** Inhaber oder Schankkellner einer B., **Barmixer, Bartender, Bardame,** Angestellte einer B.

Bar [grch.] das, Kurzzeichen **bar,** Einheit des Drucks; 1 bar = 10^5 Pa. Übl. Vorsätze in der Meteorologie **Millibar** (mbar, durch Hektopascal, hPa, ersetzt), in der Akustik **Mikrobar** (μbar) und in der Hochdruckphysik **Kilobar** (kbar) und **Megabar** (Mbar).

Bär, 1) Raubtier, → Bären. **2)** 2 Sternbilder des Nordhimmels: **Großer B.** (seine hellsten Sterne bilden den Großen Wagen) und **Kleiner B.** (die hellsten Sterne bilden den Kleinen Wagen, der Deichselstern ist der Polarstern).

Barbados, die östlichste der Kleinen Antillen und unabhängiger Staat, 431 km², 254000 Ew., Hpst. Bridgetown. Ausfuhr: Zucker, Rum. B., seit 1652 britisch, ist seit 1966 unabhängig. MinPräs.: L.E. Sandiford (seit 1987).

Barbar [grch.] der, **1)** Altertum: Nichtgrieche. **2)** ungebildeter, roher oder grausamer Mensch. **Barbarei** die, Grausamkeit. **barbarisch,** roh, grausam.

Barbara [lat. »die Fremde«], Märtyrerin, Nothelferin bei Gewittern.

Barbarossa [ital. »Rotbart«], Beiname Kaiser Friedrichs I.; **B.-Höhle,** Höhle am Kyffhäuser, in der der Sage nach B. schläft.

Barbe, Karpfenfisch europ. Flüsse, bis 80 cm lang, mit 4 Bartfäden (Barteln); zur Laichzeit ist der Rogen giftig **(Barbencholera).** Indische **Pracht-** und **Zebra-B.** sind Zierfische.

Barber, Samuel, amerikan. Komponist, *1910, †1981; v.a. instrumentale Kompositionen, Oper: »Vanessa«.

Barbitursäure, Ausgangsverbindung für die Herstellung von Schlafmitteln.

Barbizon [barbiz'ɔ̃], Dorf bei Fontainebleau, durch seine Kolonie **(Schuke von B.)** von Landschaftsmalern (Corot, Th. Rousseau, Millet u.a.) bekannt geworden.

Barbusse [barb'ys], Henri, frz. Schriftst., *1873, †Moskau 1935; pazifist. Roman »Das Feuer« (1916).

Barcelona [barθel'ona], Industrie- und Handelsstadt Spaniens, Mittelmeerhafen, 1,7 Mio. Ew. Got. Kathedrale, Univ., TH, Seefahrtsschule, 2 Stierkampfarenen.

Barchent der, flanellähnliches Baumwollgewebe in Köper- oder Atlasbindung.

Barches der, das Sabbatbrot der Juden.

Barde [irisch] der, im MA. kelt. Sänger und Dichter.

Bardeen [ba:d'i:n], John, amerikan. Physiker, *1908; für seine Forschungen zur Theorie der Supraleitung sowie für die Entwicklung des Transistors Nobelpreis 1956 und 1972 (jeweils mit anderen).

Bardot [bard'o], Brigitte, frz. Filmschauspielerin, *1934; wurde zum mod. Leittyp der 1960er und 70er Jahre.

Bareilly [bar'eılı], Stadt in Uttar Pradesh, Indien, 387000 Ew.; Möbel- und Zuckerind.

Bären, Fam. der Raubtiere, in Asien, Amerika, Europa, Sohlengänger, mit dichtem zottigem Pelz, Allesfresser. Der **Braune Bär,** bis 2 m lang und 350 kg schwer, lebt in einsamen Waldgebirgen Skandinaviens, Rußlands und der Balkanhalbinsel und ist ein geschickter Kletterer. Der **Eisbär** wird 3 m lang, hat ein zottiges weißgelbes Fell; er jagt im Nördl. Eismeer Robben und Fische; guter Schwimmer. In Nordamerika leben der **Grizzlybär** und der **Baribal,** in Südamerika der **Brillen-** oder **Andenbär,** der **Kragenbär** in Innerasien. In der Eiszeit lebte der mächtige **Höhlenbär.** Zur Familie der **Kleinbären** gehören der Bambusbär, der nordamerikan. Waschbär, der Nasen- oder Rüsselbär und → Koala. (BILDER S. 68)

Bärenfluß, Zufluß des Mackenziestroms aus dem Großen Bärensee (31329 km²) in Kanada.

Bären-Insel, norweg. Insel südl. von Spitzbergen; Kohlen-, Phosphatlager; meteorolog. Station.

Bärenklau, 1) Doldenblüter; so der **Wiesen-B. (Pferdekümmel)** mit weißen Blüten, über 1 m hoch. **2)** → Akanthus.

Bärenspinner, Schmetterlingsfamilie, langhaarige Raupen (Bärenraupen). Der **Braune B.** ist etwa 7 cm breit, seine Raupe lebt an Kräutern und Sträuchern.

Bärentraube, Wolfsbeere, Heidekrautgewächs; Zwergstrauch in Heide und Nadelwald. Das Blatt wird gegen Blasen- und Nierenleiden verwendet.

Barents, Willem, holländ. Polarfahrer, *um 1550, †1597, entdeckte 1596 Spitzbergen und die Bären-Insel.

Barents-See [nach → Barents], Meeresteil zw. Spitzbergen und Nowaja Semlja.

Barett das, schirmlose Kopfbedeckung, zur Amtstracht gehörig. (BILD S. 68)

Barfüßer Mz., Mönche und Nonnen **(Barfüßerinnen),** die aus Demut barfuß gehen oder nur Sandalen tragen; z.B. die Karmeliter, Franziskaner, Kapuziner.

bargeldloser Zahlungsverkehr, Bezahlung durch Wechsel, Scheck, Überweisung.

Bargello [-dʒ'ɛllo] der, Museum in Florenz.

Bargheer, Eduard, Maler, *1901, †1979; entwickelte eine vom Expressionismus ausgehende Malerei.

Bari, Handelshafen in Süditalien, drittgrößter Hafen am Adriat. Meer, 370300 Ew.; Univ., Ind.

Baribal der, nordamerikan. Bär.

barisches Windgesetz, Buys-Ballotsche Regel. Die Luft strömt von Orten hohen Druckes nach Orten mit geringerem Druck, dabei erfolgt durch die Erdumdrehung eine Ablenkung.

Bariton der, ♩ **1)** Männerstimme zw. Baß und Tenor (etwa von G – g¹). **2)** Tonlagebez. auch für Instrumente.

Barium [von grch. »schwer«] das, **Ba,**

Bangladesh

Barbados

Bärenspinner

Barcelona: Sagrada Familia

Bären: links Brauner Bär; Mitte Eisbär; rechts Bambusbär

chem. Element, silberweißes, weiches Metall, Dichte 3,7 g/cm³, Schmelzpunkt 725°C, Ordnungszahl 56; oxidiert leicht an der Luft, zersetzt Wasser unter Wasserstoffentwicklung. Vorkommen als Schwerspat. Darstellung durch Schmelzelektrolyse von B.-Chlorid oder durch Reduktion von B.-Oxid mit Aluminium. Verwendung nur in seinen Verbindungen: **B.-Sulfat** $BaSO_4$ als Röntgenkontrastbrei, für weiße Anstrichfarben, in der Papierind.; **B.-Chromat** $BaCrO_4$ als gelbe, **B.-Manganat** $BaMnO_4$ als grüne Malerfarbe; **B.-Nitrat** $Ba(NO_3)_2$ in der Feuerwerkerei (Grünfeuer); **B.-Oxid** BaO mit B. gemischt als Kathodenmetall in Elektronenröhren; B.-Titanat $BaTiO_3$ für elektr. Kondensatoren.

Barett

Bark [engl.] die, Segelschiff mit 3 Masten, der hintere mit Gaffel- anstatt Rahsegel.

Barkarọle [ital.] die, Schiffer- oder Gondellied der Venezianer (auch Kunstmusik).

Barkạsse [span.] die, **1)** das größte Boot auf Kriegsschiffen. **2)** kleines Motorboot.

Barke [ital.] die, kleines Boot.

Barkhausen, Heinrich, Physiker, *1881, †1956; **B.-Kurz-Schaltung** dient der Erzeugung von Dezimeterwellen (→ elektromagnetische Schwingungen).

Bar Kọchba [hebr. »Sternensohn«], Anführer im letzten Aufstand der Juden gegen die Römer (132-135).

Barlach, Ernst, Bildhauer, Graphiker, *1870, †1938. Seine Gestalten drücken die Erdgebundenheit alles Menschlichen aus. B. schrieb auch Dramen, ferner »Ein selbsterzähltes Leben«.

Bärlapp der, Farnpflanzen-Gatt., moosähnl., blütenlose, immergrüne, meist kriechende Pflanzen. Einheim. **Keulen-B.** bildet Sporen, die im Feuer sprühen (Hexenmehl).

Bar-le-Duc [barləd'yk], Hptst. des Dép. Meuse, am Rhein-Marne-Kanal, Frankreich, 20000 Ew.; Textil- u.a. Ind. Burg ›Bar‹ (950), Kirche (15.-16. Jh.).

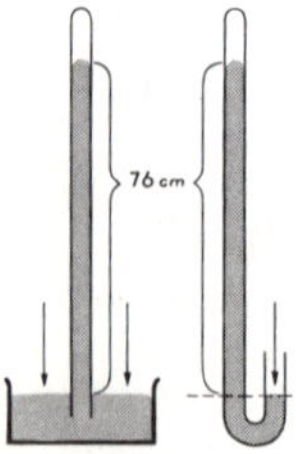

Barometer: Quecksilberbarometer

Barlẹtta, Hafenstadt in Süditalien, 84200 Ew.; Burg.

Barlog, Boleslaw, Regisseur, *1906.

Barmherzige Brüder, kath. Männergenossenschaften zur Krankenpflege; entsprechend **Barmherzige Schwestern,** kath. Frauengenossenschaften für Krankenpflege: **Vinzentinerinnen, Borromäerinnen** u.a.

Bạrnabas, Begleiter des Apostels Paulus auf seiner ersten Missionsreise.

Barnack, Oskar, Feinmechaniker, *1879, †1936; Konstrukteur der ›Ur-Leica‹ (Kleinbildkamera).

Barnạrd [b'a:nəd], Christiaan Neethling, südafrikan. Herzchirurg, *1922; 1. Herztransplantation (1967).

Barnaụl, Stadt im Gau Altai, UdSSR, am Ob, 578000 Ew.; Baumwoll-, Hüttenind.

Barnes [ba:nz], Djuna, amerikan. Schriftstellerin, *1892, †1982; Theaterstücke, brillante Prosa (›Nachtgewächs‹).

Bạrnim, Landschaft zw. Oder, mittl. Spree, Havel und Uckermark.

Barzel

Barnsley [b'a:nzlı], Stadt in Nordengland, am Dearne, 74000 Ew., vielseitige Industrie.

Barọck [frz.-ital.] der und das, Kunstrichtung vom Ausgang des 16. bis zur Mitte des 18. Jh., gekennzeichnet durch die bewegte Linie in Grundriß und Aufbau, durch Sinnenfreudigkeit bis zur Pracht, leidenschaftl. Ausdruck bis zur Ekstase. Von Italien ausgehend, verbreitete sich der B. in z.T. starken nat. Abwandlungen über ganz Europa (z.B.: Petersplatz in Rom, Schlösser in Würzburg und Versailles). Religiös setzt der B. die Gegenreformation, polit. den Absolutismus voraus.

Barockdichtung, steht unter der starken Spannung gegensätzl., den Menschen beherrschender Kräfte von Leben und Tod, Zeit und Ewigkeit, Diesseitsfreude und Jenseitssehnsucht. Kennzeichnend ist der Hang zur Übersteigerung und zu Bildhaftigkeit. Dt. Vertreter der B.: relig. Lyriker F. Spee von Langenfeld und P. Gerhardt, Dramatiker und Lyriker A. Gryphius, Erzähler H. J. C. von Grimmelshausen, Epigrammdichter F. von Logau und Angelus Silesius.

Barockmusik, Musik von 1600 bis 1750. Am Beginn der Epoche steht die Melodie, d.h. der dem Text angepaßte, instrumentalbegleitete Einzelgesang. Die neuen Gattungen sind geistl. Konzert, weltl. Kantate, Oper, Oratorium, in der Instrumentalmusik Sinfonia und Sonate, aus denen sich Concerto grosso, Solokonzert, Solosonate entwickeln. Hauptländer der B. sind Italien, Frankreich, Dtl., England. Abschluß und Höhepunkt der dt. B. stellen J. S. Bach und G. F. Händel dar.

Baroja y Nessi [-r'ɔxa], Pio, span. Schriftsteller, *1872, †1956; Romane, Essays.

Baromẹter [grch.] das, Luftdruckmesser, geht auf eine Beobachtung von Torricelli (1643) zurück. Ein über 76 cm langes Glasrohr wird ganz mit Quecksilber gefüllt. Das offene Ende taucht man senkrecht in eine Schale mit Quecksilber, worauf die Quecksilbersäule bis etwa 76 cm über dem Spiegel der Schale fällt. Sie wird von dem auf die Quecksilberoberfläche in der Schale wirkenden Luftdruck im Gleichgewicht gehalten und steigt und fällt in demselben Maße, wie sich der Luftdruck ändert. Für die Wetterbeobachtung wird statt der Schale mit Quecksilber ein unten umgebogenes Glasrohr, das **Heber-B.,** verwendet oder auch ein Meßwerkzeug ohne Quecksilber, das **Aneroid-B.** Dieses besteht aus einer luftleeren, federnden Metalldose, die bei Luftdruckschwankungen ihre Form ändert und dadurch einen Zeiger bewegt. Der **Barograph** ist ein B. mit Schreibgerät zur Aufzeichnung der Luftdruckkurve.

Barọn, in Dtl. Anrede für den Freiherrn; in England unterste Stufe des Hochadels. **Baronin,** Freifrau; **Baronesse,** Freifräulein.

Baronet [b'ærənıt], in England erbl. Titel des niederen Adels.

Barranquilla [barank'ija], Hafenstadt in Kolumbien, am Magdalenenstrom, 900000 Ew.

Bạrras der, volkstümlich für Militär.

Barras [bar'as], Paul, Graf v., *1755, †1829, frz. Politiker, stürzte 1794 Robespierre, wurde Präs. des Konvents, 1795 Mitgl. des Direktoriums, 1799 von Napoleon verbannt.

Barrault [bar'o:], Jean-Louis, *1910, frz. Schauspieler, Regisseur.

Barrel [b'ærəl, engl.] das, engl. und amerik. Raummaß, nach der Ware sehr verschieden; 1 **Petroleum-B.** = 158,987 ℓ.

Barren, 1) Turngerät, 2 waagerechte Stangen (Holmen) auf je 2 in der Höhe und auch seitlich verstellbaren Ständern. (BILD Turngeräte). **2)** Stange, Block gegossenen Metalls **(B.-Gold).**

Barrès [bar'ɛs], Maurice, frz. Schriftsteller, *1862, †1923, schrieb individualist. Romane; Vertreter des frz. Nationalismus.

Barriere [frz.] die, Schlagbaum, Schranke.

Barrier-Riff [b'ærıə-], 2000 km langes Korallenriff vor der Ostküste von Queensland, Australien.

Barrowspitze [b'ærəʊ], Nordkap Alaskas.

Barsch der, Ordnung der Knochenfische. **Fluß-B.** mit schwärzl. Querstreifen, roten Flossen; Raubfisch mit schmackhaftem Fleisch; der **Zander,** der **Kaul-B.,** die nordamerikan. Arten **Schwarz-B.** und **Forellen-B.**

Barschel, Uwe, Politiker (CDU), *1944, †1987; 1982-87 MinPräs. von Schleswig-Holstein, trat nach dem Vorwurf, gegen den SPD-Politiker B. Engholm eine Verleumdungskampagne geplant und durchgeführt zu haben, zurück. Nach seinem Tod in Genf (lt. bisheriger gerichtl. Untersuchung Selbstmord) stellte ein Untersuchungsausschuß des schleswigholstein. Landtags seine persönl. Verantwortung in der **B.-Affäre** fest.

Barsinghausen, Stadt in Ndsachs., 32900 Ew., Metall-, Nahrungsmittel-, Papierind.

Barsortiment, Form des Zwischenbuchhandels.

Bart., beim Menschen die auf bestimmte Teile des Gesichts beschränkte, je nach Rasse verschieden starke Behaarung. Die Barttracht hatte urspr. sinnbildl. Bedeutung, später war sie stark der Mode unterworfen. (BILD S. 70)

Barte die, **1)** Hornplatte am Gaumen der Bartenwale (→ Wale). **2)** ⚘ Beil, Streitaxt.

Bartflechte die, **1)** fadenförmige, verästelte → Flechten, bilden auf Nadelholz in Bergwäldern Zweigbehang. **2)** ♡ eitrige Entzündung der Haarbälge und der Bartgegend, Erreger: Bakterien oder Fadenpilze.

Bartgeier, Lämmergeier, Greifvogel, in Hochgebirgen Europas, Afrikas, Asiens.

Bartgras, artenreiche Grasgatt. mit langen Grannen, meist in wärmeren Ländern.

Barth, 1) Heinrich, Afrikaforscher, *1821, †1865. **2)** Karl, Schweizer. reform. Theologe, *1886, †1968, Vertreter der dialekt. Theologie; u.a. »Der Römerbrief«, »Kirchl. Dogmatik«.

Barth, Hafenstadt am Bodden, Bez. Rostock, 12500 Ew.; Schiffswerft.

Barthes [bart], Roland, frz. Schriftsteller, *1915, †1980; krit. Auseinandersetzungen, Lust am Text u.a.

Bartholomäus, Jünger Jesu und Apostel, Märtyrer (B.-Tag 24. 8.).

Bartholomäusnacht, Ermordung von 5000-10000 Hugenotten in Paris in der Nacht zum 24. 8. 1572.

Bartók [b'ɔrto:k], Béla, ungar. Komponist, *1881, †1945; knüpfte an die osteurop. Volksmusik an; Vorkämpfer der Neuen Musik.

Bartolommeo, Fra B., ital. Maler, *1472, †1517; relig. Bilder im Sinne der Hochrenaissance, von starkem Einfluß auf Raffael.

Bartoszewski [-ʃ'ɛfski], Władisław, poln. Publizist und Historiker, *1922; erhielt 1986 den Friedenspreis des Dt. Buchhandels. – ›Das Warschauer Ghetto - wie es wirklich war‹; ›Herbst der Hoffnungen‹.

Bartsch, rechter Nebenfluß der Oder, 131 km lang, mündet oberhalb Glogau.

Baruch, Freund und Begleiter des Propheten Jeremias nach Ägypten; ihm zugeschrieben: das **Buch B.** aus unbekannter Zeit.

Baryonen, Ez. das **Baryon,** ⊠ zusammenfassende Bez. für Nukleonen und Hyperonen.

Baryt der, → Schwerspat.

Barzel, Rainer, Politiker (CDU), *1924, Jurist, 1962-63 Bundesmin. für gesamtdt. Fragen, 1971-73 Vors. der CDU, 1982-83 Bundesmin. für Innerdt. Beziehungen, 1983-84 Bundestagspräsident. (BILD S. 68)

Bas [ndt.], **Baas** der, Brotherr, Meister.

Basalt der, schwarzes, basisches Ergußgestein, besteht im wesentl. aus Feldspat (Plagioklas), Augit, Olivin. **B.-Lava** erstarrt oft in sechsseitigen Säulen; Bau- und Beschotterungsstoff.

Basaltemperatur, Aufwachtemperatur, die morgens vor dem Aufstehen gemessene Körpertemperatur, die bei der Frau vor der Ovulation (Eisprung) um 0,4-0,6°C ansteigt und in der 2. Zyklushälfte bis zur Menstruation erhöht bleibt. Die B. gibt u.a. Hinweise auf das Bestehen einer Schwangerschaft, dient u.a. auch der Empfängnisverhütung.

Basar, Bazar [pers.] der, -s/-e, **1)** im Orient: Marktplatz, Kaufhalle. **2)** Wohltätigkeitsverkauf.

Baschkiren Mz., Türkvolk im Süd-Ural, den Tataren nahestehend; Muslime. **Baschkir. Autonome Sozialist. Sowjetrep.,** Teilrep. (seit 1919) der Russ. SFSR, westl. des S-Ural, 143600 km², 3,86 Mio. Ew. (25% B., sonst Russen u.a.); Hptst.: Ufa. Erdgas, Erdöl.

Base die, **1)** weibl. Verwandte; Kusine. **2)** ⚗ alle chem. Verbindungen, die mit Säuren Salze bilden (z.B. die Hydroxide der Alkali- und Erdalkalimetalle). Ihre wäßrige Lösung färbt Lackmus blau.

Baseball [b'eisbɔ:l, engl.], dem Schlagball ähnl. Rasenspiel zw. 2 Mannschaften von je 9 Spielern; Duell zw. dem Schlagmann (engl. Batter) der Schlagpartei und dem Werfer (engl. Pitcher) der Fangpartei. Nationalspiel in den USA.

Basedow [-do], Johann Bernhard, Pädagoge, *1724, †1790, gründete 1774 das Philanthropinum (→ Philanthrop) in Dessau; bemüht um Verbesserung der Körpererziehung, der Unterrichtsmethoden und Lehrmittel.

Basedowsche Krankheit [nach dem Arzt Karl v. Basedow, *1799, †1854], wird durch zu starke Tätigkeit der Schilddrüse hervorgerufen; vorwiegend beim weibl. Ge-

Basel-Land

Basel-Stadt

Basilika (flachgedeckt)

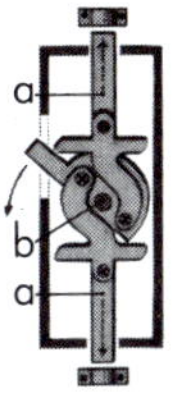

Basküleverschluß

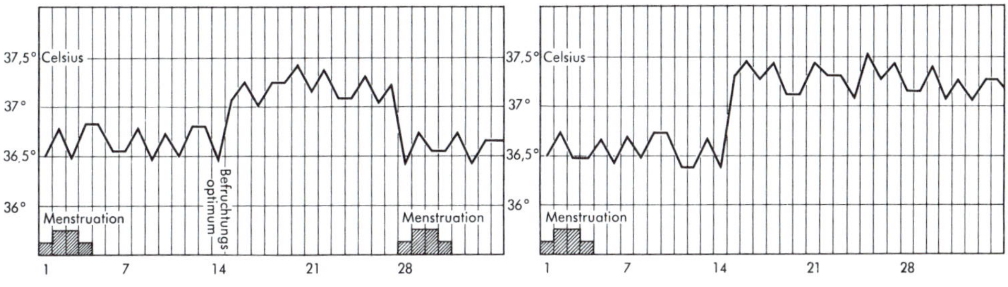

Basaltemperatur: Links normal, rechts nach eingetretener Schwangerschaft

Bart, Barttrachten: 1 W-förmiger Bart, **2** Kaiserbart, **3** Fräse, **4** Vollbart, **5** Spitzbart, **6** Zwirbelbart, **7** Fliege, **8** Koteletten, **9** Knebelbart

schlecht. Sie äußert sich in Herzklopfen, Kropfbildung, starkem Hervortreten der Augäpfel (Glotzauge). Behandlung durch Arzneimittel oder Verringerung der Drüsentätigkeit durch Behandlung mit radioaktivem Jod oder operative Verkleinerung der Schilddrüse.

Basel, 1) Kt. der Schweiz, besteht seit 1833 aus 2 Halb-Kt.: **Basel-Stadt,** 37 km², 194300 Ew., umfaßt außer der Stadt B. noch 2 Landgemeinden rechts des Rheins; **Basel-Land(schaft),** 428 km², 225800 Ew., Hptst.: Liestal, waldreiches Juragebiet mit Getreidebau, Viehzucht, vielseitiger Ind. **2)** Hptst. des Halb-Kt. Basel-Stadt, 176000 Ew.; zu beiden Seiten des Rheins, Rheinhafen; Univ.; Seiden-, chem., pharmazeut. und Metallind.; bedeutender Handel. B. war ein alter Bischofssitz, trat 1501 der Schweizer. Eidgenossenschaft bei. Im Münster fand 1431-49 das **Basler Konzil** statt, das erfolglos eine Reform der mittelalterl. Kirche versuchte. 1795 wurde der **Basler Friede** zw. Frankreich und Preußen geschlossen. (BILDER S. 69, 70)

BASF, → Badische Anilin- und Soda-Fabrik.

BASIC [b'eɪsɪk, engl.], Abk. für **B**eginner's **A**ll-purpose **S**ymbolic **I**nstruction **C**ode, techn.-wissenschaftl. Programmiersprache v.a. für den direkten Dialog zw. Nutzer und Rechner.

Basic English [b'eɪsɪk 'ɪŋglɪʃ], Grund-Englisch, vereinfachte Form (850 Wörter).

Basịlienkraut, Basilikum, Lippenblüter, Küchengewürz; enthält würziges Öl.

Basịlika [grch. »königl. Halle«] die, -/...ken, bei Griechen und Römern Gebäude für Gerichts- und Marktzwecke, eines der Vorbilder des frühchristl. und mittelalterl. Kirchenbaus: ein Langraum, durch Pfeiler oder Säulen in 3 oder mehr Schiffe geteilt; das Mittelschiff, breiter und höher als die Seitenschiffe, endet in der Apsis, der meist ein Querschiff vorgeschoben ist; auch die Seitenschiffe können direkt oder über das Querschiff hinweg in Apsiden enden. (BILD S. 69)

Basilịsk [grch.] der, **1)** tropisch-amerikan. Echsen, harmlose, insektenfressende Baumtiere. **2)** Fabelwesen, geflügelte Schlange, deren Blick tötet **(Basiliskenblick).** BILD Fabeltiere.

Bạsis, Base [grch.] die, -/Basen, **1)** Grundlage, Ausgangspunkt. **2)** 🏛 Säulen- oder Pfeilerfuß. **3)** △ Grundzahl einer Potenz oder eines Logarithmus, auch Grundlinie einer geometr. Figur.

Basiseinheiten, zu den Basisgrößen gehörende Einheiten. Das gültige → Internationale Einheitensystem hat 7 B.

Basisgrößen, voneinander unabhängige physikal. Größen, die nicht aus anderen Größen abgeleitet werden, Grundlagen eines Größensystems.

Basken Mz., Volksstamm in den westl. Pyrenäen, rd. 700000 in 4 span. Provinzen, die 1977/1980 eine Teilautonomie erhielten; rd. 100000 in Frankreich. Das **Baskische** ist die einzige noch lebende nichtindogerman. Sprache Westeuropas.

Baskenmütze, schirm- und randlose, meist dunkelblaue Wollmütze der Basken.

Bạsketball [engl. »Korb«], dem Korbball verwandtes Spiel zw. 2 Mannschaften von je 5 Spielern (bis zu 7 Ersatzspieler).

Basküleverschluß [frz.], Tür- und Fensterverschluß mit Riegelstangen. (BILD S. 69)

Bạsra, Hafenstadt in Irak, am Zusammenfluß von Euphrat und Tigris, 854000 Ew.; Umschlaghafen.

Basrelief [barəlj'ɛf], Flachrelief.

Baß [ital. basso »tief«] der, ♩ **1)** tiefste Männerstimme (F-f¹) und tiefste Stimme im mehrstimmigen Tonsatz. **2) Baßgeige,** → Kontrabaß.

Basel: Rathaus

Bassin [bas'ɛ̃, frz.] das, Wasserbecken.

Baßschlüssel, ♩ Notenschlüssel F auf der 4. Linie.

Bast, 1) ⚘ Zellgewebe in Stengel und Rinde, aus gebündelten, spindelförmigen, dickwandigen Zellen **(Bastfasern)** bestehendes Festigungsmittel der Pflanze; gibt Binde-, Flecht-, Spinnstoff (so von Flachs, Hanf, Jute). **2)** ⚲ das Fell auf wachsendem Geweih.

Bạstaards [afrikaans] Mz., afrikaans sprechende Volksgruppe in Namibia, entstand im 19. Jh. aus Verbindungen von Hottentottenfrauen mit Europäern.

Bạstard der, **1)** ✤ nichteheliches Kind. **2) Mischling, Hybrid,** Abkömmling zweier Lebewesen versch. Rasse, Art oder Gatt. (z.B. Maultier und Maulesel, von Pferd und Esel). B. aus entfernter verwandten Lebewesen sind oft unfruchtbar.

Bastardfaden, ◡ über den Schild gelegter linker Schrägfaden als Zeichen nichtehel. Herkunft.

Bastạrnen, ostgerman. Stamm, im 2. Jh. v. Chr. auf dem Balkan, ging in den Goten auf.

Bastẹi die, ✤ → Bastion.

Bạstia, Hafen- und Handelsstadt auf Korsika, 45700 Ew.

Bastille [bast'i:j] die, Kastell in Paris, im 14. Jh. erbaut, nachher Staatsgefängnis, 14. 7. 1789 von der revolutionären Menge eingenommen, später zerstört (daher der 14. 7. frz. Nationalfeiertag).

Bastiọn [frz.], **Bastẹi,** ✤ vorspringendes Bollwerk einer Festung, bes. nach der Bauart Vaubans.

Bastonnạde [ital.], Prügel auf die Fußsohlen.

Basụto, → Sotho. **Basutoland,** → Lesotho.

BAT, Abk. für **B**undes**a**ngestellten**t**arif.

Bataille [bat'a:j, frz.] die, ✤ Schlacht.

Bataillon [batalj'on, frz.] das, Unterabteilung eines Regiments, bes. bei der Infanterie.

Batak, 1) Negrito-Bev. der philippin. Insel Palawan. **2)** Bewohner N-Sumatras.

Batạte die, Süßkartoffel, Knollenwinde aus dem trop. Amerika; die stärkereichen, süßen Knollen dienen als Nahrungsmittel.

Bạtaver, german. Stamm an der Rheinmündung; 69 Aufstand gegen die Römer.

Bath [ba:θ], Stadt, Badeort in SW-England, 80000 Ew.; got. Kathedrale; warme Quellen.

Bạthseba, Frau des → Uria, dann Davids.

Bathygraphie [grch.] die, Tiefseeforschung. **Bathyscaph,** der, Tiefseeboot Auguste Piccards.

Bạtik der, aus Indonesien stammende Stofffärbetechnik. Eine aufgebrachte Wachsschicht schützt die nichtzufärbenden Musterteile. Sprünge im Wachs verursachen Geäder.

Batịst der, feines, leinwandartiges Gewebe.

1

2

3

Baton Rouge [bætn ru:ʒ], Hptst. von Louisiana, USA, 219000 Ew.; Univ.; Erdöl-Ind.

Batschka die, fruchtbare Landschaft zw. unterer Theiß und Donau. Nach den Türkenkriegen wurde die B. im 18. Jh. u.a. mit Deutschen (Schwaben) besiedelt. 1920 fiel der größte Teil des Landes an Jugoslawien, nur ein Sechstel blieb bei Ungarn. 1944/45 wurden die meisten Deutschen vertrieben.

Battelle-Institut e.V. in Frankfurt a. M., seit 1952, Industrie-Forschungsaufträge.

Battenberg, Name eines 1314 erloschenen hess. Grafengeschlechts; 1851 wiederaufgelebt als fürstl. Familie, Nachkommen des Prinzen Alexander von Hessen (†1888) und der poln. Gräfin v. Hauke. Der engl. Zweig erhielt 1917 den Namen Mountbatten.

Batterie [frz.] die, **1)** ∴ kleinste Einheit bei der Artillerie, meist zu 4 Geschützen. **2)** ⚡ ⊙ Zusammenschaltung mehrerer gleichartiger Geräte (Stromquellen, Kondensatoren, Öfen u.a.), z.B. Taschenlampen-B., Kondensatoren-B.

Batumi, Hptst. der Adschar. ASSR, am Schwarzen Meer, 130000 Ew.; Erdölleitung von Baku, Erdölausfuhrhafen.

Batzen der, frühere Silbermünze in der Schweiz und Süd-Dtl. = 4 Kreuzer.

Bau, Ѱ Erdhöhle kleinerer Raubtiere (z.B. Fuchs) und der Wildkaninchen, besteht aus den Gängen **(Röhren)** und dem Hauptraum **(Kessel).**

Bauch, der untere Teil des Rumpfes, enthält unter dem Zwerchfell die **B.-Höhle** mit den B.-Eingeweiden. Die Innenwand des B. und die Oberfläche der meisten B.-Eingeweide sind von dem glatten und feuchten **B.-Fell** überzogen. Hinter dem Magen befindet sich die langgestreckte **B.-Speicheldrüse (Pankreas):** die eigentl. Drüsenzellen ergießen Verdauungssäfte **(B.-Speichel)** in den Zwölffingerdarm, während die für den Zuckerstoffwechsel wichtigen rundl. Zellhaufen bildenden **Langerhansschen Inseln** das in ihnen gebildete Insulin unmittelbar an das Blut abgeben.

Bauch, Bruno, Philosoph, *1877, †1942, vertrat den Neukantianismus, später den Neuhegelianismus.

Bauchpilze, Gruppe der Ständer-(Basidien-)pilze. Aus unterird. Fäden erscheinen knollige Fruchtkörper, die platzen und Sporen ausstäuben; **Eierbovist, Flaschenbovist** (beide jung eßbar), **Kartoffelbovist** (giftig!), **Stinkmorchel, Erdstern.**

Bauchreden, das Hervorbringen von Worten, ohne den Mund merkbar zu bewegen.

Baucis, grch. Sage: Gattin des Philemon.

Baud das, Abk. **Bd,** Einheit der Datenübertragungsrate in der Fernmelde- und Datenübertragungstechnik. 1 Bd = 1 Bit/s.

Baude [schles.] die, Einzelhof, Berggasthaus.

Baudelaire [bodl'ɛ:r], Charles, frz. Dichter, *1821, †1867; war mit seiner das Schöne und das Verruchte, Unheimliche, Satanische verbindenden Dichtung von großem Einfluß auf spätere Dichter. Gedichte: »Die Blumen des Bösen«.

Bauernhaus:
1 Friesenhaus (Haubarg) in der Eiderstedter Marsch (Schleswig-Holstein).
2 Niedersachsenhaus in Meyenburg (bei Bremen).
3 und **4** Oberdeutsches Einhaus: **3** Schwarzwaldhaus (bei Gutach); **4** Alpenländisches Haus (bei Seefeld)

4

Baudouin I. [bodw'ɛ̃, frz.], König der Belgier seit 1951, *1930, ∞ Doña Fabiola de Mora y Aragón (seit 1960).

Bauer, 1) Eigentümer oder Pächter eines kleinen oder mittleren Landgrundstücks **(B.-Gut),** das er hauptberuflich unter persönl. Mitarbeit landwirtschaftl. bebaut. Kleinbäuerl. Betriebe haben in Mitteleuropa 2-5 ha, mittelbäuerl. 5-20 ha, großbäuerl. 20-100 ha nutzbare Bodenfläche, größere heißen **Gutswirtschaften.** Die Familie ist Träger der bäuerl. Wirtschaft. Geschichtlich steht das **Bauerntum** als Urberuf am Anfang aller höheren Kultur. **2)** Figur im Schachspiel; Bube oder Wenzel im Kartenspiel. **3)** Vogelkäfig.

Bauer, 1) Bruno, Theologe, polit. Schriftst., *1809, †1882, übte Kritik an den Schriften des N.T. **2)** Gustav, Politiker (SPD), *1870, †1944, Gewerkschaftsführer, 1919-20 Reichskanzler. **3)** Josef Martin, Schriftst., *1901, †1970; Romane (»Soweit die Füße tragen«, 1955), Hörspiele. **4)** Otto, österreich. Politiker, *1881, †1938, Wortführer des →Austromarxismus. **5)** Walter, Schriftst., *1904, †1976; Romane, Lebensbilder. **6)** Wilhelm Sebastian Valentin, Ingenieur, *1822, †1875, versuchte seit 1849 die Konstruktion eines Unterseebootes.

Bauernbefreiung, Aufhebung der bäuerl. Leibeigenschaft und Ablösung der bäuerl. Frondienste und Lasten: in Frankreich durch die Revolution von 1789 durchgeführt; in Preußen von Stein (1807) und Hardenberg (1811) begonnen, aber hier und in den anderen dt. Ländern erst durch die Revolution von 1848/49 vollendet; in Rußland unter Alexander II. (Manifest von 1861).

Bauernfänger, Falschspieler, Betrüger.

Bauernfeld, Eduard von, österr. Dramatiker, *1802, †1890; schrieb Konversationsstücke.

Bauernhaus, Wohn- und Wirtschaftsstätte des Bauern. Ihre Eigenart hängt von Naturbedingungen, wirtschaftl. Anforderungen, Kulturüberlieferung und Wohlstand ab. Hauptformen: **1) Friesenhaus:** Einhaus, jedoch Wohn- und Wirtschaftsteil getrennt, Vorratsraum in der Mitte, seitlich Dreschdiele und

Bauchpilze: Kartoffelbovist

Baudelaire

Baudouin I.

Baumeister: Figur malerisch, 1936

Stallungen; **2) Niedersachsenhaus:** Einhaus, dreischiffig, Längsdiele mit beidseitigen Kübbungen für die Ställe; **3) mitteldt. Gehöft:** durch Wohn- und Wirtschaftsgebäude gebildeter, meist geschlossener Hof mit Abschluß gegen die Straße durch Hoftor oder Querhaus mit Tor; **4) oberdt. Einhaus:** ursprüngl. Eingang von der Traufenseite, durch Querflur abgeschlossen; **5) oberdt. Zwiehofanlage:** dreigliederiges Wohn-Speicher-Haus mit Rauchstube, Wirtschaftsgebäude getrennt. Die mitteldt. Gehöftform ist durch ihre Ausstrahlung nach Osteuropa kulturgeschichtl. am wichtigsten. In N- und Mitteldtl. ist der Fachwerkbau heimisch, in Oberdtl. Ständerbohlenbau und Blockverband.

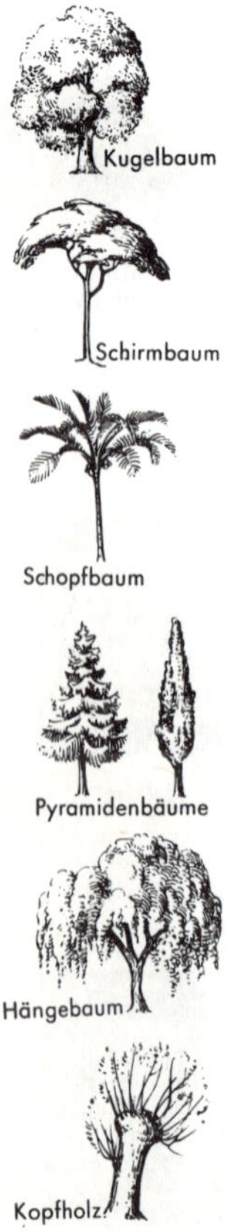

Baum

Bauernkrieg, die große Erhebung der süd- und mitteldt. Bauern 1524/25. Sie forderten Einschränkung ihrer Frondienste und Lasten, vielfach auch eine Neuordnung des Reichs; die relig. Erregung der Reformation wirkte mit. Zu den Führern des B. gehörten T. Müntzer, auch Ritter wie Florian Geyer und Götz v. Berlichingen. Die Fürsten warfen den Aufstand nieder.

Bauernlegen, gewaltsame Einziehung von Bauernhöfen durch die adligen Gutsherren, bes. in England und Ost-Dtl. im 16. und 17. Jh.

Bauernregeln, Wetterregeln der Bauern, die sich auf bestimmte Jahrestage beziehen.

Bauersfeld, Walther, Physiker, *1879, †1959; entwickelte das Zeisssche Projektionsplanetarium.

Bauerwartungsland, unbebautes Gelände in einem auf Bebauung zielenden Gebiet.

Baugenehmigung, Erklärung der B.-Behörde, daß einem Bauvorhaben nach öffentl. Recht keine Hindernisse entgegenstehen. Eine B. ist nach den Bauordnungen der Länder erforderlich bei Neu- und Erweiterungsbauten, bei wesentl. Umbauten, für best. Abbrucharbeiten u. a.

Baugenossenschaft, Genossenschaft, die für ihre Mitgl. Wohnungen beschafft.

Bauhaus, Hochschule für Bau und Gestaltung, gegr. 1919 in Weimar von W. Gropius, seit 1925 in Dessau, 1932 in Berlin, 1933 aufgelöst; eine Neugründung bestand 1937-38 in Chicago; daraus entstand eine Nachfolgeschule des B. als »Institute of Design«. **B.-Stil,** zweckgerechte, techn.-geometrische Gestaltung von Bauten u. a.

Bauhütte, 1) Aufenthaltsraum und Werkstätte der Arbeiter an einem Bau. **2)** im MA. die Genossenschaften der Baukünstler und Bauhandwerker, Blütezeit im 13. Jh. Sie gaben sich eigene Gesetze und hüteten die Regeln der Baukunst als ihr Geheimnis. Die B. verfielen seit der Reformation. Name, Bräuche, Erkennungszeichen u. a. wurden von den Freimaurern übernommen.

Baukastensystem, Gestaltung von Maschinen- oder Bauteilen derart, daß die Teile in Fertigerzeugnissen verschiedener Art verwendet und in Großserien hergestellt werden können.

Baukostenzuschuß, Leistung des Mieters an den Bauherrn zu Neu-, Ausbau oder Instandsetzung eines Hauses; weitgehend durch Mieterdarlehen oder Mietvorauszahlung abgelöst.

Baukunst gliedert sich in kirchl. **(Sakralbau)** und weltl. B. **(Profanbau).** Die Aufgabe des Bauwerks bestimmt in erster Linie seine Form; der Baustoff die Bauart und das Baugefüge. I. e. S. versteht man unter B. die Entwicklung der künstler. **Baustile** der versch. Völker und Zeiten.

Bauwerke (Höhe in m)	
Michaelskirche, Hamburg	133
Cheopspyramide bei Giseh	137
Peterskirche, Rom	138
Münster, Straßburg	142
Dom, Köln	160
Münster, Ulm	161
Fernsehturm, Stuttgart	214
Staumauer am Colorado, USA	220
Golden-Gate-Brücke, San Francisco	259
Eiffelturm, Paris	300
Empire State Building, New York	448
World Trade Center, New York	412
Fernsehturm, Moskau	518
Fernmeldeturm, Toronto	553
Sendemast, bei Gąbin (Polen)	646

Bauland, fruchtbare Landschaft zw. Odenwald, Neckar, Jagst und Tauber.

Bauliniļe, durch Bebauungsplan festgelegte Linie, um eine einheitl. Bauflucht zu erzielen.

Baum, 1) Holzgewächs mit Stamm und Krone: **Laubbäume** und **Nadelbäume. 2)** ⅃ rundes Holz zum Spreizen der Segel.

Baum, 1) Gerhart, Jurist, *1932, Politiker (FDP), 1978-82 Bundesinnenminister. **2)** Vicki, Schriftstellerin, *1888, †1960, schrieb Romane (›Menschen im Hotel‹), Drehbücher.

Baumeister, Willi, Maler, *1889, †1955, Vorkämpfer der abstrakten Kunst in Dtl.

Bäumer, Gertrud, *1873, †1954, führende Vertreterin der Frauenbewegung, schrieb sozialpolit. Werke und histor. Romane.

Baumgarten, Alexander Gottlieb, Philosoph, *1714, †1762, begründete die wissenschaftl. Ästhetik in Deutschland; ›Metaphysica‹, ›Ethica philosophica‹.

Baumgrenze, in Gebirgen die Grenze, bis zu der Bäume vorkommen; liegt oberhalb des geschlossenen Waldes (der **Waldgrenze**).

Baumkult, Verehrung von Bäumen und Hainen, bei Natur- und Kulturvölkern.

Baumläufer, Gatt. kletternder Singvögel mit langem Schnabel; Insektenfresser.

Baumsarg, Sarg aus einem längsgespaltenen, ausgehöhlten Baumstamm, bei Naturvölkern; in vorgeschichtl. Zeit auch in Europa gebräuchlich.

Baumwachs, klebrige Masse zum Bedekken von Baumwunden.

Baumwolle, Samenhaare versch. gelbblühender Malvengewächse; Unterscheidung der Arten bes. nach der Länge der Haare (12 bis 50 mm). Der Anbau der B. erfordert hohe Wärme und während der Ernte Trockenheit. Aus dem Samen wird Speiseöl, aus dem Preßrückstand B.-Saatmehl (Futtermittel) gewonnen. Es gibt meist mehrjährige Wildformen in fast allen warmen Gebieten der Erde; als Kulturpflanze (einjährige Arten) ist die B. seit Ende des 18. Jh. (Erfindung der Spinnmaschine) von besonderer Bedeutung. **Baumwollspinnerei:** die Samenhaare werden in Watte verwandelt, dann durch Kämmen und Krempeln in Faserband, dies durch Strecken und Drehen in Fäden.

Baumwollernte (1988, in 1000 t)

VR China[1] ..	12600	Ägypten	900
USA	8854	Argentinien	849
UdSSR	8700	Australien	740
Indien	4500	Griechenland ..	700
Pakistan	4284	Mexiko	700
Brasilien	2489	Paraguay	537
Türkei	1500		
[1]) mit Taiwan		**Welt**	**53115**

Bauopfer, verbreiteter Brauch, beim Hausbau (als ›Abwehrzauber‹) etwas einzumauern.

Baurecht, Gesamtheit der Vorschriften über das Bauwesen, erlassen bes. aus Gründen der Sicherheit und Gesundheit, städtebaul., raumordnende Vorschriften, bes. unter sozialen, hygien., verkehrspolit. und künstler. Gesichtspunkten. In der Bundesrep. Dtl. liegt die Baugesetzgebung i. a. bei den Ländern und ist z. T. den Gemeinden übertragen (Ortsbausatzungen). Die Baugenehmigung und -überwachung liegt bei den Bauaufsichtsbehörden.

Bausch, Pina, Tänzerin und Choreographin, *1940, Vertreterin des »Modern Dance«, seit 1973 Leiterin des »Tanztheater Wuppertal«.

Bauta-Steine, skandinav. Gedenksteine aus der Wikingerzeit; unbearbeitet.

Bautzen, Krst. im Bez. Dresden, an der Spree, 51200 Ew.; Reste alter Befestigungen; Zentrum der Sorben mit Institut für sorb. Volksforschung; Ingenieurschule für Maschinenbau; Industrie: Metall, Papier, chem. Erzeugnisse, Fernmeldetechnik.

Bauxit der, $Al_2O_3 \cdot H_2O$, Hauptrohmaterial für die Aluminiumerzeugung. Fundstätten: Jamaika, UdSSR, Surinam, Guyana, Frankreich (Les Baux), SO-Europa, Guinea.

Bavaria, 1) lat. Name für Bayern. **2)** Bronzestandbild in München, 20,5 m hoch.

Bayard [baj'a:r], Pierre du **Terrail,** *um 1476, †1524, der »Ritter ohne Furcht und Tadel«.

Bayer AG, Chemiekonzern, gegr. 1863, seit 1973 heutige Firma; Beteiligungen u. a. bei Agfa-Gevaert AG, EC Erdöl-Chemie.

Bayerische Alpen, bayer. Teil der Nördl. Kalkalpen zw. Lech und Inn.

Bayerischer Wald, südwestl. Teil des Böhmerwaldes, im Einödriegel 1121 m hoch.

Bayern, Freistaat im S der Bundesrep. Dtl., 70553 km², 11,03 Mio. Ew.; Hptst.: München. 7 RegBez.: Ober-B., Nieder-B., Oberpfalz, Oberfranken, Unterfranken, Mittelfranken, Schwaben. STATISTIK Bundesrepublik Deutschland, ⊕ S. 488.

Bayreuth: Festspielhaus

B. hat im S Anteil an den Nördl. Kalkalpen (Zugspitze 2963 m); umfaßt zw. Alpen und Donau das an Seen (Ammer-, Starnberger, Chiemsee) reiche Alpenvorland; nördl. der Donau den O-Teil des Schwäb.-Fränk. Schichtstufenlandes (Frankenhöhe, Fränk. Alb, Mittelfränk. Becken), umgeben von Spessart, Rhön, Fichtelgebirge, Franken-, Oberpfälzer-, Böhmer-, Bayer. Wald. Flüsse: Donau und Main mit Nebenflüssen.

WIRTSCHAFT. Angebaut werden bes. Getreide, Hackfrüchte, Hopfen; im Alpenvorland Viehzucht, Butter- und Käseerzeugung (Allgäu); Forstwirtschaft. An Bodenschätzen ist B. arm (Braunkohle, Pechkohle, Eisenerze, Salz, Graphit, Erdöl, Erdgas). Die Industrie hat sich seit dem 2. Weltkrieg stark entwickelt: Wälzlager, Kugellager, Maschinenbau, Elektrotechnik, Luft- und Raumfahrt-, Fahrzeug-, Textil-, feinkeram., feinmechan., chem., Glas-, Bleistift-, Spielwaren- u. a. Industrie; Brauereien; Wasser-, Wärme-, Kernkraftwerke, Erdölraffinerien. Fremdenverkehr.

G Unter Augustus wurde das Gebiet südlich der Donau von den Römern unterworfen. Im 6. Jh. wanderten die german. Bajuwaren, die früheren Markomannen, von Böhmen her ein. Ihr Stammesgebiet wurde 788 dem Frankenreich Karls d. Gr. einverleibt. Das Herzogtum B., von dem aber frühzeitig die später österr. Länder abgetrennt wurden, kam 1070 an die Welfen und 1180 an die Wittelsbacher, die auch die Rheinpfalz erwarben (→ Pfalz). Die bayer. Linie der Wittelsbacher kämpfte im 16./17. Jh. für die Gegenreformation, bes. Maximilian I., der 1623 Kurfürst wurde. 1777 folgte auch in B. die pfälz. Linie. Durch den Anschluß an Napoleon gewann B. seit 1803 neue Gebiete, so Ansbach-Bayreuth, einen Teil Schwabens, Mainfranken, und wurde 1806 Königreich; vorübergehend besaß es auch Tirol und Salzburg. 1818 wurde eine Verfassung verliehen. Ludwig I. (1825-48) machte München zur Kunststadt. B. schloß sich 1871 dem Dt. Reiche an. Im Nov. 1918 wurde Ludwig III. abgesetzt. Im Frühjahr 1919 wurde in München die kommunist. Räterepublik ausgerufen, aber durch Freikorps bald beseitigt. Nach 1920 regierte die kath. und föderalistisch eingestellte »Bayer. Volkspartei«. Nach 1945 kam die Pfalz zu Rheinland-Pfalz – MinPräs.: M. Streibl (seit 1988), regierende Partei: CSU.

Bayernpartei, BP, 1947 gegr., föderalistisch, nicht mehr im Bundestag und bayer. Landtag vertreten.

Bayeux [baj'ø], Stadt in der Normandie, Frankreich, 15000 Ew.; bekannt der **Teppich von B.** mit Darstellung der normann. Eroberung Englands (11. Jh.).

Bayle [bɛ:l], Pierre, frz. Philosoph, *1647, †1706, beeinflußte mit krit. Gedanken das 18. Jh. (»Dictionnaire historique et critique«).

Bayonne [baj'ɔn], Stadt in SW-Frankreich, 41000 Ew.; Kathedrale; Eisenind.

Bayreuth, Stadt im RegBez. Oberfranken, Bayern, am Roten Main, 71600 Ew.; Textil- und Radioind.; Univ.; Stadt Jean Pauls, Franz Liszts und Richard Wagners (Haus Wahnfried). **Bayreuther Festspiele.**

Bayrischzell, Sommerfrische und Skiort in Oberbayern, 800 m ü. M., 1700 Ew.

Bazillen, Ez. **Bazillus** [spätlatein. bacillus »das Stäbchen«] der, Gruppe der → Bakterien.

BBC, 1) British **B**roadcasting **C**oporation, brit. Rundfunkgesellschaft. **2) B**rown, **B**overi & **C**ie.; seit 1988 zu ABB Asea Brown Boverie.

BCD-Code, Abk. für **B**inary **C**oded **D**ecimals, ein Code der Datenverarbeitung, bei dem alle Ziffern einer Dezimalzahl durch eine vierstellige Binärzahl dargestellt werden.

BDA, 1) Abk. für **B**und **D**t. **A**rchitekten. **2) B**undesvereinigung **D**t. **A**rbeitgeberverbände e.V.

Bayern

Beatrix

Be, chem. Zeichen für Beryllium.
Beaconsfield [b'i:kənzfi:ld], Lord, → Disraeli.
Beamtenhaftung, → Amtshaftung.
Beamter, 1) Person, die zum Staat, zu einem Land oder zu einer öffentl.-rechtl. Körperschaft in einem öffentl.-rechtl. Dienstverhältnis steht, das sie zu angemessener Dienstleistung, zu Gehorsam und Treue verpflichtet. Nach Art des Dienstherrn unterscheidet man Staats-, Landes-, Gemeinde- und Kirchen-B., nach der Art ihrer Obliegenheiten Finanz-, Justiz-B. u.a., nach dem Dienstrang B. des höheren, gehobenen, mittleren und einfachen Dienstes. Der B. hat einen Diensteid zu leisten; er hat Anspruch auf Dienstbezüge. Das B.-Verhältnis endet durch Tod oder Eintritt in den Ruhestand. Eine Entlassung aus dem Amt ist nur in den gesetzl. bestimmten Fällen möglich. **2)** Angestellter bei Banken, Versicherungen.
Beat [bi:t, engl. »Schlag«], der harte Schlag der Rhythmusgruppe im Jazz, auch Bez. für eine stark rhythm. Tanzmusik.

B. Becker

Beat Generation [bi:t dʒenər'eɪʃn, engl.], literar. und gesellschaftl. Protestbewegung der späten 50er Jahre in den USA (literar. Hauptvertreter: A. Ginsberg, J. Kerouac, u.a.), deren Anhänger (z.T. abwertend) als **Beatniks** bezeichnet wurden.
beati possidentes, lat. Sprichwort, »Glücklich (sind) die Besitzenden«, geht zurück auf eine Tragödie des Euripides.
Beatles [bi:tlz], erfolgreiche Beatgruppe aus Liverpool: G. Harrison (Melodiegitarre), J. Lennon (†1980, ermordet; Rhythmusgitarre), P. McCartney (Baßgitarre) und R. Starr (Schlagzeug); trennten sich 1970.

Beckett

Beatrice [beatr'i:tʃe, ital., aus lat. Beatrix »die Glückbringende«], **1)** weibl. Vorname. **2)** Jugendgeliebte → Dantes.
Beatrix, Königin (seit 1980) der Niederlande, *1938. 1966 heiratete sie Claus von Amsberg.
Beau [bo:, frz.], schöner Mann, Dandy.
Beaufort-Skala [bof'ɔ:r-] die, Windskala von 12 Stärkegraden, 1949 auf 17 Stufen erweitert (→ Wind).
Beauharnais [boarn'ɛ], **1)** Alexandre, frz. General, *1760, †1794. **2)** Eugène, Sohn von 1) und 4), von Napoleon adoptiert. **3)** Hortense, Tochter von 1) und 4), Mutter Napoleons III. – **4)** Josephine, Gemahlin von 1), seit 1796 1. Gemahlin Napoleons I. – **Palais B.,** Dt. Botschaft in Paris.

Beethoven

Beaujolais [boʒɔl'ɛ], Landschaft in O-Frankreich, zw. Loire und Saône; bed. Weinbau.
Beaulieu-sur-Mer [boljøsyrm'ɛ:r], frz. Seebad an der Côte d'Azur, 4300 Ew.
Beaumarchais [bo:marʃ'ɛ], frz. Bühnendichter, *1732, †1799; witzige Lustspiele: »Der Barbier von Sevilla«, »Figaros Hochzeit«.
Beaumont [b'əʊmənt], Stadt im südöstl. Texas, USA, 118100 Ew., Erdölförderung.

Beckmann: Zwei Frauen

Beaune [bo:n], Stadt in Burgund, Frankreich, 21500 Ew.; Weinhandel, ehem. Hospital Hôtel-Dieu (1443-51).
Beauté [bot'e, frz.] die, Schönheit, schöne Frau.
Beauvais [bov'ɛ], Stadt in NO-Frankreich, 53800 Ew., got. Kathedrale; Textilfabrikation.
Beauvoir [bovw'a:r], Simone de, frz. Schriftstellerin, *1908, †1986; existenzialist. Dramen und Romane; Gefährtin J. P. Sartres.
Beaverbrook [b'i:vəbrʊk], William, Lord, brit. konservativer Politiker und Zeitungsbesitzer, *1879, †1964; mehrfach Minister.
Bebel, August, *1840, †1913, Drechslermeister, gründete mit W. Liebknecht die Sozialdemokrat. Arbeiterpartei (1869); war deren Vors., seit 1867 MdR, mehrmals inhaftiert.
Bebra, Stadt im RegBez. Kassel, Hessen, an der Fulda, 15400 Ew., Bahnknoten.
Becher, Johannes R., Schriftst., *1891, †1958; schrieb sozialist. Lyrik, Erzählungen, Dramen, emigrierte 1933-45 in die UdSSR; 1954 Min. für Kultur in der Dt. Dem. Rep.
Becherflechten, sehr weit verbreitete Gruppe von Strauchflechten. (BILD Flechten)
Beck, Ludwig, Generaloberst, *1880, †(erschossen) 1944; 1935 Chef des Generalstabs des Heeres, widersetzte sich Hitlers Kriegsplänen, trat 1938 zurück; Mitgl. der → Widerstandsbewegung.
Becken, 1) ⊕ weiträumige Eintiefung der Landoberfläche, durch Ausräumung, tekton. Vorgänge u.a. entstanden. Im geolog. Sinne sind B. gewöhnlich schüsselförmige Ablagerungsräume (z.B. Pariser Becken). **2)** ♡ bei Mensch und Wirbeltieren: aus Kreuzbein, Steißbein und den beiden Hüftbeinen gebildeter knöcherner Ring; schließt die Bauchhöhle nach unten ab und verbindet Rumpf und Beine. **3)** ♡ Schlaginstrument, 2 Metallteller.
Beckenbauer, Franz, Fußballspieler, *1945; mehrfach Dt. Meister, Europa- und Weltpokalsieger, Weltmeister 1974; 1984-90 ›Teamchef‹ der dt. Nationalmannschaft.
Becker, 1) Boris, Tennisspieler, *1967; Wimbledonsieger 1985, 1986, 1989. **2)** Jurek, Schriftsteller, *1937; Romane u.a. »Jakob der Lügner«, »Bronsteins Kinder«.
Becket [b'ekɪt], Thomas, → Thomas 3).
Beckett [b'ekɪt], Samuel, irischer Dramatiker, *1906, †1989; Schauspiele: »Warten auf Godot«, »Endspiel«, »Glückliche Tage«. Nobelpreis 1969.
Beckmann, Max, Maler, Graphiker, *1884, †1950. Nach einer expressionist. Phase mit stark satir. Einschlag fand er einen Stil von zwingender Einfachheit des Bildaufbaus.
Beckmesser, Sixtus, Nürnberger Meistersinger des 16. Jh., übertragen: kleinl. Kritiker.
Beckum, Stadt in NRW, südöstl. von Münster, 37500 Ew.; Zement, Möbel-Ind.
Becquerel [bɛkr'ɛl], Antoine Henri, frz. Physiker, *1852, †1908, Entdecker der radioaktiven Strahlen; Nobelpreis 1903 mit M. und P. Curie.
Becquerel, Zeichen **Bq,** SI-Einheit der Aktivität einer radioaktiven Substanz, $1\ Bq = 1\ s^{-1}$.
Beda, B. Venerabilis, engl. Benediktiner, Kirchenlehrer, *um 672/73, †735; Verfasser der ersten Geschichte Englands.
Bedarf, ⚖ am Markt auftretende Nachfrage. Innerhalb der Marktforschung untersucht die **B.-Forschung** die von den **B.-Trägern** (Personen, Haushalten, Betrieben u.a.) ausgehende Nachfrage.
Bedecktsamige, Decksamer Mz., ✿ → Blüte.
Bedford [b'edfəd], Stadt im mittleren England, 74400 Ew.; Metall- u.a. Industrie.
bedingte Strafaussetzung, → Bewährungsfrist.
Bedingung, ⚖ zukünftiges ungewisses Er-

eignis, von dessen Eintritt oder Nichteintritt eine Rechtswirkung abhängt.

Bedingungssatz, Konditionalsatz, Nebensatz mit wenn, falls sofern u. a.

Bednorz, Johannes Georg, Physiker, *1950; Entdecker einer neuen Gruppe von Supraleitern, 1987 mit K. A. Müller Nobelpreis.

Beduinen [arab. »Wüstenbewohner«] Mz., arab. Nomadenstämme in den Steppen und Wüsten Arabiens, Syriens und Nordafrikas; Viehzüchter, die mit ihren Herden wandern.

Beecher-Stowe [b'i:tʃə stəʊ], Harriet, amerikan. Schriftstellerin, *1811, †1896; »Onkel Toms Hütte« (gegen Negersklaverei).

Beefsteak [b'i:fsteɪk, engl.] das, gebratene Rindsschnitte. **Dt. B.,** gebratenes Hackfleisch.

Beelzebub [hebr. »Fliegenherr«], **1)** Gottheit der Philister. **2)** N.T.: oberster Teufel.

Beer, Johann, Musiker und Erzähler, *1655, †1700; Künstlerromane.

Beere, ⚘ Frucht mit saft- und zuckerreicher Mittel- und Innenschicht der Fruchtwand, mit zähhäutiger Außenschicht und meist vielen Samen, z. B. Stachelbeere, Tomate, Gurke, Kürbis.

Beerscheba, Beer Sheva [ʃ-], israel. Stadt am N-Rand der Wüste Negev, 110800 Ew.; Institut für Wüstenforschung.

Beethoven, Ludwig van, Komponist, *Bonn 1770, † Wien 26. 3. 1827, wo er seit 1792 lebte; war seit 1819 völlig taub. Von Haydn und Mozart ausgehend, hat B. die überlieferten Formen der Sonate, Sinfonie, Kammermusik durch den Reichtum und die Kühnheit der themat. Verarbeitung und die Kraft der rhythm. Bewegung zu Ausdrucksmittlern leidenschaftl. innerer Empfindungen gemacht. WERKE: 9 Sinfonien, darunter Nr. 3 »Eroica«, Nr. 5 c-Moll, Nr. 6 »Pastorale«, Nr. 9 mit Schlußchor »An die Freude« (1823); Violinkonzert, 5 Klavierkonzerte; 16 Streichquartette und andere Kammermusik; 32 Klaviersonaten (»Mondscheinsonate«, »Waldsteinsonate«, »Pathétique«, »Appassionata«); die Oper »Fidelio«; Missa solemnis (große Messe), Lieder u. a. (BILD S. 74)

Befähigungsnachweis, Nachweis vorschriftsmäßiger Ausbildung; Vorbedingung für selbständige Ausübung eines Gewerbes.

Befehl, 1) ∴ Anweisung zu einem bestimmten Verhalten, erteilt von einem Vorgesetzten, **2)** In der Datenverarbeitung eine Anweisung zur Ausführung einer Rechneroperation. Die Gesamtmenge der Befehle einer Rechenanlage ist der **B.-Vorrat.**

Befeuerung, Kennzeichnung der Fahrstrecke von Schiffen und Luftfahrzeugen, der Küsten und Flughäfen durch Leucht- oder Funkfeuer.

Befreiungskriege, die → Freiheitskriege.

Befreiungstheologie, v. a. in Lateinamerika vertretene umstrittene Richtung der kath. Kirche, fordert gewaltlose Befreiung politisch Unterdrückter und sozial Benachteiligter.

Befruchtung, Verschmelzung einer männl. und einer weibl. Keimzelle oder der entsprechenden Zellkerne, grundlegender Vorgang der geschlechtl. (sexuellen) Fortpflanzung bei Menschen, Tieren und Pflanzen. Durch Verschmelzung der beiden Zellkerne verbinden sich die Erbanlagen beider Eltern in dem neuen Kern (→ Vererbung). Aus der befruchteten weibl. Zelle (Eizelle) entwikkelt sich der neue Organismus. Beim Menschen und bei höheren Tieren: **innere B.** (Begattung). Die Samenzelle wird durch Begattungsorgane (Penis, Rute) in den weibl. Körper gebracht und dringt dort in die Eizelle. Nach der B. beginnt die Furchung des Eies und damit die Entwicklung des Embryo. Bei wasserlebenden, niederen Tieren erfolgt **äußere B.** (Besamung). Samen und Eizellen werden ins Wasser entleert und vereinigen sich dort, angelockt durch B.-Stoffe (Gamone). Bei Blütenpflanzen geht der B. die → Bestäubung voraus. Der auf die Narbe gebrachte Blütenstaub (Pollen) treibt einen Pollenschlauch, der durch Griffel und Fruchtknoten bis zur Samenanlage dringt, wobei ebenfalls die Kerne verschmelzen. Bei niederen Pflanzen gelangen die männl. Geschlechtszellen durch Eigenbewegungen zu der Eizelle. **Künstl. B.,** zu Zuchtzwecken bei Haustieren und Nutzpflanzen. (Weiteres BILD S. 76)

Begabung, Anlage zu bestimmten Leistungen. Die **B.-Forschung** sucht Höhe und Richtung der B. festzustellen (→ Test); durch Begabtenauslese und -förderung versucht die Gesellschaft, den einzelnen zu fördern und seine B. für die Allgemeinheit nutzbar zu machen.

Begas, Reinhold, Bildhauer, *1831, †1911; am bekanntesten durch seine Denkmäler.

Begattung, körperl. Vereinigung zur → Befruchtung.

Begin, Menachem, israel. Politiker, *1913, 1977-84 MinPräs. Friedensnobelpreis 1978 mit A. as-Sadat.

Beginen, Beghinen Mz., im 12. Jh. in den Niederlanden entstandene Frauenvereine zu gemeinsamem andächtigem Leben ohne Klostergelübde; im 13./14. Jh. weit verbreitet. Die entsprechenden Männervereine hießen **Begharden.**

Beglaubigung, amtl. Bescheinigung der Richtigkeit, z. B. einer Unterschrift oder Abschrift, durch Gericht, Notar oder Verwaltungsbeamte.

Begnadigung, Aufhebung rechtskräftiger Straf- oder Dienststrafurteile durch Verfügung der Staatsgewalt (Bundespräs., z. T. die Länder). B. ist ein Gnadenerweis im Einzelfall. Ggs.: Amnestie, Abolition, Rehabilitation.

Begonie die, krautige und strauchige, größtenteils tropisch-amerikan. Schiefblattgewächse. Zierpflanzen: **Blatt-B., Fleißiges Lieschen** u. a.

Begriff [von begreifen], mit einem Wort verbundene Bedeutung. Der B. ist nicht das Wort selbst, sondern eine Vorstellung, die sich auf einen Gegenstand bezieht. Der B. wird bestimmt: nach Inhalt (der Summe der Merkmale) und Umfang (der Summe der Gegenstände, für die er gilt).

Begum, ind. Titel, bes. für Fürstinnen.

Begünstigung, ⚖ Unterstützung des Täters nach begangenem Verbrechen oder Vergehen, um ihn der Bestrafung zu entziehen oder ihm die Vorteile der Tat zu sichern (§§ 257 ff. StGB).

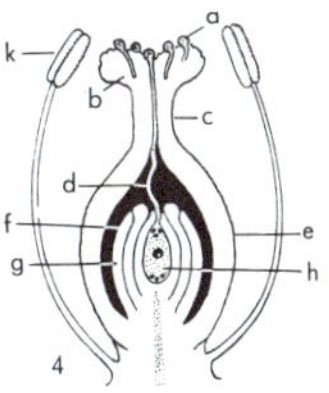

Befruchtung: Die Pollenkörner (a) auf der Narbe (b) treiben Pollenschläuche, von denen einer (d) durch den Griffel (c) in den Fruchtknoten (e), die Samenanlage (f) und in den Keimsack mit der Eizelle (h) dringt. g becherförmige Hüllen des Keimsackes, k Staubbeutel

Behring

Behrens: Der Kuß; Farbholzschnitt

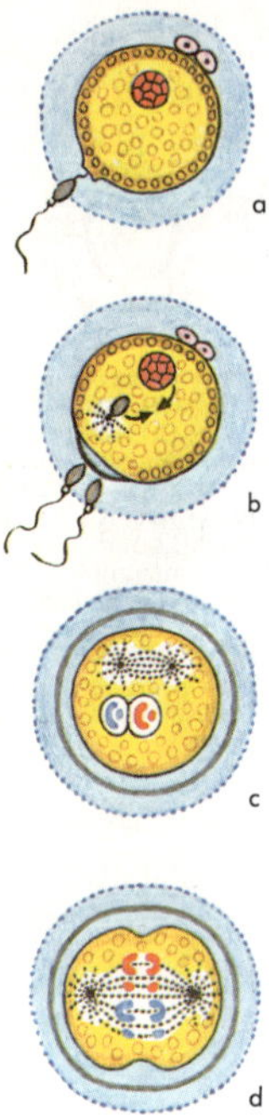

Befruchtung (schemat. Darstellung): a Auftreffen des Spermiums auf das Ei; b Kopf und Mittelstück des Spermiums sind eingedrungen, das Ei hat eine Befruchtungsmembran ausgeschieden; c im weibl. und männl. Vorkern werden die Chromosomen sichtbar; d erste Teilung des befruchteten Eies

Beichte: Beichtstuhl

Beitel

Behaim, Martin, Seefahrer und Kaufmann, *Nürnberg um 1459, †1507, fertigte den heute ältesten Erdglobus an.

Beham, Hans Sebald, *1500, †1550, Kupferstecher, Holzschneider (in kleinem Format); sein Bruder Bartel, *1502, †1540, Kupferstecher, hauptsächlich Bildnismaler.

Beharrungsvermögen, → Trägheit.

Behaviorismus [bɪheɪvjər'ismus, aus engl. behavior »Verhalten«], 1912 von dem Amerikaner J. B. Watson begründete psycholog. Richtung. Der B. stellt fest, wie sich der Mensch in gewohnten oder ungewohnten Lagen verhält. Aus diesem Verhalten leitet er Regeln für die Erziehung und das menschl. Zusammenleben ab.

Behindertensport, wettkampfmäßig oder spielerisch betriebene Sportausübung Körperbehinderter; häufig Teil der Rehabilitation.

Behinderter, → Körperbehinderter.

Behnisch, Günther, Architekt, *1922; entwarf die Sportbauten für die Olymp. Spiele in München und Bundesbauten in Bonn.

Behrens, 1) Hildegard, Sängerin (Sopran), *1941(?). **2)** Peter, Baumeister, Kunstgewerbler, *1868, †1940, Industrie- und Verwaltungsgebäude, wirkte für die Formveredlung von Industrieerzeugnissen. (BILD S. 75)

Behring, Emil v., Arzt und Forscher, *1854, †1917; Entdecker von Impfstoffen (Seren) gegen Diphtherie und Starrkrampf. 1901 Nobelpreis. (BILD S. 75)

Bei, Bey [türk. Beg »Herr«] der, ehem. türk. Titel, bes. für höhere Beamte und Offiziere.

Beichte [ahd. bijiht »Bekenntnis«; lat. confessio], reumütiges Sündenbekenntnis vor einem Beichtvater zur Erlangung der Lossprechung (Absolution), seit dem 5. Jh. als **Privat-B.** nur vor den Ohren des Priesters (Ohren-B.). **General-B.** ist eine das ganze Leben oder einen Lebensabschnitt umfassende B. Die kath. Kirche hat das Beicht- und Bußsakrament (→ Buße). Die evang. Kirche hat die **allg. B.:** Bejahung eines vom Geistlichen vorgesprochenen Sündenbekenntnisses. **Beichtsiegel, Beichtgeheimnis,** Verpflichtung des Beichtvaters, das ihm Gebeichtete zu verschweigen; hebt die gerichtl. Zeugnispflicht der Geistlichen für alles in der B. Erfahrene auf. **Beichtspiegel,** Sündenverzeichnis in Frageform. **Beichtstuhl,** meist dreiteiliger Stuhl mit Sprechgittern zur Abhaltung der kath. Ohren-Beichte.

Beiderwand, beidseitig gleich aussehender Kleiderstoff in Leinwandbindung.

Beifuß, Art der Korbblütergatt. Artemisia, mitteleurop. Ödlandstaude; Würzkraut. **B.-Öl,** aus Blättern einer afrikan. Art, in der Parfümerie verwendet.

beige [be:ʒ, frz.], gelbgrau, sandfarben.

Beigeordneter, auf Zeit gewählter, ehren- oder hauptamtl. Beamter der Gemeindeverwaltung.

Beihilfe, ⚖ vorsätzl. Hilfeleistung durch Rat oder Tat zu einem Verbrechen oder Vergehen. Der Gehilfe kann ebenso schwer bestraft werden wie der Täter (§ 27 StGB).

Beijing [bɛɪ dʒɪŋ], → Peking.

Beil, Werkzeug zum Behauen und Trennen von Holz, Fleisch; einseitig zugeschärft; kurzer Stiel; wird mit einer Hand geführt.

Bein, 1) Körperteil, besteht aus Oberschenkel, Unterschenkel (Schien-B. und Waden-B.), Fuß (Fußwurzelknochen, Mittelfuß und Zehen). Verkrümmung der Knochen oder winkelige Stellung derselben zueinander bewirken krumme B. (**X-B.** oder **Bäcker-B.,** Knie nach innen; **O-B.** oder **Säbel-B.,** Knie nach außen). **2)** Knochen, z. B. in Nasenbein, Elfenbein.

Beinwell der, Gatt. der Borretschgewächse; rauhblättrige Gewächse, am bekanntesten **Schwarzwurz** und **Rauher B.**

Beira [b'eira], Hafenstadt in Moçambique, 130000 Ew.; Transithandel (Simbabwe, Malawi u. a.).

Beiram, → Bairam.

Beirut, Hptst. und bedeutende Hafenstadt der Rep. Libanon, 680000 Ew.; Univ. – Die Innenstadt wurde im libanes. Bürgerkrieg (seit 1975), bei den Kämpfen (1982) zw. israel. Truppen und Palästinensern sowie danach bei Kämpfen rivalisierender Gruppen fast völlig zerstört. (→ Libanon)

Beischlaf, lat. **Coitus,** die geschlechtl. Vereinigung von Mann und Frau.

Beisitzer, ⚖ Mitglied eines Kollegialgerichtes zum Unterschied vom Vorsitzenden (Verhandlungsleiter).

Beitel der, Werkzeug zum Ausstemmen von Löchern in Holz.

Beize die, **1)** Lösung von Säuren, Laugen, Salzen, Farbstoffen zum Reinigen von Metallen, Reinigen von schädl. Keimen (Fleisch-, Getreide-B.), Färben von Holz, Haltbarmachen der Farbe auf der Faser. **Ätz-B.,** → Zeugdruck. **2)** ♈ Jagd auf Feder- und Haarwild mit abgerichteten Greifvögeln, bes. Falken **(Beizfalken).**

Béjart [beʒ'a:r], Maurice, frz. Tänzer und Choreograph *1927.

Bekassine [frz.] die, Sumpfschnepfe, Gatt. schnepfenartiger Vögel mit sehr langen Schnäbeln; Zugvögel in Nordeuropa und Asien.

Bekennende Kirche, evang. kirchl. Bewegung, die seit 1934 dem Machtanspruch des Nat.-soz. und der »Dt. Christen« entgegentrat. Hervorgegangen aus dem von M. Niemöller gegründeten »Pfarrernotbund«, verbreitete sich die B. K. in allen Teilen Dtls. Unter dem Einfluß von K. Barth gelangte die B. K., »das Gewissen der Kirche in schwerster Zeit«, zu klarer theolog. Stellung: Unabhängigkeit der Kirche von staatl. und germanisierenden Einflüssen, strenge Bindung an die Bekenntnisse und das Wort der Heil. Schrift. Nach dem 2. Weltkrieg wirkte die B. K. bei der Neuordnung der Evang. Kirche mit.

Bekenntnis, 1) Bezeugung des eigenen Glaubens. **2)** Zusammenstellung des Glaubensinhaltes einer Gemeinschaft in den **Bekenntnisschriften.** ALLGEMEIN-CHRISTLICH: das Apostolische, das Nicänische und das Athanasianische Glaubensbekenntnis. KATH. KIRCHE: die Beschlüsse späterer Kirchenversammlungen, bes. des Tridentin. Konzils; Glaubensbekenntnis Pauls VI. (1968). LUTHER. KIRCHE: die beiden Katechismen Luthers, die Augsburger Konfession und ihre Apologie, die Schmalkald. Artikel, die Konkordienformel, alle vereinigt im Konkordienbuch. REFORMIERTE: Confessio Helvetica, der Heidelberger Katechismus.

Bekenntnisschule, im Unterschied zur → Gemeinschaftsschule eine Schule, in der der Unterricht von den Anschauungen einer Konfession getragen wird.

belasten, ⩓ Beträge auf der Sollseite buchen.

Belastung, 1) ⚖ bei Grundstücken die das Eigentum einschränkenden Rechte, z. B. Erbbaurechte, Dienstbarkeiten, Hypotheken. **2)** ⊙ ⚡ an Bau- und Maschinenkonstruktionen auftretende Kräfte und Drehmomente und die an elektr. Maschinen und Leitungen auftretenden Ströme.

Belau, Staat auf den → Palau-Inseln.

Bel canto [ital.], der tonschöne Gesang der ital. Schule.

Belche, die, Bleßhuhn.

Belchen der, mehrere Gipfel des Schwarzwalds und der Vogesen, bes. **1) B.,** dritthöchster Berg im Schwarzwald, 1414 m. **2) Großer B., Sulzer B.,** höchste Erhebung der Vogesen, 1424 m.

Beleg, 1) Schriftstück, das als Unterlage

für eine Buchung dient (Quittung, Zahlkartenabschnitt). **2)** In der Datenverarbeitung ein Datenträger, der Informationen in Klartext oder in codierter Form enthält. Die Eingabe der Informationen in den Rechner erfolgt mit **B.-Lesern.**

Belegschaft, Gesamtheit der Beschäftigten eines Betriebes.

Belehnung, Investitur, im MA. die feierl. Übertragung eines Lehens.

Beleidigung, vorsätzl. Kränkung der Ehre eines anderen, sie kann sich auch gegen Personengemeinschaften richten. Die B. ist nur auf Antrag strafbar. Das StGB unterscheidet 3 Arten: **1) einfache B.:** herabsetzende Werturteile und tätl. B. (§ 185); **2) üble Nachrede:** Behaupten oder Verbreiten ehrenrühriger, nicht erweislich wahrer Tatsachen (§ 186); **3) verleumderische B.:** Behaupten oder Verbreiten unwahrer, ehrenrühriger oder kreditgefährdender Tatsachen wider besseres Wissen (§ 187).

Beleihung, beleihen, Krediteinräumung gegen ein Unterpfand in bestimmtem Verhältnis zu dessen Wert (→ Lombardgeschäft).

Belém [bəl'ɛ̃], **1)** Vorstadt von Lissabon. **2) B.,** Hptst. des brasilian. Staates Pará, im Amazonasmündungsgebiet, 756000 Ew., Exporthafen; Erzbischofssitz.

Belemnit [grch.] der, ausgestorbene Kopffüßer des Jura- und Kreidemeeres. Ein Teil der Kalkschale, häufig in Juraablagerungen, heißt im Volksmund **Donnerkeil.**

Beleuchtung, natürl. oder künstl. Bestrahlung eines nichtleuchtenden Körpers mit Licht; auch die Ausrüstung von Räumen, Außenanlagen, Fahrzeugen u.ä. mit B.-Körpern. Gute B. erfordert ausreichende B.-Stärke, örtl. und zeitl. Gleichmäßigkeit (→ Duoschaltung), genügende Schattigkeit, Blendungsfreiheit, geeignete Lichtfarbe, Wirtschaftlichkeit (→ Lichttechnik). Die Straßenverkehrs-Zulassungsordnung regelt die B. der Kraftfahrzeuge.

Belfast [b'efa:st], Hptst. von Nordirland, 323000 Ew.; Univ.; Schiffbau- und Hafenstadt.

Belfort [bɛlf'ɔ:r], Hptst. des Dép. Belfort, vor der Burgund. Pforte, 51000 Ew. B. kam mit dem Sundgau 1648 an Frankreich.

Belfried, Glocken-, Rathaus- oder frei stehender Turm mittelalterl. Städte, bes. in Flandern.

Belfried in Brügge

Belgien, frz. **La Belgique,** niederländ. **België,** Königreich in W-Europa, 30518 km², 9,86 Mio. Ew.; Hptst.: Brüssel. ⊕ S. 488.

VERFASSUNG von 1831 (mehrfach geändert), parlamentar. Erbmonarchie (Haus Sachsen-Coburg); Volksvertretung: Senat, Abgeordnetenhaus; 3 Regionen (wallon., fläm., Brüsseler Region), 3 Gemeinschaften (frz., fläm. und dt.-sprachige) sowie 4 Sprachgebiete (das frz., das fläm., das dt. und das Brüsseler Sprachgebiet). – LANDESNATUR. Der S und SO B.s ist hügelig bis gebirgig, vorwiegend von den Ardennen durchzogen; an ihrem Nordrand (Sambre- und Maastal) erstrecken sich Kohlen- und Eisenerzlager. Mittel-B. ist ein meist fruchtbares Hügelland. Nach NW schließt sich das Küstenland an, teils sandige Geest (Kempenland, ausgedehnte Kohlenlager), teils Marschland. Hauptflüsse: Schelde und Maas; viele Kanäle. B. hat mildes, feuchtes Meeresklima; mitteleurop. Tier- und Pflanzenwelt. – BEVÖLKERUNG. 60% Flamen, 39% Wallonen, 0,7% Deutschsprechende. Religion: etwa 90% Katholiken, 1% Protestanten, 1% Muslime.

WIRTSCHAFT. Wichtigster Zweig ist die Ind. (Grundlage urspr. Kohle- und Eisenerzvorkommen, später Rohstoffeinfuhr): Maschinen-, Fahrzeug-, Schiffbau-, Textil-, Glas-, chem., Zementind.; Erdölraffinerien. Hoch entwickelte Landwirtschaft (Niederflandern, Hennegau): Getreide, Flachs, Zuckerrüben, Kartoffeln, Viehwirtschaft. – Als ein Staat mit verarbeitender Ind. hat B. die stärkste Außenhandelsabhängigkeit unter den EG-Ländern. Mitgl. der EG. Haupthandelspartner: EG-Länder, USA. Mit den Niederlanden und Luxemburg ist es wirtschaftlich bes. eng zusammengeschlossen (→ Benelux-Länder).

G Die kelt.-german. Belgen des Altertums wurden von Caesar unterworfen. Durch die Völkerwanderung wurde das Land ein Teil des Frankenreichs, im späten MA des niederländ. Reichs der Herzöge von Burgund, dann der Habsburger. Als die nördl. Niederlande sich im 16. Jh. von den span. Habsburgern losrissen, blieb B. (die südl. Niederlande) katholisch und unter span. Herrschaft. 1713 kam es an Österreich, 1797 an Frankreich. 1815 wurde es mit den nördl. Niederlanden zu einem Königreich vereinigt, riß sich aber durch die Revolution von 1830/31 los; Prinz Leopold von Sachsen-Coburg wurde König. Im Kampf gegen die Vorherrschaft der frz. Wallonen errangen die → Flamen allmählich ihre Gleichberechtigung. Im 1. und 2. Weltkrieg war B. von den Deutschen besetzt. Seit 1951 ist Baudouin I. König. 1949 trat B. dem Nordatlantikpakt bei. MinPräs. W. Martens (seit Mai 1988).

Belgien

Belgisch-Kongo, ehem. belg. Kolonie, → Zaire.

Belgorod, Gebiets-Hptst. in der Russ. SFSR, 248000 Ew.; Verkehrsknoten.

Belgrad, serbisch **Beograd** (weiße Burg), Hptst. von Jugoslawien (seit 1918) und der Teilrep. Serbien, im Mündungswinkel zw. Save und Donau, 1,5 Mio. Ew.; im 2. Weltkrieg stark zerstört; Univ.; Festung; Leicht- u. Schwerind., Luftverkehrsknoten. Belgrad war seit 1521 türk., nach dem Sieg Prinz Eugens 1717-39 österreichisch; im 19. Jh. wurde es Hptst. des Fstt. (1882 Kgr.) Serbien.

Belichtung, → Photographie.

Belisar, Feldherr des oström. Kaisers Justinian I., †565, zerstörte 533/34 das Wandalenreich in Afrika, bekämpfte dann die Ostgoten in Italien.

Belitung, Insel zw. Sumatra und Borneo, 4833 km², 164000 Ew.; Zinnbergbau.

Belize [bəl'i:z], Hafen in Belize, 41000 Ew.

Belize [bəl'i:z], bis 1973 als **Britisch-Honduras** brit. Kolonie an der O-Küste Zentralamerikas, seit 1981 unabhängige Rep., 22965 km², 156000 Ew., meist Schwarze und Mulatten; Hptst.: Belmopan. Im Innern trop. Regenwälder. Erzeugnisse: Holz, Zucker, Bananen, Kokosnüsse. ⊕ S. 485.

Belize

Bell, Alexander Graham, *1847, †1922, schuf 1876 das erste brauchbare Telephon.

Bella [ital. »die Schöne«], weibl. Vorname.

Belladonna die, → Tollkirsche.

Bellagio [bel'adʒo], Luftkurort am Comer See in Oberitalien, am Südfuß der Alpen, 3400 Ew.

Belvedere in Wien

Bellarmin(o), Robert, *1542, †1621, ital. Theologe, Verteidiger der kath. Lehre der Gegenreformation. 1930 heiliggesprochen.

Belle-Alliance [bɛlali'ãs], → Waterloo.

Belle Epoque [frz.], in Frankreich die Zeit von 1890 bis 1914, die durch Modernisierung der Technik, des Verkehrs, der Wohnkultur sowie durch Betonung des gesellschaftl. Lebens gekennzeichnet ist.

Bellerophon, grch. Sage: Bändiger des Pegasus.

Belletristik [frz.] die, Unterhaltungsliteratur.

Bellevue [bɛlv'y, frz. »schöne Aussicht«], Name zahlreicher Schlösser, Aussichtspunkte.

Belling, Rudolf, Bildhauer, *1886, †1972; zuerst Bildner abstrakter Vorwürfe (»Dreiklang«), später gegenständlich (Reiterdenkmal Atatürks).

Bellini, ital. Malerfamilie in Venedig. **Jacopo B.,** *um 1400, †um 1470; Madonnenbilder, Zeichnungen. Söhne: **Gentile B.,** *1431, †1507; Legendenbilder, Bildnisse. **Giovanni B.,** *um 1432, †1516, führte die Hochblüte der venezian. Malerei des 16. Jh. herauf: Madonnen-, Altarbilder. (BILD Italienische Kunst)

Bellini, Vincenzo, ital. Opernkomponist, *1801, †1835. »Die Nachtwandlerin«, »Norma«.

Bellinzona, Hptst. des Kt. Tessin, Schweiz, 16700 Ew.; Knotenpunkt der Gotthardbahn, Ausgangspunkt der San-Bernardino-Straße.

Bellman, Carl Mikael, volkstüml. schwed. Dichter, *1740, †1795; Liebes-, Trinklieder.

Bellow [b'elou], Saul, amerikan. Schriftst., *1915; naturalist., von der Psychoanalyse beeinflußte Romane im Großstadtmilieu. Nobelpreis für Literatur 1976.

Belluno, Stadt in der Region Venetien, N-Italien, 37000 Ew.; schöne Bauten; Möbelind.

Belmondo [bɛlmɔ̃d'o], Jean Paul, frz. Filmschauspieler, *1933.

Belo Horizonte [b'ɛloriz'onti], Hptst. des brasilian. Staates Minas Gerais, 1,44 Mio. Ew.; Univ.; Bergbau und Schwerind.

Belowo, Stadt in W-Sibirien, UdSSR, 116000 Ew., Zinkverhüttung, Kohlenbergbau.

Belsazar, König von Babylon (→ Menetekel), 539 v. Chr. von Kyros geschlagen.

Belt der, **Großer** und **Kleiner B.,** 2 Meeresstraßen, die gemeinsam mit dem Sund Ostsee und Nordsee verbinden.

Belucha, Berg im Russ. Altai, 4506 m.

Belutschistan, die von dem iran. Volk der Belutschen bewohnten Gebirgslandschaften im SO des Hochlands von Vorderasien. Der W gehört zu Iran, der O zu Pakistan, der N zu Afghanistan.

Belvedere [ital. »schöne Aussicht«], Name von Aussichtspunkten und Lustschlössern; das bekannteste ist das B. in Wien (1721-23 erbaut). (BILD S. 77)

Ben [hebr., arab.], Sohn.

Benares, früherer Name von → Varanasi.

Benatzky, Ralph, Operettenkomponist, *1884, †1957; »Bezauberndes Fräulein«, »Im Weißen Rößl«, »Meine Schwester und ich«.

Benda, Ernst, Politiker (CDU), *1925, Jurist, 1968-1969 Bundesinnenmin., 1971-83 Präs. des Bundesverfassungsgerichts.

bene [lat.], gut, wohl.

benedeien [lat. benedicere], segnen.

Benedetti, Vincent, Graf, 1864-70 frz. Botschafter in Berlin, bekannt durch die Unterredung mit Wilhelm I. in Ems, Juli 1870 (→ Emser Depesche).

Benedictus [lat. »gepriesen«], **1)** Lobgesang des Zacharias (Luk. 1,68-79). **2)** Teil der kath. Messe mit dem Sanctus, auch der luther. Abendmahlsordnung.

Benedikt [lat. »der Gesegnete«], Päpste, u. a.: **B. XV.** (1914-22), *1854, †1922, suchte im 1. Weltkrieg (1914 und 1917) zu vermitteln.

Ben Gurion

Benin

Benediktenkraut, Bitterdistel, distelähnl., grüngelb blühender Korbblüter; auf Flußwiesen oder angebaut.

Benediktiner Mz., lat. **Ordo Sancti Benedicti,** Abk. **OSB,** Mönchsorden, gestiftet von Benedikt von Nursia. Die B. leben der Frömmigkeit und der Arbeit; die einzelnen Klöster sind in Landesverbänden (Kongregationen) zusammengeschlossen und unterstehen dem Abtprimas in Rom. In Dtl. wirken die Bayer., die Beuroner und die Missions-Kongregation von St. Ottilien. Ordenstracht: schwarz. Durch Kloster- und Kirchenbauten, Rodungen und Landwirtschaft, Handwerk und Schulen waren die B. die Erzieher Europas bis weit ins MA. hinein. **Benediktinerinnen,** der weibl. Zweig des Ordens.

Benediktiner der, ein Kräuterlikör.

Benediktion [lat.] die, Segnung.

Benedikt von Nursia, *um 480, gründete 529(?) das Stammkloster der Benediktiner, Monte Cassino in Latium. Durch die von ihm verfaßte **Benediktinerregel** wurde B. der Begründer des abendländ. Mönchtums. Heiliger (Tag 11.7.).

Benefiz [lat.] das, **1)** Theater- oder Musikaufführung, deren Ertrag einem Spieler oder wohltätigen Zwecken zufließt. **2)** → Benefizium. **Benefiziant,** Wohltäter. **Benefiziar,** Inhaber einer Pfründe. **Benefiziat,** Inhaber eines Leihgutes, auch einer Pfründe.

Benefizium [lat. »Wohltat«], **1)** → Lehen. **2)** im Kirchenrecht: Pfründe.

Benelux-Länder, Sammelname für **Bel**gien, Niederlande (**Ne**derland) und **Lux**emburg, soweit sie zusammenwirken und als Einheit auftreten. 1960 volle Wirtschaftsunion; seit 1958 gehören die B.-L. der EG an.

Benesch, Eduard, Staatsmann, *1884, †1948, Mitbegründer der Tschechoslowakei; 1918-35 Außenmin., betrieb den Abschluß der Kleinen Entente; 1935-38, 1945-48 Staatspräs., 1938-45 im Exil, dankte nach kommunist. Umsturz ab.

Benevent, Stadt in Süditalien, nordöstlich von Neapel, 64000 Ew.; Erzbischofssitz; hat röm. Altertümer (Triumphbogen Trajans).

Bengalen, Landschaft am Unterlauf des Ganges und des Brahmaputra, 1947 geteilt in den ind. Staat West-B., Hptst. Kalkutta, und die pakistan. Provinz Ost-B. (Ost-Pakistan), Hptst. Dacca, die sich 1971 als → Bangladesh unabhängig erklärte.

Bengali, neuind. Sprache, in Bengalen, S-Assam, einem Teil von Bihar und von Orissa.

bengalisches Feuer, → Feuerwerk.

Bengalisches Meer, Teil des Ind. Ozeans zw. Vorder- und Hinterindien.

Bengasi, Hptst. der libyschen Prov. Cyrenaica, 650000 Ew.

Ben-Gavriêl, Moscheh Ya'akov, früher Eugen **Hoeflich,** *1891, †1965, Schriftst., Romane über jüd. Schicksale.

Bengel [zu niederdt. bangen »klopfen«] der, **1)** Knüttel, Prügel. **2)** Ü Rüpel, Flegel.

Benguela, Hafenstadt in Angola, 41000 Ew.; Ausgangsort der B.-Bahn durch Zaire, Sambia, Simbabwe nach Beira (Moçambique); derzeit unterbrochen.

Benguelastrom, kalte Meeresströmung im Atlant. Ozean, an der Westküste S-Afrikas.

Ben Gurion, David, israel. Politiker, *1886, †1973, Sozialist, 1948-53 und 1955-63 MinPräs.

Beni, Rio B., Fluß in Südamerika, Bolivien, von den Kordilleren in den Rio Madeira.

Benin, bis 1975 **Dahomey,** VR in W-Afrika, 112622 km², 3,81 Mio. Ew. Hptst. Porto Novo; größte Stadt und Haupthafen: Cotonou; Amtssprache: Französisch. Im S vielfach Feuchtwälder, im N Buschland und Savannen. Erzeugnisse: Mais, Maniok, Yamswurzeln, Palmkerne, Palmöl, Erdnüsse,

Baumwolle. Haupthandelspartner: Frankreich. Flughafen in Cotonou, 1904-58 Gebiet Frz.-W-Afrikas, dann Rep. in der Frz. Gemeinschaft. Nach dem Staatsstreich 1972 wurde 1975 die »VR Benin« proklamiert. Nach der Verf. (1977) ist Staatsoberhaupt der Präs. (M. Kérékou, seit 1972). ⊕ S. 482.

Benin, ehem. mächtiges afrikan. Reich am unteren Niger; Elfenbeinschnitzereien, Bronzen. B. wurde 1897-99 von den Briten Nigeria einverleibt. Das Küstengebiet war im 18. und 19. Jh. Hauptsitz des Sklavenhandels.

Benjamin, Sohn Jakobs, Bruder Josephs.

Benjamin, Walter, Schriftsteller, *1892, †(Selbstmord) 1940; vom Marxismus beeinflußte Essays, Literatur- und Zeitkritiken (»Einbahnstraße« u. a.).

Benn, Gottfried, *1886, †1956, Arzt, Lyriker und Essayist, kam vom Expressionismus her, strebte nach dem »absoluten Gedicht«.

Bennett, 1) Arnold, engl. Erzähler, *1867, †1931, Realist, schildert Alltag des engl. Töpferlandes. **2)** James Gordon, amerikan. Journalist, *1795, †1872; Begründer des modernen amerikan. Journalismus (»New York Herald«).

Ben Nevis, der höchste Berg der Brit. Inseln, in West-Schottland, 1343 m hoch.

Bennigsen, Rudolf von, Politiker, *1824, †1902, Gründer und 1859-67 Vors. des Dt. Nationalvereins, 1866-98 Führer der Nationalliberalen Partei.

Benno, Bischof von Meißen (seit 1066), Schutzpatron Altbayerns und Münchens.

Bensheim an der Bergstraße, Stadt in Hessen, 33 300 Ew.; Papierind., Wein-, Obstbau.

Bentham [b'entəm], Jeremy, engl. Jurist und Philosoph, *1748, †1832, entwickelte eine Sozialethik, → Utilarismus.

Benu|e der, Nebenfluß des Nigers, Afrika; 1400 km, in der Regenzeit 900 km schiffbar.

Benz, Carl, Ingenieur, *1844, †1929; baute 1885 den ersten entwicklungsfähigen Kraftwagen; gründete die Benzwerke in Mannheim.

Benz|aldehyd der, einfachster aromat. Aldehyd, verwendet als künstl. Bittermandelöl.

Benzanthronfarbstoffe, echte violette, blaue und grüne → Küpenfarbstoffe.

Benzin das, Gemisch leicht siedender Kohlenwasserstoffe, das bei der Destillation des Erdöls gewonnen wird; dient als Betriebsstoff für Motoren, da es mit Luft ein explosibles Gemisch gibt, sowie als Lösungsmittel für Fette, Öle, Harze (Reinigungsmittel). **Synthet. B.** kann durch Kohlehydrierung oder Fischer-Tropsch-Synthese gewonnen werden.

Benzineinspritzung, Einspritzung des Kraftstoffes in die Verbrennungsluft beim Ottomotor, durch Einspritzdüsen direkt in den Brennraum (innere Gemischbildung) oder vor die Einlaßventile (äußere Gemischbildung, heute meist üblich). Mögliche Vorteile gegenüber der Gemischbildung im Vergaser: höhere Leistung, geringerer Verbrauch, weniger schädl. Abgasbestandteile.

Benzo|eharz, vanilleartig duftendes Baumharz südostasiat. und indones. Styraxarten zur Herstellung wohlriechender Firnisse, Räuchermittel und Parfüme.

Benzo|esäure, $C_7H_6O_2$, kommt in Benzoeharz vor. **Natriumbenzoat** ist Konservierungsmittel.

Benzol das, C_6H_6, wasserheller, flüssiger Kohlenwasserstoff, 6 ringförmig verbundene Kohlenstoffatome **(B.-Ring)** und angelagert 6 Wasserstoffatome. B., im Steinkohlenteer enthalten, ist ein Nebenerzeugnis der Kokereien und Gasanstalten, wird heute aber vorwiegend durch Destillation oder Extraktion aus Benzin gewonnen. Siedepunkt 80°C. B. dient zur Herstellung von Nitro-B. und Anilin in der Farbenindustrie, als Lösungsmittel und ist u. a. Ausgangsprodukt für Styrol.

Beowulf, altengl. Heldengedicht in Stabreimversen, aus dem 8. oder 9. Jh.

Béranger [berã'ʒe], Pierre Jean de, frz. Dichter, *1780, †1857; volkstüml. Lieder.

berappen, 1) Wandflächen rauh verputzen. **2)** bezahlen.

Berber, nichtarab. Bev. N-Afrikas, etwa 10 Mio.; die Mauren und Numidier des Altertums. Europide mit eigener Sprache und Kultur; wichtigste Stammesgruppen: Kabylen, Shilh, Tuareg.

Berberitze die, **Sauerdorn,** Strauch mit Dornen, mit gelben, unangenehm riechenden Blüten und roten, sauren Beeren. B. ist Zwischenwirt des Pilzes Getreide-Schwarzrost.

Berceuse [bɛrs'øːz, frz.] die, Wiegenlied.

Berchtesgaden, Luftkurort und Wintersportplatz im SO Bayerns, nahe dem Königssee, 568 m ü. M., 8200 Ew.; Solbad; Salzbergwerk.

Bereicherung, ungerechtfertigte B., ⚖ Vermögenszuwachs auf Kosten eines anderen ohne rechtl. Grund. Der Geschädigte kann die B. in der Regel zurückfordern (§ 812 ff. BGB).

Bereichsüberschreitung, in der EDV das Nichtausreichen der Stellen zur Darstellung einer Zahl. **Überlauf** bedeutet, die Zahl ist größer als die Stellenzahl, **Unterlauf,** die Zahl ist kleiner als die kleinste darstellbare.

Beresina die, rechter Nebenfluß des Dnjepr, östl. von Minsk; 1812 verlustreicher Übergang des frz. Heeres beim Rückzug von Moskau.

Beresniki, Industriestadt in der Russ. SFSR, 195 000 Ew., Stein- und Kalisalzlager, chem. Ind.

Berg, ⊕ Bodenerhebung. Formen: flache Tafelberge; breite Rücken oder Dome; scharfe, schmale Türme, Zinnen, Zacken und Spitzen; hochaufragende Gratberge und Pyramiden; flach gewölbte Kuppen; stumpfe Kegel. (BILD und ÜBERSICHT S. 80)

Berg, ehem. Hzgt. auf dem rechten Rheinufer mit der Hptst. Düsseldorf, 1614 an Pfalz-Neuburg, 1777 an Bayern, 1806 bildete Napoleon I. das **Großherzogtum B.;** seit 1815 preußisch.

Berg, 1) Alban, Komponist, *1885, †1935, Vertreter der → Zwölftonmusik. **2)** Claus, Bildschnitzer, *um 1475, †um 1535, schuf den Schnitzaltar in Odense (Dänemark). **3)** Paul, amerikan. Biochemiker, *1926, Nobelpreis für Chemie 1980 für Arbeiten über Nukleinsäuren.

Bergakademi|en, Hochschulen zur wissenschaftl. Ausbildung der höheren Berg- und Hüttenbeamten; Clausthal-Zellerfeld (gegr. 1775, jetzt TU), Freiberg i. Sa. (1765), in Österreich: Leoben (1849).

Bergamo, Stadt in Oberitalien, am Fuß der Alpen, 121 000 Ew.; Textil-, Zementind.

Bergamotte die, **1)** Pomeranzen-Unterart, aus der das Bergamottöl gewonnen wird. **2)** Sorten der Birnen.

Bergarbeiter, alle Arbeiter im Bergbau sowie in Kokereien, bes. die bei der Gewinnung des Rohproduktes im Untertagebau Beschäftigten **(Grubenarbeiter).**

Bergbahn, → Zahnradbahn, → Seilbahn.

Bergbau, Aufsuchen und Untersuchen von natürl. Lagerstätten nutzbarer Mineralien und mineral. Rohstoffe, das Erschließen, Gewinnen, Fördern und Aufbereiten des Lagerstätteninhalts. – B. erstreckt sich auf Steinkohle, Braunkohle, Torf, Erdöl, Erdgas, Ölschiefer, Ölsande; auf Metallerze; auf Schwefel, Steinsalz, Kalisalze, Phosphate und Stickstoffmineralien; auf Edelsteine sowie Steine und Erden aller Art.

Zum Aufsuchen und Untersuchen von Lagerstätten dienen Luftbildaufnahmen und geophysikal. Aufschlußverfahren. Diese und

Benn

Benz

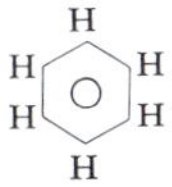

Benzol, C_6H_6

Benzol

Berberitze: oben Blüte, unten Frucht

Berg: Bergformen: Pyramide, Horn, Kegel, Zinnen, Kuppe, Tafel

Schürfarbeiten (Anlage von Gräben, Bohrlöchern, Stollen, Schächten) ermöglichen die Beurteilung der Vorräte und der Bauwürdigkeit einer Lagerstätte. – Ein so untersuchtes Vorkommen kann durch Bohrlöcher, im Tagebau oder im Untertagebau (Tiefbau) aufgeschlossen werden. Zur Gewinnung durch **Bohrlöcher** (oft bis zu 6000 m Tiefe) muß der zu gewinnende Rohstoff flüssig, gasförmig, löslich oder in eine Flüssigkeit oder ein Gas überführbar sein (z. B. Erdöl, Erdgas, Salze, mit Heißdampf geschmolzener Schwefel). **Tagebau** kann für oberflächennahe Lagerstätten vorteilhaft sein. Die darüberliegenden Erd- und Gesteinsschichten **(Abraum)** werden abgetragen; die Gewinnung (mit Baggern, bei härteren Mineralien auch durch Sprengarbeit) erfordert ständig weiteres Abtragen des Abraums, so daß die Tagebauöffnung immer größer wird. Ihr rückwärtiger Teil dient dann oft der Verkippung des Abraums. Beim **Untertage-B.** wird die Lagerstätte durch **Ausrichtungsarbeiten** erschlossen: Bau von Schächten, die von der Tagesoberfläche ausgehen, oder von Stollen, die in gebirgiger Gegend von der Talflanke aus angesetzt werden. Zur Sicherheit und **Bewetterung** (Zufuhr von Frischluft) muß jedes **Bergwerk** 2 solcher Tagesöffnungen haben. Ausrichtung ist auch die Anlage untertägiger Streckensysteme auf einem, zwei oder mehr Niveaus (Sohlen), die verbunden sein können. Durch sie wird die Teilung in abbaugerechte Abschnitte möglich.

Die bei nicht standfestem Gestein durch Ausbau gesicherten Grubeneingänge müssen Bergwerksmaschinen, elektr. Einrichtungen und Versorgungsleitungen aufnehmen **(Herrichtung).** Wasserzuflüsse aus dem Gebirge werden durch die **Wasserhaltung** (Sammeln des Wassers an der tiefsten Stelle des Bergwerks und Abpumpen) beherrscht. Erze und Salze werden vor allem durch Bohren von Sprenglöchern, Sprengen, Steinkohle vorwiegend schneidend durch **Schrämmaschinen** und **-lader** oder schälend mit **Kohlenhobeln** gewonnen. Das Fördergut gelangt über **Fördereinrichtungen** (z. B. Kettenkratzerförderer, gleislose Transportfahrzeuge, Förderbänder, Grubenbahnen) zum Schacht und von dort nach über Tage. – **Steinkohle** wird in der Bundesrep. Dtl. vor allem im Ruhrgebiet, bei Aachen und im Saargebiet gefördert. – **Braunkohle** wird in der Bundesrep. Dtl. im Rheinland, bei Helmstedt und in Bayern im Tagebau, in Hessen auch im Tiefbau gewonnen.

Höchste Berge der Erde

Name	m ü. M.	Gebirge	Land
Europa			
Montblanc	4810	Savoyer Alpen	Frankreich-Italien
Dufourspitze (Monte Rosa)	4634	Walliser Alpen	Schweiz-Italien
Großglockner	3797	Hohe Tauern	Österreich
Mulhacén	3481	Sierra Nevada	Spanien
Pico de Aneto	3404	Pyrenäen	Spanien
Zugspitze	2963	Wettersteingebirge	Deutschland
Afrika			
Kibo	5895	Kilimandjaro	Tansania
Kenia	5194		Kenia
Amerika			
Aconcagua	6959	Anden	Argentinien
McKinley	6193		Alaska
Citlaltepetl	5700		Mexiko
Asien			
Mount Everest	8872	Himalaya	China-Nepal
K², Chogori	8611	Karakorum	Indien
Kangchendzönga	8598	Himalaya	Indien (Sikkim)
Lhotse	8511	Himalaya	
Australien und Ozeanien			
Carstensz-Spitze	5030		Neuguinea
Maunakea	4208		Hawaii
Mt. Kosciusko	2230		Australien
Mount Cook	3764		Neuseeland

Bergell das, Tallandschaft im schweizer. Kt. Graubünden und der ital. Prov. Sondrio,

Bergbau: Schematische Darstellung der Untertageanlage eines Bergwerks

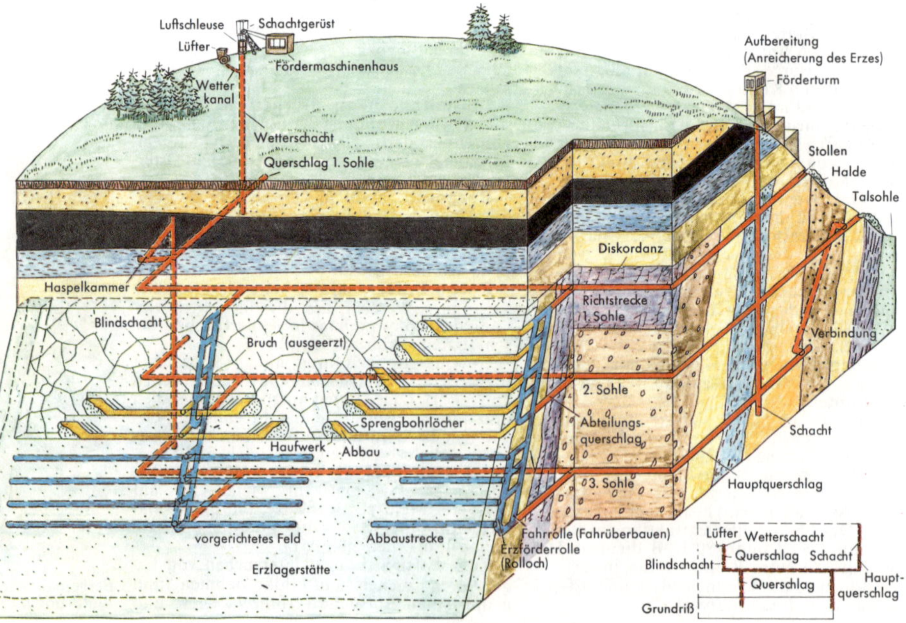

vom Malojapaß (1815 m) bis Chiavenna (320 m).

Bergen, 1) wichtigste Hafenstadt in SW-Norwegen, 207 000 Ew.; Univ.; Fischerei, Handel (Hering, Stockfisch, Holz); Schiffbau; im 15./16. Jh. Haupthandelsplatz der dt. Hanse. **2) B./Rügen,** Krst. im Bez. Rostock, 14 800 Ew., Nahrungsmittelind.

Bergengruen, Werner, Schriftst., *1892, †1964, sah die Berufung des Dichters im Offenbarmachen ewiger Ordnungen (»Der Großtyrann und das Gericht« u. a.).

Bergfried, Hauptturm und letzte Zuflucht der mittelalterl. Burg.

Berginverfahren, → Bergius.

Bergisches Land, Landschaft zw. Ruhr und Sieg, im Gebiet des ehem. Hzgt. → Berg.

Bergisch Gladbach, Krst. in NRW, 102 000 Ew.; Papier, Maschinen.

Bergisel, Berg bei Innsbruck, 750 m; im Tiroler Freiheitskampf 1809 umkämpft.

Bergius, Friedrich, Chemiker, *1884, †1949, erfand das **Berginverfahren** zur Herstellung flüssiger Kohlenwasserstoffe aus Kohle (→ Kohlehydrierung).

Bergkamen, Stadt im Kr. Unna, NRW, 48 000 Ew., Steinkohlen ⚒, chem. Ind.

Bergkarabach, autonomes Gebiet der Bergkarabachen in der Aserbeidschan. SSR, UdSSR, 4400 km², 174 000 Ew., Hptst. Stepanakert; seit 1988 Unruhen aufgrund von Demonstrationen für Anschluß an Armen. SSR.

Bergkrankheit, Höhenkrankheit, durch Sauerstoffverarmung der Luft in größeren Höhen hervorgerufene Beschwerden.

Bergkristall, wasserhelle, reinste Kristallform des Quarzes, sechsseitig.

Bergman, 1) Ingmar, schwed. Filmregisseur und Drehbuchautor, *1918; »Das Schweigen«, »Persona«, »Das Schlangenei«, »Aus dem Leben der Marionetten«, »Fanny und Alexander«. **2)** Ingrid, schwed. Filmschauspielerin, *1915, †1982.

Bergmann, Bergleute, gelernter Bergarbeiter (Grubenarbeiter); 3jährige Ausbildung zum Bergmechaniker; weitere 3 Jahre Lehrhauerzeit, Fortbildung zum Hauer (Hauerbrief), Aufstieg zum Steiger möglich.

Bergmann, Ernst von, *1836, †1907, Prof. der Chirurgie u. a. in Berlin; einer der Begründer der Asepsis und der Hirnchirurgie.

Bergmann-Pohl, Sabine, Politikerin (Dt. Dem. Rep., CDU), *1946; Medizinerin, seit April 1990 Präs. der Volkskammer, bis zur Wahl eines Staatsoberhaupts auch in dieser Funktion.

Bergner, Elisabeth, Schauspielerin, *1897, †1986; emigrierte 1933.

Bergpartei, in der Frz. Revolution die Radikalen (Jakobiner und Cordeliers).

Bergpredigt, Rede Jesu (Mt. 5-7), zusammengefaßt im Gebot der Nächstenliebe.

Bergrecht, Gesamtheit der den Bergbau betreffenden Rechtssätze. Grundsatz der **Bergbaufreiheit,** d. h. Aufsuchen und Gewinnung der meisten Mineralien durch jeden Bergbaulustigen auch auf fremdem Grund und Boden, soweit die Mineralien nicht (wie Steinkohle, Steinsalz usw.) dem Staate vorbehalten sind **(Bergregal).** Als Rechtsformen für die Beteiligung mehrerer Unternehmer am Bergbaubetrieb sind die Aktiengesellschaft und die bergrechtl. → Gewerkschaft üblich. **Bergbehörden** sind das Bergamt und das Oberbergamt.

Bergson [bɛrgs'ɔn], Henri, frz. Philosoph, *1859, †1941, vertrat gegenüber dem bloß Verstandesmäßigen den Vorrang der Intuition: Das Leben als schöpferisches Geschehen (élan vital) lasse sich nicht in feste Begriffe bannen.

Bergstraße, der warme, obst- und weinreiche Landstrich am Westfuß des Odenwaldes.

Bergström, Sune, schwed. Forscher, *1916, erhielt zus. mit B. Samuelsson und J. Vane für Arbeiten auf dem Gebiet der Prostaglandine (Gewebe-Hormone) den Nobelpreis für Physiologie oder Medizin 1982.

Bergung, Rettung von Menschen und Material bei Unfällen oder Naturkatastrophen, auch eines in Seenot geratenen Schiffes.

Bergwacht, Organisation, die bei Unglücksfällen in den Bergen Hilfe leistet; in Dtl. besteht die **Dt. B.** des Dt. Alpenvereins.

Bergwerk, → Bergbau.

Beriberi die, durch Vitamin-B-Mangel hervorgerufene Nervenerkrankung.

Berichterstatter, 1) B., Referent, jemand, der mit der unparteiischen Darlegung eines Sachverhalts beauftragt ist, bes. als Mitgl. einer Behörde, eines Gerichts, eines Ausschusses. **2) B., Reporter,** ständiger Mitarbeiter einer Zeitung, des Rundfunks oder Fernsehens, der Mitteilungen über Tagesereignisse liefert.

Berichtigungspflicht, Pflicht des Schriftleiters einer Zeitung oder Zeitschrift, in der unrichtige Behauptungen veröffentlicht worden sind, zur Veröffentlichung einer Gegendarstellung.

Berija, Lawrentij, sowjet. Politiker, *1899, †1953, bes. im staatl. Sicherheitsdienst lange einer der mächtigsten Männer der UdSSR, wurde 1953 amtsenthoben und hingerichtet.

Bering, Vitus, dän. Seefahrer, *1680, †1741, erforschte das **B.-Meer,** den nördl. Teil des Pazif. Ozeans, und durchfuhr die 75-100 km breite **B.-Straße** zw. Alaska und Sibirien.

Berio, Luciano, ital. Komponist, *1925, trug maßgeblich zur Entwicklung der elektron. Musik bei.

Berka, Bad B., Luftkurort im Bez. Erfurt, an der Ilm, 4500 Ew.; Mineralquellen.

Berkeley [b'ə:klı], Stadt in Kalifornien, USA, 103 000 Ew.; Univ.; Eisenind.

Berkeley [b'a:klı], George, engl. Philosoph, Theologe, *1685, †1753, vertrat den → Sensualismus.

Berkelium das, **Bk,** künstliches, radioaktives chem. Element, ein Transuran.

Berkhan, Karl-Wilhelm, Politiker (SPD), *1915, 1969-75 Staatssekr., 1975-85 Wehrbeauftragter des Dt. Bundestags.

Berlage, Hendrik Petrus, holländ. Baumeister, *1856, †1934, entwickelte einen streng sachl. Stil in der Baukunst: Börse Amsterdam.

Berleburg, Bad B., Stadt in NRW, 20 100 Ew.

Berlichingen, Götz von, fränk. Ritter, *1480, †1562, verlor bei einer Fehde seine rechte Hand, die durch eine eiserne ersetzt wurde. Im Bauernkrieg 1525 übernahm er gezwungen die Führung der Bauern. Schauspiel von Goethe.

Berlin, Hptst. des → Dt. Reiches; umfaßt 883 km² mit rd. 3,31 Mio. Ew. (1939: 4,34 Mio.); davon entfallen auf **B. (West)** 480 km² mit 2,05, auf **B. (Ost)** 403 km² mit 1,26 Mio. Ew. (Übersicht Bundesrep. Dtl., Dt. Dem. Rep.)

B. (West) gilt nach der Verf. für Berlin vom 1. 9. 1950 (in Kraft seit 1. 10. 1950 nur in den 3 W-Sektoren) als dt. Land; es wird, von der Bundesrep. Dtl. gesondert, im Rahmen des Viermächtestatus verwaltet; im Bundesrat ist es mit 4, im Bundestag mit 22 Abg. vertreten, die jedoch kein Stimmrecht haben. Gesetzgebungsorgan ist das Abgeordnetenhaus. Die Regierung (Sitz: Rathaus Schöneberg) obliegt dem Senat unter dem Regierenden Bürgermeister (seit 1989 W. Momper, SPD) und einem Bürgermeister. B. (West) ist Sitz zahlreicher Behörden der Bundesrep. Dtl. – **B. (Ost)** ist rechtlich kein Bestandteil der Dt. Dem. Rep., wurde jedoch zu ihrer Hptst. erklärt. Es ist Sitz der Regierung. Oberstes Organ der Gesetzgebung und Verwaltung ist der vom Volk gewählte Magistrat unter einem Oberbürgermeister (seit 1990 T. Schwierzina, SPD).

Bergengruen

Bergkristall

Bergson

Berlin (Ost)

Berlin (West)

Berlin: links Kurfürstendamm, im Hintergrund Kaiser-Wilhelm-Gedächtniskirche und Europa-Center; rechts Weltzeituhr am Alexanderplatz, im Hintergrund »Haus des Lehrers«

Im Stadtmittelpunkt liegt die Spree-Insel. Bekannte Bauten: Zeughaus, Opernhaus, Brandenburger Tor, Reichstag; das Schloß wurde abgebrochen; Kongreßhalle (1980 z. T. eingestürzt), Internat. Kongreßzentrum (ICC), Philharmonie, Neue Nationalgalerie. B. ist kath. und evang. Bischofssitz, reich an Bildungsstätten: Humboldt-Univ. (B.-Ost), TU, Freie Univ. und zahlreiche andere wissenschaftl. und Kunsthochschulen, Dt. Staatsbibliothek, viele Kunstsamml. und etwa 25 Theater. Akad. der Wissenschaften (Ost); Max-Planck-Institute in B.-Dahlem und andere wissenschaftl. Akad. und Institute. In B. (West) besteht die »Stiftung Preuß. Kulturbesitz«. Rundfunk und Fernsehen: in B. (West) Sender Freies Berlin, RIAS, ZDF; in B. (Ost) Dtl.-Sender, Berliner Rundfunk, Berliner Welle, Dt. Fernsehfunk. Die bedeutende Wirtschaft B.s erlitt im und nach dem Krieg große Einbußen durch Zerstörung, Demontage, Verlagerung; doch setzte seit 1950 ein beachtl. Aufstieg ein. 1960 war B. wieder Dtl.s größter Standort von Gewerbe und Ind. Hauptzweige (in West und Ost): Elektro-, Maschinen-, Bekleidungs-, Nahrungsmittel-, chem. Ind., Druckereien. Filmgesellschaften; Tagungen und Ausstellungen; Fremdenverkehr. Handel, Fern- und Durchgangsverkehr sind durch die Zonentrennung stark beeinträchtigt. Dem Ortsverkehr dienen u. a. Stadt- und Ringbahn, U-Bahn; in B. (West) Stadtautobahn. B. (West) hat 2, B. (Ost) 1 Flughafen.

❻ B. ist aus den dt. Siedlungen B. und Cölln entstanden, die um 1237 Stadtrecht erhielten und 1307 vereinigt wurden. Seit 1486 ist es der ständige Regierungssitz der brandenburg. Kurfürsten und preuß. Könige; seit 1871 Reichs-Hptst. Im 2. Weltkrieg wurde B. durch Luftangriffe weitgehend zerstört, 1945 von sowjet. Truppen erobert. Nach dem Einzug westl. Truppen und der Errichtung der 4 Sektoren wurde B. Sitz des Alliierten Kontrollrats, den die Sowjets 1948 verließen. Sie verhängten über die W-Sektoren die Blockade (24. 6. 1948), die mit Hilfe der → Luftbrücke (bis 12. 5. 1949) überwunden wurde. Die Verdrängung des gewählten Magistrats aus B. (Ost) vollzog die Spaltung (30. 11. 1948). Von B. (Ost) ging 1953 der Juniaufstand aus. Seit dem 13. 8. 1961 wurde entlang der Sektorengrenze zw. B. (Ost) und B. (West) die **Berliner Mauer** errichtet; die Freizügigkeit in B. wurde damit beseitigt. Mit der Einrichtung zahlreicher Grenzübergänge (seit Nov. 1989, im Dez. Öffnung des Brandenburger Tors) sowie dem teilweisen Abbau der Berliner Mauer wurde die Freizügigkeit wieder hergestellt.

Berlioz

Verw.-Bez.	Sektor	Verw.-Bez.	Sektor
Berlin (West)		Wilmersdorf	B
Charlottenburg	B	Zehlendorf	A
Kreuzberg	A	**Berlin (Ost)**	
Neukölln	A	Friedrichshain	S
Reinickendorf	F	Köpenick	S
Schöneberg	A	Lichtenberg	S
Spandau	B	Mitte	S
Steglitz	A	Pankow	S
Tempelhof	A	Prenzlauer Berg	S
Tiergarten	B	Treptow	S
Wedding	F	Weißensee	S
		Marzahn	S

A = Amerikanisch B = Britisch
F = Französisch S = Sowjetisch

Berlin [b'ə:lın], Irving, amerikan. Komponist, *1888, †1989; »Annie, get your gun«.

Berlin-Abkommen, 1971 ausgehandelter Rahmenvertrag zw. den USA, Großbritannien, Frankreich und der UdSSR über die Bindungen West-Berlins an die Bundesrep. Dtl.

Berline die, viersitziger Reisewagen mit zurückschlagbarem Verdeck (17. Jh.).

Berliner Blau, tiefblauer Farbstoff aus gelbem Blutlaugensalz und Eisensalzen.

Berliner Ensemble, → Brecht.

Berliner Kongreß, Tagung von Vertretern der europ. Großmächte und der Türkei unter dem Vorsitz Bismarcks 1878, ordnete nach dem Russisch-Türk. Krieg die staatl. Verhältnisse der Balkanhalbinsel.

Berliner Porzellan, Erzeugnisse der 1751 gegr., seit 1763 königl., seit 1918 staatl. Porzellanmanufaktur in Berlin.

Berliner Weiße, helles, obergäriges Bier aus Weizen- und Gerstenmalz; vielfach mit Zusatz von Korn oder Himbeersaft (B. W. »mit Schuß«).

Berlinguer [-gu'ɛr], Enrico, ital. kommunist. Politiker, *1922, †1984; 1972–84 Gen.-Sekr. der KPI.

Berlioz [bɛrlj'ɔz], Hector, frz. Komponist, *1803, †1869, verfeinerte die Instrumentation, vertrat eine tonmalende Programm-Musik:

Sinfonien (»Harold«), Opern (»Benvenuto Cellini«).

Berlitzschulen, private Sprachschulen mit bes. Unterrichtsmethodik; gegr. 1878 von dem Amerikaner M. D. Berlitz (†1921).

Berlocke [frz.] die, zierl. Schmuckanhänger.

Bermuda-Inseln, Bermudas, Inselgruppe im Atlant. Ozean, südöstl. von Kap Hatteras (USA); brit. Kronkolonie, 56000 Ew.; Kartoffeln; amerikan. Flugstützpunkt; Hptst.: Hamilton.

Bern, 1) Kt. der Westschweiz, 6049 km², 929000 Ew. (deutschsprachig, überwiegend evang.); Berner Oberland (Fremdenverkehr), Berner Mittelland (Viehzucht, Käse, Getreide-, Wein-, Maschinenind., Obstbau, Weberei). 1978 entstand durch Volksabstimmung aus dem ehem. zum Kt. Bern gehörenden Bez. Delsberg, Pruntrut und Freiberge der neue Kt. Jura. **2)** Bundesstadt der Schweiz und Hptst. von 1), an der Aare, 136300 Ew.; Sitz der Bundesverwaltung sowie versch. internat. Organisationen und ausländ. Vertretungen; hat u.a. Münster, Botan. und Zoolog. Garten, Univ. B. wurde 1191 gegr., trat 1353 der Schweizer. Eidgenossenschaft bei, beherrschte 1536-1798 auch die Waadt; seit 1848 Bundes-Hptst. **3)** altdt. Name für Verona.

Bernadette, eigentl. Maria Bernarda **Soubirous,** *1844, †1879, Heilige (seit 1933), erlebte 1858 in einer Höhle bei Lourdes, das dadurch zu einem bed. kath. Wallfahrtsort wurde, 18 Marien-Erscheinungen (Tag 16.4.).

Bernadotte, 1) Jean Baptiste, frz. Marschall, wurde als →Karl XIV. König von Schweden (1818-1844). **2)** Folke, Graf, *1895, als Vermittler der UNO zw. Arabern und Juden in Palästina 1948 ermordet.

Bernanos, Georges, frz. Schriftst., *1888, †1948, behandelte in Romanen den Kampf zw. Gott und Satan im Menschen: »Die Sonne Satans«, »Tagebuch eines Landpfarrers«.

Bernauer, Agnes, Barbierstochter aus Augsburg, 1432 heimlich mit Herzog Albrecht III. von Bayern vermählt, von dessen Vater 1435 als Zauberin in der Donau ertränkt, Trauerspiel von Hebbel.

Bernburg, Krst. im Bez. Halle/S., an der Saale, 40900 Ew.; Kali-, Steinsalz-, Soda-Ind.

Berneck im Fichtelgebirge, Bad B. i. F., Luftkur-, Kneippkurort, Bayern, 4900 Ew.

Berner Klause, Engpaß im Etschtal, östlich vom Gardasee, Zugang zur oberital. Ebene.

Berner Konventionen, internat. Übereinkommen: **1)** Eisenbahnübereinkommen von 1890, 1923, 1956. **2)** über Postfragen, →Weltpostverein. **3)** →Berner Übereinkunft.

Berner Oberland, Berner Alpen, Teil der Westalpen, vom Rhônetal bis zum Aaretal (Haslital), reich an hohen Gipfeln: Westl. Teil von Les Diablerets bis zum Wildstrudel; östl. Teil zw. Gemmi- und Grimselpaß mit Finsteraarhorngruppe.

Berner Übereinkunft zum Schutz von Werken der Literatur und Kunst vom 9. 9. 1886 (mehrmals revidiert), →Urheberrecht.

Berneuchener Kreis, Bewegung zur liturg. Erneuerung des evang. Gottesdienstes.

Bernhard [aus ahd. bero »Bär« und harti »stark«], männl. Vorname, Kurzform: Benno.

Bernhard Leopold, Prinz der Niederlande, *1911, ⚭ (1937) mit Juliane, Königin der Niederlande (1948-80).

Bernhard, Herzog von Sachsen-Weimar, protestant. Feldherr im Dreißigjährigen Krieg, *1604, †1639, schloß sich Gustav Adolf an und entschied nach dessen Tod die Schlacht bei Lützen; 1634 bei Nördlingen geschlagen; verband sich mit Frankreich, eroberte 1638 Breisach.

Bern 2): Altstadt mit Münster

Bernhard, Thomas, Schriftst. österr. Herkunft, *1931, †1989; Romane, Erz. und Kurzprosa, Autobiographisches.

Bernhardiner Mz., **1)** Mönchsorden, →Zisterzienser. **2)** großer, braun- und weißgefleckter Hund, im Kloster auf dem Gr. St.-Bernhard gezüchtet; Lawinensuchhund.

Bernhardt [bɛrn'a:r], Sarah, frz. Schauspielerin, *1844, †1923.

Bernhard von Clairvaux [klɛrv'o:], Kirchenlehrer, *1091, †1153, frühscholast. Mystiker, Erneuerer des Zisterzienserordens, predigte für den 2. Kreuzzug (1147); Heiliger.

Bernina die, Gebirgsstock der Rätischen Alpen, an der Grenze zw. Schweiz und Italien. Höchste Erhebung: Piz B. in Graubünden 4049 m, östlich davon der **B.-Paß** (2330 m; Hospiz) mit Alpenstraße und der **B.-Bahn** von St. Moritz nach Tirano.

Bernini, Gian Lorenzo, ital. Baumeister und Bildhauer, *1598, †1680, Hauptmeister des Barocks in Rom; schuf Kirchen (Kolonnaden von St. Peter), Altäre, Paläste, Bildnisse.

Bernkastel-Kues, Stadt an der Mosel, Rheinl.-Pf., 6900 Ew.; Weinbau; Geburtsort des Nikolaus von Kues.

Bernoulli [bern'uli], schweizer. Gelehrtenfamilie, der u.a. die Mathematiker Jakob (*1654, †1705) und Johann (*1667, †1748) B. entstammen.

Bernstein [»Brennstein«] der, Harz von Nadelhölzern der Tertiärzeit. B. ist gelb bis rotbraun und enthält oft tier. oder pflanzl. Einschlüsse. Hauptfundort: Küsten O- und W-Preußens; an der samländ. Küste **(B.-Küste)** aus dem Meer gefischt und im Tagebau gewonnen. Verwendung zu Schmuck, als Isoliermaterial und Verarbeitung zu **B.-Lack.**

Bernstein, 1) Eduard, sozialist. Schriftst. und Politiker, *1850, †1932, Vertreter des →Revisionismus. **2)** Leonard, amerikan. Dirigent, Komponist, *1918, »West Side Story«.

Bernstorff, dän. Adelsfamilie, der die Reform-Min. Andreas Peter (*1735, †1797) und Johann Hartwig Ernst (*1712, 1772) B. entstammen.

Bernward [aus ahd. bero »Bär« und warto »Hüter«], männl. Vorname.

Bernward, Bischof von Hildesheim (seit 993), *um 960, †1022, Gelehrter, Künstler; Schutzheiliger der Goldschmiede (Tag 26.11.).

Berolina, neulat. Name für Berlin.

Beromünster, Gem. im schweizer. Kt. Luzern, 1700 Ew. In der Nähe der schweizer. Landessender B.

Berserker [»Bärenhäuter«] der, altnord. Sage: Kämpfer mit der Kraft von 12 Männern.

Berta, Bertha [von ahd. beraht »glänzend«], weibl. Vorname.

Bertelsmann AG, Medienkonzern in Gütersloh, Stammhaus gegr. 1835; pflegt fast alle Sparten der Fach- und Unterhaltungsliteratur; beteiligt an elektron. Medien, an privaten

Bern 1)

Bern 2)

Bernini

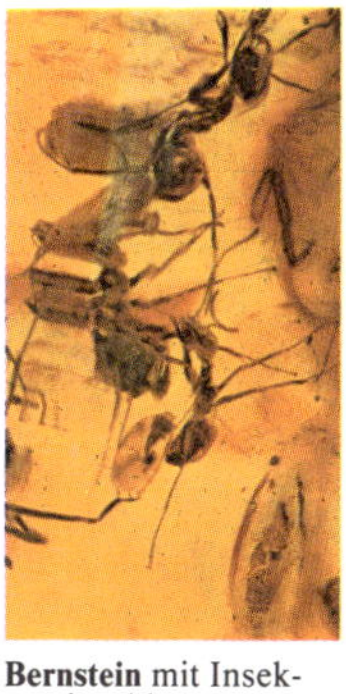

Bernstein mit Insekteneinschlüssen

Rundfunk- und Fernsehsendern; an Druckereien.

Berthold, Bertold [von ahd. beraht »glänzend« und waltan »herrschen«], männl. Vorname.

Berthold von Regensburg, Franziskanermönch, †1272, Volksprediger des MA.

Bertram [aus ahd. beraht »glänzend« und raban »Rabe«], männl. Vorname.

Bertram, Meister B., Maler und Bildschnitzer, *um 1340, †1414 oder 1415; schuf den Grabower Altar. (BILD deutsche Kunst)

Bertran de Born [bɛrtrã də], frz. Troubadour, *um 1140, †vor 1215, hinterließ Minne- und Kampflieder.

Bertrich, Bad B., staatl. Heilbad in der Eifel, 1100 Ew.; Glaubersalztherme.

Beryll

Beruf, Kreis von Tätigkeiten, den der Mensch im Rahmen der Gesellschaftsordnung als dauernde Aufgabe ausfüllt, meist zugleich die Quelle seines Lebensunterhalts. In älteren, bes. den ständ. Gesellschaftsordnungen war der B. nicht frei wählbar, sondern ständisch gebunden, z. T. erblich **(ständ. B.).** Erst in der neueren bürgerl. Gesellschaft besteht freie B.-Wahl.

Berufsberatung, Beratung bei der Berufswahl, bes. der schulentlassenen Jugend, fördert die Verteilung auf die einzelnen Berufe entsprechend dem wirtschaftl. Bedarf, unter Berücksichtigung der Veranlagung, der Neigung und der wirtschaftl. Verhältnisse des Berufssuchenden. Die öffentl. B. wird in der Bundesrep. Dtl. von den Arbeitsämtern durchgeführt.

Berufsbild, Beschreibung aller Tätigkeiten, die ein Beruf umfaßt, der Anforderungen, Arbeitsbedingungen, Entwicklungsmöglichkeiten.

Berufsgeheimnis, Verpflichtung der Ärzte, Apotheker, Hebammen, Rechtsanwälte, Wirtschaftsprüfer, Steuerberater usw. sowie deren Gehilfen, Privatgeheimnisse, die ihnen kraft ihres Berufs anvertraut sind, nicht zu offenbaren. Im Prozeß besteht insoweit Zeugnisverweigerungsrecht (→Zeuge). Verletzung des B. ist strafbar (§§ 203, 353 b StGB).

Berufsgenossenschaften, die Träger der gesetzl. Unfallversicherung. In den B. sind alle Unternehmer der versicherungspflichtigen Betriebe zusammengefaßt; Körperschaften des öffentl. Rechts mit Selbstverwaltung; nach Wirtschaftszweigen oder örtlich gegliedert.

Berufskrankheiten, von den Berufsgenossenschaften als urspr. auf den Beruf zurückgehend anerkannte und somit entschädigungspflichtige Erkrankungen, z. B. Staublunge, Bleivergiftung.

Berufsschule, 3jährige Pflichtschule für Auszubildende, die in 8–10 Wochenstunden, zunehmend auch im mehrwöchigen Blockunterricht die prakt. Berufsausbildung begleitet und nach der fachlich-theoret. und z. T. auch nach der prakt. Seite ergänzt; auch Pflichtschule für Jugendliche ohne Lehrvertrag. Arten: gewerbl., kaufm., land- und hauswirtschaftl. B. **Berufsfachschule,** ein- bis dreijährige freiwillige Vollzeitschule für kaufm., hauswirtschaftl., gewerbl., techn. u. a. Berufe. **Berufsaufbauschulen** vermitteln den Anschluß an die Fachschule (Fachschulreife), zunehmend durch Fachoberschulen und die 10. Klassen an Hauptschulen ersetzt.

Berufssportler, engl. **Professional,** Sportsmann, der i. Ggs. zum Amateur Sport des Gelderwerbs wegen treibt.

Berufsunfähigkeit, Unmöglichkeit der Berufsausübung, liegt vor, wenn die Erwerbsfähigkeit unter die Hälfte derjenigen gesunder Versicherungsnehmer gesunken ist; begründet in der Rentenversicherung Anspruch auf Rente.

Berufsverband, freie unabhäng. Vereinigung zur Vertretung berufl., kultureller, wirtschaftl. Interessen, fachlich und (oder) regional gegliedert (z. B. Arbeitgeberverbände, Gewerkschaften, Fußballspieler).

Berufsverbot, gerichtl. Untersagung der Berufsausübung als Maßnahme zur Sicherung der Allgemeinheit vor Straffälligen, die eine Straftat unter grober Verletzung ihrer Berufspflichten begangen haben (mindestens 1, höchstens 5 Jahre).

Berufung, ⚖ Anrufung eines höheren Gerichtes gegen ein erstinstanzl. Urteil zu neuer Sach- und Rechtsprüfung (§§ 511 ff. ZPO, 312 ff. StPO), früher auch **Appellation** genannt.

Beruhigungsmittel, Sedativa, ♡ Arzneimittel, die die Erregbarkeit des Zentralnervensystems herabsetzen und damit beruhigend wirken; man unterscheidet: **1)** Stoffe, die in höheren Dosen als Schlafmittel wirken (z. B. Barbiturate). **2)** →Tranquillantien. **3) Neuroleptika,** die zur Behandlung von Psychosen verwendet werden.

Beryll der, Mineral, grün, lichtblau, gelb oder rosarot. **Gemeiner B.** ist durchscheinend. Edelsteinvarietäten: grüner **Smaragd,** blauer **Aquamarin,** gelber **Gold-B.,** grünlichgelber **Heliodor,** rosenroter **Morganit.**

Beryllium das, **Be,** chem. Element, Leichtmetall; Ordnungszahl 4, Dichte 1,84 g/cm³, Schmelzpunkt 1285°C; findet sich im Beryll. Verwendung als Leichtmetall in der Raumfahrt- und Reaktortechnik.

Berzelius, Jöns Jacob, schwed. Chemiker, *1779, †1848, führte die chem. Zeichen ein.

Besamung, eine Art der →Befruchtung.

Besan, ⚓ Segel am Besan- und am Kreuzmast bei Segelschiffen mit mehreren Masten.

Besançon [bəzãs'ɔ̃], Stadt am Rand des Jura, Frankreich, am Doubs, 113000 Ew.; Univ., Erzbischofssitz; Uhrenind. B. war 1307 bis 1648 Freie Reichsstadt und kam 1678 an Frankreich.

Besatzungsstatut, die am 21. 9. 1949 verkündete Grundregelung des Besatzungsrechts der Westmächte im Bereich der Bundesrep. Dtl. Das B. wurde am 6. 3. 1951 gelockert und durch die Pariser Verträge (1955) aufgehoben (→Deutschland-Vertrag).

Beschäftigungstherapeut(in), Fachkraft für Beschäftigungsbehandlung (Wiedergewinnung der berufl. Leistungsfähigkeit, Altenpflege).

Beschäler, Deckhengst, Zuchthengst.

Beschälseuche, Zuchtlähme, durch Trypanosomen hervorgerufene anzeigepflichtige Geschlechtskrankheit der Pferde.

Beschlagnahme, Sicherungs- und Zwangsmaßnahme, durch die ein Gegenstand der behördl. Verfügungsgewalt unterworfen wird.

Beschleuniger, →Betatron, →Linearbeschleuniger, →Synchrotron, →Zyklotron.

Beschleunigung, ⊠ Geschwindigkeitsänderung in der Zeiteinheit (Sekunde) nach Größe oder (und) Richtung (→Schwerkraft, →Fall).

Beschluß, ⚖ im Prozeß eine gerichtl. Entscheidung, die i. Ggs. zum Urteil ohne vorhergehende mündl. Verhandlung ergehen kann.

Beschlußfähigkeit, Voraussetzung für die Befugnis einer Körperschaft, wirksame Beschlüsse zu fassen (z. B. Anwesenheit der vorgeschriebenen Mitgliederzahl).

Beschneidung, Ein- oder Abschneiden der Vorhaut des männl. Gliedes; bei Juden, Muslimen und bei vielen Naturvölkern.

Beschuldigter, der einer Straftat Verdächtige.

Beschwerde, ⚖ Rechtsmittel gegen Beschlüsse und Verfügungen eines Gerichts oder einer Verwaltungsbehörde (nicht gegen Urteile).

Beschwörung, 1) dringende Bitte. 2) Herbeirufen von Geistern (bei Naturvölkern).

Besenginster, Schmetterlingsblüter mit rutenförmigen Zweigen (→ Ginster).

Besessenheit, wahnhafte Geistesstörung, Erregungszustand. Religiös wird die B. nicht auf natürl. Ursachen zurückgeführt, sondern als Besitzergreifung des menschl. Leibes durch einen bösen Geist (Dämon) verstanden. Übertragen auch: starkes Ergriffensein von einer Idee, Aufgabe.

Besetzung, → Okkupation.

Besitz, ⚖ tatsächl. Herrschaft einer Person über eine Sache (§§ 854ff. BGB), zum Unterschied von der rechtl., dem → Eigentum.

Beskiden, Teil der Westkarpaten, einschl. der nördl. Waldkarpaten, bis 1725 m hoch.

Besoldung, Arbeitsvergütung der Beamten, durch bes. Gesetze geregelt; nach Gruppen abgestuft, besteht aus Grundgehalt, Ortszuschlag, Kindergeld, Zulagen in bes. Fällen.

besprechen, Aberglaube: menschl. und tier. Krankheiten mit Zaubersprüchen behandeln.

Bessarabien, fruchtbare Landschaft zw. Schwarzem Meer, Dnjestr, Pruth und Donau, zum größten Teil in der Moldau. SSR (UdSSR) gelegen. Hptst.: Kischinjow. Bev. meist Rumänen, Ukrainer. Die Deutschen wurden 1940 ausgesiedelt. B. war bis 1812 türkisch, bis 1918 russisch, dann rumänisch (der Süden schon 1856-76); 1940 wurde B. an die UdSSR abgetreten, 1941 kam es zurück an Rumänien, 1944 wieder zur UdSSR.

Bessel, Friedrich Wilhelm, Astronom, *1784, †1846; bestimmte genaue Werte für Präzession, Nutation, Aberration, Schiefe der Ekliptik u.a.

Bessemer, Sir Henry, engl. Ingenieur, *1813, †1898, erfand 1855 den birnenförmigen **Bessemerkonverter,** ein mit feuerfesten Steinen ausgekleidetes Metallgefäß zur Stahlerzeugung (→ Stahl).

Best, Charles Herbert, kanad. Physiologe amerikan. Herkunft, *1899, †1978; mit F. G. Banting 1921 Entdecker des Insulins.

Bestallung, 1) Anstellung als Beamter. 2) **Approbation,** staatl. Zulassung der Ärzte und Apotheker.

Bestäubung, ⚘ Übertragung des Blütenstaubs (Pollen) auf die Narbe einer Blüte. Bei **Selbst-B. (Autogamie)** werden Pollen der gleichen Blüte übertragen, bei **Fremd-B. (Allogamie)** Pollen aus einer anderen Blüte gleicher Art. Der Pollen wird übertragen durch: Wind für die **Windblüter,** Wasser für die **Wasserblüter,** Tiere für die **Tierblüter.**

Bestechung, ⚖ Versprechen oder Gewähren von Geschenken oder anderen Vorteilen an einen Beamten, um diesen zu einer pflichtwidrigen Handlung zu veranlassen (**aktive B.,** § 334 StGB). Der Beamte, der darauf eingeht, macht sich der **passiven B.** schuldig, selbst wenn das Handeln nicht pflichtwidrig ist. – B. von Angestellten → unlauterer Wettbewerb.

Besteck, 1) Messer, Gabel, Löffel. 2) ⚓ Bestimmung des Schiffsortes nach geograph. Länge und Breite.

Bestie [lat.] die, 1) wildes Tier. 2) Unmensch; **bestialisch,** tierisch, roh.

Bestockung, ⚘ Bildung von untersten Seitentrieben an Stengeln, bes. beim Getreide.

Bestrahlung, gelenkte Einwirkung natürl. (Sonne, Radium) oder künstlich erzeugter Strahlung auf den Körper zu Heilzwecken (Quarzlampe, Kurzwellen, Röntgenstrahlen, Rotlicht, Radioisotope).

Bestseller [engl.], bes. erfolgreiche Bücher, die schnell große Auflagen erreichen.

Beta das, β, 2. Buchstabe des grch. Alphabets.

Betablocker, ♡ Arzneimittel, lenken die Herztätigkeit, auch den Blutdruck.

Betastrahlen, β-Strahlen, energiereiche Strahlen aus schnellen Elektronen β^- oder Positronen β^+. Sie entstehen beim natürl. oder künstl. radioaktiven Zerfall vieler Atomkerne (Betazerfall) oder werden durch Beschleunigung von Elektronen z.B. im Betatron künstlich erzeugt.

Betatron das, Elektronenschleuder, Beschleunigungsgerät zur Erzeugung von sehr schnellen und energiereichen Elektronen, Einsatz in der Kernphysik, der Werkstoffprüfung und Strahlentherapie.

Betäubung, Bewußtlosigkeit, hervorgerufen durch mechan. Einwirkung auf das Gehirn (z.B. Schlag), durch Stoffe, die das Großhirn lähmen (z.B. Alkohol, Opium), durch seel. Einflüsse. **Künstl. B.** wird mit **B.-Mitteln (Narkotika)** zu Heilzwecken durchgeführt, als allg. B. **(Narkose)** oder zum Unempfindlichmachen einzelner Körperteile ohne Ausschaltung des Bewußtseins als **lokale Anästhesie.** Herstellung, Verordnung und Abgabe von B.-Mitteln, deren Mißbrauch zu Sucht führen kann, ist durch das **B.-Mittelgesetz** geregelt.

Bête [bɛ:t, frz.] die, Einsatz, Strafsatz, Geld des Verlierenden beim Kartenspiel.

Beteigeuze der, Stern im → Orion.

Beteiligung, kapitalmäßige Anteilnahme an einer Unternehmung. Bei Kapitalgesellschaften gilt als B. der Besitz von 25% des Grund- oder Stammkapitals. **B.-Ges.,** → Holdinggesellschaft.

Betel der, ostasiat. erfrischendes Kau- und Genußmittel: Betelnuß, ein Blatt Betelpfeffer, gebrannter Kalk; färbt Speichel rot, Zähne schwarz.

Bethanien [hebr. »Dattelhaus«], Ort bei Jerusalem, Wohnort des Lazarus, den Jesus auferweckte; danach Name christl. Krankenhäuser.

Bethe, Hans Albrecht, Physiker, *1906, lebt in den USA; führend in der Kernphysik; Theorie der Elektronenbremsung durch Materie (**B.-Heitler-Formel,** 1934); 1967 Nobelpreis für Physik. (→ Bethe-Weizsäcker-Zyklus)

Bethel [hebr. »Gotteshaus«], 1) Dorf im N von Jerusalem. 2) danach benannt: die Wohlfahrtsanstalt B. bei Bielefeld, gegr. von → Bodelschwingh.

Bethesda [hebr. »Gnadenort«], heilkräftiger Teich in Jerusalem.

Bethe-Weizsäcker-Zyklus, ⚛ kreisförmig geschlossener Ablauf von Kernreaktionen, bei dem Wasserstoffkerne unter Energieabgabe zu Heliumkernen vereinigt werden; Hauptenergiequelle in vielen Sternen.

Bessemer

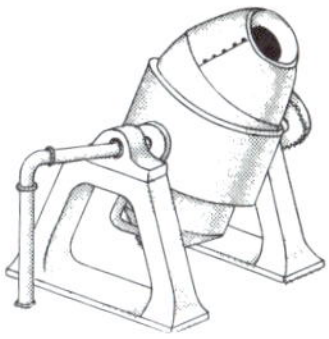

Bessemerkonverter

Bethlehem: links Minarett, rechts Glokkenturm des Franziskanerklosters vom Komplex der Geburtskirche

Bethlehem, Stadt im von Israel besetzten Jordanien, 30000 Ew., südl. von Jerusalem; Geburtsort Jesu; über der Geburtsgrotte wurde 326-354 die Geburtskirche erbaut. (BILD S. 85)

Bethmann Hollweg, Theobald von, Staatsmann, *1856, †1921, 1909-17 dt. Reichskanzler, erstrebte vergebens eine dt.-engl. Verständigung, geriet im 1. Weltkrieg in Ggs. zur Obersten Heeresleitung und zum Reichstag.

Beton [bet'õ, frz.] der, Baustoff aus Zement als Bindemittel, feinen (Sand) und groben (Steine) Zuschlagstoffen, wird mit Wasser angerührt und zum Abbinden in die Form gegossen. B. hat große Druckfestigkeit, ohne Bewehrung (Armierung) aber nur geringe Zugfestigkeit; dieser Nachteil wird durch Stahleinlagen aufgehoben, **Stahl-B.** und **Schütt-B.** werden lose geschüttet, **Stampf-** und **Rüttel-B.** durch Stampfen oder Rütteln verdichtet. **Schleuder-B.** (für Rohre, Leitungsmaste), gegen die sich drehende Schalung geschleudert, wird sehr dicht. – **Spann-B.** nennt man einen B.-Körper, der im unbelasteten Zustand künstlich vorgespannt wird (bei bewehrtem B. durch Spannen der Armierung, bei unbewehrtem durch Pressen zw. Widerlagern); so vermeidet man Haarrisse und unzulässige Zugspannungen.

Betrieb, räumlich-techn., wirtschaftl. Einheit, die der Erzeugung dient, im Unterschied zum Unternehmen, das eine kapitalmäßige Einheit darstellt und auch mehrere B. umfassen kann.

Betriebskapital, das Umlaufvermögen.

Betriebsklima, die in einem Betrieb herrschende Grundstimmung.

Betriebskrankenkassen können vom Arbeitgeber für seinen Betrieb errichtet werden (Voraussetzung: 450, in landwirtschaftl. Betrieben 150 Versicherungspflichtige).

Betriebsordnung, → Betriebsvereinbarung.

Betriebsprüfung, steuerl. Prüfung der Buchführung eines Betriebs durch das Finanzamt.

Betriebsrat, einheitl. Vertretung der Arbeitnehmerschaft eines Betriebes. Das → Betriebsverfassungsgesetz schreibt die Bildung von B. in allen Betrieben mit mindestens 5 Arbeitnehmern vor. Der B. wird von den über 18 Jahre alten Arbeitnehmern in geheimer Wahl auf 3 Jahre gewählt. Die Mitgliederzahl richtet sich nach der Größe des Betriebes (höchstens 35). In Unternehmen mit mehreren Betrieben kann neben den einzelnen B. ein **Gesamt-B.** gebildet werden. Die Mitglieder des B. sind ehrenamtlich tätig. Sie stehen unter besonderem Kündigungsschutz. Die Kosten des B. trägt der Arbeitgeber.

Betriebssystem, anlagespezif. System von Programmen einer Datenverarbeitungsanlage, das den Ablauf von Benutzerprogrammen steuert und überwacht.

Betriebsvereinbarung, Vereinbarung zw. Arbeitgeber und Betriebsrat über betriebl. Fragen. Hauptfeld der B. ist der soziale Bereich, sie legt auch die **Betriebsordnung** (Regelung des Verhaltens der Arbeitnehmer untereinander, zu den Vorgesetzten, im Betrieb i. a.) fest. Die B. setzt im Einzelbetrieb autonomes Recht, doch hat der Tarifvertrag Vorrang.

Betriebsverfassungsgesetz v. 11. 10. 1952 i. d. Fassung vom 15. 1. 1972 bestimmt, in welchen Fragen und in welcher Form die Arbeitnehmer in nichtöffentl. Betrieben mitzubestimmen oder mitzuwirken haben. Das B. regelt den Teil der Betriebsverfassung, der nicht den Tarifverträgen vorbehalten ist, bes. Stellung und Aufgaben der Organe der Arbeitnehmer (Betriebsrat, Betriebsversammlung), die Einrichtung des Wirtschaftsausschusses, die Vertretung der Arbeitnehmer in den Aufsichtsräten. Es gilt nicht für öffentl.-rechtl. Betriebe und Verwaltungen (Personalvertretungsges.) sowie für Religionsgemeinschaften und deren Einrichtungen, mit Einschränkungen für → Tendenzbetriebe. Für Unternehmen des Bergbaus und der eisen- und stahlerzeugenden Industrie wurde das Mitbestimmungsgesetz geschaffen.

Betriebswirtschaftslehre befaßt sich mit den wirtschaftl. Entscheidungen in Betrieben und Unternehmungen. Hauptgebiete dieser Entscheidungen: Art und Menge der zu beschaffenden Produktionsmittel (menschl. Arbeitskraft, Werkstoffe, Werkzeuge), Beschaffung und Verwendung der Finanzmittel, Einsatz der beschafften Produktionsmittel (Fertigung), Veräußerung der Erzeugnisse und Leistungen. Danach gliedert man die B. heute in eine Theorie der Investition, der Finanzierung, der Produktion und des Absatzes. Dazu kommt das betriebl. Rechnungswesen (bes. Kostenrechnung).

Betriebswissenschaft, angewandte Wissenschaft der Betriebsführung, → Scientific Management.

Betrug, ⚖ Vermögensschädigung eines anderen in Bereicherungsabsicht (§ 263 StGB); Strafe: Freiheitsstrafe, in bes. schweren Fällen bis zu 10 Jahren.

Betsäule, → Bildstock.

Betschuanaland, → Botswana.

Bettelorden Mz., Ordensgemeinschaften, deren Angehörige **(Bettelmönche)** von Arbeit oder Almosen leben, v. a. Dominikaner, Franziskaner, Kapuziner, Karmeliter u. a.

Bettina [von Elisabeth], weibl. Vorname.

Bettnässen, ♡ ungewollter Abgang von Harn im Schlaf.

Bettwanze, eine Art der → Wanzen.

Beugung, 1) Flexion, Ⓢ Veränderungen von Haupt-, Eigenschafts- und Fürwort je nach ihrer Stellung im Satz: Bilden der B.-Fälle (Kasus) Werfall (Nominativ), Wesfall (Genitiv), Wemfall (Dativ), Wenfall (Akkusativ). **2)** ⊠ bei Wellenvorgängen (Wasser-, Schall-, elektromagnet., Materiewellen) die Abweichung von der geradlinigen Ausbreitung in der Nähe scharf begrenzter Hindernisse (Diffraktion); sie ist relativ stark, wenn die Wellenlänge im Vergleich zum Hindernis oder Durchlaß (z. B. Spalt) groß ist. Bei Durchgang von Licht durch einen Spalt oder ein **B.-Gitter** tritt → Interferenz auf; dadurch entsteht bei weißem Licht ein **B.-Spektrum.** Die B. von Röntgenstrahlen an Atomen wird zur Strukturaufklärung benutzt (Röntgenspektroskopie).

Beule die, ♡ Vorwölbung der Haut durch Ansammlung von Gewebsflüssigkeit, Eiter oder Blut.

Beurkundung, ⚖ Aufnahme eines Protokolls durch Richter oder Notar über eine vor diesem abgegebene Erklärung (z. B. Grundstücksverkauf).

Beuron, Wallfahrts- und Luftkurort in Bad.-Württ., im oberen Donautal, 1200 Ew., **Kloster B.,** gegr. um 1077 als Augustiner-Chorherrenstift, seit 1884 Mutterhaus der Beuroner Benediktiner-Kongregation mit theolog.

Betonbau: links Schalung für Decke, rechts für Wand

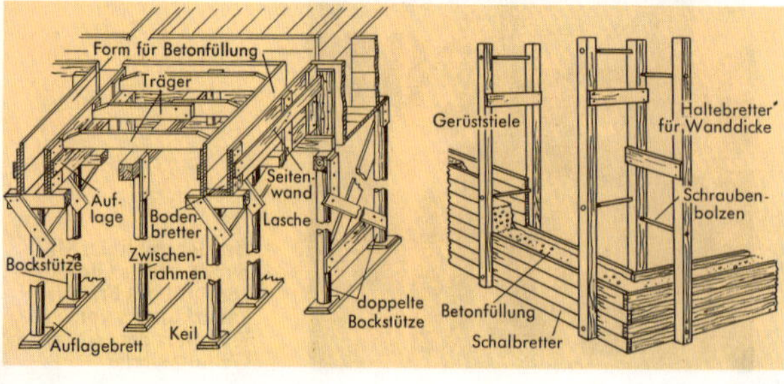

Hochschule; Die B. Kunstschule strebt eine Erneuerung kirchl. Kunst an.

Beute die, **1)** Bienenstock. **2)** Backtrog.

Beuteltiere, Marsupialia, urtüml. Säugetiere, fast nur in Australien, Neuguinea und S-Amerika. Die Jungen werden meist in sehr unfertigem Zustand geboren und während ihrer Weiterentwicklung in einer Hauttasche **(Beutel)** am Bauch des Weibchens getragen; sie schließt die Zitzen ein. Wichtige B.: → Känguruh, Beutelbär (→ Koala), Beuteldachs, Beutelmarder, Beutelratten (Opossum).

Beuthen, poln. **Bytom,** Stadt in der poln. Wwschaft Katowice, ehem. Industriestadt in Oberschlesien, 239000 Ew.; seit dem MA. Bergbau; starkes Wachstum und Industrialisierung seit dem 19. Jh.

Beuys, Joseph, Künstler, *1921; †1986; suchte u. a. mit Objekten aus Fett, Filz, Kupfer, Wachs als Antikunst alle ästhetisch bedingten Vorurteile beim Betrachter abzubauen und ihm die Ohnmacht seiner gesellschaftl. Situation klarmachen.

Beveridge [b'evərıdʒ], William Henry, seit 1946 Lord B., brit. Sozialpolitiker, *1879, †1963. Seine Denkschrift über Sozialversicherung und verwandte Gebiete (**B.-Plan,** 1942) beeinflußte maßgebend die brit. Sozialpolitik.

Bevölkerung, Bewohner eines bestimmten Gebietes ohne Rücksicht auf ihre Staatsangehörigkeit. Die B.-Zahl wird durch Volkszählungen festgestellt und in der Zwischenzeit entsprechend der **B.-Bewegung** (Geburten, Sterbefälle, Wanderungen) fortgeschrieben. Nach Schätzungen und Zählungen betrug die B. der Erde (in Mio. Ew.) 1800: 906, 1850: 1171, 1900: 1608, 1950: 2423, 1969: 3552, 1976: 4045, 1985: 4832; geschätzte Weiterentwicklung 1990: 5346, 2000: 6190. Die B. ist sehr ungleich über die Erde verteilt, die größte **B.-Dichte** (Einw. je km^2) haben Teile O- und S-Asiens (Bangladesh 699, Taiwan 545, Japan 328) und West- und Mitteleuropa (Niederlande 434, Bundesrep. Dtl. 246), die geringste u. a. das Sahara- und das Amazonasgebiet. Die durchschnittl. B.-Dichte der Erde beträgt 28. Ist die B.-Dichte so groß, daß die B. keine ausreichenden Lebensmöglichkeiten findet, so liegt **Überbevölkerung,** wird das Gebiet wegen zu geringer B.-Dichte nicht voll ausgenutzt, so liegt **Unterbevölkerung** vor. – Der **Altersaufbau** der B. ist wesentlich vom Verhältnis der Geburten zu den Sterbefällen bestimmt, wobei der Anteil der zeugungs- und gebärfähigen Jahrgänge gegenüber den älteren Jahrgängen ausschlaggebend ist. – Die **B.-Statistik** gliedert nach Alter, Geschlecht, Familienstand, Beruf, Staatsangehörigkeit, Muttersprache und Religion. – Die staatl. **B.-Politik** sucht je nach den Gegebenheiten die B. zu erhalten und den Nachwuchs zu sichern oder ihr Wachstum durch Geburtenkontrolle in Grenzen zu halten. – **B.-Wissenschaft, Demographie,** untersucht Stand und Entwicklung einer B. sowie ihre Wechselwirkungen mit den wirtschaftl. und sozialen Merkmalen einer Gesellschaft.

Bewährungsfrist, ⚖ im Strafrecht ein vom Gericht festgesetzter Zeitraum, in dem der Verurteilte durch gute Führung erreichen kann, daß der Vollzug einer zunächst ausgesetzten Freiheitsstrafe erlassen wird.

Bewässerung, Zufuhr von Wasser zur Förderung des Pflanzenwachstums, zur Erhöhung der Bodentemperatur und zur Vermeidung von Spätfrösten im Frühjahr. Am einfachsten ist die zeitweise künstl. **Überstauung.** Bei der **Berieselung** fließt Wasser von der höchsten Stelle her durch Verteilgräben auf das Gelände. Bei der **künstl. Beregnung** wird Wasser aus Regnern versprüht.

Bewegung, ⊠ Ortsveränderung eines Körpers oder Massenpunktes. B. mit gleichbleibender Geschwindigkeit heißen gleichförmig, mit veränderl. Geschwindigkeit beschleunigt. Geradlinige B. mit gleichbleibender Beschleunigung heißen gleichförmig beschleunigt.

J. Beuys: Szene aus der Hirschjagd

Bewegungsenergie, → Energie.

Bewegungskrankheit, Kinetose, bei schaukelnder Bewegung auftretende Gesundheitsstörung, so die → Seekrankheit.

Beweis, ⚖ Verfahren, das dem Gericht die Überzeugung von der Wahrheit oder Unwahrheit einer Behauptung verschaffen soll. **B.-Mittel:** Augenschein, Zeugen, Sachverständige, Urkunden, Parteivernehmung. **B.-Last,** die den Parteien im Zivilprozeß obliegende Verpflichtung, die von ihnen behaupteten Tatsachen zu beweisen.

Bewertung, Festlegung des Buchwertes von Vermögensgegenständen in der → Bilanz.

Bewetterung, → Bergbau.

Bewußtlosigkeit, kann auftreten durch Gehirnprellung, Schlaganfall, große Blutverluste, Vergiftungen, Sauerstoffmangel u. a.

Bewußtsein, unmittelbares Wissen um geistige und seel. Zustände und Erlebnisse; auch das Aufmerken auf einzelne von ihnen. Die Psychologie unterscheidet zw. vor- und halbbewußten Zuständen wie Drang, Trieb usw. und Akten höchster Bewußtheit wie: Aufmerksamkeits-, Denk- und Willensakten.

Beyle [bɛ:l], Henri, → Stendhal.

Béziers [bezj'e], Stadt in S-Frankreich, 76600 Ew.; Wein-, Branntweinhandel.

Bezifferung, ♩ Bezeichnung der Tonstufen bei Akkorden, → Generalbaß.

Bezirk, Verwaltungseinheit in einigen Staaten, Ländern und Gemeinden.

Bezirksgericht, → Gerichtswesen.

Bezoarziege, Wildziege auf Kreta und in W-Asien, Stammform der Hausziege.

Bezogener, bei Wechseln: derjenige, der zahlen soll.

Bezugschein, behördl. Bescheinigung zum Kauf rationierter Waren.

Bezugsrecht, ⚖ Recht der Aktionäre auf Zuteilung neuer Aktien bei Kapitalerhöhung (§ 186 Aktiengesetz).

Bezugssystem, Koordinatensystem, auf das eine Bewegung bezogen wird.

BGB, Abk. für **B**ürgerliches **G**esetz**b**uch.

BGBl., Abk. für **B**undes**g**esetz**bl**att.

Bhagalpur, Stadt in Nordindien, am Ganges, 221000 Ew.; Bahnknoten; Handelsplatz.

Bhagavadgita [Sanskrit, »das Lied des Erhabenen«], religiös-philosoph. Gedicht, eingebaut in das ind. Epos Mahabharata.

Bhagwan-Bewegung [Bhagwan, altind. der Göttliche], inoffizieller Name für eine religiöse Bewegung um den Inder Bhagwan Rajneesh Chandra Mohan (*1931, †1990); Psychotherapie- und Meditationsprogramm.

Bhatgaon, Stadt in Nepal, 82 200 Ew.; kunstvolle Tempelbauten.

Bhavnagar, Bhaunagar, Stadt in Indien, Haupthafen der Halbinsel Kathiawar, 226 100 Ew.; Textilindustrie, Eisengießerei.

BHE, Abk. für **B**und der **H**eimatvertriebenen und **E**ntrechteten, → Gesamtdeutscher Block/BHE.

Bhopal, Hptst. des ind. Staates Madhya Pradesh, 672 000 Ew.; Bahnknoten.

Bhumibol Abduljadeh, König (seit 1946) von Thailand, *1927, ⚭ 1950 mit Sirikit.

Bhutan

Bhutan, Königreich im östl. Himalaya, 47 000 km² mit 1,56 Mio. Ew. tibet. Sprache. Religion: lamaist. Buddhismus. B. ist ein unabhängiges Königreich (seit 1907); außenpolitisch wird es durch Indien vertreten.

bi... [lat.], als Vorsilbe: doppelt, zweifach.

Bi, chem. Zeichen für Wismut.

Biafra, die ehem. O-Region von → Nigeria.

Bialystok, Stadt im nordöstl. Polen, an der Biala (zum Narew), 245 000 Ew.; Textilind.

Biarritz, Seebad am Golf von Biscaya (Südfrankreich); 27 000 Ew.

Biathlon [grch.] das, Winterwettkampf: Skilanglauf für Herren über 10 km mit 2 und über 20 km mit 4 Schießübungen; 4 × 7,5-km-Staffel mit 2 Schießübungen pro Läufer; Damenwettbewerbe über 5, 10 und 3 × 5 km.

Bibel [grch. »die Bücher«] die, **Heilige Schrift,** Samml. der Schriften, die von den christl. Kirchen als Urkunden der göttl. Offenbarung, das Wort Gottes, und als verbindlich für Glauben und Leben angesehen werden; besteht aus dem hebr. **Alten Testament (A.T.)** und dem griech. **Neuen Testament (N.T.).** HANDSCHRIFTEN: Die alttestamentl. Hss. verteilen sich nach ihrer Entstehung etwa über ein Jahrtausend und sind mehrfach überarbeitet worden. Die Hss. des N.T. sind wahrscheinlich gleich nach ihrer Entstehung vielfach abgeschrieben worden. Die wichtigsten neutestamentl. Hss. sind der Codex Sinaiticus (4. Jh; in London), der Codex Vaticanus (4. Jh.; in Rom), der Codex Alexandrinus (5. Jh.; in London), der Codex Ephraemi Syri rescriptus (5. Jh.; in Paris). ÜBERSETZUNGEN: älteste grch. des A.T. ist die → Septuaginta; die lat., die → Vulgata, ist in der kath. Kirche maßgebend. Luthers dt. Übersetzung (1522 das N.T. und 1523-34 das A.T.) für die evang. Kirchen. Ältere german. Übersetzungen: die got. des Wulfila; die altdt. Evangelienharmonien.

Die Bücher des Alten Testaments:

I. Das Gesetz: Die 5 Bücher Mose.

II. Die Propheten: Die vorderen: Josua, Buch der Richter, 2 Bücher Samuel, 2 Bücher der Könige. Die hinteren Propheten: Die 3 »großen« Propheten, Jesaia, Jeremia, Ezechiel. – Die 12 »kleinen« Propheten: Hosea, Joel, Amos, Obadja, Jona, Micha, Nahum, Habakuk, Zephanja, Haggai, Sacharja, Maleachi.

III. Die Schriften: Die Psalmen, Die Sprüche, Das Buch Hiob, Das Hohelied, Das Buch Ruth, Die Klagelieder, Der Prediger, Das Buch Esther, Das Buch Daniel, Das Buch Esra, Das Buch Nehemia, Die 2 Bücher der Chronik.

Die Bücher des Neuen Testaments:

I. Die Evangelien: Das Evangelium nach Matthäus; nach Markus; nach Lukas; nach Johannes.

II. Die Apostelgeschichte.

III. Die Briefe: a) Die Briefe des Paulus; einer an die Römer; 2 an die Korinther; je einer an die Galater, Epheser, Philipper, Kolosser; 2 an die Thessalonicher; 2 an Timotheus; einer an Titus; einer an Philemon; b) Der Brief an die Hebräer; c) 2 Briefe des Petrus; 3 des Johannes; je einer des Jakobus; des Judas.

IV. Die Offenbarung des Johannes.

biegen: a bördeln, b biegen

Bibelforscher, → Zeugen Jehovas.

Bibelgesellschaften, evang. Vereine zur Herstellung und Verbreitung der Bibel; älteste dt. B.: v. Cansteinsche Bibelanstalt (1710).

Biber der, **1)** Fam. der Nagetiere mit waagrecht abgeplattetem Schwanz und Schwimmfüßen; gesellige Wassertiere im N Europas, Asiens und Amerikas; fällen Bäume durch Nagen, fressen Rinde, errichten Dämme und Wohnbauten aus Holz und Schlamm; ihr Pelz ist wertvoll. Der **Europ. B.** ist fast ausgerottet; etwa 1,30 m lang, der Schwanz 30 cm. **2)** rauhes kräftiges Baumwollgewebe.

Biber 1): Europäischer Biber

Biberach an der Riß, mittelalterl. Krst., Baden-Württ., 27 800 Ew. Elektro-, Baumaschinenind.

Bibernelle die, **Pimpinelle,** Gatt. der Doldengewächse; Wurzeln als Heilmittel.

Biberratte, Nutria, Nager im gemäßigten Südamerika, bis 90 cm lang; liefert geschätztes Pelzwerk, auch als Zuchttier in Farmen.

Biblia pauperum [lat.], **Armenbibel,** im MA. verbreitetes volkstümliches bibl. Bilderbuch, Ersatz für die zu teueren Bibelhandschriften.

Bibliographie [grch.] die, Verzeichnis von Büchern und Ztschr., alphabetisch, zeitlich oder sachlich geordnet. **Allg. B.,** die literar. Erzeugnisse ohne Rücksicht auf fachl. Zugehörigkeit verzeichnen, sind z. B. für Dtl. die »Dt. National-B.«, bearbeitet von der Dt. Bücherei Leipzig, und die »Dt. B.«, bearbeitet von der Dt. Bibliothek Frankfurt a. M., seit 1947.

Bibliographisches Institut & F. A. Brockhaus AG, Verlagsunternehmen, Sitz: Mannheim; entstanden 1984 durch Vereinigung der Bibliograph. Institut AG mit F. A. → Brockhaus. Das Bibliograph. Institut, gegr. 1826 in Gotha von Joseph Meyer, seit 1874 in Leipzig, seit 1953 in Mannheim, wurde bekannt durch »Meyers Lexikon«, »Duden« u. a.

Bibliophile [grch. »Bücherliebhaber«] der, Sammler seltener, schön ausgestatteter Bücher. **Bibliophilie** die, Liebhaberei für Bücher.

Bibliothek [grch.] die, Bücherei, auch das Gebäude, worin die Bücher aufbewahrt werden. Die **öffentl. B.** (verwaltet von **Bibliothekaren**) sind entweder wissenschaftl. B. oder → Volksbüchereien. **Allg. B.** pflegen sämtl. Wissensgebiete, **Spezial-** oder **Fach-B.** einzelne Wissenschaften. Beim **Präsenzsystem** werden die Bücher nur in der B. selbst, beim **Ausleihesystem** nach Hause verliehen.

Bichsel, Peter, schweizer. Schriftsteller, *1935; Erz. (»Eigentlich möchte Frau Blum den Milchmann kennenlernen«).

Bidault [bid'o:], Georges, frz. Politiker, *1899, †1983; nach 1945 zweimal MinPräs., mehrfach Außen-Min.; Gegner de Gaulles, 1963-67 im Exil.

Biedermeier [nach L. Eichrodts Gedichten »Biedermaiers Liederlust«, seit 1855], treuherziger, einfacher, kleinbürgerl. Mensch. **B.-Zeit,** etwa von 1815 bis 1848. Der bürgerlich bestimmte **B.-Stil** äußerte sich außer in der Kleidung vor allem in der Wohn- und Möbelkunst mit ihrer schlichten Behaglichkeit, ihren klaren, leichtgeschwungenen Formen und ihrer Gediegenheit. Beschaulichkeit und gute Beobachtung kennzeichnen die Malerei.

biegen, ⊙ spanlose Formung von Werkstücken. Metalle werden auf Biegemaschinen gebogen, Holz unter Einfluß von Wärme und Feuchtigkeit um Formen. Von Kunststoffen können nur Thermoplaste angewärmt über Formen gebogen werden. (BILD S. 88)

Biehle, Alfred, Politiker (CSU), *1922, seit 1990 Wehrbeauftragter des Dt. Bundestags.

Biel, frz. **Bienne** [bjen], Stadt in der Schweiz, Kt. Bern, am Fuße des Jura, 60000 Ew., Uhrenind. In der Nähe der **Bieler See.**

Bielefeld, Stadt in NRW, am Teutoburger Wald, 312000 Ew.; Mittelpunkt der westfäl. Leinenind.; Nähmaschinen-, Fahrrad-, Nährmittelfabriken; Bauernmuseum, Univ. In der Nähe → Bethel.

Bieler, Manfred, Schriftst., *1934, zeithistor. Romane (»Der Mädchenkrieg«).

Bielitz-Biala, poln. **Bielsko-Biała** [bj'ɛlskɔ bj'ała], Stadt in Polen, 174100 Ew.; Tuchindustrie.

Biene, Imme, Honigbiene, staatenbildender Hautflügler der Familie → Bienen. Zu einem **B.-Volk (B.-Stock)** gehören 10000-60000 **Arbeits-B.** (Weibchen mit zurückgebildeten Geschlechtsorganen), eine **Königin** (Weibchen mit entwickeltem Geschlechtsapparat) und im Sommer 500 bis 2000 **Drohnen** (Männchen). Die Königin **(Weisel)** legt die Eier (täglich rd. 1200). Beim Hochzeitsflug (Schwärmen) wird sie von einer der Drohnen begattet. Aus den Eiern schlüpfen weiße Maden, die sich verpuppen. Nach etwa 3 Wochen sind die geflügelten B. entwickelt. Aus befruchteten Eiern entstehen entweder Arbeits-B. (Arbeiterinnen) oder in bes. Zellen (Weiselzellen) Königinnen, aus den unbefruchteten Eiern Drohnen, die nach dem Hochzeitsflug von den Arbeiterinnen aus dem Stock entfernt werden **(Drohnenschlacht).** Die Arbeiterinnen bauen und säubern die Waben, sammeln Nektar, der in dem Honigmagen zu Honig umgewandelt wird, und Blütenstaub (Pollen), füttern die Larven mit Honig und Pollen. Der Blütenstaub wird in den »Körbchen« an den Hinterbeinen heimgetragen (Höschen). Bevor eine junge Königin (gefüttert mit Weiselfuttersaft) ausschlüpft, fliegt die alte Königin mit einem Teil der Arbeiterinnen davon (schwärmt) und gründet ein neues Volk. – Die **Waben** bestehen aus 2 Schichten sechseckiger Zellen; sie werden aus Wachs gefertigt, das die B. an der Bauchseite ausschwitzen. B. verständigen sich durch Tänze (Rundtänze, Schwänzeltänze) über ertragreiche Nahrungsquellen **(B.-Sprache).** Die wildlebende Honig-B. baut ihre Waben in Baumlöchern oder Felsnischen. Der Mensch hat die B. als Haustier gezüchtet **(B.-Zucht, Imkerei).** Die B.-Völker wurden früher in Körben untergebracht; heute benutzt man **B.-Stände,** Kästen mit auswechselbaren Rähmchen. Im Winter wird das B.-Volk mit Zucker gefüttert.

Bienek, Horst, Schriftst., *1930, zeithistor. Romane (»Die erste Polka«).

Bienen, Fam. der Hautflügler mit Giftstachel. Kennzeichen: starke Körperbehaarung, Sammelvorrichtungen, bei den Weibchen Brutpflege. Außer den gesellig lebenden B. wie Honigbiene (→ Biene) und → Hummel gibt es einzeln lebende B. wie die **Grab-B., Mauer-B.**

Bienenkäfer, buntgefärbte, behaarte Käfer, deren Larven in Bienenstöcken schmarotzen.

Biedermeier: G. F. Kersting, Am Stickrahmen

Bienenlaus, 1 mm große flügellose Fliege, Schmarotzer der Bienenkönigin.

Bienenmotte, Wachsmotte, Kleinschmetterling, legt seine Eier in Bienenstöcke. Die Raupen fressen das Wachs der Waben.

Bienenstich, 1) Insektenstich (→ Insekten). **2)** flacher Hefekuchen mit Auflage aus Butter, Zucker, Honig und Mandeln.

Bienenwolf, 1) Buntkäferart. **2)** Kleinschmetterling, → Bienenmotte. **3)** eine → Grabwespe.

Bi|ennale [ital.] die, alle 2 Jahre wiederkehrende internat. Kunstausstellung in den »Öffentl. Gärten« von Venedig (seit 1895). Auch die Filmfestspiele von Venedig.

Biennium [lat.] das, -s/...nnien, Zeitraum von 2 Jahren.

Bienen: a Königin, b Arbeiterin, c Drohne

Bier, alkohol., kohlendioxidhaltiges Getränk, wird durch Gärung mit Hefe aus Gerstenmalz (Weizenmalz), Wasser, Hopfen hergestellt. Arbeitsgang in der **Brauerei: 1) Malzbereitung** (→ Malz); **2) Würzebereitung:** Ausziehen des Malzes durch Kochen in der Brau- oder Maischpfanne, hierauf Trennung der Flüssigkeit (Würze) von den unlösl. Trebern, ferner wird der Hopfen, der die Haltbarkeit des B. erhöht, zugesetzt; **3) Vergärung** der Würze durch Hefe: Umwandlung des Zuckers (aus dem Malz) in Alkohol und Kohlendioxid. Untergärung bei 5-10,5°C liefert haltbare Lagerbiere (z. B. Pils), Obergärung bei 12,5-25°C ergibt obergärige B. (z. B. Weiß-B., Alt-B., Kölsch, Porter, Ale). **4) Lagern** des B. in Fässern zur Klärung und Nachgärung, nach 3-6 Wochen **einfaches B.** trinkfertig, nach mehreren Monaten das **Lager-B.** – B. enthält im Durchschnitt 2-6 Vol.-% Alkohol, 2-16% Stammwürze, 0,2-0,4% Kohlendioxid.

Bier

Bier, August, Chirurg, *1861, †1949, Erfinder der Lumbalanästhesie, der Stauungsbehandlung von Entzündungen, der Reizkörperbehandlung.

Biermann, Wolf, Schriftst. und Liedersänger, *1936, »Die Drahtharfe«, »Deutschland ein Wintermärchen«.

Biermersche Krankheit [nach A. Biermer, *1827, †1892], → perniziöse Anämie.

Biese die, **1)** Vorstoß an der Uniform. **2)** Ziernaht an Schuhen und Kleidungsstücken.

Biesfliegen, → Dasselfliegen.

Biest [aus lat. bestia, Bestie], **1)** das, -es/-er, Tier, Vieh. **2)** der, **B.-Milch,** Erstmilch, die erste Milch der Kuh nach dem Kalben.

Bietigheim-Bissingen, Gr. Krst. in Bad.-Württ., 35700 Ew.; Linoleumind.

bifilar [lat.], zweifädig; **bifilare Wicklung:**

bifilare Wicklung: a Umkehrstelle, b Wicklung

in der Elektrotechnik bei Präzisionswiderständen angewandte induktionsfreie Wicklung, wobei der Widerstandsdraht zweifädig so gewickelt wird, daß Hin- und Rückleitung nahe beieinander liegen und sich in ihrer magnet. Wirkung gegenseitig aufheben.

Bifokalgläser, → Brille.

Bifurkation [lat. furca »Gabel«] die, ⊕ Gabelung eines Flusses, bei der ein Arm in ein anderes Stromgebiet übertritt.

Bigamie [lat.-grch.] die, **Doppelehe,** Eingehen einer weiteren Ehe bei bereits bestehender Ehe; strafbar nach § 171 StGB. Die 2. Ehe ist nichtig.

Big Band [-bænd, engl.], größere Jazzkapelle.

Big-Bang, → Urknall.

Bigfon, BIGFON, Abk. für **B**reitbandiges **I**ntegriertes **G**lasfaser-**F**ernmelde-**O**rts**n**etz, Systemversuch für den Einsatz von Glasfaserkabeln im Fernmeldenetz der Bundespost.

Bildstock

Biggetalsperre, mit 172 Mio. m^3 zweitgrößte Talsperre in NRW, nahe Attendorn.

Bihorgebirge, Gebirgszug zw. ungar. Ebene und siebenbürg. Hochland, 1848 m.

Bijou [biʒ'u:, frz.] das, Kleinod, Juwel. **Bijouterie** die, Juwelenarbeit, Juwelengeschäft.

Bijsk, Stadt am Altai, Sibirien, 226 000 Ew.

Bikaner, Stadt in Rajasthan, Indien, 248 700 Ew.; Moscheen, Tempel, Paläste.

Bikini, 1) Atoll in der Südsee (Marshall-Inseln), bekannt durch Atombombenversuch. **2)** knapper zweiteiliger Damen-Badeanzug.

bikonkav, bikonvex, → Linse.

Bilanz die, kontenmäßige Gegenüberstellung der Aktiva (Vermögen: Mittelverwendung) und der Passiva (Kapital: Mittelherkunft) eines Unternehmens zu einem bestimmten Zeitpunkt **(Bilanzstichtag).** Die B. dient der Erfolgsermittlung und der Vermögensübersicht. Sie wird auf Grund der Bestandsaufnahme (Inventur) und der Buchhaltung hergestellt und läßt die Entwicklung des Geschäftsganges (Gewinn, Verlust) als Saldo erkennen. Eine B. ist aufzustellen bei der Eröffnung eines Geschäfts **(Eröffnungs-B.),** am Ende jedes Geschäftsjahres (**Jahresabschluß,** bestehend aus B. und Gewinn- und Verlustrechnung) und bei Auflösung eines Geschäfts **(Liquidations-B.).** Vorschriften über Form und Inhalt der B. bestehen für die AG (§ 151 AktGes.).

Von der handelsrechtl. B. **(Handels-B.)** ist die **Steuer-B.** zu unterscheiden, die der Besteuerung des Einkommens, des Ertrags und des Vermögens zugrunde liegt.

bilateral [lat.], zweiseitig.

Bilbao, Industrie-, Hafen- und Handelsstadt an der Nordküste Spaniens, nahe dem Golf von Biscaya, 433 000 Ew., Univ.; Eisenverhüttung.

Bildwirkerei: Maria auf der Mondsichel mit Johannes dem Evangelisten, links Heimsuchung; Mitte 15. Jahrh.

Bild das, **1)** Darstellung von Dingen auf einer Fläche (Gemälde, Druck u. a.). **2)** geometr. Optik: → Abbildung.

bildende Künste, Baukunst, Bildhauerkunst, Malerei, graph. Künste und Kunsthandwerk.

Bilderdienst, Bilderverehrung, Verehrung einer Gottheit in Gestalt von Bildern. Nach kath. Brauch wird nicht das Bild verehrt, sondern der Dargestellte selbst. In der Reformation kam es häufig zum **Bildersturm.**

Bilderrätsel, Rebus, aneinandergereihte Bilder und Zeichen, die einen Begriff ergeben.

Bilderschrift, Vorstufe der Buchstabenschrift: z. B. chines. Schrift, Keilschrift, altägypt. Schrift.

Bildfernsprechen, Bildtelephon, Fernseh-Telephon, Fernseh-Sprechdienst, Form der Telekommunikation mit Bewegtbildübertragung während des Ferngesprächs zw. den Teilnehmern; hat sich noch nicht durchgesetzt.

Bildfunk, → Bildtelegraphie → Fernsehen.

Bildhauerkunst, Plastik, Skulptur, Kunst, die aus festen Stoffen wie Ton, Gips, Stein, Metall, Holz, Elfenbein Menschen-, Tiergestalten oder andere Gegenstände entweder in voller Körperlichkeit (Rundplastik) oder im → Relief formt.

Bildnis, künstler. oder photograph. Wiedergabe eines Menschen, bes. seines Antlitzes. Nicht jedes Menschenbild, das eine bestimmte Person darstellt, ist B. im Sinne der Ähnlichkeit. Die vorderasiat., ägypt., grch., mittelalterl. Kunst kannten nur ein ideales B. Die Kunst muß wie die röm. und die abendländ. seit dem 15. Jh. realistisch sein, um das individuell ähnl. B. zu wollen. Meister solcher B. waren J. van Eyck, Dürer, Rembrandt, Bernini, Velazquez, Manet.

Bildplatte, Videoplatte, schallplattenähnl. audio-visueller Informationsträger aus Kunststoff. Die Bild- und Tonsignale sind in einer Tiefenschrift mit 200 bis 600 Rillen/mm eingraviert, Wiedergabe mit Bildplattenspieler über ein Fernsehgerät.

Bildröhre, Braunsche Röhre im Fernsehempfänger. Der in seiner Intensität gesteuerte Elektronenstrahl wird zeilenweise über den Leuchtschirm geführt, wobei das Bild entsteht.

Bildschirm, Leuchtschirm von Elektronenstrahlröhren, z. B. in Fernseh- und Datensichtgeräten; auch Datensichtgerät.

Bildschirmtext, Abk. **BTX** oder **Btx,** Form der Telekommunikation zur Übertragung von Texten über Kanäle (z. B. Fernsprechkanäle) mit Wiedergabe auf Fernsehempfängern.

Bildschirmzeitung, Form des → Bildschirmtextes, dient der Verbreitung aktueller Kurzinformationen.

Bildschreiber, → Hellschreiber.

Bildstock, Betsäule, Bildwerk mit Kruzifix, Heiligenfigur u. a. (Stein, Holz) in kath. Ländern an Gebäuden oder frei stehend an Wegen als Aufforderung zu kurzer Andacht; auch zur Erinnerung an Verstorbene errichtet.

Bildtelegraphie, elektron.-opt. Fernübertragung von Bildern, Schriftstücken u. a. Das Bild wird durch einen feinen Lichtstrahl abgetastet. Die verschieden große Lichtenergie der von den einzelnen Punkten zurückgeworfenen Strahlen wird durch eine Photozelle in elektr. Stromschwankungen umgesetzt, die verstärkt über Fernsprechkanäle oder Funkwege ausgestrahlt werden. Am Empfangsort werden sie verstärkt und in einer Kerrzelle wieder in Helligkeitsschwankungen eines Lichtstrahls umgewandelt. Dieser belichtet Punkt für Punkt ein photograph. Papier. Auch die Übermittlung von farbigen Vorlagen ist möglich.

Bildumwandler, Gerät zur Betrachtung eines photograph. Negativs als Positiv.

Bildung, bewußte, planmäßige Entwicklung der natürlich vorhandenen geistigen und körperl. Anlagen des Menschen. Auch der durch diese Entwicklung erreichte Zustand wird B. genannt (Ggs.: Unbildung, Halb-B.). Die **B.-Forschung** dient der B.-Planung auf lange Sicht. Zentrum in der Bundesrep. Dtl. ist das Institut für B.-Forschung in der Max-Planck-Gesellschaft, Berlin (seit 1963).

Bildungsroman, schildert den Bildungsgang eines Menschen, z. B. Goethe: »Wilhelm Meister«, Keller: »Der grüne Heinrich«.

Bildungswärme, Wärmemenge, die beim Aufbau einer Verbindung frei (exotherme Reaktion) oder benötigt wird (endotherme Reaktion).

Bildwandler, Photozelle, die ein auf sie projiziertes Licht-, Infrarot-, Ultraviolett-, Röntgenbild in ein Elektronenbild auf einem Leuchtschirm umwandelt. Verwendung: Helligkeitssteigerung von Röntgen- und Himmelsaufnahmen, in Verbindung mit einem Infrarotscheinwerfer als Nachtsichtgerät.

Bildwerfer, → Projektionsgerät.

Bildwirkerei, Herstellung von Woll- oder Seidenstoffen (Teppichen) in ornamentaler oder bildl. Ausführung. Sie wurde schon im alten Ägypten, Griechenland, dann in Byzanz, den islam. Ländern, auch im Abendlande vom MA. bis in die Neuzeit geübt. Hier brachten bes. die oberrhein., flandr., frz. Werkstätten Meisterwerke (→ Gobelin) hervor. (BILD S. 90)

Bilge [engl.] die, Kielraum eines Schiffes.

Bilharziose [nach T. Bilharz, *1825, †1862], trop. Wurmerkrankung bei Mensch und Tier, befallen werden v. a. Leber, Darm.

Bilin, tschech. **Bílina,** Heilbad in N-Böhmen, ČSFR, am Erzgebirge, 19000 Ew.

Bill, engl. Kurzform von William.

Bill [engl. »Urkunde«] die, im engl. und amerikan. Recht der dem Parlament vorgelegte Gesetzentwurf. **B. of rights,** Staatsgrundgesetz von 1689, legte einige wichtige Rechte des engl. Parlaments und Volks gegenüber dem Königtum fest.

Bill, Max, schweizer. Bildhauer, Industrieformgestalter, *1908.

Billard [b'iljard, frz. bij'a:r] das, Spiel mit meist 3 Elfenbeinkugeln (Bällen) und einem mit Lederkuppe versehenen Stock (Queue); Spieltisch mit Platte aus Schiefer oder Marmor, mit grünem Tuch überzogen und einem federnden Rand **(Bande).**

Billbergia, Gattung der Ananasgewächse, schönblütige Zierpflanze.

Billet [bilj'ɛt, frz. bij'ɛ] das, **1)** Briefchen, Zettel, Einlaß-, Fahrkarte. **2) Billetdoux** [bijɛd'u:, frz.] das, kleiner Liebesbrief.

Billiarde [frz.] die, 1000 Billionen = 10^{15}.

billige Flaggen, Flaggen mancher Staaten (z. B. Panama, Liberia), unter denen fremde Reeder Schiffe wegen steuerl. Vorteile registrieren.

Billigkeit, ⚖ Form der Gerechtigkeit, bei der nicht so sehr das Recht als vielmehr die Besonderheiten des Einzelfalles im Vordergrund stehen.

Billigtarif, im öffentl. Fernsprechnetz verbilligter Tarif für Gespräche, die zw. 18-8 Uhr sowie an Samstagen, Sonntagen und gesetzl. Feiertagen geführt werden.

Billinger, Richard, *1890, †1965; Gedichte, Schauspiele (»Das Perchtenspiel«, »Rauhnacht«), Romane aus seiner bäuerl. österreich. Heimat.

Billion die, 1 Million Millionen (1 mit 12 Nullen, 10^{12}); in den USA nur 1000 Millionen (1 mit 9 Nullen, 10^{9}).

Billroth, Theodor, Chirurg, *1829, †1894; entfernte erstmals Teile des Magens bei Magenkrebs. **B.-Battist,** wasserdichter Verbandstoff.

Billunger, Fürstengeschlecht (1106 erloschen), erhielt mit Hermann Billung um 961 die sächs. Herzogswürde.

Bilsenkraut, Nachtschattengewächs mit gelber, violett geaderter Blüte, wächst an Wegen; giftige Arzneipflanze. (BILD Giftpflanzen)

Biluxlampe, Handelsname einer häufig verwendeten Zweifadenlampe für Fahrzeugscheinwerfer mit 2 getrennt schaltbaren Leuchtkörpern.

Bimetall, ⊙ Verbindung zweier Metallstreifen mit versch. Wärmeausdehnungskoeffizienten. Bei Erwärmung dehnt sich der Streifen mit der größeren Dehnzahl stärker als der andere und krümmt den B.-Streifen nach der entgegengesetzten Seite; Anwendung als Temperaturregler zur Steuerung elektr. Kontakte u. a.

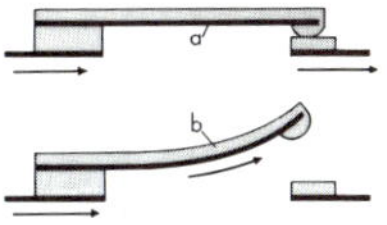

Bimetall-Kontakt: a Metall größerer, b geringerer Wärmedehnung

Bimetallismus, → Doppelwährung.

Bimsstein, helles, sehr poröses Gesteinsglas, entstanden durch das Durchströmen von Gasen und Dämpfen durch flüssige Lava; Polier-, Schleifmittel, Betonzusatz.

binär [lat.], △ aus 2 Einheiten bestehend.

Binärcode, Dualcode, Code, der nur aus 2 Zeichen aufgebaut ist, durch 0 und 1 symbolisiert.

Bindegewebe, gallertartiges, faseriges oder netzförmiges Gewebe im Tier- und Menschenkörper, bildet Sehnen und Bänder, Teile der Haut (Lederhaut); Stützgewebe der Organe.

Bindegewebsmassage, Heilverfahren, das durch Massieren des Unterhautbindegewebes tiefer liegende Organe beeinflussen soll.

Bindehaut, ein Teil des → Auges.

Bindehautentzündung, lat. **Conjunctivitis,** meist harmlose Augenerkrankung mit Rötung, Tränenfluß, Lichtempfindlichkeit.

Bindewort, Konjunktion, verbindet 2 Sätze oder Satzteile. **Beiordnende B.:** und, oder, auch, aber, doch, denn, deshalb, nämlich u. a.; **unterordnende B.:** daß, damit, wenn, als, da, weil, wie, ob u. a.

Binding, 1) Karl, Jurist, *1841, †1920; Vertreter der klass. Strafrechtsschule. **2)** Rudolf Georg, Schriftsteller, *1867, †1938; schrieb strenggeformte Gedichte, Erzählungen: »Der Opfergang«, »Unsterblichkeit«.

Bindung, 1) ☜ Zusammenhalt der Atome eines Moleküls oder Kristalls durch elektrostat. Kräfte zw. Ionen (z. B. bei Salzen), durch 1, 2 oder 3 gemeinsame Elektronenpaare zw. 2 Atomen (z. B. bei organ. Verbindungen), durch gemeinsame Gitterelektronen eines Kristalls, durch Dipolkräfte u. a. Kommt es zw. Nukleonen zu einer B. durch Austauschkräfte, tritt ein → Massendefekt auf. **2)** TEXTILTECHNIK: Art der Fadenvereinigung. Bei einem Gewebe kreuzen sich 2 Fadensysteme rechtwinklig; je nach Art der Fadenkreuzung unterscheidet man **Leinwand-, Köper-, Atlas-B.** Bei Wirk- und Strickwaren wird meist von einem Faden das Maschensystem gebildet.

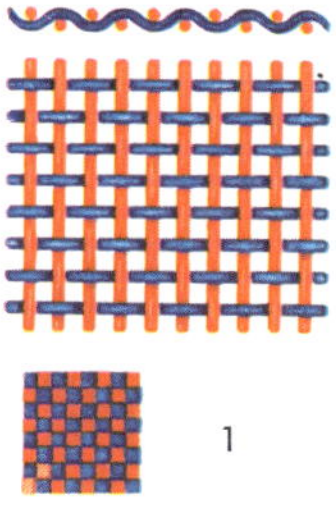
1

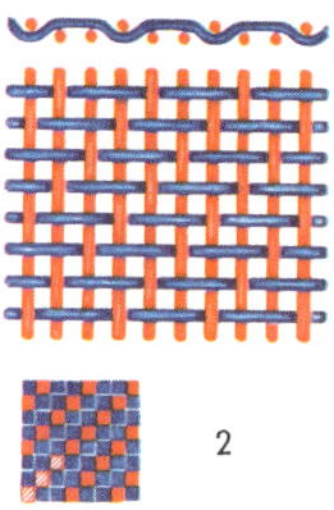
2

3

Bindung: Grundbindungen; 1 Leinwand, Taft, Tuch. 2 Schußköper. 3 Schußatlas

Bingelkraut, Gatt. der Wolfsmilchgewächse mit grünl. Blüte.

Bingen, Stadt in Rheinl.-Pf., 22300 Ew., am Einfluß der Nahe in den Rhein; Weinbau. Im Rhein der → Mäuseturm; am **Binger Loch** beginnt das Durchbruchtal des Rheins durch das Rhein. Schiefergebirge. Über B. die Burg Klopp; östl. der Rochusberg (Wallfahrtsort).

Binnenhandel, Handel innerhalb der Grenzen eines Landes; Ggs.: Außenhandel.

Binnenmarkt, Gesamtheit des Güterangebots und der -nachfrage innerhalb eines räumlich abgegrenzten Wirtschaftsgebiets.

Binnenschiffahrt, Schiffahrt auf Flüssen, Kanälen, Seen, Binnenseen. Die Beförderung auf **Binnenwasserstraßen** ist billig, aber langsam und abhängig von der Witterung. Befördert werden u. a. haltbare Massengüter

(Kohle, Erze, Getreide). Größter dt. **Binnenhafen:** Duisburg.

Binnenwanderung, Bevölkerungsverschiebungen in den Staatsgrenzen **(Nahwanderung** in Landes- und Provinzgrenzen, **Fernwanderung** darüber hinaus). Kennzeichnend sind **Landflucht** (vom Land in die Städte) und **Pendel-** oder **Zeitwanderung** (vom Wohnsitz zur Arbeitsstätte).

Binnig, Gerd, Physiker, *1947; entwickelte mit H. Rohrer das Rastertunnelmikroskop; 1986 mit diesem und E. Ruska Nobelpreis.

binokulạr [lat.], mit beiden Augen zugleich.

Binọm [lat.-grch.] das, △ Summe aus 2 Gliedern, z. B. a + b. **Binomischer Satz** oder **Binomialreihe:** Darstellung einer Potenz eines B. durch eine Reihe, z. B. $(a+b)^2 = a^2 + 2ab + b^2$.

Binse die, Binsengewächsgatt.; grasähnl. Ufer- und Sumpfpflanzen.

Binswanger, Ludwig, schweizer. Psychiater, *1881, †1966, entwickelte eine psychotherapeut. Behandlung (Daseinsanalyse).

Binz, Seebad an der Ostküste von Rügen, 6000 Ew.; mit steinfreiem Sandstrand, Wald.

Bio... [grch. bios »Leben«], Lebens...

Biochemịe [grch.] die, Lehre von der chem. Zusammensetzung der Lebewesen und den chem. Vorgängen im Körper.

Birke: Weiß-B.; Zweig mit einem weibl. und zwei männl. Blütenständen (Kätzchen), links Fruchtstand

biochemischer Sauerstoffbedarf, Abk. **BSB,** Kenngröße für den Gehalt an biologisch abbaubaren Wasserinhaltsstoffen. Es ist die Sauerstoffmenge, die von Mikroorganismen verbraucht wird, beim BSB$_5$ z. B. in 5 Tagen.

Biogas, brennbares Gasgemisch, entsteht bei der Zersetzung von Biomasse (z. B. Fäkalien, Stroh) durch Bakterien.

biogenẹtisches Grundgesetz, von Haeckel aufgestelltes entwicklungsgeschichtl. Gesetz, daß die Entwicklung eines Einzelwesens eine kurze Wiederholung seiner Stammesentwicklung sei. So erinnern z. B. die kiemenatmenden Froschlarven an die Abstammung der Lurche von den Fischen.

Biographịe [grch.] die, Lebensbeschreibung.

Bioindikatoren, Bez. für Organismen und biolog. Präparate zum Schadstoffnachweis in Luft und Wasser.

Bioklimatologịe [grch.] die, Lehre von den Beziehungen der Lebewesen zum Klima, bes. in gesundheitl. Hinsicht.

Birma

Bioko, Bioco, seit 1979 Name der Insel → Fernando Póo.

Bioladen, Ökoladen, volkstüml. Bez. für Lebensmitteleinzelhandelsgeschäfte, die naturbelassene Produkte anbieten.

Biologịe [grch.] die, Naturwissenschaft vom Lebendigen. Sie beschäftigt sich mit den Pflanzen **(Botanik),** den Tieren **(Zoologie),** dem Menschen **(Anthropologie)** und den Einzellern **(Protistenkunde).** Die allen Lebewesen gemeinsamen Erscheinungen wie Bau und Leben der Zelle, Vererbung werden in der **allg. B.** behandelt. Teilgebiete sind: Physiologie, Morphologie, Ökologie, Tierpsychologie, Bakteriologie, Molekularbiologie. Die Geschichte des Lebens in den früheren Erdzeitaltern ist Gegenstand der Paläontologie und teilweise der Urgeschichte des Menschen. Durch die Entdeckungen von Cuvier, Lamarck und Darwin gewann die B. seit dem 18. und 19. Jh. Einfluß auf die allg. Weltanschauung (Mechanismus, Vitalismus, Deszendenztheorie, Darwinismus, Vererbungslehre). Biolog. Begriffe und Vorstellungen werden vielfach auf andere Wissensgebiete übertragen **(Biologịsmus).**

biologische Kampfmittel, B-Waffen, Bez. für alle Arten militär. Einsatzmittel zur Verbreitung von biolog. Kampfstoffen (Viren, pathogene Pilze u. a.).

biologischer Landbau, alternative Landwirtschaft, im Unterschied zur herkömml., konventionellen Landwirtschaft eine die biolog. Selbstregulation des Ökosystems anstrebende und ausnutzende Form des Landbaus, verzichtet auf synthet. Dünger, Herbizide und Pestizide, schont Bodenorganismen.

Biomasse, Gesamtheit aller lebenden, toten und zersetzten Organismen eines Lebensraums (auch der gesamten Erde), einschließlich der von ihnen produzierten organ. Substanzen.

Bionik, engl. **bionics** [baɪ'ɔniks, aus **biology** und tech**nics**], Entwicklung von techn. Anlagen in Anlehnung an Funktionsvorbilder in der belebten Welt.

Biophysịk [grch.] die, Wissenschaftszweig, Grenzgebiet zw. Physik und Biologie.

Biopsịe [grch.] die, ♡ Untersuchung von Geweben, Körperflüssigkeiten u. a. des lebenden Menschen zur Krankheitserkennung.

Biosoziologịe untersucht Zusammenhang und Wechselwirkung biolog. und gesellschaftl. Bedingungen.

Biosynthese, Aufbau biochem. (organ.) Substanzen durch lebende Organismen mit Hilfe von Enzymen.

Biotechnologie, Wissenschaft von den Methoden und Verfahren zur techn. Nutzung biolog. Prozesse, z. B. in der biolog. Abwasserreinigung, bei Herstellung von Antibiotika.

Biotịn das, Vitamin H.

Biotọp [grch. »Lebensstätte«] der, von der Umwelt abgegrenzter, relativ einheitlich gestalteter Lebensraum, z. B. Wiese, Moor, See.

bipolạr, zweipolig.

Bipolartechnik, Technik zum Aufbau integrierter Schaltungen aus **Bipolartransistoren.**

Bipolartransistọr, Transistor mit 2 eng benachbarten pn-Übergängen, an dessen Funktion beide Ladungsträgerarten (Elektronen und Defektelektronen) beteiligt sind.

Birgitta, Brigitta, schwed. Mystikerin, Heilige, *1303, †Rom 1373, stiftete den **Birgittenorden (Salvator-, Erlöserorden),** Mönchs- und Nonnenorden in Doppelklöstern.

Birke [ahd. birhha] die, -/n, Gatt. der Birkengewächse, rd. 40 Arten, in der nördl. gemäßigten und kalten Zone, wächst auf sandigem wie auf moorigem Boden. Die Haar- oder Schwarz-B. geht weiter nach N. Strauch-B. und Zwerg-B. wachsen auf Torfmooren im nördl. bis arkt. Europa, Asien und Amerika. In Dtl. wächst die B. in Mittelgebirgen. – Birkenholz wird als Schälholz für Sperrplatten und als Möbelholz verwendet. Maser-B. liefern Furniere mit lebhafter Zeichnung.

Birkenfeld, Krst. in Rheinl.-Pf., 5500 Ew.

Birkenhead [b'ə:kənhed], Hafen- und Fabrikstadt in NW-England, mit Liverpool verbunden; 124000 Ew.; Maschinenind.

Birkhuhn, Waldhuhn, lebt in Moor, Heide und Mischwald **(Spielhahn).**

Birma, engl. **Burma** [b'ə:ma], amtl. **Myanmar,** Rep. im NW Hinterindiens, 678033 km^2, 35,31 Mio. Ew.; Hptst.: Rangun, amtl. Yangon. – B. ist im O und W von Gebirgsketten durchzogen, zw. denen das Stromland des Irawadi (Verkehrsader) liegt. Das Klima steht unter Monsuneinfluß. Im S Urwald. Die **Birmanen** (75% der Ew.) gehören zur mongoliden Rasse und zur tibeto-birman. Sprachfamilie. Hauptreligion: Buddhismus. Ausfuhr: Reis, Teakholz, Bergbauprodukte; Nahrungsmittel. Straßen, Binnenschiffahrt. – Das Königreich B. wurde 1885/86 mit Brit.-Indien vereinigt, 1948 unabhängig. Staatsoberhaupt: Gen. Saw Maung (nach Militärputsch Sept. 1988), MinPräs. Thura U Tun Tin (seit 1988). ⊕ S. 483.

Birmingham [b'ə:mɪŋəm], **1)** größte Fabrikstadt und zweitgrößte Stadt Englands; 1,02 Mio. Ew.; Zentrum der brit. Metallverarbeitung; Univ.; Sitz eines kath. Erz- und eines anglikan. Bischofs. **2)** Stadt in Alabama, USA, 284500 Ew. Stahl, Elektrotechnik, Flugzeug-, chem. Ind.

Birne, Birnbaum, Kernobstbaum, Gatt. der Rosengewächse. **Wilde B.,** dorniger Waldbaum in Europa und Asien, mit kleiner, saurer, harter Frucht **(Holz-B.).** Diese und die asiat. B. sind die Stammpflanzen der vielen Gartensorten, z.B. **Butter-B., Bergamotten, Flaschen-B., Muskateller-B.** u.a.

Birobidschan, Hptst. des Jüd. Autonom. Gebietes in der UdSSR, westl. von Chabarowsk; 78000 Ew.; Nahrungsmittelind.

Bisam der, **1)** → Moschus. **2)** Fell der → Bisamratte.

Bisamratte, Nagetier der Fam. **Wühler,** urspr. im N Nordamerikas, 30-40 cm (ohne den seitlich abgeplatteten Schwanz), in der Lebensweise biberähnlich, des wertvollen Pelzes wegen in Europa eingeführt.

Biscaya, Golf von B., große Bucht des Atlant. Ozeans zw. N-Spanien und W-Frankreich, bis 5872 m tief, wegen häufiger Stürme gefürchtet.

Bischof [grch. episkopos »Aufseher«], oberster kirchl. Würdenträger in einem bestimmten Gebiet. In der kath. Kirche gebührt dem B. die unbeschränkte Kirchengewalt in seinem Bistum. Amtstracht: Brustkreuz, B.-Stab, Mitra, B.-Hut u.a. Neben dem **Diözesan-B.** gibt es B. ohne Diözesangewalt **(Titular-B.).** In der Ost-Kirche wird der B. nur aus den Priestermönchen gewählt. In der evang. Kirche ist das B.-Amt im röm. Sinn aufgehoben. Am stärksten hat noch die anglikan. Kirche Weihe und Rechtsstellung des kath. B. beibehalten; neben ihr hält auch die schwedische Kirche am apostol. Nachfolgegedanken fest.

Bischofsmütze, 1) Mitra, Kopfbedekkung des kath. Bischofs beim Gottesdienst. **2)** volkstüml. Bez. für einige Pflanzen- und Tierarten, z.B. 2 Kakteenarten, einen Zierkürbis, einen Speisepilz (Lorchel), eine Schneckenart.

Bischofswerda, Krst. im Bez. Dresden, Dt. Dem. Rep., 13600 Ew.; Glas-, Textilind.

Biserta, Hafenstadt an der N-Küste Tunesiens, 95500 Ew.; Erdölraffinerie.

Bisexualität [nlat.], Zweigeschlechtigkeit. Unter **bisexueller Potenz** versteht man die Fähigkeit der Zellen, sich in männl. oder weibl. Richtung entwickeln zu können. Unter B. beim Menschen versteht man das Erstreben oder Ausüben sexueller Handlungen mit gleich- und auch andersgeschlechtl. Partnern.

Bishop [biʃɔp], Michael J., amerikan. Mediziner, *1936; Nobelpreis 1989 (mit H. E. Varmus) für Krebsforschungen.

Biskra, Oase und Luftkurort in Algerien, am Nordrand der Sahara, 85000 Ew.

Bismarck, Otto Fürst von, Gründer des Dt. Reichs von 1871, *1815, †1898. B. wurde 1847 konservat. Abgeordneter, 1851 preuß. Gesandter beim Dt. Bundestag in Frankfurt a.M., 1859 in Petersburg, 1862 in Paris. Seit Herbst 1862 preuß. MinPräs., verteidigte er die Heeresreform König Wilhelms I. gegen das Abgeordnetenhaus, führte 1864 Krieg gegen Dänemark und 1866 Krieg gegen Österreich. Mit der Gründung des Norddt. Bundes 1867, dessen Bundeskanzler B. wurde, war die Vorherrschaft Preußens in Dtl. durchgesetzt; der Ausgang des → Dt.-Französ. Krieges gab den Anstoß zur Gründung des Dt. Reiches unter Kaiser Wilhelm I. In den Fürstenstand erhoben, übernahm B. als Reichskanzler die Führung der Politik. In den 1870er Jahren führte er den »Kulturkampf« gegen den polit. Katholizismus (Zentrumspartei). 1878 setzte er das → Sozialistengesetz durch; gleichzeitig leitete er den → Berliner Kongreß, 1879 schloß er das dt.-österr. Bündnis, 1882 den → Dreibund; dabei war er bestrebt, die Freundschaft mit Rußland zu erhalten (→ Rückversicherungsvertrag). Um die Lage der Arbeiter zu bessern, schuf er die Sozialgesetze. 1884/85 erwarb er die ersten Kolonien. Zu Kaiser Wilhelm II. geriet er bald in Gegensatz, so daß er 1890 zum Rücktritt gezwungen wurde. Er schrieb: »Gedanken und Erinnerungen«.

Bismarck-Archipel, zu Papua-Neuguinea gehörende melanes. Inselgruppe, mit Neubritannien, Neuirland, Lavongai und den Admiralitäts-Inseln; 49900 km², rd. 330000 Ew.; Hauptort und Hafen: Rabaul. 1884-1918 dt. Schutzgebiet.

Bismillah [arab. »Im Namen Gottes«], Anfangsformel muslim. Bücher oder Schreiben; einleitender Ausruf.

Bison, auch **Buffalo (Büffel),** nordamerikan. Wildrind, früher in großen Herden, von Indianern und Weißen gejagt, heute staatlich geschützt. Verwandter des europ. → Wisents.

Bissau, Hptst. von Guinea-Bissau, 110000 Ew.; Hafen; Hartholz und Kopraexport.

Bistritz, 1) im Oberlauf **Goldene B.,** Nebenfluß des Sereth in Rumänien. **2) B.,** Stadt in N-Siebenbürgen, Rumänien, 64500 Ew.; Holz-, Nahrungsmittel-, Textilind.

Bistro [frz.] das, kleine Gaststätte.

Bistum das, kirchl. Bez. **(Sprengel),** der von einem Bischof verwaltet wird.

bit [Abk. von engl. »binary digit«] das, Datenverarbeitung: kleinste Informationseinheit im binären Zahlensystem, Maßeinheit für den Informationsgehalt.

Bitburg, Krst. in der Eifel, Rheinl.-Pf., 10800 Ew.; Brauerei, Militärflughafen.

Bithynien, antike Landschaft in NW-Kleinasien.

Bitola, serbokroat. **Bitolj,** Handelsstadt in S-Jugoslawien, 81000 Ew.

Bitterfeld, Krst. im Bez. Halle, 21300 Ew.; Braunkohlenbergbau, chem. Ind., Ton-, Maschinenind.

Bitterklee, Fieberklee, weiß bis rosa blühende enzianartige Sumpfstaude; Heilpflanze.

Bitterling, 1) Karpfenfisch mit bitterem Fleisch, legt seine Eier durch eine Legeröhre in die Kiemen der Teichmuschel. **2)** ein → Röhrenpilz.

Bittermandelöl, Samenöl bitterer Mandeln, Pflaumen u.a.; künstl. B. für Aromen → Benzaldehyd.

Bittersalz, Magnesiumsulfat, Abführmittel.

Bitterstoffe, in Pflanzen vorkommende Verbindungen; regen als Bittermittel den Appetit an.

Bittersüß das, Nachtschattenart, Schlingstrauch mit violetten Blüten und scharlachroten Beeren; giftig.

Bitterwässer, → Heilbäder, ÜBERSICHT.

Bittner, Julius, österreich. Komponist, *1874, *1939; Chorwerke, Lieder, Opern.

Bitumen [lat.] das, ☜ braunschwarze, brennbare Kohlenwasserstoffgemische; im Asphalt und im Destillationsrückstand des Erdöls.

Biwak [frz.] das, Lager im Freien oder in Zelten.

bizarr [frz.], auffallend, wunderlich.

Bizeps [lat. »zweiköpfig«] der, der zweiköpfige Oberarmmuskel.

Bizet [biz'e], Georges, frz. Komponist, *1838, †1875; Oper: »Carmen«; Suite: »L'Arlésienne«.

Bjelorußland, → Weißrussische SSR.

Björnson, Björnstjerne, norweg. Dichter, *1832, †1910; Gedichte, Vaterlandslieder, Erz. aus dem norweg. Bauernleben, Schauspiele über Zeitfragen. B. trat ein für Freiheit der Völker, für eine von Schweden losgelöste norweg. Rep., für Darwinismus und Positivismus; Nobelpreis 1903.

Bk, chem. Zeichen für Berkelium.

Bismarck

Bizet

Björnson

Blasenkirsche

Blauracke

Blacher, Boris, Komponist, *1903, †1975; Opern, Orchesterwerke, Ballette, u. a.

Black [bl'æk], James Whyte, brit. Pharmakologe, *1924; für Forschungen zur Arzneimittelbehandlung 1988 Nobelpreis für Physiologie oder Medizin (mit G. B. Elion und G. H. Hitchings).

Black box [bl'æk b'ɔks], in der Wissenschaftsmethodik Teil eines kybernet. Systems mit unbekannter innerer Struktur und Wirkungsweise, eindeutig bekannt und bestimmbar sind nur die auf die Eingangssignale folgenden Ausgangssignale.

Blackburn [bl'ækbə:n], Stadt in England, im N von Manchester, 102 000 Ew.; Leichtind.

Black Muslims [blæk m'ʌslımz], Bewegung der Negerbev. der USA, die nach ihrem Selbstverständnis zum Islam gehört, i. Ggs. dazu mit diesseitiger Heilserwartung. Mitstreiter der Bürgerrechtsbewegung.

Blackpool [bl'ækpu:l], bekanntes engl. Seebad an der Irischen See, 148 000 Ew.

Black Power [blæk p'aʊə], Schlagwort der radikalen Bürgerrechtsbewegung der farbigen Bev. der USA seit 1965; seit 1973 keine wirkungsstarke Bewegung mehr.

Blagowjeschtschensk, Hptst. des Amurgebietes, UdSSR, 195 000 Ew.; Ind.-Zentrum.

Blähungen, Gase im Magen- und Darmkanal.

Blende 1) am Objektiv

Blake [bleık], **1)** Robert, engl. Admiral, *1599, †1657, Flottenführer Cromwells, besiegte die königl., 1653 die holländ., 1655 die tunes., 1657 die span. Flotte. **2)** William, engl. Maler, Graphiker, Dichter, *1757, †1827, Mystiker, epische Gedichte; Illustrationen zu Hiob, Dante, Milton u. a.

Blamage [blam'a:ʒ, frz.] die, peinlicher Vorfall. **blamieren,** lächerlich machen.

Blanc [blã], Louis, frz. Sozialist, *1811, †1882; gegen Kapitalismus und für Errichtung von Arbeiterproduktionsgenossenschaften.

Blankenburg, Bad B., Stadt im Bez. Gera, Luftkurort im Schwarzatal, 10 100 Ew.

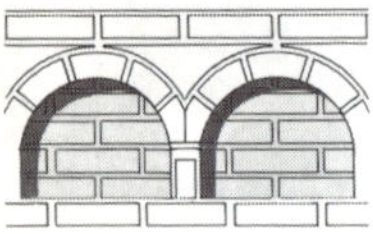

Blende 3): Blendbogen

blanko [span. »weiß«], leer, unausgefüllt, z. B. **B.-Vollmacht,** unbeschränkte Vollmacht, **B.-Scheck,** unterschriebenes Scheckformular, ohne Summenangabe.

Blankvers, reimloser iambischer Fünffüßer, im engl. Drama bes. durch Shakespeare und seine Zeitgenossen verbreitet. Im dt. Schauspiel ist der B. seit J. E. Schlegel, Chr. M. Wieland und G. E. Lessing (»Nathan der Weise«) vorherrschend.

Blantyre [bl'æntaıə], Haupthandels- und Industriestadt in Malawi, 334 000 Ew.

Blasco Ibáñez, Vicente, span. Schriftst., *1869, †1928; realist., kosmopolit. Romane.

Blase, die → Harnblase.

W. Blake: Gott erschafft Adam

Blasenausschlag, ♡ gefährl. Hautkrankheit. Behandlung: Cortisonpräparate, Antibiotika.

Blasenfüßer, winzige Insekten (3 mm), z. T. schädlich als Pflanzensauger.

Blasenkatarrh, Krankheit der → Harnblase.

Blasenkirsche, Judenkirsche, Nachtschattengewächs; Frucht: rote Beere in rotem Ballonkelch.

Blasenmole die, ♡ blasige Entartung des Mutterkuchens, führt zur Fehlgeburt.

Blasenspiegel, → Zystoskop.

Blasensteine, → Harnsteine.

Blasenstrauch, Blasenschote, südeurop. gelbblühender Zierstrauch.

Blasentang, Fucus der, Braunalge mit Luftblasen, die die Alge im Wasser aufrecht halten.

Blasenwurm, Finne der → Bandwürmer.

blasiert [frz.], hochnäsig, eingebildet.

Blasinstrumente, Musikinstrumente, bei denen entweder die in einem festen Körper eingeschlossene Luft zum Klingen gebracht oder die Außenluft unmittelbar in Schwingung versetzt wird; **Lippenpfeifer** (Flöte, Blockflöte), **Zungenpfeifer** mit Rohrblatt (Oboe, Englischhorn, Fagott; Klarinette, Saxophon), **Trompeteninstrumente** (Trompete, Posaune, Horn, Tuba), B. mit Durchschlagszungen (Harmonium, Zieh-, Mundharmonika). (BILDER S. 96, 97)

Blasius, Märtyrer, †316, einer der 14 Nothelfer, Wetterheiliger, Heiliger (Tag 3. 2.).

Blasphemie [grch.] die, Gotteslästerung.

Blasrohr, Jagd- und Kriegswaffe bei Naturvölkern, z. B. in Indonesien, S-Amerika.

Blastula, Blasenkeim, → Entwicklung.

Blatt, 1) ♧ Teil der höheren Pflanze, von begrenztem Wachstum, flächiger Gestalt und verhältnismäßig zartem Bau; enthält Chlorophyll, dient der Ernährung (→ Assimilation) und → Transpiration. Weniger flächig als das Laub-B. ist das B. als **Nadel** der Nadelhölzer. Als Leitungen für die Nährstoffe durchziehen Gefäßbündel den **B.-Stiel,** die sich auf der B.-Fläche **(Spreite)** als **B.-Rippen** und **B.-Adern (B.-Nerven)** verästeln. (BILDER S. 98)
2) Schulter-B., Schulterstück des Wildes, des Rindes. **3)** ⊙ breiter, flacher Teil, z. B. der Axt, des Ruders.

Blättermagen, dritter Abschnitt des Wiederkäuermagens, mit Längsfalten.

Blattern, die → Pocken.

Blätterpilze, -schwämme, Gruppe der Ständerpilze, mit schirm- oder hutförmigem sporentragendem »Frucht«-körper; auf der Unterseite fächerartige blattähnl. Leisten (Blätter, Lamellen) mit den Sporen.

Blätterteig, feiner Wasserteig, wird durch mehrmaliges Zwischenrollen von frischer Butter blätterig; für Teegebäck, Pasteten, Obstkuchen.

Blattfallkrankheiten, mehrere Pflanzenkrankheiten, verursachen vorzeitigen Laubfall.

Blattfisch, etwa halbmondförmiger, plattflankiger, dunkelstreifiger Aquarienfisch aus dem Amazonasstromgebiet.

Blattflöhe, sprungfähige zikadenähnl. Pflanzensauger. Schädlich sind z. B. die **Apfelblattsauger.**

Blattfüßer, niedere Krebse mit blattartigen, Kiemen tragenden Beinen, z. B. die Wasserflöhe.

Blattgold, reines Gold, zu dünnen Blättchen bis 0,00014-0,00011 mm Dicke ausgeschlagen; zum Vergolden bes. von Buchschnitt, Kuppeln, Denkmälern. **Unechtes B., Rauschgold, Knittergold,** Legierung aus Kupfer und Zink.

Blattgrün, das → Chlorophyll.

Blatthornkäfer, Fam. der Käfer; ihre

Fühlerenden sind blattartig verbreitert; z. B. Mai-, Mist-, Hirschkäfer.

Blattkohl, Grünkohl, Kohlrasse mit einzelständigen, krausen Blättern.

Blattläuse, Pflanzensauger, deren zuckerhaltige Exkremente (Honigtau) von Ameisen verzehrt werden. Einige B. rufen auch Pflanzengallen hervor. Bes. schädlich ist die Reblaus (→ Blutlaus).

Blattpflanzen, Zierpflanzen mit schönem Laub und meist unscheinbaren Blüten.

Blattwickler, Kleinschmetterlinge, → Wickler.

blau, Farbengruppe im Spektrum zw. grün und violett, Wellenlänge 440-485 nm.

Blaubart, Ritter in frz. Märchen (von Perrault), tötet 6 seiner Frauen, die aus Neugier ein verbotenes Zimmer betreten. Die 7. wird von ihren Brüdern gerettet, B. getötet.

Blaubeere, → Heidelbeere.

Blaubeuren, Stadt in Bad.-Württ., am Blautopf (20 m tiefe Quelle der Blau), 11 500 Ew. Das 1086 gestiftete Kloster ist seit 1817 evang.-theolog. Seminar; Klosterkirche mit Hochaltar von G. Erhart.

Blaubücher, → Farbbücher.

Blaue Berge, engl. **Blue Mountains** [blu: m'aʊntınz], Gebirge **1)** in NO-Oregon und SO-Washington, USA. **2)** in Australien (Neusüdwales). **3)** der Insel Jamaika.

Blaue Blume, Symbol der Dichtung in Novalis' Roman »Heinrich von Ofterdingen« (1802); Symbol romant. Sehnsucht nach dem Unendlichen.

Blaue Division, División Azul [aθ'ul], span. Freiwilligenverband im 2. Weltkrieg, auf dt. Seite (1941-43, danach aufgelöst).

Blaue Grotte, Uferhöhle der Insel Capri; bei Tag mit lasurblauem Licht erfüllt.

Blauer Brief, nach dem blauen Umschlag benanntes Schreiben, mit dem früher in Preußen Offiziere zur Kündigung veranlaßt wurden; heute allg.: Kündigung (Schule: Nichtversetzung möglich).

Blauer Montag, Montag, an dem nicht gearbeitet (blaugemacht) wird; arbeitsfreier Tag nach dem Jahresfest der Handwerker, an dem für die Toten eine Blaue Messe (nach der Farbe des Meßgewandes) gehalten wurde.

Blauer Nil, rechter Nebenfluß des → Nils.

Blauer Reiter, 1911 in München gegr. Künstlervereinigung von großem Einfluß auf die moderne Malerei; Mitgl. u. a. Kandinsky, Klee, Macke, Marc.

Blaues Band des Ozeans, Auszeichnung des schnellsten Fahrgastschiffs auf der Atlantikstrecke.

Blaues Kreuz, christl. Bewegung zur Bekämpfung des Alkoholismus, gegr. 1877.

Blaue Zone, ⇔ Stadtgebiet, in dem Kraftwagen auf bes. gekennzeichneten Flächen unter Verwendung einer → Parkscheibe abgestellt werden dürfen.

Blaufelchen der, **Renke,** schmackhafter Lachsfisch in S-Dtl.; bis 50 cm lang.

Blaukehlchen, Singvogel mit blauer Kehle; bes. in Sumpfdickichten.

Blaulicht, 1) kurzwelliger Teil des sichtbaren Lichts. **B.-Bestrahlung** verstärkt die Gewebsatmung. **2)** Warnlicht an Einsatzfahrzeugen (Polizei, Feuerwehr, Krankenwagen).

Bläulinge, kleine Tagschmetterlinge mit asselförmigen Raupen; rote **Gold-** oder **Feuerfalter, Adonisfalter** (BILD Schmetterlinge).

Blauracke, taubengroßer, schimmernd blaugrüner Zugvogel in Europa, O-Afrika. (BILD S. 94)

Blausäure, Cyanwasserstoff, HCN, sehr giftige Flüssigkeit, die stark nach bitteren Mandeln riecht und in den Kernen der Steinfrüchte als Amygdalin enthalten ist; Verwendung zur Vernichtung von Ungeziefer u. a. **B.-Vergiftung** durch Lähmung der Gewebsatmung, der Tod tritt in wenigen Minuten ein. ERSTE HILFE: Beatmung, möglichst mit Sauerstoffapparat. Arzt rufen!

Blauschimmel, Krankheit der Tabakpflanze durch Pilz, seit 1959 in Europa.

Blaustrumpf, Spottname für intellektuelle Frauen; nach dem literar. Kreis der Lady Montague in London (um 1750), zu dem der Naturforscher Stillingfleet angeblich in blauen Kniestrümpfen erschien.

Blausucht, Zyanose, Blaufärbung des Körpers (bes. Gesicht, Nägel) infolge ungenügender Sauerstoffaufnahme in den Lungen: z. B. bei Herz- und Lungenkrankheiten, bei angeborenen Herzfehlern.

Blauwal, bis 33 m lang, 130 t schwer, größtes Tier der Erde, immer seltener, lebt im N-Atlantik (→ Wale).

Blavatsky, Helena, *1831, †1891, begr. 1875 mit H. S. Olcott in New York die Theosoph. Ges.

Blazer [bl'eɪzə, engl.], leichte Klubjacke.

Blech, gewalztes Metall.

Blech, Leo, Dirigent und Komponist, *1871, †1958, Lieder und Spielopern.

Blechen, Karl, Maler, *1798, †1840, fand, von der Romantik ausgehend, den Weg zu einer realist. Freilichtmalerei.

Bled, Veldes [f-], Kurort in Slowenien, Jugoslawien, 4800 Ew.; Thermalquellen.

Blei, Pb, chem. Element, weiches Schwermetall, Ordnungszahl 82, relative Atommasse 207,2, D 11,35 g/cm³, Schmelzpunkt 327°C, Siedepunkt 1750°C. Aus den weitverbreiteten B.-Erzen (wichtigstes ist der → Bleiglanz) wird das B. meist durch Röstreduktionsverfahren gewonnen. Man erhält **Werk-B.,** das durch Raffination gereinigt wird. Dabei fallen meist andere Schwer- und Edelmetalle an. Verwendung: Ummantelung von Kabeln, Akkumulatorenplatten, Munition, Letternmetall, Dichtungen, Legierungen. Giftig!

Blei der, Karpfenfisch, → Brachsen.

Blei, Franz, Schriftst., *1871, †1942; Kritiken, Essays.

bleichen, 1) Aufhellen von Farbtönen bei Textilien, Papier, Fellen u. a. **Bleichmittel** wirken meist oxidierend oder reduzierend. **Physikal. Bleichen** beruht auf Verwendung opt. Aufheller **(opt. B.). 2)** Photographie: Umwandlung des schwarzen Bildsilbers in lösl. Silberverbindungen, die im Fixierbad herausgelöst werden. **3)** Züchtung von blattgrünfreiem Gemüse (z. B. Endivien) durch Kellerhaltung, Lichtentzug.

Bleichsucht, grch. **Chlorose** die, ♡ heute seltene Krankheit junger Mädchen durch Eisenmangel.

Bleifarben, weiße oder gefärbte, meist giftige Farbpulver aus Bleiverbindungen: **Bleiweiß, Mennige** u. a.

bleifreies Benzin, → katalytische Nachverbrennung.

Bleigießen, Volksbrauch: geschmolzenes Blei wird in Wasser geschüttet, die entstehenden Gebilde gedeutet.

Bleiglanz, Galenit, PbS, wichtigstes Bleierz, grau, kristallisiert meist in Würfeln.

Bleiglas, Bleioxid enthaltendes Glas; Strahlenschutzglas, opt. Glas, starke Lichtbrechung **(Kristallglas).**

Bleikammern, berüchtigtes Staatsgefängnis unter dem Bleidach des Dogenpalastes in Venedig, 1797 zerstört.

Bleilochtalsperre, an der oberen Saale, Bez. Gera; Stausee mit 215 Mio. m³ Stauraum.

Bleistift, Schreib- und Zeichenstift mit Graphitmine in Holzfassung. **Kopier-** und **Tintenstifte** enthalten Teerfarbstoffe, **Farbstifte** Teer- oder Mineralfarbstoffe.

Bleivergiftung, Bleikrankheit, Folge der Aufnahme von Blei in den Körper. Merkmale der **chron. B.:** Verstopfung, Kopfschmerzen, Anfälle von heftigen Leibschmerzen

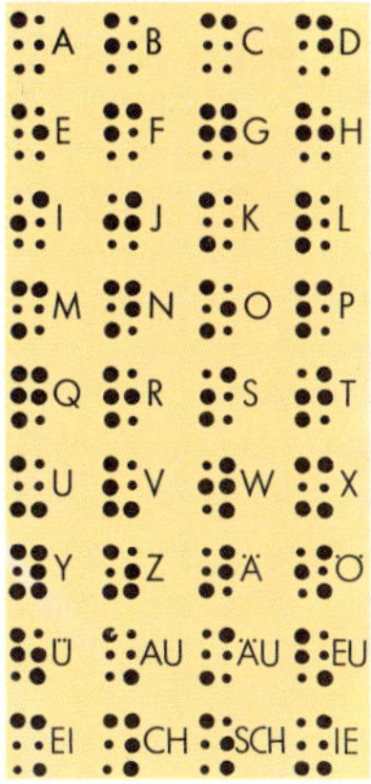

Blinde: Blindenschrift

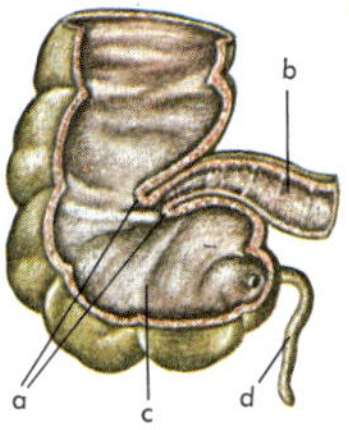

Blinddarm: a Bauhinsche Klappe, b Dünndarm, c Blinddarm, d Wurmfortsatz

Blitz: Linienblitz

Ernst Bloch

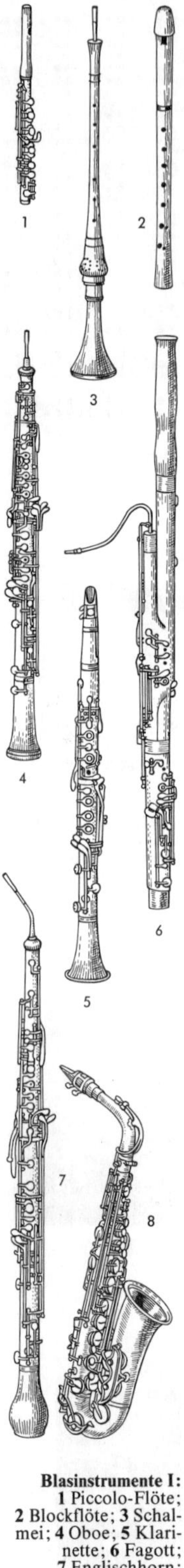

Blasinstrumente I: **1** Piccolo-Flöte; **2** Blockflöte; **3** Schalmei; **4** Oboe; **5** Klarinette; **6** Fagott; **7** Englischhorn; **8** Saxophon

(Bleikolik), fahle Hautfarbe, Krämpfe, Lähmungen, bes. der Fingerstrecker **(Bleilähmung),** auch Augen- und Nierenschädigungen.

Bleiweiß, → Bleifarben.

Blende, 1) in opt. Geräten Einrichtung zur Verkleinerung der Objektivöffnung. **2)** stark glänzendes Sulfidmineral, z. B. Zinkblende. **3)** 🏛 der Mauer zur Gliederung vorgesetzter Bauteil, z. B. Blendbogen. (BILDER S. 94)

blenden, blind machen, eine der schwersten Strafen im Altertum und MA.

Blennorrhöe [grch.] die, **Eiterfluß,** eitrige Absonderung einer Schleimhaut, bes. der Harnröhre; meist infolge Tripper.

Blériot [blerj'o], Louis, frz. Flugtechniker, *1872, †1936; überflog 1909 als erster den Ärmelkanal.

Blesse die, weißer Stirnfleck bei Tieren.

Bleßhuhn, Bleßralle, knapp entengroßer, schwarzer Wasservogel mit weißem Stirnschild, aus der Gruppe der Rallen.

blessieren [frz.], verwunden. **Blessur** die, ✤ Verwundung.

bleu [blø:, frz.], mittelblau.

Blinddarm, sackförmiger Anfangsteil des Dickdarms im rechten Unterleib, in den der Dünndarm mündet; der B. hat einen (durchschnittl. 8 cm langen) **Wurmfortsatz (Appendix). B.-Entzündung:** Entzündung dieses Wurmfortsatzes **(Appendizitis).** Sie kommt häufig vor und beginnt mit unbestimmten Bauchschmerzen (erst später im rechten Unterbauch, der druckempfindlich wird), leichtem Fieber, Übelkeit, Erbrechen. Meist muß der Wurmfortsatz durch Operation entfernt werden **(Appendektomie).** (BILD S. 95)

Blinddruck, Prägedruck ohne Farbe.

Blinde, Menschen, denen das Sehvermögen fehlt. Bei völliger Blindheit **(Amaurose)** ist jede Lichtempfindlichkeit erloschen. Nach dem Sozialgesetz gilt auch als blind, wer weniger als $\frac{1}{25}$ der normalen Sehschärfe hat. Blindheit kann angeboren sein; meist ist sie erworben durch Erkrankung, Verletzung oder Verlust der Augen. Betreuung der B. durch staatl. und private **B.-Fürsorge.** Körperl. und seel. Betreuung, Erziehung, Studium, Umschulung in **B.-Anstalten** und **B.-Heimen** durch B.-Lehrer. Grundlage des Lesens und Schreibens ist die **B.-Schrift** (Schriftzeichen aus erhabenen Punkten, in Papier eingedrückt, die beim Lesen mit dem Zeigefinger von links nach rechts abgetastet werden). Der Tastsinn muß den Gesichtssinn ersetzen. Zum Führen von B. werden Hunde ausgebildet. (BILD S. 95)

Blindflug, Führen von Flugzeugen ohne Sicht, nur nach den Angaben der Bordinstrumente.

Blindholz, das zw. Edelholzplatten liegende billigere Füllholz.

Blindschleiche, beinlose, schlangenförmige und lebend gebärende Echse des europ. Waldes; harmlos, vertilgt Raupen und Schnekken.

Blinklicht, 1) Blinkleuchten an Kraftwagen als Fahrtrichtungsanzeiger. **2)** gelbes B. im Straßenverkehr bedeutet »Vorsicht!«. **3)** vom Zug gesteuerte Signalanlagen an Bahnübergängen geben rotes B.; bedeutet »Halt!«.

Blitz, Ausgleich hoher elektr. Aufladungen zw. Wolken und Erde oder zw. Wolken. Die häufigste Form ist der oft verzweigte **Linien-B.** Die Stromstärke kann bis 100 000 A, die Spannung viele Millionen V betragen. Äußerst selten sind der **Perlschnur-** und der **Kugel-B.,** über den es keine gesicherten Erkenntnisse gibt. Der B. ist meist von → Donner begleitet, kann Gegenstände zertrümmern und entzünden, Lebewesen töten. Gebäude, vor allem hochragende und wertvolle, werden durch **B.-Ableiter** geschützt, bestehend aus Fang-, Gebäude- und Erdleitungen, möglichst ein das Gebäude umgebender Ringerder. Dachtraufen, Regenfallrohre und andere Metallteile sind mit der B.-Schutzanlage zu verbinden. Elektr. Installationen sind in ausreichender Entfernung von der B.-Schutzanlage zu verlegen oder über Überspannungsableiter mit dieser zu verbinden. – Der B.-Ableiter wurde 1752 von B. Franklin erfunden. (BILD S. 95)

Blitzlampe, künstl. Lichtquelle hoher Leuchtdichte für Kurzzeitbelichtung in der Photographie. Meist verwendet man Metalldrähte oder -folien, die in luftgefüllten Glas- oder Kunststoffkolben durch elektr. Funken gezündet werden **(Vakublitz);** oder man läßt in einer Gasentladungsröhre einen Funken überspringen **(Elektronenblitz, Blitzröhrengerät).**

Blixen-Finecke [bl'egsən -], Karen, Baronesse, Decknamen: Tania **Blixen,** Isak **Dinesen,** dän. Schriftstellerin, *1885, †1962.

Blizzard [bl'izəd, engl.] der, verheerender Schneesturm in Nordamerika mit Windgeschwindigkeiten über 15 m/s.

Bloch, 1) Ernest, schweizer. Komponist, *1880, †1959, um Erneuerung der jüd. Musik bemüht; Opern, Sinfonien. **2)** Ernst, Philosoph, *1885, †1977, schrieb, an den Marxismus anknüpfend, sein Hauptwerk »Das Prinzip Hoffnung«, 3 Bde. (1954-1959). (BILD S. 95)

Block, Bündnis mehrerer selbständiger Parteien oder Länder. **Blockfreie Staaten** trachten, zw. solchen Bündnissen neutral zu bleiben.

Blockade die, **1)** wirksame Absperrung eines Hafens oder Küstenstrichs durch die feindl. Streitmacht. Blockadebrecher können aufgebracht und ohne Entschädigung eingezogen werden. **2)** i. w. S. Absperrung jeglicher Zufuhr.

Blockbuch, im MA. Holztafeldruck in Buchform, bei dem Bild und Schrift gemeinsam in den Holzstock geschnitten sind. Vorläufer des Drucks mit bewegl. Lettern.

Blockflöte, Langflöte mit Schnabelmundstück und Grifflöchern, von weichem Klang, als Sopran-, Alt-, Tenor-, Baß-B. gebaut.

Blockhaus, Haus mit Wänden aus Baumstämmen.

blockieren [frz.], **1)** sperren, ausschalten. **2)** ⊘ noch auszufüllende Lücken durch »Fliegenköpfe« (▪▪) kennzeichnen.

Blocksberg, volkstüml. für mehrere dt. Berge, bes. den Brocken, als Versammlungsort der Hexen.

Blockschrift, lat. Druckschrift aus gleichmäßig starken Grundstrichen. **BLOCKSCHRIFT**

Bloemfontein [bl'u:mfontɛjn], Hptst. des Oranje-Freistaates, Republik Südafrika, 233 000 Ew.; Universität; wichtiger Verkehrsmittelpunkt.

Blohm & Voß AG, Schiffswerft in Hamburg, 1877 gegr., 1945 Demontage, 1951 Wiederaufbau.

Blois [blwa], Stadt in Mittelfrankreich, an der Loire, 47 200 Ew.; Ind., Fremdenverkehr; Kathedrale, Schloß aus der Zeit Franz I.

Blok, Alexander, russ. romantisch-symbolist. Lyriker, *1880, †1921; Revolutionsepen »Die Zwölf« und »Skythen«.

Blomberg, Stadt und Luftkurort in NRW im Lippischen Bergland, 14 500 Ew.

Blondel [blɔ̃d'ɛl], Maurice, frz. Philosoph, *1861, †1949, vertrat eine Philosophie des Handelns und der relig. Existenz.

Bloy [blwa], Léon, frz. Schriftst., *1846, †1917, verkündete den Untergang der seelen- und gottlosen Zeit und das Kommen des Reiches Gottes.

Blücher, 1) Franz, Politiker, *1896, †1959; war 1945 Mitgründer der FDP, 1949-57 Vizekanzler. **2)** Gebhard Leberecht Fürst **B. von Wahlstatt,** preuß. Feldmarschall, volkstümlichster Feldherr der Freiheitskriege (»Marschall Vorwärts«), *1742, †1819, siegte an der

Blois: Treppenhaus des Schlosses

Katzbach und bei Möckern (1813), überschritt am 1. 1. 1814 den Rhein bei Kaub und schlug Napoleon bei La Rothière und bei Laon. 16. 6. 1815 bei Ligny geschlagen, entschied er am 18. 6. den Sieg bei Belle-Alliance (Waterloo).

Bludenz, Bez.-Hptst. in Vorarlberg, Österreich, 12800 Ew., an der Ill; vielseitige Ind.

Blue jeans [blu: dʒi:ns, engl.], → Jeans.

Blues [blu:z, engl.] der, **1)** langsame, stark synkopierte Form nordamerikan. Negergesänge schwermütigen Charakters. **2)** seit 1923 entstandener Gesellschaftstanz im $\frac{4}{4}$-Takt, entstand unabhängig von der Liedgattung.

Bluff [blʌf, engl.; blœf] der, Prahlerei, Irreführung.

Blum, 1) Léon, frz. Politiker, *1872, †1950, Sozialist, mehrfach MinPräs., u. a. 1936-37 MinPräs. der 1. Volksfrontreg. **2)** Robert, Politiker, *1807, †1848, Führer der »Linken« in der Frankfurter Nationalversammlung 1848; wegen Teilnahme an der Wiener Revolution zum Tode verurteilt und erschossen.

Blüm, Norbert, Politiker (CDU), *1935, seit 1982 Bundesmin. für Arbeit und Sozialordnung.

Blumberg [bl'ʊmbə:g], Baruch Samuel, amerikan. Mediziner, *1925; entdeckte den Erreger der Serumhepatitis B; 1976 Nobelpreis (mit D. C. Gajdusek).

Blume, 1) farbschöne Blüte, auch: blühende Pflanze. **2)** Schaum (Bier, Hefe, Farbe). **3)** Duft (Bukett) des Weines. **4)** weiße Schwanzspitze von Fuchs, Wolf; Schwanz des Hasen. **5)** Kugelstück aus der Rindskeule.

Blumenau, Stadt in S-Brasilien, 100000 Ew., 1852 von dt. Siedlern (u. a. H. Blumenau) gegr., Industriezentrum.

Blumenbach, Johann Friedrich, *1752, †1840, Anthropologe, Zoologe; lehrte in Göttingen als erster vergleichende Anatomie.

Blumenfliegen, artenreiche Fam. der Fliegen, leben vom Nektar und Blütenstaub.

Blumenkohl, Kulturform des Gemüsekohls, Blütenstände und obere Blätter weißfleischig verschwollen.

Blumenrohr, Zierpflanze, → Canna.

Blumenthal, Oskar, Schriftst., *1852, †1917, Gründer des Lessing-Theaters zu Berlin (1888), Lustspiele (»Im weißen Rößl«, 1898).

Blumentiere, die, → Korallentiere.

blümerant, schwach, schwindelig.

Blumhardt, Johann Christoph, *1805, †1880, Pfarrer, Führer einer relig. Erweckungsbewegung.

Blümlisalp die, vergletscherter Bergstock der Berner Alpen, 3664 m hoch.

Blut, vermittelt durch den → Blutkreislauf den Stoffverkehr zw. den Körperteilen; es nimmt vom Darm Nährstoffe, in den Lungen Sauerstoff auf und führt sie den Verbrauchsstätten zu, z. B. dem Gehirn, den Muskeln, den Drüsen; es leitet umgearbeitete Stoffe zur Ablagerung, verbrauchte zur Ausscheidung weiter. Die B.-Flüssigkeit **(B.-Plasma)** enthält neben gelöstem B.-Zucker, Salzen, Gasen usw. die zahlreichen roten und die spärl. weißen **B.-Körperchen** und die **B.-Plättchen.** Die B.-Menge des Menschen beträgt etwa 5-5,4 l. Die roten B.-Körperchen, bei den Säugetieren kernlose, meist runde Scheibchen, bestehen zu etwa $\frac{1}{3}$ aus → Blutfarbstoff; beim Menschen etwa 4,5-5 Mio. in 1 mm^3. Die weißen B.-Körperchen (Leukozyten; eins auf etwa 750 rote) sind farblose Zellen mit Kern und z. T. mit Eigenbewegung; sie bedeuten eine Schutzvorrichtung des Körpers, bes. zur Unschädlichmachung von Krankheitserregern. Die B.-Plättchen (Thrombozyten) sind bei der **B.-Gerinnung** beteiligt. Aus der Ader gelassenes B. gerinnt durch Abscheidung des Faserstoffes (Fibrin) aus dem B.-Plasma; die fibrinfreie klare Flüssigkeit heißt **B.-Serum (B.-Wasser),** der geronnene Faserstoff mit den verklebten B.-Körperchen bildet den **B.-Kuchen.** Das B.-Serum ist Träger der Schutzstoffe des Körpers (Antitoxine).

Blutadern, Venen, Blutgefäße, die das Blut aus den Haargefäßen aufnehmen und zum Herzen zurückführen. Die B. unterscheiden sich von den → Schlagadern durch dünnere Wandung, bei den meisten B. durch Klappen im Innern, die ein Rückfließen des Blutes verhindern, und durch größere Zahl. Das Blut in den B. (außer in den Lungenvenen) ist sauerstoffarm, dunkelrot und fließt gleichmäßig.

Blutalgen, durch Pigmentstoffe rotgefärbte Algen, häufig durch Wind oder Niederschläge verbreitet (→ Blutregen).

Blutarmut, die → Anämie.

Blutbank, Sammelstelle für Blutkonserven.

Blutbann der, nach altem dt. Recht die Gerichtsbarkeit über Leben und Tod.

Blutbild, → Blutuntersuchungen.

Blutdruck, der durch die Herztätigkeit erzeugte Druck in den Blutgefäßen. Die Höhe des B. ist innerhalb des Blutkreislaufsystems unterschiedlich und außerdem abhängig von der Schlagkraft des Herzens und der Beschaffenheit **(Tonus)** der Blutgefäße. Normalerweise steigt der B. mit dem Lebensalter. Er unterliegt innerhalb bestimmter Grenzen physiolog. Schwankungen, ändert sich vorübergehend auch bei seel. Aufregung, nach Kaffeegenuß. **B.-Messung** am Oberarm mit Hilfe einer aufpumpbaren Manschette, an die ein Manometer angeschlossen ist. Erhöhter B. **(Hypertonie)** bei → Arterienverkalkung, Nierenerkrankungen; erniedrigter B. **(Hypotonie)** bei Kreislaufschwäche.

Blüte, Organ der Blüten- oder Samenpflanzen. Die meist grünen Kelchblätter und die bunten B.-Blätter schützen die männl. und weibl. Fortpflanzungsorgane: **Staubblätter (Staubgefäße)** oder **Fruchtblätter.** Nur in Zwitter-B. sind beide gleichzeitig vorhanden. Die Staubblätter bestehen aus Staubfaden und Staubbeutel, der die B.-Staubkörner **(Pollen)** enthält. Die Fruchtblätter können als freie Fruchtblätter oder als **Stempel** ausgebildet sein. Bei freien Fruchtblättern sitzen die Samenanlagen **(Samenknospen)** frei auf dem Fruchtblatt. Man nennt solche Pflanzen (z. B. die Nadelhölzer) Nacktsamige. Die Stempel sind röhrig verwachsene Fruchtblätter. Der obere Teil des Stempels ist der **Griffel** mit der **Narbe;** der untere, der **Fruchtknoten,** ist der Behälter für die Samenanlagen. Pflanzen mit Fruchtknoten nennt man daher Bedecktsamige (Decksamer). Weiteres unter → Bestäubung, → Befruchtung, → Frucht.

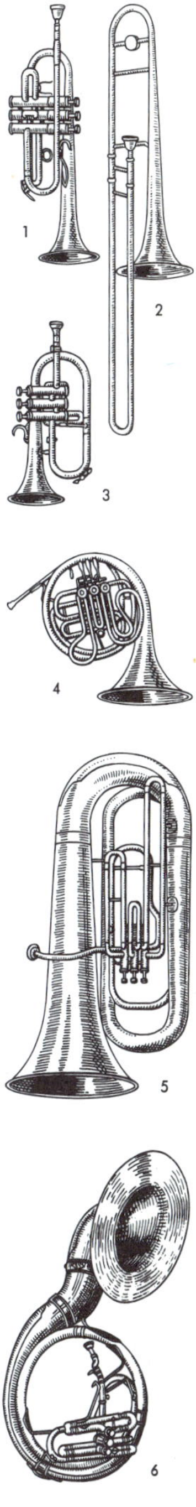

Blasinstrumente II: **1** Trompete; **2** Posaune; **3** Flügelhorn; **4** Waldhorn; **5** Tuba; **6** Sousaphon

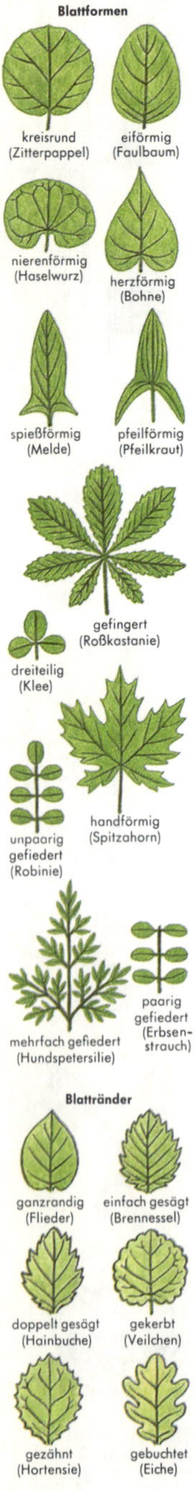

Blatt 1)

Es gibt nur wenige Pflanzen mit einer einzelnen B. (z. B. Tulpe), die Mehrzahl bringt mehrere B. hervor, die zus. den **Blütenstand** bilden. Nach der Anordnung der Stengel (Achsen) unterscheidet man mehrere Blütenstandsformen. (BILDER S. 99, 100)

Blutegel, mit 2 Saugnäpfen ausgestattete Ringelwürmer; leben meist im Wasser; nähren sich hauptsächlich von Tiersäften. Der **Medizin. B.** wird zur Blutentziehung benutzt; der **Pferdeegel,** schwärzlich, setzt sich bei Haustieren während des Saufens im Maul fest; der **Fischegel,** bunt, ist häufig an Karpfen zu finden. (BILD S. 100)

Blütenpflanzen, Samenpflanzen, Hauptabteilung des Pflanzenreichs, die am höchsten entwickelten Pflanzen. Von den → Sporenpflanzen (blütenlose Pflanzen) sind sie darin verschieden, daß ihre Fortpflanzungsorgane in Blüten eingeschlossen sind. Sie bilden Frucht und Samen.

Blütenstecher, Brenner, Rüsselkäfer, deren Weibchen Blütenknospen anstechen und darin ihre Eier ablegen. Die Larven nagen die Blüten an, so daß sie verdorrt und verbrannt aussehen **(Apfel-B., Baumwollkapselkäfer, Erdbeerstecher).**

Bluterguß, Hämatom, Austritt von Blut in Bindegewebe, Muskulatur oder Gelenke.

Bluter|krankheit, Hämophilie, erbbedingte Störung der Blutgerinnung, wodurch es bei kleinsten Verletzungen zu lebensbedrohl. Blutungen kommen kann. Die weibl. Mitgl. einer Bluterfamilie erkranken nicht, vererben aber die Krankheit (→ Vererbung).

Blutfarbstoff, Hämoglobin, besteht aus dem eisenhaltigen Farbstoff **Hämochromogen** und dem eisenfreien Eiweißkörper **Globin.** Der B. ist in den roten Blutkörperchen enthalten.

Blutfink, der → Gimpel.

Blutgefäße, Bez. für → Schlagadern (Arterien), → Blutadern (Venen) und → Haargefäße (Kapillaren). Alle B. zus. bilden mit dem Herzen als treibender Pumpe den → Blutkreislauf.

Blutgerinnung, → Blut.

Blutgruppen, erbbedingte Merkmale des Blutes, die auf dem Vorhandensein charakterist. Oberflächeneigenschaften bes. der roten Blutkörperchen beruhen. Sie wirken als Antigene, wenn sie mit Blut von Trägern fremder Blutgruppen zusammenkommen und werden durch Antikörper **(Agglutinine),** die sich in dessen Serum befinden, zusammengeballt (→ Agglutination). – Man unterscheidet über ein Dutzend versch. **B.-Systeme** mit insg. weit über 100 Blutkörperchenantigenen (B.-Merkmalen). Das wichtigste B.-System ist: 0 (null), A, B, AB. Die B. sind wichtig bei → Blutübertragungen und zum Ausschluß der Vaterschaft bei Vaterschafts-Prozessen. Die B. werden durch Testseren festgestellt. Das Merkmal Rh des Rhesussystems (→ Rhesusfaktor) ist ein Blutkörperchen-Antigen.

Blutharnen, Hämaturie, krankhafte Beimischung von Blut zum Harn; es stammt aus Harnröhre, Blase, Harnleitern oder Nieren.

Bluthochzeit, Pariser B., → Bartholomäusnacht.

Bluthund, englischer → Schweißhund.

Bluthusten, Blutspucken, Beimengung von hellrotem, schaumigem Blut zum Auswurf bei Blutungen aus Kehlkopf, Luftröhre oder Lungen.

Blutkonserve, keimfrei aufbewahrtes Blut zur Blutübertragung.

Blutkörperchen-Senkungsgeschwindigkeit, Geschwindigkeit, mit der sich die roten Blutkörperchen in einem dünnen, in mm eingeteilten Glasröhrchen im stehenden, ungerinnbar gemachten Blut absetzen. Erhöhte B. bedeutet Gewebszerfall, Erkennungszeichen für Krankheiten.

Blutkreislauf, der durch die gleichmäßig wiederkehrenden Zusammenziehungen und Entspannungen des Herzens verursachte Umlauf des Blutes in den Blutgefäßen. Beim Menschen geht das zum Herzen strömende Blut durch die Blutadern zur rechten Vorkammer (→ Herz), von dort zur rechten Herzkammer, dann durch die Lungenschlagadern zur Lunge, wo es durch Sauerstoffaufnahme aufgefrischt wird, dann durch die Lungenblutadern zur linken Vorkammer und zur linken Herzkammer und wird durch diese in die große Körperschlagader und die Schlagadern getrieben **(großer** oder **Körper-Kreislauf,** i. Ggs. zum **kleinen** oder **Lungen-Kreislauf).** Beim Erwachsenen beträgt die Umlaufdauer der gesamten Blutmenge etwa 1 min. Beim Kind im Mutterleib verläuft der B. anders. Störungen des B. kommen bei Herz- oder Gefäßkrankheiten vor, wenn das Herz die Fähigkeit verliert, die

Blutkreislauf: Hauptteile: **1** a, b Halsschlagader; **2** a, b Hals- oder Drosselblutader; **3** a, b Schlüsselbeinschlagader; **4** Schlüsselbeinblutader; **5** Armkopfschlagader; **6** Armkopfblutader; **7** obere Hohlvene; **8** Aorta; **9** Lungenschlagader; **10** linker Ast derselben; **11** Lungenblutader; **12** Lunge; **13** rechter Vorhof; **14** linker Vorhof; **15** rechte Herzkammer; **16** linke Herzkammer; **17** untere Hohlvene; **18** Leberblutadern; **19** Zwerchfell; **20** Leber; **21** obere Gekröseschlagader; **22** untere Gekröseschlagader; **23** a rechte, b linke Niere; **24** Nierenschlagader; **25** Nierenblutader; **26** untere Hohlvene; **27** Pfortader; **28** Teilung der absteigenden Aorta in die Hüftschlagadern 32; **29** Entstehung der unteren Hohlvene aus den Hüftblutadern 33; **30** Darmstück; **31** Verzweigung der oberen Gekröseschlagader; **32** a, b äußere Hüftschlagader; **33** a, b äußere Hüftblutader; **34** a, b Oberschenkelschlagader; **35** a, b Oberschenkelblutader; **36** a, b große Rosenblutadern

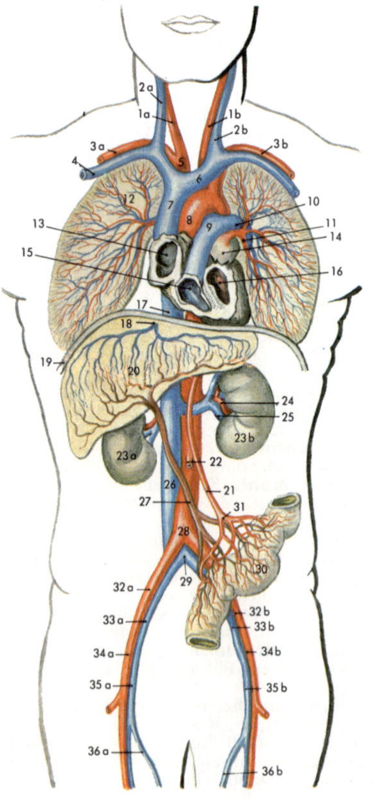

Wirkung krankhafter, den B. störender Einflüsse auszugleichen; Zeichen: Vergrößerung des Herzens, Wassersucht.

Blutlaugensalz, ⚗ **1)** gelbes B., Kaliumferrocyanid, in der Färberei als Reagens verwendet, gibt mit Eisensalzen Berliner Blau; zum Schönen eisenhaltiger Weine. **2)** rotes B., Kaliumferricyanid, dient als Stahlhärtungsmittel, Holzbeize, zur Herstellung von Blaupausen.

Blutlaus, schädl. Blattlaus mit blutroter Körperflüssigkeit und weißen Wachsausscheidungen, verursacht bei Apfelbäumen Anschwellen und Aufplatzen der Rinde **(Rindenkrebs).**

Blutprobe, Entnahme von Blutproben zur Feststellung der Blutgruppe bei Abstammungsstreitigkeiten sowie des Alkoholgehalts nach Verkehrsunfällen; auch gegen den Willen des Betroffenen (§ 81 a StPO).

Blutrache, bei vielen Stämmen für Familien- oder Sippenangehörige eines Ermordeten bestehende Pflicht, den Mörder oder einen seiner Verwandten zu töten. Reste der B. finden sich in Europa noch in Albanien, auf Korsika.

Blutregen, Bluttau, Blutschnee, Rotfärbung von Erdboden, Tümpeln, Regen und Schnee; hervorgerufen durch rötl. Staub, → Blutalgen oder Insektenausscheidungen. Gegenstand abergläub. Vorstellungen.

Blutreinigung, Heilmethode der Volksmedizin: Aderlaß, Fastenkuren.

Blutsbrüderschaft, Brauch bei vielen Völkern, nach dem sich nicht verwandte Männer durch einen Bund Rechte und Pflichten von Brüdern geben, symbolisiert durch Vermischen von Blutstropfen u. ä.

Blutschande, Geschlechtsverkehr zw. Verwandten oder Verschwägerten auf- und absteigender Linie sowie zw. Geschwistern; nach § 173 StGB geahndet.

Blutsenkung, ♡ die → Blutkörperchen-Senkungsgeschwindigkeit.

Blutstauung, Hyperämie, vermehrter Blutgehalt eines Organs infolge verminderter Blutabfuhr.

blutstillende Mittel, Mittel, die die Blutgefäße zusammenziehen (Adrenalin) oder Blut zum Gerinnen bringen (Vitamin K).

Blutströpfchen, 1) 🦋 Schmetterling. **2)** ⚘ Herbst-Adonisröschen.

Blutsturz, plötzl. Blutung aus Mund und Nase. Sofort Arzt rufen (→ Bluthusten).

Blutübertragung, Bluttransfusion, Übertragung von Blut von einem Menschen zum andern; darf nur mit blutgruppen- und rhesusgleichem (→ Rhesusfaktor) Blut vorgenommen werden, da es sonst zu Erscheinungen der Allergie mit schweren Schockzuständen kommen kann; ein Blutspender mit der → Blutgruppe 0 kann allen anderen Blutgruppen Blut spenden; ein Mensch der Blutgruppe AB kann von allen anderen Blutgruppen Blut erhalten. B. wird angewendet als Blutersatz bei großen Blutverlusten, zur Entgiftung bei schweren Verbrennungen und Vergiftungen, zur Anregung der Abwehr- und Heilkräfte des Körpers.

Blutung, ♡ Austreten von Blut aus der Blutbahn. Bei B. aus einer Schlagader (hellrotes Blut in Pulsstößen) muß die Schlagader oberhalb der blutenden Stelle unterbunden werden. Bei B. aus Blutader (dunkelrotes, gleichmäßig fließendes Blut) genügt Druckverband, bei B. aus Haargefäßen (sickerndes Blut) keimfreier Verband. (TAFEL Erste Hilfe)

Blutuntersuchungen, Verfahren zur Feststellung der Blutzusammensetzung. Das Blutbild dient zur Blutfarbstoffbestimmung. Chem. B. dienen dem Nachweis normaler oder krankhafter Konzentrationen von Bestandteilen des Blutserums. Durch serolog. B. werden die Blutgruppen bestimmt und Antikörper nachgewiesen; mit Hilfe der bakteriolog. B. wird das Vorhandensein von Bakterien festgestellt. Weitere B. sind u. a. die → Blutkörperchen-Senkungsgeschwindigkeit, die → Blutprobe und die Bestimmung der Gerinnungseigenschaften des Blutes.

Blutvergiftung, 1) Sepsis, wissenschaftl. Bez. für Allgemeinerkrankung des Körpers durch Eindringen von Bakterien in den Blutkreislauf; stets lebenbedrohend. **2)** → Lymphgefäßentzündung.

Blutzeuge, → Märtyrer.

Blutzucker, der in der Blutflüssigkeit gelöste Traubenzucker, normal 75-120 mg/100 ml.

Blyth [blaɪθ], Hafen im nördl. England, an der Nordsee; 36 500 Ew.; Kohlenausfuhr.

Blyton [bl'aɪtn], Enid, engl. Schriftstellerin, *1896, †1968; Abenteuerbücher für Kinder und Jugendliche; u. a. Serie »Hanni und Nanni«.

BMW, **B**ayerische **M**otorenwerke AG, München, Kraftwagenwerk.

Bö [ndt.] die, **Böe,** starker Windstoß.

Boa [lat. »Wasserschlange«] die, **1)** Königsschlange, → Riesenschlange. **2)** Pelz- oder Federschal um den Hals.

Board [bɔ:d, engl. »Tisch«, »Tafel«] das, Tisch; Amt, Behörde; z. B. **Board of Trade** [-ɔv trɛɪd], das brit. Außenhandelsministerium.

Bob, Sportschlitten, dessen vorderes Kufenpaar durch Seilzug oder Lenkrad gesteuert wird. Nach der Besetzung unterscheidet man Zweier- und Viererbob **(Bobsleigh).**

Bobby [engl.], **1)** Kurzform für Robert. **2)** Spitzname für die Londoner Polizisten.

Bober der, linker Nebenfluß der Oder aus dem Riesengebirge; Talsperren bei Mauer.

Bober-Katzbach-Gebirge, Bergland in Niederschlesien, 724 m hoch.

Bobigny [bobiŋ'i], Hptst. des Dép. Seine-Saint-Denis, Frankreich, 43 700 Ew.

Bobinet der, durchsichtiges Gewebe.

Böblingen, Krst. in Bad.-Württ., südwestl. von Stuttgart, 41 500 Ew.; Maschinenind.

Bobo-Dioulasso [-diu-], zweitgrößte Stadt in Burkina Faso, 149 000 Ew.; Verkehrsknoten, Flugplatz; Handelszentrum.

Bobrujsk, Stadt in Weißrußland, an der Beresina, 223 000 Ew.; Textil-, Holz-Ind.

Boccaccio [bokk'attʃo], Giovanni, ital. Dichter, Humanist, *1313, †1375, bemühte sich um Wiederbelebung der lat. und grch. Studien, wurde mit seinem »Decamerone« der Schöpfer der ital. Novellenform. (BILD S. 100)

Boccherini [-kk-], Luigi, Komponist, *1743, †1805; Kammermusik, Sinfonien.

Boccia [b'ɔttʃa, ital. »Kugel«] die, Spiel: einer als Ziel ausgeworfenen Kugel müssen die Spieler ihre Kugeln möglichst nahe bringen.

Boccioni [bottʃ'o:ni], Umberto, ital. Maler und Bildhauer, *1882, †1916, Mitbegründer des ital. Futurismus (1910).

Bocholt, Stadt in NRW, 67 600 Ew.; Textil-, Eisen-Ind., Gerberei.

Bochum, Stadt in NRW, 390 800 Ew.; Steinkohlenbergbau, Schwer-, chem., Bau-, Textil-, Tabak-, Elektro-, Fahrzeug-Ind.; Sitz der »Bundesknappschaft«; Bergbaumuseum; Sternwarte mit Institut für Satelliten- und Weltraumforschung; Ruhr-Univ. (1965).

Bock der, **1)** Männchen geweih- und horntragender Tierarten, auch Kaninchen. **2)** Turngerät für Springübungen. **3)** Käfer, → Bockkäfer. **4)** Stützkonstruktion (Sägebock u. a.).

Bockbier [aus bair. Oambock »Einbeck«], Starkbier mit mindestens 16% Stammwürze, urspr. im März gesotten **(Märzenbier).**

Stellung des Fruchtknotens

Blütenstände

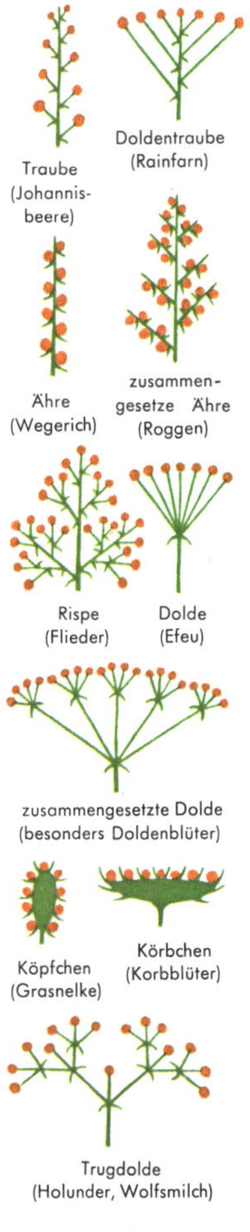

Aufbau der Blüte

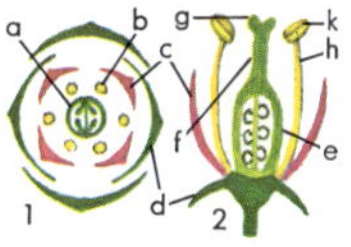

Blüte: Aufbau der Blüte: **1** Blütengrundriß eines Kreuzblüters: a Stempel, b Staubgefäße, c Blütenblätter, d Kelchblätter; **2** Blütenlängsschnitt: e Fruchtknoten, f Griffel, g Narbe, h Staubfaden, k Staubbeutel

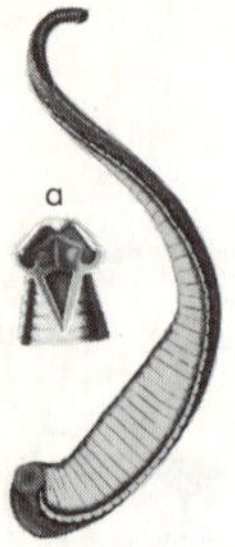

Blutegel: a Kopf

Boccaccio

Blütenformen

asymmetrisch (Hahnenfußgewächse)

strahlig (Nelkengewächse)

achsensymmetrisch (Schmetterlingsblüter)

achsensymmetrisch (Lippenblüter)

dreizählig (Liliengewächse)

achsensymmetrisch (Knabenkrautgewächse)

Blüte

Böckh, August, Altertums- und Sprachforscher, *1785, †1867, Schöpfer der wissenschaftl. grch. Inschriftenkunde.

Bockhuf, abnormer Pferdehuf.

Bockkäfer, Böcke, schlanke Käfer mit langen, zurückgelegten, perlschnurförmigen Fühlern. Die Larven fressen in Holz, bes. schädlich die vom **Hausbock, Sägebock,** in altem Nadelholz; **Heldbock,** in Eichen; **Moschusbock,** an Weiden; **Zimmerbock.**

Böckler, Hans, Gewerkschaftsführer, *1875, †1951; 1949-51 Vors. des DGB.

Böcklin, Arnold, Maler, *1827, †1901, gestaltete in seinen Gemälden poet. Motive: Triton, Toteninsel, Gefilde der Seligen.

Bocksbart, staudige Gattung der Korbblüter. Der gelbblühende **Wiesen-B.** mit grasähnl. Blättern und Milchsaft öffnet seine Blütenkörbe mit langen Hüllblättern nur vormittags. (BILD S. 101)

Bocksbeutel der, bauchige, breitgedrückte Flasche für Frankenweine, einige bad. und Südtiroler Weine. (BILD S. 101)

Bocksdorn, Teufelszwirn, strauchige, z.T. dornige Gatt. der Nachtschattengewächse.

Bockshorn, ins B. jagen, einschüchtern.

Bockshornklee, Gatt. staudiger Schmetterlingsblüter; Fruchthülsen hornförmig.

Bocuse [bɔk'y:z], Paul, frz. Küchenmeister, *1926, schuf die »Neue Küche« mit leicht bekömmlichen, z.T. kalorienarmen Gerichten.

Bodden [ndt. boddem »Meeresboden«] der, seichte, unregelmäßig geformte Bucht mit enger Öffnung zum Meer, durch Überflutung entstanden, kennzeichnend für die Ostseeküsten Mecklenburgs und Vorpommerns.

Bode, Wilhelm v., Kunsthistoriker, *1845, †1929; 1906-20 Gen.-Direktor der Berliner Museen.

Bode die, linker Nebenfluß der Saale, bei Nienburg, kommt vom Brocken, durchfließt das malerische Bodetal (Treseburg bis Thale) des Harzes; mehrere Talsperren.

Bodẹga [span.] die, Keller, Weinschenke.

Bodelschwingh, 1) Friedrich v., evang. Pastor, *1831, †1910, Gründer der christl. Wohlfahrts- und Missionsanstalten in Bethel bei Bielefeld (erste Arbeiterkolonien, Wandererfürsorge, Fürsorge für Epileptiker und Geisteskranke). (BILD S. 101)

2) Friedrich v., Sohn von 1), *1877, *1946, Nachfolger seines Vaters.

Boden, lebenerfüllte Schicht der Erdoberfläche, die aus festem und lockerem Gestein durch den Einfluß der Verwitterung und des organ. Lebens entsteht; die Erde i. Ggs. zum Wasser. Haupteinflüsse, die zur **B.-Bildung** führen: Klima, Organismen, B.-Neigung, Gesteinsart, Wassergehalt und -ansammlung sowie menschl. Arbeit. Der organ. Inhalt des B., der → Humus, ist von kennzeichnender Bedeutung. Wichtige **B.-Arten:** Stein-, Sand-, Lehm-, Ton-B. Die wertvollsten Acker-B. sind die milden, sandigen Lehm-B., bes. die Löß-B. Der Wert der B. nimmt ab, je mehr es sich um Sand- oder Kies-B. handelt und je größer der Tongehalt des B. wird (schwere Lehm- und Ton-B.).

Bodenbiologie, Lehre von den Bodenorganismen, deren Leistungen und Lebensweise.

Bodendruck, Druck, den eine Flüssigkeit im Gefäß auf dessen Boden ausübt. Er ist von der Form des Gefäßes unabhängig und wächst mit der Höhe der Flüssigkeitssäule über dem Boden.

Bodeneffektfahrzeug, das → Luftkissenfahrzeug.

Bodenertrag, Rohertrag des landwirtschaftl. genutzten Bodens. Der B. ist abhängig von Bodenart und Klima sowie vom Einsatz von Kapital (Düngemittel) und Arbeit. Der vermehrte Einsatz von Kapital und Arbeit hat

Böcklin: Selbstbildnis 1872

von einer bestimmten Grenze ab kein entsprechendes Steigen des B. zur Folge (**Gesetz vom abnehmenden B.** nach Turgot).

Bodenkunde, Wissenschaft von der Entstehung, Herkunft und Zusammensetzung von Böden, der in ihnen ablaufenden Prozesse sowie den Möglichkeiten zu deren Verbesserung.

Bodenorganismen, Lebensgemeinschaft von ständig frei im Boden lebenden Organismen, bauen v. a. tote organ. Substanz ab.

Bodenreform, Bodenbesitzreform, 1) i. w. S.: Reform des Besitzrechts am Boden, bes. des Rechts an Wohnungs- und Siedlungsland. Ihre Vertreter erstreben a) gänzl. oder teilweise Vergemeinschaftung von Grund und Boden durch Enteignung (**Agrarsozialismus;** bes. K. Marx), oder b) Beseitigung der Grundrente, wobei grundsätzlich am Privateigentum festgehalten wird, aber der Boden, da er nicht wie eine Ware beliebig vermehrbar ist, rechtl. vor Mißbrauch geschützt und seine Wertsteigerung dem Volksganzen zugeführt werden soll (**Bodenreformer:** S. Mill, A. Damaschke).

2) i. e. S.: Änderung der Besitzverhältnisse an landwirtschaftl. genutztem Boden aus polit. oder wirtschaftl. Gründen, kann Teil einer umfassenden Agrarreform sein; in der UdSSR Bez. für die Kollektivierung der Landwirtschaft. – Nach 1945 wurde in der sowjet. Besatzungszone Dtl.s aller Grundbesitz über 100 ha entschädigungslos enteignet. In den westdt. Ländern wurden gestaffelte Landabgaben für Betriebe über 100 und 150 ha gegen Entschädigung eingeführt.

Bodenschätzung, Verfahren zur Bewertung landwirtschaftl. genutzter Böden.

Bodensee [n. der karoling. Pfalz Bodman], **Schwäbisches Meer,** der größte und tiefste dt. See, am Nordfuß der Alpen, an der schweiz. Grenze, 395 m ü. M. Der B. wird vom Rhein durchflossen, ist 538,5 km² groß, das Hauptbecken **(Obersee)** 63,5 km lang, bis 14 km breit, 252 m tief. Im W 2 Zipfel: **Untersee, Überlinger See.** Der B. ist reich an Fischen (Seeforellen, Blaufelchen), Hafenorte: Lindau, Konstanz, Friedrichshafen, Rorschach (Schweiz), Bregenz (Österr.). Inseln: Reichenau, Mainau. Der B. hat große Bedeutung für die Trinkwasserversorgung bes. im Großraum Stuttgart.

Bodenstedt, Friedrich v., Schriftst., *1819, †1892; Gedichte (»Lieder des Mirza Schaffy«), Übersetzungen oriental. und russ. Dichtung.

Bodenturnen, Form des Kunstturnens auf vorgeschriebener Bodenfläche (12 × 12 m)

Bodin [bɔd'ɛ̃], lat. **Bodinus,** Jean, frz. Rechtsgelehrter, *1529/30, †1596, Vertreter der Naturrechtslehre, entwickelte den Begriff der Souveränität, trat für relig. Toleranz ein.

Bodmer, Johann Jakob, schweizer. Gelehrter, *1698, †1783; betonte die schöpfer. Phantasie als poet. Grundkraft, geriet deshalb in Streit mit Gottsched; förderte die Wiedererweckung der dt. Dichtung des MA.

Bodybuilding [b'ɔdıbıldıŋ, engl.], Muskelbildung durch gezieltes Training.

Boẹthius, Anicius, röm. Staatsmann, Philosoph, *um 480, †um 524, Konsul und Palastmin. unter Theoderich d. Gr., von diesem, des Hochverrats beschuldigt, hingerichtet. Schrieb im Kerker »Trost der Philosophie«.

Bogart [b'eʊga:t], Humphrey, amerikan. Filmschauspieler, *1899, †1957; legendärer Charakterdarsteller in Kriminal- und Abenteuerfilmen (»Die Spur des Falken«, »Casablanca«.

Boğạzkale [bɔ:'az-], Dorf in der Türkei östl. von Ankara, mit Resten der Hptst. Hattusa des Reiches der → Hethiter, 14.-13. Jh. v. Chr. Bes. wertvoll sind Funde von Tontafelurkunden mit Keilschrifttexten in hethit. Sprache.

Boğạzkale: Löwentor von Hattusa

Bogen, 1) ⌂ Tragwerk, das eine Öffnung überwölbt. Arten: Die Wölblinie bildet einen Halbkreis: **Rund-B.,** oder den flachen Abschnitt eines Kreises: **Flach-B.,** eine halbe Ellipse: **Korb-B.,** 2 winklig zusammenstoßende Kreis-B.: **Spitz-B.,** einen Dreiviertelkreis: **Hufeisen-B.,** einen gedrückten Spitz-B.: **Tudor-B.,** oder einen Spitz-B. mit schlank ausgezogener Spitze: **Eselsrücken-B.;** ein gedrückter Eselsrücken heißt **persischer** oder **Kiel-B. 2)** Waffe für Krieg und Jagd, die seit der Altsteinzeit und bei den Naturvölkern noch heute gebraucht wird. In Europa hielt sich der B. als Waffe bis zum Ende des 15. Jh. Der B. besteht aus federndem Holzbügel und Sehne und dient zum Abschießen von Pfeilen (→ Bogenschießen). **3)** ♩ Geigenbogen. **4)** rechteckig geschnittenes Papier; der **Druckbogen** nimmt 16 Quart- oder 32 Oktavbuchseiten auf.

Bogenfries, ⌂ nur als → Blende ausgeführte Reihe kleiner Bogen an einem Gesims.

Bọgenlampe, elektr. Lichtquelle hoher Leuchtdichte, bei der zw. den Elektroden ein Lichtbogen brennt. Die bis 4000 K heiße positive Elektrode liefert bei B. mit reinen Kohlen den Hauptteil des Lichts. In allen heute wichtigen B. brennt der Bogen zw. Wolframelektroden bei höheren Drücken in einem gasdichten Gefäß, dessen Hauptfüllung der Lampe den Namen gibt, z. B. Xenonlampe. (BILD S. 102)

Bọgenminute, Geometrie: der 60. (Altgrad) oder 100. (Neugrad) Teil eines **Bogengrades.**

Bogomịlen [slaw. »Gottesfreunde«], in Kleinasien und SO-Europa, bes. Bulgarien, seit dem 11. Jh. verbreitete Sekte; ihre Lehre ist dem Manichäismus verwandt.

Bogomọlez, Aleksandr, russ. Biologe, *1881, †1946, stellte ein Serum her, das die Tätigkeit des Bindegewebes anregen und dadurch gesundheitsfördernd wirken soll.

Bogotá, Hptst. Kolumbiens, 3,97 Mio. Ew.; 2650 m ü. M.; Univ., Kathedrale; wichtiger Handelsplatz. 1538 von Spaniern als »Villa de la Santa Fé« gegr.

Bohème [bɔ'ɛ:m, frz.] die, Welt der Studenten, Künstler und Literaten (Bohémien = Böhme, Zigeuner) bes. im Pariser Quartier Latin; Opern von Puccini und Leoncavallo.

Bohley, Bärbel, Malerin, Graphikerin, *1945; seit Anfang der 1980er Jahre führend in der Friedensbewegung der Dt. Dem. Rep. tätig; Sept. 1989 Mitbegründerin des »Neuen Forum«.

Bohm, Hark, Filmregisseur, *1939. Film. Demonstration der Probleme Jugendlicher: »Nordsee ist Mordsee«.

Böhm, Karl, Dirigent, *1894, †1981.

Böhme, Jakob, Philosoph und protestant. Mystiker, *1575, †1624, lebte als Schuhmachermeister in Görlitz. Er verschmolz Naturphilosophie und Mystik. B. faßt Gott als den Urgrund aller Dinge auf, auch des Bösen, das zur Schaffung des Guten notwendig sei. Er übte große Wirkung auf die pietist. Bewegung und die Romantik aus.

Böhmen, tschech. **Čechy** [tʃ'ɛxi], geschichtl. Landschaft Mitteleuropas, heute Kernland der ČSFR, bildet ein Becken, das nach N von der Elbe und der Moldau entwässert wird; umgrenzt von waldreichen Randgebirgen: Fichtelgebirge, Erzgebirge, Sudeten, Böhmisch-Mährische Höhen, Böhmerwald. B. ist wirtschaftlich hochentwickelt (vielseitige Industrie; ⚒ auf Steinkohle, Braunkohle, Erze; Ackerbau; Waldwirtschaft); viele Heilquellen. Hptst. und Mittelpunkt ist Prag.

G B. wurde im Altertum erst von den kelt. Bojern, dann von den german. Markomannen bewohnt; nach deren Abwanderung im 6. Jh. drangen die slaw. Tschechen ein. Die Herzöge aus dem slaw. Hause der Přemysliden wurden dt. Reichsfürsten, 1198 Könige und erhielten auch die Kurwürde; sie zogen im 13. Jh. viele dt. Ansiedler ins Land. 1310-1437 herrschten die Luxemburger (Kaiser Karl IV.). Im 15. Jh. wurde B. von den Hussitenkriegen heimgesucht (→ Hussiten). 1526 kam es an die österreich. Habsburger. Der böhm. Aufstand von 1618-20 eröffnete den → Dreißigjährigen Krieg; darauf wurde der Protestantismus in B. unterdrückt. Seit 1848 trat die tschech. Nationalbewegung immer stärker hervor. 1918 wurde der tschechoslowak. Staat gegr. (→ Tschechoslowakei, Geschichte).

Böhmerwald, Böhmisch-Bayerisches Waldgebirge, dicht bewaldetes Mittelgebirge, zieht sich vom Fichtelgebirge nach SO zur Donau hin. Teile: im N der **Oberpfälzer Wald,** meist unter 900 m hoch, im S der **B.** (Großer Arber, 1456 m), im SW längs der Donau der **Bayer. Wald** (Einödriegel, 1121 m).

Böhmische Brüder, Mährische Brüder, relig. Gemeinschaft in Böhmen, hervorgegangen im 15. Jh. aus den Hussiten, nach dem Dreißigjährigen Krieg gingen Reste zur → Brüdergemeine über.

Böhmische Malerschule, stilbildende Blütezeit der Malerei in Böhmen z. Z. Karls IV.; Buch-, Tafel- und Wandmalerei.

Böhmisches Mittelgebirge, gut bewaldete obst- und gemüsereiche Gebirgsgruppe in N-Böhmen, beiderseits der Elbe.

Bohne, 1) Same, Hülsenfrucht und Pflanze einer Gatt. der Schmetterlingsblüter. Aus Amerika stammt die **Garten-B.** mit der windenden **Stangen-B.** und der niedrigen **Busch-B.** – Auch aus Amerika: **Feuer-B.,** eine Zierpflanze, → Puffbohne, → Sojabohne. **2) Kennung,** dunkle Vertiefung des Pferdezahns als Altersmerkmal.

Bocksbart
Wiesen-B.; a knospige ungeöffnete Korbblüte, b Randblüte

Bocksbeutel

v. Bodelschwingh 1)

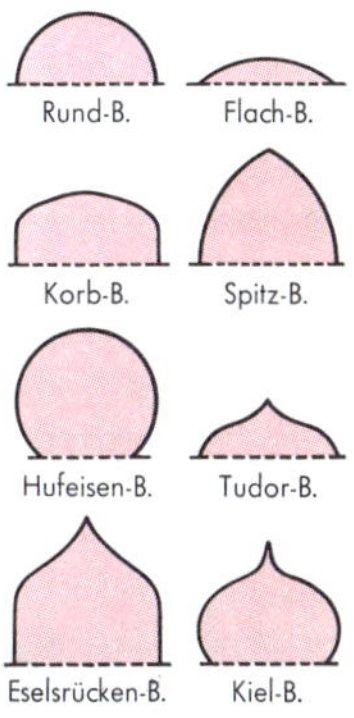

Bogen 1)

Bogenlampe: a positive, b negative Kohle, c Lichtbogen

Bohr, Niels, dän. Physiker, *1885, †1962, entwickelte 1913 ein neues Atommodell, maßgeblich an der Ausformulierung der Quantenmechanik beteiligt, Nobelpreis 1922.

Bohrer, ⊙ Werkzeug zum Herstellen von Löchern in Werkstoffen aller Art, besteht meist aus einem runden Schaft mit 2 geschliffenen Schneidkanten. Wichtigster Metallbohrer ist der **Wendel-B. (Spiralbohrer)** mit 2 schraubenförmig angeordneten Nuten zur selbsttätigen Späneabführung. Weitere Formen: **Nagel-B.** für Holz, **Schnecken-B.** für Erde und Holz, **Diamant-B.** für Gestein. B. werden mit Bohrknarre, Bohrwinde, Drillbohrer, elektr. Handbohrmaschine (Heimwerkerbohrmaschinen, Schlagbohrer) und ortsfesten Bohrmaschinen gedreht. Beim **Drillbohrer** wird eine Triebwelle mit Steilgewinde durch Auf- und Abführen einer Mutter per Hand in Drehbewegung versetzt; bei der elektr. **Schlagbohrmaschine** wird der drehenden eine schlagende Bewegung überlagert.

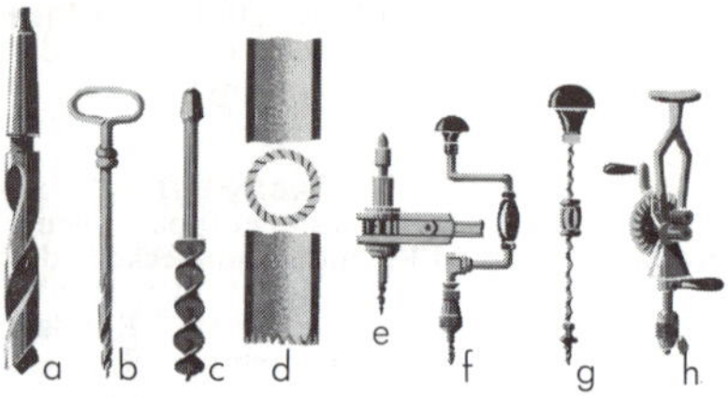

Bohrer und Bohrgeräte. a Wendel-B., b Nagel-B., c Schlangen-B., d Kern-B., e Bohrknarre, f Bohrwinde, g Drill-B., h Handbohrmaschine

Bohrinsel, Bez. für feststehende oder schwimmende Geräteträger zum Abteufen von Bohrungen nach Erdöl und -gas im Meer.

Bohrkäfer, Holzbohrkäfer, dunkle Käfer mit gewölbtem Halsschild. B. und ihre Larven bohren Gänge in abgestorbenem Holz.

Bohrmuscheln, Seemuscheln, die sich mit ihren gezähnten Schalen in Gestein oder Holz einbohren.

Bohrturm, → Tiefbohrungen.

Boieldieu [bwajɛldj'ø], François, Hauptmeister der frz. kom. Oper, *1775, †1834. »Der Kalif von Bagdad«, »Die weiße Dame«.

Boileau-Despréaux [bwal'o:depre'o:], Nicolas, frz. Dichter, *1636, †1711, Historiograph Ludwigs XIV. Sein Lehrgedicht »L'art poétique« galt als künstler. Gesetzbuch.

Boiler [engl.] der, Warmwasserbereiter.

Boisserée [bwasər'e], Melchior, *1786, †1851, und Sulpiz, *1783, †1854, Kunstgelehrte, Sammler der dt. Kunst des MA., betrieben auch den Weiterbau des Kölner Doms.

Boito, Arrigo, ital. Komponist und Dichter, *1842, †1918; Kantaten, Opern.

Bohr

Bologna: Piazza Maggiore

Bojar [russ.] der, altruss. Adliger.

Boje die, tonnenförmiger Schwimmkörper, Seezeichen zur Markierung des Fahrwassers.

Bola [span.] die, südamerikan. Schleuderwaffe, durch Riemen verbundene Kugeln.

Bolero der, **1)** span. Volkstanz im ¾-Takt, von 2 Personen mit Gitarren- und Kastagnettenbegleitung getanzt.

2) kurzes Jäckchen, aus der span. Tracht übernommen. (BILD S. 103)

Bolide [frz., ital.] der, Meteor, Feuerkugel; Ü Autosport: Rennwagen.

Bolingbroke [b'ɔliŋbruk], Saint-John, Viscount B., engl. Staatsmann und Schriftst., *1678, †1751. Auf ihn geht der Spitzname »John Bull« für die Engländer zurück.

Bolívar, Simón, südamerikan. Nationalheld, *1783, †1830, Führer im Unabhängigkeitskampf des nördl. Südamerika gegen die span. Herrschaft; Bolivien nach ihm benannt.

Bolivien, Rep. in Südamerika, 1,1 Mio. km^2, 6,2 Mio. Ew.; Amtssprache: Spanisch. Hptst.: Sucre; Regierungssitz: La Paz. – Präsidialverfassung; Volksvertretung durch den Nationalkongreß. – W- und S-B. haben Anteil an den Kordilleren, im O und N Tiefland. Zw. den Ketten der W-Kordilleren und der O-Kordilleren (Illimani, 6882 m) liegt das Bolivian. Hochland (3600-4000 m ü. M., mit der Hptst.); das Hochland ist trocken, kühl, mit abflußlosen Becken (Titicacasee) und Salzpfannen. Im SO der O-Kordilleren das Bolivian. Bergland, das nach S in das Buschland des Gran Chaco, nach N ins Amazonastiefland (Urwald) übergeht. BEVÖLKERUNG: Hochlandindianer (rd. 55%). Religion: kath. (93%). – WIRTSCHAFT: auf dem Mineralreichtum B.s begr. (bes. Zinn, Blei; Erdöl). Anbau von Kaffee, Getreide, Viehwirtschaft. Ausfuhr: Zinn, Zink, Blei, Erdöl. ✐ nach Chile, Argentinien, Brasilien; Luftverkehr. – BILD S. 103; ⊕ S. 485.

Ⓖ B., Teil des alten Inkareichs, im 16. Jh. von den Spaniern (Pizarro) unterworfen, 1824 unabhäng. Rep., nannte sich nach → Bolívar. 1884 verlor es sein Küstengebiet an Chile; 1932-1935 unterlag es im Chaco-Krieg gegen Paraguay. Nach mehrjähriger Militärdiktatur seit Okt. 1982 Zivil-Reg. unter einem gewählten Präs.: J. Paz Zamora (seit 1989).

Böll, Heinrich, Schriftst., *1917, †1985; realist. Erzähler und Satiriker: »Und sagte kein einziges Wort«; »Billard um halb zehn«, »Ende einer Dienstfahrt«, »Gruppenbild mit Dame«, »Die verlorene Ehre der Katharina Blum«, »Fürsorgliche Belagerung«. Nobelpreis 1972. (BILD S. 103)

Bollandisten, Hg. der Acta Sanctorum (seit 1643), der Heiligenbiographien; nach dem Jesuiten J. Bolland (*1596, †1665).

Böller der, ✤ Bez. für Mörser; jetzt kleines Geschütz zu Salutschüssen.

Bolligen, Stadt im Kt. Bern, Schweiz, 6300 Ew., nach Abtrennung (1983) von Ittingen und Ostermunden.

Bollnow, Otto, Philosoph, Pädagoge, *1903, behandelt lebens- und existenz-philosoph. Fragen, »Existenzphilosophie und Pädagogik«.

Bollwerk, 1) ⚓ Uferschutz und Anlegestelle für Schiffe aus starken Bohlen, die durch eingerammte Pfähle gehalten werden. **2)** Befestigungswerk.

Bologna [bol'ɔɲa], Hptst. der Prov. B., Oberitalien, 442300 Ew.; Erzbischofssitz; bed. Kunststadt, älteste Univ. Europas (1119 gegr.); Wirtschaftsmittelpunkt.

Bologneser [bolɔɲ'ezər], zwerghafter Malteserhund mit langem seidigem Haar.

Bolometer [grch.] das, Gerät zur Messung von sichtbarem und Infrarotlicht; beruht auf der Zunahme des elektr. Widerstands von Metallen bei steigender Temperatur.

Bölsche, Wilhelm, Schriftst., *1861, †1939, Mitbegr. des Naturalismus.

Bolschewismus [von russ. bolsche »mehr«], radikale Lehre und Herrschaftsform des → Kommunismus in der UdSSR. Die **Bolschewiki** bildeten seit 1903 den radikalen Flügel der russ. Sozialdemokraten i. Ggs. zu den **Menschewiki** (Minderheitler). Seit der russ. Oktoberrevolution (1917) alleinherrschende Partei in der späteren UdSSR.

Bolton [b'əʊltən], **B. le Moors,** Industriestadt bei Manchester (England), 147 000 Ew.; Kraftfahrzeugzubehör-, Textilind.

Boltzmann, Ludwig, Physiker, *1844, †1906; Arbeiten über kinet. Gastheorie. **B.-Konstante,** nach B. benannte wichtige Konstante der Atomphysik, Zeichen: k.

Bolus, Bol, Ton, Zersetzungsprodukt basalt. Gesteine; **Weißer B.** in Pulverform: aufsaugendes Mittel; **Roter B.** dient als Untergrund für Vergoldungen.

Bolzano, Bernhard, Philosoph, Mathematiker, *1781, †1848; bedeutendster Logiker des 19. Jh.

Bolzano, ital. Name für Bozen.

Bolzen, 1) Metallstift zum Verbinden von Maschinenteilen. **2)** Geschoß der Armbrust.

bombardieren [von Bombarde, Geschütz des Spät-MA.], beschießen.

Bombardierkäfer, kleiner Laufkäfer; stößt bei Gefahr einen ätzenden Stoff aus dem Hinterleib aus.

Bombardon [bɔ̃bard'ɔ̃, frz.] das, tiefes Blasinstrument aus Blech.

Bombast [engl.] der, **1)** Baumwollzeug zum Auswattieren. **2)** Schwulst; **bombastisch,** schwülstig, hochtrabend, prahlerisch.

Bombay [b'ɔmbeɪ], Hptst. von Maharashtra, Indien, bedeutender Hafen, 8,24 Mio. Ew.; Univ.; Hauptsitz der ind. Baumwollind.; im S B.s → Türme des Schweigens.

Bombe, 1) meist zylinderförmiger Hohlkörper mit Sprengladung und Zünder, Abwurfgeschoß der Luftwaffe (Brand-, Splitter-, Sprengbombe, Luftmine). Weiteres → Atombombe. **2)** dickwandiges Stahlgefäß zur Druckaufnahme. **3)** Lavastück.

bombieren, hochwölben.

Bon [bɔ̃, frz. »gut«] der, Gutschein.

bona fides [lat.], → guter Glaube; **bona fide,** in gutem Glauben.

Bonaparte, urspr. **Buonaparte,** kors. Fam. aus Ajaccio, der die frz. Kaiser → Napoleon I. und → Napoleon III. entstammen. **1)** Elisa, früher Marie Anna, älteste Schwester Napoleons I., *1777, †1820, Fürstin von Lucca und Piombino, verwaltete auch das Ghzgt. Toskana. **2)** Jérôme, Bruder Napoleons I., → Jérôme. **3)** Joseph, Bruder Napoleons I., → Joseph. **4)** Karoline, früher Marie-Annonciade, jüngste Schwester Napoleons I., *1782, †1839, ⚭ mit → Murat. **5)** Lätitia, Mutter Napoleons I., *1750, †1836. **6)** Lucien, Bruder Napoleons I., *1775, †1840. **7)** Ludwig, Bruder Napoleons I., → Ludwig. **8)** Pauline, früher Carlotta, Schwester Napoleons I., *1780, †1825, heiratete in 2. Ehe den Fürsten Camillo **Borghese.**

Bonatz, Paul, Baumeister, *1877, †1956, Vertreter des neuen zweck- und stoffgerechten Bauens: Hauptbahnhof Stuttgart, Staatsoper Ankara.

Bonaventura, eigentlich Johannes **Fidanza,** Kirchenlehrer, *1221 ?, †1274, einer der bedeutendsten Vertreter der Scholastik, Ordensgeneral der Franziskaner; Heiliger (Tag 15. 7.).

Bond der, -s/-s, verzinsl. Wertpapier (Schuldverschreibung) in England und den USA.

Bonden, Anbringen der elektr. Kontakte an Halbleiterbauelementen durch Schweiß- oder Lötverfahren.

Bongo, Rhythmusinstrument im Jazz, eine kleine, meist zylindrisch geformte Trommel.

Bonhoeffer, Dietrich, protest. Theologe, *1906, †1945; tätig in der Bekennenden Kirche und in der Widerstandsbewegung, 1945 im KZ Flossenbürg hingerichtet.

Bonhomme [bɔn'ɔm, frz.] der, gutmütiger Mensch, Biedermann. **Bonhomie** die, Biederkeit.

Bonifacio, Stadt an der S-Spitze Korsikas, 2700 Ew. **Straße von B.,** 12 km breite Meeresstraße zw. Korsika und Sardinien.

Bonifatius, »Apostel der Deutschen«, eigentl. **Winfrid,** *Wessex 672/73, erschlagen am 5. 6. (Gedächtnistag) 754 in Friesland. B. war Benediktinermönch, predigte seit 716 das Christentum in Friesland, Hessen, Thüringen, 747 Erzbischof von Mainz, gründete Klöster (Fritzlar, Fulda) und Bistümer; Heiliger; im Dom zu Fulda begraben.

Bonifatius, Bonifaz, Papst: **B. VIII.** (1294-1303) forderte den Vorrang der geistl. vor der weltl. Gewalt.

Bonifatiusverein, kath. Verein (seit 1849) zur Pflege des kath. Lebens in der Diaspora; Sitz in Paderborn.

Bonifikation [lat.] die, Vergütung.

Bonität [lat.] die, Güte; Zahlungsfähigkeit.

Bonmot [bɔ̃m'o, frz.] das, geistreiches Witzwort.

Bonn, seit 1949 Hptst. der Bundesrep. Dtl., NRW, 282 100 Ew., am Rhein; Sitz des Dt. Bundestages, Bundesrates, Bundespräs., der Bundesreg. und nachgeordneter Bundesbehörden, Univ.; Geburtshaus Beethovens; Ind. B. geht auf ein röm. Kastell (Bonna) zurück; war 1273-1794 Sitz der Kurfürsten von Köln.

Bonnard [bɔn'a:r], Pierre, frz. impressionist. Maler und Buchgraphiker, *1867, †1947.

Bonsai [japan. »Zwergbäume«], japan. Kunst, nur wenige Zentimeter hohe Bäumchen aufzuziehen.

Bonsels, Waldemar, Schriftst., *1880, †1952, »Die Biene Maja und ihre Abenteuer«.

Bonus der, Sondervergütung, z. B. an Aktionäre neben der Dividende.

Bonvivant [bɔ̃viv'ɑ̃, frz.] der, Lebemann.

Bonze der, **1)** buddhist. Priester. **2)** einflußreicher Funktionär.

Boogie-Woogie [b'ugiw'ugi], Tanz, Form des Blues; daraus Gesellschaftstänze: Jitterbug, Bebop, Rock'n Roll.

Boom [bu:m, engl.] der, wirtschaftl. Aufschwung, Hochkonjunktur, Kurssteigerungen an der Börse (Hausse). Ggs.: Slump [slʌmp], Baisse.

Booster [bu:stə], Hilfs- oder Zusatzeinrichtung an einer Maschine, Rakete oder Schaltung zur Leistungssteigerung.

Boot das, offenes, halb oder ganz gedecktes

Böll

Bolero 2)

Bolivien

Bombardierkäfer

Bonn: Universität (ehem. kurfürstl. Schloß)

Borkenkäfer: Fraßbild des Buchdruckers

kleineres Wasserfahrzeug, durch Ruder, Segel oder Motor fortbewegt.

Bootes [grch.] der, nördl. Sternbild mit Arkturus.

Booth [bu:ð], William, *1829, †1912, gründete 1878 die → Heilsarmee.

Boothia [b'u:θiə], nördlichste Halbinsel Amerikas, fast unbewohnt.

Böotien, Landschaft des östl. Mittelgriechenlands zw. dem Kanal von Euböa und dem Golf von Korinth; Hptst.: Theben.

Bophutha Tswana, Rep. im südl. Afrika, besteht aus 6 Landstücken im westl. Transvaal, der nordöstl. Kapprovinz und im Oranje-Freistaat, insgesamt 44000 km², 2,5 Mio. Ew. (vorwiegend Tswana); bis 1972 **Tswanaland;** gehörte zu den Homelands in der Rep. Südafrika, 1977 für unabhängig erklärt, international nicht anerkannt.

Bopp, Franz, Sprachforscher, *1791, †1867, wies die Verwandtschaft der indogerman. Sprachen nach. »Vergleichende Grammatik« (1833-52).

Boppard, Stadt in Rheinl.-Pf., am linken Rheinufer, zw. Bingen und Koblenz, 17400 Ew.; Weinbau; Fremdenverkehr.

Bor, chem. Zeichen **B,** nichtmetall. chem. Element, Ordnungszahl 5, D 1,73 g/cm³, tritt als braunes Pulver **(amorphes B.)** oder als sehr hartes, schwarzes **kristallisiertes B.** auf. Natürlich kommt es als **Borsäure** oder als Natriumsalze **Kernit** und **Borax** vor. Borax, heute künstl. hergestellt, dient zum Glasieren, Emaillieren, Lösen, Schmelzen von Metallen. Aus einer Aluminium-B.-Verbindung **(Bordiamanten)** stellt man Schleifwerkzeuge her.

Borsig

Bora die, heftiger kalter Fallwind an der dalmatin. Küste.

Bora, Katharina v., Luthers Frau seit 1525; war Nonne im Kloster Nimbschen bei Grimma.

Borås [bur'o:s], Stadt in W-Schweden, 101700 Ew.; Textilind.; Getreidehandel.

Borate Mz., die Salze der Borsäure.

Borax, $Na_2B_4O_7 \cdot 10\,H_2O$, findet sich gelöst in Salzseen; heute meist künstlich hergestellt; vielfältig in Heilkunde und Ind. u.a. verwendet.

R. Bosch

Borchardt, Rudolf, Schriftst., *1877, †1945, von konservativer, betont nat. Gesinnung, Vertreter strenger künstler. Form; Gedichte, Essays.

Borchert, Wolfgang, Schriftst., *1921, †1947, gestaltete in »Draußen vor der Tür« die verzweifelte Lage des Heimkehrers aus dem 2. Weltkrieg.

Bord der, **1)** Rand, Einfassung, z.B. **B.-Stein. 2)** ⚓ oberster Schiffsrand. **3)** das **B.,** Wandbrett, Regal.

Börde [ndt.] die, fruchtbare Niederung, z.B. Magdeburger B., Soester B.

Bordeaux [bɔrd'o], Hptst. des Dép. Gironde, Haupthandels- und Hafenstadt SW-Frankreichs, an der Garonne, 208000 Ew.; in der Weinlandschaft **Bordelais,** mittelalterl. Kirchen (St. André, St. Michel, Ste. Croix); Stadtbild des 18. Jh.; Erzbischofssitz, Univ., Erdölraffinerien, Schiffbau, Werkzeug-, Elektro- u.a. Ind.

Borobudur

Bordeauxweine [bɔrd'o-], frz. Weine aus dem Gebiet um Bordeaux (Bordelais); **rote B.:** Médoc, St. Émilion u.a.; **weiße B.:** Sauternes, Graves u.a.

Bordell [frz.] das, Freudenhaus.

bördeln, Bleche am Rand aufbiegen.

Bordighera [-g'ɛ:ra], Kurort und Seebad in Italien, an der Riviera di Ponente, 11900 Ew.

Bordun der, ♩ **1)** unveränderl. fortklingender Baßton. **2)** Baßpfeife des Dudelsacks. **3)** Baßsaite der Baßlaute neben dem Griffbrett. **4)** Orgelregister.

Bordzeit, dem Standort eines Schiffes oder Flugzeuges entsprechende Tageszeit.

Boreas [grch.] der, Nordwind in der Ägäis.

boreal, dem kontinentalen nördl. Klima zugehörig.

Boretsch der, Art der Fam. Boretschgewächse, die Würzpflanze **Gurkenkraut.**

Borges [b'ɔrxɛs], Jorge Luis, argentin. Schriftst., *1899, †1986; beeinflußte die moderne südamerikan. Literatur; Lyrik, Erzählungen, Essays.

Borghese, römische Adelsfam., aus der Papst Paul V. (1605-21) stammt. Die Kunstschätze der **Villa B.** befinden sich z.T. in Paris, darunter die hellenist. Statue des **Borghes. Fechters.**

Borgia [b'ɔrdʒa], röm. Adelsfam., die aus Spanien stammte. Bekannteste Mitglieder: Papst **Alexander VI.** (1492-1503) und seine Kinder **Cesare B.** (†1507) und **Lucrezia B.** (†1519). Cesare B. war das Vorbild für Machiavellis »Principe«; seine Schwester zog als Herzogin von Ferrara Dichter und Gelehrte an ihren Hof.

Borgis die, Schriftgrad, 3,384 mm.

Borinage [-n'a:ʒ], Landschaft an der belg.-frz. Grenze, südl. der Haine.

Boris, slaw. Fürsten: **1) B. I.** (852-889), erster christl. Fürst und Nationalheiliger der Bulgaren, † als Mönch 907; Tag: 15.5. **2) B. III.,** *1894, †1943, Zar von Bulgarien (1918-1943). **3) B. Feodorowitsch Godunow,** russ. Kaiser, *um 1551, †1605, machte 1589 die russ. Kirche unabhängig vom Patriarchat Konstantinopel.

Borke die, ⚘ Außenteil der → Rinde.

Borken, Krst. in NRW, 34700 Ew.; Textilind.

Borkenkäfer, bis 12 mm lange Käfer, Baumschädlinge. Das Weibchen nagt unter die Baumrinde einen Muttergang, in dessen Seiten die Eier abgelegt werden. Die Larven bohren Seitengänge; so der **Buchdrucker,** der Fichten befällt.

Borkum, die westlichste der Ostfries. Inseln, 31 km²; mit Seebad B., 8400 Ew.

Bormann, Martin, *1900, 1941 Chef der Parteikanzlei und Reichs-Min., einer der radikalsten Ratgeber Hitlers. Er soll am 2.5.1945 in Berlin Selbstmord verübt haben. 1946 als Kriegsverbrecher in Abwesenheit zum Tode verurteilt.

Born, Max, Physiker, *1882, †1970; Quantenmechanik, statist. Deutung der Wellenmechanik; 1954 Nobelpreis.

Börne, Ludwig, Schriftst., Theaterkritiker, *1786, †1837, führender Vertreter der Richtung »Junges Deutschland«.

Borneo, eine der Großen Sunda-Inseln, 754770 km²; meist gebirgig und von Urwald bedeckt, die Küste sumpfig. Klima feucht, heiß. Bodenschätze: Kohle, Erdöl, Gold, Diamanten. Erzeugnisse: Kautschuk, Tabak, Kopra. BEVÖLKERUNG: rd. 9,5 Mio., meist Muslime; im Innern Dayak, an den Küsten Malaien. Der größte Teil B.s gehört zu Indonesien (Kalimantan), der N und NW mit Sarawak und Sabah zu Malaysia; Brunei ist seit 1984 unabhäng.

Börner, Holger, Politiker (SPD), *1931, 1976-87 MinPräs. in Hessen.

Bornheim, Gem. in NRW, Luftkurort an der Ville, 34500 Ew.; Tonwaren-Ind.; Obst- und Gemüsebau.

Bornholm, dän. Insel vor der SO-Spitze Schwedens; 588 km^2, 47300 Ew.; Felstafel mit steilen Küsten. Fischerei, Viehzucht; viele alte Rundkirchen. Hauptort: Rønne.

Bornholm-Krankheit, grippeähnl. Virusinfektion.

borniert [frz.], geistig beschränkt, dumm.

Bornitrid, BN, Bor-Stickstoff-Verbindung, die u.a. als Hochtemperatur-Gleitmittel und zur Auskleidung von Brennkammern genutzt wird.

Borobudur, bed., in 9 Terrassen aufsteigende buddhist. Tempelanlage auf Java, 824 n.Chr.; 1835 neu entdeckt. (BILD S. 104)

Borodin, Alexander, russ. Komponist, *1834, †1887; Sinfonien, Lieder, Oper »Fürst Igor«.

Borodino, Ort bei Moskau. 1812 Sieg Napoleons I. über die Russen.

Borromäerinnen Mz., kath. Schwesternvereinigung für Krankenpflege.

Borromäus, Carl, Graf, 1560-84 Kardinal, Erzbischof von Mailand, wirkte in der kath. Reformbewegung durch seine Reformdekrete bis nach Frankreich und Dtl.; Heiliger (Tag: 4.11.).

Borromäusverein, kath. Verein zur Verbreitung guter Bücher (gegr. 1844).

Borromeische Inseln, kleine Felseninseln im Lago Maggiore **(Isola Bella),** mit Palästen und prachtvollen Gärten.

Borromini, Francesco, eigenwilliger Baumeister des röm. Hochbarocks, *1599, †1667.

Borsäure, H_3BO_3, weiße Kristalle; ihre Lösung in Wasser, dem **Borwasser,** wirkt keimtötend.

Borschtsch [russ.], Suppe aus Rindfleisch und Gemüsen, bes. Weißkraut und roten Rüben.

Börse, regelmäßige Zusammenkunft von Kaufleuten zum Handel in vertretbaren Sachen (bes. Wertpapieren und Waren); Arten: **Wertpapier-(Effekten-, Fonds-)B.** und **Waren-(Produkten-)B.** Die B. führt Angebot und Nachfrage marktmäßig zusammen und gleicht sie durch Festsetzung von Preisen **(Kursen)** aus, zu denen möglichst viele Geschäfte zustande kommen. Die **B.-Geschäfte** sind entweder Kassageschäfte (Lieferung und Zahlung innerhalb kürzester Frist) oder Termin-(Zeit-)Geschäfte (Lieferung und Zahlung zu einem späteren Zeitpunkt). – In der Bundesrep. Dtl. gilt das B.-Ges. von 1908, erneuert 1975. Es bestehen 8 Effekten-B.

Börsenverein des Dt. Buchhandels, früher **Börsenverein der Dt. Buchhändler,** Spitzenvertretung des dt. Buchhandels, gegr. 1825 in Leipzig, umfaßte auch Österreich und die deutschsprachige Schweiz. Nach 1945 wurde der Verein in der Dt. Dem. Rep. unter dem früheren Namen neu errichtet, 1948 entstand in der Bundesrep. Dtl. der **Börsenverein Dt. Verleger- und Buchhändlerverbände e.V.,** Frankfurt a.M., 1955 umgewandelt in den **B. d. D. B.,** der Mitbegründer der Deutschen Bibliothek, Frankfurt, ist. – In Frankfurt a.M. erscheint das »Börsenblatt für den Dt. Buchhandel – Frankfurter Ausgabe«.

Borsig, August, *1804, †1854, begr. die Lokomotiv- und Maschinenfabrik A. Borsig, jetzt Borsig GmbH., Berlin-Tegel. (BILD S. 104)

Borstenwürmer, ✤ für Ringelwürmer, deren Körperabschnitte Borsten tragen. Man unterscheidet: **1) Vielborster,** leben meist im Meer, freischwimmend (Seeraupen, Palolowurm) oder festsitzend in selbstgefertigten Röhren (Sandwurm). **2) Wenigborster,** leben im Süßwasser oder auf dem Land; die bekannteste Art ist der → Regenwurm.

Borromini: Oratorium S. Filippo Neri in Rom

Borte, starkes, dicht gewebtes Band, als Besatz.

Bortnjanskij, Dmitrij, russ. Komponist, *1751, †1825; bes. Kirchenmusik.

Borussia, lat. Name für Preußen.

Bosch, 1) Carl, Chemiker, *1874, †1940, führte die techn. Ausgestaltung der Haberschen Ammoniaksynthese durch **(Haber-Bosch-Verfahren);** Nobelpreis 1931.

2) Hieronymus, niederländ. Maler, *um 1450, †1516; phantast. Darstellungen des Volkslebens, der Höllenstrafen, Sünden, Versuchungen (BILD Antonius d. Gr.).

3) Robert, Techniker, Großindustrieller, *1861, †1942, brachte 1902 die Hochspannungs-Magnetzündung für Ottomotoren heraus. (BILD S. 104)

Borstenwürmer: Sandwurm

Bosco, Don Giovanni, ital. kath. Geistlicher, *1815, †1888, Jugenderzieher, begr. 1859 den Salesianerorden, 1872 eine weibl. Ordensgesellschaft für Mädchenerziehung. Heiliger (Tag 31.1.).

böser Blick, Aberglaube: manche Menschen seien fähig, anderen durch Ansehen zu schaden.

Bossenwerk

böse Sieben, alte dt. Spielkarte »7«, die alle anderen stach, mit dem Bild eines alten Weibs; daher zänkische Frau.

Boskett [frz.] das, Buschgruppe, Parkwald.

Boskop, edler Winter-Speiseapfel.

Bosnien und Herzegowina, eine der 6 sozialist. Rep. Jugoslawiens, 51129 km^2, 4,224 Mio. Ew.; Hptst.: Sarajewo. B. ist meist gebirgig, waldreich; im W dürftig bewachsenes

H. Bosch: Ausschnitt aus der Mitteltafel des Heuwagen-Triptychons

Botswana

Karstgebirge, im N schmale Ebene längs der Save. Bev. zu 40% Muslime. ⚒ auf Kohle und Eisenerz; Anbau von Getreide, Obst, Tabak; Viehzucht. – Ⓖ B. war seit 1463 türkisch, 1878-1918 österreichisch; dann jugoslawisch. ⊕ S. 492.

Bosporus, 1) Meerenge zw. Europa und Asien, die das Schwarze Meer mit dem Marmarameer verbindet; 30 km lang, bis 3 km breit; Straßenbrücke seit 1973. **2) Kimmerischer B.,** antiker Name der Straße von Kertsch.

Boß [engl.] der, Vorgesetzter, Betriebsleiter; auch Parteiführer.

Boßeln, Wurfwettspiel mit Hartholzkugel, an der oldenburg. und ostfries. Küste.

bossieren, 1) Herausschlagen der Rohform einer Skulptur **(Bosse). 2)** Behauen des roh gebrochenen Felsens zu einem winkelrechten Block. **Bossenwerk, Bossage** [bɔs'a:ʒə], 🏛 Mauerwerk aus Quadern mit rauher Oberfläche und hervorgehobenen Fugen. **Bossierwachs,** Masse zum Modellieren. (BILD S. 105)

Bossuet [bɔsy'ɛ], Jacques Bénigne, frz. kath. Kanzelredner, *1627, †1704, trat für die Freiheit der Gallikan. Kirche ein.

Boston [b'ɔstən], Hptst. des Staates Massachusetts, USA, an der Massachusetts-Bai, 563 000 Ew., alte reiche Hafen-, Handels- und Industriestadt, einer der geistigen Brennpunkte der USA: Harvard-Univ. im Stadtteil Cambridge; Bibliotheken. Ind.: Baumwolle, Wolle, Leder, Schuhe, Feinmechanik, Schiffbau. B. wurde 1630 von Puritanern gegründet.

Boström [b'u:strøm], Christopher, schwed. Philosoph, *1797, †1866, vertrat, an Platon und Hegel anknüpfend, einen »Persönlichkeitsidealismus«.

Boswell [b'ɔzwəl], James, engl. Schriftst., *1740, †1795; klass. Biographie S. Johnsons.

Botanik [grch.] die, → Pflanzenkunde.

Botanischer Garten, Anlage für Forschung und Unterricht in Pflanzenkunde.

Botha, Louis, General, *1862, †1919, kämpfte im Burenkrieg erfolgreich gegen die Engländer, trat dann für eine Politik der Versöhnung ein, wurde 1910 der 1. MinPräs. der Südafrikan. Union; eroberte 1915 Dt.-Südwestafrika.

Bothe, Walter, Kernphysiker, *1891, †1957; mit M. Born 1954 Nobelpreis.

Bothwell [b'ɔθwəl], James, Earl of, *um 1536, †1578, 3. Gemahl Maria Stuarts.

Bougainvillea: Blüten

Botticelli: Bildnis eines Unbekannten mit der Medaille Cosimo de' Medici

Botokuden Mz., Indianer im O Brasiliens (noch 2000) mit isolierter Sprache; wandernde Jäger.

Botschafter, → Gesandter.

Botswana, Rep. in Südafrika, 600 372 km², 1,1 Mio. Ew. (überwiegend Tswana), Hptst.: Gaborone. B. umfaßt den inneren Teil des südafrikan. Beckens im weiten, unfruchtbaren Steppenhochland der Kalahari (800 bis 1300 m hoch). Haupterwerbszweig: Viehzucht; Haupthandelspartner ist Südafrika. B. wird von der Bahnlinie Kapstadt–Salisbury durchquert; 2 Flugplätze. – B. war als **Betschuanaland** 1885-1966 brit. Schutzgebiet; seit 1966 unabhäng. Rep. Staatspräs.: K. J. Masire (seit 1980). ⊕ S. 482.

Böttcher [von Bottich], **Schäffler, Küfer, Faßbinder,** Handwerker, der Holzgefäße (Fässer, Zuber, Tonnen) herstellt.

Böttger, Johann Friedrich, Alchemist, *1682, †1719, kam, wegen »Goldmacherei« in Preußen flüchtig, in den Gewahrsam Augusts des Starken, wurde dem Physiker E. Tschirnhaus unterstellt, dem 1706 die Erzeugung des roten – fälschlich B.-Porzellan genannten – Steinzeugs und 1708 des weißen Porzellans gelang. 1710 wurde die »Meißner Porzellanmanufaktur« gegründet.

Botticelli [bɔtitʃ'ɛli], Sandro, ital. Maler, *1445, †1510, ein Hauptmeister der Frührenaissance, Bilder mit großer Ausdruckskraft der Linien geschaffen: Der Frühling, Geburt der Venus, Madonnenbilder.

Bottnischer Meerbusen, nördlicher Teil der Ostsee zw. Schweden und Finnland.

Bottrop, Industriestadt in NRW, nordwestl. von Essen, 116 400 Ew.; Bergbau u.a. Ind.

Botulismus [lat.] der, meldepflichtige bakterielle Lebensmittelvergiftung durch Aufnahme von Nahrungsmitteln (Fleisch, Wurst, Fisch, Gemüsekonserven), die das Gift des Bazillus **Clostridium botulinum** enthalten, beginnt mit Erbrechen, Augenmuskellähmungen, Schluckbeschwerden.

Botwinnik, Michail, russ. Schachspieler, *1911; Weltmeister 1948-63, außer 1957, 1960.

Bouaké [bwak'e, franz.] Stadt in der Rep. Elfenbeinküste, 257 000 Ew.; Handelsplatz, Straßenknoten.

Boucher [buʃ'e], François, frz. Maler, *1703, †1770, ein Hauptmeister des frz. Rokokos, galant, erotisch, spielerisch, modisch.

Bouclé [bukl'e, frz.] das, **1)** frotteeartiger Effektzwirn für Oberbekleidungsstoffe mit buckliger Oberfläche. **2)** starke Garne, die aus Kuh-, Hunde-, Katzen- oder Wildhaaren gesponnen und zu **B.-Teppichen,** einfarbigen Kräuselteppichen, verarbeitet werden.

Boudoir [budw'a:r, frz.] das, -s/-e und -s, Damenzimmer.

Bougainville [bugɛ̃v'il], **1)** Louis-Antoine de, frz. Seefahrer, *1729, †1811; entdeckte mehrere Inseln der Salomon-Inseln und der Tuamotu-Gruppe. **2)** [nach L.-A. de Bougainville] größte der Salomon-Inseln, bildet mit Buka u.a. Inseln die Prov. North Solomons von Papua-Neuguinea, 134 500 Ew.

Bougainvillea [bug'ɛ̃-, nach L.-A. de Bougainville], Kletterstrauch in S-Amerika und Mittelmeergebiet mit dreiröhrigen Blüten.

Bougie [buʒ'i:, frz. »Kerze«], ♡ walzenförmiger Stab zum Weiten krankhafter Verengungen, z.B. Speiseröhre, Harnröhre, Muttermund.

Bouillabaisse [bujab'ɛ:s] die, bes. in Südfrankreich (Marseille) beliebte Suppe mit Fisch, Krustentieren, Gemüse u. a.

Bouillon [buj'ɔ̃, frz.] die, Fleischbrühe.

Bouillon [bujɔ̃, frz.], Landschaft in den belg. Ardennen; seit 1023 Hzgt., das → Gottfried von B. 1095 an den Bischof von Lüttich verpfändete.

Boulanger [bulɑ̃ʒ'e], Georges, frz. General,

Politiker, *1837, †1891, als Kriegsminister 1886/87 Verfechter des Revanchegedankens, endete nach Sturz und Flucht durch Selbstmord.

Boule [bul, frz. »Kugel«] die, Kugelspiel.

Boulevard [bulv'a:r, frz., von Bollwerk] der, in Frankreich Haupt- und Prachtstraße. **Boulevardpresse,** auf der Straße verkaufte Zeitungen.

Boulez [bul'ɛ:s], Pierre, frz. Komponist, Dirigent, *1925; serielle und elektron. Musik.

Boulle [bul], André Charles, frz. Kunsttischler, *1642, †1732, schuf Möbel von einfachen Grundformen, aber mit reicher Zier.

Boulogne [bul'ɔɲ], **1) B.-Billancourt** [-bilãk'ur], Vorstadt von Paris, 103 500 Ew.; Park: **Bois de B. 2) B.-sur-Mer** [-syrm'ɛ:r], Seebad, frz. Fischereihafen, Handels- und Überfahrtsplatz nach England und Amerika; 48 500 Ew.

Bouquin [buk'ɛ̃, frz.] das, altes Buch, Schmöker. **Bouquinịste,** Straßenantiquar in Paris.

Bourbọnen Mz., frz. Herrschergeschlecht, Nebenlinie der Kapetinger, nach dem Schloß **Bourbon** [burbɔ̃] im Bourbonnais genannt, regierte 1589-1792 und 1814-30. Nebenlinien herrschten in Spanien (1701-1808, 1814-68, 1874-1931, seit 1975), in Neapel-Sizilien (1735-1860) und im Hzgt. Parma. Weitere Nebenlinie → Orléans.

Bourbonnais [burbɔn'ɛ], geschichtl. Landschaft im mittleren Frankreich, teilweise sehr fruchtbar, reich an heilkräftigen Mineralquellen. Stammland des Hauses Bourbon (→ Bourbonen).

Bourgeois [burʒw'a, frz.] der, wohlhabender Bürger. **Bourgeoisie** [burʒwaz'i] die, das besitzende Bürgertum, als Stand und geistige Haltung.

Bourges [burʒ], alte Stadt in Mittel-Frankreich, 79 400 Ew.; got. Kathedrale, Erzbischofssitz; Handel (Getreide), Ind. (Metall, Weberei).

Bourget [burʒ'e], Paul, frz. Schriftst., *1852, †1935, literaturpsycholog. Romane, Schauspiele.

Bourgogne [burg'ɔɲ, frz.], → Burgund.

Bourguiba [burg'i:ba], Habib, tunes. Staatsmann, *1903, Jurist, Gründer der Neo-Destur-Partei, 1957-87 Staatspräs. (seit 1975 auf Lebenszeit), auch langjähriger MinPräs.

Bournemouth [b'ɔ:nməθ], Seebad an der Südküste von England, am Kanal, 144 900 Ew.

Bourrée [bur'e:, frz.] die, frz. Volkstanz im ¾-, später ⁴⁄₄-Takt; in vielfach abgewandelter Kunstform Bestandteil der Suite.

Bourtanger Moor [bur-], Hochmoor links der Ems; wird kultiviert; Torf, Erdölförderung.

Bouteille [but'ɛj, frz.] die, Flasche.

Boutique [but'ik, frz.] die, kleiner Laden für modische Kleider und Zubehör.

Bouton [but'ɔ̃, frz.], **1)** Knopf, knopfförmiger Ohrring. **2)** Knospe.

Bouts [bauts], Dieric, niederländ. Maler, *um 1415, †1475, detailtreue Bilder in warmen, leuchtenden Farben.

Bouvetinsel [buv'ɛ-], unbewohnte Insel im südl. Atlant. Ozean, vulkanisch, stark vergletschert; seit 1927 norweg. Besitz.

Bouzouki [buz'uki], **Busuki:** die, Saiteninstrument der grch. Unterhaltungsmusik, langer Hals und birnenförmiger Korpus.

Bọvist der, Gattung der → Bauchpilze.

Bowdenzug [b'audən-, engl.], Drahtzug, bei dem Kräfte durch einen in einem Metallschlauch verschiebbaren Draht übertragen werden (z. B. Fahrradbremse).

Bowiemesser [engl. b'auı, dt. bo:vi], dolchartiges Jagdmesser.

Bowle [b'o:lə, engl.] die, **1)** dem Punsch ähnl., doch kaltes Weingetränk mit Früchten oder Kräutern. **2)** Gefäß hierfür.

Bowling [b'əulıŋ], amerikan. Form des Kegelspiels.

Box [engl.] die, Büchse, Schachtel; Verschlag im Stall; kastenförmige Kleinkamera.

Boxcalf [b'ɔkska:f, engl.] das, chromgegerbtes, feinnarbiges Kalbsleder.

Boxen [engl.], Faustkampf nach festen Regeln, im Boxring. Jeder Boxkampf geht über Runden, höchstens 15; Dauer der Runde: 3 min. Stöße auf die empfindl. Stellen können den Gegner bes. schnell kampfunfähig machen. Entscheidungen: **Knockout (K.o.)** durch Niederschlag: der Gegner bleibt länger als 10 Sekunden am Boden; **techn. K.o.:** Abbruch des Kampfes bei ernster Gefahr für einen Gegner; Sieg durch **Aufgabe; Punktwertung** nach den erteilten und empfangenen Schlägen.

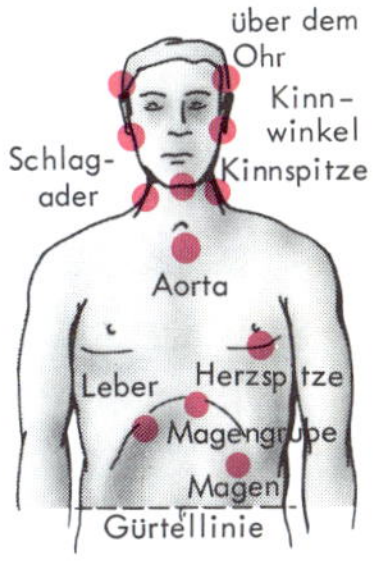

Boxen: empfindliche Stellen

Boxer, Hunderasse, ähnelt der Bulldogge, 54 bis 58 cm hoch, von kräftigem Körperbau; Diensthund. (TAFEL Hunde)

Boxer Mz., chines. Geheimbund, entfachte 1900 einen fremdenfeindl. Aufstand (**B.-Aufstand;** Ermordung des dt. Gesandten); darauf griffen die europ. Mächte militärisch ein.

Boxermotor, Form eines Verbrennungsmotors, bei dem sich die Zylinder in einer Ebene gegenüberliegen und die Pleuel um 180° versetzt die Kurbelwelle antreiben.

Boyen, Hermann von, preuß. Feldmarschall, Heeresreformer, *1771, †1848, Mitarbeiter Scharnhorsts; Kriegsmin. 1814-19, 1841-47.

Boykọtt [nach dem engl. Güterverwalter Ch. Boycott] der, Verrufserklärung als polit., wirtschaftl. oder soziale Kampfmaßnahme, durch die eine Person, ein Unternehmen oder ein Staat vom Geschäftsverkehr ausgeschlossen wird. In der Privatwirtschaft unzulässig, wenn gegen die guten Sitten verstoßen wird.

Boyle [bɔıl], Robert, engl. Physiker, *1627, †1691, entdeckte vor Mariotte das **Boyle-Mariottesche Gesetz,** wonach das Produkt aus Druck und Rauminhalt eines idealen Gases bei konstanter Temperatur unverändert bleibt.

Bozen, ital. **Bolzạno,** Stadt in Südtirol mit 103 000 Ew.; südlich vom Brenner am Eisack, Verkehrsknotenpunkt; Handel: Wein, Obst, Gemüse, Konserven; Fremdenverkehr, Ind.

Br, chem. Zeichen für Brom.

Brabançonne [brabãs'ɔn; nach Brabant], Name der belg. Nationalhymne; Text von 1830, überarbeitet 1860.

Brabạnt, Landschaft in Belgien und den Niederlanden, umfaßt die belg. Provinz B. und das niederländ. Nord-B.; B. war einst selbständiges Hzgt., im 15./16. Jh. Mittelpunkt der niederländ. Kultur.

Brač [bra:tʃ], drittgrößte dalmatin. Insel, 396 km², südlich von Split.

Brache die, unbebauter Acker (→ Dreifelderwirtschaft). **brachliegen,** ungenutzt sein.

brachịal [lat.], zum (Ober-)Arm gehörig. **Brachiạlgewalt,** rohe Kraft, rohe Gewalt.

Brachiopọden Mz., ♘ die → Armfüßer.

Brachkäfer, Junikäfer, kleinerer Verwandter des Maikäfers.

Brachmonat, Brachmond, der Juni.

Brachschwalbe, Unterfam. der Watvögel, bewohnt die Steppen in Eurasien, Afrika, Australien.

Brachsen, Brassen, Karpfenfische; die bekannteste Art, der **Blei,** bewohnt Flüsse und Seen nördlich der Alpen.

Brachsenkraut, bärlappartige, schnittlauchähnl. Sporenpflanzen; meist Wasserpflanzen.

Brachvogel, Albert Emil, Schriftsteller und Dramatiker, *1824, †1878; Roman »Friedemann Bach« (1858).

Brachvögel, Gatt. der Schnepfenvögel, den Regenpfeifern verwandt; Watvögel mit sehr langem gebogenem Schnabel. Der **Große B.,** Keilhaken, Brachschnepfe, ist krähengroß,

Brachvögel: Großer B.

brütet in Gras- und Moorlandschaften Mitteleuropas. Der **Regen-B.** ist kleiner und hat kürzeren Schnabel.

Bracke der und die, Spürhundrasse.

Brackwasser, schwach salzhaltiges Wasser in Flußmündungen und Haffen.

Bradford [br'ædfəd], Stadt in N-England, 281 000 Ew.; Hauptsitz der engl. Textil-Ind.

Bradley [br'ædlı], **1)** Francis Herbert, engl. Philosoph, *1846, †1924, vertrat eine idealist. Philosophie. **2)** James, engl. Astronom, *1692, †1762; bewies mit der Entdeckung der → Aberration den heliozentr. Aufbau des Planetensystems.

Brahms

Brady [br'eıdı], Mathew B., amerikan. Photograph, *1823, †1896; Bilddokumentation des amerikan. Bürgerkriegs.

Bradykardie [grch.] die, länger anhaltende Pulsverlangsamung (→ Puls).

Bradykinin, Gewebshormon, gefäßerweiternd, blutdrucksenkend.

Bragança [braγ'ãsa], portugies. Dynastie, 1640-1910 (zuletzt als Königshaus Sachsen-Coburg-Gotha-B.); regierte auch in Brasilien (1822-89).

Bragi, ältester mit Namen bezeugter norweg. Skalde (9. Jh.), Dichter der Ragnarsdrápa.

Brahe die, linker Nebenfluß der Weichsel, mündet unterhalb von Bromberg.

Brahe [br'a:ə], Tycho, dän. Astronom, *1546, †Prag 1601, bester beobachtender Astronom vor Erfindung des Fernrohrs; Lehrer → Keplers.

Bramante: Rundtempel im Hof von San Pietro in Montorio, Rom

Brahmane der, Mitgl. der obersten Kaste der Hindus (Priester, Dichter, Gelehrte, Politiker, heute auch in anderen Berufen).

Brahmanismus, 2. Zeitstufe der ind. Religion, die der ältesten **wedischen** folgt (seit 1000 v. Chr.) und in die neuere **hinduist.** (2. Hälfte des 1. Jahrtsd. n. Chr.) übergeht. Charakteristisch sind das Hervortreten eines unpersönl. obersten Gottes **(Brahman),** die Ausbildung des Kastenwesens und des Vorrangs der Priesterschaft, die Anfänge des Seelenwanderungsglaubens, der Erlösungssehnsucht und der Askese.

Brahmaputra der, Strom in Asien, 2900 km lang. Er entspringt nördlich des Himalaya im südwestl. Tibet, umfließt als **Tsangpo** den östl. Himalaya, durchströmt die Tiefebene Indiens und mündet in das Delta des Ganges.

Brahms, Johannes, Komponist, *1833, †1897. Seine Musik, die den klaren Formaufbau der Klassiker erstrebt, ist bestimmt durch volle Harmonik, vielfältige Rhythmik, ausdrucksvolle Melodik: 4 Sinfonien und andere Orchesterwerke, Kammermusik, Klavierstücke, zahlreiche Lieder, das Chorwerk »Ein deutsches Requiem«.

Brăila [brə'ila], Stadt in Rumänien, an der Donau, 225 500 Ew., Hauptausfuhrhafen für Getreide.

Braille [bra:j], Louis, frz. Blindenlehrer, *1809, †1852, schuf die Blindenschrift.

Brain-Drain [breın dreın], Bez. für die Abwanderung von Fach- und Führungskräften der Dritten Welt in Industrieländer.

Brainstorming [breınst'ɔ:mıŋ] das, von A. F. Osborn entwickelte Technik zur Anregung kreativen Denkens in Gruppendiskussionen.

Brandenburg (historisch)

Brain-Trust [breın trʌst, amerikan.], »Beratergruppe«, urspr. die Berater Präs. Roosevelts beim → New Deal.

Bräker, Ulrich, schweizer. Schriftst., *1735, †1798; »Lebensgeschichte des armen Mannes in Toggenburg« (Selbstbiographie).

Brakpan, Stadt in Transvaal (Rep. Südafrika); 115 000 Ew., Zentrum des Goldbergbaus.

Brakteat [lat. »Blech«] der, Münze aus dünnem Silberblech, nur einseitig geprägt (12.-14. Jh.).

Bramante, ital. Baumeister und Maler, *1444, †1514, entwickelte den Stil der ital. Hochrenaissance: Bauten in Mailand, Rom.

Brambach, Bad B., Bez. Karl-Marx-Stadt, 2500 Ew.; radonhaltige Quellen.

Bramsche, Stadt in Ndsachs., 23 300 Ew.; Textilfachschule, Nahrungsmittel-, Maschinen- und Metallind., Tapetenfabrik.

Bramstedt, Bad B., Stadt in Schlesw.-Holst., 9700 Ew.; Moor-Solbad.

Brâncuşi, Constantin, rumän. Bildhauer, *1876, †1957; Wegbereiter abstrakter Plastik.

Brand, 1) ♡ **Nekrose,** örtl. Tod eines Körper- oder Organteils infolge Störung oder Aufhebung der Blutversorgung; **trockner B. (Mumifikation)** Austrocknung und Schrumpfung der befallenen Körperteile (z. B. der Zehen); **feuchter B. (Gangrän),** mit Hinzutreten von Eiter- oder Fäulnisvorgängen. Die Störung der Blutversorgung kann durch Verletzung, Druck, Verätzung, Thrombose, Embolie, Aderverkalkung **(Altersbrand)** usw. entstehen. **2)** ⚘ volkstüml. Bez. vieler Pflanzenkrankheiten. B. der Getreideähren wird verursacht durch B.-Pilze, die sporenerfüllte B.-Flecke bilden. **Staub-B.** (Schwarzer B.) an versch. Getreide. **Stein-B.** (Kornfäule) am Weizenkorn.

Brandauer, Klaus Maria, österr. Schauspieler, *1944; Filme »Mephisto«, »Oberst Redl«.

Brandblase, blasenförmige Abhebung der Haut bei Verbrennungen.

Brandenburg, früher auch: **Mark B., die Mark,** bis 1945 preuß. Prov., seit 1947 **Land B.;** durch Ges. v. 23. 7. 1952 der Dt. Dem. Rep. wurden aus dem Land B. die Bezirke Potsdam, Frankfurt a. d. Oder, Cottbus und Neubrandenburg gebildet. Die Prov. B. hatte 38 275 km² und 3,0, das Land B. 26 976 km² und 2,5 Mio. Ew. B. umfaßt die Hauptteile des Spree- und Havelgebietes und Teile der linken unteren Oderniederung.

G B. war vor der Völkerwanderung von den german. Semnonen bewohnt; dann wanderten Slawen ein. Von der Altmark aus gründete der Askanier Albrecht der Bär (seit 1144 Markgraf von B.) die Mark B. Durch Ludwig den Bayern kam B. 1323 an die Wittelsbacher, durch Kaiser Karl IV. 1373 an die Luxemburger; es wurde damals viel von inneren Wirren heimgesucht. Kaiser Sigismund übertrug das 1356 zum Kurfürstentum erhobene Land 1415 dem Hohenzollern Burggraf Friedrich von Nürnberg. Weiteres → Preußen, Geschichte.

Brandenburg (Havel), Stadt im Bez. Potsdam, 95 100 Ew.; mittelalterl. Baudenkmäler; Automobil-, Fahrrad-, Textil-, Leder-, Metallindustrie. B. war als Brendaburg Hauptort der slaw. Heveller; im MA. Bischofssitz.

Brandenburger Tor, in Berlin, 1788-91 von C. G. Langhans erbaut, mit Quadriga von G. Schadow.

Brandgans, Brandente, Höhlenbrüter im Küstengebiet der Nord- und Ostsee; schwarz-weiß mit rostroter Binde um Brust und Vorderrücken, roter Schnabel.

Brandmal das, Brandnarbe, früher Verbrechern in die Haut gebranntes Schandmal; daher: **brandmarken,** öffentl. bloßstellen.

Brandmauer, Mauer, die mindestens 1 Stein (24,5 cm) oder 15 cm Beton stark ist, ohne Öffnungen und Hohlräume, als Feuerschutz zw. 2 Gebäuden.

Brando [br'ændəʊ], Marlon, amerikan. Filmschauspieler, *1924; Filme »Der Pate«, »Apocalypse now« u. a.

Brandschatzung, Erpressen einer Abgabe durch Drohung mit Plünderung und Brand.

Brandsohle, innere Sohle des Schuhes.

Brandstiftung, ⚖ Inbrandsetzen bestimmter Gegenstände, wie Gebäude, Wald, Schiffe usw., wird mit Freiheitsstrafe bis oder über 10 Jahre, bei Fahrlässigkeit mit Freiheitsstrafe oder Geldstrafe bestraft.

Brändström, Elsa, *1888, †1948, Schwedin, war im 1. Weltkrieg für dt. Kriegsgefangene in Rußland und Sibirien tätig.

Brandt, 1) Jürgen, General, *1922, 1978 bis 1983 Generalinspekteur der Bundeswehr. **2)** Willy, früher Herbert Ernst Karl **Frahm,** Politiker (SPD), *1913, Journalist, emigrierte 1933 (Norwegen und Schweden, bis 1945), wurde 1957 Regierender Bürgermeister von Berlin, 1964 Parteivorsitzender; 1966 Vizekanzler u. Bundesaußenmin.; 1969 Bundeskanzler einer SPD-FDP-Regierung, 1972 wiedergewählt; trat am 7.5.1974 im Zusammenhang mit einer Spionageaffäre zurück. Erstrebte durch seine »Ostpolitik« (Verträge mit der UdSSR, Polen, Dt. Dem. Rep. und ČSSR) eine Verbesserung der Beziehungen zu diesen Staaten. Friedensnobelpreis 1971. Präs. der Sozialist. Internationale, seit 1976; Vors. der unabhängig. Kommission für internat. Entwicklungsfragen seit 1977.

Brandung die, Überstürzen (»Brechen«, »Branden«) der Meereswellen an der Küste.

Brandwunden, → Verbrennung.

Brandys, Kazimierz, poln. Schriftsteller, *1916; antistalinist. Romane und Erzählungen, »Die Eroberung Grenadas« u.a.

Brandzeichen, bei Pferden, → Gestüt.

Branntwein, aus gegorenen Flüssigkeiten durch Destillation (»Brennen«) gewonnenes, alkohol. Getränk, oder auch trinkbares Gemisch von Alkohol und Wasser mit Aromastoffen. Diese sind teils beiläufiges Gärungsergebnis, teils Rohstoffbestandteile (z.B. Bittermandelöl und Blausäure der Obst-B.), teils äther. Öle (aus Fenchel, Anissamen, Enzianwurzel o.ä.). Aus vergorenen Weintrauben gewinnt man den **Weinbrand** (zuerst in der frz. Stadt Cognac hergestellt: daher **Cognac**), aus Saft von Kirschen und Zwetschen, der durch wilde Hefen der Obstoberfläche vergoren ist, das **Kirsch-** oder **Zwetschenwasser.** Melasse vom Zuckerrohr gibt den echten **Rum,** eine mit Palmsäften versetzte Maische aus Reis in Ostindien den **Arrak.** Die meisten B. Europas werden aus Getreide (Roggen-, Weizen-, Gerstenmalz) gewonnen, z.B. der **Korn-B.** und der **Whisky.** Die ausgepreßten Schalen der Weinbeeren (Trester) geben **Trester-B. (Franz-B.).** Der Alkoholgehalt des B. beträgt im dt. Handel etwa 38 Vol.-%, bei Arrak, Rum, Obst-B. auch mehr (→ Likör).

Brant, Sebastian, Dichter, Humanist, *1457/58, †1521; geißelt im »Narrenschiff« die Laster und Torheiten seiner Zeit.

Braque [brak], Georges, frz. Maler, *1882, †1963, löste sich als Vertreter des Kubismus vom Naturvorbild, später wurden seine Bilder gegenständlicher: Stilleben, Interieurs, auf wenige Farbtöne beschränkt.

Brasília, Hptst. Brasiliens (seit 1960) und Bundesdistrikt, auf der Hochebene von Goiás, 1,17 Mio. Ew.; nach modernen städtebaul. Gesichtspunkten errichtet; Univ.

Brasilien, Bundesrep. in Südamerika; 8,5 Mio. km^2, 135,6 Mio. Ew.; Hptst.: Brasília; Amtssprache: Portugiesisch. ⊕ S. 485

Der Präsident ist Staatsoberhaupt und Regierungschef (Präsidialsystem; Verf. von 1969). B. ist eingeteilt in 23 Staaten und 3 Bundesterritorien sowie 1 Bundesdistrikt.

Kernlandschaft B.s ist das Brasilian. Bergland (im Pico da Bandeira 2890 m hoch). Ihm schließt sich nach N das Amazonastiefland an. Im äußersten N hat B. Anteil am Bergland von Guayana. Hauptflüsse: im N der Amazonas mit seinen Nebenflüssen, im O der Rio São Francisco. Klima: überwiegend tropisch heiß, sehr feucht im Amazonastiefland und an der SO-Küste (Urwald), trockener im inneren Bergland (Grassteppen, lichte Buschwälder). Der S hat subtrop. Klima (Laub- und Nadelwälder). – Bevölkerung: rd. 60% Weiße (bes. im S; Portugiesen, Italiener, Deutsche, Polen u.a.), 25% Mischlinge (bes. in Mittel-B), 11% Schwarze (bes. im NO), 1% Indianer und Asiaten. Religion: 95% katholisch.

Der wichtigste Erwerbszweig ist noch die Landwirtschaft (36% der Erwerbstätigen, rd. 59% Ausfuhranteil). Haupterzeugung: Kaffee (rd. $\frac{1}{3}$ der Welternte), Baumwolle, Kakao, Sojabohnen, Tabak, Mais, Reis, Kartoffeln, Zuckerrohr. Viehzucht im Landesinnern und im S. B. hat reiche Bodenschätze: Eisenerz (bes. in Minas Gerais), Mangan, Bauxit, Zinn; Steinkohle, Erdöl, Edel- und Schmucksteine u.a. Die Ind. wird stark ausgebaut (Nahrungsmittel-, chem., Maschinen-, Textil-, Fahrzeug-, Schwerind.). – Ausfuhr: Kaffee, Baumwolle, Eisenerz u.a. Haupthandelspartner: USA, Argentinien, Bundesrep. Dtl. – Das Verkehrsnetz wird ausgebaut; bedeutender Flugverkehr.

Ⓖ B. wurde 1500 von Cabral für Portugal in Besitz genommen, das Innere aber erst im 17./18. Jh. erschlossen. 1822 machte es sich unabhängig; der portug. Kronprinz wurde als Pedro I. Kaiser. 1871 und 1888 Aufhebung der Negersklaverei. 1889 wurde B. Rep. Präs. Kubitschek (1956-61) begann mit der Erschließung des Inneren B.s (Brasília neue Hptst.). Nach einem Militärputsch im Jahre 1964 (Sturz von Präs. Goulart) erhielt der Präs. weitere Vollmachten. 1964-85 stand B. unter der Herrschaft des Militärs. Mit der Wahl von T. Neves (vor Amtsantritt verstorben) zum Präs. kehrte es 1985 zu einer Zivilreg. zurück. Präs.: F. Collor de Mello (seit 1990).

Brasse die, ⚓ Tau zum Bewegen der Rahen, Haltetau. **brassen,** Rahen nach dem Wind richten.

Brassen, → Brachsen.

Brassica die, Pflanzengatt. (Kohl, Raps, Senf). (BILD S. 110)

Brätling der, eßbarer Reizker, Blätterpilz.

Bratsche [ital.] die, **Viola,** Streichinstrument in Form der Geige, aber etwas größer, die 4 Saiten eine Quinte tiefer gestimmt: c, g, d', a'.

Bratsk, Stadt in der UdSSR, 236000 Ew.; Stausee der Angara mit Kraftwerk.

Brattain, Walter Houser, amerikan. Physiker, *1902, †1987, erhielt mit J. Bardeen und W. Shockley 1956 den Nobelpreis für die Entdeckung des Transistoreffekts.

Brauchitsch, Walther v., Generalfeldmarschall, *1881, †1948, 1938-41 Oberbefehlshaber des Heeres.

Brauerei, → Bier.

Braun, 1) Felix, österreich. Schriftst., *1885, †1973; Lyriker, Erzähler, Dramatiker. **2)** Volker, Schriftst., *1939, Lyrik mit sozialist. Pathos, Dramatiker. **3)** Wernher v., Raketenkonstrukteur, *1912, †1977, seit 1945 in den

W. Brandt

Brant

Brasilien

Braque: Das Duo

Brassica

W. v. Braun

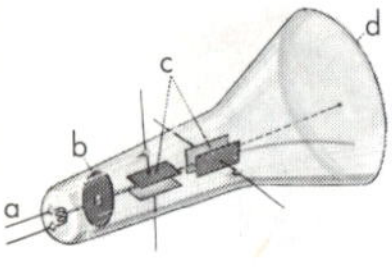

Braunsche Röhre: a Kathode, b Anode, c Ablenkplattenpaare, d Leuchtschirm

USA, hat bed. Anteil an der Raumfahrtforschung der USA.

Bräune die, **1) Rachen-B.,** → Diphtherie. **2) Falsche B.,** → Krupp. **3)** Sonnenbräune.

Brauneisen, braunschwarzes Eisenerz.

Braunelle die, **1)** ⌂ **Hecken-B.,** sperlingsfarbiger, spitzschnäbliger Singvogel, Hals metallgrau. **2)** ♀ **Brunelle, Kohlröschen,** Alpenpflanze, Orchidee, Blüten braun bis rot, mit Vanilleduft. **3) Kleine B.,** ♀ Lippenblüterkraut auf Triften, Blütenköpfe violett, mit braunen Deckblättern. **4)** ♀ **Wiesenknopf,** Gattung staudiger Rosengewächse mit Fiederblättern und braunroten Blütenköpfen.

Braunkohle, → Kohle.

Braunlage, Stadt in Ndsachs., 6800 Ew., Luftkurort und Wintersportplatz im Oberharz, 550-800 m ü. M.

Braunsberg, poln. **Braniewo** [-j'ɛvɔ], Stadt in der poln. Wwschaft Elblag, ehem. Stadt in Ostpreußen, 14000 Ew.; 1254 gegr., Deutschordensburg (1240), gehörte zur Hanse.

Braunsche Röhre, von dem Physiker K. F. Braun (*1850, †1918) erfundene Kathodenstrahlröhre, mit der schnelle elektr. Schwingungen sichtbar gemacht werden können; sie wird in Kathodenoszillographen und als Bildröhre in Fernsehempfängern verwendet.

Braunschweig, 1) ehemal. Land des Dt. Reiches, 3673 km², (1939) 583300 Ew. ⊕ Aus dem niedersächs. Eigenbesitz der Welfen (seit 1137) wurde 1235 das Hzgt. B.-Lüneburg gebildet, dann aber wiederholt geteilt. Aus dem Teil-Hzgt. Wolfenbüttel ist das Land B., aus der Vereinigung der übrigen Teilgebiete das Land Hannover hervorgegangen. 1807-1813 gehörte B. zum napoleon. Königreich Westfalen. Als 1884 die Herzöge von B. ausstarben, wurden zunächst Regenten eingesetzt, bis 1913 Ernst August aus der hannoverschen Linie Herzog wurde; 1918 dankte er ab. Als Freistaat erhielt B. 1922 eine neue demokrat. Verfassung. 1933-45 unterstand es mit Anhalt einem gemeinsamen Reichsstatthalter. 1946 kam B. zum Land Ndsachs. **2)** Hptst. des Reg.-Bez. B., Ndsachs., 247300 Ew.; Innenstadt mit Fachwerkhäusern der Gotik und Renaissance zum großen Teil vernichtet, der roman. Dom mit dem Grabmal Heinrichs des Löwen und das Gewandhaus sind wiederhergestellt; TU (gegr. 1745, die älteste Dtl.s) sowie andere Hochschulen. Ind.: Fahrzeuge, Mühleneinrichtungen, Klaviere, opt. Geräte, elektrotechn., feinmechan. sowie chem. Betriebe, Fleisch- und Gemüsekonserven.

Braunstein, Pyrolusit, Manganerz, MnO_2, metallisch glänzendes Mineral; wichtigster Ausgangsstoff für die Erzeugung von Mangan.

Braunwurz die, staudige Pflanzengatt., Rachenblüter; **Knotige B.,** braungrüne Blüten.

Braut und **Bräutigam,** die Verlobten während der Brautzeit. **Brautexamen,** kath. Kirche: Zur Vorbereitung der Eheschließung vorgeschriebene Prüfung durch den Pfarrer (Feststellung des Fehlens kanon. Ehehindernisse, Prüfung der Kenntnis relig. Grundwahrheiten). **Brautunterricht,** relig. Unterweisung über Ehe und Ehesakrament. **Brautgeschenke** können, wenn das Verlöbnis nicht zur Ehe führt, zurückgefordert werden (§§ 1301 BGB).

Braut in Haaren, → Schwarzkümmel.

Brautkauf, bei manchen Völkern übl. Sitte, die Braut vom Brautvater oder dessen Sippe für einen bestimmten Preis loszukaufen.

bravo [ital.], brav!, trefflich! (Beifallsruf). Superlativ: bravissimo. **Bravo** [ital.] der, -s/Bravi, ✻ gedungener Meuchelmörder.

Bravour [brav'u:r, frz.] die, Tapferkeit, Herzhaftigkeit. **Bravourstück,** Glanzstück.

Brazzaville, Hptst. der Rep. Kongo, 422000 Ew.; Flußhafen am Kongo, Eisenbahn zur Küste (Pointe Noire). Univ., Flughafen.

BRD, Abk. für Bundesrepublik Deutschland; soll im amtl. Sprachgebrauch nicht verwendet werden.

Break [breɪk, engl.] der, **1)** im Sport: Durchbruch aus der Verteidigung (v. a. beim Eishokkey); Durchbrechen des gegner. Aufschlags (Tennis); Trennkommando (Boxsport). **2)** offener Kutschwagen mit Längs- oder Querbänken. (BILD S. 111)

Breakdance [br'eɪkda:ns, engl.], in den USA entstandener Straßentanz mit artist. Bewegungen und roboterhaften pantomim. Einlagen zu elektron. Funk-Musik.

Brechdurchfall, ♡ Magen-Darm-Katarrh mit Erbrechen, Durchfall, Leibschmerzen, Fieber; meist nach Genuß verdorbener Lebensmittel; Behandlung: Bettruhe, Nahrungsenthaltung, Tee, Chemotherapie; bei Säuglingen 24 Stunden nur Tee, Arzt rufen.

Brechmittel, Emetika, ♡ Erbrechen hervorrufende Mittel. Zur Entleerung des Magens wird die Magenspülung meist vorgezogen.

Brechnuß, 1) Samen des Wolfsmilchgewächses **Jatropha curcas,** dient als Brech- und Abführmittel. **2)** Samen einer Strychnos-Art, enthält die Alkaloide Strychnin und Brucin.

Brecht, Bertolt, Dichter, Dramaturg, *1898, †1956; lebte 1933-47 im Exil, seit 1948 in Berlin-Ost; dort gründete er zus. mit seiner Frau Helene Weigel das »Berliner Ensemble«; B. schrieb gesellschaftskrit. Gedichte, Songs (»Dreigroschenoper«, Musik von K. Weill), Lehrstücke und sozialist.-realist. Dramen (»Die heilige Johanna der Schlachthöfe«; »Mutter Courage und ihre Kinder«; »Leben des Galilei«). (BILD S. 111)

Brechung, Richtungsänderung von Wellen und Strahlen, z. B. Licht, Röntgenstrahlen, Schallwellen, beim Übergang aus einem Stoff in einen anderen mit verschieden großer Ausbreitungsgeschwindigkeit. (BILD S. 111)

Brechungsfehler des Auges, Refraktionsanomalie, Fehler in der Einstellung des Auges auf den Fernpunkt. Das **normale** Auge ist im Ruhestand so eingestellt, daß es in der Ferne scharf sieht, d. h. parallel einfallende Strahlen vereinigen sich auf der Netzhaut. Das **kurzsichtige** Auge ist zu lang, das **übersichtige** zu kurz gebaut. Parallel einfallende Strahlen vereinigen sich also bereits vor oder erst hinter der Netzhaut, so daß auf dieser nur ein unscharfes Bild entsteht. Zum scharfen Sehen ist bei Kurzsichtigkeit eine Brille mit Zerstreuungs-, bei Weitsichtigkeit eine mit Sammellinse erforderlich. Zu den B. gehören noch die → Alterssichtigkeit und der → Astigmatismus. (BILD S. 111)

Braunschweig: Burg Dankwarderode mit dem Bronzelöwen

Bremen 2): Rathaus

Brechwurzel, Ipecacuanha, Wurzel des brasilian. Brechveilchens; Arzneimittel.

Breda, Stadt in der niederländ. Provinz N-Brabant, 114000 Ew.; Bischofssitz, Flußhafen, Bahnknoten; vielseitige Ind.

Bredouille [frz.; vom Kartenspiel] die, Verlegenheit, Patsche.

Bredow [-do:], Hans, Ingenieur, *1879, †1959, organisierte seit 1921 den dt. Rundfunk.

Breeches [br'itʃɪz, engl.] Mz., Reithose, am Oberschenkel weit, vom Knie an eng.

Breg, einer der zwei Quellflüsse der Donau.

Bregenz, Hptst. von Vorarlberg, Österreich, 25000 Ew.; am Bodensee, überragt vom Pfänder (1064 m); Ind.: Textilien, Nahrungsmittel, chem. Erzeugnisse, Metallwaren.

Brehm, 1) Alfred Edmund, Zoologe, *1829, †1884; war Direktor des Hamburger, später des Berliner Zoolog. Gartens; schrieb »Tierleben« (6 Bde.). **2)** Bruno, Schriftsteller, *1892, †1974; stellte in seinen Romanen das alte Österreich und das Zeitgeschehen zw. Ost und West dar.

Breisach am Rhein, Stadt in Bad.-Württ., 10000 Ew.; Stephansmünster mit Fresken von Martin Schongauer, spätgot. Schnitzaltar.

Breisgau, Landschaft im südwestl. Baden, gehörte im 14.-18. Jh. zu Österreich.

Breit, Ernst, Gewerkschafter, *1924; 1971-82 Vors. der Dt. Postgewerkschaft, 1982-90 Vors. des DGB.

Breitbach, Joseph, Schriftsteller, *1903, †1980; Romane (»Bericht über Bruno«), Erzählungen, Essays, Dramen.

Breitbandantibiotika wirken gegen versch. Arten von Krankheitserregern.

Breitbandkabel, symmetr. oder koaxiales Kabel zur gleichzeitigen Übertragung von Nachrichten großer Frequenzbreite, z. B. Hör- und Fernsehfunk, Fernsprechdienst.

Breitbandkommunikation, Abk. **BBK,** Sammelbegriff für Formen der → Telekommunikation wie z. B. Kabelfernsehen; möglich durch den Einsatz neuer Übertragungsmedien (Breitbandkabel, → Lichtleiter).

Breite, 1) ☆ Abstand eines Gestirns von der Ekliptik; gemessen in Winkelgraden. **2)** ⊕ **Geograph. B.,** Winkel, den die Verbindungslinie eines Ortes mit dem Erdmittelpunkt und die Ebene des Erdäquators bilden (die Erde als Kugel betrachtet); Orte gleicher B. liegen auf einem zum Äquator parallel laufenden Kreis **(Breitenkreis).** Ein **Breitengrad** ist die Kugelzone zw. 2 Breitenkreisen. Die Breitengrade werden vom Äquator ab gezählt: je 90° nach Norden **(nördl. B.)** und Süden **(südl. B.).** (BILD S. 112)

Breitenfeld, Schlachtort bei Leipzig, 1631 siegte Gustav Adolf über Tilly.

Breitengrad, -kreis, → Breite.

Breitinger, Johann Jakob, schweizer. Gelehrter, *1701, †1776, hat zus. mit J. J. Bodmer zum Sturz der auf der klassizist. Dichtung Frankreichs fußenden Richtung Gottscheds beigetragen (»Critische Dichtkunst«, 2 Bde.).

Breitkopf & Härtel, Musikverlag, gegr. 1719 in Leipzig, seit 1947 in Wiesbaden.

Breitscheid, Rudolf, Politiker, *1874, †KZ Buchenwald 1944, einer der Führer der SPD, trat bes. als außenpolit. Sprecher seiner Partei hervor.

Breitschwanz, Pelz, eine Persianerart.

Breitseite, 1) ⚓ Längsseite eines Schiffs; **2)** beim Kriegsschiff gleichzeitiges Abfeuern aller Geschütze einer Seite.

Breitspurbahn, Eisenbahn mit größerer Spurweite (bis 1,676 m) als Normalspur (1,435 m).

Breitwandverfahren, ein Filmwiedergabeverfahren, bei dem das Seitenverhältnis 1:1,37 bis 1:2,55 beträgt.

Breiumschlag, Kataplasma, Umschlag aus Leinsamen oder Kartoffeln gegen örtl. Entzündungen; die feuchte Wärme steigert die Durchblutung.

Bremen, 1) Land Freie Hansestadt Bremen, kleinstes Land der Bundesrep. Dtl., umfaßt die Städte Bremen und Bremerhaven, 404 km², 657500 Ew. Landesreg. ist der Senat (Präs. K. Wedemeier, SPD, seit 1971 Alleinregierung der SPD). ⊕ S. 488, BILD S. 112

2) Stadt B., nach Hamburg wichtigste dt. Seehafenstadt, an der Weser, 524700 Ew.; an Kunstdenkmälern reiche Altstadt (Dom, Rathaus, der steinerne Roland u. a.); Univ.; Handelsplatz (Importe); Ind.: Schiffbau, Maschinenbau, Elektrotechnik, Kaffee- und Teeverarbeitung.

Ⓖ 787 wurde B. Bischofssitz, 847 an Stelle Hamburgs Erzbischofssitz, trat 1358 der Hanse bei, wurde 1646 Reichsstadt. Das Hochstift fiel 1648 an Schweden, 1715 an Hannover. Seit 1815 ist B. Freie Hansestadt.

Bremerhaven, Stadt im Land Freie Hansestadt Bremen, 132800 Ew.; großer Fischerei-, Handels- und Passagierhafen (unterhalb B. seit 1964 Erzumschlaghafen »Weserport«). Werften.

Bremervörde, Krst. in Ndsachs., 17800 Ew.; Kunststoff-, Textilind.

Bremsberg, ⚒ ⊚ schräge zweigleisige Bahn, auf der der abwärtsrollende gefüllte Wagen den leeren durch ein Seil heraufzieht, das über eine Trommel mit Bremsvorrichtung läuft.

Bremse, 1) ⊙ Vorrichtung zum Verlangsamen oder Aufheben einer Bewegung (z. B. von Rädern, Wellen), und zwar durch äußere Reibung **(Backen-, Lamellen-, Band-, Scheiben-B.),** durch innere Reibung einer Flüssigkeit **(Flüssigkeits-B., Stoßdämpfer)** oder durch elektr. Strom **(Wirbelstrom-, Kurzschluß-** oder **Motor-B., Gegenstrom-B.).** B., die mit äußerer Reibung arbeiten, werden mechanisch (z. B. durch Seilzug), hydraulisch, elektrisch oder durch Druckluft betätigt. Bei der vor allem bei Fahrzeugen verwendeten **Druckluft-B.** werden die Bremsbacken durch Federn angezogen, durch Druckluft abgehalten. Kraftfahrzeuge müssen mit Zweikreis-B. zur Erhöhung der Sicherheit ausgerüstet sein. (BILD S. 112)

2) Zwangsmittel, bes. für Pferde, Einschnürung z. B. der Lippen.

Bremsen, große Fliegen mit dickem Hinterleib. Die Weibchen sind gefährl. Blutsauger und übertragen auch Krankheiten. Die Larven leben in der Erde. Die **Vieh-B. (Rinder-B.)** bis 2½ cm groß; kleiner die **Regen-B.**

Bremsleistung, verfügbare Nutzleistung einer Kraftmaschine nach Abzug der Verluste durch Reibung und Antrieb von Hilfsaggregaten; wird durch Abbremsen auf einem Prüfstand (Bremse) ermittelt.

Bremsstrahlung, ⊠ die bei Geschwindigkeitsänderungen schneller Elektronen im

Break

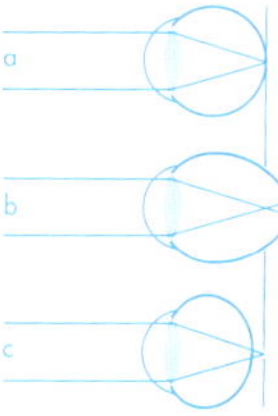

Brechungsfehler des Auges:
a Normalsichtigkeit,
b Kurzsichtigkeit,
c Übersichtigkeit

Brecht

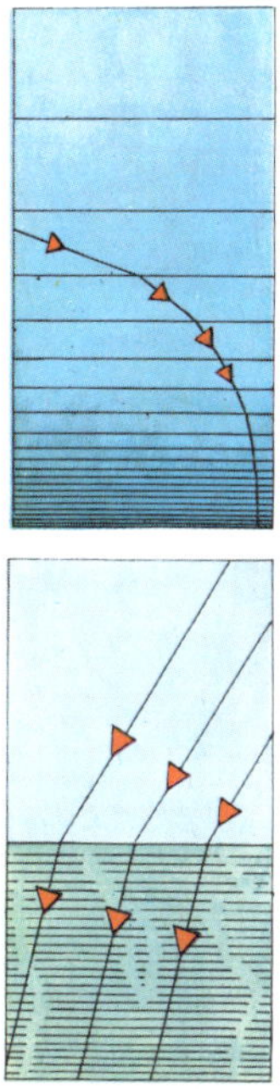

Brechung von Licht: oben in einem Medium mit von oben nach unten stetig zunehmender Dichte, unten an einer Wasseroberfläche

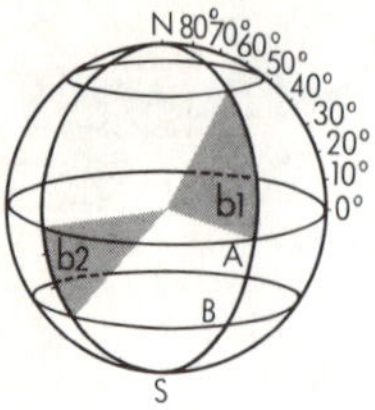

Breite 2): N = Nordpol, S = Südpol, A = Äquator, B = Breitenkreis, b_1 = 50° nördl. B. b_2 = 30° südl. B.

Coulomb-Feld eines Atomkerns emittierte elektromagnet. Strahlung.

Bremsweg, Weg eines Fahrzeugs vom Betätigen der Bremse bis zum Stillstand; abhängig von Geschwindigkeit, Bremskraft, Reibung zw. Rädern und Fahrbahn.

Brennelement, Kerntechnik: kleinste Brennstoffeinheit bei Leichtwasserreaktoren, aus mehreren **Brenn-Stäben** zusammengesetzt; bei Kugelreaktoren werden **B.-Kugeln** verwendet.

Brennende Liebe, ⚘ **1)** eine → Lichtnelke. **2)** die Zierpflanze → Tränendes Herz.

Brenner der, Alpenpaß in Tirol, 1371 m hoch, zw. Ötztaler und Zillertaler Alpen; niedrigster Übergang zw. Österreich und Italien. **B.-Straße, B.-Autobahn** (gebaut 1959-74) und **B.-Bahn** (seit 1867) verbinden Innsbruck und Bozen. Über den B. verläuft seit 1919 die ital.-österr. Grenze.

Brennerei, Herstellung von Branntwein.

Brennessel, → Nessel.

Brennglas, Linse.

Brennhaar, hohles, brüchiges, oft widerhakiges Haar an Nesselpflanzen und Schmetterlingsraupen, das bei Berührung die Haut verwundet und aus dem Giftdrüsenanhang ätzt; ruft Jucken und Brennen hervor.

Bremen 1)

Brennpunkt, 1) △ ausgezeichneter Punkt eines Kegelschnitts. **2) Fokus,** Punkt, in dem sich achsenparallele Lichtstrahlen nach Brechung durch eine Linse oder Reflexion an einem Hohlspiegel vereinigen; sein Abstand vom Spiegel- oder Linsenmittelpunkt heißt **Brennweite.** (BILD S. 113)

Brennstoffe, 1) Stoffe, die zur Wärmeerzeugung verbrannt werden. **2)** Kernenergietechnik: Spaltstoff, → Reaktor.

Bremse 1)

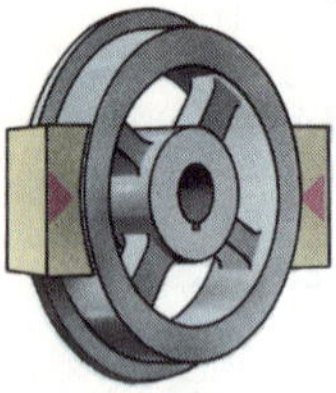

Backenbremse

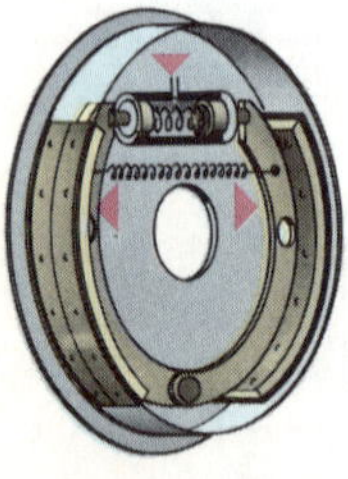

Trommelbremse

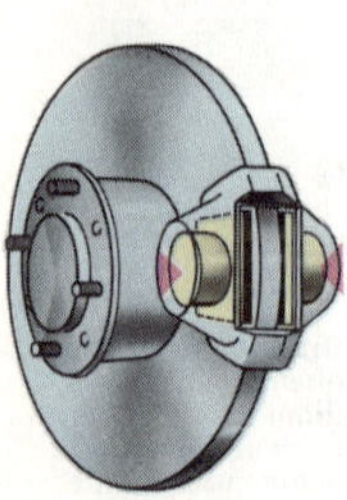

Scheibenbremse

Brennstoffelement, Brennstoffzelle, Stromquelle, bei der durch Direktumwandlung elektr. Energie aus chem. Energie (kalte Verbrennung) gewonnen wird. Der Wirkungsgrad beträgt bis 80%. Bei den Nieder- und Mitteltemperatur-B. (0-250°C) werden als Reaktionsstoffe Sauerstoff und Wasserstoff oder Methanol, in den Hochtemperaturzellen (bis 1100°C) Ammoniak und Hydrazin verwendet. Verwendung in Raum- u. a. Fahrzeugen, unbemannten Funk- und Wetterstationen, Warngeräten, Leuchtbojen.

Brennstoffkreislauf, in der Kerntechnik die Verfahrensschritte von der Uranerzgewinnung bis zur Endlagerung der verbrauchten Brennelemente.

Brennweite, → Brennpunkt.

Brenta die, Fluß in Oberitalien, 160 km lang, mündet in das Adriat. Meer.

Brenta, Gruppe der Kalkalpen in N-Italien, in der Cima Tosa 3176 m hoch.

Brentano, 1) Bernard von, Erzähler und Essayist, *1901, †1964. **2)** Bettina, → Arnim. **3)** Clemens, Dichter, Bruder von 2), *1778, †1842, ein Hauptvertreter der jüngeren Romantik; kehrte 1817 zum kath. Glauben zurück, gab mit A. v. Arnim die Volksliedersammlung »Des Knaben Wunderhorn« heraus, schrieb u. a. »Die Geschichte vom braven Kasperl und schönen Annerl«, den Roman »Godwi«, »Romanzen vom Rosenkranz«, Märchen (»Gockel, Hinkel und Gackeleia«). **4)** Franz, Philosoph, *1838, †1917, verband die Philosophie eng mit der Psychologie.

Brera die, Gemäldegalerie, Kunstakademie und Bibliothek in Mailand.

Breschnew, Leonid, *1906, †1982; 1960-64 und seit 1977 Vors. des Präsidiums des Obersten Sowjets (Staatsoberhaupt), seit 1964 Erster (seit 1966 General-)Sekretär des Zentralkomitees der KPdSU, seit 1976 Marschall der UdSSR. (BILD S. 114)

Brescia [brˈɛʃa], Stadt in N-Italien, 215 000 Ew.; Dom, Museen; Handel, Textil-, Eisenind.

Breslau, poln. **Wrocław** [vrˈɔtsłaf], Hptst. der poln. Wwschaft Wrocław, ehem. Hptst. Schlesiens, 631 000 Ew.; war eine der bedeutendsten Handels- und Industriestädte des dt. Ostens mit Oderhafen; Erzbischofssitz, Univ., TH; spägot. Rathaus; Ind. – Um 1000 wurde B. Bischofssitz, kam 1335 an Böhmen, 1526 an die Habsburger, 1742 an Preußen.

Breslau: Rathaus

Brest, 1) frz. Kriegs- und Handelshafen an der W-Küste der Bretagne; 156 000 Ew. **2)** bis 1940 **Brest-Litowsk,** Stadt in der Weißruss. SSR, UdSSR, am westl. Bug, 214 000 Ew.; Bahnknoten. Am 3. 3. 1918 **Friede von B.-L.** zw. den Mittelmächten und Sowjetrußland.

Bretagne [brətˈaɲ] die, nordwestl. Halbinsel Frankreichs mit zahlreichen Häfen; im Inneren reich an Heiden und Mooren, Gemüse- und Obstbau nur in der Küstenebene (mildes Klima). Haupthafen: Brest.

Breton [brətɔn], André, frz. Schriftsteller, *1896, †1966; Meister des Surrealismus.

Bretonen, kelt. Stamm in der Bretagne, etwa 1,1 Mio. Angehörige; im 5./6. Jh. aus Cornwall (England) eingewandert. Das **Bretonische** bildet einen Teil des britann. Zweiges des kelt. Sprachstammes; wertvolle Märchen und Volkslieder.

Bretten, Stadt im Kraichgau, Bad.-Württ., 23 600 Ew.; Melanchthon-Haus.

Bretton Woods [brˈetn wudz], in New Hampshire, USA, Tagungsort der Währungs- und Finanzkonferenz der UNO 1.-23. 7. 1944 (Gründung des → Internationalen Währungsfonds, der → Internationalen Bank für Wiederaufbau und Entwicklung).

Breughel, niederländ. Maler, → Bruegel.

Breuil [brœj], Henri, frz. Prähistoriker, *1877, †1961, begründete die systemat. Erforschung der vorgeschichtl. Kultur (Felsbilder).

Breve [lat.] das, **Apostolischer Brief,** kurze Papsturkunde.

Brevier das, Gebetbuch der kath. Geistlichen für das kanon. Stundengebet.

Briand [briˈã], Aristide, frz. Staatsmann, *1862, †1932, war elfmal MinPräs., 1925-32 Außenmin., beteiligt am → Locarno-Pakt. B. erhielt 1926 mit G. Stresemann den Friedensnobelpreis.

Bricke die, Fisch, das → Neunauge.

Bridge [brɪdʒ], Kartenspiel, dem Whist ähnlich.

Bridgeman-Verfahren, Methode zur Züchtung einkristalliner Halbleitermaterialien.

Bridgeport [brˈɪdʒpɔ:t], Stadt in Connecticut, USA, am Long Island-Sund, 143 000 Ew.; Ind.: Näh-, Büromaschinen, elektr. Apparate.

Brie [bri:], Landschaft in Frankreich, östl. von Paris; bekannt durch den **B.-Käse.**

Brief [lat. brevis »kurz«], **1)** jede offene oder verschlossene, an Abwesende gerichtete schriftl. Mitteilung. **2)** Urkunde. **3)** BÖRSE: angeboten zu dem dabei bemerkten Preise, dem **B.-Kurs** (Abk. B; Ggs.: → Geld).

Briefdrucksachen, gebührenbegünstigte Briefsendungen; außer den bei → Drucksachen zulässigen Angaben können bis zu 10 Wörter oder Buchstaben nachgetragen oder geändert, Ziffern unbeschränkt nachgetragen oder geändert, Textteile gestrichen oder unterstrichen werden.

Briefkastenfirma, Firmenniederlassung ohne besondere Wirtschaftstätigkeit in einem Niedrigsteuerland; dient zur Erlangung von Steuervorteilen.

Briefgeheimnis. ⚖ Die Unverletzlichkeit des B. ist in Art. 10 GG als Grundrecht gewährleistet; das vorsätzl. unbefugte Öffnen eines verschlossenen Briefes o. ä. wird auf Antrag des Verletzten nach § 202 StGB bestraft.

Briefmarke, aufklebbares Wertzeichen zum Freimachen von Postsendungen **(Postwertzeichen).** Man unterscheidet einerseits **Sonder-B.** (Wohlfahrts-, Gedenk- u. a. B.) von den **Dauerserien,** andererseits **B. für bestimmte Zwecke** (Dienst-, Luftpost-, Zeitungs- u. a. Marken). – Die ersten B. erschienen 1840 in England, 1849 in Dtl. (Bayern).

Briefsendungen, Briefe, Postkarten, Drucksachen, Brief- und Massendrucksachen, Bücher-, Blinden-, Waren- und Wurfsendungen, Päckchen.

Briefsteller, Sammlung von Musterbriefen.

Brieftaube, Taubenrasse; trägt Meldungen vom Auflaßort zu ihrem Schlage (bis zu 1000 km), fliegt etwa 1 km/min.

Briefwahl, Stimmzettelabgabe im Umschlag durch die Post, bei Abwesenheit vom Wahlort.

Brieg, poln. **Brzeg** [bʒɛk], Stadt in der poln. Wwschaft Opole, ehem. Stadt in Niederschlesien, an der Oder, 35 000 Ew.; Piastenschloß.

Brienz, Kurort im Kt. Bern, Schweiz, 2900 Ew.; Geigenbau, Holzschnitzerei, am **Brienzer See** und **Brienzer Rothorn** (2350 m).

Bries das, **Brieschen,** volkstümlich für den → Thymus des Kalbs.

Briey [bri'ɛ], Stadt in Lothringen, Frankreich, 5400 Ew., Mittelpunkt des Erzbeckens von B.-Longwy mit Minettegruben; chem. Industrie.

Brigach die, einer der beiden Quellflüsse der Donau.

Brigade [frz.] die, **1)** Bundeswehr: kleinster Großverband des Heeres, der aus versch. Waffengatt. besteht und selbständig Gefechte führen kann. **2)** in kommunist. Ländern das aus mehreren Arbeitern bestehende kleinste Kollektiv.

Brigant [ital.] der, Räuber.

Brigantine die, **1)** Segelschiff, Schonerbrigg. **2)** enger Panzerrock mit Eisenplättchen.

Brigg die, zweimastiges Segelschiff mit Rahsegeln. (BILD Segelschiff)

Brig-Glis., Ort im Kt. Wallis, Schweiz, 9600 Ew., an der Rhône; Bahnknoten am N-Eingang des Simplontunnels.

Brighton [br'aɪtn], Stadt und Seebad im südl. England, 146 000 Ew.; Univ.

Brikett [frz.] das, in Form von Quadern, Würfeln, Eiern gepreßte Stein-, Braunkohle, Erz u. a.

brillant [brilj'ant], glänzend, ausgezeichnet.

Brillant [brilj'ant, frz. »glänzend«] der, im Brillantschliff geschliffener Diamant.

Brillat-Savarin [brij'asavar'ɛ̃], Anthelme, frz. Schriftsteller, *1755, †1826; Lehre von den Tafelfreuden, »Physiologie des Geschmacks«.

Brille, Augenglas zum Ausgleich von Brechungsfehlern oder zum Schutz der Augen. Die Brillengläser sind Kugel- oder Zylinderlinsen. **Zerstreuungsgläser** (hohl, konkav) gleichen die Kurzsichtigkeit aus, **Sammelgläser** (erhaben, konvex) die Übersichtigkeit. Zylindergläser braucht man bei Astigmatismus. **Bifokalgläser** dienen zugleich der Fern- und der Nahsicht. Die Brechkraft eines B.-Glases von 1 m Brennweite bezeichnet man als 1 Dioptrie; eine Linse von ½ (⅓, ¼ ...) m Brennweite hat 2 (3, 4 ...) Dioptrien. (BILD S. 114)

Brillenschlange, mehrere giftige Arten der Hutschlangen, die ihren Hals flach schildförmig auftreiben können; die **Indische B. (Kobra)** hat eine deutl. Brillenzeichnung. Daneben die **Afrikanische B. (Aspis).** Ihr Biß ist meist tödlich. (BILD S. 114)

Brilon, Stadt in NRW, 24 300 Ew.; holz-, eisenverarb. Ind., Wintersportplatz.

Brimborium [lat.] das, unnützes Zeug.

Brindisi, Hafenstadt in Süditalien, am Adriatischen Meer, 92 000 Ew.

Brinellhärte [nach dem schwed. Metallurgen J. A. Brinell], → Härte.

Bringschuld, → Holschuld.

brio [ital.], **con brio, brioso,** ♩ feurig.

Brioche [br'iɔʃ], feines (Butter-)Hefegebäck.

Brion, Friederike, Goethes Jugendliebe, *1752, †1813, Tochter des Pfarrers B. in Sesenheim.

Brionische Inseln, Inselgruppe an der SW-Küste von Istrien, seit 1945 jugoslawisch.

brisant [frz.], zerbrechend; explosiv. **Brisanz** die, Zertrümmerungskraft eines Sprengstoffs.

Brisbane [br'ɪzbeɪn], Hptst. von Queensland, Australien, 1,22 Mio. Ew.; Univ., Ind., Erdölraffinerie; Seehafen, Weizen-, Obstausfuhr.

Brise [frz.] die, guter Segelwind.

Briseis, bei Homer: Königstochter, Anlaß zum Streit zw. Achilles und Agamemnon.

Bristol [brɪstl], Handels- und Hafenstadt in SW-England, 388 000 Ew., am schiffbaren Avon; Univ., Ind.: Flugzeuge, Schiffe.

Bristolkanal, tiefe Meeresbucht im südwestl. England.

Britannicus, Tiberius Claudius Cäsar, Sohn des Kaisers Claudius und der Messalina, *41 n. Chr., †55, auf Befehl Neros vergiftet.

Britannien [kelt.], lat. **Britannia,** antiker Name für England.

Briten, 1) kelt. Bewohner Britanniens, seit dem 5. Jh. n. Chr. von Angelsachsen zurückgedrängt. **2)** Bewohner Großbritanniens.

Britische Inseln, Inselgruppe NW-Europas, umfaßt die Hauptinsel Großbritannien mit England, Schottland und Wales, die Insel Irland, die Shetland- und Orkney-Inseln, die Hebriden, die Inseln Man, Wight und Anglesey und zahlreiche kleinere Inseln, zus. 315 000 km² mit rd. 59,3 Mio. Ew. ⊕ S. 491.

Britisches Museum, Bibliothek und Museum in London, gegr. 1753, eine der kostbarsten Sammlungen der Welt; etwa 7 Mio. Bände, 105 000 Handschriften. Die Altertümersammlungen enthalten Hauptwerke der altoriental. und grch. Kunst (Parthenon-Skulpturen), ferner reiche Sammlungen von Münzen und Medaillen.

Britisches Reich, engl. **British Empire** [br'ɪtɪʃ 'empaɪə], seit dem Ende des 19. Jh. mehr und mehr **British Commonwealth of Nations** [-k'ɔmənwelθ ɔv neɪʃnz], seit dem 2. Weltkrieg **Commonwealth of Nations,** vereinigt (1990) das Verein. Königreich von Großbritannien und Nordirland (samt Kolonien, Protektoraten und Treuhandgebieten) und die Staaten: Antigua und Barbuda, Australischer Bund, Bahamas, Bangladesh, Barbados, Belize, Botswana, Brunei, Dominica, Gambia, Ghana, Grenada, Guyana, Indien, Jamaika, Kanada, Kenia, Kiribati, Lesotho, Malawi, Malaysia, Malediven, Malta, Mauritius, Namibia (seit 1990), Nauru, Neuseeland,

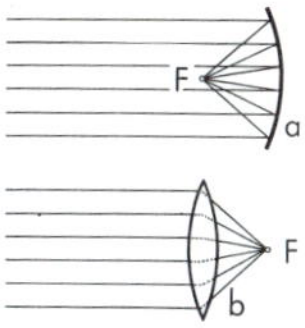

Brennpunkt (F). a Hohlspiegel, b Linse

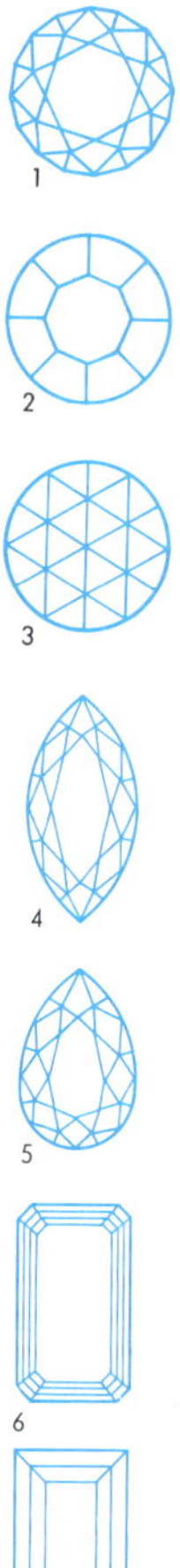

Brillant (Schliffformen): **1** Brillant; **2** Achtkant-Diamant; **3** Holländischer Diamant-Rosenschliff; **4** Diamant-Marquise; **5** Diamant-Pendeloque; **6** Diamant-Baguette; **7** Diamant-Smaragdschliff

Breschnew

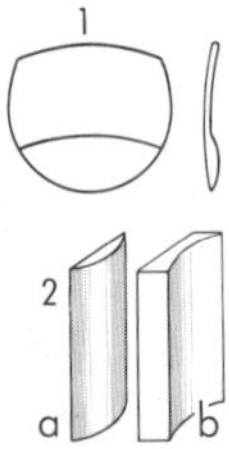

Brille: 1 Bifokalglas, 2 zylindrische Gläser, a konvex, b konkav

Brillenschlange

Britten

Nigeria, Papua-Neuguinea, Saint Christopher and Nevis, Saint Lucia, Saint Vincent, Salomonen, Sambia, Seychellen, Sierra Leone, Simbabwe, Singapur, Sri Lanka, Swasiland, Tansania, Tonga, Trinidad und Tobago, Tuvalu, Uganda, Vanuatu, Westsamoa, Zypern. Das B.R. wird durch die geschichtl. Bindung an die brit. Krone oder durch die Anerkennung des brit. Souveräns als Haupt des Commonwealth zusammengehalten.

G Seit etwa 1600 hatte England mit der Ausweitung seiner Seeherrschaft Überseegebiete durch Eroberung, Abtretung (von Frankreich, Spanien, den Niederlanden) und Siedlung erworben. Privilegierte Gesellschaften (Ostind. Kompanie) trieben diese Entwicklung voran. Nach dem Rückschlag durch die Unabhängigkeitserklärung der USA (1776) folgten Neuerwerbungen in Asien (Ceylon, Singapur, Aden, Hongkong), Australien (Tasmanien), Neuseeland und Afrika (Sierra Leone, Mauritius, Seychellen). In der Zeit des Imperialismus kam es zu weiteren Erwerbungen, bes. in Afrika. Die größte Ausdehnung erreichte das »British Empire« nach dem 1. Weltkrieg; doch hatten die großen Siedlungskolonien Kanada, Australien, Südafrikan. Union und Neuseeland schon als »Dominions« eine weitgehende Eigenstaatlichkeit gewonnen. Weitere Zugeständnisse forderten der irische Freiheitskampf und der Widerstand in Indien. Das Statut von Westminster (1931) wandelte das »Empire« zur losen Gemeinschaft des »British Commonwealth of Nations« (seit etwa 1947 nur noch: »Commonwealth of Nations«).

Seit dem 1. und bes. seit dem 2. Weltkrieg haben immer mehr Länder ihre Bindung an das B.C. gelockert oder sind ganz ausgeschieden. Das brit. Protektorat über Ägypten erlosch 1922 (weiter bestehende Rechte wurden 1954 und 1956 beseitigt), 1929 endete die seit 1919 bestehende Mandatsherrschaft über Transjordanien, 1932 die über den Irak, 1948 die über Palästina. Weiter schieden aus dem B.C. aus: 1947 Birma, 1949 Irland, 1956 der Sudan, 1961 Südafrika, 1967 die Südarabische Föderation (mit Aden) als VR Südjemen. Als »Länder des Commonwealth« (neue Bez. für »Dominions«) wurden seit Ende des 2. Weltkriegs unabhängig: 1947 Indien und Pakistan, 1948 Ceylon, 1957 Ghana und der Malaiische Bund, 1960 Nigeria, Malediven und Zypern, 1961 Sierra Leone und Tanganjika (das sich 1964 mit Sansibar zur Republik Tansania zusammenschloß), 1962 West-Samoa, Jamaika, Trinidad/Tobago und Uganda, 1963 Njassaland als Malawi, Sansibar (s. o. Tanganjika) und Kenia; der Malaiische Bund schloß sich 1963 mit Singapur, Sarawak und Sabah zur Föderation Malaysia zusammen, aus der Singapur 1965 als unabhängiger Staat wieder austrat. 1964 wurden Malta und Sambia (Nordrhodesien), 1965 Gambia unabhängig. Rhodesien (früher Südrhodesien) erklärte 1965 einseitig seine (international nicht anerkannte) Unabhängigkeit. Nach langwierigen Verhandlungen erhielt es 1981 als → Simbabwe die Unabhängigkeit. Die Unabhängigkeit erhielten 1978 Tuvalu, 1979 Saint Lucia und Saint Vincent und die Grenadinen, 1983 Saint Christopher und Nevis. Der Prozeß der Entkolonialisierung ist im wesentlichen abgeschlossen. 1971 gab die brit. Reg. eine ihrer jahrhundertealten kolonialpolit. Grundmaximen auf: im asiat. Raum »Östlich von Suez« wesentl. Interessen zu besitzen. Die Regierungschefs der Commonwealth-Länder treffen sich unter dem Vorsitz des brit. Premierministers in unregelmäßigen Abständen zu Konferenzen. Zwar stellt das Commonwealth keinen mit dem einstigen B.R. vergleichbaren Machtfaktor mehr dar, doch hat es bei internat. Konflikten häufig eine vermittelnde Rolle gespielt.

Britisch-Indien, bis 1947 die unter brit. Herrschaft stehenden Teile → Indiens (→ Birma, → Pakistan).

British Airways [br'ɪtɪʃ 'ɛəwəɪz], brit. Luftverkehrsgesellschaft, Zusammenschluß von **British Overseas Airways Corp. (BOAC)** und **British European Airways Corp.,** gegr. 1971.

British Broadcasting Corporation [br'ɪtɪʃ br'ɔdkastɪŋ kɔːpər'eɪʃən], **BBC,** engl. Rundfunkges., 1922 gegr., seit 1927 öffentl. Körperschaft.

British Columbia [br'ɪtɪʃ k'əlʌmbɪə], **Britisch-Kolumbien,** südwestl. Provinz Kanadas, 948 596 km², 2,47 Mio. Ew.; Hptst.: Victoria, größte Stadt: Vancouver. Waldreiches Gebirgsland (Holzverarbeitung), Fischerei (Lachs), ⚒ auf Erze, Erdöl, Erdgas.

British Indian Ocean Territory [br'ɪtɪʃ 'ɪndɪən əuʃn t'erɪtərɪ], brit. Kolonie, 1965 gebildet, seit 1976 nur noch die Tschagos-Inseln.

British Petroleum Co. Ltd., Abk. **BP,** europ. Erdölkonzern (gegr. 1909).

Britten, Benjamin, engl. Komponist, *1913, †1976; Opern (»Peter Grimes«, »Billy Budd«, »The turn of the screw«), Orchester- und Chorwerke.

Britting, Georg, Schriftst., *1891, †1964; eigenwillig bildhafte Gedichte, Erzählungen.

Brixen, ital. **Bressanone,** Stadt in Südtirol, Italien, am Eisack, 16 100 Ew.; alter Bischofssitz, alte Bauten, Fremdenverkehr.

Brjansk, Stadt in der Russ. SFSR, an der Desna, 424 000 Ew.; große Maschinenbau-Werke (u. a. Traktoren-, Lkw-Erzeugung). Okt. 1941 Schlacht von Wjasma und B.

Broadway [br'ɔːdweɪ, engl.] der, Hauptstraße von New York, mehr als 20 km lang.

Broccoli [ital.] Mz., grüner Kohl, ähnlich dem Blumenkohl.

Broch, Hermann, Schriftst., *1886, †1951; Romane, bes. »Der Tod des Vergil«.

Brockdorff-Rantzau, Ulrich Graf v., Diplomat, *1869, †1928, lehnte 1919 als Reichsaußenmin. die Unterzeichnung des Versailler Vertrags ab; 1922-28 Botschafter in Moskau.

Brocken der, höchster Berg des Harzes (1142 m), Wetterstation, Wintersport. **Brockengespenst,** Schatten auf einer Nebelwand v. a. bei Sonnenuntergang.

Brockes, Barthold Hinrich, Dichter, *1680, †1747; »Irdisches Vergnügen in Gott«.

Brockhaus, Friedrich Arnold, *1772, †1823, Gründer des Verlags **F. A. Brockhaus** (1805; seit 1817/18 in Leipzig, seit 1945 in Wiesbaden, 1984 Fusion mit der »Bibliograph. Institut AG.«; Nachschlagewerke, Sach-, Reisebücher). (BILD S. 115)

Brod, Max, Schriftst., *1884, †1968, Nachlaßverwalter, Biograph F. Kafkas; Romane »Tycho Brahes Weg zu Gott«, »Rebellische Herzen«, »Die Rosenkoralle« u. a. (BILD S. 115)

Brodsky, Jossif Alexandrowitsch, russ. Schriftsteller, *1940; 1972 aus der UdSSR ausgewiesen, seit 1977 amerikan. Staatsbürger, 1987 Nobelpreis.

Bröger, Karl, Arbeiterdichter, *1886, †1944.

Broglie [br'ɔj], Louis Prinz von, frz. Physiker, *1892, †1987; begründete die Lehre von den Materiewellen. Nobelpreis 1929.

Broker [br'əukə, engl.] der, Börsenmakler.

Brom [grch. »Gestank«], **Br,** chem. Element, ein → Halogen, Ordnungszahl 35, relatives Atomgewicht 79,904, D. 3,12 g/cm³, eine dunkel rotbraune Flüssigkeit (Schmelzpunkt −8,25°C, Siedepunkt 58,78°C). In der Natur kommt es in Form von **Bromiden,** Salzen der **Bromwasserstoffsäure** vor; technisch wird es aus Abraumsalzen (Staßfurt) oder Meerwasser gewonnen. **Silberbromid** wird wegen seiner Lichtempfindlichkeit zur Herstellung photograph. Schichten verwendet.

Brombeere, volkstüml. Bez. für mehrere Arten der Rosengewächsgatt. Rubus; verwandt mit Himbeere; weiße Blüten, schwarze Früchte, die jungen Blätter nimmt man als Tee.

Bromberg, poln. **Bydgoszcz** [b'idgoʃtʃ], Stadt in Polen, nahe der Mündung der Brahe in die Weichsel, 338 000 Ew.; wichtige Industrie- und Handelsstadt. B. war 1772-1919 preußisch.

Bromẹlie die, südamerikan. ananasartige Pflanzengattung.

Bromfield [br'ɔmfi:ld], Louis, amerikan. Schriftst., *1896, †1956; Welterfolg: »Der große Regen«; »Mrs. Parkington« u.a.

Brọnchien [grch.] Mz., Ez. der **Bronchus,** die Äste der Luftröhre bis zu 1 mm Durchmesser; die feinsten Verzweigungen heißen **Bronchiọlen. – Bronchiạl-Asthma,** → Asthma. **Bronchial-Katarrh, Bronchịtis,** Entzündung der Schleimhaut der B. **Bronchiektasịe,** Erweiterung der B. als Folge von Lungenerkrankungen. **Bronchopneumonịe,** herdförmige Lungenentzündung (Ggs.: Lobärpneumonie).

Brontë [br'ɔŋtɪ], Anne (*1820, †1849), Charlotte (*1816, †1855), Emily (*1818, †1848), engl. Erzählerinnen, Schwestern; C. B. schrieb u.a. den Roman »Jane Eyre«, E. B. »Die Sturmhöhe«.

Brontosaụrus, ein → Dinosaurier.

Bronze [br'ɔ̃sə, frz.] die, Kupfer-Zinn-Legierungen und viele andere, nicht zu den Messingen gehörende Kupferlegierungen: mit Blei, Zinn, Aluminium, Silicium, Beryllium.

Bronzehautkrankheit, → Addison.

Bronzezeit, das auf die Jungsteinzeit folgende vorgeschichtl. Zeitalter, dessen techn. und kulturelles Gepräge durch die Erfindung der Zinnbronze bestimmt ist. Beginn im Vorderen Orient im 3. Jahrtsd. v. Chr., im Abendland um 1800 v. Chr.; um 700 v. Chr. von der Eisenzeit abgelöst. **Nord. Kulturkreis** (Germanen), **Mitteleurop. Kreis** (Hügelgräberkultur, bes. Kelten; Lausitzer Kultur, Illyrer), **Südwesteurop.** und **Osteurop. Kreis.** Bestattungsweise: zunächst Skelett-, später Brand- und Urnengräber. Waffen, Gerät und Schmuck aus Bronze, meist als Grabbeigaben oder Depotfunde überliefert, sowie kunstvolle Töpferwaren erweisen die hohe Kultur der B.; andere wichtige Entwicklungen: Pferd als Haustier, Tauschhandel.

bronzịeren, 1) Bronzefarben mit einem Bindemittel auftragen. **2)** Bronze- oder Messingniederschläge galvanisch aufbringen (→ Galvanotechnik).

Brouwer: Der Raucher

Brooklyn [br'ʊklɪn], Hafen- und Industrieviertel von New York, am Westende der Insel Long Island.

broschịeren, Druckbogen durch Heften und Rückenleimung zu einem Heft oder Buch mit Papier- oder Kartonumschlag vereinen **(Broschüre).**

Brot, Nahrungsmittel, hergestellt durch Backen von Teig aus Mehl, Wasser und Gärungsmitteln (Sauerteig für Roggen- und Roggenmisch-B., Hefe für Weizen- und Weiß-B., auch Backpulver). Die vom Gärungsmittel abgeschiedenen Kohlendioxid-Blasen und Alkoholdampf lockern den Teig und lassen ihn vor dem Backen »aufgehen«. Der Kleber gerinnt, das freiwerdende Wasser wird an die Stärke gebunden. Die Oberfläche, an der die Stärke Wasser abgibt und röstet, bräunt zur Kruste. – **Vollkornbrot** enthält viel Kleie, also viele Vitamine und Spurenstoffe. **Knäckebrot** wird aus voll ausgemahlenem Roggen ohne Hefe in Fladenform hergestellt.

Brotfruchtbaum, baumförmige Maulbeergewächse, von S-Asien bis zu den trop. Inseln des Stillen Ozeans; die kopfgroßen, mehligen, süßen, stärkereichen Früchte werden gebacken wie Brot.

Brot für die Welt, jährl. Sammelaktion der evang. Kirche und der evang. Freikirchen in Dtl. gegen Not in der Welt; erstmals 1959.

Brouwer [br'ɔuər], Adriaen, niederländ. Maler, *um 1606, †1638, malte bisweilen mit grimmigem Humor erfüllte Sittenbilder.

Brown [braʊn], Michael Stuart, amerikan. Mediziner, *1941; Nobelpreis 1985 (mit J. L. Goldstein) für Forschungen über Cholesterinstoffwechsel.

Brown, Bovẹri & Cie. AG. [braʊn-], Abk. **BBC,** schweizer. Konzern (Elektroind., Großmaschinenbau), Baden (Schweiz); westdt. Tochterges. **B., B. & Cie. AG,** Mannheim. (→ Asea Brown Boveri).

Browning [br'aʊnɪŋ] der, Selbstladepistole mit Patronenstreifen im Griff.

Browning [br'aʊnɪŋ], **1)** Elizabeth, geb. Barrett, Frau von 2), engl. Dichterin, *1806, †1861, schrieb »Portugies. Sonette« (von Rilke übersetzt). **2)** Robert B., engl. Dichter, *1812, †1889, sprachgewaltige dramat. Monologe, epische Dichtung: »Der Ring und das Buch«.

Brownsche Bewegung [braʊn-], die zitternde Bewegung kleiner, in einer Flüssigkeit schwebender Teilchen, verursacht durch die Wärmebewegung der Flüssigkeitsmoleküle, von R. Brown 1827 entdeckt.

Browsing ['braʊsɪŋ], in der Datenverarbeitung das rasche Durchmustern von Daten.

BRT, **Bruttoregistertonne,** → Registertonne.

Bruce [bru:s], Robert, König von Schottland (seit 1306), *1274, †1329, siegte 1314 bei Bannockburn über Eduard II. von England.

Brucellọse die, Infektionskrankheit, deren Erreger der Bakteriengruppe **Brucella** angehört; so die Bangsche Krankheit.

Bruch, 1) △ Verhältnis zw. 2 ganzen Zahlen, z.B. 4:3 = ‖ oder $\frac{4}{3}$. Die Zahl über dem Bruchstrich heißt **Zähler,** die darunter **Nenner.** Ein **echter B.** ist kleiner als 1, bei ihm ist der Zähler kleiner als der Nenner (z. B. $\frac{3}{4}$); umgekehrt beim **unechten B.** ($\frac{4}{3}$). Beim **Dezimal-B.,** dessen Nenner immer 10 oder eine Potenz von 10 ist, erkennt man den Nenner aus der Stellung des Zählers rechts vom Komma, z.B. $0{,}5 = \frac{5}{10}$, $0{,}05 = \frac{5}{100}$ usw. **2)** ♡ **Hẹrni|e, Eingeweide-B.,** das Hindurchtreten eines Teils der Eingeweide der Brust- oder Bauchhöhle durch eine vorgebildete oder erworbene Lücke **(B.-Pforte);** Arten: **Leisten-, Nabel-, Schenkel-, Zwerchfell-, Narben-B.** Behandlung: Tragen eines Bruchbandes oder Operation. – Knochenbruch, → Knochen. **3)** ♆ auf die Wildfährte und das erlegte Wild gelegter, auch als Beutezeichen am Hut getragener grüner Zweig

F. A. Brockhaus

Brod

Brotfruchtbaum: Frucht

R. Browning

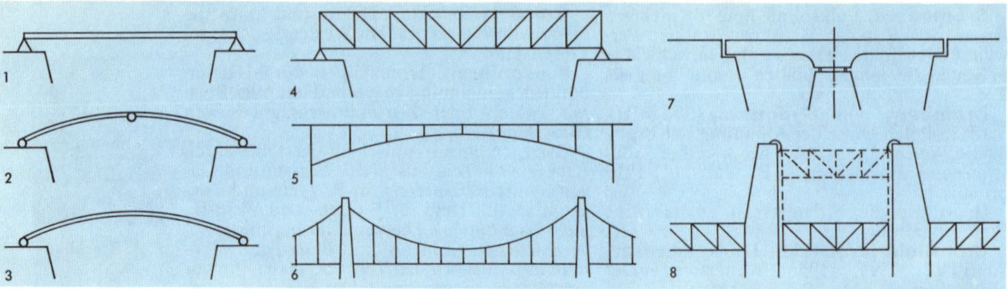

Brücken 1): **1** einfache Balkenbrücke. **2** Dreigelenkbogenbrücke. **3** Zweigelenkbogenbrücke. **4** Fachwerkbalkenbrücke. **5** Stabbogenbrücke. **6** Hängebrücke. **7** Drehbrücke. **8** Hubbrücke.

A. Bruckner

Brückenechse

P. Bruegel d. Ä.: Das Gleichnis von den Blinden, 1568

(Schützen-B.). 4) ⊕ **B.** der oder das, mit Bäumen und Gesträuch bestandenes Sumpfland; auch → Verwerfung.

Bruch, Max, Komponist und Dirigent, *1838, †1920, Chorwerke; Violinkonzerte.

Bruchsal, Stadt in Bad.-Württ., 36600 Ew., am Rand des Kraichgaus; Barockschloß (Treppenhaus von B. Neumann); Elektro-, Maschinen-, Holz-, Papier- u. a. Ind.

Bruck an der Mur, Stadt in der Steiermark, Österreich, 17500 Ew.; Stahl- und Kabelwerke.

Brücke, 1) 🏛 besteht aus **Überbau** (Tragwerk) und **Unterbau** (Pfeiler, Widerlager, Fundamente). Nach der Wirkungsweise des Tragwerks unterscheidet man **Balken-B.** (Hauptträger ein Balken, der bei senkrechten Lasten nur einen senkrechten Druck ausübt), **Bogen-B.** (der Bogen, meist aus Stahlbeton, stützt die Lasten auf die Widerlager ab) und **Hänge-B.** (Tragwerk ist ein nach unten durchhängender Gurt, an den Enden über hohe Pfeiler zu den Verankerungen geführt). – Bewegl. B. sind **Dreh-, Hub-, Zug-** und **Klapp-B.;** bei **Ponton-B.** wird die Fahrbahn über Schwimmkörper gelegt. **2)** ♡ Art des Zahnersatzes (→ Zähne).

Brücke, Gemeinschaft expressionist. Maler, 1905 in Dresden gegr. (Kirchner, Heckel, Schmidt-Rottluff, Pechstein, Nolde u. a.).

Brückenau, Bad B., Stadt in Unterfranken, Bayern, 6700 Ew.; Heilquellen.

Brückenechse, lebende Art einer sonst ausgestorbenen altertüml. Kriechtiergruppe, 0,5 m lang, mit Scheitelauge; nur noch auf Inseln östlich von Neuseeland.

Brückenkopf, ∴ Stellung, die im ersten Fußfassen nach dem Übersetzen am feindl. Ufer eines Flusses, Sees, Kanals u. a. errungen oder die beim Rückzug mit letzten Verteidigungseinheiten gehalten wird.

Brückenwaage, → Waage.

Bruckner, 1) Anton, Komponist, *1824, †1896, Domorganist in Linz, dann Lehrer am Konservatorium in Wien. Seine von relig. Erleben getragene Musik vereint die Pracht und Feierlichkeit des Barocks, die melod. Tiefe der Romantik und den Frohsinn der Volksweise. Sinfonien; Streichquintett; 3 große Messen, Tedeum u. a. Kirchenmusik; Männerchöre. **2)** Ferdinand, eigentl. Th. **Tagger,** österr. Schriftst., Dramaturg, *1891, †1958; »Krankheit der Jugend«.

Brüdergemeine, dem Pietismus verwandte evang. Freikirche, geht auf die → Böhmischen Brüder zurück, die 1722 unter dem Schutz des Grafen Zinzendorf in der Oberlausitz die Kolonie Herrnhut gründeten (daher **Herrnhuter**); heute bestehen Kolonien in europ. Ländern, Amerika und Afrika. Die Mitgl. führen ein arbeitsames, frommes Leben. Die B. unterhält Schulen, betreibt Missionstätigkeit. Gesamtleitung seit 1945 in Bad Boll.

Bruderhäuser der Inneren Mission bilden Diakone für Jugend-, Wohlfahrts- und Krankenpflege aus (das **Rauhe Haus,** Hamburg, gegr. 1834).

Bruderschaften, 1) kath.-kirchl. Vereinigungen zur Förderung der Frömmigkeit, der Nächstenliebe und des öffentl. Gottesdienstes. **2)** evang. Kirchen: **Kommunitäten,** die Pfarrer und Laien zu geistlich-diakonischem Leben in klosterähnl. Wohngemeinschaft vereinen.

Brüder vom gemeinsamen Leben, im 14. Jh. gestiftete christl. Bruderschaft, bis zur Reformation in den Niederlanden und in Dtl. verbreitet; um Jugenderziehung und Volksbildung verdient.

Bruegel [br'øxəl], **Breughel,** niederländ. Malerfamilie. Der bedeutendste, **Pieter d. Ältere** (»Bauern-B.«), *um 1525/30, †1569, malte drast. Bauernbilder, sittenbildl. Darstellungen, meisterl. Landschaften. Von seinen beiden Söhnen malte **Pieter d. J.** (»Höllen-B.«), *um 1564, †1638, spukhafte Darstellungen, Bauernkirmessen und Winterlandschaften, **Jan d. Ä.** (»Samt-B.«, »Blumen-B.«), *1568, †1625, kleine Landschaften, Blumenbilder.

Brügge, fläm. **Brugge** [br'yxə], frz. **Bruges** [bry:z], Hptst. der belg. Prov. W-Flandern, 118200 Ew., 15 km von der Küste, mit dem Meer durch den B.-Seekanal verbunden, von Kanälen durchzogen; mittelalterl. Gebäude. Schiffswerften, Stahlwerke, Blumen-, bes. Orchideenzucht. – Im MA. Seehafen (an später versandetem Meerbusen), wichtigster Handelsplatz im nördl. Europa. (BILD S. 117)

Brüggemann, Hans, Bildschnitzer, *um 1480, † nach 1523; Bordesholmer Altar (Holz), jetzt im Schleswiger Dom (1514-1521).

Brühl, Stadt in NRW, südl. von Köln, 40700 Ew.; Schloß Augustusburg, Rokoko-Treppenhaus von B. Neumann; Eisengießerei, Zuckerindustrie.

Brühl, Heinrich Graf von, *1700, †1763; seit 1746 leitender Min. Friedrich Augusts II.; B. ließ in Dresden die **Brühlsche Terrasse** als Garten seines Palais anlegen.

Brüllaffe, Affen in S- und Mittelamerika, mit Greifschwanz und stark ausgebildeten Stimmorganen.

Brumaire [brym'ɛ:r, frz.], 2. Monat im frz. Revolutionskalender, etwa vom 22.10. bis 20.11.

Brügge: Innenstadt

Brunei [engl. brun'aɪ], Sultanat im N Borneos; 5765 km², 200 000 Ew., Hptst.: Bandar Sri Begawan; Erdöl- und Kautschukgewinnung. Seit 1888 brit. Protektorat, erhielt 1971 innere Autonomie; unabhängig seit 1984.

Brunelle die, → Braunelle.

Brunelleschi [-l'eski], Filippo, ital. Baumeister, *1377, †1446, einer der Schöpfer der Renaissancearchitektur (Pazzikapelle, S. Lorenzo, S. Spirito, Domkuppel in Florenz); Entdecker der Zentralperspektive für die Malerei.

brünett [frz.], dunkelbraun (Haar); die **Brünette,** Frau, Mädchen mit dunklem Haar.

Brunft [von ahd. breman »brummen«] die, → Brunst.

Brunhild, Brünhild, 1) Gestalt aus dem → Nibelungenlied. **2)** in der nord. Sage eine Walküre.

Brünieren das, Oberflächenbehandlung von Eisen und Stahl in Salzlösungen, Salzschmelzen (meist Natriumhydroxid, -nitrat u. a.), wodurch eine dünne dunkelbraune bis schwarze Oxidschicht entsteht.

Brüning, Heinrich, Politiker, *1885, †1970; Geschäftsführer des (christl.) Dt. Gewerkschaftsbundes, als Führer der Zentrumspartei 1930-32 Reichskanzler; suchte die schwere Wirtschaftskrise durch Notverordnungen zu bekämpfen, erreichte die Beseitigung der Reparationen; 1934 emigrierte er nach den USA.

Brünn, tschech. **Brno,** Stadt in Mähren, ČSFR, 381 000 Ew., an der Schwarzawa; Univ., TH; Bischofssitz; zahlreiche Barockbauten, Dom (14. Jh.); Maschinen-, Textil-, Leder- und chem. Ind., Messe, wichtiger Handelsplatz. Oberhalb von B. der **Spielberg** (Festung, Staatsgefängnis).

Brünne die, Panzerhemd, später nur Halsschutz.

Brunnen, Anlage zur Förderung von Grundwasser. **Schacht-B.:** kreisrunder Schacht aus Mauerwerk oder Stahlbetonringen. Das Wasser wird mit Schöpfeimer (Zieh-B.) oder Pumpe gehoben. **Rohr-B.:** ein Bohrloch wird durch ein Metallrohr ausgekleidet. Das Wasser wird durch eine Pumpe gefördert. **Ramm-B. (Abessinier-B.):** ein eisernes Rohr mit Spitze und Schlitzen wird in den Boden getrieben. **Artesischer B.:** das Wasser tritt selbsttätig zutage (Überdruck), wenn es sich zw. 2 wasserundurchlässigen Schichten ansammelt und der Grundwasserspiegel höher als die Entnahmestelle liegt.

Brunnenkresse, → Kresse, → Schaumkraut.

Brunner, 1) Emil, schweizer. ref. Theologe, *1889, †1966, ein Begründer der → Dialektischen Theologie. **2)** Heinrich, Rechtshistoriker, *1840, †1915; »Dt. Rechtsgeschichte«. **3)** Otto, österr. Historiker, *1898, †1982; Werke zur Verf.- und Sozialgeschichte des Spät-MA. und der frühen Neuzeit.

Bruno [ahd. »der Braune«], männl. Vorname.

Bruno, Heilige. **1) B. von Querfurt,** Apostel der Preußen, †(erschlagen) 1009, Missionar der Polen, Ungarn und Preußen (Tag: 9. 3.). **2) B. von Köln,** *um 1032, †1101, gründete den Orden der Kartäuser, Tag: 6. 10.

Bruno, Giordano, ital. Philosoph, Dominikaner, *1548, 1600 als Ketzer verbrannt; neigte pantheist. Gedanken zu, wirkte auf Spinoza, Herder, Goethe, Schelling.

Brunsbüttel, Stadt in Schlesw.-H., 12 900 Ew.; an der Mündung des Nord-Ostsee-Kanals in die Elbe; großer Umschlaghafen (Erdöl).

Brunst [von brennen] die, Zustand geschlechtl. Erregung, der i. d. R. zur Paarung führt; beim wiederkäuenden Schalenwild **Brunft,** beim Schwarzwild **Rauschzeit,** beim Raubwild **Ranzzeit,** bei Hase und Kaninchen **Rammelzeit** genannt. Die B. ist häufig verbunden mit **B.-Spielen,** Hervortreten besonderer Farben oder Organe (Brunstfeige der Gemsen).

Brüssel, fläm. **Brussel** [br'ysəl], frz. **Bruxelles** [brys'ɛl], Hptst. von Belgien, an der Senne und dem Brüsseler Seekanal, 139 000 Ew. (mit Vororten 1,05 Mio.); die fläm. Altstadt ist der Sitz des Geschäftslebens; schöne alte und neue Bauwerke (Zunfthäuser, mittelalterl. Rathaus, Schloß u. a.). Lebhafte Industrie- und Handelsstadt; Maschinen-, Textilfabriken (Brüsseler Spitzen); Flughafen. B. ist Behördensitz, u. a. der Kommission der EG, des Hauptquartiers der NATO. – Im MA. war B. Sitz der Herzöge von Brabant, dann Hptst. der spanisch-habsburg. Niederlande.

Brüsseler Vertrag, urspr. der Vertrag vom 17. 3. 1948 zw. Belgien, Frankreich, Großbritannien, Luxemburg und den Niederlanden über wirtschaftl., soziale und kulturelle Zusammenarbeit und kollektive Selbstverteidigung. Nach dem Scheitern der → Europäischen Verteidigungsgemeinschaft traten die Bundesrep. Dtl. und Italien durch die → Pariser Verträge vom 23. 10. 1954 dem geänderten und seiner gegen Dtl. gerichteten Spitze entkleideten B. V. bei. 1955 wurde der B. V. in die → Westeuropäische Union umgewandelt.

Brussilow, Aleksej, russ. General, *1853, †1926, leitete im 1. Weltkrieg die nach ihm benannte Offensive in Galizien (1916).

Brust, bei Mensch und Wirbeltieren der obere oder vordere Teil des Rumpfes, bei Gliederfüßern der mittlere Teil des Körpers. Beim Menschen wird die **B.-Höhle** durch das Zwerchfell und vom **B.-Korb** (Thorax), bestehend aus B.-Wirbelsäule, Rippen und **B.-Bein,**

Brunei

Brüssel

Brüssel: Marktplatz

Buber

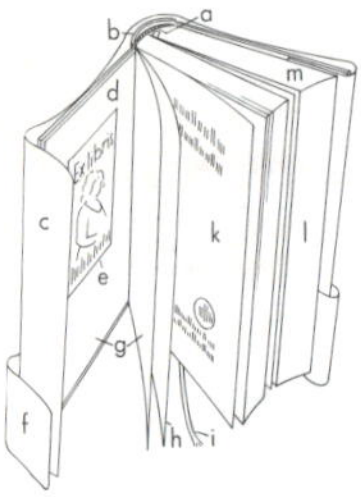

Buch: a Kapitalband, b Rücken, c Schutzumschlag, d Einband, e Bucheignerzeichen, f Bauchbinde, g Vorsatz, h Respektblatt, i Lesezeichen, k Titelblatt, l Schnitt, m Buchblock

Buche: oben Rotbuche mit männlichen (rechts) und weiblichen (links) Blütenständen; unten Buchecker, links einzelne Nuß, rechts Fruchtbecher mit zwei Nüssen

umschlossen (BILD Muskel). In der B.-Höhle liegen die **B.-Eingeweide:** Lungen, Herz, Luft- und Speiseröhre, Lymphknoten, Thymusdrüse; die Lungen liegen in den Pleurahöhlen (→ Rippenfell).

Brustdrüsen, Milchdrüsen, Drüsen der Säugetiere, die die zur Aufzucht der Jungen notwendige Milch absondern, bei der Frau in Form der **Brüste** entwickelt. **B.-Entzündung, Mastitis,** wird hervorgerufen durch Eindringen von Bakterien; am häufigsten während der Stillzeit, begünstigt durch Milchstauung.

Brustfell, das → Rippenfell. **B.-Entzündung,** die → Rippenfellentzündung.

Brustkrebs, bösartige Geschwulst der Brustdrüsen, → Krebs.

Brustkreuz, goldenes Kreuz der Kardinäle, Bischöfe, Äbte; auch Amtszeichen des evang. Bischofs.

Brustseuche, ansteckende Lungen- und Brustfellentzündung der Pferde.

Brusttee, Mischung von Eibischwurzel, Süßholz, Veilchenwurzel, Huflattichblättern, Wollblumen und Anis; schleimlösend.

Brut, 1) junge Tiere. **2)** → brüten. **3)** ⚘ Ausläufer, Wurzelsprosse, Knollen, Zwiebeln.

brutal [lat.], roh, gewaltsam, rücksichtslos.

brüten, 1) Erwärmen der Eier durch das Elterntier bis zum Ausschlüpfen der Jungen, bes. bei Vögeln, meist durch das Weibchen, seltener durch das Männchen oder abwechselnd durch beide. Gebrütet wird zumeist in mehr oder weniger kunstvoll gebauten Nestern; man unterscheidet **Höhlen-** und **Freibrüter** (Busch- und Bodenbrüter). Die Brutzeit beträgt bei kleinen Vogelarten 10-14, bei größeren bis zu 80 Tage. In der Geflügelzucht betreibt man auch **künstl. B.** in **Brutöfen, Brutschränken, Brutmaschinen. 2)** ⊠ Erzeugung von neuem Spaltstoff aus nicht spaltbarem Material im Kernreaktor **(Brutreaktor).**

Brutkasten, Inkubator, Wärmeapparat für frühgeborene Kinder.

Brutpflege, Brutfürsorge, natürl. Verhalten von Tieren zum Gedeihen der Nachkommen.

brutto [ital.], roh, bes. in Zusammensetzungen gebräuchlich: **Bruttoeinnahme,** Roheinnahme, von der noch die Unkosten abzurechnen sind; **Bruttolohn,** Lohn, von dem noch die Steuern und Sozialabgaben abgehen. **Bruttogewicht,** Gewicht der Ware mit Verpackung.

Bruttosozialprodukt, Abk. **BSP,** in Geldeinheiten ausgedrückter Wert aller Güter und Dienstleistungen, die in einer Volkswirtschaft während einer best. Periode (meist bezogen auf ein Jahr) konsumiert, investiert und exportiert werden und die einen Marktpreis besitzen, vermindert um die Importe.

Brutus, 1) Lucius Iunius, angebl. Befreier Roms von der Herrschaft der Tarquinier 509 v.Chr. **2) Marcus Iunius,** *85 v.Chr., einer der Mörder Caesars; unterlag 42 v.Chr. bei Philippi und tötete sich.

Brüx, tschech. **Most,** Stadt in NW-Böhmen, ČSFR, 62000 Ew.

Bruxelles [brys'ɛl], frz. Name von → Brüssel.

Bruyèreholz [bryj'ɛ:r, frz.], Wurzelholz der Baumheide (→ Heide); für Pfeifenköpfe.

BSB, Abk. für → biochemischer Sauerstoffbedarf.

Btx, Abk. für → Bildschirmtext.

Buber, Martin, jüd. Religionsphilosoph und Übersetzer, *1878, †1965, führender Zionist, machte die Lehren und Legenden des → Chassidismus bekannt.

Bubo [grch.] der, Mz. **Bubonen,** entzündl. Anschwellung der Lymphknoten in der Leistengegend. **Bubonenpest,** → Pest.

Bucaramanga, Bez.-Stadt in Kolumbien, 495000 Ew.; Tabak- und Kaffeeanbau, TU.

Bucer, Butzer, Martin, Reformator, *1491, †1551, wirkte in Straßburg, Ulm, Hessen und Köln, vermittelte im Streit zw. Luther und den Oberdeutschen; führte die Konfirmation ein.

Buch. Die B. der Babylonier und Assyrer bestanden aus gebrannten Tontafeln, die der Inder aus zusammengeschnürten Palmblättern. Ägypter, Griechen und Römer hatten Papyrusrollen. Seit dem 3.Jh. v.Chr. kam das Pergament auf, später im Abendland für lange Zeit der einzige Beschreibstoff. Mit ihm wurde die flache, viereckige Buchform **(Codex)** üblich. Das Pergament war sehr haltbar, aber teuer. Verbilligung brachte das von den Arabern und Chinesen schon seit dem 8., im Abendland erst seit dem 14.Jh. gebrauchte Papier und seit dem 15.Jh. der → Buchdruck, der eine Massenerzeugung von B. ermöglichte.

Buchanan [bj'ukænən], James McGill, amerikan. Wirtschaftswissenschaftler, *1919; Forschungen über polit. und wirtschaftl. Entscheidungsprozesse, 1986 Nobelpreis.

Buchara, Bokhara, Gebiets-Hptst. in der Usbek. SSR, südöstl. des Aral-Sees; 204000 Ew.; Baumwollanbau, Karakulzucht (B.-Teppiche). – Das Gebiet B. war im MA. ein wichtiger islam. Kultur- und Handelsmittelpunkt.

Bucharin, Nikolai, sowjet. Politiker, *1888, †(hingerichtet) 1938, führender bolschewist. Wirtschaftstheoretiker.

Buchbinderei, Gesamtheit der Arbeiten vom Falzen der einzelnen Druckbogen bis zur Fertigstellung eines Buches; Zusammenheften, Pressen, Beschneiden des Buchblocks; Herstellung und Anbringen des Buchdeckels.

Buchdruck, Hochdruckverfahren für den Druck von Büchern, Bildern, Zeitungen. Die wichtigsten Arbeitsvorgänge: Zunächst wird der Schriftsatz hergestellt. Beim **Handsatz** reiht der Setzer nach dem Manuskript die Lettern zu einer Zeile, die er im Winkelhaken auf die eingestellte Zeilenlänge bringt. **Setzmaschinen** liefern den Schriftsatz entweder in Einzelbuchstaben **(Monotype)** oder in ganzen Zeilen **(Linotype, Typograph).** Der erste Druck wird als **Fahne** für die Korrektur auf einer Presse abgezogen **(Bürstenabzug). Umbruch** ist das Zusammenstellen des Satzes zu Druckseiten durch den Metteur. Die nun fertigen Seiten werden zur Druckform zusammengestellt und in die Druckmaschine (Tiegeldruckmaschine, Schnellpresse, Rotationsmaschine) eingehoben. Für den Rotationsdruck wird von jeder Druckform eine Matrize geprägt und mit Schriftmetall zu einer gerundeten Druckplatte ausgegossen. In der Buch- und Katalogproduktion ist der B. weitgehend vom Offset- und Tiefdruck verdrängt worden. – Der B. mit gegossenen bewegl. Lettern wurde von J. → Gutenberg erfunden.

Buchdrucker, ♘ → Borkenkäfer.

Buche, Rotbuche, Waldbaum Europas, Gatt. der → Buchengewächse. Das Holz der B. ist gutes Brenn- und Nutzholz; die Frucht, die **Buchecker** oder **Buchel,** wird zur Viehmast verwendet. Eine Spielart ist die rotblättrige **Blut-B. Hain-B.,** → Weißbuche.

Buchengewächse, Becherfrüchter, Fam. der Buchenpflanzen mit rd. 400 Arten; bes. in den gemäßigten Gebieten; Holzgewächse. Zu den B. gehören Eiche, Rotbuche, Scheinbuche, Hopfenbuche und Edelkastanie.

Buchenland, → Bukowina.

Buchenspinner, Nachtschmetterlinge: **1) Rotschwanz, 2) Gabelschwanz,** Raupen leben auf Buchen u.a. Laubhölzern.

Buchenwald, 1937-45 nationalsozialist. KZ, 1945-50 sowjet. Internierungslager, bei Weimar.

Bücherei, → Bibliothek.

Bücherlaus, kleines flügelloses Insekt.

Bücherrevisor, → Buchprüfer.

Büchersendung, gebührenbegünstigte

Briefsendung (Bücher, Broschüren, Notenblätter, Landkarten, Bücherzettel). (→Drucksache)

Bücherskorpion der, ein nützl. Spinnentier, 3 mm groß, kommt in Büchereien vor, vertilgt Milben und Bücherläuse.

Buchfink, Singvogel Europas u. W-Asiens; Zugvogel.

Buchführung, Buchhaltung, regelmäßige Aufzeichnung von Vermögensgegenständen und Geschäftsvorfällen, Aufwänden und Erträgen auf Grund von Belegen (Rechnungen, Quittungen u.a.). Die **Geschäfts-B. (Finanz-B.)** stellt die Vermögenswerte und deren Veränderungen sowie den Erfolg des Unternehmens dar. Die **Betriebs-B. (kalkulator. B.)** erfaßt die innerbetriebl. Vorgänge und dient der Kalkulation. Bei der **kameralist. B.** werden erwartete Einnahmen und Ausgaben (Soll-Etat) den tatsächl. Einnahmen und Ausgaben (Ist-Etat) gegenübergestellt (bes. bei Behörden).

Die Form der kaufmänn. B. ist das **Konto,** eine zweiseitige Rechnung. Kontoseiten werden mit **Soll** und **Haben** gekennzeichnet. Soll für die linke Seite bedeutet Belastung (soll zahlen), Haben für die rechte Seite Gutschrift, Guthaben. Das Konto wird abgeschlossen, indem der Unterschied **(Saldo)** auf der Seite mit der geringeren Eintragungssumme als Ausgleichsposten eingesetzt wird.

Älteste Form ist die **einfache B.;** sie verwendet Tagebuch (Memorial, Journal), Kassenbuch und Hauptbuch. Bei der **doppelten B.** wird jeder Geschäftsvorfall auf 2 Konten, einmal im Soll und einmal im Haben, verrechnet. In einem **Buchungssatz** wird zunächst das Konto genannt, dem der Betrag belastet werden soll, und sodann das Konto, auf dem er gutzuschreiben ist, z.B.: Bank (Soll) an Kasse (Haben), oder: Außenstände an Waren. – Nach der Form der Sammlung und Übertragung unterscheidet man: die **ital.,** die **dt.,** die **frz. B.** Bei der **amerikan. B.** werden die sonst getrennten Memoriale in einem einzigen Buch (Journal) geführt. Die **Lose-Blatt-B.** schließt mittels Durchschreibeverfahren Übertragungsfehler aus, ermöglicht größere Aufgliederung der Konten und den Einsatz von Buchungsmaschinen. Für den **Abschluß** werden mit Hilfe eines Abschlußblattes die Summen aller Konten (Summenbilanz) und die Salden (Saldenbilanz) rechnerisch abgestimmt, sodann erforderl. Umbuchungen vorgenommen und durch Zusammenstellen der Zahlen der Bilanz und der Gewinn- und Verlustrechnung die rechner. Richtigkeit festgestellt.

Für den Kaufmann besteht **B.-Pflicht.** Aus der Übung haben sich die Grundsätze ordnungsmäßiger B. entwickelt. Die Steuergesetzgebung hat die B.-Pflichten erweitert und die Anforderungen an die B. erhöht.

Buchgeld, Giralgeld, die gesamten Bankguthaben, die neben dem Bargeld zu bargeldlosem Zahlungsverkehr dienen.

Buchgemeinschaften, Unternehmen, die durch Übertragung der Abonnementsidee von der Ztschr. auf Bücherveröffentlichungen Verbilligung der Bücher erstreben, z.B. »Dt. Buchgemeinschaft«, »Büchergilde Gutenberg«, »Bertelsmann Lesering«.

Buchhandel, Wirtschaftszweig, der sich mit Herstellung und Vertrieb von Werken des Schrifttums, der Tonkunst, der bildenden Kunst und Photographie befaßt, die durch ein graph. oder photomechan. Verfahren vervielfältigt sind (Bücher, Ztschr., Musikalien, Kunstblätter, Atlanten, Landkarten, Globen). Gewerbsmäßige Herstellung und Verbreitung von Gegenständen des B. ist Aufgabe des **Verlags-B.,** während sich der **Sortiments-B.,** der **Reise- und Versand-B.,** der **Werbende Buch- und Ztschr.-Handel,** der **Bahnhofs-** und der **Antiquariats-B.** dem Einzelvertrieb widmen. Zw. Verlag und Sortiment vermitteln als **Zwischen-B.: Kommissions-B., Barsortiment, Groß-B.** (→Börsenverein des Deutschen Buchhandels).

Buchheim, Lothar-Günther, Schriftsteller, *1918; »Das Boot«.

Buchholz, 1) →Annaberg-Buchholz. **2)** Stadt in Ndsachs., 25900 Ew.; Holzind.

Buchkredit, in laufender Rechnung gewährter kurzfristiger Kredit, bes. der Kontokorrentkredit.

Buchmacher, gewerbsmäßiger Vermittler von Wetten, z.B. für Pferderennen.

Buchmalerei, →Miniatur.

Buchman [b'ʌkmən], Frank, *1878, †1961, amerikan. luther. Geistlicher, Leiter der Bewegung für →Moralische Aufrüstung (Caux).

Büchmann, Georg, Philologe, *1822, †1884; verfaßte die Sammlung »Geflügelte Worte«.

Büchner

Büchner, Georg, Dichter, *1813, †1837, Kampfschrift »Der Hessische Landbote«, Revolutionstragödie »Dantons Tod«, Lustspiel »Leonce und Lena«, Tragödie »Woyzeck«.

Buchprüfer, vereidigter Bücherrevisor, öffentl. bestellter Sachverständiger für alle Fragen des Rechnungswesens der Unternehmungen (bes. Buchhaltung, Bilanz, Kostenrechnung).

Buchsbaum, immergrüner Strauch; im Mittelmeergebiet heimisch, bei uns zu Hecken, Einfassung für Gartenwege; sein hartes Holz

Verbuchung ausgewählter Geschäftsvorfälle nach doppelter amerikanischer Buchführung

Geschäftsvorfälle

1. Kauf von Briefmarken	DM 200,–	5. Zielkauf von Fritz Schulze	DM 800,–
2. Barverkäufe	DM 550,–	6. Bezahlte Fracht für Sendung Schulze	DM 25,–
3. Bareinkäufe	DM 400,–	7. Zahlung an Fritz Schulze	DM 800,–
4. Zielverkauf an K. Müller	DM 600,–	8. Wechsel von K. Müller	DM 450,–

Journal

Tag	Text	Umsatzsteuerpflichtig DM	Summen DM	Kasse Soll	Kasse Haben	Debitoren Soll	Debitoren Haben	Kreditoren Soll	Kreditoren Haben	Waren Soll	Waren Haben	Portokosten Soll	Portokosten Haben	Wechsel Soll	Wechsel Haben
2. 1.	Briefmarken		200,–		200,–							200,–			
3. 1.	Barverkäufe	550,–	550,–	550,–							550,–				
3. 1.	Bareinkäufe		400,–		400,–					400,–					
4. 1.	Zielverkauf K. Müller		600,–			600,–					600,–				
4. 1.	Zielkauf F. Schulze		800,–						800,–	800,–					
5. 1.	Fracht Schulze		25,–		25,–					25,–					
8. 1.	Zahlung an F. Schulze		800,–		800,–			800,–							
8. 1.	Wechsel von K. Müller		450,–				450,–							450,–	

Buckingham-Palace

wird für Drechslerarbeiten und Holzschnitte verwendet.

Buchschuld, 1) Geldschulden, die lediglich durch Eintrag in den Hauptbüchern nachgewiesen werden. **2)** Staatsschulden, für die keine Anleihestücke ausgegeben, sondern nur die Gläubiger im Staatsschuldbuch eingetragen sind.

Buchweizen

Büchse, 1) Gewehr mit gezogenem Lauf für Kugelpatronen zu Jagd und Sport. **2)** Behälter, meist zylindrisch, z. B. für Konserven.

Büchsflinte die, ein Jagdgewehr mit einem gezogenen Lauf (Büchsenlauf, für Kugel) und einem glatten Lauf (Flintenlauf, für Schrot).

Buchstabe, Schrift- oder Druckzeichen für einen Sprachlaut.

Buchstabenrechnung, Methode, an Stelle der Zahlen Buchstaben zu benutzen, um allg. Umformungen vorzunehmen. Man bezeichnet heute die Buchstaben bei der Formulierung mathemat. Gesetze als Platzhalter oder Variable.

Buchung, 1) Buchführung: Eintragung von Geschäftsvorfällen. **2)** Platzbestellung für Schiffs-, Flugreisen usw.

Buchungsmaschinen, Büromaschinen zum Berechnen und Verbuchen der Geschäftsvorgänge eines kaufmänn. oder Verwaltungsbetriebes.

Buchweizen, Mehlpflanze der Familie Knöterichgewächse. Arten: **Gemeiner B.,** weiß und rosa blühend; **Tatarischer B.,** grün blühend. Die dreikantigen Nüßchen werden als Mehl, Grütze und Viehfutter verwendet.

Pearl S. Buck

Buchwert, Wert, mit dem Vermögensgegenstände oder Schulden eines Unternehmens in den Büchern oder der Bilanz eingetragen sind.

Buck [bʌk], Pearl S[ydenstricker], amerikan. Erzählerin, *1892, †1973, zeichnet in ihren Romanen aus eigener Anschauung das Bild Chinas: »Die gute Erde«, »Ostwind–Westwind« u. a.; Nobelpreis 1938.

Bückeberge, zum Wesergebirge gehöriger Höhenzug, Fortsetzung des Deisters, 367 m hoch, Kohlenlager.

Budapest: Parlamentsgebäude

Bückeburg, Stadt in Ndsachs., 20500 Ew.; ehem. Hptst. von Schaumburg-Lippe.

Buckel, Rundrücken, Verkrümmung der Wirbelsäule; entsteht durch Haltungsfehler, Unfall oder Wirbeltuberkulose.

Buckingham Palace [b'ʌkɪŋəm p'ælɪs], Schloß, königl. Residenz in London.

Buckinghamshire [b'ʌkɪŋəmʃɪə], County in S-England.

Bückling, schwach gesalzener, geräucherter Hering.

Budapest, Hptst. Ungarns, 2,09 Mio. Ew., an der Donau. Auf den Anhöhen des rechten Ufers liegt Ofen (ungar. Buda) mit Burg und Regierungsgebäuden, am linken Ufer die Geschäftsstadt Pest. B. ist kultureller Mittelpunkt (Univ., TH, Hochschule für Musik und bildende Kunst, Bibliotheken, Mus. u. a.) und Verkehrs- und Wirtschaftsmittelpunkt Ungarns. Maschinen-, Fahrzeug-, Schiffbau, Feinmechanik, chem. und Textilind.; Heilquellen. – Ofen und Pest entstanden im MA. als dt. Stadtgemeinden. 1541-1686 war B. türkisch.

Buddha [Sanskrit »der Erwachte, der Erleuchtete«], Ehrenname des ind. Religionsstifters **Gautama** oder **Siddhartha,** * um 560, † um 480 v. Chr., aus dem Adelsgeschlecht der Sakja. B. verließ mit 29 Jahren seine Familie und suchte Erlösung. Er sammelte umherziehend und predigend eine Gemeinde und gründete den buddhist. Mönchsorden. Seine Predigt gipfelte in den Lehren von den 4 heiligen Wahrheiten: das Leiden, die Ursache des Leidens, die Aufhebung des Leidens und der Weg dazu, der »edle achtfache Pfad«: rechte Anschauung, rechte Gesinnung, rechtes Reden, rechtes Handeln, rechtes Leben, rechtes Streben, rechtes Überdenken, rechtes Sichversenken. (→ Buddhismus) (BILD S. 121)

Buddhismus, die von → Buddha gestiftete Religion. Die Auffassung der → Seelenwanderung und des → Karma(n) ist die allg. indische. Nur die von Buddha erlangte und gelehrte Erkenntnis kann zur Erlösung aus dem Kreislauf der Geburten führen. Streng sittl. Leben und schrankenlose Selbstaufopferung zum Wohle der Mitgeschöpfe ist der Weg zur Selbsterlösung. Der Zustand seliger Ruhe, in die der Erlöste eingeht, ist das **Nirwana.** Im 3. Jh. v. Chr. wurde der B. unter König Aschoka in Indien Staatskirche; von da an begann eine ausgebreitete Missionstätigkeit in außerind. Ländern. Dabei hat der B. viele Veränderungen erfahren. Man unterscheidet: den südl. B. **(Hinajana)** und den nördl. B. **(Mahajana).** Das Hinajana, das an der Lehre Buddhas festhielt, kennt keine persönl. Seele und keinen Gott. Das Mahajana hat den Glauben an einen Gott, eine persönl. Seele und Vorstellungen über ein jenseitiges Paradies ausgebildet. Der B. verbreitete sich über weite Teile Ostasiens (China, Tibet, Korea, Japan). In Indien, seinem Mutterlande, wurde er durch den → Brahmanismus verdrängt und war seit dem 7. Jh. n. Chr. erloschen. In Hinterindien und Sri Lanka blieb er lebendig und am reinsten erhalten (Hinajana). In neuerer Zeit hat der B. auch Anhänger in Europa und Amerika gefunden.

Budget [bydʒ'e, frz.] das, → Haushaltsplan.

Büdingen, Stadt in Hessen, am Rande der Wetterau, Luftkurort, 17300 Ew.; altertüml. Stadtbild, Schloß der Fürsten von Isenburg-B.

Budjonnyi [budj'ɔni], Semjon Michailowitsch, Marschall der UdSSR, *1883, †1973, Reiterführer mit legendärem Ruf im Bürgerkrieg, 1941 Oberbefehlshaber der sowjet. SW-Front.

Budo [japan.], Sammelbez. für alle ostasiat. waffenlosen Selbstverteidigungs- und Kampfsportarten, z. B. Judo, Jujutsu, Karate, Aikido, Kendo, Kyudo und Taekwondo.

Budweis, tschech. **České Budějovice** [tʃ'ɛskɛ: b'udjɛjɔvitsɛ], Hptst. Südböhmens, an der Moldau, ČSFR, 93 000 Ew.; kath. Bischofssitz; Metallwaren, Bleistifte, Möbel- und Lebensmittelind. Wurde 1265 als dt. Stadt gegründet.

Buenaventura, wichtigster Hafen Kolumbiens, am Pazif. Ozean; 166 000 Ew.

Buenos Aires [span.], Hptst. Argentiniens und größte Stadt S-Amerikas, am La Plata, 2,98 Mio. Ew.; polit., geistiger und wirtschaftl. Mittelpunkt Argentiniens; Erzbischofssitz; Univ., Kunstakademie; moderne Hafenanlagen. B. A. wurde 1536 von den Spaniern gegr., 1580 neu aufgebaut.

Büfett, Buffet [byf'e, frz.] das, Schrank für Geschirr, Schanktisch, Anrichtetisch.

Buff, Charlotte, *1753, †1828; Urbild der Lotte in Goethes »Werther«.

Buffa [ital.] die, Posse, Schwank. **Opera buffa,** kom. Oper. **Buffo** der, Sänger der Opera buffa.

Buffalo [b'ʌfələʊ], Stadt im Staat New York, USA, am Eriesee, 339 000 Ew.; Umschlagplatz für Massengüter, Stahl-, Flugzeug- u. a. Ind.

Buffalo Bill [b'ʌfələʊ -], eigentl. William F. **Cody,** amerikan. Kundschafter, *1845, †1917; brachte 1887 die erste Wildwestschau nach Europa.

Büffel, Gruppe der Wildrinder mit langen, oft gebogenen Hörnern. **Indischer B. (Arni),** auch gezähmt als Haus-B., bes. für Arbeiten auf sumpfigem Gelände. **Kaffern-B.** in Mittel- und Südafrika. Amerikanischer B., → Bison.

Buffet [byf'ɛ], Bernard, frz. Maler, *1928, malt mit zeichnerisch realist. Mitteln ausgezehrte Menschen, ärml. Stilleben u. a.

Buffet: Selbstbildnis, 1952

Bug der, **1)** vorderster Teil des Schiffs. **2)** Schulterteil der Säugetiere, Blatt; Schulterfleisch.

Bug der, Flüsse. **1) Südl. B.** in der Ukraine, mündet in das Haff (Liman) des Dnjeprs. **2) Westl. B.,** rechter Nebenfluß der Weichsel aus Ostgalizien, mündet bei Warschau.

Bugatti, Ettore, frz. Autokonstrukteur, *1881, †1947.

Bügelhorn, trompetenähnl. Blasinstrument.

Bugenhagen, Johann, Reformator, Mitarbeiter Luthers, *1485, †1558.

Buggy [b'ʌgɪ, engl.] der, **1)** leichter Einspänner, in Europa zweirädrig für Trabrennen. **2)** offenes Freizeitauto.

bugsieren, Schiff ins Schlepptau nehmen.

Bugspriet das, beim Segelschiff ein über den Bug vorstehendes Rundholz; verlängert durch den Klüverbaum; zum Befestigen der Vorsegel.

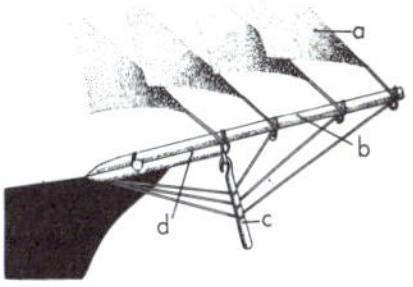

Bugspriet: a Vorsegel, b Klüverbaum, c Stampfstock, d Bugspriet

Bühl, Gr. Krst. im Kr. Rastatt, Bad.-Württ., am Westfuß des Schwarzwalds, 23 100 Ew.; Obstbaugebiet (»Bühler Zwetschen«); chem. Ind.

Buhle, ✤ Geliebter, Geliebte.

Bühler, 1) Charlotte, Frau von 2), Psychologin, *1893, †1974, befaßte sich mit Entwicklungspsychologie. **2)** Karl, Psychologe, *1879, †1963, Beiträge zur Sprach-, Entwicklungspsychologie.

Bühlertal, Gem. im Kr. Rastatt, Schwarzwald, 7800 Ew.; Luftkurort.

Buhne die, quer vom Ufer aus in das Wasser gebauter Damm, der die Strömung eines Flusses regeln, an der See den Wellenschlag mindern soll.

Bühne, erhöhte Plattform für Darbietungen in Theater-, Konzert- oder Vorführungsräumen; im Theater als **B.-Haus** ein bes. Gebäudeteil. **B.-Bild,** die bildhafte szen. Gestaltung der B. durch Kulissen, Prospekte, Setzstücke.

Bühnenaussprache, heute Hochsprache, bes. reine Aussprache des Deutschen, festgelegt in dem Werk »Dt. Bühnenaussprache« (zuerst 1898) von Th. Siebs.

Buhurt der, ritterl. Kampfspiele zu Pferde.

Bujumbura, Hptst. von Burundi, Afrika, im NO des Tanganjikasees, rd. 273 000 Ew.

Bukanier, Seeräuber, → Flibustier.

Bukarest, rumän. **București** [bukur'eʃtj], Hptst. Rumäniens, 2,3 Mio. Ew.; Sitz des Metropoliten der rumän. orthod. Kirche und eines kath. Erzbischofs; Univ., Hochschulen für Musik, Kunst, Handel u. a., Museen; bed. Handel, Ind. (Lebensmittel-, Textil-, Metall-, Öl-, chem., Elektro- u. a. Ind.).

Buddha: Statue in Sarnath

Bukett [frz.] das, **1)** Blumenstrauß. **2)** der Duft des Weins, die **Blume.**

bukolisch [grch.], schäferlich, idyllisch. **Bukoliker,** Verfasser von → Schäferdichtung.

Bukowina, Buchenland, geschichtl. Landschaft in den NO-Karpaten, im rumän.-sowjet. Grenzgebiet. Hptst.: Czernowitz. Die B. fiel 1919 an Rumänien; der nördl. Teil gehört seit 1944 zur UdSSR. Die rd. 96 000 Deutschen wurden 1940 nach Dtl. umgesiedelt.

Bulawayo, Stadt in Simbabwe, 415 000 Ew.; kath. u. anglikan. Bischofssitz; Verkehrs-, Handelszentrum, bed. Ind.

Bülbül [pers.] der, drosselähnl. Singvögel Afrikas und Asiens **(Fruchtdrosseln).**

Bulette die, gebratenes Fleischklößchen.

Bulgakow, Michail Afanasjewitsch, russ. Schriftst., *1891, †1940, satir. Erz., Komödien, Schauspiele, Romane.

Bulganin, Nikolaj Alexandrowitsch, sowjet. Politiker, *1895, †1975, 1947 Verteidigungsmin., 1955-58 MinPräs., 1958 als »Parteifeind« aus dem ZK ausgeschlossen.

Bulgarien, VR in SO-Europa, 110 912 km^2, 8,9 Mio. Ew.; Hptst.: Sofia. ⊕ S. 492.

Staatsoberhaupt ist der Präsident. Die Führungsrolle der Bulgar. Kommunist. Partei wurde Jan. 1990 von der Nationalversammlung aus der Verf. gestrichen. Verwaltungseinteilung in 9 Gebiete. – B. umfaßt (von N nach S) das Tafelland längs der Donau, den Balkan (2375 m), die Maritzaebene, im S und SW Rhodope-, Pirin- und Rila-Gebirge (2925 m). Hauptflüsse: Donau, Maritza, Struma, Isker. Klima: meist kontinental. Bev.: meist Bulgaren (Orthodoxe), rd. 8% Türken (Muslime).

WIRTSCHAFT: Überwiegend Agrarland; Erzeugnisse der zu rd. 95% kollektivierten Landwirtschaft: Weizen, Mais, Tabak, Zuckerrüben, Obst, Wein, Sonnenblumen. ⚒ auf Kohle, Kupfer-, Eisenerz, Erdöl u. a. Nahrungsmittel-, Textil-, Stahl-, chem. Ind. u. a. Haupthandelspartner sind die Ostblockstaaten (über 78%). ✐ Eisenbahnnetz: 6200 km; Straßennetz: rd. 31 000 km.

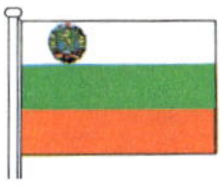

Bulgarien

Ⓖ Die Bulgaren wanderten im 7. Jh. von der Wolga her ein. Im 11. und 12. Jh. standen sie unter byzantin. Herrschaft und wurden 1393 von den Türken unterworfen. Erst 1878 wurde wieder ein selbständ. Bulgarien geschaffen, anfangs als Fürstentum, seit 1908 als Königreich. Vergebens kämpfte es in den Balkankriegen 1912/13, und seit 1915 auf seiten der Mittelmächte im 1. Weltkrieg um Makedonien; durch den Vertrag von → Neuilly verlor es versch. Gebiete. Seit 1935 autoritäre Regierung des Königs Boris. 1941 trat B. dem Dreimächtepakt bei. Seit 1946 ist B. VR. Der Friedensvertrag 1947 in Paris legte B. u. a. Reparationen auf. Präs.: P. Mladenow (seit 1989); Gen.-Sekr. der Kommunist. Partei: A. Lilow (seit 1990); MinPräs.: A. Lukanow (seit 1990).

Bullauge das, ↘ rundes Fenster eines Schiffes.

Bulldogge [engl.], **Bullenbeißer,** Hunderasse, gedrungen und muskulös.

Bulldozer [-douzə, amerikan.], Planierraupe mit geradestehendem Schild.

Bulle der, geschlechtsreifes männl. Rind.

Bulle [mhd.] die, **1)** Schutzkapsel für ein metallenes Urkundensiegel. **2)** mit einer Schnur an der Urkunde befestigtes Metallsiegel. **3)** päpstl. Erlaß (bezeichnet mit den Anfangsworten des lat. Wortlautes, z. B. die B. »Unam sanctam«).

Bulletin [bylt'ɛ̃, frz.] das, Bekanntmachung.

Bullinger, Heinrich, schweizer. Reformator, *1504, †1575, Nachfolger Zwinglis in Zürich.

Bülow [-o], Bernhard Fürst v., *1849, †1929; 1900-09 Reichskanzler; gewandter Diplomat, konnte jedoch die Bildung der Entente nicht verhindern. »Denkwürdigkeiten«.

Bultmann, Rudolf, evang. Theologe, *1884, †1976; Versuch der »Entmythologisierung« des N.T.

Bulwer [b'ulwə], Edward, Lord Lytton, brit. Politiker und Schriftst., *1803, †1873. Roman (»Die letzten Tage von Pompeji«).

Bumbry [b'ʌmbrɪ], Grace, amerikan. Sängerin (Mezzosopran), *1937.

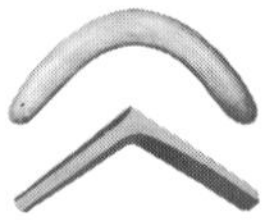

Bumerang

Bumerang der, -s/-e, Wurfholz, knieförmig gebogen, in der Knickebene abgeflacht; kann in großem Schraubenflug zum Werfer zurückkommen.

Bunche [bʌntʃ], Ralph, *1904, †1971, amerikan. Diplomat; 1947 Hauptsekretär der Palästinakommission der UNO, 1948/49 Unterhändler im arab.-israel. Krieg. 1950 Friedens-Nobelpreis.

Bund, 1) SOZIOLOGIE: Grundform der sozialen Gruppe. Bei vielen Naturvölkern sind B. unverheirateter Männer **(Männerbünde)** Träger wichtiger Leistungen (z. B. Krieg, Jagd, Erziehung, Zauberei). Sehr bed. sind die B. in vielen geistigen, polit. und relig. Bewegungen, oft als **Geheim-B.** In neuerer Zeit wurde die Form des B. vor allem von der dt. Jugendbewegung und den Pfadfindern aufgegriffen. **2)** BIBEL: von Gott zw. ihm und den Menschen gestiftete Gemeinschaft. **Alter B.,** A.T.; **Neuer B.,** N.T. **3)** ♩ bei Laute, Gitarre, Mandoline, Zither: die schmalen Querleisten, die das Griffbrett in bestimmte Tonabstände einteilen. **4)** ⚖ → Bundesstaat. **5)** ⊙ ringförmiges Verschlußstück; Zusammenfügungsstelle von Bauteilen.

BUND, Abk. für **B**und für **U**mwelt und **N**aturschutz **D**eutschland e.V., Zusammenschluß von Umweltschutzverbänden auf Länderebene, gegr. 1975, Sitz Bonn; tritt ein für Schutz und Pflege von Natur und Umwelt.

Bund der Heimatvertriebenen und Entrechteten, BHE, in der Bundesrep. Dtl. 1950 gebildete polit. Partei, seit 1952 → Gesamtdeutscher Block/BHE.

Bund der Steuerzahler, überparteil. gemeinnützige Organisation zur Wahrung der Interessen der Steuerzahler, gegr. 1949, Sitz Wiesbaden.

Bund der Vertriebenen, BdV, Vereinigung seit 1958 durch Zusammenschluß der beiden Verbände Bund der vertriebenen Deutschen (BvD) und Verband der Landsmannschaften (VdL); Sitz Bonn, rd. 2,5 Mio. Mitgl.

Bünde, Industriestadt in NRW, 39100 Ew.; Hauptsitz der westfäl. Zigarrenfabrikation.

Bündelpfeiler, ▥ Pfeiler der Gotik, um den bündelartig Säulen (→ Dienste) gelegt sind.

Bundesamt, in der Bundesrep. Dtl. Bundesoberbehörden für best. Sachgebiete, so das **Bundesamt für Verfassungsschutz,** seit 1950 Sitz Köln, sammelt Unterlagen über verfassungsfeindl. Bestrebungen.

Bundesanstalten, in der Bundesrep. Dtl. Einrichtungen des Bundes für best. Sachgebiete, die vom Bund unmittelbar finanziert werden und der Aufsicht des entsprechenden Bundesmin. unterstehen; sie sind als Anstalten des öffentl. Rechts organisiert; z. B. B. für Landeskunde, B. für Flugsicherung, Biolog. B., Bundesversichungsanstalt für Angestellte usw. – Die **B. für Arbeit** (Nürnberg): Träger der Arbeitsvermittlung, Berufsberatung und Arbeitslosenversicherung, führt Arbeitslosenfürsorge durch (Hauptstelle, Landesarbeitsämter, Arbeitsämter).

Bundesanwalt, 1) Bundesrep. Dtl.: Staatsanwalt beim Bundesgerichtshof. **2)** Schweiz: vom Bundesrat ernannter Staatsanwalt in Bundesstrafsachen und Leiter der gerichtl. Polizei.

Bundesanzeiger, amtl. Verkündungsblatt der Bundesrep. Dtl. für Verwaltungsverordnungen, Personalfragen u. a. Veröffentlichungen.

Bundesarbeitsgericht, → Arbeitsgerichtsbarkeit.

Bundesarchiv, Archiv der Bundesrep. Dtl. in Koblenz.

Bundesaufsicht, in der Bundesrep. Dtl. die Aufsichtsgewalt der Bundesregierung gegenüber den Ländern, die die Ausführung der Bundesgesetze sicherstellen soll (Art. 84 GG).

Bundesautobahn, → Autobahn.

Bundesbahn, → Deutsche Bundesbahn.

Bundesbetriebe, in der Bundesrep. Dtl. öffentl. Unternehmen in unmittelbarem Besitz des Bundes (Bundesbahn, -post, -straßen usw.).

Bundesfernstraßen, in der Bundesrep. Dtl. die öffentl. Straßen, die im Unterschied zu den Landstraßen ein zusammenhängendes Verkehrsnetz bilden und dem Fernverkehr dienen. Sie umfassen → Autobahnen und Bundesstraßen.

Bundesfinanzhof, Abk. **BFH,** oberstes Finanzgericht der Bundesrep. Dtl., Sitz München.

Bundesgericht, oberstes Gericht der Schweiz.

Bundesgerichte, ÜBERSICHT S. 123.

Bundesgerichtshof, → Gerichtswesen, ÜBERSICHT.

Bundesgesetzblatt, Abk. **BGBl.,** in der Bundesrep. Dtl. amtl. Verkündungsblatt für Ges. und Rechtsverordnungen des Bundes; in Österreich entsprechendes Blatt.

Bundesgesetze, in einem Bundesstaat die vom Gesamtstaat erlassenen Gesetze, im Unterschied zu den Landesgesetzen.

Bundesgesundheitsamt, Berlin, Bundesoberbehörde zur Vorbereitung von Gesetzen und zur Forschung auf dem Gebiet des öffentl. Gesundheitswesens u. a.

Bundesgrenzschutz, in der Bundesrep. Dtl. 1951 errichtete polizeiähnl. Bundesbehörde zum Schutz der Landesgrenzen.

Bundesjugendplan, Maßnahmen zur Förderung der Jugendarbeit.

Bundesjugendring, → Jugendverbände.

Bundesjugendspiele, sportl. Leistungsprüfung (8. bis 20. Lebensjahr; seit 1951).

Bundeskanzler, **1)** Bundesrep. Dtl.: Leiter der → Bundesregierung. **2)** Österreich: Vorsitzender der Bundesregierung. **3)** Schweiz: Leiter der **Bundeskanzlei,** der dem Bundespräs. unterstellten Kanzlei für den Bundesrat.

Bundeskartellamt, Berlin, Bundesoberbehörde für Genehmigung von Kartellen, Maßnahmen gegen marktbeherrschende Unternehmen; Kartellregister.

Bundeskriminalamt, Wiesbaden, untersteht dem Bundesinnenministerium.

Bundeslade, Kasten mit den Gesetzestafeln im Allerheiligsten des jüd. Tempels.

Bundesministerium, die oberste Verwaltungsbehörde eines Bundesstaats für einen bestimmten Zuständigkeitsbereich.

In der Bundesrep. Dtl. wird das B. von einem **Bundesminister** geleitet: die Bundesminister bilden zusammen mit dem Bundeskanzler die Bundesregierung. An der Spitze des Ministerialapparats steht i. d. R. ein beamteter Staatssekretär. Innerhalb der Abteilungen bestehen Referate.

In Österreich gilt Entsprechendes nach Art. 77 Bundesverfassungs-Ges. Auf Grund des Bundesministerien-Ges. 1973 bestehen 14 B., deren Kompetenzen sich vornehmlich aus den jeweiligen Gesetzen und deren Vollzugsklauseln ergeben.

Bundesnachrichtendienst, Abk. **BND,** Auslandsnachrichtendienst der Bundesrep. Dtl., dem Bundeskanzleramt unterstellt.

Bundespost, → Deutsche Bundespost.

Bundespräsident, **1)** Bundesrep. Dtl.: Staatsoberhaupt. Der B. wird von der → Bundesversammlung für 5 Jahre gewählt und kann anschließend nur einmal wiedergewählt werden. Befugnisse: Der B. vertritt den Bund völkerrechtl. und schließt die Staatsverträge ab. Er fertigt die Gesetze aus und verkündet sie. Er kann den Bundestag in 2 Ausnahmefällen (Art. 63, 68 GG) auflösen und den → Gesetzgebungsnotstand erklären. Seine Befugnisse bei Eintritt des Verteidigungsfalles ergeben sich aus Art. 59a GG. Er schlägt den Bundeskanzler zur Wahl vor und ernennt ihn; er entläßt ihn auf Vorschlag des Bundestags. Er ernennt und entläßt die Bundesmin. auf Vorschlag des Bundeskanzlers und die Bundesrichter, Beamte, Offiziere und Unteroffiziere, soweit gesetzlich nichts anderes bestimmt ist. Der B. hat für den Bund das Begnadigungsrecht. Anordnungen und Verfügungen des B. bedürfen der Gegenzeichnung des Bundeskanzlers oder des zuständigen Bundesmin. B.: 1949-1959 Theodor Heuss, 1959-1969 Heinrich Lübke, 1969-74 Gustav Heinemann, 1974-79 Walter Scheel, 1979-84 Karl Carstens, seit 1984 R. v. Weizsäcker. **2)** in Österreich das Staatsoberhaupt, das vom Volk in unmittelbarer Wahl auf 6 Jahre gewählt wird: 1945 Karl Renner, 1951 Theodor Körner, 1957 Adolf Schärf, 1965 Franz Jonas, 1974 Rudolf Kirchschläger, 1986 K. Waldheim. **3)** Schweiz: der Vorsitzende des → Bundesrats.

Bundesrat, **1)** in der Bundesrep. Dtl. das Bundesorgan, durch das die Länder bei der Gesetzgebung und Verwaltung des Bundes mitwirken. Er besteht aus Mitgl. der Landesregierungen. Die Stimmenzahl richtet sich nach der Bevölkerungszahl des Landes. Es haben Nordrhein-Westfalen, Bayern, Niedersachsen, Baden-Württemberg je 5; Hessen, Schleswig-Holstein, Rheinland-Pfalz je 4; Hamburg, Bremen, Saarland je 3 Stimmen. Berlin (W) hat 4 beratende Stimmen. Der Präs. wird für 1 Jahr gewählt. Wichtigste Befugnisse: Gesetzesvorlagen der Bundesreg. gehen zunächst an den B. zur Stellungnahme. Vom Bundestag beschlossene Gesetze werden dem B. zugeleitet. Verfassungsändernde Gesetze und die im GG aufgeführten, die bundesstaatl. Grundordnung berührenden Gesetze bedürfen der Zustimmung des B. Gegen die übrigen Gesetze hat er, nach Beratung im Vermittlungsausschuß, das Recht zum Einspruch, den der Bundestag überstimmen kann. Bestimmte Rechtsverordnungen und Verwaltungsvorschriften des Bundes bedürfen der Zustimmung des B. Er kann den Bundespräs. vor dem Bundesverfassungsgericht anklagen. Er wählt die Hälfte der Mitgl. dieses Gerichts. Weitgehende Befugnisse hat er bei → Gesetzgebungsnotstand und → Bundeszwang. **2)** Österreich: Vertretung der Länder beim Bunde. **3)** Schweiz: oberste leitende und vollziehende Regierungsbehörde: 7 von der Bundesversammlung auf 7 Jahre ernannte Mitgl. **4)** Dt. Reich 1871 bis 1919: Vertretung der einzelstaatl. Regierungen und oberstes Reichsorgan und Träger der Souveränität.

Bundesrecht, → Bundesgesetze.

Bundesrechnungshof, Sitz Frankfurt a. M., überwacht die Haushaltsführung der Bundesorgane und -einrichtungen.

Bundesregierung, **1)** Bundesrep. Dtl.: zur allg. Leitung des Bundes berufenes kollegiales Bundesorgan. Die B. besteht aus dem **Bundeskanzler** und den **Bundesministern.** Der Bundeskanzler wird vom Bundestag auf Vorschlag des Bundespräs. gewählt und von diesem ernannt. Er hat eine starke Stellung. Auf seinen Vorschlag ernennt und entläßt der Bundespräs. die Bundesmin. Er leitet die Geschäfte der B. und bestimmt die Richtlinien der Politik. Die Befehls- und Kommandoge-

Bundesregierung (11. 3. 1987, Kabinettsumbildung 21. 4. 1989, Koalition CDU, CSU, FDP). Bundeskanzler: H. Kohl (CDU); Vizekanzler und Äußeres: H.-D. Genscher (FDP); Inneres: W. Schäuble (CDU); Justiz: H. A. Engelhard (FDP); Finanzen: T. Waigel (CSU); Wirtschaft: H. Haussmann (FDP); Innerdt. Beziehungen: Dorothee Wilms (CDU); Ernährung, Landwirtschaft und Forsten: I. Kiechle (CSU); Arbeit und Sozialordnung: N. Blüm (CDU); Verteidigung: G. Stoltenberg (CDU); Verkehr: F. Zimmermann (CSU); Post- und Fernmeldewesen: C. Schwarz-Schilling (CDU); Forschung und Technologie: H. Riesenhuber (CDU); Raumordnung, Bauwesen und Städtebau: Gerda Hasselfeldt (CSU); Bildung und Wissenschaft: J. Möllemann (FDP); Jugend, Familie und Gesundheit: Ursula Lehr (CDU); Umwelt, Naturschutz und Reaktorsicherheit: K. Töpfer (CDU); Wirtschaftl. Zusammenarbeit: J. Warnke (CSU); Besondere Aufgaben: R. Seiters (CDU; Bundeskanzleramt), H. Klein (CSU; Presse- und Informationsamt).

Bundeseigene Verwaltung: Auswärtiges, Bundeswehrverwaltung, Bundesfinanzen, Bundeseisenbahnen, Bundespost, Bundeswasserstraßen u. a.; für weitere Gebiete ist sie zugelassen und durch Gesetz eingeführt, z. B. Bundesgrenzschutz u. a. Oberste Bundesbehörden: Bundespräsidialamt, Bundeskanzleramt, Bundesministerien, Bundesrechnungshof, Deutsche Bundesbank u. a. Bundesoberbehörden: Bundesamt für Verfassungsschutz, Bundeskriminalamt, Statistisches Bundesamt, Bundesamt für die gewerbl. Wirtschaft, Patentamt u. a. Bundesmittel- und -unterbehörden: Gesandtschaften, Konsulate, Behörden der Bundesbahn, Bundespost u. a.

Bundesaufsichts- und Bundesauftragsverwaltung durch die Länder.

Bundesgerichte: → Bundesverfassungsgericht; Gemeinsamer Senat der Obersten Gerichtshöfe zur Wahrung der Einheitlichkeit der Rechtsprechung (Ges. v. 19. 6. 1968); 5 Oberste Bundesgerichte: Bundesgerichtshof (→ Gerichtswesen, ÜBERS.), → Bundesverwaltungsgericht, → Bundesfinanzhof, Bundesarbeitsgericht, → Bundessozialgericht; sonstige Bundesgerichte: Bundespatentgericht, Bundesdisziplinarhof; ferner Wehrdienstgerichte.

walt über die Bundeswehr hat der Bundesverteidigungsmin., im Verteidigungsfalle der Bundeskanzler. Grundlegende polit. Fragen (bes. Gesetzesvorlagen) werden von der B. in Kabinettssitzungen beschlossen. Im Rahmen der Regierungsrichtlinien und -beschlüsse leitet jeder Bundesmin. seinen Geschäftsbereich selbständig und unter eigener Verantwortung. Der Bundestag kann dem Bundeskanzler das Mißtrauen dadurch aussprechen, daß er seinen Nachfolger wählt. Wird der von ihm gestellte Vertrauensantrag vom Bundestag abgelehnt, kann der Bundeskanzler dem Bundespräs. die Auflösung des Bundestags vorschlagen. Bundeskanzler: 1949-63 Konrad Adenauer, 1963-66 Ludwig Erhard, 1966-69 Kurt-Georg Kiesinger; 1969-74 Willy Brandt, 1974-82 Helmut Schmidt, seit 1. 10. 1982 Helmut Kohl. **2)** Österreich: kollegiales Regierungsorgan des Bundes.

Bundesrepublik Deutschland

Bundesrepublik Deutschland, Bundesstaat in Mitteleuropa, 248 709 km², (1988) 61,07 Mio. Ew.; Hptst.: Bonn. Bundesländer sind: Baden-Württemberg, Bayern, Bremen, Hamburg, Hessen, Niedersachsen, Nordrhein-Westfalen, Rheinland-Pfalz, Saarland, Schleswig-Holstein (ÜBERSICHT). ⊕ S. 488/89.

VERFASSUNG. Die staatl. Ordnung ist durch das Grundgesetz (GG) v. 23. 5. 1949 (mit Änderungen) bestimmt. Die B. D. hat seit dem 5. 5. 1955 die Stellung eines souveränen Staates (Inkrafttreten des → Deutschland-Vertrags in der Pariser Fassung v. 23. 10. 1954); die Ausübung der Hoheitsrechte unterliegt den dort vorgesehenen Vorbehalten und Kontrollen, bis ein gesamtdt. Friedensvertrag in Kraft tritt.

Die B.D. ist ein Bundesstaat. Der Bund und die einzelnen Länder sind Staaten mit eigener Staatsgewalt. Die Länder üben die staatl. Befugnisse aus, soweit das GG nichts anderes bestimmt oder zuläßt. Die höchste Gewalt (→ Souveränität) liegt beim Bund: Bundesrecht bricht Landesrecht. Das GG beschränkt die Verfassungsautonomie der Länder; der Bund kann die Länder durch Gesetze neu gliedern und hat ihnen gegenüber weitere Rechte (→ Bundesaufsicht, → Bundeszwang). Die Länder sind durch den Bundesrat an der Willensbildung des Bundes beteiligt.

Die B.D. ist ein sozialer Rechtsstaat. Die Gesetzgebung ist an die verfassungsmäßige Ordnung, die vollziehende Gewalt und die Rechtsprechung sind an Recht und Gesetz gebunden; die Rechtsprechung ist unabhängigen Richtern anvertraut. Die → Grundrechte sind gewährleistet.

Die B.D. ist ein demokrat. und parlamentar. Staat. Die Staatsgewalt geht vom Volke aus. Es übt sie unmittelbar durch Wahlen und Abstimmungen aus. Die Parteien wirken an der polit. Willensbildung mit. – In der Wirtschaftsordnung gilt Freiheit der Betätigung des einzelnen; das Privateigentum ist gesichert, die Sozialordnung wird weiter ausgebaut.

Oberste Verfassungsorgane: → Bundestag, → Bundesrat, → Bundesregierung, → Bundespräsident.

GESETZGEBUNG. Der Bund hat die ausschließl. Gesetzgebung auf den Gebieten, die nur einheitlich geregelt werden können, so für auswärtige Angelegenheiten, Verteidigung, Währung, Zölle, Grenzschutz, Bundeseisenbahnen, Luftverkehr, Post- und Fernmeldewesen, Bundesbeamtenrecht. Er hat neben den Ländern die konkurrierende Gesetzgebung, z.B. für bürgerl. Recht, Strafrecht, Prozeßrecht, Straßenverkehr, soweit ein Bedürfnis für eine einheitl. Regelung besteht. Er kann Rahmenvorschriften erlassen, so über Presse, Film, Jagd, Naturschutz.

Zur Änderung oder Ergänzung des GG ist ein übereinstimmender Beschluß von Bundestag und Bundesrat notwendig (jeweils

VERWALTUNGSGLIEDERUNG, BEVÖLKERUNG

	Ew. (1987) Mio.	je km²
Bundesrep. Dtl.	61,07	246
Schleswig-Holstein	2,55	162
Hamburg	1,59	2112
Niedersachsen	7,16	151
RegBez.		
Braunschweig	1,58	196
Hannover	2,00	221
Lüneburg	1,44	94
Weser-Ems	2,13	142
Bremen	0,66	1633
Nordrhein-Westfalen	16,71	491
RegBez.		
Düsseldorf	5,07	958
Köln	3,86	523
Münster	2,39	346
Detmold	1,79	275
Arnsberg	3,60	451
Hessen	5,51	261
RegBez.		
Darmstadt	3,39	456
Gießen	0,95	177
Kassel	1,16	140
Rheinland-Pfalz	3,63	183
RegBez.		
Koblenz	1,35	167
Trier	0,47	96
Rheinhessen-Pfalz	1,80	265
Baden-Württemberg	9,29	260
RegBez.		
Stuttgart	3,49	331
Karlsruhe	2,39	346
Freiburg	1,87	200
Tübingen	1,53	172
Bayern	10,91	155
RegBez.		
Oberbayern	3,60	206
Niederbayern	1,03	99
Oberpfalz	0,96	100
Oberfranken	1,04	143
Mittelfranken	1,52	210
Unterfranken	1,20	141
Schwaben	1,55	155
Saarland	1,05	411
Berlin (West)	2,01	4199

⅔-Mehrheit). – Die 1968 erlassene Notstandsgesetzgebung sieht Maßnahmen für den Katastrophenfall und für Fälle des inneren und äußeren Notstandes vor.

VERWALTUNG. Bund (hierzu ÜBERSICHT) und Länder haben getrennte Verwaltungen. Zur eigenen Zuständigkeit der Länder gehören u.a. allg. Verwaltung, Justiz, Polizei, Kultus, Unterricht, Gesundheitswesen, Versorgung, ferner z. T. Wirtschaft und Steuern. Den Gemeinden und Gemeindeverbänden ist Selbstverwaltung gewährleistet.

WÄHRUNG. Währungseinheit ist seit 20. 6. 1948 (Währungsreform) die Deutsche Mark (DM).

VERTEIDIGUNG. Seit 1954 gehört die B. D. dem Verteidigungsbündnis des → Nordatlantikpakts an. Seit 1955 wurde die → Bundeswehr aufgestellt.

Über LANDESNATUR → Deutschland.

BEVÖLKERUNG: Die Entwicklung nach 1945 wird gekennzeichnet durch die Aufnahme von rd. 12 Mio. Vertriebenen und Flüchtlingen, den Zustrom ausländ. Arbeitskräfte (1988: 1,47 Mio.) und Aussiedlern (1988: 39 832), Übersiedlern (1989: 343 854) sowie eine Ausweitung der Ballungsgebiete.

RELIGION (1987). 41,6% EKD, 42,9% kath.; 2,1% Mitgl. christl. Sondergemeinschaften; 2,7% Muslime, 0,1% Juden, 1,3% Sonstige, 3,9% ohne Bekenntnis oder -angabe.

BILDUNG. Das Schulwesen ist Angelegenheit der Länder. Schulpflicht besteht vom 6. bis zum 18. Lebensjahr (davon müssen 9 Jahre in einer Vollzeitschule verbracht werden). Näheres → Schule, → Zweiter Bildungsweg. An öffentl. Schulen herrscht Schulgeldfreiheit. Für eine Vereinheitlichung des Bildungswesens arbeiten seit 1946 die Ständige Konferenz der Kultusmin., seit 1970 die Bund-Länder-Kommission für Bildungsplanung, seit 1949 die Westdt. Rektorenkonferenz; der Abstimmung bildungspolit. Ziele dient der Wissenschaftsrat (seit 1957).

WIRTSCHAFT. Die B. D. bildet den wirtschaftl. Schwerpunkt Mitteleuropas. Die rasche Aufwärtsentwicklung setzte seit 1948 (Währungsreform) ein und hielt im Zeichen der Sozialen Marktwirtschaft an. Zu einem Konjunkturrückgang kam es 1966/67 und nach 1971. Das Bruttosozialprodukt betrug 1950: 143 Mrd.; 1960: 309 Mrd.; 1970: 529 Mrd.; 1975: 576 Mrd.; 1988: 2121,5 Mrd. DM. Im Juni 1987 gab es 27,69 Mio. Erwerbstätige (46,1% der Bev.; einschl. Gastarbeiter). Wichtigster Wirtschaftszweig ist die Ind., die mit gut 55% an der Entstehung des Sozialprodukts beteiligt ist. Zu den Wachstumsind. gehörten vor allem der Fahrzeugbau, die Elektro- und die chem. Ind., Mineralöl- und Kunststoffverarbeitung; die Bedeutung der Eisen- und Stahlind. und des Kohlenbergbaus ging weiter zurück. Der Wohnungsbau gehörte zu den eindrucksvollsten Leistungen. – Der Anteil der Landwirtschaft am Sozialprodukt und an den Beschäftigten hat abgenommen, obwohl die Erzeugung z. T. stark anstieg. – Die B. D. gehört der → Montanunion und der → Europäischen Wirtschaftsgemeinschaft an. – Als Handelsnation war die B. D. 1988 führend. Ausfuhr: v. a. Fertigwaren (1981: rd. 80%), bes. Maschinen und Fahrzeuge, Chemikalien. Einfuhr: Nahrungsmittel, Rohstoffe, Fertigwaren. Haupthandelspartner: EWG-Länder, USA, Schweiz, Österreich, Schweden.

VERKEHR. Im Bundesgebiet gibt es 320 000 km Gemeindestraßen und 173 590 km klassifizierte Straßen, davon rd. 40 000 km Bundesfernstraßen (Autobahnen, Bundesstraßen), rd. 30 567 km Eisenbahnen, 4452 km schiffbare Wasserstraßen, dav. rd. 1463 km Kanäle. Hauptseehäfen: Hamburg, Bremen, Bremerhaven, Lübeck, Kiel, Emden. Hauptbinnenhäfen: Duisburg, Mannheim-Ludwigshafen, Köln, Hamburg, Wesseling, Frankfurt. Wichtigste Flughäfen: Frankfurt, Düsseldorf, Hamburg, München, Stuttgart, Köln-Bonn.

Bundessozialgericht, oberstes Sozialgericht der Bundesrep. Dtl. (seit 1953; Kassel).

Bundesstaat, Staatenverbindung, in der mehrere Staaten so zu einem Gesamtstaat zusammengefaßt sind, daß die Gliedstaaten ihre Staatlichkeit behalten, der Gesamtstaat aber über alle Fragen entscheidet, die für die Einheit und den Bestand des Ganzen wesentlich sind; die Gliedstaaten sind an der Willensbildung des Gesamtstaats beteiligt. Beispiele: Dt. Reich von 1871-1933, Bundesrep. Dtl., Österreich, Schweiz, UdSSR, USA. Vom B. verschieden ist der **Staatenbund,** ein loserer Zusammenschluß von Staaten zu gemeinsamen polit. Zwecken, z. B. der Dt. Bund bis 1866.

Bundesstraßen, in der Bundesrep. Dtl. die für den gesamten weiträumigen Straßenverkehr bestimmten Straßen (früher: Reichsstraßen), 1988: 31 196 km. – Die B. bilden mit den Bundesautobahnen das Netz der → Bundesfernstraßen.

Bundestag, 1) Volksvertretung der Bundesrep. Dtl., gewählt für 4 Jahre; oberstes Bundesorgan. Die B.-Abgeordneten (MdB) werden in allg., unmittelbarer, freier, gleicher und geheimer Wahl gewählt. Der B. beschließt die Bundesgesetze, wählt den Bundeskanzler, kann den Bundespräsidenten mit ⅔-Mehrheit wegen Verfassungsbruchs anklagen, wählt die Hälfte der Mitgl. des Bundesverfassungsgerichts, kann dieses in bestimmten Fällen anrufen, ist an der Wahl der Mitgl. der anderen Bundesgerichte beteiligt und kann Untersuchungsausschüsse einsetzen. Er übt die parlamentar. Kontrolle in Wehrangelegenheiten mit dem Wehrbeauftragten als Hilfsorgan aus. Der B. stellt fest, daß der Verteidigungsfall eingetreten ist, und beschließt das Gesetz über den Friedensschluß. Die Arbeit des B. vollzieht sich z. T. im Plenum, z. T. in den Ausschüssen. Die Mitgl. des B. sind zugleich Mitgl. der → Bundesversammlung. Der 1. B. wurde 1949 gewählt. Verteilung der Sitze der Parteien nach der Wahl vom 25. 1. 1987 (6. 3. 1983): CDU/CSU: 234 (244); SPD: 194 (193); FDP: 48 (34); Grüne: 44 (27). Ferner 22 Sitze für Berlin. **2)** im Dt. Bund: die → Bundesversammlung.

Bundesverband der Deutschen Industrie e. V., Abk. **BDI,** Köln, fachl. Zentralorgan der westdt. Ind. Mitgl.: Wirtschaftsverbände und sonstige organisator. Zusammenschlüsse.

Bundesverdienstkreuz, Kurzname für den → Verdienstorden der Bundesrep. Dtl.

Bundesverfassung, Verfassung eines Staatenbundes oder Bundesstaates.

Bundesverfassungsgericht, oberstes Verfassungsgericht der Bundesrep. Dtl., Sitz Karlsruhe, entscheidet u. a. über die Auslegung des Grundgesetzes, über Vereinbarkeit des Bundes- und Landesrechtes mit dem GG (Normenkontrolle), über Anklagen gegen den Bundespräs., gegen Bundes- und Landesrichter, über Verfassungswidrigkeit polit. Parteien, über Verfassungsbeschwerden und Verwirkung von Grundrechten. Das B. besteht aus 2 Senaten mit je 8 Richtern. Diese werden je zur Hälfte vom Bundestag und vom Bundesrat gewählt. Der Präs. des B. und sein Stellvertreter werden abwechselnd vom Bundestag und vom Bundesrat gewählt; Präs. seit 1987: R. Herzog.

Bundesversammlung, 1) Bundesrep. Dtl.: Organ für die Wahl des Bundespräs., besteht aus den Mitgl. des Bundestags und einer gleichen Zahl von Mitgl., die von den Landtagen der Länder gewählt werden. **2)** Dt. Bund: Gesandtenkongreß der Gliedstaaten (auch Bundestag genannt), tagte 1815-66 in Frankfurt a. M. unter österr. Vorsitz. **3)** Schweiz: oberstes Bundesorgan (Nationalrat und Ständerat).

Bundesversicherungsanstalt für Angestellte, Abk. **BfA,** Berlin, Träger der Rentenversicherung für Angestellte; gegr. 1953.

Bundesverwaltungsgericht, oberstes Verwaltungsgericht der Bundesrep. Dtl., Sitz: W-Berlin; entscheidet teils in erster Instanz, ist Revisionsinstanz für Urteile der Oberverwaltungsgerichte, u. U. auch gegen Urteile der Verwaltungsgerichte (z. B. Sprungrevision).

Bundeswehr, Streitkräfte der Bundesrep. Dtl. Ihre Angehörigen sind Wehrpflichtige, Freiwillige auf Lebenszeit (Berufssoldaten) oder auf Zeit. Wehrpflichtig sind alle Männer vom 18. bis zum 45., im Verteidigungsfall bis zum 60. Lebensjahr; Offiziere und Unteroffiziere bis zum 60. Lebensjahr. Allg. Wehrpflicht: 15 Monate; daran schließt sich eine 12monatige Verfügungsbereitschaft. Kriegsdienstverweigerer leisten zivilen Ersatzdienst. Die B. besteht aus den Teilstreitkräften Heer (einschl. Territorialheer), Luftwaffe, Bundesmarine und der B.-Verwaltung. Befehls- und Kommandogewalt hat der Bundesmin. der Verteidigung, im Verteidigungsfall der Bundeskanzler. Stärke (1990) 495 000 Mann, davon 10 000 Wehrübende; Truppenreduzierung (bis 1996) auf 430 000 Mann geplant.

Bundeszentralstelle für politische Bildung, Behörde zur Förderung der staatsbürgerl. Erziehung in der Bundesrep. Dtl.

Bundeszwang, in der Bundesrep. Dtl. die Maßnahmen, die die Bundesreg. mit Zustimmung des Bundesrates treffen kann, um ein Land zur Erfüllung seiner ihm gegenüber dem Bund obliegenden Pflichten zu zwingen.

Bunsen

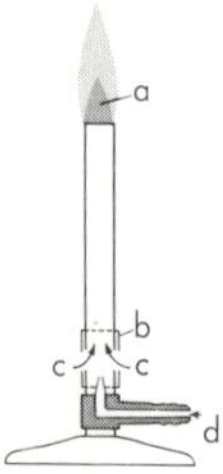

Bunsenbrenner: a leuchtender Innenkegel, b Ring für Luftregulierung, c Luft, d Gas

Jacob Burckhardt

Burgenland

Burgos: Kathedrale

Bund Freier Demokraten, zur Volkskammerwahl 1990 geschlossenes Wahlbündnis der liberalen Parteien Dt. Forumpartei (DFP), Liberal-Demokrat. Partei (LDP) und FDP; errang 21 Sitze.

Bundschuh, im MA. der grobe, oben zugebundene Bauernschuh; Feldzeichen der aufständischen Bauern 1493-1517.

Bungalow [b'ʌŋgələʊ, engl.] der oder das, **1)** leichtgebautes, einstöckiges Europäerhaus in Indien. **2)** ebenerdiges Wohnhaus.

Bunin, Iwan, russ. Schriftst., *1870, †1953, seit 1917 im Exil, 1933 Nobelpreis für den Roman »Im Anbruch der Tage«.

Bunsen, Robert, Chemiker und Physiker, *1811, †1899, begründete mit Kirchhoff die → Spektralanalyse.

Bunsenbrenner [erfunden von → Bunsen], Gasbrenner mit veränderl. Luftzufuhr.

Buntkupferkies, Bornit, rotbraunes, bunt angelaufenes Erz, eine Schwefelverbindung von Kupfer und Eisen.

Buntmetalle, schwere Nutzmetalle, außer Eisen, und ihre Legierungen.

Buntsandstein, unterste Stufe der Trias (ÜBERSICHT Erdgeschichte). Roter Sandstein ist geschätztes Baumaterial.

Buntspechte, schwarz-, weiß-, rotgefiederte Spechte in Europa, N-Afrika und N-Asien. Der **Große Buntspecht,** amselgroß, mit rotem Querband im Genick; der **Mittlere B.** fast nur in Europa; der **Kleine B.** etwa sperlinggroß.

Buñuel [buɲ'ɛl], Luis, span. Filmregisseur, *1900, †1983, schuf zunächst (mit S. Dalí) surrealist., später sozialkrit. Filme, häufig mit Schockwirkungen, auch mit symbol. Verschlüsselung arbeitend. Filme: Die Vergessenen; Viridiana; Der diskrete Charme der Bourgeoisie u. a.

Bunyan [b'ʌnjən], John, engl. Prediger und Schriftst., *1628, †1688; schrieb das vielgelesene Erbauungsbuch »Pilgerreise« (1678-84).

Bunzlau, poln. **Bolesławiec** [bɔlɛł'avjɛts], Stadt in der poln. Wwschaft Jelenia Góra, 39 000 Ew.; Tonwaren **(B.er Gut).**

Burchard, Burkhard [aus ahd. burg »Stadt« und harti »stark«], männl. Vorname.

Burckhardt, 1) Carl Jacob, schweizer. Diplomat, Historiker, *1891, †1974, war 1937-39 Völkerbundskommissar in Danzig; 1944-48 Präs. des Internat. Roten Kreuzes. B. ist ein Hauptvertreter des europ. Gedankens. **2)** Jacob, schweizer. Kultur- und Kunsthistoriker, *1818, †1897; Hauptwerke: »Die Kultur der Renaissance in Italien«, »Cicerone«, »Grch. Kulturgeschichte«.

Burdach, Konrad, Germanist, *1859, †1936, Hauptvertreter der geistesgeschichtl. Methode in Literatur- und Sprachforschung.

Bureau, frz. für → Büro.

Buren [niederländ. »Bauern«], **Afrikaander, Afrikaaner,** Nachkommen der holländ., niederdt. und Hugenotten-Siedler in Südafrika. Sprache: Afrikaans. Als das Kapland 1806 englisch wurde, zogen sie großenteils nach N und gründeten den **Oranjefreistaat, Natal** und **Transvaal.** Auch hier wurden sie im **Burenkrieg** (1899-1902) von den Engländern unterworfen, errangen aber in der Südafrikan. Union (seit 1910) die polit. Führung.

Büren, 1) Stadt an der Alme, NRW, 17 700 Ew.; Maschinenbau, Möbel-Ind. **2) B. an der Aare,** Bez.-Stadt im Schweizer. Kt. Bern, 2800 Ew.; Uhrenbau.

Bürette [frz.] die, Maßrohr für Flüssigkeiten und Gase bei der Analyse.

Burg [zu bergen], durch Wall und Graben, später auch mit Mauern befestigter Platz, auf einem Berg oder von Wasser umgeben. Im MA. Wohnsitz eines Grundherrn. Um 1500 erlosch mit dem Rittertum die Bedeutung der B. als Wehrbau. (BILDER S. 127)

Burg, 1) B. auf Fehmarn, Hauptort der Insel Fehmarn. Schlesw.-Holst., 6000 Ew.; Fischerei; Seebad. **2) B. bei Magdeburg,** Krst. im Bez. Magdeburg, 29 000 Ew.; Industrie.

Burgas, bulgar. Hafenstadt, am Schwarzen Meer, 188 000 Ew.; Fischfang; Erdölraffinerie.

Burgdorf, 1) Stadt in Ndsachs., 28 600 Ew.; Konservenind. **2) B.,** Bez.-Stadt im schweizer. Kt. Bern, 15 400 Ew.; Webereien, Schuhe, Maschinen, Motoren.

Burgenland, Bundesland Österreichs, 3965 km², 267 100 Ew.; Hptst.: Eisenstadt. B. grenzt im NO an die Tschechoslowakei, im O an Ungarn, im S an Jugoslawien. Der S ist waldreiches Berg- und Hügelland, der N fruchtbare Ebene mit dem Neusiedler See. Bev.: 90,5% Deutschsprachige, ferner 7% Kroaten, 2% Magyaren, einige Zigeuner. Überwiegend Agrarland (Zuckerrüben, Getreide, Obst u. a.); Braunkohle, Mineralquellen. – Das B. fiel 1919 an Österreich; 1921 fiel Ödenburg nach nicht einwandfreier Volksabstimmung an Ungarn.

Bürgenstock, Aussichtsberg (1128 m) im Kt. Unterwalden, Schweiz, am Vierwaldstätter See.

Bürger, vollberechtigter Einwohner einer Stadt oder eines Staates. Urspr. war der B. der Bewohner der Burgen und der aus ihnen entstehenden befestigten Städte. Im MA. wurden die B., im wesentl. die Handwerker und Kaufleute einer Stadt, zu einem Stand mit eigener Lebenshaltung, Sitte und Geistesart neben dem Bauernstand und dem Adel **(Bürgertum).** Im Spät-MA. erreichte das Bürgertum eine große Blütezeit. Als Träger der kapitalist. Wirtschaftsordnung hat es im ausgehenden 18. Jh. die Umwälzung von der ständ. zur **bürgerl. Gesellschaftsordnung** vollzogen (→ Französische Revolution). Im 19. Jh. wurde es zum Träger des → Liberalismus. Die bürgerl. Lebensauffassung ist gekennzeichnet durch die entschiedene Bewertung des Privateigentums, durch Verbundenheit mit dem überkommenen Kulturbesitz und dem Streben nach Bildung, durch »bürgerl. Tugenden« (Sparwille, Aufstiegsstreben, Familiensinn).

Bürger, Gottfried August, Dichter, *1747, †1794; schrieb stimmungsvolle Balladen (»Lenore«), übersetzte »Münchhausens Reisen und Abenteuer« aus dem Engl. ins Deutsche zurück.

Bürgerhaus, geschichtl. städt. Wohnhaus Mitteleuropas, aus Bauernhäusern entstanden; reiche Blüte im 15./16. Jh.

Bürgerinitiative, Form der Selbstorganisation von Bürgern außerhalb von Parteien und Verbänden, sucht solche Bürgerinteressen zu artikulieren, die nach ihrer Ansicht von kommunalen, regionalen oder nationalen Exekutiv- und Legislativorganen nicht genügend berücksichtigt worden sind.

Bürgerkrieg, mit Waffen ausgetragener Machtkampf zw. Aufständischen (Rebellen, Insurgenten) und der Regierung oder zw. organisierten polit., nationalen, relig. oder sozialen Gruppen um die Herrschaft im Staat.

Bürgerliches Gesetzbuch, Abk. **BGB,** das die bürgerl. Rechtsverhältnisse in Dtl. regelnde Gesetzbuch, in Kraft seit 1. 1. 1900. Das BGB wurde in der Dt. Dem. Rep. am 1. 1. 1976 durch das neue **Zivilgesetzbuch (ZGB)** ersetzt.

bürgerliches Recht, Privatrecht, Ordnung der Rechtsbeziehungen des einzelnen im Verhältnis zu seinen Mitmenschen; z. B. Familien-, Vermögens-, Handels-, Wechselrecht, im Unterschied zum → öffentlichen Recht.

Bürgermeister, leitender Gemeindebeamter, → Gemeinde.

Bürgerrechtsbewegung, 1) → Vereinigte Staaten von Amerika (Geschichte). **2)** kleine Gruppen oder einzelne Persönlichkeiten in den Staaten des Ostblocks, forderten bes. seit der Unterzeichnung der Schlußakte von Helsinki (1975; → KSZE) von den kommunist. Partei- und Staatsführungen die Verwirklichung der Menschenrechte und der Grundrechte, z. B. in der UdSSR. A. Sacharow (†1989), in der Dt. Dem. Rep. R. Havemann (†1982), in der Nachfolge das »Neue Forum« (1989) u. a., in der ČSSR eine Gruppe, die 1977 die »Charta 77« veröffentlichte, in Polen die »Solidarność«; an den 1989 begonnenen gesellschaftspolit. Reformprozessen entscheidend beteiligt.

Bürgerschaft, 1) Gesamtheit der Bürger einer Gemeinde. **2)** in den Stadtstaaten Hamburg und Bremen: die Volksvertretung.

Burgfriede, 1) im MA.: durch Verbot oder Einschränkung der Fehde verstärkte Sicherheit in Burgen, Städten. **2)** Einstellung parteipolit. Kämpfe in Notzeiten.

Burghausen, Stadt in Oberbayern, 16900 Ew., an der Salzach; mächtige Burg (einst Sitz der Herzöge von Niederbayern); Ind.

Burghley, Burleigh [b'ə:lɪ], William, Lord, engl. Staatsmann, *1520, †1598, leitete die Politik der Königin Elisabeth I. gegen Spanien und den Katholizismus.

Burgkmair d. Ä., Hans, Maler, Holzschneider, *1473, †1531; Altartafeln, Bildnisse; Holzschnitte zu den Werken Kaiser Maximilians I.

Bürglen, Ort im Kt. Uri, Schweiz, 3400 Ew., am Eingang des Schächentals. Die Tellkapelle steht der Sage nach an der Stelle des Wohnhauses von W. Tell.

Bụrgos, Hptst. der span. Prov. B., im NO der altkastil. Hochebene, 156500 Ew.; Erzbischofssitz; got. Kathedrale; Heimat des span. Nationalhelden Cid.

Bürgschaft, Vertrag, durch den sich eine Person, der **Bürge,** gegenüber dem Gläubiger eines Dritten, des Hauptschuldners, verpflichtet, für die Verbindlichkeit des Dritten einzustehen (§§ 765ff. BGB). Grundsätzl. Schriftform nötig.

Burgụnd, 1) frz. **La Bourgogne,** histor. Landschaft in O-Frankreich, zw. Jura und Pariser Becken, das Kernland des früheren Hzgt. B., Hptst. Dijon. **2)** nach 443 von den Burgundern gegr. Reich im Rhônegebiet, 534 von den Franken unterworfen. **3)** das fränk. Teilreich **Burgundia,** aus dem nach der Teilung von Verdun 843 B. 4 und B. 5 hervorgingen. **4) Königreich B.** oder **Arelat** (nach der Hptst. Arles) vereinigte das Königreich Provence und das Juragebiet, fiel 1032-34 an das Dt. Reich. Der Hauptteil (Provence, Dauphiné) kam im späteren MA. an Frankreich, 1678 auch der nördl. Teil, die **Freigrafschaft B.** und die Reichsstadt Besançon. **5) Herzogtum B.** (seit 1363) von Nebenlinien des frz. Königshauses regiert. Im 14. Jh. erwarben die Herzöge den größten Teil der Niederlande (damals einschl. Belgiens, Französ.-Flanderns und des Artois) und schufen einen mächtigen Staat. Als Herzog Karl der Kühne 1477 im Kampf gegen die Schweizer gefallen war, kam das Hzgt. B. wieder an Frankreich, die übrigen Länder an die Habsburger **(Burgund. Reichskreis).**

Burgụnder, 1) ostgerman. Volk, urspr. in Skandinavien und auf Bornholm (Burgundarholm), im 2. Jh. zw. der mittleren Weichsel und Oder, ließen sich 406/407 am Rhein nieder (nach der Nibelungensage um Worms). Nach ihrer Niederlage 436 durch die hunnischen Verbündeten des Aetius von diesem im Rhônegebiet angesiedelt (→ Burgund 2). **2) B., Burgunderwein** (weiß und rot), in den Dép. Yonne, Côte d'Or und Saône-et-Loire angebaut.

Bụridan, Johannes, frz. Gelehrter, † nach 1358. **B.s Esel,** ein Esel, der zw. 2 gleichen Heubündeln steht und verhungert, weil er sich für keins entscheiden kann.

Burjaten Mz., mongol. Volk in S-Sibirien, meist Lamaisten. **Burjatische ASSR,** Teilrep. der Russ. SFSR, südl. und östl. des Baikalsees, 351300 km², 985000 Ew. (rd. ⅓ B., sonst Russen u. a.); Hptst.: Ulan-Ude. Bodenschätze (Gold, Wolfram, Molybdän, Kohle u. a.).

Burke [bə:k], Edmund, engl. Politiker, *1729, †1797, Gegner der Frz. Revolution, entwickelte eine konservat. Staatsphilosophie; von großem Einfluß auf konservative Denker des 19. Jh. (u. a. Frhr. vom Stein, F. Gentz).

Burkhard, männl. Vorname, → Burchard.

Burkina Faso, bis 1984 **Obervolta,** Rep. in W.-Afrika, 274200 km², 7,7 Mio. Ew. (Mosi u. a. Stämme); Hpst.: Ouagadougou; Amtssprache: Französisch. – O. umfaßt das Gebiet der Quellflüsse des Volta; überwiegend Savanne. Erzeugnisse: Hirse, Mais, Yamswurz, für die Ausfuhr Baumwolle, Erdnüsse. Viehzucht. Haupthandelspartner: Elfenbeinküste, Frankreich. Internat. Flughafen: Ouagadougou. – Ehem. Gebiet von Frz.-Westafrika, 1960 unabhängig. Staatspräs. (nach Militärputsch): B. Compaoré (seit 1987). ⊕ S. 482.

burlẹsk [ital.-span.], possenhaft. **Burleske** die, kom. Dichtung; humorist. Tonstück.

Burma, → Birma.

Burne-Jones [bə:n dʒ'əʊnz], Sir Edward, engl. Maler, *1833, †1898, malte in der dichterisch-romant. Art der Präraffaeliten.

Burnout [bə:n'aʊt], in der Kerntechnik das Durchbrennen der Brennstoffumhüllung.

Bụrnus der, arab. Mantel mit Kapuze.

Bürọ [frz.] das, **1)** Schreibstube, Amts-, Geschäftszimmer. **2)** die in einem B. beschäftigten Personen. **Bürokratịe** die, Beamtenherrschaft; dazu: der **Bürokrạt.**

Büromaschinen, zur maschinellen Erledigung von Büroarbeiten: Schreib-, Rechen-, Buchhaltungs-, Diktier-, Adressier-, Frankiermaschinen, heute häufig durch Datenverarbeitungsanlagen abgelöst.

Bụrsa, Brussa, Stadt in Anatolien, Türkei, unweit des Marmarameeres, 612500 Ew.

Burschenschaft, aus den freiheitl. und vaterländ. Bestrebungen der student. Jugend nach den Freiheitskriegen hervorgegangene Gemeinschaftsform an den Hochschulen, eine Gattung der Studentenverbindungen.

Burkina Faso

Burnus

Burundi

Burg: links Castel del Monte (1240-50); rechts Burg Eltz (13.-16. Jh.)

Busch (Selbstbildnis 1894)

Bush

Bussard

Butenandt

Byron

Burse [mlat. bursa »Börse, Beutel, Säckel«] die, Studentenheim, bes. im MA.

Bürste, ⚡ federnd schleifende Metall- oder Kohlenstücke zur Abnahme oder Zufuhr des elektr. Stroms.

Bürstenabzug, ✎ erster Abzug eines Drucksatzes, früher mittels einer Bürste durch Aufklopfen, heute durch Handpressen hergestellt. Der B. dient als **Korrekturabzug.**

Burụndi, Rep. in O-Afrika, 27834 km^2, 5,0 Mio. Ew. (meist Bantus; 50% kath.); Hptst.: Bujumbura. B. ist Savannenhochland im NO des Tanganjikasees. Wirtschaft: Kaffee, Baumwolle, Tabak, Bananen; Viehzucht. ⚒ auf Zinn. – B. war bis zur Unabhängigkeitserklärung (1962) als Urundi Teil des belg. Treuhandgebietes Ruanda-Urundi; seit 1966 Republik; Staatspräs. P. Buyoya (nach Militärputsch 1987), MinPräs. A. Sibomana (seit 1988). ⊕ S. 482. (BILD S. 127)

Bürzel der, Hinterrücken der Vögel mit der **B.-Drüse,** deren Fett der Vogel zum Einölen des Gefieders benutzt.

Burzenland, fruchtbares Becken im Osten Siebenbürgens mit der Stadt Kronstadt; war 1211-25 im Besitz des Dt. Ordens.

Bus, mehradrige Sammelleitung für den Informationsaustausch in einer Datenverarbeitungsanlage.

Busch, Wilhelm, Maler, Dichter, *1832, †1908; Werke: »Münchener Bilderbogen« und Bücher voll Humor und Witz in Wort und Bild (»Max und Moritz«, »Hans Huckebein«); auch ernste Dichtungen.

Büschelkiemer Mz., Unterordn. der Röhrenmaulartigen Fische von meist seltsamer Gestalt mit Knochenplatten; **Seepferdchen** und **Seenadel.** (BILD Seepferdchen)

Buschmänner Mz., kleinwüchsiges, hellfarbiges Volk S-Afrikas, Rest einer afrikan. Urbev., nur noch in der Kalahari.

Buschmeister, über 3 m lange, sehr gefährl. Giftschlange Brasiliens.

Buschwindröschen, → Anemone.

Busen, weibl. Brust; Vertiefung zw. den Brüsten.

Busẹnto der, Fluß in Kalabrien, in dem der Sage nach Alarich begraben (410) wurde.

Bush [bʊʃ], George, amerikan. Politiker und Diplomat (Republikan. Partei), *1924; seit 1989 41. Präs. der USA.

bushel [b'uʃl] der, engl. Hohlmaß, in England 36,37 l, in den USA 35,24 l.

Bushido [b'uʃido, japan. »Ritterweg«], Lebensregeln des japan. Ritters: Treue, Todesverachtung, Waffentüchtigkeit, Selbstzucht.

Busọni, Ferruccio, dt.-ital. Komponist und Pianist, *1866, †1924; Klavierstücke, Opern.

Bussard der, Gatt. der Greifvögel; **Mäuse-B.,** braun, unten hell, 60 cm hoch, in Wald und Feld, oft in großer Höhe kreisend, Mäusevertilger; **Wespen-B.,** Wespen-, Hummelfresser.

Buße, relig. Leistung (Opfer, Fasten, Beten) zur Sühnung einer Gewissensschuld. Im N.T. die aus Sündenerkenntnis erwachsende Sinnesänderung; in der kath. Kirche ist die B. ein Sakrament mit 4 wesentl. Stücken: Reue, Beichte, Genugtuung, Lossprechung.

Büßerschnee, eigenartige Schnee- und Firnpyramiden in Hochgebirgen, die durch die Schmelz- und Verdunstungswirkung der Sonnenstrahlung entstehen.

Bußgeldverfahren, → Ordnungswidrigkeit.

Bussọle [ital.] die, der → Kompaß.

Bußsakrament, → Beichte, → Buße.

Buß- und Bettag, kirchl. (in einigen Ländern gesetzl.) Feiertag, meist am Mittwoch vor dem letzten Sonntag im Kirchenjahr.

Büste, Bildhauerei: plast. Darstellung eines Menschen vom Kopf bis zur Brust.

Bustelli, Franz Anton, Porzellanmodelleur, *1723, †1763, schuf als Modellmeister der Manufaktur Nymphenburg zahlreiche Rokokofiguren und -gruppen.

Busto Arsịzio, Stadt in Norditalien, 79200 Ew.; Marienkirche; Textil-Ind.

Büsum, Nordseebad in Schleswig-Holstein, 6000 Ew.; Fischerei.

Butadiẹn das, ungesättigter, gasförmiger Kohlenwasserstoff, der für die Herstellung des Kunstkautschuks (→ Kautschuk) wichtig ist.

Butạne, Ez. **Butan,** C_4H_{10}, die beiden gasförmigen Kohlenwasserstoffe, Heiz- und Treibgas.

Bụtenandt, Adolf, Biochemiker, *1903, 1960-72 Präs. der Max-Planck-Ges.; entdeckte und isolierte die Geschlechtshormone (Nobelpreis 1939).

Butjạdingen, Marschlandschaft in Oldenburg, zw. Jade und Unterweser, Viehzucht.

Butler [b'ʌtlə, engl.], Keller-, Haushofmeister.

Butler [b'ʌtlə], **1)** Samuel, engl. Dichter, *1612, †1680; sein »Hudibras« ist eine groteske Satire auf das Puritanertum. **2)** Samuel, engl. Kulturphilosoph, Schriftst., *1835, †1902; vertrat organ. Entwicklungsbegriff, Zukunftsroman (»Erewhon«).

Butor [byt'ɔ:r], Michel, frz. Schriftst., *1926; Haupttheoretiker des → Nouveau roman.

Butt der, ein Plattfisch: Heilbutt.

Büttel der, ✠ Gerichtsdiener; Häscher.

Büttenpapier, handgeschöpftes oder maschinell hergestelltes Papier aus Hadern oder Zellstoff, hat ungleichmäßigen Rand.

Büttenrede, Karnevalsrede.

Butter, aus Fettkügelchen der Milch zusammengeronnenes Fett. Durch Stehenlassen oder Schleudern der Milch wird der **Rahm** von der **Magermilch** getrennt. Aus dem Rahm gewinnt man im **B.-Faß** oder der **B.-Maschine** die B.; der dabei entstehende Rückstand ist die **B.-Milch.** Chemisch ist B. ein Gemisch aus versch. Fetten, Wasser (höchstens 18% erlaubt), Casein und Salzen. Der B.-Verbrauch pro Kopf der Bevölkerung betrug in der Bundesrep. Dtl. (1981) 7,1 kg. (→ Buttersäure)

Butterblume, Volksname für versch. gelbblühende Pflanzen, bes. Hahnenfußgewächse.

Butterfly [b'ʌtəflaɪ, engl.], **1)** Schmetterling. **2)** Veraltete Bez. für den Schmetterlingsstil beim Schwimmen.

Butterkrebs, Flußkrebs nach der Häutung.

Butterpilz, eßbarer Röhrenpilz.

Buttersäure, ⌬ dicke, ranzig riechende

Bustelli: »Der gestörte Schläfer«, Nymphenburg, 1756

Flüssigkeit, an Glycerin gebunden im Butterfett enthalten; wird beim Ranzigwerden von Butter frei.

Butyrometer [grch.] das, Gerät zur Bestimmung des Fettgehalts der Milch.

Butzbach, alte Stadt im Wetteraukreis, Hessen, 20800 Ew.; mittelalterl. Stadtbild, Solmssches Schloß (15. Jh.), landgräfl. Schloß (1610); Ind.

Butzenscheiben, runde Glasscheiben, in der Mitte mit einer Erhöhung **(Butzen);** durch Bleifassungen zu Fenstern zusammengesetzt.

Buxtehude, Stadt in Ndsachs., 31100 Ew.; Lebensmittel-, Metall-, Bauind.

Buxtehude, Dietrich, Organist und Komponist, *1637 (?), †Lübeck 1707, Vorläufer J. S. Bachs; Orgel- und Choralwerke. Kantaten.

Buys-Ballotsche Regel [bœjsb'alɔt-], → Barisches Windgesetz.

Buzzati, Traverso Dino, ital. Schriftst., *1906, †1972; von Kafka beeinflußte Romane, Novellen, Erzählungen.

Bypass [b'aɪpa:s, engl.]; **1)** ♡ Gefäßtransplantat, das die Verschlußstelle des Gefäßes (Arterie) umgeht; **2)** ⊙ allg. eine Umgehungsleitung.

Byrd [bə:d], **1)** Richard, nordamerikan. Seeoffizier, *1888, †1957, überflog 1926 als erster den Nordpol, erforschte das Südpolgebiet mit Flugzeugen. **2)** William, engl. Komponist, *1543, †1623; erster großer Meister des engl. Madrigals; Cembalomusik, Messen, Chöre.

Byron [b'aɪrən], George Gordon Noel, Lord, engl. Dichter, *1788, †1824 im grch. Freiheitskampf, Dichter des Weltschmerzes; Verserz. (»Junker Harolds Pilgerfahrt«), dramat. Gedichte (»Manfred«). (BILD S. 128)

Byssus der, **1)** im Altertum feines Leinengewebe. **2)** hornig-fädige Abscheidung an Seemuscheln.

Byte [baɪt], in der Rechentechnik zusammengehörige Folge von 8 Bits, kleinste adressierbare Einheit.

byzantinische Kunst, entwickelte sich im 4. und 5. Jh. n. Chr. aus der spätantiken Kunst, erlebte im 6. und 7. Jh. ihre erste, im 9.-12. ihre 2. und im 14. Jh. ihre 3. Blüte. Im Vordergrund der Kirchenbaukunst standen der kuppelbekrönte Zentralbau, Mosaik, Relief, Malerei, Email.

Byzantinisches Reich, Oströmisches Reich, entstand 395 bei der Teilung des Röm. Reichs als dessen griechisch-oriental. Osthälfte. Hptst.: Konstantinopel (Byzanz). Kaiser Justinian I. (527-565) zerstörte das Wandalenreich in Nordafrika und das Ostgotenreich in Italien. Im 7. Jh. gingen Ägypten und Syrien an den Islam verloren; wie die Araber im S, bedrohten auf dem Balkan die Bulgaren das B. R., das sich aber in zähem Ringen behauptete. Den Höhepunkt des B. R. bedeutete das makedon. Kaiserhaus (867-1056). 1071 setzten sich die türk. Seldschuken in Kleinasien fest. 1204 eroberten die Kreuzfahrer Konstantinopel und gründeten dort das »Lateinische Kaiserreich«. 1261 wurde das B. R. noch einmal wiederhergestellt, erlag aber 1453 den osman. Türken (Eroberung Konstantinopels).

Byzantinismus der, kriecher. Unterwürfigkeit, Schmeichelei.

Byzanz, im Altertum Handelsstadt am Bosporus, grch. Kolonie, um 660 v. Chr. als **Byzantion** von Megara aus gegr., 330 n. Chr. von Konstantin d. Gr. als Konstantinopel (→ Istanbul) zur Reichs-Hptst. erhoben.

C

c, C, 1) Mitlaut; der 3. Buchstabe des dt. Abc; wird vor a, o, u wie k, vor ä, e, i, ö, y wie z gesprochen. Die Römer sprachen c wahrscheinl. wie k. **2)** röm. Zahlzeichen: C (Centum) = 100, CC = 200. **3)** auf röm. Inschriften: C, Abk. für Caesar, Konsul, Gajus. **4)** ⊠ C, Abk. für Celsius und für Coulomb. **5)** C, chem. Zeichen für Kohlenstoff. **6)** 𝅗𝅥 Anfangs- und Grundton der Grundtonleiter (C-Dur).

byzantinische Kunst: oben links Justinian I., Mosaik in San Vitale, Ravenna; 538-47. Oben rechts Mosaik aus der Höllenfahrt Christi, Kirche Nea Moni, Chios; 11. Jh. Unten Codex purpureus, Rossano, Schatzkammer der Kathedrale; 6. Jh.

C, universell einsetzbare Programmiersprache; urspr. für das Betriebssystem Unix entwickelt.

Ca, chem. Zeichen für Calcium.

Caballero [kaβaʎ'ɛro, span.], Ritter, Herr.

Cabinda, Exklave von Angola, 7270 km², nördlich der Kongomündung, mit dem Hafen C. 108000 Ew.

Calceus

Cabochon [kabɔʃ'ɔ̃, frz.] der, Schliff für Edelsteine, ohne Facetten, mit kuppelförmigem Oberteil und flacher Unterseite.

Cabral, Pedro Alvares, *1467/68, † um 1520; portugies. Seefahrer, entdeckte 1500 Brasilien.

Cache-Speicher, Pufferspeicher in einer Datenverarbeitungsanlage zw. Arbeitsspeicher und Zentralspeicher.

Cachucha [katʃ'utʃa, span.] die, andalus. Volkstanz mit Kastagnettenbegleitung.

Cäcilia, Märtyrerin im 3. Jh., Schutzheilige der Musik (Tag 22. 11.); Kennzeichen: Orgel.

CAD, Abk. für engl. **Computer Aided Design** [kəmpj'u:tə 'eɪdɪd dɪz'aɪn], rechnergestützter Entwurf, hat z. B. für die Entwicklung hochintegrierter Schaltkreise Bedeutung.

Caddie [k'ædɪ, engl.], Golf: Träger der Geräte, auch Wagen zum Schlägertransport.

Cádiz [k'aðiθ], Hptst. der span. Prov. C., im südlichsten Andalusien, bed. Handels- und Kriegshafen, 161000 Ew.; auf einer schmalen Landenge im **Golf von C.;** Ausfuhr von Seesalz, Fischen, Früchten, Kork, Wein und Öl.

Calderón

Cadmium das, **Cd,** chem. Element, silberweißes Metall, sehr giftig, Ordnungszahl 48, D 8,65 g/cm³, Schmelzpunkt 321°C. Gewinnung aus C.-haltigen Zinkerzen, Verwendung in Legierungen für Lagermetall, für leicht schmelzende Legierungen (→ Woodsches Metall), als Elektrode in Nickel-Cadmium-Akkumulatoren. **C.-Sulfid,** CdS, dient als Malerfarbe **(C.-Gelb),** auch wichtiger Halbleiter.

CAE, Abk. für **C**omputer **A**ided **E**ngineering [kəmpj'u:ta 'eɪdɪd endʒɪ'nɪərɪŋ], rechnerunterstützte Ingenieurtätigkeit in Entwicklung und Produktion.

Caen [kã], frz. Stadt in der Normandie, 122 800 Ew.; Kirchen im normannisch-roman. Stil; Univ.; Hochöfen, Maschinen- u.a. Ind.

Caesar

Cạesar, Beiname eines Zweiges des röm. Geschlechts der Julier, auch röm. Herrscher und Thronfolger. Aus dem Namen C. entstanden die Wörter Kaiser und Zar.

Cạesar, Gaius Julius, röm. Feldherr und Staatsmann, *100, † (ermordet) 15. 3. 44 v.Chr. C. wurde 59 Konsul (→ Triumvirat) und unterwarf 58-61 Gallien. Sein Ggs. zu Pompeius führte zum Bürgerkrieg. Er zog 49 nach Rom, vertrieb Pompeius und schlug ihn 48 bei Pharsalos; 44 von republikan. Verschwörern unter Brutus und Cassius ermordet. C. suchte eine monarch. Regierungsform zu begründen. Schriften: »Gallischer Krieg«, »Bürgerkrieg«.

Caesarẹa [lat.], Name mehrerer Städte des röm. Reiches zu Ehren eines Kaisers.

Cage [keɪ:dʒ], John, amerikan. Komponist, *1912, vertritt eine experimentell-moderne Klangrichtung.

Cagliari [k'aʎari], Hptst. und größter Hafen der ital. Insel Sardinien, 222 500 Ew.; Erzbischofssitz, Univ.; Ausfuhr: Erze, Salz.

Cagliostro [kaʎ'ɔstro], Alessandro, Graf, eigentl. Giuseppe **Balsamo,** ital. Abenteurer, *1743, †1795, trat auf weiten Reisen durch Zaubertränke und Goldmacherei hervor.

Caisson [kɛs'ɔ̃, frz.] der, unten offener eiserner Senkkasten, Arbeitsraum bei Bauten unter Wasser (z.B. Brückenpfeiler). Das Wasser wird durch Einpumpen von Druckluft ferngehalten.

Cajetạn, Thomas, eigentl. Jacob de Vio, *1469, †1534, verhandelte als päpstl. Legat 1518 in Augsburg mit Luther.

cal, Abk. für → Kalorie.

Calla

Calạdium das, Gatt. der Aronstabgewächse.

Calais [kal'ɛ], Hafenstadt im nördl. Frankreich, am engsten Teil des Kanals, 76 500 Ew.; wichtigster Hafen für die Überfahrt nach England (Dover); Tüll- und Spitzenind. – C. war 1347-1558 englisch.

Cạlceus [lat.] der, altröm. Schuh. (BILD S. 129)

Calcịt der, → Kalkspat.

Callaghan

Calcium das, **Ca,** chem. Element aus der Gruppe der Erdalkalimetalle; Ordnungszahl 20, D 1,53 g/cm³, Schmelzpunkt 851°C. Das silberweiße Metall oxidiert an der Luft und wird von Wasser und verdünnten Säuren heftig angegriffen. C. kommt frei nicht vor, ist aber in Form seiner Verbindungen (hauptsächlich als Carbonat, Phosphat, Silikat, Sulfat) weit verbreitet. Es wird durch Elektrolyse von geschmolzenem C.-Chlorid gewonnen und zur Herstellung einiger Legierungen verwendet. Verbindungen: **C.-Carbid, Carbid,** CaC_2, wird durch Erhitzen von Kalk und Kohle im elektr. Ofen hergestellt; gibt mit Wasser Acetylen. **C.-Oxid, C.-Hydroxid,** → Kalk; **C.-Chlorid, Chlor.-C.,** $CaCl_2$, stark feuchtigkeitsanziehende Verbindung, die zum Trocknen von Gasen und organ. Flüssigkeiten dient. **C.-Carbonat,** $CaCO_3$, auch kohlensaurer Kalk genannt, bildet oft ganze Gebirgsmassen (Urkalk, Marmor, Kalkstein), kristallisiert als Kalkspat oder Aragonit; ist Hauptbestandteil der Korallenriffe, der Eierschalen usw. Es löst sich schon in schwachen Säuren unter Abgabe von Kohlendioxid, dient zur Herstellung von Mörtel, als Düngemittel usw. **C.-Bicarbonat,** $Ca(HCO_3)_2$, ist in den meisten Gewässern enthalten; es zersetzt sich leicht zu $CaCO_3$ und bildet dabei z.B. Kesselstein, in Höhlen Tropfstein. **C.-Phosphate** sind Bestandteile der Knochen und Zähne und kommen mineralisch als Apatit und Phosphorit vor. **C.-Silicat,** $CaSiO_3$, ist Bestandteil des Glases, des Zements und der Hochofenschlacke. **C.-Sulfat,** $CaSO_4$, kommt in der Natur als Gips vor.

Calder [k'ɔ:ldə], Alexander, amerikan. Bildhauer und Maler, *1898, †1976; Mobiles, auch Stabiles: Konstruktionen aus Metall.

Caldẹra [span. »Kessel«], durch Einsturz und Erosion erweiterter Vulkankrater.

Calderón, Pedro C. **de la Barca,** größter span. Dramatiker, *1600, †1681. Seine farbenreichen Schauspiele und Sakramentsspiele (Autos) mit ihrem strengen Ehrbegriff und ihrer Freude am Wunderbaren sind ein Spiegel span. Lebens. »Das Leben ein Traum«, »Die Andacht zum Kreuz«, »Dame Kobold«, »Der Richter von Zalamea«, »Das große Welttheater«. (BILD S. 129)

Caldwell [k'ɔ:ldwəl], **1)** Erskine, nordamerikan. Schriftsteller, *1903, †1987; schildert das Los der »armen Weißen« und der Neger in den Südstaaten. **2)** Taylor, amerikan. Schriftstellerin, *1900, †1985; »Einst wird kommen der Tag«.

Calembour [kalãb'u:r, frz.], Kalauer, gegründet auf den Doppelsinn mancher Wörter.

Calẹndae [lat.] Mz., die Kalenden, bei den Römern der Erste jedes Monats.

Calgary [k'ælgərɪ], Haupthandelsplatz der kanad. Prov. Alberta, 620 000 Ew.; Getreidemühlen, Fleisch-, Erdöl-, chem. Ind.

Cạli, Stadt in Kolumbien, 1,40 Mio. Ew.; bed. Bahn zum Hafen Buenaventura.

Caliban, halbtier. Ungeheuer in Shakespeares »Sturm«; bildlich: roher Mensch.

Califọrnium das, **Cf,** künstlich hergestelltes radioaktives Element; ein Transuran, Ordnungszahl 98.

Calịgula [lat. »Stiefelchen«], röm. Kaiser 37 bis 41 n.Chr. (durch Verschwörung der Prätorianer ermordet); Gewaltherrscher.

Calla die, **Schlangenkraut,** Gatt. der Arongewächse. **1) Schlangenwurz** (C. palustris), saftige, giftige Grünmoorstaude mit weißem Blütenhüllblatt, roten Beeren. **2) Zimmer-C.** (Zantedeschia aethiopica), giftige Zierpflanze mit weißer Blütenscheide.

Callaghan, James, brit. Politiker (Labour Party), *1912; 1967-70 Innenmin., 1974-76 Außenmin., 1976-1979 Premiermin.

Callao [kaʎ'ao], Haupthafen von Peru, nahe der Hptst. Lima; 479 000 Ew.

Callas, Maria, grch. Opernsängerin, *1923, †1977, dramat. Sopran.

Callgirl [k'ɔ:lgə:l, engl.] das, telephonisch vermittelte Prostituierte.

Campagna: Via Appia

Canaletto: Venedig

Calmette [kalm'ɛt], Albert, frz. Arzt, *1863, †1933; mit C. Guérin Tbc-Impfstoff; Serum gegen Schlangengift.

Caltanissetta, Stadt, Bischofssitz im Innern Siziliens; 62000 Ew.; Schwefelhandel.

Calumet [k'æljumet, engl.], → Friedenspfeife der nordamerikan. Indianer.

Calvados [kalvad'ɔs] der, Trinkbranntwein aus Apfelwein; aus der Normandie.

Calvin, Johann, Reformator, *1509, † Genf 1564, wirkte seit 1536 hauptsächlich in Genf, wo er eine strenge Kirchenzucht einführte, die von einem Konsistorium mit Unterstützung der weltl. Behörden geübt wurde. Im Mittelpunkt seiner Lehre, des **Calvinismus,** steht die → Prädestination, die Lehre von der Gnadenwahl und die von Luther und Zwingli abweichende Abendmahlslehre. C. gründete mit Zwingli die Reformierte Kirche. Der Calvinismus verbreitete sich über W-Dtl., Holland, Frankreich (→ Hugenotten), England (→ Puritaner) und Nordamerika.

Calvino, Italo, italien. Schriftsteller, *1923, †1985; politisch orientierte, später phantastisch-märchenhafte Romane und Erzählungen.

Calw [-f], Krst. in Bad.-Württ., nördl. Schwarzwald, 22400 Ew.; Textil-, Holz-, Motoren-Ind. C. wurde 1975 mit Hirsau zusammengeschlossen.

CAM, Abk. für engl. **Computer Aided Manufacturing** [kəmpj'u:tə 'eɪdɪd mænjuf'æktʃərɪŋ], rechnergestützte Fertigung, z.B. mittels numerisch gesteuerter CNC-Werkzeugmaschinen.

Camagüey [kamaɣu'ɛi], Stadt in Kuba, im Zentrum der Insel, 260000 Ew.

Camargue [kam'arg], Landschaft und Naturpark in S-Frankreich, Deltainsel der Rhône; Strandseen; reiche Vogelwelt.

Cambrai [kãbr'ɛ], frz. Stadt im Artois, an der oberen Schelde, 35000 Ew.; Baumwollbatist (Cambric), Gießereien, Mühlen.

Cambridge [k'eɪmbrɪdʒ], **1)** neben Oxford die bedeutendste Universitätsstadt Englands; 90000 Ew. **2)** Vorort von → Boston.

Camcorder [kæm'kɔ:də], Kunstwort aus engl. **cam**era und **Recorder,** eine Videokamera mit integriertem -recorder.

Camembert [kamãb'ɛ:r, frz.] der, vollfetter Weichkäse, nach dem normann. Dorf C.

Camera obscura [lat.], Lochkamera, → Photographie.

Camillus, Marcus Furius, röm. Feldherr, Staatsmann, im 4. Jh. v. Chr.; eroberte Veji.

Camões [kam'õiʃ], Luis de, portugies. Dichter, *1524/25, †1580, Nationalepos »Die Lusiaden« und lyr. Dichtung.

Camorra, neapolitan. terrorist. Geheimbund; vom Faschismus weitgehend vernichtet; heute Bez. für das organisierte Verbrechen in Neapel.

Campagna [kamp'aŋa] die, Ebene um Rom; im Altertum blühende Landschaft, verödete dann; heute wieder urbar gemacht. (BILD S. 130)

Campanella, Thomas, ital. Philosoph, *1568, †1639, schildert im »Sonnenstaat« einen utop. christl.-kommunist. Staat.

Campanile [ital.] der, frei neben der Kirche stehender Glockenturm.

Campanula die, → Glockenblume.

Campe, Joachim Heinrich, Jugendschriftst., Erzieher, *1746, †1818; Hauptwerk: »Robinson der Jüngere« (1779/80).

Campendonk, Heinrich, Maler, *1889, †1957, Gemälde und Glasmalereien von farbig reicher, oft traumhafter Wirkung.

Campina Grande, Stadt im brasilian. Staat Paraíba, 165000 Ew.; Nahrungsmittelind.

Campinas, Industriestadt im brasilian. Staat São Paulo, 467400 Ew.; Univ., Kaffeehandel.

Camping [k'æmpɪŋ, engl.] das, Freiluftleben unter Verwendung von Zelt, Wohnwagen.

Campoformio, amtl. **Campoformido,** ital. Dorf bei Udine. Friedensschluß vom 17. 10. 1797 zw. Frankreich und Österreich, das die österr. Niederlande und das linke Rheinufer abtrat und Venetien links der Etsch, Dalmatien und Istrien erhielt.

Camposanto [ital.], Friedhof; z. B. der neben dem Dom von Pisa; von Arkadengängen umgeben, mit Fresken geschmückt.

Campus [lat.], Fläche; freier Platz. **C. Martius, 1)** das → Marsfeld. **2)** das → Märzfeld. **3)** Universitätsgelände.

Camus [kam'y], Albert, frz. Schriftst., *1913, †1960; zeigt die »Absurdität« der menschl. Existenz und fordert aktiven Humanismus. Romane »Die Pest«, »Der Fall«; Drama »Caligula«. 1957 Nobelpreis.

Canal du Midi [dymid'i], Schiffahrtskanal in S-Frankreich, von der Garonne bei Toulouse nach der Hafenstadt Sète am Mittelmeer.

Canaletto, Bernardo, ital. Maler und Radierer, *1720, †1780, schuf, wie sein Oheim Antonio C. (*1697, †1768), zahlreiche Städtebilder.

Canaris, Wilhelm, Admiral, *1887, † (hingerichtet) 1945, 1938 Leiter des Amtes Ausland/Abwehr im OKW, in der Widerstandsbewegung tätig, nach dem 20. 7. 1944 verhaftet, zum Tode verurteilt.

Canasta, südamerikan. Kartenspiel mit 104 Karten und 4-6 Jokern, für 2-6 Personen.

Canaveral, Cape C. [keɪp kən'ævərəl], Kap an der Ostküste von Florida, 1963-73 umbenannt in Cape Kennedy, Raketenstartgelände.

Canberra [k'ænbərə], Hptst. des Austral. Bundes (1913 gegr.), 268000 Ew., Parlamentssitz seit 1927, National-Univ.

Cancan [kãk'ã, frz. »Klatscherei«] der, schneller frz. Tanz, eine Art Quadrille.

cand., Abk. für lat. **cand**idatus, Kandidat, z. B. »cand. med.« Kandidat der Medizin.

Candela, Abk. **cd,** Einheit der Lichtstärke.

Candia, ital. Name der Insel Kreta.

Canetti, Elias, Schriftst., *1905, Romane, Dramen, essayist. Werke, Autobiographisches (»Die gerettete Zunge«); Nobelpreis 1981.

Canisius, Petrus, Jesuit, *1521, †1597, gründete viele Jesuitenniederlassungen in Dtl., wirkte durch seinen Katechismus (1555); Heiliger (Tag 21. 12.). **C.-Verein,** für Jugenderziehung.

Canna die, **Blumenrohr,** Pflanzengatt. des trop. Amerika; bei uns Zierstauden.

Cannae, alte Stadt in Apulien (Unteritalien), am Aufidus (Ofanto), 216 v. Chr. Niederlage der Römer durch Hannibal.

Cannes [kan], Seebad und Kurort an der frz. Riviera, 72000 Ew.; Filmfestspiele.

Calvin

Camões

Camus

Canisius

Canna

Canova: Venus (1812)

Cañon, Canyon [kaŋ'ɔn, span. »Röhre«] der, schluchtartiges Engtal in Gebieten mit waagerechter Gesteinslagerung, bes. im trokkenen W Nordamerikas (Grand C. des Colorado).

Canọssa, Felsenburg in Oberitalien, südwestl. von Reggio nell'Emilia. Hier erreichte Kaiser Heinrich IV. durch dreitägige Buße 1077 von Papst Gregor VII. die Aufhebung des Kirchenbanns **(Canossagang).**

Canọva, Antonio, ital. Bildhauer, *1757, †1822; Hauptmeister des Klassizismus.

Canstein, Karl Hildebrand Frhr. von, *1667, †1719, gründete 1710 die **Cansteinsche Bibelanstalt** in Halle.

Cantal [kãt'al] der, erloschener vulkan. Berg in der Auvergne (S-Frankreich); Mineralquellen.

Canterbury [k'æntəbəri], Stadt im SO Englands, 34500 Ew.; Sitz des anglikan. Primas von England; Kathedrale (11.-15. Jh.).

Canton [k'æntən], Stadt in Ohio, USA, 97400 Ew.; Ind. (Stahl, Metallwaren).

Cạntus [lat.] der, Gesang; Melodie. **C. firmus** [feste Melodie], ♩ im mehrstimmigen Satz die Melodie, die die Grundlage (lat. Tenor) für die Führung der andern Stimmen bildet.

CAP, 1) Abk. für engl. **C**omputer **A**ided **P**lanning [kəmpj'u':tə eɪdɪd pl'ænnɪŋ], rechnergestützte Planung. **2)** Abk. für **C**omputer **A**ided **P**ublishing [-'pʌblɪʃɪŋ], rechnerunterstützte Publikationserstellung.

Cape [keɪp, engl.] das, **1)** ärmelloser Umhang. **2)** → Kap.

Čapek [tʃ'apɛk], Karel, tschech. Schriftst., *1890, †1938; philosoph. Erz., Dramen, utop. Romane.

Capote [kəp'əʊtɪ], Truman, amerikan. Schriftst., *1924; †1984; Kurzgeschichten, Romane.

Cappa [lat.], mantelartiges Gewand der kath. Geistlichen.

Cạpri, ital. Felseninsel im Golf von Neapel; mildes Klima, an der N-Seite die → Blaue Grotte.

Capriccio [kapr'ittʃo, ital. »Laune«] das, eigenwilliges Phantasiestück in Musik und Literatur. **capricciọso,** launenhaft.

Carl XVI. Gustaf

Caprịvi, Leo Graf v., *1831, †1899, preuß. General, 1890-94 Reichskanzler, Nachfolger Bismarcks.

Captạtio benevolẹntiae [lat.] die, Werben um Wohlwollen des Lesers oder Zuhörers.

Cạpua, Stadt in Italien, nördl. von Neapel, 18000 Ew. Das alte C., 4 km südöstl. des heutigen, war eine der reichsten Städte Italiens.

Carabiniẹri Mz., die ital. Gendarmen.

Caracạlla, röm. Kaiser (211-217, ermordet), verlieh 212 allen freien Reichsangehörigen das Bürgerrecht; baute in Rom die **Thermen des C.**

Carạcas, Hptst. Venezuelas, 4,0 Mio. Ew.;

Capri: Marina Piccola

Caravaggio: Die Bekehrung des Saulus

9 km südl. der Seehafen La Guaira; Erzbischofssitz, Univ.; Ind.

Caravaggio [karav'addʒo], Michelangelo da, ital. Maler, *1573, †1610, der den Barock einleitende große Realist.

Carbịde die, ⚗ Elementarverbindungen des Kohlenstoffs; die C. des Bors und Siliciums besitzen große Härte.

Carbo... [lat.], in Fremdwörtern: Kohlen...

Carbọl, Carbolsäure, → Phenole.

Carbonạte Mz., ⚗ Salze der Kohlensäure.

Carbọnsäuren, organ.-chem. Säuren, die die Carboxylgruppe -COOH enthalten. Einfachste C. ist die Ameisensäure H-COOH.

Carcassonne [karkas'ɔn], Stadt im südl. Frankreich, 41000 Ew.; alte Befestigungsanlagen; Textilind.; Wein- und Getreidehandel.

Cardạno, lat. **Cardanus,** Geronimo, *1501, †1576, ital. Mathematiker und Naturforscher. (→ kardanische Aufhängung)

Cardenal, Ernesto, nicaraguan. Lyriker und Politiker, *1925; verbindet in seinen prosanahen Dichtungen religiöses Empfinden mit polit. Engagement; 1980 Friedenspreis des Dt. Buchhandels.

Cardiff [k'ɑ:dɪf], Hptst. von Wales, Großbritannien, 280000 Ew.; Ausfuhrhafen für die Waliser Kohle; Eisen-, Maschinen-, Autoind.

Carducci [kard'uttʃi], Giosuè, ital. Schriftst., *1835, †1907; Oden auf Italien und die Antike; Nobelpreis 1906.

CARE, Abk. für urspr. **C**ooperative for **A**merican **R**emittances to **E**urope, später ... to **E**verywhere, 1946 gegr. Zusammenschluß amerikan. Wohlfahrtsorganisationen; Hilfssendungen **(CARE-Pakete)** nach Europa, später auch Japan.

Cargo der, Ladung, bes. eines Schiffes.

Cargo-Kult, rituelle und mag. Verhaltensweise in Melanesien, die die Kultanhänger durch Vermittlung ihrer Ahnen in den Besitz der als Schiffsladung (»cargo«) bekanntgewordenen europäisch-amerikan. Kulturgüter bringen sollte; meist europäerfeindlich. Vereinzelt bestehen die C.-K. noch heute.

Cạritas [lat.] die, Liebe, bes. christl. Nächstenliebe. **Dt. C.-Verband, C.-Verband für das kath. Dtl.,** Vereinigung zur kath. Wohlfahrtspflege; gegr. 1897, Sitz Freiburg i. Br.

Carl XVI. Gustaf, König von Schweden, *1946, Kg. seit 1973, heiratete 1976 die Deutsche Silvia Sommerlath, *1943.

Carlisle [kɑ:l'aɪl], Industriestadt im nördl. England, 72 000 Ew., Baumwoll-, Eisenind.

Carlos, Don C., *1545, ältester Sohn Philipps II., starb, mit dem Vater entzweit, 1568 im Gefängnis. Trauerspiel von Schiller.

Carlsson, Ingvar Gösta, schwed. Politiker, *1934; seit März 1986 MinPräs.

Carlyle [kɑ:l'aɪl], Thomas, engl. Schriftst., *1795, †1881, suchte den Geist des dt. philosoph. Idealismus den Engländern nahezubringen.

Carmen [lat.] das, Mz. Carmina, Gedicht.

Carmen [span.], weibl. Vorname.

Carmen Sylva, Dichtername der Königin Elisabeth von Rumänien, *1843, †1916; Romane.

Carmina Burana, Samml. mlat. Vagantenlieder aus dem 13. Jh.; v. C. Orff vertont.

Carnac, Ort in der Bretagne, Frankreich, 4000 Ew.; in der Nähe: vorgeschichtl. Steinreihen.

Carnallit, $KCl \cdot MgCl_2 \cdot 6H_2O$, ein Kalisalz; Rohstoff für die Magnesiumgewinnung.

Carnap, Rudolf, Philosoph, *1891, †1970, Beschäftigung v. a. mit mathemat. Logik.

Carné, Marcel, frz. Filmregisseur, *1909; Begründer des poetisch-realist. frz. Filmstils (»Kinder des Olymp«, 1943-45).

Carnegie [k'ɑ:nəgɪ], Andrew, *1835, †1919, amerikan. Stahlindustrieller; machte große Stiftungen für Wissenschaft, Kunst, Wohlfahrt.

Carnet de Passage [karn'ɛ də pas'a:ʒ, frz.] das, Sammelheft von Triptiks für Kraftfahrzeuge.

Carnot [karn'o], **1)** Lazare, Graf v., frz. Staatsmann, Militärschriftst., *1753, †1823, Schöpfer der frz. Revolutionsheere. **2)** Sadi, frz. Physiker, *1796, †1832; 2. Hauptsatz der Wärmelehre; **C.scher Kreisprozeß.**

Carnuntum, ehem. röm. Festung an der Donau in Niederösterreich, um 400 n. Chr. zerstört; bed. Reste und Ausgrabungen.

Carolina die, **Constitutio Criminalis Carolina, CCC,** die von Kaiser Karl V. 1532 zu Regensburg erlassene »Peinliche Gerichtsordnung«, das erste dt. Gesetzbuch, das Strafrecht und -verfahren reichsrechtlich regelte.

Carolus Magnus [lat.], Karl der Große.

Carossa, Hans, Dichter, *1878, †1956, schrieb Gedichte, Romane: »Der Arzt Gion«, »Geheimnisse des reifen Lebens«; Lebenserinnerungen.

Carotin das, ⇒ gelbroter Pflanzenfarbstoff, Vorstufe des Vitamins A; in der Mohrrübe.

Carpaccio [karp'attʃo], Vittore, ital. Maler, *zwischen 1455 und 1465, †1525/26; Andachtsbilder, Altarwerke, die Heiligenlegenden in seine venetian. Umwelt versetzen.

Annibale Carracci: Apoll und Marsia (Rom, Palazzo Farnese)

carpe diem [lat.], genieße den Tag!

Carrà, Carlo, ital. Maler, *1881, †1966; begründete 1910 den Futurismus, bestimmte als Theoretiker dessen Entwicklung. (BILD Italienische Kunst)

Carracci [kar'attʃi], Malerfamilie aus Bologna; **Agostino C.,** (*1557, †1602), **Annibale C.** (*1560, †1609), der i. Ggs. zu → Caravaggio den Idealstil des röm. Barocks begründete (Fresken im Palazzo Farnese); **Lodovico C.** (*1555, †1619).

Carrara, Stadt in der Toskana, Italien, 69 000 Ew., Marmorbrüche.

Carretera Panamericana, span. für → Panamerican Highway.

Carrington [k'ærɪŋtən], Peter Alexander, 6. Baron C., brit. Politiker (Konservativer), *1919, 1979-82 Außen-Min., 1984-88 Gen.-Sekr. der NATO.

Carroll [k'ærəl], Lewis, eigtl. Charles Lutwidge **Dodgson,** *1832, †1898; Prof. für Mathematik, schrieb schrullig-nachdenkl. Kinderbücher (»Alice im Wunderland«).

Carstens, 1) Asmus Jakob, Maler, Zeichner, *1754, †1798; Meister des dt. Klassizismus. **2)** Karl, Politiker (CDU), *1914, Jurist, 1976-79 Bundestagspräs.; 1979-84 Bundespräsident.

Cartagena [kartax'ɛna], **1)** Hafenstadt an der SO-Küste Spaniens, 173 000 Ew.; bedeutendster Kriegshafen Spaniens; Erzbischofssitz; Hütten-, Metall-, Textilind.; Erzausfuhr. **2)** Hafenstadt in Kolumbien, 491 000 Ew.; Erzbischofssitz; Univ.

Carte [kart, frz.] die, **1)** Blatt, Karte. **C. blanche** [- blãʃ], unbeschränkte Vollmacht. **2)** Speisekarte; **à la c.,** nach der Karte (essen).

Carter, James (Jimmy) Earl, *1924, amerikan. Politiker (Demokrat), 39. Präs. der USA (1977-81). C. erklärte 1980 unter dem Eindruck der Invasion der UdSSR in Afghanistan die Golfregion zum amerikan. Interessengebiet (»Carter-Doktrin«).

Cartesius, frz. Philosoph, → Descartes.

Cartoon [kɑ:t'u:n, engl.] der, das, -(s)/-s, graph. Form pointierter satir. Darstellung einer sozialen oder auch polit. Situation.

Cartwright [k'a:traɪt], **1)** Edmund, *1743, †1823, engl. Mechaniker, erfand 1786 den mechan. Webstuhl. **2)** Thomas, *1535, †1603, unter Königin Elisabeth I. einflußreichster Führer der Puritaner.

Carus, Carl Gustav, Arzt, Maler, Philosoph, *1789, †1869, förderte die Schädellehre, Schriften zur Psychologie des Unbewußten, auch zur Malerei.

Caruso, Enrico, ital. Tenor, *1873, †1921.

Casa [ital., span.] die, Haus; Familie.

Casa, Lisa della, schweizer. Sopranistin, *1919.

Casablanca, arab. **Dar el-Beida,** Haupthafen und größte Stadt Marokkos, am Atlant. Ozean, 2,5 Mio. Ew.; um die winklige arab. Altstadt entstand die großzügig angelegte Industrie- und Europäerstadt. Konferenz von C. (14.-26. 1. 1943): Churchill und Roosevelt einigten sich auf »bedingungslose Kapitulation« der Achsenmächte.

Casale Monferrato, Stadt in NW-Italien, am Po, 36 000 Ew.; roman. Dom; Weinbau.

Casals, Pablo, span. Cellist, *1876, †1973.

Casanova, Giacomo, ital. Abenteurer, *1725, †1798, floh aus den Bleikammern Venedigs und führte ein abenteuerl. Wanderleben, das er in seinen Erinnerungen beschrieb.

Cäsar(e)opapismus, System, bei dem der Kaiser zugleich Papst ist, der staatl. Machthaber zugleich die Kirchengewalt innehat.

Casein das, phosphorsäurehaltiger Eiweißkörper (als Calciumsalz in der Milch) für die Milchgewinnung und Käseherstellung.

Casella, Alfredo, ital. Komponist, *1883, †1947; Opern, Orchester- und Kammermusik.

Carlyle

K. Carstens

Carter

Castiglione

Caserta, Hptst. der südital. Prov. C., 65 000 Ew.; Lustschloß, das »ital. Versailles«.

Cash [kæʃ, engl.], Bargeld.

cash and carry [kæʃ ənd k'ærı, engl. »barzahlen und abholen«], handelsrechtl. Vertragsklausel: der Käufer holt die Ware ab und bezahlt sofort. Danach **Cash-and-Carry-Märkte,** Betriebsform im Groß- und auch Einzelhandel: für Verzicht auf Dienstleistungen gibt es Preisnachlässe.

Cashewnuß [k'æʃu-], eßbare Frucht des Nierenbaums.

Casiquiare [kasiki'arɛ] der, Fluß in Venezuela, verbindet den oberen Orinoco mit dem zum Amazonas fließenden Rio Negro.

Cäsium das, **Cs,** chem. Element, in sehr geringen Mengen vorkommendes Alkalimetall; D 1,90 g/cm^3, Schmelzpunkt 28,5°C.

Cassadó, Gaspar, span. Cellist und Komponist, *1897, †1966; Kammermusik.

Cassin [kas'ɛ̃], René, frz. Jurist, *1887, †1976, Friedensnobelpreis 1968 für seine Mitwirkung an der Menschenrechtserklärung der UNO.

Cassini, Giovanni Domenico, frz. Astronom, *1625, †1712, entdeckte 4 Monde des Saturn, die Gesetze der Mondumdrehung **(Cassinisches Gesetz)** u. a.

Cassino, Stadt in Süditalien, 31 000 Ew.; überragt von der Benediktinerabtei → Monte Cassino.

Cassirer, Ernst, Philosoph, *1874, †1945; »Philosophie der symbol. Formen«.

Cassius, Gaius Longinus, hoher röm. Beamter, mit Brutus Anführer der Caesarmörder, †42 v. Chr.

Castro Ruz

Casteau [kast'o], Ortsteil der belg. Stadt Soignies, seit 1967 Hauptquartier der NATO in Europa (SHAPE).

Castel del Monte, Jagdschloß des Hohenstaufenkaisers Friedrich II. in Apulien (Italien); um 1250 fertiggestellt.

Castel Gandolfo, Stadt in der ital. Prov. Rom, am Albaner See, 6200 Ew.; päpstl. Sommersitz.

Castellammare di Stabia, Hafenstadt am Golf von Neapel, 71 000 Ew.; Werften.

Castellón de la Plana, Stadt in Ostspanien, 5 km vom Meer. 126 000 Ew.; Apfelsinenhandel.

Castiglione [kastiʎ'one], Baldassare Graf, ital. Schriftst., Diplomat, *1478, †1529, zeichnete in seinem »Cortegiano« (1528) das Bild des idealen Hofmannes.

Castle [kɑ:sl, engl.], Burg, Schloß.

Castor und Pollux, lat. Namen der → Dioskuren.

Castra, das röm. Feldlager.

Castrop-Rauxel, Stadt in NRW, 77 700 Ew.; Steinkohlenbergbau, chem., Textilind.

Castro Ruz, Fidel, kuban. Politiker, *1927, Rechtsanwalt, kämpfte 1956-59 mit einer Rebellenarmee gegen Staatspräs. Batista, übernahm 1959 die Macht, wurde MinPräs., seit 1976 als Vors. des Staatsrates auch Präs.; erklärte sich 1961 für den Kommunismus.

Casus [lat.] der, **1)** Fall, Zufall, bes. rechtlich. **C. belli,** Kriegsfall. **2)** Ⓢ Beugefall.

Catania, Hptst. der Prov. C. im O Siziliens, am Südfuß des Ätna, 372 500 Ew.; Hafen; Erzbischofssitz; 1444 gegr. Univ.; Schwefel-, Wein-, Obsthandel; Konserven-, Textilind.

Cavour

Catanzaro, Hptst. der südital. Region Kalabrien, 102 000 Ew.

Catch as catch can [kætʃ æz kætʃ kæn, engl. »greife, wie du greifen kannst«], Ringkampf, bei dem dem **Catcher** mit geringen Ausnahmen alle Griffe erlaubt sind.

Catchup [k'ætʃəp, engl.] das, **Ketchup,** Würzsoße aus Tomaten, Essig u. a.

Cather [k'æðə], Willa Sibert, amerikan. Schriftstellerin, *1876, †1947; psychologisch-realist. Schilderung der Einwanderer.

Catilina, Lucius **Sergius,** *um 108, †62 v. Chr., röm. Adliger, stiftete die **Catilinar. Verschwörung** zum Sturz der Senatsherrschaft an. Von Cicero 63 v. Chr. in den **Catilinar. Reden** angeklagt, floh er und fiel 62 im Kampf.

Cato, Marcus **Porcius C., 1) der Ältere,** röm. Staatsmann, *234, †149 v. Chr., kämpfte gegen den Verfall der alten Sitten, erbitterter Feind Karthagos; bekannt ist sein Ausspruch: »Ceterum censeo Carthaginem esse delendam« (Im übrigen bin ich der Ansicht, daß Karthago zerstört werden muß). **2) der Jüngere,** *95, †46 v. Chr., als Vertreter republikan. Freiheit und altröm. Gesinnung Gegner Caesars; gab sich nach dessen Sieg den Tod.

Cattleya die, Gatt. trop. Orchideen.

Catull, Catullus, Gaius Valerius, röm. Dichter, *um 84 v. Chr., †um 54; Liebesgedichte, Spottverse, Epigramme.

Caudillo [kaud'iʎɔ, span. »Häuptling«], polit. Machthaber; amtl. Titel des früheren span. Staatschefs F. Franco.

Causa [lat.] die, **1)** Ursache, Grund. **2)** Rechtsgrund. **3)** Rechtsfall, Prozeß.

Cavalieri, Bonaventura, ital. Mathematiker, *1598, †1647, Prof. in Bologna; entdeckte das **Cavalierische Prinzip,** wonach 2 Körper raumgleich sind, wenn in gleicher Höhe geführte Schnitte jeweils flächengleich sind.

Cavendish [k'ævəndiʃ], Henry, engl. Chemiker, *1731, †1810; Entdecker des Wasserstoffs.

Cavour [kav'ur], Camillo Graf, ital. Staatsmann, *1810, †1861, seit 1852 MinPräs. in Sardinien-Piemont, führte seit 1859, anfangs im Bunde mit Napoleon III., die nat. Einigung Italiens (bis auf Rom und Venetien) durch.

Cayenne [kaj'ɛn], Hptst. von Frz.-Guayana, Südamerika, 38 000 Ew.; Hafen; ehem. Strafkolonie (»Pfefferküste«).

Cayman-Inseln [k'eımənz-], 3 brit. Koralleninseln in W-Indien.

CB-Funk, [CB: Abk. von engl. Citizen Band, »Bürgerwelle«], **Jedermann-Funk,** Sprechfunk mit kleiner vorgeschriebener Leistung und entsprechend geringer Reichweite.

cbm, m^3, Abk. für Kubikmeter.

CC, Abk. für Corps Consulaire.

CCD, Abk. für Charge-Coupled Device, ladungsgekoppeltes Bauelement in MOS-Technik; Einsatz in Computerspeichern, als Verzögerungsleitung, Bildsensor.

ccm, cm^3, Abk. für Kubikzentimeter.

Cd, chem. Zeichen für Cadmium.

cd, Einheitenzeichen für Candela.

CD, 1) Abk. für Corps Diplomatique. **2)** Abk. für Compact Disk (→ Schallplatte).

CDU, → Christlich-Demokratische Union.

Ce, chem. Zeichen für Cer.

Ceaușescu [tʃauʃ'esku], Nicolai, rumän. Politiker, *1918, †1989; seit 1965 Erster Sekretär (später Generalsekretär) des ZK der KPR, seit 1974 Staatspräs.; regierte zunehmend diktatorisch, wurde durch vom Militär mitgetragenen Volksaufstand im Dez. 1989 gestürzt, in Geheimprozeß zum Tode verurteilt und sofort hingerichtet.

Cebu, Insel der Philippinen, mit gleichnamigem Handelshafen.

Cech [tʃeç], Thomas Robert, amerikan. Biochemiker, *1947; für weiterführende Forschungen zur Ribonucleinsäure 1989 mit S. Altman Nobelpreis für Chemie.

Cédille [sed'i:j], Häkchen unter dem c (ç), bezeichnet den Laut [s] vor a, o, u im Französ., Portugies. und Katalanischen.

Cela [θ'ela], Camilo J., span. Schriftst., *1916; realist. Romane (»Der Bienenkorb«), Nobelpreis 1989.

Celan [tsel'an], Paul, eigentl. Paul **Anczel,** Lyriker, *1920, †1970; »Todesfuge«.

Celebes, seit 1949 **Sulawesi,** eine der Großen Sunda-Inseln, zu Indonesien gehörig,

Cellini: Salzfaß für König Franz I.

189216 km², 11 Mio. Ew., meist Malaien. Um den gebirg. Kern liegen mehrere Halbinseln, z. T. von jungen Vulkanen gebildet. Höchster Berg (3440 m) ist der Rantemario; Klima tropisch, im Inneren Urwälder; Reis, Kautschuk, Nickelerz.

Celesta [tʃel'ɛsta, ital.] die, klavierähnl. Tasteninstrument mit Stahlplatten.

Celibidache [tʃelibid'akɛ], Sergiu, rumän. Dirigent, *1912.

Céline [sel'in], Louis-Ferdinand, frz. Schriftsteller, *1894, †1961; naturalist. Romane.

Celle, Stadt in Ndsachs., an der Aller, 71000 Ew.; altes Herzogsschloß und Fachwerkhäuser; Nahrungs-, Genußmittelind., Landgestüt.

Cellini [tʃel'i:ni], Benvenuto, ital. Bildhauer, Erzgießer, Goldschmied, *1500, †1571, Meister der Spätrenaissance. Selbstbeschreibung seines abenteuerl. Lebens, dt. von Goethe.

Cello [tʃ'ɛlo] das, -s/...li, → Violoncello.

Cellophan das, Handelsname für → Zellglas.

Cellulasen Mz., Fermente, die Cellulose spalten, z. B. in Cellulose vergärende Bakterien.

Celluloid [grch.-lat.] das, Zellhorn, ältester thermoplastisch verformbarer Kunststoff, erzeugt durch Auflösen von Kampfer und Nitrocellulose in Alkohol, dient als Horn- und Elfenbeinersatz, zu Lacken, Spielzeug, Filmen u. a.

Cellulose [lat.] die, Kohlenhydrat der Zusammensetzung $(C_6H_{10}O_5)_n$, Hauptbestandteil der pflanzl. Zellwände, z. B. Baumwollfaser, Holz. Beim Behandeln mit Salz- oder Schwefelsäure zerfällt C. in Traubenzucker (→ Holzverzuckerung), → Zellstoff.

Celsius, Anders, schwed. Astronom, *1701, †1744, schlug die Temperatureinteilung in 100° zw. Gefrier- und Siedepunkt des Wassers vor (→ Thermometer).

Celtis, Conrad, eigentl. **Pickel,** Humanist, lat. Dichter, *1459, †1508.

Cembalo [tʃ'ɛmbalo, ital.] das, → Klavier.

Cent [von Centum] der, -/-s, kleinste Scheidemünze = $\frac{1}{100}$ Gulden, $\frac{1}{100}$ Dollar; **Centavo** = $\frac{1}{100}$ Escudo, $\frac{1}{100}$ Peso, $\frac{1}{100}$ Cruzeiro; **Centesimo** [tʃɛnt'ezimo] = $\frac{1}{100}$ Lira; **Centime** [sãt'im] = $\frac{1}{100}$ Franc; **Centimo** [θ'ɛntimo] = $\frac{1}{100}$ Peseta. Abkürzungen: c, cts.

CENTO, Abk. für **Cen**tral **T**reaty **O**rganization, der 1955 abgeschlossene Verteidigungspakt (bis 1959 Bagdadpakt) zw. Großbritannien, Irak, Iran, Pakistan und der Türkei; Sitz: Bagdad (bis 1959), seitdem Ankara. Seit 1957 gehören die USA dem Pakt an; 1979 aufgelöst.

Centre national d'art et de culture Georges Pompidou [sãtr nasjɔn'al da:r e də kylt'y:r ʒɔrʒ pɔ̃pid'u], Paris, Stadtteil Beaubourg, auch **Centre Beaubourg** [-bob'u:r], Kulturzentrum, von R. Piano und R. Rogers erbaut (1977): Museum, Filmsammlung, öffentl. Bibliothek, Musikschule.

Centum, Zeichen **C** [lat.], die röm. Zahl 100.

Centurio der, röm. Hauptmann, befehligte eine **Centuria** oder **Zenturie** (Hundertschaft).

centweight [s'entweɪt, engl.] das, Abk.: **cwt.,** Handelsgewicht in den USA = 45,39 kg.

Cepheiden, ☆ Gruppe von veränderl. Sternen (benannt nach dem Sternbild **Cepheus**) mit bes. hoher Leuchtkraft, deren Dichte, Radius, Temperatur, Helligkeit einen periodisch verlaufenden Wechsel zeigen.

Cer das, **Ce,** chem. Element aus der Gruppe der Lanthaniden; wird aus Monazitsand gewonnen, dient zur Herstellung von Feuersteinen, Glühstrümpfen u. a.

Ceram, → Seram.

Ceram, C. W., eigtl. Kurt W. **Marek,** *1915, †1972; »Götter, Gräber und Gelehrte«, »Enge Schlucht und schwarzer Berg«.

Cercle [sɛrkl, frz.] der, Kreis; Gesellschaft.

Ceres, altröm. Göttin des pflanzl. Wachstums, der grch. Demeter gleichgesetzt.

Cereus [lat.] der, **Säulenkaktus,** Kaktusgatt. im heißen Amerika, darunter die **Königin der Nacht.**

CERN, Abk. für **C**onseil **E**uropéen pour la **R**echerche **N**ucléaire, → Europäische Organisation für Kernforschung.

Cerro de Pasco, eine der höchstgelegenen Städte der Erde, Peru, 4338 m ü. M., Bergbauzentrum (Gold, Silber, Kupfer); 76000 Ew.

Certosa [tʃɛr-] die, ital. für Kartäuserkloster. **C. di Pavia,** Kartause bei Pavia, skulpturengeschmückter Frührenaissancebau.

Cervantes Saavedra

Cervantes Saavedra [θɛrß'antes saaß'eðra], Miguel de, span. Dichter, *1547, †1616; sein Roman → Don Quijote entwickelte sich aus einer Satire gegen die Ritterromane zu einer der großen Dichtungen der Weltliteratur. Vollendete Kunstwerke sind auch seine Novellen, Komödien und Einakter.

ces, ♩ um einen halben Ton erniedrigtes c.

Césaire [sez'ɛ:r], Aimé, afrokarib. Dichter, *1913; Mitbegründer der poet. »Négritude«.

Cetan das, ein Kohlenwasserstoff $(C_{16}H_{34})$.

Cetanzahl, Meßzahl für die Zündwilligkeit von Dieselkraftstoffen; gibt an, wie viele Prozent Cetan dem schwerzündenden α-Methylnaphthalin zugemischt werden müssen, damit dieses die gleiche Zündwilligkeit wie der zu prüfende Kraftstoff erhält.

Cézanne:
Die blaue Vase

Chambord: Schloß

ceterum censeo ..., Ausspruch des → Cato 1).

Cetinje, Stadt in Montenegro, Jugoslawien, 12000 Ew.; Sitz eines orthodoxen Metropoliten; 1878-1918 Hptst. Montenegros.

Ceuta [θ'euta], Hafenstadt an der Nordspitze Marokkos, gegenüber Gibraltar, gehört zu Spanien; 65000 Ew.; seit 1580 spanisch.

Cevennen Mz., der SO-Rand des frz. Zentralmassivs mit gebirgsartigem Steilabfall zur Rhôneniederung, rund 1500 m hoch.

Ceylon, → Sri Lanka.

Cézanne [sez'an], Paul, frz. Maler, *1839, †1906; vom Impressionismus ausgehend, fand er, ohne das Naturvorbild aufzugeben, einen konstruktiven, den Körper und die Farbe der Fläche zuwendenden Stil, durch den er einer der Bahnbrecher der modernen Malerei wurde. (BILD S. 135)

Cf, chem. Zeichen für Californium.

CFK, Abk. für **C**arbon**f**aser-**K**unststoff, eine Gruppe von Verbundwerkstoffen für hochbeanspruchte Teile.

CGS-System, **C**entimeter-**G**ramm-**Se**kunden-System, Maßsystem mit den Basisgrößen Länge, Kraft, Zeit und den Basiseinheiten cm für Länge, g für Masse und s für Zeit. Heute ist das CGS-System ersetzt durch das → Internationale Einheitensystem (→ Maßeinheiten).

C.H., **C**onfoederatio **H**elvetica, Schweizer. Eidgenossenschaft; Autokennzeichen: **CH.**

Chabarowsk, größte fernöstl. Stadt der UdSSR, 568000 Ew.; Brücke über den Amur; Verkehrsknoten. Schiffswerften, Auto-, Flugzeugbau, Ölraffinerien, Landmaschinen-, Mühlenwerke, Wärmekraftwerk.

Chablais, auch **Le C.** [ʃabl'ɛ], Landschaft in O-Frankreich, Savoyen, südl. vom Genfer See.

Chablis [ʃabl'i, frz.] der, weißer Burgunderwein.

Chabrol [ʃabr'ɔl], Claude, frz. Filmregisseur, *1930, drehte Filme der »Neuen Welle« (»Blutige Hochzeit«, »Nada«, »Die Fantome des Hutmachers«, »Der Schrei der Eule«).

Cha-cha [tʃa-], Gesellschaftstanz lateinamerikan. Ursprungs.

Chaco [tʃ'akɔ, span.] der, → Gran Chaco.

Chaconne [ʃak'ɔn, frz.] die, **1)** alter Tanz, wohl westind. Herkunft. **2)** Instrumentalmusik mit Variationen über gleichbleibendem Baßthema.

chacun à son goût [ʃak'œasɔ̃g'u, frz.], jeder nach seinem Geschmack.

Chadwick [tʃ'ædwɪk], Sir James, engl. Physiker, *1891, †1974, Entdecker des Neutrons; Nobelpreis 1935.

Chagall, Marc, russ.-jüd. Maler und Graphiker, *1887, †1985; lebte in der Provence; einer der Anreger des Surrealismus.

Chagrin [ʃagr'ɛ̃, frz.] der, **1)** Ärger, Kummer. **2)** Spaltleder mit aufgepreßtem Narbenmuster. **3) C.-Stoffe,** seidener Taft mit Tupfenmuster.

Chagall: David und Absalom

Chaironeia, Chäronea, altgrch. Stadt in W-Böotien; 338 v. Chr. Sieg Philipps von Makedonien über Athener und Thebaner.

Chaise [ʃɛ:z, frz. »Stuhl«] die, **1)** Kutsche mit Halbverdeck. **2)** Sänfte. **Chaiselongue** [ʃɛ:zl'ɔ̃g] die, Liegesofa.

Chakassen, Sammelname für 5 türksprachige Stämme S-Sibiriens. **Chakassisches Autonomes Gebiet** (seit 1930) in der Russ. SFSR, 61900 km², 533000 Ew. (78% Russen, 12% C.), Hptst.: Abakan. Bodenschätze: Steinkohle, Eisen, Gold, Wolfram, Baryte.

Chalcedon, Mineral, Abart des Quarzes; Schmuckstein.

Chaldäer Mz., aramäischer Volksstamm im SW-Teil Babyloniens, über das sie 626 v. Chr. unter Nabopolassar die Herrschaft erlangten. Sein Sohn Nebukadnezar war der glänzendste Vertreter der chaldäischen Dynastie. Seither hießen die Babylonier auch C. Unter diesem Namen verbreitete sich babylon. Sterndeutung im Abendland.

Chalet [ʃal'ɛ, frz.] das, Schweiz: Landhaus.

Chalkidike [grch. »Erzgegend«], gebirgige Halbinsel Makedoniens, gehört zu Griechenland, springt in 3 schmalen Halbinseln ins Ägäische Meer vor (Berg Athos 2033 m).

Chalkis, Hptst. der grch. Insel Euböa, 45000 Ew.; mächtige antike Handelsstadt.

Challenger [tʃ'ælɪndʒə], 2. Orbiter des amerikan. → Raumtransporters, Jan. 1986 beim 10. Start mit 7 Astronauten an Bord explodiert.

Challenger-Expedition [tʃ'ælɪndʒə], engl. Expedition durch die Weltmeere, 1872-76.

Châlons-sur-Marne [ʃalɔ̃syrm'arn], Stadt in Frankreich, 51000 Ew.; Kathedrale (13. Jh.); Textilind.; Champagner-Handel.

Chalon-sur-Saône [ʃalɔ̃syrs'o:n], Stadt in Burgund, Frankreich, 56000 Ew.; Wein- und Getreidehandel, metallurg. Ind.

Cham [k-], Krst. in Bayern, 16100 Ew.; Textilind.

Chamäleon [grch. »Erdlöwe«] das, -s/-s, baumbewohnende Eidechse mit Klammerfüßen und Wickelschwanz; ergreift seine Beute mit der sehr langen Zunge, die es weit herausschnellen kann **(Wurmzüngler).** Es ist 25-30 cm lang, vermag seine Körperfarbe schnell zu wechseln, lebt in Afrika, Spanien, Asien.

Chamberlain [tʃ'eɪmbəlɪn], **1)** Arthur Neville, brit. Staatsmann, *1869, †1940, konservat. Parteiführer, war mehrfach Minister, 1937-1940 Premiermin.; betrieb gegenüber Hitler zunächst eine »Beschwichtigungspolitik« (Münchener Abkommen), dann eine Politik des Widerstandes bis zur Kriegserklärung an Dtl. 1939. **2)** Houston Stewart, dt. Schriftst., gebürtiger Engländer, *1855, †1927, verheiratet mit R. Wagners Tochter Eva, wirkte durch die Verherrlichung des »arischen« Geistes stark auf die Rassenlehre des Nationalsozialismus ein. **3)** Joseph, brit. Staatsmann, *1836, †1914, anfangs liberaler, dann konservat. Politiker, war als Kolonialmin. 1895-1903 Vorkämpfer des Imperialismus (Burenkrieg).

Chamäleon: Madagaskar-Riesenchamäleon (bis etwa 70 cm lang)

4) Sir Joseph Austen, brit. Staatsmann, *1863, †1937, konservat. Politiker, war 1924-29 Außenmin., am Abschluß des Locarnopakts 1925 beteiligt. **5)** Owen, amerikan. Physiker, *1920, entdeckte das Antiproton; Nobelpreis 1959.

Chambéry [ʃãber'i], Stadt in SW-Frankreich, 53 000 Ew.; Erzbischofssitz; Schloß, Kathedrale; Textil-, Lederind.; ehem. Hptst. Savoyens.

Chambord [ʃãb'ɔ:r], frz. Renaissance-Schloß an der Loire. (BILD S. 136)

Chambre [ʃãbr, frz.], Zimmer; Kammer. **C. des Députés,** frz. Abgeordnetenkammer. **C. garnie,** möbliertes Zimmer. **C. séparée,** Sonderzimmer.

Chamfort [ʃãf'ɔ:r], Nicolas, frz. Schriftst., *1741, †1794; Gesellschaftskritiker und literar. Wegbereiter der Frz. Revolution.

Chamisso [ʃam'iso], Adelbert von, dt. Dichter, Naturforscher frz. Herkunft, *1781, †1838, schrieb stimmungsvolle Gedichte, z. T. mit sozialen Themen; Balladen, Märchen »Peter Schlemihl«. Sein Liederkreis »Frauen-Liebe und -Leben« ist von Schumann vertont worden.

Chamonix-Mont-Blanc [ʃamɔn'imɔ̃bl'ã], frz. Fremdenverkehrsort am Fuße der Montblanc-Gruppe, 1037 m ü. M., 9000 Ew.

Champagne [ʃãp'aɲ] die, nordfrz. Landschaft, im W Getreide- und Futterbau, im O Viehzuchtgebiet; an den Rändern Weinbau; Herstellung von Champagner.

Champagner [ʃãp'aɲər, Wein aus der Champagne] der, frz. Schaumwein.

Champignon [ʃãpiɲ'ɔ̃, frz.] der, Gatt. der Blätterpilze, gute Speisepilze: **Feld-C.,** bes. auf Weiden, auch in Kellern gezogen. **Wald-C.** im Wald. Beim Sammeln von C. Vorsicht vor Pilzen mit Karbolgeruch und Verwechslung mit dem giftigen → Knollenblätterpilz! Dieser hat weiße Lamellen, der C. in der Jugend rosa, im Alter braune. (BILD Pilze)

Champion [tʃ'æmpɪən, engl.] der, ↗ Sportler, der die Meisterschaft errungen hat.

Champollion [ʃãpɔlj'ɔ̃], Jean François, *1790, †1832; Begründer der Ägyptologie, entzifferte als erster die Hieroglyphen.

Champs-Elysées [ʃãzeliz'e], Prachtstraße in Paris, von der Place de la Concorde zur Place de Charles de Gaulle.

Chamrousse [ʃãr'us], Bergmassiv in den frz. Westalpen bei Grenoble, mit Wintersportorten (Olymp. Winterspiele 1968).

Chamsin, Kamsin [arab.] der, trockenheißer Wüstenwind in Ägypten, weht bes. im Frühjahr aus S oder SO.

Chamson [ʃãz'ɔ̃], André, frz. Schriftst., *1900, †1983; Dorfromane, Zeitchronik.

Chan [pers. »Haus«] das, Gasthof, Karawanserei in Vorderasien.

Chan, Khan [xan, türk. oder pers.] der, mongol.-türk. Herrschertitel.

Chancellor [tʃ'ɑ:nsələ, engl.], Kanzler. **C. of the Exchequer** [-ɔv ðɪ ikstʃ'ekə], Schatzkanzler, der brit. Finanzminister.

Chanchán [tʃantʃ'an], größte Stadt des vorkolumb. Amerika, in Peru, Residenz der Chimú-Fürsten (→ Chimú).

Chanchito [tʃantʃ'i:to, span.] der, Chamäleonfisch, südamerikan. Maulbrüter, wechselt rasch die Farbe.

Chandigarh [tʃ-], Hptst. von Pandschab und vorläufige Hptst. von Haryana, Indien, 380 000 Ew. Die moderne Stadt mit Univ. (seit 1947) ist nach Plänen von Le Corbusier angelegt; kath. Erzbischofssitz.

Chandrasekhar [tʃændrəs'eka:], Subrahmanyan, amerikan. Astrophysiker ind. Herkunft, für seine theoret. Studien über Entstehung und Struktur der Sterne 1983 Nobelpreis für Physik.

Changaigebirge, Gebirge in der nördl. Mongolei, bis 4031 m hoch.

Changchiakou [dʒaŋdʒjakɔu], amtl. chines. **Zhangjiakou,** Stadt in der Prov. Hopeh, China, an der Großen Chines. Mauer, rd. 1 Mio. Ew., Handelsplatz, Ind.-Zentrum.

Changchun [tʃaŋtʃun], amtl. chines. **Changchun,** Hptst. der Prov. Kirin, China, 1,9 Mio. Ew., Univ.; Waggon-, Maschinen-, Lokomotiv-, Kraftfahrzeugbau, chem., pharmazeut. Ind. – C., neben der alten chines. Provinzstadt C., hieß 1933-45 Sinking.

Change [ʃ'ãʒ, frz., tʃ'einʒ, engl.], Tausch, Geldwechsel.

Changeant [ʃãʒ'ã, frz.] der, Gewebe mit verschiedenfarb. Kett- und Schußfäden.

Changsha [tʃaŋʃa], amtl. chines. **Changsha,** Hptst. der Prov. Hunan, China, am Siangkiang, rd. 1,1 Mio. Ew., Univ.; Handelsplatz, Buntmetall-, Schwerind.

Chanson [ʃãs'ɔ̃, frz.] das, (Liebes-, Trink-) Lied, heute oft mit politisch-satir. Inhalt.

Chansonette [ʃãsɔn'ɛt] die, **1)** kleines Lied. **2)** Varieté- oder Kabarettsängerin.

Chantilly [ʃãtij'i], Stadt im N von Paris, 10 500 Ew.; Schloß (Museum), Pferderennen. **C.-Spitze,** feine konturierte Klöppelspitze.

Chanukka [hebr. »Weihe«], Lichterfest, achttägiges jüd. Tempelfest im Dezember.

Chaos [grch.] das, ungeordnete Masse, Unordnung; **chaotisch,** ungeordnet, wirr.

Chaoten, Ez. der **Chaot,** abwertende Bezeichnung für Gruppen, v. a. der radikalen Linken, die die Staats- und Gesellschaftsordnung der Bundesrep. Dtl. nicht durch einen »Langen Marsch durch die Institutionen«, sondern durch politisch zusammenhanglose zerstörerische Gewaltaktionen umstürzen wollen.

Chapala-See, größter See Mexikos, 1080 km².

Chapeau [ʃap'o, frz.] der, Hut. **C. claque** [klak], zusammenklappbarer Zylinderhut.

Chaplin [tʃ'æplɪn], Sir (1975) Charlie, engl. Filmschauspieler, Komiker, Regisseur, Autor, *1899, †1977; Filme: »Goldrausch«, »Lichter der Großstadt«, »Rampenlicht« u. a.

Char [ʃ-], René, frz. Schriftsteller, *1907; zunächst surrealist., dann zeitgenöss. Lyrik.

Charakter [grch. »eingeprägtes Zeichen«] der, -s/-tere, **1)** Kennzeichen, Merkmal, Gepräge. **2)** ⓟ Das Strukturgefüge der seel. Anlagen, das die individuelle Geprägtheit des Menschen bestimmt; teils gleichbedeutend mit dem Begriff Persönlichkeit, teils durch diesen ersetzt. Die Wissenschaft vom C. heißt **Charakterkunde, Charakterologie;** ihre Aufgaben wurden weitgehend von der Persönlichkeitsforschung übernommen. **3)** Titel, Würde.

Chaplin

J. B. Chardin: Stilleben

Charakterstück, **1)** Bühnenstück mit Hauptgewicht auf der Zeichnung eines oder mehrerer Charaktere. **2)** ♩ kurzes, seinen Titel musikalisch deutendes Stück (z. B. Schumanns »Träumerei«).

Chardin [ʃard'ɛ̃], **1)** Jean Baptiste, frz. Maler, *1699, †1779; Meister des Stillebens und alltägl. Szenen; klarer Bildaufbau, feinste Farbigkeit. (BILD S. 137)

2) Teilhard de, → Teilhard de Chardin.

Charente [ʃar'ãt, frz.] **1)** die, Fluß im westl. Frankreich, mündet in den Atlant. Ozean, 361 km lang. **2)** frz. Dép. an 1); Hptst.: Angoulême.

Charga, Kharga, Oasengebiet in der Libyschen Wüste, Ägypten.

Charge [ʃarʒ, frz.] die, **1)** Dienstgrad, Rangstufe. **2)** THEATER: kleine Charakterrolle.

Chargé d'affaires [ʃarʒ'edaf'ɛ:r, frz.] der, Geschäftsträger (→ Gesandter).

Charisma [grch. »Gnadengabe«] das, besondere Begabung zu einem Dienst in der christl. Gemeinde (Predigt, Prophetie); i. w. S. eine als übernatürl. empfundene besondere Befähigung eines Menschen, die ihm Autorität verleiht.

Charité [ʃarit'e, frz. »Barmherzigkeit«] die, Name für Stiftungen, Krankenhäuser, z. B. in Berlin.

Chariten, Charitinnen, grch. Göttinnen der Anmut: **Aglaia** (Glanz), **Euphrosyne** (Frohsinn), **Thalia** (blühendes Glück). Von den Römern wurden die C. **Grazien** genannt.

Charkow [x'arkɔf], Stadt in der Ukraine, UdSSR, 1,60 Mio. Ew.; bed. Verkehrsmittelpunkt; Turbogeneratorenwerk, Lokomotiv-, Traktoren-, Flugzeug-, Nahrungsmittel-, Tabakfabriken. Univ., TH, Mus., Bibliothek.

Charlemagne [ʃarlm'aŋ, frz.], Karl d. Gr.

Charles [ʃarl, frz.; tʃɑ:lz, engl.], Karl.

Charles [tʃɑ:lz] Philip Arthur George, Prince of Wales, brit. Thronfolger, *1948; ⚭ 1981 Lady Diana Spencer (*1961).

Charleston [tʃ'ɑ:lstən], **1)** Hptst. in South Carolina, USA, 71 000 Ew. **2)** Hauptstadt von West-Virginia, USA, 64 000 Ew.; Glas-, chem., Kunstfaserind.

Charleston [tʃ'ɑ:lstən] der, 1926 von Amerika ausgehender Gesellschaftstanz.

Charlotte [ʃa-], weibl. Vorname.

Charlotte [ʃ'ɑ:lət], Stadt in North Carolina, USA, 314 000 Ew.; Textilind., Handelszentrum.

Chateaubriand

Charlotte, Großherzogin v. Luxemburg, *1896, †1985; regierte 1919-64. ⚭ Felix v. Bourbon-Parma.

Charlottenburg, VerwBez. von Berlin (West); Schloß v. Knobelsdorff und Eosander erweitert.

Charme [ʃarm, frz.] der, Anmut, Liebreiz. **charmant,** bezaubernd, anmutig.

Charlottenburg: Schloß

Chartres: Kathedrale

Charon, 1) grch. Sage: Fährmann, der die Verstorbenen über den Fluß der Unterwelt (Styx) setzte, Unbestattete aber zurückwies. **2)** Mond des Planeten Pluto.

Charpentier [ʃarpãtj'e], **1)** Gustave, frz. Komponist, *1860, †1956; Schüler Massenets. **2)** Marc Antoine, frz. Komponist, *1636, †1704.

Charta [lat.], frz. **Charte**, engl. **Charter,** die, Urkunde; **1)** STAATSRECHT: Grundgesetz; z. B. die engl. **Magna Charta** (1215); die frz. Verfassungen von 1814 und 1830. **2)** VÖLKERRECHT: Vereinbarung, zwischenstaatl. Satzung, z. B. die C. der → Vereinten Nationen. **3)** C. 77, → Bürgerrechtsbewegung 2).

chartern [tʃ'artərn, engl.], Schiff oder Flugzeug mieten.

Chartismus [tʃa:t'ismus], erste große sozialist. Arbeiterbewegung in England; bes. 1835-48. Der C. beeinflußte Marx und Engels.

Chartres [ʃartr], Stadt südwestl. von Paris, 37 000 Ew.; die Kathedrale ist ein Hauptwerk der nordfrz. Hochgotik des 13. Jh.

Chartreuse [ʃartr'ø:z] der, -, **gelber** und **grüner C.,** sehr feine, nach dem Kloster **Grande C.** benannte Kräuterliköre (seit 1605).

Charybdis die, bei Homer gefährl. Felsenschlund im westl. Meer; gegenüber die → Skylla.

Chasaren, Türkvolk umstrittener Herkunft, das seit 600 ein mächtiges Reich zw. unterer Wolga und Don bildete; von dem Kiewer Fürsten Swjatoslaw 965 geschlagen, doch nicht unterworfen; im 13. Jh. zuletzt erwähnt.

Chassidismus, myst. Richtung im Judentum; betont die Offenbarung Gottes in der Natur.

Chassis [ʃas'i, frz.] das, Fahrgestell des Kraftwagens; Montagegestell.

Château [ʃat'o, frz.] das, Schloß, Burg.

Chateaubriand [ʃatobri'ã], François René, Vicomte de, frz. Schriftsteller und Politiker, *1768, †1848; war Gegner der Revolution, später Gesandter Napoleons, trat 1814 für die Rückkehr der Bourbonen ein; schrieb »Atala«, »René«, »Geist des Christentums«.

Chatham [tʃ'ætəm], früher bed. Kriegshafen, östl. von London, 62 000 Ew.; Eisenind.

Chatschaturjan, Aram, armenisch-sowjet. Komponist, *1903, †1978.

chemische Elemente

Name	Chem. Zeichen	Ordnungszahl	Relative Atommasse[1])	Name	Chem. Zeichen	Ordnungszahl	Relative Atommasse[1])
Actinium	Ac	89	227,278	Mangan	Mn	25	54,9380
Aluminium	Al	13	26,9815	Mendelevium	Md	101	(258)
Americium	Am	95	(243)	Molybdän	Mo	42	95,94
Antimon	Sb	51	121,75	Natrium	Na	11	22,9897
Argon	Ar	18	39,948	Neodym	Nd	60	144,24
Arsen	As	33	74,9216	Neon	Ne	10	20,179
Astat	At	85	(210)	Neptunium	Np	93	237,0482
Barium	Ba	56	137,33	Nickel	Ni	28	58,69
Berkelium	Bk	97	(247)	Niob	Nb	41	92,9064
Beryllium	Be	4	9,0122	Nobelium	No	102	(259)
Blei	Pb	82	207,2	Osmium	Os	76	190,2
Bor	B	5	10,81	Palladium	Pd	46	106,42
Brom	Br	35	79,904	Phosphor	P	15	30,9737
Cadmium	Cd	48	112,41	Platin	Pt	78	195,08
Calcium	Ca	20	40,08	Plutonium	Pu	94	(244)
Californium	Cf	98	(251)	Polonium	Po	84	(209)
Cäsium	Cs	55	132,9054	Praseodym	Pr	59	140,9077
Cer	Ce	58	140,12	Promethium	Pm	61	(145)
Chlor	Cl	17	35,453	Protactinium	Pa	91	231,0359
Chrom	Cr	24	51,996	Quecksilber	Hg	80	200,59
Curium	Cm	96	(247)	Radium	Ra	88	226,0254
Dysprosium	Dy	66	162,50	Radon	Rn	86	(222)
Einsteinium	Es	99	(254)	Rhenium	Re	75	186,207
Eisen	Fe	26	55,847	Rhodium	Rh	45	102,9055
Element 104[2])	(Unq)	104	(261)	Rubidium	Rb	37	85,4678
Element 105[2])	(Unp)	105	(262)	Ruthenium	Ru	44	101,07
Element 106[2])	(Unh)	106	(263)	Samarium	Sm	62	150,36
Element 107[2])	–	107	–	Sauerstoff	O	8	15,9994
Element 108[2])	–	108	(265)	Scandium	Sc	21	44,9559
Element 109[2])	–	109	(266)	Schwefel	S	16	32,06
Erbium	Er	68	167,26	Selen	Se	34	78,96
Europium	Eu	63	151,96	Silber	Ag	47	107,868
Fermium	Fm	100	(257)	Silicium	Si	14	28,0855
Fluor	F	9	18,9984	Stickstoff	N	7	14,0067
Francium	Fr	87	(223)	Strontium	Sr	38	87,62
Gadolinium	Gd	64	157,25	Tantal	Ta	73	180,9479
Gallium	Ga	31	69,72	Technetium	Tc	43	(98)
Germanium	Ge	32	72,59	Tellur	Te	52	127,60
Gold	Au	79	196,9665	Terbium	Tb	65	158,9254
Hafnium	Hf	72	178,49	Thallium	Tl	81	204,383
Helium	He	2	4,0026	Thorium	Th	90	232,0381
Holmium	Ho	67	164,9304	Thulium	Tm	69	168,9342
Indium	In	49	114,82	Titan	Ti	22	47,88
Iridium	Ir	77	192,22	Uran	U	92	238,0289
Jod	J	53	126,9045	Vanadium	V	23	50,9415
Kalium	K	19	39,0983	Wasserstoff	H	1	1,0079
Kobalt	Co	27	58,9332	Wismut	Bi	83	208,9804
Kohlenstoff	C	6	12,011	Wolfram	W	74	183,85
Krypton	Kr	36	83,80	Xenon	Xe	54	131,29
Kupfer	Cu	29	63,56	Ytterbium	Yb	70	173,04
Lanthan	La	57	138,9055	Yttrium	Y	39	88,9059
Lawrencium	Lr	103	(260)	Zink	Zn	30	65,38
Lithium	Li	3	6,941	Zinn	Sn	50	118,69
Lutetium	Lu	71	174,967	Zirkonium	Zr	40	91,22
Magnesium	Mg	12	24,305				

[1]) Bei Transuranen oder sehr instabilen Elementen die Massenzahl des Isotops mit der längsten Halbwertszeit (in Klammern). [2]) Derzeit noch ohne offiziellen Namen.

Chattanooga [tʃætən'u:gə], Stadt in Tennessee, USA, 170000 Ew.; Eisen- und chem. Ind.

Chatten, german. Volksstamm, Hessen.

Chaucer [tʃ'ɔ:sə], Geoffrey, bedeutendster engl. Dichter des MA., *um 1340, †1400; Hauptwerk: »Canterbury-Geschichten«.

Chauffeur [ʃof'œ:r, frz. »Heizer«] der, berufsmäßiger Kraftwagenfahrer.

Chauken, german. Volksstamm an der unteren Weser, ging in den Sachsen auf.

Chaussee [ʃos'e:, frz.] die, Landstraße.

Chauvinismus [ʃovin'ismus] der, schärfste Form des Nationalismus, genannt nach Chauvin, einem prahlerischen Rekruten eines frz. Lustspiels. **Chauvinist,** Anhänger des C.

Chavín de Huantar [tʃaβ'in de u'antar], archäolog. Fundort, nordperuan. Anden.

Checkpoint [tʃ'ekpɔint, engl.], Kontrollpunkt.

Chelsea [tʃ'elsi], Stadtteil von London; Künstlerviertel; im 18. Jh. bekannte Porzellanfabrik.

Cheltenham [tʃ'eltnəm], Mineralbad im mittleren England, 85000 Ew.; Heilquellen; Flugzeugindustrie, Herstellung von Präzisionsinstrumenten.

Chemie [grch.-arab. chemeia], Lehre von den Eigenschaften und Umwandlungen der Stoffe.

Die **anorgan. C.** umfaßt die Elemente und Verbindungen vorwiegend der unbelebten Natur, die **organ. C.** mit wenigen Ausnahmen alle Kohlenstoffverbindungen. Die **analyt. C.** entwickelt und benutzt Verfahren zur Erkennung von Elementen und Verbindungen, die **synthet. C.** stellt Verbindungen aus Elementen und einfacheren Verbindungen her.

In der **theoret. C.** werden Verfahren und Denkweisen der Physik angewendet; sie kann daher als Quantentheorie der Atome und Moleküle verstanden werden. Daneben beschäftigt sie sich mit der Beschreibung und rechner. Erfassung besonderer Erscheinungen wie Mesomerie, elektr. Wechselwirkung, Assoziation sowie mit der Deutung von Elementarreaktionen, Anregungs- und Übergangszuständen u.a.

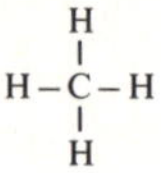

chemische Zeichen: Strukturformel CH_4

Die **angewandte C.** gliedert sich nach Anwendungsgebieten in Mineral-, Agrikultur-, Nahrungsmittel-, Bio-, physiolog., klinische, pharmazeut., gerichtl., Farben-, Textil-C. u. a. ⓖ Die wissenschaftl. C. beginnt im 17. Jh. mit R. Boyle; A. L. Lavoisier begründete die neuzeitl. C., die seit dem 19. Jh. ausgebaut wird.

Chemiefasern, Sammelname für halbsynthet. (Zellwolle, Reyon u. a.) und vollsynthet. Fasern; bekannte Handelsnamen: Perlon, Terylene, Orlon, Nylon u. a.

Chemigraphie, ⌀ Herstellen von Metalldruckplatten (Klischees) durch Ätzen für den → Hochdruck.

Chemikalien, Erzeugnisse chem. Fabriken, z. B. Farben, Heilmittel, Soda, Schwefelsäure.

Chemin des Dames [ʃmɛ̃dɛd'am], → Damenweg.

chemische Elemente, chem. Grundstoffe, Stoffe, die durch kein chem. Verfahren in einfachere zerlegt werden können. Man kennt (1990) 109 Elemente, die in Metalle und Nichtmetalle eingeteilt werden; ihre Häufigkeit in der Natur ist sehr verschieden, einige können überhaupt nur künstlich hergestellt werden. Die kleinsten Teilchen eines c. E. sind die → Atome. (→ Periodensystem der Elemente)

chemische Geräte, im Laboratorium verwendete Geräte aus Glas oder Porzellan.

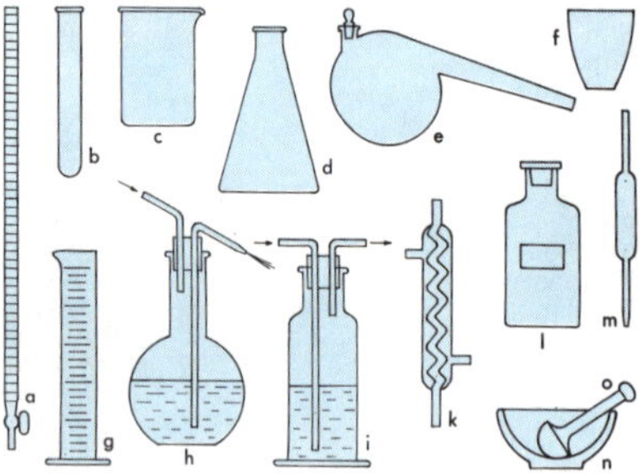

chemische Geräte. a Bürette, b Reagenzglas, c Becherglas, d Erlenmeyer-Kolben, e Retorte (mit Tubus), f Tiegel, g Meßzylinder, h Spritzflasche, i Waschflasche, k Kühler, l Chemikalienflasche, m Pipette, n Mörser, o Pistill

Chemische Keule, Chemical Mace [engl. k'emɪkl meɪs], Gassprühgerät, das u. a. den Reizstoff CN (Tränengasart) enthält.

chemische Radikale, meist kurzlebige, bindungsmäßig ungesättigte anorgan. und organ. Atomgruppen, die für sich alleine ungesättigt sind.

chemische Reaktionen, alle zw. chem. Verbindungen oder Elementen stattfindenden Vorgänge, die mit einer stoffl. Umwandlung (Bildung neuer Stoffe) verbunden sind.

chemische Reinigung, Reinigung ohne Anwendung von Wasser mit chem. Lösungsmitteln (Benzin, Perchloräthylen u. a.).

chemische Symbole, die Abkürzungen für die Elemente in **chem. Formeln.** So bedeutet die Formel des Wassers (H_2O), daß sich ein Wassermolekül aus 2 Atomen Wasserstoff (H) und einem Atom Sauerstoff (O) zusammensetzt. Um chem. Umsetzungen durch c. Z. auszudrücken, bedient man sich der **chem. Gleichung,** z. B. $HCl + NaOH = NaCl + H_2O$. Um die Wertigkeit der Elemente anzugeben und den Bau des Moleküls zu veranschaulichen, wählt man die **Strukturformeln,** z. B. Äthan, CH_3-CH_3.

chemische Verbindungen, Stoffe, die sich in ihren Eigenschaften immer von denen der Ausgangselemente unterscheiden. Ggs.: Gemenge.

chemische Verwandtschaft, → Affinität.

chemische Waage, Analysenwaage, Hebelwaage mit einer Genauigkeit von ± 0,1 mg.

Chemnitz, 1953-90 **Karl-Marx-Stadt,** Stadt in der Dt. Dem. Rep., 313 000 Ew., Verkehrsknoten am Fuß des Erzgebirges mit Textil-, Maschinen- und chem. Ind. sowie Fahrzeugbau. 1990 erzwangen die Bürger durch Volksabstimmung die Wiedereinführung des alten Stadtnamens.

Chemotherapie, Behandlung von Infektionskrankheiten mit chem. Mitteln.

Chengchow [dʒɛŋdʒou], amtl. **Zhengzhou,** Stadt in der chines. Prov. Honan, 1,2 Mio. Ew.; Zentrum der Textilind.

Chengtu [dʒɛŋdu], amtl. **Chengdu,** Hptst. der chines. Prov. Szechwan, 2,5 Mio. Ew., im 2. Jh. v. Chr. entstanden; Univ.; Eisenbahnwerkstätten, Textil-, Maschinen- u. a. Ind.

Chenier [ʃenj'e], André-Marie, frz. Dichter, *1762, † (hingerichtet) 1794; didakt. Dichtung und Elegien.

Chenille [ʃni:j, frz. »Raupe«] die, Webfaden mit raupenartig stehenden Härchen.

Cheops, ägypt. König um 2551-28 v. Chr., sein Grabmal ist die **C.-Pyramide** bei Giseh.

Chequers Court [tʃ'ekəzkɔ:t], in der Nähe Londons, Gfsch. Buckingham; seit 1917 Landsitz der engl. Premierminister.

Cherson, Hptst. des Gebiets Ukrain. SSR, Hafen an der Dnjeprmündung, 340 000 Ew.; Metall- und Nahrungsmittel-Ind., Schiffbau.

Chersones [grch. »Halbinsel«] der, im Altertum **Thrakischer C.,** jetzt Gelibolu; **Taurischer** oder **Skythischer C.,** jetzt Krim; **Kimbrischer C.,** jetzt Jütland.

Cherub [hebr.] der, im A.T. der Engel in der nächsten Umgebung Gottes.

Cherubini [kɛrub'ini], Luigi, ital. Komponist, *1760, †1842; Opern, Messen.

Cherusker, german. Volk im Wesergebiet, kämpfte unter Arminius gegen die Römer.

Chesapeake Bay [tʃ'esəpi:k-], reichverzweigte Bucht an der O-Küste der USA, 320 km lang, überspannt von mehreren Brücken.

Cheshire [tʃ'eʃə], Cty. im mittleren England, Hptst.: Chester; Viehzucht (Chester-Käse); Textil-, chem. Ind.

Chester [tʃ'estə], Verwaltungssitz der engl. Cty. Cheshire, am Dee, 58 500 Ew.; anglikan. Bischofssitz; Tabak-, Maschinenind.

Chesterfield [tʃ'estəfi:ld], Industriestadt in Mittelengland, 71 000 Ew.; Metalle, Webwaren.

Chesterton [tʃ'estətn], Gilbert Keith, engl. Schriftst., *1874, †1936; geistreich, witzig, einer der Wortführer des engl. Katholizismus; Gedichte, Romane, Detektivgeschichten.

Chevalier [ʃəvalj'e, frz.], Ritter.

Chevalier [ʃəvalj'e], Maurice, frz. Chansonsänger, Filmschauspieler, *1888, †1972.

Cheviot [tʃ'evɪət, engl.] der, dauerhafte köperbindige Wollgewebe.

Chevreauleder [ʃəvr'o-, frz.], Ziegenleder.

Cheysson [ʃɛsɔ̃], Claude, frz. Politiker (Sozialist), *1920, 1981-85 Außen-Min., 1985-88 EG-Kommissar.

Chiang Kai-shek [tʃiaŋkaiʃɛk], → Tschiang Kai-schek.

Chianti [kj'anti], **1)** Landschaft in der Toskana, Italien; Weinbau. **2)** dort erzeugter Wein.

Chiasso [kj'aso], schweizer. Grenzort gegen Italien, an der Gotthardbahn, 8900 Ew.

Chiba [tʃ'iba], Provinz-Hptst. auf der japan. Insel Honshu, östl. von Tokio; 789 000 Ew.

Chibcha [tʃ'ibtʃa], Gruppe von sprachverwandten Indianerstämmen in Mittel- und Südamerika zw. Nicaragua und Ecuador.

Chicago [ʃik'ɑ:gəu], zweitgrößte Stadt der USA, in Illinois, am Michigan-See (Seehafen); 3,09 (als Metropolitan Area 8,1) Mio. Ew.;

Chignon

TH, 3 Univ. (Atomforschungszentrum). Ind.: Elektrotechnik, Schwerind., Landmaschinen- und Waggonbau; Getreidesilos und Viehhöfe (Großschlächtereien, Konservenfabriken).

Chichén Itzá [tʃ'itʃɛn-], Ruinenstätte der → Maya, im NO von Yukatán.

Chicorée [ʃikor'e:, frz.] die, -, oder der, -s, der durch Treiben im Dunkeln gebleichte Blattschopf der Zichorie, Gemüse und Salat.

Chider, Chidhr [arab. »der Grüne«], islam. Sagengestalt, der ewige Wanderer.

Chiemsee [ki:m-], größter See Bayerns, 80 km², größte Tiefe 69 m, 518 m ü. M., im Alpenvorland **(Chiemgau).** Im westl. Teil die Herreninsel (ehem. Abtei, Prunkschloß Herrenchiemsee Ludwigs II.), die Fraueninsel (Benediktinerinnenabtei) und die Krautinsel (unbewohnt).

Chieti [kj'ɛti], Hptst. der mittelital. Provinz C., 55 100 Ew.; Erzbischofssitz; Univ.; Wein-, Getreidehandel, Textilind.

Chiffon [ʃif'ɔ̃, frz.] der, schleierähnl. Seiden- oder Baumwollstoff.

Chiffre [ʃ'ifrə, frz.] die, **1)** Geheimzeichen. **2)** Namenszeichen. **3) C.-Schrift,** → Geheimschrift.

Chignon [ʃiɲ'ɔ̃, frz.] der, weibl. Haartracht (ca. 1550-1870) mit beutelähnl. Wulst im Nakken. (BILD S. 140)

Chihuahua [tʃiw'awa], **1)** Staat Mexikos, 247 087 km², 2,1 Mio. Ew.; Silber, Uran, Blei, Kupfer, Landwirtschaft. **2)** Hptst. von 1), 407 000 Ew.; wichtiger wirtschaftl. Mittelpunkt; Silber-, Bleiminen, Hüttenindustrie. **3)** Zwerghunderasse.

Chile, Staat der SW-Küste S-Amerikas, 756 945 km², 11,3 Mio. Ew.; Hptst.: Santiago de C., Landessprache: Spanisch. ⊕ S. 485.

Nach der Verfassung von 1980, 1989 per Referendum gebilligt, liegt die vollziehende Gewalt beim Präs. – C. erstreckt sich (rd. 4300 km lang, 90-435 km breit) vom extrem trockenen Nord-C. (Wüste Atacama) bis zum stürm., kühlen, regenreichen Patagonien, im O durch die paßarmen, vulkanreichen Kordilleren begrenzt. Im S große Wälder und Weideflächen, in Mittel-C. (mit subtrop. Klima) das Hauptanbaugebiet. – BEVÖLKERUNG (zu $\frac{3}{4}$ in Mittel-C.): meist Mestizen, in den Unterschichten mit stärkerem indian. Einschlag, keine Neger; Deutschstämmige bes. in Mittel-C. RELIGION: überwiegend katholisch.

WIRTSCHAFT. Der Bergbau (Kupfer, Eisenerz, Steinkohle, Erdöl, Salpeter, Erdgas) erbringt 80% der Ausfuhr. Die Abhängigkeit von der Kupferausfuhr (50%) soll durch Ausbau der Ind. (Nahrungsmittel-, Textil-, chem., Schwerind.) beseitigt werden. Landwirtschaft: Ackerbau (bes. Weizen, ferner Kartoffeln, Zuckerrüben), Weinbau; Rinder- und Schweinezucht bes. in Mittel-C., Schafzucht in Patagonien und Feuerland. Ausfuhr: bes. Kupfer, daneben Eisenerz, Salpeter, landwirtschaftl. Erzeugnisse. ◎ Eisenbahnnetz (rd. 9500 km) mit Hauptverkehrsader von N nach S (3300 km); Straßen 90 000 km. Haupthäfen: Valparaíso, Antofagasta, San Antonio, Arica.

Ⓖ C. wurde 1535-41 von den Spaniern erobert. 1810-18 Freiheitskampf gegen Spanien, seitdem Rep.; 1879-84 der siegreiche »Salpeterkrieg« gegen Peru und Bolivien, die einige Provinzen abtreten mußten; seitdem Alleinbesitz der reichen Salpeterlager. Der sozialist. Staatspräs. S. Allende (seit 1970, †1973) wurde 1973 vom Militär gestürzt; danach bis 1990 Militärdiktatur unter Staatspräs. General A. Pinochet (1974-90). Nach demokrat. Wahlen (Okt. 1989) Staatspräs. P. Aylwin (seit 1990).

Chiliạsmus [grch.] der, Erwartung eines 1000jährigen Reichs nach Christi Wiederkunft (Offb. 20,2 ff.).

Chillon [ʃij'ɔ̃], Schloß im Schweizer Kt. Waadt, am Ostufer des Genfer Sees.

Chimạre [grch.] die, **1)** grch. Sage: Fabeltier, vorn Löwe, in der Mitte Ziege, hinten Drache. **2) Schimäre,** Unding, Hirngespinst.

Chimborazo [tʃimbor'asɔ], Vulkan der W-Kordillere von Ecuador, 6310 m.

Chimbọte, Industrie- und Hafenstadt in Peru, 241 000 Ew.; Eisen- und Stahlind.

Chimú [tʃim'u], ausgestorbener Indianerstamm von hoher Kultur an der Küste N-Perus.

China, Republik C., Inselstaat in O-Asien, → Taiwan.

China, Volksrepublik C., VR in O-Asien, rd. 9,59 Mio. km², 1,069 Mrd. Ew., der drittgrößte, jedoch volkreichste Staat der Erde. Hptst.: Peking. ⊕ S. 483.

VERFASSUNG UND VERWALTUNG. Die Verfassung bezeichnet die VR C. als einen sozialist. Staat, der auf dem Bündnis von Arbeitern und Bauern beruht. Höchstes Organ ist der indirekt gewählte Nat. Volkskongreß; er überträgt die Geschäfte einem »Ständigen Ausschuß«. Nach der im Dez. 1982 vom Nat. Volkskongreß angenommenen Verf. steht ein Staatspräs. an der Spitze der VR. Die vollziehende Gewalt liegt bei der Staatsregierung, dem »Staatsrat«, unter dem MinPräs. Die führende Rolle fällt der Kommunist. Partei C. und ihrem Zentralkomitee zu. Verwaltungseinteilung in 21 Provinzen: Anhwei, Chekiang, Fukien, Heilungkiang, Honan, Hopeh, Hunan, Hupeh, Kansu, Kiangsi, Kiangsu, Kirin, Kwangtung, Kweichow, Liaoning, Shansi, Shantung, Shensi, Szechwan, Tsinghai, Yünnan; 5 Autonome Regionen: Innere Mongolei, Kwangsi, Ninghsia, Sinkiang, Tibet; 3 provinzfreie Städte: Peking, Schanghai, Tientsin.

LANDESNATUR. C. reicht vom südl. Festlandsteil O-Asiens (ohne Hinterindien) bis zum Pamir im W, im N bis zum Amur; es ist vorwiegend gebirgig: im W das Hochland von Tibet mit seinen Randgebirgen (Kun-lun, über 7000 m); nördlich davon das Tarimbecken, anschließend der Tienshan. Im lößbedeckten Nord-C. fällt das Hochland stufenförmig zur Großen Ebene (am unteren Huangho und Jangtsekiang) ab. Das Südchines. Bergland hat meist Mittelgebirgshöhen. Hauptströme: Huangho, Jangtsekiang, Sikiang. – Klima: In der Mandschurei und der Inneren Mongolei winterkalt, im Innern Wüstenklima, in den südl. Küstenzonen tropisch feucht. Starke jahreszeitl. Wärmeschwankungen, bes. im Innern. An der Küste treten Taifune auf. Reichliche Niederschläge im S und SO.

BEVÖLKERUNG. Über 90% Chinesen, daneben Turkvölker (Sinkiang), Mongolen, Tibeter u. a. Der O und S sind sehr dicht (1000-2000 Ew. je km²), die großen Gebiete im W spärlich besiedelt. Millionenstädte: Schanghai, Peking, Tientsin, Shenyang, Chungking, Kanton, Wuhan, Sian, Harbin, Lüta, Nanking, Tsingtau, Tschengtu, Fushun, Tsinan, Changchun. – RELIGION. Der Konfuzianismus, bis 1911 Staatskult, hat seine Vorrangstellung verloren. Daneben bestehen Buddhismus und Islam.

WIRTSCHAFT, VERKEHR. Die Wirtschaft stand seit der kommunist. Machtübernahme im Zeichen der Sozialisierung und Kollektivierung. In der Landwirtschaft wurden Produktionsgenossenschaften in Volkskommunen übergeführt. Haupterzeugnisse: Reis, Sojabohnen, Baumwolle, Weizen, Mais, Tee; Viehzucht bes. auf Rinder, Schweine; bed. Fischerei. Industrialisierung mit Hilfe von Fünfjahresplänen (seit 1953). Produktionssteigerungen: Stahlerzeugung, Lastwagenfabrikation, Kunstdünger-, Textil- und Maschinenind. Die für den »Großen Sprung nach vorn« gesteckten Ziele konnten nicht erreicht werden. Grundlagen der Industrialisierung sind die Bodenschätze (Steinkohle, Erdöl, Eisenerz,

Chile

Chimäre

Volksrepublik China

chinesische Kunst: Pagode des Sung Yüehsse (523 n. Chr.)

chinesische Kunst: Gott des langen Lebens, Elfenbein (17.-18. Jh.)

1

2

chinesische Kunst: 1 Damen bearbeiten Seide; alte Kopie (1082-1135) nach Chang Hsüan, um 740. **2** Mädchen mit Opferschale; Fresko; Yung-lo-Tempel; 1271-1368.

NE-Metalle) und die Wasserkraft. Ausfuhr: Tierische Erzeugnisse, Sojabohnen, Tee, Seide, Textilien. Handelspartner: Japan, Bundesrep. Dtl., Australien, Frankreich, USA. Eisenbahn-, Straßen- und Luftverkehr im Ausbau; erster Weltraumsatellit April 1970; wichtig sind Binnen- und Küstenschiffahrt.

❻ Die geschichtl. Zeit (nach den Stammesstaaten und den sagenhaften Urkaisern) beginnt etwa 1800 v. Chr. Seit 770 zerfiel C. in mehrere Einzelstaaten, die sich dauernd bekämpften, bis Shi-huang-ti aus dem Hause Ch'in 221 v. Chr. ein einheitl., straff geordnetes Kaiserreich schuf (Chin. Mauer). Der Blütezeit unter dem Kaiserhaus Han (206 v. Chr. bis 220 n. Chr.) folgte Niedergang und Auflösung der Reichseinheit. Eine neue Glanzzeit führte das Kaiserhaus T'ang (618-907) herauf. Die Mongolen herrschten im 13./14. Jh. über C.; damals kam es durch Marco Polo mit Europa in Berührung. 1368-1644 war das einheim. Kaiserhaus Ming an der Macht. Fremde Eroberer waren wieder die Mandschukaiser (1644-1912) in Peking; sie dehnten ihre Macht auch über die Mongolei, Ostturkestan, Tibet und Hinterindien aus. Seit 1842 (→Opiumkrieg) wurde C. von den europ. Seemächten, bes. England, zur Öffnung seiner Häfen, zur Abtretung von Stützpunkten und zur Einräumung wichtiger Vorrechte gezwungen (»Ungleiche Verträge«). 1894/95 wurde es von Japan besiegt, der fremdenfeindl. Boxeraufstand 1900/01 durch das gemeinsame Eingreifen der fremden Mächte niedergeworfen. Die Mandschu-Herrschaft wurde durch die Revolution von 1911/12 unter Führung Sun Yat-sens (→Kuomintang) gestürzt. Tschiang Kai-schek gelang 1928 wieder die Einigung C.s (Nationalreg. in Nanking). 1931/32 besetzte Japan die Mandschurei, geriet 1937 in offenen Kampf mit der Nankingreg. und besetzte 1937 Schanghai und Nanking. Nach der Kapitulation Japans 1945 kam es zum Bürgerkrieg zw. Tschiang Kai-schek und dem Kommunistenführer Mao Zedong. Dieser proklamierte 1949 die Chines. VR, in enger Zusammenarbeit mit der UdSSR (Vertrag 1950; 1980 gekündigt). Die Nationalreg. unter Tschiang Kai-schek wich auf die Insel Taiwan zurück. Ende 1950 wurde Tibet militärisch besetzt, 1951 als Autonome Region eingegliedert. Der Grenzkonflikt mit Indien führte 1962 zu einem Angriff chines. Truppen auf ind. Gebiet. 1964 brachte die VR C. ihre erste Atombombe zur Explosion. Seit der Entstalinisierung in der UdSSR (1956) bestehende Meinungsverschiedenheiten zw. C. und der UdSSR über die Führung des Weltkommunismus verstärkten sich in den 60er Jahren. 1966 wurde im Rahmen der »Großen Proletar. Kulturrevolution« eine Säuberung innerhalb von Partei und Staat eingeleitet. Die Vormachtstellung der Kommunist. Partei, die während der Kulturrevolution durch die »Roten Garden« (radikale Anhänger Mao Zedongs) erschüttert worden war, wurde 1969 wiederhergestellt. Seitdem trieb C. eine aktive Außenpolitik (z. B. Besuch des amerikan. Präs. R. Nixon in C., Friedensvertrag mit Japan, Aufnahme diplomat. Beziehungen zu den USA). Seit 1971 ist die VR China Mitglied der UNO; Nationalchina (Taiwan) wurde gleichzeitig aus der UNO ausgeschlossen. 1976 starb Mao Zedong. Der von ihm zum Nachfolger bestimmte Hua Guofeng (entmachtet 1980/81) setzte sich mit Deng Xiaoping gegen radikal-dogmat. Politiker um Maos Witwe durch. Seit etwa 1980 stieg Deng Xiaoping zum bestimmenden Politiker in der VR C. auf. Die von ihm eingeleitete wirtschaftl. Öffnung zog Forderungen nach mehr innenpolit. Freiheiten nach sich. Mit der blutigen Niederschlagung friedl. Studenten- und Arbeiterdemonstrationen (v. a. in Peking) wurde im Juni 1989 die repressive Politik fortgeführt. Gen.-Sekr. der KPCh: Jiang Zemin (seit 1989); MinPräs.: Li Peng (seit 1987); Präs.: Yang Shangkun (seit 1988).

Chinesische Mauer

Chinagras, →Ramie.

Chinarinde, Fieberrinde, bittere, getrocknete Rinde versch., urspr. südamerikan. Arten des C.-Baumes; enthält →Chinin.

Chinchilla [tʃintʃ'iʎa, indian.-span.] die, **1)** südamerikan. Nagetier (Hasenmaus). **2)** dessen feiner Pelz. **3)** ein ihm ähnl. Wollstoff.

Chinesen, Hauptvolk der VR China und Taiwans, über 940 Mio. Die C. gehören zum mongol. Rassenkreis. Aus mehreren, Anfang des 2. Jahrtsd. v. Chr. am unteren Hwangho sitzenden Stämmen entstanden.

Chirico: Die beunruhigenden Musen

chinesische Kunst. Sie ist bis ins 3. Jahrtsd. v. Chr. zurückzuverfolgen. In der größtenteils erst aus der Spätzeit erhaltenen **Baukunst** (Tempel, Paläste, Pagoden, Tore) wurde neben Stein und Ziegel vorzugsweise Holz verwendet; charakteristisch die auf Pfosten ruhenden, vielfach reich verzierten geschweiften Dächer (oft mehrere übereinander). Die **Malerei** (Blüte in der Sung-Zeit, 900 bis 1300) benutzte hauptsächlich Wasserfarben und Tuschen auf Papier oder Seide (einzigartig die Landschaften). Von Bedeutung ist seit der Anyang-Zeit (13./12. Jh. v. Chr.) der **Bronzeguß**: heilige Gefäße, Spiegel, Glocken. In der **Töpferkunst** beherrschen die Chinesen seit alters alle Arten vom Steinzeug bis zum Porzellan. Meisterhaft sind ferner ihre Seidenwebereien und Schnitzereien in Halbedelsteinen, vor allem Jade. (BILDER S. 141, 142)

chinesische Literatur. Das überlieferte System unterscheidet 4 Klassen: 1) **King** oder Kanon. (konfuzian.) Schrifttum, bis um 1900 die Grundlage der chines. Bildung und Gesittung, 2) **Schi,** Geschichtsschreibung, 3) **Tse,** philosoph. und Fachschrifttum, 4) **Tsi,** schöne Literatur. Die Zeit der Tangdynastie (7.-9. Jh.) brachte die Blüte der chines. Lyrik, mit den größten chines. Dichtern Li T'ai-po (701-762), Tu Fu (712-770) und Po Kü-i (772-846). Roman und Novelle sind bereits in vorchristl. Zeit der Form nach ausgebildet. Während der Mongolenherrschaft entstand der realist. Sittenroman. Blütezeit des Dramas: 13. bis 14. Jh., in der Umgangssprache abgefaßt. Seit dem 19. Jh. werden westl. Vorbilder nachgeahmt. Als verpflichtend gilt heute in der VR China der sozialist. Realismus.

Chinesische Mauer, größte Schutzanlage der Erde, vom 3. Jh. v. Chr. bis 15. Jh. n. Chr. zum Schutz Chinas gegen die Nomaden errichtet; etwa 2450 km lang, rd. 16 m hoch, 5-8 m breit, mit vielen Türmen. (BILD S. 142)

chinesische Schrift, Wortschrift (urspr. Bilderschrift) mit etwa 50 000 Zeichen, von denen aber 2000-4000 für den tägl. Bedarf genügen. Die c. S. ist schon seit dem 2. Jahrtsd. v. Chr. voll ausgebildet.

chinesische Sprache, wichtigste der tibeto-birman. Sprachen, besteht aus einfachen, meist einsilbigen Wörtern und kennt weder Beugung noch Abwandlung. Gleichlautende Wörter werden durch Änderung des Tons (der Stimmlage) unterschieden. Die c. S. hat viele Dialekte; der wichtigste ist der Peking-Dialekt, der die Grundlage einer gemeinchines. Umgangssprache und einer Buchstabenschrift bilden soll.

Chingan der, Gebirgskette in Ostasien, an der Grenze von Mongolei und Mandschurei, bis 1958 m hoch.

Chingtechen [dʒiŋdədʒən], amtl. **Jingdezhen,** Stadt in der Prov. Kiangsi, China, 581 000 Ew., größte Porzellanind. Chinas.

Chinin das, organ. Verbindung aus der →Chinarinde; fiebersenkend, schmerzlindernd.

Chinoiserie [ʃinwazr'i] die, im Rokoko verbreitete Stilrichtung, verwendete chines. Zierformen und Szenen aus dem chines. Leben bei der Ausstattung von Innenräumen, in Kunsthandwerk und Gartenkunst.

Chinolin das, ☜ giftige organ. Base, auch künstl. hergestellt; dient zu Farbstoffen, zur Schädlingsbekämpfung.

Chinone Mz., sauerstoffhaltige, stark färbende aromat. Verbindungen, **Anthrachinon** ist Ausgangsstoff der Alizarinfarbstoffe.

Chintz [tʃɪnts, engl.] der, dichter leinwandbindiger, bunt bedruckter Baumwollstoff.

Chioggia [kj'ɔddʒa], ital. Fischereihafen, südl. von Venedig, 53 500 Ew.

Chios, grch. Insel im Ägäischen Meer, 806 km², 54 000 Ew.; bis 1267 m hoch; Wein, Südfrüchte, Mastixharz, Olivenöl.

Chippendale [tʃ'ɪpəndeɪl], engl. Möbelstil, benannt nach Thomas C. (Kunsttischler, *1718, †1779); feste, zweckmäßige Formen, Rokokoschmuckwerk mit chines. Motiven.

Chippendale-Kommode

Chip [tʃɪp, engl.] der, funktioneller Bestandteil einer integrierten Schaltung, faßt sämtl. Komponenten (z. B. Transistoren, Widerstände) auf einem Halbleiterplättchen von wenigen Millimetern Kantenlänge zusammen.

Chipkarte, Kunststoffkarte mit programmierbarem Mikroprozessor (64 kBit), Verwendung als Kredit- und Ausweiskarte. Seit 1989 wird getestet, ob die C. die Magnetstreifenkarte ablösen soll.

Chips [tʃips, engl.], **1)** gebackene Kartoffelscheiben. **2)** Spielmarken.

Chirac [ʃir'ak], Jacques, frz. Politiker, *1932, 1968-74 Min., 1974-76 und 1986-88 MinPräs.; seit 1976 Präs. des Rassemblement pour la République (RPR); seit 1977 Bürgermeister von Paris.

Chirico [k'i:riko], Giorgio **De,** ital. Maler, Dichter, *1888, †1978, einer der Wegbereiter des Surrealismus; später Gegner der modernen Kunst.

Chirologie [grch.] die, Handlesekunst; **Chiromantie** die, Wahrsagen aus der Hand.

Chiron, grch. Mythos: ein Kentaur, lehrte Heilkunde, Tonkunst, Gymnastik.

Chiropraktik, ♡ Verfahren zur Beseitigung von Schmerzzuständen, bes. im Bereich der Wirbelsäule, durch Einrenkungshandgriffe.

Chirurgie [grch.] die, Teil der Heilkunde, der durch mechanisch wirkende Mittel zu heilen sucht: 1. äußere Handgriffe, z. B. Einrichten von Knochenbrüchen, Verrenkungen; 2. Geräte, Verbände (orthopäd. Maßnahmen); 3. meist blutige Eingriffe (Operationen). Aus der allg. C. haben sich Fachwissenschaften entwickelt, u. a. die →Orthopädie, →Urologie, →Neurochirurgie, Kiefer-C., plast. und kosmet. C.

Chitin [grch.] das, stickstoffhaltiges, celluloseähnl. Kohlenhydrat, Baustoff des Körpergerüsts der Insekten und Krebstiere sowie der Pilzzellwände.

Chiton der, altgr. Gewand.

Chiton

Chlamys

Chopin

Chorin: Zisterzienserkirche

Chittagong, Hafenstadt in Bangladesh, 1,3 Mio. Ew., Univ.

Chiusi [kj'u:si], mittelital. Stadt in der Toskana, rd. 10000 Ew.; etrusk. Nekropole.

Chladni, Ernst, Physiker, *1756, †1827; grundlegende Arbeiten über Akustik, Entdekker der → Klangfiguren.

Chlamys die, Mantel grch. Jünglinge, Krieger, Reiter.

Chlodwig I., König der Franken, aus dem Geschlecht der Merowinger, *466, †511, unterwarf den größten Teil Galliens und die Alemannen, trat 496 zum Christentum über. Er ist der Gründer des fränk. Großreichs.

Chloe, Beiname der grch. Göttin Demeter; **Chloia,** ihr Frühlingsfest in Athen.

Chlor [grch. »gelbgrün«], **Cl,** chem. Element aus der Gruppe der Halogene, Ordnungszahl 17, gelblichgrünes Gas von erstikkendem Geruch, das die Schleimhäute stark reizt. C. wirkt stark bleichend und keimtötend, kommt in der Natur nicht frei vor, in großer Menge aber an Metalle gebunden. Gewinnung als Nebenprodukt bei der elektrolyt. Herstellung von Natrium- und Kaliumhydroxid, verwendet bei der Herstellung von Kunststoffen (PVC) und chlorhaltiger Lösungsmittel.

Chloräthyl das, → Äthylchlorid.

Chlorfluorkohlenwasserstoffe, → Fluorchlorkohlenwasserstoffe.

Chloride Mz., ⟲ Salze der Salzsäure (HCl); sie entstehen auch durch unmittelbare Vereinigung von Chlor mit Metallen.

Chlorit der, dunkelgrünes Mineral.

Chlorkalk, weiße, nach Chlor riechende Substanz, Desinfektions- und Bleichmittel.

Chloroform das, $CHCl_3$, süßlich riechende, farblose, flüchtige Flüssigkeit; dient zur Schmerzbetäubung: Einatmen von C.-Dämpfen ruft Bewußtlosigkeit hervor.

Chlorophyll [grch.] das, **Blattgrün,** grüner Pflanzenfarbstoff, chem. verwandt mit dem roten Blutfarbstoff Hämin, stets an die Farbstoffträger (Chloroplasten) der Pflanzenzelle gebunden. Aufgabe: Einbau des Kohlenstoffs aus dem Kohlendioxid der Luft in den Pflanzenkörper mit Hilfe des Sonnenlichts **(Photosynthese).** Verwendung in Medizin und Kosmetik (gegen Körpergeruch).

Chlorose die, ♡ die → Bleichsucht.

Chlorwasserstoff, ⟲ HCl, die → Salzsäure.

Chodowiecki [xodovj'ɛtski], Daniel, Maler, Radierer, *1726, †1801; seine kleinen Radierungen, meist Buchillustrationen, z. B. zu Dichtungen Klopstocks, Goethes, Schillers, schildern die bürgerl. Welt seiner Zeit.

Choke [tʃəuk, engl.], Bedienungsknopf für die Luftklappe (Starterklappe) bei Ottomotoren; wird bei kaltem Motor geschlossen, um durch kraftstoffreicheres Gemisch das Betreiben des Motors zu erleichtern.

Cholämie die, Übertritt von Gallenbestandteilen ins Blut, bewirkt Gelbsucht.

Cholera [grch.] die, Magen- und Darmerkrankung mit Erbrechen, Durchfall und beträchtl. Kräfteabnahme. **asiatische** oder **epidemische C.,** eine durch den **C.-Bazillus (Komma-Bazillus)** hervorgerufene Krankheit. Übertragung meist durch Wasser. Ausbruch der ersten Krankheitserscheinungen meist nach 2-4 Tagen. Die C.-Bazillen dringen nicht in das Blut ein. Haupterscheinungen: dünne Durchfälle und Erbrechen, Kopfschmerzen, zuweilen Fieberzustände und Bewußtseinstrübung. Bei Behandlung ist reichlich Flüssigkeit zuzuführen. Vorbeugend wirken Schutzimpfungen sowie persönl. Hygiene.

Choleriker [grch.] der, leidenschaftl., jähzorniger Mensch. **cholerisch,** leicht erregbar.

Cholesterin das, Gallenfett, mit den Gallensäuren (→ Galle) verwandter Stoff, enthalten in Gallensteinen, im Eigelb, im Gehirn.

Cholezystitis [grch.] die, Gallenblasenentzündung (→ Galle).

Cholin, ⟲ organ. Base, bes. in der Galle, im Hirn und im Eidotter, wirkt blutdrucksenkend und blutgefäßerweiternd.

Cholula [tʃɔl'u:la], Stadt in Mexiko, 20000 Ew.; war Mittelpunkt toltek. Kultur, 1519 zerstört.

Chomeini, → Khomeini.

Chomsky [tʃ-], Avram Noam, amerikan. Linguist, *1928, entwickelte die generative Transformationsgrammatik.

Chondrom das, ♡ Knorpelgeschwulst.

Chopin [ʃɔp'ɛ̃], Frédéric, poln. Pianist und Komponist, *1810, † Paris 1849, Schöpfer eines Klaviermusikstils, der deutschromant. Empfindung, frz. Eleganz und slaw. Rhythmik vereinigt; Konzerte, Etüden, Walzer.

Chor [grch.] der, -s/Chöre, **1)** im alten Griechenland: Tanzplatz, Kulttanz und -gesang, Drama. **2)** ♩ Vereinigung von Sängern (Männer-, Frauen-, Knaben-C., gemischter C.). **3)** ♩ mehrstimmiger Gesang. **4)** 🏛 der abgesonderte Altarraum der Kirche (im MA. konnten auch die Vierung und ein Teil des Langhauses zum C. gehören); auch: Empore für Orgel und Sänger. **5)** das C., zusammengehörige Schar.

Choral der, **1)** kath. Kirche: liturg., einstimmig erfundener, unbegleiteter Gesang in lat. Sprache, nach Papst Gregor d. Gr. **Gregorian. C.** genannt, gehört zu den frühesten Zeugnissen christl.-abendländ. Musik. Seine Formen reichen vom Sprechgesang und Psalmodieren über den Hymnus bis zur kunstvollen Solomelodie; der Gesang wechselt zw. Zelebranten, Kantor und Chor (Volk). **2)** evang. Kirche: das von der Gemeinde gesungene, von der Orgel begleitete **Kirchenlied.** Die Grundlage für den Schatz der Kirchenlieder schuf Luther.

Chorassan, Khorasan [x-, pers.], gebirgige Landschaft im NO Irans, die nach W und S in die Wüste Lut übergeht. Hptst.: Meschhed; Teppichweberei **(C.-Teppiche).**

Chorda [grch.-lat.] die, **1)** Sehne, Darmsaite. **2) C. dorsalis, Rückensaite,** knorpelähnl. Vorstufe der Wirbelsäule, die sich bei den **Chordaten** (Wirbeltiere und Manteltiere) findet. Sie ist während der Entwicklung vorübergehend bei allen Wirbeltieren vorhanden, dauernd nur bei den primitivsten (Lanzettfischchen, Rundmäuler).

Chorea [grch. »Tanz«] die, der → Veitstanz.

Choreographie [grch.] die, **Tanzschrift,** Aufzeichnung der Tänze durch Zeichen, auch Regie-Entwurf des Tanzes.

Chorgestühl, Sitzreihen aus Holz an den Seitenwänden des Chors für Mönche oder Kleriker.

Chorherr, Mitgl. eines Domkapitels (Domherr) oder Stifts, auch des Augustinerordens.

Chorin, ehem. Zisterzienserkloster in der Uckermark, Bez. Frankfurt a. d. Oder; Meisterwerk der Backsteingotik (1273-1344).

Chorrock, Chorhemd, weißes Übergewand der kath. Geistlichen und Meßdiener.

Chorsabad, jetziger Name des assyr. **Dur-Scharrukin,** heute in Irak, mit Resten der Residenz König Sargons II. (713-708 v. Chr.).

Chow-Chow [tʃautʃau], 🐕 chines. Spitz, mit langhaarigem Fell, schräggestellten Augen und blauer Zunge.

Chr., Abk. für Christus.

Chrestomathie [grch. »nützl. Wissen«] die, Samml. von Musterstücken aus Schriftwerken (z. B. für den Unterricht).

Chrétien de Troyes [kretj'ɛ̃dətrw'a], altfrz. Dichter, *vor 1135, † vor 1190, bedeutendster Vertreter des höf. Versepos, Vorbild und Quelle für das dt. Ritterepos im MA. (Hartmann von Aue: »Erec«, »Iwein«; Wolfram von Eschenbach: »Parzival«).

Chrisma [grch. »Salbe«] das, **Chrisam**

der, Salböl, in der kath. Kirche am Gründonnerstag vom Bischof geweiht.

Christchurch [kr'aistʃə:tʃ], größte Stadt der Südinsel Neuseelands, 171 000 Ew.; Erzbischofssitz; Univ.; Wollfabrikation, Gefrierhäuser.

Christdorn, Christusdorn, Pflanzen, die der Legende nach die Dornenkrone Christi geliefert haben sollen, so die Gleditschie.

Christengemeinschaft, 1922 gegr. unabhäng. Religionsgemeinschaft; erstrebt die Erneuerung des relig. Lebens auf der Grundlage des kosmisch gedeuteten Christentums, erhielt Anregungen von der Anthroposophie.

Christentum das, Offenbarungsreligion, die in Jesus von Nazareth den Christus (Messias), d.h. den Heilbringer des einen Gottes, sieht. Sie gründet sich auf die Tatsache, daß Jesus gelebt und gewirkt hat und am Kreuz starb, und auf das Glaubenszeugnis der ältesten Gemeinde, daß er auferstanden ist, lebt und wiederkommen wird zum Endgericht. Der Gemeinschaft und Kirche begründende christl. Glaube richtet sich weniger auf das Historische als auf die Bedeutung der Person Jesu, in der Gottes Offenbarung geschichtl. greifbar wurde; sie wird der Heiligen Schrift (→Bibel) entnommen, in der Christus als die Wende im Ablauf der Weltgeschichte dargestellt ist.

GESCHICHTLICH erhebt sich das C. auf dem Boden der jüd. Religion des A.T. als Erfüllung der dort gegebenen Weissagungen und zugleich als Überwindung der an das Volk Israel gebundenen Gesetzlichkeit. Im Ur-C. des 1. Jh. gewinnt es die Gestalt einer alle Volksgrenzen sprengenden Kirche und entfaltet sich zur Weltkirche unter gleichzeitiger Ausgestaltung des Vorrangs (Primat) des Bischofs von Rom als des Nachfolgers des Apostels Petrus (Mt. 16,18). Die Einheit der Kirche wurde endgültig 1054 durch die Spaltung (Schisma) in die →Katholische Kirche und die →Ostkirche (griechisch-orthodoxe) gebrochen. Von der kath. Kirche trennte sich seit 1517 durch die →Reformation die evang. Kirche, der Protestantismus, 1534 die →Anglikanische Kirche ab. Im Zeitalter des modernen Individualismus entstanden zahlreiche Freikirchen und Sekten. Seit Beginn des 20. Jh. ist eine Bewegung der Samml. aller christl. Gemeinschaften zu erkennen, die zum Zusammenschluß mit Ausnahme der kath. Kirche in der →Ökumenischen Bewegung führte. Die Gesamtzahl der Christen beträgt etwa 1,6 Mrd., davon etwa 926 Mio. kath., 341 Mio. ev. (einschl. Freikirchen) und etwa 176 Mio. orthodoxe.

KULTURGESCHICHTE. Das C. wirkte bereits in den ersten 3 Jh., als es sich über das Röm. Reich trotz Christenverfolgungen ausbreitete, mannigfach auf die antike Kultur, in verstärktem Maße, nachdem es durch Konstantin d. Gr. zur Reichsreligion erhoben worden war. Seit dem 4. Jh. wurde es die bestimmende Geistesmacht der antiken Geschichte. Wichtiger noch ist die Wirkung auf die german. Stämme der Völkerwanderungszeit und ihre Staatsbildungen. Das C. wurde nunmehr zu dem Mutterboden, aus dem die abendländ. Kultur entstanden ist. Alle mittelalterl. Kunstübung ist am Kirchenbau und in den Klöstern erwachsen. Die Wissenschaft war in ihrem Kerngehalt Theologie, und das weltl. Einzelwissen war deren Lehrgebäuden eingefügt (→Scholastik). Seit dem Beginn der Neuzeit, bes. seit Humanismus und Renaissance, erwuchs in allen europ. Ländern eine weltl. Geistigkeit, doch auch die Diesseitskultur der abendländ. Neuzeit ist eine Verbindung antiken und christl. Erbes.

Christenverfolgungen, Versuche röm. Kaiser, das Christentum auszurotten. Die erste C. fand unter Nero statt (64), die letzte unter Diokletian und Galerius (303-311). Konstantin der Große erließ das Toleranzedikt von 313.

Christian, Könige von Dänemark, 1) C. I. 1448-81, 1460 auch in Schleswig-Holstein zum Landesherrn gewählt. **2) C. IV.** 1588 bis 1648, griff auf protestant. Seite in den Dreißigjährigen Krieg ein. **3) C. IX.** 1863-1906, aus der Glücksburger Linie, verlor 1864 Schleswig-Holstein. **4) C. X.** 1912-47, erließ 1915 eine demokrat. Verfassung.

Christiania, 1624-1924 Name für Oslo.

Christian Science [kr'istjəns'aiəns], **Christl. Wissenschaft,** christl. Freikirche, gegr. 1879 in Boston von Mary Baker-Eddy (*1821, †1910). Sie betrachtet Gott als das allein Wirkliche, die Krankheit als eine Frucht der Unwissenheit und Sünde. Mittel der Heilung ist das Gebet.

Christie, Agatha, engl. Schriftstellerin, *1890, †1976, Kriminalromane, -schauspiele.

Christine, Königin von Schweden, *1626, †1689, Tochter Gustav Adolfs, förderte Künste und Wissenschaften. Sie dankte 1654 ab und trat zum Katholizismus über.

Christkatholische Kirche, Kirche der →Altkatholiken in der Schweiz.

Christkönigsfest, kath. Fest am Sonntag vor Allerheiligen zur Feier der Herrschaft Christi.

Christlich-Demokratische Union, CDU, nach dem 2. Weltkrieg in allen 4 Besatzungszonen Dtl.s gegr. Partei. Sie entstand aus dem Gedanken, den Staat auf christl. Grundlage zu erneuern, und vereinigt in sich Kräfte der beiden christl. Konfessionen. In der **Bundesrep. Dtl.** war sie 1949-69 führende Regierungspartei, wieder seit 1982. Sie vertritt innenpolit. ein demokrat. föderatives Prinzip, wirtschaftspolit. die Soziale Marktwirtschaft, außenpolit. die Integration Europas, polit. und militär. Anlehnung an den Westen. Vors.: 1950-66 K. Adenauer, 1966-67 L. Erhard, 1967-71 K.G. Kiesinger, 1971-73 R. Barzel, seit 1973 H. Kohl. In der **Dt. Dem. Rep.** beugte sie sich 1947-89 dem Führungsanspruch der SED; seither eigenständige, innere Reformen stützende Politik, deren Ziel ein geeintes Deutschland ist. Vors.: L. de Maizière.

Christliche Kunst, i.w.S. Kunst der christl. Kulturwelt (soweit sie vorwiegend christl. bestimmt war, etwa bis zum ausgehenden MA., z.T. bis zum Barock); i.e.S. Kirchenbaukunst, Malerei und Plastik, die christl. Themen behandeln.

Christliche Vereine junger Männer, CVJM, evang. Vereinigungen ohne kirchl. Bindung, bes. in den USA **(Young Men's Christian Association, YMCA).**

Christliche Wissenschaft, →Christian Science.

Christlich-soziale Bewegung, erstrebt die Erneuerung der sozialen Ordnung auf der relig. und sittl. Grundlage des Christentums. Auf prot. Seite waren in England T. Carlyle u.a. führend, in Dtl. J. H. Wichern, A. Stoekker, F. Naumann. Einrichtungen wie die Innere Mission, die Ev. Kirchentage und die Ev. Akademien erhalten den Gedanken lebendig. Auf kath. Seite ist die C.-s.B. vorwiegend kirchl. bestimmt, bes. durch die kath. Gesellschaftslehre; in Dtl. waren A. Kolping und Bischof W. E. Frhr. v. Ketteler führend.

Christlich-Soziale Partei, in Österreich, gegr. 1880 von K. Lueger; war von 1919-34 führende Regierungspartei. Die Tradition der C.-S. P. wurde 1945 von der Österr. Volkspartei übernommen.

Christlich-Soziale Union, CSU, eine nur in Bayern bestehende, 1945 gegr. polit. Partei, im Bundestag mit der CDU in einer Fraktion zusammengeschlossen; Vors.: H. Ehard (bis 1955), H. Seidel (1955-61), F. J. Strauß (1961-1988), seitdem T. Waigel.

Christusmonogramm 1)

1

2

3

Chrysoberyll
1 C.-Katzenauge,
2 C. gelb,
3 C. grün

Chrysanthemum:
Indicum Hybride

Chrysopras

Christmas [kr'isməs, engl.], Abk. **Xmas,** Christmesse, Weihnachten.

Christo, eigtl. **C. Jawatschew,** Künstler, *1935. Für C. ist der Wert eines Kunstwerkes nicht an Stabilität oder Permanenz gebunden. Er verpackt Gegenstände, Gebäude und Teile der Landschaft mit Plastikfolien.

Christologie, Lehre von der Person Christi und seiner Gottessohnschaft.

Christophorus [grch. »Christusträger«], Nothelfer, von riesiger Gestalt, trug nach der Legende das Christuskind durch einen Strom; Heiliger (24.7.) jedoch nur im dt. Regionalkalender; Kennzeichen: Jesukind, Stab.

Christrose, Schwarzer → Nieswurz.

Christus, Abk. **Chr.,** grch. Übersetzung des hebr. Wortes **Messias,** der Gesalbte, → Jesus.

Christusbild, bis zum hohen MA. unterscheidet man 2 Haupttypen: das, von der antiken Gottesvorstellung her bestimmte, bartlos-jugendl. und das, wohl im Osten entstandene, bärtige C., das sich auch im Abendland durchsetzte.

Christusmonogramm, 1) sinnbildl. Zeichen für den Namen Christus, aus den grch. Buchstaben X (Ch) und P (R). **2)** Zeichen des Fisches, grch. ΙΧΘΥΣ [Ichthys], nach den Anfangsbuchstaben der grch. Worte: Jesus Christos Theu Yios Soter (»Jesus Christus Gottes Sohn Heiland«).

Chrom [grch. »Farbe«], **Cr,** chem. Element, silberweißes, sehr hartes Metall (Ordnungszahl 24, D 7,18-7,2 g/cm^3, Schmelzpunkt 1890°C). Gegenüber Luft, Wasser, vielen Säuren und Laugen ist es sehr beständig; deshalb Verwendung als Überzugs- und Oberflächenschutzmittel (Verchromen), ferner zur Herstellung von nichtrostenden und Spezialstählen, Verbindungen als Chromfarben. – Vorkommen bes. als Chromeisenstein $FeO \cdot Cr_2O_3$ (Südafrika, Neukaledonien, Kleinasien).

Chroma..., Chromo... [grch.], in Fremdwörtern: Farbe..., Farben...

Chroma-Key, Trickmischverfahren des Fernsehens: eine Farbe im ersten Bild wird durch ein beliebiges zweites Bild ersetzt.

Chromatik [grch.] die, **1)** die → Farbenlehre, **2)** ♩ die durch Versetzungszeichen bewirkte Erhöhung oder Erniedrigung (»Färbung«) der Stammtöne einer Tonart. Die **chromat. Tonleiter** ist nur aus Halbtönen gebildet.

Chromatin [grch.] das, leicht färbbare Bestandteile des Zellkerns.

Chromatographie [grch.] die, Verfahren zur Trennung eines Stoffgemisches, bei dem die unterschiedl. Wanderungsgeschwindigkeit der Stoffkomponenten ausgenutzt wird.

Chromatophoren [grch. »Farbstoffträger«] Mz., **1)** ♘ Zellen in der Haut mancher Tiere, z.B. bei Chamäleons, Laubfröschen, Schollenfischen, Kopffüßern, die unter Ausdehnung oder Zusammenziehung Farbwechsel bewirken. **2)** ⚘ Körperchen in der Pflanzenzelle, an die Farbstoff gebunden ist.

Chromatron das, Kathodenstrahlröhre für die Wiedergabe farbiger Fernsehbilder.

Chromleder, mit Chromsalzen gegerbtes Leder (Schuhober-, Bekleidungs-, Sportleder).

Chromosom [grch.] das, -s/-en, **Kernschleife,** fadenförmige, aus Nucleinsäuren und Eiweiß bestehende Gebilde im Zellkern. Sie haben versch. Größe und Gestalt, ihre Zahl ist jedoch für jede Art konstant (beim Menschen 46). Die C. sind Träger der Erbanlagen (→ Gen).

Chromosphäre, bei Sonnenfinsternissen rötl. aufleuchtende Schicht der Sonnenatmosphäre.

Chronik [grch.] die, Geschichtswerk, das die Vorgänge nach zeitl. Folge aufzählt. **Bücher der C.,** die beiden jüngsten Geschichtsbücher des A.T. **Chronist,** Verfasser einer C.;

Chronique scandaleuse [kron'i:k skãdal'øz, frz.], Klatschgeschichte.

chronisch, lang dauernd; Ggs.: akut.

Chronograph [grch. »Zeitschreiber«] der, Gerät zur genauen Aufzeichnung eines Zeitpunktes oder der Zeitdauer eines Vorganges auf gleichmäßig abrollendem Papierstreifen.

Chronologie [grch.] die, Zeitkunde. **1)** Die **mathemat.** oder **astronom. C.** mißt auf Grund der Bewegungen am Himmelskörper die Zeit und teilt sie ein. **2)** Die **histor. C.** befaßt sich mit der Einteilung der Zeit bei den versch. Völkern und in versch. Zeitaltern.

Chronometer [grch. »Zeitmesser«] der, sehr genau gehende Uhr, bes. für die Seeschifffahrt.

Chronos [grch.], die Zeit (auch als Person).

Chruschtschow [-ʃtʃ'ɔf], Nikita, sowjet. Politiker, *1894, †1971, war seit 1953 Erster Sekr. des ZK der KPdSU, seit 1958 MinPräs. Außenpolitisch war sein Name sowohl mit der Werbung um »Koexistenz« als auch mit der Drohung mit Vernichtungswaffen verbunden, innenpolitisch mit der »Entstalinisierung«. Gegenüber Mao Tse-tung beanspruchte er die alleinige Führungsrolle Moskaus. 1964 wurde C. aller wichtigen Ämter enthoben.

Chrys..., Chryso... [grch.], Gold...

Chrysalide [grch.] die, Puppe der Schmetterlinge, auch der Insekten überhaupt.

Chrysanthemum [grch. »Goldblume«] das, -s/...themen, Gatt. der Korbblüter. Arten: **1) Margareten-** oder **Johannisblume,** blüht weiß-gelb auf Wiesen. **2) Wucherblume,** lästiges Getreideunkraut mit gelben Blütenkörbchen. **3) Mutterkraut,** gelb-weiß blühend; Zierpflanze; Volksheilmittel. **4) Echte C., Winteraster,** aus Ostasien eingeführte Zierstaude.

Chrysipp, Chrysippos, grch. Philosoph, †205 v. Chr., wichtiger Denker der → Stoa.

Chrysoberyll der, grünes Mineral aus Pegmatiten und Glimmerschiefern; Schmuckstein.

Chrysolith der, → Olivin.

Chrysopras der, durch Nickeloxid grün gefärbter Chalcedon; Schmuckstein.

Chrysostomus, Johannes, Kirchenlehrer, *344/345, †407; Patriarch von Konstantinopel; bed. Prediger; Schutzheiliger der Kanzelredner (Tag im O 13.11.; im W 13.9.).

chthonisch [grch.], irdisch, unterirdisch; Beiname der in und unter der Erde mächtigen grch. Gottheiten wie Hades und Demeter.

Chungking [tʃuŋtʃiŋ], **Tschungking,** amtl. **Chongqing,** Stadt in der chines. Prov. Szechwan, 2,9 Mio. Ew. In der Nähe Eisen- und Stahlkombinat, Textil-, chem. Ind. 1937-49 Sitz der Regierung Tschiang Kai-schek.

Chuquicamata [tʃukikam'ata], Stadt in N-Chile, 3000 m ü.M., 31000 Ew.; eine der größten Kupfergewinnungsanlagen der Erde.

Chur [ku:r], Hptst. des Kt. Graubünden, 32000 Ew.; spätroman. Kathedrale.

Churchill [tʃ'ə:tʃɪl], Sir Winston, brit. Staatsmann, *1874, †1965, Enkel des 7. Herzogs von Marlborough, war seit 1900 Parlamentsmitgl., seit 1940 konservat. Parteiführer (bis 1955). Er bekleidete die meisten wichtigen Ministerposten. Im 1. Weltkrieg übte er als Marine-, später Munitionsmin. entscheidenden Einfluß aus. 1929-39 war er ohne Staatsamt und bekämpfte als frühzeitiger Warner vor Hitler nach 1933 die amtl. Außenpolitik. Im 2. Weltkrieg leitete er als Premiermin. (1940-45) mit Roosevelt und in Zusammenwirken mit Stalin die polit. und militär. Kriegführung. 1951 bis April 1955 wieder Premiermin. Von seiner glänzenden, vielseitigen, oft eigenwilligen Persönlichkeit zeugen auch seine Reden und Schriften, so seine Werke über die beiden Weltkriege. Nobelpreis für Literatur 1953. (BILD S. 147)

Churchill River [tʃ'ə:tʃɪlr'ɪvə] der, Fluß in

Kanada, 1600 km lang, mündet in die Hudson Bai.

Churfirsten, Bergkette der Säntisgruppe im schweizer. Kt. St. Gallen, bis 2306 m hoch.

Churriguera [tʃurriɣ'era], span. Bildhauer- und Baumeisterfamilie des Barocks; bizarre Ornamentik und Stilmischung **(Churriguerismus).**

Chusistan, Provinz im südwestl. Iran, wirtschaftlich wichtig durch Erdölind.

Chylus, Nahrungssaft, der Inhalt der Lymphgefäße (Chylusgefäße) des Dünndarms; wird über den Brustlymphgang dem Blut zugeführt.

CIA [sɪ aɪ eɪ], **C**entral **I**ntelligence **A**gency [s'entrəl int'elɪdʒəns 'eɪdʒənsɪ], der Geheimdienst der USA (1947 gegr.).

Ciano [tʃ'a:no], Galeazzo, Graf, ital. Politiker, *1903, †(erschossen) 1944; Schwiegersohn Mussolinis, 1936-43 Außenmin., 1944 von einem Sondergericht zum Tode verurteilt.

CIC, **C**odex **I**uris **C**anonici.

CIC [sɪ aɪ sɪ], **C**ounter **I**ntelligence **C**orps [k'auntə int'elɪdʒəns kɔ:], die Abwehrorganisation im Heer der USA.

Cicero die, ⌀ Schriftgrad (12 typograph. Punkte) von 4,512 mm.

Cicero, Marcus Tullius, röm. Staatsmann und Redner, *106, †(ermordet) 43 v. Chr., vereitelte als Konsul die Verschwörung des →Catilina, war Gegner der Alleinherrschaft Caesars. In seinen Schriften, Reden und Briefen, die Form und Ausdruck der lat. Sprache zu vorbildl. Vollendung brachten, wurde er den Römern zum großen Mittler grch. Bildung.

Cicerone [tʃitʃer'onə, ital.] der, Fremdenführer.

Cid [θid], mit dem span. Beinamen **el Campeador** (der Kämpfer), span. Nationalheld, eroberte 1094 das Maurenreich Valencia. Schauspiel von Corneille.

Cie., ✤ und schweizer.: Abk. für **C**ompagn**ie.**

Cienfuegos [siɛnfu'egɔs], kuban. Hafenstadt, 120500 Ew.; Ausfuhr: Zucker, Tabak, Häute.

cif, Handelsklausel im Überseeverkehr: die Kosten der Beförderung (**c**ost), Versicherung (**i**nsurance) und Fracht (**f**reight) bis zum Bestimmungshafen sind im Preis enthalten (→fob).

CIM, Abk. für engl. **C**omputer **I**ntegrated **M**anufacturing, rechnerintegrierte Fertigung, Bez. für eine computergesteuerte Produktion, deren einzelne Schritte über ein Datennetzwerk integriert werden.

Cincinnati [sɪnsɪn'ætɪ], Handels- und Hafenstadt im Staat Ohio, am Ohio; 370000 Ew.; Kohlenumschlag; vielseitige Ind.; Erzbischofssitz.

Cincinnatus, Lucius Quinctius, röm. Feldherr im 5. Jh. v. Chr., Muster altröm. Tugend.

Cinemascope, Breitwandverfahren, bei dem der mit Weitwinkellinse aufgenommene Film mit Spezialoptiken auf eine gewölbte Bildwand von 2½facher Normalbreite projiziert wird.

Cinerama, Filmaufnahme- und -wiedergabeverfahren: die von 3 Kameras aufgenommenen Bilder werden von 3 Bildwerfern auf eine halbkreisförmige Bildwand projiziert.

Cineraria [lat.], **Zinerarie,** Aschenpflanze, Topfpflanze aus der Fam. Korbblüter. Blüten in versch. leuchtenden Farben **(Cinerarie).**

Cinna, Lucius Cornelius, röm. Staatsmann, *um 130, †84 v. Chr. Gegner Sullas, beherrschte seit 87 mit Marius Rom und Italien.

Cinquecento [tʃiŋkwetʃ'ɛnto, ital. »fünfhundert«, Abk. für: 1500] das, in der ital. Kunstgeschichte das 16. Jh. und sein Stil.

CIO, Abk. für **C**ongress of **I**ndustrial **O**rganizations, amerikan. Gewerkschaft, →AFL-CIO.

Circe, grch. Zauberin, →Kirke.

Circulus vitiosus [lat. »fehlerhafter Kreis«] der, Trugschluß: das, was ich beweisen soll, nehme ich schon mit in die Begründung.

cis das, **1)** lat. diesseits, z. B. **Gallia cisalpina,** das Gallien diesseits der Alpen (Oberitalien). **2)** ♩ das um einen Halbton erhöhte c.

Ciskei, Rep. im südl. Afrika, international nicht anerkannt, bis Dez. 1981 Homeland, 9400 km^2, 798000 Ew., Hauptort: Zwelitsha. Amtssprachen: Englisch, Afrikaans und Xhosa. In Alice Fort-Hare-Univ. C. erhielt im Dez. 1981 von der Rep. Südafrika die Unabhängigkeit.

Citrus [aus grch. kitron »Zitrone«] die, **Agrume,** immergrüne Strauch- und Baumgattung der Fam. Rautengewächse, mit weißen oder rötl., duftenden Blüten und großen, saftigen Beerenfrüchten. Sie ist in Asien und Australien heimisch, einige Arten werden in wärmeren Gebieten der ganzen Erde gezogen. Formen: Pampelmuse (Grapefruit), Mandarine, Zitrone, Zitronatzitrone, Apfelsine, Pomeranze, Bergamotte u. a.

Città del Vaticano [tʃitt'a], →Vatikanstadt.

City [s'ɪtɪ, engl.] die, Stadtkern einer Großstadt.

Cityruf, drahtloser Personenrufdienst der Dt. Bundespost, Übermittlung kurzer Texte oder Ziffern an die »Funk-Piepser« genannten Empfangsgeräte, eingeführt 1989.

Ciudad Juárez [siuð'aðxu'ares], Grenzort am Rio Grande del Norte, Mexiko; 567000 Ew.

Ciudad Real [θiuð'aðre'al], Hptst. der span. Provinz C. R., auf der Mancha; 55000 Ew.

Civitas [lat.], Gemeinde, Stadt, Staat. Im röm. Recht: mit der Zugehörigkeit zum röm. Staat verbundene Rechtsstellung (**Civis,** Bürger, der vollberechtigte Freie).

Civitavecchia [tʃivitav'ɛkkia], Hafenstadt an der W-Küste Italiens, nördl. von Rom, 51000 Ew.; Fischerei, bed. Ind.

Cl, chem. Zeichen für Chlor.

Claim [kleɪm, engl.] der, **1)** Anspruch; Anteil an einer Goldgräberunternehmung. **2)** Staatsland, das ein Ansiedler mit der Absicht eines späteren Kaufes bewirtschaftet.

Clair [klɛ:r], René, frz. Filmregisseur, *1898, †1981; »Unter den Dächern von Paris« u. a.

Clairobscur →Helldunkel.

Clairvaux [klɛrv'o], Zisterzienserabtei (Dép. Aube), 1115 gegr.; erster Abt Bernhard von C.

Clan [klæn, kelt.] der, **1)** der alte Sippenverband in Schottland und Irland. **2)** Sippe.

Clarino [lat.] der, hohe Solotrompete.

Claudel [klo:d'ɛl], Paul, frz. Dichter, *1868, †1955; Gedichte und Dramen in kath. Geist (»Verkündigung«, »Der seidene Schuh«).

Claude Lorrain [klo:dlɔr'ɛ̃], frz. Maler, Radierer, *1600, †1682; Meister der Landschaftsmalerei des Barocks. (BILD S. 148)

Claudius, Tiberius C. Nero Germanicus, röm. Kaiser (41-54), *10 v. Chr., †54 n. Chr., unternahm erfolgreiche Feldzüge gegen die Germanen und Britannier. Seine 3. Gemahlin, Messalina, ließ er töten; die 4., Agrippina, vergiftete ihn, um ihren Sohn Nero auf den Thron zu bringen.

Claudius, 1) Hermann, niederdt. Dichter, Urenkel von 2), *1878, Lieder und Romane. **2)** Matthias, *1740, †1815, gab 1771-75 den »Wandsbecker Bothen« heraus, fand in Prosa und Lyrik einen eigenen frommen, gemütstiefen Ton (Abendlied »Der Mond ist aufgegangen«).

Clausewitz, Carl von, preuß. General, *1780, †1831. Grundlegendes Werk: »Vom Kriege«.

Churchill

Cicero

Cineraria

Claudel

M. Claudius

Claude Lorrain: Landschaft

Clausius, Rudolf, Physiker, *1822, †1888; Mitbegründer der →kinetischen Gastheorie.

Clausthal-Zellerfeld, Stadt und Luftkurort im Oberharz, Ndsachs., 16100 Ew.; hatte früher Bergbau (Silber, Blei, Kupfer); TU.

Clausula [lat.], Vorbehalt, Klausel. **C. rebus sic stantibus,** ⚖ der stillschweigende Vorbehalt, daß ein Vertrag nur so lange gelten soll, wie die Verhältnisse, die beim Abschluß für wesentlich erachtet worden sind, fortbestehen.

Clavigo, Clavijo y Fajardo, José, span. Gelehrter, *um 1730, †1806. Drama von Goethe.

Clay [kleɪ], Lucius, amerikan. General, *1897, †1978; 1947-49 Militärgouv. der US-Besatzungszone Dtls., verdient um die Abwehr der sowjet. Blockade Berlins (Luftbrücke).

Clearing [kl'ɪərɪŋ] das, im internat. Zahlungsverkehr die Verrechnung gegenseitiger Geldforderungen und -schulden über eine Ab- oder Verrechnungsstelle; vermeidet überflüssige Devisenbewegungen. **C.-Abkommen,** zwischenstaatl. Verrechnungsabkommen.

Clematis [grch. »Ranke«], →Waldrebe.

Clemenceau [klemãs'o], Georges, frz. Staatsmann, *1841, †1929, Vors. der Radikalen Partei, 1906-09 und 1917-20 MinPräs.; setzte die weitgehenden frz. Forderungen gegenüber Dtl. im Versailler Vertrag durch.

Clementi, Muzio, ital. Pianist und Komponist, *1752(?), †1832; Sonaten, Sonatinen, Variationen; Etüdenwerk.

Clementine, kernlose Mandarine.

Clerk [kla:k], engl.], **1)** kaufmänn. Angestellter. **2)** Geistlicher. **3)** versch. engl. und amerikan. Verwaltungsbeamte.

Clermont-Ferrand [klɛrmɔ̃fɛ:r'ã], Stadt in Südfrankreich, am Fuß des Puy de Dôme, 147500 Ew.; Fahrzeug- und Gummi-Ind.; Kathedrale; Bischofssitz; Univ.

Cleveland [kl'i:vlənd], Hafenstadt im Staate Ohio, USA, am Eriesee, 536000 Ew.; Schwerind., Fahrzeugbau, Hüttenwerke; kath. Bischofssitz.

Clever, Edith, Schauspielerin, *1940.

Cliff-dwellings [engl. »Felsenhäuser«] Mz., Höhlenwohnungen seit vorgeschichtl. Zeit in steilen Bergwänden von Arizona und New Mexico.

Clinch [klɪntʃ, engl.] das, beim Boxen die Umklammerung des Gegners.

Clique [kl'ikə, frz.] die, -/-n, **1)** Gesellschaft. **2)** selbstsüchtige Gruppe.

Clive [klaɪv], Robert, *1725, †1774; Gründer der brit. Herrschaft in Ostindien.

Clivia

Clivia die, südafrikan. Gatt. der Amaryllisgewächse, gelbrote Blütendolden.

Cloisonné [klwasɔn'e] das, Zellenschmelz, eine Technik der Emailmalerei.

Cloppenburg, Krst. in Ndsachs., 22500 Ew.; Freilichtmuseum.

closed shop [kləuzd ʃɔp], **union shop** [j'u:njən ʃɔp], Begriff im amerikan. Arbeitsrecht, wonach ein Arbeitgeber nur Gewerkschaftsmitglieder einstellen durfte; durch das Taft-Hartley-Ges. v. 1947 eingeschränkt. Ggs.: **open shop.**

Clouet [klu'e], François, frz. Maler, Zeichner, *um 1505/10, †1572, Hofmaler Franz I.

Clouzot [kluz'o], Henri-Georges, frz. Filmregisseur, *1907, †1977; »Lohn der Angst«.

Clown [klaʊn, engl. »Tölpel«] der, urspr. lustige Gestalt der engl. Bühne, jetzt Spaßmacher, bes. im Zirkus.

Club of Rome [kl'ʌb ɔv r'əum], Vereinigung von Wissenschaftlern und Industriellen, 1968 gegr., Sitz Rom; vergibt Forschungsaufträge (z.B. zu den Problemen von Industriewachstum und Umwelt).

Cluny [klyn'i], Stadt im östl. Frankreich (Burgund), 4300 Ew.; 910 wurde dort die **Benediktinerabtei C.** (in der Frz. Revolution aufgehoben) gegr., die im 11. Jh. der Ausgangspunkt einer Erneuerung des Mönchstums und der Papstkirche war. Hier entstand die Kongregation der **Cluniazenser.** Ebenso einflußreich war C. in der Baukunst.

Clyde [klaɪd] der, bedeutendster Fluß Schottlands, mündet in den **Firth of C.**

Clydebank [kl'aɪdbæŋk], Stadt in der schott. Strathclyde Region, 51700 Ew.; Schiffswerften.

cm, Abk. für Zentimeter; **cm²,** Quadratzentimeter; **cm³,** Kubikzentimeter.

Cm, chem. Zeichen für Curium.

C+M+B, Abk. für die hl. →Drei Könige; diese Abk. wird mit Jahreszahl und Kreuzzeichen als Segensformel in kath. Gegenden am Vorabend des Dreikönigsfestes an den Türbalken geschrieben. Kirchlicherseits wird die Abk. gedeutet als »Christus mansionem benedicat« (Christus segne die Wohnung).

CMOS, Abk. für engl. **complementary-metal-oxide-semiconductor** [kɔmplɪm'entərɪ metl 'ɔksaɪd semikənd'ʌktə], Transistortechnik: Typ, Technologie integrierter Schaltungen.

CNC, Abk. für **Computerized Numerical Control** [kəmpj'u:təraɪzd nju:m'erɪkl kəntr'əʊl, engl.], computergestützte numerische Steuerung für Werkzeugmaschinen; durch programmierbaren Computer Einbeziehung und Verarbeitung externer Einflußgrößen, Steigerung der Leistungsfähigkeit.

Co., Comp., Cie., 🏭 Abk. für **C**ompanie, **Comp**any, **C**ompagn**ie.** Der Zusatz Co. weist auf ein Gesellschaftsverhältnis hin.

Co, chem. Zeichen für Kobalt.

c/o, auf Briefen Abk. für engl. care of, zu Händen von.

Cobden [k'ɔbdən], Richard, *1804, †1865, Vorkämpfer des Freihandels.

COBOL, Abk. für **Common Business Oriented Language** [k'ɔmən b'ɪznɪs 'ɔ:rɪəntɪd l'æŋgwɪdʒ, engl.], eine →Programmiersprache für kommerzielle Anwendungen.

Coburg, Stadt in Bayern, am Südhang des Thüringer Waldes, 44300 Ew.; über der Stadt die alte **Veste C.** mit histor. Samml.

Coca die, Strauch im nordwestl. Südamerika, angebaut auch auf Java, Sumatra, Madura. Die Blätter, von den Eingeborenen als Anregungsmittel gekaut, enthalten →Cocain.

Cocain das, Alkaloid aus Blättern der Coca; dient bes. zur örtl. Betäubung von Schleimhäuten. Mißbrauch führt zur Sucht.

Cochabamba [kɔtʃaβ'amba], Stadt in Bolivien, 330000 Ew.; Erdölraffinerie, Univ.

Cochem, Krst. in Rheinl.-Pf., an der Mosel, 5200 Ew.; Weinbauschule; Weinbau; Fremdenverkehr. **Burg C.,** 1027 gegr.

Cochin [k'əutʃɪn], Hafenstadt in Kerala, Indien, 551 500 Ew.; kath. Erzbischofssitz; Erdölraffinerie, Werften.

Cochinchina [-tʃ-], **Kotschinchina,** vietnames. **Nam Bô,** Tiefland des Mekong im südl. Teil Vietnams, eines der größten und fruchtbarsten Reisanbaugebiete Asiens (durch Kriegsfolgen z. T. unfruchtbar).

Cockney [k'ɔknɪ, engl.], **1)** Spitzname des Londoner Spießbürgers. **2)** Londoner Mundart.

Cockpit, Raum des Flugzeugführers.

Cocktail [k'ɔkteɪl, engl. »Hahnenschwanz«] der, Mischgetränk aus Alkohol, Fruchtsäften u. a.

Cocteau [kɔkt'o], Jean, frz. Dramatiker, Filmautor und -regisseur, *1889, †1963.

Cod., Abk. für Codex.

Coda [ital., »Schwanz«] die, ♩ Schlußteil eines Tonstücks.

Code [ko:d, frz.; kəud, engl.] der, **1)** Gesetzbuch; **C. Napoléon,** 5 unter Napoleon I. entstandene frz. Gesetzbücher, bes. das Zivilgesetzbuch **C. civil** (1804 eingeführt). **2)** NACHRICHTENTECHNIK: Vorschrift der Zuordnung von Buchstaben und Ziffern zu den C.-Zeichen (Morse-, Fünfer-, Siebeneralphabet); auch Zusammenstellung von Kurzwörtern (Zahlen, Buchstaben), die zur Ersparung von Telegrammgebühren benutzt werden. **3)** Verschlüsselungsvorschrift, Chiffrierschlüssel (→ Codierung). **4)** MOLEKULARGENETIK: molekulares Strukturgesetz der Zellentwicklung.

Codex [lat.] der, -/...dices, **1)** zu einem Buch verbundene Schreibtafeln der Römer. **2)** alte Handschrift, z. B. **C. argenteus,** die mit silbernen und goldenen Buchstaben geschriebene, in Uppsala aufbewahrte Hs. der got. Bibelübersetzung des Wulfila. **3)** ⚖ Gesetzessamml., bes. im kaiserl. Rom. **4) C. iuris canonici,** Gesetzbuch des Kanon. Rechts, Quelle des kath. Kirchenrechts (1983 Neubearbeitung).

Codierung die, -/-en, ☏ Darstellung einer Nachricht in anderer Form, d. h. Umsetzung des Zeichenvorrats in einen anderen.

Coesfeld [k'o:s-], Krst. in NRW, 32 000 Ew.; Weberei; Landmaschinen-, Möbel-Ind.

Coffein das, in Kaffeebohnen, Tee **(Thein),** Kolanüssen enthaltene organ. Verbindung. Wegen seiner anregenden Wirkung auf Herz, Gehirn und Rückenmark Arzneimittel bei Herzschwäche und Migräne; größere Mengen wirken als Gift.

Cogito ergo sum [lat.], »Ich denke, also bin ich«; Grundsatz der Erkenntnislehre Descartes.

Cognac [kɔɲ'ak], **1)** Stadt im SW Frankreichs, an der Charente, 22 500 Ew. **2)** gesetzlich geschützte Bez. für Weinbrand aus dem Weinbaugebiet C.

Cohen, 1) Hermann, Philosoph, *1842, †1918; Mitbegr. der »Marburger Schule« des Neukantianismus. **2)** [k'oʊɪn] Stanley, amerikan. Biochemiker, *1922; mit R. Levi-Montalcini 1986 Nobelpreis für Physiologie oder Medizin für Entdeckung einer das Zellwachstum der Haut steuernden hormonähnl. Substanz.

Coiffeur [kwaf'œ:r], Friseur.

Coimbra [ku-], Stadt im mittl. Portugal, 72 000 Ew.; Univ. (seit 1307), Textilind.

Coitus [lat.] der, Beischlaf.

Col [frz.], Paß, Joch.

Colbert [kɔlb'ɛ:r], Jean Baptiste de Seignelay, frz. Staatsmann, *1619, †1683, reorganisierte als Min. Ludwigs XIV. Staatsfinanzen, Ind. und Flotte; Vertreter des → Merkantilismus.

Colchester [k'əʊltʃɪstə], Stadt im südöstl. England, 82 000 Ew.; Univ.; Textil-, Metallind.

Coleridge [k'əʊlrɪdʒ], Samuel Taylor, engl. Dichter, *1772, †1834; Gedichte, Balladen.

Colette [kɔl'ɛt], Sidonie-Gabrielle, frz. Schriftstellerin, *1873, †1954; Romane eines heiteren, erotisch bewegten Lebens (»Chéri« u. a.).

Coligny [kɔliɲ'i], Gaspard de, *1519, †1572; Admiral von Frankreich, Führer der → Hugenotten; in der → Bartholomäusnacht ermordet.

Colitis die, → Darmkrankheiten.

Collage [kɔl'a:ʒ, frz.] die, Klebebild aus versch. Materialien, zuerst von Picasso und Braque 1911/12 in ihre Bilder einbezogen.

College [k'ɔlɪdʒ, engl.] das, **1)** in Großbritannien urspr. Studienhäuser für die akadem. Lebensgemeinschaft von Dozenten und Studenten, entweder den Univ. angegliedert oder als höhere Bildungseinrichtungen mit Internat; heute auch reine Unterrichtsanstalten mit Fach- oder Fachhochschulcharakter (selbständig oder Univ. angegliedert) und Institutionen der Erwachsenenbildung. **2)** In den USA versch. auf der High School aufbauende Hochschuleinrichtungen: a) Undergraduate C. [ʌndəgr'ædjuɪt-] (vier Jahre), die etwa der 12. und 13. Klasse und den ersten 4 Hochschulsemestern in der Bundesrep. Dtl. entsprechen (Abschluß: Bachelor). Das Graduate C. baut auf dem ersteren auf (Abschluß: Master). b) C. allg. und fachl. Ausbildung. c) Bez. für eine Fakultät oder Universität. In Frankreich und Belgien sind Collèges höhere Schulen.

Cocteau

Colleoni, Bartolommeo, *1400, †1475, Söldnerführer in Mailand und Venedig.

Colmar, Stadt im Oberelsaß, Frankreich, 62 500 Ew.; im Münster die »Madonna im Rosenhag« (Schongauer), im Mus. der »Isenheimer Altar« (Grünewald). Textilind.; Weinbau.

Colombes [kɔl'ɔ̃:b], frz. Stadt bei Paris, 78 800 Ew.; Petroleumraffinerie; Stadion.

Colombo, Hptst. von Sri Lanka (Ceylon), 664 000 Ew.; anglikan. Bischofs-, kath. Erzbischofssitz; bed. Hafen, Luftverkehrsknoten.

Colombo-Plan, Rahmenplan zur Verbesserung der wirtschaftl. Verhältnisse in S- und SO-Asien. 1950 in Colombo beschlossen, seit 1951 in Kraft.

Colón, Hafenstadt am atlant. Eingang des Panamakanals, 60 000 Ew.

Colonna, röm. Adelsgeschlecht, dem Papst **Martin V.** (1417-1431), mehrere Kardinäle und Erzbischöfe angehörten; es kämpfte im MA. oft auf seiten der Ghibellinen gegen die Päpste.

Colorado [span. »rot«] der, Flüsse in Amerika: **1) C.,** im Staate Texas, USA, mündet in den Mexik. Golf, 1400 km lang. **2) C.,** im westl. Nordamerika, durchfließt großartige Cañons, im Unterlauf die **C.-Wüste,** mündet in den Kalif. Golf; 2334 km lang.

Colorado, Abk. **Col.,** einer der Kordillerenstaaten der USA, 269 997 km², 3,27 Mio. Ew.; Hptst.: Denver. C. hat im W Anteil am Felsengebirge, im O an der Prärietafel des Mittelwestens. ⚒ auf Molybdän (reichste Lager der Erde), Kohle, Erdöl, Erdgas. Elektrizitäts-

Colorado: Im Garten der Götter

erzeugung (Staudamm). Nahrungsmittel-, Rüstungs- u. a. Ind. Viehzucht. ⊕ S. 494.

Colorado Springs [kɔlər'ædəʊ sprɪŋz], Stadt im Staat Colorado, USA, im Felsengebirge, 214 000 Ew.; Kurort.

Colt, Samuel, amerikan. Ingenieur, *1814, †1862, erfand den C.-Revolver.

Columban d. Jüngere, †615; irischer Missionar in Burgund und Oberitalien, Tag: 23. 11.

Columbia [kəl'ʌmbɪa], Name des ersten von 4 geplanten Orbiter-Geräten des amerikan. Raumtransporters. Erster Start: 12. 4. 1981; Landung: 14. 4. 1981.

Columbia [kəl'ʌmbɪə], **1)** der, Fluß im NW der USA, fließt vom Kanad. Felsengebirge zum Stillen Ozean, 1953 km lang. **2)** Hptst. des nordamerikan. Staates South Carolina, 99 500 Ew.; Baumwoll- und Kunstfaserind. **3) District of C., D. C.,** der Bundesdistrikt der USA mit der Bundes-Hptst. Washington.

Columbia-Universität, in New York, eine der führenden Univ. der USA, gegr. 1754.

Columbus [kəl'ʌmbəs], Hptst. des Staates Ohio, USA, 565 000 Ew.; kath. Bischofssitz; Univ.; Maschinen- und Fahrzeugbau.

Columbus, für Ende des 20. Jh. geplante europ. Raumstation; 1989 Grundsteinlegung des C.-Raumfahrtkontrollzentrums in Oberpfaffenhofen.

Comanchen [-tʃ-], **Komantschen,** kriegerischer Prärieindianerstamm in Nordamerika.

Combat-Schießen [k'ɔmbæt-, engl. »Kampf«], Verteidigungsschießen mit Faustfeuerwaffen aus allen Lagen (stehend, kniend, liegend, sitzend) mit beiden Händen; auch sportl. Wettbewerb.

Combo, kleine Jazzkapelle.

Come-back [kʌmb'æk, engl.] das, Wiederauftreten eines Sportlers, Schauspielers.

Comecon, Abk. für **Co**uncil for **M**utual **Econ**omic Assistance, engl. Name des → Rates für gegenseitige Wirtschaftshilfe in den Ostblockstaaten.

Comédie Française [kɔmedi: frãs'ɛ:z], Frankreichs Nationaltheater in Paris, gegr. 1680.

Comenius

Comenius, Johann Amos, tschech. **Komenský,** Jugenderzieher, Seelsorger, *1592, †1670, war Bischof der Brüdergemeine, verbesserte den Schulunterricht, verfaßte zahlr. Lehrbücher; z. B. »Orbis pictus« (Die gemalte Welt).

Comer See, Lago di Como, See in den oberital. Alpen, 146 km², mit 3 Armen, wird von der Adda durchflossen. Fremdenverkehr.

Comics [k'ɔmɪks, engl.], gezeichnete Bilderfolgen **(Comic strips),** als Fortsetzungen in Zeitungen und Ztschr. **Comic books,** Hefte mit solchen Bilderfolgen. Erste C. 1896/97 in Amerika.

Commedia, ital. Name für das Schauspiel, bes. Lustspiel. **Commedia dell'arte,** ital. Stegreifkomödie.

comme il faut [kɔmilf'o:, frz.], wie es sein muß.

Commerzbank AG., Großbank, 1870 gegr., bis 1940 **C.- und Privatbank,** nach 1945 dezentralisiert, 1958 wieder zur C. zusammengeschlossen.

Commines [kɔm'in], Philippe de, frz. Geschichtsschreiber, *1447, †1511; »Mémoires« (1524).

Commodus, Marcus C. Antonius, röm. Kaiser (180-192 n. Chr.), wegen seiner Willkürherrschaft ermordet.

Common Law [k'ɔmən lɔ:, »Gemeines Recht«], das aus der Rechtsprechung der Gerichte sich ergebende Gewohnheitsrecht, Grundlage des engl., dann auch des amerikan. Rechts.

Common Prayer Book [k'ɔmən pr'ɛə buk, engl. »Allg. Gebetbuch«], liturg. Buch der Kirche von England, 1549 eingeführt.

Commonwealth [k'ɔmənwelθ], Gemeinwesen, Staatenbund, → Britisches Reich.

Communauté Française [kɔmynot'e frãs'ɛ:z], → Französische Gemeinschaft.

Communiqué [kɔmynik'e:, frz.] das, Mitteilung, bes. der Reg., zur Veröffentlichung.

Como, Hptst. der oberital. Prov. C., am Comer See, 90 000 Ew.; Seidenind.

Compact Disc, → Schallplatte.

Compagnie [kɔ̃paɲi:, frz.] die, Abk. **Cie.;** in Frankreich: Handelsgesellschaft.

Company [k'ʌmpəni, engl.], Abk. **Co.,** in England: Handelsgesellschaft.

Compiègne [kɔ̃pj'ɛɲ], Stadt in N-Frankreich, an der Oise, 40 000 Ew. – Im **Wald von C.** wurde am 11. 11. 1918 der Waffenstillstand zw. Dtl. und der Entente, am 22. 6. 1940 zw. Dtl. und Frankreich abgeschlossen.

Compiler [kəmp'aɪlə], ein Rechnerprogramm, das ein in einer Programmiersprache geschriebenes Programm in die Maschinensprache übersetzt.

Compound [k'ɔmpaund, engl. »zusammengesetzt«], ⊙ Verbund.

Compton [k'ɔmptən], Artur H., amerikan. Physiker, *1892, †1962, Prof., entdeckte den **C.-Effekt** (Streuung von Röntgen- und Gammastrahlen an leichten Elementen); Nobelpreis 1927 (mit C. T. R. Wilson).

Computer [-pj'u:tə, engl.] der, → Rechenanlage.

Computerkriminalität [kɔmpj'u:tər-], Sammelbez. für Straftaten, die unter Zuhilfenahme von Computern begangen wurden.

Computertomographie [kɔmpj'u:tər-], **Tomometrie,** spezielles Röntgenverfahren, bei dem ein dünnes Röntgenstrahlenbündel die zu untersuchenden Körperregionen in Einzelschritten und Einzelschichten aus versch. Winkeln abtastet und ein Computer aus den Meßwerten ein Bild von den Gewebsdichten konstruiert, ohne daß eine Kontrastmitteleinbringung erforderlich ist. Auf diese Weise werden bei der **Gehirntomographie** geringe Veränderungen in der Dichte des Hirngewebes infolge Durchblutungsstörungen, Verletzungen oder Tumorbildung dargestellt. Bei der **Ganzkörpertomographie** kann man vorwiegend Tumoren der Brust- und Bauchorgane und des Lymphsystems frühzeitig nachweisen.

Computerviren, im Rechner eingeschleuste Störprogramme, die sich vervielfältigen, nachdem ein Codewort eingegeben oder ein Datum erreicht wird. C. können zur Verstopfung der Speicher oder Vernichtung ganzer Datenbestände führen.

Comte [kɔ̃:t], Auguste, frz. Philosoph, *1798, †1857; begründete den → Positivismus und die neuzeitl. Soziologie.

con [ital. »mit«], z. B. **c. brio,** lebhaft; **c. forza,** mit Kraft; **c. grazia,** mit Anmut; **c. fuoco,** feurig.

Conakry, Konakry, Hptst. der Rep. Guinea, W-Afrika, 656 000 Ew.

Concepción, Handels-, Industriestadt in Chile, 294 000 Ew.; Univ.; Kohlenbergbau.

Concertino [kontʃɛrt'ino, ital.], **1)** ein kurzes Solokonzert, oft ein Satz; **2)** → Concerto grosso.

Concerto grosso [kontʃ'ɛrto, ital.] das, Tonstück für Orchester (Tutti) oder eine Instrumentengruppe (Concertino): Corelli, Händel, Bach.

Concordia [lat.], altröm. Personifikation der Eintracht.

Condé [kɔ̃d'e], Nebenlinie der → Bourbonen (1830 erloschen), nach ihrem Stammsitz Condé (in N-Frankreich) benannt. Louis II., der **Große C.,** frz. Heerführer, *1621, †1686.

Conditio [lat.] die, Bedingung; **C. sine qua non,** unerläßl. Bedingung.

Condorcet [kõdɔrs'ɛ:], Antoine, Marquis de, frz. Philosoph, Mathematiker, *1743, †1794; Arbeiten über die Integralrechnung, Theorie der Kometen, verfaßte 1792 als Präs. der Nationalvers. den Entwurf einer »Nationalerziehung«.

Condottiere, ital. Söldnerführer im 14./15. Jh.

Coney Island [k'əʊnɪ'aɪlənd], Düneninsel in New York (Seebad, Vergnügungsstätten).

Confessio [lat.] die, Mz. ...ones, **1)** Beichte. **2)** Glaubensbekenntnis. **C. Augustana,** → Augsburgische Konfession. **C. Helvetica,** → Helvetische Konfession.

Confiserie [frz.] die, Konditorei; Backwerk.

Confiteor [lat. »ich bekenne«] das, allg. Sündenbekenntnis in der kath. Messe.

Connacht [k'ɔnət], **Connaught,** histor. Prov. im NW der Rep. Irland; Fischerei, Schafzucht, Leinenweberei.

Connecticut [kən'etɪkət], **1)** Fluß im NO der USA, 650 km lang, mündet in den Long Island Sund. **2)** Abk. **Conn.,** der südlichste der Neuenglandstaaten der USA, am Long Island Sund, 12973 km², 3,19 Mio. Ew.; Hptst.: Hartford. Metallwaren-, Maschinen- u.a. Ind. ⊕ S. 494.

Connétable [-tabl], unter den fränk. Königen ein Hausbeamter (»Stallmeister«), im mittelalterl. Frankreich der Oberbefehlshaber der Armee.

Conrad, Joseph, engl. Erzähler poln. Herkunft, *1857, †1924, schildert merkwürdige Schicksale in fernen Landschaften, bes. im Inselgewirr der Südsee: »Der Verdammte der Inseln«, »Lord Jim«, »Spiel des Zufalls« u. a.

Conrad von Hötzendorf, Franz Graf, österr.-ungar. Feldmarschall, *1852, †1925; 1906-Febr. 1917 Chef des Generalstabs.

Consens(us) [lat.], Übereinstimmung, Zustimmung. **c. gentium (c. omnium),** Übereinstimmung aller Menschen in best. Ideen und Urteilen.

Consilium [lat.] das, **1)** Rat. **2)** Beirat, Ratsversammlung.

Constable [k'ʌnstəbl], John, engl. Landschaftsmaler, *1776, †1837; Vorläufer des Impressionismus.

Constanța [-tsa], **Konstanza,** rumän. Hafenstadt am Schwarzen Meer, 327300 Ew. Erdölrohrleitung von Ploesti.

Constant de Rebecque [kõstã də rəb'ɛk], Henry-Benjamin, frz. Schriftst., *1767, †1830; befreundet mit Madame de Staël; Verfechter der konstitutionellen Monarchie.

Constantine [kõstãt'in], Stadt in Algerien, 449200 Ew.; Lederarbeiten, Wollstoffe.

Constantius I., Chlorus, röm. Kaiser, 293-306 n. Chr., Vater Konstantins d. Gr.

Contadora-Staaten, Bez. für die Staaten Kolumbien, Mexiko (ausgetreten 1989), Panama und Venezuela; bemühen sich um Sicherung des Friedens in Zentralamerika. Name nach der Insel Contadora (Panama).

Container [kənt'eɪnə, engl.] der, Großbehälter für die Verwendung in Transportketten. C. vereinfachen den Transport dadurch, daß die Versandeinheit gleich der Lade-, Transport- und Lagereinheit ist. C.-Schiffe erfordern den C.-Hafen, C.-Terminal).

Containment [kənt'eɪn-, engl.], **1)** 1947 konzipierte Eindämmungspolitik der USA gegenüber den expansionistischen Tendenzen des Weltkommunismus. **2)** gasdichter Sicherheitsbehälter von Kernreaktoren.

Contergan, Handelsname für → Thalidomid.

Contradictio [lat.] die, Widerspruch; **C. in adjecto,** innerer Widerspruch in einer Verknüpfung von Begriffen, z. B. rundes Viereck.

convertible bonds [kənv'ə:tɪbl bɔndz, engl.], → Wandelschuldverschreibungen.

Convoi [kõvw'a, frz.], **Convoy** [k'ɔnvɔɪ, engl.] der, → Geleitzug.

Cook [kuk], James, *1728, †1779, engl. Weltumsegler, erforschte 1768-79 den Pazif. Ozean.

Cookinseln [kuk-], neuseeländ. Inselgruppe in Polynesien, 241 km², rd. 20000 Ew.; Zitrusfrüchte, Schmuckherstellung, Fremdenverkehr.

Cookstraße [kuk-], die Meerenge zw. der Nord- und der Südinsel Neuseelands.

Cool Jazz [ku:l dʒæz, engl.], um 1950 in den USA entstandene Form des modernen → Jazz.

Cooper [k'u:pə], **1)** Gary, amerikan. Filmschauspieler, *1901, †1961; (»Wem die Stunde schlägt«). **2)** James Fenimore, amerikan. Erzähler, *1789, †1851; »Lederstrumpf-Erzählungen« aus Indianer- und Siedlerleben.

Cop [engl.] der, amerikan.: Polizist.

Copán, eine der größten Ruinenstätten der Maya-Kultur in Honduras; Blütezeit 9.-10. Jh.

Copland [k'ɔplənd], Aaron, amerikan. Komponist, *1900; Bühnen-, Konzert-, Filmmusik.

Coppola [k'ɔpolə], Francis Ford, amerikan. Filmregisseur, *1933, »Der Pate«, »Apocalypse now« u. a.

Copyright [k'ɔpɪraɪt, engl.] das, ⚖ Urheberrecht. Wenn ein Werk in den USA, die der → Berner Übereinkunft nicht beigetreten sind, den Schutz des → Urheberrechts genießen soll, muß es auf dem Titelblatt den C.-Vermerk tragen (z. B. © 1990 by F. A. Brockhaus, Mannheim) und im **Register of C.** in Washington eingetragen sein.

Coquille [kɔk'ij, frz.] die, Muschelschale.

coram publico [lat.], öffentlich.

Cord [engl.] der, dicker gerippter Stoff aus Kammgarn, Halb- oder Baumwolle, sehr haltbar.

Córdoba, Córdova [k'ɔrðoβa], **1)** Hptst. der südspan. Provinz C., in Nieder-Andalusien, am Guadalquivir, 269000 Ew.; mit riesiger Kathedrale, einer ehem. Moschee. Unter der Maurenherrschaft (711-1236) war C. Kalifensitz und Mittelpunkt der arab. Kultur in Spanien. **2)** Hptst. der argentin. Provinz C., 986000 Ew.; wichtiger Industrie- und Handelsplatz, Verkehrsknoten, Bischofssitz, 1613 gegr. Univ.

Córdoba 1): Kathedrale

Corelli, Arcangelo, ital. Geiger, Komponist, *1653, †1713; Vertreter der altklass. ital. Streichmusik; Triosonaten, Konzerte.

Corinth, Lovis, Maler, Graphiker, *1858, †1925, impressionist. Maler, jedoch am Plastischen und Stofflichen orientiert; später auch expressionist. Züge. (BILD Deutsche Kunst)

Corinth: Selbstbildnis (1918, Ausschnitt)

Cork, irisch **Corcaigh,** Stadt an der S-Küste Irlands, nahe dem Mündungstrichter des Lee, dem **Cork Harbour,** 133200 Ew.; Handel, Ind., Hafen, kath. und anglikan. Bischofssitz.

Corned beef [k'ɔ:ndbi:f, engl.] das, Fleischkonserve aus gepökeltem Rindfleisch.

Corneille [kɔrn'ɛj], Pierre, frz. Bühnendichter, *1606, †1684, gilt als erster Vollender des klass. frz. Dramas; gestaltet den trag. Gewissenszwiespalt heldenhafter Willensmenschen. »Cid«, »Cinna«, »Horace«, »Polyeucte«.

Corneille

Cornelius, 1) Peter von, Maler, *1783, †1867, gehörte zu den Nazarenern, schuf Zeichnungen zum Faust und Nibelungenlied, versuchte die Freskomalerei zu erneuern. **2)** Peter, Komponist, Dichter. *1824, †1874, von R. Wagner beeinflußt; Oper »Der Barbier von Bagdad«, Lieder.

Cornichon [kɔrniʃ'õ, frz.] das, **1)** kleine Pfeffergurke. **2)** Frühstückshörnchen.

Cornwall [k'ɔ:nwəl], histor. Gebiet auf der südwestl. Halbinsel Englands; ⚒ auf Kaolin. An der S-Küste subtrop. Pflanzen; Fremdenverkehr.

Corot: Heimkehr vom Felde

Corọna [lat.] die, Kranz, Krone; **c. triumphalis,** im alten Rom Siegeskranz aus Lorbeer für Feldherrn und Heer; später Abzeichen der Kaiser; daraus entstand die Krone.

Corot [kɔr'o], Camille, frz. Maler, *1796, †1875; Bildnisse, vor allem Landschaften in zarten Farben, atmosphär. Stimmung.

Corps [kɔ:r, frz. »Körper«] das, **1)** Körperschaft. **2)** ⁂ → Korps.

Cọrpus [lat.] das, Körper, Körperschaft; **C. Christi** (Leib Christi), **C. Domini** (Leib des Herrn), Fronleichnam. **C. delicti,** das Werkzeug oder der Gegenstand eines Verbrechens. **C. iuris civilis,** amtl. Samml. röm. Rechts unter Justinian (→ Römisches Recht); **C. iuris canonici,** frühere Sammlung kirchl. Rechtsquellen (→ Kirchenrecht).

Costa Rica

Correggio [kɔrr'ɛddʒo], Antonio, ital. Maler, *1489, †1534, führender Meister der Renaissance in Oberitalien, beeinflußte mit seinen Kuppelfresken (Parma) den Barock.

Cọrrens, Carl Erich, Botaniker, *1864, †1933; Wiederentdecker der Mendelschen Vererbungsgesetze.

Corrịda (de toros) [span.] die, Stierkampf.

Corriẹntes, Stadt im nördl. Argentinien, am Paraná, 181000 Ew.; Hafen, Ausfuhr (Holz).

corriger la fortune [kɔriʒ'e la fɔrt'yn, frz.], »das Glück verbessern«, falschspielen, mogeln.

Cortes [span., »Gerichtshof«], die Volksvertretung in Spanien, früher auch in Portugal.

Cortez [kɔrt'ɛs], Hernando, span. Eroberer, *1485, †1547; zerstörte 1519-21 das Aztekenreich.

Cortịna d'Ampẹzzo, Hauptort des ital. **Ampezzotals** (Dolomiten); 1210 m ü. M., 8600 meist ladin. Ew.; Wintersport.

Cortisọl, Hydrocortisọn, Hormon der Nebennierenrinde, entzündungshemmend.

Coubertin

Cortisọn, Hormon der Nebennierenrinde; Heilwirkung gegen rheumat. Erkrankung.

Cortọna, alte etrusk. Stadt in der ital. Prov. Arezzo, 22500 Ew.; Zyklopenmauern.

Corvey, Korvey, ehemal. Benediktiner-Abtei bei Höxter, an der Weser, 816 gegr.

cos, Abk. für Kosinus (→ Winkelfunktionen).

Cosẹnza, Stadt in Süditalien am Busento, 105800 Ew.; Dom aus dem 13. Jh.

Così fan tutte [ital.], »So machen's alle (Frauen)«; Titel einer Oper von Mozart (1790).

Cossiga, Francesco, ital. Politiker (Democrazia Cristiana), *1928; 1979-80 MinPräs., seit 1985 Präs.

Costa Brạva, malerische Granitfelsküste am Mittelmeer nördl. von Barcelona (Spanien).

Costa del Sol, südspan. Küstenstreifen am Mittelmeer, zw. Málaga und Algeciras.

Costa Rica, Rep. in Zentralamerika, zw. Panama und Nicaragua, dem Karib. Meer und dem Stillen Ozean, 50900 km², 2,8 Mio. Ew., Hptst.: San José. Landessprache: Spanisch. – 2 Gebirgszüge der Kordilleren (bis 3819 m, z. T. tätige Vulkane) sind durch die Hochfläche der Meseta Central getrennt. Bev. überwiegend weiß, rd. 3% Neger und Indianer; starke Bev.-Zunahme; 95% kath. (Staatsreligion). Anbau: Mais, Reis u. a., für die Ausfuhr Kaffee, Bananen, Kakao, Manilahanf, Zuckerrohr. Geringe Ind. – ⓖ C. R. wurde 1502 von Kolumbus entdeckt und war bis 1821 spanisch, wurde 1839 selbständ. Freistaat; wachsende wirtschaftl. und polit. Abhängigkeit von den USA. Präs. (seit 1990): R. Angel Calderon. ⊕ S. 484.

Coswig/Anhalt, Stadt im Bez. Halle, Dt. Dem. Rep., 11200 Ew.; chem. Industrie.

cot, Abk. für Kotangens (→ Winkelfunktionen).

Côte [ko:t, frz.] die, **1)** Abhang, bes. von Weinbergen. **2)** Hügel, Höhenzug. **3)** Strand, Küstenstrich. **C. d'Or,** Kalkhochfläche in Burgund. **C. d'Azur,** die frz. Riviera.

Cotonou [-n'u], größte Stadt, Haupthafen und Handelszentrum der Rep. Benin, 478000 Ew.

Cotopạxi der, höchster tätiger Vulkan der Erde (5897 m), in der Ostkordillere von Ecuador.

Cotta, Johann Friedrich Frhr. von, *1764, †1832, Inhaber der I. G. Cottaschen Buchhandlung in Tübingen (jetzt in Stuttgart); verlegte u. a. die Werke von Schiller, Goethe.

Cottage [k'ɔtɪdʒ, engl.] das, Landhaus.

Cottbus, 1) Bez. der Dt. Dem. Rep., 1952 aus Teilen der Länder Brandenburg, Sachsen und Sachsen-Anhalt gebildet; 8262 km², 883000 Ew.; Braunkohlenförderung, Großkraftwerke, Brikettierungs-, Kokereianlagen; Glas-, Baustoff-, Textilind. ⊕ S. 488/89.

2) Hptst. von 1), an der Spree, 123500 Ew.; Verkehrsknoten, Textilien.

Cottische Alpen, Kette der Westalpen, im Monte Viso 3841 m.

Cotton [kɔtn, engl.], Baumwolle.

Coubertin [kubɛrt'ɛ̃], Pierre Baron de, frz. Historiker, Pädagoge, *1863, †1937; Gründer des internat. Sports durch Wiederbelebung der Olymp. Spiele; leitete bis 1925 das Internat. Olymp. Komitee.

Couch [kaʊtʃ, engl.] die, -/-es, Liege-, Ruhebett.

Coudenhove-Kalẹrgi [kudənhovə-], Richard Graf, *1894, †1972, Verfechter eines europ. Staatenbundes.

Coué [ku'e], Emile, frz. Heilkundiger, *1857, †1926, suchte durch Autosuggestion zu heilen.

Couleur [kul'œ:r, frz.] die, **1)** Farbe. **2)** Trumpf. **C.-Student,** Student, der einer farbentragenden Verbindung angehört.

Couloir [kulw'ar, frz.] der, steile Rinne im Gebirge.

Coulomb [kul'ɔ̃], Charles Augustin de, frz. Physiker, *1736, †1806, Entdecker des **Coulombschen Gesetzes,** nach dem die Abstoßung zweier gleichnamiger Ladungen dem Produkt beider Elektrizitätsmengen direkt, dem Quadrat ihrer Entfernung umgekehrt proportional ist. 1 Coulomb (1 C) ist die Elektrizitätsmenge, die bei einer Stromstärke von 1 Amper (A) in 1 s durch einen Leiterquerschnitt fließt.

Count [kaʊnt, engl.] der, Titel der nichtengl. Grafen (der engl. Graf heißt Earl).

Countdown [kaʊntdaʊn, engl. »Herabzählen«] das, die zeitl. koordinierte Überprüfung der Startvorbereitungen einer Rakete.

County [k'aUntı, engl.], Mz. ...ties, Grafschaft; Verwaltungs- und Gerichtsbez. in Großbritannien und den USA.

Coup [ku, frz.] der, Streich, Staatsstreich.

Coupé [kup'e, frz.] das, ✤ **1)** ✐ Abteil. **2)** zweisitzige Kutsche; zweitüriger Kraftwagen sportl. Form.

Couplet [kupl'e, frz.] das, kleines Lied mit witzigem Inhalt, meist mit Kehrreim.

Coupon [kup'ɔ̃, frz.] der, **1)** Abschnitt. **2)** Zins-, Gewinnanteil-, Dividendenschein.

Cour [ku:r, frz.] die, **1)** Hof. **2)** Gerichtshof.

Courante [kur'ãt, frz.] die, **1)** frz. Gesellschaftstanz des 16./17. Jh. **2)** ♩ Satz der Suite.

Courbet [kurb'ɛ], Gustave, frz. Maler, *1819, †1877; Bahnbrecher des Naturalismus.

Courtage [kurt'a:ʒ, frz.] die, Maklergebühr.

Covent Garden Opera [k'ɔvənt ga:dn 'ɔpərə], London, 1732 als Schauspielhaus gebaut, seit 1846 Opernhaus.

Coventry [k'ɔvəntrı], Stadt im mittleren England, 314400 Ew.; Ind. (Flugzeuge, Kraftwagen, Fahrräder, Nähmaschinen, Wollstoffe); durch dt. Luftangriffe (1940) stark zerstört, moderne Kathedrale (1962).

Cowboy [k'aUbɔi] der, berittener Rinderhirt, bes. im W der USA.

Cowes [kaUz], Hafenstadt und Seebad auf der engl. Insel Wight; jährl. Segelregatten.

CP/M, Abk. für engl. **C**ontrol **P**rogram for **M**icroprocessors, ein Betriebssystem für Mikrocomputer.

CPU, Abk. für **C**entral **P**rocessing **U**nit, die Zentraleinheit (mit Hauptspeicher) eines Computers.

Cr, chem. Zeichen für Chrom.

Crack [kræk, engl.] **1)** der, ⚲ Rennpferd bester Klasse; auch bes. aussichtsreicher Sportler. **2)** das Rauschmittel, hergestellt aus Kokain und Backpulver.

Crailsheim, Gr. Krst. in Bad.-Württ., an der Jagst, 25100 Ew.; Konserven, Kleidung, Maschinen.

Craiova, Regions-Hptst. im südl. Rumänien, 281400 Ew.; Univ.; Mühlen, chem., Nahrungsmittel- u.a. Ind.

Cram [kræm], Donald J. amerikan. Chemiker, *1919; für seine Molekularforschungen 1989 (mit J.-M. Lehn und C. J. Pedersen) Nobelpreis.

Cramm, Gottfried von, *1909, †1976, Tennisspieler von internat. Bedeutung.

Cranach, Lucas d. Ä., Maler und Zeichner, *1472, †1553, seit 1505 Hofmaler in Wittenberg, der Anlage nach einer der kraftvollsten Meister der dt. Spätgotik (relig. Bilder, Bildnisse, Holzschnitte, Kupferstiche). An der Herausbildung einer protestant. Kunst war er führend beteiligt. In seiner großen Werkstatt arbeiteten auch seine Söhne, z.B. Lucas d.J. (*1515, †1586).

Cranach d. Ä.: Ruhe auf der Flucht

Cremona: Dom und Baptisterium

Cranach d. Ä.: Luther als Junker Jörg (Ausschnitt)

Crane [kreın], **1)** Hart, amerikan. Lyriker, *1899, †1932. **2)** Stephen, amerikan. Schriftst., *1871, †1900; naturalist. Erzähler (»Das Blutmal«).

Cranmer [kr'ænmə], Thomas, *1489, †(hingerichtet unter Maria der Kath.) 1556, Erzbischof von Canterbury; führte das »Common Prayer Book« und die »Glaubensartikel« in der Anglikan. Kirche ein.

Craquelée [krakl'e, frz.] die, haarfeine Risse in der Glasur von Keramiken.

Crash-Test [kræʃ-, engl. »Zusammenstoß«], Untersuchung des Verhaltens von Kraftfahrzeugen und Insassen bei Unfällen.

Crassus, Marcus Licinius, reicher röm. Staatsmann, *um 115 v.Chr., schlug 71 Spartacus, schloß mit Caesar und Pompejus das 1. Triumvirat; 53 von den Parthern geschlagen und getötet.

Crawl [krɔ:l, engl. »kriechen«], → Kraul.

Craxi, Bettino, ital. Politiker (Sozialist), *1934, 1983-87 MinPräs.

Credo [lat. »ich glaube«] das, Apostol. und Nicänisches Glaubensbekenntnis.

Creek [kri:k, engl. »Bach«] der, ⊕ kleiner Wasserlauf, der zeitweilig austrocknet.

Creglingen, Stadt in Bad.-Württ., im Taubertal, 4800 Ew.; got. Herrgottskirche, geschnitzter Marienaltar von Riemenschneider (1502-05).

Crème [frz.] die, **1)** Sahne; Süßspeise. **2)** salbenartiges Pflegemittel. **3)** übertragen: das Beste, Spitze der Gesellschaft.

Cremona, Stadt im nördl. Italien, am Po, 76100 Ew.; Bischofssitz; Dom mit 111 m hohem Glockenturm; Landmaschinen- und Seidenind. Berühmt sind die **Cremoneser Geigen** (von Amati, Guarneri, Stradivari u.a.).

Crêpe [krɛ:p, frz.] der, → Krepp.

Cres [tsres], ital. **Cherso,** jugoslaw. Insel in der Bucht des Quarnero; Südfrüchte.

crescendo [krɛʃ'endɔ], Abk. **cresc.,** ♩ allmähl. und gleichmäßig lauter werdend; Zeichen: <.

Créteil [kret'ɛj], Hptst. des frz. Dép. Val-de-Marne, 71700 Ew., Univ.

Crew [kru:, engl.] die, Mannschaft.

Crewe [kru:], Stadt im westl. Mittelengland, 52000 Ew.; Lokomotiv-, Waggonbau.

Crimmitschau, Stadt, Bez. Karl-Marx-Stadt, an der Pleiße, 25100 Ew.; Webwaren.

Criollismo [krioʎ'ismo], **Americanismo** der, geistige Strömung in Südamerika, will eine eigentüml. Kultur durch Verbindung von

Croce

Cromwell

Cronin

Marie Curie

Indianischem und Spanisch-Portugiesischem erreichen.

Cristobal [krɪst'əubəl], Hafen der USA am atlant. Eingang des Panamakanals, mit Colon zusammengewachsen; Flottenbasis.

Croce [kr'ɔtʃɛ], Benedetto, ital. Philosoph, Historiker, Politiker, *1866, †1952, schuf bes. in Auseinandersetzung mit dem Werk Hegels eine eigene »Philosophie des Geistes«.

Cro-Magnon [kromaŋ'ɔ̃], Höhle im Tal der Vézère, in S-Frankreich. Fundort menschl. Schädelreste aus der jüng. Altsteinzeit **(C.-M.-Typus).**

Cromwell [kr'ɔmwəl], Oliver, engl. Staatsmann, *1599, †1658; Anhänger der strengen Puritaner, entschied als Heerführer 1644/45 den Bürgerkrieg der Parlamentspartei gegen den Stuartkönig Karl I., drängte 1648 auch das Parlament beiseite und ließ 1649 den König hinrichten; wurde dann »Lordprotektor«. Durch siegreiche Kriege gegen Holland und Spanien förderte er die See- und Handelsmacht Englands.

Cronin [kr'əunɪn], Archibald J., engl. Erzähler, *1896, †1981; sozialkrit. Romane: »Die Sterne blicken herab«; »Die Zitadelle«.

Crookes [kruks], Sir William, engl. Physiker, *1832, †1919, erfand die **Crookessche Röhre,** eine Entladungsröhre zur Erzeugung und zum Nachweis von → Kathodenstrahlen.

Cross-Country [k'ʌntri], Querfeldeinrennen.

Crossing-over, die Neukombination von Genen in einem Chromosom.

Croupier [krupj'e, frz.] der, Gehilfe des Bankhalters in Spielsälen.

Crüger, Johann, prot. Kirchenliederkomponist, *1598, †1663; »Nun danket alle Gott«.

Cruise Missile [kru:z m'ɪsɪl, engl.], **Marschflugkörper,** von Flugzeugen oder U-Booten gestarteter militär. Lenkflugkörper mit bis zu mehreren 1000 km Reichweite und großer Treffgenauigkeit.

Crux [lat.] die, Kreuz; schwierige Sache.

Cruzeiro [kruz'eiro], Währungseinheit in Brasilien.

Cs, chem. Zeichen für Cäsium.

Csárdás [tʃ'a:rdaʃ] der, ungar. Nationaltanz.

C-Schlüssel, Vorzeichnung des Tonbuchstabens c auf der Linie für die Note c'.

ČSFR [tʃe:-], seit 1990 offizielle Abk. für **Č**eská a **S**lovenská **F**ederativní **R**epublika.

Csokor [tʃ'okor], Franz Th., Schriftst., *1885, †1969; Vertreter des österr. Expressionismus (»Ein paar Schaufeln Erde«).

ČSSR [tʃe:-], 1960-90 offizielle Abk. für **Č**eskoslowenská **S**ocialistická **R**epublika, → Tschechoslowakei.

CSU, Abk. für → Christlich-Soziale Union.

c. t., Abk. für **c**um **t**empore, lat. »mit Zeit«, → akademisches Viertel.

Cu, chem. Zeichen für Kupfer.

Curling

Cuenca, Hptst. der Prov. Azuay, Ecuador; Erzbischofssitz; 201 500 Ew.; Univ.

Cui, César, russ. Komponist, *1835, †1918.

cuius regio, eius religio [lat.], wer das Land beherrscht, bestimmt auch die Religion; Grundsatz des Augsburger Religionsfriedens von 1555.

Cul de Paris [ky də par'i, frz.] der, unter dem Frauenrock getragenes Gesäßpolster im 18./19. Jh.

Cullinan [k'ʌlɪnən], Bergwerksort in Transvaal, Rep. Südafrika, Fundort (1905) des **C.-Diamanten** (3106 Karat).

Culm, Kulm, poln. **Chelmno** [x'ɛ-], Stadt in Polen, an der Weichsel, 20 000 Ew.; mehrere got. Kirchen aus der Ordenszeit. Das **Kulmer Land** fiel 1226 an den Dt. Orden, der von hier aus die Preußen unterwarf. K. war Hansestadt, wurde 1466 poln., 1772 preußisch.

Cumae, älteste grch. Siedlung in Italien (Kampanien), um 750 v. Chr., 334 v. Chr. römisch.

Cumberland [k'ʌmbələnd], ehem. Cty. in NW-England, z. T. gebirgig und seenreich; Milch- und Schafwirtschaft; Hptst.: Carlisle.

Cumberland [k'ʌmbələnd], engl. Herzogstitel, der wiederholt königl. Prinzen verliehen wurde: **1)** Ernst August, Kronprinz von Hannover, *1845, †1923. **2)** Wilhelm August, Sohn Georgs II. von England, *1721, †1765.

Cumbre [span.], Berggipfel. **Cumbre-Paß,** Doppelpaß in der argentin.-chilen. Hochkordillere.

Cunard [kj'u:nɑ:d], Sir Samuel, engl. Reeder, *1787, †1865, gründete 1840 die **C. Steamship Co.** (Dampfschiffahrtsverbindung mit N-Amerika).

Cuneo, Prov.-Hptst. im nordwestl. Italien, 55 800 Ew.; Verkehrsknoten, Seidenraupen-Zucht, Gummi-Ind.

Cuno, Wilhelm, Reeder und Politiker, *1876, †1933; 1922/23 Reichskanzler, Politik des »passiven Widerstands« gegen die frz. Besetzung des Ruhrgebiets.

Cup [kʌp, engl.] der, Becher, bes. Ehrenbecher als Siegespreis, z. B. **Davis C.** beim Tennis.

Cupido [lat. »Begierde«], Liebesgott, → Eros.

Curaçao [kyras'aɔ], Insel der Niederländ. Antillen, vor der N-Küste Venezuelas, 443 km², 170 000 Ew.; Hptst.: Willemstad. Raffinierung von Erdöl aus Venezuela.

Curaçao [kyras'aɔ], feiner Likör aus den Schalen unreifer Pomeranzen.

Curie [kyr'i], Marie, geb. Skłodowska, frz. Chemikerin poln. Herkunft, *1867, †1934, entdeckte zusammen mit ihrem Gatten Pierre C., *1859, †1906, die radioaktiven Elemente Polonium und Radium. Beide Nobelpreis (Physik) 1903, Marie C. Nobelpreis (Chemie) 1911.

Curie [kyr'i] das, Zeichen **Ci,** frühere Maßeinheit der Radioaktivität. Die SI-Einheit der Aktivität wird → Becquerel genannt.

Curitiba, Hptst. des brasilian. Staates Paraná, 1,28 Mio. Ew.; 2 Univ., Erzbischofssitz.

Curium, Cm, künstliches radioaktives Element, ein Transuran. Ordnungszahl 96.

Curling [k'ə:liŋ] das, eine Art Eisschießen.

Currency [k'ʌrənsɪ, engl.], Umlaufmittel mit gesetzl. Zahlungskraft, Währung. **C.-Prinzip,** Geldtheorie, die volle Deckung der Banknoten durch Edelmetall (Gold, Silber) verlangt. Ggs.: Banking-Prinzip.

Curriculum [lat.] das, Lehrplan der Fächer und Schulen; die C.-Forschung will den Informationsgehalt der Lehrstoffe erfassen und die Bewertung rational kontrollierbar machen.

Curry [k'œri, auch engl. k'ʌrɪ] das, **1)** scharfes ostind. Mischgewürz. **2)** Gericht ostind. Herkunft: Fisch, Fleisch oder Gemüse mit Reis und Curry.

Cursor, (blinkender) Positionsanzeiger auf Computerbildschirmen.

Curtius, 1) Ernst Robert, Romanist, *1886, †1956, Deuter und Vermittler roman., bes. frz. Literatur. **2)** Ludwig, Archäologe, *1874, †1954; Darstellung der antiken Kunst.

Curzon [k'ə:zn], George, seit 1921 Lord **C. of Kedleston,** brit. konservat. Politiker, *1859, †1925; 1888-1905 Vizekönig von Indien, 1919 bis 1924 Außenmin. Er schlug 1919 die **C.-Linie** als Ostgrenze Polens vor (Grodno-Brest); sie lag der dt.-sowjet. Demarkationslinie 1939 und der Grenzregelung 1945 zugrunde.

Custọza, ital. Dorf südwestl. von Verona, bekannt durch Siege der Österreicher über die Piemontesen (1848) und Italiener (1866).

Cutịcula, → Kutikula.

Cutter [k'ʌtə, engl.], Film: Schnittmeister.

Cuvée [kyv'e, frz.] die, Mischung versch. Weine für einheitl. Schaumwein.

Cuvier [kyvj'e], Georges Baron v., frz. Naturforscher, *1769, †1832, machte die vergleichende Anatomie zur Grundlage der Zoologie; Begründer der Paläontologie; suchte die Artenbildung durch seine Katastrophentheorie zu erklären.

Cuvilliés [kyvij'e], François de, Baumeister und Stukkator, *1695, †1768; Werke: Amalienburg in Nymphenburg; Rokokotheater in der Residenz München.

Cuxhaven, Hafenstadt in Ndsachs., an der Elbemündung, 55 300 Ew.; Fischereihafen mit Fisch-Ind.

Cuzco, Cusco, Stadt in Peru, 3416 m ü. M., 226 000 Ew.; Univ.; ehem. Hptst. der Inka mit bed. Resten von Tempelbauten.

C.V., Abk. für **C**artell-**V**erband farbentragender kath. Studenten.

CVJM, **C**hristlicher **V**erein **J**unger **M**änner.

C_W-Wert, Luftwiderstandsbeiwert, dimensionslose Kennzahl zur Kennzeichnung der aerodynam. Güte z. B. einer Fahrzeugform.

Cyạn [lat.] das, $(CN)_2$, stechend riechendes, giftiges Gas, bildet mit Wasserstoff die → Blausäure, mit Alkalimetallen die Cyanide (→ Cyankalium).

Cyanịn das, **1)** blauer Blütenfarbstoff. **2)** ein künstl. blauer Farbstoff, verwendet zur Empfindlichkeitssteigerung photograph. Emulsionen.

Cyankạlium, Kaliumcyanid, Cyankali, KCN, farbloses, wasserlösl., giftiges Salz, bes. zum Herauslösen von Gold aus goldhaltigen Gesteinen (Cyanidlaugerei) verwendet.

Cyanwạsserstoff, HCN, die → Blausäure.

Cymbal [grch.] das, **1)** im Altertum Schlaginstrument aus kleinen Metallbecken. **2)** Hackbrett, eine Zither, deren Drahtsaiten mit Stäbchen geschlagen werden; Vorläufer des Cembalos, als **Cimbalon** noch von Roma gebraucht.

Cypriạnus, Kirchenvater, Bischof in Karthago, †258 als Märtyrer; Heiliger (Tag 16.9.).

Cyrano de Bergerac [siran'o də bɛrʒər'ak], Savinien, frz. Schriftst., *1619, †1655; schrieb phantast. Erzählungen; Drama von Rostand.

Cyrenaịca, geschichtl. Landschaft (größtenteils Wüste) an der Nordküste Afrikas, in Libyen.

Czernowitz [tʃ'ɛr-], ukrain. **Tschernowzy,** Gebiets-Hptst. in der Ukrain. SSR, Hauptort der Bukowina, 221 000 Ew.; war kultureller Mittelpunkt des buchenländ. Deutschtums (Univ.); Erzbischofssitz; Handel, Ind.

Czerny [tʃ'ɛrni], Karl, Pianist und Komponist, *1791, †1857; klavierpädagog. Werke (Etüden).

Czochralski-Verfahren, wichtiges Kristallzüchtungsverfahren, mit dem hochreine Silicium-Einkristalle für die Halbleiterind. gefertigt werden.

D

d, D, 1) Mitlaut, stimmhafter Zahn- und Verschlußlaut; 4. Buchstabe im dt. Abc. **2)** röm. Zahlzeichen: **D** = 500. **3)** bei Personennamen: **D.,** Doktor der Theologie. **4)** auf Telegrammen: **D,** dringend. **5)** 🚂 **D** = D-Zug. **6)** 🚗 **D** = Deutschland (Bundesrep. Dtl.). **7)** in England: **d** = Penny [denarius]. **8)** ♡ **d** [detur, lat.], es werde gegeben. **9) D,** chem. Zeichen für Deuterium. **10)** ♩ **d,** die 2. Stufe der Grundtonleiter C-Dur. **11)** beim Klavier- und Orgelspiel: **d** [dextra, lat.], mit der rechten Hand. **12)** auf Münzen: **D** = Prägestätte München. **13) d,** Vorsatzzeichen für → Dezi.

DA, Abk. für → Demokratischer Aufbruch – sozial, ökologisch.

da, Vorsatzzeichen für → Deka.

d. Ä., Abk. für **der Ältere.**

DAB, → Deutsches Arzneibuch.

Dạbrowa Górnicza, Industriestadt in der poln. Wwschaft Katowice (Kattowitz), 140 000 Ew.; ⚒ auf Eisen, Kohle; Maschinenbau, Metall-Ind., Glashütte.

Dạbrowska [dɔmbr'ɔfska], Maria, poln. Schriftstellerin, *1899, †1965; realist. ep. Roman »Tage und Nächte«.

da capo [ital.], Abk. **d. c.,** ♩ noch einmal.

Dacca, Hptst. von Bangladesh, → Dhaka.

Dach, oberer Abschluß eines Gebäudes, aus Dachtragwerk und Dachdeckung.

Dach, Simon, Dichter, *1605, †1659; weltl. und geistl. Gedichte in schlichter Sprache.

Dachau, Krst. in Oberbayern, nordwestl. von München, 33 000 Ew.; Moorbad; Papier-, Metall-, Elektroind. Nahebei das **Dachauer Moos.** Bei D. ehemaliges Konzentrationslager, heute Gedenkstätte.

Dachdeckung, die auf dem Dachstuhl ruhende, schützende Decke. Arten: **Weiche D.** Bretter, Schindeln, Stroh, Rohr; **halbharte D.** Dachpappe, Holzzement; **harte D.** Dachziegel, Schiefer, Zink, seltener Kupfer, Blei, Wellblech, Asbestzement.

Dachgaupe, Dachgaube, Dachaufbau für ein stehendes Dachfenster.

Dachgesellschaft, dient der einheitl. Leitung oder Kontrolle anderer Unternehmen oder eines Konzerns (→ Holdinggesellschaft).

Dachpappe, mit Teer oder Bitumen getränkte Pappe zum Dachdecken.

Dachreiter, 🏛 Türmchen auf dem Dachfirst.

Dachs, Unterfam. der Marder, nährt sich von Wurzeln, Beeren, Insekten, Würmern. Der D. hat einen plumpen, 1 m langen Körper mit weiß-schwarz-grau-gelb gefärbtem Fell; er lebt in Europa und Nordasien in selbstgegrabenen Höhlen; hält Winterschlaf. Aus dem D.-Haar werden Pinsel gefertigt.

Dachstein, Gruppe der Salzburger Kalkalpen, erhebt sich bis zu 2995 m Höhe.

Dachwurz der, ⚘ → Hauswurz.

Dackel, Dachshund, Teckel, Hunderasse, mit verkürzten, krummen Beinen und Hängeohren. (TAFEL Hunde)

Dadaịsmus [nach dem kindl. Stammellaut »dada«], revolutionäre literar.-künstler. Bewegung, 1916 in Zürich entstanden, wollte die bürgerl. Kultur lächerlich machen, um durch »Wegräumen des Schuttes« von Grund auf neu bauen zu können (H. Ball, R. Hülsenbeck, T. Tzara). Der D. dauerte bis etwa 1922 und bildete für viele Künstler eine Durchgangsphase zur → Neuen Sachlichkeit und zum → Surrealismus; er wirkte wegbereitend für die → Pop Art.

Daffinger, Moritz, Maler von Bildnisminiaturen, *1790, †1849.

DAG, **D**eutsche **A**ngestellten-**G**ewerkschaft.

Dạgestan [türk. »Bergland«], **Dagestan.**

Dach: Dachformen

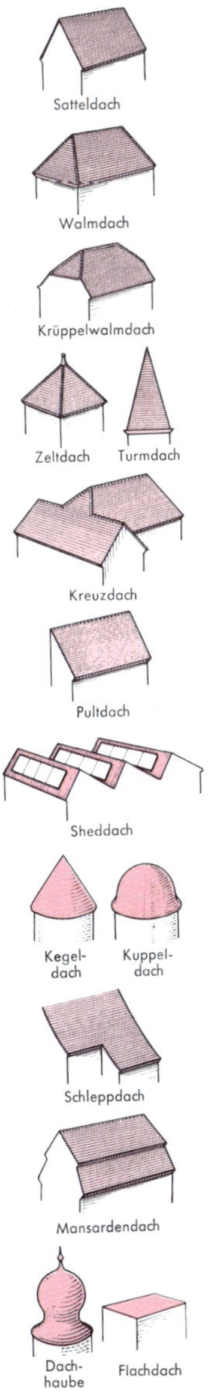

Dachs

ASSR, Teilrep. (seit 1921) der Russ. SFSR, am NO-Hang des Kaukasus, am Kasp. Meer, 50300 km², 1,7 Mio. Ew. (türk., kaukas., iran. u.a. Völker); Hptst.: Machatschkala. Gemüse, Mais, Weizen, Reis, Wein; im N Schafzucht. Bodenschätze: Erdöl, Erdgas, Quecksilber, Eisenerz u.a.

Dagmar [altdän.], weibl. Vorname.

Dagö, Insel in der Ostsee, 965 km², rd. 17000 Ew.; gehört zur Estnischen SSR.

Dagobert [aus ahd. dag »Tag« und beraht »glänzend«], männl. Vorname.

Dagobert I., König der Franken, †639.

Daguerreotypie [dagɛro-] die, von dem frz. Maler Louis **Daguerre** 1837 erfundenes, heute veraltetes Verfahren der Photographie.

Dahl, Johan Christian, norweg. Maler, *1788, †1857; von C. D. Friedrich beeinflußt; Erneuerer der norweg. Malerei.

Dahlem, südwestl. Villenvorort von Berlin; Botan. Garten, Max-Planck-Institute, Mus. Stiftung Preuß. Kulturbesitz, Freie Univ. (1948 gegr.).

Dahlie die, Korbblütergatt. Mittelamerikas. Bekannteste Art ist die auch als **Georgine** bekannte Gartenzierpflanze, die Wurzelknollen und große Blütenkörbe mit Scheiben- oder Strahlblüten hat.

Dahlmann, Friedrich Christoph, Historiker, Politiker, *1785, †1860, gehörte zu den → Göttinger Sieben, war 1848/49 ein Führer der kleindt. Partei in der Frankfurter Nationalversammlung.

Dahn, Felix, Jurist, Historiker, Schriftsteller, *1834, †1912; »Ein Kampf um Rom«.

Dahome, frz. **Dahomey,** → Benin.

Dahrendorf, Ralf, Soziologe, *1929, befaßt sich neben Ind.- und polit. Soziologie mit Fragen der Bildungsreform; 1970-74 Mitglied der Europ. Kommission in Brüssel, 1974-84 Leiter der London School of Economics.

Daidalos, der sagenhafte erste grch. Künstler, erbaute auf Kreta das Labyrinth, schuf lebende Figuren, flog mit → Ikaros auf selbstgefertigten Flügeln übers Meer.

Dáil Eireann [d'ɔɪl 'eərən, irisch], das Parlament der Rep. Irland.

Daimler

Daimler, Gottlieb, Ingenieur, *1834, †1900, entwickelte 1883-85 mit → Maybach den ersten schnellaufenden Fahrzeugmotor; einer der Schöpfer des Kraftwagens, gründete 1890 in Cannstatt die **D.-Motoren-Gesellschaft,** die seit 1926 mit den Benzwerken (→ Benz) verschmolzen ist zur **D.-Benz AG** (Stuttgart-Untertürkheim; Mercedes-Wagen).

Dakar, Hptst. der Rep. Senegal, 1,21 Mio. Ew.; wichtiger Hafen und Handelsplatz; Univ.

Dali: Die brennende Giraffe (1935)

Dakien, Dazien, im Altertum das Gebiet der unteren Donau, Sitz der **Daker,** die Trajan 101-106 n.Chr. unterwarf; bis 270 röm. Provinz.

Dakota Mz., Indianerstamm der → Sioux.

Daktyloskopie [grch. »Fingerschau«] die, das → Fingerabdruckverfahren.

Daktylus [grch. »Finger«] der, antiker Versfuß aus einer langen (betonten) Silbe und 2 kurzen (unbetonten) Silben (– ◡ ◡ wie in »königlich«). Daktyl. Versformen sind der Hexameter und der Pentameter.

Daladier [daladj'e], Edouard, frz. Politiker, *1884, †1970; mehrmals Min. und MinPräs., zuletzt 1938-40; Mitunterzeichner des Münchener Abkommens; 1943-45 in Deutschland interniert.

Dalai Lama der, kirchl. Oberhaupt des → Lamaismus. Der 14. D. L. (Geburtsname: Tenzin Gyatso, *1935) erhielt 1989 den Friedensnobelpreis.

Dalarna [schwed. »die Täler«], gebirgige, waldreiche Landschaft in Mittelschweden, am Dalälv; Hptst.: Falun; im SO Bergbau und Ind.

Dalben, Dückdalben [von nd. dalb »Pfahl«], in den Boden gerammte Pfahlgruppen zum Festmachen der Schiffe; auch Seezeichen.

Dalberg, Karl Frhr. v., *1744, †1817, der letzte Kurfürst von Mainz und Erzkanzler des Dt. Reichs; Vertreter der kath. Aufklärung in Dtl. Sich eng an Napoleon anschließend, wurde er 1806 Fürst-Primas des Rheinbundes.

Dali, Salvador, span. Maler, *1904, †1989, schloß sich in Paris den Surrealisten an.

Dalila, Delila, Geliebte → Simsons.

Dallapiccola, Luigi, ital. Komponist, *1904, †1975, verband die Zwölftontechnik mit ausdrucksvoller Kantabilität.

Dallas [d'æləs], Stadt in Texas, USA, 1,03 Mio. Ew.; 2 Univ.; Textilind., Raketen- und Flugzeugbau, Erdölind.

Dalmatien, schmale Küstenlandschaft Jugoslawiens an der Ostseite der Adria, gebirgig, meist wasserarm, mit vielen Inseln. Klima: mittelmeerisch, sehr milde Winter. An der Küste und in den Tälern üppige, immergrüne Pflanzen, Gebirge meist kahl (Karst). Haupthäfen sind Šibenik, Split und Dubrovnik. Die Bewohner, serbokroat. Dalmatiner, leben von Schiffahrt, Seefischerei, Fremdenverkehr, Abbau hochwertiger Bauxitlager, Ind. – D. kam im MA. unter die Herrschaft Venedigs; 1797-1918 war es österreichisch.

Dalmatika die, -/...ken, liturg. Obergewand des Diakons in der kath. Kirche.

Dalmatiner, 1) Bewohner von Dalmatien. **2)** Wachhund, weiß mit schwarzen (braunen) Flecken; Schulterhöhe 50-60 cm.

dal segno [s'ɛŋɔ, ital. »vom Zeichen an«], ♩ vom Zeichen 𝄋 an zu wiederholen.

Dalton [d'ɔ:ltən], John, engl. Chemiker, Physiker, *1766, †1844, entdeckte das für die Chemie grundlegende Gesetz der multiplen Proportionen, begr. die chem. Atomtheorie; schuf eine chem. Zeichensprache.

Dalton-Plan [d'ɔ:ltən plæn], von Helen Parkhurst entwickelte Unterrichtsmethode, 1920 in Dalton (Mass.) eingeführt; Vorläufer des programmierten Unterrichts.

Damanhur, Stadt in Unterägypten, im Nildelta, 171000 Ew.; Stapelplatz für Baumwolle.

Damaschke, Adolf, Sozialreformer, *1865, †1935. → Bodenreform.

Damaskus, Hptst. Syriens, an der Hidschas-Bahn, Straßenknoten (Beirut-Bagdad, Aleppo-Kairo); 1,29 Mio. Ew.; viele Moscheen; Hausindustrie in Seide, Metall **(Damaszener Klingen),** hat an Bedeutung verloren; mod. Industrie, Handel. – D. war 661-750 Sitz der arab. Kalifen, 1516-1918 türkisch.

Damast [von Damaskus] der, Jacquardgewebe, dessen Muster durch den Wechsel von Schuß- und Kettbindung entsteht.

Damaszieren [von Damaskus], aus Vorderasien stammendes Verfahren, um auf der Oberfläche von Eisen und Stahl feinadrige Figuren zu erzeugen und die Festigkeit und Zähigkeit des Werkstücks zu erhöhen (Damaszener Klingen).

Dame [frz., aus lat. »domina« Herrin] die, **1)** Frau der »guten Gesellschaft«. **2)** Schachspiel: Königin. **3)** frz. Kartenspiel: dritthöchste Karte, entspricht dem Ober der dt. Karte. **4) D.-Spiel,** Brettspiel zw. 2 Personen auf dem Dame-(Schach-)Brett; 12 gegen 12 Steine.

Damenfriede, 1529 zw. Spanien (Margarete von Österreich) und Frankreich (Luise von Savoyen) in Cambrai geschlossener Friedensvertrag, in dem Frankreich auf Italien, Flandern und Artois verzichtete.

Damenweg, frz. **Chemin-des-Dames** [ʃmɛ̃ dɛ dam], Höhenweg im NO Frankreichs, im April/Mai 1917 schwer umkämpft.

Damhirsch, Damwild, in Europa verbreiteter Hirsch mit Schaufelgeweih, kleiner als der Edelhirsch; im Sommer meist weißfleckig.

Damiani, Petrus, Kirchenlehrer, *1006/07, †1072, wirkte für die kirchl. Erneuerung im Geiste von →Cluny. Heiliger, Tag: 21.2.

Damiette [dami'ɛt], Handels- und Hafenstadt in Ägypten, am östl. Mündungsarm des Nil, 93500 Ew.; Textilind.

Damm, 1) Aufschüttung (Erde, Knüppel u.a.) für Verkehrswege. **2)** →Deich. **3)** ♡ Mittelfleisch, die Gegend zw. After und Geschlechtsteilen; der D. kann bei der Entbindung einreißen **(D.-Riß).**

Damman, Hafenstadt in Saudi-Arabien, rd. 128000 Ew.; bedeutendes Erdölfeld.

Dämmerschlaf, ♡ künstl. Halbschlaf mit Aufhebung oder starker Verringerung der Schmerzempfindung.

Dämmerung, Halbdunkel vor Aufgang und nach Untergang der Sonne.

Dämmerzustand, vorübergehende Trübung des Bewußtseins.

Dämmstoffe dienen dem Wärme-, Kälte- oder Schallschutz; bestehen als **Dämm-** oder **Isolierplatten** aus Papierbahnen oder Wollfilzplatten, auf oder zw. denen Isolierstoffe (Glas-, Asbestwolle, Styropor, Kork, Torf u.a.) befestigt sind; ferner aus Leichtbeton oder mit Bindemittel gebundenem Kork, Stroh, Fasermaterial u.a.

Damnum [lat.] das, ⚖ Nachteil, Schaden; bes. die Differenz zw. Nennbetrag eines Darlehens und dem tatsächl. ausgezahlten Betrag.

Damokles, Höfling Dionysius d.J. von Syrakus, der ihn unter einem Schwert, das an einem Pferdehaar hing, bewirtete. **D.-Schwert,** sprichwörtl. für im Glück drohende Gefahr.

Dämon [grch.] der, im Altertum und bei Naturvölkern: übermenschl. Wesen, die teils als gut, teils als böse vorgestellt werden; **dämonisch,** von D. herrührend, von D. beherrscht.

Damon und Phintias, 2 Pythagoreer aus Syrakus von sprichwörtl. Freundestreue; Schillers »Bürgschaft«.

Dampf, Stoff im gasförmigen Zustand, wenn er mit seiner flüssigen oder festen Phase im Wärmegleichgewicht steht, also etwa der über einer Wasseroberfläche verdunstende und im gleichen Umfang wieder kondensierende Wasser-D. Im geschlossenen Gefäß stellt sich bei bestimmter Temperatur zw. Verdampfen und Kondensieren ein Gleichgewicht ein **(gesättigter D., Sattdampf).** Von der Flüssigkeit abgesperrter, höher erhitzter D. heißt **Heißdampf (überhitzter D.).**

Dampfbad, Schwitzbad in heißer, mit Wasserdampf gesättigter Luft von 37,5 °C bis 56 °C.

dämpfen, 1) ⊙ mit Heißdampf bearbeiten, z.B. Holz zum Konservieren, zur Vorbereitung für die Holzschliffherstellung, Tuche zum Weichmachen und um späteres Einlaufen zu verhindern. **2)** Küche: im Dampf gar machen. **3)** abschwächen.

Dämpfer, ♩ Gerät zur Abschwächung der Tonstärke; beim Klavier die Lautstärkeminderung und Schwingungsunterbrechung nach dem Loslassen einer Taste; soll diese Dämpfung für alle Tasten gleichzeitig aufgehoben werden, wird das rechte Pedal getreten; zur Minderung der Lautstärke das linke.

Dampfkessel dienen zur Erzeugung von Dampf, dessen Druck höher ist als der Luftdruck. Sie bestehen aus Feuerung und Verdampfungsanlage. Der Dampf wird an der höchsten Stelle des D., dem **Dampfdom,** entnommen. **D.-Arten: Flammrohrkessel** mit weiter zylindrischer, wassergefüllter Stahltrommel, die der Länge nach von 1 bis 3 Wellrohren durchzogen wird, in denen die Feuerung ist. **Rauchröhrenkessel** werden von zahlreichen, vom Rauch durchströmten Rohren durchzogen, die außen von Wasser umspült werden. Mit vorgeschalteter Feuerbüchse erhält man den **Lokomotivkessel. Wasserrohrkessel** bestehen aus einer Ober- und einer Untertrommel, die durch schräg oder senkrecht gestellte Rohre miteinander verbunden sind (Schrägrohr-, Steilrohrkessel). Diese Rohre führen innen Wasser. D. für mehr als 100 bar Druck →Höchstdruckdampfkessel. Moderne D. besitzen Überhitzer zur Erzeugung von Heißdampf und Rauchgasvorwärmer (Economiser) zur Erwärmung des Kesselspeisewassers. Jeder D. muß mit mindestens 2 Speisepumpen, Speiseventil mit Rückschlagventil, 2 Wasserstandszeigern, Sicherheitsventilen, Manometer und Dampfabsperrventil ausgerüstet sein.

Dampfkochtopf, Schnellkochtopf, Topf mit fest aufschraubbarem Deckel und Sicherheitsventil, in dem die Speisen bei einem Überdruck von etwa 1 bar ohne Vitaminverlust schnell gar werden.

Dampfmaschine, ⊙ allg. jede durch Dampf angetriebene Maschine, die die Wärmeenergie des Dampfes in mechan. Energie umsetzt; i.e.S. die Kolben-D. Der im Dampfkessel erzeugte Dampf schiebt im Dampfzylinder einen Kolben hin und her, der über Kolbenstange, Kreuzkopf, Schubstange, Kurbelzapfen die Drehbewegung bewirkt. Ein Schwungrad dient zur Erzielung eines gleichmäßigen Ganges. Die Steuerung des Dampfzutrittes geschieht durch Schieber oder Ventile. Bei den **Auspuff-Dampfmaschinen** tritt der Dampf nach geleisteter Arbeit ins Freie. Bei den **Kondensations-D.** wird er in einem Kondensator durch Wasser niedergeschlagen. Bei den **Expansions-D.** wirkt der Dampf nur während eines kleinen Teiles des Kolbenweges mit voller Spannung. Die Expansion kann zur besseren Dampfausnutzung in der **Verbund-** oder **Compoundmaschine** auf mehrere Zylinder verteilt werden **(Mehrfachexpansions-D.** mit Hoch- und Niederdruckzylindern).

Dampfschiff, Dampfer, durch Dampfmaschine oder -turbine angetriebenes Schiff.

Dampfspeicher, ein →Wärmespeicher.

Dampfturbine, Turbine, die die Strömungsenergie des Dampfes in mechan. Arbeit umwandelt. Durch Düsen (→Düse) trifft der Dampfstrahl auf die Schaufeln eines Laufrades und setzt dieses mit der Turbinenwelle in Drehung. Zur besseren Ausnutzung von Druck und Geschwindigkeit läßt man den Dampf durch die Schaufeln mehrerer Laufräder strömen (mehrstufige D.). Zwischengeschaltete Leiträder nehmen den Dampf aus dem einen Laufrad auf und führen ihn den folgenden in der Drehrichtung der D. wieder zu.

Nach Verlassen des letzten Laufrades gelangt der Dampf in den → Kondensator oder wird zum Heizen, Kochen, Trocknen benutzt. Abdampfturbinen werden Kolbendampfmaschinen nachgeschaltet, z.B. bei Schiffsmaschinen. Vorteile gegenüber der Dampfmaschine: Drehbewegung statt hin- und hergehender Bewegung, höhere Drehzahlen, viel größere Grenzleistungen, geringere Baugröße, besserer Wirkungsgrad.

Dämpfung, ⊠ Schwächung von Schwingungen oder Wellen durch Umwandlung der Schwingungsenergie in andere Energieformen, z.B. Wärme.

Dan, 1) Sohn Jakobs. **2)** der nach ihm benannte israelit. Stamm.

Dan [jap.] der, in Budosportarten (→ Budo) verliehene 10 Rangstufen der Meister, meist in Form eines Gürtels (schwarz, rot-weiß, rosa).

Dana|e, grch. Sage: Tochter des Königs Akrisios von Argos, wurde durch Zeus, der in Gestalt eines goldenen Regens zu ihr kam, Mutter des Perseus.

Danaer Mz., bei Homer die Griechen. **D.-Geschenk:** verderbl. Geschenk wie das hölzerne Pferd, das Troja den Untergang brachte.

Danaiden Mz., grch. Sage: 50 Töchter des Königs Danaos, die ihre Männer ermordeten, wofür sie zur Strafe in der Unterwelt ständig Wasser in ein durchlöchertes Faß schöpfen mußten. Daher **D.-Arbeit,** mühsame, vergebl. Arbeit.

Danakil, 1) wüstenhafte Landschaft in NO-Äthiopien. **2)** Mz., Eigenbez. **Afar,** hamit. Hirtenvolk.

Danckelmann, Eberhard Frhr. v., brandenburg. Staatsmann, *1643, †1722, Gründer der Univ. Halle.

Dandolo, venezian. Geschlecht mit vielen Staatsmännern und Gelehrten; der Doge Enrico D., *um 1107, †1205, begründete die venezian. Mittelmeerherrschaft.

Dandy [d'ændi, engl.] der, Stutzer, Modenarr.

Danebrog [dän. broge »buntes Tuch«], Name der dänischen Flagge.

Dänemark

Dänemark, Kgr. zw. Mitteleuropa und Skandinavien, (ohne Außenbesitzungen Färöer und Grönland, die zum Staatsgebiet gehören) 43 080 km², 5,12 Mio. Ew. (meist evang. Dänen, in N-Schleswig rd. 85 000 Deutsche); Hptst.: Kopenhagen. ⊕ S. 493.

VERFASSUNG von 1953: konstitutionelle Monarchie (Haus Schleswig-Holstein-Sonderburg-Glücksburg), seit 1901 parlamentarisch regiert. Die vom Folketing (Parlament, 179 Abg.) beschlossenen Gesetze werden von der Königin bestätigt. Die vollziehende Gewalt übt die Königin durch die dem Folketing verantwortl. Minister aus.

LANDESNATUR. D. umfaßt Jütland und die vorgelagerten Inseln, darunter: Fünen, Langeland u.a. zw. Kl. und Gr. Belt, Seeland, Lolland, Falster u.a. zw. Gr. Belt und Öresund, Bornholm in der mittl. Ostsee. Jütland, von einem Endmoränenzug (bis 173 m hoch) durchzogen, ist im W sandig, moorig, im O fruchtbar (Lehmboden).

WIRTSCHAFT. D. hat hochentwickelte Landwirtschaft, bes. Viehzucht und Milchwirtschaft, Fischerei; trotz geringer Bodenschätze lebhafte (weiterverarbeitende) Ind.; Landwirtschaftserzeugnisse, Maschinen, Fahrzeuge, Schiffe, Textilien, Chemikalien, Kühlaggregate, Möbel u.a. Ausfuhr: Landwirtschaftl. und industrielle Erzeugnisse. Einfuhr: Maschinen, Stahl, Textilien u.a., Brennstoffe. Haupthandelspartner: Bundesrep. Dtl., Schweden, Großbritannien. – Gut ausgebautes Verkehrsnetz. Brücken und Fähren verbinden die Inseln untereinander und mit dem Festland. Haupthafen und -flughafen: Kopenhagen.

⊕ Im 9./10. Jh. bildete sich das dän. Kgr., das auch das südwestl. Schweden umfaßte. Knut d.Gr. (1018-35) eroberte für kurze Zeit England und Norwegen. Um 1200 setzten sich die Dänen in Pommern, Mecklenburg und Holstein fest, wurden aber durch die Schlacht bei Bornhöved (1227) vertrieben. Waldemar IV. unterlag 1367-70 der dt. Hanse. Die Königin Margarete vereinigte in der Kalmarer Union 1397 Schweden und Norwegen mit D.; doch riß sich Schweden endgültig 1523 los. 1448 gelangte das Oldenburger Haus auf den Thron, 1460 auch in Schleswig-Holstein. 1536 wurde die Reformation eingeführt. 1658 gingen die südschwed. Provinzen, 1814 Norwegen an Schweden verloren. Dän. Absichten auf Schleswig-Holstein lösten die deutsch-dän. Kriege von 1848-50 und 1864 aus; Schleswig-Holstein kam an Preußen; 1920 fiel ein Teil Nordschleswigs durch Volksabstimmung an D. Im 1. Weltkrieg blieb D. neutral. Im 2. Weltkrieg besetzten 1940 dt. Truppen das Land. D. gehört seit 1949 der NATO an. Seit 1951 ist D. mit den skandinav. Ländern im Nord. Rat verbunden. 1973 Beitritt zur EG. Durch Volksabstimmung sprachen sich die Grönländer 1979 für weitgehende Autonomie von D. bis zum 1.1. 1981 aus. Königin: Margrethe II. (seit 1972); MinPräs.: P. Schlüter (seit 1982).

Danewerk, alter Grenzwall der Dänenkönige in Schleswig (aus dem 9.-12. Jh.).

Daniel [hebr. »Gott ist Richter«], im A.T. einer der vier großen Propheten.

Daniel-Rops [danj'ɛl-], Henri, frz. Schriftst., *1901, †1965; »Geschichte des Gottesvolks«.

Däniken, Erich von, Schriftst., *1935, stellt umstrittene Thesen zur Frühgesch. auf, in denen er ungeklärte geolog., ethnolog., kulturgeschichtl. Erscheinungen als Spuren außerird. Wesen deutet.

dänische Kunst. Aus der vorchristl. Zeit (bis etwa 1000 n. Chr.) stammen reiche Funde german. Kunst. Im MA. schloß sich die kirchl. Baukunst der dt. an (Dome in Lund, Ribe, Viborg), in got. Zeit auch der frz. (Dom in Roskilde). Seit Ende des 12. Jh. setzte sich der Backsteinbau durch (Kalundborg). In der Spätgotik waren Lübecker Bildschnitzer für Dänemark tätig (B. Notke, C. Berg u.a.). Auch später überwog der Anteil ausländ. Künstler. Bed. Leistungen im Klassizismus: K. F. Harsdorff, C. F. Hansen in Kopenhagen. Der Bildhauer Thorvaldsen wirkte auch auf die ausländ. Kunst. Unter den Malern ragen J. Juel, A. Abildgaard und W. Eckersberg hervor.

dänische Literatur. Vor der Reformation Rittertanz- und Heldenlieder als Zeugnisse dän. Volkskultur. Die national-dän. Literatur beginnt mit L. Holberg (†1754); Joh. Ewald knüpfte an die altnord. Tradition an. 1802/03 vermittelte H. Steffens Anregungen der Romantik, die Oehlenschlaeger aufgriff. Grundtvig, H. C. Andersen und S. Kierkegaard wirkten über ihr Land hinaus. G. Brandes gab den Anstoß zu neuer literar. Blüte: J. P. Jacobsen, H. Drachmann, H. Bang, K. Gjellerup, H. Pontoppidan, M. Andersen-Nexö. Um die Jahrhundertwende »lyrische Renaissance« (Joh. Jörgensen) und »Jütische Bewegung« (Joh. V. Jensen). Neuere Erzähler: J. Paludan, Karen Blixen, Karin Michaelis, K. Lindemann, O. P. Leck Fischer, H. Chr. Branner; Dramatiker: K. Munk, K. Abell, C. E. Soya.

dänische Sprache, gehört mit dem Schwedischen zum ostnord. Zweig der Skandinav. Sprachen; daneben ost- und westdän. Dialekte.

Dankert, Piet, niederländ. Politiker, *1934, 1982-84 Präs. des Europ. Parlaments.

Dankwarderode, alte Burg Heinrichs des Löwen in Braunschweig, 1887 neu errichtet.

Dannecker, Johann Heinrich v., Bildhauer, *1758, †1841; klassizist. Werke: Schillerbüste (Weimar), Ariadne auf dem Panther.

D'Annunzio, Gabriele, ital. Dichter, Politiker, *1863, †1938, schrieb Oden, Romane, Trauerspiele. Als leidenschaftl. Patriot besetzte D'A. 1919 mit Freischärlern Fiume.

Dante Alighieri [aligj'ɛ:ri], ital. Dichter, *1265, †1321, wurde 1302 aus Florenz verbannt. Seine Dichtungen sind ausgezeichnet durch Gedankentiefe, großartige Einbildungskraft, Fülle der Empfindung und Schönheit der Sprache. »Das neue Leben« (Gedichte, Darstellung seiner Jugendliebe zu Beatrice); »Die → Göttliche Komödie«.

Danton [dãt'ɔ̃], Georges, einer der radikalsten Politiker der Frz. Revolution, *1759, †1794, eröffnete die jakobin. Schreckensherrschaft; 1794 durch Robespierre gestürzt und hingerichtet.

Danzig, poln. **Gdańsk,** Hptst. der poln. Wwschaft Gdańsk, alte Handelsstadt und eine der verkehrsreichsten Hafenstädte der Ostsee, 469 000 Ew. Die Altstadt mit der got. Marienkirche, dem Artushof, dem Zeughaus, dem Krantor und vielen alten Häusern mit »Beischlägen« wurde im 2. Weltkrieg zerstört; der Wiederaufbau wird, bes. seit 1957, stark gefördert. TH, bed. Handel, Schiffbau u. a. Ind.

Ⓖ D., 997 zuerst erwähnt, kam mit Pommerellen 1309 an den Deutschen Orden und wurde 1361 Mitgl. der Hanse; 1454 geriet es in lose Abhängigkeit von Polen, blieb aber stets eine dt. Stadt; 1793 wurde es preußisch. Napoleon machte es 1807-14 zur »Freien Stadt«. 1816-1824 und 1878-1919 war D. Hptst. der Prov. Westpreußen. Durch den Versailler Vertrag wurde es 1920 zum **Freistaat D.** erklärt und 1922 dem poln. Zollgebiet eingegliedert. 1939-45 war D. Hptst. des Gaues D.-Westpreußen. 1945 wurde Danzig polnisch. Die dt. Bev. wurde z. T. von den dt. Behörden ausgesiedelt, zum größten Teil 1945-50 vertrieben.

Daphne [grch. »Lorbeer«], grch. Sage: Nymphe; von Apollo geliebt und verfolgt, wird sie auf ihr Flehen von ihrer Mutter Gäa (Erde) in einen Lorbeerbaum verwandelt.

Daphnis, grch. Sage: Sohn des Hermes, Hirt auf Sizilien; soll das Hirtenlied erfunden haben. **D. und Chloe,** Ballett von M. Ravel.

Da Ponte, Lorenzo, ital. Librettist, *1749, †1838; u. a. Textbücher zu Opern von Mozart.

Darbysten, christl. Sekte in England, gegr. von J. N. Darby (†1882); lehnen Staatskirche und kirchl. Organisation ab, erwarten die baldige Wiederkunft Christi.

Dardanellen Mz., im Altertum **Hellespont,** Meeresstraße zw. der Halbinsel Gelibolu (Europa) und Kleinasien, verbindet das Marmara- mit dem Ägäischen Meer, 65 km lang, rd. 2-6 km breit. - Um 1354 wurden die D. türkisch. 1841 internat. **D.-Vertrag (Meerengenfrage):** zivile Schiffahrt wurde erlaubt, die Durchfahrt nichttürk. Kriegsschiffe verboten. 1915 dt.-türk. Abwehr des brit.-frz. Angriffs auf Gelibolu (Gallipoli). 1923 einer Völkerbundskommission unterstellt, wurde 1936 die türk. Wehrhoheit wiederhergestellt; Durchfahrt für Kriegsschiffe beschränkt.

Dareios [grch.], lat. **Darius,** 3 altpers. Könige (Achaimeniden): **1) D. I., der Große,** 522-486 v. Chr., Sohn des Hystaspes, schuf das großpers. Reich. **2) D. II. Nothos** (423-404). **3) D. III. Kodomannos** (336-330), unterlag Alexander d. Gr. bei Issus 333 und Gaugamela 331 v. Chr.

Daressalam, Dar es-Salam [arab. »Haus des Friedens«], de facto Hptst. von Tansania, 851 000 Ew.; Univ., Leichtind., Handel.

Darfur, Landschaft und Prov. im W-Sudan, Steppentafelland; Hptst.: El-Fascher.

Darién, Golf von D., Bucht des Karib. Meeres, zw. Kolumbien und Panama.

Darío, Rubén, nicaraguan. Dichter, *1867, †1916, Anreger des »Modernismus« in der span. und südamerikan. Lyrik (»Weltliche Hymnen«).

Darlehen, ⚖ Hingabe von Geld oder anderen vertretbaren Sachen gegen die Verpflichtung, das Empfangene in gleicher Art, Güte und Menge zurückzuerstatten; D. können verzinslich oder unverzinslich sein.

Darlehnskasse, 1) vom Staat oder Gemeinden bes. in Notzeiten zur Darlehensgewährung errichtete Kreditanstalten, die zur Ausgabe unverzinsl. Kassenscheine ermächtigt sind **(D.-Scheine). 2)** genossenschaftl. Kreditanstalten.

Darling [d'ɑ:lɪŋ, engl.] der, Liebling.

Darling der, der größte Nebenfluß des Murray in Australien, 2720 km lang.

Darlington [d'ɑ:lɪŋtən], Fabrikstadt im nördl. England, 85 000 Ew.; Weberei, Metallind., Maschinenbau.

Darm, Teil des Verdauungsweges, gegliedert in **Dünn-D.** und **Dick-D.** Der Dünn-D. besteht aus dem **Zwölffinger-D. (Duodenum),** in den die Ausführungsgänge der Leber und der Bauchspeicheldrüse münden, dem **Leer-D. (Jejunum)** und dem **Krumm-D. (Ileum);** der Dick-D. gliedert sich in den **Blind-D.** mit **Wurmfortsatz** und den aufsteigenden, quer verlaufenden und absteigenden **Grimm-D. (Colon),** der nach einer S-förmigen Biegung in den **Mast-D. (Rectum)** übergeht. Die **D.-Wand** hat eine äußere, glatte Haut, eine mittlere Muskelschicht und eine innere Schleimhaut, die bes. die Nahrungsstoffe aufnimmt. Die Schleimhaut des Dünn-D. hat viele Querfalten mit den **D.-Zotten** und enthält Blut- und Lymphgefäße sowie Drüsen, die den **D.-Saft** absondern.

Darmbakterien, Darmflora, Bakterien, die in großer Menge im Darm leben und für die Verdauung notwendig sind.

Darmbein, Teil des Hüftbeins.

Darmkrankheiten. Darmblutung, blutige Stuhlentleerung bei Hämorrhoiden, Darmentzündung, Darmgeschwüren, Typhus, Ruhr, Darmkrebs, Darmtuberkulose; **Darmentzündung (Enteritis, Colitis),** durch Erreger hervorgerufene Erkrankung der Darmschleimhaut, führt häufig zu Darmgeschwüren; **Darmfistel (Kotfistel),** widernatürl. Öffnung im Verlauf des Darms; **Darmgeschwüre,** bei Darmentzündung, Typhus, Ruhr, können in die Bauchhöhle durchbrechen; **Darmkatarrh,** leichte Störung der Darmtätigkeit (→ Durchfall); **Darmkrebs,** → Krebs; **Darmlähmung** (paralyt. Ileus), kann auftreten bei Bauchfellentzündung, Rückenmarkverletzungen, nach langdauernden Bauchoperationen; **Darmtuberkulose,** → Tuberkulose; **Darmverschlingung (Vol-**

Dante Alighieri

Danzig

Danzig: Langgasser Tor, Stockturm

Darmstadt: Hochzeitsturm

Darwin

Dasselfliegen: Rinderdasselfliege

Dattelpalmen mit Früchten

volus), entsteht bei Überdrehung des Gekröses, Abdrosselung der Blutzufuhr führt zu Darmbrand und Darmverschluß; **Darmverschluß (Ileus),** kann auftreten durch Darmverengung von innen her (Darmgeschwülste, Fremdkörper, Kotballen) oder durch Darmverschlingung, Abknickung, Einstülpung, Einklemmung (Leistenbruch) von außen her; **Darmvorfall,** Heraustreten des Mastdarms aus dem After infolge Bindegewebs- und Schließmuskelschwäche.

Darmstadt, Hptst. des RegBez. D., Hessen, 136 100 Ew.; an der Bergstraße; TH; Landestheater; Schloß. Die Mathildenhöhe war ein Zentrum des Jugendstils. Chem., Maschinen-, Bau-Ind., Verlage, Druckereien.

Darnley [d'ɑ:nlı], Henry Stuart, Lord, 2. Gemahl der schott. Königin Maria Stuart, *1545, †1567, wurde von Marias Geliebtem Bothwell ermordet; Vater Jakobs I. von England.

darren, dörren, trocknen, oberflächlich rösten, z. B. Flachs, Getreide, Obst auf Holzgestell **(Darre).**

Darß-Zingst, bewaldete Halbinsel Vorpommerns, Naturschutzgebiet. Seebäder: Zingst, Prerow, Ahrenshoop.

darstellende Künste, i. e. S. die gegenständl. gestaltenden Künste (Plastik, Malerei); i. w. S. auch Schauspiel, Pantomime, Deklamation, Tanz.

Darwin [d'a:wın], Hptst. des austral. Nordterritoriums, 68 500 Ew.; Handelsort, größter Hafen in N-Australien.

Darwin [d'a:wın], Charles, engl. Naturforscher, *1809, †1882; 1831-36 begleitete er eine Expedition nach S-Amerika und in den Stillen Ozean. Nach eigenen Forschungen und unter dem Eindruck von Malthus' Bevölkerungslehre schuf D. die Evolutionstheorie.

Darwinismus, die von Darwin aufgestellte Lehre der Artbildung und Artumwandlung (→Abstammungslehre). Voraussetzung des D. ist die Variabilität der Merkmale und die Überproduktion an Nachkommen. Diese stehen in ständigem Wettbewerb um die günstigsten Lebensbedingungen (»Kampf ums Dasein«). Die am besten Angepaßten überleben und pflanzen sich fort, während die schlecht Angepaßten ausgemerzt werden **(Selektionstheorie).** Diese **natürl. Zuchtwahl** führt zu allmähl. Umbildung der Lebewesen, zur Entstehung neuer Arten. Der D. wurde durch die Vererbungsforschung, z. B. durch die Entdeckung sprunghaft auftretender erbl. Änderungen (Mutationen), gestützt und erweitert.

Dasselfliegen, Biesfliegen, Bremsen, große behaarte Fliegen, Schmarotzer bei Rindern, Pferden und Schafen. Die Eier werden an den Körperhaaren des Wirtes abgelegt. Die Larven bohren sich in die Unterhaut und erzeugen dort die eitrigen **Dasselbeulen.**

DAT, Abk. für **D**igital **A**udio **T**ape (Digitaltonband), ein Tonträger, bei dem die Schallsignale in digitalisierter Form gespeichert werden.

Datei [Abk. aus Daten und Kartei] die, geordnete Datenmenge.

Dateldienste, Abk. für **D**ata **Tel**ecommunication, die Datenübermittlungsdienste der Dt. Bundespost über die öffentl. Fernmelde- oder spez. Datennetze.

Daten [lat. datum], Ez. das **Datum,** geschichtl. Zeitangaben; Einzelgegebenheiten, die als Grundlagen von Beobachtungen, Experimenten, Erfahrungen, statist. Erhebungen u. a. dienen oder aus diesen gewonnen werden. D. bilden die Grundlage der Datenverarbeitung. Sie können analog und digital dargestellt werden.

Datenbank, System, bestehend aus Dateien (als Komponenten) und Programmen (für die Anwendung). D. bieten umfassende Möglichkeiten zur Durchführung von Steuerungs-, Kontroll- und Planungsaufgaben.

Datenschutz, Maßnahmen zum Schutz gespeicherter oder übertragener Daten gegen Verfälschung oder unberechtigte Benutzung; seit 1978 Bundesdatenschutzges. in Kraft.

Datenverarbeitung, Abk. **DV,** oft **elektronische D.,** Abk. **EDV,** Informationsverarbeitung mittels (digitaler) Rechenanlagen, ein Umwandlungsprozeß, bei dem Eingabedaten (inputs) mit techn. Mitteln unter Verfolgung bestimmter Ziele bzw. Kriterien in Ausgabedaten (outputs) transformiert werden.

Datex, Abk. für **Da**ta-**Ex**change, auf die Datenübertragung abgestimmte Leitungsnetze der Dt. Bundespost mit gegenüber dem Telexnetz höheren Übertragungsgeschwindigkeiten.

datieren, Zeit und Ort angeben.

Dating [d'eıtıŋ, engl. »sich verabreden«], Verabredung zw. Jungen und Mädchen.

Dativ [lat.] der, -s/-e, Wemfall.

dato [ital. »gegeben«], heute: **Datowechsel,** Wechsel, der eine bestimmte Zeit nach dem Ausstellungstag bezahlt werden muß.

Datscha [russ.] die, russ. Sommerlandhaus.

Dattel die, Frucht der Dattelpalme.

Datteln, Stadt im Kr. Recklinghausen, NRW, 36 300 Ew.; vielseitige Ind.

Dattelpalme, Phoenix, bis 30 m hohe Fiederpalme (zweihäusig), angepflanzt in Nordafrika, West- und Südasien, Spanien, Kalifornien, Mexiko, Australien. Aus der zukkerreichen Frucht, der **Dattel,** einem Nahrungsmittel, stellt man Dattelhonig (Palmzukker), aus dem Sproßsaft Dattelwein her. Die Palmwedel werden zu Flechtwerk verarbeitet.

Datum [lat. »gegeben«] das, -s/Daten. **1)** kalendermäßige Bestimmung eines Tages. **2)** →Daten. **D.-Grenze,** ↘ Linie vom Nordzum Südpol, die teilweise mit dem 180. Längengrad zusammenfällt. Beim Überschreiten von West nach Ost wird der Tag zweimal gezählt, umgekehrt ein Tag überschlagen. (BILD S. 161)

Dau, Dhau, ostafrikan. und arab. Segelfahrzeug mit dreieckigem Lateinsegel.

Daube die, gebogenes Wandstück am Faß.

Daumier: Illustration zu »Don Quijote«

Datumsgrenze

Däubler, Theodor, Schriftst., *1876, †1934, expressionist. Dichtungen (»Das Nordlicht«).

Daudet [dod'ɛ], Alphonse, frz. Dichter, *1840, †1897, »Der kleine Dingsda«, »Briefe aus meiner Mühle«, »Tartarin de Tarascon« u. a.

Dauerwelle, durch Einwirkung von Chemikalien (Kaltwelle) oder von Chemikalien und Hitze gekraustes Haar.

Dauerwohnrecht, → Wohnungseigentum.

Daume, Willy, Industrieller, *1913, Präs. des Dt. Sportbundes (1950-70) und des Nat. Olymp. Komitees (seit 1961), Mitgl. des IOK (seit 1956), IOK-Vizepräs. (1972-76).

Daumier [domj'e], Honoré, frz. Karikaturist, Maler, *1808, †1879. (BILD S. 160)

Daun, Krst. in Rheinl.-Pf., in der Eifel, an der Lieser, Kneipp-Kurort, 6800 Ew.

Daun, Leopold Graf, österr. Feldmarschall, Gegner Friedrichs d. Gr. im Siebenjährigen Krieg, *1705, †1766.

Daune die, Flaumfeder.

Dauphin [dof'ɛ̃, frz.] der, urspr. Titel der Herrscher der frz. Landschaft **Dauphiné** [dofin'e:] östl. der Rhône, 1349-1830 Titel des frz. Kronprinzen.

Dausset [dos'ɛ], frz. Hämatologe, *1916; für Arbeiten auf dem Gebiet der Immungenetik 1980 mit B. Benacerraf und G. Snell Nobelpreis.

Dauthendey, Max, Dichter, *1867, †1918, daseinsfrohe Gedichte; exot. Geschichten (»Die acht Gesichter am Biwasee«).

David, israel. König (etwa 1004/03-965/64 v. Chr.), kämpfte als Hirtenknabe mit Goliath, wurde Zitherspieler König Sauls und schließlich sein Nachfolger, erhob Jerusalem zur Hptst.; gilt als Verfasser vieler Psalmen.

David, 1) Gerard, niederländ. Maler, *um 1460, †1523, letzter führender Maler des mittelalterl. Brügge. **2)** Jacques-Louis, frz. Maler, *1748, †1825, Meister des Klassizismus. (Weiteres BILD Klassizismus). **3)** Johann Nepomuk, Organist, Komponist, *1895, †1977; Erneuerer Bachscher Polyphonie.

David d'Angers [david dɑ̃ʒ'e:], Pierre Jean, frz. Bildhauer, *1788, †1856; schuf u. a. Bildnisse (Goethes, Schillers, Tiecks u. a.).

Davidstern, Davidschild, Hexagramm, Sechsstern, der bes. als Sinnbild des Judentums gilt; seit 1948 in der israel. Flagge.

Davis [d'eɪvɪs], **1)** Jefferson, nordamerikan. Staatsmann, *1808, †1889, Führer der Sezessionsbewegung, Präs. der → Konföderierten Staaten. **2)** John, engl. Seefahrer, *um 1550, †1605, erreichte 1585 die **D.-Straße** zw. Grönland und Baffinland und die Ostküste Grönlands.

Davis-Pokal [d'eɪvɪs], engl. **Davis Cup** [- kʌp], Wanderpreis im Tennis; 1900 von dem Amerikaner Dwight F. Davis gestiftet.

Davit [d'ævit, engl.] der und das, ↘ Einrichtung mit Kran zum Aufhängen, Hinablassen, Aufheißen der Rettungsboote.

Davos, Hochtal im Kt. Graubünden, Schweiz; die Gemeinde D., 11 100 Ew., umfaßt die Kurorte **D.-Platz,** 1556 m, und **D.-Dorf,** 1574 m, Wintersport.

Davout [dav'u], Louis Nicolas, frz. Marschall, *1770, †1823, siegte bei Auerstedt, Eggmühl, Wagram; 1815 Kriegsmin. Napoleons.

Davy [d'eɪvɪ], Sir Humphry, engl. Chemiker, *1778, †1829, entdeckte viele chem. Elemente, erfand die **Gruben-Sicherheitslampe.**

Dawesplan [dɔ:z-], internat. Vertrag von 1924 über die dt. → Reparationen.

Day [deɪ], Doris, amerikan. Filmschauspielerin, *1924; »Ein Hauch von Nerz«.

Dayan, Moshe, israel. General, *1915, †1981; 1967-74 Verteidigungsmin., 1977-79 Außenmin.

Dayton [d'eɪtn], Industriestadt und Verkehrsknoten in Ohio, USA, am Miamifluß, 193 000 Ew.; Fahrzeug-, Maschinenbau u. a.

dB, Kurzzeichen für → Dezibel.

DB, Abk. für → **D**eutsche **B**undesbahn.

DBD, Abk. für → Demokratische Bauernpartei Deutschlands.

DBGM, **D**eutsches **B**undes**g**ebrauchs**m**uster.

DBP, Abk. für **1)** → **D**eutsche **B**undes**p**ost, **2) D**eutsches **B**undes**p**atent.

DDR, Abk. für Dt. Dem. Republik.

DDT, Dichlor-**D**iphenyl-**T**richloräthan, Berührungsgift für Insekten, wegen Nebenwirkungen verboten.

de... [lat. »von«, »herab«], Vorsilbe in Fremdwörtern: ab, z. B. Deduktion, Ableitung.

Deadweight [d'edweɪt, engl.], Abk. **dw,** die Tragfähigkeit eines Schiffes in t (Gesamtzuladungsgewicht).

Dealer [d'i:lə, engl.] der, illegal arbeitender Verteiler, bes. von rauscherzeugenden Drogen.

Death Valley [deθ v'ælɪ, »Todestal«], wüstenhafte Grabensenke (86 m u. M.) in Kalifornien, USA; Temperaturen bis 56°C.

Deauville [dov'il], frz. Seebad an der Seine-Bucht, 4700 Ew.; internat. Rennen.

Debakel [frz.] das, Zusammenbruch.

Debet das, in der Buchführung die linke (Soll-)Seite eines Kontos, die die Lastschriften aufnimmt. **Debitor,** Schuldner. **Debitoren,** Außenstände. **Debitum,** Schuld, Verpflichtung.

Debilität [lat.] die, leichter Grad des Schwachsinns; **debil,** geistesschwach.

Davidstern

J.-L. David: Madame Sériziat und ihr Sohn

Debussy

Degen, links: D. aus dem 17. Jh., rechts: span. D.

Debọra [hebr. »Biene«], israelit. Prophetin.

Debrecen [d'ɛbrɛtsɛn], **Debreczin** [-tsi:n], Stadt in O-Ungarn, Wirtschafts- und Verkehrsmittelpunkt, 217000 Ew.; Brennpunkt des Calvinismus, seit 1914 Univ.

Debreu [dəbr'ø:], Gerard, amerikan. Nationalökonom frz. Herkunft, *1921, für Einführung neuer analyt. Methoden in die volkswirtschaftl. Theorie 1983 Nobelpreis für Wirtschaftswiss.

Debussy [dəbys'i], Claude, frz. Komponist, *1862, †1918, Schöpfer des musikal. Impressionismus. Oper: »Pelléas und Mélisande«; Orchester- und Klavierwerke, Lieder.

Decamerọne [»Zehntage-Werk«], ital. Novellensammlung von Boccaccio.

Deccan, Dekhan, Landschaft Vorderindiens.

Decca-Navigationsverfahren, Funkortungsverfahren mit unmodulierten Langwellen (»Decca«: eingetr. Warenzeichen).

Dechạnt, kath. → Dekan.

dechiffrieren [deʃifr'i:rən], entziffern.

Decius, Gaius, röm. Kaiser (249-51), ordnete 249 die erste allg. Christenverfolgung an.

Deck das, ⚓ jede waagerechte Zwischenwand im Körper eines Schiffes.

Decke, 1) ⊕ aus Spalten hervorgequollene plattenförmige Masse von vulkan. Gestein. **2)** Ψ die behaarte Haut des Wildes. **3)** ⌂ der obere Abschluß eines Raumes.

Deckfarben lassen darunterliegende Farben nicht durchschimmern. Ggs.: Lasurfarben.

Deckname, angenommener Name, bes. von Schriftst. (Künstlername, Pseudonym).

Deckung, 1) Sicherheit für eine Schuld oder einen Kredit. **2)** Gegenwert oder teilweiser Gegenwert für die ausgegebenen Banknoten (Bestand der Notenbank an Gold und Devisen). **3)** ∴ Schutz gegen Sicht und Beschuß. **4)** ↗ **Parade,** Stellung, in der man den Angriff des Gegners durch Abfangen des Schlages (Stoßes, Stiches) vereitelt; im Fußball die Verteidigung.

Deckungskauf, vom Käufer anderweitig vorgenommene Beschaffung einer Ware, die der säumige Verkäufer trotz Setzung einer Nachfrist nicht geliefert hat. Der Preisunterschied geht zu Lasten des in Verzug Befindlichen.

Decọder [engl.] der, -s/-, Einrichtung zum Entschlüsseln einer codierten Nachricht (→ Codierung).

De Coster, Charles, belg. Erzähler, *1827, †1879, schrieb in frz. Sprache den geschichtl. Roman »Thyl Ulenspiegel«.

decrescendo [dekrɛʃ'ɛndo, ital.], Abk. **decresc.,** ♩ schwächer werdend: >.

Dedekind, Richard, Mathematiker, *1831, †1916; einer der Begründer der modernen Algebra.

Dedikatiọn [lat.] die, Zueignung, Widmung. **dediziẹren,** widmen.

Deduktiọn [lat.] die, Form der Beweisführung: Ableitung des Besonderen aus dem Allgemeinen. Ggs.: → Induktion. **deduziẹren,** herleiten, dartun.

Deeping [d'ɪ:pɪŋ], Warwick, engl. Erzähler, *1877, †1950; Gesellschafts-, histor. Romane.

DEFA, in der Dt. Dem. Rep. früher die Deutsche Film AG., jetzt die Dt. Filmgesellschaft mbH., hat Filmproduktionsmonopol.

de facto [lat.], tatsächlich, unabhängig davon, ob rechtl. (de jure) begründet. ⚖ **Anerkennung d. f.,** vorläufige, widerrufl., **de jure** endgültige Anerkennung.

Defaitịsmus [defɛt-, frz.] der, Zweifel an Sieg und Erfolg, bes. im Krieg.

Defensịve [lat.] die, Abwehr, Verteidigung.

defiliẹren [frz.], vorbeimarschieren.

Definitiọn [lat.] die, Begriffsbestimmung; **definiẹren,** die wesentl. Merkmale angeben.

Dẹfizit [lat.] das, Fehlbetrag, z. B. weniger Einnahmen als Ausgaben.

Defizit-Finanzierung, engl. **deficit spending,** finanzpolit. Instrument zur Erreichung der Vollbeschäftigung mittels staatl. Ausgaben, die durch Kredite finanziert werden; D.-F. birgt Inflationsgefahr.

Deflatiọn [lat.] die, **1)** Verminderung der umlaufenden Zahlungsmittel, Ggs. → Inflation. Folge: Erhöhung des Geldwertes, d. h. Sinken der Preise. **2)** ⊕ ab- und ausblasende Tätigkeit des Windes, z. B. in Wüsten.

Defloratiọn [lat.] die, Entjungferung. **D.-Anspruch,** ⚖ Anspruch auf Entschädigung, die eine unbescholtene Braut von ihrem Verlobten verlangen kann, wenn sie diesem den Beischlaf gestattet hat und das Verlöbnis durch dessen Verschulden aufgelöst wird (§ 1300 BGB).

Defoe [dəf'əu], Daniel, engl. Schriftsteller, *um 1660, †1731; »Robinson Crusoe«.

Deformatiọn [lat.] die, Formveränderung eines Körpers durch äußere Kräfte, z. B. Druck.

Defraudatiọn die, **1)** Betrug, Unterschlagung. **2)** Hinterziehung von Zöllen und Steuern. **defraudiẹren,** Geld veruntreuen.

Dẹfregger, Franz v., Maler, *1835, †1921, Tiroler Bauern- und Geschichtsbilder.

Degas [dəg'a], Edgar, frz. Maler, *1834, †1917; stellte impressionistisch die bewegte Gestalt, bes. Tänzerinnen und Pferderennen, dar.

De Gạsperi, Alcide, ital. Staatsmann, *1881, †1954, war 1911-18 Abg. im österr. Reichsrat, seit 1921 ital. Abg., 1945 Mitgründer der Christl.-Demokrat. Partei, 1945-53 MinPräs.

de Gaulle, Charles, → Gaulle.

Degen, Hieb- und Stichwaffe (→ Fechten).

Degeneratiọn [lat.] die, Entartung.

Degenhardt, Franz Josef, Schriftst. und Protestsänger, *1931; »Spiel nicht mit den Schmuddelkindern« u. a., Romane

Deggendorf, Gr. Krst. in Niederbayern, an der Donau, 30500 Ew.; Textilien, Werft, Brauerei.

Degradatiọn [lat.] die, Versetzung in einen niedrigeren Rang. **degradiẹren,** erniedrigen.

Degrelle [dəgr'el], Léon, belg. Politiker, *1906, gründete 1930 die kath.-faschist. Rex-Partei, arbeitete im 2. Weltkrieg mit Dtl. zusammen (Wallon. Legion); 1945 in Belgien zum Tode verurteilt, lebt in Spanien.

de gụstibus non est disputạndum [lat.], über Geschmack läßt sich nicht streiten.

Degas: Tänzerin

Dehio, Georg, Kunsthistoriker, *1850, †1932; »Gesch. der dt. Kunst«; »Hb. der dt. Kunstdenkmäler«.

Dehler, Thomas, Politiker, *1897, †1967; 1949-53 Justizmin.; 1954-57 Vors. der FDP.

Dehmelt, Hans-Georg, amerikan. Physiker dt. Herkunft, *1922; Forschungen zu subatomaren Teilchen, 1989 mit N. F. Ramsey und W. Paul Nobelpreis.

Dehnung, Verlängerung durch Zugkraft. **Dehnzahl,** ⊙ Dehnung bei einem Zug von 1 kg/cm²; bei Stahl 1/2100000 seiner Länge. Ihr Kehrwert heißt der **Elastizitätsmodul** (cm²/kg).

Dehra Dun, Stadt in Uttar Pradesh, Indien, 211400 Ew.; in den Vorbergen des Himalaya.

Dehydrierung [grch.] die, Oxidation einer chem. Verbindung durch Entzug von Wasserstoff.

Deich, Damm zum Schutz gegen Überschwemmung an Flüssen und Meeren. **Fluß-D.** werden als **Winter-D.** gegen die schlimmsten Hochwasser (Schneeschmelze), als **Sommer-D.** gegen kleinere Hochwasser gebaut. **Sturm-D.** sichern das Binnenland beim Bruch des Haupt-D. D.-Verbände **(D.-Genossenschaften),** mit Selbstverwaltungsrecht und hoheitl. Befugnissen ausgestattete Vereinigungen der beteiligten Grundeigentümer, sorgen für Anlage und Unterhaltung der D. Bei Gefahr müssen alle Bewohner der bedrohten Gegend unentgeltlich Hilfe leisten. D.-Bauten dienen auch zur Gewinnung von Kulturland.

Deisenhofer, Johann, Biophysiker, *1943; für Forschungen auf dem Gebiet der Photosynthese mit R. Huber und H. Michel 1988 Nobelpreis für Chhemie.

Deismus [von lat. deus »Gott«] der, in der engl. und frz. Aufklärung vorherrschende relig. Anschauung. Als Urgrund aller Dinge sieht sie einen Gott an, der zwar Weltschöpfer ist, doch nicht in den Lauf der Natur eingreift oder durch Offenbarungen spricht, wie der → Theismus annimmt. Das Grundwerk des D. schrieb der Engländer J. Toland (1696). Haupt der frz. Deisten war Voltaire. In Dtl. ging der D. in den Rationalismus der Aufklärung über (Reimarus, Lessing u. a.).

Deister der, Bergkette südwestl. von Hannover, bis 405 m hoch; Sandsteinbrüche.

Déjeuner [deʒøn'e, frz.] das, Frühstück.

de jure [lat.], von Rechts wegen (→ de facto).

Deka... [grch.] zehn; Kurzzeichen **da,** Vorsatz vor Maßen und Gewichten: das Zehnfache, z. B. **1 Dekagramm** = 10 g; die **Dekade,** Anzahl von 10 Einheiten, z. B. 10 Tage; **dekadisches System,** das → Dezimalsystem.

Dekabristen [russ.], Teilnehmer der gescheiterten Offiziersverschwörung in Petersburg (1825); forderten eine Verfassung.

Dekadenz [frz.] die, Verfall, Niedergang, z. B. in den alten Kulturen. D. zeigt sich bes. als »D.-Gefühl« im Europa des 19. Jh. Charakteristisch ist der wachsende Pessimismus und Weltschmerz einerseits (Byron, Leopardi), die Verfeinerung und der Kult des Hinfällig- und Verderbtschönen andererseits (Baudelaire, Huysmans, Wilde, der frühe Rilke, T. Mann).

Dekalog [grch.] der, die → Zehn Gebote.

Dekan [lat.] der, Vorsteher **1)** einer Hochschul-Fakultät; **2)** eines Domkapitels; **3)** eines Kirchenkreises im Bistum; **4)** Titel evang. Superintendenten. **Dekanei** die, Wohnung, Sprengel des D.; **Dekanat** das, Amt, Amtsbezirk des D.

dekapieren, ⊙ geglühte Metallteile, durch Beizen von Zunder befreien.

Deklamation [lat.] die, künstler. Vortrag.

Deklaration die, Erklärung, z. B. Steuer-, Zollerklärung. **deklarieren,** erklären.

Deklination [lat.] die, **1)** Abweichung, z. B. der Magnetnadel von der Nordrichtung. **2)** ☆ Winkelabstand eines Gestirns vom Himmelsäquator. **3)** Ⓢ Beugung des Hauptwortes.

Dekolleté [dekɔlt'e, frz.] das, Halsausschnitt bei Damenkleidung. **dekolletiert,** ausgeschnitten.

Dekomposition [lat.] die, Auflösung.

Dekompression [lat.], **1)** allg. Druckabfall; in der Tauch-, Luft- und Raumfahrttechnik. **2) Drucksturz,** plötzl. Druckabnahme bei zu schnellem Auftauchen eines Tauchers; bewirkt Sauerstoffmangel.

De Kooning [engl. dək'əʊnɪŋ], amerikan. Maler niederländ. Herkunft, *1904; Hauptvertreter des Action-painting.

Dekor [frz.] der, -s/-s, Verzierung, Muster.

Dekoration [lat.] die, Verzierung, Ausschmückung, Bühnenausstattung. **dekorativ,** schmückend. **dekorieren,** schmücken.

Dekort [frz.] der, ⚖ Abzug von einer Zahlung wegen schlechter Ware oder bei Sofortzahlung.

Dekret [lat.] das, Entscheidung, Verordnung; **dekretieren,** bestimmen, verordnen.

Dekretalen [lat.] Mz., päpstl. Weisungen und Entscheidungen von Rechtsfällen.

Dekubitus [lat.] der, ♡ das Aufliegen.

Dekumatland, das → Zehntland.

dekuvrieren, entlarven, enthüllen.

Delacroix [dəlakrw'a], Eugène, frz. Maler, *1798, †1863, Haupt der frz. Romantik, schuf leidenschaftl., farbenglühende Szenen; Zeichnungen. Lithographien, u. a. zu Goethes »Faust«.

Delagoa-Bai, Bucht im S von Moçambique mit dessen Hptst. Maputo.

delatorisch [lat.], ⚘ angeberisch, verleumderisch.

Delaunay [dəlon'ɛ:], Robert, frz. kubist. Maler, *1885, †1941.

Delaware [d'eləwɛə], **1)** Fluß in den USA, 450 km lang, mündet an der O-Küste in die Delaware Bay. **2)** Abk. **Del.,** zweitkleinster Staat der USA, zw. Chesapeake- und Delaware Bay, 5328 km², 633000 Ew.; Hptst.: Dover. Viehhaltung, Acker-, Gartenbau; Nahrungsmittel-, chem. u. a. Ind. ⊕ S. 494.

Delawaren [nach dem Fluß Delaware] Mz., Indianerstamm Nordamerikas.

Delbrück, Hans, Geschichtsforscher, *1848, †1929, grundlegend: »Gesch. der Kriegskunst«.

deleatur [lat.], ✐ Korrekturzeichen ₰: es werde gestrichen; Abk. **del.**

Deledda, Grazia, ital. Erzählerin, *1871, †1936, schildert ihre Heimat Sardinien (»Schilfrohr im Wind« u. a.); Nobelpreis 1926.

Delegation [lat.] die, **1)** Abordnung. **2)** ⚖ Überweisung, Abtretung, Übertragung einer

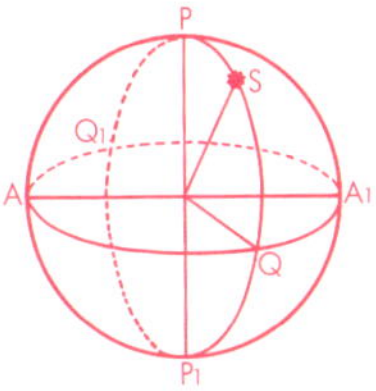

Deklination 2)

Delacroix

Delaunay: Fenster

Delft: Oost-Poort

Ermächtigung. **delegieren,** abordnen, übertragen. **Delegierter,** Abgeordneter.

delektieren [lat.], ergötzen, belustigen.

Delémont [dəlem'ɔ̃, frz.], dt. **Delsberg,** Hptst. des Kt. Jura, Schweiz, 11300 Ew., an der Birs; Biolog. Kontrollinstitut; Bahnknoten, Uhren- u.a. Ind.; Viehmärkte.

Delft, grachtenreiche Stadt in den Niederlanden, NO von Rotterdam, 87800 Ew.; TH. Kabelherstellung u.a. Ind., Fabrikation von Tonwaren. **Delfter Fayence,** weiße, blau bemalte glasierte Gefäße.

Delhi [d'eli], Hptst. Indiens und des Unionsgebietes D., 6,2 Mio. Ew.; hat Reste alter Stadtanlagen, darunter »Rote Festung« mit Marmorbauten, Moscheen. Handel; Gummi-, chem., Schwer- u.a. Ind.; Univ. Im S die Regierungsstadt **Neu-D.,** seit 1912 erbaut.

Delibes [dəl'i:b], Leo, frz. Komponist, *1836, †1891; komische Opern, Ballette.

delikat [frz.], **1)** zart. **2)** wohlschmeckend, ausgezeichnet. **3)** heikel, leicht verletzt. **Delikatesse** die, **1)** Leckerbissen. **2)** Zartgefühl.

Delikt [lat.] das, **1)** STRAFRECHT: mit öffentl. Strafe bedrohte Handlung. **2)** BÜRGERL. RECHT: unerlaubte Handlung, die zu Schadenersatz verpflichtet.

Delila, Dalila, Geliebte des → Simson.

delineavit [lat.], Abk. **del.,** er hat (es) gezeichnet.

Delinquent [lat.] der, Missetäter.

Delirium [lat.] das, -s/..rien, ♡ geistige Störung mit Erregungszuständen und Sinnestäuschungen. **D. tremens,** der Säuferwahnsinn.

Delisches Problem, im Altertum geometr. Aufgabe, einen Würfel herzustellen, der den doppelten Rauminhalt eines gegebenen Würfels hat; läßt sich mit Zirkel und Lineal nicht lösen.

Delitzsch, Krst. im Bez. Leipzig, 28000 Ew.; Konsumgüter-, Textil-, chem. Ind.

Delius, Frederick, engl. Komponist, *1862, †1934; impression. Opern, Chor-, Orchesterwerke.

Delkredere [ital.] das, Gewährleistung für den Eingang einer Forderung, bes. bei Kommissionären und Handelsvertretern, wofür sie **D.-Provision** beziehen. **D.-Konto,** Buchführung: Konto für zweifelhafte Forderungen. **D.-Posten,** Rückstellungen auf der Passivseite der Bilanz für zweifelhafte Forderungen.

Delmenhorst, Industriestadt in Ndsachs., westl. von Bremen, 72500 Ew.

Delon [dəl'ɔ̃], Alain, frz. Schauspieler, *1935; »Der Leopard«.

Delors [dəlo:r], Jacques, frz. Politiker, *1925; seit 1985 Präs. der EG-Kommission.

Delos, kleine Granitinsel der grch. Kykladen, im Ägäischen Meer. Im Altertum Hauptverehrungsstätte von Apollo und Artemis.

Delp, Alfred, kath. Theologe, Jesuit, *1907, †1945, arbeitete im → Kreisauer Kreis am Entwurf einer christl. Sozialordnung mit; vom Volksgerichtshof zum Tode verurteilt, hingerichtet.

Delphi, altgrch. Stadt am Südabhang des Parnaß, Apollo-Heiligtum und Sitz des **Delphischen Orakels;** Ausgrabungen seit 1892. **delphisch,** dunkel, zweideutig (nach den Orakelsprüchen).

Delphin der, **1)** Fam. der Zahnwale in den nördl. Meeren, fischähnl. 2-9 m lange Säugetiere mit spindelförmigem Körper und kegelförmigen Zähnen; schnelle, gesellig lebende Räuber. Arten: **Gemeiner D., Großer Tümmler, Grind-** oder **Schwarzwal** und **Beluga** oder **Weißwal;** wegen ihres Fleisches und Tranes gejagt. **2)** nördl. Sternbild in Form einer Raute. **3)** veraltete Bez. für das Schmetterlingsschwimmen.

Delta [grch.] das, **1)** grch. Buchstabe D = Δ, d = δ. **2)** ⊕ verzweigte, fächerförmige Flußmündung, die sich infolge der Ablagerungen des Flusses in das Mündungsbecken (Meer oder See) vorschiebt; geformt wie der grch. Buchstabe Δ. **Deltawerk,** Anlage zur Abdämmung des Rhein-Maas-Schelde-D.s in den Niederlanden zur Verhütung von Hochwasserkatastrophen.

Deltaflügel, Flugzeugtragflügel, der in Aufsicht die Form eines Dreiecks (Deltas) aufweist; bietet geringen Widerstand im Überschallbereich und Stabilitätsvorteile.

Deltoid das, ebenes Viereck aus 2 gleichschenkl. Dreiecken, deren gemeinsame Grundlinie eine Diagonale des D. ist.

Delvaux [dɛlv'o], Paul, belg. Maler, *1897; Vertreter des Surrealismus.

Demagoge [grch. »Volksführer«] der, Volksverführer, Hetzer. **demagogisch,** aufwieglerisch. **D.-Verfolgung,** Einschreiten der dt. Reg. gegen liberale Strömungen seit 1819.

Demarche [dəm'arʃ, frz.] die, Schritt, bes. diplomat. Vorstellung bei einem andern Staat.

Demarkation [frz.] die, Abgrenzung. **D.-Linie,** vorläufige Grenzlinie, z.B. zw. Kriegführenden bei Waffenstillstand; zw. besetztem und unbesetztem Gebiet nach Waffenstillstand, Kapitulation oder Friedensschluß; auch zur Abgrenzung von Interessensphären.

Demawend der, vulkan. Gipfel des Elburs in Iran, 5604 m hoch; am Fuß Heilquellen.

Dementi [frz.] das, Ableugnung, Richtigstellung. **dementieren,** richtigstellen.

Dementia [lat.] die, ♡ erworbener Schwachsinn. **D. senilis,** der Altersblödsinn. **D. praecox,** → Schizophrenie.

Demeter, grch. Göttin des Erdsegens und der Fruchtbarkeit, Mutter der Persephone (→ Ceres).

Demetrios I., *1914, seit 1972 Ökumen. Patriarch von Konstantinopel.

Demetrius, russ. Großfürst, → Dmitrij.

demi [dəm'i, frz.], halb. **Demimonde** [-mɔ̃d] die, Halbwelt. **demi-sec** [-s'ɛk, frz.] halbtrokken, Schaumwein mit 33-50 g/l Restzuckergehalt.

Deminutiv [lat.] das, Verkleinerungswort, → Diminutivum.

Demission [frz.] die, Rücktritt, bes. einer Regierung oder eines Ministers.

Demiurg [grch. »Werkmeister«] der, urspr. Handwerker, seit Plato der Schöpfer der Welt.

Demobilmachung, Demobilisierung, Abrüstung der Streitkräfte.

Democrazia Cristiana, Abk. **DC,** ital. Partei, im 2. Weltkrieg illegal entstanden, seit 1945 führende Partei in Italien.

Demodulation [lat.] die, Wiedergewinnung der niederfrequenten Schwingungen, mit der eine hochfrequente Trägerschwingung moduliert wurde.

Demographie, Demologie [grch.] die, beschreibende Bevölkerungskunde, der Bevölkerungsstatistik nahestehend.

Delphi: Tholos aus dem Heiligtum der Athena Pronaia, 5./4. Jh. v. Chr.

Demokraten, 1) → Demokratie. **2)** in USA die unter dem geistigen Einfluß der Frz. Revolution entstandene Partei (unter der Führung Jeffersons), stellte im 20. Jh. 1913-21, 1933 bis 52, 1961-68, 1977-81 den Präsidenten (Wilson, Roosevelt, Truman, Kennedy, Johnson, Carter).

Demokratie [grch. »Volksherrschaft«] die, Lebens- und Staatsform, die von der Gleichheit und Freiheit aller Bürger ausgeht und daraus die Forderung ableitet, daß nach dem Willen des Volkes regiert werde. Die D. im herkömml. westl. Sinn wird durch das Vorhandensein einer Verfassung gekennzeichnet, die auf der Verteilung der 3 Hauptaufgaben staatl. Machtausübung (Gesetzgebung, Regierung, Rechtsprechung) auf voneinander unabhängige Organe beruht **(Gewaltenteilung),** die ferner die **Grundrechte** gewährleistet und das allg., gleiche, freie und geheime **Wahlrecht** sichert. Das Volk als eigentl. Träger der Staatsgewalt ist berufen, seinen Willen in Mehrheitsentscheidungen kundzutun, entweder unmittelbar **(unmittelbare D.)** oder durch Wahl von Vertretern zur Volksvertretung **(mittelbare, repräsentative D.;** heute gebräuchlichste Form). Die Volksvertretung beschließt die Gesetze und ist in den meisten Staaten an der Bildung der Regierung beteiligt **(parlamentarische D.).** In vielen Staaten ist das Volk auch zum unmittelbaren Volksentscheid aufgerufen, in einigen Staaten wählt es den Regierungschef auf eine bestimmte Zeit (**Präsidial-D.,** z. B. USA).

An der polit. Willensbildung in der repräsentativen D. haben die **Parteien** entscheidenden Anteil, bes. bei Wahlen und Regierungsbildung. Voraussetzung freiheitl. D. ist, daß die Minderheitsparteien als **Opposition** unbehindert zu Wort kommen und daß ein Regierungswechsel mit friedl. Mitteln gesichert ist.

Die Erscheinungsformen der D. sind vielgestaltig: eine D. ist nicht notwendig eine Republik, parlamentar. Monarchien können praktisch D. sein (z. B. Großbritannien). Da D. Gleichheit vor dem Gesetz verbürgt, ist der demokrat. Staat ein **Rechtsstaat.**

Der Marxismus versteht unter D. die klassenlose Gesellschaft, in der der Staat durch die »sozialist. Ordnung« abgelöst ist; sie soll entstehen, nachdem die »kapitalist.« Wirtschaftsordnung durch die Übergangsform der Diktatur des Proletariats beseitigt worden ist. Als Variante entwickelte sich die → Volksdemokratie mit dem Scheine nach demokrat. Einrichtungen (Verfassung, Grundrechte, Wahlen, Volksvertretung u. a.). Die polit. Wirklichkeit ist von der der westl. D. grundverschieden.

Demokratische Bauernpartei Deutschlands, Abk. **DBD,** 1948 gegr. Partei in der Dt. Dem. Rep.; ordnete sich bis 1989 dem Führungsanspruch der SED unter; seither eigenständig.

Demokratischer Aufbruch – sozial, ökologisch, Abk. **DA,** 1989 in der Dt. Dem. Rep. gegr. Partei, fordert sozial-ökolog. Marktwirtschaft, Vors.: R. Eppelmann.

Demokrit, grch. Philosoph, *um 460 v. Chr., †um 380?; begründete den → Atomismus.

demolieren [frz.], zerstören.

Demonstration [lat.] die, **1)** Beweisführung, Darlegung. **2)** öffentl. Kundgebung durch eine größere Anzahl von Personen **(Demonstranten).** Zeitwort: **demonstrieren.**

Demontage [demɔnt'a:ʒ, frz.] die, Zerlegung, Abbau; bes. Abbau von Industrieanlagen.

Demoralisation [frz.] die, Sittenverderbnis. **demoralisieren,** zucht- und mutlos machen.

de mortuis nil nisi bene [lat.], von den Toten (rede) nur gut (in würdigem Ton).

Demoskopie [grch.] die, Meinungsforschung.

Demosthenes, grch. Redner, *384, †322 v. Chr., Führer der Unabhängigkeitspartei in Athen, Gegner Philipps von Makedonien.

demotisch [grch.], dem Volk angehörig. **d. Schrift,** altägypt. Gebrauchsschrift.

Denar [lat.] der, röm. Silbermünze.

denaturieren, natürl. Eigenschaften zerstören; vergällen.

Dendera, Dorf in Oberägypten, in der Nähe der Haupttempel der Göttin Hathor.

Dendrit [grch. dendron »Baum«], **1)** baum- oder moosartige Zeichnung auf Gesteinen; oft irrtümlich für Pflanzenabdrücke gehalten. **2)** verzweigte Fortsätze einer Nervenzelle.

Dendrologie [grch.] die, Baum- und Gehölzkunde.

Denguefieber [d'ɛ̃ngwe-], **Dandyfieber,** Viruskrankheit in den Tropen und Subtropen, von einer Mücke, Aedes aegypti, übertragen.

Deng Xiaoping, Teng Hsiao-ping, chines. Politiker (Kommunist), *1904, 1977-80 erster Vizevors. des Ministerrats, einer der wichtigsten Politiker Chinas; besuchte 1978 die USA, vereinbarte die Aufnahme diplomat. Bez. zw. China und USA; leitete die wirtschaftl. Öffnung Chinas ein; ließ im Juni 1989 Arbeiter- und Studentendemonstrationen als Vors. der Militärkommission (1981-90) blutig niederschlagen.

Den Haag, niederländ. amtl. **s'Gravenhage,** königl. Residenz und Regierungssitz der Niederlande, mit Seebad Scheveningen 445 000 Ew., Kunsthandel, Gemäldegalerien, Mus.; Akad. des Völkerrechts, Haager Schiedshof, Friedenspalast; Schlösser, got. Kirche; Erdgasgewinnung, Ind.

Den Helder, Kriegs- und Fischereihafen in NW-Holland, 62 900 Ew.; Zoolog. Institut.

Denier [dənj'e, frz.] das, Abk. **den,** Maß für den Feinheitsgrad von Seide und Chemiefasergarnen (seit 1970 nicht mehr zulässig).

Denitrifikation die, Abbau der Stickstoffverbindungen im Ackerboden durch Bakterien bis zur Wiederherstellung freien, für die meisten Pflanzen nicht verwertbaren Stickstoffs.

Denizli, türk. Prov.-Hptst., 171 400 Ew.; im N Ruinen von Laodikeia bei Eskihisar, Kalksinterterrassen von Hierapolis (Pamukkale).

Denken, Fähigkeit des Verstandes, Gegenstände und Beziehungen zw. ihnen aufzufassen, oft mit Hilfe sprachl. oder anderer Symbole. Ergebnisse des D. sind Begriffe, Urteile, Schlüsse. Die formalen Gesetze richtiger Denkfolgen untersucht die → Logik.

Denkmal, Gegenstand der Kunst, der Geschichte, der Natur von denkwürdigem Charakter (Natur-, Geschichts-, Kunst-D.), i. e. S. das einer Person gewidmete D. **Denkmalpflege, Denkmalschutz:** Maßnahmen zum Schutz künstlerisch oder kulturgeschichtlich wertvoller D.

Den Haag: Binnenhof

Dent [dã, frz. »Zahn«] die, scharfkantige Berggipfel der frz. W-Alpen (D. du Midi).

dental [lat.], die Zähne betreffend.

Dentist [lat.], früher Zahnheilkundiger, seit 1952 dem Zahnarzt gleichgestellt.

Denudation [lat. »Entblößung«] die, ⊕ flächenhafte Entblößung des festen Untergrundes von seinen Verwitterungsstoffen.

Denunziation [lat.] die, Anzeige einer strafbaren Handlung, i. e. S. eine moralisch verwerfl. Anzeige. Ein **Denunziant** ist, wer eine Anzeige wider besseres Wissen oder leichtfertig erstattet; strafbar nach §§ 164, 241 a StGB).

Denver, Hptst. von Colorado, USA, 491 500 Ew.; Handel, Ind., Verkehrsknoten.

Deodorants [engl.], Körperpflegemittel (Sprays, Stifte, Puder u. a.), die durch ihre keimhemmend wirkenden Substanzen und beigemengte Parfümbestandteile die Bildung unangenehmen Körpergeruchs unterbinden.

Département [departəm'ã, frz.] das, Abteilung, Verwaltungszweig. **1)** SCHWEIZ: oberste Verwaltungsbehörden, den Ministerien entsprechend. **2)** FRANKREICH: Verwaltungsbezirk; an der Spitze steht der Präfekt neben dem Generalrat als der Volksvertretung.

Department [dip'ɑ:tmənt, engl.], Abteilung, Verwaltungszweig; in USA auch Ministerium.

Descartes

Dépendance [depãd'ãs, frz.] die, **Dependenz, 1)** Nebengebäude (Hotel). **2)** abhängiges Gebiet.

Depesche [frz.] die, **1)** ✤ Telegramm. **2)** Eilbotschaft.

Depilation [lat.] die, Enthaarung.

deplaciert [frz.], unangebracht.

Deponie, Ablagerungsort von Abfallstoffen **(Müll-D.).** Erlaubt ist nur die geordnete D. in geeignetem Gelände.

deponieren [lat.], ablegen, hinterlegen.

Deport der, an der Börse Kursabschlag bei Rücklieferung von Wertpapieren im verlängerten Termingeschäft. Ggs.: Report.

Deportation [lat.] die, Zwangsverschickung, Verbannung.

Depositen, 1) hinterlegte Wertsachen. **2)** verzinsl. Geldeinlagen bei Banken (bes. **D.-Banken**). **D.-Kasse,** örtl. Zweigstelle einer D.-Bank.

Depot [dep'o, frz.] das, **1)** Aufbewahrungsort, Lager. **2)** bei einer Bank aufbewahrte Wertgegenstände und Wertpapiere.

Depotpräparate, Arzneimittel, die nur langsam in die Blutbahn aufgenommen werden und daher über längere Zeit hinweg wirksam sind.

Depression [lat.] die, **1)** gedrückte Gemütsstimmung. **2)** Tiefstand in der Wirtschaftsentwicklung. **3)** ☆ Bogenabstand von Sternen unter dem Horizont. **4)** Gebiet niederen Luftdrucks. **5)** ⊕ abflußlose Landsenke, die unter dem Niveau des Meeresspiegels liegt (z. B. das Tote Meer).

deprimieren [lat.], entmutigen.

De profundis [lat. »aus der Tiefe«], Anfangsworte des 130. (129.) Psalms.

Deputat [lat.] das, **1)** Naturallohn. **2)** zukommender Anteil.

Deputation [lat.] die, Abordnung. **Deputierter** der, Abgeordneter.

Derain [dər'ɛ̃], André, frz. Maler, *1880, †1954; kam über den Kubismus zu einem persönl. Stil geballter Kraft; Landschaften, Stillleben.

derangieren [derãʒ'i:rən, frz.], in Unordnung bringen.

Derbent, Stadt in der Dagestan. ASSR, am W-Ufer des Kasp. Meeres, 718 000 Ew.; Erdölfelder.

Derby [d'ɑ:bɪ], Stadt in der engl. Cty. **Derbyshire,** 215 200 Ew.; anglikan. Bischofssitz, Fahrzeug-, Porzellan-, Webwarenind.

Derby [d'əbɪ, auch d'ɑ:bɪ], bekanntestes engl. Zuchtrennen für dreijährige Pferde, gestiftet von Lord D. 1780; alljährlich in Epsom; entsprechend seit 1869 in Hamburg das **Dt. D.**

Derfflinger, Georg Frhr. v., brandenburg. Feldmarschall, *1606, †1695, entschied als Reiterführer des Großen Kurfürsten die Schlachten bei Warschau (1656) und 1675 bei Fehrbellin.

Derivat [lat.] das, ⌐ Abkömmling, Verbindung, die sich von einer andern ableitet und meist aus ihr herstellen läßt.

Dermatologie [grch.] die, Lehre von den Hautkrankheiten. **Dermatologe,** Hautarzt.

Dermatose [grch.] die, Hautkrankheit.

Dermoplastik [grch.] die, das Herrichten von Tierbälgen zum Abbild des lebenden Tieres.

Dernier cri [dɛrnje kr'i, frz. »letzter Schrei«] der, letzte Neuheit, neueste Mode.

Derogation [lat.] die, Beeinträchtigung; bes. Aufhebung eines Gesetzes.

Derwisch [pers. »Bettler«] der, islam. Bettelmönch.

Déry, Tibor, ungar. Schriftst., *1894, †1977; 1956-60 als geistiger Führer der Volkserhebung eingekerkert; surrealist., zeitkrit. Romane: »Herr G. A. in X«, »Ambrosius«, »Lieber beaupère«.

des, ♩ das um einen Halbton erniedrigte d.

des... [lat.], Vorsilbe in Fremdwörtern: un..., ent..., z. B. Desinfektion, Entseuchung.

Desaster [frz.] das, Mißgeschick.

desavouieren [dezavu'i:rən, frz.], nicht anerkennen; im Stich lassen.

Descartes [dɛk'art], René, lat. **Cartesius,** frz. Philosoph, Mathematiker, *1596, †Stockholm 1650; erster krit. und systemat. Denker der Neuzeit. Als sicheren Ausgangspunkt des Philosophierens wählte er den Satz »cogito ergo sum« (ich denke, also bin ich). Sein Rationalismus beeinflußte als **Kartesianismus** ein Jahrhundert lang die Philosophie in Westeuropa (→ Spinoza, → Leibniz). Als Mathematiker war D. Schöpfer der analyt. Geometrie.

Deschnjow, Kap [dj'ɛʒnef, nach dem Entdecker D.], O-Spitze Asiens an der Beringstraße.

desensibilisieren [lat.], künstl. Herabsetzung der Überempfindlichkeit (Allergie) gegen ein Allergen durch allmählich erhöhte Gaben des Allergens.

Deserteur [dezɛrt'œ:r, frz.] der, Fahnenflüchtiger. **Desertion** [lat.] die, Fahnenflucht.

Desiderat [lat.] das, -s/...ate, ...ata, Erwünschtes; Lücke, Mangel.

Desiderius, der letzte König der Langobarden, 774 von Karl d. Gr. besiegt.

Design [dɪz'ɑɪn, engl.], Muster, Zeichnung, Entwurf von formgerechten Gebrauchsgegenständen und Industrieprodukten. **Designer,** Formgestalter.

Designerdrogen [dɪz'aɪnə-, engl.], synthetisch hergestellte Rauschgifte, chemisch Abkömmlinge bekannter Suchtstoffe mit deren gleichen (z.T. stärkeren) suchterzeugenden Eigenschaften, oft von unberechenbarer, häufig schon in geringster Menge tödl. Wirkung.

designieren [lat.], bezeichnen, bestimmen.

Desillusion die, Enttäuschung.

Desinfektion [frz.] die, Entseuchung, Vernichtung von Krankheitserregern zur Verhütung von Ansteckung und zur Vermeidung von Wundinfektionen (Asepsis), durch physikal. Mittel: Auskochen, Heißluftsterilisation, strömenden oder gespannten Wasserdampf (Autoklav), Ultraviolettbestrahlung (Raumluftsterilisation) sowie durch chem. Mittel: Phenol, Kresol, Lysol, Formalin, Chlorkalk, Chloramin u. a.

Desintegration [frz.] die, Auflösung. Ggs.: Integration.

desinteressiert [frz.], gleichgültig.

Désirée, Eugenie Bernardine, Königin

von Schweden, *1777, †1860; Schwägerin Napoleons; ⚭ Jean Baptiste Bernadotte (Karl XIV. Johann).

Deskription [lat.] die, Beschreibung.

Desktop-Publishing, Bez. für die Verwendung von Computern für die Herstellung von Publikationen. Resultat ist ein auf Diskette gespeichertes satzfertiges Manuskript.

Desman der, **Bisam-Spitzmaus,** maulwurfartiges Ufertier Südostrußlands (Silberbisam).

Des Moines [dim'ɔın], Hptst. von Iowa, USA, 191 000 Ew., Schlachthäuser, Ind.

Desmoulins [dɛmul'ɛ̃], Camille, frz. Revolutionär, *1760, †1794, Anführer des Sturms auf die Bastille, Mitarbeiter von Dauten, hingerichtet.

Desna die, linker Nebenfluß des Dnjepr, 1130 km lang, mündet bei Kiew.

desolat [lat.], verwüstet, öde, trostlos.

Desorganisation [frz.] die, Auflösung.

Desoxyribonucleinsäure, → Nucleinsäuren.

despektierlich [lat.], geringschätzig.

Desperado [span. »Verzweifelter«] der, aus Verzweiflung zu extremen Handlungen neigender Mensch; allg. Anhänger radikaler sozialrevolutionärer Bewegungen.

desperat [lat.], verzweifelt.

Despiau [dɛspj'o], Charles, frz. Bildhauer, *1874, †1946, kam 1907 zu Rodin, schuf Werke von klarer Plastik der Form.

Despot [grch. »Gebieter«] der, Willkür-, Gewaltherrscher. **Despotie** die, **Despotismus** der, Willkürherrschaft.

Dessau, Stadt im Bez. Halle, an der Mulde, 104 000 Ew.; Bahnknoten; Ind.: Fahrzeuge, Apparatebau, Maschinen. 1603-1918 anhaltischer Fürsten- und Herzogssitz.

Dessau, Paul, Komponist, *1894, †1945, bekannt v.a. durch seine Bühnenmusiken zu Stücken von B. Brecht.

Dessauer, der Alte D., → Leopold 3).

Dessert [dɛs'ɛ:r, frz.] das, Nachtisch. **D.-Weine,** süße Weine, meist Südweine.

Dessin [dɛs'ɛ̃, frz.] das, Plan, Zeichnung.

Dessous [dəs'u, frz.], Damenunterwäsche.

Destillation [lat. »Herabtröpfeln«] die, **Destillieren,** chem. Trennungs- und Reinigungsverfahren in 3 Arten: **1)** Die **einfache D.** bezweckt die Trennung unzersetzt verdampfbarer Flüssigkeiten von ihren nichtflüchtigen Bestandteilen. **2)** die **gebrochene (fraktionierte) D.** zerlegt ein Gemisch flüchtiger Bestandteile von versch. Siedepunkt in die einzelnen Bestandteile. **3) Trockene D.;** Zersetzung von Kohle und Holz u.a. organ. Stoffen durch Erhitzen in trockenem Zustand; dabei bilden sich feste (Holzkohle) flüssige (Holzessig) und gasförmige (Heizgas, Stadtgas) Stoffe.

Destination [frz.] die, Bestimmung.

destruktiv [lat.], zerstörend, zersetzend.

Destur [arab. »Verfassung«], **1)** tunes. Nationalbewegung seit 1919. Die **Neo-D.-Partei** forderte die Unabhängigkeit, ist seit 1956 Regierungspartei. **2)** bis 1958 nationalist. Partei im Irak.

DESY, → Deutsches Elektronen-Synchrotron.

Deszendent [lat.] der, Nachkomme, Verwandter in absteigender Linie, z.B. Kinder, Enkel. Ggs.: → Aszendent.

Deszendenzlehre, → Abstammungslehre.

Detail [dət'aj, frz.] das, Einzelheit. **detaillieren** [detaj'i:rən], aufschlüsseln, einzeln erörtern. **D.-Handel,** Einzelhandel.

Detektiv [engl.] der, in USA und England: Kriminalbeamter, in Dtl. Privatperson, die in privatem Auftrag Ermittlungen anstellt. **Detektivgeschichte,** → Kriminalroman.

Detektor [lat.] der, -s/...toren, **1)** ⚡ Gerät zum Aussieben niederfrequenter Signale aus modulierten hochfrequenten Schwingungen;

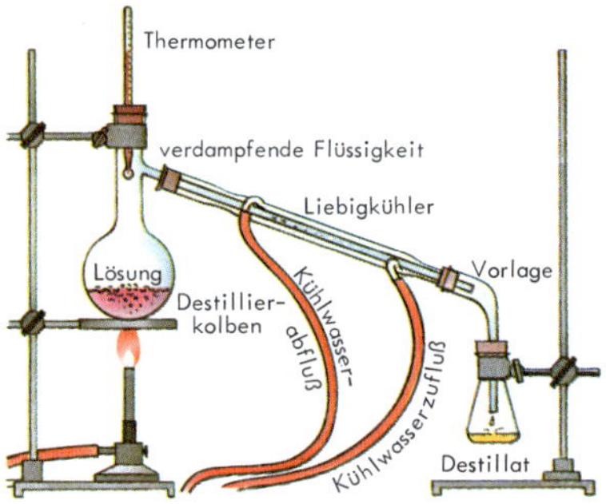

Destillation 1): einfache Destilliervorrichtung

früher **Kristall-D.,** ein natürl. Kristall (Bleiglanz, Silicium, Germanium), der von einer feinen Metallspitze berührt wird. Moderne D. sind fest eingestellt (Halbleiterdioden) und werden als **Demodulatoren** bezeichnet. **2)** allg. Bez. für Nachweisgeräte von elektromagnet. oder Teilchenstrahlung.

Détente [det'ãt, frz.] die, → Entspannung.

Detergentien, waschaktive Substanzen.

Determinante [lat.] die, **1)** △ Zahl, die nach einem Schema aus den Koeffizienten eines Gleichungssystems errechnet ist. **2)** ✤ Erbanlage.

Determination [lat.] die, Bestimmung; in der Logik: Festlegung eines Begriffs durch Hinzufügung weiterer Merkmale.

Determinismus [lat.] der, Lehre, daß alles Geschehen durch Ursachen eindeutig bestimmt ist. Ggs.: → Indeterminismus.

Detlev, Detlef [niederdt. für Dietleib, aus ahd. diot »Volk«, luba »Sohn«], männl. Vorname.

Detmold, Krst. in NRW, im Teutoburger Wald, 66 800 Ew.; Schloß, ehem. Residenz; südl. von D. die → Grotenburg mit dem Hermannsdenkmal und die → Externsteine.

Detonation [lat.] die, Entladung, Knall.

Detroit [dıtr'ɔıt, Stadt in Michigan, USA, 4,3 Mio. Ew.; 2 Univ.; Hochseeanschluß durch St.-Lorenz-Seeweg, Fabriken für Kraftwagen und Zubehör (General Motors, Ford, Chrysler).

Deukalion, grch. Sage: Stammvater der Hellenen, Sohn des Prometheus, Gemahl der Pyrrha.

Deus [lat.] der, Gott; **D. ex machina** [Gott aus der Maschine], im antiken Schauspiel der durch eine Maschine herabgelassene Gott, der die Verwicklungen löste; danach: unverhoffter Helfer.

Deut [niederländ.] der, **1)** ein bißchen. **2)** ehemal. kleine niederländ. Kupfermünze.

Deuterium [grch.] das, **D,** schwerer Wasserstoff, ein schweres Isotop des Wasserstoffs; Darstellung durch Elektrolyse des → schweren Wassers. Der Atomkern des D. heißt **Deuteron;** schweres Wasser (D_2O) ist eine wirkungsvolle Bremssubstanz (Moderator) für Neutronen im Kernreaktor.

Deuteronomium [grch.] das, 5. Buch Mose.

deutsch [ahd. diutisk »volksmäßig«], zuerst 786 in latinisierter Form für die dt. Sprache belegt, wurde zum Namen des Volkes und Landes.

Deutsch, Ernst, Schauspieler, *1890, †1969.

Deutsche, nach Herkunft, Sprache und Gesittung ein Teil der → Germanen, seit alters hauptsächlich in Mitteleuropa ansässig. Von D. kann man jedoch erst sprechen, als nach der Teilung des → Fränkischen Reichs in den Stämmen des Ostfränk. Reichs das Bewußtsein eines gemeinsamen polit. Schicksals entstand. Die D. scheiden sich seit der Mitte des

9. Jh. nach Sprache, Recht, Wesensart und Geschichte von der roman. Bev., den Welschen (der »Romanitas«).

Die alten großen Stämme waren: Alemannen, Baiern, Franken, Thüringer, Sachsen, Friesen, während sich in dem besiedelten Ostraum zw. 10. und 14. Jh. Neustämme bildeten. Starke Verzahnung und Vermischung in den Grenzgebieten hatten zur Folge, daß die heutigen dt. Länder vielfach nicht mehr mit den alten Stammesbereichen zusammenfallen. Immerhin machen sich noch heute die Stammesunterschiede geltend im Volkscharakter, in Mundarten, Trachten, Sitten und Gebräuchen; das stärkste Band der geistigen Einheit ist die → deutsche Sprache.

Neben der seit der Karolingerzeit beginnenden und das MA. überdauernden »inneren Kolonisation« (z. B. Rodung der Wälder) stand, ebenso früh beginnend, die »äußere Kolonisation«, der teils friedl., teils krieger. Erwerb neuer Gebiete (»Marken«). Sie ging nach Osten, in einst german., in der Völkerwanderung den Slawen überlassenes Land (Österreich, Kärnten, Steiermark, Obersachsen, Schlesien, Brandenburg, Mecklenburg, Pommern, Preußen und die Randgebiete Böhmens und Mährens). Große Verluste brachte der Dreißigjährige Krieg. Seit etwa 1850 wanderten viele Deutsche aus, bes. nach N-Amerika.

Im Rahmen der Eroberungspläne Hitlers wurden nach 1939 auf Grund von Verträgen sehr viele Volks-D. (aus Rumänien, Jugoslawien, Polen, Rußland und den balt. Ländern) in das »Großdeutsche Reich« umgesiedelt. Gewaltige Flüchtlingsströme ergossen sich nach dem Zusammenbruch der Ostfront aus dem gesamten O- und SO-Europa nach dem Westen. Aufgrund des Potsdamer Abkommens der Alliierten wurden Millionen D. aus den Gebieten östl. der Oder und Neiße, aus Ungarn, Polen, Jugoslawien, der Tschechoslowakei vertrieben oder ausgesiedelt, andere wurden verschleppt, größtenteils in die UdSSR. – In Übersee sind dt. Siedlungen in S-Amerika (Brasilien, Argentinien, Chile) und in SW-Afrika.

Deutsche Demokratische Republik

Deutsche Akademie für Sprache und Dichtung, 1949 gegr. zur Vertretung der dt. Literatur im In- und Ausland; Sitz Darmstadt.

Deutsche Angestellten-Gewerkschaft, DAG, → Angestelltengewerkschaften.

Deutsche Arbeitsfront, DAF, nat.-soz. Einheitsverband der Arbeitnehmer und -geber.

Deutsche Bank AG., Frankfurt a. M., dt. Großbank, gegr. 1870.

Deutsche Bibliothek, Stiftung des öffentl. Rechts, gegr. 1946; Sitz Frankfurt a. M.; sammelt das seit 1945 erschienene deutschsprachige Schrifttum, bearbeitet die Dt. Bibliographie.

Deutsche Bücherei, Leipzig, errichtet 1912 vom Börsenverein der Dt. Buchhändler als Gesamtarchiv des deutschsprachigen Schrifttums des In- und Auslandes ab 1913 (→ Bibliographie).

Deutsche Bundesbahn, Abk. **DB,** bundeseigene Eisenbahnen in der Bundesrep. Dtl., 1949 aus der Dt. Reichsbahn entstanden. Streckenlänge (1982) 28 270 km.

Deutsche Bundesbank, Zentralbank der Bundesrep. Dtl., Sitz Frankfurt a. M. Aufgaben: Regelung des Geldumlaufs, Notenausgabe, Sicherung der Währung. 1957 durch Verschmelzung der Landeszentralbanken mit der Bank dt. Länder entstanden.

Deutsche Bundespost, Abk. **DBP,** unmittelbare Bundesverwaltung für das Post- und Fernmeldewesen in der Bundesrep. Dtl., untersteht dem Bundesmin. für das Post- und Fernmeldewesen; 1990 aufgeteilt in die organisatorisch selbständigen öffentl. Unternehmen D.B. Postdienst (Briefe, Pakete), D.B. Postbank und D.B. Telekom (Fernmeldewesen). – 1924-45 bestand die **Dt. Reichspost,** 1947-50 hieß sie **Dt. Post** (so noch in der Dt. Dem. Rep.).

Deutsche Christen, unter Einfluß des Nat.-Soz. entstandene evang. kirchl. Bewegung, erstrebte die Machtübernahme innerhalb der Kirche. Zu ihrer Abwehr bildete sich die → Bekennende Kirche.

Deutsche Demokratische Partei, DDP, im Nov. 1918 als Sammelpartei des Bürgertums von F. Naumann gegr., seit 1930 **Dt. Staatspartei,** löste sich im Juli 1933 auf.

Deutsche Demokratische Republik (eigene Abk. DDR, im Text des Lexikons Dt. Dem. Rep. abgekürzt); 108 333 km² mit (1988) 15,39 Mio. Ew. (ohne Berlin-Ost). In der Verf. v. 7. 10. 1949 wurde Berlin-Ost (403 km², 1,284 Mio. Ew.) zur Hauptstadt erklärt. ⊕ S. 488/89. Durch die revolutionären Veränderungen seit Okt. 1989 wurde das herrschende sozialist. Regierungssystem beseitigt (→ deutsche Geschichte). Am 18. 3. 1990 fanden die ersten freien Wahlen in der Dt. Dem. Rep. statt. CDU, Dt. Soziale Union, Demokratischer Aufbruch, SPD und Liberale, die sich für die Schaffung eines einheitl. dt. Staates einsetzen, bildeten eine Koalitionsreg. mit absoluter Mehrheit unter L. de Maizière. In der Übergangszeit zur dt. Einheit sollen die bisher geltenden Bestimmungen der Verfassung von 1974, der Gesetze und Verordnungen schrittweise ersetzt werden, z. B. durch eine Währungsunion (am 2. 7. 1990), eine Wirtschafts- und Sozialunion. Auch die Verwaltungsgliederung von 1952 in Bezirke anstelle des urspr. föderalist. Systems, soll rückgängig gemacht werden. Die Verfassung von 1974 erklärte die Dt. Dem. Rep. zu einem sozialist. Staat und bestimmte bis 1989 die führende Rolle der kommunist. SED (Gen.-Sekr. des Zentralkomitees 1953-71: W. Ulbricht, 1971-89: E. Honecker, 1989: E. Krenz). Oberstes Staatsorgan war die Volkskammer. Stellvertretungsbefugnis hatte der Staatsrat, der die Befugnisse des Staatsoberhauptes ausübte. Er bestand aus dem Vors. (1960-73: W. Ulbricht, 1973-76 W. Stoph, 1976-89 E. Honecker, 1989 E. Krenz), seinen Stellvertretern, den Mitgl. und dem Sekretär und wurde auf 4 Jahre gewählt. Oberstes Verwaltungsorgan war der Ministerrat, der auf 4 Jahre von der Volkskammer gewählt wurde und ihr verantwortlich war. Neben der SED kam den übrigen Parteien (CDU, LDPD, NDPD, DBD) bis 1989 eine untergeordnete Rolle zu. – Die Verf. setzte Grundrechte und Grundpflichten der Bürger fest; Verfassungs- und Verwaltungsgerichtsbarkeit bestand nicht.

VERWALTUNGSGLIEDERUNG, BEVÖLKERUNG

Bezirk	Ew. (1983) Mio.	je km²
Cottbus	0,88	107
Dresden	1,75	261
Erfurt	1,24	169
Frankfurt a.d.O.	0,71	99
Gera	0,74	185
Halle	1,77	203
Karl-Marx-Stadt	1,85	317
Leipzig	1,36	274
Magdeburg	1,25	108
Neubrandenburg	0,62	57
Potsdam	1,12	89
Rostock	0,91	130
Schwerin	0,59	68
Suhl	0,55	142
Dt. Dem. Rep.	**16,67[1]**	**154**
Berlin (Ost)	*1,28*	*3187*

[1]) Differenz durch Abrundungen

Deutsche Demokratische Republik

Regierung (12. 4. 1990, Koalition CDU, DSU, DA, SPD, LDP): MinPräs. L. de Maizière (CDU); Außen-Min. und stellv. MinPräs.: M. Meckel (SPD); Inneres: P.-M. Diestel; Wirtschaft: G. Pohl (CDU); Justiz: K.. Wünsche; Finanzen: K. Romberg (SPD); Arbeit und Soziales: Regine Hildebrandt (SPD); Jugend und Sport: Cordula Schubert (CDU); Frauen und Familie: Christa Schmidt (CDU); Verkehr: H. Gibtner (CDU); Bildung und Wissenschaft: H.-J. Meyer (parteilos); Medien: G. Müller (CDU); H. Schirmer (CDU); Gesundheit: J. Kleditzsch (CDU); Umwelt: K.-H. Steinberg (CDU); Handel und Touristik: Sybille Reider (SPD); Post: E. Schnell (SPD); Forschung und Technologie: F. Terpe (SPD); Landwirtschaft: P. Pollack (parteilos); Struktur: M. Preiss (LDP); Bau: A. Viehweger (LDP); Entwicklungshilfe: H.-W. Ebeling; Abrüstung und Verteidigung: R. Eppelmann (DA); Leiter des Amtes des MinPräs.: K. Reichenbach (CDU).

RECHT. Auf dem Gebiet des Rechts wurde eine eigene sozialist. Rechtsordnung aufgebaut.

STREITKRÄFTE. Neben der Nat. Volksarmee bestehen Grenzschutztruppen und Sicherheitstruppen. Allg. Wehrpflicht vom 18. bis 50. (Offiziere bis zum 60.) Lebensjahr; Grundwehrdienst: 18 Monate. Seit 1955 gehört die Dt. Dem. Rep. dem Warschauer Pakt an.

Über LANDESNATUR → Deutschland.

BEVÖLKERUNG. Rd. 27% der Bev. leben (1988) in Städten mit 100 000 und mehr Ew., rd. 32% in Gemeinden von 10 000-100 000 Ew. (1950: rd. 21% und rd. 27%). Auf 1000 Männer entfallen rd. 1131 Frauen (→ Deutschland).

RELIGION. Staat und Kirche sind getrennt. Nach Schätzungen sind rd. 60% evang. und rd. 10% kath.

BILDUNG. Es bestand Einheitsschule mit kommunist. Zielsetzung. Allg. Schulpflicht vom 6. bis 18. Lebensjahr (mit Berufsschule). Obligatorisch für alle ist die 10klassige allgemeinbildende polytechn. Oberschule. Zur Hochschulreife führen die erweiterte polytechn. Oberschule, ferner Abiturklassen der Einrichtungen zur Berufsausbildung. Fachschulen, Arbeiter- und Bauernfakultäten. Seit 1949 wurden viele Univ. neu gegründet.

WIRTSCHAFT. Alle wichtigen ökonom. Entscheidungen wurden von zentralen Planstellen getroffen und kontrolliert. Durch die Fünfjahrespläne (seit 1950) wurde eine weitgehende Loslösung von den früheren wirtschaftl. Bindungen zum Westen vollzogen, der Beitritt zum Comecon (1950) brachte eine Abstimmung auf die Wirtschaftspläne der Ostblockländer. In der Ind. wurden durch die Verstaatlichung Volkseigene Betriebe (VEB) geschaffen. Bes. die Entwicklung der Schwerind. wurde vorangetrieben, v. a. in Form der Kombinate (Eisenverhüttung, Braunkohle). – In der Landwirtschaft wurden nach 1945 rd. 3,2 Mio. ha Nutzfläche enteignet, auf Klein- und Neubauern aufgeteilt oder in Volkseigene Güter eingebracht. 1952 setzte die Gründung Landwirtschaftl. Produktionsgenossenschaften (LPG) ein (Zwangskollektivierung); ihr Anteil an der landwirtschaftl. Nutzfläche betrug (1988) rd. 96%. Der private Großhandel wurde beseitigt; seine Aufgaben wurden von Großhandelsgesellschaften und Staatl. Kontoren übernommen. Der Einzelhandel ist größ-

deutsche Geschichte: Herrscher, Staatsoberhäupter, Kanzler

Karolinger
Ludwig d. Deutsche (843-76)
Karl d. Dicke (876-87)
Arnulf v. Kärnten (887-99)
Ludwig das Kind (900-911)
Konrad I. v. Franken (911-18)

Sächsische Könige und Kaiser
Heinrich I. (919-36)
Otto I. (936-73)
Otto II. (973-83)
Otto III. (983-1002)
Heinrich II. (1002-24)

Fränkische Kaiser
Konrad II. (1024-39)
Heinrich III. (1039-56)
Heinrich IV. (1056-1106)
Heinrich V. (1106-25)
Lothar v. Sachsen (1125-37)

Staufer
Konrad III. (1138-52)
Friedrich I. Barbarossa (1152-90)
Heinrich VI. (1190-97)
Philipp v. Schwaben (1198-1208)
Otto IV. v. Braunschweig, **Welfe** (1198-1218)
Friedrich II. (1212-50)
Konrad IV. (1250-54)

Aus verschiedenen Häusern
Wilhelm v. Holland (1247-56)
Alfons v. Kastilien (1257-74)
Richard v. Cornwallis (1257-72)
Rudolf I. v. Habsburg (1273-91)
Adolf v. Nassau (1292-98)
Albrecht I. v. Österreich (1298-1308)
Heinrich VII. v. Luxemburg (1308-13)
Ludwig IV. der Bayer (1314-47)
Friedrich der Schöne v. Österreich (1314-30)

Luxemburger
Karl IV. (1347-78)
Wenzel (1378-1400)
Ruprecht v. d. Pfalz (1400-10)
Sigismund (1410-37)

Habsburger
Albrecht II. (1438-39)
Friedrich III. (1440-93)
Maximilian I. (1493-1519)
Karl V. (1519-56)
Ferdinand I. (1556-64)
Maximilian II. (1564-76)
Rudolf II. (1576-1612)
Matthias (1612-19)
Ferdinand II. (1619-37)
Ferdinand III. (1637-57)
Leopold I. (1658-1705)
Joseph I. (1705-11)
Karl VI. (1711-40)
Karl VII. v. Bayern (1742-45)
Franz I. v. Lothringen (1745-65)
Joseph II. (1765-90)
Leopold II. (1790-92)
Franz II. (1792-1806)

Hohenzollern
Wilhelm I. (1871-88)
Friedrich III. (1888)
Wilhelm II. (1888-1918)

PRÄSIDENTEN
Ebert (1919-25)
v. Hindenburg (1925-34)
Hitler (1934-45)

Bundesrep. Dtl.
Heuss (1949-59)
Lübke (1959-69)
Heinemann (1969-74)
Scheel (1974-79)
Carstens (1979-84)
v. Weizsäcker (seit 1984)

KANZLER seit 1871
Fürst Bismarck (1871-90)
Graf Caprivi (1890-94)
Fürst zu Hohenlohe-Schillingsfürst (1894-1900)
Fürst Bülow (1900-1909)
v. Bethmann Hollweg (1909-17)
Michaelis (1917)
Graf Hertling (1917/18)
Prinz Max v. Baden (1918)
Scheidemann (SPD, 1919)
Gustav Bauer (SPD, 1919/20)
Hermann Müller (SPD, 1920)
Fehrenbach (Zentrum, 1920/21)
Wirth (Zentrum, 1921, 1922)
Cuno (parteilos, 1922/23)
Stresemann (DVP, 1923)
Marx (Zentrum, 1923/24)
Luther (parteilos, 1925/26)
Marx (Zentrum, 1926 und 1927/28)
Hermann Müller (SPD, 1928-30)
Brüning (Zentrum, 1930-32)
v. Papen (parteilos, 1932)
v. Schleicher (parteilos, 1932/33)
Hitler (NSDAP, 1933-45)

Bundesrep. Dtl.
Adenauer (CDU, 1949-63)
Erhard (CDU, 1963-66)
Kiesinger (CDU, 1966-69)
Brandt (SPD, 1969-74)
Schmidt (SPD, 1974-82)
Kohl (CDU, seit 1982)

tenteils auf die 1948 gegr. staatseigene Handelsorganisation (HO) und die Konsumgenossenschaften übergegangen.

VERKEHR. Im Gebiet der Dt. Dem. Rep. gibt es rd. 47 500 km Straßen, davon 1850 km Autobahnen; rd. 14050 km Eisenbahnen; rd. 2300 km regelmäßig benutzte Binnenwasserstraßen. Seehäfen: Rostock, Wismar, Stralsund; Binnenhäfen: Berlin (Ost), Magdeburg, Frankfurt a. d. O., Dresden, Potsdam, Halle; Flughäfen: Berlin-Ost, Leipzig, Dresden, Erfurt.

deutsche Farben, 1) im mittelalterl. Kaiserreich (bis 1806): schwarzer Adler auf goldenem Grund. **2)** in der Revolution 1848/49: Schwarz-Rot-Gold. **3)** im Norddt. Bund seit 1867 und im Dt. Reich seit 1871: Schwarz-Weiß-Rot. **4)** in der Weimarer Rep.: Schwarz-Rot-Gold, Handels- und Kriegsflagge: Schwarz-Weiß-Rot mit Schwarz-Rot-Gold in der oberen inneren Ecke. **5)** 1933-45: Schwarz-Weiß-Rot (seit 1935 in der Hakenkreuzflagge). **6)** seit 1949: Schwarz-Rot-Gold.

Deutsche Forschungsgemeinschaft e.V., Abk. **DFG,** zur finanziellen Förderung von Forschungsvorhaben und des Nachwuchses; 1951 gebildet durch Zusammenschluß des »Dt. Forschungsrates« und der »Notgemeinschaft der dt. Wissenschaft«.

deutsche Geschichte. Aus westgerman. Völkerschaften der Völkerwanderungszeit (→Germanen) bilden sich allmählich die dt. Stämme (→Deutsche), die zunächst zum →Fränkischen Reich gehörten. Durch den Teilungsvertrag von Verdun (843) erhielt Ludwig der Deutsche das Land östl. vom Rhein als Ostfränk. Reich. Seitdem etwa kann von einer d. G. gesprochen werden. Nach dem Aussterben der Karolinger versuchten kraftvolle Herrscher aus versch. Stämmen (Ottonen, Heinrich I.-VI., Friedrich I. und II.), das dt. Königtum und die Reichseinheit gegenüber den Sonderbestrebungen der Stämme und Fürsten zu stärken, →Heiliges Römisches Reich. Das dt. Königtum war bereits um 1000 als Träger der universalen Reichsidee zu der führenden Macht des Abendlandes geworden. Die Annahme der Kaiserwürde führte zum Kampf mit den Päpsten (→Investiturstreit), zum vergebl. Ringen um die Herrschaft in Italien (Italienzüge) und zu besonderer Verpflichtung in den →Kreuzzügen. Während der im →Interregnum beginnenden und stetig fortschreitenden Auflösung des Reichs ging die Herrschaft über Italien und Burgund verloren. Im Innern erstarkten die weltl. und geistl. Fürsten, bes. die →Kurfürsten. Die Städte blühten auf (→Hanse). Im O entfaltete der →Deutsche Orden seine Macht, die Kolonisation im O und SO ging von Bauern, Bürgern, Rittern aus. Die dt. Könige versch. Häuser suchten der Schwächung entgegenzuwirken durch allmähl. Schaffung einer starken Hausmacht (→Habsburger). Den Verlust großer Gebiete konnte auch dies nicht verhindern (Schweiz, Holland, Flandern, Gebiet des Dt. Ordens; 1867 Luxemburg). Die Versuche zur Stärkung der Reichsgewalt im 15. und 16. Jh. blieben erfolglos, zumal nach der Reformation auch eine relig. Spaltung eintrat. Unter dem wachsenden außerdt. Besitz der Habsburger wurde Dtl. immer mehr zum Nebenland (Karl V.). Die Gegenreformation führte zum →Dreißigjährigen Krieg, der Dtl. verwüstete und zur Stätte europ. Machtkämpfe machte. Der →Westfälische Friede gab den Landesfürsten fast völlige Souveränität. Die Habsburger waren als Kaiser nur noch Träger eines Ehrentitels, ihr Ansehen gründete sich allein auf ihre Herrscherstellung in dem jetzt zur europ. Großmacht aufgestiegenen →Österreich. Nach 1640 wuchs Brandenburg-Preußen zur zweiten führenden dt. Macht heran. Mit der Eroberung Schlesiens durch Friedrich d. Gr. entstand der Dualismus zw. Österreich und Preußen, der die d. G. lange beherrschte. Die →Französische Revolution fand in Dtl. anfangs starken Widerhall; vergeblich versuchten die dt. Fürsten unter österr. Führung in den Koalitionskriegen, ihr Widerstand entgegenzusetzen. Das Reich brach 1806 vor Napoleon I. zusammen, der im →Rheinbund ein von ihm abhängiges Süd-, West- und Mittel-Dtl. schuf. Napoleons europ. Gegenspieler wurde Fürst Metternich. Die nat. Erhebungen führten zu den →Freiheitskriegen. 1815 erkannte der →Wiener Kongreß 35 Fürstenstaaten und 4 Freie Städte als souverän an, die im Dt. Bund unter Österreichs Vorsitz vereinigt wurden. Dieser konnte weder die nat. noch die liberalen Hoffnungen des Volkes erfüllen. Der Dt. Krieg von 1866 führte zur Gründung des →Norddeutschen Bundes. Dem dt.-frz. Krieg folgte die Reichsgründung und die Proklamation König Wilhelms I. zum Dt. Kaiser (1871). Das neue Reich wurde in einer weitere Gebietsansprüche ablehnenden Friedens- und Bündnispolitik gesichert (→Dreibund, →Rückversicherungsvertrag). Im Innern wurde der Einfluß der polit. Parteien allmählich stärker, mit dem Zentrum und der Sozialdemokratie führte Bismarck erbitterte Kämpfe; nach seiner Entlassung wurde die Außenpolitik Wilhelms II. schwankend. Der Ausbruch des Ersten →Weltkrieges brachte 1914 den Burgfrieden der Parteien, die dt. Niederlage führte jedoch zur Novemberrevolution 1918 mit der Abdankung der Dynastien; nach Unruhen und Kämpfen festigte sich die →Weimarer Republik. 1933 kam der →Nationalsozialismus zur Macht; die Politik Hitlers führte den Zweiten Weltkrieg und 1945 die schwerste Katastrophe der d. G. herbei.

Nach der Kapitulation (8. 5. 1945) übernahmen Großbritannien, USA, UdSSR und Frankreich die oberste Regierungsgewalt in Dtl. Das →Potsdamer Abkommen ließ die staatsrechtl. Einheit Dtl.s unberührt und stellte die Gebiete östlich der Oder-Neiße-Linie unter sowjet. und poln. Verwaltung. Die Ausübung der Regierungsgewalt wurde dem Alliierten Kontrollrat in Berlin übertragen; Dtl. wurde in 4 Besatzungszonen geteilt, Berlin in 4 Sektoren unter einer Alliierten Kommandantur. Das Saargebiet wurde von Frankreich 1946 aus seiner Zone ausgegliedert.

deutsche Kunst: Meister Bertram: Erschaffung der Tiere, 1379

Im Westen wurden die amerikan. und die brit. Zone bald zum »Vereinigten Wirtschaftsgebiet« (Bizone) zusammengefaßt. Am 1.7. 1948 wurden die 11 Ministerpräsidenten der seit 1945 neu geschaffenen Länder beauftragt, eine verfassunggebende Versammlung für die Errichtung eines westdt. Bundesstaates einzuberufen. Der → Parlamentarische Rat, dem die Aufgabe übertragen war, beschloß am 8.5. 1949 das Grundgesetz für die → Bundesrepublik Deutschland. Am 21.9.1949 wurde die Bundesrep. Dtl. gebildet. Gleichzeitig trat das Besatzungsstatut in Kraft, das die Hoheitsrechte zw. den Besatzungsmächten und der Bundesrep. Dtl. teilte; es wurde 1955 durch den → Deutschlandvertrag abgelöst. Das Saargebiet wurde als → Saarland am 1.1.1957 ein Teil der Bundesrep. Dtl.

Seit 1950 erlebte die Bundesrep. Dtl. einen raschen wirtschaftl. Wiederaufbau und erlangte wachsende innere Stabilität. Nach außen verfolgte sie eine Politik der europ. Integration (Montanunion, Europäische Wirtschaftsgemeinschaft, Europäische Gemeinschaft für Atomenergie) und der Einbeziehung in das westl. Bündnissystem (Nordatlantikpakt, Westeuropäische Union). Der Politik der Aussöhnung mit den ehemal. westl. Feindmächten, bes. Frankreich (Dt.-Französ. Freundschaftsvertrag 1961), folgte bes. unter der Reg. der CDU-SPD-Koalition sowie verstärkt der SPD-FDP-Koalition eine Politik des Ausgleichs mit den östl. Nachbarn Dtl.s.

In der sowjet. Besatzungszone (SBZ) schuf die Sowjet. Militär-Administration in Dtl. (SMAD) 1945 dt. Zentralverwaltungen und faßte sie 1948 in der Dt. Wirtschaftskommission zusammen. Der 3. Dt. Volkskongreß nahm 1949 den Entwurf einer Verfassung an und bildete den Dt. Volksrat. Dieser setzte als Provisor. Volkskammer die Verfassung vom 7.10.1949 in Kraft. Gleichzeitig wurden die darin vorgesehenen Staatsorgane gebildet und die Dt. Dem. Rep. ausgerufen, der bestimmte Souveränitätsrechte eingeräumt wurden. Staatspräs. wurde W. Pieck; 1960 trat an seine Stelle der Staatsrat (bis 1973 W. Ulbricht, 1973-76 W. Stoph, 1976-89 E. Honecker, danach E. Krenz). Vors. des Ministerrates war bis 1964 O. Grotewohl, bis 1973 W. Stoph, bis 1976 H. Sindermann, 1976-89 wieder W. Stoph, 1989/90 H. Modrow, seitdem L. de Maizière. 1955 wurde das sowjet. Besatzungsregime unter Belassung sowjet. Streitkräfte beendet und die offizielle Aufstellung nat. Streitkräfte eingeleitet. – Innenpolitisch wurde die Dt. Dem. Rep. mit starker sowjet. Unterstützung im kommunist. Sinne umgestaltet. Der Aufstand vom 17.6. 1953 scheiterte. Die Dt. Dem. Rep. wurde fest in das polit., militär. und wirtschaftl. System der kommunist. Staaten einbezogen (Warschauer Pakt, Comecon). Am 20.2. 1967 wurde eine eigene Staatsangehörigkeit gesetzlich eingeführt. Die Verfassung vom 6.4.1968 erklärte die Dt. Dem. Rep. zum sozialist. Staat.

Beeinflußt durch die Reformbemühungen in der UdSSR brach sich 1989 eine bereits länger bestehende Reform- und Protestbewegung Bahn. Kristallisationskern war das »Neue Forum«. Im Schutz v.a. der evang. Kirche wurde die aktive Beteiligung an der Gestaltung von Staat und Gesellschaft gefordert. Manipulationen bei den Kommunalwahlen (Mai 1989) sowie eine sich ständig vergrößernde Fluchtbewegung lösten in Leipzig regelmäßige Massendemonstrationen (Montagsdemonstrationen) aus, die rasch auf Berlin-Ost und andere Städte übergriffen. Mit der Absetzung von E. Honecker, der Übernahme seiner Ämter durch E. Krenz und die durch ihn vorsichtig eingeleiteten Reformmen (u.a. Reisefreiheit) suchte die Staatsführung der Krise Herr zu werden. Der anhaltende revolutionäre Druck aus der Bev. erzwang am 9.11. die Öffnung der Grenze zur Bundesrep. Dtl., am 13.11. die Wahl von H. Modrow (SED) zum MinPräs. einer Koalitionsreg. aus SED und den bis dahin bestehenden Parteien. Der Führungsanspruch der SED wurde aus der Verf. gestrichen (1.12.), Zentralkomitee und Politbüro traten zurück. Im Dialog mit der Reg. bestimmte der »runde Tisch«, ein Zusammenschluß aller polit. Kräfte, den 18. 3. 1990 als Termin für Volkskammerwahlen. Als stärkste Kraft ging die »Allianz für Dtl.« (Wahlbündnis christl., konservativer Parteien) aus ihnen hervor. Sie stellte mit L. de → Maizière den MinPräs. der am 12.4. gebildeten Reg., die sich für die dt. Einheit einsetzt. Am 18.5.1990 unterzeichneten die beiden deutschen Staaten einen Staatsvertrag, der die Einführung einer → Wirtschafts-, Währungs- und Sozialunion zum 2.7. 1990 regelt.

Deutsche Kolonien, → Schutzgebiete.

Deutsche Kommunistische Partei, Abk. **DKP,** gegr. 1968.

Deutsche Krebshilfe e.V., Verein zur Förderung der Krebsforschung und -bekämpfung, gegr. 1974, Sitz: Bonn.

deutsche Kunst, Voraussetzungen sind german. Kunst, Fortwirken spätantiker Vorbilder und neue Aufgaben im Dienst des Christentums. (Weitere BILDER S. 170, 172)

Karolingerzeit (seit etwa 770): Bewußte Anknüpfung an die Antike (»Karoling. Renaissance«); Stein- statt Holzbau; die Kunst im dt. Bereich ist noch nicht geschieden von der des

deutsche Kunst: Links Reichskrone, Gold, um 1000; Bügel von Konrad II. zugefügt (Wien, Schatzkammer). Rechts Holbein d.J.: Heinrich VIII. (Lugano, Samml. Thyssen).

deutsche Kunst: M. Grünewald: Kreuzigung (um 1525)

deutsche Kunst

1 L. Corinth: Ostern am Walchensee; 1922 (New York, Slg. Ch. Berend-Corinth).

2 P. Klee: Mildtropische Landschaft; 1918

3 H. Hartung: Komposition; 1956.

4 O. Mueller: Zigeuner mit Sonnenblume; 1927 (Saarbrücken)

1

2

3

4

westfränk. Gebiets, das im 10. Jh. selbständig wurde. Auf dt. Boden entstanden: Torhalle in Lorsch (774?); Pfalzkapelle in Aachen (805 geweiht); Elfenbeinreliefs; Buchmalereien bes. der Aachener Hofschule (Adahandschrift u. a.).

Ottonische Zeit (Frühromanik, seit etwa 950): Erste Blüte der d. K.: Stiftskirche Gernrode (beg. 961); St. Michael in Hildesheim (1001-36); Bronzearbeiten der Werkstatt Bernwards von Hildesheim (Domtür, 1015); Goldene Maria des Essener Münsters (um 1000); goldene Altartafel Heinrichs II. aus dem Baseler Münster (um 1000; Paris, Musée Cluny); Kreuz und Krone der Reichskleinodien (Wien), Elfenbeinreliefs bes. auf Bucheinbänden. Hauptwerke europ. Buchmalerei, bes. der Reichenauer Schule (Evangeliar Ottos III., Perikopenbuch Heinrichs II.). Wandmalereien: St. Georg in Oberzell auf der Reichenau.

Salische Zeit (Romanik, seit etwa 1030): Kaiserdome in Speyer und Mainz (beide seit Anfang des 11. Jh., unter Heinrich IV. erneuert und eingewölbt); Abteikirche Maria Laach (seit 1093); Kirchen der Hirsauer Schule (Alpirsbach, Paulinzella u. a.). – Thronende Maria, Paderborn; Bronzekruzifixe (Werden, Minden); Bronzegrabplatte Rudolfs von Schwaben, Merseburger Dom; Holztür von St. Maria im Kapitol, Köln. – Buchmalereien (Echternacher Schule u. a.). Glasmalereien des Augsburger Doms.

Stauferzeit (Spätromanik und beginnende Gotik, seit etwa 1150): Vollendung der Dome von Worms, Mainz, Bamberg, der Abteikirche Maria Laach; Pfalzen (Wimpfen, Gelnhausen); Kloster Maulbronn; Roman. Kirchen im Elsaß (Maursmünster, Murbach); Groß St. Martin und St. Aposteln in Köln. – Plastik: Braunschweiger Löwe; Kreuzigungsgruppe im Halberstädter Dom, Grabmal Heinrichs des Löwen, Braunschweig, Dom; Chorschrankenreliefs im Bamberger, Goldene Pforte am Freiberger Dom. Reifste Werke der stauf. Plastik des 13. Jh. (französ. Gotik voraussetzend): Bildwerke im Straßburger Münster, Bamberger Dom, Naumburger Dom (Stifterfiguren, Lettnerreliefs). – Malerei: Fresken der Doppelkapelle Schwarzrheindorf; Holzdecke von St. Michael zu Hildesheim. Buchmalereien.

Gotik (seit Beginn des 13. Jh.): 1215 Magdeburger Dom nach frz. System beg.; Elisabethkirche in Marburg (gegr. 1236); Liebfrauen in Trier (Zentralbau, beg. um 1240); Straßburger Münster (Langhaus um 1250 beg.); Kölner Dom (seit 1248). Norddt. Backsteinkirchen. – Plastik: Gewändefiguren des Straßburger W-Portals, Pfeilerfiguren des Kölner Domchors; Grabmäler (Hohenlohe, Bamberg, Dom); Andachtsbilder; schöne Madonnen; neuer Wirklichkeitssinn seit Mitte des 13. Jh. (Parler). – Glasmalereien (St. Elisabeth, Marburg). Tafelmalerei: Böhm. Malerschule, Meister Bertram und Meister Francke in Hamburg, Konrad v. Soest in Westfalen.

Spätgotik, etwa 1350 Entwicklung zu einem

eigenen Stil von nat. Sonderart, vorwiegend Hallenkirchen: H. Stethaimer in Bayern (Martinskirche, Landshut, beg. 1351 u.a.); Chor von St. Lorenz, Nürnberg; St. Georg, Dinkelsbühl; Annenkirche, Annaberg; Marienkirche, Danzig. Weltl. Bauten (bes. Rathäuser). – Reichste Blüte der Plastik: Gerhaert v. Leyden, Syrlin, Grasser, Pacher, Stoß, Notke, Krafft, Riemenschneider, Backofen, Pilgram, Meister H. L., Leinberger, Dreyer. – Maler: Moser, Lochner, Witz, Multscher, Schongauer, Hausbuchmeister, Zeitblom, Wolgemut, Pacher, Holbein d. Ä. – Graphik.

Dürerzeit (Spätgotik und Renaissance um 1500 bis etwa 1530). Baukunst: vereinzelt Aneignung ital. Formen (Fuggerkapelle von St. Anna, Augsburg, 1509-12). – Plastik: Sebaldusgrab in St. Sebald, Nürnberg, spätgot. beg. von P. Vischer d. Ä., vollendet 1519 von seinen Söhnen; Daucher; Meit. – Malerei: Die Zeit der großen Meister: Grünewald, Dürer, Cranach, Altdorfer, Baldung, Holbein d. J., Burgkmair, Huber u. a.

Renaissance, Manierismus, Frühbarock (seit etwa 1510). Baukunst: fast nur weltl. Bauten. Schlösser: Torgau (1533-52), Heidelberg (Ottheinrichsbau, seit 1556), Aschaffenburg (seit 1605); Rathäuser: Rothenburg (seit 1572), Danzig (seit 1600); Augsburg (seit 1615), erster großer Kirchenbau: St. Michael, München (1583-97 nach röm. Vorbild). – Plastik: meist kleine Arbeiten (Jamnitzer); großplast. Werke im Übergang zum Barock: Reichl, Zürn u. a. – Malerei: im beginnenden Barock: Elsheimer in Rom, Liss in Venedig.

Barock (seit etwa 1650). Nach dem Dreißigjährigen Krieg ausländ. Baumeister in Dtl. Seit Ende des 17. Jh. neue Blüte der dt. Baukunst: Fischer v. Erlach, Hildebrandt und Prandtauer (Österreich), die Dientzenhofers (Böhmen und Franken), Schlüter (Berlin), Pöppelmann und Bähr (Dresden), Neumann (Würzburg), die Brüder Asam (Bayern); Spätzeit **(Rokoko):** J. M. Fischer, D. Zimmermann und Cuvilliés (Bayern), Knobelsdorff (Berlin, Sanssouci). – Bildhauer: Schlüter, Permoser, Donner, Egell, E. Q. Asam, Straub, Günther, Wenzinger, Diez; Porzellanbildner: Kändler, Bustelli u. a. – Hauptwerke der Malerei: Dekkenfresken in Kirchen, Klöstern, Schlössern Süddtl. (C. D. Asam, J. B. Zimmermann) und Österreichs (Troger, Maulbertsch).

Klassizismus (seit etwa 1770). Erster großer Bau: Brandenburger Tor von Langhans (beg. 1788); Schinkel, Weinbrenner, Klenze. – Bildhauer: Schadow, Dannecker, Rauch. – Maler: Mengs, Carstens, Graff, W. Tischbein.

Malerei des 19. Jh. Romantiker (Friedrich, Runge, Fohr, Brüder Olivier) und Nazarener (Overbeck, Pforr, Cornelius), Blechen, Rethel, Richter, Schwind, Krüger, Waldmüller, Menzel, Leibl, Thoma, Deutschrömer (Feuerbach, Böcklin, Marées); Ende des 19. Jh. und Anfang des 20. Jh.: Impressionisten (Liebermann, Slevogt, Corinth).

20. Jh. Expressionismus: Maler der → Brücke (Heckel, Kirchner, Schmidt-Rottluff, Mueller) und des → Blauen Reiters (Marc, Macke, Feininger, Klee), Nolde, Kokoschka, Beckmann, Hofer; Bildhauer: Lehmbruck, Barlach. – Erneuerung der Baukunst, ausgehend vom → Jugendstil und vom → Bauhaus (Gropius, Mies van der Rohe); Kirchenbaumeister: Bartning, Böhm u. a. – Abstrakte Maler: Kandinsky, Baumeister, Nay. – Bildhauer: Marcks, Mataré, Lehmann. – Übergang zur Moderne. Völlige Bedeutungslosigkeit der Architektur nach 1933 (historizist. Eklektizismus). Nach 1945 Versuche von Scharoun, Eiermann, Kraemer, May und Gutbrod, Anschluß an internat. Bauweise zu finden. Dieselben Bemühungen auf dem Gebiet der Malerei durch Baumeister, Nay, Meistermann; Begründung der → informellen Kunst durch Hartung und Wols. Ablösung durch Op-Art, Pop-Art, kinet. Objekte. Der abstrakten Plastik wandten sich Wotruba, Arp, Belling zu; reine Formgebilde schufen Baum, Hartung, konstruktive Figurationen Hajek, Heiliger, König.

Deutsche Lebensrettungs-Gesellschaft, DLRG, gegr. 1913, dient der Rettung und Wiederbelebung Ertrinkender.

deutsche Literatur. (→ deutsche Sprache, → Österreich, → Schweiz.) Die ältesten Zeugnisse sind meist geistl. Dichtung nach lat. Quellen. Die mittelhochdt. Zeit gestaltete im → Minnesang und im höf. Epos die aus Frankreich stammende Kultur des christl. Rittertums. Am Ende des MA. wurde die ritterl. von der bürgerl. Dichtung abgelöst, der Minnesang vom → Meistersang. Von Italien her wirkten → Humanismus und → Renaissance auf die d. L., die auch durch Luthers Reformation und Bibelübersetzung (1522-34) entscheidend geprägt wurde. Starke seel. Spannungen (Gegenreformation) und die neue höf. Kultur des Absolutismus fanden Ausdruck in der → Barockdichtung. Ihr folgte die Literatur der Aufklärung (Gottsched, Gellert). Höhepunkt der d. L. ist die von Klopstock, Lessing, Herder, Wieland und dem → Sturm und Drang heraufgeführte dt. Klassik (Goethe, Schiller). Die → Romantik gab den Anstoß zu einer sich über Europa verbreitenden geistigen Bewegung. Die d. L. wurde dann bestimmt von den Richtungen → Junges Deutschland, → Realismus, → Naturalismus, → Neuromantik, → Expressionismus. Große Einzelpersönlichkeiten: Wedekind, später Brecht als Dramatiker; H. und Th. Mann, Kafka, Hesse als Erzähler; Rilke als Lyriker. Weitere Erzähler: Döblin, Fallada; nach 1945: Andersch, Böll, Grass, Härtling, U. Johnson, Kempowski, Koeppen, S. Lenz, M. Walser. Neuere Lyriker: Rose Ausländer, Celan, Krolow, Meister, Nelly Sachs; Dramatiker: Kroetz, B. Strauss.

Deutsche Lufthansa AG., Köln, gegr. 1953 als Nachfolgerin der 1926 gegr. alten D. L.; internat. Flugnetz.

Deutsche Mark, Abk. **DM,** → Mark.

deutsche Mundarten, → deutsche Sprache.

Deutsche Notenbank, seit 1968 **Staatsbank der Dt. Dem. Rep.,** Zentralbank der Dt. Dem. Rep., Sitz Berlin-Ost.

Deutsche Ostgebiete, Teile des ehem. Dt. Reiches zw. Oder-Neiße-Linie im W und den Reichsgrenzen vom 31. 12. 1937 im O. Sie wurden 1945 durch das → Potsdamer Abkommen vorbehaltlich der Regelung durch einen Friedensvertrag unter poln. und sowjet. Verwaltung gestellt. Die D. O. umfassen Ostpreußen, fast ganz Schlesien, den überwiegenden Teil Pommerns und einen Teil von Brandenburg, zus. 114296 km^2 mit (1939) 9,62 Mio. Ew. Der sowjet. verwaltete Teil Ostpreußens wurde als Oblast Kaliningrad der Russ. SFSR eingegliedert; die poln. verwalteten Gebiete wurden auf 9 Woiwodschaften aufgeteilt. Die fast ausschließl. dt. Bev. wurde 1945-48 vertrieben oder später ausgesiedelt; nur rd. 800000 Deutsche sind zurückgeblieben. Polen und die UdSSR besiedelten die Gebiete neu. – Oberschlesien wurde zum wichtigsten schwerindustriellen Gebiet des Comecon außerhalb der UdSSR. 1970 erkannte die Bundesrep. Dtl. die Oder-Neiße-Linie als poln. Westgrenze (unter Friedensvertragsvorbehalt) an. Die Anerkennung der Oder-Neiße-Linie wird bes. von Polen und der UdSSR als unverzichtbare Voraussetzung im dt. Einigungsprozeß gesehen.

Deutsche Partei, DP, seit 1947, hervorgegangen aus der früheren Partei der Welfen, vereinigte sich 1961 mit dem Gesamtdt. Block/BHE zur Gesamtdt. Partei (GDP).

deutsche Philosophie, im dt. Sprachraum entstandene philosoph. Systeme. Im MA. wirkten dt. Denker (Albert d. Gr., Nikolaus v. Kues) an der Scholastik mit. Bis zum 17. Jh. waren Rechts- und Naturphilosophie (Paracelsus) vorherrschend. Erster universaler Denker der Neuzeit war Leibniz (Monadenlehre). Als erster bediente sich Chr. Wolff in seinen philosoph. Werken der dt. Sprache. Bahnbrechend für die neuere Philosophie wurde der Idealismus Kants. Mit ihm beginnt die Zeit des →Deutschen Idealismus, in der die d. P. Weltgeltung erlangte. Hegel wirkte in mehreren Richtungen schulbildend (Hegelianismus, Marxismus). Im 19. Jh. herrschten die Wendung zum Erfahrungswissen (Positivismus, Naturwissenschaft) und die Lebensphilosophie (Dilthey, Nietzsche) vor. An der Wende zum 20. Jh. standen Neukantianismus und Phänomenologie. Aus der letzteren entwickelte Heidegger (ähnlich auch Jaspers) die →Existenzphilosophie. Die Haupttendenzen der d. P. liegen heute in einer Wendung zur Anthropologie (A. Gehlen), zur Soziologie (→Kritische Theorie, →Frankfurter Schule) oder zur Sprachphilosophie. Letztere und eine mehr logistisch-wissenschaftstheoret. und methodolog. Orientierung, v.a. in Gestalt des →Kritischen Rationalismus, nahmen ihre Anregungen vorwiegend aus dem angelsächsischen Raum (bes. K. R. Popper).

Deutscher Bauernverband, DBV, Bonn, 1948 gegr. Spitzenverband der Länder-Bauernverbände.

Deutscher Beamtenbund, DBB, 1918 als Interessenvertretung der dt. Beamten gegr., Sitz Bonn-Bad Godesberg.

Deutscher Bund, bestand 1815-1866, →deutsche Geschichte, →Bundesversammlung.

Deutsche Reichsbahn, Abk. **DR,** 1920-45 die Staatsbahnen des Dt. Reichs (Schienenlänge 1932: 53931 km); der Name D. R. ist in der Dt. Dem. Rep. beibehalten worden (Streckenlänge 1983: 14226 km, davon 2096 km für elektr. Betrieb).

Deutscher Fußballbund, DFB, gegr. 1900, Sitz Frankfurt a. M., rd. 4,3 Mio. Mitgl.

Deutscher Gewerkschaftsbund, Abk. **DGB,** Düsseldorf, Gesamtorganisation der Einheitsgewerkschaften der Arbeiter, Angestellten und Beamten in der Bundesrep. Dtl., gegr. 1949, trat an die Stelle der 1933 aufgelösten polit. und konfessionell versch. Gewerkschaftsbünde. Vors. H.-W. Meyer (seit 1990). Im DGB sind 16 Industrie- u. a. →Gewerkschaften zusammengeschlossen. Ziele: Vollbeschäftigung, Wirtschaftswachstum, gerechte Einkommens- und Vermögensverteilung, Währungsstabilität, Mitbestimmung, Verhinderung des Mißbrauchs wirtschaftl. Macht u. a.

Deutscher Idealismus, philosoph. Entwicklung seit Kants Wendung zum transzendentalen Idealismus (1781), bis etwa 1830 (→Fichte, →Schelling, →Hegel, →deutsche Philosophie).

Deutscher Krieg von 1866, zw. Österreich und Preußen um die Vorherrschaft in Dtl.; Veranlassung: Uneinigkeit über die seit 1864 gemeinsamen Herzogtümer Schleswig und Holstein. Auf seiten Österreichs die dt. Mittelstaaten, auf seiten Preußens die norddt. Kleinstaaten und Italien. Unter Moltke Sieg der Preußen bei Königgrätz (3.7.). Vorfriede von Nikolsburg (26.7.), Friede von Prag (23.8.): Auflösung des Dt. Bundes; Einverleibung Hannovers, Schleswig-Holsteins, Hessen-Kassels, Nassaus und Frankfurts in Preußen, Errichtung des Norddt. Bundes, Abtretung österr. Venetiens an Italien.

Deutscher Michel, Karikatur des Deutschen: ein Bauernbursche mit Zipfelmütze und Kniehosen; Inbegriff der Einfalt.

Deutscher Orden, Deutschherren, Deutsche Ritter, einer der in den Kreuzzügen entstandenen geistl. Ritterorden, 1190/97 in Palästina gegr.; Tracht: weißer Mantel mit schwarzem Kreuz. Der D. O. begann 1226 unter dem Hochmeister Hermann von Salza die Christianisierung Preußens, dessen Eroberung bis 1283 vollendet war; Sitz der Hochmeister seit 1309 die Marienburg. Seit 1237 herrschte der D. O. auch über Livland und Kurland; ferner gewann er 1308/09 Pommerellen (Westpreußen) mit Danzig, 1346 Estland und kämpfte siegreich gegen die heidn. Litauer. Höhepunkt der Herrschaft unter dem Hochmeister Winrich von Kniprode (1351-82). Im Kampf gegen Polen-Litauen wurde der D. O. 1410 bei Tannenberg besiegt; nach dem »Dreizehnjährigen Krieg« (1454-66) verlor er Westpreußen und Ermland, während Ostpreußen unter poln. Lehnshoheit kam. 1525 verwandelte der Hochmeister Markgraf Albrecht von Brandenburg den preuß. Ordensstaat in ein protestant. erbl. Herzogtum. In Livland hielt sich die Ordensherrschaft noch bis 1561. Der kath. gebliebene Teil des Ordens lebte in Süd- und Westdtl. (Sitz Mergentheim) weiter; er wurde 1809 von Napoleon aufgehoben, 1834 von Franz I. von Österreich wiederhergestellt; 1929 in einen klerikalen Bettelorden umgewandelt, der heute noch besteht.

Deutscher Sportbund, DSB, gegr. 1950, Sitz Berlin (West), rd. 18,4 Mio. Mitgl.

Deutsches Arzneibuch, (DAB VII), amtl. Vorschriftenbuch über den Verkehr mit den wichtigsten Arzneimitteln.

Deutsche Schlafwagen- und Speisewagen-GmbH., Abk. **DSG,** Frankfurt a. M., gegr. 1949.

Deutsches Eck, Landzunge zw. Mosel und Rhein in Koblenz. (BILD Koblenz)

Deutsches Elektronen-Synchrotron, Abk. **DESY,** Forschungszentrum für Elementarteilchenphysik in Hamburg, seit 1964 in Betrieb; seit 1974 Betrieb des Doppelspeicherrings DORIS (∅ des Beschleunigungsrings 100 m; Elektronenenergien von 2×4,3 GeV). Seit 1979 ist ein Elektronen-Positronen-Tandem-Speicherring für 2×19 GeV in Betrieb, ∅ der Anlage PETRA: 750 m. 1988 begann der Probebetrieb der Hadron-Elektron-Ring-Anlage (HERA), mit der Protonen auf 820 GeV beschleunigt werden können.

Deutsches Museum von Meisterwerken der Naturwissenschaft und Technik in München, 1903 von O. v. Miller gegr., Neubau 1925; zeigt die Entwicklung von Naturwissenschaften, Technik und Industrie.

Deutsche Soziale Union, Abk. **DSU,** 1990 gegr. christliche Partei in der Dt. Dem. Rep., Vors.: H. Walther; beteiligte sich im Wahlbündnis »Allianz für Dtl.« an den Volkskammerwahlen 1990.

deutsche Sprache, Zweig der westgerman. Sprachen. Durch die hochdt. →Lautverschiebung wurde das Deutsche in 2 Gruppen gegliedert: **hochdeutsch** und **niederdeutsch** (→niederdeutsche Sprache). Zur hochdt. Gruppe zählen bes. Alemannisch und Bairisch, wo die Lautverschiebung am vollständigsten durchgedrungen ist; man faßt sie als **oberdeutsch** zusammen. **Mitteldeutsch** heißen die thüring. und fränk. Mundarten, die die Lautverschiebung in versch. Anteil mitgemacht haben, sowie die durch Mischung beider entstandenen Mundarten zu beiden Seiten des Erzgebirges, in der Lausitz und Schlesien bis nach O- und W-Preußen (Hochpreußisch).

Entwicklungsstufen des Hochdeutschen: **althochdeutsch** (750-1100), Beginn des Schrifttums und Aufnahme der antiken Bildung. **Mittelhochdeutsch** (1100-1500), mit der ersten Blüte der dt. Sprache um 1200 in der ritterl.-höf. Dichtung und dem Minnesang. Von den durch Mischung im ostdt. Siedlungsraum entstandenen Ausgleichsmundarten wurde am wichtigsten das Thüringisch-Obersächsische; durch eigene Entfaltungskraft und die Reichweite der landesherrl. obersächs. Kanzlei (Meißen) gewann es eine solche Breite, daß es, bes. auch durch die Schriften Luthers, als wichtigste Grundlage der **neuhochdeutschen Schriftsprache** zum Sieg verhelfen konnte. Die Literatur der dt. Klassik (Schiller, Goethe) brachte eine 2. Blüte der d. S.

Deutsches Rechenzentrum, Rechenzentrum in Darmstadt, zur Lösung von Rechenproblemen bei Forschungsvorhaben, gegr. 1962.

deutsches Recht, das auf german. Grundlage erwachsene Recht. Das ältere d. R. war mündlich überliefertes **Volksrecht,** das in den Volksgerichten gefunden wurde. Aus den zw. dem 5. und 9. Jh. in lat. Sprache aufgezeichneten Stammesrechten wurden **Landrechte** mit Geltung für best. Gebiete. Daneben traten Sonderrechte für best. Verhältnisse, so das Lehns-, Stadt-, Bergrecht. Weite Verbreitung und gesetzesähnl. Ansehen erlangten private Rechtsbücher, bes. der Sachsen- und der Schwabenspiegel. Die Zersplitterung des d. R. begünstigte am Ausgang des MA. die Übernahme (Rezeption) des röm. Rechts, das jedoch im 18. Jh. durch die naturrechtl. Gesetzbücher (preuß. Allg. Landrecht) wieder zurückgedrängt wurde. Das geltende → Bürgerliche Gesetzbuch hat deutsch- und römischrechtl. Bestandteile.

Deutsches Reich, 1) das alte dt. Reich bis 1806; amtl. seit dem 11. Jh. Röm. Reich, seit dem 15. Jh. Heiliges Röm. Reich Dt. Nation. **2)** amtl. Name für den 1871 von Bismarck gegr. Staat; er brach 1945 zusammen.

Deutsches Rotes Kreuz, → Rotes Kreuz.

Deutsche Volkspartei, DVP, 1918-1933 liberale, rechtsbürgerl. Partei, bis 1929 unter Führung Stresemanns.

Deutsche Welle, Rundfunkanstalt für den Osteuropa- und Überseedienst, gegr. 1953, Sitz Köln; Kurzwelle.

Deutsch Eylau, poln **Iława,** Stadt in der poln. Wwschaft Olsztyn, bis 1945 im Kr. Rosenberg, am Geserichsee, 22000 Ew.

Deutsch-Französischer Krieg von 1870/71. Ursache: Argwohn Frankreichs gegen Bismarcks Politik der Reichsgründung. Anlaß: Kandidatur des Erbprinzen von Hohenzollern-Sigmaringen auf den span. Thron und die Emser Depesche. Frz. Kriegserklärung am 19.7.1870, die süddt. Staaten traten sofort auf die Seite Preußens. Nach dt. Siegen bes. bei Wörth, Spichern und Sedan ergab sich Kaiser Napoleon III. Darauf schlossen die Deutschen Paris ein, zu dessen Befreiung Gambetta neue frz. Massenheere aufstellte. Sie wurden einzeln geschlagen. Paris ergab sich am 28.1.1871. Am 26.2. wurde der Vorfriede von Versailles geschlossen, am 10.5. der Frankfurter Friede. Das Elsaß und Teile Lothringens kamen an Dtl.

Deutschherren, der → Deutsche Orden.

Deutschland, Land Mitteleuropas, reicht von Nord- und Ostsee bis zu den Alpen, ist im W und O ohne natürl. Begrenzung. Da nach dem 2. Weltkrieg noch kein Friedensvertrag geschlossen ist, wird der Name D. hier für das Gebiet in Mitteleuropa gebraucht, das als Dt. Reich Ende 1937 eine staatsrechtl. Einheit bildete; seine Anliegerstaaten waren damals Dänemark, Niederlande, Belgien, Luxemburg, Frankreich, Schweiz, Österreich, Tschechoslowakei, Polen, Litauen. In dieser Begrenzung umfaßt D. rd. 471000 km². Durch die revolutionären Veränderungen im Ostblock und in der Dt. Dem. Rep. besteht 1990 die Möglichkeit, die seit nach dem 2. Weltkrieg bestehende Teilung D.s in die → Bundesrepublik Deutschland und die → Deutsche Demokratische Republik rückgängig zu machen (→ deutsche Geschichte). Die → Deutschen Ostgebiete unter fremder Verwaltung sind von der Vereinigung der dt. Staaten ausgenommen. ⊕ S. 488/89.

LANDESNATUR. D. ist durch Tiefland, Mittelgebirge und Hochgebirge in natürl. Großlandschaften gegliedert. Am Hochgebirge hat es nur im S Anteil. Das Norddt. Tiefland greift in 4 Buchten (Niederrhein., Münstersche, Sächs., Schles. Bucht) weit nach S in den Mittelgebirgsgürtel ein. Das Tiefland wird in O-W-Richtung von den Endmoränenzügen des nördl. (bis 300 m hoch) und südl. Landrückens und den dazwischenliegenden Urstromtälern durchzogen. In der diluvialen Eiszeit wurde ganz Nord-D. bis an den Mittelgebirgsrand mehrmals von dem von N vorstoßenden Inlandeis bedeckt; es entstand eine an Seen, Mooren, Sand- und Schotterablagerungen reiche Moränenlandschaft. Die Mittelgebirgsschwelle erstreckt sich vom Rhein. Schiefergebirge über Hessisches und Weser-Leine-Bergland, Harz, Thüringer Becken, Thüringer- und Frankenwald bis zum Böhm. Massiv mit seinen Randgebirgen. Hier und im Oberrhein. Mittelgebirgs-Stufenland sind alle geolog. Formationen vom Kambrium bis zur Kreide vertreten, auch vulkan. Ausbrüche aus dem Paläozoikum und dem Tertiär. Das Alpenvorland ist wie das Norddt. Tiefland durch die eiszeitl. Vergletscherung geformt. – GEWÄSSER. Die Flußgebiete von Rhein, Ems, Weser, Elbe entwässern zur Nordsee, die Oder zur Ostsee, die Donau zum Schwarzen Meer. Kanäle: Rhein-Herne-Kanal, Dortmund-Ems-Kanal, Mittellandkanal, Berlin-Stettiner-Großschiffahrtsweg, Nord-Ostsee-Kanal, Rhein-Main-Donau-Großschiffahrtsweg (im Ausbau). Seen (meist eiszeitl. Ursprungs): Boden-, Ammer-, Starnberger, Chiemsee u. a., im NO die Masur. Seen; vulkan. Ursprungs sind die Eifelmaare. – KLIMA. Von W nach O zunehmend Gegensätze der Jahreszeiten: Mitteltemperaturen im Jan. am Rhein um 0°, im südl. Ostpreußen um −5°C; im Juli am Rhein 17-18°C, im O um 17°C. Am wärmsten ist die Oberrhein. Tiefebene. Jahresniederschläge: durchschnittl. 690 mm.

BEVÖLKERUNG. D. ist fast ausschließlich von → Deutschen bewohnt. Ihre Verteilung über das Land ist durch die Wanderungsvorgänge im und nach dem 2. Weltkrieg grundlegend verändert worden. 1939 lebten in D. (Grenzen von 1937) 69,3 Mio. Ew. Die beiden Weltkriege brachten durch Kriegsverluste und Geburtenausfall eine Verschiebung des Altersaufbaus. Der Anteil der über 65jährigen erhöhte sich von (1871) 5% auf (1987) 15% in der Bundesrep. Dtl., rd. 19% in der Dt. Dem. Rep. (→ Bevölkerung).

KIRCHEN. Die Organisation der Kirchen blieb nach dem 2. Weltkrieg gesamtdeutsch, doch wurde das Religionsrecht in der Bundesrep. Dtl. und in der Dt. Dem. Rep. versch. ge-

Geburts- und Sterbefälle in D. (auf 1000 Ew.)[1]

Jahr/Jahre (Durchschn.).		Eheschließ.	Geborene	Gestorbene
1871-75		9,6	39,4	28,0
1896-1905		8,2	35,1	20,6
1911-13		7,8	28,1	15,9
1926-30		8,7	18,4	11,8
1936-38		9,2	19,1	11,7
1943		7,3	16,0	14,6
1950	a[2]	10,7	16,2	10,5
	b[2]	11,7	16,5	11,9
1960	a	9,4	17,4	11,6
	b	9,7	17,0	13,6
1987	a	6,03	10,5	11,2
	b	17,5	13,6	12,9

[1]) 1871-1943 = Reichsgebiet, jeweiliger Gebietsstand. [2]) a = Bundesrep. Dtl., b = Dt. Dem. Rep.

staltet. Die kath. Kirche ist organisiert in Kirchenprovinzen. Die kollegiale Leitung der kath. Kirche in D. liegt bei der dt. Bischofskonferenz. – Die evang. Kirchen gliedern sich in lutherische, reformierte und unierte Landeskirchen; Gesamtorganisation: → Evangelische Kirche in Deutschland. – Neben der Altkath. Kirche gibt es 6 evang. Freikirchen und viele außerkirchl. Weltanschauungsgemeinschaften.

WIRTSCHAFT. Die 1945 geschaffenen Besatzungszonen und die Herauslösung der östl. der Oder-Neiße-Linie gelegenen Gebiete zerrissen einen in langer Entwicklung entstandenen Wirtschaftsraum.

In der Landwirtschaft lagen bis 1945 die Hauptgebiete im Osten. Auf die unter fremder Verwaltung stehenden Dt. Ostgebiete entfielen 25% der landwirtschaftl. Nutzfläche, 23% der Waldfläche. Auf dem Gebiet der Dt. Dem. Rep. hat sich durch die 1945-47 in der sowjet. Besatzungszone durchgeführte Bodenreform und die spätere Zwangskollektivierung die Aufteilung der landwirtschaftl. Nutzfläche verschoben. 1950 entfielen auf privatwirtschaftl. Betriebe 94,3% der Nutzfläche, 1960: 7,5%, 1988: 5,4%. – Anbau: Getreide, Kartoffeln; Zuckerrüben und Hülsenfrüchte in Mittel-D.; Obst und Wein in wärmeren Gegenden (z. B. Rheintal und seine Nebentäler); Gemüse bes. in der Nähe der Städte; weitere Erzeugnisse: Tabak, Hopfen, Hanf, Flachs, Raps, Rüben. Viehzucht: Rinder (bes. Alpen, Voralpen, Küstengebiete), Pferde, Schweine, Schafe, Geflügel.

⚒ auf Steinkohle bes. im Ruhrgebiet, im Saarland, in Oberschlesien und im Erzgebirg. Becken, auf Braunkohle in Mittel-D. und am Niederrhein, Eisenerze am Harz, im Siegerland, an Lahn und Dill, Kupfererz in Mittel-D., Kali- und Steinsalze in Nord- und Mittel-D. und am Oberrhein, Zinkerze in Oberschlesien; Erdölfelder im Emsland, in Niedersachsen, Holstein.

INDUSTRIE. Grundlage der Industrialisierung D.s waren Eisen- und Stahlind. in den Steinkohlengebieten und in Niedersachsen. Die chem. Ind. entstand im Bereich des Rheins und im südl. Mittel-D. Die Maschinen- und Metallind. entwickelte sich in allen größeren Städten, die elektrotechn. Industrie bes. in NRW, im Neckar-Gebiet, im Raum Nürnberg-Fürth und in Berlin, die Textilind. am Niederrhein, in Westfalen, Sachsen, Südwest-D., Schlesien, die Nahrungs- und Genußmittelind. in allen größeren Ballungsgebieten.

Nach 1945 wurde durch die wirtschaftl. Ausrichtung der Bundesrep. Dtl. nach W und der Dt. Dem. Rep. nach O die Einheit des Wirtschaftsraumes weitgehend zerrissen. Im Zuge der angestrebten Vereinigung der Bundesrep. Dtl. und der Dt. Dem. Rep. wurden 1990 zuerst die Währungs- und Wirtschaftsunion hergestellt.

G → deutsche Geschichte.

Deutschlandfunk, Rundfunkanstalt des öffentl. Rechts, Mitglied der ARD, gegr. 1960, Sitz: Köln, strahlt über eine Langwelle und 4 Mittelwellen Programme in dt. Sprache und in 14 europ. Sprachen aus.

Deutschlandlied, das Gedicht »Deutschland, Deutschland über alles« von H. Hoffmann v. Fallersleben (1841) mit der Weise von J. Haydn (1781), dt. Nationalhymne 1922-45; in der Bundesrep. Dtl. 1952 wiedereingeführt; bei offiziellem Anlaß wird die 3. Strophe gesungen.

Deutschlandvertrag, »Vertrag über die Beziehungen der Bundesrep. Dtl. mit den 3 Mächten« (Bonner Vertrag), der am 26. 5. 1952 in Bonn zw. der Bundesrep. Dtl. und den USA, Großbritannien und Frankreich abgeschlossen wurde, mit dem **Generalvertrag** als Kernstück. Der D. trat am 5. 5. 1955 in Kraft, nachdem er durch das »Protokoll über die Beendigung des Besatzungsregimes« (Paris 23. 10. 1954) geändert und erweitert worden war. Der D. löste das Besatzungsstatut ab, gab der Bundesrep. Dtl. die Souveränität, zunächst mit Einschränkungen, und regelt die Rechtslage der in der Bundesrep. Dtl. stationierten Truppen. Die Bundesrep. Dtl. wurde Mitgl. der NATO und der WEU.

Deutschmeister, Landmeister des → Deutschen Ordens für West- und Süddtl.

Deutschnationale Volkspartei, DNVP, 1918-1933 Rechtspartei in Dtl., monarchistisch, konservativ, mit kurzen Unterbrechungen in scharfer Opposition gegen die Reichsregierung, 1931 in der → Harzburger Front; Vors. u. a. Helfferich, Hugenberg.

Deutsch-Ostafrika, ehem. dt. → Schutzgebiet.

Deutsch-Südwestafrika, ehem. dt. → Schutzgebiet.

Deutschvölkische, polit. Bewegung mit antisemit. Tendenz, Vorläufer des → Nationalsozialismus. Innerhalb der D. bestanden: **D. Partei, D. Freiheitspartei** (v. Graefe, Wulle), der **Tannenbergbund** (Ludendorff).

Devalvation [lat.] die, → Abwertung.

Development Assistance Committee [dɪv'eləpmənt əs'ɪstəns kəm'ɪtɪ], Abk. **DAC,** Ausschuß der OECD. Aufgabe: Vorbereitung von Kapitalhilfen an Entwicklungsländer, Koordinierung der Entwicklungshilfepolitik.

Deventer, Stadt in den Niederlanden, an der Ijssel, 65 600 Ew.; Hafen, Ind.

Deviation [lat.] die, Ablenkung der Kompaßnadel durch den Magnetismus eiserner Schiffsteile.

Devise [frz.] die, **1)** Wahlspruch. **2)** allg.: ausländ. Zahlungsmittel jeder Art (auch Banknoten, Münzen). I. e. S. und bankwirtschaftl. nur Ansprüche auf Zahlungen in fremder Währung an einem fremden Platz. Die seit der Weltwirtschaftskrise aufgekommene **D.-Bewirtschaftung** erfaßte die vorhandenen und anfallenden D. und lenkte ihre Verwendung (in der Bundesrep. Dtl. durch Einführung der Konvertierbarkeit der DM 1958 abgeschafft). Bei der **D.-Kontrolle** unterscheidet man ohne Rücksicht auf die Staatsangehörigkeit **D.-Inländer** (Wohnsitz in der Bundesrep. Dtl. oder W-Berlin) und **D.-Ausländer.**

Devolutionskrieg, der erste Eroberungskrieg (1667/68) Ludwigs XIV. von Frankreich gegen die Span. Niederlande. Frankreich erhielt Teile Flanderns und des Hennegaus.

Devon das, **Devonische Formation** [nach der engl. Cty. D.], → Erdgeschichte.

Devon [devn], Cty. im SW Englands; Hptst.: Exeter.

devot [lat.], **1)** ergeben. **2)** fromm.

Devotionalien [lat. devotio »Andacht«] Mz., Andachtsgegenstände, z. B. Heiligenbildchen.

Dewar-Gefäß [dj'uə], nach dem engl. Chemiker J. Dewar (*1842, †1923) benanntes, innen versilbertes Vakuummantelgefäß (→ Thermosflasche).

Dewey [dj'u:i], John, amerikan. Philosoph und Pädagoge, *1859, †1952, entwickelte den → Pragmatismus zum »Instrumentalismus«.

Dextrin das, aus Stärke durch Rösten, Hydrolyse oder enzymat. Abbau hergestelltes wasserlösl. Pulver. Klebstoff, Steifmittel.

Dezem [lat. decem »zehn«] der, Zehnt.

Dezemvirn [lat. »Zehnmänner«] Mz., im alten Rom: Behörden von 10 Männern; die älteste soll 451 v. Chr. mit großen Vollmachten gewählt worden sein (Aufzeichnung des Zwölf-Tafel-Gesetzes).

Dezennium [lat.] das, -s/...nnien, Jahrzehnt.

Dezentralisation [lat.] die, **1)** Aufgliederung. **2)** die Übertragung staatl. Verwaltungsaufgaben auf Selbstverwaltungskörper, wie Gemeinden oder nachgeordnete Behörden.

Dezernat [lat.] das, Unterabteilung einer Behörde für ein bestimmtes Sachgebiet. **Dezernent** der, Sachbearbeiter, Berichterstatter.

Dezi... [lat. decem »zehn«], bedeutet als Vorsatzzeichen bei Maßeinheiten und Gewichten ein Zehntel, z. B. Dezimeter = $\frac{1}{10}$ m = 10 cm.

Dezibel, Abk. **dB,** dekadisch logarithm. Maß für das Verhältnis von elektr. Spannungen, Strömen oder Leistungen, z. B. am Anfang und Ende einer Leitung oder eines Vierpols (Dämpfung oder Verstärkung); es wird auch angewendet für den **Schalldruckpegel** (Bezugsschalldruck Hörschwelle) und ist bei Normschall von 1000 Hz zahlenmäßig gleich der Lautstärke in Phon; auch das **Schallisolationsmaß** wird in dB angegeben. 1 dB = 0,1 Bel (zu Ehren von A. G. Bell).

dezimal [lat.], auf der Zahl 10 beruhend. **Dezimalbruch,** → Bruch.

Dezimalklassifikation, Abk. **DK,** von dem amerikan. Bibliothekar M. Dewey (†1931) entworfenes Ordnungssystem für das Gesamtwissen.

Dezimalsystem, dekadisches System, △ Stellenwertsystem mit der Grundzahl 10. Jedes vollständige Durchzählen wird als neue Einheit (Zehner) vermerkt. 10 Zehner ergeben einen Hunderter usw. Die höheren Einheiten werden durch die Stellung der Ziffern vermerkt, die sie zählen; z. B. $5432 = 5 \cdot 1000 + 4 \cdot 100 + 3 \cdot 10 + 2 \cdot 1$. Das D. wird durch die Dezimalzahlen um Einheiten erweitert, die kleiner als 1 sind. Rechts vom Komma folgen Zehntel, Hundertstel usw., z. B. $2{,}45 = 2 \cdot 1 + 4 \cdot \frac{1}{10} + 5 \cdot \frac{1}{100}$.

Dezime [lat.] die, ♩ zehnte Stufe einer Tonleiter vom Grundton aus.

Dezimeterwellen, elektromagnet. Schwingungen von 10-100 cm Wellenlänge.

dezimieren [lat.; urspr. Strafe für einen Truppenteil: Vollstreckung der Todesstrafe an jedem 10. Truppenangehörigen], starke Verluste beibringen.

Dezitonne, Einheitenzeichen **dt,** gesetzl. Einheit der Masse, 1 dt = 100 kg.

DGB, → **D**eutscher **G**ewerkschafts**b**und.

Dhaka, Dacca, Hptst. von Bangladesh, im Gangesdelta, 3,5 Mio. mit Außen-Bez.; Univ.

Dharan, Mittelpunkt der Erdölind. in Saudi-Arabien, an der Westküste des Pers. Golfs, rd. 40 000 Ew.

Dhaulagiri, Berg in Nepal, 8167 m hoch, 1960 erstmals bestiegen.

d. i., Abk. für **d**as **i**st.

di... [grch.], Vorsilbe in Fremdwörtern: zwei..., doppel...; z. B. Diphthong, Doppellaut.

dia... [grch.], in Fremdwörtern: durch..., ent..., über...; z. B. Diameter, Durchmesser.

Diabas [grch.] der, Ergußgestein, schwarz oder dunkelgrün, Gemenge von Plagioklas und Augit (als Pflaster-, Werkstein).

Diabetes mellitus [grch.-lat. »süßer Durchgang«] der, → Zuckerkrankheit. **Diabetiker** der, Zuckerkranker.

diabolisch [lat.], teuflisch.

Diadem [grch.] das, Kopf- oder Stirnschmuck.

Diadochen [grch. »Nachfolger«] Mz., die Feldherren Alexanders d. Gr., die nach seinem Tode (323 v. Chr.) sein Reich teilten. Es bildeten sich die 3 hellenist. Reiche: Ägypten unter den Ptolemäern, Asien unter den Seleukiden, Makedonien unter den Antigoniden.

Diaghilew, Sergej, russ. Ballett-Impresario, *1872, †1929.

Diagnose [grch.] die, Erkennen der Krankheit.

Diagonale [grch.] die, Gerade, die 2 nicht benachbarte Ecken eines Vielecks miteinander verbindet (Abb., d). Die Gerade, die 2 nicht auf derselben Seitenfläche liegende Ecken eines Körpers verbindet, heißt **Raum-D.** (Abb., D).

Diagramm [grch.] das, Schaubild, graph. Darstellung beobachteter oder errechneter Werte, z. B. Temperaturen, Handelsziffern, technisch-physikal. Verhältniszahlen.

Diakon [grch. »Diener«] der, **1)** frühe christl. Kirche: Armenpfleger. **2)** kath. Kirche: Vorstufe zum Priester; als selbständiger Amtsträger zugelassen. **3)** evang. Kirche: Hilfsgeistlicher, auch Gemeindehelfer, Krankenpfleger. **Archidiakon,** Titel bestimmter Diakone. **Diakonat** das, Amt, Würde, Amtsstätte eines D. **Diakonie,** die, in der evang. Kirche soziale Arbeit in der Gemeinde.

Diakonisches Werk, seit 1976 vollzogener Zusammenschluß der → Inneren Mission und des → Hilfswerks der Evangelischen Kirche in Deutschland mit der Aufgabe, die diakon.-missionar. Arbeit zu fördern; Aufgaben: Ausbildung der Diakone und Diakonissen; Frauenarbeit; Jugendarbeit; Gesundheitsfürsorge; Erziehungsarbeit; Gefährdetenfürsorge; Fürsorge für die heimatfremde, reisende u. wandernde Bev.; Presse und Volksbildungsarbeit, Schriftenmission; soziale Arbeit; Volksmission; evang. Familienarbeit.

diakritische Zeichen, Striche, Punkte, Häkchen u. a. über oder unter einem Buchstaben; zur Aussprachebezeichnung.

Dialekt [grch. »Sprache«] der, → Mundart.

Dialektik [grch.] die, **1)** kunstvolle Führung eines Gesprächs. **2)** Fortschreiten des Denkens in gegensätzl. Begriffen. Nach Hegel erzeugt jeder Begriff als Thesis einen entgegengesetzten, die Antithesis. Aus beiden Begriffen geht wieder die Synthese hervor, als höhere Form, in der die Widersprüche »aufgehoben« sind. Marx übernahm Hegels dialekt. Methode in seinen Dialektischen → Materialismus. **Dialektiker,** Meister in der D.; **dialektisch, 1)** die D. betreffend. **2)** spitzfindig.

Dialektische Theologie, innerhalb der evang. Theologie seit dem 1. Weltkrieg durch Barth, Brunner, Bultmann, Gogarten u. a. vollzogene Neuorientierung, die an → Kierkegaard anknüpft. Mensch und Gott stünden unvereinbar gegenüber; der verborgene Gott offenbare sich nur im »Wort«, das Gott in dem Ereignis Jesus Christus zur Menschheit gesprochen habe, und in der Verkündigung. Der Glaube sei ein Wagnis. Die D. T. richtet sich gegen liberale und orthodoxe Theologie und hat stark auf die → Bekennende Kirche gewirkt.

Dialog [grch.] der, Zwiegespräch.

Dialyse [grch.] die, **1)** ⚗ Abtrennung niedermolekularer Begleitstoffe (Salze) aus einer Lösung hochmolekularer Stoffe (Eiweiß, Stärke u. a.) durch best. Filter. **2)** → künstliche Niere.

Diamagnetismus der, Eigenschaft aller Stoffe, im Magnetfeld schwach ausgeprägte magnet. Eigenschaften zu bekommen; verursacht durch Wechselwirkungen zw. Atomelektronen und Magnetfeld. D. ist i. d. R. nur beobachtbar, wenn er nicht durch → Ferromagnetismus oder → Paramagnetismus verdeckt ist, also z. B. bei Atomen und Molekülen ohne magnet. Eigenmoment.

Diamant [grch. adamas »unbezwingbar«] der, **1)** aus reinem Kohlenstoff (C) bestehendes Mineral; vorherrschende Kristallform: Oktaeder, Dodekaeder. D. kommen auch in dichten, regellosen Massen (Ballas) oder in dichten bis körnigen, schwarzglänzenden Rollstücken (Carbonados) vor. Farblos und durchsichtig ist der D. einer der wertvollsten Edelsteine; auch kräftige »Phantasiefarben« sind geschätzt. – Der D. ist der härteste natürl. Stoff (Ritzhärte 10), doch gut spaltbar und

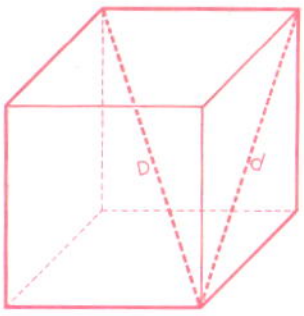

Diagonale

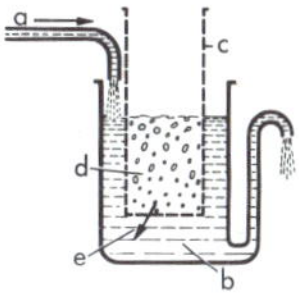

Dialyse: a Wasserzufluß, b Wasser, c Membran, d Eiweißlösung, e Richtung des Salzdurchtrittes

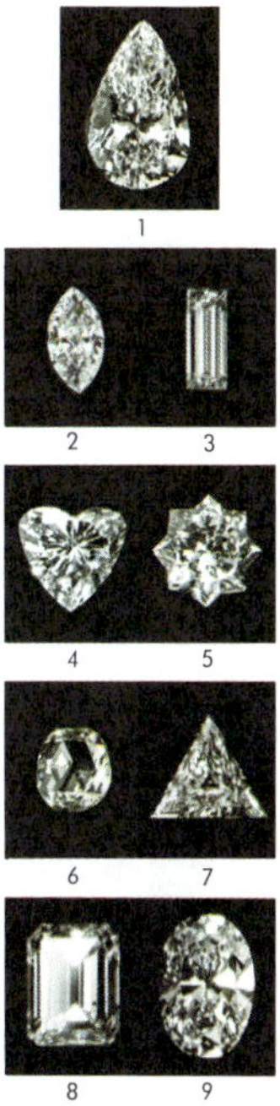

Diamant 1): 1–9 Diamantschliffe; 1 D.-Tropfen, 2 D.-Navette, 3 D.-Baguette, 4 D.-Herz, 5 D.-Stern, 6 D.-Rose, 7 D.-Triangle, 8 D.-Emeraldcut, 9 D. oval

1

2

3

4

Diamant 1): 1 Brillant, 2–4 Brillanten in Phantasiefarben Gelb, Cognac, Blau-Grün

sehr spröde. Er wird vorwiegend als → Brillant bearbeitet (geschliffen). Vorkommen in primären (Muttergestein Kimberlit; Rep. Südafrika, Tansania, UdSSR) und sekundären Lagerstätten sowie in Flußablagerungen (Seifen; Namibia, Zaire, Angola u. a.). Verwendung für Schmuck oder als Ind.-D. (Glasschneider, Werkzeuge). Synthet. D. verwendet man zu techn. Zwecken. Bearbeitungszentren (Schleifereien) in Belgien, Israel, den USA, der Bundesrep. Dtl. u. a.

2) die, ⌀ ein Schriftgrad von 4 typograph. Punkten, 1,504 mm.

Diamat, Abk. für **Dia**lektischer **Mat**erialismus (→ Dialektik, → Materialismus).

Diameter [grch.] der, → Durchmesser; **diametral entgegengesetzt,** völlig entgegengesetzt.

Diana, röm. Göttin, als Jagdgöttin der grch. Artemis gleichgesetzt.

Diana [daɪ'ænə], Princess of Wales, urspr. Lady Diana Frances Spencer, *1961, ⚭ seit 1981 mit dem brit. Thronfolger Prinz Charles.

Dianthus die, Pflanzengattung, → Nelken.

diaphan [grch.], durchscheinend.

Diaphragma [grch. »Scheidewand«] das, -s/...men, **1)** ♡ das → Zwerchfell. **2)** ⚗ poröse Trennwand bei elektrochem. Prozessen.

Diapositiv das, kurz **Dia,** photograph. Bild auf durchscheinender Unterlage (Glas, Kunststoff), zur Vorführung im Bildwerfer.

Diarbekr, türk. Stadt, → Diyarbakır.

Diärese [grch.] die, getrennte Aussprache von 2 nebeneinander stehenden Vokalen, z. B. Poesie. Zeichen der D. ist das → Trema.

Diarium [lat.] das, -s/...rien, Tagebuch.

Diarrhöe [grch. »Durchfluß«] die, → Durchfall.

Diaskop das, **Diaprojektor** der, Bildwerfer für durchsichtige Bilder (Diapositive).

Diaspora [grch. »Zerstreuung«] die, unter Andersgläubigen zerstreut lebende Glaubensgenossen sowie die Gebiete, in denen sie wohnen.

Diastase [grch.] die, evang. Theologie: Gegensätzlichkeit von Christentum und Kultur.

Diastole die, Erweiterung der einzelnen Herzteile. Ggs.: → Systole.

Diät [grch.] die, bes. Ernährungsweise. **Diätetik** die, Lehre von der → Ernährungstherapie.

Diäten [lat.] Mz., Entgelt für die Tätigkeit der Abg.; MdB erhalten steuerpflichtige Entschädigung und steuerfreie Kostenpauschale.

diatherman [grch.], für Wärmestrahlen durchlässig (z. B. Glas). Ggs.: **atherman.**

Diathermie [grch.] die, ♡ früher gebräuchl. Wärmebehandlung mit hochfrequenten Wechselströmen.

Diathese [grch.] die, körperl. Anlage oder erhöhte Empfänglichkeit für eine Krankheit.

Diatomeen, → Kieselalgen.

Diatonik [grch.] die, ♩ Tonordnung aus den natürl. Ganz- und Halbtönen der 7 Stufen einer Dur- oder Molltonleiter; Ggs.: Chromatik. Eigw.: **diatonisch.**

Diaz [d'iaʃ], **1)** Bartholomeu, portugies. Seefahrer, *um 1450, †1500, umsegelte 1487/88 Afrika. **2)** Porfirio, mexikan. Staatsmann, *1830, †1915, General gegen Kaiser Maximilian; 1876-1880 und 1884-1911 Staatspräs.

Di|azoniumverbindungen, ⚗ Klasse salzartiger organ. Verbindungen. Man kann aus den D. viele wichtige Farbstoffe herstellen.

dibbeln [engl.], Samen in Reihensaat häufchenweise auslegen.

Dibelius, Otto, evang. Theologe, *1880, †1967; als Generalsuperintendent der Kurmark 1933 amtsenthoben, 1945-66 Bischof von Berlin, 1949-61 Vors. des Rates der EKD.

Dichotomie [grch.] die, **1)** LOGIK: zweigliedrige Bestimmung eines Begriffs durch einen ihm untergeordneten und dessen Verneinung. **2)** ⚘ gablige Verzweigung.

Dickens

Dichroismus [grch. »Zweifarbigkeit«] der, Farbwechsel vieler Kristalle, je nach Blickwinkel und Polarisation des Lichts.

Dichroskop [grch.] das, Vorrichtung zur Prüfung der Mineralien auf → Dichroismus.

Dichte die, Formelzeichen ϱ, ⊠ der Quotient aus Masse und Volumen eines Stoffes, SI-Einheit der D. ist kg/m³ (g/cm³, kg/dm³). Dichtezahl, relative D., die D. eines Körpers im Verhältnis zur D. des Wassers bei 4°C (= 1); ist zahlenmäßig gleich der D., aber dimensionslos.

Dichtung, Sprachkunstwerk. Die Vielzahl der dichter. Aussageformen wird 3 Grundgatt. **(Dichtungsgatt.)** untergeordnet: Lyrik, Epik (erzählende Dichtung), Dramatik. Als Kunstmittel verwendet die D. Rhythmus, Metrum, Reim, Strophe, vor allem die versinnlichende oder vergeistigende Kraft symbol. Aussageweise (Bild, Gleichnis). Als Hymne und Gebet, mythisch-ep. Bericht, Preislied und Spruch ist D. schon aus den ersten Anfängen menschl. Kultur überliefert.

Dichtung, ⊙ Mittel (Leder, Gummi u. a.) oder Vorrichtungen, um an Verbindungs- oder Durchgangsstellen (z. B. Rohrleitung) den Austritt von Gasen, Dämpfen, Flüssigkeiten zu verhindern.

Dickblatt, Pflanzengatt., verwandt mit → Hauswurz und → Fetthenne.

Dickens, Charles, engl. Schriftst., *1812, †1870, schrieb sozialkrit. Romane voll lebendiger, oft etwas verschrobener Gestalten: »Die Pickwickier«, »Oliver Twist«, »David Copperfield«.

Dickhäuter, Vielhufer, ✿ für Schweine, Elefanten, Nashörner, Flußpferde.

Dick-Read [-ri:d], Grantly, engl. Geburtshelfer, *1890, †1959, ersann ein Verfahren körperlich-seel. Vorbereitung auf die Geburt, das die Schmerzen vermindern und die Entbindung erleichtern soll (Schwangerschaftsgymnastik).

Dictum [lat.] das, Spruch. Sprichwort.

Didache [grch.] die, Zwölfapostellehre, älteste erhaltene christl. Kirchenordnung (2. Jh.).

Didaktik [grch.] die, Teil der Erziehungslehre, legt die Gesetze und Regeln für den Unterricht dar. **Didaktische Dichtung,** → Lehrdichtung.

Diderot [didr'o], Denis, frz. Philosoph, Schriftst. der Aufklärung, *1713, †1784; Hg. der frz. Enzyklopädie; bürgerl. Schauspiele, Romane.

Dido, sagenhafte Gründerin Karthagos; tötete sich (nach Vergil), als Äneas sie verließ.

Didot [did'o], frz. Drucker- und Buchhändlerfamilie im 18. Jh. **Didotsystem:** typograph. Punktsystem zur Berechnung des Setzmaterials.

Diebstahl, ⚖ Wegnahme einer fremden bewegl. Sache in der Absicht, sie sich rechtswidrig anzueignen; **einfacher D.** wird mit Freiheitsstrafe bis zu 5 Jahren, **schwerer D.** (z. B. Einbruch-, Nachschlüssel-, Bandendiebstahl) und **Rückfall-D.** meist mit Freiheitsstrafe bis zu 10 Jahren bestraft (§§ 242 ff. StGB).

Diedenhofen, frz. **Thionville** [tjɔ̃v'il], Stadt in Lothringen, a. d. Mosel, 40 600 Ew.; Eisen-Ind.

Diele, 1) Brett für Fußböden. **2)** Flur, auch vornehmer Wohnraum **(Wohn-D.). 3)** Gaststättenart **(Eis-D., Tanz-D.).**

Di|elektrikum das, -s/...ka, elektrisch isolierender Stoff, in dem ein äußeres elektr. Feld ein Gegenfeld aufbaut. Zw. den Platten eines Kondensators erhöht ein D. dessen Kapazität.

Di|elektrizitätkonstante, Maßzahl (ε_r), die angibt, um wieviel sich die Kapazität eines Kondensators erhöht, wenn sich statt Luft ein → Dielektrikum zw. den Platten befindet.

Diem, Carl, *1882, †1962; Mitgründer der Dt. Hochschule für Leibesübungen 1920 in Berlin und der Sporthochschule in Köln 1947.

Dieme die, → Feim.

Diemel die, linker Nebenfluß der Weser.

Dien Bien Phu, ehem. frz. Stützpunkt in Vietnam; 1954 von den → Vietmin erobert.

Diẹne, Diolefịne, Kohlenwasserstoffe mit 2 Doppelbindungen. D. mit konjugierten Doppelbindungen können Stoffe mit einfachen Doppelbindungen unter Ringbildung anlagern **(Dien-Synthese).**

Dienstauszeichnung, meist mehrstufige Auszeichnung für Beamte, Angehörige von Polizei und Armee.

Dienstbarkeit, ⚖ das → dingliche Recht, eine fremde Sache beschränkt zu nutzen. **1) Grunddienstbarkeit,** Belastung eines Grundstückes zum Vorteil des jeweiligen Eigentümers eines andern (des »herrschenden«) Grundstückes, z. B. Überfahrtrecht (§§ 1018 ff. BGB); **2) beschränkte persönliche D.,** Grunddienstbarkeit, die einer bestimmten Person zusteht; unübertragbar, erlischt mit dem Tode des Berechtigten (z. B. Wohnungsrecht; §§ 1090 ff. BGB), → Nießbrauch.

Dienste, Ez. **Dienst** [von dienen] der, 🏛 dem Pfeilerkern oder der Wand vorgelegte dünne Säulen zur Aufnahme der Gewölberippen, bes. in der Gotik; die stärkeren (»alten«) D. nehmen die Gurte und Schildbögen, die schwächeren (»jungen«) die Rippen auf.

Diensteid, → Amtseid.

Dienstenthebung, vorläufige, durch dienstl. Interessen gebotene Amtsenthebung, bes. der Beamten und Richter.

Dienstgeheimnis, → Amtsgeheimnis.

Dienstleistungen, wirtschaftl. Tätigkeiten, die nicht in Erzeugung von Sachgütern, sondern in persönl. Leistungen bestehen: Handel, Banken, Versicherungen, Transport- und Nachrichtenwesen, öffentl. Verwaltung, freie Berufe (z. B. Rechtsberatung u. a.).

Dienstleistungsabend, volkstüml. Bez. für die seit Okt. 1989 donnerstags auf 20.30 Uhr verlängerte Ladenschlußzeit.

Dienststrafrecht, → Disziplinarrecht.

Dienstvertrag, Vertrag, durch den sich jemand verpflichtet, einem anderen Dienste gegen Entgelt zu leisten, ohne einen bestimmten Arbeitserfolg zu versprechen (§§ 611 ff. BGB), für viele Arbeitsverhältnisse Sonderbestimmungen. → Arbeitsvertrag; → Werkvertrag.

Dientzenhofer, bayer. Baumeisterfamilie des Barocks; Christoph, *1655, †1722, wirkte in Prag; sein Bruder Johann, *1663, †1726, baute u. a. den Dom zu Fulda; Christophs Sohn Kilian Ignaz, *1689, †1751, war Hauptmeister des Prager Barocks.

Diepgen, Eberhard, Politiker (CDU), *1941, 1984-89 Reg. Bürgermeister von Berlin.

Dieppe [di'ɛp], Hafenstadt und Seebad in N-Frankreich, am Ärmelkanal, 25 600 Ew.; Textil-, Maschinenind.

dies [lat.] der, Tag. **d. acadẹmicus,** Feiertag der Hochschule. **d. ịrae,** Tag des Zornes (Jüngstes Gericht).

Diesel, Rudolf, *1858, †1913, entwickelte zusammen mit der Maschinenfabrik Augsburg-Nürnberg (MAN) und Krupp den → Dieselmotor.

Dieselmotor [→ Diesel], Verbrennungskraftmaschine; Kennzeichen: im Zylinder gebildetes Kraftstoff-Luft-Gemisch und Selbstentzündung des Gemisches. Der Dieselkraftstoff ist Gasöl (Schweröl), das einen höheren Siedepunkt, aber niedrigere Zündtemperatur als Benzin hat (→ Zündwilligkeit). Arbeitsweise: → Vier- oder → Zweitaktverfahren. Im Ggs. zum → Ottomotor wird reine Luft angesaugt, im 2. Takt auf 30 bis 55 bar verdichtet und dabei auf 700 bis 900°C erhitzt; durch Strahlzerstäubung oder besondere Form des Verbrennungsraumes (Vorkammer, Wirbelkammer, Luftspeicher) wird erreicht, daß der im Zündzeitpunkt eingespritzte Kraftstoff sich gut mit der Verbrennungsluft mischt und selbst entzündet. Zum Anlassen der Vorkammer- u. a. Motoren sind → Glühkerzen erforderlich. Kühlung der D. durch Wasser oder Luft. Vorzüge der D.: Wirtschaftlichkeit durch Verarbeitung billiger Kraftstoffe von geringer Feuergefährlichkeit. Anwendung: Kraftwerke zur Erzeugung elektr. Energie, ortsfeste und fahrbare Notstromsätze, Antrieb von landwirtschaftl. und Baumaschinen, Schiffen, Eisenbahntriebwagen, Lokomotiven, Kraftwagen.

Diestel, Peter-Michael, Politiker, *1942; seit April 1990 Innen-Min. der Dt. Dem. Rep.

Diesterweg, Adolph, Pädagoge, *1790, †1866; verdient um Volksschulwesen, Lehrerbildung.

Dieter, Dietleib, Dietlinde, Dietmar, Dietrich, Dietz [von ahd. diot »Volk«], Vornamen.

Dietikon, Gem. im Kt. Zürich, Schweiz, 21 300 Ew.; Maschinenind., Orgelbau.

Dietmar von Aist, ritterl. Minnesänger (um 1140-1171); schrieb das erste dt. Tagelied.

Dietmar von Merseburg, → Thietmar.

Dietrich, 1) männl. Vorname. **2)** Nachschlüssel.

Dietrich, Marlene, Schauspielerin und Sängerin, *1901 (»Der blaue Engel«).

Dietrich von Bern [d. i. Verona], Gestalt der german. Heldensage, in der der Ostgotenkönig Theoderich d. Gr. weiterlebt. Mit der **Dietrichsage** ist u. a. das »Hildebrandslied« verknüpft. Die altnord. Thidrekssaga ist u. a. Quelle für D. v. B.

Dietzfelbinger, Hermann, evang. Theologe, *1908, †1984; 1955-75 Landesbischof in Bayern. 1967-73 Ratsvorsitzender der Evang. Kirche in Dtl.

Diffamịerung [lat.] die, Verleumdung.

Differdingen, Gem. in Luxemburg, 8 300 Ew., Eisenind.

Differentiạlgeometrie, Anwendung der Methoden der Analysis auf die Geometrie.

Differentiạlgetriebe, Ausgleichsgetriebe, z. B. beim → Kraftwagen.

Differentiạlgleichung, Gleichung, in der neben einer Funktion auch ihre Differentialquotienten oder Ableitungen auftreten. Viele Vorgänge in Natur und Technik lassen sich durch D. berechnen.

Differentiạlrechnung, Zweig der höheren Mathematik, arbeitet mit Grenzwerten von Differenzen, den **Differentialen.** Ihr wichtigster Begriff ist der **Differentialquotiẹnt.** Man erhält ihn als → Grenzwert eines Bruches, dessen Zähler die Differenz zweier Funktionswerte und dessen Nenner die Differenz der zugehörigen Argumente derselben Funktion ist. Das Aufsuchen dieses Grenzwertes nennt man **differenziẹren.**

Differẹnz [lat.] die, **1)** Unterschied. **2)** Meinungsverschiedenheit. **3)** → Grundrechnungsarten.

Differẹnzgeschäft, Geschäft, das nicht auf tatsächl. Lieferung, sondern auf Zahlung des Unterschiedes zw. dem vereinbarten Preis und dem Börsen- oder Marktpreis zum Lieferungszeitpunkt gerichtet ist. D. gelten (mit Ausnahme der Börsentermingeschäfte) als Spiel (§ 762, 764 BGB); Ansprüche daraus sind nicht durchsetzbar.

differiẹren [lat.], abweichen, verschieden sein.

diffụs [lat.], zerstreut, ohne scharfe Grenzen. **Diffuses Licht,** Licht ohne geordneten Strahlenverlauf, bes. bei Reflexion an rauhen Oberflächen.

Diffusiọn [lat. »Ergießung, Ausbreitung«] die, ⚗ von selbst eintretende Vermischung sich

Diem

Diesel

berührender Gase, mischbarer Flüssigkeiten oder verschieden konzentrierter Lösungen, bewirkt durch die dauernde Bewegung der Moleküle. Auf D. beruht z. B. die Verbreitung von Riechstoffen.

Digest [d'aɪdʒest, engl.], Slg. von Auszügen aus Veröffentlichungen, z. B. Reader's Digest.

Digestion [lat.] die, Verdauung.

digital, ⊠, ⊙ Bez. für Vorgänge, die nur diskrete Werte (Zeichen) annehmen können, im Ggs. zu analog, stufenlos, stetig.

Digital-Analog-Wandler, D/A-Wandler, elektron. Schaltung, die ein digitales Eingangssignal in ein analoges Ausgangssignal umsetzt.

Digitalis die, Pflanzengatt., → Fingerhut – Arzneimittel gegen Herzschwäche.

Digitalrechner, ziffernmäßige → Rechenanlagen.

Digitalrundfunk, die Ausstrahlung von Hörfunkprogrammen durch Übertragung digitaler Signale (seit 1989 mit Hilfe des dt. Nachrichtensatelliten Kopernikus).

Digitaltechnik, Gebiet der Nachrichtentechnik, das zur Erfassung, Darstellung, Verarbeitung und Übertragung digitale (d. h. gestufte) Größen verwendet.

Digital|uhr, Uhr mit Ziffernanzeige, wobei die Ziffern sprungweise schalten. Ggs.: **Analoguhr** mit kontinuierl. Anzeige durch Zeiger.

Dijon [diʒ'ɔ̃], Stadt in Frankreich, am Bourgogne-Kanal, 141 000 Ew.; Kathedrale (11.-13. Jh.), Univ.; Handelsmittelpunkt für Burgunderweine.

Di|kotyledonen [grch.] Mz., **Di|kotylen,** → Zweikeimblättrige.

Diktat [lat.] das, -s/-e, **1)** Niederschrift von etwas Vorgesprochenem. **2)** harter, unabweisl. Befehl. Zeitwort: **diktieren.**

Diktator [lat.] der, leitender Staatsmann mit unumschränkter Machtbefugnis (→ Diktatur); im alten Rom nur in Zeiten der Gefahr.

Diktatur [lat.], unbeschränkte Machtvollkommenheit eines einzelnen oder einer Gruppe; in autoritären Staaten auch mit formaler, dem Schein dienender Aufrechterhaltung demokrat. Einrichtungen. **D. des Proletariats,** nach marxist. Lehre die sozialrevolutionäre Herrschaftsform vom Zusammenbruch der bürgerl. Ordnung bis zur Entstehung der klassenlosen Gesellschaft.

Diktion [lat.] die, Schreibart, Ausdrucksweise.

Dilatation [lat.] die, Dehnung.

Dilettant [ital.] der, Liebhaber, Nichtfachmann. **dilettantisch,** unsachgemäß. Hauptwort: der **Dilettantismus.**

Dill, feinblättrige Würzpflanze, Doldenblüter; das Samenöl, **Dillöl,** findet in der Likör- und Parfümherstellung Verwendung.

Dillenburg, Stadt in Hessen, am Westerwald, 23 700 Ew.; Mittelpunkt eines Bergbau- und Hüttengebietes; Ingenieurschule.

Dillingen, 1) an der Donau, Gr. Krst. in Bayern, 16 000 Ew.; ehem. Sitz der Bischöfe von Augsburg; bis 1804 Univ. **2) an der Saar,** Stadt im Saarland; 21 300 Ew.; Eisenhüttenwerke, Maschinenind.

Dilthey

Dilthey, Wilhelm, Philosoph, *1833, †1911, Gründer einer wissenschaftl. fundierten Lebensphilosophie; suchte die method. und erkenntnistheoret. Selbständigkeit der Geisteswissenschaften zu sichern.

Diluvium [lat. »Wasserflut«] das, das **Pleistozän,** → Eiszeit. (Tafel Erdgeschichte)

Dimension [lat.] die, **1)** Abmessung, Ausdehnung. **2)** △ die Linie hat **eine D.** (Länge), die Ebene **zwei D.** (Länge, Breite), der Körper, wie der Raum, **drei D.** (Länge, Breite, Höhe). **3)** ⊠ Beziehung einer Größe (z. B. der Arbeit) zu den Grundgrößenarten Länge, Zeit, Masse.

diminuendo [ital.], abgekürzt: dim., ♩ allmählich leiser werdend; Zeichen: >.

Dinkelsbühl: Wörnitztor

Diminutivum [lat.] das, -s/...tiva, Ⓢ Verkleinerungsform (z. B. Mägdlein).

Dimitrow, Georgi, bulgar. Politiker, *1882, †1949; nahm als Kommunist an Aufständen (Sofia 1925) teil, wurde 1933 in Leipzig von der Anklage der Brandstiftung (Berliner Reichstagsbrand) freigesprochen. 1933-43 in Moskau Generalsekr. der Komintern; 1946-49 bulgar. MinPräs.

Dimmer, stufenloser Helligkeitsregler für elektr. Glühlampen, der über einen Triac nur unterschiedlich große Anteile der Netzspannung passieren läßt.

Dimorphismus [grch.] der, ⚘ ♧ das Auftreten einer Tier- oder Pflanzenart in 2 versch. Gestalten. **Saison-D.,** z. B. Frühlings- und Herbstblüte bei Veilchenarten; **Geschlechts-D.,** z. B. Männchen kräftiger und schöner (Hahn).

DIN, Abk. für **D**eutsches **I**nstitut für **N**ormung e.V. Die Normen werden in Normblättern veröffentlicht. **DIN-Formate,** → Papierformate.

Dinar der, Münzeinheit in Algerien, Bahrain, Jemen, Jugoslawien, Jordanien, Irak, Iran, Kuwait, Libyen, Tunesien.

dinarische Rasse, den Europiden zugehörige Menschenrasse.

Dinarisches Gebirge, Kalkgebirge im W der Balkanhalbinsel mit Karsterscheinungen.

Dinescu, Mircea, rumän. Schriftsteller, *1950; durch seine Lyrik (dt. Auswahl: »Exil im Pfefferkorn«) Exponent der rumän. Bürgerrechtsbewegung, verkündete am 22. 12. 1989 über den Rundfunk das Ende des Regimes Ceaușescu.

Ding [nordgerman. thing] das, bei den Germanen Volks- und Gerichtsversammlung aller freien waffenfähigen Männer an der **Dingstätte.**

Ding an sich das, von Kant geprägte Bez. für den unerkennbaren Hintergrund der Erscheinungswelt.

Dingi das, kleinstes Beiboot eines Schiffes.

dingliche Rechte, → Sachenrechte, private Rechte, die ihren Inhabern die unmittelbare Herrschaft über eine Sache gewähren, z. B. Eigentum, Pfandrecht. Ggs.: → Forderung, richtet sich nur gegen den Schuldner.

Ding Ling, chines. Schriftstellerin, *um 1902, †1986; sozialkrit. Prosa um Frauenemanzipation und Selbstfindung; Romane.

Dingo der, **Warragal,** verwilderter Haushund in Australien, schäferhundgroß mit rotbraunem Fell; jagt nachts.

Dingolfing, Krst. in Niederbayern, 14 200 Ew.; Kraftfahrzeug-, Möbelind.

Dinosaurier: 1 Brontosaurus, **2** Iguanodon, **3** Stegosaurus

Dinkel der, **Spelz,** Weizenform, bei der die Hülsen (Spelzen) am Korn bleiben. Unreif getrocknete Körner heißen **Grünkern.**

Dinkelsbühl, Stadt in Mittelfranken, Bayern, 10800 Ew., an der Wörnitz; bis 1803 freie Reichsstadt; mittelalterl. Stadtbild (Fachwerkhäuser, Befestigung, spätgot. St.-Georgs-Kirche). (BILD S. 180)

Dinoflagellaten, Panzergeißelalgen.

Dinosaurier [grch.] Mz., ausgestorbene, landbewohnende Echsen des Erdmittelalters, meist Pflanzenfresser von mächtiger Gestalt, darunter die größten bekannten Landwirbeltiere (über 20 m lang), z. B. **Brontosaurus, Iguanodon, Stegosaurus.**

Dinotherium das, ausgestorbene Rüsseltiergatt. der Tertiärzeit.

Dinslaken, Stadt in NRW, 63200 Ew.; Steinkohlen ⚒, Eisenind.

DIN-Zahlen [zu DIN], früher **DIN-Grade,** Empfindlichkeitsangabe für photograph. Negativmaterial. Eine Erhöhung um 3 DIN bedeutet eine Verdoppelung der photograph. Empfindlichkeit.

Dio Cassius, grch. Historiker, *um 155 n. Chr., †um 235, schrieb eine röm. Geschichte.

Diode die, ⚡ Zweielektroden-Gleichrichter. → Gleichrichter, → Zenerdiode, → Triggerdiode, → Tunneldiode, → Detektor.

Diodor, grch. Historiker im 1. Jh. v. Chr., Verf. einer Geschichte der alten Völker.

Diogenes von Sinope, grch. Philosoph, †323 v. Chr., sprichwörtl. durch Bedürfnislosigkeit und schlagfertigen Witz (D. in der Tonne).

Diokletian, röm. Kaiser (284-305), *um 240; ordnete Heer und Verwaltung neu; 303 Christenverfolgung.

Diomedes, grch. Held im Trojan. Krieg.

Dionysios der Ältere, Tyrann von Syrakus, *430, †367 v. Chr., dehnte im Kampf gegen Karthago seine Herrschaft über den Großteil Siziliens aus; der Tyrann in Schillers »Bürgschaft«.

Dionysius, 1) D. Areopagita, angebl. 1. Bischof von Athen, von Paulus bekehrt. Unter seinem Namen verfaßte um 500 ein unbekannter syrischer Autor **(Pseudo-D.)** neuplaton.-myst. Schriften, die das abendländ. Denken stark beeinflußten. **2) D. der Große,** †264/65, Bischof von Alexandria, bed. Theologe des 3. Jh. **3) D. Exiguus,** Mönch, lebte etwa von 500-550 in Rom. Von ihm stammt die christl. Zeitrechnung.

Dionysos [grch.], lat. **Bacchus,** Sohn des Zeus und der Semele, grch. Gott des Weines, der Frühlingsblüte, der Ekstase, die seine Feste kennzeichnete; in seinem Gefolge die → Mänaden; **dionysisch,** rauschhaft im Unterschied zum Apollinischen, → Apoll.

Diophantos, grch. Mathematiker, um 250 n. Chr., behandelte als erster systematisch die Algebra. **Diophant. Gleichungen:** Gleichungssysteme, bei denen die Anzahl der Veränderlichen größer ist als die Zahl der Gleichungen; haben unendlich viele Lösungen; die ganzzahligen werden in der Zahlentheorie untersucht.

Dioptrie [grch.] die, Maßeinheit für die brechende Kraft einer Linse oder eines opt. Systems, → Brille.

Diorit der, dunkelgrünes Tiefengestein aus Plagioklas und Hornblende, Biotit oder Augit.

Dioskuren [grch. »Zeussöhne«] Mz., **1)** grch. Göttersage: **Kastor** und **Polydeukes** (lat. Castor und Pollux), Zwillingssöhne des Zeus und der Leda. **2)** ☆ die → Zwillinge.

Diotima [grch.], **1)** Priesterin, die in Platons Dialog »Symposion« dem Sokrates das Wesen der Liebe erklärt. **2)** Deckname für Susette Gontard bei Hölderlin.

Dioxine, Sammelbez. für eine Gruppe hochgiftiger, krebserzeugender und mißbildungsfördernder chem. organischer Stoffe; Nebenprodukt bei der Herstellung best. chem. Stoffe (z. B. Unkrautvernichtungsmittel) sowie bei Abfallbeseitigungs- und Verbrennungsprozessen.

Diözese [grch.] die, Amtsbezirk eines Bischofs.

Diphenyl, aromat. Verbindung im Steinkohlenteer (C_6H_5–C_6H_5); Konservierungsstoff v. a. für Zitrusfrüchte.

Diphtherie [grch.] die, Infektionskrankheit, hervorgerufen durch das **D.-Bakterium** und gekennzeichnet durch Belag in Nase, Rachen oder Kehlkopf. Nach Übertragung durch Tröpfcheninfektion treten die ersten Krankheitserscheinungen meist 2-10 Tage später mit Fieber und Schluckbeschwerden auf. Die meisten Erkrankungen werden geheilt, auch Begleiterscheinungen, wie Herzmuskelschäden, Nierenschädigungen und Nervenlähmungen an Gaumenmuskeln. Behandlung: frühzeitige Injektion von D.-Heilserum, Antibiotika. – Vorbeugend wirkt die Schutzimpfung.

Diphthong [grch.] der, → Doppelselbstlaut.

Dipl., Abk. für **Diplom...,** → Diplomgrad.

diploid, mit doppelter Chromosomenzahl.

Diplom [grch.] das, **1)** urspr.: gefaltetes Schreiben. **2)** Erlaß der röm. Kaiser oder Staatsbeamten. **3)** jetzt: Urkunde; Zeugnis.

Diplomatie [grch.] die, **1)** Pflege der Beziehungen zw. den Staaten; auch Verhandlungskunst. **diplomatisch,** geschickt. **2)** Gesamtheit der Diplomaten. **Diplomat** der, höherer Beamter des Auswärtigen Dienstes. **Diplomat. Korps,** Gesamtheit der bei einem Staat beglaubigten Vertreter fremder Staaten.

Diplomatik die, Urkundenlehre.

Diplomgrad, akadem. Grad, wird verliehen nach Abschlußprüfung an dt. Univ., Techn. u. a. Hochschulen in fast allen naturwissenschaftl., techn., sozial- und wirtschaftswissenschaftl. Berufen.

Dipol, 2 eng benachbarte elektr. Ladungen oder Magnetpole entgegengesetzten Vorzeichens. **D.-Antenne,** → Antenne.

Dionysos (grch. Vasenmalerei um 500 v. Chr.)

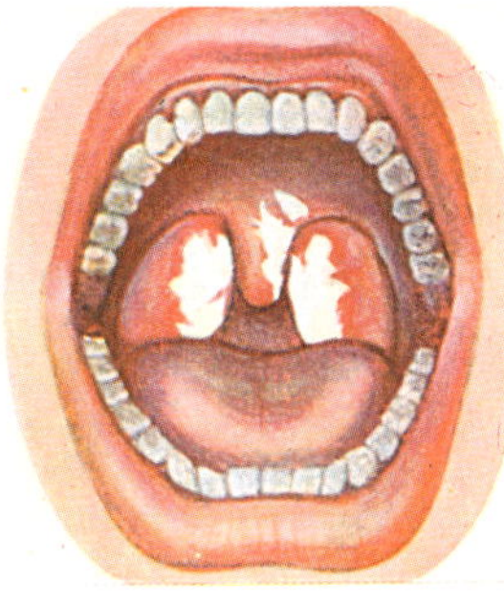

Diphtherie

dippen, ⚓ Flagge kurz senken und wieder hissen, Begrüßung der Schiffe untereinander.

Diptam der, meterhohes Rautengewächs mit weißen bis roten Blüten (→ Springwurzel).

Diptychon [grch.] das, -s/...chen, **1)** im alten Rom: zweiteilige, außen reliefgeschmückte Schreibtafel zum Zusammenklappen, vom Frühchristentum übernommen. **2)** zweiteilige Bildtafel.

Dirac [dɪr'æk], Paul, engl. Physiker, *1902, †1984; hat wesentlich zum Aufbau der Quantenmechanik und -elektrodynamik beigetragen. 1933 Nobelpreis.

Directoire [dirɛktw'ɑ:r, frz.] das, Modetracht des frz. Direktoriums (1795-99).

direkter Speicherzugriff, Abk. **DMA** (engl. Direct Memory Access), der Datenaustausch zw. Speicher und Peripherie eines Computers unter Umgehung der Zentraleinheit.

Direktion [lat.] die, Leitung. **Direktive** [lat.] die, Richtschnur, Verhaltensregel.

Direktorium [lat.] das, **1)** Vorstand, Leitung. **2)** in der Frz. Revolution 1795-99 die oberste Regierungsbehörde.

Dirigent [lat.], Kapellmeister, Leiter einer musikal. Aufführung.

Dirigismus, Form staatl. Wirtschaftslenkung, wobei Marktwirtschaft und freies Unternehmertum weitgehend beibehalten werden.

Diskuswerfer des Myron

Dirschau, poln. **Tczew** [tʃ'ɛf], Stadt in der Wwschaft Danzig, an der Weichsel, 54000 Ew.

dis... oder **di...** [lat.], Vorsilbe in Fremdwörtern: ent..., zer..., un...; z.B. disharmonisch, unharmonisch; Distanz, Entfernung.

dis, ♩ das um einen Halbton erhöhte d.

Disagio [diz'adʒo, ital.] das, → Agio.

Disco, → Diskothek.

Discounter [dɪsk'aʊntə, engl.], Vertriebsform des Einzelhandels mit niedrigen Preisen auf Grund von wenig Bedienung und Aufmachung.

Disengagement [dɪsɪŋ'eɪdʒmənt, engl.] das, Schlagwort für Auseinanderrücken der Machtblöcke in Mitteleuropa.

Disentis, Kurort im Schweizer Kt. Graubünden, 2500 Ew.; Benediktinerkloster (720).

Disharmonie [lat.-grch.] die, Mißton; Uneinigkeit. **disharmonisch,** mißtönend; uneinig.

disjunktiv [lat.], sondernd, trennend, sich ausschließend.

Diskant [lat.] der, ♩ → Sopran.

Diskette, → Floppy Disk.

Diskont [ital.] der, bei der Gewährung von Kredit im voraus vom Nennbetrag abgezogener Prozentbetrag. Der in % ausgedrückte D. ist eine Sonderform des Zinses. Hauptanwendungsfall: Ankauf von Wechseln; Banken **diskontieren,** d.h. kaufen Wechsel ihrer Kunden unter Abzug der Zinsen bis zum Verfalltag. Die Wechsel bleiben bis zum Einzug am Verfalltag bei ihnen liegen oder werden an die Zentralbank (Dt. Bundesbank) weiterverkauft **(rediskontiert).** Der **D.-Satz (Bankrate),** d.h. der Zinssatz, zu dem die Zentralbank Wechsel diskontiert, wird nach wirtschaftspolit. Gesichtspunkten festgelegt; er bestimmt das Maß der Inanspruchnahme von Kredit in der Volkswirtschaft, weil je nach seiner Höhe Kredit teuer oder billig ist. – Die **D.-Rechnung** folgt den Grundsätzen der Zinsrechnung:

Diskontrechnung			15.11.1989
Wechsel	Tage	Diskont-zahl	Betrag
zum 31.12.1989 a/Frankfurt a. M. 5% Diskont	45	1350¹)	3000,— DM 18,75 DM²) 2981,25 DM

¹) $\frac{3000}{100} \cdot 45 = 1350$ ²) $1350 \cdot \frac{5}{360} = 18,75$

diskontinuierlich, 1) unregelmäßig. **2)** △ sich sprunghaft ändernd (von Größen).

Diskordanz [lat.] die, **1)** Uneinigkeit, Mißton. **2)** ⊕ Überlagerung älterer, geneigter oder gefalteter, teilweise abgetragener Schichten durch jüngere, waagerecht liegende. Ggs.: → Konkordanz. **diskordant,** nicht übereinstimmend.

Diskothek die, **1)** Schallplattensammlung. **2)** Lokal mit Schallplattenmusik **(Disco).**

diskreditieren [lat.], in Verruf bringen.

Diskrepanz [lat.] die, Mißverhältnis, Zwiespalt. Eigw.: **diskrepant.**

diskret [frz.], **1)** verschwiegen. **2)** unauffällig. **3)** △ nicht zusammenhängend. Hptw.: die **Diskretion.**

Diskriminierung [lat.], urspr. Unterscheidung; jetzt meist willkürl. Benachteiligung von Einzelnen, von sozialen, polit. oder ethn. Gruppen oder von Staaten.

Diskurs [lat.] der, Gespräch.

diskursiv [lat.], Logik: von einem Inhalt zum anderen fortschreitend. Ggs.: intuitiv.

Diskus [lat.] der, runde Wurfscheibe aus Holz mit Metallkern. Für Männer 2 kg, für Frauen 1 kg schwer.

Diskussion [lat.] die, Aussprache, Erörterung. **diskutieren,** erörtern, verhandeln. **diskutabel,** erwägenswert.

Dislokation [lat.] die, **1)** ⊕ Lagerungsstörung bei Erdschichten durch Faltung oder Bruch. **2)** ♡ Fehlstellung eines Knochens nach Bruch oder Ausrenkung.

Disney [d'ɪznɪ], Walt, Trickfilmzeichner, *1901, †1966, begann 1928 die Mickey-Maus-Serie; Farb- und Dokumentarfilme.

Dispache [disp'aʃ, frz.] die, ⚓ Feststellung und Verteilung des durch große → Havarie entstandenen Schadens.

Disparität [lat.] die, Ungleichheit. **disparat,** ungleichartig, unvereinbar.

Dispatcher [dɪsp'ætʃə, engl.] der, in Großbetrieben Person, die für einen reibungslosen Ablauf der Produktion zu sorgen hat. **D.-System,** in der Dt. Dem. Rep. eingerichteter Dienst für zentrale Lenkung und Kontrolle des Eisenbahnverkehrs.

Dispensation [lat.] die, **Dispens** der, Befreiung von einer Verpflichtung, z.B. von kirchl. Leistungen. Zeitw.: **dispensieren.**

Dispersion [lat.] die, **1)** Abhängigkeit einer physikal. Größe oder Erscheinung von der Wellenlänge; i.e.S. Wellenlängenabhängigkeit des Brechungsindex und damit der Ausbreitungsgeschwindigkeit einer Welle in einem Medium. Auf Grund der D. wird Licht versch. Farbe verschieden stark gebrochen. (BILD S. 183)

2) disperse Gebilde, Flüssigkeiten oder Gase **(Dispergens),** in denen feste, flüssige oder gasförmige Stoffe **(disperse Phase)** fein verteilt sind; z.B. Nebel, Schaum, Rauch.

Disney: »Das Dschungelbuch«, Zeichentrickfilm

Dispersion 1)

Dispersionsfarben, Binderfarben, pigmentierte Anstrichmittel auf Grundlage einer Bindemitteldispersion, wasserverdünnbar, nach Auftrocknen wasserunlöslich.

Displaced Persons [dɪsplˈeɪst pˈəːsnz, engl.], Abk.: **DP,** aus ihrer Heimat im 2. Weltkrieg weggeführte Ausländer (bes. als Fremdarbeiter), die sich beim Zusammenbruch 1945 in Dtl. und den von ihm besetzten Gebieten befanden; später auch solche nichtdt. Personen, die nicht in ihre seit 1944/45 kommunist. Heimatländer zurückkehrten.

Display, in der Datenverarbeitung Gerät zur opt. Darstellung von Ziffern, Buchstaben, Zeichnungen.

Disponent der, kaufmänn. Angestellter, der durch bes. Vollmacht in einem Geschäftsbereich selbständig verfügen kann.

disponibel [frz.], verfügbar.

disponieren [lat.], **1)** verfügen. **2)** einteilen. **disponiert,** gestimmt, geneigt.

Disposition [lat.] die, **1)** Plan, Gliederung. **2)** Verfügung. **3)** Anlage, Neigung. **4)** Auswahl und Verteilung der Stimmen im Orgelbau. **5)** ♡ Krankheitsbereitschaft.

Dispositionsfonds [-fɔ̃] der, Beträge im Staatshaushalt, über die die Verwaltung, bes. die Ministerien, frei verfügen können.

Dispositionspapiere, Warenpapiere, die den Anspruch auf Herausgabe einer Ware verbriefen, bes. Frachtbriefe, Lagerschein.

Dispositionsstellung, Zurverfügungstellung, Weigerung, gelieferte Ware als Erfüllung des Kaufvertrages anzunehmen, z. B. bei Mängeln.

Disput [lat.] der, Auseinandersetzung. **Disputation** die, öffentl. Streitgespräch.

Disqualifikation [lat.] die, Untauglichkeitserklärung; ↗ Ausschluß vom Wettkampf wegen Verstoß gegen Regeln oder Disziplin.

Disraeli [dɪzrˈeɪlɪ], Benjamin, Earl of **Beaconsfield** (1876), brit. Staatsmann, *1804, †1881, trat 1817 vom Judentum zur Anglikan. Kirche über; zunächst sozialpolit. Schriftst., 1848 konservat. Parteiführer, dann mehrfach Schatzkanzler und MinPräs.

Dissens [lat.] der, Nichtübereinstimmung beim Abschluß von Verträgen.

Dissertation [lat.] die, wissenschaftl. Abhandlung zur Erlangung der Doktorwürde.

Dissident [lat.] der, Person, die zu keiner Religionsgemeinschaft gehört. Im modernen Sprachgebrauch Angehöriger einer Bürgerrechtsbewegung im ehemaligen Ostblock.

Dissimilation [lat.] die, **1)** Ⓢ Ausstoßung oder Umwandlung eines von 2 benachbarten gleichen oder ähnl. Lauten. **2)** ♡ Stoffwechselvorgänge, durch die aus zusammengesetzten organ. Verbindungen einfachere gebildet werden. Ggs.: Assimilation.

Dissonanz [lat.] die, **1)** Mißklang, Zwiespalt. **2)** ♩ Akkord, der, als Spannung empfunden, nach Auflösung in die Konsonanz drängt.

Dissousgas [disˈu-], ⊙ in Stahlflaschen unter Druck in Aceton gelöstes Acetylen, zum Schweißen und Brennschneiden.

Dissoziation [lat.] die, **1)** Trennung, Auflösung. Ggs.: Assoziation. **2)** Zerfall von Molekülen in 2 oder mehrere Bruchstücke, z. B. bei hohen Temperaturen **(therm. D.)** durch Zunahme der Wärmebewegung und der Heftigkeit der Zusammenstöße. In Lösung befindl. Moleküle von Salzen zerfallen (dissoziieren) teilweise in 2 elektr. geladene Bestandteile entgegengesetzten Vorzeichens (Ionen), wodurch sich der osmot. Druck erhöht und die Lösung elektr. leitend wird **(elektrochem. D.).** Hierauf beruht die Elektrolyse, auf dieser die Galvanotechnik und die galvan. Elemente.

Distanz [lat.] die, Entfernung, Abstand. **Distanzgeschäft, Fernkauf,** Kaufgeschäft, bei dem die Ware laut Vertrag nach einem anderen Ort zu übersenden ist. Ggs.: Platzkauf.

Distel, stachlige Pflanzenfam., meist Korbblüter; bes. Gatt. Carduus mit der **nickenden D.,** Gatt. Cirsium mit der kleinköpfigen **Acker- (Brach-, Kratz-) D.,** der rotblühenden **Woll-D.** und der gelblich blühenden **Kohl-D.,** mit der bis 2 m hohen **Krebs-** oder **Esels-D.** – Über **Silber-D.** → Eberwurz.

Distelfalter, bunter Eckflüglerschmetterling; die Raupe lebt auf Kratzdisteln und Brennesseln.

Distelfink, der → Stieglitz.

Distichon [grch.] das, Strophe aus 2 versch. Versen; meist Hexameter und Pentameter, z. B.: Im Hexameter steigt des Springquells flüssige Säule, / Im Pentameter drauf fällt sie melodisch herab (Schiller).

distinguiert [frz.], vornehm, ausgezeichnet.

Distinktion [lat.] die, Auszeichnung, Ansehen.

Distler, Hugo, Organist und Komponist, *1908, †1942, Vertreter neuer prot. Kirchenmusik.

Distorsion [lat.] die, **1)** ♡ Verstauchung. **2)** Optik: Verzeichnung.

Distribution [lat.] die, Verteilung; **Distributionsformel,** Spendeformel beim Abendmahl. **distributiv,** verteilend.

Distrikt [lat.] der, Bezirk, Kreis.

Disziplin [lat.] die, **1)** Zucht, Ordnung. **2)** Fach, Wissenschaftszweig.

Disziplinarrecht, Dienststrafrecht, Bestimmungen, die für die Bestrafung von Dienstvergehen der Beamten und Soldaten gelten. – Ein **Dienstvergehen** liegt vor, wenn ein Beamter schuldhaft die ihm obliegenden Pflichten verletzt. Leichtere **Disziplinarstrafen** (Verweis, Geldbuße) können vom Dienstvorgesetzten verhängt werden, schwerere (Dienstentfernung, Aberkennung der Rente) nur in einem disziplinargerichtl. Verfahren. Zuständig sind im Bund das Disziplinargericht, Beschwerde- und Berufungsinstanz ist das Bundesverwaltungsgericht.

Dithmarschen, Marschlandschaft im westl. Holstein. Die niedersächs. **Dithmarscher** bildeten im Spät-MA. einen Bauernfreistaat; 1559 von Dänemark unterworfen; 1867 kam D. an Preußen.

Dithyrambe die, **Dithyrambos** [grch.] der, urspr. begeistertes Lied auf Dionysos und andere Götter, danach: Loblied.

dito [ital.], gleichfalls, ebenso.

Ditters von Dittersdorf, Karl, Komponist, *1739, †1799; volkstüml. Singspiele.

Diurese [grch.] die, Harnausscheidung. **Diuretika,** harntreibende Mittel.

Diva [lat. »die Göttliche«] die, -/...ven, gefeierte Künstlerin.

Divergenz [lat.] die, Auseinanderlaufen, Meinungsverschiedenheit. Zeitw. **divergieren.**

divers [lat.], verschieden.

Diversifikation [lat.], **Diversifizierung,** Veränderung, Vielfalt. ⌂ Übergang von einseitiger zu breitgestreuter Produktion.

Divertimento [ital.], **Divertissement** [divertismˈã, frz.] das, suitenartiges Instrumentalwerk.

Disraeli

Distel: Woll-D.

Distelfalter

divide et impera! [lat.], teile und herrsche!

Divident [lat.] der, → Grundrechnungsarten. **dividieren,** teilen.

Dividende [lat. »das zu Verteilende«] die, **1)** Anteil eines Gesellschafters am Reingewinn der AG., ausgedrückt in Prozenten des Nennwertes der Aktie (häufig auch bei der GmbH.). **2)** in Prozenten ausgedrückter Anteil der Gläubiger am Reinertrag der Konkursmasse.

Divina Commedia, → Göttliche Komödie.

Divination [lat.] die, Ahnung künftiger Ereignisse. **divinatorisch,** seherisch, vorahnend.

Division [lat. »Teilung«] die, **1)** → Grundrechnungsarten. **2)** ⁂ ein Heeresverband mit allen Waffengattungen.

Divisor [lat.] der, → Grundrechnungsarten.

Diwan [pers.] der, **1)** Polsterliege. **2)** im islam. Orient Regierungskanzlei. **3)** Gedichtsammlung islam. Dichter (danach Goethes »Westöstl. Divan«).

Dix, Otto, Maler, *1891, †1969; schilderte mit krassem Realismus bes. Krieg, Nachkriegs- und Großstadtelend; Bildnisse, Landschaften.

Dixence [dis'ãs], Nebenfluß der Rhône im Kt. Wallis, Schweiz; am Oberlauf die **Barrage de la Grande D.,** 284 m hohe Staumauer.

dixi [lat.], ich habe gesprochen.

Dixieland-Jazz, → Jazz.

Diyarbakır, Kara Amid, Hptst. der türk. Provinz D., am Tigris, 305 200 Ew.

Dj..., suche auch unter **J...**

Djanna [dʒ-, arab.] die, bei den Muslimen das Paradies im Ggs. zu **Djehennim,** der Hölle.

Djebel [arab.], Berg, Gebirge.

Djelal od-Din Rumi [dʒ-], bedeutendster Dichter der persisch-islam. Mystik, *1207, †1273.

Djerba, fruchtbare Insel in der kleinen Syrte (N-Afrika), zu Tunesien gehörend, 514 km², 71 000 Ew.

DJH, Abk. für **D**eutsche **J**ugend**h**erberge.

Djibouti [dʒib'uti], **Dschibuti, 1)** Rep. in NO-Afrika, zw. Somalia und Äthiopien, 22 000 km², rd. 405 000 Ew.; Hptst. Djibouti 2). Die Bev. des frz. Territoriums der Afar und Issa entschied sich in einer Volksabstimmung 1977 für die Errichtung einer unabhängig. Rep. 1. Präs. seit 1977: H. Aptidon. **2)** Hptst. und Hafen von 1), 220 000 Ew., Bahn nach Addis Abeba.

Djidda [dʒ-], Hafenstadt in Saudi-Arabien, 72 km westl. Mekka; 1,5 Mio. Ew., See- und Luftlandeplatz für Mekkapilger.

Djihad [dʒ-, arab.] der, im Islam der Glaubenskrieg gegen Nicht-Muslime.

Djilas [dʒj'ilas], Milovan, jugoslaw. Politiker, Kommunist, *1911; als Gen.-Sekr. der KP 1954 wegen Abweichung von der Parteilinie amtsenthoben, 1957-66 (mit Unterbrechung) in Haft; schrieb »Die neue Klasse«, »Gespräche mit Stalin«, »Tito. Eine krit. Biographie«.

Djinn [arab.] der, Dämon, böser Geist.

DKP, → Deutsche Kommunistische Partei.

DKW, Kraftwagenmarke der Auto Union, gedeutet als: **D**as **k**leine **W**under.

DLRG, Abk. für **D**eutsche **L**ebens-**R**ettungs-**G**esellschaft.

dm, Abk. für Dezimeter ($^1/_{10}$ m), → Dezi...; **dm²** = Quadratdezimeter; **dm³** = Kubikdezimeter.

D-Mark, DM, Deutsche Mark, → Mark.

DMA, Abk. für **D**irect **M**emory **A**ccess, → direkter Speicherzugriff.

Dmitrij, russ. Großfürst, Sohn Iwans des Schrecklichen, *1582, †1591 (ermordet, wahrscheinl. auf Befehl Boris Godunows). Nach seinem Tode gaben sich Betrüger für ihn aus.

DNA, **D**eutscher **N**ormen-**A**usschuß, → DIN.

Dnjepr der, Fluß im osteurop. Flachland, von der Waldai-Höhe bis zum Schwarzen Meer 2200 km lang.

Dnjeprodserdschinsk, Industriestadt in der Ukrain. SSR, am Dnjepr, 275 000 Ew.; großes Hüttenwerk.

Dnjepropetrowsk, Hptst. des Gebiets D., in der Ukrain. SSR, am Dnjepr, 1,2 Mio. Ew.; Kulturzentrum; Stahl-, Walz- und Hüttenwerke.

Dnjestr der, Strom in der UdSSR, 1360 km; entspringt in den Waldkarpaten, mündet ins Schwarze Meer; 500 km sind schiffbar.

DNS, Abk. für **D**esoxyribo**n**uclein**s**äure, → Nucleinsäuren.

Do, ♩ in der → Solmisation Grundton einer Tonleiter.

Döbel der, **Eitel,** karpfenart. Süßwasserfisch, beliebter Angelfisch.

Döbeln, Krst. im Bez. Leipzig, an der Freiberger Mulde, 27 000 Ew.; versch. Ind.

Doberan, Bad, Krst. und Mineralbad im Bez. Rostock, 12 400 Ew.; got. Marienkirche.

Dobermann, Haushunderasse; meist schwarz und braun; Wach- und Polizeihund.

Döblin, Alfred, Schriftst., *1878, †1957, Arzt; 1933-45 in der Emigration; Romane »Berge, Meere und Giganten«, »Berlin Alexanderplatz«.

Dobrudscha die, Landschaft auf dem Balkan, seit 1940 bulgar. Die D., früher Natursteppe, wurde in Ackerland verwandelt.

Docht der, Baumwollband oder -faden in Lampe oder Kerze, führt der Flamme Brennstoff zu.

Dock [engl.] das, Anlage, in der Schiffe zu Arbeiten an den Unterwasserteilen trockengestellt werden. Ein **Trocken-D.** ist eine ausgemauerte und betonierte Grube, die durch ein Schleusentor geschlossen wird. Ein **Schwimm-D.** ist ein rechteckiger Schwimmkörper aus Stahl mit offenen Stirnseiten. Es wird durch Füllen mit Wasser so weit abgesenkt, daß das Schiff einfahren kann. Beim Auspumpen des Wassers setzt sich das Schiff auf die Kielstapel. (BILD S. 185)

Docke, gedrehte Säule an Geländern.

Documenta, Ausstellung internationaler moderner Kunst in Kassel, in 4-5jährigem Abstand; 1987: D. VIII.

Dodeka|eder, regelmäßiger Zwölfflächner.

Dodekanes [grch. »Zwölf Inseln«], der, Gruppe der südl. Sporaden, im südl. Ägäischen Meer, vor der SW-Küste Kleinasiens, 52

Dix: Sylvia von Harden

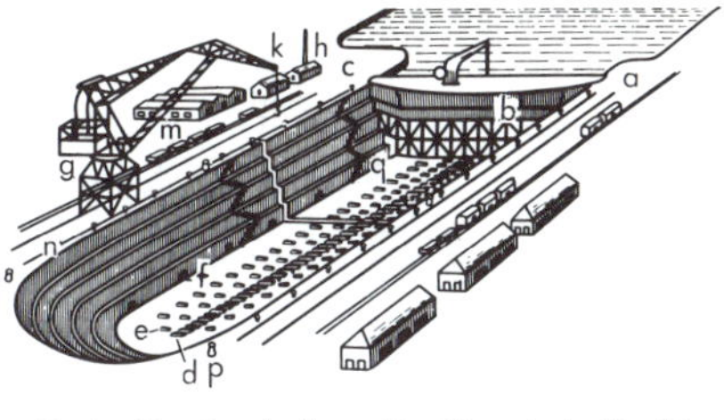

Dock: Trockendock. a Dockhaupt, b Docktor (Ponton), c Zwischenhaupt (zur Unterteilung für kleinere Schiffe), d Kielstapel, e Kimmstapel (-schlitten), f Wasser-Ein- und -Auslauf, g fahrbarer Wippkran, h Kessel-, k Pumpenhaus, m Werkstätten, n Poller, p Spill, q Treppen

Inseln, 2705 km^2 und 121 000 meist grch. Ew.; Hauptinsel Rhodos. Wein-, Öl-, Tabakbau, Handel und Gewerbe. Seit 1912 ital., seit 1947 grch. Besitz.

Doderer, Heimito v., österr. Schriftsteller, *1896, †1966; Wiener Gesellschaftsroman: »Die Strudlhofstiege«; ferner »Die Dämonen« u. a.

Dodọma, Hptst. (seit 1974) von Tansania, an der Bahnlinie Tabora-Daressalam, 148 000 Ew.; Handelszentrum, Flughafen.

Dodọna, grch. Kultstätte des Zeus, in Epirus, mit einem schon bei Homer berühmten Orakel.

Dogcart [d'ɔgkɑ:t, engl. »Hundekarren«] der, leichter, zweirädriger Einspänner.

Doge [do:ʒə:, ital. dɔdʒɛ], Oberhaupt der ehem. Stadtstaaten Venedig und Genua.

Dogge [von engl. dog »Hund«] die, schwerer Hund mit mächtigem Kopf und stumpfer Schnauze. Mehrere Rassen: **Dt. D., Dän. D., Ulmer D., Engl. D.** (Mastiff); D. sind einfarbig, gestreift oder getigert. (TAFEL Hunde)

Dogger der, brauner Jura, erdgeschichtl. Formation. (TAFEL Erdgeschichte)

Doggerbank, große Sandbank mit 13 m geringster Wassertiefe in der Nordsee.

Dogma [grch. »Meinung«] das, Lehrsatz, Glaubenssatz, der nach kath. Lehre eine Glaubensverpflichtung, nach evang. nur eine Lehrverpflichtung enthält. **dogmạtisch,** ohne Prüfung der Voraussetzungen; lehrhaft.

Dogmạtik die, Lehre von den Dogmen (→ Dogma), wissenschaftl. Darstellung der christl. Glaubenslehre. Vorlage der kath. D. ist die kirchl. Lehrverkündigung, Vorlage der evang. D. die Bibel mit den Bekenntnisschriften.

Dogmatịsmus der, **1)** allg.: Behauptung von Sachverhalten ohne Prüfung der Umstände. **2)** unkritisches Philosophieren.

Doha, Hptst. des Scheichtums Katar am Pers. Golf, 190 000 Ew.; Flughafen.

Dohle die, kleinster Rabenvogel in Dtl., taubengroß, blauschwarz–grau, gelehrig.

Dohnányi [don'a:ni], **1)** [d'oxnanji], Christoph von, Bruder von 4), Sohn von 3), Dirigent, *1929; Leiter des Cleveland Orchestra. **2)** Ernst von, ungar. Komponist, *1877, †1960; Bühnen- und Konzertwerke. **3)** Hans, Sohn von 2), Widerstandskämpfer, *1902, † (hingerichtet) 1945; baute in der Abwehr die Widerstandsbewegung aus, nach mißlungenem Attentat seit 1943 inhaftiert. **4)** Klaus von, Bruder von 1), Sohn von 3), Politiker (SPD), *1928, 1972-74 Bundesmin. für Bildung und Wissenschaft; 1976-81 Staats-Min. im Bundesaußenmin., 1981-88 Erster Bürgermeister von Hamburg.

Do it yourself [du ɪt jɔ:s'elf, »mach's selber«], handwerkl. Arbeiten im Haus selber ausführen.

Dokkum [d'ɔkəm], alte Stadt in der niederländ. Prov. Friesland, 12 300 Ew.; Seehafen, Wallfahrtsort. Bei D. wurde Bonifatius erschlagen.

Doktor [lat. »Lehrer«], -s/...tọren, akadem. Grad. In Dtl. verleiht die Fakultät den Doktortitel auf Grund einer → Dissertation und einer mündl. Prüfung. Die Würde des **Ehrendoktors** (D. honoris causa, Abk. Dr. h. c. oder Dr. e. h.) kann für besondere Verdienste um die Wissenschaft ohne Studium und Prüfung verliehen werden. Es bedeuten u. a.: **Dr., D. theol.** (D. theologiae), D. der Theologie; **Dr.-Ing.,** D. der Ingenieurwissenschaften; **Dr. iur.** (iuris), D. der Rechte; **Dr. med.** (medicinae), D. der Medizin; **Dr. med. dent.** (medicinae dentariae), D. der Zahnheilkunde; **Dr. med. vet.** (medicinae veterinariae), D. der Tierheilkunde; **Dr. phil.** (philosophiae), D. der Philosophie; **Dr. phil. nat.** (philosophiae naturalis), **Dr. rer. nat.** (rerum naturalium) oder **Dr. sc. nat.** (scientiarum naturalium), D. der Naturwiss.; **Dr. rer. pol.** (rerum politicarum), D. der Staatswiss.

Doktorfische, pflanzenfressende Fische trop. Meere; beliebte Aquarienfische.

Doktrịn [lat.] die, Lehre, Wissenschaft; **doktrinạ̈r,** einseitig gelehrt, eingeengt denkend. **Doktrinạ̈r,** Mensch, der von einer zum Glaubenssatz (Dogma) verhärteten Lehre überzeugt ist.

Dokumẹnt [lat.] das, Urkunde, zum Beweis einer Tatsache dienendes Schriftstück; **dokumentạrisch,** urkundl. beglaubigt; **dokumentịeren,** beurkunden, durch Urkunden beweisen. → Informationswesen.

Dokumentạrfilm, auch Kulturfilm, berichtet Tatsachen ohne Spielhandlung.

Dolby-System, von R. M. Dolby angegebenes Verfahren zur Verminderung des Rauschens bei Tonbandgeräten, beim Kopieren von Tonaufzeichnungen und beim UKW-Rundfunk durch besondere Filter **(Stretcher),** wirksam bei leisen Passagen.

dolce [d'ɔltʃə, ital.], sanft, lieblich; **dolce far niente,** süßes Nichtstun; **dolce vita,** süßes Leben.

Dolch der, kurze Stoßwaffe mit feststehendem Griff, zwei- oder dreischneidiger Klinge.

Dolchstoßlegende, nach dem 1. Weltkrieg von der polit. Rechten verbreitete Ansicht, daß der Grund des dt. Zusammenbruchs 1918 der »Dolchstoß« in den Rücken des Frontheeres durch linksgerichtete Kreise der Heimat gewesen sei.

Dolde die, Form des Blütenstandes, → Blüte.

Doldenblüter, Pflanzenfam., deren Blütenstand eine Dolde aus unscheinbaren, meist weißen Blüten bildet; durch Gehalt an äther. Ölen vielfach Heil- und Gewürzpflanzen, z. B. Fenchel, Dill, Kümmel.

Doldenrebe, Gatt. der Weinrebengewächse, kletternd, mit Ranken; z. B. der wilde Wein.

Dolịne die, durch Auslaugung im Kalkstein entstandene rundl. Vertiefung in Kalkgebieten.

Dollar [von dt. Taler] der, Währungseinheit in den USA (Zeichen: $) sowie in Australien, Bahamas, Barbados, Belize, Bermuda, Brunei, Caymaninseln, Fidschi, Guyana, Hongkong, Jamaika, Kanada, Liberia, Neuseeland, Salomoninseln, Simbabwe, Singapur, Taiwan, Trinidad und Tobago, Westindien (Zeichen: vor dem $ erklärende Abk., z. B. can$ = kanad. $).

Dọllart der, Meerbusen an der Emsmündung, im MA. durch Sturmfluten entstanden.

Dolle die, Bolzen oder Gabel am Bootsrand, dient als Stützpunkt für die Riemen oder Skulls (Ruder).

Dollfuß, Engelbert, österr. Staatsmann, *1892, †1934, christl.-sozialer Politiker, 1932-34 Bundeskanzler; bekämpfte den Anschluß an Dtl. und versuchte den österr. Staat

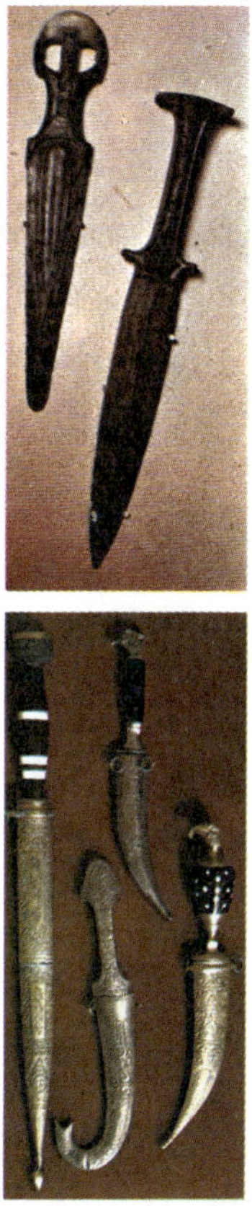

Dolch: oben altägyptische, unten arabische Dolche

Dominante, links: Tonika von D-Dur mit Dreiklang (a), Mitte: Dominante von D-Dur mit Dreiklang (b), rechts: Subdominante von D-Dur mit Dreiklang (c)

Dominikanische Republik

Domitian

Dolomiten: Sellagruppe

auf autoritärer und ständ. Grundlage neu zu ordnen; bei einem Putschversuch ermordet.

Dollinger, Werner, Politiker (CSU), *1918; 1966-69 Bundesmin. für das Post- und Fernmeldewesen, 1982-87 für Verkehr.

Döllinger, Ignaz v., kath. Kirchenhistoriker, *1799, †1890; vertrat die Unabhängigkeit der Kirche vom Staat, wandte sich gegen das Unfehlbarkeitsdogma; 1871 exkommuniziert, unterstützte die Altkath. Kirche.

Dolman [türk.] der, mit Schnüren besetzte Ärmeljacke der Husaren.

Dolmen [kelt. »Steintische«] der, vorgeschichtl. Grabkammer aus Steinblöcken.

Dolmetscher [türk.], Übersetzer, vermittelt die mündl. Verständigung zw. Menschen, die versch. Sprachen sprechen. Ausbildung auf D.-Schulen. Zeitw.: **dolmetschen.**

Dolomit der, **1)** calcium- und magnesiumhaltiges Mineral, dem Kalkspat ähnlich. **2)** aus D. bestehendes marmorähnl. Gestein.

Dolomiten Mz., Teil der Südl. Kalkalpen, in der Marmolada 3342 m hoch; Fremdenverkehrsgebiet; Hauptort: Cortina d'Ampezzo. **Dolomitenstraße** von Bozen nach Cortina-Toblach.

dolos [lat.], **1)** heimtückisch. **2)** vorsätzlich. **Dolus** der, → Vorsatz.

Dom [lat. domus »Haus«] der, Bischofskirche, auch Münster genannt.

Domagk, Gerhard, Mediziner, Bakteriologe, *1895, †1964; entdeckte u.a. die Heilwirkung der Sulfonamide, förderte die Chemotherapie. Nobelpreis 1939.

Domäne die, **1)** land- oder forstwirtschaftl. Grundbesitz des Staates. **2)** Bereiche einheitl. Magnetisierung in kristallinen Festkörpern, Grundlagen der Magnetblasenspeicher.

Domestikation [lat.] die, Umwandlung von wilden Tieren zu Haustieren, durch Zähmung und durch Zuchtwahl, auch von Wildpflanzen zu Kulturpflanzen. Die D. bewirkt, oft unbeabsichtigt, Veränderungen in Körperbau, Färbung und Leistung des Wildtieres.

Domestike [frz.] der, Dienstbote.

Domfreiheit, Umgebung eines Doms, unterstand früher kirchl. Gerichtsbarkeit.

Domherr, Mitgl. eines Domkapitels.

Domin, Hilde, Schriftstellerin, *1912; Lyrik, Roman (»Das zweite Paradies«).

Domina [lat.], **1)** Herrin. **2)** Anrede der Kloster- oder Stiftsvorsteherin, Äbtissin.

Dominante die, Abk. **D.,** ♩ bestimmender Ton; **Ober-D.,** der 5. Ton einer Dur- oder Moll-Tonleiter. Der auf ihm aufgebaute Dreiklang heißt **D.-Dreiklang. Sub-D.,** der 4. Ton einer Tonleiter usw.

Dominanz [lat.] die, Vorherrschen, Überdeckung; die Erscheinung, daß von zwei ungleichen Erbanlagen für ein Merkmal die eine sich im Erscheinungsbild durchsetzt, z.B. D. vom Kraushaar der Neger gegenüber straffem Haar. **dominieren,** vorherrschen.

Domingo, Plácido, span. Sänger (Tenor), *1941; auch Operndirigent.

Dominica, Rep. auf der größten Insel der Kleinen Antillen, 750 km², 87700 Ew.; Hptst.: Roseau; Amtssprache: Englisch. ⊕ S. 485. 1783-1978 britisch.

Dominik, Hans, Schriftst., *1872, †1945; Zukunftsromane (»Treibstoff SR« u.a.).

Dominikaner Mz., kath. Bettelorden, 1216 von Dominikus in Toulouse gestiftet. Er erhielt das Recht, überall Beichte zu hören und zu predigen, hatte große Gelehrte (Albertus Magnus, Thomas von Aquino); Hauptträger der → Inquisition. Tracht: weißer Rock, Skapulier, schwarzer Mantel, spitze Kapuze. Die D. sind noch heute einer der wichtigsten Orden (BILD Ordenstrachten). **Dominikanerinnen,** im Anfang des 13. Jh. gestifteter weibl. Zweig des Ordens.

Dominikanische Republik, Rep. auf der O-Seite der Insel Haiti, 48442 km², 6,86 Mio. Ew. (60% Mulatten, 28% Weiße, 12% Schwarze; 95% der Bev. kath.); Hptst.: Santo Domingo, Amtssprache: Spanisch. Präsidialverfassung. Landesnatur: → Haiti. Anbau von Zuckerrohr, Kaffee, Kakao, Tabak, Bananen, Reis. ⚒ auf Eisenerz, Bauxit, Gips. Ind.: Zukker, Textilien, Zement. Haupthandelspartner: USA. Haupthafen und Flughafen: Santo Domingo. – Ⓖ Bis 1795 und 1808-21 spanisch; 1821-44 mit der Rep. Haiti vereinigt, seitdem selbständig; fortgesetzte revolutionäre Machtkämpfe. 1916-24 von den USA besetzt. Durch den Umsturz von 1961 wurde die Diktatur der Trujillos (seit 1930) beseitigt. Staatspräs. J. Balaguer (seit 1988). ⊕ S. 484.

Dominikus, Ordensstifter, Spanier, *1170, †1221, wirkte unter den Albigensern in Südfrankreich; gründete den Orden der Dominikaner; Heiliger (Tag 8.8.).

Dominion [-m'ɪnjən, engl. »Herrschaftsgebiet«] das, -s/-s oder ...nien, 1867-1947 der bes. Status brit. Kronländer innerhalb des → Britischen Reiches.

Dominium [lat.] das, Herrschaft, Besitz.

Domino [ital.], **1)** der **D.,** Maskentracht: langer seidener Mantel mit weiten Ärmeln. **2)** das **D., Dominospiel,** Gesellschaftsspiel mit rechteckigen, flachen Steinen, die in 2 Felder geteilt sind. Jedes Feld trägt 0-6 Punkte.

Dominus [lat.] der, Herr, Gebieter.

Domitian, röm. Kaiser, 81 (*51)-96, Gewaltherrscher, begann den Bau des → Limes.

Domizil das, Wohnsitz. **D.-Wechsel,** Wechsel, bei dem der Zahlungsort ein anderer ist als der Wohnort des Bezogenen.

Domkapitel, kath.: Kollegium der Kanoniker, Kapitularen, Dom- oder Chorherren an einer bischöfl. Kirche.

Domleschg das, unterste Talstufe des Hinterrheins, im schweizer. Kt. Graubünden.

Domodossola, Stadt in Oberitalien, 20500 Ew.; Ausgang von Simplonbahn und -straße.

Dompfaff, Finkenvogel, auch Gimpel. (BILD S. 187)

Domröse, Angelica, Schauspielerin, *1941; Film- und Bühnenrollen.

Domschulen, im MA. Schulen an den Bischofssitzen, auch **Kathedral-, Stiftsschulen.**

Don der, Fluß in der europ. UdSSR, mündet ins Asowsche Meer; 1970 km lang, 1355 km schiffbar.

Don [ital., span.], Herr; weiblich: **Donna** [ital.], **Doña** [d'ɔnja, span.]. In Spanien ist D. jetzt nur Höflichkeitstitel, in Italien bes. bei Priestern.

Donar, einer der altgerman. Götter, ein Ase, der Herr des Gewitters (Donners), nordisch **Thor.**

Donatẹllo, ital. Bildhauer, * Florenz 1382, 1383 oder 1386, †1466, führte von der Spätgotik zur Renaissance; einer der größten Gestalter des Abendlandes auf allen Gebieten des bildner. Schaffens: Figuren (David, Georg, Reiterdenkmal des Gattamelata), Reliefs.

Donatịsten [nach Bischof Donatus von Karthago], kirchl. Partei im 4. Jh. in N-Afrika; forderten Sittenreinheit, Kirchenzucht.

Donator, Fremdatom in einem Halbleiter, das 1 Valenzelektron mehr als die Atome des Halbleiters aufweist; er wird dadurch n-leitend.

Donạtus, Aelius, röm. Grammatiker, um 350 n. Chr., im MA. vielbenutzte Grammatiken.

Donau, mit 2850 km der zweitlängste Strom Europas, 647 km in Dtl. Die D. entsteht bei Donaueschingen aus Breg und Brigach, versickert großenteils bei Immendingen (zum Rhein). Sie durchfließt Dtl. bis Passau, Österreich, Tschechoslowakei, Ungarn, NO-Jugoslawien, durchbricht im Eisernen Tor das Banater Gebirge, bildet die Grenze zw. Rumänien und Bulgarien und mündet mit mehreren Armen ins Schwarze Meer. Wichtige Nebenflüsse von rechts: Iller, Lech, Isar, Inn, Traun, Enns, Leitha, Raab, Drau, Save, Morawa; von links: Altmühl, Naab, Regen, March, Waag, Theiß, Temes, Alt, Sereth, Pruth. Die D. hat große Verkehrsbedeutung, ab Ulm für kleine, ab Regensburg für größere Schiffe befahrbar; seit 1830 regelmäßige Dampfschiffahrt; durch den Rhein-Main-Donau-Großschiffahrtsweg mit dem Rhein verbunden. Die Schiffahrt auf der D. regelt die **Belgrader D.-Konvention.**

Donauẹschingen, Stadt in Bad.-Württ., 18000 Ew.; am Zusammenfluß von Brigach und Breg zur Donau; kostbare Sammlungen, bes. Handschriften (Nibelungenlied).

Donaumoos das, ehem. Moor rechts der Donau, südwestlich von Ingolstadt.

Donauried das, moorige Niederung beiderseits der Donau zw. Ulm und Donauwörth.

Donauschule, Richtung der bayerisch-donauländ. Malerei im 16. Jh. Hauptmeister des mit den Frühwerken Cranachs und Breus einsetzenden Stils waren Altdorfer, Huber. Kennzeichnend für den **Donaustil:** Einheit von Natur- und Menschendarstellung.

Donauwörth, Krst. in Bayern, an der Mündung der Wörnitz in die Donau, 17600 Ew.; Waggonbau, Puppenherstellung.

Don Carlos, → Carlos.

Doncaster [d'ɔŋkəstə], Stadt in der engl. Metrop. Cty. South Yorkshire, 81600 Ew.; Lokomotiv-, Wagenbau, Kohlenbergbau.

Donẹz der, rechter Nebenfluß des Don, 1053 km lang; am rechten Ufer das **Donezbekken,** Steinkohlengebiet, Schwerind.

Donẹzk, Stadt in der Ukrain. SSR, 1,099 Mio. Ew.; Schwerind.

Dönitz, Karl, Großadmiral, *1891, †1980; 1943 Oberbefehlshaber der Kriegsmarine; nach Hitlers Tod für kurze Zeit Staatsoberhaupt; bevollmächtigte Jodl zur Unterzeichnung der Kapitulation. D. wurde 1946 in Nürnberg zu 10 Jahren Gefängnis verurteilt.

Donizẹtti, Gaetano, ital. Komponist, *1797, †1848; Opern: »Lucia di Lammermoor«, »Die Regimentstochter«, »Don Pasquale«.

Donjon [dɔ̃ʒ'ɔ̃, frz.] der, Bergfried, Wohnturm einer normann. Burg.

Don Juan [xu'an, span.], Gestalt der Dichtung, Frauenverführer. Urbild: Don Juan Tenorio, Held eines span. Dramas. Komödie v. Molière (1665); Ballett v. Gluck (1761); Oper v. Mozart (1787); Trauerspiel v. Grabbe (1829); Komödie v. Frisch (1952).

Donkosaken, → Kosaken. **D.-Chor,** 1920 von Serge Jaroff aus Mitgliedern der russ. Weißen Armee gebildet.

Dọnna [ital.], Frau, Gattin (→ Don).

Donner, Georg Raphael, Bildhauer, *1693, †1741; maßvoller Barockstil: Neumarktbrunnen in Wien, Pietà im Dom zu Gurk.

Donner, das den Blitzen folgende rollende oder krachende Geräusch, entsteht durch plötzl. Ausdehnung der vom Blitz erhitzten Luft.

Donnerbüchse, Geschütz des 14./15. Jh.

Donnerkeil, → Belemnit.

Donnersberg, Gebirgsstock im Pfälzer Bergland, 687 m; auf der Kuppe kelt. Wallanlage.

Don Quijote, Don Quixote [dɔnkix'ɔte, span.], frz. **Don Quichotte,** der »Ritter von der traurigen Gestalt«, Held des Romans von Cervantes (1615), Sinnbild eines die Wirklichkeit verkennenden, in einer phantast. Eigenwelt eingesponnenen Schwärmers. **Donquichotterịe,** eine dieser Geisteshaltung entsprechende Handlung, Erzählung.

Doompalme [d'u:m-, engl.], **Dumpalme, Hyphaene,** afrikan. Fächerpalmengatt.; Stamm meist gabelig verzweigt, Samen steinnußartig verwertbar.

Doorn, Gem. in der Prov. Utrecht, Niederlande; **Huis te D.** (1920-41 Wohnsitz Kaiser Wilhelms II.)

Döpfner, Julius, Kardinal, *1913, †1976, 1957 Bischof von Berlin, 1958 Kardinal, 1961 Erzbischof von München-Freising, 1965 Vors. der Fuldaer Bischofskonferenz.

Doping [engl.], **Dọpen,** unerlaubte Steigerung der Leistungsfähigkeit im Sport durch Zuführung von Analgetika, Narkotika, Stimulantia, Anabolika u.a.; nachgewiesen durch **D.-Kontrollen** (Urinuntersuchungen).

Doppeladler, zweiköpfiger Adler; seit dem 14. Jh. Wappen der röm.-dt. Kaiser, dann 1806-1918 der österr. Kaiser.

Doppelbesteuerung, 1) internat. D., doppelte oder mehrfache Besteuerung desselben Steuersubjekts (Steuerpflichtigen) hinsichtl. desselben Steuerobjekts (z. B. Einkommen) durch 2 Staaten; wird durch zwischenstaatl. **D.-Abkommen** vermieden. **2) wirtschaftl. D.,** Doppel- oder Mehrfachbelastung innerhalb des Steuersystems eines Staates (z. B. Einkommen einer AG. durch Körperschafts- und der Dividende der Aktionäre durch Einkommensteuer).

Doppelbrechung, Eigenschaft aller nicht regelmäßigen Kristalle, einen Lichtstrahl in 2 Teile zu zerlegen, so daß man durch den Kristall hindurch einen Gegenstand doppelt sieht. Die D. wurde zuerst am Kalkspat beobachtet.

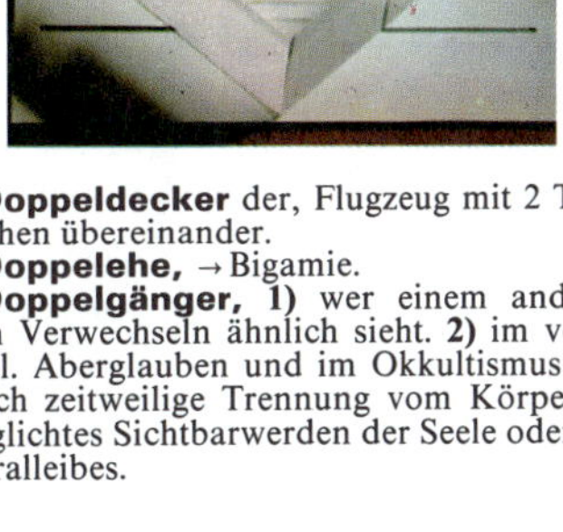

Doppelbrechung bei Kalkspat

Doppeldecker der, Flugzeug mit 2 Tragflächen übereinander.

Doppelehe, → Bigamie.

Doppelgänger, 1) wer einem anderen zum Verwechseln ähnlich sieht. **2)** im volkstüml. Aberglauben und im Okkultismus: ein durch zeitweilige Trennung vom Körper ermöglichtes Sichtbarwerden der Seele oder des Astralleibes.

Dompfaff

Donizetti

Doppeladler (österr.)

Doppel-Ich, Bewußtseinsspaltung bei bestimmten Neurosen und Geisteskrankheiten.

Doppelkolbenmotor, → Gegenkolbenmotor.

Doppelkopf, Kartenspiel, → Schafkopf.

Doppelkreuz, ♩ Zeichen (×, früher auch #) für die Erhöhung um 2 halbe Töne.

Doppelsalze, ⚗ Verbindungen, die entstehen, wenn aus einer Lösung 2 Salze unter Bildung eines gemeinsamen Gitters auskristallisieren.

Doppelschlag, ♩ Verzierung.

Doppelselbstlaut, grch. **Diphthong,** Verbindung zweier ungleichartiger Selbstlaute, z. B. au, ei, eu.

Doppelspat der, wasserklarer → Kalkspat.

Doppelsterne, Sterne, die sich um einen gemeinsamen Schwerpunkt bewegen. **Scheinbare D.** stehen weit hintereinander.

Doppelwährung, veraltetes Währungssystem, bei dem Gold- und Silbermünzen nebeneinander als gesetzl. Zahlungsmittel umlaufen **(Bimetallismus).**

Doppelzentner, Abk. **dz,** Gewicht, 100 kg.

Dormeuse

Doppler-Effekt [nach C. Doppler], Erscheinung, wonach bei jeder Art von Welle eine Änderung der Frequenz eintritt, wenn sich Quelle und Beobachter relativ zueinander bewegen. Bewegt sich z. B. eine Schall- oder Lichtquelle auf einen Beobachter zu, so treffen diesen in der Sekunde mehr Schall- oder Lichtschwingungen, als ihn treffen würden, wenn die Schall- oder Lichtquelle in Ruhe wäre. Der Ton erscheint daher dem Beobachter höher, das Licht nach größeren Schwingungszahlen hin verschoben.

Dorado → El Dorado.

Dordogne [dɔrd'ɔɲə], **1)** rechter Nebenfluß der Garonne in SW-Frankreich, 490 km lang. **2)** Dép. in Frankreich, an der Dordogne 1), Hptst. Périgueux.

Dordrecht, altertüml. Stadt in den Niederlanden, 107 000 Ew.; ⚓, Schiffs-, Stahlbau u. a.; die D. Synode verurteilte 1619 die → Arminianer zugunsten der holländ. Kalvinisten.

Doré, Gustave, frz. Zeichner, *1832, †1883; illustrierte die Bibel, Werke von Balzac, Rabelais, Cervantes.

Dorer, Dorier Mz., altgrch. Volksstamm; aus dem Norden drangen sie angeblich zuerst in Mittelgriechenland (Doris), um 1150 v. Chr. in die Peloponnes ein **(Dorische Wanderung).**

Dorf, ländl. Siedlung bäuerl. Charakters. Hauptformen: **Streusiedlung, Weiler, Haufen-D., Rundling, Anger-D., Straßen-D., Reihen-D., Gewann-D., Marschhufen-D.** Sie sind teils aus uralter Ansiedlung entstanden, teils in späteren Epochen planmäßig angelegt worden (z. B. östl. der Elbe im MA.). Das D. stellte lange Zeit eine genossenschaftl. Wirtschaftseinheit seiner Bauern dar (Marktgenossenschaft, Flurzwang); Reste davon sind noch erhalten. Über das D.-Gewerbe (Textil-, Holz-, Kleineisenerzeugnisse) kamen im 19. Jh. auch Ind.-D. auf. In typ. Industriegebieten ist das D. oft nur reine Arbeiter-Wohnsiedlung.

Dossi: Rast in Ägypten

Dorfgeschichte, Erzählung, die bäuerl. Verhältnisse in dörfl. Umwelt behandelt. Die eigentl. Heimat der D. ist die Schweiz (Pestalozzi, Gotthelf, Keller). In Dtl. entwickelte sich die D. (Immermann, Auerbach, Otto Ludwig) im 19. Jh. zum Heimatroman.

Doria, Andrea, genues. Admiral und Staatsmann, *1466, †1560, gab dem Freistaat streng aristokrat. Verfassung. Gestalt in Schillers »Fiesko«.

Doris, Landsch. im alten Mittelgriechenland.

dorischer Stil, → griechische Kunst.

Dormagen, Stadt im RegBez. Düsseldorf, 56 000 Ew.; chem. Ind.; Zuckerfabrik.

Dormeuse [-m'øːz, frz.], urspr. Schlafhaube, von Mitte des 18. bis ins 19. Jh. Teil der weibl. Kleidung.

Dorn der, **1)** ⚘ stechender, holziger Pflanzenteil, der nicht (wie der Stachel) nur der Oberhaut entstammt, sondern durch Umwandlung eines Sprosses (so beim Weißdorn), eines Blattes oder einer Wurzel entsteht. **2)** runder, meist kegelförmiger Stift zum Aufweiten von Löchern, Biegen von Stäben u. dgl. **3)** Stift (Schnalle, Türangel).

Dornbirn, Stadt in Vorarlberg, Österreich, 39 600 Ew.; Mittelpunkt der österr. Textil-Ind. (jährl. 2 Fachmessen, Bundestextilschule).

Dornburg, Stadt im Bez. Gera, 1300 Ew., an der Saale. Auf dem steil von der Talsohle aufsteigenden Muschelkalkfelsen liegen die **3 Dornburger Schlösser.**

Dornier [dɔrnj'eː], Claudius, Flugzeugkonstrukteur, *1884, †1969, förderte die Ganzmetall-Bauweise (Großflugzeuge).

Dorpat, estnisch und amtlich **Tartu,** russ. **Jurjew,** Stadt der Estn. SSR, mit 110 000 Ew.; Univ., 1632 von Gustav Adolf gegr., bis 1889 dt. Hochschule, seit 1918 estn.; Handel (Holz, Flachs), etwas Ind. D. wurde im MA. dt. Stadt (Mitgl. der Hanse), kam dann an Polen, 1629 an Schweden, 1721 an Rußland; 1918 estnisch, 1940 sowjetisch.

Dörpfeld, Wilhelm, Altertumsforscher, *1853, †1940, Leiter des Archäolog. Instituts in Athen; Ausgrabungen in Olympia, Troja.

dorsal [lat.], rückwärts, rückenseitig.

Dorsch der, junger → Kabeljau.

Dorsch, Käthe, Schauspielerin, *1890, †1957, seit 1940 am Burgtheater in Wien.

Dorst, Tankred, Schriftst., *1925; zeitkrit. Stücke in Parabelform: »Toller«, »Eiszeit«, »Dorothea Merz« u. a.

Dorsten, Stadt in Westfalen, an der Lippe, 75 500 Ew.; Steinkohlenbergbau; Ind.

Dortmund, größte Stadt Westfalens, NRW, 587 300 Ew.; im östl. Ruhrgebiet, am Dortmund-Ems-Kanal; Max-Planck-Institute für Arbeitsphysiologie und für Ernährungsphysiologie; Univ.; Pädagog. Akad.; Oberbergamt; Mittelpunkt des westdt. Sportlebens (Stadion »Rote Erde«; Westfalenhalle). Ind.: Eisen-, Stahl-, Walzwerke, Steinkohlenbergbau, Brauereien. – D. war bis 1803 Reichsstadt, im MA. Mitgl. der Hanse, höchster Freistuhl des westfäl. Femgerichts.

Dortmund-Ems-Kanal, verbindet Dortmund und damit das Ruhrgebiet über die Ems mit der Nordsee; 269 km lang, 1899 eröffnet.

DOS, Abk. für **D**isk **O**perating **S**ystem, ein von IBM entwickeltes Plattenbetriebssystem (→ Betriebssystem) für Computer.

Dọsis [grch. »Gabe«] die, -/...sen, **1)** vom Arzt verordnete oder abgemessene Menge eines Arzneimittels. **dosiẹren,** die D. bestimmen. **2)** ⊠ Maß für die einem System zugeführte Strahlungsmenge.

Dos Passos, John, amerikan. Schriftst. portugies. Herkunft, *1896, †1970; »Manhattan Transfer«, Trilogie »USA«.

Dosse die, rechter Nebenfluß der Havel in Brandenburg, 120 km lang, Unterlauf kanalisiert.

Dossi, Dosso, ital. Maler, *um 1489, †1542; relig. und mytholog. Bilder. (BILD S. 188)

Dossier [dɔsj'e:, frz.] das, Aktenstück; alle zu einer Angelegenheit gehörenden Schriftstücke.

Dost der, Gatt. der Lippenblüter. Arten: **Gemeiner D.,** purpurblütige Staude in Bergwäldern; **Majoran,** weiß bis bläulich blühende Würzpflanze. **Wasser-D.,** das → Kunigundenkraut.

Dostojẹwskij, Fjodor, russ. Dichter, *1821, †1881, wegen Teilnahme an sozialist.-schwärmer. Bestrebungen zum Tode verurteilt, dann zu vierjähriger Zwangsarbeit begnadigt. In seinen Romanen leuchtet er in die tiefsten Abgründe menschl. Seins, stellt aber auch das Heilige in irdischer Gestalt und als göttl. Gnade dar: »Schuld und Sühne«, »Der Idiot«, »Die Brüder Karamasow«.

Dotatiọn [lat.] die, **1)** Schenkung, bes. an Stiftungen und Anstalten. **2)** Zuweisung von Geldmitteln an Selbstverwaltungskörperschaften. **3)** Schenkung eines Gutes als Belohnung für Verdienste um den Staat. **dotiẹren,** ausstatten.

Dotieren, Dotierung, Fremdatome werden durch Einlegieren oder Eindiffundieren in reines Halbleitermaterial eingebaut, um Zonen versch. Leitfähigkeit zu erzeugen.

Dotter der, **1)** der in der Eizelle der meisten Tiere vorhandene und für die Entwicklung des Keimlings notwendige Nahrungsstoff, z. B. die Hauptmasse des Eigelbs. **2)** ⚘ gelbblühender rapsähnl. Kreuzblüter, liefert Öl.

Dotterblume, versch. gelbblühende Pflanzen, z. B. die **Sumpf-D.,** Unkraut auf feuchten Wiesen, Hahnenfußgewächs.

Dottersack, blasiger, mit nährendem Dotter angefüllter Darmanhang bei Wirbeltierkeimlingen, z. B. bei jungen Fischen am Bauch.

Dou [dau], Gerard, niederländ. Maler, *1613, †1675; kleine Sittenbilder, Köpfe.

Douai [du'ɛ], Stadt in N-Frankreich, Stahl-, chem. Ind., 42 600 Ew.

Douane [du'a:n, frz.] die, **1)** Zoll. **2)** Zollamt.

Douaumont [duo:m'ɔ̃], im 1. Weltkrieg Panzerwerk von Verdun, schwer umkämpft.

Double [dubl, frz.] das, im Film: Ersatzperson für den Hauptdarsteller, z. B. bei Durchführung gefährl. Aufnahmen.

Doublé [dubl'e, frz.], **Dublee** das, Metall, das durch Plattieren mit einem edleren überzogen ist.

Doubs [du] **1)** der, linker Nebenfluß der Saône in Frankreich, kommt vom Schweizer Jura. **2)** Ostfrz. Dép., 478 800 Ew.; Hptst. Besançon.

Douglas [d'ʌgləs], Haupt- und Hafenstadt der Isle of Man, Seebad, 20 000 Ew.

Douglas [d'ʌgləs], schott. Adelsgeschlecht, **1)** Archibald, †1557, wurde von Jakob V. verbannt; Ballade von Fontane (vertont von Loewe). **2)** James, †1330, sollte das Herz des Königs Robert Bruce ins Heilige Land bringen, fiel im Kampf gegen die Mauren; Ballade von Strachwitz.

Douglastanne [du-], Nadelbaum, liefert wertvolles Holz; aus dem westl. Nordamerika; auch in Dtl. gezogen.

Douro [port.] der, Fluß im N der Pyrenäenhalbinsel, 925 km lang, bis Porto für Seeschiffe befahrbar; Stauwerke.

Douvermann [d'au-], Heinrich, Bildschnitzer, *um 1480, †um 1544; Altäre in St. Nikolaus zu Kalkar und im Dom zu Xanten.

Dover [d'əuvə], Stadt in S-England, an der hier nur 32 km breiten **Straße von D.,** 32 800 Ew.; Kriegs-, Handelshafen; Überfahrt von England zum Kontinent.

Dovifat, Emil, Publizistikwissenschaftler, *1890, †1969; Dir. des Dt. Inst. für Zeitungskunde. Mitbegr. der CDU und der Freien Univ. Berlin.

Dow Jones Index [dau dʒəunz], Meßzahl für die Entwicklung der Wertpapierkurse an der New Yorker Börse.

down [daun], **1)** nieder, **2)** niedergedrückt.

Downing Street [d'aʊnɪŋ stri:t], Straße in London, Nr. 10 ist Amtssitz des Premierministers.

Doxologịe [grch. »Lobpreisung Gottes«] die, **1)** der Schluß des Vaterunsers: »Denn Dein ist das Reich ...« **2)** Lobgesang der Engel.

Doyen [dwaj'ɛ̃, frz.] der, Sprecher eines diplomat. Korps.

Doyle [dɔɪl], Sir Arthur Conan, engl. Schriftst., Arzt, *1859, †1930; schrieb Detektivromane (»Sherlock Holmes«).

Dozẹnt [lat.] der, Lehrer an Hochschulen und Akademien. **doziẹren,** lehren, unterrichten. **Dozentụr** die, die Berechtigung, an einer dt. wissenschaftl. Hochschule zu lehren (→ Habilitation).

DP, Abk. für **1)** → **D**eutsche **P**artei. **2)** → **D**isplaced **P**ersons.

dpa, Deutsche Presse-Agentur GmbH., Hamburg, führende Nachrichtenagentur der Bundesrep. Dtl., gegr. 1949.

d. R., Abk. **1)** für »der Reserve«, z. B. Hauptmann d. R. **2)** in Österreich für »des Ruhestandes«.

Dr., Abk. für → Doktor.

Drache, 1) sagenhaftes Untier, meist schlangenartig und geflügelt gedacht. Er wurde von Babyloniern, Assyrern, Persern, Griechen, Chinesen, Japanern künstler. dargestellt. Auch in german. und dt. Sagen tritt er auf (Nibelungenlied); er heißt hier auch **Lindwurm** (bayerisch-österr. **Tatzelwurm**). Sinnbildlich ist er die Verkörperung gottfeindl. Mächte. Als D.-Bezwinger gelten: Siegfried, Erzengel Michael, hl. Georg u. a. Bei den Chinesen dagegen ist er Sinnbild des Glücks, des Himmels und des Fürsten. (BILD Fabeltiere)

2) D. D.-Schiff, ⛵ ungedecktes Segel- und Ruderschiff der Wikinger, dessen Bug und Heck in einen Drachenkopf auslief.

3) Sternbild am nördl. Himmel.

4) 🦎 der **Fliegende D.,** Echsenart der Sundainseln; bis 30 cm lang; klettert geschickt, springt im Gleitflug mit flankenständigen Gleitflächen von Baum zu Baum.

5) D., meist **Drachen.** Der **Spitz-D.** (Spielzeug) erhält durch den Wind eine nach oben gerichtete Kraft (Auftrieb), die ihn in der Schwebe hält; ähnlich der **Kasten-D.** Wissenschaftl. Anwendung findet der D. bei der Erforschung der Lufthülle. Er wird dazu mit selbsttätigen Meßgeräten ausgerüstet.

6) D., volkstüml. Bez. für den → Hängegleiter.

Drachenbaum, Dracaena, Gatt. der Liliengewächse in wärmeren Gegenden, mit schwertförmigen Blättern, die schopfförmig am Ende der Äste stehen. Am bekanntesten der **Echte D.** der Kanar. Inseln, der viele hundert Jahre alt wird; sein rotes Harz heißt **Drachenblut** (Färbemittel). (BILD S. 190)

Drachenfels, Trachytkuppe des Siebengebirges, 324 m hoch; Weinbau (Drachenblut). Zahnradbahn nach dem Gipfel mit Burg D. (Ruine).

Dostojewskij

Dotterblume: Sumpf-D.

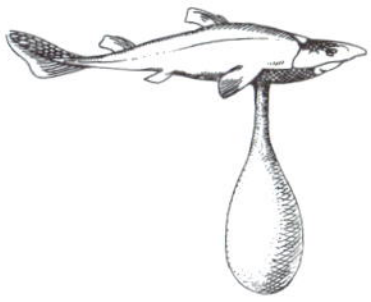

Dottersack: Junger Haifisch mit anhängendem D.

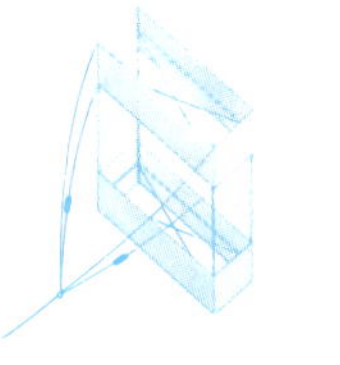

Drache 5): Kasten-D.

Drachenbaum: Echter Drachenbaum

Dragoner (1. Schles. Dragonerregiment, 1874)

Drake

Drehfrucht

Drachenfliegen, Deltafliegen, Flugsport: talwärtsgleiten mit motorlosen, deltaförmigen Fluggeräten, an denen der Pilot in Gurten und Gestängen hängt.

Drachensaat, Saat der Zwietracht (→ Kadmos).

Drachmann, Holger, dän. Dichter, *1846, †1908; »Sänger des Meeres und der hellen Nächte«.

Drachme die, **1)** altgrch. Silbermünze, 1 D. = 6 Oboloi, 6000 attische D. = 1 Talent, 100 D. = 1 Mine. **2)** neugrch. **Drachmi,** Abk. **Dr.,** Währungseinheit im heutigen Griechenland, 1 Dr. = 100 Lepta.

Dracula, Titelheld eines Romans von B. Stoker, verknüpfte Vampirgeschichten mit Berichten über Grausamkeiten des walach. Fürsten Vlad Tepeş (†1476/77); 1922 Vorlage für den Film »Nosferatu«, seither einer der Prototypen des Horrorfilms.

Dragée [draʒ'e, frz.] das, des Geschmacks wegen mit Zuckermasse überzogene Pille.

Dragoman [arab.] der, oriental. Bez. für → Dolmetscher.

Dragonade die, von Ludwig XIV. angeordnete Zwangseinquartierung von Dragonern bei frz. Protestanten (→ Hugenotten), um diese zur kath. Kirche zu bekehren.

Dragoner [frz.] der, ✠ Gattung der Reiterei.

Draht, Metallfaden von 0,02-12 mm Durchmesser. D. über 5 mm Durchmesser wird durch Walzen, dünnerer durch Ziehen hergestellt.

Drahtglas, Scheibenglas, dem zur Sicherung gegen Bruch und Splittern Drahtgewebe eingeschmolzen oder eingewalzt ist.

Drahtlehre die, Gerät zum Messen der Dicke von Drähten, → Lehre.

Drahtseil, aus Drähten zusammengedrehtes Seil: einfachste Art ist das **Spiralseil.** Meist werden jedoch mehrere kleine Spiralseile um eine Hanf- oder Drahtlitze (Seele) zusammengedreht.

Drahtseilbahnen, → Seilbahn.

Drainage, → Dränage.

Draisine [nach dem Erfinder v. Drais, Mannheim 1817] die, **1)** Laufrad, Vorläufer des Fahrrads, wurde durch Abstoßen vom Erdboden bewegt. **2)** 🚂 vierrädriges Eisenbahnfahrzeug, mit Hand- oder Motorantrieb.

Drake [dreɪk], Sir Francis, engl. Seefahrer, *um 1540, †1596, umsegelte die Erde, kämpfte als Freibeuter gegen die Spanier, führte die Kartoffel in Europa ein.

Drakensberge, Kathlamba-Gebirge, östl. Randgebirge Südafrikas, bis 3482 m.

Drakon, Gesetzgeber in Athen, um 621 v. Chr., von sprichwörtl. Strenge; **drakonisch,** überstreng.

Drall [von drillen] der, Drehung, bes. eines Geschosses um seine Achse durch die Windung der »Züge« im Lauf der Feuerwaffen.

Drama [grch. »Handlung«] das, -s/...men, **1)** Dichtungsgattung, → Schauspiel. **2)** bewegtes, erschütterndes Geschehen. **Dramatik** die, **1)** Bühnendichtung. **2)** Spannung, leidenschaftl. Bewegung. **Dramatiker,** Bühnendichter. **dramatisieren, 1)** Stoff zum Schauspiel umarbeiten. **2)** übertreiben, aufbauschen. **dramatisch,** leidenschaftl. bewegt, spannend.

Dramaturg der, Theaterangestellter, der bei Auswahl und Einrichtung der Stücke mitwirkt. **Dramaturgie,** Lehre von Wesen, Wirkung und Formgesetz des Dramas, Teilgebiet der Poetik. »Hamburgische Dramaturgie« von Lessing (1767).

Drammen, Hafenstadt im südl. Norwegen, 51800 Ew.; bed. Holzhandel.

Dränage [drɛn'aʒə, frz.] die, **Dränung, 1)** künstl. Entwässerung des Bodens durch Einbau unterird. Abzüge, z. B. Tonröhren, auf dem Grund schmaler Kanäle. **Saugdräns** saugen das Wasser aus dem Boden, **Sammeldräns** leiten es zum Vorfluter. **dränieren, dränen,** entwässern. **2)** ♡ das Einlegen einer Röhre **(Drän)** aus Glas oder Kautschuk in Wunden, Fisteln oder Hohlräume, die den Abfluß der Wundflüssigkeit erleichtert.

Draperie [frz.] die, Stoffdekoration, malerische Anordnung von Gewändern; Faltenwurf.

drastisch [grch.], **1)** derb, unverblümt. **2)** ♡ stark wirkend; **Drastika,** starke Abführmittel.

Drau die, rechter Nebenfluß der Donau, entspringt am Toblacher Feld (Dolomiten), durchströmt Kärnten und bildet die Grenze zw. Jugoslawien und Ungarn, mündet unterhalb Esseg; 749 km lang, ab Marburg schiffbar; speist Wasserkraftwerke in Österreich und Jugoslawien.

Draufgabe, zum Zeichen des Vertragsabschlusses geleistete Anzahlung (§§ 336 ff. BGB).

Dravida Mz., Sprachfamilie Mittel- und Südindiens (etwa 80 Mio. Menschen); die Völker mit D.-Sprachen sind rassisch und kulturell sehr verschieden (Tamilen, Telugu u. a.).

drechseln, nichtmetallische Gegenstände auf der → Drehmaschine abdrehen.

Dreesch, Driesch der, brachgelegtes Feld als Weide, **D.-Wirtschaft.**

Drehbuch, Text für einen Film mit genauer Angabe der Einzelaufnahmen.

Drehbühne, Bühnenkonstruktion mit kreisförmiger drehbarer Fläche des Bühnenbodens; ermöglicht raschen Szenenwechsel.

Dreheiseninstrument, → elektrische Meßinstrumente.

drehen, ⊙ Bearbeitung von Gegenständen auf der → Drehmaschine oder der → Drehscheibe.

Drehfeld, ⚡ Magnetfeld, das um eine Achse umläuft und durch 3 um 120° versetzte, ruhende Wicklungsstränge, die an Drehstrom angeschlossen werden, erzeugt wird. D.-Drehzahl bei 50 Hz und 2poliger Wicklung 3000 U/min, bei höherer Polzahl entsprechend niedriger, z. B. 4polig 1500 U/min. Anwendung in Drehstrommaschinen, deren Drehzahl durch das Drehfeld bestimmt ist.

Drehflügelflugzeug, hat bewegl. Flügel, die sich zur Erzeugung von Auftrieb um eine feste Achse drehen, → Hubschrauber, → Tragschrauber.

Drehfrucht, Streptocarpus, trop. Pflanzengatt. in Afrika, Madagaskar und den Komoren: Kräuter mit gedrehten Fruchtkapseln; Zierpflanzen.

Dreh|impuls, ⊠ bei einem sich drehenden starren Körper das Produkt aus Winkelgeschwindigkeit und Trägheitsmoment um die Drehachse.

Drehkäfer, ein → Schwimmkäfer.

Drehkolbenmotor, → Kreiskolbenmotor.

Drehkondensator, ein → Kondensator mit kontinuierlich veränderbarer Kapazität zum Abstimmen von Schwingungskreisen.

Drehkrankheit, durch den **Gehirnblasenwurm (Drehwurm, Gehirnquese)** hervorgerufene Gehirnkrankheit der Wiederkäuer, bes.

der Schafe. Die erkrankten Tiere zeigen Zwangsbewegungen; sie bewegen sich z. B. im Kreis.

Drehkreuz, um einen Zapfen drehbares Kreuz zum Durchlaß von je einer Person, an Fußwegen, Schaltern usw.

Drehleier, volkstüml. Musikinstrument **(Bauern-, Bettlerleier)** mit 1-2 Melodiesaiten, einfacher Tastatur und 2 Begleitsaiten im Quintabstand; alle Saiten werden gleichzeitig durch ein streichendes Rad mit Kurbel zum Erklingen gebracht.

Drehmaschine, ⊙ Werkzeugmaschine zur spanenden Bearbeitung zylindr. **(Langdrehen),** kegeliger **(Kegeldrehen),** ebener **(Plandrehen),** ovaler **(Ovaldrehen)** Werkstücke sowie zum Ausbohren und Gewindeschneiden. Das Arbeitsstück erhält durch den Spindelstock die veränderl. Drehbewegung, während der Support den Drehstahl führt (Vorschub). Arten: Spitzen-, **Vielstahl-D.** (mehrere Werkzeuge arbeiten gleichzeitig), **Karussell-D.** für große Werkstücke, **Revolver-D.,** mehrere an einem drehbaren Werkzeughalter befestigte Werkzeuge kommen nacheinander zur Wirkung, **Drehautomaten** können einen programmgespeicherten Arbeitszyklus beliebig oft wiederholen.

Drehmoment das, **1)** → Hebel. **2)** das vektorielle Produkt von Hebelarm (gemessen vom Drehpunkt aus) und einer senkrecht dazu angreifenden Kraft, gemessen in Nm (Newtonmeter). Das D. spielt bei der Drehbewegung dieselbe Rolle wie die Kraft bei der fortschreitenden Bewegung. **D.-Wandler,** Getriebe, bei dem sich die D. am Eingang und Ausgang umgekehrt verhalten wie die Drehzahlen.

Drehorgel, Leierkasten, trag- oder fahrbare Orgel mit drehbarer Melodiewalze.

Drehrohrofen, Drehofen, lange, etwas geneigte, um ihre Längsachse drehbare Trommel, die innen beheizt wird, als Reaktions- oder Trockenofen für rieselfähige, körnige Stoffe.

Drehscheibe, 1) 🚂 drehbare Scheibe mit Gleisstücken zum Wenden von Fahrzeugen. **2) Töpferscheibe,** durch Fußantrieb bewegte Scheibe zum Formen runder Tongegenstände.

Drehspulinstrument, → elektrische Meßinstrumente.

Drehstahl, Schneidstahl bei der → Drehmaschine.

Drehstrom, verketteter Dreiphasenwechselstrom, übl. Stromart für die allg. Stromversorgung. D. wird in Generatoren erzeugt, auf deren Ständer 3 um 120° versetzte Wicklungsstränge angebracht sind und deren umlaufendes Polrad (Dauermagnet) 3 um ⅓ Periode phasenverschobene Wechselspannungen induziert. Durch die Verkettung der 3 Stränge in → Stern- oder → Dreieckschaltung benötigt man zur Fortleitung des D. nur 3 Außenleiter, die Hälfte der ohne Verkettung erforderl. 6 Leiter. Dieses Dreileitersystem wird angewendet für alle Hochspannungsanlagen, z. B. 6-400 kV, oft auch für Niederspannung 380/220 V. Das Vierleitersystem mit 3 Außenleitern und dem an den geerdeten Mittelpunkt der Sternschaltung angeschlossenen Mittelpunktleiter wird für Niederspannung verwendet. An die 380-V-Spannung zw. den Außenleitern werden größere Verbraucher angeschlossen, deren Stränge ebenfalls in Stern und Dreieck verkettet sind. Kleinere Verbrauchsgeräte werden einphasig zw. einem der drei Außenleiter und dem Nulleiter, angeschlossen; die Spannung ist dann $380/\sqrt{3}$ = 220 V.

Drehstrom

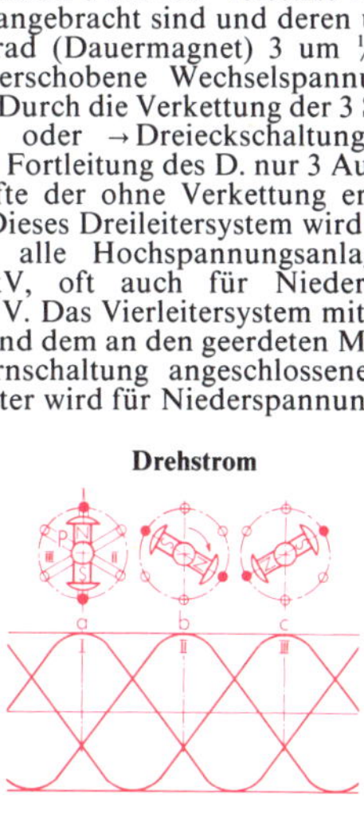

Drehmaschine: Spitzen-D.

Drehung, Rotation, Bewegung eines Körpers um eine feste Achse oder um einen festen Punkt (→ Drehzahl, → Winkelgeschwindigkeit).

Drehvermögen, optisches, Eigenschaft mancher Stoffe (z. B. Quarz, Zuckerlösung), die Schwingungsebene des polarisierten Lichtes (→ Polarisation) zu drehen.

Drehwaage, Torsionswaage, ⊠ Gerät zum Messen von Gravitations- oder elektromagnet. Kräften, bei dem ein an einem Faden waagrecht aufgehängter Stab durch diese Kräfte aus der Ruhelage gedreht wird. Diese Drehung (Torsion) ist der auftretenden Kraft proportional.

Drehwurm, → Drehkrankheit.

Drehzahl, Anzahl der Umdrehungen einer umlaufenden Maschine oder Welle in der Zeiteinheit. **D.-Messer** mit Zeiger oder Schreiber werden mechanisch durch Fliehkraft (→ Tachometer) oder elektrisch durch die erzeugte Spannung betätigt. **D.-Regler** halten die Drehzahl von Kraftmaschinen konstant und werden mechanisch (→ Fliehkraftregler) oder elektronisch (Thyristorsteuerung) betätigt.

Dreibund, Verteidigungsbündnis zw. dem Dt. Reich, Österreich-Ungarn und Italien, 1882 abgeschlossen, gegen Frankreich und unausgesprochen gegen Rußland; 1915 von Italien gekündigt; → Dreiverband.

dreidimensionaler Film, 3-D-Film, Raumbildverfahren bei Bildern und Filmen, bei dem jedem Auge nur das zugehörige Teilbild vermittelt wird.

Dreieck, △ von 3 Seiten begrenzte Figur. Man unterscheidet nach der Länge der Seiten: **gleichseitiges D.** (ABB. 1), **gleichschenkliges D.** (ABB. 2), **ungleichseitiges D.;** nach der Größe der Winkel: **rechtwinkliges Dreieck** (ABB. 4; β = 90°), **stumpfwinkliges D.** (ABB. 5; β größer als 90°), **spitzwinkliges D.** (ABB. 3; α, β, γ kleiner als 90°). Ein **sphärisches D.** ist ein D. auf einer Kugeloberfläche. → Trigonometrie.

Dreiecksaufnahme, ⊕ → Triangulation.

Dreieckschaltung, Schaltung zur Verkettung der 3 Stränge von Drehstrommaschinen und -verbrauchern. (BILD S. 192)

Dreieich, Stadt im Kr. Offenbach, Hessen, 38 500 Ew.; elektron. Industrie.

Dreieinigkeit, Dreifaltigkeit, → Trinität.

Dreifachbindung, kovalente chem. Bindung (Atombindung), die durch drei Elektronenpaare gebildet wird.

Dreifelderwirtschaft, Bewirtschaftung einer Flur in dreijährigem Wechsel, früher: Winter-, Sommergetreide, Brache; heute statt Brache: Hackfrüchte oder Futterpflanzen.

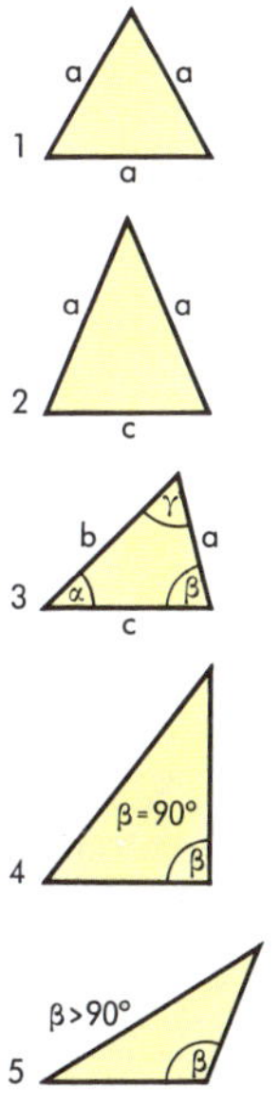

Dreieck. 1 gleichseitiges D., **2** gleichschenkliges D., **3** allgemeines D. (spitzwinklig), **4** rechtwinkliges D., **5** stumpfwinkliges D.

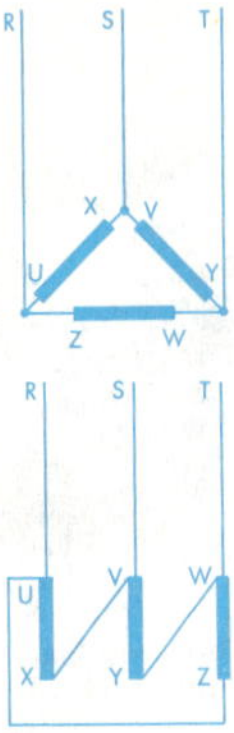

Dreieckschaltung: R, S, T Drehstromaußenleiter, U, V, W, X, Y, Z Klemmbezeichnungen der 3 Stränge

Dreipaß

Dreischenkel

Dreischneuß

Dresden: Zwinger

Dreifuß, dreifüßiges Gestell; im griech. Altertum: für Opferschalen, Kampfpreis.

Dreigespann, die Troika.

Dreiherrnspitze, i. d. Hohen Tauern, 3499 m.

Dreikaiserbund, 1872-86 zw. dem dt., österr. und russ. Kaiser, zerfiel durch den russ.-österr. Ggs. auf dem Balkan.

Dreikaiserschlacht, Schlacht bei → Austerlitz.

Dreikampf, sportl. Wettkampf aus 3 Einzelkämpfen; Leichtathletik: Lauf, Sprung, Wurf.

Dreiklang, ♩ Akkord aus 3 Tönen. **Dur-D.:** Grundton, große Terz, Quinte; **Moll-D.:** Grundton, kleine Terz, Quinte.

Dreiklassenwahlrecht, Wahlsystem des preuß. Abgeordnetenhauses 1849-1918, unter Einteilung der Urwähler nach der Steuerhöhe in 3 Klassen. Diese wählten je gleichviel Wahlmänner, die Wahlmänner die Abgeordneten.

Drei Könige, die »Weisen aus dem Morgenlande« (Mt. 2); nach der Legende die Könige Caspar, Melchior, Balthasar (→ C + M + B). **Dreikönigsfest** am 6. 1. (Epiphanias).

Dreikörperproblem, Mehrkörperproblem, mathemat. Aufgabe, die Bewegung von 3 oder mehr Körpern bei gegebenen Anfangslagen und -geschwindigkeiten zu berechnen, wenn zw. je 2 der Körper schwerkraftähnl. Kräfte wirken.

Dreimächtepakt, von Dtl., Italien und Japan 1940 abgeschlossen. Später traten Ungarn, Rumänien, die Slowakei und Kroatien bei, 1941 Bulgarien, Jugoslawien. Ziel: neue Ordnung in Europa und Asien.

Dreimaster, 1) → Segelschiff. **2)** Hut, → Dreispitz.

Dreimeilenzone, heute überholte Begrenzung der Territorialgewässer (Küstenmeer) auf 3 Seemeilen (5556 m). Statt dessen nehmen die Staaten überwiegend 12 Seemeilen als Küstenmeer in Anspruch; vielfach wurde (auch in der EG) eine Fischereizone von 200 Seemeilen festgesetzt.

Dreipaß der, 🏛 got. Maßwerkfigur.

Dreiphasenstrom, → Drehstrom.

Dreisatz, Regeldetri, Rechenverfahren, um aus 3 gegebenen Größen eine damit zusammenhängende unbekannte Größe zu bestimmen. Z. B.: 5 kg einer Ware kosten 28 DM, was kosten 6 kg?

Lösung: 1 kg kostet $\frac{28}{5}$ DM, 6 kg kosten $\frac{28 \cdot 6}{5}$ DM = 33,60 DM.

Dreischenkel, altes symbol. Ornamentmotiv aus 3 gebogenen Schenkeln, bes. im MA.

Dreischneuß der, 🏛 got. Maßwerkform (3 Fischblasen, »Schneuße«).

Dreiser, Theodore, amerikan. Schriftst., *1871, †1945; Bahnbrecher des amerikan. Naturalismus; »Eine amerikanische Tragödie«.

Dreispitz, Dreimaster, Filzhut mit dreiteilig nach oben geklappter Krempe. (BILD S. 193)

Dreisprung, leichtathlet. Weitsprungübung; der Boden wird nach dem Anlauf dreimal berührt.

Dreißigjähriger Krieg, 1618-48. Ursache: Ggs. zw. Katholizismus und Protestantismus, im Verlauf des D. K. hinter polit. Machtkämpfen zurücktretend. Verlauf: **1) Böhm.-Pfälz. Krieg (1618-23):** 1619 wählten die protestant. Stände Böhmens anstelle Kaiser Ferdinands II. Kurfürst Friedrich V. von der Pfalz zum König. Tilly besiegte ihn 1620 am Weißen Berge bei Prag und eroberte dann auch die Rheinpfalz. I. d. F. wurde der Protestantismus unterdrückt. **2) Dän.-Niedersächs. Krieg (1623 bis 30):** Der eingreifende Dänenkönig Christian IV. wurde 1626 von Tilly bei Lutter am Barenberge geschlagen und schloß 1629 Frieden. Restitutionsedikt (1629), Bedrohung des protestant. Besitzstandes. **3) Schwed. Krieg (1630-35):** 1630 kam der Schwedenkönig Gustav Adolf den dt. Protestanten zu Hilfe, siegte 1631 bei Breitenfeld über Tilly, der kurz vorher Magdeburg erobert hatte, und drang bis nach Bayern vor, fiel aber 1632 in der Schlacht bei Lützen gegen den kaiserl. Feldherrn Wallenstein. 1634 wurde Wallenstein ermordet, die Schweden bei Nördlingen besiegt; 1635 schlossen Brandenburg und Sachsen den Prager Frieden mit dem Kaiser. **4) Schwedisch-Frz. Krieg (1636-48):** Nun griff das kath. Frankreich unter Richelieu aus polit. Ggs. zu den Habsburgern auf schwed. Seite offen in den Krieg ein; Schweden und Franzosen drangen mehrmals nach Bayern und Böhmen vor. 1648 Beendigung des Krieges durch den → Westfälischen Frieden. Folgen: Gleichberechtigung der Bekenntnisse. Dtl. verwüstet, verarmt, im Innern zerrissen und ohnmächtig nach außen.

Dreiverband, 1907 bis zum 1. Weltkrieg Bündnis zw. England, Frankreich und Rußland (→ Entente).

Dreiwegekatalysator, Einrichtung zur → katalytischen Nachverbrennung von Abgasen aus Kfz-Ottomotoren, in der gleichzeitig Kohlenmonoxid, Kohlenwasserstoffe und Stickoxide umgesetzt werden.

Dreizack der, **1)** dreizinkiger Speer, Kennzeichen des → Poseidon, Sinnbild der Herrschaft über das Meer. (BILD S. 193)

2) einkeimblättrige, gras- oder lauchähnliche Pflanzengatt.

Drei Zinnen, Gipfelgruppe der Südtiroler Dolomiten, 2881-3003 m hoch.

Drell, Drill, Drillich, Zwillich, sehr dicht und fest gewebtes Leinen- oder Baumwollgewebe in Köperbindung.

dreschen, aus Nutzpflanzen (Getreide, Raps, Klee, Hülsenfrüchte) durch Schlagen (mit Flegeln, Dreschmaschine) die Samen oder Körner gewinnen.

Dreschmaschine. In der D. werden die Garben über den Selbsteinleger der **Dreschtrommel** zugeführt. Diese trägt entweder Schlagleisten oder Schlagstifte; der **Dreschkorb,** in dem die Trommel läuft, ebenfalls Leisten oder Stifte. Durch Schüttler, Siebe, Gebläse werden die Körner von Stroh und Spreu getrennt. Das modernste Erntedreschverfahren ermöglicht der → Mähdrescher.

Dresden, 1) Bez. der Dt. Dem. Rep., 6738 km², 1,76 Mio. Ew.; 1952 aus Teilen der Länder Sachsen und Schlesien gebildet. Im S gebirgig (östl. Erzgebirge bis Lausitzer Bergland), im mittl. Teil fruchtbares Lößgebiet, im N Sandböden (Heideland). Im Elbtal Obst- und Gemüsebau; vielfältige Ind. **2)** Hptst. des

Bez. D., an der Elbe, 519500 Ew.; viele Univ. und Akad., Mus., bed. Theater; vielfält. Ind., bes. Elektro-, opt., Maschinen- und Bekleidungswerke, Transformatoren- und Röntgenwerk, bei Rossendorf ein Kernreaktor. – D. war 1485-1918 Sitz der albertin. Landesherren von Sachsen; unter August dem Starken wurde es ein Mittelpunkt dt. Barockkunst. Bis zum Bombenangriff im Februar 1945, bei dem die gesamte Innenstadt vernichtet wurde, war D. eine der schönsten Großstädte mit hervorragenden Barockbauten: Frauenkirche (Dom), Zwinger (wiederhergestellt), ehem. kath. Hofkirche, ehem. königl. Schloß; weltbekannte Kunstwerke im »Grünen Gewölbe«.

Dresdner Bank AG, Frankfurt a. M. (früher Dresden), dt. Großbank, gegr. 1872.

Dress [engl.] der, (Sport-)Anzug, Kleid. **Evening dress** ['i:vənɪŋ], Abendanzug; **Full dress** [ful], Gesellschaftsanzug.

dressịeren [frz.], abrichten (von Tieren), herrichten (von Textilien u. a.). **Dressụr** die, Zähmung und Abrichten von Tieren.

Dressing [dr'esɪŋ, engl.] das, Salatsoße.

Drẹwenz die, rechter Nebenfluß der Weichsel, 207 km lang, mündet oberhalb von Thorn.

Dreyer, Benedikt, Lübecker Bildschnitzer, *um 1485, †nach 1555.

Dreyfus [drɛf'ys], Alfred, frz. Hauptmann jüd. Herkunft, *1859, †1935; 1894 wegen Landesverrats verurteilt und deportiert, 1899 begnadigt, 1906 freigesprochen und rehabilitiert, nachdem die belastenden Dokumente als Fälschungen erkannt waren; Verteidigungsschrift E. Zolas (1898) »J'accuse« (ich klage an). Die **D.-Affaire** trug zur Sammlung der bürgerl. Linken bei (Trennung von Staat und Kirche).

Dreyse, Joh. Nikolaus v., Techniker, *1787, †1867, erfand das →Zündnadelgewehr.

Driburg, Bad, Heilbad in NRW, 16700 Ew., 220 m ü. M.

Driesch, Hans, Biologe und Philosoph, *1867, †1941, Vertreter des Vitalismus.

Drift [von »treiben«] die, durch Dauerwinde, z. B. Passate, Monsune, verursachte Meeresströmung. **D.-Eis,** Treibeis.

Drillbohrer, handbedientes Bohrgerät, bei dem eine Triebstange mit steilem Gewinde beim Auf- und Abbewegen der sie umschließenden Nuß in Drehbewegung versetzt wird.

drillen, 1) mit Strenge ausbilden. **2)** in gleichlaufenden Reihen säen (pflanzen).

Drillich, →Drell.

Drilling [von: drei] der, Jagdgewehr mit 3 Läufen, 2 für Schrot-, einen für Kugelladung.

Drillinge [von: drei] Mz., 3 gleichzeitig geborene Kinder derselben Mutter.

Drillmaschine, landwirtschaftl. Maschine zum Aussäen des Samens in Reihen.

Drin der, größter Fluß Albaniens, 300 km lang, mündet ins Adriat. Meer.

Drina die, rechter Nebenfluß der Save, rd. 350 km lang, in Jugoslawien.

Dromedar

Drink [engl.] der, alkohol. (Misch-)Getränk.

Drinkwater [dr'ɪŋkwɔ:tə], John, engl. Schriftst., *1882, †1937; histor. Dramen (»Abraham Lincoln«, »Mary Stuart«, »Cromwell«), Lyrik.

Drịtter Bịldungsweg, stark auf der berufl. Vorerfahrung aufbauende Weiterbildung Erwachsener durch Fortbildungslehrgänge, Volkshochschulkurse, Fernstudien u. a.

Dritter Orden, Tertiạri|er, kath. Kirche: Vereinigungen von Laien, die religiös-sittl. Vollkommenheit erstreben und sich an bestehende Männer- oder Frauenorden anschließen. Die Mitgl. legen keine Klostergelübde ab und bleiben im Beruf.

Dritter Stand, frz. **Tiers état** [tjɛ:rzet'a], in der Ständeordnung des MA. das Bürgertum, das nach Adel und Geistlichkeit den 3. Platz einnahm und sich erst in der Frz. Revolution die Gleichstellung erkämpfte.

Drittes Reich, 1) christl. Prophetie und Geschichtsphilosophie: die Erlösung abschließende Weltperiode des Hl. Geistes. **2)** nationalsozialist. Dtl. von 1933-45 (→Nationalsozialismus).

Dritte Welt, Bez. für die im Vergleich zu den industriell hochentwickelten Ländern wirtschaftlich unterentwickelten Staaten.

Dritte-Welt-Läden, volkstüml. Bez. für Einzelhandelsgeschäfte, die ausschließlich Produkte aus der Dritten Welt führen; Unternehmen des kirchl. Entwicklungsdienstes.

Drittschuldner, ⚖ der Schuldner des Vollstreckungsschuldners, →Zwangsvollstrekkung.

Drittwiderspruchsklage, Interventionsklage, →Widerspruchsklage.

Drive-in-Einrichtungen [draɪv ɪn, engl. »Hineinfahren«], bieten allg. Dienstleistungen, die vom Auto aus in Anspruch genommen werden können.

DRK, Abk. für **D**eutsches →**R**otes **K**reuz.

Droge [arab.] die, urspr. Erzeugnis aus dem Pflanzen- und Tierreich, das arzneilich oder techn. verwendet wird. Heute versteht man unter D. auch →Rauschgifte. **Drogerịe** die, Handelsbetrieb, in dem D., Chemikalien, Parfüme, chem. und photograph. Waren, Farben und Lacke verkauft werden.

Drohne die, **1)** männl. Honigbiene. **2)** Nichtstuer, Schmarotzer. **3)** unbemannter Flugkörper, bes. zur Aufklärung.

Drohung, ⚖ Ankündigung eines Übels. Durch D. veranlaßte Willenserklärungen sind anfechtbar (§§ 123 f. BGB). D. mit Verbrechen wird bestraft (§§ 241, 126 StGB), ebenso die →Nötigung durch Gewalt oder D.

Dromedạr [grch.] das, einhöckeriges →Kamel.

Drömling, Niederung in der Altmark; Wiesen-, Weideland (früher Moor).

Dronte die, schwanengroßer, flugunfähiger Taubenvogel der Insel Mauritius; sie wurde nach 1650 ausgerottet.

Drontheim, norweg. Stadt →Trondheim.

Drọsera, Pflanzengattung →Sonnentau.

Drosọphila, Gattung der →Taufliegen.

Drossel, Fam. der Singvögel, gute Sänger, über die ganze Erde verbreitet, leben von Insekten und Beeren, bauen kunstvolle Nester. Wichtige Arten: **Sing-D.,** häufiger Wald- und Parkvogel mit heller, braungesprenkelter Brust; **Mistel-D.,** reichlicher gefleckt als Sing-D.; **Wacholder-D.** (Krammetsvogel), grau bis braun, brütet in Mitteleuropa; **Rot-D.,** mit rostrotem Streifen unter dem Flügelrand. **Schwarz-D.,** →Amsel.

Drosselklappe, ⊙ bewegl. Klappe in einer Rohrleitung zur Regelung der durchfließenden Menge von Flüssigkeiten, Dampf, Gasgemischen.

Drosselspule, ⚡ Spule mit großem induk-

Dreispitz

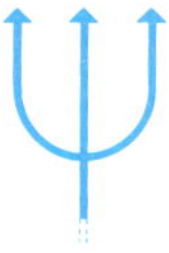

Dreizack

Drilling (Querschnitt)

Droste-Hülshoff

Droysen

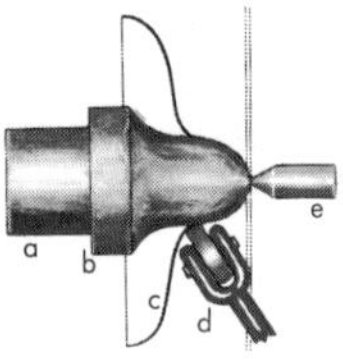

Drücken: a Spindel, b Drückform, c Werkstück, d Drückrolle, e Reitstock

Druckerzeichen

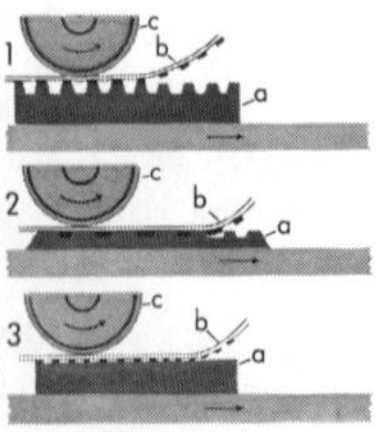

Druckverfahren: 1 Hochdruck, 2 Tiefdruck, 3 Flachdruck; a Druckform, b Papier, c Druckwalzen

Druse 1)

tivem Widerstand, schwächt Wechselstrom; Gleichstrom wird ungeschwächt durchgelassen.

Drosselvenen, Drossel|adern, Venen, die das Blut aus der Kopf- und Halsregion in die obere Hohlvene führen. Bei Umschnüren des Halses (Drosselung) schwellen sie stark an.

Droste-Hülshoff, Annette v., Dichterin, *1797, †1848; Gedichte »Mondesaufgang«, Balladen »Der Knabe im Moor«, Versepen, Novelle »Judenbuche«.

Droste zu Vischering, Klemens August v., *1773, †1845, Erzbischof von Köln, forderte kath. Kindererziehung in Mischehen; daher von der preuß. Regierung abgesetzt, 1837-39 inhaftiert.

Droysen, Johann Gustav, Historiker, *1808, †1884; 1848 führend in der Frankfurter Nationalvers. (für Kaisertum des preuß. Königs). HW: »Gesch. Alexanders d. Gr.«, »Gesch. des Hellenismus«.

Druck, 1) ⊠ Kraft je Flächeneinheit. SI-Einheit des D. ist das Pascal (Pa), weiterhin gesetzlich das Bar (bar). 1 Pa = 1 N/m^2; 1 bar = 10^5 Pa. **2)** ✐ der Druckvorgang oder auch sein Erzeugnis (→Buchdruck, →Offsetdruck, →Druckverfahren).

Drücken, ⊙ Verformen ebener Metallbleche zu Hohlformen auf Drückmaschinen. Das Drückfutter hat die Fertigform des Werkstücks; das Gegenwerkzeug (Drückrolle) legt das Blech an das Drückfutter an.

Drucker, engl. **Printer,** Ausgabegerät von elektron. Datenverarbeitungsanlagen, das die Daten in Klarschrift auf Papier ausgibt; wichtige Typen: Nadel-, Farbstrahl-, Laser-D.

Druckerzeichen, Verlegerzeichen, Signet, bildhaftes Zeichen, mit dem der Buchdrucker oder Verleger die von ihm veröffentlichten Werke kennzeichnet.

Druckfarben, Lösungen aus Farbstoffen und Bindemitteln (Druckfirnisse). Für die einzelnen Druckverfahren, Maschinentypen und die versch. Bedruckstoffe werden D. unterschiedl. Eigenschaften und Konsistenz benötigt. Der Rakeltiefdruck und der Flexodruck erfordern dünnflüssige D. (Lösungsmittelfarben), der Buchdruck und Offsetdruck dagegen dickflüssige geschmeidige D. (Firnisfarben). Die Bindemittel sind Lösungen von Natur- oder Kunstharzen.

Druckguß, Herstellung von Gußteilen durch Einspritzen des flüssigen Metalls unter hohem Druck in gekühlte Stahlformen.

Druckknopf, von H. Bauer 1885 erfundener Patentknopf.

Druckluft, Preßluft, in →Verdichtern komprimierte Luft; zum Antrieb von Werkzeugen (Druckluftmeißel, -hämmer), Fahrzeugen **(D.-Lokomotiven),** zur Betätigung von Steuerungen, zum Reinigen von Gußstücken mit Sandstrahl, zum Betrieb von Bergbaumaschinen. D.-Bremsen.

Druckluftkrankheit, Taucherkrankheit, Caissonkrankheit, tritt bei Tauchern oder Caissonarbeitern auf (→Dekompression).

Druckmesser, →Manometer.

Drucksache, gebührenbegünstigte Briefsendung (Vervielfältigung durch Druck, Belichtung, Stempel oder Umdruck). D. müssen offen eingeliefert werden, die Aufschrift D. tragen und freigemacht sein. Hand- oder maschinenschriftl. Zusätze sind nicht zugelassen. – **D. zu ermäßigter Gebühr,** im Auslandsverkehr: Bücher, Broschüren, Musiknoten, Landkarten, Zeitungen, Zeitschriften (im Inland →Büchersendung).

Druckschrift, 1) Schriften für →Buchdruck und andere →Druckverfahren. **2)** ⚖ jede zur Verbreitung bestimmte Vervielfältigung von Schriften und bildl. Darstellungen und Musikalien mit Text oder Erläuterungen.

Druckstock, Klischee, ✐ Metallplatte, in die die Abbildung geätzt ist; für Hochdruck.

Druckverband, ♡ stillt die Blutung durch Zusammenpressen der Gefäße.

Druckverfahren, 1) Hochdruck: drukkende Teile der Druckform liegen erhöht und werden zum Druck eingefärbt. Die Druckform wird aus beweglichen →Lettern von Hand (Handsatz) oder mittels →Setzmaschinen (Maschinensatz) hergestellt. Abbildungen erfordern Klischees (→Strichätzungen und →Netzätzungen); Abdruck auf →Tiegeldruckpressen, →Schnellpressen oder →Rotationsmaschinen. **2) Tiefdruck:** die Zeichnung ist vertieft in die Druckform eingearbeitet; die Vertiefungen nehmen die Farbe auf und geben sie beim Druck an das Papier ab. **3) Flachdruck:** die vollkommen ebene Druckplatte wird mit chem. Mitteln so behandelt, daß sie nur an den der Zeichnung entsprechenden Stellen Farbe annimmt und beim Druck auf das Papier überträgt. Verfahren: →Steindruck, →Offsetdruck, →Lichtdruck. **4)** Beim **Durchdruck** wird durch eine Form gedruckt, die aus einer Schablone aus farbdurchlässigem Material besteht. Verfahren →Siebdruck.

Druckwasserreaktor, mit Wasser unter hohem Druck gekühlter Kernreaktor; die mittlere Wassertemperatur bleibt unter dem Siedepunkt.

Drude die, →Alb. **Drudenfuß,** mag. Fünfeck, Pentagramm, im Volksglauben zur Abwehr des Albs.

Drugstore [drˈʌgstɔ:r, engl. »Drogerie«] der, in den USA Gemischtwarengeschäft, oft mit Imbißecke, Apotheke u. a.

Druiden, Priester der Kelten, Wahrsager, Heil- und Sternkundige, Richter, erzogen die Söhne des Adels.

Drumlins [drˈʌmlɪnz, irisch], längl., flachgewölbte Grundmoränen-Anhäufungen; deuten Fließrichtung des Inlandeises an.

Drums [drʌmz, engl. »Trommeln«], die Schlaginstrumente der Jazzband.

Druse die, **1)** Hohlraum in Gesteinen, dessen Wände mit Kristallen bedeckt sind. **2) Kropf,** ansteckende Krankheit der Pferde, eitrige Entzündung der Nasenschleimhaut mit Vereiterung der Unterkiefer-Lymphknoten.

Drüse, 1) bei Mensch und Tieren ein Organ, das flüssige Stoffe (Sekrete) absondert, z. B. Schweiß, Galle. Eine **D. mit Ausführungsgang** ist zur Oberfläche hin offen. Einfachste D. sind Becherzellen. Bei mehrzelligen D. unterscheidet man schlauchförmige **tubulöse D.,** bläschenförmige **alveoläre D.,** beerenförmige **azinöse D.** sowie **alveolo-tubulöse D.,** deren Schlauch mit seitl. Bläschen besetzt ist. – Über D. ohne Ausführungsgang **(Hormon-D.)** →innere Sekretion. **2)** äußerl. den tierischen D. ähnl. Pflanzenteile, so Drüsenhaare, Honigdrüsen.

Drusen Mz., Angehörige einer aus dem ismailit. Islam hervorgegangenen Sekte im südl. Libanon und Syrien; feudal-patriarchal. Verfassung, Glaubenslehre von einem kleinen Kreis Eingeweihter geheimgehalten.

Drusus, Nero Claudius, röm. Feldherr, Bruder des Kaisers Tiberius, *38, †9 v. Chr., drang bis zur Elbe vor.

dry [draɪ, engl.], **1)** trocken. **2)** herb (Wein).

Dryaden Mz., grch. Baumnymphen.

Dryden [draɪdn], John, engl. Dichter, *1631, †1700, schrieb 2 von Händel vertonte Cäcilienoden, klassizist. Tragödien, Lustspiele.

Drygalski, Erich v., Geograph, *1865, †1949; Polarexpeditionen (Antarktis 1901-03).

Dschambul, Gebiets-Hptst. in der Kasach. SSR, 308 000 Ew.; Superphosphatherstellung, Zucker- und Baumwollkombinat, Leder- und Nahrungsmittelind.

Dschingis Chan, mongol. Eroberer, *um

Duccio: Jesu Einzug in Jerusalem

1155 oder 1167, †1227, eroberte Peking, unterwarf Turkestan und besiegte die Russen. Sein Großreich erstreckte sich vom Schwarzen Meer bis zum Pazif. Ozean.

Dschugaschwili, Familienname Stalins.

Dschungel der, engl. **Jungle** [dʒ'ʌŋgl], urspr. der gras- und schilfreiche Buschwald des subtrop. Indiens, i. w. S. Urwald generell.

Dschunke die, chines. Segelschiff.

Dserschinsk, Hafen- und Industriestadt an der Oka, Russ. SFSR, 277 000 Ew., Schwerpunkt der chem. Ind.

DSU, Abk. für → Deutsche Soziale Union.

Dsungarei die, Landschaft in Innerasien, zw. Altai und Tien-shan, meist Wüste.

dt, Einheitenzeichen für **D**ezitonne.

DTB, Abk. für **D**eutscher **T**urner**b**und.

Dtzd., Abk. für Dutzend.

Duala, 1) wichtigste Hafen- und Handelsstadt von Kamerun, 460 000 Ew. **2)** Mz., Bantustamm an der Kamerunbucht.

Dualis, Dual [lat.] der, ⓢ Zweizahl (im Unterschied zur Mehrzahl), bes. im Griechischen.

Dualismus [von lat. duo »zwei«] der, **1)** allg.: Zweiteilung; Zwiespalt. **2)** PHILOSOPHIE: Lehre, daß die Wirklichkeit durch 2 Prinzipien oder Kräfte zu erklären sei, z. B. Gott–Welt, Geist–Stoff, Leib–Seele. Ggs.: Monismus. **3)** der unausgetragene Kampf oder das Gleichgewicht zweier etwa gleich starker Staaten in einem Staatenbund, bes.: Österreich-Preußen im Dt. Bund (1815-66) und Österreich-Ungarn in der Donaumonarchie (nach 1867).

Dualsystem, dyadisches System, Zahlensystem mit der Grundzahl 2, baut mit 2 Zahlzeichen (0 und 1) alle Zahlen aus Potenzen von 2 auf; z. B. ist 9 im D. = $1 \cdot 2^3 + 0 \cdot 2^2 + 0 \cdot 2^1 + 1 \cdot 2^0$, geschrieben 1001. Wegen seiner leichten Umsetzbarkeit in elektr. Schaltvorgänge wird das D. für elektron. Rechenanlagen verwendet.

Dubai, Scheichtum der Verein. Arab. Emirate, 3800 km^2, 419 000 Ew., reiche Erdöllagerstätten.

Dubarry [dybar'i], Marie Jeanne, Gräfin, urspr. Modistin, später Geliebte Ludwigs XV. von Frankreich, *1743, hingerichtet 1793.

Dubček [d'ubtʃɛk], Alexander, tschechoslowak. Politiker, *1921; als führender Reformer (Prager Frühling) 1968-69 Erster Sekretär des Zentralkomitees der tschechoslowak. KP; seit Dez. 1989 Parlamentspräsident.

Dübel der, ⊙ Verbindungsmittel zur Verankerung von Nägeln oder Schrauben (als Holzpflock, der eingegipst wird, als **Preß-D.** aus elast. Kunststoff, als **Stopf-D.** aus Faserstoff) oder zur Verbindung von Bauteilen aus Holz **(D.-Verbindungen).**

Dübendorf, Stadt im Kt. Zürich, Schweiz, 20 700 Ew.; Materialprüfungsanstalt.

Dublee, → Doublé.

Dublette [frz.] die, **1)** Doppelstück, bes. in Sammlungen, auch in Texten, Urkunden u. a. **2)** Edelsteinnachahmung. **3)** Doppeltreffer.

Dublin [d'ʌblın, engl.], irisch **Baile Átha Cliath, 1)** Cty. der Rep. Irland, 922 km^2, 1,02 Mio. Ew. **2)** Hptst. und Hafen von 1), 502 300 Ew.; kath. und anglikan. Erzbischofssitz; Univ.; Trinity College (gegr. 1591); Brauereien, Brennereien, Textil-, Zigaretten-, Glas- u. a. Ind.

Dublin 2)

Dublone die, ehem. span. Goldmünze.

Dubna, 1956 gegr. Stadt nördl. von Moskau, 56 000 Ew.; Kernforschungszentrum.

Du Bois-Reymond [dybw'a rɛm'ɔ̃], Emil, Physiologe, *1818, †1896; Anhänger des Darwinismus, Gegner jeder Metaphysik; prägte das Wort → ignoramus et ignorabimus.

Dubrovnik, ital. **Ragusa,** Stadt in S-Dalmatien, Jugoslawien, 43 900 Ew.; Fremdenverkehr; künstler. bed. Bauten aus dem 15. Jh., Bischofssitz. Vor D. die Insel **Lokrum** mit subtrop. Naturpark.

Dubuffet [dybyf'ɛ], Jean, frz. Maler, *1901, †1985; Bilder, Collagen, Assemblagen, Plastiken, beeinflußte die Kunst nach 1945.

Duc [dyk, frz.; lat. dux »Führer«], **Duchesse** [dyʃ'ɛs]; **Duca** [ital.], **Duchessa** [duk'essa], Herzog, Herzogin, höchster frz. und ital. Adelstitel nach dem des Prinzen.

Duccio [d'utʃo], eigentl. **D. di Buoninsegna,** der erste der großen sienes. Maler, * um 1255, †1319; Hochaltar des Doms v. Siena.

Duce [d'u:tʃe, ital. »Führer«], seit 1922 Titel von Mussolini.

Duchamp [dyʃ'ã], Marcel, frz. Künstler, *1887, †1968; Vorläufer des Dadaismus, Anreger des Surrealismus.

Duchoborzen [russ.], durch die Quäker beeinflußte Sekte in Rußland, Kanada und USA.

Ducht die, **1)** Sitz- und Ruderbank in Kähnen. **2)** Litze eines Taues, geteerte und zusammengedrehte Kabelgarne aus Hanf.

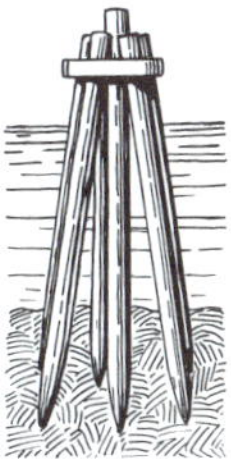

Dückdalbe

Dückdalbe [ndt.] die, eingerammtes Pfahlbündel zum Festmachen von Schiffen.

Dudelsack, altes Volksmusikinstrument, aus ledernem Windsack mit Melodiepfeife und 2-3 unveränderlich klingenden Begleitpfeifen; bes. in Schottland.

Duden, Konrad, Sprachforscher, *1829, †1911; Rechtschreibebuch, Wegbereiter der dt. Einheitsrechtschreibung.

Duderstadt, Stadt in Ndsachs., 22 200 Ew.; altertüml. Stadtbild mit Stadtumwallung, Rathaus; versch. Ind.

Dudinzew, Wladimir Dmitrijewitsch, sowjet. Schriftsteller, *1918; Roman »Der Mensch lebt nicht vom Brot allein«; Erz.

Dubrovnik

Dudley [d'ʌdlı], Stadt in England bei Birmingham, 187100 Ew.; Maschinen-, Stahl-Ind.

Duell [lat.] das, der → Zweikampf.

Duett [ital. »zwei«] das, ♩ zweistimmiges Gesangstück, meist mit Instrumentalbegleitung.

Duffle-Coat [d'ʌflkəʊt, engl.] der, kurzer sportl. Mantel, auch mit Kapuze.

Dufour [dyf'u:r], Guillaume Henri, schweizer. General, *1787, †1875, führte 1847 den Oberbefehl im Feldzug gegen die Sonderbundskantone, schuf 1832-64 die »Topograph. Karte der Schweiz« (bahnbrechende Gebirgskarte).

Duisberg

Duftorgane, bei Schmetterlingen und Insekten: drüsige Organe, die Duftstoffe absondern zum Anlocken des anderen Geschlechts.

Duftstoffe, die → Riechstoffe.

Dufy [dyf'i], Raoul, frz. Maler, *1877, †1953, malte zeichenhaft naive, in lebhaften Farben schillernde Bilder.

Dugong der, Art der → Seekühe.

Duhamel [dyam'ɛl], Georges, frz. Schriftst., *1884, †1966; psycholog. und gesellschaftskrit. Romane: »Chronique des Pasquier«.

Duisberg [d'y:s-], Carl, Chemiker, Industrieller, *1861, †1935; war führend bei der Bildung der IG Farbenind. (1925).

Dumas d. J.

Duisburg [d'y:s-], Industrie- und Handelsstadt, in NRW, 527500 Ew.; am Rhein beiderseits der Mündungen von Emscher und Ruhr in den Rhein und am Rhein-Herne-Kanal; Eisen-, Stahl-, Maschinen- u. a. Ind.; Kohlenbergbau; Gesamthochschule. Größter Binnenhafen der Welt.

Dukas [dyk'a], Paul, frz. Komponist, *1865, †1935; Opern, Sinfonien (»Der Zauberlehrling«).

Dukat der, alte Goldmünze. **D.-Gold,** Gold mit einer Feinheit von 986/1000.

Duke [dju:k, engl.], Herzog, höchster engl. Adelstitel.

Dunant

Düker [niederdt.] der, Unterführung eines Wasserlaufs, einer Wasser-, Öl- oder Gasleitung unter einem Hindernis.

Duklapaß, wichtigster Karpatenübergang (502 m) zw. ČSFR und Polen.

duktil, dehnbar, streckbar, verformbar.

Duktus [lat.] der, Schriftzug; Schriftnorm.

Dulcinea [dulθin'ɛa, span.], die imaginäre Geliebte des Don Quijote; danach scherzhaft für Geliebte.

Dulles [d'ʌləs], John Foster, amerikan. republikan. Politiker, *1888, †1959; 1953-59 Außenmin. (Ziel: Zurückdrängung der kommunist. Herrschaftssysteme).

Dülmen, Stadt in NRW, 39000 Ew.; Textil-, Eisen-, Möbel-Ind., Wildpferdgehege.

Dulong-Petit-Regel [dyl'ɔ̃pti-], nach den frz. Physikern Dulong (*1785, †1838) und Petit (*1791, †1820), besagt, daß die spezif. Wärme je Atom für alle festen Elemente unabhängig von der Temperatur 3 k (k = Boltzmann-Konstante) beträgt, was einer Molwärme von etwa 26 J/(K · mol) entspricht. Die D.-P.-R. kann aus der kinet. Theorie der Wärme abgeleitet werden.

Dufy: Regatta in Deauville

Duluth [dəl'u:θ], Hafenstadt in Minnesota, USA, am Oberen See, 93000 Ew.; Getreide-, Holz-, Eisenhandel, Stahlwerk, Erdölraffinerien.

Duma [russ. »Rat«], russ. Parlament 1905 bis 1917.

Dumas [dym'a], **1)** Alexandre d.Ä. (D. père), frz. Schriftst., *1802, †1870; Romane: »Die drei Musketiere«, »Der Graf von Monte Christo« u.a. **2)** Alexandre d.J. (D. fils), Schriftst., Sohn von 1), *1824, †1895; Sittenromane, Gesellschaftsstücke (»Die Kameliendame«).

Du Maurier [dju:m'ɔ:rıeı], Daphne, engl. Erzählerin, *1907, †1989; »Rebecca«, »Meine Cousine Rachel«.

Dum-Dum-Geschoß [nach der Fabrik Dum-Dum bei Kalkutta], Geschoß für Handfeuerwaffen aus Weichblei; verursacht schwere Verwundungen, daher als Kriegsmunition völkerrechtlich verboten.

Dump [dʌmp], in der Datenverarbeitung ein Speicherauszug.

Dumpalme, die → Doompalme.

Dumping [d'ʌmpıŋ, von engl. to dump »hinwerfen«] das, Warenverkauf an das Ausland zu niedrigerem Preis als im Inland mit dem Ziel, den eigenen Absatz zu fördern und den ausländ. Wettbewerb auszuschalten. Von **sozialem D.** spricht man, wenn die Unterbietung der Preise auf niedrige Löhne und geringe soziale Belastung der Wirtschaft (Sozialversicherung u.a.) zurückgeht. **Währungs-** oder **Valuta-D.** entsteht bei Abwertung einer Währung. Gegen das D. sucht man sich durch **Anti-D.** zu schützen (v.a. Einfuhrzölle).

Düna, Westliche Dwina, lett. **Daugava,** Fluß in Osteuropa, 1020 km, kommt aus dem See Dwinez auf den Waldai-Höhen, mündet unterhalb Riga in die Ostsee, nur streckenweise schiffbar.

Dünaburg, lett. **Daugavpils,** russ. **Dwinsk,** Stadt in der Lett. SSR, an der Düna, 127000 Ew.; Umschlagplatz für Flachs, Getreide, Holz; Metall-, elektrotechn. u.a. Ind. – D. ist eine Gründung des Dt. Ordens (1278).

Dunajec [-jɛts] der, rechter Nebenfluß der Weichsel, 247 km lang.

Dunant [dyn'ã], Henri, schweiz. Philanthrop, *1828, †1910, Begründer des Roten Kreuzes. Friedens-Nobelpreis 1901.

Dunaújváros [d'unɔu:jva:roʃ], Industriestadt in Ungarn, südl. von Budapest, an der Donau, 62000 Ew., Schwerindustrie.

Dunaway [d'ʌnəweı], Faye, amerikan. Filmschauspielerin, *1941; »Bonnie and Clyde«, »Chinatown«.

Duncan [d'ʌŋkən], Isadora, amerikan. Tänzerin, *1878, †1927, wirkte für eine Umgestaltung des künstler. Tanzes im Sinne des altgrch. Chortanzes (→ Ausdruckstanz).

Duncker, Franz, dt. Politiker, *1822, †1888; Mitbegr. der »Hirsch-D.schen Gewerkvereine«.

Dundee [d'ʌndi:], Hafenstadt an der Ostküste von Schottland, am Firth of Tay, 175000 Ew.; Textil-, Maschinen-Ind., Schiffbau.

Dunedin [dʌn'i:dın], Hafenstadt der Südinsel Neuseelands, 106800 Ew.; Univ.; kath. Bischofssitz; Verarbeitung und Ausfuhr landwirtschaftl. Erzeugnisse, bes. Fleisch.

Dünen, durch Wind aufgehäufte, meist langgestreckte Sandhügel, bes. am Meer und in Wüsten, bis 300 m hoch. **Dünenhafer,** Strandhafer, schützt vor Überwandertwerden durch D.

Dung, Stallmist, Stalldünger, Gemenge von Kot, Harn und Einstreu.

Dunganen, chines. **Hui,** mongol. Volk (rd.

4,5 Mio.), im östl. Tarimbecken und in der Dsungarei, chines. Sprache, Mohammedaner.

Dünger, Düngemittel, organ. und anorgan. Stoffe, die dem Boden zur Verbesserung der Fruchtbarkeit und zur Ertragssteigerung zugeführt werden, vor allem als Ersatz für Pflanzennährstoffe, die ihm durch Anbau und Ernte entzogen werden. Nach der Herkunft unterscheidet man 1) **Wirtschaftseigenen D.** (Stall-D., Jauche, Gülle, Klärschlamm, Kunstmist, Stroh-, Grün-, Pferch-D., Kompost u. a.) und 2) **Handels-D.** (alle im Handel befindl. Düngemittel; anorgan. Handels-D.: Mineral-D., d. h. natürl. Salze wie Chilesalpeter sowie synthet. D. – Organ. Handels-D., z. B. Guano). – Neben den Hauptnährstoffen (Stickstoff, Kalium, Phosphor, Calcium und Magnesium) sind Spurennährstoffe wichtig (vor allem Schwefel, Eisen, Mangan, Kupfer, Zink, Molybdän). Wirtschaftseigene D. fördern auch das Wasserspeicherungsvermögen des Bodens und die Tätigkeit der Mikroorganismen.

Dunkelkammer, völlig verdunkelter oder nur von einem photographisch nicht wirksamen Licht beleuchteter Raum für das Arbeiten mit lichtempfindl. Stoffen.

Dunkelmännerbriefe, → Epistolae obscurorum virorum.

Dunkelwolken, Ansammlungen dunkler interstellarer Materie aus Staub und Gas, die das Sternlicht absorbieren.

Dünkirchen, frz. **Dunkerque** [dœ̃k'ɛrk], fläm. **Duinekerken** [dœjnkɛrkə], Hafenstadt in N-Frankreich, an der Nordsee, 73 100 Ew., Schiffbau, Eisen- u. Stahlind., Erdölraffinerie; Fischverarbeitung. – Im 2. Weltkrieg 1940 Rückzug der brit.-frz. Nordarmee aus dem Brückenkopf D. nach England.

Dunlop [d'ʌnlɔp], John Boyd, engl. Tierarzt, *1840, †1921, erfand 1888 den pneumat. Gummireifen für das Fahrrad.

Dünnsäure, verdünnte (etwa 20%) Schwefelsäure, die als Abfallprodukt techn. Synthesen anfällt. Ihre Verklappung auf See trägt zur Belastung der Nordsee bei.

Dünnschliffe, 0,02-0,04 mm dicke, durchsichtige, auf einen Objektträger geklebte Mineral- oder Gesteinsplättchen zur Untersuchung unter dem Durchlichtmikroskop.

Duns Scotus [dʌns], schott. Franziskaner, *1266, †1308, Scholastiker, vertrat gegen Thomas von Aquino den Vorrang des Willens vor dem Verstand.

dünsten, Speisen mit Fett oder wenig Flüssigkeit in einem verschlossenen Gefäß garen.

Dünung, die nach Aufhören des Windes noch fortdauernde Bewegung des Meeres in langen, gleichmäßig rollenden Wellen.

Duo [lat. »zwei«] das, ♩ Musikstück für 2 Instrumente mit oder ohne Begleitung.

Duodenum [lat.] das, Zwölffingerdarm; **Duodenalgeschwür,** Zwölffingerdarmgeschwür.

Duodez [lat. duodecim »zwölf«] das, **1)** Buchformat mit 12 Blättern im Bogen. **2)** in Zusammensetzungen: klein, unbedeutend, z. B. der **D.-Staat,** unter einem **D.-Fürsten.**

Duodezimalsystem, Zahlensystem mit der Grundzahl 12 (statt 10 beim Dezimalsystem).

Duoschaltung, paarweise Zusammenschaltung je einer Leuchtstoffröhre mit induktivem Vorschaltgerät und einer mit kapazitivem Vorschaltgerät zur Erzeugung eines zeitl. gleichmäßigen Lichtstroms (kein Flimmern).

düpieren [frz.], betrügen, täuschen, prellen.

Duplikat [lat.] das, Doppelstück, Abschrift. **Duplizität** die, (zufälliges) Doppelgeschehen.

Düppel, dän. **Dybbøl,** Dorf in Nordschleswig (1864-1920 dt.). Die **Düppeler Schanzen** waren 1848-50 und 1864 umkämpft.

Dur [lat. durus »hart«], jede Tonart mit großer Terz. Ggs.: → Moll.

Dura Europos, antike Stadt am mittl. Euphrat, heute Es-salihije, das »Pompeji des Ostens«.

Durance [dyr'ãs] die, linker Nebenfluß der Rhône, 304 km, wird mit Stauwerken, Kraftwerken und Kanälen ausgebaut.

Durango, Hptst. des Staates D., Mexiko, 1925 m ü. M., 321 000 Ew.

Duras [dyr'a], Marguerite, frz. Schriftstellerin, *1914; schreibt im Stil des → Nouveau roman; Drehbuch: »Hiroshima – mon amour«.

Durban [d'ə:bən], **Port Natal** [pɔ:t nət'æl], Hafenstadt der Rep. Südafrika, 982 000 Ew.; Umschlagplatz der Minendistrikte Transvaals; Ölraffinerien, Werften u. a. Ind.

Durchfall, Diarrhöe, ♡ häufiges Entleeren dünnflüssiger Stuhlmassen entweder vorübergehend (akut) als Darmkatarrh, z. B. nach Ernährungsfehlern, oder langwierig (chronisch) bei Darmkrankheiten. Behandlung: Wärme, Bettruhe; zunächst Fasten, Abführen, dann Schleimsuppen, Tee.

Durchforstung, ‡ Ausholzung schlecht geformter oder unterdrückter Stämme.

Durchfuhr, Transit, Beförderung von Waren durch ein Staatsgebiet zw. Ursprungs- und Bestimmungsland.

Durchgang, 1) Möglichkeit zum Durchgehen. **2)** Vorübergang der Planeten Merkur und Venus vor der Sonne. Letzter Venus-D. 1882, nächster 2004. Merkurdurchgänge etwa alle 8 Jahre. Der D. eines Sterns durch den Meridian eines Ortes heißt **Kulmination.**

Durchgriff, bei Elektronenröhren das Verhältnis einer Gitterspannungs- zur Anodenspannungsänderung bei konstantem Anodenstrom, angegeben in Prozent; je kleiner der D., desto größer die Verstärkung.

Durchlaßbereich, Gebiet eines aktiven elektron. Bauelements, in dem der Widerstand sehr klein ist; Ggs. Sperrbereich.

Durchlaucht [»durchleuchtet«, lat. illustris], Anrede an Träger eines Fürstentitels.

Durchlauferhitzer, ⊙ mit Gas oder elektr. Strom beheiztes Gerät, das das durchlaufende Wasser während des Abzapfens erhitzt.

Durchmesser, 1) △ bei ebenen oder räuml. Figuren, die einen Mittelpunkt haben, durch diesen laufende Sehne. **2)** ☆ **scheinbarer D.,** Winkel, unter dem die beiden Endpunkte des **wahren D.** eines Sterns dem Beobachter erscheinen.

Durchschnitt, △ Mittelwert, → Mittel.

Durchschuß, 1) Schuß, bei dem das Geschoß den Körper wieder verlassen hat. Ggs.: Steckschuß. **2)** WEBEREI: Schußfaden. **3)** ✐ die Größe der Zeilenabstände.

Durchsuchung. D. von Wohnungen **(Haussuchung)** oder Personen **(Leibesvisitation)** durch die Polizei ist nur bei Verdacht einer Straftat zulässig. Die D. muß von einem Richter, bei Gefahr im Verzuge auch von der Staatsanwaltschaft oder der Polizei, angeordnet sein (§§ 102 ff. StPO).

Düren, Krst. in NRW, am W-Rand der Jülich-Zülpicher Börde, 83 100 Ew.; Papier-, Metall-, Textilind.

Dürer, Albrecht, einer der größten dt. Künstler, Maler, Zeichner für Holzschnitt, Kupferstecher, *1471, †1528. D. reiste 1494/95 und 1505/06 nach Italien, 1520/21 in die Niederlande und stand seit 1512 im Dienst des Kaisers Maximilian. Seine Wirkung als Zeichner war sehr groß. Für Holzschnitt und Kupferstich leitete er in Europa eine neue Epoche ein. HAUPTWERKE. Gemälde: Selbstbildnisse (Louvre, Prado, Alte Pinakothek München); Adam und Eva (Prado); Die 4 Apostel (München, Alte Pinakothek); Landschaftsaquarelle, die ersten europ. ihrer Art. – Holzschnitte: Apokalypse, Kleine und Große Passion, Marienleben. – Kupferstiche: Der verlorene Sohn; Adam und Eva; Kupferstichpas-

Dürer: Selbstbildnis

A

B

C

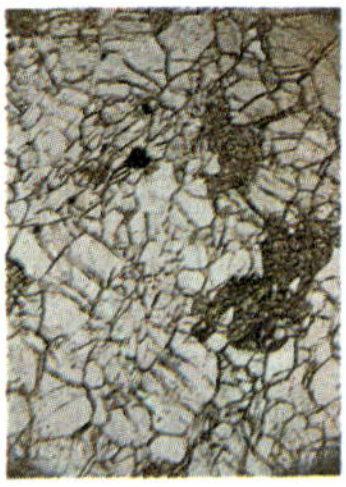

D

Dünnschliffe im monochromatischen polarisierten (p.) und nicht polarisierten (n. p.) Licht. Limburgit A (n. p.) B (p.); Dunit C (n. p.) D (p.)

Dürrenmatt

Duse

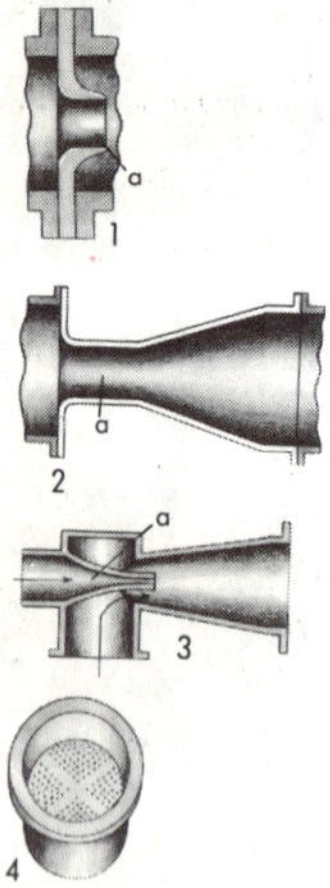

Düse: 1 Blende, 2 Venturirohr, 3 Strahlpumpe, 4 Spinndüse, a Düse

sion; Ritter, Tod und Teufel; Hieronymus im Gehäus'; Melancholie; Bildnisse (Pirkheimer). – Zeichnungen; kunsttheoret. Schriften.

Durham [d'ʌrəm], **1)** Cty. in NO-England, 599600 Ew.; Landwirtschaft, Ind. **2)** Hauptstadt von 1), 26000 Ew., Bischofssitz, Kathedrale (1093-1490), Univ.

Durieux [dyrj'ø], Tilla, Schauspielerin, *1880, †1971; wirkte bes. in Rollen von Wedekind, Shaw, Ibsen und Ionesco.

Durkheim [dyrk'ɛm], Emile, frz. Soziologe, *1858, †1917, entwickelte die Soziologie als empirische Wissenschaft; sah das Verhalten des Einzelnen in der Gesellschaft von einem allg. Kollektivbewußtsein bestimmt.

Dürkheim, Bad D., Stadt in Rheinl.-Pf., 15400 Ew., Heilbad am Rand der Haardt (Solbad); eine der größten dt. Weinbaugemeinden.

Durlach, industriereicher Stadtteil von Karlsruhe (seit 1938); 1565-1715 Residenz der Markgrafen von Baden-D., Schloß von 1562-65 (barocker Neubau 1697).

Dürnstein, Stadt in Niederösterreich, 1050 Ew., in der Wachau, an der Donau; altertüml. Stadtbild; Barockkirche (1721-28); Ruinen der Burg Dürnstein, in der 1193 Richard Löwenherz gefangengehalten wurde.

Duroplaste, Duromere Mz., härtbare Kunstharze.

Durrell [d'ʌrəl], Lawrence, englisch-irischer Schriftst., *1912; Roman-Hauptwerk »Alexandria-Quartett«, Schauspiele.

Dürrenberg, Bad D., Solbad im Bez. Halle, an der Saale, 12400 Ew.

Dürrenmatt, Friedrich, schweizer. Schriftst., *1921; einfallsreiche und groteske Schauspiele (»Die Ehe des Herrn Mississippi«, »Der Besuch der alten Dame«, »Die Physiker«) und Erzählungen (»Der Richter und sein Henker«), mit dem Stilmittel der Verfremdung.

Durrës, bedeutendste Hafenstadt in Albanien, 61000 Ew.; das antike Epidamnos.

Dürrheim, Bad D., Stadt im Schwarzwald-Baar-Kr., Bad.-Württ., im südl. Schwarzwald, 10200 Ew., Solbad und Luftkurort.

Durst, Antrieb zur Aufnahme von Flüssigkeit; verursacht durch erhöhte Salzkonzentration in der Gewebsflüssigkeit.

Duschanbe, Hptst. der Tadschik. SSR, UdSSR, 596000 Ew.

Duse, Eleonora, ital. Schauspielerin, *1858, †1924; bes. Rollen von Sardou, Dumas, Ibsen, Maeterlinck und d'Annunzio.

Düse, Verengung eines Strömungskanals zur Umwandlung von Druck- in Geschwindigkeitsenergie (kinet. Energie). Verwendung zur Zerstäubung, in Strahlgebläsen, Injektoren, als Spinn-D.

Düsenflugzeug, durch ein Strahltriebwerk angetriebenes Flugzeug.

Düsseldorf: Altes Rathaus und Jan-Wellem-Denkmal

A. van Dyck: Karl I. von England

Düsseldorf, Hptst. von NRW und des RegBez. D., Industrie- und Handelsstadt am Rhein, 569500 Ew.; größte Rheinbrücke (seit 1979); Flughafen; Univ., Staatl. Kunstakad., mehrere Theater, Mus., Sitz versch. Forschungsinstitute, Börse, Industriekonzernverwaltungen, Wirtschaftsorganisationen; Maschinenbau, Eisen-, Stahl-, Glas-, chem. Ind. – D. war Hptst. des alten Hzgt. Berg, mit dem es 1614 an Pfalz-Neuburg, 1777 an Bayern kam. Glanzzeit unter Kurfürst Johann Wilhelm v. d. Pfalz (1690-1716); 1806 Hptst. des napoleon. Ghzgt. Berg, 1814 preußisch. Seit dem 19. Jh. wirtschaftl. Aufschwung. Bes. bekannt wurde auch die »Düsseldorfer Malerschule«.

Duttweiler, Gottlieb, schweizer. Kaufmann, *1888, †1962, gründete den → Migros-Genossenschafts-Bund und die Partei »Landesring der Unabhängigen«; Hg. der Zeitung »Die Tat«.

Dutzend [frz. douzaine] das, Abk. **Dtzd.,** Zählmaß für Stückware: 1 D. = 12 Stück.

Duumvirat, altröm. Behörde aus 2 Männern.

Duvivier [dyvivj'e], Julien, frz. Filmregisseur, *1896, †1967; »Don Camillo und Peppone«.

Dux [lat.], **1)** spätröm. Kaiserzeit: Führer, Befehlshaber. **2)** im MA. Herzog.

Dux, tschech. **Duchcov** [d'uxtsɔf], Stadt in der ČSFR, 11000 Ew.; Braunkohlengruben, Metall-, chem. u. a. Ind.

Dvořák [dv'ɔrʒa:k], Antonín, tschech. Komponist, *1841, †1904, mit Smetana Schöpfer der tschech. Kunstmusik; Orchesterwerke, Opern. (BILD S. 199)

DVP, Abk. für **D**eutsche **V**olks**p**artei.

dwars, ⅁ quer. **Dwarslinie,** das Nebeneinanderfahren der Kriegsschiffe.

Dwina die, **1) Nördl. D.,** der größte Strom N-Rußlands, entsteht durch Zusammenfluß von Suchona und Jug, ist von hier 750 km lang und mündet in das Weiße Meer. **2) Westl. D.,** → Düna.

Dwinger, Edwin Erich, Schriftst., *1898.

Dwinsk, russ. Name für → Dünaburg.

Dy, Symbol für das Element Dysprosium.

Dyas [grch. »Zweiheit«] die, andere Bez. für das Perm, → Erdgeschichte.

Dyck [dɛjk], Anton van, niederländ. Maler, *1599, †1641, Schüler von Rubens. Bedeutender Bildnismaler; seit 1632 am engl. Hof. (Weiteres BILD S. 198)

Dylan [d'ilən], Bob, eigtl. Robert **Zimmermann,** amerik. Folksonginterpret und -komponist, *1941.

Dyn, ⊠ Einheitenzeichen: **dyn,** nicht gesetzl. Einheit der Kraft im CGS-System: 1 dyn = 1 g · cm/s² = 10^{-5} N (Newton).

Dynamik [grch.] die, Kraftentfaltung, starke Bewegtheit, **1)** ⊠ → Mechanik. **2)** ♩ Veränderung der Tonstärke, entweder stufenweise (forte, mezzoforte, piano) oder allmählich (crescendo, decrescendo). **3)** Lautstärkebereich eines elektroakust. Übertragungssystems. Egw.: **dynamisch.**

dynamische Rente, den Steigerungen des Sozialprodukts angepaßte Rente.

Dynamismus der, Lehre, die alles Sein und Geschehen auf wirkende Kräfte zurückführt; Begründer des D. ist Leibniz.

Dynamit das, Sprengstoff, 1867 von dem Schweden A. Nobel erfunden, besteht in der urspr. Form aus 75% Nitroglycerin und 25% gebrannter Kieselgur; später Kieselgur durch Kollodiumwolle ersetzt **(Sprenggelatine).**

Dynamo der, ❀ für → Generator.

Dynamometer das, Kraftmesser, z. B. eine Federwaage.

Dynast [grch.] der, Fürst, Herrscher. **Dynastie** die, Herrscherhaus.

Dyopol [grch.] das, -s/-e, Volkswirtschaftslehre: Marktform, bei der auf der Angebotsseite 2 Anbieter auftreten, im Unterschied zum Monopol. Infolge der gegenseitigen Abhängigkeit der beiden Dyopolisten weist die Preisbildung besondere Schwierigkeiten auf.

Dys|enterie [grch.] die, ♡ → Ruhr.

Dysmenorrhöe [grch.] die, ♡ unnormal schmerzhafte Menstruation.

Dys|prosium, Dy, chem. Element aus der Gruppe der → Lanthanoide.

Dys|tonie [grch.] die, ♡ abnormer Spannungszustand der Muskeln oder Gefäße. **Vegetative D.** bei geschwächtem vegetativem Nervensystem.

Dys|trophie [grch.] die, Ernährungsstörung.

dz, Abk. für Doppelzentner (100 kg).

D-Züge, Durchgangszüge, Schnellzüge mit Durchgangswagen.

E

e, E, 1) Selbstlaut; der 5. Buchstabe des dt. Abc. **2)** ♩ **E,** der 3. Ton der C-Dur-Grundtonleiter, die 3. Stufe von C. **3)** △ **e,** Abk. für die **Eulersche Zahl,** die Basis der natürl. Logarithmen und der → Exponentialfunktion = 2,71828...

EAN-System, Abk. für **E**urop. **A**rtikel-**N**umerierung, mit Strichcode arbeitendes Numerierungssystem der Konsumgüter-Ind.; maschinell lesbar.

Earl [ə:l], der engl. Graf.

East [i:st, engl.], Abk. E, Osten, Ost.

Eastbourne ['i:stbɔ:n], Stadt und Seebad an der engl. Kanalküste, 78 000 Ew.

East London [i:st l'ʌndən], Hafenstadt in der Rep. Südafrika, Kapprovinz, 160 600 Ew.

Eastman ['i:stmən], George, amerikan. Phototechniker, Industrieller, *1854, †1932, Begründer der **Eastman Kodak Company,** die den Rollfilm in die Photographie einführte und die ersten Rollfilmkameras baute.

East River [i:st r'ivə], mehrfach überbrückte und untertunnelte Wasserstraße vom Long-Island-Sund zum Hafen von New York.

Eau de Cologne [o:dəkɔl'ɔŋ, frz.], Kölnisch Wasser.

Ebbe und Flut, → Gezeiten.

Ebeling, Hans-Wilhelm, Politiker, *1934; Gründer der DSU, seit April 1990 Min. für wirtschaftl. Zusammenarbeit in der Dt. Dem. Rep.

Ebene die, **1)** Flachland. **2)** △ Fläche, die mit 2 Punkten stets auch deren gesamte Verbindungsgerade enthält.

Ebenholz, dunkles, hartes Edelholz versch. Bäume. Das **echte** oder **schwarze E.** liefern versch. Baumarten in Afrika und Ostindien, **unechtes** oder **künstl. E.** ist dunkel gebeiztes Holz, z. B. von Birn- oder Buchsbaum.

Ebensee, Markt im Salzkammergut, Österreich, 9100 Ew., Kraftwerk, Salzsudwerk, Ammoniak- und Sodafabrik.

Eberbach, 1) alte Stadt im Odenwald, Bad.-Württ., im Neckartal (Staustufe), 16 000 Ew.; Elektromotorenbau u. a. Ind. **2)** Zisterzienserkloster im Rheingau, Gem. Eltville; 1135 von Bernhard v. Clairvaux gegr., 1803 aufgehoben.

Eberesche die, steinobstartiger Waldstrauch oder Straßenbaum der Fam. Rosengewächse, mit gefiederten Blättern, weißen Blüten und beerenartigen, scharlachroten Früchten, den **Vogelbeeren.** Die E. liefert hartes Nutzholz.

Eberhard [aus ahd. ebur »Eber« und hart »stark«], männl. Vorname.

Eberhard, Grafen und Herzöge von Württemberg. **1) E. II., der Greiner** [Zänker] oder **der Rauschebart,** regierte 1344-92, besiegte 1388 den Schwäb. Städtebund. **2) E. V., im Bart,** regierte 1450-96, gründete die Univ. Tübingen, wurde 1495 Herzog.

Ebernburg, Burg an der Nahe; unter Franz v. Sickingen Zufluchtsstätte vieler Anhänger der Reformation (Hutten, Melanchthon u. a.).

Ebersbach an der Fils, Stadt im Kr. Göppingen, Bad.-Württ., 13 800 Ew.

Ebersbach, Stadt im Kr. Löbau, Bez. Dresden, nahe der Spreequelle, 13 800 Ew.; Textil-, Holzwaren-Ind.

Eberswalde-Finow, Stadt im Bez. Frankfurt a. d. O., am Finowkanal, 56 400 Ew.; Bahnknoten; Eisengießerei, Sägemühlen, Forst-Hochschule.

Ebert, Friedrich, 1. Präs. der Weimarer Republik, *1871, †1925, urspr. Sattler, dann sozialdemokrat. Schriftleiter, Reichstagsabgeordneter, 1913 Nachfolger Bebels als Partei-Vors.; 1918 Reichskanzler nach Prinz Max von Baden, 1919 von der Weimarer Nationalversammlung zum Reichspräs. gewählt.

Eberth, Karl Joseph, Pathologe und Bakteriologe, *1835, †1926; entdeckte 1880 gleichzeitig mit R. Koch den Typhusbazillus.

Eberwurz die, distelförmige, strohblütige Korbblütergattung. Arten: **Gemeine E.** oder **Golddistel, Wetterdistel** oder **Silberdistel,** ausdauernd, auf steinigen Hängen, kurzer Stengel, mit großem, silbrigem Körbchen, das sich bei Regenluft zusammenschließt, und eßbarem Blütenboden **(Wilde Artischocke).** (BILD S. 200)

Ebner-Eschenbach, Marie Freifrau v., Dichterin, *1830, †1916. Ihre Erzählungen sind voll Humor und sozialem Mitgefühl: »Das Gemeindekind«. (BILD S. 200)

Ebro der, Fluß in NO-Spanien, 927 km lang, mündet ins Mittelmeer.

EC, Abk. für → Eurocity-Züge.

Ecce homo [lat. »Siehe, welch ein Mensch«], **1)** Worte des Pilatus über Christus. **2)** KUNST: Darstellung des gegeißelten, dornengekrönten Jesus.

Ecclesia [grch.-lat. »Versammlung«] die, **1)** Gemeinde, Kirche. **2) E. und Synagoge,** sinnbildl. Bez. für das N.T. und A.T.; in der bildenden Kunst als 2 Frauengestalten dargestellt (Straßburger Münster, Bamberger Dom).

Dyck (Selbstbildnis, Ausschnitt)

Dvořák

Eberesche: Vogelbeerbaum; oben Blütenstand, unten Fruchtstand

Ebert

Eberwurz: Silberwurz

Ebner-Eschenbach

Echsen: rechts oben Tannenzapfenechse, rechts unten Krustenechse, links Moloch

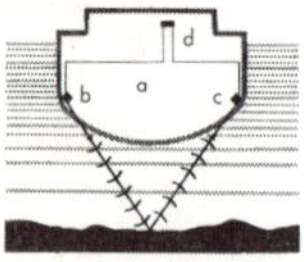

Echolot: a Schiffskörper, b Schallsender, c Echoempfänger, d Anzeigegerät

Eckener

echauffieren [eʃoˈfiːrən], erhitzen, aufregen.

Echegaray y Eizaguirre [ɛtʃɛɣarˈai i ɛθayirre], José, span. Dramatiker, *1832, †1916, Prof. der Mathematik und Physik, dann mehrfach Min.; schrieb über 60 romant. Mantel- und Degenstücke. Nobelpreis 1904.

Echeverie, Nabelkraut, Gatt. der Dickblattgewächse, mehrere Arten Zierpflanzen.

Echinodermen [grch.], → Stachelhäuter.

Echinokokkus [grch.] der, **Hülsenwurm,** die Finne des Hundebandwurms (→ Bandwürmer).

Echinus [grch.] der, Wulst zw. Schaft und Deckplatte der dorischen Säule.

Echo, 1) in der grch. Sage die Nymphe, die zum Widerhall wurde. **2)** Widerhall, entsteht bei Reflexion des Schalles an Wänden, Waldrändern, Felswänden, Gebäuden u. dgl. **3)** mehrfach ankommendes Signal, verursacht durch Reflexion der Wellen an versch. Schichten der Ionosphäre (→ Radar). **4)** ♩ Wiederholung einer kurzen Phrase in geringerer Tonstärke in der Vokalmusik.

Echolot, Behm-Lot, Gerät zur Messung von Wassertiefen und Flughöhen. Gemessen wird die Zeit zw. dem Aussenden eines Schallimpulses (Ultraschall) und dem Eintreffen des Echos; auch zum Anpeilen von z. B. U-Booten, Fischschwärmen, verwendet.

Echsen, Unterord. der Schuppenkriechtiere; langgestreckte Tiere, Körper mit Schuppen oder Schildern bedeckt; meist sind Gliedmaßen vorhanden.

Echterdingen, Stadtteil von Leinfelden-E., Bad.-Württ.; Flughafen von Stuttgart.

Echternach, Stadt in Luxemburg, 4200 Ew. Kunstfaserind.; alte Benediktiner-Abtei. Hier findet alljährlich am Pfingstdienstag die **Springprozession** statt, ein Dankfest für das Aufhören einer Tierseuche in karoling. oder in späterer Zeit des Veitstanzes.

Echter von Mespelbrunn, Julius, Fürstbischof von Würzburg, *1545, †1617, gründete die Univ. Würzburg.

Echtzeitbetrieb, Betriebsverfahren elektron. Datenverarbeitungsanlagen, bei dem alle Aufgaben sofort bearbeitet werden müssen, weil der Rechner direkt in einen Ablauf eingebunden ist.

Eck, Johann, kath. Theologe, *1486, †1543, führte 1519 das Leipziger Streitgespräch mit Luther.

Eckart, Eckehard, 1) der getreue E., Warner in der dt. Heldensage. **2) Meister E.,** Dominikaner, bedeutender dt. Mystiker, *um 1260, †vor 1328; lehrte mit Sprachgewalt die Einswerdung des Seelengrundes mit Gott.

Eckball, Ecke, Schuß von der Eckfahne beim Fußball, auch beim Handball, Hockey u. a., wenn zuvor der Ball von einem verteidigenden Spieler über die Torauslinie gespielt wurde.

Eckener, Hugo, *1868, †1954, war seit 1908 im Luftschiffbau tätig; 1. Flug mit dem Zeppelin über den Atlantik (1924), um die Erde (1929) und in die Arktis (1931).

Eckermann, Johann Peter, Schriftst., *1792, †1854; Goethe bediente sich der Hilfe E.s bei der Herausgabe seiner Alterswerke. E. besorgte auch die Redaktion des Nachlasses und die Ausgabe von Goethes »Sämtl. Werken«; »Gespräche mit Goethe in den letzten Jahren seines Lebens« (3 Bde., 1836-48).

Eckernförde, Badeort in Schlesw.-Holst., 24300 Ew., an der Ostsee; Fischereibetriebe, Marineunterwasserwaffenschule.

Ecklohn, Tarifstundenlohn des Facharbeiters, nach dem die übrigen Löhne festgesetzt werden.

Eco, Umberto, ital. Sprachwissenschaftler und Schriftst., *1932, »Der Name der Rose«.

Economizer [iːkˈɔnəmaɪzə, engl.] der, Speisewasservorwärmer, → Rauchgasvorwärmer.

Economy-Klasse [iːkˈɔnəmɪ-, engl.], niedrige Tarifklasse im Personenluft- und Schiffsverkehr.

ECU, Abk. für **E**uropean **C**urrency **U**nit [juərəpˈiːən kˈʌrənsɪ jˈuːnɪt], Rechnungseinheit des → Europäischen Währungssystems; 1 ECU = etwa 2,04 DM (Mitte 1990).

Ecuador, Ekuador, Rep. im NW Südamerikas, beiderseits des Äquators; 283 561 km², 9,6 Mio. Ew.; Hptst.: Quito; Amtssprache: Spanisch. Präsidialverfassung; Einteilung in 20 Provinzen (einschl. Galápagos-Inseln). – Das 50-150 km breite westl. Tiefland am Stillen Ozean ist im N tropisch heiß und feucht, im S trocken und dürr. Die Doppelkette der Kordilleren mit z. T. noch tätigen Vulkanen (Chimborazo 6310 m, Cotopaxi 5897 m) umschließt ein Hochland von 2200-2900 m Höhe. Im O Tiefland im Stromgebiet des Amazonas mit trop. Regenwäldern. BEVÖLKERUNG. Je rd. 40% Mestizen und Indianer, 10% Weiße, je rd. 5% Schwarze und Mulatten. Religion: Rd. 90% kath. – WIRTSCHAFT. Anbau von Reis, Kakao, Zuckerrohr, Bananen, Kaffee, Baumwolle; Viehzucht; Erdölgewinnung; wenig entwickelte Ind. Ausfuhr: Erdöl, Bananen, Kakao, Kaffee u. a. Haupthafen: Guayaquil. ⊕ S. 485. (BILD S. 201)

G Vor der span. Eroberung (1533) war E. ein Teil des Inkareiches, 1830 wurde es selbständige Rep.; seitdem zahlreiche innere Unruhen und Bürgerkriege. 1942 mußte E. einen großen Teil des Amazonas-Tieflandes an Peru abtreten. Staatspräs. R. Borja Cevallos (seit 1988).

Ed., Abk. für → Edition. **ed.,** Abk. für edidit [lat.], hat herausgegeben.

Edam-Volendam, altertüml. Stadt in den Niederlanden, 24000 Ew., Herstellung von **Edamer Käse.**

Edda [»Poetik« oder »Buch von Oddi«] die, 2 Werke des altisländ. Schrifttums, wichtige Quelle german. Götter- und Heldensagen. **1)** jüngere **Snorra-E.,** von Snorri Sturluson um 1225 verfaßtes Lehrbuch der Dichtkunst für Skalden. **2)** ältere **Lieder-E.,** umfaßt Götter- und Heldengesänge aus dem 8.-11. Jh. in Stabreimen, gesammelt im 13. Jh.

Eddington [ˈedɪŋtən], Sir Arthur, engl. Astronom und Physiker, *1882, †1944; entdeckte die Massen-Helligkeits-Beziehung der Sterne.

Edeka Handelsgruppe, Hamburg, Einkaufsgenossenschaft dt. Kolonialwaren- und Lebensmitteleinzelhändler (E. d. K., daher Edeka), gegr. 1907 in Leipzig.

Edelfäule, beginnende Zersetzung reifer Weinbeeren durch den Edelfäulepilz. Solche Beeren werden rosinenähnlich, geben Auslesewein, Dessertwein u. a.

Edelgase, gasförmige Elemente Helium, Neon, Argon, Krypton, Xenon und Radon. E. bilden nur unter extremen Bedingungen chem. Verbindungen. Vorkommen in geringen Mengen in Luft; Verwendung in Leuchtstoffröhren und -lampen, als Kühlmittel (Helium), für Laser.

Edelkastanie, Echte Kastanie, Art der Buchengewächse, der Roßkastanie nur in der

Frucht äußerlich ähnlich; von Kleinasien bis Dtl. verbreitet. Die Früchte **(Kastanien, Maronen)** sind eßbar.

Edelmetalle, Gold, Silber, Platinmetalle, gegen chem. Einflüsse sehr widerstandsfähig.

Edelraute, mehrere Alpenpflanzen, z.B. Beifuß, Kreuzkraut.

Edelreis das, → Veredelung.

Edelrost, → Patina.

Edelstahl, durch Zusatz von Nickel, Chrom, Molybdän u.a. bes. fester Stahl, zeichnet sich durch Härte, chem. Widerstandsfähigkeit, magnet., elektr. und sonstige physikal. Eigenschaften aus; dient zur Anfertigung von Werkzeugen, hochbeanspruchten Maschinenteilen, Panzerplatten, für hart- und weichmagnet., unmagnet. Stähle, Heizleiter usw.

Edelstein, Mineral, das sich durch schöne Farbe oder Lichtwirkung auszeichnet und deshalb als Schmuck verwendet wird. Notwendige Eigenschaften: Unempfindlichkeit gegen Abnutzung (Härte) und Seltenheit. Unter den Begriff E. fallen auch einige organ. Produkte wie Korallen, Bernstein und Perlen. Durchsichtige E. werden zur Entfaltung der Lichtwirkung facettiert geschliffen (z.B. Brillant), durchscheinende und undurchsichtige gewölbt (Cabochon) oder als flache, gravierfähige Siegelsteine verarbeitet. **Synthet.** E. sind künstl. hergestellte Substanzen der gleichen Zusammensetzung und Kristallstruktur wie natürl. E. **Imitationen** werden aus gefärbten Gläsern, aus keram. Massen oder Kunstharzen hergestellt. E. sind Gegenstand der E.-Kunde (Gemmologie). → Chrysopras, → Türkis, → Aquamarin, → Granat, → Malachit, → Topas, → Saphir, → Lapislazuli, → Turmalin, → Rubin, → Achat, → Amethyst, → Opal, → Smaragd, → Tigerauge, → Zirkon, → Jade, → Mondstein.

Edeltanne, 1) die Weißtanne, → Tanne. **2)** Zimmerpflanze, Fam. der → Araukarien.

Edelweiß, staudige Alpenpflanze, unter Naturschutz, Korbblüter, wächst an Felsen und auf steinigen Matten. Eine Anzahl Blütenkörbchen sitzt in einem sternförmigen Kranz von weißfilzigen Hochblättern. (BILD Alpenpflanzen)

Eden das, **Garten E.,** das Paradies.

Eden ['i:dən], Anthony, Earl of Avon (1961), brit. Staatsmann (konservativ), *1897, †1977; 1955-57 Premiermin., Parteiführer.

Eder die, linker Nebenfluß der Fulda, mündet bei Baunatal, kommt vom **Ederkopf** (676 m hoch) im Rothaargebirge; zur **Edertalsperre** (202 Mio. m³) gestaut.

Edẹssa, jetzt **Urfa,** Stadt in N-Mesopotamien, in Keilschrifturkunden **Urschu,** später **Antiochia,** seit etwa 200 n. Chr. Mittelpunkt syrisch-christl. Gelehrsamkeit, seit 1637 türkisch.

Edgar [engl.], männl. Vorname.

edieren [lat.], herausgeben, drucken lassen.

Edịkt [lat.] das, obrigkeitl. Bekanntmachung, Erlaß.

Edinburgh ['edɪnbərə], Hptst. von Schottland, am Firth of Forth, 419000 Ew.; über der Stadt das alte Schloß der schott. Könige. E. ist der kulturelle und polit. Mittelpunkt Schottlands; Sitz eines Bischofs der schott. Hochkirche und eines kath. Erzbischofs; Univ., Fachhochschulen, Festspiele. Chem., elektrotechn. Ind., Schiffbau, graph. Gewerbe; Hafen **Leith** am Firth of Forth.

Edịrne, früher Adrianopel, Hptst. der Prov. E. in der europ. Türkei, 86800 Ew., viele Moscheen. Landwirtschaft; Rosenöl-, Teppich-, Tuch-, Lederind.

Edison ['edɪsn], Thomas Alva, amerikan. Elektrotechniker, *1847, †1931, erfand 1876 das Kohlenkörnermikrophon, 1877 den Phonographen, förderte die Entwicklung der Kohlenfadenglühlampe (1879), erfand 1883 die Glühemission von Elektronen (E.-Effekt), 1899 ein Filmaufnahmegerät (Kinematograph), 1904 den Nickel-Eisen-Akkumulator.

Edith [aus altengl. »Besitz«, »Kampf«], weibl. Vorname.

Editiọn [lat.] die, Ausgabe, Veröffentlichung eines Druckwerkes. **Edịtio prịnceps,** Erstausgabe.

Edmonton ['edməntən], Hptst. der kanad. Prov. Alberta, 574000 Ew.; kath. Erzbischofssitz; Univ.; Mittelpunkt reicher Farmgebiete und Erdölvorkommen; petrochem. und eisenverarbeitende Ind.; Flugverkehrs- und Versorgungszentrum.

Edmund [aus altengl. ead »Besitz«, mund »Schutz«], männl. Vorname.

Edom [hebr. »rötlich«], Beiname des → Esau.

Edschmid, Kasimir, Schriftst., *1890, †1966, urspr. Expressionist; schrieb Romane aus fremden Ländern und von alten Kulturen.

EDU, → Europäische Demokratische Union.

Eduard [aus altengl. ead »Besitz« und ward »Hüter«], männl. Vorname.

Eduard, engl. **Edward,** engl. Könige. **1) E. der Bekenner** (1042-66), angelsächs. Herrscher, 1161 heiliggesprochen. **2) E. I.** (1272-1307), unterwarf 1282-83 Wales. **3) E. III.** (1327-77), begann 1339 den »Hundertjährigen Krieg« gegen Frankreich. **4) E. VII.,** *1841, †1910, wirkte an der engl.-frz. Entente von 1904 mit. **5) E. VIII.,** *1894, †1972, wurde im Jan. 1936 König, dankte im Dezember ab.

Edukatiọn [lat.] die, Erziehung.

Edwardsee, früherer Name des → Rutanzigesee.

Edwin [aus altengl. ead »Besitz«, win »Freund«], männl. Vorname.

EEG, Abk. für → Elektro-Enzephalogramm.

Efẹndi [türk. »Herr«] der, früher türk. Ehrentitel; dann allg. Anrede → Bei.

Efeu der, kriechende oder bis zu 30 m hoch kletternde Pflanze mit ledrigen, immergrünen Blättern, Dolden gelbgrüner Blüten und schwarzen Beeren. Der E. kann über 500 Jahre alt werden.

Effẹkt [lat.] der, Wirkung, Leistung.

Effẹkten Mz., **1)** Wertpapiere, die Anteils- oder Forderungsrechte verkörpern und im Handel sind (Aktien, Kuxe, Obligationen, Pfandbriefe u.a.). **2)** bewegliche Habe.

effektịv, wirklich, tatsächlich. **Effektivgeschäft,** Geschäft, bei dem sofort bei Kaufabschluß geliefert wird. Ggs.: Differenz-, Termingeschäft.

Effektivwert, Wechselstromtechnik: der Wert des Stromes, der in einem ohmschen Widerstand dieselbe Wärmewirkung hervorbringt wie ein Gleichstrom; Wechselstromangaben sind E.

effeminiẹrt [lat.], weibisch.

Effet [ɛf'ɛ, frz.] das, der, **1)** Ballsport: dem Ball verliehene Drehung (Drall), die die Bahn des Balles beeinflußt. **2)** Billard: Wirkung eines seitl. geführten Stoßes auf die Kugel.

Effiziẹnz [lat.] die, Wirksamkeit, Leistung.

EFTA, Abk. für **E**uropean **F**ree **T**rade **A**ssociation, die → Europäische Freihandelsgemeinschaft.

EG, Abk. für → Europäische Gemeinschaften.

Egalitẹ́ [frz.] die, Gleichheit, bes. polit. und gesellschaftl. Art.

Egel, die Ringelwürmersippe, → Blutegel.

Eger, 1) tschech. **Ohře** ['ɔxrʒɛ], linker Nebenfluß der Elbe in NW-Böhmen, 316 km, entspringt im Fichtelgebirge und mündet bei Theresienstadt. **2)** tschech. **Cheb** [xɛp], Bezirksstadt im Kr. Westböhmen, ČSFR, an der Eger; 31000 Ew.; Verkehrsknoten, Maschinen-, Textil- und chem. Ind.; Ruinen einer stauf. Kaiserpfalz. Im Stadthaus wurde 1634 Wallenstein ermordet. (BILD S. 202)

Ecuador

Edison

Efeu: Gemeiner E.; oben Blätter, unten blühender Sproß

Eger 2)

Egge die, Ackergerät mit Zinken zum Lokkern des Bodens und zur Unkrautvernichtung.

Egge, Höhenzug in O-Westfalen, bis 486 m.

Egger-Lienz, Albin, Maler, *1868, †1926, entwickelte in Kriegs- und Bauernbildern einen monumentalen, symbolhaften Stil.

Eggheads ['eghedz, engl. »Eierköpfe«], amerikan. Spottbezeichnung für Intellektuelle.

Egk, Werner, Komponist, *1901, †1983; Opern (»Peer Gynt«, »Die Zaubergeige«, »17 Tage und 4 Minuten«), Ballette (»Abraxas«), Kantaten.

eGmbH., Abk. für **e**ingetragene **G**enossenschaft **m**it **b**eschränkter **H**aftpflicht.

Egmont, Lamoral Graf v., niederländ. Edelmann, *1522, †1568, als Führer der Adelsopposition gegen die span. Verwaltung auf Befehl Albas hingerichtet. Trauerspiel von Goethe.

Egoismus [von lat. ego »ich«] der, Selbstsucht, Ichsucht. **Egoist** der, selbstsüchtiger Mensch. **egoistisch,** selbstsüchtig. Ggs.: → Altruismus.

Egotismus [lat.] der, Eigenliebe.

egozentrisch, auf das eigene Ich eingestellt.

e. h., Abk. für **e**hren**h**alber.

Ehe [ahd. ewa »Gesetz«], durch Sitte oder Gesetz anerkannte Verbindung von Mann und Frau zur Lebensgemeinschaft; Grundlage der → Familie.

I. Bürgerliche Ehe. Das Eheschließungsrecht ist im Eheges. von 1946, das ehel. Güterrecht in §§ 1363f. des BGB geregelt. 1) **Ehemündigkeit** tritt mit Vollendung des 18. Lebensjahres ein, auf Antrag mit Vollendung des 16. Lebensjahres, wenn der Partner volljährig ist. 2) Das Eingehen einer E. ist u. a. verboten bei schon bestehender E. eines Partners, bei naher Verwandtschaft und Schwägerschaft. Nichtig ist eine Ehe u. a. bei Geschäftsunfähigkeit zur Zeit der Eheschließung. 3) Die **Eheschließung** erfolgt nach einem Aufgebot vor dem Standesbeamten. 4) Die **Ehescheidung** kann nur auf Antrag und durch gerichtl. Urteil erfolgen. Nach dem am 1. 7. 1977 in Kraft getretenen Eherecht ist für eine Scheidung das Zerrüttungsprinzip maßgebend. Danach gilt die E. als gescheitert, wenn die Lebensgemeinschaft der Ehegatten nicht mehr besteht und eine Wiederherstellung nicht erwartet werden kann. 5) Eheliches Güterrecht: nach dem Gleichberechtigungsges. von 1957 gilt ab 1. 7. 1958 als gesetzl. Güterstand die »Zugewinngemeinschaft«: für das in die E. eingebrachte Gut gilt der Grundsatz der Gütertrennung (jeder Ehegatte kann sein Vermögen selbständig verwalten und nutzen); der Erwerb während der E. (Zugewinn) bleibt gleichfalls Eigentum des erwerbenden Ehegatten, jedoch hat jeder Ehegatte bei Aufhebung der Zugewinngemeinschaft (z. B. durch Scheidung, Ehevertrag oder gerichtl. Urteil auf vorzeitigen Ausgleich des Zugewinns) einen Anspruch auf Teilung des Zugewinns zu gleichen Teilen. Bei Tod eines Ehegatten wird der Zugewinn schematisch durch Erhöhung des gesetzl. Erbteils des überlebenden Ehegatten um ¼ der Erbschaft ausgeglichen. Durch **Ehevertrag** können die Ehegatten einen besonderen Güterstand vereinbaren. Bis zum 30. 6. 1958 galt als gesetzl. Güterstand der Grundsatz der Gütertrennung (seit 1. 4. 1953; vorher hatte der Mann die Verwaltung und Nutznießung des »eingebrachten Gutes« der Frau).

II. Kirchl. Ehe. Nach **kath.** Lehre ist die E. ein Sakrament und nur durch kirchl. Trauung gültig. Die Eheschließung wird durch Brautexamen, Aufgebot und Brautunterricht vorbereitet. Befreiung von Ehehindernissen (Dispens) liegt für einige grundsätzl. beim Papst, jedoch haben Ortsordinarien (in Notfällen Seelsorger) fast immer Dispens-Vollmacht. Trennende Ehehindernisse: geschlechtl. Unvermögen, schon bestehende E., Weihe vom Subdiakonat aufwärts (Dispens von der Priesterweihe selten, von der Bischofsweihe nie). Die E. ist unauflöslich, eine Nichtigkeitserklärung ist jedoch möglich. **Evang. Kirche:** Die E. ist kein Sakrament, vielmehr in der natürl. Schöpfungsordnung begründet. Gegenstand kirchl. Rechts ist nur der Gottesdienst bei der Eheschließung. – Die kirchl. Trauung ist nach staatl. Recht erst nach der standesamtl. Trauung statthaft.

Eheschließungen auf 1000 Ew. (Dt. Reich, ab 1946 Bundesrep. Dtl.)

1900	8,5	1946	8,8
1910	7,7	1948	10,7
1920	14,5	1952	9,5
1930	8,8	1960	9,4
1939	11,2	1987	6,3

Eheberatung, biolog., ethische und soziale Hilfe für die Vorbereitung auf die Ehe und ihre richtige Führung durch **Eheberatungsstellen.**

Ehebruch, außerehel. Geschlechtsverkehr eines Ehegatten. Strafrechtlich wird der E. nach dem I. Strafrechtsreform-Ges. v. 25. 6. 1969 nicht mehr verfolgt. In der Schweiz und Österreich kann der E. bestraft werden.

Ehelichkeit, ehel. Abstammung. Ein Kind ist ehelich, wenn es nach der Eheschließung geboren, vor Beendigung der Ehe empfangen worden ist und der Mann innerhalb der Empfängniszeit (302.-181. Tag vor der Geburt) der Frau beigewohnt hat. Das Kind gilt als nicht ehelich, wenn es den Umständen nach offenbar unmöglich ist, daß die Frau es von dem Ehemann empfangen hat. Die E. kann vom Mann binnen 2 Jahren angefochten werden (§§ 1594ff. BGB).

Ehelichkeitserklärung, → Legitimation.

Eheprozeß, ⚖ zivilprozessuales Verfahren in Ehesachen, z. B. Scheidung (§§ 606ff. ZPO).

ehernes Lohngesetz, von D. Ricardo begr., von F. Lassalle verbreitete Theorie, wonach der Lohn auf die Dauer nie über das Existenzminimum steigen könne.

Ehevermittlung, Eheanbahnung, gewerbsmäßige Vermittlung von Ehemöglichkeiten.

Ehmke, Horst, Politiker (SPD), *1927, Jurist, 1969 Bundesjustizminister, 1969-72 Bundesmin. für besondere Aufgaben, 1972-74 für Forschung und Technologie, Post- und Fernmeldewesen.

Ehre, die auf der Selbstachtung beruhende, daher als unverzichtbar erlebte Achtung, die der Mensch von seinen Mitmenschen beansprucht.

Ehrenamt, öffentl. Amt, das ohne Entgelt ausgeübt wird, teils als Pflicht (Schöffe), teils freiwillig (Gemeindeämter).

Ehrenberg, Herbert, Politiker (SPD), *1926, 1976-82 Bundesmin. für Arbeit und Sozialordnung.

Ehrenbreitstein, Vorort von Koblenz, Burg (11. Jh.), bis 1918 Festung.

Ehrenburg, Erenburg, Ilja, russ. Schriftst., *1891, †1967; kommunist. Erzähler.

Ehrenbürgerrecht wird von Gemeinden und Hochschulen verliehen. Mit dem E. sind keine besonderen Rechte verbunden.

Ehrendoktor, Dr. e.h., Dr. h.c., ehrenhalber und ohne Prüfung verliehener Titel.

Ehrenerklärung, ⚖ Erklärung eines Beleidigers, daß er den Beleidigten nicht habe kränken wollen; häufig zur Vermeidung einer Beleidigungsklage.

Ehrenfels, Christian von, Philosoph, *1859, †1932; Begründer der → Gestaltpsychologie.

Ehrengericht, zur Untersuchung und Beilegung von Berufs-(Standes-)Verfehlungen eingesetztes, mit Berufs-(Standes-)Genossen besetztes Gericht, z. B. für Ärzte, Rechtsanwälte.

Ehrenlegion die, höchster frz. Orden, gestiftet 1802.

Ehrenpreis das, lat. **Veronica,** artenreiche Gatt. der Fam. Rachenblüter, mit trauben- oder einzelständigen, meist blauen Blüten; zugehörig: Männertreu, Vergißmeinnicht u. a.

Ehrenrechte, bürgerliche E., alle Rechte, die einem Staatsbürger zustehen. Ihre Aberkennung ist seit 1969 nicht mehr möglich. Jedoch tritt bei Verurteilung mit einer Freiheitsstrafe von mindestens 1 Jahr der Verlust der Fähigkeit ein, öffentl. Ämter zu bekleiden und Rechte aus öffentl. Wahlen zu erlangen.

Ehrenschutz. Die Ehre ist strafrechtl. (§§ 185 ff. StGB) und zivilrechtl. (§§ 823 ff. BGB) geschützt.

Ehrenstrafe, ⚖ früher beschämende Strafe, z. B. Ausstellung am Pranger.

Ehrenwort, Verpfändung der persönl. Ehre zur Bekräftigung eines Versprechens oder einer Aussage; rechtl. bedeutungslos.

Ehrenzeichen, → Orden.

Ehrlich, Paul, Serumforscher, *1854, †1915, fand 1906 das Syphilisheilmittel Salvarsan; begr. die Chemotherapie. Nobelpreis 1908.

Ehrwald, österr. Gem. in Tirol, rd. 1000 m ü. M., 2200 Ew.; Zugspitz-Seilschwebebahn.

Ei das, weibl. Fortpflanzungszelle vielzelliger Lebewesen, die alle Anlagen für die Entwicklung eines Lebewesens enthält; diese beginnt nach der Befruchtung; danach beginnt die Teilung der Eizelle, die **Furchung** (→ Entwicklung). Bei Säugetier und Mensch sind die E. mikroskopisch klein. Die E. der Vögel, Reptilien und Insekten enthalten außer dem Bildungsdotter reichlich Nahrungsdotter (→ Eierstock). Bei vielen Fischen, den Lurchen und Weichtieren sind die Eier weich und werden klumpenweise abgelegt (Laich).

EIB, die → **E**uropäische **I**nvestitions**b**ank.

Eibe die, **Taxus,** Nadelholzgatt. der nördl. Erdhalbkugel, wächst als Strauch oder bis 17 m hoher Baum; hat flache, glänzende Nadeln und als Samen rote Scheinbeeren. Die E. wird angeblich bis 3000 Jahre alt; sie ist wild in Dtl. selten geworden und daher geschützt. Nadeln und Samen enthalten ein starkes Gift (Taxin). Das Holz dient als **dt. Ebenholz** zu Schnitzereien, Drechslerarbeiten.

Eibisch der, **Ibisch** der, mehrere Gatt. der Malvengewächse: **1) Althee,** bis 1,25 m hohe Staude mit gelappten Blättern, rötlichweißen Blüten. **2) Erne, Thüringer Strauchpappel. 3)** artenreiche Gatt. **Hibiscus,** die mitteleurop. Zierpflanze **Stunden-E., Wetterrose** und der

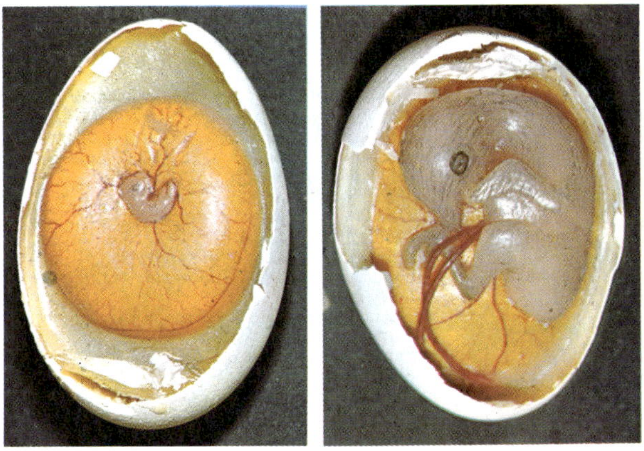

Ei: links 5 Tage, rechts 15 Tage bebrütetes Hühnerei

ind., durch seine Samen für die Duftstoffind. wichtige **Moschus-E. (Abelmosch).**

Eibsee, kleiner Bergsee am Nordfuß der Zugspitze, 973 m ü. M.

Eich, Günter, Schriftst., *1907, †1972; schrieb u. a. surrealist.-bildh. Hörspiele.

Eiche die, Gatt. der Fam. Buchengewächse, die Frucht (Eichel, Ecker) ist eine Nuß. In Mitteleuropa sind heimisch: Stiel- oder Sommer-E., Trauben- oder Winter-E., beide große, knorrige, starkborkige Bäume. Bei der Stieleiche sind die Früchte (je 1-5) an langen Stielen angeordnet; sie wächst in Flußniederungen, die Traubeneiche in höheren Lagen. Von südeurop. Eichenarten liefern die Kork-E. den Kork, eine Schicht ihrer Rinde. Die Stein-E., ein kleiner Baum oder Strauch mit immergrünen Blättern, wächst im Mittelmeerraum. Nordamerikan., in Mitteleuropa angepflanzte Arten mit schöner Herbstfärbung sind Rot-E. und Großblättrige E. – Das harte, schwere E.-Holz verwendet man bes. im Schiffbau, zu Fässern, Eisenbahnschwellen, Parkettfußböden, für Furniere. Die Eichel ist teilw. Futtermittel für Schweine. (BILD S. 204)

Eichel die, **1)** ⚘ Frucht der → Eiche. **2)** ♡ der vorderste Teil des männl. Gliedes. **3)** Farbe der dt. Spielkarte.

Eichelhäher der, 30 cm langer Rabenvogel in Europa und N-Asien. Der E. lebt von Eicheln, Haselnüssen; als »Markwart« warnt er das Wild durch Schreie. (BILD S. 204)

eichen, Maße, Gewichte, Waagen und Meßwerkzeuge auf ihre Richtigkeit amtlich prüfen, berichtigen und durch Einätzen eines Stempels beglaubigen. Das E. erfolgt durch **Eichmeister** bei den staatl. **Eichämtern.**

Eichendorff, Joseph Freiherr v., Dichter, *1788, †1857, seine Gedichte sind ein Höhepunkt dt. romant. Lyrik. Novellen »Aus dem Leben eines Taugenichts«, Romane (»Ahnung und Gegenwart«), literaturgeschichtl. Werke, Schauspiele. (BILD S. 205)

Ehrlich

Eibe: Zweig mit Samenanlagen

Eichhörnchen

Eiche: oben Zweig der Stieleiche mit männl. (links) und weibl. (rechts) Blüten, Mitte mit Fruchtstand, unten Korkeichenzweig mit Frucht

Eichelhäher

Eichhörnchen das, über alle Erdteile verbreitete Nagetiere mit langem, buschigem Schwanz. Das **Gemeine E.** oder **Eichkätzchen,** in Europa und Nordasien, lebt auf Bäumen, ist meist rotbraun, der Bauch ist weiß. Es lebt von Nüssen, Eicheln usw., baut Kugelnester, sammelt Wintervorräte. Graues Fell vom E. aus Sibirien und Kanada **(Feh, Grauwerk)** ist für Pelzwerk geschätzt. (BILD S. 203)

Eichsfeld, Hochfläche im SW vom Harz. Das **Obere E.** ist regenreich und rauh; Viehzucht, Kalibergbau und Ind.; das **Untere E.,** nördl. davon, fruchtbar; Getreide-, Tabakanbau, Kalibergbau. Hauptorte: Heiligenstadt, Duderstadt.

Eichstätt, Große Krst. in Bayern, an der Altmühl, 13 700 Ew.; Bischofssitz, kath. Univ.; barocke Residenzstadt; über der Stadt die Willibaldsburg.

Eid der, ⚖ auf staatl. Anordnung, bes. des Gerichts, abgegebene Beteuerung einer Aussage oder eines Versprechens. Eidesformel: »Ich schwöre bei Gott ... so wahr mir Gott helfe«; statthaft ist auch die nichtreligiöse Form: »Ich schwöre ...« **Eidesmündigkeit** ist für Zeugen das 16. Lebensjahr. Verletzung der Eidespflicht wird bestraft (→ Meineid, → Falscheid).

Eidechse die, Fam. der Echsen, behende Kriechtiere, mit langgestrecktem Körper. Der lange Schwanz bricht leicht ab (Schutz vor Feinden), wächst aber nach. E. sind Insektenvertilger. In Mitteleuropa heim. Arten: **Zaun-E., Mauer-E.,** bes. an Weinbergsmauern; **Berg-E.,** dunkelbraun in Bergwäldern, lebendgebärend; **Smaragd-E.,** lebhaft grün.

Eider die, Grenzfluß zw. Schleswig und Holstein, 188 km lang, mündet in die Nordsee; schiffbar.

Eiderente, Eidergans, Tauchente, lebt gesellig an nord. Küsten. Die Flaumfedern (Eiderdaunen) dienen als Bettfedern.

Eiderstedt, Halbinsel an der Westküste von Schlesw.-Holst., Marschland; Viehzucht.

eidesstattliche Versicherung, ⚖ Mittel zur Glaubhaftmachung von Behauptungen, bes. im Prozeß und in der freiwilligen Gerichtsbarkeit.

Eidetik [grch. eidos »Bild«] die **1)** Ⓟ Lehre von dem begrifflich allg. Wesen, von den idealen Bedeutungen; bes. in der → Phänomenologie entwickelt. **2)** Ⓟ Fähigkeit, Gesehenes physisch wieder vor sich zu sehen (photograph. Gedächtnis).

Eidgenossenschaft die, → Schweiz.

Eidophorverfahren, Projektionsverfahren zur Wiedergabe von Fernsehbildern auf einem großen Bildschirm.

Eiermann, Egon, Architekt, *1904, †1970; Neubau der Kaiser-Wilhelm-Gedächtniskirche, Berlin (1961-63).

Eierpflanze, frz. **Aubergine** [obɛr-ʒ'i:n(ə)], Nachtschattengewächs mit weißen oder violetten Früchten; Gemüsepflanze. (BILD S. 205)

Eierschwamm, Speisepilz, → Pfifferling.

Eierstab, grch. **Kymation,** 🏛 Schmuckfries von wechselnd eiförmigen und pfeilspitzenartigen Gebilden oder einer Perlschnur (Astragalos). (BILD S. 205)

Eierstock, lat. **Ovarium,** weibl. Keimdrüse. Die Frau besitzt 2 E. Sie sind etwa pflaumengroß, liegen beiderseits der Gebärmutter im Unterleib und enthalten eine große Anzahl von weibl. Keimzellen, die **Eizellen** oder **Eibläschen (Follikel),** von denen etwa 400 im Laufe des Lebens zu einem Ei ausreifen. Beim **Eisprung (Ovulation),** dem etwa 12-14 Tage vor der Menstruation erfolgenden Platzen eines reifen Eibläschens, wird das nunmehr befruchtungsfähige Ei ausgestoßen und gelangt durch den **Eileiter** in die Gebärmutter. Die Eibläschen erzeugen das Follikelhormon; der nach dem Eisprung aus dem leeren Eibläschen entstehende Gelbkörper bildet das Gelbkörperhormon (→ Innere Sekretion). **E.-Geschwülste, Ovarialtumoren,** vom E. ausgehende gutartige (Zysten) oder bösartige (→ Krebs) Neubildungen.

Eidechse: Smaragd-Eidechse

Eifel die, nordwestl. Teil des Rhein. Schiefergebirges, rauhes, wenig fruchtbares Hochland zw. Mosel, Rhein und Rur, mit erloschenen Vulkanen, Kraterseen **(Maaren);** Land-, Forstwirtschaft; Mineralquellen; höchste Erhebung: die Hohe Acht, 747 m.

Eiffelturm, 300 m hoher Stahlturm in Paris, wurde 1889 nach Plänen des frz. Ingenieurs Alexandre Gustave Eiffel (*1832, †1923) erbaut.

Eigen, Manfred, Chemiker, *1927, erhielt 1967 den Nobelpreis für Chemie.

Eigenkirche, im MA. im Eigentum eines weltl. Grundherrn stehende Kirche (Kloster).

Eigenname, → Name.

Eigenschaftswort, Adjektiv, auch **Beiwort,** z. B. groß, klein; läßt sich beugen und steigern.

Eigentum, umfassende Besitz-, Verfügungs- und Nutzungsmacht über eine Sache im Unterschied zur tatsächl. Gewalt über sie (Besitz). In der Bundesrep. Dtl. ist das E. gewährleistet mit der Begrenzung, daß »der Gebrauch des E. zugleich dem Wohle der Allgemeinheit dienen soll« (»soziale Bindung«, Art. 14 GG). In der modernen Sozialordnung sind viele E.-Beschränkungen wirksam, z. B. im Städtebau durch Festsetzung von Fluchtlinien. E.-Entziehung ist nur als → Enteignung zum Wohle der Allgemeinheit zulässig. Im Rahmen der sozialen Marktwirtschaft wird in der Bundesrep. Dtl. eine breite Streuung des E. durch **Eigentumsbildung** der Arbeitnehmer angestrebt. – **Geist. E.,** → Urheberrecht.

Eigentumsvorbehalt, ⚖ Vereinbarung beim Verkauf einer bewegl. Sache, daß diese bis zur Zahlung des vollen Kaufpreises Eigentum des Verkäufers bleibt.

Eigentumswohnung, ⚖ Teileigentum an einem Wohnhaus. Es besteht Miteigentum am Grundstück und den gemeinsam benutzten Hausteilen.

Eiger der, Schneegipfel der Berner Alpen, 3970 m hoch, in der Nähe Mönch, Jungfrau.

Eifel: Pulvermaar bei Gillenfeld

Eignungsuntersuchung, Anwendung diagnost. Verfahren, bes. der Medizin und Psychologie, zur Eignungsfeststellung einer Person für best. Beruf oder Tätigkeit (Schule, Berufsberatung, Auswahl von Bewerbern).

Eike von Repgau, *1180/90, †nach 1233, schrieb um 1230 den →Sachsenspiegel, niederdt.; ferner »Sächs. Weltchronik«.

Eileiter, paarige Kanäle, die die reifen Eier aus den Eierstöcken aufnehmen und nach außen leiten. Bei Mensch und Säugetieren beginnen die E. **(Tuben)** mit trichterförmigen, Fransen (Fimbrien) tragenden Öffnungen; sie gehen in die Gebärmutter über. **E.-Schwangerschaft,** Entwicklung des befruchteten Eis schon im E. statt in der Gebärmutter.

Eilgut, ⚙ Frachtgut, das zu erhöhten Sätzen beschleunigt befördert wird.

Eilsen, Bad E., Schwefelbad, Ndsachs., 2000 Ew.

Eilsendung, Postsendung, die gegen erhöhte Gebühr am Bestimmungsort durch Eilboten zugestellt wird, bes. der **Eilbrief.**

Einback der, Gebäck, →Zwieback.

einbalsamieren, einen Leichnam mit fäulnishemmenden Stoffen tränken; Schutz vor Verwesung.

Einbaum der, aus einem ausgehöhlten Baumstamm hergestelltes Boot.

Einbeck, Stadt in Ndsachs., an der Ilme, 28500 Ew.; altes Stadtbild mit got. Kirchen; Teppich-, Tapetenind.; Starkbierexport **(Einbecker Bier)** seit dem MA. belegt.

Einbeere die, staudiges Liliengewächs in schattigen Laubwäldern; Blüte grünlich, Frucht ähnlich der Heidelbeere, giftig. (BILD Giftpflanzen)

Einbrenne [süd- u. mitteldt.] die, **Mehlschwitze,** in Fett geröstetes Mehl zum Verdicken von Soßen, Suppen, Gemüse.

Einbruch, ⚖ →Diebstahl durch gewaltsames Öffnen verschlossener Räume.

Einbürgerung, staatl. Verleihung der Staatsangehörigkeit an Ausländer oder Staatenlose.

Eindhoven ['ɛjndho:və], Industriestadt in den Niederlanden, 191000 Ew.; TH; Elektro-, Radiogeräte, Automobilfabrik.

Einem, Gottfried v., Komponist, *1918; Opern, Ballette, Orchester-, Kammermusik.

Einfuhr, →Außenhandel.

Eingabegerät, Peripheriegerät einer elektron. Datenverarbeitungsanlage, durch das die Daten eingegeben werden können.

eingebrachtes Gut, ⚖ das von einem Ehegatten in die Ehe eingebrachte Vermögen; →Ehe, →Gütergemeinschaft.

Eingemeindung, Vereinigung eines Teils einer Gem. mit einer andern **(Umgemeindung)** oder mehrerer Gem. miteinander.

eingestrichen, ♩ die Oktave zw. c' und h'.

eingetragener Verein, e. V., →Verein.

Eingeweide, Organe, die vorwiegend in den großen Höhlen der Brust **(Brust-E.)** und des Bauches **(Bauch-E.)** sowie im kleinen Bekken **(Becken-E.)** liegen. Zu den **Hals-E.** zählen Kehlkopf, Luft-, Speiseröhre, Schilddrüse. Infolge von Erschlaffung der Muskeln und Bänder kann es zu einer **E.-Senkung,** z.B. der Leber, des Magens, der Nieren, oder zu einem **E.-Vorfall** (Prolaps) nach außen (Mastdarm-, Scheiden-, Gebärmuttervorfall) kommen; **E.-Bruch,** →Bruch.

Eingeweidewürmer, im Innern von Tieren und Menschen schmarotzende Würmer; →Wurmkrankheiten.

Einhard, Gelehrter am Hof Karls d. Gr., *um 770, †840, schrieb dessen Lebensgeschichte.

einhäusig nennt man →Blütenpflanzen, wenn männl. und weibl. Blüten getrennt auf derselben Pflanze stehen (z.B. Haselstrauch, Eiche). (→zweihäusig, →Blüte)

Einheit, der Messung einer Größe dienende Vergleichsgröße von festem, reproduzierbarem Betrag. Das Verhältnis der zu messenden Größe zur E. ergibt einen Zahlenwert; es gilt: Größe ist Zahlenwert mal E. (→Internationales Einheitensystem, →Maßeinheiten).

Einheitsstaat, Staat mit einheitl. Gesetzgebung, Verwaltung und Rechtspflege, im Unterschied zum Bundesstaat.

Einheitswert, der nach dem Bewertungs-Ges. v. 1956 (i.d.F. v. 26. 9. 1974) einheitl. festgesetzte steuerl. Wert des land- und forstwirtschaftl. sowie sonstigen Grund- und Betriebsvermögens; wird für die Bemessung bes. der Vermögens-, Grund-, Gewerbe-, Erbschafts- und Grunderwerbssteuer (E.-Steuern) zugrunde gelegt.

Einherjer [vortreffliche Kämpfer] Mz., in der nord. Göttersage im Kampf gefallene Helden, die nun Walhall bewohnen.

Einhorn das, Fabeltier von Pferdegestalt, mit einem langen Horn in der Stirnmitte; im MA. Sinnbild der Jungfräulichkeit, der Menschwerdung Christi u.a. (BILD Fabeltiere)

Einhufer der, Pferd, Zebra und Esel.

Einkammersystem, Volksvertretung mit nur einer Kammer.

Einkaufszentrum, engl. **Shopping Center** [ʃ'ɔpiŋ s'entə], Verkaufszentrum (in Großstadtnähe) mit Einzelhandelsgeschäften, Warenhäusern, Restaurants.

Einkeimblättrige, Monokotyledonen, ⚘ Gruppe der Bedecktsamigen mit nur einem →Keimblatt. Die Blüten sind meist nach der Dreizahl gebaut, die Blattnerven sind gleichlaufend.

Einklang, ital. **unisono,** ♩ Zusammenklang zweier oder mehrerer Töne von gleicher Höhe im Intervall der Prim oder Oktave.

Einkommen, 1) einer Person, Gesellschaft oder einem Verein aus der Teilnahme am Wirtschaftsprozeß in einem best. Zeitraum zufließender Gegenwert. Man unterscheidet **Arbeits-E.** (Lohn, Gehalt), **Besitz-E.** (Kapitalzins, Bodenrente) und **Unternehmergewinn; Geld-** und **Natural-E.** (z.B. Deputate in der Landwirtschaft) sowie hinsichtlich der Geldwertschwankungen **Nominal-E.** (das in Geld ausgedrückte E.) und **Real-E.** (die tatsächl. Kaufkraft). **2) das Steuerrecht unterscheidet zw. Einkünften** (Überschuß der Einnahmen über die Betriebsausgaben oder Werbungskosten) und E. (Gesamtbetrag der Einkünfte nach Ausgleich mit Verlusten und nach Abzug der Sonderausgaben).

Einkommensteuer, Personalsteuer, die nach dem Einkommen des einzelnen Steuerpflichtigen bemessen wird. In der Bundesrep. Dtl. unterliegen dem EStGes. (zuletzt in der Fassung von 1988) alle natürl. Personen, die ihren Wohnsitz gewöhnl. im Inland haben, mit sämtl. Einkünften, nicht aber jurist. Personen (→Körperschaftssteuer). Steuerfrei sind u.a. Leistungen der Krankenversicherungen, Kindergeld und Arbeitslosengeld. Bes. Werbungskosten, Sonderausgaben und außergewöhnl. Belastungen werden berücksichtigt. Das verbleibende Einkommen wird entsprechend der Steuerklasse (I: Unverheiratete unter 50 Jahren und ohne Kinder; II: Unverheiratete über 50 Jahre oder mit Kindern; III: Verheiratete, wenn nur ein Ehegatte erwerbstätig ist, und Verwitwete mit Kindern; Klasse IV: Verheiratete, die beide erwerbstätig sind; Klasse V: (auf Antrag) Verheiratete, deren Ehegatte ebenfalls erwerbstätig ist und Steuerklasse III hat; Klasse VI: Arbeitnehmer, die in mehr als einem Arbeitsverhältnis stehen) herangezogen; geringe Einkommen sind steuerfrei.

Die Erhebung der E. erfolgt entweder durch Deklaration des Pflichtigen (Steuererklärung), so bes. bei Einkünften der Gewerbe und freien Berufe, oder der Steuerbetrag wird durch Ab-

Eichendorff

Eierpflanze

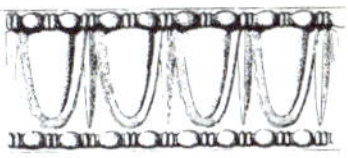
Eierstab

Einbäume
(Amazonasgebiet)

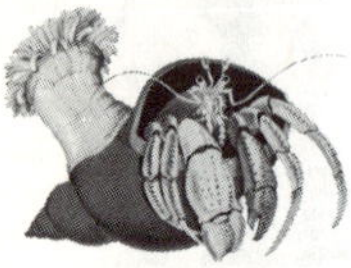

Einsiedlerkrebs

zug beim Arbeitgeber, Pächter, Schuldner erfaßt, bes. durch Abzug vom Arbeitslohn (→ Lohnsteuer), bei Einkommen aus Gewinnanteilen an Kapitalgesellschaften sowie als stiller Gesellschafter durch Abzug vom Kapitalertrag (→ Kapitalertragssteuer).

Einkorn, Getreidepflanze, → Dinkel.

Einkreisung, polit. und militär. Isolierung eines Staats durch Bündnisse seiner Nachbarn untereinander.

Einkristall, kristalliner Festkörper, dessen Bausteine ein einziges homogenes Kristallgitter bilden; große Bedeutung in der Halbleitertechnik.

Einlage, 1) (Spar)Guthaben. **2)** in Geld oder sonstigen Vermögenswerten bestehender Beitrag eines Gesellschafters in eine Handelsgesellschaft.

Einlassung, ⚖ im Zivilprozeß die sachl. Gegenerklärung des Beklagten in der mündl. Verhandlung. **Einlassungsfrist,** der Zeitraum, der zw. der Zustellung der Klagschrift und dem Termin zur mündl. Verhandlung liegen muß.

Einstein

Einlauf, ♡ Einbringen größerer Flüssigkeitsmengen durch den After in den Dickdarm; dient zur Darmreinigung.

Einlegearbeit, Intarsia, in Holz eingelegte Zier aus andersfarbigem Holz, Bein, Schildpatt oder Metall auf Möbeln, Geräten.

Einlieger, landwirtschaftl. Arbeiter ohne Grundeigentum, der zur Miete wohnt. **Einliegerwohnung,** vermietbare Kleinwohnung im Einfamilienhaus.

einmachen, Obst, Gemüse, Fleisch durch Abtöten und Fernhalten von Keimen haltbar machen. Obst wird zu Kompott, Marmelade, Gelee oder Saft mit Zucker in Gläsern und Flaschen eingekocht. Beim Keimfreimachen (Sterilisieren) wird das Einmachgut in Gläsern oder Blechdosen in einem mit Wasser gefüllten Gefäß erhitzt.

Einmanngesellschaft, ⚖ Kapital-Ges. mit nur einem Gesellschafter (meist GmbH).

Einpeitscher, engl. **whip,** in England und USA ein Parlamentsmitgl., das bei Abstimmungen für die Anwesenheit der Mitglieder seiner Partei zu sorgen hat.

Einphasenstrom, Wechselstrom mit nur einer Spannung (Phase, Strang); zur Fortleitung 2 Leiter, z. B. Oberleitung und Schiene für Bahnstrom. Ggs.: Dreiphasen- oder → Drehstrom.

Einrede, Einwendung, im Zivilprozeß Gegenerklärung des Beklagten, die geeignet ist, den Klageanspruch zu Fall zu bringen.

Einrenkung, Einrichtung, Wiederherstellung der richtigen Lage bei verrenkten oder gebrochenen Gliedern.

einsäuern, Grünfutter durch saure Gärung in Gruben oder Silos haltbar machen.

Einschienenbahn, Bahn mit nur einer Fahrschiene, z. B. die → Alwegbahn.

Eintagsfliege
(Ephemera vulgata)

Einschlafen der Glieder, Gefühlloswerden der Haut gegen äußere Eindrücke und die Empfindung von Kribbeln und Taubsein **(Parästhesie);** beruht meist auf Durchblutungsstörungen.

Einschlag, in der Weberei der → Schuß.

Einschienenbahn
(Alwegbahn)

Einschlüsse, fremde Bestandteile in Gesteinen, Mineralien, Gußstücken. Als E. in Bernstein finden sich Insekten, Pflanzenteile (Algen, Plankton) u. a.

Einschreiben, Postsendungen, die mit Einlieferungsschein gegen **Einschreibegebühr** aufgegeben, registriert und nur gegen Empfangsquittung ausgehändigt werden. Bei Verlust haftet die Post bis zu einem bestimmten Höchstsatz.

Einschuß, 1) Entzündung der Unterhaut an den Hintergliedmaßen der Pferde; durch Infektion. **2)** Eindringstelle eines Geschosses.

Einsegnung, 1) Konfirmation. **2)** Erteilung des Segens bei kirchl. Feiern.

Einsiedeln, Stadt im schweizer. Kt. Schwyz, 9600 Ew. Das Benediktinerstift **Maria E.,** vielbesuchter Wallfahrtsort, wurde von K. Mosbrugger (1719-35) im Barockstil erbaut; holzgeschnitztes Marienbild; Bibliothek.

Einsiedlerkrebse, Bernhardskrebse, Eremiten, zehnfüßige Krebse mit weichem Hinterleib, den sie in einer leeren Schneckenschale bergen. Bei Gefahr ziehen sie sich in das Gehäuse zurück und versperren den Eingang mit der größeren der beiden Scheren. Einige Arten leben stets vergesellschaftet mit Seerosen. Diese sitzen auf dem Schneckenhaus, sie schützen den E. durch ihre Nesselfäden vor Angreifern und nehmen einen Teil seiner Beute als Nahrung. Beim Umzug in ein neues Gehäuse nimmt der E. die Seerose mit. (→ Symbiose)

Einspritzmotor, Bez. für einen Ottomotor, bei dem die Herstellung eines zündfähigen Kraftstoff-Luft-Gemisches nicht durch einen Vergaser, sondern durch Benzineinspritzung erfolgt.

Einspritzung die, ♡ → Injektion.

Einspruch, ⚖ Rechtsbehelf, bes. gegen Versäumnisurteile (→ Versäumnisverfahren), Vollstreckungsbefehle (→ Mahnverfahren), → Strafbefehle, ungerechtfertigte → Kündigung eines Arbeitsverhältnisses, belastende Verwaltungsakte (→ Verwaltungsgerichtsbarkeit) und gegen Verfügungen des Finanzamtes (z. B. Steuerbescheide).

Einstein, Albert, Physiker, *Ulm 1879, †1955, war Prof. in Zürich, Prag; 1914-33 Leiter des Kaiser-Wilhelm-Instituts für Physik in Berlin; dann Prof. in Princeton, USA. E. stellte 1905 die spezielle, 1916 die allg. → Relativitätsthorie auf, die in der Folge die gesamte physikal. Forschung beeinflußten. Ferner gab E. eine Erklärung für die »Brownsche Bewegung« und damit den abschließenden Beweis für die Richtigkeit der kinet. Wärmetheorie. Nobelpreis 1921.

Einsteinium das, **Es,** künstlich hergestelltes, radioaktives Element, ein → Transuran.

einstweilige Verfügung, ⚖ gerichtl. Maßnahme zur Sicherung künftiger Zwangsvollstreckung (§§ 935 ff. ZPO).

Eintagsfliegen, Ephemeriden, vierflüglige, zarte Insekten mit 3 langen Schwanzfäden. Aus den im Süßwasser lebenden räuberischen Larven schlüpfen die E., die meist nur einen Tag leben.

Einwanderung, Einreise in ein fremdes Land, um dort festen Wohnsitz zu nehmen.

Einwegverpackung, zum einmaligen Gebrauch bestimmtes Verpackungsmaterial.

Einwendung, → Einrede.

Einzelhandel, Zweig des Handels, der die Waren dem Letztverbraucher zuführt (früher auch Klein- und Detailhandel). Neben kleinen und mittleren Geschäften gibt es Großbetriebe wie Warenhäuser, Massenfilialbetriebe, Versandhäuser, Konsumgenossenschaften, Selbstbedienungsläden u. a.

Einzeller, Lebewesen, die nur aus einer Zelle bestehen, wie Bakterien, viele Algen, Protozoen.

Einzelrichter, Richter, der allein entscheidet. Ggs.: Kollegialgericht.

Einziehung, Strafrecht: Gegenstände oder Werte, die durch eine strafbare Handlung erlangt sind oder dabei verwendet wurden, können eingezogen werden, d.h. sie verfallen dem Staat.

Eire [ˈɛərə], der irische Name für Irland.

Eirene, lat. **Irene,** grch. Friedensgöttin, Tochter von Zeus und Themis.

Eis, ♩ das um einen halben Ton erhöhte E.

Eis das, fester Zustand des Wassers, der gewöhnlich bei 0°C eintritt **(Gefrier-** oder **Eispunkt).** Wasser, das unter starkem Druck steht, gefriert bei tieferer Temperatur. Beim Gefrieren dehnt sich das Wasser um etwa $^{1}/_{11}$ seines Rauminhaltes aus, Eis (D = 0,916 g/cm^3) schwimmt daher auf Wasser. Auf der Ausdehnung beim Gefrieren beruht die Sprengwirkung des Wassers bei der → Verwitterung.

Eisack der, ital. **Isarco,** linker Nebenfluß der Etsch, in Südtirol, 95 km lang, entspringt am Brenner, mündet unterhalb Bozen.

Eisbär, großer Bär der nördl. Polarzone, hat weißes Fell, behaarte Sohlen und Spannhäute zw. den Zehen.

Eisbein, gepökelte Schweinsfüße und -beine.

Eisberg, abgebrochenes Endstück des Inlandeises oder der Polargletscher, das im Meer schwimmt und mit nur etwa $^{1}/_{7}$ seiner Masse über die Meeresoberfläche aufragt. Gefahr für die Schiffahrt bis ungefähr 40° Breite.

Eisbeutel, Eisblase, ♡ Behälter aus Gummi, der mit Eisstücken gefüllt wird; schmerz- oder blutstillendes Mittel, das nur auf ärztl. Rat und nicht länger als 2–3 Stunden angewendet werden sollte.

Eisbrecher, Spezialschiffe zum Öffnen von Fahrrinnen im Eis, meist mit Elektroantrieb (dieselelektrisch), sowjet. E. auch mit Kernantrieb.

Eisen, Fe, chem. Element, wichtigstes Schwermetall, Ordnungszahl 26, D 7,87 g/cm^3, Schmelzpunkt 1535 °C, Siedepunkt etwa 3000 °C. Reines E. ist silberweiß, sehr weich und dehnbar; an feuchter Luft oxidiert (rostet) es. Es läßt sich bis 768 °C leicht magnetisieren, → Ferromagnetismus, → Permeabilität, → Hysteresis. Technisch verwendetes E. enthält u.a. Kohlenstoff.

VORKOMMEN. Meist in Erzen, selten gediegen (z.B. in Meteoren). Die wichtigsten E.-Erze sind: **Magnet-, Rot-, Braun-, Spateisenstein, Pyrit.** E.-Erze kommen vor in Afrika (über 44% des Weltvorkommens), Nordamerika (über 20%), europ. Ländern (außer UdSSR) 7,2%; Förderung siehe Tabelle.

Eisenerzförderung und Roheisenerzeugung 1987

in Mio. t	Eisenerz	Roheisen
UdSSR	251,0	114,0
Japan	0,3	73,4
USA	47,0	43,7
VR China	152,5	50,2
Bundesrep. Dtl.	0,2	28,5
Frankreich	11,6	13,4
Italien	–	11,4
Brasilien	125,6	21,6
Polen	–	10,1
Belgien/Luxemburg	–	10,6
Kanada	31,5	9,7
Großbrit. und Nordirl.	0,3	12,1
Mexiko	7,4	5,2
Australien/Ozeanien	102,7	5,8
Spanien	4,5	4,8
Welt	**919,2**	**513,5**

HERSTELLUNG. Das Roheisen wird im Hochofen gewonnen **(Verhüttung).** Der Ofen wird an der Schachtöffnung **(Gicht)** lagenweise mit Koks, oxidischem E.-Erz und **Zuschlägen** (alles zusammen heißt **Möller**) beschickt. Die Zuschläge, hauptsächlich Kalkstein, überführen die in jedem Erz vorhandene kieselsäure- und tonerdehaltige **Gangart** in eine leicht schmelzbare **Schlacke.** Die Verbrennungsluft (Wind) wird in mit Gicht- und Koksgas aufgeheizten Winderhitzern auf 1250 °C vorgewärmt und in den Ofen eingeblasen; sie verbrennt den Koks zu Kohlenoxid, das dem Erz den Sauerstoff entzieht und es zu flüssigem E. reduziert; dieses sammelt sich im tiefsten Teil des Hochofens in flüssiger Form an. Auf der Schmelze schwimmt die Schlacke, sie fließt meist stetig aus dem Ofen heraus, während das E. von Zeit zu Zeit abgestochen wird und in Sandformen erstarrt. Tagesleistung eines Hochofens bis über 11 000 t.

EISENSORTEN. Das Erzeugnis des Hochofens ist das **Roh-E.** mit über 1,7% Kohlenstoff. Es erweicht beim Erhitzen nicht allmählich, sondern plötzlich und läßt sich daher nicht schmieden, walzen, hämmern, pressen oder schweißen; es kann nur zu Gußwaren **(Guß-E.)** verarbeitet werden. **Stahl** ist E. mit weniger als 1,7% Kohlenstoff.

Eisenach, Krst. im Bez. Erfurt, 49 500 Ew., am NW-Ende des Thüringer Waldes; Ind.: Kraftwagen, Maschinen, Textilien; starker Fremdenverkehr. E. war, zus. mit der → Wartburg, lange Zeit der Sitz der Landgrafen von Thüringen.

Eisenbahn, schienengebundenes Verkehrsmittel, dessen Fahrzeuge durch Maschinenkraft (Verbrennungsmotoren, Dampfmaschinen, Elektromotoren) fortbewegt werden. Man unterscheidet: nach der Art der Fortbewegung: **Reibungs-, Zahnrad-** und **Standseilbahnen;** nach der Spurweite: **Breit-, Regel- (Normal-)** und **Schmalspurbahnen;** nach der Bedeutung: **Haupt-** und **Nebenbahnen.**

Vorteile: Geringe Rollreibung zw. Rad und Schiene, daher im Verhältnis zur Anhängelast nur geringe Zugkräfte erforderlich; Schienengebundenheit ermöglicht lange Zugeinheiten mit wenig Personal; große Leistungsfähigkeit (bei gleicher Leistung weniger Raumbedarf als Straße oder Binnenwasserkanal); Möglichkeit des elektr. Betriebes, wodurch hohe Leistungsgewichte erzielt werden. Nachteile: Rangieren ist umständlich und teuer (daher Tendenz zum Verkehr mit → Containern), lange Bremswege, Steigungsempfindlichkeit. – Bes. geeignet ist die E. für den Massentransport von Gütern.

Ⓖ 1825 erste Personen-E. Stockton–Darlington, 1826 Dampf-E. Liverpool–Manchester. In Dtl. verkehrte die erste Dampf-E. 1835 (Nürnberg–Fürth), in Österreich 1837 (Floridsdorf–Deutsch Wagram).

Eisenbahnsignale dienen der Sicherung des Eisenbahnverkehrs. Bei den **Streckensignalen** werden die **Formsignale** (als Hauptsignal Mast mit 2 Flügeln, als Vorsignal Mast mit umklappbarer Scheibe) zunehmend durch **Lichtsignale** ersetzt; diese zeigen immer die

Eisenach: Nikolaikirche

Nachtbilder der Formsignale (rotes Licht, ein Flügel waagrecht: Halt! Grünes Licht, Flügel schräg aufwärts: Fahrt frei! Ein grünes, darunter ein gelbes Licht, 2 Flügel schräg aufwärts: Fahrt frei, Geschwindigkeitsbegrenzung). Das **Vorsignal** kündigt die Stellung des **Hauptsignals** an. Daneben gibt es **Weichen-, Langsamfahr-** und **Zugsignale.**

Eisenbart, Eysenbarth, Johann Andreas, Heilkünstler (Steinschneider), *1663, †1727; trat marktschreierisch auf (»Ich bin der Doktor E.«).

Eisenerz, Stadt in Steiermark, Österreich, 10300 Ew.; im SO der **Erzberg,** dessen Spateisenstein schon seit vorröm. Zeit abgebaut wird.

Eisenholz, versch. sehr harte und schwere trop. Holzarten, z.B. das **Echte** oder **Molukken-E.** eines Myrtengewächses, das **Schwarze** oder **Kap-E.** des südafrikan. Ölbaums, das **Weiße E.** der ostafrikan. Kassie.

Eisernes Kreuz

Eisenhower [aɪzənhaʊə], Dwight D., *1890, †1969, im 2. Weltkrieg auf hohen amerikan. und alliierten Kommandoposten, Oberster Befehlshaber der verbündeten Landungsarmee 1944; schied 1948 aus dem aktiven Dienst und wurde Präs. der Columbia-Univ. E. war 1953-61 (wiedergewählt 1956) 34. Präs. der USA. **E.-Doktrin,** Kundgebung des Präs. E. und des amerikan. Kongresses 1957, nach der die USA den Nationen des Nahen Ostens gegen ein Vordringen der UdSSR militärisch und wirtschaftl. beistehen wollen.

Eisenhut der, **1)** im MA. Sturmhaube mit breitem Rand. (BILD Helm)

2) E., Aconitum, Gatt. staudiger, z.T. blaublütiger Hahnenfußgewächse, meist in Bergwäldern, durch **Aconitin** giftig; Arznei.

Eisenhüttenkombinat, Zusammenschluß Eisen verhüttender und weiterverarbeitender Betriebe (Ostblock).

Eisenhüttenstadt, Krst. und Stadtkreis im Bez. Frankfurt a.d. Oder, 51700 Ew., 1961 entstanden durch Vereinigung von Stalinstadt und Fürstenberg; Industrieschwerpunkt.

Eisenkies, der → Pyrit.

Eisenkraut, Name für versch. Pflanzen wie Gelbes E., Ackersteinsame, eine Art Flokkenblume, der Verbene sowie der Ysop.

Eisenpräparate, eisenhaltige Arzneimittel.

Eisensäuerling, Mineralquelle, die Eisen und Kohlendioxid enthält, z.B. in Pyrmont, Bad Elster.

Eisenspat, Siderit, Spateisenstein, $FeCO_3$, Mineral mit 48,2% Eisen.

Eisenstadt, Hptst. des Burgenlandes, Österreich, 10400 Ew., Weinkellereien. In dem fürstl. Esterházyschen Schloß (Barock, Klassizismus) wirkte 1761-90 J. Haydn.

Eisenstein, Sergej, russ. Filmregisseur, *1898, †1948; »Panzerkreuzer Potemkin« (1925).

Eisenzeit, das auf die → Bronzezeit folgende vorgeschichtl. Zeitalter, in dem Eisen der wichtigste Werkstoff wurde. Die E. setzt in Mitteleuropa etwa vom 7. Jh. v. Chr. an ein und wird gegliedert in eine ältere (→ Hallstattzeit) und eine jüngere Periode (→ Latènezeit), die etwa bis zum Auftreten der Römer gerechnet wird.

Eiserne Garde, rumän., nationalist. und antisemit. Bewegung, 1927 von Codreanu gegr., 1933 verboten, 1940/41 mit Antonescu an der Macht.

Eiserne Krone, spätkaroling. Krone der Langobardenkönige, im Dom zu Monza aufbewahrt. Der Legende nach besteht der innere eiserne Reif aus einem Nagel vom Kreuz Christi.

Eiserne Lunge, ♡ mechanisch wirkendes Gerät zur künstl. Beatmung; heute durch elektronisch betriebene Beatmungsgeräte ersetzt.

Eiserne Krone

Eiserne Maske, Mann mit der E. M., geheimnisvoller frz. Staatsgefangener, der stets eine schwarze Samtmaske trug (1703 in der Bastille gestorben).

Eiserner Vorhang, 1) feuersicherer Vorhang im Theater, der bei Nichtbenutzung der Bühne stets herabgelassen wird. **2)** [nach Churchill 1946] Schlagwort für die Abschließung des sowjet. Machtbereichs von der freien Welt.

Eisernes Kreuz, EK, Kriegsauszeichnung für alle Dienstgrade, gestiftet 1813, erneuert 1870, 1914 und 1939; gußeisern, mit Silber eingefaßt.

Eisernes Tor, 1) Name mehrerer Pässe der Balkanhalbinsel. **2)** Durchbruchstal der Donau zw. Südkarpaten und Ostserb. Gebirge, in der Enge von Kasan wird der sonst bis 1 km breite Strom auf 172 m eingeengt; Großkraftwerk.

Eisessig, reine → Essigsäure.

Eisfjord, größter Fjord Spitzbergens.

Eisheilige Mz., Bez. für die Tagesheiligen des 11.-13. Mai (Mamertus, Pankratius, Servatius), mancherorts auch noch des 14. und 15. Mai (Bonifatius, Sophie). An diesen Tagen treten in Mitteleuropa häufig Kälterückschläge auf.

Eishockey [-h'ɔkɪ] das, Mannschaftskampfspiel zw. 2 Parteien auf dem Eis: eine Gummischeibe (Puck) muß mit Holzschlägern ins gegner. Tor getrieben werden.

Eiskraut, die → Mittagsblume.

Eislauf, Schlittschuhlauf, gliedert sich in sportl. Wettbewerbe im **Eisschnellauf** (Strekken von 500-10000 m) auf einer 400 m langen Rundbahn, **Eiskunstlauf** (Pflicht, Kurzprogramm und Kür) und **Eistanz.**

Eisleben, Krst. im Bez. Halle, im östl. Harzvorland und Mansfelder Kupferschiefer-Gebiet, 26500 Ew.; Kupfer- und Silberbergbau. Geburts- und Sterbehaus Martin Luthers.

Eisler, Hanns, Komponist, *1898, †1962; polit. Songs, Film-, Bühnenmusik (u.a. zu Werken von B. Brecht).

Eismaschine, 1) Vorrichtung zur Speiseeisbereitung. **2)** eine → Kältemaschine.

Eismeere, → Polarmeere.

Eismeerstraße, Autostraße (531 km) in N-Finnland, von Rovaniemi durch Finnisch-

Eisleben: Marktplatz

Lappland zum Inarisee, früher bis Liinahamari.

Eisner, Kurt, sozialist. Politiker, *1867, †1919; rief am 7. 11. 1918 in München die Republik aus und wurde bayer. MinPräs.; von A. Graf Arco erschossen.

Eispickel, Gerät für den Bergsteiger zum Schlagen von Trittstufen auf Schnee, Firn, Eis.

Eisschießen, eine eisenbeschlagene Holzscheibe **(Eisstock)** wird auf glatter Eisbahn nach einem Ziel **(Daube)** getrieben.

Eissegeln, mit der **Eisyacht** (Eisschlitten) oder auf Schlittschuhen mit einem Segel **(Schlittschuhsegeln).**

Eissprosse die, ♆ Sprosse zw. Aug- und Mittelsprosse am Geweih.

Eistaucher der, ein Vogel, → Seetaucher.

Eisvogel, 1) Vogelordn. mit rd. 90 Arten. Der europ. E. ist bis 17 cm lang, blau schillernd mit rötl. Unterseite; lebt an Gewässern, taucht nach Wasserinsekten und Fischen. **2) Eisfalter,** schwarz-weiß gefleckter Tagschmetterling.

Eiszeit, Abschnitt der → Erdgeschichte mit starker Zunahme der Vereisung durch Klimaänderung. Der Anfang der letzten E. **(Diluvium** oder **Pleistozän)** liegt rd. 600000, das Ende 12000 Jahre zurück. Etwa 11% der Erdoberfläche waren eisbedeckt (heute rd. 3%.) Mehrere Kaltzeiten, in denen die Temperaturen in Mitteleuropa 8-12 °C tiefer lagen als heute, wechselten mit **Zwischen-E.,** in Klima und Vegetation der Gegenwart ähnlich. In Europa reichte das Inlandeis bis an die dt. Mittelgebirge; die brit. Inseln, Alpen, Vogesen, Schwarzwald, Böhmerwald, Riesengebirge, Karpaten, Pyrenäen waren ebenfalls z.T. vergletschert. Vereisung und ihr Rückzug haben bes. die Oberflächen N-Dtl.s gestaltet: → Moränen, Sande, Urstromtäler. Über den Menschen der E. → Altsteinzeit.

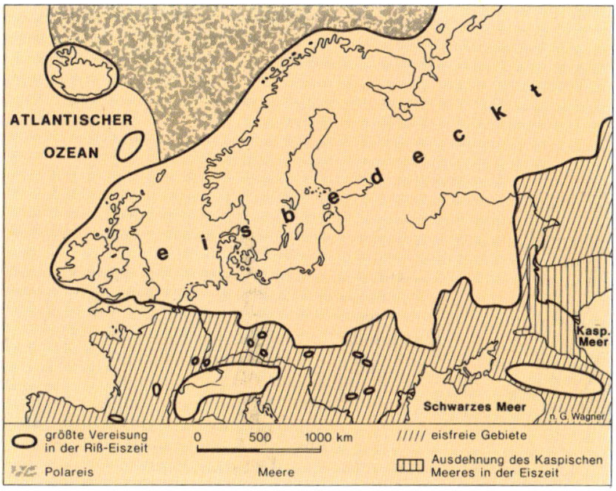

Eiszeit, Europa

Eiter der, ♡ gelbe, undurchsichtige Absonderung des Gewebes, meist durch **E.-Bakterien** (Staphylokokken, Streptokokken) hervorgerufen, bei Entzündung in Wunden, im Gewebe (Abszeß), in Körperhöhlen (Empyem). E. besteht aus Abwehrstoffe enthaltender Gewebsflüssigkeit sowie weißen Blutkörperchen und Gewebszellen (Freßzellen), die Bakterien vernichten. E.-Bildung ist ein Abwehrvorgang.

Eiweiß das, **Eiweißkörper, 1)** umfangreiche Klasse von organisch-chem. Verbindungen. Sie sind aus Aminosäuren durch Peptidbindungen kettenartig zusammengesetzt und enthalten vereinzelt auch Phosphor und Halogene. Sie werden in der lebenden Zelle durch Vermittlung der Nucleinsäuren des Zellkerns gebildet und sind für Bestehen und Ernährung aller Lebewesen unentbehrlich. Zu den einfachen E. **(Proteinen)** gehören z.B. die des Getreides und die Albumine (E. im Blutserum, im Eiklar, in der Milch); ferner die Gerüsteiweißstoffe, z.B. das Keratin in Haaren, Federn, Nägeln, Hufen, das Glutin im Leim (Gelatine). Zu den zusammengesetzten E. **(Proteiden)** gehören z.B. der Blutfarbstoff und das Casein der Milch. (BILD S.210)

2) auch häufig als Bez. für das Weiße im Ei **(Eiklar).**

Eiweißharnen, Albuminurie, Auftreten von Eiweiß im Harn. Dauerndes E. ist Anzeichen einer Nieren-, Herz- oder Infektionskrankheit.

Ejakulation [lat.] die, Ausspritzung, bes. des Samens.

Ekal, Ogal das, die das Kopftuch des Arabers festhaltende dunkle Wollschnur, in Syrien und Palästina ein mit schwarzer Wolle umwickelter doppelter Wulstring.

Ekarté das, Kartenspiel

Ekbatana, heute → Hamadan, alte Hauptstadt Mediens.

EKD, → Evangelische **K**irche in **D**eutschland.

EKG, Abk. für → Elektrokardiogramm.

Ekhof, Konrad, Schauspieler am Hamburger Nationaltheater, *1720, †1778; Leiter (seit 1774) des Gothaer Hoftheaters.

Ekkehart, Mönche von Sankt Gallen, im 10. Jh. **1) E. I.,** verfaßte lat. Sequenzen und Hymnen. **2) E. II.,** Lehrer der Herzogin Hadwig auf dem Hohentwiel, dichtete lat. Kirchengesänge. **3) E. IV.,** schrieb die Klosterchronik von St. Gallen.

Eisvogel 1)

Eklampsie [grch.] die, mit Bewußtlosigkeit und Krämpfen verbundene, plötzlich auftretende, schwere Erkrankung der Schwangeren.

Eklat [ekl'a, frz.] der, Krach, Aufsehen, Skandal. **eklatant,** auffallend, offenkundig.

Eklektiker [grch. »Auswähler«], hellenist. Philosophen, die aus versch. Lehren ihnen Zusagendes auswählten und daraus ihre eigene, scheinbar neue Philosophie zusammenstellten. Auch später so verfahrende Denker werden E., ihre Lehre **Eklektizismus** genannt.

Eklipse [grch. »das Verschwinden«] die, Sonnen- oder Mondfinsternis.

Ekliptik [grch.] die, scheinbare Kreisbahn, welche die Sonne im Laufe eines Jahres beschreibt. Dabei durchwandert sie, von der Erde aus gesehen, die den → Tierkreis bildenden Sternbilder. Die E. ist gegen den → Äquator des Himmels um 23°27′ geneigt **(Schiefe der E.).** Sie schneidet ihn in 2 Punkten, den Tagundnachtgleiche-Punkten (→ Tagundnachtgleiche).

Eisvogel 2): Eisfalter

Ekloge [grch.] die, Hirtengedicht (Idyll).

Ekofisk, Erdöl- und Erdgasfeld im norweg. Sektor der Nordsee.

Ekzem [grch.] das, auf Überempfindlichkeit der Haut beruhende mannigfaltige Hautkrankheiten, meist von Jucken und Brennen begleitet. Beim **akuten E.** entstehen Knötchen, die sich in nässende Bläschen umwandeln (»nässende Flechte«). Bei **chron. E.** wird die Haut derb und schuppt ab.

Elaborat [lat.] das, **1)** etwas Ausgearbeitetes. **2)** oberflächlich Zusammengeschriebenes.

Elagabal, Heliogabalos, 1) Ortsgottheit der syr. Stadt Emesa, wurde in einem vom Himmel gefallenen Steinkegel verehrt. **2)** röm. Kaiser (seit 218), *204, † (ermordet) 222, urspr. Hoherpriester von 1).

El-Alamein, Ort in Ägypten, westl. von Alexandria. Hier brachten die Engländer 1942 den Vorstoß Rommels zum Stehen.

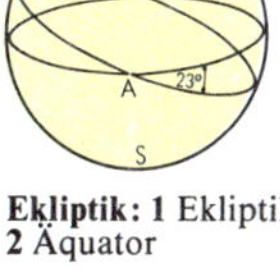

Ekliptik: 1 Ekliptik, **2** Äquator

Elam, grch. **Elymais,** altes Reich nordöstl. der Einmündung von Euphrat und Tigris in den Pers. Golf. Die Glanzzeit der **Elamier** war im 13. und 12. Jh. v. Chr.

Elan [el'ã, frz.] der, Schwung, Begeisterung.

Elastizität [grch.] die, ⊠ Eigenschaft fester Körper, die unter dem Einfluß einer äußeren

Eiweiß 1): Räumlicher spiralförmiger (α-Helix) Aufbau eines Eiweißmoleküls (Sekundärstruktur); die gestrichelten Bindungen sind Wasserstoffbrückenbindungen

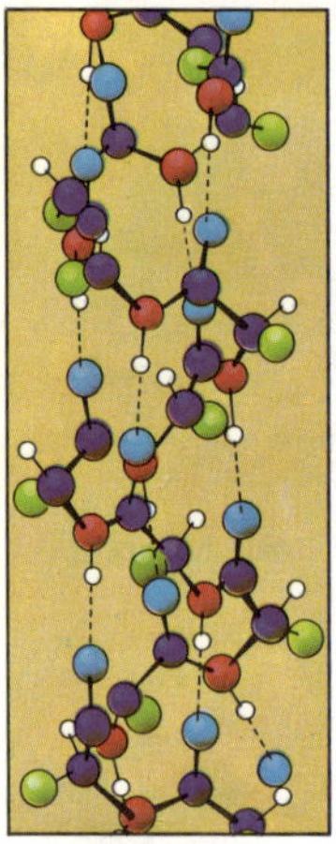

Violett Kohlenstoff, rot Stickstoff, blau Sauerstoff, grün Aminosäurerest, weiß Wasserstoff

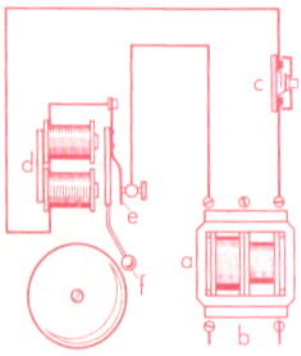

elektrische Klingel: a Transformator, b zum Netz, c Druckknopf, d Elektromagnet, e Blattfeder, f Klöppel

Elbsandsteingebirge: Teufelsturm im Schrammsteingebiet

Kraft angenommene Formänderung nach Aufhören der Kraft rückgängig zu machen. Bei Steigerung der Kräfte nimmt die Formänderung schließl. stärker zu als die Spannung **(E.-Grenze, Fließgrenze).** Völlig unelast. Körper gibt es nicht.

Elath, Eilath, Hafenstadt in Israel am Golf von Akaba, 18 200 Ew., Erdöleinfuhr, Kupferausfuhr.

Elazığ [elaz'ə:], Hptst. der türk. Prov. E., Anatolien, 181 500 Ew.; Zement-, Textil-, Nahrungsmittelind.

Elba, ital. Insel im Mittelmeer, zw. Korsika und dem ital. Festland; 223 km² mit 30 000 Ew.; Eisenerz⚒, Fischerei, Südfrüchte, Fremdenverkehr. Hauptort: Portoferraio. 5. 5. 1814 bis 26. 2. 1815 Verbannungsort Napoleons.

Elbe die, tschech. **Labe,** einer der Hauptströme Mitteleuropas, kommt vom Böhm. Riesengebirgskamm, durchbricht das Böhm. Mittelgebirge und das Elbsandsteingebirge, durchfließt das Dresdner Becken und die Norddt. Tiefebene und mündet bei Cuxhaven, 15 km breit, in die Nordsee. Stromlänge: 1165 km; bis Melnik für 1000-t-Schiffe schiffbar, bis Hamburg bei Flut auch für Seeschiffe. Nebenflüsse, links: Moldau, Eger, Mulde, Saale; rechts: Iser, Schwarze Elster, Havel mit Spree, Elde. Ein weitverzweigtes Kanalnetz (Mittelland-, E.-Trave-, E.-Havel-Kanal, Elbe-Seitenkanal, eröffnet 1976, u. a.) verbindet die E. mit Westdtl., der Ostsee, Berlin und der Oder.

Elbing, poln. **Elbląg** ['ɛlblɔŋk], Hptst. der poln. Wwschaft Elbląg, Hafen- und Industriestadt, bis 1945 Stadt in Ostpreußen, 121 500 Ew.; am schiffbaren E.-Fluß; Werftind., Turbinenbau. 1237 im Deutschordensland gegründet, alte Hansestadt.

Elbrus, höchster Berg des Kaukasus, 5642 m.

Elbsandsteingebirge, das aus Kreidesandsteinen aufgebaute Bergland beiderseits der Elbe, zw. Erzgebirge und Lausitzer Gebirge, im Hohen Schneeberg 721 m hoch; reich an eigenartigen Felsen und Tafelbergen.

Elbtunnel, in Hamburg, **1)** für Fahrzeuge und Fußgänger, 21 m u. d. Elbspiegel, 450 m lang. **2)** Autobahntunnel, 2653 m lang, 1975 eröffnet.

Elburs der, Gebirge im nördl. Iran, am Kasp. Meer; erreicht im Vulkan Demawend 5604 m.

El Castillo [-ʎo], Bergkegel bei Puente Viesgo, Prov. Santander, Spanien. An seinen Flanken befinden sich mehrere Höhlen (E. C., Las Chimeneas, Las Monedas, La Pasiega) mit Felsbildern der jüng. Altsteinzeit.

Elch der, auch **Elentier** oder **Elen,** plumpe, hochbeinige Hirschtiere, männl. E. mit Schaufelgeweih; leben in Sumpfgegenden des nordöstl. Europas, N-Asiens, N-Amerikas.

Elche ['ɛltʃɛ], Stadt der Prov. Alicante, Spanien, 175 600 Ew.; hat z. T. maur. Gepräge, malerische alte Kirchen; in der Nähe der **Palmenwald von E.,** die nördlichste echte Oase.

Elch

ELD, Abk. für → Föderation der Europäischen Liberalen Demokraten.

Eldorado [span. »das Vergoldete«], sagenhaftes Goldland im Innern des nördl. Südamerika; daher glücklicher Aufenthalt, Paradies.

Eleaten, grch. Philosophenschule in Elea (Unteritalien); ihr Gründer war Parmenides (500 v. Chr.), dem Zeno und Melissos folgten.

Elefant [grch.] der, Fam. der Rüsseltiere, mit greiffähiger Rüsselnase, grauer, dünn behaarter Haut. Die E. werden bis 4 m hoch, bis 6000 kg schwer, leben in Herden, nähren sich von Blättern und Zweigen. Die Elfenbein liefernden Stoßzähne sind bis 90 kg schwer. Der **Afrikan. E.** ist großohrig; der **Ind. E.** ist kleiner, sehr gelehrig und dient als Zug- und Lasttier. Verwandte der E. wie Mammut und Mastodon lebten im Tertiär.

elegant [frz.], fein, geschmackvoll, modisch. **Eleganz** die, **1)** mod. Aufwand. **2)** Zierlichkeit.

Elegie [grch.] die, **1)** bei Griechen und Römern: jedes Gedicht im Versmaß des Distichons. **2)** neuere Dichtkunst: wehmütiges Gedicht (Klopstock, Goethe, Hölderlin, Rilke u. a.). **elegisch,** empfindsam, wehmütig, traurig.

Elektra, Tochter des Agamemnon, Schwester der Iphigenie, half ihrem Bruder Orestes, den Vater an Ägisth und Klytämnestra zu rächen; oft dichterisch behandelt (Aischylos, Sophokles, Euripides, Giraudoux u. a.); Oper von R. Strauss.

Elektret, ein Dielektrikum aus Ferroelektrika oder Kunstharzen mit permanenter elektr. Polarisation (elektr. Analogie zum Permanentmagneten).

Elektrifizierung, Übergang zum elektr. Betrieb, bes. bei der Eisenbahn.

Elektrik die, Lehre der → Elektrizität.

elektrische Bahnen, durch Gleich- oder Wechselstrom betriebene Straßen- und Untergrundbahnen mit 600-1000 V Gleichstrom, Vollbahnen im allg. mit Einphasen-Wechselstrom (15 000 V, 16⅔ Hz; auch 25 000 V, 50 Hz) oder Gleichstrom (1500 und 3000 V).

elektrische Beleuchtung, → Bogenlampe, → Glühlampe, → Gasentladungslampe.

elektrische Fische, »Zitterfische«, besitzen elektr. Organe (aus Muskeln oder Hautdrüsen hervorgegangen), erzeugen elektr. Spannungen bis zu 550 V. Durch Schwanzschläge können sie angreifende Feinde oder ihre Beute betäuben oder töten. Zu den e. F. gehören **Zitterrochen** (Mittelmeer), **Zitteraal** (Südamerika), **Zitterwels** trop. Afrika).

elektrische Klingel, → Unterbrecher.

elektrische Kochapparate, 1) elektr. Kochtöpfe, enthalten in den Boden eingelassene Heizwiderstände. **2) elektr. Kochplatten,** heute als Ringkochplatte ausgebildet, wobei man auf Spezialgeschirr verzichten kann. Durch Vereinigung mehrerer Kochplatten erhält man den **elektr. Herd. 3) Tauchsieder,** werden in die Flüssigkeit eingetaucht. Der Heizwiderstand befindet sich im Innern. **4) Durchlauferhitzer,** werden an die Wasserleitung angeschlossen und geben sofort heißes Wasser. **5) Heißwasserspeicher** verwenden zur Warmwasserbereitung v.a. Nachtstrom.

elektrische Meßinstrumente dienen zum Messen elektr. (Spannung, Strom, Widerstand, Leistung usw.) und nichtelektr. (Druck, Temperatur usw.) Größen. Wichtigste Arten: **Drehspulinstrument:** Drehspule im Feld eines Dauermagneten, nur für kleine Gleichströme, höchste Genauigkeit; durch Vorwiderstand für höhere Spannung, durch Nebenwiderstand (Shunt) für größeren Strom, durch Gleichrichter für Wechselstrom anwendbar. **Dreheiseninstrument:** ein bewegl. Weicheisenkern wird von einer festen, vom Meßstrom durchflossenen Spule abgelenkt. **Elektrodynam. Meßwerk:** feste und bewegl. Spule mit oder ohne Eisen als Wirk- und Blindleistungsmesser für Wechselstrom. **Kreuzspulgeräte,** 2 gekreuzte bewegl. Spulen, als Quotientenmesser für Widerstand, Temperatur.

elektrische Öfen, elektr. beheizte Industrieöfen zur Wärmebehandlung (Glühen, Schmelzen, Sintern, Trocknen). Bei **Lichtbogenöfen** kann der Lichtbogen zw. dem Gut und einer Elektrode oder über dem Gut zw. 2 Elektroden brennen; bei **Widerstandsöfen** kann das Gut vom Strom durchflossen direkt erwärmt oder durch einen erhitzten Widerstand oder Tiegel indirekt aufgeheizt werden. Bei **Induktionsöfen** bildet das Gut den Sekundärkreis eines Transformators. (→ Industrieöfen)

elektrischer Stuhl, Gerät zur Vollstreckung der Todesstrafe durch Starkstrom.

elektrische Schwingungen, → elektromagnetische Schwingungen.

elektrisches Feld, ein → Feld, das von ruhenden oder bewegten elektr. Ladungen und durch zeitlich veränderl. Magnetfelder erzeugt wird.

Elektrisiermaschine, Gerät zum Trennen und Ansammeln elektr. Ladungen. Das Trennen geschieht durch Reibung etwa von Glas und Leder **(Reibungs-E.)** oder durch Influenz **(Influenz-E.),** das Sammeln durch Spitzenwirkung.

Elektrizität [grch.], ruhende oder bewegte **elektr. Ladung (elektr. Strom)** oder die mit Ladungen und Strömen verbundene **elektr. Energie.** In der Natur finden sich positive und negative Ladungen, die sich in ihren Wirkungen gegenseitig aufheben. Gleichnamige Ladungen stoßen sich ab, ungleichnamige ziehen sich an. Die Kräfte werden durch das **elektr. Feld** vermittelt, das jede Ladung um sich herum aufbaut und das durch Feldlinien veranschaulicht werden kann. Längs einer Feldlinie wirkt die **elektr. Feldstärke,** zw. 2 Punkten einer Feldlinie herrscht eine **elektr. Spannung.** Die Spannung in einem Feldpunkt gegen einen Leiter, z.B. Erde, heißt dessen **Potential,** eine Spannung zw. 2 Feldpunkten ist daher deren **Potentialdifferenz.** Ein elektr. Strom entsteht, wenn sich Ladungen entlang einem Potentialgefälle fortbewegen. Stoffe, die einer solchen Bewegung keinen nennenswerten Widerstand entgegensetzen, heißen Leiter, die übrigen Halbleiter oder Nichtleiter (Isolatoren). Jede bewegte Ladung besitzt außer dem elektr. ein magnet. Feld, dessen Feldlinien die Bewegungsrichtung der Ladung kreisförmig umschlingen. Ein in geschlossenem Kreis fließender Strom verhält sich daher wie ein Magnet: solche Kreisströme ziehen sich an, wenn die Ströme gleichgerichtet fließen, oder stoßen sich ab, wenn die Ströme entgegengesetzt gerichtet sind. Diese Regeln gelten unverändert auch für gerade stromdurchflossene Leiterstücke (Ampèresche Regeln).

Ändert sich die Geschwindigkeit einer bewegten Ladung, so ändert sich auch die magnet. Feldstärke, wodurch ein zusätzl. elektr. Feld entsteht, das die magnet. Feldlinien ringförmig umgibt. Dieses ist so gerichtet, daß es der Geschwindigkeitsänderung der Ladung entgegenwirkt (Lenzsche Regel); andererseits vermag es andere Ladungen in Bewegung zu setzen **(Induktionsstrom).** Bei rasch hin- und herschwingenden Ladungen, wie sie einem Wechselstrom zugrunde liegen, lassen sich elektr. und magnet. Felder nicht mehr trennen; sie verschmelzen zum **elektromagnet. Feld,** dessen period. Änderungen als **elektromagnet. Schwingungen** erscheinen.

Von stoffl. Trägern losgelöste Ladungen gibt es nicht; die kleinsten stoffl. Ladungsträger sind die Elementarteilchen, bes. Elektronen und Protonen. Die Atomelektronen sind mit ihren Bahnimpulsen und Spins die Ursache der wichtigsten magnet. Atomeigenschaften. Die im Kristallgitter locker gebundenen Elektronen verursachen die metall. E.-Leitung. Die entstehende Wärme **(Joulesche Wärme),** die bei elektr. Öfen, Herden, Glühlampen usw. genutzt wird, ist als Reibungswärme der Elektronen im Metallgitter zu deuten. **Maßeinheiten.** Stromstärke: Ampere. Spannung: Volt. Widerstand: Ohm. Leistung: Watt. Ladung: Coulomb.

Elektrizitätsversorgung, umfaßt alle Einrichtungen zur Erzeugung (Kraftwerk), Fortleitung und Verteilung (Freileitungen, Kabel, Umspannstation) elektr. Energie. Die E. wird mit Drehstrom von 50 Hz durchgeführt. Die Verbraucher sind **Hochspannungsabnehmer** (Großabnehmer) oder **Niederspannungsabnehmer** (Haushalt, Gewerbe).

Elektrizitätszähler messen den Verbrauch an elektr. Arbeit. E. für Gleichstrom sind **Amperestundenzähler** auf elektrolyt. Grundlage und **Wattstundenzähler,** bei denen der Strom in einer feststehenden Spule ein dem Strom proportionales Magnetfeld erzeugt, in dem sich ein Anker dreht, dessen Umdrehungen gemessen werden. Für Dreh- und Wechselstrom **Induktionszähler:** in einer drehbaren Aluminiumscheibe werden Induktionsströme erzeugt, die bewirken, daß die Scheibe sich unter dem Einfluß von Magnetfeldern dreht, die der Versorgungsstrom erregt.

Elektro|akustik behandelt die Erzeugung, Verstärkung, Übertragung, Speicherung, Wiedergabe sowie Analyse und Synthese von Schall mit elektrotechn. Hilfsmitteln; elektroakust. Instrumente sind z.B. die elektr. Musikinstrumente.

Elektro|analyse [grch.], Mengenbestimmung elektrolytisch abgeschiedenen Metalls, Verfahren der chem. Analyse.

Elektrochemie die, Lehre vom Zusammenhang chem. und elektr. Vorgänge, z.B. im → galvanischen Element, in → Akkumulatoren, bei der → Elektrolyse u.a.

Elektrochirurgie die, ärztl. Anwendung der bei Hochfrequenzströmen auftretenden Joulschen Wärme zur Gewebszerstörung durch Gerinnen **(Elektrokoagulation)** sowie zur Gewebsdurchtrennung **(Elektrotomie)** oder -entfernung **(Elektroresektion).**

Elektrode [grch.] die, Pol einer Stromquelle, bes. die Übergangsstelle von metallischer Leitung auf Leitung durch Ionen (in Flüssigkeiten und Gasen) oder auf freie Elektronen (z.B. Elektronenröhren). Die positive E. heißt **Anode,** die negative **Kathode.**

Elektrodynamik [grch.] die, Lehre von den zeitl. veränderl. elektromagnet. Feldern.

elektrodynamisches Meßwerk, → elektrische Meßinstrumente.

Elektro-Enzephalogramm [grch.] das, Abk. **EEG,** Kurve der Aktionsströme des Gehirns. Die **Elektro-Enzephalographie** dient u.a.

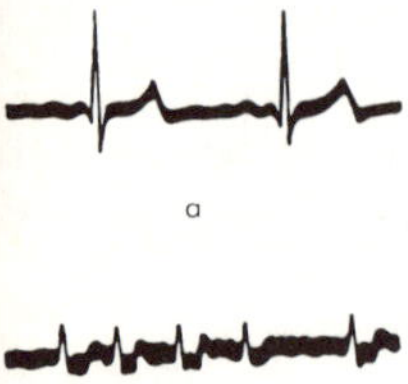

Elektrokardiogramm: a) Schema des normalen EKG b) EKG bei schwerer Herzmuskelerkrankung

zum Feststellen mancher Gehirngeschwülste oder -verletzungen.

Elektrokardiogramm [grch.] das, **EKG,** die Kurve der Aktionsströme des Herzens; dient der Diagnostik von Herzerkrankungen.

Elektrolyse [grch.] die, Trennung von in Flüssigkeiten gelösten oder geschmolzenen chem. Verbindungen durch elektr. Strom. Ein in Wasser gelöstes Salz zerfällt in Paare entgegengesetzt geladener → Ionen **(elektrolyt. Dissoziation).** Bringt man die Pole einer Stromquelle in die Lösung, so zwingt die anliegende Spannung die Ionen, zu dem jeweils entgegengesetzt geladenen Pol zu wandern, wo sie ihre Ladung abgeben und sich als neutrale Atome (Moleküle) auf der Elektrode abscheiden oder mit dem Lösungsmittel (Wasser o. ä.) neue Reaktionen eingehen (es zersetzen). Den Ladungstransport durch Ionen nennt man **Ionenleitung,** die Lösungen oder Schmelzen, in denen er auftritt, **Ionenleiter** oder **Elektrolyte,** die zur Kathode wandernden Ionen **Kationen,** die zur Anode wandernden **Anionen.** Die abgeschiedene Stoffmenge entspricht dem Produkt des elektr. Stroms und der Zeit.

Elektromagnet der, Spule mit Weicheisenkern. Fließt durch die Spule ein Strom, magnetisiert sich das Eisen.

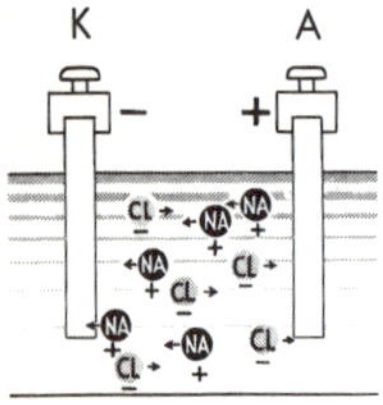

Elektrolyse einer Kochsalzlösung. A Anode, K Kathode

elektromagnetische Schwingungen, period. Änderungen des elektromagnet. Feldes, die sich mit Lichtgeschwindigkeit ausbreiten. Sie treten auf, wenn elektr. Ladungsträger sich beschleunigt bewegen und sich damit Strom- und Ladungsdichten räumlich und zeitlich ändern. Technisch entstehen e. S. bei der Entladung eines Kondensators über eine Spule (Schwingungskreis), sie bewirken in ihrer Umgebung die Entstehung eines elektromagnet. Feldes, das periodisch schwingt. Diese Schwingungen werden als **elektromagnet.** oder **elektr. Wellen** oder nach ihrem Entdecker als **Hertzsche Wellen** bezeichnet. Sie sind analog den durch Elektronenübergänge in Atomen entstehenden Lichtwellen, von denen sie sich nur durch ihre größere Wellenlänge unterscheiden. Sie werden in der Funktechnik, in der drahtlosen Telegraphie, beim Fernsehen usw. verwendet.

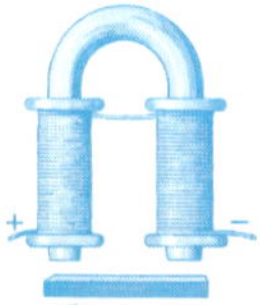

Elektromagnet

Elektromagnetisches Spektrum (Beispiele):

Bereich	Frequenz in Hz:
Wechselstrom für Bahnen	$16\frac{2}{3}$
Allgemeine Stromversorgung	50–60
Schnellfrequenzwerkzeuge	150–400
Wechselstromtelegraphie	400–2500
Schmelzen, Glühen, Härten von Metallen	50–100 000
Draht-Telephonie	100–10 000
Bild-Telegraphie	750–1800
Langwellen	10^4–10^5
Mittelwellen	10^5–10^6
Kurzwellen	$3 \cdot (10^6–10^7)$
Ultrakurzwellen	$3 \cdot (10^7–10^8)$
Mikrowellen	$3 \cdot (10^8–10^{11})$
Kürzeste elektrisch erzeugte Schwingung	$12 \cdot 10^{12}$
Wärmestrahlen	10^{12}
Infrarot	10^{12}–10^{14}
Sichtbares Licht	$(4–8) \cdot 10^{14}$
Ultraviolett	$8 \cdot 10^{14}–3 \cdot 10^{16}$
Röntgenstrahlen	$10^{16}–5 \cdot 10^{19}$
Gammastrahlen	10^{18}–10^{21}
Kosmische Ultrastrahlung	10^{22}–10^{24}

Elektromedizin die, Lehre von der Verwendung des elektr. Stroms zur Feststellung und Behandlung von Krankheiten.

Elektrometallurgie die, Gewinnung von Metallen aus Erzen oder Zwischenerzeugnissen im Lichtbogenofen oder die elektrolyt. Raffination sehr reiner Metalle aus ihren Salzlösungen durch Elektrolyse.

Elektrometer, geeichtes → Elektroskop.

Elektromobil das, Kraftfahrzeug mit elektromotor. Antrieb; die elektr. Energie liefert eine mitgeführte Akkumulatorenbatterie.

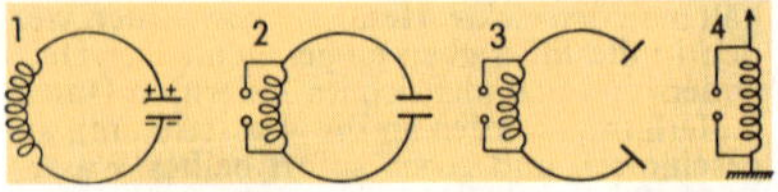

Elektromagnetische Schwingungen. 1 Isolierter Schwingungskreis: nach Aufladen des Kondensators pendeln die Ladungen in gedämpften Schwingungen hin und her. **2** Erzwungene Schwingung durch Anschluß einer dauerbetriebenen Funkenstrecke. **3** Übergang vom geschlossenen zum offenen Schwingungskreis; die Feldschwingungen zw. den Platten gelangen in den freien Raum. **4** Offener Schwingungskreis: eine Platte ist zur »Erde«, die andere zur »Antenne« geworden; die Feldschwingungen werden als Wellen in den Raum ausgestrahlt

Elektromotor, elektr. Maschine, die elektr. Energie in mechan. Arbeit umwandelt auf Grund der Kraftwirkung zw. einem Magnetfeld und einem stromdurchflossenen Leiter. Alle E. können auch als Generator verwendet werden, z. B. zum Bremsen. **1) Drehstromasynchronmotor,** der meist angewandte Motor, enthält im Ständer 3 um 120° versetzte Wicklungsstränge, der Läufer läuft langsamer als das Drehfeld. **2) Einphasenwechselstrommotor** mit Kurzschlußläufer ähnl. 1), nur für kleine Leistungen. **3) Synchronmotor** für gleichbleibende, vom Drehfeld abhängige Drehzahl: als Drehstrommotor mit Gleichstromerregung für größere Leistung, als Einphasenmotor Kleinstmotor. **4) Wechsel-** und **Drehstromwendermotor** erlaubt Drehzahleinstellung durch Bürstenverschiebung (z. B. Papier- und Textilind.) **5) Einphasen-Reihenschlußkollektormotor** dient als Bahnmotor, als Universalmotor für Haushaltsmaschinen, Elektrowerkzeuge u. ä. **6) Gleichstrommotor** für Spezialantriebe: Reihenschlußmotor für Fahrzeuge und Anlasser von Verbrennungskraftmaschinen, als Allstrommotor für Gleich- und Wechselstromspeisung, als Nebenschluß- oder Doppelschlußmotor mit einstellbarer Drehzahl als Grundlage aller selbsttätigen Regelschaltungen; seine Drehzahl hängt ab von Ankerspannung und Magnetfeld; gute Drehzahleinstellung. (Bild S. 213)

elektromotorische Kraft, EMK, durch magnet. elektrostat. oder elektrochem. Vorgänge hervorgerufene Spannung.

Elektron [grch.] das, elektrisch negativ geladenes Elementarteilchen. Seine Masse ist etwa 1840mal kleiner als die des Wasserstoffatoms. Seine Ladung ist die Elementarladung. Das E. besitzt einen konstanten Eigendrehimpuls (Spin) und ein entsprechendes magnet. Moment. Die E. sind die Bausteine der E.-Hülle der Atome; jedes neutrale Atom enthält so viele E., wie seine Ordnungszahl angibt. E. sind auch die Träger des elektr. Stroms in Metallen und der n-Leitung in Halbleitern; sie bewegen sich in den Zwischenräumen des Metall-Kristallgitters ähnlich wie Gasmoleküle. Treten E. aus Metallen – durch Wärmebewegung oder Wirkung eines starken elektr. Feldes – in ein Vakuum aus, so lassen sie sich durch elektromagnetische Felder leicht lenken, beschleunigen oder bremsen. Dies nutzt man zur Erzeugung von **Elektronenstrahlen** für viele techn. und wissenschaftl. Zwecke.

Elektronenblitzgerät, bei der Photographie verwendetes elektron. → Blitzlicht; **Computer-E.** dosiert über einen Photowiderstand selbsttätig die abgestrahlte Lichtmenge.

Elektronengehirn, volkstüml. für elektron. Rechenanlage (→ Rechenanlagen).

Elektronenmikroskop, Vergrößerungsgerät, das an Stelle von Lichtstrahlen Elektronenstrahlen benutzt, die durch elektr. oder magnet. Felder gerichtet werden. Das vergrößerte Bild läßt man auf einen Leuchtschirm fallen oder hält es auf einer photograph. Platte fest; bis 2000000fache Vergrößerung, Auflösungsvermögen bis 0,16 nm; Viren (→ Virus) und größere Moleküle werden sichtbar.

Elektronenoptik, Übertragung der Regeln über opt. Abbildungen auf die Ausbreitung von Elektronen- und Ionenstrahlen und ihre Beeinflussung durch elektr. und magnet. Felder.

Elektronenröhre, Glühkathodenröhre, Gerät zur trägheitslosen Steuerung elektr. Ströme. Es dient zur Gleichrichtung, Verstärkung, Modulation (in Sendern), wird angewandt als elektron. Schalter, in der Regelungstechnik; heute durch Transistoren ersetzt (Ausnahme Höchstfrequenz, Mikrowellen). Die Grundform der E. ist ein luftleer gepumptes Glasgefäß mit Kathode, Anode und den dazwischenliegenden Gittern. Die durch einen Heizfaden erhitzte Kathode (Nickelröhrchen mit Oxidüberzug) sendet Elektronen aus, die zur Anode fliegen, wenn eine Spannung angelegt wird. Erhält das Steuergitter eine negative Spannung, so wird der Elektronenstrom gebremst, bei einer positiven Spannung dagegen beschleunigt. **Schirmgitterröhren** (bes. zur Hochfrequenzverstärkung) haben zw. Steuergitter und Anode noch ein 2. Gitter (Schirmgitter), das die Rückwirkungen der Anode auf das Steuergitter abfängt. – Anwendung als Oszilloskopröhre und Fernsehbildröhre.

Elektronenschleuder, → Betatron.

Elektronenstrahllithographie, Verfahren zur Übertragung von Schaltkreisstrukturen integrierter Schaltkreise auf eine Halbleiterscheibe (Wafer). Dabei wird ein strahlungsempfindl. Lack durch eine Maske, die die Bauelementstrukturen enthält, mit Elektronenstrahlen belichtet. Der nicht gehärtete Lack wird dann abgelöst, an diesen Stellen die Oberfläche geätzt und so die Maskenstrukturen auf die Waferoberfläche übertragen.

Elektronik, ⚡ urspr. die Technik der Elektronenröhren und deren Anwendungen, heute die Technik elektr. Stromkreise und Schaltungen, in denen Elektronenröhren, Kathodenstrahlröhren, Dioden, Transistoren, Thyristoren, Relais, Thyratrons, Photozellen integrierte Schaltungen als ruhende (statt bewegte) Steuer- oder Schaltgeräte verwendet werden. Die Verbindungen zw. den Bauelementen werden nicht durch Drähte, sondern durch → gedruckte Schaltungen hergestellt. Mit → integrierten Schaltungen ist eine Verkleinerung der Abmessungen einer Schaltung (Miniaturisierung) erreichbar.

elektronische Musik, mit elektron. Klangmitteln erzeugte und auf Magnettonband aufgenommene Musik, die durch Lautsprecher wiedergegeben wird.

Elektronenvolt, eV, die Energie eines Elektrons nach Durchlaufen der Spannung 1 V; 1 eV $= 1{,}602 \cdot 10^{-19}$ Joule.

Elektrophorese [grch.] die, das Wandern geladener Kolloidteilchen im elektr. Feld.

Elektrophysiologie [grch.] die, befaßt sich mit den von den Lebewesen selbst erzeugten elektr. Strömen (tier. Elektrizität, Bioelektrizität); diese sind Begleiterscheinung aller Lebensvorgänge, die mit Änderungen der Ionenkonzentration im Gewebe verbunden sind.

Elektroschock, Elektrokrampf, Verfahren zur Behandlung seel. Krankheiten; elektr. Ströme werden durch das Gehirn geleitet.

Elektroskop [grch.] das, Gerät zum Nachweis von elektr. Spannungen und Ladungen. Die einfachste Form ist das **Blatt-E.,** 2 an einem Metallstab hängende Gold- oder Aluminiumblättchen, die sich bei Aufladung infolge Abstoßung spreizen.

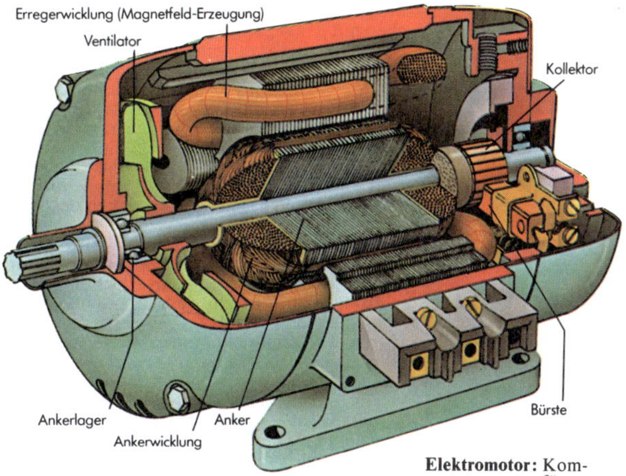

Elektromotor: Kommutatormotor für Gleich- und Wechselstrom

Elektrostal, Stadt im Gebiet Moskau, Russ. SFSR, 149000 Ew., Maschinen- und Stahlind.

Elektrostatik [grch.] die, Lehre von den ruhenden elektr. Ladungen.

elektrostatische Aufladung entsteht durch Berühren und Trennen bei Kunststoffen mit hohem elektrostat. Isoliervermögen.

Elektrotechnik, Erzeugung und Verwertung des elektr. Stroms in Starkstrom-Technik und Schwachstrom-(Nachrichten-)Technik.

Elektrotechniker der, **1)** kurz **Elektriker,** Handwerker für elektr. Anlagen. **2)** Elektroingenieur, Studierender oder Ingenieur der Elektrotechnik.

Elektrotherapie [grch.] die, Anwendung von Elektrizität zur Behandlung von Muskel- und Nervenkrankheiten (bes. Lähmungen und Krämpfen) u.a. Durchblutungsstörungen (→ Kurz- und Mikrowellentherapie).

Element [lat.] das, **1)** Urstoff, Grundstoff; früher nahm man 4 E. an: Erde, Wasser, Luft, Feuer. **2)** Grundbestandteil. **3)** ⚗ chem. Grundstoff (ÜBERSICHT Chemische E.). **4)** ⚡: → galvanische Elemente.

elementar, grundlegend; ungehemmt.

Elementargeister, nach dem Glauben des MA. die Geister, die die 4 Elemente bewohnten; im Feuer: Salamander; im Wasser: Undinen; in der Luft: Sylphen; in der Erde: Gnomen.

Elementarladung, Elementarquantum, elektr. Ladung des Elektrons, Protons oder Positrons, kleinste in der Natur vorkommende positive oder negative Elektrizitätsmenge; Zeichen e; Größe $1{,}602 \cdot 10^{-19}$ Coulomb.

Elementarlänge, ⊠ kleinste angenommene universelle Länge der Größenordnung 10^{-13} cm. Auf Grund genauerer Untersuchungen der Nukleonenstruktur und der Überprüfung der Gültigkeit der Quantenelektrodynamik erscheint neuerdings diese Größenordnung zweifelhaft. Vielmehr wird als untere Grenze der E. die mit etwa 10^{-33} cm angegebene Plancksche E. genannt.

Elementarteilchen, nach heutigem Forschungsstand die kleinsten Bausteine der stoffl. Welt: Leptonen (Elektron, e- und μ-Neutrino, Myon), Mesonen, Nukleonen (Proton, Neutron), Hyperonen. Nukleonen und Hyperonen werden zusammenfassend als Baryonen bezeichnet. Eigenschaften der E. sind: Masse, elektr. Ladung, Spin (Drehimpuls der Teilchenrotation), magnet. Moment, Lebensdauer (stabile und instabile E., → Halbwertszeit), Isospin (Quantenzahl abhängig von elektr. Ladung), Strangeness (Quantenzahl für

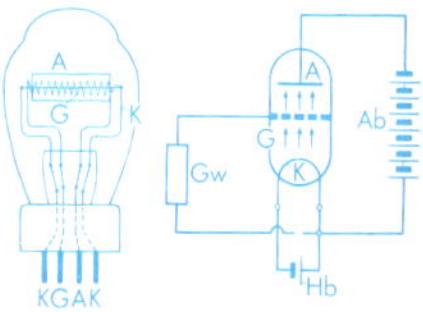

Elektronenröhre: A Anode, Ab Anodenbatterie, G Gitter, Gw Gitterwiderstand, Hb Heizbatterie, K Kathode

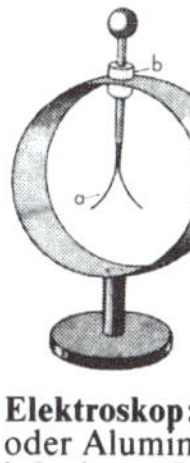

Elektroskop: a Gold- oder Aluminiumfolie, b Isolator (Bernstein)

Elfenbeinschnitzerei: Buddha; China, 18. Jh.

Elfenbeinküste

T. S. Eliot

Elisabeth I.

Elisabeth II.

Mesonen und Hyperonen), Parität u.a. Teilchen mit ganzzahligem Spin werden Bosonen, solche mit halbzahligem Fermionen genannt. Durch Stöße mit energiereichen Teilchen (→Hochenergiephysik) entstehen hochangeregte, äußerst kurzlebige Zustände der Baryonen **(Resonanzen),** deren Erforschung heute in ständigem Fluß ist. Zu jedem E. gibt es ein **Antiteilchen,** z.B. zum Elektron das Positron, zum Proton das Antiproton. Antiteilchen entstehen zusammen mit ihren Teilchen bei genügender Energiezufuhr durch →Photonen **(Paarerzeugung).** Teilchen-Antiteilchen-Paare zerstrahlen beim Aufeinandertreffen sofort wieder in 2 Photonen **(Paarvernichtung).** Die meisten Eigenschaften der Mesonen und Baryonen lassen sich theoretisch befriedigend erklären, wenn man annimmt, daß Mesonen aus je einem »Quark« (engl. Bez.) und einem »Antiquark« und Baryonen aus je 3 »Quarks« aufgebaut sind, wobei die hypothet. Bausteine »Quarks« in 3 Zuständen existieren sollten. Eine experimentelle Bestätigung dieser Annahme steht bisher aus.

Elementarzeit, die Zeit, in der das Licht eine →Elementarlänge durchläuft, etwa 10^{-23} s.

Elephantiasis [grch.] die, **Elephantenkrankheit,** Verdickung der Haut und des Unterhautzellgewebes, bes. an Beinen, Armen und Geschlechtsteilen. Die **tropische E.** wird verursacht durch Fadenwürmer in den Lymphgefäßen, die Lymphstauung bewirken.

Eleusis, Stadt in Griechenland, 20300 Ew., Industriezentrum; im Altertum Sitz der **Eleusin. Mysterien,** Weihehandlungen zu Ehren von Demeter und Persephone.

Elevation [lat.] die **1)** Erhöhung. **2)** kath. Kirche: Erhebung der Hostie und des Kelches bei der Messe. **3)** ☆ die →Höhe.

Eleve [frz.] der, Zögling, Schüler, in Ballett, Schauspiel; Forst- und Landwirtschaft.

Elfen, Ez. der **Elf** oder die **Elfe,** in Sage und Märchen Lichtgestalten, Mittelwesen zw. Menschen und Göttern, in Erde, Wasser, Luft.

Elfenbein [»Elefantenknochen«], Knochenmasse der Stoßzähne des Elefanten; elastisch, leicht polierbar. Verwendung zu Billardbällen, Klaviertasten; →Elfenbeinschnitzerei; Handel stark eingeschränkt.

Elfenbeinküste, Rep. in W-Afrika, am Golf von Guinea, 322463 km², 11,1 Mio. Ew. (überwiegend Naturreligionen, rd. 34% Muslime, 22% Christen); Hptst.: Abidjan; Amtssprache: Französisch. Präsidialverfassung. – Dem tropisch-feuchten Küstenstreifen schließt sich ein Regenwaldgürtel an; im N Savannenhochland mit Sommerregen. Anbau von Yamswurzeln, Reis, Kaffee; Ausfuhr: Kaffee, Kakao u.a.; Edelhölzer. ⚒ auf Diamanten, Mangan; Nahrungsmittelind. Haupthandelspartner: Frankreich. Haupthafen und Flughafen: Abidjan. – 🅖 1895-1958 Gebiet Frz.-Westafrikas, dann Rep. in der Frz. Gemeinschaft; 1960 unabhängig. Präs.: F. Houphouet-Boigny. ⊕ S. 482.

Elfenbeinschnitzerei, Kunstfertigkeit, Gegenstände aus Elfenbein oder ähnl. Material zu schnitzen; in Afrika, Asien, Europa.

El Ferrol del Caudillo [-kauði'ʎo], span. Stadt, Kriegshafen, 85000 Ew.

Elgar ['elgə], Sir Edward, engl. Komponist, *1857, †1934, schrieb in einem von Brahms beeinflußten Stil Oratorien, Orchesterwerke, Kammermusik, Klavierwerke, Lieder.

Elias, Prophet im Reich Israel (um 900-850 v.Chr.), bekämpfte den Dienst des Baal.

Eligius, Bischof von Noyon, *um 588, †um 660, Schutzheiliger der Schmiede (Tag 1. 12.).

Elion ['eljən], Gertrude Belle, amerikan. Pharmakologin, *1918; für grundlegende pharmakolog. Forschungen 1989 Nobelpreis für Physiologie oder Medizin (mit J. W. Black und G. H. Hitching).

Eliot ['eljət], **1)** George, eigtl. Mary Ann Evans, engl. Erzählerin, *1819, †1880, übersetzte D. F. Strauß, L. Feuerbach; schrieb psychologisch-soziale Romane: »Adam Bede«, »Silas Marner«. **2)** Thomas Stearns, engl. Dichter amerikan. Herkunft, *1888, †1965, versuchte die abendländ. Kultur durch einen christl. fundierten Humanismus zu retten. Lyrik: »Das wüste Land«, »Aschermittwoch«; Schauspiele: »Mord im Dom«, »Cocktail Party«; Essays. Nobelpreis 1948.

Elis, altgrch. Landschaft im NW der Peloponnes, mit der Feststätte von Olympia.

Elisa, israelit. Prophet (9. Jh. v. Chr.).

Elisabeth [hebr. »Gott ist mein Eid«], weibl. Vorname, Abk.: **Elise, Liese, Elsbeth, Bettina.**

Elisabeth, Frau des Zacharias, Mutter Johannes des Täufers, Heilige (Tag 5. 11.).

Elisabeth, Fürstinnen: **England. 1) E. I.,** Königin (1558-1603), Tochter Heinrichs VIII. und der Anna Boleyn, *1533, †1603, führte die Reformation in der Form der →Anglikanischen Kirche wieder ein, ließ ihre kath. Nebenbuhlerin Maria Stuart 1587 hinrichten, im Krieg mit Spanien siegreich (Vernichtung der →Armada). Unter ihr erlebte England großen wirtschaftl. Aufstieg und (mit Shakespeare) geistige Blütezeit (Elisabethan. Zeitalter).

2) E. II., Königin von Großbritannien und Haupt des Commonwealth, *1926, folgte 1952 ihrem Vater Georg VI. auf dem Thron; ⚭ seit 1947 mit Philip Mountbatten (aus dem grch. Königshaus), jetzt Prinz Philip, Herzog von Edinburgh.

Österreich-Ungarn. 3) E., Kaiserin und Königin, bayer. Prinzessin, *1837, †(ermordet) 1898, Gemahlin von Kaiser Franz Joseph I.

Rußland. 4) E. Petrowna, Kaiserin (1741-62), Tochter Peters d. Gr., *1709, †1762, beteiligte sich am Siebenjährigen Krieg gegen Preußen.

Thüringen. 5) Die heilige E., Gemahlin des Landgrafen Ludwig von Thüringen, *1207, †1231, ungar. Königstochter, wurde 1227 als Witwe von der Wartburg vertrieben und lebte in Marburg der Frömmigkeit und Wohltätigkeit; 1235 heiliggesprochen (Tag 17. 11., in Dtl. 19. 11.).

Elisabethville [-vil], →Lubumbashi.

Elision [lat.] die, Ⓢ Abfall eines Selbstlauts am Wortende vor anlautendem Selbstlaut, Zeichen '; z.B. »dacht' er«.

Elite [frz.] die, Auslese, Beste; Oberschicht, Führerschaft.

Elixier [arab.] das, Auszug, Heiltrank.

Elizabeth [ɪl'ɪzəbəθ], Stadt im Staat New Jersey, USA, 107000 Ew.; Schiff- und Maschinenbau (Nähmaschinen); Ölraffinerien.

Ellbogen, Ellenbogen, hakenförmiger Knochenfortsatz der Elle am **E.-Gelenk** zw. Oberarmbein, Elle und Speiche.

Elle die, Unterarmknochen zw. Hand- und Ellbogengelenk; danach früheres Längenmaß, örtlich schwankend zw. 50 und 80 cm.

Ellesmere Island ['elzmɪə 'aɪlənd], Insel im NO des arkt. Kanada, 196200 km², z.T. vergletschert, z.T. Tundra mit polarer Tierwelt.

Ellice-Inseln ['elɪs-], →Tuvalu.

Ellington, Duke, Jazzmusiker, *1899, †1974. Mitbegründer des modernen Big-Band-Stils.

Ellipse [grch.] die, **1)** Weglassung eines aus dem Zusammenhang zu ergänzenden Redeteils. **2)** △ Kegelschnitt (→Kegel); geschlossene ebene Kurve, bei der die Summe der Abstände jedes ihrer Punkte S von 2 festen Punkten (den Brennpunkten) F_1 und F_2 stets den gleichen Wert hat. Man kann eine E. daher mit einem Stift S zeichnen, der eine um die Brennpunkte (Nadeln) gelegte Fadenschleife stets straff spannt. Die E. hat einen größten (Hauptachse AB) und einen kleinsten Durchmesser (Nebenachse CD). (BILD S. 215)

Ellipsoid das, geschlossene Fläche, deren ebene Schnitte Ellipsen sind.

Ellis Island ['aılənd], Insel im Hafen von New York, ehemal. Einwandererkontrollstelle.

Ellwangen (Jagst), Stadt in Bad.-Württ., 21600 Ew.; Renaissanceschloß, Wallfahrts-, Stifts- u. a. alte Kirchen; Ind.

Elm, bewaldeter Muschelkalkrücken südöstl. von Braunschweig, bis zu 322 m hoch.

Elmsfeuer, elektr. Entladung in Form eines Lichtbüschels bei gewittrigem Wetter an Blitzableitern, Masten, Baumzweigen usw.

Elmshorn, Stadt in Schlesw.-Holst., 41400 Ew.; Fernmeldezentralzeugamt, Sendefunkstelle der Bundespost (für den gesamten Überseeverkehr der Bundesrep. Dtl.).

Eloah [hebr.], **Elohim,** Gott.

Eloge [elo:ʒ, frz.] die, Lobrede.

Elongation [lat.] die, **1)** ☆ Winkelabstand eines Planeten von der Sonne oder eines Mondes vom Planeten. **2)** ⊠ Entfernung eines schwingenden Körpers aus der Ruhelage.

Eloquenz [lat.] die, Beredsamkeit.

eloxieren, Aluminium und Aluminiumlegierungen mit einer Schutzschicht aus Aluminiumoxid versehen.

El Paso [p'a:səu], Grenzstadt gegen Mexiko in Texas, USA, 492000 Ew.; Bergakad., vielseitige Ind.

Elritze die, bis 15 cm langes Karpfenfischchen in Bächen Europas und Asiens.

El Salvador, Rep. Zentralamerikas, am Pazif. Ozean, 21041 km², 5,01 Mio. Ew., rd. 90% Mestizen (85% kath.); Hptst.: San Salvador; Amtssprache: Spanisch. Präsidialverfassung. – Im Innern fruchtbares Plateau zw. 2 Gebirgszügen, z. T. mit tätigen Vulkanen; Küstenstreifen feuchtheiß. – Mais, Bohnen, Reis, Zucker, Kaffee, Baumwolle. Die Forstwirtschaft von E. S. liefert als einziger Welterzeuger Peru-Balsam. Wasserkraftwerke; Lebensmittel-, Textil- u. a. Ind. – E. S. war 1525-1821 unter span. Herrschaft, dann Glied der Verein. Staaten von Zentralamerika; seit 1841 selbständig. Nach Militärputsch (1979) und Militärherrschaft 1983 Wiedereinführung einer Verf.; gewählter Präs. A. Cristiani (seit 1989); der seit 1977 geführte Aufstand sozialrevolutionärer Kräfte gegen die Reg. dauert an. ⊕ S. 484.

Elsaß das, frz. **Alsace,** Landschaft am Oberrhein, zw. Schweiz und Rheinpfalz, zu Frankreich gehörig, umfaßt die Oberrhein. Tiefebene links des Rheins, den Sundgau, einen Teil der Vogesen sowie das im N sich anschließende Hügelland bis zur Saar. Hptst.: Straßburg. In der Rheinebene Ackerbau (Weizen, Tabak, Hopfen, Gemüse) und Viehzucht, im Hügelland Weinbau, in den Vogesen Holz-, z. T. Almwirtschaft. Textilind. im Ober-E., ferner Maschinen-, Papier-, Schuh- u. a. Ind.; Erdölraffinerien werden durch die Erdölleitung Lavéra (Mittelmeer)–Karlsruhe versorgt. – ❶ Das E., seit Caesar unter röm. Herrschaft, wurde in der Völkerwanderungszeit von den Alemannen besetzt, gehörte später zum Herzogtum Schwaben, zerfiel seit dem 13. Jh. in viele selbständige Herrschaften. Der habsburg. Besitz im E. ging 1648 an Frankreich verloren, das 1674 auch die kleineren elsäss. Reichsstädte, 1681 Straßburg besetzte. Die wirtschaftl. und geistigen Verbindungen mit Dtl. rissen nicht ab; so war die Univ. Straßburg eine dt. Hochschule. Im Verlauf der Frz. Revolution wurde das E. 1798 ganz mit Frankreich verschmolzen, ebenso die bisher zur Schweizer. Eidgenossenschaft gehörige Stadt Mülhausen. 1871-1919 gehörte das E. mit einem Teil Lothringens als Reichsland Elsaß-Lothringen zum Dt. Reich; 1940-45 unter dt. Zivilverwaltung.

Elsbeere, Elzbeere, Baumarten: **1)** verwandte Art der → Eberesche. **2)** → Traubenkirsche.

Elser, Johann Georg, Schreiner, *1903, †(hingerichtet) KZ Dachau 1945; verübte 8. 11. 1939 das Attentat im Bürgerbräukeller (München) auf Hitler.

Elsheimer, Adam, Maler, *1578, †1610; tätig in Rom; kleine Landschafts- und Figurenbilder; beeinflußte Rubens, Rembrandt.

Elßler, Fanny, österr. Tänzerin, *1810, †1884; bes. erfolgreich mit Nationaltänzen.

Elster die, schwarz-weißer Rabenvogel mit langem, keilförmigem Schwanz.

Elster die, **1) Weiße E.,** Nebenfluß der Saale, kommt vom E.-Gebirge, zw. Fichtel- und Erzgebirge, fließt durch Leipzig. **2) Schwarze E.,** Nebenfluß der Elbe, kommt aus dem Lausitzer Bergland.

elterliches Sorgerecht, früher **elterl. Gewalt,** ⚖ Recht und Pflicht der Eltern, für Person (Erziehung, Pflege, Aufsicht, Aufenthaltsbestimmung) und Vermögen des minderjährigen Kindes zu sorgen; das e. S. umfaßt auch die Vertretung des Kindes (§§ 1626 ff. BGB nach dem Neuregelungsges. zum Recht des e. S. v. 18. 7. 1979). Für die Ausbildung des Kindes haben die Eltern auf Neigungen und Eignung Rücksicht zu nehmen. Ein über 14 Jahre altes Kind kann bei einer Scheidung den Elternteil wählen, dem es zugesprochen wird.

Elternvertretung, gewählter Ausschuß zur Verwirklichung der Elternmitbestimmung an Schulen, auch **Elternbeirat.**

Eltville, Stadt im Rheingau, Hessen, 157300 Ew.; Sektkellereien; Weinbau.

Eltz, Burg E., Burg an der Elz, einem linken Zufluß der Mosel; sehr gut erhalten.

Éluard [ely'a:r], Paul, frz. Schriftsteller, *1895, †1952; führender Dichter der Widerstandsbewegung.

Élysée-Palast [eliz'e-], Palais de l'Élysée (→ Palais).

Elysium, grch. Sage: Land der Seligen am Westrand der Erde, später in der Unterwelt.

Elytis, Odysseas, eigtl. **Alepudelis,** ngrch. Dichter, *1911; bildhafte, naturverbundene, gemäßigt surrealist. Lyrik. Nobelpreis 1979.

Elzevier ['ɛlzəvi:r], niederländ. Buchhändler- und Buchdruckerfamilie im 16./17. Jh.

em., Abk. für **em**eritus, → Emeritierung.

Email [em'a:j, frz.] das, **Emaille** [em'aljə] die, durch Metalloxid gefärbter Glasfluß zum Überziehen von Metall- und Tonwaren.

Emailmalerei, die in ihren Verfahren vielfach abgewandelte, durch Brand fest werdende Malerei mit pulverisiertem, zu Brei ge-

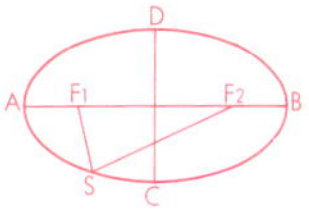

Ellipse 2)

Elster

El Salvador

Emailmalerei: Detail vom Aribert-Evangeliar, 1018-45

rührtem Glas auf Metall, Ton oder Glas. Meisterwerke schufen im MA. Byzanz, Rhein- und Maasschule, Limoges.

Emanation [lat.] die, ⓟ Hervorgehen aller Einzeldinge und -wesen aus einem höchsten Ursprung; bes. in der ind. und pers. Religion, der Gnosis, dem Neuplatonismus und der Theosophie.

Emanuel [von Immanuel], männl. Vorname.

Emanzipation die, Befreiung aus einer Abhängigkeit. **emanzipiert,** frei; E. der Frau → Frauenbewegung.

Emba die, Fluß in der Kasach. SSR, 647 km lang, erreicht nur bei Hochwasser das Kasp. Meer. **Emba-Erdölgebiet** am Unterlauf.

Emballage [ãbal'a:ʒ, frz.] die, Verpackung einer Ware beim Transport; ist nicht mitverkauft, daher zurückzusenden.

Embargo das, staatl. Ausfuhrverbot.

Emblem [grch.] das, Kennzeichen, Sinnbild.

Embolie [grch.] die, ♡ Verstopfung von Blutgefäßen, meist durch einen Blutpfropf (Thrombus, → Thrombose), auch durch Fettkörperchen bei Knochenverletzungen **(Fett-E.)** oder Luftbläschen bei Verletzung von Blutgefäßen **(Luft-E.)**; kann zu Lungen-E., Schlaganfall, Herzinfarkt u. a. führen.

Embonpoint [ãbɔ̃pw'ɛ̃, frz.] das, Beleibtheit.

Embryo [grch.] der, -s/...onen, der tier., menschl., pflanzl. Keim in seiner ersten Entwicklung. Der menschl. E. entsteht aus dem befruchteten → Ei (Eizelle), er wird etwa nach dem ersten Drittel der Schwangerschaft **Fötus** oder **Frucht** genannt; er nimmt nun menschl. Gestalt an. Der pflanzl E. entsteht aus der Eizelle der → Samenanlage, auch des → Archegonium u. a. **embryonal,** ♡ ♘ ⚘ noch unausgebildet.

Emden, Hafenstadt in Ndsachs., 49800 Ew., am Dortmund-Ems- und Ems-Jade-Kanal, mit Mittellandkanal, Ruhrgebiet und Wilhelmshaven verbunden, wichtiger Umschlaghafen. Schiffbau, Autoind., Fischverwertung, Erdölraffinerie.

Emendation [lat.] die, Verbesserung, Textberichtigung. **Emendator** der, Textverbesserer.

Emeritierung [lat. emeritus »ausgedient«; Abk.: em.,], Entpflichtung, Versetzung von Hochschullehrern in den Ruhestand unter Beibehaltung wesentl. Rechte (Gehalt; Berechtigung, Vorlesungen zu halten); heute durch die Versetzung in den Ruhestand abgelöst.

Emerson ['eməsn], Ralph Waldo, amerikan. Philosoph und Dichter, *1803, †1882; vertrat den amerikanischen Transzendentalismus, der ein Leben in myst. Verbindung mit der Weltseele fordert.

Emigranten [lat.] Mz., Auswanderer, bes. wenn sie ihr Land aus polit., rass. oder relig. Gründen verlassen. Die Abgrenzung gegen Flüchtlinge und Vertriebene ist fließend. Beispiele aus neuerer Zeit: → Pilgerväter, → Quäker; aus Frankreich die → Hugenotten nach 1685, Adelige nach 1789; aus Dtl. und Italien Liberale und Demokraten, bes. in der 1. Hälfte des 19. Jh.; aus Rußland Teile der früheren Führungsschichten nach 1917; aus Italien Gegner des Faschismus, bes. nach 1924; unter der Herrschaft des Nat.soz. aus Dtl. und Österreich v. a. → Juden, ferner Kommunisten, Sozialdemokraten und andere Hitlergegner. Aufnahmeländer waren bes. die USA, Südamerika, Palästina, England, Schweden, Schweiz.

Empirestil: Dame und Herr im Straßenanzug

Emil [frz., von lat. Aemilius], männl. Vorname; weibl. Form: **Emilie.**

Emilia-Romagna die, Landschaft in N-Italien, zw. Apennin, Po und Adria.

eminent [lat.], hervorragend, vorzüglich.

Eminenz [lat.] die, Titel der Kardinäle, des Großmeisters des Malteserordens.

Eminescu, Mihai, rumän. Nat.-Dichter, *1850, †1889; Lyrik der rumän. Romantik.

Emin Pascha, Mehmed, eigtl. Eduard **Schnitzer,** Forschungsreisender, *1840, †1892, Beiträge zur Geographie, Völker- und Sprachenkunde Afrikas.

Emir [arab.] der, Titel arab. Fürsten und Stammeshäuptlinge.

Emissär [frz.] der, Sendling, Geheimbote.

Emission [lat.] die, **1)** Ausgabe, Unterbringung von Wertpapieren auf dem Kapitalmarkt **(Emissionsbank). emittieren,** in Umlauf setzen. **2)** ⊠ Ausstrahlungen von elektromagnet. Wellen oder von Teilchen, z. B. von Licht durch leuchtende Körper, von Strahlen radioaktiver Stoffe, von Röntgenstrahlung; **induzierte E.** ist die Grundlage der → Laser .

Emitter, eine Elektrode des bipolaren → Transistors.

EMK, Abk. für → elektromotorische Kraft.

Emma [zu Irmgard], weibl. Vorname.

Emmaus, Dorf in der Nähe Jerusalems, nach dem NT erschien Jesus nach der Auferstehung hier 2 Jüngern.

Emmen ['ɛmə], Stadt in der niederländ. Prov. Drente, 92000 Ew.; Kunstfasererzeugung, Metallverarbeitung, Textilind. u. a.

Emmendingen, Krst. im Breisgau, Bad.-Württ., 22800 Ew.; Spinnereien, Maschinenind.

Emmental, schweizer. Landschaft, Kt. Bern; Alpwirtschaft (Käse), Leinen.

Emmeram, fränk. Wanderbischof, †um 715, Heiliger (Tag 22. 9.).

Emmerich, Stadt in NRW, 27900 Ew.; Nahrungsmittel, Maschinen.

Emotion [lat.] die, Gemütserregung.

Empedokles, grch. Philosoph, *490, †430 v. Chr.; Entstehen und Vergehen aller Dinge sind nach ihm nur Mischung und Trennung der 4 Elemente Feuer, Luft, Wasser, Erde.

Empfängnis, Konzeption, Conception, Befruchtung des menschl. Eies. **E.-Optimum,** die Zeit, in der ein Beischlaf am wahrscheinlichsten zur E. führt, liegt bei regelmäßiger Menstruation etwa in der Mitte des monatl. Zyklus zum Zeitpunkt des Eisprungs (10. bis 16. Tag). **E.-Verhütung** ist am sichersten mit Hormonpräparaten (Anti-Baby-Pillen), die den Eisprung verhindern. Geringere Sicherheit bietet die Ausnutzung der natürl. period. Unfruchtbarkeit der Frau (→ Basaltemperatur), oder die Anwendung von Intrauterinpessaren. Diese verhindern die Einnistung eines schon befruchteten Eies in die Gebärmutterschleimhaut. Schutz durch ein Kondom (Auffangen des männl. Samens durch eine Gummi- oder Kunststoffhülle) oder durch ein über den Muttermund gestülptes Kappenpessar ist geringer, jedoch besser als der Coitus interruptus (Unterbrechen des Beischlafs vor dem Samenerguß), ein in die Scheide eingeführter elast. Gummiring (Scheidendiaphragma), chem. Einlagen oder die Scheidenspülung. – Eine irreversible Methode der E. ist die Sterilisation von Mann oder Frau. Über die gesetzl. E.-Zeit → Ehelichkeit.

Empfindung, 1) Gefühl. **2)** Bestandteil der Sinneswahrnehmung (z. B. rot, laut).

Emphase [grch.] die, Nachdruck, Eindringlichkeit. **emphatisch,** eindringlich.

Emphysem [grch.] das, krankhafte Ansammlung von Luft in Organen. **Lungen-E.,** Lungenblähung durch dauernde Überdehnung mit Elastizitätsverlust der Lungenalveolen.

Empire, 1) [ãp'i:r, frz.], frz. Kaiserreiche unter Napoleon I. und Napoleon III. **2) E.** ['empaıə, engl.], → Britisches Commonwealth.

Empire State Building ['empaıə steıt b'ıldıŋ], in New York, 1931 erbaut, 381 m hoch (mit Fernsehturm, seit 1950, 448 m).

Empirestil [ãp'i:r-], klassizist. Stil Frankreichs unter Napoleon I., nahm altröm. und altägypt. Elemente auf.

Empirie [grch.] die, Erfahrung. **Empirismus** der, Lehre, die alle Erkenntnis allein aus der Erfahrung ableitet. **empirisch,** sich auf Erfahrung stützend.

Empore die, Obergeschoß, meist in den Seitenschiffen von Kirchen.

Ems die, Fluß in NW-Dtl., entspringt in der Senne, mündet in den Dollart (Nordsee); 371 km lang, streckenweise in den Dortmund-Ems-Kanal einbezogen.

Ems, Bad E., altes Heilbad im unteren Lahntal, Rheinl.-Pf., 10400 Ew.; warme Quellen; Kuren gegen Erkrankungen des Kreislaufs und der Atmungsorgane; **Emser Pastillen.**

Emscher die, rechter Nebenfluß des Rheins, durchfließt das Ruhrgebiet.

Emsdetten, Stadt in NRW, 31400 Ew.; Textilind., Maschinenbau.

Emser Depesche, Depesche des Geheimrats Abeken an Bismarck aus Ems vom 13.7. 1870 über die Verhandlungen Wilhelms I. mit dem frz. Botschafter Benedetti über die span. Thronkandidatur eines Hohenzollern und deren Abbruch. Die von Bismarck veröffentlichte, durch Kürzung verschärfte Fassung löste die Kriegserklärung Frankreichs aus.

Ems-Jade-Kanal, seit 1887 Kanalverbindung von Emden nach Wilhelmshaven.

Emsland, Landschaft a. d. deutsch-niederländ. Grenze. Aufgrund des **E.-Plans** (1948) wurden große Teile kultiviert.

Emu der, 1,5 m hoher Straußvogel mit Stummelflügeln, lebt in austral. Buschsteppen.

Emulator, Einrichtung oder Hilfsprogramm zur Gewährleistung der Kompatibilität zw. Rechnern und Anwendungsprogrammen.

Emulsion [lat.] die, kolloidale Lösung einer Flüssigkeit in einer anderen, z. B. Öl in Wasser.

en bloc [ãbl'ɔk, frz.], im ganzen.

Enchiridion [grch.] das, Handbuch, Lehrbuch, Quellensammlung; auch der Kleine Katechismus Luthers.

Encina [ɛnθ'ina], Juan del, span. Dichter, *1468 (?), †1529, gilt als Stammvater des span. Theaters.

Ende, Michael, Schriftst., *1929, »Momo«, »Die unendliche Geschichte«.

Endeavour [ənd'evə], 4. Orbiter des amerikan. Raumtransporters.

Endemie [grch.] die, ♡ dauerndes Auftreten einer Krankheit in einem bestimmten Gebiet; Ggs.: → Epidemie.

en détail [ãdet'aj, frz.], im einzelnen. Ggs.: **en gros.**

Endivie [grch.-lat.] die, **Winter-E., Eskariol,** Art der Korbblüter, Salat, Zuchtform einer Art der Zichorie.

Endlagerung, die Beseitigung schädl. Abfälle mit dem Ziel, eine dauernde Isolierung der Schadstoffe vom menschl. Lebensbereich zu gewährleisten. Als relativ sicherste Methode der E. von radioaktiven Abfällen gilt derzeit das Einbringen in tiefere geolog. Formationen, z. B. in Salzstöcke.

Endlichkeit, räuml. und zeitl. Begrenzung von Dingen, Personen, kosm. Systemen u. ä.

Endmaße, ⊙ Meßklötzchen von rechteckigem Querschnitt als Längenmaß-Normale, Genauigkeit $^1/_{1000}$ mm.

Endogamie [grch.] die, Heiratsordnung, nach der die Ehe nur innerhalb der eigenen sozialen Gruppe (Sippe, Clan, Stamm, Kaste) geschlossen werden darf. Ggs.: Exogamie.

Endokard [grch.] das, ♡ innere Schicht der Herzwand. **Endokarditis** die, Entzündung des E., bes. der Herzklappen.

endokrin [grch.], nach innen gerichtet; **e. Drüse,** Drüse mit → innerer Sekretion.

Endor, israelit. Ort südl. vom Berg Tabor, Sitz einer von König Saul befragten Totenbeschwörerin **(Hexe von E.)**; nach 1. Sam. 28, 7 ff.

Endoradiosonde [grch.-lat.], ♡ Mikrosender, wird geschluckt zur Untersuchung des Magen-Darm-Kanals.

Endoskop [grch.] das, ♡ Gerät zum Besichtigen von Körperhöhlen, z. B. der Harnblase.

endotherm [grch.], ⚗ unter Wärmeaufnahme verlaufend; Ggs.: → exotherm.

Endspurt [engl.] der, bei einem Wettkampf die letzte Anstrengung vor dem Ziel.

Endymion, grch. Sage: Geliebter der Selene, die ihn in Schlaf versenkte, um ihn zu küssen.

Energetik [grch.] die, Lehre, wonach alles Sein und Werden auf Energien (Kräfte) zurückgeführt werden könne. Egw.: **energetisch.**

Energie [grch.] die, **1)** Tatkraft, Kraft, Nachdruck. **2)** ⊠ gespeicherte Arbeit, Arbeitsfähigkeit, SI-Einheit Joule (J). In der Mechanik unterscheidet man **Bewegungs-E.** (kinetische E.) und **potentielle E. (E. der Lage)** der Massen. Auch eine Form der an elektr. Ladungen gebundenen E. ist potentielle E., eine andere Form **elektr. E.** ist nicht an Ladungen gebunden, sondern bildet zusammen mit der **magnet. E.** die **elektromagnet. E.** des elektromagnet. Feldes; zu ihr gehört auch das Licht. E. läßt sich weder erschaffen noch vernichten **(E.-Satz),** sondern nur von einer Art in eine andere umwandeln. Nach dem Äquivalenzprinzip entspricht jeder Masse ein best. E.-Betrag und umgekehrt.

Energiesparmaßnahmen, Bez. für Maßnahmen zur Senkung des Energieverbrauchs, umfassen techn. Neuerungen und zielen auch auf Verhaltensänderungen der Verbraucher.

Energiewirtschaft, wirtschaftl. Ausnutzung von Kohle, Erdöl, Erdgas, Erdwärme, Sonnenenergie, Wasserkraft, Windkraft, Biogas. Durch Kernumwandlung (→ Atomenergie) kann auch die in den Atomkernen gebundene Energie nutzbar gemacht werden. Die weitere Erschließung von E.-Quellen ist ein Hauptanliegen der Energieforschung bes. in den USA und in W-Europa seit der Energiekrise. Diese zeichnete sich seit 1970 durch sinkende Erlöse der Erdölind. infolge von Forderungen des Umweltschutzes und polit. Risiken ab und trat 1973 in ein akutes Stadium, als Libyen die Erdölförderung verstaatlichte und mehrere arab. Länder eine Kürzung ihrer Öllieferungen aus polit. Gründen beschlossen. Eine 2. Krise entstand 1979 durch die Folgen des polit. Umsturzes in Iran. Die Auseinandersetzung über den Bau von Kernkraftwerken (→ Reaktor), deren Sicherheit, die Nutzung der Kernenergie, die Wiederaufbereitung von radioaktiven Brennstäben und deren endgültige Lagerung erschweren zunehmend den Einsatz dieser Energiequelle.

enfant terrible [ãf'ãtɛr'ibl, frz. »schreckl. Kind«] das, jemand, der durch unangebrachte Offenheit andere in Verlegenheit bringt.

Enfleurage [ãflœ:r'a:ʒ, frz.] die, Gewinnung von Blütenriechstoffen durch Aufstreuen von Blüten auf Fett, Extraktion mit Alkohol.

Engadin das, Hochtal im Kt. Graubünden, Schweiz, 1000-1800 m hoch, 91 km lang, besteht aus Ober-E., vom Inn durchströmt, und Unter-E.; rätoroman. Bev. Es hat trockenes, sonniges Klima, Heilquellen und Kurorte: St. Moritz, Schuls-Tarasp-Vulpera, Silvaplana, Pontresina, Sils u. a.

Engagement [ãgaʒm'ã, frz.] das, **1)** Verpflichtung. **2)** Anstellung. **3)** Hingabe eines Menschen an eine Sache.

Engel [von grch. angelos »Bote«], Bibel: Boten Gottes an die Menschen, die die Heiligkeit und Herrlichkeit Gottes wie seine helfende Nähe veranschaulichen. Gegenstand des Glaubens sind die E. in der Ost- und der kath. Kirche **(Schutzengel).**

Engelberg, Kurort und Wintersportplatz,

Engelsburg

Kt. Obwalden, Schweiz, 1020 m ü. M., 3500 Ew.; Benediktinerabtei.

Engelbert von Berg, Erzbischof von Köln, *1185, †1225; Reichsverweser und Vormund Heinrichs VII., des Sohnes Friedrichs II; zeitgenöss. Biographie von Caesarius von Heisterbach.

Engelhard, Hans A., Politiker (FDP), *1934, seit 1982 Bundesmin. der Justiz.

Engelke, Gerrit, Arbeiterdichter, *1890, †1918; Gedichte »Rhythmus des neuen Europa«.

Engels, bis 1931 **Pokrowsk,** bis 1941 Hptst. der Wolgadt. ASSR, 180000 Ew.

Engels

Engels, Friedrich, sozialist. Schriftst. und Politiker, *1820, †1895, verfaßte mit K. → Marx 1848 das »Kommunist. Manifest« und unterstützte diesen materiell und geistig bei seinem Hauptwerk »Das Kapital«; neben Marx wichtigster Begründer des Marxismus.

Engelsburg, Rundbau in Rom, am Tiber bei der Engelsbrücke, 135 n. Chr. als Grabmal für Kaiser Hadrian begonnen, im MA. Burg, bes. der Päpste. Ihren Namen erhielt sie von einer zu Ehren des hl. Erzengels Michael eingebauten Kapelle und der St.-Michaels-Statue; heute Mus.

Engelsüß das, Farnkraut, → Tüpfelfarn.

Engelwurz, Brustwurz, hochstaudiger Doldenblüter, in Wiesen, Wäldern; aus dem Wurzelstock **(Angelika-** oder **Brustwurzel)** wird Magenmittel gewonnen.

Engerling der, an Wurzeln fressende Larve der Blatthornkäfer, z. B. des Maikäfers.

Engern, mittlerer Teil des alten Sachsenlandes, beiderseits der Weser.

Engführung, ♩ kontrapunkt. Verknüpfung mehrerer Themen, bes. in der Fuge.

Enghien [ãg'ɛ̃], Louis Herzog v., *1772, †1804; als frz. Emigrant von Napoleon aus Dtl. entführt und erschossen.

Engholm, Björn, Politiker (SPD), *1939; 1981-82 Bundesmin. für Bildung und Wissenschaft, seit 1988 MinPräs. von Schleswig-Holstein.

England [»Land der Angeln«], der südl., größere Teil der Hauptinsel → Großbritannien, umfaßt (mit den 20761 km² von Wales) 130367 km² mit rd. 50,2 Mio. Ew. ⊕ S. 491.

Engländer, i. e. S. Bewohner von → England, i. w. S. die Briten; kelt.-german. Volk, hervorgegangen aus kelt. Stämmen des Altertums, den (namengebenden) Angeln, Sachsen und Jüten der Völkerwanderung und Normannen aus Dänemark und Frankreich. Sprache: Englisch, daneben Reste der kelt. Sprache (Walisisch).

Engländer, auch **Franzose,** Schraubenschlüssel mit verstellbarer Maulweite.

Engler, Adolf, Botaniker, *1844, †1930, erklärte die heutige Pflanzenverbreitung geologisch.

Engler-Grad, nicht gesetzl. Einheit für die kinemat. Viskosität v. a. von Mineralölen.

Englische Fräulein, kath. Frauenkongregation zur Erziehung der weibl. Jugend, gegr. 1632.

Englische Komödianten, wandernde Schauspielertruppen, die 1585-1650 aus England nach Dtl. kamen; um 1650 von dt. Wandertruppen abgelöst.

Englische Krankheit, die → Rachitis.

englische Kunst. Vorgeschichtl. Denkmäler: Erste Zeugnisse sind die der Sonnen- und Mondbeobachtung dienenden Steinkreise (→ Stonehenge) der Jungstein- und Bronzezeit. Die Herrschaft der **kelt. Kunst** dauerte noch in röm. Zeit an. **Angelsächs. Kunst:** Grabbeigaben in Gold und Elfenbein (Schatz von Sutton Hoo); Buchmalerei. **Normann. Kunst:** Kathedralen von Ely, Winchester, Durham. Burgen: Tower in London, Norwich Castle.

Gotik: Early English (Ende 12. Jh.): Kathedrale von Canterbury, Kathedralen in Lincoln, Wells, Salisbury. **Decorated Style** (Ende des 13. Jh.): Kathedrale in Lichfield. **Perpendicular Style** (bis ins 14. Jh.): Kapelle des King's College, Cambridge; Kapelle Heinrichs VII. in der Westminster Abbey, London.

16.-18. Jh.: Verbindung spätgot. mit ital. Renaissanceformen im **Tudor Style** (1. Hälfte des 16. Jh.) und **Elizabethan Style** (bis Ende des 17. Jh.). H. Holbein d. J. (†1543) war Bildnismaler am Hof Heinrichs VIII. Der Schloßbau des 16. Jh. knüpft an Palladio an **(Palladianismus);** später folgten I. Jones und C. Wren (St. Paul's Kathedrale, London, 1675-1710). A. van Dyck, Hofmaler Karls I. Blütezeit der engl. Malerei, beginnend mit W. Hogarth; Bildnismaler: J. Reynolds, T. Gainsborough; Landschaftsmaler: R. Wilson u. a. Seit Mitte des 18. Jh. klassizist., gleichzeitig neugot. Baukunst. Naturhafte Parkgestaltung (Engl. Garten).

19. Jh.: Bauten im antikisierenden Stil (Somerset-House, London, von W. Chambers, begonnen 1776; Bank von England, Brit. Mus., London). Illustrationen von W. Blake leiteten über zu den → Präraffaeliten (D. G. Rossetti u. a.); Landschaftsmaler: W. Turner, J. Constable, R. P. Bonington; Zeichner A. Beardsley. Ende des Jh.: Erneuerung des Kunsthandwerks, ausgehend von W. Morris.

20. Jh.: Von Einfluß auf die internat. Stilbestrebungen waren die Bildhauer Butler, Chadwick, Hepworth, Moore, auf dem Gebiet der Malerei Nicholson, Nash, Sutherland, Lewis. Zu den Begründern der **Op-Art** gehörten Sedgely, Riley, Steele; **Pop-Art** vertraten Hamilton, Blake, Jones. **Hard-Edge:** Pasmore, Denny, Plumb. In Städtebau **(Brutalismus)**

englische Kunst: W. Dobson: Endymion Porter, um 1643/45

englische Kunst: Links W. Turner: Genfer See mit Dent d'Oche, um 1841; rechts J. Constable: Die Kathedrale von Salisbury

und Landesplanung spielt England in Europa eine bedeutende Rolle.

englische Literatur. Altengl. Zeit (600 bis 1066): Heldenepos Beowulf, relig. Epik (Caedmon, Cynewulf), Prosa (König Alfred, Abt Aelfric, Prediger Wulfstan). **Mittelengl. Zeit (1066-1500):** Blütezeit im 14. Jh. (Langland, Chaucer); Prosa: Mandeville, Wicliff (Bibelübersetzung); Th. Malory (Artusepik); Mysterienspiel, Moralität. **Renaissance, Barock, Puritanismus (1500 bis um 1660):** Sonette von Wyatt, Sidney, Spenser, Shakespeare; allegor. Epik (Spensers »Feenkönigin«). Höhepunkt unter Königin Elisabeth I.: Shakespeares Dramen. Vorläufer und Zeitgenossen waren Marlowe, Ben Jonson u. a. Nach 1600 barocke, religiös-myst. Lyrik (Donne, Herbert, Crashaw). Epos »Das verlorene Paradies« von Milton. **Aufklärung, Empfindsamkeit (um 1660-1800):** Dramen, Kritiken und Satiren von Dryden. Hauptvertreter des Klassizismus ist Pope. Große Entfaltung des Romans: Defoe, Swift, Richardson, Fielding, Sterne, Goldsmith. Zeitalter des Kritikers Samuel Johnson (†1784). Anfänge romant. Dichtung: Thomson, Cowper, Young u. a., in Schottland Burns. **Romantik (um 1790-1830):** Widerstand gegen die anhebende Romantik im Romanwerk von Jane Austen. Lyrik von Blake, Wordsworth, Coleridge, Byron, Shelley, Keats. Histor. Romane von Scott. **Viktorian. Zeit (um 1830-1900):** Romane von Dickens, Thackeray, Trollope, den Schwestern Brontë, Meredith, Stevenson, Hardy, Kipling. Dichtung von Tennyson, Browning, Rossetti, Swinburne, Hopkins. **20. Jh.:** Erzähler: Conrad, Galsworthy, Bennett, Maugham; seit dem 1. Weltkrieg: Lawrence, Joyce, Virginia Woolf, Forster, Huxley, Priestley; seit dem 2. Weltkrieg: Orwell, Greene, Durrell. Ironisch-satir. Drama von Shaw; seit dem 2. Weltkrieg Dramen von Fry, Osborne, Pinter u. a. Als Lyriker ragen hervor: T. S. Eliot, Auden, Thomas. In Irland: Yeats; Dramatiker Synge, O'Casey.

englische Philosophie, die in England und Schottland entstandenen philosoph. Systeme. Im MA. war die e. P. vom Ggs. zw. Realisten (Duns Scotus) und Nominalisten (Roger Bacon) geprägt. Seit dem 14. Jh. herrschte der Nominalismus vor (Oxforder Schule, Ockham). Zur neuzeitl. Philosophie leitete im 16. Jh. F. Bacons Wissenschaftslehre über. Sie gab den Anstoß für die sich in der Folge ausbreitende mathemat.-naturwissenschaftl. Methode (Hobbes). Im 17. und 18. Jh. erlangte die e. P. durch den hieraus abgeleiteten Empirismus Weltgeltung (Locke, Hume). Im 19. Jh. führte J. S. Mill die empirist. Tradition fort. An der Wende zum 20. Jh. vollzog sich eine Neubelebung des Realismus (Whitehead); Darwins Abstammungslehre führte zum Evolutionismus. In der heutigen e. P. herrschen der Empirismus und der Positivismus (Russell, G. E. Moore) sowie die analyt. Philosophie (Wissenschaftslogik; Ayer, Wittgenstein) vor.

Englischer Garten, → Gartenkunst.

Englischer Gruß, das Ave Maria (→ Ave).

englische Sprache, gehört zu den → germanischen Sprachen, hat sich aus dem Angelsächsischen unter starkem Einfluß des Französischen entwickelt und ist Weltsprache. Nationale Varianten in Übersee (USA, Karibik, Australien u. a.) haben zu einem gewissen Grad eine Eigenentwicklung genommen. Die e. S. gliedert sich in viele Mundarten, sprachl. Vorbild ist jedoch immer die Hochsprache.

Englischhorn das, Holzblasinstrument, eine Quinte tiefer als die Oboe (e-b). (BILD Blasinstrumente I)

English spoken [ˈɪŋglɪʃ spˈəukən], (hier wird) englisch gesprochen.

en gros [ãgrˈo, frz.], im großen; im Großhandel. Ggs.: **en détail.**

Enharmonik [grch.], ♩ Verhältnis der Töne, die versch. notiert und benannt werden, wie dis und es, nach ihrer Herkunft in der reinen Stimmung auch versch. Tonhöhen haben, in der temperierten Stimmung der neueren abendl. Musik jedoch gleichklingend sind. **Enharmon. Verwechslung:** Umdeutung und Vertauschung eines solchen Tones oder ganzen Akkords in den enharmonisch gleichen, z. B. Cis-Dur in Des-Dur.

Eniwetok, Atollgruppe im Pazifik, bei den Marshall-Inseln. Am 1. 11. 1952 wurde dort die erste Wasserstoffbombe gezündet.

Enjambement [ãʒãbmˈã, frz.] das, **Versbrechung, metr. Brechung,** Übergreifen des Satzes und damit des Sinnes über das Ende eines Verses oder einer Strophe.

Enkaustik [grch.] die, Malerei mit flüssigem Wachs als Bindemittel, wobei die Farben heiß aufgetragen oder mit erhitztem Spachtel eingebrannt werden; vor allem im Altertum geübt.

Enklave [frz.] die, in Staatsgebiet eingesprengter fremder Gebietsteil. Ggs.: → Exklave.

en masse [ãmˈas, frz.], in Masse.

en miniature [ãminjatˈy:r, frz.], in kleinem Maßstab.

Ennepe die, linker Nebenfluß der Volme, im Sauerland, 40 km lang; viele Ind. **Ennepetalsperre,** 12,6 Mio. m^3 Stauraum.

Ennepetal, Stadt in NRW, an der Ennepe, 33 400 Ew.; Kleineisenind.

Ennius, Quintus, lat. Dichter, *239, †169 v. Chr., führte den Hexameter in die lat. Dichtung ein.

Enns die, rechter Nebenfluß der Donau in Steiermark und Oberösterreich, 254 km lang, entspringt in den Radstädter Tauern, durchströmt das **Gesäuse,** mündet bei der Stadt E. (Oberösterreich, 9500 Ew.).

enorm [lat.], außergewöhnlich, ungeheuer.

en passant [ãpas'ã, frz.], im Vorbeigehen, nebenbei.

Enquete [ãk'ɛ:t, frz.], **Enquête** die, Untersuchung, Ermittlung.

Ens [lat.,] das, scholast. Philosophie: das Seiende; alles, was wirklich ist.

Enschede ['ɛnsxədə], Fabrikstadt in den Niederlanden, 144000 Ew.; TH, Textil- u. a. Ind.

Ensemble [ãs'ãbl, frz.] das, **1)** Ganzes, Gruppe. **2)** Schauspielertruppe. **3)** ♩ Gruppe zusammenwirkender Künstler.

Ensinger, Ulrich, Baumeister, * um 1359, †1419; Ulmer Münster, Nordturm des Straßburger Münsters. Sein Sohn **Matthäus** und sein Enkel **Moritz** waren seine Nachfolger in Ulm.

Ensor, James, belg. Maler, *1860, †1949; phantast. Masken, Gespensterbilder.

Entartung, Degeneration, Erkranken bis Zugrundegehen von früher normalen Organismen; unrichtige erstmalige Entwicklung von Lebenseinheiten, z. B. als Folge von Außeneinflüssen (Keimschädigungen); ererbte Degenerationsschäden auf allen vorgeburtl. Entwicklungsstadien und danach in jedem Lebensalter. Ggs.: Regeneration.

Entbindung, ♡ → Geburt.

Entdeckungsreisen, zur Erforschung der Erde, im Altertum von den seefahrenden Phönikern, Karthagern und Griechen als Handels- und Eroberungsfahrten. Durch die Züge Alexanders d. Gr. wurde Asien bis zur Indusmündung bekannt. Fahrten der Ptolemäer führten zu den Nilquellen und ins ostafrikan. Seengebiet. Die Wikinger entdeckten Island, Grönland und um 1000 Nordamerika. Im N Seefahrten german. Völker, im S und O Reisen der Araber in Afrika und Asien bis China und zu den Malaiischen Inseln. Im 13. Jh. reisen päpstl. Gesandtschaften sowie Marco Polo und Missionare nach China und Innerasien. Mit dem 15. Jh. beginnen die eigentl. E. (Zeittafel S. 221)

Ente, Zeitungsente, Lüge, Falschmeldung.

Enteignung, Expropriation, ⚖ Entziehung des Eigentums an bewegl. oder unbewegl. Sachen oder sonstigen privaten Vermögensrechten durch staatl. Hoheitsakt zur Befriedigung öffentl. Belange. In der Bundesrep. Dtl. ist E. nur auf Grund eines Gesetzes zum Wohle der Allgemeinheit und gegen Entschädigung zulässig (Art. 14 GG). In der Dt. Dem. Rep. wurde z. B. die Bodenreform als entschädigungslose E. durchgeführt.

Entelechie [grch.] die, innewohnende, zielgerichtete und formgebende Kraft. Grundbegriff bei Aristoteles und des Vitalismus.

Enten

Stockente

Krickente

Löffelente

Enten, Schwimmvögel, deren Vorderzehen durch Schwimmhäute miteinander verbunden sind (Schwimmfüße). Schwimm-E. suchen ihre Nahrung (Wasserpflanzen, kleine Wassertiere, Fischlaich) meist durch Gründeln; Tauch-E. gelangen tauchend an ihre Nahrung. Das Männchen **(Erpel, Enterich)** ist meist bunt, das Weibchen schlicht. Arten: **Stock-E.** (Wild-E.), Männchen mit grünem Kopf und Hals, Weibchen braun, dunkel gefleckt, Stammform der **Haus-E. Krick-E.,** kleinste Entenart, lebt im Sommer im Norden. **Spieß-E.,** spitzschwänzig. Die **Haus-E.** ist nützlich durch Fleisch, Federn und Eier.

Entenflott das, **-grün, -grütze,** → Wasserlinse.

Entenschnabel, Fußbekleidung des MA. mit entenschnabelartiger Spitze.

Entente [ãt'ãt, frz.] die, Einverständnis, Bündnis, bes. die engl.-frz. **E. cordiale** von 1904, die sich zum → Dreiverband erweiterte; ferner die **Kleine Entente** zw. Tschechoslowakei, Jugoslawien, Rumänien (1921/22).

Enterbung, Ausschluß von der gesetzl. Erbfolge; kann stillschweigend durch Einsetzung einer anderen Person als Erbe geschehen. Enterbte Abkömmlinge, Eltern und Ehegatten haben i. d. R. Anspruch auf den → Pflichtteil.

Enteritis [grch.] die, Darmentzündung (→ Darmkrankheiten).

Entfernungsmesser, Telemeter, Gerät zum Messen der Entfernung eines Zielpunktes, meist Fernrohr mit 2 Ausblicken, Meßvorrichtung. In der Funknavigation beruhen E. auf der Laufzeitmessung elektromagnet. Wellen, in der Vermessungstechnik werden als moderne Geräte Laser-E. verwendet.

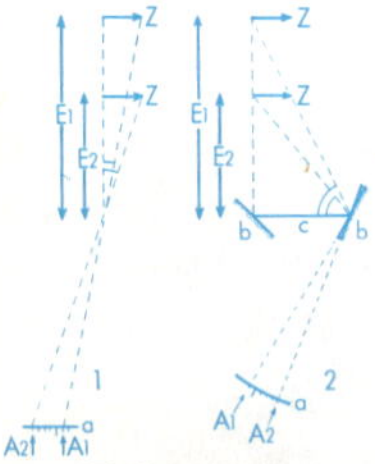

Entfernungsmesser: **1** Zielwinkel-E., **2** Standwinkel-E., Z Zielpunkt, a Skala, b Spiegel, c Standlinie, E1, E2, Entfernungen, A1, A2 Standpunkte

Entführung, allg. Verschleppung in räuber. Absicht; i. e. S. rechtswidrige Wegführung a) einer weibl. Person gegen ihren Willen; b) eines minderjährigen Mädchens mit ihrem Willen, aber ohne Einwilligung der Eltern oder des Vormunds. Beide Delikte werden nur auf Antrag verfolgt (§§ 236, 237, StGB). → Geiselnahme, → Menschenraub, → Verschleppung

Enthärten des Wassers, → Härte 3).

Entität die, Seinsweise, Wesen.

Entladung, Ausgleich zweier Spannungen, oft mit Funkenerscheinung (z. B. Blitz).

Entlastung, ⚖ Billigung einer Geschäftsführung (z. B. eines Vorstandes).

Entmannung, die → Kastration.

Entmilitarisierung, einem Staate auferlegte Verpflichtung zur Abrüstung.

Entmündigung, gerichtl. Verfahren, durch das die → Geschäftsfähigkeit einer Person aufgehoben oder beschränkt wird (§§ 645 ff. ZPO). Gründe: Geisteskrankheit, Geistesschwäche, Verschwendung, Trunksucht (§§ 6, 104, 114 BGB). Der Entmündigte erhält einen → Vormund. Das Entmündigungsgesetz wurde 1990 durch ein **Betreuungsgesetz** ersetzt.

Entnazifizierung die, Vorgehen der Besatzungsmächte gegen ehem. Nationalsozialisten und »Militaristen« nach 1945 mit dem Ziel, sie zu bestrafen und aus wichtigen Stellungen zu entfernen. Die E. wurde auf Grund dt. Ländergesetze durchgeführt; das Verfahren war in den 4 Zonen verschieden. Die Vorschriften stuften die Betroffenen ein in Hauptschuldige, Belastete, Minderbelastete, Mitläufer, Entlastete. Der öffentl. Kläger klagte sie vor der **Spruchkammer** an. Strafen: Internierung oder Gefängnis bis zu 10 Jahren, Vermögenseinziehung, Amtsverlust, Berufsverbot, Kürzung oder Verlust der Dienstbezüge, Geldbußen, Aberkennung des Wahlrechts. – Berufung bei der Berufungskammer war möglich.

Entoblastem, Entoblast [grch.] das, inneres Keimblatt (Entoderm) im Tierembryo.

Entomologie [grch.] die, Wissenschaft von den Insekten.

Entpflichtung, die → Emeritierung.

Entrée [ãtr'e, frz.] das, **1)** Eingang. **2)** erstes Auftreten. **3)** Vorzimmer. **4)** Zwischengericht.

Entropie [grch.] die, ⊠ makrophysikal. Zustandsgröße thermodynam. Systeme; der Teil der Wärmeenergie, der wegen seiner gleichmäßigen Verteilung auf alle Moleküle des Systems nicht in mechan. Arbeit umgesetzt werden kann.

Entschädigung, allg.: Ersatz für einen zugefügten Schaden. ⚖ von der öffentl. Hand zu leistender Ersatz für Eingriffe in private Rechte der Staatsbürger, die in Erfüllung der der Allgemeinheit gegenüber bestehenden Pflichten vorgenommen wurden.

Entseuchung, die → Desinfektion.

Entsorgung, i. w. S. alle Maßnahmen, die der Abfallbeseitigung dienen, i. e. S. in der Kerntechnik ein Teil des Brennstoffkreislaufs (→ Endlagerung, → Wiederaufarbeitung).

Entdeckungsreisen

Afrika

Küsten (Portugiesen, veranl. v. Heinr. dem Seefahrer) seit	1415
Kongomündung (Diego Cão)	1485
Kap der Guten Hoffnung (B. Diaz)	1487
Indienfahrt um das Kap der Guten Hoffnung (Vasco da Gama)	1497-98
Sahara (erste Durchquerung, F. Hornemann)	1797-1800
Nigerlauf (Clapperton, Lander)	1822-31
Kilimandjaro (Krapf und Rebmann)	1848
Sahara (durchreist von H. Barth)	1850-55
S-Afrika, Sambesi, Schirwa- und Njassasee (Livingstone)	1851-59
Tanganjika- und Victoria-See (Burton, Speke)	1858
Durchquerung N-Afrikas, Tripolis-Lagos (Rohlfs)	1865-67
Sahara und Sudan (Nachtigal)	1869-74
Bahr el-Ghasal, Uële (Schweinfurth)	1869-70
Lualaba-Kongo von Nyangwe bis Boma (Stanley)	1876-77
Oberes Nilgebiet (Junker)	1874-87
Oberes Nilgebiet (Emin Pascha)	1876-92
West-Ost-Durchquerung Zentralafrikas (v. Wissmann)	1881-82
Kilimandjaro-Besteigung (Hans Meyer)	1889

Amerika, amerikan. Nordpolargebiete

Grönland von Island aus (Erik d. Rote)	981-82
Neufundland, Labrador (Leif Eriksson)	um 1000
Entdeckung Amerikas: Bahama-Inseln, Kuba, Haiti (Kolumbus)	1492
Ostküste N-Amerikas, Labrador bis Kap Hatteras (G. Caboto)	1497-98
Festland von S-Amerika, Orinocomündung (Kolumbus)	1498
Brasiliens Küste (Pinzón, Cabral, Amerigo Vespucci)	1500-02
Festlandküste Mittelamerikas (Kolumbus)	1502
Landenge von Panama, Stiller Ozean (Balboa)	1513
Mexiko von Cortez erobert	1519-21
Magalhãesstraße, SW-Küste Amerikas (Magalhães)	1520
Peru von Pizarro erobert	1532-33
Amazonas (Orellana)	1541
Kanada, St.-Lorenz-Strom-Gebiet (Champlain)	1608-15
Hudsonfluß, -bai und -straße (Hudson)	1607-11
Feuerland, Kap Hoorn (Schouten)	1612
Baffinbai, Smithsund (Baffin)	1616
Mississippilauf (La Salle)	1682
Süd-, Mittelamerika (A. v. Humboldt)	1799-1804
Suche nach der Nordwestl. Durchfahrt (Franklin)	1845
Nordwestl. Durchfahrt (McClure)	1851-53
Durchquerung Grönlands (Nansen, Südgrönland)	1888
(R. E. Peary, Nordgrönland)	1892-95
(L. Koch und A. Wegener, Mittelgrönland)	1912-13
Arktisches Amerika (Sverdrup)	1898-1902
Erste zusammenhängende Nordwestl. Durchfahrt (Amundsen)	1903-06
Nordpol (Peary)	1909
Nordpolunterquerung durch amerikan. U-Boot	1958

Asien, europ.-asiat. Nordpolargebiet

China, Indien, Persien (Marco Polo)	1271-95
Seeweg nach Ostindien (Vasco da Gama)	1497-98
Philippinen (Magalhães)	1521
Japan gesichtet (von Portugiesen)	1542
Erster Kosakenvorstoß über den Ural nach Sibirien (Jermak)	1581
Nowaja Semlja, Spitzbergen, Bären-Insel (Barents)	1594-97
Ostkap Sibiriens (Deschnjow)	1648
Japan (E. Kaempfer)	1690-92
Beringstraße (V. Bering)	1728
Arabien (C. Niebuhr)	1762
N-Küste Sibiriens (v. Wrangel)	1820-24
Tibet und Mongolei (Huc und Gabet)	1844-46
Karakorum-Paß, Kun-lun, O-Turkestan (H. u. R. Schlagintweit)	1856
O-China (v. Richthofen)	1868-72
Nordöstl. Durchfahrt (v. Nordenskiöld)	1878-79
Nordpolarmeer-Fahrt Nansens	1893-96
Tarimbecken, N-Tibet (Hedin)	1894-97 und 1899-1902
Quellgebiet des Hwangho (Filchner, Tafel)	1903-05
Persien und Tibet, Transhimalaya (Hedin)	1905-08
Tibet (Filchner)	1926-28 und 1934-38
Innerasien (Hedin)	1927-35
Himalaya-Expeditionen (versch. Nationen)	1933-39
M.-Everest-Besteigung (Hillary, Tenzing)	1953
Nanga-Parbat-Besteigung (Buhl)	1953

Australien, Ozeanien, Südpolargebiet

Neuguinea entdeckt	1526
Torresstraße (de Torres)	1606
Neuseeland, Tonga- und Fidschi-Inseln; Tasmanien, N-Küste Australiens (Tasman)	1642-44
O-Küste Australiens (J. Cook)	1770
Vorstoß über den südl. Polarkreis (J. Cook)	1772-75
Hawaii-Inseln (J. Cook)	1778
Umseglung des Südpolargebiets (v. Bellingshausen)	1819-21
Erste Durchquerung Australiens von O nach N (Leichhardt)	1844
Erste N-S-Durchquerung Australiens (Burke)	1860
Südpolargebiet (v. Drygalski)	1901-03
Südpol (Amundsen)	1911
Weddellsee-Expedition (Filchner)	1911-12
Flug über den Südpol (Byrd) und das Grahamland (Wilkins u. Eilsen)	1928-30
Deutsche antarkt. Expedition	1938-39
Westl. und südl. Antarktis (Byrd-Expeditionen)	1939-41 und 1946-48
Durchquerung der Antarktis (Fuchs)	1957-58

Entspannung, frz. **Détente** [det'ãt], Politik: internat. Bemühungen, durch Maßnahmen der Abrüstung sowie durch Vereinbarungen Konflikte zu entschärfen oder zu vermeiden. Die E.-Politik der NATO-Staaten traf auf sowjet. Bestrebungen, auf der Grundlage der Friedlichen →Koexistenz das nach dem 2. Weltkrieg gewonnene polit. Terrain zu sichern. Seit 1963 kam es zu Vertragsabschlüssen (→Abrüstung). Die Gespräche über →SALT, →START, die Europ. Sicherheitskonferenz (→KSZE), die Konferenz über Vertrauensbildung und Abrüstung (→KVAE, →VSBM) und die Verhandlungen über beiderseitigen ausgewogenen Truppenabbau (→MBFR, →VKSE) dienen der E. Der polit. Umwälzungsprozeß in Osteuropa (seit 1989) eröffnete neue Möglichkeiten.

Entstalinisierung, Schlagwort für die von den Nachfolgern Stalins, bes. von Chruschtschow (seit 1956), bewirkte Abkehr von den Herrschaftsmethoden Stalins.

Entwässerung, 1) Abführung der Gebrauchswässer und des Regenwassers aus Gebäuden und Städten durch Rohrleitungen und Kanäle, Reinigung der Abwässer und Ableitung in einen Vorfluter (→Vorflut). **2)** die →Dränage.

Entwesung, Bekämpfung von tier. Schädlingen (Mäuse, Ratten) und krankheitsübertragenden Insekten.

Entwickler, chem. Verbindung, die in wässeriger Lösung das Bild (Negativ) auf belichteten photograph. Platten, Filmen oder Papieren sichtbar macht **(entwickelt).** Sie scheidet an den belichteten Stellen je nach der Licht-

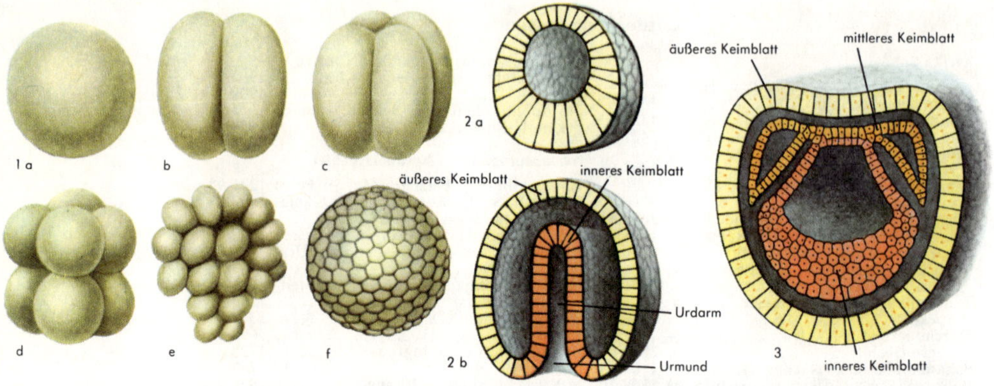

Entwicklung: 1a befruchtete Eizelle, **1b** Zweizellenstadium, **1c** Vierzellenstadium, **1d** Achtzellenstadium, **1e** Morula, **1f** Blastula, **2a** Blastula, **2b** Gastrula, **3** Schnitt durch einen Wirbeltier-Embryo (Lurch) mit den 3 Keimblättern

stärke Silber aus der lichtempfindlichen Schicht ab. Die meisten E. sind Kohlenwasserstoffverbindungen.

Entwicklung, Evolution, Grundbegriff der biolog. u. a. Wissenschaften: Veränderung und Entfaltung von Organismen, Sozialkörpern auf ein vorgeformtes Ziel hin. Der **Evolutionismus** steht oft im Ggs. zu dem stat. Ordnungsdenken. In der Biologie wird zw. der **Individual-E. (Einzel-E., Ontogenie)** und der **Stammes-E. (Phylogenie, Evolution)** der Organismen unterschieden. Die **E.-Geschichte (Biogenie, Morphologie der E.)** beschreibt den Ablauf der Einzel-E., während die **E.-Physiologie (E.-Mechanik)** ihre Gesetzmäßigkeiten erforscht. Die E. eines pflanzl. oder tier. Keimes setzt ein nach → Befruchtung der Eizelle. Die Keimes-E. einer tier. Eizelle (→ Ei) beginnt mit der Furchung, einer schrittweisen Zellteilung in 2, 4, 8, 16, 32 usw. Teilzellen. Aus einem kugeligen Zellhaufen **(Morula, Maulbeerkeim)** entsteht die hohlkugelige **Blastula (Keimblase).** Durch Einstülpung der äußeren einschichtigen Wand **(Blastoderm)** bildet sich die zweischichtige **Gastrula (Becherkeim).** Ihre Mündung bezeichnet man als Urmund, die Einstülpungshöhle als Urdarm, die beiden Zellschichten als **äußeres Keimblatt (Ektoderm)** und **inneres Keimblatt (Entoderm).** Zw. ihnen entsteht später ein **mittleres Keimblatt (Mesoderm).** Jedes Keimblatt enthält die Anlagen für best. Organe.

Entwicklungsjahre, Zeit der → Pubertät.

Entwicklungsländer, Länder oder Gebiete mit niedrigem Lebensstandard, bes. in Asien, Afrika, Mittel- und Südamerika. Als **Entwicklungshilfe** erhalten sie von den Industriestaaten, der UNO u. a. Organisationen Nahrungsmittel, Kredite, Industrieausrüstungen, wirtschaftl., techn., kulturelle Beratung.

Entwicklungspsychologie, Lehre von der Entwicklung des seel. Lebens.

Entziehungskur, klin. Behandlung eines Süchtigen zur Entwöhnung von Alkohol, Nikotin oder Rauschgiften. Gewöhnlich dauert die Kur mindestens 6 Monate, ggf. unter Anwendung von Psychotherapie.

Entzündung, 1) ⊸ Beginn einer Verbrennung. **2)** ♡ örtl. Reaktion eines Körpergewebes auf einen schädigenden Reiz (Strahlen, Hitze, Verätzung, Gifte, Bakterien). Allg. Anzeichen einer E. (Rötung, Schwellung, Erwärmung, Schmerz) beruhen auf vermehrter Blutfülle und Ansammlung von Gewebsflüssigkeit und sind eine Schutzmaßnahme des Körpers. Die **Schleimhaut-E.** (Katarrh) bewirkt eine starke wäßrige Absonderung, in Gelenken und Körperhöhlen als Erguß **(Exsudat).** Die **eitrige E.** geht mit der Bildung von Eiter einher. Bei manchen E. kann der Gewebstod große Ausmaße annehmen, → Brand, eitrige → Zellgewebsentzündung. Bei anderen E. entstehen Gewebswucherungen (Syphilis, Tuberkulose).

Enugu, Hptst. des Gliedstaates Anambra, Nigeria, 234000 Ew.; Steinkohlenbergbau.

Enver Pascha, türk. General und Staatsmann, *1881, †1922, Führer der Jungtürken, im 1. Weltkrieg Oberbefehlshaber und Kriegsmin., als Gegner Atatürks 1918 nach Buchara geflohen, fiel im Kampf mit sowjet. Truppen.

Environment [ɪnvˈaɪərənmənt, engl.] das, künstler. Gestaltung eines Raumes, Malerei und Plastik verbindend; bezieht den Betrachter mit ein.

en vogue [ãvˈoːg, frz.], beliebt, in Mode.

Enzensberger, Hans Magnus, Schriftst., *1929; zeitkrit. Lyrik, polit. Prosa, Hörspiele.

Enzephalitis [grch.] die, Gehirnentzündung.

Enzian, Gentiana, krautige Gebirgspflanzen; **Frühlings-E.,** himmelblau; **Stengelloser E.,** zyanblau; **Gelber E., Bitterwurz** (alle unter Naturschutz); Wurzel dient als Zusatz zu Magenbranntwein und Schnaps. (BILD Alpenpflanzen)

Enzyklika [grch.] die, -/...ken, Rundschreiben des Papstes.

Enzyklopädie [grch.] die, zusammenfassende Darstellung des gesamten Wissens oder eines Teilgebietes, entweder nach Sachgruppen oder nach dem Abc geordnet, so hellenist. Wissenssammlungen (enkyklios paideia), die 7 freien Künste, Nachschlagewerk der Aufklärung (→ Enzyklopädisten). Sonderform: → Konversationslexikon. Daneben gibt es **Fachwörterbücher** oder **Realenzyklopädien** der Einzelgebiete.

Enzyklopädisten, Mitarbeiter der unter Leitung von Diderot (bis 1759) und d'Alembert 1750-80 erschienenen frz. »Encyclopédie«, eines Hauptwerks der → Aufklärung.

Enzyme, Ez. das Enzym [grch.], **Fermente,** von lebenden Zellen erzeugte Eiweißstoffe, die chem. Reaktionen auslösen ohne sich dabei zu verbrauchen **(Biokatalysator).** Die E. regeln und steuern den Stoffwechsel der Lebewesen. Jedes E. ist auf eine best. Leistung abgestimmt, d. h. es wirkt spezifisch. So spaltet das E. Sacharase nur Rohrzucker; Maltase zerlegt Malzzucker in Traubenzucker; Pepsin, Trypsin spalten Eiweiß, Lipase Fett. E. sind Bestandteil der medizin. Diagnostik. Techn. Verwendung in Bäckerei, Brauerei, Textil-, Lederind. u. a.

eo ipso [lat.], von selbst, ohne weiteres.

Eolith [grch.] der, Feuersteinstück oder

-splitter aus der Tertiär- oder Eiszeit. Man hielt die E. irrtümlich für Werkzeuge von Menschen.

Eos [grch.], grch. Göttin der Morgenröte.

Eosander, Johann Friedrich Freiherr v., E. v. **Göthe** genannt, Baumeister, getauft 1669, †1728, baute am Berliner und Charlottenburger Schloß.

Eosin das, ⌒ roter Farbstoff, bes. zur Herstellung von roter Tinte.

Eozän [grch.] das, Stufe der Tertiärzeit. (ÜBERSICHT Erdgeschichte)

Eozoikum das, Zeitabschnitt der Erdgeschichte, zw. Urzeit und Altertum (→ Proterozoikum).

Epaminondas, Feldherr und Staatsmann in Theben, *um 420 v. Chr. †362 v. Chr., schlug die Spartaner bei Leuktra (371), fiel 362 bei Mantinea.

Eparch [grch. »Befehlshaber«], bei Römern und Byzantinern der Provinzialstatthalter; **Eparchie** die, Verwaltungsgebiet in der Ostkirche.

Epaulette [epol'ɛt, frz.] die, Schulterstück bei Uniformen.

Ephebe der, im alten Griechenland Jüngling zw. 18-20 Jahren, in der militär. Ausbildung.

ephemer [grch.], eintägig, schnell vergänglich. **Ephemeriden, 1)** → Eintagsfliegen. **2)** Tabellen über den tägl. Stand der Himmelskörper.

Epheserbrief, Schrift im N. T.; Brief des Apostels Paulus; die Echtheit ist umstritten.

Ephesos, im Altertum: große Handelsstadt an der Westküste Kleinasiens; der Artemistempel galt als eines der Sieben Weltwunder.

Ephoros [grch.], Aufseher; **Ephoren,** die 5 für ein Jahr gewählten obersten Aufsichtsbeamten des alten Sparta.

Ephra|im [hebr.], israelit. Stamm; 722 v. Chr. von den Assyrern unterworfen.

epi... [grch.], in Fremdwörtern: auf, über, an, bei, zu; z. B. Epidermis, Oberhaut.

Epidauros, im Altertum grch. Stadt in Argolis, in der Nähe das Asklepiosheiligtum (Asklepieion, → Äskulap), eine der größten antiken Heilstätten; guterhaltenes grch. Theater.

Epidemie [grch.] die, **Seuche,** ♡ gehäuftes Auftreten einer ansteckenden Krankheit, wie Pest, Typhus, Cholera, Pocken, Scharlach, Grippe.

Epidermis [grch.] die, oberste Hautschicht.

Epidermophytie die, → Hautpilzerkrankung.

Epidiaskop [grch.] das, Bildwerfer für Aufsichts-(Epi-) und Durchsichts-(Dia-)Bilder.

Epigone [grch. »Nachgeborener«] der, grch. Sage: Nachkommen der Sieben gegen Theben; Ü Nachahmer ohne Schöpferkraft.

Epigramm [grch. »Aufschrift«] das, kurzes, geistreiches oder witziges Gedicht (meist als → Distichon); bei den Griechen zuerst Aufschrift auf Denkmälern, seit dem Humanismus in der dt. Dichtung »Sinngedicht«, oft mit satir. Spitze. Blütezeit in der Klassik: A. G. Kästner, Lessing, Herder, Goethe, Schiller.

epigrammatisch, kurz und treffend.

Epigraphik [grch.] die, Inschriftenkunde.

Epik die, → erzählende Dichtung.

Epiker der, erzählender Dichter.

Epiktet, stoischer Philosoph, *um 50, †um 140 n. Chr.; lehrte u. a. Philosophie als prakt. Lebensweisheit (»Unterredungen«).

Epikur, grch. Philosoph, *341, †271 v. Chr., sah die Unerschütterlichkeit der Seele als Ziel an. Seine Nachfolger, die **Epikureer,** vergröberten seine Lehre; sie galten als Genußmenschen.

Epilepsie [grch.] die, Krankheitsgruppe mit regelmäßig wiederkehrenden Krampfanfällen (dabei Bewußtlosigkeit, Hinfallen; **Fallsucht**) und psych. Veränderungen. Erbanlagen spielen eine wesentl. Rolle, daneben Gehirnschädigungen.

Ephesos: Hadriantempel

Epilog [grch.] der, Nach- oder Schlußrede im Schauspiel; Ggs.: Prolog.

Epinal, Stadt in O-Frankreich, an der Mosel, 41 000 Ew.; Druckereien (Bilderbogen von E.).

Epiphanias [grch. »Erscheinung«], das Fest der **Erscheinung des Herrn** am 6. 1., im kath. Volksglauben Fest der **Heiligen → Drei Könige** (nicht im kirchl. Festkalender).

Epiphyse [grch.] die, **1)** → Zirbeldrüse. **2)** Gelenkende der Röhrenknochen; während des Knochenwachstums durch eine Knorpelzone **(E.-Knorpel)** mit dem Mittelknochen verbunden.

Epiphyten [grch.], **Aufpflanzen, Überpflanzen,** Gewächse, die nicht auf dem Boden, sondern auf anderen Pflanzen, bes. Bäumen, wachsen, ohne diesen Nährstoffe zu entziehen. Die E. sind am häufigsten in den Tropen (Orchideen, Farne); sie entnehmen ihren Wasserbedarf dem Regenwasser und Wasserdampf der Luft, den Nährstoffbedarf dem auf Bäumen angesammelten Humus.

Epirus, Gebirgslandschaft in NW-Griechenland; wirtschaftl. Mittelpunkt: Ioannina.

epische Dichtung, → erzählende Dichtung.

episches Theater, bes. von B. Brecht entwickelter Begriff für seine nicht auf dramat. Spannung und Illusion gerichtete Form des Bühnenstücks, der Zuschauer soll sich bewußt sein, einem Spiel beizuwohnen (»Verfremdungseffekt«).

Episcopus [lat.], Bischof.

Episkop [grch.] das, Bildwerfer zur Projektion undurchsichtiger Bilder.

Episkopalsystem [zu episcopus], **1)** kath. Kirche: Lehre, die das allg. Konzil dem Papst überordnet; durch das Tridentin. und das 1. Vatikan. Konzil verworfen. **2)** evang. Kirche: Lehre von der Befugnis des Landesherrn zum Kirchenregiment als Rechtsnachfolger der Bischöfe (bis 1918).

Episkopat der, Bischofsamt oder die Gesamtheit der Bischöfe.

Episode [grch.] die, **1)** LITERATUR: Nebenhandlung. **2)** nebensächl. Ereignis, Erlebnis.

Epistel [grch.] die, **1)** Brief, bes. der dichter. Brief. **2)** im N. T.: Sendschreiben der Apostel. **3)** im Gottesdienst: Abschnitt aus den Apostelbriefen. **4)** Ü Strafpredigt.

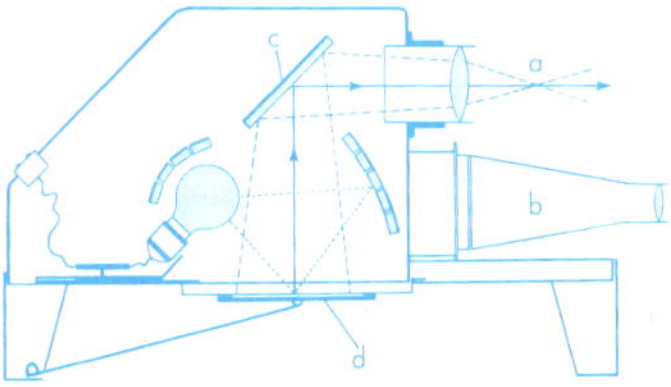

Epidiaskop: a Aufbild, b Durchbild, c Projektionsspiegel, d Bildaufnehmer

Epistolae obscurorum virorum [lat.], Dunkelmännerbriefe (1515-17), verspotten in überspitztem Mönchslatein die Gegner Reuchlins, die Kölner Dominikaner. Die Verfasser gehörten dem Erfurter Humanistenkreis an.

Epitaxie, Verfahren der Halbleitertechnik, das Aufwachsen dünner (epitakt.) Schichten auf einem Substrat. Es gibt versch. Methoden (Gasphasen-, Molekularstrahl-E.), mit denen sehr perfekte Einkristalle (ohne Störstellen) und gezielte Dotierungsprofile realisiert werden können.

Epithel [grch.] das, in regelmäßigen Lagen von Zellen angeordnetes, gefäßreiches Gewebe, überkleidet die äußere Oberfläche und die inneren Hohlräume des menschl. und tier. Körpers. **E.-Körperchen,** die → Nebenschilddrüsen.

Epizentrum, das Gebiet unmittelbar über dem Herd eines → Erdbebens.

Epoche [grch.] die, Zeitpunkt, mit dem eine neue bedeutsame Entwicklung beginnt; meist der Zeitabschnitt oder Zeitraum selbst.

Epos [grch. »das Gesagte«] das, Mz. **Epen,** eine Hauptart der erzählenden Dichtung. Das E. ist die Darstellung geschichtl., sagenhaften oder myth. Geschehens in rhythmisch gebundener Sprache. Die ältesten E. wie das babylon. Gilgamesch-E. (2. Jahrt. v. Chr.), Homers Ilias und Odyssee, Vergils Äneis, das ind. Mahabharata, das Nibelungenlied weisen auf Herkunft aus dem Mythos und der älteren Heldensage zurück. In der ritterl.-höf. Gesellschaft des MA. entstanden die frz. Chansons de geste (»Rolandslied«), die Vers.-E. von Chrétien de Troyes, das span. Cid-E., die dt. E. von Hartmann von Aue, Wolfram von Eschenbach. Als bedeutendstes E. des MA. gilt Dantes »Divina Commedia«. In der Neuzeit, in der z. B. noch Milton »Das verlorene Paradies«, Goethe »Hermann und Dorothea«, G. Hauptmann den »Eulenspiegel« schrieb, wurde das E. vom Roman abgelöst.

Epoxidharze, durch Polykondensation gewonnene Kunstharze.

Eppelmann, Rainer, Politiker (DA), *1943; entschiedener Gegner des SED-Regimes, Mitbegründer des Demokrat. Aufbruchs (DA), seit April 1990 Min. für Abrüstung und Verteidigung in der Dt. Dem. Rep.

Eppelsheimer, Hans Wilhelm, Bibliothekar, *1890, †1972; Hg.: Bibliothek der dt. Literaturwissenschaft.

Eppich der, Volksname versch. Pflanzen, wie Sellerie, Petersilie, Efeu.

Epstein-Barr-Virus, ein Virus, das als wahrscheinl. Erreger zweier beim Menschen vorkommender Tumorformen gilt.

Equalizer, Klangregeleinrichtung an Verstärkern von Hi-Fi-Anlagen zur Korrektur, Entzerrung o. a. Beeinflussung einer elektroakust. Darbietung.

Erasmus, Märtyrer, einer der Vierzehn Nothelfer, Heiliger (Tag 2. 6.).

Erasmus von Rotterdam

Erasmus von Rotterdam, Humanist, *1466 (1469?), †Basel 1536; als Textkritiker, Hg. (Kirchenväter, N. T.) und Grammatiker; bahnbrechend für die moderne Philologie; bekämpfte Mißbräuche in der kath. Kirche, lehnte jedoch Luthers Reformation ab.

Erato, eine der → Musen.

Eratosthenes, grch. Gelehrter, *um 290 v. Chr., †um 214; Philologe, Dichter, Mathematiker, berechnete als erster den Erdumfang.

Erbach, Krst. in Hessen, 10300 Ew.; Luftkurort im Odenwald; Elfenbeinmuseum.

Erbanlage, → Gen. **Erbbild,** → Genotypus.

Erbärmde|bild, Andachtsbild, das Christus als Schmerzensmann darstellt.

Erbbaurecht, veräußerl. und vererbl. Recht, auf oder unter der Oberfläche eines fremden Grundstücks ein Bauwerk (Haus, Keller, Leitungsmasten usw.) zu errichten.

Erbfolgekriege, aus Streitigkeiten um die Thronfolge entstandene Kriege, z. B. **1) Span. E.** 1701-14. **2) Poln. E.** 1733-38. **3) Österr. E.** 1740-48. **4) Bayer. E.** 1778-79.

Erbgrind, Wabengrind, Favus, durch Fadenpilze hervorgerufene Krankheit der Haut (bes. der behaarten Kopfhaut).

Erbium, Er, chem. Element, Metall aus der Gruppe der → Lanthanoiden.

Erbkrankheiten, durch krankhafte Erbanlagen bedingte Leiden, z. B. Epilepsie, Schizophrenie, Veitstanz. Die krankhafte Erbanlage braucht nicht in jeder Generation in Erscheinung zu treten (→ Vererbung). Die Erblichkeit eines Leidens ist auch nicht gleichbedeutend mit Unheilbarkeit.

Erblasser, der Verstorbene, → Erbrecht.

Erbpacht, erbliches Nutzungsrecht an einem Grundstück, bes. Bauerngut, gegen Zahlung einer jährl. Pachtsumme an den Eigentümer **(Erbzins);** wurde 1947 in Dtl. abgeschafft.

Erbrechen, ♡ Entleerung des Mageninhalts durch den Mund infolge Überfüllung oder Reizung des Magens, bei Magen- und Darmerkrankungen, Störung des Gleichgewichtssinnes (z. B. Seekrankheit), durch Widerwillen gegen bestimmte Speisen oder durch → Brechmittel.

Erbrecht, ⚖ rechtl. Bestimmungen über die Rechtsnachfolge bei Todesfall (§§ 1922 ff. BGB). Das Vermögen des Verstorbenen **(Erblassers)** geht als Ganzes auf den oder die Erben über; mehrere Erben erlangen gemeinschaftl. Eigentum am Nachlaß **(Erbengemeinschaft).** Hat der Erblasser keine Verfügung über den Nachlaß getroffen (→ Testament, → Erbvertrag), so tritt die **gesetzl. Erbfolge** ein: Erben 1. Ordnung sind die Abkömmlinge, 2. Ordnung die Eltern und deren Abkömmlinge, 3. Ordnung die Großeltern und deren Abkömmlinge usw. Verwandte der näheren Ordnung schließen die der entfernteren Ordnung aus. Der Ehegatte erbt neben Verwandten 1. Ordnung ein Viertel, neben Verwandten 2. Ordnung und Großeltern die Hälfte (dazu Haushaltsgegenstände und Hochzeitsgeschenke), sonst den Nachlaß. Ist weder Verwandter noch Ehegatte vorhanden, so erbt der Staat. (→ Pflichtteil, → Vermächtnis)

Erbschaftsteuer, die Steuer auf den Vermögensübergang durch Tod, in der Bundesrep. Dtl. geregelt durch das E.-Ges. v. 17. 4. 1974. Das Aufkommen steht den Ländern zu.

Erbschein, gerichtl. Bescheinigung über das Erbrecht und die Größe des Erbteils.

Erbschleicherei, Bemühung um eine Erbschaft unter Anwendung widerrechtl. oder gegen die guten Sitten verstoßender Mittel. Die E. bildet keinen besonderen Tatbestand des StGB.

Erbse, 1) Gatt. krautiger Schmetterlingsblüter mit Hülsenfrüchten. Arten: **Acker-E., Peluschke,** rosa bis lila blühend. Kulturform: **Garten-E. (Büschel-, Roll-, Zucker-, Mark-E.). 2)** deren grüner oder gelber, kugeliger Same, reich an Eiweiß und Stärkemehl, Nahrungsmittel. **3)** vielerlei andere Schmetterlingsblüter, z. B. Kicher-, Platt-, Spargel-, Angola-E.

Erbsenstrauch, asiat. Schmetterlingsblütergatt., Holzgewächse, in Dtl. Zierstrauch.

Erbsünde, nach christl. Lehre: durch den Sündenfall Adams und Evas verschuldete Sündhaftigkeit des Menschengeschlechts.

Erbuntertänigkeit, → Leibeigenschaft.

Erbvertrag, die vertragsmäßige unwiderrufliche Verfügung von Todes wegen, im Ggs. zum → Testament (§§ 2274 ff. BGB).

Erdalkalimetalle, ☜ Beryllium, Magnesium, Calcium, Strontium, Barium, Radium.

Erdapfel, Erdbirne, Kartoffel, Topinambur.

Erdbeben, Erschütterungen des Erdbodens, durch geolog. Vorgänge in der Erdrinde ausgelöst, oft mit Bildung von Erdspalten, Schlamm-, Wasser- und Gasausbrüchen, Senkungen, Bergstürzen u.a. verbunden. Nach der Ursache unterscheidet man **Einsturzbeben,** die beim Einbruch unterird. Hohlräume entstehen, **vulkan.** oder **Ausbruchsbeben,** die als Begleiterscheinungen des Vulkanismus auftreten, und **tekton.** oder **Dislokationsbeben.** Letztere kommen am häufigsten vor; sie sind meist Folge von Brüchen oder Verschiebungen in der Erdkruste; sie treten, oft mit verheerender Wirkung, bes. in den jungen Faltungs- und Bruchgebieten der Erdkruste auf (Randgebiete des Stillen Ozeans, Randzonen der Faltengebirge im S Asiens und Europas, O-Afrika). E. nehmen ihren Ausgang vom **E.-Herd** (Hypozentrum) in Tiefen bis zu 700 km; Ort stärkster Bewegung an der Erdoberfläche ist das **Epizentrum.** Bei **Seebeben** liegt der Herd unter dem Meeresboden, verheerende Überschwemmungen an den Küsten können die Folgen sein. Zur Erforschung der E. dienen **E.-Warten,** in denen **Seismographen** alle Erschütterungen aufzeichnen, deren Stärke nach der Richter- oder der Mercalli-Sieberg-Skala bestimmt werden können (→Seismologie). Die Erschütterungen breiten sich wellenartig aus und werden wie Schallwellen an Stellen des Erdinneren, an denen die Dichte sprungartig zu- oder abnimmt, gebrochen oder reflektiert. Aus Seismogrammen von E. oder von unterird. Sprengungen (»künstl. E.«) gewinnt man Aufschlüsse über den Erdaufbau.

Schwere E.: Lissabon 1.11.1755, Kalabrien-Sizilien 5.12.1783, 28.12.1908 (Messina), San Francisco 18.4.1906, Chile 12. und 17.11. 1922, 25.1.1939, Mai 1960, Japan 1.9.1923, Türkei 27.12.1939, Aug. 1966, Griechenland, Ion. Inseln Aug. 1953, Agadir 1.6.1960, Jugoslawien (Skopje) Juli 1963, Sizilien Jan. 1968, Italien (Friaul) 6.5. bis 11.9.1976, China (Tangshan) 28.7.1978, 7.12.1988 Sowjetunion (Armenien), 23.1.1989 Sowjetunion (Tadschikistan).

Erdbeere, Gatt. der Rosengewächse, mit Ausläufern, weißer Blüte und aus der Fruchtachse hervorgehendem fleischigem Gewebe, das mit den Früchtchen (Nüßchen) besetzt ist. **Wilde** oder **Wald-E.** in Wäldern, auf Gebirgshalden; **Garten-E.,** Kreuzungsprodukt aus amerikan. Formen.

Erdbiene, Sandbiene, Gatt. der einzeln lebenden Bienen. Die Weibchen nisten in einer selbstgegrabenen Brutröhre (→Bienen).

Erde, der 3. Planet von der Sonne aus. Die E. dreht sich im Laufe eines Tages von W nach O einmal um ihre Achse und läuft dabei während eines Jahres (365 Tage, 5 Std., 48 min, 46 s) in einer kreisähnl. Ellipse um die Sonne.

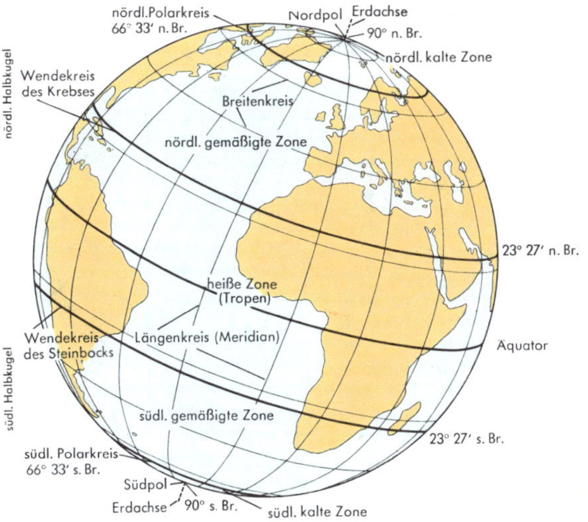

Erde: Oberfläche

Äquator- und Erdbahnebene sind um 23° 27 min geneigt. Die Sonne steht in einem der Brennpunkte der Ellipse. Die Geschwindigkeit beträgt rd. 30 km/s. Der mittlere Abstand von der Sonne beträgt 149,6 Mio. km. GESTALT UND GRÖSSE: Die E. hat ungefähr die Gestalt einer Kugel (Rotationsellipsoid). Die Eigenumdrehung der E. verläuft um die durch ihren Schwerpunkt gehende Erdachse, die im **N-** und **S-Pol** die E. schneidet. Infolge der Umdrehung ist die E. an den Polen abgeplattet. Die Erdachse mißt 12713550 m, der größte Durchmesser am **Äquator** 12756320 m, die Länge des Äquators 40075161 m. Die mittlere Dichte der E. beträgt 5,51 g/cm^3. Da die Gesteine an der Erdoberfläche eine Dichte von nur etwa 2,8 g/cm^3 haben, muß das Innere der E. aus sehr schweren Stoffen, möglicherweise aus Eisen mit etwas Nickel bestehen (Eisenkernhypothese). Zum Inneren hin nimmt die Wärme zu (auf 30-35 m Tiefe um 1°C). Aus der Ausbreitung von Erdbebenwellen schließt man auf einen Schalenaufbau des Erdinnern aus **Erdkruste** (bis 8-15 km Tiefe unter der Ozeanoberfläche, 30-70 km unter Festländern), **Erdmantel** (bis 2900 km Tiefe) und **Erdkern.** Der Druck nimmt mit der Tiefe zu, im Kern 1,5-3,6 Mbar (0,36 TPa). Die Kerntemperatur wird auf 1000-12000 °C geschätzt. Das Alter der E. wird mit rd. 5 Mrd. Jahren angenommen; Lebewesen traten vermutlich vor

Erdbeere

Erde: Verschiedene Ansichten über den Bau der Erde (Zusammenstellung von S. Matthes)

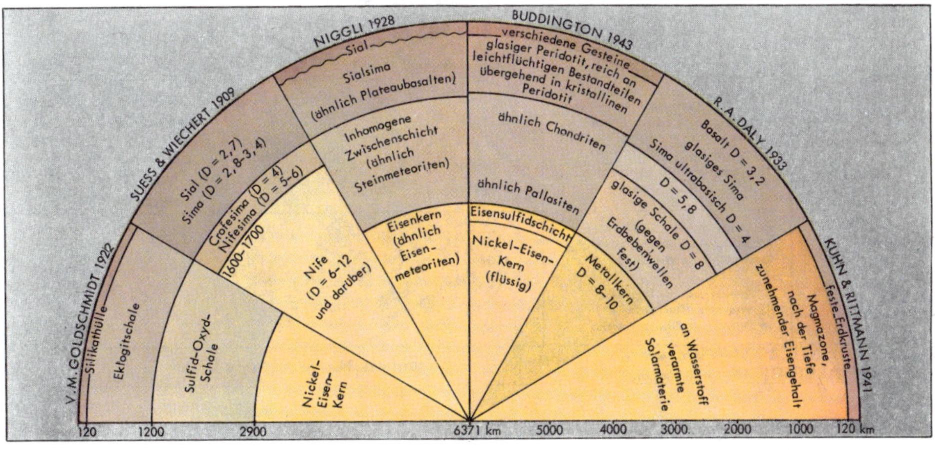

ERDGESCHICHTE

KÄNO (NEO) ZOIKUM	**QUARTÄR**	HOLOZÄN (ALLUVIUM)	Gegenwärtige Tier- und Pflanzenwelt	**1 Mio. Jahre Dauer**
		PLEISTOZÄN (DILUVIUM)	Auftreten des Menschen. Pflanzen- und Tierwelt des Eiszeitalters *1 Rhinoceros, 2 Megaceros, 3 Mammut, 4 Glyptodon*	
	TERTIÄR	PLIOZÄN MIOZÄN OLIGOZÄN EOZÄN PALEOZÄN	Pflanzen- und Tierwelt nähern sich den Formen der Gegenwart (Sumpfwälder; Aufblühen der Säuger) *5 Mastodon, 6 Titanotherium, 7 Hipparion*	**70 Mio.**
MESOZOIKUM	**KREIDE**	OBERKREIDE UNTERKREIDE	Pflanzen: Laubhölzer, Gräser. Tiere: urtümliche kleine Säugetiere. *8 Credneria, 9 Inoceramus, 10 Brontosaurus, 11 Hippurites*	**65 Mio.**
	JURA	MALM (WEISSER J.) DOGGER (BRAUNER J.) LIAS (SCHWARZER J.)	Pflanzen: Ginkgogewächse, Nadelhölzer herrschen vor. Tiere: Hauptzeit der Saurier; erste Vögel; erste Knochenfische. *12 Pterodactylus, 13 Stegosaurus, 14 Archaeopteryx, 15 Ammonites*	**45 Mio.**
	TRIAS	KEUPER MUSCHELKALK BUNT-SANDSTEIN	Pflanzen: Riesenformen (Schachtelhalme, Farne). Tiere: reiche Entfaltung der Saurier; erste Schildkröten; Ende der T. erste Säugetiere. *16 Lima pectinoides, 17 Plateosaurus, 18 Placodus, 19 Voltzia heterophylla, 20 Encrinus liliiformis*	**45 Mio.**
PALÄOZOIKUM	**PERM**	ZECHSTEIN ROTLIEGENDES	Pflanzen: erste Nadelhölzer. Tiere: weitere Entfaltung des Wirbeltierstammes *21 Platysomus, 22 Palechinus elegans, 23 Stegocephalus*	**45 Mio.**
	KARBON	OBERKARBON UNTERKARBON	Pflanzen: erste Wälder (Bärlappe, Schachtelhalme). Tiere: erste Kriechtiere und Lurche *24 Alloiopteris, 25 Palmatopteris, 26 Sphenopteris* } Farne *27 Meganeura, 28 Lepidodendron, 29 Cordaites, 30 Sigillaria*	**80 Mio.**
	DEVON	OBERDEVON MITTELDEVON UNTERDEVON	Pflanzen: erste Baumformen (Urfarne). Tiere: erste Insekten; größte Mannigfaltigkeit der Fische *31 Pterichthys, 32 Cupressocrinus, 33 Archaeopteris, 34 Gemündina, 35 Lasanius, 36 Coccosteus, 37 Taeniocrada*	**50 Mio.**
	SILUR	GOTLANDIUM ORDOVIZIUM	Pflanzen: Ende des S. erste Landformen. Tiere: erste Wirbeltiere (Panzer-, Haifische); Skorpione, erste Landtiere *38 Graptolithenkolonie, 39 Bellerophon, 40 Monograptus, 41 Ophioceras, 42 Illaenus*	**100 Mio.**
	KAMBRIUM	OBER-KAMBRIUM MITTEL-KAMBRIUM UNTER-KAMBRIUM	Leben nur im Meer. Einzige Pflanzen: Algen. Tiere: alle Stämme der Wirbellosen; noch keine Wirbeltiere *43 Paradoxides, 44 Lingulella, 45 Medusites (Quallenabdruck), 46 Orthis, 47 Olenus truncatus*	**100 Mio.**
ERDURZEIT:		**PROTEROZOIKUM**, erste Spuren des Lebens **ARCHÄIKUM**, noch ohne Leben	**mehr als 3400 Mio. Jahre Dauer**	

1½ Mrd. Jahren erstmals auf. (ÜBERSICHT Erdgeschichte S. 226)

Die Oberfläche mißt rd. 510 Mio. km²; davon sind 361 Mio. km² (71%) Wasseroberfläche, 149 Mio. km² (29%) Festland. Die Verteilung ist ungleich. Die mittlere Höhe der festen Erdoberfläche: 875 m, die mittlere Tiefe der Ozeane: 3800 m. Höchste Erhebung des Festlandes: Mt. Everest 8848 m, größte Meerestiefe: Vitiaz-Tiefe 11 022 m.

Erden, schwer schmelzbare Metalloxide; man unterscheidet die eigentl. E., zu denen die Oxide des Aluminiums (Tonerde) und Berylliums (Beryllerde) gehören, die alkalischen E. und die → Seltenen E.

Erdfarben, Farbstoffe, die durch Mahlen farbiger Mineralien gewonnen werden, z. B. Zinnober, Rötel, Ocker, Kreide.

Erdferkel, Orycteropus, afrikan. Säugetiergatt. der Röhrchenzähner, mit Grabfüßen und rüsselartigem Kopf; nachtaktive Termitenfresser.

Erdflöhe, Flohkäfer, Unterfam. der Blattkäfer mit Springbeinen, Kulturpflanzenschädling.

Erdgas, in der Erdrinde enthaltenes Gas, besteht überwiegend aus Methan; als Brenn- und Treibstoff und in der chem. Ind. verwendet.

Erdgeschichte, Ablauf der Erdzeitalter seit Bildung einer festen Erdrinde. (ÜBERSICHT S. 226)

Erdkunde, Geographie, Wissenschaft von den Erscheinungen und Räumen der Erdoberfläche. **Allg. E.:** 1. mathemat. E.: Größe, Gestalt usw. der Erde; 2. phys. oder physikal. E.: Landformenkunde (Geomorphologie), Meereskunde (Ozeanographie), Gewässerkunde (Hydrographie), Klimakunde (Klimatologie); 3. Tier- und Pflanzengeographie; 4. E. des Menschen: Siedlungs-, Wirtschafts-, Kultur- und polit. E. Die **Länderkunde** sucht die einzelnen Länder der Erde zu erfassen und zu beschreiben.

Erdleguane, Gatt. kleiner bodenbewohnender, oft bunter Echsen in den chilen. Kordilleren.

Erdlicht, Erdschein, Aufhellung des von der Sonne nicht beleuchteten Teils des Mondes durch die von der Erde zurückgeworfene Sonnenstrahlung.

Erdmagnetismus, durch eine frei bewegl. Magnetnadel nachweisbarer Magnetismus des Erdkörpers. Der Nordpol einer Magnetnadel zeigt ungefähr nach N (→ Deklination). Die Erde verhält sich wie ein Magnet, dessen Südpol im N und dessen Nordpol im S der Erde liegt. Die Pole wandern langsam. Ursache des E. sind elektr. Stromsysteme im tiefen Erdinneren und in der Hochatmosphäre.

Erdmannsdorf, Friedrich Wilhelm Frhr. v., frühklassizist. Baumeister, *1736, †1800.

Erdnuß, brasilian. Schmetterlingsblüter, in warmen Ländern Zuchtpflanze, die Hülse dringt zum Reifen in die Erde. Der Samen **(Kamerunnuß;** gemahlen: **E.-Butter)** gibt Nahrung und **E.-Öl,** der Preßrückstand Kraftfutter **(E.-Kuchen).**

Erdöl, brennbare Kohlenwasserstoffgemische, die frei in Zwischenräumen von Sedimentgesteinen oder von porösem Gestein aufgesaugt vorkommen; entstanden in Jahrmillionen durch Ablagerung von Kleinlebewesen auf Meer- und Seeböden, anschließende Umwandlung in Faulschlamm und bakterielle Zersetzung. Rohöl ist dick- bis dünnflüssig, hell bis dunkelschwarzbraun, meist grünlich fluoreszierend. FÖRDERUNG: Erdöllager werden durch Tiefbohrung erschlossen, zunehmend auch durch Unterwasserbohrungen (→ Off-Shore-Technik) in Küstennähe (Golf von Mexiko, Nordsee, SO-Sizilien). E. fließt durch Gas- oder artes. Druck durch eingebaute Steigrohre von selbst aus oder wird durch Schöpfen mittels Schöpfbuchsen im Bohrrohr oder durch Tiefpumpen mittels ins Bohrloch versenkter Pumpe gefördert. Beim Gasliftverfahren preßt man Luft oder Erdgas in ein Bohrloch, wodurch E. in einem anderen hochgedrückt wird. Rohöl wird in Tanks gesammelt und bes. durch Tankschiffe und Ölleitungen **(pipelines)** befördert. VERARBEITUNG: Rohöl wird durch stufenweise Destillation in seine verschieden hoch siedenden Anteile zerlegt. Die Destillate werden gereinigt (raffiniert), gekrackt (→ Kracken) und durch Filterpressen gepreßt, wodurch man versch. Benzine, Dieselöle, Leuchtöle, Schmieröle, Paraffin und Asphaltbitumen erhält. Zum Raffinieren dienen Bleicherden, Schwefelsäure, Tiefkühlung mit Schwefeldioxid, Aktivkohle u. a. – Die Erdölgewinnung hatte jahrhundertelang nur örtl. Bedeutung. Erst seit der Mitte des 19. Jh. wurden größere E.-Felder erschlossen und planmäßig ausgebeutet: in den USA (Pennsylvanien, Texas), in Rußland (Baku), in Rumänien u. a. Von da an nahm die Erschließung neuer Felder großen Aufschwung. (Naher Osten, Sahara, Nordsee – seit Beginn der 70er Jahre). Äußerst reiche E.-Vorkommen werden seit 1978 in Mexiko gefunden. E. wurde zum wichtigsten Kraft- und Rohstoff für die chem. Ind. In Dtl. begann die Erschließung von E.-Lagerstätten um 1880 in der Lüneburger Heide. Die Ölfelder liegen im Raum Hannover, im Emsland, Weser-Ems-Gebiet, Schleswig-Holstein, Alpenvorland, im Oberrheintal (Förderung 1981: 4,5 Mio. t). – Die erdölexportierenden Länder schlossen sich 1960 zur → OPEC zusammen. Nach dem Krieg Ägyptens und Syriens gegen Israel 1973 beschlossen die arab. E.-Förderländer einen E.-Boykott gegen die Industrieländer, um polit. Ziele gegenüber Israel zu erreichen. Die darauffolgende Energiekrise führte zu vielen Einschränkungen im Verbrauch von E.-Produkten und zu bis dahin nicht gekannten Preissteigerungen. Der polit. Umsturz im Iran (1979) verursachte eine 2. Krise. Die Mineralölreserven der Welt werden auf 99,1 Mrd. t geschätzt (1986).

Erdferkel

Erdölförderung¹) 1987, in Mio. t

Land		Land	
UdSSR	624	Irak	104
USA	409	Venezuela	95
Saudi-Arabien	211	Kuwait	65
China, VR	141	Indonesien	64
Mexiko	134	Nigeria	62
Großbrit.²)	118	Libyen	51
Iran	115	Norwegen	49

¹) Rohöl. ²) und Nordirl.

Erdpyramiden im Ürgüp-Tal, Kappadokien

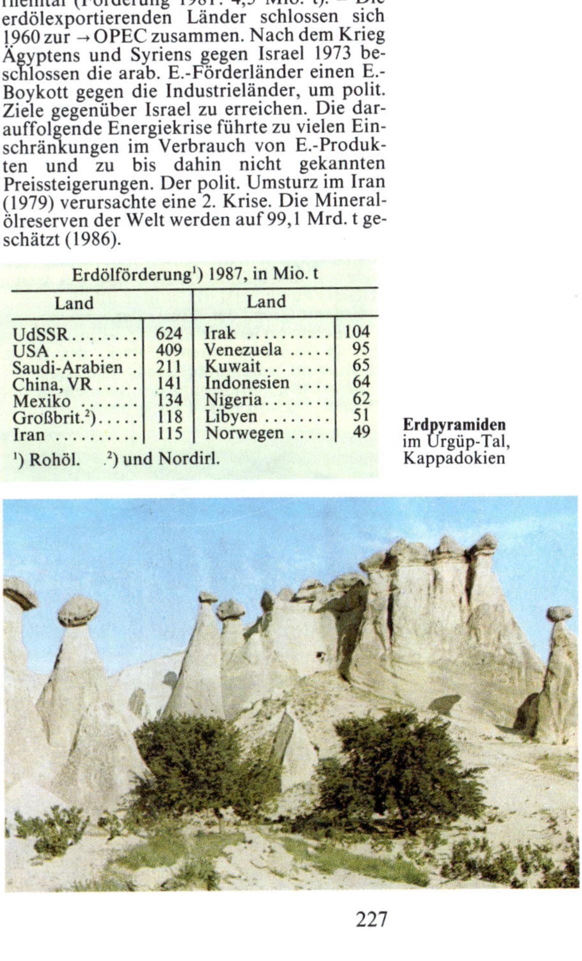

Erdstern

Erdpyramide, Erdpfeiler, Lehmpfeiler, durch Regenauswaschung unter schützenden Steinen entstanden. (BILD S. 227)

Erdrauch, Fumaria, Pflanzengatt. Der **Gemeine E.** ist ein rotblühendes Unkraut.

Erdschluß, ⚡ ungewollte Verbindung eines elektr. Leiters mit der Erde, z. B. infolge schlechter Isolierung.

Erdstern, Wetterstern, Bauchpilz, dessen Fruchtkörperaußenwand sternförmig aufreißt und sich bei Trockenheit einrollt.

Erdströme, ⚡ in der Erdrinde fließende, sehr schwache elektr. Ströme, erzeugt durch Luftelektrizität und Magnetismus der Erde oder durch Isolationsfehler an elektrotechn. Einrichtungen (vagabundierende Ströme).

Erdteil, Kontinent, die großen Festlandmassen mit den ihnen zugerechneten Inseln: Europa, Asien, Afrika, Nordamerika, Südamerika, Australien (mit Ozeanien), Südpolargebiet.

Erdung, ⚡ Herstellen einer leitenden Verbindung von elektr. Geräten und Leitungen mit der Erde als Betriebs- und Schutz-E.; Schutz gegen Blitzschlag.

Erdwachs, Verdunstungsrest paraffinreicher Erdöle; als Mineral **Ozokerit.** E. wird auch bei der Erdöldestillation abgeschieden und zur Kerzenherstellung verwandt.

Erdwärme, Wärmegehalt des Erdkörpers. Als Energiequelle wird die E. in E.-Kraftwerken, zur Gebäudeheizung und Warmwasserbereitung genutzt: meist vulkan. Heißwasser- und Dampfspeicher (Island, Neuseeland, Italien). Auch Bereiche geotherm. Anomalien sind von großem Interesse (in der Bundesrep. Dtl. z. B. bei Urach, Landau in der Pfalz und Bremen); die Wärmereserven in heißen Gesteinsmassen sollen durch Bohrungen erschlossen werden, in die kaltes Wasser eingepumpt wird, das sich erhitzt und an anderen Bohrungen als heißes Wasser wieder austritt **(Hot-Dry-Rock-Verfahren).**

Erechtheion das, Tempel auf der Akropolis von Athen, um 421-406 v. Chr. erbaut.

Erek, Held eines Ritterepos von Chrétien de Troyes; Stoff danach von Hartmann v. Aue (um 1185) bearbeitet.

Erektion [lat.] die, Anschwellung und Aufrichtung des männl. Gliedes und des weibl. Kitzlers durch verstärkten Blutzufluß.

Eremit [grch.] der, Einsiedler.

Eremitage [eremit'a:ʒə, frz. »Einsiedelei«] die, **1)** Gartenhäuschen in Parks des 18. Jh. **2)** Museum in Leningrad, 1840-52 erbaut.

Eresburg, Grenzburg der Sachsen an der Diemel, 772 von Karl d. Gr. erobert.

Erechtheion

Erfurt 2): Dom und Severikirche

Erfahrung, Summe der Erkenntnisse und Einsichten, → Empirie.

Erfindung, Einfall der schöpfer. Phantasie, der nach den Formgesetzen der realen Welt oder einer geistigen Wirklichkeit zu einem Ding oder Werk gestaltet wird (Werkzeuge, Maschinen; dichter. Gestalten, künstler. Motive). (Hierzu ÜBERSICHT S. 229)

Erfrieren, Abkühlung des Körpers oder einzelner Körperteile bis an die Grenze der Lebensfähigkeit. Diese liegt beim **allg. E.** (Unterkühlung des ganzen Körpers) bei einer Bluttemperatur unter +28°C. Die Folgen der **örtl. Erfrierung** zeigen sich in Rötung und Schwellung der Haut **(Frostbeulen),** Bildung von Blasen und Frostgeschwüren, Frostbrand (Gewebstod).

Erftstadt, Stadt in NRW, 44600 Ew.

Erfüllung, 1) Verwirklichung. **2)** ⚖ das Erlöschen des Schuldverhältnisses durch Abtragen der geschuldeten Leistung (§§ 362 ff. BGB).

Erfüllungsort, ⚖ Ort, an dem eine geschuldete Leistung zu bewirken ist. Im Zweifelsfall ist E. der Wohnsitz oder der Sitz der gewerbl. Niederlassung des Schuldners (§ 269 BGB).

Erfurt, 1) Bez. der Dt. Dem. Rep., 7349 km², 1,238 Mio. Ew.; 1952 aus Teilen der Länder Thüringen und Sachsen-Anhalt gebildet; reicht vom Kamm des westl. Thüringer Waldes bis zum Harz, umfaßt den W des Thüringer Beckens (Ackerbau, Gemüsebau). Bodenschätze: Kalisalze, Gips, Erdgas. Elektro-, Textil-, feinmechan., opt., Maschinen- u. a. Ind. ⊕ S. 488/89.

2) Haupt- und größte Industriestadt von 1), 217000 Ew., an der Gera, im nördl. Vorland des Thüringer Waldes. Behördensitz, Medizin. Akad., Techn. u. a. Fachschulen, Volkskundemus., Theater; Metall-, elektrotechn., feinmechan., Textilind.; Blumenhandel, Internat. Gartenausstellung; Dom (1154-1476), Severikirche (13.-15. Jh.). – Das Bistum E. stand früher unter der Herrschaft der Erzbischöfe von Mainz; die Univ. (1392-1816) war Zentrum des Humanismus.

Erg [von grch. ergon »Arbeit«], Einheitenzeichen: **erg,** nicht gesetzl. Einheit der Energie im CGS-System, $1\ \mathrm{erg} = 1\ \mathrm{dyn} \cdot \mathrm{cm} = 10^{-7}$ J (Joule).

ergo [lat.], folglich, also. **e. bibamus,** »also laßt uns trinken!«, in mittelalterl. Trinkliedern; Gedicht von Goethe.

Ergometer [grch.] das, Apparat zum Messen der Organe und Funktionssysteme (Herz-Kreislauf-System, Atmung, Muskulatur).

Ergosterin das, organ. Verbindung aus Pilzen, Hefe u. a., die durch Ultraviolettbestrahlung in das Vitamin D_2 übergeht.

Wichtige Erfindungen und Entdeckungen in Naturwissenschaft und Technik

	v. Chr.
Hölzernes Wagenrad (Federseemoor)	um 4000
Ältester (hölzerner) Pflug (in Europa)	um 4000
Schmelzen (Kupfer, Gold) (Ägypten)	um 3800
Papyrus als Schreibstoff (Ägypten)	vor 3000
Cheopspyramide (Ägypten)	um 2500
Rad mit Speichen (Kleinasien)	2000
Bewässerungskanäle (Babylonien)	um 2000
Webstühle (Ägypten)	um 2000
Älteste röm. Steinbrücke (T. Priscus)	um 600
Röm. Wasserleitung (Appius Claudius)	312
Leuchtturm auf Pharos (Sostratos)	260
Flaschenzug, Hebelges. (Archimedes)	um 250
	n. Chr.
Papier in China (Ts'ai Lun)	105
Ptolemäisches System (Ptolemäus)	um 150
Druck mit bewegl. Lettern in China	11. Jh.
Magnetnadel als Seeweiser (Europa)	um 1200
Augengläser (in Murano)	um 1300
Pulvergeschütz	um 1320
Druck mit bewegl. Lettern (Gutenberg)	um 1445
Taschenuhr (Henlein)	um 1500
Kalenderreform (Gregor XIII.)	1582
Mikroskop (Janssen)	um 1590
Fernrohr (Lippershey)	vor 1608
Pendel- und Fallgesetze (Galilei)	1609
Keplersche Gesetze (Kepler)	1609-19
Astronomisches Fernrohr (Kepler)	1610
Quecksilberbarometer (Torricelli)	1643
Allgemeine Gravitationslehre (Newton)	1666
Infinitesimalrechnung (Newton, Leibniz)	1665-72
Lichtgeschwindigkeit bestimmt (Römer)	1675
Quecksilberthermometer (Fahrenheit)	1718
Blitzableiter (Franklin)	1752
Dampfmaschine (Watt)	1765
Entdeckung des Wasserstoffs (Cavendish)	1766
Spinnmaschine (Hargreaves)	1767
Entdeckung des Stickstoffs (Rutherford)	1772
Entdeckung des Sauerstoffs (Scheele)	1774
Heißluftballon (Gebr. Montgolfier)	1783
Wasserstoffballon (Charles)	1783
Mechanischer Webstuhl (Cartwright)	1785
Berührungselektrizität (Galvani)	1789
Leuchtgas aus Steinkohle (Murdock)	1792
Steindruck (Senefelder)	1796
Voltasche Säule (Volta)	1800
Musterwebstuhl (Jacquard)	1805
Dampfschiff »Clermont« (Fulton)	1807
Flachformschnellpresse (Koenig)	1812
Fraunhofersche Linien (Sonnenspektrum)	1814
Elektromagnetismus (Oersted)	1820
Schiffsschraube (Ressel)	1826
Ohmsches Gesetz (Ohm)	1826
Aluminium aus Tonerde (Wöhler)	1827
Herstellung von Harnstoff (Wöhler)	1828
Eisenbahn (Liverpool–Manchester)	1830
Elektromagnet. Induktion (Faraday)	1831
Grundgesetz der Elektrolyse (Faraday)	1833
Eisenbahn Nürnberg–Fürth	1835
Galvanoplastik (Jacobi)	1837-39
Elektromagn. Schreibtelegraph (Morse)	1837-43
Daguerreotypie (Daguerre)	1839
Vulkanisation des Kautschuks (Goodyear)	1839
Mechanisches Wärmeäquivalent (Mayer)	1842
Schießbaumwolle (Schönbein)	1846
Nitroglycerin (Sobrero)	1847
Messung der Lichtgeschwindigkeit (Fizeau)	1849
Elektrische Glühlampe (Goebel)	1854
Typendrucktelegraph (Hughes)	1855
Windfrischprozeß (Bessemer)	1856
Erster Teerfarbstoff: Mauvein (Perkin)	1856
Bleiakkumulator (Planté)	1859
Spektralanalyse (Kirchhoff, Bunsen)	1861
Fernsprecher (Reis)	1861
Ammoniaksodaverfahren (Solvay)	1863
Siemens-Martin-Stahl	1864
Schreibmaschine (Mitterhofer)	1864-96
Elektromagnet. Lichttheorie (Maxwell)	1865
Dynamomaschine (Siemens)	1866
Dynamit (Nobel)	1867
Eisenbetonbau (Monier)	1867
Periodisches System (Mendelejew, Meyer)	1869
Kathodenstrahlen (Hittorf)	1869
Verbessertes Telephon (Bell, Gray)	1876
Viertaktmotor (Otto)	1876
Kohlemikrophon (Hughes)	1878
Thomasprozeß (Eisen) (Thomas)	1879
Elektr. Straßenbahn (Siemens)	1881
Maschinengewehr (Maxim)	1883
Dampfturbine (Parsons)	1884
Benzinkraftwagen (Benz, Daimler)	1885
Gasglühlicht (Auer v. Welsbach)	1885
Kunstseide (Chardonnet)	1885
Nachweis elektromagnet. Wellen (Hertz)	1888
Drehstrommotor (Dolivo-Dobrowolski)	1889
Dreifarbendruck (Ulrich, Vogel)	1890
Luftreifen (Dunlop)	1890
Erste Gleitflüge (Lilienthal)	1890-96
Photozelle (Elster, Geitel)	1893
Dieselmotor (Diesel)	1893-97
Röntgenstrahlen (Röntgen)	1895
Drahtlose Telegraphie (Popow, Marconi)	1895-97
Verflüssigung der Luft (Linde)	1895
Natürliche Radioaktivität (Becquerel)	1896
Braunsche Röhre (Braun)	1898
Radium und Polonium (Curie)	1898
Quantentheorie (Planck)	1900
Lenkbares Luftschiff (Graf v. Zeppelin)	1900
Motorflugzeug (Gebr. Wright)	1903
Kreiselkompaß (Anschütz-Kaempfe)	1904
Offsetdruck (USA)	1904
Spezielle Relativitätstheorie (Einstein)	1905
Verstärker-Elektronenröhre (v. Lieben)	1906
Synthetischer Kautschuk (Hofmann)	1909
Supraleitung (Konnerlingh-Onnes)	1911
Kosmische Ultrastrahlung (Heß)	1912
Ammoniaksynthese (Haber, Bosch)	1913
Atomtheorie; Atommodell (Bohr)	1913
Kohlehydrierung (Bergius)	1913
Erste Atomkernreaktionen (Rutherford)	1919
Tonfilm (Vogt, Engl, Massolle)	1919
Penicillin (Fleming)	1928
Fernseh- und Fernfilm-Apparatur	1929
Entdeckung des Neutrons (Chadwick)	1932
Entdeckung des Positrons (Anderson)	1932
Elektronenmikroskop	1933 ff.
Künstliche Radioaktivität (Joliot-Curie)	1934
Sulfonamide (Domagk)	1935
Nylon-Faser (USA)	1938
Perlon-Faser (Dtl.)	1938
Kernspaltung (Hahn, Straßmann)	1938
Düsenflugzeug (Heinkel)	1939
Funkmeßgeräte (Radar)	seit 1939
Erster Kernreaktor (Fermi, USA)	1942
Atombombe (USA)	1945
Elektronische Rechenmaschine	1946
Überschallflugzeug (Bell)	1947
Kernkraftwerk (Calder Hall, England)	1956
Erster künstl. Erdsatellit (UdSSR)	1957
Kreiskolbenmotor (Wankel)	1957/58
Mössbauer-Effekt (Mössbauer)	1958
Lichtverstärker (Laser; USA)	1960
Erste bemannte Raumfahrt (UdSSR)	1961
Feldeffekttransistor (Hofstein, Heimann)	1963
Erster Mensch frei im Weltraum (UdSSR)	1965
Raumsonde landet auf Venus (UdSSR)	1966
20-GeV-Linearbeschleuniger (USA)	1966
Senkrechtstarter DO 21 (Dornier)	1967
Erste Mondlandung (USA)	1969
Mikroprozessor (USA)	1969/72
Raumstation Saljut, Sojus (UdSSR)	1971
Himmelslabor Skylab (USA)	1973
Neutronenbombe (USA)	1977
Jupitersonde Voyager (USA)	1979
Bilder des Jupiter, Saturn und Neptun durch Voyager (USA)	1979-89
Raumtransporter Space Shuttle (USA)	1981
Direktstrahlender Fernsehsatellit Astra (Luxemburg)	1989
Suprenum-Computer (Bundesrep. Dtl.)	1989
Teilchenbeschleuniger LEP (CERN)	1989

Erhard

Erker

Erle: Schwarzerle; oben Zweig mit männl. (gelblich) und weibl. (rötlich) Kätzchen und vorjährigen Fruchtständen, unten Zweig mit Fruchtständen

Ergußgesteine, Eruptivgesteine, die an der Erdoberfläche erstarrt sind; → Gesteine.

Erhaltungssätze, Grundgesetze der Physik, die für abgeschlossene Systeme die zeitl. Erhaltung der Energie, des Impulses, des Drehimpulses, des Spins und der Ladung fordern.

Erhard, Ludwig, Politiker (CDU), *1897, †1977, Professor, 1949-63 Wirtschaftsmin., Verfechter der »sozialen Marktwirtschaft«, seit 1957 auch Vizekanzler. Als Nachfolger Adenauers war er 1963-66 Bundeskanzler, 1966-1967 Bundesvors., seitdem Ehrenvors. der CDU.

Erich [nord. »der Ehrenreiche« oder »der Herrscher nach dem Gesetz«], skandinav. **Erik,** männl. Vorname.

Erie ['iəri], Hafenstadt in Pennsylvania, USA, am Eriesee, 119 000 Ew.; Maschinen-, Schiffbau.

Eriesee ['ɪərɪ-], der südlichste der 5 großen Seen Nordamerikas, an der Grenze Kanadas und der USA, 25 719 km², bis 64 m tief. Der E. ist mit dem Ontario- und Huronsee, der atlant. Küste und dem Ohio verbunden.

Erika [von Erich], weibl. Vorname.

Erika [grch.] die, Pflanzen, → Heide.

Erinnerung, 1) Wiederhervorbringen von Bewußtseinsinhalten durch das Gedächtnis. **2)** ⚖ im Prozeß Einwendung gegen Kostenfestsetzungsbeschlüsse, die Art und Weise einer Zwangsvollstreckung u. a.

Erinnyen, grch. Rachegöttinnen, später drei: Tisiphone, Alekto, Megaira; beschönigend auch **Eumeniden** (»die Wohlgesinnten«).

Eris, grch. Göttin der Zwietracht; sie entfesselte Streit unter den Göttinnen durch einen Apfel mit der Aufschrift »Der Schönsten«. Den Streit entschied → Paris. **Erisapfel,** Zankapfel.

Eritrea, Prov. in Äthiopien, am Roten Meer; 117 400 km², 2,7 Mio. Ew. Seit 1890 ital. Kolonie, kam E. 1941 unter brit. Verwaltung; 1952-62 autonomes Gebiet Äthiopiens, seither Kampf versch. Guerillabewegungen für Unabhängigkeit.

Eriugena, Johannes Scotus, Ire, † nach 877, Vorsteher der Hofschule Karls des Kahlen.

Eriwan, Erewan, Hptst. der Armen. SSR, 1,19 Mio. Ew.; Univ., Techn. und Landwirtschaftl. Hochschule; Kupferhütte, Walzwerk; Textil-, Elektro-, chem. Ind., Kombinat für synthet. Kautschuk; Obst- und Weinbau.

Erkältung, Gesundheitsschädigung durch kalte und feuchte Umgebung oder durch Zugluft, erleichtert den Erregern ansteckender Krankheiten den Angriff auf den Körper. (→ Schnupfen)

Erkelenz, Stadt in NRW, 36 500 Ew.; Maschinen-, Textilind.

erkennen, kaufmännisch: gutschreiben.

Erkenntnistheorie, Teil der Philosophie, der sich mit Wesen, Umfang, Quellen, Tragweite und Grenzen der Erkenntnis beschäftigt.

Erkennungsmarke, Metallmarke, von den Soldaten um den Hals getragen, dient zur Feststellung der Identität.

Erker, der, 🏛 geschlossener, vorkragender Vorbau an der Außenwand eines Hauses.

Erkrath, Stadt im RegBez. Düsseldorf, NRW, 46 300 Ew.; Maschinenind.

Erlander, Tage, schwed. Politiker (Sozialdemokrat), *1901, †1985; 1946-1969 MinPräs.

Erlangen, kreisfreie Stadt im bayer. RegBez. Mittelfranken, an der Regnitz, 99 700 Ew.; Univ. (seit 1743), höh. und Fachschulen; elektrotechn. Ind., Maschinen-, Textil- u. a. Ind.; starkstromtechn. Forschungszentrum.

Erlaß der, ⚖ **1)** rechtsetzende Verfügung des Landesherrn; Verwaltungsanordnung der Regierung oder einer hohen Behörde, die, im Unterschied zur Verordnung, keinen rechtsetzenden Charakter hat. **2)** Verzicht des Staates auf Strafverbüßung eines Verurteilten. **3)** Schuldrecht: Erlöschen einer Schuld durch Vertrag zw. Gläubiger und Schuldner (§ 397 BGB).

Erlau, ungar. **Eger,** Stadt im nördl. Ungarn, 67 000 Ew.; kath. Erzbischofssitz, Badeort, Weinbau, Maschinen-, Apparatebau.

Erlaucht, Titel gräfl. Standesherren.

Erle, Eller, Gatt. der Birkengewächse mit holzigen Fruchtzapfen. **Schwarz-E.,** mit schwarzer Borke, auf feuchtem Boden Europas, Nordasiens, Afrikas; ihr Holz ist weich, leicht spaltbar, unter Wasser dauerhaft. **Grau-** oder **Weiß-E.** wächst im Bergland bis in 1800 m Höhe. **Grün-E.** oder **Alpen-E.,** Alpengebüsch an der Baumgrenze.

Erler, Fritz, Politiker (SPD), *1913, †1967; 1939-45 in Haft; seit 1964 Stellvertr. Vors. der SPD, Fraktionsvors. im Bundestag.

Erlösung, 1) Befreiung von körperl. oder seel. Qual. **2)** relig. Grundbegriff, bes. in den **Erlösungsreligionen** (z. B. Buddhismus, Christentum).

Ermächtigungsgesetz, Ges., durch das ein Parlament eine Staatsstelle, so die Regierung, ermächtigt, Gesetze oder Verordnungen mit Gesetzeskraft zu erlassen, meist mit sachl. und zeitl. Begrenzung. Das E. von 1933 ermächtigte die Regierung – praktisch Hitler – zu verfassungsändernder Gesetzgebung (→ Nationalsozialismus). Das GG der Bundesrep. Dtl. schließt derartige E. aus.

Ermanarich, Ermanrich, König der Ostgoten, dessen südruss. Reich 375 n. Chr. den Hunnen erlag; in der dt. Heldensage wird er von Dietrich von Bern bei Ravenna besiegt (Rabenschlacht).

Ermessen, ⚖ pflichtgemäße Entscheidung eines Beamten oder Richters **(freies E., richterl. E.)** in den Fällen, in denen die gesetzl. Bestimmungen die Einzelheiten nicht regeln, sondern einen »Ermessensspielraum« lassen. Bei Ermessensfehlern und -mißbrauch ist Klage vor dem Verwaltungsgericht zulässig.

Ermittlungsverfahren, im Strafprozeß eine Untersuchung, um aufzuklären, ob hinlängl. Grund zur Erhebung der öffentl. Klage vorliegt.

Ermland, Landschaft in Ostpreußen zw. Frischem Haff und Masur. Seenplatte. Der Gau Warmien wurde 1243 ein Bistum des Deutschordenslandes. 1466 kam es unter poln. Oberherrschaft, 1772 an Preußen.

Ermüdung, 1) Folge geistiger oder körperl. Anstrengung ohne ausreichende Erholung. **2)** In der Werkstoffkunde Verminderung der Festigkeit eines Werkstoffs.

Ern, Eren der, mittel-, oberdt.: Hausflur.

Ernährung, Aufnahme von Nahrungsstoffen zum Aufbau und zur Erhaltung des Körpers. Die Hauptbestandteile der **menschl. Nahrung** sind Eiweiß, Kohlenhydrate, Fett, Wasser, Mineralsalze (bes. Phosphor-, Natrium-, Kalium-, Calcium-, Magnesium-, Eisensalze), Vitamine, Enzyme, Spurenelemente und unverdaul. Schlackenstoffe. Als Maß für die Nährstoffmenge und ihres Wertes für die Energiegewinnung dient die Wärmemenge, die bei ihrer Verbrennung frei wird, angegeben in Kilojoule (kJ), früher in Kilokalorien (kcal). Bei der biolog. Verbrennung im Körper liefern 1 g Eiweiß oder 1 g Kohlenhydrate 17 kJ (4,1 kcal), 1 g Fett 39 kJ (9,3 kcal). Der Energiebedarf des menschl. Körpers bei einem Körpergewicht von 70 kg beträgt unter Ruhebedingungen ungefähr 4,18 kJ (1 kcal) je Kilogramm Körpergewicht und Stunde, in 24 Stunden etwa 7100 kJ (1700 kcal). Bei körperl. Bewegung und Arbeit erhöht sich der Energiebedarf des Körpers und beträgt für einen 70 kg schweren Mann bei leichter körperl. Arbeit etwa 10 500 kJ (2500 kcal), bei mittelschwerer Arbeit etwa 12 500 kJ (3000 kcal), bei körperl.

Schwerarbeit 16700 kJ (4000 kcal) und mehr. Weiterhin spielt der Gehalt an Vitaminen und die Art des Eiweißes und Fettes (tier. oder pflanzl.) eine Rolle. Einseitige E. führt zu Mangelerscheinungen und Nährschäden (BILD Nahrungsmittel).

Bei **Tieren** unterscheidet man nach Art der E. Allesfresser (Schwein), Pflanzenfresser (Pferd), Fleischfresser (Löwe), Aasfresser (Hyäne), Schmarotzer (Trichine). – Die **Pflanzen** ziehen (mit Ausnahme der Schmarotzer, Saprophyten und tierfangenden Pflanzen) alle Nahrung aus der unbelebten Natur. Notwendige Nährstoffe sind: Wasserstoff, Sauerstoff, Kohlenstoff, Stickstoff, Schwefel, Phosphor, Kalium, Calcium, Magnesium, Eisen. Den Kohlenstoff entnehmen die grünen Pflanzen der Luft, alles andere dem Boden (→Assimilation).

Ernährungstherapie, Diätetik die, Krankenbehandlung durch Änderung der Ernährung. Dabei wird entweder die Menge der gesamten Nahrung oder einzelner Bestandteile vergrößert oder verringert, oder es werden Nahrungsmittel nach ihrer Verträglichkeit ausgesucht.

Ernestiner, Zweig der →Wettiner.

Erneuerungsschein, Talon, Zinsleiste, Nebenpapier zur Aktie oder einer Inhaber-Schuldverschreibung, das zum Empfang neuer Dividenden- oder Zinsscheine ermächtigt.

Ernst [ahd. ernust »Kampf«], männl. Vorname.

Ernst, 1) E. August, König von Hannover, *1771, †1851, Sohn des engl. Königs Georg III., hob nach seiner Thronbesteigung 1837 die bisherige hannoversche Verfassung auf und enthob die →Göttinger Sieben ihres Amtes. **2) E. II.,** Herzog von Schwaben, *1007, †1030, empörte sich gegen seinen Stiefvater Kaiser Konrad II.; Trauerspiel von Uhland. **3) E. II.,** Herzog von Sachsen-Coburg und Gotha, *1818, †1893, Vorkämpfer der nationalen und liberalen Bewegung; unter seinem Schutz entstand 1859 der Nationalverein.

Ernst, 1) Max, Maler und Graphiker, *1891, †1976; Surrealist. **2)** Otto, Schriftstellername für O. E. **Schmidt,** *1862, †1926; Lustspiele (»Flachsmann als Erzieher«), Kindergeschichten (»Appelschnut«). **3)** Paul, Schriftst., *1866, †1933, begann als naturalist. Schüler von Arno Holz, Vertreter des Neuklassizismus. Dramen, Romane, Epos »Das Kaiserbuch«; »Erdachte Gespräche«.

Erntedankfest, kirchl. Fest; evang. Kirche: Sonntag nach Michaelis (29. 9.); kath. Kirche: landschaftlich verschieden.

Eröffnungsbeschluß, ⚖ im Strafprozeß Gerichtsbeschluß, der die Eröffnung des Hauptverfahrens anordnet (§§ 203 ff. StPO).

Eroica, 3. Sinfonie von Beethoven (Es-Dur).

Eros, 1) lat. **Amor, Cupido,** grch. Gott der Liebe, Sohn und Begleiter der Aphrodite, verkörpert als knabenhafter Jüngling, oft mit Flügeln, mit einem Bogen und zus. mit Psyche. Als geflügelte kleine Knaben wurden **Eroten** und **Amoretten** dargestellt. **2)** ☆ kleiner Planet (Planetoid) zw. Erde und Mars.

Erosion [lat. »Ausnagung«] die, ⊕ Zerschneiden und Abtragen der Erdoberfläche durch Wasser, Wind, Eis, bes. die Bildung von Tälern.

Erotik [grch.] die, allg.: Gesamtheit des Liebeslebens; oft, i. Ggs. zur Sexualität, auch die seelisch verinnerlichte Liebe.

Erotomanie [grch.] die, Liebeswahnsinn, krankhafte Steigerung des Geschlechtstriebs.

ERP, Abk. für **E**uropean **R**ecovery **P**rogram, Europäischer Wiederaufbauplan, →Marshall-Plan.

Erpel, der, männl. Ente.

Erpressung, ⚖ als Erpresser wird (Freiheitsstrafe) bestraft, wer in der Absicht, sich zu Unrecht zu bereichern, einen andern rechtswidrig zu einer Handlung, Duldung oder Unterlassung nötigt und dadurch diesem oder einem Dritten einen Vermögensnachteil zufügt (§§ 253 ff. StGB). Der Erpreßte, der den Erpresser anzeigt, kann hinsichtlich einer Straftat, wegen der er erpreßt werden sollte, straffrei bleiben (§ 154c StPO).

errare humanum est [lat.], Irren ist menschlich.

erratische Blöcke, die →Findlinge.

Erregermaschine, Gleichstrom-Hilfsgenerator, liefert Erregerstrom für die Magnetwicklungen eines Generators.

Er-Riad, Er-Riyad, Hptst. von Saudi-Arabien, 667000 Ew.; saudische Königsresidenz, Oasenstadt und Verkehrsknotenpunkt.

Ersatzdienst, →Kriegsdienstverweigerer.

Ersatzkasse, Krankenkasse mit freiwilliger Mitgliedschaft, ist in der sozialen Krankenversicherung statt der Ortskrankenkassen zugelassen.

Ersatzzeiten, in der sozialen Rentenversicherung Zeiten ohne Beitragsleistung, die auf die Erfüllung der Wartezeit angerechnet werden, z. B. vor Eintritt in die Versicherung Ausbildungszeiten, nach Eintritt Militärdienst.

Erscheinungsbild, ⚲, ⚘ der →Phänotypus.

Ersitzung, ⚖ Eigentumserwerb an bewegl. Sachen durch zehnjährigen gutgläubigen Besitz (§ 937 BGB).

Erskine [ˈəːskin], John, amerikan. Schriftst., *1879, †1951, ironisiert myth. Gestalten.

Erste Hilfe, zweckmäßige Maßnahmen bis zur Ankunft des Arztes bei Unglücksfällen oder plötzl. Erkrankungen. (TAFEL Erste Hilfe S. 232)

Erstgeburt, Erstgeburtsrecht, Vorzugsrecht des Erstgeborenen bei der Erbfolge.

Erstickung die, plötzl. Tod infolge Sauerstoffmangels, wenn die Luftzufuhr von außen abgeschnitten ist oder wenn die roten Blutkörperchen die Fähigkeit verlieren, Sauerstoff aufzunehmen.

Ertl, Joseph, Politiker (FDP), *1925, Oberlandwirtschaftsrat, 1969-83 Bundesmin. für Ernährung, Landwirtschaft und Forsten.

Ertrag, Ergebnis der wirtschaftl. Betätigung, i. d. R. in Geld ausgedrückt, doch spricht man auch von mengenmäßigem E., gemessen in physikal. Einheiten (Stück, kg, hl usw.).

Ertragsgesetz, →Bodenertrag.

Ertragsteuer knüpft an einzelne Einkommensquellen an (z. B. Grund-, Gewerbesteuer). Ggs.: Einkommensteuer, die die persönl. Verhältnisse des Steuerpflichtigen berücksichtigt.

Ertragswert, der durch Kapitalisierung der erwarteten zukünftigen Erträge ermittelte Wert; Besteuerungsgrundlage für land- und forstwirtschaftl. Betriebe, dient auch der Berechnung des Firmenwertes in anderen Wirtschaftszweigen.

eruieren [lat.], erforschen, ermitteln.

Eruption [lat.] die, Ausbruch, bes. eines Vulkans. **Eruptivgestein,** aus dem erstarrten Schmelzfluß des Erdinnern entstandene →Gesteine.

Erwachsenenbildung, Andragogik, alle Bestrebungen zur freiwilligen Weiterbildung der erwachsenen Bev. Organisationsformen: Volkshochschule, ländl. Volksbildungswerk, Einrichtungen der Kirchen und Gewerkschaften; i. w. S. auch Volksbücherei, Volksbühne, Kurse, Fernunterricht, Funk- und Telekolleg u. ä. (→Zweiter Bildungsweg, →Dritter Bildungsweg). Ein spezieller Bereich ist die **Altenbildung (Gerontagogik).**

Erweckungsbewegungen, christl. Bewegungen in der evang. Kirche zur Wiederbe-

Erosion: Auskerbung durch einen Bach

ERSTE HILFE

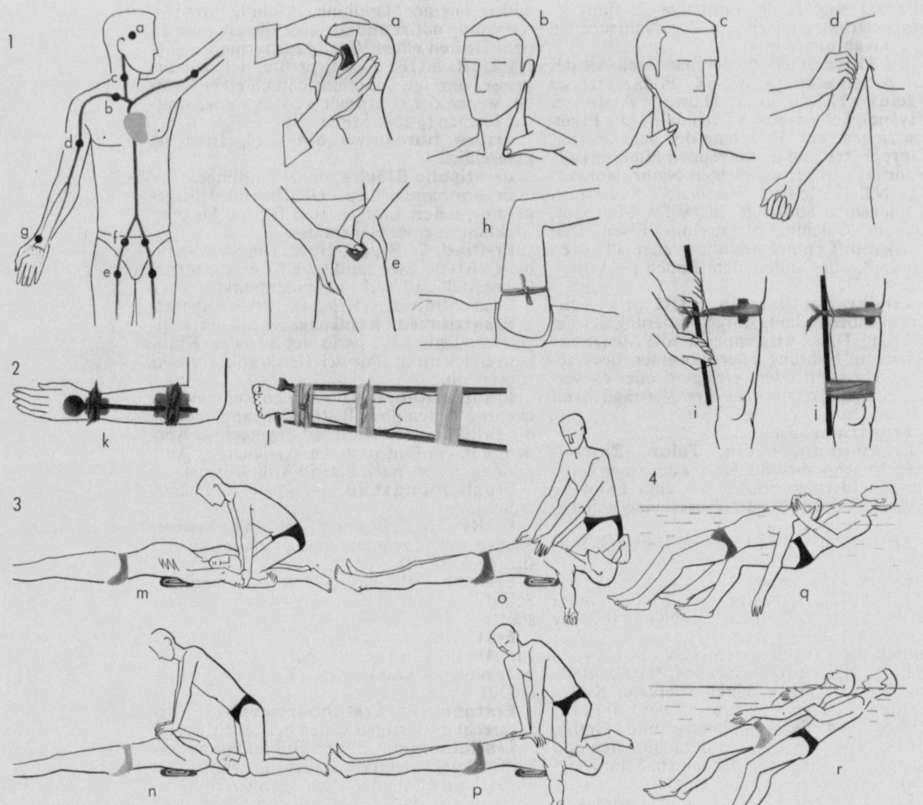

Erste Hilfe: 1 Blutstillung. Die Punkte, wo man die großen Schlagadern am leichtesten gegen den Knochen drücken und so eine Blutung stillen kann: a Schläfen-, b Schlüsselbein-, c Hals-, d Oberarm-, e Oberschenkel-, f Leisten-, g Pulsschlagader. Hilfsmittel: h mit Gummischlauch, i und j mit Stock und zwei Tüchern. **2** Behelfsmäßige Schienung. k mit Kochlöffel, l mit zwei Spazierstöcken. **3** Künstliche Beatmung. Wiederbelebungsmethoden nach Silvester (m, n), Thomsen (o, p). **4** Rettungsschwimmen. Retten eines Ertrinkenden mit Kopfgriff (q), Achselgriff (r). **5** Atemspende. s Der Helfer beugt den Kopf des Bewußtlosen nach hinten und bläst (t) seine Atemluft ohne Gewalt in dessen Lungen; dabei beobachtet er (u) das Heben und Senken des Brustkorbs. **6** Lagerung eines Bewußtlosen in stabiler Seitenlage. **7** Transport. v, w, x, y Tragen, z Unterstützen eines Verletzten lebung des relig. Lebens zu Beginn des 19. Jh.: Erneuerung des Pietismus (Norwegen, Westschweiz; Rheinland, Westfalen, Württemberg), den Methodisten verwandte Bestrebungen (England, Nordamerika).

Erwerbslosigkeit, die → Arbeitslosigkeit.

Erwerbsunfähigkeit, durch gesundheitl. Schäden bewirkte Unfähigkeit, durch Arbeit den Lebensunterhalt zu verdienen **(Invalidität).** Sie begründet in der Renten- und Unfallversicherung Anspruch auf Rente.

Erwin [urspr. Herwin, aus ahd. heri »Heer« und wini »Freund«], männl. Vorname.

Erwin von Steinbach, Baumeister, †1318, galt als Schöpfer des Straßburger Münsters, baute wohl nur an der Westfassade.

Erysipel [grch.] das, ♡ die → Wundrose.

Erythem [grch.] das, -s/e, ♡ Hautentzündung mit Röte, Brennen, Abschuppung, Folge von Überempfindlichkeit gegen Sonnenstrahlen, Arzneien.

Erythroblastose [grch.] die, Krankheitsbild bei Neugeborenen, mit Auftreten unreifer Vorstufen der roten Blutkörperchen **(Erythroblasten)** im Blut und schwerer Gelbsucht; meist Folge von Unverträglichkeit bestimmter Bluteigenschaften von Mutter und Kind (→ Rhesusfaktor).

Erythrozyten [grch.] Mz., die roten Blutkörperchen (→ Blut).

Erz das, nutzbares metallhaltiges Mineral.

erzählende Dichtung, epische Dichtung, Epik, Gatt. der Dichtung; stellt in Versen oder Prosa Begebenheiten der inneren oder äußeren Welt als vergangen und abgeschlossen dar: Epos, Idylle, Fabel, Roman, Erzählung, Märchen.

Erz|ämter, im alten Dt. Reich (bis 1806): Hofämter der Kurfürsten: Erztruchseß, Erzmarschall, Erzkämmerer, Erzschenk, Erzkanzler, Erzschatzmeister (seit 1648), Erzbanneramt (seit 1692).

Erzberger, Matthias, Politiker (Zentrum), *1875, †1921 (ermordet); 1917 führend beteiligt an der Friedensresolution des Reichstags und Bethmann Hollwegs Sturz; 1919 Reichsfinanzmin., trat 1920 nach dem ihn kompromittierenden Helfferich-Prozeß zurück.

Erzbischof [lat. archiepiscopus], **Metropolit,** Bischof, der eine Kirchenprovinz (mehrere Bistümer) leitet; sein Würdezeichen ist das → Pallium, **Erzbischofshut,** flacher, schwarzer Hut mit grüner, golddurchwirkter Schnur.

Erz|engel, die obersten Engel: Michael, Gabriel, Raphael, Uriel.

Erzgebirge, Mittelgebirge auf der Grenze zw. Sachsen und Böhmen, fällt nach S steil, nach N langsam ab; Keilberg 1244 m, Fichtelberg 1214 m; dicht besiedelt, vielseitige, bes. aus Heimarbeit hervorgegangene Ind. ⚒: Uranerze, Blei, Zink, früher v. a. Silber.

Erzherzog, 1453-1918 Titel der Prinzen des Hauses Österreich (Habsburger).

Erziehung, körperl., geistige und sittl. Formung des Menschen, bes. der Jugend. Sie beginnt in der Familie (»Kinderstube«), die seit Jahrhunderten mehr und mehr durch die → Schule unterstützt wird. Außerdem wirken die Kirchen- und Jugendorganisationen mit. Ziel ist, den jungen Menschen in die bestehende Kultur einzufügen und ihn zur selbständigen Persönlichkeit zu entwickeln. Mittel der E.: Belehrung, Willensbildung, Übung, Gewöhnung, Vorbild. ⚖ Das E.-Recht ist ein Bestandteil des den Eltern oder dem Vormund eines Kindes zustehenden Fürsorgerechts (§§ 1631, 1707, 1800 BGB). Das Recht des Kindes auf E. wird festgelegt im Ges. für Jugendwohlfahrt vom 11. 8. 1961. Die relig. E. des Kindes ist im Verhältnis zw. Eltern und Kind durch Ges. v. 15. 7. 1921, gegenüber Schule und Kirche landesgesetzlich geregelt.

Erziehungsbeistandschaft, Bestellung eines Erziehungsbeistandes für entwicklungsgefährdete Minderjährige.

Erziehungsberatung bei Erziehungsschwierigkeiten o. ä. durch bes. **E.-Stellen.**

Erziehungsgeld, → Mutterschutz.

Erziehungswissenschaft, → Pädagogik.

Erzurum, Erserum, Stadt in der Türkei, unweit des Euphrats, Verkehrsknoten zum Iran; 252 600 Ew.; viele Moscheen; Univ.

Erzväter, → Patriarchen.

es, ♩ um einen halben Ton erniedrigtes e.

ESA, Abk. für **E**uropean **S**pace **A**gency [juərəp'i:ən speɪs 'eɪdʒənsɪ], → Europäische Weltraumorganisation.

Esau [hebr. »der Behaarte«], auch **Edom** [»der Rote«], Sohn Isaaks, der ältere Zwillingsbruder Jakobs, Stammvater der **Edomiter.**

Esbjerg ['ɛsbjɛr], Stadt, bed. Fischereihafen Dänemarks, Haupthafen an der Westküste von Jütland, Fleisch-, Fisch-, Molkereiprodukte; 80 800 Ew.

Esch an der Alzette [- alz'ɛt], Stadt in Luxemburg, 25 100 Ew.; Verhüttung von Eisenerz.

Es|chatologie [grch.] die, christl. Lehre vom Weltende und Anbruch des Gottesreichs, auch vom Tode und vom Jenseits.

Esche, Gatt. der Ölbaumgewächse: **Gemeine E.,** Waldbaum mit schönfaserigem, zähem Werkholz, als **Hänge-E.** oder **Trauer-E.** Zierbaum. Die **Blumen-** oder **Manna-E.** Südeuropas und Kleinasiens ist der Nährbaum der **Eschenzikade,** E.-Holzsaft dickt zu → Manna ein.

Eschenburg, Theodor, Politologe, *1904; Untersuchungen v. a. zum polit. System der Bundesrep. Dtl.

Eschwege, Krst. in Hessen, an der Werra, 21 500 Ew.; Maschinen-, Textil-, Holz-Ind.

Eschweiler, Stadt in NRW, 53 500 Ew.; Stahl-, chem., Textil- u. a. Ind., in der Nähe Braunkohlentagebau.

Escorial, El E., Ort in Spanien, nordwestl. von Madrid, mit dem von König Philipp II. erbauten Klosterpalast **San Lorenzo del E.** mit wertvoller Büchersammlung; Begräbnisstätte der früheren span. Königsfamilie.

Escudo [span. »Schild«] der, Geldeinheit in Portugal, = 100 Centavos.

Esel, Art der Pferde, mit langen Ohren und Schwanzquaste: **Haus-E.,** meist grau; Trag- und Zugtier; mit Pferd kreuzbar (→ Maulesel). Wild lebende E. in Asien und O-Afrika.

Eselsbrücke, Merk-, Lernhilfe.

Eselsrücken, 🏛 Form des → Bogens.

Eskadron [frz.] die, Einheit der Kavallerie, 1935-45 Schwadron.

Eskalation [von frz. escalier »Treppe«], Steigerung, z. B. des militär., polit., wirtschaftl. oder psycholog. Drucks bei Auseinandersetzungen.

eskamotieren [frz.], heimlich verschwinden lassen (durch Kunstgriff).

Esche: Gemeine E.; oben blühender Zweig, unten Zweig mit Fruchtständen

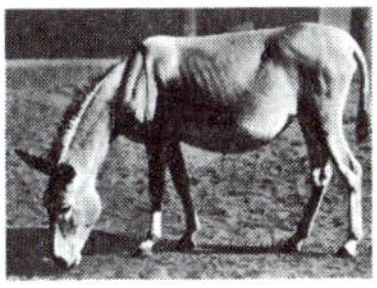

Esel

Escorial

Esparsette: oben blühend, unten Frucht (vergrößert)

Eskapade [frz.] die, Seitensprung, Streich.

Eskilstuna ['ɛskilsty:na], Stadt in Mittelschweden, 90400 Ew.; Hauptsitz der Stahl-Ind.

Eskimo, in der eigenen Sprache **Inuit,** Völkergruppe an den Küsten Grönlands und des nördl. N-Amerikas, auch in NO-Asien, etwa 70000; mittelgroß, gelbbraun, schwarzhaarig, dem mongoliden Rassenkreis zugehörig; leben von Seehund-, Walroßfang, Rentierzucht, Fischfang, heute vermehrt auch als Arbeiter auf militär. Stützpunkten und in Städten.

Eskişehir [ɛsk'iʃɛhir], Stadt in der Türkei, 367300 Ew.; Meerschaumgruben, Eisenbahnwerkstätten.

Eskorte [frz.] die, Geleit, Bedeckung. **eskortieren,** geleiten.

Esmarch, Friedrich v., Chirurg, *1823, †1908, operierte Gliedmaßen nach elast. Abschnürung ohne Blutverlust.

esoterisch [grch. »nach innen zu«], geheim, schwer zugänglich; Ggs.: exoterisch.

Esparsette [frz.] die, Schmetterlingsblüter, auf kalkhaltigem Boden; rosa blühend; mehrjährige Futterpflanze.

Esparto [span. »Heu«] das, span.-nordafrikan. Grasarten; die Blätter **(Sparto-, Pfriemengras, Alfa, Halfa)** geben Flechtwerk und Papier.

Espe die, Zitterpappel (→ Pappel).

Esperanto das, Welthilfssprache, 1887 von dem Warschauer Augenarzt L. Zamenhof erfunden.

Espiritu Santo [esp'ɪrɪtu sa:ntəʊ], größte Insel der Neuen Hebriden, 4850 km²; Thunfischfang.

Esplanade [frz.] die, freier Platz, Anlage.

Espoo, schwed. **Esbo,** Stadt in S-Finnland, 160500 Ew., Wohnvorort von Helsinki.

espressivo [ital.], **espr.,** ♩ ausdrucksvoll.

Espresso [ital.], starker Kaffee italien. Geschmacksrichtung, mit Spezialkaffeemaschine (E.-Maschine) bereitet.

Esprit [ɛspr'i, frz.] der, Geist, Witz.

Esquire [ɪskw'aɪə], engl. Höflichkeitstitel in der Briefanschrift; in Abkürzung **Esq.** hinter den Namen gesetzt.

Esra [hebr. »Hilfe«], jüd. Priester, führte 458 v. Chr. nach dem **Buch E.** die Juden aus der Babylon. Gefangenschaft zurück und erneuerte das mosaische Gesetz (→ Pentateuch).

Essay ['ɛs'eɪ, engl. »Versuch«] der, Abhandlung, die einen Gegenstand kurz, geistvoll und in gepflegtem Stil erörtert.

Esse die, **1)** Schornstein. **2)** gemauerte Feuerstelle (z. B. des Schmiedes).

Essen, Stadt in NRW, im Ruhrgebiet, 620600 Ew.; früher bed. Steinkohlebergbau; verarbeitende Eisen- und Stahl-Ind.; Bau-, chem., Glas- und Textil-Ind. u. a.; Einkaufszentrum; Hafen am Rhein-Herne-Kanal. E. ist Sitz vieler Behörden und Verbände; hat Gesamthochschule und Fachschulen, Theater, Museum Folkwang; Bischofssitz. – E. gehörte zu einem reichsunmittelbaren Äbtissinnenstift und kam 1803 an Preußen.

Essener, Essäer Mz., jüd. ordensähnl. Gemeinschaft, um 150 v. Chr. entstanden; ihre Ordensregel u. a. Schriften wurden 1947 in → Qumran entdeckt.

essentiell [lat.], wesentlich.

Essenz [lat.] die, **1)** ⊸ Auszug aus Naturstoffen, der ihre wesentl. oder wirksamen Bestandteile enthält. **2)** LOGIK: Wesen, Sinn. Ggs.: Existenz.

Essex, 1) Cty. im südöstl. England. **2)** altes angelsächs. Königreich.

Essex, Robert Graf, *1567, †1601, Günstling der Königin Elisabeth I. von England, wurde nach einem Aufstandsversuch enthauptet.

Essig der, saures Würz- und Konservierungsmittel, wichtigster Bestandteil → Essigsäure (3,5-15%), daneben natürl. Würzstoffe in kleinen Mengen. Der E. wird aus Branntwein, Wein, Bier durch E.-Gärung in Fässern oder Tanks, auch durch Verdünnen von E.-Säure aus Holzessig gewonnen.

Essigester, Essigäther, ⊸ $CH_3COOC_2H_5$; Anregungsmittel; auch als Lösungsmittel und bei organ. Synthesen verwendet.

Essigsäure, organ. Säure, CH_3COOH, stechend sauer riechende, farblose Flüssigkeit, die bei 16°C erstarrt (Eisessig), kommt in manchen Pflanzensäften und tier. Flüssigkeiten, z. B. im Schweiß, vor; in sehr verdünntem Zustand bildet sie den wirksamen Bestandteil des Essigs.

essigsaure Tonerde, 8%ige wäßrige Lösung von Aluminiumacetat, antisept. und mild zusammenziehendes Mittel für Umschläge u. dgl.

Essigstich, unbeabsichtigte Essiggärung bei Bier und Wein.

Esslingen am Neckar, Große Krst. in Baden-Württ., am Neckar, 90500 Ew.; spätgot. Rathaus, altertüml. Stadtbild, Burg (13.-16. Jh.); Maschinen-, Metallwaren-, Textilind., Elektrotechnik. E. war 1212-1802 Reichsstadt; hier wurde 1488 der Schwäbische Bund gegründet.

Establishment [ɪst'æblɪʃmənt, engl. »das Errichtete, Bestehende«] das, abwertend gebrauchtes Schlagwort, bes. außerparlamentar., oppositioneller Gruppen für die in ihrer Sicht herrschenden, auf Verfestigung ihrer Macht und Unterdrückung nichtprivilegierter Schichten gerichteten Kräfte in Staat und Gesellschaft.

Estancia [ɛst'anθia, span.] die, südamerikan. Landgut, bes. mit Viehzucht.

Este, oberital. Fürstengeschlecht, spaltete sich im 11. Jh. in den dt. Stamm **Welf-E.** (→ Welfen) und den ital. **Fulc-E.;** dieser erwarb Ende des 13. Jh. Ferrara, Modena, Reggio, 1452 den Herzogstitel. Im 16. Jh. war Ferrara einer der Mittelpunkte der Renaissance. 1803 starben die männl. Fulc-E. aus, die Erbtochter begründete die 1814-60 regierende Linie **Österreich-E.**

Esten Mz., Volk im nördl. Baltikum, rd. 1 Mio., zur ostseefinn. Gruppe der finnisch-ugr. Sprachfamilie gehörig.

Ester der, ⊸ Verbindung von Alkoholen mit Säuren unter Austritt von Wasser. Viele E. werden ihres angenehmen Geruchs wegen als Riechmittel und als Fruchtessenzen (Fruchtäther) fabrikmäßig hergestellt. E. des Glycerins mit höheren Fettsäuren sind die Fette.

Esterházy, E. von Galántha ['ɛstərha:zi, g'ɔla:ntɔ], ungar. Magnatengeschlecht, aus dem österr. Heerführer und Diplomaten hervorgingen; das fürstl. Majorat war vor 1945 der größte Grundbesitz Ungarns.

Esther [»Stern«], pers. Name der jüd. Jungfrau **Hadassa** [»Myrte«], Heldin des (unhistor.) Buches E. im A.T.; sie vereitelte als Gemahlin des pers. Königs **Ahasverus** (Xerxes) den Mordanschlag Hamans gegen die Juden.

estimieren [frz.], schätzen, achten.

Estland, geschichtl. Landschaft im nördl. Baltikum, zw. Finn. Meerbusen und Lettland, Peipussee und Rigaer Bucht, ist als **Estn. Sozialist. Sowjetrepublik** seit 1940 Unionsrep. der UdSSR; 45100 km², 1,57 Mio. Ew. (rd. 65% Esten, 28% Russen, daneben Finnen, Ukrainer u. a.); Hptst.: Reval (Tallinn). Wald-, moor- und seenreiches Hügelland. Ackerbau, Viehwirtschaft; Ölschiefervorkommen; Apparatebau, chem., Textilind. – ❶ E. wurde Anfang des 13. Jh. vom dt. Schwertbrüderorden und den Dänen unterworfen und christianisiert. 1346 kam E. an den Dt. Orden, 1561 an Schweden, 1721 an Rußland. Im Nov. 1918 wurde E. unabhängig; der balt. Großgrundbesitz wurde enteignet. 1939/40 wurden die Baltendeut-

etruskische Kunst: links Sarkophag der Larthia Seianti aus Martinella; etwa 200 v. Chr., rechts Flötenspieler, Wandmalerei; um 480 v. Chr.

schen E.s nach Dtl. zurückgeführt. Seit 1940 gehört E. zur UdSSR. 1941-44 war das Land von dt. Truppen besetzt; seit 1989 Unabhängigkeitsbestrebungen.

Estomihi [lat. »sei mir (ein starker Fels)«], 7. Sonntag vor Ostern.

Estrade [frz.] die, erhöhter Fußbodenteil.

Estragon der, Würzpflanze der Gatt. → Beifuß.

Estremadura, Landschaft in W-Spanien, teilweise in Portugal, durchflossen vom Tajo und Guadiana; Hochland mit Viehzucht.

Estrich [lat.] der, fugenloser Fußboden aus Lehm, Kalkmörtel, Gips, Zement, Asphalt.

ETA, Abk. für Euskadi Ta Azkatasuna [dt. »Das Baskenland und seine Freiheit«], bask. Untergrundorganisation, militante Verfechterin bask. radikalautonomist. Forderungen.

etablieren [frz.], gründen, errichten. **sich e.,** sich niederlassen, ein Geschäft eröffnen.

Etablissement [etablism'ã, frz.] das, **1)** Niederlassung, Geschäft. **2)** Vergnügungsstätte.

Etage [et'ɑ:ʒə] die, Stockwerk.

Etagere [etaʒ'ɛ:rə, frz.] die, Stufengestell.

Etappe [frz.] die, Abschnitt.

Etat [et'a, frz.] der, → Haushaltplan.

etc., Abk. für **et** cetera [lat.], und so weiter.

Ethik [grch.] die, philosoph. Wissenschaft vom Sittlichen. Die E. fragt entweder nach der Gesinnung **(Gesinnungs-E.)** oder nach der Wirkung der menschl. Handlungen **(Erfolgs-E.).** Vernünftigkeit der Intentionen forderte die **formale E.,** ihr Hauptvertreter in der Neuzeit war Kant; eine inhaltl. Tugendlehre haben in der Antike Platon und Aristoteles, im MA. Thomas von Aquino geschaffen. Eine »materiale Wertethik« vertraten in der Gegenwart M. Scheler und N. Hartmann.

Ethnographie [grch.] die, beschreibende Völkerkunde. **Ethnologie,** allg. Völkerkunde, verarbeitet Ergebnisse der E.

Ethologie [grch.] die, vergleichende → Verhaltensforschung bei Tieren.

Ethos [grch.] das, Sitte, Eigenart sittl. Gesinnung (Ethik), auch innerer Haltung, bes. wenn darin die Hochschätzung bestimmter Werte hervortritt, z. B. Berufsethos.

Etikette die, **1)** herkömmlich geregelte gesellschaftl. Umgangsformen. **2)** auch das **Etikett,** Aufschrift, Zettel mit Preisangaben u. ä.

Etmal [ndt.] das, ⛴ von einem in Fahrt befindl. Schiff von Mittag zu Mittag zurückgelegte Strecke in Seemeilen.

Eton [i:tn], Stadt in England, westl. von London, 5000 Ew.; mit **Eton College** (1440 gegr.), der bedeutendsten → public school.

Etrurien, antike Landschaft im westl. Mittelitalien, urspr. Sitz der Etrusker (lat. **Tuscia,** daher ital. **Toscana**).

Etrusker, Volk in Italien (Etrurien), führend vom 9. bis zu seiner Unterwerfung durch die Römer im 3. Jh. v. Chr. Eingewandert sind die E. vielleicht aus Kleinasien, worauf auch ihre der römischen weit überlegene Kultur hindeutet. Die Kunst der E. vom 8.-1. Jh. v. Chr. hat vieles mit der grch. gemeinsam, unterscheidet sich aber im Tempelbau, im Figürlichen bei großem Naturalismus durch geringeren Sinn für die Durchbildung des Körpers (vorherrschend Tonplastik). Eigentümliche Grabkammern mit Malereien und kunsthandwerkl. Arbeiten.

Etsch die, ital. **Adige** ['a:didʒe], oberital. Fluß, 410 km lang, kommt vom Reschenpaßscheideck, fließt durch die Po-Ebene ins Adriat. Meer.

Etschmiadsin, armen. Stadt und Kloster, Sitz des Oberhauptes der armen. Kirche.

Ettal, Benediktinerabtei in Oberbayern, got. Zentralbau, im 18. Jh. im Rokokostil erneuert.

Etter, Philipp, schweizer. Staatsmann, *1891, †1977, mehrmals Bundespräsident.

Ettlingen, Große Krst. im Krs. Karlsruhe in Bad.-Württ., 37100 Ew.; Textil-, Papier-, Maschinenind.

Etüde [frz.] die, ♩ Übungsstück.

Etui [ety'i, frz.] das, Hülle, Behälter.

Etymologie [grch.] die, Lehre von der Herkunft der Wörter und der Wortfamilien.

Etzel, dt. Heldensage: Hunnenkönig Attila; Nibelungenlied: 2. Gatte Kriemhilds.

eu... [grch.], Vorsilbe in Fremdwörtern: gut, richtig; z. B. **Euphonie,** Wohlklang. **Eubiotik,** Lehre vom guten (vernünftigen) Leben.

Euböa, grch. **Euboia,** grch. Insel im Ägäischen Meer, 3654 km², 163000 Ew., gebirgig, bewaldet, fruchtbar. Hauptort: Chalkis.

EUCD, Abk. für → Europäische Union Christlicher Demokraten.

Ettal: Kloster

Prinz Eugen

Eucharistie [grch. »Danksagung«] die, **1)** die Einsetzungsworte enthaltendes Dankgebet in der Liturgie fast aller christl. Kirchen. **2)** kath. Kirche: Gegenwart Christi im Altarsakrament (→ Abendmahl).

Eucken, 1) Rudolf, Philosoph, *1846, †1926, knüpfte an Fichte an, forderte ein ethisch verwurzeltes Geistesleben, dessen absolute Form er im Göttlichen sah. Nobelpreis 1908. **2)** Walter, Wirtschaftswissenschaftler, *1891, †1950, Vertreter der neuliberalen Schule. »Die Grundlagen der Nationalökonomie«.

Eudämonie [grch.] die, Glückseligkeit. **Eudämonismus,** Richtung der Ethik, die im Glück das höchste Gut und den Wertmaßstab des sittl. Handelns sieht.

Eugen [grch. »wohlgeboren«], männl. Vorname.

Eugen, Prinz von Savoyen, »der edle Ritter«, österr. Feldmarschall und Staatsmann, *1663, †1736. Von Ludwig XIV. als Offizier abgewiesen, trat er in österr. Dienste; er besiegte 1697 die Türken bei Zenta, gewann im Span. Erbfolgekrieg gegen Frankreich zusammen mit Marlborough die Schlachten bei Höchstädt (1704), Turin (1706), Oudenaarde (1708) und Malplaquet (1709); in einem neuen Türkenkrieg siegte er bei Peterwardein (1716) und Belgrad (1717). E. baute das Barockschloß Belvedere in Wien.

Eugenie [frz. øʒen'i], Kaiserin der Franzosen, Gemahlin Napoleons III., *1826, †1920.

Eugenik [grch.] die, **Erbgesundheitslehre,** Erforschung und Pflege der menschl. Erbgesundheit. Eugen. Maßnahmen sollen die Auswirkungen krankhafter Erbanlagen einschränken und die Entwicklung gesunder fördern.

Eukalyptus der, Gatt. der Myrtengewächse, in Australien und Polynesien (z. T. in anderen warmen Ländern), mit stark riechendem, äther. Öl, das technisch und medizinisch verwendet wird.

Euklas der, farbloses bis hellblaugrünes Mineral; Beryllium-Aluminiumsilikat.

Euklid, grch. Mathematiker, um 300 v. Chr., faßte in dem Werk »Die Elemente« die Lehren seiner Vorgänger zusammen. In der **Euklid. Geometrie** gibt es zu jeder Geraden durch jeden nicht in ihr liegenden Punkt nur eine Parallele.

Eulen, 1) Nachtvögel, den Greif- oder Raubvögeln nicht verwandt; mit großen, nach vorn gerichteten unbewegl. Augen, sehr feinem Gehör, befiederten Füßen, krummen, scharfen Krallen. Mitteleurop. Arten: **Schleier-E.,** 30 cm lang, mit perlgrauer, weiß getupfter Oberseite; **Wald-** oder **Baumkauz,** 40 cm lang, rindenfarbig; **Steinkauz,** drosselgroß, mit brauner, weißscheckiger Oberseite. Zu den Ohr-E. gehören Waldohreule und Uhu. **2)** E.-Falter, Nachtfalter mit düster gefärbten Vorderflügeln; häufig durch ihre Raupen schädlich. (BILDER S. 237)

Euler

Eulenburg, Philipp, Fürst zu **E. und Hertefeld,** *1847, †1921, Vertrauter Wilhelms II.

Eulengebirge, poln. **Góry Sowie** [g'uri s'ɔvjɛ], bewaldeter Bergrücken der Sudeten im Waldenburger Bergland, Niederschlesien. **Hohe Eule,** 1015 m.

Eulen nach Athen tragen, Ü etwas Überflüssiges tun.

Eulenspiegel, Till, bäuerl. Schalksnarr, †1350, verübte Narrenstreiche, indem er bildl. Befehle wörtlich nahm. »Volksbuch vom E.« (um 1500).

Euler, Leonhard, schweizer. Mathematiker, *1707, †1783; Begründer der Variationsrechnung.

Euripides

Eumenes II. Soter, König von → Pergamon (197-159 v. Chr.), bedeutendster Vasall der Römer auf kleinasiat. Boden; erbaute in Pergamon den Großen Altar, den **Pergamon-Altar.**

Eumeniden [grch. »die Wohlwollenden«], beschönigend für → Erinnyen.

Eunuch [grch.] der, verschnittener (zeugungsunfähiger) Mann, im Orient Haremswächter.

Eupatriden [grch. »Söhne edler Väter«], Gesamtbezeichnung der altathen. Adelsgeschlechter.

Eupen, belg. Stadt südwestl. von Aachen, im N des Hohen Venns, 17 000 meist deutschsprachige Ew.; Tuchind., Maschinenfabriken. E. kam 1920 mit Malmedy an Belgien.

Euphemismus [grch.] der, Umschreibung einer unangenehmen Sache durch einen milderen Ausdruck. **euphemistisch,** beschönigend.

Euphonie [grch.] die, Wohllaut, Wohlklang. Ggs.: Kakophonie, Mißklang.

Euphorbia, Pflanzengatt. Wolfsmilch.

Euphorie [grch.] die, Gefühl größten Wohlbefindens, z. B. unter Alkohol- oder Rauschgiftwirkung.

Euphorion [grch.], **1)** grch. Sage: geflügelter Sohn von Achill und Helena; **2)** Goethes Faust II: Sohn des Faust und der Helena.

Euphrat der, größter Strom Vorderasiens, kommt aus Armenien, mündet nach Vereinigung mit dem Tigris als Schatt el-Arab in den Pers. Golf; 2700 km lang; speist Bewässerungsanlagen; Staudämme von Ramadi, Hindiya, Tabqa.

Euphrosyne [grch. »Frohsinn«], in der grch. Sage: eine der 3 → Chariten.

Eurasien, Europa und Asien als zusammenhängende Landmasse.

Eurasier der, Abkömmling von Europäern und Asiaten (bes. Indern, Ost-, Südostasiaten).

EURATOM, die → Europäische Gemeinschaft für Atomenergie.

Eurhythmie [grch.] die, rhythm. Bewegungskunst, von R. → Steiner geschaffen.

Euripides, einer der 3 großen grch. Tragödiendichter (→ Aischylos, → Sophokles) aus Athen, *um 480, †406 v. Chr., löste sich stärker aus der alten Überlieferung (»Medea«, »Herakles«, »Ion«, »Elektra«, »Iphigenie bei den Tauriern«, »Iphigenie in Aulis«, »Bakchen«).

Eurocheque [-ʃɛk], Abk. **ec,** Barscheck, mit dem unter Vorlage der Scheckkarte bezahlt werden kann; die Einlösung ist durch Garantieverpflichtung der die E.-Formulare ausgebenden Bank (auch bei Nichtdeckung) bis 400 DM (1990) gewährleistet. Dem E.-System sind die meisten europ., viele asiat. Länder angeschlossen. Seit 1981 können E. in den meisten europ. Ländern in der jeweiligen Landeswährung ausgestellt werden.

Eurocity-Züge [-sɪtɪ], Abk. **EC,** Bez. für → Intercity-Züge im Fernverkehr mit dem Ausland; 1987 eingeführt.

Eurocontrol, 1960 gegr. europ. Flugsicherungsorganisation in Brüssel, kontrolliert den Luftraum oberhalb 7550 m Höhe.

Eurokommunismus, Sammelname für Tendenzen in westeurop. kommunist. Parteien, deren Vertreter die Diktatur des Proletariats (→ Diktatur) und den »Proletar. Internationalismus« (v. a. im Sinne eines Führungsanspruchs der KPdSU gegenüber anderen kommunist. Parteien) in Frage stellten; sie bekannten sich zu einer sozialist. Gesellschaftsordnung, in der die Grundrechte des einzelnen, Parteienpluralismus, freie Wahlen, das Recht aller auf Opposition und die Autonomie der Gewerkschaften garantiert sein sollen.

Europa, mit 10,5 Mio. km^2 der viertgrößte, seiner Bev. nach mit (1988) rd. 705 Mio. Ew. (Europäer) der zweitgrößte Erdteil; eigtl. ein großes, reich gegliedertes westl. Endland Asiens, mit dem es den Kontinent **Eurasien** bildet. Als Grenze gegen Asien gelten herkömmlich Uralgebirge, Uralfluß, Kasp. Meer, Manytschniederung. Die größten Halbinseln E.s sind Fennoskandia (Skandinavien und Finnland), Pyrenäen-, Balkan- und Apenninhalbinsel. ⊕ S. 487.

LANDESNATUR: Vom Uralgebirge reicht ein breites Tiefland mit eiszeitl. Ablagerungen (Landrücken, Moränen, Urstromtäler) bis zur Ost- und Nordsee. Skandinavien wird von einem fast 2500 m hohen alten Gebirgsrumpf (Kaledon. Gebirge) durchzogen, der sich auf den Brit. Inseln fortsetzt (1343 m). In Mittel- und West-E. einschl. Südenglands herrschen Mittelgebirge (unter 2000 m), Beckenlandschaften oder Hügelländer vor, im S begrenzt durch einen Zug junger Faltengebirge vom Atlant. Ozean bis zum Schwarzen Meer (Pyrenäen, Alpen, Karpaten, Balkan), von denen Zweige auch die südeurop. Halbinseln durchziehen (ÜBERSICHT Berge). In Süd-E. kommen jung-vulkan. Bildungen vor (Vesuv, Ätna, Santorin), außerdem Tieflandsbecken (Andalusien, Po-Ebene) und Hochflächen (Hochland von Kastilien). Vorwiegend jungvulkanisch ist auch die Insel Island. – Die Hauptwasserscheide E.s zieht sich von SW nach NO. Wichtige Flüsse: Wolga, Don, Dnjepr, Dnjestr, Petschora, Dwina, Düna, Weichsel, Oder, Elbe, Donau, Theiß, Rhein, Maas, Seine, Loire, Rhône, Ebro, Po. Nur rd. ein Neuntel E.s entwässert ins offene, stets eisfreie Meer. Die Flüsse E.s sind teilweise durch Kanäle verbunden. Die seenreichsten Gebiete liegen im N und im Alpengebiet. – Das KLIMA E.s ist im W durch Meeresnähe mild und feucht (durchschnittl. Wintertemperatur kaum unter 0°C), nach der Mitte zu kälter (Wien – 1,7°C). Nach Ost-E. steigern sich landeinwärts die jahreszeitlichen Gegensätze zwischen kaltem Winter mit lang anhaltender Schneedecke und warmem Sommer. Süd-E. gehört zur subtropischen Zone (Sommer heiß und trocken; Winter Regen). Kaltes Polarklima herrscht im äußersten N. Steppenklima an der unteren Wolga.

PFLANZEN- UND TIERWELT. Der nördlichste Teil E.s mit dem skandinav. Hochgebirge und Island ist baumlose Moos- und Flechtentundra mit Polartieren (Ren, Vielfraß, Lemming u. a.). Südwärts schließt sich von Finnland und Nordrußland bis zu den Gebirgen Süd-E.s ein breiter Waldgürtel an: im N vorwiegend Nadelwälder, in Mittel- und West-E. Laub- oder Mischwälder, die durch Kulturland auf die Gebirge und auf unfruchtbare Böden zurückgedrängt sind. Hier hat sich deren Tierwelt (Wolf, Fuchs, Dachs, Marder, Hirsch, Reh, Nagetiere) nur teilweise erhalten. Die Hochgebirge tragen über der Waldgrenze (1000-2500 m) alpine Gehölze und Matten mit eigenen Tierarten (Gemse, Murmeltier). Die Mittelmeerländer haben immergrüne Hartlaubgewächse und Sträucher (Korkeiche, Lorbeer, Ölbaum), in den Gebirgen mitteleurop. Wälder, stark durch Weideland verdrängt, mit manchen subtrop. Tierformen (Schlangen, Eidechsen). Der S Ost-E.s von der unteren Donau bis zur unteren Wolga ist Wiesensteppe, die gegen das Kasp. Meer zu in Salz- und schüttere Wüstensteppe übergeht. Hier kommen asiat. Steppentiere (Saigaantilope) vor.

BEVÖLKERUNG. E. ist mit 67 Ew. je km^2 (mit UdSSR und europ. Türkei) ebenso dicht besiedelt wie Asien. Die Bevölkerungsverteilung ist jedoch ungleich. In vielen Industriegebieten treten Ballungsräume mit bis über 1000 Ew. je km^2 auf. Außer den europ. Polargebieten ist Island am dünnsten besiedelt. – Insgesamt werden in E. etwa 70 Sprachen gesprochen. Die Völker E.s gehören fast alle zur indogerman. Sprachfamilie, bes. zu den großen Gruppen der Germanen, Romanen und Slawen. Nordgerman. Sprachen sprechen die Schweden, Norweger, Isländer, Dänen und Färinger, westgerman. die Engländer, Friesen, Niederländer und die Deutschen. Zu den Romanen zählen Franzosen, Provençalen, Spanier, Katalanen, Portugiesen, Rätoromanen, Italiener, im O die Rumänen. Slaw. Völker sind die Großrussen, Weißrussen und Ukrainer (Ostslawen), Polen, Kaschuben, Sorben, Tschechen und Slowaken (Westslawen), Bulgaren, Serben, Kroaten, Slowenen (Südslawen). Weitere indogerm. Sprachen sprechen Albaner, Griechen, die kelt. Völker (gälisch sprechende Iren und Schotten, Waliser, Bretonen), die balt. Völker (Litauer, Letten). Nicht indogerman. Sprachen sprechen Finnen und Esten, Magyaren (Ungarn), Wolgafinnen, Samojeden, türk. Völker und Basken.

RELIGION. Die Bev. E.s ist zu rd. 85% christlich (Katholiken 240 Mio., Protestanten einschl. Mitgl. der Freikirchen 175 Mio., Mitgl. der Ostkirchen rd. 70 Mio., der Sekten 2 Mio.). Hinzu kommen 13,3 Mio. Muslime, rd. 4 Mio. Juden (außerhalb der UdSSR rd. 1,5 Mio.), daneben Angehörige anderer Religionen und Religionslose.

WIRTSCHAFT. E. hat einen beachtl. Anteil an der landwirtschaftl. Welterzeugung, so bei Getreide, Kartoffeln, Wein, Milch, Eiern. Nordrußland, Finnland und Schweden liefern Holz. Das Klima Süd-E.s gestattet den Anbau subtrop. Kulturpflanzen. Der Anteil der landwirtschaftl. Nutzfläche an der Landfläche E.s (außer Türkei und UdSSR) beträgt über 50%. Lebhafte Fischerei an fast allen Küsten. E. ist

Eulen 1): 1 Waldohreule, **2** Steinkauz, **3** Schleiereule, **4** Uhu

STAATLICHE GLIEDERUNG

	1000 km^2	Mio. Ew.		1000 km^2	Mio. Ew.
Albanien	28,7	3,0	Malta	0,3	0,3
Andorra	0,5	0,05	Monaco	0,001	0,03
Belgien	30,5	9,9	Niederlande	36,2	14,7
Bulgarien	110,9	8,9	Norwegen[7])	386,6	4,1
Dänemark[1])	43,0	5,1	Österreich	83,8	7,6
Deutschland[2])	470,7	69,3[3])	Polen[8])	312,6	37,8
Bundesrep. Dtl.[4])	248,0	61,0	Portugal[9])	92,4	10,3
Dt. Dem. Rep.[5])	108,3	16,6	Rumänien	237,5	22,9
Finnland	338,1	4,9	San Marino	0,6	0,02
Frankreich	551,0	55,8	Schweden	449,9	8,6
Griechenland	132,0	10,0	Schweiz	41,3	6,5
Großbritannien[6])	244,0	57,1	Sowjetunion[10])	5571,0	191,2
Irland, Rep.	70,3	3,5	Spanien[11])	497,5	38,8
Island	103,0	0,2	Tschechoslowakei	127,9	15,5
Italien	301,2	57,4	Türkei[10])	23,6	4,3
Jugoslawien	255,8	23,4	Ungarn	93,0	10,6
Liechtenstein	0,2	0,03	Vatikanstadt	[12])	0,001
Luxemburg	2,6	0,4			

[1]) ohne Färöer und Grönland. [2]) Grenzen v. 31. 12. 1937. [3]) Volkszählung 17. 5. 1939. [4]) mit Berlin (West). [5]) mit Berlin (Ost). [6]) mit Kanal-Inseln, Insel Man, Gibraltar. [7]) mit Svalbard (Spitzbergen, Bären-Insel) und Jan Mayen (62422 km^2). [8]) mit Danzig und den ehem. dt. Ostgebieten. [9]) mit Azoren und Madeira. [10]) europ. Teil. [11]) mit Balearen. [12]) 0,4 km^2.

reich an Bodenschätzen, wie Steinkohle, Braunkohle, Eisenerz, Kalisalze, Quecksilber, Bauxit, Schwefelkies, Blei, Zink, Nickel u.a. NE-Metalle, Erdöl (bes. Rumänien), Erdgas. Die Kohle- und Eisenerzförderung wird aus Rentabilitätsgründen eingeschränkt. E. ist neben den USA das wichtigste Industriezentrum der Erde; alle Industriezweige sind hochentwickelt. Die gesamte industrielle Erzeugung stieg 1950-65 in West-E. um 130%, in Ost-E. sogar um 300% (einschl. UdSSR). Industrielle Fertigwaren werden ausgeführt und Rohstoffe, Nahrungsmittel, Fertigwaren eingeführt. Nach dem 2. Weltkrieg wurde in den Ländern West-E.s mit Hilfe des von den USA finanzierten Marshall-Plans ein Wiederaufbauprogramm durchgeführt, das seit 1948 vom Europ. Wirtschaftsrat (jetzt OECD) abgestimmt wurde. Die wirtschaftl. Zusammenarbeit wurde gefördert durch die → Montanunion, die → Europäische Wirtschaftsgemeinschaft, → Europäische Freihandelsgemeinschaft, → Europäische Gemeinschaft für Atomenergie. In Ost-E. stehen die wirtschaftl. Zusammenschlüsse unter der Führung der UdSSR (→ Comecon). West-E. verfügt über das dichteste Schienennetz der Erde. Der Straßenverkehr ist der überragende Verkehrsträger, bes. in West-E. Die Flüsse (Rhein, Weser, Elbe, Oder u.a.) bilden mit den verbindenden Kanälen (z.B. Mittellandkanal, Elbeseitenkanal) das dichte mitteleurop. Binnenwassernetz. Der Rhein-Main-Donau-Kanal wird den Anschluß an das südosteurop. Wasserstraßensystem erbringen. Hauptflughäfen: London, Paris, Frankfurt (Main), Zürich, Moskau. Der Fremdenverkehr ist von großer volkswirtschaftl. Bedeutung, bes. für Spanien, Österreich, Italien, Schweiz und Jugoslawien.

Europaflagge 1)

Europaflagge 2)

G Die europ. Geschichte des Altertums führt von der grch. zur röm. Kultur (→ griechische Geschichte, → römische Geschichte), andererseits durch Einwirkung des Christentums später zur byzantin. Kultur (→ Byzantinisches Reich). Mit der → Völkerwanderung zerfiel die Einheit des Weström. Reiches; es entstand eine german. Staatenwelt, die in den folgenden Jahrhunderten das Christentum übernahm. Hier stieg das Fränk. Reich unter Karl d. Gr. zur Vormacht auf, zerfiel aber schon im 9. Jh. Seitdem vollzog sich die polit. Entwicklung E.s in der Form einer Mehrzahl von größeren und mittleren Staaten, wenn auch das römisch-dt. Kaisertum von der Mitte des 10. bis zur Mitte des 13. Jh. eine Führerstellung einnahm. Die german. und roman. Nationen, bes. die Deutschen, Franzosen, Engländer, Italiener, Spanier, Portugiesen, Niederländer, waren der Kern der abendländ. kulturellen Gemeinschaft, in die nach und nach auch die slaw. Völker einbezogen wurden, zuletzt seit Anfang des 18. Jh. die Russen.

Im MA. verkörperte die kath. Kirche mit der geistl. Spitze des Papsttums die geistige Einheit des Abendlandes. Auch nach der Glaubensspaltung der → Reformation blieb eine lebendige Verbindung der Völker und Staaten im polit. Kampf und im friedl. geistigen Austausch. Wie sich die großen Nationen E.s in der kulturellen Führung untereinander ablösten, so ließ sich auch die dauernde Vormachtstellung eines Großstaates nicht mehr durchsetzen; das spanisch-habsburg. Reich des 16. Jh., das Frankreich Ludwigs XIV. und bes. Napoleons I. riefen die entschlossene Abwehr der anderen Mächte auf den Plan, und im Sinne des → Europäischen Gleichgewichts bildete sich ein Staatensystem mit einem festen Kreis von Großmächten heraus. Nach außen hatte das christl. E. lange gegen das Übergreifen des Islam zu kämpfen; die Maurenherrschaft in Spanien wurde im MA., die Türkenherrschaft über Südost-E. im 17. bis 19. Jh. gebrochen.

Schon mit den Entdeckungsfahrten des 15./16. Jh. setzte eine koloniale Eroberung ein, die die Macht europ. Staaten über fast die ganze Erde ausdehnte und eine entsprechend weite kulturelle Führungsrolle E.s begründete. Unter Einwirkung der Aufklärung entfalteten sich die neuzeitl. Naturwissenschaften. Der nationalstaatl. Gedanke hatte sich immer schärfer ausgeprägt, und in den Revolutionen seit 1789 gelangte er zum Sieg; freilich steigerten die nat. Kämpfe, verbunden mit weltpolit. Gegensätzen der imperialist. Epoche, auch die Spannungen innerhalb E.s, die schließlich zum 1. Weltkrieg führten. Dieser beendete die Vormachtstellung E.s in der Welt. Der Aufstieg der USA zur führenden Weltmacht, die Aktivierung der Energien Rußlands seit der bolschewist. Oktoberrevolution, die Modernisierung Chinas und Japans schufen neue Größenordnungen. Der Forderung nach überstaatl. wirtschaftl. und polit. Zusammenschlüssen traten Bestrebungen zur Erhaltung der nationalstaatl. Souveränität gegenüber. In Italien übernahm 1922 der → Faschismus, in Dtl. 1933 der → Nationalsozialismus die Macht. Nach dem 2. → Weltkrieg wurde entgegen europ. Einigungsbemühungen die Zersplitterung E.s in viele Staaten wiederhergestellt. In Wirklichkeit teilten die USA und die UdSSR E. in Einflußsphären unter sich auf. In West-E. wuchsen die Bestrebungen zur Einigung oder Zusammenfassung der polit. und wirtschaftl. Kräfte. In Ost-E. festigte die UdSSR ihre Vormachtstellung durch die Bildung des Warschauer Pakts und des Comecon. Die 1989 die osteurop. Staaten und die Dt. Dem. Rep. erfassende polit. Reformbewegung löste die erstarrten polit. Strukturen weitgehend auf. Vor dem Hintergrund einer mögl. Vereinigung Dtl.s kommt dem europ. Integrationsprozeß neue Bedeutung zu.

Europa, in der grch. Sage Schwester des Kadmos, wohl Phönikerin, von Zeus in Stiergestalt entführt; oft dargestellt seit 7. Jh. v. Chr.

Europabrücke, 190 m hohe Brücke, über das Silltal südl. Innsbruck, zum Brenner.

Europaflagge, 1) Flagge der Europ. Einigungsbewegung, ein grünes E auf weißem Grund. **2)** Flagge des Europarates.

Europa-Hymne, Beethovens »Hymne an die Freude« (9. Sinfonie); von der Beratenden Versammlung des Europarates 1972 zur offiziellen europ. Hymne erklärt.

Europäische Atomgemeinschaft, EURATOM, der Zusammenschluß der Staaten der → Europäischen Wirtschaftsgemeinschaft auf dem Gebiet der friedl. Nutzung der Atomenergie, 1957 gegr., 1967 organschaftlich mit EWG und Montanunion verbunden; Aufgaben: Förderung und Koordinierung der Forschung, Entwicklung einer Kernind. in den Mitgliedstaaten; mit anderen Staaten vertraglich vereinbarte Zusammenarbeit.

Europäische Demokratische Union, EDU, Verbindung christlich-demokrat. und konservativer Parteien Europas, gegr. 1978; 1982 Beitritt assoziierter, außereurop. Mitgl.

Europäische Einigungsbewegung, Streben nach Zusammenschluß der europ. Staaten. Seit 1923 wird der Gedanke in der **Paneuropa-Union** des Grafen R. Coudenhove-Kalergi vertreten. Auf völkerrechtl. Ebene gab die E. E. Anstoß zur Gründung von Europarat, EVG, EWG, EURATOM, EG.

Europäische Freihandelsgemeinschaft, EFTA, gegr. 1960, Sitz Genf; gegr. von Großbritannien, Schweden, Norwegen, Dänemark, Schweiz, Österreich, Portugal, Island; assoziiert seit 1961 Finnland, seit 1968 die Färöer. Nach dem Eintritt von Großbritannien und Dänemark in die EWG 1973 sind diese Länder aus der EFTA ausgetreten.

Europäische Gemeinschaften, EG, zusammenfassende Bez. für die → Europäische Wirtschaftsgemeinschaft, die Europ. Gemeinschaft für Kohle und Stahl (→ Montanunion) und die → Europäische Gemeinschaft für Atomenergie. Seit 1967 bestehen ein gemeinsamer Ministerrat und eine gemeinsame Kommission.

Europäische Gemeinschaft für Kohle und Stahl, EGKS, → Montanunion.

Europäische Investitionsbank, EIB, Sitz Luxemburg, Finanzierungsinstitut der EWG für Vorhaben in deren weniger entwickelten Gebieten.

Europäische Organisation für Kernforschung, CERN, Organisation mit dem Ziel der gemeinsamen kernphysikal. Grundlagenforschung der 12 europ. Mitgliedstaaten, gegr. 1952, Sitz in Genf, Forschungszentrum in Meyrin, ausgestattet u. a. mit einem 28 GeV Protonen-Synchrotron (CERNPS seit 1957), 2 Speicherringen (seit 1971) und einem Super-Protonen-Synchrotron (SPS) für Energien bis 400 GeV (seit 1977).

Europäischer Gerichtshof für Menschenrechte, Organ des Europarats (seit 1959).

Europäisches Atomforum, Foratom, Zusammenschluß von nat. Vereinigungen, die sich mit der Entwicklung der friedl. Ausnutzung der Kernenergie beschäftigen.

Europäisches Gleichgewicht, seit dem 16. Jh. polit. Grundsatz eines Gleichgewichts der Kräfte unter den europ. Mächten; bes. vertreten von England im 17.-19. Jh.

Europäische Sicherheitskonferenz, → KSZE.

Europäisches Parlament, gemeinsame parlamentar. Versammlung der Europ. Gemeinschaften, 1958 in Straßburg gegr. 1979 wurden die Abgeordneten erstmals direkt gewählt. Sitzverteilung nach der 3. Direktwahl (1989): Sozialisten 180, Christl. Demo-

Europäische Zusammenschlüsse (Auswahl)

Abkürzung	Name; Sitz	gegründet oder unterzeichnet	in Kraft seit	Bemerkungen
	Wirtschaftlich-politische Zusammenschlüsse			
ERP	Europ. Wiederaufbauprogramm Marshall-Plan; Paris		1947	endete 1952
OEEC	Organisation für europ. wirtschaftl. Zusammenarbeit Europ. Wirtschaftsrat; Paris	16. 4. 1948		gegr. zur Durchführung des Marshall-Plans
COMECON	Rat für gegenseitige Wirtschaftshilfe; Moskau	25. 1. 1949		Ostblockstaaten
ER	Europarat; Straßburg	5. 5. 1949	3. 8. 1949	
NR	Nord. Rat; Kopenhagen	1951	1952	Mitgl. Nord. Staaten
EGKS	Europ. Gemeinschaft für Kohle und Stahl, Montanunion; Luxemburg	18. 4. 1951	10. 8. 1952	Mitte 1967 Fusion der Exekutiven der drei Organisationen, Sitz Brüssel
EWG	Europ. Wirtschaftsgemeinschaft; Brüssel	25. 3. 1957	1. 1. 1958	
EURATOM	Europ. Gemeinschaft für Atomenergie; Brüssel	25. 3. 1957	1. 1. 1958	
EFTA	Europ. Freihandelsgemeinschaft; Genf		3. 5. 1960	
OECD	Organisation für wirtschaftl. Zusammenarbeit und Entwicklung; Paris		30. 9. 1961	hervorgegangen aus der OEEC, einschl. USA und Japan
EG	Europ. Gemeinschaft(en); Brüssel			1967 wurden die Exekutiven von EWG, EURATOM und EGKS zusammengelegt
	Militärisch-politische Zusammenschlüsse			
NATO	Nordatlantikpakt; Casteau	4. 4. 1949		einschl. USA, Kanada
EVG	Europ. Verteidigungsgemeinschaft	27. 5. 1952		an ihre Stelle trat die WEU
WEU	Westeurop. Union; London	23. 10. 1954	6. 5. 1955	
–	Warschauer Pakt	14. 5. 1955		Ostblockstaaten
	Wissenschaftlich-kulturelle Zusammenschlüsse			
UER	Europ. Rundfunkverein	12. 2. 1950		
EPPO	Europ. Pflanzenschutz-Organisation	18. 4. 1951		
CERN	Europ. Organisation für Kernforschung	1. 7. 1953	29. 9. 1954	angeregt durch UNESCO
EAEG	Europ. Atomenergie-Gesellschaft	1954		
–	Europ. Kulturstiftung	1954		gegr. auf Anregung von Prinz Bernhard der Niederlande
Comatom	Vereinigtes Institut für Kernforschung; Dubna	26. 3. 1956		Ostblockstaaten
Eurochemic	Europ. Ges. für die chem. Aufarbeitung bestrahlter Kernbrennstoffe	20. 12. 1957		gegr. im Rahmen der OEEC
ENEA	Europ. Kernenergie-Agentur	20. 12. 1957		gegr. im Rahmen der OEEC
Foratom	Europ. Atomforum	12. 7. 1960		Gründung der EWG-Mitgl.
EMBO	Europ. Organisation für Molekularbiologie	2. 2. 1964		private Organisation, gefördert vom Europarat
–	Europ. Rektorenkonferenz		7. 9. 1964	
ESA	Europ. Weltraumorganisation; Brüssel	1975		

kraten 121, Liberale 50; Europ. Demokraten 34; Kommunisten 14, Eurokommunisten 28; Grüne 30, Regenbogen 13; Sammlungsbewegung der Europ. Demokraten 20; Europ. Rechte 17; Sonstige 20. Nach dem Beitritt Spaniens und Portugals (1986) erhöhte sich die Abg.-Zahl auf 518.

Europäisches Währungssystem, Abk. EWS, hat zum Ziel, die Wechselkurse zw. den Währungen der EG-Länder zu stabilisieren. Die Europ. Währungseinheit → ECU ist Bezugsgröße für die Wechselkurse (die nur geringfügig schwanken können), Indikator für Kursabweichungen, Rechengröße für Forderungen und Verbindlichkeiten im EWS und Zahlungsmittel der EG-Zentralbanken. Teilnehmer: EG-Länder außer Großbritannien, Griechenland und Portugal.

Europäisches Wiederaufbau-Programm, ERP, → Marshall-Plan.

Europäische Union Christlicher Demokraten, EUCD, gegr. 1947 als Nouvelles Equipes Internationales, NEI, 1965 umbenannt in EUCD, Zusammenschluß von 12 christlich-demokrat. Parteien Europas. Aus der EUCD ging 1976 die EVP hervor.

Europäische Universität, 1976 in Florenz eröffnete Hochschule (für Bewerber mit abgeschloss. Studium); Abteilungen: Geschichts- und Kulturwiss., Wirtschafts-, Rechtswiss., Politik und Sozialwiss.; dient der Forschung i.S. des Gedankens der europ. Einheit.

Europäische Verteidigungsgemeinschaft, EVG, die im Pariser Vertrag vom 27. 5. 1952 vorgesehene Gemeinschaft 6 europ. Staaten zur Schaffung einer Europaarmee; 1954 vom frz. Parlament abgelehnt. → Westeuropäische Union.

Europäische Volkspartei, EVP, 1976 gegr. Föderation der christlich-demokrat. Parteien der EG.

Europäische Weltraumorganisation, engl. **European Space Agency, ESA** [juərəp'iːən speɪs 'eɪdʒənsɪ], Europ. Weltraumorganisation, Paris, zur Koordinierung, Durchführung und Unterstützung europ. Projekte zur friedl. Erforschung und Nutzung des Weltraums. Die ESA wurde 1975 in Brüssel gegr. In Entwicklung befindl. Projekte sind u. a. wissenschaftl. Satelliten, anwendungstechn. Satelliten; fertiggestellt: Trägerrakete Ariane und Raumlaboratorium Spacelab.

Europäische Wirtschaftsgemeinschaft, EWG, Zusammenschluß Belgiens, der Bundesrep. Dtl., Frankreichs, Italiens, Luxemburgs, der Niederlande, seit 1973 Großbritanniens, Irlands und Dänemarks, seit 1981 Griechenlands, seit 1986 Spaniens und Portugals zu einer unbefristeten, überstaatlichen, mit eigenen Hoheitsrechten ausgestatteten Wirtschaftsgemeinschaft zur Errichtung eines »Gemeinsamen Marktes« und zur Annäherung der Wirtschaftspolitik der Mitgliedstaaten; gegr. 25.3.1957 (Vertrag von Rom), in Kraft seit 1.1.1958, Sitz Brüssel. Kernstück ist eine Zollunion; am 1. 7. 1968 waren die Binnenzölle unter den Mitgl. gänzlich beseitigt, ein gemeinsamer Außenzolltarif trat in Kraft. Sonderregelungen gelten u. a. für die Landwirtschaft sowie für die handelspolit. Angliederung überseeischer Gebiete und die Beiträge für deren Entwicklung. – Organe: die Versammlung (→ Europäisches Parlament), der Gerichtshof, der Ministerrat und die Kommission, die beiden letzteren seit 1967 gemeinsam für EWG, Euratom und Montanunion als »Rat (oder Kommission) der Europäischen Gemeinschaften«, sowie ein beratender Wirtschafts- und Sozialausschuß. Europ. Länder können durch Vollmitgliedschaft, alle Länder durch Assoziierung der EWG beitreten. Assoziierungsabkommen bestehen z. B. mit den meisten Mittelmeer-Anrainern. Mit 46 Staaten Afrikas, der Karibik und des Pazifiks (AKP-Staaten) schloß die EWG 1975 in Lomé einen Assoziierungsvertrag, der 1984/85 geändert wurde. Ihm haben sich bislang (1990) über 60 AKP-Staaten angeschlossen.

Europapokal, Trophäe, bei internat. Ausscheidungsrunden in versch. Sportarten von den europ. Spitzenverbänden vergeben.

Europarat, ER, gegr. 1949, Zusammenschluß europ. Staaten zur Herstellung größerer Einheit, zwecks Wahrung des gemeinsamen europ. Erbes und der Förderung des wirtschaftl. und sozialen Fortschritts. Militär. Fragen gehören nicht zu seiner Zuständigkeit. Mitglieder sind (1990): Belgien, Bundesrep. Dtl., Dänemark, Finnland, Frankreich, Großbritannien, Irland, Island, Italien, Liechtenstein, Luxemburg, Malta, Niederlande, Norwegen, Österreich, Portugal, San Marino, Schweden, Schweiz, Spanien, Türkei, Zypern; Griechenland, 1969 ausgetreten, wurde 1975 wieder aufgenommen. Organe: Beratende Versammlung, Ministerausschuß, Generalsekretariat, Sitz in Straßburg. Die Mitgliedstaaten haben die Europ. Konvention der Menschenrechte u. a. Abkommen angenommen.

Europastraßen, die 1949 von 18 europ. Nationen geplanten Fernstraßen durch West- und Osteuropa. Bedeutende E. sind:

E 1	London-Southampton-Paris-Palermo
E 2	London-Calais-Lausanne-Mailand-Brindisi
E 3	Lissabon-Paris-Antwerpen-Venlo-Oberhausen-Hannover-Flensburg-Stockholm
E 4	Lissabon-Barcelona-Genf-Basel-Frankfurt a. M.-Hamburg-Fehmarn-Kopenhagen-Stockholm-Haparanda-Helsinki
E 5	London-Calais-Ostende-Brüssel-Aachen-Köln-Frankfurt a. M.-Nürnberg-Passau-Wien-Budapest-Belgrad-Istanbul-Iskenderun-Syr. Grenze
E 6	Rom-Bologna-Innsbruck-Griesen-Garm.-Partenkirchen-München-Hof-Berlin-Saßnitz auf Rügen-Malmö-Oslo-Drontheim-Stjördal
E 7	Bologna-Villach-Klagenfurt-Wien-Brünn-Teschen-Krakau-Warschau
E 8	London-Den Haag-Osnabrück-Hannover-Berlin-Posen-Warschau-Moskau
E 9	Amsterdam-Basel-Genua
E 10	Paris-Brüssel-Amsterdam
E 11	Paris-Nancy-Straßburg-Karlsruhe-München-Salzburg
E 12	Paris-Metz-Saarbrücken-Mannheim-Heilbronn-Nürnberg-Pilsen-Prag-Breslau-Lodz-Warschau-Leningrad-Moskau
E 13	Venedig-Mailand-Lyon
E 14	Triest-Villach-Salzburg-Linz-Prag-Hirschberg-Stettin
E 15	Hamburg-Berlin-Dresden-Prag-Brünn-Preßburg-Budapest
E 21 a	Martigny-Gr. St. Bernhard-Aosta
E 21 b	Genf-Mt. Blanc-Aosta

Europide, europ. Menschenrassen und ihnen verwandte Rassen in Afrika und Asien.

Europium, Eu, chem. Element aus der Gruppe der Lanthanoiden.

Europoort [das »Tor Europas«], niederländ. Seehafen westl. Rotterdam; seit 1958 ausgebaut.

Eurotas der, Hauptfluß der peloponnes. Landschaft Lakonien.

Eurovision, Zusammenschluß westeurop. und nordamerikan. Rundfunkgesellschaften zum Austausch von Fernsehprogrammen.

Eurydike, grch. Sage: die Gemahlin des → Orpheus.

Eusebius von Caesarea, Kirchenhistoriker, »Vater der Kirchengeschichte«; *um 263, †um 339; seit 313 Bischof.

Euskirchen, Krst. in NRW, am Rande der Eifel, 47 700 Ew.; Ind.

Eustachius, legendärer Märtyrer um 120/30, einer der 14 Nothelfer.

Euter das, Milchdrüse der weibl. Wiederkäuer, Unpaarhufer und Kamele.

Euterpe, eine der → Musen.

Euthanasie [grch.] die, **1)** Gefühl des Wohlseins beim Sterbenden. **2) Sterbehilfe.** Lindern von Schmerzen durch betäubende Mittel ist erlaubt. Tötung von unheilbar Kranken ist strafbar auch wenn sie auf Verlangen des Kranken erfolgt (Freiheitsstrafe). **3) E.-Programm:** Unter dem Nat.-Soz. Tötung von Geisteskranken.

Eutrophierung, Überangebot an Pflanzennährstoffen in Oberflächengewässern. Daraus resultiert ein starkes Algenwachstum und aus dem Abbau der Biomasse ein Sauerstoffentzug v. a. in tieferen Wasserschichten, der zum »Umkippen« des Gewässers führen kann.

eV, Abk. für Elektronenvolt.

Ev., Abk. für Evangelium. **ev.,** evangelisch.

e. V., Abk. für eingetragener Verein.

Eva [hebr. »Leben«], weibl. Vorname, Frau des → Adam.

evakuieren [lat.], **1)** luftleer machen, auspumpen. **2)** leeren, räumen, bes. Kampf- und Grenzgebiete von der Zivilbevölkerung.

Evangeliar [lat.] das, -s/...arien, mittelalterl. Evangelienhandschrift, oft mit Bildern.

Evangelienharmonie die, aus den 4 Evangelien zusammengefügte Darstellung des Lebens Jesu; die erste E. von Tatian (um 170 n. Chr.) in syr. Sprache, althochdt. um 830. Dt. E. von Otfried von Weißenburg (9. Jh.) und der → Heliand.

Evangelisation die, Verkündigung des Evangeliums, z. B. durch die Volksmission.

evangelisch, 1) aus den Evangelien gewonnene relig. Überzeugung und Lebenshaltung. **2)** Reformationskirchen, bes. die **e.-lutherische** und die **e.-reformierte. 3)** seit der preuß. Union von 1817 die Kirchen, denen Lutheraner und Reformierte angehören.

Evangelische Kirche in Deutschland, EKD, derzeitige Rechtsgestalt der dt. evang. Christenheit, beschlossen 1947 in Eisenach. Die EKD ist ein Bund lutherischer, reformierter und unierter Kirchen. Ihre Aufgabe ist es, die Gemeinschaft unter den Gliedkirchen, bes. ihre Arbeit und den Austausch ihrer Mittel und Kräfte zu fördern. Organe: Synode, Rat und Kirchenkonferenz. Der Rat (Vors.: Bischof M. Kruse, seit 1985) leitet die EKD; Amtsstellen: Kirchenkanzlei in Hannover (Nebenstelle Berlin), kirchl. Außenamt in Frankfurt (Main). – Die Gliedkirchen in der Dt. Dem. Rep. haben sich nach ihrer Lostrennung von der EKD (1969) zum **Bund der Evang. Kirchen in der Dt. Dem. Rep.** zusammengeschlossen. Im Zuge der durch die revolutionären Veränderungen in der Dt. Dem. Rep., an denen die dortigen Evang. Kirchen großen Anteil hatten, angestrebten Vereinigung der Bundesrep. Dtl. und der Dt. Dem. Rep., wollen sich die EKD und die Evang. Kirchen in der Dt. Dem. Rep. wieder zusammenschließen.

Evangelische Räte, nach kath. Lehre die vom Evangelium angeratenen, aber nicht vorgeschriebenen Forderungen der Armut, der Keuschheit und des Gehorsams.

Evangelisten, 1) Verfasser der 4 Evangelien. **2)** Erweckungsprediger.

Evangelium [grch. »Gute Kunde«] das, -s/...lien, **1)** frohe Botschaft, bes. die von Jesus als dem in die Welt gekommenen Heiland. **2)** die 4 Schriften des N. T. über Leben und Wirken Jesu (Matthäus, Markus, Lukas, Johannes).

eventuell [lat.], möglicherweise. **Eventualität** die, möglicherweise eintretender Fall.

Everding, August, Regisseur und Intendant, *1928; seit 1977 Gen.-Intendant der Bayer. Staatstheater.

Everest, Mount E. [maʊnt'evərɪst], **Chomolungma,** höchster Berg der Erde, im östl. Himalaya, 8872 m hoch. Erstbesteigung am 29. 5. 1953 durch E. P. Hillary und den Sherpa Tenzing.

Evergreen ['evəgri:n, engl.] der, »immergrüner Schlager« (immer gern gehört).

EVG, → Europäische Verteidigungsgemeinschaft.

evident [lat.], offenbar, augenscheinlich. **Evidenz** die, Ⓟ innere Gewißheit der Gültigkeit einer Erkenntnis.

Evolute [lat.] die, geometr. Ort der Krümmungsmittelpunkte einer ebenen Kurve.

Evolution [lat.] die, Entwicklung, Entfaltung. **Evolutionstheorie,** → Entwicklung.

EVP → Europäische Volkspartei.

Ew., 1) Abk. für Euer, z. B. Ew. Gnaden. **2)** Abk. für Einwohner.

Ewald, 1) Heinrich, *1803, †1875, einer der »Göttinger Sieben«, wirkte bahnbrechend als Bibelkritiker und in der hebr. Sprachforschung. **2)** Johannes, dän. Dichter, *1743, †1781, von Klopstock beeinflußter Dramatiker, Verfasser der dän. Nationalhymne.

Ewe, Volk in SO-Ghana, S-Togo, S-Benin, rd. 1 Mio. Seine Sprache dient darüber hinaus als Verkehrssprache.

EWG, → Europäische Wirtschaftsgemeinschaft.

Ewige Anbetung, kath. Kirche: ständige Verehrung des ausgesetzten Allerheiligsten in Klöstern und abwechselnd in den einzelnen Pfarrkirchen.

Ewiger Jude, in der Sage der Schuhmacher **Ahasverus,** der Jesus auf dem Wege nach Golgatha vor seinem Hause nicht ausruhen ließ und nun umherwandern muß bis zum Jüngsten Gericht.

Ewiger Landfriede, 1495 in Worms beschlossenes Reichsgesetz, das das Fehderecht des MA. abschaffte.

Ewiges Licht, Ewige Lampe, kath. Kirche: brennende Lampe vor dem Tabernakel.

Ewige Stadt, Ehrenname Roms.

ex... [lat.], Vorsilbe: **1)** aus, z. B. **Exkret,** Ausscheidung; **2)** ehemalig, z. B. **Exkönig.**

exakt [lat.], genau, meßbar; **exakte Wissenschaften:** Mathematik, Naturwissenschaften.

exaltiert [lat.], überreizt, überspannt.

Examen [lat.] das, -s/...mina, Prüfung. **examinieren,** prüfen. **Examinator** der, Prüfender. **Examinand** der, Prüfling.

Exarch [grch.] der, byzantin. Statthalter. **Exarchat** das, Gebiet eines E., bes. das **E. von Ravenna,** das Pippin 754 dem Papst schenkte (→ Kirchenstaat).

Exaudi [lat. »erhöre«], der 6. Sonntag nach Ostern.

ex cathedra [lat.], kath.: → Unfehlbarkeit; Ü von maßgebender Stelle aus.

Exceptio [lat.] die, prozeßrechtl. → Einrede.

Exchange [ɪkstʃ'eɪndʒ, engl.] die, **1)** Einwechslung, Wechselkurs. **2)** Börse.

Excimer-Laser, gepulster Hochleistungs-Gaslaser, der intensives UV-Licht liefert.

Exegese [grch.], Auslegung, Bibelerklärung.

Exekution, 1) Zwangsvollstreckung. **2)** Hinrichtung.

Exekutive die, **Exekutivgewalt,** vollziehende Staatsgewalt, zum Unterschied von der gesetzgebenden (legislativen) und richterl. (Justiz).

Exempel [lat.] das, **1)** Beispiel, Muster. **2)** Rechenaufgabe.

Exemplar [lat.] das, Stück; Muster. **exemplarisch,** musterhaft.

exemplifizieren [lat.], an Beispielen erläutern.

exemt [lat.], ausgenommen, befreit.

Exequatur [lat.] das, **1)** dem Konsul einer

fremden Macht durch den Aufenthaltsstaat erteilte Ermächtigung zur Ausübung seiner Tätigkeit. **2)** Ausstattung des in einem anderen Staat gefällten Gerichtsurteils mit Vollstrekkungswirkung im Inland.

Exlibris

exerzieren [lat.], ⁂ üben, einüben, drillen.

Exerzitien Mz., kath. Kirche: geistl. Übungen, um das eigene relig. Leben zu fördern; oft in bes. **E.-Häusern.** E. sind vorgeschrieben für Geistliche, Klosterleute.

Exeter ['eksɪtə], Stadt in SW-England, 95600 Ew.; Univ., anglikan. Bischofssitz; ummauerte Altstadt, normannisch-got. Kathedrale.

Exhalation [lat.] die, **1)** Ausströmen von Gasen aus Vulkanen. **2)** Physiologie: Abgabe von Wasserdampf und Kohlensäure durch Haut und Lunge. Ggs.: **Inhalation.**

Exhaustor [lat.] der, ⊙ Gebläse zum Absaugen von Luft, Gas, Staub, Spänen, Spreu.

Exhibitionismus [lat.], Form der Perversion des Mannes, öffentl. vor anderen Personen die Geschlechtsteile zu entblößen; strafbar nach § 183 StGB.

Exhumation [lat.] die, Ausgrabung (von Leichen). **exhumieren,** wieder ausgraben.

Exil [lat.] das, Verbannung, Verbannungsort.

Existenz [lat.] die, **1)** Dasein. **2)** Lebensunterhalt. **existieren,** dasein, vorhanden sein, leben. **existentiell,** das Dasein betreffend.

Existenzminimum, Mindesteinkommen, das ein einzelner oder eine Familie zum Lebensunterhalt braucht.

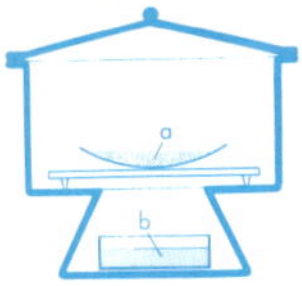

Exsikkator: a Substanz, b konzentrierte Schwefelsäure

Existenzphilosophie, Existentialismus, einflußreiche philosoph. Richtung der Gegenwart. Den Begriff »Existenz« hatte → Kierkegaard auf das menschl. Dasein, insbes. seine Begrenztheit, übertragen. Er wurde von Jaspers und Heidegger wieder aufgegriffen. Für Jaspers bleibt nach dem Scheitern aller rational-wissenschaftl. Weltorientierung das Verhältnis zum anderen (Kommunikation) übrig. Die E. rückt bei Sartre in die Nähe des Nihilismus, wenn er das Wesen des Menschen in die Freiheit als Unbestimmtheit setzt (»der Mensch ist eine nutzlose Passion«).

Exitus [lat. »Ausgang«] der, ♡ der Tod.

Exklave [frz. »Ausschluß«] die, Gebietsteil eines Staates innerhalb fremden Staatsgebietes.

exklusiv [lat.], ausschließend; vornehm. **exklusive,** Abk. **exkl.,** ausschließend.

Exkommunikation [lat.] die, → Kirchenbann.

Exkremente [lat.] Mz., Auswurfstoffe, Kot.

Exkrete [lat.] Mz., Ausscheidungsstoffe von einem Organismus (z.B. Harn, Schweiß, Tränen). Ggs.: → Inkrete, → Sekrete.

Exkurs [lat.] der, Abschweifung.

Exkursion [lat.] die, Lehrausflug.

Exlibris [lat.] das, Bucheignerzeichen; künstlerisch ausgeführte Einklebezettel mit Namen oder Wappen des Besitzers.

Exmatrikulation [lat.] die, Streichung aus der Matrikel, Abgang von der Univ.

Exmission [lat.] die, ⚖ Entfernung eines Pächters oder Mieters vom Grundstück auf Grund eines gerichtl. Entscheides. **exmittieren,** zwangsweise entfernen.

Ex|odus [grch.-lat.] der, 2. Buch Mose (Auszug aus Ägypten).

ex officio [lat.], von Amts wegen.

Exzenter: a Exzenter, b E.-Bügel, c E.-Stange

Exogamie [grch.] die, bei manchen Völkerstämmen durch Stammesgesetze geforderte Heirat außerhalb der eigenen Verwandtschafts- oder Totemgruppe. Ggs.: Endogamie.

exogen [grch.], **1)** von außen wirkend. **2)** 🌐 die Landoberfläche verändernde Vorgänge, z.B. Verwitterung, Ablagerung, Abtragung.

ex|orbitant [lat.], übermäßig, übertrieben.

ex oriente lux [lat., aus dem Osten kommt das Licht], auf das Christentum bezogen.

Ex|orzismus [grch.] der, Beschwörung und Austreibung böser Geister.

Exotarium das, Bau mit Terrarien und Aquarien im Zoo.

exoterisch [grch.], nach außen gewendet, gemeinverständlich. Ggs.: esoterisch.

exotherm [grch.], chem. Reaktion, die unter Wärmeabgabe verläuft, z.B. Verbrennung.

exotisch [grch.], fremdländisch, tropisch.

Expander der, Sportgerät zur Muskelkräftigung, dehnbare Seile zw. 2 Holzgriffen.

Expansion [lat.] die, Ausdehnung.

expatriieren [lat.], ausbürgern, verbannen.

expedieren [lat.], abfertigen, befördern.

Expedition [lat.] die, **1)** Geschäftsstelle, Versand. **2)** Beförderung. **3)** Forschungsreise. **4)** Feldzug.

Expektorantien, Ez. das **Expektorans,** -, Mittel, die den Auswurf fördern, indem sie zähes Bronchialsekret verflüssigen oder verstärkten Abtransport bewirken. Sie finden als Hustenmittel Verwendung.

Experiment [lat.] das, wissenschaftl. Versuch.

Experte der, Sachverständiger; **Expertise** die, sachverständiges Gutachten.

Expertensystem, Computer- und Programmsystem, das Wissen über ein Fachgebiet speichert, daraus Folgerungen ableiten und Problemlösungen anbieten kann. E. sind Resultate der → Künstlichen Intelligenz.

explizieren [lat.], erklären, klar darlegen.

explorieren [lat.], erforschen, prüfen.

Explosion [lat.] die, plötzl. Volumenvergrößerung unter Knall und zerstörenden Wirkungen, verursacht durch Kettenreaktion. **explosiv,** leicht explodierend.

Exponent [lat.] der, **1)** △ Hochzahl, hochgestellte Zahl bei einer → Wurzel oder → Potenz, z.B. die 2 in $3^2 = 9$. **2)** Ü hervorragender Vertreter einer Sache.

Exponentialfunktion, △ die Funktion $f(x) = e^x$, Basis der natürl. Logarithmen.

exponieren [lat.], **1)** darlegen. **2)** aussetzen (z.B. einer Gefahr).

Export der, Ausfuhr, → Außenhandel.

Exposé [frz.] das, Darlegung, Entwurf.

Exposition [lat.] die, **1)** Erörterung. **2)** DRAMA: Einführung des Publikums in die Vorgänge, von denen die Handlung ausgeht.

expreß, eilig. **par exprès** [frz.], durch Eilboten; **Expreßgut,** bes. eiliges Gut, meist wie Reisegepäck in Reisezügen befördert.

Expression [frz.-lat.] die, Ausdruck; **expressiv,** ausdrucksvoll.

Expressionismus [lat.] der, Kunstrichtung des frühen 20. Jh., die i. Ggs. zum Impressionismus als der Kunst des Eindrucks den Wesensausdruck suchte. Zu den Wegbereitern gehörten van Gogh und Munch. Die entschiedensten Vertreter des E. wurden die Deutschen (Maler: Kirchner, Heckel, Schmidt-Rottluff, Nolde; Bildhauer: Lehmbruck, Barlach). In der Literatur trat der E. in Dtl. 1910-25 hervor. Hauptvertreter: Trakl, Heym, Stadler, Lasker-

Externsteine

J. van Eyck: Arnolfini mit seiner Frau

Schüler, Werfel, Sternheim, Benn, v. Unruh, Kaiser, Hasenclever u. a.

Expropriation [lat.] die, → Enteignung.

exquisit [lat.], auserlesen.

Exsequien, Exequien [lat.] Mz., kath. Leichenfeierlichkeiten mit Totenmesse.

Exsikkator [lat.] der, ☜ Gefäß zum Aufbewahren wasserfreier oder zum Trocknen feuchter Stoffe mit Hilfe wasserbindender Substanzen. (BILD S. 242)

Exstirpation [lat.] die, ♡ operative Entfernung eines erkrankten Organs oder einer Geschwulst.

Exsudation, Ausschwitzung, die, -/-en, bei Entzündungen, bes. der Brust- und Bauchorgane, auftretende Absonderung von vorwiegend flüssigen Blutbestandteilen durch die krankhaft durchlässigen Blutgefäße hindurch. Die abgesonderte Flüssigkeit, das **Exsudat,** sammelt sich oft in Hohlräumen (Herzbeutel, Bauchhöhle).

Extemporale [lat.] das, -s/...lien, schriftl. Arbeit ohne Vorbereitung und Hilfsmittel. **extemporieren,** aus dem Stegreif reden.

extensiv, ausgedehnt; nicht mit Ausnutzung aller Möglichkeiten betrieben (z. B. Landwirtschaft). Ggs.: intensiv. **in extenso,** ausführlich.

Exterieur [ɛksterj'œr, frz.] das, Äußeres.

extern [lat.], **1)** äußerlich. **2)** auswärtig.

Externsteine, Gruppe von 13 Sandsteinfelsen am NO-Hang des Teutoburger Waldes, mit eingemeißelten Felsbildern (12. Jh.). Wahrscheinlich ein ehemals heidn. Heiligtum. (BILD S. 242)

Exterritorialität [lat.] die, Ausnahmestellung gegenüber der Hoheit des Aufenthaltsstaates. E. genießen Staatsoberhäupter, diplomat. Vertreter u. a.; der Umfang ist uneinheitlich.

extra [lat. »außer, außerhalb«], nur, eigens, besonders. **Extra...,** Sonder..., z. B. Extrablatt.

extrahieren [lat.], (her)ausziehen.

Extrakt [lat.] der, **1)** Auszug von Drogen (mit Wasser oder Alkohol). **2)** eingedicktes Nahrungsmittel, z. B. Fleisch-E. **3)** Ü Kern, Hauptinhalt. **Extraktion** die, **1)** Auslaugen; Verfahren, bei dem aus Gemischen durch Lösungsmittel Bestandteile herausgezogen werden, z. B. Zucker aus Rübenschnitzeln. **2)** ♡ Ausziehen, z. B. eines Zahnes.

Extra|uterinschwangerschaft, Schwangerschaft, bei der sich das befruchtete Ei außerhalb der Gebärmutterhöhle einnistet und weiterentwickelt.

extravagant [lat.], ausgefallen; überspannt.

extravertiert [lat.], nach außen gerichtet; aufgeschlossen. Ggs.: introvertiert.

extrem [lat.], äußerst, übertrieben. **Extrem** das, Äußerstes, höchster Grad. **Extreme** Mz., Gegensätze; größte und kleinste Werte. **Extremitäten** Mz., die Gliedmaßen: Arme **(obere E.)** und Beine **(untere E.).**

Extremismus [lat.] der, -, Verhaltensweise, die die bestehende Gesellschafts- und Staatsordnung radikal umstürzen will und entsprechende Strategien (einschließlich der Anwendung von Gewalt) entwickelt. Es gibt sowohl Rechts- als auch Linksextremismus. **Extremist** der, -en/-en.

exzellent [lat.], vortrefflich, hervorragend.

Exzellenz [lat. »Vortrefflichkeit«] die, Ehrentitel für Generale, Minister und Gesandte; in Dtl. seit 1919 abgeschafft; Titel der kath. Bischöfe.

exzelsior [lat.], höher, erhabener.

Exzenter das, **E.-Scheibe,** ⊙ auf einer Welle sitzende Kreisscheibe, deren Mittelpunkt außerhalb der Drehachse der Welle liegt; wandelt eine drehende Bewegung in eine hin und her gehende um. (BILD S. 242)

exzentrisch [lat.], **1)** Kreise in einer Ebene ohne gemeinsamen Mittelpunkt. **2)** überspannt.

exzeptionell [frz.], außergewöhnlich.

exzerpieren [lat.], einen schriftl. Auszug machen. **Exzerpt** das, schriftl. Auszug.

Exzeß [lat.] der, Ausschweifung, Maßlosigkeit.

Exzision [lat.] die, ♡ Entnehmen von Körpergewebe zum Beseitigen von Krankheitsherden oder zur Krankheitserkennung **(Probe-E.).**

Eyck, Hubert van, *um 1370, †1426, und Jan van, *um 1390, †1441, niederländ. Maler, Brüder, Begründer der altniederländ. Malerei. In ihrem gemeinsamen Werk, dem Genter Altar (1432), fand ihre neue, an der älteren Miniaturmalerei erwachsene Wirklichkeitsauffassung ihren ersten großen Ausdruck; gestalterisch über ihn hinaus führen Altartafeln und Bildnisse Jans.

Eyre-See [ɛə], zeitweise trockener, abflußloser Salzsee in S-Australien, 12 m u. M.

Eyth, Max v., Ingenieur und Schriftst., *1836, †1906; baute mit Fowler zusammen den Dampfpflug; schrieb u. a.: »Hinter Pflug und Schraubstock«, »Der Schneider von Ulm«.

Ez., Abk. für Einzahl.

Ezechiel, jüd. Prophet, um 590 v. Chr. Seelsorger in der Babylon. Gefangenschaft. Das **Buch E.** enthält Weissagungen und Trostreden.

Ezzolied, »Gesang von den Wundern Christi«, von dem Bamberger Priester Ezzo, um 1060.

F

f, F, 1) 6. Buchstabe im Abc. **2)** ⊠ **F,** Abk. für → Farad und Fahrenheit (→ Thermometer). **3)** ☜ **F,** chem. Symbol für Fluor. **4)** ♩ **F,** 4. Ton der C-Dur-Tonleiter; **f,** Abk. für → forte. **5) f.** und **ff.** für folgend(e) Seiten, Jahre usw.

Fabel [lat.], **1)** kurze Erzählung aus der Natur, bes. aus der Tierwelt, die auf eine Lehre (Moral) hinführt. **2)** Stoff, Handlung einer Dichtung.

Fabeltiere, Geschöpfe der Einbildungskraft, die in Sage, Märchen und Wappenkunde eine Rolle spielen, wie Drache, Lindwurm, Einhorn, Greif, Basilisk, Chimäre, Zerberus, Sphinx, Zentaur.

Sphinx

Zentaur

Greif

Einhorn

Basilisk

Drache

Fabeltiere

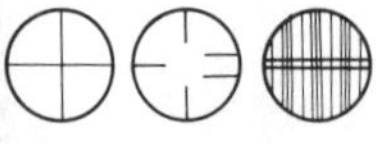

Fadenkreuz

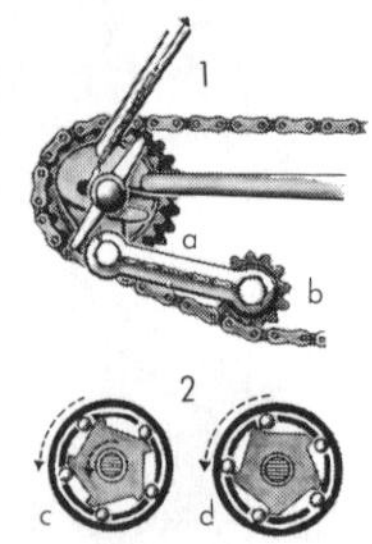

Fahrrad: 1 Gangschaltung, a Schaltkette, b Schaltrad. 2 Freilauf, c Gangstellung, d Freilaufstellung

Falconet: Denkmal Peters des Großen

Fabian Society [f'eıbıən səs'aıətı], 1884 gegr. sozialist.-wissenschaftl. Vereinigung in England; bot die ideolog. Grundlage der → Labour Party.

Fabiola, Doña F. de Mora y Aragón, *1928, ∞ 1960 mit dem belg. König Baudouin I.

Fabius, altröm. Adelsgeschlecht: Quintus **F. Maximus Verrucosus,** mit dem Beinamen **Cunctator** (»Zauderer«), 217 v.Chr. Diktator, ermutigte die Römer zum Widerstand gegen die Karthager.

Fabius [fabj'ys], Laurent, frz. Politiker (Sozialist), *1946, 1984-86 MinPräs.

Fabrik die, arbeitsteiliger Betrieb, der unter Verwendung von Maschinen gewerbl. Erzeugnisse **(Fabrikate)** für den Verkauf herstellt. – **Fabrikant,** Hersteller, Verfertiger; Besitzer einer F.; **fabrizieren,** verfertigen, herstellen.

Fabrikmarke, Fabrikzeichen, engl. **trade mark,** → Warenzeichen.

Fabrikschiff, Fischerei-Spezialschiff zur unmittelbaren versand- und verbrauchsfertigen Verarbeitung der eigenen oder der von den Fangbooten angelieferten Fänge.

fabulieren [lat.], erdichten, mit Ausschmückung erzählen.

face lifting [feıs l'ıftıŋ, engl.] das, operative Beseitigung von Gesichtsfalten.

Facette [fas'ɛtə, frz.] die, angeschliffene Fläche (Edelsteine, Glas). **F.-Auge,** Netzauge der Gliedertiere, besteht aus vielen Einzelaugen.

Facharbeiter, Arbeiter mit Lehre und Abschlußprüfung in anerkanntem Ausbildungsberuf.

Facharzt, früher Bez. für einen Arzt, der sich durch mehrjährige Ausbildungszeit auf einem best. Fachgebiet bes. Kenntnisse erworben hatte, z.B. F. für Chirurgie.

Fachbereich, im Hochschulbereich Zusammenfassung von Instituten und Lehrstühlen (anstelle der Fakultäten).

Fächer, Handgeräte aus federndem Werkstoff zur Kühlung durch Luftbewegung.

Fächerflügler, kleine, den Käfern verwandte Insekten, Parasiten bei Insekten.

Fächerpalme, → Palmen.

Fachhochschulen, Hochschuleinrichtungen mit relativ spezialisiertem Studienangebot: Techn., Landwirtschaftl., Wirtschafts-, Handels-, Musik-, Sozial-, Verwaltungswissenschaftl., Theolog. Hochschulen. In sechssemestrigem Studium vermitteln sie das Diplom (FH) der versch. Fachrichtungen und den Zugang zum gehobenen Verwaltungsdienst.

Fachoberschulen, 2jähr. Einrichtung des berufl. Schulwesens, die zur Fachhochschulreife führt. Die F. umfassen ein einjähriges Praktikum (Klasse 11) mit Teilzeitschulbesuch und eine wissenschaftlich-theoret. Ausbildung (Klasse 12); ersteres wird bei Nachweis einer Berufsausbildung erlassen. Voraussetzung zum Eintritt in die F. ist der mittlere Bildungsabschluß (10. Schuljahr).

Fachschulen, freiwillig besuchte berufsbildende Lehranstalten, die nach Abschluß einer Fachausbildung (Lehre oder Praktikum) zur berufl. Weiterbildung oder zum Erwerb besonderer Qualifikationen (Spezialisierung, Meisterprüfung) besucht werden. Die Dauer der Ausbildung umfaßt wenigstens 2 Semester. Einrichtungen mit geringerer Lehrgangsdauer heißen **Fachlehrgänge.** F. bestehen für fast alle Einzelberufe. – Von den F. sind die **höheren Fachschulen** abzuheben, die in den letzten Jahren in → Fachhochschulen umgewandelt wurden.

Fachwerk, 1) Bauweise, bei der zunächst ein Rahmenwerk aus Holz hergestellt wird; die Zwischenfächer werden mit Mauerwerk oder Lehm ausgefüllt. **3)** ebene oder räuml. Baukonstruktion aus miteinander verbundenen Stäben (Holz, Stahl u.a.) für Dachtragwerke, Brücken, Flugzeuge u.a.

Facialis, Nervus facialis, der, Gesichtsnerv. **F.-Lähmung** betrifft die Muskeln einer Gesichtshälfte; meist durch Erkältung, Entzündung.

Fackel die, Beleuchtungsmittel aus mit Harz, Teer, Wachs getränktem grobem Gewebe, das an einem Holzstab befestigt ist.

Fadejew, Alexandr, sowjet. Erzähler, Soldat, Politiker, *1901, † (Selbstmord) 1956.

Faden, ⚓ Längenmaß für die Tiefe des Fahrwassers: 1 F. = 1,80 bis 2 m.

Fadenkreuz, 2 rechtwinklig sich schneidende Striche in der Brennebene eines Objektivs.

Fadenwürmer, Nematoden, runde, fadenförmige Würmer, deren Körper nicht in Ringe (Segmente) gegliedert ist; meist getrenntgeschlechtlich. Schmarotzer in Tieren und Menschen sind → Spulwurm, → Grubenwurm, → Madenwurm, → Trichine.

Fadenzähler, Weberglas, Lupe mit versch. Meßbereichen zum Auszählen der Schuß- und Kettfäden in Geweben.

Fading [f'eıdıŋ, engl.] das **1)** Schwundeffekt, Schwankungen der Lautstärke beim Rundfunkempfang. **2)** Nachlassen der Wirkung von Kraftwagenbremsen nach wiederholtem Gebrauch (durch Erwärmung).

Faenza, oberital. Stadt, 55600 Ew.; bekannt durch das im 15./16. Jh. entwickelte keram. Kunstgewerbe **(Fayencen).**

Faesi, Robert, schweizer. Schriftst., *1883, †1972; Gedichte, Erz., Romane u.a.

Fafnir, in der nord. Sage schatzhütender Drache, von Sigurd (Siegfried) erschlagen.

Fagott [ital.] das, Blasinstrument aus Holz, hat doppelte Röhre, 20-24 Klappen, S-förmiges Metallmundstück mit doppeltem Rohrblatt. Baßinstrument, Umfang über 3 Oktaven. Das **Kontra-F.** ist 1 Oktave tiefer. (BILD Blasinstrumente I)

Fähe die, ♈ weibl. Fuchs, Dachs, Marder, Iltis, Wiesel, Nerz.

Fahlerz, graues bis schwarzes Mineral, enthält bes. Schwefel, Kupfer, Antimon, Arsen, Silber; zur Gewinnung von Silber und Kupfer.

Fahndung die, ⚖ Maßnahmen der Polizei oder des Staatsanwalts zur Ermittlung und Festnahme eines Verbrechers. (→ Steckbrief)

Fahne, 1) staatl. und militär. Abzeichen, bestehend aus Fahnentuch (ein- oder mehrfarbig), Stange und Fahnenspitze oder -bändern. Die **Weiße F.** zeigt die Bereitschaft zur Unterhandlung oder Übergabe an. **F. des Propheten,** die heilige (grüne) F. der Mohammedaner. Ferner → Banner, → Flagge, → Standarte. **2)** Korrekturabzug des noch nicht umbrochenen Drucksatzes.

Fahneneid, Diensteid des Soldaten, meist auf die Fahne geleistet.

Fahnenflucht, unerlaubte Entfernung eines Soldaten aus dem Wehrdienst, um sich der Dienstpflicht dauernd zu entziehen.

Fahnenjunker, Offiziersanwärter im Range eines Unteroffiziers (bei der Marine: **Seekadett**).

Fähnlein, im 16. und 17. Jh. Truppeneinheit (300-600 Mann) unter einem Hauptmann.

Fähnrich, ⁂ urspr. Träger der Fahne, in der Bundeswehr Offiziersanwärter im Range eines Feldwebels (bei der Marine: **F. zur See**).

Fähre die, Wasserfahrzeug zum Übersetzen von Menschen und Landfahrzeugen über Gewässer. **Fluß-F.** werden oft fest verankert oder an einem über den Fluß gespannten Seil geführt. Durch Schrägstellen der F. wird ein Strömungsdruck erzeugt, der die F. bewegt. **(Gier-F.). F.-Schiffe, Trajekte,** befördern Eisenbahnfahrzeuge. Sie benötigen Landestellen mit Gleisanschluß.

fahrende Leute, im MA. umherziehende

Gaukler, Spielleute, →Vaganten, im 17. Jh. auch Komödianten.

Fahrenheit [nach G. D. Fahrenheit, *1686, †1736], in den angloamerikan. Ländern Maßeinheit der Temperatur; →Thermometer.

Fahrerflucht, U für das unerlaubte Entfernen vom Unfallort eines an einem Verkehrsunfall Beteiligten. Strafe: Freiheitsstrafe, in schweren Fällen nicht unter einem Jahr.

Fahrlässigkeit, ⚖ Außerachtlassen der im Verkehr erforderl. Sorgfalt (Zivilrecht, § 276 BGB). Strafrecht: fahrlässig handelt, wer diejenige Sorgfalt außer acht läßt, zu der er nach den Umständen und nach seinen persönl. Verhältnissen verpflichtet und fähig ist.

Fahrnis, fahrende Habe, ⚖ bewegl. Sachen (Mobilien). **Fahrnisgemeinschaft,** vertragl. ehel. Güterstand.

Fahrrad, zweirädriges Fahrzeug mit Tretkurbeln. Der Rahmen aus nahtlosem Stahlrohr hat die Form eines Dreieck-Fachwerks, beim Damenrad ist das Oberrohr heruntergezogen. Die Lenkstange mit Vorderradgabel ist drehbar im Rahmen gelagert. Das Hinterrad wird durch eine Kettenübersetzung angetrieben; oft haben F. eine Gangschaltung zur Änderung des Übersetzungsverhältnisses, diese ist entweder ein Getriebe aus mehreren Planetenzahnrädern (Nabenschaltung), oder die Antriebskette wird auf Zahnräder mit versch. Durchmesser geschaltet (Kettenschaltung). In die Hinterradnabe ist ein Rollenfreilauf mit Rücktrittbremse eingebaut: Vorwärtstreten preßt die im Inneren der Nabe gelagerten Rollen durch einen gezahnten Führungsring gegen das Nabengehäuse und bewirkt Kupplung des Antriebs mit dem Hinterrad. Bei Nichttreten gleitet die Nabe über die Rolle hinweg. Ausrüstung: 2 Bremsen, Klingel, Beleuchtung, weißer Strahler am Lenker, rote Schlußleuchte, roter Rückstrahler, gelbe Rückstrahler an den Pedalen und zw. den Speichen. (BILD S. 244)

Fahrschule, meist privater gewerbl. Betrieb, vermittelt die zur Führung eines Kraftfahrzeugs nötigen theoret. und prakt. Kenntnisse. Die Prüfung erfolgt vor einer staatl. Sachverständigenstelle, die auch den →Führerschein aushändigt.

Fahrstuhl, 1) Rollstuhl. **2)** der →Aufzug.

Fährte die, ♆ Abdruck der Tritte von Schalenwild im Boden, Schnee. Die F. vom Hasen und Raubwild heißt **Spur,** vom Federwild **Geläuf.** Warme F. heißt die frische, kalte F. die alte F. Ein Jäger, der Wild nach F. gut beurteilt (anspricht), ist **fährtengerecht.**

Fahrtrichtungsanzeiger, gesetzlich vorgeschriebene Einrichtung für Kraftfahrzeuge: **Blinkleuchten** zur Anzeige des Fahrtrichtungswechsels.

Fährte (a im Ziehen, b in der Flucht): **1** Edelhirsch, **2** Reh, **3** Schwarzwild

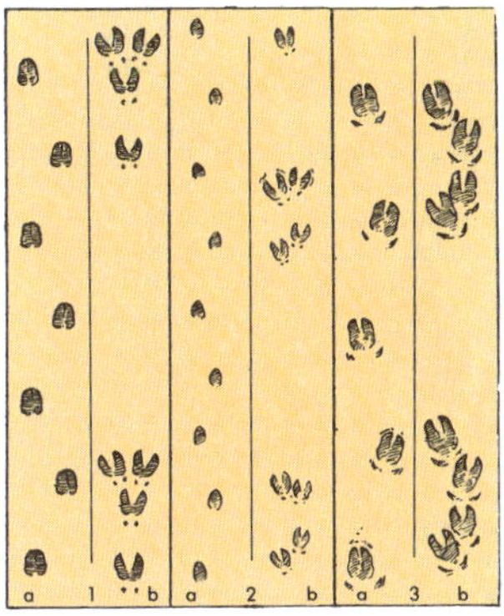

Fahrtschreiber, Tachograph, für best. Gruppen von Nutzfahrzeugen vorgeschrieben, zeichnen Fahrweg und Geschwindigkeit in Abhängigkeit von der Uhrzeit auf.

Fahrverbot, ⚖ vom Strafgericht ausgesprochene Nebenstrafe, Verbot, im Straßenverkehr Kraftfahrzeuge jeder oder einer best. Art zu führen.

Fahrwasser, für die Schiffahrt bestimmte Fahrrinne in einem Fluß, See oder an der Meeresküste: durch Seezeichen gekennzeichnet.

Faible [fɛ:bl, frz.] das, Schwäche, Vorliebe.

Faijum, El F. [arab.], Senke der Libyschen Wüste in Oberägypten, bis 50 m u. M.; 1792 km², mit 1,54 Mio. Ew., fruchtbarste Ackerbauprovinz Oberägyptens; einst Sumpfland, das Pharaonen der 12. Dynastie entwässern ließen. Die Stadt Medinet el-F. hat 167 000 Ew.

fair [fɛə, engl.], ritterlich, anständig. **f. play** [fɛə pleɪ], ehrl., anständiges Spiel.

Fairbanks [f'ɛəbæŋks], Stadt in Alaska, USA, am Fluß Tanana, 22 700 Ew.; Univ.; Goldbergbau; Luftwaffenstützpunkt.

Fair Deal [fɛə di:l, engl. »gerechter Anteil«], der von H. S. Truman nach dem 2. Weltkrieg aufgestellte wirtschaftspolit. Grundsatz, nach dem der Nation im Rahmen der Weltwirtschaft und dem Einzelnen ein gerechter Anteil an den Gütern zustehe.

Faisal, Feisal, arab. Name: **1) F. I.,** König des Irak, *1883, †1933, kämpfte im 1. Weltkrieg auf brit. Seite gegen die Türken, 1921 König. **2) F. II.,** *1935, † (getötet) Juli 1958, Enkel von 1), König des Irak seit 1939, gekrönt 1953. **3)** König von Saudi-Arabien, *1906, † (ermordet) 1975, Bruder König Sauds, 1953-60 und 1962-64 MinPräs., Nov. 1964 zum König proklamiert.

fait accompli [fɛtakɔ̃pl'i, frz.] das, vollendete Tatsache.

Fäkalien [lat.] Mz., Kot (→Exkremente).

Fakir [arab. »arm«], **1)** Asketen und relig. Bettler in Indien. **2)** mohammedan. Büßer, meist als Derwische bezeichnet.

Faksimile [lat. »mach es ähnlich«] das, originalgetreue Wiedergabe einer Schrift, Zeichnung usw.

Faktion [lat.] die, polit. Partei, Gruppe.

Faktor [lat.] der, -s/...toren, **1)** ❀ Leiter einer ausländ. Handelsniederlassung **(Faktorei). 2)** Zwischenmeister, der Rohstoffe an Heimarbeiter ausgibt und die Fertigwaren übernimmt. **3)** Abteilungsleiter (Setzerei, Buchbinderei). **4)** maßgebende Wirkungskraft, Triebfeder. **5)** △ die Zahl, die mit einer anderen multipliziert wird.

Faktotum [lat.] das, Gehilfe für alles.

Faktum [lat.] das, -s/...ta, ...ten, Tatsache.

Faktura [lat.], **Faktur,** die, -/...en, Rechnung. **fakturieren,** eine Rechnung ausstellen.

Fakultät [lat.] die, **1)** Fachgruppe einer Hochschule. **2)** kath. Kirchenrecht: Vollmacht. **3)** △ **n-Fakultät, n!,** das Produkt der ganzen Zahlen von 1 bis n, z. B. $5! = 1 \cdot 2 \cdot 3 \cdot 4 \cdot 5 = 120$.

fakultativ [lat.], dem eigenen Ermessen überlassen; wahlfrei. Ggs.: obligatorisch.

Falange [fal'aŋxe] die, autoritäre nationalsoziale Organisation in Spanien, gegr. 1933, später durch Hinzutritt anderer Gruppen erweitert, seit 1936 unter Führung von Franco, auf dessen Seite sie im Bürgerkriege kämpfte und dessen Regime sie unterstützte; 1977 aufgelöst.

Falbe der, graugelbes Pferd.

Falbel [ital.] die, Faltenbesatz, Faltensaum.

Falconet [falkon'ɛ], Etienne-Maurice, frz. Bildhauer, *1716, †1791; schuf das barocke Reiterdenkmal Peters d. Gr. in Leningrad; später für die Manufaktur in Sèvres tätig. (BILD S. 244)

fälische Rasse, europide Menschenrasse.

Falk, Adalbert, Mitarbeiter Bismarcks im

Falken

Turmfalke

Baumfalke

Wanderfalke

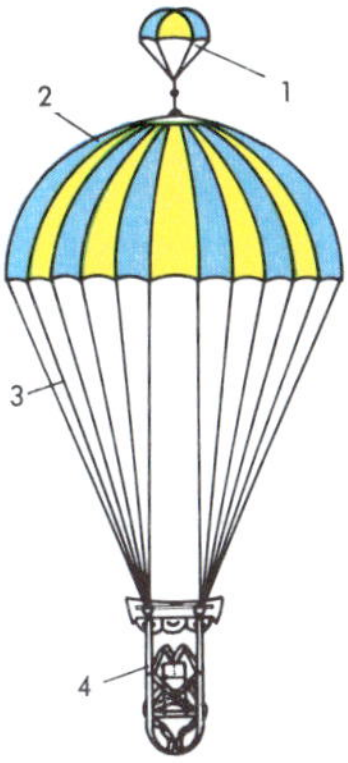

Fallschirm: 1 Hilfsschirm, **2** Schirmkappe, **3** Fangleinen, **4** Traggurt

Falte

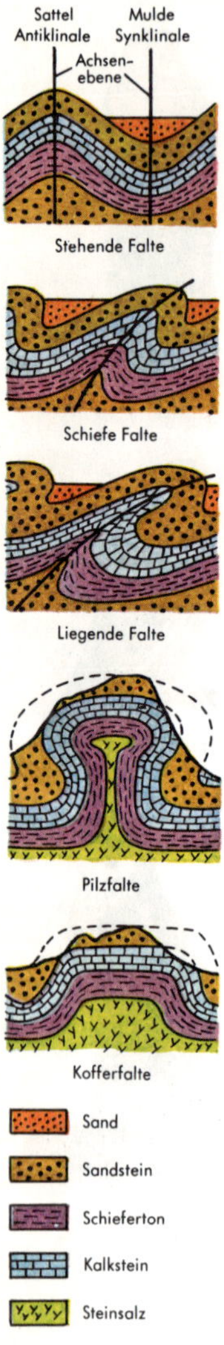

Kulturkampf, *1827, †1900; 1872-79 preuß. Kultusmin. (Maigesetze von 1873).

Falken, Familie der Greifvögel. Die **Echten F.** haben einen Zahnfortsatz an der Schnabelspitze. Sie nähren sich fast nur von lebender Beute, die sie in der Luft ergreifen oder am Boden schlagen. Dazu gehören **Jagd-F., Wander-F., Baum-F., Turm-F. (Rüttel-F.).** (BILDER S. 245)

Falken, Die F., Sozialistische Jugend Deutschlands, sozialistischer Jugendbund, wiedergegr. 1946.

Falkenau an der Eger, tschech. **Sokolov,** Stadt in Westböhmen, Tschechoslowakei, 27500 Ew.; Braunkohlen, chem. Ind.

Falkenhayn, Erich v., General, *1861, †1922, wurde 1913 preuß. Kriegsmin., war 1914-16 Generalstabschef (Nachfolger Moltkes).

Falkensee, Stadt westl. von Berlin-Spandau, Bez. Potsdam, 24000 Ew.; chem. Ind.

Falkland-Inseln, Malwinen, brit. Inselgruppe im südl. Atlant. Ozean, 12170 km², 2000 Ew., umfassen die Hauptinseln Ost- und Westfalkland und über 100 kleine Inseln; bilden mit Süd-Georgien und Süd-Sandwich-Inseln die Kronkolonie **Falkland-Islands and Dependencies;** Hauptort: Stanley. Schafhaltung, Fischerei. – Seit 1833 britisch, von Argentinien und Chile beansprucht. Im 1. Weltkrieg Seeschlacht bei den F.-I. (8.12.1914). April 1982 von Argentinien besetzt, bis Juni 1982 von Großbritannien zurückerobert.

Falknerei, Falkenjagd, → Beize 2).

Fall, 1) ⊠ lotrecht nach unten gerichtete Bewegung frei bewegl. Körper, verursacht durch die Schwerkraft der Erde. Die Geschwindigkeit eines fallenden Körpers wächst proportional der Zeit; die Beschleunigung beträgt etwa 9,807 m/s². **2)** Ⓢ → Beugung.

Fall, Leo, österreich. Operettenkomponist, *1873, †1925; »Der fidele Bauer«.

Falla [f'aʎa], Manuel de, span. Komponist, *1876, †1946; Opern, Ballette, Lieder.

Fallada, Hans, Schriftstellername von R. **Ditzen,** *1893, †1947; kritisch-realist. Romane: »Kleiner Mann was nun?«, »Wolf unter Wölfen« u. a.

Fallbeil, Guillotine [nach dem frz. Arzt Guillotin], Hinrichtungsgerät, bes. während der Frz. Revolution verwendet.

Falle, Fangvorrichtung, bes. für Raubzeug, Wild, Pelztiere, Ratten, Mäuse. Eiserne F. heißen auch **Eisen** (Berliner Eisen, → Tellereisen).

Fälligkeit, Zeitpunkt, zu dem der Gläubiger die Leistung vom Schuldner verlangen kann und der Schuldner sie bewirken muß **(Erfüllungszeit).**

Falliment [ital.], **Fallissement** [falismã, frz.] das, Zahlungseinstellung, Konkurs, Bankrott. **fallieren,** Zahlungen einstellen.

Fallout, fall out [fɔ:l'aʊt, engl.] der, aus der Atmosphäre ausfallende radioaktive Niederschläge.

Fallreep das, ⚓ Leiter aus Tauwerk, auch Treppe, zum An- und Vonbordgehen.

Fallschirm, Gerät zum Abspringen und Lastenabwurf aus Luftfahrzeugen; besteht aus einem aus vielen Stoffbahnen (Seide, Baumwolle, Chemiefasern) zusammengenähten großen, halbkugelförmigen Schirm mit einem etwa 40 cm großen Loch in der Mitte; Sinkgeschwindigkeit etwa 5,5 m/s. Der **F. mit Verbindungsleine** wird durch eine dünne, mit dem Luftfahrzeug verbundene Reißschnur aus der Verpackung herausgerissen; beim **F. mit Handabzug** wird an einem über der Brust hängenden Handgriff gezogen. **Brems-F.** sollen die Landestrecke schneller Flugzeuge verkürzen oder in die Atmosphäre eintauchende Satelliten abbremsen. Im **F.-Sport** werden Geschicklichkeits- und Präzisionswettbewerbe mit Höhen-, Ziel- und Figurensprüngen in Einzel- und Gruppenkonkurrenzen ausgetragen. (BILD S. 245)

Fallsucht, ♡ die → Epilepsie.

Fällung, ⚗ Abscheidung eines festen Stoffes aus einer Lösung durch Zusetzen eines Fällungsmittels, durch Erhitzen oder durch Elektrolyse.

Fallwild, durch Krankheit oder Verletzung verendetes Wild.

Falschaussage, ⚖ uneidl., vorsätzlich falsche Aussage eines Zeugen oder Sachverständigen vor Gericht; mit Freiheitsstrafe, in schweren Fällen nicht unter einem Jahr bestraft (§ 153 StGB). Die Strafandrohung bezieht sich nicht auf F. der Parteien im Zivilprozeß und des Beschuldigten im Strafverfahren.

Falscheid, ⚖ fahrlässiges Beschwören einer falschen Aussage oder fahrlässige Abgabe einer falschen eidesstattl. Versicherung. Freiheitsstrafe (§ 163 StGB). (→ Meineid)

Falschmünzerei, → Münzfälschung.

Falschspiel, ⚖ betrügerische Herbeiführung des Gewinnens unter heiml. (den Mitspielern nicht erkennbaren) Spielregelverstößen (z. B. gezinkte Karten); ist als Betrug strafbar.

Fälschung, Nachbildung oder Veränderung eines Gegenstandes zu betrügerischen Zwecken. Kunstwerke werden gefälscht, indem ein Werk im Stil eines bekannten Meisters geschaffen und mit Altersspuren versehen wird **(Total-F.),** oder wenn das Original durch eine falsche Signatur verändert wird **(Teil-F.).**

Falsett [ital.] das, **Kopf-, Fistelstimme,** ♩ erreicht durch besondere Behandlung der Stimme hohe Töne.

Falsifikat [lat.] das, Fälschung.

Falstaff, Sir John, Prahler in Shakespeares »Heinrich IV.« und in den »Lustigen Weibern von Windsor«. Opernheld bei Nicolai und Verdi.

Falster, dän. Insel, südl. von Seeland, 514 km², 49000 Ew.; Landwirtschaft. Hauptort: Nykøbing.

Faltboot, zerlegbares Paddelboot.

Falte, durch seitl. Einengung (Faltung) entstandene regelmäßige Verbiegung von Gesteinen, bes. in Schichtgesteinen und kristallinen Schiefern. **Faltengebirge** sind z. B. Alpen, Pyrenäen, Karpaten, Felsengebirge (N-Amerika).

Falter, → Schmetterlinge.

Falun, Stadt in der schwed. Landschaft Dalarna, 52200 Ew.; früher Kupfer-, heute Schwefelkiesbergbau, Bergschule; versch. Ind.

Falz der, **1)** Verbindung abgebogener, ineinandergreifender und zusammengepreßter Blechränder. **2)** ✐ die durch Abpressen des Buches gebildete Erhöhung zu beiden Seiten des Buchrückens. **3)** Aussparung oder Vertiefung zum guten Übereinandergreifen von Hölzern, Steinen, Ziegeln. **4)** Kante eines gefalteten Papierbogens. **5)** ♆ Balz. **falzen,** Papier in Bogen legen, brechen.

Fama [lat.] die, Gerücht, Leumund.

Famagusta, Hafenstadt im O von Zypern, vor der türk. Besetzung (1974) rd. 44000 Ew.; röm. Gründung (Fama Augusta).

familiär [lat., frz.], vertraut; wohlbekannt.

Familie [lat.] die, **1)** i. d. R. das Elternpaar mit den unselbständigen Kindern als Einheit des Haushaltes; hat sich als das beständigste Gemeinschaftsgebilde erwiesen. Rechtl. gibt es keinen feststehenden Begriff der F., meist versteht man darunter die Ehegatten mit ihren Kindern. Verfassungsrechtl. ist sie durch Art. 6 GG geschützt. In der Bundesrep. Dtl. gibt es seit 1953 ein Familienministerium. **2)** ✿ ❀ Gruppe, umfaßt nahverwandte Gattungen.

Familienbuch, vom Standesbeamten geführtes Personenstandsbuch.

Familienhilfe, Leistungen der gesetzl. Krankenversicherungen für Familienmitgl. der Versicherten, z. B. Familienkrankenhilfe.

Familienkunde, → Genealogie.

Familienname, → Name.

Familienrat, Versammlung von Mitgl. der Familie, kann laut §§ 1858 ff. BGB an die Stelle des Vormundschaftsgerichts treten.

Familienrecht, ⚖ das im 4. Buch des BGB und im Ehegesetz geregelte Recht der Ehe, Elternschaft, Verwandtschaft und Vormundschaft.

Familienstand, Angabe, ob eine Person ledig, verheiratet, verwitwet, geschieden ist; → Personenstand.

famọs, ausgezeichnet, großartig.

Fạmulus der, -/...li, Diener, Gehilfe.

Fan [fæn, engl.] der, wild Begeisterter, Eiferer, z. B. Fußballfan, Jazzfan, Filmfan.

Fanạl [ital.] das, Feuerzeichen.

Fanariọten, vornehme grch. Familien in Konstantinopel im Stadtteil Fanar, stiegen im 18. Jh. im türk. Reich zu hohen Staatsämtern auf.

Fanạtiker [frz.] der, ein Mensch, der in blindem Eifer ein gesetztes Ziel verfolgt. **Fanatịsmus** der, Besessenheit von einer Idee.

Fandạngo der, span. Volkstanz im ¾- oder ⅜-Takt mit Kastagnettenbegleitung.

Fanfạni, Amintore, ital. Politiker, *1908, christl. Demokrat, 1954, 1958/59, 1960-63, 1982-83, 1987 MinPräs., 1965-68 Außenmin., 1968-73, 1976-82 Senatspräs.

Fanfạre [frz.] die, **1)** kurzes festl. Musikstück, meist für Trompeten, Pauken, Hörner. **2)** helltönende Trompete ohne Ventile.

Fang der, **1)** Jagdbeute. **2)** ♉ Rachen des Raubtieres. **3)** Kralle des Greifvogels. Mz.: Eckzähne der Hunde und Raubtiere; **den F. geben:** den Todesstoß versetzen.

Fangheuschrecken, große Heuschrekken, deren Vorderbeine als Fanggliedmaßen gestaltet sind, z. B. **Gottesanbeterin.**

Fạngo [ital.] der, Mineralschlamm aus heißen Quellen; Packungen gegen Gicht, Rheumatismus.

Fangschnur, Schulterschnur an Uniformen als Adjutantenabzeichen, Schützenschnur u. a.

Fano, ital. Stadt und Seebad am Adriat. Meer, 52 600 Ew.; Fischerei, Seiden-Ind.

Fanø, dän. Insel, westl. Jütlands, 56 km², 2800 Ew.; internat. Seebäder.

Fant [niederdt.] der, unreifer, grüner Junge.

Fantasịa [span. »Phantasie«, »Maskenaufzug«] die, in N-Afrika und Arabien die bei großen Festen vorgeführten Reiterkampfspiele.

Fantasy-Literatur [f'æntəsı-], Bez. für der Science Fiction nahestehende, aber historisch in einen Sagenbereich rückwärts gewandte phantast. Romane und Erz.

Fantin-Latour [fãt'ɛ̃ lat'u:r], Henri, frz. Maler, *1836, †1904, Bildnisse, Blumenstillleben.

FAO, Abk. für **F**ood and **A**griculture **O**rganization [fu:d ænd ægrık'ʌltʃə ɔ:gənaız'eıʃən, engl.], dt. **Organisation für Ernährung und Landwirtschaft,** 1945 gegr. Sonderorganisation der UNO, Sitz Rom. Exekutivorgan ist der **Welternährungsrat.**

Farạd [nach → Faraday] das, Abk. **F,** Maßeinheit für die Kapazität von 2 Leitern, die durch ein Dielektrikum (→ Kondensator) getrennt sind. Ein Kondensator besitzt die Kapazität 1 F, wenn er durch die Elektrizitätsmenge 1 Coulomb auf die Spannung 1 Volt aufgeladen wird. Da 1 F sehr groß ist, verwendet man meist 1 millionstel F, Mikro-F., Abk. 1 μF.

Faraday [f'ærədı], Michael, engl. Naturforscher, *1791, †1867, entdeckte u. a. die elektr. → Induktion und das Grundgesetz der → Elektrolyse, erkannte und erforschte zuerst die Zusammenhänge zw. Elektrizität und Licht.

Faradisatiọn die, ♡ ⚕ für die elektr. Reizstrombehandlung (→ Elektrotherapie).

Farah, Farah Diba, ehem. Kaiserin von Iran, *1938, ⚭ 1959 mit dem Schah von Iran.

Farbbücher, amtl. Veröffentlichungen zur Regierungs-, bes. zur Außenpolitik (in farbigem Umschlag): in Dtl. Weißbücher, in Großbritannien Blau-, in Frankreich Gelb-, in Italien Grünbücher.

Farbcode, Kennzeichnung der Widerstandswerte und Toleranzen elektr. Widerstände durch farbige Ringe.

Farbe, 1) durch elektromagnet. Schwingungen mit Wellenlängen von etwa 380 nm bis 760 nm (sichtbares Licht) ausgelöste und durch das Auge vermittelte Sinnesempfindung. Trifft Licht versch. Wellenlänge gleichzeitig die gleiche Stelle der Netzhaut, so entsteht im Auge ein einfacher, einheitl. Farbeindruck, eine **additive Mischfarbe,** in best. Fällen schon bei 2 Einzelfarben Weiß; solche F.-Paare nennt man **Komplementär-F.** (z. B. Rot-Grün, Blau-Gelb). **Körper-F.** werden erst durch die Beleuchtung sichtbar. Sie beruhen darauf, daß der betreffende Stoff bestimmte Wellenlängen des auffallenden Lichts stark absorbiert, die anderen aber reflektiert oder durchläßt. Die Farbeindrücke setzen sich dann zu einer **subtraktiven Mischfarbe** zusammen. – Weiter unterscheidet man **unbunte F.** (Schwarz und Weiß), die durch ihre Helligkeit eindeutig bestimmt werden, und **bunte F.,** die durch Farbton, Helligkeit und Sättigung bestimmt sind. **Spektral-F.** sind die einzelnen F. des → Spektrums. **2)** → Farbstoffe.

Farbenblindheit, → Farbenfehlsichtigkeit.

Farbenfabriken Bayer AG., Leverkusen, Großunternehmen der chem. Ind., gegr. 1863 von F. Bayer und F. Weskoff in Elberfeld, 1925-45 in der I. G. Farbenind., 1952 Neugründung; seit 1971 **Bayer AG.**

Farbenfehlsichtigkeit, Störung des Farbensinnes, meist angeboren, selten durch Krankheit oder Drogen hervorgerufen. Am häufigsten ist das Verwechseln versch. Farben, z. B. die Rot-Grün-Blindheit (Farben zw. Rot und Grün erscheinen als verschieden helles Gelb), selten ist die völlige **Farbenblindheit** (Fehlen jeder Farbempfindung). F. schließt von best. Berufen aus (z. B. Busfahrer).

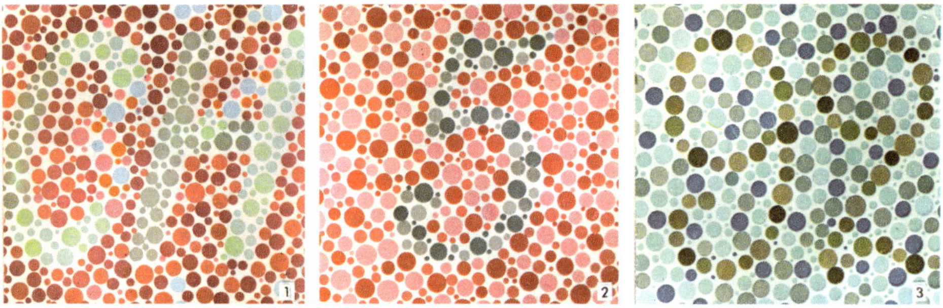

Farbenfehlsichtigkeit: Pseudoisochromatische Tafeln zur Erkennung der Farbensichtigkeit. Normalesehen Farbenunterschiede und lesen CH (links); Farbenuntüchtige lesen nach Helligkeitsunterschieden 31. Die graue 5 erscheint bei Rot-Grün-Störung grünlich (Mitte). Bei Blau-Gelb-Störung ist die 92 nicht erkennbar (rechts)

Farbenlehre, Lehre von der eindeutigen Benennung und Ordnung der Farben und ihrer Mischungen. F. von Newton, Goethe, W. Ostwald.

Farbensinn, Fähigkeit, Farben unabhängig von ihren Helligkeitswerten wahrzunehmen. Farbenempfindungen werden beim Menschen und bei Wirbeltieren durch die Zapfen der Netzhaut vermittelt. (→ Auge)

Farbensymbolik, Sinndeutung der Farben; je nach Volk und Zeitalter verschieden. In Europa gilt allg. Weiß als Farbe der Unschuld (Engel), Schwarz als die der Trauer (auch Sünde, Teufel), Rot als die der Liebe (auch Freude, Scham), Blau als die der Treue (auch Beständigkeit, Mäßigkeit), Gelb als die des Neides, Grün als die der Hoffnung. **Liturg. Farben** der kath. Kirche: Weiß, Rot, Grün, Schwarz und als Bußfarbe Violett.

Färberei, techn. Verfahren zum Färben von Textilien. Meist werden wäßrige Lösungen oder Aufschlämmungen von Farbstoffen oder farbstofferzeugenden Substanzen verwendet.

Färberröte die, labkrautartige Farbpflanze; ihre Wurzel heißt Färber- oder Krappwurzel.

Farbfernsehen, → Fernsehen.

Farbfilm, → Film.

Farbhölzer, Holz meist trop. Bäume, z. B. Blau-, Rot-, Gelbholz.

Farbklima, Einfluß der Farben auf Leistungsfähigkeit, Verhalten u. ä.

Farbphotographie, → Photographie.

Farbstoffe, ᴖ Farbmittel ausschließlich organ. Herkunft, auch **Teer-** oder **Anilin-F.** genannt. Gegenüber Zahl, Leuchtkraft und Vielfalt übertreffen sie bei weitem die → Pigmente.

Farbwechsel, 1) zur Balzzeit angelegtes Prachtgefieder. **2)** Fähigkeit mancher Tiere, die Körperfarbe der Umgebung anzupassen. F. kommt durch Gestaltveränderung von Farbstoffzellen der Haut zustande. F. kommt vor bei vielen Krebsen, Tintenfischen, Fischen, Lurchen, Reptilien; bes. beim Chamäleon.

Farce [fars, frz.] die, **1)** Posse. **2)** Fleischfüllsel; **farcieren,** mit einer F. füllen.

Farel, Guillaume, Reformator der frz. Schweiz, *1489, †1565, führte 1535 die Reformation in Genf ein, ging 1538 nach Neuenburg, wo er die reformierte Kirche organisierte.

Farm [engl.] die, landwirtschaftl. Betrieb.

Farn der, **Farnkraut,** größte Gruppe der F.-Pflanzen, meist Stauden, wenige mit Holzstamm **(Baum-F.).** Die Blätter **(Wedel)** sind meist fiedrig, tragen unterwärts, oft unter dünnen Häutchen, den **Schleiern,** Büschel von Sporenkapseln mit ungeschlechtl. Fortpflanzungskörpern, den **Sporen.** Aus diesen entwikkelt sich als geschlechtl. Generation der **Vorkeim,** ein besonderes Pflänzchen mit männl. und weibl. Geschlechtsorganen. Nach Befruchtung der Eizelle entwickelt sich aus dieser die junge Farnpflanze (ungeschlechtl. Generation) auf dem Vorkeim (→ Generationswechsel). Farne gab es schon im Altertum der Erde, am reichhaltigsten in der Steinkohlenzeit. Einige bekannte Farne sind: **Wurmfarn (Schildfarn), Adlerfarn, Tüpfelfarn, Schwimmblatt** (→ Wasserfarne). (BILD S. 250)

Farbwechsel 2): Farben im Naturreich. Schutzfärbungen (Tarn-, Warnfärbungen): **1** und **2** Mimese, Nachahmung einer Flechte durch Schmetterling; Nachahmung eines Blattes durch Schmetterling. **3** Tarnfärbung und -zeichnung eines Vogeleis. **4** Warnfärbung des Feuersalamanders. **5** Warnfärbung einer mexikan. (a) und einer europ. (b) Wanze. **6** Mimikry; Ähnlichkeit ungiftiger oder harmloser Tiere (b und c = Nachahmer) mit giftigen oder wehrhaften (a = Vorbild, »Schutzspender«): a giftige Bienenameise; b Nachahmer ein Käfer; c Nachahmer eine Spinne. **7** Mimikry: a giftiger Schmetterling; b Weibchen eines ostafrikan. Schmetterlings. Lockfarben bei Pflanzen. **8** Fliegenblume. **9** Vogelblume.

Farnese, ital. Fürstenhaus, das 1545 bis 1731 im Hzgt. Parma herrschte. Die **Farnes. Sammlungen** (Farnes. Stier) von Bildwerken des Altertums befinden sich im Nationalmuseum zu Neapel.

Färöer [»Schafinseln«], dän. Inselgruppe (24 Felseninseln) zw. Schottland und Island, 1400 km², 47000 Ew. **(Färinger);** Hptst.: Torshavn. Schafhaltung, Fischerei. Die Färinger haben eigene Sprache (Föröisch). Die F., seit 1380 dänisch, erhielten 1948 eigene Volksvertretung.

Farre, Farren der, männl. Rind oder Schwein.

Fars, Kernlandschaft des Altpers. und Provinz des Neupers. Reiches (Iran), mit dem antiken Persepolis. Hptst.: Schiras.

Färse, Ferse die, weibl. Rind bis zum ersten Kalben.

Faruk I., König von Ägypten ab 1936 (*1920, †1965), wurde 1952 abgesetzt.

Fasan der, Fam. der Hühnervögel, mit langem Schwanz, Kopf ohne Kamm, Männchen mit prachtvollem Gefieder. **Edel-F.** oder **Jagd-F.,** aus Kaukasien, Hahn rotbraun, Kopf und Hals grün-blau, auch weiß geringelt, in Gehegen **(Fasanerie)** gezüchtet. Aus China **Gold-F.,** mit gelber Haube und rot-schwarz gebändertem Kragen, **Silber-F.,** weiß, schwarz gewellt, und **Ring-F.** mit hellem Halsring.

fasces [lat.] Mz., bei den Römern von den Liktoren getragene Rutenbündel, bei best. Anlässen mit Beil, als Zeichen der Gewalt über Leben und Tod; Symbol des → Faschismus.

Faschine [ital.] die, rd. 2-5 m langes Strauchbündel zum Befestigen von Böschungen.

Fasching der, → Fastnacht.

Faschismus [von lat. fasces über ital. fascio »Bund«] der, totalitäre und nationalist. Bewegung in Italien, von Mussolini begründet, i. w. S. auch der Nationalsozialismus und dem F. verwandte Bewegungen u. a. in Frankreich (Action Française), Österreich (Heimwehren), Belgien (Rexisten), Jugoslawien (Ustascha), Ungarn (Pfeilkreuzler), Spanien (Falange), Argentinien (Peronismus).

1919 entstand der F. in Italien als Wehrverband (Schwarzhemden); 1921 wurde die Faschist. Partei gegr. 1922 führte Mussolini den »Marsch auf Rom« durch, erreichte den Sturz der Regierung und wurde vom König zum Regierungschef ernannt (Duce). Der faschist. ital. Staat wurde autoritär geführt; Parteien wurden ausgeschaltet, Kommunismus und Sozialismus unterdrückt. Nach dem Gesetz über die Korporationen (1934) wurden die Syndikate der Arbeitnehmer und Arbeitgeber nach wirtschaftl. Kategorien in Einheitsorganisationen zusammengefaßt und zugleich ihrer Autonomie beraubt. 1939 ersetzte man das Abgeordnetenhaus durch die »Camera dei Fasci e delle Corporazioni«. Das Mittelmeer wurde als »Mare nostro« (unser Meer) zum ital. Lebensraum erklärt (territoriale Ansprüche gegen Jugoslawien, Albanien, Griechenland, Frankreich, Äthiopien). Der Rassegedanke war dem F. urspr. fremd. Seit 1938 wurden unter nat.-soz. Einfluß die Juden aus maßgebenden Stellungen entfernt. Mit dem Sturz Mussolinis (1943) verlor der F. in Italien seine polit. Macht. Die im Sept. 1943 in Oberitalien errichtete faschist. »Repubblica Sociale Italiana« konnte sich bis April 1945 nur durch die dt. Besatzungsmacht halten.

Faschoda, seit 1905 **Kodok,** Ort im Sudan, am Weißen Nil. F. wurde 1898 von den Franzosen besetzt, die es aber bald den Engländern (Kitchener) überlassen mußten **(F.-Konflikt).**

Fasel [aus grch.] die, Gartenbohne (→ Bohne).

Fasel der, männl. Zuchtrind oder -schwein zum Besamen.

Faser, langes, dünnes, biegsames Gebilde pflanzl. oder tier. Ursprungs, auch künstl. erzeugt.

Faseroptik, Fiberoptik die, Lichtleiteinrichtung aus vielen (bis 100000) sehr dünnen, mit einem Material von kleinerem Brechungsindex überzogenen Glas- oder Kunststoff-Fasern, die bündelartig zusammengefaßt sind. Licht wird durch ständige Totalreflexion in den einzelnen Fasern fortgeleitet.

Faserstoffe, alle Spinnfasern und Fäden, die zu Textilien verarbeitet werden: 1. **mineral. F.:** Asbest, Glas, Metall, Gestein; 2. **pflanzl. F.:** Baumwolle, Flachs, Hanf, Jute, Nessel, Ramie, Kokosfaser; 3. **tier. F.:** Schaf-, Kamel-, Lama-, Ziegenwolle, natürl. Seide; 4. **Chemie-F.** (Handelsnamen: Reyon, Nylon, Perlon, Trevira, Dralon u. a.).

fashionable [f'æʃnəbl, engl.], modisch, fein.

Faß, urspr. aus Dauben zusammengesetztes Holzgefäß von rundem oder ovalem Querschnitt, das oben und unten durch einen Boden geschlossen ist und durch Reifen zusammengehalten wird; heute oft aus Stahlblech (mit zwei aufgepreßten Schutzringen) oder Kunststoff.

Fassade [frz., von lat. facies »Gesicht«] die, 🏛 Vorderseite, Schauseite eines Gebäudes.

Fassbinder, Rainer Werner, Schriftst., Regisseur, *1946, †1982; sozialkrit. Stücke und Filme (»Katzelmacher«; »Acht Stunden sind kein Tag«; »Die Ehe der Maria Braun«; »Berlin Alexanderplatz«; »Querelle«).

Fasson [fas'ɔ̃, frz.] die, **1)** Form, Gestalt. **2)** Schnitt (z. B. eines Anzugs). **3)** Art und Weise.

Fassung, 1) Umrahmung, bes. Metall um Edelsteine. **2)** Beherrschtheit. **3)** Wortlaut eines Schriftstückes. **4)** Bemalung einer Plastik.

Fasten das, Enthaltung von Nahrung zu besonderen Zeiten, im relig. Sinn Mittel der Buße, schon bei den ältesten Völkern, bes. bei den Juden. Die kath. Kirche kennt **Fasttage,** an denen nur einmal eine sättigende Mahlzeit erlaubt ist, und **Abstinenztage,** an denen Genuß von Fleisch untersagt ist. **Fastenzeit,** auch Österl. Bußzeit, 40 Tage von Aschermittwoch bis Ostern.

Fastenkuren, → Ernährungstherapie.

Fast-Food-Unternehmen [fa:st fu:d-], Schnellimbißrestaurant mit Selbstbedienung; in den USA entstanden, zunehmende Bed. in der Bundesrep. Dtl., z. B. »McDonald's«, »Burger King«.

Fastnacht, Fasenacht, zunächst die Nacht vor Aschermittwoch, später die Woche davor und auch danach, als Beginn der Fasten vor Ostern schon im MA. mit Schmausereien, Vermummungen, Aufzügen begangen. Die Bräuche sind vielfach Frühlingsbräuche aus vorchristl. Zeit. Die F. heißt an der Riviera und am Rhein **Karneval,** in Österreich und Bayern **Fasching.**

Fastnachtsspiele, seit etwa Anfang des 15. Jh. volkstüml. Aufführungen zur Fastnachtszeit; erhalten sind meist Stücke der Nürnberger Dichter Rosenplüt, Folz und bes. von Sachs. Daneben entstanden tendenziöse F. im Dienst der Reformation.

Faszie [lat.] die, sehnig-faserige Bindegewebshaut, umgibt Muskeln und Muskelgruppen.

Faszikel [lat.] der, Heft, Aktenbündel.

faszinieren [lat.], bezaubern, bannen.

fatal [lat.], vom Schicksal bestimmt, verhängnisvoll; widrig. **Fatalismus** der, Glaube an Vorherbestimmung des Schicksals.

Fata Morgana [ital.] die, → Luftspiegelung.

Fatima, Wallfahrtsort in Portugal.

Fatima, jüngste Tochter des Propheten Mohammed, *606, †632, Ahnfrau der **Fatimiden,** islam. Fürstengeschlecht (910-1171).

Fasan: Königs-F.

Faschine

Faulkner

Faultier: Unau

Farn

Fatshan, Foshan, chines. Stadt westl. Kanton, 285 000 Ew.; Seiden- und Porzellanind.

Fatum [lat.] das, -s/...ta, Schicksal.

Faulbaum, mehrere Holzpflanzen, so Kreuzdorn, Traubenkirsche. **Faulbaumrinde,** Rinde zweier Arten von Kreuzdorn (Abführmittel).

Faulhaber, Michael v., *1869, †1952; wurde 1917 Erzbischof von München, 1921 Kardinal.

Faulkner [f'ɔ:knə], William, amerikan. Erzähler, *1897, †1962, schrieb in schonungslosem Realismus sozialkrit. Werke über den geistig-kulturellen Untergang des amerikan. Südens: »Licht im August«; »Absalom, Absalom!«; »Requiem für eine Nonne« u.a. Nobelpreis 1949.

Fäulnis, bakterielle Zersetzung stickstoffhaltiger, organ. Körper, bes. des Eiweißes, unter Bildung übelriechender Stoffe, z. B. Schwefelwasserstoff. Eigentliche F. erfolgt nur bei Abwesenheit von Sauerstoff.

Faulschlamm, Sapropel, Fäulnisprodukt, entsteht in sauerstoffarmen Gewässern oder Abwasseranlagen als Absatzstoff unter Bildung von Fäulnisgasen (Methan, Schwefelwasserstoff) und Schwefeleisen.

Faultier, südamerikan. Säugetierfamilie, zu den Zahnarmen gehörig; dicht bepelzte, langsame, starkkrallige Baumtiere; harmlose Pflanzenfresser. Das **Drei-Finger-F.** oder **Ai** lebt in Süd- und Mittelamerika; das **Zwei-Finger-F.** in Guayana.

Faun [lat.], **1)** altröm. Wald- und Feldgott, später dem grch. Pan gleichgesetzt, gehörnt und bocksbeinig dargestellt. **2)** lüsterner Waldgeist.

Fauna [lat.] die, **1)** altitalische Feld- und Waldgöttin. **2)** Tierwelt eines bestimmten Gebiets. **3)** wissenschaftl. Werk über die Tierwelt eines bestimmten Bereichs.

Faure [fɔ:r], Edgar, frz. Politiker, *1908, †1988; Radikalsozialist, 1952-69 mehrfach MinPräs. und Min.

Fauré [for'e], Gabriel, frz. Komponist, *1845, †1924, Orchester-, Kammermusik, Lieder.

Faust, der Schwarzkünstler, in der Sage Dr. Johann F., in Wirklichkeit wahrscheinlich Georg F., *um 1480, † zw. 1536 und 1539. Die **F.-Sage,** in deren Mittelpunkt der Teufelspakt steht, war ein beliebtes Volksbuch (zuerst 1587). Von dem Engländer Chr. Marlowe dramatisiert (1589), wurde sie durch Vermittlung engl. Komödianten zum Volksschauspiel und Puppenspiel. Stoff bei: Lessing (mit versöhnl. Ausgang), Maler Müller, Klinger. Bei Goethe wird F. zum Sinnbild des irrenden, strebenden abendländ. Menschen (Urfaust 1775, F.-Fragment 1790, F. 1. Teil 1808, 2. Teil 1832). Spätere Bearbeitungen: Chamisso, Grabbe, Heine, Lenau, P. Valéry, T. Mann.

Faustball, Spiel mit einem Hohlball zw. 2 Parteien von je 5 Spielern. Der Ball wird durch Schläge mit der Faust oder dem Unterarm über eine 2 m hoch gespannte Leine in das Spielfeld des Gegners geschlagen.

Faustkampf, das → Boxen.

Faustkeil, Fäustel, meist aus Feuerstein gearbeitetes, gut in der Faust liegendes Gerät.

Faustpfand, ⚖ verpfändete bewegl. Sache, die sich im Besitz des Gläubigers befindet.

Faustrecht, gewaltsame Selbsthilfe, früher z. B. die Blutrache, Fehde.

Farn: Entwicklung des Wurmfarns: **1** Schleier von der Innenseite mit Sporenkapseln; **2** aufgesprungene Sporenkapsel; **3** Vorkeim von der Unterseite mit (a) weibl. und (b) männl. Geschlechtsorganen und (c) Wurzelhaaren; **4** Vorkeim mit junger Pflanze; **5** Wurzelstock mit jungem und ausgewachsenem Blatt; **6** Blattfieder von der Unterseite mit Schleiern

Fauteuil [fot'œ:j, frz.; von mhd. valtstuol »Faltstuhl«] der, Armsessel, Lehnstuhl.

Fauves [fo:v, frz. »Wilde«] Mz., zuerst im Pariser Salon 1905 geschlossen auftretende Gruppe von Malern, die, den dt. Expressionisten verwandt, den Ausdruck durch starke und reine Farben, auch Betonung der Umrisse, zu steigern suchten (Matisse, Marquet, Derain, de Vlaminck, Braque u. a.).

Fauxpas [fop'a, frz.] der, Fehltritt, Versehen.

Favorit [frz.] der, **1)** Günstling. **2)** aussichtsreichster Konkurrent. **Favoritin** die, Geliebte. **favorisieren,** begünstigen.

Fawkes [fɔ:ks], Guy, Teilnehmer der engl. → Pulververschwörung, *1570, † (hingerichtet) 1606. Der Tag der Aufdeckung der Verschwörung (5. 11. 1605) wird in England als **Guy-F.-Day** gefeiert.

Fayence [faj'ãs, frz.; nach → Faenza] die, feinere Töpferware aus geschlämmtem Ton, mit undurchsichtiger weißer Zinnglasur und Bemalung. Farbig glasierte Gefäße begegnen schon bei Ägyptern und Babyloniern, echte F. aber erst bei den Persern, dann hauptsächlich in der islam. Kunst, seit dem 15. Jh. in Italien, auf Mallorca (daher Majolika), später in Frankreich (Rouen, Nevers, Straßburg), Holland (Delft), Dtl. (Hanau, Hamburg).

Fazenda die, großes Landgut in Brasilien.

Fazetilen Mz., epigrammatisch zugespitzte, meist satir. oder erot. lat. Kurzerzählungen.

Fazi|es [lat. »Antlitz«] die, ⊕ Eigenart eines Zeitabschnitts der Erdgeschichte bezüglich Gesteinsbeschaffenheit und Versteinerungen.

Fazit [lat.] das, Schlußergebnis, Summe.

FBI, Federal **B**ureau of **I**nvestigation, das Bundeskriminalamt der USA.

FCKW, Abk. für → **F**luor**c**hlor**k**ohlen**w**asserstoffe.

FDGB, **F**reier **D**t. **G**ewerkschafts**b**und, bis Anfang 1990 die Einheitsgewerkschaft in der Dt. Dem. Rep.

FDJ, **F**reie **D**eutsche **J**ugend (Dt. Dem. Rep.).

FDP, F.D.P., → **F**reie **D**emokratische **P**artei.

f. d. R., **f**ür **d**ie **R**ichtigkeit.

Fe, chem. Symbol für Eisen.

Feature [f'i:tʃə, engl.] die, **1)** Hauptfilm eines Filmprogramms, allg. der Spielfilm. **2)** der durch Aufmachung bes. herausgestellte Text- oder Bildbeitrag. **3)** Dokumentarsendung, Dokumentarspiel in Hörfunk und Fernsehen.

Febronianismus, der 1763 durch ein unter dem Pseudonym Justinius **Febronius** veröffentlichtes Buch ausgelöste Versuch, den päpstl. Einfluß in Dtl. mit staatl. Hilfe zugunsten einer Nationalkirche zurückzudrängen.

Februarrevolution, Revolution vom 24. 2. 1848 in Paris, → französische Geschichte.

fec., fecit [lat.], hinter Künstlernamen, bes. auf Kupferstichen: »hat (es) gemacht«.

Fécamp [fek'ã], Fischereihafen und Seebad in der Normandie, 21 400 Ew.; Ursprungsort des **Benediktiner-Likörs.**

Fechner, Gustav Theodor, Naturforscher, Philosoph, *1801, †1887, begründete die experimentelle Psychologie und die Psychophysik.

Fechten, Fertigkeit im Gebrauch des Floretts und des Degens als Stoßwaffen und des leichten Säbels als Hieb- und Stichwaffe beim sportl. Wettkampf. Die Gegner gehen in Fechterstellung **(Auslage).** Während des **Ganges** ist der Abstand beweglich. Der Stoß oder Hieb geht nach einer Blöße des Gegners, der sich durch eine **Parade** deckt. Mit einer **Finte** versucht man, die Deckung zu lösen. Über das student. F. → Mensur. (BILD S. 251)

Fechter, Paul, Schriftst., Journalist, *1880, †1958; Romane, Kritiken, Literaturgeschichte.

Feder die, **1)** 🕊 hornige Hautbekleidung aus Oberhaut und Lederhaut der Vögel, sitzt in einer Einsenkung **(Balg).** Teile: **Kiel,** der unten

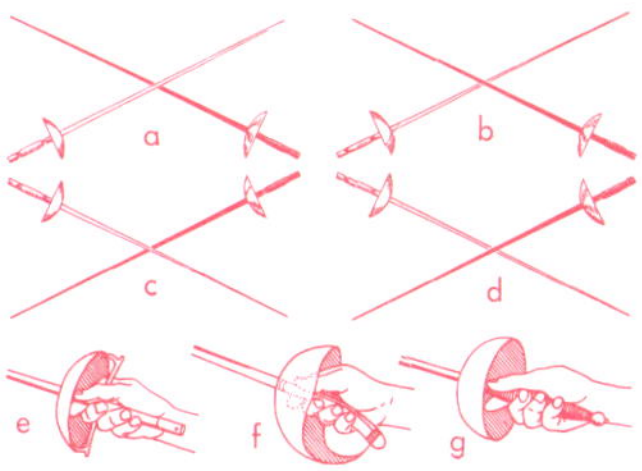

Fechten: a Quartbindung, b Terzbindung, c Cerclebindung, d Secondbindung, e Florett, f Säbel, g Degen

als **Spule** hohl, oben als **Schaft** mit Mark gefüllt ist, und **Fahne** aus Ästen und Nebenästen (Strahlen); letztere sind durch Häkchen verbunden. So sind bes. die **Schwung-F.** (zum Flug) und **Deck-F.** gebaut; darunter sitzen **Dunen-F., Daunen** oder **Flaum-F.** (Wärmeschutz). BILD: a Fahne, b Schaft, c Kiel, d Spule, e Seele, f Balg.

2) ⊙ Maschinenelement, das die sich bei Belastung verbiegt **(Biegungs-F.)** oder verdreht **(Torsions-F.)** und bei Entlastung in die Anfangslage zurückgeht. Verwendung: Aufnahme von Stößen in Fahrzeugen, als Puffer, Schließen von Ventilen, Kontakt-F. an elektr. Schaltern, Kraftspeicher in Uhren usw.

3) ⊙ Befestigung von Rädern auf Wellen, → Keil. **4)** Brettverbindung durch → Nut und F. **5)** Schreibfeder.

Federal Reserve System [f'edərəl rɪs'ə:v s'ɪstɪm], Geld- und Kreditorganisation der USA, gegr. 1913, später öfter umgestaltet. An der Spitze steht der **Board of Governors** (Bundesbankrat); ihm unterstehen 12 **Federal Reserve Banks** (Bundesreservebanken), die seit 1914 die Banknoten **(Federal Reserve Notes)** ausgeben. Die National Banks sind kraft Gesetz Mitgliedsbanken, freiwillig die anderen Banken. Die größte Bundesreservebank ist die **Federal Reserve Bank of New York.**

Federball, dem Tennis ähnl. Spiel: ein Ball mit Flugfedern wird mit leichten Schlägern über ein Netz geschlagen. (→ Badminton)

Federer, Heinrich, schweizer. Schriftst., *1866, †1928; schrieb Novellen und Romane aus der Schweiz und Mittelitalien.

Federgewicht, → Gewichtsklasse beim Boxen, Gewichtheben, Ringen u. ä.

Federgras, 1) ein Pfriemengras. **2)** Windhalm.

Federsee, Moränenstausee bei Buchau in Oberschwaben; Naturschutzgebiet mit vorgeschichtl. Pfahlbausiedlungen.

Federweißer, fast durchgegorener Most.

Federwild, Flugwild, die jagdbaren Vögel.

Federwolke, Zirrus, weiße Wolken in 7-11 km Höhe, strichförmig am blauen Himmel.

Fee die, weibl. Märchen- und Sagengestalt, zauberisch schön, zierlich; hilft oder straft.

Feedback [f'i:dbaek, engl.] der, die → Rückkopplung.

Fegefeuer, Purgatorium, kath. Lehre: Aufenthaltsort der Seelen, die vor Eintritt in den Himmel noch zeitl. Sündenstrafen abzubüßen haben. Die Seelen im F. heißen »Arme Seelen«.

fegen, ♆ das Fell (Bast) vom Geweih abreiben.

Feh das, Grauwerk, Fell des russisch-sibir. Eichhörnchens.

Fehde [ahd. (gi)fehida] die, Feindschaft (Privatkrieg), die in german. Zeit durch ein Verbrechen zw. den Sippen des Täters und des Verletzten entstand. Im MA. kam neben den Resten der urzeitl. F. **(Blutrecht)** eine ritterl. F. auf in den Fällen der Rechtsverweigerung oder Rechtsverzögerung durch die ordentl. Gerichte; sie setzte die Ankündigung durch einen **F.-Brief** oder das Hinwerfen des **F.-Handschuhs** voraus. Durch den → Ewigen Landfrieden (1495) wurde sie verboten.

Fehlgeburt, Abort, ♡ Geburt einer noch nicht lebensfähigen Frucht innerhalb der ersten 28 Wochen der Schwangerschaft (→ Frühgeburt).

Fehlhandlung, Fehlleistung, Psychologie: Vergessen, Versprechen, Verlesen u. ä. als Wirkung verdrängter Vorstellungen.

Fehling, Jürgen, Regisseur, *1885, †1968, Inszenierungen mit oft musikal. Stilisierung.

Fehlingsche Lösung [nach H. Fehling, *1812, †1885] ⟲ alkal. Kupfersalzlösung, zur Bestimmung des Traubenzuckers im Harn, bei Zuckerkranken.

Fehlschluß, Logik: falsche Schlußfolgerung; beabsichtigter F.: **Trugschluß.**

Fehmarn, Ostseeinsel, gehört zu Schlesw.-Holst., 185 km², 11 500 Ew.; Hauptort: Burg auf F. (→ Vogelfluglinie)

Fehrbellin, Stadt im Kr. Neuruppin, Bez. Potsdam, 3000 Ew.; 1675 Sieg des Großen Kurfürsten über die Schweden unter Wrangel.

Feichtmayr, Künstlerfamilie, → Feuchtmayer.

feien, durch Zauber festmachen. **Feiung** die, natürl. Immunisierung durch Kontakt mit Giften oder Krankheitserregern.

Feiertag, staatlich anerkannter arbeitsfreier Tag. Gesetzl. F. sind in der BUNDESREP. DTL: u. a. Neujahr, Karfreitag, Ostermontag, 1. Mai, Christi Himmelfahrt, Pfingstmontag, 17. Juni und die Weihnachtstage; daneben in einzelnen Ländern: Epiphanias, Fronleichnam, Mariä Himmelfahrt, Reformationsfest, Allerheiligen, Bußtag. In der DT. DEM. REP. waren 1967-89 die kirchl. F. außer Karfreitag, Pfingstmontag und den Weihnachtstagen entfallen. Weitere F. sind: Neujahrstag, 1. Mai, 7. Okt. (Tag der Republik).

Feigenbaum, Feige, Ficus, Gatt. der Maulbeergewächse. Bei allen Arten krugförmige Blütenstandachse, die fruchtartig zur Feige (Scheinfrucht) anschwillt und zunächst im Innern die Blüten, später die Früchte trägt. Die **Eßfeige** ist in südl. Gegenden als Obstbaum und verwildert verbreitet. Die süßen Früchte (Feigen) sind birnenförmig, reif blau oder purpurrot. Andere Arten: **Maulbeer-F.** oder → Sykomore, → Gummibaum.

Feigenkaktus, → Opuntie.

Feigwarze, grch. **Kondylom,** warzenartige Haut an den Geschlechtsteilen; häufig bei Geschlechtskrankheiten.

Feigwurz die, → Hahnenfuß.

Feile, Werkzeug aus gehärtetem Stahl zur spanabhebenden Bearbeitung von Metall, Holz u. a.

Feilkloben, Handschraubstock zum Festhalten kleiner Werkstücke beim Feilen.

Feim der, **Feime** die, **Feimen** der, oder **Diemen** der, **Miete** die, im Freien aufgeschichteter Getreide-, Heu- oder Strohhaufen.

Feingehalt, Feinheit, Korn, Verhältnis zw. edlem und unedlem Metall in einer Legierung von Edelmetallen, jetzt meist in Tausendteilen ausgedrückt. Feingold ist demnach $^{1000}/_{1000}$ fein; früher wurde der Feingehalt bei Gold in Karat, bei Silber in Lot ausgedrückt. Feingold = 24 Karat, Feinsilber = 16 Lot.

Feininger, Lyonel, amerikan. Maler, *1871, †1956; in Dtl. ausgebildet, 1919-33 auch lehrend (Bauhaus), kam zu einem eigenen kubist. Stil.

Feinmechanik, befaßt sich mit der Konstruktion und Herstellung mechan., elektr., opt. Geräte, bei denen hohe Genauigkeit verlangt wird, z. B. Meßuhr, Schraubmikrometer, Mikroskope.

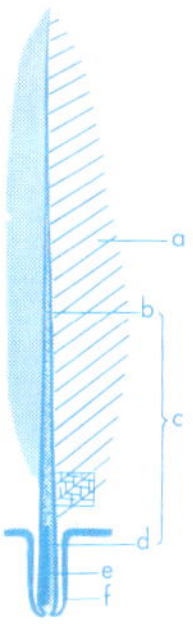

Feder 1)

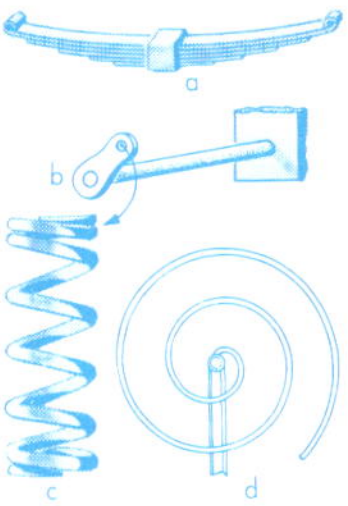

Feder 2): a Blattfeder, b Drehstabfeder, c Schraubenfeder, d Spiralfeder

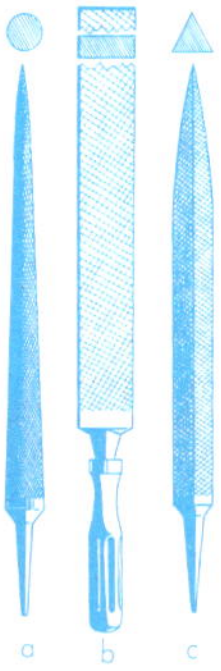

Feile: a Rund-, b Flach-, c Dreikantfeile

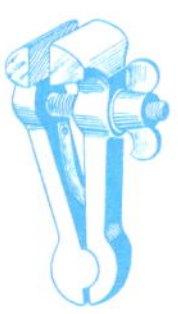

Feilkloben

Feininger: Der Grütz-turm in Treptow a. d. Rega

Feinstruktur, der Kleinstaufbau von Stoffen und die bei hoher Auflösung sichtbare Aufspaltung der Spektrallinien.

Feisal, → Faisal.

Felchen das, der, **Maräne, Renke,** Lachsfische in sibir. Strömen und in den Alpenseen; **Blau-F.** im Bodensee, mit schmackhaftem Fleisch.

Feld, 1) Acker, Landstück. **2)** umgrenztes Gebiet, z.B. Spielplatz. **3)** Kriegsschauplatz. **4)** ⚒ Kurzbez. für Gruben-F. oder Bergwerks-F. **5)** ⊠ die Zuordnung der Werte einer Größe **(F.-Größe)** an alle Punkte eines physikal. Raumes, z.B. die Schwerkraftwirkung in einem **Gravitations-F.** oder der Raum um elektr. geladene oder um magnet. Körper **(elektr., magnet., elektromagnet. F.),** in dem sich Anziehungs- und Abstoßungskräfte äußern. Die Größe und Richtung der Kraft eines solchen **Kraft-F.** wird angegeben durch die Dichte und Richtung der Kraftlinien oder **F.-Linien.** Sind die F.-Größen nicht zeitabhängig, spricht man von einem **stat. F.** Das F. ist heute ein Grundbegriff der Physik. **6)** in der Datenverarbeitung ein abgegrenzter Maskenbereich auf dem Bildschirm.

Feldbahn, verlegbare Schmalspurbahn.

Feldberg, 1) höchster Gipfel des Schwarzwaldes, 1493 m. **2) Großer F.,** höchster Gipfel des Taunus, 880 m.

Feldelektronenmikroskop, linsenloses Emissionsmikroskop, bei dem ein elektr. Feld sehr hoher Feldstärke aus einer feinen Kathodenspitze Elektronen losreißt. Diese erzeugen auf einem Leuchtschirm ein millionenfach vergrößertes Bild der Kathodenoberfläche im molekularen Bereich. Eine Weiterentwicklung ist das **Feldionenmikroskop,** bei dem positive Gasionen die Abbildung erzeugen.

Feldforschung, Arbeitsmethode bes. der Völkerkunde und der Sozialwissenschaften: Bev.-Gruppen, ihre Kulturen, ihr soziales und psych. Verhalten werden durch engen, länger dauernden Kontakt erforscht.

Feldgraswirtschaft, mehrjähriger Wechsel von Weide- oder Wiesenwirtschaft und Akkerbau.

Feldhühner, Gruppe kurzschwänziger Hühnervögel des offenen Geländes: Rebhuhn, Wachtel.

Feldjäger, 1) Angehöriger des ehem. preuß. Feldjägerkorps. **2)** Ordnungstruppe der Bundeswehr.

Feldkirch, Bezirksstadt in Vorarlberg, Österreich, 25600 Ew.; Textil- u.a. Industrie.

Feldmarschall, Generalfeldmarschall, i.a. der höchste dt. militär. Dienstgrad.

Feldmesser, der Geometer.

Feldpolizei, Feldhüter, nicht bewaffnete Gemeindepolizei, Feld- und Flurhüter.

Feldpost, Postversorgung der Truppe im Krieg.

Feldsalat, Rapunzel, ⚘ gärtnerische Nutzpflanze; die Blattrosetten geben Salat.

Feldscher der, Vorgänger der Militärärzte.

Feldschlange, Geschütz im 15. bis 17. Jh. mit sehr langem Rohr.

Feldspat, farblose, weiße oder lichtgefärbte Mineralien von blättrigem Bruch, enthalten in einem Tonerdesilicat-Gitter Kalium **(Orthoklas, Mikroklin)** oder Calcium **(Anorthit),** Kalium und Natrium **(Albit, Periklin),** Calcium und Natrium **(Plagioklas)** u.a.; Verwendung für Porzellan, Glasuren u.dgl.

Feldstecher, kleines Prismendoppelfernrohr.

Feldwebel, Unteroffizier-Dienstgrad, bis 1945 bei Artillerie und Kavallerie **Wachtmeister.**

Feldzeugmeister, Befehlshaber der Artillerie im Landsknechtsheer.

Felge die, **1)** Radkranz, der die Bereifung trägt. **2)** Turnübung am Reck.

Félibre [neuprovenzal. »Dichter«], Mitgl. der Dichtergruppe **Félibrige** [felibr'i:ʒ], gegr. 1854, die die provenzal. Literatur erneuerte.

Felicitas [lat.], die röm. Göttin der Glückseligkeit; weibl. Vorname.

Felix [lat. »der Glückliche«], männl. Vorname.

Felke, Emanuel, evang. Geistlicher, Naturheilkundiger, *1856, †1926, behandelte mit Rohkost, Gymnastik und Lehm (Bäder, Wikkel, Kompressen; **Lehmpastor**).

Fellachen, Fellah, Fellagha, ackerbautreibende mohammedan. Landbevölkerung in den arab. Ländern des Nahen Ostens und N-Afrikas, im Unterschied zu den nomadisierenden Beduinen.

Fellbach, Stadt in Bad.-Württ., östl. von Stuttgart, 43920 Ew.; Wein- und Gartenbau.

Felleisen [aus frz. valise »Handkoffer«] das, ✤ Reisesack oder Ranzen.

Fellenberg, Philipp v., schweiz. Sozialpädagoge, *1771, †1844.

Fellini, Federico, ital. Filmregisseur, *1920; »La Strada«, »Das süße Leben«, »Casanova«, »Stadt der Frauen« u.a.

Fellow [f'eləu, engl.] der, Mitgl. einer wissenschaftl. Gesellschaft in England; dort und in den USA auch: Stipendiat.

Felonie [frz.] die, urspr.: vorsätzl. Bruch der Lehnstreue; heute: Tücke, Arglist, Verrat.

Felsbilder, von Völkern der Stein- und Bronzezeit und von Naturvölkern auf Felsen, oft in Höhlen, geritzte oder gemalte Bilder. (BILD S. 253, weiteres BILD Altamira)

Felsenbirne, Felsenmispel, ⚘ Strauch auf felsigen Waldhängen Südeuropas und Vorderasiens mit eßbaren Früchtchen.

Felsengebirge, → Rocky Mountains.

Felsenmeer, ⊕ Anhäufung verwitterter Fels-, bes. Granitblöcke, z.B. Luisenburg im Fichtelgebirge, F. in Hemer und F. im Odenwald.

Felsenstein, Walter, Regisseur, *1901, †1975, 1947-75 Intendant der Kom. Oper in Berlin-Ost.

Feme, Femgerichte, Freigerichte, im MA. die königl. Gerichte Westfalens, die in öffentl. und geheimen Sitzungen Recht sprachen. Vorsitzender war der **Stuhlherr,** i.d.R. der Inhaber der Freigrafschaft oder der von ihm bestellte **Freigraf;** Urteilsfinder waren die **Freischöffen;** der Sitzungsort hieß **Freistuhl.** Im 14. Jh. entstanden F. in ganz Dtl., ihr Einfluß wurde jedoch im 15. Jh. gebrochen.

Femel der, schwächer entwickelte männl. Hopfen- und Hanfpflanze.

Femelbetrieb, ‡ Hochwaldbetriebsart, bei der alle Altersstufen einzeln oder gruppenweise gemischt auf derselben Fläche vorkommen.

Fememorde, polit. Morde, in Dtl. nach 1919 (bes. 1923) von Rechtsradikalen an Politikern der Mitte- und Linksparteien.

feminin [lat.], weiblich, weibisch. **Femininum** das, -s/...na, Wort weibl. Geschlechts.

Feminismus, Richtung innerhalb der Frauenbewegung, die durch Zusammenschluß nur von Frauen (bei gleichzeitigem bewußten Ausschluß der Männer) um Gleichberechtigung der Frau kämpft.

Fenchel der, ⚘ Doldenblüter vom Mittelmeer, Feldgewächs. Junge Sprosse dienen als Gemüse, die Früchte als Gewürz und sind als **F.-Tee** Mittel gegen Magenverstimmung und Blähungen, sie liefern flüchtiges **F.-Öl** (Likörwürze), **F.-Wasser** (Augenmittel), **F.-Honig** (Hustenmittel).

Fender [engl.] der, ⚓ Puffer aus Tauwerk, Kork oder Holz, verhindert Beschädigung eines Schiffes beim Anlegen.

Fenek, Fennek der, Wüstenfuchs.

Fénelon [fenəl'ɔ], François, frz. Theologe, Schriftst., *1651, †1715; leitete in die irrationalist. Ästhetik des 18. Jh. über. Erziehungsroman »Die Abenteuer des Telemach«.

Fenn, Fehn, Venn das, Sumpf, Moor.

Fennoskandia [lat.], **Baltischer Schild,** ⊕ Gebiet der nordeurop. Vereisung, umfaßt Finnland und Skandinavien.

Fenrir, Fenriswolf, nord. Sage: Ungeheuer, das beim Götteruntergang Odin verschlingt.

Feodor, eingedeutschte Form des russ. Vornamens Fjodor.

Feodossija, Hafenstadt, Badeort in der Ukrain. SSR (Krim), 75 000 Ew.; im Altertum **Theodosia,** im MA. genues. Kolonie **Kaffa.**

Ferber [f'ə:bə], Edna, amerikan. Schriftstellerin, *1887, †1968; »Giganten« (1952).

Ferdinand [got. »Friede« und »wagen«], männl. Vorname.

Ferdinand, Fürsten: **Römisch-dt. Kaiser. 1) F. I.** (1556-64), jüngerer Bruder Karls V., *1503, †1564, erhielt 1521 die österreich. Erblande der Habsburger, wurde 1526 König von Böhmen und Ungarn, vermittelte den Augsburg. Religionsfrieden. **2) F. II.** (1619-37), *1578, †1637, Vertreter der Gegenreformation, löste durch sein Vorgehen gegen die aufständischen protestant. Böhmen den → Dreißigjährigen Krieg aus. **3) F. III.** (1637-57), Sohn von 2), *1608, †1657, schloß 1648 den Westfäl. Frieden. **Aragonien. 4) F. II., der Katholische,** König (1479-1516), *1452, †1516, seit 1479 König von Aragonien, das durch seine Heirat mit Isabella I. von Kastilien im span. Reich aufging. **Braunschweig-Wolfenbüttel. 5) F.,** Herzog, preuß. Feldherr im → Siebenjährigen Krieg, *1721, †1792. **Bulgarien. 6) F.,** *1861, †1948, Prinz von Sachsen-Coburg-Koháry, 1887 zum Fürsten gewählt, seit 1908 König, trat im 1. Weltkrieg auf die Seite der Mittelmächte, dankte 1918 zugunsten seines Sohnes Boris ab.

Fergana-Becken, weite Beckenlandschaft in der Usbek. SSR; Baumwoll- und Seidenind.; Erdöl, Erdgas, Kohle. Hauptort: Fergana (199 000 Ew.).

Ferien [lat.] Mz., **1)** bei den alten Römern: Tage für relig. Handlungen, Arbeit und Rechtspflege ruhten. **2)** mehrtägige oder -wöchige Arbeitspause (Schule, Gericht u. a.).

Ferienkurse, mehrwöchige freiwillige Kurse für In- und Ausländer an Hochschulen.

Fermat [fɛrm'a], Pierre de, frz. Mathematiker, *1601, †1665, förderte Zahlentheorie, Infinitesimal-, Wahrscheinlichkeitsrechnung.

Fermate [ital.] die, ♩ das Ruhezeichen 𝄐 über einer Note oder Pause, bedeutet Ausdehnung des durch diese angegebenen Zeitmaßes.

Fermente Mz., → Enzyme.

Fermenter, Reaktionsapparat aus Edelstahl für biochem. Reaktionen.

Felsbilder: Wildpferd, von großem Urrind und kleineren Wildpferden überdeckt, rechts Vorderteil eines Hirsches; Lascaux

Fermi, Enrico, ital. Physiker, *1901, †1954; war in den USA maßgebend am Bau des ersten Kernreaktors (1942) beteiligt. 1938 Nobelpreis.

Fermium, Fm, künstl. chem. Element aus der Reihe der Transurane.

Fernando Póo, 1973-79 **Macías Nguema,** seitdem **Bioko, Bioco,** vulkan. Insel im Golf von Guinea, zu Äquatorial-Guinea gehörig, 2034 km², 60 000 Ew.; bis 3007 m hoch; feuchtheiß (Regenwald). Kaffee- und Kakaoplantagen. Hauptort und -hafen: Malabo.

Ferner Osten, asiat. Randländer des Pazif. Ozeans, bes. China, Japan.

Ferngasversorgung, Belieferung mit Ferngas. Das Gas wird in Fernleitungen unter hohem Druck befördert, der am Zielort auf den Verbrauchsdruck erniedrigt wird.

Fernglas, kurzes → Fernrohr.

Fernheizung, Beheizung von Gebäuden oder von Stadtteilen durch Heißwasser oder Dampf von einer Stelle aus **(Fernheizwerk).**

Fernkopierer der, Zusatzgerät zum Telefon zur weltweiten Übermittlung von beliebigen Dokumenten über das Telefonnetz.

Fernlenkung, Beeinflussung der Bewegung eines Fahrzeuges, Flugzeuges oder Flugkörpers von außen.

Fernmeldegeheimnis, der in Art. 10 GG als Grundrecht gewährleistete Schutz auf Geheimhaltung des Inhalts, der Teilnehmer und der näheren Umstände des Fernmeldeverkehrs.

Fernmeldesatellit, → Nachrichtensatellit.

Fernmeldetechnik, Bereich der Nachrichtentechnik, der sich mit den Verfahren und Ausführungsformen der Kommunikation zw. Menschen, Maschinen u. a. Systemen mit Hilfe elektr. Übertragungs- und Vermittlungstechniken befaßt. Die F. ermöglicht den Aufbau der → Fernmeldenetze.

Fernmeldenetze, Telekommunikationsnetze, Gesamtheit aller Übertragungswege für Sprach-, Text-, Bild- und Bewegtbildinformationen. Man unterscheidet v. a. zwischen F., die der Individualkommunikation dienen **(Vermittlungsnetze),** und F. der Massenkommunikation, bei denen Informationen nur in eine Richtung und an eine Vielzahl von Teilnehmern verteilt werden **(Breitbandnetze).** → ISDN.

Fernpaß, Paß zw. Lechtaler Alpen und Wettersteingebirge, 1209 m hoch.

Fernrohr, Teleskop, opt. Gerät. Durch eine Sammellinse (Objektiv) wird ein wirkl. Bild des entfernten Gegenstandes entworfen, das dann durch eine zweite Linse (Okular; beim **astronom.** oder **Keplerschen F.** eine Sammellinse, beim **holländ.** oder **Galileischen F.** eine Zerstreuungslinse) betrachtet wird. Bei

Fenchel: oben blühend, unten Zwiebelfenchel

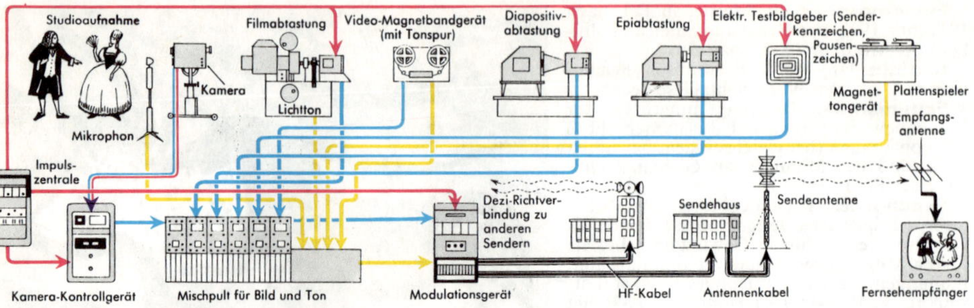

Fernsehen: Gesamtvorgang

einem **Spiegelteleskop** besteht das bilderzeugende Objektiv aus einem Hohlspiegel. F., die ein Sehen mit beiden Augen ermöglichen, sind die **Doppel-F.,** wie Opernglas, Fernglas, Prismenfeldstecher, Scheren-F. Bei den beiden letzteren ist der Abstand beider Objektive größer als der normale Augenabstand (beim Scheren-F. bis zu 2 m); dadurch wird ein plast. Eindruck des Gegenstandes vermittelt.

Fernschreiber, schreibmaschinenähnl. Telegraphenapparat zur elektr. Übermittlung schriftl. Nachrichten, die modernste Form des **Drucktelegraphen (Ferndrucker).** Beim Senden werden durch Drücken der Taste für jeden Buchstaben 5 oder 7 kennzeichnende Stromimpulse ausgesandt **(Fünferalphabet, Siebeneralphabet),** die auf der Empfangsseite den gleichen Buchstaben auslösen. Die Impulse sind über jeden Nachrichtenkanal übertragbar.

Fernsehen, Übertragung bewegter Bilder mit Mitteln der Funktechnik, gewöhnlich als kombinierte Ton-Bild-Übertragung. (FARBTAFEL S. 255)

1) Schwarzweiß-F. Das Bild wird in einzelne kleine Bildpunkte zerlegt, die nacheinander übertragen werden und am Empfangsort das Bild wieder aufbauen. Als Bildaufnahmegerät dient dabei die Fernsehkamera (Videokamera), früher mit Ikonoskop- oder Superorthikonröhre ausgerüstet, heute meistens mit Vidikon- oder Plumbikonröhre, die auf dem inneren photoelektr. Effekt beruhen. Das auftreffende Licht bewirkt eine bildabhängige Widerstandsänderung in der Halbleiterschicht, aus der die Ladungen dadurch unterschiedlich schnell zur positiven Signalplatte wandern. Die daraus resultierenden Strom- und Spannungsschwankungen liefern das Bildsignal, das verstärkt und auf UKW (Reichweite 30-150 km) oder Dezimeterwellen durch den Sender ausgestrahlt wird.

Auf der Empfangsseite dient eine Bildröhre zum Sichtbarmachen des Bildes. Der Elektronenstrahl wird mit derselben Geschwindigkeit zeilenweise über den Bildschirm geführt wie der Abtaststrahl der Aufnahmeröhre, seine Stärke und damit die Helligkeit des Leuchtflecks auf dem Schirm wird im gleichen Rhythmus wie auf der Sendeseite gesteuert. Damit wie beim Film ein zusammenhängender und bewegter Eindruck entsteht, werden in Europa 25 Bilder pro Sekunde übertragen; die Zeilenzahl ist in den einzelnen Ländern verschieden, sie schwankt zw. 441 und 819 (in Dtl. 625).

2) Farb-F. wurde 1954 in den USA (System NTSC, National Television System Committee, jede Zeile gleiche Codierung) und 1967 in der Bundesrep. Dtl. (farbverbessertes NTSC-System: PAL-System, Phase Alternating Line, zeilenweiser Phasenwechsel) eingeführt. Frankreich und die Staaten Osteuropas benutzen das SECAM-System (séquentiel à mémoire, die nicht vollständigen Farbdifferenzsignale modulieren abwechselnd den Farbträger in seiner Frequenz). Aus den 3 Farben Rot (R), Grün (G) und Blau (B) werden alle übrigen Farben durch additive Mischung gebildet, z. B. R + G + B = Weiß, R + G = Gelb, R + B = Purpur (Magenta = Komplementärfarbe zu Grün), G + B = Cyan = Komplementärfarbe zu R; bei herabgesetzter Leuchtdichte wird aus R Rosa, aus Orange Braun usw. Die Farbart wird durch den Farbton (entsprechend der Lichtwellenlänge) und die Farbsättigung (kräftig oder blaß) gekennzeichnet. Im Unterschied zum Schwarz-weiß-F. werden 2 Signale verwendet: ein Leuchtdichte-(Helligkeits-)Signal und ein Farbartsignal; sie werden für die versch. Systeme in versch. Weise gebildet (codiert) und übertragen. Auf der Sendeseite ist für jede Farbe (R, B, G) eine Aufnahmeröhre vorhanden, die ihr durch Farbfilter erhaltenes, gesondertes Bild abtastet. Auf der Empfangsseite werden die Signale getrennt und wie im Schwarzweißempfänger dem Tonteil und den Ablenkspulen zugeführt. In der Farbbildröhre sind 3 Elektronenstrahlsysteme für R, G und B im Hals einer Lochmaskenröhre (Deltaröhre) versetzt so angeordnet, daß ihre Strahlen sich jeweils in einem der 400 000 Löcher der Loch- oder Schattenmaske 13 mm hinter dem Bildschirm treffen (Konvergenz). Zu jedem Loch der Schattenmaske gehört ein Farbtripel, d. h. 3 Leuchtstoffpunkte R, G und B auf dem Bildschirm, die durch die zugehörigen Elektronenstrahlen getroffen werden und entsprechend aufleuchten. Bei der In-Line-Röhre sind die 3 Elektronenstrahlsysteme nebeneinander (»in einer Linie«) angeordnet, wobei als Schattenmaske eine Schlitzmaske mit senkrechten, in Reihen angeordneten Schlitzen dient. Das Farb-F.-Übertragungssystem soll kompatibel sein, d.h. ein Schwarzweißempfänger muß eine Farbsendung in Schwarzweiß, ein Farbempfänger eine Schwarzweißsendung empfangen können. Ab 1992 soll in der EG das HDTV (**H**igh **D**efinition **TV**), hochauflösendes Fernsehen) eingeführt werden. Da es mit 1250 Zeilen arbeitet, sind eine größere Detailschärfe, kräftigere Farben und größere Bildschirme möglich. →MAC-Norm.

Fernsehspiel, Bildschirmspiel, →Telespiel.

Fernsprecher, Telephon, Einrichtung zum Senden und Empfangen gesprochener Nachrichten. Die Schallwellen werden durch ein **Mikrophon** in Wechselstrom oder pulsierenden Gleichstrom umgewandelt, der entwe-

Fernsprecher: Schaltung (Selbstwähler)

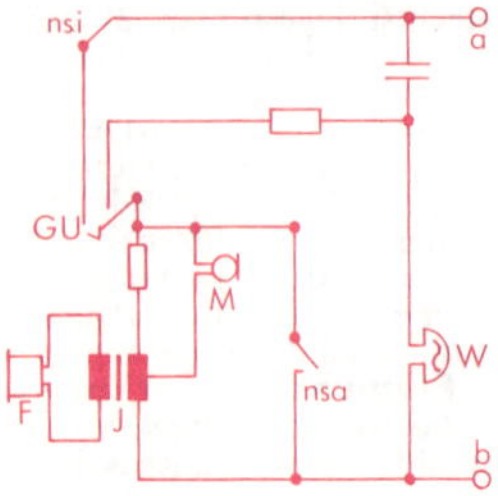

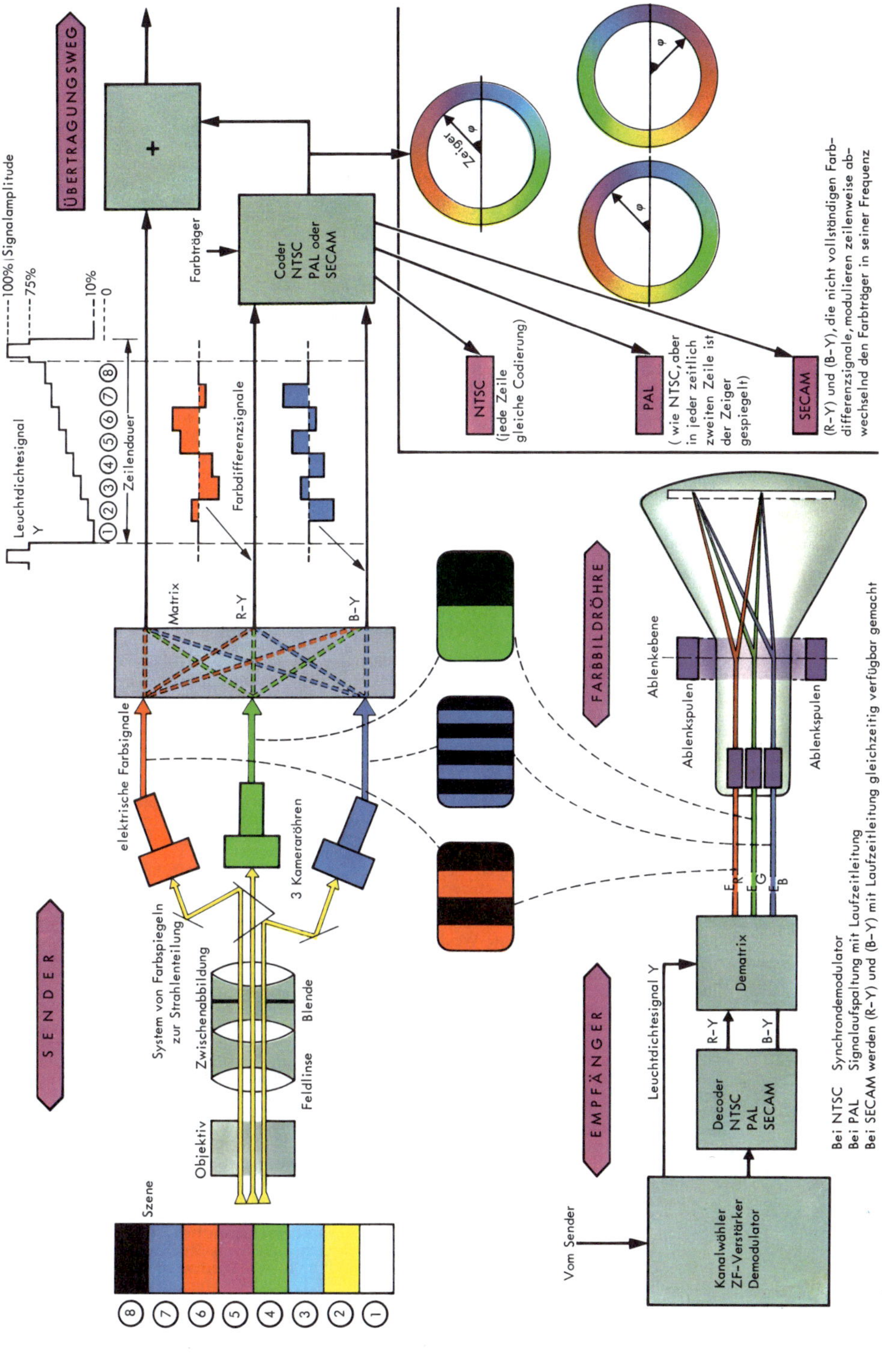
SENDER
Szene
① ② ③ ④ ⑤ ⑥ ⑦ ⑧
Objektiv
Feldlinse
Zwischenabbildung
Blende
System von Farbspiegeln zur Strahlenteilung
3 Kameraröhren
elektrische Farbsignale
Matrix
R–Y
B–Y
Leuchtdichtesignal Y
Zeilendauer
Farbdifferenzsignale
100% | Signalamplitude
75%
10%
0
ÜBERTRAGUNGSWEG
+
Farbträger
Coder NTSC PAL oder SECAM
Zeiger
φ
NTSC
(jede Zeile gleiche Codierung)
PAL
(wie NTSC, aber in jeder zeitlich zweiten Zeile ist der Zeiger gespiegelt)
SECAM
(R–Y) und (B–Y), die nicht vollständigen Farbdifferenzsignale, modulieren zeilenweise abwechselnd den Farbträger in seiner Frequenz
FARBBILDRÖHRE
Ablenkebene
Ablenkspulen
Ablenkspulen
E_R E_G E_B
EMPFÄNGER
Vom Sender
Kanalwähler ZF-Verstärker Demodulator
Decoder NTSC PAL SECAM
R–Y
B–Y
Dematrix
Leuchtdichtesignal Y
Bei NTSC Synchrondemodulator
Bei PAL Signalaufspaltung mit Laufzeitleitung
Bei SECAM werden (R–Y) und (B–Y) mit Laufzeitleitung gleichzeitig verfügbar gemacht

Fes

Festigkeit: a Zug, b Druck, c Knickung, d Biegung, e Verdrehung

Feston

Fetthenne: Gelbe Tripmadam

der über eine Leitung zum Empfänger geleitet wird oder die von einem Sender ausgestrahlten elektromagnet. Schwingungen moduliert. Am Empfangsort werden die elektr. Signale im **Fernhörer** (**Telephon** im eigentl. Sinn) in Schallwellen zurückverwandelt. Der **Fernsprechapparat** enthält einen mit der Wählscheibe oder dem Tastenfeld verbundenen Nummernschalter (**Wähleinrichtung,** nur bei Selbstwählapparaten), einen **Wechselstromwecker** W und den **Gabelumschalter** GU. Bei Abnehmen des Hörers wird über den Kontakt GU der Stromkreis der bei a und b angeschlossenen Amtsleitung geschlossen und das Mikrophon M mit Strom versorgt. Beim Wählen wird mit dem Kontakt nsi (Nummernschalter) der Strom im Takt der gewählten Nummer unterbrochen, gleichzeitig während des Wählens der Kontakt nsa kurzgeschlossen. Über den Transformator J wird der Fernhörer F gespeist. Die Amtsleitung führt zur Vermittlungseinrichtung. Im **Selbstanschluß-(SA-)Amt** stellen **Wähler (Vorwähler, Gruppenwähler, Leitungswähler)** die Verbindung her (BILD). Für den Verkehr zw. entfernten Orten bestehen **Fernämter** und der **Selbstwählfernverkehr.** Bei letzterem werden die angeschlossenen Ortsnetze über eine Kennummer direkt erreicht, dann wird die Nummer des Teilnehmers wie im Ortsverkehr gewählt. – Die erste brauchbare Übertragung der Sprache gelang 1861 Philipp Reis. Bell erfand 1876 den elektromagnet. F., Hughes 1878 das Kohlemikrophon. – →Schnurloses Telefon.

Fernuniversität, Hochschule, die den Studienbetrieb überwiegend als Fernunterricht (-studium) organisiert, angeschlossen sind regionale Studienzentren; in der Bundesrep. Dtl. seit 1974 F. Hagen.

Fernunterricht, Unterricht mit Hilfe von Unterrichtsbriefen, Druckschriften, Schallplatten, Funk und Fernsehen.

Ferrara, oberital. Provinz-Hptst., 142000 Ew.; Erzbischofssitz; Univ.; Leder-, Glas-, chem. Ind. – Im 15./16. Jh. Kulturmittelpunkt der ital. Renaissance (Ariosto, Tasso), Dom, Paläste; bis 1598 Sitz des Hauses Este.

Ferrit das, **1)** METALLKUNDE: das kubisch kristallisierte α-Eisen. **2)** ⚗ gesinterte Oxide des Eisens, Mangans, Zinks u. a.; für Spulenkerne (Funktechnik), Magnetspeicher (Rechenanlagen).

Ferromagnetismus, an den kristallinen Zustand gebundener Magnetismus von Eisen, Nickel, Kobalt sowie einiger Legierungen **(Ferromagnetika).** Ihre Magnetisierung kann einige 1000mal größer sein als die von paramagnet. Stoffen. Man unterscheidet weichmagnet. Werkstoffe für magnet. Wechselfelder und hartmagnetische (Dauermagnete).

Fertigbauweise. Bauweise, bei der vorgefertigte Bauteile (Wand-, Deckenplatten, Binder, Träger, Fahrbahnplatten) auf der Baustelle mit geringem Arbeitsaufwand zusammengefügt werden.

Fertigungsverfahren, die 6 grundlegenden Verfahren der industriellen Fertigungstechnik: Urformen, Umgangsformen, Trennen, Fügen, Beschichten, Änderung der Stoffeigenschaften.

fertil [lat.], fruchtbar. Hptw.: **Fertilität.**

Ferula [lat.] die, Kreuzstab des Papstes.

fes, ♩ um einen Halbton erniedrigtes f.

Fes, Fez [nach der Stadt F.], kegelförmige Mütze aus rotem Tuch; in der Türkei seit 1926 verboten, 1953 auch in Ägypten.

Fès, Fez, Provinz-Hptst. in Marokko, 449000 Ew., Mittelpunkt des geistigen und wirtschaftl. Lebens Marokkos; islam. Hochschule; altes Gewerbe (Leder-, Mosaikarbeiten). F. ist eine der heil. Städte des Islams.

Fessan, Fezan der, Landschaft im SW Libyens, Fels-, Kies- und Sandwüste.

Fessel die, **1)** Schwertgelenk, später Bande, Schlinge bei Gefangenen. **2)** beim MENSCHEN: schmalster Teil des Beines oberhalb des Knöchels; bei HUFTIEREN: auch **Fesselgelenk,** Gelenkverbindung zw. den Mittelfußknochen und dem 1. Zehenglied.

Festgeld, feste Gelder, Einlagen von Nichtbanken bei Kreditinstituten; Laufzeit von mindestens 30 Zinstagen.

Festigkeit, Widerstand, den ein fester Körper der Trennung oder Verformung entgegensetzt, wird auf die Querschnittseinheit bezogen. Einheit N/mm^2. Man unterscheidet je nach der Beanspruchungsart Zug-, Druck-, Knick-, Biege-, Scher- und Verdreh-F.

Festkörper, fester Körper, Stoff, der einer Änderung seiner äußeren Form oder seines Volumens und einer Trennung in kleinere Bestandteile großen Widerstand entgegensetzt. Die **F.-Physik** befaßt sich mit den Eigenschaften der F.: **Kristalline F.,** z. B. Eis, haben einen ganz bestimmten Schmelzpunkt, **amorphe F.,** z. B. Glas, Siegellack, Teer, erweichen bei Temperaturanstieg und gehen erst in den zähflüssigen, dann in den dünnflüssigen Zustand über. In den kristallinen F. sind die Atome regelmäßig angeordnet, in den amorphen Stoffen dagegen regellos, nur statistisch verteilt. Amorphe F. können daher als Flüssigkeiten mit hoher Zähigkeit aufgefaßt werden.

Festkörperschaltung, monolithische Schaltung, Form der →integrierten Schaltung mit einem Halbleiter- oder Isolatoreinkristall als Substrat.

Festmeter, Abk. **fm,** 1 m^3 lückenloser Holzmasse.

Festnahme, vorläufige F., ⚖ Freiheitsentziehung ohne richterl. Haftbefehl. Berechtigt zur v. F. sind Polizei und Staatsanwaltschaft, wenn Gefahr im Verzuge ist und die Voraussetzungen eines Haft- oder Unterbringungsbefehls vorliegen, ferner jedermann, wenn der Täter auf frischer Tat ertappt wird und fluchtverdächtig ist oder seine Personalien nicht festgestellt werden können. Der Festgenommene muß unverzüglich, spätestens am Tage nach der Festnahme dem Richter vorgeführt werden (§§ 127 ff. StPO).

Feston [fɛst'ɔ̃, frz.] das, Laub-, Früchtegehänge.

Festplatte, Magnetplattenspeicher, bei dem die Magnetplatten nicht ausgewechselt werden können. Ggs.: Diskette (→Floppy Disk).

Festspiel, 1) Aufführung von Dramen, Opern, Musikwerken bei festl. Anlaß oder als F. im Rahmen von periodisch wiederkehrenden festl. Tagen oder Wochen. **2)** das zu einem bestimmten festl. Anlaß verfaßte Theaterstück.

Feststellungsklage, nur auf Feststellung des Bestehens oder Nichtbestehens eines Rechtsverhältnisses gerichtete Klage.

Festung, mit stärksten Abwehrmitteln ausgestattete Verteidigungsanlage, die schon bei den Assyrern, Persern und Römern durch Grabensysteme, Palisaden und Mauern vollendet entwickelt war (Limes). Nach Einführung der Feuerwaffen wurde das Verteidigungsverfahren durch Bastionen und Betonmauerung verbessert. Die Technisierung des Krieges schuf aus der F. alten Stils einen Befestigungsgürtel mit Forts und Sperrung ganzer Grenzgebiete, z. B. Maginot-Linie, Westwall, Atlantikwall.

Festungshaft, ⚖ früher eine nicht entehrende Freiheitsstrafe.

Festwertspeicher, Festspeicher, ein Speicher elektron. Rechenanlagen, deren Inhalt nicht verändert werden kann.

FET, Abk. für **Feldeffekt-Transistor,** →Transistor.

Fetisch [portug.] der, bei Naturvölkern lebloser Gegenstand, der religiös verehrt wird und der übernatürl. Kräfte haben soll. **Feti-**

schismus, 1) Verehrung von F. **2)** abnorme Bindung des Geschlechtstriebes an Gegenstände, z. B. Kleidungsstücke.

Fette, fette Öle, Stoffe meist tier. oder pflanzl. Herkunft, chemisch Fettsäure-Glycerinester. Die Ester der hauptsächlich vorkommenden gesättigten Palmitin- und Stearinsäure und der ungesättigten Ölsäure heißen **Palmitin, Stearin, Olein.** Fette Öle enthalten vorwiegend Olein, feste Fette Palmitin und Stearin. Durch **Fetthärtung** werden das flüssige Olein sowie die Ester anderer ungesättigter Fettsäuren in festes Stearin übergeführt. Für Margarine werden Öle zunehmend durch Umesterung gehärtet, wobei Wirkstoffe (Vitamine u. a.) nicht angegriffen werden. **Trocknende Öle** trocknen an der Luft zu einer festen Masse ein. **Synthet. F.** gewinnt man aus den bei der Kohlenhydrierung anfallenden Kohlenwasserstoffen, die zu Fettsäuren oxidiert und mit Glycerin zu F. verestert werden.

Fettgeschwulst, grch. **Lipom,** gutartige Geschwulst aus Fettgewebe, meist in der Haut.

Fetthenne, Sedum, Gatt. krautiger bis halbstrauchiger Dickblattgewächse. Arten: **Große F.,** grüngelb blühend, großblättrig. **Scharfe F.** oder **Mauerpfeffer,** auf Felsen, gelb blühend, kleinblättrig. (BILD S. 256)

Fettkraut, kleinstaudige, fettblättrige, → tierfangende Pflanzen, auf Moorboden; **Gemeines F.,** blau blühend.

Fettpflanzen, die → Sukkulenten.

Fettsäuren, einbasige organ. Säuren; **gesättigte F.** leiten sich von Paraffinen ab, **ungesättigte F.** enthalten Doppel-, Dreifachbindungen.

Fettsucht, Adipositas die, ♡ übermäßige Ansammlung von Fett im ganzen Körper **(Fettleibigkeit),** auch mit Verfettung innerer Organe **(Fettleber, Fettherz).** Oft durch überreichl. Ernährung, auch durch erbl. Veranlagung oder Störung der Drüsen mit → innerer Sekretion. Behandlung nach der Ursache, Entfettungskuren nur unter ärztl. Aufsicht.

Feuchtersleben, Ernst Freiherr v., österr. Arzt, Dichter, *1806, †1849; Gedichte.

Feuchtigkeit, Wassergehalt, bes. der Wasserdampfgehalt der Luft **(Luft-F.). Absolute F.,** der in 1 m^3 Luft enthaltene Wasserdampf in g. **Relative F.,** Verhältnis des in der Luft vorhandenen Wasserdampfes zu der bei der jeweiligen Temperatur max. Wasserdampfmenge.

Feuchtigkeitsmesser der, → Hygrometer.

Feuchtmayer, Feichtmayr, aus Wessobrunn stammende Stukkatoren- und Bildhauerfamilie des 17./18. Jh.; die bedeutendsten: Johann Michael F. (*1709 oder 1710, †1772) und Joseph Anton F. (*1696, †1770).

Feuchtwanger, Lion, Schriftst., *1884, †1958; seit 1933 emigriert, schrieb zeitkrit. und geschichtl. Romane (»Jud Süß«), Dramen.

feudal [mlat. aus ahd. feod »Lehen«], **1)** auf das mittelalterl. Lehnswesen bezüglich. **2)** vornehm, adelsstolz.

Feudalismus, bes. im späten MA. auf Grundlage des Lehnswesens ausgebildete Staatsform mit großer Selbständigkeit des Adels.

Feuer, Verbrennung unter Licht-, Wärme-, meist auch Flammenentwicklung, d. h. Entwicklung brennbarer Gase und Dämpfe.

Feuerbach, 1) Anselm, Maler, *1829, †1880; suchte in seinen Bildnissen die klass. Form zu erreichen. **2)** Ludwig, Philosoph, Sohn von 3), *1804, †1872; ging von Hegel aus, gelangte zum Materialismus; sein Einfluß auf die Hegelsche Linke, auf Marx und Engels war groß; entwickelte eine sensualist. Erkenntnislehre und eine Religionsphilosophie, die die Gottesidee als Erzeugnis menschl. Vorstellungen und Wünsche deutet. Hauptwerk: »Das Wesen des Christentums« (1841). **3)** Paul Anselm, Strafrechtslehrer, *1775, †1833, begründete die Abschreckungstheorie, schuf das bayer. StGB von 1813.

Feuerbestattung, Totenbestattung durch Verbrennung der Leiche und Beisetzung der Asche; bis zum 19. Jh. und heute noch bei Naturvölkern auf Scheiterhaufen, seither in Krematorien. Die kath. Kirche hält grundsätzl. an der Erdbestattung fest, gestattet jedoch seit 1963 auch die F. Die evang. Kirche stellt die F. der Erdbestattung gleich, empfiehlt aber die Erdbestattung.

Feuerbüchse, bei Heizkesseln der Teil, der den Rost enthält und in dem die Verbrennung stattfindet; seitlich und oben von Wasser umgeben.

feuerfeste Steine haben einen Schmelzpunkt über 1650 °C. Wenn er über 1850 °C liegt, heißen die Steine **hochfeuerfest.** Ihr Hauptbestandteil ist Ton; verwendet bes. für Hoch- und Schmelzöfen (→ Schamotte).

Feuerland, Inselgruppe an der S-Spitze Südamerikas, vom Festland durch die Magellanstraße getrennt; 73 746 km^2. Der SW ist Gebirgsland (Cerro Yogan 2469 m), der O flaches Grasland. Der O ist argentinisch, der W chilenisch.

Feuerlöschanlagen, ortsfeste oder bewegl. Anlagen und Geräte zur Brandbegrenzung und -löschung; dienen zum **Raum-** und **Objektschutz** (Maschinen, Förderbänder u. a.). Arten: **Sprinkler-, Regen-, Berieselungs-** sowie **Drencher-** oder **Wasserschleier-Anlagen.**

Feuerlöscher, Handfeuerlöscher, von Hand tragbare Feuerlöschgeräte zur Bekämpfung von Kleinbränden, vor allem zur Selbsthilfe; sie enthalten ein Löschmittel, das durch gespeicherten oder chem. erzeugten Gasdruck selbsttätig ausgestoßen wird. F. bestehen aus einem druckfesten Behälter, der das Löschmittel und meist auch das Treibmittel enthält. – Da kein Löschmittel zum Löschen aller Arten von Bränden geeignet ist, werden folgende Arten von F. hergestellt: **Wasserlöscher, Naßlöscher** (enthalten 10 l Wasser); **Trockenlöscher** (enthalten 6-12 kg Löschpulver). Für Sonderzwecke, z. B. Metallbrände, gibt es F. mit Spezziallöschmitteln.

Feuerlöschmittel, Stoffe, die den Verbrennungsvorgang unterbrechen; sie wirken durch **Abkühlen** unter die Mindest-Verbrennungstemperatur oder durch **Ersticken. Wasser** kühlt am stärksten, ist jedoch bei manchen Bränden (Flüssigkeiten, Gase, Metalle) ungeeignet; hier werden **Luftschaum, Kohlendioxid, Halone** und **Löschpulveranlagen** verwendet.

Feuermal das, → Muttermal.

Feuermelde-Anlagen zeigen einen Gefahrenzustand unter Angabe des Meldeortes an eine Zentralstelle an. Sie bestehen aus den **Meldern,** der **Meldeempfangseinrichtung,** dem Leitungsnetz und der Stromversorgungseinrichtung. – Private F.-A. werden in bes. gefährdeten Gebäuden (z. B. Warenhäusern, Thea-

J. A. Feuchtmayer: Maria

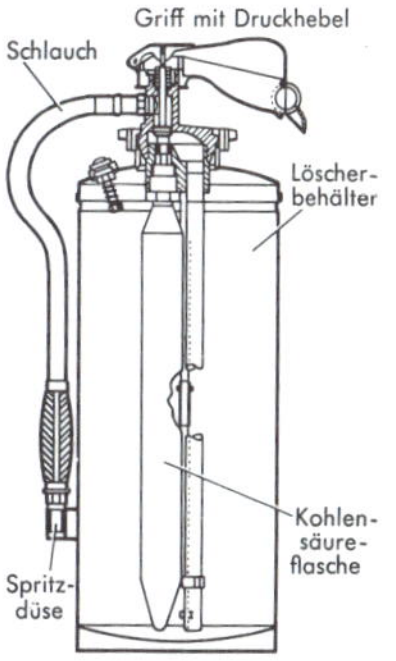

Feuerlöscher: Schema eines Trocken-Hand-F.

A. Feuerbach: Medea auf der Flucht

Feuerwanze

Fiale

Fichte

Fichu

tern, Fabriken) eingerichtet. Arten: **Wärme-Melder** (sprechen beim Erreichen einer Höchsttemperatur und auf ungewöhnlich rasche Temperatursteigungen an); **Rauch-Melder** (reagieren auf Brandrauch und gasförmige Verbrennungsprodukte); **Flammenimpuls-Melder** (sprechen auf das Flackern von Flammen an).

Feuersalamander, Schwanzlurch mit schwarzer, lebhaft gelb gefleckter Haut, an feuchten Stellen im Gebirge. (BILD Farbwechsel)

Feuerschiff, ↘ an navigatorisch wichtigen und schwierigen Stellen verankertes, bemanntes Schiff mit → Leuchtfeuer; dient als Seezeichen. F.e werden heute oft durch unbemannte, feststehende Türme ersetzt.

Feuerschwamm, schmutziggrauer, meist an Buchen wachsender Pilz; sein wergartiges Inneres liefert, mit Salpeter getränkt, den Zunder für das Feuersteinfeuerzeug **(Zunderschwamm).** Der innen harte **Falsche F.** ist weniger dazu geeignet. Beide verursachen Weißfäule des Holzes.

Feuerstein, Flint, Kieselgestein aus Chalcedon oder Opal, leicht zersprengbar zu scharfkantigen Stücken. Vom Steinzeitmenschen wurde er zu Werkzeugen und Waffen bearbeitet. Jetzt dient er zu Reibschalen u. dgl. Geglüht und gemahlen liefert er chem. fast reine Kieselsäure; Rohstoff für **Flintglas** und **Wasserglas.**

Feuersturm, orkanartiger Sturm durch einen Flächenbrand. Durch den Sog der zum Zentrum des Brandes hin gerichteten Windströmung können die meteorolog. bekannten Orkanstärken noch übertroffen werden; restlose Vernichtung alles Lebens und alles Brennbaren ist die Folge.

Feuerung die, **Feuerungsanlage,** Einrichtung zum Verbrennen fester, staubförmiger, flüssiger und gasförmiger Stoffe.

Feuerversicherung, Brandversicherung, deckt unmittelbare Schäden durch Brand, Blitzschlag, Explosion und mittelbare Schäden durch Löschen, Niederreißen usw. Ausgeschlossen sind Schäden durch Erdbeben, Krieg, Unruhen, Kernenergie sowie durch böswilliges oder grobfahrlässiges Verhalten des Versicherten.

Feuerwaffe, Waffe, aus der ein Geschoß durch Gase einer entzündeten Pulverladung hervorgeschleudert wird (Geschütz, Handfeuerwaffen, Maschinenwaffen).

Feuerwanze, ◊ rot-schwarze Wanze, oft am Fuß von Lindenbäumen, etwa 1 cm lang; Baumwollschädling ist die **Rotwanze.**

Feuerwehr, öffentl. oder private Einrichtung zur Bekämpfung von Bränden, zur Hilfe bei Unglücksfällen und öffentl. Notständen, vielfach auch zum Krankentransportdienst. – Arten der F.: **Berufs-F.** (in Städten über 100000 Ew., auch in kleineren Städten mit bes. Brandgefahren), **Freiwillige F.** (in allen Gemeinden ohne Berufs-F.), **Pflicht-** oder **Hilfs-F.** (muß aufgestellt werden, wenn keine Freiwillige F. zustande kommt); **Werk-F.** (wird von Betrieben zur Brandschutzsicherung aus Betriebsangehörigen gebildet).

Feuerwachen der Berufs-F. sind für ständige Alarmbereitschaft eingerichtet. Freiwillige F. halten ihre Einsatzfahrzeuge nebst Ausrüstung in **Gerätehäusern** bereit. Die F.-Männer tragen einheitl. **Schutzkleidung** und genormte Ausrüstung: F.-Helm, Hakengurt mit Schiebhaken und F.-Beil, Fangleine, Atemschutzmaske.

Löschfahrzeuge zur Brandbekämpfung und Durchführung techn. Hilfeleistung: Löschgruppen-, Tragkraftspritzen-, Tanklösch-, Trockenlösch-, Trocken-Tanklöschfahrzeuge; **Drehleitern** (Rettung von Mensch und Tier, Durchführung von Löschangriffen); **Schlauchwagen** (Nachschub von Schläuchen); **Rüstwagen** (enthalten Spezialgeräte für Hilfeleistungen: Heben und Ziehen von Lasten, Abstützen, Stromerzeugen, Belüften); **Feuerlöschboote** (in großen Hafenstädten und auf Binnenwasserstraßen, zum Schutz von Schifffahrt und Industrie).

Feuerwerk, Erzeugung von Licht-, Funken- und Knallwirkungen durch Feuerwerkssätze. **Buntpulversätze** werden für bengal. Feuer und Leuchtkugeln verwendet. Aus **Schwarzpulversätzen** werden F.-Körper mit Papphülsen hergestellt, aus diesen **Feuerwerksstücke** zusammengebaut.

Feuerwerker, Pyrotechniker, 1) Verfertiger von Feuerwerkskörpern. **2)** bis 1945 Unteroffizier für Heeresgeräte und Munition.

Feuerzeug, Gerät zur Feuererzeugung. Heute mit Benzin oder Propangas gefüllte Taschen-F., in denen durch einen Funken gezündet wird, der durch Reibung an einem Feuerstein aus Auermetall entsteht, oder **elektr. F.**

Feuilleton [fœjt'ɔ̃, frz. »Blättchen«] das, der gesamte kulturelle Teil einer Zeitung (Aufsätze, Kritiken, Plaudereien, Romane).

Feyerabend, Siegmund, Buchdrucker, *1528, †1590, brachte mit Holzschnitten reich ausgestattete Werke heraus.

ff., ff, Abk. für **1)** folgende. **2)** sehr fein. **3)** ♩ fortissimo, **fff,** äußerst laut.

Fiaker [frz.] der, 2spännige Pferdedroschke, Mietskutsche.

Fiale die, ⌂ Spitztürmchen auf got. Strebepfeilern und an Tür- und Fensterverdachungen.

Fiasko das, Durchfall eines Stückes, Schauspielers, Sängers; Mißerfolg.

Fibel die, **1)** Anfangslesebuch. **2)** Gewandnadel der Vorzeit und des Altertums. (BILD germanische Kunst)

Fiber [lat.] die, Faser. **fibrös,** faserig.

Fibrille [lat. »Fäserchen«] die, feinster Bestandteil der menschl. und tierischen Muskel-, Nerven- oder Bindegewebsfaser.

Fibrin das, unlösl. Eiweiß, entsteht aus einer im Blut gelösten Vorstufe **(Fibrinogen),** durch ein Enzym; bewirkt die Blutgerinnung.

Fibrom [lat.] das, eine Fasergeschwulst.

Fichte die, Gatt. der Nadelbäume, mit spitzen, vierkantigen Nadeln und hängenden Zapfen. Waldbaum, bes. in bergigen Ländern, ist die **Gemeine F.** oder **Rottanne.** Sie liefert Werk- und Brennholz, Gerbrinde, Terpentin, Zellstoff, Holzwolle, Fichtennadelextrakt, -öl. Amerikan. Arten **(Blau-F., Silber-F.)** sind bei uns Zierbäume.

Fichte, Johann Gottlieb, Philosoph, *1762, †1814, wurde 1794 Prof. in Jena, 1799 der Gottlosigkeit angeklagt (Atheismusstreit) und abgesetzt, 1805 Prof. in Erlangen, 1810 in Berlin. F.s Philosophie ist eine Fortbildung des Kantischen Kritizismus zu einem rein metaphys. → Idealismus. In seiner Schrift über den »Geschlossenen Handelsstaat« (1800) zeichnete F. in Form einer Utopie eine sozialist. Gesellschaftsordnung auf nationalstaatl. Grundlage. Von 1806 an wirkte er für die Erhebung gegen Napoleon. 1807/08 hielt er die »Reden an die dt. Nation«.

Fichtelberg, der zweithöchste Berg des Erzgebirges, 1214 m hoch.

Fichtelgebirge, dt. Mittelgebirge im NO Bayerns (Schneeberg 1053 m). Saatzucht, Viehzucht, Forstwirtschaft; Porzellan-, Stein-, Textilind., Fremdenverkehr.

Fichtenspargel, Schmerwurz, Ohnblatt, wachsgelbe, schuppenblättrige, von Pflanzenmoder lebende Pflanze in Nadelwäldern.

Fichu [fiʃ'y, frz.] das, dreizipfliges Schultertuch, lose geschlungener Schalkragen.

Fideikommiß [lat. »zu treuen Händen belassen«] das, im früheren dt. Recht ein unveräußerl. und unteilbares Familienvermögen, i. d. R. Grundbesitz, der stets geschlossen in der Hand eines Familienmitgl. blieb; nur der Ertrag stand zu freier Verfügung. In Dtl. seit 1939 aufgelöst.

fidel [lat. fidelis »treu«], heiter, lustig.

Fidelismus, Castrismus, betont nationalist. Form des Kommunismus in Kuba, benannt nach Fidel Castro.

Fidibus der, gefalteter Papierstreifen zum Feueranzünden.

Fidschi, engl. **Fiji** [f'i:dʒi:], Staat und Inselgruppe im Pazif. Ozean, rd. 360 vulkan. und Korallen-Inseln (105 bewohnt), 18272 km², 726000 Ew. (darunter 5000 Weiße, 350000 Inder, 5000 Chinesen); Ausfuhr: Zucker, Kopra, Bananen, Ananas. – 1643 entdeckt, seit 1874 brit.; seit 1970 unabhäng., MinPräs.: Kamisese R. Mara. ⊕ S. 486.

Fieber das, Krankheitszeichen mit erhöhter Körpertemperatur (über 37,5 °C, im Mastdarm gemessen), beruht auf Störung der Wärmeregelung des Körpers, sehr oft durch Giftstoffe, die von den Krankheitserregern erzeugt werden. Das F. ist dann ein Ausdruck des Abwehrkampfes des Körpers. Meist eintretende Begleiterscheinungen: beschleunigter Puls (über 90-100 Schläge), Beschleunigung der Atemzüge (über 20 in der Minute), Frostanfälle mit folgendem Hitzegefühl, Durst, Kräfteabnahme. Steigt die Körpertemperatur über 42 °C, so ist dies ein Zeichen für Lebensgefahr. Zur Feststellung des F. dient das **F.-Thermometer.** Es reicht von 35 °C bis 42 °C und ist in Zehntelgrade eingeteilt. Gemessen wird in der Achselhöhle (10 min), unter der Zunge oder im After (5 min). **F.-Kurve,** Darstellung des F.-Verlaufs durch Schaubild (→ Heilfieber). **F.-Mittel (Antipyretika)** enthalten oft Salicylsäure, Pyrazol-Abkömmlinge.

Fieberbaum, Chinabaum und Eukalyptus.

Fiebermücke, Anopheles, Stechmücke, Überträgerin der → Malaria; lebt in sumpfigen Gegenden, bes. der warmen Länder. Die Larven entwickeln sich in stehenden Gewässern. Nur die Weibchen stechen. Bekämpfung: Vernichtung der Larven und Puppen im Wasser mit chem. Mitteln; Kontaktgifte gegen die ausgewachsenen F.; Schutz durch Moskitonetze.

Fieberrinde, die → Chinarinde.

Fiedel die, volkstüml. für Geige; Streichinstrument, Vorform der Geige; aus Asien, seit dem 9. Jh. in W-Europa nachweisbar.

Fielding [f'i:ldıŋ], Henry, engl. Dichter, *1707, †1754, schuf den realistisch-humorist. engl. Sittenroman (»Tom Jones«).

fieren, ⚓ (Taue) herablassen, lockern.

Fiesco, genues. Edelmann, zettelte 1547 eine Verschwörung gegen den Dogen Andrea Doria an. Trauerspiel von Schiller.

Fieseler, Gerhard, Flugzeugbauer, *1896, †1987; brachte 1937 den **F.-Storch,** das erste Langsamflugzeug der Welt, heraus.

Fiesole, Stadt in der ital. Prov. Florenz, 14700 Ew.; Kathedrale, Franziskanerkloster.

Fiesole, Fra Giovanni da, → Angelico.

FIFA, Abk. für **F**édération **I**nternationale de **F**ootball **A**ssociation, der internat. Fußballbund, 1904 gegr., Sitz Zürich.

FIFO, Abk. für engl. **First In/First Out** [fə:st 'ınfə:st 'aut], ähnlich einem Schieberegister aufgebauter → Speicher, bei dem die zuerst eingegebenen Daten als erste wieder ausgelesen werden. Ggs.: → LIFO.

Figaro, Barbier (Friseur) und Diener in Lustspielen von Beaumarchais. Opern: Mozart (»Figaros Hochzeit«), Rossini (»Der Barbier von Sevilla«).

Fighter [f'aıtə, engl. »Kämpfer«], Draufgänger.

Figl, Leopold, österr. Politiker, *1902, †1965; 1938-43 im KZ, nach 1945 Mitgründer der Österr. Volkspartei, 1945-53 Bundeskanzler, 1953-59 Außenmin., 1959-62 Präs. des Nationalrats, 1962-65 Landeshauptmann von Niederösterreich.

Figur [lat.] die, Gestalt; auch **Klang-F., Tanz-F., Rede-F. Figurant** [lat.] der, Theater: stummer Darsteller. **Figurine** [frz.], **1)** Figürchen. **2)** Kostümzeichnung. **figürlich,** bildlich; sinnbildlich.

Figuralmusik, Figurierter Gesang, i. Ggs. zum einstimmigen der kontrapunktische, mit Figuren verzierte Satz.

Fiktion [lat.] die, **1)** Annahme, Erdichtung. **2)** ⚖ Unterstellung, bei der ein nicht vorhandener Tatbestand als vorhanden (oder umgekehrt) angenommen wird. **fiktiv,** vorgeblich, erdichtet.

Filarien, bis 0,5 m lange Fadenwürmer, die im Blut oder in den Lymphwegen des Menschen schmarotzen; verursachen → Elephantiasis.

Filchner, Wilhelm, Forschungsreisender, *1877, †1957; Expeditionen in Zentralasien (O-Tibet, Nepal), Südpolargebiet. Autobiographie: »Ein Forscherleben«.

File [faıl], engl. Bez. für Datei, v. a. in der elektron. Datenverarbeitung verwendet.

Filder Mz., fruchtbare Hochfläche südl. von Stuttgart; Anbau von Weißkraut **(Filderkraut).**

Filderstadt, Stadt im Kr. Esslingen, Bad.-Württ., 36500 Ew. Konservenind.

Filet [fil'e, frz.] das, KOCHKUNST: Lendenfleisch vom Schlachtvieh und Wildbret; Brustfleisch vom Geflügel; Rückenfleisch der Fische.

Filetarbeit [fil'e-, frz.], → Netzarbeit.

filia [lat.] die, Tochter. **f. hospitalis,** studentisch: die Tochter der Wirtin.

Filiale [lat.] die, Zweigniederlassung eines Unternehmens, ist an die Anweisungen des Hauptgeschäfts gebunden.

Filiation [lat.] die, **1)** FAMILIENKUNDE: Abstammungsnachweis. **2)** Gliederung des Staatshaushalts.

Filibuster [fılıb'ʌstə, engl.] der, Abgeordneter, der eine Abstimmung durch endloses Reden oder dgl. zu verhindern sucht; auch die dahin zielende Verschleppungstaktik.

Filigran [lat.] das, seit dem 3. Jahrtsd. v. Chr. nachweisbare Goldschmiedearbeit in der Form kunstvoller Geflechte aus feinem rundem, geperltem oder gezwirntem Gold-, Silberdraht, oft mit Granulation.

Filipinos [span.] Mz., die Bewohner der Philippinen.

Filius [lat.] der, Sohn.

Film [engl. »Häutchen«] der, **1)** dünne Oberflächenschicht auf andersartigem Grund, z. B. Ölfilm, Lackfilm. **2)** PHOTOGRAPHIE: **Blank-F.** heißt der glasklar durchsichtige, biegsame Träger aus Cellulosetriacetat oder Polyester, solange er noch keine lichtempfindl. Schicht trägt; der beschichtete F. heißt **Roh-F.** (Ausführungen: **Plan-F., Roll-F.**). F. werden entsprechend ihrem Verwendungszweck in Streifen versch. Breite zerschnitten und am

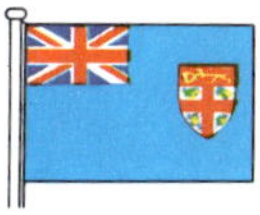

Fidschi

Filchner

Filigran: Teuderich-Reliquiar, 7. Jh.

Rand perforiert (außer Spezial-F.). **3)** beim Lichtspiel Sammelbegriff für das (unbelichtete oder belichtete) Aufnahmematerial wie für das Ergebnis seiner Projektion. Der **Kinematograph. F.** beruht auf der Zerlegung des Bewegungsablaufs in Bewegungsteilbilder, die photograph. festgehalten werden. In der **F.-Aufnahmekamera** wird der perforierte **F.-Streifen** (35 mm; Schmal-F. 16 mm, 8 mm; auch Super-8) mit einer Ablaufgeschwindigkeit von 24 Bildern/s (bei Schmal-F. 16 Bilder/s) belichtet und ruckweise bewegt. Während der Bewegung wird der F. von einer rotierenden Blende abgedeckt. Die sich rasch folgenden Bewegungsteilbilder erfaßt unser Auge später bei der **Vorführung (Projektion)** als zusammenhängende Bewegung.

Historisch verlief die Entwicklung vom **Schwarz-Weiß-** und **Stumm-F.** zum **Ton-** und **Farb-F.** (→ Photographie). Der Ton wird meist elektromagnet. (Magnetton) aufgezeichnet, mit Musik- und Geräuschaufnahmen gemischt, dann in Lichtschwankungen umgesetzt und diese auf einem gesonderten F.-Streifen aufgenommen. Der **Stereo-F. (plast. F., 3D-F.)** wird mit einer Stereokamera aufgenommen. Bei der Wiedergabe muß jedem Auge das zugehörige Bild dargeboten werden (Anaglyphen-, Vektographenverfahren). Bei den **Breitwand-F.** (Cinemascope, Cinerama, Todd-A-O, Vista Vision, Super Scope u.a.) wird eine scheinplast. Wirkung dadurch erzielt, daß das Bild mit einem Seitenverhältnis bis zu 1:2,55, das bei großer Tiefenschärfe Einzelheiten besser zeigt, auf eine ebene oder gekrümmte Bildwand projiziert wird. Die techn. Mittel der **Trickaufnahmen** sind u.a. doppelte Belichtung, Abdecken jeweils einer F.-Seite bei zweimaliger Aufnahme (Doppelrolle), Verwendung von halblichtdurchlässigen Spiegeln, extreme Beleuchtungseinstellung, Übereinanderkopieren mehrerer Negative. Bei **Zeichentrick-F.** werden viele tausend gezeichnete Bewegungsteilbilder photographiert. Mit **Zeitraffer** werden bei langsam ablaufenden Vorgängen in größeren Abständen Einzelaufnahmen gemacht, die dann im normalen Tempo vorgeführt werden. Mit **Zeitdehner** werden schnell ablaufende Vorgänge in vielen Bildern (bis zu einigen tausend in der Sekunde) erfaßt und diese dann in normalem Tempo vorgeführt.

Bei der **F.-Vorführung** in Lichtspieltheatern (Kinos) werfen nach dem Prinzip des → Projektionsgerätes gebaute Vorführmaschinen die Bilder des von rückwärts durchleuchteten F.-Streifens, der mit derselben Geschwindigkeit wie bei der Aufnahme weiterbewegt wird, auf die rasterförmig durchlöcherte Bildwand, hinter der die Lautsprecher angebracht sind.

Man unterscheidet **Spiel-F.** (durchschnittlich 2200 m, Vorführdauer etwa 1½ Stunden), **Kurz-, Trick-, Kultur- (Dokumentar-), wissenschaftl., Lehr-, Unterrichts-, Industrie- und Werbe-F.**

Die **Herstellung (Produktion)** eines F. durch eine **F.-Gesellschaft** erfolgt in 3 Stufen. Die Vorbereitung umfaßt Stoffauswahl, Abfassung des **Drehbuches,** Sicherung der Finanzierung, Verpflichtung der Mitarbeiter (Regisseur mit Stab, Kameraleute, Tonmeister, Architekt, Komponist, Darsteller, Musiker und Hilfspersonal). Die **Aufnahme** wird im Freien, häufiger, um von der Witterung, der wechselnden Beleuchtung unabhängig zu sein, im Atelier durchgeführt nach einem **Drehplan,** der die aufzunehmenden Szenen nach ihren Schauplätzen ordnet und auf die Drehtage verteilt. Bei der Bearbeitung nach dem Entwikkeln des F.-Negativs fügt der **Schnittmeister (Cutter)** die Teilstücke drehbuchgerecht zusammen. Erst nach der Fertigstellung des Positivs sprechen die Darsteller den Text des F., der ihnen in kurzen Szenenausschnitten (takes) vorgeführt wird. Das gleiche, **Synchronisation** genannte Verfahren wird bei Übertragung aus einer Sprache in eine andere angewendet. Als Mittler zw. dem Hersteller und den F.-Theatern tritt die **F.-Verleihgesellschaft** auf. Seit 1949 arbeitet die **Freiwillige Selbstkontrolle der F.-Wirtschaft (FSK,** Sitz Wiesbaden) und ebenda die **F.-Bewertungsstelle der Länder,** die künstlerisch und kulturell hervorragenden Filmen das Prädikat »wertvoll« oder »bes. wertvoll« verleihen kann.

Der F. als Kunstwerk. Schon der Stumm-F. entwickelte eigentüml. film. Ausdrucksformen: Mimik und Gestik als Ersatz für Wort und Dialog, Großaufnahme, Licht- und Schattenwirkungen, Perspektive und »Panoramieren« der Kamera zur Spannungs- und Bewegungssteigerung, Kunst des Schnitts. Nach der Erfindung des Ton-F. suchte die **F.-Dramaturgie** Bild, Wort und Musik zu einer künstler. Einheit zu verbinden.

Die ersten Kinos, meist auf Jahrmärkten, brachten Schauerdramen und Ulk-F. Der künstler. F. entwickelte sich zunächst bes. in Dtl. (»Der Student von Prag«, 1913), Dänemark (Schauspielerin Asta Nielsen), Schweden, den USA (Griffith: »Geburt einer Nation«, 1915). Höhepunkte wurden erreicht mit dem expressionist. dt. F. »Das Kabinett des Dr. Caligari« (Wiene, 1919), der kühnen Realistik des sowjetruss. F. »Panzerkreuzer Potemkin« (Eisenstein, 1925) sowie den Stummfilmkomödien von Chaplin, Keaton, Lloyd. Stummfilme in Dtl.: Lang, Pabst. Das F.-Land Amerika zog ab 1925 bed. Regisseure und Schauspieler aus Europa ab. Der Siegeszug des Tonfilms begann mit »The jazz singer« (1927); bedeutende Regisseure in Frankreich: Clair, Duvivier, J. Renoir, Carné; in England Korda, Reed, Lean; in den USA: J. Ford (Western), Lubitsch, Capra, Hawks, Wilder (Komödien). In Frankreich nach 1945 »Neue Welle«: Malle, Resnais, Chabrol, Truffaut, Godard; Italien: »Neorealismus«: Rossellini, de Sica, Fellini, Antonioni; später: Visconti, Bertolucci, Pasolini. Führendes Filmland blieben die USA (Kazan; dann Losey, Altman, Coppola, Scorsese, Spielberg, Allen, Forman). Internationale Bedeutung haben Regisseure aus Schweden (Bergman), Spanien (Buñuel, Saura), Polen (Wajda, Polanski), Ungarn (Szabo), UdSSR (Kalatasow, Tarkowskij), Japan (Kurosawa, Oshima). Der dt. F. gewann seit den 60er Jahren wieder Anschluß an die Entwicklung u.a. durch Werke von Schlöndorff, Reitz, Fassbinder, Herzog, Syberberg, Wenders. – Im Fernsehen erwuchs dem Kino eine große Konkurrenz; heute werden F. oft zugleich in Kino- und (z.T. längeren) Fernsehfassungen hergestellt.

Eine Reihe von **F.-Preisen,** meist im Rahmen von F.-Festspielen (Cannes, Berlin, Venedig) verliehen, soll den künstler. F. fördern.

Filter der, das, **1)** ⚗ Vorrichtung zum Trennen einer Flüssigkeit von festen, darin schwebenden Teilchen. Die gereinigte Flüssigkeit heißt das **Filtrat.** Hierzu dienen: ungeleimtes, saugfähiges Papier **(Filtrierpapier),** Gewebe **(F.-Tuch),** poröse Steine **(F.-Platten),** mit Kieselgur oder aktiver Kohle gefüllte Gefäße u.a. **2)** Photographie: farbige Gläser, die bei der Aufnahme vor das Objektiv geschaltet werden und bestimmte Wellenlängenbereiche des Lichts absorbieren, z.B. Gelb-F. zum Abschwächen blauer Strahlen. **3)** Nachrichtentechnik: Anordnung von Spulen und Kondensatoren und Widerständen zum Hervorheben und Abschwächen bestimmter Schwingungsbereiche.

Filz, 1) Gebilde aus regellos miteinander verschlungenen Tierhaaren; zu Hüten, Decken, Schuhen usw. **2)** Geizhals. **3)** Süddtl.: Moor.

Filzlaus, Schamlaus, eine Art der am Menschen schmarotzenden Läuse.

final [lat.], **1)** beendend. **2)** zweckmäßig, absichtsvoll. **Finale** das, [ital.], Schlußsatz eines Musikstücks; Schlußteil des Akts einer Oper. **Finalsatz,** Ⓢ Nebensatz, der einen Zweck, eine Absicht angibt, eingeleitet durch »damit«.

Finanzamt, → Finanzverwaltung.

Finanzausgleich, Regelung der finanzwirtschaftl. Beziehungen zw. Zentralgewalt und über- oder untergeordneten Gebietskörperschaften (in der Bundesrep. Dtl. zw. Bund, Ländern und Gemeinden) als **vertikaler F.,** zw. gleichgeordneten Gebietskörperschaften als **horizontaler F.**

Finanzen [ital.] Mz., **1)** Vermögen, Gelder. **2)** Einnahmen-, Ausgaben- und Schuldenwirtschaft einer öffentl. Körperschaft (Staat, Länder, Gemeinden, Gemeindeverbände); **finanziell,** Vermögen, bes. Einkünfte und Ausgaben betreffend; **finanzieren,** Geld beschaffen.

Finanzgerichte, Sondergerichte für Rechtsmittel in Steuersachen; oberstes F. ist der Bundesfinanzhof. Die **Finanzgerichtsbarkeit** ist geregelt durch die F.-Ordnung v. 6. 10. 1965 i. d. F. v. 20. 12. 1974.

Finanzhoheit, Befugnis des Staates (Bund, Länder) zur Regelung der öffentl. Finanzen und der Besteuerung; sie kann auf untergeordnete Körperschaften übertragen (delegiert) werden.

Finanzierung, ⚖ Beschaffung von Geld- und Sachkapital für Betriebszwecke, aus Mitteln des Unternehmens **(Eigen-F.)** oder aus Gläubigerkrediten **(Fremd-F.). F.-Gesellschaften** beschaffen Kapital für ihnen nahestehende Unternehmen.

Finanzkapital, in wenigen Händen, z. B. bei Banken zusammengefaßtes Kapital.

Finanzkontrolle, Prüfung und Überwachung der öffentl. Finanzwirtschaft (Kassen-, Rechnungs-, Verwaltungskontrolle) durch übergeordnete Verwaltungsinstanzen, unabhängige Kontrollbehörden (Rechnungshof) oder parlamentar. Organe.

Finanzmonopol, staatl. Ausschluß des freien Wettbewerbs: der Staat behält sich Herstellung oder Vertrieb einer Ware vor, um Einnahmen zu erzielen (Bundesrep. Dtl.: Branntweinmonopol; Österreich: Branntwein-, Tabakmonopol u. a.).

Finanzperiode, Finanzjahr, das Rechnungsjahr im öffentl. Haushalt; in der Bundesrep. Dtl., Österreich und der Schweiz das Kalenderjahr.

Finanzverwaltung, staatl. und gemeindl. Behördenorganisation zur Durchführung der Finanzwirtschaft. In der Bundesrep. Dtl.: **Bundesfinanzministerium** mit den **Bundesfinanzbehörden** (verwalten Zölle, Finanzmonopole, einen Teil der Verbrauchsteuern, Beförderungs- und Umsatzsteuer, einmalige Vermögensabgaben. Mittelbehörden: Bundeshauptkasse, Oberfinanzdirektionen, örtl. Behörden: Hauptzollämter); **Länderfinanzbehörden** (alle übrigen Steuern, soweit die Verwaltung nicht auf die Gemeinden übertragen ist; Bundesanteil der Einkommen- und Körperschaftsteuer als Auftragsangelegenheit für den Bund. Örtl. Behörden: Finanzämter, die z. T. auch für den Bund tätig sind).

Finanzwirtschaft, Gesamtheit der Maßnahmen, die eine öffentl. Körperschaft (i. w. S. auch ein Unternehmen) zur Beschaffung, Verwaltung und Verwendung erforderl. Geldmittel trifft. Die öffentl. F. geht (im Unterschied zum Unternehmen) von den erwarteten Ausgaben aus und beschafft danach die Einnahmen. **Ordentl. Einnahmen** kehren regelmäßig wieder (**Erwerbseinkünfte** aus Staatsbetrieben oder **Abgaben:** Gebühren, Beiträge, Steuern, Zölle), **außerordentl. Einnahmen** sind einmalig (z. B. Anleihe). Die **Ausgaben** sind nach der Deckung ordentl. oder außerordentl., nach der Verwendung Personal- oder Sachausgaben.

Finanzwissenschaft, Lehre vom Haushalt der öffentl. Körperschaften und seinen Wechselbeziehungen mit der Volkswirtschaft. Teilgebiete: **Finanzgeschichte, Finanztheorie** (mit Steuerlehre), **Finanzpolitik** (behandelt finanzwirtschaftl. Maßnahmen und ihre Wirkungen), **Finanzstatistik.**

Finck, Werner, Schauspieler, Kabarettist und Schriftsteller, *1902, †1978.

Findelkinder, von den Eltern ausgesetzte Kleinkinder. An die Stelle der **Findelhäuser** sind Waisenhäuser und Vormundschaft getreten.

Finderlohn, → Fundrecht.

Fin de siècle [fɛ̃ də sj'ɛkl, frz. »Jahrhundertende«], → Dekadenz.

Findlinge, erratische Blöcke, durch Gletscher oder Inlandeis der Eiszeit weit vom Muttergestein fortgetragene Felsblöcke.

Finesse [frz.] die, Feinheit, Kunstgriff.

Fingal, irischer Sagenheld. **F.-Höhle,** Grotte im Säulenbasalt an der Küste der Hebrideninsel Staffa, 20 m hoch.

Finger, vordere Abschnitte der menschl. Hand. Jeder F. besteht aus 3 F.-Knochen mit Ausnahme des zweigliedrigen Daumens. **F.-Beeren,** die an Hautleisten reichen Kuppen an der Beugeseite der F.-Endglieder.

Fingerabdruckverfahren, Daktyloskopie, Hilfsmittel der Polizei zur Wiedererkennung von Personen mittels deren Fingerabdrücke, beruht auf der Tatsache, daß die **Papillarlinien** bei allen Menschen verschieden sind.

Fingerabdruckverfahren: Fingerbeere

Fingerentzündung, schmerzhafte Entzündung, durch in Fingerwunden gelangte Eitererreger verursacht **(Umlauf, Panaritium).** Entzünden sich auch die Sehnenscheiden, werden u. U. die Sehnen als wurmähnl. Gebilde **(Fingerwurm)** abgestoßen.

Fingerhirse, Getreide in Asien und Afrika, mit fingerförmig am Halmende geordneten Ähren; Nahrungsmittel und zur Bierbereitung.

Fingerhut, Digitalis, Gatt. der Rachenblüter mit fingerhutähnl. Röhrenblüten; stark giftig; Heilmittel. Arten: **Roter F., Gelber F.** (unter Naturschutz) u. a. (BILD Giftpflanzen)

Fingerkraut, Gatt. krautiger bis strauchiger Rosenblüter: **Gänse-F. (Gänserich),** mit gefiederten Blättern, gelb blühend, auf Wiesen; **Kriechendes F.** und **Tormentill-F. (Blutwurz),** mit Fingerblättern, auf Bergwiesen.

Fingerkraut: Silberklee oder Silberraute

Fingersatz, Applikatur, ♩ beim Spielen von Musikinstrumenten die Anordnung der Finger.

Fingersprache, Verständigungsmittel für Taubstumme mit Hilfe von Fingerzeichen.

Fingertier, Aye-Aye, Halbaffe Madagaskars mit sehr langen Fingern und Zehen.

fingieren [lat.], erdichten, vorgeben.

Finis [lat.], Ende.

Finish [-ʃ, engl.] das oder der, **1)** ↗ Endkampf vor dem Ziel. **2)** ⊙ Feinbearbeitung, Fertigstellung, Oberflächenbehandlung.

Finisterre [span. »Landesende«], **Kap F.,** die Nordwestspitze von Spanien.

Finken, Fam. der Singvögel, mit kegelförmigem Schnabel. Einheim. Arten: **Buch-F.,** in Wald und Garten als Strichvogel; **Berg-F.,** schwärzl., in N-Europa, Brutvogel, zieht im Winter südlich; **Schnee-F.,** in baumlosen Alpengegenden. → Gimpel, → Prachtfinken, → Stieglitz.

Finne die, Höhenzug am Nordrand des Thüringer Beckens, bis 359 m hoch.

Finne die, **1)** Entwicklungsstufe des Bandwurms. **2)** ♘ Rückenflosse der Haie, Wale. **3)** ♡ → Akne. **4)** ⊙ schmale Schlagseite des Hammers.

Finnen Mz., Volk in NO-Europa, bes. in

Finnland, auch im nördl. Schweden und Norwegen und im NW der UdSSR; der finnisch-ugrischen Sprachfamilie zugehörig. 3 Hauptstämme: eigtl. F., Tavasten, Karelier.

Finnenkrankheit, Erkrankung durch Finnen des Schweinebandwurms, → Bandwürmer.

finnische Kunst. Im MA. Feldsteinkirchen mit Satteldach und abseits stehendem Turm, später mit Pflanzen- und Figurenmalerei; Künstler der Hansestädte für Finnland tätig (Meister Francke); nach der Reformation meist Holzkirchen; im 18. Jh. Herren- und Bürgerhäuser; seit der Wende zum 20. Jh. eigenständige Leistungen in Malerei (Gallén-Kallela) und Plastik (Aaltonen), bedeutender Anteil an der modernen Architektur (Saarinen, Aalto).

Finnischer Meerbusen, Meeresbucht der Ostsee zw. Finnland und UdSSR.

finnisch-ugrische Sprachen, Sprachgruppe in O-Europa und W-Sibirien, die mit dem Samojedischen den uralischen Sprachstamm bildet: Finnen, Esten, Lappen, Ungarn, Ostjaken, Wogulen u. a.

Finnland

Finnland, finn. **Suomi,** Rep. in N-Europa, 337032 km², 4,95 Mio. Ew., grenzt im NW an Schweden, im N an Norwegen, im O an die UdSSR, im S an den Finn. und im W an den Bottn. Meerbusen. 12 Provinzen; Hptst.: Helsinki. ⊕ S. 493.

VERFASSUNG von 1919 (mit Änderungen): Rep. mit parlamentar. Regierung; Gesetzgebung durch den Reichstag (eine Kammer, 200 Abg.); vollziehende Gewalt beim Präs. und Staatsrat.

LANDESNATUR. F. ist größtenteils Hügelland mit z. T. mächtigen Moränenwällen (bes. im S), im äußersten NW gebirgig (bis 1328 m hoch). Es ist reich an Wäldern und Mooren (71% der Fläche) und Seen (9,4%, rd. 55000 Seen). Der Küste sind im SW zahlreiche Inseln vorgelagert, darunter die Ålands-Inseln. Klima für die geograph. Breite verhältnismäßig mild, mit schneereichen oder trocken-kalten Wintern und mäßig warmen Sommern. – BEVÖLKERUNG (meist evang.-lutherisch): 93,2% Finnen, 6,6% Schweden (bes. im SW), 2000 Lappen; 23% der Bev. lebt in 5 Großstädten.

WIRTSCHAFT. 13% der Fläche sind Kulturland: Anbau von Getreide, Kartoffeln; Viehzucht; bedeutende Forstwirtschaft und Holzverarbeitung. ⚒ auf Eisenerz, Kupfer, Zink, Kobalt, Nickel u. a. Möbel-, Zellulose-, Papier-, Textilind., Schiff- und Maschinenbau, Elektrizitätserzeugung. Ausfuhr: Erzeugnisse der Papier-, Holz-, Metallind., tierische Erzeugnisse. Haupthandelspartner: EG-Länder, UdSSR. Haupthäfen: Helsinki, Kotka, Naantali, Turku. Hauptflughafen: Helsinki.

Ⓖ F., im Hoch-MA. von Schweden erobert und christianisiert, kam 1809 unter russ. Herrschaft, behielt aber eigene Verfassung und gewisse Selbständigkeit bis Ende des 19. Jh. 1917 erklärte sich F. zum unabhängigen Freistaat. Ein bolschewist. Aufstand wurde im Frühjahr 1918 von der nat. Gegenbewegung unter General Mannerheim mit dt. Hilfe niedergeworfen. Die bäuerl. Lappobewegung erreichte 1930 die völlige Unterdrückung des Kommunismus. 1939 von der UdSSR angegriffen, verteidigte sich F. zäh gegen die russ. Übermacht, mußte aber im Frieden von Moskau (1940) Gebietsteile an die UdSSR abtreten. Seit 1941 nahm F. auf dt. Seite am 2. Weltkrieg teil; 1944 Waffenstillstand und weitere Gebietsverluste an die UdSSR. F., das als einziges besiegtes Land unbesetzt blieb, konnte seine Unabhängigkeit gegenüber der sowjet. Machtsphäre bewahren (Pariser Friedensvertrag 1947; Beistandspakt mit der UdSSR 1948). Die auf ein gutnachbarl. Verhältnis zur UdSSR gerichtete Politik u. a. unter Staatspräs. U. Kekkonen (1956-82) wird unter Präs. M. Koivisto (seit 1982) fortgesetzt; MinPräs.: H. Holkeri (seit 1987).

Fischblase 2): Fischblasen im got. Maßwerk

Finnmark, Finnmark(en), nördlichste Provinz Norwegens, am Nordpolarmeer, 48649 km², 74200 Ew. (Norweger, Finnen, Lappen); Hptst.: Vadsö (Verw.-Sitz).

Finnwale, Fam. der Bartenwale (→ Wale), in den nördl. Meeren. Zu den F. gehören: **Blauwal** (bis 30 m), **Echter F.** (25 m), **Zwergwal** (10 m).

Finsen, Niels, dän. Arzt, *1860, †1904, Mitgr. der modernen Lichtbehandlung. Nobelpreis 1903.

Finsteraarhorn, höchster Berg des Berner Oberlandes, 4274 m.

Finsterwalde, Krst. im Bez. Cottbus, 23700 Ew.; Tuch-, Metall-, Holz-Ind.

Finte [ital.] die, **1)** Scheinbewegung beim Fechten. **2)** Kunstgriff, Kniff. **3)** Vorwand, Ausflucht, Täuschung.

Firdausi, Firdosi, größter epischer Dichter der Perser, *940, †1020; schrieb das »Königsbuch«, Darstellung der pers. Geschichte.

Firlefanz [von frz. virelai »Ringellied«] der, **1)** Tand. **2)** Possen.

firm [lat.], fest, sicher, geübt.

Firma, Handelsname, unter dem ein Vollkaufmann (natürl. Person oder Handelsges.) seine Geschäfte betreibt, seine Unterschrift abgibt **(firmiert)** und sowohl klagen wie auch verklagt werden kann (HGB §§ 17ff.). Vor offenen Läden und Gaststätten muß ein **Firmenschild** angebracht sein. Die F. muß ihren Inhaber und die rechtl. Natur des Unternehmens wahrheitsgemäß bezeichnen **(Firmenwahrheit);** sie muß zum → Handelsregister angemeldet werden und sich von anderen F. deutlich unterscheiden.

Firmament [lat.] das, Himmelsgewölbe.

Firmenwert, engl. **Goodwill,** über das Sachvermögen hinausgehender Wert eines Unternehmens **(Geschäftswert);** beruht auf Lage, Ruf, Kundenkreis, Ertragsaussichten u. a.

Firmung [lat. confirmatio »Befestigung«], Sakrament der kath. Kirche; besteht in Handauflegung und Salbung der Stirn mit Salböl (→ Chrisma), wird vom Bischof oder Weihbischof gespendet. Die F. kann nur einmal empfangen werden. Sie soll den Glauben festigen und wird vom 7. Lebensjahr an erteilt. Zw. dem Empfänger der F. **(Firmling)** und dem Firmzeugen **(Firmpate)** besteht geistl. Verwandtschaft; in der Ostkirche mit der Taufe verbunden.

Firmware ['fəːmweə, engl.], Programmabläufe oder Teile davon, die dem Computer nicht wie bei der Speicherprogrammierung durch die Software, sondern als Hardware in Form von Festwertspeichern (z. B. ROM, PROM) zur Verfügung gestellt werden.

Firn der, grobkörniger Schnee im Hochgebirge, wird nach und nach zu Gletschereis.

firner Wein, alter Wein.

Firnis der, schnelltrocknender Anstrichstoff, enthält Öle (Öl-F.) oder Harzlösungen (Lack-, Gemälde-F.); Binde-, Grundiermittel, Schutzanstrich.

First der, **1)** ⌂ oberste Kante eines Daches. **2)** ⚒ Decke der Grubenbaue.

Firth [fəːθ, engl.] der, fjordähnl. Flußmündung, Meeresbucht: F. of Forth, F. of Clyde.

fis, ♩ der Ton, der um einen halben Ton höher ist als f (f mit ♯).

FIS, Fédération Internationale de Ski, der Internationale Ski-Verband, Sitz Stockholm.

Fisch, 1) → Fische. **2) Südl. F.,** südl. Sternbild. **3)** → Christusmonogramm.

Fischadler, Greifvogel, der als Stoßtaucher von Fischen lebt. (BILD Adler)

Fischbein, Horn aus Barten der Bartenwale.

Fischblase, 1) die → Schwimmblase der

Fische. **2)** ⊞ Schmuckform im spätgot. Maßwerk.

Fische, 1) wechselwarme, im Wasser lebende Wirbeltiere, die durch Kiemen atmen; meist spindelförmig von Gestalt, mit seitl. Abplattung, einige sehr abgeflacht (Scholle, Rochen). Die paarigen Brust- und Bauchflossen entsprechen den Gliedmaßen anderer Wirbeltiere; ferner haben die F. unpaarige Flossen (Rücken-, Schwanz-, Afterflosse). Die Haut ist in der Regel mit Schuppen bedeckt. Das Körpergerüst ist knorplig **(Knorpel-F.)** oder verknöchert **(Knochen-F.)** und wird ergänzt durch Gräten, die zw. den Muskellagen eingebettet sind und nicht zum Grundskelett gehören. Die Schwimmblase erleichtert das Auf- und Absteigen im Wasser, fehlt z. B. bei Haien. Die Nahrung besteht bei **Fried-F.** (z. B. Plötze, Karpfen, Schleie) in Kleingetier und Pflanzen, bei den **Raub-F.** (Hecht, Forelle) in andern Fischen, Fröschen u. dgl. F. pflanzen sich meist durch Ei-Ablage (Laichen) und äußere Befruchtung fort. Nur wenige Arten bringen lebende Junge zur Welt. – F.-Fleisch ist leicht verdaulich und hat etwa den gleichen Nährwert wie Kalbfleisch; es kommt entweder frisch oder als Dauerware (eingesalzen, geräuchert, mariniert, getrocknet, tiefgefroren) in den Handel. **2)** nördl. Sternbild, das 12. Zeichen des Tierkreises.

Fischer, 1) Edwin, Pianist, *1886, †1960. **2)** Emil, Chemiker, *1852, †1919; hat hervorragenden Anteil am Ausbau der organ. Chemie; er erforschte die Zuckerarten, stellte Koffein u. ä. dar und förderte die Chemie der Eiweißkörper. 1902 Nobelpreis. – Die **E.-F.-Gedenkmünze** wird für Verdienste um die organ. Chemie verliehen. **3)** Eugen, Anthropologe, *1874, †1967; wies nach, daß die Rassenmerkmale sich nach den Mendelschen Gesetzen vererben. **4)** Franz, Chemiker, *1877, †1948; war führend beteiligt an der Entwicklung des → Fischer-Tropsch-Verfahrens (1926) und der Paraffinsynthese (1936). **5)** Fritz, Historiker, *1908, löste mit »Griff nach der Weltmacht« (1961) die »F.-Kontroverse« bezüglich der Kriegsschuldfrage des 1. Weltkriegs aus. **6)** Hans, Chemiker, *1881, †1945; arbeitete über Blut-, Blatt- und Gallenfarbstoffe, fand die Synthese des Hämins und die Konstitution des Chlorophylls. 1930 Nobelpreis. **7)** Kuno, Philosoph, Hegelianer, *1824, †1907; »Geschichte der neueren Philosophie«. **8)** O. W. (Otto Wilhelm), österr. Film- und Bühnenschauspieler, *1915. **9)** Robert James (Bobby), amerikan. Schachspieler, Weltmeister 1972-75.

Fischer, S. F. Verlag, Frankfurt a. M., gegr. 1886 in Berlin von Samuel Fischer.

Fischer-Dieskau, Dietrich, Opern- und Liedersänger (Bariton), Dirigent, *1925.

Fischerei, Hege und Fang von Nutzfischen. Fanggeräte sind bes. Angel, Netz und Reuse. **Binnen-F.** in Flüssen, Seen, Teichen; **Hochsee-F.,** bes. Heringsfang, Fang von Grundfischen wie Kabeljau, Schellfisch, Köhler, Rotbarsch, Seelachs; **Küsten-F.** in Küstengewässern und Flußmündungen. Der Fischfang der Bundesrep. Dtl. (ohne Binnen-F.) betrug 1988: 0,145 Mio. t.

Fischerring, Siegelring des Papstes; das Siegelbild stellt den Fischzug des Petrus dar.

Fischer-Tropsch-Verfahren, ⚗ 1926 von F. Fischer und H. Tropsch entwickelte Synthese aliphat. Kohlenwasserstoffe. Das F.-T.-V. war bes. zur Produktion von Benzinen und Paraffinen aus Kohle von Bedeutung. (→ Kohlehydrierung).

Fischer von Erlach, Johann Bernhard, österr. Baumeister, *1656, †1723; führender Meister der Barockarchitektur: Kollegienkirche und Dreifaltigkeitskirche Salzburg.

Fischleder, gegerbte Haut von Fischen, meist Haifischarten, weich und reißfest.

Fischmehl, gemahlener Fischabfall, hochwertiges Futtermittel.

Fischotter der, Raubtier, zu den Mardern gehörig. Wohnt am Ufer europ. Flüsse, lebt von Fischen; guter Schwimmer (Schwimmhäute, Ruderschwanz). Der braune Pelz ist wertvoll.

Fischschuppenkrankheit, Erbkrankheit der Haut, bei der diese rauh, trocken und mit Schuppen **(Ichthyosis),** Platten oder hornigen Warzen bedeckt ist.

Fischvergiftung, Vergiftung durch den Genuß verdorbener oder giftiger Fische. Im ersten Fall handelt es sich meist um Verunreinigungen mit denselben Krankheitserregern wie bei der Fleischvergiftung, daher bes. Brechdurchfall.

Fischweg, stufenförmig angelegte Wasserbecken **(Fischpässe, Fischtreppe)** an Stauwerken u. ä., um wandernden Fischen den Durchgang zu ermöglichen. **Aalleitern, Aalgänge,** sind mit Reisig oder Grobkies gefüllte, durchrieselte Röhren.

Fischzucht, teils in Teichwirtschaft, teils als künstl. F., d. h. Förderung der Vermehrung von Fischen durch künstl. Befruchtung, indem vom Weibchen legereife Eier abgestrichen, diese mit Samenflüssigkeit (Milch) eines reifen Männchens vermischt und die befruchteten Eier ausgebrütet werden.

Fisimatenten, Fisematenten Mz., Flausen, Ausflüchte, Umstände.

Fiskus [lat.] der, Vermögen des Staates. Im Zivilprozeß kann der Staat als F. klagen und verklagt werden. **fiskalisch,** staatlich, staatseigen.

Fissur [lat.] die, Spalt, Einriß; kleine, schmerzhafte Einrisse an Schleimhäuten **(Lippen-F., Anal-F.);** Haarrisse an Knochen **(Knochen-F).**

Fistel die, röhren- oder lochförmige Verbindung von einem Hohlorgan zur Außenhaut oder zw. 2 Hohlorganen; entweder angeboren (z. B. **Hals-F.**), durch Verletzung (z. B. **Blasen-, Scheiden-F.**), durch Eiterherde **(Eiter-F.)** oder operativ angelegt (z. B. **Darm-F.** als künstl. After).

Fistelstimme, → Falsett.

fit [engl.], leistungsfähig.

Fitis der, Singvogel, ein → Laubsänger.

Fittings [engl.] Mz., Rohrverbindungsstücke (gerade, gebogen, T-förmig, konisch) für Gas-, Wasserleitungen.

Fitzgerald [fıtsdʒ'erəld], **1)** Ella, amerikan. Jazzsängerin, *1918. **2)** Francis Scott, amerikan. Schriftst., *1896, †1940; Vertreter des »Jazz-Zeitalters«.

Fiume, ital. Name von → Rijeka.

Five o'clock tea [faıvəkl'ɔkti:, engl.], 5-Uhr-Tee.

fix [lat.], **1)** fest; **2)** geschickt, flink; **3) f. und fertig,** vollständig fertig. **f. Idee,** Wahn- oder Zwangsvorstellung.

Fischotter

Flachs

Fischer von Erlach: Karlskirche, Wien

Flamberg: 2. Hälfte 16. Jh. (Nürnberg, German. Nationalmuseum)

Fixativ das, Mittel, um Zeichnungen unverwischbar zu machen, z. B. verdünnter Lack.

fixe Kosten, feste Kosten, Teil der Kosten eines Betriebes, der vom Beschäftigungsgrad unabhängig ist, z. B. Mieten, Zinsen.

Fixgeschäft, ⚖ gegenseitiger Vertrag, bei dem der eine Teil zu einem genau bestimmten Termin zu leisten hat, andernfalls der andre ohne Nachfristsetzung zum Rücktritt berechtigt ist (§ 361 BGB). Für das handelsrechtl. F. **(Handelsfixkauf)** gelten besondere Bestimmungen (§ 376 HGB).

fixieren [lat.], **1)** festsetzen, feststellen. **2)** jemanden unverwandt ansehen. **3)** PHOTOGRAPHIE: Entfernung des unbelichteten Halogensilbers durch Auflösen in einer neutralen oder schwach angesäuerten Lösung **(Fixierbad).**

Fixsterne, am Himmel scheinbar feststehende Sterne i. Ggs. zu den **Wandelsternen** (Planeten); rd. 3000 mit bloßem Auge sichtbar. (→ Sternbilder)

Fixum [lat.] das, -s/...xa, festes Gehalt.

Fizeau [fiz'o:], Armand Hippolyte Louis, frz. Physiker, *1819, †1896, führte 1849 die 1. Messung der Lichtgeschwindigkeit im Labor durch.

Fizzes [f'ɪzɪz, engl.], Ez. der **Fizz,** kalte moussierende branntweinhaltige Bargetränke (bes. long-drinks mit Mineralwasser oder Sekt).

Fjell [norweg.], **Fjäll** [schwed.], früher **Fjeld** das, die weiten, baumlosen, fast unbesiedelten Hochflächen Skandinaviens.

Fjord [norw.] der, lange, schmale, tiefe, steilwandige Meeresbucht, entstanden durch Eindringen des Meeres in eiszeitl. übertiefe Trogtäler. Vorkommen: Skandinavien, Schottland **(Firth),** Labrador, Neuseeland, Feuerland.

FKK, Abk. für **F**rei**k**örper**k**ultur, → Nacktkultur.

Fl, Abk. für Florin (→ Gulden).

Flachdruck, → Druckverfahren.

Fläche, △ zweidimensionales geometr. Gebilde: Gesamtheit von Punkten, die sich in 2 (veränderl.) Richtungen erstreckt, z. B. Ebene, Kegel.

Flansch

Flachs, Lein, Linum, krautige Pflanzengatt. mit längl., ungestielten Blättern. Wiesenpflanzen sind **Purgier-Lein** und **Alpenflachs.** Alte Nutzpflanze Europas und Vorderasiens ist die einjähr. Faser- und Ölpflanze **Gebräuchl. F.,** der blaue Blüten, ölhaltigen Samen und lang- und zähfaserigen Stengelbast hat. Für den Anbau in Dtl. ist nur der hochstenglige **Faserlein** wichtig, der niedere **Öllein** gedeiht in Indien, Argentinien, dem S Nordamerikas, der UdSSR. Die **Flachsfaser** wird durch industrielle Aufbereitung gewonnen. Der F. wird nach der Ernte in der Riffelmaschine durch Kämmen von Samenkapseln und Blättern befreit, geröstet (Gärvorgang, der die Faserbündel von Bindestoffen befreit), gewaschen, getrocknet, gebrochen, gehechelt und versponnen. (BILD S. 263)

Flagellanten [von lat. flagellum »Geißel«] Mz., sich geißelnde Büßer; zogen im 13.-15. Jh. umher, bes. während der Pest von 1348.

Flagellaten Mz., 🐌 die → Geißeltierchen.

Flageolett [flaʒɔl'ɛt, frz.] das, ♩ Schnabelflöte. **F.-Töne,** flötenartige Obertöne bei Streichinstrumenten.

Flagge, urspr. das von Schiffen geführte Zeichen der Heimatstadt, später des Heimatlandes. Seit dem 16. Jh. entstanden die **National-F.,** seit dem 18. Jh. auch **Kriegs-F.** Schiffe führen für den Verkehr untereinander eine Anzahl **Signal-F.** mit, die einzelnen Reedereien **Haus-** oder **Kontor-F.** (FARBTAFELN).

Flaggschiff, Kriegsschiff mit dem Führer (Admiral) einer größeren Einheit.

flagrant [lat. »brennend«], offenkundig, schlagend. **in flagranti,** auf frischer Tat.

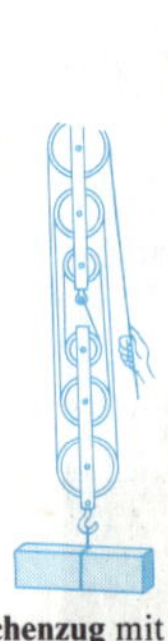

Flaschenzug mit 6 Rollen

Flair [flɛə, engl.] das, Spürsinn; Ausstrahlung.

Flak, Abk. für **Fl**ugzeug**a**bwehr**k**anone, Geschütz zur Flugzeugbekämpfung.

Flake, Otto, Schriftst., *1880, †1963, schrieb zeit- und kulturkrit. Romane.

Flakon [flak'ɔ̃, frz.] das, -s/-s, Fläschchen aus geschliffenem Glas.

Flambeau [flãb'o, frz.] der, -s/-s, **1)** Fackel. **2)** hoher Armleuchter, Kerzenständer.

Flamberg der, Zweihänderschwert mit wellenförmiger (geflammter) Klinge, seit dem 15. Jh.

Flamboyant [flãbwaj'ã, frz.] das, 🏛 spätgot. Stil des 15./16. Jh. in England und Frankreich, mit flammenförmigem Fischblasenmaßwerk.

Flamen, german. Volksstamm im N und W Belgiens, über 5 Mio. Ihrer Herkunft nach sind sie vor allem Niederfranken der Völkerwanderungszeit und nah verwandt mit den Niederländern durch Sprache und Sitte. Die Blüte ihrer alten Kultur zeigen die Städte Brügge, Gent, Antwerpen und die Kunst der Maler Rubens und van Dyck. Im belg. Staat erkämpften sich während des 19. und 20. Jh. die F. gegen das anfängl. Übergewicht der → Wallonen und der frz. Sprache die Gleichberechtigung. Die F. haben viele große Dichter hervorgebracht, im 19. Jh. H. Conscience (†1883), G. Gezelle (†1899), A. Rodenbach (†1880), später Stijn Streuvels (†1969), F. Timmermans (†1946).

Fläming der, sandiger Höhenrücken rechts der mittleren Elbe; im Hagelberg bei Belzig 201 m.

Flamingo der, Gatt. storchartiger Vögel mit langen Watbeinen und geknicktem Schnabel. Der Gemeine F. ist 1,50 m hoch, rosa-weiß-schwarz gefärbt; in Südwestasien, Nordafrika, Mittelamerika und am Mittelmeer.

Flaminius, Gajus, röm. Konsul, †217 v. Chr., erbaute 220 den Circus F. in Rom und die Flaminische Straße; fiel gegen Hannibal in der Schlacht am Trasimenischen See.

Flamme, brennende Gase und Dämpfe. F. können durch Salze gefärbt werden, was man in der **F.-Photometrie** zum Spurennachweis bestimmter Stoffe nutzt.

Flammendes Herz, → Tränendes Herz.

Flammenwerfer, ∴ Nahkampfmittel, Behälter, aus dem durch Druckluft brennendes Öl als lange Stichflamme geschleudert wird.

Flammpunkt, tiefste Temperatur, bei der eine brennbare Flüssigkeit noch entzündl. Dämpfe aufweist, z. B. Benzin 0 °C, Methylalkohol 6,5 °C.

Flandern, Landschaft an der Nordseeküste, westl. der Schelde, das Kernland der Flamen. Im MA. bildete es eine Gfsch., die unter der Oberhoheit der frz. Könige stand; die rei-

Flamingos

chen Städte, bes. Brügge und Gent, kämpften wiederholt gegen die frz. Herrscher. 1384 kam F. an die Herzöge von Burgund, dann an die Habsburger, 1797 an Frankreich, 1815 an die Niederlande, 1830 an das neue Kgr. Belgien. In den beiden Weltkriegen war F. Schauplatz schwerer Kämpfe.

Flanell, meist köperbindiges Gewebe, ein- oder beidseitig gerauht.

flanieren [frz.], müßig umherschlendern.

Flanke, 1) ♘ knochenlose Seitenteile am Rumpf. **2)** ⁖ Seite eines Truppenverbandes (i. Ggs. zu Front und Rücken). **3)** ↗ seitl. Stützsprung über ein Gerät (Bock, Kasten).

Flansch der, ⊙ Ringansatz an Rohrenden zur Verbindung durch Schrauben mit einem andern F. **Blind-F.,** Scheibe zum Abschließen eines Rohres. (BILD S. 264)

Flasche, 1) Gefäß aus Glas, Kunststoff, Stahl usw., für Flüssigkeiten und Gase. **Glas-F.** werden mit F.-Maschinen hergestellt; auch Füllen, Verschließen, Etikettieren geschieht durch Maschinen. **2)** ⊙ Gehäuse, in dem die Rollen gelagert sind, beim → Flaschenzug.

Flaschenpost, schriftl. Nachricht in wasserdicht verschlossener Flasche, die (z. B. bei Schiffbruch) ins Meer geworfen wird; ist abzuliefern.

Flaschenzug, Vorrichtung zum Heben schwerer Lasten bei vermindertem Kraftaufwand, aber längerem Weg des Zugseils; die Kraft ist gleich dem Gewicht der Last, geteilt durch die Anzahl der Rollen. Bes. Formen: **Differential-F., Potenz-F., Elektrozug** (elektr. angetrieben). (BILD S. 264)

Flattergras, Waldhirse, hohes Waldgras; Futterpflanze.

Flattern, 1) ♘ unsicheres Fliegen. **2)** 🚗 Drehschwingungen der Vorderräder um den Lenkzapfen bei schnellfahrenden Kraftfahrzeugen; Ursachen: Sturzänderung beim Überrollen von Fahrbahnunebenheiten, Unwucht der Räder u. a.

Flattertiere, die → Fledermäuse.

Flaubert [flob'ɛ:r], Gustave, frz. Dichter, *1821, †1880; machte den Roman zu einem den wissenschaftl. Methoden angenäherten Werkzeug genauer Beobachtung und zugleich zu einem Kunstwerk der strengsten Prosa: »Madame Bovary«, »Salammbô«, »Die Erziehung des Herzens«, »Erinnerungen eines Verrückten«, »Die Versuchung des hl. Antonius« u. a.

Flaum die, **1)** unter den Deckfedern liegende, weiche Daunenfedern der Vögel. **2)** erster Anflug von Barthaaren beim jungen Mann.

Flaus, Flausch der, weiches Wollgewebe.

Flaute die, **1)** ⛵ Windstille. **2)** schlechter Geschäftsgang.

Flavier, altröm. plebej. Familie; **flav. Dynastien** gründeten Vespasian und Constantius I.

Flavine, in der Tierwelt weit verbreitete, aber nur in geringen Mengen vorkommende Farbstoffe, der wichtigste das **Lactoflavin** (Vitamin B_2).

Flaxman [fl'æksmən], John, engl. Zeichner und Bildhauer, *1755, †1826; von der grch. Vasenmalerei beeinflußt.

Flechse die, → Sehne.

Flechten, Lichenes, 1) ⚘ Gruppe von blütenlosen Pflanzen (fälschlich Moos genannt), die aus je einem Pilz und einer Algenart zusammengesetzt sind, die in → Symbiose leben. Die beteiligten Pilze sind meist Schlauchpilze, die Algen teils Blau-, teils Grünalgen. Die F. vermehren sich hauptsächlich durch Abscheidung winziger Pilzfäden und Algenzellen enthaltender Keime, wachsen meist auf Bäumen, doch auch auf Felsen und auf der Erde. In den Polargebieten und im Hochgebirge dringen die F. am weitesten von allen Pflanzen vor. Wegen ihres Gehalts an Flechtenstärke **(Lichenin)** dienen einige F. als Nahrungsmittel oder Futter. Einige bekannte F. sind: Bart-F., Isländisches Moos, Rentier-F., Wand-F.

2) ♡ volkstüml. für alle schuppen- oder krustenbildenden Hautausschläge. Man unterscheidet a) **ansteckende F.:** Eiter-F., → Impetigo; Pilz- oder Bart-F., → Hautkrankheiten; fressende F., → Hauttuberkulose. b) **nicht ansteckende F.:** Schuppen-F., → Psoriasis vulgaris; nässende F., → Ekzem; Bläschen-F., → Herpes; Kleien-F., → Seborrhoe; Knötchen-F., → Lichen.

Flechtwerk, 1) ein Wandbau aus um Pfähle oder Stangen gewundenen Weiden- oder Haselzweigen, der mit Lehm verkleidet wird; **2)** 🏛 diesem ähnliche Schmuckform.

Flecken, der, früher größeres Dorf mit einigen städtischen Rechten; der **Marktflecken** hat Marktrecht.

Fleckfieber, Flecktyphus, akute → ansteckende Krankheit mit hohem Fieber, Erregungszuständen, Benommenheit, kleinfleckigem Hautausschlag. Häufig in Hungerzeiten und Kriegen (»Hunger-, Kriegstyphus«) seuchenartig auftretend. Krankheitserreger werden durch Kleiderläuse übertragen.

Fledermäuse, Flattertiere, flugfähige Säugetiere mit Flughaut zw. verlängerten Fingern, Hintergliedmaßen und Schwanz. Zum Schlafen hängen sie kopfunter an den Fußzehen. Die F. sind Dämmerungs- oder Nachttiere und orientieren sich durch Ultraschallwellen, die sie selbst aussenden und deren Reflexion sie aufnehmen und dadurch Hindernisse erkennen. Die meisten F. ernähren sich von Insekten, einige von Früchten. Zu ihnen gehören die **Flughunde,** der **Vampir** Brasiliens, in Dtl. die **Hufeisennase, Mausohr, Zwerg-F., Gemeine F.** u. a. Der **Große Blutsauger** in Südamerika nährt sich von Blut.

Fleet [ndt.] das, Entwässerungskanal innerhalb der Stadt.

Fleet Street [fli:t stri:t, engl.], das Londoner Zeitungsviertel, Sitz der meisten Verlage und Druckereien.

Flegel der, **1)** Dreschflegel. **2)** ungebildeter, grober Mensch. **Flegeljahre,** ältere volkstüml. Bez. für Entwicklungsjahre der Reifezeit.

Fleisch, tier. Weichteile, i. Ggs. zu Knochen und Horn, bes. das als menschl. Nahrungsmittel verwendete Muskelgewebe der Tiere; es enthält rd. 75% Wasser, 21,5% Eiweiß, 2-5% Bindegewebe, ferner Fett, Mineralstoffe u. a. Beim Braten und Schmoren verliert F. nur wenig Eiweißstoffe und Salze, beim Kochen verliert es die meisten Nährstoffe. Durch Trocknen, Hitze **(Büchsen-F.),** Kälte **(Gefrier-F.)** und keimtötende Verfahren (Räuchern, Pökeln) kann F. haltbar gemacht werden. F.-Genuß wird bei manchen Völkern durch relig. Vorschriften eingeschränkt, z. B. Schweine-F. bei Muslimen und Juden. **F.-Beschau,** amtl. Untersuchung der Schlachttiere vor und nach der Schlachtung. (ÜBERSICHT S. 268)

fleischfressende Pflanzen, → tierfangende Pflanzen.

Fleischgeschwulst, ♡ → Sarkom.

Fleischmehl, gedämpfte, gemahlene Fleischabfälle; eiweißreiches Viehfutter.

Fleischvergiftung, → Botulismus.

Fleischwärzchen, → Granulationsgewebe.

Fleißer, Marieluise, Schriftstellerin, *1901, †1974; sozialkrit. Dramen, Romane, Erz.

Fleißiges Lieschen, malvenartige Zimmerzierpflanze aus S-Afrika; eine → Balsamine; die immerblühende Begonie.

Fleiverkehr, Abk. für **Flugzeug-Eisenbahn-Verkehr,** kombinierte Güterbeförderung auf Flugzeugen und Eisenbahn mit ständiger Abfertigung.

flektieren [lat.], Ⓢ beugen, abwandeln.

Flaubert

Flechten 1): 1 Beginn der Bildung einer Flechte (Gelbe Wandflechte) aus kugeligen Algenzellen und Pilzfäden, **2** Gelbe Wandflechte, **3** Becherflechte, **4** Bartflechte, **5** Isländ. Moos, **6** Rentierflechte

FLAGGEN I

N = Nationalflagge, L = Landesflagge, H = Handelsflagge, K = Kriegsflagge, D = Dienstflagge, W = Wappen, G = Gösch

FLAGGEN II

N = Nationalflagge, L = Landesflagge, H = Handelsflagge, K = Kriegsflagge, D = Dienstflagge, W = Wappen

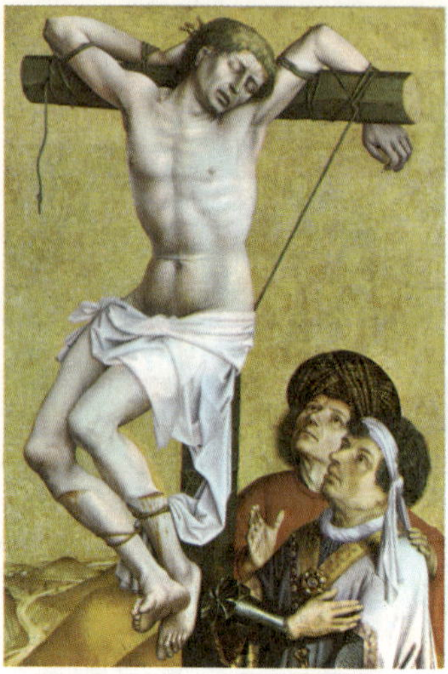

Meister von Flémalle: Der reuige Schächer

Flémalle, Meister von F., niederländ. Maler, †1444; begründete einen neuen Stil der Tafelmalerei, der die Wirklichkeit mit zeichner. Schärfe und plast. Klarheit erfaßt (Altartafeln Frankfurt a. M.).

Fleming, 1) Sir Alexander, engl. Bakteriologe, *1881, †1955; entdeckte 1928 das Penicillin. Nobelpreis 1945. **2)** Ian, engl. Schriftst., *1908, †1964; James-Bond-Agentenromane. **3)** Paul, Dichter, *1609, †1640; bed. Barocklyriker; Liebesgedichte, geistl. Lieder.

Fliegenpilz (giftig)

Flensburg, Ostseehafen und Marinestützpunkt (Mürwik) in Schlesw.-Holst., an der **Flensburger Förde,** 87900 Ew.; PH, Fachhoch- und Fachschulen, Kraftfahrtbundesamt; Werft, Apparate-, Papier-Ind.

Flett das, hinterer Teil der Diele des niedersächs. Bauernhauses mit offener Herdstelle.

Flettner, Anton, Ingenieur, *1885, †1961; erfand 1920 das **F.-Ruder,** ein Hilfsruder zur Flugzeugsteuerung, und den **F.-Rotor,** einen Schiffsantrieb.

Fleuron, Svend, dän. Erzähler, *1874, †1966; Tiergeschichten: »Die Welt der Tiere« u. a.

Fleurons [flœr'ɔ̃, frz.], Mz., Kochkunst: gebackene Halbmonde oder Dreiecke aus Blätterteig zur Verzierung.

Fleurop GmbH., Berlin, internat. Organisation der Blumengeschäfte; Vermittlung von Blumengeschenken in In- und Ausland.

Flexenpaß, Flexensattel, Paß der Lechtaler Alpen, 1773 m hoch, mit der **Flexenstraße** vom Klostertal ins Lechtal.

Fleisch: Fleischeinteilung nach Güteklassen

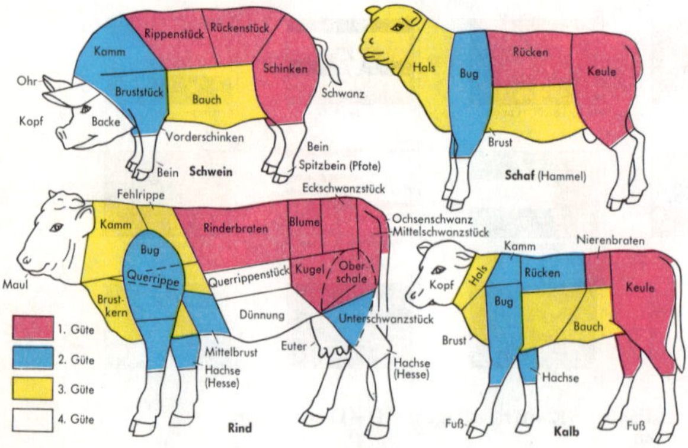

flexibel [lat.], biegsam, Ⓢ beugbar.

flexible Altersgrenze, → Rentenversicherung.

Flexion [lat.] die, Ⓢ → Beugung.

Flexodruck, Hochdruckverfahren, bei dem die flexiblen Druckformen (Gummistereos) auf den Druckzylinder geklebt werden; heute bes. als Rollenrotationsdruck ausgeführt.

Flibustier, Bukanier, westind. Seeräuber (17. Jh.), plünderten an den Küsten Mittel- und S-Amerikas.

Flickenschildt, Elisabeth, Charakterschauspielerin, *1905, †1977.

Flieder, 1) Syringa, Gatt. der Ölbaumgewächse in O-Asien, Vorderasien, Europa; Ziersträucher. **2)** schwarzer → Holunder; **Fliedertee,** seine getrockneten Blüten.

Fliedner, Theodor, evang. Geistlicher, *1800, †1864; gründete 1836 in Kaiserswerth die erste Diakonissenanstalt.

Fliege, 1) Köder zum Angeln in Form einer F. **2)** HERRENMODE: Querbinder.

Fliegen Mz., Insekten, Zweiflügler, von gedrungener Gestalt (i. Ggs. zu den schlankeren Mücken); zum großen Teil Ungeziefer, Schädlinge, Krankheitsüberträger. Arten: **Stuben-F.,** Eier, Maden und Puppen leben in Abfällen. **Gold-F.,** an Auswurfstoffen und Aas. **Schmeiß-F. (Brummer),** 1,5 cm, stahlblau. **Fleisch-F.,** grau, rotäugig, an Fleisch, Käse. Weitere F. → Bremsen, → Stechfliege, → Dasselfliegen.

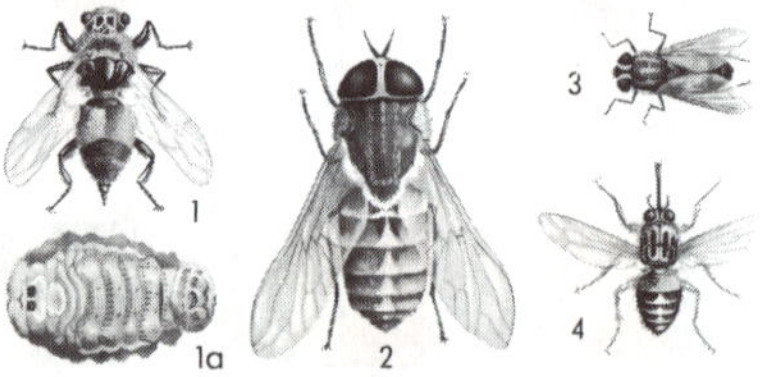

Fliegen: 1 Rinderdasselfliege, **1a** Larve, **2** Rinderbremse, **3** Stubenfliege, **4** Tsetsefliege

Fliegende Fische, versch. Fische in warmen Meeren, die sich mit ihrer Schwanzflosse aus dem Wasser schnellen und mit den großen Brustflossen als Tragfläche durch die Luft gleiten (**Fleder-** oder **Schwalbenfisch** bis zu 200 m weit).

Fliegende Hunde, Flughunde, → Fledermäuse.

Fliegender Drache, hinterind. Eidechse.

Fliegender Holländer, Seemannssage, die, lange Zeit mündlich überliefert, aber erst im 19. Jh. voll ausgebildet wurde. In der einfachsten Form lautet die Sage: Der frevelhafte Kapitän eines Schiffes habe sich bei widrigem Winde vermessen, ein sturmreiches Kap zu umfahren. Zur Strafe dafür sei er verdammt, in alle Ewigkeit gegen die Stürme zu kreuzen. Gestaltungen der Sage durch H. Heine (1826 und 1834), Oper von R. Wagner (1843).

Fliegender Start, bei Rennen das Durchfahren der Startlinie in voller Schnelligkeit.

Fliegende Untertassen, unbekannte Flugobjekte **(UFO),** scheiben- oder zigarrenförmig, über deren Beobachtung, bes. über dem amerikan. Kontinent, seit 1947 berichtet wird; bisher nicht nachgewiesen.

Fliegengewicht, → Gewichtsklassen.

Fliegenpilz, Fliegenschwamm, giftiger Blätterpilz mit rotem Hut.

Fliegenschnäpper, Fam. der Singvögel; Zugvögel; in Dtl. **Grau-, Trauer-, Halsbandschnäpper.**

Flieger, 1) Flugzeugführer. **2)** nur für kurze Strecken geeignetes Rennpferd. **3)** Radrennfahrer über kurze Strecken. **Fliegertruppe,** → Luftwaffe.

Fliegerkrankheit, ähnl. der → Bergkrankheit.

Fliehburgen, Fluchtburgen, vor- und frühgeschichtl. Befestigungen, die den Umwohnern bei Kriegsgefahr als Zufluchtstätten dienten.

Fliehkraft, Zentrifugalkraft, → Zentralbewegung.

Fliehkraftregler, mechan. Regler, bei dem pendelnd aufgehängte Gewichte bei rascher Umdrehung durch Fliehkraft nach außen gedrückt werden und dabei ein Regelorgan betätigen.

Fliese die, kleine Platte aus Marmor, gebranntem und glasiertem Ton, Glas usw., zum Bekleiden von Fußböden und Wänden.

Fließarbeit, Arbeitsverfahren in Industriebetrieben mit Massenfertigung. Das Erzeugnis durchläuft auf kürzestem Wege eine best. Folge von Bearbeitungsgängen. Die F. ist nicht an ein laufendes Band **(Fließband, Förderband)** gebunden, die Werkstücke können von Hand auf Rutschen, durch Krane u. a. befördert werden.

Fließgrenze, Streck-, Quetschgrenze, ⊙ oberste Belastungsgrenze, bei der ein Werkstoff nachzugeben anfängt, ohne zu brechen.

Fließpapier, ungeleimtes Papier, das Flüssigkeiten schnell aufsaugt.

Fließpressen, Kaltumformen von Metallen unter so hohem Druck, daß das Metall plastisch wird und die durch Stempel oder Preßform bestimmte Form annimmt.

Flimmer, ⚘ ♘ auch **Wimper, Zilie** genannt, zarter Protoplasmafortsatz an Zellen, der regelmäßig hin- und herschwingt und eine **F.-Bewegung** (meist zur Fortbewegung) bewirkt.

Flims, Luftkurort im schweizer. Kt. Graubünden, 2400 Ew., 1050 m ü. M.

Flinsberg, Bad F., poln. **Świeradów Zdrój** [sjvjɛr'adur zdr'uj], Stadt in der poln. Wwschaft Jelenia Góra, 3100 Ew., Heilbad im Isergebirge.

Flint [engl.] der, → Feuerstein.

Flint, Stadt in Michigan, USA, 149000 Ew.; Kraftwagenind.

Flinte [von: Flint] die, Schrotgewehr.

Flintglas, stark lichtbrechendes opt. Glas.

Flip|flop, Digitaltechnik: bistabile Kippschaltung, die nur 2 Schaltzustände annehmen kann (0, 1); Grundbaustein serieller Digitalschaltungen.

Flirt [flə:t, engl.] der, -s/-s, Liebelei, Spiel mit der Liebe. **flirten,** den Hof machen.

FLN, die alger. → Nationale Befreiungsfront.

Floating [fl'əutıŋ; engl.], Freigabe des Wechselkurses von den international festgelegten Währungsparitäten.

Flọbertgewehr, Handfeuerwaffe, benannt nach N. Flobert, dem Erfinder der Einheitspatrone.

Flockenblume, Korbblütergatt. mit dem blaublühenden Feldunkraut **Kornblume** und der rotblütigen Wiesenpflanze **Gemeine F.** (BILD S. 270)

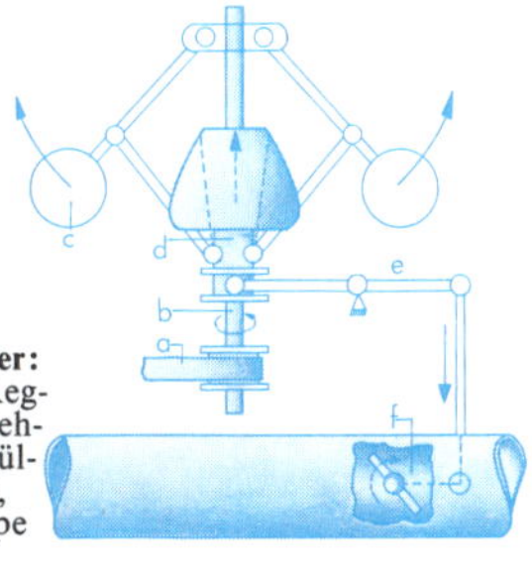

Fliehkraftregler: a Antrieb, b Reglerachse, c Fliehgewichte, d Hülse, e Stellzeug, f Drosselklappe

Flöha, Krst. im Bez. Karl-Marx-Stadt, 12800 Ew.; Textilind., Dampfkesselbau.

Flöhe, flügellose Insekten mit saugend-stechenden Mundwerkzeugen; das letzte Beinpaar bei vielen F. Sprungbeine. Blutsauger. Arten: **Menschen-F.,** rd. 3 mm, braun; **Hunde-, Katzen-, Hühner-F.** u. a., **Ratten-F.** übertragen die Pest.

Flohkrebse, flohförmige kleine Krebse ohne Scheren; leben im und am Wasser (Strandfloh).

Flohmarkt [aus frz. »marché aux puces«], volkstüml. Bez. für einen Altwarenmarkt.

Flop [engl.], Mißerfolg, Fehlschlag.

Floppy Disk [fl'ɔpı dısk, engl.], externer Massenspeicher bei Datenverarbeitungsanlagen, speichert Daten und Programme auf magnetisierbaren schallplattenähnlichen Folien (Disketten).

Flor [von lat. flos »Blume«] der, **1)** Blütenfülle; Gedeihen, Wohlstand. **2)** dünnes Seidengewebe. **3)** Trauerflor, Trauerband. **4)** Spinnerei: auf der Krempel erzeugte feine Faserschicht. **5)** Oberfläche von Samt, Teppichen.

Flora, 1) röm. Göttin des blühenden Getreides; danach: weibl. Vorname. **2)** die, -/...ren, ⚘ natürl. Pflanzenwelt eines best. Gebietes.

Florentiner Hut, Damenstrohhut mit flachem Kopf und sehr breiter Krempe (seit etwa 1775).

Florẹnz, ital. **Firenze,** Hptst. der Prov. F. und der Region Toskana, im mittl. Italien, am Arno, 417400 Ew.; viele Kirchen, Paläste (Palazzo Vecchio) und Kunstschätze: Dom, Campanile und Baptisterium, San Lorenzo (Medici-Grabmäler Michelangelos), Uffizien und Pittigalerie mit weltberühmten Kunstsammlungen; Univ., Kunstakademie, Nationalbibliothek; Erzbischofssitz. Unweit der Stadt im N liegt hoch das alte **Fiesole.** – F. ist eine röm. Gründung (Florentia), wurde im 11. Jh. ein Stadtfreistaat und gewann im 15. Jh. wirtschaftl., polit. und kulturell eine führende Stellung innerhalb Italiens (→ Medici); 1865-71 Hptst. des Königreichs Italien.

Flọres, zweitgrößte der Kleinen Sunda-Inseln, gehört zu Indonesien: 14250 km², 640000 Ew.; Hauptort: Endeh.

Florẹtt das, Waffe zum Stoßfechten. (BILD Fechten)

Florettseide, Abfallseide, wird zu **Florettgarn** versponnen.

Florfliegen, Netzflügler mit florgewebeähnl. grünschillernden Flügeln; Larve frißt Blattläuse.

Flọrian, Märtyrer, † um 304; Schutzheiliger gegen Feuersgefahr (Tag 4. 5.).

Florianópolis [-n'ɔpulis], Hptst. und Hafen des brasilian. Staates Santa Catarina, 188000 Ew.; Univ.

Flọrida, Abk. **Fla.,** der südöstlichste Staat der USA, 151670 km², 11,7 Mio. Ew. (30% Schwarze); Hptst.: Tallahassee. F. ist meist eben, im S sumpfig (Everglades); trop. Pflanzenwuchs; Anbau von Südfrüchten, Tabak, Baumwolle, Reis; Forstwirtschaft; Asphaltgewinnung; elektron., chem. u. a. Ind. Luxusbäder an der O-Küste: Miami, Palm Beach u. a.; Raketenversuchsstation Kap Canaveral. – Bis 1819 in span. Besitz; seit 1845 Staat der Union. 🌐 S. 494.

florieren [lat.], blühen, gedeihen.

Florin der, Abk. **Fl., F.,** der → Gulden.

Floskel [lat.] die, abgegriffene Redensart.

Floß das, flachgehendes Wasserfahrzeug aus beliebigen Schwimmkörpern; F. aus Baumstämmen dienen der Holzbeförderung **(Flößerei).**

Flosse, 1) feststehende Teile des Leitwerks am Flugzeug. **2)** ♘ Gliedmaße der Fische. (BILD S. 270)

Flossenfüßer, z. B. → Robbe.

Flotatịọn die, **Schwimm-Aufberei-**

Fliese: Fliesenschmuck der Blauen Moschee in Istanbul, 16. Jh.

Flöhe: Menschenfloh; oben Seitenansicht, unten Vorderansicht

Florentiner Hut (1855)

Flockenblume: oben Kornblume, unten gemeine F.

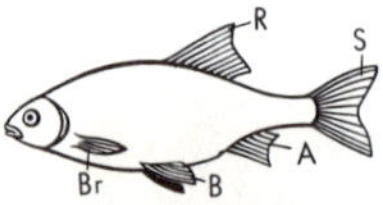

Flossen eines Knochenfisches (schematisch). B Bauch-, Br Brust-, R Rücken-, S Schwanz-, A Afterflosse

Flugbahn: a ballistische Kurve, b Parabel

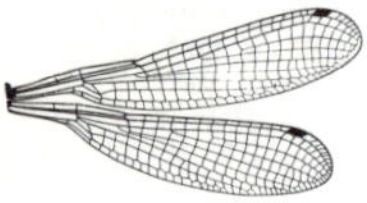

Flügel, rechtes Flügelpaar der Libelle

tung, Verfahren zur Aufbereitung vieler Rohstoffe (bes. Erze), nutzt die unterschiedl. Benetzbarkeit der Teilchen für die Trennung.

Flöte, Blasinstrument aus Holz, Neusilber oder Silber. **Querflöte** mit seitlich in die Schallröhre eingeschnittenem Blasloch und 14 durch Klappen verschließbaren Tonlöchern; Umfang: c′-c″″. Die kleinere **Pikkolo-F.** klingt eine Oktave höher. **Schnabel-F.,** → Blockflöte, → Flageolett. (BILD Blasinstrumente I)

Flötner, Peter, Baumeister, Bildschnitzer, Goldschmied, *um 1490, †1546; Marktbrunnen Mainz, Hirschvogelsaal Nürnberg.

Flotow [-o:], Friedrich v., Komponist, *1812, †1883; Opern: »Alessandro Stradella«, »Martha«.

Flotte, Kriegs- und Handelsschiffe eines Staates. **Flottille,** Verband kleinerer Kriegsschiffe.

Flöz, ⚒ schichtartige Ablagerung nutzbarer Mineralien, z. B. **Kohlenflöz.**

Fluate, Fluorsilicate, in Wasser lösl. oder gelöste Silicofluoride, als Härtemittel für Beton; Sperrzusatz, Oberflächenschutz.

Fluchtgeschwindigkeit, 2. kosmische Geschwindigkeit, die Geschwindigkeit, die einem Körper erteilt werden muß, damit er das Gravitationsfeld eines Himmelskörpers verlassen kann.

Fluchthilfe, Hilfe bei der illegalen Auswanderung, bes. aus einem sozialist. Staat; von Gerichten der Dt. Dem. Rep. bis Okt. 1989 als »Staatsfeindl. Menschenhandel« mit hohen Freiheitsstrafen geahndet.

flüchtig, bei gewöhnl. Temperatur verdampfend, z. B. Alkohol, äther. Öle.

Flüchtling der, Sammelbegriff für alle Personen, die durch Krieg und polit. Maßnahmen veranlaßt wurden, ihre Heimat zu verlassen. **1) Internationale F.:** Die internat. Betreuung der F. nimmt seit 1951 die UNO wahr. Für heimatlose Ausländer in der Bundesrep. Dtl. (→ Displaced Persons) gelten internat. Regelungen, die 1953 innerstaatl. Recht der Bundesrep. Dtl. wurden. Die übrigen internat. F. stehen unter dem Schutz des Genfer Abkommens von 1951. **2) Nationale F.** sind F., die in Staaten ihrer eigenen Kultur und Sprache kommen. Sie umfassen in der Bundesrep. Dtl.: a) die Ostflüchtlinge, rd. 12,5 Mio. Deutsche, die während und nach dem 2. Weltkrieg die dt. Ostgebiete und die südosteurop. Länder verlassen mußten; sie werden amtlich in der Bundesrep. Dtl. als → Vertriebene bezeichnet; b) Personen, die unter dem Druck der polit. und wirtschaftl. Verhältnisse die Dt. Dem. Rep. oder den sowjet. Sektor von Berlin verlassen haben. Von den F. zu unterscheiden sind die **Übersiedler,** die mit offizieller Genehmigung der Dt. Dem. Rep. in die Bundesrep. Dtl. kamen (1989: über 340 000).

Fluchtlinienplan, Teilbebauungsplan; im geltenden Recht → Baulinie.

Fluchtpunkt, → Perspektive.

Flüela, 2383 m hohe Paßstraße in Graubünden, verbindet Davos mit dem Unterengadin.

Flug, 1) Fortbewegung eines Körpers im Luftraum. **Passiver Flug:** als **Fallschirm-, Gleit-** oder **Flatter-F.** bei fliegenden Eichhörnchen, Flugdrachen und Flugfröschen; im Pflanzenreich zur weiten Verbreitung der Früchte und Samen (Löwenzahn, Ahorn, Linde). **Aktiver F.** bei Fledermäusen, Vögeln und Insekten. Vögel und Fledermäuse bewegen sich durch einen **Ruderflug;** Vortrieb und Auftrieb durch Niederschlagen der Flügel. Die meisten Insekten, ferner die Kolibris haben einen **Schwirrflug** (Bienen 200 Flügelschläge in der Sekunde). Das Kreisen der Greifvögel ist ein **Schwebeflug,** bei dem aufsteigende Luftströme, z. B. an Berghängen, ausgenutzt werden. F. des Menschen → Luftfahrt. **2)** Ψ Schar von Wildgänsen, Enten, Staren usw.

Flugbahn, Weg eines geworfenen Körpers, z. B. eines Geschosses. Sieht man von allen Bewegungswiderständen (z. B. Luftwiderstand) ab, so ergibt sich aus Wurfkraft und Erdanziehung eine Parabel. Durch Luftwiderstand, Wind und Drall wird die F. unsymmetrisch **(ballistische Kurve).**

Flugbeutler, Kletter-Beuteltiere Australiens mit Flughaut, z. B. Beutel-Eichhorn, Beutel-Maus.

Flugblatt, Druckschrift zur Beeinflussung der Öffentlichkeit, z. B. bei Wahlen; Werbung.

Flügel, 1) zum Fliegen dienende Körperanhänge bei Insekten, Vögeln, Fledermäusen, Flugsauriern. Die F. der Vögel sind umgewandelte Vordergliedmaßen, die F. der Insekten sind Hautausstülpungen.

2) ♩ Klavier mit waagerecht liegenden Saiten in Form eines Vogel-F.

3) 🏛 Seitenteil eines Gebäudes; Altars.

4) Teil eines mehrteiligen Fensters.

5) ✈ Tragflügel.

6) ∴ äußerster Teil einer Truppenaufstellung.

Flügelhorn, ein Blasinstrument, dem Kornett verwandte Form des Bügelhorns in Sopranlage.

Flugfrosch, javan. Art der Ruderfrösche, hat Spannhäute zw. Fingern und Zehen, die ihm kurze Gleitflüge ermöglichen.

Flughafen, Flugplatz, Start- und Landeplatz für Flugzeuge. Der F. besitzt betonierte Start- und Landebahnen mit Rollwegen und Vorfeldern, Abfertigungsgebäude, Flugzeughallen, Tankanlagen, Funkeinrichtungen für Wetter- und Flugsicherungsdienst, zum Einorten beim Landen (Blindlandung), Randbefeuerung.

Flughörnchen, eichhornähnl. Nagetiere mit Flughaut; in Nordrußland, Asien, Nordamerika.

Flugmodelle, flugfähige, verkleinerte, naturgetreue Nachbildungen von Originalflugzeugen (Baustoffe: Leichtholz, Kunststoffe). Im F.-Sport werden vielfältige Wettbewerbe, gewertet nach Flugzeit, Geschwindigkeit und Entfernung, frei fliegend oder an einer Leine, ausgetragen; ferngesteuerte Modelle absolvieren Kunstflugfiguren.

Flugsaurier, Pterosaurier, ausgestor-

Flugzeuge: 1 Erstes Ganzmetall-Verkehrsflugzeug: Junkers F13, 1919, 4 Fluggäste. **2** Vickers Viscount 814, erstes Turboprop-Verkehrsflugzeug, vier Propellerturbinen mit je 2000 PS, 570 km/h, bis 75 Fluggäste, 1948.

1

2

1

2

Flugzeuge: 1 BAC-Aerospatiale Concorde, Langstrecken-Überschall-Verkehrsflugzeug; 4 Strahltriebwerke, 2330 km/h, 6470 km Rw., 144 Fluggäste. **2** Lockheed L-1011 Tristar, Mittelstrecken-Verkehrsflugzeug; 3 Strahltriebwerke, 950 km/h, 4630 km Rw., 400 Fluggäste.

bene Kriechtiere mit Flughäuten bis zu 7 m Spannweite.

Flugsicherung, Sicherung des Luftverkehrs durch Luftverkehrskontrolle, Fernmeldewesen, Funknavigation, Flugwetterdienst, Streckenbefeuerung sowie durch Luftfahrtkennzeichen.

Flugsport, sportl. Wettbewerbe mit Fluggerät, mit Motorflugzeugen bes. der → Kunstflug, mit Segelflugzeugen (→ Segelflug), → Freiballon, → Fallschirm und → Flugmodellen.

Flugverkehr, → Luftverkehr.

Flugzeug, Luftfahrzeug schwerer als Luft. Es wird in der Luft gehalten durch dynam. Auftrieb, der durch die an den Tragflügeln vorbeiströmende Luft erzeugt wird. Die Tragflügel sind in einem bestimmten Winkel, dem **Anstellwinkel,** gegen die Bewegungsrichtung geneigt. Wird der Anstellwinkel zu groß, nimmt der Auftrieb durch Luftwirbelbildung plötzlich stark ab. Man spricht dann von einem Überziehen des F. In größeren Höhen nehmen alle Kräfte infolge der geringeren Luftdichte ab. – Die wichtigsten Teile sind Trag-, Leit-, Fahr-, Triebwerk und Rumpf. Die **Tragflügel** enthalten Treibstoffbehälter und nehmen oft die Triebwerke und Einziehfahrwerke auf. Nach Anordnung und Umrißformen der Tragflügel unterscheidet man Hoch-, Schulter-, Mittel-, Tiefdecker, Rechteck-, Trapez-, Dreieck- (Delta-), Pfeil-Flügel- sowie Nurflügel-F. Das **Leitwerk** besteht aus Höhen- und Seitenleitwerk und Querruder. Erstere befinden sich meist am Rumpfende, letztere als bewegl. Klappen an den Flügelenden. Mit dem Leitwerk kann man das F. im Flug um seine 3 Achsen bewegen. Der **Rumpf** nimmt Besatzung, Fluggäste und weitere Nutzlast auf. Er ist für längere Flüge in größeren Höhen druckdicht gehalten **(Druckkabine);** durch Gebläse wird ein Luftdruck, der etwa 2500 m Meereshöhe entspricht, aufrechterhalten. Den vorderen Teil bildet die **Führerkabine** mit den Steuer-, Triebwerksüberwachungs-, Navigations- und Funkeinrichtungen. – Die **Triebwerke** sind für Fluggeschwindigkeiten deutlich unterhalb der Schallgeschwindigkeit Kolbenmotoren oder Propellerturbinen mit meist verstellbaren Luftschrauben, für Geschwindigkeiten nahe und über der Schallgeschwindigkeit → Strahltriebwerke. – Das **Fahrwerk** besteht aus gefederten Fahrgestellen **(Federbeinen)** mit luftbereiften bremsbaren einfachen oder Zwillingsrädern. Es ist meist einziehbar. Statt des Heckrades oder Sporns unter dem Rumpfende werden heute Bugräder zum Stützen des F. im Stand und beim Landen bevorzugt. – **Wasser-F.** mit Schwimmern unter den Flügeln werden kaum noch gebaut, **Flugboote** haben einen als Gleitboot gebauten schwimmfähigen Rumpf. Vorherrschend sind **Starrflügler** mit freitragendem, nach aerodynam. Grundsätzen gestaltetem Flügel. Sonderbauarten: Nurflügel-, → Drehflügelflugzeug (→ Hubschrauber, → Tragschrauber), Senkrechtstarter, Segelflugzeuge (→ Segelflug). Geschichte vgl. Luftfahrt. (Weitere BILDER S. 270)

Leistungen einiger Flugzeugtypen

(Maximalwerte; Abweichungen bei unterschiedl. Versionen)

Abfangjäger MiG-25: einsitzig, 2 Strahltriebwerke je 120 kN, Höchstgeschw. 2900 km/h, Gipfelhöhe 24 km, Startgewicht 35 000 kg.

Luftüberlegenheitsjäger McDonnell/Douglas F-15: einsitzig, 2 Strahltriebwerke je 106 kN, Höchstgeschw. 2650 km/h, Gipfelhöhe 20 km, Startgewicht 30 000 kg.

Mehrzweck-Kampfflugzeug Panavia Tornado: zweisitzig, 2 Strahltriebwerke je 83 kN, Höchstgeschw. 2300 km/h, Gipfelhöhe 21 km, Startgewicht 27 000 kg.

Strategischer Bomber Rockwell B-1: 4 Strahltriebwerke je 137 kN, Höchstgeschw. 2330 km/h, Aktionsradius 5800 km, Gipfelhöhe 15 km, Startgewicht 216 000 kg.

Strategisches Aufklärungsflugzeug Lockheed SR-71: zweisitzig, 2 Strahltriebwerke je 151 kN, Höchstgeschw. 3700 km/h, Gipfelhöhe 27 km, Reichweite 4800 km, Startgewicht 77 000 kg.

Langstrecken-Militärtransporter Lockheed C-5A Galaxy: 4 Strahltriebwerke je 191 kN, Reisegeschw. 870 km/h, Reichweite 10 500 km, Nutzlast 120 200 kg, Startgewicht 380 000 kg.

Langstrecken-Verkehrsflugzeug Boeing 747: 4 Strahltriebwerke je 248 kN, Reisegeschw. 900 km/h, Reichweite 13 800 km, 380-490 Fluggäste, Startgewicht 377 800 kg.

Mittelstrecken-Verkehrsflugzeug Boeing 727: 3 Strahltriebwerke je 64,5 kN, Reisegeschw. 960 km/h, Reichweite 4500 km, 163-189 Fluggäste, Startgewicht 94 300 kg.

Kurz- und Mittelstrecken-Verkehrsflugzeug Airbus A 300 B 2: 2 Strahltriebwerke je 230 kN, Reisegeschw. 920 km/h, Reichweite 4300 km, 280-345 Fluggäste, Startgewicht 160 000 kg.

Flugzeugtorpedo, wird von Flugzeugen abgeworfen und läuft im Wasser auf sein Ziel zu.

Flugzeugträger, Kriegsschiff mit geräumigen Decks für Start und Landung von Flugzeugen.

fluid [lat.], flüssig. **Fluid** das, Sammelbez. für Flüssigkeiten, Gase und Dämpfe.

Fluidum [lat.] das, Wirkung, die von einem Kunstwerk oder Menschen ausstrahlt.

Fluktuation [lat.] die, Hinundher; Aufundabfluten; Arbeitsplatzwechsel. **fluktuierend,** nicht seßhaft (Bevölkerung).

Flunder der und die, Plattfisch, → Scholle.

Fluor [von lat. fluere »fließen«], **1) F,** chem. Element, ein Halogen, giftiges gelbgrünes Gas; kommt nirgends frei vor, gebunden in Gesteinen, bes. im **Flußspat** und im **Kryolith.** F. ist das reaktionsfähigste chem. Element, bildet mit Wasserstoff **Fluorwasserstoff, HF,** dessen wäßrige Lösung, **Flußsäure,** zum Glasätzen dient; ihre Salze heißen **Fluoride.** – F. kommt u. a. im Zahnschmelz vor. Durch **Fluo-**

ridierung des Trinkwassers läßt sich eine Kariesprophylaxe erreichen. **2)** ♡ →Ausfluß.

Fluorchlorkohlenwasserstoffe, Abk. **FCKW,** organ. Verbindungen, in denen Wasserstoffatome durch Fluor- und Chloratome ersetzt sind. Die F. tragen zur Zerstörung der Ozonschicht der Atmosphäre bei, deshalb wird ihr Einsatz als Treibgas, Kältemittel und zum Schäumen von Kunststoffen reduziert, ab dem Jahr 2000 eingestellt.

Fluoreszenz [lat.] die, Leuchten mancher Stoffe (z. B. Flußspat, Uransalze), während sie mit Licht bestrahlt werden; i. w. S. auch das Aufleuchten bei Beschuß mit Elektronenstrahlen. **F.-Schirm,** Glasplatte, die mit fluoreszierenden Stoffen belegt ist und beim Auftreffen unsichtbarer Strahlen aufleuchtet. Verwendung: Röntgenbildschirm, Fernsehbildröhre.

Flur, 1) der, -s/-e, Vorplatz im Haus. **2)** die, -/-en, **Feldflur,** Landbereich mit Äckern, Wiese, Weide. **Flurbuch,** zu steuerl. Zwecken geführtes Verzeichnis der in einem Gemeindebezirk vorhandenen landwirtschaftl. genutzten Grundstücke. **Flurkarte,** Katasterkarte (→Kataster). **Flurschaden,** der durch Wild oder militär. Übungen entstehende Schaden an Feldern, Wiesen usw. **Flurumritt,** Brauch: Umreiten der Feldflur und der Kirche, am Stephanstag oder Gründonnerstag.

Flurbereinigung, Feldbereinigung, Grundstücksumlegung, Verbesserung der Feldlage landwirtschaftl. Betriebe durch Neugestaltung der Flureinteilung. Das Land jedes Einzelbetriebes wird nach Möglichkeit zusammengefaßt.

Fluß, größeres fließendes Gewässer, das die Wässer seines Einzugsgebietes **(F.-Gebietes)** dem Meer zuführt. Manche F. versiegen, ohne das Meer zu erreichen, oder münden in einen abflußlosen Binnensee oder führen nur periodisch Wasser, so in Gebieten mit Wechsel von Regen- und Trockenzeit. **Neben-F.** münden in einen anderen F., den **Haupt-F.,** der sich ins Meer ergießt. F. und F.-Systeme werden durch →Wasserscheiden voneinander getrennt.

Flußdiagramm, Ablaufdiagramm, das ähnlich dem Blockschaltbild für eine elektron. Schaltung den schemat. Entwurf für die Organisation und das Wirken eines Computerprogramms angibt.

Flüssige Kristalle, Flüssigkristalle, plast. bis flüssige organ. Substanzen mit der Beweglichkeit von Flüssigkeiten und den durch elektr. Spannung veränderbaren opt. Eigenschaften; finden als elektroopt. Anzeigeelemente **(Displays)** Anwendung in Uhren, Taschenrechnern u. a.

Längste Flüsse

	Länge in km	Einmündungsgewässer
Europa		
Wolga	3530	Kaspisches Meer
Donau	2850	Schwarzes Meer
Dnjepr	2200	Schwarzes Meer
Afrika		
Nil (mit Kagera)	6671	Mittelmeer
Kongo	4320	Guinea-Golf
Niger	4160	Guinea-Golf
Amerika		
Amazonas	6518	Atlantik
Mississippi (mit Missouri)	6020	Golf v. Mexiko
Paraná	3780	Atlantik
Asien		
Jangtsekiang	6300	Ostchines. Meer
Ob (mit Katun)	5410	Nördl. Eismeer
Mekong	4500	Südchines. Meer
Australien		
Darling	2720	Südaustral. Golf
Murray	2570	Südaustral. Golf

flüssige Luft, durch →Luftverflüssigung verflüssigte atmosphär. Luft.

Flüssiggas, bei der Erdölkrackung gewonnenes, in Druckbehältern verflüssigtes Propan, Butan u. a.

Flüssigkeit, Stoff im flüssigen Aggregatzustand, in dem die Moleküle eng beieinanderliegen, aber leicht gegeneinander verschiebbar sind. Eine F. ist daher nicht form-, aber nahezu volumbeständig. Jede F. hat einen bestimmten druckabhängigen Siedepunkt und geht beim Überschreiten des Erstarrungspunktes (Gefrierpunkt) in den festen Zustand über.

Flüssigkeitsgetriebe, hydraulische Transformatoren, Druckmittelgetriebe, in denen ein starres Glied durch eine Flüssigkeit (meist Öl) ersetzt ist. F. bestehen meist aus Pumpen zur Förderung, Rohrleitungen zur Hin- und Rückführung des Druckmittels und Turbine oder Kolben als Antriebsorgan. Die Vereinigung von Pumpe und Turbine führt zum stufenlos regelbaren **Föttinger-Getriebe.**

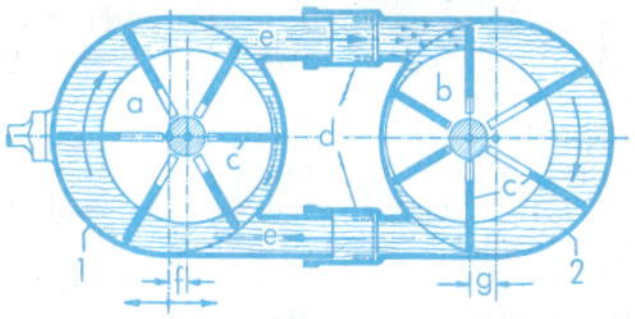

Flüssigkeitsgetriebe: Schema eines Flüssigkeitswechselgetriebes mit Flügelzellen. **1** Pumpe (treibender Teil), **2** Motor (getriebener Teil mit veränderlicher Drehzahl). a Pumpenläufer, b Motorläufer, c Flügel, d Verbindungsleitungen, e Ölstrom, f veränderliche Exzentrizität des Pumpenläufers, g feste Exzentrizität des Motorläufers

Flußkrebs, 10füßiger scherentragender Krebs des Süßwassers. Während der Häutungen sind die Tiere weich **(Butter-K.)** und halten sich verborgen. Der Kalk für die neue Schale stammt aus der Magenwand (Krebsaugen, -steine). BILD Krebse

Flüssigkristall-Anzeige, →Flüssige Kristalle.

Flußmittel, Stoffe zur Erzeugung leichtflüssiger Schlacke beim Metallschmelzen, zur Verbesserung der Benetzbarkeit der Oberfläche beim Löten oder Verzinnen, zur Erniedrigung der Schmelztemperatur keram. Massen.

Flußmuscheln, Fam. der Muscheln mit gleichklappiger Schale, lebt im Süßwasser, eßbar, z. B. **Teichmuschel, Malermuschel; Flußperlmuschel,** in kalkarmen Gebirgsbächen, liefert Perlen.

Flußpferde, große, plumpe Paarhufer in Binnengewässern Afrikas, mit elfenbeinartigen Eckzähnen. **Nilpferd** über 4 m lang, 1,5 m hoch, 3 t schwer; kleiner ist das **Zwerg-F.** entlang von Flüssen in Wäldern und in Sümpfen W-Afrikas.

Flußpferde: Nilpferd

Flußsäure, chem. Verbindung, → Fluor.

Flußspat, Fluorit, farbloses, meist in Würfeln kristallisierendes Mineral, Calciumfluorid, CaF_2.

Flut, → Gezeiten.

Flutkraftwerk, → Gezeitenkraftwerk.

Flutwellen, 1) Hebung des Meeresspiegels durch die Gezeiten. **2)** japan. **Tsunami,** plötzlich auftretende, verheerende Wellen, durch Erdbeben oder untermeer. Vulkanausbrüche verursacht.

Flysch [flisch, schweizer. »Fließstein«] der, Mergel- und Tonschiefer mit Sandsteineinlagerungen, bes. in den Alpen, wenig Versteinerungen.

fm, Abk. für → **F**est**m**eter.

Fm, chem. Zeichen für Fermium.

fob, Abk. für **f**ree **o**n **b**oard [fri: ɔn bɔ:d, engl.], Handelsklausel: Lieferung frei Schiff.

Foch [fɔʃ], Ferdinand, frz. Marschall, *1851, †1929, im 1. Weltkrieg erfolgreicher Heerführer, 1918 Oberbefehlshaber der Alliierten.

Fock die, **F.-Segel,** ⚓ das unterste Rahsegel am vordersten Mast des Schiffs **(F.-Mast).**

Fock, Gorch, eigentl. Hans **Kinau,** Dichter, *1880, †1916; Seeromane (»Seefahrt ist not«).

Focke, Henrich, *1890, †1979; gründete 1924 die **Focke-Wulf-Flugzeugbau AG.** in Bremen, baute 1937 den ersten gebrauchsfähigen Hubschrauber.

Föderalismus [lat. foedus »Bündnis«] der, Gestaltung eines Bundesstaates, die den Gliedern (Ländern) möglichste staatl. Selbständigkeit läßt. Ggs.: → Unitarismus.

Föderation [lat.] die, **1)** Bündnis von Staaten zu vorübergehendem polit. Zweck. **2)** Staatenverbindung (Staatenbund, Bundesstaat).

Föderation der Europäischen Liberalen Demokraten, ELD, Zusammenschluß der liberalen Parteien aus 8 europäischen Ländern.

Foerster, Friedrich Wilhelm, Pädagoge, *1869, †1966; Vertreter eines eth. Pazifismus.

Foggia [f'ɔddʒa], Hptst. der Prov. F. in Apulien, Italien, 156500 Ew.; Bischofssitz.

Fohlen das, junges Pferd bis zum 2. Jahr.

Föhn der, warmer, trockener Fallwind, der bes. auf der Alpennordseite, oft sehr heftig, talabwärts weht; entsteht durch Luftdruckausgleich von einem Gebiet hohen Luftdrucks südl. der Alpen nach einem Gebiet niedrigen Luftdrucks nördl. der Alpen. Die **F.-Krankheit,** die bes. bei Menschen mit Wetterfühligkeit auftritt, zeigt Beschwerden wie Kopfweh, Mattigkeit, seel. Verstimmung.

Fohr, Carl Philipp, Maler, *1795, †1818; romantische Landschaften, Bildnisse.

Föhr, Nordfries. Insel, Schlesw.-Holst.; 82 km², 9500 Ew.; Haupt- und Badeort Wyk.

Föhre die, ⚘ Kiefer.

Fokker, Anton, niederländ. Flugzeugbauer, *1890, †1939.

Fokus [lat.] der, → Brennpunkt. **Fokussierung,** Scharfeinstellung eines Bildes.

Foliant der, Abk. **Fol.,** Buch in → Folio.

Folie [lat. folium »Blatt«] die, **1)** sehr dünnes Blatt von Metall, z.B. **Silber-F.,** zum Unterlegen der Edelsteine; **Zinn-, Aluminium-** oder **Kunststoff-F.** zur Verpackung, als Sperrschichten o.ä. **2)** bildlich: Hintergrund, von dem sich etwas abhebt: als F. dienen.

Foligno [fɔl'iɲo], Stadt in der Prov. Perugia, Mittelitalien, 52400 Ew.; Handels- und Industriemittelpunkt Umbriens; Bischofssitz.

Folio [ital.] das, Abk. **Fol.,** das Papierformat 21 × 33 cm, durch DIN A4 (21 × 29,7 cm) abgelöst.

Folkestone [f'əukstən], Hafenstadt und Seebad in der engl. Cty. Kent, 44100 Ew.

Folketing das, die dän. Volksvertretung.

Folklore die, → Volkskunde.

Folksong [f'əuksɔŋ, engl.], Volkslied.

Folkwang, Museum F., gegr. 1902 in Hagen, seit 1929 in Essen. Slg. von Gemälden.

Folkwang-Hochschule Essen, für Musik, Theater, Tanz, gegr. 1927 von R. Schulz-Dornburg.

Follikel [lat.] der, ♡ **1)** grübchenförmige Einsenkungen der Haut, aus denen die Haare hervorragen. **2)** Bläschen im Eierstock, die die Eier enthalten und die **F.-Hormone** erzeugen. **3)** Bläschen der Schilddrüse. **4) Lymphfollikel,** → Lymphknoten.

Folsäure, organ. Säure mit Vitamineigenschaften.

Folter die, ⚖ Auferlegen körperl. Qualen, um ein Geständnis zu erzwingen; die F. drang gegen Ende des MA. in Dtl. ein und wurde bes. gegen Hexen und Ketzer angewandt. Sie wurde im Laufe des 18. Jh. als zulässiges Mittel der Verbrechensaufklärung abgeschafft; gewann in totalitären Staaten im 20. Jh. erneut an Bedeutung.

Fond [fɔ̃, frz.] der, **1)** Grund, Grundlage. **2)** Rücksitz im Wagen. **3)** Hintergrund. **4)** Saucengrundlage (z.B. Bratensaft).

Fonda [f'ondə], **1)** Henry, amerikan. Filmschauspieler, *1905, †1982; v.a. klass. Western. **2)** Jane, amerikan. Filmschauspielerin, *1937, Tochter von 1); »Nora«, »The morning after«. **3)** Peter, amerikan. Filmschauspieler, *1939; Sohn von 1); »Easy Rider«.

Fonds [fɔ̃, frz.] der, für bestimmte Zwecke gehaltene Geldmittel (Sondervermögen), bes. im öffentl. Haushalt. **F.-Geschäft,** Börsengeschäft in Staatspapieren.

Fondue [fɔ̃d'y, frz.] die, schweizer. Gericht aus geschmolzenem Käse, Wein und Gewürzen. Übertragen auch für Fleischgerichte.

Fontaine [fɔ̃t'ɛn], Pierre François Léonard, frz. Baumeister, *1762, †1853, Mitbegründer des Empirestils.

Fontainebleau [fɔ̃tɛnbl'o], frz. Stadt im SO von Paris, 19600 Ew.; Renaissanceschloß, früher Residenz der frz. Könige und Napoleons; Sommersitz der Staatspräs.; Porzellanfabriken.

Fontane, Theodor, Dichter, *1819, †1898; schrieb Balladen, Romane aus der märk., bes. aber der Berliner Gesellschaft: »Irrungen, Wirrungen«, »Frau Jenny Treibel«, »Effi Briest«, »Der Stechlin«, »Wanderungen durch die Mark Brandenburg« u.a.

Fontanelle [lat.] die, Lücke zw. den Schädelknochen beim Neugeborenen: **große F.** zw. Stirnbein und Scheitelbeinen, **kleine F.** zw. Scheitelbeinen und Hinterhauptbein. Die F. schließen sich durch Verknöcherung im 1.-2. Lebensjahr.

Fonteyn [fɔnt'eɪn], Dame (1956) Margot, eigtl. Peggy **Hookham,** engl. Tänzerin, *1919; war Primaballerina des »Royal-Ballett«, London.

Fonwisin, Denis Iwanowitsch, russ. Dramatiker, *1745, †1792; satir. Komödien v.a. über den russ. Landadel (»Der Landjunker«).

Foochow [fudʒəʊ], amtl. **Fuzhou,** Hptst. der chines. Prov. Fukien, 1,2 Mio. Ew., am Min-

Fontane

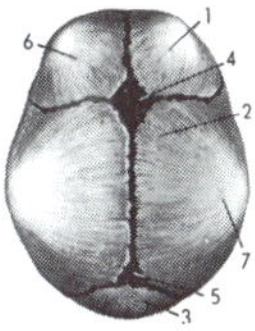

Fontanelle: 1 Stirnbein, **2** Scheitelbein, **3** Hinterhauptbein, **4** große Fontanelle, **5** kleine Fontanelle, **6** Stirnhöcker, **7** Scheitelhöcker

Fontainebleau: Schloß

kiang, See- und Kriegshafen; Univ., Schiffbau, chem. Ind.

Food and Agriculture Organization [fu:d ænd ægrɪk'ʌltʃə ɔ:gənaɪz'eɪʃn, engl.], → FAO.

foot [fʊt], Mz. **feet** [fi:t], Abk. **ft.,** Längenmaß in England und den USA, 1 ft. zu 12 inches (Zoll) = 30,48 cm. Nach Einführung der metr. Einheiten nicht mehr verwendet.

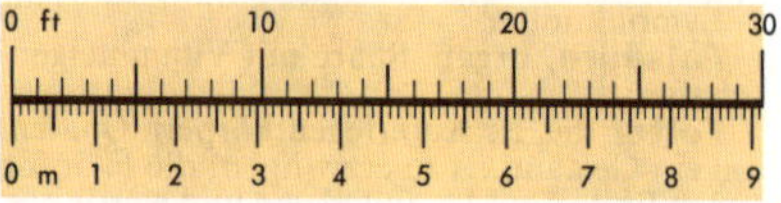

foot: Umrechnung von f. in Meter

Football [f'ʊtbɔ:l, engl.], v.a. in den USA übl., dem Rugby nachgebildetes Kampfspiel, bei dem der Ball durch Fußstoß oder Tragen über die Grundlinie oder Torlatte befördert werden muß.

Foraminiferen [lat.], **Kammerlinge,** einzellige Meerestiere mit Gehäuse aus Kalk oder organ. Substanz und fadenförm. Scheinfüßchen **(Wurzelfüßer).** Ihre Schalen bilden hohe Schichten am Meeresboden.

Foratom, → Europäisches Atomforum.

Forbach, Stadt in Lothringen, Frankreich, 25300 Ew.; Steinkohlenbergbau.

Force [fɔrs, frz.], Stärke, besondere Fähigkeit. **F. majeure** [maʒ'œ:r], höhere Gewalt; **F. de frappe** [-də frap], neuerdings **F. de dissuasion** [-də dɪsyasj'ɔ̃], Name der frz. Atomstreitmacht.

Forchheim, Gr. Krst. in Oberfranken, Bayern, an der Regnitz, 29000 Ew.; viele Fachwerkhäuser.

forcieren [-s'i:r-, frz.], erzwingen. **forciert,** gezwungen, unnatürlich.

G. Ford

Ford [fɔ:d], **1)** Gerald, amerikan. Politiker (Republikaner), *1913; 1973-74 Vizepräs. der USA, nach dem Rücktritt Nixons wegen des → Watergate-Skandals 1974-77 der 38. Präsident der USA. **2)** Henry, *1863, †1947; gründete 1903 die **F. Motor Company** in Dearborn (Mich.). Westdt. Tochterges.: **F.-Werke AG,** Köln. Massenfertigung und Rationalisierung ermöglichten Verbilligung der Erzeugnisse. Seine techn., wirtschaftl. und sozialen Grundsätze werden als **Fordismus** bezeichnet.

Förde, Föhrde die, tief ins Land eingreifende Meeresbuchten an der Ostküste Schlesw.-Holst.

Förderanlage, Transportanlage, Einrichtung zum stetigen Fördern von Schütt-, Stückgütern. Bei einem **Förderband** läuft zw. 2 Umlenktrommeln ein flacher oder muldenförmiger Gummigurt, ähnl. beim **Platten-** und **Kastenband.** Eine **Förderschnecke** besteht aus einem Rohr und einer darin umlaufenden Schnecke oder Wendel, die das meist pulverförmige Massengut vorwärts schiebt.

H. Ford

Fördermaschine, ⚒ Maschine zum Emporheben der Bergwerksprodukte. Das **Förderseil** wird über eine Trommel auf- und abgewickelt, läuft über die im **Förderturm** gelagerten Seilscheiben und hebt und senkt den **Förderkorb** im Schacht.

Förderstufe, auch **Beobachtungsstufe,** im Schulaufbau eine Stufe zw. Grundschule und weiterführenden Schulen (5. und 6. Schuljahr).

Forderung, 1) ⚖ der einer Person (Gläubiger) gegen eine andere (Schuldner) auf Grund eines Schuldverhältnisses zustehende Anspruch auf eine Leistung (→ Schuldrecht). Diese kann in einem Tun oder einem Unterlassen bestehen (§ 241 BGB). **2)** Herausforderung zum Zweikampf.

Foreign Office [f'ɔrɪn'ɔfɪs, engl.], das Auswärtige Amt Großbritanniens.

Forel, Auguste, schweizer. Psychiater, *1848, †1931; verdient um die Erkenntnis vom Aufbau des Gehirns und die Lehre vom Hypnotismus.

Forelle die, schmackhafter lachsartiger Raubfisch. In Gebirgswässern die **Bach-F.,** bis 30 cm, grünlich, rotfleckig, in Teichen auch die eingeführte nordamerikan. **Regenbogen-F.,** in Alpenseen die größere **See-F.,** in der Nord- und Ostsee die **Meer-** oder **Lachs-F.**

forensisch [von Forum], gerichtlich.

Forint, Währungseinheit in Ungarn. 1 Ft. = 100 Fillér.

forkeln, ♆ mit dem Geweih stoßen.

Forlani, Arnaldo, ital. Politiker (Democrazia Cristiana), *1925; war DC-Gen.-Sekr., mehrfach Min.; 1980-81 MinPräs.; seit 1989 Vors. der DC.

Forl|eule, Kieferneule, zimtbrauner Schmetterling; seine grünl. Raupe verpuppt sich im Boden, frißt ganze Kiefernwälder kahl.

Forlì, Hptst. der oberital. Prov. F., 110200 Ew.; Bischofssitz, Handel, Kunstfaserind.

Form [lat.] die, **1)** Gestalt, Äußeres, Äußerlichkeit, im Unterschied zum Stoff, aus dem ein Gegenstand besteht, oder zum Gehalt. **2)** ✎ im Rahmen eingeschlossener Satz für den Druck. **3)** ⊙ Guß-F., → Gießerei. **4)** ✗ Leistungsfähigkeit. **formal,** auf die Form bezüglich, förmlich. **Formalien, Formalitäten,** die Förmlichkeiten. **Formalismus,** Bevorzugung der F. vor dem Inhalt.

Formaldehyd der, ⚗ einfachster Aldehyd, farbloses, stechend riechendes Gas, das in Wasser gelöst als **Formalin** oder **Formol** zur Desinfektion benutzt wird. Wichtig für die Herstellung von Kunststoffen; sein Einsatz wird wegen mögl. krebserzeugender Wirkung reduziert.

Format das, **1)** Normgröße (Papierbogen). **2)** überdurchschnittl. Bedeutung (einer Persönlichkeit): »ein Mann von F.«.

Formatieren, in der Datenverarbeitung die Zusammenstellung von Daten nach Vorschriften (festes Format) oder nach den Bedürfnissen des Benutzers (freies Format). Disketten werden durch das F. in Sektoren aufgeteilt.

Formation [lat. »Bildung«, »Gestaltung«] die, **1)** ⊕ Schichtenfolge, **geolog. F. 2)** militär. Gliederung. **3)** einheitl. Pflanzengesellschaft.

Formel [lat.] die, **1)** feststehende Redewendung. **2)** △ in Buchstaben ausgedrückte mathemat. Regel. **3)** ⚗ → chemische Zeichen.

formell, förmlich; sich in Formsachen erschöpfend, genau beachtend.

Formenlehre, 1) Ⓢ Lehre von den grammat. Formen. **2)** ♩ Lehre von den musikal. Formen, der Anlage und dem satztechn. Aufbau.

Formentera, Insel der span. Balearen, 115 km², aus 2 Kalkblöcken bestehend, bis 192 m hoch; Fremdenverkehr.

Formerei, ⊙ Raum oder Betrieb zur Herstellung von Formen für die → Gießerei.

formidabel [frz.], großartig.

formieren, ⁂ bilden, aufstellen.

Formosa, portug. Name von → Taiwan.

Forschung, wissenschaftl. Tätigkeit, sofern sie neue Erkenntnisse zu gewinnen strebt. Zunächst Aufgabe des einzelnen Forschers, fortschreitend immer mehr organisiert (Hochschulen, Institute, F.-Anstalten, wissenschaftl. Gesellschaften, F.-Gruppen). Neben der **Grundlagen-F.** gewinnt die **Zweck-F.** oder **angewandte F. (Vertrags-,** werkseigene **Industrie-F.)** an Bedeutung.

Forschungsreaktor, Kernreaktor mit sehr geringer Leistung für kernphysikal. Experimente und Bestrahlungsversuche in Physik, Chemie, Biologie, Medizin und Technik.

Forschungsreisen, → Entdeckungsreisen.

Forßmann, Werner, Chirurg, *1904, †1979; erfand (1929) die Katheterisierung des Herzens. 1956 Nobelpreis für Medizin.

Forst der, regelrecht bewirtschafteter Wald.

Forst, Willi, österr. Filmschauspieler und -regisseur, *1903, †1980; Filme: »Maskerade«, »Bel ami« u. a.

Forster, 1) [f'ɔ:stə], Edward Morgan, engl. Schriftst., *1879, †1970; Roman »Indienfahrt«, ferner »Ansichten des Romans«. **2)** Friedrich, eigentl. **Burggraf,** Schriftst., *1895, †1958; »Robinson soll nicht sterben«. **3)** Georg, Natur- und Völkerkundler, *1754, †1794; Begleiter seines Vaters, des Forschungsreisenden Joh. Reinh. F. (*1729, †1798), Schöpfer einer künstler. Reisebeschreibung und der vergleichenden Länder- und Völkerkunde.

Förster-Nietzsche, Elisabeth, *1846, †1935; Schwester Nietzsches, sammelte seinen Nachlaß, gründete das Nietzsche-Archiv.

Forstschädlinge, versch. Organismen, die die Waldbäume befallen und schädigen, z. B. Kiefernbaumschwamm, Hallimasch, Rüsselkäfer, Maikäfer, Schmetterlinge.

Forstwirtschaft, planmäßiges Pflanzen, Pflegen und Nutzbarmachen von Wäldern.

Forsyth [fɔ:s'aɪθ], Frederick, engl. Schriftst., *1938; Politik- und Spionagethriller (»Der Schakal«, »Des Teufels Alternative«, »No comebacks« u. a.).

Forsythia die, **Goldflieder,** Ziersträucher aus Ostasien mit gelben Blüten, die im Frühjahr vor dem Laub erscheinen.

Fortaleza [-za, portug.], Hptst. des brasilian. Staates Ceará, 1,59 Mio. Ew.; Erzbischofssitz; Univ.; Ausfuhrhafen.

Fortbildungsschule, die → Berufsschule.

Fort-de-France [fɔ:rdəfr'ãs], Hptst. und Hafen der Insel Martinique; 106000 Ew.

forte [ital.], abgek.: f, ♩ stark, laut.

Forte, Dieter, Schriftsteller, *1935; Dramen, Hör- und Fernsehspiele.

Forth [fɔ:θ] der, Fluß in Schottland, mündet in den 75 km langen Meeresarm **Firth of F.**

Fortifikation [lat.] die, der Festungsbau.

fortissimo [ital.], Abk. **ff,** ♩ sehr laut.

Fort Knox [fɔ:t nɔks], Truppenlager in Kentucky, USA; hier ist ein großer Teil der amerikan. Goldbestände gelagert.

Fort-Lamy [f'ɔ:rlam'i], → N'Djamena.

Fortner, Wolfgang, Komponist, *1907, †1987; Bühnen-, Orchestermusiker; Anhänger der Zwölftontechnik Schönbergs.

Fortpflanzung, Erzeugung von Nachkommen bei Mensch, Tier und Pflanze. **Ungeschlechtl. (vegetative) F.** durch Teilung, Knospung oder Dauerformen, **Geschlechtl. F.** mittels der Geschlechtszellen der elterl. Lebewesen. Bei zweigeschlechtl. F. vereinigen sich Ei- und Samenzelle (Befruchtung), bei eingeschlechtl. F. (Jungfernzeugung) entsteht das neue Lebewesen aus einer unbefruchteten Eizelle.

FORTRAN, Kw. aus engl. **formula translator** [f'ɔ:mjʊlə trænsl'eɪtə], problemorientierte → Programmiersprache zur Formulierung mathemat., naturwissenschaftl. und ingenieurwissenschaftl. Aufgabenstellungen.

Fortschreibung, zahlenmäßiges Festhalten eines wechselnden Bestandes (z. B. Einwohnerzahl) durch laufendes Zuschreiben der Zugänge und Absetzen der Abgänge.

Fortuna [lat.], röm. Göttin des Glücks.

Fort Wayne [fɔ:t weɪn], Stadt in Indiana, USA, 165400 Ew., am Maumee River; kath. Bischofssitz.

Fort Worth [fɔ:t w'ə:θ], Stadt in Texas, USA, 430000 Ew.; Baumwoll-, Getreide- und Viehhandel, Nahrungsmittel-, Stahl-Ind.

Forum [lat.] das, in altröm. Städten Marktplatz, Gerichtsstätte, in Rom das **F. Romanum,** Zentrum des polit. Lebens; später großartig ausgestaltete **Kaiserforen,** z. B. Trajans-F.

Fos [fɔs], Hafen im Golf von F. bei Marseille; Erdölraffinerien.

Foscolo, Ugo, ital. Dichter, *1778, †1827; »Jacopo Ortis« (nach Goethes Werther).

fossil [lat. »ausgegraben«], vorweltlich, als Versteinerung erhalten. **Fossil** das, **Fossilien** die, Versteinerungen, Reste von Lebewesen der erdgeschichtl. Vergangenheit.

Fotorealismus, um 1970 in den USA entstandene Stilrichtung der modernen Malerei; unter Ablehnung von Abstraktionstendenzen werden großformatige Bilder überbetonter Schärfe von photograph. Vorlagen hergestellt.

Föttinger-Getriebe, → Flüssigkeitsgetriebe.

Fötus [lat.] der, **Fetus,** ♡ der Embryo vom 3. Monat an; **fötal,** den F. betreffend.

Foucault [fuk'o:], Léon, frz. Physiker, *1819, †1868, wies die Umdrehung der Erde durch Pendelversuche nach.

Fouché [fuʃ'e], Joseph, frz. Staatsmann, *1759, †1820; 1793/94 einer der frz. Revolutionsführer, unter Napoleon Polizeimin., 1814 Anhänger der Bourbonen, während der »100 Tage« wieder Polizeimin., dann verbannt.

Fouqué [fuk'e], Friedrich Freiherr **de la Motte-F.,** dt. Dichter der Romantik, *1777, †1843; schrieb das Märchen »Undine« (1811).

Fouquet [fuk'ɛ], Jean, frz. Maler, *um 1415/20, †um 1477/81; schuf Tafelbilder, Buchmalerei.

Fourier [furj'e], **1)** Charles, frz. Sozialist, *1772, †1837; entwarf ein System des utop. Sozialismus (Phalanstères). **2)** Jean B. Joseph, frz. Physiker, Mathematiker, *1768, †1830; entwickelte die analyt. Theorie der Wärmeausbreitung mittels **F.scher Reihen.**

Fourieranalyse [furj'e-, nach J. B. J. Fourier], **harmonische Analyse,** △ math. Verfahren zur Zerlegung eines Vorgangs in Grundschwingung **(1. Harmonische)** und deren Oberschwingungen **(2., 3.** usw. **Harmonische);** für viele Gebiete der Physik bedeutend.

Fowler [f'aʊlə], William Alfred, amerikan. Astrophysiker, *1911; Nobelpreis 1983 zus. mit S. Chandrasekhar für Forschungen über Kernreaktionen bei der Entwicklung von Sternen.

Fox, 1) Charles J., engl. Staatsmann, *1749, †1806; Führer der Whigs im Unterhaus. **2)** George, engl. Schuhmacher, *1624, †1691; Wanderprediger, gründete 1652 die Quäker.

Foxterrier [engl.] der, kleine Hunderasse, früher zur Fuchsjagd verwendet; der **Drahthaarige F.** hat rauhes Haar.

Foxtrott der, aus Amerika stammender Gesellschaftstanz im ¼-Takt.

Foyer [fwaj'e:; frz.] das, Wandelhalle im Theater u. a., oft mit Erfrischungsraum.

FPÖ, Abk. für → Freiheitliche Partei Österreichs.

Fr., fr., Abk. für → Franken (Münze).

Fr, chem. Symbol für Francium.

Forsythia

Forum Romanum in Rom

Fra [ital., Abk. von frate], Bruder (nur vor Mönchsnamen).

Fra Angẹlico, → Angelico.

Fracht, laut Frachtvertrag zu befördernde Güter **(F.-Gut),** auch die Kosten der Beförderung. Der **F.-Brief** enthält die Angaben über den **F.-Vertrag. F.-Führer** heißt der Transportunternehmer im HGB (§§ 425 ff. HGB; Sondervorschriften für die Eisenbahn: §§ 453 ff. HGB, im Seehandelsrecht: §§ 556 ff. HGB).

Frack der, festl. schwarzer Herrenanzug: lange Hose ohne Aufschlag, kurze Jacke mit langen Schößen, weiße Weste, weiße Schleife.

Fra Diạvolo [ital. »Bruder Teufel«], der neapolitan. Räuberhauptmann Michele **Pezza** (*1771, †1806). Oper von Auber.

Fragestunde, in der Bundesrep. Dtl. eine Einrichtung des Bundestags: kurze mündl. Auskunftsersuchen an die Reg.

Fragmẹnt [lat.] das, Bruchstück.

Fragonard [fragɔn'a:r], Jean Honoré, frz. Maler, Radierer, *1732, †1806; galante Szenen, Charakterfiguren, Landschaften.

Fraktiọn [lat.] die, **1)** Bruchteil. **2)** Vereinigung polit. gleichgesinnter Mitgl. einer Volksvertretung, heute meist die fest organisierte Verbindung der Abgeordneten der gleichen Partei; kann die Stimmabgabe ihrer Mitglieder beeinflussen **(F.-Zwang). 3)** ⚗ aus einem Stoffgemisch abgetrennter Anteil.

Fraktụr [lat.] die, **1)** ♡ Knochenbruch. **2)** Druckschrift (→ Schriften).

Frambösịe die, der Syphilis ähnl. Hautkrankheit in den Tropen.

Franc [frã], Münze, → Franken.

Française [frãs'ɛ:z, frz.] die, Gesellschaftstanz aus dem 18. Jh. im 6/8-Takt.

Françaix [frãs'ɛ], Jean, frz. Komponist, *1912; Bühnen-, Orchester-, Kammermusik.

Franco

France [frãs], Anatole, frz. Dichter, *1844, †1924; schrieb Romane voll graziöser Ironie und Skepsis. Nobelpreis 1921.

Francesca, → Piero della Francesca.

Francesca da Rimini [frantʃ'ɛska], um 1284 von ihrem Gatten wegen ihrer Neigung zu seinem Bruder mit diesem zusammen ermordet; von Dante in der »Divina Commedia« behandelt.

Franche-Comté [frãʃkɔ̃t'e] die, Freigrafschaft Burgund.

Franchise [frãʃ'i:z, frz.] die, **1)** Freisein von Abgaben, bes. beim Zoll. **2)** Güterversicherung: unter dem Prozentsatz des Versicherungswerts liegende Schäden werden nicht ersetzt. **3) F.** [fr'æntʃaɪz, engl.], **Franchising** [fr'æntʃaɪzɪŋ, engl.], spezielle Art der Zusam-

Fragonard: Die Schaukel

Meister Francke: Die Anbetung der Könige; um 1424

menarbeit zw. rechtlich selbständigen Unternehmen. Der F.-Geber (Franchisor) überläßt dem F.-Nehmer (Franchisee) gegen Entgelt best. Rechte, z. B. auf Benutzung seines am Markt bekannten Namens.

Francium, Fr, radioaktives chem. Element.

Franck, 1) César, Komponist, *1822, †1890; Oratorien, Orchester- und Kammermusik, Orgel- und Klavierwerke. **2)** Hans, Dichter, *1879, †1964; v. a. formstrenge Bühnenstükke und Romanbiographien; Neigung zum Mystischen. **3)** James, dt. Physiker, *1882, †1964; untersuchte mit G. Hertz den Bau der Atome und Moleküle durch Elektronenstoßversuche; 1925 Nobelpreis. **4)** Sebastian, Reformationstheologe, *1499, †1542; trat für Glaubensfreiheit und den Friedensgedanken ein.

Francke, 1) Meister F., Maler; führender dt. Meister des frühen 15. Jh.; Thomasaltar (Hamburg) nach 1424. **2)** August Hermann, evang. Geistlicher und Erzieher, *1663, †1727; war Anhänger des Pietismus; seit 1695 errichtete er in Halle die späteren **Franckeschen Stiftungen** (Schulen, Waisenhaus, Druckerei, Bibelanstalt).

Franco, F. Bahamonde, Francisco, span. General, Staatsmann, *1892, †1975; begann 1936 die Erhebung gegen die span. Volksfrontregierung und führte den Bürgerkrieg 1936-39 mit faschist. und nat.soz. Hilfe zu einem für ihn erfolgreichen Ende. An der Spitze der → Falange errichtete er ein autoritäres Regierungssystem. Als Staatschef (»Caudillo«) baute er dieses nach 1939 weiter aus.

François [frãsw'a], Louise v., Erzählerin, *1817, †1893; »Die letzte Reckenburgerin« u. a.

François-Poncet [frãsw'apɔ̃s'ɛ], André, frz. Diplomat, *1887, †1978; 1931-38 Botschafter in Berlin, 1938-40 in Rom, 1949-55 frz. Hoher Kommissar (1953 Botschafter) in der Bundesrep. Dtl.; 1955-67 Präs. des frz. Roten Kreuzes.

Franc-tireur [frãtir'œ:r, frz. »Freischütze«] der, in Kriegszeiten, so in Frankreich 1870, Landesbewohner, der mit der Waffe den Kleinkrieg hinter der Front führt.

Frank, 1) Adolf, Chemiker, *1834, †1916; Gründer der dt. Kaliind., entwickelte mit N. Caro das **F.-Caro-Verfahren** zur Bindung von freiem Stickstoff an Calciumcarbid. **2)** Anne, *1929, † KZ Bergen-Belsen 1945; schrieb als Kind einer jüd. Familie, die sich 1942-44 in einem Hinterhaus in Amsterdam verborgen halten mußte, ein Tagebuch. **3)** Bruno, Schriftst., *1887, †1945; Novellen Romane (»Trenck«), Dramen. **4)** Hans, nat.-soz. Politiker, *1900, †(hingerichtet) 1946; 1934 Reichsmin., 1939 Gen.-Gouv. in Polen; 1946 vom Internat. Militärgericht in Nürnberg zum Tode verurteilt. **5)** Leonhard, Schriftst., *1882, †1961; revolutionärer Pazifist, 1933-50 Emigrant in Amerika; Romane (»Die Räuberbande«, »Das Ochsenfurter Männerquartett«), Schauspiele (»Karl und Anna«), Erinnerungen (»Links, wo das Herz ist«).

Franke, Egon, Politiker (SPD), *1913; 1969-82 Bundesmin. für Innerdt. Beziehungen.

Franken, frz. **Franc,** Währungseinheit Frankreichs, Monacos (FF), Belgiens (bfr), Luxemburgs (lfr), der Schweiz und Liechtensteins (sfr), als CFA-Franc in der Westafrikan. Währungsunion.

Franken [die »Freien«] Mz., **1)** german. Stamm, erscheint zuerst im 3. Jh. n. Chr. am Niederrhein, drang weit ins linksrhein. Gebiet und nördl. Gallien vor. Die wichtigsten Teilstämme waren Salier und Ripuarier. Nach der Gründung des → Fränkischen Reichs nahmen die F. im 6. Jh. auch das Maintal in Besitz. Innerhalb des dt. Volkes spalteten sie sich in **Main-** oder **Ost-F.** (heute kurz F. genannt), **Rhein-, Mosel-, Nieder-F.** (mit Niederländern und Flamen), **Pfälzer, Lothringer** auf. **2)** heute: Bewohner Mainfrankens:

Franken, 1) Ende des 9. Jh. entstandenes Hzgt. des alten Dt. Reichs, umfaßte die Mainlande, das mittelrhein. Gebiet und Hessen, zerfiel bald in **West-** oder **Rhein-F.** (um Mainz) und **Ost-** oder **Main-F.** (um Würzburg). **2)** i. e. S.: bayer. Reg.-Bez. Mittel-, Ober- und Unter-F.

Frankenhausen/Kyffhäuser, Bad F./K., Stadt im Bez. Halle, 9100 Ew., Solbad am Südfuß des Kyffhäuser.

Frankenhöhe, Höhenzug in S-Dtl., südl. Fortsetzung des Steigerwaldes, bis 554 m hoch.

Frankenstein, poln. **Ząbkowice Śląskie** [zɔmpkɔv'itsɛ sjl'ɔ̃skjɛ], Stadt in der poln. Wwschaft Wałbrzych, ehem. Krst. in Niederschlesien, 17000 Ew.

Frankenthal, Stadt in Rheinl.-Pf., 44300 Ew., in der Rheinebene. Maschinen-, metallverarbeitende u. a. Ind.

Frankenwald, Mittelgebirge zw. Fichtelgebirge und Thüringer Wald; Döbraberg 795 m.

Frankenweine, in Mainfranken (um Würzburg) angebaute Weine. (→ Bocksbeutel)

Frankfurt, 1) F. am Main, Stadt in Hessen, 625700 Ew.; Handels- und Messestadt, wichtiger Verkehrsknoten (Eisenbahn, Autobahn, Luftverkehr). Umschlaghafen der Mainschiffahrt. Univ., Naturmuseum Senckenberg, viele wissenschaftl. und Kunst-Institute, Zoo, Palmengarten. – Verwaltungssitz vieler Bundesbehörden, Handels- und Wirtschaftsunternehmen, Banken und Versicherungsges.; chem., elektrotechn., Metall-, feinmechan., opt. u. a. Ind.

F., eine alte Kaiserpfalz, wurde im 13. Jh. Reichsstadt und stieg bes. durch seine Messen zu einem wichtigen Handelsplatz auf. Seit 1562 Krönungsstadt der röm.-dt. Kaiser (im Dom, 1239 begonnen), 1815-66 Sitz der Dt. Bundesversammlung, 1848/49 Dt. Nationalversammlung in der Paulskirche; 1866-1945 preußisch. Im 2. Weltkrieg wurde F. stark zerstört, bes. die Altstadt mit zahlreichen mittelalterl. Bauten und Kunstdenkmälern fast völlig vernichtet. Wiederhergestellt oder neu aufgebaut sind u. a. Goethes Geburtshaus, der »Römer« (Rathaus), die Paulskirche, Alte Oper. – Stadtteil Höchst (eingemeindet 1928) mit Justinuskirche (9. Jh.) und »Hoechst AG.«.

2) Bez. der Dt. Dem. Rep., 7185 km², 712000 Ew.; 1952 aus dem östl. Teil des Landes Brandenburg gebildet. Landwirtschaft (52% der Fläche), bes. im fruchtbaren Oderbruch; Forstwirtschaft (36%); Baustoff-, chem., Metall-, Papierind., Eisenhüttenkombinat Ost in Eisenhüttenstadt, Erdölkombinat in Schwedt. 🌐 S. 456/57.

3) F. an der Oder, Hptst. von 2), 86400 Ew.; wichtigste Grenzstadt der Oder-Neiße-Linie; Bahnknoten, Oderhafen; vielseitige Ind. F. erhielt 1253 Stadtrecht und war Mitgl. der Hanse. Die 1506 gegr. Univ. wurde 1811 nach Breslau verlegt. Die Dammvorstadt rechts der Oder ist seit 1945 unter poln. Verw. **(Słubice).**

Frankfurter Friede, beendete am 10. 5. 1871 den Deutsch-Französischen Krieg.

Frankfurter Nationalversammlung, verfassunggebendes Parlament der dt. Revolution von 1848/49, das in Frankfurt a. M. in der Paulskirche tagte; Präs. H. von Gagern, Reichsverweser Erzherzog Johann; Reichsverf. vom 13. 1. 1849. Getragen von den Kräften des liberalen Bürgertums, erstrebte die F. N. ein dt. Kaiserreich; ihr Unternehmen scheiterte, da keine Einigung erzielt werden konnte. Das im Juni 1849 nach Stuttgart verlegte Rumpfparlament wurde am 18. 6. 1849 gewaltsam aufgelöst.

Frankfurter Schule, Bez. für den Kreis von Sozial- und Kulturwissenschaftlern um M. Horkheimer und das von diesem seit 1930 geleitete Frankfurter Institut sowie für die hier entwickelten, von K. Marx und S. Freud bestimmten soziologisch-philosoph. Lehren, die Kritische Theorie.

frankieren [zu franko], → freimachen.

Fränkische Alb, Fränkischer Jura, Gebirge im nördl. Bayern, Fortsetzung der Schwäb. Alb; Hesselberg 689 m.

Fränkische Fürstentümer, Markgrafschaften Ansbach und Bayreuth unter preuß. Herrschaft (1791-1806).

Fränkische Schweiz, bizarre Felsenlandschaft im nördl. Teil der Fränk. Alb.

Fränkisches Gehöft, Bauernhof, bei dem Wohn- und Wirtschaftsgebäude ein mehr oder weniger geschlossenes Viereck oder Hufeisen um den eigentl. Hof bilden; vor allem in Mitteldtl. verbreitete Bauweise.

Fränkisches Reich, Regnum Francorum, bedeutendste Reichsbildung des frühen MA.; umfaßte roman. und german. Völker. Chlodwig I. aus dem Hause der Merowinger, der 486-507 den größten Teil Galliens und die Alemannen unterwarf und um 500 zum Christentum übertrat, gründete das F. R.; seine Söhne eroberten auch das Burgunderreich und Thüringen. Karl d. Gr. unterwarf die Sachsen, die Langobarden in Oberitalien, die Awaren und gründete in N-Spanien die Span. Mark.

Fränkisches Reich

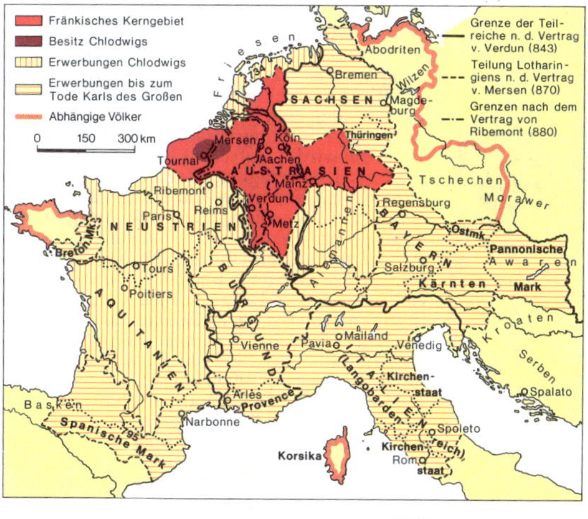

Als mächtigster Herrscher des christl. Abendlandes wurde er 800 zum Kaiser gekrönt. Sein Großreich zerfiel aber bald durch Erbteilung (Vertrag von Verdun 843, von Mersen 870); dadurch entstanden das **Ostfränkische** und das **Westfränkische Reich,** aus denen sich das Dt. Reich und Frankreich entwickelten. → Merowinger, → Hausmeier, → Karolinger.

Franklin [fr'æŋklın], **1)** Benjamin, amerikan. Staatsmann, Schriftst., *1706, †1790; vertrat die Gedanken der Aufklärung, war während des Unabhängigkeitskampfes der USA gegen England ihr Gesandter in Paris; trug maßgeblich zur Erarbeitung der amerik. Verf. bei; erfand den Blitzableiter; theoret. Schriften zur Elektrizität, Untersuchungen über Kondensatoren. **2)** Sir John, *1786, †1847; engl. Nordpolforscher, unternahm 1819-47 mehrere Reisen zur Erforschung der Nordwestl. Durchfahrt.

Frankreich

Franklinstraße, Meeresstraße zw. den nordkanad. Inseln Boothia Felix und Prince-of-Wales-Land.

franko, franco [ital.], postfrei.

frankophil, franzosenfreundlich.

frankophon, französischsprachig. **Frankophonie** die, Gemeinschaft der Französischsprechenden (in kulturpolit. Hinsicht).

Frankreich, frz. **La France** [-frã], Rep. in W-Europa, 547026 km², 56,0 Mio. Ew.; Hptst.: Paris. ⊕ S. 490.

VERFASSUNG der Fünften Republik v. 4. 10. 1958. Staatsoberhaupt ist der Präs. der Rep., der zugleich Präs. der Frz. Gemeinschaft ist. Seit 1962 (Verfassungsänderung) wird er direkt vom Volk gewählt. Er ist Vors. des Ministerrats, kann die Nationalversammlung auflösen, ist Oberbefehlshaber der Streitkräfte, hat bei Staatsnotstand die umfassende Alleinentscheidung. An der Spitze der Regierung steht der vom Präs. ernannte Premierminister. Die Regierung kommt ohne parlamentar. Mitwirkung zustande, bedarf aber des Vertrauens der Nationalversammlung. Das Parlament besteht aus Nationalversammlung und Senat. Die Verwaltung ist zentralisiert; Einteilung in 96 Départements und 22 Regionen mit jeweils mehreren Dép.

Franz Joseph I.

LANDESNATUR. F. hat im SO Anteil an den Westalpen (4810 m), im S an den Pyrenäen (3298 m); der übrige Teil zeigt einen Wechsel von Beckenlandschaften und Mittelgebirgen. Das zentrale Pariser Becken ist im S begrenzt vom Zentralmassiv (bis 1886 m), im O von den Vogesen, im NO von den Ardennen, im W von den Erhebungen der östl. Normandie und der Bretagne. Den SW F.s nimmt das Garonne-Becken ein, im SO ist die Rhône-Saône-Senke eingeschnitten. Hauptflüsse: Seine, Loire, Garonne, Rhône. Klima: ozeanisch, mild, feucht, nur am Mittelmeer trocken-heiße Sommer mit Frühjahrs- und Herbstregen. Pflanzenwelt: im S mittelmeerisch (Hartlaubgewächse), sonst atlantisch und mitteleuropäisch. Die BEVÖLKERUNG besteht zum größten Teil aus Franzosen. Amts- und Bildungssprache ist Französisch; daneben wird Deutsch (Elsaß, Lothringen), Bretonisch (Bretagne), Italienisch (Korsika, frz. Riviera), Flämisch (um Dünkirchen), Katalanisch (Roussillon), Baskisch (westl. Pyrenäen) gesprochen. Rd. 77% der Bev. sind Städter; dicht besiedelt sind die Region Paris, die Industriegebiete im N und NO sowie südwestl. von Lyon, ferner Teile der Mittelmeerküste. In Industriegebieten viele Einwanderer. Neben der Hptst. Paris hat F. über 30 Großstädte. Religion: kath. (rd. 800000 Protestanten, 2,5 Mio. Muslime, 550000 Juden).

Franz v. Assisi

WIRTSCHAFT. Die Landwirtschaft beschäftigt 7% der Erwerbstätigen. Von der Gesamtfläche werden 57% landwirtschaftlich genutzt; Hauptanbaugebiet im N. Erzeugnisse: Weizen, Hafer, Mais, Zuckerrüben, Gemüse, Obst. F. ist neben Italien das größte Weinland der Erde. Viehzucht (bes. Rinder, Schweine, Schafe); wichtigste Fischereihäfen: Boulogne, Concarneau, Lorient. Die bedeutende Förderung von Kohle (im N, Lothringen) und Eisenerz (Lothringen, Normandie) geht zurück; ferner ⚒ auf Bauxit (Provence, Languedoc), Erdöl (Pyrenäenvorland, Pariser Region), Erdgas (Lacq), Blei, Zink, Uran u.a. In der Ind. (1987: rd. 30% der Erwerbstätigen) sind alle Zweige stark entwickelt. Wachstumsind. sind bes. die chem., Kunststoff-, elektron. Ind. Die Energiewirtschaft nutzt zunehmend Erdöl, Erdgas, Wasserkraft, Kernenergie. Bedeutender Fremdenverkehr. Ausfuhr: Eisen und Stahl, Fahrzeuge, Maschinen, Textilien, Erze, Getreide, Wein u.a. Einfuhr: Erdöl, Textilrohstoffe, Maschinen. Haupthandelspartner: Bundesrep. Dtl. VERKEHR. F. hat dichtes Verkehrsnetz. Wichtigste Seehäfen: Marseille, Le Havre, Bordeaux; Kriegshafen in Toulon. Internat. Flughäfen in Paris, Marseille und Lyon.

Ⓖ → französische Geschichte.

Franz, Kurzform von Franziskus.

Franz, Fürsten: **Dt. Kaiser. 1) F. I.,** *1708, †1765; Hz. von Lothringen, dann Großherzog von Toskana, wurde als Gemahl und Mitregent der Habsburgerin Maria Theresia zum Kaiser (1745-65) gewählt. **2) F. II.,** *1768, †1835; Kaiser (1792-1806), führte mehrere unglückl. Kriege gegen die Frz. Revolution und Napoleon I., legte 1806 die dt. Kaiserkrone nieder, war als **F. I.** Kaiser von Österreich (1804-35). **Frankreich: 3) F. I.,** *1494, †1547; König 1515-1547, kämpfte erfolglos gegen Kaiser Karl V. um das Hzgt. Mailand, wurde 1525 bei Pavia geschlagen und gefangengenommen, behauptete jedoch Frankreichs Unabhängigkeit und Größe. **Österreich-Ungarn. 4) F. Joseph I.,** *1830, †1916; Kaiser 1848 bis 1916, König von Ungarn 1867-1916, verlor 1859 und 1866 seine ital. Prov. und 1866 den Entscheidungskampf gegen Preußen um die Vorherrschaft in Dtl., schloß 1867 den Ausgleich mit Ungarn, 1879 den Ausgleich mit dem Dt. Reich. **5) F. Ferdinand,** Erzherzog, Neffe von 4), *1863, †(ermordet) 1914; seit 1896 Thronfolger, am 28. 6. 1914 mit seiner Gemahlin in Sarajewo von serb. Nationalisten ermordet (Anstoß zum 1. Weltkrieg).

Franz, Heilige: **1) F. von Assisi,** eigentl. Giovanni **Bernardone,** der **heilige Franziskus** (Tag: 4. 10.), *1181/82, †1226; stiftete die Orden der Franziskaner, wurde damit Schöpfer der Bettelorden. Mit seinen Gefährten zog er Buße predigend und Kranke pflegend durch Europa. Predigten und Hymnen (»Sonnengesang«) sind erhalten. **F. von Padua,** *1416, †1507; Stifter des Mönchsordens der Minimen, Heiliger (Tag 2. 4.). **F. von Sales** [sa:l], Bischof von Genf, *1567, †1622; stiftete mit Franziska von Chantal den Orden der Salesianerinnen; Heiliger (Tag 24. 1.).

Franz, Robert, Liederkomponist, *1815, †1892.

Franzband [Abk. für »frz. Einband«], Bucheinband ganz von Leder; **Halb-F.,** mit Rücken und Ecken von Leder.

Franzbranntwein, verdünnter, aromat. Alkohol für Einreibungen u.a.

Franzensbad, tschech. **Františkovy Lázně** [fr'antjiʃkɔvi l'a:zujɛ], Stadt und Heilbad in der ČSFR, rd. 5000 Ew.

Franziskaner, die von Franz von Assisi gestifteten 3 Orden. Der **Erste Orden,** die **Minderen Brüder** oder **Minoriten,** besteht seit dem 16. Jh. aus den **F.-Observanten** (Sandalen, braune Kutte, Kapuze), meist F. genannt, den **F.-Konventualen** (schwarze Kutte, Kapuze), oft kurz als Minoriten bezeichnet, und den **Kapuzinern** (Sandalen, grobe braune Kutte, Bart, Kapuze), die voneinander unabhängig sind, jedoch alle auf der Regel von 1223 fußen. Sie erstreben den gleichen Ordenszweck, die Verwirklichung des Evangeliums durch Askese, bes. durch Armut, und durch apostol. Arbeit in der Volksseelsorge und Mission; alle gehören zu den Betteorden. – Die Observanten und Kapuziner gehören zu den größten kath. Orden. Der **Zweite Orden,** gewöhnlich **Klarissenorden** genannt, wurde von Franz und Klara von Assisi 1212 gegründet. – Zum **Dritten Orden** gehören neben dem weltl. Zweig der regulierte Dritte Orden für Männer sowie zahlreiche selbständige Franziskanerinnen-Kongregationen.

Franziskus [mittellat. »der Franke«], männl. Vorname. Dazu die weibl. Form **Franziska.**

Franz-Joseph-Land, russ. Inselgruppe im Nordpolarmeer, 19700 km², stark vergletschert.

Franzosen, roman. Volk (Frankreich 53, Belgien 3,2, Schweiz 1,2, Kanada 7,3 Mio.), entstanden aus Kelten, vorindogerman. Ligurern, Römern, Germanen. Das Eindringen der Franken hat die roman. Bev. in 2 Teile getrennt, die Nord-F. und Süd-F. Das Zusammenwachsen von N und S brauchte Jahrhunderte; bis heute erhebl. Unterschiede in Sprache, Sitte und Wesensart.

Franzosenkraut, Knopfkraut, Korbblüter, mit meist 5 weißen Zungenblüten, gemeines Unkraut, aus Peru eingeschleppt.

Französisch-Äquatorialafrika, bis 1958 frz. Gebietsgruppe in Zentralafrika, aus der 1960 die unabhäng. Staaten Gabun, Kongo (heute Volksrep. Kongo), Tschad, Zentralafrikan. Republik hervorgingen. Hptst. war Brazzaville.

Französische Gemeinschaft, frz. **La Communauté Française** [-kɔmynot'e frãs'ɛ:z], die durch die Verfassung v. 1958 geschaffene Staatengemeinschaft zw. der Frz. Rep. (einschl. Übersee-Dép.) und den damals autonomen Gebieten Französisch-Westafrikas (außer Guinea) und Französisch-Äquatorialafrika sowie Madagaskar. Die 1960 entstandenen unabhängigen Staaten traten entweder der F. G. (nach deren Verf.-Änderung) erneut bei (Zentralafrikan. Rep., Kongo-Brazzaville, Gabun, Madagaskar, Senegal, Tschad) oder erklärten sich mit ihr zur Zusammenarbeit bereit (Elfenbeinküste, Burkina Faso, Niger, Benin, Mauretanien, Kamerun, Mali, Togo).

französische Geschichte. Frankreich ist aus dem Fränk. Reich entstanden. **843-987 Herrschaft der westfränk. Karolinger. 987-1328 Herrschaft der Kapetinger:** Stärkung der Königsmacht und Aufbau eines zentral regierten Nationalstaates. 1154 wurde das ganze westl. Frankreich durch Erbschaft und Heirat mit England vereinigt; aber Philipp II. August eroberte Anfang des 13. Jh. die meisten engl. Festlandsbesitzungen. **1328-1589 Herrschaft des Hauses Valois** (kapeting. Nebenlinie): 1338 begann der → Hundertjährige Krieg mit England. Karl VII. gelang es mit Hilfe der → Jungfrau von Orléans, die Engländer immer mehr aus dem Lande zu drängen. Seit 1562 blutige Religions- und Bürgerkriege (→ Hugenotten). **1589-1792 Herrschaft der Bourbonen:** Höhepunkt und Ende des frz. Königtums. Unter Ludwig XIII. begründete Richelieu seit 1624 die unumschränkte Herrschaft des Königs. Im Westfäl. Frieden 1648 erhielt Frankreich einen Teil des Elsaß, und Ludwig XIV. (1643-1715) machte Frankreich zur führenden Macht in Europa (Vollendung des Absolutismus); sein Minister Colbert baute gleichzeitig ein erstes Kolonialreich aus (Kanada, Louisiana, Westindien). Die Mißwirtschaft unter Ludwig XV. und Ludwig XVI. führte die → Französische Revolution herauf **(Erste Republik),** die Bonaparte 1799 niederwarf und als Erster Konsul durch Errichtung einer Militärdiktatur zugleich fortsetzte. 1804 wurde er als → Napoleon I. Kaiser **(Erstes Kaiserreich).**

Nach seiner Überwindung durch die europ. Koalitionen 1815 wurde das Königtum der Bourbonen unter Ludwig XVIII. wiederhergestellt (Restauration). Die »Ideen von 1789« waren jedoch so stark, daß Frankreich bald zum Herd bürgerl. Revolutionen wurde; Karl X. wurde 1830 durch die liberale Julirevolution, sein Nachfolger Ludwig Philipp (»Bürgerkönig«) durch die Februarrevolution 1848 gestürzt. In der **Zweiten Republik** wurde Napoleons Neffe, Ludwig Napoleon, zum Präs. gewählt; durch den Staatsstreich von 1851 erlangte er unbeschränkte Macht und wurde 1852 als Napoleon III. Kaiser **(Zweites Kaiserreich).** Der → Deutsch-Französische Krieg von 1870/71 führte zum Verlust Elsaß-Lothringens und zur Ausrufung der **Dritten Republik,** die gegen monarchist. und nationalist. Bewegungen (Boulanger) zu kämpfen hatte und durch den Dreyfus-Prozeß in scharfe innere Auseinandersetzungen geführt wurde. In den 1880er und 1890er Jahren schuf sich Frankreich ein neues Kolonialreich (N-Afrika, W-Sudan, Madagaskar, Indochina). Im Innern wurde der Kampf gegen die kath. Kirche durch die Laiengesetzgebung (1905) abgeschlossen. Die deutschfeindl. Außenpolitik, die auf »Revanche« für 1870/71 ausging (Declassé, Poincaré, Clemenceau), führte 1894 zum Bündnis mit Rußland und 1904 zur »Entente« mit England.

Nach dem 1. Weltkrieg erhielt Frankreich durch den Versailler Vertrag Elsaß-Lothringen zurück sowie Mandatsgebiete in Afrika und Syrien. Durch sein europ. Bündnissystem wurde es zur führenden Festlandsmacht und erlangte eine einflußreiche Stellung im Völkerbund. Durch Finanz- und Währungsschwierigkeiten, polit. und soziale Auseinandersetzungen im Innern geschwächt, nahm es dann jedoch die dt. Aufrüstung unter Hitler hin. 1939 trat es in den Krieg gegen Dtl. ein; 1940 brach es militärisch zusammen. Nach dem von Pêtain abgeschlossenen Waffenstillstand wurde ein Teil Frankreichs besetzt (1942 das übrige Land) und die autoritäre Vichy-Regierung errichtet. Der freie Teil bildete bis 1942 den **Etat Français;** in London entstand eine Exilreg. unter Führung von Ch. de Gaulle, die die nat. Widerstandsbewegung (Résistance) unterstützte. Die Invasion der Amerikaner und Briten in der Normandie und an der Mittelmeerküste befreite 1944 Frankreich, das 1945 als Siegernation an der Besetzung Dtl.s teilnahm.

Im Dez. 1946 gab sich Frankreich mit der Frz. Union eine neue Verfassung **(Vierte Republik).** Außenpolitisch setzte sich Frankreich, als eine der 5 alliierten Hauptmächte anerkannt, jedoch geschwächt durch häufigen Kabinettswechsel, Währungsverfall und nationale Loslösungsbewegungen in Übersee (Indochina, N-Afrika), für eine europ. Zusammenarbeit ein. Angesichts der sich verschärfenden Staats- und Algerienkrise wurde de Gaulle am 29.5.1958 mit der Regierungsbildung beauftragt. Die neue Verfassung **(Fünfte Republik)** für Frankreich und die → Französische Gemeinschaft wurde am 28.9.1958 durch Volksabstimmung angenommen. Am 8. 1. 1959 wurde de Gaulle Staatspräs. Das Abkommen von Evian (1962) brachte Algerien die Unabhängigkeit. 1963 unterzeichneten de Gaulle und Adenauer einen Vertrag über die dt.-frz. Zusammenarbeit. Die frz. Atomrüstung (Force de dissuasion) wurde aufgebaut. 1966 entzog Frankreich seine Streitkräfte den integrierten NATO-Kommandos. Im Mai 1968 kam es aus Protest gegen die veraltete Universitätsstruktur zu schweren Unruhen der Studenten, denen sich die mit der Sozialpolitik

1

2

französische Kunst: 1 Die vier Reiter, Apokalypse von Saint-Sever; 11. Jh. (Paris, Bibl. Nat.) **2** Pietà, Schule von Avignon; um 1460. **3** N. Poussin: Landschaft mit Diogenes; 1648. **4** A. Watteau: L'Indifférent; 1717/18

3

4

unzufriedenen Arbeiter anschlossen. Nach einer Abstimmungsniederlage bei einem Referendum trat de Gaulle am 28. 4. 1969 zurück. Nachfolger wurde G. Pompidou (1969-74). Mit der Wahl von V. Giscard d'Estaing zum Präs. (1974-81) endete die Ära des Gaullismus. 1981 wurde der Sozialist F. Mitterrand zum Staatspräs. gewählt. Unter MinPräs. P. Mauroy (1981-84) gehörten erstmals seit 1947 wieder kommunist. Minister der Reg. an. 1988 wurde M. Rocard MinPräs.

französische Kunst. Die große Zeit der f. K. war das MA. Ihre weitreichendste Wirkung erlangte sie zur Zeit der **Gotik,** die von der Ile-de France um die Mitte des 12. Jh. ihren Ausgang nahm. Klass. Vollendung fand die frz. Baukunst und Plastik in den got. Kathedralen von Chartres, Paris, Reims, Amiens, daneben auch in weltl. Bauten (Papstpalast in Avignon, Stadtbefestigung von Carcassonne u. a.). Bedeutend waren die Leistungen der Glasmalerei, bes. in Chartres und der Sainte-Chapelle in Paris. Die Baukunst der **Renaissance** wandte sich bes. dem Schloßbau zu (Louvre, Fontainebleau). In der Zeit des **Barocks** entwickelte die f. K. einen eigenen klass. Stil von monumentaler, maßvoller Klarheit (Schloß und Park in Versailles; Ostfassade des Louvre, Kirche der Sorbonne und Invalidendom in Paris). Unter der Leitung von Ch. Lebrun schufen zahlreiche Maler eine Fülle dekorativer Wand- und Deckenmalereien für die Schlösser. Im Barock waren die bedeutendsten Maler N. Poussin und Claude Lorrain in Rom, im Rokoko A. Watteau und F. Boucher. Im 19. Jh. gewann die f. K. erneut Einfluß auf ganz Europa (**Impressionisten:** Manet, Monet, Pissaro, Renoir, Degas; Cézanne, Gauguin, Rodin, Maillol u. a.). Eine starke Wirkung ging im 20. Jh. auf die moderne Kunst von Frankreich aus (Kubismus, Surrealismus u. a.). Moderne Künstler sind R. Bissière, J. Bazaine, G. Singier, A. Manessier, P. Soulages, G. Mathieu, J. Dubuffet, ferner B. Buffet, N. de Staël, Y. Klein, S. Hadengue, V. Vasarély, Niki de Saint Phalle, R. Malaval u. a.

französische Literatur. Die älteste f. L. (9.-11. Jh.) ist geistlich bestimmt. Das 12. Jh. brachte das Heldenepos (Rolandslied) und im Anschluß an die Troubadourdichtung den höf. Versroman (Chrétien de Troyes). Vom 13. Jh. an traten Allegorie (Rosenroman) und Satire sowie bürgerlich-realist. Literaturgatt. stark hervor. Seit dem Italienfeldzug Karls VIII.

(1494) drang die Renaissance nach Frankreich (Clément Marot; Dichtergruppe der Pléiade; Rabelais; Essays von Montaigne). Mit der Berufung Malherbes an den Hof und dessen Forderung nach log. Klarheit als dichtungstheoret. Prinzip wurde die Epoche der Klassik eingeleitet (Vorklassik mit Corneilles Dramen; seit 1660 rd. 3 Jahrzehnte blühende Hochklassik mit »L'art poétique« von Boileau, Dramen von Racine, Komödien von Molière, Fabeln von La Fontaine, Romane von Mme. de Lafayette, Maximen von Larochefoucauld). Von 1690 bis zum Tode Ludwigs XIV. (1715) erstarrte die f. L. in klassizist. Tradition; daneben wuchs die (soziale) Kritik (Schelmenromane von Lesage; Erziehungsroman »Telemach« von Fénelon). Sie führte 1715-89 zur Aufklärung (Montesquieu: »Geist der Gesetze«), deren Höhepunkt mit den späteren Werken Voltaires und der »Encyclopédie« (Diderot, d'Alembert) die Jahre 1750-80 umfaßte. Noch während der Epoche des Rationalismus erschloß Rousseau neue Dimensionen von Natur- und Gefühlsdarstellung, die maßgebend für die Romantik (1820-40) wurde (R. de Chateaubriand, A. de Vigny, A. de Musset, V. Hugo). Aus der unklass. Haltung der Romantik entwickelten sich Realismus (Stendhal, Balzac, Flaubert, Maupassant) und Naturalismus (Zola) des Romans. Die ausgefeilte Lyrik Gautiers wurde zum Vorbild der Parnassiens. Die Poesie Baudelaires bereitete die symbolist. Dichtung vor (Rimbaud, Verlaine, Mallarmé, daran anknüpfend Valéry). Der Realismus bemächtigte sich seit dem Ende des 19. Jh. der ganzen Breite der Wirklichkeit (R. Rolland; R. Martin du Gard, Duhamel, J. Romains). Im 20. Jh. starke kath. Erneuerungsbewegung (Claudel, Bernanos, Mauriac); literar. Surrealismus (Apollinaire, Breton, Éluard, Aragon); in der Lyrik Überlagerung symbolist. und surrealist. Tendenzen (Char, Michaux, Ponge); traditionelles Theater (Giraudoux, Anouilh) und absurdes Drama (Ionesco, Beckett, Genet); neue Formen des Romans (Proust, Gide, Malraux) führte neuerdings der → Nouveau Roman fort, daneben die existentialist. Werke von Sartre, Camus, S. de Beauvoir.

französische Philosophie. Im MA. war Paris ein Mittelpunkt der Scholastik (Abaelard, Bernhard von Clairvaux, Auseinandersetzung zw. Nominalisten und Realisten). Seit dem 14. Jh. herrschte hier der Nominalismus vor. Folgenreichster Denker der f. P. war im 17. Jh. Descartes; sein Rationalismus war bis zu Kant maßgebend (Kartesianismus, Okkasionalismus). Im 18. Jh. verbreiteten die Enzyklopädisten (Diderot) den Geist der Aufklärung. Rousseau forderte die Rückkehr zur natürl. Menschlichkeit. Im 19. Jh. durchdrangen der Positivismus Comtes und die Lebensphilosophie Bergsons ganz Europa. Gegen den letzteren wandten sich im 20. Jh. vor allem die Neuthomisten (Maritain, Gilson). In jüngerer Zeit entwickelten Denker wie Sartre und Camus (angeregt durch die dt. Existenzphilosophie) einen atheist. Existenzialismus, andere wie Marcel einen christl. Existenzialismus, Teilhard de Chardin eine universale Evolutionslehre im Sinne des Theismus. Eine antimarxist. und antiideolog. Position vertreten die Anhänger der »Nouvelle Philosophie« (A. Glucksmann, B.-H. Lévy, J.-M. Benoist u. a.). Daneben ist die zeitgenöss. f. P. von der Phänomenologie Husserls (Sartre, Merleau-Ponty) sowie von Strukturalismus (Foucault) und Poststrukturalismus (Derrida) geprägt.

Französische Revolution, große polit. und soziale Umwälzung in Frankreich seit 1789, die weltgeschichtl. Bedeutung gewann. Ihre geistige Grundlage war die Aufklärung, deren Wortführer (Montesquieu, Voltaire, Rousseau) im Sinne des aufstrebenden Bürgertums (des »dritten Standes«) den Absolutismus der frz. Könige und die Vorrechte des Adels und der kath. Kirche scharf bekämpft hatten. Um den Staatsbankrott abzuwenden, berief Ludwig XVI. (erstmals seit 1614) 1789 die Generalstände. Die Abgeordneten des »dritten Standes« erklärten sich zur Verfassunggebenden Nationalversammlung; die Pariser Massen stürmten am 14. 7. die Bastille, die Nationalversammlung verkündete die Menschenrechte, schuf das zentralist. Verwaltungssystem der Dép., beseitigte alle ständ. Vorrechte und zog das Kirchengut ein. Unter dem Einfluß radikaler Elemente (Jakobiner-Terror) und dem Druck der Revolutionskriege schaffte der Nationalkonvent 1792 die Monarchie ab und verkündete die Rep. Im Jan. 1793 wurde Ludwig XVI. hingerichtet. Unter Danton und Robespierre führten die Jakobiner bis 1795 eine blutige Schreckensherrschaft (Guillotine). Dann folgte eine neue Verfassung und die Herrschaft eines fünfköpfigen Direktoriums, das 1799 von Bonaparte gestürzt wurde. Eng mit dem Verlauf der F. R. verbunden sind die Interventionskriege der andern europ. Staaten: **Erster Koalitionskrieg** (1792/93-97) gegen Österreich und Preußen, denen sich 1793 England, Holland und Spanien anschlossen. Die aufgebotenen Massenheere errangen durch ihren revolutionären Schwung und die neue Taktik Erfolge über die verbündeten Armeen. 1795 schieden Preußen und Spanien aus der Koalition aus, so daß Österreich nach weiteren Niederlagen, vor allem durch Bonaparte in Oberitalien, 1797 im Frieden von Campoformio die Lombardei und Belgien abtreten und Frankreich die Rheingrenze zusichern mußte (Österreich erhielt Venedig). **Zweiter Koalitionskrieg** (1798-1801/02) gegen Rußland, Österreich, England, Türkei, Neapel und den Kirchenstaat. Nach wechselvollen Kämpfen entschied Napoleon den Krieg und schloß mit Österreich den Frieden von Lunéville, mit England den von Amiens.

Französische Schweiz, Welsche Schweiz, frz. **La Suisse Romande** [-sɥis rɔm'ād], Gebiete der Schweiz, in denen die frz. Sprache vorherrscht.

französische Sprache, die auf dem Boden des alten Galliens entstandene Sprache, gegliedert in Südfranzösisch oder Provenzalisch (langue d'oc) und Nordfranzösisch (langue d'oïle), das als Sprache von Paris zur heutigen Schriftsprache wurde. Die f. S. ist Amtssprache in Frankreich und ehem. Kolonien, Belgien, westl. Schweiz, östl. Kanada.

Französische Union, die durch die frz. Verfassung von 1946 geschaffene Staaten- und Völkergemeinschaft; 1958 durch die → Französische Gemeinschaft abgelöst.

Französisch-Guayana, frz. Übersee-Dép. in Südamerika, 91 000 km², 84 000 Ew.; Hptst.: Cayenne. Im Innern Urwald; Anbaugebiete nur im Küstenstreifen. Ausfuhr: Gold, Rum, Holz, Rosenölessenz. – F.-G. war seit 1852 Sträflingskolonie (bis 1938).

Französisch-Polynesien, früher **Französisch-Ozeanien,** frz. Überseegebiet in Ozeanien, 4000 km², 166 000 Ew., Hauptort: Papeete (Tahiti); umfaßt: Gesellschafts-, Marquesas-, Tuamotu-, Tubuai-, Gambier-, Rapa-Inseln. Kopra, Kaffee.

Französisch-Westafrika, bis 1958 frz. Gebietsgruppe in Westafrika; heute Senegal, Mauretanien, Mali, Niger, Guinea, Elfenbeinküste, Benin (Dahomey), Obervolta.

Französisch-Westindien, ehemalige Bez. der heutigen frz. Übersee-Dép. Guadeloupe, Martinique.

frappant [frz.], schlagend, auffallend.
frappieren, 1) überraschen, befremden. **2)** mit Eis kühlen.

Frascati, Stadt und Sommerfrische in Italien, südöstlich von Rom, 19300 Ew.; Kunstschätze, Weinbau, Kernforschungsinstitut; nahebei Ruinen der Stadt → Tusculum.

Fräse [frz.] die, **1)** Halskrause. **2)** Backenbart (BILD Barttracht). **3)** Bodenbearbeitungsmaschine.

Fräsen, Verfahren der spanabhebenden Formung mit einem **Fräser,** der am Umfang **(Walzenfräser)** oder der Stirnseite **(Stirnfräser)** Schneiden trägt. **Form-** oder **Profilfräser** ermöglichen die Herstellung beliebiger Profile oder Rotationskörper.

Fraser [fr'eɪzə] der, Fluß in der kanad. Prov. British Columbia, fließt vom Felsengebirge in den Pazif. Ozean; 1368 km.

Frater [lat. »Bruder«] der, Mz. Fratres, Ordens-, Klosterbruder. **Fratres minores,** die → Franziskaner. **Fratres praedicatores,** die → Dominikaner. **fraternisieren,** verbrüdern.

Frau. Im Altertum war in Griechenland die F. auf das Haus beschränkt, ihre Rechtsfähigkeit gering; in Rom stand sie unter der Gewalt des Vaters oder des Gatten, doch genoß die Ehefrau gesellschaftl. Achtung. Streng patriarchalisch war die Ordnung auch bei den Germanen. Im MA. blieb die F. dem Manne untergeordnet. Gandersheim, Quedlinburg u.a. Frauenklöster pflegten die Bildung. Seit Ende des 17. Jh.s spielte die gebildete F. in der Gesellschaft eine Rolle. Seit dem 19. Jh. wurde zunehmend die → Gleichberechtigung von Mann und Frau im öffentl. Leben, Ausbildung und Beruf erstrebt (→ Frauenbewegung, → Frauenarbeit); 1918 erlangte die F. in Dtl. und Österr. das Wahlrecht, in der Schweiz seit 1971 auf Bundesebene und in den meisten Kantonen. Heutige Probleme sind u.a. die volle Verwirklichung gleichwertiger berufl. Chancen und Bezahlung, aktive Teilnahme am sozialen und polit. Leben, Bewältigung der familiären Aufgaben neben berufl. Tätigkeit. – Der Anteil der F. an der Bev. liegt in den meisten Ländern über dem der Männer **(Frauenüberschuß).**

Frauenschuh

Frauenarbeit. Die Erwerbstätigkeit der Frau hat durch die sozialen Umschichtungen in und nach den beiden Weltkriegen stark zugenommen. Von 1951 bis 1988 stieg die Zahl der erwerbstätigen Frauen in der Bundesrep. Dtl. von 4,5 auf 10,05 Mio. (39,5% der Erwerbspersonen). – Weibl. Arbeitnehmer, bes. werdende Mütter und Wöchnerinnen, genießen vor den Gefahren der Arbeit einen erhöhten Schutz (Frauenarbeitsschutz, Mutterschutz). Frauen dürfen z.B. nicht in Kokereien und im Bergbau unter Tage beschäftigt werden. Die Arbeitszeit darf nicht mehr als 10 Std. betragen. Nachtarbeit von 20 bis 6 Uhr ist verboten (viele Ausnahmen).

Frauenarzt, Gynäkologe, Facharzt für Frauenheilkunde und Geburtshilfe.

Frauenbewegung, sucht Rechte und Stellung der Frau zu verbessern; entstand im Zusammenhang mit den sozialen und erzieher. Reformbewegungen seit dem 19. Jh., zuerst in Westeuropa, später auch in anderen Ländern. In Dtl. wurde 1865 der Allg. Dt. Frauenverein gegr., mit späteren Verbänden 1894 zum Bd. Dt. Frauenvereine zusammengeschlossen. Die Führerinnen der F. **(Frauenrechtlerinnen)** erregten heftigen Widerspruch. Führend in der F. Dtl.s waren Luise Otto-Peters, Helene Lange, Auguste Schmidt, Marianne Weber, Gertrud Bäumer, Elly Heuss-Knapp, Louise Schröder, Marie-Elisabeth Lüders. Die rechtl. → Gleichberechtigung von Mann und Frau ist im 20. Jh. in den meisten Industriestaaten verwirklicht. Eine Sonderstellung der Frau bekämpft u.a. → Women's Lib. Ende der 60er Jahre setzte in der Bundesrep. Dtl. eine neue F. ein, die für die Emanzipation und die Selbstbestimmung der Frauen auf allen Gebieten eintritt (→ Feminismus).

Frauenburg, poln. **Frombork,** Stadt in der poln. Wwschaft Elbląg, ehem. Stadt in Ostpreußen, 1700 Ew., am Frischen Haff; Dom mit dem Grabmal des Kopernikus; kath. Bischofssitz (Ermland).

Frauenfeld, Hptst. des Kt. Thurgau, Schweiz, 19000 Ew.; Ind.

Frauenhäuser, von der emanzipator. Frauenbewegung geschaffene Unterkünfte für Frauen und Kinder in Fällen akuter Bedrohung und Unterdrückung durch Männer oder in anderen Notsituationen.

Frauenheilkunde, die Gynäkologie.

Frauenkunst, im Rahmen der feminist. Bewegung geprägter Begriff für die Gesamtheit einer im Ggs. zu früheren, häufig realitätsfernen Frauendichtung thematisch und ausdrucksmäßig auf die gesellschaftl. Rolle und psycholog. Besonderheit der Frau bezogene Kunst von Frauen (v.a. Frauenlit., feminist. Film).

Frauenlob, eigtl. **Heinrich von Meißen,** → Heinrich 2).

Frauenmantel, staudiger Rosenblüter auf Wiesen und in Wäldern, mit fächer- bis umhangförmigen Blättern und grünl. Blütchen.

Frauenschuh, Orchidee auf Kalkboden, die braunrot-gelbe Blüte hat eine schuhähnlich-bauchige Lippe; steht unter Naturschutz.

Frauenstifte, 1) bis 1807 reichsunmittelbare kath. Frauenklöster. **2)** Stiftungen zur Versorgung alleinstehender Frauen.

Frauenverbände, die Spitzenorganisationen der Frauenvereinigungen. Bundesrep. Dtl.: Dt. Frauenring (gegr. 1949), Evang. Frauenarbeit in Dtl. (gegr. 1917, neu 1945), Arbeitsgemeinschaft kath. Frauenverbände und -gruppen (gegr. 1946), 1951 zusammengeschlossen in Informationsdienst für Frauenfragen e.V., seit 1969: Dt. Frauenrat – Bundesvereinigung dt. Frauenverbände e.V.; über 10 Mio. Mitgl. – Dt. Dem. Rep.: Demokrat. Frauenbund Dtl.s (gegr. 1947). – Österreich: Bund österr. Frauenvereine (gegr. 1902, neu 1947). – Schweiz: Bund Schweizer Frauenvereine (gegr. 1900). – Internat. Frauenbund (IAW, gegr. 1904), Internat. Frauenliga für Frieden und Freiheit (WILPF, gegr. 1915), Internat. Frauenrat (ICW, gegr. 1888), Internat. Demokrat. Frauenföderation (IDFF, gegr. 1945) u.a.

Fraunhofer, Joseph v., Optiker, *1787, †1826 als Prof. in München; entdeckte die Absorptionslinien im Spektrum der Sonne.

Freak [fri:k], jemand, der sich übersteigert für etwas begeistert **(Computer-F.).**

Frechen, Stadt im Erftkreis, NRW, 42500 Ew., Braunkohlenbergbau.

Fredericia [freðər'esja], dän. Hafenstadt an der O-Küste Jütlands, 46000 Ew.; Erdölraffinerie.

Frederiksborg [freðregsb'ɔr], dän. Schloß bei Hillerød (N-Seeland), erbaut 1602-25, heute Nationalmuseum.

Frederikshavn [fr'ɛðrəksh'aun], dän. Hafenstadt im N Jütlands; 34700 Ew.; Fischereihafen, Werft, Eisen-, Fischkonservenind.

Fredrikstad, Hafenstadt im südl. Norwegen, am Oslofjord, 35000 Ew.; Holzausfuhr.

Free Jazz [fri: dʒæz, engl. »Freier Jazz«], seit 1962 Stilphase des modernen Jazz; Hauptmerkmale: unendl. Teilbarkeit der Oktave, andauernder Klangstrom statt fester Gliederung, Ablehnung herkömml. harmon. Strukturen.

Freesia, Freesie, südafrikan. Gattung der Schwertliliengewächse, Zierpflanze mit Ähren weißer, gelber, blauer und rötl. Blüten.

Freetown [fr'i:taun], Hptst. von Sierra Leone, in Westafrika, 315000 Ew.; Hafen.

Freeze-Bewegung [fri:z-, engl.], seit Anfang der 1980er Jahre in den USA tätige polit. Bewegung, fordert das Einfrieren (»freeze«) des amerikan. und sowjet. Kernwaffenpotentials auf dem gegenwärtigen Stand.

Fregatte die, früher ein schnellsegelndes Kriegsschiff, dann ein Kampfschiff für die U-Boot-Jagd und U-Boot-Abwehr, heute bis Zerstörergröße, ausgerüstet mit Lenkwaffen.

Fregattenkapitän, Marineoffizier im Rang eines Oberstleutnants.

Fregattvogel, trop. Küstenvogel mit ausdauerndem Segelflug, bis 2,3 m Spannweite.

Frege, F. L. Gottlob, Mathematiker, Philosoph, *1848, †1925, versuchte die Arithmetik als Zweig der Logik darzustellen.

Freia, german. Göttin, → Freyja.

Freiballon, beschränkt lenkbares Luftfahrzeug mit Traghülle aus gasdichtem Ballonstoff. An einem die gasgefüllte Hülle umschließenden Netz aus Seilen hängt der Korb für die Besatzung und den Ballast.

Freibank, Verkaufsstelle für genießbares minderwertiges Fleisch.

Freiberg, alte Bergbaustadt oberhalb der Freiberger Mulde, Bez. Karl-Marx-Stadt, 50400 Ew.; Bergakademie; Dom mit der spätroman. »Goldenen Pforte« (um 1235); Ind.: Metallwaren, Leder.

Freibetrag, Betrag, der steuerfrei bleibt (z. B. Arbeitnehmer-F., Alters-F.). **Freigrenze** gibt an, bis zu welcher Grenze eine Steuer nicht erhoben wird.

Freibeuter, Seeleute, die ohne Kaperbrief Schiffe aufbrachten.

Freibrief, ⚖ im MA. Urkunde, durch die Vorrechte oder Freiheiten gewährt werden.

Freiburg, 1) RegBez. in Bad.-Württ., 9356 km^2, 1,87 Mio. Ew.; Hptst.: Freiburg i. Br. **2) F. im Breisgau,** Stadt in Bad.-Württ., 180500 Ew., an den Hängen des Schwarzwaldes und in der Oberrhein. Tiefebene; Erzbischofssitz, Münster, Univ., viele wissenschaftl. und kulturelle Einrichtungen; Fremdenverkehr; vielseitige Ind. – F., 1120 gegründet, seit 1368 habsburgisch, kam 1805 an Baden. **3) F. im Üchtland,** frz. **Fribourg,** Hptst. von 4), an der Saane, 34100 Ew.; Bischofssitz; Univ., Technikum; Maschinen-, Holz-, Metall-, Textil-, chem. u. a. Ind. – F., 1157 gegr., kam 1481 zur Schweizer. Eidgenossenschaft. **4) Kanton F.,** Schweiz, 1670 km^2, 197500 Ew.; Amtssprachen: Französisch und Deutsch. Viehzucht, Alpwirtschaft, versch. Ind.

Freidank, Meister der volkstüml. lehrhaften Spruchdichtung im 13. Jh.

Freidenker, urspr. die engl. Deisten, allg. der frei von relig. Dogmen Denkende. Im 19. Jh. nahm die Zahl der F. mit dem Fortschritt der Naturwissenschaft stark zu. Die Bewegung der F. warb gegen Ende des 19. Jh. für Kirchenaustritt, nahm freirelig. Bewegungen in sich auf u. a.

Freie, bei den Germanen die voll rechts- und waffenfähigen »Gemeinfreien«, der Kern der Bev.; von den bäuerl. **Gemein-F.** wurden die **Edel-F.** (Adel) unterschieden. **Minder-F. (Liten)** waren hörig, **Unfreie** ganz rechtlos.

freie Berufe, Berufe selbständ. Erwerbstätiger, die nicht Gewerbetreibende sind, z. B. Ärzte, Schriftst.; Übergänge fließend.

Freie Bühne, von Th. Wolff, M. Harden u. a. 1889 in Berlin gegr. Verein für zensurfreie Vorstellungen (Stücke von G. Hauptmann u. a.).

Freie Demokratische Partei, FDP, seit 1968 **F.D.P.,** 1948 in der Bundesrep. Dtl. gegr. polit. Partei; vereinigt liberaldemokrat. und nationalliberale Kräfte, lehnt staatl. Wirtschaftslenkung und Sozialisierung ab, verficht eine stärker unitar. Staatsgestaltung. Seit Beginn der 60er Jahre setzt sie sich für verbesserte Beziehungen zur Dt. Dem. Rep. und zu den kommunist. Staaten Europas ein. 1949-56 und 1961-1966 an Koalitionen mit CDU/CSU, 1969-82 an Koalitionen mit der SPD, seit Okt. 1982 wieder an Koalition mit CDU/CSU beteiligt. Mit Th. Heuss (1949-59) stellte sie den ersten, mit W. Scheel (1974-79) stellte sie den vierten Bundespräs. der Bundesrep. Dtl. Parteivors.: Otto Graf Lambsdorff (seit 1988). In der Dt. Dem. Rep. konstituierte sich 1989 eine Partei gleichen Namens, die 1990 an der Volkskammerwahl teilnahm.

Fregattvogel

Freie Deutsche Jugend, FDJ, in der Dt. Dem. Rep. bis 1990 staatl. Einheitsorganisation der Jugendlichen vom 14. Lebensjahr ab, zur kommunist. und vormilitär. Erziehung.

Freie evangelische Gemeinden, staatsfreie, von den Landeskirchen unabhängige evang. Gemeinden, 1854 gegr.

Freie Künste, lat. **Artes liberales,** im späten Altertum die eines freien Mannes würdigen Kenntnisse und Fertigkeiten; im MA. galten als die sieben F. K.: Grammatik, Rhetorik, Dialektik **(Trivium),** Arithmetik, Geometrie, Musik und Astronomie **(Quadrivium).**

Freienwalde an der Oder, Bad F., Krst. im Bez. Frankfurt/Oder, 11400 Ew.; eisenhaltige Quellen und Moorbäder.

Freier Deutscher Gewerkschaftsbund, FDGB, kommunist. Einheitsgewerkschaft der Dt. Dem. Rep.; nach den polit. Umwälzungen 1990 Selbstauflösung beschlossen.

Freies Deutsches Hochstift, Frankfurt a. M., 1849 gegr. Institut zur Pflege der Wissenschaft, Kunst und höheren Bildung. Dem F. D. H. gehört das Goethehaus in Frankfurt.

Freie Städte, städt. Freistaaten, so die alten Reichsstädte, im MA. nur dem Kaiser unterstehend. Der Wiener Kongreß erkannte 1815 noch Hamburg, Bremen, Lübeck, Frankfurt a. M. als F. S. an. Frankfurt wurde 1866, Lübeck 1937 preußisch. Nach dem Versailler Vertrag von 1919/20 war Danzig autonome »Freie Stadt« (bis 1939); heute sind nur noch Hamburg und Bremen F. S.

Freiburg 4)

freie Wirtschaft, freie → Marktwirtschaft.

Freifrau, Baronin, → Freiherr.

Freigrafschaft Burgund, → Burgund.

Freigut, von öffentl. oder grundherrl. Abgaben und Diensten freies Landgut. **Freibauer (Freisasse),** Besitzer eines F.

Freihafen, Teil eines See- oder Flußhafens, in den (als Zollausland) Waren zollfrei ein- und ausgeführt werden können.

Freihandel, engl. **free trade** [fri:treɪd], i. w. S. die von öffentl.-rechtl. Beschränkungen unbehinderte Freiheit des Erwerbs und Verkehrs; i. e. S. die von Zöllen und anderen Eingriffen unbeeinflußten zwischenstaatl. Austauschbeziehungen. Der F. beruht auf dem wirtschaftl. → Liberalismus. Die Bewegung ging von England aus, wo sie theoret. von A. Smith und seiner Schule begründet, polit. durch die Freihändler (→ Manchestertum) verwirklicht wurde. Die gegenläufige Bewegung einer Schutzzollpolitik setzte bereits im 19. Jh. ein, in Dtl. seit 1829, zuletzt in England 1932. Nach 1945 wurde eine größere Freiheit im Welthandel angestrebt (→ GATT); sie besteht bes. innerhalb der europ. Wirtschaftszusammenschlüsse.

Freiheit, Unabhängigkeit, Fähigkeit zur Selbstbestimmung, Fehlen von Zwang in Entscheidungssituationen. Die Philosophie unterscheidet zw. F. von äußerem Zwang und innerer F. **(Gewissens-F.).** Strittig ist, ob Willenshandlungen objektiv frei vollzogen werden (Indeterminismus) oder nicht (Determinismus), mithin ob es **Willens-F.** gibt. – F. heißt auch die äußere Unabhängigkeit eines Staates (Souveränität). In der Gesellschaftsordnung verankert wird die F. durch die → Grundrechte, das Recht der Bürger zur Teilnahme an der Ausübung der Staatsgewalt (→ Demokratie), die Privateigentumsordnung, die freie → Marktwirtschaft.

Freiheit der Meere, völkerrechtl. Grundsatz, nach dem die Benutzung des offenen Meeres allen Personen und Staaten zu Schifffahrt und Fischerei in Friedenszeiten offensteht.

Freiheit, Gleichheit, Brüderlichkeit, → Liberté, Egalité, Fraternité.

Freiheitliche Partei Österreichs, Abk. **FPÖ,** national-liberale Partei in Österreich, 1955 gegr.; 1983-86 Koalition mit SPÖ. Parteivors.: J. Haider (seit 1986).

Freiheitsberaubung, ⚖ vorsätzl. und widerrechtl. Freiheitsentziehung, z. B. durch Einsperren, auch durch unfreiwillige Hypnose. Strafe: Freiheitsstrafe, Geldstrafe oder Freiheitsstrafe nicht unter einem Jahr.

Freiheitsglocke, im Turm des Rathauses von Berlin-Schöneberg, Geschenk der USA, 1950.

Freiheitskriege, Befreiungskriege, Kriege von 1813-15, die Dtl., Italien und Spanien von der frz. Herrschaft befreiten und Napoleons Kaiserreich zerstörten. Nachdem im Winterfeldzug 1812 die Russen die Große Armee vernichtet hatten, erklärte sich Ende 1812 das preuß. Hilfskorps für neutral (Tauroggen). 1813 schloß Preußen ein Bündnis mit Rußland. Der Krieg wurde nun zur Volkserhebung. Im **Frühjahrsfeldzug 1813** siegte Napoleon mit einem neuen starken Heer bei Großgörschen und Bautzen. Darauf trat ein längerer Waffenstillstand ein; jetzt schlossen sich auch Österreich, England und Schweden den Verbündeten an. **Herbstfeldzug 1813.** Die Verbündeten bildeten 3 Heere, Napoleon schlug die böhm. Armee bei Dresden, aber seine Marschälle wurden in Schlesien, vor Berlin und in Nordböhmen besiegt. Dann unterlag er in der Völkerschlacht bei Leipzig (16.-19. 10.) seinen vereinigten Gegnern. Die Rheinbundstaaten fielen nun von ihm ab. **Feldzug 1814.** In der Neujahrsnacht überschritt Blücher bei Kaub den Rhein. Nach wechselvollen Kämpfen eroberten die Verbündeten am 30. 3. Paris; Napoleon ging nach Elba, und Frankreich mußte den Ersten Pariser Frieden (30. 5.) schließen. **Feldzug 1815.** Während des Wiener Kongresses kehrte Napoleon zurück. Er besiegte Blücher bei Ligny (16. 6.) und griff Wellington bei Waterloo (oder Belle-Alliance, 18. 6.) an, wurde aber dank Blüchers rechtzeitigem Eingreifen entscheidend besiegt. Am 7. 7. ergab sich Paris wiederum, Napoleon wurde nach St. Helena gebracht, und Frankreich mußte die härteren Bedingungen des Zweiten Pariser Friedens (10. 11.) annehmen.

Freiheitsstatue, Standbild im Hafen von New York (1886), 46 m hoch (Sockel 47 m).

Freiheitsstrafe, Strafe, die in der teilweisen oder völligen Entziehung der persönl. Freiheit besteht. Das StGB kennt eine einheitliche F. Verbrechen werden mit einer F. von mindestens einem Jahr oder darüber, Übertretungen mit F. bis zu 6 Wochen bestraft. Alle übrigen mit F. bedrohten Delikte sind Vergehen. Die Strafen des Wehrstrafrechts sind F. und Strafarrest. Die F. des Jugendstrafrechts ist die Jugendstrafe, Zuchtmittel ist der Jugendarrest.

Freiherr, Baron, 1) MA.: unterste Rangstufe des reichsunmittelbaren hohen Adels. **2)** später: Rangstufe des niederen Adels; weibl. Titel: Freifrau.

Freikirche, kirchl. Gemeinschaft, die nur die Christen als ihre Mitgl. betrachtet, die sich zu ihr bekennen.

Freikörperkultur, → Nacktkultur.

Freikorps [-kɔ:r], Freiwilligentruppe, die sich in Kriegs- oder Notzeiten bildet. Bekannt sind das **Lützowsche F.** der Freiheitskriege und die dt. F. nach dem 1. Weltkrieg (Maercker, Ehrhardt, v. Epp, Oberland, v. d. Goltz, Höfer).

Freilager, zollfreies Lager (Zollausschlußgebiet); → Freihafen.

Freilauf, Vorrichtung, die die Verbindung zw. 2 Wellen löst, wenn die angetriebene Welle sich schneller dreht als die treibende, bes. beim Fahrrad, auch beim Kraftwagen.

Freilichtbühne, Theater unter freiem Himmel, verwendet natürl. Szenerien, Schloß-, Burgruinen u. a.

Freilichtmalerei, Pleinairmalerei, Richtung der Malerei des 19./20. Jh., die, unmittelbar nach der Natur gestaltet, die Wirkungen des natürl. Lichts wiedergibt.

Freilichtmuseum, volkskundl. Schausammlungen, z. B. alte Bauernhäuser in ihrer natürl. Umgebung und mit der ursprüngl. Einrichtung (z. B. Rhein. F. in Kommern/Eifel).

Freiligrath, Ferdinand, Dichter, *1810, †1876, Vorkämpfer für Freiheit und Demokratie, schrieb polit. und soziale Gedichte, mußte mehrmals Dtl. verlassen. Seine exot. Gedichte (»Der Löwenritt«, »Der Mohrenfürst«) brachten einen neuen Ton in die dt. Lyrik.

freimachen, frankieren, Vorausentrichten der Postgebühren durch Freimarken, Freistempelung, Barzahlung, Überweisung.

Freimaurerei, weltbürgerl. Bewegung mit dem Ideal edlen Menschentums. Alle Freimaurer betrachten sich als Kinder eines Vaters und nennen sich Brüder. Ein bestimmtes Bekenntnis wird nicht verlangt. Die Vereinigungen der Freimaurer sind die **Logen,** die sich ihren **Meister vom Stuhl** und ihre übrigen Vorsteher wählen. Die einzelnen Logen sind in **Großlogen** zusammengefaßt. Das geheimgehaltene Brauchtum schließt sich an die mittelalterl. Gilden und Zünfte, bes. an die Bauhütten an. Die sinnbildl. Zeichen sind meist dem Maurerhandwerk entnommen. Die Mitgl. sind in Lehrlinge, Gesellen, Meister gestuft. Die erste Großloge ist 1717 in London entstanden, die erste dt. 1737 in Hamburg. Viele bedeutende Männer waren Freimaurer, z. B. Herder, Goethe, Fichte, Mozart, Haydn. Auch viele Fürsten und Staatsmänner gehörten der F. an: Friedrich d. Gr., Friedrich Wilhelm II., Wilhelm I., Blücher, Scharnhorst, Hardenberg u. a. Unter dem Druck des Nationalsozialismus mußten sich die Logen auflösen. Nach dem 2. Weltkrieg wurden die Freimaurer in der Bundesrep. Dtl. wieder zugelassen. In der Dt. Dem. Rep. war die F. verboten. – Die Kath. Kirche lehnt die F. ab.

Frei Montalva, Eduardo, chilen. Politiker, *1911, †1982; 1964-70 Staatspräs.

freireligiös, Bez. für Gemeinschaften, die frei von dogmat. Bindungen sein und ihre Weltanschauung aus den wissenschaftl. Erkenntnissen und den Gesetzen der Vernunft aufbauen wollen.

Freischar, ohne behördl. Zutun aufgestellter Freiwilligenverband, kann unter best. Umständen der kämpfenden Truppe rechtlich gleichgestellt sein.

Freischütz, Sage: Schütze, der sich mit Hilfe des Teufels Freikugeln verschafft, von denen sechs unfehlbar treffen, doch die siebente dem Teufel gehört. Oper von C. M. v. Weber (1821).

Freising, Krst. in Oberbayern, an der Isar, 36100 Ew.; alte Kirchen, Dom (fünfschiffige Backsteinbasilika); bischöfl. Residenz und Domherrenhöfe erinnern an das **Bistum F.** (1821 in die Erzdiözese München und F. übergeführt); in der Nähe die ehem. Benediktinerabtei **Weihenstephan,** jetzt Landwirtschaftl. und Brautechn. Fakultäten der TU München.

Freisinn, in Dtl. und der Schweiz seit dem 19. Jh. polit. Richtung, liberal, später auch sozialreformerisch. **1) Deutschfreisinnige Partei,** 1884 aus der Fortschrittspartei und den nationalliberalen Sezessionisten entstanden, vertrat parlamentar. Regierungsform, bekämpfte Bismarcks Schutzzoll- und Kolonialpolitik; zerfiel 1893 in Freisinnige Volkspartei und Freisinnige Vereinigung. Beide schlossen sich 1910 mit der Dt. Volkspartei zur Fortschrittl. Volkspartei zusammen. **2) Freisinnig-demokratische Partei der Schweiz,** eine der größten Parteien der Schweiz.

Freisler, Roland, nat.soz. Jurist, *1893, †(Luftangriff) 1945; war als Präs. des »Volksgerichtshofs« einer der radikalsten Verfechter des nat.soz. Justizterrors.

Freistaat, dt. Bez. für → Republik.

Freistempel, dient an Stelle einer Briefmarke zum Freimachen; Stempelung und Verrechnung durch Maschinen **(Freistempler).**

Freistil, 1) auch **Freestyle,** andere Bez. für das Kraul-Schwimmen. **2)** freie Stilart beim → Ringen.

Freistoß, Fußball: vom Gegner unbehinderter Schuß; vom Schiedsrichter bei Regelvergehen einer Mannschaft zugesprochen.

Freitag, Walter, Gewerkschaftler, *1889, †1958; urspr. Werkzeugdreher, 1952-56 erster Vors. des Dt. Gewerkschaftsbundes.

Freital, Krst. im Bez. Dresden, 43100 Ew., Steinkohlenbergbau, Edelstahlwerk.

Freiübungen, gymnast. Übungen ohne Handgerät.

Freiverkehr, 1) nicht unter Zollüberwachung stehender Warenverkehr. **2)** Handel mit nicht zur amtl. Börsennotierung zugelassenen Wertpapieren.

Freiwillige Gerichtsbarkeit, → Gerichtsbarkeit.

Freiwirtschaftsbund, auf der **Freiwirtschaftslehre** von S. Gesell beruhende wirtschaftspolit. Vereinigung, 1918 gegr., 1933 verboten, 1945 neu gegr. Ziel: Marktwirtschaft mit vollständiger Wettbewerbsfreiheit und kaufkraftbeständiger Währung (Indexwährung).

Freizeichnungsklausel, Vertragsvereinbarung, v.a. im Seerecht, durch die jemand seine Haftung einschränkt oder ausschließt.

Freizeit, 1) arbeitsfreie Zeit der Berufstätigen; dient Erholung, Familie, allgem. und berufl. Fortbildung, der Teilnahme an staatl. und gesellschaftl. Leben sowie dem Ausüben von Liebhabereien **(Hobbys).** Vereine, Jugendverbände, die Kirchen u.a. suchen Anregungen für sinnvolle **Freizeitgestaltung** zu geben (Sport, Büchereien, Ferienheime). **2) Evangelische F., Rüstzeit,** nennen sich Zusammenkünfte in Jugendheimen und -lagern, mit Bibelarbeit, Andacht, seelsorger. Gesprächen und Vorträgen.

Freizügigkeit, Recht der freien Wahl des Aufenthaltsortes, des freien Wegzugs und der freien Niederlassung. Die F. ist allen Deutschen in der Bundesrep. Dtl. durch Art 11 GG gewährleistet; sie kann nur durch Gesetz und nur in engen Grenzen, z.B. bei Seuchengefahr oder um strafbaren Handlungen vorzubeugen, eingeschränkt werden.

Fremdenlegion, frz. **Légion étrangère,** aus angeworbenen Ausländern bestehende frz. Truppe, wurde bes. in N-Afrika und Indochina eingesetzt. Die F. wurde 1831 aufgestellt. Werbung für die F. in der Bundesrep. Dtl., für Deutsche auch im Ausland, ist strafbar.

Fremdenrecht, völkerrechtl. und innerstaatl. Vorschriften, die die Rechtsstellung der Fremden (Ausländer und Staatenlose) regeln. Das Völkerrecht weist allen Fremden ein Mindestmaß an Rechten zu (→ Menschenrechte). Darüber hinaus regeln zweiseitige oder internat. Abkommen u.a. Aufenthalt, Niederlassung, Sozialversicherung, Schutz des geistigen und gewerbl. Eigentums, Doppelbesteuerung.

Fremdenverkehr, Reiseverkehr und vorübergehender Aufenthalt an fremden Orten zu Erholung, aus berufl. u.a. Gründen (für manche Länder wichtige Devisenquelle). Meist wird er von **F.-Verbänden** und **F.-Vereinen** durch **F.-Werbung** gefördert.

Fremdwörter lassen ihren fremden Ursprung noch erkennen, **Lehnwörter** sind in Betonung und Lautgebung eingedeutscht; z.B. »signieren« (Fremdwort), »segnen« (Lehnwort).

Freni, Mirella, ital. Sopranistin, *1935.

Frequenz [lat.] die, **1)** Häufigkeit. **2)** Besuch, Besucherzahl. Zeitwort: **frequentieren. 3)** ⊠ Anzahl der Schwingungen (z.B. Pendel, Wechselstrom, elektromagnet. Wellen) in der Zeiteinheit. Maßeinheit: 1 Hertz = 1 Schwingung/s. **F.-Band,** Bereich benachbarter F.

Frequenzbereich, Einteilung der technisch genutzten elektromagnet. Wellen in Abhängigkeit von deren Wellenlänge und Schwingungszahl, im Rundfunk z.B. die F. Mittel-, Lang-, Kurz- und Ultrakurz-Wellenbereich.

Frequenzmodulation, → Modulation.

Frescobaldi, Girolamo, ital. Organist, Komponist, *1583, †1643; Orgel- und Cembalowerke, Arien, Madrigale.

Freskomalerei [von ital. al fresco »auf dem Frischen«], **Fresko** das, oder **Freske** die, Wandmalerei auf frisch aufgetragenen, noch feuchten Putz, mit dem sich die Farben unlösl. verbinden.

Fresnel [frɛn'ɛl], Augustin Jean, frz. Physiker, *1788, †1827; wies die Wellennatur des Lichts nach, begründete die Kristalloptik, fand eine Methode, die Lichtgeschwindigkeit zu messen.

Fresno, Stadt in Kalifornien, USA, 218000 Ew.; Versand von Rosinen, Erdölind.

Frettchen, Frett das, Albinoform des Iltis, wird zur Kaninchenjagd benutzt.

Freud

Freud, Sigmund, Nervenarzt, *1856, †1939; Prof. in Wien, begründete die → Psychoanalyse; neue Einsichten in das Triebleben.

Freudenstadt, Krst. in Bad.-Württ., heilklimat. Kurort im nördl. Schwarzwald, 21100 Ew.; 595-940 m ü. M.

Freundschafts-Inseln, → Tonga.

Frevel, sittlich verwerfl. Unrecht; ⚖ best. Arten von Straftaten, z.B. Forstfrevel.

Freyer, Hans, Soziologe, Philosoph, *1887, †1969, entwickelte eine geisteswissenschaftl. Methodenlehre der Soziologie; auch universalgeschichtl. Studien.

Freyja, Freia [»Herrin«, »Frau«], nord. Göttin der Liebe, Schwester des Freyr.

Freudenstadt (Luftaufnahme)

Freytag

Freyr [»Herr«], skandinav. Gott der Fruchtbarkeit und des Lichts.

Freytag, Gustav, Schriftst., *1816, †1895; ein Hauptverfechter des Liberalismus; Kaufmannsroman »Soll und Haben«, Gelehrtenroman »Die verlorene Handschrift«, geschichtl. Romanzyklus »Die Ahnen«, Lustspiel »Die Journalisten«.

Friaul, Landschaft im nordöstl. Italien. F. bildet mit einem Teil von Julisch-Venetien die Region **F.-Julisch-Venetien.** Durch Erdbeben wurden 1976 mehrere Städte zerstört.

Frick, Wilhelm, *1877, † (hingerichtet) 1946; 1933-1943 Reichsinnenmin., danach Reichsprotektor in Prag; in Nürnberg zum Tod verurteilt.

Fricsay [fr'itʃɔj], Ferenc, Dirigent, *1914, †1963; Mozart-, Bartók-Interpret.

Friderichs, Hans, Jurist, *1931; Politiker (FDP), 1972-77 Bundeswirtschaftsminister, 1977-85 Vorstandsprecher der Dresdner Bank.

friderizianisch, auf die Zeit Friedrichs d. Gr. bezüglich oder ihr angehörig.

Fridolin [ahd. fridu »Friede«], männl. Vorname.

Friedrich Wilhelm, der Große Kurfürst

Fridolin, Missionar der Schweiz und der Vogesen im 6. Jh., wohl irischer Herkunft, gilt als Gründer des Klosters Säckingen. Heiliger.

Fried, Erich, österr. Schriftst., *1921, †1988; lebte in London; Gedichte, Essays, Übersetzungen u.a.

Friedberg, 1) Stadt im bayer. RegBez. Schwaben, unweit Augsburgs, 25500 Ew.; Möbel-Ind. **2)** altertüml. Krst. in Hessen, 23900 Ew., in der Wetterau; ehem. Reichsstadt, Ind.

Friede, der rechtlich geordnete Zustand innerhalb einer Gemeinschaft, bes. zw. Staaten der Zustand, in dem sich diese keiner gewalttätigen Mittel bedienen, um ihre Interessen durchzusetzen. Im MA. genossen bestimmte Sachen und Orte besonderen Rechtsschutz (Burg-, Markt-, Gerichtsfriede) oder bestimmte Zeiten Waffenruhe (→Gottesfriede, →Ewiger Landfriede). Bestimmte Verletzungen der Rechtsordnung werden noch heute als **Friedensbruch** (Haus-, Landfriedensbruch) bezeichnet.

Friedrich d. Gr.

Friedell, Egon, österr. Schriftst., *1878, †1938; »Kulturgeschichte der Neuzeit«.

Friedensbewegung, 1) allg. alle Bestrebungen zur Verhinderung von Kriegen, getragen von einzelnen Persönlichkeiten: W. Penn, Abbé de Saint-Pierre, B. v. Suttner, Carnegie, ferner den Friedensgesellschaften mit dem Internat. Friedensbüro in Genf. Diese Bestrebungen wurden bes. seit Beginn des 20. Jh. von den Staaten selbst aufgenommen (→Haager Friedenskonferenzen). Nach dem 1. Weltkrieg wurde ein System der kollektiven Friedenssicherung im →Völkerbund und in einem Netz von Nichtangriffs- und Garantiepakten und von Schiedsgerichts- und Vergleichsverträgen geschaffen; 1928 wurde der Kellogg-Pakt abgeschlossen. Seit dem 2. Weltkrieg bemüht sich die UNO um Friedenssicherung. **2)** Bez. für eine 1981 in den westl. Staaten entstandene Bewegung gegen jegl. militär. Rüstung.

Friedensforschung, wissenschaftl. Untersuchung für die Bedingungen des Friedens, in Dtl. urspr. (bis 1980) im »Max-Planck-Institut zur Erforschung der Lebensbedingungen in der wiss. techn. Welt« und in der »Dt. Gesellschaft für Friedens- und Konfliktforschung« (gegr. 1970).

Friedrich IX. von Dänemark

Friedenskorps, 1961 gegr. freiwilliger Hilfsdienst (Lehrer, Ärzte, Techniker u. a.) der USA für Entwicklungsländer.

Friedenspfeife, Tabakspfeife nordamerikan. Indianerstämme, bei feierl. Gelegenheiten vom Häuptling angeraucht und dann an die Anwesenden weitergegeben.

Friedenspreis des Deutschen Buchhandels, vom Börsenverein Dt. Verleger- und Buchhändlerverbände, Frankfurt a. M., 1951 gestifteter Preis von 25000 DM, wird jährlich verliehen.

Friedensrichter, früher eine ehrenamtl. tätige Person, die bei Antragdelikten (z. B. Beleidigung) einen Sühneversuch unternahm. In den USA und England: Einzelrichter für Straf- und Zivilsachen niederer Ordnung.

Friederike, *1917, †1981; als Tochter des Herzogs Ernst August zu Braunschweig und Lüneburg und der Prinzessin Luise von Preußen, Enkelin Wilhelms II., ⚭ König Paul I. von Griechenland.

Friedhof, urspr.: eingefriedeter Raum um eine Kirche; später: öffentl. Begräbnisplatz.

Friedland, tschech. **Frýdlant v Čechách** [fr'i:d- ftʃ'ɛxa:x], Stadt in der ČSSR, am N-Rand des Isergebirges, 6000 Ew.; Textil-, Maschinen-, Porzellanind. Das Schloß war im Besitz Wallensteins, des Herzogs von F.

Friedrich [aus ahd. fridu »Friede« und richi »mächtig«], männl. Vorname.

Friedrich, Fürsten: **Dt. Kaiser und Könige. 1) F. I.** (1152-90), genannt **Rotbart (Barbarossa),** Staufer, führte einen langen Kampf gegen die lombard. Städte und den Papst, zerstörte 1162 Mailand, wurde aber 1176 bei Legnano besiegt und schloß den Konstanzer Frieden 1183. Die Macht des Welfenherzogs Heinrich des Löwen brach er 1178-81. Auf dem 3. Kreuzzug ertrank er in einem Fluß Kleinasiens. Nach der urspr. an F. II. anknüpfenden Volkssage schläft er im Kyffhäuser. **2) F. II.** (1212-50), Enkel von 1), zugleich König von Sizilien, unternahm 1228/29 den 5. Kreuzzug, geriet 1237 in den Entscheidungskampf gegen das Papsttum, der nach seinem Tode mit der Niederlage der Staufer endete. F. schuf in Unteritalien (Hptst.: Palermo) den ersten modernen Staat Europas (Beamtenstaat). **3) F. der Schöne,** Gegenkönig (1314-30), Herzog von Österreich, wurde von Ludwig dem Bayern 1322 bei Mühldorf gefangen, aber 1325 als Mitherrscher angenommen. **4) F. III.** (1440-93), Habsburger, erfolgreicher Hausmachtpolitiker. **5) F. III.,** vom März bis Juni 1888 Kaiser und König von Preußen, liberal gesinnt, vermählt mit der engl. Prinzessin Viktoria, lehnte die Innenpolitik Bismarcks ab. **Baden. 6) F. I.,** Großherzog (1852-1907), liberal gesinnt, Vorkämpfer der dt. Einigung. **7) F. II.,** Großherzog (1907-18), Sohn von 6), dankte im Nov. 1918 ab, †1928. **Brandenburg. 8) F. I.,** Kurfürst (1415-40), Hohenzoller, seit 1398 Burggraf von Nürnberg, bezwang den unbotmäßigen märk. Adel. **9) F. Wilhelm,** der **Große Kurfürst** (1640-88), erhielt 1648 Ostpommern und 1680 das Hzgt. Magdeburg, beseitigte 1657 die poln. Lehnsoberhoheit über Ostpreußen, besiegte 1657 die Schweden bei Fehrbellin; er schuf ein stehendes Heer, eine Kriegsflotte, erwarb Kolonien in Westafrika und bereitete so den Aufstieg Brandenburg-Preußens zur Großmacht vor. Sein Nachfolger wurde 1701 König in Preußen. **Dänemark. 10) F. VI.,** König (1808-39), übernahm 1784 für seinen Vater die Regierung. 1814 ging Norwegen verloren. **11) F. IX.,** König (1947-72), ⚭ Prinzessin Ingrid von Schweden. **Hessen-Homburg. 12) F. II.,** Landgraf (1681-1708), bekannt als **Prinz von Homburg,** zeichnete sich als Reitergeneral des Gr. Kurfürsten 1675 bei Fehrbellin aus. Schauspiel von H. v. Kleist. **Pfalz. 13) F. V.,** Kurfürst (1610-20), wurde 1619 zum protestant. König von Böhmen gewählt, aber schon 1620 durch die Schlacht am Weißen Berge von den Habsburgern vertrieben (daher **Winterkönig** genannt) und verlor auch die Kurpfalz; †1632. **Preußen. 14) F. I.,** König (1701-1713), seit 1688 als **F. III.** Kurfürst von Brandenburg, Sohn von 9), krönte sich am 18. 1. 1701 in Königsberg zum »König in Preußen«, förderte Kunst und Wissenschaft (Schlüter, Gründung der Univ. Halle). **15) F. Wilhelm I.** (1713-40), Sohn von 14), schuf das starke preuß. Heer, ordnete die Staats- und Finanzverwaltung, erzog das Beamtentum zu unbedingter Pflichttreue; von den Schweden erwarb er 1720 das östl. Vorpommern. **16) F. II., der Große,** der spätere **Alte Fritz,** König (1740 bis 1786), Sohn von 15), *1712, †Schloß Sanssouci 1786, suchte sich als Kronprinz der harten Zucht seines Vaters durch die Flucht zu entziehen, wurde 1730 in Küstrin gefangengesetzt, lebte dann in Rheinsberg bei Neuruppin. Als König eroberte er durch die beiden ersten →Schlesischen Kriege das bisher österr. Schlesien und behauptete es im →Siebenjährigen Krieg gegen eine erdrückende Übermacht; er wurde dadurch der größte Feldherr seiner Zeit und erhob Preußen zur europ. Großmacht. 1772 erwarb er das bisher poln. Westpreußen. Im Bayr. Erbfolgekrieg 1778/79 und durch den dt. Fürstenbund 1785 trat er den österr. Absichten auf Bayern entgegen. Im Innern schaffte er die Folter ab, verkündete die allg. Glaubensfreiheit, trieb Siedlungspolitik, machte das Oderbruch urbar, schützte die Bauern, ordnete die Rechtspflege. F. baute das Schloß Sanssouci bei Potsdam, wo er als »Philosoph von Sanssouci« und als der klass. Vertreter des aufgeklärten Absolutismus einen Kreis von geistvollen Männern um sich sammelte; er war selbst Schriftst. (in frz. Sprache) und Musiker (Flötenkonzerte). Sein jugendl. Idealismus war mehr und mehr einem oft zynischen Realismus gewichen, der sich allein von der preuß. Staatsräson leiten ließ. (BILD S. 286) **17) F. Wilhelm II.,** König (1786-97), Neffe von 16), kämpfte 1792-95 erfolglos gegen das revolutionäre Frankreich, erwarb 1793 und 1795 weite poln. Gebiete, überließ die Regierung seinen Günstlingen. **18) F. Wilhelm III.,** König (1797-1840), Sohn von 17), Gemahlin **Luise** von Mecklenburg-Strelitz (*1776, †1810). In seine Regierungszeit fielen der Zusammenbruch von 1806/07 (→Napoleon I.), die großen Reformen Steins, Hardenbergs und Scharnhorsts, die →Freiheitskriege, die Gründung des Dt. Zollvereins 1834; sein eigenstes Werk war die protestant. →Union von 1817. **19) F. Wilhelm IV.,** König (1840-61), Sohn von 18), gab der liberalen Märzrevolution von 1848 nach und verlieh die Verfassung von 1850; die dt. Kaiserkrone lehnte er 1849 ab. Seit 1857 geisteskrank. **Sachsen. 20) F. der Weise,** Kurfürst (1486-1525), gründete 1502 die Univ. Wittenberg, beschützte Luther.

Friedrich, 1) Caspar David, Maler, *1774, †1840; größter dt. Landschaftsmaler der Romantik. **2)** Götz, Opernregisseur, *1930; Schüler W. Felsensteins, vertritt das Prinzip des realist. Musiktheaters.

Friedrichshafen, Krst. in Bad.-Württ., am Bodensee, 52100 Ew.; Fährschiffsverkehr nach Romanshorn; Motorenbau, Metall-, Leder-, chem. und Textil-Ind.; Fremdenverkehr. F., früher **Buchhorn,** war bis 1803 Reichsstadt.

Friedrichshall, Bad F., Stadt in Bad.-Württ., 12000 Ew.; an der Mündung von Kocher und Jagst; Saline und Solbad.

Friedrichsruh, Besitzung Bismarcks östl. von Hamburg mit Schloß, Mausoleum.

Friedrich von Hausen, Minnesänger, aus rhein. Rittergeschlecht, fiel 1190 auf dem Barbarossakreuzzug.

Fries der, **1)** gerauhtes, grobfädiges Gewebe aus Wolle oder Halbwolle. **2)** ⌂ bandartiger Streifen zur Gliederung und zum Schmuck einer Wand, bes. zw. Gesims und Architrav, im altgriechisch-ion. Stil oft mit Reliefs, im MA. vorwiegend ornamental geschmückt.

Fries, Jakob Friedrich, Philosoph, *1773, †1843; entwickelte eine Philosophie der Mathematik.

Friesel, ♡ harmloser Bläschenausschlag der Haut bei starkem Schwitzen.

Friesen Mz., german. Volksstamm an der Nordseeküste von der Scheldemündung bis Sylt, der sich zäh gegen die Christianisierung und Unterwerfung durch die Franken im 8. Jh. wehrte (Tod des Bonifatius). Im MA. bildeten die F. eine Reihe kleiner Bauernfreistaaten. Die **fries. Sprache,** eng dem Angelsächsischen verwandt, wird im niederländ. Westfriesland noch gesprochen **(Bauern-** oder **Landfriesisch).**

Friesische Inseln, Inselreihe vor der Nordseeküste von den Niederlanden bis zum dän. Jütland; fast sämtl. Inseln mit Seebädern. Von Texel bis zur Emsmündung die (niederländ.) **Westfries. Inseln;** bis zur Wesermündung die **Ostfries. Inseln** (Borkum, Juist, Norderney, Baltrum, Langeoog, Spiekeroog, Wangerooge); die **Nordfries. Inseln** (Amrum, Föhr, Sylt, die Halligen, Romø, Fanø).

Friesland, nördlichste Provinz der Niederlande, meist Marsch; Hptst.: Leeuwarden.

Frigg, Frija, Fria, in der german. Göttersage: Gemahlin Odins, Mutter Balders.

Frigidität [lat.] die, Geschlechtskälte der Frau.

Frings, Joseph, *1887, †1978; 1942-69 Erzbischof von Köln, seit 1946 Kardinal, 1945 bis 1965 Vors. der Fuldaer Bischofskonferenz.

Frisch, 1) Karl v., Zoologe, *1886, †1982; bekannt durch Versuche über Orientierung und »Sprache« der Bienen; Nobelpreis für Medizin 1973. **2)** Max, schweizer. Schriftst., *1911; Friedenspreis des Dt. Buchhandels 1976; Dramen (»Die chines. Mauer«, »Andorra«), Romane (»Stiller«, »Homo Faber«, »Mein Name sei Gantenbein«, »Montauk«, »Der Mensch erscheint im Holozän«).

frischen, 1) metallurg. Vorgang bei der Stahlherstellung (→Stahl). **2)** ♆ das Gebären beim Wildschwein.

Frisches Haff, flacher Strandsee an der ostpreuß. Ostseeküste, 860 km^2 groß, durch die 56 km lange **Frische Nehrung** von der Ostsee geschieden; Ausfluß: **Pillauer Tief,** von wo der **Königsberger Seekanal** zur Pregelmündung führt.

Frischling der, Wildschwein im 1. Lebensjahr.

Frischmuth, Barbara, österreich. Schriftstellerin, *1941; Romane zur Standortbestimmung der Frau, Hörspiele, Kinderbücher.

Frischzellenbehandlung, →Zelltherapie.

Frist, ⚖ Zeitraum, innerhalb dessen eine Rechtshandlung vorzunehmen ist. Das BGB (§§ 186ff.) stellt Auslegungsregeln für Gesetze, richterl. Verfügungen und Rechtsgeschäfte auf.

Frisur [frz.] die, Haartracht, Aufmachung; gekräuselter Kleiderbesatz.

Fritsch, Werner Freiherr v., Generaloberst, *1880, †(gefallen) vor Warschau Sept. 1939; 1935 Oberbefehlshaber des Heeres, 1938 als Gegner der nat.-soz. Kriegspolitik entlassen.

fritten [frz.], pulverförmige Mischung von Glas- oder Emailrohstoffen so weit erhitzen, daß die Teilchen oberflächlich schmelzen und aneinanderhaften, wobei Poren erhalten bleiben.

Fritzlar, Stadt in Hessen, an der Eder, 13700 Ew.; mittelalterl. Stadtbild, doppeltürmiger Dom. 723 gründete hier Bonifatius ein Kloster.

frivol [lat.], leichtfertig, schlüpfrig. **Frivolität** die, Leichtfertigkeit. **Frivolitätenarbeit,** Schiffchenarbeit (eine Handarbeit).

Fröbel, Friedrich, Erzieher und Lehrer, Schüler von Pestalozzi, *1782, †1852; gründete 1840 in Blankenburg den ersten dt. Kindergarten.

Frobenius, Leo, Völkerkundler, *1873,

C. D. Friedrich: Selbstbildnis (Ausschnitt)

Frösche

Wasserfrosch

Grasfrosch

Laubfrosch

†1938; erforschte Eingeborenenkulturen Afrikas. »Erlebte Erdteile«, »Kulturgesch. Afrikas«.

Fröding, Gustav, schwed. Dichter, *1860, †1911; wegweisend für die neue schwed. Lyrik.

Fromm, Erich, Psychoanalytiker, *1900, †1980; Beiträge zu sozialen und kulturellen Einwirkungen auf Individuen, Aggressionsforschungen.

Fron, Frohn [von ahd. fro »Herr«], dem Herrn zugehörig, herrschaftlich. **F.-Bote,** MA.: Gerichtsbote und Vollstreckungsbeamter. **Fronden, F.-Dienste,** Dienste, die früher die Bauern ihren Grund- oder Gutsherren zu leisten hatten (Hand- und Spanndienste); beseitigt durch die → Bauernbefreiung. **F.-Hof,** Landgut, zu dem abhängige Bauerngüter gehörten.

Frucht 1)

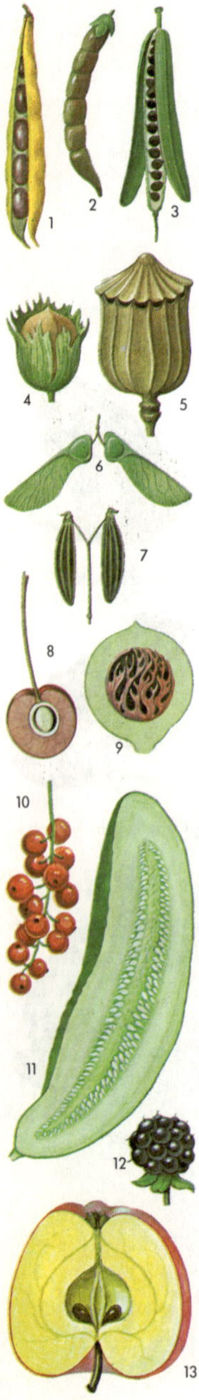

Fronde [frɔ̃d, frz.] die, Frankreich: die der Regierung Mazarins feindl. Bewegung des Hochadels und des Pariser Parlaments 1648-53.

Fronleichnam [ahd. »des Herrn Leib«], kath. Kirchenfest am Donnerstag nach dem Dreieinigkeitsfest (Sonntag nach Pfingsten).

Front [von lat. frons »Stirn«] die, **1)** Vorderseite eines Gebäudes. **2)** vorderste Kampflinie. **3)** METEOROLOGIE: Grenzfläche zw. warmen und kalten Luftmassen.

Frontispiz [frz.] das, **1)** 🏛 der mittlere, giebelförmig vorspringende Teil eines Gebäudes. **2)** ✎ Titelverzierung, bes. mit Kupferstichen.

Frontstaaten, polit. Bez. für die Staaten Angola, Botswana, Moçambique, Sambia und Tansania, die nach der Entlassung Rhodesiens als Simbabwe in die Unabhängigkeit sich verstärkt gegen die Apartheidspolitik der Rep. Südafrika wenden. Seit der Unabhängigkeitserklärung zählt auch Simbabwe zu den F.

Frösche, Froschlurche mit sehr langen Hinterbeinen, die zum Springen dienen. **1) Echte F.: Wasser-F.** (gelbgrün gefärbt), **Gras-** oder **Tau-F.** (erdfarbig), **See-F., Moor-F., Spring-F., Flug-F.** (Java) und **Ochsen-F.** (N-Amerika), 20 cm lang, 600 g schwer, erbeuten auch Jungvögel und Ratten. **2) Laub-F.,** mit Haftscheiben an den Zehenenden. Der **Europ. Laub-F.** wird 4 cm lang, meist grün; angeblich Wetterprophet. Verwandt sind die **Beutel-F.** des trop. Amerika, deren Brut sich in einer Rückentasche des Weibchens entwickelt. (BILDER S. 287)

Froschlöffel, Staudenpflanze in stehenden Gewässern mit rötlichweißen Blüten.

Froschlurche, Salientia, schwanzlose Lurche mit gedrungenem Körper, drüsenreicher Haut und verlängerten Hinterbeinen, die zum Springen oder Schwimmen dienen. Die ausgewachsenen Tiere sind Landtiere, meist an feuchten Stellen, und nähren sich von lebenden Kleintieren. Die Eier werden mit einer Gallerte umgeben und in stehende Gewässer abgelegt **(Laich).** Die Larven **(Kaulquappen)** haben Kiemen, Ruderschwanz und nähren sich von Pflanzen. Sie entwickeln sich allmählich zu Landtieren; dabei entstehen zuerst die Hintergliedmaßen; die Kiemen werden abgebaut; es bilden sich Lungen; der Ruderschwanz wird rückgebildet. (→ Frösche, → Kröten)

Froschmann, Taucher mit Tauchgerät.

Froschtest, → Schwangerschaftsreaktionen.

Frost der, **1)** Kältegrade unter dem Gefrierpunkt. **2)** ♡ **Frösteln,** subjektives Gefühl der Kälte. Ein Fieberanfall beginnt meist mit **Schüttel-F.** (Frösteln zus. mit leichten Muskelkrämpfen).

Frucht: 1 Hülse (Wachsbohne); **2** Gliederhülse (Vogelfußklee); **3** Schote (Raps); **4** Nuß (Haselnuß); **5** Kapsel (Mohn); **6** und **7** Spaltfrucht (6 Ahorn, 7 Kümmel); **8** und **9** Steinfrucht (8 Kirsche, 9 Muskatnuß); **10** und **11** Beere (10 Johannisbeere, 11 Gurke); **12** Sammelfrucht (Brombeere); **13** Scheinfrucht (Apfel)

Frost, Robert, amerikan. Lyriker, *1875, †1963.

Frostbeulen, durch Kälteeinwirkung hervorgerufene, rotblaue Hautschwellungen (→ Erfrieren), die eine Art Entzündung darstellen und aufbrechen können **(Frostgeschwür).**

Froster [engl.] der, Gefrieranlage zum Konservieren von Lebensmitteln.

Frostschutzmittel, → Gefrierschutzmittel.

Frostspanner, schädl. Schmetterling; die Raupe lebt auf Obstbäumen. Die Männchen fliegen in den Wintermonaten umher, die flugunfähigen Weibchen kriechen den Stamm hinauf. Bekämpfung durch Leimringe.

Frotté [frz.] das, **Frottéstoff, Noppenstoff,** Baumwollgewebe mit rauher Oberfläche.

frottieren [frz.], reiben, bes. den Körper mit Tüchern usw.; zur besseren Hautdurchblutung.

Frucht, 1) ⚘ das aus dem F.-Knoten nach Befruchtung entstandene Gebilde, das die Samen umschließt. Ohne Befruchtung kann eine F. mit taubem Samen entstehen. Nur bedecktsamige Pflanzen bringen F. (→ Blüte). Man unterscheidet **Streu-F.,** die sich öffnen und die Samen einzeln entlassen, und **Schließ-F.,** die sich als ganze F. ablösen. Beide Gruppen werden weiter unterteilt. Zu den Streu-F. gehören → Balgfrucht, → Hülse, → Schote, → Kapsel. Die Schließ-F. unterteilt man nach der Beschaffenheit der F.-Wand: → Nuß und → Spaltfrucht, beide dürrwandig, und Steinfrucht und → Beere mit fleischiger F.-Wand. Bei der Beere ist die ganze F.-Wand fleischig, bei der Stein-F. nur der äußere Teil, der innere ist steinhart und schließt als Hülle des Steinkerns den Samen ein. Die aus einer Blüte mit mehreren selbständigen F.-Knoten entstandene F. heißt **Sammel-F.** Umfaßt eine F. neben F.-Knoten auch andere Teile, so nennt man sie **Schein-F.** Die **zusammengesetzte F.** geht aus vielen dichtsitzenden Blüten hervor, entspricht also einem F.-Stand. **2)** ♡ die Leibesfrucht, → Embryo.

Fruchtbarkeitszauber, bei den Naturvölkern verbreiteter Zauber, der der fruchtbaren Vermehrung von Mensch und Tier, dem Wachstum der Pflanzen dienen soll.

Fruchtblatt, weibl. Fortpflanzungsorgan bei Blütenpflanzen, → Blüte.

Fruchtfolge, Fruchtwechsel, Aufeinanderfolge versch. Feldfrüchte nach bestimmten Grundsätzen **(Fruchtwechselwirtschaft).** F. ist u. a. nötig, um der Bodenermüdung, Schädlingen und Krankheiten vorzubeugen. Älteste Formen: Feldgraswirtschaft, Dreifelderwirtschaft.

Fruchtholz, Kurztriebe an Obstbäumen, die Blüten bringen.

Fruchtknoten, ⚘ Teil des → Stempels der Blütenpflanzen. Je nach der Stellung des F. zu den übrigen Blütenteilen unterscheidet man: oberständige, mittelständige und unterständige F.

Fruchtsäuren, organ. Säuren, bes. in saftigen Früchten, z.B. Apfel-, Zitronen- und Weinsäure.

Fruchtstand, der Blütenstand nach der Fruchtbildung. (→ Blüte)

Fruchtwasser, Flüssigkeit, in der die Leibesfrucht in der Gebärmutter schwimmt.

Fruchtwechsel, → Fruchtfolge.

Fruchtzucker, Fructose, ⊸ Zuckerart; im Saft süßer Früchte und im Honig.

frugal [lat.], genügsam, einfach (von Speisen); Ü heute (aus Unkenntnis): üppig, schlemmerhaft.

frühchristliche Kunst, altchristliche

Kunst, auf spätantiker Grundlage erwachsene christl. Kunst, entwickelte sich seit der Mitte des 1. Jh. n. Chr. und schuf die Voraussetzungen für die abendländ. Kunst. Im 6. Jh. sonderte sich die → byzantinische Kunst ab. In der BAUKUNST sind der Zentralbau mit Kuppelwölbung für Grab- und Taufkirchen (Galla Placidia in Ravenna) und bes. die Basilika (Santa Maria in Cosmedin, Rom) vorherrschend. Hauptwerke der BILDNEREI: Elfenbeinschnitzereien und Sarkophage. MALEREI: bes. Fresken in den Katakomben Roms.

Frühgeburt, ♡ Geburt eines noch nicht ausgetragenen, aber lebensfähigen Kindes zw. der 29. und 38. Schwangerschaftswoche.

Frühgeschichte, der im geschichtl. Verlauf jeweils auf die Vorgeschichte folgende Zeitabschnitt, für den außer den archäolog. Funden v. a. schriftl. Überlieferungen und andere Quellen (z. B. Sprachdenkmäler, Münzen) zur Verfügung stehen.

Frühling, Jahreszeit, in der die Sonne zunehmend über den Himmelsäquator steigt; auf der nördl. Halbkugel die Zeit vom 21. 3. bis 21. 6., auf der südl. vom 23. 9. bis 21. 12.

Frühreife, Beschleunigung der körperl. und seel. Entwicklung, bes. der Geschlechtsreife.

Frundsberg, Georg von, kaiserl. Feldhauptmann, *1473, †1528; Führer der dt. Landsknechte unter Maximilian I. und Karl V., siegte u. a. bei Bicocca (1522) und Pavia (1525).

Frunse, Hptst. der Kirgis. SSR, 646 000 Ew.

Frustration [lat.] die, Nichterfüllung, Enttäuschung, das Versagtbleiben einer Erwartung.

Fry [fraı], Christopher, engl. Dramatiker, *1907; »Die Dame ist nicht fürs Feuer«, »Venus im Licht«, »König Kurzrock« u. a.

Fuad I., König von Ägypten, *1868, †1936; 1917-22 Sultan unter brit. Schutzherrschaft, 1922-36 König des unabhängigen Ägyptens.

Fuchs 1): Rotfuchs

Fuchs der, **1)** hundeartiges Raubtier mit buschigem Schwanz und spitzem Gesichtsschädel, fast über die ganze Erde verbreitet. Arten: **Gemeiner F. (Rot-F.),** in Europa, Asien, Amerika; rostrot, unten weißlich; räuberisch, vorsichtig, schlau (in der Fabel: Reineke, Reinhard); lebt in selbstgegrabenen Bauten und nährt sich von Wirbeltieren, Kleintieren, Früchten und Aas. **Polar-F.,** braun bis weiß (im Winter), auch bläulich (**Blau-F.,** wertvoller Pelz); **Grau-F.,** in Nordamerika; **Silber-F.,** Abart des Rotfuchses, in Fuchsfarmen gezüchtet (wertvoller Pelz). **2) F.,** rostrote Tagschmetterlinge: **Kleiner F. (Nesselfalter), Großer F. (Kirsch-, Rüsterfalter).** (BILD Schmetterlinge) **3)** Pferd von rötl. Farbe. **4)** Verbindungsstudent in den beiden ersten Semestern.

Fuchsie die, Gatt. strauchiger, amerikan.-neuseeländ. Nachtkerzengewächse; Zierpflanzen.

Fuchsin das, ⚗ roter Teerfarbstoff, zum Färben von Stoffen, Leder, mikroskop. Präparaten.

frühchristliche Kunst: Kuppelmosaik im Baptisterium der Arianer, Ravenna; um 500

Fuchsschwanz, 1) Grasgatt. mit walziger Ährenrispe. Der **Wiesen-F.** ist wertvolles europ. Wiesenfuttergras. **2)** Gartenzierpflanze, Amarant. **3)** ⊙ eine Säge.

Fuder das, Flüssigkeitsmaß für Wein, am Rhein meist 1200 l, an der Mosel 1000 l.

Fudjaira, Scheichtum am Pers. Golf, seit 1971 Gliedstaat der Verein. Arab. Emirate.

Fugato [ital.] das, ♩ fugenartige Verarbeitung eines Themas.

Fuge [ital.] die, **1)** mehrstimmiges Tonstück, dessen Thema von jeder Stimme nacheinander aufgenommen wird. Haben sämtl. Stimmen das Thema vorgestellt, ist die erste Durchführung beendet. Zw. die einzelnen Durchführungen sind freie Zwischenspiele eingefügt. Auch F. mit 2 **(Doppel-F.)** oder 3 Themen **(Tripel-F.)** sind möglich. **2)** Zwischenraum zw. sich berührenden Bauteilen, Einschnitt in Holzteilen.

Fuchsie

Fugger, Augsburger Großkaufmannsfamilie. **Jakob F. der Reiche** (*1459, †1525) machte das Bank- und Handelshaus zum bedeutendsten in Europa, lieh Päpsten und Kaisern große Summen. Die F. wurden 1514 und 1530 zu Reichsgrafen (später z. T. zu Fürsten) erhoben. **Fuggerei,** 1519 in Augsburg erbaute Siedlung für arme Bürger.

Fühler, Antenne, bewegl., oft gegliederte Sinneswerkzeuge am Kopf der Insekten, Krebse, Spinnen und Schnecken.

Führerprinzip, Grundsatz, polit. Entscheidungen durch die jeweilige Führung fällen zu lassen, nicht durch Mehrheitsbeschluß.

Führerschein, Bescheinigung über die Erlaubnis zum Führen eines Kraftfahrzeugs, auf

Fujisan

Antrag von der zuständigen Verwaltungsbehörde (Polizei) erteilt; Kenntnis der Verkehrsvorschriften und Fahrbefähigung sind in einer Prüfung nachzuweisen. Der F. wird in folgenden **Klassen** erteilt: **Kl. 1:** Krafträder mit Hubraum über 50 cm^3 und solche mit bauartbestimmter Höchstgeschwindigkeit über 40 km/h. **Kl. 1(b):** Leichtkrafträder mit einem Hubraum zw. 51 und 80 cm^3 und einer Höchstgeschwindigkeit von 80 km/h. **Kl. 2:** Kfz. mit zulässigem Gesamtgewicht über 7,5 t oder Züge mit mehr als 3 Achsen. **Kl. 3:** alle Kfz., die nicht zu den Kl. 1, 1(b), 2, 4, 5 gehören (bes. Pkw). **Kl. 4:** Kleinkrafträder mit Hubraum bis 50 cm^3 und 40 km/h Höchstgeschwindigkeit. **Kl. 5:** Krankenfahrstühle bis 30 km/h Höchstgeschwindigkeit, Zugmaschinen bis 32 km/h Höchstgeschwindigkeit, alle Kfz bis 50 cm^3 soweit sie nicht zu Kl. 1 oder 4 gehören. – Nur eine **Prüfbescheinigung** erfordert das Fahren eines Fahrrads mit Hilfsmotor (Mofa 25) mit 25 km/h Höchstgeschwindigkeit. – Mindestalter für F. der Kl. 1(b), 4 und 5: 16 Jahre, der Kl. 1 und 3: 18 Jahre, der Kl. 2: 21 Jahre. Ausnahmen möglich (§§ 4ff. StVZO). – Der F. kann durch ein Gericht oder die Verwaltungsbehörde auf Dauer oder auf eine bestimmte Zeit entzogen werden. **Internationale F.** (für Reisen in manche Länder nötig) werden von den nat. F.-Stellen auf Grund der jeweiligen F. ausgestellt.

Fuhrmann, ☆ nördl. Sternbild der Milchstraße mit dem Riesenstern Capella.

Führung, 1) Leitung, Befehlsgewalt. **2)** ⊙ Maschinenelement oder Getriebe; schreibt einem bewegl. Teil die Bahnbewegung vor.

Führungszeugnis, von der Polizeibehörde auf Antrag ausgestellte Bescheinigung, in der etwaige Vorstrafen aufgeführt werden.

Fujisan, Vulkan in Japan (Honshu), 3776 m, Nationalheiligtum, Wahrzeichen Japans. (BILD S. 289)

Fukuoka, Hafenstadt auf der Insel Kyushu, Japan, 1,2 Mio. Ew.; Hauptort des japan. »Ruhrgebietes«; Bischofssitz, Univ.

Fulbe, Fellata, Stammesgruppe in W-Afrika, etwa 10 Mio.; Viehzüchter, auch Eroberer, Staatengründer; Muslime. Ihre Sprache ist das Ful.

Fulda die, Quellfluß der Weser, 218 km lang, entspringt auf der Wasserkuppe (Rhön), vereinigt sich bei Münden mit der Werra zur Weser.

Fulda, Krst. in Hessen, an der Fulda, 54 300 Ew.; Sitz eines Bischofs, der kath. Dt. Bischofskonferenzen und des Präsidiums des Dt. Ev. Kirchentags, kultureller und wirtschaftl. Mittelpunkt O-Hessens. Dom 751 geweiht, neu (barock) 1704-12 mit Grab des Bonifatius; roman. Michaelskapelle (822). Die von Sturmius gegründete Abtei F. (744) wurde 1752 zum Bistum erhoben; die Äbte waren bis 1802 Reichsfürsten.

Fulda: Dom

Füllen das, junges Pferd, Fohlen.

Füllhorn, mit Blumen und Früchten gefülltes Horn; Sinnbild des ländl. Segens.

Fulton [f'ultən], Robert, amerikan. Ingenieur, *1765, †1815; baute 1807 das erste Dampfschiff.

Fumarole die, Gas- und Wasserdampf ausstoßende Öffnung an der Flanke eines tätigen Vulkans oder in erkaltenden Lavaströmen.

Funchal [fũʃ'al], Hptst. der portug. Insel Madeira, 48 600 Ew.; Winterkurort.

Fundament [lat.] das, Grundmauer, Grundlage. **fundamental,** grundlegend.

Fundamentalismus der, protestant. Bewegung in den USA; strebte eine strenge Kirchenlehre an, wollte die naturwissenschaftl. Entwicklungslehre im Schulunterricht ausschalten. Heute auch Bez. für traditionalist. Strömungen im Islam (Regelung des gesamten privaten und staatl. Lebens nach Vorschriften des Koran).

fundieren [lat.], gründen, begründen, mit Geldmitteln ausstatten. **Fundiertes Einkommen,** Einkommen aus Vermögen. **Fundierte Schuld,** langfristige Schuld.

Fundrecht. Wer eine verlorene Sache im Werte über 10 DM findet und an sich nimmt, hat dies dem Eigentümer oder sonstigen Empfangsberechtigten, notfalls der Polizei anzuzeigen. Er muß die Sache verwahren, Tiere auch füttern. Dafür hat er Anspruch auf Ersatz der Aufwendungen und auf **Finderlohn:** bei einem Sachwert bis zu 1000 DM 5%, vom Mehrwert 3%, bei Tieren stets 3% (§§ 965 ff. BGB). Wer Fundsachen nicht anzeigt, wird wegen → Unterschlagung bestraft.

Fundus [lat.] der, Grundstock, Bestand.

Fundybai [f'ʌndı-], 300 km lange, bis 300 m tiefe Bucht des Atlantik im SO Kanadas; starke Gezeiten; Gezeitenkraftwerk; Haupthafen St. John.

Fünen, Insel Dänemarks, zw. Seeland und Jütland, mit Nebeninseln 2976 km^2, 426 000 Ew.; Hptst.: Odense; mit den Inseln Tåsinge und Langeland durch die **Langelandbrücke** verbunden.

Funeralien [lat.] Mz., Trauer- und Begräbnisfeierlichkeiten.

Fünfkampf, 1) antiker Fünfkampf, → Pentathlon. **2)** Billard: F. mit 5 Einzelspielarten (meist: freie Partie, Cadre 47/2, Einband, Cadre 71/2, Dreiband). **3)** Leichtathletik: nat. Mehrkampfwettbewerb, Männer: Weitsprung, Speerwerfen, 200-m-Lauf, Diskuswerfen, 1500-m-Lauf. **4) Moderner F.,** früher Olymp. F.: Springreiten, Degenfechten, Schießen, Schwimmen, Geländelauf.

Fünfkirchen, ungar. **Pécs** [pe:tʃ], Stadt im südl. Ungarn, 152 000 Ew.; Univ.; Bischofssitz; Steinkohlen, Uran ⚒, Ind.

Fünfpaß der, 🏛 Schmuckform im got. Maßwerk.

Fünfprozentklausel, in der Bundesrep. Dtl. die Bestimmung, daß eine an einer Wahl beteiligte Partei mindestens 5% aller Wählerstimmen oder 3 Direktmandate erhalten muß, um ins Parlament zu kommen.

Fünfstromland, der → Pandschab.

Fünftagefieber, Wolhynisches Fieber, Infektionskrankheit (durch Läuse übertragen) mit regelmäßig, meist nach 5 Tagen wiederkehrendem Fieber, Schienbeinschmerzen, Milzschwellung.

Fünfte Kolonne, Untergrundorganisation, die mit Kräften außerhalb ihres Gebiets zusammenarbeitet. Ursprung: Als Franco im Span. Bürgerkrieg mit 4 Kolonnen auf Madrid anrückte, nannte man seine Anhänger in der Stadt die F. K.

fungieren [lat.], tätig sein, dienen als.

Fungizide [lat.] Mz., Stoffe zum Abtöten

von krankheitserregenden und schmarotzenden Pilzen.

Funkdienst, von einer Funkstelle durchgeführter Funkverkehr.

Funken|induktor, ein Hochspannungstransformator zur Erzeugung von Funkenentladungen (bis zu mehreren 100000 Volt). Die Primärspule wird statt mit Wechselstrom mit zerhacktem Gleichstrom gespeist.

Funkenkammer, Nachweisgerät für Elementarteilchen, in dem die Teilchenbahn durch elektr. Funkenüberschläge sichtbar gemacht wird.

Funkensonntag, schwäbisch-alemann. Name für den 1. Fastensonntag (Invocavit). Am F. werden Frühjahrsfeuer entzündet.

Funkfeuer, Funkbake, ein ortsfester Sender, der in bestimmter Folge elektromagnet., opt., akust. Signale zu Navigationszwecken ausstrahlt.

Funkmeßtechnik, Radar, Erfassung, Orts- und Geschwindigkeitsbestimmung von Hindernissen, Kraftfahrzeugen, Flugzeugen, Schiffen u.a. durch Ausstrahlung sehr kurzer elektromagnet. Wellenzüge (Impulse) und den Empfang ihres »Echos«, i.d.R. unter gleichzeitiger Messung der Laufzeit.

Eine Funkmeßanlage **(Funkmeßgerät, Radargerät)** besteht aus einem Sender, Antennenanlage sowie Empfänger mit nachgeschalteten Auswertegeräten für Entfernung, Seiten- und Höhenwinkel. Der Impuls wird ausgestrahlt, vom Zielgegenstand reflektiert, wieder empfangen und ausgewertet. Mit Hilfe einer Entfernungsskala können die Entfernungen der erfaßten Objekte unmittelbar abgelesen werden. Bei den mit einem rotierenden, scharf bündelnden Antennensystem (etwa 10 Umdrehungen/min) arbeitenden **Rundsuch-, Rundumsuch-** oder **Panoramageräten** tastet der Peilstrahl die ganze Umgebung nacheinander ab. Das Ergebnis ist eine richtungs- und entfernungsmäßig getreue Abbildung der reflektierenden Gegenstände. Anwendung in der Schiffs- und Flugnavigation, der Verkehrsüberwachung auf Land-, Fluß- und Seestraßen, der Meteorologie, der Luftabwehr sowie der Militärtechnik als Zielverfolgungs- und Waffenleitgeräte.

Funkmutung, Verfahren zum Erkunden nutzbarer Lagerstätten von Mineralien: die Intensitätsänderung künstl. erzeugter elektromagnet. Felder wird gemessen.

Funknavigation, Führung von See-, Luft-, Raumfahrzeugen mit Hilfe elektromagnet. Wellen (Frequenzbereich etwa 100 kHz bis 1 GHz) auf festgelegten Wegen zu einem best. Ziel.

Funkrufdienst, Nachrichtenübermittlung zw. einem festen Fernsprechanschluß und einem bewegl. Empfänger (Person, Fahrzeug).

Funksprechgerät, Walkie-talkie, Einrichtung für drahtlose Telephonie bei kurzen und mittleren Entfernungen.

Funkstille, Einstellung des Funkbetriebs bei den Funkstellen, um die Notwelle abzuhören.

Funktechnik, Radiotechnik, Technik der drahtlosen Übermittlung von Signalen (hör- oder sichtbare Nachrichten) durch elektromagnet. Wellen, →Rundfunk, →Fernschreiber, →Fernsprecher, →Telegraphie, →Bildtelegraphie, →Fernsehen.

Funktion [lat.] die, **1)** Tätigkeit, Wirken, Amt, Zweck, Obliegenheit. **2)** △ Begriff der höheren Mathematik. Man nennt die Größe y eine F. einer zweiten, veränderl. Größe x, wenn y so von x abhängig ist, daß zu jedem Wert von x ein bestimmter Wert von y gehört; z.B.: zu jedem Wert x der Seitenlänge eines Quadrates gehört der Wert $y=x^2$ als Flächeninhalt: der Flächeninhalt ist eine F. der Seitenlänge. Die Abhängigkeit der F. y von der Ver-

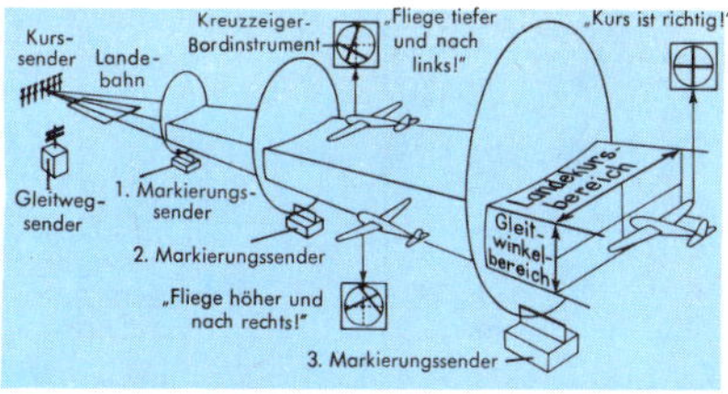

Funkmeßtechnik: Schema der Blindlandung mit Hilfe des Instrumenten-Landesystems (ILS)

änderlichen x drückt man auch kurz durch $y=f(x)$ aus; man kann sie in einem Koordinatensystem durch eine Kurve darstellen. x heißt unabhängige, y heißt abhängige Veränderliche.

Funktionalismus, 1) allg.: Denkweise, welche Tatbestände nicht als für sich selbst isolierte Gebilde, sondern in Wirkbeziehung zu anderem, z.B. zur Umwelt, auffaßt. **2)** BAUKUNST: Forderung nach untrennbarer Einheit von Form und Funktion im Bauwerk. **3)** PSYCHOLOGIE: Betonung der Bedeutung psych. Funktionen für die Anpassung des Organismus an die Umwelt.

Funktionär, Amtsträger in polit. Parteien, Gewerkschaften und Verbänden.

funktionelle Musik, Hintergrundmusik, die einem bestimmten Zweck dient, z.B. die Stimmung zu fördern oder Geräusche zu überdecken (in Flughäfen, Kaufhäusern u.a.).

Funkuniversität, Funkkolleg, neben dem Telekolleg Einrichtung des Fernunterrichts im Medienverbund. Die Sendungen werden mit gedrucktem Studienmaterial und schriftl. Prüfungsaufgaben verbunden.

Furchung, fortgesetzte Teilung der befruchteten tier. und menschl. Eizelle.

Furien Mz., röm. Rachegöttinnen (→Erinnyen).

Furier der, ∴ früher Unteroffizier für Unterkunfts- und Verpflegungsangelegenheiten.

furioso [ital.], ♩ stürmisch, leidenschaftlich.

Furka die, Alpenpaß an der Grenze der schweizer. Kt. Uri und Wallis, 2431 m hoch. Die **Furkastraße** verbindet Reuss- und Rhônetal.

Furnier [frz.] das, dünne Platte aus Edelholz, dient zum Belegen **(furnieren)** von minderwertigem Holz und Holzwerkstoffen (Blindholz).

Furor [lat.] der, Wut, Raserei. **F. poeticus,** dichter. Begeisterung. **F. teutonicus,** german. Angriffsgeist.

Furore [ital.] das, Raserei, Begeisterung. **F. machen,** Aufsehen erregen.

Fürsorge, früher die →Sozialhilfe.

Fürsorgeerziehung, Erziehung gefährdeter oder verwahrloster Kinder und Jugendlicher unter öffentl. Aufsicht und auf öffentl. Kosten in einer geeigneten Familie oder einem Erziehungsheim, heute oft als **öffentl. Erziehungshilfe, Jugendhilfe** o.ä. bezeichnet.

Fürspan, Vorspange, im 12. und 13.Jh. oft prunkvoll gestaltete Schnur oder Kette, die den Mantel über der Brust zusammenhielt.

Fürsprech der, SCHWEIZ: Rechtsanwalt.

Fürst [ahd. furisto »der Vorderste«], **1)** bei den Germanen der vom Volk gewählte Heerführer und Richter des Gaues, später der Landesherr; im alten Dt. Reich (bis 1806) nahm der Fürstenstand die höchste Stellung unter dem König ein; darunter **geistl. F.** (Erzbischöfe, Bischöfe, Reichsäbte) und **weltl. F.** (Herzöge, Markgrafen, Pfalzgrafen und Landgrafen). **2)** Adelstitel (zw. Herzog und Graf).

Fürstbischof, Fürsterzbischof, seit dem 13.Jh. bis 1806 auf die weltl. Stellung bezogener, kirchenrechtl. bedeutungsloser Titel der geistl. Reichsfürsten im Bischofsrang.

Fürstenfeldbruck, Krst. in Oberbayern, 31900 Ew.; Erdmagnet. Observatorium; mili-

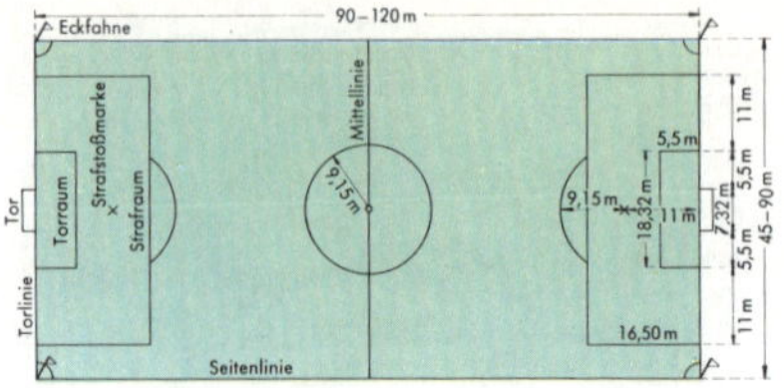

Fußball: Spielfeld

tär. Flugplatz; Barockbau (1701-41) der ehemal. Zisterzienserabtei Fürstenfeld.

Fürstenspiegel, Erziehungs- und Belehrungsschrift für Fürsten. Bekannt: Xenophons »Kyropädie«, Machiavellis »Il Principe«, Friedrichs d. Gr. »Antimachiavel«, Fénelons »Télémaque«.

Fürstenwalde, Krst. im Bez. Frankfurt (Oder), an der Spree, 35300 Ew.; Ind.: Stahlguß, Gummireifen, Farben, Lacke.

Furt [zu fahren] die, seichte, durchwatbare Stelle eines Gewässers.

Fürth, kreisfreie Stadt im bayer. Mittelfranken, mit Nürnberg zusammengewachsen, 97700 Ew.; Ind.: Brauereien, Rundfunkgeräte u. a.

Furth im Wald, Stadt in Bayern, in der **Cham-Further Senke,** zw. Bayer. und Oberpfälzer Wald, 9300 Ew.; Glas-, Holz-Ind.

Furtwangen, Luftkurort im südl. Schwarzwald, Bad.-Württ., 9700 Ew.; Uhrenind.

Furtwängler, 1) Adolf, Archäologe, *1853, †1907; wegbereitender Erforscher der antiken Kunst. **2)** Wilhelm, Dirigent, Komponist, *1886, †1954; Sohn von 1).

Furunkel [lat.] der, das, **Blutschwäre,** durch Eindringen von Eitererregern in einen Haarbalg oder eine Talgdrüse hervorgerufene, umschriebene Entzündung der Unterhaut. Schubweises Auftreten immer neuer F. heißt **Furunkulose.** Ein **Karbunkel** besteht aus mehreren F.

Fürwort, Ⓢ das Hauptwort vertretender oder näher bestimmender Redeteil. **1) persönl. F.** (Pronomen personale): ich, du usw. **2) besitzanzeigendes F.** (P. possessivum): mein, dein usw. **3) hinweisendes F.** (P. demonstrativum): der, dieser, jener. **4) bezügl. F.** (P. relativum): der, die, das, welcher, welche, welches. **5) fragendes F.** (P. interrogativum): wer? was? welcher? usw. **6) rückbezügl. F.** (P. reflexivum): sich. **7) unbestimmtes F.** (P. indefinitum): man, jemand. **8) wechselseitiges F.** (P. reciprocum): einander.

Füsilier
(Preußen 1798)

Fusan, japan. Name der korean. Stadt → Pusan.

Fusel, 1) schlechter Branntwein, Schnaps. **2) Fuselöl,** Beimengungen versch. Branntweine; sie bestehen im wesentl. aus Propyl-, Isobutyl-, bes. aber aus Amylalkohol. Die Fuselöle dienen zur Herstellung von Fruchtäthern.

Fushun, Fuschun, chines. Stadt in der Mandschurei, 1,2 Mio Ew.; Mittelpunkt eines Steinkohlengebietes (Tagebau).

Füsilier [frz.] der, urspr. ein mit Steinschloßgewehr bewaffneter Schütze zum Unterschied vom Musketier; später der Soldat bei einigen Infanterie-Truppenteilen.

Fusion [lat.] die, Verschmelzung, **1)** von Kapitalgesellschaften. **2)** ⊠ von Kernen der Elemente (z. B. 2 Deuteriumskerne zu 1 Heliumkern). Zeitw. **fusionieren.**

Fuß, der, **1)** der unterste Teil der Beine bei Mensch und Wirbeltieren; bei den Weichtieren ein der Fortbewegung dienender Teil. Der F. des Menschen enthält 26 Knochen, von denen 7 der **F.-Wurzel,** 5 dem **Mittelfuß** und 14 den **Zehen** angehören. Die F.-Wurzelknochen bestehen aus dem Sprung-, dem Fersen-, dem Kahn-, dem Würfelbein und den 3 Keilbeinen und sind in 2 Reihen so zusammengefügt, daß sie das **F.-Gewölbe** bilden, auf dem der Körper sicher ruht. **2)** früheres dt. Längenmaß, zw. 25 und 34 cm (→ foot).

Fustanella

Fußangel, Eisen mit nach oben gerichteter Spitze; Schutzvorrichtung gegen Diebe.

Fußball, Kampfspiel zw. 2 Mannschaften aus je 11 Spielern (ein Torwart, 10 Feldspieler); es gilt, einen Hohlball (68-71 cm Umfang, 396-453 g schwer) durch Fuß-, Kopfstoß oder Körpereinsatz (nicht aber mit Händen oder Unterarmen) ins gegner. Tor (7,32 m breit, 2,44 m hoch) zu bringen. Gespielt wird 2 × 45 min. Die Leitung hat ein **Schiedsrichter,** der unparteiisch die Einhaltung der Spielregeln überwacht; ihn unterstützen 2 **Linienrichter.** – Bei Spielbeginn und nach jedem Tor wird der Ball am Mittelkreis angespielt. Ein **Tor** ist erzielt, wenn der Ball in vollem Umfang die Torlinie zw. Torpfosten und Querlatte überschritten hat. Gelangt der Ball über eine Seitenlinie ins **Aus,** gibt es einen **Einwurf,** bei Überschreiten der **Torlinie** entweder einen **Eckball** (wenn ein verteidigender Spieler ihn zuletzt berührt hat) oder **Abstoß** vom Tor (wenn der Gegner ihn zuletzt berührt hat). Regelverstöße werden durch **Freistoß** geahndet, innerhalb des Strafraumes durch **Strafstoß** (Elfmeter). Verhält sich ein Spieler wiederholt unsportlich, kann der Schiedsrichter nach vorangegangener Verwarnung (angezeigt durch eine gelbe Karte) einen **Feldverweis** (angezeigt durch rote Karte) aussprechen. – Gespielt wird in Meisterschafts- und Pokalrunden auf versch. Ebenen, international um Europapokale, Europameisterschaften sowie Weltmeisterschaften.

Füssen, Stadt im RegBez. Schwaben, Bayern, 12700 Ew.; Luftkurort und Wintersportplatz am Lech; Hohes Schloß, ehem. Sommerresidenz der Fürstbischöfe von Augsburg; in der Umgebung die Schlösser Hohenschwangau und Neuschwanstein, das Schwefelbad Faulenbach.

Fussenegger, Gertrud, österr. Schriftstellerin, *1912; Romane, v.a. mit histor. Themen: »Geschlecht im Advent«, »Zeit des Raben – Zeit der Taube«, »Die Pulvermühle«, »Maria Theresia« u. a.

Fußgängerzonen, Straßenzüge im Stadtzentrum, die (bis auf Anlieferzeiten) für den motorisierten Verkehr gesperrt sind.

Füßli, Johann Heinrich, schweizer. Maler, Dichter, Kunstschriftst., *1741, †1825; ein Hauptvertreter des Sturm und Drang.

Fußnote, Anmerkung unter dem Schriftsatz einer Buchseite.

Fußwaschung, als sinnbildl. Demutsbezeugung 1) im Orient altes Zeichen der Gastfreundschaft, 2) in der kath. Kirche feierl. Handlung am Gründonnerstag in Erinnerung an die F. Christi.

Fust, Johann, Mainzer Bürger, Buchdrukker, *1400, †um 1466; Teilhaber Gutenbergs.

Fustanella die, kniefreier weißer Baumwollrock der männl. neugrch. Volkstracht.

Futtermittel, der Tiernahrung dienende pflanzl. oder tier. Stoffe: Grünfutter, Rauhfutter (Heu, Stroh, Spreu), Wurzeln und Knollen, Gärfutter (Silage), Körner und Früchte, Milch, Fleisch- und Fischmehl usw., Industrieabfälle (Mehle, Kleien, Schlempe, Treber).

Futurismus [lat.] der, literar., künstler. und polit. Bewegung, begründet 1909 durch das »Manifesto futurista« des ital. Dichters F. T. Marinetti. In der Malerei suchte der F. den zeitl. Ablauf der Dinge durch ein schwer entwirrbares Neben- und Ineinander von Gegenstands- und Geschehnisbruchstücken darzustellen (Boccioni, Carrà, Severini u. a.). (BILD S. 293)

Futurismus: G. Severini: Der Krieg

Futurologie [lat.-grch.] die, systemat. und krit. Behandlung von Zukunftsfragen. Meist werden unterschieden: 1) Zukunftsforschung i. e. S. (Prognosen, Projektionen u. a.), 2) Zukunftsgestaltung (Programmierungen, Planungen u. a.) und 3) Zukunftsphilosophie (Methodologie, Ethik u. a.).

Futurum das, Ⓢ die Zukunftsform des Zw.

G

g, G, 1) stimmhafter Vordergaumenverschlußlaut; 7. Buchstabe des dt. Abc. **2)** Kurszettel: **G,** svw. → Geld. **3) g,** Abk. für Gramm. **4) G,** Vorsatzzeichen von Maßeinheiten: Giga = 1 Milliarde; z. B. 1 GW = 1 Milliarde Watt. **5)** ♩ **G,** der 5. Ton der C-Dur-Tonleiter. **G-Schlüssel,** Notenschlüssel mit der Kenn-Note g auf der 2. Linie (Violinschlüssel).

Ga, chem. Symbol für Gallium.

GaAs-Bauelemente, Halbleiterbauelemente auf der Basis von Galliumarsenid (GaAs). Infolge der gegenüber Silicium höheren Ladungsträgerbeweglichkeit ermöglichen sie Schaltzeiten im Pikosekundenbereich.

Gabardine [-di:n, frz.] der, die, feinfädiges, schräggeripptes Gewebe, z. B. aus Baumwolle.

Gabbro [ital.] der, dunkles, körniges Tiefengestein aus bas. Plagioklas und Diallag.

Gabelsberger, Franz Xaver, *1789, †1849; schuf eine weitverbreitete Kurzschrift.

Gabelstapler, Vier- oder Dreiradkarren mit Elektro- oder Dieselantrieb und einer an einem Hubgerüst auf und ab gleitenden Gabel zum Stapeln u. a. von Stückgütern.

Gabelweihe die, Greifvogel, → Milan.

Gabin [gab'ɛ̃], Jean, frz. Filmschauspieler, *1904, †1976; »Die großen Familien« u. a.

Gabirol, Gebirol, Salomon ben Jehuda ibn, von den Scholastikern **Avicebron** oder **Avencebrol** genannt, erster jüd. Philosoph des Abendlandes, *1021, †1070; wirkte im arab. Spanien.

Gable [geɪbl], Clark, amerikan. Filmschauspieler, *1901, †1960; »Vom Winde verweht« u. a.

Gabler der, ♈ Rehbock oder Rothirsch mit zweiendiger Stange (→ Geweih).

Gablonz an der Neiße, tschech. **Jablonec nad Nisou** [jablɔnɛts n'ad njisɔu], Stadt im Krs. Nordböhmen, ČSSR, 45 000 Ew.; die Glas- und Schmuck-Ind. wurde 1945 z. T. nach der Bundesrep. Dtl. und Österreich verlagert.

Gaborone, Hptst. von Botswana, Südafrika, 49 600 Ew.

Gabriel [hebr. »Held Gottes«], Erzengel (Tag 24. 3.); als weibl. Vorname **Gabriele.**

Gabrowo, Stadt in Bulgarien, 95 100 Ew.; bedeutendster Textilort Bulgariens.

Gabun, Rep. in Afrika, am Golf von Guinea, 267 667 km², 1,09 Mio. Ew. (überwiegend Bantustämme); Hptst.: Libreville; Amtssprache: Französisch. 200 km breiter Küstenstreifen (Savanne, Mangroven), im Innern bewaldetes Bergland; trop. Klima; Hauptfluß: Ogowe. Erzlagerstätten. Ausfuhr von Holz, Mangan-, Uranerz, Erdöl. See- und Flughäfen: Libreville, Port-Gentil. – G., bis 1958 ein Gebiet Frz.-Äquatorialafrikas, ist seit 1960 unabhängig. Staatspräs.: A. B. Bongo (seit 1967). ⊕ S. 482.

Gabun

Gadamer, Hans-Georg, Philosoph, *1900; entwickelte in »Wahrheit und Methode« (1960) eine Theorie der Hermeneutik; philosophiehistor., geschichtsphilosoph. u. a. Arbeiten.

Gaddhaffi, Kadhafi, Moamar (Mahmoud) al, libyscher Politiker, *1942; Offizier, sucht sein Land auf der Grundlage des Islams umzugestalten; radikaler Gegner des Staates Israel; unterstützt terrorist. Aktivitäten bes. der palästinens. Araber.

Gade, Niels, dän. Komponist, *1817, †1890; Orchester-, Chorwerke, Kammer-, Klaviermusik.

Gadem, Gaden [oberd.] der, Saalbau; einzimmriges Gebäude; Kammer; Laden; Obermauer der Basilika mit Fensterreihe.

Gadolinium das, **Gd,** chem. Element aus der Gruppe der Lanthanoiden.

Gaffel die, ⚓ an einem Mast verschiebbare, schräg nach oben ragende Segelstange. Daran befestigt das **G.-Segel.**

Gag [gæg, engl.] der, effektvoller Einfall, im Film, auf der Bühne, in der Werbung.

Gagarin, Jurij, sowjet. Astronaut, *1934, † (Flugzeugabsturz) 1968; umkreiste 1961 als erster Raumfahrer die Erde.

Gagat [grch.] der, die → Pechkohle.

Gage [ga:ʒə, frz.] die, Gehalt von Künstlern.

Gagel, Porst der, weidenähnl. kleiner Strauch auf Heide, Moor, mit Steinfrüchtchen.

Gagern, 1) Friedrich Frhr. v., Erzähler und Jagdschriftst., *1882, †1947; »Ein Volk« (Roman); »Das Grenzerbuch« u. a. **2)** Heinrich Frhr. v., *1799, †1880; war 1848 Präs. der Frankfurter Nationalversammlung.

Gaggenau, Stadt in Bad.-Württ., an der Murg, 27 900 Ew.; Metall- und Kraftwagen-Ind.

Gaia, grch. Erdgöttin, mit Füllhorn, Früchten und Kindern dargestellt.

Gaillarde [gaj'ard, frz.] die, Gesellschaftstanz im ¾-Takt, seit dem 15. Jh. nachweisbar.

Gainsborough [g'eɪnzbərə], Thomas, engl. Maler, *1727, †1788; Bildnisse, Landschaften. (Bild S. 294)

Gaiser, Gerd, Schriftst., *1908, †1976; Romane (»Die sterbende Jagd«, »Schlußball«).

Gaius, röm. Jurist, 2. Jh. n. Chr., Verf. der in das Corpus iuris aufgenommenen »Institutionen«.

Gala [span.] die, Festlichkeit, festl. Pracht, Staatskleidung, z. B. **G.-Vorstellung.**

galaktisch, ☆ auf das Milchstraßensystem bezüglich.

Galaktose, ⚗ dem Traubenzucker verwandter einfacher Zucker.

Galan [span.] der, Liebhaber, Geliebter.

Gainsborough: Die Töchter des Künstlers

galant [frz.], höflich, bes. gegen Frauen. Hptw.: die **Galanterie.**

Galápagos-Inseln, vulkan. Inselgruppe im Pazif. Ozean, zu Ecuador gehörig, 7812 km², 4050 Ew., merkwürdige Tierwelt (Riesenschildkröten, Meerechsen u. a.).

Galata, Hafen-Stadtteil von Istanbul.

Galatea, grch. Sage: Tochter des Nereus und der Doris, Meernymphe.

Galater Mz., Kelten, die 278 v. Chr. von der unteren Donau in Kleinasien einwanderten. Ihr Gebiet, **Galatien,** wurde 25 v. Chr. röm. Provinz. **Galaterbrief,** Brief des Apostels Paulus.

Galatz, rumän. **Galati** [gal'atsj], wichtiger rumän. Donauhafen, 295 000 Ew.

Galaxis [grch.-lat.] die, svw. → Milchstraße; als G. oder **Galaxie** auch allg. für → Sternsysteme.

Gallen: Blattgalle der Eiche, hervorgerufen durch eine Eichengallwespe

Galba, Servius Sulpicius, röm. Kaiser (68/69), beteiligt am Aufstand gegen Nero.

Galbraith [g'ælbreɪθ], John Kenneth, amerikan. Volkswirtschaftler, *1908; »Gesellschaft im Überfluß«, »Die moderne Industriegesellschaft«.

Galeere die, Ruderkriegsschiff der Mittelmeermächte des MA., mit 25-50 Ruderbänken für je 3-5 Mann, meist Sträflinge, die zur **G.-Strafe** verurteilt waren. Danach: **G.-Sklave,** Sinnbild der Ausbeutung.

Galen, Galenus, der grch.-röm. Leibarzt des Kaisers Marc Aurel, *129, †199; seine Schriften blieben bis ins MA. maßgebend.

Galen, Clemens August Graf, *1878, †1946; 1933 Bischof von Münster, 1946 Kardinal, Gegner des Nationalsozialismus.

Galeone, Gallione die, drei- bis fünfmastiges Segelkriegsschiff der Spanier und Portugiesen im 16.-18. Jh.

Galerie [frz.] die, **1)** langgestreckter Raum, einseitig offener Gang. **2)** Kunstslg. (Mus.). **3)** oberster Rang im Theater. **4)** ⚒ Stollen.

Galilei (aus einem Gemälde von J. Sustermans)

5) G.-Wälder, bandförmige Waldungen an Flüssen und in Talauen, in trop. und subtrop. Savannen- und Steppenlandschaften.

Galerius, Gaius, röm. Kaiser (305-311), grausamer Christenverfolger.

Galant der, Wurzel trop. Ingwergewächse; Magenmittel, Gewürz.

Galicilen, span. **Galicia,** geschichtl. Landschaft im NW Spaniens; Fischerei, Viehzucht; ehemal. Hptst.: Santiago de Compostela. Die span. Region G. erhielt 1978 eine beschränkte Selbstverwaltung, Autonomie-Statut 1980 durch Volksabstimmung gebilligt.

Galiläa, geschichtl. Landschaft Palästinas. Jesus und die meisten seiner Jünger waren Galiläer.

Galilei, Galileo, ital. Naturforscher, *1564, †1642; war Prof. in Pisa und Padua, erkannte zuerst die Gesetze des freien Falles, des Pendels, des Wurfs, entdeckte die Jupitermonde, den Saturnring u. a. Wegen seiner Verteidigung der Lehre des Kopernikus geriet er in Konflikt mit der Inquisition; 1633 mußte er die Kopernikan. Lehre öffentl. abschwören. Die Legende schreibt ihm den Ausspruch zu: »Und sie (die Erde) bewegt sich doch!«

Galileo, im Nov. 1989 gestartete, von der NASA unter Beteiligung der Bundesrep. Dtl. gebaute Raumsonde zur Erforschung des Jupiters.

Galion [span.] das, ⚓ Vorbau älterer Schiffe. **Galionsfigur,** Bugschmuck.

Gälisch, kelt. Mundart in Irland, im schott. Hochland, in Wales und auf der Insel Man.

Galizilen, Landschaft am N-Rand der Karpaten und in deren nördl. Vorland. Der westl. Teil gehört zu Polen, der östl. zur UdSSR. Das einst zum poln.-litauischen Reich gehörige G. war 1772-1918 österr. Kronland, kam dann zum poln. Staat. Nach dem sowjet.-dt. Grenzvertrag von 1939 wurde Ost-G. an die Sowjetukraine angeschlossen.

Gall, Franz Joseph, Arzt und Schädelforscher (Phrenologie), *1758, †1828.

Galla Mz., eigener Name **Oromo,** Stammesgruppe in S-Äthiopien und NO-Kenia.

Galland, Adolf, *1912; im 2. Weltkrieg einer der erfolgreichsten dt. Jagdflieger.

Galläpfel, → Gallen.

Galla Placidia, weström. Kaiserin, Tochter des röm. Kaisers Theodosius I., †450; Grabkapelle in Ravenna.

Gallas, Matthias, kaiserl. General im Dreißigjähr. Krieg, *1584, †1647; Nachfolger Wallensteins.

Galle die, **1)** bittere, grünl. Absonderung der Leberzellen. Sie dient der Verdauung der Fette und enthält vor allem G.-Säuren, G.-Farbstoff, Cholesterin, Schleim. Die G. sammelt sich in den kleinen G.-Gängen der Leber und fließt z. T. ständig durch den Lebergallengang in den Zwölffingerdarm ab, zum anderen Teil wird sie in der **G.-Blase,** einem an der Unterseite der Leber gelegenen Speicherorgan, eingedickt, gespeichert und bei Bedarf ebenfalls von hier in den Zwölffingerdarm entleert. – Krankhafte Bildungen in den G.-Wegen, bes. in der G.-Blase, sind die **G.-Steine.** Sie finden sich vorwiegend bei Frauen, bestehen meist aus G.-Farbstoff und Kalk, von Sandkorn- bis Walnußgröße, und können durch Einklemmung sehr schmerzhafte **G.-Koliken** sowie durch Verschluß der G.-Gänge eine Rückstauung der G. ins Blut und damit eine → Gelbsucht hervorrufen. Oft muß die G.-Blase samt Steinen operativ entfernt werden (Cholezystektomie). – Beim Vorhandensein von G.-Steinen kommt es häufig zur Infektion der G.-Blase durch Darmbakterien, einer fieberhaften **G.-Blasenentzündung** (Cholezystitis). **2)** Tierheilkunde: krankhafte Flüssigkeitsansammlung in den Gelenken und Sehnenscheiden, v. a. der Pferde.

Gallegos [gaʎ'eyɔs], Rómulo, venezolan.

Schriftst., *1884, †1969; Romane »Doña Bárbara«).

Gallen Mz., vielgestaltige Verbildungen an Pflanzen, hervorgerufen durch Eieinbohrung, Saugstich usw. von Schmarotzern. Beispiele: → Gallwespen rufen Rosenapfel (Schlafapfel) an der Rose, Eichengalläpfel an Blättern und Knospen der Eiche hervor. Durch Gallmilben entstehen die Filz- und Kräuselkrankheit der Weinrebe, durch Blattläuse die Ananas-G. der Fichtenzweige. Pflanzl. G.-Erreger sind best. Bakterien und Pilze, letztere rufen z. B. Hexenbesen des Kirschbaums und Kropf des Kohls hervor. Gerbstoffreiche **Galläpfel** wurden früher zum Ledergerben und zur Tintenherstellung verwendet. (BILD S. 294)

Gallenpilz, Bitterpilz, steinpilzähnl., bitterer Röhrling; ungenießbar.

Gallerte die, **Gallert** das, wasserhaltige, federnd weiche Masse, entsteht durch Berührung von Kolloiden mit Wasser, z. B. Gelatine.

Gallien, lat. **Gallia,** das Land der **Gallier,** des kelt. Hauptvolkes im Altertum, umfaßte zur Zeit der Röm. Rep. das heutige Frankreich und Belgien **(G. transalpina)** sowie Oberitalien **(G. cisalpina).** G. cisalpina wurde um 200 v. Chr. römisch; die Unterwerfung von G. transalpina begann mit der Besitzergreifung des südl. G., der **G. Narbonensis,** 120 v. Chr.; das übrige G. wurde von Julius Caesar 58-51 v. Chr. unterworfen. Durch die german. Völkerwanderung bildete sich hier das → Fränkische Reich.

Gallikanismus, Gallikanische Kirche, frz. Form des Episkopalsystems, in Frankreich vom 15. Jh. bis 1789 maßgebend, erstmals in der »Pragmat. Sanktion von Bourges« (1483) festgesetzt. Einer der Hauptsätze des G. besagte, daß dem Papst keine weltl. Gewalt zustehe.

Gallium, Ga, chem. Element; Ordnungszahl 31, relatives Atomgewicht 69,72, D 5,9 g/cm³, Schmelzpunkt 29,78 °C, Siedepunkt 2400 °C; glänzend graues, ziemlich weiches Metall. Verwendung als Thermometerflüssigkeit, für Halbleiter.

Gällivare [j'ɛlivɑ:rə], **Gellivara,** Bergbauort in N-Schweden, an der Lapplandbahn, mit den Grubenarbeitersiedlungen Malmberget, Koskullskulle u. a., 25 300 Ew.

Gallizismus der, Nachbildung frz. Spracheigenheiten in anderen Sprachen.

Gallmilben, sehr kleine, an Pflanzen lebende Milben, erzeugen → Gallen.

Gallmücken, Zweiflügler, legen ihre Eier in Pflanzenteile, wodurch sich → Gallen bilden.

gallon [g'ælən], **Gallone** die, anglo-amerikan. Hohlmaß, in Großbritannien nach Übergang zu metr. Einheiten nicht mehr verwendet. → Maßeinheiten, ÜBERSICHT.

gallo|romanisch, aus dem in Gallien gesprochenen Provinzlatein entstandene roman. Sprachen Französisch und Provenzalisch.

Gallup-Institut, privates Unternehmen in den USA zur Erforschung der öffentl. Meinung, gegr. 1935 von G. H. Gallup (*1901, †1984).

Gallus, schott. Missionar in Alemannien, † um 650, gründete das Kloster St. Gallen; Heiliger (Tag 16. 10.).

Gallussäure, Trihydroxybenzoesäure, in Pflanzen weitverbreitete Säure, die in vielen Gerbstoffen vorkommt.

Gallwespen, kleine dunkle oder rötl. Hautflügler; manche erzeugen → Gallen.

Galmei der, ✿ Zinkspat und Kieselzinkerz; heute techn. Sammelname für carbonat. und silicat. Zinkerze aller Art, meist gelbrote, verwitterte und verunreinigte Massen.

Galopp [frz.] der, **1)** Gangart des Pferdes, eine ununterbrochene Reihe von Sprüngen. **2)** schneller Rundtanz im ²⁄₄-Takt.

Galosche [frz.] die, Überschuh aus Gummi.

Galsworthy [g'ɔ:lzwə:ðɪ], John, engl. Erzähler, Dramatiker, *1867, †1933; Hauptwerk: Roman »Die Forsyte Saga«. Nobelpreis 1932.

Galsworthy

Galt der, ansteckende Euterentzündung bei Kühen.

Galton [g'ɔ:ltn], Sir Francis, engl. Vererbungsforscher, *1822, †1911; begründete die Eugenik und führte die Untersuchung von Fingerabdrücken ein.

Galvani, Luigi, ital. Naturforscher, *1737, †1798; entdeckte bei Versuchen mit Froschschenkeln die nach ihm benannte **galvan. Elektrizität** (→ galvanische Elemente).

Galvanisation die, das Durchströmen bestimmter Körperteile mit Gleichstrom, eine Form der Elektrotherapie.

galvanische Elemente, elektrochem. Stromquellen, die unmittelbar, ohne geladen zu sein, elektr. Strom abgeben können **(Primärelemente).** Ein g. E. besteht aus 2 Elektroden (Pole) aus versch. Metallen oder Kohle in einem Elektrolyt (→ Elektrolyse). Zw. Elektroden und Elektrolyt entsteht eine elektr. Spannung (→ Spannungsreihe 2). Die Minus-Elektrode gibt Elektronen ab und wird zersetzt, die Plus-Elektrode nimmt Elektronen auf; der Ionenstrom im Elektrolyt entspricht dem Elektronenstrom im äußeren Stromkreis. Das wichtigste g. E. ist das hauptsächlich als **Trockenelement** gebaute Kohle-Zink-Element (Leclanché) mit Salmiaklösung als Elektrolyt und Braunstein (zur Unterdrückung der Wasserstoffabscheidung) an der Plus-Kohle-Elektrode. Es liefert 1,5 V Nennspannung. Bei Trockenelementen ist der Elektrolyt eingedickt und luftdicht verschlossen. Es gibt Elemente für Dauerentladung mit kleinem Strom, intermittierende Entladung mit größerem Strom oder für gelegentl. Entladung bei langer Lagerfähigkeit. Sonderbauarten: Füllelemente, Luftsauerstoffelemente und Papierfutterzellen für längere Lagerfähigkeit, Quecksilberoxidzellen für hohen Energieinhalt auf kleinem Raum und Spannungskonstanz, Knopfzellen und Energiepapier oder Energiesandwich mit Gewichten von 2 bis 3 g, Weston-Normalelement als Spannungsnormal für Messungen, auch in Miniaturbauweise, mit 1,01865 Volt bei 20 °C. (→ Brennstoffelement)

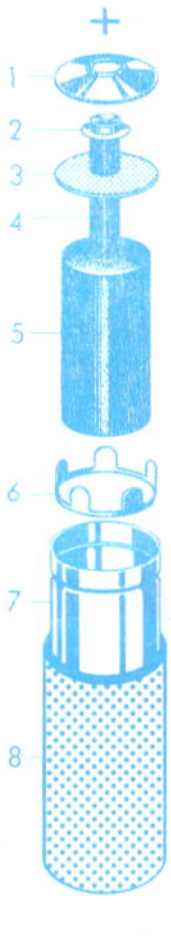

galvanische Elemente: Klassische Rundzelle. **1** Zellendeckel, **2** Polkappe, **3** Abdeckscheibe, **4** Elektrische Ableitung der positiven Elektrode, **5** Positive Elektrode, **6** Bodenscheibe, **7** Negative Lösungselektrode, **8** Papphülse

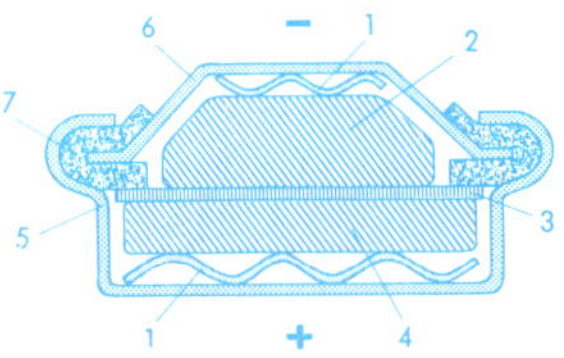

galvanische Elemente: Gasdichter Knopfakkumulator, **1** Stahlfedern, **2** gepreßte Cd-Elektrode, **3** Separator mit Kalilauge, **4** gepreßte Nickel-Elektrode, **5** Stahlnapf, **6** Stahldeckel, **7** Kunststoffdichtung

galvanisieren, ein Metall durch Elektrolyse mit einem andern Metall überziehen, z. B. Eisen mit Zink (→ Galvanotechnik).

Galvano das, galvanoplast. hergestellte Kopie einer Druckplatte (→ Galvanoplastik).

Galvanokaustik die, ♡ Form der Elektrochirurgie, bei der durch Gleichstrom erzeugte Wärme zum Verschorfen oder Schneiden benutzt wird.

Galvanometer das, Gerät zum Messen sehr kleiner elektr. Stromstärken.

Galvanoplastik, Abscheidung dicker, meist selbsttragender Metallschichten durch Elektrolyse, angewandt zur Abformung von Gegenständen der Kunst, von Druckplatten, Schallplattenmatrizen u. a.

Gamasche: von links Leder-G., Knöpf-G., Wickel-G.

Gambia

I. Gandhi

M. Gandhi

Galvanotechnik, Anwendung der → Elektrolyse zum Abscheiden metall. Überzüge auf Metallen oder leitend gemachten Nichtmetallen. Die Abscheidung dünner Überzüge nannte man früher **Galvanostegie,** → Galvanoplastik.

Galveston [g'ælvɪstən], Stadt in Texas, USA, 61 900 Ew.; größter Schwefelausfuhrhafen der Erde, Baumwoll- und Getreideexport.

Gama, Vasco da, portug. Seefahrer, *1468 (69?), †1524, entdeckte den Seeweg nach O-Indien.

Gamander [grch.] der, **1)** Gatt. krautiger bis strauchiger stark riechender Lippenblüter. **2) G.-Ehrenpreis,** eine Ehrenpreisart.

Gamasche [frz.] die, Überstrumpf ohne Füßling mit Steg.

Gambe [ital. Viola da gamba »Kniegeige«] die, Streichinstrument mit 6, auch 5 oder 7 Saiten. Hauptinstrument ist die **Tenor-G.**

Gambetta, Léon, frz. Staatsmann, *1838, †1882; Gegner Napoleons III., stellte nach dessen Sturz im Krieg von 1870/71 die Massenheere des Volksaufgebots zum Entsatz von Paris auf.

Gambia der, Fluß in W-Afrika, rd. 1100 km lang, für Seeschiffe auf 195 km befahrbar.

Gambia, Rep. (seit 1970) in W-Afrika, Mitgl. des Commonwealth, am Unterlauf des Flusses G., vom Staatsgebiet Senegals umschlossen, 11 295 km², 810 000 Ew.; Hptst. und -hafen: Banjul. Amtssprache: Englisch. Anbau von Erdnüssen, Reis, Mais u. a. – 1843-1965 brit. Besitz, seither unabhängig. 1982-89 bestand die **Senegambia,** ein Zusammenschluß mit Senegal. – Präs. und MinPräs. D. Jawara (seit 1970). ⊕ S. 482.

Gambit [span. aus arab.] das, Schachspiel: Spieleröffnung, bei der ein oder mehrere Steine geopfert werden.

Gambrinus, sagenhafter flandr. König aus karoling. Zeit, gilt als Erfinder des Bieres.

Gameten [grch.] Mz., weibl. und männl. Geschlechtszellen. Bei niederen Pflanzen (z. B. Algen) können sie gleich **(Isogameten)** oder verschieden gestaltet sein **(Anisogameten).**

Gamin [gam'ɛ̃, frz.], (Pariser) Gassenjunge.

Gamma das, der 3. Buchstabe des grch. Alphabets (γ), mit dem Lautwert des dt. G.

Gammastrahlen, γ-Strahlen, bei Atomkernumwandlungen auftretende elektromagnet. Strahlung mit Wellenlängen von etwa 10^{-9} bis 10^{-14} cm.

Gammler [mundartl. gammeln »herumlungern«] der, Jugendlicher, der durch ungepflegtes Aussehen und Nichtstun gegen die Gesellschaftsordnung protestiert; oft gruppenweises Auftreten.

Gamone Mz., Befruchtungsstoffe, → Befruchtung.

Gams [alemann., bair.] der, → Gemse. **G.-Bart,** Hutschmuck aus dem langen, borstenförmigen Haar vom Rücken starker Gemsböcke.

Ganda, Baganda, Hauptvolk Ugandas, meist Ackerbauer, etwa 1 Mio.; sprechen G., eine Bantusprache.

Gandersheim, Bad G., Stadt in Ndsachs., westl. des Harzes, 11 500 Ew., Solbad. 852 gegr. Abtei (→ Roswitha).

Gandhi, 1) Indira, *1917, †(ermordet) 1984; ind. Politikerin, Tochter Nehrus, 1966-77 und seit 1980 MinPräs. **2)** Mohandas Karamchand, genannt **Mahatma** (»Große Seele«), Führer der ind. Unabhängigkeitsbewegung, *1869, †1948; entstammt einer wohlhabenden Hindufamilie; studierte in London, kämpfte für die Gleichberechtigung seiner Landsleute in Südafrika und seit dem 1. Weltkrieg für die Unabhängigkeit Indiens, trat für die Beseitigung der Gegensätze zw. Muslimen und Hindus ein. Sein hohes Ansehen und seine Erfolge gründeten sich auf die Methode des gewaltlosen Widerstandes. G. wurde von einem fanat. Hindu erschossen.

Gang der, **1)** ⚒ mit Ergußgestein oder Erz gefüllte Spalte in anderem (älterem) Gestein. **2)** ⊙ bei Kfz. das durch Umschalten des Getriebes veränderbare Übersetzungsverhältnis zw. Motor und Radantrieb.

Ganges der, amtl. **Ganga,** Hauptstrom Vorderindiens, 2700 km lang, der heilige Strom der Hindus, entspringt im Himalaya 4000 m ü. M., durchfließt die nordind. Ebene, bildet mit dem Brahmaputra das größte Delta der Erde (56 000 km², sehr fruchtbar, dicht bevölkert) und mündet in den Bengal. Meerbusen. Am westl. Mündungsarm (Hugli) liegt Kalkutta. Höchster Wasserstand im September; Schiffahrt bis Allahabad, für Seeschiffe bis Kalkutta.

Ganghofer, Ludwig, *1855, †1920; bayer. Hochlanderzählungen (»Schloß Hubertus« u. a.).

Ganglion [grch.] das, -s/...lien, Nervenknoten, Anhäufung von Nervenzellen (→ Nerven-System). **Ganglienblockade,** Heilverfahren, bei dem durch chem. Stoffe bestimmte G. vorübergehend ausgeschaltet werden.

Gangrän [grch.] die, ♡ der feuchte → Brand.

Gangspill das, ↘ die Schiffswinde.

Gangster [g'æŋstə, amerikan.] der, Mitgl. einer Verbrecherbande **(gang).**

Gangtok, Hptst. von Sikkim, 36 700 Ew.

Gangway [g'æŋweɪ, engl.] die, Laufsteg zum Schiff oder Flugzeug.

Ganove [hebr.] der, Gauner, Dieb.

Gans die, zu den Entenvögeln (Leistenschnäblern) gehörende, gesellig lebende Schwimmvögel mit gedrungenem Leib, langem Hals; fliegen und schwimmen gut, leben jedoch meist auf dem Land. Arten: **Wild-(Grau-)G.,** in Mittel-, Nordeuropa, zieht im Sept. südwärts, ist die Stammform der **Haus-G.; Saat-G.,** in Mitteleuropa Wintergast; **Chines. Schwanen-** oder **Höcker-G.,** Ziervogel. (BILD S. 297)

Gänseblume, Maßliebchen, Korbblüter, wildwachsend und als Zierpflanze **(Tausendschön).**

Gänsedistel, Korbblütergatt., hohe stachlige, milchige, gelbblühende Unkräuter.

Gänsefuß, weitverbreitete Gatt. kahler oder mehlig bereifter Kräuter mit gelbgrünen bis rötl. in Knäueln geordneten Blütchen.

Gänsehaut, ♡ durch Kälte oder Gemütsbewegungen hervorgerufene Zusammenziehung der kleinen Haarbalgmuskeln, wodurch die Haare aufgerichtet werden.

Gant [ital. incanto] die, **Vergantung,** Süddtl., Schweiz: **1)** Zwangsversteigerung. **2)** Konkurs.

Ganter der, **Ganser,** Gänserich.

Ganymedes, grch. Sage: der schöne Mundschenk des Zeus, von ihm oder seinem Adler in den Olymp entführt.

Ganzheit, etwas, das nicht schon durch seine Bestandteile, sondern erst durch deren gefügehaften Zusammenhang eindeutig bestimmt ist (Organismus, Struktur). Die **G.-Psychologie** geht von der Annahme aus, daß seel. Erscheinungen nicht nur als Summe von Bestandteilen (»psych. Elementen«), sondern als Erlebnisstruktur begreifbar sind. ⓟ Die **Ganzheitsmethode** ist eine (umstrittene) teilweise an Grundschulen angewandte Unterrichtsmethode, die zunächst das Ganze einer Stoffeinheit erleben, dann in zergliederndem Verfahren die Teile erfassen läßt; z. B. beim Lesenlernen das ganze Wort vor den Buchstaben **(Ganzwortmethode).**

Ganzschluß, ♩ → Kadenz.

Ganzton, ♩ Tonstufe einer großen Sekunde. Die **Ganztonleiter** ist eine Folge von Ganztönen.

Garage [gar'a:ʒə, frz.] die, Einstellraum für Kfz.

Garantie [frz.] die, **1)** ⚖ Gewähr, bes. die Haftung dafür, daß eine verkaufte Sache innerhalb einer best. Zeit **(G.-Frist)** ihre vertragl. Beschaffenheit behält und Mängel kostenlos beseitigt werden **(G.-Schein). 2)** VÖLKERRECHT: Gewähr für die Aufrechterhaltung eines Zustandes, bes. der Unabhängigkeit und der Grenzen eines Staates, oder für die Erfüllung eines Vertrages, zugesagt durch einen andern Staat oder mehrere Staaten. Die G. kann auf Vertrag oder auf einseitiger Erklärung beruhen.

Garaudy [garod'i], Roger, frz. Philosoph, *1913; marxist. Theoretiker, entwickelte reformkommunist. Vorstellungen, bemühte sich um Dialog zw. Christen und Marxisten.

Garbe die, **1)** gebündeltes Getreide. **2)** Bündel: Licht-G., Geschoß-G. **3)** Gatt. der Korbblüter; Arten: **Schaf-G.,** weiß (rosa) und gelb blühende Wiesenstaude, Blätter und Blüten werden zu Tee verwendet; **Sumpf-G.,** zungenblättrig, auf Sumpfwiesen, gefüllt als **Silberknöpfchen** Zierpflanze.

Garbo, Greta, schwed. Filmschauspielerin, *1905, †1990; »Gösta Berling«, »Kameliendame«, »Ninotschka« u.a. (BILD S.298)

Garbsen, Stadt in Ndsachs., 59200 Ew.

García Lorca [garθ'ia -], Federico, span. Dichter, *1899, †(erschossen) 1936; Lyriker, Erneuerer des span. Dramas (»Die Bluthochzeit«).

García Márquez [gars'ia m'arkes], Gabriel, kolumbian. Schriftst., *1928; phantastisch-realist. Romane (»Hundert Jahre Einsamkeit«, »Der General in seinem Labyrinth« u.a.); Nobelpreis 1982.

García Robles [gars'ia-], Alfonso, mexikan. Diplomat, *1911; 1975-76 Außen-Min., Friedensnobelpreis 1982 für seine Bemühungen um Abrüstung.

garçon [gars'ɔ̃, frz.] der, **1)** Knabe. **2)** Kellner. **3)** Junggeselle. **Garçonne** [gars'ɔn] die, Junggesellin. **Garçonnière** [garsonj'ɛr] die, Junggesellenwohnung.

Gard [ga:r] der, rechter Nebenfluß der Rhône, kommt von den Cevennen, 133 km lang; wird vom **Pont du G.,** einem röm. Aquädukt (269 m lang, 49 m hoch), überquert.

Gardasee, ital. **Lago di Garda** oder **Benaco,** größter See Italiens (370 km^2), zw. der Lombardei und Venetien, 65 m ü.M., 52 km lang, 3 bis 18 km breit, bis 346 m tief; mildes Klima.

Garde [frz. »Wache«] die, urspr. fürstl. Leibwache, dann Elitetruppe.

Gardeni|e die, Gatt. strauchiger asiat. und afrikan. Krappgewächse, Gewächshauspflanzen, liefern duftreiche Schnittblumen.

Garderobe [frz.] die, **1)** Kleidung. **2)** Kleiderablage. **3)** Ankleidezimmer der Schauspieler.

gardez [gard'e, frz.], aufgepaßt! Schachspiel: Warnung bei Angriff auf die Dame.

Gardine [spätlat.] die, Fenstervorhang. **Schwed. G.,** Eisengitter vor Gefängnisfenstern.

Gardone Riviera, internat. Kurort am Westufer des Gardasees, 2600 Ew.

Gare die, **1) Boden-G.,** im Boden durch günstigen Zersetzungszustand und Gehalt an Wasser, Humus und Bakterien sowie durch Bodentemperatur bewirkte Bereitschaft für Pflanzenwuchs. **2)** Gerbstoffmischung für Glacéleder.

Garibaldi, Giuseppe, ital. Freiheitskämpfer, *1807, †1882; verteidigte 1849 das aufständ. Rom gegen die Franzosen, befreite 1860 mit seinen Freischaren die Insel Sizilien von der Bourbonenherrschaft, versuchte 1867 erfolglos, auch Rom für Italien zu erobern.

Garmisch-Partenkirchen, Kurort und Wintersportplatz in Oberbayern, am Fuß der Zugspitze, 720 m ü.M.; 27800 Ew.; Bergbahnen, Sprungschanzen, Eisstadion, Bobbahn.

Garn das, der in bestimmter Feinheit gesponnene endlose Faden.

Garnelen Mz., zehnfüßige Meerkrebse, meist klein und zart: **Sand-G., Stein-G., Garnat, Granat;** gekocht (Krabben) gelten sie als Delikatesse.

Garnison [frz.] die, ∴ **1)** Standort von Truppen. **2)** Besatzung eines Standortes.

Garnitur [frz.] die, **1)** Verzierung, Ausstattung. **2)** Satz zusammengehöriger Gegenstände.

Garo, Volk in Assam, Indien, 253000; altertüml. Kultur, Mutterrecht.

Garonne [gar'ɔn] die, größter Fluß in SW-Frankreich, entspringt in den Pyrenäen, mündet mit 95 km langem Mündungstrichter (→Gironde) in den Atlant. Ozean; 650 km lang, 460 km schiffbar, von dem G.-Seitenkanal begleitet.

Garrotte [frz.] die, Halseisen, in Spanien zur Vollstreckung der Todesstrafe durch Erdrosseln.

Gartenbau, bei gesteigerter Bodenbewirtschaftung erwerbsmäßig betriebene Gewinnung hochwertiger pflanzl. Bodenerzeugnisse. Zweige: Gemüse-, Obst-, Samenbau, Gehölz- (→Baumschule), Rosen-, Pflanzen- und Blumenzucht, ferner Landschaftsgärtnerei (Gartenkunst) und Bindekunst. **G.-Ingenieure** werden auf höheren Gärtnerlehranstalten, **Diplomgärtner** und Dr. rer. hort. auf Hochschulen ausgebildet.

Gartenkunst, künstler. Gestaltung von Gärten und Parkanlagen. Schon bei Ägyptern, Babyloniern (→Hängende Gärten), Griechen, Römern gepflegt und auch aus dem MA. bezeugt, bildete sie sich bes. in der ital. Renaissance und in der Zeit des Barocks aus, die Haus und Garten als architekton. Einheit gestalteten. Das Frankreich Ludwigs XIV. entwickelte dieses Prinzip durch Le Nôtre am vollkommensten (Versailles). I. Ggs. zu ihm von der chines.-japan. G. beeinflußt, entstand Mitte des 18.Jh. der Engl. Garten (Landschaftsgarten), der, von der Architektur gelöst, unregelmäßig angelegt, den Eindruck der Naturlandschaft geben wollte (Carlton House, Wörlitz, München, Muskau). Die moderne G. sieht ihre Hauptaufgabe in der Auflockerung der Städte durch Grünanlagen.

Gartenschläfer, ein Nagetier, →Schlafmäuse.

Gartenspötter, Singvogelart, →Gelbspötter.

Gartok, Handelsplatz in SW-Tibet, China, 4470 m ü.M., eine der höchsten Dauersiedlungen der Erde, am Karawanenweg Lhasa–Kaschgar.

Gans

Graugans

Rothalsgans

Kanadagans

Garibaldi

Gardasee: Isola di Garda

Garbo

Gärung, Zersetzung organ. Stoffe durch → Enzyme. **Alkohol-G.** wird durch Hefe verursacht, die Zucker in Alkohol und Kohlendioxid spaltet. **Essigsäure-G.** wird durch Bakterien herbeigeführt, die Alkohol mit dem Sauerstoff der Luft zu Essigsäure umsetzen. **Milchsäure-G.** wird hervorgerufen durch Milchsäurebakterien, die manche Zuckerarten in Milchsäure überführen (Sauermilch, Sauerkraut, Gärfutter). G. sind auch sehr viele Aufbereitungsvorgänge an pflanzl. Rohstoffen, die man **Fermentation** nennt (z. B. bei Flachs, Kakao, Tabak, Tee).

Gary [g'erı], Stadt in Indiana, USA, 152 000 Ew.; Zentrum der Schwerind.

Gary [gar'i], Romain, frz. Schriftst., *1914, †1980; Romane: »Die Wurzeln des Himmels«, »Engel ohne Himmel«.

Gas das, **1)** allg.: ein Körper, der (wie die Luft) infolge der freien Beweglichkeit seiner Moleküle weder selbständige Gestalt noch bestimmten Rauminhalt hat (gasförmiger Aggregatzustand der Körper). Alle G. folgen bei Änderung von Temperatur und Druck denselben Gesetzen (→ Boyle, → Gay-Lussacsches Gesetz, → Avogadrosches Gesetz); sie können durch Abkühlung bis unter ihre kritische Temperatur und durch genügend hohen Druck verflüssigt werden (→ Dampf). **2)** → Stadtgas.

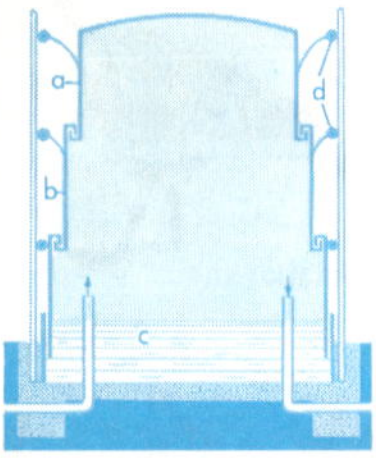

Gasbehälter 2), a Glocke, b Teleskopröhre, c Wassertasse, d Führungsrollen

Gasbehälter, 1) genormte Stahlflaschen für Gase (Propan, Butan, Acetylen) unter hohem Druck. **2)** fälschl. **Gasometer,** große Vorratsbehälter für Stadtgas u. a. techn. Gase, für Fassungsvermögen bis 100 000 m³ meist **Glokken-G.,** bei denen das Gas unter eine in einen Wasserbehälter eintauchende Glocke geleitet wird. Größere G. sind meist **Scheiben-G.,** bei denen sich eine abgedichtete Scheibe auf- und abbewegt.

Gasbeleuchtung, künstl. Beleuchtung mit Gasen (Acetylen, Propan). Bei Beleuchtung mit Propan wird nach Auer v. Welsbach (1884) durch eine Bunsenflamme ein **Glühstrumpf** (Kunstseide mit Thorium- und Ceroxid getränkt) zu strahlendweißem Glühen gebracht. Acetylen brennt mit helleuchtender Flamme.

Gasbrand, Wundinfektion durch Gasbrandbazillen, die mit Erde, in der sie unter Abschluß von Luft leben, in Wunden gelangen. Die Bazillen zersetzen das Gewebe unter Gasbildung.

Gascogne [gask'ɔɲ], geschichtl. Landschaft in SW-Frankreich.

Gasel [arab.] das, Gedichtform, → Ghasel.

Gasentladung, Durchgang eines elektr. Stromes (bewegte Ionen und Elektronen) durch ein Gas. Mit steigender Stromstärke entsteht aus einer Dunkel- eine Glimm- und schließlich Bogenentladung. Anwendungen: G.-Lampen (Glimm-, Metalldampf-, Leuchtstoff- und Bogenlampen, Leuchtröhren), Lichtbogenstromrichter und Lichtbogenschweißen.

Gaszähler: Nasser G.

Gasentladungslampen, elektr. Lichtquellen, bei denen das Licht von den Leuchterscheinungen stammt, die bei Gasentladungen auftreten, z. B. Quecksilberdampf-, Natriumdampflampen. Je nach Fülldruck: Niederdruck-, Hochdruck- (Quecksilber, Natrium) und Höchstdrucklampen (Quecksilber, Xenon), → Leuchtstofflampen.

Gasgenerator, Gaserzeuger, Schachtofen, in dem durch Vergasen von Stein-, Braunkohle, Koks, Holz, Torf usw. Generatorgas als Heiz- und Synthesegas erzeugt wird.

Gasherbrum-Gruppe [g'ʌʃə:brum-], Berggruppe im Karakorum: **G. I,** auch **Hidden Peak,** 8068 m hoch; **G. II,** 8035 m hoch.

Gasmaske, dicht abschließende Gesichtsmaske mit auswechselbarem Filter. Dieses befreit die eingeatmete Luft durch mechan., physikal. und chem. Vorgänge von schädl. Gasen und Schwebstoffen. Die ausgeatmete Luft kann entweichen. Eine Weiterentwicklung auf militär. Gebiet ist die **ABC-Schutzmaske** gegen → ABC-Kampfstoffe.

Gasmotor, Verbrennungsmotor, betrieben mit gasförmigen Kraftstoffen.

Gasohol, Gemisch aus Benzin und 10-20% reinem Alkohol, bessere Brenneigenschaften als gewöhnliches Benzin, für alle Benzinmotoren geeignet; neuerdings in der Erprobung.

Gasöl, bei der Verarbeitung von Erdöl entstehendes brennbares Öl; Siedebereich etwa 200 bis 400 °C; Kraftstoff für Dieselmotoren und Heizöl.

Gasparri, Pietro, Kardinal, *1852, †1934; Kirchenrechtler, Schöpfer des Codex Iuris Canonici, als Staatssekr. maßgebend am Abschluß der Lateranverträge beteiligt.

Gasperi, De, → De Gasperi.

Gassendi [gasɛ̃d'i], Pierre, frz. Philosoph, Naturforscher, *1592, †1655; knüpfte in seiner Physik an den Atomismus Epikurs an.

Gassenhauer, 1) urspr.: Nachtschwärmer, dann auch deren Lieder und Tänze. **2)** heute: kurzlebiges populäres Modelied.

Gassenlaufen, das → Spießrutenlaufen.

Gast der **1)** -s/Gäste, Besucher, der bewirtet oder beherbergt wird. **2)** ⚓ -s/-en, Matrose mit bestimmter Aufgabe: **Boots-G., Signal-G.**

Gastarbeiter, Arbeitskräfte, die auf Zeit in einem anderen Land erwerbstätig sind.

Gastein, Hochtal der Hohen Tauern in Salzburg, 40 km lang. Darin die Heilbäder **Dorfgastein,** 1400 Ew., **Bad Hofgastein,** 5600 Ew., **Badgastein,** 990-1090 m ü. M., 5800 Ew.

Gastfreundschaft, Sitte, Fremde aufzunehmen, zu beherbergen und ihnen Schutz zu gewähren. Bei der früher herrschenden Rechtlosigkeit war die G. ein heilig gehaltener Brauch.

gastrisch [grch.], ♡ den Magen betreffend.

Gastritis [grch.] die, Magenschleimhautentzündung (→ Magenkrankheiten).

Gastronom [grch.] der, Gastwirt. **Gastronomie** die, Kochkunst.

Gastrula [lat.] die, ⚘ Entwicklungsstufe der vielzelligen Tiere, Becherkeim, → Entwicklung 2).

Gaststätte, Betrieb, der gewerbsmäßig Bewirtung oder Beherbergung bietet. Zum Betrieb einer G. oder eines Kleinhandels mit Branntwein ist eine Konzession erforderlich.

Gasturbine, Kraftmaschine ähnlich einer → Dampfturbine, in der die bei der Verbrennung eines verdichteten Kraftstoff-Luft-Gemisches entstehende Wärmeenergie in mechan. Arbeit umgesetzt wird (→ Strahltriebwerk). **Ab-G.** werden mit den heißen Auspuffgasen von Verbrennungskraftmaschinen betrieben.

Gasvergiftung, ♡ Vergiftung durch chem. Verbindungen im gas- und dampfförmigen Zustand (Blausäure, Kohlenoxid u. a.).

Gaszähler, Gerät zum Messen der verbrauchten Gasmenge. Der **nasse G.** besitzt eine drehbare zylindr. Trommel mit 4 Kammern, in die zentral das Gas eintritt. Die dadurch bewirkte Drehung der Trommel betätigt ein Zählwerk. Beim **trockenen G.** wird das Gas durch 2 durch eine Membrane getrennte Meßkästen gedrückt.

Gate, Steuerelektrode des → Feldeffekttransistors.

Gateshead [g'eıtshed], Stadt am Tyne, England, 85 000 Ew.; Eisen-, Stahl-, Maschinenbaubetriebe.

Gatt [ndt.] das, ⚓ **1)** Heck eines Schiffes. **2)** enge Durchfahrt, Meerenge, z. B. das Kattegatt. **3)** Loch, Öffnung, z. B. das Speigatt.

GATT, General Agreement on Tariffs and Trade, 1947 von 23 Staaten abgeschlossenes allg. Zoll- und Handelsabkommen; Ziel: Förderung des Außenhandels, Neuordnung der internat. Wirtschaftsbeziehungen; 1990: 96 Vollmitgl. (Bundesrep. Dtl. seit 1951).

Gatter das, **1)** Gitter. **2)** Sägemaschine mit mehreren parallelen Sägeblättern. **3)** Logikschaltkreis.

Gatti [gat'i], Armand, frz. Schriftsteller, *1924; polit. Theaterstücke.

gattieren, ⚒ ⊙ sachgemäß mischen.

Gattung die, lat. **Genus** das, **1)** Art, Gruppe, Sorte. **2)** ♧ ♘ Gruppe, zu der mehrere nächstverwandte Arten von Tieren oder Pflanzen zusammengefaßt werden.

Gattungskauf, ⚖ Kauf, bei dem der gekaufte Gegenstand nur der Gattung nach bestimmt ist. Ist über die Güte der Kaufsache im Vertrag nichts Näheres bestimmt, so ist eine Ware mittlerer Art und Güte zu liefern.

Gau der, **1)** Landschaft, Gebiet. **2)** german.: Unterabteilung eines Stammesgebiets.

GAU, Abk. für **G**rößter **a**nzunehmender **U**nfall, Reaktortechnik: schwerste Störung einer kerntechn. Anlage.

Gauch der, -s/-e und Gäuche, ✿ **1)** der Kuckuck. **2)** Tropf, Narr.

Gauchheil das, Gatt. zartkrautiger Primelgewächse; Ackerunkraut ist das **Rote G.**

Gaucho [g'autʃo:, indian.] der, Pampahirt.

gaudeamus igitur [lat.], laßt uns also fröhlich sein! Beginn eines Studentenliedes.

Gaudium [lat.], das, Freude, Spaß.

gaufrieren [gofr'i:rən, frz.], mit dem → Kalander Muster in Papier oder Gewebe pressen.

Gaugamela, Ort in Assyrien, 331 v. Chr. Sieg Alexanders d. Gr. über Darius III.

Gauguin [gog'ɛ̃], Paul, frz. Maler, Graphiker und Bildhauer, *1848, †1903; Wegbereiter des Expressionismus; Südseebilder.

Gauguin: Der arme Fischer

Gauklerblume, Rachenblüter der amerikan. Gebirge, so **Gelbe G.,** in Europa verwildert.

Gaul, August, Bildhauer, *1869, †1921, der bedeutendste dt. Tierplastiker seiner Zeit.

Gaulle [gol], Charles de, frz. Staatsmann, General, *1890, †1970; organisierte im 2. Weltkrieg von London aus den Widerstand gegen die dt. Besatzung, schuf 1943 ein nat. Befreiungskomitee in Algier, nahm an der Befreiung Frankreichs teil, war 1945/46 Regierungschef, gründete 1947 das Rassemblement du Peuple Français (1953 aufgelöst). Er wurde am 1. 6. 1958 MinPräs.; seit Jan. 1959 war er Präs. der Republik. 1962 setzte er mit einer Verfassungsänderung die Wahl des Präsidenten durch das Volk durch. de G. löste das Algerienproblem und setzte sich für eine Zusammenarbeit mit Dtl. ein. Sein Ziel war die Stärkung der weltpolit. Stellung Frankreichs, bes. gegenüber den USA. Nach dem Scheitern eines Referendums trat de G. am 28. 4. 1969 zurück.

de Gaulle

Gaumen, Decke der Mundhöhle, im vorderen Teil von den beiden Oberkiefer- und G.-Beinen **(harter G.),** im hinteren Teil von einer bewegl., muskulösen Wand, dem **weichen G.** oder **G.-Segel,** gebildet. Dieses endet in der Mitte in einem herabhängenden Anhang, dem **Zäpfchen,** und geht beiderseits in je 2 **G.-Bögen** über, zw. denen unten die **G.-Mandeln** liegen. **G.-Spalte (Wolfsrachen),** eine meist mit Hasenscharte verbundene, als Hemmungsmißbildung zu deutende Längsspalte im G.; sie behindert das Saugen und Sprechen.

Gauner, gewerbsmäßiger Dieb und Betrüger. **G.-Sprachen,** Sondersprachen der G. untereinander, in Dtl. das **Rotwelsch.**

Gaur der, Dschungelrind Indiens.

Gaurisankar der, Berg im östl. Himalaya, 7145 m hoch, westl. vom Mount Everest in Nepal.

Gauß, Carl Friedrich, Mathematiker und Astronom, *1777, †1855; bahnbrechend auf vielen Gebieten der Mathematik, Sternforschung, Physik (bes. Elektromagnetismus); erfand zus. mit Weber den elektromagnet. Telegraphen, Mitbegründer des absoluten physikal. Maßsystems.

Gauß das, Abk. **G,** Einheit der magnet. Flußdichte im CGS-System, ersetzt durch die SI-Einheit **Tesla (T)**; $1\ G = 10^{-4}\ T$.

Gautama, ind. Name von → Buddha.

Gauten, nordgerman. Stamm in S-Schweden.

Gautier [gotj'e], Théophile, frz. Dichter, *1811, †1872; Gedichte, Romane; vertrat die Forderung »L'art pour l'art«.

Gauß

Gavarni, Paul, Künstlername für Sulpice **Chevalier,** frz. Graphiker, *1804, †1866; Zeichner und Karikaturist.

Gavial der, ind. Krokodil mit schnabelartiger Schnauze; der **Ganges-G.** ist den Hindus heilig.

Gävle [j'ɛvlə], früher **Gefle,** Seehafen in Mittelschweden; 87 400 Ew.; vielseitige Ind.

Gavotte [gav'ɔt, frz.] die, zierl., heiterer frz. Tanz von mäßig schneller Bewegung.

Gawan, Gawein, Held der französ. und dt. Artusromane (»Parzifal«).

Gay [geɪ], John, engl. Dichter, *1685, †1732; Fabeln. B. Brecht erneuerte seine parodist. Posse »The beggar's opera« (»Dreigroschenoper«).

Gaya, Stadt in Bihar, Indien, 247 000 Ew.; Handelsplatz; Lackfabriken; einer der heiligsten Wallfahrtsorte der Buddhisten.

Gay Liberation [geɪ lɪbər'eɪʃn, engl.] die, Emanzipationsbewegung, v. a. in den USA, mit der die Homosexuellen die gesellschaftl. Anerkennung ihrer Lebensformen fordern.

Gay-Lussacsches Gesetz [gɛlys'ak-, nach dem frz. Chemiker Gay-Lussac, *1778, †1850]., Gesetz im Verhalten idealer Gase, nach dem sich das Volumen bei konstantem Druck linear mit der Temperatur ändert. Die jeweiligen Volumina verhalten sich wie die absoluten Temperaturen des Gases, $V_1 : V_2 = T_1 : T_2$.

Gaza [-z-], **Gasa, Ghazze,** ägypt. Handelsstadt in S-Palästina, an der israel. Grenze, 118 000 Ew. Der **G.-Streifen** (378 km², 450 000 Ew., davon 70% Flüchtlinge) ist seit 1949 Gegenstand israelisch-ägypt. Streits; im Anschluß an den 1979 abgeschlossenen israel.-ägypt. Friedensvertrag sollten Verhandlungen aufgenommen werden mit dem Ziel, eine Selbstverwaltungsbehörde zu schaffen, die zur vollen Autonomie führen sollte.

Gazankulu, Bantu-Homeland in der Rep. Südafrika. (→ Homeland)

Gaze [g'a:z, arab.-frz.] die, netzartiges Gewebe aus Baumwolle, Seide, Leinen, Chemieseide.

Gebände

Gebetsmühle aus Tibet

Geburtshelferkröte: Männchen

Gecko: Mauergecko, Fuß- und Haftlamellen

Gazẹlle die, Gatt. sehr schlanker asiatisch-afrikan. Antilopen, in Herden lebend.

Gazellenfluß, Bahr el-Ghasal, linker Nebenfluß des Nils im Sudan.

Gazette [gaz'ɛt, frz.] die, Zeitung, Zeitschrift.

Gaziantẹp [gazi-], türk. Stadt im Taurus-Vorland, 466000 Ew.; Textil- und Nahrungsmittelind.

Gd, chem. Symbol für Gadolinium.

Gdańsk [gdaĩsk], poln. Name für → Danzig.

Gdingen, poln. **Gdynia** [gd'inja], Hafenstadt in Polen, an der Ostsee (Danziger Bucht), 249500 Ew.; Handels-, Kriegs- und Passagierhafen.

GDP, Gesamtdeutsche Partei.

Ge, chem. Symbol für Germanium.

Geäse das, **1)** ♆ Maul der Hirsche, Rehe, Gemsen. **2)** aufgenommene Nahrung.

Gebände [Gebende, von binden] das, weibl. Kopftracht im 13. Jh.

Gebärde, ausdrucksvolle, sichtbare Bewegung. Man unterscheidet: **1) arttyp. G.** (z. B. Droh- und Imponierstellungen, Katzbuckeln, Schweifwedeln); **2) absichtl. G.,** beim Menschen als Sprachhilfe oder Sprachersatz **(G.-Sprache)** bes. ausgeprägt bei Naturvölkern; Hilfsmittel bei Taubstummheit; **3)** Ausdrucksmittel in der Schauspielkunst; **4)** in Verbindung mit kult. Handlungen, z. B. Liegen, Haltung der Hände.

Gebärmutter, lat. **Uterus,** grch. **Hystera,** ♡ ⚕ Organ des weibl. Körpers, das die befruchteten Eier in sich aufnimmt, sie während ihrer Entwicklung zu Embryonen beherbergt und die reife Frucht bei der Geburt ausstößt. Die **G. des Menschen** ist ein muskulöser, hohler, flach birnenförmiger Körper; sie liegt im kleinen Becken zw. Blase und Mastdarm. Der **G.-Hals (Cervix)** mit kleiner zentraler Öffnung, dem **Muttermund,** mündet in die Scheide. Vom **G.-Körper** gehen nach beiden Seiten die → Eileiter ab. Die Schleimhaut im Inneren der G. erneuert sich in 4wöchentl. Zyklus und wird bei der → Menstruation ausgestoßen. – **G.-Krankheiten. G.-Geschwülste:** Myom, gutartig, geht aus Muskelfasern hervor; Krebs, bösartig. Anzeichen für beide: unregelmäßige Blutungen. **G.-Geschwür, Erosion,** meist am äußeren Muttermund. **G.-Katarrh,** Entzündung der G. durch Bakterien. Anzeichen: Völlegefühl, Ausfluß, Schmerzen. **G.-Verlagerungen:** Rückwärtsneigung **(Retroversion),** Rückwärtsknickung **(Retroflexion),** abnorme Vorwärtsknickung **(Anteflexion),** Senkung **(Descensus),** Vorfall **(Prolaps).** Ursachen: Lockerung der Bänder durch Geburten oder schwere körperl. Arbeit.

Gebet das, Hinwendung des Menschen zu Gott in Form des Anrufs als Bitt-, Buß-, Lob-, Dank-G. und Fürbitte.

Gebetsmühle, mit geschriebenen Gebeten gefülltes hölzernes oder metallenes Gefäß der Buddhisten, bes. der Lamaisten, das durch Hand, Wind oder Wasserräder gedreht wird.

Gebetsriemen der Juden: Riemen mit Kapseln, in denen Pergamentstreifen mit Bibelsprüchen liegen.

Gebetsteppich, dient den Muslimen als Unterlage zum Knien beim Gebet.

Gebhard [von ahd. geba »Gabe« und hart »stark«], männl. Vorname.

Gebhardt, Eduard v., Maler, *1838, †1925; religiöse Bilder.

Gebietskörperschaft, Körperschaft des öffentl. Rechts, z. B. Gemeinde, Land.

Gebildbrot, aus Anlaß bestimmter kirchl. Feste geformtes Gebäck.

Gebirge [von »Berg«], zusammenhängende größere Erhebung der Erdoberfläche: Berge und Hochflächen, die durch Täler gegliedert sind. Nach der Form der Gipfel unterscheidet man: **Kamm-G.** (Sudeten), **Kuppen-G.** (Rhön), **Tafel-G.** (Schwäb. Alb); nach der Höhe: **Mittel-G.** (Schwarzwald) und **Hoch-G.** (Alpen). Ihrer Entstehung **(G.-Bildung)** nach sind die G. entweder vulkanisch: durch Ausstoßung von Gesteinen, oder tektonisch: durch Störung der Lagerung der Gesteine. Die tekton. G. gliedert man in **Falten-G.** und **Bruch-G.,** die letzteren in **Horst-G.** und **Schollen-G. Ketten-G.** sind langgestreckte Falten-G. (Alpen).

Gebiß, 1) Gesamtheit der → Zähne. **2)** der eiserne Teil des Pferdezaums.

Gebläse, ⊙ Verdichter gasförmiger Medien mit niedrigem Druckverhältnis zur Lüftung, Versorgung von Hochöfen, Bergwerken mit Frischluft, gebaut als **Schrauben-, Kolben-, Turbo-G.**

Gebot, Befehl; → Zehn Gebote.

Gebrauchsanmaßung, ⚖ unberechtigte Benutzung fremder Sachen und Rechte. Strafbar ist die G. an Kfz. und Fahrrädern (§ 248b StGB) sowie die der öffentl. Pfandleiher an verpfändeten Sachen (§ 290 StGB).

Gebrauchsgraphik, → Graphik-Design.

Gebrauchsgüter, langlebige Konsumgüter wie Waschmaschinen, Möbel u. a.; Ggs.: Verbrauchsgüter.

Gebrauchsmuster, ⚖ → Musterschutz.

Gebühren, 1) öffentl. Abgaben für eine bestimmte staatl. Leistung, bes. für die Inanspruchnahme öffentl. Einrichtungen, z. B. **Prüfungs-G., Gerichts-G. 2)** Entgelt für Dienstleistungen.

gebundene Rede, Dichtung in Versform.

Geburt, lat. **Partus,** auch **Niederkunft, Entbindung;** Vorgang, durch den die Leibesfrucht aus dem mütterl. Körper an die Außenwelt gelangt. – Die normale G. beginnt mit Einsetzen der Wehen, rhythm., sehr schmerzhaften Zusammenziehungen der Gebärmuttermuskulatur. Die ersten Wehen bewirken eine langsame Eröffnung des Gebärmutterhalskanals **(Eröffnungsperiode).** Wenn der Muttermund völlig erweitert ist, platzt die Fruchtblase (Blasensprung), das Fruchtwasser fließt durch die Scheide ab, und mit den nächstfolgenden Wehen beginnt die Austreibung der Frucht **(Austreibungsperiode).** Der führende Teil des Kindes, der Kopf, wird durch den G.-Kanal gepreßt und nach Überwindung der Becken- und Dammwege geboren. Der Körper folgt mit der nächsten Wehe nach. Ist das Kind geboren, wird die Nabelschnur durchschnitten. In der nun folgenden **Nachgeburtsperiode** wird der Mutterkuchen mit Nabelschnur- und Eihautresten als Nach-G. aus der Gebärmutter ausgestoßen.

Geburtenbuch, standesamtl. Personenstandsbuch zur Beurkundung der Geburten.

Geburtenstatistik, Teil der Bevölkerungsstatistik.

Geburtenkontrolle, → Empfängnis.

Geburtshelferkröte, Froschlurch im wärmeren Europa. Das Weibchen laicht an Land, das Männchen windet sich die Eischnüre um die Hinterschenkel, vergräbt sich bis zur Eireifung und geht dann ins Wasser, wo die Eier sofort aufplatzen.

Geburtshilfe, Wissenschaft von den normalen und krankhaften Vorgängen während der Schwangerschaft und Geburt.

Gecko der, **Haftzeher,** Fam. der Echsen in warmen Ländern, die mit Hilfe von Haftlamellen und/oder Krallen an den Zehen an glatten Wänden und Decken laufen können.

Gedächtnis das, Fähigkeit, sich Inhalte unwillkürlich oder durch bewußtes Lernen zu merken, Grundlage der Erinnerung.

Gedanke der, geistige Vorstellung; Plan, Einfall. **Gedankenblitz,** plötzl. Eingebung.

Gedankenübertragung, Telepathie, angebl. Weitergabe oder Aufnahme von Bewußtseinsinhalten an oder von anderen Personen ohne Vermittlung der bekannten Sinnesorgane.

Gedankenvorbehalt, reservatio mentalis [lat.], bei Abgabe einer Willenserklärung der nicht geäußerte Vorbehalt des Erklärenden, das Erklärte nicht zu wollen; rechtl. ohne Bedeutung.

Gedda, Nicolai, eigtl. N. **Ustinov,** schwed. Sänger (Tenor) russ. Abstammung, *1925; v.a. lyr. Opernpartien.

Gedicht das, lyrisches Dichtwerk, → Lyrik.

gediegen, 1) rein vorkommend (Metall). **2)** zuverlässig, solide.

Gedinge das, Akkordlohn der Bergarbeiter.

gedruckte Schaltung, ⚡ elektr. Schaltung, die unter Verwendung eines Druckverfahrens auf eine Isolierplatte aufgebracht ist.

Gedser [g'ɛsɛr], dän. Hafen an der Südspitze von Falster, 1400 Ew.; Eisenbahnfähre nach Warnemünde, Autofähre nach Travemünde.

Geest die, im norddt. Tiefland das höher gelegene, minder fruchtbare, meist sandige Land eiszeitl. Entstehung. Ggs.: → Marsch.

Geesthacht, Stadt in Schleswig-Holstein, am rechten Elbufer, 25000 Ew.; Maschinen- u.a. Ind., Forschungsreaktor, Elbstaudamm mit Schleuse.

Gefährdungshaftung, ⚖ Haftung für Schäden, die ohne Verschulden des Haftpflichtigen eingetreten sind.

Gefälle, Verhältnis des Höhenunterschieds zweier Punkte zu ihrem horizontalen Abstand.

Gefangenenbefreiung wird mit Freiheitsstrafe bestraft (§§ 120 StGB).

Gefängnis, → Strafvollstreckung.

Gefängnisstrafe, → Freiheitsstrafe.

Gefäßbündel, strangförmige Gewebebezirke in allen Blütenpflanzen und den farnartigen Pflanzen (Gefäßkryptogamen). In den Blättern bilden die G. das Blattgeäder. Die G. des Stengels stehen bei den zweikeimblättrigen Pflanzen im Kreise, bei den einkeimblättrigen Pflanzen unregelmäßiger. Jedes G. besteht aus einwärts gelegenem **Holzteil,** in dem das Wasser (mit den Nährsalzen) aufsteigt, und auswärts gelegenem **Bast-** oder **Siebteil.** Zw. beiden liegt das → Kambium. Die wesentlichsten Aufbauteilchen des Holz- und Siebteils sind die **Gefäße (Tracheen).**

Gefäße, → Blutgefäße, → Lymphgefäße.

Gefäßkrampf, Krampf der Muskulatur von Blutgefäßen, z.B. bei Angina pectoris.

Geflügel, Sammelwort für die vom Menschen gezüchteten Nutzvögel. **G.-Krankheiten,** meist Infektionskrankheiten: **G.-Cholera,** führt schon nach wenigen Stunden zum Tode. **G.-** oder **Hühnerpest,** eine Viruskrankheit, äußert sich in Schlafsucht, schwarzroter Färbung des Kammes und der Kehllappen, führt nach 1 Woche zum Tode. **Kükenruhr (G.-Typhus)** wird meist übertragen durch Bruteier und vermindert den Kükenbestand um 30-90%. **G.-Tuberkulose,** auch auf Schwein und Mensch übertragbar. Bekämpfung: Absondern der kranken Tiere, Impfung.

geflügelte Worte, seit G. Büchmanns Slg. »Geflügelte Worte« (1864) sprichwörtl. gebrauchte Aussprüche, bes. Dichterzitate.

Gefreiter, ⁂ Mannschaftsdienstgrad.

Gefrieranlagen dienen zum schnellen Gefrieren von Lebensmitteln bei tiefen Temperaturen (–20 bis –50 °C) mit → Kältemaschinen.

Gefrierchirurgie, Kryochirurgie, Anwendung der Kältetechnik in der Chirurgie. Mit Hilfe von flüssigem Stickstoff oder einer tiefgekühlten (–160 bis –180 °C) Sonde wird krankhaftes Körpergewebe eingefroren und zerstört. Die G. ist u.a. geeignet zur Zerstörung operativ nicht mehr entfernbarer Geschwülste.

Gefrierfleisch ist durch rasches Gefrieren haltbar gemacht.

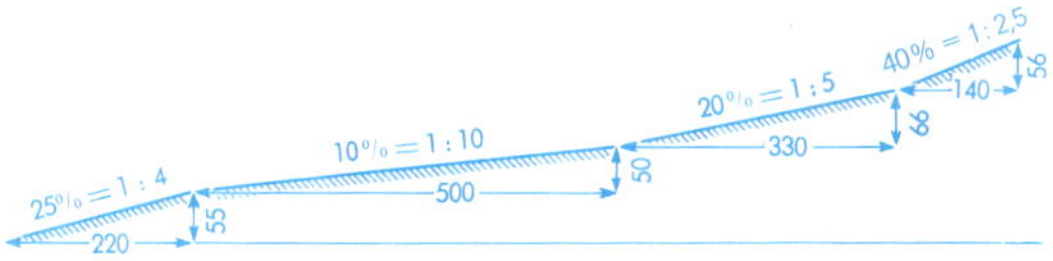

Gefälle

Gefriergut, Gefrierkost, meist dicht verpackte, küchenfertig zugerichtete Lebensmittel, können bei –12 bis –18 °C 1-2 Jahre aufbewahrt werden.

Gefrierpunkt, Temperatur, bei der eine Flüssigkeit erstarrt, d.h. in den festen Aggregatzustand übergeht. Der G. ist druckabhängig.

Flüssigkeit	Gefrierp. in °C	Siedep. in °C
Äthylalkohol	–114,5	+ 78,3
Äther	–116,3	+ 35,0
Benzol (Benzen)	+ 5,5	+ 80,1
Chloroform	– 63,5	+ 61,2
Essigsäure	+ 16,7	+118,1
Glycerin	– 18,0	+290,0
Methylalkohol	– 97,9	+ 64,7
Quecksilber	– 38,9	+357,0
Schwefelkohlenstoff ...	–111,6	+ 46,2
Toluol	– 94,5	+110,8
Wasser	0,0	+100,0

Gefrierschutzmittel, Frostschutzmittel, Zusätze zu Wasser, die das Gefrieren bei 0 °C verhindern, z.B. Lösungen von Kochsalz, Calciumchlorid, Alkohol, Glycerin.

Gefriertrocknung, Wasserentzug aus biolog. Geweben, Bakterien, Lebensmitteln usw. durch Tiefgefrieren im Vakuum.

Gefrorenes, Speiseeis aus Milch, Eigelb, Zucker, Geschmackszutaten.

Gefühl das, seel. Erlebnisse oder Erlebnisqualitäten teils ungerichteter, teils gerichteter Art (Liebe, Haß), teils Gesamtzustände, die als **Stimmung** den tragenden Grund für Erleben und Verhalten bilden. Stark und rasch verlaufende G. heißen **Affekte.**

Gegenkolbenmotor, Doppelkolbenmotor, Verbrennungsmotor mit 2 im gleichen Zylinder gegeneinanderlaufenden Kolben.

Gegenkönig, im MA. öfters von einer Gruppe von Fürsten gewählt, in Dtl. u.a. Albrecht I.

Gegenreformation, Gegenbewegung der kath. Kirche gegen die Reformation, bes. 1555 bis 1648, während die kath. Kirche selbst eine relig. Erneuerung erfuhr. Hauptträger der G. waren die Päpste, der Jesuitenorden, die span. (v.a. Philipp II.) sowie die österreich. Habsburger, die bayer. Wittelsbacher.

Gegenrevolution, Konterrevolution, Umsturz, der die Staatsordnung wiederherstellen soll, die durch Revolution zerstört wurde.

Gegensatz, LOGIK: Verhältnis von Begriffen, die einander ausschließen. a) **Kontradiktor. G.:** schwarz – nicht schwarz, ein Begriff verneint den andern. b) **Konträrer G.:** schwarz – grün, Verschiedenheit von Begriffen einer Reihe.

Gegenstromanlage, → Jetstream.

Gegenstromverfahren, Wärme- oder

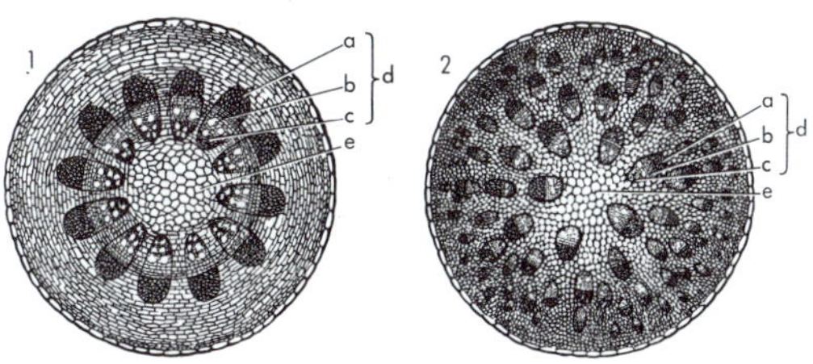

Gefäßbündel: Querschnitt durch den Stengel **1** einer zweikeimblättrigen, **2** einer einkeimblättrigen Pflanze, a Bast- oder Siebteil, b Kambium, c Holzteil, d Gefäßbündel, e Mark

Geier

Bartgeier

Gänsegeier

Kondor

Stoffaustausch durch Vorbeiführen zweier Stoffe aneinander in entgegengesetzter Richtung.

Gegenwart, 1) Jetztzeit. **2)** Anwesenheit. **3)** Zeitform (Präsens).

Gegenwertmittel, ERP-Sondervermögen, vom allg. Bundesvermögen getrennter Fonds, dem die Erlöse aus dem Verkauf von im Rahmen amerikan. Hilfsprogramme eingeführten Waren zuflossen. Daraus können verzinsl. Kredite zur Förderung der Wirtschaft gewährt werden.

Gegenzeichnung, ⚖ Mitunterschrift einer zweiten Person **(Kontrasignatur);** z. B. G. einer Urkunde des Staatsoberhauptes durch den Regierungschef oder einen Minister.

Gehalt der, -s/-e, **1)** wesentl. Inhalt, der innere Wert. **2)** bei Erzen: das reine Metall. **3)** Inhalt eines Gefäßes. **4)** das G., -s/Gehälter, das meist monatl. gezahlte Arbeitsentgelt der Beamten (Besoldung) und Angestellten.

Geheeb, Paul, Pädagoge, *1870, †1961, gründete 1910 die »Odenwaldschule«, 1934 in der Schweiz die »Ecole d'Humanité«.

Gehẹge das, Ψ Jagdbereich mit Wildpflege.

Geheimbund, Vereinigung, die ihre Ziele, Tätigkeit, Mitgl. und Gebräuche geheimzuhalten sucht. **Geheimbündelei,** ⚖ Teilnahme an einer Verbindung, deren Dasein, Verfassung oder Zweck vor der Staatsregierung geheimgehalten werden soll; früher mit Freiheitsstrafe bestraft (§ 128 StGB).

Geheimdienst, Einrichtung zur Sammlung und Auswertung geheimgehaltener Nachrichten.

Geheimer Rat, 1) Geheimes Ratskollegium, Geheimes Konzil, Staatsrat, in dt. Einzelstaaten vom 16. bis 19. Jh. die oberste Regierungsbehörde. **2)** Mitgl. der Behörde. **3)** in Dtl. bis 1919 ein Titel (Geheimrat, Geheimer Regierungs-, Justiz-, Medizinalrat u. ä.).

Geheime Staatspolizei, Gestapo, polit. Polizei im nationalsozialist. Dtl., hatte fast unbeschränkte Macht zur Freiheitsentziehung ohne richterl. Nachprüfung und sonstige Rechtsgarantien.

Geheimmittel, lat. **Arcạna,** Arzneimittel, deren Zusammensetzung geheimgehalten wurde; G. gibt es in der Bundesrep. Dtl. nicht mehr.

Geheimschrift, Chịffre, nur für Eingeweihte lesbare Schrift. Es gibt diplomat., militär., kaufmänn. und kriminelle G. Bei den versch. **Chiffrierverfahren** wird die Textvorlage mit Hilfe eines »Schlüssels« **(Code)** in den Geheimtext umgesetzt. Die **Verschleierungsverfahren** wenden unsichtbare Tinten **(Geheimtinten),** besondere Schriftzeichen u. a. an.

Gehen, leichtathlet. Wettkampfübung, bei der das vorschwingende Bein aufgesetzt werden muß, bevor das hintere Bein den Boden verläßt.

Gehirn, Hirn, lat. **Cẹrebrum,** der innerhalb der Schädelkapsel gelegene Teil des Nervensystems des Menschen und der Wirbeltiere. Es ist Zentrum für alle Sinnesempfindungen und Willkürhandlungen, Sitz des Bewußtseins, Gedächtnisses und aller geistigen und seel. Leistungen. Im Innern des G. liegen miteinander zusammenhängende, mit wässeriger Flüssigkeit (G.-Rückenmarks-Flüssigkeit) gefüllte Höhlen. Das G. ist von 3 Häuten, der **weichen Hirnhaut,** der **Spinnwebenhaut** und der den Schädelknochen dicht anliegenden **harten Hirnhaut,** umschlossen.

EINTEILUNG: das aus 2 Halbkugeln bestehende **Großhirn,** mit vielen Windungen an der Oberfläche, im oberen und vorderen Teil des Schädels, das **Kleinhirn** im Hinterkopf und eine Kette von Hirnteilen, die das Großhirn mit dem Rückenmark verbinden. In dem dem Rückenmark am nächsten liegenden Hirnteil, dem **verlängerten Mark,** liegen an einer Stelle, dem **Lebensknoten,** das lebenswichtige Atmungs- und Herzzentrum. Am Boden des Zwischenhirns sitzt die **Hypophyse (Hirnanhang),** auf der oberen Fläche die **Zirbeldrüse (Epiphyse);** beide sind wichtige Drüsen mit → innerer Sekretion. Die versch. Tätigkeiten des G. sind an bestimmte Gegenden **(Zentren)** gebunden. Vom G. gehen 12 Nervenpaare **(Hirn-, G.-Nerven)** aus. Mittleres Hirngewicht des Mannes 1375, der Frau 1245 g.

ERKRANKUNGEN: **G.-Abszeß,** umschriebene Eiteransammlung im G.; am häufigsten nach G.-Verletzungen (Hirnschüssen); auch als Folge von Innenohreiterung oder G.-Entzündung; **G.-Blutung,** durch Platzen eines brüchig gewordenen Gefäßes (→ Schlaganfall) oder infolge von Gewalteinwirkung (G.-Erschütterung, Schädelbruch); **G.-Entzündung, Enzephalitis,** kann durch Bakterieneinschleppung auf dem Blutweg bei jeder Infektionskrankheit entstehen, bes. bei Masern, Keuchhusten, Typhus, Fleckfieber, auch gelegentl. nach Pokkenschutzimpfung; **Epidemische G.-Entzündung, E. epidemica (lethargica),** Schlafgrippe, eine Virusinfektion, die schwere Dauerschäden des G. hervorruft (Muskelstarre, Schüttellähmung, Speichelfluß). Behandlung mit Atropin (Bulgar. Kur). **G.-Erschütterung, Commotio cerebri,** entsteht durch Fall oder Schlag auf den Schädel. Bewußtlosigkeit, Schwindel, Erbrechen; häufig noch lange Wochen danach Kopfschmerzen. Strenge Bettruhe für 3 Wochen, Beruhigungsmittel; **G.-Erweichung,** volkstüml. Ausdruck für die fortschreitende → Paralyse (Spätstadium der → Syphilis); **G.-Geschwulst, Hirntumor,** ruft durch verdrängendes Wachstum Kopfschmerzen, Sehstörungen, Erbrechen (Hirndrucksteigerung), später Lähmungen hervor. Frühzeitige Operation! **G.-Hautentzündung,** → Meningitis; **G.-Schwund,** meist im hohen Alter vorkommende Rückbildung der G.-Substanz (Altersblödsinn); **G.-Wassersucht,** → Wasserkopf.

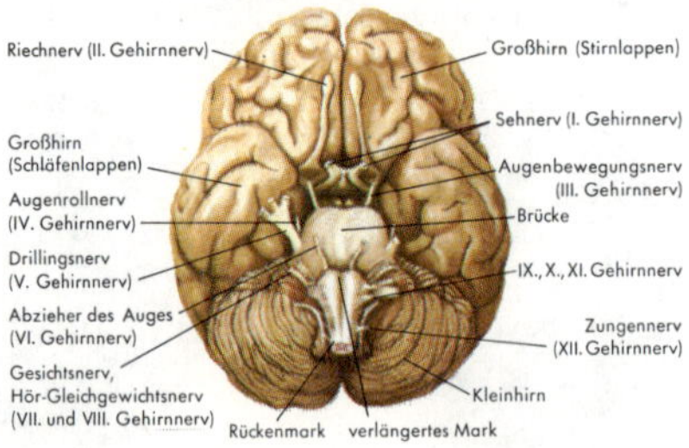

Gehirn, von der Basis aus gesehen

Gehirnwäsche, eine Art der Folter, meist bei polit. Gefangenen angewandt, sucht durch physisch-psych. Druck Geständnisse oder die völlige Umwandlung des Denkens und Wollens eines Menschen zu erreichen.

Gehlen, Arnold, Philosoph, Soziologe, *1904, †1976; begreift den Menschen als biologisch »instinktentsichertes« und daher auf Lebensführung durch feste Gesellschaftseinrichtungen angewiesenes »Mängelwesen«.

Gehör das, Fähigkeit, Töne, Klänge und Geräusche mit dem Ohr wahrzunehmen.

Gehörn das, **1)** Hörnerpaar der Horntiere. **2)** Ψ Geweih des Rehbocks.

Gehrung, Gehre die, Zusammenstoßen von Leisten oder Gesimsen unter einem Winkel, z. B. die Ecke eines Bilderrahmens.

Geibel, Emanuel, Dichter, *1815, †1884; Lyrik in klassizist. Form; trat für dt. Einigung unter Preußens Führung ein (»Heroldsrufe«).

Geier, große Greifvögel; Hals und Kopf meist nur von wenigen Flaumfedern bedeckt; Aasfresser, in warmen Ländern als »Gesundheitspolizei« nützlich. **Gänse-G., Schmutz-G.**

(Aas-G.) in den Mittelmeerländern und Afrika; **Bart-** oder **Lämmer-G.** und **Mönchs-** oder **Kutten-G.** in Asien, N-Afrika, SO-Europa; **Kondor, Königs-G.** in Amerika.

Geierhaube, Kopfschmuck der Königinnen im alten Ägypten.

Geige, Violine die, das wichtigste Streichinstrument der Neuzeit, Ende des 16. Jh. aus der Viola entwickelt; bespannt mit 4 Saiten (g, d', a', e''), die Decke aus Tannen-, der Boden aus Ahornholz. Bedeutende Geigenbauer: die ital. Familien Amati, Stradivari, Guarneri in Cremona, die Tiroler Stainer, Klotz.

Geiger, Hans, Physiker, *1882, †1945; arbeitete über Radioaktivität, Atomaufbau und Strahlungen. **G.-Zähler,** → Zählrohr.

Geiler v. Kaysersberg, Johannes, *1445, †1510; volkstüml. Sittenprediger.

Geisel der, -s/-, oder die, -/-n, Rechtsgeschichte: in Gewahrsam genommener »Bürge«, der mit Freiheit und Leben für die Erfüllung bestimmter Forderungen haftet. (→ Geiselnahme)

Geiselgasteig, Villenvorort von München; große Filmateliers.

Geiselnahme, die dem → Menschenraub ähnliche Überwältigung eines Menschen, um einen anderen zu einem bestimmten Verhalten zu nötigen; strafbar nach § 239 b StGB.

Geisenheim, Stadt im Rheingau, Hessen, 10 700 Ew.; Maschinenind.; Weinbau; Lehr- und Forschungsanstalt für Wein-, Obst- und Gartenbau.

Geiser, → Geysir.

Geiserich, Wandalenkönig, *389?, †477; gründete 442 in N-Afrika ein Reich, eroberte 455 Rom.

Geisha [g'eʃa] die, Japan: in Tanz, Gesang und gesellschaftl. Formen ausgebildetes Mädchen zur Unterhaltung und Bedienung in Teehäusern u. a. Orten.

Geislingen an der Steige, Stadt in Baden-Württ., am N-Rand der Schwäb. Alb, 26 000 Ew.; Metallwaren-, Textilind.

Geißblatt, Gatt. von Sträuchern mit zweilippig-röhrigen Blüten und ungenießbaren Beeren; teils Kletterstraucher mitteleurop. Waldränder, auch Ziersträucher **(Wald-G.** und **Jelängerjelieber);** teils aufrechte Sträucher mit kleineren, kürzeren Blüten **(Heckenkirsche** und **Tataren-G.).**

Geißel, 1) Züchtigungswerkzeug, Stab mit Riemen oder Schnüren; daher: Plage, Heimsuchung. **Geißler,** → Flagellanten. **2)** ♁ ⚘ geißelähnl. Plasmafäden bei kleinen Lebewesen, dienen zur Fortbewegung.

Geißeltierchen, Flagellaten, Einzeller, Klasse der Urtiere, mit Geißelfäden zur Fortbewegung. Einige Arten sind Schmarotzer **(Trypanosomen,** Erreger der Schlafkrankheit).

Geissendörfer, Hans Werner, Filmregisseur, *1941; »Zauberberg« u. a.

Geißfuß, 1) ⚘ der → Giersch. **2)** ⊙ Werkzeug zum Ausziehen von Nägeln.

Geissler, Heiner, Politiker (CDU), *1930; 1977-89 Gen.-Sekr. der CDU, 1982-85 Bundesmin. für Jugend, Familie und Gesundheit.

Geißlersche Röhren [nach dem Mechaniker Geißler, *1815, †1879], Leuchtröhren.

Geist der, als **subjektiver G.** das Denken, Wollen, Urteilen des Menschen; als **objektiver G.** in den überpersönl. Ordnungen von Recht, Sitte, Sittlichkeit verkörpert.

Geistesgeschichte, → Ideengeschichte.

Geisteskrankheiten, → seelische Krankheiten.

Geisteswissenschaften beschäftigen sich (im Unterschied zu den Naturwissenschaften) mit der Kultur als Ganzheit; als Einzelwissenschaften behandeln sie Kunst, Recht, Sprache, Geschichte, Wirtschaft u. a. Gebiete.

geistiges Eigentum, → Urheberrecht.

geistliche Gerichtsbarkeit, Rechtspflege kirchl. Organe über Mitgl. der kirchl. Gemeinschaft. In der kath. Kirche werden Streitigkeiten, die ihr eigenes Recht betreffen, von kirchl. Gerichten entschieden. Evang. Kirche: g. G. beschränkt auf Zuchtgewalt gegenüber Kirchenmitgl. und Disziplinargewalt gegenüber Amtsträgern.

geistlicher Vorbehalt, Bestimmung des Augsburger Religionsfriedens von 1555, daß die geistl. Fürsten beim Übertritt zum Protestantismus ihre weltl. Herrschaft verlieren sollten.

geistliche Verwandtschaft entsteht nach kath. Kirchenrecht zw. Täufling (Firmling) und den Paten; Ehehindernis.

Geiz der, **1)** übertriebene Sparsamkeit. **2)** ⚘ **G., Geiztrieb,** Seitentrieb, Blattachseltrieb.

Gekröse das, **1)** Bauchfellfalte, die den Dünndarm einschließt. **2)** Magen und Netz sowie krause Gedärme von Kalb und Lamm.

Gel das, ⚗ kolloidale Lösung, die durch Wasseraufnahme gallertartig erstarrt ist.

Gelatine [ʒelat'inə, frz.] die, leimähnl. Eiweißsubstanz aus entmineralisierten Knochen u. a.; zur Versteifung von Süßspeisen, zur Photofilmbeschichtung.

gelb, Farbe im Spektrum zw. Orange und Grün; Wellenlänge 0,56-0,59 nm.

Gelbbeeren, unreife, getrocknete Beeren versch. Kreuzdornarten; zu Farbstoffen.

Gelbbücher, → Farbbücher.

gelber Fleck, auf der Netzhaut, → Auge.

Gelber Fluß, der Hwangho, in China.

Gelbes Meer, Randmeer des Stillen Ozeans zw. Korea und China.

Gelbfieber, schwere ansteckende Krankheit der Tropen, mit hohem Fieber, Erbrechen und Gelbsucht. Erreger ein Virus; durch die **G.-Mücke** (Aedes aegypti) übertragen.

Gelbguß, Messingguß.

Gelbkreuz, chem. Kampfstoff (Lost, Senfgas), schon im 1. Weltkrieg eingesetzt.

Gelbrand der, räuber. → Schwimmkäfer.

Gelbspötter, Gartenspötter, den Rohrsängern verwandter europ. Singvogel, grüngrau, unten gelblich, ahmt andere Vogelstimmen nach.

Gelbsucht, 1) Ikterus, Gelbfärbung der Haut und der Schleimhäute, bes. der Augen, als Anzeichen von Leberschädigung, Verschluß der Gallengänge oder krankhaften Blutzerfall. **2) G. der Pflanzen, Chlorose,** krankhafter Mangel an Blattgrün.

Geld das, -es/-er, **1)** allg., meist staatl. eingeführtes und anerkanntes Mittel des Zahlungsverkehrs. **Funktionen:** G. ist allg. Tausch- und Zahlungsmittel, Wertmaßstab aller Güter und Leistungen, Mittel zur Wertaufbewahrung und Wertübertragung. **Arten:** Bei Tauschwirtschaft **Natural-G.,** in höher entwickelter Wirtschaft **Münz-** und **Papier-G.;** hochentwickelte Wirtschaften kennen den bargeldlosen Zahlungsverkehr **(Buch-, Giral-G.).** – Die Ordnung des G.-Wesens in einem Land heißt **Währung. Währungs-G.** (Kurant-G.; z. B. Banknoten) muß in jeder Höhe als Zahlung angenommen werden, **Scheidemünzen** nur bis zu einem Höchstbetrag. – Die **G.-Theorie (G.-Lehre)** untersucht das Wesen des G. und die Ursachen, die ihm einen Wert verleihen. Für den **G.-Wert** ist das Verhältnis zw. G.-Menge und Gütermenge wichtig. Neben dem inneren G.-Wert, der Kaufkraft, steht der äußere G.-Wert, die Kaufkraft gegenüber ausländ. Waren, die sich im Wechselkurs äußert. Die **G.-Politik** hat das Ziel, Schwankungen des G.-Werts durch Regulierung der G.-Menge (Bar-, Buch- und Giral-G.) auszuschalten. **G.-Schöp-**

Geige: a Schallkörper (Decke), b Oberbügel, c Mittelbügel, d Unterbügel, e Schallöcher, f Saitenhalter, g Steg, h Hals, i Griffbrett, k Sattel, m Wirbelkasten, n Wirbel, p Schnecke, q Zargen

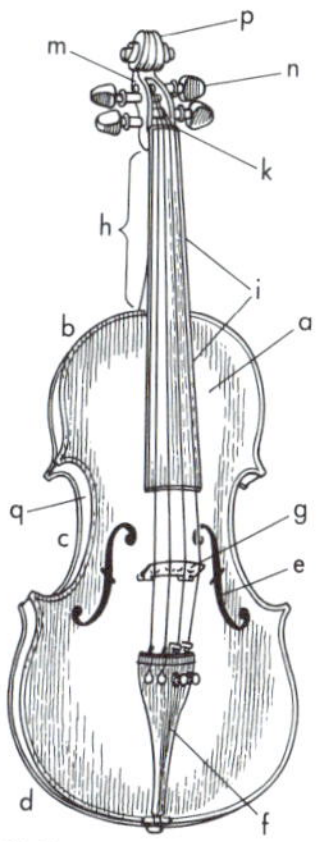

Geige

Geierhaube (Wandmalerei im Grab der Nefertari)

fung heißt die Erhöhung der G.-Menge durch Ausgabe neuer G.-Zeichen, auch durch Ausstellung von Wechseln oder Gewährung von Buchkrediten. – **G.-Markt,** der Markt für kurzfristige Kredite (Ggs.: Kapitalmarkt). **2) Geld,** Abk. **G.,** im Börsenverkehr (Kurszettel): gesucht zum angegebenen Preis, dem **G.-Kurs** (Ggs.: → Brief).

Geldbuße, von der Verwaltungsbehörde, Polizei oder vom Gericht auferlegte Abgabe für Ordnungswidrigkeiten; ist keine Strafe.

Geldern, 1) Provinz der Niederlande, 1,8 Mio. Ew., Hptst.: Arnheim. **2)** Stadt im RegBez. Düsseldorf, 28400 Ew.; Ind.

Geldstrafe, Strafsanktion, die bei Vergehen verhängt werden kann, und zwar in Tagessätzen von mindestens 2 DM und höchstens 10000 DM; die Zahl der Tagessätze beträgt mindestens 5 und höchstens 360. An Stelle einer Freiheitsstrafe von weniger als 6 Monaten ist stets auf G. zu erkennen, wenn der Strafzweck dadurch erreicht werden kann.

Geldwaschanlage, umgangssprachl. für eine Institution, die steuerbegünstigte Spenden an eine polit. Partei weiterleitet; heute auch Bez. für jede Form der Legalisierung illegal erzielter Gewinne.

Gelee [ʒəl'e, frz.] das, **1)** gallertartig erstarrter Frucht- oder Fleischsaft. **2) G. royale,** Weiselfuttersaft, Königinnenfutter der Bienen.

Geleit das, **1)** MA.: bewaffnete Begleiter, die Reisenden zur Sicherheit beigegeben waren. Ein **G.-Brief** sagte den Reisenden oder Gütern Schutz und Sicherheit zu. **2) sicheres G.,** ⚖ die einem abwesenden Beschuldigten vom Gericht erteilte Befreiung von der Untersuchungshaft (§ 295 StPO); im Völkerrecht die Zusage, Vertreter eines andern Staates nicht zu verhaften.

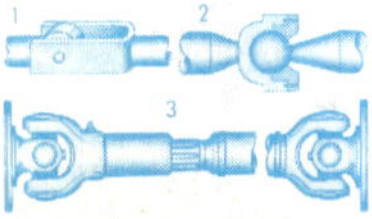

Gelenk 2): 1 Gabelgelenk, **2** Kugelgelenk, **3** Kardangelenkwelle

Gelenk das, **1)** ♡ Verbindung mehrerer Knochen, bei der diese mit den überknorpelten **G.-Flächen** aneinanderstoßen und durch die **G.-Kapsel** und Bänder beweglich zusammengehalten werden. Man unterscheidet: **freie** oder **Kugel-G.** (für Bewegungen in jeder Richtung), z. B. das Schulter-G.; **Winkel-** oder **Scharnier-G.** (für Beugung und Streckung), z. B. die Finger-G.; **Roll-, Rad-** oder **Dreh-G.** (bei denen sich ein Knochen um einen zweiten oder um seine eigene Achse dreht), z. B. der Teil des Ellenbogen-G. zw. Elle und Speiche. **2)** ⊙ bewegl. Verbindung zweier Maschinenteile. Arten u. a.: **Gabel-, Kugel-, Kreuz-(Kardan-)G.; G.-Welle** mit 1 oder 2 G. zur Kraftübertragung bei Kraftfahrzeugen, Arbeitsmaschinen usw. **3)** ⚘ geschwulstähnl. Zellgewebegürtel um Stengel oder Blattstielgrund, worin Bewegungen vermittelt werden.

Gelenkentzündung, Arthritis, von Knochen oder Gelenkkapsel ausgehende entzündl. Erkrankung eines Gelenks. Ursache: Bakterien versch. Art, z. B. Gelenktuberkulose. Bei **eitriger G.** Bildung eines Gelenkempyems.

Gelenkerguß, krankhaft vermehrte Flüssigkeitsansammlung **(Gelenkwasser)** in einem Gelenk infolge Verletzung oder Entzündung.

Gelenkmaus, abgesprengtes Knorpel- oder Knochenstück, kann durch Einklemmung zu Gelenkschmerzen und Bewegungshemmung führen.

Gelenkrheumatismus, → Rheumatismus.

Gelibolu, früher **Gallipoli,** Halbinsel nördl. der Dardanellen, mit der Hafenstadt G. Schlachtort im 1. Weltkrieg.

Gelimer, letzter König der Wandalen in Afrika, 534 von Belisar gefangengenommen.

Gellert, Christian Fürchtegott, Dichter, *1715, †1769; schrieb »Fabeln und Erzählungen« in Versen, den Briefroman »Das Leben der schwed. Gräfin v. G.«, geistl. Lieder. Mit seinen Lustspielen führte er das »Rührstück« (Comédie larmoyante) aus dem Französischen ein.

Gelnhausen, Stadt in Hessen, 18900 Ew.; an der Kinzig, mit Ruine einer stauf. Kaiserpfalz. G. war bis 1803 Reichsstadt.

Gelsenkirchen, Industriestadt in NRW, 287400 Ew., an Emscher und Rhein-Herne-Kanal, Häfen; Zoo; Steinkohlenbergbau, Eisen-, Stahl-, Glas-, chem., Textil- u. a. Ind.

Gelübde [ahd. zu geloben], Versprechen, durch das der Mensch sich an Gott bindet.

Gema, Abk. für **Ge**sellschaft für **m**usikalische **A**ufführungs- und mechan. Vervielfältigungsrechte, vermittelt die Aufführungsrechte für Tonwerke und vertritt die Interessen der Komponisten, Textdichter und Musikverleger; Sitz: München.

Gemarkung die, Gemeindeflur.

gemäßigte Zonen, Gebiete zw. den Wendekreisen und Polarkreisen.

Gemeinde die, **1)** unterste Stufe der öffentl. Verwaltung **(Kommune).** G. sind jurist. Personen des öffentl. Rechts und haben Recht auf Selbstverwaltung in örtl. Angelegenheiten. Daneben erledigen sie Aufgaben des Staates nach dessen Weisungen. Sie haben eigene **G.-Ordnungen** erlassen. Organe sind die von den Bürgern gewählte **G.-Vertretung (G.-Rat, Stadtrat)** und der **Bürgermeister.** Die G.-Ordnungen regeln ferner das Wirtschaftswesen (Haushalt, G.-Unternehmen, gemischtwirtschaftl. Unternehmen u. ä.). **2)** → Kirchengemeinde.

Gemeineigentum, 1) einer Gesamtheit zu gemeinsamer Nutzung zustehendes Eigentum, z. B. die Allmende. **2)** das auf den Staat oder andere gemeinwirtschaftl. Rechtsträger übergeführte Eigentum an Unternehmen u. a.

Gemeiner Pfennig, 1. dt. allg. Reichssteuer, 1422 beschlossen, 1551 aufgehoben.

gemeiner Wert, im Steuerrecht der Preis, den ein Gegenstand im gewöhnl. Geschäftsverkehr erzielte (Verkehrswert).

Gemeines Recht, das in Dtl. bis 1900 (Inkrafttreten des BGB) geltende röm. Recht.

gemeingefährliche Krankheiten, → meldepflichtige Krankheiten.

gemeingefährliche Verbrechen und Vergehen, Straftaten, die eine allg. Gefahr für Menschen oder Sachen herbeiführen, z. B. Brandstiftung, Transportgefährdung, Beeinträchtigung der Straßenverkehrssicherheit (§§ 306-330 c StGB). Sie werden streng bestraft.

Gemeinnützige Unternehmen, private oder öffentl. nicht auf Gewinn ausgerichtete Unternehmen, z. B. kulturelle und kirchl. Einrichtungen, auch gemeinnützige Wohnungsunternehmen.

Gemeinsamer Markt, die → Europäische Wirtschaftsgemeinschaft.

Gemeinschaft, 1) Gruppe von Menschen, die durch gemeinsames Denken, Fühlen, Wollen **(Arbeits-G., Religions-G.)** oder durch Schicksal (Not, Gefahr) verbunden sind. **2)** ⚖ Beteiligung mehrerer an einem Recht, bes. an Eigentum. Bei der **G. nach Bruchteilen** hat jeder Gemeinschafter einen festen Anteil an den gemeinschaftl. Gegenständen, über den er frei verfügen kann (§ 747 BGB). Der wichtigste Fall ist das Miteigentum an einem Grundstück. Ggs.: → Gesamthandsgemeinschaft.

Gemeinschaftsbewegung, Bestrebung der evang. Kirche zur Vertiefung der Frömmigkeit, wurzelt im Pietismus und der Erwekkungsbewegung.

Gemeinschaftsschule, Schule, in der Schüler versch. relig. Bekenntnisse gemeinsam erzogen werden. Ggs.: → Bekenntnisschule.

Gemeinschuldner, ⚖ der, über dessen Vermögen der → Konkurs eröffnet ist.

Gemeinwirtschaft, alle Wirtschaftsformen, bei denen nicht privates Gewinnstreben, sondern Regelung der Wirtschaftstätigkeit zum Nutzen einer Gesamtheit Ordnungsgrundsatz ist. Der Begriff der G. wird verschieden verwendet: 1) für die zentral verwaltete sozialist. Wirtschaft, in der der Wirtschaftsplan das gemeinsame Interesse ausdrücken soll, oft aber nur Zwangscharakter hat. 2) für die sozialist. Marktwirtschaft, in der die Produktionsmittel Gemeineigentum sind und der Tausch über Märkte ein gemeinsam gewolltes Ergebnis hervorbringen soll. 3) für die öffentl. Wirtschaft, die sich mit dem marktwirtschaftl. Privatsektor zur Gesamtwirtschaft ergänzt. 4) für private Wirtschaftsgemeinschaften, in denen der gemeinsam geführte Haushalt unmittelbar mit Agrar- und Produktionsbetrieben verbunden ist. 5) für Genossenschaften, die den erwerbswirtschaftl. Privatsektor ergänzen.

Gemeinwirtschaftsbank, von Gewerkschaften oder Konsumgenossenschaften gegr. Kreditinstitut.

Gemenge das, **1)** landwirtschaftl. Anbau versch. Fruchtarten untereinander. **2)** ⊖ mechan. Vereinigung versch. Stoffe; Ggs.: → chemische Verbindung.

Gemengelage, zerstreute Lage der zu einem Hof gehörigen landwirtschaftl. Grundstücke.

gemischtwirtschaftliche Unternehmungen, Unternehmen, an deren Kapital und Leitung öffentl. Körperschaften und private Kreise nebeneinander beteiligt sind, meist in Form einer AG. oder GmbH.; bes. in der Energiewirtschaft, im Bank- und Verkehrswesen.

Gemme [lat.] die, Stein mit vertieft (Intaglio) oder erhaben (Kamee) geschnittenem Bild.

Gemse, ziegenartiges Horntier, Hochgebirgsbewohner, Kletterer, dunkelbraun mit geraden, am Ende scharf umgebogenen Hörnern (Krickeln), lebt in Rudeln. Das Rückenhaar des Bocks dient als Hutschmuck **(Gamsbart).**

Gemswurz die, staudige, gelbblühende Korbblüter, Alpenpflanzen.

Gemüse [von Mus], als Nahrungsmittel wertvolle Pflanzen und Pflanzenteile. G. enthält als Nährstoffe vorwiegend Kohlenhydrate und Eiweiß; daneben Nährsalze, Geschmackstoffe und bes. Vitamine. Es soll in wenig Wasser oder im eigenen Saft gedämpft werden.

Gemüt, gefühlsmäßige Struktur des Menschen (G.-Art), die sein Wesen und seine Lebensführung dauernd bestimmt, im Unterschied zum denkenden Geist und zum Willen sowie zu den wechselnden Stimmungen.

Gemütskrankheiten, → seelische Krankheiten.

Gen [grch.] das, **Gene** Mz., Erbfaktor, stoffl. Träger der Erbanlage. Die G. bestimmen die erbl. körperl. und geistigen Merkmale. Sie liegen in den Kernschleifen (Chromosomen) in bestimmter Anordnung. Träger der **genet. Information** ist die Desoxyribonucleinsäure (DNS); nur bei den einfach gebauten Viren übernimmt die Ribonucleinsäure (RNS) diese Rolle (genet. Code).

Gendarm [ʒãd'arm, frz.], Angehöriger einer bes. für das Land bestimmten Polizeitruppe, der **Gendarmerie.**

Genealogie [grch.] die, **Familienkunde,** Erforschung der Abstammung, Hilfswissenschaft der Geschichtswissenschaft.

General... [lat.], Allgemein..., Haupt...

General [lat.] der, **1)** höchste militär. Rangklasse. **2)** kath.: oberster Ordensvorsteher.

Generalabsolution [lat.] die, Erteilung von vollkommenem Ablaß durch Priester kraft bes. päpstl. Vollmacht, z.B. bei Sterbenden.

Generalbaß, ♩ fortlaufende Instrumentalbaßstimme eines Musikstücks mit Ziffern über oder unter den einzelnen Noten **(bezifferter Baß),** für die Barockmusik charakteristisch. Der G. ist eine abgekürzte Schreibweise für einen mehrstimmigen Tonsatz; die Ziffern geben die Tonstufen des zu spielenden Akkords an.

Generalgouverneur [-guvɛrn'ø:r], der oberste Verwaltungsbeamte einer größeren Gebietseinheit, z.B. in kriegsbesetzten Gebieten. **Governor General** [g'ʌvənə dʒ'ɛnərəl], Vertreter der brit. Krone bei den meisten Commonwealth-Ländern.

Generalić [-litsj], Ivan, *1914, kroat. Laienmaler naiver Bilder aus dem bäuerl. Leben.

General|inspekteur der Bundeswehr [-t'ø:r], Dienststellungsbez. des Leiters der Hauptabteilung I (militär. Angelegenheiten) im Bundesmin. der Verteidigung, des ranghöchsten Soldaten der Bundeswehr.

Generalität die, .•. Gesamtheit der Generale.

Generalklausel, ⚖ Rahmenvorschrift.

Generalstaaten, 1) im 16.-18. Jh. die Versammlung der Abgeordneten der 7 Provinzstaaten in den Verein. Niederlanden. **2)** jetzt: Volksvertretung der Niederlande.

Generalstab, .•. Gesamtheit der bes. ausgebildeten Offiziere, die die höheren Führer in der Truppenführung unterstützen.

Generalstabskarte, die dt. Karte 1:100000, auch 1-cm-Karte genannt.

Generalstände, frz. **États généraux,** aus den Abgeordneten des Adels, der Geistlichkeit und des Bürgertums zusammengesetzte frz. Reichsstände, bestanden 1302-1789; nach 1614 erstmals wieder 1789 einberufen, eröffneten sie den Weg zur Französischen Revolution.

Generalstreik, → Streik.

Generalsuperintendent, evang. Kirche: früher: Amtsbez. leitender geistl. Amtsträger in protestant. Territorien; heute: Landessuperintendent, Prälat, Kreisdekan.

Generalversammlung, oberstes Organ der Mitgl. vieler Vereinigungen zur gemeinschaftl. Beschlußfassung; bei der AG.: Hauptversammlung.

Generalvertrag, → Deutschland-Vertrag.

Generalvikar, Vertreter eines kath. Bischofs bei der Verwaltung der Diözese.

Generation [lat. »Zeugung«] die, **1)** Menschenalter, Geschlechterfolge; etwa 30 Jahre. **2)** alle gleichaltrigen Menschen.

Generationswechsel, gesetzmäßig wiederkehrende Verschiedenheit der Fortpflanzungsweise in den aufeinanderfolgenden Generationen einer Tier- oder Pflanzenart; meist verbunden mit Verschiedenheit im Bau und in der Lebensweise. Eine durch Chamisso entdeckte Form von G. bei Tieren ist die Ammenzeugung. Häufig ist ein Wechsel von geschlechtl. und ungeschlechtl. Generation, so bei Farnen, Moosen, Algen, im Tierreich bei Polypen und Quallen.

Generator, 1) Maschine zur Umwandlung mechanischer in elektr. Energie. In den G. moderner Kraftwerke wird Drehstrom, für Sonderzwecke Einphasenwechselstrom erzeugt. **Drehstrom-G.:** Im Ständer S befinden sich 3 gleiche, um 120° versetzte Wicklungen (Stränge) aus je 2 hintereinandergeschalteten Spulen u-x, v-y und w-z (Spulenweite = Polteilung = 90° bei 4 Polen), in denen bei Umlauf des mit Gleichstrom erregten Polrads (P) 3 gleich große, um ⅓ Periode zeitl. verschobene Wechselspannungen induziert werden. Die 3 Wicklungsstränge werden meist in Stern verkettet. Die Frequenz der sinusförmigen Wechselspannungen hängt von Polzahl und Drehzahl ab. (BILD S. 306). **2)** Computerprogramm, das andere Programme erzeugen kann. **3)** Impuls-G., der die vom Computer benötigten Taktsignale liefert. **4)** → Gasgenerator.

Generatorgas, Heiz- und Treibgas, durch Vergasung von Koks oder Holz gewonnen, von geringem Heizwert, → Treibstoffe.

Europäische **Gemse**

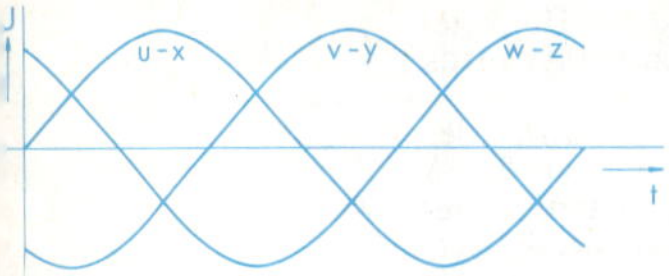

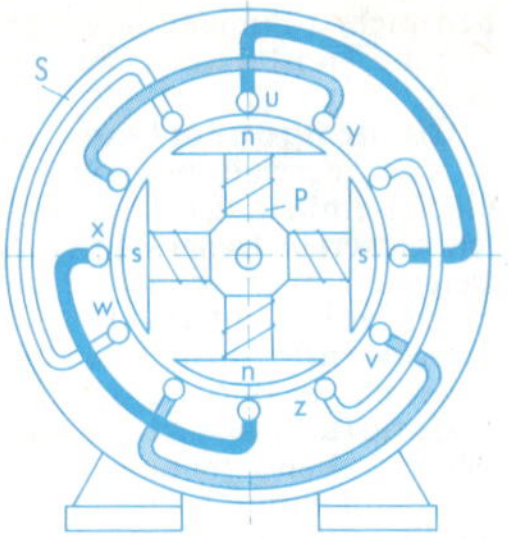

Generator 1), rechts: 4poliger Drehstromgenerator, Drehzahl: 1500 U/min, Frequenz: 50 Hz, S Ständer: 3 Wicklungsstränge u-x, v-y, w-z, P Polrad (4polig), links: induzierte Spannungen der 3 Wicklungsstränge

Genesis [grch.] die, **1)** Entstehung, Schöpfung. **2)** in der Bibel das 1. Buch Mose.

Genet [ʒən'e], Jean, frz. Schriftst., *1910, †1986; Ged., Romane (»Querelle«), Schauspiele: »Die Zofen«, »Der Balkon«, »Wände überall«.

Genetik [grch.] die, Wissenschaft von den Grundlagen der → Vererbung.

genetischer Code, Verschlüsselung der Erbinformation für den Proteinaufbau in der DNS (→ Nucleinsäuren) und RNS.

Genever [frz.] der, Wacholderbranntwein.

Genezareth, See von G., z. Z. Jesu **Galiläisches Meer, See von Tiberias,** jetzt [arab.] **Bahr el-Tabarije,** See in Israel, nahe der israel.-syr. Grenze, 209 m unter dem Mittelmeer, fischreich.

Genf Kanton

Genf, frz. **Genève** [ʒən'ɛ:v], **1)** Kt. der Schweiz, am SW-Ende des Genfer Sees, 282 km², 370000 Ew.; frz. Sprachgebiet. **2)** Hptst. von 1), 164000 Ew., am Genfer See; geistiger Mittelpunkt der frz. Schweiz; Univ., Mus., Theater; Handel und Fremdenverkehr; Uhren-, chem. u. a. Ind.; Sitz von Organisationen der UNO, des Roten Kreuzes, der Europ. Organ. für Kernforschung (CERN), der Zentrale des Ökumen. Rates. – G. war im 4./5. Jh. Sitz der Burgunderkönige. Es schloß sich 1526 der Schweizer. Eidgenossenschaft an; 1541-64 wirkte hier der Reformator Calvin. 1920-46 war G. Sitz des Völkerbundes.

Genfer Konferenzen, 1) Abrüstungskonferenz der 18 Mächte, seit 1962, → Abrüstung. **2) Indochinakonferenz,** 1954: VR China, Frankreich, Großbritannien, UdSSR, USA u. a. an den Konflikten in Korea und Indochina beteiligte Staaten, führte zum Waffenstillstand in Indochina und zur Teilung Vietnams. **3) Konferenz über die kontrollierte Einstellung von Kernwaffenversuchen,** Sachverständige aus 8 Staaten, seit 1958; → Abrüstung. **4) Viermächtekonferenz,** 1955: Regierungschefs und Außen-Min. Frankreichs, Großbritanniens, von USA und UdSSR über Wiedervereinigung Dtl.s, europ. Sicherheit, Abrüstung, Ost-West-Kontakte.

Genfer Konventionen, internat. Abkommen von 1929, 1864 und 1949 zum Schutz der Verwundeten, Kriegsgefangenen und der Zivilbevölkerung in Kriegszeiten.

Genfer See, frz. **Lac Léman** [lak lem'ã], größter Alpensee, an der schweizerisch-frz. Grenze, 372 m ü. M., 581 km² groß, 310 m tief; von der Rhône durchflossen; Genf, Lausanne, Montreux.

Genickstarre, → Meningitis.

Genie [ʒen'i:, frz. aus lat. genius »Geist«] das, **1)** höchste schöpfer. Geisteskraft. **2)** mit dieser Schöpferkraft begabter Mensch. **3)** ∴ Kriegstechnik. **Genietruppen,** techn. Truppen. **genial,** mit G. begabt. **genialisch,** dem G. ähnelnd.

genieren [ʒe-, frz.], sich schämen, belästigen.

Geniezeit, → Sturm und Drang.

Genitalien [lat.] Mz., → Geschlechtsorgane.

Genitiv [lat.] der, Beugung: der Wesfall.

Genius [lat.] der, Geist, Schutzgeist.

Genocid das, → Völkermord.

Genossenschaft, Ges. mit nicht geschlossener Mitgliederzahl zur Förderung des Erwerbs oder der Wirtschaft ihrer Mitgl. (Genossen) mittels gemeinschaftl. Geschäftsbetriebs oder Beratung. Die Mitgl. (meist Handwerker, kleinere Gewerbetreibende, Bauern) bleiben selbständig; gemeinsam sind z. B. Einkauf (Vorteile eines Großabnehmers), Verkauf (gemeinsame Absatzorganisation), Maschinenhaltung. Bes. wichtig sind Kredit-, Bau- und Konsum-G. Die G. ist jurist. Person und Kaufmann im Sinne des Handelsrechts; sie entsteht durch Eintragung in das **G.-Register.** Die mindestens 7 Mitgl. haben eine im Statut festgelegte Einlage (Geschäftsanteil) zu leisten. Sie haften der G. gegenüber für deren Verbindlichkeiten unbeschränkt **(eingetragene G. mit unbeschränkter Haftpflicht, eGmuH.)** oder beschränkt auf eine best. Haftsumme **(eingetragene G. mit beschränkter Haftpflicht, eGmbH.).** G. müssen einem Prüfungsverband angehören und unterliegen regelmäßiger Pflichtprüfung.

Genotypus [grch.] der, **Erbbild,** Vererbungslehre: Gesamtheit der Erbanlagen eines Organismus i. Ggs. zum → Phänotypus.

Genovefa, Genoveva, weibl. Vorname.

Genovefa, 1) Schutzheilige von Paris (Tag 3. 1.). **2) G. von Brabant,** nach der Sage Gemahlin des Pfalzgrafen Siegfried (um 750); wurde schuldlos verstoßen, lebte mit ihrem Sohn im Wald, wo sie nach 6 Jahren gefunden wurde.

Genre [ʒãr, frz.] das, Gatt., Art. **Genremalerei** stellt alltägl. sittenbildl. Motive dar.

Genscher, Hans Dietrich, Politiker (FDP), *1927; Jurist, 1974-85 Parteivors. der FDP, 1969-74 Bundesinnen-, seit 1974 Vizekanzler und Bundesaußenmin.

Gent [dʒent, engl.], Geck, Stutzer.

Gent, frz. **Gand** [gã], alte Handels- und Tuchweberstadt in Flandern, Belgien, am Zusammenfluß von Leie und Schelde; Hafen (Kanal zur See); 234000 Ew. Sint-Baafs-Kirche mit Genter Altar (→ Eyck), Tuchhalle. Geistiger Mittelpunkt der Flamen (fläm. Univ.). Baumwoll-, Bekleidungs-, chem. Ind.; Erdölraffinerie, Eisenhüttenwerk; Blumenzucht. Im späten MA. eine der bedeutendsten Städte Europas, bei den flandr. Freiheitskämpfen des 14. Jh. gegen die Franzosen führend.

Gentechnologie, Teilgebiet der Molekularbiologie, das Verfahren zur gezielten Veränderung des Erbgutes entwickelt. In der Bundesrep. Dtl. werden die Aktivitäten der G. durch das Rahmenges. v. 19. 7. 1989 geregelt.

Genthin, Krst. im Bez. Magdeburg, 17400 Ew.; Umschlaghafen am Elbe-Havel-Kanal; Waschmittel- und Zuckerind.

Gentiana die, Pflanzengatt. → Enzian.

Gentile [dʒe-], Giovanni, ital. Philosoph, *1875, †1944; Neuhegelianer.

Gentile [dʒe-] **da Fabriano,** ital. Maler, *vor 1370, †1427; »Anbetung der Könige«.

Gentilhomme [ʒãtij'ɔm, frz.] der, **1)** Edelmann. **2)** gebildeter Mann von Lebensart.

Gentleman [dʒ'entlmən, engl.] der, urspr. zur → Gentry gehörender Adliger, später jedes Mitgl. der »Guten Gesellschaft«. **gentlemanlike** [-laɪk], ehrenhaft, anständig; vornehm.

Gentlemen's agreement [dʒ'entlmənz əgr'i:mənt], auf Treu und Glauben gründende Vereinbarung ohne feste Form, bes. im Geschäftsleben und in der Politik.

Gentry [dʒ'entrɪ] die, engl. niederer Adel.

Gentz, Friedrich v., polit. Schriftst., *1764, †1832; Hauptvertreter der romant. Staatsauffassung; seit 1802 im österr. Staatsdienst. Gegner Napoleons, seit 1810 Vertrauter Metternichs.

Genua, ital. **Genova** [dʒ-], wichtigster Hafen Italiens, an der Riviera, Hptst. der Prov. G.; 715000 Ew.; Erzbischofssitz; Univ.; Werften, Erdölraffinerien, chem., Maschinen-, Textil- u.a. Ind. Im MA. führende Handelsmacht des Mittelmeeres, besaß zahlreiche Niederlassungen bis zur N-Küste des Schwarzen Meeres, bis 1768 auch Korsika. 1797 kam es zu Frankreich, 1815 an Piemont-Sardinien.

Genugtuung, befriedigende Entschuldigung nach einer Beleidigung.

genuin [lat.], angeboren, echt.

Genus [lat.] das, **1)** Ⓢ das Geschlecht. **2)** ♧ ⚘ die → Gattung.

Genußschein, Wertpapier, das einen Anteil am Gewinn oder am Liquidationserlös einer AG. oder GmbH. gewährt.

Geo... [von grch. gea »Erde«], Erd..., Land...

Geobiologie die, Wissenschaft von den Beziehungen der Lebewesen zum Erdboden, der biolog. Vorgänge im Bereich des Erdbodens.

Geobotanik die, Wissenschaft des Grenzgebietes von Botanik und Geographie.

Geochemie die, Chemie der Erdkruste und des Erdinnern.

Geodäsie die, Wissenschaft von Ausmessung und Abbildung der Erdoberfläche. **Geodät** der, Vermessungsingenieur.

Geoffroy Saint-Hilaire [ʒɔfrw'a sɛ̃til'ɛ:r], Étienne, frz. Naturforscher, *1772, †1844; vertrat gegen Cuvier die Ansicht, alle Tierkörper hätten einen einzigen Bauplan für die »Urform«.

Geographie [grch.] die, → Erdkunde.

Geoid [grch.] das, Gestalt der Erde, angenähertes Rotationsellipsoid.

Geologie [grch.] die, Wissenschaft von der → Erdgeschichte, von Material, Aufbau und Gestaltung der Erdkruste; behandelt Zusammensetzung, Entstehung und Lagerung der Gesteine sowie die Kräfte, die bei der Gestaltung der Erdkruste wirksam sind (Vulkanismus, Erdbeben, Gebirgsbildung, Tätigkeit von Wasser, Wind, Eis, Lebewesen).

geologische Formation, Erdzeitalter, erdgeschichtl. Zeitabschnitt, auch die ihn kennzeichnende Gesteinsfolge. (TAFEL Erdgeschichte)

Geometer [grch.] der, → Vermessungsingenieur.

Geometrie [grch.] die, Teil der Mathematik, untersucht Gesetzmäßigkeiten von Größe, Form und Lage räuml. Figuren **(synthet. G.).** Die **analyt. G.** benutzt hierfür algebraische Methoden (→ Koordinaten), **Differential-G.** wendet die Infinitesimalrechnung an. **Topologie** untersucht die inneren Zusammenhangsverhältnisse der Figuren, ohne Rücksicht auf deren Gestalt, mit kombinator. und gruppentheoret. Mitteln.

geometrischer Ort, Gesamtheit von Punkten, die alle eine gegebene Bedingung erfüllen.

Geophysik [grch.] die, Wissenschaft von den physikal. Vorgängen, die sich im Erdinnern, in Wasser- und Lufthülle abspielen.

Geopolitik die, Lehre vom Einfluß des Raumes auf Staat und Politik.

Geopsychologie die, Lehre von der Abhängigkeit des Seelenlebens von geograph. Einflüssen.

Georg [grch. »Landmann«], männl. Vorname.

Georg, Ritter Sankt G., einer der 14 Nothelfer, †wohl um 303, als röm. Soldat gemartert; wird als Drachentöter gefeiert. Schutzheiliger Englands (Tag 23. 4.).

Georg. Fürsten. **Griechenland. 1) G. I.,** König (1863-1913), dän. Prinz, 1913 ermordet. **2) G. II.,** König (1922-24, 1935-47), wurde 1924 gestürzt, 1935 zurückgerufen; floh vor den dt. Truppen 1941 nach England, kehrte 1946 zurück. **Großbritannien,** Könige. **3) G. I.** (1714-27), *1660, †1727, seit 1698 Kurfürst von Hannover. **4) G. II.,** Sohn von 3), zugleich Kurfürst von Hannover (1727-60), *1683, †1760, gründete 1736 die Univ. Göttingen. **5) G. III.,** Enkel von 4), zugleich Kurfürst (1760-1820), *1738, †1820, verschuldete durch seinen Starrsinn den Abfall der älteren nordamerikan. Kolonien Englands; seit 1810 geisteskrank. **6) G. IV.,** Sohn von 5), zugl. König von Hannover (1820-30), *1762, †1830, seit 1811 Regent für seinen Vater, erhob 1814 Hannover zum Königreich. **7) G. V.** (1910-36), *1865, †1936, nahm im 1. Weltkrieg für die engl. Linie des Hauses Sachsen-Coburg den Namen Windsor an. **8) G. VI.** (1936-52), zweiter Sohn von 7), *1895, †1952. **Hannover. 9) G. V.,** König (1851-66), Enkel von 5), *1819, †1878, früh erblindet, verlor im Krieg von 1866 sein Land an Preußen.

George, 1) Heinrich, Schauspieler, *1893, † (Internierungslager Sachsenhausen) 1946. **2)** Stefan, Dichter, *1868, †1933, i.Ggs. zum Naturalismus auf strengstes Maß und Zucht bedacht, wollte er der Kunst wieder sakrale Bedeutung geben; fühlte sich als »Bewahrer des ewigen Feuers«. Gedichtsammlungen: »Das Jahr der Seele«, »Der siebente Ring«, »Der Stern des Bundes«, »Das neue Reich«. Als Mittelpunkt eines Kreises von Anhängern **(George-Kreis)** gewann er starken Einfluß auf Kunst und Wissenschaft.

S. George

Georgetown [dʒ'ɔ:dʒ taʊn], Hptst. und Hafen von Guyana, 195000 Ew.; Bischofssitz, Univ., Flughafen.

George Town [dʒ'ɔ:dʒ taʊn], Haupt- und Hafenstadt der Insel Penang, Malaysia, 250000 Ew.

Georgette [ʒɔrʒ'ɛt, frz.] die oder der, **Crêpe Georgette** [krɛ:p-] der, schleierartig dünner, leinwandbindiger Kleiderstoff aus Seide, Chemieseide.

Georgia [dʒ'ɔ:dʒə], Abk. **Ga.,** Staat im SO der USA, 152488 km², 6,10 Mio. Ew. (rd. 26% Farbige); Hptst.: Atlanta. Baumwolle, Tabak u.a.; Viehzucht; Holz-, Textilind.; ⚒ auf Kaolin. Haupthafen: Savannah. ⊕ S. 494.

Georgia-Straße [dʒ'ɔ:dʒə-], Meeresstraße im W Kanadas, zw. der Insel Vancouver und dem kanad. Festland.

Georgien, auch **Grusinien, Grusien,** Landschaft und Staat im S-Kaukasus, heute → Georgische Sozialistische Sowjetrepublik. – G. wurde im 4. Jh. christlich, erlebte im 12. und 13. Jh. seine Blütezeit. 1801 wurde es russ. Provinz, 1918 unabhängig, 1921 SSR.

Georgier Mz., **Grusinier,** eigener Name **Kharthweli,** Volk von rd. 3,2 Mio., zum südl. Zweig der Kaukasier gehörig. Meist Christen, einige Muslime; eigene Sprache und Literatur.

Georgine die, Schmuckpflanze, → Dahlie.

Georgische Sozialistische Sowjetrepublik, Unionsrep. (seit 1936) der UdSSR, 69700 km², 5,2 Mio. Ew., darunter 66,8% Georgier, zw. Kaukasus und Kleinem Kaukasus, am Schwarzen Meer; Hptst.: Tiflis. Anbau von Tee, Citrusfrüchten, Tabak; Wein nahe der Schwarzmeerküste. ⚒ auf Kohle, Mangan, Zink-, Bleierze u.a. Versch. Ind., in Batumi Erdölverarbeitung. (→ Georgien)

Georgsmarienhütte, Stadt in Ndsachs., 31300 Ew. Eisenwerk, Möbelind.

Geotektonik [grch.], Lehre von Bau, Ursachen und Mechanismen der Erdkrustenentwicklung und etwaiger Massenverlagerungen in der Tiefe.

geothermische Tiefenstufe, Strecke, um die man in die Erde hinabsteigen muß, um eine Temperaturerhöhung von 1 °C zu beobachten; sie beträgt im Durchschnitt 30-35 m.

Geotropismus der, Fähigkeit der Pflanzen, unter dem Einfluß der Schwerkraft eine best. Wuchsrichtung oder Lage anzunehmen.

geozentrisch [grch.], die Erde als Mittelpunkt betrachtend. Ggs.: heliozentrisch.

Gepard

Gẹpard der, asiatisch-afrikan. Großkatze, gelbl. mit schwarzen Flecken; wahrscheinlich schnellster Vierfüßer, wird zur Hetzjagd abgerichtet.

Gepịden Mz., ostgerman. Volk, zog von der Weichsel nach Ungarn, erlag 567 den Langobarden und Awaren.

Ger der, Wurfspieß der Germanen.

Gera, 1) Bez. der Dt. Dem. Rep., 4004 km², 740000 Ew.; 1952 aus einem Großteil Thüringens und kleineren Gebieten der Länder Sachsen und Sachsen-Anhalt gebildet. Im N Kiefernwälder. Eisen-, Uranerze, Schiefergewinnung. Textil- u. a. Ind. ⊕ S. 488/89.
2) Hptst. von 1), 133000 Ew., an der Weißen Elster; Textil-, metallverarbeitende, Möbelind.

Gerade, Linie, die ihre Richtung nicht ändert. Die kürzeste Verbindungslinie zweier Punkte, über diese Punkte hinaus verlängert.

gerade Aufsteigung, gerade Absteigung, Rektaszension, ☆ Bogen des Himmelsäquators zw. Frühlingspunkt (→ Tagundnachtgleiche) und Deklinationskreis (→ Deklination) des Gestirns.

Geradflügler, Orthoptẹren, Ordnung der Insekten, mit kauenden Mundteilen; z. B. Schaben, Heuschrecken, Ohrwürmer.

Geraniọl, ⌬ aliphat. Alkohol, Bestandteil vieler äther. Öle.

Gerạnium das, **Gerạnie** die, **1)** ⚘ die Gat. → Storchschnabel. **2)** auch → Pelargonie.

Gerätturnen, Leibesübungen an Turngeräten, bes. an Pferd, Bock, Sprungkasten, Leiter, Sprossenwand, Strickleiter, Barren, Reck, Rundlauf, Schaukelringen, Tisch u. a.

Geräusch, Schalleindrücke, durch unregelmäßige Folge von akust. Schwingungen hervorgerufen (→ Schall).

gerben, Tierhäute zu Leder verarbeiten.

Gerbera [n. dem Arzt T. Gerber, †1743], Korbblüter-Gatt.; Schnittblume mit pastellfarbenen Zungenblüten.

Gerberstrauch, 1) Gerbersumach, südeurop., zur Gatt. → Sumach gehöriger Strauch, dessen Blätter und Rinde zum Gerben und Schwarzfärben dienen. **2) Gerbermyrte,** der → Gagel.

Gerbsäuren, in pflanzl. Gerbstoffen enthaltene Verbindungen, die wie Säuren wirken, mit Eisensalzen eine schwarze oder grüne Färbung geben (Tinte), Eiweiß- und Leimlösungen fällen und die tier. Haut gerben (→ Leder).

Gerbstoffe, wasserlösl. organ. oder synthet. Verbindungen, mit denen tier. Häute in Leder gegerbt werden. Pflanzl. G. sind z. B. Tannin, Sumach, Quebracho; der wichtigste anorgan. G. ist basisches Chromsulfat.

Gerechtigkeit, Tugend, die das Recht eines jeden achtet und jedem das Seine gewährt; in der christl. Ethik Kardinaltugend.

Gerechtsame die, ⚖ Berechtigung, das vererbliche und veräußerl. Nutzungsrecht an Grundstücken, z. B. Weide-, Bergbau-G.

Gerhaert von Leyden: Bärbel von Ottenheim

Gerhaert von Leyden [x'ɛrha:rt], Nicolaus, Bildhauer, *um 1430, †1473; Meister der Spätgotik; in Trier, Straßburg, Wien.

Gerhard, Gerhart [von ahd. ger »Speer« und hart »stark«], männl. Vorname, Abk. **Gerd.**

Gerhardt, Paul, evang. Kirchenlieddichter, *1607, †1676; »Nun ruhen alle Wälder«, »Geh aus mein Herz«, »O Haupt voll Blut und Wunden«.

Geriatrịe [grch.] die, Altersheilkunde.

Géricault [ʒerik'o], Théodore, frz. romant. Maler, *1791, †1824; »Floß der Medusa«.

Gericht das, **1)** staatl. Behörde, die die → Gerichtsbarkeit durch Richter ausübt. Aufbau des G.-Wesens in Dtl. vgl. ÜBERSICHT Gerichtswesen; **gerichtskundig,** dem Gericht aus seiner amtl. Tätigkeit bekannt. **2)** Speise, Gang.

gerichtliche Medizin, → Rechtsmedizin.

Gerichtsassessor, in den staatl. höheren Justizdienst übernommener Jurist nach Ablegung der 2. jurist. Staatsprüfung.

Gerichtsbarkeit, Ausübung der Rechtspflege; sie steht ausschließlich dem Staat zu. **Zivil-G.** dient dem Schutz privater Rechte, **Straf-G.** der Verwirklichung des staatl. Strafrechts. Beide Arten der G. werden auch als **streitige G.** bezeichnet i. Ggs. zur **freiwilligen G.,** der außerhalb des Prozeß- und Vollstrekkungsverfahrens liegenden, im wesentlichen den Zwecken des Rechtsverkehrs dienenden Zivilrechtspflege (Vormundschafts-, Nachlaß-, Registersachen, Beurkundungs- und Beglaubigungswesen); in der Dt. Dem. Rep. auf Verwaltungsstellen und staatl. Notariate übertragen. Daneben die **Verwaltungs-G.** (→ Verwaltung) zur Überprüfung der Rechtmäßigkeit von Verwaltungsakten.

Gerichtsferien, jährl. Rechtsprechungspause der ordentl. Gerichte, in der Bundesrep. Dtl. vom 15. 7. bis 15. 9. In dieser Zeit werden nur **Feriensachen** (alle Strafsachen und bes. eilbedürftige Zivilsachen) behandelt.

Gerichtshof der Europäischen Gemeinschaften, Europäischer Gerichtshof, gemeinsamer Gerichtshof der EWG, EURATOM und Montanunion, Sitz: Luxemburg; gegr. 1951.

Gerichtskosten, Abgaben an den Staat für die Gewährung der Rechtspflege: Gebühren für die Tätigkeit des Gerichts und Ersatz der Auslagen, z. B. für Porto, Zeugen, Sachverständige. Kostenpflichtig ist die unterliegende Partei.

Gerichtsreferendar, → Referendar.

Gerichtsstand, örtlich zuständiges Gericht; im Zivilprozeß ist i. a. das Gericht zuständig, in dessen Bezirk der Beklagte seinen Wohnsitz hat (§§ 12ff. ZPO); in Strafsachen sowohl das Gericht des Tatortes wie das des Wohnsitzes des Angeschuldigten oder das des Ergreifungsortes (§ 47ff. StPO).

Gerichtsverfassung, staatl. Ordnung des Gerichtswesens, vgl. ÜBERSICHT S. 309.

Gerichtsvollzieher, Vollstreckungsbeamter, i. d. R. im Auftrag der Prozeßparteien, unter Aufsicht des Gerichts, in eigener Verantwortung tätig. → Zwangsvollstreckung.

Gerlach, Hellmut v., Politiker und pazifist. Schriftst., *1866, †1935 (im Exil).

Gerlsdorfer Spitze, slowak. **Gẹrlachovka,** höchste Erhebung in der Hohen Tatra, 2655 m hoch.

Germạnen, Völkergruppe der Indogermanen, sprachlich mit den Kelten und Italikern näher verwandt. Der Name erscheint zuerst bei Poseidonios um 80 v. Chr.

Als älteste Heimat der G. lassen sich S-Schweden, Dänemark, Schleswig-Holstein und Norddeutschland zw. unterer Weser und unterer Oder feststellen. Die G. bildeten sich dort am Ende der jüngeren Steinzeit aus den

Gerichtswesen

A. Bundesrepublik Deutschland

Aufbau und Verfahren der **Ordentlichen Gerichte** sind geregelt in: Gerichtsverfassungsgesetz (GVG), Strafprozeßordnung (StPO), Zivilprozeßordnung (ZPO), Konkursordnung (KO), sämtlich von 1877; Gesetz über die Angelegenheiten der freiwilligen Gerichtsbarkeit (FGG; 1898).

Amtsgericht. ZIVILSACHEN: Vermögensrechtl. Streitigkeiten (Streitwert bis zu 5000 DM) und besondere Streitigkeiten ohne Rücksicht auf den Wert (z. B. Miet- und Familiensachen).

STRAFSACHEN: Strafrichter (Einzelrichter): Privatklagesachen, leichtere Vergehen. Schöffengericht und erweitertes Schöffengericht: schwerere Vergehen, leichtere Verbrechen (z. T. Landgericht oder Oberlandesgericht zuständig). Jugendrichter, Jugendschöffengericht: Verfehlungen Jugendlicher, die nicht vor die Schwurgerichte gehören.

Landgericht. ZIVILKAMMER: in erster Instanz alle bürgerl.-rechtl. Streitigkeiten (Streitwert über 5000 DM) und best. nichtvermögensrechtl. Streitigkeiten, Ansprüche gegen den Staat (z. B. nach dem Staatshaftungsges.) und Berufungsinstanz gegen Urteile des Amtsgerichts. Kammer für Handelssachen: auf Antrag einer der Parteien, wenn es sich um bestimmte Ansprüche aus dem Handelsrecht handelt.

KLEINE STRAFKAMMER: Berufungsinstanz gegen Urteile des Strafrichters. GROSSE STRAFKAMMER: in erster Instanz: Straftaten, die nicht zur Zuständigkeit des Amtsgerichts, Schwurgerichts oder der Oberlandesgerichte gehören, Berufungsinstanz gegen Urteile des Schöffengerichts. SCHWURGERICHT: bestimmte, in § 74 Abs. 2 GVG aufgezählte Verbrechen. JUGENDKAMMER: schwere Straftaten Jugendlicher und Berufungsinstanz gegen Urteile des Jugendrichters und Jugendschöffengerichts.

Oberlandesgericht. ZIVILSENAT: Berufungsinstanz gegen erstinstanzl. Urteile der Amtsgerichte in Familiensachen (Ehe- und Kindschaftssachen) und der Landgerichte.

STRAFSENAT: Revisionsinstanz gegen Berufungsurteile der Kleinen und Großen Strafkammer und gegen erstinstanzl. Urteile der Großen Strafkammer und des Schwurgerichts, wenn nur landesrechtl. Normen verletzt sein sollen (auch →Sprungrevision), erste Instanz für Friedens-, Hoch- und Landesverratsfälle, bei Völkermord und anderen in § 120 GVG aufgeführten Sachen. – In Bayern besteht außerdem ein »Oberstes Landesgericht« mit Zivil- und Strafsenaten.

Bundesgerichtshof (in Karlsruhe). ZIVILSENATE: Revisionsinstanz gegen Urteile der Oberlandesgerichte und erstinstanzl. Urteile der Landgerichte (→Sprungrevision), wenn der Streitwert 40000 DM übersteigt oder die Revision vom Oberlandesgericht ausdrücklich zugelassen ist.

STRAFSENATE: Revisionsinstanz gegen Urteile des Schwurgerichts und der Großen Strafkammer (erster Instanz), soweit nicht das Oberlandesgericht zuständig ist, sowie Revisionsinstanz gegen die erstinstanzlichen Urteile der Oberlandesgerichte.

Gemeinsamer Senat der obersten Gerichtshöfe (Ges. v. 19.6.1968): zur Wahrung der Einheitlichkeit der Rechtsprechung.

B. Deutsche Demokratische Republik

Nach den revolutionären Veränderungen 1989/90 besteht der hier beschriebene Gerichtsaufbau fort. Im Zuge der Vereinigung der Bundesrep. Dtl. mit der Dt. Dem. Rep. sind Änderungen möglich. Z. Z. besteht das GVG vom 27.9.1974. Die StPO und die ZPO wurden durch die StPO vom 12.1.1968 und die ZPO vom 19.6.1975 ersetzt. Die Freiwillige Gerichtsbarkeit wurde neu geregelt. Entsprechend der gebietl. Neugliederung sind in jedem Kreis ein Kreisgericht an die Stelle der Amtsgerichte, in den 14 Bezirken je ein Bezirksgericht an die Stelle der Land- und Oberlandesgerichte getreten. In erster Linie Rechtsmittel- und Kassationsinstanz ist das »Oberste Gericht« in Ost-Berlin. Das Rechtsmittel der Revision, die dritte Instanz, ist weggefallen. Allein zulässige ordentliche Rechtsmittel gegen erstinstanzliche Entscheidungen sind »Berufung« oder »Beschwerde« oder der vom Staatsanwalt eingelegte »Protest«.

Die **Kreisgerichte** (Straf-, Zivil-, Familien- und Arbeitsrechtskammern mit je 1 Richter und 2 Schöffen) sind für alle Straf-, Zivil-, Familien- (z. B. auch Ehesachen) und Arbeitsrechtssachen in erster Instanz zuständig, sofern nicht die Zuständigkeit eines anderen Gerichts begründet ist, ferner für Einsprüche und Beschwerden gegen Entscheidungen der Gesellschaftlichen Gerichte, Notariate, gegen polizeiliche Strafverfügungen und Nichteintragung in Wählerlisten.

Die **Bezirksgerichte** (Senate für Straf-, Zivil-, Familien- und Arbeitsrechtssachen) entscheiden über Rechtsmittel gegen Entscheidungen der Kreisgerichte, in erster Instanz über Staatsverbrechen und Kapitalverbrechen, aber auch andere Streitsachen, die wegen ihrer Bedeutung vor das Bezirksgericht gebracht werden, als Kassationsgericht über rechtskräftige Entscheidungen der Kreisgerichte.

Das **Oberste Gericht** (Berlin-Ost, Kollegien mit 3 Richtern für Straf-, Militärstraf-, Zivil-, Familiensachen, Arbeitsrechtssachen mit 2 Richtern und 3 Schöffen) entscheidet über Rechtsmittel gegen Entscheidungen der Bezirks- und Militärobergerichte, als erste und letzte Instanz in Strafsachen, in denen der Generalstaatsanwalt wegen ihrer überragenden Bedeutung Anklage beim Obersten Gericht erhebt. Daneben ist es Kassationsgericht für Entscheidungen der Bezirksgerichte. Schließlich kann es Richtlinien und Beschlüsse mit bindender Wirkung für alle Gerichte herausgeben.

C. Österreich

Die **ordentliche Gerichtsbarkeit** ist geregelt in: Gerichtsorganisationsgesetz (GOG, 1896), Zivilprozeßordnung (ZPO) und Jurisdiktionsnorm (beide 1895), Strafprozeßordnung (StPO, 1873 i. d. F. v. 1975).

Bezirksgericht. Zivilsachen: Vermögensrechtl. Streitigkeiten (Streitwert bis zu 30000 Schilling) und bestimmte andere Streitsachen (z. B. Besitzstörung). Das Arbeitsgericht ist verwaltungsmäßig mit dem Bezirksgericht vereinigt, funktionell selbständig.

Strafsachen: Übertretungen, Mitwirkung an Voruntersuchungen.

Landes-(Kreis-)Gericht. Zivilsachen: in erster Instanz alle bürgerl.-rechtl. Streitigkeiten, für die das Bezirksgericht nicht zuständig ist. Berufungs- und Rekursinstanz gegen Urteile der Bezirks- und Arbeitsgerichte. Das Handelsgericht (Wien) entscheidet über alle handelsrechtl. Streitfälle.

Strafsachen: in erster Instanz alle Verbrechen und Vergehen; bei schweren Verbrechen und polit. Vergehen als Geschworenengericht. Berufungs- und Beschwerdeinstanz in Übertretungsfällen. Der Jugendgerichtshof ist Erkenntnisgericht und Berufungsinstanz in Strafsachen Jugendlicher.

Oberlandesgericht. Zivil- und Strafsachen: Berufungs- und Rekursinstanz gegen erstinstanzl. Urteile und Beschlüsse der Landes-(Kreis-)Gerichte und des Handelsgerichts.

Oberster Gerichtshof (Wien). Zivilsachen: Instanz für Revisionen und Revisionsrekurse gegen Berufungs- und Rekursentscheidungen der Oberlandesgerichte, der Landes-(Kreis-)Gerichte und des Handelsgerichts. Strafsachen: für alle Nichtigkeitsbeschwerden.

Verwaltungsgerichtshof (Wien), einziges Verwaltungsgericht, für Beschwerden gegen Rechtswidrigkeit von Bescheiden von Verwaltungsbehörden und Verletzung der Entscheidungspflicht.

Verfassungsgerichtshof (Wien) entscheidet bes. über Wahlanfechtungen und Verletzung von Grundrechten durch Verwaltungsbehörden; allein zuständig zur Prüfung der Verfassungsmäßigkeit von Gesetzen und Gesetzmäßigkeit von Verordnungen. Die Zuständigkeit dieses Gerichts wurde 1975 erweitert.

D. Schweiz

Die Rechtspflege liegt bei den Kantonen. Die Gerichtsverfassungen der Kantone sind sehr unterschiedlich.

1. kantonale Instanz. ZIVILSACHEN: **Bezirks-, Amts-** oder **Zivilgericht;** daneben **Handels-** und **Gewerbegericht.**

STRAFSACHEN: **Bezirks-, Amts-** oder **Strafgericht,** in einigen Kantonen **Geschworenen-Ger.**

2. kantonale Instanz (nicht überall vorgesehen). ZIVIL- und STRAFSACHEN: Obergericht oder Appellationsgericht.

Bundesrechtliche Berufungsinstanz. ZIVILSACHEN: **Bundesgericht** (Lausanne).

STRAFSACHEN: **Kassationshof,** für die Überprüfung von Rechtsfragen. Für best. schwere Verbrechen gegen Staat und öffentliche Ordnung: **Bundesstrafgericht** und **Bundesassisen** (Geschworenengericht) als einzige Instanz.

Trägern der Trichterbecherkultur (Megalithgräber) und einwandernden bandkeram. Streitaxtleuten (Hügelgräber), bis um 1400 v. Chr.

Im Osten besetzten die G. vom Ende der Bronzezeit an das Land jenseits der Oder bis über die Weichsel und kamen um 200 v. Chr. bis ans Schwarze Meer. Vor den nach Süden vorstoßenden Kimbern und Teutonen (113-101 v. Chr.) räumten die kelt. Helvetier ihre Sitze in Süddeutschland, das von Sweben besiedelt wurde. Diese überschritten unter Ariovist den Oberrhein, sie wurden 58 v. Chr. durch Caesar zurückgedrängt. 12-9 v. Chr. fielen die Römer unter Drusus in das rechtsrhein. Germanien ein. Nach dem Sieg von Armin im Teutoburger Wald 9 n. Chr. konnten die Römer nur das Zehntland hinter dem Limes behaupten (→ Germanien). Auch Böhmen und Mähren wurden von den G. bewohnt. Nach und nach siedelten weitere german. Stämme auch auf dem linken Rheinufer, zunächst noch im Hoheitsbereich der Römer. Viele G. wurden Soldaten und Offiziere im röm. Heer. Im 3. Jh. n. Chr. durchbrachen die G. den Limes. In der → Völkerwanderung schufen sie auf dem Boden des Röm. Reichs neue Staaten, die zur Grundlage der abendländ. Staatenwelt wurden.

Die älteste Stammeseinteilung ist bei dem röm. Historiker Tacitus überliefert (Ingwäonen, Istwäonen und Herminonen). Nach Siedlungsgebiet und Kultur heben sich in den ersten Jh. n. Chr. folgende Gruppen ab: Nordseegermanen, Rhein-Weser-Germanen, Elbgermanen (Elbsueben), Weichselgermanen, Oder-Warthe-Germanen, Ostseegermanen. Nach den Berichten antiker Schriftsteller waren die G. vorwiegend von hohem Wuchs, hatten rötlich-blondes Haar und blaue Augen. Ihre Tracht und Bewaffnung ist auf röm. Kunstwerken (Triumphsäulen, Gemmen, Münzen, Grabsteinen u. a.) des 1.-4. Jh. n. Chr. sowie auf german. Kunstwerken seit dem 7. Jh. dargestellt.

KUNST. Die Baukunst beschränkte sich auf Wohn- und Nutzbauten aus Holz, während die kunstgewerbl. Leistungen schon in der → Bronzezeit starke Gestaltungskraft zeigten, vor allem in Waffen und Geräten. Dagegen behauptete das kelt. Kunstgewerbe den Vorrang während der Eisenzeit. Einen Höhepunkt erreichte die gewerbl. Kunst in der Völkerwanderungszeit, in der einheim. Stilprinzipien verschmolzen mit östlich-euras. und z. T. auch provinzial-röm. Anregungen (Tierornamentik, Stabkirchen).

RELIGION. Zeugnisse über Religion und Kulturleben sind spärlich. Als ältester Himmelsgott erscheint **Ziu (Tyr),** der etwa um Christi Geburt von **Wodan (Odin),** dem Gott der Helden und Erfinder, der Dichtkunst und Runenschrift, verdrängt wurde. Neben ihm stand bes. der Bauerngott **Donar (Thor)** als Gestalt des Volksglaubens. Neben ihnen standen die Vanen (Freyr, Nerthus u. a.) als Vegetationsgottheiten. Beider Gegner waren die Riesen (Thursen). In heiligen Hainen fanden Gottesdienste statt, Tempel waren urspr. unbekannt. Auch gab es keinen geschlossenen Priesterstand. Die Weissagung lag vielfach bei den Frauen. Das Gemeinschaftsleben war von der **Sippe** beherrscht.

Germania, lat. für **Germanien. 1)** Im Altertum das von den Germanen bewohnte Land zw. Rhein, Donau und Weichsel; daneben die 2 Prov. **G. superior** (Mainz) und **G. inferior** (Köln). **2)** Verkörperung Dtl.s.

Germanicus, Gaius Julius Caesar, röm. Feldherr, Sohn des Drusus, bekämpfte 14-16 n. Chr. die Germanen.

Germanin das, Handelsname für ein Mittel gegen die Schlafkrankheit.

Germanischer Lloyd, Hamburg, dt. Schiffsklassifikationsgesellschaft, gegr. 1867.

Germanisches National-Museum in Nürnberg, 1852 gegr.; größte Samml. aus gesamtdt. Kunst und Kultur.

germanische Sprachen, im Ost- und Nordseeraum beheimatete indogerman. Sprachgruppe. Heute bestehen 4 **westgerman.** Sprachen (Englisch, Deutsch, Niederländisch, Reste des Friesischen) und 5 **nordgerman.** Sprachen (Schwedisch, Dänisch, Norwegisch, Isländisch, Faröisch). Über 300 Mio. Menschen sprechen die heute über die ganze Welt verbreiteten g. S. Die Sprachen der Goten, Wandalen, Burgunder u. a. sind ausgestorben. Durch die Umwälzung der german. → Lautverschiebung werden die g. S. deutlich aus dem Gemein-Indogerman. herausgehoben. Über die Schrift der Germanen → Runen.

Germanistik, 1) i. w. S.: Wissenschaft von der Gesamtkultur der Germanen, ihrer Gesch., Sprache, Sitte usw. **2)** i. e. S.: Wissenschaft von den german. Sprachen und Literaturen; häufig nur: dt. Philologie. **3)** Wissenschaft vom Recht der german. Völker.

Germanium das, **Ge,** chem. Element mit ausgeprägten Halbleitereigenschaften, Ordnungszahl 32, Atomgewicht 72,59, D 5,3 g/

germanische Kunst: unten links Adlerfibel, Zellenverglasung mit Granaten, ostgot. Arbeit aus Cesena, um 500; unten rechts Teil eines Taschenbeschlages, Zellenverglasung mit Granaten, aus dem Fürstengrab von Sutton Hoo, 7. Jh.

cm^3. Darstellung als Nebenprodukt der Kupfer- und Zinkgewinnung, Verwendung vorwiegend als → Halbleiter in der Elektronik, auch für opt. Spezialgeräte.

Germer der, Gatt. der Liliengewächse in der nördl. gemäßigten Zone. Der Wurzelstock des **Weißen G.**, einer bis 1,5 m hohen giftigen Gebirgsstaude, wirkt niesenerregend, in größeren Mengen herzlähmend. Der ebenfalls giftige **Schwarze G.** SO-Europas ist Zierpflanze.

Germiston [dʒ'ə:mɪstən], Stadt in der Rep. Südafrika (Transvaal), 155000 Ew.; Goldraffinerie, vielseitige Ind.

Gero, Markgraf Ottos d. Gr. im Osten, †965; unterwarf die wend. Stämme bis zur Oder, unterdrückte 955 einen Slawenaufstand.

Gerona [xɛr'ɔna], Hauptstadt der span. Prov. G., 66100 Ew.; got. Kathedrale, Korkind.

Geronten [grch. »Greise«], im alten Griechenland die Ältesten des Volks; in Sparta Mitgl. der **Gerusia**, des Rats der Alten, neben Königen und → Ephoren das wichtigste Organ der Verfassung.

Gerontologie [grch.] die, Altersforschung.

Gerschom ben Jehuda, jüd. Jurist, *965, †1028; Rektor der Mainzer Talmudakademie, schuf die Grundlagen der bibl. und talmud. Gelehrsamkeit der frz. und dt. Juden.

Gershwin [g'ə:ʃwɪn], George, amerikan. Komponist und Pianist, *1898, †1937; »Rhapsody in Blue«, »Porgy and Bess« u. a.

Gerson [ʒɛrs'ɔ̃], Johannes, frz. Theologe, Kanzler der Sorbonne, *1363, †1429; Vertreter des Konziliarismus.

Gerstäcker, Friedrich, Erzähler, *1816, †1872; Reiseschilderungen, Überseeromane.

Gerste die, Grasgatt., als Getreidepflanzen in versch. Zuchtformen verbreitet. Die angebauten Arten haben langbegrannte Ähren und sind Sommer- oder Winterfrucht. Das Korn gibt Mehl, Malz zu Bier **(Brau-G.)**, auch Schweinefutter (Futter-G.).

Gerstenberg, Heinrich Wilhelm v., Dichter, *1737, †1823; erstes Sturm-und-Drang-Trauerspiel »Ugolino«.

Gerstenkorn, ♡ eitrige Entzündung einer Wimperntalgdrüse **(äußeres G.)** oder einer Lidknorpeldrüse **(inneres G.)** des Ober- oder Unterlides. Behandlung: warme Umschläge, antibiot. Salben.

Gertrud [aus ahd. ger »Speer« und ahd. trut »traut«], weibl. Vorname.

Geruch, Riechvermögen, bildet zus. mit dem Geschmackssinn den chem. Sinn der Lebewesen. Sinnesorgan ist die Riechschleimhaut der → Nase.

Geruchverschluß, Siphon, U-förmiges Abflußrohr an Wasserklosetts und Ausgüssen, hält durch Wasserabschluß übelriechende Gase zurück.

Gerundium [lat.] das, lat. Sprachlehre: Beugungsform der Nennform, z. B. ars scribendi, die Kunst des Schreibens. **Gerundiv** das, Beiwort zur Nennform, z. B. facinus laudandum, eine lobenswerte Tat.

Gervinus, Georg Gottfried, Geschichtsforscher, *1805, †1871, einer der → Göttinger Sieben, schrieb »Geschichte des 19. Jh.«.

ges, ♩ Halbton unter g.

Gesamtdeutscher Block/BHE, 1952 aus dem Bund der Heimatvertriebenen und Entrechteten (BHE) hervorgegangene polit. Partei der Bundesrep. Dtl., vereinigte sich 1961 mit der »Deutschen Partei« zur »Gesamtdeutschen Partei« (seit 1965: »Gesamtdeutsche Partei Deutschlands«, GPD, löste sich 1972 auf).

Gesamthandsgemeinschaft, ⚖ besondere Art der → Gemeinschaft, bei der nur alle Gesamthänder gemeinsam über das **Gesamthandsvermögen** verfügen können, aber keiner über seinen Anteil allein. G. sind die Gesellschaft des bürgerl. Rechts (→ Gesellschaft), die → Offene Handelsgesellschaft, die ehel. → Gütergemeinschaft, die Erbengemeinschaft.

Gesamthochschule, Hochschule, in der bisher selbständige Institutionen (Univ., TH, PH, Medizin., Tierärztl., Musik-, Kunst-, Sport- und Ingenieurhochschulen) organisatorisch und verwaltungsmäßig zusammengeschlossen sind. G. bestehen in Kassel, Bamberg, Duisburg, Essen, Paderborn, Siegen, Wuppertal, Hagen (Fernuniv.).

Gesamtschuldner, mehrere Schuldner, die eine Leistung in der Weise schulden, daß jeder die ganze Leistung zu bewirken hat, der Gläubiger die Leistung aber nur einmal fordern kann. Die G. sind untereinander zur Ausgleichung verpflichtet.

Gesamtschule, → Schule.

Gesamtunterricht, ein nicht in Sachfächer gegliederter Unterricht, bes. in der Grundschule.

Gesandter, diplomat. Vertreter eines Staates. 3 Rangstufen: 1) Botschafter und Apostol. (päpstl.) Nuntien. 2) Gesandte, Minister, Apostol. Internuntien. 3) Geschäftsträger. Die 2 ersten Gruppen werden beim Staatsoberhaupt, Geschäftsträger beim Außenminister beglaubigt; vorher wird die Zustimmung des Empfangsstaates (»Agrément«) eingeholt. (→ Diplomatisches Korps)

Gesäuse das, Durchbruchstal der Enns, in den Österr. Alpen, zw. Admont und Hieflau.

Geschäftsbedingungen, allgemeine G., von einem Unternehmen für alle Geschäftsabschlüsse formularmäßig zusammengestellte Klauseln, die Inhalt der einzelnen Verträge werden sollen.

Geschäftsbericht, Bericht, den der Vorstand einer AG. jährl. zus. mit Jahresabschluß und Gewinnverteilungsvorschlag dem Aufsichtsrat und der Hauptversammlung vorlegt.

Geschäftsfähigkeit, ⚖ Fähigkeit, → Rechtsgeschäfte rechtsgültig vorzunehmen; sie wird in der Regel mit Eintritt der → Volljährigkeit erlangt. **Geschäftsunfähig** sind: 1) Kinder bis zum 7. Lebensjahr, 2) Geistesgestörte, 3) wegen Geisteskrankheit unter das Betreuungs-Ges. fallende Personen; **beschränkt geschäftsfähig** sind: 1) Personen zw. 7 und 18 Jahren, 2) wegen Geistesschwäche, Verschwendung oder Trunksucht unter Betreuung oder Vormundschaft gestellte Personen. Beschränkt Geschäftsfähige können ohne Zustimmung des gesetzl. Vertreters nur Rechtsgeschäfte vornehmen, die ihnen einen rechtl. Vorteil bringen (§§ 104ff. BGB).

Geschäftsführer, 1) wer ein fremdes Geschäft besorgt. **2)** gesetzl. Vertreter einer GmbH.

Geschäftsgeheimnis, Betriebsgeheimnis, Pflicht des Arbeitnehmers zur Verschwiegenheit, bes. über Tatsachen und Einrichtungen eines Betriebes, die geheim sind.

Geschäftsjahr, Zeitabschnitt, für den die Jahresbilanz aufgestellt wird, darf kürzer, aber nicht länger als 12 Monate sein.

Geschäftsordnung, Regeln, nach denen eine Behörde, Körperschaft oder Versammlung ihre Geschäfte führt.

Geschäftsträger, → Gesandter.

Geschichte, 1) Geschehenszusammenhang, in dem die Menschheit als ganze **(Welt-, Universal-G.)** oder ein Kulturkreis, ein Staat, ein Volk, eine Stadt erwachsen ist und sich verändert hat. **2)** Wissen um diesen Zusammenhang oder seine Darstellung durch die **G.-Schreibung.** Die **G.-Wissenschaft** untersucht und sichtet die Quellen, das sind teils mündliche: Überlieferung, Sage; teils schriftl.: Inschriften, Urkunden und Akten, Aufzählung von Ereignissen in Jahrbüchern (Annalen) und allgemeineren alten Geschichtswerken (Chroniken); teils Sitten und Gebräuche, Bauten, Geräte, Kleider, Waffen, Münzen, Schmuck, Bilder und Ausgrabungsfunde aller Art. Mit der vorbereitenden Untersuchung der Quellen beschäftigen sich die **geschichtl. Hilfswissenschaften,** z. B. Inschriftenkunde, Urkundenlehre, Münzkunde, Wappenkunde usw. Die histor. Kritik hat über Echtheit, Ursprung und Wert der Quellen zu entscheiden. **G.-Philosophie,** die Lehre von den allgem. Gesetzlichkeiten und dem Sinn der G., auch von den Grundbegriffen, Grundsätzen und der logischen Eigenart des geschichtswissenschaftl. Denkens. **G.-Klitterung,** verfälschende G.-Schreibung.

Geschiebe das, ⊕ durch Wasser oder Gletscher abgeschliffene Gesteinsstücke. **G.-Mergel,** kalkhalt. Mergel mit G., die Grundmoräne der Eiszeit, durch Auslaugung wird sie zu **G.-Lehm.**

Geschirr das, **1)** Haus- und Wirtschaftsgeräte, bes. Gefäße. **2)** Lederzeug für Reit- und Zugtiere. **3)** Schäfte an Webstühlen.

Geschlecht das, **1)** männl. und weibl. Form der Lebewesen, die durch Verschiedenheit ihrer Geschlechtsorgane bestimmt wird (primäre Geschlechtsmerkmale). Sekundäre Geschlechtsmerkmale (Bartwuchs und tiefe Stimme des Mannes, Brüste und Fettpolster der Frau) werden durch Hormone hervorgerufen. Lebewesen, die beide Arten von Geschlechtsorganen haben, bezeichnet man als Zwitter (die meisten Blütenpflanzen, einige niedere Tiere), im andern Falle spricht man von getrenntgeschlechtigen Lebewesen. **2)** Ⓢ Einteilung der Hauptwörter in 3 G.: männlich, weiblich, sächlich. **3)** Gesamtheit der Angehörigen eines Familienverbandes.

Geschlechtsbestimmung, Entscheidung, ob aus einem pflanzl., tier. oder menschl. Keim ein männl. oder weibl. Lebewesen hervorgeht, oder die Erkennung **(Geschlechtsdiagnose)** des Geschlechts. Die G. vor der Geburt ist beim Menschen mittels Chromosomenanalyse bereits um die 16. Schwangerschaftswoche möglich. Die G. zur Feststellung des ursprüngl. Geschlechts bei Zwittern beruht auf Besonderheiten der Zellkerne bei der Frau, die Anhangsgebilde **(Trommelschlegel)** oder Chromatinkörperchen **(Geschlechtschromatin)** an ihrem Rand aufweisen.

Geschlechtshormone, Sexualhormone, i. w. S. alle Hormone, die Geschlechtsmerkmale, Sexualität und Fortpflanzung beeinflussen. Hierzu gehören bes. die Gonadotropine und die Hormone der Keimdrüsen (Hoden und Eierstock); i. e. S. die **Keimdrüsenhormone;** diese sind chemisch Steroide (Sexualsteroide) und lassen sich in männl. (Androgene) und weibl. (Östrogene und Gestagene) unterteilen.

Geschlechtskrankheiten, Krankheiten, die meist beim Geschlechtsverkehr durch bestimmte Erreger übertragen werden (→ Tripper, → Syphilis, weicher → Schanker). Behandlung gesetzl. geregelt.

Geschlechtsorgane, Fortpflanzungsorgane der Lebewesen **(Genitalien).**

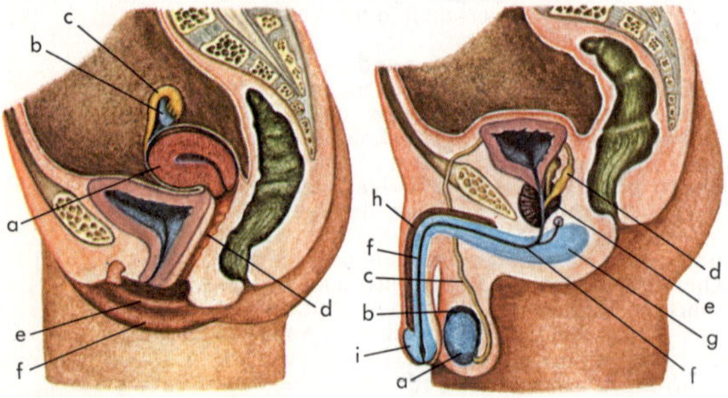

Geschlechtsorgane (Längsschnitt). Weibl. Beckeneingeweide: a Gebärmutter, b Eierstock, c Eileiter, d Scheide, e kleine Schamlippe, f große Schamlippe. – Männl. Beckeneingeweide: a Hoden, b Nebenhoden, c Samenleiter, d Samenbläschen, e Vorsteherdrüse, f Harnröhre, g Schwellkörper der Harnröhre, h Schwellkörper des Penis, i Eichel mit Vorhaut

Geschlechtsreife, die → Pubertät.

Geschlechtstrieb, Trieb zu geschlechtl. Vereinigung (Begattung) und dadurch zur Befruchtung und Fortpflanzung.

Geschlechtswort, Artikel, Ⓢ best. G.: der, die, das; unbest. G.: ein, eine, ein.

Geschlinge das, Schlund, Lunge, Leber und Herz des Schlachtviehs.

geschlossene Zeit, kath. Kirche: Zeit, in der früher keine feierl. Hochzeiten oder öffentl. Lustbarkeiten gestattet waren (Advent, Fastenzeit).

Geschmack der, **1)** Wahrnehmung von sauer, süß, bitter, salzig. Alle anderen G.-Arten, die man zu schmecken glaubt, werden vom → Geruch wahrgenommen. Aufnehmende Sinnesorgane für G.-Reize sind die **G.-Knospen,** besondere Zellen der Zungen- und Mundschleimhaut. **2)** Ü Schönheitssinn.

Geschmacksmuster, Muster oder Modelle, die als Vorbild für die geschmackl. Gestaltung von Industrieerzeugnissen dienen; dagegen dienen Gebrauchsmuster prakt. Zwecken (→ Musterschutz).

Geschmacksverstärker, in der Lebensmitteltechnik Substanzen ohne ausgeprägten Eigengeschmack, die in Lebensmittelzubereitungen deren Geschmack verstärken, z. B. Natriumglutamat.

Geschoß das, **1)** Körper, der mit einer Waffe verschossen oder abgeworfen wird oder sich durch Eigenantrieb ins Ziel bewegt. **2)** Stockwerk: Erd-G., Dach-G.

Geschütz das, Waffe der Artillerie. Nach Kaliber und Geschoßgewicht unterscheidet man leichte, schwere und schwerste G., nach Art der Flugbahn Flachfeuer-, Steilfeuer- und in beiden Flugbahnen schießende G.; G. zur Flieger- und Panzerabwehr. Ortsfeste G. sind Festungs-, Schiffs-, Küsten-G.

Geschwader das, **1)** ⚓ Verband von Kriegsschiffen. **2)** Verband von Flugzeugen.

Geschwindigkeit die, bei gleichförmiger Bewegung in der Zeiteinheit zurückgelegter Weg. **G.-Messer,** → Tachometer.

Geschwister Mz., Brüder und Schwestern. **geschwisterlich,** friedlich. **G.-Kind** das, Neffe oder Nichte.

Geschworener der, frühere Bez. für Schöffe (→ Schöffengericht).

Geschwulst die, ♡ **1)** i. w. S. jede durch Entzündung, Blut- oder Flüssigkeitsansammlung entstandene Schwellung **(Tumor). 2)** i. e. S. krankhafte Gewebeneubildung **(Neoplasma),** z. B. Zellwucherung. **Gutartige G.** wachsen langsam und gefährden gewöhnlich das Leben ihres Trägers nicht. **Bösartige G.** wachsen schnell und zerstörend in benachbarte Gewebe vor und können zum Ausgangspunkt von Absiedlungen **(Metastasen)** werden. → Krebs, → Sarkom.

Geschwür das, lat. **Ulcus,** örtl. begrenzter Gewebsverlust der Haut oder Schleimhaut, entzündlich, schlecht heilend. Ursachen: Dauernde örtl. Schädigung, Störung des Blutkreislaufs (Unterschenkel-G. bei Krampfadern), ansteckende Krankheiten u. a.

Gesell, Silvio, *1862, †1930; Begründer der Freiwirtschaftslehre (→ Freiwirtschaftsbund).

Geselle, Handwerker, der eine ordnungsmäßige Lehrzeit (meist 3 Jahre) durchlaufen und die **Gesellenprüfung** bestanden hat.

Gesellschaft, Vereinigung von Menschen (→ Soziologie). **G. des bürgerl. Rechts,** Zusammenschluß zweier oder mehrerer Personen zur Erreichung eines gemeinsamen Zweckes. Für G.-Schulden haften die Gesellschafter als → Gesamtschuldner (§§ 705 ff. BGB).

Gesellschaft für deutsche Sprache, gegr. 1947, zur Pflege der dt. Sprache. Sitz Wiesbaden. Zeitschriften: »Muttersprache«, »Sprachdienst«.

Gesellschaft Jesu, die → Jesuiten.

Gesellschaft mit beschränkter Haftung, GmbH, Handelsgesellschaft mit eigener Rechtspersönlichkeit und best. Kapital (**Stammkapital,** mindestens 50 000 DM), das von den Gesellschaftern durch Einlagen (**Stammeinlagen,** mindestens 500 DM) aufgebracht wird. Erforderlich sind zumindest 2 Gründer, die einen Gesellschaftsvertrag (Satzung) in notarieller Form abschließen. Geschäftsführung und Vertretung durch einen oder mehrere Geschäftsführer, oberstes Organ ist die Gesellschafterversammlung. Bei mehr als 500 Arbeitnehmern muß ein Aufsichtsrat bestellt werden. Die Haftung der Gesellschafter ist auf das Gesellschaftsvermögen beschränkt.

Gesellschaftsinseln, Sozietäts-Inseln, vulkan. Inselgruppe → Französisch-Polynesiens, 1647 km², rd. 130 000 Ew.; Hauptinsel: → Tahiti. Ausfuhr: Kopra, Vanille, Perlmutter, Phosphat.

Gesellschaftslehre, die → Soziologie.

Gesellschaftstanz, Tanzformen, die bei gesellschaftl. Festen getanzt werden.

Gesellschaftsvertrag, → Vertrag.

Gesenk das, ⊙ stählerne Hohlform zur Formgebung beim G.-Schmieden.

Gesenke das, tschech. **Jeseník** [j'ɛsɛnji:k], östl. Ausläufer der Sudeten, ČSFR, 400-600 m hoch, leitet zu den Karpaten hin.

Gesetz, 1) Richtschnur, Regel. **2)** ⚖ allg. Rechtsvorschrift, nach der Staatsbürger und Behörden handeln sollen. **3)** → Naturgesetz.

Gesetzestafeln, Steintafeln der → Zehn Gebote.

Gesetzgebung, Rechtssetzung durch den Gesetzgeber, gesetzgebende Gewalt **(Legislative).**

Gesetzgebungsnotstand. In der Bundesrep. Dtl. kann der Bundespräs. den G. für ein Gesetz erklären, wenn der Bundeskanzler nicht das nachgesuchte Vertrauen des Bundestags findet, dieser aber weder einen Nachfolger wählt noch aufgelöst wird. Das vom Bundestag nach Erklärung des G. erneut abgelehnte Ges. kommt zustande, wenn der Bundesrat zustimmt. Ist der G. erklärt, kann während der Amtszeit eines Bundeskanzlers innerhalb von 6 Monaten jedes weitere vom Bundestag abgelehnte Ges. als Notstandsges. erlassen werden (Art. 81 GG).

Gesetzlicher Vertreter, Stellvertreter, dessen Vertretungsmacht auf Gesetz beruht; z. B. Vater und Mutter als G. V. ihres minderjähr. Kindes.

Gesicht, Angesicht, Antlitz, Fazies, die vordere Fläche des Kopfes. **Gesichtssinn,** Sehvermögen, → Auge.

Gesichtsfeld, 1) mit unbewegtem Auge übersehbarer Teil des Raumes. **2)** bei opt. Instrumenten der sichtbare Bildausschnitt.

Gesichtskreis, der → Horizont.

Gesichtsmuskellähmung, → Facialis.

Gesichtsplastik, Maßnahmen der plastischen Chirurgie zur Wiederherstellung der Gesichtsformen und der Bewegungsfunktionen, wenn diese verbildet oder zerstört sind, manchmal auch aus rein kosmet. Gründen, z. B. face lifting.

Gesichtsrose, → Wundrose.

Gesichtsschmerz, Schmerzen in den vom → Trigeminus versorgten Gebieten des Kopfes.

Gesichtsurne, vorgeschichtl. Tongefäß mit der Darstellung eines menschl. Gesichts.

Gesims das, 🏛 der → Sims.

Gesịra, Gezịra, das wichtigste und am dichtesten bevölkerte Agrargebiet der Rep. Sudan, südl. Khartum; Baumwollpflanzungen.

Gesner, Konrad, schweizer. Naturforscher, *1516, †1565; Tier- und Pflanzensystematik.

Gespenstheuschrecken, Ordn. der Geradflügler mit ast- oder blattförmigem Körper. Arten: **Stabheuschrecken, Wandelndes Blatt.**

Geßler, Landvogt in der Tell-Sage.

Geßler, Otto, *1875, †1955; 1920-28 Reichswehrmin., 1950-52 Präs. des Dt. Roten Kreuzes.

Geßner, Salomon, Dichter, Maler, *1730, †1788; Idyllen, Epos »Der Tod Abels«.

Gestaltpsychologie sieht in der Gestalt eine Grundeigenschaft alles Erlebens, i. Ggs. zur Assoziationspsychologie. Entwickelt wurde sie von C. v. Ehrenfels, W. Köhler, W. Metzger, F. Krueger (Ganzheitspsychologie), A. Wellek u. a.

Gestaltungsklage, ⚖ eine Klage, die eine Umgestaltung der Rechtslage unter den Parteien anstrebt (z. B. Ehescheidung); i. Ggs. zur Leistungs- und Feststellungsklage.

Geständnis, Strafrecht: Eingestehen eines Sachverhaltes, unterliegt dem Grundsatz freier Beweiswürdigung, das Gericht braucht ihm nicht zu folgen. Die Erzwingung eines G. ist verboten.

Gestapo, → Geheime Staatspolizei.

Gestehungskosten, Herstellungs- oder Anschaffungskosten einer Ware.

Gesteine, Gemenge von Mineralien, die die äußere Erdkruste aufbauen. 1. **Erstarrungs-** oder **Eruptiv-G.,** die aus dem erstarrten Schmelzfluß (Magma) des Erdinnern entstanden sind, entweder in tieferen Schichten der Erdkruste **(pluton., Tiefen-G.),** z. B. Granit, Syenit, oder an der Erdoberfläche **(vulkan., Erguß-G.),** z. B. Basalt, Diabas. 2. **Schicht-** oder **Sediment-G.,** entstanden durch Absatz der in Wasser gelösten (z. B. Steinsalz, Gips) oder aufgeschwemmten (z. B. Sand, Schlamm) Mineralien. 3. **Metamorphe G.,** Erstarrungs- oder Absatzgesteine, die durch physikal. und chem. Einflüsse umgewandelt worden sind; z. B. durch Nachbarschaft von Ergußgestein **(Kontakt-G.),** z. B. Hornfels, oder durch Druck und Wärme **(kristalline Schiefer),** z. B. Gneis, Glimmerschiefer.

Gesteinsbohrmaschinen, ⊙ dienen zur Herstellung von Bohrlöchern im Bergbau, in Steinbrüchen und bei Gesteinsarbeiten durch drehendes, schleifendes, schlagendes Bohren.

Gestirn das, Himmelskörper: Sonne, Mond, Planeten, Kometen und Fixsterne.

Gestrenge Herren, die → Eisheiligen.

Gestüt das, Anstalt zur Pferdezucht. **Gestütsbuch,** Zuchtstammbuch, **Gestütsbrand, -zeichen,** Brandzeichen der Gestütpferde.

Gesundbeten, in relig. Sekten und im Volksglauben geübte Heilpraktik.

Gesundheit die, Zustand körperl. und geistig-seel. Wohlbefindens.

Gesundheitsamt, staatl. Behörde des öffentl. Gesundheitsdienstes, Leitung: Amtsarzt.

Gesundheitsmedizin, untersucht wissenschaftl. Grundlagen von Gesundheit und Gesunderhaltung.

Gesundheitspflege, die Hygiene.

Gesundheitsreform-Gesetz, Bez. für die gesetzl. Maßnahmen (seit 1989/90) zur Kostendämpfung im Gesundheitswesen; sehen stärkere Eigenbeteiligung der gesetzlich Versicherten vor.

Gesundheitszeugnis, ärztl. Bescheinigung zur Vorlage bei Behörden und Dienststellen; gibt u. a. Auskunft, ob der Zeugnisinhaber frei von ansteckenden Krankheiten ist.

Gethsẹmane, Garten am Ölberg bei Jerusalem, wo Jesus gefangengenommen wurde.

Getreide das, Pflanzen, die wegen ihrer stärkemehlreichen Kornfrüchte oder Samen für die menschl. Ernährung angebaut werden. Wichtigste Arten für Europa: Weizen, Roggen, Gerste, Hafer, Mais; für Asien: Reis, Mais; für Afrika: Mohrenhirse; für Amerika: Weizen und Mais.

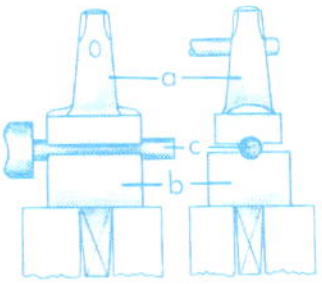

Gesenk: a Obergesenk, b Untergesenk, c Werkstück

Gesteine: oben Impala-Syenit; Mitte Gotenrot-Granit; unten Kleinwendern-Granit

Getriebe das, ⊙ alle mechan. Einrichtungen zur Weiterleitung oder Umformung von Bewegungen. Arten: **Kurven-, Riemen-, Zahnrad-, Flüssigkeits-, Gelenk-, Schraub-, Sperr-G.**

Getto, Ghetto [ital.] das, abgeschlossenes Judenviertel in Städten, auch Neger-G.

Gettysburg [g'etızbə:g], Stadt in Pennsylvania, USA, 7300 Ew.; Eisenerzgruben, Steinbrüche. – Die Schlacht bei G. (1.-3. 7. 1863) war der Wendepunkt im Sezessionskrieg.

Geulincx [x'ø:liŋks], Arnold, niederländ. Philosoph, *1624, †1669; vertrat den → Okkasionalismus.

Geusen [frz. gueux »Bettler«] Mz., Spott-, später Ehrenname der niederländ. Freiheitskämpfer gegen die span. Herrschaft im 16. Jh.

GeV, Abk. für **Giga|elektronvolt,** bes. in der Hochenergiephysik benutzte Energieeinheit; 1 GeV = 1 Mrd. eV.

Gevelsberg, Stadt in NRW, im Sauerland, 32500 Ew.; Maschinenind.

Gewächshaus, Glashaus für temperaturempfindl. Pflanzen und zur frühzeitigen Erzeugung von Blüten und Früchten **(Treibhaus).** Das **Kalthaus** (Orangerie) dient als Winterschutz für südländ. Gewächse (mit 6-10 °C); das **temperierte Haus** (15-17 °C) zu Sämlings- und Stecklingsanzucht; das **Warmhaus** (20 bis 25 °C) für Tropenpflanzen.

Geweih

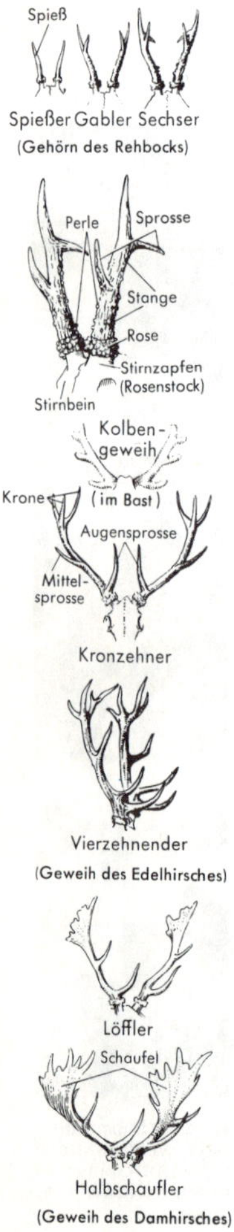

Gewährleistung, → Mängelhaftung.

Gewahrsam, ⚖ tatsächl. Herrschaft einer Person über eine Sache.

Gewaltenteilung, Verfassungsgrundsatz der westl. Demokratien zum Schutze des einzelnen gegen den Staat. Die 3 Aufgaben der Staatsgewalt (Gesetzgebung, Verwaltung, Rechtsprechung) sollen von gegenseitig unabhängigen Organen (Volksvertretung, Regierung, Gerichte) durchgeführt werden; die G. wurde bes. von → Montesquieu gefordert.

Gewandhaus, im MA. Lager- und Messehaus der Tuchhändlerzünfte (Tuchhalle). **G.-Konzerte,** seit 1781 in Leipzig bestehende Konzerte; seit 1884 im neuen G. (im 2. Weltkrieg zerstört), Neubau 1981.

Gewässerkunde, Hydrographie, Wissenschaft von den Gewässern des Festlandes.

Gewebe das, **1)** Erzeugnis der → Weberei. Kettfäden verlaufen in der Längs-, Schußfäden in der Querrichtung. **2)** ⚘ ☤ ♡ Gefüge gleichart. Zellen im Pflanzen-, Tier- und Menschenkörper. Bei Tieren und Menschen unterscheidet man Haut-, Stütz- (Binde-, Knorpel-, Knochen-), Muskel- und Nerven-G., bei Pflanzen Blatt-, Holz-, Mark-, Speicher-, Kork-G. Die Wissenschaft von den G. heißt **G.-Lehre** (Histologie).

Gewehr, urspr. jede tragbare Trutzwaffe, daher **Seitengewehr;** jetzt → Handfeuerwaffen.

Geweih das, ein Paar knochige, in Spitzen auslaufende Auswüchse, die sich bei männl. Hirschtieren (auch beim weibl. Rentier) auf bleibenden Fortsätzen (Rosenstöcke, G.-Stuhl) des Stirnbeins bilden; beim Rehbock **Gehörn,** bei Elch und Damhirsch **Schaufeln,** beim Hirsch **Stangen** genannt. Es wird meist jährlich abgeworfen und erneuert (»aufgesetzt«), wobei die Zacken (»Enden«) sich vermehren. Reh und Hirsch heißen je nach Endenzahl Spießer, Gabler, Sechsender, weiter Acht-, Zehnender usw., vom Zwanzigender an Kapitalhirsch.

Gewerbe das, jede auf Erwerb gerichtete berufsmäßige Tätigkeit **(gewerbl. Wirtschaft, Gewerbebetrieb),** bes. Handwerk und Ind., ferner Handels-, Versicherungs-, Verkehrs-G. sowie persönl. Dienstleistungen. Manchmal wird unter G. nur die Tätigkeit in Kleinbetrieben verstanden i. Ggs. zur Ind. oder Fabrik. Die das G. rechtl. regelnde **G.-Ordnung** von 1869 (i. d. F. v. 1. 1. 1978) vertritt den Grundsatz der **Gewerbefreiheit,** nach dem jedermann die Ausübung eines G. grundsätzl. erlaubt ist; für das Handwerk ist sie eingeengt durch die Handwerksordnung von 1953/65. Der **G.-Aufsicht** obliegt die Überwachung der arbeitsschutzrechtl. Bestimmungen.

Gewerbeschule, → Berufsschule.

Gewerbesteuer, → Steuern.

Gewerblicher Rechtsschutz, der Schutz der techn. Erfindungen (Patente, Gebrauchs- und Geschmacksmuster) und Warenzeichen (→ Musterschutz) sowie der Firmenbezeichnung, auch die Bekämpfung des → unlauteren Wettbewerbs.

Gewerkschaft, bergrechtliche G., dem Bergbau eigentüml. Gesellschaftsform (Kapitalges.): die Mitglieder **(Gewerken)** sind mit Anteilen **(Kuxen)** an der G. beteiligt; erforderl. Mittel zahlen sie durch → Zubußen ein.

Gewerkschaften, Arbeitnehmervereinigungen zur Verbesserung der wirtschaftl. und sozialen Lage ihrer Mitgl. sowie zur Vertretung ihrer Belange, bes. gegenüber den Arbeitgebern; in den meisten Ländern von großem sozialem, wirtschaftl., auch polit. Einfluß. I. d. R. bestehen zw. G. und best. polit. Parteien enge Beziehungen, auch wenn parteipolit. oder konfessionelle Neutralität betont wird. Hauptziele: Vollbeschäftigung, Sicherung der Arbeitsplätze, Vergrößerung des Arbeitnehmeranteils am Sozialprodukt, → Mitbestimmung. Mittel zu ihrer Erreichung: Verhandlungen mit den Arbeitgebervereinigungen (→ Tarifvertrag) und Behörden, notfalls → Streik.

In der Bundesrep. Dtl. sind die 16 Einheits-G. im **Dt. G.-Bund** zusammengefaßt (7,75 Mio. Mitgl.), daneben bestehen als wichtigste die **Dt. Angestellten-G.** mit 0,5 Mio. Mitgl., der **Dt. Beamtenbund** mit 0,75 Mio. Mitgl. und als Zusammenschluß christl. Arbeiter der **Christl. Gewerkschaftsbund Dtl.s** mit 0,3 Mio. Mitgl. – In der Dt. Dem. Rep. besteht der **Freie Dt. G.-Bund,** der bis Ende 1989 an Weisungen von Staat und Partei gebunden war; Selbstauflösung 1990 beschlossen. Die bislang im Freien Dt. G.-Bund zusammengefaßten Einzel-G. wollen sich mit denen in der Bundesrep. Dtl. zusammenschließen. **Internat. Organisationen:** Internat. Bund Freier G. (IBFG), Weltgewerkschaftsbund (WGB; kommunist.), Internat. Bund Christl. G. (IBCG).

Gewandhaus in Braunschweig (begonnen Anfang des 14. Jh.)

Gewichtsklassen Herren		Gewicht in kg Boxen Amateure	Ringen	Gewicht-heben	Rasenkraft-sport	Judo	Tae-kwondo
Nadel	bis						48
Papier	bis		48				
Halbfliegen	bis	48					
Fliegen	bis	51	52	52			52
Bantam	bis	54	57	56			56
Feder	bis	57	62	60	65		60
Superleicht	bis					60	
Halbleicht	bis					65	
Leicht	bis	60	68	67,5	70	71	64
Halbwelter	bis	63,5					
Welter	bis	67	74				68
Halbmittel	bis	71				78	73
Mittel	bis	75	82	75	75	86	78
Halbschwer	bis	81	90			95	84
Leichtschwer	bis			82,5	82,5		
Mittelschwer	bis			90	90		
Schwer	bis	91	100		über 90	über 95	über 84
1. Schwer	bis			100			
2. Schwer	bis			110			
Superschwer	über	91	100	110			

❻ Bis 1933 gab es in Dtl. **Freie G.** (sozialistisch), **Christl. G.**, **Hirsch-Dunckersche G.** (freiheitl.-national), **wirtschaftsfriedl. (gelbe) G.** und kommunist. Gruppen. 1933 wurden die G. zwangsweise in die Dt. Arbeitsfront eingegliedert. Ab 1945 wurden Einheits-G. errichtet, daneben Berufsverbände.

Gewicht, 1) die durch Wägung ermittelte Masse eines Körpers; Einheit: Kilogramm (kg). **2)** die Kraft, die eine Masse infolge der auf sie einwirkenden Schwerkraft auf ihre Unterlage ausübt **(Gewichtskraft);** SI-Einheit: Newton. **3)** Vergleichskörper von genau bestimmter Masse **(G.-Stück, Wägestück),** mit dem die Massen anderer Dinge durch Wägung bestimmt werden (→ Maßeinheiten).

Gewichtheben, Schwerathletik: ein- oder beidarmiges Hochbringen eines Hantelgewichtes. Man unterscheidet die Wettkampfdisziplinen **Reißen** (beidarmiges Hochbringen des Gewichts in einem Zug) und **Stoßen** (beidarmig aus der Schulterhöhe emporgestoßenes Gewicht). Gewertet werden bei Olymp. Spielen der Zweikampf (Olymp. Zweikampf) bei sonstigen Wettbewerben Einzelkampf und Zweikampf. (→ Gewichtsklassen)

Gewichtsklassen, Einteilung der Wettkämpfer nach dem Körpergewicht; üblich im Boxen, Ringen, Gewichtheben, Taekwondo, Karate, Judo und Rasenkraftsport.

Gewinde, schraubenförmige Profilierung an Bolzen oder in Bohrungen für lösbare Verbindungen (→ Schraube). Man unterscheidet **rechtsgängige** und **linksgängige G.,** der Form nach **Dreiecks-(Spitz-), Trapez-, Sägen-, Rund-G.** Das an einen Bolzen geschnittene G. ist **Außen-,** das in einer Bohrung hergestellte **Innen-** oder **Mutter-G.** Wichtigste G.-Systeme sind metr.-G. (ISO-G.) und Whitworth-G.

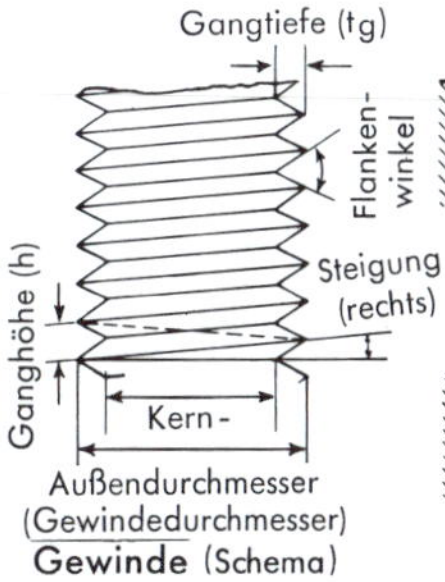

Gewinde (Schema)

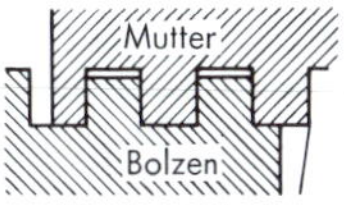

Flachgewinde

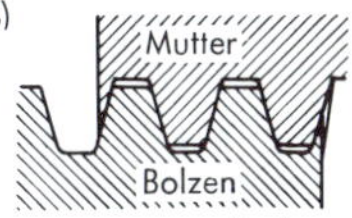

Trapezgewinde

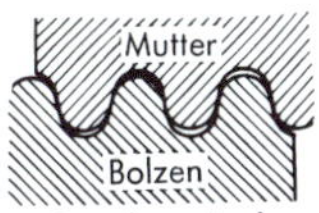

Rundgewinde

Sägengewinde

Gewinn der, ⚠ Überschuß der Erträge über die Aufwendungen.

Gewinnbeteiligung, Ertragsbeteiligung, 1) vom Arbeitgeber über den normalen Lohn (Gehalt) hinaus gewährte Beteiligung am Geschäftsergebnis, meist ohne Teilnahme am Verlust. **2) Versichertendividende,** Verteilung von Überschüssen eines Versicherungsunternehmens an die Versicherten durch Rückzahlung oder durch Zuschlag auf die Versicherungssumme.

Gewissen das, persönl. Bewußtsein vom sittl. Wert oder Unwert des eigenen Verhaltens, Fähigkeit der moral. Selbstbeurteilung.

Gewissensfreiheit, → Glaubensfreiheit.

Gewitter das, unter Blitz und Donner erfolgende Entladung der Luftelektrizität der Wolken untereinander oder gegen die Erde, meist mit schauerartigem Regen. **Wetterleuchten** ist ein G. in größerer Entfernung, ohne hörbaren Donner.

Gewohnheitsrecht, aus gewohnheitsmäßiger Übung, nicht durch Gesetzgebung entstandenes Recht, bes. z. B. im Völkerrecht.

Gewohnheitsverbrecher, → Hangtäter.

Gewölbe, bogenförmig gekrümmte Decke, auch der darunter befindliche Raum. Hauptarten: **Tonnen-, Kreuz-, Kreuzrippen-, Stern-, Fächer-, Kloster-, Mulden-, Spiegel-G.;** die → Kuppel.

Gewölle das, von Greifvögeln ausgespiene Ballen unverdauter Haare, Federn, Knochen.

Gewürz das, wird Speisen und Getränken zur Verbesserung von Geschmack und Geruch, auch zur Förderung der Verdauung beigesetzt, bes. Salz, Essig sowie an duftenden flüchtigen Ölen reiche trockene Teile gewisser Pflanzen **(G.-Pflanzen),** z. B. Pfeffer, Kümmel, Nelken.

Gewürz-Inseln, indones. Inselgruppe der → Molukken.

Gewürznelke, Nelke, Näg(e)lein, getrocknete, 12-17 mm lange Blütenknospen des **Gewürznelkenbaumes** der Molukken; enthalten **Nelkenöl,** das auch Grundstoff in der Parfüm-Ind. ist.

Geyer, Florian, *um 1490, †1525; fränk. Reichsritter und Anführer der Bauern im Bauernkrieg 1525.

Geysir, Geiser [altisländ.] der, heiße Springquelle in vulkan. Gebieten, z. B. Island, Neuseeland, Yellowstone Park (USA). (Bild S. 316)

gez., Abk. für gezeichnet; eigenhändig unterschrieben.

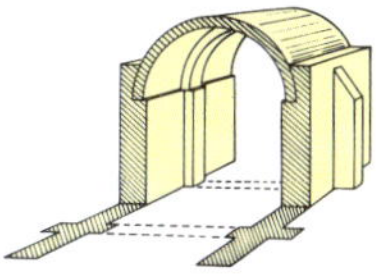
Gewölbe: Tonnen-G. mit Gurtbogen

Ghana

Gide

Giftpflanzen

Giftpflanzen: 1 Bilsenkraut; **2** Roter Fingerhut; **3** Stechapfel; **4** Herbstzeitlose, a blühend, b fruchttragend

Gezähe das, Handwerkszeug des Bergmanns: Keilhauen, Bergeisen, Schlägel oder Fäustel.

Gezeiten, abwechselndes Fallen **(Ebbe)** und Steigen **(Flut)** des Meeresspiegels, meist zweimal in rd. 25 Stunden, durch Anziehung des Mondes und der Sonne; der Höhenunterschied von Hoch- und Niedrigwasser heißt **Tidenhub. Springflut** nennt man eine sehr hohe, **Nippflut** die schwächste Flut.

Gezeitenkraftwerk, → Flutkraftwerk.

Gezelle [xəz'ɛlə], Guido, fläm. Dichter, *1830, †1899; größter Lyriker Flanderns.

GG, das Grundgesetz der Bundesrep. Dtl.

Ghana, Rep. in W-Afrika; 238537 km², 13,7 Mio. Ew.; Hptst.: Accra, Amtssprache: Englisch. – Im S Küstenebene (Savanne, Wald), im N Trockensavanne. Hauptfluß: Volta (mit → Akosombo-Damm). Anbau: Kakao (10% der Welternte), Mais, Hirse, Maniok, Bananen, Kolanuß, Palmkerne. Ausfuhr: Kakao, Holz, Gold, Diamanten, Manganerz, Bauxit. Aluminiumschmelze u.a. Ind. Gutes Straßennetz. Seehäfen: Takoradi, Tema; internat. Flughafen: Accra. – Die ehem. brit. Besitzung Goldküste wurde (mit Brit.-Togo) 1957 als G. unabhängig; seit 1960 Rep. 1. Staatspräs.: K. Nkrumah (1960-66). Die zivile Regierung wurde 1972 und 1981 durch einen Militärputsch gestürzt; Vors. des regierenden Militärrats: J. Rawlings. ⊕ S. 482. (BILD S. 315)

Ghasali, Algazel, islam. Philosoph, *1059, †1111, bekämpfte den arab. Aristotelismus; seine Mystik ist dem Neuplatonismus verwandt.

Ghasel, Gasel [arab. »Gespinst«] das, oriental. Gedichtform aus 3-13 Verszeilen, von denen die erste mit allen geraden Zeilen reimt, während die ungeraden reimlos sind. Dt. Nachbildungen bei Rückert, Platen, Hagelstange.

Ghasi [arab. »Eroberer«], Ehrentitel siegreicher türk. Herrscher und Offiziere.

Ghats Mz., die Gebirgszüge, die das Hochland des Deccans in Indien einschließen.

Ghetto [ital.] das, → Getto.

Ghiaurov [gj'aurɔf], Nicolai, bulgar. Opernsänger (Baß), *1929.

Ghibellinen, im MA. die kaiserl. (Hohenstaufen-)Partei in Italien, i. Ggs. zu der päpstl., den **Guelfen** (dt. **Welfen**).

Ghiberti, Lorenzo, ital. Bildhauer, *1378, †1455; Bronzetüren in Florenz.

Ghirlandaio [gi-], Domenico, ital. Maler, *1449, †1494; realist. Schilderungskunst und klare Komposition, bes. im Fresko (Florenz, Rom).

Ghom, → Kum.

Ghostwriter [g'əustraitə] der, in USA: ungenannter Schriftst., der Reden und Bücher für andere, bes. für Politiker, verfaßt.

G. I. [dʒi: ai, amerikan.], **G**overnment **I**ssue, in den USA staatl. gelieferte Ausrüstung für den Soldaten; Ü auch dieser selbst.

Gibbon [g'ɪbən], Edward, engl. Historiker im Geist der Aufklärung, *1737, †1794.

Gibbon der, Fam. der Herrentiere in SO-Asien, sehr lange Arme, klettergewandt.

Gibbons [g'ɪbənz], Orlando, engl. Komponist, Organist, *1583, †1625.

Gibbs, Josiah W., amerikan. Physiker, *1839, †1903; bed. in der Thermodynamik.

Gibeon, Kultstätte im alten Palästina, heute **El-Djib,** nordwestl. von Jerusalem.

Gibraltar, brit. Kronkolonie auf der Halbinsel G. an der S-Küste Spaniens, an der **Straße von G.** (14,2-44 km breit), zw. Mittelmeer und Atlant. Ozean. Felsenfestung, Flottenstützpunkt; 6,5 km². Die Stadt G. hat rd. 30000 Ew. G. ist nach dem arab. Feldherrn Tarik (arab. »Felsen des Tarik«) benannt, der hier 711 auf seinem Eroberungszug nach Europa übersetzte. 1704 kam es in brit. Besitz, 1779-82 gegen Spanier und Franzosen verteidigt. Seit 1954 fordert Spanien die Rückgabe G.s.

Geysir im Yellowstone-Nationalpark

Gibtner, Horst, Politiker (CDU), *1940; seit April 1990 Min. für Verkehr in der Dt. Dem. Rep.

Gicht, 1) Zipperlein, Stoffwechselkrankheit infolge ungenügender Ausscheidung von Harnsäure. Ansammlung von Harnsäurekristallen führt zu anfallsweise auftretenden, schmerzhaften Gelenkschwellungen und Knoten in der Haut. Beginn meist im Grundgelenk der großen Zehe **(Podagra). 2)** die obere Mündung des Hochofens.

Gichtgas, das aus dem Hochofen entweichende brennbare Gas; enthält bis zu 30% Kohlenoxid.

Gichtrose, Pfingstrose, → Päonie.

Gide [ʒid], André, frz. Schriftst., *1869, †1951; revoltierte gegen Geschichte, Moral, Ehe, Kirche. Romane: »Die Falschmünzer«, »Die Schule der Frauen« u.a. Nobelpreis 1947. (BILD S. 315)

Gideon, einer der Richter Israels.

Giebichenstein, Stadtteil von Halle/ Saale. Über der Saale Burg G.; 938 von Otto I. dem Erzstift Magdeburg geschenkt.

Gierke, Otto v., Rechtsgelehrter, *1841, †1921; führender Deutschrechtler.

Giersch der, **Geißfuß,** staudiger, weißblühender, bis meterhoher Doldenblüter.

Gieseking, Walter, Pianist, *1895, †1956.

Gießen, Stadt in Hessen, an der Lahn, 71800 Ew.; Univ. (seit 1607); Altes und Neues Schloß, Zeughaus, Burgmannenhaus; Ind.

Gießerei, ⊙ Herstellung metallischer Gegenstände durch Gießen. In der Formerei wird nach Modell oder Schablone in meist zweiteiligen Kästen die Form aus Sand, Lehm u.a. hergestellt. Metallformen (Kokillen) sind öfter verwendbar. Das Metall wird geschmolzen und in Gießpfannen in die Form geleitet. Nach dem Erkalten wird das Gußstück von Formsand, Gußköpfen u.a. gereinigt. → Druckguß, → Schleuderguß.

Gifhorn, Krst. in Ndsachs., 35700 Ew.; Maschinen- und Armaturenwerk.

Gift das, jeder chem. Stoff, der zu Gesundheitsschäden führen kann (auch Arzneimittel, wenn sie in zu großer Menge oder in falscher Weise zugeführt werden, oder Nahrungsmittel, wie Kochsalz, Alkohol). Nach den vorwiegend geschädigten Organen unterscheidet man: **Kapillar-G.,** die zu Wandschädigung der Haargefäße und anschließender Gewebsschädigung führen; **Leber-, Nieren-, Herz-, Nerven-, Lungen-G.** u.a. schädigen jeweils die genannten Organe. Nach der Wirkweise lassen sich z.B. folgende Gruppen bilden: **Ätz-G.** (starke Säuren, Laugen) zerstören Körpergewebe; **betäubende (narkotische) G.** (Opium) führen nach vorübergehender Erregung zur Lähmung des Nervensystems. Die **Gegen-G.** sind für jedes G. anders. Bei Vergiftung muß

Giorgione: Die drei Philosophen

das G. möglichst schnell aus dem Körper entfernt werden. Arzt rufen!

Giftgase → Kampfstoffe.

Giftmüll, Sonderabfall, der Menschen, das Wasser, die Luft oder den Boden gefährdet und deshalb gesondert beseitigt werden muß.

Giftpflanzen enthalten Stoffe, die auf Mensch und Tier als Gift wirken; viele G. dienen als Arzneipflanzen. Der Gehalt an **Pflanzengiften** ist in den einzelnen Pflanzenteilen und je nach Standort, Jahreszeit und Alter verschieden. – Über **Giftpilze.** → Pilze (Weitere BILDER S. 316)

Gifttiere, Tiere, die Gift in Giftdrüsen, in ihrem Blut oder in ihren Geweben enthalten; so Skorpione, Bienen, Wespen, Fische mit **Giftstacheln,** Schlangen mit **Giftzähnen** (→ Schlangengift), Quallen mit Nesselkapseln, Schmetterlingsraupen mit Brennhaaren, der Aal mit giftigem Blut.

Gifu, Stadt auf der japan. Insel Honshu, 412 000 Ew.; Textil- und Papier-Ind.

Gig [engl.] die, **1)** leichtes Ruderboot, bes. Beiboot von Kriegsschiffen. **2)** Ruderboot mit Auslegern. **3)** leichter zweirädriger offener Wagen.

Giga . . . [grch.], Vorsatzzeichen: **G,** Vorsatz vor Maßeinheiten für 10^9, 1 Gigawattstunde (1 GWh) = 1 Mrd. Wattstunden.

Giganten, grch. Sage: Riesen, die bei ihrem Ansturm auf den Olymp von Zeus und den Olympiern mit Hilfe des Herakles geschlagen wurden.

Giotto: Die Begegnung Joachims und Annas an der Goldenen Pforte

Gigli [dʒ'iʎi], Beniamino, ital. Sänger (Tenor), *1890, †1957.

Gigolo [ʒigɔl'o, frz.] der, Eintänzer.

Gigue [ʒi:g, engl.] die, urspr. altengl. lebhafter Tanz in geradem Takt; auch Schlußsatz der Suite in schnellem $^6/_8$-Takt.

Gijón [xix'ɔn], Stadt an der N-Küste Spaniens, 258 200 Ew.; Ausfuhrhafen der astur. Montanind.

Gilan, fruchtbarste Prov. des Irans am Kaspischen Meer; Hptst.: Rescht.

Gilbert, 1) Jean, eigentl. Max **Winterfeld,** Operettenkomponist, *1879, †1942; »Poln. Wirtschaft«, »Puppchen« u. a. **2)** [g'ılbət], William, engl. Naturforscher und Arzt, *1544, †1603; entwickelte die Lehre vom Magnetismus. Von ihm stammt der Name Elektrizität.

Gilbert-Inseln → Kiribati.

Gilde die, Zunft, Innung.

Gildensozialismus, in England entwikkelte Lehre von der Verwirklichung des Sozialismus.

Gilead, im A. T. das Ostjordanland.

Gilels, Emil, sowjet. Pianist, *1916, †1985.

Gilet [ʒil'ɛ, frz.] das, ärmellose Jacke, Weste. (BILD Kleidung)

Gilgamesch, sumer. König von Uruk, Held babylon. Sagen. **G.-Epos** aus dem Ende des 2. Jahrtsd., in akkad. Sprache.

Gilles, Werner, Maler, *1894, †1961; arbeitete mit abstrakten und surrealist. Formen.

Gillingham [dʒ'ılıŋəm], Stadt in Kent, SO-England, 93 700 Ew.; Schiffbau u. a. Ind.

Gilson [ʒils'ɔ̃], Étienne, frz. Philosoph, *1884, †1978; Historiker der Philosophie des MA.

Gimpel der, europ. Finkenvogel **(Blutfink),** auch **Dompfaff** genannt. (BILD S. 318)

Gin [dʒın, engl.] der, Wacholderbranntwein.

Ginkgo der, ostasiat., zweihäusiger Baum der Gruppe Nacktsamige, mit eigenartigen Blättern und eßbarem, mirabellenähnl. Samen, Parkbaum. (BILD S. 318)

Ginseng [chines.] der, ostasiat.-nordamerikan. Araliengewächse; Heilmittel **(Kraftwurz).**

Ginster der, Gatt. strauchförmiger Schmetterlingsblüter, meist gelbblütig; **Färber-G.,** liefert gelben Farbstoff; **Stech-G.,** mit Dornen. → Besenginster gehört in eine andere Gattung. (BILD S. 319)

Ginsterkatze, südwesteurop. Schleichkatze.

Ginzkey, Franz Karl, österr. Lyriker, Erzähler, *1871, †1963; »Altwiener Balladen«.

Giono [ʒjon'o], frz. Erzähler, *1895, †1970; naturnahe Romane (»Das unbändige Glück«).

Giordano [dʒɔrd'a:no], Umberto, ital. Opernkomponist, *1867, †1948; »Fedora«.

Giorgione [dʒɔrdʒ'one], ital. Maler, *1477 oder 1478, †1510; malte in warmen, lichtgesättigten Farben Bilder von oft geheimnisreicher Thematik: »Die drei Philosophen«, »Das Gewitter«, »Madonna von Castelfranco«, »Venus« u. a.

Giotto [dʒ'ɔtɔ], **G. di Bondone,** ital. Maler, *um 1267, †1337; schuf gestalter. Grundlagen für die gesamte neuere Kunst: Fresken der Oberkirche von San Francesco zu Assisi, der Arenakapelle zu Padua, S. Croce in Florenz, Tafelbilder.

Giotto [nach G. di Bondone], europ. Kometensonde zur Erforschung des Halleyschen Kometen (März 1986).

Gipfelkonferenz, Treffen leitender Staatsmänner.

Gips, Mineral, wasserhaltiges Calciumsulfat $CaSO_4 \cdot 2H_2O$. Durch Zerspaltung entstandene perlmutterglänzende Tafeln heißen **Marienglas,** feinkörniger, durchscheinender G. **Alabaster.** Technisch verwendet wird der ge-

Giftpflanzen

Giftpflanzen: 5 Seidelbast, a blühend, b fruchttragend; **6** Wasserschierling mit Wurzelstock; **7** Einbeere; **8** Küchenschelle

Gimpel

Ginkgo

Giscard d'Estaing

Glas: Glasherstellung. **1, 2, 3** Flaschenherstellung mit Glasmacherpfeife und Form, **4** geblasener Zylinder, **5** Sprengen des Zylinders, **6** Strecken des Zylinders, **7** Drahtglas-Walzverfahren (Thieme), a Glas, b Drahtgewebe, c Fahrtisch, **8** Ziehverfahren nach Fourcault, a Ziehdüse, b Glasschmelze, c Wasserkühlvorrichtung, **9** Walzglasherstellung nach Ford, a Kühltunnel, b Musterwalze, c Regulierschieber

brannte G. Der G. wird zerkleinert und auf 120 °C erhitzt. Er erhärtet mit Wasser in kurzer Zeit zu dem nicht wetterbeständigen **Stuck-G.** Auf 1000 °C erhitzt, erhärtet er mit Wasser erst nach Wochen zu dem wetterbeständigen **Estrich-G.**

Gipskraut, Gatt. der Nelkengewächse, z. B. das russ.-sibir. **Schleierkraut** (Zierpflanze).

Gipsverband, ♡ ruhigstellender Verband aus angefeuchteten, bald erhärtenden Gipsbinden, bei Knochenbrüchen, Verrenkungen u. dgl.

Girạffe die, afrikan. Wiederkäuer, gelbbraun gefleckter Paarhufer, mit sehr langem Hals und 2 fellüberzogenen Stirnzapfen. Die G. leben in Rudeln in der Savanne und nähren sich mit Hilfe ihrer Greifzunge von Blättern und Zweigen. Verwandt ist das → Okapi. (BILD S. 319)

Giralgeld [ʒir'al-], → Buchgeld.

Giraudoux [ʒirod'u], Jean, frz. Schriftst., Diplomat, *1882, †1944; heiter-phantast., ins Irrationale spielende Erzählungen, Romane, Schauspiele: »Undine«, »Die Irre von Chaillot«, »Der Trojan. Krieg findet nicht statt«. (BILD S. 319)

Girlạnde [frz.] die, Blumen-, Papierkette.

Girlitz der, graugelber, dem Kanarienvogel verwandter Singvogel in Europa und NW-Afrika.

Giro [ʒi:ro, ital. dʒ:ro] das, **1)** svw. → Indossament. **2)** bargeldlose Zahlung, → Giroverkehr.

Giro d'Itạlia [dʒ'i:ro], Italien-Rundfahrt, jährliches internat. Radrennen in Etappen.

Gironde [ʒir'ɔ̃d] die, Mündungstrichter der Garonne im SW Frankreichs.

Girondisten [ʒirɔ̃-], in der Frz. Revolution die Partei der gemäßigten Republikaner, deren Führer aus der Gironde (SW-Frankreich) stammten; 1793 von den Jakobinern gestürzt.

Gironella [xiron'eʎa], José María, span. Schriftst., *1917; Romane.

Giroverkehr, bargeldloser Zahlungsverkehr durch Ab- und Zuschreiben der Beträge auf den Konten **(G.-Konten)** der Bankkunden, bes. bei G.-Banken, G.-Kassen und bei der Post (→ Postscheckdienst). Der G. wird ergänzt durch den Abrechnungsverkehr (→ Abrechnung).

gis, ♩ das um einen Halbton erhöhte g.

Giscard d'Estaing [ʒiskardɛst'ɛ̃], Valéry, frz. Politiker, *1926; 1966-73 Führer der unabhäng. Republikaner, 1969-74 Wirtschafts- und Finanzmin., 1974-81 frz. Staatspräsident.

Giseh, Gizeh, Gisa, Giza, Stadt in Ägypten, am Nil, gegenüber von Kairo, 1,9 Mio. Ew. Westl. von G. die Pyramiden und die → Sphinx.

Gisela [ahd. gisa(l) »Sproß«], weibl. Vorname.

Gisela, römisch-dt. Kaiserin, Tochter Herzog Hermanns II. von Schwaben, *um 990, †1043; war in 1. Ehe mit Herzog Ernst I. von Schwaben, seit 1017 mit dem späteren Kaiser Konrad II. vermählt.

Gitarre [span.] die, Musikinstrument mit 6 Saiten, die gezupft werden. (BILD Zupfinstrumente)

Gitter, 1) ⊕ Netz senkrechter und waagerechter, gleichmäßig entfernter Linien auf Landkarten, die das Auffinden von Orten und Entfernungsbestimmungen erleichtern. **2)** ⏚ Bestandteil der → Elektronenröhren. **3)** OPTIK: Vorrichtungen zur → Beugung des Lichts. Das G.-Spektrum entsteht durch die Beugung von weißem Licht an einem Beugungs-G.

Giulio Romano [dz'u:lio-], eigtl. Giulio **Pippi,** ital. Maler, Baumeister, *1499, †1546; Schüler und Mitarbeiter Raffaels in Rom, seit 1524 in Mantua tätig, wo er den Palazzo del Tè erbaute und mit Fresken ausmalte.

Giurgiu [dʒ'urdʒu], Stadt in Rumänien, 68 000 Ew.; Donauhafen; Erdölleitung.

Glacé [glas'e, frz.] das, weiches Leder.

Glacis [glas'i, frz.] das, unmittelbares dekkungsloses Vorfeld von Befestigungen.

Gladbeck, Stadt in NRW, 79 400 Ew., Metallwaren, Chemikalien, Textilien.

Gladiạtor [lat.] der, -s/...tọren, Fechter und Kämpfer in den altröm. Kampfspielen.

Gladiọle die, Schwertliliengewächs, Zwiebelpflanze; viele Zierformen. (BILD S. 319)

Gladstone [gl'ædstən], William, engl. Staatsmann, *1809, †1898; war seit 1865 Führer der Liberalen im Unterhaus und wiederholt MinPräs.; trat für die Autonomie Irlands ein.

Glaise von Horstenau [glɛ:z], Edmund, *1882, † (Selbstmord) 1946; österreich. General und Politiker; Kriegshistoriker.

Glanze Mz., → Blende 2).

Glarner Alpen, Teil der Westalpen zw. Reuß und Rhein (Tödi 3614 m).

Glarus, 1) Kt. der Schweiz, beiderseits der Linth; 684 km², 37 200 meist deutschspr. Ew.; versch. Ind. – G. wehrte 1388 (Schlacht bei Näfels) die Habsburger ab, wurde 1450 Mitgl. der Schweizer Eidgenossenschaft. (BILD S. 320) **2)** Hauptort von 1), 5600 Ew., am Fuß des Glärnisch.

Glas das, spröder, durchsichtiger oder -scheinender Stoff, aus glutflüssiger Schmelze erstarrt. G. ist ein amorphes (nicht kristallin.) Gemenge; es enthält als Hauptbestandteil etwa 50-70% Kieselsäure, versch. Metalloxide in unterschiedl. Mengen und manchmal etwa 0,5% Schwefeltrioxid. Je nach Zusammensetzung sind die physikal. und chem. Eigenschaften des G. verschieden **(Bleikristall, Geräte-G., opt. G.).** Die Rohstoffe werden gemahlen, vermengt und bei etwa 1400-1600 °C geschmolzen, für kleine Mengen und für G. mit besonderen Eigenschaften in Gefäßen (Häfen), die bis 2 t fassen, für große Mengen in Wannen von etwa 1250 t Fassungsvermögen. Die geschmolzene Masse wird bei etwa 900-1200 °C verarbeitet. Hohlkörper werden durch Aufblasen geformt, Massenware (Flaschen, Lampen- oder Röhrenkolben, Verpakkungsgläser) auf halb- oder vollautomat. Maschinen, besondere Einzelformen vom Glasbläser mit der Glasbläserpfeife. Einfaches Haushaltsgeschirr, G.-Bausteine u. ä. werden durch Einpressen oder Einblasen der Schmelzmasse in Stahlformen hergestellt. **Flach-G.** wird durch Gießen und Walzen auf Stahltischen **(Guß-G.)** oft mit eingewalztem Muster **(Ornament-G.)** oder Draht **(Draht-G.)** hergestellt. Das meiste Flach-G. wird als **Tafel-G.** durch Ziehen aus der Schmelze hergestellt, ebenso G.-Röhren. – G. ist seit den Phöniziern bekannt, im MA. war Venedig führend; opt. G. wurden von Döbereiner, Fraunhofer, Schott, Abbe entwickelt.

Glas [nach der Sanduhr] das, ⚓ Zeitzeichen

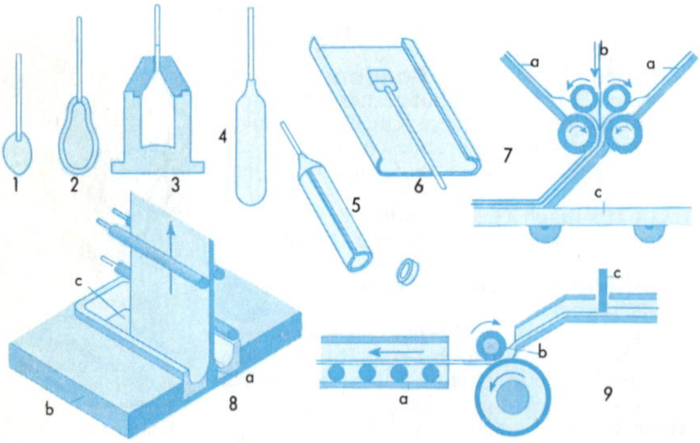

mit der Schiffsglocke, alle halben Stunden. **Glasen,** Zeitangabe durch Anschlagen der Schiffsglocke.

Glaser [gleısə], Donald A., amerikan. Physiker, *1926, entwickelte die Blasenkammer (→ Nebelkammer); Nobelpreis 1960.

Glaeser, Ernst, Schriftst., *1902, †1963; Romane: »Jahrgang 1902«, »Glanz und Elend der Deutschen«, »Die zerstörte Illusion«.

Glasfaseroptik, Stränge aus opt. Glas, dienen in der → optischen Nachrichtentechnik als → Lichtleiter zur Informationsübermittlung.

Glasflügler, Tagschmetterlinge mit glashellen Flügeln.

Glasgow [gl'ɑ:sgəu], größte, wirtschaftlich bedeutendste Stadt und größter Hafen Schottlands, 762000 Ew., am Clyde; Sitz eines kath. Erzbischofs und eines anglikan. Bischofs; 2 Univ., Gemäldeslg.; Schiffbau, Eisen-, metallverarbeitende, Röhren-, Flugzeug-, Nahrungs- und Genußmittel-, Papierind.

Glaskeramik, Werkstoff, der durch Wärmebehandlung von bestimmtem Glas entsteht (dadurch Kristallbildung), für Raketenköpfe, elektrotechn. Bauteile, Geschirr.

Glaskörper, Teil des → Auges.

Glasmalerei, Herstellung durchsichtiger farbiger Bilder aus Glas für Fenster. Aus den in der Masse selbst gefärbten Glasplatten wurden nach der Vorzeichnung die einzelnen Stücke ausgeschnitten und durch Bleisprossen verbunden, die zugleich die Hauptumrisse der Zeichnung bildeten. Die einzige Malfarbe war urspr. das aufgeschmolzene Schwarzlot, ein leichtflüssiges Bleiglas, aus dem Lichter, Muster usw. herausgekratzt wurden. Im Unterschied zu dieser **musivischen G.** (um 800 entstanden) arbeitet die **Kabinettmalerei** (Kabinettscheiben) nur mit dem farblosen Glas aufgeschmolzenen Schmelzfarben. (BILD S. 321)

Glasnost [russ. ›Öffentlichkeit‹], in der UdSSR 1987 von M. Gorbatschow geprägtes Schlagwort für Bestrebungen, den polit. Willensbildungsprozeß in Partei und Staat durchsichtig zu machen und der Bev. bei der Umgestaltung (→ Perestroika) eine Mitwirkung zu ermöglichen.

Glasunow, Aleksandr, russ. Komponist, *1865, †1936; Sinfonien; Klavier-, Kammermusik, Lieder.

Glasur die, glasartiger Überzug. Porzellan- und Tonwaren werden nach dem ersten Brennen in die **G.-Brühe** getaucht (Wasser mit feingepulverter Mischung von Tonerde, Sand, Glas u.a.). Dann erfolgt das 2. Brennen, bei dem die G. schmilzt und die Poren füllt. G. für Metalle → Email.

Glaswolle, Glaswatte, zu feinen Fäden ausgezogenes Glas; Isolierstoff.

Glasziegel, Formstücke aus Glas; für lichtdurchlässige Wände.

Glatteis, Eisüberzug, der sich bildet, wenn feiner Regen auf den gefrorenen Erdboden fällt.

Glatthafer, haferförmiges, wertvolles Futtergras.

Glatz, poln. **Kłodzko** [kł'ɔtskɔ], Stadt in der poln. Wwschaft Wałbrzych, ehem. Stadt in Niederschlesien, an der Glatzer Neiße, 27000 Ew.; Hptst. der ehem. Gfsch. G.; im Glatzer Bergland.

Glatzer Bergland, Berg- und Hügelland um den Glatzer Kessel, bes. das **Glatzer Schneegebirge** (bis 1425 m hoch); Uran, Getreide.

Glaube der, auf innerer Gewißheit beruhende Anerkennung einer Heilslehre oder das Vertrauen auf die Macht der Gottheit.

Glaubensbekenntnis, Zusammenstellung der wichtigsten Glaubenssätze einer kirchl. Gemeinschaft als Richtschnur für die relig. Überzeugung.

Glaubensfreiheit, dem einzelnen Menschen rechtlich gewährleistete freie äußere Wahl des relig. Glaubens. In der Bundesrep. Dtl. ist die G. in Art. 4 GG anerkannt.

Glaubenslehre, die → Dogmatik.

Glaubersalz, kristallisiertes Natriumsulfat, in Heilquellen; wirkt abführend.

Glaubhaftmachung, ⚖ im Prozeßrecht eine Form des Beweises, die bloße Wahrscheinlichkeit der Behauptung (nicht volle richterl. Überzeugung) genügen läßt.

Gläubiger, ⚖ wer kraft eines → Schuldverhältnisses berechtigt ist, von einem andern, dem **Schuldner,** eine Leistung zu fordern (§ 241 BGB). **G.-Ausschuß,** wird von den Konkursgläubigern gewählt, → Konkurs.

Gläubigerverzug, Annahmeverzug, entsteht, wenn der Gläubiger, auch ohne Verschulden, die vom Schuldner ordnungsgemäß angebotene Leistung nicht annimmt (§ 293 BGB). G. mindert bes. den Grad der Haftung (→ Selbsthilfeverkauf).

Glauchau, Krst. im Bez. Karl-Marx-Stadt, 29400 Ew., an der Zwickauer Mulde; Textil-, Maschinen-, Metallind.

Glaukom [grch.] das, → Star 2).

glazial [lat.], eiszeitlich, in der → Eiszeit entstanden.

Gleditschie die, Gatt. der Hülsenfrüchter, dornig mit Fiederlaub; Parkbaum ist z. B. die nordamerikan. Christusakazie (Christdorn).

Gleichberechtigung, ⚖ Grundsatz, daß Mann und Frau auf allen Lebensgebieten unter Beachtung der natürl. Unterschiede gleiche Rechte und Pflichten haben sollen. In der Bundesrep. Dtl. seit dem 1. 4. 1953 geltendes Recht (Art. 3 und 117 GG).

Gleichgewicht, ⊠ Zustand eines Körpers oder Systems, bei dem wesentl. Größen zeitlich konstant sind und/oder Wirkung und Gegenwirkung sich aufheben. In der Mechanik ein System von Massen, bei dem sich die an jeder Masse angreifenden Kräfte gegenseitig aufheben. Je nachdem, ob ein wenig aus dem G. herausgebrachtes System sich von selbst in Richtung auf das G. zurückbewegt oder weiter davon entfernt, heißt das G. **stabil** oder **labil.** Befindet sich das System auch in jedem beliebigen Nachbarpunkt innerhalb eines best. Bereichs im G., so heißt das G. **indifferent.** – Ein abgeschlossenes System befindet sich im **thermodynam. G.,** wenn die Entropie ihren größtmögl. Wert erreicht hat. Bei einer chem. Reaktion herrscht **chem. G.,** wenn sich in der Zeiteinheit ebenso viele Moleküle bilden wie zerfallen. Beim radioaktiven Zerfall herrscht **radioaktives G.,** wenn von einer best. Atomart in der Zeiteinheit ebenso viele Atome zerfallen, wie aus einer anderen Art durch Zerfall gebildet werden.

Gleichgewichtssinn, Fähigkeit zur Aufrechterhaltung des Körpergleichgewichts und zur Orientierung im Raum. Die reizaufnehmenden Organe sind die Bogengänge im inneren → Ohr.

Gleichheit, eines der Grundprinzipien der modernen Demokratie: alle Menschen in der Staatsordnung und im Recht sollen gleichgestellt sein und gleich behandelt werden.

Gleichnis, bildl. Erzählungsform, Redewendung oder Erzählung, die Schwerverständliches durch Vergleichen mit Bekanntem veranschaulicht und zu erklären sucht.

Gleichrichter, ⚡ Schaltung oder Gerät zur Umwandlung (Gleichrichtung) von Wechsel- in Gleichstrom. Die Gleichrichtung geschieht heute i.a. durch elektron. Bauelemente, z. B. Dioden, Thyristoren. Früher wurden Elektronenröhren verwendet.

Gleichschaltung, in autoritären Staaten die Vereinheitlichung aller Lebensäußerungen auf polit., wirtschaftl. und kulturellem Gebiet.

Gleichstrom, elektr. Strom, der den Leiter

Ginster

Giraffe

Giraudoux

Gladiole

Glarus 1)

stets in derselben Richtung durchfließt; geliefert von Generatoren, Elementen, Akkumulatoren. Wechselstrom kann durch →Gleichrichter in G. verwandelt werden. **G.-Motor,** →Elektromotor.

Gleichung die, **1)** mathemat. Ausdruck für die Gleichheit zweier Größen (die Seiten der G.). Die **ident. G.** sind für alle Zahlwerte, die man für die Buchstaben einsetzt, richtig, z.B. $a+b=b+a$. **Bestimmungs-G.,** wie z.B. $2x+3=11$, sind nur für bestimmte Werte der Unbekannten erfüllt (hier $x=4$) und dienen zu deren Berechnung. Nach der Zahl der Unbekannten $x, y, z, \ldots$ unterscheidet man G. mit 1, 2, 3, ... Unbekannten, nach der höchsten auftretenden Potenz einer Unbekannten spricht man von G. 1., 2., 3. Grades. Z.B. ist $x^2+8x+15=0$ eine G. 2. Grades mit einer Unbekannten. Ausrechnung der Unbekannten nennt man **Auflösung** der G., die Lehre von den G. heißt **Algebra. 2)** ☜ →chemische Zeichen.

Gleim, Joh. Wilhelm Ludwig, Dichter, *1719, †1803; Anakreontiker; »Preuß. Kriegslieder ... von einem Grenadier«.

Gleis, Geleise, ☞ Fahrbahn der Eisen-, Straßen-, Feldbahnen usw.

Gleisbildstellwerk, →Stellwerk.

Gleitboot, ↘ durch Wasser- oder Luftschraube bewegtes flaches Motorboot, Schnellboot.

gleitende Arbeitswoche, Verteilung der Arbeitszeit in der Weise, daß auch sonntags voll gearbeitet wird und der arbeitsfreie Tag wechselt; bes. in Betrieben, deren Produktion aus techn. Gründen nicht unterbrochen werden kann.

gleitende Arbeitszeit, die Arbeitnehmer können ihre Arbeitsstunden um eine feste **Kernzeit** variieren **(Gleitzeit).**

gleitender Lohn, Indexlohn, ändert sich automatisch mit der Änderung der Lebenshaltungskosten, soll den Realwert erhalten.

Gleitflug, Niedergehen eines Flugzeugs bei abgestelltem Motor unter dem **Gleitwinkel.**

Gleiwitz, poln. **Gliwice** [-tsɛ], Stadt in der poln. Wwschaft Katowice, ehem. Stadt in Oberschlesien, 211000 Ew.; Endhafen des G.-Kanals; TH, Hüttenwerke, Kohlenbergbau.

Glemp, Jozef, Kardinal, *1928; seit 1981 Erzbischof von Gnesen und Warschau, Primas von Polen, seit 1983 Kardinal.

Glenn, John Herschel, *1921; erster amerikan. Weltraumfahrer (1962).

Gletscher, Eisstrom in den Hochgebirgen und Polarländern. G. entstehen aus feinem Schnee, der durch dauerndes Schmelzen und Wiedergefrieren zusammenbackt (Firnschnee), durch den Druck der eigenen Masse allmählich zu festem Eis wird und sich als **G.-Zunge,** durchzogen von **G.-Spalten,** langsam vorwärts bewegt, in den Alpen 40-200 m im Jahr, in Grönland mehrere km jährlich. Der G. führt Schutt mit, der als →Moräne abgelagert wird, und hört dort auf, wo die Sonnenwärme regelmäßig das Eis wegschmilzt. Die Schmelzwässer bilden den **G.-Bach,** der durch das **G.-Tor** austritt. **G.-Mühlen, G.-Töpfe** sind durch strudelnde Bewegung der G.-Schmelzwässer erzeugte tiefe, kesselartige Löcher im Gestein. Der größte Gebirgs-G. (rd. 100 km lang) ist der Jostedalsbre in Norwegen, in den Alpen der Aletsch-G. (24,7 km).

Glockenblume: Rautenblättrige G.

Glücksburg: Wasserschloß

Gletscherfloh, →Springschwänze.

Gliederfüßer, Arthropoden, sehr artenreicher Stamm der wirbellosen Tiere. Der Körper ist von einem Chitinpanzer umgeben und in einzelne Abschnitte gegliedert, die gelenkig miteinander verbunden sind. Die Gliedmaßen sind ebenfalls gegliedert. Zu den G. gehören Krebstiere, Tausendfüßer, Insekten, Spinnentiere.

Glimmer, Mineral, Kalium-Aluminium-Silicat, das oft auch Eisen und Magnesium enthält; läßt sich zu sehr dünnen, glasklaren Blättchen spalten; als Isolierstoff in der Elektrotechnik, zu Fensterscheiben usw. verwendet.

Glimmerschiefer, kristalliner Schiefer aus Quarz und Glimmer; →Gesteine.

Glimmlampe, bes. Form der Gasentladungslampe, bei der das Leuchten des Glimmlichts der Edelgasfüllung an der negativen Elektrode ausgenutzt wird. Verwendung als Signallampe, Abstimmanzeiger, Kippschalter u.a.

Glinka, Michail, russ. Komponist, *1804, †1857; erste russ. Nationalopern: »Das Leben für den Zaren«, »Russlan und Ljudmila«.

glissando [ital. aus frz.], ♩ schnell gleitend.

global, erdumfassend, gesamt.

Globetrotter [engl.] der, Weltenbummler.

Globuline Mz., ☜ Eiweißarten im Blut, in der Milch, in Eiern, Hülsenfrüchten, die nur in verdünnten Salzlösungen löslich sind.

Globus [lat. »Kugel«] der, -/...ben, ⊕ kugelförmige Nachbildung der Erde **(Erd-G.),** mit Erdkarte und Gradnetz, oder der scheinbaren Himmelskugel **(Himmels-G.).**

Glocke die, Schallgerät, das durch Anschlagen mit einem Klöppel zum Tönen gebracht wird; aus Gußbronze oder Stahlguß hergestellt.

Glockenbecher, vorgeschichtl. Gefäße in Glockenform (Ende der Jungsteinzeit).

Glockenblume, Campanula, Gatt. von Kräutern oder Stauden mit glockenförmigen, in 5 Zipfel gekerbten Blüten. Die **Wiesen-G.** hat violette, die **Rundblättrige G.** zartblauviolette, die **Pfirsichblättrige G.** große hellblaue Blütenglocken.

Glockenspiel, 1) Zusammenstellung abgestimmter Glocken, oft auf Kirchtürmen. **2)** von Militärkapellen gebrauchte Stabspiele.

Glockentierchen, Wimpertierchen mit glockenförmigem Körper auf einem zusammenziehbaren Stil (BILD Urtiere).

Glockner der, **Großglockner,** höchster Berg Österreichs, in den Hohen Tauern, 3797 m, mit dem Gletscher Pasterze. Autostraße **G.-Hochalpenstraße** zw. Fuscher Tal (Salzburg) und Mölltal (Kärnten).

Glogau, poln. **Głogow** [gł'ɔguf], Stadt in der poln. Wwschaft Legnica, ehem. Stadt in Niederschlesien, 66500 Ew.; Oderhafen, Ind. – Im MA. schles. Herzogssitz.

Glomma, 598 km langer norweg. Fluß, der größte Skandinaviens, mündet bei Fredrikstad in das Skagerrak.

Gloria [lat. »Ruhm«, »Herrlichkeit«] das, Lobgesang der Engel: »G. in excelsis Deo«, »Ehre sei Gott in der Höhe«; Teil der kath. Messe; auch in der luther. Gottesdienstordnung enthalten.

Glọri|e [lat. gloria] die, **1)** Herrlichkeit, Glanz, Ruhm. **2) G., Gloriọle,** der Heiligenschein.

glorifizi̱eren, verherrlichen.

gloriọs, glorreich, ruhmvoll.

Glosse die, **1)** Worterklärung, Randbemerkung. **Glossạr** das, Slg. von G. **2)** kritische Bemerkung. **3)** Kurzkommentar in Zeitungen.

Glottis [grch.] die, Stimmritze im Kehlkopf.

Gloucester [glˈɔstə], Hptst. der Cty. Gloucestershire, England, 92000 Ew.; Schiffbau am Severn; Nahrungs-, Genußmittel-Ind.; anglikan. Bischofssitz.

Gloucester [glˈɔstə], engl. Earls- und Herzogswürde, Titel für Mitgl. der königl. Familie.

Gloxịni|e die, südamerikan. Knollengewächse, mit trichterförmigen Blüten; Zimmerpflanzen.

Gluck, Christoph Willibald Ritter v., Komponist, *1714, †1787; erneuerte die Oper: »Orpheus und Eurydike«, »Alceste«, »Iphigenie in Aulis«, »Iphigenie auf Tauris«. (BILD S. 322)

Glucken Mz., **1)** Schmetterlingsfam., Nachtfalter. **2)** Bruthennen.

Glücksburg (Ostsee), Stadt, Seeheilbad in Schlesw.-Holst., 6400 Ew.; Wasserschloß (16. Jh.). (BILD S. 320)

Glücksspiel, Hasardspiel, vom Zufall abhängiges Spiel mit Karten, Würfeln, Kugeln, Nummern, z. B. Roulette, Bakkarat. Die öffentl. Veranstaltung von G., die Beteiligung daran und das gewerbsmäßige G. sind mit Strafe bedroht. Für bestimmte Kur- und Badeorte sind öffentl. Spielbanken zugelassen.

Glucọse die, ↺ der → Traubenzucker.

Glühkerze, bei Dieselmotoren ein durch Batteriestrom zum Glühen gebrachter Draht als Anlaßhilfe, an dem sich die Gasöltröpfchen entzünden.

Glühkopfmotor, Verbrennungsmotor, bei dem der Kraftstoff gegen eine hocherhitzte Glühschale gespritzt wird und sich entzündet.

Glühlampe, Glühbirne, die meist verwendete elektr. Lichtquelle: ein Draht aus schwer schmelzbarem Metall (meist Wolfram) wird in einem ausgepumpten oder mit chem. inaktiven Gasen (Stickstoff, Edelgas) gefüllten Glaskolben durch den elektr. Strom zum Glühen gebracht. Die Urform der G. (verkohlter Bambusfaden in luftleerer Glasglocke) baute 1854 H. Goebel; die Entwicklung der neuzeitl. G. begann Edison 1879. (BILD S. 322)

Glühstrumpf, → Gasbeleuchtung.

Glühwein, Heißgetränk aus Rotwein mit Zimt, Nelken, Zitronenschale, Zucker.

Glühwurm, Leuchtkäfer, Johanniswürmchen, 8-18 mm langer Weichkäfer mit Leuchtorganen, fliegt bes. im Juni; das asselähnl., leuchtkräftigere Weibchen ist flugunfähig.

Glukos|urie, ♡ Ausscheidung von Glucose (Zucker) im Harn; Anzeichen versch. Krankheiten (→ Zuckerkrankheit); tritt aber auch ohne Krankheitswert nach übermäßigem Zukkergenuß auf.

Glühwurm: a Männchen, **b** Weibchen

Glut, Leuchten der Körper bei Erwärmung; bei 525 °C Rot-, bei 1000 °C Gelb-, bei 1200 °C Weiß-G.

Glutamịnsäure, Aminosäure; in der Medizin zur Anregung der Nerventätigkeit verwendet; ihr Natriumsalz ist Speisewürze.

Glutẹn das, ↺ der Pflanzenstoff → Kleber.

Glutịn das, ↺ Eiweißstoff, Hauptbestandteil von Gelatine und **G.-Leim** (Knochen-, Haut-, Leder-, Fischleim).

Glycerịn [von grch. glykeros »süß«] das, einfachster dreiwertiger Alkohol, findet sich in allen Fetten und entsteht bei der alkohol. Gärung des Zuckers. G. kann durch Verseifung der Fette, aus den Mutterlaugen der Seifenbereitung oder auch, vom Propylen ausgehend, synthet. gewonnen werden. Die farblose, sirupartige Flüssigkeit wird zur Herstellung von Sprengstoffen (Nitroglycerin), Kunstharzen (Glyptale u. a.), als Weichmacher, als feuchthaltender Zusatz in der Kosmetik, bei Farbbändern, Stempelkissen u. a. verwendet.

Glykogẹn das, Reserve-Kohlenhydrat des menschl. und tier. Körpers, wird in Leber und Muskeln gespeichert.

Glykokọll [grch.] das, ↺ eine → Aminosäure.

Glykọl [grch.] das, **Äthylẹnglykol,** ↺ einfachster zweiwertiger Alkohol, Glycerinersatz; Frostschutzmittel.

Glyptothẹk [grch.] die, Slg. von Gemmen, i. w. S. von antiken Skulpturen (z. B. München). **Glyptik** die, → Steinschneidekunst.

GmbH., Abk. für → Gesellschaft mit beschränkter Haftung.

Gmünd, → Schwäbisch Gmünd.

Gmunden, Kurort in Oberösterreich, am Ausfluß der Traun aus dem Traunsee, 12700 Ew.; Hauptort des Salzkammergutes, war bis etwa 1850 Mittelpunkt des Salzhandels.

Gnade die, Zuwendung einer Gunst unabhängig vom Verdienst des Empfangenden. THEOLOGIE: Zuwendung des Heils. **1)** die kath. Gnadenlehre unterscheidet die wirkende G. (gratia actualis), den übernatürl. Beistand zu heilskräftigem Handeln, und die heiligmachende G. (gratia sanctificans), den Zustand des aus der Sünde heraus in die Gotteskindschaft erhobenen Menschen. **2)** die evang. Gnadenlehre versteht unter G. schlechthin das Tun Gottes am Menschen, das den Glauben bewirkt und sich in Jesus Christus geschichtlich enthüllt.

Gnadenwahl, → Prädestination.

Gneis der, kristalliner Schiefer aus Feldspat, Quarz und Glimmer; → Gesteine.

Gneisenau, August Graf (1814) **Neidhardt** v., preuß. Heerführer, *1760, †1831, hielt 1807 die Festung Kolberg gegen die Franzosen; Mitarbeiter Scharnhorsts, Generalstabschef Blüchers, entschied den Sieg bei Waterloo (Belle-Alliance). (BILD S. 322)

Gnesen, poln. **Gniezno** [gnjˈɛznɔ], Stadt in Polen, 68000 Ew. G. war 1000-1821 Sitz eines Erzbischofs, im MA. auch poln. Krönungsstadt; Dom um 1000 erbaut; 1793-1919 preußisch.

Gnitzen Mz., sehr kleine, stechende Mükken, saugen an Insekten, Vieh und Menschen.

Gnom [mlat.] der, Erd-, Berggeist, Kobold.

Gnọme [grch.] die, kurzer Sinnspruch.

Gnọmon [grch.] das, altes astronom. Meßgerät: durch die Schattenlänge eines senkrechten Stabes wird die Sonnenhöhe bestimmt.

Gnọsis [grch. »Erkenntnis«] die, **1)** N. T.: christl. Erkenntnis. **2)** Philosophie: Lehren des Gnostizismus.

Gnostizịsmus [von Gnosis], Bewegung, die um Christi Geburt im O des Röm. Reiches auftrat und nach W vordrang. Ihren versch. Ausprägungen (jüd., hellenist., christl.) ist ge-

Glasmalerei: Chorfenster, Mitte 13. Jh. (Ausschnitt); Paris, Sainte-Chapelle

van Gogh: Getreidefeld mit Zypressen

Gluck

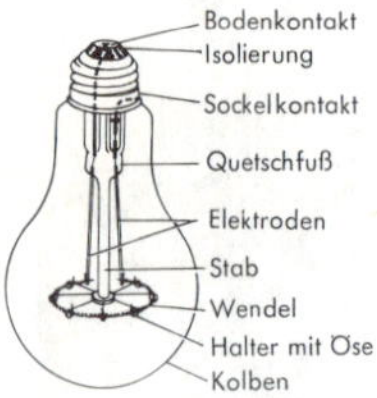

Glühlampe: Aufbau einer gewöhnl. G.

Gneisenau

Goethe

meinsam, daß sie das Heil des Menschen von seiner Erkenntnis der Geheimnisse der Welt und Gottes abhängig machen.

gnọthi seautọn [grch.], »Erkenne dich selbst«, Inschrift am Apollo-Tempel in Delphi.

Gnu das, südafrikan. Paarhufer, mit Merkmalen von Pferd, Rind und Antilope.

Go das, japanisches Brettspiel.

Gọa, ehem. portugies. Besitzung (seit 1510) an der W-Küste Indiens, bildete mit den weiter im N gelegenen Gebieten Diu und Damão (Daman) ein portugies. Überseegebiet; wurde 1961 von ind. Truppen besetzt und der Rep. Indien eingegliedert (Unionsgebiet G., Daman und Diu, 3500 km^2, 1,01 Mio. Ew.). Hptst.: Panji.

G. O. Ä. amtl. Abk. für **G**ebühren**o**rdnung für **Ä**rzte (seit 1965).

Goar, Heiliger des 6. Jh., baute eine Kapelle im heutigen St. Goar; Schirmherr der Winzer, Tag: 9.7. oder 24.7.

Gobelin [gɔbl'ɛ̃, frz.] der, kunstvoll gewirkter Bildteppich, benannt nach der Pariser Färberfamilie G. (16. Jh.); neuerdings auch Bez. von Geweben für Möbelbezug.

Gobi die, innerasiat. Wüste und Steppe, durchschnittl. über 1000 m hoch, mit ausgeprägtem Trockenklima; umfaßt den Hauptteil der Mongolei und Teile einiger chines. Provinzen.

Gobineau [gɔbin'o], Joseph Arthur Graf, frz. Schriftst., *1816, †1882, vertrat eine Rassenlehre, die nur die german. »Arier« als kulturschöpfer. Eliterasse gelten ließ, wirkte auf Nietzsche, Wagner, H. S. Chamberlain. Episch-dramat. Szenen »Die Renaissance«.

Goch, Stadt in NRW, 29500 Ew.; Textil-, Lederwaren-, Fahrzeugind.

Godard [god'a:r] Jean-Luc, frz. Filmregisseur der Neuen Welle, *1930; »Außer Atem«, »Die Chinesin«, »Weekend«, »Tout va bien«, »Vorname: Carmen«, »Maria und Josef«.

Godạvari, Fluß Indiens, 1450 km lang, entspringt in den Westghats, mündet in den Golf von Bengalen.

Godesberg, Bad G., Stadtteil von Bonn, NRW; Kur- und Kongreßstadt am Rhein, kohlensäurehaltige Stahlquelle; Sitz vieler Bundesbehörden, diplomat. Vertretungen, wissenschaftl. Institute; Ind.

Godẹti|e die, amerikan. weidenröschenartige Staude; rot- oder weißblühende Gartenblume.

God save the King [gɔd seɪv ðə k'ɪŋ], »Gott erhalte den König«, **God save the Queen** [-kw'i:n], »Gott erhalte die Königin«, engl. Nationalhymne, gedichtet und vertont 1743.

Godunọw, Boris, → Boris 3).

Godwin [aus ahd. got »Gott« und wini »Freund«], männl. Vorname.

Goebbels, Joseph, nat.-soz. Politiker, *1897, †(Selbstmord) 1945; 1926 Gauleiter von Berlin, 1933 Reichsmin. für Volksaufklärung und Propaganda, beherrschte durch Gleichschaltung Presse, Rundfunk und Film, als Präs. der Reichskulturkammer die übrigen kulturellen Gebiete; 1944 Generalbevollmächtigter für den totalen Kriegseinsatz.

Goebel, Heinrich, *1818, †1893; erfand 1854 eine elektr. Glühlampe mit Glühfaden aus verkohlter Bambusfaser.

Goerdeler, Carl-Friedrich, *1884, †(hingerichtet) 1945; 1930-37 Oberbürgermeister v. Leipzig, 1931/32 und 1934/35 zugleich Reichskommissar für Preisüberwachung; führend in der → Widerstandsbewegung. Nach dem Attentat vom 20.7.1944 verhaftet und zum Tode verurteilt. (BILD S. 323)

Goes, Albrecht, evang. Pfarrer, *1908; Gedichte, Erz. (»Unruhige Nacht«), Essays.

Goes [xu:s], Hugo van der, niederländ. Maler, *um 1440, †1482; der bedeutendste niederländ. Meister des 15. Jh. nach Jan van Eyck. Hauptwerk: Portinari-Altar (Florenz).

Goethe, Johann Wolfgang v., *Frankfurt a. M. 28.8.1749, †Weimar 22.3.1832; Sohn des kaiserl. Rates Johann Caspar G. (*1710, †1782) und der Katharina Elisabeth G., geb. Textor (»Frau Aja«, *1731, †1808); Studium der Rechte (1765-68) in Leipzig und (1770/71) in Straßburg, dort Begegnung mit Herder und durch ihn mit der Dichtung Homers, Shakespeares, der Volkspoesie; Erlebnis der »dt. Baukunst« (Straßburger Münster); Dichtergemeinschaft mit den Stürmern und Drängern. Liebe zu Friederike → Brion (Liebesgedichte). Nach Beendigung seiner Studien ließ er sich in Frankfurt als Anwalt nieder (1. Fassung des »Götz von Berlichingen«). 1772 als Praktikant am Reichskammergericht in Wetzlar, Bekanntschaft mit Charlotte Buff, dem Urbild der Lotte im Briefroman »Die Leiden des jungen Werthers« (1774), der ihn weltberühmt machte. Im Herbst 1775 folgte er der Einladung des jungen Herzogs Karl August nach Weimar. Unter dem Einfluß von Charlotte v. Stein Abkehr vom Sturm-und-Drang-Stil (»An den Mond«, »Das Göttliche«, »Grenzen der Menschheit«). Auf der ital. Reise (1786-88) Hinwendung zur klaren Form (Klassik), Abschluß des »Egmont« (1787), Versbearbeitung der »Iphigenie« (1787), »Torquato Tasso« (1790). 1788 Liebe zu Christiane Vulpius (1789 Geburt des Sohnes Karl August), die er 1806 heiratete. 1791-1817 leitete er das Weimarer Hoftheater. 1792 begleitete er den Herzog bei der »Campagne in Frankreich«, 1793 bei der »Belagerung von Mainz«. Die Freundschaft mit Schiller (seit 1794) regte ihn zu neuem, fruchtbarem Schaffen an: »Xenien«, Balladen, Fertigstellung des Bildungsromans »Wilhelm Meisters Lehrjahre« (1795/96), Epos »Hermann und Dorothea« (1797), Wiederaufnahme des Fauststoffes, der ihn seit der Frankfurter Zeit beschäftigte (»Faust« 1. Teil, gedr. 1808). Seine Altersdichtung »Die Wahlverwandtschaften« (1809), Gedichtslg. »Der Westöstl. Divan« (1819), »Aus meinem Leben, Dichtung und Wahrheit« (1.-3. Teil 1811-14, 4. Teil 1833) spiegelt die Liebeserlebnisse mit Minna Herzlieb 1807/08, Marianne v. Willemer 1814/15, Ulrike v. Levetzow 1822 wider. G.s Interesse galt im Alter auch der Naturwissenschaft, die ihn schon früher viel beschäftigt hat (»Metamorphose der Pflanzen«, 1790; »Farbenlehre«, 1810). Um die Herausgabe von G.s Alterswerk bemühte sich seit 1826 Eckermann (»Gespräche mit Goethe«). G.s dichter. Vermächtnis sind der Roman »Wilhelm Meisters Wanderjahre« (1829) und der 2. Teil des »Faust« (postum 1832).

Goetheạnum, Kultbau und Hochschule der Anthroposophen in Dornach (Schweiz).

Goethe-Gesellschaft in Weimar, größte wissenschaftlich-literar. Vereinigung, die noch in der Bundesrep. Dtl. und der Dt. Dem. Rep. unter gleicher Organisation und Führung besteht, gegr. 1885 in Weimar, will die geistigen und sittl. Kräfte, die in Goethes Persönlichkeit und Werk erscheinen, erhalten.

Goethehaus, 1) Geburtshaus des Dichters in Frankfurt a.M. am Großen Hirschgraben; seit 1863 im Besitz des Freien Dt. Hochstifts, im 2. Weltkrieg zerstört, mit dem Museum zusammen wieder aufgebaut. **2) Goethe-Nationalmuseum,** Goethes Wohnhaus auf dem Frauenplan in Weimar; seit 1886 der Öffentlichkeit zugänglich.

Goethe-Institut zur Pflege deutscher Sprache und Kultur im Ausland e.V., gegr. 1932, veranstaltet im In- und Ausland dt. Sprachkurse und Kulturprogramme (1980: 134 Zweigstellen im Ausland, 18 in der Bundesrep. Dtl.); Sitz: München.

Goethepreis der Stadt Frankfurt a.M., Preis von 50000 DM (seit 1961), seit 1927 jährl., seit 1949 alle 3 Jahre verliehen, u.a. an: S. George, M. Planck, H. Hesse, T. Mann, C. Zuckmayer, G. Lukács, Arno Schmidt, R. Aron, E. Jünger, G. Mann, P. Stein.

Goethe- und Schiller-Archiv, Sammlung der handschriftl. Nachlässe der beiden Dichter, in Weimar; mit vielen Urschriften anderer Dichter.

Goetz, Curt, Schauspieler, Schriftsteller, *1888, †1960; geistreiche Komödien: »Die tote Tante«, »Hokuspokus«, »Dr. med. Hiob Prätorius«; Memoiren.

Gogarten, Friedrich, evang. Theologe, *1887, †1967; Mitbegr. der dialekt. Theologie.

Gogh [xɔx], Vincent van, niederländ. Maler, *1853, †1890; ging 1888 nach Arles; gehörte dem Impressionismus an, leitete den Expressionismus ein; Stadt- und Landschaftsbilder, Stilleben und Bildnisse. 1973 wurde in Amsterdam das Rijksmuseum V. v. G. eröffnet.

Gogol, Nikolaj, russ. Dichter, *1809, †1852; zeichnete satirisch Kleinbürgertum und Beamtenschaft; Schöpfer der russ. Prosadichtung: »Die toten Seelen« (unvollendet); Erzählungen: Komödie »Der Revisor« (1836).

Gog und Magog, nach Ez. 38, 39: Fürst und Volk, nach Offb. 20: die letzten Feinde Christi. Sprichwörtlich: wilde Haufen.

Goiânia, Hptst. des brasilian. Staates Goiás, 760 m ü.M., 928000 Ew.; Mittelpunkt eines Viehzucht- und Ackerbaugebietes.

Go in [gəʊ 'ɪn, engl.] das, demonstratives Eindringen in Universitätsvorlesungen, Parlamentssitzungen, Versammlungen u.a. in der Absicht, eine Diskussion zu erzwingen.

Go-Kart der, Sportfahrzeug für Bahnrennen; auf dem kleinen, niedrigen Fahrgestell ohne Aufbau sitzt der Fahrer unmittelbar vor dem Motor.

Golanhöhen, Hügelland im SW Syriens, 1967 von Israel erobert, 1974 ein Teil der G. (mit der Stadt Kuneitra) an Syrien zurückgegeben, der Rest 1981 annektiert.

Gold, chem. Zeichen **Au,** chem. Element, sehr weiches, gelbes Edelmetall, Ordnungszahl 79, D 19,32 g/cm^3, Schmelzpunkt 1063 °C, Siedepunkt 2966 °C. G. ist fast allen chem. Einflüssen gegenüber unveränderlich, nur durch Halogene, Kaliumcyanid, Königswasser und Quecksilber wird es angegriffen. Es findet sich meist gediegen als **Berg-, Seifen-** oder **Wasch-G.** Die Erze zerkleinert und legiert man mit Quecksilber oder man behandelt sie mit Kaliumcyanidlösung, Wasch-G. gewinnt man durch Auswaschung von Sand oder Geröllablagerungen. Auch bei der Verhüttung von Erzen wird G. als Nebenprodukt gewonnen. Etwa ein Drittel der Welterzeugung dient gewerbl. Zwecken (Schmuckherstellung, mit anderen Metallen legiert als Zahnfüllungen und zur Münzprägung, elektr. Schaltungen, zum Vergolden u.a.). Der größte Teil wird zu langfristiger Hortung oder kurzfristiger Spekulation gekauft, nur Spitzenbeträge fließen den monetären G.-Reserven zu. G. ist gesetzl. Grundlage vieler Währungen (→Goldwährung). – Der **G.-Gehalt** wurde früher in Karat, jetzt in Tausendsteln ausgedrückt. Reines G. hat 24 Karat = $^{1000}/_{1000}$ G.-Gehalt; entsprechend: 20 Karat = $^{833}/_{1000}$, 8 Karat = $^{333}/_{1000}$ usw.

Welterzeugung von Gold (1987, in t)

Südafrika	598,1	VR China[1])	71,5
UdSSR	275,3	Philippinen	33,3
USA	154,5	Papua-Neuguinea	33,2
Kanada	117,8	Kolumbien	26,5
Australien	108,0	Ghana	10,2
Brasilien[1])	71,5		

[1]) Schätzung.

Goldafter der, weißer, am Leibesende gelber Schmetterling, Raupen Obstbaumschädlinge.

Goldammer die, braungelber Singvogel.

Goldbarsch, der →Rotbarsch.

Goldene Aue, fruchtbares Tal der Helme zw. Nordhausen und Sangerhausen.

Goldene Bulle, 1) allg.: Goldsiegel oder mit Goldsiegel versehene Urkunde. **2)** im bes.: die Urkunde Karls IV. von 1356, die die Sonderstellung der Kurfürsten festlegte; wichtiges Verf.-Ges. des Dt. Reiches bis 1806.

Goldene Horde, von Dschutschi (†1227), dem Sohn Dschingis Chans, geschaffener polit. Verband mongol.-türk. Stämme in Rußland.

Goldene Rose, päpstliche Auszeichnung für Verdienste um die Kirche.

Goldener Schnitt, Teilung einer Strecke in 2 Abschnitte, deren kleinerer sich zum größeren verhält wie dieser zur ganzen Strecke.

Goldenes Dreieck, Grenzgebiet in Thailand gegenüber Birma und Laos, Hauptanbaugebiet von Schlafmohn zur Gewinnung von Opium und Heroin; Schmuggelzentrum.

Goldenes Horn, Hafenbucht von Istanbul.

Goldenes Kalb, israel. Kultbild (2. Mos. 32); **Tanz ums G. K.,** Sinnbild der Geldgier.

Goldenes Tor, engl. **Golden Gate** [gˈəʊldn geɪt], Einfahrt in die Bucht von San Francisco.

Goldenes Vlies, 1) grch. Sage: Fell (Vlies) des goldenen Widders, der Phrixos und Helle über den Hellespont trug; die Argonauten sollten es zurückholen. **2)** urspr. burgund., dann österr. und span. Orden, 1430 von Philipp dem Guten gestiftet.

Goldenes Zeitalter, sagenhafte Zeit des Friedens und des Glücks, in der das älteste Menschengeschlecht lebte.

Goldfisch, Zierfisch, in China aus der Karausche gezüchtet, goldrot, auch gefleckt, braun, silberweiß **(Silberfisch).** Bes. Formen: **Schleierschwanz,** mit verdoppelter Schwanzflosse, **Teleskopfisch,** mit Glotzaugen.

Goldflieder, Goldglöckchen, →Forsythia.

Goldhähnchen, meisenartige, kleinste Singvögel der europ. Nadelwälder, nützl. In-

Goerdeler

Gogol

Goldammer

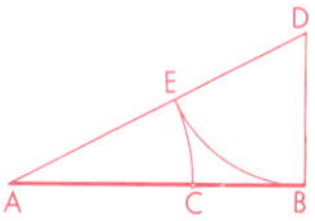

Goldener Schnitt

Goldenes Tor

Goldlack

sektenvertilger. **Sommer-G.,** Zugvogel, Männchen mit rotem Scheitel. **Winter-G.,** mit gelbem Scheitel.

Goldhase, ein → Aguti.

Golding [g'əʊldɪŋ], William, engl. Schriftst., *1911; schildert menschlich-moral. Probleme, 1983 Nobelpreis; »Der Herr der Fliegen«, »Der Felsen des zweiten Todes«.

Goldkäfer, goldglänzende Käfer, → Rosenkäfer, Goldschmied (ein → Laufkäfer).

Goldklausel, Vereinbarung, daß eine Geldschuld in Gold oder nach dem jeweiligen Kurs des Goldes beglichen werden soll; bedarf in der Bundesrep. Dtl. der Genehmigung.

Goldküste, 1821-1957 brit. Kronkolonie in W-Afrika, → Ghana.

Goldlack der, südeurop. Kreuzblüterstaude, urspr. mit gelber, gezüchtet mit goldbrauner Blüte.

Goldmann, Nahum, Politiker, Schriftsteller, *1894, †1982; 1956-68 Vors. der Zionist. Weltorganisation.

Goldmark, nach 1918 aufgekommene feste Rechnungseinheit, entsprach der Goldparität der dt. Währung vor 1914. 1 G. = $^{10}/_{42}$ Golddollar oder 0,3584 g Feingold.

Goldmark, Karl, Komponist, *1830, †1915; Opern, Sinfonien, Kammer-, Klaviermusik.

Goldnessel, eine → Taubnessel.

Goldọni, Carlo, ital. Dichter, *1707, †1793; ersetzte die Commedia dell'arte durch Charakter- und Sittenlustspiele, z.B. »Das Kaffeehaus«.

Goldpunkt, Stand des Wechselkurses zw. 2 Ländern mit Goldwährung, bei dem es sich entscheidet, ob Verpflichtungen billiger durch Gold oder durch Devisen ausgeglichen werden. Wird der **obere G.** erreicht, strömt Gold ab, beim **unteren G.** kommt Gold herein.

Goldregen, südeurop. Schmetterlingsblütergatt., Sträucher mit gelben Blütentrauben, giftig.

Goldrute, staudige, gelbblühende Korbblütergatt. **Echte G.,** in trockenen Wäldern; **Kanad. G.,** Zierpflanze aus N-Amerika.

Goldschlägerhaut, zur Herstellung von Blattgold benutzte Haut aus der äußeren Schicht des Ochsenblinddarms.

Goldschmidt, 1) Hans, Chemiker, *1861, †1923; Erfinder der Aluminothermie. **2)** Richard, Zoologe, *1878, †1958; erforschte die Vererbung des Geschlechts.

Goldschmiedekunst, seit der Jungsteinzeit nachweisbare künstler. Verarbeitung von Gold und anderen Edelmetallen zu Schmuck und Geräten, z.B. durch Treiben, Granulieren, Tauschieren, Prägen, Gießen.

Goldschnitt der, Verzierung der Schnittflächen eines Buches durch Auflegen und Anreiben von Blattgold.

Goldsmith [g'əʊldsmiθ], Oliver, engl. Dichter, *1730, †1774; schrieb die Familienidylle: »Der Landprediger von Wakefield«.

Goldstern, Gelbstern, Gatt. der Liliengewächse; gelbblühende Frühlingskräuter.

Goldwährung, Währung, die in feste Beziehung zum Goldwert gesetzt ist. Bei der reinen G. **(Goldumlaufswährung)** sind Goldmünzen das einzige gesetzl. Zahlungsmittel. Bei der **Goldkernwährung** wird das Gold als Zahlungsreserve für den internat. Handel verwendet und der Geldumlauf im Inland weitgehend durch Papiergeld ersetzt. Eine Art Goldkernwährung ist die **Golddevisenwährung,** bei der das Papiergeld nicht nur durch Gold, sondern auch durch auf Gold lautende Devisen gedeckt ist. Bei allen G. entsprechen die Wechselkurse dem gesetzl. Goldgehalt der Währungseinheiten **(Goldparität).** Die Wechselkurse können nur innerhalb der → Goldpunkte schwanken. – Andauernder Goldzufluß auf Grund von Ausführungsüberschüssen führt bei G. zu Preissteigerungen im Inland, damit zur Verringerung der Ausfuhr und Erhöhung der Einfuhr, somit zu einem automat. Ausgleich der Zahlungsbilanz **(Goldautomatismus).** – Nach dem 1. Weltkrieg gingen viele Länder (auch Dtl.) zur Papierwährung über; nach dem 2. Weltkrieg wurde eine modifizierte Golddevisenwährung geschaffen (→ Internationaler Währungsfond).

Goldschmiedekunst: Goldkegel von Ezelsdorf, Spitze einer Kultsäule, etwa 1000 v. Chr.

Goldwespen, metallschimmernde Stechimmen, Larven schmarotzen bei Bienen und Wespen.

Golem [hebr.] der, im jüd. Volksglauben eine durch Zauberei auf bestimmte Zeit belebte menschl. Figur aus Ton.

Golf der, Meerbusen, Bucht.

Golf [engl., zu schott. gowf »schlagen«] das, Rasenballspiel, auf einem 15-50 ha großen Gelände **(Golfplatz)** gespielt, das 9 oder 18 Bahnen (Löcher) aufweist. Ein Ball aus Hartgummi ist mit einem Schläger mit möglichst wenig Schlägen in das auf dem Grün liegende Loch zu befördern.

Golfe du Lion [gɔlfdylj'ɔ̃], Meeresbucht an der frz. Mittelmeerküste.

Golfstrom, warme Meeresströmung, kommt aus dem Golf von Mexiko, zieht entlang der amerikan. Ostküste bis nach Neuschottland. Von dort soll er nach neuester Ansicht in sein Ursprungsgebiet wieder zurückkehren; früher nahm man an, daß er in nordöstl. Richtung den nördl. Atlantik bis ins Nordpolarmeer durchquert.

Gọlgatha [aramäisch »Schädel«], Kreuzigungsstätte Jesu bei Jerusalem; heute Teil der Grabeskirche.

Gọliath, A. T.: von David getöteter Riese.

Gọliathkäfer, Rosenkäfer im trop. Afrika.

Gollancz [gəl'ænts], Sir (seit 1965) Viktor, engl. Verleger, Schriftst., *1893, †1967, trat nach 1945 – obwohl Jude – als einer der ersten Engländer für Verständigung mit Dtl. ein.

Gollwitzer, Helmut, evang. Theologe, *1908; schrieb: »...und führen, wohin du nicht willst« u. a.

Goltz, 1) Colmar Freiherr v. der, preuß. und türk. General, *1843, †1916; leitete 1883-95 den Neuaufbau des türk. Heeres, 1915/16 Führer einer türk. Armee; Militärschriftsteller. **2)** Rüdiger Graf v. der, dt. General, *1865, †1946; kämpfte 1918/19 in Finnland und im Baltikum gegen die Sowjets.

Göltzsch die, rechter Nebenfluß der Weißen Elster im Vogtland; bei Netzschkau die 78 m hohe **G.-Talbrücke** der Bahn Leipzig-Hof.

Gomel, Homel, Stadt in der Weißruss. SSR, 478000 Ew.; Bahnknoten, Ind.

Gomorrha, vorzeitl. Stadt, → Sodom und Gomorrha.

Gon, Zeichen **gon,** früher Neugrad, Maßeinheit des ebenen Winkels, definiert als der 100ste Teil des rechten Winkels oder auch als 1 gon = $(\pi/200)$ rad (→ Grad 2).

Goncourt [gɔ̃k'u:r], Edmond de, *1822, †1896; und Jules de, *1830, †1870; frz. Schriftst., Brüder, verfaßten ihre Romane gemeinsam, leiteten den literar. Realismus in den Naturalismus über; kunsthistor. Studien. Die testamentar. gegr. **Académie G.** verteilt den **Prix G.** (für ein mod. frz. Prosawerk).

Gondel [ital.] die, **1)** schmales venezian. Boot, von einem **Gondolịere** geführt. **2)** Teil eines Zeppelins, Korb beim Freiballon.

Gondwạnaland, einer der Urkontinente, der noch im Perm Südamerika, Afrika, Vorderindien, Australien und die Antarktis umfaßte. Am Ende des Mesozoikums war das G. zu den heutigen Landmassen der Südhalbkugel zerfallen.

Gong der, ind.-malaiisches Musikinstrument aus einer am Rand umgebogenen Bronzescheibe.

Gọngora y Argọte, Luis de, span. Dichter, *1561, †1627; wandte sich um 1609 dem »gebildeten« Stil **(Cultismus,** auch **Gongorismus)** zu.

Goniometer [grch.] das, **1) Winkelmesser,** Gerät zur Bestimmung des Neigungswinkels zweier Flächen, z.B. zweier Kristallflächen. **Goniometrie,** Lehre von der Winkelmessung. **2)** Peilgerät aus auf einem Kreis angeordneten feststehenden Spulenpaaren und einer im Mittelpunkt drehbaren Spule.

Gonokokken [grch.] Mz., ♡ Erreger des →Trippers.

Gontard, Karl v., Baumeister, *1731, †1791; Vermittler zw. Barock und Klassizismus, Bauten in Potsdam und Berlin.

Gontscharow, Iwan Aleksandrowitsch, russ. Erzähler, *1812, †1891; Romane (»Oblomow«).

Goodman [g'ʊdmən], Benny (Benjamin David), amerikan. Jazzmusiker, *1909, †1986.

Goodwill [g'ʊdwɪl, engl.] der, **1)** →Firmenwert. **2)** Wohlwollen, Gunst, das öffentl. Vertrauen, um das geworben wird, z.B. **G.-Reise.**

Goodyear [g'ʊdjə], Charles, amerikan. Chemiker, *1800, †1860; erfand Kautschukvulkanisation und Hartgummiherstellung.

Göpel der, **Roßwerk,** Vorrichtung zum Antrieb von Dreschmaschinen, Schöpfwerken u.ä. durch die Zugkraft von Tieren **(Rundgang-G.** u.a.).

Göppingen, Krst. in Bad.-Württ., an der Fils, 52300 Ew.; Maschinen- u.a. Ind.

Gorbatschow, Michail, sowjet. Politiker, *1931; wurde März 1985 Gen.-Sekr. der KPdSU, Okt. 1988-März 1990 Vors. des Präsidiums des Obersten Sowjets, dann zum 1. Präs. der UdSSR gewählt; leitete innen- und außenpolit. Reformen ein.

Gordimer [gɔ:dimə], Nadine, südafrikan. Schriftstellerin, *1923; Romane, Erz.

Gordischer Knoten, der von dem phryg. König Gordios geflochtene Knoten: wer ihn löste, sollte Asien beherrschen. Alexander d. Große zerhieb ihn mit dem Schwert. Übertragen: nur gewaltsam lösbare Aufgabe.

Gorgias von Leontinoi, grch. Philosoph, †um 380 v.Chr.; neben Protagoras das Haupt der Sophisten.

Gorgo die, grch. Sage: urspr. weibl. Ungeheuer, später 3 Gorgonen: Stheno, Euryale, Medusa; Medusas Anblick verwandelte alles zu Stein.

Gorgonzola der, vollfetter Blauschimmelkäse, benannt nach dem Ort G. in N-Italien.

Gorilla der, Menschenaffe (bis 2 m); lebt familienweise in den Urwäldern des trop. Afrikas, meist auf dem Boden.

Göring, Hermann, nat.-soz. Politiker, *1893, †(Selbstmord) 1946; Jagdflieger im 1. Weltkrieg; Aug. 1932 Reichstags-Präs., 1933 preuß. MinPräs.; 1935 Oberbefehlshaber der Luftwaffe, 1936 Beauftragter für den Vierjahresplan, 1940 Reichsmarschall. 1946 in Nürnberg vom Internat. Militärgerichtshof zum Tode verurteilt.

Gorkij, Maxim, eigtl. **Peschkow,** russ. Erzähler, *1868, †1936; seit 1898 Marxist, schloß sich 1917 dem Bolschewismus an, schilderte Landstreichertypen und die russ. Arbeiterbewegung: »Nachtasyl« (Szenenfolge); »Die Mutter« (Roman); selbstbiograph. Werke: »Meine Kindheit«, »Unter fremden Menschen«, »Meine Universitäten«.

Gorkij, bis 1932 und wieder seit 1990 **Nischnij Nowgorod,** Gebiets-Hptst. in der Russ. SFSR, an der Mündung der Oka in die Wolga, 1,438 Mio. Ew.

Görlitz, Stadt im Bez. Dresden (früher Niederschlesien), an der Neiße, 78500 Ew.; Maschinen-, Textil-, Holzind.; Berufs- und Fachschulen. Aus den östl. Stadtteilen entstand die Stadt **Zgorzelec** in der poln. Wwschaft Jelenia Gorá.

Gorlowka, Industriestadt in der Ukrain. SSR, 343000 Ew.; Zentrum eines Steinkohlenreviers im Donez-Becken; Stickstoffwerk.

Gornergletscher, zweitlängster Gletscher der Alpen (14 km), im Monte-Rosa-Massiv, Schweiz. Im N der **Gornergrat,** 3131 m.

Gorno-Altaiisches Autonomes Gebiet, im Gau Altai, Russ. SFSR, UdSSR, 92600 km², 179000 Ew.; Hptst.: Gorno-Altaisk.

Görres, Joseph v., Publizist, *1776, †1848; unterstützte in seiner Zeitung »Rheinischer Merkur« (1814-16) den nationalen Kampf gegen Napoleon; später Führer des polit. Katholizismus. **G.-Gesellschaft,** gegr. 1876, Sitz in Bonn, zur Förderung der wissenschaftl. Arbeit der dt. Katholiken.

Gortschakow, Aleksandr Michajlowitsch, Fürst, russ. Staatsmann, *1798, †1883; war 1856-82 Außenmin., zuerst Freund, dann Gegner Bismarcks.

Görz, ital. **Gorizia,** Stadt in NO-Italien, am Isonzo, 39500 Ew.; Handel, Ind., Fremdenverkehr, Erzbischofssitz. G. war 1500-1918 österreich.

Gösch die, kleine Bugflagge an Kriegsschiffen.

Göschen, Georg Joachim, *1752, †1828; einer der hervorragendsten Verleger des dt. Klassizismus (1787-90 Goethes Gesamtausgabe).

Göschenen, Gem. im Kt. Uri, Schweiz, am Nordausgang des Gotthardtunnels, 750 Ew.

Gose [nach dem Fluß G. durch Goslar] die, obergäriges Bier.

Goslar, Krst. in Ndsachs., 45600 Ew.; Kaiserpfalz, Rathaus (1250), alte Fachwerkhäuser. Ind.: Erzbergbau, Chemikalien. – G., um 922 gegr., blühte durch den Bergbau auf, war bevorzugter Aufenthalt der sächs. und salischen Kaiser, dann Reichs- und Hansestadt.

Gospel [engl. »Evangelium«], volkstüml.-relig. Gesang der nordamerikan. Neger. Der **G.-Song** ist eine Quelle des Jazz.

Gossen, Hermann Heinrich, Volkswirtschaftler, *1810, †1858; seine subjektive Wertlehre wurde Grundlage der →Grenznutzenschule.

Götaälv [jø:ta'ɛlv], Fluß in Schweden, 93 km lang, Abfluß des Vänersees in das Skagerrak, bildet die Trollhättafälle. Der **Götakanal** verbindet Ostsee mit Väner- und Vättersee und der Nordsee.

Götaland [j'ø:ta-, schwed. »Land der Gauten«], der volkreichste südl. Teil Schwedens.

Göteborg [jø:təb'ɔrj], zweitgrößte Stadt Schwedens, am Skagerrak, 431500 Ew.; wichtigster Hafen des Landes; Univ., TH; Schiff-, Maschinen-, Fahrzeugbau, Reedereien.

Goten, Hauptvolk der Ostgermanen, zog von der unteren Weichsel um 150 n.Chr. nach der Küste des Schwarzen Meeres und besetzte im 3.Jh. die röm. Provinz Dakien; im 4.Jh. nahmen sie das arian. Christentum an. Die G. gliedern sich in **West-G.** und in **Ost-G.** Die **West-G.** besiegten 378 Kaiser Valens bei

Gorbatschow

Gorkij

Görres

Goslar: Kaiserpfalz

Adrianopel; unter Alarich fielen sie in Italien ein, eroberten 410 Rom; sie gründeten 418 im südwestl. Frankreich (Hptst. Toulouse), dann in Spanien (Hptst. Toledo) ein Reich; erlagen 711 den Arabern. Das südruss. Reich der **Ost-G.** wurde 375 von den Hunnen überrannt; unter Theoderich d. Gr. eroberten sie 488-493 Italien (Hptst. Ravenna), wurden aber 535-552 von den byzantin. Feldherren Belisar und Narses besiegt.

Gotha, Krst. im Bez. Erfurt, am Fuß des Thüringer Waldes, 57400 Ew.; vielseitige Ind.; bis 1945 Sitz bekannter Versicherungs-Ges. G. war als ernestin. Herzogtum 1826 bis 1918 in Personalunion mit Coburg vereinigt.

Gotha der, die **Gothaischen Genealog. Taschenbücher** (1763-1943); seit 1951 erscheint das »Genealogische Handbuch des Adels«.

Göthe, Baumeister, → Eosander.

Gotik [ital. gotico »barbarisch«] die, Stilrichtung, die alle Kunstgatt. des MA. umfaßt. Um 1150 in N-Frankreich entstanden, breitete sie sich in starken nat. Abwandlungen über ganz Europa aus. Hauptmerkmale in der Architektur sind Aufwärtsstreben und Durchlichtung (Strebewerk, Spitzbogen); in der Malerei und Plastik Entkörperlichung, Vorherrschen des Gewandes. Abgelöst wurde die G. von der Renaissance.

gotische Schrift, 1) Wulfilaschrift, nach der grch. Unziale unter Einfügung weniger Runenzeichen im 4. Jh. geschaffene Schriftart der Goten. **2)** im 13. Jh. entstandene Schrift mit gebrochener Linienführung.

gotische Sprache, eine ostgerman. Sprache, in der Bibelübersetzung des → Wulfila überliefert; im 6. Jh. untergegangen.

Gotland, schwed. Insel, größte der Ostsee, 3140 km², 56400 Ew.; Ackerbau, Viehzucht, Kalkbrennerei, Marmorgewinnung. Hauptort: Visby. G. war bis 1645 in dän. Besitz.

Gott, die den Inbegriff des Heiligen als absoluten Wert in sich fassende transzendente Person, von der der religiös ergriffene Mensch sich unmittelbar in seiner Existenz betroffen und gefordert sieht. In den Hochreligionen des Christentums, Judentums, Islams herrscht der Glaube an den einen, ewigen, allmächtigen, persönl. G. **(Monotheismus);** in vielen Religionen wird eine Mehrzahl von Göttern verehrt **(Polytheismus).**

Götterbaum, fiederblättriger Parkbaum aus Ostasien **(Ailanthus).**

Götterdämmerung, Untergang der Götter in der german. Sage; Oper von Wagner.

Götterpflaume, trop. Gatt. der Ebenholzgewächse, liefert Ebenholz und Südfrüchte.

Göttersage, → Mythos.

Gottesanbeterin, Geradflügler, südeurop. räuber. Fangheuschrecke.

Gottesbeweis, Versuch, Existenz und Wesen Gottes logisch zu beweisen. Der **kosmolog. G.** schließt von der Schöpfung auf den Schöpfer, der **teleolog. G.** führt die Zweck- und Zielhaftigkeit der Welt auf einen persönl. Willen und Akt zurück, der **ontolog. G.** schließt aus dem Vorhandensein des Begriffs Gott auf seine Existenz, der **moral. G.** nimmt das vorhandene Sittengesetz als Beweis für das Dasein eines unbedingten höchsten Willens. Der **noolog. G.** nimmt an, daß die Vernunft in ihrer Intention immer das Unendliche als das Wahre und Gute voraussetze, damit sei im Denken ein Weg zu Gott gegeben.

Gottesfriede, lat. **pax Dẹi,** im MA. durch die Kirche unter Androhung von Kirchenstrafe gebotener Schutz für best. Personen (z. B. Geistliche) und Orte (Kirchen, Klöster). Zu dem G. trat die **trẹuga Dẹi** (Waffenstillstand Gottes), die Fehden an best. Tagen untersagte.

Gottes Gnaden, von G. G., lat. Dei gratia, alter Zusatz zum Herrschertitel, ursprüngl. Demutsformel, dann Ausdruck der Unabhängigkeit der Herrschermacht von aller irdischen Gewalt.

Gotteslästerung, Blasphemie, ⚖ öffentl. beschimpfende Äußerung über Gott, eine der christl. Kirchen oder eine andere Religionsgesellschaft; mit Freiheitsstrafe bestraft (§ 166 StGB).

Gottesurteil, ⚖ ✤ Urteil über Schuld oder Unschuld einer Person durch ein auf Gott zurückgeführtes äußeres Zeichen, z. B. durch Feuerprobe, Los, Zweikampf.

Gottfried [»Gottesfriede«], männl. Vorname.

Gottfried von Bouillon [buj'ɔ̃], Herzog von Niederlothringen, * um 1060, †1100; eroberte im 1. Kreuzzug 1099 Jerusalem.

Gottfried von Straßburg, mhd. Dichter bürgerl. Herkunft, verfaßte gegen 1205-1210 das formvollendete höf. Epos »Tristan und Isolde«.

Gotthardbahn, schweizer. Eisenbahnlinie durch den → Sankt Gotthard von Luzern durch den **Gotthardtunnel** (Göschenen–Airolo; 15 km lang, 1109-1154,5 m ü. M.) nach Chiasso an der ital. Grenze, 1882 eröffnet.

Gotthelf, Jeremias, eigtl. Albert **Bitzius,** schweizer. Schriftst., *1797, †1854; Pfarrer; Romane: »Uli der Knecht«, »Uli der Pächter« u. a., Erzählung: »Die schwarze Spinne«.

Göttingen, Krst. in Ndsachs., an der Leine, 118000 Ew.; Univ. (gegr. 1734), Max-Planck-Gesellschaft mit Instituten; feinmechan., opt. Ind.; Verlage. – G. war Hansestadt.

Göttinger Dichterbund, Hainbund, 1772 in Verehrung Klopstocks gegr. Mitgl.: Boie, Hölty, die Grafen Stolberg, Voß u. a.

Göttinger Sieben, die 1837 wegen ihres Widerspruchs gegen den Verfassungsbruch von König Ernst August von Hannover abgesetzten 7 Professoren: Albrecht, Dahlmann, Ewald, Gervinus, J. und W. Grimm, W. Weber.

Göttliche Komödie, Divịna Commẹdia, Epos von Dante, christlich-allegor. Lehrgedicht, stellt den Weg der sündigen Seele durch die Hölle (Inferno) über den Berg der Läuterung zum Paradies dar.

Gottlosenbewegung, Selbstbez. der kommunist. Freidenkerbewegung, bes. in der UdSSR; 1943 aufgelöst; seit 1947 Nachfolgeorg.: Allunionsges. zur Verbreitung polit. und wissenschaftl. Erkenntnisse.

Gottorp, Schloß in Schleswig, seit 1544 Sitz der Herzöge von Schlesw.-Holst.-G. 1948 wurde es Landesmuseum (u. a. Museum für Vorgeschichte) für Schlesw.-Holst. und Landesarchiv.

Gottschalk [ahd. skalk »Knecht«], männl. Vorname.

Gottsched, Johann Christoph, Gelehrter, *1700, †1766; kämpfte im Sinne der Aufklärung für Klarheit und Verständlichkeit in Sprache und Dichtung und für ein Schauspiel nach frz. Muster. Nach 1740 verlor er an Einfluß, bes. durch den Streit mit Bodmer und Breitinger.

Gottwald, Klement, tschech. Politiker (Kommunist), *1896, †1953; MinPräs. seit 1946, am Staatsstreich 1948 beteiligt; 1948-53 Staatspräs.

Gottwaldov, bis 1949 **Zlín,** Stadt in der ČSFR, 86600 Ew.; Schuhfabrik.

Göttweig, Göttweih, um 1070 gegr. Benediktinerabtei in Niederösterreich.

Götz, Kurzform zu → Gottfried. **G. von Berlichingen,** → Berlichingen.

Götz, Hermann, Komponist, *1840, †1876; komische Oper »Der Widerspenstigen Zähmung«.

Götze der, Abgott, ein als höheres Wesen verehrter Gegenstand.

Gouache [gu'aʃ], → Guaschmalerei.

Gouda [x'ɔuda], Stadt in den Niederlanden, an der Ijssel, 61500 Ew.; versch. Ind., landwirtschaftl. Erzeugnisse, bes. **Goudakäse.**

Gould [gu:ld], Glenn, kanad. Pianist und Komponist, *1932, †1982; u.a. Bach-Interpret.

Gounod [gun'o], Charles, frz. Komponist, *1818, †1893; Oper: »Margarethe« (Faust).

Gourmand [gurm'ã, frz.] der, Schlemmer, Vielfraß; **Gourmet** [gurm'ɛ, frz.] der, Feinschmecker.

Gouvernante [guv-, frz.] die, Erzieherin.

Gouvernement [guvɛrnm'ã, frz.] das, Regierung; Statthalterschaft, Provinz.

Gouverneur [guvɛrn'ø:r, frz.], engl. **Governor** [g'ʌvənə], **1)** Statthalter, leitender Beamter eines Gliedstaats (USA), einer Provinz (Belgien, zarist. Rußland), einer Kolonie (→Generalgouverneur). 2) Befehlshaber einer Festung.

Goya, G. y Lucientes [g'oja i luθi'entes], Francisco de, span. Maler, Graphiker, *1746, †1828; seit 1799 Hofmaler; stellte zeitkritisch Krieg und Not, menschl. Leidenschaft und Torheit mit dämon. Eindringlichkeit dar; Meister des Bildnisses.

Gozzi, Carlo Graf, ital. Dichter, *1720, †1806; verteidigte gegen Goldoni die Commedia dell'arte; Märchenspiele (»Turandot«).

Gozzoli, Benozzo, ital. Maler, *um 1420, †1497; in seinen Fresken verbindet sich got. Tradition mit neuem Realismus.

GPU, Abk. für **G**ossudarstwennoje **P**olititscheskoje **U**prawlenije, polit. Polizei der UdSSR, seit 1922, Nachfolgerin der Tscheka; 1941 dem Volkskommissariat für Staatssicherheit (NKGB), 1953 dem Innenministerium (MWD) unterstellt, GPU-Funktionen liegen heute beim →KGB.

Grab, →Totenbestattung.

Grabbe, Christian Dietrich, Dichter, *1801, †1836; Vorläufer des Realismus: »Don Juan und Faust«, »Napoleon«, »Hannibal«, »Die Hermannsschlacht«; Komödie: »Scherz, Satire, Ironie und tiefere Bedeutung«.

Graben, ⊕ tiefer als die Umgebung liegende längl. Landscholle, meist durch Verwerfungen begrenzt; z.B.: Oberrhein. Tiefebene (Basel–Mainz), Jordantal mit Totem Meer.

Grabmann, Martin, kath. Theologe, Philosoph, *1875, †1943; Historiker der Scholastik.

Grabner, Hermann, Komponist, *1886, †1969; Schüler von Reger; Lehrwerke.

Grabstock, einfacher Stock mit gehärteter Spitze. **Grabstockbau,** älteste Form des Bodenbaus.

Goya: Die Hexen

Grabwespen, Mordwespen, einzeln lebende Stechimmen. Das Weibchen gräbt eine Bodenröhre, trägt durch einen Stich gelähmte Insekten oder Spinnen hinein und legt ein Ei dazu.

Gracchus, Tiberius und Gaius Sempronius, Brüder, versuchten als röm. Volkstribunen (133 und 123-122 v.Chr.), gestützt auf die Volksversammlung, die Lösung dringender polit. Fragen, bes. der Ackerverteilung an arme Bürger.

Gracht [niederdt. zu »Graben«] die, Kanal.

grad., Abk. für **graduiert,** in Verbindung mit einer näheren Bez. Hochschulgrad, der an Absolventen von Fachhochschulen und entsprechender Studiengänge anderer Hochschulen verliehen wird: Ing. (grad.), Betriebswirt (grad.) u.a.

Grad [lat.] der, **1)** Stufe, Rangstufe, Verwandtschaftsstufe. **2)** △ Maßeinheiten des →Winkels. Der Vollwinkel (Kreis) wird in 360 G. (früher **Altgrad**), Abk. 360°, eingeteilt, im Vermessungsdienst seit 1937 in 400 Gon (früher **Neugrad**). **3)** ⊕ →Gradnetz. **4)** Teile einer Maßeinteilung, z.B. beim →Thermometer G. Celsius (°C).

Grade, Hans, Ingenieur, *1879, †1946; einer der ersten dt. Flieger.

Gradient der, **1)** Änderung einer Größe (z.B. Druck) längs einer Strecke. **2)** △ eine Größe der Vektoranalysis.

gradieren, 1) abstufen. **2)** legieren (Münzen). **3)** ⟲ den Salzgehalt einer Sole erhöhen.

Gradmessung, ⊕ Bestimmung der Größe und Gestalt der Erde durch Messung von Bogen auf der Erdoberfläche, →Triangulation.

Gradnetz, ⊕ Netz aus Längen- und Breitenkreisen (→Länge, →Breite), durch das jeder Punkt einer Landkarte der Lage nach bestimmbar ist. (→Kartennetzentwurf)

Graduale das, **1)** kath. Meßgesang, zw. Epistel und Evangelium. **2)** Meßgesangbuch.

graduell [frz.], gradweise, stufenweise.

graduieren [frz.], **1)** nach Graden abteilen, z.B. Thermometer. **2)** akadem. Würde erteilen.

Graf, im Fränk. Reich der vom König über einen Gau **(Grafschaft)** gesetzte Beamte, dann erbl. Adelstitel (→Markgraf, →Pfalzgraf, →Landgraf; ferner →Burggraf). **Frei-G.** hieß der Vorsitzende der mittelalterl. →Feme. **Deich-G.,** Vorsteher einer Deichgenossenschaft.

Graf, 1) Oskar M., Schriftst., *1894, †1967; verfaßte humorvoll-derbe Bauerngeschichten (»Bayr. Dekameron« u.a.), emigrierte 1933 nach den USA. **2)** Steffi, Tennisspielerin, *1969; 1988 und 1989 Siegerin im Einzel in Wimbledon, 1988 auch Grand-Slam-Siegerin. **3)** Urs, schweiz. Maler, Zeichner, *1485, †um 1527; Holzschnitte, Federzeichnungen aus dem Söldnerleben.

Graff, Anton, Maler, *1736, †1813; malte Bildnisse bedeutender Persönlichkeiten seiner Zeit (Friedrich d.Gr., Lessing, Schiller).

Graham [gr'æəm], **1)** Martha, amerikan. Tänzerin und Choreographin, *1893; förderte den Ausdruckstanz. **2)** William (Billy), *1918; amerikan. Evangelist und Massenprediger.

Grahambrot, Weizenschrotbrot nach dem amerikan. Arzt S. Graham (*1794, †1851).

Grahamland [gr'eɪəm-], langgestreckte Halbinsel der W-Antarktis (→Südpolargebiet).

Grajische Alpen, Teil der W-Alpen, zw. Col de Fréjus und Kleinem St. Bernhard.

Gräkomanie [grch.] die, leidenschaftl. Vorliebe für das Griechentum.

Gral [altfrz.] der, in der Dichtung des MA. geheimnisvoller, heiliger Gegenstand; nach einem frz. Dichter eine wundertätige Schüssel, in der Joseph von Arimathia das Blut Christi aufgefangen haben soll; auf dem Monsalvatsch aufbewahrt. Die **G.-Sage** wurde zuerst

Goya: Selbstbildnis

S. Graf

Graff

Granada 2): Alhambra

in Frankreich dichterisch behandelt; in Dtl. von Wolfram von Eschenbach (Parzival).

Gramfärbung [nach dem dän. Pathologen H. C. Gram, *1853, †1938], Bakterienfärbeverfahren zur Bestimmung von Krankheitserregern u. a.; **gramfeste (grampositive)** Bakterien färben sich blauviolett, **gramfreie (gramnegative)** rot.

Gramm [grch.] das, Zeichen **g**, Maßeinheit der Masse.

Grammatik [grch.] die, Sprachlehre.

Gramm|atom, Grammolekül, Mol, so viel Gramm eines chem. Elements, wie dessen Atom- oder Molekulargewicht angibt.

Grammophon [grch.] das, Handelsname für einen → Plattenspieler.

Grampians, The G. [gr'æmpjənz], Gebirge Mittelschottlands; im Ben Nevis 1343 m hoch.

Granat 1) (geschliffen)

Gran, Grän [lat. »Korn«] das, früheres dt. Gewicht, für Edelmetalle 0,812 g, Juwelen 0,05 g; als Apothekergewicht 0,06 g.

Gran, ungar. **Esztergom** [ɛs-], Stadt in Ungarn, 33000 Ew., Sitz des kath. Erzbischofs (Primas) von Ungarn; Basilika.

Granada, 1) Prov. in Andalusien, S-Spanien; 1238-1492 maur. Königreich. **2)** Hptst. von 1), 256500 Ew.; Kathedrale, Univ. (seit 1532), Schloß → Alhambra; Nahrungsmittel-, Textil- und keram. Ind.; Fremdenverkehr.

Granados y Campiña [gran'aðɔs i kamp'iṉa], Enrique, span. Komponist, Pianist, *1867, †1916; Opern, Orchester-, Klavier-, Kammermusik, Lieder.

Granat der, **1)** verbreitete Gruppe meist rötl., regulär kristallisierender Mineralien mit Magnesium, Eisen, Mangan, Calcium, Aluminium, Chrom u. a. und vielen Übergängen durch Mischkristallbildung. Schönfarbige G. dienen als Edelsteine. **2)** eine → Garnele.

Granatapfelbaum, Granatbaum, Baum oder Strauch in S-Europa, N-Afrika, Vorderasien, knorrig, blüht scharlachrot. Die apfelgroßen, braunroten bis gelben, hartschal., vielsamigen Früchte **(Granatäpfel)** waren in Altgriechenland Sinnbild der Fruchtbarkeit, die Blüte Sinnbild der Liebe.

Granatapfelbaum: a blühender Zweig, b angeschnittene Frucht

Granate die, Geschoß für Geschütze.

Granatwerfer, für Mörser.

Gran Canaria, drittgrößte der Kanarischen Inseln. Hptst. und -hafen: Las Palmas.

Gran Chaco [- tʃ'ako, span.] der, wald- und weidereiche Landschaft in Südamerika, zw. Paraguayfluß und Kordilleren. Gewinnung von Quebrachoextrakt. Im **Chacokrieg** (1932 bis 1935) unterlag Bolivien gegen Paraguay.

Grand [grã, frz.] der, Spiel beim Skat, Whist, Doppelkopf.

Grand Canyon [grænd k'ænjən, engl.], schluchtartiges Engtal des Colorado River in NW-Arizona, USA, rd. 350 km lang, im Durchschnitt 1600 m tief.

Grand Coulee Dam [grænd k'u:lı dæm], einer der höchsten (168 m) Staudämme der USA, am mittleren Columbia.

Grande [span. »Großer«] der, erbl. Titel des höchsten span. Adels.

Grandeln Mz., Eckzähne im Oberkiefer des Hirschwildes.

Grandezza [span.-ital.] die, Größe, Würde.

grandios [ital.], großartig, erhaben.

Grand Prix [grã pr'i, frz.] der, Großer Preis.

Grand Rapids [grænd r'æpıdz], Stadt in Michigan, USA, an den Fällen des Grand River, 181800 Ew.; Mittelpunkt der Holz- und Möbelind.

Grandseigneur [grãsɛɲ'œ:r, frz.] der, vornehmer Herr.

Grängesberg, Bergbauort und Bahnknoten in Mittelschweden; hochwertiges Eisenerz.

Granikos der, heute **Kocabaş Çayı** [kɔdʒab'aʃtaji], Fluß in NW-Anatolien, an dem 334 v. Chr. Alexander d. Gr. die Perser und 74 v. Chr. Lucullus den Partherkönig Mithridates besiegte.

Granit [von lat. granum »Korn«], das verbreitetste Eruptivgestein (→ Gesteine); helles, körniges Gemenge aus Feldspat, Quarz, Glimmer; wird zu Pflastersteinen, als Baustoff u. a. verwendet.

Granne die, **1)** Ober- oder Deckhaar beim Pelzfell. **2)** Borste an Blättchen der Grasblütenstände und an Trockenfrüchtchen.

Gran Sasso d'Italia, Bergstock in den Abruzzen, die höchste Erhebung der Apenninhalbinsel, 2914 m.

Grant [grænt], **1)** Cary, Filmschauspieler, *1904, †1986; »Arsen und Spitzenhäubchen« u. a. **2)** Ulysses S., *1822, †1885; 18. Präs. (1869-77) der USA; war Oberbefehlshaber der Unionstruppen im Sezessionskrieg.

Granulationsgewebe, junges, gefäßreiches Bindegewebe, das sich bei der Wundheilung bildet und in festes Narbengewebe übergeht. Überschüssige Granulationen (Fleischwärzchen) heißen volkstüml. »wildes Fleisch«.

granulieren, Metalle oder Schlacken zu Körnern zerkleinern.

Grapefruit [gr'eıpfru:t, engl.] die, Pampelmuse, → Citrus.

Graphik die, **1)** Vervielfältigung von Schrift und Druck. **2) Original-G.,** → Holzschnitt, → Kupferstich, → Radierkunst, → Steindruck. **graphisch,** zur Druck-, Schreib- oder Zeichenkunst gehörig.

Graphik-Design [-diz'aın, engl.], Ge-

Graphik-Design: Plakat für ein Beat-Konzert; H. Matthies (1968)

Grasser: Moriskentänzer

brauchsgraphik, künstler. Gestaltung von Schrift und Bild für prakt. Zwecke (Werbung, Bücher).

graphische Darstellung, → Diagramm.

Graphit [grch.] der, bleigraues, weiches, metallglänzendes Mineral, fast reiner Kohlenstoff; Bleistifte, Schmelztiegel, Schmiermittel.

Graphologie [grch.] die, Handschriftendeutung, schließt aus Schriftbewegung und intuitiv zu erfassenden Ganzheitsmerkmalen auf Eigenheiten des Schrifturhebers.

Grasbäume, Gatt. meist austral., baumförmiger Pflanzen mit endständigen Blattschöpfen.

Gräser, Gramineen, Fam. einkeimblättr. Pflanzen, meist krautig; viele Bambusarten sind baumförmig. Der Stengel (Halm) der G. ist hohl, durch Knoten abgeteilt, die Blätter sind lang und schmal. Die einfachen Blüten stehen in Ährchen, die sich zu Rispen, Ähren, Ährenrispen oder Kolben (Mais) vereinigen. Die Frucht ist meist eine Schließfrucht, bei der Frucht und Samenschale verwachsen sind (Karyopse). Viele G. sind Getreide oder Futterpflanzen.

Grashof, Franz, Ingenieur, *1826, †1893. **G.-Denkmünze,** jährlich vom VDI verliehen.

Graslilie, Gatt. zierl., weiß blühender Liliengewächse; dt. Arten auf Grashöhen.

Grasmücke, Singvogelgatt.; schlanke, graubraune Vögel, z. B. **Mönchs-G., Dorn-G.**

Grasnelke, Rosettenstauden mit gras- oder nelkenähnl. Blättern, kugeligen Blütenköpfen.

Graz: Hauptplatz

Grass, Günter, Schriftst., *1927; Romane voll derbem Realismus, scharfer Zeitkritik, »Die Blechtrommel«, »Hundejahre«, »Örtlich betäubt«, »Der Butt«; »Die Rättin«; Erz.: »Das Treffen in Telgte«, »Kopfgeburten oder die Deutschen sterben aus«; Theaterstücke.

Grasser, Erasmus, Bildhauer, *um 1450, †1518; Moriskentänzer (München).

Grassi, Ernesto, Philosoph, *1902; humanist. Auffassung des Menschen.

grassieren [lat.], sich verbreiten.

Grat der, oberste scharfe Kante, z. B. eines Berges (Kammlinie).

Gratias [lat.] das, Dank; Dankgebet.

Gratifikation [lat.] die, Vergütung, die dem Arbeitnehmer aus bes. Anlaß neben dem regelmäß. Lohn oder Gehalt gezahlt wird (z. B. Weihnachts-, Jubiläums-G. bei Firmen- oder Arbeitsjubiläum).

gratinieren, überbacken, überkrusten.

gratis [lat.], kostenlos, unentgeltlich.

Gratisaktien werden den Aktionären entspr. ihrem Aktienbesitz unentgeltlich ausgegeben.

Grätsche die, Turnübung: Seitwärtsspreizen der Beine in Stand, Stütz und Schwingen.

Gratulation [lat.] die, Glückwunsch.

Graubünden, größter Kt. der Schweiz, 7109 km^2, 175800 Ew. (57% deutschsprachig; Rest rätoroman. und ital.). Hptst.: Chur. Im N Glarner Alpen, im W Adula-Gruppe, im S und O Rätische Alpen. Haupttäler: Vorderrheintal, Engadin. Alpwirtschaft, Energiegewinnung, Fremdenverkehr (Luftkurorte: Davos, Arosa; Heilquellen. St. Moritz u. a.). – G., urspr. von Rätern bewohnt, war im MA. Teil des Herzogtums Schwaben. Zur Abwehr der Habsburger bildeten sich im 14./15. Jh. 3 Bünde (dar. der Graue Bund), die sich untereinander und mit der Schweizer. Eidgenossenschaft verbündeten; 1803 schweizer. Kt. (BILD S. 330)

Graudenz, poln. **Grudziądz** [gr'udzjɔnts], Stadt in der poln. Wwschaft Torun, am rechten Weichselufer, 98000 Ew.; Metallind.; 1772 bis 1920 preußisch.

Graue Eminenz, hinter den Kulissen wirkende, meist nicht verantwortlich zeichnende, aber einflußreiche Persönlichkeit.

Graue Panther, 1975 gegr. überparteil. und überkonfessionelle Organisation zur Wahrung der Interessen alter Menschen, wandelte sich 1989 zur Partei **»Die Grauen«.**

grauer Star, Augenkrankheit, → Star.

Graufäule, durch den **Grauschimmelpilz** verursachte schädl. Gegenform der Edelfäule, die bei halbreifen Trauben **Sauerfäule** hervorruft und sie vernichtet.

Grauguß, Gußeisen mit grauer Bruchfläche.

Graun, 1) Carl Heinrich, Komponist, Bruder von 2), *1704, †1759; Opern, Kirchenmusik. **2)** Johann Gottlieb, Komponist, *1703, †1771; Konzertmeister Friedrichs d. Gr.

Graupapagei, Jako der, grauer, rotschwänziger Papagei des trop. Afrikas; sprechbegabt.

Graupeln Mz., kleine Hagelkörner.

Graupen Mz., geschälte Gersten- oder Weizenkörner.

Grauwacke die, Trümmergestein aus Quarz, Feldspat, Glimmer u. a.; zu Bausteinen.

Grauwerk, die Pelzart Feh (→ Eichhörnchen).

Gravelotte [gravl'ɔt], Dorf nahe Metz; 18. 8. 1870 dt. Sieg über die Franzosen (Moltke).

Gravenhage, 's G. [sxra:vənh'a:xə], → Den Haag.

Graves [greɪvz], Robert **von Ranke-G.,** engl. Schriftst., *1895, †1985; Lyrik, histor. Romane (»Ich Claudius, Kaiser und Gott«).

Gravesend [gr'eɪvzend], engl. Stadt, 96900 Ew.; östl. Endpunkt des Londoner Hafens.

Grass

Gräser: 1 Zitter-, 2 Knäuel-, 3 Wiesenlieschgras (Timotheusgras), 4 Quecke, 5 engl. Raygras

Graubünden

Gravidität [lat.] die, Schwangerschaft. **gravid,** schwanger.

gravieren, 1) belasten. Eigw. **gravierend. 2)** Zeichnungen oder Schriftzüge in Metall oder andere harte Stoffe eingraben.

Gravis [lat.] der, Akzentzeichen `, z. B. frz. à.

Gravisphäre, Bereich in der Umgebung eines Himmelskörpers, in dem das Schwerefeld noch merkl. Einfluß auf die Navigation von Raumfahrzeugen ausübt.

Gravitation [lat.] die, → Massenanziehung.

gravitätisch [lat.], würdevoll, gemessen.

Gravüre [frz.] die, **1)** ❀ Kupfer- oder Stahlstich. **2)** die → Photogravüre.

Graz, Hptst. der Steiermark, zweitgrößte Stadt Österreichs, am Alpenrand, beiderseits der Mur, 243 000 Ew.; Sitz des Bischofs von Seckau; Dom (15. Jh.) u. a. alte Bauten; Univ. (1586 gegr.); TH, Landeskonservatorium; Ind.: Maschinen, Fahrzeuge, Textilien, Bier. (BILD S. 329)

Grazie [lat.] die, **1)** Anmut, Liebreiz. **2)** Mz., röm. Bez. der Chariten. **grazil,** schlank, zart. **graziös,** anmutig.

Greater London [gr'eɪtə l'ʌndən], 1963 gebildeter Verwaltungsbez. in S-England mit Selbstverwaltung, rd. 1600 km² groß, mit 6,775 Mio. Ew. G. L. umfaßt die City of London, die früheren Counties London, Middlesex und Teile, die bis 1962 zu Essex, Surrey, Kent und Hertfordshire gehörten. Der Verwaltungsbezirk ist in 32 Stadtbezirke **(London Boroughs)** und in die **City of London** eingeteilt.

Greene

Great Valley [greɪt v'ælɪ], größtes Längstal in den Appalachen (USA), zw. Alleghenyplateau im W und Appalachengeb. i. e. S. im O.

Great Yarmouth [greɪt j'ɑ:məθ], Hafenstadt in Ostengland, 49 400 Ew.; Seebad; vielseitige Ind.

Greco, El G., grch.-span. Maler, *1541, bestattet 1614. Charakteristisch für seine meist für Kirchen gemalten Bilder sind die überlangen, oft in relig. Verzückung wiedergegebenen Gestalten und die aus einem kühlen Grundton hervorleuchtenden, zum → Manierismus überleitenden Farbtöne (Bilder in Madrid, Toledo u. a.). Weiteres BILD spanische Kunst.

Green [gri:n], Julien, frz. Schriftst. amerikan. Herkunft, *1900; Romane der Daseinsangst: »Leviathan«, »Fernes Land«.

Greene [gri:n], Graham, engl. Erzähler, *1904; Romane mit meist relig. Hintergrund (»Die Kraft und die Herrlichkeit«, »Das Herz aller Dinge«, »Unser Mann in Havanna« u. a.), und Autobiographisches.

El Greco: Entkleidung Christi

Greenock [gr'i:nək], Hafenstadt in W-Schottland, an der Clydemündung, 67 300 Ew.

Greenpeace [gr'i:npi:s], Anfang der 1970er Jahre entstandene internat. Umweltschutzorganisation, macht durch demonstrative Aktionen auf Umweltschäden und -zerstörung aufmerksam.

Greensboro [gr'i:nzbərə], Stadt in North Carolina, USA, 155 600 Ew.; Textil- u. a. Ind.

Greenwich [gr'ɪnɪdʒ], Stadtbez. von London, 204 400 Ew.; Eisen-Ind.; Schiffbau; der durch die einstige Sternwarte (1675 gegr.) von G. gehende Längenkreis gilt als Nullmeridian.

Grège [grɛ:ʒ, frz.] die, Rohseide (→ Seide).

Gregor [grch. »der Wachsame«], männl. Vorname.

Gregor, Päpste: **1) G. I., der Große,** Kirchenlehrer, 590-604, leitete die Christianisierung Britanniens ein, verbesserte den Kirchengesang; Heiliger (Tag 3.9.). **2) G. VII.,** 1073-85, als Mönch **Hildebrand,** erstrebte das Übergewicht der päpstl. Gewalt, leitete den Zölibat ein, verbot die Investitur durch Laien und die Simonie, belegte Kaiser Heinrich IV. mit dem Bann (gelöst zu Canossa 1077), wurde 1080 von Heinrich abgesetzt; Heiliger (Tag 25.5.). **3) G. IX.,** 1227-41, sprach fünfmal den Bann über Kaiser Friedrich II. aus. **4) G. XIII.,** 1572 bis 85, förderte die Gegenreformation, verbesserte den Kalender (1582).

Gregoriana, Pontificia Universitas G., Rom, päpstl. Univ.; 1551 von Ignatius von Loyola gegründet.

Gregorianischer Gesang, kath. → Choral.

Gregor von Nazianz, grch. Kirchenlehrer, † um 390, Bischof von Konstantinopel, Heiliger (Tag 2. 1.).

Gregor von Nyssa, grch. Kirchenvater, † um 394, Gegner der Arianer, Heiliger (Tag 9.3.).

Gregor von Tours, fränk. Geschichtsschreiber, †594 als Bischof von Tours; schrieb »Geschichte der Franken« (lateinisch).

Greif der, Fabeltier mit Löwenleib, Adlerkopf, Flügeln und Krallen. (BILD Fabeltiere)

Greiffuß, Hinterfuß der Affen: die große Zehe kann den übrigen gegenübergestellt werden.

Greifswald, Krst. im Bez. Rostock, 4 km vom **Greifswalder Bodden** (Ostseebucht), 67 900 Ew.; Univ. (gegr. 1456,) got. Marienkirche, Ind. G. war Mitgl. der Hanse, 1648-1815 schwedisch.

Greifvögel, früher **Raubvögel,** Ordnung der Vögel mit kräftigem Körper, hakig gebogenem Oberschnabel und scharfen Krallen. Sie ernähren sich vor allem von Wirbeltieren und speien die unverdaul. Teile (das Gewölle) wieder aus. Die Jungen sind Nesthocker. Zu den G. zählen Falken, Habichte, Adler, Geier u. a.

Greifzirkel, → Taster.

Greisenhaupt, mexikan. Kaktus mit weißem Haarschopf.

Greiz, Krst. im Bez. Gera, an der Weißen Elster, 34 800 Ew. Bis 1918 Hptst. des Fürstentums Reuß (ältere Linie).

Gremium [lat.] das, -s/...mien, Körperschaft.

Grenada [grən'eɪdə], Staat in Westindien, umfaßt die Insel G. der Kleinen Antillen und die Grenadinen, insges. 344 km², 0,1 Mio. Ew.; Hptst: Saint George's; Amtssprache: Englisch; seit 1974 unabhängig. 1979 übernahm M. Bishop an der Spitze einer sozialist. Revolutionsreg. die Macht. Nach seinem Sturz (1983) intervenierten die USA und Nachbarstaaten militärisch in G. MinPräs. (nach Wahlen 1984): H. Blaize.

Grenadier [frz.] der, urspr. Infanterist, der Handgranaten warf, später einfacher Soldat.

Grenchen, frz. **Granges** [grãʒ], Gem. im schweizer. Kt. Solothurn, 16800 Ew.; Uhrenind.

Grenoble [grən'ɔbl], Stadt in Frankreich, an der Isère, in den frz. Alpen, 157000 Ew.; Bischofssitz; Univ. (1339 gegr.); Ind., Kernforschungszentrum; Fremdenverkehr.

Grenzbetrieb, Betrieb, der mit seinen Erlösen gerade noch seine Kosten decken kann, aber keinen Gewinn erzielt.

Grenzgänger, Arbeitnehmer, die im Grenzgebiet wohnen und im Nachbarland arbeiten.

Grenzkosten, Kostenzuwachs bei der Vergrößerung der Produktion um eine Einheit.

Grenzlehre, eine → Lehre, mit der geprüft wird, ob ein Werkstückmaß zw. 2 vorgeschriebenen Grenzmarken liegt.

Grenzmark Posen-Westpreußen, 1922-38 preuß. Provinz.

Grenznutzenschule, Richtung der Volkswirtschaftslehre, die eine subjektive oder psycholog. Wert- und Preislehre aufstellte: die Stärke des Bedürfnisses nimmt immer mehr ab, je weiter seine Befriedigung fortschreitet, so daß der Wert eines Gutes bestimmt wird durch den geschätzten Nutzen der letzten noch verfügbaren Teilmenge dieses Gutes **(Grenznutzen).** Vertreter: Gossen, Menger, v. Wieser, Böhm-Bawerk, Marshall, Pareto.

Grenzwert, Limes, △ Wert, dem die Glieder einer nach bestimmten Regeln gebildeten Folge von Zahlen zustreben, wenn die Gliederzahl der Folge unbegrenzt anwächst. Z. B. strebt die Folge 1, ½, ⅓, ¼ ... dem G. 0 zu.

Gretna Green [gr'etnə gri:n], Dorf in Schottland, bekannt durch den ›Schmied von G. G.‹, der rechtsgültig trauen durfte.

Greven, Stadt in NRW, an der Ems, 29700 Ew.; Textilindustrie.

Grevenbroich [gre:vənbr'o:x], Stadt in NRW, 59000 Ew.; Aluminiumwerke, Maschinen-, Konserven-, Textilind.

Griechen Mz., **1)** Bewohner des alten Griechenland, den Indogermanen zugehörig (→ griechische Geschichte, → griechische Kunst, → griechische Literatur, → griechische Religion, → griechische Sprache und Schrift). **2) Neugriechen,** Staatsvolk Griechenlands; außerdem auf Zypern und im Ausland (USA, UdSSR, Türkei, Ägypten, Australien, europ. Länder u. a.); Nachkommen von 1), jedoch mit vielen fremden Volksteilen (Slawen, Albaner, Walachen) vermischt; durch die christl. Kultur des Byzantin. Reiches und die Türkenherrschaft (15.-19. Jh.) stark geprägt.

Griechenland, Rep. in SO-Europa, 131944 km², 10,01 Mio. Ew.; Hptst.: Athen. Amtssprache: Griechisch. ⊕ S. 492.

VERFASSUNG. Nach der seit 11. 6. 1975 geltenden Verf. ist G. eine parlamentar. Demokratie. Staatsoberhaupt ist der Präs., der vom Parlament auf 5 Jahre gewählt wird. Die rechtsprechende Gewalt üben unabhängige Gerichte aus. – Verwaltungseinteilung in 53 Bezirke (Nomoi).

LANDESNATUR. G. ist ein Teil der Balkanhalbinsel. Die Küsten sind durch Buchten und tief einschneidende Golfe reich gegliedert, jedoch hafenarm. G. ist Gebirgsland (Pindos 2637 m, Olymp 2911 m) mit schroffen Geländeformen, abgeschlossenen Beckenlandschaften. Klima: heiße, trockene Sommer, milde, regenreiche Winter. Pflanzenwelt: immergrüne Macchie, in den Gebirgen verkümmert. Zu G. gehörende Inseln: Kykladen, Sporaden, Kreta, Ion. Inseln u. a.

BEVÖLKERUNG. Rd. 96% Griechen; Religion: rd. 94% grch.-orthodox.

WIRTSCHAFT. Anbau von Weizen, Oliven, Wein; mit Bewässerung: Zitrusfrüchte, Gemüse, Baumwolle, Tabak. Ind.: bes. Verarbeitung landwirtschaftl. Erzeugnisse; daneben chem. u. a. Ind. Bodenschätze: Braunkohle, Bauxit u. a.: Energiegewinnung (Braunkohle-, Wasserkraftwerke); Fremdenverkehr. Ausfuhr: Tabak, Südfrüchte, Wein, Baumwolle. Einfuhr: Fahrzeuge, Maschinen u. a. Haupthandelspartner: Bundesrep. Dtl., USA.

VERKEHR. Straßennetz im Ausbau; wichtig ist die Schiffahrt. Haupthafen: Piräus; internat. Flughafen: Athen.

griechische Geschichte. Die etwa 2000 v. Chr. von N her in mehreren Wellen einwandernden Stämme der »Frühgriechen« vermischten sich mit der vorindogerman. Urbev. Die grch. **Frühzeit** gehört der → ägäischen Kultur an (»Achäer«, »Reich des Agamemnon« bei Homer). Um 1200 begann die Kolonisierung der Inseln, der kleinasiat. W-Küste, Unteritaliens, der Schwarzmeerküste und N-Afrikas. Etwa gleichzeitig drangen die Dorer in die Peloponnes vor. Seit dem 9. Jh. v. Chr. bildeten sich einzelne Stadtstaaten (Polis). **Sparta** wurde Vormacht in der Peloponnes (Unterwerfung Messeniens, 7. Jh.). In Athen führte Solon um 600 v. Chr. eine neue Verf. ein. Kleisthenes schuf 509 v. Chr. die Grundlagen der Volksherrschaft (Demokratie). In den **Perserkriegen** (Siege 490 v. Chr. bei Marathon; 480 bei Salamis, 479 bei Platää) wurde Athen die erste Seemacht Griechenlands. In der folgenden Zeit gelangten Kunst, Dichtung und Wissenschaft zu hoher Blüte, bes. in Athen (446-429, **Perikleisches Zeitalter**). Der **Peloponnesische Krieg,** 431-404, führte zur Vorherrschaft Spartas. Im Bund mit Theben und Korinth erhob sich Athen bald von neuem; in diesen Kämpfen wurden die Perser zu Geldgebern und Schiedsrichtern in Griechenland. Spartas Vorherrschaft vernichteten die **Thebaner** (Epaminondas' Siege bei Leuktra 371, bei Mantinea 362). Die innere Zerrissenheit Griechenlands führte dazu, daß es durch die Schlacht bei Cheironeia unter die Oberherrschaft von Philipp von Makedonien kam. Sein Sohn **Alexander der Große** wandte sich dann gegen Persien und verbreitete mit seinen Siegeszügen die grch. Kultur über den ganzen Osten. Unter den **Römern** (seit 197 v. Chr.) war Griechenland als Staat bedeutungslos; aber sein geistiges Erbe wirkte auf Rom. 1453-1460 wurde Griechenland von den **Türken** erobert. Seit Anfang des 19. Jh. erhob sich das Volk gegen die türk. Herrschaft; 1830 wurde Griechenland zum unabhäng. **Königreich** erklärt. Durch die Balkankriege 1912/13 eroberte es den Epirus und Südmakedonien mit Saloniki. Im Frieden von Sèvres erhielt es große Gebietserweiterungen auf Kosten der Türkei. Smyrna und Ost-Thrakien gingen im Frieden von Lausanne (1923) verloren. 1924 wurde die Rep. ausgerufen, 1935 die Monarchie mit König Georg II. wieder eingeführt. 1940 griffen die Italiener Griechenland vergeblich an. 1941 eroberten dt. Truppen das Land. Auf Georg folgte 1947 sein Bruder Paul I. auf den Thron. 1952 trat Griechenland der NATO bei. 1964 folgte Konstantin II. seinem Vater Paul I. Ein Putsch konservativer Offiziere führte 1967 zur Bildung einer diktator. Regierung unter G. Papadopoulos. 1973 stürzte ihn das Militär. In der Folge der Krise um Zypern 1974 trat die Militärregierung zurück. Nach Wiedereinrichtung eines parlamentar. Systems wurde durch Volksabstimmung die Rep. proklamiert. Die internat. Spannungen um Zypern führten zum Austritt aus der militär. Integration der NATO (Wiedereintritt 1981). Seit 1981 ist G. Mitglied der EG. Staatspräs.: K. Karamanlis (seit 1990); MinPräs.: K. Mitsotakis (seit 1990).

griechische Kirche, → Ostkirche.

griechische Kunst. Anschließend an die

Grenadier: (Großbritannien 1715)

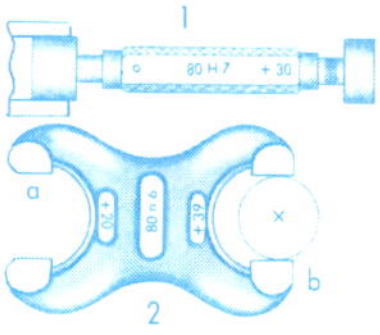

Grenzlehre:
1 Grenzlehrdorn
2 Grenzrachenlehre, a Ausschuß, b gut

Griechenland

1

2

griechische Kunst: 1 Bronzestatue eines Jünglings, 4. Jh. v. Chr. (Athen, Nationalmuseum). **2** Geometrische Vase

spätmyken. Kunst entwickelte sich auf dem grch. Festland gegen Ende des 11. Jh. v. Chr. die **geometr. Kunst** (Vasenmalerei, Kleinplastik). Ihr folgte vom 8.-6. Jh. v. Chr. die **archaische,** vom 5.-4. Jh. v. Chr. die **klass.** und vom 3.-1. Jh. v. Chr. die **hellenist. Kunst.** Die BAUKUNST entwickelte sich am Tempelbau; wesentlich ist der Außenbau mit seinen Säulenreihen, urspr. aus Holz und Lehm auf Steinsokkeln, im 6. Jh. v. Chr. aus Kalkstein, seit dem 5. Jh. aus Marmor. Die klass. Zeit kennt 3 Stilrichtungen, den **dor. Stil** (Tempel in Pästum, Parthenon, Propyläen, Theseion in Athen, Zeustempel in Olympia) mit nach oben sich verjüngenden Säulen, die als Kapitell eine viereckige Platte tragen; den **ion. Stil** (Niketempel, Erechtheion auf der Akropolis), der bewegter und reicher gegliedert ist und ein schneckenförmiges Kapitell zeigt, und den **korinth. Stil** mit korbähnl. Kapitell, das als Schmuck das Akanthusblatt ziert. Außerordentl. Formenreichtum ist das Kennzeichen der hellenist. Bauten mit fast ausschließlich ion.-korinth. Stilmerkmalen. Die BILDHAUEREI der archaischen Zeit beschränkt sich auf knappe und kraftvolle Formen: Giebelfiguren des Aphaiatempels in Ägina. In der klass. Kunst wird der menschl. Körper in anatom. richtiger Darstellung frei und gelöst in vollendetem Ebenmaß gestaltet, das ideale Bildnis entstand. Hauptmeister des 5. Jh.: Myron, Polyklet, Phidias; des 4. Jh.: Praxiteles, Skopas, Lysipp.

griechische Kunst: Kore mit Chiton; um 500 v. Chr.

griechische Literatur. Das 8. Jh. v. Chr. bildete mit den Epen Homers (Ilias, Odyssee) den ersten Höhepunkt der g. L. Kürzere Helden-Epen, Chorgesänge, Kultlieder und Einzelgesänge waren vorausgegangen. Um 700 v. Chr. wandelte Hesiod mit dem Lehrgedicht die Form des alten Epos ab. Kunstmäßiger Ausbau des kult. Chorgesangs (Alkman, Stesichoros) und hohe Vollendung des Einzelliedes (Sappho, Alkaios, Anakreon) kennzeichnen das 7. und 6. Jh. v. Chr. Seit der Mitte des 6. Jh. sind die ersten Texte der Philosophen (Anaximander, Heraklit) und seit 500 auch der Historiker (Hektaios) überliefert. Das 5. Jh. v. Chr. brachte einen neuen Höhepunkt mit der Tragödie (Aischylos, Sophokles, Euripides), in deren Gefolge die Komödie (Aristophanes, später Menander) entstand; Pindar und Bakchylides erneuerten das Chorlied. Ende des 5. Jh. traten Tragödie und Komödie vor der Prosa zurück: Geschichtsschreibung (Herodot, Thukydides), Rhetorik (Isokrates, Demosthenes), philosoph. Dialog (Plato, Aristoteles). Nach 300 v. Chr. beherrschte dann überhaupt die wissenschaftl. Prosa die g. L. (Historiker: Polybios, Plutarch; Geograph: Strabo; Philosophen: Panaitios, Poseidonios, Epiktet; Medizin: Galenus; Grammatik: Apollonios Dyskolos; Astronomie, Astrologie, Geographie: Ptolemaios u. a.). Gleichzeitig entwickelte sich der grch. Roman (Aristides von Milet, Heliodor, Longos). Die Satire fand in Lukian ihren geistreichsten Vertreter. Träger der g. L. waren seit hellenist. Zeit vielfach Nichtgriechen.

griechische Musik der Antike ist im wesentl. aus literar. Quellen (Musiktheorie, Berichte von Schriftst., Hinweise in der Dichtung) und aus bildl. Darstellungen bekannt. Danach war sie eine Einheit von Vers und Gesang, in der Frühzeit auch des Tanzes. Begleitinstrumente waren Lyra und Aulos. Gegen Ende des 5. Jh. v. Chr. begann sich eine selbständige Instrumentalmusik zu entwickeln.

griechische Philosophie, Philosophie im grch. Sprachraum vom 6. Jh. v. Chr. bis zur Zeit des »Hellenismus. Die ion. Naturphilosophen (Thales, Anaximander, Anaximenes) suchten nach einem Urstoff; so leitete z. B. Thales alle Dinge vom Wasser her, Pythagoras und seine Anhänger sahen das Wesen der Welt in der Zahl. Die Eleaten (Xenophanes, Parmenides, Zenon) fragten nach dem unveränderl. Sein und ersetzten die Vielgötterei durch den Pantheismus. Heraklit und Empedokles suchten nach den bewegenden Kräften des Kosmos. Leukippos und Demokrit faßten zuerst den Gedanken des Atoms. Die Sophisten (z. B. Protagoras) verbreiteten als aufklärer. Redner Regeln der Lebensklugheit. Sie und Sokrates, dessen Lehren vom richtigen Denken und sittl. Leben von großer Wirkung waren, machten menschl. Probleme zum philosoph. Thema. In Platon und Aristoteles erreichte die g. P. ihre Vollendung.

griechische Religion, in ihren Anfängen vor allem Verehrung der Naturkräfte, die als persönl. Götter gedacht wurden. Aus dem Chaos entstanden Uranos und Gaia (Himmel und Erde), von ihnen stammen die 12 Titanen (Kronos, Rhea usw.), die wieder von den olymp. Göttern verdrängt wurden: Zeus, Hera, Poseidon, Hestia, Hephaistos, Ares, Apollon, Artemis, Hermes, Pallas Athene, Aphrodite. Andere Götter: Hades oder Pluto, Persephone, Demeter, Dionysos, der Hirtengott Pan, die Nymphen; ferner Asklepios, die 9 Musen, Eos, Iris, die Meergottheiten: Proteus, Triton, Amphitrite, Glaukos. Heilige Haine und Tempel waren Wohnstätten der Götter. Bilder zeigten sie in Menschengestalt; ihren Willen erfuhr man an Orakelstätten, unter denen Delphi als die höchste Instanz galt. Das Opfer- und Festwesen war reich ausgebildet. Eine große Rolle spielten die Mysterienkulte (Eleusis), die für die Entwicklung des grch. Jenseitsglaubens entscheidend wurden. Der urspr. Glaube nahm im Hades (Tartarus) nur ein schattenhaftes Weiterleben an, behielt das Elysium den Heroen vor.

griechische Sprache und Schrift. Das Griechische ist ein Zweig des indogerman. Sprachstammes. Es wurde in Griechenland und den grch. Kolonien (Kleinasien, Süditalien usw.) gesprochen und in der um 400 v. Chr. aus der Mundart von Attika (Athen) entwickelten Schriftsprache die Weltsprache des Altertums. Das **Neugriechische** ist in Aussprache und Formenstand verändert und mit türk. Elementen durchsetzt. Die **Schrift** haben die Griechen vermutlich von den Phönikern übernommen, sie jedoch ergänzt und verändert.

Das griechische Alphabet							
Name	Buchstaben			Name	Buchstaben		
Alpha ...	Α	α	a	Ny	Ν	ν	n
Beta	Β	β	b	Xi	Ξ	ξ	x
Gamma .	Γ	γ	g	Omikron	Ο	ο	o
Delta	Δ	δ	d	Pi	Π	π	p
Epsilon ..	Ε	ε	e	Rho	Ρ	ρ	r(h)
Zeta	Ζ	ζ	z	Sigma ..	Σ	σς	s
Eta	Η	η	e	Tau	Τ	τ	t
Theta ...	Θ	ϑ	th	Ypsilon .	Υ	υ	y
Jota	Ι	ι	i	Phi	Φ	φ	ph
Kappa ..	Κ	κ	k	Chi	Χ	χ	ch
Lambda .	Λ	λ	l	Psi	Ψ	ψ	ps
My	Μ	μ	m	Omega ..	Ω	ω	o

griechisch-orthodoxe Kirche, → Ostkirche.

griechisch-unierte Kirche, griechisch-katholische Kirche, mit der römisch-kath. Kirche vereinigte Christen der Ostkirche.

Grieg, Edvard, norweg. Komponist, *1843, †1907; Klavier-, Orchesterwerke.

Grieshaber, Helmut Andreas Paul (HAP), Maler, *1909, †1981; Farbholzschnitte.

Grieß, enthülste und gebrochene Kornteilchen von Weizen, Roggen, Hafer, Mais.

Griffel, der **1)** Schreibstift. **2)** Teil des Stempels der Blütenpflanzen; → Blüte.

Griffon [grif'ɔ̃, frz.] der, Zwergspaniel.

Grill [engl.] der, Bratrost. Im **G.-Room** [ru:m] einer Gaststätte werden die Speisen auf dem G. vor den Augen des Gastes zubereitet.

Grillen, Grabheuschrecken, Fam. der Geradflüglergruppe Springschrecken; sehr rasche Läufer, haben Hör- und Schrillwerkzeuge (sie zirpen), nähren sich von tier. und pflanzl. Kost. **Feld-G.,** schwarz, 2,5 cm lang, in Erdröhren; **Haus-G.** oder **Heimchen,** grau, kleiner, in alten Häusern. Garten- und Wiesenschädling ist die **Maulwurfs-G.,** 4 cm lang.

Grillparzer, Franz, Dichter, *1791, †1872; verband in seinen Stücken das Erbe des österr. und span. Barocks mit Elementen der Romantik und v. a. der dt. Klassik. Trauerspiele: »Die Ahnfrau«, »Sappho«, »Das Goldene Vlies« (Trilogie), »König Ottokars Glück und Ende«, »Des Meeres und der Liebe Wellen«, »Ein Bruderzwist in Habsburg«. Märchendrama: »Der Traum, ein Leben«. Lustspiel: »Weh dem, der lügt«. Novelle »Der arme Spielmann«.

Grimaldi, Fürstenhaus von Monaco.

Grimasse [frz.] die, Fratze.

Grimm, 1) Herman, Kunst- und Literarhistoriker, *1828, †1901; »Michelangelo«, »Goethe«, »Raffael«. **2)** Jacob, der Schöpfer der dt. Sprach- und Altertumswissenschaft, *1785, *1863; seit 1830 Prof. in Göttingen, 1837 ausgewiesen (→ Göttinger Sieben), 1848 Mitgl. der dt. Nationalvers. Hauptwerk: »Dt. Grammatik« (1819-37). Mit seinem Bruder Wilhelm G. (*1786, †1859) gab er »Dt. Sagen«, »Kinder- und Hausmärchen« (1812-22) und die ersten Bände des großen »Dt. Wörterbuchs« heraus.

Grimmelshausen, Hans Jacob Christoph v., Dichter, *1621, †1676; größter dt. Erzähler des 17. Jh., Roman »Der abenteuerl. Simplicissimus«, Zeitgemälde aus dem Dtl. des Dreißigjährigen Krieges.

Grimsby [gr'ɪmzbɪ], engl. Fischereihafen an der Mündung des Humber, 91 900 Ew.

Grimsel die, Paß der Berner Alpen, 2165 m hoch, verbindet das Aare-(Hasli-) mit dem Rhônetal; im G.-Grund der aufgestaute **G.-See.**

Grind der, ♡ ⚘ → Schorf.

Grindelwald, Luftkurort, Wintersportplatz im Berner Oberland, Schweiz, 1040 m ü. M.

Grinzing, Stadtteil von Wien.

Grippe, Influenza die, ♡ oft seuchenartig auftretende, ansteckende, durch Viren hervorgerufene Krankheit, meist durch Anhusten übertragen. Zeichen: Schüttelfrost, Fieber, Kopf- und Gliederschmerzen, Schnupfen, Husten. Die G. kann anderen Krankheiten (Lungen-, Darm-, Hirnhautentzündung) den Weg bereiten. Genesung langwierig. Behandlung: Bettruhe, Fiebermittel, Halswickel, Wadenpackungen; bei bakterieller Sekundärinfektion Antibiotika; Impfung.

Gripsholm, von G. Wasa 1537 erbaute Wasserburg am Mälarsee, Schweden.

Gris, Juan, span. Maler, Graphiker, *1887, †1927; Kubist; Stilleben, Bühnendekorationen.

Griseldis, armes Mädchen, dessen Gehorsam von seinem fürstl. Gemahl hart erprobt wird. Dt. Volksbuch nach Petrarca und Boccaccio.

Grisette [griz'ɛt, frz.] die, **1)** Pariser Putzmacherin. **2)** leichtlebiges Mädchen.

Gris Nez [grin'e, frz. »graue Nase«], Vorgebirge mit Leuchtturm an der frz. Nordküste, an der engsten Stelle des Kanals.

Grizzlybär [gr'ɪzlɪ-, engl. »grau«] der, grauer Bär Nordamerikas.

grober Unfug, seit 1975 als solcher nicht mehr strafbar; heute z. T. als Belästigung der Allgemeinheit nach dem Ordnungswidrigkeiten-Ges. mit Geldbuße bis 1000 DM belegbar.

Grock, eigentl. Adrian **Wettach,** Artist, *1880, †1959; weltbekannt als Musikclown.

Grödnertal, Alpental in den Dolomiten; Hauptort: St. Ulrich; etwa 8000 überwiegend ladin. Bewohner; Holzschnitzereien.

Grodno, Gebiets-Hptst. in der Weißruss. SSR, am Njemen, 255 000 Ew.; 3 Hochschulen; Großgerberei, Schuh-, Tabak-, Holzind.

Groener, Wilhelm, General, *1867, †1939; 1920-23 Reichsverkehrsminister, 1928-32 Reichswehr-, zeitweilig auch Reichsinnenminister.

Grog [engl.] der, Getränk aus Rum oder Arrak mit heißem Wasser und Zucker.

Gromyko, Andrej, sowjet. Diplomat, *1909, †1989; 1943-46 Botschafter in Washington, 1952/53 in London, 1953-57 stellv. Außenmin., 1957-85 Außenmin., 1985-88 Staatsoberhaupt.

Gronau (Westf.), Stadt in NRW, nahe der niederländ. Grenze, 39 400 Ew.; Textilind.

Gronchi [gr'ɔŋki], Giovanni, ital. Politiker, *1887, †1978; Führer des linken Flügels der Christl. Demokraten, 1955-62 Präs. der Rep.

Groningen, Stadt im NO der Niederlande, 168 000 Ew.; Univ.; Kanalverbindungen, Handel und Ind. G. war Mitgl. der Hanse.

Grönland [»grünes Land«], einheim. Name **Kalâtdlinunât,** dän. Insel im Nordpolargebiet, größte Insel der Erde, 2 175 600 km², 54 000 Ew. (meist **Grönländer,** mit Euro-

Grieg

Grillparzer

Wilhelm und Jacob Grimm

Schloß Gripsholm

Grönland: Fjordküste

Groschen: Silber-G. von Preußen (1849)

Großbritannien

päern vermischte Eskimos); Hptst.: Godthåb (9500 Ew.). G. ist bis auf einen Küstensaum von einer Eiskappe (bis über 3000 m dick) bedeckt; die Küste ist von Fjorden zerrissen. Klima: arktisch; Pflanzen- und Tierwelt im Küstensaum, bes. im S (Birke, Erle, Polarweide, Wacholder; Rentier, Fuchs, Hase), im N auch Moschusochse, Polarwolf, Lemming. Fischerei, Robben- und Walfang, Schafzucht; ⚒ auf Kryolith, Blei, Zink. Internat. Flugplatz: Söndre Strömfjord (W-Küste); amerikan. Luftstützpunkt Thule im NW. Am 1. 5. 1979 erhielt G. Selbstverwaltung mit eigenem Parlament und von diesem gewählter Reg. Min-Präs.: J. Motzfeldt (seit 1979). ⊕ S. 496.

Gropius, Walter, Architekt, *1883, †1969; führender Vertreter des neuen Bauens (Bauhaus).

Gros [gro, frz.] das, **1)** Hauptmasse. **2)** Zählmaß: 12 Dutzend = 144 Stück.

Groschen [lat. grossus »dick«] der, **1)** ehem. dt. Silbermünze, später Scheidemünze (= $\frac{1}{24}$ Taler in Preußen, der **Silber-G.** im 19. Jh. = $\frac{1}{30}$ Taler zu 12 Pfennig). **2)** Österreich: 1925-1938 und wieder ab 1945 die kleinste Münze = $\frac{1}{100}$ Schilling.

Grosnyj, seit 1957 Hptst. der Tschetscheno-Inguschischen ASSR, N-Kaukasien, 399 000 Ew.; Erdöl- und Erdgasverarbeitung.

Großbritannien, amtl. **Vereinigtes Königreich von G. und Nordirland,** engl. **United Kingdom of Great Britain and Northern Ireland** [junˈaɪtɪd kˈɪŋdəm ɔʌ greɪt-brˈɪtən ænd nˈɔːðən ˈaɪələnd], Kgr. auf den Brit. Inseln, umfaßt das eigentl. G. (England, Wales und Schottland) und auf der Insel Irland →Nordirland, 244 046 km^2 (mit Normann. Inseln und Insel Man), 57,08 Mio. Ew.; Hptst.: London. Amtssprache: Englisch. ⊕ S. 491

Verfassung. G. ist eine parlamentarisch-demokrat. erbl. Monarchie ohne geschriebene Verfassung, aber mit einigen Verfassungsgesetzen. Der König ist zugleich Haupt des Brit. Commonwealth. Die Gesetzgebung liegt beim Parlament mit nur formeller Beteiligung der Krone. Es besteht aus dem gewählten Unterhaus und dem Oberhaus (Mitgliedschaft früher größtenteils erblich). Das Unterhaus beschließt die Finanzgesetze allein; es kann das Oberhaus überstimmen. Der Premiermin. und die von ihm vorgeschlagenen Min. werden vom Monarchen ernannt. Die Regierung ist dem Parlament verantwortlich. – Verwaltungseinteilung: England in 39 Grafschaften (Counties), 6 Stadtgrafschaften (Metropolitan Counties) und den Bez. →Greater London, Wales in 8 Grafschaften, Schottland in 9 Regionen, Nordirland in 26 Distrikte.

Landesnatur. Den mittleren und südl. Teil der durch viele Buchten und Mündungstrichter gegliederten Hauptinsel nehmen England und das Bergland von Wales ein. England ist im W und in der Mitte z. T. gebirgig, im übrigen Hügel- und Tiefland. In Schottland überwiegt Gebirge. Im N schließen sich die Orkney- und Shetland-Inseln an, im NW die Hebriden, im W liegt Irland mit dem zu G. gehörenden Nordirland. Die Flüsse sind kurz: im O Themse, Ouse, Trent, Tees, Tyne, Tweed, im W Severn, Dee, Mersey. Klima: mild, feucht, häufig starke Nebel. G. ist waldarm, hat Heiden, Moore, Wiesen (im S Parklandschaft).

Bevölkerung. Überwiegend Engländer und Schotten; keltisch sprechende Bewohner in Wales, Hochschottland, auf der Insel Man; neuerdings über 2 Mio. Farbige in den Industriestädten. Millionenstädte: London, Birmingham, Glasgow, Liverpool, Leeds, Manchester. Religion: vorw. protestantisch (5,08 Mio. Katholiken, rd. 450 000 Juden). Staatskirche in England die →Anglikanische Kirche, in Schottland die Kirche der →Presbyterianer.

Wirtschaft. G. ist überwiegend Industriestaat. Die stark mechanisierte Landwirtschaft erzeugt rd. 50% des Nahrungsmittelbedarfs; bedeutende Viehzucht (bes. Schafe) und Fischerei. ⚒ auf Kohle und Eisenerz stark im Rückgang; Gewinnung von Kaolin und Salz. Nach dem Rückgang der Textil- und Hüttenind. sind Wachstumsindustrien bes. die chem. und die metallverarbeitende Ind. Energieerzeugung aus Kohle, Wasserkraft (Schottland), Kernenergie. Zunehmende wirtschaftl. und polit. Bedeutung gewinnt die Erdölförderung vor der schott. Küste. London ist ein bedeutender Platz im internat. Kapital- und Versicherungsgeschäft. Ausfuhr: Fertigwaren. Einfuhr: Nahrungsmittel, Rohstoffe, Erdöl, Fertigwaren. Haupthandelspartner: Länder des ehem. Sterling-Gebiets, USA und Kanada, EG-Länder.

Verkehr. Gut entwickeltes Netz, bes. Straßen (Autobahnnetz im Aufbau). Bedeutende Seeschiffahrt; Luftverkehr. Wichtigste Seehäfen: London, Southampton, Liverpool; wichtigster internat. Flughafen: London-Heathrow.

Ⓖ G. (so bezeichnet erst seit 1707), im Altertum von Kelten bewohnt, wurde seit 43 n. Chr. mit Ausnahme des nördlichen Schottlands röm. Provinz. Im 4. und 5. Jh. eroberten die german. Angelsachsen den Hauptteil G.s; nur in Wales und Schottland hielten sich die Kelten. Durch den Sieg bei Hastings (1066) unterwarf **Wilhelm der Eroberer,** Herzog der Normandie, das Angelsachsenreich; seine Normannen bildeten nun die Oberschicht. Mit Heinrich II. kam 1154 das Haus Anjou-Plantagenet auf den Thron. Johann ohne Land mußte seinen Großen 1215 die →Magna Charta gewähren. Im Laufe des 13. Jh. entstand das engl. Parlament. Eduard III. erhob Anspruch auf die frz. Krone und begann 1338 den →Hundertjährigen Krieg. 1429 trat der Rückschlag durch die →Jungfrau von Orléans ein; nur Calais blieb noch bis 1558 englisch. Die blutigen und wechselvollen →Rosenkriege zw. dem Haus **Lancaster** und dem Haus **York** endeten 1485 mit der Thronbesteigung Heinrichs VII. aus dem Haus **Tudor.** Heinrich VIII. brach mit dem Papst und machte sich 1534 zum Oberhaupt der Anglikan. Kirche; erst 1549 wurde die protestant. Reformation eingeführt. Die Regierung Elisabeths I. brachte einen großen Aufschwung der engl. See- und Handelsmacht. 1603 gelangte mit Jakob I. das Haus **Stuart,** das bereits in Schottland regierte, auf den engl. Thron. Die ersten engl. Kolonien in Nordamerika entstanden. Im Bürgerkrieg (1642 bis 1649) siegte die puritan. Parlamentspartei, aber die Macht riß ihr Heerführer →Cromwell an sich. 1660 wurde das Königtum unter Karl II. wiederhergestellt. Im Parlament bildeten sich die Parteien der Tories und der Whigs heraus. Durch die »glorreiche Revolution« (1688) wurde Wilhelm III. von Oranien König. Die Bill of rights von 1689 begrenzte die Königsmacht, und gleichzeitig gewährte die Toleranzakte den puritan. Gruppen volle kirchl. Freiheit. Unter Anna wurden 1707 England und Schottland zum Königreich G. vereinigt. Im Spanischen Erbfolgekrieg kämpfte G. dank Marlborough siegreich gegen die Übermacht Ludwigs XIV. von Frankreich. 1714 wurden mit Georg I. die welf. Kurfürsten von **Hannover** auf den brit. Thron berufen. Im Siebenjährigen Krieg siegte G. über Frankreich und gewann 1763 das frz. Kanada. Abfall der älteren brit. Kolonien in Nordamerika 1776-83 (→Vereinigte Staaten von Amerika, Geschichte). G. erlangte die endgültige Vorherrschaft in Indien, setzte sich seit 1788 in Australien fest und wurde für ein volles Jh. die führende Wirtschaftsmacht der Welt. Seit 1793 kämpfte es gegen die Frz. Revolution und Napoleon I. Der Sieg Nelsons bei Trafalgar (1805) verschaffte G. die auf lange Zeit unbestrittene Seeherrschaft. 1800 war G. mit Irland zum »Vereinigten Königreich von G. und Irland« verschmolzen worden. Mit der Thronbesteigung der Königin Viktoria (1837) löste sich die Verbindung zw. G. und Hannover. Der konservative Staatsmann Disraeli begann die Politik des Imperialismus; 1875 kam der Suezkanal, 1882 Ägypten unter brit. Herrschaft. 1900 wurde die Labour Party gegr. Mit Eduard VII. bestieg das Haus Coburg (seit 1917 Haus **Windsor** genannt) den Thron. 1904 schloß G. die »Entente« mit Frankreich und verständigte sich 1907 auch mit Rußland; so entstand der →Dreiverband. 1914 trat G. in den →Weltkrieg I ein. 1921 wurde der unabhängige Irische Freistaat geschaffen. Nach vorübergehendem Zurückweichen vor den Achsenmächten (Eroberung Äthiopiens durch Italien, Münchener Abkommen 1938 während der Sudetenkrise) erklärte G. 1939 Dtl. den Krieg. Auf Churchill (seit 1940) folgte 1945 als MinPräs. Attlee (Labour Party; Soziale Gesetzgebung). 1951 kehrte Churchill als MinPräs. zurück; es folgte eine Reihe konservat. Regierungen (Eden, Macmillan, Douglas-Home, E. Heath), 1964-1970 und 1974-1976 die Labour-Regierung (unter H. Wilson, 1976 bis 1979 unter J. Callaghan). Seit 1979 konservat. Regierung unter Margaret Thatcher, der Führerin der konservat. Partei (seit 1975). Seit dem 1. und bes. seit dem 2. Weltkrieg verlor G. seine Stellung als Weltmacht und zog sich aus seinen Kolonien zurück. Es ist seit 1949 Mitgl. des Nordatlantikpakts. Nach dem Tode Georgs VI. (1952) wurde seine Tochter Elisabeth II. Königin (gekrönt 1953). Seit 1973 ist G. Mitgl. der EG (1. Antrag 1961 abgelehnt). Die Unruhen um die Stellung der kath. Minderheit in Nordirland veranlaßten G., die beschränkte Autonomie 1972 aufzuheben, die nordir. Reg. und das Parlament zu entlassen und selbst die Regierungsgewalt auszuüben. 1982 kam es mit Argentinien zu krieger. Auseinandersetzungen um den Besitz der Falkland-Inseln.

Großdeutsche, in der Frankfurter Nationalvers. 1848/49 (später auch in Österreich) die Anhänger eines geeinten Dtl.s mit Einschluß Österreichs; ihnen standen die **Kleindeutschen** gegenüber, die ein von Preußen geführtes Dtl. ohne Österreich erstrebten.

Größe die, **1)** Ausmaß. **2)** Bedeutung, bes. sittl. Wert. **3)** ⊠ Bez. für Merkmale oder Eigenschaften, die man qualitativ darstellen und messen kann. Eine G. ist Zahlenwert mal Einheit.

Große Kreisstadt, in Bad.-Württ. und Bayern eine kreisangehörige Stadt, meist mit Verwaltungsaufgaben der Kreisstufe betraut.

Großer Bär, Sternbild, →Bär.

Großer Kurfürst, Kurfürst →Friedrich 9).

Großer Ozean, →Pazifischer Ozean.

Großer Rat, in den schweizer. Kt., in denen keine Landsgemeinde besteht, die gesetzgebende, vom Volk gewählte Behörde.

Große Seen, →Kanadische Seen.

Große Vereinigung, in der Physik angestrebte vereinheitlichte Theorie von starken, schwachen und elektromagnet. Kräften.

Großflosser, →Labyrinthfische.

Großforschungseinrichtungen. Die G. in der Bundesrep. Dtl., mit rd. 20000 Mitarbeitern (davon über 4000 Wissenschaftlern) betreiben naturwissenschaftlich-techn. und biologisch-medizin. Forschung und Entwicklung, die interdisziplinäre Zusammenarbeit und einen konzentrierten Einsatz an personellen, finanziellen und apparativen Mitteln erfordert.

Großglockner der, →Glockner.

Großhandel, kauft Waren vom Erzeuger und verkauft sie an den Einzelhandel oder zur Weiterverarbeitung an Erzeuger.

Großherzog, Fürst im Rang zw. König und Herzog; heute nur noch in Luxemburg.

Großjährigkeit, ⚖ Volljährigkeit.

Großkophta, angebl. Gründer der ägypt. Freimaurerei, als dessen Abgesandter sich →Cagliostro ausgab. Lustspiel von Goethe.

Großmacht, Staat, der die internat. Politik entscheidend beeinflußt. Mitte des 18. Jh. waren G.: Frankreich, Großbritannien, Preußen, Österreich, Rußland; im 19. Jh. wurden die USA, Italien und Japan einbezogen. Nach dem 2. Weltkrieg traten an die Stelle der G. die Weltmächte.

Großmeister, Oberhaupt von Ritterorden.

Großmogul der, Bez. der muslim., ihrer Herkunft nach türkisch-mongol. Herrscher Indiens 1526-1858.

Großraumbüro, Zusammenfassung mehrerer Büroarbeitsplätze in einem Raum.

Großraumwagen, Personenzugwagen ohne Abteilbildung, in IC-, EC- und Interregio-Zügen mitgeführt.

Großstadt, Stadt mit über 100000 Ew.

Großwardein, rumän. **Oradea,** Stadt in Rumänien, 213400 Ew.; spätbarocke Bauten; Bahnknoten, Flugplatz; Aluminium-, chem. u. a. Ind.; bis 1919 und 1940-44 ungarisch.

Großwesir der, in islam. Ländern der leitende Minister, bes. in der Türkei (bis 1922).

Grosz [grɔs], George, eigtl. Georg **Ehrenfried,** Maler, Zeichner, *1893, †1959; geißelte in karikierenden Zeichnungen Militarismus und Bourgeoisie.

Grotefend, 1) Georg Friedrich, Philologe, *1775, †1853; entzifferte die Keilschrift. **2)** Hermann, Geschichtsforscher, *1845, †1931; »Zeitrechnung des dt. MA. und der Neuzeit«.

Grotenburg, Berg (386 m hoch) im Teutoburger Wald, mit dem Hermannsdenkmal.

grotesk [ital.], phantastisch, seltsam, verzerrt. **Groteske** die, **1)** übertreibende, meist witzige Erzählung oder Drama. **2)** TANZKUNST: verzerrte, unnatürl. Bewegungen. **3)** 🏛 meist Mz., phantast. Verzierungen aus Tier-, Pflanzen- u. a. Formen.

Grotewohl, Otto, Politiker (SPD, SED), *1894, †1964; 1920-33 mehrfach braunschweig. Min.; 1946 Mitgründer der SED; seit 1949 MinPräs. der Dt. Dem. Rep.

Groth, Klaus, Dichter, *1819, †1899; Meister plattdt. Dichtkunst: »Quickborn« u. a.

Grotius, Hugo, niederländ. Jurist, Staatsmann, *1583, †1645. Vom Naturrecht ausgehend, trat er für die Freiheit der Meere ein und begr. das mod. Völkerrecht.

Grottenolm, Schwanzlurch mit rückgebildeten Augen; in Höhlengewässern des Karst.

Grubengas, das →Methan.

Grubenlampe, ⚒ →Sicherheitslampe.

Grubenwurm, Hakenwurm, im Dünndarm des Menschen schmarotzender Fadenwurm, der durch Verletzung der Schleimhaut starke Blutverluste erzeugt **(Ankylostomiasis).**

Gruberova, Edita, österr. Sängerin (Sopran) slowak. Herkunft, *1946.

Grude [ndt. »heiße Asche«] die, **G.-Koks,** der körnige Rückstand beim Verkoken von

Braunkohlen, als Brennstoff für **G.-Herde** und **G.-Öfen.**

Grumiaux [grymj'o], Arthur, belg. Violinist, *1921, †1986.

Grummet, Grumt das, süddt. **Öhmd** das, der getrocknete 2. Schnitt der Wiesen.

grün, 1) Farbe des Spektrums zw. Gelb und Blau. **2)** Dt. Name der Spielkarte Pik.

Grün, Anastasius, eigentl. Anton Graf v. **Auersperg,** Dichter, *1806, †1876, schrieb polit. Gedichte gegen Metternich, Romanzen.

Grünberg in Schlesien, poln. **Zielona Góra** [zjɛl'ɔna g'ura], Hptst. der poln. Wwschaft Zielona Góra, zw. Bober und Oder, 113300 Ew.; Weinbau; Textil-, Rüstungsind.

Grund, Bad G., Kurort in Ndsachs., Oberharz, 3100 Ew.; Erzbergbau, Tropfsteinhöhlen.

Grundbuch, i.d.R. vom Amtsgericht als G.-Amt geführtes Buch, in das alle Beurkundungen über Rechtsverhältnisse an Grundstücken aufgenommen werden und das jeder, der ein berechtigtes Interesse nachweist, einsehen kann. Die urkundl. Grundlagen für Eintragungen werden in **Grundakten** zusammengefaßt. Änderungen der Rechtslage des Grundstücks treten grundsätzlich erst mit der Eintragung ins G. ein.

Grunddienstbarkeit, ⚖ → Dienstbarkeit.

Grundeigentum, rechtl. Verfügungsgewalt über Grundstücke; an Wohngrundstükken durch Bebauungsgesetzgebung eingeschränkt.

Grundeis, an der Flußsohle gebildetes, durch Auftrieb nach oben gebrachtes Eis.

Grundel die, **1)** Gatt. breitköpfiger Knochenfische, meist im Meer; **Meer-** oder **Schwarz-G. 2)** → Gründling. **3)** → Schmerle.

Gründerzeit, Gründerjahre, die Jahre 1871-1873, als die frz. Kriegsentschädigung in Dtl. eine ungesunde Spekulation hervorrief.

Grundfläche, △ ebene Grenzfläche eines Körpers, die dessen unterste Fläche bildet.

Gründgens

Gründgens, Gustaf, Schauspieler, Regisseur, Theaterleiter, *1899, †1963; 1934-45 Intendant des Staatl. Schauspielhauses Berlin, 1947-55 Düsseldorf, bis 1963 Hamburg; schuf beispielhafte Inszenierungen.

Grundgesetz, 1) Verfassung eines Landes, bes. die Verfassung der Bundesrep. Dtl. vom 23.5.1949 (Abk. **GG**). **2)** einfachstes Naturgesetz (→ biogenetisches Grundgesetz).

Grundherrschaft, Form des mittelalterl. Großgrundbesitzes. Der **Grundherr** war Gerichtsherr seiner leibeigenen Bauern, die, **Grundholde** oder **Hintersassen** genannt, bestimmte Abgaben und Dienste zu leisten hatten.

grundieren, einen Malgrund schaffen.

Grundlagenforschung, wissenschaftl. Nachprüfung der Prinzipien einer Wissenschaft, bes. der Mathematik und der exakten Naturwissenschaften; i.w.S. auf neue Kenntnisse gerichtete, zunächst zweckfreie Forschung.

Gründling der, **Grimpe** die, 20 cm langer Karpfenfisch im Süßwasser; Speisefisch.

Grundlinie, → Basis.

Gründonnerstag, Donnerstag vor Ostern, Gedächtnistag der Einsetzung des hl. Abendmahls.

Grundpfandrecht, Pfandrecht an Grundstücken (Hypothek, Grundschuld, Rentenschuld).

Grünling 1)

Grundrechnungsarten. Die **Addition** (Zusammenzählen) vermehrt eine Zahl (Summand) um eine oder mehrere andere Zahlen (Summanden); Ergebnis: Summe. Die **Subtraktion** (Abziehen) vermindert eine Zahl (Minuend) um eine oder mehrere Zahlen (Subtrahenden); Ergebnis: Differenz (Unterschied). Bei der **Multiplikation** (Vervielfältigung) wird eine Zahl (Multiplikand, Faktor) mit einer anderen (Multiplikator, Faktor) vervielfältigt; Ergebnis: Produkt. Bei der **Division** (Teilung) wird eine Zahl (Dividend) durch eine andere (Divisor) geteilt; Ergebnis: Quotient.

Grundrechte, unantastbare Rechte des einzelnen auf Freiheit von staatl. Eingriff; in den neueren Verf. einzeln angeführt und näher festgelegt, z.B. Glaubens-, Versammlungs-, Vereinsfreiheit. (→ Menschenrechte)

Grundrente, Bodenrente, nur auf Bodenbesitz zurückzuführendes Einkommen.

Grundriß, Darstellung eines Gegenstandes als Projektion auf die waagerechte Ebene.

Grundschuld, ⚖ Grundstücksbelastung, bei der das Grundstück für eine bestimmte Summe haftet (§ 1191 BGB). Im Unterschied zur → Hypothek setzt die G. eine Forderung nicht voraus.

Grundschule, Unterstufe der → Schule.

Grundstoffe, die → chemischen Elemente.

Grundstück, Immobilie, ⚖ abgegrenzter Teil der Erdoberfläche; → Grundbuch.

Grundton, ♩ der die Harmonie eines Akkords tragende Ton.

Grundtvig, Nikolai Frederik Severin, dän. Geistlicher, Dichter, *1783, †1872, gründete die erste Volkshochschule (1844), strebte eine freie nat. Volkskirche an.

Grundumsatz, ♡ Stoffwechselumsatz des Körpers bei Muskelruhe und Nüchternheit.

Gründung, Fundament, 🏛 Gesamtheit aller baul. Maßnahmen, die im Hinblick auf die Tragfähigkeit und sonstige Beschaffenheit des Baugrundes getroffen werden müssen.

Gründüngung, Anbau von schnellwüchsigen Pflanzen, meist Schmetterlingsblüter, als Stickstoffsammler, die später untergepflügt werden.

Grundvertrag, Vertrag v. 21.12.1972, gültig seit 21.6.1973 zw. der Bundesrep. Dtl. und der Dt. Dem. Rep. Danach sind beide Staaten gleichberechtigt, erklären Gewaltverzicht, regeln innere und äußere Angelegenheiten selbständig. Der »Brief zur dt. Einheit« der Bundesrep. Dtl. an die Dt. Dem. Rep. sieht im G. keinen Widerspruch zum polit. Ziel der Bundesrep. Dtl., die nationale Einheit in freier Selbstbestimmung anzustreben.

Grundwasser, größere unterird. Wasseransammlung auf wasserundurchlässiger Schicht, in Form eines unterird. Sees oder G.-Stroms. Seine Oberfläche ist der **G.-Spiegel.**

Grundzahl, Basis, → Potenz.

Grüne, polit. Partei (1980 gegr., seit 1983 im Bundestag vertreten) und mehrere Gruppen, die den Umweltschutz bes. engagiert vertreten, v.a. radikale Gegner der Kernenergie.

Grüne Insel, Bez. für Irland.

grüner Star, Augenkrankheit, → Star.

Grunewald, Kiefernforst, Vorort Berlins.

Grünewald, Mathis Gothart Nithardt, Maler, *um 1480, †1528; der größte dt. Maler des Spät-MA. neben Dürer, aber farbenmächtiger, ausdrucksgewaltiger als dieser. Isenheimer Altar (1515), Stuppacher Madonna (1519), Erasmus und Mauritius (1524/25), Handzeichnungen. (BILD deutsche Kunst)

Grüne Welle, Zentralschaltung der Verkehrsampeln eines Straßenzuges, ermöglicht durchgehende Fahrt mit bestimmter Geschwindigkeit.

Grünfäule, 1) grünfarbige Holzzersetzung durch Pilze. **2)** Obst- und Traubenzerstörung durch grünen Schimmelpilz.

Grünkern, Grünkorn, → Dinkel.

Grünkohl, der → Blattkohl.

Grünling der, **1)** Grünfink, Finkenvogel. **2)** Grünreizker, schmackhafter Speisepilz.

Grünspan der, Kupferacetat, bildet sich als grüner Überzug auf Kupfer durch Lufteinwirkung, auch beim Kochen saurer Fruchtsäfte; giftig.

Gruppe die, Mehrzahl von Menschen, Dingen; danach: G.-Unterricht, G.-Therapie u.a.

Gruppe 47, 1947 gegr. Gruppe von

Schriftst. mit sozialist., zeitkrit. Einstellung (u.a. Böll, Ingeborg Bachmann, Walser, Grass, Enzensberger, Richter); jährl. krit. Tagungen, zuletzt 1967.

Gruppentherapie, in einer Gruppe durchgeführtes psychotherapeut. Verfahren zur Behebung sozialen Fehlverhaltens.

Grus [zu Grieß] der, durch Verwitterung zerfallendes Gestein, bes. aus Granit.

Grüssau, poln. **Krzeszów** [kʃ'ɛʃuf], Gem. in der poln. Wwschaft Jelenia Góra, ehem. Gem. in Niederschlesien; Benediktinerabtei mit Barockkirche; 3600 Ew.

Grützbeutel, Atherom, durch Talgdrüsenverstopfung entstandene **Balggeschwulst** im Unterhautzellgewebe, meist am behaarten Kopf.

Grütze die, gestampfte Getreidekörner.

Gryphius, Andreas, Dichter, *1616, †1664; Trauerspiele; Lustspiele: »Peter Squentz«, »Horribilicribrifax«.

Grzimek [gʒimɛk], Bernhard, Tierarzt, *1909, †1987; 1945-74 Direktor des Zoolog. Gartens Frankfurt a.M.; schrieb: »Serengeti darf nicht sterben« (auch verfilmt); Hg. von »G.s Tierleben«.

G-Schlüssel, Violinschlüssel, ♩ Vorzeichnung der Note g¹ auf der 2. Linie.

Guadalajara [gu̯aðalax'ara], Hptst. des mexikan. Staates Jalisco, 1,81 Mio. Ew.; Erzbischofssitz, Univ., Kathedrale; Bergbau, Ind.

Guadalcanal, größte der Salomoninseln; 1942/43 von japanischen und amerikanischen Truppen hart umkämpft.

Guadalquivir [gu̯aðalkiβ'ir] der, Fluß im südl. Spanien, 560 km lang, mündet in den Golf von Cádiz; viele Talsperren.

Guadeloupe [gwadl'up] **La G.,** Inselgruppe der Kleinen Antillen, frz. Übersee-Dép., 1780 km², 337000 Ew. (meist Mulatten, Schwarze); umfaßt die Insel G. mit Nebeninseln. Hptst.: Basse-Terre. Zucker, Bananen, Rum, Kaffee, Kakao.

Guadiana der, Fluß im südl. Spanien, 744 km lang, mündet in den Golf von Cádiz, Staubecken.

Guajakbaum, tropisch-amerikan. Pflanzengatt.; liefert das harte, zähe, würzige **Guajak-, Franzosen-, Pock-, Heiligenholz.**

Guajave die, birnenähnl. trop. Obst.

Guam, Insel der Marianen, im Pazifischen Ozean, 533 km², 125000 Ew., davon rd. 65000 Eingeborene; Hptst.: Agaña. Marine- und Flugstützpunkt. G., ehem. spanisch, gehört seit 1898 den USA. 1941-44 von Japan besetzt.

Guanako das, Wildform des → Lama.

Guanin, Purinbase der Nucleinsäure, eine der 4 Basen des genet. Codes.

Guan(ts)chen, Urbewohner der Kanar. Inseln; in der span. Bev. aufgegangen.

Guano [span.] der, Ablagerung von Kot und Leichen von Seevögeln (Pinguinen, Pelikanen), stickstoff- und phosphorsäurehaltiges Düngemittel; findet sich an regenarmen Küsten Südamerikas (bes. Perus und Chiles).

Guantánamo, Hafenstadt auf Kuba, 200000 Ew.; als Pachtgebiet (111,9 km²) Flottenstützpunkt G. der USA.

Guardi, Francesco, ital. Maler, *1712, †1793; impressionist. venezian. Motive.

Guardian der, Vorsteher eines Franziskaner- oder Kapuzinerkonvents.

Guardini, Romano, Philosoph, Theologe, *1885, †1968; vertrat eine kath. Weltanschauung in Religionsphilosophie und Geistesgeschichte.

Guareschi [gu̯ar'eski], Giovannino, ital. Schriftst., *1908, †1968; schrieb »Don Camillo und Peppone« (verfilmt).

Guarini, Guarino, ital. Barockbaumeister, *1624, †1683; S. Lorenzo, Turin.

Guarneri, Geigenbauerfamilie in Cremona (17./18. Jh.).

Guaschmalerei, Malerei mit deckenden Wasserfarben; Unterschied: Aquarellmalerei.

Guatemala, Rep. in Zentralamerika, 108889 km², 8,7 Mio. Ew. (über 45% Indianer, über 40% Mestizen); Hptst.: G.; Amtssprache: Spanisch. Präsidialsystem. G. ist meist Hochgebirgsland, im S mit z.T. noch tätigen Vulkanen (Tajamulco 4220 m, Tacaná 4064 m); fruchtbare Hochebenen; trop. Tiefland an den Küsten. ⚒ auf Blei, Zink u.a. Ausfuhr: Kaffee, Baumwolle, Bananen u.a. Haupthandelspartner: USA, Bundesrep. Dtl. Haupthäfen: San José (Pazifik), Puerto Barrios (Atlantik). – G. wurde 1524 von den Spaniern unterworfen, 1821 von ihrer Herrschaft befreit; seit 1839 selbständige Rep. Präs.: M. V. Cerezo Arévalo (seit 1986). ⊕ S. 484.

Guatemala, Ciudad de G. [siuð'að -], Hptst. der Rep. G., 1,4 Mio. Ew.; bedeutendste Stadt Mittelamerikas; 2 Univ., Erzbischofssitz; Ind.; Flughafen.

Guayana, 1) Landschaft im NO Südamerikas, zw. Amazonas und Orinoco, rd. 1,5 Mio. km²; an der atlant. Küste trop.-feuchtes Tiefland (Regenwald), im Innern Gebirgsland (große Wasserfälle), z.T. Savanne. Politisch gehören ⅔ G.s zu Brasilien und Venezuela, den Rest nehmen ein: **2) G.,** → Guyana. **3)** → Französisch-Guayana. **4)** über das frühere Niederländisch-G., → Surinam. ⊕ S. 485.

Guayaquil [guajak'il], Hauptumschlaghafen von Ecuador, 1,57 Mio. Ew.; Univ., Kathedrale; Erdölraffinerie, Eisengießerei, Werft.

Gubbio, Stadt in Mittelitalien (Umbrien), 32800 Ew.; Bischofssitz; Wollind.

Guben, seit 1961 **Wilhelm-Pieck-Stadt G.,** Krst. im Bez. Cottbus, an der Görlitzer Neiße, 34500 Ew.; Obst- und Gemüsebau; Textil-Ind.; der östl. der Neiße gelegene größere Teil gehört zur poln. Wwschaft Zielona Góra.

Gudbrandsdal, wald- und siedlungsreiche Tallandschaft in S-Norwegen; alte bäuerl. Kultur.

Gudden, Bernhard Aloys v., Psychiater, *1824, †1886; ertrank mit Ludwig II. von Bayern.

Guderian, Heinz, Gen.-Oberst, *1888, †1954; baute die dt. Panzerwaffe auf, 1944/45 Chef des Generalstabes des Heeres.

Gudrun [zu ahd. gund »Kampf« und runa »Geheimnis«], weibl. Vorname.

Gudrunlied, Kudrunlied, mittelhochdt. Heldenepos Anfang des 13. Jh.

Guelfen, im MA. ital. Gegenpartei der → Ghibellinen.

Guericke [g'e-], eigentl. **Gericke,** Otto v., Naturforscher, *1602, †1686; seit 1646 Bürger-

Gryphius

Guardini

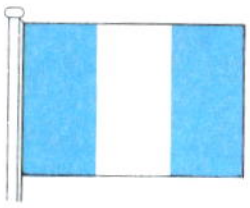

Guatemala

Guardi: Rio dei Mendicanti in Venedig

Guinea

Gulden: G. von Florenz

meister von Magdeburg; erfand die Luftpumpe, untersuchte die Erscheinungen des luftleeren Raumes (→ Magdeburger Halbkugeln), baute die erste Elektrisiermaschine.

Guerilla [ger'ilja, span. guerrilla, Diminutiv von guerra »Krieg«], seit den span. Befreiungskämpfen 1808-14 gegen die frz. Besetzung unter Napoleon I. in Gebrauch gekommene Bez. für bewaffnete Erhebungen gegen Fremd- oder Gewaltherrschaft mit nat., nationalrevolutionärer, sozialrevolutionärer oder sozialist. Zielsetzung, häufig auch als Kennzeichnung für alle Arten irregulärer Kriegführung durch Überfälle, Sabotageakte u. ä. organisierte Gewalthandlungen gegen die Einrichtungen oder Streitkräfte des eigenen Staates oder einer Besatzungs- oder Kolonialmacht. **G.-Krieg** führten u. a. Mao Zedong, Che Guevara, Tito, die Tupamaros in Uruguay, die Sandinistas in Nicaragua.

Guernsey [g'ə:nzɪ], eine der → Normannischen Inseln, 63 km², 55 300 Ew.; Fremdenverkehr.

Guevara [gɛβ'ara], Ernesto (»Che«), lateinamerikan. Revolutionär, *1928, †1967.

Gugel [lat. cucullus] die, Kapuze mit Schulterkragen, Kopfbedeckung im 14.-16. Jh.

Guide [frz. gi:d, engl. gaɪd] der, **1)** Reiseführer. **2)** Reisehandbuch.

Guido [ital. für dt. Veit], männl. Vorname.

Guido von Arezzo, ital. Musikgelehrter, *um 992, †1050; verbesserte das Notensystem.

Guilloche [gij'ɔʃ, frz.] die, verschlungene Zierlinie, auf Wertpapieren, Wechseln, zum Schutz gegen Fälschung. Zw.: **guillochieren.**

Guillotine [gijɔt'i:nə] die, → Fallbeil.

Guinea [g'ɪnɪ] die, früher: engl. Goldmünze, 1816 durch den Sovereign ersetzt.

Guinea [gin'ea], Küstengebiet W-Afrikas, mit trop. Regenwald in **Ober-G.** (zw. Senegal und Kamerunberg), der in **Nieder-G.** (südl. davon bis zur S-Grenze Angolas) allmählich in Savanne und schließlich in Wüste übergeht. G. umsäumt den **Golf von G.**

Guinea [gi-], VR in W-Afrika, 245 857 km², 5,07 Mio. Ew. (68% Muslime); Hptst.: Conakry; Amtssprache: Französisch. Präsidialverfassung. Feuchte Küstenniederung, im Innern Bergland (bis 1850 m), im NO Savanne. Anbau: Reis, Maniok, Bananen, Ananas, Kokosnüsse, Kaffee, Zuckerrohr, Kautschuk; Vieh- und Forstwirtschaft. ⚒ auf Bauxit, Eisenerz, Diamanten. Wasserkraftwerke; Aluminiumind. Ausfuhr: Bauxit, Aluminiumoxid, Bananen, Kopra, Kaffee, Eisenerz. Haupthafen und internat. Flughafen: Conakry. – G., das ehem. Frz.-G., wurde 1958 unabhängig. Präs.: L. Conté (seit 1984). 🌐 S. 482.

Guinea-Bissau [gin'e biʃau], Rep. in W-Afrika, 36 125 km², 940 000 Ew.; Hptst. und Hafen: Bissau. Tropisch-heißes Tiefland. Erzeugnisse: Reis, Mais, Maniok, Erdnüsse, Palmöl, Holz. Die ehem. portug. Provinz wurde 1974 unabhängig; nach Militärputsch 1980 Präs. des Revolutionsrats: J. B. Vieira. 🌐 S. 482

Guinea-Inseln im Golf von Guinea: São Tomé und Principe, Fernando Póo (seit 1979 Bioko) und Annobón (Äquatorial-Guinea).

Guiness [g'ɪnɪs], Sir Alec, engl. Charakterschauspieler (Theater und Film), *1914.

Guiscard [gisk'a:r], → Robert 2).

Guise [gi:z], frz. Herzogsfamilie aus dem Hause Lothringen (1527-1675), nach der Stadt G. an der Oise. Gegner der → Hugenotten.

Guizot [giz'o], Guillaume, frz. Staatsmann, Historiker, *1787, †1874; seine Reformfeindlichkeit führte zur Februarrevolution 1848.

Gulag, auch **GULag, GULAG,** russ. Glawnoje Uprawlenije **Lag**erej, Hauptverwaltung der Lager, die um 1920 eingerichtete Verwaltung aller Straflager in der UdSSR (→ Solschenizyn).

Gulbranssen, Trygve, norweg. Erzähler, *1894, †1962; »Und ewig singen die Wälder«, »Das Erbe von Björndal«.

Gulbransson, Olaf, norweg. Karikaturist, *1873, †1958; Zeichner des »Simplicissimus«.

Gulda, Friedrich, Pianist und Komponist, *1930, spielt neben Klassik auch Jazz.

Gulden der, urspr. Goldmünze (zuerst im 13. Jh. in Florenz geprägt, daher Abk. Fl. von ›Florenus‹), später auch Silbermünze.

Guldinsche Regel [nach P. Guldin, *1577, †1643], dient der Berechnung des Rauminhalts und der Oberfläche von Umdrehungskörpern.

Gum, staatl. Kaufhaus in Moskau.

Gumbinnen, russ. **Gussew,** Gebiet Kaliningrad, ehem. Hptst. des RegBez. G., Ostpreußen, 22 000 Ew.

Gummersbach, Krst. in NRW, 49 100 Ew.; Maschinen-, Elektro-, Textil-Ind.

Gummi, 1) der, vulkanisierter → Kautschuk. **2)** das, wasserlösl. Anteil der in vielen Pflanzen vorkommenden **G.-Harze** (Gummigutt, Myrrhe).

Gummibaum, 1) Kautschukfeigenbaum, Zimmerpflanze. **2)** Arten der Gatt. Eukalyptus. **3)** die kautschukliefernde Gatt. Hevea.

Gummifluß, fälschlich **Harzfluß,** Krankheit der Steinobstbäume, bei der harziger, erstarrender Saft aus der Rinde bricht.

Gummigutt das, Gummiharz aus Hinterindien, Abführmittel, Firnis (Goldfirnis).

Gummilinsen, U → Vario-Objektiv.

Günderode, Karoline v., romant. Dichterin, *1780, † (Selbstmord) 1806; Freundin von Bettina v. Brentano.

Gundolf, Friedrich, eigentl. **Gundelfinger,** Literarhistoriker, *1880, †1931; im George-Kreis, arbeitete über Shakespeare, Goethe, Kleist, George.

Gunnarsson, Gunnar, isländ. Schriftst., *1889, †1975; Romane (»Die Leute auf Borg«).

Gunn-Effekt [nach J. B. Gunn], 1963 entdeckte Erscheinung, daß best. Halbleiter bei Überschreiten einer krit. Feldstärke Mikrowellen emittieren.

Günsel der, Gatt. der Lippenblüter. **Kriechender G.,** violettblühende Wiesenstaude.

Gunther, im Nibelungenlied der König der Burgunder. Der geschichtl. **Gundahar** wurde 436 von hunn. Söldnern getötet.

Günther, 1) Agnes, Erzählerin, *1863, †1911; Roman »Die Heilige und ihr Narr«. **2)** Ignaz, Bildhauer, *1725, †1775; Meister des süddt. Rokokos. **3)** Johann Christian, schles. Dichter, *1695, †1723; bekenntnishafte Gedichte.

Guntur, Stadt in Andhra Pradesh, Indien, 270 000 Ew.; Verkehrsknoten, Handel.

Guo Moruo, chines. Gelehrter und Schriftsteller, *1892, †1978; Forschungen zur chines. Frühgesch.; sozialkrit. und polit. Essays, Dramen, Lyrik.

Gurgel die, vorderer Teil des Halses mit Schlundkopf und Kehlkopf.

Gurke die, kriechende oder rankende Gemüse- und Salatpflanze der Fam. Kürbisgewächse; mit gelben, einhäusigen Blüten und saftiger Frucht (vielsamige Großbeere). Unreife mittellange Früchte legt man zur Milchsäuregärung in Salzwasser **(Salz-** oder **saure G.),** schlanke sind **Salat-G.;** die Früchte werden auch gekocht oder eingelegt als **Essig-G.** oder **Zucker-G.,** als **Senf-G.** (bes. große, reife), als **Pfeffer-G.** (bes. kleine, junge).

Gurkenbaum, Bäumchen in den Tropen, z. T. mit gurkenähnl. sauren Früchten.

Gurkenkraut, 1) → Dill. **2)** → Boretsch.

Gurkha, 1) hinduist. Volk, das 1768/69 Nepal eroberte, spricht das indoarische Nepali. **2)** Bez. für nepales. Soldaten in der brit. und ind. Armee.

Gurlitt, Willibald, Musikhistoriker, *1889, †1963; Wiederbelebung der Orgelmusik.

Gurt, 1) kräftiges, bandförmiges Gewebe. **2)** 🏛 seitl. Begrenzung eines Trägers. **G.-Bogen,** rippenförmige Gewölbeverstärkung, Mauerbogen.

Gürtelrose, → Herpes.

Gürteltiere, Fam. der Zahnarmen, in S- und Mittelamerika, mit Schuppenpanzer aus Knochen und Horn; Grabkrallen; leben in selbstgegrabenen Höhlen. Arten: **Riesen-G.,** bis 1,50 m; **Kugel-G.,** kann sich bei Gefahr einrollen.

Gürteltier: Kugel-G.

Gurtförderung, Beförderung von Massengut auf einem bewegten Förderband.

Guru [altind. »ehrwürdiger Lehrer«], in Indien der geistl. Lehrer (auch bei den Sikh).

Gürzenich der, Festsaalbau in Köln.

Gußeisen, in Formen vergießbares Eisen mit 2,5 bis 4% Kohlenstoff.

Gustav [nord. »Kampfesrune«], männl. Vorname.

Gustav, Könige von Schweden. **1) G. I.** (1523-1560), genannt **G. Wasa,** befreite Schweden von der dän. Herrschaft, führte die Reformation ein. **2) G. II. Adolf** (1611-32), entriß den Russen Ingermanland, den Polen Livland. Durch sein Eingreifen in den Dreißigjährigen Krieg wurde er der Retter des dt. Protestantismus; er besiegte 1631 Tilly bei Breitenfeld, fiel 1632 in der Schlacht bei Lützen gegen Wallenstein. **3) G. III.** (1771-92), kämpfte 1788-90 gegen Rußland, wurde auf einem Maskenball ermordet. **4) G. IV. Adolf** (1792-1809), Sohn von 3), Gegner Napoleons I., wurde abgesetzt. **5) G. V.** (1907-50), unter ihm war Schweden in beiden Weltkriegen neutral. **6) G. VI. Adolf,** *1882, †1973, 1950-73 König.

Gustav II. Adolf

Gustav VI. Adolf

Gustav-Adolf-Werk der Evangelischen Kirche in Deutschland, 1832 gegr. **(Gustav-Adolf-Verein),** benannt nach Gustav II. Adolf, zur geistl. und materiellen Förderung bedrängter Diasporagemeinden.

Güstrow [-o], Krst. im Bez. Schwerin, 39000 Ew.; Bahnknoten, Marktort; Maschinen-Ind.

Gut das, **1)** Mittel zur Befriedigung menschl. Bedürfnisse. **2)** ETHIK: sittl. Wert; als höchstes G. (summum bonum) galten in der Antike z. B. Glückseligkeit (Sokrates), Lust (Epikur), Tugendhaftigkeit (Stoa). **3)** Landwirtschaftl. Betrieb. **4)** Beförderungsstück (Fracht-G.).

Gutenberg, Johannes, aus der Mainzer Patrizierfamilie **Gensfleisch,** Erfinder der Buchdruckerkunst mit bewegl. gegossenen Lettern, *um 1397, †1468, errichtete in Mainz mit Johann Fust eine Druckerei. In ihr ist die 42zeilige lat. Bibel **(G.-Bibel)** entstanden (1455 vollendet).

Gütergemeinschaft, ⚖ vertragl. Güterstand des ehel. Güterrechts (→ Ehe). Die Vermögen der Eheleute werden gemeinschaftl. Vermögen (Gesamtgut; → Gesamthandsgemeinschaft).

guter Glaube, lat. **bona fides,** ⚖ Überzeugung, daß man sich bei einer Handlung oder in einem Zustand in seinem guten Recht befindet; rechtlich vielfach bedeutsam.

Güterrechtsregister, von den Amtsgerichten geführtes Register, in das best. Rechtsverhältnisse, die das ehel. Güterrecht betreffen (z. B. Eheverträge), eingetragen werden.

Gütersloh, Krst. in NRW, 83400 Ew.; Textil-, Haushaltsmaschinen, Verlage.

Gütertrennung, ⚖ Form des vertragsmäßigen ehel. Güterrechts, bei der die güterrechtl. Verhältnisse der Ehegatten durch die Eheschließung nicht berührt werden.

Güterverkehr, Beförderung von Gütern aller Art durch Eisenbahnen, Kraftfahrzeuge, Schiffe, Luftfahrzeuge, Transportbänder, Rohrleitungen. Beim **Güterkraftverkehr** unterscheidet man Güterfernverkehr, Bezirks-G. und Güternahverkehr (gewerbsmäßig oder Werkverkehr).

gute Sitten, ⚖ Inbegriff dessen, was dem Anstandsgefühl aller billig und gerecht Denkenden entspricht. Ein Rechtsgeschäft, das gegen die g. S. verstößt, ist nichtig (§ 138 BGB).

Güteverfahren, ⚖ Verfahren vor Arbeitsgerichten zur gütl. Einigung der Parteien: zu Beginn der mündl. Verhandlung.

Gütezeichen, ⚖ Kennzeichnung von Waren, die bestimmten Gütevorschriften entsprechen. G. sind Gruppenzeichen, im Unterschied zu Warenzeichen eines bestimmten Herstellers.

Guthaben, Betrag, den man auf Grund einer Abrechnung von einem andern zu fordern hat.

Gutsherrschaft, Form des Großgrundbesitzes, seit dem 16. Jh. in O-Mitteleuropa an Stelle der Grundherrschaft; der Eigenbetrieb des Gutsherren war auf Kosten des Bauernlandes vergrößert.

Guts Muths, Johann Christoph Friedrich, Turnlehrer, *1759, †1839; schuf ein System des Schulturnens seit 1785.

Guttapercha die, eingetrockneter Milchsaft südostasiat. Bäume, chem. dem → Kautschuk verwandt; Kitt und Dichtmasse.

Guttempler-Orden, 1852 in den USA gegr. Bewegung gegen den Alkoholgenuß.

Guttural [lat.] der, Kehllaut.

Gutzkow [-o], Karl, Schriftst., *1811, †1878; ein Wortführer des → Jungen Deutschland; schrieb Dramen, Zeitromane, Essays.

Guyana, Rep. in Südamerika, 215000 km², 989000 Ew.; Hptst.: Georgetown; Amtssprache: Englisch. Im Küstenstreifen Anbau von Reis, Zuckerrohr, Kokospalmen, Bananen u. a. ⚒ auf Bauxit, Gold, Diamanten, Mangan. Haupthandelspartner: Großbritannien, USA, Kanada. – G., ehem. brit. Kolonie, ist seit 1966 unabhängig. Staatspräs.: D. Hoyte (seit 1985). 🌐 S. 485.

Gwalior, Stadt in Madhya Pradesh, Indien, überragt von einer alten Hindu-Festung mit prächtigen Bauten; 539000 Ew.

GWh, Kurzzeichen für Gigawattstunde (= 1000000 kWh).

Gyges, König von Lydien, im 7. Jh. v. Chr.; nach der grch. Sage ermordete er den König Kandaules durch einen Zauberring. Trauerspiel von Hebbel (G. und sein Ring).

Gymnasium [von grch. gymnos »nackt«] das, -s/...sien, bei den alten Griechen die Gymnastikstätte, auch Mittelpunkt des geistigen Lebens; heute höhere Schule, die zur Hochschulreife führt.

Gymnastik [grch.] die, bei den alten Griechen die Kunst der Leibesübungen (Heben, Stemmen, Geh- und Laufübungen, Ringen, Speerwerfen, Diskuswerfen); heute Leibesübungen mit gesundheitl. und künstler. Zielen, oft mit Musik **(rhythm. G.);** als **Rhythmische Sport-G.** Wettkampfsportart für Damen. (→ Heilgymnastik).

Gymnich, Ortsteil (seit 1969) von Erftstadt, NRW; Wasserschloß G. ist Gästehaus der Bundesreg.

Gymnospermen [grch.] Mz., ⚘ die Nacktsamigen (→ Blüte, → Samen).

Gynäkologie [grch.] die, Frauenheilkunde. **Gynäkologe** der, Frauenarzt.

Gynandrismus [grch.] der, **Gynandrie** die, Scheinzwittertum beim Weibchen, z. B. hahnenfiedrige Hennen.

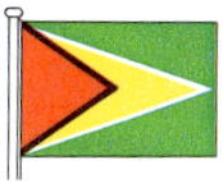

Guyana

Gyroantrieb, Fahrzeugantrieb, bei dem die Antriebsenergie als kinet. Energie eines Schwingrades gespeichert wird.

Gysi, Gregor, Politiker (PDS), *1948; wurde im Dez. 1989 zum Vors. der SED gewählt, seit Febr. 1990 Vors. von deren Folgeorganisation PDS.

H

h, H, 1) 8. Buchstabe des dt. Abc. **2)** ♩ **h,** 7. Ton der C-Dur-Grundtonleiter. **3) H,** chem. Symbol für Wasserstoff (Hydrogenium). **4)** ☆ UND ZEITRECHNUNG: **h,** svw. hora [lat.], Stunde. **5)** △ **h** = Höhe. **6) h,** ⊠ Plancksches Wirkungsquantum. **7)** ⊠ **H,** Henry, Einheit der Selbstinduktion.

ha, Abk. für Hektar.

Ha, chem. Symbol für Hahnium.

Haack, Dieter, Politiker (SPD), *1934, Jurist, 1978-82 Bundesmin. für Raumordnung, Bauwesen und Städtebau.

Haag, → **Den Haag.**

Haager Abkommen, Haager Konvention, versch. in Den Haag abgeschlossene internat. Abkommen; **1)** Haager Landkriegsordnung. **2)** privatrechtl. Abkommen über Zivilprozeß, Rechtshilfe, Sicherheitsleistung, Armenrecht (1896, 1905), über Familienrecht (1902, 1905). **3)** die Haager Konvention zum Schutz der Kulturgüter im Fall eines bewaffneten Konflikts (1954).

Haager Friedenskonferenzen, 1899 und 1907 auf Veranlassung Rußlands in Den Haag abgehaltene Konferenzen der europ. und vieler außereurop. Staaten. Hauptergebnis war die Haager Landkriegsordnung und die Errichtung des Internationalen → Ständigen Schiedshofes.

Haager Landkriegsordnung, HLKO, Bestandteil der Abkommen der Haager Friedenskonferenzen über Regeln und Gebräuche des Landkrieges; z.T. veraltet, durch neuere Abkommen ergänzt (→ Genfer Konventionen).

Haager Schiedshof, → Ständiger Schiedshof.

Haar die, **Haarstrang** der, Höhenzug in Westfalen, nördl. der mittleren Ruhr, bis 390 m.

Haarausfall, vorzeitiger Haarschwund. Vorübergehender H. auch bei Erkrankungen der Kopfhaut (Hautpilzerkrankung) sowie als Folge von Krankheiten sowie chemotherapeut. Maßnahmen.

Haarbalgmilbe, bis 0,4 mm lang, schmarotzt in Mitessern, bes. der Gesichtshaut.

Haardt die, Ostteil des Pfälzer Waldes, der nordwestl. Gebirgsrand der Oberrhein. Tiefebene, in der Kalmit 673 m hoch; an den Vorbergen Wein- und Obstbau **(Weinstraße).**

Haare Mz., fadenförmige Oberhautgebilde bei Mensch, Tier und Pflanze. Der **H.-Schaft** steckt mit der **H.-Wurzel** im **H.-Balg,** in dessen unterstem Teil die Wurzelschwellung **(H.-Zwiebel)** auf einem gefäß- und nervenreichen, birnenförmigen Wärzchen der Lederhaut **(H.-Papille)** sitzt, die das Haar ernährt. (BILD → Haut S. 351)

Haar|entfernungsmittel, chem. Mittel, die das Haarkeratin auflösen, in Pasten- oder Cremeform erhältlich.

Haarfärbemittel, Mittel zum Tönen oder Bleichen der Haare; heute fast ausschließlich Oxidations-H. als Lösungen, Cremes u.a.

Haargarn, grobes Garn aus Rinder- und Ziegenhaar mit Wolle (Futterstoffe, Teppiche).

Haargefäße, lat. **Kapillaren,** feinste Blutgefäße. Durch ihre zarten Wände hindurch werden Sauerstoff und Nährstoffe in die Zellgewebe hinein abgegeben, während Kohlensäure u.a. Stoffwechselschlacken in das Blut übertreten.

Haarlem, Harlem, Hptst. der niederländ. Prov. Nordholland, 149300 Ew.; Kanalverbindung nach Amsterdam; Groote Kerk, Stadthaus, Mus.; Blumenzwiebelzucht u.a. Ind.

Haarlemmermeer, Großgem. in Nordholland, 89500 Ew.; umfaßt den trockengelegten einstigen See H.; Anbau von Weizen, Hafer.

Haarröhrchen, Kapillare, → Kapillarität.

Haarstern, ♧ → Seelilie.

Haas, Joseph, Komponist, *1879, †1960; Opern, geistl. Konzert- und Hausmusik.

Haavelmo, Trygve Magnus, norweg. Wirtschaftswissenschaftler, *1911; für wahrscheinlichkeitstheoret. Grundlagen zur empir. Überprüfung ökonom. Theorien Nobelpreis 1989.

Hába, Alois, tschech. Komponist, *1893, †1973; Vertreter eines temperierten Viertelton-, auch Sechsteltonsystems.

Habakuk, einer der 12 Kleinen Propheten im A. T.

Habana, → Havanna.

Habe, Hans, eigtl. Jean **Bekessy,** Schriftst., *1911, †1977; »Ilona«, »Die Mission«.

Habeas-Corpus-Akte [lat. habeas corpus »du habest den Körper«], engl. Verfassungsgesetz von 1679, wonach niemand ohne gerichtl. Nachprüfung in Haft gehalten werden darf.

Haben das, → Buchführung.

Haber, Fritz, Chemiker, *1868, †1934, Entdecker des **Haber-Bosch-Verfahrens** zur Darstellung von Ammoniak aus Stickstoff und Wasserstoff; von Bosch nutzbar gemacht. Nobelpreis 1918.

Häberlin, Paul, schweizer. Pädagoge und Philosoph, *1878, †1960; lehrte einen metaphys. Individualismus.

Habermas, Jürgen, Philosoph und Soziologe, *1929; von der → Frankfurter Schule geprägt, vertritt neomarxistisch orientierte Sozialtheorie.

Habicht der, **Hühnerhabicht,** Greifvogel, schlägt Vögel und kleinere Säugetiere. (BILD S. 341)

Habichtswald, Teil des Hess. Berglandes, westl. Kassel, im Hohen Gras 615 m hoch.

Habilitation [lat.] die, Erwerb der akadem. Lehrbefugnis für ein wissenschaftl. Fach durch Vorlage einer Abhandlung **(H.-Schrift),** wissenschaftl. Aussprache im Anschluß an einen Vortrag **(Kolloquium)** und Probevorlesung. H. als Berufungsvoraussetzung ist nicht mehr zwingend vorgeschrieben.

Habitus [lat.] der, **1)** äußere Gestalt, Erscheinung. **2)** ♡ Körperbeschaffenheit eines Menschen. **3)** Geistesart: **geistiger H.**

Habsburger Mz., Herrschergeschlecht, benannt nach der 1020 erbauten Stammburg **Habsburg** im Kt. Aargau, Schweiz. Die ältesten Besitzungen der H. lagen in der Schweiz und im Elsaß. König Rudolf I. gewann 1282 Österreich und die Steiermark für das Haus, das dann auch Kärnten, Krain, Tirol, Freiburg, Triest, Vorarlberg erwarb. 1438 bis 1806 (außer 1740/45) waren die H. röm.-dt. Kaiser. 1482 erbten sie infolge ihrer Heiratspolitik auch die Niederlande, 1506/16 Spanien, 1526 Böhmen und Ungarn. Sie teilten sich 1521 und 1556 in eine span. und eine österreich. Linie; die span. starb 1700 aus, die österreich. im Mannesstamm 1740. Durch die Ehe der habsburg. Erbtochter Maria Theresia mit Franz I. von Lothringen entstand das neue Haus **Habsburg-Lothringen,** das bis 1918 in Österreich-Ungarn regierte, eine Nebenlinie bis 1859 in der Toskana (→ Österreich, Geschichte).

Habsburg-Lothringen, Otto v., ehem. Kronprinz von Österreich und Ungarn, *1912, Chef des Hauses Habsburg-Lothringen.

Hacienda [span.] die, → Hazienda.

Hackbau, eine der ältesten Arten der Feldbestellung mit der Hacke als Hauptgerät.

Hackbrett, trapezförmiges Schlaginstrument mit Stahlsaiten, Vorgänger des Klaviers.

Hacker [h'ækə], Computernutzer, die versuchen, über Datenverbindungen unbefugt in fremde Datensysteme einzudringen.

Hackfrüchte, Kulturpflanzen, deren un-

Haare: Haartrachten

terirdisch wachsende Wurzeln oder Knollen geerntet werden, z.B. Kartoffeln, Zuckerrüben.

Hacks, Peter, Schriftst., *1928; in Anknüpfung an B. Brecht Stücke mit meist histor. Stoffen (»Die Sorgen und die Macht«, u.a.), Hör- und Fernsehspiele.

Häcksel der, **Häckerling,** kurz zerschnittenes Futterstroh oder Heu als Großviehfutter.

Hadeln, fruchtbare Marschlandschaft links an der Elbmündung.

Hadern Mz., Textilabfälle, zur Papierherstellung verwendet.

Hadersleben, dän. **Haderslev,** Hafenstadt in Nordschleswig, Dänemark, 30100 Ew.; gehörte 1864/66-1920 zu Preußen.

Hades der, in der grch. Mythologie der Gott der Unterwelt; auch die Unterwelt selbst.

Hadlaub, Johannes, schweizer. Minnesänger, Anf. des 14. Jh.; Novelle von G. Keller.

Hadramaut, wüstenhafte Küstenregion (bis 2499 m) an der Südküste Arabiens.

Hadrian, röm. Kaiser (117-138), betrieb die innere Festigung des Reichs, bereiste alle Provinzen; großer Bauherr (→ Engelsburg).

Hadrian, Päpste. **1) H. I.** (772-795), rief Karl d. Gr. gegen die Langobarden zu Hilfe; Karl bestätigte ihm die Pippinsche Schenkung von 754. **2) H. IV.** (1154-59), einziger Papst engl. Nationalität. **3) H. VI.** (1522/1523), Erzieher Karls V.

Haeckel, Ernst, Naturforscher, *1834, †1919, erweiterte die Abstammungslehre durch Aufstellung des → biogenetischen Grundgesetzes; materialist. Weltanschauung (→ Monismus).

Haecker, Theodor, kath. Kulturphilosoph, *1879, †1945; »Vergil, Vater des Abendlandes«.

Haensel, Carl, Rechtsanwalt, Schriftst., *1889, †1968; Sport- u.a. Romane. – »Das Gericht vertagt sich« (Tagebuch H.s als Verteidiger beim Nürnberger Prozeß).

Hafen der, **1)** ⚓ geschützter Liegeplatz für Schiffe. **2)** süddt.: Topf, irdenes Gefäß.

Hafer der, Gatt. der Getreidegräser; bes. verbreitet der aus der Wildform **Flug-H.** entstandene **Saat-H.;** daneben **Rauh-** oder **Sand-H., Kurz-H.**

Haff das, ehem., durch eine Nehrung abgeschnürte Meeresbucht mit Süßwasserzufuhr, z.B. **Kurisches H., Frisches H.**

Haffner, Sebastian, eigtl. Raimund **Pretzel,** Publizist, *1907, zeithistor. Arbeiten, »Anmerkungen zu Hitler« u.a.

Hafis, pers. Dichter aus Schiras, *um 1326, †1390, besang Wein, Liebe und Lebensgenuß.

Haflinger, kleines, warmblütiges, fuchsfarbenes Gebirgspferd der Alpenländer.

Hafnium, Hf, chem. Element, sehr seltenes Metall; Ordnungszahl 72, D 13,31 g/cm³, Schmelzpunkt 2150 °C, Siedepunkt 5400 °C.

Haft die, ⚖ **1)** → Freiheitsstrafe. **2)** Sicherungsmittel. **3)** Zwangsmittel gegen Zeugen, Schuldner. **H.-Befehl,** die nur einem Richter zustehende schriftl. Anordnung, eine Person zu verhaften (§§ 114f. StPO, 901, 908 ZPO). **Haftprüfung,** die von Zeit zu Zeit vorzunehmende richterl. Nachprüfung, ob eine angeordnete → Untersuchungshaft aufrechtzuerhalten ist (§§ 115a ff., bes. 117 StPO).

Haftglas, → Kontaktlinse.

Haftpflicht, ⚖ die → Haftung (Schadensersatzpflicht). **H.-Versicherung,** Versicherung gegen wirtschaftl. Nachteile, die sich aus einer H. ergeben können; bes. wichtig für Personen, die aus → Gefährdungshaftung in Anspruch genommen werden können; für Kraftfahrzeughalter Pflicht.

Haftung, rechtl. Verpflichtung, für etwas einzustehen, z.B. für Schulden oder für angerichtete Schäden. Vertraglich können weitgehende Haftungsbeschränkungen vereinbart werden. Das Handelsrecht kennt Gesellschaftsformen, bei denen die H. auf das Gesellschaftsvermögen beschränkt ist (z.B. Aktien-Gesellschaft, Gesellschaft mit beschränkter Haftung).

Haftzeher, → Gecko.

Hagebutte die, Schein- und Sammelfrucht der Rose.

Hagedorn, Friedrich v., Dichter, *1708, †1754; Lieder von natürl. Anmut; Fabeln.

Hagel der, Niederschlag erbsen- bis hühnereigroßer Eisklümpchen **(H.-Körner, Schloßen);** sie bilden sich im Gefolge von Gewittern bei raschem Aufstieg warmer, wasserreicher Luft; fallen nur strichweise.

Hagelkorn, ♡ Entzündung im Lidknorpel.

Hagelstange, Rudolf, Lyriker, *1912, †1984; »Venezian. Credo«, »Zw. Stein und Staub«, Romane: »Spielball der Götter«, »Venus im Mars«.

Hagen, Stadt in NRW, 210500 Ew.; Eisen-, Stahl- u.a. Ind.

Hagenau, Stadt im Unterelsaß, 26900 Ew.; Hopfenhandel, Glas- und keram. Ind.

Hagenbeck, Karl, Tierhändler, *1844, †1913; errichtete den Tierpark Stellingen bei Hamburg, leitete einen Zirkus; Tierfangexpeditionen.

Hagen von Tronje, im Nibelungenlied das Urbild des treuen Gefolgsmannes, der für seine Königin Brünhild Siegfried tötet. Er stirbt durch die Hand Kriemhilds.

Hagestolz [der auf einem Nebengut, ahd. hag, sitzende jüngere Sohn] der, älterer Junggeselle.

Hagia Sophia, Sophienkirche, bes. die in Istanbul, das Hauptwerk der Byzantin. Kunst; 532-37 von Kaiser Justinian I. errichtet.

Hagiographie [grch.] die, Lebensbeschreibung der Heiligen.

Hague [a:g], **Cap de la H.,** Landspitze an der frz. Kanalküste westl. von Cherbourg.

Häher, Gruppe von Rabenvögeln, z.B. Eichelhäher, Tannenhäher.

Hahn der, **1)** männl. Tier der Hühnervögel. **2)** ⊙ Vorrichtung zum Abschließen oder Öffnen einer Rohrleitung für Flüssigkeiten oder Gase durch Drehen des Niederschraubventils.

Hahn, Otto, Chemiker, Atomforscher, *1879, †1968; fand mit Lise Meitner das Protactinium, entdeckte 1938 mit Fritz Straßmann die Kernspaltung des Urans; Nobelpreis 1944; 1946-59 Präs. der Max-Planck-Gesellschaft.

Hahnemann, Samuel, Arzt, Begründer der → Homöopathie, *1755, †1843.

Hahnenfuß, Gatt. der H.-Gewächse mit mehr oder weniger giftigen Kräutern. Arten: **Scharfer H.,** Wiesenunkraut, gelbblütig; **Kriechender H.,** gelbblütig, mit Ausläufern, an feuchten Orten; **Asiat. H. (Kugelranunkel),** Gartenzierpflanze; **Wasser-H.,** weißblühend, mit haarfiedrigen Unterwasserblättern; **Scharbockskraut (Feigwurz),** gelbblühend, mit Knöllchen, im N Frischgemüse. → Anemone, → Leberblümchen, → Rittersporn.

Hahnenkamm, 1) Fleischwulst auf dem Kopf männl. Hühner. **2)** trop. Zierpflanze, mit hahnenkammähnl., rotem Blütenstand. **3)** Berg bei Kitzbühel in Tirol, 1655 m hoch.

Hahnenkampf, Volksbelustigung, bei der 2 Hähne gegeneinander kämpfen, in W- und SO-Europa, Mexiko, bei den Malaien.

Hahnenklee-Bockswiese, Stadtteil von Goslar; Luftkurort und Wintersportplatz im Oberharz, Ndsachs., Seilbahn zum Bocksberg.

Hahnentritt, 1) bei Pferden fehlerhafter Gang. **2)** Keimscheibe im Hühnerei.

Hahnrei der, betrogener Ehemann.

Haider, Jörg, österreich. Politiker, *1950; seit 1986 Bundes-Vors. der Freiheitl. Partei Österreichs, seit 1989 Landeshauptmann von Kärnten.

Haifa, Hafenstadt in Israel, 223500 Ew.;

Habicht

Haeckel

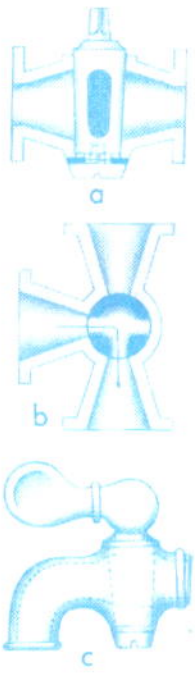

Hahn 2): a Durchgangshahn, b Dreiwegehahn, c Ablaßhahn

Hahn

Haifische: Katzenhai

Univ., TH; Endpunkt der Erdölleitung von Elath und Kirkuk, Erdölraffinerie, chem., Kraftfahrzeug- u. a. Ind.

Haifische, Haie, Knorpelfische, meist Raubfische, mit unterständigem Maul und rückwärtsgerichteten Zähnen. Dem Menschen gefährlich sind z. B. der bis 7 m lange **Blau-** oder **Menschenhai,** der bis 4 m lange **Hammerhai** der wärmeren Meere. Ungefährlich sind **Katzenhai** und **Dornhai** der europ. Meere.

Haiku, in Japan lyr. Kurzform, Dreizeiler aus 5 + 7 + 5 Silben.

Haile Selassie I., Kaiser von Äthiopien, *1892, †1975; wurde 1928 König (Negus), 1930 Kaiser (Negusa Negast); 1936-41 im Exil in England; 1974 vom Militär gestürzt.

Haimonskinder, die 4 Söhne des Grafen Haimon von Dordogne in einer Sage des Karoling. Sagenkreises; dt. Volksbuch (1531).

Hainan, chines. Insel vor der S-Küste Chinas, Teil der Prov. Kwangtung, 34000 km², Hauptort: Haikou.

Hainbuche, die → Weißbuche.

Hainbund, → Göttinger Dichterbund.

Hainleite die, Höhenzug in N-Thüringen.

Haiphong, Haupthafen von Vietnam, 1,3 Mio. Ew.; große Docks und Werften.

Haithabu, Handelsplatz der Wikinger bei Schleswig (9.-11. Jh. n. Chr.).

Haiti, Rep. im W von der Insel Hispaniola, W-Indien, 27750 km², 5,1 Mio. Ew. (meist Schwarze, daneben Mulatten); Hptst.: Port-au-Prince; Amtssprache: Französisch. Präsidialverfassung. Erzeugung: Kaffee, Sisal, Zucker, Baumwolle, Kakao u. a., z. T. mit Bewässerung. ⚒ auf Bauxit. Ausfuhr: Kaffee, Bauxit, Sisal, Zucker. Haupthandelspartner: USA. Haupthafen und Flughafen: Port-au-Prince. – H., seit 1697 frz., wurde 1803 Negerrep. 1844 Absonderung des östl. Teils als → Dominikanische Republik. 1915-34 Schutzherrschaft der USA. 1986 Sturz von Präs. J. C. Duvalier; Präs.: Ertha Pascal-Trouillot (seit 1990). ⊕ S. 485.

Haiti

Hakenbüchse, → Arkebuse.

Hakenkreuz, Swastika, urspr. altes, weitverbreitetes Segenszeichen; Symbol antisemit. Organisationen, so des Nat.-Sozialismus, der es nach der Machtübernahme in die staatl. Embleme übernahm. (BILD Kreuz)

Hakenpflug, urtüml. Pflugform: Astgabel.

Hakenwurm, der → Grubenwurm.

Hakodate, ältester Hafen der japan. Insel Hokkaido, 319100 Ew.

Håkon, norweg. Könige: **1) H. der Alte** (1217-1263), *1204, †1263, erwarb Grönland, Island. **2) H. VII.,** *1872, †1957, dän. Prinz, 1905 nach Trennung Norwegens von Schweden zum König gewählt.

Halali [frz.] das, ♆ Jagdruf für gestelltes Wild, Hörnerruf für das Ende der Jagd.

Halbaffen, nächtlich lebende Säugetiere der Tropen; **Lemuren** (Madagaskar), **Lori** (Afrika), **Koboldmaki** (S-Asien).

Halbblut das, beim Menschen: Mischling; beim Pferd: Kreuzung Vollblut–Warmblut.

Halbe, Max, Dichter des Naturalismus, *1865, †1944; Dramen; Romane.

Halberstadt, Stadt im Bez. Magdeburg, 47800 Ew., nördl. vom Harz, mit altertüml. Häusern, got. Dom. – Das alte Bistum H. kam 1648 als Fürstentum an Brandenburg.

Halbfabrikat, Zwischenstufe zw. Rohstoff und gebrauchsfertigem **Fertigfabrikat.**

Halbfranzband, → Franzband.

Halbleinen, Gewebe mit Baumwollgarn in der Kette und Leinengarn im Schuß.

Halbleiter, Stoffe, deren elektr. Leitfähigkeit viel geringer ist als die von Metallen, aber mit steigender Temperatur stark anwächst: Selen, Germanium, Silicium, Kupferoxid. H. können durch Dotierung (→ Akzeptor, → Donator) gezielt verändert und dem Einsatzzweck angepaßt werden. Entweder überwiegen dann die negativen Elektronen oder positiven Löcher (Defektelektronen) und damit die n- oder p-Leitung. H.-Bauelemente sind die Grundlage für viele moderne Technikbereiche, z. B. in der elektr. Datenverarbeitung, Akustoelektronik, Optoelektronik, Photovoltonik u. a.

halbmast flaggen, zum Zeichen der Trauer die Flagge in halber Masthöhe setzen.

Halbmesser, Radius, halber → Durchmesser.

Halbmetalle, ⊸ Elemente, die metall. wie nichtmetall. Eigenschaften aufweisen, z. B. Bor, Silicium, Germanium, Arsen, Antimon.

Halbmittelgewicht, → Gewichtsklassen.

Halbmond, 1) Wahrzeichen islam. Länder. **2)** Instrument der Militärmusik **(Schellenbaum),** mit Glöckchen, Roßschweifen.

Halbschwergewicht, → Gewichtsklassen.

Halbstarke, Jugendliche der Nachkriegszeit, die sich durch auffälliges, häufig aggressives Verhalten Geltung zu verschaffen suchten.

Halbton, ♩ das kleinste Intervall; **diaton. H.** gehört einer Dur- oder Molltonleiter an; **chromat. H.** entsteht durch Erhöhung oder Erniedrigung eines Leitertons.

Halbwertszeit, die Zeit, in der die Hälfte der Atome eines radioaktiven Elements zerfällt (→ Radioaktivität).

Halbzeug, 1) Hüttenwesen: vorgewalzte Blöcke, die zu Schienen, Walzstahl, Blechen weiterverarbeitet werden. **2)** gemahlene Hadern bei der Herstellung von → Papier.

Halde die, **1)** Bergabhang. **2)** ⚒ hügelartige Ablagerungen von Abraum, Erzen usw.

Haldensleben, Krst. im Bez. Magdeburg, 20400 Ew.; Zucker-, keram. Ind.

Halder, Franz, Generaloberst, *1884, †1972; 1938-42 Generalstabschef des Heeres.

Hale [heɪl], George, amerikan. Astronom, *1868, †1938; erforschte bes. die Physik der Sonne.

Haleakala, erloschener Vulkan auf der Hawaii-Insel Maui, 3055 m. Der Krater (32 km Umfang) ist einer der größten der Erde.

Haleb, Stadt in Syrien, → Aleppo.

Halévy [alev'i], Jacques, frz. Opernkomponist, *1799, †1862; »Die Jüdin«.

Halfa, Alfa, die, Spartogras (→ Esparto).

Halfter das, auch: der, die, **1)** leichter Zaum. **2)** Pistolenbehälter.

Halifax [h'ælıfæks], **1)** Industriestadt im nördl. England, 87500 Ew.; Hauptsitz der Woll- und Wollgarn-Ind. **2)** Hptst. und Haupthafen der kanad. Prov. Neuschottland; 113500 Ew.

Halifax [h'ælıfæks], Edward **Wood,** Earl of H. (1944), *1881, †1959, konservativer engl. Politiker, 1925-31 Vizekönig von Indien, 1938-40 Außenmin., 1940-1946 Botschafter in Washington.

Halikarnassos, grch. Stadt an der W-Küste Kleinasiens; Grabbau (→ Mausoleum) des Mausolos (377-52 v. Chr.).

Hall, 1) → Schwäbisch Hall. **2) H. in Tirol,** altertüml. Stadt am Inn, 12600 Ew. **3) Bad H.,** Heilbad in Oberösterreich, 4100 Ew.

Hall [hɔ:l], Edwin Herbert, amerikan. Physiker, *1855, †1938; entdeckte 1879 den **Hall-Effekt:** in stromdurchflossenen elektr. Leitern, die sich in einem zum Strom senkrechten Magnetfeld befinden, entsteht senkrecht zu Strom und Magnetfeld eine Spannung.

Halle, 1) Bez. der Dt. Dem. Rep., 8771 km², 1,78 Mio. Ew., 1952 aus dem S-Teil des Landes Sachsen-Anhalt und kleinen Gebieten des Landes Thüringen gebildet; reicht vom östl. Harz bis zum westl. Sachsen, im NO zum Fläming. Hauptflüsse: Saale, Mulde, Elbe. Ackerbau (Weizen, Zuckerrüben u.a.); Viehzucht. ⚒ auf Braunkohle, Stein- und Kalisalze, Kupfer; chem., Metall-, Maschinen- u.a. Ind. ⊕ S. 488/89.
2) H. a.d. Saale, Hptst. von 1), Industrie- und Handelsstadt, 235700 Ew.; Univ.; Franckesche Stiftungen; Burgruinen Moritzburg und Giebichenstein; Bahnknoten; Mittelpunkt des mitteldt. Braunkohlengebietes und ausgedehnter Montan- und chem. Industrie; altes Salzsiedewerk **(Halloren).** H. kam 968 zum Erzstift Magdeburg, 1680 an Preußen.

Hallein, Salinenkurort in Salzburg, Österreich, 15400 Ew.; uraltes Salzbergwerk; Ind.

Halle-Neustadt, 1964 neugegr. Stadt im Bez. Halle, 93600 Ew.

Halleluja [hebr.], Lobet Jahwe (→ Jahwe).

Hallenkirche, 🏛 Kirche mit gleicher Höhe von Mittelschiff und Seitenschiffen.

Haller, 1) Albrecht v., schweizer. Arzt, Naturforscher, Dichter, *1708, †1777, leitete die experimentelle Biologie ein, schrieb das philosoph. Lehrgedicht »Die Alpen« (1729), polit. Romane. **2)** Hermann, schweizer. Bildhauer, *1800, †1950; Akte, Denkmäler, Bildnisse. **3)** Carl Ludw. v., schweizer. polit. Schriftst., *1768, †1854, bekämpfte die Lehren der Frz. Revolution.

Halley [h'ælɪ], Edmond, engl. Astronom, *1656, †1742; gab einen Sternkatalog heraus, erkannte den Zusammenhang zw. Erdmagnetismus und Polarlicht; fand, daß der nach ihm benannte 1682 beobachtete **Halleysche Komet** ein regelmäßig wiederkehrender Komet von 76 Jahren Umlaufzeit ist.

Halligen Mz., allg.: unbedeichte Inseln mit Marschboden (W-Küste von Schlesw.-Holst.).

Hallimasch der, **Honigpilz,** eßbarer, gelbbrauner Blätterpilz an Nadelholzpflanzen **(Erdkrebs),** Forstschädling. (BILD Pilze)

Hallore der, Zunftgenosse der Saline zu Halle, mit alten Sitten und Trachten.

Hallstatt, Markt im oberösterr. Salzkammergut, am W-Ufer des **Hallstätter Sees,** 1200 Ew.; Salzbergbau seit der Bronzezeit.

Hallstattzeit, in der Vorgeschichte W- und Mitteleuropas und des Balkans die ältere Eisenzeit, etwa 750-450 v. Chr., nach dem Gräberfeld von Hallstatt. (ÜBERSICHT Vorgeschichte)

Hallstein, 1) Ingeborg, Sängerin (Sopran), *1937. **2)** Walter, Jurist, *1901, †1982; 1958-67 Präs. der Kommission der EWG. Nach der **H.-Doktrin** (seit 1955) brach die Bundesrep. Dtl. die diplomat. Beziehungen mit jenen Staaten ab, die die Dt. Dem. Rep. anerkannten; durch die Aufnahme diplomat. Beziehungen mit Rumänien (1967) und Jugoslawien (1968) wurde die H.-Doktrin durchbrochen, mit dem Abschluß des → Grundvertrages (1973) aufgegeben.

Hallström, Per, schwed. Dichter, *1866, †1960; Novellen (»Verirrte Vögel«), Lyrik.

Halluzination [lat.] die, Sinnestäuschung, die ohne äußere Sinnesreize entsteht.

Halluzinogene [lat.-grch.] Mz., chem. Stoffe, die Halluzinationen hervorrufen können.

Halm, Friedrich, eigentl. Eligius Frh. v. **Münch-Bellinghausen,** *1806, †1871; Trauerspiele (»Griseldis«).

Halma [grch. »Sprung«] das, schon im Altertum bekanntes Brettspiel.

Halmahera, Jailolo, die größte Insel der Molukken, Indonesien, 17998 km².

Halmfliege, kleine Fliege, deren Larve in Halmen lebt und das Getreide schädigt.

Hals: Zigeunerin (Louvre, Paris)

Halmstad, Hafenstadt am Kattegat, in S-Schweden, 78000 Ew.; Stahl-, Lebensmittelind.

Halo [grch.] der, Beugungs-, Brechungs-, Reflexionserscheinungen vor einer Lichtquelle.

Halogen [Kw., grch.] das, Salzbildner, die chem. Elemente Fluor, Chlor, Brom, Jod, Astat. Die H. bilden mit Wasserstoff **H.-Wasserstoffsäuren,** mit Metallen deren Salze, die **Halogenide.**

Halogenglühlampe, Glühlampe mit Jod- oder Bromzusatz; für allgemeine Beleuchtung sowie für solche der Photo- und Filmtechnik, Flutlichtanlagen, Autoscheinwerfer.

Hals, Kopf und Rumpf verbindender Körperteil. Der rückenwärts gelegene Teil des H. heißt Nacken. Als Stütze des menschl. H. dienen die **7 H.-Wirbel.** Die Bewegung des Kopfes gegenüber dem H. wird durch die beiden obersten H.-Wirbel, Atlas und Dreher, vermittelt. Die **H.-Eingeweide** bestehen aus Kehlkopf, Luftröhre, Speiseröhre, Schilddrüse.

Hals, Frans, holländ. Maler, *1581/85, †1666; Bildnisse, genrehafte Halbfiguren.

Halsbandgeschichte, Skandalaffäre in Frankreich 1785, durch die Königin Marie Antoinette unschuldig in schlechten Ruf geriet.

Halseisen, an Pfahl oder Gebäude befestigtes eisernes Halsband, worin Verurteilte im MA. öffentlich ausgestellt wurden.

Halsentzündung, → Mandelentzündung.

Halsgericht, hochnotpeinliches H., im MA. Gericht über Verbrechen, auf die meist Todesstrafe stand.

Hälsingborg [-b'ɔrj], Hafenstadt in SW-Schweden, am Sund (Eisenbahnfähre), 107000 Ew.; Marienkirche (13. Jh.); Handel und Ind.

Halskrause, gefältelte Rüsche, meist aus feiner Leinwand, als Halsabschluß des Hemdes, entstand um 1520.

Hals-Nasen-Ohren-Heilkunde, Abk. **HNO,** befaßt sich mit den Krankheiten der Ohren, der Nase, der Nasennebenhöhlen, des Nasen-Rachen-Raums, der Mundhöhle mit den großen Speicheldrüsen, des Rachenraums mit den Mandeln, des Kehlkopfs sowie der Speiseröhre und der Luftröhre.

Haltern, Stadt im Kr. Recklinghausen, NRW, 33000 Ew.; Glas-, Holzind., röm. Lager.

Ham [hebr.], Sohn des Noah, Stammvater der → Hamiten (Gen. 10).

Hama, Stadt in Syrien, 177400 Ew.; Lebensmittel-, Textilind.

Hamadan, das antike **Ekbatana,** Stadt in Iran, 166000 Ew.; Saffianleder, **H.-Teppiche.**

Hamamatsu, Stadt in Japan, 471700 Ew.; Teeanbau, Textil- u.a. Ind.

Hamamelis, bes. in O-Asien verbreitete Pflanzenfamilie, Bäume und Sträucher, z.B. die Hexenhasel, Zaubernuß. Ziersträucher.

Hamburg: St. Pauli, Landungsbrücken

Hamann, Johann Georg, Religionsphilosoph, der »Magus im Norden« genannt, *1730, †1788; Gegner der Aufklärung und Kants, wirkte bes. auf die Sturm-und-Drang-Bewegung ein.

Hämatin [Kw., grch.] das, ⊸ der eisenhaltige, eiweißfreie Teil des Hämoglobins.

Hämatit [Kw., grch.] der, graues bis schwarzes, metallglänzendes Mineral, Eisenoxid.

Hämatologie [Kw., grch.] die, ♡ Lehre von Blut und Blutkrankheiten.

Hämatom [Kw., grch.] das, ♡ → Bluterguß.

Hämaturie [Kw., grch.] die, → Blutharnen.

Hambacher Fest, eine Volksversammlung der demokrat.-republikan. Bewegung Süddtl.s 1832 im Schloß Hambach, die zur völligen Unterdrückung der Presse- und Versammlungsfreiheit durch den Bundestag führte.

Hamburg

Hamburg, amtl. **Freie und Hansestadt H.,** Land der Bundesrep. Dtl. und zweitgrößte Stadt Dtl.s, 753 km², 1,597 Mio. Ew. Landesparlament ist die Bürgerschaft, Regierungschef der Präs. des Senats (Erster Bürgermeister: seit 1988 H. Voscherau, SPD); Regierungspartei: SPD (seit 1978 Alleinregierung). ⊕ S. 488/89.

H. liegt beiderseits der Niederelbe, 110 km von der Nordsee, Stadtkern nördl. der Elbe. Elbbrücken und der 450 m lange Elbtunnel verbinden die Elbufer. Das Zentrum bilden Rathausmarkt und Jungfernstieg (Alsterpromenade). Im 2. Weltkrieg hat H. schwer gelitten. Es ist der größte dt. Seehafen (rd. 89 km² einschl. Freihafen). Handelsplatz (Importe); Mineralölverarbeitung; elektrotechn., chem. Ind., Maschinen- und Schiffbau, Metallind., Druckereien; Kaffee- und Teeverarbeitung. H. ist Sitz mehrerer Bundesbehörden, hat Univ. (seit 1919), Musik- und Kunsthochschulen, wissenschaftl. Anstalten (u. a. Dt. Elektronensynchrotron DESY, PETRA, HERA), Sternwarte, Mus., Theater, Rundfunk- und Fernsehsender; Tierpark in Stellingen.

Hammer: a Schlosserhammer, b Tischlerhammer

Ⓖ Die Anfänge reichen bis etwa 800 zurück. Seit dem 13. Jh. war H. Mitgl. der Hanse. Gegen Ende des 16. Jh. wurde es als Erbin Antwerpens der Stapelplatz N-Europas; 1815 wurde H. als Freie Stadt in den Dt. Bund aufgenommen und trat 1888 dem Dt. Zollverband bei. – Im dt. Geistesleben nahm H. eine führende Stellung ein.

Hamburg-Amerika-Linie, H.A.L., Hamburg-Amerikanische Packetfahrt-Actien-Gesellschaft **(HAPAG),** 1847 gegr. Reederei, Hamburg, bis 1914 größte Schiffahrtsges. der Welt; 1945 Verlust der Flotte, seit 1949 Neuaufbau.

Hämeenlinna, Bez.-Hptst. in Finnland, am See Vanaja, 42 300 Ew.; Textilind.

Hameln, Krst. in Ndsachs., 57 600 Ew., an der Weser, mit schönen Renaissancehäusern; Mühlen-, Metall-, Teppich-, Fahrzeugind. – Sage vom **Rattenfänger von H.** (1284).

Hamen der, ein Fischnetz, → Kescher.

Hamilkar Barkas, Vater des Hannibal, †228 v. Chr., karthag. Feldherr im 1. Pun. Krieg.

Hamilton [h'æmıltən], Hafen- und Industriestadt in Kanada, am Ontariosee; 306 000 Ew.; Univ.; Eisen-, Stahlind.

Hamilton [h'æmıltən], **1)** Alexander, nordamerikan. Staatsmann, *1757 (?), †1804, verdient um Verfassung und Staatsfinanzen. **2)** Emma Lady, *um 1765, †1815, Geliebte des Admirals Nelson. **3)** Sir William Rowan, ir. Mathematiker, *1805, †1865; er arbeitete über theoretische Mechanik.

Hamiten [zu → Ham], afrikan. Sprachgruppe, urspr. meist Großviehzüchter (z. B. Berber, Galla u. a.).

Hamlet, sagenhafter altdän. Prinz, Held eines Trauerspiels von Shakespeare.

Hamm, Stadt in NRW, 173 600 Ew.; Bahnknoten, Hafen; Eisen-, Maschinen-, Textilind.; Thermalsolbad.

Hammada, Hamada Mz., Steinwüsten der Sahara.

Hammarskjöld [-ʃœld], Dag, schwed. Politiker, *1905, † (Flugzeugabsturz) 1961, war seit 1953 Generalsekr. der UNO.

Hamm-Brücher, Hildegard, Politikerin (FDP), *1921, Chemikerin, 1976-82 Staatsmin. im Auswärtigen Amt.

Hammel der, verschnittenes männl. Schaf.

Hammelsprung, parlamentar. Abstimmungsverfahren, bei dem alle Abgeordneten den Saal verlassen und durch die »Ja«- oder »Nein«-Tür wieder betreten.

Hammer der, **1) Hand-H.,** Schlagwerkzeug mit Stiel und Kopf. Mechan. H. werden durch Riemenantrieb, Federkraft, Druckluft oder Dampf betätigt. **2)** Sportgerät zum Schleudern **(H.-Werfen). 3)** Gehörknöchelchen im Ohr.

Hammerbrecher, Maschine mit einer oder zwei sich drehenden Wellen, an denen schwingende hammerartige Schläger befestigt sind, zum Zerkleinern von Gestein.

Hammerfest, Hafenstadt in Norwegen, 7600 Ew.; nördlichste Stadt Europas (70° 38′); Fischerei, Konservenfabrik, Wasserkraftwerk.

Hammerfisch, Hammerhai, → Haifische.

Hammerschlag, beim Schmieden vom Stahl abspringender oxid. Überzug.

Hammer und Sichel, Symbol des Kommunismus als Verkörperung des »sozialistischen Aufbaus« und des von den kommunist. Ideologen postulierten Bündnisses der Arbeiter und Bauern. Zus. mit dem fünfzackigen Stern bildet es das Staatssymbol der UdSSR.

Hammer und Zirkel, Hoheitszeichen der Dt. Dem. Rep. seit 1955, umrahmt von einem Ährenkranz.

Hammond|orgel [h'æmənd-, engl.], mechan.-elektr. Musikinstrument.

Hammurapi, König von Babylonien (1728 bis 1686 v. Chr.). Seine Gesetze wurden 1902 auf einer Dioritstele (Paris, Louvre) gefunden.

Hämo... [grch.], in Fremdwörtern: Blut...

Hämoglobin das, → Blutfarbstoff.

Hämolyse [Kw., grch.] die, Austritt des Farbstoffs aus den roten Blutkörperchen.

Hämophilie [grch.] die, → Bluterkrankheit.

Hämorrhagie [grch.] die, ♡ Blutung.

hämorrhagische Diathesen, ♡ Krankheiten mit Neigung zu Blutungen.

Hämorrhoiden [grch.] Mz., ♡ krankhafte Erweiterung der Mastdarmblutadern bis zu kirschgroßen Knoten, außerhalb **(äußere H.)** oder innerhalb **(innere H.)** des Afters. Ursache: Bindegewebsschwäche, bes. bei sitzender Lebensweise.

Hampton [hæmptn], Lionel, *1913, amerikan. Jazzmusiker; Schlagzeuger, Vibraphonist.

Hampton Court [h'æmptn kɔ:t], königl. Schloß im SW Greater Londons, Gemäldegalerie.

Hamster der, Nagetier mit kurzem Schwanz, 30 cm lang, gelbbraun, unten schwarz und weiß. Der H. hat Backentaschen, in denen er Getreidevorräte in seinen Erdbau trägt. Der **Gold-H.** (auch Haustier) dient als Versuchstier.

Hamsun, Knut, norweg. Dichter, *1859, †1952, schilderte Land und Menschen Norwegens: »Hunger«, »Pan«, »Victoria«, »Segen der Erde«, »Das letzte Kapitel«, »Landstreicher«, »Der Ring schließt sich«. Nobelpreis 1920.

Han, chines. Herrscherhaus, 206 v. Chr. bis 220 n. Chr., → China, Geschichte.

Hanau, Krst. in Hessen, am Main (Hafen), 84900 Ew.; Gummi-, Edelmetall-, Apparatebau-, Quarzlampenind.; Edelsteinschleiferei.

Hand die, Endteil der oberen Gliedmaßen, durch das **Handgelenk** mit dem Vorderarm verbunden. Das Gerüst der H. besteht aus 27 Knochen, von denen 8 die H.-Wurzel, 5 die Mittel-H. und 14 die Finger bilden. → Arm.

Handarbeiten: Nähen, Sticken, Stricken, Häkeln, Flechten, Klöppeln, Knüpfen, Weben.

Handball, dem Fußball ähnl. Kampfsportspiel in der Halle zwischen 2 Mannschaften von je 7 Spielern mit einem 425-475 g schweren Hohlball, der nach Zuwerfen und Treiben mit der Hand in das gegner. Tor geworfen wird.

Handel der, gewerbsmäßige Vermittlung des Austausches von Gütern und Dienstleistungen. Aufgaben: Befriedigung von Angebot und Nachfrage, Überwindung der räuml. Trennung beider, Vorratshaltung, Ausgleich örtl. und zeitl. Preisunterschiede; der Groß-H. übernimmt auch Kreditfunktionen für seine Abnehmer. – Man unterscheidet: **Groß-H.** (Absatz der Waren an Wiederverkäufer), **Einzel-H.** (Absatz an Verbraucher); **Eigen-H.** (Verkauf auf eigene Rechnung), **Kommissions-H.** (Verkauf im eigenen Namen für fremde Rechnung). Nach der Art der gehandelten Güter: **Waren-H., Immobilien-H.** usw.

Händel, Georg Friedrich, Komponist, *1685, †1759, seit 1712 in London; schrieb zunächst ital. Opern, nach 1728 epochemachende dramat. Chororatorien (Saul, Samson, Herakles, Judas Makkabäus, Messias); 20 Orgelkonzerte, 25 Sonaten, 12 Concerti grossi.

Handel-Mazzetti, Enrica Freiin v., Erzählerin, *1871, †1955; schrieb Romane von kath.-barocker Art: »Jesse und Maria«.

Handelsbilanz, Gegenüberstellung der Werte der Wareneinfuhr und der Warenausfuhr eines Landes; sie ist aktiv, wenn die Ausfuhr, passiv, wenn die Einfuhr überwiegt.

Handelsbrauch, Geschäftsbrauch, Usance, kaufmänn. Verkehrssitte; wichtig für die Auslegung von Verträgen.

Handelsbücher, Geschäftsbücher, in denen ein Kaufmann seine Handelsgeschäfte und Vermögenslage ersichtlich macht.

Handelsflotte, alle Schiffe eines Staates, die Personen und Güter zur See befördern.

Handelsflotten (Bestand 1988, in 1000 BRT)	insges.	davon Tanker
Liberia	49734	27961
Panama	44604	10659
Japan	32074	9628
UdSSR	25784	4368
Griechenland	21979	8492
USA	20832	7949
VR China	12920	1826
Bundesrep. Dtl.	3917	265
Welt	**403406**	**127843**

Handelsgeschäfte, Geschäfte eines Kaufmanns, die zum Betrieb seines Handelsgewerbes gehören, also keine Privatgeschäfte sind.

Handelsgesellschaften, → Offene Handelsgesellschaft, → Kommanditgesellschaft, → Gesellschaft mit beschränkter Haftung, → Aktiengesellschaft.

Handelsgesetzbuch, HGB, ⚖ das den wesentlichsten Teil des Handelsrechtes regelnde Gesetz vom 10. 5. 1897; gilt seit 1. 1. 1900.

Handelsgewerbe, jedes gewerbl. Unternehmen, das einen kaufmänn. Geschäftsbetrieb erfordert und dessen Firma in das Handelsregister ein getragen ist, oder Unternehmen, die Grundhandelsgeschäfte betreiben.

Handelshochschule, → Wirtschaftshochschulen.

Handelskammer, → Industrie- und Handelskammern.

Handelskauf, Kauf von Waren oder Wertpapieren (nicht Grundstücken), der wenigstens für eine Vertragspartei ein Handelsgeschäft ist; besondere Vorschriften in §§ 373 ff. HGB.

Handelskette, 1) Handelsstufen, die ein Produkt von der Herstellung bis zur Verwendung durchläuft. **2)** Zusammenschlüsse von Groß- und Einzelhändlern zur Rationalisierung von Einkauf, Verteilung, Werbung.

Handelskompanien, große Handelsges., seit Beginn des 17. Jh. bes. für den Handel mit überseeischen Waren gegr., durch Monopole, Privilegien begünstigt.

Handelsorganisation, HO, staatl. Einzelhandelsunternehmen in der Dt. Dem. Rep., diente urspr. durch Abschöpfung der Kaufkraft der staatl. Währungs- und Preispolitik, durch Abführung der Preisaufschläge der Ausgabenfinanzierung.

Handelspolitik, Maßnahmen der Gestaltung und Ordnung des Binnen- und Außenhandels (Zollpolitik, Handelsverträge).

Handelsrecht, vom allgem. bürgerl. Recht abgegrenzter Teil des Privatrechts zur Regelung des Handelsverkehrs. Das dt. H. ist vor allem im → Handelsgesetzbuch enthalten.

Handelsregister, Firmenregister, ⚖ beim Amtsgericht geführte Bücher über die kaufmänn. Firmen des Bezirkes; eingetragen werden Firma, Inhaber, Art des Unternehmens, Prokura usw. und alle Veränderungen.

Handelsrichter, ehrenamtl. kaufmänn. Mitgl. der landgerichtl. Kammern für Handelssachen.

Handelsschulen, Schulen zur Ausbildung für den kaufmänn. Beruf: 1) kaufmänn. Berufsschule; 2) kaufmänn. Berufsfachschule (Handelsschule, höhere Handelsschule); 3) Schulen zur berufl. Fortbildung des Kaufmanns.

Handelsspanne, Unterschied zw. Erzeuger- oder Einkaufspreis und Verkaufspreis, meist in Prozenten des Verkaufspreises.

Handelsvertrag, Vereinbarung zw. 2 oder mehreren Staaten zur Regelung ihrer Handelsbeziehungen. (→ Wirtschaftsabkommen)

Handelsvertreter, Handlungsagent, selbständiger Kaufmann, der für andere Unternehmen Geschäfte vermittelt oder abschließt.

Handfeuerwaffen, Feuerwaffen, die von einer Person getragen und gehandhabt werden können, z. B. Gewehr, Revolver, Pistole u. a.

Handgeld, → Draufgabe.

Handgranate, mit der Hand geworfener Sprengkörper. Arten: Stiel-, Eier-, Kugel-H.

Handikap [h'ændıkæp, engl.] das, **1)** Benachteiligung. **2)** ↗ Ausgleich unterschiedl. Vorbedingungen bei einem Wettkampf durch Vorgabe oder Gewichtszuteilung. **gehandikapt,** benachteiligt.

Hamster

Hamsun

Händel

Handke

Bäcker

Bildhauer und Steinmetz

Musikinstrumentenmacher

Schlosser

Tischler

Uhrmacher

Töpfer und Ofensetzer

Zimmermann

Handwerk (Handwerksabzeichen)

Handke, Peter, Schriftst., *1942, schreibt Sprechstücke: »Publikumsbeschimpfung«, »Über die Dörfer« und erzählende Prosa: »Der kurze Brief zum langen Abschied«, »Die Stunde der wahren Empfindung«. (BILD S. 345)

Handlungsbevollmächtigter ist befugt, Handlungen für das Handelsgeschäft eines Kaufmanns vorzunehmen, ohne Prokurist zu sein.

Handlungsfähigkeit, Fähigkeit, rechtl. bedeutsame Handlungen vorzunehmen; umfaßt **Geschäftsfähigkeit** und **Deliktsfähigkeit.**

Handlungsgehilfe, wer in einem Handelsgewerbe zur kaufmänn. Ausbildung und Dienstleistung angestellt ist. (→kaufmännischer Angestellter)

Handlungsreisender, unselbständiger Handlungsgehilfe, der für einen Kaufmann in auswärtigen Orten Geschäfte vornimmt.

Handpferd, im Gespann das Pferd rechts.

Handschrift, 1) die jedem Menschen eigene Art der Schriftzüge (→Graphologie), die daher Rechtsverbindlichkeit hat. **2)** alles mit der Hand Geschriebene **(Manuskript),** i. e. S. handschriftl. Buch, bes. des MA., in der Form des Codex.

Handwerk, Berufsstand und gewerbl. Tätigkeit (H.-Betrieb), bei der ein H.-Meister die Erzeugungsmittel besitzt, allein oder mit Gesellen und Lehrlingen, meist auf Bestellung arbeitet und das Erzeugnis möglichst unmittelbar an den Verbraucher absetzt. Ggs.: fabrikmäßige Massenerzeugung (Industrie). H.-Betriebe sind alle Betriebe, die in die **H.-Rolle** der H.-Kammern eingetragen sind; **H.-Abzeichen** sind die gewerbl. Zeichen eines best. H. (z. B. die Schlüssel der Schlosser). Seit dem MA. waren die Handwerker pflichtmäßig in →Zünften zusammengeschlossen. Grundlage des H.-Rechts ist in der Bundesrep. Dtl. die **H.-Ordnung** v. 17. 9. 1953 i. d. F. v. 18. 12. 1965. **Handwerkerinnungen** sind freiwillige Vereinigungen fachl. oder ähnl. selbständiger Handwerker; sie vertreten als öffentl.-rechtl. Körperschaften die Interessen ihrer Mitgl. Die **H.-Kammern** sind Selbstverwaltungs-Körperschaften des öffentl. Rechts zur Vertretung der Interessen des H. ihres Bezirks (u. a. Führung der H.-Rollen); sie sind auf Landesebene zu **H.-Kammertagen,** im Bund zum **Dt. H.-Kammertag** (Bonn) zusammengeschlossen. Spitzenvertretung: **Zentralverband des Dt. H.**

Handwerkerversicherung, Altersversorgung selbständiger Handwerker, Teil der Arbeiter-Rentenversicherung.

Handzeichnung, mit Silberstift, Bleistift, Feder, Kreide, Rötel, Kohle, Tusche auf Papier ausgeführte Zeichnung, oft als Studie.

hanebüchen, unerhört, derb, grob.

Hanf der, Faser- und Ölpflanze der Gatt. Cannabis, vermutl. aus Asien, in Europa als Faserpflanze angebaut. Die Bastfaser wird durch Rösten, Brechen, Hecheln gewonnen und zu Bindfaden, Stricken und Webgarnen verarbeitet; aus dem Abfall **(H.-Werg, H.-Hede)** fertigt man Gurte und Stricke. Die Samen dienen als Vogelfutter und liefern Öl. Die halbreifen Kapseln und die Triebe der weibl. Pflanzen trop. Formen, bes. des **Ind. H.,** geben ein betäubendes Harz, das zu →Haschisch und Marihuana verarbeitet wird. Versch. Pflanzen, die mit dem H. nicht verwandt sind: **Bengalischer H.** oder **Sonnen-H.** (ein Schmetterlingsblüter, bes. in Südasien), **Gelber H.** (in Westasien), **Manila-H.** (Bananengewächs), **Sisal-H.** (Agave).

Hangar der, Schuppen, Flugzeughalle.

Hangchow [-dʒɔʊ], amtl. **Hangzhou,** Hptst. der chines. Provinz Chekiang, 1,2 Mio. Ew.; Univ.; Seiden-, Juteind., Teeaufbereitung.

Hängebahn, Förderanlage, bei der Fahrzeuge an Fahrschiene oder Seil hängen. (BILD S. 347)

hängende Gärten, die von den Griechen zu den 7 Weltwundern gerechneten Dach- oder Terrassengärten der sagenhaften Königin Semiramis in Babylon.

Hangendes, Gesteinsschicht unmittelbar über einer anderen.

Hängewerk, Tragwerk, bes. beim Holzbau; die Hängesäulen sind durch Streben gegen die Auflager abgesteift.

Hängezeug, ⚒ Gerät für einfache Vermessungsaufgaben unter Tage.

Hangtäter, Täter, der durch wiederholte Ausführung ähnl. erheblicher Straftaten für die Allgemeinheit gefährlich ist. Ein H. kann, wenn er schon mehrfach verurteilt worden ist und mindestens 2 Jahre Freiheitsentzug verbüßt hat, in →Sicherungsverwahrung genommen werden (§ 66 StGB).

Hanko, schwed. **Hangö,** Hafenstadt im SW Finnlands, 12 100 überwiegend schwed. sprechende Ew., Seebad. 1940 wurde H. an die UdSSR verpachtet, 1944 gegen Porkkala ausgetauscht.

Hanna, rechter Nebenfluß der March, 55 km lang, fließt durch die fruchtbare Niederung **Große H.,** mündet nordwestl. von Kremsier.

Hanna, Hanne, Kurzform von Johanna.

Hannibal, karthag. Feldherr, Sohn des Hamilkar Barkas, *247/46, †(Selbstmord) 183 v. Chr.; veranlaßte den 2. Pun. Krieg, überschritt 218 die Alpen, siegte 217 am Trasimen. See, 216 bei Cannä, eroberte fast ganz Unteritalien; wurde von Scipio 202 bei Zama besiegt.

Hannover, 1) RegBez. des Landes Ndsachs., 9040 km², 2,001 Mio. Ew. **2)** Hptst. von Niedersachsen, an der Leine und am Mittellandkanal, 549 000 Ew.; Industrie- und Messestadt; starke Zerstörungen im 2. Weltkrieg; TU, Tierärztl., Medizin. Hochschule, Hochschule für Musik und Theater. Ind.: Maschinen, Fahrzeuge, Gummi, Nahrungs- und Genußmittel, elektrotechn. Erzeugnisse. H., zuerst 1163 urkundl. bezeugt, wurde 1636 die Hptst. des welf. Fstt. Calenberg, dann des Kur-Fstt. und späteren Kgr. Hannover. **3)** Teilgebiet des altwelf. Hzgt. Braunschweig-Lüneburg (→Braunschweig, Geschichte), seit 1692 Kur-Fstt. Georg I. bestieg 1714 den engl. Thron; seitdem war H. bis 1837 in Personalunion mit Großbritannien verbunden. 1814 wurde H. Kgr. 1837 (→Göttinger Sieben) heftige Verfassungskämpfe. Als Georg V. sich im →Deutschen Krieg von 1866 auf die Seite Österreichs stellte, wurde H. preußisch.

Hanoi, Hptst. von Vietnam, 2,9 Mio. Ew.; Univ., Mus.; Handel. – Im 3. Jh. als **Kecho** Hptst. von Annam, im 7. Jh. Hauptort des chines. Tonking, 1593-1802 Reg.-Sitz des Kaiserreichs Dai Co Viet, 1887-1946 Hptst. von Frz.-Indochina, 1954-76 Hptst. N-Vietnams.

Hans, Kurzform von Johannes.

Hanse, Hansa [germ. »Schar«] die, Gemeinschaft der Kaufleute der meisten norddt. Städte im MA., entstand im 11. Jh. zur gemeinsamen Behauptung ihrer Vorrechte im Ausland. Die wichtigsten genossenschaftl. Niederlassungen **(H.-Kontore)** bestanden in Visby auf Gotland, Nowgorod am Ilmensee, in Brügge, London (Stalhof) und Bergen. Die H. selbst blieb ein loser Städtebund ohne eigentl. Verfassung. Unter der Führung Lübecks erlangte sie die Seeherrschaft in der Ostsee und das wirtschaftlich-polit. Übergewicht in Nordeuropa, bes. durch ihren Sieg über den Dänenkönig Waldemar IV. Atterdag (1370). Doch im 16. Jh. verfiel ihre Macht, und im 17. Jh. löste sie sich ganz auf. Den Namen einer **H.-Stadt** behielten nur noch Lübeck, Hamburg, Bremen. **Hanseaten, 1)** Mitgl. der H. **2)** Einwohner einer H.-Stadt.

Hanswurst, Possenreißer; komische Bühnenfigur, der **Harlekin** der Wanderbühne.

HAPAG, die, → Hamburg-Amerika-Linie.

Haparanda, nördlichste Hafenstadt Schwedens, 10 000 Ew.

haploid [grch.], Bez. für Zellen mit einfachem Chromosomensatz.

Happening [h'æpənıŋ, engl. »Ereignis«] das, »Kunstrichtung« (seit etwa 1962), sucht ein den Menschen schockierendes Erlebnis zu vermitteln.

happy [h'æpı, engl.], glücklich; **happy end,** guter Ausgang (im Film u. a.).

Harakiri, Seppuku das, japan. ritterl. Sitte der Selbstentleibung durch Bauchaufschlitzen.

Harald [germ. »Heerwalter«], männl. Vorname.

Harbig, Rudolf, Sportler, *1913, †1944, lief Weltrekorde über 400, 800 und 1000 m.

Harbin, Charbin, Hptst. der Prov. Heilungkiang, China, 2,6 Mio. Ew.; Handels- und Industriestadt.

Hardcopy [hɑ:dkɔpı], in der Datenverarbeitung die Ausgabe von Daten über einen Drucker oder Plotter als gedruckte Texte oder Graphiken.

Hard disk [hɑ:d dısk], Magnetplattenspeicher, der fest in ein Computersystem eingebaut ist (Festspeicher).

Hardanger, Landschaft im südwestl. Norwegen; mit der Hochfläche **H. Vidda** (1200-1600 m hoch) und dem vielbesuchten **H. Fjord,** über 100 km lang. **H. Arbeit,** Durchbruchsarbeit auf grobfädigem Leinen mit Umsticken der Ausschnitte.

Harden, Maximilian, eigentl. **Witkowski,** Schriftst., Literaturkritiker, *1861, †1927, bekämpfte in seiner Wochenschrift »Die Zukunft« als Anhänger Bismarcks Wilhelm II.

Hardenberg, 1) Friedrich Frhr. v., → Novalis. **2)** Karl August Fürst v., preuß. Staatsmann, *1750, †1822; 1804/05 und 1807 Außenmin., seit 1810 Staatskanzler; setzte die Reformen Steins fort.

Harding [h'ɑ:dıŋ], Warren G., amerikan. Politiker (Republikaner), *1865, †1923; war 1921-23 der 29. Präs. der USA.

Hard Rock [hɑ:d-], Stilrichtung der → Rockmusik, extrem laut, einfache Baß-/Schlagzeugfiguren.

Hardt, Ernst, Schriftst., *1876, †1947; neuromant. Lyrik, Novellen, Dramen.

Hardtop [h'ɑ:dtɔp, engl.] das, i. Ggs. zum Kabriolett steifer, abnehmbarer Aufbau für Kraftwagen.

Hardware [h'ɑ:dwɛə, engl.] die, techn. (gegenständl.) Einrichtungen einer elektron. Rechenanlage i. Ggs. zu dem als Programm ausgebildeten Betriebssystem (→ Software).

Hardy [h'ɑ:dı], Thomas, engl. Erzähler, *1840, †1928; Romane (»Tess«, »Juda«).

Hare-Krischna-Bewegung [ind. Hare Krishna, »Herr Krishna«], 1966 in New York gegr. Vereinigung, die im W die Verehrung des ind. Gottes Krishna zu verbreiten sucht. Zentrale in Los Angeles; rückläufige Entwicklung.

Harem [arab. »verboten«] der, Frauengemach bei den Muslimen.

Häresie [grch. »Wahl«, »Erwähltes«] die, Ketzerei, Irrlehre.

Häretiker, Ketzer, **häretisch,** ketzerisch.

Harfe die, uraltes Saiteninstrument, das mit den Fingern gezupft wird, meist in gebrochenen Akkorden. (BILD Zupfinstrumente)

Harke die, Rechen.

Harlekin der, **1)** lustige Gestalt der Bühne. **2)** **Stachelbeerspanner,** schwarz-weiß-gelber Schmetterling, Raupe schädlich.

Harlem, Stadtteil in New York, v. a. von Schwarzen und Puertoricanern bewohnt.

Harmattan der, trockner, staubführender Nord- oder Ostwind in Oberguinea.

Harmonie [grch.] die, **1)** Zusammenklang, Übereinstimmung. **2)** das richtige Verhältnis der Teile zum Ganzen. **3)** ♩ der auf einen Grundton bezogene Zusammenklang mehrerer Töne. **H.-Lehre,** die Lehre von den Akkordbildungen und ihrer prakt. Verwendung im musikal. Satz.

Harmonika die, Musikinstrumente, **1)** → Mundharmonika. **2)** → Ziehharmonika.

harmonische Analyse, → Fourier.

harmonische Teilung, △ Teilung einer Strecke AB durch 2 Punkte T_1 und T_2, die auf der Strecke und ihrer Verlängerung liegen, so daß AT_1 sich zu BT_1 verhält wie AT_2 zu BT_2. Die 4 Punkte heißen **harmon. Punkte.**

Harmonium das, -s/... nien, Tasteninstrument, dessen orgelartige Töne durch freischwingende, durch einen Luftstrom in Schwingung versetzte Metallzungen entstehen.

Harn der, **Urin,** die Absonderung der Nieren. Der normale H. des Menschen ist hellgelb, klar, enthält neben Wasser die Abfälle des Eiweißstoffwechsels, H.-Stoff und H.-Säure sowie überschüssige Salze. Der H. wird über die **H.-Wege (Nierenbecken, H.-Leiter, H.-Blase, H.-Röhre)** aus dem Körper ausgeschieden. Die tägl. H.-Menge beträgt etwa 1-1½ l. – **H.-Untersuchung** dient zur Erkennung vieler Krankheiten.

Harnack, Adolf v., evang. Theologe, *1851, †1930; 1. Präs. der auf seine Initiative gegr. Kaiser-Wilhelm-Ges., Vertreter der geschichtl. Theologie. »Dogmengeschichte«.

Harnblase, ♡ das zur Ansammlung und Entleerung des Harns dienende Organ; beim Menschen ein birnenförmiger, muskelreicher Sack im kleinen Becken. Nach vorn zu geht die H. in die **Harnröhre** über, von hinten münden die **Harnleiter** ein, die den Harn von den Nieren in die H. führen. Die H. ist mit Schleimhaut ausgekleidet.

Harngrieß, ♡ sehr kleine → Harnsteine.

Harnisch der, mittelalterl. Rüstung.

Harnleiter, → Harnblase.

Harnoncourt [arnɔ̃k'u:r], Johann Nicolaus **d' H.,** Violoncellist und Dirigent, *1929, u. a. beispielhafte Monteverdi-Aufführungen.

Harnröhre, grch. **Urethra,** unterster Teil der abführenden Harnwege vom Blasenhals bis zur Mündung nach außen.

Harnruhr, Polyurie, Ausscheidung übermäßig großer Harnmengen, bes. bei Wasserharnruhr und Zuckerkrankheit.

Harnsäure, zweibasige organ. Säure, die als Endprodukt des Eiweißstoffwechsels mit dem Harn ausgeschieden wird.

Harnsteine, steinförm. Ablagerungen aus harnsauren Salzen, kohlen-, phosphor- oder oxalsaurem Kalk in Nierenbecken **(Nierensteine),** Harnleitern oder Harnblase **(Blasensteine).**

Harnstoff, Endprodukt des menschl. und tier. Eiweißabbaus, wird heute techn. hergestellt; wichtiger Stickstoffdünger.

harntreibende Mittel, Stoffe, die die Harn- (bes. die Wasser-) Ausscheidung durch die Nieren **(Diurese)** vermehren **(Diuretika).**

Harnvergiftung, Urämie, Vergiftung durch ungenügende Ausscheidung von Harn.

Harnverhaltung, 1) Aufhören der Harnbildung in der Niere **(Harnsperre). 2)** Unvermögen, den Harn zu entleeren, z. B. durch Verengung der abführenden Harnwege, Blasenlähmung.

Harnzwang, Harnstrenge, heftiger, schmerzhafter Drang zum Harnlassen.

Harpune die, speerartiges eisernes Wurfgerät mit Widerhaken und Fangleine, bes. zum Walfischfang, früher vom **Harpunier** geworfen, heute meist aus Kanone geschossen.

Harpyie die, **1)** grch. Sage: Ungeheuer, halb Jungfrau, halb Raubvogel. **2)** habichtartiger Greifvogel in S-Amerika, 1 m lang.

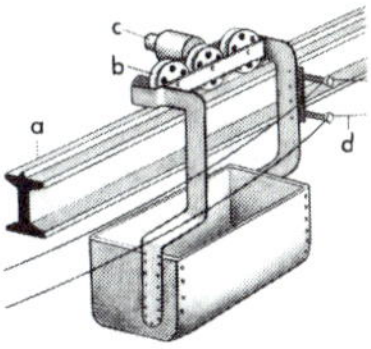

Hängebahn: a Fahrschiene, b Fahrwerk, c Antriebsmotor, d Stromführung

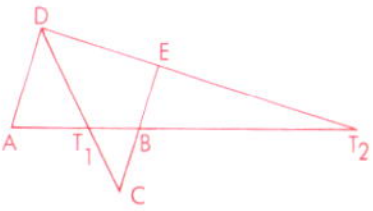

harmonische Teilung

Harnack

N. Hartmann

Harrisburg [h'ærisbə:g], Hptst. von Pennsylvania, USA, 53300 Ew.; Stahl-Ind.; 1979 Kernkraftwerksunfall.

Harrogate [h'ærəgɪt], Badeort in der Cty. North Yorkshire, im N Englands, 62300 Ew.

Harrow [h'ærəu], London Borough in Greater London; **Harrow School** (1571 gegr.).

harsch, hart, starr. **Harsch** der, verkrusteter Schnee. **verharschen,** hart werden.

Harsdörfer, Georg Philipp, Barockdichter, *1607, †1658; stiftete mit J. Klaj den Pegnitzschäferorden. »Frauenzimmer-Gesprächspiele«, »Poetischer Trichter«.

Hart [ahd.] oder **Hard, Hardt,** die und der, Bergwald, Wald.

Hart, Heinrich, Schriftst., *1855, †1906, war mit seinem Bruder Julius (*1859, †1930) ein Vorkämpfer des Naturalismus.

Harte [hɑ:t], Francis **Bret,** amerikan. Schriftst., *1836, †1902; Kurzgeschichten.

Härte die, **1)** Widerstand eines festen Körpers gegen das Eindringen eines anderen festen Körpers. In der **H.-Skala von Mohs** (1822; heute erweitert) ritzt jedes Glied das vorhergehende: 1) Talk, 2) Gips oder Steinsalz, 3) Calcit, 4) Flußspat, 5) Apatit, 6) Feldspat, 7) Quarz, 8) Topas, 9) Korund, 10) Diamant. **2) H. von Strahlungen,** hohe Energie und großes Durchdringungsvermögen, umgekehrt proportional der Wellenlänge. **3) H. des Wassers,** die Summe der im Wasser vorhandenen Erdalkaliionen, bes. des Calciums und Magnesiums, gemessen in H.-Graden; 1 dt. H.-Grad (°d) entspricht 10 mg Calciumoxid oder 7,14 mg Magnesia in 1 l Wasser. Nach DIN 2000 wird die H. gemessen als **Stoffmengenkonzentration** in **mmol/l.** 1°dH entspricht 0,178 mmol des härtebildenden Ions je Liter. Wasser mit einer H. bis zu 1,3 mmol/l (7°dH) wird als weich, über 2,5 mmol/l (14°dH) als hart bezeichnet. Wasser wird durch Zusatz von Natriumcarbonat, gelöschtem Kalk oder Ionenaustauschern enthärtet. **4) H. von Werkstoffen,** bes. Metallen oder Legierungen, wird nach versch. Verfahren gemessen: nach dem Durchmesser des Eindrucks einer Stahlkugel **(Brinell-H.)**; der Eindringtiefe einer Diamantpyramide **(Vickers-H.)** oder eines Diamantkegels **(Rockwell-H.).** Gummi und Kunststoffe werden mit einem Federstift gemessen **(Shore-H.).**

Hartebeest [holländ.] das, südafrikan. Kuhantilope mit scharfwinklig gebogenen Hörnern.

Härten, 1) Maßnahmen zur Steigerung der Festigkeit und Härte von Metallen, bes. Wärmebehandlungen wie Aus-, Einsatz-, Brenn- oder Flammhärtung. **2)** Kunstharze durch chem. Reaktionen aus weichem oder erweichbarem Zustand in eine nicht mehr erweich- oder schmelzbare Form überführen. – Über **Fetthärtung** → Fette.

harte Währung, Währung, die frei konvertierbar und wertstabil ist (US-$, DM u. a.).

Hartford [h'ɑ:tfəd], Hptst. von Connecticut, USA, 136000 Ew.; Hauptsitz des amerikan. Versicherungsgewerbes; Präzisionsind.

Hartgummi, mit 30-40% Schwefel vulkanisierte Gummimischung, hornartig, polierfähig; vielfach durch Kunststoff ersetzt.

Hartguß, Gußeisen mit bes. harter Oberfläche.

Harth, Philipp, Tierbildhauer, *1885, †1968.

Hartheu, das → Johanniskraut.

Hartleben, Otto Erich, Schriftst., *1864, †1905; »Rosenmontag« (Drama); Novellen.

Härtling, Peter, Schriftst., *1933; Gedichte, Romane (»Der Stillstand«, »Janek«, »Eine Frau«, »Hubert«), Erz., Kinderbücher.

Hartmann, 1) Eduard v., Philosoph, *1842, †1906, suchte Grundlehren Schellings, Hegels und Schopenhauers mit Hilfe des Entwicklungsgedankens zu einer Einheit zu verschmelzen. **2)** Karl Amadeus, Komponist, *1905, †1963; Sinfonien, Kammeroper. **3)** Max, Biologe, *1876, †1962, Dir. des Max-Planck-Inst. für Biologie, arbeitete über Geschlecht und Geschlechtsbestimmung bei Einzellern. **4)** Nicolai, Philosoph, *1882, †1950. Sein Grundgedanke ist die Schichtung der realen Welt in eine anorgan., organ., seel. und geist. Schicht.

Haselhuhn

Hartmannsweilerkopf, Berg in den Südvogesen, 957 m hoch; 1915/16 schwer umkämpft.

Hartmann v. Aue, mhd. Dichter, schwäbisch-alemann. Ministeriale, † zw. 1210 und 1220; verfaßte Lieder und höf. Epen: »Erek«, »Iwein«, »Der arme Heinrich«, »Gregorius«. Er stellte darin das Ritterideal des hohen MA. dar.

Hartmetalle, durch Sintern hergestellte Werkstoffe von sehr großer Härte. **H.-Legierungen** bestehen aus versch. Metallen und Kohlenstoff, **Carbid-H.** aus Metallcarbiden und kleinen Mengen von Metallen; angewandt bei spanabhebender Bearbeitung mit großer Schnittgeschwindigkeit von Metallen, Kunststoffen, Glas usw.

Hartog, Jan de, niederländ. Schriftst., *1914; Romane, Komödie »Das Himmelbett«.

Hartriegel, Hornstrauch, Pflanzengatt., **Gelber H., Kornelkirsche** oder **Dirlitze,** mit gelben Blüten und roten Früchten, **Roter H.** mit weißen Blüten und schwarzen Früchten.

Hartsalz, Salzgestein aus Sylvin, Steinsalz, Kieserit; Düngemittel.

Hartschier [ital.] der, ✠ Leibwächter.

Hartspiritus, durch Zusatz von Celluloseester oder Seife erstarrter Brennspiritus.

Hartung, 1) Hans, Maler, *1904, †1989; führender Maler der gegenstandslosen Kunst (BILD Deutsche Kunst).

2) Hugo, Schriftst., *1902, †1972; »Ich denke oft an Piroschka«, »Wir Wunderkinder«.

3) Karl, Bildhauer, *1908, †1967; schuf großzügig rhythmisierte und gegenstandsfreie Skulpturen.

Harun ar-Raschid [»der Rechtgeleitete«], Kalif in Bagdad 786-809.

Haruspex [lat.] der, röm. Priester; weissagte aus Eingeweiden, Blitz und Donner.

Harvard-Universität [h'ɑ:vəd], älteste und eine der führenden privaten Hochschulen der USA, gegr. 1636 in Cambridge (Mass.).

Harvey [h'ɑ:vɪ] William, engl. Arzt, *1578, †1657, entdeckte den großen Blutkreislauf.

Harwich [h'ærɪdʒ], Hafenstadt und Seebad in SO-England, 14900 Ew.; Überfahrtsort nach Hoek van Holland, Antwerpen.

Harz das, zähflüssiger Ausscheidungsstoff verschied. Bäume, bes. der Nadelhölzer; zu Lacken, Firnissen, Kitten, Seifen, Arzneistoffen und Harzölen verwendet; gibt auch Terpentin.

Harz der, norddt. Mittelgebirge, 100 km lang, bis 30 km breit, gliedert sich in den höheren **Ober-H.** im W (Brocken 1142 m hoch) und den **Unter-H.** (Ramberg 582 m) im SO. Klima: rauh und sehr regenreich. Forstwirtschaft, Viehzucht, etwas Ackerbau, Kupfergewinnung, Fremdenverkehr. Der W-H. seit 1960 Naturpark (95000 ha).

Harzburg, Bad H., Stadt in Ndsachs., Heilbad mit Sol- und Schwefelquellen, am N-Rand des Harzes, 23500 Ew.

Harzburger Front, Zusammenschluß (1931) der Nationalsozialisten, Deutschnationalen, des Stahlhelms u. a. Verbände gegen die Regierung Brüning; zerbrach 1932.

Hasard [az'a:r, frz.] das, Zufall, Glücksspiel.

Haschee [frz.] das, feingehacktes Fleisch.

Haschisch [arab.] das, asiat. und afrikan.

Rauschgift, aus **Ind. Hanf** hergestellt; wird meist allein oder mit Tabak gemischt geraucht.

Hạsdrubal, karthag. Feldherren: **1)** Schwiegersohn des Hamilkar Barkas, erweiterte Karthagos Macht in Spanien (Gründung Cartagenas); †221 v. Chr. **2)** Bruder des Hannibal, fiel 207 v. Chr. am Metaurus.

Hase der, Nagetier mit gespaltener Oberlippe (Hasenscharte) und 2 Schneidezähnen in jedem Kiefer, langen Hinterbeinen, kurzem Schwanz (Blume), meist langen Ohren (Löffeln). Der **Feld-H.**, der »Lampe« der Tierfabel, ist bräunlich, 5-6 kg schwer, nährt sich von Kräutern und Rinde. Das Männchen heißt Rammler, das Weibchen Häsin. Der **Schnee-H.** (Alpen, N-Europa) ist im Winter weiß. Der **Polar-H.** ist dauernd weiß.

Hase, Karl August von (geadelt 1883), evang. Theologe, *1800, †1890, bedeutender Kirchengeschichtler.

Hašek [h'aʃɛk], Jaroslav, tschech. Schriftst., *1882, †1923; »Die Abenteuer des braven Soldaten Schwejk« (1921).

Haselhuhn, rebhuhngroßes Rauhfußhuhn in Europa und Asien, rostfarben, weiß und schwarz. (BILD S. 348)

Haselmaus, → Schlafmäuse.

Haselnußbohrer, Haselrüsselkäfer, das Weibchen legt in grüne Haselnüsse ein Ei. Die Larve frißt den Kern, verpuppt sich in der Erde.

Haselnußstrauch, Haselstrauch, Hasel, Gatt. der Birkengewächse, einhäusiger Waldstrauch in Europa, Asien, N-Amerika; aus den **Haselnüssen** wird auch Öl gewonnen.

Haselwurz, Europäische H., lederblättrige, braunblühende Staude, in Buschwald.

Hasenclever, Walter, Dichter, *1890, †1940; expressionist. Dramen (»Der Sohn«), Lustspiele, Lyrik.

Hasenmäuse, Chinchịllas, kaninchenart. Nagetiere mit buschigem Schwanz, in Südamerika; Pelztiere.

Hasenscharte, Lippenspalte, angeborene Mißbildung. Behandlung: Operation.

Haskil, Clara, Pianistin, *1895, †1960, bes. Mozart- und Schubert-Interpretin.

Haskowo, Gebiets-Hptst. in Bulgarien; 89200 Ew.; Tabak-, Textil-, Lebensmittelind.; älteste Moschee Bulgariens (1395).

Haspe die, eiserner Haken zum Einhängen von Türen und Fenstern.

Haspel die, **1)** Winde. **2)** Holzbottich zum Färben und Gerben der Felle. **3)** Maschine, um das Garn von Spulen in Strangform zu bringen.

Haspinger, Joachim, Mönch, *1776, †1858, ein Führer des Tiroler Freiheitskampfes von 1809.

Hassan II., *1929, König von Marokko.

Haßberge Mz., Höhenzug in Mainfranken, rechts des Mains, bis 511 m hoch.

Hasse, O. E., *1903, †1978, Bühnen- und Filmschauspieler (»Canaris«).

Hassel, Kai Uwe v., Politiker (CDU), *1913, Landwirt, 1954-62 MinPräs. von Schlesw.-Holst., 1963-66 Bundesverteidigungsmin., 1966-69 Vertriebenenmin., seit 1979 Mitgl. des Europa-Parlaments.

Hasselfeldt, Gerda, Politikerin (CSU), *1950; seit 1989 Bundes-Min. für Raumordnung, Bauwesen und Städtebau.

Hassell, Ulrich v., Diplomat, *1881, † (hingerichtet) 1944; 1932-38 Botschafter in Rom, war führend in der Widerstandsbewegung.

Hassi Messaoud, Mittelpunkt der Erdölgewinnung in der algerischen Sahara.

Hassi Rmel, größtes Erdgasfeld in der alger. Sahara.

Haßler, Hans Leo, Komponist, *1564, †1612; weltl. und geistl. Musik, erste dt. Madrigale.

Hastings [h'eɪstɪŋz], Stadt in der Cty. East Sussex, S-England, 74600 Ew.; am Kanal, Badeort. Durch den Sieg Wilhelms des Eroberers bei H. 1066 kam England unter die normann. Herrschaft.

Hạthor, Athor, ägypt. Himmelsgöttin, auch Liebesgöttin.

Hattingen, Industriestadt in NRW, an der Ruhr, 56200 Ew.; Metallind.

Haube die, weibl. Kopfbedeckung; zeitweise Tracht der verheirateten Frau; gehört heute zur Tracht der Nonnen u. a.

Haubentaucher, Schwimmvogel mit schwarzer Federhaube.

Haubịtze [aus tschech. »Steinschleuder«] die, Geschütz zw. Flachfeuer- (Kanonen) und Steilfeuergeschützen (Mörsern).

Hauck, Albert, evang. Theologe, *1845, †1918; Werk: »Kirchengeschichte Dtl.s«.

Hauenstein, Höhenrücken des Schweizer Jura, mit 2 wichtigen, Basel mit dem Mittelland verbindenden Paßstraßen: **Oberer H.**, 731 m ü. M., von Waldenburg nach Balsthal, und **Unterer H.**, 691 m ü. M., von Gelterkinden nach Olten. **H.-Basistunnel** (1915) 8134 m lang; zw. beiden Pässen Autobahntunnel.

Hauer der, **1)** unterer Eckzahn des Ebers. **2)** männl. Hausschwein. **3)** Weidmesser. **4)** Winzer. **5)** Hauer, → Bergmann.

Hauer, Josef M., österreich. Komponist, *1883, †1959; Zwölftonmusiker.

Haufenwolke, der → Kumulus.

Hauff, 1) Volker, Politiker (SPD), *1940, Volkswirt, 1978-80 Bundesmin. für Forschung und Technologie, 1980-82 für Verkehr, seit 1989 Oberbürgermeister von Frankfurt am Main. **2)** Wilhelm, Dichter, *1802, †1827; romant. Erzähler, Roman »Lichtenstein«; Märchen.

Haugesund, Hafenstadt in Norwegen, 27500 Ew.; Fischhandel, Konservenind.

Hauhechel die, hartstaudig-dornige, rosablühende Schmetterlingsblüter.

Hauptbuch, → Buchführung.

Hauptmann, Offizier zw. Oberleutnant und Major, meist Kompanie- oder Batterieführer.

Hauptmann, 1) Carl, Bruder von 2), Dichter, *1858, †1921, schrieb Schauspiele und Romane aus schles. Landschaft und Geistesart (»Einhart der Lächler«). **2)** Gerhart, Dichter, *1862, †1946, führender dt. Bühnendichter um die Jahrhundertwende, Bahnbrecher des Naturalismus, später oft Gestalter des Mythischen, Märchenhaften, Phantastischen. Nobelpreis 1912. Schauspiele: »Vor Sonnenaufgang«, »Die Weber«, »Hanneles Himmelfahrt«, »Der Biberpelz«, »Florian Geyer«, »Michael Kramer«, »Rose Bernd«, »Und Pippa tanzt«, »Die Ratten«, »Vor Sonnenuntergang«, Atriden-Tetralogie. Romane, Novellen, Epen. (BILD S. 350)

Hauptschule, Volksschuloberstufe; in der Bundesrep. Dtl. 5.-9./10., in Österreich 5. bis 8./9. Schuljahr.

Hauptstadt, meist die Stadt, in der Regierung und Parlament eines Staates ihren Sitz haben, oft die größte Stadt eines Landes.

Haupt- und Staatsaktion, histor.-politische Stücke der dt. Wanderbühne des 17. Jh., mit possenhaften Einschüben (Hanswurst).

Hauptverfahren, Hauptverhandlung, → Strafprozeß.

Hauptversammlung, → Generalversammlung.

Hauptwort, Substantiv das, Ⓢ Bez. einer Person, eines Dinges, eines Begriffs.

Haus, → Wohnhaus.

Hausa, Haussa, Völkergruppe in W-Afrika, etwa 9 Mio., Muslime; Händler, Handwerker; gründeten im MA. die H.-Staaten.

Hausapotheke, Zusammenstellung von Arzneimitteln, Verbandstoffen und Kranken-

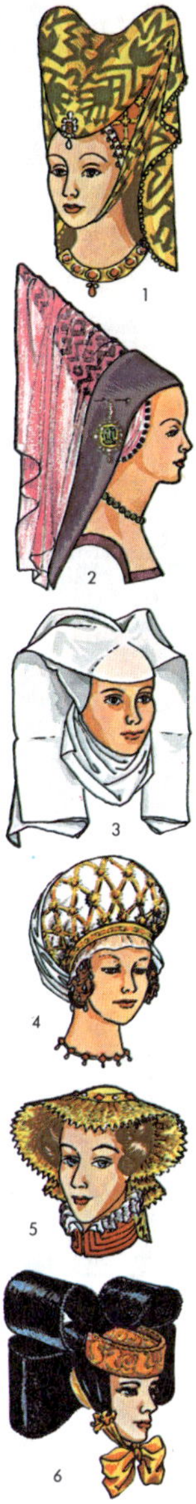

Haube: 1 Körperhaube, **2** Hennin, **3** Flügelhaube, **4** Kugelhaube, **5** Stuarthaube, **6** Bückeburger Haube

1

2

3

Haushuhn: **1** Weißes Leghorn, **2** Italiener, **3** Rhodeländer

Bundeshaushalt 1989

Einnahmen	Mio. DM	Ausgaben	Mio. DM
Einkommen- und Körperschaftsteuer[1])	108180	Soziale Sicherung	96310
Umsatzsteuer[1])	66590	Verteidigung	55260
Gewerbesteuerumlage[1])	2400	Verkehrswesen	26680
Bundessteuern	56830	Wirtschaftsförderung	15700
Münzeinnahmen	900	Bildung, Wissenschaft, Förderung	13680
Sonstige Einnahmen	21280	Allg. Finanzwirtsch.	55870
Nettokreditaufnahme	31970	Sonstige Ausgaben	24650
	288850		**288150**

[1]) Bundesanteil.

pflegeartikeln für den tägl. Gebrauch. Da der Bedarf an Medikamenten verschieden ist, sollte die Zusammenstellung einer H. in Verbindung mit Arzt oder Apotheker vorgenommen werden.

Hausbock, sehr schädlicher → Bockkäfer.

Hausboot, als Dauerwohnung oder saisonweise bewohnbar eingerichtetes Boot, Schiff oder Floß, das auf Flüssen oder Seen verankert wird.

Hausbuchmeister, Meister des Hausbuchs, Zeichner, Kupferstecher und Maler, gegen Ende des 15. Jh. meist am Mittelrhein tätig, benannt nach einer Hausbuchhandschrift auf Schloß Wolfegg (Oberschwaben), deren Zeichnungen zu den lebendigsten Bildzeugnissen des ausgehenden MA. gehören.

Hausen der, Störfisch des Schwarzen und Kasp. Meeres, bis 9 m lang, 1400 kg schwer; laicht bes. in Wolga und Donau. Sein Rogen liefert Kaviar.

Hauser, Kaspar, Findelkind rätselhafter Herkunft, *1812 (?), †(ermordet) 1833; tauchte 1828 in Nürnberg auf, angebl. badischer Prinz oder Sohn Napoleons I.

G. Hauptmann

Hausfrauenvereine, Vereine, die die Hausfraueninteressen vertreten: Berufssicherung, Aus- und Fortbildung u. a. Der erste H. wurde 1873 in Berlin gegründet. Die örtl. H. in der Bundesrep. Dtl. sind im Dt. Hausfrauen-Bund organisiert.

Hausfriede, ⚖ Recht ungestörter Betätigung im häusl. Bereich (Wohnung und umfriedeter Besitz); in der Bundesrep. Dtl. durch Art. 13 GG garantiert. Die Verletzung des H. durch Eindringen oder unbefugtes Verweilen, der **H.-Bruch,** wird auf Antrag mit Geldstrafe oder Freiheitsstrafe bestraft (§§ 123 ff. StGB).

Haushaltsplan, Etat, Budget, Aufstellung der für einen Zeitraum **(Haushaltsjahr)** geplanten Ausgaben und Einnahmen eines Staates (Staatshaushalt) oder einer anderen öffentl. Körperschaft (Länder, Gemeinden). Der **ordentl. H.** enthält alle regelmäßig wiederkehrenden Ausgaben und Einnahmen, der **außerordentl. H.** einmalige Ausgaben; diese werden i. d. R. durch Anleihen gedeckt. Ein **Nachtragshaushalt (Zusatzhaushalt)** wird aufgestellt, wenn die tatsächl. Entwicklung der Ausgaben über den H. hinausgeht. Der H. wird ergänzt durch den **Eventualhaushalt,** eine Sonderform des Nachtragshaushalts (zusätzl. Kreditaufnahme zur Konjunkturbelebung). – Das **Haushaltsrecht** (Bewilligung des H.) ist in parlamentar.-demokrat. Staaten eine der wichtigsten Zuständigkeiten des Parlaments.

Haushofer, 1) Albrecht, Sohn von 2), Geograph und Schriftsteller, *1903, †(von der Gestapo erschossen) 1945; gehörte der Widerstandsbewegung an, 1944 verhaftet, schrieb im Gefängnis die »Moabiter Sonette«. **2)** Karl, Geograph, *1869, †(Selbstmord) 1946; seiner geopolit. Lehre bediente sich der Nationalsozialismus.

Haushuhn, stammt ab vom ind. Bankivahuhn; es hat fleischigen Kamm und Kinnlappen, der Hahn sichelförmigen Schwanz und einen Sporn. Die Henne brütet 20-21 Tage, die Küken sind nestflüchtig und werden von der Bruthenne (Glucke) betreut. Mit 4-5 Monaten legt es Eier.

Hausierhandel, → Reisegewerbe.

Hausindustrie, → Heimarbeit.

Hausmann, Manfred, Schriftst., *1898, †1986; Romane (»Abel mit der Mundharmonika«), Dramen und Legendenspiele.

Hausmarke, Hauszeichen, 1) Besitzzeichen an bewegl. und unbewegl. Eigentum. **2)** bevorzugt geführtes Erzeugnis einer Handelsfirma.

Hausmeier, lat. **Majordomus,** unter den Merowingern der oberste Hof- und Staatsbeamte des Fränk. Reichs; die → Karolinger stiegen schließlich mit Pippin III. 751 von H. selbst zu Königen auf.

Hausruck, österr. Bergland zwischen Inn und Traun, im Göbelsberg 800 m hoch.

Haussa, → Hausa.

Hausschwamm, Holzschwamm, ein Löcherpilz, der in Häusern feuchtes Bauholz befällt und zerstört. Trockenheit des Bauholzes und Tränken mit keimtötenden Mitteln beugen vor.

Hausse [o:s, frz.] die, Aufschwung der Wirtschaft, bes. Steigen der Börsenkurse. Gegensatz: → Baisse.

Haussmann, Helmut, Politiker (FDP), *1943; 1984-88 Gen.-Sekr. der FDP, seit 1988 Bundesmin. für Wirtschaft.

Haussuchung, → Durchsuchung.

Haustiere, vom Menschen des Nutzens oder Vergnügens wegen gezüchtete Tiere. Zu den ältesten H. Europas gehört der Hund (seit 10000 v. Chr.). In der jüngeren Steinzeit folgten Rind, Schwein, Schaf, Ziege, Esel, noch später Pferd, Katze.

Hausurnen, vorgeschichtl. Graburnen in Form eines Hauses (seit der Jungsteinzeit).

Hauswirtschaft, 1) die selbständige Wirtschaftsführung einer Familie (Einzelhaushalt) oder eines Unternehmens wie Gasthaus, Anstalt (Großhaushalt); setzt geregelte Haushaltführung (Haushaltbücher) voraus. **2) Geschlossene H.,** Wirtschaftsform, bei der die Hausgemeinschaft nur für den Eigenbedarf produziert, ohne den Markt zu beanspruchen.

Hauswirtschaftsgehilfin, Ausbildungsberuf mit zwei- (städtische) oder dreijähriger (ländl. H.) Ausbildung.

Hauswurz die, Gatt. der Dickblattgewächse, Kleinstauden mit fleischigen, rundl. Blattrosetten. Die an Felsen heim. **Dachwurz** galt früher als Schutz gegen Blitz und Feuer.

Haut die, als Schutz und Wärmeregler dienende äußere Körperbedeckung, enthält Sinnesorgane zum Tasten und Fühlen. Sie besteht beim Menschen aus der **Ober-H. (Epidermis),** die sich aus der unteren Keimschicht und der oberen Hornschicht zusammensetzt, und der festen, bindegewebigen **Leder-H.,** die auf dem faserigen und mehr oder minder fettreichen **Unterhaut-Fett-** oder **Unterhaut-Zellgewebe** ruht. In der Leder-H. liegen die **H.-Talgdrüsen** und die Wurzeln der Haare. Die Schweißdrüsen liegen im Unterhaut-Zellgewebe, die Nervenenden in Leder-H. und Unterhaut-Zellgewebe.

Haute Couture [o:tkut'y:r, frz. »Hohe Schneiderkunst«] die, Bez. für Pariser Modeschöpfer, die ihr Schaffen als künstler. Tätigkeit auffassen.

Hautevolee [o:tvɔl'e:, frz.] die, vornehme Gesellschaft.

Hautflügler, Insekten mit 2 Paar dünnhäutigen Flügeln; das Weibchen hat einen Lege- oder Wehrstachel. Zu den H. gehören Bienen, Wespen, Schlupfwespen, Ameisen.

Hautgout [og'u, frz.] der, starker Geschmack von nicht mehr ganz frischem Fleisch (Wild).

Hautkrankheiten, Dermatosen, entstehen durch: lebende Erreger, z. B. tier. Parasiten (→ Krätze); Hautpilze (Bartflechte, → Hautpilzerkrankungen); Bakterien (Erysipel → Wundrose, → Hauttuberkulose); Viren (→ Herpes); schädigende Stoffe: Arzneimittel (Arzneiausschlag); mechan. oder therm. Einflüsse (Wundsein, Verbrennung); Strahlen (Sonnenbrand); allergisch wirkende Stoffe (→ Nesselausschlag); Innere Ursachen: Innersekretor. Störungen (→ Akne); erbl. Anlage (→ Psoriasis, → Fischschuppenkrankheit); Geschwülste (→ Hautkrebs). Zu den H. zählen auch Infektionskrankheiten mit Hautausschlägen (Pocken, Scharlach u. a.).

Hautkrebs, Sammelbez. für von der Oberhaut ausgehenden Krebs, bildet als Basalzellenkrebs flache, manchmal geschwürig zerfallende Geschwülste, die nicht schmerzen; Stachelzellenkrebs mit zur Verhornung neigenden Geschwüren.

Hautpilzerkrankungen, Dermatomykosen, sind u. a.: **Epidermophytie:** kleine, stark juckende Bläschen zw. Fingern und Zehen. Übertragung bes. in Badeanstalten. **Hautpilzflechte, Trichophytie:** Haarausfall, Entzündungen. – **Soor** (Schwämmchen), meist auf der Mundschleimhaut von Säuglingen in Form von milchigweißen Belägen; häufig auch zw. den Fingern oder Zehen bei Erwachsenen als stark juckende hochrote Herde.

Hauttuberkulose, am häufigsten als **Lupus vulgaris (fressende Flechte);** vorwiegend im Gesicht. Intensive ärztl. Behandlung mit Chemotherapeutika; unterstützend: Klimabehandlung, eiweiß- und vitaminreiche Kost.

Häutung, regelmäßiges Abstoßen und Erneuern der oberen Haut; Tiere mit fester Oberhaut, z. B. Insekten, Schlangen, streifen ihre zu eng gewordene Haut ganz ab (Natternhemd).

Hautwirkung, Skin-Effekt. Ströme sehr hoher Frequenz bewegen sich nur auf der Oberfläche eines Leiters und verursachen dadurch Stromwärmeverluste. Abhilfe: Leiter aus vielen dünnen, miteinander verdrillten Drähten (Litze) oder Hohlleiter.

Hautwolf, Wundsein der Haut.

Havanna, La Habana [aβ'ana], Hptst. von Kuba, 2,036 Mio. Ew.; Hafen, Univ., Erzbischofssitz; Ind., Ausfuhr von Tabak und Zukker; 1515 von den Spaniern gegründet.

Havarie [ital. aus arab.] die, ↘ Schäden, die Schiff und Ladung während der Seereise treffen: durch absichtl. Handlung des Kapitäns (bei Gefahr; **große H.**) oder auf andere Weise (bes. durch Zusammenstoß; **besondere H.**); auch die Unkosten der Schiffahrt (z. B. Lotsengelder; **kleine H.**).

Havel die, rechter Nebenfluß der unteren Elbe, kommt aus dem Dambecker See bei Neustrelitz, bildet die **H.-Seen;** 337 km lang (davon 328 km schiffbar); Kanalverbindungen zur Oder und Elbe. **H.-Land,** Landschaft zw. Spandau und Rathenow.

Havel, Vaclav, tschechoslowak. Schriftsteller und Politiker, *1936; Dramen (Die Versuchung u. a.), Erz.; 1969 Publikationsverbot, seit 1977 Publikationen im westl. Ausland; 1979 bis 1983 sowie 1989 als Regimekritiker inhaftiert, einer der Sprecher der Charta 77, nach der polit. Wende in der ČSFR Dez. 1989 zum Staatspräs. gewählt.

Havířov [h'avi:rʒɔf], Stadt in Mähren, ČSFR, 91 700 Ew.; Bergarbeitersiedlung.

Hawaii, 1) größte der **Hawaii-Inseln (Sandwich-Inseln),** 10 414 km², 64 000 Ew., vulkanisch (Mauna Kea 4208 m, erloschen). **2)** 50. Staat der USA, 16 705 km², 1,1 Mio. Ew. (Japaner, Chinesen, Weiße, Schwarze, Filipinos u. a.), im nördl. Pazif. Ozean, besteht aus 8 größeren (H., Maui, Oahu, Kauai usw.) und 23 kleineren Inseln. Hptst.: Honolulu. Viele Vulkane (meist erloschen); Zuckerrohr, Ananas, Kaffee u. a.; Zucker- und Konservenind. Flotten- und Flugstützpunkt: Pearl Harbor. – Die H.-Inseln, 1555 von den Spaniern entdeckt, 1778 wiederentdeckt, kamen 1898 an die USA, wurden 1959 Bundesstaat der Union. ⊕ S. 486.

Hawking [h'ɔ:kiŋ], Stephen William, brit. Physiker, *1942; Forschungen zum unmittelbaren Entstehen des Universums; populärwissenschaftl. Darstellung: »Eine kurze Geschichte der Zeit«.

Hawthorne [h'ɔ:θɔ:n], Nathaniel, nordamerikan. Schriftst., *1804, †1864; Romane (»Der scharlachrote Buchstabe«).

Háy [ha:i], Gyula, ungar. Bühnenbildner, Dramatiker, *1900, †1975; soziale Dramen (»Gerichtstag«, »Der Barbar«).

Haydn, 1) Joseph, Komponist, *1732, †1809, Schöpfer des klass. sinfon. Stils, vollendete die Sonatenform durch die themat. Verarbeitung. Über 100 Sinfonien, Konzerte; Streichquartette, Trios, Sonaten; Opern, Singspiele; Oratorien »Die Schöpfung«, »Die Jahreszeiten«; Messen; Lieder; österr. Kaiserhymne, → Deutschlandlied. **2)** Michael, Komponist, Bruder von 1), *1737, †1806.

Hayek, Friedrich August von, Volkswirtschaftler, *1899, Vertreter des → Neoliberalismus; 1974 Nobelpreis für Wirtschaftswiss.

Haym, Rudolf, Philosoph, Literarhistoriker, polit. Publizist, *1821, †1901, gründete 1858 die »Preuß. Jahrbücher«; schrieb u. a. »Die Romant. Schule«.

Hazienda [span.] die, -/...den, Landgut.

H-Bombe, die → Wasserstoffbombe.

h. c., Abk. für **h**onoris **c**ausa, ehrenhalber.

HDTV, Abk. für **H**igh **D**efinition **T**elevision, → Fernsehen.

He, chem. Symbol für Helium.

Hearing [h'ɪ:rɪŋ, engl.] das, Vernehmung, öffentl. Anhörung.

Heaviside [h'evɪsaɪd], Oliver, engl. Physiker, *1850, †1925, führte gleichzeitig mit Kennelly die Ausbreitung elektr. Wellen um die Erde auf eine ionisierte Atmosphärenschicht **(Kennelly-H.-Schicht)** zurück.

Hebamme die, staatl. geprüfte und anerkannte Geburtshelferin. Ausbildung geregelt durch H.-Gesetz v. 21. 12. 1938, Ausbildung und Prüfung durch VO v. 25. 3. 1963.

Hebbel, Friedrich, Dichter, *1813, †1863, gestaltete in Tragödien den Zusammenstoß des einzelnen mit der sittl. Ordnung. Dramen: »Judith«, »Herodes und Mariamne«, »Agnes Bernauer« u. a.; Gedichte, Tagebücher.

Hebe, röm. **Juventus,** grch. Göttin der Jugend, Mundschenkin im Olymp.

Hebel der, ein um eine Achse drehbarer Körper, meist eine Stange; er dient zum Heben einer Last oder zur Verstärkung eines Drucks. Die beiden H.-Arme heißen **Kraft-** und **Lastarm.** Die Kraft hält der Last das

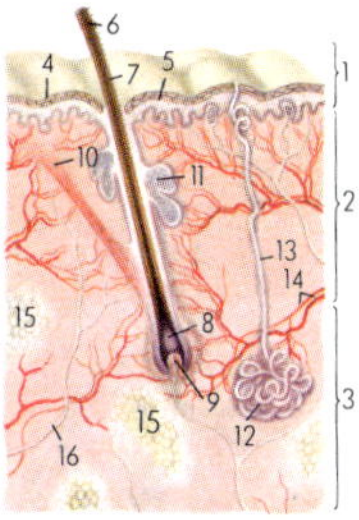

Haut: 1 Oberhaut; **2** Lederhaut; **3** Unterhaut-Zellgewebe; **4** Hornhaut der Oberschicht; **5** Keimschicht der Oberhaut; **6** Haarmark; **7** Haarrinde; **8** Haarzwiebel; **9** Haarpapille; **10** Haarmuskel; **11** Haarbalgdrüse; **12** Schweißdrüsenknäuel; **13** Schweißdrüsenausführungsgang; **14** Blutgefäße der Haut; **15** Fettgewebe; **16** Nerven

J. Haydn

Hebbel

Gleichgewicht, wenn Last × Lastarm = Kraft × Kraftarm ist. Der H. gehört zu den einfachen Maschinen, Beispiele sind: Waage, Zange, Schere, Brechstange, Pumpenschwengel, Türklinke u.a.

Hebel, Johann Peter, Dichter, *1760, †1826; »Alemann. Gedichte«, Kalendergeschichten: »Schatzkästlein des Rhein. Hausfreundes«.

Hebephrenie [Kw. grch.] die, ♡ in der Jugend beginnende Form der → Schizophrenie.

Heber: Saug-H.

Heber der, Gerät zum Heben von Flüssigkeiten durch Luftdruck. Der **Stech-H.** wird durch Ansaugen der Flüssigkeit gefüllt. Beim **Saug-** oder **Schenkel-H.** ist die Röhre gebogen; steigt die Flüssigkeit über den höchsten Punkt der Biegung, fließt sie selbständig dauernd nach. Der **Gift-H.** ist eine Sonderform des Saug-H. mit Hahn und bes. Saugrohr.

Hebezeuge Mz., Sammelbegriff für Fördermittel, wie Winden, Flaschenzüge, Aufzüge (nur senkrechtes Fördern) und Krane (zusätzl. eine horizontale Lastbewegung).

Hebräer, Ebräer, im A.T. Eigenbez. für Angehörige israelit. Stämme.

Hebräerbrief, Schrift des N.T., Verfasser unbekannt.

Hedin

hebräische Literatur, das von den Juden in hebräischer Sprache geschaffene Schrifttum, neben der Bibel viele religionsphilosoph., mystische, ethische u.a. Schriften. Mit seiner Gründung wurde der Staat Israel Zentrum der h. L.; heute oftmals Themen zur Verfolgung der Juden durch den Nat.-Soz. sowie allg. soziale und polit. Fragen.

hebräische Sprache, gehört zu den semit. Sprachen. In der Bibel ist das A. T. in h. S. geschrieben. Die **hebräische Schrift** wird von rechts nach links geschrieben.

Hebriden Mz., Gruppe von über 500 felsigen Inseln und Klippen (nur etwa 100 bewohnt) an der W-Küste von Schottland; 7285 km² groß, mit etwa 100000 gälisch sprechenden Ew.

Hebron, heute **El-Khalil,** Stadt in Jordanien, 39000 Ew.; Patriarchengräber; Hptst. Judas unter David, als Grabstätte Abrahams eine der 4 hl. Stätten des Talmud, Heiligtum der Araber.

Hebung die, im dt. Vers die betonte Silbe; Ggs.: Senkung.

Hefe (vergrößert)

hecheln, 1) Flachs und Hanf durch ein kammartiges Werkzeug, die **Hechel,** durchziehen, um die Fasern zu zerteilen und zu ordnen. **2)** jemand **durchhecheln,** boshaft bekritteln.

Hecht der, bis 1,5 m langer Raubfisch des Süßwassers, grünlich **(Gras-H.);** schmackhafter Speisefisch.

Heck das, hinteres Ende eines Fahrzeugs (Schiff, Flugzeug, Luftschiff, Kraftwagen).

Heckel, Erich, Maler, Graphiker, *1883, †1970; an der Ausbildung des Expressionismus beteiligt; Figurenbilder, Landschaften, Bildnisse.

Hecker, Friedrich, *1811, †1881, war 1848 bad. republikan. Freischarenführer, ging nach Amerika und wurde Brigadegeneral im amerikan. Bürgerkrieg.

Heckmann, Herbert, Schriftst., *1930, Mithg. der »Neuen Rundschau«; Roman: »Benjamin und seine Väter«.

Hede die, Rückstand beim Hecheln, → Werg.

Hederich, Ackerrettich, → Rettich.

Hegel

Hedin, Sven von, schwed. Asienforscher, *1865, †1952, bereiste Innerasien, bes. Tibet, teils als erster, und berichtete darüber; wichtigste Reisen: 1899-1902 Tarimbecken, Tibet; 1905-08 Entdeckung des Transhimalaya; 1927-35 Mongolei (Gobi) und Chinesisch-Turkestan.

Hedonismus der, Lehre, daß die »Lust« [grch. hedone] höchstes Gut des Lebens sei.

Hedschas, → Hidjas.

Hedwig [aus ahd. hadu »Streit« und wig »Kampf«], weibl. Vorname.

Hedwig, 1) Schutzheilige Schlesiens (Tag 16. 10.), † in dem von ihr gegr. Kloster Trebnitz 1243, ⚭ mit Herzog Heinrich I. von Schlesien. **2) (Hadwig),** Herzogin von Schwaben, lebte als Witwe auf dem Hohentwiel, †994; Heldin in Scheffels Roman »Ekkehard«.

Heer [ahd. heri] das, Landkriegsmacht eines Staates. Es gibt H. mit beschränkter oder allg. Wehrpflicht und Freiwilligen-(Berufs-)H. Beim **stehenden H.** befindet sich der ganze Friedensstand ständig unter Waffen. **Miliz-H.** werden im Mobilmachungsfall aufgestellt oder bestehende Kader werden mit eingezogenen Soldaten aufgefüllt.

Heer, 1) Friedrich, österr. Historiker, Schriftst., *1916, †1982; »Die 3. Kraft«, »Das Hl. Röm. Reich« u.a. **2)** Jakob Christoph, schweizer. Erzähler, *1859, †1925; »Der König der Bernina«.

Heereman, Constantin Frhr. v. Zuydtwyck, *1931, Präs. des Dt. Bauernverbands (seit 1969).

Heerlen, Stadt in den Niederlanden, 94000 Ew.; Pädagog. Akademie, theolog. Fachhochschule.

Heerwurm, Massenzug von Larven der Trauermücke; galt als Vorbote eines Krieges.

Hefe die, mikroskopisch kleine einzellige Pilze, Haupterreger der → Gärung. Am wichtigsten sind die **Bier-H. (Branntwein-H.),** die nur als Kulturpflanze bekannt ist, und die **Wein-H.,** die in den Weinbergen vorkommt. Wegen ihres Eiweiß- und Vitamingehaltes dient H. auch als Nähr- und Heilmittel, Bier-H. wird als Treibmittel beim Backen **(Back-H.)** verwendet.

Hefnerkerze [nach F. v. Hefner-Alteneck], Abk. **HK,** eine nicht mehr gesetzl. Einheit der Lichtstärke; 1 HK = 0,903 cd.

heften, Verbinden von Papierblättern, -bogen oder Stoff durch Fäden, Draht u.a.

Hegar, Friedrich, schweizer. Komponist, *1841, †1927; Orchester-, Kammermusik, Chöre.

Hegau der, fruchtbare Landschaft nördl. des Bodensees, mit Burgruinen auf basalt. Bergkegeln (Hohentwiel u.a.).

Hege die, Pflege von Wildbestand und Forst.

Hegel, Georg Wilhelm Friedrich, Philosoph, *1770, †1831; schuf das umfassendste

Heckel: Selbstbildnis

Lehrgebäude des dt. Idealismus. »Sein« und »Denken« sind nach ihm ein und dasselbe; das »Geistige« ist das Wesen der Welt, die sich aus dem Geist aufbaut in der Stufenfolge: Naturgeschehen, Weltgeschichte, Kunst, Religion und Philosophie (Sich-selbst-Erkennen des Geistes).

Hegelianismus, an Hegel anschließende philosoph. Schulbildungen. Hauptrichtungen: **Althegelianer** (konservat. Einstellung gegenüber Kirche und Staat) und **Junghegelianer** (**Hegelsche Linke:** Anwendung der Dialektik zur Kritik von Recht, Staat und Religion).

Hegemonie [grch.] die, Vorherrschaft.

Hegenbarth, Josef, Graphiker, Maler, *1884, †1962; zeichnete bes. Buchillustrationen.

Hehlerei begeht, wer um seines Vorteils willen Sachen, von denen er weiß oder den Umständen nach annehmen muß, daß sie durch strafbare Handlung erlangt sind, verheimlicht, ankauft, an sich nimmt oder zu ihrem Absatz mitwirkt **(Sach-H.)** oder wer aus Eigennutz einen Dieb oder Räuber begünstigt **(Personen-H.).** H. wird mit Freiheitsstrafe bestraft.

Hehn, Victor, Kulturhistoriker, *1813, †1890; »Gedanken über Goethe«, »Kulturpflanzen und Haustiere«.

Heide die, **1)** meist baumlose Landschaft mit Sträuchern, Gräsern und Kräutern auf nährstoffarmen Böden, bes. in Mittel- und W-Europa, z. B. Lüneburger H., heute weitgehend kultiviert. **2)** östl. der Elbe auch Bez. für Kiefernwälder.

Heidelberg mit Schloß

Heide, versch. meist strauchige Pflanzen mit nadelförmigen Blättchen und meist rötl. Blüten: **H.-Kraut** oder **Besen-H.,** auch **Erika,** die Hauptpflanze auf Heideland, ein niedriger Strauch, blüht im Herbst, reich an Honig. Zur Gatt. **Glocken-H. (Erika)** gehören: **Sumpf-H.,** auf nordwestdt. Heidemooren; **Baum-H.,** in S-Europa, Afrika, mit rötl., maserreichem Wurzelholz, das als **Bruyèreholz** Pfeifenköpfe gibt.

Heide der, Mensch, der keiner monotheist. Religion angehört.

Heilquellen

Nach ihren chem. und physikal. Eigenschaften werden folgende Heilquellen abgegrenzt:

A) Wässer, die mehr als 1 g gelöste feste Mineralstoffe je kg enthalten.

Chloridwässer, a) Natrium-Chloridwässer, Kochsalzwässer, früher »muriat. Wässer« genannt, werden bei einem Mindestgehalt von 5,5 g Natrium- und 8,5 g Chlor-Ionen je kg auch »Sole« genannt; b) Calcium-Chloridwässer; c) Magnesium-Chloridwässer.

Hydrogencarbonat-(Hydrocarbonat-)Wässer, a) Natrium-Hydro(gen)carbonatwässer, früher »alkal. Wässer« genannt; b) Calcium-Magnesium-Hydro(gen)carbonatwässer, früher »erdige Wässer« genannt.

Sulfatwässer, a) Natrium-Sulfatwässer, früher »salin. Wässer« oder »Glaubersalzwässer« genannt; b) Magnesium-Sulfatwässer, früher »Bitterwässer« genannt; c) Calcium-Sulfatwässer, früher »Gipswässer« genannt; d) Eisen-Sulfatwässer, früher »Eisenvitriolwässer« genannt; e) Aluminium-Sulfatwässer, früher »Alaunwässer«.

B) Wässer, die unabhängig vom Gesamtgehalt an gelösten festen Mineralstoffen bes. wirksame Bestandteile enthalten. **1) Eisenwässer,** früher »Stahlquellen« genannt; **2) Arsenwässer; 3) Jodwässer,** Jodquellen; **4) Schwefelwässer** enthalten Hydrosulfit-Ionen und teilweise freien Schwefelwasserstoff; **5) Radonwässer** enthalten Radon; **6) Kohlensäurewässer (Anthrakokrenen)** oder **Säuerlinge.**

C) Wässer, deren natürl. Temperatur höher ist als 20°C **(Akratothermen** oder **Thermen, Thermalquellen);** sind sie wärmer als die Indifferenztemperatur von 35°C, so werden sie als »hypertherm« bezeichnet.

D) Wässer, die keine der angeführten Voraussetzungen erfüllen (mineralarme kalte Quellen, **Akratopegen**), aber nachweisbare Heilwirkungen haben.

Aus der Mannigfaltigkeit der Bestandteile der meisten H. folgt, daß ihre medizin. Indikationen sich überschneiden. Bei jeder H. läßt sich jedoch die wesentl. Eigenart feststellen und so die physiolog. Wirkung abgrenzen.

Chloridwässer (Solquellen) wirken bei Trinkkur und Inhalation schleimlösend auf die Schleimhäute, in Form von Bädern dämpfend auf die nervöse Erregbarkeit und umstimmend bes. bei Kindern.

Hydrogencarbonatwässer werden zu Trinkkuren bei Diabetes, Gicht, Magenschleimhautentzündung und Entzündungen der Harnwege verwendet.

Sulfatwässer bewähren sich bei chron. Leberkrankheiten und Erkrankungen der Gallenwege.

Eisen- und **Arsenwässer** werden zur Trinkkur bei Blutarmut, Unterernährung und Schilddrüsenüberfunktion benutzt.

Wichtigste Heilanzeigen der **Jodwässer** sind Blutdruckerhöhung und Arterienverkalkung; Trink- und Badekur werden kombiniert.

Für die Behandlung mit Bädern in **Schwefelwässern** eignen sich bes. entzündl. und degenerative Gelenkerkrankungen, auch Hautleiden und Kreislaufstörungen.

Radonwässer werden v. a. bei Krankheiten des rheumat. Formenkreises und bei Altersbeschwerden angewendet.

Durch Bäder mit **Kohlensäurewässern** werden best. Herzkrankheiten und periphere Durchblutungsstörungen behandelt.

Einfache **Thermen (Wildwässer)** haben einen günstigen Einfluß auf degenerative Schäden am Bewegungsapparat, Lähmungen, Nervenentzündungen, auch auf leichte Blutdruckerhöhung.

Beispiele europäischer Heilquellen

Aachen: Schwefeltherme; Abbach: Schwefeltherme; Acqui Terme: Schwefeltherme; Altheide: Eisensäuerling; Baden-Baden: Kochsalztherme; Baden bei Wien: Schwefeltherme; Baden bei Zürich: Schwefeltherme; Badenweiler: Akratotherme; Bath: hypertherm. Quellen; Bertrich: Glaubersalzquelle; Dürkheim: arsenhaltige Solquelle; Füssing: Schwefeltherme; Hall (Oberösterreich): jodhaltige Solquelle; Badgastein: radioaktive Therme; Karlsbad: Glaubersalztherme; Kissingen: Kochsalzsäuerling; Kreuznach: radioaktive Solquelle; Leukerbad: Calcium-Sulfat-Therme; Mergentheim: Glaubersalzsäuerling; Nenndorf: Schwefelquelle; Oeynhausen: Thermalsole; Pyrmont: Eisensäuerling; Pistyan: Schwefeltherme; Reichenhall: Solquelle; Schuls-Tarasp-Vulpera: alkalisch-salin. Glaubersalzquellen und Säuerlinge; Wiesbaden: Kochsalztherme; Wiessee: jod- und schwefelhaltige Natriumchlorid-Quelle.

Heidegger

Heine

Heinemann

Heide, Krst. von Dithmarschen, Schlesw.-Holst., 19900 Ew.; landwirtschaftl. Handel, Ind. H. war 1447-1559 Hauptort des Bauernfreistaates → Dithmarschen.

Heidegger, Martin, Philosoph, *1889, †1976; entwickelte aus der Phänomenologie Husserls eine Methode zur Daseinserhellung des Menschen (→ Existenzphilosophie); zugleich versuchte er »die Frage der abendländ. Metaphysik nach dem Sein ursprünglicher zu fragen«.

Heidelbeere, Blau-, Bickbeere, kleinstrauchiges Heidekrautgewächs, bes. im Nadelwald, mit rötl.-grünen Blüten und schwarzblauen, schmackhaften Beeren; getrocknet Durchfallarznei.

Heidelberg, Stadt in Bad.-Württ., am Neckar, 128600 Ew.; Univ. (gegr. 1386), wissenschaftl. Ges., Institute; Krebsforschungszentrum; Ind. (Maschinen, Zement, Zigarren u.a.); Fremdenverkehr. Über der Stadt die Ruine des Pfalzgrafenschlosses (Renaissance, 16. Jh., durch die Franzosen 1689 und 1693 zerstört). (BILD S. 353)

Heidelberger Katechismus, in der reformierten Kirche weitverbreitete, zuerst 1563 in Heidelberg erschienene Bekenntnisschrift.

Heidelberger Unterkiefer, Họmo erẹctus heidelbergẹnsis, ältester europ. menschl. Knochenfund, wahrscheinlich aus der 1. Zwischeneiszeit stammend, 1907 bei Mauer östlich von Heidelberg gefunden.

Heidenheim a. d. Brenz, Krst. in Bad.-Württ., im Brenztal, 47900 Ew.; Burg Hellenstein; Maschinen-, Textil-, Tabak-Ind.

Heidenstam, Verner v., schwed. Dichter, *1859, †1940, Neuromantiker; Nobelpreis 1916.

Heidschnucke die, sehr alte, kleinwüchsige Schafrasse der Lüneburger Heide.

Heidụcken [ungar. »Treiber«], **1)** ungar. Söldner, erhielten 1605 eigenes Wohngebiet. **2)** ungar. Name für Diener, Läufer. **3)** gegen die Türken kämpfende Freischärler.

Heifetz, Jascha, russ. Geiger, *1901, †1987; lebte in den USA.

Heil [german.] das, **1)** Rettung, Hilfe, Nutzen. **2)** Lebenskraft des Menschen, bes. als Gabe Gottes oder der Götter; im Christentum die Erlösung. **heilig,** fromm, gottselig; Eigenschaft Gottes zur Bez. seiner Unterschiedenheit von allem Irdischen.

Heiland [von lat. salvator »Heilender«, »Erretter«, »Erlöser«] der, Beiname Christi.

Heilanzeige, ♡ → Indikation.

Heilbad, Badeort mit → Heilquellen.

Heilbronn, Stadt in Bad.-Württ., 114000 Ew.; Hafen am schiffbaren Neckar; Maschinen-, Fahrzeug-, Papier-, Nahrungsmittel-, Textil- u.a. Ind., Salzbergbau; Dampfkraftwerk. Die Altstadt wurde im 2. Weltkrieg fast völlig zerstört.

Heilbutt der, Plattfisch, große Schollenart der nördl. Meere.

Heilerde, Ton oder Lehm für Heilzwecke.

Heilerziehung, Sondererziehung entwicklungsgehemmter, schwer erziehbarer und anomaler Kinder und Jugendlicher.

Heilfieber, künstl. zu Heilzwecken erzeugtes Fieber, Art der Reizkörperbehandlung.

Heilgymnastik, Krankengymnastik, planmäßige Anwendung von Körperbewegungen und Leibesübungen zu Heilzwecken: z.B. bei Muskel-, Gelenkleiden, Verkrümmungen.

Heilige, kath. Kirche: vom kirchl. Lehramt heiliggesprochene Verstorbene, die verehrt und um ihre Fürbitte angerufen werden können (→ Heiligsprechung).

Heilige Allianz die, Bündnis, auf Anregung des russ. Kaisers Alexander I. 1815 von ihm, dem Kaiser von Österreich und dem König von Preußen geschlossen; im wesentl. eine Kundgebung christl. Friedensgesinnung.

Heilige der letzten Tage, die → Mormonen.

Heilige Drei Könige, → Drei Könige.

Heilige Familie, das Christuskind, Maria und Joseph; in der bildenden Kunst oft dargestellt.

Heilige Nacht, die Nacht vor Weihnachten.

Heiligenblut, Dorf in Kärnten, Österreich, im oberen Mölltal, 1290 m ü. M., 1400 Ew., Ausgangspunkt der Großglockner-Hochalpenstraße; spätgot. Wallfahrtskirche (1491 geweiht).

Heiligenhafen, Hafenstadt und Ostseebad in Schlesw.-Holst., 8800 Ew.

Heiligenhaus, Stadt in NRW, südl. der Ruhr, 29200 Ew.; Eisen-, Elektro-Ind.

Heiligenschein, Gloriole die, bildende Kunst: Lichtkreis oder Strahlenkranz um die ganze Figur oder um das Haupt bei göttl. oder hl. Gestalten.

Heiligenstadt, Krst. im Bez. Erfurt, 16500 Ew.; ehem. kurmainz. Schloß; Mittelpunkt der Ind. des Eichsfeldes (Textilien, Zigarren, Maschinen u.a.), Heilbad.

Heiliger, Bernhard, Bildhauer, *1915; arbeitet figürl. Bildwerke und Bildnisköpfe.

Heiliger Geist, christl. Lehre: die Dritte Person in Gott (→ Trinität).

Heiliger Krieg, 1) Islam: Religionskrieg gegen Nichtmuslime. **2)** → Kreuzzüge.

Heiliger Stuhl, Apostolischer Stuhl, lat. **Sạncta Sẹdes, Sedes Apostọlica,** Bez. für das Papstamt, den Papst persönl. oder die → Römische Kurie einschließlich des Papstes.

Heiliger Vater, der → Papst.

Heilige Sachen, kath. Kirche: die zum kirchl. Gebrauch geweihten Gebäude, Stätten und Geräte.

Heilige Schrift, die → Bibel.

Heiliges Grab, Grabstätte Jesu in Jerusalem, nahe Golgatha, in der **Grabeskirche;** gemeinsamer Besitz der Ostkirche, der armen. und kath. Kirche.

Heiliges Jahr, → Jubeljahr.

Heiliges Land, das bibl. → Palästina.

Heiliges Römisches Reich, mlat. **Sạcrum Romạnum Impẹrium,** offizieller Titel des dt. Reichs bis 1806, das seit 962 als Fortsetzung des Röm. Reichs galt. Der Name **Romanum Imperium** wird zuerst 1034 unter Konrad II. gebraucht, **Sacrum Imperium** seit 1157 unter Kaiser Friedrich I., um seine sakrale Würde gegenüber der Kirche zu betonen. Seit 1254 bürgert sich in den Königsurkunden die Verbindung **Sacrum Romanum Imperium** ein. Der inoffizielle Zusatz **Deutscher Nation (Na-**

Heiligenblut: im Hintergrund links der Großglockner

tionis Germanicae) wurde erst im 15. Jh. beigefügt, bezeichnet zunächst nur die dt. Teile des Reichs, drückte später den Anspruch der Deutschen auf das Imperium aus. Bis Karl V. ließen sich die Kaiser vom Papst krönen; die übrigen Herrscher bis 1806 nahmen gleich bei der Wahl und Krönung zum »Röm. König« den Kaisertitel an. (→ deutsche Geschichte)

Heiligkeit, 1) Gottes Unvergleichlichkeit, Erhabenheit. **2) Seine H.,** Ehren-Bez. für den Papst; Anrede: **Eure H.** oder **Heiliger Vater.**

Heiligsprechung, kath. Kirche: feierl. päpstl. Erklärung, daß ein Verstorbener in das Verzeichnis (Kanon) der Heiligen aufgenommen worden ist **(Kanonisation);** Vorstufe ist die Seligsprechung.

Heilimpfung, passive Immunisierung, Behandlung von ansteckenden Krankheiten, z. B. Diphtherie, mit Heilserum. Dieses wird von Tieren gewonnen, deren Blut nach Überstehen der entsprechenden Krankheit genügend Abwehrstoffe (Antitoxine) enthält. – **Aktive Immunisierung,** → Schutzimpfung.

Heilmittel, 1) arzneil. H., die Arzneien. **2) Ernährungsbehandlung** sowie **natürl. H.** (Luft, Licht, Sonne, Wärme, Kälte, Wasser) und **physikal. H.** (Massage, Gymnastik, Bäder, Bestrahlung u. a.). **3) chirurg.** und **orthopäd. H. 4) psychotherapeut. H.** (Psychoanalyse u. a.).

Heilongjiang, Heilungkian, nordöstl. Prov. Chinas, 453 300 km², 33 Mio. Ew., Hptst. Harbin; Weizen, Soja, Kohle.

Heilpflanzen, Arzneipflanzen, Wild- oder Kulturpflanzen, zur Herstellung von Arzneien o. a. Heilzwecken. (Weitere BILDER S. 356)

Heilpraktiker, jemand, der die Heilkunde ausübt, ohne als Arzt bestallt (approbiert) zu sein, genehmigungspflichtig.

Heilquellen, Quellwässer, die sich durch einen bes. hohen Gehalt an Mineral- oder anderen Stoffen, den Gehalt an Radium oder Radiumemanation oder durch höhere Temperatur von anderen Quellen unterscheiden, dadurch heilkräftig wirken (»Gesundbrunnen«) und zu **Trink-** und **Badekuren** gebraucht werden. (ÜBERSICHT S. 353)

Heilsarmee, militärähnlich geordnete relig. Gemeinschaft, die durch Bußpredigt, Lobgesänge und andere Andachtsübungen wirkt; sucht wirtschaftl. Not und soziales Elend zu lindern; 1865 von W. Booth in London gegr.

Heilsberg, poln. **Lidzbark Warmiński** [l'idzbark varm'iĩski], Stadt in der poln. Wwschaft Olsztyn, ehem. Krst. in Ostpreußen, an der Alle, 16 000 Ew.; Holzfabriken. – H. war bis 1795 Sitz der Bischöfe von Ermland.

Heilserum, → Heilimpfung.

Heimarbeit, Verlagssystem, gewerbl. Tätigkeit, die der **Heimarbeiter (Hausgewerbetreibende)** im Auftrag von Gewerbetreibenden oder Zwischenmeistern in seiner Wohnung gegen Stücklohn ausübt.

Heimatkunst, 1) jede bodenständige, einer engeren Landschaft verbundene Kunst. **2)** literar.-künstler. Strömung um 1900 (F. Lienhard, A. Bartels, T. Kröger, H. Sohnrey), die gegenüber dem von Berlin ausgehenden Naturalismus und der symbolist. »Dekadenzliteratur« die H. programmatisch forderte.

Heimatvertriebene, die seit 1945 bes. aus den dt. Ostgebieten vertriebenen Deutschen.

Heimchen das, die Hausgrille (→ Grillen).

Heimcomputer, ein Mikrorechner, der in der Leistungsfähigkeit unter dem PC angesiedelt ist (Arbeitsspeicher bis 256 KByte) und v. a. im Haushalt für Lernprogramme und Computerspiele dient.

Heimdall, nordgerman. Gott; von ihm stammt nach dem Mythos das Menschengeschlecht ab.

Heimfall der, **1)** Lehnsrecht: Rückfall eines erledigten Lehnsgutes an den Lehnsherrn. Im modernen Recht bestehen H.-Ansprüche im Heimstätten- und Erbbaurecht. **2)** Anfall erbenlosen Nachlasses an den Staat.

Heimsoeth, Heinz, Philosoph, *1886, †1975; Philosophiehistoriker, Kant-Forscher.

Heimstätten, Grundstücke, die von öffentl.-rechtl. Körperschaften und von gemeinnützigen Siedlungsges. an Minderbemittelte zu niedrigen Preisen ausgegeben wurden.

Heimwehr, österr. antimarxist. Selbstschutzorganisation 1919-36; polit. Kampfbewegung bes. seit dem Wiener Aufruhr 1927, 1930-36 unter Starhemberg.

Hein, Abk. von Heinrich. **Freund H.,** volkstüml. Bez. für den Tod (nach M. Claudius).

Hein, Christoph, Schriftsteller, *1944; vielfach krit. Bild der Gesellschaft in der Dt. Dem. Rep.

Heine, Heinrich, Dichter, *1797, †1856 in Paris, wo er seit 1831 lebte; einer der Hauptvertreter des → Jungen Deutschlands. In seinen vielvertonten spätromant. Gedichten verbindet er Empfindungsreichtum mit Skepsis und Ironie (»Buch der Lieder«, »Romanzero«). Sein geistvoller und elegant plaudernder Prosastil (»Reisebilder«) machte ihn zum Begründer des modernen Feuilletonismus. (BILD S. 354)

Heinemann, Gustav, Politiker (seit 1957 SPD), *1899, †1976; Rechtsanwalt, 1945-52 Mitgl. der CDU. 1969-74 Bundespräsident. (BILD S. 354)

Heinkel, Ernst, Flugzeugbauer, *1888, †1958.

Heinrich, Fürsten: **Dt. Könige und Kaiser: 1) H. I.** (919-936), Sachsenherzog, brachte das Hzgt. Lothringen zum Reich zurück, schlug die Ungarn 933 an der Unstrut; er legte viele Burgen an und schuf die Grundlage der dt. Kaisermacht im MA. **2) H. II., der Heilige** (1002-24), der letzte Herrscher des sächs. Kaiserhauses. **3) H. III.** (1039-56), aus dem sal. Kaiserhaus, setzte 1046 3 streitende Päpste ab, machte Ungarn lehnspflichtig. **4) H. IV.** (1056 bis 1106), Sohn von 3), führte Kämpfe gegen das Papsttum (→ Investiturstreit) und viele dt. Fürsten. Durch die Kirchenbuße in Canossa vor Papst Gregor VII. (1077) erreichte er die Lossprechung vom Bann; 1084 in Rom zum Kaiser gekrönt. **5) H. V.** (1106-25), Sohn von 4), beendigte den Investiturstreit durch das Wormser Konkordat 1122. **6) H. VI.** (1190-97), Staufer, eroberte 1194 das normann. Königreich Sizilien, erstrebte die Erblichkeit der dt. Krone. **England. 7) H. II.,** König (1154-89), aus dem Hause Anjou-Plantagenet, gewann durch Erbschaft und Heirat auch das westl. Frankreich, begann die Unterwerfung Irlands; Streit mit Thomas Becket. **8) H. V.,** König (1413-22), siegte im Kampf um seinen Anspruch auf den frz. Thron 1415 bei Azincourt und nahm Paris ein. **9) H. VII.,** König (1485-1509), aus dem Hause Tudor, stürzte Richard III. und beendete die → Rosenkriege. **10) H. VIII.,** König (1509-47), Sohn von 9), gewalttätig, war sechsmal verheiratet, ließ seine zweite (Anna Boleyn) und fünfte Frau hinrichten; anfangs Gegner Luthers, brach dann mit dem Papst, machte sich 1534 zum Oberhaupt der engl. Staatskirche. **Frankreich. 11) H. II.,** König (1547-59), erwarb 1552 im Bunde mit den dt. Protestanten Metz, Toul und Verdun, mußte jedoch 1559 Italien den Spaniern überlassen. **12) H. III.,** König (1574-89), dritter Sohn von 11), führte mehrere Hugenottenkriege, ließ aber den Führer der kath. Liga, den Herzog H. von Guise, ermorden. **13) H. IV.,** König (1589-1610), Bourbone, anfangs König von Navarra und Führer der → Hugenotten, wurde 1593 kath., um Paris zu gewinnen, gewährte aber den Hugenotten 1598 die Vorrechte des Edikts von Nantes; wurde ermordet. **Portugal. 14) H. der Seefahrer,** Prinz,

Heilpflanzen I

Heilpflanzen I: **1** Arnika; **2** Lavendel; **3** Kamille mit Blütenlängsschnitt; **4** Knabenkraut

Heilpflanzen II

Heilpflanzen II: **5** Salbei; **6** Schlafmohn mit Fruchtkapsel; **7** Baldrian; **8** Gelber Enzian

*1394, †1460, legte durch Entdeckungsfahrten nach Westafrika den Grund zur überseeischen Machtstellung Portugals. **Sachsen. 15) H. der Löwe,** Herzog (1142-1180), Welfe, war seit 1156 auch Herzog von Bayern, förderte die Ausbreitung des Deutschtums im ostelb. Slawenland, unterwarf Mecklenburg, gründete die Städte Lübeck und München. Mit Kaiser Friedrich Barbarossa verfeindet, wurde er 1180 geächtet und verlor seine Herzogtümer. (BILDER S. 357)

Heinrich, mhd. Dichter: **1) H. der Glîchezaere,** aus dem Elsaß, dichtete um 1185 die älteste dt. Tiersage »Reinhart Fuchs«. **2) H. von Meißen,** genannt **Frauenlob,** *um 1260, †1318. **3) H. von Morungen,** Minnesänger, aus der Nähe von Sangerhausen, †1222. **4) H. von Ofterdingen,** sagenhafter Dichter, im Sängerkrieg auf der Wartburg Gegner Wolframs. **5) H. von Veldeke,** vom Niederrhein, vollendete um 1183 sein Epos »Eneide«.

Heinrich, Willi, Schriftst., *1920, Kriegs- und Zeitromane.

Heinrich von Plauen, Hochmeister des Dt. Ordens, *um 1370, †1429; verteidigte 1410 die Marienburg gegen die Polen, 1413 abgesetzt und lange gefangengehalten.

Heinsberg, Krst. in NRW, 36 500 Ew.

Heinse, Wilhelm, Dichter, *1746, †1803; Renaissance- und Künstlerroman »Ardinghello und die glückseligen Inseln«.

Heinzelmännchen, im dt. Volksglauben ein hilfsbereiter Hausgeist.

Heinzen, die → Heanzen; **Heinzenland,** das → Burgenland.

Heirat die, Eheschließung (→ Ehe). **Heiratsvermittlung,** → Ehevermittlung.

Heiseler, 1) Bernt von, Schriftst., Sohn von 2), *1907, †1969; Dramen, Gedichte, Romane, Essays. **2)** Herny von, Schriftst., *1875, †1928; formstrenge Gedichte und Dramen.

Heisenberg, Werner, Physiker, *1901, †1976; begr. mit M. Born und P. Jordan die Quantenmechanik und stellte die nach ihm benannte **H.sche Unschärferelation** auf. Nobelpreis 1932. (BILD S. 357)

heiße Chemie, Teil der Radiochemie, der sich mit hochradioaktiven Stoffen (etwa ab 0,37 GBq) und chem. Umwandlungen befaßt, die bei Kernreaktionen zustande kommen.

Heißenbüttel, Helmut, Schriftst., *1921; Gedichte (»Topographien«), sprach- und formexperimentierende Werke: »Textbuch« 1-6, »D'Alemberts Ende«, »Das Durchhauen des Kohlhaupts«; literaturtheoretische Arbeiten, Hörspiele u. a.

Heißer Draht, direkte Telephon- und Fernschreibverbindung zw. dem Weißen Haus (Washington) und dem Kreml (Moskau).

Heißkühlung, Umlaufkühlung mit stetig unter Überdruck umgewälztem Kühlmittel (meist Wasser) und Rückkühlung innerhalb eines geschlossenen Kreislaufs; bei Kernreaktoren, früher bei Verbrennungsmotoren.

Heißleiter, ⚡ Halbleiterwiderstand mit negativem Temperaturkoeffizienten; Anwendung: Temperaturfühler, -regler, -kompensation.

Heißluftbad, Schwitzbad in heißer trockener Luft bis 100 °C (elektr. Lichtbäder).

Heißwasserspeicher, wärmeisolierter Behälter zum Erzeugen und Speichern von heißem Wasser; ein Temperaturregler hält die Wassertemperatur aufrecht. (BILD S. 357)

Heister, 1) die, 5-10jähriger Laubbaum aus Baumschulen. **2)** der, junger Baum, meist Buche.

Heisterbach, ehemal. Zisterzienserabtei im Siebengebirge. **Cäsarius von H.,** mittellat. Schriftst., † um 1240.

Heizgase, brennbare techn. Gase zu Heiz- und Kochzwecken und bei der Verbrennung eines Brennstoffs entstehende Gase.

Heizkissen, durch elektr. Strom erwärmtes Kissen als Bett- und Leibwärmer sowie für Heilzwecke.

Heizkostenverteiler, am Wohnungsheizkörper angebrachtes Meßgerät, dient zur Bestimmung der abgenommenen Wärmemenge; danach wird der Heizkostenanteil errechnet.

Heizöl, flüssige Brennstoffe aus Gasölfraktionen des Erdöls.

Heizung die, Erwärmung eines Raums; auch die Heizanlage. **1) Einzel-** oder **Lokal-H.:** Kamin-, Ofen-, Gas-, Öl-, Petroleum- oder Spiritus- und elektr. H.; **2)** → Zentralheizung oder **Sammelheizung; 3)** → Fernheizung. Elektr. Heizgeräte sind u. a. Heizsonne, → Heizkissen, Heizlüfter.

Heizwert, die Wärmemenge, die bei der Verbrennung von 1 kg festem, flüssigem oder 1 m^3 gasförmigem Brennstoff entsteht (spezif. H.), → Steinkohleneinheit.

Hekate, grch. Sage: eine in der Unterwelt hausende Zaubergöttin.

Hekatombe [grch.] die, Massenopfer; urspr. im alten Griechenland ein Opfer von 100 Rindern.

Hekla die, Vulkan im südl. Island, 1491 m.

Hektar das, abgek. **ha,** Flächenmaß, = 100 Ar = 10 000 m^2.

hektisch [grch.], abgezehrt und fiebernd, schwindsüchtig. **h. Betriebsamkeit,** aufgeregtes Tätigsein.

Hekto [von grch. hekaton ›hundert‹], Vorsatzzeichen **h,** Vorsatz vor Einheiten für den Faktor 100, z. B. 1 **Hektoliter** = 1 hl = 100 l, 1 **Hektopascal** = 1 hPa = 1 Millibar.

Hektograph [grch.] der, veraltetes Vervielfältigungsgerät, mit dem auch mehrfarbige Wiedergabe in einem Arbeitsgang möglich war.

Hektor, grch. Sage: Sohn des Priamos und der Hekuba, Gatte der Andromache, der tapferste Held der Trojaner, fiel durch Achilles.

Hekuba, grch. **Hekabe,** grch. Sage: Gemahlin des Priamos, Mutter von Hektor, Paris und Kassandra.

Hel, Totenwohnstätte der german. Mythologie; auch als Göttin personifiziert.

Hela, poln. **Hel,** Halbinsel im W der Danziger Bucht, Seebad H. (4500 Ew.); gehört zu Polen.

Held, Martin, Schauspieler, *1908.

Heldbock, größte heim. Bockkäferart, bis 5 cm lang, an frischgefällten Eichen.

Heldensage, mündl. oder schriftl. Überlieferung aus der Frühzeit der Kulturen. Die dichter. Form ist fast ausnahmslos das → Epos.

Helder der, das, noch nicht eingedeichter Wattenboden mit Vegetation.

Helder, Den H., Kriegs- und Fischereihafen in NW-Holland, 63 000 Ew.

Helena, grch. Sage: Tochter des Zeus und der Leda, Gemahlin des Menelaos, Urbild weibl. Schönheit; ihre Entführung durch Paris verursachte den Trojan. Krieg (→ Troja).

Helene [von Helena], weibl. Vorname.

Helfferich, Karl, Politiker, *1872, †1924, war 1915 Staatssekretär des Reichsschatzamts, 1916/17 des Reichsamts des Innern und Vizekanzler, nach 1918 deutschnationaler Parteiführer.

Helga [schwed. »die Hehre«], weibl. Vorname.

Helgoland, Nordseeinsel, gehört zu Schlesw.-Holst., mit Düne 2,09 km^2, umfaßt das felsige Oberland (bis 62 m hoch), das flache Unterland und die 1,5 km entfernt liegende Düne mit Badestrand. Der Ort H. hat 1700 Ew., Vogelwarte, Meeresbiolog. Station, Seewasseraquarium, Flugsicherungsdienst, Schutzhafen. – H. war 1714 bis 1814 dänisch, dann britisch. 1890 erkannte das Dt. Reich für die Abtretung von H. an Dtl. die brit. Oberhoheit über Sansibar an. Nach der Zerstörung

Helgoland: Nordspitze

des Ortes (1945) diente H. der brit. Luftwaffe als Übungsplatz für Bombenabwürfe. 1952 an Dtl. zurückgegeben; 1960 war der Wiederaufbau beendet.

Heliand [»Heiland«], altsächs. Evangeliendichtung des 9. Jh. in Stabreimversen. Christus erscheint als german. Volkskönig.

Helikon der, Gebirge in der grch. Landschaft Böotien; im Altertum: Sitz der Musen.

Helikon [grch.] das, Blechblasinstrument, das sich der Spieler umhängt.

Helikopter [grch. Kw.] der, → Hubschrauber.

Helio... [grch.], Sonnen...

Heliogabalos, röm. Kaiser, → Elagabal.

Heliograph [grch.] der, Kamera zum Photographieren der Sonne.

Heliogravüre die, → Photogravüre.

Heliopolis [grch. »Sonnenstadt«], hebr. **On,** alte ägypt. Stadt nordöstl. Kairo; grch. Name für → Baalbek; Tempel des → Re.

Helios, 1) grch. Sonnengott, Sohn des Hyperion. **2)** grch. Wort für Sonne.

Helioskop [grch.] das, Prismen- oder Polarisationsvorrichtung zur Abschwächung des Sonnenlichts bei Beobachtung der Sonne durch das Fernrohr.

Heliostat [grch.] der, ebener Spiegel, der durch ein Uhrwerk so gedreht werden kann, daß er das auffallende Sonnenlicht immer in die gleiche Richtung reflektiert.

Heliotherapie [grch.] die, Sonnenlichtbestrahlung zu Heilzwecken.

Heliotrop [grch.], **1)** der, Schmuckstein, blaugrün- und rotgefleckter Chalcedon. **2)** das, Vanillestrauch, Gartenpflanze, ein Borretschgewächs aus Peru, mit blauen, vanilleduftenden Blüten.

Heliotropismus grch.] der, → Tropismus.

heliozentrisch [grch.], auf die Sonne als Mittelpunkt bezogen. **H. Weltbild,** Ansicht, daß die Sonne Weltmittelpunkt sei.

Helium [grch.] das, **He,** chem. Element, farbloses Edelgas, Ordnungszahl 2, Atomgewicht 4,003. Wegen seines geringen spezif. Gewichtes und seiner Nichtbrennbarkeit eignet es sich zur Füllung von Luftschiffen; weitere Verwendung: Laser-, Tieftemperaturtechnik. H., im Weltall nach Wasserstoff das häufigste Element, Vorkommen in Erdgaslagerstätten, in der Atmosphäre nur mit 0,0005 Vol.-% enthalten. Normales Helium I geht bei 2,184 K in eine Flüssigkeit von äußerst geringer Zähigkeit und sehr hoher Wärmeleitfähigkeit über **(supraflüssiges Helium II).** Der H.-Kern mit der Masse 4 heißt in der Kernphysik Alphateilchen (→ Alphastrahlen).

Hellas, 1) bei Homer Landschaft im südöstl. Thessalien, dann Name ganz Griechenlands. **2)** seit 1822 amtl. grch. Name für → Griechenland.

Helldunkel, Clairobscur [klɛrɔbsk'yr, frz.], in Malerei und Graphik Mittel der Bildgestaltung durch Gegensätze von Licht und Dunkel; am ausdrucksreichsten bei Rembrandt.

Hellebarde die, Hieb- und Stoßwaffe des Fußvolks im späteren MA., über 2 m lang. (BILD S. 359)

Hellenen Mz., urspr. in S-Thessalien wohnhafter grch. Stamm, dessen Name im 7. Jh. v. Chr. auf die Gesamtnation der Griechen überging.

Hellenismus der, Abschnitt der grch. Geschichte und Kultur vom Tod Alexanders d. Gr. bis Augustus; grch. Wesen wurde mit morgenländ. Bestandteilen zu neuer weltumfassender Bedeutung verschmolzen. Mittelpunkte: Alexandria, Pergamon, Antiochia, Rhodos, Athen, Rom.

Heller der, seit dem 12. Jh. Silber-, seit dem 18. Jh. Kupfermünze zu $\frac{1}{2}$ Pfennig.

Heller, André, Chansonsänger und Schriftst., *1947; maßgeblich beteiligt am »Zirkus Roncalli«, inszenierte Feuerwerke als »Theater des Feuers«.

Hellespont [grch.] der, → Dardanellen.

Helling der oder die, ↘ geneigte Ebene, auf der ein Schiff gebaut wird und von der es vom Stapel läuft.

Hell-Schreiber, Bildschreiber, veraltetes Gerät zum Übertragen von Buchstaben auf elektr. Weg.

Hellsehen das, außersinnl. Wahrnehmung von räumlich entfernten Gegenständen oder Vorgängen; Gegenstand der → Parapsychologie.

Hellweg, im MA. Name für große Landstraßen, bes. für den wahrscheinlich aus vorröm.-german. Zeit stammenden Verbindungsweg zw. Rhein (Ruhrort) und Weser (Minden), von Karl d. Gr. durch Burgen und Königshöfe zur Heerstraße ausgebaut.

Helm der, Kopfschutz aus Fell, Leder oder Metall, im MA. auch mit besonderen Gesichtsschutz **(Visier).** Während des 1. Weltkrieges wurde der **Stahlhelm** eingeführt. (BILD S. 358)

Helmbrecht, Meier H., Held einer satir. Dichtung des 13. Jh. von Wernher dem Gartenaere.

Helme die, Nebenfluß der Unstrut, kommt vom Harz, durchfließt die Goldene Aue.

Helmholtz, Hermann v., Naturforscher, *1821, †1894; gab die Begründung des von R. Mayer entdeckten Energieerhaltungssatzes, erfand den Augenspiegel, erklärte die physiolog. Vorgänge des Sehens und Hörens u. a. (BILD S. 359)

Helminthen [grch.] Mz., die → Würmer. **Helminthiasen,** die Wurmkrankheiten.

Helmstedt, Krst. in Ndsachs., inmitten der H.er Braunkohlenmulde, 26 700 Ew.; bis 1990 bedeutend als Grenzübergang und Verkehrsknoten im Interzonenverkehr; Braunkohlenbergbau, Ziegeleien, Eisengießereien.

Helmut [ahd. »der Kampfmutige«], männl. Vorname.

Héloise, die Geliebte des → Abaelard.

Heloten Mz., Staatssklaven im alten Sparta.

Helsingør [hɛlseŋ'ør], Hafen- und Industriestadt auf Seeland, Dänemark, am Sund, 56 600 Ew., Fährverbindung mit Hälsingborg in Schweden; Renaissanceschloß **Kronborg,** durch Shakespeares »Hamlet« bekannt.

Helsinki, schwed. **Helsingfors,** Hptst. und Haupthafen von Finnland, am Finn. Meerbusen, 487 500 Ew.; Univ., TH, Theater; Ausfuhrplatz für Kohle, Eisen, Getreide u. a.; Textil-, Zucker-, Tabak-, Maschinen-Ind. – H., 1550 gegr., wurde 1812 Hptst.

Heluan, Stadt in Ägypten, 203 000 Ew., Flugzeug-, Autofabrik, Hütten-, Walzwerk.

Heinrich IV. v. Frankreich

Heinrich der Löwe

Heisenberg

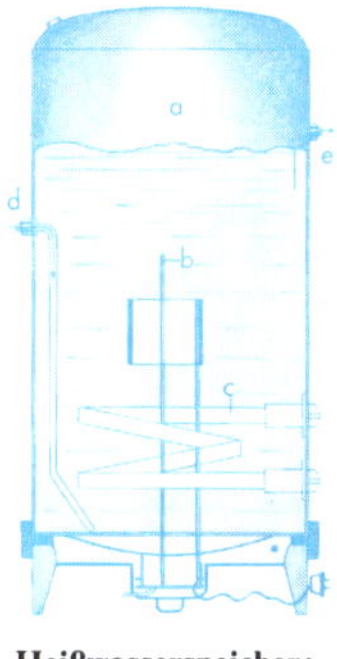

Heißwasserspeicher: a Wasserbehälter, b Temperaturfühler, c Heizschlange, d Kaltwasserzulauf, e Heißwasserablauf

Helsinki

Helvetier Mz., kelt. Stamm, der um 100 v. Chr. in die heutige Schweiz einwanderte. Bei dem Versuch, S-Gallien zu erobern, 58 v. Chr. bei Bibracte von Caesar besiegt.

Helvetische Konfession, 2 Bekenntnisschriften der Reformierten Kirche (1536, 1562).

Helvetische Republik, durch Frankreich errichteter schweizer. Staat 1798-1803.

Hemer, Industriestadt in NRW, am N-Rand des Sauerlandes, 33 300 Ew.; bei H. Naturschutzgebiete »Felsenmeer« und »Heinrichshöhle«.

hemi... [grch.], in Fremdwörtern: halb...

Hemingway [h'emıŋweı], Ernest, amerikan. Schriftsteller, *1899, †1961; Hauptvertreter der »verlorenen Generation« zw. den Weltkriegen. Lakon. Stil, Aufzeichnung der unbeschönigten Wahrheit mit teilweise brutalem Realismus, Verherrlichung des männl. Mutes sind Merkmale seiner Prosa. Romane: »Wem die Stunde schlägt«, »Der alte Mann und das Meer« u. a.; Kurzgeschichten. Nobelpreis 1954. (BILD S. 359)

Hemiplegie [grch.] die, halbseit. Lähmung.

Hemisphäre [grch.] die, **1)** Halbkugel; Erdhalbkugel. **2)** Großhirnhälfte.

Hemlocktanne, Schierlingstanne, Nadelbaumgatt. in N-Amerika, O-Asien.

Hemmung die, **1)** ® meist unbewußter seel. Widerstand gegen situations- oder antriebsgerechtes Verhalten. **2)** in der Uhr Vorrichtung, die den Ablauf des Räderwerks im Rhythmus des Schwingsystems hemmt.

Henderson [h'endəsn], Arthur, brit. Politiker, *1863, †1935, Führer der Arbeiterpartei; war Innen-, Außenmin.; Friedensnobelpreis 1934 für seine Tätigkeit als Vors. der Abrüstungskonferenz.

Hengelo, Stadt in den östl. Niederlanden, 76 700 Ew.; Bahnknoten; Textil-, chem. Ind.

Hengist und **Horsa,** [altengl. »Hengst und Stute«], sagenhafte Führer der Angelsachsen.

Hengst der, männl. Pferd, Kamel, Esel, Zebra.

henken [ahd. zu hängen], durch den Strang hinrichten. **Henker** der, Scharfrichter.

Henlein, 1) Konrad, *1898, † (Selbstmord) 1945; Gründer der nat.-soz. beeinflußten Sudetendt. Partei in der Tschechoslowakei. **2)** Peter, *1480, †1542, Mechaniker in Nürnberg, baute um 1510 die ersten dosenförmigen Taschenuhren.

Henna [arab.] die, rotgelber Farbstoff des Hennastrauchs in Afrika, Asien, Australien; zum Färben der Fingernägel, Haare und Haut.

Henneberg, ehem. Gfsch. in Franken und Thüringen, kam 1583 an die Wettiner.

Hennef (Sieg), Gem. und Kneippkurort in NRW, 30 500 Ew.; Maschinenbau.

Hennegau, fläm. **Henegouwen** [h'e:nəxɔuwə], frz. **Hainaut** [ɛn'o], geschichtl. Landschaft und Provinz in Belgien, Hptst.: Mons; sehr fruchtbar, Zuckerrüben-, Haferanbau, Pferdezucht; Steinkohlenbecken von Charleroi, Centre und Borinage, Eisen-, Glas- und chem. Ind. – Der südl. Teil des H. (Valenciennes und Maubeuge) kam 1659 an Frankreich.

Hennigsdorf, Gem. im Bez. Potsdam, an der Havel, 26 600 Ew.; Stahlwerk u. a. Ind.

Henri [ãr'i, frz.], Heinrich. **Henriquatre** [ãrik'atr], kurzer Spitzbart, nach dem frz. König Heinrich IV. genannt.

Henry [engl.], Heinrich.

Henry, Zeichen H [nach dem amerikan. Physiker J. Henry, *1797, †1878], SI-Einheit der Induktivität. Die Induktivität einer geschlossenen Windung, die – von einem Strom der Stärke 1 A durchflossen – einen magnet. Fluß von 1 Wb umschlingt, beträgt 1 H., 1 H. = 1 Vs/A = 1 Wb/A.

1

2

3

4

5

6

7

Helm: 1 Alemann. Spangenhelm, um 600. **2** Österreich. Topfhelm mit Helmzier aus Leder, um 1375. **3** Eisenhut, 15. Jh. **4** Geschlossener Helm (Burgund. H.), 1520-40. **5** Prunksturmhaube, um 1550. **6** Offiziershelm der bayer. »Gardes du Corps«, 1814. **7** Pickelhaube, 1895

Hensel, 1) Luise, Dichterin, *1798, †1876; geistl. Lieder, z. B. »Müde bin ich, geh' zur Ruh«. **2)** Walther, eigentl. Julius **Janiczek,** *1887, †1956; Vorkämpfer der Jugendmusikbewegung.

Henze, Hans Werner, Komponist, *1926, bildete die freie Zwölfton-Richtung fort; Sinfonien, Ballette; Opern: »König Hirsch«, »Prinz von Homburg«, »Elegie für junge Liebende« u. a.

Hepatitis [grch.] die, Leberentzündung.

Hepburn [h'ebə:n], **1)** Audrey, amerikan. Filmschauspielerin, *1929; »My fair Lady« u. a. **2)** Katharine, amerikan. Filmschauspielerin, *1909; »African Queen« u. a.

Hephäst, grch. **Hephaistos,** grch. Gott des Feuers und der Schmiedekunst.

Heppenheim a. d. Bergstraße, Krst. in Hessen, 23 300 Ew.; Weinbau; Ind.

Heptameron [grch. »Siebentagewerk«] das, Novellensamml. der Margarete von Navarra (1559).

Hera, lat. **Juno,** grch. Göttin, Schwester und Gemahlin des Zeus, Beschützerin der Ehe.

Herakles, lat. **Herkules,** grch. Sage: Sohn des Zeus und der Alkmene, mit Keule und Löwenfell dargestellt, erwürgte schon in der Wiege Schlangen, verrichtete später im Dienst des Königs Eurystheus die zwölf Arbeiten, z. B.: Tötung der Lernäischen Schlange (→ Hydra), Reinigung der Ställe des → Augias.

Heraklion, ngrch. **Iraklion,** ital. **Candia,** Stadt auf der grch. Insel Kreta, 102 000 Ew.

Heraklit, grch. **Herakleitos,** grch. Philosoph, um 480 v. Chr., aus Ephesus; sah im Feuer das Grundwesen der Dinge; lehrte die ewige Wiederkehr des Gleichen: »alles fließt«.

Heraldik die, Wappenkunde (→ Wappen).

Heranwachsende, Strafrecht: Personen von 18 bis 21 Jahren unterliegen u. U. dem Jugendstrafrecht.

Herat, Stadt im westl. Afghanistan, rd. 150 000 Ew.; altes Gewerbe (Teppiche, Seide); im 15. Jh. Mittelpunkt pers. Literatur und Wissenschaft.

Herausgeber, wer eine Druckschrift veröffentlicht (Urheberrechtsges. v. 9. 9. 1965), ohne Verfasser oder alleiniger Verfasser zu sein. Der H. gilt in bestimmten Fällen als Urheber.

Herbarium [lat.] das, -s/...rien, geordnete Samml. getrockneter (gepreßter) Pflanzen.

Herbart, Johann Friedrich, Philosoph und Pädagoge, *1776, †1841; gründete Pädagogik und Psychologie auf die Erfahrung.

Herberge die, Unterkunft, Obdach, Gasthaus. Die **H. zur Heimat,** von der evang. Inneren Mission eingerichtet, gewähren Nichtseßhaften Verpflegung und Unterkunft gegen geringes Entgelt. → Jugendherbergen.

Herberger, Sepp, Sportlehrer, *1897, †1977; 1936-64 Trainer der dt. Fußball-Nationalmannschaft.

Herbizide, chem. Unkrautbekämpfungsmittel mit unterschiedl. Wirkung.

Herborn, Stadt in Hessen, an der Dill, 20 500 Ew.; Schloß, mittelalterl. Stadtbild.

Herbst, für die nördl. Halbkugel die Zeit vom 23. 9. bis 22. 12., für die südl. vom 21. 3. bis 22. 6.

Herbstzeitlose die, **Colchicum autumnale,** Liliengewächs auf feuchten Wiesen; entwickelt aus Knollen im Herbst blaßlila Blüten, im Frühjahr das Kraut mit Frucht. Alle Teile der Pflanze enthalten das Gift **Colchicin.** (BILD Giftpflanzen)

Herculane|um, im Altertum Küstenstadt

südöstl. von Neapel, am 24. 8. 79 n. Chr. bei einem Ausbruch des Vesuvs verschüttet; 1750 wiederaufgefunden.

Herd der, **1)** urspr. offene Feuerstelle, heute Ofen zum Kochen. **2)** ⊙ die Flächen, auf denen Erze für den Hochofen aufbereitet werden (Herdofen). **3)** Mittelpunkt, Ausgangspunkt, Sitz: der H. der Unzufriedenheit, einer Krankheit **(Fokus),** eines Erdbebens u. a.

Herdebuch, Verzeichnis der im Zuchtgebiet anerkannten Zuchttiere, enthält Angaben über Leistung und Abstammung.

Herder, Johann Gottfried v., Philosoph und Dichter, *1774, †1803, wurde 1776 durch Goethes Vermittlung Generalsuperintendent in Weimar; Kritiker, Kulturgeschichtsforscher, Vertreter einer umfassenden Humanitätsphilosophie und Theoretiker des »Sturm und Drang«, Wegbereiter der dt. Klassik und Romantik, Meister der Übersetzungskunst. HW: »Ideen zur Philosophie der Geschichte der Menschheit«. Freie Übersetzungen: Romanzenkreis »Cid«; Volksliedersamml. »Stimmen der Völker in Liedern«.

Herdinfektion, Fokalinfektion, ♡ Infektion von einem kaum Beschwerden verursachenden Herd aus.

Hérédia [eredj'a], José Maria de, frz. Dichter, *1842, †1905; Vertreter der → Parnassiens.

hereditär [lat.], erblich.

Herero Mz., Bantuvolk in Namibia und Angola, über 100 000; kämpften 1904 gegen die dt. Kolonialherrschaft, ein Großteil kam dabei um.

Herford, Krst. in NRW, 61 700 Ew.; Textil-, Möbel-, Nährmittelind.

Hering der, **1)** Fisch der nördl. Meere, schlank, blaugrün, silberglänzend, schneller Schwimmer, nährt sich von Kleinlebewesen. Der **gemeine H.** ist in viele Rassen aufgespalten. Er führt in großen Schwärmen Freß- und Laichwanderungen (ein Weibchen legt 40 000 bis 60 000 Eier) aus. Der frische H. heißt **grüner H.,** im Handel überwiegt der **Salz-H.,** der geräucherte **Räucher-H.** oder **Bückling,** der eingelegte, entgrätete **Bismarck-H.,** der gewürzte, um eine Gurke gerollte **Rollmops,** der mit Laich angefüllte **Voll-H.,** der noch nicht laichreife **Matjes-H. 2)** Zeltpflock.

Heringsdorf, Seebad auf der Insel Usedom.

Herisau, Hauptort des schweiz. Kt. Appenzell-Außerrhoden, 14 600 Ew.; versch. Ind.

Herkules, 1) lat. Name des → Herakles; **herkulisch,** riesenstark. **2)** ☆ Sternbild des Nordhimmels.

Hermandad [span. »Bruderschaft«] die, im MA. span. Städtebündnis zur Wahrung des Landfriedens **(Heilige H.);** später die Polizei.

Hermann [aus ahd. heri »Heer« und »Mann«], männl. Vorname.

Hermann I., Landgraf von Thüringen (1190-1217), Freund der Minnesänger, soll den Sängerkrieg auf der → Wartburg veranstaltet haben.

Hermann der Cherusker, → Arminius.

Hermannsburger Mission, streng luther. Missionsgesellschaft (gegr. 1849) mit Arbeitsbereichen in Südafrika und Äthiopien.

Hermannsdenkmal, Denkmal des Arminius auf der Grotenburg im Teutoburger Wald; 26 m hoch auf 30,7 m hohem Sockel.

Hermannstadt, rumän. **Sibiu,** Stadt in Siebenbürgen, Rumänien, 177 500 Ew.; nördl. vom Rotenturmpaß. Ind.: Maschinen, Nahrungsmittel, Textilien. H., im 12. Jh. entstanden, war Hauptort der Siebenbürger Deutschen (»Sachsen«).

Hermann von Salza, 1209-39 Hochmeister des Deutschen Ordens, vermittelte oft zw. Kaiser und Papst; begann 1226 die Eroberung und dt. Besiedlung Preußens.

Hermaphrodit [grch.] der, Zwitter; in der grch. Sage ein mannweibl. Zwitterwesen, gezeugt von Hermes und Aphrodite.

Hermaphroditismus der, Zwittertum.

Herme [grch.] die, im Altertum Pfeiler mit dem Kopf des → Hermes, dann auch anderer Götter und berühmter Männer.

Hermelin das, großes Wiesel, → Marder.

Hermeneutik [grch.] die, Kunst und Lehre der Auslegung von Schriften, Dokumenten, Kunstwerken.

Hermes, 1) Sohn des Zeus und der Maia, grch. Gott des Handels, Götterbote u. a.; dargestellt als anmutiger Jüngling mit Reisehut, Flügelschuhen, Heroldsstab. Bei den Römern → Merkur. **2)** geplanter gesamteurop. Raumtransporter zur geplanten europ. Raumstation Columbus.

Hermes, 1) Andreas, Politiker, *1878, †1964; gründete 1946 den Dt. Bauernbund und den Dt. Raiffeisenverband. **2)** Georg, kath. Theologe, *1775, †1831, versuchte die kath. Kirchenlehre philosoph. zu sichern; 1836 vom Papst verurteilt **(Hermesianismus).**

Hermes Trismegistos [grch. »Hermes, der dreimal Größte«], grch. Benennung des ägypt. Gottes Thot, des Gottes der Gelehrsamkeit, auf den die **hermet. Schriften** zurückgehen sollen, die eine gnost. Weltentstehungs- und Erlösungslehre enthalten.

hermetisch [grch.], luftdicht (verschlossen).

Hermine [von: Irma oder zu: Hermann], weibl. Vorname.

Herminonen, Hermionen Mz., einer der 3 german. Stammesverbände.

Hermlin, Stephan, eigtl. Rudolf **Leder,** Schriftst., *1915; Erzählungen, Gedichte, Hörspiele, Übersetzungen.

Hermosillo [-s'iʎɔ], Hptst. des mexikan. Staates Sonora, 340 800 Ew.; Bergbau- und Ackerbauzentrum.

Hernández, 1) José, argentin. Schriftst., *1834, †1886, schilderte in der zum Nationalepos gewordenen volkstüml. Dichtung »Martín Fierro« die Pampa und das Leben des Gaucho. **2)** Miguel, span. Dichter, *1910, †1942, neoklassizist. Lyrik, von großem Einfluß auf die neuere span. Lit.

Herne, Industriestadt in NRW, im Ruhrgebiet, am Rhein-H.-Kanal; 174 700 Ew.; Steinkohlenbergbau, Eisen- und chem. Ind.

Hernie [lat.] die, Eingeweidebruch, → Bruch 2).

Hero, grch. Sage: Geliebte des Leander, der allnächtlich zu ihr über den Hellespont schwamm, bis er ertrank; H. stürzte sich ins Meer. Trauerspiel von Grillparzer »Des Meeres und der Liebe Wellen«.

Herodes [grch. »Heldensproß«], jüd. Könige: **1) H. der Große,** *um 72, †4 v. Chr.; vereinigte im Bündnis mit den Römern das jüd. Land, begann den Neubau des Tempels in Jerusalem, soll den → Bethlehemitischen Kindermord befohlen haben. **2) H. Antipas,** Landesherr Jesu. **3) H. Agrippa II.,** half den Römern bei der Eroberung Jerusalems; †um 100 n. Chr.

Herodias, Enkelin Herodes' des Großen, Gattin des Herodes Antipas, veranlaßte die Enthauptung Johannes' des Täufers.

Herodot, grch. Geschichtsschreiber, »Vater der Geschichte«, *um 490, †425 v. Chr., bereiste Asien und Ägypten; schrieb eine Geschichte Griechenlands, die die Zeit bis 479 v. Chr., bes. die Perserkriege, umfaßt.

Heroin, Diacetyl-Morphin, Rauschgift, das der Opiumgesetzgebung unterliegt. Wegen der Gefahr des Süchtigwerdens ist die ärztl. Anwendung des H. in vielen Staaten (auch in der Bundesrep. Dtl.) verboten.

Heroine die, ✤ Bühnenheldin.

heroisch [zu Heros], heldenhaft. **Heroismus,** Heldenmut.

Hellebarde

Helmholtz

Hemingway

Herder

Herme
(490-480 v. Chr.)

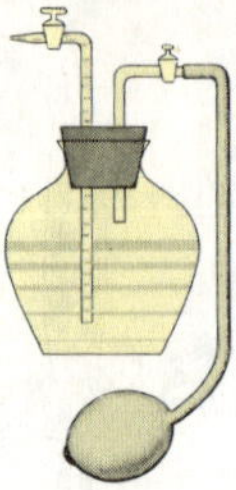

Heron von Alexandria: Heronsball

Herold der, im MA. fürstl. Diener, Bote, Ausrufer; bei Turnieren eine Art Zeremonienmeister.

Hẹron von Alexandria, grch. Physiker, um 100 n.Chr.; Schriften über Mechanik, Pneumatik, Vermessungskunde, beschrieb den **Heronsball,** eine Vorrichtung zum Emportreiben einer Wassersäule durch Luftverdichtung.

Heros [grch. »Held«] der, -/Herọen, **1)** tapferer Kämpfer, Held. **2)** Halbgott, götterähnl. Held, oft göttl. Abstammung.

Herọstratos, ein Grieche, der 356 v.Chr. den Artemistempel zu Ephesos in Brand steckte, um berühmt zu werden.

Herpes [grch.] der, mehrere Haut- und Schleimhauterkrankungen, so die Viruskrankheiten **H. simplex,** Bläschenflechte, bes. an den Lippen, und **Zoster,** Gürtelrose, Gürtelflechte.

Herrenalb, Bad H., Stadt im Kr. Calw, Bad.-Württ., 6300 Ew.; Kurort im Schwarzwald; evang. Akademie.

Herrenberg, Gr. Krst. in Bad.-Württ., 26100 Ew.; got. Stiftskirche (14. Jh.); Ind.

Herrenchiemsee [-k'i:m-], das »Neue Schloß« auf der **Herreninsel** im Chiemsee; 1873 durch Ludwig II. nach dem Vorbild von Versailles erbaut; Museum.

Herrenhaus, bis 1918 (nicht gewählte) Erste Kammer des Preuß. Landtags und des Österreich. Reichsrats.

H. Hertz

herrenlose Sache, Sache, die noch nicht oder nicht mehr im Eigentum einer Person steht. Jeder kann sie sich aneignen, sofern nicht das Aneignungsrecht eines anderen verletzt wird (§ 959 BGB).

Herrentiere, → Primaten.

Herrẹra, Juan de, span. Baumeister, *um 1530, †1597; von der ital. Renaissance ausgehend, begründete er einen schmucklosen, asket. strengen Stil; Hauptwerk ist der Escorial.

Herriot [ɛri'o], Edouard, frz. Politiker (Radikalsozialer), *1872, †1957; 1945-57 Bürgermeister von Lyon, mehrmals MinPräs. und Außenmin., 1947-54 Präs. der Nationalvers.

Herrnhut, Stadt im Bez. Dresden, in der Oberlausitz, 1800 Ew.; Stammort der → Brüdergemeine.

Hersbruck, Stadt in Mittelfranken, Bayern, an der Pegnitz, 11300 Ew.; Schloß (16./17. Jh.); Hopfenanbau.

Herschbach, Dudley Robert, amerikan. Chemiker, *1932, erhielt für seine Arbeiten zur Reaktionskinetik 1986 den Nobelpreis.

Herschel, Sir (seit 1816) Friedrich Wilhelm, Astronom, *1738, †1822, seit 1765 in England, baute Spiegelfernrohre, entdeckte den Uranus sowie die Uranus- und Saturnmonde.

Hersfeld, Bad H., Krst. in Hessen, an der Fulda, 29300 Ew.; Heilbad; vielseit. Ind. Benediktinerabtei, 769 gegr. (roman. Stiftskirche, seit 1761 Ruine, seit 1951 Festspielort).

Herten, Stadt in NRW, im Ruhrgebiet, 68200 Ew.; Steinkohlenbergbau.

Hertha [nach der bei Tacitus irrtüml. H. gelesenen germ. Göttin Nerthus], weibl. Vorname.

Hertling, Georg, Frhr. (seit 1914 Graf) v., kath. Philosoph und Politiker (Zentrum), *1843, †1919, Mitgründer der Görres-Gesellschaft; 1917 bis 1918 Reichskanzler.

Hertz, 1) Gustav, Physiker, *1887, †1975, untersuchte mit J. Franck den Energieaustausch von Elektronenstößen in Gasen; Nobelpreis 1925. **2)** Heinrich, Physiker, *1857, †1894; entdeckte die elektromagnet. Wellen. Nach ihm wird die Anzahl der Schwingungen, die ein schwingungsfähiges Gebilde (elektromagnet. Feld) in der Sekunde ausführt, in **Hertz,** Abk. **Hz,** gemessen: $1\ Hz = 1 s^{-1}$.

Hertzog, James, südafrikan. General und Politiker, *1866, †1942; kämpfte im Burenkrieg gegen die Engländer; 1924-39 MinPräs.

Hertzsprung [h'ɛrdsbroŋ], Ejnar, dän. Astronom, *1873, †1967, fand die für die Astrophysik grundlegende Beziehung zw. Leuchtkraft und Temperatur der Sterne, der H. N. Russell später die Form des **H.-Russell-Diagramms** gab.

Hẹruler Mz., german. Stamm aus Nordeuropa; die Ostheruler gründeten im 5. Jh. n.Chr. ein mächtiges Reich in Ungarn.

Hẹrwegen, Ildefons, Benediktiner, *1874, †1946, seit 1913 Abt von Maria Laach, förderte die liturg. Bewegung.

Herwegh, Georg, Dichter, *1817, †1875, beteiligte sich am bad. Aufstand von 1848; schrieb »Gedichte eines Lebendigen«.

Herz das, Antriebsorgan des → Blutkreislaufs; beim Menschen etwa faustgroßer Hohlmuskel im Brustkorb, zu zwei Drittel links von der Mittellinie. Das H. wird vom **H.-Beutel** umschlossen, durch eine muskulöse Scheidewand der Länge nach in 2 Teile geteilt **(rechte** und **linke H.-Hälfte),** jede mit einem oberen Teil, dem **Vorhof,** und einem unteren, der **Herz-Kammer (Ventrikel).** Zw. jeder Vorkammer und H.-Kammer, ebenso an der Abgangsstelle der großen Schlagadern sitzen **Klappen,** die den Blutumlauf im H. nach Art eines Ventils nur in einer Richtung gestatten. Die H.-Tätigkeit wird vom Reizleitungssystem des H. gesteuert. Die **H.-Schläge** erfolgen beim Erwachsenen 60-80mal in der Minute; bei Kindern häufiger. Jede Zusammenziehung des H. oder seiner Abschnitte wird als **Systole,** jede Erschlaffung als **Diastole** bezeichnet. Ernährt wird das H. durch die **H.-Kranzgefäße;** aus der Aorta entspringen die beiden **Koronararterien.**

Herz, Kartenspiel: Farbe der frz. Spielkarte, entspricht dem Rot der dt. Karte.

Herz, 1) Henriette, *1764, †1847, Freundin Schleiermachers, versammelte in ihrem Salon das geistige und literar. Berlin. **2)** Joachim, *1924, Opernregisseur.

Herzblatt, Steinbrechgewächs; herzblättrige, weißblühende Pflanze auf moorigen Wiesen der nördl. Halbkugel.

Herzegọwina [»Herzogsland«] die, meist ödes, verkarstetes Gebirgsland im S der Sozialist. Rep. Bosnien und H., Jugoslawien; Anbau von Mais, Tabak und Wein; Schaf- und Ziegenzucht. Die alte Hauptstadt war Mostar. – Die H. gehörte 1878-1918 zu Österreich-Ungarn, ab 1918 zu Jugoslawien.

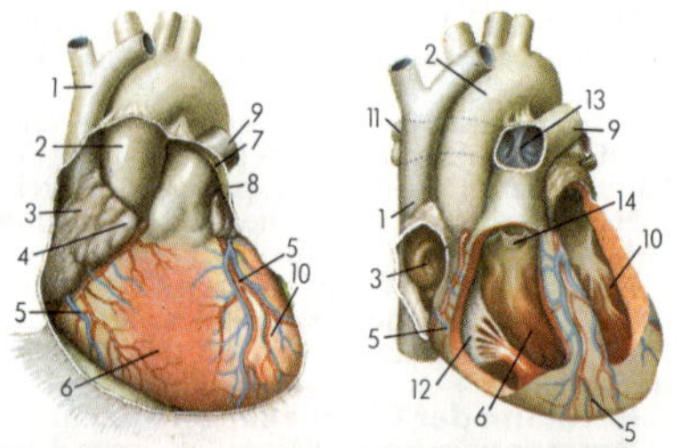

Herz: links: H. im geöffneten H.-Beutel. Die Oberfläche des H. mit den Kranzgefäßen (rot Kranzarterien, blau H.-Venen) ist von dem inneren Blatt des H.-Beutels überzogen, das an den großen Gefäßen in das äußere H.-Beutelblatt übergeht, dessen Schnittrand (weiß) sichtbar ist. rechts: Binnenräume des H., Vorhöfe und Kammern von vorn geöffnet. In den H.-Kammern die Segelklappen und ihre Sehnenverbindungen zu den Muskeln, im Anfangsteil der Lungenschlagader die Taschenklappen (nach anatom. Präparat, etwas schematisiert). **1** obere Hohlvene; **2** Aorta; **3** rechter Vorhof; **4** rechtes H.-Ohr; **5** Kranzgefäße; **6** rechte Kammer; **7** Umschlagstelle des H.-Beutels; **8** Schnittrand des äußeren H.-Beutelblattes; **9** linker Lungenarterienast; **10** linke Kammer; **11** rechter Lungenarterienast; **12** Segelklappe; **13** Teilungsstelle der Lungenarterie; **14** Taschenklappen der Lungenarterien

Herz Jesu, kath. Kirche: Verehrung der Liebe Jesu zu den Menschen unter dem Sinnbild seines leibl. Herzens. **Herz-Jesu-Fest,** kath. Fest am 3. Freitag nach Pfingsten.

Herzkrankheiten. Herzbeutelentzündung (Perikarditis), wäßriger Erguß in den Herzbeutel. **Herzfehler (Vitium cordis),** angeborene oder erworbene, krankhafte Veränderung. Heilt eine im Verlauf eines akuten Gelenkrheumatismus auftretende **Herzklappenentzündung (Endokarditis)** meist mit Schrumpfung und Narbenbildung ab, entsteht ein **Herzklappenfehler. Herzvergrößerung (Herzhypertrophie)** ist eine Kompensation eines Klappenfehlers, tritt auch bei Sportlern (Sportherz) auf. Häufig führt aber Herzvergrößerung zu **Herzerweiterung (Herzdilatation)** und damit zu **Herzmuskelschwäche (Herzmuskelinsuffizienz).** Das Versagen des Herzmuskels zeigt sich an durch zunehmende Blausucht, bes. der Lippen und des Gesichts, geschwollene Füße (Ödeme), Reizhusten und starke Atemnot infolge Rückstauung des Blutes in den Lungen **(Herzasthma). Herzkrämpfe,** → Angina pectoris. **Herzlähmung, Herzschlag,** Tod durch schlagartiges Stillstehen des Herzens, bes. bei Verkalkung oder Verstopfung der Herzkranzgefäße. **Herzmuskelentzündung (Myokarditis, Myokardschaden),** tritt manchmal bei Diphtherie, Scharlach u. a. auf; Abheilung mit Narbenbildung **(Herzschwielen). Herzneurose,** ein heute sehr verbreitetes nervöses Herzleiden mit Herzklopfen, Angstgefühlen, Herzkrämpfen (→ Managerkrankheit). **Herzschwäche (Herzinsuffizienz),** tritt meist im hohen Alter auf (Altersschwäche); vorzeitig als Folge von Herzfehlern, Herzmuskelerkrankungen. Über **Herzinfarkt** → Infarkt. – Herzkranke brauchen körperl. und seel. Ruhe. Häufige kleine Mahlzeiten (schwach salzen), wenig trinken.

Herzl, Theodor, Schriftst., *1860, †1904, Gründer des polit. → Zionismus.

Herzmuschel, Meeresmuschelgatt., eßbar; lebt im Sand eingegraben und kann mit Hilfe ihres Fußes springen.

Herzog der, **1)** bei den Germanen urspr. oberster Heerführer, dann erbl. Stammesfürst. Die Stamm-Hzgt. des alten Dt. Reichs (Bayern, Schwaben, Franken, Lothringen, Sachsen) wurden allmählich zerschlagen und die Herzogswürde dann auch an andere Landesfürsten verliehen. **2)** höchster dt. Adelstitel.

Herzog, Werner, Filmregisseur, *1942; Filme: »Aguirre, der Zorn Gottes«, »Herz aus Glas«, »Fitzcarraldo« u. a.

Herzogenbusch, niederländ. **'s Hertogenbosch** [shεrto:xənb'ɔs], Hptst. der niederländ. Prov. N-Brabant, 89 700 Ew.; Ind.-Konzerne.

Herzogenrath, Stadt in NRW, 43 400 Ew., Glaswerke.

Herzschrittmacher, in den Körper einpflanzbarer elektron. Impulsgeber, von dessen Batterie etwa 70-80 Stromstöße je Minute zum Herzen geleitet werden.

Herzverpflanzung die, → Transplantation.

Hesekiel, → Ezechiel.

Hesiod, grch. Dichter, um 700 v. Chr.; Dichtung über die Entstehung der Götter.

Hesperiden, grch. Sage: Nymphen, bewachten im Göttergarten (Garten der H.) die goldenen Äpfel des Lebens.

Hesperos [grch.] der, Abendstern (→ Venus).

Heß, Rudolf, nat.-soz. Politiker, *1894, †1987; wurde 1933 »Stellvertreter des Führers« und Reichsmin.; flog 1941 nach Schottland, um Großbritannien zum Friedensschluß zu bewegen; wurde interniert; 1946 zu lebenslanger Haft (Spandau) verurteilt.

Hesse, Hermann, Dichter, *1877, †1962. Seine Frühwerke tragen stark romant. Züge (Roman »Peter Camenzind«). Spätere Werke wie »Der Steppenwolf« setzen sich mit der Polarität Geist–Natur auseinander, die in »Narziß und Goldmund« durch östl. Gedankengut überwunden werden soll. Das Spätwerk »Das Glasperlenspiel« baut diese Themen aus, strebt nach innerweltl. Bildungseinheit. Nobelpreis 1946.

Hesse

Hessen, Land der Bundesrep. Dtl., 21 114 km², 5,4 Mio. Ew.; Hptst.: Wiesbaden. 3 Reg.-Bez. (seit 1981): Darmstadt, Gießen, Kassel. STATISTIK Bundesrep. Dtl., ⊕ S. 488/89.

H. umfaßt das → Hessische Bergland, das von der Westhess. und der Osthess. Senke durchzogen wird, den Taunus, Ausläufer von Westerwald und Rothaargebirge, im S den Großteil des Odenwaldes und den nördl. Spessart, und hat Anteil am Oberrhein. Tiefland, das sich zur Rhein-Main-Ebene erweitert. Zum Rhein entwässern Main und Lahn, zur Weser die Fulda (mit Eder). Bodenschätze: Eisenerz (Lahn und Dill), Braunkohle, Kali, Erdöl, Erdgas; viele Heilquellen (Wiesbaden, Schwalbach, Homburg v.d.H., Nauheim u. a.). – Getreide-, Gemüse-, Obst-, Weinbau (Rheingau); Viehzucht, Forstwirtschaft. Chem., Maschinen-, Fahrzeug-, elektrotechn. u. a. Ind.; Lederwaren in Offenbach; zentrale Verkehrslage (Flughafen, Bahn- und Autobahnknoten Frankfurt); internat. Messen in Frankfurt.

Hessen

G Der Stamm der Hessen (Nachfahren der Chatten) wahrte in der Völkerwanderung seine Sitze und gliederte sich den Franken an. 1122-1247 gehörte ein Teil zu Thüringen. Dann entstand die Land-Gfsch. H. unter dem Hause Brabant, 1479 vergrößert durch die Gfsch. Katzenelnbogen. Bedeutend war → Philipp der Großmütige, Vorkämpfer der Reformation. Durch seine Landesteilung (1567) entstanden die Hauptlinien H.-Kassel und H.-Darmstadt. Die Landgrafen von **H.-Kassel** erwarben 1648 Hersfeld, 1736 Hanau, 1803 die Kurwürde (Kurhessen), 1815 Fulda. Im 19. Jh. heftige Verfassungskämpfe. 1866 auf Österreichs Seite, von Preußen einverleibt, mit → Nassau und Frankfurt zur **Prov. H.-Nassau** vereinigt. – Die Landgrafen von **H.-Darmstadt** wurden 1806 Großherzöge und gehörten zum napoleon. Rheinbund; sie erwarben einige kleine Gebiete, 1815 Rheinhessen. 1866 kämpften sie gegen Preußen, verloren Homburg und Biedenkopf, 1867 traten sie für Oberhessen dem Norddt. Bund bei und waren 1871 bis 1918 dt. Bundesfürsten. Seit 1918 Freistaat. 1946 wurden H.-Nassau und H.-Darmstadt zum **Land H.** vereinigt; die (darmstädt.) Prov. Rheinhessen und der (nassauische) Kreis Montabaur kamen zu Rheinland-Pfalz. Min.-Präs. W. Wallmann (CDU) (seit 1987).

Hessisches Bergland, reichbewaldete Mittelgebirge zw. Thüringen und dem Rhein. Schiefergebirge: Vogelsberg, Rhön, Knüll, Ringgau, Seulingswald, Meißner, Kaufunger Wald, Habichts-, Reinhardswald.

Hestia, grch. Göttin des Herd- und Opferfeuers; die Römer setzten sie der Vesta gleich.

Hetäre [grch. »Freundin«] die, altgr. Freudenmädchen; oft geistreich und gebildet.

Hetärie [grch.] die, Name grch. Geheimbünde, die seit etwa 1800 die Befreiung von der türk. Herrschaft erstrebten.

hetero... [grch.], fremd..., verschieden...

heterodox [grch.], andersgläubig, häretisch; Ggs.: orthodox.

heterogen [grch.], verschiedenartig, ungleichartig, **Heterogenität** die, Ungleichartigkeit.

heteronom [grch.], ungleichwertig. Ggs.: homonom. **Heteronomie** die, Fremdgesetzlichkeit. Ggs.: → Autonomie.

heterophon [grch. »andersklingend«], abweichend von der Einstimmigkeit. **Hetero-**

hethitische Kunst: Bronzefigur (Gott?) aus Bogazköy

phonie die, ♩ von Sänger und Instrument gleichzeitig ausgeführte, jedoch unterschiedlich abgewandelte Melodie.

heteropolar [grch.], verschiedenpolig. **h. Moleküle** bestehen aus je einem positiven und einem negativen Ion, die durch elektrostat. Anziehung zusammengehalten werden.

Heterosexualität [grch.-lat.], geschlechtl. Empfinden für das andere Geschlecht; Ggs.: Homosexualität.

heterozygot [grch.], mischerbig, ungleicherbig, → Vererbung.

Hethiter Mz., indogerman. Volk, gründete im 2. Jahrtsd. v. Chr. im östl. Kleinasien ein Großreich, dehnte seine Herrschaft bis Syrien aus, ging um 1200 unter.

hethitische Kunst, Kunst der Hethiter, belegt bes. durch Funde in Hattuša, Alaca Hüyük, und Alisar Hüyük.

Hetman [poln., aus tschech. hejtman] der, -s/-e, Oberbefehlshaber des Heeres (→ Ataman).

Hettner, Alfred, Geograph, *1859, †1941; begründete die neuzeitl. geograph. Wissenschaft.

Heu, abgemähtes, getrocknetes Gras des 1. Schnitts (im Juni); der 2. Schnitt (im Spätsommer) heißt **Grummet, Öhmd.**

Heuberg, Teil der südwestl. Schwäb. Alb.

Heuberger, Richard, österr. Komponist, *1850, †1914; Operetten (»Opernball«) u. a.

Heuer die, ⚓ Lohn, bes. der Seeleute. **heuern, anheuern,** Seeleute anwerben, früher durch gewerbsmäßige Vermittler **(H.-Baas). H.-Vertrag,** Arbeitsvertrag der Schiffsbesatzung.

Heufieber, Heuschnupfen, allerg. Krankheit, ausgelöst durch Überempfindlichkeit gegen Pollen bes. von Gräsern.

Heupferd, → Heuschrecken.

heureka [grch.], ich hab's gefunden!

Heurige der, noch kein Jahr alter Wein.

Heuristik [grch.] die, Lehre von der Auffindung wissenschaftl. Erkenntnisse. **heuristisch,** richtunggebend, erkenntnisfördernd.

Heuscheuer die, Teil der Sudeten, in der **Großen H.** 919 m.

Heuschrecken: Großes Grünes Heupferd

Heuschrecken, Geradflügler mit sprungkräftigen Hinterbeinen. Zu den H. i. e. S. gehören: **Laub-H.** (Heupferd), grün, mit langen Fühlern, **Feld-H.,** braun, mit kurzen Fühlern, auch die → **Wanderheuschrecke, Grab-H.** oder → Grillen. Fast alle H. bringen mit Hilfe von Schrilleisten an Flügeldecken oder Beinen zirpende Töne hervor. Zu den H. i. w. S. gehören: → **Fang-H.** und **Gespenst-H.**

Heusinger, Adolf, General, *1897, †1982; 1957-61 Generalinspekteur der Bundeswehr, 1961-1964 Vors. des Ständ. Militärausschusses der NATO.

Heusler, Andreas, Germanist, *1865, †1940; grundlegende Werke: »Nibelungensage und Nibelungenlied«, »Dt. Versgeschichte«.

hethitische Kunst: Steinrelief von Yazilikaya, 13. Jh. v. Chr.

Heuss, Theodor, *1884, †1963; Politiker und Schriftst., trat in enge Verbindung zu F. Naumann; 1920-33 Dozent an der Hochschule für Politik in Berlin, 1924-28, 1930-33 demokrat. MdR, 1945/46 Kultusmin. in Württ.-Bad.; als Vors. der FDP 1948/49 Mitgl. des Parlamentar. Rates; 1949-59 Bundespräs. – »Friedrich Naumann«, »Robert Bosch«, »Erinnerungen 1905-33« u. a.; Mithg. »Die großen Deutschen«. (BILD S. 363)

Hevesy [h'ɛvɛʃi], Georg v., Chemiker, *1885, †1966; Entdecker des Hafniums; Nobelpreis 1943.

Hex..., Hexa... [grch.], Sechs...

Hexaeder [grch.] das, -s/-, Sechsflächner; ein **regelmäßiges H.,** Würfel. **hexagonal,** sechseckig. (BILD S. 363)

Hexagramm [grch.] das, **1)** Sechseck. **2)** Sechsstern, → Davidstern.

Hexameter [grch.] der, Vers aus 6 daktyl. Füßen (– ◡ ◡), von denen der letzte unvollständig ist. Im Daktylus können beide Kürzen durch eine Länge ersetzt werden. »Denn wer | lange be- | denkt, der | wählt nicht | immer das | Beste.«

Hexane [grch.] Mz., ⊙ Kohlenwasserstoffe der Zusammensetzung C_6H_{14}, → Paraffin.

Hexateuch [grch. »sechsteilig«] der, die 5 Bücher Mose mit dem Buch Josua.

Hexe, im Volksglauben zauberkundige Frau, die über »okkulte« Kräfte verfügen soll, an dem **H.-Sabbat** auf dem Blocksberg teilnimmt; oft alt und häßlich. Die Kunst der H. soll am wirksamsten sein in der Walpurgis-, Oster- und Johannisnacht, in den Zwölfnächten, am Georgs- und Andreastag. Seit dem MA. gab es **H.-Verfolgungen** und bes. im 14.-17. Jh. viele **H.-Prozesse.** Als Überführungsmittel diente häufig neben dem durch Folter erzwungenen Geständnis die **H.-Probe;** verurteilte H. wurden verbrannt, letztmalig 1782 in der Schweiz.

Hexenbesen, 1) Mißbildung in Baumkronen, → Gallen. **2)** Pflanzen: Mistel, Teufelsbart u. a.

Hexenmilch, 1) ⚘ Wolfsmilch, Schöllkraut und ihr Milchsaft. **2)** Absonderung der Brustdrüse der Neugeborenen.

Hexenpilz, eßbarer Röhrenpilz.

Hexenring, Elfen-, Feenring, Kreis von Hutpilzen auf Wiesen- oder Waldboden.

Hexenschuß, lat. **Lumbago,** heftiger, plötzlicher Lenden- und Kreuzschmerz.

Hexentanzplatz, Felsbastei am Ausgang des Bodetals aus dem Harz, bei Thale.

Heydrich, Reinhard, nat.-soz. Politiker, *1904, †(ermordet) 1942; 1934 Leiter der Gestapo, 1936 der Sicherheitspolizei, 1942 Stellvertr. Reichsprotektor in Böhmen und Mähren. Seine Ermordung durch tschech. Widerstandskämpfer gab Anlaß zu blutiger Vergeltung (Lidice).

Heyerdahl, Thor, norweg. Zoologe, *1914; 1947 Fahrt mit Floßschiff Kon-Tiki von Peru nach den ostpolynes. Inseln, in der Expedition ›Ra‹ 1969/70 von Marokko nach Barbados, 1977/78 mit dem Schilfboot ›Tigris‹ von Basra nach Djibouti.

Heym, 1) Georg, Dichter, *1887, †1912; schwermütige, expressionist. Gedichte (»Umbra vitae«). **2)** Stefan, Schriftst., *1913; sozialkrit. und zeithistor. Romane (»Ahasver«, »Collin«, »Schwarzenberg«).

Heyme, Hansgünther, Regisseur, *1935; wirkte u. a. in Köln und Stuttgart.

Heyse, Paul, Dichter, *1830, †1914; Gedichte, Dramen (»Colberg«), Novellen, Romane (»Kinder der Welt«); Übersetzungen. Nobelpreis 1910.

Hf, chem. Symbol für Hafnium.

hfl., Abk. für den niederländ. Gulden.

Hg, chem. Symbol für Quecksilber.

HGB, § Abk. für Handelsgesetzbuch.

Hiatus [lat. »Kluft«] der, Zusammentreffen eines aus- und eines anlautenden Selbstlautes, z. B. »ja aber«, »habe ich«.

Hickory der, walnußartige Baumgatt. N-Amerikas; eßbare Nuß **(Pecannuß)**, biegefestes, zähes Holz für Skier, Turngeräte u. a.

Hidalgo [span.] der, in Spanien und Portugal Standesbez. des niederen Adels.

Hiddensee, Sandinsel westl. von Rügen; Sommerfrische, Vogelwarte.

Hidjas, Hedschas, Küstenlandschaft im westl. Saudi-Arabien; Küste heiß und wüstenhaft, im inneren Hochland, Steppe, Hptst.: Mekka – **Hidjasbahn,** Schmalspurbahn von Damaskus nach Medina, 1908 vollendet, im 1. Weltkrieg teilweise zerstört, in Jordanien wieder aufgebaut.

Hidjra, Hidschra [arab. »Auswanderung«] die, Übersiedlung (»Flucht«) Mohammeds von Mekka nach Medina zw. dem 28. 6. und 10. 9. 622; mit ihr beginnt die muslim. Zeitrechnung (Anfangsdatum: 15./16. 7.).

Hierarchie [grch.] die, Rangfolge, stufenmäßig aufgebaute Ordnung.

Hieroglyphen [grch. »hl. Eingrabungen«] Mz., ägypt. Bilderschrift, Bilderschrift überhaupt.

Hierokratie [grch.] die, Priesterherrschaft.

Hieronymus, Kirchenvater, †um 419; Heiliger; lat. Bibelübersetzung (→ Vulgata).

hieven [ndt. »heben«], ↘ aufwinden.

Hi-Fi [h'aɪfi:], Abk. für **hi**gh **fi**delity, bezeichnet hohe Wiedergabequalität bei Rundfunk-, Tonbandgeräten, Plattenspielern u. a.

Hifthorn, altes Jagdhorn.

High Church [h'aɪ tʃə:tʃ, engl.], Hochkirche, → Anglikanische Kirche.

High-Tech ['haɪ-tek], Kurz-Bez. für High Technology, → Hochtechnologie.

Hijacking [h'aɪdʒækɪŋ], → Luftpiraterie.

Hilarius von Poitiers [pwatj'e:], Kirchenlehrer, †367 als Bischof, Gegner der Arianer; dichtete Hymnen.

Hilbert, David, Mathematiker, *1862, †1943; arbeitete u. a. über Zahlentheorie, mathemat. Physik, Relativitätstheorie.

Hilda, Hilde, Kurzform von → Hildegard.

Hildebrand, Adolf v., Bildhauer, *1847, †1921; suchte die Erneuerung der klass. Form.

Hildebrandslied, ältestes als Bruchstück erhaltenes german. Heldenlied, in Stabreimen, (zw. 810 und 820), behandelt den Kampf zw. Hildebrand, dem Waffenmeister Dietrichs von Bern, und seinem Sohn Hadubrand.

Hildebrandt, 1) Johann Lukas v., österr. Barockbaumeister, *1668, †1745; Belvedere in Wien, Mitarbeit an der Würzburger Residenz. **2)** Regine, Politikerin (SPD), *1941; seit April 1990 Min. für Arbeit und Soziales in der Dt. Dem. Rep.

Hildegard [aus ahd. hiltja »Kampf« und gart »Stachel«], weibl. Vorname.

Hildegard von Bingen, Benediktinerin, *1098, †1179; erste dt. Mystikerin, verfaßte auch medizin. und naturwissenschaftl. Schriften. Heilige (Tag 17. 9.).

Hilden, Industriestadt in NRW, 53 600 Ew.; Textilien, Eisen, Lack.

Hildesheim, Krst. in Ndsachs., 103 500 Ew.; kath. Bischofssitz; roman. Dom (1050), Michaelskirche (1010-36), mittelalterl. Altstadt mit Fachwerkhäusern. Ind.: Radio- und Fernsehapparate. – Das 815 gegr. Bistum H. war Reichsfürstentum.

Hildesheimer, Wolfgang, Schriftst., *1916; Roman »Tynset«, Schau- und Hörspiele, Essay: »Mozart«.

Hilferding, Rudolf, *1877, †(Selbstmord) 1941; 1923, 1928/29 Reichsfinanzmin. (SPD).

Hilfskreuzer, zum Hilfskriegsschiff umgebautes und bewaffnetes Handelsschiff.

Hilfsverben zur Bildung der zusammengesetzten Zeitformen (haben, sein, werden) und Aussageweisen der Bedingtheit oder Ungewißheit (können, mögen, wollen, dürfen, sollen, müssen, lassen).

Hilfswerk der Evangelischen Kirche in Deutschland, soziales Werk, gegr. 1945, 1957 mit dem Zentralausschuß für Innere Mission zum »Diakonischen Werk« vereinigt.

Hillary [h'ɪlərɪ], Sir Edmund, neuseeländ. Bergsteiger, *1919; mit Sherpa Tenzing 1953 Erstbesteigung des Mount Everest.

Hiller, Johann Adam, *1728, †1804; Thomaskantor, gründete die Gewandhauskonzerte in Leipzig; Schöpfer des dt. Singspiels.

Hilmend der, Hauptfluß Afghanistans, 800 km lang, entspringt im Kuh-e Baba, mündet in den Hamun-e Hilmend.

Hilpert, Heinz, Regisseur und Schauspieler, *1890, †1967; 1950-65 Intendant in Göttingen.

Hils der, bewaldeter Bergzug in Ndsachs.

Hilus [lat.] der, Einbuchtung eines Organs, wo Gefäße ein- oder austreten, z. B. Lungen-H.

Hilversum, niederländ. Stadt nördl. von Utrecht, 85 500 Ew.; Rundfunksender; Textil-, elektrotechn., pharmazeut. Industrie.

Hima, Bahima, Tutsi, Watussi, Hirtenvölker in Ostafrika, Staatengründer (Burundi, Ruanda u. a.), die als dünne Adelsschicht die unterworfenen Bauernvölker beherrschten.

Himalaya [Sanskrit »Schneewohnstätte«] der, höchstes Gebirge der Erde, zw. der nordind. Tiefebene und dem Hochland von Tibet. Stark gefaltetes Kettengebirge, Hauptkette im Durchschnitt 6000 m hoch, mit nördl. und südl. Vorkette. Höchste Erhebungen: Mount Everest 8848 m, Kangchendzönga 8598 m, Lhotse 8511 m, Dhaulagiri 8167 m, Nanga Parbat 8125 m. Der H. besteht hauptsächl. aus Granit und Gneis, klimatisch und landschaftl. bildet er die Scheide zw. den Monsungebieten Indiens und Zentralasien. Stark vergletschert, Schneegrenze auf der S-Seite etwa 5000 m, auf der N-Seite bei 5500 m. Die Gebirgshänge sind bis etwa 4000 m Höhe dicht bewaldet.

Himation das, altgrch., über dem Chiton getragener Mantel. (BILD S. 364)

Himbeere, Himbeerstrauch, halbstrauchiger Rosenblüter, grünliche Blüte; süß-würziges Beerenobst. (BILD S. 364)

Himeji [-dʒ-], Stadt auf Honshu, Japan, 453 000 Ew.; Eisen-, Stahl- u. a. Ind.

Himmel der, scheinbares Gewölbe, das sich über der Ebene des **Horizonts** erhebt und an dem die Gestirne zu sehen sind. Der Punkt senkrecht über dem Beobachter heißt **Zenit,** der entgegengesetzte Punkt **Nadir.** Die Verlängerung der Erdachse trifft den H. in den beiden **H.-Polen.** Durch Zenit und Nadir gehende Kreise heißen **Scheitel-, Vertikal-** oder **Höhenkreise.** Senkrecht zur H.-Achse liegt die Ebene des **H.-Äquators.**

Himmelfahrt Christi, leibl. Auffahrt Christi gen Himmel (Apg. 1,3-11). Das Fest H. C. wird 40 Tage nach Ostern gefeiert.

Heuss

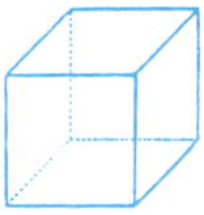

Hexaeder

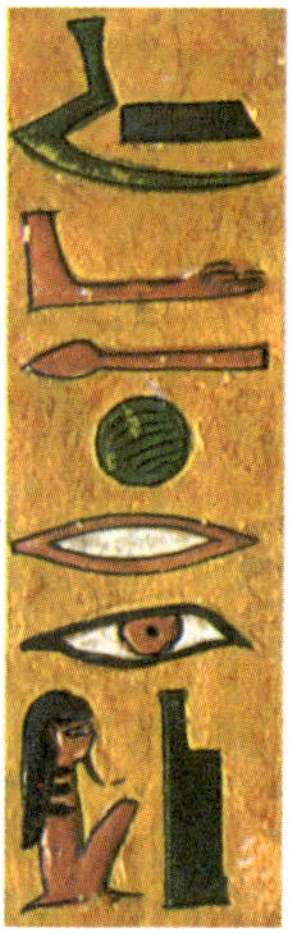

Hieroglyphen (aus dem Grab der Nefertari)

Himalaya: Rolwaling Himal

Himation

Himmelfahrt Mariä, seit 1950 kath. Glaubenssatz. Fest am 15. 8.

Himmelsgegenden, Himmelsrichtungen, Teilpunkte des in gleiche Teile geteilten Horizonts: Nord, Ost, Süd, West, und die dazwischenliegenden: Nordost, Südost, Südwest, Nordwest, sowie weiter: Nordnordost, Ostnordost, Südsüdwest, Westsüdwest usw.

Himmelskunde, die → Astronomie.

Himmler, Heinrich, nat.-soz. Politiker, *1900, † (Selbstmord) 1945; 1929 Reichsführer der SS, 1936 auch Chef der Polizei, 1943 auch Reichsinnenmin. und 1944 Oberbefehlshaber des Ersatzheeres. Er organisierte den Terror der Gestapo, der Konzentrationslager, die Massentötungen von Juden.

Hindelang, Luftkurort, Wintersportplatz in den Allgäuer Alpen, Bayern; 850 m ü. M.

Hindemith, Paul, Komponist, *1895, †1963; von der Barockmusik ausgehend, dann von den Möglichkeiten der Atonalität angezogen, fand er endlich einen sehr persönl. Stil: Opern (»Cardillac«, »Mathis der Maler«), Chorwerke, Sinfonien, Kammermusik u. a.

Hindenburg, Paul v. **Beneckendorff und v. H.,** Generalfeldmarschall, Reichspräs., *1847, †1934; wurde im 1. Weltkrieg (mit Ludendorff als Generalstabschef) Oberbefehlshaber der 8. Armee, schlug die Russen bei Tannenberg und an den Masur. Seen. 1916 übernahm er als Chef des Generalstabs des Feldheeres mit Ludendorff als 1. Generalquartiermeister die Oberste Heeresleitung, befürwortete 1918 den Thronverzicht des Kaisers und leitete den Rückmarsch des Heeres. 1925 und wiederum 1932 zum Reichspräs. gewählt, berief 1933 Hitler als den Führer der stärksten Partei zum Reichskanzler.

Himbeere

Hindenburg [nach dem Feldmarschall], bis 1915 und seit 1945 **Zabrze** [z'abʒɛ], Stadt in der poln. Wwschaft Katowice, ehem. Stadt in Oberschlesien, 199 000 Ew.; Steinkohlen⚒, Hütten-, Maschinen-, Kohleveredelungs-Ind.

Hindenburgdamm, verbindet seit 1927 die O-Spitze der Insel Sylt mit dem Festland (11 km).

Hindernis das, **1)** Hürde (→ Hürdenlauf). **2)** Pferdesport: natürl. oder künstl. Hemmnis. **H.-Lauf,** Wettlauf über 3000 m (über Hürden und Wassergraben). **H.-Rennen,** Pferderennen: Jagd-, Hürdenrennen, Steeplechase.

Hindi das, Sammelname für die mittelalterl. Literatursprachen **Brajbhạsha, Avạdhi** und **Dekkạni.** Seit dem Ende des 19. Jh. wird H. speziell für das aus dem Dialekt von Delhi entwickelte und nach 1947 in den ind. Prov. Uttar Pradesh, Bihar, Rajasthan, Madhya Pradesh und Himachal Pradesh zur Staatssprache erhobene Idiom gebraucht.

Hindemith

Hịndu der, Bekenner des Hinduismus.

Hinduịsmus, die 3. Stufe der ind. Religion (→ Brahmanismus), die mit der Verdrängung des → Buddhismus in Indien einsetzende Wiederherstellung der brahman. Religion, gekennzeichnet durch Wiedererstarken des Kastensystems (→ Kaste). Jedem Wesen ist nach dem H. sein Platz auf Grund seiner guten oder bösen Handlungen in einer vorausgegangenen Existenz zugewiesen. Die Lehre von der Seelenwanderung ist somit Grundlage und Rechtfertigung des Kastenwesens. Hauptströmungen des H.: Vishnuismus (→ Vishnu), Shivaismus (→ Shiva) und der Shaktismus, in dem Gott als weiblich vorgestellt wird. Dem H. gehören rd. 450 Mio. Menschen in der Ind. Union an, außerdem Gruppen in Pakistan, Bangladesh, Sri Lanka, Birma, Malaysia, S- und O-Afrika, Fidschi, Trinidad.

Hịndukusch der, zentralasiat. Hochgebirge mit stark vereisten Gipfeln (bis 7700 m).

Hịndustan [»Land der Hindus«], frühere Bez. des Indus- und Gangesgebiets in Vorderindien.

Hindenburg

Hindustạni das, die in ganz Indien gesprochene Hindi-Mundart von Delhi und Agra.

Hinterglasmalerei, Malerei mit lichtundurchlässigen Farben auf einer Glasscheibe.

Hinterhand, Nachhand, 1) bei Tieren, bes. Pferd: Hinterbeine und Hinterkörper. **2)** beim Kartenspiel: wer zuletzt ausspielt.

Hinterindien, der SO-Zipfel des asiat. Festlandes; umfaßt Birma, Thailand, Laos, Kambodscha, Vietnam, z. T. Malaysia. H. ist bedeutender Reiserzeuger, reich an Edelhölzern; auf der Halbinsel Malakka Kautschuk und Zinn. Ⓑ → Indochina.

Hinterlegung, ⚖ Übergabe von Geld, Wertpapieren, Urkunden usw. an das Amtsgericht zur Sicherheitsleistung oder zur Erfüllung einer Verbindlichkeit, z. B. wenn der Gläubiger die Annahme verweigert.

Hintersasse der, zinspflichtiger Bauer.

Hịob, Job, tragende Gestalt des **Buchs H.** im A. T., eines Lehrgedichts; es bestreitet die altjüd. Vergeltungslehre, wonach alles Leiden eine Strafe für Vergehen sei. **H.-Botschaft,** Unglücksnachricht (nach Hiob 1,13 ff.).

Hippạrch, 1) Sohn des Peisistratos, mit seinem Bruder Hippias Tyrann Athens, 514 v. Chr. von Harmodios und Aristogeiton ermordet. **2)** Gründer der wissenschaftl. Astronomie und der sphär. Trigonometrie, lebte um 161-127 v. Chr., lehrte bes. auf Rhodos, entwarf das erste Verzeichnis der Fixsterne.

Hipparcos, Astrometriesatellit der ESA zur Vermessung von Sternpositionen, gestartet 1989.

Hippe die, krummes Gärtner-, Winzermesser, Sichel, Sense, bes. als Sinnbild des Todes.

Hịppias, 1) Tyrann von Athen, 510 v. Chr. vertrieben. **2) H. aus Elis,** grch. Philosoph, Ende des 5. Jh. v. Chr., Sophist.

Hippies [von engl. hipster »vagabundierender Außenseiter«], Jugendliche (urspr. in den USA), die sich der materialist. Gesellschaftsordnung entziehen wollen; Symbol: die Blume (»Blumenkinder«).

Hippodrọm [grch.] das, **1)** grch. Rennbahn für Pferde- und Wagenrennen. **2)** Gebäude oder Zelt, in dem zur Musik geritten wird.

Hippọkrates, Arzt des Altertums, *460 v. Chr., †375; Begr. der grch. Heilkunde und der Ärzteschule von Kos. Der von ihm formulierte **Hippokrạt. Eid** enthält die heute noch gültigen sittl. Gebote wahren Arzttums.

Hippo Rẹgius, alte Hafenstadt beim heutigen Annaba, Algerien; Bischofssitz Augustins.

Hirakud-Damm, → Mahanadi.

Hirn das, → Gehirn.

Hirnanhangdrüse, die → Hypophyse.

Hirnholz, senkrecht zur Faserrichtung geschnittenes Holz.

Hirohito, Tenno (Kaiser) von Japan, *1901, †1989; seit 1921 Prinzregent, bestieg 1926 den Thron; nach Einführung des parlamentar. Systems (1946/47) ist der Titel »Tenno« nur noch Symbol der Staatseinheit.

Hiroshige Andô, japan. Maler und Holzschnittmeister, *1797, †1858; perspektivisch effektvolle Landschaften. (BILD japanische Kunst)

Hiroshima, Stadt in Japan, auf Honshu, 1,05 Mio. Ew.; Univ.; Werft-, Maschinen- u. a. Ind., am 6. 8. 1945 durch die erste amerikan. Atombombe zu 60% zerstört.

Hirsau, Ortsteil von **Calw,** Kurort in Bad.-Württ. Das 830 gegr. Benediktinerkloster war Mittelpunkt der Reformbewegung von Cluny in Dtl. **(Hirsauer Klosterreform),** die sich auch im Kirchenbau auswirkte **(Hirsauer Bauschule);** 1692 von den Franzosen niedergebrannt. Die Aureliuskirche (1049) ist heute kath. Kirche.

Hirsch, Paarhuferfam. in Europa, Asien, Afrika, Amerika; meist das Männchen mit Geweih. Zu den H. gehören die geweihlosen Moschustiere und die echten H. wie Edel-H., Dam-H., Elch, Rentier, Reh. Der **Edel-** oder **Rot-H.**, in Europa, Nordafrika, wird bis 1,50 m hoch, bis 270 kg schwer. Die Brunft fällt in den Sept., Okt.

Hirschberg im Riesengebirge, poln. **Jelenia Góra** [-g'ura], Hptst. der poln. Wwschaft Jelenia Góra, ehem. Stadt in Niederschlesien, 92 500 Ew.; Altstadt mit spätbarocken und Rokoko-Giebelhäusern, künstlerisch bed. protestant. Kirche; Fremdenverkehr; Holzverarbeitung, Glas-Ind.; Zellulose- und Chemiefaserkombinat u. a. Ind.

Hirschfänger der, Seitenwaffe des Jägers.

Hirschhaken der, → Grandeln.

Hirschhornsalz, ⊙ Ammoniumcarbonat, Backtreibmittel.

Hirschkäfer, Feuerschröter, größter mitteleurop. Käfer, Blatthornkäfer, lebt von Eichensaft; Männchen mit geweihähnl. Kiefern, bis 9 cm lang.

Hirschzunge, zungenblättriges Farnkraut an schattigen Felsen.

Hirse die, versch. Getreidegräser mit kleineren Körnern als etwa beim Weizen. **Echte** oder **Rispen-H.**, früher in Mitteleuropa angebaut; Schwesterart ist die **Blut-H. (Finger-H.)** mit Scheinähren. Zur Gatt. **Borsten-H.** gehört die **Ital. Kolben-H.** Das verbreitetste hirseartige Getreide ist die bis 4,5 m hohe Bartgrasart **Sorghum (Mohren-H., Durra),** die in Afrika Hauptnahrung (Brei) und ein bierartiges Getränk (Pombe, Reisbier) liefert.

Hirtenbrief, Sendeschreiben der kath. Bischöfe über kirchl. Fragen, Gottesdienst, Fasten.

Hirtendichtung, → Schäferdichtung.

Hirtentäschel, Wildkraut, Kreuzblüter.

his, ♩ das um einen Halbton erhöhte h.

Hisbollah, militante politisch-religiöse Partei (Partei Gottes) islam. Fundamentalisten.

Hispania [lat.], die Pyrenäenhalbinsel.

Hispaniola, früher **Haiti** oder **Santo Domingo,** zweitgrößte der Westind. Inseln, 76 192 km², 12 Mio. Ew. Politisch ist H. aufgeteilt in die Dominikan. Rep. und die Rep. Haiti.

Hissarlik [türk. »Burgberg«], Ruinenhügel in Kleinasien, die Stätte des alten Troja.

hissen, ⚓ → heißen.

Histamin das, organ. Verbindung mit starker physiolog. Wirksamkeit; erweitert die Blutkapillaren, tritt bei Allergien vermehrt auf.

Histologie [Kw., grch.] die, Wissenschaft vom Aufbau der → Gewebe.

Histori|e [grch.-lat.] die, **1)** → Geschichte. **Historiker** der, Geschichtsforscher. **Historiograph** der, Geschichtsschreiber. **historisch,** geschichtlich. **2)** eine Geschichte (Mär).

Histori|enmalerei, Gatt. der Malerei, hat geschichtl. Ereignisse, sagenhafte oder auch dichter. Themen zum Bildgegenstand.

Historikerstreit, Auseinandersetzungen in der dt. Geschichtswissenschaft um Bewertung und Einordnung nat.-soz. Verbrechen, bes. der Judenverfolgung, auch um deren Vergleichbarkeit mit »ähnlichen Vorkommnissen« in anderen Staaten.

Historischer Materialismus, Abk. **HISTOMAT,** → Materialismus.

Historismus, geschichtsbezogenes Denken, bes. die Auffassung, die von der Geschichte als umfassendem Zusammenhang geistigen Lebens, von der einmaligen Individualität der geschichtl. Erscheinungen und von dem unaufhörl., unbegrenzbaren und gesetzlosen Fließen des Geschichtlichen ausgeht. Der H. herrschte bes. im 19. Jh.

Hit [engl.] der, etwas, das erfolgreich ist.

Hitchcock [-tʃ-], Sir (seit 1980) Alfred, engl. Filmregisseur (Kriminal- und Schauerfilme), *1899, †1980.

Hitler, Adolf, *Braunau (Oberösterreich) 20. 4. 1889, †Berlin (Selbstmord) 30. 4. 1945. H. lebte bis 1912 in Wien als Gelegenheitsarbeiter und Zeichner, ging dann nach München. Im 1. Weltkrieg war er Soldat (Gefreiter) im dt. Heer. Seit 1919 baute er die NSDAP auf. Sein Versuch, mit Ludendorff die bayer. und die Reichsregierung zu stürzen, scheiterte (Hitlerputsch München, 8./9. 11. 1923); H. wurde zu 5 Jahren Festungshaft verurteilt, aber schon Dez. 1924 aus Landsberg entlassen. Dort hatte er »Mein Kampf«, sein Programmbuch, geschrieben. 1925 gründete er die NSDAP neu. 1932 unterlag er bei der Reichspräsidentenwahl. Als Führer der stärksten Partei wurde er am 30. 1. 1933 von Hindenburg zum Reichskanzler ernannt; er schaltete die gegner. Parteien und bald auch seine Koalitionspartner aus; Widerstände inner- und außerhalb der eigenen Reihen wurden am 30. 6. 1934 blutig niedergeschlagen (Röhmputsch). Nach dem Tod Hindenburgs (2. 8. 1934) vereinigte H. in seiner Person die Ämter des Staatsoberhauptes und des Regierungschefs mit dem Oberbefehl der Wehrmacht und der Parteiführung. Der totalitäre »Führerstaat« war damit errichtet, der Rechtsstaat beseitigt. Weiteres → Nationalsozialismus. Die Verschleierung der Ziele und zugkräftige Propagandaparolen (»Friedenspolitik«) täuschten längere Zeit Gutgläubige im In- und Ausland, das z. T., wenn auch unter Mißbilligung der Methoden, die von H. herbeigeführten Entscheidungen hinnahm (Konferenz in München 29. 9. 1938). Diese Erfolge waren aber für H. nur Etappen auf dem Wege zum Krieg (→ Weltkrieg II). Die Anfangserfolge des Krieges, in dem er auch den Oberbefehl des Heeres übernahm, und die mißglückten Attentate (8. 11. 1939 und 20. 7. 1944) steigerten H.s. Glauben an seine Berufung durch die »Vorsehung« und seine Mißachtung von Recht und Gerechtigkeit. Für die Herrschaft des Schreckens, für die Vernichtung der Juden und für die Entartung der Kriegführung trägt er einen großen Teil der Verantwortung.

Hitler-Jugend, HJ, 1926-45 die nat.-soz. Jugendorganisation, 1936 nach Beseitigung der anderen Jugendverbände »Staatsjugend«.

Hitzschlag, ♡ schwere Gesundheitsstörung durch Wärmestauung, bes. bei feuchtwarmem Wetter und Windstille; Schweißausbruch, Übelkeit, Durst, Kopfschmerzen, Bewußtlosigkeit.

hl, Abk. für Hektoliter (100 l).

Hłasko, Marek, poln. Schriftsteller, *1934, †(Selbstmord) 1969; seit 1958 in der Bundesrep. Dtl., schrieb »Der 8. Tag der Woche«.

H. M., engl. Abk. für His (Her) Majesty, Seine (Ihre) Majestät.

Ho, chem. Symbol für Holmium.

HO, Abk. für → **H**andels**o**rganisation.

Hobarth [h'əubɑ:t], Hptst. des Staates und der Insel Tasmanien, Australien, 180 300 Ew.; Univ.; Hafen.

Hobbema, Meindert, niederländ. Landschaftsmaler, *1638, †1709.

Hobbes [hɔbz], Thomas, engl. Philosoph, *1588, †1679; gründete seine Philosophie auf eine mathematisch-mechan. Naturauffassung. Nach seiner Gesellschafts- und Staatslehre macht der »Naturzustand«, in dem der reine Egoismus herrscht, den Gesellschaftsvertrag nötig, der dem Staat als Hüter der Sicherheit die absolute Gewalt über alle Bürger gibt (»Leviathan«).

Hobby [engl.] das, Steckenpferd, Liebhaberei.

Hobel der, Werkzeug zum Glätten von Holz- und Metallflächen. Zum Bearbeiten langer ebener Flächen dient die **Rauhbank,** zum Ausarbeiten muldenförmiger Flächen der **Schiffs-H.;** weitere Arten: **Schlicht-, Schrupp-, Fasson-H.** u. a. Die zu bearbeitenden Werkstücke werden in der **H.-Bank** festgespannt.

Hirschkäfer

Hitler

H.-Maschinen schneiden die Späne mit umlaufenden Messern (bei Holz) oder eingespannten **H.-Meißeln** (bei Metall) ab.

Hoboken, 1) Industrievorstadt von Antwerpen, Belgien, an der Schelde, 34800 Ew.; Eisenhütten. 2) ['hɔbɔkən], Stadt in New Jersey/USA, 43000 Ew.; mit New York durch U-Bahn und Straßentunnel verbunden.

Höch, Hannah, Malerin und Graphikerin, *1889, †1978; Wegbereiterin der Photomontage.

Hochaltar der, in der kath. Kirche der im Chor stehende Hauptaltar.

Hochbahn, meist elektr. Bahn, bes. als **Stadtschnellbahn** über der Straßenebene.

Hochbau, Herstellung von Bauten über der Erde. Gegensatz: Tiefbau.

Hochdeutsch, → deutsche Sprache.

Hochdruck, 1) Druck, der auf dem Papier erhaben erscheint (Reliefdruck, Blindendruck). 2) → Druckverfahren. 3) ⊙ hoher Druck (Flüssigkeit, Dampf, Gase) über 100 bar.

Hochdruckgebiet, Antizyklone, Wetterkunde: Gebiet hohen Luftdrucks.

Hochenergiephysik, untersucht die Erscheinungen im Bereich der Atomkerne und → Elementarteilchen, die bei Umsetzungen hoher Energien auftreten. Solche Energien werden in der kosm. Strahlung (Ultrastrahlung) angetroffen oder mit Teilchenbeschleunigern künstlich erzeugt. Bedeutende europ. Hochenergiezentren sind: Genf (CERN) und Hamburg (DESY).

Hochfrequenz, HF, elektromagnet. Schwingungen von sehr hoher Schwingungszahl (3 kHz bis 300 GHz).

Hochfrequenztechnik, Teil der Elektrotechnik, der sich mit der Erzeugung, Fortleitung und techn. Anwendung elektromagnet. Wellen im HF-Bereich befaßt. Wichtige Anwendungsgebiete sind u.a. die Funk- und Nachrichtentechnik, die HF-Spektroskopie und die physikal. Meßtechnik.

Hochgebirge, über die Baumgrenze in das Gebiet des ewigen Schnees aufragende Gebirge mit scharfen Gipfeln und Kammformen; in arkt. Gebieten ab 1000 m, in mittl. Breiten ab 2000 m, in den Tropen ab 3000 m Meereshöhe. Die H. der Erde sind überwiegend in 2 großen Gürteln angeordnet: südeurop.-südasiat. Gürtel (Atlas, Pyrenäen, Alpen, Kaukasus, Pamir, Himalaya) und der Kordillerengürtel Amerikas.

Hochgericht, 1) → Halsgericht. 2) Richtstätte.

Hochhaus, Gebäude mit mehr als 6 Stockwerken. Höchstes H. der Erde: Canadian National, Toronto, 534,27 m.

Hochhaus: Marina City Hochhaus in Chicago

Hochhuth, Rolf, Schriftst., *1931; Schauspiele »Der Stellvertreter«, »Die Soldaten«, »Guerillas«, »Juristen«, »Nur die Spitze des Eisbergs«.

Ho Chi-minh, *1890, †1969, Führer der kommunist. Bewegung Vietminh in Indochina; rief 1945 die Rep. Vietnam aus, wurde nach dem Waffenstillstand 1954 und der Teilung Vietnams Präs. von N-Vietnam.

Ho-Chi-minh-Stadt, seit 1976 Name von Saigon, Stadt in Vietnam, ehem. Hptst. von S-Vietnam, hat zus. mit dem südwestl. anschließenden Cholon 3,5 Mio. Ew.; Hafen, versch. Ind.; Flughafen.

Hochkirche, hochkirchl. Richtung in der → Anglikanischen Kirche.

Hochkommissar der Vereinten Nationen für Flüchtlinge, amtl. **United Nations High Commissioner for Refugees** [juːn'aɪtɪd n'eɪʃnz haɪ kəm'ɪʃnə fɔː refjudʒ'iːz], Abk. **UNHCR,** 1951 errichtete Dienststelle in Genf zum Schutz von Emigranten und Flüchtlingen; Friedensnobelpreis 1954 und 1981.

Hochmeister, Oberhaupt eines geistl. Ritterordens.

Hochofen, ⊙ Schachtofen zur Verhüttung der Eisenerze, → Eisen.

hochpolymer [grch.], aus einer sehr großen Anzahl gleicher oder gleichartiger Moleküle zusammengesetzt.

Hochrechnung, auf repräsentativen Teilergebnissen beruhende Vorausberechnung eines Gesamtergebnisses, bes. bei Wahlen.

Hochschule, Stätte für wissenschaftl. Forschung, Lehre und Erziehung. Älteste Form ist die → Universität. Es gibt (1989) in der Bundesrep. Dtl. folgende Hochschularten, die sich nach Aufgabenstellung und Zugangsvoraussetzungen unterscheiden: Universitäten und Technische H. und Techn. Univ. (61), Pädagog. H. (8), Fachhochschulen (122), Gesamthochschulen (7), Kunsthochschulen (29) sowie 16 Theologische H. Die erste Privat-Univ. der Bundesrep. Dtl. wurde 1983 eröffnet (zunächst nur Medizinstudium). Der Besuch einer H. ist an eine bestimmte Vorbildung geknüpft (meist Reifezeugnis). Das Studium wird durch akadem. oder staatl. Prüfungen abgeschlossen.

Hochsitz, Hochstand der, Jagdkanzel.

Hochspannung, elektr. Spannung von mehr als 1000 V, bei Schaltanlagen von mehr als 250 V gegen Erde.

Hochsprache, reine, mundartfreie Aussprache des Deutschen, → Bühnensprache.

Höchst, westl. Stadtteil von Frankfurt a. M. (seit 1928) mit der → Hoechst AG. **Höchster Porzellan** (1746-96, Neugründung 1965).

Hochstapler der, Gauner, der sich (oft mit falschem Namen und Titel) in vermögende Kreise einschleicht, um Betrügereien zu begehen.

Höchstdruckdampfkessel erzeugen Dampf von 100 bis 300 bar. Es sind vorwiegend **Strahlungskessel,** bei denen die Auskleidung des Brennraumes aus wasserdurchflossenen Rohren besteht.

Hochtechnologie, High-Tech, Technikbereiche, von denen man bedeutende Impulse für die Zukunft der Industriegesellschaft erwartet, z. B. Mikroelektronik, Bio- und Gentechnologie, Raumfahrt, Kryotechnik.

Hochvakuumtechnik, Erzeugung, Aufrechterhaltung und Messung sehr niedriger Gasdrücke. Man unterscheidet **Grobvakuum** 1 bis 10^{-1} bar, **Zwischenvakuum** 10^{-1} bis 10^{-3} bar, **Feinvakuum** 10^{-3} bis 10^{-6} bar, **Hochvakuum** 10^{-6} bis 10^{-10} bar, **Ultrahochvakuum** unter 10^{-10} bar.

Hochverrat, ⚖ gegen den Bestand des Staates gerichteter gewaltsamer Angriff auf die Staatsverfassung, das Staatsgebiet oder das Staatsoberhaupt. H. wird in der Bundesrep. meist mit Freiheitsstrafe nicht unter einem Jahr bestraft (§§ 81 ff. StGB).

Hochwald, Wald, der nur aus hochstämmigen Bäumen besteht, also kein Unterholz hat.

Hochwild, Wild für die hohe → Jagd.

Hochwürden, Anrede für kath. Priester und für ev. Geistliche vom Superintendenten aufwärts.

Hochzeit die, Fest der Eheschließung **(grüne H.).** Als Erinnerungen an die Wiederkehr des H.-Tages werden allg. gefeiert: **silberne H.** (nach 25 Jahren), **goldene** (nach 50), **diamantene** (nach 60), **eiserne** (nach 65), **Gnaden-H.** oder **steinerne H.** (nach 70), **Juwelen-H.** (nach 72½), **Kronjuwelen-H.** (nach 75); außerdem ist seit dem 19. Jh. auch noch von folgenden H. die Rede: in N-Dtl. **Nickel-** (nach 12½) und **Aluminium-H.** (nach 37½), in Bremen **blecherne** (nach 8) und **hölzerne H.** (nach 10), in den Niederlanden **zinnerne** (nach 6½) und **kupferne H.** (nach 12½), in Dänemark kupferne H. (nach 12½), in Nordamerika **papierene** (nach 1 Jahr), hölzerne (nach 5), zinnerne (nach 10), kupferne (nach 20) und **rubinene H.** (nach 40 Jahren). **H.-Bräuche:** H.-Bitter,

Brautwagen, Polterabend, H.-Geschenke, Brautlauf und Kranzabnahme.

Hochzeitsflug, bei vielen Insekten das Schwärmen vor der Begattung.

Hochzeitskleid, ♘ auffällige Färbung des Männchens während der Paarungszeit.

Hockenheim, Stadt in Bad.-Württ., 16000 Ew.; Holz-, Metallind.; **H.-Motodrom,** Rennstrecke für Kraftfahrzeuge, 6,7 km.

Hockergrab, Bestattungsart, bes. in der Bronzezeit. Der Tote wurde mit gewinkelten Unterschenkeln liegend beigesetzt.

Hockey [h'ɔkı, engl.] das, Rasenspiel: 2 Mannschaften, je 11 Spieler, versuchen, den H.-Ball mit H.-Schlägern in das gegner. Tor zu treiben.

Hodeida, Al Hudaydah, wichtigste Hafenstadt in der Arab. Rep. Jemen, am Roten Meer, 126500 Ew.

Hoden Mz., Ez. der **Hode,** männl. Geschlechtsdrüse **(Testis),** in der auch das männl. Geschlechtshormon gebildet wird. Beim Menschen liegen die beiden eiförm. H. im **H.-Sack.** Der H. besteht aus vielen Samenkanälen, in denen die Samenfäden erzeugt werden. Die paarige **Cowpersche Drüse** (zw. After und H.) erzeugt einen Teil der Samenflüssigkeit.

Hodenbruch, ♡ Eingeweidebruch, der bis in den Hodensack hinabgedrungen ist.

Hodgkinsche Krankheit [h'ɔdʒkın], nach dem engl. Arzt T. Hodgkin (*1798, †1866). **Lymphogranulomatose,** bösartige Geschwulsterkrankung der Lymphknoten. Behandlung mit → Zytostatika.

Hodler, Ferdinand, schweiz. Maler, *1853, †1918, malte monumental stilisierte Bilder symbolhafter Art, auch Alpenlandschaften.

Hódmezövásárhely [h'o:dmɛzø:va:ʃa:rhɛʎ], Stadt in Ungarn, 54000 Ew.; Viehmarkt.

Hödr, Hödur, german. Göttersage: der blinde Bruder Baldrs, den er unabsichtlich tötet.

Hodscha, Enver, → Hoxha.

Hoechst AG, Unternehmen der chem. Industrie, gegr. 1863, 1925-45 der I.G. Farbenindustrie AG eingegliedert, neugegr. 1951, jetziger Name seit 1974, Sitz: Frankfurt.

Hoek van Holland [huk fan-], Vorhafen Rotterdams; Überfahrt nach England.

Hoel [hu:l], Sigurd, norweg. Schriftst., *1890, †1960; Romane (»Ein Tag im Oktober«) mit z.T. scharfer Satire gegen das Bürgertum, daneben Essays.

Hoelzel, Adolf, Maler, *1853, †1934; realist. Landschafts- und Figurenbilder, später einer der ersten abstrakten Maler.

Hof der, **1)** zu einem Gebäude gehörender Platz. **2)** Bauerngut mit Feldern. **3)** Wohnung und Gefolge (der **Hofstaat**) eines Fürsten. **4)** Halo, Lichtkreis um Sonne oder Mond, weiß oder farbig, entsteht durch Lichtbeugung an Wassertröpfchen oder Eiskriställchen.

Hof, Krst. im bayer. RegBez. Oberfranken, an der oberen Saale; 51000 Ew.; Ind.: Web-, Wirkwaren, Maschinen, Brauereien.

Hofbauer, Klemens Maria, *1751, †1820, Redemptorist, hatte großen Einfluß auf die Wiener Spätromantik. 1909 heiliggesprochen.

Hofburg, Burg, das frühere kaiserl. Schloß in Wien; jetzt Sitz des Bundespräs.

Hofei, Hefei, Hptst. der chines. Prov. Anhui, 853000 Ew., Textil-, Metallind.

Hofer, 1) Andreas, Tiroler Freiheitskämpfer, *1767, erschossen in Mantua 1810, trat an die Spitze der Volkserhebung von 1809, siegte mehrmals am Bergisel bei Innsbruck; durch Verrat wurde er von den Franzosen gefangen. **2)** Karl, Maler, *1878, †1955, fand, von Cézanne beeindruckt, einen sehr persönl. Stil: Figurenbilder, Landschaften.

Höferecht, Sonderrecht für Bauerngüter, die durch Ausschluß der Teilung und durch Beschränkung der Belastung erhalten werden sollen. Nach den in der Bundesrep. Dtl. geltenden Landesgesetzen **(Höfeordnung)** gilt Einzelerbfolge, Miterben sind in Geld abzufinden.

Hoff, Jacobus Henricus van't, niederländ. Chemiker, *1852, †1911; Begründer der Stereochemie, Nobelpreis 1901.

Hoffmann, 1) August Heinrich, genannt **H. von Fallersleben,** Dichter, Germanist, *1798, †1874; Kinderlieder und Gedichte, 1841 das Lied »Dtl., Dtl., über alles«. **2)** Ernst Theodor Amadeus, meist nur **E. T. A. Hoffmann,** Dichter, Komponist, Zeichner, *1776, †1822; Romantiker; starke Einbildungskraft und Hang zum Unheimlichen: Erzählungen (»Die Serapionsbrüder«), Romane (»Elixiere des Teufels«, »Kater Murr«). Oper: »Undine«. **3)** Heinrich, genannt **H. Donner,** *1809, †1894; Arzt; dichtete und zeichnete den »Struwwelpeter«. **4)** Kurt, Filmregisseur, *1910; Filme (»Das Wirtshaus im Spessart«).

Hoffmannstropfen, Mischung von Äther und Alkohol; belebendes, krampflösendes Mittel.

Höffner, Joseph, *1906, †1987; 1969 Erzbischof von Köln, Kardinal; seit 1976 Vors. der Dt. Bischofskonferenz.

Hoffnungslauf, ↗ Lauf um die Teilnahme am Endlauf für in Vor- oder Zwischenläufen unplaziert Gebliebene.

Hofheim a.Ts., Stadt in Hessen, 36700 Ew.; Luftkurort; Wohnvorort von Frankfurt.

höfisch, fein, edel, der guten Lebensart gemäß, urspr. i.S. des mittelalterl. Rittertums. **H. Dichtung** des MA.: Minnesang, h. Epos.

Hofmann, 1) August Wilhelm v. (seit 1888), Chemiker, *1818, †1892; schuf die Voraussetzungen der Teerfarbenind. **2)** Fritz, Chemiker, *1866, †1956; seine Forschungen führten zur Herstellung von Kunstkautschuk. **3)** Peter, Sänger, *1944, Heldentenor, neuerdings auch Rock-Interpret.

Hofmannsthal, Hugo v., österr. Dichter, *1874, †1929; begann mit schwermütig-skept. Dichtungen (Gedichte; »Der Tor und der Tod«), knüpfte mit »Jedermann« und dem »Großen Salzburger Welttheater« an das mittelalterl. Mysterienspiel und das span. und österr. Barocktheater an, schrieb Textbücher zu Opern von R. Strauss (u.a. zu »Rosenkavalier«), Lustspiele (»Der Schwierige«), die Staatstragödie »Der Turm«; Essays.

Hofmannswaldau, Christian Hofmann v., Barockdichter, *1617, †1679.

Hofmeister, 1) MA.: Hofbeamter. **2)** Gutshofverwalter. **3)** Erzieher, Hauslehrer.

Hofnarr, Possenreißer an Fürstenhöfen; vom MA. bis zum 18.Jh.

Hofrat, ehem. Titel für Beamte und verdiente Persönlichkeiten; noch in Österreich.

Hofrecht, regelte im MA. die Verhältnisse zw. Grundherren und abhängigen Bauern.

Hofstadter [-stetə], Robert, amerikan. Physiker, *1915, Arbeiten zur Struktur der Nukleonen; Nobelpreis 1961 (mit R. Mössbauer).

Hogarth [h'əʊgɑ:θ], William, engl. Maler und Kupferstecher, *1697, †1764; Meister des Sittenbildes und der Karikatur.

Höger, Fritz, Baumeister, *1887, †1949; erneuerte den norddt. Backstein- und Klinkerbau (Chilehaus Hamburg).

Höhe die, **1)** △ senkrechter Abstand eines Punktes von einer Grundlinie oder -fläche. **2)** ☆ Winkel zw. den Richtungen zu einem Gestirn und zum Horizont. **3)** 🜨 Erhebung eines Punktes der Erdoberfläche über dem Meeresspiegel **(absolute H.).** Die **relative H.** ist der senkrechte Abstand eines Berggipfels von seinem Fuß.

Hoheit, 1) höchste Staatsgewalt und die damit verknüpften H.-Rechte. **2)** Titel fürstl. Personen. **H.-Zeichen,** sinnbildl. Zeichen staatl. Gewalt, wie z.B. Wappen, Fahnen, Grenzpfähle u.ä.

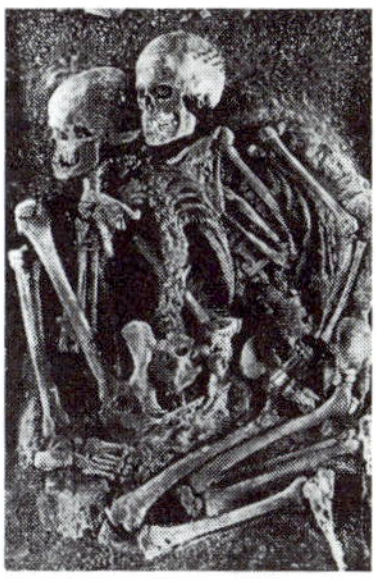

Hockergrab bei Menton

E. T. A. Hoffmann

Hofmannsthal

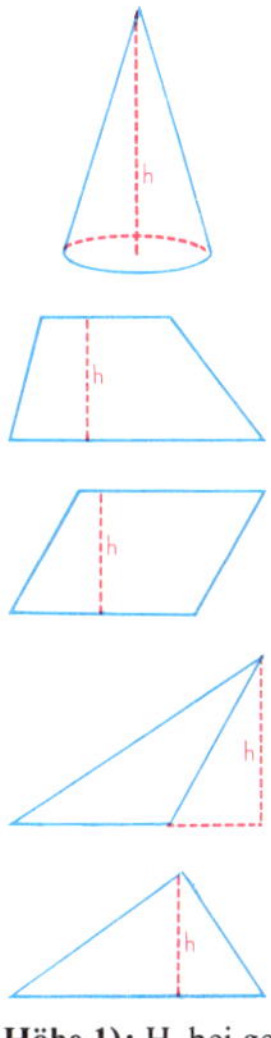

Höhe 1): H. bei geometrischen Figuren

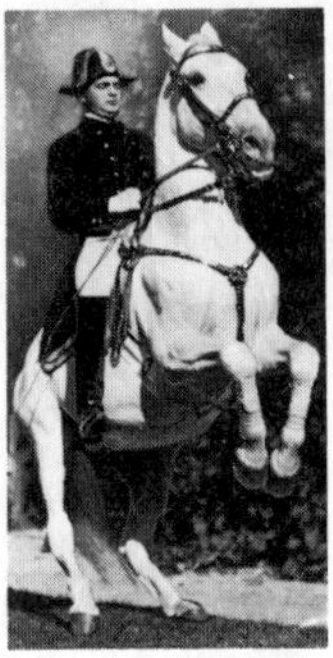

Hohe Schule: Levade

Hoheitsrechte, mit der staatl. Hoheit verbundene Rechte zur Ausübung der Staatsgewalt, z. B. Justiz-, Wehr-, Finanz-H. Im demokrat. Rechtsstaat sind die H. durch →Gewaltenteilung auf mehrere oberste Staatsorgane verteilt, ihre Ausübung wird durch die →Grundrechte beschränkt.

Hohenasperg, ehem. Bergfeste (16. Jh.) bei Asperg, Bad.-Württ.; Gefängnis.

Hohenheim, südl. Stadtteil von Stuttgart mit Schloß; Univ.

Höhenkrankheit, die →Bergkrankheit.

Höhenlinien, Schichtlinien, Isohypsen, auf Landkarten die Linien, die Punkte gleicher Höhe verbinden.

Hohenlohe, Chlodwig, Fürst zu **H.-Schillingsfürst,** *1819, †1901; war 1866-70 bayer. MinPräs., 1885-94 Statthalter in Elsaß-Lothringen, 1894-1900 Reichskanzler und preuß. MinPräs.

Höhenmessung, Feststellung der Höhenunterschiede von Orten der Erde: 1) →nivellieren; 2) Theodolit; 3) Barometer, da in der Nähe der Erdoberfläche der Luftdruck mit je 10,5 m Höhe um etwa 1 mm Quecksilber fällt.

Höhenrauch, kleinste, feste Staubteilchen, schweben als gleichmäßiger Schleier in der Luft, geben ihr ein diesiges Aussehen, hervorgerufen durch Rauch, Industrieschmutz u. a.

Hohensalza, poln. **Inowrocław** [-vrɔtsłaf], Stadt und Solbad in Polen, südwestl. von Thorn, 73500 Ew.; Steinsalzbergbau, Maschinen-, Zuckerind.

Hohenschwangau, Lustschloß der Wittelsbacher bei Füssen (Allgäu), 1833-37 neu erbaut; gegenüber Schloß Neuschwanstein.

Hohenstaufen der, Vorberg der Schwäb. Alb, nördlich von Göppingen, 684 m hoch; Reste der Stammburg der →Staufer.

Höhenstrahlung, →kosmische Strahlung.

Hohentwiel der, Vulkankegel im Hegau, 686 m, mit Ruine des Klosters und der Burg H.

Hohenzollern, 1) Hohenzollerische Lande, ehem. Fstt. H.-Hechingen und H.-Sigmaringen, reichen von der Donau über die Schwäb. Alb bis zum Neckar; kamen 1849 an Preußen, 1951 an Bad-Württ. **2)** Fürstengeschlecht, erstmals 1061 erwähnt. Durch Teilung (1214) unter den Söhnen Graf Friedrichs III. entstand eine fränk. und eine schwäb. Linie. Die Fränk. Linie erwarb 1415 das Kur-Fstt. Brandenburg; 1701 erlangten die H. die preuß. Königswürde und 1871 die dt. Kaiserwürde (bis 1918). Die Schwäb. Linie teilte sich wieder in die seit 1623 fürstl. Linien H.-Hechingen und H.-Sigmaringen. **3) H.** oder **Zoller,** Bergschloß auf einem Vorberg der Schwäb. Alb, 855 m hoch, Stammburg des Hauses H.

Hohe Pforte, →Pforte.

Hohepriester, Hoherpriester, Oberpriester des Tempels von Jerusalem, häufig auch von bed. polit. Einfluß.

Hohenzollern 3)

höhere Gewalt, Naturgewalt (z. B. Blitz, Hagel, Erdbeben); im Recht jedes durch äußerste Sorgfalt nicht abzuwendende Ereignis (z. B. Krieg); entbindet vielfach von der Haftpflicht, hemmt den Ablauf einer rechtl. Frist.

Hoher Kommissar, Hochkommissar, Oberkommissar, engl. **High Commissioner** [haı kɔm'ıʃnə], frz. **Haut Commissaire,** [o: komis'ɛ:r], **1)** häufig Titel für den Leiter des Überwachungs- oder Besatzungsorgans in besetzten Ländern. **2)** Amtsbez. für Leiter von diplomat. Vertretungen zw. Ländern des Commonwealth.

Hoher Rat, →Synedrium.

Höherversicherung, in der Rentenversicherung Möglichkeit, durch zusätzl. Zahlung von Beiträgen höhere Ansprüche zu erwerben.

Hohe Schule, Reitkunst: Dressur des Pferdes für bestimmte Gangarten.

Hohes Lied, Lied der Lieder, Buch des A. T., auf Salomo zurückgeführte Samml. israel. Hochzeitslieder; sinnbildl. auf die Liebe Gottes zu Israel, später auf Christus und die Kirche als Bräutigam und Braut gedeutet.

Hohes Venn, niederschlagreiche Hochflächenlandschaft im NW der Eifel, im Botrange [bɔtr'ãʒ] auf belg. Gebiet 692 m hoch.

Hohkönigsburg, Burg im Elsaß, westlich von Schlettstadt; 1901-08 wiederhergestellt.

Hohlblocksteine, großformatige Bausteine aus Bimsstein, Beton, gebranntem Ton **(Hohlblockziegel)** u. a.

Höhle die, unterird. Hohlraum, meist durch die auflösende Tätigkeit des Wassers (im Kalkstein und Gips) entstanden, dann oft mit H.-Bächen oder H.-Flüssen und Tropfsteinbildungen. In der Urzeit dienten die H. als Wohnstätten; häufig Fundorte urzeitl. Überreste und vorgeschichtl. Wandzeichnungen.

Hohlleiter, meist rundes oder rechteckiges Rohr mit gut leitenden Innenwänden zu möglichst verlustfreier Fortleitung höchstfrequenter elektromagnet. Wellen (Mikrowellen).

Hohlmaß, Maß für Flüssigkeiten und schüttbare feste Körper (z. B. Getreide). Maßeinheit: Liter oder Kubikmeter.

Hohlraumresonator, ein metallisch abgeschlossener Raum, in dem elektromagnet. Schwingungen existenzfähig sind.

Hohlraumversiegelung, Form des Rostschutzes bes. bei Personenkraftwagen; Einbringen von Korrosionsschutzmitteln in Karosseriehohlräume.

Hohlspiegel, →Spiegel.

Hohltiere, Zölenteraten, Stamm wirbelloser Wassertiere von strahlig-symmetr. Bau. Der schlauchförmige Körper besteht aus 2 Hautschichten und einem Magen-Darm-Raum, dessen einzige Öffnung (Mund und After zugleich) von Fangarmen umgeben ist. Die H. treten in einer festsitzenden Form **(Polyp)** und einer freischwimmenden **(Meduse, Qualle)** auf. Fortpflanzung durch Knospung, Teilung, häufig Generationswechsel. H. sind z. B. Nesseltiere und Rippenquallen.

Hohlzahn, Lippenblütergatt. **Daun,** taubnessel- oder ziestähnl. Kräuter.

Hohoff, Curt, Schriftst., *1913; schrieb das russ. Kriegstagebuch »Woina, Woina«.

Hokkaido, nördlichste der großen Inseln Japans, 78508 km², Hptst. Sapporo.

Hokusai Katsushika [hɔksai kaʦʃika], japan. Maler, *1760, †1849; Meister des Farbholzschnitts.

Holbach, Paul Heinrich Dietrich Baron v., Philosoph, *1723, †1789, im Kreis der frz. Enzyklopädisten führend in der Wendung zum Materialismus und Atheismus.

Holbein, 1) Hans, der Ältere, Maler, *um 1465, †1524; Bildnisse, Altarwerke. **2)** Hans, der Jüngere, Maler und Zeichner für den Holzschnitt, Sohn von 1), *1497, erst in Basel, dann in London tätig, †London 1543 als Hofmaler

Heinrichs VIII. Bildnisse: Madonna des Bürgermeisters Meyer, Erasmus, H.s Frau mit Kindern, G. Gisze, Morette, Heinrich VIII. u. a. – Holzschnitte: Totentanz und Illustrationen zum A. T.

Holberg, Ludvig, norweg.-dän. Dichter der Aufklärung, *1684, †1754; schuf Nationalliteratur in dän. Sprache, schrieb Komödien.

Hölderlin, Friedrich, Dichter, *1770, †1843; 1796 Hauslehrer bei dem Bankier Gontard in Frankfurt a. M., mit dessen Gattin Susette (Diotima seiner Gedichte) ihn tiefe Liebe verband; seit 1802 geisteskrank. Seine Gedichte in antiken Versmaßen und freien Rhythmen feiern in seherischer Ergriffenheit, mit Vorliebe in den Sinnbildern des alten Griechenlands und seiner Götter, die den modernen Menschen verlorengegangene Lebenseinheit mit den göttl. Mächten; im Auf und Ab von Hoffnung und Klage suchen sie die Gewißheit einer Erneuerung der Menschheit festzuhalten. Briefroman »Hyperion«; Drama »Der Tod des Empedokles«.

Holdinggesellschaft [h'əuldıŋ-], Ges., die ohne eigene Erzeugungstätigkeit Anteile anderer Ges. besitzt, um deren Geschäftstätigkeit zu beeinflussen. H. dienen bes. als Dachges. für Konzerne.

Holl, Elias, Stadtbaumeister von Augsburg, *1573, †1646; Rathaus, Zeughaus.

Holland, 1) volkstüml., aber unzutreffende Bez. für das Kgr. der → Niederlande. **2)** i. e. S.: dessen nordwestl. Prov. Nord- und Süd-H. Die Gfsch. H. fiel 1345 an die bayer. Wittelsbacher, 1433 an die Herzöge von Burgund.

Holländer der, **1)** Bewohner von Holland. **2)** PAPIERHERSTELLUNG: Maschine zum Zerkleinern der Faserstoffe. **3)** Kinderspielzeug, Wagen mit Hand- oder Fußantrieb.

Hölle die, Ort der Qual für die Verdammten.

Höllenfahrt Christi, Glaubenssatz im 2. Artikel des Apostol. Glaubensbekenntnisses.

Höllenmaschine, Sprenggerät mit Zeitzünder, für verbrecherische Anschläge.

Höllenstein, Silbernitrat; Ätzstift.

Höllental, 1) Tal der oberen Dreisam im S-Schwarzwald. **2)** Tal des Hammersbaches bei Garmisch mit der **H.-Klamm. 3)** Durchbruchstal der Schwarza zw. Raxalpe und Schneeberg in NÖ. **4)** Talstück der Selbitz zw. Maxgrün/Oberfranken und Blankenstein (Thüringen).

Höllerer, Walter, Literarhistoriker, *1922; Hg. d. Ztschr. »Akzente«; Gedichte, Essays.

Hollerithmaschine, Lochkartenmaschine; nach H. Hollerith (*1860, †1929).

Holley [-lı], Robert W., amerikan. Biochemiker, *1922; erhielt 1968 (zus. mit Khorana und Nirenberg) den Nobelpreis für die Aufklärung des genet. Codes bei der Eiweißsynthese.

Hollywood [h'ɔlıwud], amerikan. Filmstadt, Stadtteil von Los Angeles.

Holm der, **1)** Längsholz der Leiter, des Barrens usw. **2)** am Flugzeug der Teil im Leitwerk oder am Tragflügel, der alle Kräfte aufnimmt und an den Rumpf weiterleitet.

Holmium, Ho, chem. Element aus der Gruppe der Lanthanoiden.

Holofernes, A. T.: assyr. Feldherr, von Judith getötet.

Holographie [grch. Kw.] die, Speicherung und Wiedergabe dreidimensionaler Bilder. Dazu wird ein Objekt mit kohärentem Licht (Laserlicht) angestrahlt, wobei dann die vom Objekt veränderte Welle mit einer Referenzwelle überlagert und damit ein räuml. Interferenzbild erzeugt und photographisch als **Hologramm** gespeichert wird. Zur Wiedergabe wird das Hologramm mit kohärentem Licht aus der gleichen Richtung beleuchtet, aus der der Referenzstrahl einfiel. Für die speziell codierten Weißlichthologramme benötigt man kein Laserlicht zur Darstellung.

H. Holbein d. J.: Eduard VI. als Kind

Holokaustum [grch.], Brandopfer, bei dem die opferbaren Teile des Tieres verbrannt wurden; i. w. S. Bez. bes. für die Vernichtung der Juden im nat.-soz. Dt. Reich.

Holozän, jüngster Abschnitt der Erdgeschichte.

Holschuld, Schuld, die vom Gläubiger bei Fälligkeit beim Schuldner abzuholen ist, z. B. die Wechselschuld. Ggs.: Bringschuld.

Holstein, südl. Teil des Landes Schlesw.-Holst. Es gehörte zum alten Stammesgebiet der Sachsen, wurde von Karl d. Gr. unterworfen. Zu Anfang des 12. Jh. kam es ans Grafenhaus der Schauenburger; 1459 an Dänemark. 1474 wurde H. zum Hzgt. erhoben.

Hölderlin

Holstein, Friedrich v., Diplomat, *1837, †1909, Mitarbeiter Bismarcks; nach dessen Sturz übte er großen Einfluß aus (»Graue Eminenz«); Gegner Kaiser Wilhelms II.

Holsteinische Seenplatte, Holsteinische Schweiz, wald- und seenreiche Endmoränenlandschaft in den Kreisen Plön und Eutin, Teil des Balt. Landrückens.

Holthusen, Hans Egon, Schriftst., *1913; Lyriker, Essayist (»Krit. Verstehen«).

Hölty, Ludwig Heinrich, Dichter, *1748, †1776; Mitgl. des Göttinger Dichterbundes.

Holunder, Gatt. der Geißblattgewächse. **Schwarzer H.,** Holder, Flieder. Die Blüten dienen zu Schwitztee, das weiße Mark als techn. Hilfsmittel. Der **Berg-H.** oder **Rote H.** hat rote Beeren.

Holsteinische Seenplatte bei Plön

Holz I: von oben Kiefer, Eiche, Kirsche, Walnuß

Holz das, von Rinde und Bast befreite Grundmasse der Stämme, Äste und Wurzeln von Bäumen und Sträuchern. Entstehung: Die den Stengel einer jungen Pflanze durchziehenden Röhren sind zu Gefäßbündeln vereinigt und enthalten in der Wand außer Zellstoff H.-Stoff. Die H.-Teile der Gefäßbündel sind der feste Hauptteil, der das **Mark** umschließt, die Bastteile bilden mit der Oberhaut zusammen die Rinde. Durch rege Zellteilung in einem Bildungsgewebe (Kambium) zw. Holz- und Bastteil wächst der Stamm; nach innen bilden sich die neuen Zellen zu H.-Zellen um, nach außen zu Bastzellen **(Dickenwachstum).** Die **Jahresringe** bilden sich dadurch, daß im Frühjahr weite, im Sommer enge H.-Gefäße entstehen. In vielen H. leiten nur die jüngsten Jahresringe **(Splint-H.)** das Nährwasser, die älteren sind verstopft, dunkel gefärbt und fester **(Kern-H.).** (Weitere BILDER S. 371)

Holz, Arno, Dichter, *1863, †1929; ein Hauptvertreter des Naturalismus; Gedichtslg.: »Buch der Zeit«, »Phantasus«, »Daphnis«; Schauspiele.

Holzbock, eine → Zecke.

Holzbrandtechnik, Brandmalerei, Bearbeitung einer Holzoberfläche durch Einbrennen von Verzierungen mit einem glühenden Stift.

Holzfaserplatten, Platten aus geringwertigem Faserholz, oft unter Zusatz anderer Pflanzenfasern; beim Trocknen ohne Druck erhält man poröse Isolier- oder **Dämmplatten,** beim Trocknen unter Druck die im Möbelbau verwendeten **Hartplatten.**

Holzgas, das durch Vergasung von Holz gewonnene → Generatorgas.

Holzgeist, ☜ roher Methylalkohol, aus Holzessig gewonnen; dient zum Vergällen von Spiritus, zur Herstellung von Firnissen und reinem Methylalkohol.

Holzkohle, ☜ durch → Holzverkohlung erzeugte Kohle. H. ist sehr porös und hat eine große Oberfläche; Verwendung wegen ihrer Saugfähigkeit in der chem. Technik als Reinigungsmittel von Flüssigkeiten und Gasen (Aktivkohle), in der Heilkunde, zum Heizen u. a.

Holzmeister, Clemens, Baumeister, *1886, †1983; Vertreter des gemäßigt modernen Stils.

Holzminden, Krst. in Niedersachsen, an der Oberweser, 21000 Ew.; Hafen, chem., Holz-, Maschinen-Ind.

Holzöl, fettes Öl aus Tungbaumfrüchten, leinölähnlich; für Kitt, Firnis, Lack.

Holzschliff, Holzstoff, durch Zerschleifen von entrindetem Holz gewonnener Faserstoff; Rohstoff für die Herstellung holzhaltiger Papiere und Pappen.

Holzschnitt, Kunst, eine Zeichnung in eine Holzplatte **(Holzstock)** zu schneiden, sowie der von dieser abgezogene Druck. Das Verfahren wurde in Dtl. um 1400 aus dem Zeug- und Stempeldruck des alten Orients entwickelt. Zu künstler. Vollendung brachten den H. Dürer, Baldung, Cranach, Holbein d.J., Rethel, Menzel, Richter und die dt. Expressionisten. Beim **Holzstich,** den T. Bewick erfand, wird quergeschnittenes Buchsbaumholz mit dem Stichel bearbeitet.

Holzschutz, Maßnahmen gegen die Zerstörung von Holz durch Witterungs-, Umwelteinflüsse, Feuer, Bakterien, Pilze, Muscheln usw. Die Schutzstoffe werden entweder oberflächlich auf- oder in das Holz eingebracht.

Holzschwamm, → Hausschwamm.

Holzstoff, der → Holzschliff.

Holzteer, ☜ schwarze, ölige Flüssigkeit, die bei der Holzverkohlung gewonnen wird; enthält Benzol, Naphthalin, Phenole u. a.

Holzverkohlung, Holzdestillation, trockene Erhitzung des Holzes in luftdicht abgeschlossenen Behältern; man gewinnt Holzgas, Holzessig, Holzteer, Holzkohle.

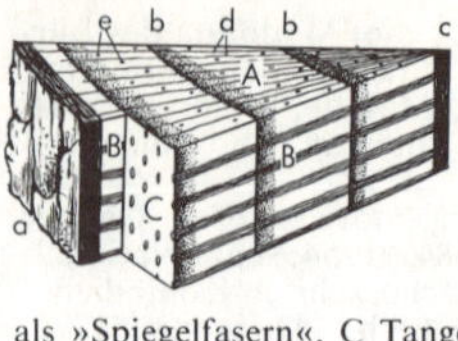

Holz. Keilstück aus einem Stamm mit Rinde a und Mark c, A Querschnitt mit den Jahresringgrenzen b und Markstrahlen d, B radialer Längsschnitt mit den Markstrahlen als »Spiegelfasern«, C Tangentialschnitt mit den Markstrahlenquerschnitten, e Harzkanäle

Holzverzuckerung, die Überführung der Cellulose des Holzes in Zucker (Glucose, Xylose), heute ohne Bedeutung.

Holzwespe, große, gelbbraun gezeichnete Wespe, die Larven leben im Holz; z. B. **Riesen-** oder **Fichten-H.** und **Kiefern-H.,** schädlich.

Holzwolle, von einer Holzrolle abgeschälte Späne, Verpackungs-, Polstermaterial.

Holzwurm, viele Arten von Insekten, die, meist als Larven, Gänge in Holz bohren.

Holzzement, Kitt aus Sägemehl mit Bindemittel zum Ausbessern schadhafter Stellen in Holz.

Homburg, steifer Herrenfilzhut mit eingerolltem, eingefaßtem Rand.

Homburg, 1) Krst. im Saarland, 43000 Ew.; medizin. Fakultät der Univ. Saarbrükken; Eisen-, Textil-Ind. **2) Bad H. vor der Höhe,** Krst. in Hessen, 51500 Ew.; Heilbad; Lebensmittel-, Kraftfahrzeugind. Spielbank. In der Nähe die → Saalburg. 1622-1866 Sitz der Landgrafen von Hessen-H.

Home [hju:m], Earl of H. (1951-63), Alexander F. **Douglas-H.,** brit. Politiker (konservativ), *1903; 1963-64 Premiermin.

Homelands [h'əUmlændz, engl. »Heimatländer«], **Bantu-H.,** in der Rep. Südafrika Territorien, in denen die Bantu Selbstverwaltung besitzen (Gazankulu, KaNgwane, KwaNdebele, KwaZulu, Lebowa, Quaqwa). Die Bildung der H. geht auf Gesetze von 1913 und 1936 zurück.

Home Office [həUm 'ɔfis], das brit. Innenministerium.

Homer, grch. Dichter, lebte im ion. Kleinasien des 8. Jh. v. Chr. Überlieferungen über H. sind legendär. Die Antike schrieb ihm die »Ilias« und die »Odyssee«, auch die »Homer. Hymnen« zu. Die Wissenschaft des 19. Jh. sprach ihm diese ab, stellte auch die dichter. Einheit von Ilias und Odyssee durch ihre Auflösung in Einzellieder in Frage. Man neigt heute, bes. bei der »Ilias«, wieder mehr zur Anerkennung eines einheitl., von der Hand eines großen Dichters geformten Aufbaus. Die »Odyssee« wurde wahrscheinlich nicht vom Ilias-Dichter verfaßt. Übersetzungen von Voß, Schadewaldt u. a.

homerisches Gelächter, starkes Gelächter, nach Homers Ilias.

Home rule [h'əUm ru:l, engl.] die, Selbstregierung, zunächst die entspr. Forderung der Iren (seit 1877, 1922 erfüllt), dann polit. Schlagwort für alle derartigen Forderungen.

Homespun [h'əUmspʌn, engl.] der oder das, rauher, grobfädiger Wollstoff.

Homilie [grch. »Gespräch«] die, geistl. Rede, Predigt. **Homiletik** die, Predigtlehre.

Hominiden [lat.] Mz., Fam. der **Primaten** mit dem Menschen und seinen Frühformen.

homo... [grch.], in Fremdwörtern: gleich...

Homo [lat.] der, Mensch. **h. novus** [»neuer Mensch«], Emporkömmling. **h. sapiens** [der mit Verstand begabte Mensch], der jetztzeitl. Menschentyp.

Homo|erotik, auf gleichgeschlechtl. Partner gerichtete erot. Regungen; auch gleichbedeutend mit Homosexualität.

homogen [grch.], gleichartig, überall gleich beschaffen. **Homogenität** die, Gleichartigkeit.

homolog [grch.], **1)** △ gleichliegend, entsprechend. **2)** ⚘ ♧ **h. Organe,** Körperteile, die trotz versch. Gestalt und Leistung den gleichen Bauplan haben und stammesgeschichtl. verwandt sind, z. B. Lunge und Schwimmblase, Vordergliedmaßen der Säugetiere und Flügel der Vögel, Kartoffelknolle und Stengel.

Homonym [grch.] das, gleichlautendes Wort mit anderer Bedeutung: die Leiter, der Leiter.

homöo... [grch.], in Fremdwörtern: ähnlich.

Homöopathie [grch.] die, von S. Hahnemann 1810 begr. Heilweise, Krankheiten mit kleinen Gaben derjenigen Mittel zu behandeln, die bei Gesunden in großen Gaben ähnl. Krankheiten erzeugen; beruht auf der Beobachtung, daß kleine Gaben i. d. R. umgekehrt wirken wie große.

homophon [grch. »gleichstimmig«], ♩ eine Stimme tritt aus der harmoniegebenden Begleitung führend hervor. Ggs.: polyphon.

Homosexualität [grch.-lat.] die, gleichgeschlechtl. Liebe; auf Wunsch durch Psychotherapie beeinflußbar. Die H. ist in der Bundesrep. Dtl. nur noch strafbar – Freiheitsstrafe bis zu 5 Jahren oder Geldstrafe –, wenn ein Mann von über 18 Jahren sexuelle Handlungen an einem Mann unter 18 Jahren vornimmt oder von diesem an sich vornehmen läßt (§ 175 StGB). Die H. zw. Frauen (lesb. Liebe, Tribadie) ist straflos.

homozygot [grch.], mit gleichart. Erbanlage.

Homs, Stadt in Syrien, das antike **Emesa,** 354 000 Ew.; Erdölraffinerie, Zuckerfabrik.

Homunculus [lat.] der, Menschlein; in Goethes »Faust« (2. Teil) ein künstl. erzeugter Mensch.

Honan, amtl. **Henan,** Prov. in China, 168 000 km², 78 Mio. Ew.; Hptst.: Zhengzhou.

Honanseide, handgewebtes chines. Seidengewebe in Taftbindung aus Tussahseide.

Honda Motor Co. Ltd., Tokio, größtes Unternehmen der Welt zur Produktion von Krafträdern; seit 1963 auch Kraftwagen; gegr. 1948.

Hondtsches Verteilungsverfahren, [nach V. d'Hondt] Verfahren zur Errechnung der Abgeordnetensitze bei der Verhältniswahl.

Honduras, Rep. in Zentralamerika, 112 088 km², 4,8 Mio. Ew. (meist Mulatten und Zambos, Mestizen, Indianer, Schwarze, Weiße); Hptst.: Tegucigalpa. Amtssprache: Spanisch. Präsidialverfassung. Im NO (Atlantikküste) lagunenreiches Flachland, sonst gebirgig (bis 2849 m). Ausfuhr: Bananen, Kaffee, Holz, Vieh, Fleisch, Erze (Zink, Blei, Silber). Haupthandelspartner: USA, El Salvador, Bundesrep. Dtl. Haupthafen: Puerto Cortés. – H. wurde 1524 von den Spaniern erobert, 1823 von ihrer Herrschaft befreit, 1828 selbständige Rep. (Bürgerkriege). Im 20. Jh. unter polit. und wirtschaftl. Einfluß der USA, die mehrfach bewaffnet intervenierten. Staatsoberhaupt und Regierungschef: J. Azcona Hoyo (seit 1986). ⊕ S. 484.

Honecker, Erich, Politiker (SED), *1912; seit 1930 Mitgl. der KPD, schuf seit 1946 in der sowjet. Besatzungszone die FDJ, seit 1946 Mitgl. des ZK, seit 1958 Mitgl. des Politbüros und des Sekretariats des ZK der SED, 1971-89 als Nachfolger Ulbrichts (1.) Generalsekretär des ZK der SED, 1971-89 Vors. des Nationalen Verteidigungsrates, 1976-89 Vors. des Staatsrats.

Honegger, Arthur, frz.-schweizer. Komponist, *1892, †1955; Opern, Orchesterstücke.

honen, → ziehschleifen.

honett [frz.], anständig, ehrenhaft.

Hongkong, chines. **Xianggang** [sj'iaŋ-], brit. Kronkolonie (seit 1842/43) an der S-Küste Chinas; umfaßt die Insel H., die Halbinsel Kowloon und einen Teil ihres Hinterlandes; 1045 km², 5,7 Mio. Ew. (meist Chinesen); Hptst.: Victoria. Hafen, Flottenstützpunkt, Industriestandort; wichtiger Umschlagplatz. Seit 1956 Selbstverwaltung; 1984 Vertrag zw. VR China und Großbritannien über Rückgabe von H. an China nach 1997.

Honig der, gelbl. bis bräunl. Flüssigkeit, die die Bienen aus dem Nektar der Blüten in ihrem Honigmagen bereiten und dann in den Waben speichern. Der H. ist sehr nahrhaft, er enthält etwa 75% Zucker, 2,7% Eiweiß, 19% Wasser, außerdem organ. Säuren und Duftstoffe. Der H. wird gewonnen durch Auspressen der Waben **(Preß-H.),** durch Auslaufenlassen **(Tropf-H.)** oder Erwärmen **(Seim-H.).** Die mit Rähmchen arbeitenden Imker benutzen Zentrifugen **(Schleuder-H.).** Der reinste, H. ist der **Scheiben-** oder **Waben-H.** H.-Sorten: Heide-, Kräuter-, Linden-, Tannen-H. u. a.

Honigdachs, dachsähnl. Mardertier, in Afrika und Ostindien; plündert Bienennester.

Honigklee, Steinklee, Gatt. der Schmetterlingsblüter, Bienenweide. **Weißblühender** und **Gelbblühender H.** sind die häufigsten dt. Arten. **Blauer H.** (Schabzieger-, Käseklee), vom Mittelmeer, wird zu Kräuterkäse verwendet.

Honigtau, Blatthonig, zuckerig-klebriger Blattüberzug, Ausscheidung von Blattläusen.

Honi (Honni) soit qui mal y pense [ɔn'i sw'a ki mali p'ãs, frz.], ein Schelm, wer Arges dabei denkt; Wahlspruch des Hosenbandordens.

Honnef, Bad H. am Rhein, Stadt in NRW, am Siebengebirge, 21 700 Ew.

Honnête homme [ɔnɛt'ɔm], gebildeter Adeliger im 17. Jh., später Biedermann.

Honneurs [ɔn'œ:rs, frz.] Mz., Ehrung, Begrüßung durch den Gastgeber (H. machen).

Honolulu, Hptst. und -hafen der Hawaii-Inseln, USA, auf der Insel Oahu, 365 000 Ew.; Univ., Ananaskonservenfabriken, Schiffbau; westl. der Flottenstützpunkt Pearl Harbor.

Honorar [lat.] das, Entgelt für Leistungen der freien Berufe.

Honorarprofessor, → Professor.

Honoratioren [lat. »Geehrteren«] Mz., die angesehensten Einwohner eines Ortes.

honorieren [lat.], **1)** Honorar zahlen; **2)** (einen Wechsel) einlösen.

honoris causa [lat.], **h. c.,** ehrenhalber.

Honorius, Flavius H., röm. Kaiser (395-423 n. Chr.), 395 erster Kaiser des Weström. Reiches; überließ in der Krisenzeit bis 408 → Stilicho die Regierungsgewalt.

Honourable ['ɔnərəbl, engl. »ehrenwert«], Abk. **Hon.,** Titel der Mitgl. des engl. Hochadels.

Honshu, Hauptinsel Japans, 230 738 km², 96,69 Mio. Ew. (rd. 80% des japan. Volkes).

Honvéd [h'onve:d, ungar. »Vaterlandsverteidiger«] die, 1848 ungar. Freiwilligentruppen, später die ungar. Armee.

Hooch, Hoogh [ho:x], Pieter de, niederländ. Maler, *1629, †nach 1684; Interieurs.

Hooke [huk], Robert, engl. Naturforscher, *1635, †1703; nach dem **H.schen Gesetz** wirken jeder mechan. Deformation eines Körpers rücktreibende Kräfte entgegen, die zunächst proportional zur Deformation wachsen.

Hoorn, → Kap Hoorn.

Hoorne, Horn, Philipp II. Graf v., niederländ. Edelmann, *1524, †1568, mit Egmont Führer der Opposition gegen die span. Herrschaft, hingerichtet.

Hoover [h'u:və], Herbert, amerikan. Staatsmann (Republikaner), *1874, †1964; leitete nach dem 1. Weltkrieg das amerikan. Ernährungshilfswerk für Europa unter Einschluß Dtls.; 1929-33 der 31. Präs. der USA. Das **H.-Moratorium** (1931) leitete das Ende der Repa-

Holz II: von oben Teak, Mahagoni, Rio-Palisander

Honduras

Honecker

rationen ein. H. führte auch im und nach dem 2. Weltkrieg Hilfsaktionen durch (Kinderspeisung in Dtl. u. a.).

Hoover Dam [h'u:və dæm], bis 1947 **Boulder Dam,** Staudamm einer Talsperre des Colorado-Flusses, USA, 221 m hoch, 180 km langer Stausee.

Hopfen der, zweihäusige Kletterstaude (Maulbeergewächs); an Waldrändern wild. Die weibl. Pflanze wird in **H.-Gärten** angebaut (an Stangen, Gerüsten) wegen der zapfenförmigen Fruchtähren (Trollen, Dolden); diese dienen als Zusatzstoff für Bier und tragen klebrige harz- und bitterstoffreiche Drüschen, das **H.-Mehl, Lupulin.** Das Lupulin enthält **H.-Bitter** und würziges **H.-Öl.** Wichtigste Anbaugebiete in Mitteleuropa: Bayern, Württemberg, Böhmen, Elsaß.

Hopkins [h'ɔpkınz], **1)** Sir Frederick, engl. Chemiker, *1861, †1947; entdeckte 1903 das Tryptophan, wies Vitamin A und B in der Milch nach; Nobelpreis 1929. **2)** Gerard Manley, engl. Dichter, *1844, †1889; beeinflußte stark die engl. Dichtung des 20. Jh.

Hopkinson [h'ɔpkınsn], John, engl. Elektrotechniker, *1849, †1898; schuf die wissenschaftl. Grundlagen für den Bau der Dynamomaschinen; Erfinder des Dreileitersystems.

Hoplit der, in der grch. Antike schwerbewaffneter Fußkämpfer.

Hoppegarten, Pferderennplatz bei Berlin.

hora [lat.] die, Abk. **h, 1)** Stunde. **2)** kath. Kirche: → Horen.

Horaz, Quintus **Horatius** Flaccus, röm. Dichter, *65, †8 v. Chr.; gefördert von Maecenas und Augustus, neben Vergil der klass. lat. Dichter von vollendeter Sprachkunst: Oden, Epoden, Episteln (»Ars poetica«).

Hörbiger, Paul, *1894, †1981; und sein Bruder Attila, *1896, †1987; Bühnen- und Filmschauspieler.

Horeb, Berg, der bibl. → Sinai.

Horen [von lat. hora], Mz., **1)** grch. Göttinnen der Jahreszeiten; bei Hesiod die 3 Göttinnen der Gesetzmäßigkeit, Gerechtigkeit und des Friedens: Eunomia, Dike, Eirene. **2)** kath. Kirche: Gebetszeiten (Teile) des Stundengebets. **3) Die H.,** bedeutendste Ztschr. der Goethezeit, von Schiller 1795-97 herausgegeben.

Horgen, Stadt im Kt. Zürich, Schweiz, am Zürichsee, 17000 Ew.; Weinbau, Ind.

Hörgerät, Hilfsgerät für Schwerhörige. Mikrophon und Verstärker sind in einem Brillenbügel **(Hörbrille),** in einem hinter dem Ohr oder unter der Kleidung getragenen Kästchen zusammengefaßt. Über einen in den Gehörgang gesteckten Hörer wird der Schall in das Ohr geleitet.

Hörigkeit die, **1)** dingl. Unfreiheit, im Unterschied zur persönl. Leibeigenschaft. Im MA. waren die Hörigen an einen Bauernhof gebunden, der dem Grundherrn gehörte. Die H. wurde im 19. Jh. durch die Bauernbefreiung aufgehoben. **2)** PSYCHOLOGIE: innere Gebundenheit eines Menschen an einen anderen, bes. als sexuelle H.

Horizont [grch.], **Gesichtskreis, Kimm,** Kreis um einen Beobachter (Ebene senkrecht zum Lot am Standort), der die Erdoberfläche von dem Himmelsgewölbe abzugrenzen scheint **(scheinbarer H.).** Wegen der atmosphär. Strahlenbrechung kann der Beobachter etwas mehr als eine Himmelshalbkugel überblicken. Der so entstehende **natürl. H.** liegt also unterhalb des scheinbaren H. **(Kimmtiefe).** Die Aussichtsweiten sind 27 km bei 50 m, 38 km bei 100 m und 120 km bei 1000 m Erhebung über die Erde. **horizontal,** waagerecht.

Horizontal|ablenkung, Fernsehen: waagerechte Ablenkung des Elektronenstrahls in der Abtaströhre des Senders und in der Bildröhre des Empfängers, muß in beiden Röhren gleichlaufen.

Horkheimer, Max, Philosoph und Soziologe, *1895, †1973; Hauptvertreter der krit. Theorie.

Hormon [grch. Kw.] das, Stoff, der durch eine Drüse mit innerer Sekretion in das Blut abgegeben wird und andere Organe in ihrer Tätigkeit beeinflußt. Auch bestimmte Gewebe sondern H. ab **(Gewebs-H.).**

Horn das, **1)** 🙠 → Hörner. **2)** das → Keratin. **3)** ♩ Blasinstrument, urspr. aus einem Tierhorn, jetzt kreisförmig gewundene Metallblechröhre mit Schallbecher: **chromat.** oder **Ventil-H.,** mit Ventilen zur Erzeugung aller Töne; in F- und B-Stimmung gebaut; **Natur-** oder **Wald-H.,** nur mit Naturtönen. (BILD Blasinstrumente II)

Hornberg, Stadt und Kurort in Bad.-Württ., im Schwarzwald, an der Gutach, 4700 Ew. **Es geht aus wie das Hornberger Schießen,** endet ergebnislos (nach einer Fehde von 1519).

Hornblatt, Wasserzinken, Wasser-, auch Aquariumpflanze mit zartem Stengel und quirlständigen, sehr schmalen Blättern.

Hornblende, wichtiges Mineral aus der Gruppe der Amphibole; Hauptbestandteil vieler Gesteine.

Hörner Mz., ein Paar spitze Gebilde aus Hornstoff, an der Stirn der Horntiere. Sie sitzen auf Knochenzapfen des Stirnbeins, aus deren Hautüberkleidung (Hornhaut) sie hervorgehen.

Hornhaut, → Auge.

Hornisgrinde die, höchster Berg des nördl. Schwarzwaldes, 1164 m hoch.

Hornisse die, größte Faltenwespe, baut in Bäumen, Mauerspalten ein kopfgroßes, papierartiges Nest. Ihr Stich ist gefährlich.

Hornissenschwärmer, Bienenschwärmer, hornissenähnl. Schmetterling. (BILD Schmetterlinge)

Hornist, Hornbläser.

Hornklee, kleinstaudige Schmetterlingsblüter. **Gemeiner H.,** gelb blühend, Futterpflanze.

Hornkraut, Gatt. der Nelkengewächse; **Acker-H.** mit hornähnl. Fruchtkapseln.

Hornsilber, reines Silberchlorid AgCl.

Hornstrauch, Pflanzengatt. Hartriegel.

Horntiere, wiederkäuende Paarhufer mit Hörnern: Rinder, Schafe, Ziegen, Antilopen.

Hornung der, Februar.

Hornussen, dem Schlagball ähnl. schweizer. Volksspiel zw. 2 Mannschaften.

Horoskop [grch.] das, Stellung der Gestirne zu einer best. Zeit, bes. bei der Geburt eines Menschen; Grundlage der → Sterndeutung.

Horowitz, Vladimir, Pianist, *1904, †1989.

horrend, horribel [lat.], grauenerregend, schrecklich.

Horrido! [aus: Ho, Rüd, ho!], Jagdruf.

Hör|rohr, ♡ → Stethoskop.

Horror [lat.] der, Grausen, Abscheu.

Hörschwelle, frequenzabhängiger, für eine Hörempfindung nötiger geringster Schalldruck.

Hors-d'œuvre [ɔ:rd'œ:vr, frz.] das, Vorspeise.

Hörselberge, Höhenzug östl. von Eisenach, 484 m hoch; Venusberg der Tannhäusersage.

Horsens, dän. Hafenstadt an der O-Küste Jütlands, 54200 Ew.; Handel, Ind.

Hörspiel, eigengesetzl. Wort- und Klangkunstwerk des Rundfunks.

Horst [ahd. »Gebüsch«], männl. Vorname.

Horst der, **1)** Nest von Greif- u. a. Vögeln. **2)** ‡ Strauchwerk, Baumgruppe. **3)** ⊕ Scholle oder Rücken zw. 2 Senkungen; **H.-Gebirge,** → Gebirge.

Hörsturz, plötzlich einsetzender Hörverlust infolge einer Innenohrdurchblutungsstörung, meist mit Ohrrauschen.

Hort der, **1)** Schatz, z. B. Nibelungenhort. **2)** Schutz, Zuflucht. **3)** Kindertagesstätte.

Hortense [ɔrt'ãs], Königin von Holland, *1783, †1837; Stieftochter Napoleons I., ⚭ 1802 mit Ludwig Bonaparte, Mutter Napoleons III.

Hortensi|e die, Gatt. der Steinbrechgewächse, aus Ostasien, Ziersträucher mit rötlich-weißen, bei Eisendüngung blauen Scheindolden.

Horthy, Nikolaus von, *1868, †1957; ungar. Admiral, 1918 Oberbefehlshaber der Flotte, trat 1919 an die Spitze der gegenrevolutionären ungar. Nationalarmee, wurde 1920 zum Reichsverweser gewählt; 1944 von Hitler abgesetzt.

Horus, Hor, ägypt. Gott, als Falke verehrt.

Horváth, Ödön von, österr. Schriftst., *1901, †1938; ironisch-satir. Volksstücke (»Geschichten aus dem Wienerwald«), die die untergründige Bösartigkeit der kleinbürgerl. Gesellschaft aufdecken; Romane.

Hosea, 1) A. T.: einer der 12 kleinen Propheten. **2)** letzter König Israels (732-724/23 v. Chr.).

Hosemann, Theodor, Maler, Zeichner, *1807, †1875; Genrebilder des Berliner Bürgertums.

Hosenbandorden, höchster engl. Orden (1348); Devise: → Honi soit qui mal y pense.

Hosenrolle, im Theater die von einer Frau gespielte Männerrolle.

Hosianna! oder **Hosanna!** [hebr. »(Gott) hilf doch!«], hebr. Willkommens- und Jubelruf; in den christl. Gottesdienst übernommen.

Hospital [von lat. hospes »Gastfreund«] das, Anstalt für Arme, Hilfsbedürftige und Kranke, die ärztl. betreut werden müssen **(Spital).**

Hospitalet [ɔs-], span. Stadt in Katalonien, 280 000 Ew.; Textil-, Stahlind.

Hospitalismus, die Nebenwirkungen längeren Krankenhausaufenthalts.

Hospitaliter, Hospitalbrüder, der Krankenpflege obliegende Mönche, Ritter.

hospitieren [lat.], einer Veranstaltung (z. B. Unterricht) als Gast **(Hospitant)** beiwohnen.

Hospiz [lat.] das, **1)** Herberge. **2)** in christl. Geist geleitetes Gasthaus. **Verband christl. H. und Erholungsheime,** gegr. 1904.

Hostess [engl.] die, Betreuerin von Fahrgästen u. a., Führerin von Touristen, Empfangsdame.

Hosti|e [lat. hostia »Opfer«] die, das bei der kath. Meßfeier und Kommunion, beim Abendmahl in der luther. Kirche gebrauchte ungesäuerte Brot, eine Scheibe aus Weizenmehl.

Hotel [frz.] das, Beherbergungs- und Verpflegungsbetrieb. **H. garni,** Gasthaus, das nur Unterkunft und Frühstück gewährt. **H. de ville,** in Frankreich Rathaus.

Hottentotten Mz., Völkerfam. in Südafrika, hamit. Einfluß in der Wirtschaftsform (Großviehzüchter) und Sprache; die traditionelle Kultur wurde meist aufgegeben. Die H. sind Christen. H. haben platte Nase, olivgelbe Haut, dicht verfilztes Haar, kleine Gestalt.

Houdon [ud'ɔ̃], Jean-Antoine, klass. frz. Bildhauer, *1741, †1828; Bildnisse.

House of Commons [haus ɔv k'ɔmənz, engl.], das Unterhaus, **House of Lords** [-l'ɔ:dz], das Oberhaus des brit. Parlaments.

Houston [hj'u:stən], Stadt in Texas, USA, 1,7 Mio., mit Vororten 3,6 Mio. Ew.; Univ.; Erdöl-, Erdgas-, chem., Stahlind.; Handel. Raumfahrt-Kontrollzentrum.

Howrah, Stadt innerhalb von Kalkutta, Indien, 744 000 Ew.; Eisen-, chem. u. a. Ind.

Hoxha [h'odʒa], Enver, alban. Politiker, *1908, †1985; 1946-54 MinPräs., war seit 1948 Generalsekretär der alban. KP.

Höxter, Krst. in NRW, an der Weser, 34 000 Ew.; Ind., Fremdenverkehr.

Hoyerswerda, Krst. im Bez. Cottbus, 70 000 Ew., an der Schwarzen Elster.

Hrabanus Maurus, Benediktiner, *um 780, †856, Abt von Fulda, 847 Erzbischof von Mainz; schuf mit seiner »Realenzyklopädie« die Grundlagen für den Unterricht in den mittelalterl. Klosterschulen.

Hradschin der, Burg und Stadtteil in Prag.

HTL, Abk. für **H**öhere **T**echn. **L**ehranstalt.

Hua Guofeng, chines. Politiker (Kommunist), *1922; 1976-80 MinPräs., 1976-81 Vors. des ZK, des Politbüros und des Militärausschusses.

Huaiho, Fluß in N-China, viele Talsperren.

Hub der, ⚙ Kolbenweg bei Hin- oder Hergang. **Hubraum,** der bei 1 H. verdrängte Raum.

Hubble [hʌbl], Edwin P., amerikan. Astronom, *1889, †1953, entdeckte die Rotverschiebung der Spektrallinien weit entfernter Spiralnebel (H.-Effekt), die als → Dopplereffekt gedeutet wird.

Hubble-Weltraumteleskop, 1990 auf eine Erdumlaufbahn gebrachtes Teleskop zur Verbesserung der astronom. Forschung, Gemeinschaftsprojekt der NASA und ESA.

Hubel [hj'u:bəl], David, kanad. Neurobiologe, *1926; Forschungen zum Sehwahrnehmungssystem. Nobelpreis für Physiologie und Medizin 1981.

Huber, 1) Antje, Politikerin (SPD), *1924; 1976-82 Bundesmin. für Jugend, Familie und Gesundheit. **2)** Kurt, Philosoph, *1893, † (hingerichtet) 1943; geistiges Haupt einer student. Widerstandsgruppe (Geschwister Scholl). **3)** Max, schweizer. Völkerrechtler, *1874, †1960; 1925-28 Präs. des Ständ. Internat. Gerichtshofs im Haag, 1928-44 Präs. des Internat. Roten Kreuzes. **4)** Wolf, Maler, *1485, †1553; neben Altdorfer bedeutendster Maler der Donauschule.

Hubertus, Schutzheiliger der Jäger (Tag 3. 11.; **H.-Tag**), Bischof von Lüttich, †727; wurde nach der Legende während einer Jagd am Feiertag durch das Erscheinen eines Hirsches mit goldenem Kreuz im Geweih zur Buße geführt.

Hubertusburg, ehemal. sächs. Jagdschloß. Durch den **Frieden von H.** wurde am 15. 2. 1763 der → Siebenjährige Krieg beendet.

Hubinsel, Erdölförderung: Schwimmfähige Bohrplattform, deren Beine abgesenkt werden und in den Meeresboden eindringen; für Wassertiefen bis 120 m.

Hubli-Dharwar, Städtegruppe in Karnataka, Indien, 527 000 Ew.; Univ., Textil- und chem. Ind.

Hubschrauber, Helikopter, Drehflügelflugzeug, kann senkrecht aufsteigen und landen sowie in der Luft stehen. (BILD S. 374)

Huch, 1) Friedrich, Erzähler, Vetter von 2) und 3), *1873, †1913; Romane: »Geschwister«, »Pitt und Fox«. **2)** Ricarda, Dichterin,

Hortensie

Ricarda Huch

W. Huber: Flucht nach Ägypten

Hubschrauber: MIL Mi-12, größter H. der Welt

*1864, †1947; zunächst Hauptvertreterin der Neuromantik in Lyrik und Prosa, widmete sich später bes. geschichtl. Darstellungen: Gedichte, Romane (»Der große Krieg in Dtl.«), »Die Romantik«, »Wallenstein«, Städtebilder u.a. **3)** Rudolf, Bruder von 2), *1862, †1943; satirisch-humorist. Romane des Kleinbürgertums; bes. von W. Raabe beeinflußt.

Huchel, Peter, Lyriker, *1903, †1981; »Gezählte Tage«; »Die neunte Stunde«; »Gott im Ährenlicht«.

Huchen der, Donaulachs, bis 1,20 m lang; schmackhafter Raubfisch.

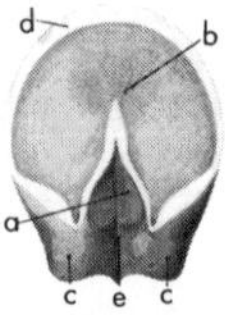

Huf: Pferdehuf von unten, a Strahl, b Hornsohle, c Ballen, d Hornwand, e Spalte

Huckepackverkehr, Beförderung beladener Fahrzeuge auf anderen Fahrzeugen; ermöglicht Transport ohne Umladung.

Huddersfield [h'ʌdəzfi:ld], Stadt in Mittelengland, 124000 Ew.; Textil-, Maschinen-Ind.

Hudson [h'ʌdsn] der, Hauptfluß des Staates New York, USA; 507 km lang.

Hudsonbai [h'ʌdsnbeɪ, nach dem engl. Polarreisenden Henry Hudson, *1550, †1611], Binnenmeer in Kanada, 1,23 Mio. km² groß, 128 m tief; durch die **H.-Straße** mit dem Atlant. Ozean, durch die **Foxstraße** mit dem Nordpolarmeer verbunden; Juni bis Oktober schiffbar.

Hué, Stadt in Vietnam, 209000 Ew.; Univ.; Paläste der ehem. Kaiser von Annam; Reishandel; Textilind.

Huelsenbeck, Richard, Schriftst., Arzt, *1892, †1974; Mitbegründer des → Dadaismus.

Huelva [u'ɛlβa], Hafenstadt in SW-Spanien, 135000 Ew.; Ausfuhr: Erze, Wein und Südfrüchte; Erdölraffinerie.

Huerta [u'ɛrta »Garten«] die, bewässerte Fruchthaine um die Städte in Südspanien.

Huf der, horniger, schuhförmiger Überzug an den Zehen der H.-Tiere; besteht beim Pferd aus Hornwand (dem äußeren Mantel), Hornsohle und Hornstrahl. Schutz durch **H.-Eisen.**

Hufeland

Hufe, Hube die, in der frühmittelalterl. Grundbesitzverfassung die zur Lebenshaltung der bäuerl. Familie ausreichende Ackerfläche und der Anteil der einzelnen Bauernfamilie an der Gemeindeflur.

Hufeland, Christoph Wilhelm, Berliner Arzt, *1762, †1836; behandelte Goethe, Schiller.

Huflattich der, kleinstaudiger Korbblüter; im zeitigen Frühjahr erscheinen die gelben Blüten, erst später die Blätter. Ackerunkraut.

Hüfte die, Körperteil um das Gelenk zw. Oberschenkel und Rumpf **(Hüftgelenk)** herum.

Huftiere, große Gruppe der Säugetierordnungen (Unpaarhufer, Paarhufer).

Hügelgrab, vorgeschichtl. Grabform.

Hugenberg, Alfred, Wirtschaftsführer und Politiker, *1865, †1951; 1909-18 Direktor der Kruppwerke, seit 1916 Leiter des **H.-Konzerns** (Medienkonzern); 1928-33 Vors. der Deutschnat. Volkspartei (→ Harzburger Front); war Jan. bis Juni 1933 Wirtschafts- und Ernährungsmin. in der Regierung Hitler.

Hugo

Hugenọtten [frz. »Eidgenossen«] Mz., die frz. Protestanten, Anhänger Calvins, mußten sich seit 1562 in den blutigen **H.-Kriegen** unter Führung Colignys, der Bourbonen Ludwig v. Condé und Heinrich v. Navarra gegen die kath. Partei verteidigen; 1572 traf sie das Blutbad der → Bartholomäusnacht. Sie blieben eine Minderheit. Heinrich IV. bestätigte den H. 1598 im Edikt von Nantes die freie Religionsübung und eine polit. Sonderstellung. Diese nahm ihnen Richelieu. König Ludwig XIV. verfolgte die H. hart (→ Dragonade) und hob 1685 das Edikt von Nantes auf. Darauf flohen viele H. ins Ausland **(Réfugiés),** bes. nach Holland und Dtl.

Hughes [hju:z], David Edward, engl. Ingenieur, *1831, †1900; erfand 1855 den Drucktelegraphen (H.-Apparat) und das Kohlenkörnermikrophon (1878).

Hugo [ahd. hugu »Geist«], männl. Vorname.

Hugo [yg'o:], Victor, frz. Dichter, *1802, †1885; Führer der frz. Hochromantik; Gedichte, Bühnenwerke (»Cromwell«), Romane.

Huhehot, amtl. **Huhehao,** früher **Kueisui,** Hptst. der Inneren Mongolei, China, 810000 Ew.; mongol. Univ.; Wollverarbeitung, Zukkerraffinerie.

Huhn das, → Haushuhn, → Hühnervögel.

Hühnerauge, schwielenartige Verdickung der Hornhaut, an Druckstellen.

Hühnervögel, Scharrvögel, große, mittelmäßig fliegende Vögel, Bodentiere mit kräftigen Füßen und Scharrkrallen. Lauf- oder Schopfhühner, Waldhühner (Auer-, Hasel-, Schnee-, Birkhuhn), Feldhühner (Rebhuhn, Wachtel), Fasanen und echte Hühner (→ Haushuhn).

Huizinga [h'œjziŋa], Johan, niederländ. Historiker, *1872, †1945; »Herbst des MA.«.

Hulk der, ⚓ abgetakeltes, im Hafen verankertes Schiff; Wohn-, Vorratsschiff.

Hülse die, lederige Schale um Samen oder Beerenfleisch sowie um die Hülsenfrucht.

Hülsenfrüchte, Samen oder Früchte von Hülsenfrüchten, die als Nahrung oder Futter dienen: Erbse, Linse, Bohne, Sojabohne, eiweißreich, sehr nahrhaft, aber schwer verdaulich.

Hülsenfrüchter, Leguminosen, Ordn. der Zweikeimblättrigen; die Frucht ist eine Hülse: Schmetterlingsblüter, Mimosengewächse.

Hülsenwurm, Finne des Hundebandwurms.

Hultschịn, tschech. **Hlučín** [hl'utʃi:n], Stadt in Mähren, 23000 Ew.; Hauptort des **Hultschiner Ländchens,** einst schles. Teilfürstentum; kam im 18. Jh. an Preußen, 1919 an die Tschechoslowakei.

humạn [lat.], menschl., menschenfreundlich.

Humạnae vịtae, Enzyklika Papst Pauls VI. von 1968 über die Geburtenregelung.

Humanịsmus [lat.] der, **1)** allg. in fast allen Epochen der Geschichte anzutreffende Geisteshaltung, gleichbedeutend mit → Humanität. **2)** im MA. in Europa entstandene Bewegung, deren Ziel das Studium der Antike sowie die umfassende Bildung des Menschen war. Der **mittelalterl. H.** hatte seine Blüte im 12. Jh. in Frankreich und England. Im 14. Jh. bildete sich in Italien der die Neuzeit mitprägende **Renaissance-H.** (Dante, Petrarca, Poggio). Zur Beschäftigung mit dem röm. kam seit dem 15. Jh. die mit dem grch. Schrifttum. Im 15. Jh. griff der Renaissance-H. auf Frankreich, Dtl. und Holland (Erasmus, Celtis, Hutten, Reuchlin, Melanchthon) sowie England (T. Morus) über. **3)** bei K. Marx philosophisch-polit. Ausdruck für das letzte Ziel des Kommunismus (»Realer H.«). **Humanịst** der, **1)** Anhänger des H. **2)** Kenner der alten Sprachen. **humanịstisch, 1)** den H. betreffend. **2)** altsprachlich.

humanitär, menschenfreundlich. **h. Bestrebungen,** Förderung des Wohles der Mitmenschen (Armenpflege, Krankenversorgung u. a.).

Humanität [lat.] die, i. w. S. die Summe alles rein Menschlichen i. Ggs. zum Tierischen, i. e. S. das voll entfaltete edle Menschentum, das in der harmon. Ausbildung der menschl. Kräfte und in der Herrschaft des Geistes über die eigenen Leidenschaften gründet und sich bes. in Teilnahme und Hilfsbereitschaft für den Mitmenschen, in Verständnis und Duldsamkeit für seine Lebensart äußert. In diesem Sinn ist H. bes. seit Lessing, Herder, Goethe, Schiller, W. v. Humboldt zum Inhalt einer der höchsten sittl. Ideen des Abendlandes geworden **(H.-Idee).**

Humanitätsverbrechen, Verbrechen gegen die Menschlichkeit, Verbrechen, die sich unter Nichtachtung der menschl. Würde gegen Leib, Leben, Freiheit, Ehre richten und unter Ausnutzung einer staatl. Willkürherrschaft begangen werden. Als besonderer Tatbestand wurde das H. 1945 durch das Statut des Internat. Militärgerichtshofs und das Kontrollratsges. Nr. 10 eingeführt; nach dessen Aufhebung (1956) sind H. in der Bundesrep. Dtl. dem StGB eingegliedert.

Humann, Carl, Archäologe, *1839, †1896; Ausgrabungen in Pergamon.

human relations [ju:mənrıl'eıʃənz, engl.], Pflege der zwischenmenschl. Beziehungen im Betrieb.

Humber [h'ʌmbə] der, Mündungstrichter der Flüsse Trent und Ouse an der engl. O-Küste. Bei Kingston upon Hall Hängebrücke mit der größten Spannweite der Welt (2,2 km lang, 1,41 km Spannweite).

Humboldt, 1) Alexander Frhr. v., Naturforscher, einer der Begründer der heutigen wissenschaftl. Erdkunde, *1769, †1859; begann als Oberbergmeister, machte Forschungsreisen in Süd- und Mittelamerika, Mexiko, Russ.-Innerasien. Er begründete Klimalehre, Lehre vom Erdmagnetismus, Meereskunde, Pflanzenerdkunde und förderte die Geologie (bes. Vulkankunde). Schriften: »Reise in die Äquinoktial-Gegenden des neuen Kontinents«, »Kosmos«, »Ansichten der Natur« u. a. **2)** Wilhelm Frhr. v., Gelehrter, Staatsmann, Bruder von 1), *1767, †1835; eng befreundet mit Schiller und Goethe, war 1809/10 Leiter des preuß. Unterrichtswesens und schuf die Univ. Berlin; einer der Führer des → Neuhumanismus, Sprachforscher.

Humboldtstrom, Perustrom, kalte Meeresströmung an der W-Küste von S-Amerika.

Humbug [engl.] der, Schwindel, Unsinn.

Hume [hju:m], David, engl. Philosoph und Geschichtsforscher, *1711, †1776; führender Denker der engl. Aufklärung; Hauptwerk: »Untersuchung über den menschl. Verstand«.

Humerale das, Schultertuch kath. Priester.

humid [lat.], feucht.

Hummel die, bienenartige, plumpe, behaarte Hautflügler; Nester in der Erde, in alten Vogelnestern usw.; bilden meist einfache, einjähr. Staaten; wichtige Blütenbestäuber.

Hummer der, Zehnfußkrebs, mit großen Scheren, Meeresbewohner; etwa 50 cm. (BILD Krebse)

Humor [lat.] der, Gemütsbeschaffenheit, die das Wirkliche, auch wo es widrig ist, lächelnd bejaht. **Humoreske** die, heitere Erzählung; Musikstück. **humoristisch,** scherzhaft.

Humperdinck, Engelbert, Komponist, *1854, †1921; Opern: »Hänsel und Gretel« u. a.

Humus [lat. »Boden«] der, braune oder schwarze Masse in der obersten Erdbodenschicht, entstanden durch Verwesung pflanzl. oder tier. Stoffe. H. ist kohlenstoffreich, meist sauer durch Gehalt an **Huminsäuren;** er steigert die wasserfassende Kraft des Bodens und erzeugt mineralienlösende Kohlensäure; landwirtschaftl. wertvoll.

Hund der, **1)** ♘ → Hunde. **2)** ☆ zwei nördl. Sternbilder: Großer H. mit Sirius; Kleiner H. mit Prokyon. **3)** ⚒ der → Hunt.

Hunde, Raubtierfamilie, Zehengänger, meist hochbeinig mit nicht zurückziehbaren Krallen; Geruchssinn gut ausgebildet (Nasentiere). Wichtigste Gatt.: Canis, mit Haus-H., Wolf, Schakal, Fuchs usw. Der Haus-H., das älteste europ. Haustier, leitet sich vom Wolf und vom Schakal ab. Er wurde auf versch. Verwendungsarten in zahlreichen Rassen gezüchtet. **Jagd-H.,** mit gut entwickeltem Spürsinn: Schweiß-H., Vorsteher- oder Hühner-H. (dt. Vorsteh-H., Pointer, Setter); Dackel und Foxterrier zur Erdjagd; Wind-H., z. B. russ. Wind-H. (Barsoi). **Dienst-H.:** Dt. Schäfer-H., Bernhardiner, Boxer, Schnauzer. **Wach-H.:** Neufundländer, Pudel, Spitz, Pinscher, Terrier. **Luxus- und Schoß-H.:** Windspiel, Mops, Malteser, Pekinese, Zwergspitz, Zwergspaniel. Die zur Zucht dienenden männl. H. (Rüden) sollen mindestens 2jährig sein. Die beste Deckzeit ist das Frühjahr. Die Hündin ist zweimal im Jahr läufig. Sie bringt nach 63 Tagen Tragzeit 4-6 und mehr zunächst blinde Junge (Welpen) zur Welt, die sie meist acht Wochen säugt. Die wichtigsten Krankheiten sind H.-Staupe, Räude, Tollwut, H.-Seuche. (BILDER S. 376)

Hundertjähriger Kalender, überlieferte Wettervoraussage, Volksbuch seit 1701.

Hundertjähriger Krieg, der große Kampf zw. England und Frankreich 1339 bis 1453 (Friedensschluß 1475), endete mit der Vertreibung der Engländer aus Frankreich.

Hundert Tage, die letzte Herrschaftszeit Napoleons I. (20. 3.-18. 6. 1815).

Hundertwasser, Friedensreich, eigtl. Friedrich **Stowasser,** österr. Maler, *1928.

Hundspetersilie, Gartenunkraut.

Hundstage, Tage vom 23. 7. bis 23. 8.; um diese Zeit befindet sich die Sonne nahe dem **Hundsstern** (Sirius); in Europa oft sehr heiß.

Hunedoara, Stadt in Rumänien, 88500 Ew.; Schloß Hunyadi (13. Jh.), Hüttenkombinat.

Hünengräber, große Grabanlagen aus vorgeschichtl. Zeit; meist im norddt. Flachland; aus Findlingsblöcken hergestellt (→ Megalith).

Hungaria, lat. Name für Ungarn.

Hunger, Bedürfnis, Verlangen nach Aufnahme von Nahrung. Im H.-Zustand nimmt der Körper stark ab. – **H.-Krankheit, H.-Ödem,** Gewebswassersucht infolge Unterernährung.

Hungerblume, große Kreuzblütergatt. auf kargem Boden und im Hochgebirge; in Dtl. die **Frühlings-H.** mit weißer Blütenrispe; im Gebirge die gelbblühende **Immergrüne H.**

Hungerstreik, Verweigerung der Nahrungsaufnahme als Mittel gewaltlosen (oft polit.) Widerstandes.

Hungertuch, kath. Kirche: Tuch zur Verhüllung des Altars in der Fastenzeit (bis 16./17. Jh.).

Hunnen Mz., asiat. Reitervolk, wandte sich im 4. Jh. n. Chr. gegen Europa und zerstörte das Ostgot. Reich in Südrußland; damit begann die → Völkerwanderung. Unter → Attila standen die H. auf der Höhe ihrer Macht, deren Mittelpunkt damals die Theißebene war. Nach der **H.-Schlacht,** der Niederlage auf den Katalaun. Feldern 451 n. Chr., und Attilas Tod (453) zerfiel das Reich schnell.

Hunsrück der, südwestl. Teil des Rhein. Schiefergebirges, zw. Mosel, Rhein, Nahe und Saar, im Erbeskopf 816 m hoch.

Hunt, Hund der, ⚒ offener Förderwagen.

Hunte die, größter linker Nebenfluß der Weser, mündet bei Elsfleth; ab Oldenburg schiffbar.

A. v. Humboldt

W. v. Humboldt

1

2

3

4

5

6

7

8

9

Hunde: 1+2 Diensthunde; **1** Deutscher Schäferhund, **2** Boxer. **3–5** Nutz- und Wachhunde; **3** Schottischer Schäferhund, Collie, **4** Bernhardiner, **5** Deutsche Dogge. **6–8** Jagdhunde; **6** Basset, **7** Dalmatiner, **8** Langhaardackel. **9** Haus- und Zwerghund: Zwergpudel.

Husain II.

Husserl

Hunter [h'ʌntə, engl.] der, Jagdpferd.

Hunyadi [h'unjɔdi], Johann, ungar. Heerführer gegen die Türken, *1385, †1456.

Hunza, Volk in abgeschlossenem Tal des nordwestl. Karakorum, Pakistan, mit eigener Sprache.

Hupeh, amtl. **Hubei,** Provinz der VR China, am mittleren Jangtsekiang, 187000 km², 49 Mio. Ew.; Hptst.: Wuhan; Reisanbau, bed. Ind.

Hürdenlauf, leichtathlet. Wettlauf über verstellbare Holz- oder Stahlrohrhürden (Männer über 110, 200 und 400 m, Frauen über 100 und 400 m).

Hụri die, Islam: Paradiesjungfrau.

Hurọnen, Wyandot [-w'aiəndɔt], Indianerstamm östl. vom Huronsee, Nordamerika, zur irokes. Sprachfamilie gehörend.

Hụronsee, der mittlere der 5 großen Seen N-Amerikas, 61797 km² groß.

Hụrrikan [indian.] der, Orkan, bes. Wirbelstürme Westindiens.

Hürth, Gem. im Erftkreis, 51000 Ew.; Braunkohlen ⚒, Kraftwerk, chem. u.a. Ind.

Hus, Huß, Johannes, tschech. Reformator in Prag, * um 1370, †1415; bekämpfte, angeregt durch Wycliffe, die Verweltlichung der Kirche, wurde 1410 gebannt, 1415 auf dem Konzil von Konstanz verbrannt. Tschech. Nationalheld.

Husạin II., König von Jordanien, *1935.

Husạren [ungar.] Mz., leichte Reitertruppe nach ungar. Vorbild. (BILD S. 377)

Husserl, Edmund, Philosoph, *1859, †1938, bekämpfte den →Psychologismus, begründete die →Phänomenologie.

Hussịten Mz., Anhänger des J. →Hus. Ihre reformator. und nationaltschech. Bestrebungen führten 1420 zu den **H.-Kriegen.** Die mildere Partei der **Kalixtiner** oder **Utraquisten** forderte vor allem den Kelch [lat. calix] beim Abendmahl; die strengere Partei der **Taboriten** [nach der Feste Tabor] verwarf jede Lehre, die sich nicht aus der Bibel beweisen lasse. Die H. erfochten, geführt von Žižka und Prokop d. Gr., mehrere Siege über die Heere des Kaisers und unternahmen weite Raubzüge in dt. Nachbarländer. In den Prager Vereinbarungen von 1433 wurde ihnen der Laienkelch zugestanden. Im 16. Jh. wurde die Mehrheit der Utraquisten lutherisch, die Minderheit wieder katholisch. Reste der Taboriten lebten in den Böhmischen Brüdern fort.

Husten der, ♡ Ausstoßen der Atemluft durch die krampfhaft verengte Stimmritze, infolge Reizung der Empfindungsnerven der

Luftwege durch Schleim, Staub, Rauch; ferner bei Erkrankung.

Husum, Krst. Schlesw.-Holst., 20700 Ew.; Viehmärkte, Fisch-, Textil-Ind.

Hütte, Hüttenwerk, Anlage für Erzbearbeitung und Metallgewinnung, auch für Herstellung anderer Erzeugnisse, z. B. Glas.

Hutten, Ulrich v., Reichsritter und Humanist, *1488, †1523; begann eine streitbare Schriftstellerei in lat., später dt. Poesie und Prosa (mit Reuchlin gegen die Kölner Dominikaner; Dunkelmännerbriefe). Verband sich mit Franz v. Sickingen und Luther, griff in vielen Schriften die röm. Geistlichkeit an.

Hutzelbrot, Früchtebrot.

Huxley [h'ʌksli], **1)** Aldous, engl. Schriftst., *1894, †1963; »Kontrapunkt des Lebens«; Zukunftsromane (»Schöne neue Welt«, »Affe und Wesen«). **2)** Sir Julian, engl. Biologe, Bruder von 1), *1887, †1975; betont in der Abstammungslehre die »Einzigartigkeit des Menschen«.

Huygens [h'œjxəns], Christian, niederländ. Physiker, *1629, †1695; erklärte das Licht als eine Wellenbewegung, fand die Gesetze des elast. Stoßes und der Fliehkraft, erfand die Pendeluhr, erklärte die Doppelbrechung u. a.

Huysmans [ɥism'ãs], Joris-Karl, frz. Schriftst., *1848, †1907; Hauptvertreter des literar. Impressionismus.

Huzulen, ukrain. Volksstamm im östl. galizischen Bergland und Bukowina.

Hvar [xvar, kroat.], jugoslaw. Insel in der Adria, 299 km^2; Ölbäume, Wein, Südfrüchte; Fischerei. Hptst.: Seebad H. (3200 Ew.).

Hwangho, Hoangho [»Gelber Fluß«], amtl. **Huanghe,** der zweitgrößte Strom Chinas, 4875 km lang; kommt vom Kunlun, mündet ins Gelbe Meer. Überschwemmungen und Verlegungen seines Unterlaufes richten oft Schaden an.

Hyaden [grch.] Mz., **1)** grch. Sage: Nymphen, von Zeus als Sterne an den Himmel versetzt. **2)** ☆ Sterngruppe am Kopf des → Stiers.

Hyakinthos, vorgriech. Gott der Vegetation in Sparta, von Apollo geliebt und durch einen Diskuswurf getötet; seinem Blut entsproß die Hyazinthe.

Hyäne [grch.] die, nächtl. lebendes, etwa schäferhundgroßes Raubtier; ernährt sich von Aas. Arten: **Gestreifte H.,** in N-Afrika, W-Asien; **Gefleckte H.,** in S- und O-Afrika; **Schabracken-H. (Strandwolf),** in S-Afrika.

Hyänenhund, afrikan. Wildhund.

Hyazinth [grch.] der, roter Edelstein.

Hyazinthe die, Lilienpflanze der Mittelmeerländer, Zwiebelgewächs; blüht als Zimmerpflanze im Winter auch auf H.-Gläsern mit Wasser; urspr. blau.

Hybride [grch.] die, Mischling, → Bastard.

Hybridrechner, Computer, der aus analogen und digitalen Schaltkreisen aufgebaut ist.

Hybris [grch.] die, menschl. Selbstüberhebung, vor allem gegenüber den Göttern.

Hyde Park [h'aidpa:k], Park im W Londons.

Hyderabad, 1) ehem. ind. Staat im mittleren Dekkan. **2)** Hptst. von Andhra Pradesh, Indien, 2,15 Mio. Ew.; Paläste, Moscheen, Univ.; Teppich-, Textil- u. a. Ind. **3)** Stadt in Pakistan, 751000 Ew.; Univ., Textilind., Stikkerei, Metallbearbeitung.

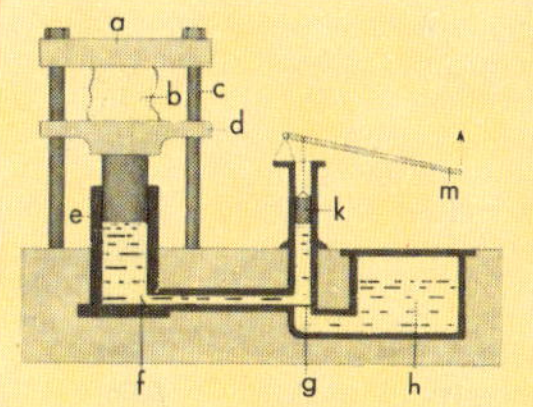

hydraulische Presse. a Querhaupt, b Werkstück, c Führung, d Preßtisch, e Zylinder, f Druckventil, g Saugventil, h Saugwasserbehälter, k Kolben zur Erzeugung des Druckwassers, m Handhebel

Hydra [grch.] die, **1)** grch. Sage: Ungeheuer mit 9 Köpfen, hauste im Sumpf von Lerna (bei Argos), von Herakles erlegt. **2)** Sternbild Wasserschlange. **3)** Süßwasserpolyp.

Hydrant der, Anschlußstelle für Feuerwehrschläuche an die Wasserleitung.

Hydrat [grch.] das, ☜ durch Anlagerung oder Aufnahme von Wasser entstandene Verbindung mit chemisch gebundenem Wasser.

Hydraulik die, Lehre von der Strömung von Flüssigkeiten durch Rohre, Gerinne und Kanäle, i. e. S. die techn. Verfahren und Anlagen zur Kraftübertragung mittels Flüssigkeiten in geschlossenen Leitungssystemen **(hydraul. Antriebe).**

hydraulische Presse, durch unter Druck stehende Flüssigkeiten betriebene Presse. Mit einem Kolben in einem Zylinder von kleinerem Querschnitt wird die Flüssigkeit zusammengepreßt und der Druck auf den Arbeitskolben von größerem Querschnitt übertragen.

Hydrazin [Kw., grch.] das, farblose Flüssigkeit, Raketentreibstoff, Formel: $H_2N - NH_2$.

Hydria [grch.] die, grch. Wasserkrug mit einem senkrechten und 2 waagrechten Henkeln. (BILD S. 378)

Hydrid [grch.] das, ☜ Verbindung eines Metalls oder Nichtmetalls mit Wasserstoff.

hydrieren [grch.], ☜ Anlagern von Wasserstoff an Elemente oder chem. Verbindungen; z. B. Härtung der → Fette, Kohlehydrierung.

hydro... [grch. hydor »Wasser«], in Fremdwörtern: wasser...

Hydrobiologie [Kw., grch.] die, Wissenschaft von den im Wasser lebenden Pflanzen und Tieren.

Hydrochinon das, ☜ organ. Verbindung, photograph. Entwickler und zur Farbenherstellung.

Hydrocortison das, → Cortisol.

Hydrodynamik [Kw., grch.] die, Lehre von der Bewegung der Flüssigkeiten.

Hydrolyse [Kw., grch.] die, ☜ durch Wasser hervorgerufene Spaltung chem. Verbindungen.

Hydromechanik [Kw., grch.] die, Lehre vom physikal. Verhalten der Flüssigkeiten; sie gliedert sich in Hydrostatik und -dynamik.

hydrophil, im Wasser lebend, wasserfreundlich; Ggs.: **hydrophob.**

Hydrosphäre [Kw., grch.] die, Wasserhülle der Erde.

Hydrostatik [Kw., grch.] die, Lehre vom Gleichgewicht der Kräfte bei ruhenden Flüssigkeiten. Der Druck im Innern einer Flüssigkeit ist allseitig gleich **(hydrostat. Druck).** → Bodendruck.

Hydrotherapie [Kw., grch.] die, Wasserheilkunde (Bäder, Duschen, Packungen usw.).

Hydroxid [Kw., grch.] das, ☜ Verbindung eines Elements, vorwiegend eines Metalls, mit der Atomgruppe -OH **(Hydroxylgruppe).**

Hydrozoen [Kw., grch.] Mz., Klasse der Nesseltiere, umfaßt festsitzende **Polypen** und freischwimmende **Quallen (Medusen),** die bei derselben Tierart regelmäßig aufeinanderfolgen können (→ Generationswechsel).

Hyères [j'ɛ:r], Winterkur- und Badeort in S-Frankreich, 42000 Ew.; vor der Küste die **Hyèrischen Inseln.**

Hygieia, die grch. Göttin der Gesundheit.

Hygiene [grch.] die, Gesundheitspflege und Gesundheitslehre.

Hygrometer [grch. hygros »feucht«] das, Luftfeuchtigkeitsmesser; **Haar-H.** enthält ein gespanntes Haar, dessen Längenänderung je nach der Luftfeuchtigkeit einen Zeiger bewegt.

hygroskopisch [Kw., grch.] heißen Körper, die Wasserdampf aus der Luft anziehen.

Husar (Leutnant, Braunschweig 1871)

Hyazinthe

Hyäne: Streifen-H.

Hydria

Hyperbel 1)

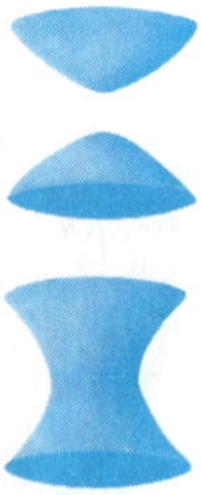

Hyperboloid, oben: einschaliges, unten: zweischaliges H.

Ibis

Hyksos Mz., asiat. Volk, beherrschte 1650 bis 1550 v. Chr. Ägypten.

Hylozoismus [grch.] der, antike philosoph. Lehre, nach der auch die anorgan. Materie als belebt gedacht wird.

Hymen, Hymenaios der, **1)** grch. Gott der Hochzeit. **2)** altgrch. Hochzeitsgesang.

Hymen [grch.] das, ♡ Jungfernhäutchen.

Hymettos, Bergzug (1028 m hoch) südöstlich von Athen.

Hymne [grch.] die, **Hymnos** der, **1)** urspr. von Musik und Tanz begleiteter Opfer- und Festgesang zu Ehren der Götter und Heroen, dann Loblied. Pindar war das Vorbild für die dt. H.-Dichtung (Klopstock, Goethe, Hölderlin u. a.). **2)** geistl. Lied (seit Ambrosius).

hyper... [grch.], übermäßig, über...

Hyperämie [grch.] die, ♡ Blutüberfüllung (→Blutstauung); H. zu Heilzwecken wird u. a. durch Wärmeanwendung erzielt.

Hyperbel [grch.] die, 1) △ ebene Kurve (Kegelschnitt) mit 2 ins Unendliche verlaufenden getrennten Zweigen, deren sämtl. Punkte von 2 festen Punkten (Brennpunkten) gleiche Differenz der Entfernungen haben. **2)** Rhetorik: Übertreibung. Eigw. **hyperbolisch.**

Hyperboloid [grch.] das, △ Fläche 2. Ordnung, die durch Ebenen in Hyperbeln, Ellipsen, Parabeln geschnitten werden kann. Es gibt **einschalige** und **zweischalige** H.

Hyperboreer, im Altertum sagenhaftes Volk im N, in ewigem Frieden lebend.

Hyperfeinstruktur, über die Feinstruktur hinausgehende Aufspaltung der Spektrallinien von Atomen und Molekülen infolge der Wechselwirkung der Hüllenelektronen mit den Kernmomenten.

Hyperion [grch.], **1)** grch. Sage: ein Titan, Vater des Helios. **2)** ☆ 8. Saturnmond.

Hyperonen Mz., ⊠ zu den Baryonen gehörige unbeständige Elementarteilchen, deren Ruhemasse größer ist als die der Nukleonen ist.

Hyperopie [Kw., grch.] die, Übersichtigkeit.

Hyperschall, mechan. Schwingungen mit Frequenzen über 1 Mrd. Hz, zur Untersuchung von Festkörpern. Strömungsvorgänge in Gasen mit mehr als fünffacher Schallgeschwindigkeit nennt man H.-Strömung.

Hypertonie [Kw., grch.] die, gesteigerter Blutdruck (→Hochdruckkrankheit).

Hypertrophie [Kw., grch.] die, Größen- und Gewichtszunahme eines Gewebes, Organs.

Hypnos, grch. Gott des Schlafes, Sohn der Nacht, Zwillingsbruder des Todes.

Hypnose [grch.] die, schlafähnl. Zustand, in den ein Mensch einen anderen versetzen kann durch besondere suggestive Beeinflussung (starres Ansehen, Flüstern usw.). In H. ist das Bewußtsein und der Wille des hypnotisierten Menschen weitgehend ausgeschaltet, so daß der **Hypnotiseur** seinen Willen auf ihn übertragen kann; z. B. in der Psychotherapie.

Hypnotikum [grch.] das, -s/...tika, Schlafmittel.

hypo... [grch.], in Fremdwörtern: unter...

Hypochondrie die, übersteigertes Beschäftigen mit der eigenen Gesundheit; manchmal Ausdruck einer seel. Krise oder Gemütskrankheit. **Hypochonder** der, eingebildeter Kranker.

Hypophyse [grch.] die, **Hirnanhangdrüse,** etwa kirschkerngroße innersekretor. Drüse, die am Boden des Zwischenhirns (→Gehirn) liegt.

Hypostase [grch.] die, Unterlage, Grundlage; Wesen; Verdinglichung von Begriffen.

Hypotenuse [grch.] die, im rechtwinkligen Dreieck die dem rechten Winkel gegenüberliegende Seite.

Hypothek [grch. »Unterpfand«] die, ∴ das an einem Grundstück zur Sicherung einer Forderung bestellte Pfandrecht, das vom Bestand der Forderung abhängig ist; berechtigt den Gläubiger, sich nach Fälligkeit der Forderung durch Zwangsverwertung des Grundstückes zu befriedigen (→Zwangsversteigerung, →Zwangsverwaltung). Die H. muß ins →Grundbuch eingetragen werden. **H.-Brief,** über die H. ausgestellte Urkunde.

Hypothese [grch. »Unterstellung«] die, Aufstellung eines wahrscheinlich richtigen, aber noch nicht bewiesenen Satzes. **hypothetisch,** bedingungsweise geltend.

Hypotonie [grch.] die, niedriger Blutdruck.

Hysteresis [grch.] die, Nachwirken nach Aufhören der einwirkenden Kraft, bes. das Zurückbleiben der Magnetisierung ferromagnet. Stoffe gegenüber der Feldstärke.

Hysterie [grch. hystera »Gebärmutter«] die, Anfälle von Erregungen, Zittern, Lähmungen u. ä., heute meist als Neurose gedeutet. **hysterisch,** an H. leidend. Hptw. **Hysteriker.**

Hz, Abk. für die Maßeinheit Hertz.

I

i, I, 1) Selbstlaut; der neunte Buchstabe im dt. Abc. **2)** RÖM. ZAHLZEICHEN: I = 1. **3)** IN LAT. INSCHRIFTEN: I = Imperator. **4)** I, chem. Symbol für Jod. **5) i,** △ Einheit der →imaginären Zahlen, $i = \sqrt{-1}$.

Ia, Abk. für eins a, prima, erste Güte.

i. A., Abk. für im Auftrage.

IAEA, →Internationale Atomenergiebehörde.

Iamblichos, neuplaton. Philosoph aus Chalkis, * um 250, †330 n. Chr.

Iambus [grch.] der, -/...ben, Versfuß aus einer kurzen und einer langen Silbe (◡ –́), im Deutschen aus Senkung und Hebung.

IAO, Abk. für →**I**nternationale **A**rbeits**o**rganisation.

Iason, grch. Sage: thessal. Königssohn, Anführer der →Argonauten, ⚭ →Medea, verstieß sie mit ihren Kindern.

IATA, Abk. für **I**nternational **A**ir **T**ransport **A**ssociation, Internationaler Luftverkehrsverband, Sitz: Montreal; bestimmt und überwacht Flugpreise u. a.

Iatrik [grch.] die, ❀ Heilkunst.

ib., ibd., Abk. von lat. **ibidem,** ebenda.

Ibadan, Hptst. des Staates Oyo, Nigeria, 1,1 Mio. Ew.; Handelszentrum.

Ibagué [iβaɣ'e], **San Bonifacio de I.,** Stadt in Kolumbien, 293 000 Ew.; Kaffeehandel.

Ibbenbüren, Stadt in NRW, am Teutoburger Wald, 45 000 Ew.; Steinkohlenbergbau, Maschinen-, Textilind., Großkraftwerk.

Iberische Halbinsel, Pyrenäenhalbinsel, vom **Ibero** (Ebro) durchflossenes Land der **Iberer.**

Ibero-Amerika, →Lateinamerika.

Ibert [ib'ɛr], Jacques, frz. Komponist, *1890, †1962; Orchester-, Kammermusik.

IBFG, **I**nternat. **B**und **F**reier **G**ewerkschaften.

Ibis [altägypt.] der, storchähnl. Stelzvogel in wärmeren Gegenden mit langem Sichelschnabel und nacktem Kopf. Der **Heilige I.** war in Ägypten Sinnbild des Gottes der Weisheit.

Ibisch der, Malvengewächse, →Eibisch.

Ibiza, Hauptinsel der span. Pityusen, 593 km^2, 61 000 Ew.; Hauptort: Ibiza.

IBM, Abk. für **I**nternational **B**usiness **M**achines Corporation, amerikan. Großhersteller elektron. Datenverarbeitungsanlagen.

Ibn, Ebn [arab.], Sohn.

Ibn al-Haitham, Abu Ali, lat. **Alhazen,** islam. Naturforscher, * um 965, † nach 1039; schrieb ein Lehrbuch der Optik.

Ibn Battuta, arab. Weltreisender, *1304, †1377; bereiste N- und O-Afrika, Vorder- und Innerasien, Indien, China und Sumatra.

Ibn Chaldun, arab. Geschichtsschreiber, *1332, †1406; wichtig für die Geschichte des Islams in N-Afrika.

Ibn Sa'ud, Abd al Asis III., König von Saudi-Arabien (seit 1927), *1880, †1953; schuf sich seit 1902 mit Hilfe der Wahhabiten im Nedjd ein Reich mit autokratisch und feudal geprägter Ordnung, eroberte Hidjas (1924-25), ließ sich 1926 zum König von Hidjas ausrufen. Seit 1927 König von → Saudi-Arabien.

Ibo, Volksstamm in O-Nigeria; rd. 18 Mio.

Ibsen, Henrik, norweg. Dichter, *1828, †1906; schrieb Stücke mit nationalnorweg. Stoffen, dann gesellschaftskrit. Schauspiele, bahnbrechend für den Naturalismus. HW: »Peer Gynt«, »Nora oder ein Puppenheim«, »Gespenster«, »Der Volksfeind«, »Die Wildente«, »Rosmersholm«, »Hedda Gabler«.

Ibykos, grch. Dichter des 6. Jh. v. Chr., am Hofe des Polykrates in Samos. »Die Kraniche des Ibykus«, Gedicht von Schiller.

IC, 1) Abk. für → Intercity-Züge. **2)** → integrierte Schaltung.

Ichinomiya, Itschinomija, Stadt in Japan, östl. von Tokio, 240000 Ew.; Zentrum der Wollind.

Ichneumon [grch.] das, der, Schleichkatze des Mittelmeerraums; den Ägyptern heilig.

Ichthyol das, Handelsname für Ammonsulfoichthyolat, schwarzbraune teerige Masse, gewonnen aus bituminösem Schiefer; für entzündungshemmende Salben.

Ichthyologie [Kw., grch.] die, Fischkunde.

Ichthyosauri|er [grch.], bis 15 m lange fischförmige Reptilien, Meerestiere des Erdmittelalters.

Ichtyosis die, → Fischschuppenkrankheit.

Ichthys [grch. »Fisch«], → Christusmonogramm.

id., Abk. für → idem.

Ida der, **1)** im Altertum Name des **Kaz Dagi** (1767 m), Gebirgszug in Kleinasien. **2)** ngrch. **Psiloritis,** höchster Gebirgsstock auf Kreta, 2456 m hoch.

Ida [von ahd. itis »Weib«], weibl. Vorname.

Idaho ['aɪdəhəʊ], Abk. **Id.,** Staat im NW der USA; 216412 km², 998000 Ew. (viele Mormonen); Hptst.: Boise. Anbau (z. T. bei künstl. Bewässerung): Kartoffeln, Getreide, Obst; Viehzucht; Forstwirtschaft. ⚒ auf Blei, Silber, Zink; Beryllium-Lager. ⊕ S. 494.

Idar-Oberstein, Stadt in Rheinl.-Pf., an der Nahe, 33200 Ew., Schmuckwaren-Ind.; Achat-, Edelstein- und Diamantschleiferei.

Idarwald, Höhenzug des Hunsrücks, 766 m.

Ideal das, Wunschbild, das Vollkommene. **ideal,** vollkommen; nur vorgestellt. **ideell,** gedanklich. **idealisieren,** verklären.

Idealismus [lat.] der, **1)** allg.: durch Ideen oder Ideale bestimmte Weltanschauung. **2)** Ⓟ Der **metaphys. I.** nimmt an, daß ein ideelles Prinzip (z. B. Ideenwelt bei Plato, absoluter Geist bei Hegel) der letzte Seinsgrund der Wirklichkeit sei. Der I. ist seit der Antike in vielen Formen vertreten worden, in neuerer Zeit vor allem in den Systemen des dt. I. (Hegel, Schelling). Der **erkenntnistheoret. I.** lehrt, daß Sein nicht unabhängig von einem Bewußtsein, dessen Vorstellung oder Gedanke es ist, gedacht werden kann. Ggs.: Realismus, Materialismus. **Idealist** der, **1)** Anhänger des I. **2)** selbstloser, sich für eine Idee oder ein Ideal einsetzender Mensch.

Idealität [zu Idee] die, Seinsweise, die log. Beziehungen, mathemat. Gebilden, Werten zukommt.

Idealkonkurrenz [grch.-lat.], **Tateinheit,** ∴ Verletzung mehrerer Strafbestimmungen durch eine Handlung, z. B. vorsätzl. Tötung durch Brandstiftung; wird nach der Bestimmung bestraft, die die schwerste Strafe androht.

Idee [grch.] die, **1)** Ⓟ bei Plato ewig-unveränderl. Urbilder, deren unvollkommene Abbilder die ird. Dinge sind; bei Fichte, Hegel, Kant Vernunftbegriffe, z. B. Freiheit, Unsterblichkeit, Gott. **2)** allg.: Gedanke, Vorstellung; auch: Absicht, Plan.

Ideengeschichte, Geistesgeschichte, Zweig der Geschichtsschreibung, der die wirksamen Ideen und geistigen Strömungen einer Epoche erfaßt und darstellt.

Ideenverknüpfung, → Assoziation 1).

idem [lat.], Abk.: **id.,** derselbe, dasselbe.

Iden Mz., → Idus.

Identität [lat.] die, Gleichheit mit sich selbst. **identisch,** völlig gleich, gleichbedeutend. **identifizieren,** als dasselbe wiedererkennen.

Ibsen

Identitätsphilosophie, Naturphilosophie → Schellings.

Ideographie die, → Bilderschrift.

Ideologie [Kw., grch.] die, best. Vorstellungs- und Wertungswelt, bes. die einer Gesellschaftsschicht oder Interessenlage zugeordneten Denkweisen und Vorstellungen.

id est [lat.], Abk.: **i. e.,** das ist, das heißt.

Idio... [grch.], Eigen..., Selbst...

Idiom [grch.] das, -s/-e, **1)** Spracheigentümlichkeit einer Gruppe von Sprachteilhabern. **2)** feste Wortverbindung, deren Bedeutung sich nicht aus der Bedeutung ihrer einzelnen Bestandteile ergibt (z. B. »Eulen nach Athen tragen«, »etwas Überflüssiges tun«).

Idiosynkrasie [grch.] die, **1)** heftige, oft krankhafte Abneigung gegen best. Personen oder Dinge. **2)** angeborene Überempfindlichkeit des Körpers gegen best. Stoffe, Art der Allergie.

Idiotie [grch.] die, → Schwachsinn.

Idol [grch. »Bild«] das, Götzenbild. **Idolatrie** die, Götzenanbetung.

Idris as-Senussi, *1890, †1983; seit 1949 Emir der Cyrenaica, 1950-69 König von Libyen, seitdem im Exil.

Idun, Iduna, in der nord. Göttersage Göttin, Hüterin der goldenen Äpfel, die ewige Jugend verleihen.

Idus [lat.] der, -/Iden, im röm. Kalender der 13., im März, Mai, Juli, Okt. der 15. Tag des Monats.

Idylle [grch. »kleines Bild«] die, **Idyll** das, Dichtung, die das schlichte, friedl. Leben in der Natur schildert, bes. das der Landsleute und Hirten. **idyllisch,** friedlich, ländlich.

i. e., Abk. für → id est.

Ife, Stadt in W-Nigeria, 214000 Ew., war Mittelpunkt der Benin-Kultur.

Iffezheim, Gem. im Kr. Rastatt, Bad.-Württ., 4100 Ew.; Rennbahn der Baden-Badener Pferderennen.

Iffland, August Wilhelm, Schauspieler, *1759 †1814; schrieb Bühnenstücke. **I.-Ring,** ein angebl. von I. gestifteter Fingerring für den größten dt. Schauspieler; Träger (1979): J. Meinrad.

Ifni, ehem. span. Exklave an der Küste S-Marokkos, 1500 km², seit 1958 span. Überseeprov., 1968 an Marokko zurückgegeben.

I.G., IG., Abk. für **1)** Industriegewerkschaft. **2)** Interessengemeinschaft.

Igel der, Insektenfresser, bis 30 cm langer plumper Körper, mit kurzen Beinen, kurzem Schwanz und aufrichtbaren Stacheln auf dem Rücken. Der I. kann sich bei Gefahr zusammenrollen. Er nährt sich von Schlangen, Insekten, Mäusen und ist dadurch nützlich. (BILD S. 380)

Igelfisch, stachliger Kugelfisch.

Igelkaktus, Kakteen mit meist kugelförmigem, ungegliedertem Stamm, z. B. **Bischofsmütze.**

Igel: Europäischer Igel

Igelkolben, Gatt. schilfblättriger Sumpfpflanzen mit kugelig gegliedertem Blütenstand.

I.G. Farbenindustrie AG., Frankfurt a. M., gegr. 1925 durch Zusammenschluß führender chem. Unternehmen. Nach Beschlagnahme (1945) des gesamten Vermögens 1952 Aufteilung in Nachfolgegesellschaften: Badische Anilin- & Sodafabrik AG., Farbwerke Hoechst AG., Farbenfabriken Bayer AG. u. a.

Iglau, tschech. **Jihlava** [j'ixlava], Stadt in S-Mähren, 53 800 Ew.; mittelalterl. Bauten; war Mittelpunkt einer dt. Sprachinsel.

Iglu der, runde Schneehütte der Eskimos.

Ignatius, 1) einer der Kirchenväter, Bischof von Antiochia, Märtyrer (nach 110); Heiliger. **2) I. von Loyola,** → Loyola.

ignoramus et ignorabimus [lat.], wir wissen es nicht und werden es nie wissen, nämlich: wie das Leben auf der Welt entstanden ist; Ausspruch von → Du Bois-Reymond.

Ignorant [lat.] der, Unwissender; **ignorieren,** nicht wissen, nicht beachten.

Iguaçú, Iguazu, der, linker Nebenfluß des Paraná, 1320 km; bildet gewaltige Wasserfälle.

Iguanodon das, ein → Dinosaurier.

IHS, Abk. von grch. Jesus, Christusmonogramm, gedeutet auch als Jesus hominum salvator (»Jesus der Menschenretter«) oder volkstümlich: Jesus, Heiland, Seligmacher.

Ijssel, Yssel ['ɛjsəl] die, Flüsse in den Niederlanden. **1) Geldersche I.,** Mündungsarm des Rheins, mündet in das → Ijsselmeer. **2)** rechter Nebenarm des Lek.

Ijsselmeer, Binnensee in den Niederlanden, entstand durch Abdämmung der früheren Zuidersee, einer durch eine Sturmflut gebildeten Nordseebucht. Das I. ist ausgesüßt, durch Trockenlegung wurden rd. 222 000 ha Land gewonnen.

Ikaros, in der grch. Sage Sohn des Daidalos, stürzte ins Meer, als beim Flug seine wachsgeklebten Flügel an der Sonne schmolzen.

Ikebana, japan. Blumensteckkunst.

Ikone [grch.] die, Heiligenbild der Ostkirche. (BILD russische Kunst)

Iguaçú: Wasserfälle

Ikonographie [grch.] die, Erforschung und Deutung der Bildgegenstände der alten und mittelalterl. christl., auch der profanen Kunst.

Ikonoklasmus [grch.] der, Bilderbekämpfung.

Ikonolatrie [grch.] die, Bilderanbetung.

Ikonoskop das, **Elektronenstrahl-Bildzerleger,** veraltete Bildaufnahmeröhre.

Ikonostase [grch.] die, **Ikonostas** der, in der Ostkirche Bilderwand, trennt den Altar- vom Gemeinderaum.

Ikosaeder [grch.] das, Zwanzigflächner, von 20 gleichseitigen Dreiecken begrenzter Körper.

Ikterus [grch.] der, → Gelbsucht.

Iktinos, Architekt der Antike (2. Hälfte 5. Jh. v. Chr.), erbaute den Parthenon.

Iktus [lat.] der, Verslehre: Betonung, Nachdruck.

Ilang-Ilang, → Ylang-Ylang-Öl.

Ile-de-France [i:ldəfr'ãs], geschichtl. Landschaft Frankreichs, um Paris gelegen.

Ile|us [grch.] der, Darmverschluß (→ Darmkrankheiten).

Ilex [lat.] die, → Stechpalme.

Ili der, Fluß in Innerasien, vom Tien-shan zum Balchaschsee; rd. 1400 km lang, schiffbar.

Ilias die, Epos des → Homer in Hexametern. Es behandelt einen Ausschnitt aus den zehnjährigen Kämpfen der Griechen vor Troja **(Ilion).**

Ilion [grch.], **Ilium** [lat.], → Troja.

Ill die, **1)** rechter Nebenfluß des Rheins in Vorarlberg, entspringt in der Silvretta. **2)** linker Nebenfluß des Rheins, 205 km lang, entspringt im Jura, mündet unterhalb Straßburg.

illegal [lat.], ungesetzlich.

illegitim [lat.], **1)** unrechtmäßig. **2)** nichtehelich.

Iller die, rechter Nebenfluß der Donau, aus den Allgäuer Alpen, mündet bei Ulm, 147 km; zahlreiche Kraftwerke.

Illimani der, Berg in Bolivien, 6882 m hoch.

Illinois [ılın'ɔi], **1) I. River** der, Fluß im Staat I., USA, 440 km, mündet oberhalb St. Louis in den Mississippi; Kanal zum Michigansee. **2)** Abk. **Ill.,** Staat in den USA, zw. dem Mississippi und dem südl. Michigansee, 146 075 km², 11,6 Mio. Ew.; Hptst.: Springfield; größte Stadt: Chicago. Anbau: Getreide, Mais; Viehzucht; ⚒ auf Steinkohle, Erdöl, Blei; viele Ind. ⊕ S. 494.

illoyal [ilwáj'a:l, frz.], gesetzwidrig, pflichtwidrig; unredlich, unfair.

Illuminaten [lat. »Erleuchtete«] Mz., geheime Gesellschaften im 16. bis 18. Jh., so der **I.-Orden,** gegr. 1776 in Ingolstadt.

Illumination [lat.] die, festl. Beleuchtung. **illuminieren, 1)** erleuchten. **2)** ausmalen.

Illusion [lat.] die, **1)** Vorspiegelung, bes. Selbsttäuschung; falsche Deutung von Sinneseindrücken. **2)** durch künstler. Mittel entstandene Scheinwelt. **illusorisch,** trügerisch.

Illusionismus [lat.] der, philosoph. Lehre, daß die Außenwelt nur Schein sei.

illuster [lat.], glänzend, berühmt; erlaucht.

Illustration [lat.] die, Erläuterung, bes. im Buch durch Abbildungen. **Illustrator** der, s/ ...oren, Zeichner von Textbildern. **illustrieren,** bebildern; anschaulich machen.

Illyrien, im Altertum das östl. Küstenland der Adria, von **Illyrern** bewohnt, seit 219 v. Chr. unter röm. Einfluß, seit 167 röm. Prov. (Illyricum); im 7. Jh. südslaw. Besiedlung.

Ilm die, linker Nebenfluß der Saale, mündet bei Großheringen, fließt durch Weimar.

Ilmenau, Krst. im Bez. Suhl, Wintersportplatz am NO-Hang des Thüringer Waldes, 29 300 Ew.; Glas-, Strickwarenind., TH.

Ilmensee, fischreicher See südl. von Leningrad, UdSSR; seine Größe schwankt zw. 600 und 2100 km².

ILO, Abk. für International Labour Organization, → Internationale Arbeitsorganisation.

Iloilo, Handels- und Kulturmittelpunkt der Philippineninsel Panay, 268 000 Ew.

Ilorin, Stadt in W-Nigeria, 353 000 Ew.

ILS, Abk. für Instrument Landing System, internat. Landefunksystem für Blindflug.

Ilse [ahd., eine Nixe], weibl. Vorname.

Iltis der, zu den Mardern gehöriges, 40 cm langes Raubtier mit meist schwarzbraunem Pelz; Albinoform: Frettchen.

Iltis

Ilz die, linker Nebenfluß der Donau bei Passau, entspringt im Böhmerwald.

Image [ɪmɪdʒ, engl. »Bild«] das, durch Werbung und → Public Relations erzeugter Eindruck, der sich als feste Vorstellung mit einer Person oder Sache verbindet.

imaginär [lat.], **1)** nur in der Einbildung, nicht wirklich vorhanden, nur vorgestellt. **2)** OPTIK: scheinbar. **3)** △ **imaginäre Zahl,** Quadratwurzel aus einer negativen Zahl, Produkt einer → reellen Zahl und der imaginären Einheit $i = \sqrt{-1}$, z. B. $4i = 4 \cdot \sqrt{-1}$.

Imagination [lat.] die, Einbildungskraft.

Imagisten Mz., engl.-amerikan. Lyrikerkreis, trat 1914 an die Öffentlichkeit, erstrebte größtmögl. Bildhaftigkeit und Kürze; verwendete Umgangssprache; Hauptvertreter: E. Pound, A. Lowell.

Imago [lat. »Bild«] die, **1)** ♘ **Vollkerf,** das ausgebildete Insekt. **2)** röm. Totenmasken aus Wachs mit biograph. Umschriften. **3)** Tiefenpsychologie: unbewußtes Leitbild.

Imam [arab. »Führer«, »Vorbild«] der, **1)** Vorbeter in der Moschee. **2)** Fürstentitel in S-Arabien. **3)** die geistl. Würde der Kalifen.

Imatra, 1300 m lange Stromschnellen des Vuoksi in SO-Finnland, Großkraftwerk mit Eisen- und Kupferhütte.

Imbezillität [lat.] die, Schwachsinn.

Imbroglio [imbr'ɔʎo, ital. »Verwirrung«] das, ♩ gleichzeitige Verwendung versch. Taktarten.

Imhotep, altägypt. Baumeister, Arzt und Schriftst., um 2600 v. Chr.; Erbauer der Stufenpyramide von Sakkara.

Imitation [lat.] die, Nachahmung. **Imitator** der, Nachahmer. **imitieren,** nachahmen.

Imker [von Imme »Biene«] der, Bienenzüchter.

immanent [lat.], **1)** innewohnend, angehörend. **2)** Bei Kant: innerhalb der Grenzen der Erfahrung bleibend. Ggs.: transzendent. **Immanenz** die, Eingeschlossensein; im Pantheismus das Aufgehen Gottes im Universum. **Immanenzphilosophie,** Lehre, daß das Wirkliche nur Bewußtseinsinhalt sei.

Immanuel, Emanuel [hebr. »Gott mit uns«], Abk. **Manuel,** männl. Vorname.

immateriell [frz.], unkörperlich, stofflos.

Immatrikulation [lat.] die, Einschreibung in die Matrikel, d. h. Aufnahme als Student an einer Hochschule. Zw. **immatrikulieren.**

Imme die, altes dt. Wort für Biene.

immediat [lat.], unmittelbar.

Immelmann, Max, Jagdflieger, *1890, †1916.

immens [lat.], unermeßlich.

Immenstadt, Stadt im Allgäu, 731 m ü. M., 13 300 Ew.; Fremdenverkehr.

immensurabel [lat.], unmeßbar.

Immergrün, Gatt. immergrüner Stauden mit blauen Blüten, im Laubwald.

Immermann, Karl, Dichter, *1796, †1840; schrieb Trauerspiele, die tiefsinnige dramat. Dichtung »Merlin«, Zeitromane: »Die Epigonen«, »Münchhausen« (mit »Der Oberhof«).

Immersion [lat.] die, ☆ der Eintritt eines Mondes in den Schatten seines Planeten.

Immigration [lat.] die, Einwanderung.

imminent [lat], nahe bevorstehend.

Immission [lat.] die, Zuführung von Dämpfen, Gerüchen, Geräuschen und Erschütterungen auf die Umwelt, bes. ein Nachbargrundstück (→ Nachbarrecht). Durch das Bundes-Immissionsschutz-Ges. (1974) und ergänzende Techn. Anleitungen sollen die zunehmenden Umweltbelastungen in der Bundesrep. Dtl. bekämpft werden.

immobil [lat.], unbeweglich.

Immobilien [lat.] die, → Grundstücke.

Immobilienfonds [-fɔ̃], Form des Investmentsparens, die durch die gemeinschaftl. risikogemischte Anlage von Geldmitteln in Immobilien gekennzeichnet ist.

Immoralismus [lat.] der, Leugnung verbindl. moral. Gebote, Standpunkt »jenseits von Gut und Böse« (→ Nietzsche).

Immortalität [lat] die, Unsterblichkeit.

Immortellen [frz. »Unsterbliche«] Mz., Pflanzen mit unverwelkl. Blüten (Strohblumen), darunter die Korbblüterstaude **Sand-I.**

Immunbiologie, Teilgebiet der Biologie, das sich mit den Immunitätsreaktionen im Organismus, ihren Ursachen und Folgen befaßt.

Immunität [lat.] die, **1)** Freiheit von öffentl. Abgaben, Lasten. **2)** Beschränkung der Strafverfolgung von Abgeordneten; → Exterritorialität. **3)** Unempfänglichkeit gegen ansteckende Krankheiten und bestimmte Gifte. **Immunisierung** durch Überstehen einer Infektionskrankheit oder durch Schutzimpfung.

Impedanz die, elektr. Scheinwiderstand.

Imperativ [lat.] der, ⓢ Befehlsform des Zeitworts.

imperatives Mandat, Bindung des Abgeordneten an Aufträge der Wähler, Forderung des Rätesystems. Das i. M. ist mit dem freien → Mandat unvereinbar.

Imperator [lat.] der, im alten Rom: **1)** Ehrentitel eines Feldherrn nach einem entscheidenden Sieg. **2)** seit Augustus: Kaiser.

Imperfekt [lat.] das, ⓢ Zeitform, die eine nicht abgeschlossene oder gewohnheitsmäßige Handlung in der Vergangenheit ausdrückt (einfache Vergangenheit).

Imperialismus [lat.] der, Streben einer Großmacht zur Ausbreitung ihres polit. oder wirtschaftl. Machtbereichs.

Imperium [lat.] das, **1)** im alten Rom die höchste Befehlsgewalt. **2)** seit Cicero das röm. Reich **(I. Romanum).**

impermeabel [lat.], undurchlässig.

impertinent [lat.], ungehörig, unverschämt.

Impetigo [lat.] die, **Blasengrind,** Eiterflechte, durch Eindringen von Eiterbakterien in kleine Hautwunden hervorgerufen. Bei Befall der Haarfollikel **Bartflechte.**

impetuoso [ital.], ♩ ungestüm, stürmisch.

Impetus [lat.] der, Antrieb, rascher Entschluß.

Impfen, in der Kristallzüchtung das Einbringen eines Kristallkeimes in eine Schmelze oder Lösung, um deren Auskristallisieren zu beschleunigen.

Impfpaß, Urkunde, in der die vorgenommenen Schutzimpfungen eingetragen sind.

Impfung, → Heilimpfung, → Schutzimpfung.

Implantation [lat.] die, Einpflanzung.

implizit(e) [lat.], mit einbegriffen.

Implosion [lat.] die, -/-en, schlagartiges Zusammenfallen eines luftleer gepumpten Behälters durch äußeren Überdruck mit lautem Knall. Ggs.: Explosion.

Imponderabilien [lat. »Unwägbarkeiten«] Mz., Umstände von unbekannter Wirkung.

imponieren [lat.], Eindruck machen.

Imponiergehabe, Verhaltensweise vieler Tiere, Zurschautragen von Farben oder auffälligen Körperformen bei Balz, Paarung oder Kampf, um Überlegenheit zu zeigen.

Import [lat.] der, Einfuhr. **importieren,** einführen. **Importe** die, eingeführte Zigarre.

Immergrün

Impressionismus: C. Monet, Felder im Frühling

Impotenz [lat.] die, Unfähigkeit des Mannes, den Beischlaf auszuüben. Eigw. **impotent.**

imprägnieren [lat.], feste Stoffe mit gelösten Salzen, Wachs u. a. Mitteln tränken, um sie gegen Fäulnis oder Schädlingsbefall zu schützen, feuersicher oder wasserdicht zu machen.

Impresario [ital.] der, -s/...rien, ⚘ Theater-, Konzertagent.

Impression [lat.] die, Sinneseindruck.

Impressionismus, in Frankreich entstandene Richtung der **Malerei** (1. Ausstellung 1874). Führend waren Manet, Monet, Pissaro, Sisley, Degas, Renoir. Sie begründeten eine neue Art der Wirklichkeitswiedergabe, die Eindrücke der mit dem Licht wechselnden Erscheinung mehr andeutend als ausführend erfaßte. In Dtl. wirkte sich der I. auf Liebermann, Slevogt, Corinth aus. Auf die Plastik wurden Prinzipien des I. von Rodin übertragen. – In der **Literatur** ist der I. ein Stil (1890-1910), dem alles Gegenständliche nur Anreiz für Sinnesempfindungen und seel. Regungen ist (Liliencron, Dauthendey, Dehmel, der frühe Rilke, Altenberg, H. Bang u. a.). – In der **Musik** löste der I. die strengen Formen zugunsten vielfältiger fremder Klänge auf (Vorläufer Mussorgskij, Liszt; unabhängig davon Debussy, Dukas, Ravel u. a.).

Impressum [lat.] das, für jede Druckschrift gesetzl. vorgeschriebene Angabe des Verlegers oder Hg. und der Druckerei. In Zeitungen und Zeitschriften muß auch der Schriftleiter genannt werden (§§ 6 ff. Pressegesetz).

Imprimatur [lat. »es werde gedruckt«] das, **1)** ✐ Druckerlaubnis. **2)** kath. Kirche: die vom Bischof erteilte Druckerlaubnis.

Impromptu [ɛ̃prɔ̃t'y, frz.] das, ♩ Augenblicksstimmungen spiegelndes Phantasiestück.

Indianer, links: Pano-Indianerin mit Kind (Peru); rechts: Sioux (USA)

improvisieren [frz.], etwas aus dem Stegreif tun. Hw. **Improvisation** die.

Impuls [lat.] der, **1)** Anstoß, Trieb, Antrieb. **impulsiv,** leicht erregbar. **2)** ⊠ Bewegungsgröße, Produkt aus Masse und Geschwindigkeit eines bewegten Systems.

Impulstechnik, die Erzeugung und Anwendung elektr. Impulse, z. B. bei elektron. Rechenmaschinen, in der Nachrichten-, elektr. Meß-, Steuerungs- und Regelungstechnik.

In, chem. Symbol für → Indium.

in... [lat.], **1)** un..., nicht..., z. B. inaktiv. **2)** ein..., z. B. inklusive, einschließlich.

in absentia [lat.], in Abwesenheit.

inadäquat [lat.], unangemessen.

inaktiv [lat.], nicht aktiv, außer Amt.

inakzeptabel [lat.], unannehmbar.

Inauguration [lat.] die, feierl. Einführung in eine Würde oder ein Amt. **Inauguraldissertation,** Schrift zur Erlangung der Doktorwürde. **inaugurieren, 1)** einweihen, einsetzen. **2)** anfangen.

inc., Inc., Abk. für **inc**orporated [ɪnk'ɔ:pəreɪtɪd], mit den Rechten einer jurist. Person ausgestattet; Hinweis auf Rechtsform bei amerikan. Aktienges.

Inch [ɪntʃ] das, engl. Maß (Zoll). (ÜBERSICHT Maßeinheiten)

Inchŏn, Hafen der Hptst. Seoul, S-Korea, 1,4 Mio. Ew.; Stahlwerk, Erdölraffinerie.

in contumaciam [lat. »gegen den Widerstand«]: er wurde i. c. verurteilt, ⚖ in Abwesenheit.

in corpore [lat.], geschlossen, alle.

Incoterms, Abk. für **In**ternational **Com**mercial **Terms,** internat. Regeln für die Auslegung handelsübl. Vertragsformeln (wie → cif, → fob).

I.N.D., Abk. für **In N**omine **D**ei oder **D**omini, im Namen Gottes, des Herrn.

Indals|älv, einer der größten Flüsse Schwedens, 420 km lang, mündet in den Bottn. Meerbusen; großartige Wasserfälle; Großkraftwerke.

Indanthrenfarbstoffe, sehr beständige Küpenfarbstoffe der Anthrachinonreihe; auch bes. echte Farbstoffe.

Indefinitpronomen [lat.] das, -s/...ta, Ⓢ unbestimmtes Fürwort; z. B. jemand, alle.

indeklinabel [lat.], Ⓢ unbeugbar.

Indemnität [lat.] die, ⚖ Straflosigkeit; nachträgl. Zustimmung der Volksvertretung zu einem nicht verfassungsmäßigen Staatsakt.

Independenten [lat. »Unabhängige«], freie reformierte Gemeinden in England und den USA.

Inder, → Vorderindien.

Indeterminismus der, **1)** Ⓟ Lehre, daß der Wille frei sei. **2)** ⊠ nicht eindeutige Vorausbestimmtheit des Verhaltens einzelner Teilchen. Ggs.: Determinismus.

Index [lat. »Anzeiger«] der, -es/-e und Indizes. **1)** Verzeichnis von Stichwörtern in einem Buch. **2)** △ angehängtes Unterscheidungszeichen, z. B. A^x, a_7. **3)** kath. Kirche: Verzeichnis aller von der Kurie verbotenen Bücher (1559-1966). **4) I.-Ziffer,** → Meßzahl.

Indexlohn, → gleitender Lohn.

indezent [lat.], unschicklich.

Indiana [ɪndɪ'ænə], Abk. **Ind.,** Staat der USA, zw. dem Ohio und dem Michigansee, 93 993 km², 5,3 Mio. Ew.; Hptst.: Indianapolis. Ackerbau, Obst-, Gemüsebau, Tabak; Viehzucht; ⚒ auf Steinkohle, Erdöl. Stahl- und Eisen-, Zement- u. a. Ind., Großschlachtereien. ⊕ S. 494.

Indianapolis [ɪndən'æpolɪs], Hptst. von Indiana, USA, 720 000 Ew.; kath. Erzbischofssitz; Motorenind., Autorennbahn.

Indianer, Urbev. Amerikas, auch »Rothäute« genannt wegen der früher übl. Körperbemalung. Sie entstammen dem Grenzraum der mongoloiden Formengruppe, aus der sie vor rd. 40000 Jahren über die Beringstraße nach Amerika eingewandert sind. Sie haben gelbbraune Haut, schwarzes, straffes Haar, schwachen Bart, kräftige Nase, gliedern sich in viele Sprachgruppen und Stämme. Neben einfachsten Wildbeuterstämmen (kaliforn. und brasilian. Wald-I., Feuerländer) gibt es hochorganisierte Stämme; Hochkulturen entstanden in Mexiko, Mittelamerika und Peru; sie wurden von den span. Eroberern vernichtet (Azteken, Maya, Inka). I. haben polit. Begabung (Irokesen), sind erfindungsreich (Maisbau, Vergärung von Rauschmitteln, Kautschuk, Waage, Metallguß, Bienenzucht, Papier). Die Hochkulturen zeigen eindrucksvolle Baukunst, Bilderschrift, astronom. Kenntnisse. Die I., durch Europäer und Neger stark verdrängt, leben in N-Amerika größtenteils in I.-Reservationen, in Lateinamerika sind sie z.T. stark vermischt.

Indi|en, Rep. in Vorderindien, rd. 3,3 Mio. km² mit 797,0 Mio. Ew.; Hptst.: Neu-Delhi. Amtssprachen: Hindi, Englisch (Verkehrssprache) sowie Regionalsprachen. ⊕ S.483.

VERFASSUNG v. 26. 1. 1950 (mit Änderungen): Bundesrep. im Rahmen des Brit. Commonwealth, ohne rechtl. Bindung an dieses. Staatsoberhaupt ist der vom Parlament auf 5 Jahre gewählte Präsident; er ernennt den MinPräs. und die dem Parlament verantwortl. Minister. Das Parlament besteht aus dem Staatenrat (Oberhaus) und dem Haus des Volks (Unterhaus). Verwaltungseinteilung in 25 Staaten: Andhra Pradesh, Arunachal Pradesh, Assam, Bihar, Goa, Gujarat, Haryana, Himachal Pradesh, Jammu and Kashmir, Karnataka, Kerala, Madhya Pradesh, Maharashtra, Manipur, Meghalaya, Mizoram, Nagaland, Orissa, Punjab, Rajasthan, Sikkim, Tamil Nadu, Tripura, Uttar Pradesh, West-Bengal; dazu 7 Unionsgebiete: Andamanen und Nikobaren, Chandigarh, Dadra and Nagar Haveli, Delhi, Daman und Diu, Delhi Lakshadweep, Pondicherry.

LANDESNATUR. Den N nehmen Teile des Himalaya (im Nanga Devi bis 7816 m) ein; südl. schließen sich die Ganges-Brahmaputra-Ebene und die Halbinsel I. mit dem Hochland des Deccan an (im S Gebirge bis 2670 m). Die Küste ist wenig gegliedert; im W schmale, im O breitere Küstenebene. Hauptflüsse: Ganges mit Nebenflüssen; Godavari, Krishna, Mahanadi. Monsunklima; Regen am stärksten an der W-Küste, jedoch in großen Teilen I.s nicht ausreichend. BEVÖLKERUNG, → Vorderindien. I. ist nach der VR China das volkreichste Land der Erde; das jährl. Bevölkerungswachstum schwankt zw. 2 und 2,3%. Staatl. Maßnahmen zur Geburtenkontrolle scheiterten bisher an relig. Widerständen. Es müßten jährlich rd. 5 Mio. neue Arbeitsplätze geschaffen werden, um mit dem Bevölkerungswachstum Schritt zu halten (1979 nur 36000); außerdem herrscht eine anhaltende Landflucht (rd. 20% städt. Bev.), daher bestehen bes. in den Ballungsräumen größte hygien. und soziale Probleme. RELIGION. Etwa 75% Hindus, rd. 18% Muslime, rd. 3% Sikhs, Buddhisten, Christen u.a.

WIRTSCHAFT. Überwiegend Agrarland, zum Teil Bewässerung oder Hochwasserschutz; meist niedrige Erträge. Anbau von Reis, Getreide, Erdnüssen, Zuckerrohr, Baumwolle, Jute, Tabak, Tee (größter Tee-Erzeuger der Erde) u.a. Rinderreichstes Land der Welt (aus relig. Gründen keine Schlachtung). Zunehmend ⚒ auf Kohle, Eisen, Mangan, Bauxit, Kupfer, Erdöl u.a.; Thoriumlager. Neben Heimind. und traditioneller Textilind. entstehen Stahl- und Hüttenind., Maschinenbau, chem. u.a. Ind. mit ausländ. Kapitalhilfe. Wasser- und Kernkraftwerke. Ausfuhr: Tee, Jute, Textilerzeugnisse, Baumwolle, Erze, Tabak. Haupthandelspartner: USA, Großbritannien, UdSSR, Japan, Bundesrep. Dtl. Haupthäfen: Bombay, Kalkutta, Madras. Internationale Flughäfen: Bombay, Kalkutta, Delhi.

Über die GESCHICHTE bis 1947 → Vorderindien. 1947 wurde Brit.-Indien in die Staaten → Pakistan und I. geteilt; seit 1950 ist I. Republik. Seit 1947 besteht mit Pakistan der Konflikt um → Kaschmir. 1971 nahmen die Spannungen zwischen I. und Pakistan wieder zu. Grenzgefechte seit Okt. 1971 führten zum Zweifrontenkrieg gegen Pakistan in O- und W-Pakistan, der mit der Niederschlagung der pakistan. Truppen in O-Pakistan endete, worauf dort der Staat → Bangladesh entstand. 1974 zündete I. einen atomaren Sprengsatz. 1974 wurde Sikkim assoziiert. Staatspräs.: R. Ven Kataraman Singh (seit 1987); MinPräs. 1947-64 → Nehru, 1964-66 Shastri, 1966-77 Indira Gandhi, die seit 1975 mit diktator. Vollmachten regierte; trat 1977 zurück, wurde 1980 wiederum zum MinPräs. gewählt. 1983 entluden sich in Assam, 1984 im Pandshab religiös-ethn. Spannungen in blutigen Auseinandersetzungen. Im Okt. 1984 wurde Indira Gandhi ermordet. Nachfolger wurde ihr Sohn R. Gandhi (1984-89); MinPräs.: V. P. Singh (seit 1989).

Indien

indifferent [lat.], **1)** gleichgültig, auf keinen Einfluß ansprechend. **2)** ☜ keine Verbindung mit anderen Stoffen eingehend.

Indigenat [nlat.] das, Untertanschaft, Heimatrecht; Staatsangehörigkeit.

Indigestion [lat.] die, ♡ Verdauungsstörung.

indigniert [lat.], entrüstet, empört.

Indigo der, ältester bekannter organ. Farbstoff (I.-Pflanze, Indien), 1880 von A. von Baeyer künstl. hergestellt. Azo- und Schwefelfarbstoffe haben den künstl. I. ersetzt.

Indikation [lat.] die, **1)** Anzeichen, Merkmal. **2)** ♡ Heilanzeige, die in einem Krankheitsfall ein best. Heilverfahren fordert.

Indikativ [lat.] der, Ⓢ → Zeitwort.

Indikator [lat. »Anzeiger«] der, **1)** ⊙ Gerät zur Messung und Aufzeichnung des Druckverlaufes in den Zylindern von Kolbenmaschinen, z.B. von Dampfmaschinen, Kompressoren usw. **2)** ☜ Stoff, der durch auffallende Erscheinungen, z.B. Farbänderungen, einen chem. Vorgang anzeigt, z.B. Lackmus. **3)** → Isotopenindikatoren.

Indio [span., portugies.] der, Indianer.

indirekt [lat.], abhängig, mittelbar. **i. Rede,** berichtende, nicht wörtl. Rede.

indische Kunst, die von Buddhismus, Jainismus, Brahmanismus getragene Kunst der vorderind. Halbinsel und ihrer Randgebiete, auch von Sri Lanka, Birma, Siam, Indochina, Java. Nach einer reichen, aber nur teilweise bekannten Vorgeschichte (→ Induskultur) hat

indische Kunst: Tempel von Mahabalipuram

indische Kunst: Göttin, Wandmalerei in Ajanta, Ende 5. Jh.

die i. K. ihre klass. Zeit vom 1.-9. Jh. n. Chr. Den Höhepunkt bildet die Gupta-Periode (4.-7. Jh.), die durch techn. Vollkommenheit und Lebensfülle ausgezeichnet ist. Etwa seit dem 11. Jh. lebte die i. K. wesentlich von der Vergangenheit. Für die Baukunst charakteristisch sind die reichgegliederten Stupas (mächtigste Ausmaße in → Borobudur), die großen Höhlentempel (Kalaisa-Tempel in Ellora), der in vielen Stockwerken pyramidal aufsteigende Tempelturm (Shikhara). Die Baukunst steht im engsten Zusammenhang mit der Bildnerei, bei aller welthaften Sinnenfreudigkeit nimmt sie mehr und mehr phantast. Formen an. Von Einzelfiguren ist die wichtigste der stehende oder sitzende Buddha. Daneben fanden auch Shiva, Vishnu und Brahma in der Vielfalt ihrer Erscheinungen Gestalt. Die ältesten Zeugnisse der Malerei sind verloren. Mittelpunkt in der Gupta-Zeit war Ajanta. Seit dem 16. Jh. kam unter den Mogulkaisern die Miniaturmalerei zu bes. Blüte.

indische Literaturen umfassen das literar. Schrifttum auf dem ind. Subkontinent von den Anfängen einer noch immer unentzifferten Schrift der Induskultur bis zu den heutigen Nationallit. von Bangladesh, Indien, Nepal, Pakistan und Sri Lanka. Die altind. Literatur ist meist religiös oder weltanschaulich-betrachtend, ausgezeichnet durch die Fülle und Tiefe der Gedanken: → Veda, → Upanishaden, → Sutra. In den ersten Jh. n. Chr. wurden die volkstüml. Epen Ramajana und Mahabharata aufgezeichnet. Im 5. Jh. lebte Kalidasa, der bedeutendste Dichter (Schauspiel »Shakuntala«); in dieser Zeit wurde auch die berühmte Fabelsammlung »Pancatantra« vollendet. Seit dem 12. Jh. wird die alte Schriftsprache, das Sanskrit, verdrängt, die Dichtung in den neueren ind. Sprachen setzt ein. Die literar. Tradition führen fort: M. Ikbal (†1938), Nationaldichter Pakistans, R. Tagore (†1941), M. Gandhi (†1948). Gedankengut der neuen Zeit vermitteln (auch in engl. Sprache): S. Naichi (†1949), D. Nehru (†1964), S. Radhakrishnan (†1975) u. a.

Indischer Ozean, Weltmeer zw. Asien, Afrika, Australien und der Antarktis, mit Nebenmeeren (Rotes Meer, Pers. Golf) 74,1 Mio. km²; bekannte Inseln und Inselgruppen im I. O.: Madagaskar, Komoren, Sokotra u. a.; größte bekannte Tiefe 7455 m, bei den Sunda-Inseln.

indische Sprachen. 1) altindisch: neben den Vokssprachen die Schriftsprachen → Sanskrit, → Pali, von denen die erstere die Sprache der ältesten indogerman. Sprachdenkmäler ist. **2)** heute: mehr als 1500 Einzelsprachen, am verbreitetsten das Westhindi; zu ihm gehört das Hindustani, die Verkehrs- und Amtssprache Indiens.

indiskutabel [lat.], keiner Erörterung wert.

indisponiert [lat.], nicht aufgelegt, unpäßlich. **Indisposition** die Unpäßlichkeit.

Indium, In, chem. Element, Ordnungszahl 49, Atomgewicht 114,82, Schmelzpunkt 156,61 °C, Siedepunkt 2000 °C, seltenes, silberglänzendes, sehr weiches, dehnbares Metall. I.-Verbindungen sind u. a. in der Halbleiter- und Lasertechnik von Bedeutung.

Individualismus [lat.] der, jede Auffassung, die der Individualität gegenüber Ordnung und Gesellschaft den Vorrang gibt.

Individualpsychologie, 1) Psychologie des Menschen als Einzelwesen. **2)** von A. Adler (1911) begr. Richtung der Tiefenpsychologie: Hauptantrieb des Menschen sei das Geltungsstreben, das auch Minderwertigkeiten kompensiere.

Individuation die **1)** Heraussonderung des einzelnen aus dem Allgemeinen. **2)** Ⓟ bei C. G. Jung seel. Geschehen, durch das die reife Persönlichkeit, das Selbst, aufgebaut wird.

Individuum [lat. »das Unteilbare«] das, -s/-duen, **1)** menschl. Einzelpersönlichkeit. **2)** Ⓟ das Einzelwesen, i. Ggs. zu Art und Gattung. **individuell, 1)** Sonder... **2)** bei jedem einzelnen. **Individualität** die, Besonderheit des einzelnen, Persönlichkeit.

Indiz [lat. »Anzeichen«] das, -/-ien, ⚖ Tatsache, die einen Rückschluß auf eine andere, nicht beweisbare Tatsache zuläßt. **Indizienbeweis,** im Prozeß zulässiger Beweis auf Grund von I.

indo-arische Sprachen, in Indien gesprochene Sprachen des arischen Zweigs der indo-german. Sprachen. (ÜBERSICHT Sprachen)

Indochina, ehem. frz. Generalgouvernement, heute das Gebiet von Kambodscha, Laos und Vietnam; geograph. ein Teil → Hinterindiens.

Ⓖ Ende des 18. Jh. errang → Annam die Oberhoheit über das ganze Gebiet, das vorher im N unter chines. Herrschaft und im S in loser Verbindung mit China gestanden hatte. 1858 bis 1884 eroberte Frankreich das Gebiet; China entsagte 1885 allen Rechten auf I. Siam trat 1893 Laos, 1896/1907 W-Kambodscha ab. Im 2. Weltkrieg war I. 1940-45 von Japan besetzt. 1945 wurden unter Führung der kommunist. Vietmin die Gebiete Annam, Tongking und Cochinchina zu Vietnam zusammengefaßt. Seit 1946 kam es hier zu schweren Kämpfen zw. den Vietmin und den frz. Kolonialtruppen mit ihren vietnames. Verbündeten (I.-Krieg). Die Kämpfe, die auch auf Laos übergriffen und Kambodscha bedrohten, wurden auf der Genfer I.-Konferenz (1954) durch Waffenstillstand beendet. Folgen der Konferenz: Unabhängigkeit der seit 1948/49 assoziierten Staaten der Frz. Union → Kambodscha, → Laos und → Vietnam.

Indogermanen, Indoeuropäer, Träger der **Indogerman. (indoeurop.) Sprachen,** einer Gruppe von Sprachen, deren Wortschatz und Formbildung stark übereinstimmen. (ÜBERSICHT Sprachen)

Indoktrination [lat.] die, -/-en, Beeinflussung im Sinne einer best. polit. oder weltanschaul. Doktrin.

indolent [lat.], gleichgültig, teilnahmslos.

Indonesien

Indonesien, Inselstaat in SO-Asien, umfaßt den größten Teil des → Malaiischen Archipels mit den Großen und Kleinen → Sunda-Inseln (ohne N-Borneo), den Molukken und kleinen Inseln, 1 919 270 km², 174,9 Mio. Ew.; Hptst.: Jakarta, Amtssprache: Bahasa Indonesia. → West-Irian gehört seit 1969 zu I., Ost-Timor seit 1976. ⊕ S. 483.

VERFASSUNG von 1945, erneuert 1959: Staatsoberhaupt, Regierungschef und Oberbefehlshaber der Streitkräfte ist der Staatspräs.; gesetzgebende Gewalt beim Staatspräs. zusammen mit dem Parlament. Einteilung in 27 Provinzen. – Überwiegend gebirgig; ausgedehnte Ebenen auf O-Sumatra, S-Borneo, auch N-Java; viele Vulkane, häufig Erdbeben; Klima tropisch (bes. im W Regenwald); Bev. (zu ⅔ auf Java): vorwiegend → Indonesier, rd. 3 Mio. Chinesen. 18 Großstädte. Religion: überwiegend Muslime; rd. 10 Mio. Christen, rd. 200000 Hindus, Buddhisten u.a.

WIRTSCHAFT. Anbau von Reis, Mais, Maniok, Kautschuk, Zuckerrohr, Kaffee, Kokospalmen, Tabak u.a.; Fischfang. ⚒ auf Erdöl, Zinn; ferner Bauxit, Nickel u.a. Ind. (Erdölraffinerien, Textil-, chem., Reifen- u.a. Ind.) wird mit ausländ. Kapitalhilfe erweitert. Ausfuhr: Erdöl und -erzeugnisse, Kautschuk, Zinnerz u.a.; Haupthäfen: Jakarta, Palembang; Flugverkehr.

G I. ist altes, teils buddhist., teils islam. Kulturland. 1602 Gründung der Niederländisch-Ostind. Kompanie, die I. nach und nach eroberte. Im 19. Jh. wurde Niederländ.-Indien nach heftigen Kämpfen mit den Eingeborenen gefestigt. 1942-45 war es von den Japanern besetzt. Nach deren Kapitulation wurde es unter Führung Sukarnos zur unabhängigen Rep. der Verein. Staaten von I. erklärt, 1949 von den Niederlanden vertraglich anerkannt; 1950 Umbildung in eine zentralist. Rep.; 1956 Aufkündigung der noch bestehenden Union mit den Niederlanden durch I. West-Neuguinea, das den Niederlanden verblieben war, kam 1963 unter indones. Verwaltung (West-Irian). 1976 annektierte I. die portugies. Kolonie O-Timor. – Präsident (seit 1967) Gen. Suharto.

Indonesier, 1) die Bev. der Rep. Indonesien. **2)** diejenigen Völker Indonesiens, Malaysias, Singapurs, Bruneis, der Philippinen, Taiwans und Madagaskars, deren Kulturen eine deutl. Prägung durch die indones. Grundkultur aufweisen. Diese entstand im 2. Jahrtsd. v. Chr. und wurde gegenüber Kulturen der melanesiden Vorbevölkerung dominant. Träger sind Mongolide der palämongoliden Teilgruppe (Indoneside, Südmongolide; früher: Altmalaien, Protomalaien).

Indore, Stadt in Madhya Pradesh, Indien, 830000 Ew.; Univ.; Baumwollind.

Indossament [ital.] das, **Giro** [ʒ'i:ro], Übertragung der Rechte aus einem Wechsel oder anderem Orderpapier durch eine schriftl. Erklärung auf der Rückseite des Papiers; der **Indossant** überträgt die Rechte auf den **Indossatar.** Zeitw. **indossieren.**

Indra, altind. Kriegs- und Heldengott.

in dubio pro reo [lat. »im Zweifel für den Angeklagten«], Grundsatz im dt. Strafprozeß.

Induktion [lat.] die, **1)** Erschließen von allg. Sätzen aus Einzelfällen; Erkenntnis aus Erfahrung. Ggs.: Deduktion. **2)** ⚡ Erzeugung elektr. Spannungen durch Änderung des magnet. Flusses, der eine Leiterschleife oder Spule durchsetzt; bei geschlossenem Stromkreis fließt ein **I.-Strom.** Ändert sich der in einer Spule fließende Strom, z.B. periodisch als Wechselstrom, so ändert sich auch sein Magnetfeld, und dessen Änderung wirkt durch I. auf den Strom zurück **(Selbst-I.).** Nach der **Lenzschen Regel** nimmt der I.-Strom diejenige Richtung an, durch die die ihn erzeugende Bewegung gehemmt wird. **3) magnet. I., magnet. Kraftflußdichte,** die der Feldstärke des elektr. Feldes entsprechende Größe des Magnetfeldes; Einheit: 1 Tesla. **I.-Konstante, magnet. Feldkonstante,** das Verhältnis μ_0 der magnet. I. zur magnet. Feldstärke im leeren Raum, hat den Wert $\mu_0 = 4\pi \cdot 10^{-7}$ V · s/A · m (Volt · Sekunden/Ampere · Meter) ≈ 1,26 · 10^{-6} H/m.

Induktion 2): a Magnet, b Primärspule, c Sekundärspule, d Batterie, e Unterbrecher, A Amperemeter. links: Erzeugung eines Induktionsstromes durch Bewegen eines Magnetstabes in einer Spule, rechts durch Öffnen und Schließen eines Gleichstromkreises mit einem Unterbrecher; in der Sekundärspule entsteht ein Wechselstrom

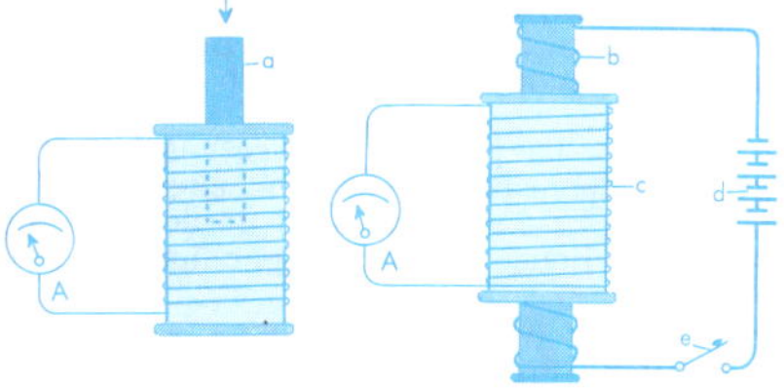

Induktionsofen, → elektrische Öfen.

induktiv [lat.], durch → Induktion.

indulgent [lat.], nachsichtig. **Indulgenz** die, **1)** Nachsicht. **2)** kath. Kirche: → Ablaß.

Indult [lat.], der, **1)** Erlaß. **2)** Frist zur Erfüllung einer Verbindlichkeit (→ Moratorium).

Indus der, Hauptstrom im NW Vorderindiens, entspringt im südl. Tibet, durchbricht den Himalaya, durchfließt, von einem schmalen Streifen Kulturland begleitet, die Ind. Ebene, verbindet sich mit den vereinigten »fünf Strömen«, mündet ins Arab. Meer; 3180 km lang, wichtig für die Bewässerung.

Induskultur, etwa 3000-2000 v. Chr. anzusetzende frühgeschichtl. Hochkultur im Industal; Hauptfundorte: Mohendjo-daro (unteres Industal) und Harappa (Pandshab).

Industrialisierung die, Entstehung und Entwicklung der industriellen Produktion; abhängig von Rohstoffen, Arbeitskräften, Kapital und Förderung des Verkehrs.

Industrie [lat.] die, gewerbl. Verarbeitung von Rohstoffen und Halbfabrikaten in Fabriken (Fabrik-I) oder im Verlagssystem (Haus-I). Die Grenzen zw. I. und Handwerk sind fließend. Arten: **Grundstoff-I.** (Bergbau, Eisen- und Metall-I., chem. I., Kraftstoff-I. einschl. Erdölgewinnung, Holzbearbeitung, Zellstoff-, Papier-I.); **Investitionsgüter-I.** (Stahl-, Maschinen-, Fahrzeug-, Schiffbau, Metallwaren-, elektrotechn., feinmechan., opt. u.a. I.); **Konsumgüter-I.** (Textil- und Bekleidungs-, Glas- und keram., Druck-, Musikinstrumenten-, Spielwaren-, Leder-, Schuh-I. u.a.); **Nahrungs- und Genußmittel-I.** (Molkereien, Brauereien, Zucker-, Spiritus-, Tabak-I. u.a.).

Industrie|archäologie, 1) Forschungsbereich, befaßt sich v.a. mit Entwicklung des vorgeschichtl. Bergbaus (Feuerstein, Salz u.a.). **2)** Interessengemeinschaft verschiedener Institutionen zur Erhaltung von techn. Denkmälern und Produktionsstätten.

Industrie-Design das, **Industrial Design** [ɪnd'ʌstrɪəl dɪz'aɪn, engl.], Gestaltung von Industrieerzeugnissen, bes. die für die Serienherstellung entworfene material- und zweckentsprechende gute Form von techn. Erzeugnissen und Gebrauchsgegenständen (Rat für Formgebung, Darmstadt, gegr. 1951). Lehrfach an Hochschulen, Werkkunstschulen u.a.

Industriegewerkschaft, Abk. **IG,** gewerkschaftl. Organisationsform des Dt. Gewerkschaftsbundes, bei der die Arbeitnehmer nicht nach der Berufs-, sondern nach der Betriebszugehörigkeit organisiert sind.

industrielle Revolution, Umgestaltung der Wirtschafts- und Gesellschaftsordnung, die seit etwa 1785 zuerst in England, bald auch in anderen westeurop. Staaten und in den USA einsetzte durch den Übergang zur maschinellen Erzeugung in Großbetrieben und durch die Revolutionierung des Verkehrswesens (Eisenbahn, Dampfschiff). Industriereviere entstanden, Siedlungsordnung (Großstädte) und gesellschaftl. Struktur wurden durch die Herausbildung der von starken Spannungen erfüllten industriellen Gesellschaft grundlegend

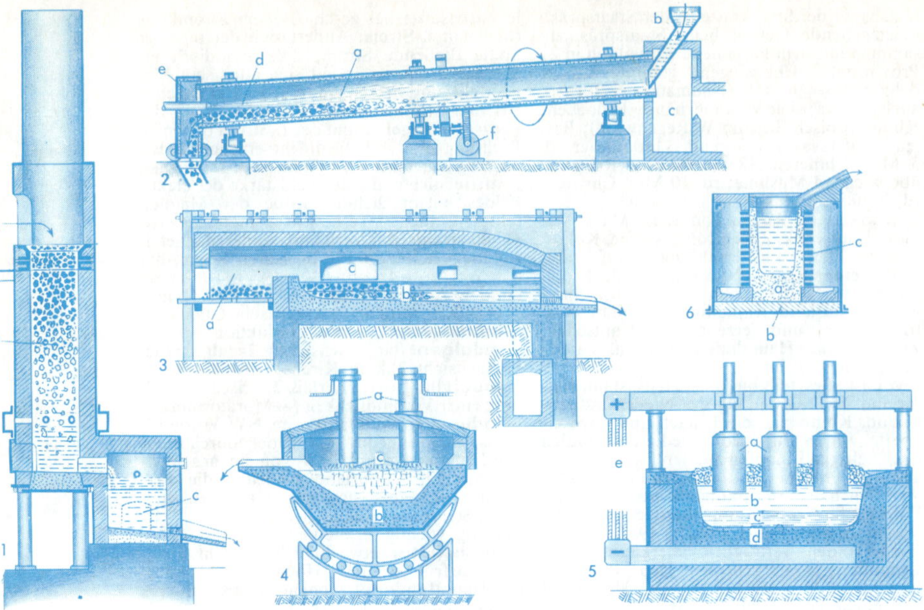

Industrieöfen: **1** Kupolofen, a Schacht, b Füllöffnung, c Vorherd. **2** Drehrohrofen, a Brenntrommel, b Aufgabetrichter, c Staukammer, d Kohlenstaubfeuerung, e Austragtrichter, f Antrieb. **3** Flammofen, a Feuerung, b Herd, c Einsatzöffnung. **4** Lichtbogenofen, a Elektroden, b Herd, c Lichtbogen. **5** Aluminium-Elektrolysezelle, a Graphitanoden, b Elektrolyt (Tonerde-Kryolith-Schmelze), c Reinaluminium, d Ofenauskleidung (Kathode), e Stromzuführung. **6** Induktionsofen, a Schmelztiegel, b Ofenkörper, c Induktionsspule.

verändert. Seit der Mitte des 20. Jh. spricht man im Zusammenhang mit der Automatisierung von einer **Zweiten** und in bezug auf die Mikroprozessoren von einer **Dritten i. R.**

Industrieöfen, die in der Ind. zur Wärmebehandlung verwendeten Öfen wie →elektrische Öfen, →Hochofen, →Drehrohrofen, →Kupolofen.

Industrieroboter, programmierbare Industrieautomaten mit Greifern (zu Montage-, Meßarbeiten u. ä.) oder Werkzeugen (z. B. Punktschweißzangen, Lackierpistolen) ausgerüstet, oft sensorgeführt, vielseitig einsetzbar.

Industriestaat, Staat, dessen Wirtschaftskraft bes. auf Ind. beruht.

Industrie- und Handelskammern, Abk. **IHK,** Vertretungskörperschaften der gewerbl. Wirtschaft mit Ausnahme des Handwerks (Handwerkskammern) zur Wahrnehmung wirtschaftl. Interessen, zur Unterstützung und Beratung der Behörden. In der Bundesrep. Dtl.: 69 I. u. H., auf Landesebene meist zu Arbeitsgemeinschaften oder Vereinigungen zusammengeschlossen. Spitzenorgan.: Dt. Ind.- und Handelstag.

induzieren [lat.], **1)** vom Besonderen auf das Allgemeine schließen. **2)** ⚡ durch elektromagnet. Induktion eine Spannung hervorrufen.

inert [lat.], untätig, träge.

Inertgas, Bez. für →Schutzgas.

Inertialsystem das, in der Relativitätstheorie ein Bezugssystem, in dem keine Trägheitskräfte auftreten.

in extenso [lat.], ausführlich.

infam [lat.], ehrlos, niederträchtig. **Infamie** die, Schandtat, Niederträchtigkeit.

Infant, Infantin [span. »Kind«], in Spanien und Portugal: Titel der kgl. Prinzen und Prinzessinnen.

Infanterie [frz.-span. »Knabe«, »Knecht«] die, Fußtruppen, Hauptkamftruppe aller Heere; heute großenteils motorisiert.

Infantilismus [Kw., lat.] der, Stehenbleiben der körperl. und geistigen Entwicklung auf kindl. Stufe.

Infarkt [lat.] der, Verstopfung einer kleinen Schlagader infolge einer →Embolie oder Thrombose. Am häufigsten betroffen Gehirn, Niere, Lunge, Herz. Das von der Blutzufuhr abgeschnittene Gewebe stirbt ab und verdichtet sich narbig.

Infektion [lat.] die, ♡ Ansteckung. **I.-Krankheiten,** →ansteckende Krankheiten. **infektiös,** ansteckend.

Inferiorität [lat.] die, Unterlegenheit.

infernalisch [lat.], höllisch, teuflisch.

Inferno [ital.] das, Hölle (→Göttliche Komödie).

Infiltration [lat.] die, **1)** ♡ Eindringen von Flüssigkeiten oder Zellen in Gewebe. **2)** Eindringen feindl. Agenten in einen Staat, eine Organisation.

Infinitesimalrechnung, gemeinsame Bez. für →Differentialrechnung und →Integralrechnung.

Infinitiv [lat.] der, Ⓢ Nennform des Zeitworts.

infizieren [lat.], ♡ anstecken.

in flagranti [lat.], auf frischer Tat.

Inflation [lat. »Aufblähung«] die, Geldentwertung; entsteht, wenn die Geldmenge stärker anwächst als der Geldbedarf, der seinerseits mit der Vermehrung der Warenerzeugung steigt (Überschuß der effektiven Gesamtnachfrage über das Gesamtangebot an Waren und Dienstleistungen). **Schleichende I.,** langsame Geldentwertung über längere Zeit. – Ggs.: Deflation.

Influenz [lat.] die, ⚡ Trennen von Ladungen auf einem nichtgeladenen Leiter, der in ein elektr. Feld gebracht wird; in der **I.-Maschine** zur Erzeugung hoher Spannungen verwendet.

Influenza [ital.] die, →Grippe.

Informatik, Wissenschaftsgebiet, das sich

mit der Informationsverarbeitung durch Computeranlagen befaßt. Zur I. gehören z. B. die Disziplinen Computerarchitektur und -technologie sowie die Entwicklung problemorientierter Programmiersprachen.

Information [lat.] die, Unterrichtung; Auskunft. **informieren,** unterrichten; benachrichtigen.

Informationspsychologie, die, untersucht den **Informationsgehalt** von Ereignisfolgen, Menge und Gliederung der angebotenen Information einerseits und tatsächlicher **Informationsaufnahme** und **Informationsspeicherung** andererseits. Damit sollen Kapazität und Leistungsverhältnisse des Zentralnervensystems sowie die menschl. Fähigkeit zur **Informationsübertragung** erfaßt und mengenmäßig bestimmt werden.

Informationstheorie, Theorie vom formalen Aufbau und der Störbeeinflussung übertragener Nachrichten, ermittelt z. B. den techn. Aufwand, mit dem eine Nachricht noch verständlich übertragen werden kann.

Informationswesen, früher **Dokumentation,** wissenschaftl.-techn. Erfassen, Ordnen, Erschließen und Einspeichern von wissenschaftl.-techn. Dokumenten, Daten und Fakten und deren Bereitstellung zur Information.

Infrarot, Ultrarot, jenseits von Rot liegender unsichtbarer Teil des Spektrums (bes. Wärmestrahlung; Wellenlänge 0,8 μm bis 1 mm).

Infrarot|übertragungstechnik, drahtlose Übertragung von Sprache und Musik (z. B. Übermittlung von Simultanübersetzungen mittels Infrarot-Taschenempfänger mit Kopfhörer) sowie drahtlose Fernsteuertechnik auf begrenztem Raum (z. B. Fernbedienung für Fernsehgeräte).

Infraschall, Schallschwingungen mit Frequenzen kleiner als 16 Hz (untere menschl. Hörgrenze), tritt z. B. auf bei Erdbebenwellen. → Ultraschall.

Infrastruktur [Kw., lat.] die, **1)** ⁂ ortsfeste Anlagen wie Kasernen, Flughäfen, Radarstationen; auch Straßen, Brücken, Eisenbahnen, Fernmeldeeinrichtungen. **2)** ⚖ Gesamtheit der staatl. Investitionen zur Schaffung und Verbesserung der allg. Produktionsbedingungen in einem Wirtschaftsgebiet, bes. in Verkehrswesen und Energieversorgung.

Inful [lat.] die, **1)** weiße, wollene Stirnbinde der altröm. Priester usw. **2)** Bischofsmütze.

Infusion [lat.] die, ♡ Einbringen von Flüssigkeitsmengen in eine Blutader.

Infusori|en Mz., ♘ → Aufgußtierchen.

Ingeborg [schwed., aus → Ingve und borg »Schutz«], weibl. Vorname.

Ingenieur [inʒənj'ø:r, frz.] der, Abk. **Ing.,** durch Ges. geschützte Berufsbezeichnung für Absolventen einer Techn. Univ. oder TH (Diplom-I., Abk. **Dipl.-Ing.,** Doktor-I., Abk. **Dr.-Ing.**), einer Fach- oder Gesamthochschule **(graduierter I.,** Abk. **Ing. grad.).**

Ingenieurwissenschaften, technische Wissenschaften, aus der systemat. Bearbeitung techn. Probleme entstandene wiss. Disziplinen, an den Univ., Techn. Hochschulen und Fachhochschulen gelehrt.

Ingenium [lat.] das, -s/...nien, Erfindungsgabe. **ingeniös,** scharfsinnig, erfinderisch.

Ingermanland, Landschaft der UdSSR zw. Ladogasee, Newa, Finn. Meerbusen und Narwa, wo Peter d. Gr. Petersburg gründete.

Inglin, Meinrad, schweizer. Erzähler, *1893, †1971; Romane (»Urwang«, »Erlenbüel«).

Ingolstadt, Stadt in Bayern, an der Donau, 98 000 Ew.; got. Bauwerke; Bahnknoten; Kraftfahrzeug-, Textilind., Erdölraffinerien. I. war im MA. bayer. Herzogssitz und 1472-1802 Univ.-Stadt.

Ingredi|ens [lat.] das, **Ingredienz** die, -/...dienzien, Zutat, Bestandteil.

Ingres [ɛ̃gr], Jean Auguste Dominique, frz. Maler des Klassizismus, *1780, †1867.

Ingve, alter Name des Gottes → Freyr.

Ingwäonen, Ingäwonen Mz., einer der 3 german. Stammesverbände.

Ingwer der, Wurzelstock einer südostasiat. Staude; Gewürz für Süßigkeiten, I.-Bier und als Magenmittel. **Gelber I.,** → Kurkume.

Inhaberpapier, Wertpapier, bei dem das im Papier verbriefte Recht von jedem Inhaber ohne Nachweis der Verfügungsberechtigung geltend gemacht werden kann (z. B. Pfandbriefe, Obligationen, Inhaberaktien); wird formlos übertragen, eignet sich daher bes. für den Börsenverkehr (→ Orderpapiere, → Namenspapiere).

Inhalation [lat.] die, ♡ Einatmen von Dämpfen oder Gasen zu Heilzwecken. Bei **Aerosol-I.** werden Arzneistoffe in Teilchen vernebelt, die bis in die Lunge vordringen.

Inhalt der, **1)** △ Größe einer Fläche in Flächeneinheiten, eines Körpers in Raumeinheiten **(Volumen). 2)** Gehalt (eines Buches u. ä.).

inhärent [lat.], innewohnend. **Inhärenz** die, Ⓟⓗ Enthaltensein von Merkmalen in einem Ganzen.

inhibieren [lat.], hemmen, verbieten.

in hoc signo vinces [lat. »in diesem Zeichen wirst du siegen«], Inschrift der Kreuzerscheinung Konstantins I. (312).

Initiale [lat.] die, verzierter Anfangsbuchstabe in alten Handschriften, Drucken.

Initialzündung, Zündung eines schwerentzündl. Sprengstoffs durch einen leichtentzündlichen.

Initiation [lat. »Einweihung«] die, bei Naturvölkern die Reifefeier, bei der die Jugend bei Eintritt der Geschlechtsreife in die Gemeinschaft aufgenommen wird.

Initiative [lat.] die, **1)** Anstoß, Entschlußkraft, Unternehmungslust. **2)** Recht, Gesetzesvorlagen zur Beschlußfassung einzubringen.

Injektion [lat.] die, ♡ Einspritzung von flüssigen oder gelösten Arzneimitteln unter die Haut **(subkutan),** in die Muskulatur **(intramuskulär)** oder in Blutadern **(intravenös)** mit Spritze und Hohlnadel **(Kanüle). injizieren,** einspritzen.

Injektor [lat.] der, Dampfstrahlpumpe, zum Speisen von Dampfkesseln.

Inka Mz., urspr. der Herrscher, später alle Angehörigen eines südamerikan. Indianerstammes in Peru, dessen wirtschaftl. hochentwickeltes und gut geordnetes Reich im 16. Jh. das Gebiet von S-Kolumbien bis Mittelchile

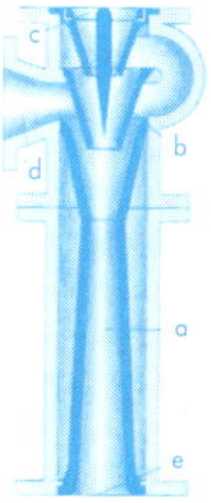

Injektor: a Fangdüse, b Mischdüse, c Dampfdüse (Dampfeintritt), d Wassereintritt, e Speiseleitung

Initiale »P« zu einem Paulus-Brief, Handschrift der Weingartener Klosterschreibstube, etwa 1225-30

umfaßte; Hptst.: Cuzco. Der Herrscher genoß göttl. Ehren. Hauptkennzeichen der Religion war Verehrung der Sonne. Das I.-Reich wurde 1532 von den Spaniern unter Pizarro erobert.

Inkarnat [lat.] das, Fleischton (Farbe).

Inkarnation [lat.] die, Fleisch- (Mensch-) werdung, Verkörperung.

Inkasso [ital.] das, Einziehen von Außenständen (Rechnungen, Wechseln, Schecks). Das **I.-Geschäft** wird von selbständigen Unternehmen und von Banken betrieben **(I.-Provision).**

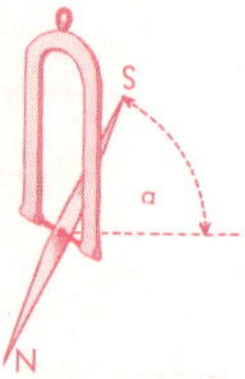

Inklination 3), a I.-Winkel

Inklination [lat.] die, **1)** Neigung, Zuneigung. **2)** ☆ Winkel, den die Planeten- und Kometenbahnen mit der Erdbahn bilden. **3) magnet. I.,** Winkel, den eine frei aufgehängte Magnetnadel im erdmagnet. Feld mit einer waagerechten Ebene bildet.

inklusiv, inklusive [lat.], Abk. **incl., inkl.,** einschließlich.

inkognito [ital.], unter fremdem Namen.

inkohärent [lat.], unzusammenhängend.

inkommensurabel [lat.], unvergleichbar.

inkommodieren [lat.], ✿ belästigen.

inkomparabel [lat.], unvergleichlich.

Inkompatibilität [frz.] die, Unvereinbarkeit.

inkompetent [lat.], unzuständig, unbefugt.

Inkongruenz [lat.] die, fehlende Übereinstimmung. Eigw. **inkongruent.**

inkonsequent [lat.], folgewidrig, unbeständig. Hptw. **Inkonsequenz** die.

Inkontinenz [lat.] die, Unvermögen, Harn oder Stuhlgang willkürl. zurückzuhalten.

inkonvenabel, inkonvenient [lat.], unpassend, ungelegen. Hw. **Inkonvenienz** die.

Inkorporation [lat.] die, Einverleibung; Eingemeindung. **inkorporieren,** einverleiben.

inkorrekt [lat.], unrichtig, fehlerhaft.

Inkret das, Absonderung der Drüsen mit → innerer Sekretion.

inkriminieren [lat.], beschuldigen.

Inkrustation [lat.] die, **1)** ⊕ Überzug von Ablagerungen (Sinter). **2)** ⌂ Verkleidung von Flächen mit verschiedenfarbigen Steinplatten.

Inkubation [lat.] die, **1)** ♡ Zeit zw. Infektion und 1. Krankheitserscheinungen. **2)** ♘ Bebrüten des Eis.

Inkubator [lat.] der, Brutofen, Brutkasten, → brüten 1).

Inkubus [lat.] der, Dämon des Alpdrückens; im MA. Buhlteufel der Hexe.

Inkunabeln [lat.] Mz., → Wiegendrucke.

Inlandeis, ⊕ das Innere der Polarländer bedeckende Eismassen, z. T. über 4000 m dick.

Inlaut der, Laut im Wortinnern.

Inlett [ndt.] das, starker Leinen- oder Baumwollstoff für Federdecken und -kissen.

in medias res [lat.], mitten in die Dinge hinein, zur Sache.

in memoriam [lat.], zum Gedächtnis.

Inn der, rechter Nebenfluß der Donau, 510 km, entspringt in Graubünden und mündet bei Passau; das Tal des Oberlaufs heißt → Engadin. **Innviertel,** zw. Donau, I. und Salzach, kam 1779 von Bayern an Österreich.

in natura [lat.], in Natur, leibhaftig.

Innenarchitektur, Gestaltung von Innenräumen; auch Möblierung und Dekoration.

Innenpolitik, polit. Handeln innerhalb eines Staates, insoweit im wesentl. nur dessen Angehörige daran beteiligt oder davon betroffen sind; Ggs.: Außenpolitik.

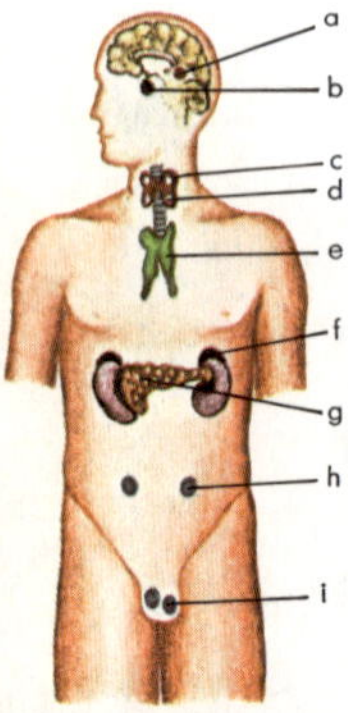

innere Sekretion. Lage der endokrinen Drüsen (Schema). a Zirbeldrüse, b Hirnanhang, c Epithelkörperchen, d Schilddrüse, e Thymusdrüse, f Nebennieren, g Bauchspeicheldrüse, h Eierstöcke, i Hoden

Innere Führung, ⁂ Menschen- und Truppenführung in der Bundeswehr.

innere Medizin, Teil der Heilkunde, befaßt sich mit den Krankheiten der inneren Organe.

Innere Mission, Einrichtungen freier christl. Sozialarbeit innerhalb der evang. Kirchen, 1848/49 von J. H. Wichern gegr., 1976 im → Diakonischen Werk aufgegangen.

Innere Mongolei, → Mongolei.

innere Organe, die Organe in Brust- und Bauchhöhle, wie Herz, Lunge, Leber.

innere Sekretion, ♡ die Absonderung von Hormonen **(Inkreten)** ins Blut durch Drüsen ohne Ausführungsgang (**endokrine Drüsen,** Hormondrüsen), so durch Hirnanhangdrüse, Schilddrüse, Nebenschilddrüsen, Zirbeldrüse, Thymus, Nebennieren, Bauchspeicheldrüse. Die Keimdrüsen (Eierstock, Hoden) liefern die Geschlechtshormone. – Hormone erzeugen auch der Mutterkuchen und (als Gewebshormone) fast alle Gewebe.

Innerhofer, Franz, österreich. Schriftsteller, *1944; autobiograph. Romantrilogie.

Innervation [neulat.] die, Versorgung eines Körperteils mit Nerven; auch Zuleitung eines Reizes vom Zentralnervensystem durch die **innervierenden** Nerven zu einem Organ.

Innovation [lat.] die, Erneuerung, Neuerung; Einführung neuer techn. oder sozialer Elemente in eine Kultur; Erzeugung und Einführung neuer Produkte, Produktionsmethoden, Organisationsformen in der Wirtschaft.

Innozenz [lat. »unschuldig«], männl. Vorname.

Innozenz, Päpste. **1) I. III.** (1198-1216), *1160/61, †1216; mächtigster Papst im MA., sandte Friedrich II. als Gegenkönig gegen Otto IV. nach Deutschland; regelte die → Inquisition. **2) I. IV.** (1243-54), †1254; ließ Kaiser Friedrich II. als Kirchenfeind absetzen.

Innsbruck, Hptst. von Tirol, Österreich, 125000 Ew., am Inn; Hofkirche (1563) mit Bronzestandbildern von Peter Vischer am Grabdenkmal Maximilians I.; Univ.; Flughafen, Verkehrsknoten; Fremdenverkehr; Ind.

Innung die, öffentl.-rechtl. Körperschaft, örtl. freiwillige Vereinigung selbständiger Handwerker eines Fachbereichs zur gemeinsamen Vertretung und Förderung ihrer Belange. Organe: I.-Versammlung, Vorstand (a. d. Spitze der Obermeister), Ausschüsse. Fachlich sind die I. zu I.-Verbänden zusammengeschlossen. Aufsicht durch die Handwerkskammer.

inoffiziell [frz.], nicht amtlich.

inoperabel [lat.], nicht operierbar.

inopportun [lat.], unzweckmäßig, ungelegen.

Inoue Yasushi, japan. Schriftsteller, *1907; histor. Romane; Prosagedichte, Essays über zwischenmenschl. Beziehungen.

in persona [lat.], persönlich, selbst.

in petto [ital. »in der Brust«], im Sinn, in Bereitschaft.

in praxi [lat.], in Wirklichkeit.

in puncto [lat.], betreffs.

Input [engl.] der, das, **1)** einem Sender zugeführte Energie. **2)** Eingabe, → Rechenanlagen.

Inquisition [lat. »Untersuchung«] die, ehem. in der kath. Kirche geistl. Gericht zum Aufsuchen und Bestrafen der Ketzer, von Gregor IX. 1231/32 bes. den Franziskanern und Dominikanern übertragen (päpstl. **Inquisitoren,** an ihrer Spitze stand der **Groß-** oder **Generalinquisitor**). Die I. wandte gegen Leugner vielfach die Folter an; außer kirchl. gab es leibl., von der staatl. Obrigkeit vollstreckte Strafen: körperl. Züchtigung, Kerker, Feuertod. In Dtl. verschwand die I. mit der Reformation, in Frankreich bestand sie bis 1772, in Spanien bis 1834, in Italien bis 1859.

I.N.R.I., Abk. für **J**esus **N**azarenus **R**ex **J**udaeorum [lat. »Jesus von Nazareth, König der Juden], Inschrift am Kreuz Christi.

Inschallah [arab.], wenn Allah will!

Insekten [lat.], **Kerbtiere, Kerfe,** formenreichste Klasse der Gliederfüßer, atmen durch innere Luftröhrchen (Tracheen): Der Körper ist in Kopf, Brust und Hinterleib gegliedert. Der Kopf trägt die Fühler und Mundwerkzeuge, an der Brust sitzen 3 Beinpaare und meist 2 Flügelpaare. Der meist in 11 Abschnitte (Segmente) gegliederte Hinterleib hat keine Gliedmaßen. Die Augen sind oft zusammengesetzt (Facettenaugen), die Fühler tragen die Geruchs- und Tastorgane. Die Entwicklung ist meist eine Verwandlung (Metamorphose) in Stufen: Larve (Made, Raupe, Engerling) als Freßstufe, Puppe als Ruhestufe und fertiges I. als Fortpflanzungsstufe. Sehr hoch sind die Instinkte entwickelt: Staatenbildung der Honigbienen, Ameisen u.a. Zu den I. gehören die flügellosen Ur-I., ferner die Käfer, Schmetterlinge, Gerad-, Haut-, Zweiflügler, Termiten, Schnabelkerfe, Netzflügler, Köcherfliegen, Flöhe, Libellen. Viele I. schädigen den Menschen wirtschaftlich. Überträger von Krankheitskeimen sind bes. Stechmücken, Fliegen, Läuse. **Insektenstiche** von Stechmücken, Stechfliegen, Läusen, Flöhen, Wanzen und Ameisen sind i.a. harmlos, Stiche von Bienen, Hornissen, Wespen und Hummeln schaden durch Gift.

insektenfressende Pflanzen, → tierfangende Pflanzen.

Insektenfresser, Ordnung der Säugetiere, z.B. Igel, Maulwurf, Spitzmaus; nähren sich häuptsächl. von Insekten, sind daher nützlich.

Insektizide, insektentötende chem. Mittel.

Insel die, **1)** jedes völlig vom Wasser umgebene Landgebiet, außer den Erdteilen; **kontinentale I.** sind abgetrennte Festlandsteile oder Aufschüttungen, **ozean. I.** meist Korallenbauten oder vulkan. Ursprungs. **2) Langerhanssche I.,** Zellhaufen in der Bauchspeicheldrüse (→ Bauch).

Inselberg, Berg im Thüringer Wald, 916 m.

Insel der Seligen, in der grch. Sage Inseln am Westrand der Erde, → Elysium.

Inseln über dem Winde, Inseln unter dem Winde, 2 Inselgruppen, Kleine → Antillen.

Insel-Verlag Anton Kippenberg, gegr. 1902; dt. und Weltliteratur, Insel-Bücherei; seit 1962 beim Suhrkamp Verlag.

Insemination die, künstl. Befruchtung.

Inserat das, Anzeige, bes. in einer Zeitung. **Inserent,** Aufgeber eines I. Zeitw. **inserieren. Insertion** die, Aufgabe einer Anzeige.

Insider ['ınsaıdə, engl.] der, Person, die auf Grund ihrer Position i.d.R. über maßgebl., allg. nicht bekannte Informationen verfügt.

Insignien [lat.] Mz., Herrschaftsabzeichen.

Insinuation [lat.] die, Einflüsterung, Unterstellung. Zw. **insinuieren.**

Inskription [lat.] die, Einschreibung. **inskribieren,** einschreiben.

Insolation [lat.] die, Sonneneinstrahlung.

insolent [lat.], unverschämt.

Insolvenz [lat.] die, Zahlungsunfähigkeit. **insolvent,** zahlungsunfähig.

in spe [lat. »in der Hoffnung«], zukünftig.

Inspektion [lat.] die, **1)** prüfende Besichtigung. **2)** leitende und aufsichtsführende Behörde. **Inspektor** der, Beamter im gehobenen Dienst.

Inspiration [lat.] die, **1)** göttl. Eingebung, Erleuchtung. **2)** Einatmung. Ggs.: Exspiration. **inspirieren,** anregen, begeistern.

inspizieren [lat.], beaufsichtigen, besichtigen. **Inspizient** der, Aufsichtsführender.

Installation [lat.] die, **1)** Bestallung; Einweisung in ein Amt. **2)** Einrichtung von Leitungen und Zubehör für Gas, Wasser, Elektrizität, Heizung u.a. durch den **Installateur.**

Instanz [lat.] die, zuständige Behördenstelle, bes. die einzelne Stufe innerhalb des gerichtl. Verfahrens. (→ Gerichtswesen, Übersicht.) **Instanzenweg,** Dienstweg.

Insterburg, russ. **Tschernjachowsk,** Stadt im Gebiet Kaliningrad, ehem. Stadt in Ostpreußen, an Inster und Angerapp, 34000 Ew.

Instinkt [lat. »Anreiz«] der, ererbte und arteigentüml. Verhaltens- und Bewegungsweisen (**I.-Bewegungen**) von Lebewesen, z.B. Paarungs-, Brut-, Beute-I., Tierwanderungen, Nestbau. Menschl. Verhalten ist v.a. im Säuglingsalter vom I. bestimmt. **instinktiv,** triebhaft.

Institut [lat.] das, Einrichtung, Anstalt; bes. Forschungs-, wissenschaftl. Anstalt.

Institut de France [ɛ̃stit'y də frɑ̃s], seit 1795 die höchste amtl. Körperschaft für Wissenschaft und Kunst in Frankreich, Sitz: Paris.

Institution [lat.] die, Stiftung, Einrichtung.

Institutionen Mz., ⚖ Anfangsteil des Corpus iuris civilis (→ Corpus); danach Bez. für die in einen Rechtsstoff einführenden Lehrbücher, bes. des röm. Rechts.

instruieren [lat.], belehren, unterrichten, anweisen. **instruktiv,** belehrend. **Instruktion** die, Belehrung, (Dienst-)Anweisung.

Instrument [lat.] das, **1)** Werkzeug. **2)** Musikinstrument. **instrumental,** ♩ mit I. ausgeführt. **Instrumentarium** das, -s/...ien, I.-Slg., Besteck. **instrumentieren,** ♩ die Stimmen eines Tonstücks auf versch. I. verteilen.

Instrumental(is) [lat.] der, Ⓢ ein dem Dt. verlorener Beugefall, der Mittel oder Werkzeug bezeichnet; in slaw. Sprachen erhalten.

Instrumentalismus [lat.] der, Ⓟ Lehre, daß der menschl. Geist nicht Selbstzweck, sondern Werkzeug für andere Zwecke (Erhaltung des Lebens, Gestaltung der Umwelt) ist (→ Dewey).

Instrumentalmusik, nur mit Instrumenten ausgeführte Musik; Ggs.: Vokalmusik.

Insubordination [lat.] die, Ungehorsam gegen den Vorgesetzten.

Insuffizienz [lat.] die, Unzulänglichkeit.

Insulaner [von lat. insula »Insel«] der, Inselbewohner. **insular,** eine Insel betreffend.

Insulin das, Hormon der Bauchspeicheldrüse. Das vom Rind gewonnene I. dient als Heilmittel gegen die Zuckerkrankheit.

Insulinde, der → Malaiische Archipel.

Insult [lat.] der, **1)** ♡ Anfall; äußere Verletzung. **2)** Beleidigung. Zw. **insulti°eren.**

in summa [lat.], im ganzen; mit einem Wort.

Insurgent [lat.] der, Aufständischer. **Insurrektion** die, Aufstand, Putsch.

in suspenso [lat.], im Zweifel, unentschieden.

inszenieren, in Szene setzen, ein Stück für die Bühne vorbereiten.

Intaglio [int'aʎo, ital.] das, -s/...ien, vertieft geschnittene Gemme.

intakt [lat.], unversehrt, fehlerfrei.

Intarsia [ital.] die, -/...sien, → Einlegearbeit.

Integral, △ Zeichen ∫, Grenzwert einer Summe.

Integralismus, kath. Kirche: Bestrebung, die Glaubensgrundsätze von modernen Zeitströmungen unversehrt (integer) zu erhalten.

Integralrechnung, Verfahren der höheren Mathematik, gestattet die Berechnung von Flächeninhalten, Oberflächen und Rauminhalten von Körpern, Trägheitsmomenten, Schwerpunkten, Bewegungsverläufen u.a.; von großer Bedeutung für Physik, Chemie und Technik.

Integration [lat.] die, Zusammenschluß, Bildung übergeordneter Ganzheiten.

Integrationsgrad, ein Maß für die Anzahl elektron. Bauelemente je Chip. Die Miniaturisierung ermöglichte bereits Packungsdichten von über 10^6 Transistorfunktionen je Chip.

integrierend [lat.], wesentlich.

integrierte Schaltung, engl. **Integrated Circuit** ['ıntıgreıtıd s'ə:kıt], Abk. **IC,** mikroelek-

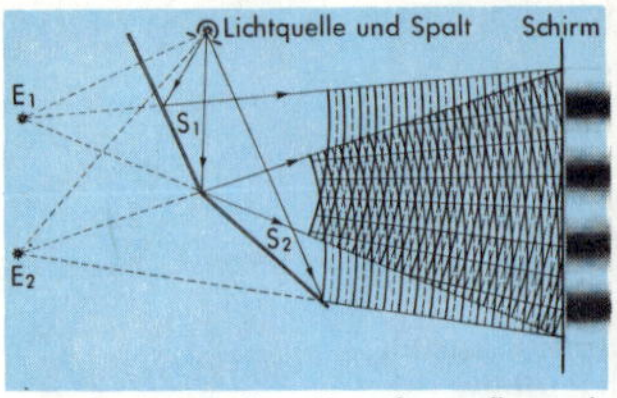

Interferenz, rechts: Interferenzfigur einer Quarzplatte in divergentem polarisiertem Licht, links: Fresnelscher Spiegelversuch

tron. Baustein, der in einem Gehäuse viele Bauelemente auf einem Halbleiterkristall vereinigt. Man unterscheidet nach dem Substrat und den Herstellungsverfahren monolith. i. S. und Schicht- oder Filmschaltungen; wichtige Herstellungsverfahren sind die Bipolar- und die MOS-Technik (→ Elektronik).

Integrität [lat.] die, **1)** Unverletztheit. **2)** Unbescholtenheit. Eigw. **integer.**

Intellekt [lat.] der, Vernunft, Verstand. **Intellektualismus** der, Überbetonung des Verstandesmäßigen. **intellektuell,** verstandesmäßig. **Intellektuelle** der, **1)** geistig Schaffender. **2)** einseitiger Verstandesmensch.

Intelligenz [lat.] die, **1)** Verständnis, Erkenntnis-, Denkfähigkeit, Klugheit. **2)** Schicht der Intellektuellen. **intelligent,** klug, gescheit.

Intelligenzquotient (IQ), urspr. die Bez. für ein Verhältnismaß der Intelligenz, er errechnet sich aus der Beziehung

$$IQ = \frac{\text{Intelligenzalter (IA)}}{\text{Lebensalter (LA)}} \cdot 100$$

Heute wird bei der I.-Berechnung für Erwachsene das **Abweichungsmaß** angewandt; es drückt die Abweichung eines individuellen Testresultates vom Mittelwert (100) der jeweiligen Altersstufe in Streuungseinheiten aus.

intelligibel [lat.], nur durch Denken, Vernunft, nicht durch Erfahrung erkennbar.

INTELSAT, Abk. für **In**ternational **Tele**communications **Sat**ellite Consortium, Bau- und Betriebskonsortium (gegr. 1964) für ein internat. Nachrichtensatellitensystem; seit 1965 Inbetriebnahme von 5 Satellitenserien mit Kapazitätssteigerung der einzelnen Satelliten von 240 auf derzeit 15000 Fernsprechkreise (INTELSAT V-A).

Intendant [lat.] der, **1)** Leiter eines Theaters, Rundfunk-, Fernsehsenders. **2)** Oberaufseher. **Intendantur** die, Amt, Behörde eines I.; **Intendanz** die, **1)** Oberaufsicht. **2)** Amt des I.

Intensivstation, ♡ Klinikstation zur Intensivtherapie, mit zentraler Überwachung.

Intensivtherapie, ♡ bei akuter Lebensbedrohung die Anwendung ärztl. Verfahren zum sofortigen, vorübergehenden Ersatz ausgefallener lebenswichtiger Organe.

inter [lat.], zwischen.

Intercity-Züge, IC, D-Züge der Dt. Bundesbahn zur schnellen Städteverbindung, mit »Kurierdienst« für Frachtstücke bis 10 kg; im Fernverkehr mit dem Ausland seit 1987 die **Eurocity-Züge, EC;** auf Schnelltrassen Einsatz von **Intercity-Express-Zügen (ICE)** geplant.

Interdependenz [lat.] die, wechselseitige Abhängigkeit.

Interdikt [lat.] das, **1)** Verbot. **2)** kath. Kirchenrecht: die Einstellung aller kirchl. Handlungen als Kirchenstrafe.

Interesse [lat.] das, **1)** Anteilnahme, Neigung, Wunsch nach weiterer Kenntnis. **2)** Sache, für die man eintritt, Belang. **3)** Wert eines Rechtsgutes für den Berechtigten. – **interessant,** Anteilnahme erregend, fesselnd. **Interessent** Beteiligter. **interessieren,** Teilnahme haben oder erwerben.

Interessengemeinschaft, Abk. **I. G., 1)** vertragl. Zusammenschluß von Personen oder Unternehmen zur Wahrung gleichartiger, meist wirtschaftl. Interessen. **2)** Verbindung rechtl. selbständig bleibender Unternehmen, deren wirtschaftl. Selbständigkeit gemindert ist; häufig Vorstufe der Fusion.

Interferenz [lat.] die, ⊠ Überlagerung von mehreren Wellen. 2 interferierende Wellen gleicher Wellenlänge, gleicher Amplitude und gleicher Phase verstärken sich **(I.-Maximum);** sind sie jedoch um eine halbe Wellenlänge gegeneinander verschoben, so löschen sie einander aus **(I.-Minimum):** bei Lichtwellen aus derselben Lichtquelle entsteht Dunkelheit, bei Schallwellen Stille, bei Wasserwellen Ruhe. Beim Fresnelschen Spiegelversuch wird ein Lichtbündel durch 2 schwach gegeneinander geneigte Spiegel S_1 und S_2 in 2 von E_1 und E_2 ausgehende Bündel aufgespalten. Sie rufen auf einem Schirm ein System von hellen und dunklen I.-Streifen hervor; bei weißem Licht haben die Streifen farbige Ränder.

Interferometer das, Gerät zur Messung von Längen, Winkeln, Oberflächen u. a. unter Ausnutzung der Interferenz.

Interferon [lat.] das, von Zellen nach einer Virusinfektion gebildeter Eiweißkörper, hemmt Virusbildung; Anwendungsmöglichkeiten von I.-Präparaten bei der Krebstherapie und Viruserkrankungen.

intergalaktische Materie, staub- oder gasförmige Materie im Raum zw. Sternsystemen.

Interim [lat.] das, einstweilige Regelung. **interimistisch,** einstweilig, zwischenzeitlich.

Interlaken [lat. inter lacus »zw. den Seen«], Kurort in der Schweiz, im Kt. Bern, 566 m ü.M., 5100 Ew., zw. Brienzer und Thuner See, an der Aare.

Intermezzo [ital.] das, **1)** Zwischenspiel; kleines lustiges Stück, meist Singspiel. **2)** übertragen: komischer Zwischenfall.

intermittierend [lat.], zeitweilig aussetzend, unterbrechend.

intern [lat.], innerlich, inwendig; vertraulich. **Internat** das, Schule mit Wohnheim. **internieren,** in geschlossenen Lagern unterbringen.

international [lat.], zwischenstaatlich.

Internationale die, **1)** zwischenstaatl. Zusammenschluß, bes. der Arbeiterparteien und der Gewerkschaften. Die sozialist. Parteien gründeten 1864 in London die **Erste I.,** die 1872 zerfiel. Die **Zweite I.,** gegr. in Paris 1889, wurde nach dem 1. Weltkrieg in Hamburg 1923 neu gegr.; bestand bis 1940. Die **Dritte (Kommunist.) I.** spaltete 1919 die Arbeiterparteien (→ Komintern). 1947 als Kominform neu gegr., 1956 aufgelöst. Seitdem sind die kommunist. Parteien unter Führung der KPdSU bestrebt, auf internat. kommunist. Konferenzen eine gemeinsame polit. Linie zu finden. Trotzki gründete 1938 in Mexiko die **Vierte I.,** die keine Bedeutung erlangte. 1951 wurde in Frankfurt a. M. die Sozialist. I. neu gegründet; Büro in London. (→ Gewerkschaften) **2)** Kampflied der internat. sozialist. Arbeiterbewegung. Text von E. Pottier (frz., 1871), dt. Nachdichtung von E. Luckhardt; Melodie von P. Degeyter.

Internationale Arbeitsorganisation, Abk. **IAO,** engl. **ILO,** Sitz Genf, Sonderorganisation der UNO zur Förderung der sozialen Gerechtigkeit, Verbesserung der Arbeitsbedingungen und der wirtschaftl. und sozialen Sicherheit. Organe: Allg. Konferenz, Verwaltungsrat und Internat. Arbeitsamt.

Internationale Ärzte zur Verhinderung des Atomkriegs, internat. Zusammenschluß von Ärzten aus 51 Staaten, lehnen aus eth. Gründen die Vorbereitung auf die medizin. Versorgung von Opfern eines Atomkrieges ab; 1985 Friedensnobelpreis.

Internationale Atomenergiebehörde, IAEA, in New York 1956 von 81 Staaten gegr.

Einrichtung zur Förderung der friedl. Nutzung der Atomenergie und zum Austausch wissenschaftl.-techn. Erfahrungen; Sitz Wien; (1990) 113 Mitgliedsstaaten.

Internationale Bank für Wiederaufbau und Entwicklung, kurz **Weltbank,** gegr. 1945 nach der Konferenz von Bretton Woods, gibt an ihre Mitgl. Kredite für wirtschaftl. Entwicklungsvorhaben.

internationale Gerichte, durch zwischenstaatl. Verträge eingesetzte Gerichte. Sie entscheiden 1) über Streitigkeiten zw. Staaten: → Internationaler Gerichtshof; i. w. S. gehören hierher auch zwischenstaatl. Schiedsgerichte und der → Ständige Schiedshof. 2) über Streitigkeiten zw. Angehörigen der Vertragsstaaten: z. B. der Gerichtshof der Europ. Gemeinschaften. → Internationaler Militärgerichtshof.

Internationale Handelskammer, IHK, Paris, 1919 gegr. Vereinigung von Unternehmern, Wirtschafts-, Handels- und Kreditverbänden zur Förderung des internat. Handels und zur Verbesserung der Wirtschaftsbeziehungen.

Internationale Konvention zum Schutz des gewerblichen Eigentums, Pariser Übereinkunft, 1883 in Paris abgeschl. internat. Übereinkunft mit Büro in Bern; Angehörige der Mitgliedsländer genießen Rechtsschutz für Patente, Gebrauchs- und Geschmacksmuster, Warenzeichen, Handelsnamen, Herkunfts- und Ursprungsangaben sowie für die Unterbindung des unlauteren Wettbewerbs.

Internationaler Bund Freier Gewerkschaften, IBFG, gegr. 1949, Sitz: Brüssel.

Internationaler Gerichtshof, IGH, durch die Satzung der UNO als Nachfolger des Ständ. Internat. Gerichtshofs geschaffenes Gericht im Haag; Statut vom 26. 6. 1945. Der I. G. besteht aus 15 von der Generalversammlung und dem Sicherheitsrat auf 9 Jahre gewählten Richtern.

Internationaler Kinderhilfsfonds, → UNICEF.

Internationaler Militärgerichtshof, das am 8. 8. 1945 geschaffene Gericht in Nürnberg zur Aburteilung von Kriegsverbrechen.

Internationaler Schiedshof, der → Ständige Schiedshof im Haag.

Internationaler Währungsfonds, IWF, Weltwährungsfonds, autonomes Institut der UNO, gegr. 1945 nach der Konferenz von Bretton Woods; soll die Währungen seiner Mitgl. schützen, Devisenschranken beseitigen, Zahlungsbilanzschwierigkeiten überbrükken (Zusage von Bereitschafts-, »Stand by«-Krediten).

Internationales Einheitensystem, SI. Zugrunde gelegt sind 6 Basiseinheiten: das Meter (m) für die Länge, das Kilogramm (kg) (Gramm) für die Masse, die Sekunde (s) für die Zeit, Ampere (A) für die elektr. Stromstärke, Kelvin (K) für die thermodynam. Temperatur, die Candela (cd) für die Leuchtdichte. In der Bundesrep. Dtl. sind die SI-Einheiten seit 1. 1. 1978 gesetzlich vorgeschrieben.

Internationales Geophysikalisches Jahr, geophysikal. Forschungsunternehmen von 56 Nationen (1. 7. 1957 bis 31. 12. 1958, verlängert bis zum 31. 12. 1959), wurde fortgesetzt durch das **Internationale Jahr der ruhigen Sonne** (1. 1. 1964 bis 31. 12. 1965).

Internationales Olympisches Komitee, IOK, höchste Instanz für die Olymp. Spiele, Sitz: Lausanne, gegr. 1894.

internationales Recht, zwischenstaatl. Recht, **1)** in den angelsächs. und roman. Ländern das Völkerrecht. **2)** i. w. S. das Völkerrecht und alle Rechtssätze zur Lösung des Widerstreits zw. nationalem und ausländ. Recht, so das internat. Privatrecht u. a.

Internierung, Freiheitsentziehung zur Sicherung gegen Gefahren. In Kriegszeiten ist völkerrechtl. die I. von Zivilpersonen, die einem Feindstaat angehören, erlaubt, die I. von Angehörigen der Streitmacht eines kriegführenden Staates, die auf neutrales Gebiet übertreten, vorgeschrieben.

Interpellation [lat.] die, Anfrage im Parlament an die Regierung. Zw. **interpellieren.**

interplanetarisch [Kw., lat.], im Raum zw. den Planeten.

Interpol die, 1923 gegr. **Internat. kriminalpolizeil. Kommission,** Sitz: Paris.

Interpolation [lat. »Einschaltung«] die, **1)** Einschaltung von Wörtern oder Sätzen in den urspr. Wortlaut einer Schrift. **2)** △ näherungsweise Bestimmung von Zahlenwerten zw. eine gesetzmäßig gegebene Zahlenfolge.

Interpretation [lat.] die, Erklärung, Auslegung. **Interpret** der, Ausleger, Erklärer; Darsteller. Zw. **interpretieren.**

Interpunktion [lat.] die, Zeichensetzung.

Interregio-Züge, Abk. **IR,** Ende 1988 eingeführte Zugart der Dt. Bundesbahn, sollen die bisherigen D-Züge ablösen.

Interregnum [lat. »Zwischenherrschaft«] das, Zeit vom Abgang des alten bis zur Einsetzung des neuen Herrschers; bes. in Dtl. die Zeit vom Tod Konrads IV. (1254) bis zur Wahl Rudolfs I. (1273).

Interrogativum [lat.] das, -s/...va, das Fragefürwort.

interstellar [lat.], zw. den Sternen.

interstellare Materie, zw. den Sternen eines Sternsystems äußerst fein verteilte gas- oder staubförmige Materie, vermischt mit größeren Gesteinsbrocken; in Form leuchtender Nebel oder als → Dunkelwolken.

Intervall [lat.] das, **1)** Zwischenraum. **2)** 𝅗𝅥 Abstand zw. 2 Tönen, wird nach den auf den Grundton bezogenen Stufen der diaton. Tonleiter durch die lat. Ordnungszahlen bezeichnet. Von Quarte, Quinte und Oktave gibt es nur je 1 Art **(reines I.)**; bei Sekunde, Terz, Sexte und Septime gibt es je 2 Arten, die sich um einen Halbton unterscheiden **(großes** und **kleines I.)**. Alle I. können chromatisch erhöht und erniedrigt werden.

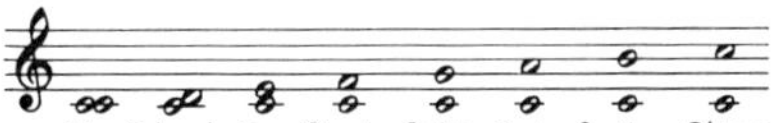

Intervall

Intervalltraining, ⚹ Trainingsmethode, Wechsel von angespannter sportl. Leistung und relativen Ruhepausen.

Intervention [lat.] die, Dazwischentreten, Einspringen, Vermitteln. **1)** Prozeßrecht: Eintreten in einen anhängigen Prozeß als Haupt- oder Nebenpartei. **2)** Wechselrecht: Ehreneintritt. **3)** diplomat. oder gewaltsames Eingreifen eines Staates in die Verhältnisse eines anderen, nur zulässig auf Ersuchen eines Staates **(Interzession)** oder auf Grund eines Vertrages.

Interventionismus der, staatl. Eingriffe in den Wirtschaftsablauf.

Interview ['ɪntəvju:, engl.] das, Befragung.

Intervision, Zusammenschluß der Rundfunkgesellschaften Osteuropas zum Austausch von Fernsehprogrammen.

Interzellularräume, Lücken zw. den Zellen pflanzl. Gewebe, meist von Luft erfüllt; zur Durchlüftung der Gewebe.

Inthronisation [lat.] die, feierl. Besitzergreifung z. B. des Papstes vom päpstl. Stuhl.

Intifada [arab. ›wach werden‹], 1987 begonnene Aufstandsbewegung palästinens. Araber gegen die israel. Besatzungsmacht im Westjordanland und dem Gaza-Streifen, meist Einzelaktionen.

intim [lat. intimus »der innerste«], innig, vertraut, das Geschlechtsleben betreffend; Hptw.: **Intimität** die. **Intimus** der, Vertrauter.

Intimsphäre, der gesetzl. geschützte Privatbereich.
intolerant [lat.], unduldsam. **Intoleranz** die, Unduldsamkeit.
Intonation [lat.] die, ♩ Art der Tongebung (laut, leise usw.). **intonieren,** anstimmen.
INTOURIST, staatl. Reisebüro der UdSSR.
Intoxikation [lat.-grch.] die, Vergiftung.
intra [lat.], innerhalb; **intra muros,** innerhalb der Mauern, nicht öffentlich.
Intrade [ital.] die, **Entrata,** ♩ Einleitung, Vorspiel; im 16./17. Jh. festl. Instrumentalstück.
intramuskulär, → Injektion.
Intransigenz die, ablehnende Haltung, **intransigent,** unversöhnlich, unzugänglich.
intransitiv [lat.], Ⓢ nicht zielend, ohne Satzergänzung.
intrauterin [lat.], ♡ innerhalb der Gebärmutter gelegen.
Intrauterinpessar, U **Spirale,** Kunststoffkörper unterschiedl. Form und Größe, vom Arzt in die Gebärmutter eingelegt, dient der Empfängnisverhütung.
intravenös, → Injektion.
Intrige [frz.] die, ränkevolle Handlung. **intrigant,** ränkesüchtig. **Intrigant** der, Ränkeschmied. **intrigieren,** Ränke schmieden.
intro... [lat.], ein..., hinein.
Introduktion [lat.] die, ♩ Einleitung.
Introitus [lat.] der, Eingang, Einleitung.
Introspektion [lat.] die, Selbstbeobachtung.
Intubation [lat.] die, ♡ Einlegen einer Röhre **(Intubator)** vom Mund in Kehlkopf und Luftröhre; bei Erstickungsgefahr, zur Narkose.
Intuition [lat.] die, plötzl. Eingebung, ahnendes Erkennen neuer Gedankeninhalte, bes. auf künstler. Gebiet. Eigw. **intuitiv.**
Intuitionismus der, philosoph. Lehre, nach der bestimmte Erkenntnisse (z. B. Platons »Ideen«) nur durch Intuition, nicht aber durch diskursives Denken erreichbar sind.
intus [lat.], inwendig, innen; etwas **i. haben,** gelernt, auch verzehrt haben.
Invalide [lat.] der, dauernd Arbeits- oder Dienstunfähiger; Kriegsbeschädigter. **Invalidität** die, dauernde Erwerbsunfähigkeit.
Invalidenversicherung, → Rentenversicherung.
Invar das, Eisen-Nickel-Legierung mit hohem elektr. Widerstand, sehr geringer Wärmeausdehnung.
invariabel [lat.], unveränderlich.
Invariante [lat.] die, unveränderl. Größe.
Invasion [lat.] die, Einfall in ein anderes Land.
Invektive [lat.] die, Schmähung.
invenit [lat.], Abk. **inv.,** hat (es) erfunden.
Inventar [lat.] das, Bestand, Bestandsverzeichnis, **1)** das am Schluß eines Geschäftsjahres aufgestellte wertmäßige Verzeichnis der Vermögensgegenstände und Schulden eines Unternehmens. **2)** Sachen, die zum Wirtschaftsbetrieb eines gewerbl. Unternehmens oder eines Landgutes bestimmt sind; Verzeichnis von Gegenständen eines Sondervermögens (z. B. des Nachlasses).
Invention [lat.] die, Einfall.
Inversion [lat.] die, Umkehrung, Umstellung. **1)** Ⓢ Änderung der regelmäßigen Wortfolge, z. B. groß sind die Werke des Herrn. **2)** ⚗ Umkehrung des Drehsinns einer opt. aktiven Verbindung, z. B. Zuckerarten. **3)** △ Umstellung zweier Elemente einer Kombination, z. B. *ab* und *ba*. **Inverse Funktion,** umgekehrte Funktion, z. B. $y = \sqrt[3]{x}$, $x = y^3$ **4)** ♡ Umkehrung, die Umstülpung eines Organs; **sexuelle I.,** die Umkehrung der normalgeschlechtl. Empfindung (Homosexualität). **5)** Zu-, statt Abnahme der Luftwärme mit der Höhe.

Invertebraten [lat.] Mz., wirbellose Tiere.
Invertzucker, ⚗ Gemisch aus gleichen Anteilen Trauben- und Fruchtzucker; im Honig.
investieren [lat.], (Geld) anlegen.
Investigation [lat.] die, behördl. Untersuchung, Nachforschung.
Investition [lat.] die, Verwendung von Kapital zum Kauf von Produktionsgütern; produktive Geldanlage.
Investitur [lat. »Einkleidung«] die, Einführung in ein Amt oder Besitzrecht, bes. im MA. die Belehnung der Bischöfe mit Ring und Stab.
Investiturstreit, Streit zw. den dt. Kaisern und den Päpsten im 11./12. Jh. um die Einsetzung der Bischöfe. Das **Wormser Konkordat** von 1122 zw. Kaiser Heinrich V. und Papst Calixtus II. legte den I. bei und bestimmte: in Dtl. erfolgt zuerst die Belehnung mit weltl. Besitz durch den Kaiser, dann die geistl. Weihe.
Investivlohn, Entlohnungsform, die zur Eigentumsbildung der Arbeitnehmer beitragen soll; ein Teil der Lohnerhöhungen wird nicht bar ausgezahlt, sondern investiert.
Investmentgesellschaft, Kapitalanlagegesellschaft, verschafft sich durch Ausgabe von Wertpapieren **(Investmentzertifikaten)** Kapital, das sie in einem breitgestreuten Wertpapierfonds anlegt (Risikostreuung). **Investmentsparen,** Anlegen von Ersparnissen in Anteilen einer I.
In-vitro-Fertilisation [lat. ›im Glas‹], außerhalb des menschl. Körpers vorgenommene Befruchtung von Eizellen (künstl. Befruchtung) sowie die Einpflanzung entstandener Embryonen in die Gebärmutter.
Invocavit [lat. »er hat mich angerufen«], der 1. Fastensonntag, 6. Sonntag vor Ostern.
Involution [lat.] die, ♤ ♧ ♡ Rückbildung der Organe und ihrer Leistungen im Alter.
involvieren [lat.], enthalten, einschließen.
Inzell, Gem. in Oberbayern, 4200 Ew.; Eisschnellaufbahn.
Inzest [lat.] der, → Blutschande.
Inzision [lat.] die, Einschnitt.
Inzucht, die Fortpflanzung unter nahen Blutsverwandten bei Mensch, Tier und Pflanze. Nahezu alle Kulturrassen der Tiere und Pflanzen sind durch zielbewußte I. entstanden. Bei Pflanzen ist Selbstbestäubung häufig. Bei gesunden Tieren ist I. erfolgreich; I.-Schäden ergeben sich bes. bei der Zucht kranker, minderwertiger Tiere. Beim Menschen erweist sich I. als nachteilig, weil sie das Auftreten sonst verdeckt bleibender Erbkrankheiten begünstigt.
Io, grch. Sage: Tochter des Inachos, Geliebte des Zeus.
Io, chem. Zeichen für Ionium.
IOK, das **I**nternationale **O**lympische **K**omitee.
Iokaste, Mutter des → Ödipus.
Ion [grch. »wandernd«] das, Mz. Ionen, Atome oder Atomgruppen, die infolge Verlust eigener oder durch Anlagerung fremder Elektronen positiv **(Kationen)** oder negativ **(Anionen)** geladen sind. Sie sind die kleinsten chem. Bestandteile aller heteropolar gebundenen Stoffe (z. B. Kochsalz) und gehen auch als solche in Lösung (→ Elektrolyse). Auch Gasatome können I. bilden, z. B. durch Erhitzen auf hohe Temperaturen, Bestrahlung mit energiereichem Licht (UV-Licht, Röntgenstrahlen) oder durch Stoß kleinster, schneller Teilchen (Alphateilchen, Elektronen). Technisch wird die Gasionisation z. B. in Gasentladungslampen ausgenutzt. → Nebelkammer, → Zählrohr.
Ionenantrieb, in Erprobung befindl. Antrieb von Raumfahrzeugen durch einen gerichteten Strahl hochbeschleunigter Ionen.
Ionenaustauscher, anorgan. oder organ.

Stoffe, die ihre eigenen Ionen gegen andere austauschen können, ohne dadurch ihre Beständigkeit zu ändern; v.a. in der Wasseraufbereitung verwendet.

Ionenimplantation, Dotierungsverfahren der Halbleitertechnologie, bei dem mit einem Ionenstrahl Akzeptor- oder Donatormaterial in ein Halbleiterkristall eingeschossen wird.

Ionẹsco, Eugẹne, frz. Dramatiker, *Rumänien 1909; Hauptvertreter des absurden Theaters, »Die Nashörner«, »Mörder ohne Bezahlung«, »Der König stirbt«.

Ionesco

Iọni|er Mz., einer der 3 grch. Hauptstämme, besiedelte nach der Dorischen Wanderung Attika, Euböa, die Kykladen und die mittlere Westküste von Kleinasien. **Ionien** hieß die Küste Kleinasiens zw. Hermos und Mäander mit Chios und Samos. Die dort von den I. gegr. Städte wurden um 545 den Persern untertan. Der **Ion. Aufstand** gegen die Perser, 500 v.Chr., wurde Anlaß der Perserkriege. 477 wurden die I. Bundesgenossen der Athener, doch nach dem Frieden des Antalkidas (386) wieder persisch bis zur Eroberung durch Alexander d.Gr. (334). 129 v.Chr. wurde Ionien röm. Provinz (Asia).

Ionisationskammer, Nachweis- und Meßgerät für ionisierende Strahlung (Alpha-, Beta-, Gamma-, Röntgenstrahlung).

Iọnische Inseln, grch. Inseln im Ion. Meer: Korfu, Paxos, Leukas, Ithaka, Kephallenia, Zakynthos; gebirgig, ertragreich (Wein, Korinthen, Oliven). Die I. I. kamen 1864 an Griechenland.

iọnische Säulen, ▥ → griechische Kunst. (BILD Säulen)

Iọnisches Meer, Meer zw. Griechenland und Unteritalien.

Ionosphạ̈re [grch.] die, Folge hochgelegener Schichten der Atmosphäre, in denen die Moleküle durch die kosm. Strahlung und UV-Strahlung der Sonne stark ionisiert sind. Man unterscheidet **D-Schicht** in 60-85, **E-Schicht** in 100-140, **F1-Schicht** in 180-200, **F2-Schicht** in 250-400 km Höhe. Durch Reflexion der Radiowellen, bes. der Kurzwellen, an den versch. I.-Schichten wird der Weltempfang möglich. Fast alle Schichten bestehen nur tagsüber. Von der Sonne ausgeschleuderte Teilchenströme verursachen **I.-Stürme** (Polarlichter, magnet. Stürme).

Iọta das, grch. Buchstabe für i, galt als der kleinste Buchstabe des Alphabets; daher: kein I., nicht das geringste.

Iowa [aɪəwə], Abk. **Ia,** Staat im Mittelwesten der USA, zw. Mississippi und Missouri, 145791 km², 2,8 Mio. Ew.; Hptst.: Des Moines. Bed. Landwirtschaft (Mais, Hafer, Weizen); Viehzucht, Konserven-Ind.

Iphigẹni|e, grch. Sage: Tochter des Agamemnon und der Klytemnestra, wurde vor Ausfahrt der grch. Flotte nach Troja in Aulis zum Versöhnungsopfer für Artemis bestimmt, doch von der Göttin gerettet und zur Priesterin in Tauris gemacht. Dort rettete sie ihren Bruder Orestes, der als Landfremder geopfert werden sollte, und floh mit ihm nach Attika. Dramen von Euripides, Goethe, G. Hauptmann; Oper von Gluck.

Iphigenie: Opferung der I. (Wandgemälde aus Pompeji)

Ipin, amtl. **Yibin,** Stadt in China, 300000 Ew.; Endpunkt der Jangtsekiang-Schiffahrt.

Ipswich ['ɪpswɪtʃ], Hafenstadt in SO-England, 120500 Ew.; alter Handelsplatz; vielseitige Ind.

IQ, Abk. für → Intelligenzquotient.

Iquique [ik'ike], Hafen in N-Chile, 113000 Ew., kath. Bischofssitz; Ausfuhr: Salpeter.

Ir, chem. Symbol für Iridium.

i. R., Abk. für **i**m **R**uhestand.

I. R., Abk. für **I**mperator [lat. »Kaiser«] und **R**ex [lat. »König«].

IRA, Abk. für **Irish Republican Army** ['aɪrɪʃ rɪp'ʌblɪkn 'ɑ:mɪ], dt. **Irisch-Republikanische Armee,** gegr. 1919, kämpfte 1919-21 für die Unabhängigkeit Irlands von Großbritannien, seit 1969 Terrororganisation der radikalen Katholiken in Nordirland.

Irạk der, Rep. in Vorderasien, 435924 km², 17,6 Mio. Ew.; Hptst.: Bagdad. Amtssprache: Arabisch. ⊕ S. 482.

Irak

Nach der 1973 geänderten Verf. übt ein Revolutionsrat mit höchstens 12 Mitgl. die legislative und exekutive Gewalt aus; er wählt aus seiner Mitte den StaatsPräs., der zugleich Staatsoberhaupt und Oberbefehlshaber der Streitkräfte ist. Daneben besteht noch ein »Erweiterter Nationalrat«. Nationalversammlung ist vorgesehen. Staatspartei ist die Baath-Partei. – Verwaltungseinteilung in 18 Prov.

Der I. umfaßt den Großteil von Mesopotamien; im N Gebirge (Anbau in Tälern), im W Wüste. Klima: Sommer trockenheiß, Winter häufig kalt, Winterregen. Bev.: meist Araber, daneben Kurden, Türken, Perser u.a. Staatsreligion: Islam.

WIRTSCHAFT. Im bewässerten Stromtiefland Landbau (Weizen, Gerste, Reis, Mais, Datteln, Baumwolle), in den Steppen Wanderviehzucht. Bedeutende Erdölgewinnung bes. im N; Rohrleitungen nach Mittelmeerhäfen. Raffinerien, Zement-, Textil- u.a. Ind. Hauptausfuhr: Erdöl, Datteln, Getreide, Wolle. ⇔ Eisenbahnhauptlinie Basra-Bagdad-Mosul; Hafen: Basra; internat. Flughafen: Bagdad.

Ⓖ Seit 637 eroberten die Araber dieses Gebiet; 750-1258 Kernland des Abbassidenreiches (Zentrum Bagdad seit 762), war es 1638 bis 1918 Teil des türk. Reiches und 1920-30 brit. Mandatsgebiet (seit 1921 Königreich). 1932 erhielt der I. die volle Unabhängigkeit, blieb aber Großbritanniens Verbündeter. 1945 war der I. Mitgr. der Arab. Liga, 1955 des Bagdadpaktes; 1958 mit Jordanien zur Arab. Föderation zusammengeschlossen. Durch eine nationalist. Revolution unter General Kassem wurde am 14. 7. 1958 die Monarchie gestürzt, der König getötet, die Arab. Föderation für aufgelöst erklärt; 1959 Austritt aus dem Bagdadpakt. 1963 wurde Kassem gestürzt und erschossen. Krieg mit Iran 1980-88; 1990 militär. Besetzung von Kuwait. Staats- und MinPräs. seit 1979 Saddam Husain al-Takriti.

Irạn, Persien, Islam. Rep. in Vorderasien, 1648000 km², 49,72 Mio. Ew. Hptst.: Teheran; Amtssprache: Persisch. ⊕ S. 482.

Iran

Die Verf. von 1906 wurde durch die Revolution 1979 außer Kraft gesetzt, die Monarchie wurde abgeschafft, eine Islam. Rep. ausgerufen. Neue Verf. seit Dez. 1979, geändert 1989, Verwaltung zentralistisch; 13 Gaue.

LANDESNATUR. Der I. erstreckt sich vom Armen. Hochland und dem O-Rand Mesopotamiens zw. Kasp. Meer und Pers. Golf über den größten Teil des Iran. Hochlandes; an den Rändern gebirgig (Elburs 5604 m, Zagros-Gebirge 4547 m); im Innern abflußlos, mit Wüsten, Seen, Sümpfen. Klima: binnenländisch, trocken; am Kasp. Meer fruchtbarer Küstenstrich. BEVÖLKERUNG. ⅔ Perser, daneben Kurden, Turktataren, Turkmenen, Araber, Belutschen, Armenier. Staatsreligion: Islam; daneben Christen, Juden, Parsen.

WIRTSCHAFT. Mehr als 50% des I.s sind Ödland. Anbau (z.T. mit künstl. Bewässerung): Weizen, Gerste, Reis, Datteln, Zuckerrüben, Baumwolle; Viehzucht in Steppengebieten. Im SW reiche Erdölförderung; Vorkommen von Erdgas, Kohle, Eisen, NE-Metallen, Salz. Textilind. (Teppichweberei); Nahrungsmittel-, Baustoff-, chem., Metall- u.a. Ind.; Erdölraffinerien (Abadan), Ausfuhr: Erdöl, Baumwolle, Teppiche, Früchte, Häute u.a. Haupthandelspartner: Bundesrep. Dtl., USA, Großbritannien, Japan, Frankreich, UdSSR. Haupthäfen: Bender Schahpur, Chorramschahr, Erdölleitungen nach Abadan und zu den Häfen am Pers. Golf. Durch die Revolution im Febr. 1979 kamen Wirtschaft und Handel weitgehend zum Erliegen. Durch das Ausbleiben iran. Öllieferungen und Preiserhöhungen brach weltweit eine Energiekrise aus.

Ⓖ Zu Beginn geschichtl. Nachrichten wird Persien von den Medern beherrscht, die um 550 v.Chr. von dem Perser Kyros besiegt wurden. Kyros eroberte Babylonien und Kleinasien, Kambyses Ägypten, Darius vorübergehend Thrakien. Xerxes I. führte erfolglose Kämpfe gegen die Griechen (Perserkriege). 331 v.Chr. wurde Persien von Alexander d.Gr. erobert; 323-240 v.Chr. war es seleukidisch, danach parthisch. Unter den Sassaniden (226-642 n.Chr.) erstreckte sich Persien im 6.Jh. über ganz Vorderasien. 637-51 von den Arabern unterworfen und zur Annahme des Islam gezwungen, wurde es bis 1258 von den Kalifen beherrscht, dann von den Mongolen. Mit Hilfe türk. und turkmen. Stämme gründete Ismail Seffi 1502 ein pers. Königtum, das im 18.Jh. bis zum Euphrat und Indus reichte; 1794-1925 unter dem Geschlecht der Kadscharen. Im 19.Jh. verlor Persien große Gebiete; seit 1858 Streitobjekt zw. England und Rußland, die Persien 1907 in 2 Einflußsphären teilten. Die Dynastie der Kadscharen wurde 1925 abgesetzt; Herrscher (Schah) wurde 1926 der MinPräs. Resa Khan; er führte eine innere Neuordnung durch. 1941 mußte er unter brit.-sowjet. Druck zugunsten seines Sohnes Mohammed Resa Pahlewi abdanken (Krönung 1967). Blutige Unruhen seit Anfang 1978, die von konservativ-muslim. Kreisen (→Khomeini) ausgelöst wurden, führten zur Unregierbarkeit des I.; im Jan. 1979 verließ der Schah das Land. Khomeini rief eine islam. Rep. aus; eine neue, an islam. Grundsätzen orientierte Verf. trat in Kraft. Khomeini (†1989) war als »Führer der Nation« bestimmende polit. Figur. Staatspräs.: A. A. H. Rafsandjani (seit 1989); starker Einfluß der islam. Geistlichkeit unter A. Khameini, die sich im Wächterrat zusammengeschlossen hat. Der 1980 ausgebrochene Krieg mit Irak um den Grenzverlauf zw. beiden Staaten endete 1988 mit einem Waffenstillstand.

iranische Sprachen, Gruppe der indogerman. Sprachen, zw. dem oberen Euphrat und dem Indus. (ÜBERSICHT Sprachen)

Irbis der, Schneeleopard.

Iren, kelt. Volk, in Irland beheimatet; rd. 4,5 Mio. (3,2 Mio. in der Rep. Irland, der kleinere Teil in Nordirland). Etwa 16 Mio. Menschen irischer Abstammung leben in den USA, in Kanada, Großbritannien, Australien u.a. Der größte Teil ist röm.-katholisch. **Irische Sprache,** zum gälischen Zweig der kelt. Sprachen gehörig, heute nur von rd. 600000 I. gesprochen; seit 1921 erste Amtssprache der Rep. Irland.

Irenäus, Kirchenvater, †202 als Bischof von Lyon; Heiliger (Tag 28. 6.).

Irene [grch. »Friede«], weibl. Vorname.

irenisch [grch.], friedlich, friedstiftend.

Irland 2)

IRI, Abk. für **I**stituto **R**icostruzione **I**ndustriale, Rom. 1933 gegr. halbstaatl. italien. Dachorganisation der Eisen-, Stahl- und Werftind.

Irian, indones. Name für Neuguinea.

Iridium das, **Ir,** chem. Element, dem Platin ähnl. Metall; D 22,4, Schmelzpunkt 2443 °C. Wegen seiner Härte und Widerstandsfähigkeit gegen chem. Angriffe wird es zu chem. und techn. Geräten vielerlei Art verwendet.

Iris [grch.], **1)** grch. Sage: jungfräul., geflügelte Göttin, Verkörperung des Regenbogens, Botin der Götter. **2)** die, ♡ Regenbogenhaut im →Auge. **3)** ⚘ die →Schwertlilie.

Irische See, Teil des Atlant. Ozeans zw. Irland und Großbritannien.

Irish Coffee ['aırıʃ k'ɔfı, engl.] der, -(s)/-(s), Mischung aus Irish Whiskey, Zucker, starkem, heißem Kaffee, Schlagsahne.

Irish Stew ['aırıʃstju:], Eintopfgericht aus Hammelfleisch, Weißkraut, Kartoffeln.

irisieren, in den Farben des Regenbogens (Iris) schillern.

Irkutsk, Stadt in S-Sibirien, UdSSR, westl. vom Baikalsee, an der Angara, 618000 Ew.; Verkehrsknoten, Univ., Forschungsinstitute; Ind.: Eisen, Maschinen-, Panzer-, Flugzeugbau.

Irland, irisch **Eire, 1)** die westl. der großen Brit. Inseln, 82459 km^2, mit Nebeninseln 84403 km^2, 5,11 Mio. Ew., mit buchtenreicher Küste und vielen natürl. Häfen; in der Mitte flache Ebene, an den Rändern meist Gebirge (im SW Carrantuohill, 1041 m). Viele Flüsse, Seen, Kanäle, Moore, Wiesen; wenig Wald. Klima: feucht, mild. BEVÖLKERUNG: Iren; meist kath., nur im N z.T. anglikan. (Kirche von I.). Polit. gliedert sich I. in Nordirland und die Rep. I. ⊕ S. 491.

Ⓖ Die kelt. Bev. I.s wurde seit 432 durch Patrick zum Christentum bekehrt. 1171/72 begann die engl. Herrschaft über I. Die Aufstände der Iren wurden blutig niedergeworfen, so 1649 durch Cromwell, 1690 durch Wilhelm III. von Oranien. 1800 ging I. staatsrechtlich ganz im »Vereinigten Königreich von Großbritannien und I.« auf. Aber schon Ende des 18.Jh. war eine irische Nationalbewegung erwacht; sie war teils revolutionär, teils parlamentarisch eingestellt. Die parlamentar. Richtung kämpfe im brit. Unterhaus für die Selbstregierung (Home rule) I.s, unterstützt von den engl. Liberalen (Gladstone). Seit 1916 arbeiteten die von De Valera geführten Sinnfeiner (→Sinn Féin) im offenen Aufstand auf die völlige Unabhängigkeit I.s hin. Nach grausamem Bürgerkrieg 1919-21 wurde 1921 der Irische Freistaat als brit. Dominion errichtet, doch blieb das protestant. Ulster (→Nordirland) bei Großbritannien. 1937 trat eine neue Verf. in Kraft. 1938 räumte England die letzten militär. Stützpunkte. 1949 trat der Freistaat aus dem Brit. Commonwealth aus und erklärte seine Unabhängigkeit als Rep. I.; die Eingliederung Ulsters (Nord-I.) wird gefordert. Die Rep. I. ist seit 1949 Mitgl. des Europarates, seit 1955 der UNO, seit 1973 der EG.

2) I., Republik I., nimmt den größten Teil von 1) ein, 70283 km^2, 3,54 Mio. Ew.; Hptst.: Dublin. Amtssprachen: Irisch, Englisch. Nach der VERFASSUNG von 1937 wird der Präs. direkt vom Volk auf 7 Jahre gewählt. Volksvertretung: Abgeordnetenhaus und Senat. Die Minister sind dem Abgeordnetenhaus verantwortlich. Verwaltungseinteilung in 26 counties und 6 county boroughs. LANDESNATUR und BEVÖLKERUNG →Irland 1). WIRTSCHAFT. Vorherrschend ist die Landwirtschaft, bes. Weidewirtschaft, außerdem Anbau von Getreide, Kartoffeln, Rüben, Zuckerrüben. Reiche Torfvorkommen. Die Industrialisierung wird zur Eindämmung der starken Auswanderung gefördert (Textil-, chem., Fahrzeug-, Nahrungsmittel-Ind., Brauereien); bed. Energieerzeugung; Fremdenverkehr. Ausfuhr: Vieh, Nahrungsmittel, Textilien u.a.; Haupthandelspartner: Großbritannien. Haupthäfen: Dublin, Cork Harbour; internat. Flughäfen: Shannon Airport, Dublin. ❶ → Irland 1). Staatspräs.: P. Hillery (seit 1976), MinPräs.: C. Haughey (seit 1987). ⊕ S. 491.

Irländisches Moos, Karrageen, Perltang, Rotalge von europ. und amerikan. Atlantikküsten. Mittel gegen Hustenreiz.

Irmgard [von Irmin], weibl. Vorname.

Irmin, Irminsul, Irmensäule, Heiligtum der Sachsen, dem Gott Irmin geweiht.

IRO, Abk. für **I**nternational **R**efugee **O**rganization, 1947-51 die Internat. Flüchtlingsorganisation in Genf. Nachfolger ist der → Hochkommissar für Flüchtlinge.

Irokesen Mz., Gruppe sprachverwandter Indianerstämme (Erie, Huronen u.a.) in N-Amerika. Um 1750 gründeten die Mohawk, Oneida, Onondaga, Cayuga, Seneca den **Irokesenbund.**

Ironie [grch. »Verstellung«] die, Redewendung, die mit verstelltem Ernst das Gegenteil des Gemeinten sagt; feiner, versteckter Spott; **ironisch,** spöttisch.

Irradiation [Kw., lat.] die, **1)** ♡ Ausstrahlung des Schmerzes auf die Umgebung der kranken Stelle. **2)** SINNESPHYSIOLOGIE: das Größererscheinen heller Gegenstände auf dunklem Grund neben gleich großen dunklen auf hellem Grund. **3)** Lichthofbildung auf photograph. Platten.

irrational [lat.], **1)** durch den Verstand nicht erfaßbar. **2)** △ i. Zahlen, die sich nicht als Bruch mit ganzzahligem Zähler und Nenner ausdrücken lassen, sondern nur als unendl. Dezimalbrüche ohne Periode, z.B. $\sqrt{2}$, π, *e*.

Irrationalismus der, Weltanschauung, nach der alles Wesentliche nur durch Kräfte des Gefühls und des Willens, durch unmittelbare Erlebnisse und innere Schau erfaßt und erkannt werden kann. Ggs.: Rationalismus.

Irrawaddy, der, Strom in Hinterindien (Birma), entspringt im O-Himalaya, mündet westlich von Rangun (Yangon); 2150 km lang. Sein Delta ist fruchtbares Reisanbaugebiet.

irreal [lat.], nicht wirklich.

Irredenta [von ital. terra irredenta »unerlöstes Gebiet«] die, polit. Bewegung Italiens, die nach 1870 die Gewinnung der österr. Gebiete mit vorwiegend ital. Bevölkerung forderte.

irreduzibel [lat.] **1)** nicht zurückführbar. **2)** △ unzerlegbar.

irregulär [lat.], unregelmäßig.

irrelevant [lat.], unerhebl., ohne Bedeutung.

Irreligiosität [lat.] die, Unglaube.

irreparabel [lat.], nicht wieder gutzumachen, unersetzlich.

irreversibel [lat.], nicht umkehrbar.

Irrigator [Kw., lat.] der, Gerät für Darmeinläufe und Spülungen.

irritieren [lat.], unsicher machen, stören.

Irrlicht, Volksglauben: Flämmchen in Mooren als Zeugen von Geistern.

Irrtum. Im bürgerl. Recht ist der **Erklärungs-** oder **Geschäfts-I.** (z.B. über die Bedeutung der verwendeten Worte) und der **Eigenschafts-I.** beachtlich, d.h. die abgegebene Erklärung kann angefochten werden (§§ 119 ff. BGB). Der sog. **Motiv-I.** (unzutreffende Erwägungen zu einem Rechtsgeschäft) ist unbeachtlich. – Strafrecht: I. über Tatbestandsmerkmale **(Tatbestands-I.)** führt zur Straffreiheit (§ 16 StGB), das fehlende Bewußtsein der Rechtswidrigkeit **(Verbots-I.)** nur, wenn der I. nicht vermeidbar war.

Irtysch der, linker Nebenfluß des Ob, W-Sibirien, kommt vom Großen Altai, 3600 km lang; fischreich; schiffbar ab der chines. Grenze.

Irving ['ə:vɪŋ], **1)** Edward, *1792, †1834, schott. Prediger, seit 1833 Vorsteher der 1. kath.-apostol. Gem. in London (Irvingianer). **2)** Washington, amerikan. Schriftst., *1783, †1859; heitere Skizzen, Reisebilder.

Isaak [hebr. »Spötter«], Sohn Abrahams, Erzvater der Israeliten, Vater Jakobs und Esaus.

Isabella I., die Katholische, Königin von Spanien, *1451, †1504, seit 1474 Königin von Kastilien, ⚭ mit → Ferdinand dem Katholischen, König von Aragonien, eroberte mit ihm 1492 das Maurenreich Granada, unterstützte die Fahrten des Kolumbus. Ihre Heirat bildete den Grundstein des span. Nationalstaates.

isabellfarben, bräunlich-graugelb.

Isar die, rechter Nebenfluß der Donau, 263 km lang, entspringt im Karwendelgebirge in Tirol, mündet bei Deggendorf; 26 Kraftwerke.

ISBN, Abk. für **I**nternationale **S**tandard **B**uch **N**ummer, eine jedem Buch beigegebene Registriernummer.

Ischewsk, Hptst. der Udmurt. ASSR, 643 000 Ew.; Metallind., Mühlenkombinat.

Ischia ['iskia], vulkan. Insel vor dem Golf von Neapel; 46 km², rd. 50 000 Ew.; warme Mineralquellen.

Ischias [grch.] die, **Hüftweh,** anfallartig auftretende starke Schmerzen im Verlauf des großen Beinnervs, mitunter langwierig. Ursachen sind Erkältung, rheumat. Erkrankungen, Bandscheibenvorfall u.a.

Ischl, Bad I., Stadt im Salzkammergut, Österreich, 12 700 Ew.; Solbäder.

Ischtar, Istar, weibl. babylon. Hauptgottheit, auch Göttin der Liebe.

ISDN, Abk. für **I**ntegrated **s**ervices **d**igital **n**etwork, ›diensteintegrierendes digitales Netz‹, im Aufbau befindliches Telekommunikationsnetz, in dem digitale Vermittlungs- und Übertragungstechnik vereinigt und unterschiedl. Fernmeldedienste in einem gemeinsamen Netz angeboten werden. 1989 erfolgte die Einführung zw. ausgesuchten Großstadtnetzen.

Ise, Stadt auf Honshu, Japan, 106 000 Ew.; älteste und wichtigste Shinto-Schreine Japans.

Isegrim(m), der Wolf in der Tierfabel.

Isel, → Bergisel.

Isenburg, Ysenburg, 1815 mediatisiertes Fürstengeschlecht, Sitz um Büdingen (Hessen).

Isenheimer Altar, das Hauptwerk (1513-15) von M. → Grünewald.

Iser die, rechter Nebenfluß der Elbe in Böhmen, kommt vom **I.-Gebirge** (dessen höchster Berg: Hinterberg im **Hohen I.-Kamm,** 1127 m).

Isère [iz'ɛ:r] die, linker Nebenfluß der Rhône in S-Frankreich; Stausee bei Val-d'Isère.

Iserlohn, Stadt im NRW, im Sauerland, 93 400 Ew., Kleineisen-, Maschinen-Ind.

Isfahan, Ispahan, Stadt im Iran, 661 000 Ew.; zahlreiche alte Bauten, z.T. in Ruinen, Moscheen; Univ.; Mittelpunkt des iran. Gewerbes (Teppiche, Kunstgewerbe), Textilind.

Isherwood ['ɪʃəwʊd], Christopher, engl. Schriftst., *1904, †1986; Romane (»Leb' wohl, Berlin«, »Praterveilchen«).

Isidorus von Sevilla, Erzbischof, *um 560, †636, für die Bildung im MA. bedeutender Gelehrter, Kirchenlehrer. Tag: 4. 4.

Isis, altägypt. Göttin, Schwester und Gemahlin des Osiris, Mutter des Horus; dargestellt mit einer Sonnenscheibe zw. Kuhgehörn, auch mit dem Horusknaben.

Iskenderun, Alexandrette, türk. Hafenstadt am östl. Mittelmeer, 174 000 Ew. (Kriegshafen); Eisen-, Stahlwerk.

Isker der, **Iskra,** rechter Nebenfluß der Donau in Bulgarien, 368 km lang.

Islam der, die von dem arab. Propheten

1

2

3

islamische Kunst: **1** Soldat und Gefangene, Seidengewebe; 16. Jh. **2** Gläserne Moscheeampel mit Emailfarbendekor; vermutl. syrisch, 1340. **3** Bildnis eines jungen Adeligen, dem pers. Maler Farrukh Beg zugeschrieben; Murakka Gulsham, um 1600

Mohammed zw. 610 und 632 in Mekka und Medina gestiftete monotheist. Religion; Mohammed betrachtete sich als Fortsetzer und Vollender der jüd. und der christl. Religion. Die Hauptquellen der islam. Glaubens- und Gesetzeslehre sind der **Koran** und die Überlieferung der Taten und Aussprüche des Propheten **(Sunna).** Der I. fordert den Glauben an einen Gott **(Allah),** an die Erwähltheit Mohammeds als seinen Gesandten, an die Vorherbestimmung der menschl. Schicksale (→ Prädestination), an die Vergeltung der guten und schlechten Taten in Paradies und Hölle, an die Auferstehung der Toten und den Jüngsten Tag. Grundpflichten des I. sind u. a. fünfmaliges Gebet am Tag, Fasten im Monat Ramadan, Enthaltung von Weingenuß, Geben von Almosen, Wallfahrten nach Mekka zur → Kaaba. Der Streit um die Erbfolge im Kalifat verursachte die Spaltung in **Sunniten** und **Schiiten.** Die **Wahhabiten** wollen zur urspr. Reinheit des I. zurück. Der I. war von Anfang an auch eine polit. Bewegung (Religionsstaat) und breitete sich unter Führung der → Kalifen rasch über Asien, Afrika und Spanien, später auch Südosteuropa aus. Er zählt rund 1 Mrd. Anhänger, die **Islamiten** oder **Muslime, Mohammedaner.** Er breitet sich bes. in Afrika noch immer weiter aus.

Islamabad, Hptst. Pakistans (im Bau), auf einer Hochebene bei Rawalpindi, 204000 Ew.

islamische Kunst, vorwiegend religiös gebundene Kunst der islam. Völker; im wesentl. Baukunst und Kunsthandwerk. Betonte Neigung zum Dekorativen. Maßgebend für die relig. Kunst wurde die vom Islam geforderte Bildlosigkeit; die weltl. Kunst war dagegen von großer Bildfreudigkeit. In der **Baukunst** entstanden Moscheen, Theologenschulen, Grabbauten, Paläste u. a. Der Spitzbogen und im W der Hufeisenbogen wurden bevorzugt. Typisch ist das Stalaktiten- und Zellenwerk, das Gewölbe u. ä. füllt. Reich ist der Wandflächenschmuck (Band- und Flechtmuster, Arabesken u. a.). Zu hoher Blüte gelangten Schriftkunst und Buchmalerei, im **Kunsthandwerk** Teppichknüpferei, Fayencen, Metallverarbeitung, Glaskunst. Unabhängig von den allg. Stilmerkmalen entwickelten sich: **Omajjad.** Stil (um 660-750, in Spanien bis um 1000), Verarbeitung spätantiken, frühchristl.-byzantin., sassanid. Formenguts; erste Moscheen: Damaskus, Córdoba; Kalifenschlösser: Mschatta u. a. **Abbasid.** Stil (um 750-1000), Mittelpunkt: Bagdad; Bauten von altpers. Kunst beeinflußt; Stuckornamente in Samarra. **Seldschuk.** Stil (um 1050 bis 1250), erste Werke türk. Kunst in Kleinasien: Moscheen, Grabbauten. **Fatimid.** Stil (um 970-1170), Ägypten, Syrien, Sizilien (Krönungsmantel der Reichskleinodien, Wien). **Mamluk.** Stil (um 1250-1520), Ägypten (Moscheen und Mausoleen in Kairo), Syrien. **Maur.** Stil (seit etwa 1100), Nordafrika, Spanien (Alhambra). **Mongol.** Stil (um 1250-1500), Aufnahme ostasiat. Formen, prunkvolle Kuppelbauten in Samarkand und Täbris, Buchmalereien (bes. zu pers. Epen). **Osman.** Stil (um 1400-1750), geistl. und weltl., das Stadtbild Konstantinopels bestimmende Bauten, Zentralkuppelmoscheen von Sinan (†1578); hohe Blüte des Kunsthandwerks. **Safawid.** Stil (um 1400 bis 1720), Persien, Blüte der Buchmalerei (Behzad, 15. Jh.; Risa Abbasi, 17. Jh. u. a.), die Kunst des Knüpfteppichs zu klass. Vollen-

islamische Kunst: Keramik-Krug aus Iznik, Türkei, 16. Jh.

Island

islamische Kunst: Teller mit farbiger Unterglasurmalerei; Türkei, 17. Jh.

dung entwickelt. **Mogulstil** (um 1520-1800), Indien, Moscheen, Grabbauten, Paläste in Agra (Taj Mahal) und Delhi; überreiche Flächendekorationen; neuer wirklichkeitsnaher Stil in der höf. Miniaturmalerei: Bildnis-, Tier- und Landschaftsdarstellungen.

Island [»Eisland«], Insel und Rep. im N-Atlantik, 102 819 km², 250 000 Ew. (bes. an der Küste); Hptst.: Reykjavík. Amtssprache: Isländisch. Staatsoberhaupt: Präsident; Parlament mit 2 Häusern. – I. ist stark vulkanisch (einige noch tätige Vulkane, warme Quellen und Geysire); z. T. vergletschert (12 220 km²); hat reich gegliederte Küste (Fjorde); Klima feucht und kühl. Erwerbszweige: Fischfang und -verarbeitung, Viehzucht (Schafe, Rinder, Pferde). Wasserkraftwerke; Schiffbau; Fremdenverkehr. Haupthandelspartner: USA, Großbritannien. Keine Eisenbahn. Haupthafen und Flughafen: Reykjavík. Ⓖ I., die Insel der nord. Saga, wurde seit 874 von Norwegern besiedelt. Der Freistaat führte im Jahre 1000 das Christentum ein; später blutige Bürgerkriege. 1262 kam I. an Norwegen, 1380 an Dänemark. 1874 eigene Verfassung, 1918 volle Selbständigkeit als Kgr., das mit Dänemark in Personalunion verbunden blieb. I. wurde 1940 von brit., 1941 auch von amerikan. Truppen besetzt. 1944 erklärte sich eine große Volksmehrheit für die Lösung von Dänemark und für die Rep. Staatspräs.: Vigdís Finnbogadóttir (seit 1968), MinPräs.: S. Hermansson (seit 1983). ⊕ S. 487. (BILD S. 396)

Isländisches Moos, Lungenmoos, Flechte im nördl. Europa, gelappt, oberseits grünlichbraun, unten weißlich, lederartig. Sie kommt in dt. Gebirgen vor **(Brockenmoos)** und bildet Rasen; dient gegen Halskatarrh, auf Island entbittert als Nahrung und Futter. (BILD Flechten)

isländische Sprache und Literatur. Die isländ. Sprache gehört zu den nordgerman. Sprachen (→ altnordisch); in ihr sind wichtige Zeugnisse altnord. Art, Sage und Kunst erhalten (→ Edda, → Skalden). In neuerer Zeit wurde die isländ. Literatur in Dtl. bekannt durch: Jón Svensson, G. Gunnarsson, K. Gudmundsson, G. Kamban, H. K. Laxness, T. Thódarsson u. a.

Ismael [hebr.], im A. T. Sohn Abrahams, Stammvater nordarab. Stämme, der **Ismaeliten.**

Ismailia, ägypt. Stadt am Suezkanal, 146 000 Ew.; Bahnknoten.

Ismailiden die, Sekte der → Schiiten.

iso... [grch.], gleich..., z. B. isomorph, gleichgestaltig.

ISO, Abk. für **I**nternational **O**rganization for Standardization, internat. Zusammenschluß der nationalen Normenausschüsse zur Aufstellung von Normen (früher **ISA**). **ISO-Passungen,** → Passungen.

Isochromasie [grch.] die, Eigenschaft lichtempfindl. Schichten, für alle Farben gleich empfindlich zu sein.

Isogon [grch.] das, regelmäßiges Vieleck.

Isokrates, grch. Redner, *436, †338 v. Chr.

Isola Bella, eine der Borromeischen Inseln im Lago Maggiore (Palast und Gartenanlagen).

Isolation [lat.] die, Vereinzelung, Trennung.

Isolationismus [lat.] der, in den USA seit der Monroe-Doktrin (1823) wiederholt vertretene polit. Anschauung, wonach die Regierung jede Verwicklung in nicht-amerikan. Angelegenheiten vermeiden solle.

Isolationsprüfer, Leitungsprüfer, einfaches Meßgerät, meist mit Taschenlampenbatterie, zum Prüfen des Isolations- oder Durchgangswiderstands.

Isolator [lat.] der, -s/...oren, Stoff, der den elektr. Strom sehr schlecht leitet, z. B. Glas, Glimmer, Hartgummi, Porzellan, trockene Luft, Bernstein, Kautschuk, Bakelit u. a. – I. i. e. S. sind die Porzellan- oder Glaskörper zum Verlegen elektr. Leitungen.

Isolde, Geliebte des → Tristan.

isolieren [lat.] **1)** absondern, z. B. Kranke. **2)** spannungführende elektr. Leiter gegen Berührung schützen oder voneinander trennen durch **Isolierstoffe** (→ Isolator). **3)** bei Bauten durch Dämm- oder Sperrstoffe die Zu- oder Ableitung von Feuchtigkeit, Schall, Wärme verhindern.

Iso-Linien, Linien gleicher Zahlenwerte (auf Karten, in Diagrammen u. a.). Wichtige I.:

	Linien gleicher(-en)
Isoamplituden	Temperaturschwankungen
Isoanomalen	Abweichung vom Mittelwert (Luftwärme)
Isobaren	Luftdruckwerte
Isobasen	Hebung
Isobathen	Wassertiefe
Isochoren	Rauminhalts
Isochronen	zeitl. Erscheinungen (Gewitterausbruch)
Isodynamen	magnet. Feldstärke
Isogammen	Schwerkraft
Isogonen	magnet. Deklination
Isohalinen	Salzgehaltes
Isohyeten	Niederschlagsmenge
Isohypsen	Höhenlage
Isoklinen	magnet. Inklination
Isophoten	Helligkeit
Isoseisten	Erdbebenstärke
Isothermen	Temperatur

Isomerie [Kw., grch.] die, **1)** ⚗ **isomer** sind chem. Verbindungen, die die gleichen Atome in gleicher Anzahl, jedoch in versch. Anordnung, enthalten und sich deshalb chem. und physikal. voneinander unterscheiden, z. B. Äthylalkohol C_2H_5OH und Methyläther CH_3OCH_3, Summenformel für beide C_2H_6O. Neben dieser **Struktur-I.** gibt es die **Stereo-I.,** bei der spiegelbild. gleiche Atomordnungen auftreten. **2) isomere Atomkerne** bestehen aus den gleichen Bausteinen, zeigen aber versch. physikal. Verhalten.

isometrisches Training [-tr'eɪnɪŋ], Übungen zur Muskelkräftigung bei Krankengymnastik und Sporttraining.

Isomorphie [grch.] die, Auftreten von Kristallformen, die in ihren Flächenwinkeln sehr ähnlich sind, bei Kristallen verschiedener chem. Zusammensetzung.

Isonzo der, 138 km langer Fluß aus den Jul. Alpen, mündet in die Bucht von Triest.

Isopren das, ⚗ flüssiger Kohlenwasserstoff, diente zur Herstellung von künstl. Kautschuk.

Isospin [Kw.] der, Quantenzahl zur Kennzeichnung der Ladungszustände von Elementarteilchen und Atomkernen.

Isothermen [grch.], **1)** ⊕ → Isolinien. **2)** ⊠ Linien, die die Abhängigkeit des Druckes vom Volumen eines Gases bei einer best. Temperatur angeben.

isotonisch [grch.] heißen Lösungen von gleichem osmot. Druck.

Isotope [grch.] Mz., ☜ Atomkerne mit gleicher Ordnungszahl (Protonenzahl) und daher gleichen chem. Eigenschaften, aber versch. Neutronenzahl. Die meisten Elemente bestehen aus einer Mischung versch. I., die nur mit physikal. Verfahren voneinander zu trennen sind. Die wichtigsten Verfahren der **I.-Trennung** sind Massenspektrographie, fraktionierte Destillation, Diffusion, Elektrolyse, chem. Austauschreaktion, Methode des unterbrochenen Molekularstrahls, Gegenstromzentrifuge, Ultrazentrifuge, Laseranregung. Man kennt heute insges. etwa 1600 I. → Radioaktivität, → Kernbatterie.

Isotopen|indikatoren, engl. **Tracer** [trˈeɪsə], chem. Elemente oder Verbindungen, in denen eines der in ihnen enthaltenen Isotope stärker angereichert ist, als es deren natürl. Mischungsverhältnis entspricht; zur Untersuchung von Reaktionsabläufen, zur Aufklärung komplizierter Stoffstrukturen.

isotrop [grch.] heißt die Richtungsunabhängigkeit der physikal. und chem. Eigenschaften von Gasen, Flüssigkeiten und amorphen Stoffen und des physikal. Raumes. Ggs.: anisotrop.

Ispra, ital. Gem. am Lago Maggiore, Kernforschungszentrum der EURATOM.

Israel

Isra|el, 1) Ehrenname Jakobs (1. Mose 32,29). **2)** Volksname seiner Nachkommen, daher **Kinder I., Israeliten. 3)** in der Geschichte I.s seit der Teilung des Reiches Salomos (932 v. Chr.) auch der Name für das nördl. Reich der 10 Stämme, i. Ggs. zum Südreich Juda.

Ⓖ Die Vorgeschichte **(Patriarchenzeit)** der Israeliten ist legendär bis zur Befreiung von Ägypten durch Moses, der Jahwe zum Volksgott von I. erklärte. Urspr. waren die Israeliten ein Hirtenvolk der Steppe, aus der sie allmählich in das von Kanaanäern besiedelte Kulturland Palästina eindrangen (→ Richter). Die **Königszeit** eröffnete Saul; David (um 1000 v. Chr.) einigte von dem südl. Stamm Juda aus ganz Palästina, eroberte das bisher noch kanaanäische Jerusalem und besiegte die Philister; sein Sohn Salomo baute den Tempel in Jerusalem. Nach ihm spaltete sich I. 926 in 2 Reiche: Juda und I. Das Nordreich I. wurde 722 von den Assyrern vernichtet; das Südreich **Juda** wurde 621 durch König Josia religiös erneuert, aber 597 und endgültig 586 v. Chr. durch den babylon. König Nebukadnezar zerstört, der Jerusalem eroberte und den Hauptteil des Volkes in die **Babylon. Gefangenschaft** führte. Seit 538 kehrten die Israeliten aus der Gefangenschaft zurück, errichteten einen Priesterstaat und bauten einen neuen Tempel; Weiteres → Juden.

Istanbul: Blick von der Galata-Brücke mit Goldenem Horn auf die Yeni-Moschee

Israel, hebr. **Medinat Israel,** Rep. in Vorderasien, 20700 km², 4,43 Mio. Ew., davon 3,5 Mio. Juden (ohne die unter israel. Verw. stehenden arab. Gebiete); Hptst.: Jerusalem. Amtssprache: Hebräisch. – Gesetzgebung durch das Parlament (die Knesset), das den Staatspräs. wählt. Vollziehende Gewalt bei der Regierung. ⊕ S. 482.

LANDESNATUR → Palästina. BEVÖLKERUNG. 82% Juden, daneben Araber u. a. Wachsender Anteil der Juden afrikan. und asiat. Herkunft. Religion: Juden, Muslime, Christen, Drusen.

WIRTSCHAFT. Rd. 90% der landwirtschaftl. Nutzfläche sind Eigentum des Volkes. Kennzeichnende ländl. Siedlungsformen herrschen vor, darunter Kibbuzim, Moschav. Anbau, teilweise mit Bewässerung: Getreide, Weintrauben, Citrusfrüchte, Erdnüsse, Baumwolle u. a.; Viehzucht. Bodenschätze: Stein-, Kali- und Bromsalze, Phosphate, Erdgas; Nahrungsmittel-, Textil-, Metall-, chem., feinmechan. u. a. Ind., Diamantschleiferei. Fremdenverkehr. Die Einfuhr (bes. Rohstoffe und Anlagegüter) überwiegt die Ausfuhr (bes. Citrusfrüchte, Diamanten, Geflügel). Haupthandelspartner: USA, Großbritannien, Bundesrep. Dtl. – Das Straßennetz wurde 1970-86 ausgebaut. Haupthäfen: Haifa, Aschdod, Elath; internat. Flughafen: Tel Aviv.

Ⓖ Die UNO beschloß am 19. 11. 1947 die Aufteilung Palästinas in 2 Staaten mit einem internat. Status für Jerusalem unter Treuhandschaft der UNO. Der Teilungsplan der UNO wurde bes. von den arab. Staaten nicht anerkannt. Mit Beendigung des brit. Palästina-Mandats wurde am 14. 5. 1948 der Staat I. ausgerufen. Am 15. 5. 1948 eröffneten Ägypten, Jordanien, Libanon, Syrien und der Irak den Krieg gegen I. Durch Vermittlung der UNO wurden 1949 Waffenstillstandsverträge abgeschlossen. Über den israel. Angriff auf Ägypten 1956 → Ägypten, Geschichte. Israel besiegte 1967 Jordanien, Ägypten, Syrien; eroberte den Gaza-Streifen, die Sinai-Halbinsel, Jordanien bis zum Jordan (mit O-Jerusalem), Gebiete längs der syr.-israel. Grenze. 1973 führten hauptsächlich Ägypten und Syrien Krieg gegen Israel ohne einen entscheidenden Sieg. 1977 begannen I. und Ägypten Gespräche über Frieden und die Rückgabe der von I. besetzten Gebiete. 1979 wurde der Friedensvertrag mit → Ägypten abgeschlossen (Rückgabe der Sinai-Halbinsel an dieses 1982 beendet). Die Schaffung eines Palästinenserstaates lehnte I. weiterhin ab. Gegen internat. Protest wurde Gesamt-Jerusalem zur Hauptstadt erklärt, Teile der Golan-Höhen annektiert (1981). Zur Bekämpfung palästinens. Freischärler stießen 1982 israel. Truppen in den Libanon vor; zunehmende nat. und internat. Kritik an Politik in besetzten arab. Gebieten. Staatspräs.: C. Herzog (seit 1983); MinPräs.: Y. Shamir (seit 1990).

Issos, alte Seestadt in Kilikien (Kleinasien); Sieg Alexanders d. Gr. über den Perserkönig Darius III., 333 v. Chr.

Ist..., tatsächlich vorhanden: **Iststärke, Isteinnahmen.** Ggs.: Soll...

Istanbul [türk.], früher **Konstantinopel,** das alte **Byzanz,** 1453-1923 Hptst. der Türkei, mit 4,7 Mio. Ew. die größte Stadt des Landes. I. liegt auf Hügeln beiderseits des Südausganges des Bosporus und am Marmarameer, mit den europ. Vorstädten Pera und Galata, den asiat. Vororten Kadiköi und Skutari. Seine Lage sowie der Naturhafen des Goldenen Horns machen I. zum wichtigsten Hafen und Stapelplatz des östl. Mittelmeergebietes (Werften, Fremdenverkehr, Textil-, Leder-, Tabakind. u.a.); Sitz von Bischöfen vieler christl. Bekenntnisse; Univ., TH u.a. Hochschulen; dt. archäolog. Institut. I. hat etwa 700 Moscheen, darunter die früher christl. Hagia Sophia (jetzt Museum), die Sultansmoscheen, 172 christl. Kirchen, viele Denkmäler, Säule des Kaisers Konstantin, röm. Wasserleitung. – I., das ehem. Byzanz, wurde 330 n. Chr. Hptst. des Römischen, 395 des Byzantin. Reiches, 1204 von den Kreuzfahrern erobert, 1261 wieder byzantinisch, 1453 von den Türken erobert.

Isthmus [lat.] der, Landenge, z.B. der **I. von Korinth;** dort fanden im Altertum beim Heiligtum des Poseidon die **Isthm. Spiele** mit sportl. und musischen Wettkämpfen statt.

Istiklal [arab. »Unabhängigkeit«], nationalist. Parteien in arab. Ländern (Marokko, Irak).

Istranca Dağ [istr'andʒa da:], **Istranca Dağları,** Gebirge im nördl. türk. Thrakien und im südöstl. Bulgarien, bis 1018 m hoch.

Istrati, Panait, rumän. Schriftst., *1884, †1935; schrieb Romane aus balkan. Milieu in frz. Sprache.

Istri|en, Halbinsel am N-Ende des Adriat. Meeres; verkarstetes Kalkgebiet mit hafenreicher Westküste; 3800 km^2. Haupthäfen: Triest, Pula. I. kam im 13. Jh. größtenteils an Venedig, 1797 an Österreich, 1920 an Italien, 1947/54 an Jugoslawien, außer Triest.

Istwäonen, Istävonen Mz., einer der großen german. Stammesverbände, aus dem die Franken hervorgingen.

it., Abk. für →item.

Itabira, früher **Presidente Vargas,** Stadt im brasilian. Staat Minas Gerais, 40 000 Ew., Mittelpunkt eines der reichsten Eisenerzgebiete der Welt.

Itaipú, größtes Wasserkraftwerk der Erde, am Paraná, im Bau befindlich; Gemeinschaftsprojekt von Brasilien und Paraguay; Fertigstellung bis 1991 geplant, 1984 mit 2 Generatoren eingeweiht.

Itala die, altlat. Bibelübersetzung.

Italiaander, Rolf, Schriftst., *1913; Gedichte, Schauspiele, Kinder- und Reisebücher.

Itali|en, ital. **Italia,** Rep. auf der Apenninhalbinsel, mit Sizilien, Sardinien, Lipar. Inseln, Elba und kleinen Inseln 301 225 km^2, 57,43 Mio. Ew.; Hptst.: Rom. ⊕ S. 491.

Nach der VERFASSUNG vom 1. 1. 1948 ist I. eine Rep. Gesetzgebung durch das Parlament (gewähltes Abgeordnetenhaus; teils gewählter, teils ernannter Senat). Beide wählen gemeinsam auf 7 Jahre den Staatspräs. Er ernennt den MinPräs. und die dem Parlament verantwortl. Minister. – Verwaltungseinteilung in 20 Regionen, darunter 5 mit weitergehender Autonomie: Sizilien, Sardinien, Aostatal, Trentino-Südtirol, Friaul-Julisch-Venetien.

LANDESNATUR. I. besteht aus dem festländ. Italien (Alpengebiet, Po-Ebene), der Apenninhalbinsel (Hauptgebirge der Apennin, in den Abruzzen bis 2914 m hoch) und Insel-Italien. Mit Triest greift I. auf das Gegengestade der Adria über. Die Po-Ebene und die venezian. Ebene sind das einzige große Flachlandgebiet I.s. Tätige Vulkane sind Vesuv, Ätna, Stromboli. Wichtige Flüsse: Po, Etsch, Tiber, Arno. Seen am Alpenrand (Lago Maggiore, Comer-, Iseo-, Gardasee), in Mittel-I. der Trasimen. See. Klima: Im Alpengebiet vorwiegend mitteleuropäisch, dann nach S Übergang zum Mittelmeerklima. Pflanzenwelt: Im N und in den Gebirgen meist mitteleuropäisch, an der Küste und im S mittelmeerisch (Oleander, Lorbeer, Myrte, Zypresse, Pinie; Macchie).

BEVÖLKERUNG. Meist Italiener; in Südtirol auch Deutsche und Ladiner, im Aostatal Franzosen, in Friaul Slowenen, in Süd-I. und Sizilien Albaner. Über 80 Großstädte. Religion: 95% kath. (bis 1984 Staatsreligion), daneben Protestanten, Orthodoxe, Juden.

WIRTSCHAFT. Hauptlandwirtschaftsgebiet die Po-Ebene. Anbau von Weizen, Mais, Zuckerrüben, Oliven, Wein, Südfrüchten; Viehzucht (Rinder, Schafe, Schweine); Fischerei. ⚒ auf Marmor, Erdöl (Sizilien), Erdgas (Po-Ebene), Eisen, Bauxit u.a. Textil-, chem., Kraftfahrzeug-, Maschinen-, Papier- u.a. Ind. Starke Ausnutzung der Wasserkraft, da Mangel an Kohle; Kernkraftwerke. Fremdenverkehr. Ausfuhr: Südfrüchte. Gemüse, Woll- und Baumwollfabrikate, Schuhe, Maschinen, Fahrzeuge, chem. Erzeugnisse, Wein u.a. Einfuhr: Fleisch, Wolle, Kohle, Holz, Maschinen u.a. Haupthandelspartner: EG-Länder, USA, Schweiz, Großbritannien. Das Autobahnnetz (1990: 7000 km) wird ausgebaut. Zahlreiche Häfen, darunter Genua, Neapel, Venedig, La Spezia, Augusta, Livorno, Brindisi; internat. Flughafen: Rom (Fiumicino).

Italien

Ⓖ Über I. im Altertum →römische Geschichte. Nach der Zerstörung des Ostgotenreichs (→Goten) gewann Byzanz für kurze Zeit die Herrschaft über I.; sie wurde jedoch nach dem Einfall der →Langobarden in Ober-I. auf Süd-I. und die Gebiete um Rom und Ravenna beschränkt. Die Annäherung

italienische Kunst: 1 Fra Angelico: Der hl. Dominikus. **2** P. Lorenzetti: Szene aus dem Altar der Heiligen Demut; 1341. **3** G. Bellini: Madonna mit Bäumchen

1

2

3

1

2

3

italienische Kunst: **1** Raffael: Madonna Colonna; um 1507. **2** Tintoretto: Der hl. Markus befreit einen Sarazenen aus Seenot; um 1562. **3** Carrà: Pinie am Meer; 1921

der Päpste an das Frankenreich führte zur Entstehung des →Kirchenstaates (→Pippin). Nach der Krönung (800) Karls d. Gr., der 774 die Langobardenkrone gewann, stritten Päpste und Kaiser in der Nachfolge des Röm. Reiches um die Macht. In Unter-I. und Sizilien errichteten im 11. Jh. die →Normannen ein Reich; es fiel 1194 in stauf. Hand, 1265 an Anjou. Nach dem Zusammenbruch der Hohenstaufen-Kaiser entstanden in Ober- und Mittel-I. selbständige Mittel- und Kleinstaaten, so das Hzgt. Mailand unter den Visconti, Florenz unter den Medici (später Groß-Hzgt. Toskana), Piemont-Savoyen und die Adelsfreistaaten Venedig und Genua, die zu den führenden Handels- und Seemächten des Mittelmeers wurden. Trotz der polit. Zerrissenheit war I. im 14. Jh. bis 16. Jh. der Mittelpunkt des Humanismus und der Renaissance. Im Kampf gegen Frankreich errang Spanien (Habsburg) im 16. Jh. die Vorherrschaft in I. Die Herrscher von Piemont-Savoyen erlangten 1718-20 die Königskrone von Sardinien; die Vorherrschaft in I. fiel an Österreich. Die Herrschaft über Neapel und Sizilien fiel 1735 an die Bourbonen. 1796 rissen die frz. Revolutionstruppen die Macht in I. an sich und errichteten abhängige Freistaaten. 1805 machte sich Napoleon auch zum König von I., in Neapel setzte er seinen Schwager Murat ein. 1815 stellte der Wiener Kongreß die Vorherrschaft Österreichs (Lombardo-Venezian. Kgr., Toskana, Modena), den Kirchenstaat, das Kgr. Sardinien-Piemont und das bourbon. Kgr. Neapel wieder her. Gegen die österr. Fremdherrschaft richtete sich die seit 1800 entstandene Einheits- und Freiheitsbewegung, das »Risorgimento«. Die Revolution von 1848/49 wurde durch die Österreicher niedergeschlagen (Custozza, Novara). Nachdem Cavour frz. Hilfe gewonnen hatte, wurden die Österreicher 1859 bei Magenta und Solferino besiegt und traten die Lombardei ab. Auf Grund von Volksabstimmungen vereinigte Cavour auch Toskana, einen Teil des Kirchenstaats und Neapel-Sizilien, wo der Freischarenzug Garibaldis die Bourbonenherrschaft stürzte, mit Piemont-Sardinien; Viktor-Emanuel II. nahm 1861 den Titel eines Königs von I. an (Hptst. Florenz). Als Verbündeter Preußens gewann I. 1866 noch Venetien (→Deutscher Krieg von 1866). 1870 wurde Rom besetzt, 1871 zur Hptst. erhoben, der Kirchenstaat beseitigt. 1882 schloß I. den Dreibund mit dem Dt. Reich und Österreich-Ungarn ab, obwohl die →Irredenta ein gespanntes Verhältnis zu Österreich verursachte. 1911/12 wurde das bisher türk. Libyen erobert. Im Weltkrieg I trat I. im Mai 1915 an die Seite der Entente. 1919 gewann es Südtirol bis zum Brenner, Triest, Istrien u. a. Der von Mussolini 1919 geschaffene →Faschismus äußerte sich als scharfer Nationalismus. In den Lateranverträgen von 1929 verständigte sich Mussolini mit der Kirche. Nach kleineren außenpolit. Erfolgen unterwarf er 1935/36 Äthiopien. 1939 wurde Albanien besetzt. 1940 trat I. auf seiten Dtl.s in den 2. Weltkrieg ein. Dem Sturz Mussolinis (1943) folgten Waffenstillstand und Kriegserklärung an Dtl. 1946 wurde I. Rep. 1947 verlor es Istrien, die Dalmatin. Inseln und Fiume an Jugoslawien, den Dodekanes an Griechenland, kleinere Grenzgebiete an Frankreich; Triest wurde Freistaat (seit 1954 die Stadt Triest wieder ital., das Hinterland jugoslaw.), Albanien und Äthiopien wieder selbständig. I. mußte auf alle Kolonien verzichten. Seit 1947 starke innerpolit. Auseinandersetzungen zw. Kommunisten und den regierenden Christl. Demokraten (DC), seit 1963 Verbreiterung der Regierungsbasis durch die Beteiligung der Sozialisten. 1976-79 bildeten die Christl. Demokraten eine Einparteien-, 1979-81 unter F. Cossiga eine Mehrparteien-Minderheitsreg., die im Parlament zeitweise von den Kommunisten unterstützt wurde. Mit G. Spadolini (Republikan. Partei) war 1981-82 erstmals ein Politiker außerhalb der DC MinPräs. Nach großen Verlusten bei den Wahlen 1983 blieb die DC auch 1987 stärkste Partei. MinPräs.: G. Andreotti (seit 1989); Staatspräs.: F. Cossiga (seit 1985). – Mitgl. in NATO und EG.

italienische Kunst. Sie entwickelte sich auf der Grundlage des spätantiken Erbes und der byzantin. Kunst nur langsam zu nat. Eigenart. Ihr Beitrag zur Ausbildung der Romanik war geringer als der des Nordens, trotz großartiger Bauten wie des Domes zu Pisa, bedeutender Wandmalerei und früher Pflege des Tafelbildes. Die Gotik nahm die i. K. mit grundlegenden Umwandlungen auf, in denen sich der nat. Gestaltungswille epochemachend anzeigte; die entscheidenden Meister: Arnolfo di Cambio (Baumeister), Giovanni Pisano (Bildhauer), Giotto (Maler). Das 15. Jh. brachte, in ständiger Auseinandersetzung mit der Gotik und wachsender Ergriffenheit von der Antike, die Entwicklung zur Renaissance, die um 1500 zu ihrem Höhepunkt kam und Italien zur führenden Kunstmacht Europas erhob. Baumeister: Brunelleschi, Alberti, Michelozzo; Bildhauer: Donatello, L. della Robbia, Quercia, Verrocchio; Maler: Masaccio, Piero della Francesca, Mantegna, die Bellini. Förderlich war, daß die einzelnen Landschaften miteinander wetteiferten (Toskana, Umbrien, Oberitalien, Venedig, später Rom). Die führenden Meister der Hochrenaissance waren: Leonardo, Bramante, Michelangelo, Raffael, Giorgione, Tizian, Palladio. Auch der Barock hat von Italien seine Gestalt erhalten: Vignola, Borromini, C. Maderna (Baumeister), Bernini (Bildhauer, Baumeister), Tintoretto, Carracci, Caravaggio, Pietro da Cortona, Domenichino, Guercino, Reni, Tiepolo (Maler). Das Rokokko war nur Episode (wichtig sind die beiden Canaletto und Guardi), breiter ist die Wirkung des sich schon früh anbahnenden Klassizismus (Canova). Seit dem Futurismus gewann die i. K. neue Bedeutung (Maler: G. de Chirico, C. Carrà; Bildhauer: M. Marini, G. Manzù). In neuerer Zeit wandten sich Santomaso, Corpora, Vedova der abstrakten Malerei zu. Seit 1960 etwa entstehen Gegenströmungen mit Perilli, Novelli, Manzoni. Den polit. Realismus repräsentiert Guttuso, Strömungen des Neuen Realismus vertreten Gnoli und Cremonini. Die mod. Architektur setzte mit Sant Elia ein; bed. Betonbauten schuf Nervi. (BILDER S. 399, 400)

italienische Literatur. Sie beginnt später als die Literatur der anderen roman. Länder, da der Gebrauch des Lateins in Italien länger lebendig blieb. Am Hofe Kaiser Friedrichs II. in Palermo wurde zuerst die provenzal. Troubadourdichtung in Vulgärsprache nachgeahmt. Fast gleichzeitig entstanden die ersten Ansätze relig. Volksdichtung (Franz v. Assisi, Jacopone da Todi). Die sizilian. Dichterschule wurde von nord- und mittelital. Dichtern abgelöst (»süßer neuer Stil«). Im 14. Jh. erreichte die i. L. bereits ihren ersten Höhepunkt mit dem Dreigestirn: Dante (»Göttl. Komödie«), Petrarca, Boccaccio (»Decamerone«). Die Wiederbeschäftigung mit der antiken Literatur (→ Humanismus) führte dann Ende des 15. und im 16. Jh. zur zweiten Blütezeit (Renaissance): Ritterepen von Boiardo, Ariost, Tasso, wissenschaftl. und philosoph. Prosa von Leonardo da Vinci, Machiavelli, im 17. Jh. von G. Bruno, Campanella. »Schäferspiel« (Tasso, Guarini) und Stegreifkomödie (Commedia dell'arte) wurden in ganz Europa nachgeahmt. Seit Marinos Versepos »Adone« (1623) wurde die ital. Dichtung prunkhaft, spitzfindig (Marinismus). Seit Mitte des 18. Jh. neuer Aufstieg: Goldoni (Lustspiele), Gozzi (Märchenspiele). Alfieri (Tragödien), Foscolo. Die i. L. der romant. Zeit (Manzoni »Die Verlobten«; Leopardi) trug wesentlich zur polit. Einigung Italiens bei. Neuere Zeit: Carducci, Pascoli, A. Negri, G. Verga, d'Annunzio, G. Deledda, Pirandello, Marinetti (→ Futurismus), B. Croce. Gegenwart: Lyriker (Ungaretti, Saba, Montale, Quasimodo) und Erzähler (R. Bacchelli, I. Silone, A. Moravia, C. Pavese, D. Buzzatti, G. Tomasi di Lampedusa, I. Calvino, P. Levi, R. Volponi, C. E. Gadda, U. Eco), Dramatiker (U. Betti, D. Fabbri).

italienische Musik. Sie ist durch ihre immer wieder hervortretende Neigung zu schönem Gesang (belcanto) und eingängigen Klangwirkungen gekennzeichnet. Der das abendländ. Musikschaffen auslösende Gregorian. Choral ging von Italien aus. Dort entstand auch im 11. Jh. aus den → Neumen die abendländ. Notenschrift. Der Beitrag Italiens zur Mehrstimmigkeit war gering. Die geistl. volkssprachigen Lieder des 13. Jh., die Lauden, blieben einstimmig. Erst das 14. Jh. brachte die Mehrstimmigkeit (Madrigal). Im 15. und frühen 16. Jh. herrschten auch in Italien die Niederländer (Dufay, Josquin des Prez, Isaac, Orlando di Lasso). Eine revolutionäre Tat stellte die mehrstimmige A-capella-Musik von Palestrina (1525-94) dar. Ebenso epochemachend war die Schöpfung der → Oper um 1600, deren größter Meister Monteverdi wurde. Daneben entstanden das geistl. Oratorium (Carissimi), das Concerto (erst vokal, dann instrumental; Corelli, Vivaldi), Instrumentalgatt. wie die → Toccata (Merulo). Von Bedeutung wurde auch die Klaviermusik D. Scarlattis. Seit dem 18., bis ins 19. Jh. wirkte die i. M. hauptsächlich durch ihre ernsten und kom. Opern (A. Scarlatti, Pergolesi, Rossini, Bellini, Donizetti, Spontini). Größter dramat. Opernkomponist war Verdi. Nach ihm sind Mascagni, Leoncavallo, Puccini, Wolf-Ferrari, ferner Pizzetti, Malipiero, Casella zu nennen. Von jüngeren Komponisten wurden u. a. Petrassi, Dallapiccola, Peragallo, Maderna, Nono, Berio bekannt.

italienische Sprache, aus lat. Volksmundarten entwickelte roman. Sprache in Italien, dem Tessin und in Teilen Graubündens. Ital. Dialekte werden auf Korsika, in Istrien und z. T. an der Küste N-Dalmatiens gesprochen.

Italiker, moderner Name für eine Gruppe indogerman. Volksstämme, die gegen Ende des 2. Jahrtsds. v. Chr. in Italien einwanderten, darunter die Latiner (Römer).

item [lat.], **it.,** ebenso, gleichfalls, ferner.

Iterativum [lat.] das, -s/-va, Zeitwort der Wiederholung, z. B. hüsteln, öfter husten.

Ith der, Gebirgsrücken westl. der Leine, im Lauensteiner Kopf 439 m hoch.

Ithaka, neugr. **Ithaki,** eine der Ionischen Inseln; bei Homer: Heimat des Odysseus (nach einigen neueren Forschern ist das Homerische I. gleich Leukas); Haupterzeugnisse: Korinthen, Wein, Oliven. Hauptort: Ithaki.

Itinerar [lat.] das, -s/...rien, **1)** Reisebeschreibung mit Verzeichnis der Haltepunkte und Entfernungen. **2)** Aufenthaltsorte und Reisewege der mittelalterl. Herrscher, nach den unterwegs ausgestellten Urkunden rekonstruiert. **3)** 🌐 Wegeaufnahme der Forschungsreisenden in noch nicht vermessenen Gebieten.

Itzehoe [-h'o:], Stadt in Schlesw.-Holst., an der Stör, 32 500 Ew.: Zement-, Papier-, Textil-Ind., Druckereien.

ius [lat.] das, Recht (→ Jus).

i. V., Abk. für **i**n **V**ertretung.

Iwan [russ. »Johannes«], russ. Zaren. **1) I. III.** (1462-1505), vereinigte fast alle russ. Teilfürstentümer mit Moskau, beseitigte 1480 die Oberhoheit der Tataren und begründete so als »Herr von ganz Rußland« den russ. Nationalstaat. **2) I. IV., der Schreckliche** (1533-84), verband staatsmänn. Geschick (Förderung von Handel und Gewerbe, Verbindung mit Westeuropa) mit grausamem Despotismus, eroberte Kasan und Astrachan; unter ihm begann die Unterwerfung Sibiriens.

Iwanowo, Stadt in der UdSSR, nordöstl. von Moskau, 476 000 Ew.; Hochschulen; Textil-Ind., Chemie-Kombinat, Maschinenbau, Nahrungsmittel- u. a. Ind., Erdöl- und Holzverarbeitung.

Iwaszkiewicz [ivaʃkj'ɛvitʃ], Jarosław, poln. Schriftst., *1894, †1980; Romane, Lyrik.

Iwein, Ritter der Tafelrunde des Königs Artus; mhd. Epos von Hartmann von Aue.

IWF, → Internationaler Währungsfonds.

Iwrith, amtl. Umgangs- und Behördensprache des Staates Israel.

Izmir, grch. **Smyrna,** Stadt in der kleinasiat. Türkei, am Golf von S., 946 000 Ew.; Hafen; Univ.; Teppich-, Textil- u. a. Ind.

Izmit, türk. Stadt am Marmarameer, 191 500 Ew.

Iztaccihuatl, Ixtaccihuatl [istaksi'uatl, aztekisch »Weiße Frau«], erloschener Vulkan im SO der Stadt Mexiko. 5286 m hoch.

J

j, J [jɔt, nach grch. iota, österr. je] das, **1)** Mitlaut; der zehnte Buchstabe des dt. Abc. **2) J,** ehemal. chem. Symbol für Jod, heute I. **3)** ⊠ **J,** Energieeinheit, Joule.

Jabalpur [dʒ'ʌbəlpʊə], **Dschạbalpur,** Stadt in Madhya Pradesh, Indien, 649 200 Ew.; Verkehrsknoten, Handelsplatz; Univ.; Textil-Ind.; militär. Werkstätten.

Jạblonowyj-Gebirge, Jạblonoi-Gebirge, Gebirge in Ostsibirien, bis 1702 m, reich an Erzen, Wasserscheide, Amur/Lena.

Jablụnkagebirge, Teil der W-Beskiden, bis 1082 m hoch, mit dem **Jablunkapaß** (552 m).

Jabot [ʒab'o, frz.] das, Brustkrause am Männerhemd des 18. und 19. Jh., später an Blusen und Damenkleidern.

Jacquardmaschine

Jacarạnda, Pflanzengatt. im warmen Amerika; Bäume mit meist doppelt gefiederten Blättern, roten oder blauen Blüten; einige Arten geben das Edelholz → Palisander.

Jacht, → Yacht.

Jack [dʒæk, engl.], Kurzform von Johann.

Jacketkrone [dʒ'ækıt-, engl.], Zahnkrone aus Porzellan oder Kunststoff.

Jackson [dʒ'æksn], Hptst. von Mississippi, USA, am oberen Pearl River. 208 500 Ew.; vielseitige Ind., in der Umgebung Erdöl-, Erdgasfeld.

Jade (geschliffen)

Jackson [dʒ'æksn], **1)** Andrew, *1767, †1845; 7. Präs. der USA (1829-37); besiegte die Engländer bei New Orleans (1815). **2)** Mahalia, amerikan. Gospelsängerin, *1911, †1972.

Jacksonville [dʒ'æksnvıl], Stadt in Florida, USA, 610 000 Ew.; Winterkurort; größter Industrieort des Staates mit bed. Leichtind.

Jacọbi, Friedrich Heinrich, Philosoph, *1743, †1819; verfocht i. Ggs. zur Aufklärung eine Gefühls- und Glaubensphilosophie.

Jacobsen, Jens Peter, dän. Dichter, *1847, †1885; impressionist. Lyriker, Erzähler. Histor. Roman: »Frau Marie Grubbe«.

Jacquardmaschine [ʒak'a:r-, frz.], Webmaschine zur Herstellung von reich- und großgemusterten Geweben; nach dem frz. Weber J. M. Jacquard (*1752, †1834).

Jacques [ʒak, frz.], Jakob.

Jade die, Handelsname für Chloromelanit, Nephrit, Jadeit, grünl. Minerale.

Jade die, schiffbarer Küstenfluß in Oldenburg, mündet in den **Jadebusen** (190 km² groß) der Nordsee.

Jahn

Jaeger, 1) Henry, Schriftst., *1927; sozialkrit. und Unterhaltungsromane. **2)** Werner, *1888, †1961; Sprach- und Altertumsforscher.

Jaeggi [jɛ-], Urs, schweizer. Soziologe und Schriftsteller, *1931; polit. Romane (Brandeis, Grundrisse u. a.).

Jaén [xa'ɛn], Stadt in S-Spanien, 87 600 Ew.; Bischofssitz; Kathedrale.

Jaensch, Erich, Psychologe, *1883, †1940; Entdecker der → Eidetik, entwarf eine psycholog. Typenlehre.

Jaffa, grch. **Joppe,** Hafenstadt in Israel, am Mittelmeer, Doppelstadt mit Tel Aviv. – Hauptlandungsplatz der Kreuzfahrer.

Jaguar

Jagd, Weid-, Waidwerk, weidgerechtes Erlegen, Fangen und Hegen des Wildes, berufsmäßig vom Förster oder Jagdhüter betrieben. Die J. auf Hochwild (alles Schalen- außer Rehwild), Auergeflügel, Stein- und Seeadler heißt **hohe,** auf alle anderen Wildarten **niedere J.;** Arten: **Suche** (Federwild u. a.), **Pirschen** (Schalenwild), **Anstand** (Ansitz), **Treib-, Hetz-, Fang-J., Graben** (Dachs, Fuchs), **Frettieren** (Kaninchen), **Beize** (Falken), **Hütten-J.** (Greifvögel). Die J. ist in Dtl. wie in den meisten Kulturstaaten durch Gesetze geregelt. → Jagdrecht, → Jagdschein, → Schonzeit.

Jagdhunde, bes. Schweißhunde; jagende Hunde: Dachsbracke, Foxterrier, Cocker-Spaniel u. a.

Jagdrecht, ausschließl. Befugnis, jagdbaren Tieren nachzustellen; geregelt im Bundesjagdges. i. d. F. v. 29. 9. 1976 (mit neuem Katalog über die jagdbaren Tiere). **Jagdwilderei,** die Verletzung fremden Jagdrechtes, wird mit Freiheitsstrafe bestraft (§§ 292 ff. StGB).

Jagdschein, Ausweis für die Ausübung der Jagd, von der unteren Polizeibehörde ausgestellt, setzt abgelegte Jägerprüfung voraus.

Jagen das, ‡ von Schneisen eingeschlossenes Forststück.

Jägerlatein, übertriebene oder erfundene Jagdgeschichten.

Jägerndorf, tschech. **Krnov** [k'rnɔf], Stadt in der ČSFR, an der Oppa, 26 400 Ew.; Orgelbau, Tuch-Ind. Alter schles. Herzogssitz.

Jagiełło [poln.], **Jogaila** [litauisch], Großfürst von Litauen, †1434; wurde 1386 Christ und als **Wladislaw II.** poln. König, besiegte den Dt. Orden bei Tannenberg (1410). Die **Jagiellọnen** herrschten bis 1572 in Polen.

Jagst die, rechter Nebenfluß des Neckars, 196 km, mündet bei Friedrichshall.

Jaguar der, gefährlichste Großkatze Amerikas, 1,5-2 m lang, rostgelb mit schwarzen Flecken oder Ringen, am Bauch weiß, oft ganz schwarz; lebt von Patagonien bis Texas in feuchten Waldungen.

Jahn, Friedrich Ludwig, *1778, †1852; Gymnasiallehrer, nach dem Zusammenbruch Preußens 1806 Vorkämpfer einer nat. Erziehung, bes. des Turnens (Turnvater); später als »Demagoge« verfolgt, 1848 in die Nationalversammlung gewählt.

Jähn, Sigmund, Fliegeroffizier der Dt. Dem. Rep., *1937; erster dt. Raumfahrer mit Sojus 31/29 und Saljut 6 (1978).

Jahnn, Hans Henny, Schriftst., Orgelbauer, Biologe, *1894, †1959; Dramen (»Pastor Ephraim Magnus«), Romane (»Fluß ohne Ufer«).

Jahr das, durch den Umlauf der Erde um die Sonne festgelegte Zeiteinheit. Dem bürgerl. Jahr der Kalenderrechnung liegt das **trop. J.,** d. h. die Zeit zw. 2 Durchgängen der Sonne durch den Frühlingspunkt = 365 Tage, 5 h, 48 min., 46 s, zugrunde. Das **sider. J. (Stern-J),** d. h. die Zeit zw. 2 Durchgängen der Sonne durch eine bestimmte Stellung zu einem Fixstern, ist wegen der → Präzession der Erdachse etwa 20 min. länger als das trop. Jahr.

Jahresabschluß, jährl. Abschluß der Buchführung, muß von Aktiengesellschaften veröffentlicht werden. (→ Bilanz)

Jahreszeiten, die 4 durch den Stand der Sonne bestimmten Teile des Jahres: Frühling, Sommer, Herbst, Winter. Der Wechsel der J. beruht darauf, daß die Umdrehungsachse der Erde auf der Erdbahnebene nicht senkrecht steht, sondern in einem Winkel von 66,5°. Die **astronom. J.** sind auf der:

Nordhalbkugel	Zeit	Südhalbkugel
Frühling	21. 3.-22. 6.	Herbst
Sommer	22. 6.-23. 9.	Winter
Herbst	23. 9.-22.12.	Frühling
Winter	22.12.-21. 3.	Sommer

Jahrring, → Holz.
Jahwe, überliefert auch als **Jehova,** der Name Gottes bei den Israeliten.
Jaila, Gebirge im S der Halbinsel Krim, bis 1545 m hoch.
Jaina, Angehöriger der ind. Religion des **Jainismus,** mit heute 2,6 Mio. Bekennern. Die Religion, im 5. Jh. v. Chr. gestiftet, hat viele Berührungspunkte mit dem Buddhismus.
Jaipur, Hptst. von Rajasthan, Indien, 977200 Ew.; Textilind., Edelsteinschleiferei, Univ.
Jakarta, bis 1950 **Batavia,** Hptst. Indonesiens, 7,3 Mio. Ew.; Hafen an der Nordküste von Java, wichtiger Handelsplatz im Malaiischen Archipel; Teeausfuhr. Univ.
Jako der, Graupapagei.
Jakob [hebr. »Fersenhalter«], männl. Vorname.
Jakob, Sohn Isaaks, durch seine 12 Söhne Stammvater der 12 Stämme Israels.
Jakob, König von Großbritannien. **1) J. I.** (1603-25), Sohn der Maria Stuart, seit 1567 König von Schottland; die Aussöhnung mit den Katholiken vereitelte die → Pulververschwörung. **2) J. II.** (1685-88), seit 1672 kath., wurde von seinem protestant. Schwiegersohn Wilhelm III. von Oranien gestürzt und floh nach Frankreich.
Jakobiner Mz., der bedeutendste und radikalste polit. Klub der Frz. Revolution, genannt nach seinem Tagungsort, dem ehem. Dominikanerkloster St. Jakob in Paris. Die J. waren die eigentl. Träger der Schreckensherrschaft von 1793/94 (Robespierre). Ihr Zeichen war die rote **J.-Mütze,** als **phryg. Mütze** seit dem Altertum am Mittelmeer gebräuchlich.
Jakobiten Mz., **1)** christl. Sekte der Monophysiten in Syrien (nach dem syr. Mönch Jakob Baradäus). **2)** Anhänger des 1688 vertriebenen → Jakob II. Stuart.
Jakobus, 1) J. der Ältere, Apostel, Fischer, Sohn des Zebedäus, Bruder des Evangelisten Johannes, † (hingerichtet) 44 n. Chr.; Tag: 25. 7. **2) J. der Jüngere,** Apostel, Sohn des Alphäus; Tag: 11. 5. **3)** Bruder (nach kath. Lehre Vetter) Jesu, ein Haupt der ersten christl. Gemeinde Jerusalems, 62 n. Chr. gesteinigt. Tag: 11. 5.
Jakobusbrief, wichtige judenchristl. Schrift im N. T.
Jakuten, Türkvolk an der mittleren und unteren Lena; Pferde- und Rentierzüchter. **Jakut. ASSR,** autonome Sowjetrep. (seit 1922) in der Russ. SFSR, in NO-Asien, 3103200 km², 1 Mio. Ew. (J., Russen u. a.); Hptst.: Jakutsk. Kälteste Gebiete der Erde. Reiche Bodenschätze (Kohle, Gold, NE-Metalle, Erdöl).
Jalape, Jalappe, mexikan. Windengewächs mit großen roten Blüten.
Jalousie [ʒaluz'iː, frz. »Eifersucht«] die, verstellbarer Sonnenschutz vor Fenstern.
Jalta, Hafenstadt und Kurort auf der Krim, UdSSR, 89000 Ew. Auf der **J.-Konferenz** (Febr. 1945) einigten sich Roosevelt, Churchill und Stalin u. a. über die Aufteilung Dtl.s in Besatzungszonen, die poln. Ostgrenze, die Bildung von demokrat. Regierungen für Polen und Jugoslawien, die Grundlagen der UNO. Die UdSSR sagte gegen territoriale und polit. Zugeständnisse den Kriegseintritt gegen Japan zu.
Jaluit [dʒ'ælʊɪt], größtes Atoll der Marshall-Inseln, 17 km² Landfläche.
Jam [dʒæm, engl.] das, aus einer Obstart bestehende Marmelade, keine Citrusfrüchte.
Jamaika, Staat auf der Insel J. der Großen Antillen, 10991 km², 2,4 Mio. Ew. (rd. 80% Schwarze, 16% Mulatten); Hptst.: Kingston. Amtssprache: Englisch. Staatsoberhaupt: die brit. Krone, vertreten durch Gen.-Gouv.; Parlament (2 Häuser). – J. ist gebirgig (bis 2257 m hoch). Erzeugnisse: Zucker, Bananen, Kakao, Rum, Citrusfrüchte, Tabak, Nelkenpfeffer; ⚒ auf Bauxit (größter Erzeuger der Welt). Nahrungsmittel-, Zement- u. a. Ind.; Fremdenverkehr. Haupthandelspartner: USA, Großbritannien. Haupthafen: Kingston; Flughäfen: Palisadoes, Montego Bay. – J. wurde 1494 von Kolumbus entdeckt, 1655 britisch; 1962 unabhängig. MinPräs.: M. Manley (seit 1989). ⊕ S. 485.
Jambol, Stadt in Bulgarien, rd. 90200 Ew.; Flughafen; Handel, Ind.
Jamboree [dʒæmbər'iː, engl.] der, **1)** internat. Pfadfindertreffen. **2)** laute Vergnügung.
Jambus, → Iambus.
Jambuse die, **Malay-Apfel,** Obstfrucht von einer indischen Myrtengewächsgatt.
James [dʒeɪmz], **1)** Henry, Bruder von 2), amerikan. Erzähler, *1843, †1916; entwickelte den psycholog. Realismus zu höchster Vollendung. **2)** William, amerikan. Philosoph, Psychologe, *1842, †1910; Vertreter des → Pragmatismus.
Jammu, Stadt in der ind. Provinz J. und Kaschmir, 214000 Ew.; Winterquartier der Provinzverwaltung.
Jamnagar [dʒʌmn'aːgə], Stadt im Staate Gujarat, Indien, 249000 Ew.
Jamnitzer, Wenzel, Goldschmied und Ornamentstecher, *1508, †1585; Meister der dt. Renaissance: Merkelscher Tafelaufsatz.
Jam Session [dʒ'æmseʃən, engl.] die, improvisiertes Spielen von Jazz-Musikern.
Jamshedpur [dʒ'ʌmʃedpʊə], Stadt in Indien, westl. von Kalkutta, 457000 Ew.; Mittelpunkt der indischen Schwerindustrie.
Jämtland, seenreiche Landschaft und Bez. in Mittelschweden, 133500 Ew.; Holzreichtum; einzige Stadt: Östersund.
Janáček [j'anaːtʃɛk], Leoš, tschech. Komponist, *1854, †1928; schrieb, von der mähr. Volksmusik angeregt, Opern (»Jenufa«, »Katja Kabanová«), Orchesterwerke, Lieder.
Jandl, Ernst, Schriftst., *1925; experimentelle Lyrik.
Jangtsekiang der, amtl. **Jangzijiang,** größter und wichtigster Strom Chinas, fließt vom Hochland von Tibet zum Ostchines. Meer; rd. 6300 km lang, 2700 km schiffbar; früher oft verheerende Überschwemmungen; im J.-Delta der Welthafen Shanghai.
Janitscharen Mz., frühere Kerntruppe des türk. Heeres, urspr. aus zum Islam konvertierten christl. Gefangenen gebildet, später durch die Knabenlese; **J.-Musik,** türk. Militärmusikkapelle.
Jan Mayen, norweg. Vulkaninsel, nordöstl. von Island; 373 km² groß, bis 2270 m hoch; Wetterdienststelle, Peilstation.
Jänner [österr.] der, Januar.
Jannings, Emil, Schauspieler, *1884, †1950; Theater, Film (»Der blaue Engel«).
Janosch, eigtl. Horst **Eckert,** Schriftst., Maler, *1931; v. a. Kinderbücher.
Janowitz, Gundula, Sängerin (Sopran), *1937.
Jansenismus der, kath. Richtung im 17. bis 18. Jh., die die Gnadenlehre Augustins entgegen der Kirchenlehre zur Unwiderstehlichkeit der Gnade überspitzte; benannt nach dem niederländ. Bischof Cornelius **Jansen** (*1585, †1638). Hauptsitz der **Jansenisten** war das 1710 zerstörte Kloster Port Royal bei Versailles.
Janssen, 1) Horst, Maler, Graphiker, *1929; figürl. Zeichnungen und Radierungen. **2)** Victor Emanuel, Maler, *1807, †1845; Nazarener.
Januar [lat. januarius, nach → Janus] der, **Hartung,** der erste Monat des Jahres, hat 31 Tage.
Janus, altröm. Gott, Schützer des Hauses, später der Gott des Anfangs; nach außen und innen schauend, daher mit 2 Gesichtern **(Januskopf).** (BILD S. 404)

Jakobinermütze

Jamaika

H. James

Jamnitzer: Zierkanne

Jannings

1

2

japanische Kunst: 1 Aus dem Roman Genji-Monogatari (Yamato-E), 12. Jh. (Samml. Tokugawa). 2 Hiroshige: Wolkenbruch

Japan, japanisch **Nippon,** Kaiserreich in O-Asien, 372313 km², 122,6 Mio. Ew.; Hptst. Tokio. ⊕ S. 483.

VERFASSUNG von 1946: Der Kaiser (Tenno) ist Staatsoberhaupt mit ausschließlich repräsentativen Aufgaben. Die Souveränität liegt beim Volke; Gesetzgebung durch Unterhaus und Oberhaus; vollziehende Gewalt bei der vom Parlament gewählten und ihm verantwortl. Regierung. – Verwaltungsgliederung in 47 Präfekturen (Provinzen).

LANDESNATUR. J. ist eine dem ostasiat. Festland vorgelagerte Inselgruppe (3922 Inseln). Hauptinseln: Hokkaido, Honshu, Shikoku, Kyushu. Die Inseln sind waldreich und gebirgig, mit buchtenreichen Küsten. Rd. 240 Vulkane (36 tätige); am höchsten der Fujisan (3776 m); zahlreiche heiße Quellen, darunter Geysire; häufig Erdbeben. Klima: Im S warme, im N mäßig warme Sommer; kühle bis kalte Winter. Reiche Niederschläge; Monsunwinde, im S häufig Taifune. BEVÖLKERUNG. Meist Japaner; größte Bev.-Dichte im S. Religion: überwiegend Shintoismus und Buddhismus; etwa 734000 evang., 387000 kath. Christen.

Japan

WIRTSCHAFT. Anbau auf rd. 14% der Fläche: Reis, Getreide, Kartoffeln, Süßkartoffeln, Südfrüchte, Zuckerrohr, Tee, Tabak u. a.; Viehzucht (Schweine, Rinder); bedeutender Fisch- und Walfang; Seidenraupenzucht; Forstwirtschaft. Die Bergbauförderung (Kohle, Eisen, Zink, Erdöl, Erdgas u. a.) reicht für den Bedarf nicht aus. Energieerzeugung durch Wasser- und Wärmekraftwerke. J. ist stark industrialisiert: Eisen- und Stahl-, Maschinenind., Fahrzeug-, Lokomotivbau, elektrotechn., opt., feinmechan., Textil-, chem. Ind. Im Schiffbau steht J. an erster Stelle der Welt. Ausfuhr: Textilien, elektr. Maschinen und Apparate, Eisen und Stahl, Fahrzeuge, Chemikalien, Fischereierzeugnisse; Einfuhr: Nahrungsmittel, Rohstoffe, Erdöl, Maschinen; Haupthandelspartner: USA, europ. und asiat. Länder. Eisenbahn rd. 27000 km, Hauptlinie Tokio-Osaka. J. ist eine der führenden Schiffahrtsnationen. Haupthäfen: Kobe, Yokohama, Nagoya, Osaka, Tokio, Shimizu, Wakamatsu, Nagasaki u. a.; internat. Flughäfen: Tokio, Osaka, Sapporo, Fukuoka.

Januskopf: röm. Münzbild, um 200 v. Chr.

Ⓖ Kaiserreich (von Jimmu Tenno begründet) schon vor Chr. Geburt, geriet J. seit 400 n. Chr. unter den Einfluß der chines. Kultur, von der es auch den Buddhismus übernahm. Im 7. Jh. setzte sich die unumschränkte Herrschaft der Kaiser durch. Dann trat der Adel immer mehr in den Vordergrund, und seit dem 12. Jh. war J. ein Lehnsstaat, dessen wirkl. Herrscher der Kronfeldherr (Shogun) an Stelle des machtlosen Kaisers war; die Daimyô waren kleine Fürsten, die Samurai ihre ritterl. Lehnsleute. Um 1550 brachten Jesuiten das Christentum nach J., doch wurde es zu Anfang des 17. Jh. ausgerottet und das Land streng von der Außenwelt abgeschlossen. Seit 1854 mußte es seine Häfen den europ.-amerikan. Handelsmächten öffnen. 1867 dankte der letzte Shogun zugunsten des Kaisers Meiji (bis 1912) ab. Nun wurden Staat, Streitkräfte und Wirtschaft nach europ. Muster umgestaltet. Durch den Krieg gegen China (1894/95) erwarb J. Formosa. 1902 schloß es ein Bündnis mit Großbritannien; es siegte im → Russisch-japanischen Krieg 1904/05, gewann die Herrschaft über Korea sowie Liautung mit Port Arthur und stieg damit zur Großmacht auf. Im 1. Weltkrieg stand es auf seiten der Entente und eroberte 1914 Kiautschou. 1931/32 besetzte J. die Mandschurei und schuf hier den Staat Mandschukuo. 1933 trat es aus dem Völkerbund aus. 1935 setzte es sich auch in N-China fest, 1937 geriet es in offenen Krieg mit der chines. Regierung Tschiang Kai-schek, in dessen Verlauf es einen großen Teil Chinas besetzte. Mit dem Dt. Reich und Italien, mit denen es bereits durch den Antikominternpakt von 1936/37 verbunden war, schloß es 1940 den → Dreimächtepakt. Nach dem Neutralitätsvertrag mit der UdSSR (1941) griff es ohne Kriegserklärung überraschend die amerikan. Flotte in Pearl Harbor an und trat in den Krieg gegen die USA und Großbritannien ein. Trotz anfängl. Erfolge im gesamten ostasiat. Raum unterlag J. den alliierten Streitkräften im Pazifik und mußte nach dem Abwurf der beiden ersten Atombomben im August 1945 kapitulieren. Es verlor alle seit 1895 gewonnenen Gebiete und wurde von amerikan. Truppen besetzt. 1946 Einführung des parlamentar. Systems. Der Friedensvertrag von San Francisco (1951) – ohne UdSSR und Volksrep. China – gab J. die Souveränität zum größten Teil zurück. 1954 wurde mit den USA ein Sicherheitsvertrag abgeschlossen, 1956 der Kriegszustand mit der UdSSR beendet. 1960 schloß J. einen neuen Sicherheitsvertrag mit den USA, der von den Linksparteien bekämpft wurde. Staatsoberhaupt: Kaiser Akihito (seit 1989), MinPräs.: Kaifu Toshiki (seit 1989).

Japaner, Volk auf den japan. Inseln, Mischvolk aus Mongolen, Tungusen, Koreanern, Chinesen, Ainu u. a. seit langem in einer ethn. Einheit verschmolzen. Die J. haben hochentwickelte alte Kultur mit eigener bildender Kunst, Musik und Dichtung (→ japanische Sprache und Schrift); seit dem 19. Jh. wurden westl. Einflüsse aufgenommen.

Japanische Inlandsee, japan. **Setonaikai,** das innerhalb der 3 südwestl. Hauptinseln Japans gelegene Meeresbecken.

japanische Kunst begann mit der Einführung des Buddhismus und entwickelte sich unter chines. Einfluß. In der **Baukunst** überwog die Verwendung von Holz, Tempel-Holzbauten, z. B. der Horyuji in Nara (607), sind die ältesten der Welt. **Malerei** und **Schreibkunst** entstanden um 700. Tuschmalereien auf Goldgrund, bes. Wandschirme und Schiebetüren und seit dem 18. Jh. Farbholzschnitte, herrschen vor. In der **Plastik** wurden Buddhas, Bodhisattwas u. a. Gottheiten aus Bronze, Holz, Trockenlack und Ton gearbeitet, außerdem Masken und Kleinplastiken (→ Netsuke). Zum **Kunsthandwerk** gehört die auf chines. Tradition zurückgehende Lackkunst (Schreibkästen u. ä.), Teegeräte und die seit dem 17. Jh. durch sparsame Schmelzmalereien verzierten Porzellane. Der Metallbearbeitung bot die vornehmste Aufgabe das Schwert.

japanische Literatur. Die bekanntesten Formen der japan. Lyrik sind → Tanka und → Haiku. Zu den Gattungen der Prosadichtung zählen u. a. Monogatari (Sagen- u. Geschichtserzählung), Nikki (Tagebuch) und Zuihitsu (Essay). Traditionelle Formen des Theaters sind → No und → Kabuki. Seit der Mitte des 19. Jh. nahm die j. L. auch Einflüsse westl. Literatur auf.

Japanisches Meer, Meer zw. Ostsibirien und Japan.

japanische Sprache und Schrift, mehrsilbige Sprache, deren Herkunft noch ungeklärt ist. Schrift: die chines., außerdem 2 andere Schriftarten; man schreibt von oben nach unten und von rechts nach links, heute auch von links nach rechts in Querzeilen.

Japanpapier, weiches, seidigglänzendes, dauerhaftes Papier, bes. aus dem Bast des Papiermaulbeerbaumes hergestellt.

Japanseide, reinseidenes, nicht beschwertes Gewebe urspr. japan. Herkunft, in Taftbindung.

Jạphet, Sohn Noahs, Stammvater der kleinasiat. Völker (**Japhetịten;** 1. Mos. 10).

Jardinière [ʒardinj'ɛ:r, frz. »Gärtnerin«] die, **1)** bepflanzter Blumenkorb. **2)** Gemüsesuppe.

Jargon [ʒarg'ɔ̃, frz.] der, besondere Ausdrucksweise eines bestimmten Gesellschaftskreises oder Berufs.

Jarl [altnord.] der, königl. Statthalter.

Jaroslạwl, Stadt in der Russ. SFSR, beiderseits der Wolga, 634 000 Ew.; 2 Kathedralen (17. Jh.), Univ.; Umschlagplatz, Ind.

Jarry [ʒar'i], Alfred, frz. Schriftsteller, *1873, †1907; symbolist. Gedichte.

Jaruzelski, Wojciech, poln. Gen. und Politiker, *1923; seit Feb. 1981 MinPräs, seit Okt. 1981 Erster Partei-Sekr., Dez. 1981-Dez. 1982 auch Vors. des regierenden Militärrats, seit 1989 Staatspräs. (→ Polen)

Jasmịn [pers.] der, **1) Echter J.,** Gatt. der Ölbaumgewächse; Sträucher, meist in wärmeren Ländern, mit trichterförmigen, wohlriechenden gelben oder weißen Blüten; in Südfrankreich z. T. angebaut wegen des Öles **(J.-Öl),** das zu Parfüm verwendet wird; Gartenpflanzen. **2) Falscher J., Pfeifenstrauch,** zu den Steinbrechgewächsen gehöriger Zierstrauch, in Europa, Asien und Amerika; die Wurzelschoße geben Pfeifenrohre.

Jasmund, nordöstl. Halbinsel Rügens; in der Stubbenkammer 122 m hoch.

Jạson, → Iason.

Jaspers, Karl, Philosoph, *1883, †1969; neben Heidegger führender Vertreter der Existenzphilosophie. »Philosophie«, »Der philosoph. Glaube«, »Von der Wahrheit«.

Jạspis der, Mineral, trüber, durch Fremdbeimengungen gefärbter Chalcedon.

Jassy, rumän. **Iași** [jaʃi], rumän. Stadt westl. des Pruth, 313 000 Ew.; Univ.; alte Paläste und Kirchen; Textilind.

Jatagạn [türk.] der, langer, gebogener Säbel der Türken.

Jauche die, **1)** flüssiger Stalldünger (Gülle). **2)** ♡ faulige Wundabsonderung.

Jauer, poln. **Jawor,** Stadt in der poln. Wwschaft Legnica, ehemal. Krst. in Nieder-Schlesien. 23 000 Ew.; Fleischwaren **(Jauersche Würstchen).**

Jaufen der, ital. **Passo del Giovo** [-dʒ'o:vo], Paß in Südtirol, 2094 m, verbindet das Eisacktal mit dem Passeiertal.

Jaunde, → Jaoundé.

Jaurès [ʒor'ɛs], Jean, frz. Politiker, *1859, †(ermordet) 1914; trat für dt.-frz. Verständigung ein.

Jause die, österr.: Vesper.

Jạva, indones. **Djawa,** wichtigste Insel Indonesiens, mit Madura 118 000 km², 88 Mio. Ew. (rd. ⅔ der Ew. Indonesiens); fruchtbar; gebirgig außer im N und O (Vulkane). Klima: tropisch und niederschlagsreich, im O Trokkenzeit. Anbau (z. T. Bewässerung): Reis, Maniok, Mais; meist in Plantagen: Kaffee, Tabak, Kautschuk. ⚒ auf Mangan, Schwefel. Auf J. liegt die Hptst. Jakarta. Dichtestes Eisenbahn- und Straßennetz Indonesiens, Mittelpunkt des Seeverkehrs. – J. wurde 1596 niederländ., war 1811-16 von Engländern, 1942-45 von Japanern besetzt, ist seit 1945 ein Teil Indonesiens.

Javạner, größter Volksstamm der Indonesier, bes. in Mittel-Java.

Jawlẹnsky, Alexej, russ. Maler, *1864, †1941; abstrakt-expressionist. Bilder.

Jazz [dʒæz, Herkunft umstritten] der, um 1900 unter der Negerbev. N-Amerikas aus geistl. (Spirituals) und weltl. (Blues, Arbeitslieder) Gesängen entstandene Musikrichtung. Der J. verwendet europ. Harmonik, europ.-afrikan. Melodik und afrikan. Rhythmik, bei der die Melodieakzente zwischen das durch den Grundschlag (Beat) gegebene metrische Gerüst fallen. Seine Eigenart besteht in der **Improvisation** (dem Abwandeln und Umspielen der Melodie), der starken Betonung des Rhythmus sowie dem häufigen Gebrauch von Synkopen. Er wird gespielt von der **J.-Band,** die bei kleinerer Besetzung **Combo,** bei größerer **Big Band** heißt. Die J.-Band besteht gewöhnlich aus einer Rhythmusgruppe (Schlagzeug, Baß, Klavier, Gitarre, Banjo), auf deren Rhythmus- und Harmoniengerüst die Instrumente der Melodiegruppe das **Arrangement** spielen und anschließend improvisieren (z. B. Saxophon, Posaune, Trompete, Klarinette, Vibraphon). Dem frühesten **J.-Stil,** dem **New Orleans-J.,** folgte in den zwanziger Jahren der von Weißen geschaffene **Dixieland-J.,** dem die rhythm. und harmon. Eigenheiten des negroiden J. urspr. fehlten. In den dreißiger Jahren folgte der u. a. durch besondere melodischrhythm. Spannung charakterisierte **Swing,** in den vierziger Jahren der **Bebop** mit seiner nervösen Rhythmik und Melodik und in den fünfziger Jahren der **Cool-J.,** der u. a. durch entspannte Spielweise gekennzeichnet ist. Die sechziger Jahre waren von 2 Richtungen des modernen J. geprägt, vom rhythmisch intensiven **Hardbop** und vom **Free J.,** der die Formelemente (Rhythmus, Melodik, Harmonik) des J. zugunsten einer freien Gestaltung des Musikstücks aufheben will. Verbindungen des J. u. a. mit Formen der Pop-, Beat- und Rockmusik, des Soul, der klass. sowie der elektron. und exot. (bes. ind.) Musik werden als **J. Rock** oder **Fusion Music** bezeichnet. **J. dance,** Form des zeitgenöss. Kunsttanzes.

Jean [ʒɑ̃, frz.], Johann. **Jeanne** [ʒan], **Jeannette** [ʒan'ɛt], Johanna, Hannchen.

Jean, seit 1964 regierender Großherzog von Luxemburg, *1921, ⚭ 1953 mit Prinzessin Josefine-Charlotte von Belgien.

Jeanne d'Arc [ʒand'ark], → Jungfrau v. Orléans.

Jean Paul [ʒɑ̃], eigentl. Jean Paul Friedrich **Richter,** Dichter, *1763, †1825. Seine Erzählungen und Romane von hoher sprachl. Gestaltungskraft reichen von humorvoller Idyllik bis zu trag. Größe. »Schulmeisterlein Wuz«, »Hesperus«, »Quintus Fixlein«, »Siebenkäs«, »Titan«, »Flegeljahre«.

japanische Kunst: Jokei: Shokannon, 1226

Jaspers

Jean Paul

Jaspis (geschliffen)

Jeans [dʒi:nz] Mz., **Blue J.,** lange enge Hosen aus (meist blauem) Baumwollköper.

Jedermann, allegor. Schauspiel aus dem MA., das Spiel vom reichen Mann im Augenblick des Todes; bearbeitet u.a. von Hofmannsthal.

Jedermann-Funk, der →CB-Funk.

Jefferson [dʒ'efəsn], Thomas, 3. Präs. der USA (1801-09), *1743, †1826; Verfasser der Unabhängigkeitserklärung von 1776, war Gouverneur von Virginia, Gesandter in Paris, Staatssekr. Washingtons; gründete die Demokrat. Partei.

Jehova, →Jahwe.

Jelängerjelieber der, das Echte →Geißblatt.

Jelinek, Elfriede, österreich. Schriftstellerin, *1946; Werke zur Frauenemanzipation, Erz., Romane »Lust« u.a.

Jellinek, Georg, Jurist, *1851, †1911; soziolog. Betrachtung des Rechts.

Jelling, Gem. in Dänemark, Fundort zweier Runensteine.

Jelusich [j'ɛlusitʃ], Mirko, österr. Schriftst., *1886, †1969; Romane.

Jelzin, Boris Nikolajewitsch, sowjet. Politiker, *1931; seit Mai 1989 Mitgl. des Obersten Sowjet, 1990 zum Präs. der Russ. SFSR gewählt, entschiedener Reformpolitiker.

Rep. Jemen

Jemen, Rep. auf der arab. Halbinsel, 1990 durch Zusammenschluß der bisherigen Staaten Arab. Rep. J. und Demokrat. Volksrep. J. entstanden, Hptst.: Sana; während einer Übergangszeit überwacht ein Präsidentschaftsrat Exekutive und Legislative. Präs.: Ali Abdallah Saleh; MinPräs.: Haidar Abu Sakr al-Attas. ⊕ S. 482.

1) Arabische Republik J., bis 1990 Staat im SW der Arab. Halbinsel, 195000 km², 7,5 Mio. Ew. (Araber); Hptst. San'a; Amtssprache: Arabisch. Im W niederschlagsarmer Küstenstreifen, im Innern Gebirgsland mit fruchtbaren Böden (Hirse, Gerste, Mais, Gemüse, Wein, Feigen, Bananen, Kaffee, Tabak), im O Wüste (Dattelpalmen). Eisenerzlager. Ausfuhr: Kaffee (früher Hafen Mokka), Häute, Felle. Haupthafen: Hodeida. – Seit 1517 gehörte J. zum Osman. Reich, 1918 bis 1962 unabhängig. Kgr., Rep. seit 1965. Nach der durch Staatsstreich herbeigeführten provisor. Verf. v. 1974 regiert eine Militärjunta.

Jerusalem

2) Demokrat. Volksrep. J., bis 1990 eigenständiger Staat, eine durch Vereinigung ehemals brit. Besitzungen 1967 gegr. Volksrep., 288000 km², 2,4 Mio. Ew. Hptst.: Aden. Größte Stadt und wichtigster Hafen ist Aden. An eine breite Küstenregion schließen sich Hochländer an; meist wüstenhaft. Anbau (in Wadis, Oasen): Datteln, Getreide; nomad. Viehzucht, Handel. 1538 bis Ende 17. Jh. war Aden türkisch; seit 1839 setzten sich die Briten fest. Die 1959 gegr. Südarab. Föderation von Sultanaten und Emiraten unter brit. Oberhoheit ging mit dem O-Protektorat Aden 1967 in der Volksrep. Südjemen auf.

Jerusalem: Felsendom

Jena, Krst. im Bez. Gera, an der Saale, 108000 Ew.; Univ. (gegr. 1558), Inst. f. Mikrobiologie, 2 Sternwarten, Hochschule für Optiker, Konservatorium; Glaswerke (Jenaer Glas), opt. Werkstätte (Zeiss-Werke). In der **Doppelschlacht von J. und Auerstedt** 1806 Sieg Napoleons über Preußen.

Jenaer Glas, feuerfestes Glas für wissenschaftl., opt. und Haushalt-Zwecke; zuerst von O. Schott in Jena hergestellt.

Jenakijewo, 1936-44 **Ordschonikidse,** Stadt im Donezbecken, Ukrain. SSR, 117000 Ew., Steinkohle.

Jenatsch, Georg (Jürg); Graubündener Freiheitsheld, *1596, †(ermordet) 1639; befreite 1637 Graubünden von den Franzosen; Roman von C. F. Meyer.

Jenissej der, Strom in Sibirien, 4092 km lang, ab Minussinsk schiffbar.

Jenner [dʒ'enə], Edward, engl. Landarzt, *1749, †1823; führte die Pockenschutzimpfung ein.

Jenninger, Philipp, Politiker (CDU), *1932; Staatsmin. im Bundeskanzleramt 1982 bis 1984, Bundestagspräs. (1984-88).

Jens, Walter, klass. Philologe, Schriftst., *1923; Romane, Hörspiele.

Jensen, Johannes Vilhelm, dän. Dichter, *1873, †1950; Nobelpreis 1944.

Jeremias, Prophet des A.T., verkündete den Untergang des Reiches Juda. Die **Klagelieder Jeremiä** stammen nicht von ihm.

Jerez de la Frontera [xɛr'ɛθ], Stadt in Spanien, 176000 Ew.; Weinbau (Sherry). 711 Sieg der Araber über die Westgoten.

Jericho, uralte Stadt im Jordantal, unweit vom Toten Meer; Ausgrabungen.

Jericho-Rose, Kreuzblüter des östl. Mittelmeeres, ballt sich in der Trockenzeit zusammen, entfaltet sich bei Befeuchtung.

Jerne, Niels Kaj, dän. Mediziner, *1911; für immunbiolog. Forschungen 1984 Nobelpreis für Physiologie und Medizin zus. mit C. Milstein und G. Köhler.

Jerobeam, Könige von Israel. **1) J. I.,** 926 bis 907 v. Chr., wurde nach Salomos Tod König von Israel, das er polit. und kulturell von Juda trennte. **2) J. II.,** 787-747 v. Chr.

Jerome [dʒər'əUm], Jerome Klapka, engl. Erzähler, *1859, †1927; »Drei Mann in einem Boot«.

Jérôme [ʒer'o:m] **Bonaparte,** jüngster Bruder Napoleons I., war 1807-13 König von Westfalen mit Sitz in Kassel (»König Lustig«).

Jersey [dʒ'ə:zɪ], die größte der brit. →Normannischen Inseln, 116 km², 80200 Ew.; Hauptstadt: Saint Hélier; Amtssprache Französisch; Ausfuhr: Kartoffeln, Tomaten; Fremdenverkehr.

Jersey [dʒ'ə:zɪ] der, **1)** gewebeähnl. Wirk- oder Strickware. **2)** Kreppgewebe aus Seide oder Chemiefaser.

Jersey City [dʒ'ə:zɪ s'ɪtɪ], Hafenstadt in New Jersey, USA, am Hudson gegenüber New York, 219500 Ew.; Schiffswerften, Erdölraffinerien u.a.

Jerusalem, zweigeteilt in einen israel. Teil, seit 1950 Hptst. Israels, und einen jordan.; Juni 1967 wurde der jordan. Teil J.s mit dem israel. verwaltungsmäßig zusammengefaßt (482500 Ew.). Wallfahrtsort der Christen, Juden und Muslime. J. liegt auf einer wasserarmen Kalkhochebene. Die alte, von einer Ringmauer umschlossene Stadt besteht aus dem christl. Viertel mit der Grabeskirche, der dt. evang. Erlöserkirche, vielen Klöstern, dem islam. Viertel mit dem Felsendom auf dem Tempelplatz, dem jüd. und dem armen. Viertel. Außerhalb der Ringmauer sind mehrere Vorstädte, christl. Kolonien und jüd. Niederlassungen entstanden. J. ist Sitz von Bischöfen aller christl. Bekenntnisse, hat hebr. Universität, muslim. theolog. Fakultät.

⊕ J., schon im 19. Jh. v. Chr. erwähnt, wurde von David erobert und zur Hptst. Palästinas gemacht, 587 von Nebukadnezar zerstört, später wieder aufgebaut, seit 63 v. Chr. römisch, 70 n. Chr. von Titus gänzlich zerstört, 130 von Hadrian wiederhergestellt. Seit 326 christlich, wurde J. 637 von den Arabern eingenommen. 1099 wurde es von den Kreuzfahrern erobert, war dann Hptst. des **Königreichs J.** bis 1187, als Sultan Saladin die Stadt einnahm. Seit 1244 stand J. ununterbrochen unter der Macht des Islams; seit 1517 türkisch. 1917 besetzten die Engländer die Stadt. (BILDER S. 406)

Jesaja, einer der großen Propheten des A.T., wirkte 740-701 v. Chr.

Jesse, grch. Form für hebr. **Isai,** Vater des israel. Königs David. **Wurzel J.,** bildl. Darstellung des Stammbaums Christi, der in dem ruhenden J. wurzelt.

Jessel, Leon, Operettenkomponist, *1871, †1942; »Das Schwarzwaldmädel«.

Jessner, Leopold, Regisseur, *1878, †1945; Begründer einer expressionist., antinaturalist. Spielweise.

Jesuiten, Gesellschaft Jesu, lat. **Societas Jesu,** Abk. **S. J.,** kath. Orden, 1534 von Ignatius von Loyola gegr., 1540 von Papst Paul III. bestätigt. Hauptziel: Ausbreitung der kath. Lehre, Förderung der christl. Sitte, Selbstheiligung. Auf die Pflege der Wissenschaften und eine lange, sorgfältige, strenge Ausbildung der Ordensmitgl. wird bes. Wert gelegt. Die J. bauten ein gutgeleitetes Schulwesen auf **(J.-Schulen).** An der Spitze des Ordens steht der auf Lebenszeit gewählte General mit Sitz in Rom. – Papst Klemens XIV. (1773) hob den Orden auf, Pius VII. stellte ihn 1814 wieder her. In Dtl. wurden die J. 1872 ausgewiesen, 1917 wieder zugelassen.

Jesuitenstaat, die Jesuitenmissionen am Paraná (→ Paraguay, Geschichte).

Jesuitentheater, Jesuitendrama, barockes Drama in lat. Sprache, das an Jesuitenschulen seit 1570 gepflegt wurde.

Jesus Christus [Jesus, grch. Umbildung des hebr. Jeschua, »Jahwe hilft«], Eigenname des Heilandes, des Stifters der christl. Religion, meist verbunden mit dem Beinamen → Christus (→ Christentum). J. wurde wahrscheinlich im Jahre 8 oder 7 vor unserer Zeitrechnung geboren; er starb am Kreuz auf Golgatha, wohl im Jahre 30 n. Chr. Sein Leben beschreibt die Heilsgeschichte (4 Evangelien). Seine Persönlichkeit wird auch von nichtchristl. Schriftst. (Josephus, Tacitus) erwähnt. Sein erster Aufenthaltsort war Nazareth (J. v. Nazareth). Im 30. Lebensjahr begann er, anknüpfend an den Bußprediger Johannes, seine öffentl. Wirksamkeit als Wanderlehrer in Galiläa, die 2 oder 3 Jahre gedauert hat. Er verkündete das Reich Gottes, forderte Sinnesänderung, Nächstenliebe, Hingabe an Gott, den allmächtigen, gütigen Vater. Seine Lehre brachte ihn bald i. Ggs. zu den → Pharisäern und → Sadduzäern, die ihn mit Hilfe der röm. Behörde (des Landpflegers Pilatus) kreuzigen ließen. Nach dem apostol. Glaubensbekenntnis ist J. wahrer, ewiger Gott, zugleich wahrer Mensch, auferstanden von den Toten, von Gott zu sich erhöht.

Jesus People Movement [dʒ'i:zəs p'i:pl m'u:vmənt], Erweckungsbewegung innerhalb der Jugend der USA, die aus dem Protest gegen die Leistungs- und Konsumges. entstand.

JET, Abk. für → **J**oint **E**uropean **T**orus.

Jet, engl. Bez. für ein Flugzeug mit → Strahltriebwerk.

Jet-set [dʒetset] der, wohlhabende internat. Gesellschaftsschicht, »jettet« von einem Vergnügungsort zum anderen.

Jetstream [dʒ'etstri:m, engl.] der, **1)** Strahlströmung, Zone maximaler Windgeschwindigkeit in 8-12 km Höhe über der Erde; Kern mit Windgeschwindigkeiten von 150 bis 300, in Ausnahmefällen bis über 600 km/h. **2)** ♡ Unterwasserdruckstrahl für Massagebehandlung; auch Gegenstromanlage für Schwimmbecken.

Jett [engl. dʒet], der, das, die → Pechkohle.

Jeu [ʒø:, frz.] das, Spiel, Glücksspiel.

Jeunesse dorée [ʒœn'ɛs dɔr'e, frz.] die, vergnügungssüchtige, reiche Großstadtjugend.

Jeunesses musicales [ʒœn'ɛs myzik'al, frz.], internat. Vereinigung zur musikal. Förderung der Jugend.

Jewtuschenko, Jewgenij Aleksandrowitsch, russ. Schriftst., *1933; Lyriker. »Babij Jar« (gegen Antisemitismus), »Mit mir ist folgendes geschehen« u. a.

Jhansi [dʒ-], Stadt in Uttar Pradesh, Indien, 246 000 Ew.; Bahnknoten, Handel.

Jhering [j'er:riŋ], Rudolf v., Rechtsgelehrter, *1818, †1892; begründete die jüngere histor. Rechtsschule.

Jiang Zemin [dʒiaŋ-], chines. Politiker, *1926; seit Ende Juni 1989 Gen.-Sekr. der chines. KP, Mitgl. des Polibüros.

Jiddisch, Judendeutsch, die seit dem 9. Jh. in Dtl. von den Juden aus dt. Mundarten, hebr. und slaw. Bestandteilen herausgebildete Mischsprache; geschrieben und gedruckt mit hebr. Schriftzeichen.

Jiménez [xim'ɛnɛθ], Juan Ramón, span. Lyriker, *1881, †1958; Nobelpreis 1956.

Jinnah, Mohammed Ali, Gründer Pakistans (1947), *1876, †1948.

Jesuiten: Vignette mit jesuit. Emblemen

Jitterbug ['dʒɪtəbʌg], mod. Gesellschaftstanz, um 1935 in Amerika aus dem Swing entstanden.

Jiu-Jitsu [dʒ'iu dʒ'itsu, aus japan. jujutsu »sanfte Kunst«] das, → Jujutsu.

Joachim [hebr. »Jahve richtet auf«], männl. Vorname.

Joachim von Fiore, kath. Theologe, *um 1130, †1202; Ordensgründer. Von ihm stammt der polit. Gedanke des → Dritten Reiches 1).

João Pessoa [ʒ'uãum pɛs'o:a], Hptst. des brasilian. Staates Paraíba, 330 500 Ew.

Job [dʒɔb, engl.] der, Arbeit, Anstellung.

Jobber [dʒ'ɔbə, engl.] der, Börsenspekulant.

Job hopper [dʒɔb h'ɔpə], häufiger Berufs- und Arbeitsplatzwechsler.

Job rotation [dʒɔb rəʊt'eɪʃn], innerbetriebl. Arbeitsplatzwechsel.

Job sharing [dʒɔb ʃ'eərɪŋ], Form der Teilzeitarbeit, bei der sich 2 oder mehr Mitarbeiter einen Arbeitsplatz teilen.

Joch das, **1)** Zuggeschirr für Ochsen, liegt auf der Stirn **(Stirn-J.)** oder dem Nacken **(Nacken-J.). 2)** ein Gespann Zugtiere. **3)** früheres Feldmaß: so viel Land, wie ein Gespann (J.) Ochsen an einem Tag umpflügen kann (30 bis 65 a). **4)** Pfeiler aus Pfählen bei Holzbrücken. **5)** ⚒ viereckiger Rahmen zum Schachtausbau im Bergwerk. **6)** ⊕ Sattel in einem Gebirgskamm, Paß. **7)** 🏛 in Kirchen ein Raumabschnitt von quadrat. oder rechteckigem Grundriß, an dessen Ecken 4 Stützen ein Gewölbefeld tragen.

Jochbein, Backenknochen, paariger Knochen unterhalb der Augen.

Jochum, Eugen, Dirigent, *1902, †1987; seit 1961 beim Concertgebouw-Orchester, Amsterdam.

Jockei, Jockey [dʒ'ɔkɪ, engl.] der, berufsmäßiger Rennreiter.

Jod [grch. »veilchenfarbig«] das, **I,** chem. Element aus der Gruppe der Halogene; Ordnungszahl 53, Atommasse 126,9045, D 4,93 g/cm^3, Schmelzpunkt 113,5 °C, Siedepunkt 184,5 °C; fest schwarzbraun, gasförmig violett. J. ist löslich in Alkohol, Äther. Es ist im Chilesalpeter und in Meeresalgen enthalten. – **Silberjodid,** AgI, wird in der Photographie ver-

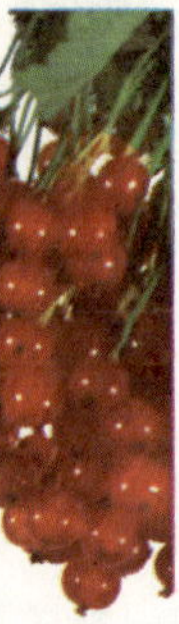

Johannisbeere: Rote Johannisbeere

Johannes XXIII.

Johannes Paul I.

Johannes Paul II.

L. B. Johnson

wendet. Mangel an J. in der Nahrung führt zu Schädigungen des menschl. und tier. Organismus.

jodeln, textlos mit schnellem Wechsel von Brust- und Kopfstimme singen. Hptw.: **Jodler.**

Jodhpur [dʒ'ɔdpuə], Stadt in Rajasthan, Indien, 506 000 Ew.; siebentor. Stadtmauer; alte Tempel; Elfenbeinschnitzerei; Getreide- und Farbstoffhandel.

Jodl, Alfred, Generaloberst, *1890, †(hingerichtet) Nürnberg 1946; Generalstabsoffizier; seit 1939 Chef des Wehrmachtführungsstabes.

Jodoform das, CHI_3, gelbe Blättchen von safranartigem Geruch; früher Antiseptikum.

Jodokus [grch.], männl. Vorname; Kurzformen **Jobst, Jost.**

Jodrell Bank [j'ɔdrəl bæŋk], bei Manchester, Standort eines der größten Radioteleskope (Durchmesser 76 m).

Joel, israel. Prophet um 300 v. Chr.

Joffre [ʒ'ɔfr], Joseph, frz. Marschall, *1852; †1931; 1914-16 Oberbefehlshaber, entschied die Marneschlacht.

Joga, Yoga [Sanskrit »Anspannung«] der, in Indien entwickelte Praxis geistiger Konzentration, die durch völlige Herrschaft über den Körper den Geist befreien will **(J.-Philosophie).**

Jogging [dʒ'ɔ-, engl. to jog »traben«], Freizeitsport: leichter Dauerlauf in mäßiger Geschwindigkeit.

Joghurt, Yoghurt der, Sauermilch, aus eingedickter warmer Milch durch Bakterien erzeugt.

Jogjakarta, Yogyakarta, indones. Stadt auf Java, 398 200 Ew.; staatl. und islam. Univ. J. war Ausgangspunkt der indones. Unabhängigkeitsbewegung.

Johann, Kurzform von Johannes.

Johann, Fürsten. **Böhmen. 1) J. von Luxemburg,** König (1310-46), gewann Schlesien. **Brandenburg. 2) J. Sigismund,** Kurfürst (1608-19), trat 1613 zur ref. Kirche über; erwarb 1614 Kleve, 1618 Ostpreußen. **England. 3) J. ohne Land,** König (1199-1216), verlor fast alle engl. Festlandsbesitzungen an Frankreich, mußte seinen Baronen 1215 die → Magna Charta gewähren. **Frankreich. 4) J. der Gute,** König (1350-1364), mußte 1360 ganz SW-Frankreich an England abtreten. **Österreich. 5) J.,** Erzherzog, *1782, †1859, dt. Reichsverweser 1848/49. **Polen. 6) J. III. Sobieski,** König (1674-96), war 1683 beim Entsatz Wiens von den Türken beteiligt. **Sachsen. 7) J. der Beständige,** Kurfürst (1525-32), Förderer der Reformation, gründete den → Schmalkaldischen Bund. **8) J. Friedrich der Großmütige,** Sohn von 7), Kurfürst (1532-47), †1554, im Schmalkaldischen Krieg 1547 bei Mühlberg von Kaiser Karl V. geschlagen und gefangen. **9) J. Georg II.,** Kurfürst (1656-80), künstler. Blütezeit für Dresden. **10) J.,** König (1854-73), Danteforscher, übersetzte die »Göttliche Komödie«. **Schwaben. 11) J. Parricida,** ermordete 1308 seinen Oheim König Albrecht I.

Johanna [von → Johannes], weibl. Vorname.

Johanna die Wahnsinnige, Königin von Spanien, *1479, †1555, Gemahlin des Habsburgers Philipp des Schönen; Mutter Karls V.

Johannes [grch., aus hebr. Jochanan »Gott ist gnädig«], männl. Vorname.

Johannes, 1) J. der Täufer, Bußprediger, verkündete das nahe Messiasreich, taufte Jesus im Jordan; von Herodes Antipas enthauptet. Tag: 24. 6. **(Johannistag). 2) J. der Apostel,** Sohn des Zebedäus, Jünger Jesu, nach der Überlieferung Verfasser des 4. Evangeliums und von 3 Briefen; eines der Häupter der judenchristl. Gemeinde in Jerusalem; † Ephesos um 100 n. Chr. Tag: 27. 12.; Sinnbild: Adler.

Johannes, Päpste. **1) J. XXII.** (1316-34), festigte das Papsttum in Avignon. **2) J. XXIII.** (1410-15), wurde auf dem Konzil von Konstanz abgesetzt; gilt nur als Gegenpapst. **3) J. XXIII.** (1958-63), Angelo Giuseppe Roncalli, *1881, †1963; förderte die Unionsbestrebungen, berief das II. Vatikan. Konzil ein.

Johannesburg, größte Stadt und Wirtschaftsmittelpunkt der Rep. Südafrika, inmitten der Goldfelder des Witwatersrands, 1750 m ü. M., 1,6 Mio. Ew., Bahn- und Straßenknoten, internat. Flughafen; Univ., Sternwarte; Goldbergbau, Maschinenbau, Diamantschleiferei u. a.

Johannes Duns Scotus, → Duns Scotus.

Johannes Paul I., Papst (26. 8.-28. 9. 1978), vorher Albino Luciani, *1912, †1978.

Johannes Paul II., Papst (seit 1978), vorher Karol Wojtyla [vɔjt'ila], *Wadowice (Galizien, Polen) 18. 5. 1920; 1964 Erzbischof von Krakau, am 16. 10. 1978 zum Papst gewählt.

Johannesevangelium, das 4. Evangelium im N. T., das Jesus selbst zum Mittelpunkt hat.

Johannes Scotus, → Eriugena.

Johannes vom Kreuz, Juan de la Cruz, span. Mystiker und Dichter, *1542, †1591, Erneuerer des Ordens der → Karmeliter. Heiliger (Tag 14. 12.).

Johannes von Nepomuk, Schutzheiliger von Böhmen, *um 1350, †1393, wurde 1393 durch König Wenzel I. in Prag von der Karlsbrücke gestürzt, daher Brückenheiliger (Tag 16. 5.).

Johannisbeere, Gatt. dornenfreier Beerensträucher. Die **Rote J.** hat grüne Blütchen und rote bis weißl., säuerl. Beeren, in Dtl. heimisch; ebenso die schwarz- und rauhbeerige **Schwarze J.** oder **Ahlbeere.**

Johannisbrot, Fruchthülsen des **J.-Baums,** eines am Mittelmeer heimischen, bis 10 m hohen immergrünen Hülsenfrüchters.

Johannisfest, am 24. 6. gefeiertes Geburtsfest Johannes' des Täufers mit Volksbräuchen aus den alten Sonnwendfeiern (Johannisfeuer u. a.).

Johanniskäfer, 1) → Junikäfer. **2)** → Glühwurm.

Johanniskraut, Hartheu, harte, gelbblühende Staude; beim **Tüpfelhartheu** erscheinen die Blätter löcherig durch Öldrüsen.

Johannistrieb, nachträgl. Austreiben bei Holzpflanzen aus Winterknospen, um die Johanniszeit.

Johanniterorden, 1) geistl. Ritterorden, 1099 in Jerusalem gegr.; Tracht: schwarzer, im Krieg roter Mantel mit weißem Kreuz; Sitz seit 1310 Rhodos (daher **Rhodiserritter**), seit 1530 Malta (daher **Malteserritter**), dort bis 1798 selbständig; im 19. Jh. meist Malteserorden genannt. **2) Preußischer J.,** gestiftet 1812 als weltl. Adelsgenossenschaft (evang.), widmet sich seit 1853 der Krankenpflege.

Johann von Leiden, Führer der Wiedertäufer in Münster, *1509, 1536 hingerichtet.

John [dʒɔn, engl.], Johann. **J. Bull,** Spitzname der Engländer.

Johns [dʒɔnz], Jasper, amerikan. Maler, Graphiker, Bildhauer, *1930; trug entscheidend zur Entwicklung der Pop Art bei.

Johnson, 1) [j'unsɔn], Eyvind, schwed. Schriftst., *1900, †1976; soziale Interessen und weite histor. Perspektiven; 1974 Lit.-Nobelpreis. Romane: »Hier hast du dein Leben«, »Wolken über Metapont«, »Eine große Zeit« u. a.; Novellen, Essays. **2)** [dʒ'ɔnsn], Lyndon B., 36. Präs. der USA (Demokrat), *1908, †1973; wurde 1961 Vizepräs., war 1963-69 Präs. (1964 wiedergewählt). **3)** [dʒ'ɔnsn], Samuel, engl. Schriftsteller, *1709, †1784; beurteilte als einflußreicher Geschmacksrichter die engl. Literatur nach klassizist. Grundsätzen. Biographie J.s von Boswell. **4)** Uwe, Schriftst.,

Jordaens: Pan und Nymphe

*1934, †1984; Romane: »Mutmaßungen über Jakob«, »Das dritte Buch über Achim« u. a.

Joint [dʒɔınt, engl.] der, selbstgedrehte Haschischzigarette.

Joint European Torus [dʒɔınt juərəp'iən t'ɔrəs, engl.], Abk. **JET,** experimentelles Projekt der EG zur Erforschung der Grundlagen der kontrollierten Kernverschmelzung, in Culham bei London.

Joint Ventures [dʒɔınt v'entʃəz, engl.], Partnerschaftsunternehmen mit in- und ausländ. Beteiligungen.

Jojoba [heuheuba, engl.], immergrüner trockenresistenter Strauch; **J.-Öl** eignet sich zur industriellen Weiterverarbeitung.

Jókai, Mór, ungar. Dichter, *1825, †1904, mit Petőfi 1848 Führer der revolutionären Jugend.

Joker [dʒ'oukə, engl. »Spaßmacher«] der, Austauschkarte in manchen Kartenspielen.

Jokus [lat.] der, Scherz, Spaß.

Joliot-Curie [ʒɔlj'o-kyr'i], frz. Physikerehepaar: **1)** Frédéric, *1900, †1959; **2)** Irène, *1897, †1956; Tochter von M. und P. → Curie; entdeckten künstl. Radioaktivität; Nobelpreis 1935.

Jolle die, **1)** ⚓ kleines festes Ruderboot, als Beiboot benutzt. **2)** kleines offenes Sportsegelboot mit Schwert.

Jom Kippur [hebr.] der, → Versöhnungstag.

Jonas, israel. Prophet im 8. Jh. v. Chr.

Jonas, 1) Franz, österr. Politiker (SPÖ), *1899, †1974, 1965-74 Bundespräs. **2)** Justus, Freund Luthers, Prof. in Wittenberg, *1493, †1555.

Jonathan, Sohn Sauls, Freund Davids, der J.s Tod besang (s. Sam 1, 13 ff.).

Jones [dʒəunz], **1)** Allen, engl. Maler und Objektkünstler, *1937; Vertreter der engl. Pop Art. **2)** Inigo, engl. Baumeister, *1573, †1652; führte den Stil Palladios in England ein. **3)** James, amerikan. Schriftst., *1921, †1977; Romane (»Verdammt in alle Ewigkeit«). **4)** Sidney, engl. Komponist, *1861, †1946; Operette »Die Geisha«.

Jong, Erica, amerikan. Schriftst., *1942; Romane (Angst vorm Fliegen u. a.), Erz.

Jonkheer [niederländ.], Junker; niedrigste Adelsbezeichnung in den Niederlanden.

Jönköping [j'œntçø:ping], Stadt in S-Schweden, am Vättersee, 108 500 Ew.; Zündholz-, Papier-, Textil-Ind.

Jonson [dʒ'ɔnsn], Ben, engl. Dichter und Dramatiker, *1572, †1637; neben Shakespeare der größte Dramatiker der elisabethan. Zeit.

Joppe, Männerjacke ohne Taille.

Jordaens [j'orda:ns], Jakob, niederländ. Maler, *1593, †1678; kraftvoller Darsteller lebenstrotzenden fläm. Volkstums.

Jordan der, Hauptfluß Palästinas, fließt vom Hermon durch den See Genezareth (von hier aus Wasserleitung Israels zum Negev) ins Tote Meer.

Jordan, Pascual, Physiker, *1902, †1980; war maßgebend an der Ausbildung der Quantenmechanik beteiligt; physikal. Grundlagenforschung.

Jordanes, Geschichtsschreiber, schrieb 551 n. Chr. eine Geschichte der Goten.

Jordanien, konstitutionelle Monarchie in Vorderasien, 97 740 km², 3,9 Mio. Ew. (Araber; etwa 50% Palästina-Flüchtlinge); Hptst.: Amman; Amtssprache: Arabisch. – J. umfaßt das östl. des Jordan gelegene ehem. Emirat Transjordanien und Teile des mittleren Palästina (diese seit 1967 von Israel besetzt); vorwiegend Steppe und Wüste. Anbau, zum Teil mit künstl. Bewässerung: Getreide, Obst, Gemüse, Oliven; in der Steppe Viehzucht: Phosphate, Pottasche, Kalisalze. Fremdenverkehr. Kapitalhilfe bes. durch USA, Großbritannien. Haupthafen: Akaba; internat. Flughafen: Amman. ⊕ S. 482.

Ⓖ Früher Teil der Türkei; 1920-46 brit. Mandat Transjordanien; 1946 unabhängig; 1948 Bündnis mit Großbritannien (bis 1957). Mitgl. der Arab. Liga; nahm 1948/49 an dem Krieg gegen Israel teil, erhielt im Waffenstillstand 1949 die Kontrolle über einen Teil Palästinas mit O-Jerusalem und gliederte sich dieses Gebiet an. Amtl. Name seit 1949 »Haschemitisches Königreich J.« (vom Namen des Königshauses). Im israel.-arab. Krieg (Juni 1967) besiegte → Israel J. und eroberte das Gebiet westl. des Jordan mit O-Jerusalem. In der Folge diente J. palästinens. Freischärlern als Operationsbasis gegen Israel. 1971 zerschlug die Armee in blutigen Kämpfen die Palästinenserorganisationen. 1972 legte Husain den Plan eines föderativen Staates für J. und die von Israel besetzten Gebiete vor. 1982 nahm J. Kontingente der aus Libanon abgezogenen Palästinenser auf. Staatsoberhaupt: König Husain II. (seit 1952); MinPräs.: S. ben Shakr (seit 1989).

Jordanien

Jörg, Kurzform von → Georg.

Joschkar-Ola, Hptst. der ASSR der Mari, UdSSR, 243 000 Ew.; Ind.

Josef, Joseph [hebr. »Gott füge hinzu«], männl. Vorname.

Joseph, 1) Sohn Jakobs und der Rahel, von seinen Brüdern nach Ägypten verkauft, stieg dort zum höchsten Beamten auf. **2)** der Gatte Marias, der Mutter Jesu, Schutzheiliger der kath. Kirche (Tag 19. 3.), Zimmermann in Nazareth. **3) J. von Arimathia,** Heiliger (Tag 17. 3.), bestattete Jesus in einem Felsengrab.

Joseph, Fürsten, Röm.-dt. Kaiser. **1) J. I.** (1705-11), setzte den → Spanischen Erbfolgekrieg siegreich fort. **2) J. II.,** *1741, †1790, wurde 1765 Kaiser und Mitregent seiner Mutter Maria Theresia, seit 1780 Alleinherrscher, erwarb für Österreich 1772 Galizien, 1775 die Bukowina. J. beseitigte als radikaler Reformer 1781 die bäuerl. Leibeigenschaft, gewährte volle Religionsfreiheit und hob die Klöster auf. Spanien. **3) J.,** König von Neapel (1806-08) und Spanien (1808-13), ältester Bruder Napoleons I., *1768, †1844.

Josephine, *1763, †1814; 1. Gemahlin Napoleons I. (seit 1796), 1804 Kaiserin, 1809 geschieden.

Josephinismus, Josefinismus, von Kaiser → Joseph II. in Österreich durchgeführtes Staatskirchentum, das die kath. Kirche vollständig der Staatshoheit unterstellte.

Josephsehe, Ehe, bei der die Ehegatten durch Verabredung die geschlechtl. Vereinigung ausschließen. Nach weltl. Recht ist eine derartige Vereinbarung nichtig.

Josephus Flavius, jüd. Geschichtsschreiber im 1. Jh. n. Chr., kämpfte zunächst gegen die Römer, danach Günstling des Vespasian und Titus; schrieb grch. »Geschichte des jüd. Krieges«.

Josquin des Prez [jɔsk'ɛ̃ de pre:], frankoniederländ. Komponist, *um 1450, †1521; Messen, Motetten, weltl. Lieder.

Jostedalsbre der, Gletscher in Norwegen, nördl. vom Sogne-Fjord, mit 815 km² größte Gletscherfläche des festländ. Europa.

Josua [hebr. »Gott hilft«], **1)** israelit. Heerführer nach dem Tod des Moses. **2)** Buch J.

Jota [grch.] das, → Iota.

Jötun, nord. Göttersage: dämon. Wesen von ungefüger Kraft, bewohnten **Jötunheim.**

Jotunheim, hochgebirgsartiges Gletschergebiet im südl. Norwegen, mit Glittertind (2472 m) und Galdhøpig (2469 m).

Jouhaux [ʒu'o], Léon, *1879, †1954, seit 1909 Generalsekr. des frz. Allg. Gewerkschaftsbundes (CGT); gründete 1947 die antikommunist. Gewerkschaft »Force Ouvrière« (CGTFO); Friedensnobelpreis 1951.

Joyce

Joule [dʒaul], James Prescott, engl. Physiker, *1818, †1889; bestimmte das mechan. Wärmeäquivalent.

Joule [dʒu:l, genannt nach J. P. Joule] das, Zeichen **J,** SI-Einheit der Energie, auch Wärme- und Strahlungsenergie. 1 J = 1 Nm (Newtonmeter) = 1 Ws (Wattsekunde) = 10^7 erg.

Jour [ʒu:r, frz.] der, Tag, **J. fixe** [fiks], fester Wochentag für Treffen, Empfänge.

Journal [ʒurnal, frz.] das, **1)** Tagebuch, Grundbuch in der Buchführung. **2)** Zeitschrift.

Journalismus [ʒur-] der, schriftsteller. Tätigkeit für Presse, Rundfunk, Fernsehen, Wochenschau, Dokumentarfilm oder polit. und wirtschaftl. Werbung, auch der hierbei entwikkelte Stil (Kürze, Prägnanz usw.).

Journalist [ʒur-] der, alle bei Zeitungen, Nachrichtenagenturen, Rundfunk, Fernsehen u. a. tätigen Berichterstatter und Kommentatoren.

jovial [lat. »dem Jupiter eigen«], heiter, wohlwollend. Hptw.: **Jovialität** die.

Joyce [dʒɔɪs], James, engl.-irischer Schriftst., *1882, †1941; entwickelte bes. in seinem Roman »Ulysses« (1922) eine Stilform, die die Dingwelt ganz in das Bewußtsein einbezieht (Bewußtseinskunst), von starkem Einfluß auf den modernen Roman.

jr., Abk. für junior [lat.], der Jüngere.

Juan Carlos I. [xu'an], König von Spanien (seit 1975), *1938; ⚭ 1962 mit Prinzessin Sophie von Griechenland. Nach dem Tode Francos wurde er als König von Spanien inthronisiert, förderte den Übergangsprozeß von der Diktatur zur Demokratie.

Schärpen-Festhalte (Kesa-Gatame)

Ristkreuzwürgen (Nami-Juji-Jime)

Seitenstreck-Armhebel (Ude-hishigi-Juji-Gatame)

Judo 1

Juan de Austria [xu'an], Don, natürl. Sohn Kaiser Karls V., *1547, †1578; siegte 1571 bei Lepanto über die Türken, 1576-78 span. Statthalter der Niederlande.

Juan Fernández [xu'an], chilen. Inselgruppe im Pazif. Ozean, insges. 185 km². Die Insel Más a Tierra (Robinsoninsel) war 1704-09 Aufenthaltsort A. Selkirks (→ Robinson Crusoe).

Juan-les-Prins [ʒy'ã le pɛ̃], Kurort an der frz. Riviera, gehört zur Gem. Antibes.

Juárez Garcia [xu'arɛs, gars'ia], Benito, Präs. von Mexiko (1861-72), *1806, †1872; indian. Abstammung, übernahm 1858 die Reg., Gegenspieler des von den Franzosen eingesetzten Kaisers Maximilian, den er erschießen ließ.

Juba, Dschuba, Fluß im O Afrikas, rd. 1600 km lang, entspringt im SO Äthiopiens, mündet in den Ind. Ozean.

Jubeljahr, 1) jüd.: Halljahr (3. Moses 25,8 ff.), Jahr mit Sklavenbefreiung, Schuldererlaß. **2)** kath.: Jahr, in dem für den Besuch der Hauptkirchen Roms vollkommener Ablaß erteilt wird. 1300 für 100jährige Wiederkehr eingesetzt, seit 1475 alle 25 Jahre (Heiliges Jahr).

Jubilate [lat. »jauchzet«], 3. Sonntag nach Ostern.

Jubiläum [lat.] das, -s/...läen, Erinnerungsfeier nach Ablauf von 100, 50, 25 Jahren. **Jubilar** der. **jubilieren,** jauchzen.

Juchtenleder, mit Weidenrinde gegerbtes Fahlleder (Rindleder); durch Birkenteeröl imprägniert, erhält es den kennzeichnenden Juchtengeruch.

Juck|ausschlag, Juckflechte, lat. **Prurigo,** Hautkrankheiten mit flachen, heftig jukkenden Knötchen auf der Haut.

Jucker der, kleines, leichtes Wagenpferd.

Jud, Leo, schweizer. Reformator, Mitarbeiter Zwinglis, später Bullingers, *1482, †1542.

Juda [hebr. »Gottlob«], Sohn Jakobs und der Lea, Ahnherr des **Stammes J.** (→ Israel).

Judäa, röm. Prov., umfaßte 6-41 n. Chr. auch Idumäa und Samaria, seit 67 n. Chr. auch Galiläa.

Judas. 1) J. Ischariot [d. h. J. von Karioth], Jünger Jesu; verriet diesen durch den **J.-Kuß. 2) J., Jakobus' Sohn,** vielleicht mit Thaddäus oder Lebbäus personengleicher Jünger Jesu. **3) J. Makkabäus** → Makkabäer.

Judasbaum, Gatt. der Hülsenfrüchter, in S-Europa, O-Asien, purpurne Blüten; Edelholz, Parkbaum.

Judasbrief, kurzer, vor Irrlehren warnender Brief im N. T.; um 110 n. Chr. geschrieben.

Juden, in der Landschaft **Juda (Judäa)** beheimateter und von dort über die Welt zerstreuter Rest des ehem. Volkes → Israel, nach der Rückkehr aus dem babylon. Exil von Esra als autonome Religionsgemeinde gebildet. Die Gesamtzahl der J. hat im Laufe der Geschichte außerordentlich geschwankt und ist durch Verfolgungen mehrmals tief gesunken. Sie wird heute auf über 15 Mio. geschätzt.

Die J. bilden keine biolog., sondern eine sozial-relig. Einheit. Von einer semit. Rasse zu sprechen ist unrichtig, da Semiten ein sprachwissenschaftl. Begriff ist. Man unterscheidet 3 Gruppen: **Sephardim** (im Typus verhältnismäßig einheitl. span. und portugies. J.), **Aschkenasim** (dt., frz., russ., poln., amerikan., austral. J., die sich im Typus vielfältig unterscheiden) und arabischsprechende **Jemeniten.** Nach Rückkehr aus dem babylon. Exil entwickelte sich unter Esra und Nehmia aus altem Brauchtum eine Gesetzesreligion (→ Jüdische Religion) mit vielen moral. Geboten und rituellen Vorschriften (vor allem Reinheitsvorschriften). Die von den Propheten vorausgesagte und im Zeitalter des Hellenismus beginnende Zerstreuung vollendete sich nach mißglückten Freiheitskämpfen im 1./2. Jh. n. Chr. (Zerstörung Jerusalems durch die Römer 70 n. Chr.). Kriegsgefangene J. wurden teils nach Rom, teils an den Rhein, die Donau und nach Spanien verbannt. Die J. in Spanien erlebten nach 800 eine kulturelle Blütezeit, wurden jedoch 1492 nach Vertreibung der Muslime zur Auswanderung gezwungen. In Frankreich wurden die Juden während der Kreuzzüge verfolgt und 1394 endgültig außer Landes verwiesen. Auch in England erlitten sie grausame Verfolgungen. In Dtl. wurden vielfach Judenordnungen erlassen, die persönl. Bewegungsfreiheit, Sondersteuern, Familienrecht, Kleidung und Wohnen in gesonderten Straßen **(Gettos)** regelten. Infolge ihrer Abgeschlossenheit innerhalb der christl.-ständ. Gesellschaft waren die J. auf den Handel verwiesen; ebenso lag der Geldhandel in ihren Händen, den das kirchl. Zinsverbot den Christen untersagte. Unterdrückung und Verfolgung schufen ein Proletariat, das dem Trödelhandel nachging. Einige wurden als **Kammerjuden** gegen Abgaben unter kaiserl. Schutz genommen, andere mit Schutzbriefen versehen **(Schutz-J.)** oder mit der Führung der Geldgeschäfte beauftragt **(Hofjuden).** Während der Kreuzzüge begannen schwere J.-Pogrome am Rhein. Verstärkte Verfolgung erlitten sie im 14. Jh.

Ihre bürgerl. Gleichstellung wurde seit Ende des 18. Jh. in Amerika, Frankreich, später in Dtl. und in den meisten europ. Ländern anerkannt **(J.-Emanzipation).** 1882 vollzog sich nach mehrfachen blutigen Pogromen eine Massenauswanderung von Ostjuden nach Amerika. Mitte des 19. Jh. entstand in Dtl. und Frankreich eine neue Welle des →Antisemitismus im Zusammenhang mit den sozialen Kämpfen, da den J. die Verantwortung für allg. Mißstände aufgebürdet wurde. Das nat.-soz. Regime verfolgte die J. als rassisch minderwertig und staatsfeindlich. Nach 1933 wurden die J. aus dem Beamtentum entfernt. Die »Nürnberger Gesetze« legalisierten 1935 die Diffamierung der J. und verboten u.a. Ehen zw. J. und Nichtjuden. 1938 wurden Verfolgungen organisiert, bei denen fast alle Synagogen angezündet, jüd. Geschäfte und Wohnungen zerstört wurden **(Kristallnacht);** den J. wurde eine Sondersteuer von 1 Mrd. RM auferlegt. Anschließend wurden sie aus dem wirtschaftl. und sozialen Leben völlig ausgeschaltet. 1941 wurde das Tragen des Judensterns befohlen. Manche dt. J. konnten rechtzeitig unter Zurücklassung ihres Vermögens auswandern. Nach 1940 wurden Millionen von J. aus Dtl. und den besetzten Ländern in Vernichtungslagern (→Konzentrationslager) im Rahmen der »Endlösung« umgebracht.

T. Herzl begründete seit 1896 den polit. →Zionismus und forderte die Schaffung einer gesicherten Heimstätte in Palästina, die 1948 im Staat →Israel verwirklicht wurde.

Judenburg, Bez.-Stadt in der Obersteiermark, Österreich, 11700 Ew.; Fremdenverkehr; Edelstahlwerk, Kartonagenfabrik.

Judenchristen, die ersten Christen jüd. Herkunft, hielten am mosaischen Gesetz fest.

Judenkirsche, volkstüml. Name für Kornelkirsche, Geißblatt, Trauben-, Blasen-, Tollkirsche, Bittersüß.

Judica [lat. »richte«], 5. Fastensonntag und 2. Sonntag vor Ostern.

Judikatur [lat.] die, ≙ Rechtsprechung.

jüdische Religion, vom Volk Israel ausgegangener Glaube an den einzigen, unkörperl. und rein geistigen Gott, den Vater aller Menschen, der Inbegriff aller sittl. Vollkommenheit ist und vom Menschen Liebe und Gerechtigkeit verlangt. Die Form der jüd. Religiosität ist der Gehorsam gegenüber dem göttl. Gesetz, ihre Quelle ist die Bibel (A. T.), bes. die 5 Bücher Mose, Thora genannt. Dazu tritt der →Talmud. Die Zeremonialgesetze (Speiseges.) gelten für den orthodoxen Juden als unbedingt verpflichtend. Wöchentl. Feiertag ist der Sabbat (Sonnabend); er wird durch strenge Arbeitsruhe gefeiert. Jahresfeste sind das Passah, Wochenfest, Laubhüttenfest, Neujahr, Chanukka, Purim und der große Versöhnungstag. Träger des religiösen Lebens ist nicht der Geistliche (Rabbiner), sondern die Gemeinde in Erfüllung des allg. Priestertums.

Judith, Hauptgestalt des Buches J. im A.T., tötete Holofernes.

Judo [japan.] das, aus der altjapan. Samuraitradition der Selbstverteidigungskunst ohne Waffen **(Jujutsu)** im 19. Jh. von Kano Jigoro entwickelter Kampfsport, besteht in der Kunst, durch Nachgeben und Ausnutzen der Kraft des Gegners zu siegen, an japan. Schulen Pflichtfach. **Judoka** der, Judokämpfer. (→Jujutsu, →Gewichtsklassen) (Weitere BILDER S. 410)

Judo, →Jungdemokraten.

Jud Süß, →Süß-Oppenheimer.

Jugend die, Lebensabschnitt vom Beginn der Geschlechtsreife (Pubertät) bis zu ihrem Abschluß; rechtlich sind **Jugendliche** Menschen zw. 14 und 18 Jahren.

Jugendamt, Kommunalbehörde für die →Jugendpflege und →Jugendfürsorge.

Jugendarrest, →Jugendstrafrecht.

Jugendbewegung, um 1900 einsetzender Versuch der Jugend, sich von der Bevormundung durch Erwachsene freizumachen und sich eigene jugendgemäße Lebensformen zu schaffen. Die J. suchte eine auf Freundschaft gegründete Gemeinschaft auf Wanderungen (»Fahrten«), im Gruppenleben und in der Gestaltung von Festen (Sonnwendfeiern), →Wandervogel. Nach dem 1. Weltkrieg zersplitterte sich die J. in zahlreiche Jugendverbände und polit. bestimmte Jugendorganisationen. Der Nationalsozialismus schnitt die weitere Entwicklung der J. ab und setzte an ihre Stelle die Staatsjugend (»Hitler-Jugend«). Bei der Neugründung der →Jugendverbände nach 1945 fühlte man sich dem Geist der J. verbunden.

Jugendfürsorge, Schutz-, Hilfs- und Erziehungsmaßnahmen für Kinder und Jugendliche in wirtschaftl., gesundheitl. oder sittl. Notlage oder Gefährdung. Die J. ist die Hauptaufgabe der Jugendämter. Sie umfaßt u.a.: Fürsorgeerziehung, Schutzaufsicht, Jugendgerichtshilfe, Gesundheitsschutz für Kinder und Jugendliche, wirtschaftl. Fürsorge im Rahmen der Wohlfahrtspflege, Betreuung von Pflegekindern, Amtsvormundschaft, Waisenpflege, arbeitspolizeil. Jugendschutz und Erziehungsberatung. (→Jugendwohlfahrt)

Jugendgericht, →Jugendstrafrecht.

Jugendherberge, Aufenthalts- und Übernachtungsstätte zur Förderung des Jugendwanderns. Träger der J. in der Bundesrep. Dtl. ist das Dt. J.-Werk, gegr. 1919, mit (1981) 567 Einrichtungen. Internat. Vereinigung ist die **International Youth Hostel Federation** [ɪntənˈæʃnl juːθ hˈɔstəl fedərˈeɪʃn].

Jugendhilfe, Gesamtheit von Maßnahmen der Jugendwohlfahrt. (→Jugendpflege, →Jugendfürsorge, →Jugendschutz)

Jugendhof, Ausbildungsstätte, in der Lehrgänge für die Tätigkeit in der Jugendpflege abgehalten werden.

Jugendliteratur besteht aus Bearbeitungen von Erwachsenenliteratur, Übernahme volkstüml. Dichtungen sowie eigens für Kinder und Jugendliche geschriebenen Werken. Man unterscheidet Bilder-, Kinder- und Jugendbuch, aber auch Abenteuer-, Mädchen-, Sach-, Bildungsbuch u.a., daneben Comics-Literatur.

Jugendpflege, relig., kulturelle und sportl. Jugendarbeit der Jugendämter und Jugendverbände. Im Rahmen der J. wird die eigene Initiative der Jugendlichen angeregt, unterstützt und gesetzlich geschützt. (→Jugendwohlfahrt)

Jugendpsychologie, Lehre von der seel. Entwicklung von Kindern und Jugendlichen; wurde bes. durch Charlotte und K. Bühler, E. Spranger und H. Thomae ausgebildet.

Jugendreligionen, Sammelbez. für weltanschaul. und relig. Gruppen unterschiedl. Art, die v.a. jüngeren Menschen der westl. Welt sinngebende Lebensgemeinschaft, Selbstverwirklichung und Sendungsauftrag versprechen.

Jugendschutz, Schutz der Kinder und Jugendlichen vor gesundheitl. und sittl. Gefahren. **1) Jugendarbeitsschutz** (Ges. v. 12. 4. 1976) regelt Beschäftigungszeiten und Mindesturlaub. **2) Schutz der Jugend in der Öffentlichkeit** (Ges. v. 25. 2. 1985) regelt den Besuch von Lokalen und Veranstaltungen, öffentl. Rauchen

Kopfwurf (Tomoe-Nage)

Handwurf (Tai-Otoshi)

Schulterwurf (Seoi-Nage)

Hüftfeger (Harai-Goshi)

Schenkelwurf (Uchi-Mata)

Große Außensichel (O-Soto-Gari)

Judo 2

Jugendstil: H. van der Velde, Bucheinband

und Genuß von alkohol. Getränken. **3) Schutz der Jugend vor jugendgefährdenden Schriften** (Ges. v. 12. 7. 1985).

Jugendverbände

BUNDESREP. DTL.

Dt. Bundesjugendring, darin u.a.: Bund der Dt. Kath. Jugend, Arbeitsgemeinschaft der Evang. Jugend Dtl.s, Sozialist. Jugendbewegung Dtl.s, Naturfreundejugend, DGB-Gewerkschaftsjugend, Dt. Sportjugend, Ring dt. Pfadfinderbünde, Dt. Lebensrettungsgesellschaft (DLRG), Ring polit. Jugend.

ÖSTERREICH

Österreich. Bundesjugendring, Jugendrotkreuz.

SCHWEIZ

Schweizer. Arbeitsgemeinschaft der Jugendverbände (SAJV) mit etwa 50 Einzelverbänden.
Die nat. J. sind in der World Assembly of Youth (WAY) zusammengeschlossen.

Jugoslawien

Jugendstil, Kunstrichtung von etwa 1890 bis 1914; prägte sich bes. im Kunstgewerbe (Möbel, Buchschmuck), auch in der Baukunst aus. Wegen seiner eigenwilligen Ornamente befehdet, vollzog der J. den Bruch mit der Nachahmung histor. Stile, Entwicklung werkgerechter Formgebung. Hauptorte des deutschen J.s. waren Darmstadt mit der Darmstädter Künstlerkolonie und München. Überragende Malerpersönlichkeit war G. Klimt.

Jugendstrafrecht, für Jugendliche (14- bis 18jährige) und z.T. auch für Heranwachsende (18-21jährige) geltendes Straf- und Strafprozeßrecht, das in wesentl. Grundsätzen vom allg. Strafrecht abweicht (Jugendgerichtsges. i.d.F. v. 11. 12. 1974). Dem Jugendrichter (→Gerichtswesen) stehen zur Verfügung: **Erziehungsmaßregeln** (Weisungen; Erziehungsbeistandschaft; Fürsorgeerziehung), **Zuchtmittel** (Verwarnung; Auferlegung von Pflichten; Jugendarrest, der als Freizeit-, Kurz- oder Dauerarrest – Höchstdauer 4 Wochen – vollstreckt wird), **Jugendstrafe** (in bes. Anstalten zu vollstreckender Freiheitsentzug von mindestens 6 Monaten, höchstens 10 Jahren; kann auch auf unbestimmte Zeit – höchstens 4 Jahre – verhängt werden). – In der Dt. Dem. Rep. gilt Anfang 1990 weiterhin das Jugendgerichtsges. v. 12. 1. 1968; best. Verbrechen (Mord) werden nach dem allg. Strafrecht bestraft (Höchststrafe lebenslängl. Zuchthaus).

Jugendverbände, freiwillige Jugendbünde und -organisationen. (ÜBERSICHT)

Jugendweihe, 1) Feier freirelig. Gemeinden an Stelle der Konfirmation. **2)** in der Dt. Dem. Rep. seit 1955 pseudorelig. Festakt beim Verlassen der Schule; von evang. und kath. Kirche abgelehnt.

Jugendwohlfahrt, Sammelbegriff für Jugendpflege und Jugendfürsorge (Jugendwohlfahrt-Ges. i.d.F. v. 25. 4. 77).

Jugendzahnpflege, Maßnahmen zur Gesunderhaltung des Gebisses bei Kindern und Jugendlichen; u.a. richtige Zahnpflege, rechtzeitige kieferorthopäd. Maßnahmen; **Schulzahnpflege:** regelmäßige Zahnuntersuchungen bei Schulkindern.

Jugoslawien, Sozialist. Föderative Republik J., Rep. in SO-Europa, 255804 km², 23,41 Mio. Ew.; Hptst.: Belgrad. Amtssprachen: Serbokroatisch, Makedonisch, Slowenisch. ⊕ S. 492.

Nach der VERF. v. 1974, geändert 1988, ist J. ein Bundesstaat, der aus den ›Sozialist. Rep.‹ Serbien (mit autonomen Prov. Wojwodina und Kosovo, Rechte 1989 stark eingeschränkt), Kroatien, Slowenien, Bosnien und Herzegowina, Makedonien, Montenegro besteht. Oberstes gesetzgebendes Organ ist die Bundesversammlung (2 Kammern, ein Bundesparlament und eine 2. Kammer der von den Bundesländern und Provinzen entsandten Vertreter). Das Amt des Staatspräs. ist mit Titos Tod erloschen. An seine Stelle trat das »Präsidium der Rep.« mit 9 Mitgl., je 1 aus den 6 Teilrepubliken, aus den 2 Provinzen und der Kommunist. Partei. Oberstes vollziehendes Organ ist der Bundesvollzugsrat. Die Teilrep. haben eigene Parlamente und Regierungen. Zentral geleitet wird Außen- und Wirtschaftspolitik und Verteidigung; nach freien Wahlen in Slowenien und Kroatien (1990) Forderungen nach staatl. Umorganisation.

LANDESNATUR. J. reicht von den Karawanken im N bis zu den makedon. Gebirgen im S, von der Adria landeinwärts bis zur Batschka (an Donau und Theiß) im NO und zum Balkan im O. Überwiegend Gebirgsland (Kalkgebirge der Dinar. Alpen; höchste Erhebung der Triglav im N, 2864 m). Der Adriaküste sind zahlreiche Inseln vorgelagert. Hauptflüsse: Drau, Save, Donau, Theiß, Morawa. Klima an der Küste mittelmeerisch, im Innern meist kontinental. BEVÖLKERUNG. Serben (Orthodoxe), Kroaten und Slowenen (Katholiken), Makedonier und Montenegriner (meist Orthodoxe, zum Teil Muslime), daneben Minderheiten.

WIRTSCHAFT. Anbau von Mais, Weizen, Zuckerrüben, Kartoffeln, Obst, Wein u.a. Bedeutender Bergbau (Blei, Bauxit, NE-Metalle, Braunkohle, Eisen, Kohle, Erdöl). Zunehmende Industrialisierung: Metall-, Textil-, elektrotechn., chem. u.a. Ind. Ausfuhr: Metallwaren, tier. Erzeugnisse, Obst, NE-Metalle, Holz; Haupthandelspartner: Italien, UdSSR, Bundesrep. Dtl., USA. Fremdenverkehr. Verkehrsnetz (rd. 9000 km Eisenbahn, rd. 120000 km ausgebauter Straßen) ist unterschiedlich dicht; weiterer Ausbau v.a. des Straßennetzes geplant. Haupthäfen: Rijeka, Split; Hauptflughäfen: Belgrad, Agram, Laibach.

G 1918 wurde das »Kgr. der Serben, Kroaten und Slowenen« gebildet, seit 1929 amtl. Jugoslawien genannt. Auf König Alexander I. folgte 1934 sein junger Sohn Peter II. unter der Regentschaft des Prinzen Paul, der 1941 wegen seines Beitritts zum Dreimächtepakt gestürzt wurde. Dies führte zum Einmarsch dt. Truppen. Unter den Partisanengruppen gewann die kommunistische des Josip Broz (→Tito) das Übergewicht. Nach 1945 übernahm Tito als MinPräs. die Reg. der neu gegr. Bundesrep., die seit der Verfassung von 1946 unter rein kommunist. Führung steht. Die selbständige Politik Titos im Sinne eines nat. Sozialismus führte 1948 zum Ausschluß J.s aus dem Kominform und zu einer gewissen Annäherung an die Westmächte; 1954 Balkanpakt mit Griechenland und der Türkei. Die Beziehungen zur UdSSR blieben Schwankungen unterworfen (Verschärfung 1956 nach den Unabhängigkeitsbestrebungen in Polen und Ungarn, 1968 nach dem sowjet. Einmarsch in die ČSSR). Staatspräs. war J. Tito (1953-80), seit 1980 kollektives Staatspräsidium; MinPräs. A. Marković (seit 1989).

Jugurtha, König von Numidien, *nach 160 v.Chr., im **Jugurthin. Krieg** (111-105 v.Chr.) von den Römern bekämpft, 104 in Rom hingerichtet.

Juist [jy:st], ostfries. Nordseeinsel, 16,2 km², 1500 Ew.; Seebad.

Juiz de Fora [ʒu'iz di-], Stadt in Minas Gerais, Brasilien, 308000 Ew.; Textilind.

Jujube die, **Judendorn,** strauch- bis baumartiges Kreuzdorngewächs mit rundl. Steinfrüchten; von China bis S-Europa.

Jujutsu [japan. ›sanfte Kunst‹] das, ostasiat. Nahkampfkunst mit dem Ziel, den Gegner dauerhaft auszuschalten. Techniken des als Jiu-Jitsu nach Europa gekommenen J.: Würfe, Hebel- und Würgegriffe, Schläge und Stöße; heute Kampfsportart.

Julfest, altgerman. Fest der Wintersonnenwende. Ein bes. Brauch ist z.B. der **Julklapp** (Scherzgeschenk) v.a. in Skandinavien.

Juli [lat., nach Julius Caesar] der, ✤ **Heumonat, Heuert,** der 7. Monat, mit 31 Tagen.

Juli, kurz für →Junge Liberale.

Julia, Julie, weibl. Form von →Julius.

Julia, Tochter des Augustus, *39 v.Chr., † um 14 n.Chr.; in 3. Ehe mit Augustus' Stiefsohn →Tiberius verheiratet, wegen unsittl. Lebenswandels aus Rom verbannt.

Julian, Flavius Claudius Julianus, röm. Kaiser (361-363 n.Chr.), von den Christen **Apostata** [der Abtrünnige] genannt; suchte dem Christentum ein im neuplaton. Geiste erneuertes Heidentum entgegenzustellen.

Juliana, Königin der Niederlande (1948-80), *1909; ⚭ seit 1937 mit Prinz Bernhard zu Lippe-Biesterfeld.

Jülich, 1) Stadt in NRW, an der Rur, 30400 Ew.; Kleinind., Papier-, Leder-, Zukkerfabriken; Kernforschungsreaktor. **2)** ehem. Herzogtum auf dem linken Rheinufer, 1423 mit Berg vereinigt, fiel 1511 an die Herzöge von Kleve. Als sie 1609 ausstarben, entstand der **J.-Klevesche Erbfolgestreit;** 1614, endgültig 1666, fielen Kleve, die Mark →Ravensberg an Brandenburg, J. und Berg an Pfalz-Neuburg.

Julier der, Paß in Graubünden (2284 m), verbindet Oberhalbstein und Oberengadin.

Julier Mz., altröm. Geschlecht, dem →Caesar angehörte, dessen Großneffe Augustus das **julisch-claud. Kaiserhaus** (31. v.Chr. bis 68 n.Chr.) begründete.

Julirevolution, →französische Geschichte.

Julische Alpen, Gruppe der südöstl. Kalkalpen, im Triglav 2864 m.

Julius [nach dem altröm. Geschlecht →Julier], männl. Vorname, in Dtl. seit dem 16. Jh.

Julius II., Papst (1503-13), förderte Raffael und Michelangelo, begann den Neubau der Peterskirche.

Juliusturm, 1) Festungsturm in Spandau, in dem bis 1914 gemünztes Gold für 120 Mio. Mark (aus der frz. Kriegsentschädigung 1871) aufbewahrt wurde (Reichskriegsschatz). **2)** Ü angesammelte Guthaben der öffentl. Hand.

Jullundur, Stadt im Staat Pandschab, Indien, 296100 Ew.; Univ.

Jumbo-Jet [dʒ'umbəʊ dʒet], Bez. für ein Großraumflugzeug mit Strahlantrieb.

Jumna, Fluß in Vorderindien, rechter Nebenfluß des Ganges.

Juneau [dʒ'unəʊ], Hptst. von Alaska, USA, 25000 Ew.; Fischerei; Flughafen. Als neue Hptst. ist Willowsouth vorgesehen.

Jung, Carl Gustav, schweizer. Psychologe, *1875, †1961; Prof. in Basel, schuf eine psycholog. Typenlehre (→extravertiert, →introvertiert), unterscheidet zw. dem individuellen und kollektiven Unbewußten des Menschen.

Jungdemokraten, Abk. **Judo,** 1948 als **Jungliberale** gegr.; urspr. der FDP nahestehende polit. Jungendorganisation, trennte sich 1982 von der FDP nach Sturz der SPD/FDP-Fraktion.

Junge Liberale, Abk. **Juli,** polit. Jugendorganisation der FDP, gegr. 1980.

Jünger, 1) Ernst, Schriftst., *1895; entwikkelte einen Stil kühler Präzision, zum Symbolischen neigend. »In Stahlgewittern«, »Blätter und Steine«, »Afrikan. Spiele«, »Auf den Marmorklippen« u.a. **2)** Friedrich Georg, Schriftst., Bruder von 1), *1898, †1977; Lyriker und Essayist (»Die Perfektion der Technik«).

Juliana

Junges Deutschland, Schriftstellergruppe, die nach der frz. Julirevolution 1830 die Kunst zum Sprachrohr liberaldemokrat. Ideen machen wollte, erstrebte die Emanzipation des Individuums, der Frau, der Juden, die Geistes- und Pressefreiheit. Hauptvertreter: Heine, Börne, Gutzkow, Laube, Wienbarg, T. Die bis 1835 nur lose verbundenen Schriftsteller wurden dann als polit. Partei betrachtet, ihre Werke wurden zeitweise verboten.

Junge Union, die Nachwuchsorganisation der CDU/CSU, Sitz Bonn.

Jungfer im Grün, ein →Schwarzkümmel.

Jungfernhäutchen, Hymen der, ♡ Schleimhautfalte am Scheideneingang.

Jungferninseln, engl. **Virgin Islands** [v'ə:dʒɪn 'aɪləndz], Inselgruppe der Kleinen Antillen, Westindien. Im W Territorium der USA, 344 km², rd. 107000 Ew.; Hptst.: Charlotte Amalie. Im O brit. Kronkolonie, 153 km², rd. 12000 Ew.; Hptst.: Road Town.

Jungfernrebe, →Wilder Wein.

Julius II.

Jungfernrede, erste Rede eines Abg. vor dem Parlament.

Jungfernzeugung, Parthenogenese die, **1)** Fortpflanzung durch nicht befruchtete Eier (Würmer, Krebse, Insekten). **2)** ✤ **Jungfernfrüchtigkeit,** Bildung der Frucht aus dem unbefruchteten Fruchtknoten.

Jungfrau die, unberührtes Mädchen.

Jungfrau, 1) nördl. Sternbild mit Spica; 6. Zeichen des Tierkreises. **2)** ⊕ Gipfel der Berner Alpen, 4158 m; eine elektr. Zahnradbahn führt bis zum **J.-Joch,** 3454 m.

Jungfrau von Orléans [orle'ã], die **heilige Johanna,** frz. **Jeanne d'Arc** [ʒand'ark], frz. Nationalheldin, *1412, †1431; Bauernmädchen, fühlte sich durch göttl. Berufung zur Befreiung des von den Engländern belagerten Orléans bestimmt, führte 1429 Karl VII. nach Reims zur Krönung. 1430 wurde sie jedoch bei Compiègne gefangengenommen und von den Engländern als Zauberin und Ketzerin verbrannt. 1920 heiliggesprochen (Tag: 30.5.). Bühnendichtungen von Schiller, Shaw u.a.

Jung

Junghegelianer, Vertreter des linken Flügels der Hegelschen Schule: A. Ruge, B. Bauer, D. F. Strauß, L. Feuerbach, Marx, Lassalle.

Jungk, Robert, Journalist, Schriftst., *1913; »Die Zukunft hat schon begonnen«, »Strahlen aus der Asche«, »Der Atomstaat« u.a.

Junge Liberale, Abk. **Juli,** polit. Jugendorganisation, 1980 als eine der FDP nahestehende Nachwuchsorganisation gegründet.

Jungsozialisten, Abk. **Juso(s),** nach 1945 gegr. Nachwuchsorganisation der SPD.

Jungsteinzeit, Neolithikum, der Altsteinzeit folgende, der Bronzezeit vorangehende Periode der menschl. Vorgeschichte, in Europa etwa von 5000 bis gegen 1800 v.Chr. Fortschritte in der Steinbearbeitung (polierte und durchbohrte Klingen) und Töpferei, Akkerbau (Hack-, später auch Pflugbau) und Viehzucht kennzeichnen die J. Nach Gestaltung der Tongefäße wird in Europa unterschieden: die Megalith-, Schnur-, Band- und Kammkeramik und die Glockenbecherkultur.

E. Jünger

Jüngstes Gericht, am **Jüngsten Tag** auf die Wiederkunft Christi auf Erden folgendes Weltgericht mit Auferstehung der Toten.

Jung-Stilling, Heinrich, eigtl. Joh. Heinr. **Jung,** Schriftst., *1740, †1817; studierte mit Goethe in Straßburg, später Augenarzt.

Jungtürken Mz., türk. Partei, die die Türkei in einen verfassungsmäßigen Staat umformen wollte; regierte 1908-18.

Juni der, lat. **Junius** [nach →Juno], 6. Monat des Jahres, mit 30 Tagen; im dt. Kalender **Brachmond, Brachet.**

Juniaufstand, →Siebzehnter Juni.

Junikäfer, Verwandter des Maikäfers, 15 mm lang, gelbbraun, behaart.

junior [lat.], Abk. **jr., jun.,** der Jüngere.

Juniperus, die Gatt. →Wacholder.

Junk Culture [dʒʌŋk kʹʌltʃə, engl. »Schund-Kultur«] die, Richtung der zeitgenöss. Kunst, die Abfallprodukte zu künstler. Objekten gestaltet.

Junker, früher junger Edelmann. **Junkertum,** polem. Schlagwort für den ostelb. Land- und Militäradel.

Junkers

Junkers, Hugo, *1859, †1935; Erfinder auf dem Gebiet der Verbrennungsmotoren (J.-Doppelkolbenmotor), der Wärmetechnik (J.-Kalorimeter) und des Flugwesens (Ganzmetallflugzeuge); gründete die J.-Flugzeug- und Motoren-Werke AG.

Junktim [lat.] das, Verbindung mehrerer Gesetzesvorlagen oder Vertragsvorschläge.

Juno, altröm. Göttin, später Ehe- und Geburtsgöttin, als Gattin des Jupiter Himmelskönigin, der grch. Hera gleichgesetzt.

Junta [xʹunta, span.] die, Regierungsausschuß, insbes. nach einem Staatsstreich durch Militärs **(Militärjunta).**

Jupiter der, altröm. Himmelsgott, Herr des Blitzes und Donners, segnet die Felder, schützt das Recht; entspricht dem grch. Zeus.

Jupiter

Jupiter, der größte Planet unseres Sonnensystems, mit einem Durchm. von 142800 km, Zeichen ♃. Die Umlaufzeit um die Sonne beträgt 11,86 Jahre, die Umdrehungsdauer etwa 10 Stunden. Der J. hat 16 Monde und ein Ringsystem aus kleinen Partikeln. Neueste Forschungen mit der Voyager-Sonde (USA) 1979.

Jura [lat., Mz. von →Jus], ⚖ die Rechte, die Rechtswissenschaft.

Jura der, **1)** Gebirgszug in Mitteleuropa, von der Isère bis zum oberen Main, besteht hauptsächl. aus der **Juraformation.** Teile: **Französisch-Schweizer. J.,** erstreckt sich bogenförmig von der Rhône bis zum Rhein; einfacher Faltenbau, auf der Innen-(O-)Seite **(Ketten-J.)** bes. ausgeprägt (Crêt-de-la-Neige 1718 m). Nach W verebben die Falten allmählich, das Gebirge ist zu einer einförmigen, an Karsterscheinungen reichen Hochfläche abgetragen. Der im N vorgelagerte **Tafel-J.** hat an der Faltung wenig Anteil; stark bewaldet, bis 750 m hoch, rauhes, feuchtes Klima; Viehwirtschaft, Uhrenind. Der **Deutsche J.,** ein Stufenland mit Steilabfällen nach W und NW, erstreckt sich vom Rhein bis zum Main; er umfaßt die →Schwäbische Alb und die →Fränkische Alb. (Weiteres →Erdgeschichte ÜBERSICHT)

2) Schweizer. Kt.; 1979 gebildet aus den Bez. Delsberg, Freiberge und Pruntrut; 779 km², 65000 Ew; Hptst.: Delsberg.

Jurisdiktion [lat.] die, Gerichtsbarkeit.

Jurisprudenz [lat.] die, Rechtswissenschaft.

Jurist [lat.] der, Rechtskundiger mit rechtswissenschaftl. Ausbildung. **juristisch,** die Rechtswissenschaft betreffend.

juristische Person, von der Rechtsordnung mit eigener Rechtspersönlichkeit versehene Personenvereinigung (Kapitalgesellschaft, Körperschaft, Verein) oder Vermögensmasse (Stiftung). Die j. P. ist wie jeder Bürger Träger von Rechten und Pflichten und kann Vermögen erwerben.

Jurte [türk.] die, rundes Filzzelt wandernder Steppenvölker (Kirgisen, Mongolen) Innerasiens.

Jury die, **1)** [dʒʹuəri, engl.], angelsächs. Länder: über Tatfragen entscheidendes Schwurgericht. **2)** [ʒyrʹi, frz.], Ausschuß von Sachverständigen, z. B. bei Kunstausstellungen.

Jus [lat.] das, das Recht. **J. canonicum,** kanon. Recht (→Kirchenrecht). **J. civile,** Zivil- oder →Bürgerliches Recht. **J. divinum,** göttl. Recht. **J. gentium,** Völkerrecht.

Jus [ʒy, frz.] die, das, Saft, bes. Fleischsaft; auch eingedickte Fleischbrühe.

Juschno-Sachalinsk, Hptst. von Sachalin, im S der Insel, Russ. SFSR, 163000 Ew.; Metallverarbeitung, Nahrungsmittelind.

Juso(s), Abk. für →Jungsozialisten.

just [frz.], **justament,** ✻ eben, gerade.

Juste-milieu [ʒyst miljʹø, frz.] das, **1)** gemäßigte Regierungsart. **2)** laue Gesinnung.

justieren [lat.], **1)** Meßgeräte genau einstellen. **2)** Münzschrötlinge auf Gewicht prüfen. **3)** ⊘ Druckstöcke auf Schrifthöhe bringen. **4)** Schriftgießerei: Matrizen zum Guß fertigmachen.

Justin der Märtyrer, Kirchenvater, † (hingerichtet) um 165 in Rom; Heiliger (Tag 1.6.).

Justinian I., byzantin. Kaiser (527-565), gewann durch seine Feldherren Belisar und Narses, die das Wandalen- und Ostgotenreich zerstörten, den größten Teil des weström. Reichs zurück, erbaute die Hagia Sophia in Konstantinopel, ließ das →römische Recht im Corpus iuris civilis aufzeichnen. (BILD Byzantinische Kunst)

Justitia [lat.], **1)** die röm. Göttin der Gerechtigkeit. **2)** die →Justiz.

Justitiar [lat.] der, Beauftragter einer Behörde, Rechtsbeistand.

Justitium [lat.] das, ⚖ Stillstand der Rechtspflege, bewirkt im Zivilprozeß Unterbrechung des Verfahrens (§ 245 ZPO).

Justiz [von →Justitia] die, staatl. Rechtspflege (Gerichtswesen ÜBERSICHT). **J.-Hoheit,** sich auf die Rechtspflege beziehende Staatsgewalt. **J.-Irrtum,** falsche Entscheidung eines Gerichts auf Grund eines Irrtums über Tatsachen oder irrige Gesetzesauslegung. **J.-Ministerium:** vom J.-Min. geleitete oberste J.-Behörde des Staates; erarbeitet Gesetzesvorlagen, übt die J.-Verwaltung aus (Personal, Haushalt), hat Dienstaufsicht über J.-Beamte und -Behörden sowie Vollzugsanstalten. **J.-Mord,** Verurteilung und Hinrichtung eines Unschuldigen.

Justus [lat. »der Gerechte«], männl. Vorname.

Jute die, Bastfaser einer ind. Staude, nächst der Baumwolle wichtigster Faserstoff, dient zu Säcken, Stricken, Gurten, Teppichen, zur Isolierung (Kabel) und Papierherstellung. Haupterzeugungsländer: Indien, Bangladesh.

Jüten, german. Stamm in Jütland, der z. T. Britannien besiedelte, z. T. in den Dänen aufging.

Jütland, das festländ. Gebiet Dänemarks (→Dänemark, Landesnatur).

Jutta, Jutte [Kurzform von Judith], weibl. Vorname.

Juvenal, Decimus Iunius, röm. Dichter, etwa 60-140 n. Chr.; geißelte in Satiren die Verderbtheit seiner Zeit.

juvenil [lat.], jugendlich.

Juventas, altröm. Göttin der Jugend.

Juwel das, Kleinod; kostbarer Schmuck, geschliffener Edelstein. **Juwelier** der, Goldschmied, Juwelenhändler.

Jyväskylä, Stadt in Finnland, am Päijännesee, 65000 Ew.; Univ.; Papier-, Holzind.

K

k, K, 1) 11. Buchstabe im dt. Abc, Mitlaut, stimmloser Gaumen-Verschlußlaut. **2) K,** chem. Symbol für → Kalium. **3)** ⊠ **K,** Zeichen für Kelvin, → Kelvinskala. **4) K,** Abk. für Karat. **5) K,** Datenverarbeitung: an das k (Abk. für kilo = 1000) angelehnte Abk. für 1024 = 10^2; Angabe für den Umfang eines elektron. Speichers in Vielfachen von K: 64-Kbit-Speicher verfügt über 64 × 1024 = 65 536 Speicherzellen.

k, Zeichen für Kilo...

K_2, Chogori, zweithöchster Berg der Erde, im Karakorum, 8611 m hoch, 1954 von Italienern erstiegen.

Kaaba [arab.] die, würfelartiger Bau in Mekka, in den der Schwarze Stein eingelassen ist; Hauptheiligtum der Muslime, Ziel ihrer Pilgerfahrt. (BILD Mekka)

Kabale [frz.] die, ✾ Intrige, Ränke.

Kabardiner, Volk im Kaukasus, den Tscherkessen verwandt. **Kabardino-Balkar. ASSR,** autonome Sowjetrep. in der Russ. SFSR, am N-Hang des Kaukasus, 12 500 km², 732 000 Ew. (K., Balkaren u. a.); Hptst.: Naltschik.

Kabarett [frz.] das, **1)** Kleinkunstbühne zur Darbietung von Chansons, Sketches, Tänzen. **2)** in Fächer eingeteilte Speiseplatte.

Kabbala [hebr. »Überlieferung«] die, seit dem MA. Bez. der myst. jüd. Geheimlehre.

Kabel das, **1)** kräftiges Tragseil aus zusammengedrehten Stahldrähten oder Hanf. **2)** ⚡ elektr. Leitung für Verlegung in Luft, im Erdboden und im Wasser. Die Leiter werden durch getränktes Papier, Silicongummi oder Kunststoff isoliert und erhalten als Feuchtigkeitsschutz einen Metallmantel aus Aluminium, Kupfer, Stahl, glatt oder gewellt, eine Bewehrung aus Bandeisen, Flach- oder Rundstahl, Außenhülle aus getränkter Jute oder Kunststoff als Korrosionsschutz. **Starkstrom-K.** für Gleich- oder Drehstrom haben bis 4 Leiter aus Kupfer oder Aluminium, einoder mehrdrähtig. Für Spannungen über 60 000 V werden öl- und gasgefüllte K. verwendet. **Fernmelde-K.** enthalten mehrere 100 Aderpaare, bei **symmetr. K.** mit gleichen Hin- und Rückleitern aus verseilten Drähten. Bei **Koaxial-K.** ist ein Innenleiter durch Isolierstücke in der Achse eines rohrförmigen Außenleiters geführt. Glasfaser-K. → Lichtleiter.

Kabelfernsehen, Fernsehsystem, bei dem Bild und Ton vom Sender zum Empfänger durch Kabel statt drahtlos übertragen werden. Die Fernsehprogramme können beim K. nur von den Teilnehmern empfangen werden, die durch Kabel an das Betriebsnetz angeschlossen sind. Über K. kann auch **Kabeltext** (→ Bildschirmtext) übermittelt werden.

Kabeljau der, am Rücken dunkelfleckiger Raubseefisch der Dorschartigen **(Dorsch),** in allen Meeren zwischen 40° und 72° n. Br., wird 1,50 m lang, 70 kg schwer; Speisefisch, kommt frisch in den Handel, getrocknet als **Stockfisch** oder gesalzen und dann getrocknet als **Klippfisch.** Aus der Leber stellt man Lebertran her.

Kabellänge, ⚓ Längenmaß der Schiffahrt: $^1/_{10}$ Seemeile = 185,2 m.

Kabine [frz.] die, **1)** Wohn- und Schlafraum auf Schiffen. **2)** Badezelle, Fernsprechzelle. **3)** Raum für Fluggäste bei Luftfahrzeugen.

Kabinenbahn, Kabinentaxi, Abk. **CAT,** in Planung und Erprobung befindl. Form des Nahverkehrs.

Kabinett [frz.] das, **1)** kleines Zimmer. **2)** Raum mit Kunstwerken (Münz-K.). **3)** Kunstschrank. **4)** Regierung.

Kabinettorder, Anordnung des Herrschers in Sachen, die seiner eigenen Entscheidung vorbehalten waren.

Kabinettstück, kostbarer, seltener Gegenstand.

Kabinettwein, Qualitätswein mit Prädikat.

Kabotage [-t'aːʒ, span.-frz.] die, Küstenschiffahrt; jeder Staat kann das Recht zur K. den eigenen Staatsangehörigen vorbehalten.

Kabriolett [frz.] das, Kraftwagen mit rückklappbarem Verdeck.

Kabuki das, volkstüml. japan. Theater.

Kabul, Hptst. von Afghanistan, am Flusse K., etwa 2 Mio. Ew.; Univ.; Eisenverarbeitung, Textil- und Lederind.

Kabylen, Stammesgruppe der Berber in N-Afrika; meist seßhafte Ackerbauern; in N-Algerien in der **Großen** und **Kleinen Kabylei.**

Kachel die, gebrannte Ton-, Steingut-, Porzellanplatte, glatt oder reliefartig gemustert.

Kachexie [grch.] die, ♡ Kräfteverfall, Abzehrung; Endzustand vieler chron. Krankheiten.

Kachin, Katschin, Chingpo [tʃ'iŋ-], Volk (mehrere verwandte Gruppen: Maru, Lashi, Atsi) mit tibetobirman. Sprache, im **Kachin-Staat** in Nordbirma.

Kádár, János, ungar. Politiker (Kommunist), *1912, †1989; 1956-58, 1961-65 Min-Präs., 1956-88 Erster Sekretär des ZK der ungar. KP.

Kadaver [lat.] der, Tierleiche. **Kadavergehorsam,** blinder Gehorsam.

Kadenz [ital.] die, **1)** ein Musikstück abschließende Akkordfolge. Die K. schließt auf der Tonika (Ganzschluß), der Dominante (Halbschluß) oder einer anderen Stufe (Trugschluß). **2)** improvisierter Soloteil im Instrumentalkonzert, der dem Interpreten Gelegenheit zu virtuosem Alleinspiel gibt.

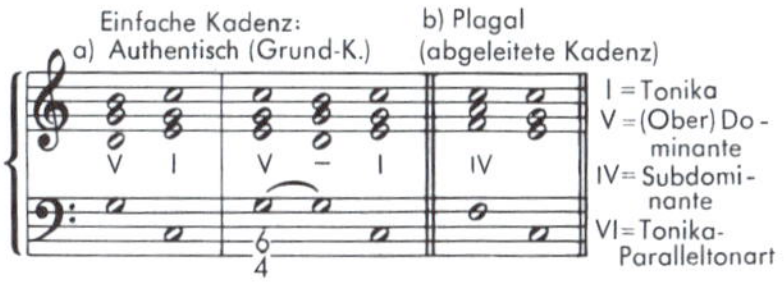

Kader [frz.] der, **1)** .•. Stammbestand einer Truppe (bes. die ausbildenden Offiziere und Unteroffiziere). **2)** kommunist. Sprachgebrauch: wichtiger Funktionär (auch deren Gesamtheit).

Kadett [frz.] der, Zögling einer zur Offizierslaufbahn vorbereitenden **Kadettenanstalt.**

Kadi [arab.] der, islam. Richter.

Kadmos, grch. Sage: Bruder der Europa, Gründer der Burg von Theben, erschlug einen Drachen, dessen Zähne er aussäte. Aus der **Drachensaat** erwuchsen geharnischte Männer; K. wurde König von Theben; er soll die Schrift in Griechenland eingeführt haben.

Kaduna, Stadt in Nigeria, 253 000 Ew.; Kfz.-Montagewerk, Kabelwerk u. a. Ind.

kaduzieren [lat.], für verfallen erklären. **kaduzierte Aktien** sind wegen nicht geleisteter Einzahlung für ungültig erklärt.

Kaesŏng [kɛsʌŋ], Stadt in N-Korea, 259 000 Ew.

Käfer, formenreichste Ordn. der Insekten, mit rd. 350 000 Arten. Die K. haben kauende Mundwerkzeuge (je nach Ernährungsweise), hornige Vorderflügel (Flügeldecken), machen eine vollkommene Verwandlung durch (Ei, Larve, Puppe, Käfer). Familien: Blatthorn-, Lauf-, Schwimm-, Aas-, Schnell-, Rüssel-, Borken-, Bock-Käfer.

Käferschnecken, Weichtiere mit schildkrötenähnl. Rückenschale; in der Brandungszone.

Kaffa, Prov. in SW-Äthiopien; Heimat des Kaffeebaums.

Kaffee [arab.] der, Erzeugnis des **Kaffee-**

Kaftan 1)

Kaftan 2)

Kaffee: Kaffeestrauch

strauchs (Coffea), im trop. Afrika und Asien heimisch; Sträucher oder Bäumchen mit weißen Blüten und kirschähnlichen Steinfrüchten. Die Frucht enthält meist 2 Fruchtsteine mit je einem harten Samenkern, der **K.-Bohne.** Einsteinige, einsamige Früchte geben **Perlkaffee.** Der K.-Anbau erfordert große Wärme und Bewässerung, in den ersten Jahren Beschattung. Bei der Aufbereitung werden die Bohnen enthülst, verlesen, geröstet. Sie enthalten viel Cellulose, Öl, Gerbsäure und (ungebrannt) 1-1,5% Coffein. Das würzige Getränk, das durch rasches Abbrühen der gemahlenen, gerösteten Bohnen gewonnen wird, wirkt anregend; übermäßiger Genuß verursacht nervöse Störungen, Herzklopfen, Schlaflosigkeit. Man stellt daher auch **coffeinfreien K.** her (→ Coffein). Das K.-Trinken kam im 17. Jh. nach Europa, um 1670 nach Dtl. K. wird in fast allen trop. Ländern angebaut.

Kafka

Kaffern [arab. kâfir »Ungläubiger«] Mz., alte, oft abwertende Bez. für Bantu-Völker in S-Afrika.

Kafka, Franz, Schriftst., *1883, †1924. In seinen Romanen (»Der Prozeß«, »Das Schloß«, »Amerika«) und Erz. steht hinter dem Alltägl. das Ungeheuerliche, Groteske.

Kaftan [ägypt.-arab.] der, **1)** langärmeliger, vorn offener, langer Überrock der vorderasiat. Völker. **2)** mantelartiger, enger, geknöpfter Oberrock orthodoxer Juden. (BILDER S. 415)

Kafu|e-Nationalpark, Nationalpark in Sambia, mit 22400 km² einer der größten Afrikas.

Kagel [kaxˈɛl], Mauricio, argentin. Komponist und Dirigent, *1931; versucht die sichtbare Seite der Darbietung von Musik zu eigener künstler. Bedeutung zu erheben.

Kagoshima, Hafenstadt auf Kyushu, Japan, 530000 Ew.; Fayencen.

Kahl, Gem. in Unterfranken, Bayern, 7900 Ew.; erstes Versuchskernkraftwerk der Bundesrep. Dtl. (1986 stillgelegt).

Kahlenberg, Ausläufer der O-Alpen bei Wien, bis 542 m, im eigtl. K. 483 m hoch. Durch die **Schlacht am Kahlenberg** 1683 wurde Wien von der türk. Belagerung befreit.

Kahler Asten, Berg im Sauerland, im Rothaargebirge, 841 m; Wintersportplatz, meteorolog. Station.

Kahlhieb, Kahlschlag, Gesamtfällung auf einer Forstfläche; **Kahlschlagbetrieb,** Hochwaldbetrieb mit K.

Kahlo, Frida, mexikan. Malerin, *1907, †1954; der Tradition der mexikan. Volkskunst verpflichtete, die eigene Situation (Folgen eines Unfalls) miteinbeziehende Bilder.

Kahlwild, geweihlose weibl. Tiere und Kälber von Edel-, Elch- und Damwild.

Kahm, Kahmhaut, feine Haut aus Mikroorganismen auf nährstoffhaltigen Lösungen.

Kakadu: a Gelbhauben-K., b Inka-K.

Kahnweiler, Daniel-Henry, frz. Kunsthändler, *1884, †1979; Entdecker und Förderer bes. der Kubisten.

Kai [ndt.] der, Ufermauer in Häfen.

Kaifeng, Stadt in der chines. Prov. Honan, über 602000 Ew.; Textilind.

Kaiman der, Gatt. der Alligatoren in trop.-südamerikan. Flüssen und Seen.

Kaimanfisch, Art der Knochenhechte, Raubfisch im Süßwasser der südl. USA, bis 3 m lang.

Kain, im A.T. Sohn Adams, Mörder seines Bruders Abel.

Kainz, Josef, Schauspieler, *1858, †1910; gilt als Begründer einer mit psycholog. Mitteln arbeitenden Schauspielkunst; Hamletdarsteller.

Kaiphas, jüd. Hoherpriester (18-36 n. Chr.), im Prozeß Jesu Vorsitzender des Gerichts.

Kairo, Hptst. Ägyptens, größte Stadt Afrikas, am Nil, 6 Mio. Ew.; mittelalterlich-arab. und neuzeitlich-europ. Bauten, 4 Univ., viele Moscheen, Mus. K. ist polit., wirtschaftl. und geistiger Mittelpunkt und wichtigste Industriestadt Ägyptens. Es wurde 969 gegr., 1517 türk. Prov.-Hptst., 1805 Hptst. Ägyptens.

Kairo-Konferenz, Besprechung zw. Roosevelt, Churchill und Tschiang Kai-schek (China) 1943 über Kriegführung und Kriegsziele gegenüber Japan.

Kairos [grch.] der, günstiger Augenblick.

Kairuan, eine der 4 heiligen Städte des Islams in Tunesien, 72000 Ew.; Teppichweberei.

Kaiser [von lat. Caesar] der, höchster Herrschertitel, nach dem Personennamen des Gründers der kaiserl. Gewalt im röm. Weltreich: Caesar. Das weström. Kaisertum bestand bis 476, das oström. (in Konstantinopel) bis 1453. Karl d. Gr. erneuerte 800 das weström. Kaisertum als höchste weltliche Würde der Christenheit; seit Otto d. Gr. (962) war es mit dem dt. Königtum verknüpft und erlosch 1806. 1871-1918 führte der König von Preußen den Titel »Deutscher K.«. Außerdem gab es den Kaisertitel in Österreich, Rußland, Frankreich, Brasilien, Mexiko, entsprechende Titel auch in China, Korea, Mandschukuo, Annam, Indien, Äthiopien, Iran; heute noch in Japan.

Kaiser, 1) Georg, expressionist. Dramatiker, *1878, †1945; bedient sich in seinen kulturkrit. Schauspielen aller Formen zw. Tragödie und Posse (»Die Bürger von Calais«, »Gas«). **2)** Jakob, Politiker, *1888, †1961; seit 1912 in der christl. Gewerkschaftsbewegung; Mitbegr. der CDU, 1949-57 Bundesmin. für Gesamtdt. Fragen.

Kaiserchronik, mhd. Gedicht um 1150; Biographien röm. und dt. Kaiser.

Kaisergebirge, Teil der Nordtiroler Kalkalpen, östl. Kufstein, im **Zahmen K.** 1997 m, im **Wilden K.** 2344 m hoch. (BILD Alpen)

Kaiserkrone, innerasiat. Liliengewächs, Gartenzierpflanze; ziegelrote Blüten.

Kaisermantel, ein Tagschmetterling.

Kaisermantel

Kaiserschnitt, ♡ Schnittentbindung, bei der durch Bauchschnitt die Gebärmutter geöffnet wird.

Kaiserslautern, Krst. in Rheinl.-Pf., 102000 Ew.; Univ.; Nähmaschinen-, Eisen-, Textilind.

Kaiserstuhl, vulkan. Gebirge in der Oberrhein. Tiefebene, 557 m hoch; Wein-, Obstbau.

Kaiserwald, Waldgebirge in NW-Böhmen, Tschechoslowakei, 987 m hoch.

Kaiser-Wilhelm-Gesellschaft zur Förderung der Wissenschaften e.V., gegr. 1911 unter dem Protektorat Kaiser Wilhelms II. zur Pflege bes. der naturwissenschaftl. Forschung; seit 1948 → Max-Planck-Gesellschaft.

Kaiser-Wilhelm-Kanal, der → Nord-Ostsee-Kanal.

Kaiser-Wilhelm-II.-Land, Teil der Ost-Antarktis.

Kaiser-Wilhelms-Land, → Schutzgebiete.

Kajak der oder das, **1)** Männerboot der Eskimos; die Spanten sind mit Seehundshaut überzogen; Doppelpaddel. **2)** Sportpaddelboot.

Kajüte [frz.] die, Wohnraum auf Schiffen.

Kakadu der, Papagei Australiens und Indonesiens mit aufrichtbarer Haube. (BILDER S. 416)

Kakao [altmexikan.], Genuß- und Nahrungsmittel aus den Samen **(K.-Bohne)** des **K.-Baums.** Dieser ist ein tropisch-amerikan. Malvengewächs, hat Blüten, die am Stamm sitzen. Die K.-Bohne enthält 45-60% Fett **(K.-Butter, K.-Öl),** 18% Eiweiß, 10% Stärke, 1-3% anregend wirkendes → Theobromin und schmeckt würzig, aber bitter. Die Samen werden vergärt, getrocknet, entbittert, geröstet, zermahlen und entölt. Das K.-Pulver gibt **K.-Getränk** und **Schokolade.** Der K. wurde durch Cortez aus Mexiko nach Spanien, im 17. Jh. nach Dtl. gebracht. Haupterzeugungsländer: Ghana, Brasilien, Elfenbeinküste.

Kakemono [japan.] das, Bild auf Seide oder Papier zw. 2 Holzstäben, zum Zusammenrollen; Hauptgatt. des ostasiat. Gemäldes.

Kakerlak der, **1)** Küchenschabe (→ Schabe). **2)** Ü → Albino.

Kakinada, Hafenstadt in Andhra Pradesh, Indien, 164200 Ew.; Ölsaaten-, Reisausfuhr.

Kakipflaume, Baum Chinas, Japans und der Mittelmeerländer mit fast apfelgroßen Beerenfrüchten.

Kakodylverbindungen, ⚗ übelriechende organ. Verbindungen des Arsens.

Kakophonie [grch.] die, Mißklang.

Kakteen [grch.] Mz., Ez. Kaktus, **Kaktusgewächse,** Fam. ausdauernder, dickfleischiger Gewächse von mannigfacher Stengelbildung: blatt-, scheiben-, kugel-, säulenförmig, bis 18 m hoch, meist grün, ohne ausgeprägte Blätter oder blattlos, mit Stacheln besetzt, mit stattl. Blüten und beerenartigen Früchten. Fast alle Arten sind in Amerika heimisch. Verlust der Blätter, deren Arbeit der mit Blattgrün ausgestattete Stengel übernommen hat, sowie Verstärkung der Oberhaut (oft Wachsüberzug) sind Anpassungen an trockenes Klima. Über 220 Gatt.: **Blatt-K., Opuntie, Säulen-K., Kugel-K., Warzen-K., Berg-K., Haar-K.** u. v. a.

Kalabreser der, breitkrempiger, spitzer Filzhut (aus Kalabrien). (BILD S. 418)

Kalabrien, südwestl. Halbinsel Unteritaliens, wird vom **Kalabr. Gebirge** durchzogen. Ölbaum-, Wein-, Citrusfruchtkulturen u. a. Hauptorte: Reggio di Calabria, Cosenza, Catanzaro.

Kalabsha [-ʃ-], ägypt. Tempel aus der Ptolemäerzeit, in Nubien auf dem W-Ufer des Nils, mit dt. Hilfe in die Nähe des Assuan-Dammes versetzt.

Kalahari die, Trockenbecken in S-Afrika, Dünenwälle im S, äußerste Wasserarmut; Salzpfannen. Nach N zu Grassteppe, Sümpfe, wildreich; dünn besiedelt.

Kalamität [lat.] die, Not, Schwierigkeit.

Kalander [frz.] der, Maschine mit z. T. heizbaren und mit reliefartigen Mustern versehenen Walzen, zw. denen Gewebe-, Papier-, Kunststoffbahnen geglättet und geprägt werden.

Kal'at Sima'n, einer der bedeutendsten Wallfahrtsorte des christl. Orients, in N-Syrien, 30 km nordwestl. von Aleppo.

Kalauer der, schlechter Wortwitz.

Kalb das, Junges des Rindes, Rot-, Elch- und Damwilds, bei Giraffe, Elefant im 1. Jahr.

Kalb, Charlotte von, *1761, †1843; war mit Schiller, Hölderlin und Jean Paul befreundet.

Kalbe die, → Färse. **kalben, 1)** Geburtsvorgang beim Rind. **2)** 🌐 Abbrechen der Eisberge von Gletschern, die ins Meer eintauchen.

Kälberkropf, Kälberrohr, Doldenblütergatt., **Berg-Kerbel,** an Gebirgsbächen Mittel- und S-Europas.

Kalbsmilch die, → Thymusdrüse der Kälber.

Kalchas, Seher im grch. Heer vor Troja.

Kalchedon, Chalkedon, Chalcedon, alte Stadt am asiat. Ufer des Bosporus; hier tagte 451 das 4. Ökumen. Konzil. Es stellte den Lehrsatz auf, daß in der Person Christi göttl. und menschl. Natur vereint seien.

Kalckreuth, Leopold Graf v., impressionist. Maler, *1855, †1928; Landschaften u. a.

Kaldaunen, Kutteln, eßbares Rindergekröse.

Kalebasse, Kalabasse [span.] die, **1)** Flaschenkürbis. **2)** Gefäß daraus. (BILD S. 419)

Kaledonien, kelt.-röm. für N-Schottland.

Kaledonisches Gebirge, Gebirgssystem in N-Europa, verläuft über Irland, Schottland, Skandinavien, Spitzbergen, Grönland, Ellesmereland.

Kaleidoskop [grch.] das, opt. Spielzeug, stellt durch mehrfache Spiegelung unregelmäßiger Scherben u. dgl. regelmäßige Figuren dar.

Kalenden Mz., die → Calendae.

Kalender [lat.] der, astronom. begründete

Kakteen: von links nach rechts: Echinocereus blankii, Mediolobivia aureiflora, Echinopsis-Hybride

Ewiger Kalender bis zum Jahr 3299 (nach Theodor Wagner)

Tabelle I Tage						Januar, Oktober	*Januar*, April, Juli	Febr., März, Nov.	*Februar*, August	Mai	Juni	September, Dez.
						Monate (Januar und Februar für Schaltjahre *kursiv* gedruckt)						
Sonntag	1	8	15	22	29	6	5	2	1	7	3	4
Montag	2	9	16	23	30	7	6	3	2	1	4	5
Dienstag	3	10	17	24	31	1	7	4	3	2	5	6
Mittwoch	4	11	18	25		2	1	5	4	3	6	7
Donnerstag	5	12	19	26		3	2	6	5	4	7	1
Freitag	6	13	20	27		4	3	7	6	5	1	2
Sonnabend	7	14	21	28		5	4	1	7	6	2	3

Tabelle II Jahrhunderte

julianisch	*0*	*1*	*2*	*3*	*4*	*5*	*6*
	7	8	9	10	11	12	13
	14	*15*	*16*	*17*	*18*	*19*	*20*
	21	*22*	*23*	*24*	*25*	*26*	*27*
gregorianisch					15	16	—
	17	—	18	—	19	*20*	—
	21	—	22	—	23	*24*	—
	25	—	26	—	27	*28*	—
	29	—	30	—	31	*32*	—

Jahre im Jahrhundert

0	6	—	17	23	*28*	34	—	45	51	*56*	62	—	73	79	*84*	90	—	7	6	5	4	3	2	1
1	7	*12*	18	—	29	35	*40*	46	—	57	63	*68*	74	—	85	91	*96*	1	7	6	5	4	3	2
2	–	13	19	*24*	30	—	41	47	*52*	58	—	69	75	*80*	86	—	97	2	1	7	6	5	4	3
3	*8*	14	—	25	31	*36*	42	—	53	59	*64*	70	—	81	87	*92*	98	3	2	1	7	6	5	4
–	9	15	*20*	26	—	37	43	*48*	54	—	65	71	*76*	82	—	93	99	4	3	2	1	7	6	5
4	10	—	21	27	*32*	38	—	49	55	*60*	66	—	77	83	*88*	94		5	4	3	2	1	7	6
5	11	*16*	22	—	33	39	*44*	50	—	61	67	*72*	78	—	89	95		6	5	4	3	2	1	7

Die Benutzung des Kalenders wird am besten durch einige Beispiele erläutert: 1. Für den 24. Mai 1543 alten Stils (julianisch) findet man in Tabelle 1 an der Stelle (rechts), wo die den 24. Monatstag enthaltende Zeile sich mit der zum Mai gehörenden Spalte schneidet, die Zahl 2; Tabelle II enthält im Schnittpunkt der die beiden letzten Ziffern der Jahreszahl 1543, nämlich 43, enthaltenden Zeile (links) mit der die julianische Jahrhundertzahl 15 enthaltenden Spalte (oben) die Zahl 3 (unten rechts); die Summe der beiden gefundenen Zahlen 5 (2 + 3) steht in Tabelle I (links) in der Zeile des gesuchten Wochentags: Donnerstag. – 2. Für den 1. April 1815 neuen Stils (gregorianisch) gibt Tabelle I: 5, Tabelle II: 2, und 5 + 2 = 7 entspricht der Sonnabend. In Schaltjahren, die kursiv gedruckt sind, ist für den Januar in Tabelle I nicht die erste, sondern die zweite, und für den Februar die vierte Spalte zu benutzen; man findet so 3. für den 12. Februar 1908: 5 + 6 = 11: Mittwoch; 4. für den 1. Januar 1900 alten Stils: 5 + 2 = 7: Sonnabend, während sich 5. für den 1. Januar 1900 neuen Stils, da dieses Jahr nach dem Gregorianischen Kalender kein Schaltjahr ist, 6 + 3 = 9: Montag ergibt.

Kalabreser

Zeitrechnung, Verzeichnis der nach Wochen und Monaten geordneten Tage des Jahres. Im alten Rom gab es ein Mondjahr von 354 Tagen und 12 ungleich langen Monaten, denen von Zeit zu Zeit ein Schaltmonat eingefügt wurde. Nach dem **Julian. K.,** eingeführt von Julius Caesar, zählt ein gemeines Jahr 365 Tage, jedes vierte Jahr als Schaltjahr 366 Tage (alter Stil). 1582 führte Papst Gregor XIII. ein noch genaueres Verfahren ein, wonach der Schalttag des Julianischen K. beim vollen Jahrhundert ausfällt, mit Ausnahme des durch 400 teilbaren (wie 1600, 2000 usw.). Dieser **Gregorian. K.** (neuer Stil) wurde sehr bald in den kath. Ländern, in den ev. nur zögernd (in manchen erst im 18. Jh.), in der UdSSR erst 1918 eingeführt. Im **jüd. K.** ist das gemeine Jahr ein Mondjahr von 354 Tagen in 12 Monaten; zum Ausgleich mit dem Sonnenjahr gibt es 3 Jahresformen: das Gemeinjahr, das mangelhafte und das überzählige Jahr. Außerdem wird 7mal in 19 Jahren ein Monat eingeschaltet. Die Jahreszählung beginnt mit der Weltschöpfung, auf 3761 v. Chr. festgelegt. – Dem **muslim. K.** liegt ein reines Mondjahr zugrunde, eingeteilt in Monate mit abwechselnd 30 und 29 Tagen; das Gemeinjahr hat 354, das Schaltjahr 355 Tage. **Immerwährender K.,** ein K., aus dem man zu jedem Datum den Wochentag bestimmen kann.

Kalenderzeichen

	Tierkreiszeichen			Gestirnzeichen
♈	Widder	(21. März–20. April)	☉	Sonne
♉	Stier	(21. April–21. Mai)	☾	Mond
♊	Zwillinge	(22. Mai–21. Juni)	♂	Mars
♋	Krebs	(22. Juni–22. Juli)	☿	Merkur
♌	Löwe	(23. Juli–22. August)	♃	Jupiter
♍	Jungfrau	(23. Aug.–22. Sept.)	♀	Venus
♎	Waage	(23. Sept.–23. Okt.)	♄	Saturn
♏	Skorpion	(24. Okt.–22. Nov.)	♁	Erde
♐	Schütze	(23. Nov.–21. Dez.)	⛢	Uranus
♑	Steinbock	(22. Dez.–20. Jan.)	♆	Neptun
♒	Wassermann	(21. Jan.–20. Febr.)	PL	Pluto
♓	Fische	(21. Febr.–20. März)		

Kalendergeschichte, kurze Prosaerzählung unterhaltender oder nachdenkl. Begebenheiten aus dem Leben des Volkes, seit dem 18. Jh. Bestandteil von Volkskalendern; K. schrieben Hebel, Gotthelf u. a., abgewandelt auch B. Brecht.

Kalenderjahr, Zeit vom 1. 1.-31. 12. eines Jahres, i. Ggs. zum Rechnungsjahr.

Kalẹsche die, leichter vierrädr. Einspänner.

Kạlevala das, finn. Nationalepos.

Kạlewipo|eg das, estn. Nationalepos.

Kalfạkter, Kalfạktor [lat.] der, **1)** Hausmeister. **2)** Schmeichler, Aushorcher.

Kalgoorlie Boulder [kælg'uəlı b'əuldə], Goldbergwerksstadt in W-Australien (»Goldene Meile«, 1893 entdeckt); 21 000 Ew.

Kali das, **1)** ungenaue Abk. für Kalium und manche Kalium-Verbindungen. **2)** Bergbaul. gewonnene **Kalisalze.** Wichtigste K.-Salze: **Carnallit, Kainit, Polyhalit, Sylvin.** Bed. **Kalisalzlager** in N- und Mittel-Dtl., Elsaß, UdSSR, Texas, New Mexico, Ebro-Becken, S-Polen. Primäre Lagerstätten sind durch langsame Austrocknung eines flachen Meeres, sekundäre durch chem. Umwandlung entstanden. Die Salze werden im Tiefbau gewonnen und direkt oder nach Entfernung unerwünschter Nebenbestandteile zur Düngung, zu K.-Seifen, Gläsern, Sprengstoffen verwendet.

Kạliban, →Caliban.

Kalịber das, **1)** innerer Durchmesser in den Rohren von Feuerwaffen; auch Durchmesser des Geschosses. (BILD S. 419)

2) beim Walzwerk Zwischenraum zw. den Walzen, der das Walzprofil ergibt.

Kalidasa, bed. Dichter Indiens, im 5. Jh. n. Chr., schrieb Epen, Lyrik, Dramen (»Shakuntala«).

Kalif [arab.] der, Titel der an der Spitze des Islams stehenden Herrscher als Nachfolger Mohammeds (seit 632); anfangs wurden sie gewählt und hatten ihren Sitz in Medina. Die K. aus dem Hause der Omajjaden (661-750) regierten in Damaskus; das folgende Haus der Abbasiden (750-1258) machte Bagdad zur Hptst. (→ Harun ar Raschid). Mit der türk. Eroberung Ägyptens 1460 ging das **Kalifat** an die Sultane von Konstantinopel über; 1924 wurde es abgeschafft.

Kaliforni|en, California, 1) Abk. **Cal., Calif.,** drittgrößter und volkreichster Staat der USA, am Pazifik, 411 015 km², 26,98 Mio. Ew. (überwiegend Weiße, daneben Schwarze; chines., japan. Einwanderer; Nachfahren von Mexikanern); Hptst.: Sacramento; größte Städte: Los Angeles, San Francisco. Kernlandschaft ist das Kaliforn. Längstal (Hauptflüsse: Sacramento, San Joaquin); im O die Sierra Nevada (bis 4418 m). Klima: gemäßigt bis subtropisch, nach S zunehmend trocken, im SO wüstenhaft. Anbau (künstl. Bewässerung): Obst (Trauben, Pfirsiche, Citrusfrüchte u. a.), Gemüse, Baumwolle, Getreide, Zuckerrüben; Vieh- und Geflügelzucht, Milchwirtschaft; Fischfang, Forstwirtschaft. ⚒ auf Erdöl, Erdgas, Borsalze, Quecksilber, Gold (im Rückgang) u. a. Flugzeug-, Fahrzeugbau, Nahrungsmittel-, Elektro- u. a. Ind. – K. wurde im 18. Jh. von Spaniern besiedelt, gehörte dann zu Mexiko. Ober-K. kam 1848 an die USA; Nieder-K. gehört zu Mexiko. ⊕ S. 494.

2) Golf von K., Mar Bermejo [Purpurmeer], Bucht des Pazifiks zw. der W-Küste Mexikos und der Halbinsel Nieder-K.; Korallen-, Schwamm- und Perlenfischerei.

Kaliko der, leinwandbindiges Baumwollgewebe für Kittel, Schürzen, Bucheinbände.

Kalimantan, indonesisch für Borneo.

Kalinin, Gebiets-Hptst. in der Russ. SFSR, an der Wolga, 447 000 Ew.; Papier-, Druckereikombinat, Elektro- u. a. Ind.

Kalinin, Michail, sowjet. Politiker, *1875, †1946, war 1919-1946 nominelles Staatsoberhaupt der UdSSR.

Kaliningrad, russ. für Königsberg (Ostpr.).

Kalisch, poln. **Kalisz** [k'aliʃ], Stadt in Polen, westl. von Lodz, 105 000 Ew.; Tucherzeugung, Klavierbau, Lebensmittel-, keram. Ind.

Kalium das, **K,** chem. Element, Alkalimetall. Ordnungszahl 19, D 0,86 g/cm³, Schmelzpunkt 63,7 °C, Siedepunkt 754 °C. K. ähnelt in elementarer Form und in seinen Verbindungen dem Natrium. Es kommt in der Natur sehr häufig in Verbindungen vor (**Kalisalze,** → Kali); **K.-Carbonat, Pottasche** K_2CO_3, zur Glasherstellung; **K.-Chlorat** $KClO_3$, für Sprengstoffe; **K.-Permanganat** $KMnO_4$, grünschwarze, glänzende Kristalle, die sich in Wasser mit violetter Farbe lösen; starkes Oxidationsmittel.

Kalix|älv der, 430 km langer Fluß in N-Schweden, mündet bei Kalix in den Bottn. Meerbusen.

Kalixtiner, die gemäßigten → Hussiten **(Utraquisten).**

Kalk der, natürl. tier. und mineral. Ablagerungen, z. B. als Kalkstein, in Muschelschalen und Kreide. K. besteht aus Calciumverbindungen. **Gebrannter K.,** CaO, entsteht, wenn man Kalkstein bei 1200-1400 °C brennt. **Gelöschter K.,** Calciumhydroxid, $Ca(OH)_2$, entsteht aus gebranntem K. durch Aufnahme von Wasser. Durch Aufnahme von Kohlendioxid aus der Luft geht er wieder in Calciumcarbonat über. Hierauf beruht die Verwendung beim Bauen (Mörtelbereitung); auch in der Landwirtschaft als **Düngekalk** verwendet.

Kalk|algen, Algenpflanzen, die mit Kalk aus dem Wasser ihre Zellwände festigen und Gesteinsbildner werden können (z. B. **Kalkgeißler**).

Kalk|alpen, Nördl. und Südl. K., → Alpen.

Kalkar, Stadt im Kr. Kleve, NRW, 11 300 Ew.; Pfarrkirche mit Werken der **Kalkarer Schule** (15., 16. Jh.); nahebei Standort des Kernkraftwerks vom Typ »Schneller Brüter«.

Kalklicht, helles Licht eines durch Knallgas erhitzten Kalkzylinders (Drummondscher Brenner).

Kalkspat, wasserklares, weißes oder hellgefärbtes Mineral, hexagonal kristallisierendes Calciumcarbonat. Klare Stücke zeigen starke → Doppelbrechung **(isländ. Doppelspat).**

Kalkstein, Sedimentgestein aus Kalkspat, bildet ganze Gebirgszüge. Unkristallisierter K., → Marmor; **Muschelkalk,** → Kreide.

Kalkstickstoff, $CaCN_2$, Düngemittel, entsteht durch Einwirkung von Stickstoff auf Calciumcarbid.

Kalkül [frz.] der, **1)** Berechnung, Überschlag. **2)** Rechenverfahren, log. Verfahren.

Kalkulation [lat.] die, Berechnung von Kosten (Kosten-K.) und Preisen (Preis-K.); heute meist Kostenrechnung genannt.

Kalkutta, Hptst. von W-Bengalen, Indien, 3,3 Mio. Ew., größte Stadt und einer der wirtschaftl. und geistigen Mittelpunkte Indiens. Univ., Hafen, chem., Textil-, Maschinen- u. a. Ind.

Kalla, → Calla.

kalli . . . [grch.], in Fremdwörtern: schön . . .

Kalligraphie [grch.] die, Schönschreibekunst. **kalligraphisch,** in schöner Schrift.

Kallimachos, grch. Dichter, etwa 305-240 v. Chr.; Hymnen, Epigramme.

Kalliope, Muse der erzählenden Dichtung.

Kallus der, **1)** ⚘ nach Verletzungen entstandenes Wundgewebe bei Pflanzen. **2)** ♡ nach Knochenbruch an der Bruchstelle neugebildeter Knochen (Knochenschwiele). Der anfangs weiche K. wird häufig härter als der unverletzte Knochen.

Kálmán, Emmerich, ungar. Operettenkomponist, *1882, †1953: »Zigeunerprimas«, »Csárdásfürstin«, »Gräfin Mariza« u. a.

Kalmar, Hafenstadt in S-Schweden, am **K.-Sund,** gegenüber der Insel Öland, 55 000 Ew.; Schiffbau, Zündholz-, Lebensmittel-Ind., Fremdenverkehr. **Kalmarer Union,** Vereinigung von Dänemark, Schweden, Norwegen durch die dän. Königin Margarete 1397, zerfiel 1523.

Kalmar [lat.] der, schlanke zehnarmige Kopffüßer; so der bis 18 m lange **Riesen-K.**

Kalmengürtel, 3 die Erde umspannende Gebiete schwacher Winde und häufiger Wind-

Kalebasse 2)
(Kamerun)

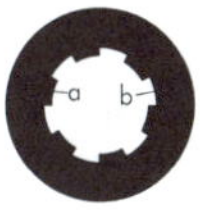

Kaliber 1):
a Feld, b Zug

Kalkutta:
Jaina-Tempel

Kalmücke (Volkstracht)

stillen, äquatorialer K. **(Mallung)** und die beiden subtrop. K. **(Roßbreiten).**

Kalmit die, höchste Erhebung des Pfälzer Waldes, 673 m hoch.

Kalmücken, westmongol. Viehzüchtervolk, Lamaisten; seit 1632 an der Wolga (K.-Steppe) ansässig. 1771 kehrte ein großer Teil in die Dsungarei zurück. **Kalmück. ASSR,** autonome Sowjetrep., rechts der Wolga, 75900 km^2, 329000 Ew.; Hptst.: Elista.

Kalmus der, Aronstabgewächs, Sumpfstaude mit schwertförmigen Blättern, grünl. Blütenkolben. Der würzige Wurzelstock dient als appetitanregendes Mittel, Likörzusatz.

Kalokagathie [grch.] die, Vereinigung von Schönem und Gutem, altgrch. Bildungsziel.

Kalorie [lat. Kw.] die, Zeichen **cal,** nicht mehr gesetzl. Wärmeeinheit, Wärmemenge, die nötig ist, um die Temperatur von 1 g Wasser von 14,5 °C auf 15,5 °C zu erhöhen; 1 kcal **(große Kalorie)** = 1000 cal. SI-Einheit ist → Joule; 1 cal = 4,1868 Joule.

Kalorimeter, Gerät zum Messen von Wärmemengen.

Kalotte 1)

Kalotte [frz.] die, **1)** Haube. **2)** Schädeldach. **3)** △ Oberfläche eines Kugelabschnitts.

Kaltblut das, schweres, massiges, ruhiges Zugpferd (BILD Pferde).

Kaltblüter, Tiere, deren Körpertemperatur immer der Umgebung entspricht **(wechselwarme Tiere):** Fische, Lurche, Kriechtiere, Wirbellose.

Kälte die, Mangel an Wärme. Künstliche K. kann man erzeugen durch jeden Vorgang, der mit einem Wärmeentzug verbunden ist, z. B. Verdunsten einer nicht siedenden Flüssigkeit, etwa Äther **(Verdunstungskälte),** oder Auflösen von Salzen in einer Flüssigkeit **(Lösungskälte).**

Kalte Ente, Bowle aus leichtem Wein mit Zitronenscheiben.

Kältemaschinen erzeugen tiefe Temperaturen. Bei **Kompressions-K.** wird in einem geschlossenen Kreislauf ein gasförmiges Kältemittel verdichtet, im Verflüssiger durch Luft oder Wasser abgekühlt und verflüssigt. Im Verdampfer entzieht es der Umgebung Wärme. Bei **Absorptions-K.** wird im Kocher aus einer konzentrierten wäßrigen Ammoniaklösung durch Erwärmung Ammoniak ausgetrieben und im Kondensator verflüssigt. Im Verdampfer wird es entspannt, verdampft und entzieht der Umgebung Wärme. Die meisten Kühlschränke verfügen über Absorptions-K.

Kaltenborn, Maritta, Bildhauerin, *1936; geschmiedete Eisenplastiken in meist abstrakter Formensprache. (BILD S. 421)

Kaltenbrunner, Ernst, österr. Nationalsozialist, *1903, †(hingerichtet) 1946; wurde 1943 Chef der Sicherheitspolizei und des SD sowie Chef des Reichssicherheitshauptamts; in Nürnberg zum Tode verurteilt.

Kambodscha

Kältepole, ⊕ Orte mit extrem niedrigen Wintertemperaturen, z. B. Ojmjakon (Sibirien) –70 °C., Wostok (Antarktis) –89,2 °C.

Kamel: Trampeltier

Kalter Krieg, diplomat., wirtschaftl. oder propagandist., jedoch nicht militär. Auseinandersetzung zw. Staaten oder Staatengruppen.

Kälte|rückfall, im regelmäßigen Jahresgang der Temperatur auftretende Störung, in Mitteleuropa bes. in der 1. Hälfte des Februars, im März, Mitte Mai (→ Eisheilige), im Juni (Schafkälte).

kaltes Licht, → Lumineszenz.

Kaltfront, → Wetter.

Kalthauspflanzen, Ziergewächse, die im **Kalthaus** (Gewächshaus) bei einer Temperatur von 1-10 °C überwintern.

Kaltleiter, Leiter, dessen Widerstand bei Erwärmung zunimmt, i. a. Metalle; für hohe Widerstandsänderung verwendet man Halbleiter. Anwendungen: Glühlampendrähte, Sicherungen, Temperaturfühler, Überlastschutz, Zeitschalter, Steuerung.

Kaltnadelarbeit, beim Kupferstich: die Metallplatte wird ohne ätzende Säuren nur mit Stichel und Nadel bearbeitet.

Kaltstart, 1) Starten eines abgekühlten Verbrennungsmotors. **2)** Erster Start eines elektron. Rechners, bei dem die Systemgenerierung erfolgen muß; bei Halbleiterspeichern jeder Wiederanlauf nach Stromausfall.

kaltwalzen, warm vorgewalzte Metallbänder bei Raumtemperatur weiter auswalzen, wodurch der Werkstoff verfestigt wird.

Kaltwasserkur, → Wasserheilverfahren.

Kaluga, Stadt in der UdSSR, im Moskauer Kohlengebiet, 307000 Ew.; Kohlenbergbau.

Kalundborg [kalonb'ɔr], dän. Stadt an der W-Küste Seelands, 19600 Ew.; Hafen.

Kalvari|enberg [lat.], **1) Schädelstätte,** Golgatha. **2)** Wallfahrtsstätte am Ende eines Kreuzwegs.

Kalvinismus, Calvinismus der, → Calvin.

Kalydon, antike Hauptstadt Ätoliens; bekannt durch die Sage vom **Kalydonischen Eber.**

Kalypso, bei Homer Tochter des Atlas, hielt auf ihrer Insel Odysseus 7 Jahre zurück.

kalzinieren, ⚗ durch Erhitzen entwässern.

Kama die, größter Nebenfluß der Wolga, 1805 km lang, Stausee und Kraftwerk bei Perm.

Kamaldulenser Mz., Zweig des Benediktinerordens, um 1000 von Romuald in Camaldoli (Toskana) gegr.; weißes Ordensgewand.

Kamarilla [kamar'iʎa, span. »Kämmerchen«] die, einflußreiche Hofpartei.

Kamasutra das, altind. Text, Lehrbuch der Liebeskunst von Vatsyayana.

Kambium [lat.] das, Gewebe zw. Holz- und Siebteil der nacktsamigen und zweikeimblättrigen Pflanzen mit teilungsfähigen Zellen, bewirkt das Dickenwachstum der Stämme.

Kambodscha, VR (seit 1979) in SO-Asien, 181035 km^2, 7,68 Mio. Ew., darunter 85% buddhist. Kambodschaner (Khmer), ferner Vietnamesen, Chinesen u. a.; Hptst.: Phnom-Penh; Amtssprache: Khmer. – Nach der Verf. von 1975 ist K. sozialist. Rep. 1979 wurde von einer »Nationalen Einheitsfront« ein neues kommunist. Reg.-System errichtet. – Den Kern K.'s bildet die gebirgsumrandete Aufschüttungsebene (Reisanbau) um den Mekong und den See Tonle-Sap (bes. fischreich), von Hügeln durchsetzt. Trop. Monsunklima; reichl. Niederschläge bes. im W. Verbreitet Waldgebiete (Edelhölzer). ⚒ auf Phosphat. Ind. wird mit ausländ. Hilfe entwickelt. Ausfuhr: Reis, Kautschuk; Haupthandelspartner VR China, Korea, Hongkong. Haupthafen: Kompong Som. – Ⓖ bis zur Unabhängigkeit K.s (1955) → Indochina. Dem polit. Druck Chinas auf die Staaten Indochinas suchte das Königreich K. durch Neutralitätspolitik zu begegnen. Der Vietnamkrieg weitete sich 1970 nach K. aus. 1975 kapitulierten die kambodschanischen Regierungstruppen vor den

Kommunisten, die die Macht übernahmen. Die kommunist. Reg. Pol Pot leitete eine blutige Säuberungswelle ein und suchte K. zu einem reinen Agrarstaat umzugestalten. Im Zuge einer militär. Invasion eroberte Vietnam 1979 K., setzte die Reg. Pol Pot ab (weiterhin von der UNO anerkannt); eine »Nat. Einheitsfront zur nat. Rettung« rief mit vietnames. Hilfe die VR K. aus gegen die sich eine Widerstandskoalition aus Kommunisten und Nichtkommunisten stellte; 1988 Rückzug der vietnam. Truppen eingeleitet; 1989/90 internat. Konferenz zur Lösung der K.-Frage. ⊕ S. 483.

Kambrium das, ältester Zeitabschnitt des Erdaltertums, → Erdgeschichte, ÜBERSICHT.

Kambyses, König der Perser und Meder, unterwarf 525 v. Chr. Ägypten und Libyen.

Kamee die, erhaben geschnittene → Gemme.

Kameldorn, Akazie des südl. Afrika, gerbstoffreich, sehr hartes Holz.

Kamele, Fam. der Paarhufer, Wiederkäuer. In SW-Asien, Australien und N-Afrika lebt das einhöckrige K. oder **Dromedar.** Es hat einen Fetthöcker und Schwielen **(Schwielensohler);** anspruchsloses Wüstentier, als Last- und Reittier äußerst leistungsfähig. Das zweihöckrige K. oder **Trampeltier** lebt in Innerasien; es ist größer, plumper, wolliger, ebenfalls Last- und Reittier. Zur Fam. K. gehört auch die Gatt. → Lama. (BILD S. 420)

Kamelie die, ostasiat. Zierstrauch, hat rote bis weiße Blüten, immergrüne Blätter.

Kamen, Stadt in NRW, 44 100 Ew.; Steinkohlenbergbau, Metallind.

Kamensk-Uralskij, Stadt östl. des mittl. Ural, UdSSR, 204 000 Ew.; nahebei Bauxit-, Steinkohlelager; Eisen-, Aluminium-, chem. u. a. Ind.

Kamera die, Photoapparat, → Photographie.

Kameralismus, dt. Form des → Merkantilismus. Die **Kameralwissenschaften** waren eine staatl. Verwaltungslehre, die sich zur Förderung des Staatswohlstandes auch mit wirtschaftl. Fragen befaßte. Vertreter: J. Becher, V. L. v. Seckendorff, J. H. G. v. Justi.

Kamerlingh Onnes, Heike, niederländ. Physiker, *1853, †1926; verflüssigte 1908 als erster das Helium, entdeckte die Supraleitung; 1913 Nobelpreis für Physik.

Kamerun, Verein. Rep. in W-Afrika, 475 442 km², 10,8 Mio. Ew. (im S meist Bantu, im N meist Sudanvölker; rd. 25% Muslime, rd. 36% Christen); Hptst.: Jaoundé; Amtssprachen: Französisch, Englisch. Verf. v. 1972, Einheitsstaat unter einem Präsidenten, vom Volk für 5 Jahre gewählt. – K. grenzt an den Golf von Guinea und reicht nach NO bis zum Tschadsee. Flache Küstenniederung mit reichen Niederschlägen (trop. Regenwald), im Innern meist Hochland (Savanne), im W vulkanisch (Kamerunberg 4070 m). Anbau von Mais, Hirse, Maniok; für die Ausfuhr: Kakao, Kaffee, Baumwolle, Bananen, Erdnüsse, Kautschuk; Forstwirtschaft, Nahrungsmittel- u. a. Ind. Haupthandelspartner: Frankreich. 1167 km Eisenbahn. Haupthafen und Flughafen: Duala. – K. war 1884-1918 dt. Schutzgebiet. Danach kam der Hauptteil unter frz., 2 schmale Streifen im W unter brit. Mandatsverwaltung. Am 1. 1. 1960 wurde Französisch-K. unabhängig (Rep. K.), 1961 kam der nördl. Teil von Brit.-K. an Nigeria, der südl. an die Rep. K. (seitdem Bundesrep.). Staatspräs.: P. Biya (seit 1982). ⊕ S. 482.

Kamikaze [japan. »Götterwind«], **K.-Flieger,** japan. freiwillige Kampfflieger des 2. Weltkriegs, die sich mit ihren mit Sprengstoff beladenen Flugzeugen auf den Feind stürzten.

Kamille die, Gatt. der Korbblüter. Arten: **Echte** oder **Feld-K.** wächst auf Äckern, hat kegelförmige, weißgelbe Blütenkörbchen mit hohlem Boden; diese enthalten das stark riechende flüchtige **Kamillenöl,** das krampf- und schmerzstillend, schweißtreibend wirkt. **Röm. K.** duftet wie die Echte K., wird wie diese benützt; **Stinkende** und **Acker-K.** sind Feldunkräuter. (BILD Heilpflanzen)

Kamin [grch.] der, **1)** Feuerstätte, Feuerherd in der Wand, gegen das Zimmer offen. **2)** Schornstein. **3)** steiler Felsspalt.

Kaminski, Heinrich, Komponist, *1886, †1946; verband spätromant. Harmonik mit reicher Polyphonie.

Kamm der, -s/Kämme, **1)** Gerät zum Ordnen der Haare. **2)** Holzverbindung. **3)** SPINNEREI: die auf- und abschwingende Stahlschiene zur Abnahme des Faserflors an der Krempel. **4)** WEBEREI: Teil des Webstuhls (Blatt). **5)** ♘ häutiger Auswuchs auf dem Scheitel der Hühner; auch die Hautfalte auf dem Rücken mancher Molche. **6)** Nackenstück des Schlachtviehs, Wildschweins; oberer Teil des Pferdehalses. **7)** ⊕ langgestreckter, schmaler Gebirgsrücken.

Kammer [lat. camera] die, **1)** kleines Zimmer. **2)** Verwaltung der Einnahmequellen der Fürsten; Bez. von Behörden und Selbstverwaltungskörpern (Handels-K., Handwerks-K.). **3)** Volksvertretung; sie besteht häufig aus **Erster K.** (Oberhaus, Senat, Herrenhaus) und **Zweiter K.** (Unterhaus, Abgeordnetenhaus), heute auch in umgekehrter Folge (z. B. Senat als 2. K.). **4)** ⚖ aus mehreren Richtern bestehendes Gericht bei den Land- und Landesarbeitsgerichten, → Gerichtswesen.

Kämmerer, 1) Kammerherr, Beamter am Fürstenhof. **2)** Leiter der Finanzverwaltung.

Kammerflimmern, ungeordnete Zusammenziehung der einzelnen Fasern des Herzmuskels, Wirkung entspricht dem Herzstillstand; meist tödlich.

Kammergericht, → Gerichtswesen, Berlin.

Kammerjäger, 1) Leibjäger eines Fürsten, **2)** ✤ Ungeziefervertilger.

Kammermusik, für wenige Einzelinstrumente bestimmte Musik (Sonaten, Duos, Trios, Quartette u. a.; auch Gesangstücke); das **Kammerorchester** hat eine Zwischenstellung zw. der eigtl. K.-Besetzung und dem vollen Orchester.

Kammersänger, Kammermusiker, Titel für hervorragende Sänger und Musiker.

Kammerspiel, kleines Theater, auch Bühnenwerk für kleines Theater.

Kammerton, der für alle Instrumente gültige Stimmton, das eingestrichene a (a¹), seit 1939 auf 440 Hz festgelegt.

Kammgarn, aus langer, gekämmter Wolle (Kammwolle) gesponnenes Garn; für glattes Wollzeug. Ggs.: → Streichgarn.

Kammgriff, Geräteturnen: Griffart, bei der die Kleinfinger einander zugewandt sind.

Kammkeramik, mit Kamm-Eindrücken verzierte Tongefäße aus der Jungsteinzeit.

Kamm-Muscheln, Muschelgatt. mit fächerförmig gerippter Schale und flügelförmigen Fortsätzen am Schloßrand.

Kamp der, **1)** umfriedetes Feld. **2)** Baumschule, Pflanzgarten.

Kampagne [kamp'anjə, frz.] die, **1)** Feldzug. **2)** jährl. Betriebszeit, z. B. in der Zucker-Industrie. **3)** zweckgerichtete Unternehmung, z. B. Wahl-K.

Kampala, Hptst., Handels- und Verkehrszentrum der Rep. Uganda, 458 000 Ew.

Kampanien, geschichtl. Landschaft an der W-Küste Unteritaliens; Hptst.: Neapel.

Kämpe der, **1)** Kämpfer, Held. **2)** Eber.

Kampen auf Sylt, Seebad, 970 Ew.

Kampfer, organ. Verbindung aus dem Holz des südostasiat. **K.-Baums,** aromat. Keton von brennendem, hinterher kühlendem Geschmack, das medizinisch verwendet wird.

Kamerun

Maritta Kaltenborn: Der Streit (geschmiedetes Eisen, 1986)

Kampfläufer

Kämpfer der, **1)** ⌂ Platte, Gesims oder Kapitell, Widerlager eines Bogens oder Gewölbes. **2)** in den Fensterblendrahmen eingebautes, waagerechtes Holz- oder Stahlquerstück.

Kampffisch, farbenprächtiger Aquariumfisch; die Männchen kämpfen miteinander.

Kampfläufer, Schnepfenvogel in Europa und Asien; die Männchen, mit spreizbarem Halskragen (Hochzeitskleid), führen Balzkämpfe.

Kampfstoffe, krieger. Kampfmittel: **1)** atomare K. **2)** biolog. K. (Krankheitserreger, Viren u.a.). **3)** chem. K. (Gas) wie Augen-, Nase-, Rachenreizstoffe, Lungen-, Haut-, Nervengifte.

Kamp-Lintfort, Stadt in NRW, am Niederrhein, 39200 Ew.; Steinkohlenbergbau. Das 1122 gegr. ehem. **Kloster Kamp** war die erste Niederlassung der Zisterzienser in Dtl.

Kamtschatka, Halbinsel in NO-Asien, 472300 km², gebirgig, viele tätige Vulkane, rauhes Klima, reich an Wäldern und Pelztieren, Fisch- und Seetierfang (Krabben). Hptst.: Petropawlowsk-Kamtschatskij.

Kana, Flecken in Galiläa, nördlich von Nazareth; Ort der Hochzeit zu K. (Joh. 2).

Kana|an, im A. T.: das von den Israeliten in Besitz genommene Land, teils die syr. Mittelmeerküste, teils das Jordanland.

Kanada

Kanada, Land des Commonwealth, umfaßt die N-Hälfte Nordamerikas mit Ausnahme Alaskas, einschl. der arkt. Inseln; mit 9,976 Mio. km² das zweitgrößte Land der Erde, 26,1 Mio. Ew.; Hptst.: Ottawa; Amtssprachen: Englisch, Französisch. ⊕ S. 484.

K. ist parlamentar. Monarchie; Staatsoberhaupt die brit. Krone, vertreten durch einen Generalgouverneur. Dieser wird vom kanad. MinPräs. vorgeschlagen; die Regierung ist dem Parlament (Senat, Unterhaus) verantwortlich. K. ist ein Bundesstaat von 10 Provinzen (Gliedstaaten) mit Selbstverwaltung: Newfoundland, Prince Edward Island, New Brunswick, Nova Scotia, Quebec, Ontario, Manitoba, Saskatchewan, Alberta, British Columbia; ferner 2 Territorien: Yukon und die Northwest Territories.

LANDESNATUR. → Nordamerika.

BEVÖLKERUNG. Meist europ. (brit., irischer, frz., dt. u.a.) Herkunft; rd. 368000 Indianer und 25500 Eskimos, ferner Asiaten und Schwarze. Der N ist nahezu unbesiedelt. Religion: rd. 47% kath., 20% Verein. Kanad. Kirche, 11% Anglikaner, 4% Presbyterianer, 3,1% Lutheraner, ferner Orthodoxe, Juden u.a. Größte Städte: Montreal, Toronto, Vancouver, Winnipeg.

WIRTSCHAFT. In der Landwirtschaft herrscht der stark mechanisierte Farmbetrieb vor. Die Prärieprovinzen (Manitoba, Saskatchewan, Alberta) erzeugen bes. Weizen. Mit seiner Weizenerzeugung steht K. an dritter, mit der Weizenausfuhr an erster Stelle der Welt. Milchwirtschaft bes. im Sankt-Lorenz-Tiefland und in den atlant. Küstenprovinzen, Obst- und Gemüsebau im Sankt-Lorenz-Tiefland und im W. Forstwirtschaft, Fischerei; Pelzgewinnung; Energiewirtschaft, vor allem Wasserkraftwerke. Reiche Bodenschätze: NE-Metalle, Asbest, Kali- und Steinsalz, Erdöl, Erdgas, Uran, Kohle, Eisen u.a. Zunehmend Industrie: Zellstoff-, Papier-, Eisen- und Stahl-, chem., Aluminium-, Maschinen- und Fahrzeug-, elektron. Ind., Flugzeugbau. Ausfuhr: Weizen, Fahrzeuge, Papier, Bergbauerzeugnisse, Holz u.a. Haupthandelspartner: USA. Eisenbahn- und Straßennetz werden ausgebaut. Durch den St.-Lorenz-Seeweg haben Seeschiffe Zugang zu den Kanad. Seen. Haupthäfen: Montréal, Vancouver, Port Arthur-Fort William, Sept Îles, Hamilton, Halifax, Port Cartier, Quebec. Wichtiger Luftverkehr.

Ⓖ K. wurde im 16. Jh. von den Franzosen in Besitz genommen, 1763 an England abgetreten; es erhielt 1840 parlamentar. Selbstregierung und vereinigte sich 1867 mit Neuschottland und Neubraunschweig zum Dominion of Canada. In beiden Weltkriegen unterstützte K. das brit. Mutterland; gleichzeitig wurden die Bindungen an die USA verstärkt (gemeinsamer Verteidigungsrat); 1949 trat K. der NATO als Gründungsmitgl. bei. 1982 erlosch die Zuständigkeit des brit. Parlaments für Verfassungsangelegenheiten nach Inkrafttreten des ›Canadian Act of 1982‹ und des ›Constitution Act 1982‹. MinPräs.: B. Mulroney (seit 1984).

Kanadabalsam, klares Harz kanad. Balsamfichten; Kitt für opt. Linsen u.a.

Kanadier, 1) Einwohner Kanadas. **2)** leichtes Sportboot.

Kanadische Seen, Große Seen, zw. Kanada und den USA, durch den Sankt-Lorenz-Strom mit dem Atlant. Ozean verbunden: der Obere, Huron-, Michigan-, Erie- und Ontariosee, zus. rd. 242000 km².

Kanaille [kan'aj, frz.] die, Schurke; Pack.

Kanake [hawai. »Mensch«], **1)** Eingeborener der Südseeinseln. **2)** U abwertend: ungebildeter Mensch, lästiger ausländ. Arbeitnehmer.

Kanal [aus lat.] der, -s/Kanäle, **1) Schiffahrts-K.,** künstl. Wasserlauf zu Schiffahrtszwecken. **2) Bewässerungs-K.** zur Versorgung von Städten und Ländereien mit Wasser. **3) Entwässerungs-K.** zur Abführung des Schmutz- und Regenwassers sowie zur → Dränage. **4) Luft-K.** bei Heizungs- und Lüftungsanlagen. **5)** Rohr, Leitung. **6)** ⚡ Übertragungsweg oder best. Frequenzbereich zur Übertragung einer Nachricht. **7)** stromführender Pfad in einer Halbleiterstruktur. **8)** in der Datenverarbeitung Übertragungsweg von Befehlen und Daten. **Kanalisation,** ⚘ Stadtentwässerung. **kanalisieren, 1)** mit Kanälen versehen; **2)** Flußlauf schiffbar machen.

Kanal, → Ärmelkanal.

Kanal-Inseln, → Normannische Inseln.

Seeschiffahrtskanäle

Name	Land	Verbindung	Länge km	Tiefe m	eröffnet
Suez-K.	Ägypten	Mittelmeer-Rotes Meer	162,5	12,9	7. 11. 1869
Nordsee-K.	Niederlande	Nordsee-Ijsselmeer	27,0	13,5	1876
K. von Korinth	Griechenland	Ionisches-Ägäisches Meer	6,3	7,9	9. 11. 1893
Manchester-K.	Großbritannien	Irische See-Manchester	58,0	8,5	1894
Nord-Ostsee-K.	Deutschland	Nordsee-Ostsee	98,7	11,0	21. 6. 1895
Brügger See-K.	Belgien	Brügge-Nordsee	10,0	8,5	1907
Panama-K.	Panama*	Atlantik-Pazifik	81,3	13,7	15. 8. 1914
Cape-Cod-K.	USA	Cape Cod Bay-Buzzard Bay	13,0	9,8	1914
Brüssel-Rupel-K.	Belgien	Brüssel-Willebroek	32,0	6,4	1922
Weißmeer-K.	Sowjetunion	Ostsee-Weißes Meer	227,0	5,0	1933
Houston-K.	USA (Texas)	Golf v. Mexiko-Houston	80,0	10,3	1940
Amsterdam-Rhein-K.	Niederlande	Amsterdam-Tiel	72,0	8,5	1952
Wolga-Don-K.	Sowjetunion	Wolgograd-Kalatsch	101,0		27. 7. 1952
St.-Lorenz-Seeweg	Kanada	Atlantik-Große Seen	3770,0	9,0	1959

* Kanalzone bisher USA, ab 2000 endgültig in panames. Besitz.

Kanarienvögel

Kanalstrahlen, ⚛ Strahlen positiver Ionen, die bei einer Gasentladung den Kathodenstrahlen entgegengerichtet durch Öffnungen (Kanäle) in der Kathode austreten. Aus der Untersuchungsmethode haben sich Massenspektroskopie und Teilchenbeschleuniger für Kernumwandlungen entwickelt.

Kanaltunnel, Untertunnelung des →Ärmelkanals; Eröffnung für 1993 geplant.

Kananga, Prov.-Hptst. in Zaire, 704 500 Ew., Handelszentrum.

Kanapee [frz.] das, Sofa.

Kanarienvogel, Finkenvogel von den Kanar. Inseln, Stubensänger.

Kanarische Inseln [»Hundsinseln«], span. Inselgruppe vor der NW-Küste Afrikas, 7273 km², 1,4 Mio. Ew.; 7 größere (darunter Teneriffa, Gran Canaria) und 6 kleinere Inseln. Zwei span. Überseeprov.; Hptst.: Santa Cruz de Tenerife, Las Palmas. Stark vulkan., auf Teneriffa bis 3716 m hoch; mildes Klima, sehr fruchtbar. Ausfuhr: Bananen, Tomaten, Gemüse, Kartoffeln. Fremdenverkehr. – Seit dem 15. Jh. spanisch; seit 1977 Autonomiebestrebungen.

Kanazawa, japan. Stadt auf der Insel Honshu, 430 500 Ew.; Universität.

Kandahar, Stadt in Afghanistan, 191 000 Ew.; Verkehrsknoten; Handelsmittelpunkt.

Kandahar, alpines Skirennen (Abfahrt, Slalom, Kombination), seit 1928 ausgetragen, nach dem Stifter des Pokals, dem engl. General Earl Roberts of K., benannt.

Kandare [ungar.] die, **Stangengebiß,** am Kopfgeschirr des Pferdes eine Gebißstange mit Kinnkette.

Kandare

Kandelaber der, Armleuchter.

Kandertal, das Tal der **Kander** im Berner Oberland, von der Lötschbergbahn durchzogen; Fremdenverkehr (Hauptorte **Kandergrund** und **Kandersteg**); Wasserkraftwerke.

Kandidat [lat.] der, **1)** Prüfling. **2)** Bewerber um ein Amt, einen Parlamentssitz usw. **Kandidatur** die, Bewerbung um ein Amt, eine Stellung usw. Zeitwort: **kandidieren.**

Kandinsky, Wassily, russ. Maler, *1866, †1944; gehört zu den Begründern der abstrakten Kunst. (BILD abstrakte Kunst)

Kandis der, **Zuckerkand,** Zucker aus großen Kristallen. **kandieren,** überzuckern.

Kändler, Johann Joachim, Bildhauer, *1706, †1775; Porzellanbildner der Meißner Manufaktur.

Kandy [k'ændı, engl.], Stadt auf Sri Lanka, 125 000 Ew.; Tempel mit heiligem Zahn Buddhas.

Kaneel [mittellat.] der, **weißer Zimt,** Gewürzrinde vom westind. Zimtbaum.

Kangchendzönga [-tʃ-] der, dritthöchster Berg der Erde, 8598 m; Erstbesteigung 1955.

Känguruh das, Beuteltier mit sprungtüchtigen Hinterbeinen, Stützschwanz und schwachen kurzen Vorderbeinen. Pflanzenfresser. Das Junge, kaum entwickelt (etwa 3 cm groß) geboren, wird von der Mutter in den Beutel gebracht und hier an einer Zitze fast 8 Monate genährt. **Riesen-K.** bis 2 m hoch.

Känguruh: Riesen-K.

Ka Ngwane, Homeland der Swasi in der Rep. Südafrika; 3720 km², 393 000 Ew.

Kanin, Halbinsel im N der UdSSR, östl. des Weißen Meers, von Samojeden bewohnt.

Kaninchen das, Nagetier aus der Familie der Hasen. Das **Wild-K.** ist oben grau, unten weiß, kleiner als der Hase, lebt gesellig in selbstgegrabenen Erdhöhlen. Es stammt aus den westl. Mittelmeerländern und hat sich seiner Gefräßigkeit, der großen Fruchtbarkeit und der Durchwühlung des Bodens wegen zu einer Landplage entwickelt (z. B. in Australien). Das vom Wild-K. abstammende **Haus-K.** wird als Fleisch- und Pelztier in zahlreichen Rassen gezüchtet **(Riesen-K., Angora-K.).**

Kanker der, Spinne, bes. →Weberknecht.

Kankiang, amtl. **Ganjiang,** Nebenfluß des Jangtsekiang in der chines. Provinz Kiangsi, 864 km lang, wichtiger Verbindungsweg Mittel- und Südchinas.

kannelieren, mit Riefen oder Rillen versehen, z. B. einen Säulenschaft. Die **Kannelüre,** die so entstandene Auskehlung.

Kannenbäckerland, um Höhr-Grenzhausen im Unter-Westerwald, gegenüber Koblenz; reiche Tonlager; Steingutfabriken, Feinkeramik.

Kannenpflanze, kletternde insektenfangende Urwaldpflanzen Südasiens, Australiens und der ostafrikan. Inseln. Die Mittelrippe der Blätter läuft in einen langen Stiel mit kannenartigem Endteil aus.

Kannibale [span.] der, Menschenfresser.

kannibalisieren, techn. Großgerät zur Ersatzteilgewinnung für Geräte gleichen Typs ausschlachten.

Kano, größte Stadt in N-Nigeria, 499 000 Ew., Bahn nach Lagos; Flughafen.

Kanô, japan. Malerschule (15.-19. Jh.); bed. Vertreter war K. Motanobu (*1476, †1559).

Kanoldt, Alexander, Maler, *1881, †1939; vertrat die »neue Sachlichkeit«. (BILD S. 424)

Kanon [grch.] der, **1)** Regel, Richtschnur; bes. in der bildenden Kunst der Maßstab für die Verhältnisse des ebenmäßigen menschl. Körpers. **2)** ♩ Tonstück, bei dem die Stimmen (2, 3 oder mehr), die gleiche Melodie singend oder spielend, derart nacheinander einsetzen, daß ein mehrstimmiger Satz entsteht. **3)** die als echt anerkannten (kanon.) Bücher der Bibel. **4)** kath. Kirche: a) einzelne kirchl. Rechtsvorschrift, b) Gebet in der Messe, c) Verzeichnis der Heiliggesprochenen.

Kanonade die, anhaltendes Geschützfeuer.

Kändler: Gemüsehändler

Kanoldt: Stilleben

Kanone [ital.] die, Flachfeuergeschütz; urspr.: Geschütz.

Kanonenofen, kleiner, eiserner Zimmerofen.

Kanoniker der, Mitgl. eines Dom- oder Stiftskapitels.

Kanonisation die, → Heiligsprechung.

kanonisch, dem Kanon entsprechend, zu ihm gehörend. **kanon. Alter,** für kirchl. Amt vorgeschriebenes Alter. **kanon. Recht,** kath. Kirchenrecht. **Kanon. Bücher,** als echt anerkannte Schriften der Bibel.

Kanope die, altägypt. Gefäß mit menschen- oder tierköpfigem Deckel zur Aufbewahrung der einbalsamierten Eingeweide.

Känozoische Formationsgruppe, Känozoikum [Kw., grch.] das, die Neuzeit in der Erdgeschichte, umfaßt Tertiär und Quartär. (TAFEL Erdgeschichte)

Kanpur, Stadt in Uttar Pradesh, Indien, am Ganges, 1,5 Mio. Ew.; Textil-, Leder-Ind.

Kansas [k'ænzəs], Abk. **Kans.,** einer der nordwestl. Mittelstaaten der USA, 213063 km², 2,46 Mio. Ew.; Hptst.: Topeka. K. gehört zur Prärie. Viehzucht, Ackerbau (bes. Weizen); ⚒ auf Erdöl, Erdgas, Kohle, Zink u.a. Großschlächtereien, Raffinerien, Flugzeugbau u.a. Ind. ⊕ S. 494.

Kansas City [k'ænzəs s'ɪtɪ], Doppelstadt in den USA, am Missouri. Die Stadt in Missouri hat 441000 Ew., ist Handelsplatz; Bischofssitz, Univ. Die Stadt in Kansas mit 162000 Ew. ist bes. Industriestadt (Schlachthäuser).

Kansu, amtl. **Gansu,** nordwestl. Provinz Chinas, 530000 km², 20,7 Mio. Ew.; Hptst.: Lanchow.

Kant

Kant, 1) Hermann, Schriftst., *1926; sprachartist., auch iron. Entwicklungsromane aus der Dt. Dem. Rep. **2)** Immanuel, Philosoph, *1724, †1804. K. begründete die krit. oder Transzendentalphilosophie. Er untersuchte die in den menschl. Erkenntniskräften liegenden Voraussetzungen und Grenzen der Erkenntnis. Die meisten metaphys. Fragen seien für die menschl. Vernunft unlösbar. Die Erkenntnis müsse sich auf »Erscheinungen« beschränken. Nur als sittl. Wesen könnten wir die Schranken unseres an die Sinnenwelt gebundenen Erkenntnisvermögens überwinden (Lehre vom »Primat der prakt. Vernunft«, Kategor. Imperativ, → Kategorie). HW: »Kritik der reinen Vernunft«, »Kritik der prakt. Vernunft«, »Kritik der Urteilskraft«.

Kantabrisches Gebirge, Fortsetzung der Pyrenäen in N-Spanien; bis 2648 m hoch.

Kantate [lat. »singet!«], **1)** 4. Sonntag nach Ostern. **2)** [ital. »Singstück«] die, aus Chorsätzen und Einzelgesängen, Duetten, Terzetten, Rezitativen usw. bestehendes geistl. oder weltl. Gesangswerk mit Instrumentalbegleitung.

Kante die, Schnittlinie zweier Flächen.

Kanter [k'æntə, engl.] der, Handgalopp. **Kantersieg,** ↗ leicht gewonnener Sieg.

Kanüle

Kant|haken der, **1)** Haken mit Ring und Hebebaum zum Bewegen schwerer Stämme und Bauhölzer. **2)** ⚓ Bootshaken.

Kanthariden [grch.] Mz., Blasenkäfer, **Spanische Fliegen,** aus denen das **Cantharidin,** das giftige Anhydrid einer organ. Säure, gewonnen wird; es reizt Harn- und Geschlechtsorgane; ärztl. nicht mehr angewendet.

Kantilene [ital.] die, gesangsmäßig gebundene, meist getragene Melodie.

Kantine [ital.] die, Speise- und Verkaufsraum in Kasernen, Betrieben usw.

Kant-Laplacesche Theorie [-lapl'as-], Bez. für 2 unterschiedl. Lehren über die Entstehung des Sonnensystems.

Kanton [frz.] der, **1)** Schweiz: Gliedstaat der Eidgenossenschaft. **2)** Frankreich und Belgien: Unterabteilung der Arrondissements.

Kanton, amtl. **Guangzhou** [-dʒɔʊ], Hptst. der Prov. Kwangtung, China, am **K.-Fluß** (Perlfluß), 3,2 Mio. Ew.; Univ.; Handelsplatz; Seiden-, Baumwoll-, Glas-, Papier-Ind.; Flughafen.

Kantor [lat. »Sänger«] der, -s/...toren, urspr. der Vorsänger, später der Organist und Leiter des Kirchenchors.

Kanu, Kanoe [westind. canoa] das, **1)** Fell-, Rindenboot oder Einbaum der Naturvölker. **2)** schlankes Sportboot mit Doppelpaddel. **Kanute,** K.-Fahrer.

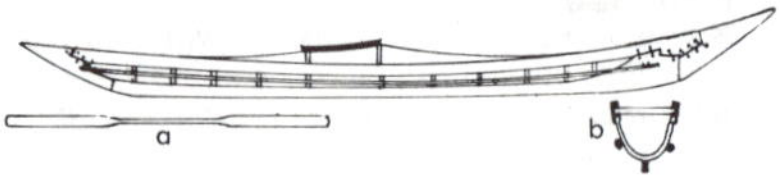

Kanu 1): Gerüst des grönländ. Eskimo-Kajaks (Befestigung von Kiel und Spanten mit Lederriemen), a Eskimopaddel, b Querschnitt eines Vorderspants

Kanüle [frz.] die, Hohlnadel für Einspritzungen und Blutentnahme. **Tracheal-K.,** Metallröhrchen zum Durchlassen der Luft nach Luftröhrenschnitt.

Kanzel die, **1)** in der Kirche der erhöhte Standort für den Prediger; nach den Schranken (cancelli), die früher den Chor absonderten. **2)** ✈ der verglaste Rumpfbug. **3)** ♆ Hochsitz.

Kanzelmißbrauch, Äußerungen von Religionsdienern in Ausübung ihres Amtes über Angelegenheiten des Staates in einer den öffentl. Frieden gefährdenden Weise; im Dt. Reich seit 1871 strafbar (**Kanzelparagraph;** in der Bundesrep. Dtl. 1953 aufgehoben).

Kanzer, lat. **Cancer** [»Geschwür«], **1)** → Schanker. **2)** zu Geschwürbildung neigender → Krebs. **Kanzerologie:** Krebsforschung; **kanzerogen:** krebserregend.

Kanzlei [lat. cancellaria] die, urspr. der mit Schranken (cancelli) umgebene Ort zur Ausfertigung öffentl. Urkunden; jetzt: Büro.

Kanzleisprache, im ausgehenden MA. die dt. Sprache einer Kanzlei; Luther benutzte für seine Bibelübersetzung die kursächs. K.

Kanzler [lat. cancellarius] der, **1)** im MA. Hofbeamter, der die Staatsurkunden ausfertigte und verzeichnete, meist ein Geistlicher. **2)** → Reichskanzler, → Bundeskanzler, → Lord.

Kanzone [ital.] die, **1)** lyr. Gedichtform aus 5-10 Strophen, zuerst im 12. Jh. bei Provenzalen und Nordfranzosen. **2)** ♩ seit dem 18. Jh. einstimmiges volkstüml. Lied mit Instrumentalbegleitung.

Kaohsiung, Hafen auf Taiwan, 1,2 Mio. Ew.; Zement-, Aluminium-, Kunstdüngerind.

Kaolin der, **Porzellanerde,** weißes, erdiges Gestein, fast reines Aluminiumsilicat (kieselsaure Tonerde), durch Verwitterung von Feldspat entstanden; Hauptrohstoff der Porzellanherstellung.

Kap [frz., von caput »Kopf«] das, Vorgebirge, ins Meer ragender Teil der Küste.

Kap Agulhas [-ag'uljas], **Nadelkap,** Südspitze Afrikas.

Kapaun der, verschnittener, gemästeter Hahn.

Kapazität [lat.] die, Fassungsvermögen **1)** eines elektr. Leiters, gemessen in Farad, **2)** eines Akkumulators, gemessen in Amperestunden, **3)** eines Speichers in Rechenanlagen, angegeben in Bit, Bytes oder Wörtern. **4)** das techn. mögliche Produktionsvermögen eines Betriebes oder Industriezweiges bei Vollbeschäftigung. **5)** Fachgröße, Kenner.

Kap Blanc [»weißes Vorgebirge«], nördlichstes Vorgebirge von Afrika, in Tunesien.

Kap-Breton-Insel, Cape Breton Island [keɪp bretn 'aɪlənd, engl.], Insel der kanad. Prov. Neuschottland, 10 280 km², 79 100 Ew.; Ackerbau, Bergbau, Fischerei.

Kap der Guten Hoffnung, Südende der **Kap-Halbinsel** in Südafrika, südl. von Kapstadt; 1488 von Bartholomeu Diaz erstmals umfahren.

Kapelagebirge, in Kroatien, 1533 m hoch.

Kapella die, hellster Stern im Sternbild des Fuhrmann.

Kapelle [lat.] die, **1)** kleines kirchl. Gebäude oder kleiner Sonderraum, oft für bes. gottesdienstl. Zwecke (Tauf-K., Sakraments-K.). Die Gotik liebte den K.-Kranz um den Chor. **2)** ♩ Vereinigung von Instrumentalmusikern, geleitet von einem **Kapellmeister;** urspr. die im Chor der Kirche aufgestellte Sängerschar.

Kaper der, **Kaperschiff,** Privatschiff, das auf Grund staatl. Ermächtigung **(K.-Brief)** feindl. Handelsschiffe aufbringt. Die Pariser Seerechtsdeklaration schaffte die Kaperei 1856 ab.

Kaper die, in gesalzenem Essig eingemachte Blütenknospen des am Mittelmeer heim. K.-Strauchs. Ersatz für K.: Knospen von Sumpfdotterblume, Scharbockskraut, Kapuzinerkresse.

Kapernaum, Ort in Galiläa, am See Genezareth, häufig von Jesus besucht; jetzt **Tell Hum.**

Kapetinger Mz., frz. Herrschergeschlecht, das 987 mit **Hugo Capet** den Königsthron bestieg und im Hauptstamm 1328 erlosch (→ französische Geschichte).

Kapfenberg, Stadt in der Obersteiermark, Österreich, 25 800 Ew.; Stahlwerke.

Kapholländisch das, → Afrikaans.

Kap Hoorn, Kap Horn, Kap der Südspitze von S-Amerika, Insel Hoorn, 55°59' südl. Breite.

kapieren [lat.], begreifen, verstehen.

kapillar [lat.], haarfein. **K.-Gefäße. 1)** ♡ Haargefäße. **2)** ⊙ Haarröhrchen.

Kapillarität [lat.] die, Auswirkung der Oberflächenspannung von Flüssigkeiten in engen Hohlräumen **(Haargefäßen, Kapillaren);** zeigt sich im Hohersteigen benetzender (z.B. Wasser) und Zurückbleiben nichtbenetzender (z.B. Quecksilber) Flüssigkeiten gegenüber dem Flüssigkeitsspiegel der Umgebung; wichtig für den Wasserhaushalt des Bodens und der Pflanzen.

Kapital [lat.] das, allg.: zinsbringend angelegte Geldsumme. – **Volkswirtschaftlich** ist K. die Gesamtheit der erarbeiteten Wirtschaftsmittel, die nicht unmittelbar dem Verbrauch, sondern mittelbar der Erzeugung anderer Güter dienen. Es entsteht durch Konsumverzicht (Sparen, Nichtausschüttung von Gewinnen; **K.-Bildung**) und produktive Verwendung der gesparten Mittel (Investieren). Neben Arbeit und Boden ist das K. entscheidender Produktionsfaktor. **K.-Güter** sind die im Produktionsprozeß verwendeten Güter und Vorräte. – **Betriebswirtschaftlich** ist K. die Gesamtheit der in einem Unternehmen investierten Mittel, verkörpert in den Vermögensgegenständen. Nach Abzug der Schulden **(Fremd-K.)** verbleibt das **Eigen-K. (Reinvermögen).** Nach der Verwendung unterscheidet man **Anlage-K.** (Grundstücke, Gebäude, Maschinen usw.) und **Umlauf-(Betriebs-)K.** (Zahlungsmittel, Waren, Rohstoffe usw.).

Kapital... [von lat. caput »Haupt«], in Zusammensetzungen: Haupt..., z.B. Kapitalfehler.

Kapitälchen, Großbuchstabe, in der Höhe eines kleinen Buchstabens, z.B. TAFEL.

Kapitale [frz.] die, Hauptstadt.

Kapitalerhöhung, Erhöhung des Grundkapitals einer AG. oder des Stammkapitals einer GmbH. durch Ausgabe von Aktien (Anteilen) oder Umwandlung aufgenommener Fremdgelder in Eigenkapital (Wandelschuldverschreibungen).

Kapitalertragsteuer, als Teil der Einkommensteuer erhobene Steuer auf Einkünfte aus Kapitalvermögen.

Kapitalflucht, Verlagerung von Geld ins Ausland, z.B. wegen polit. Unsicherheit, Geldentwertung oder aus steuerl. Gründen.

Kapitalgesellschaft, Handelsgesellschaft, die als jurist. Person rechtsfähig ist. Haftung der Gesellschafter auf ihren Anteil am Grund- oder Stammkapital beschränkt. Rechtsformen: AG., KGaA., GmbH., bergrechtl. Gewerkschaft.

kapitalisieren, einen Ertrag oder eine regelmäßige Geldleistung (Zinsen, Rente) auf ihren Kapitalwert (Ertragswert) umrechnen nach der Formel:

$$\text{Kapitalwert} = \frac{\text{Ertrag (Rente)} \times 100}{\text{Zinsfuß}}$$

Kapitalismus [lat.] der, in Wissenschaft und polit. Diskussion in Anlehnung an Marx gebrauchter Begriff, der häufig zum Schlagwort wurde. Ggs.: Sozialismus. Heute bevorzugt die Wissenschaft das Gegensatzpaar Marktwirtschaft–Zentralverwaltungswirtschaft. Volkstüml. versteht man unter K. ein Wirtschaftssystem, bei dem die Masse der Arbeitenden nicht Kapitalbesitzer ist. Grundlagen sind Anerkennung des Privateigentums und liberale Wirtschaftsgesinnung. Nach Marx ist wesentl. Kennzeichen des K., daß Gesellschaftsklassen, z.B. Lohnarbeiter und Kapitalisten, einander feindl. gegenüberstehen. Kennzeichen wirtschaftl. Handelns im K.: Erwerbsprinzip (Streben nach größtmögl. Gewinn), Wettbewerbsprinzip, Rationalprinzip (Streben nach größtmögl. Zweckmäßigkeit bei der wirtschaftl. Tätigkeit). – Geschichtl. unterscheidet man 3 Stufen: **Früh-K.** (erster Höhepunkt im 16. Jh.; Fugger; volle Entfaltung im → Merkantilismus), **Hoch-K.** (Industrialisierung im 19. Jh., Gewerbefreiheit, Freihandel), **Spät-K.** (im 20. Jh.; Neigung zur Regelung und Lenkung, teils durch Zusammenschlüsse von Unternehmen, teils durch den Staat; **Staats-K.**). Erfolg des K. war eine Steigerung des Volkseinkommens, die trotz der Bevölkerungszunahme der letzten 150 Jahre eine Steigerung des Lebensstandards aller Schichten ermöglichte.

Kapitalmarkt, Markt der langfristigen Kredite und Kapitalanlagen (Aktien, Obligationen, Pfandbriefe, Hypotheken u.a.). Ggs.: Geldmarkt (→ Geld).

Kapitalverbrechen, schweres Verbrechen.

Kapitalverkehrsteuer, umfaßt die **Gesellschaftssteuer** (Ersterwerb von Anteilen an inländ. Kapitalges., weitere Leistungen der Gesellschafter) und die **Börsenumsatzsteuer** (jede Übertragung von Wertpapieren außer Ersterwerb).

Kapitän [lat.] der, **1)** ⛴ Führer eines Schiffs, meist nach Prüfung und Erwerb eines Patents.

Kaper: Kapernstrauch, links unten Blütenknospe

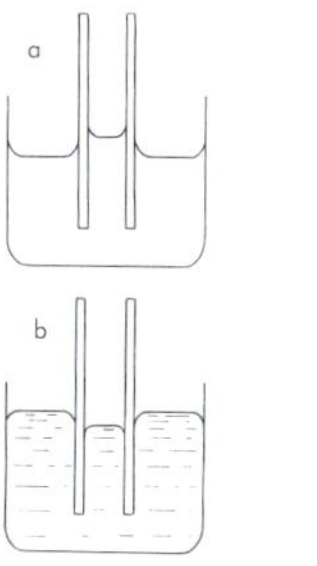

Kapillarität: Enge Glasröhren in a benetzender (Wasser), b nicht benetzender Flüssigkeit (Quecksilber)

Kapuzinerkresse

Kapitell

dorisches K. (Ägina, Aphaia-Tempel)

ionisches K. (Athen, Propyläen, Mittelhalle)

korinthisches Tholos-K. (Epidauros, Museum)

romanisches Figuren-K. (Mozac, St. Pierre)

frühgotisches Laubwerk-K. (Naumburg, Dom)

Kapotte 2)

2) K. zur See, Offiziersrang der Marine. **3)** ∴ Hauptmann in ausländ. Heeren. **4)** ↗ Mannschaftsführer.

Kapitel [lat. capitulum »Köpfchen«] das, **1)** Abschnitt einer Schrift. **2)** Versammlung der Stifts- oder Klostergeistlichen (Ort des K. ist der K.-Saal, das K.-Haus). **3)** → Domkapitel.

Kapitell [lat.] das, ⩍ oberster hervorspringender Teil (Kopf) einer Säule, eines Pilasters oder Pfeilers.

Kapitol [lat.] das, **1)** Burg des alten Rom auf dem **Kapitolin. Hügel.** (BILD S. 427)
2) in den USA die Gebäude für die Volksvertretungen, bes. das Kongreßgebäude in Washington.

Kapitolinische Wölfin, Bronzewerk aus dem 5. Jh. v. Chr., Wahrzeichen Roms.

Kapitular [lat.] der, Mitgl. eines (Dom-)Kapitels; Stifts-, Domherr. **K.-Vikar,** Leiter einer Diözese während der Sedisvakanz.

Kapitulari|en [lat.] Mz., von den karoling. Herrschern erlassene Verordnungen, nach ihrer Kapitel-Einteilung benannt.

Kapitulation [lat.] die, **1)** ∴ Übergabe einer Festung, Truppe oder eines ganzen Heeres. **2)** früher völkerrechtl. Vertrag, durch den eine europ. Macht das Recht erhielt, für ihre Untertanen in nichteurop. Staaten durch eigene Konsuln die Gerichtsbarkeit auszuüben.

Kapiza, Pjotr, russ. Atomphysiker, *1894, †1984; Nobelpreis für Physik 1978.

Kap Kennedy, Cape K., 1963-73 der Name von Kap Canaveral, seitdem nur noch der Name des Raketenversuchsgeländes.

Kaplan [lat.] der, -s/...pläne, kath. Hilfsgeistlicher (auch **Kooperator**).

Kapok der, baumwollähnl. Samenhaare des trop. Baumwoll- oder K.-Baums und des Ind. Seidenwollbaums; Polstermaterial.

Kaposvár [k'ɔpoʃva:r], Stadt und Bahnknoten in Ungarn, 74000 Ew.; landwirtschaftl. Ind.

Kapotte [frz.] die, **1)** Regenmantel mit Kapuze. **2)** Frauenhut.

Kapova, Höhle am Oberlauf des Belaja, S-Ural, mit eiszeitl. Tiermalereien.

Kappadokien, im Altertum Gebirgslandschaft im östl. Kleinasien.

Kap Palmas, Vorgebirge Westafrikas.

kappen, 1) ab-, beschneiden. **2)** ⚓ Masten, Takelung, Taue abhauen. **3)** Tiere kastrieren, daher: **Kapphahn** (Kapaun), **Kapphengst** (Wallach).

Käppi das, militär. Kopfbedeckung, schiffchenförmig, ohne Schirm.

Kapp-Putsch, rechtsradikaler Umsturzversuch im März 1920 unter W. Kapp.

Kap|provinz, Kapland, Prov. der Rep. Südafrika, 721001 km². Von den 5 Mio. Ew. (ohne Homelands) sind 1,4 Mio. Bantu, 2,2 Mio. Mischlinge, 1,2 Mio. Weiße; Hptst.: Kapstadt. Ackerbau, Weinbau, versch. Ind. – Die K. wurde seit Mitte des 17. Jh. von Niederländern, Niederdt. und Hugenotten besiedelt, 1806 von den Engländern erobert; 1910 Teil der Südafrikan. Union.

Kaprice [kapr'is, frz.] die, **1)** Laune, Einfall. **kapriziös,** launenhaft. **2)** ♩ das → Capriccio.

Kapriole [ital. »Bocksprung«] die, **1)** Luftsprung, tolles Stückchen. **2)** schwerste Übung der Hohen Schule.

Kapruner Tal, rechtes Seitental der Salzach in den Hohen Tauern, Österreich; Großkraftwerk.

Kapsel die, **1)** Gehäuse, Umschlag, Behälter. **2)** Verschlußart. **3) Raum-K.,** ein Raumfahrzeug. **4)** ⚘ Streufrucht aus zwei oder mehr Fruchtblättern (BILD Frucht).

Kapstadt, Hptst. der Kapprovinz, Rep. Südafrika, rd. 1 Mio. Ew.; Sitz des südafrikan. Parlaments; Univ., Mus., Botan. Garten; Handelsplatz, Hafen, Flughafen; Ind.

Kapuze [lat.] die, eine am Mantel oder Schulterkragen befestigte Haube.

Kapuziner [nach ihrer Kapuze benannt] Mz., kathol. Mönchsorden, Zweig der Franziskaner. (BILD Orden)

Kapuzineraffe, amerikan. Breitnasenaffe, eingerollter Greifschwanz, kapuzenähnl. Haarwuchs.

Kapuzinerkresse die, weichkrautige Pflanzen, z. T. mit kletternden Stengeln und rankenden Blatt- und Blütenstielen, aus Peru; viele gelb- bis braunrotblühende Formen sind Gartenzierpflanzen. (BILD S. 425)

Kapuzinerpilz, eßbarer Röhrenpilz.

Kap Verde [Grünes Vorgebirge], die westlichste Spitze von Afrika, in der Rep. Senegal.

Kap Verde, Rep. vor der W-Küste Afrikas, auf dem Gebiet der **Kapverdischen Inseln,** 4033 km², 0,33 Mio. Ew., vulkanisch (2829 m hoch); Hptst.: Praia. Südfrüchte, Kaffee, Viehzucht, Fischfang. – 1460 von Portugiesen entdeckt; bis 1975 portugies. Kolonie; nach der Unabhängigkeitserklärung wurde ein polit. Zusammenschluß mit Guinea-Bissau angestrebt.

Kar das, ⊕ nischenförmige Vertiefung in den Abhängen vergletscherter oder ehemals vergletscherter Berge; am Grund oft ein See.

Karabiner [frz.] der, **1)** ∴ Gewehr mit kürzerem Lauf. **2) K.-Haken,** Haken mit federndem Verschluß. (BILD S. 427)

Kara Bogas Gol, Bucht an der O-Küste des Kasp. Meeres, 13000 km²; Salzlager.

Karachi [kər'ɑ:tʃı], Stadt in W-Pakistan, am Arab. Meer, 5,2 Mio. Ew.; Univ., TH; größter Ausfuhrhafen Pakistans; internat. Flughafen.

Karaffe [frz.] die, geschliffene Glasflasche mit Glasstöpsel.

Karaganda, Bergbaustadt in der Kasach. SSR, 641000 Ew., Mittelpunkt eines großen Steinkohlengebietes; Ind.

Karaiben, Kariben Mz., Indianergruppe im nördl. Südamerika; fast ausgestorben.

Karaibenfisch, räuber. Flußfisch des trop. S-Amerika; greift Säugetiere und Menschen an.

Karajan, Herbert von, Dirigent, *1908, †1989; Leiter der Berliner Philharmoniker, der Wiener Staatsoper (1956-64), seit 1964 im Direktorium der Salzburger Festspiele.

Karakalpaken Mz., Turkvolk südl. des Aralsees, den Kasachen nahestehend. **Karakalpakische ASSR,** autonome Sowjetrep. (seit 1936 in der Usbek. SSR), 165600 km², 1,1 Mio. Ew. (K., Usbeken, Kasachen, Turkmenen, Russen); Hptst.: Nukus. Baumwolle, Getreide; Maschinenbau.

Karakorum [türk. »schwarzes Geröll«], **1)** der, innerasiat. Hochgebirge, westl. vom Transhimalaya, im K_2 8611 m hoch; am Ostende der **K.-Paß,** 5575 m hoch. 1978 wurde die **K.-Straße** zw. Pakistan (Kaschmir) und China (Sinkiang-Vighur) fertiggestellt. **2)** Ruinen des ehem. Wohnsitzes der Mongolenkaiser, in der N-Mongolei.

Karakul das, Schafrasse, deren Lämmer die Persianerfelle liefern.

Karakum, Wüste zw. Kasp. Meer und Amu-Darja, Turkmen. SSR, 300000 km².

Karamai, größtes Erdölfeld der Volksrep. China, am NW-Rand der Dsungarei.

Karamanlis, Konstantin, grch. Politiker, *1907; 1955-63, 1974-80 MinPräs., 1980-85, wieder seit 1990 Präsident. (BILD S. 427)

Karambolage [karambol'a:ʒ, frz.] die, Zusammenprall, bes. der Spielbälle auf dem Billard. Zw. **karambolieren.**

Karamsin, Nikolaj Michajlowitsch, russ. Schriftsteller und Historiker, *1766, †1826; Erneuerer der russ. Literaturprosa (»Die arme Lisa«); grundlegend: »Gesch. des russ. Staates«.

Karat [arab.] das, **1)** Einheitsgewicht für Edelsteine; das **metrische K.** (Abk. **Kt.**) = 0,2 g.

2) Abk. **K,** Kennzeichnung des Goldgehalts einer Legierung in einer 24stufigen Skala; reines Gold hat 24 Karat.

Karate [japan.] das, aus Okinawa stammender, in Japan weiterentwickelter Selbstverteidigungssport. Im K. werden fast alle Körperteile für Schläge, Stöße, Stiche, Tritte usw. eingesetzt. (BILD S. 429)

Karausche die, karpfenartiger Süßwasserfisch.

Karavelle [span.] die, im 15. und 16. Jh.: größeres Segelschiff mit hohem Heckaufbau.

Karawane [pers.] die, Kaufmanns- oder Pilgerzug im Orient, bes. mit Kamelen in Wüstengebieten. **Karawanserei** die, Unterkunftshaus für K.

Karawanken Mz., Gruppe der Südl. Kalkalpen, zw. Drau und Save, im Hochstuhl 2238 m hoch. Österreich und Jugoslawien begannen 1979, einen Tunnel (7,6 km) zw. Rosenbach und Jesenice zu bauen.

Karbatsche die, russ.-türk. Riemenpeitsche.

Karbolineum das, braunes Steinkohlenteeröl mit Kreosot; zum Haltbarmachen von Holz und zur Schädlingsbekämpfung an Bäumen.

Karbon das, **Steinkohlenzeit,** Schichtenfolge und Zeitabschnitt der →Erdgeschichte, ÜBERSICHT.

Karbonade [frz.] die, das Kotelett.

Karbonari Mz., polit. Geheimbund in Süditalien, um 1796 entstanden, mit nationalen und liberalen Bestrebungen.

karbonisieren, 1) pflanzl. Beimengungen in Wolle durch starke Schwefelsäure zerstören. **2)** Haltbarmachen von Holz durch Ankohlen. **3)** Getränke mit Kohlendioxid versetzen.

Karborundum das, Siliciumcarbid, SiC, aus Sand und Koks bei 2000 °C hergestellte, dunkel gefärbte Kristalle (Härte 9,6); Schleifmittel.

Karbunkel [lat.] der, großflächiges Geschwür aus mehreren Furunkeln; meist mit Fieber.

karburieren, in Leuchtgas Kohlenwasserstoffe (z. B. Benzol) einspritzen, zur Erhöhung der Leuchtkraft und des Heizwertes.

Kardamom [grch. aus ind.] der oder das, Kapselfrüchte südostasiat. Ingwergewächse. In den Samen **K.-Öl;** vielseitiges Gewürz.

Kardan, →Gelenk 2).

kardanische Aufhängung, von →Cardano erfundene Aufhängevorrichtung aus 3 zueinander senkrechten, ineinander bewegl. Ringen; bewirkt, daß ein im innersten Ring befindl. Körper bei Lageänderung des Ganzen seine Lage beibehält (z. B. Kompaß, Uhr, Lampe).

Kardätsche [von lat. carduus »Distel«] die, **1)** Hilfsmittel zum Aufrauhen von Tuchen. **2)** scharfe Bürste zum Pferdeputzen.

Karde die, **1)** distelähnl., hochwüchsige Pflanzengatt.: die hellviolettblühende **Weber-K.,** mit hakenborstigen Blütenköpfen, diente früher zum Rauhen von Tuch **(Rauh-K.);** die stachlige, lilablühende **Wilde K.** wächst an Hängen. **2)** WEBEREI: Maschine zum Aufrauhen von Tuch.

kardinal... [lat.], haupt..., grund...

Kardinal [lat.] der, **1)** kath. Kirche: höchste Würdenträger nach dem Papst; vom Papst ernannt. Sie bilden das **K.-Kollegium.** Die K. wählen den Papst (Konklave), bilden eine beratende Behörde (Konsistorium) und sind die Hauptglieder kirchl. Ausschüsse (Kongregationen). Tracht: Chorrock, Purpurmantel, roter Hut. **K.-Staatssekretär,** Leiter der päpstl. Staatssekretarie. **2)** scharlachroter, singender nordamerikan. Finkenvogel mit Schopf.

Kardinaltugenden, seit dem Altertum (Platon) die Grundtugenden der Weisheit, Gerechtigkeit, Tapferkeit, Besonnenheit.

Kapitol in Rom

Kardinalzahlen, 1) die natürl. Zahlen 1, 2, 3 usw. **2)** △ die Mächtigkeit einer Menge, bei einer endlichen Menge ist die K. gleich der Anzahl der Elemente.

Kardiogramm das, →Elektrokardiogramm.

Karelier, Stamm der Finnen, im östl. Finnland und in Karelien.

Karelische ASSR, Karelien, autonome Sowjetrep. im NW der UdSSR innerhalb der Russ. SFSR, 172 400 km², 787 000 Ew.; Hptst.: Petrosawodsk. Seen- und waldreiches Flachland. Forstwirtschaft, Fischerei; ⚒ auf Marmor, Granit, Glimmer. Holz-, Papier-, Maschinen- u. a. Ind. – Karelien war jahrhundertelang zw. Schweden, Finnen und Russen umkämpft. Die aus den ostkarel. Gebieten 1923 geschaffene ASSR wurde 1947 mit dem von Finnland an die UdSSR abgetretenen W-Karelien vereinigt; seit 1956 Karel. ASSR.

Karenz [lat.] die, Wartezeit, Sperrfrist.

Karfiol der, österr.: Blumenkohl.

Karfreitag, Tag der Kreuzigung Christi.

Karfunkel der, roter Granat oder Rubin.

Kariba-Damm, Staudamm am →Sambesi.

Karibisches Meer, Teil des Amerikan. Mittelmeeres, zw. Antillen, Süd- und Mittelamerika; im Caymangraben 7680 m tief.

Karies [lat.] die, Knochenfraß; Zahnfäule (→Zähne).

Karikatur [ital. caricare »überladen«] die, Zerr- oder Spottbild menschl. Eigenschaften oder Handlungen. Die K., in der Antike und im MA. bekannt, kam im 19. Jh. (H. Daumier) zur Blüte.

Karin [schwed. Form von Katharina], weibl. Vorname.

Karisches Meer, Kara-See, Teil des Nordpolarmeeres zw. Nowaja Semlja und Jamal-Halbinsel.

Karl [ahd. »Mann«], männl. Vorname.

Karl, Fürsten: **Röm. und Röm.-Dt. Kaiser. 1) K. I., der Große,** *742, †814; seit 768 Frankenkönig, unterwarf in blutigen Kämpfen (772-804) die Sachsen und zwang sie zur Annahme des Christentums, eroberte 774 das Langobardenreich, setzte 788 den Bayernherzog Tassilo ab, errichtete die Ostmark und die Span. Mark; Weihnachten 800 Kaiserkrönung in Rom. Im Innern Zentralisierung der Reichsgewalt, Förderung von Kunst und Wissenschaft. **2) K. II., der Kahle,** *823, †877; erhielt 843 das Westfränk. Reich (Frankreich), 875 zum Kaiser gekrönt. **3) K. III., der Dicke,** *839, †888; seit 876 König des Ostfränk. Reichs, wurde 881 Kaiser, 885 auch König von Frankreich, kämpfte erfolglos gegen die Normannen; 887 abgesetzt. **4) K. IV.,** *1316, †1378; Luxemburger, Erbe des Königreichs Böhmen, seit 1346/47 Dt. König, 1355 zum Kaiser gekrönt, erließ die →Goldene Bulle, gründete 1348 die erste dt. Univ. des Dt. Reiches in Prag, erwarb für seine Hausmacht die Oberpfalz,

Karabinerhaken

Karamanlis

kardanische Aufhängung

Kardinal 2): Roter K.

Karl d. Gr. (Bronze)

Karl V.

Karneol (geschliffen)

Schlesien und Brandenburg. **5) K. V.,** *1500, †1558; Habsburger, seit 1516 König von Spanien und Herr der Niederlande, 1519 zum dt. Herrscher gewählt, 1530 zum Kaiser gekrönt, ächtete 1521 Luther auf dem Wormser Reichstag, zwang Frankreich in 4 Kriegen zum Verzicht auf Mailand und die Vorherrschaft in Italien, besiegte 1546/47 die protestant. Fürsten des →Schmalkaldischen Bundes, mußte aber 1552 vor dem Aufstand des Kurfürsten Moritz von Sachsen weichen und dankte 1556 ab. **6) K. VI.,** *1685, †1740; seit 1711 Kaiser, führte 2 Türkenkriege, suchte durch die »Pragmat. Sanktion« von 1713 die Nachfolge in den österr. Erblanden seiner Tochter Maria Theresia zu sichern. **7) K. VII. Albrecht,** *1697, †1745; seit 1726 Kurfürst von Bayern, 1742 zum Kaiser gewählt, wurde im →Österreichischen Erbfolgekrieg besiegt. – **Baden. 8) K. Friedrich,** *1728, seit 1738 Markgraf, seit 1806 Großherzog, †1811; vergrößerte sein Land durch die Erwerbungen von 1803-06. – **Braunschweig. 9) K. Wilhelm Ferdinand,** *1735, Herzog (seit 1780), wurde als preuß. Oberbefehlshaber 1806 bei Auerstedt besiegt und tödlich verwundet. – **Burgund. 10) K. der Kühne,** *1433, Herzog (seit 1467), wurde 1476 von den Schweizern bei Grandson und Murten geschlagen, fiel 1477 bei Nancy. – **Fränk. Reich. 11) K. Martell** [Hammer], Hausmeier 714-741, Karolinger, schlug die Araber 732 bei Poitiers. – **Frankreich. 12) K. VII., der Siegreiche,** König (1422-61), verlor anfangs den größten Teil des Landes an die Engländer, entriß ihnen aber seit dem Eingreifen der →Jungfrau von Orléans (1429) nach und nach ihre Eroberungen. **13) K. X.,** *1757, König (1824-30), hochkonservativ, wurde durch die Julirevolution von 1830 gestürzt; †1836. – **Großbritannien. 14) K. I.,** König (seit 1625), aus dem Hause Stuart, geriet in Ggs. zum Parlament und den Puritanern, unterlag im Bürgerkrieg seit 1642, auf Betreiben Cromwells 1649 enthauptet. **15) K. II.,** König, Sohn von 14), wurde 1660 zurückgerufen, neigte zum Katholizismus und Absolutismus; leitete die parlamentar. Spaltung in Whigs und →Tories ein, führte 2 Seekriege gegen Holland; †1685. – **Neapel. 16) K. I. von Anjou,** frz. Prinz, eroberte im Auftrag des Papstes 1266 das bisher stauf. Königreich Neapel, ließ 1268 Konradin hinrichten. – **Österreich. 17) K.,** Erzherzog, *1771, †1847; kämpfte 1796 und 1799 siegreich gegen die frz. Revolutionsheere in Süddtl.; im Krieg von 1809 gegen Napoleon I. siegte er bei Aspern und Eßling, unterlag aber bei Wagram. **18) K. I.,** Kaiser (1916-18), *1887, †1922; Nachfolger Franz Josephs, verlor 1918 den Thron, unternahm 1921 zwei mißglückte Versuche der Rückkehr nach Ungarn, darauf nach Madeira verbannt. – **Rumänien. 19) K.** oder **Carol I.,** *1839, †1914; Prinz von Hohenzollern-Sigmaringen, 1866 zum Fürsten gewählt, nahm 1881 den Königstitel an; Freund des Dreibunds. **20) K.** oder **Carol II.,** König (1930-40), *1893, †1953; dankte zugunsten seines Sohnes Michael ab. – **Sachsen-Weimar. 21) K. August,** seit 1758 Herzog, seit 1815 Großherzog, *1757, †1828; Freundschaft mit Goethe, berief auch Herder nach Weimar und Schiller nach Jena. Politisch schloß er sich eng an Preußen an; 1816 gab er seinem Lande die erste dt. Verfassung. – **Schweden. 22) K. XII.,** König (seit 1697), *1682, †1718; siegte anfangs im →Nordischen Krieg, unterlag 1709 bei Poltawa gegen Peter d. Gr., hielt sich dann bis 1714 in der Türkei auf, fiel vor einer norweg. Festung. **23) K. XIV. Johann,** König (seit 1818), *1763, †1844; aus der Familie Bernadotte, frz. Revolutionsgeneral, Marschall Napoleons I., 1810 zum schwed. Kronprinzen ernannt, befehligte 1813 die Nordarmee der Verbündeten, zwang Dänemark 1814 zur Abtretung Norwegens. – **Württemberg. 24) K. Eugen,** Herzog (1737-93), prachtliebender Gewaltherrscher, gründete die →Karlsschule.

Karlsruhe: Schloß (Vorderansicht)

Karle, Jerome, amerikan. Physikochemiker, *1918; erhielt mit H. A. Hauptmann 1985 den Nobelpreis für Chemie für seine Methoden zur Kristallstrukturbestimmung.

Karlfeldt, Erik Axel, schwed. Dichter, *1864, †1931; Lyriker, Nobelpreis 1931.

Karlisten, in Spanien die Anhänger des Thronanwärters Don Carlos (†1855) und seiner Nachkommen, die deren Thronansprüche in den **K.-Kriegen** 1834-40 und 1872-76 verfochten. Die Ansprüche der K. hat die Linie Bourbon-Parma (Thronprätendent: Prinz Carlos Hugo) übernommen.

Karlmann, fränk.-karoling. Herrscher. **1) K.,** Bruder Karls d. Gr., seit 768 König im südöstl. Teil des Frankenreiches, verbündete sich mit Sachsen und Langobarden gegen Karl, der nach seinem Tod 771 Alleinherrscher wurde. **2) K.,** Sohn Ludwigs des Deutschen, 877-79 König von Italien, †880.

Karl-Marx-Stadt, 1953-90 Name von →Chemnitz.

Karlsbad, tschech. **Karlovy Vary,** Kurort in NW-Böhmen, ČSFR, 56 200 Ew.; alkalisch-salin. und radioaktive Heilquellen; Mineralwasser; **Karlsbader Salz.**

Karlsbader Beschlüsse, 1819 von den dt. Reg. unter dem Einfluß Metternichs gefaßte Beschlüsse gegen die nationale und liberale Bewegung, bes. Beaufsichtigung von Univ. und Presse (1848 aufgehoben).

Karlskoga [-k'u:ga], Bergbau- und Industriestadt in Schweden, 35 000 Ew.; Stahlwerk, Waffenfabrik, chem. Industrie.

Karlskrona [-kr'u:na], Stadt in Südschweden, an der Ostsee, 59 000 Ew.; Kriegshafen, Marineschule und Werft für Kriegsschiffe, Textil-, Porzellan- und Holzind.

Karlspreis, seit 1950 von der Stadt Aachen vergebener Preis für Verdienste um die europ. Bewegung; bisher an Coudenhove-Kalergi, Brugmans, De Gasperi, Monnet, Adenauer, Churchill, Spaak, Schuman, Marshall, Bech, Hallstein, Heath, Segni, Krag, Luns, Europäische Kommission in Brüssel, Seydoux (1970), 1971 nicht verliehen, 1972 Jenkins, 1973 de Madariaga, 1974 und 1975 nicht verliehen, 1976 Tindemans, 1977 Scheel, 1978 Karamanlis, 1979 Colombo, 1980 keine Verleihung, 1981 Simone Veil, 1982 König Juan Carlos I., 1983 nicht verliehen, 1984 K. Carstens, 1985 nicht verliehen, 1986 das luxemburg. Volk, 1987 H. A. Kissinger, 1988 F. Mitterrand und H. Kohl für das frz. und dt. Volk, 1989 Bruder R. Schutz, 1990 G. Horn.

Karlsruhe, 1) RegBez. in Bad.-Württ., 6920 km², 2,5 Mio. Ew.; Hptst.: K. **2)** Hptst. von 1), in der Oberrhein. Tiefebene, Rheinhafen; 267 000 Ew.; TU, Kernforschungszentrum, Musikhochschule, Akademie der bildenden Künste; Bundesgerichtshof, Bundesverfassungsgericht; Ind.: Erdölraffinerien, Metall, Nahrungs-, Genußmittel, Seifen, graph. und Kunstgewerbe. – K. entstand nach 1715 als neue Hptst. der Markgrafen von Baden-Durlach.

Karlsschule, 1770 von Herzog Karl Eugen von Württ. auf Schloß Solitude bei Stuttgart als »militär. Waisenhaus« gegr., 1775 nach Stuttgart verlegt. Schiller war dort Schüler.

Karlstad [-sta], Stadt in Schweden, 74800 Ew.; Bischofssitz; Dom; Maschinen-, Textil-Ind.

Karlstadt, eigtl. Andreas **Bodenstein,** Vorkämpfer der Reformation, *1480, †1541; trat 1519 als Anhänger Luthers gegen Eck auf.

Karma(n) das, Hauptglaubenssatz des Brahmanismus, Buddhismus und Jainismus: das Schicksal des Menschen nach dem Tode hängt von seinem abgelaufenen Dasein ab. Je nachdem wird er in Himmel, Hölle oder auf Erden als Mensch, Tier oder Pflanze wiedergeboren.

Kármán, Theodor von, ungar. Physiker und Mathematiker, *1881, †1963; Strömungslehre.

Karmel der, Gebirge in Nordpalästina, 552 m hoch; die Karmelhöhlen enthielten umfangreiche Siedlungsschichten der Altsteinzeit; an der Nordspitze liegt das Stammkloster der Karmeliter.

Karmeliter Mz., kath. Mönchs-(Bettel-)Orden, auf dem Karmel um 1155 gestiftet. Frauenorden: **Karmeliterinnen.**

Karmesinrot [von arab. Kermes], etwas ins Bläuliche fallende hochrote Malerfarbe.

Karnak, oberägypt. Dorf bei Luxor, rechts am Nil, an der Stelle des alten Theben, mit Resten eines riesigen Tempelbezirkes.

Karneol [ital.-frz.] der, Schmuckstein; rote Abart des Chalcedons. (BILD S. 428)

Karner der, Kirchhofkapelle; Beinhaus.

Karneval der, → Fastnacht.

Karnische Alpen, Gruppe der Südl. Kalkalpen: Grenze zw. Österreich und Italien.

Karnivore [lat.] der, **1)** Fleischfresser (Raubtier). **2)** tierfangende Pflanzen.

Kärnten, Bundesland Österreichs, 9534 km², 542200 Ew.; Hptst.: Klagenfurt. K. reicht von den Hohen Tauern (Großglockner) und den Gurktaler Alpen im N bis zu den Karnischen Alpen und den Karawanken im S. Viele Seen, bes. im Klagenfurter Becken. Hauptfluß die obere Drau. Viehzucht; Ackerbau in Unter-K. und den Tälern; ⚒ auf Eisen, Blei, Mangan; Holz-, Papier- u. a. Ind.; Energiewirtschaft; Fremdenverkehr. **G** K. kam im 8. Jh. unter bayer. Herrschaft; 976 Hzgt., seit 1335 habsburgisch. Nach dem 1. Weltkrieg beanspruchte Jugoslawien Südost-K.; die Volksabstimmung 1920 entschied für Österreich.

Karo [frz.] das, **1)** Viereck. **2)** beim Kartenspiel: Eckstein, Schellen.

Karoline [zu Karl], weibl. Vorname.

Karolinen Mz., Inselgruppe Mikronesiens, 963 Inseln (meist Koralleninseln), 2150 km², 90000 Ew. (Mikronesier, Japaner, Mischlinge). Wichtigste Inseln: Yap, Ponape, Kusaie, Truk. Tropenklima; Ausfuhr: Kopra. **G** Die K., bis 1899 spanisch, kamen durch Kauf an Dtl. (zu Dt.-Neuguinea), wurden 1919-45 japan. Mandat; seit 1947 Treuhandgebiet der Verein. Nationen (verwaltet durch die USA). Seit 1978 Zusammenschluß der K. mit den Marshallinseln zu den mit den USA assoziierten »Staaten von Mikronesien«.

Karolinger, fränk. Herrschergeschlecht; Stammvater Bischof Arnulf von Metz (†641). **Pippin der Mittlere** wurde 687 Hausmeier des ganzen Fränk. Reichs, ebenso **Karl Martell; Pippin der Jüngere** wurde 751 an Stelle der Merowinger König. Ihm folgte **Karl d. Gr.,** der die röm. Kaiserwürde erwarb; nach ihm ist das Geschlecht genannt. **Ludwig der Fromme** erbte Karls Reich; **Lothar I.** (†855), **Ludwig der Dt.** (†876) und **Karl der Kahle** (†877) teilten es im Vertrag von Verdun (843) und stifteten 3 Linien: in Italien und Lothringen (erlosch 875), im Ostfränk. (Dt.) Reich (erlosch 911), im Westfränk. Reich (Frankreich; erlosch 987).

karolingische Kunst, → deutsche Kunst.

Karosse [frz.] die, Prachtwagen.

Karosserie [frz.] die, Kraftwagenaufbau.

Karotte [frz.] die, Mohrrübe.

Karpaten Mz., bogenförmige Gebirgsumrandung des ungarisch-siebenbürg. Beckens; reich an Wäldern und Bodenschätzen: Eisenerz, Quecksilber, Mangan, Kupfer, Magnesit, Antimon, Steinkohle, Silber, Gold; Steinbrüche. Die Bev. lebt in den Tälern (Ackerbau, Viehzucht). **West-K.,** von der Donau bis zum Hernad; **Wald-K.,** bis zum Quellgebiet der Theiß; **Ost-K.,** bis zum Ostende des Gebirgsbogens, und **Süd-K.,** bis zum Eisernen Tor der Donau. Hochgebirgsartig, aber ohne Gletscher sind die K. fast nur in der Hohen Tatra (2655 m) und Teilen der Süd-K. (2544 m).

Karpato-Ukraine, Gebiet der Ukrain. SSR, am SW-Hang der Waldkarpaten, an der Grenze der UdSSR mit der ČSFR und Ungarn, 12800 km², 1,2 Mio. Ew. (Ukrainer, Huzulen); Hptst.: Uschgorod. K. gehörte vor 1918 zu Ungarn, dann zur Tschechoslowakei, 1939 wieder zu Ungarn, seit 1945 zur UdSSR.

Karpfen der, Süßwasserfisch, mit zahnlosen Kiefern, aber Schlundzähnen am 5. Kiemenbogen; Speisefisch; meist wärmeliebend. Zu den Karpfenfischen zählen Schleie, Karausche u. a. Der K. wird über 1 m lang und bis zu 20 kg schwer. Durch Zucht gingen aus dem Schuppen-K. der kleiner geschuppte **Spiegel-K.,** der fast schuppenlose **Leder-K.** und der Aischgründer-K. hervor.

Karpow, Anatolij J., sowjet. Schachspieler, *1951; 1975-85 Weltmeister.

Karrageen das, → Irländisches Moos.

Karree [frz.] das, **1)** Viereck, Quadrat. **2)** österr.: Rippenstück.

Karren Mz., 🌐 zerrissene und schmale Grate im nackten Kalkgestein der Karstgebiete; bilden oft große **K.-Felder.**

Karriere [frz.] die, **1)** Laufbahn; **K. machen,** schnell befördert werden. **2)** schärfster Galopp.

Karriol das, **Karriole** die, leichter Botenwagen; **karriolen,** eilen, fahren, rennen.

Kärrner der, Karrenführer, Fuhrmann.

Karru die, engl. **Karroo** [k'ər'u:], Trockensteppe der südl. Randstufen S-Afrikas; Schaf-, Ziegenzucht.

Karsch(in), Anna Luise, geb. Dürbach, Dichterin, *1722, †1791; pathet. Oden, anakreont. Gedichte.

Karst der, Kalkhochflächen im NW Jugoslawiens mit den **K.-Erscheinungen,** die auf der Durchlässigkeit und Auflösbarkeit des Kalksteins beruhen: Höhlen, Einsturztrichter **(Dolinen),** blinde, zeitweise überschwemmte Täler **(Poljen),** Karrenfelder, unterird. Flüsse u. a. Weite Teile des K. sind entwaldet und öde.

Kartätsche [aus ital.] die, ⁘ früheres Artil-

Karate:

Oi-Tsuki

Empi-Uchi

Yoko-Geri

Hiza-Uke

Karnak: Pylon des Ammon-Tempels mit Widder-Sphinx-Allee

Kartennetzentwürfe, oben: Azimutaler Entwurf (Tangentialebene), Mitte: Konischer Entwurf (Kegelfläche), unten: Zylindrischer Entwurf (Tangentialebene)

Kartoffelkäfer, Schadbild

Kartusche 1): K. über einem Hausportal

leriegeschoß für kurze Entfernungen; Blechhülse mit Kugelfüllung.

Kartause die, Kloster der Kartäuser.

Kartäuser Mz., **1)** kath. Einsiedlerorden, beobachtet strenges Fasten und Schweigen; 1084 gestiftet. Tracht: weißes Ordenskleid mit Kapuze. **2)** feiner Kräuterlikör.

Karte die, **1)** steifes Blatt Papier zu allerlei Verwendungen (Post-, Fahr-, Speise-, Spielkarte). **K.-Legen, K.-Schlagen,** abergläub. Voraussagen der Zukunft aus Spielkarten. Das gewerbsmäßige K.-Legen ist in Dtl. verboten. **2)** → Landkarte. **K.-Kunde,** die → Kartographie. **kartieren, 1)** aufzeichnen. **2)** in eine K. eintragen.

Kartei, ✤ **Kartothek** die, Samml. auswechselbarer Karten oder Blätter **(K.-Karten);** diese werden alphabetisch, nach Zahlen oder sachlich in Kästen **(K.-Kästen)** übersichtl. angeordnet; Steh-, Flach- oder Sicht-K.

Kartell [frz.] das, **1)** Schutzbündnis, Freundschaftsvertrag. **K.-Träger,** studentisch: Überbringer einer Herausforderung zum Zweikampf. **2)** ⚖ Zusammenschluß von jurist. und wirtschaftl. weitgehend selbständig bleibenden Unternehmen. Der Zusammenschluß kann auf interne Bindungen der Mitglieder (Produktion und Absatz) beschränkt, also für Dritte unerkennbar sein **(K. niederer Ordnung)** oder die Beziehungen der Mitgl. zu Abnehmern oder Lieferanten unmittelbar regeln **(K. höherer Ordnung).** In der Bundesrep. Dtl. besteht nach dem Ges. gegen Wettbewerbsbeschränkungen **(Kartellgesetz)** i.d.F.v. 24. 9. 1980 ein Kartellverbot, allerdings mit zahlreichen Ausnahmen; diese sind anmeldepflichtig (Bundeskartellamt, Berlin, mit K.-Register).

Kartennetzentwurf, Kartenprojektion, in der Kartographie die Übertragung des (gedachten) Gradnetzes der Erde oder eines Ausschnittes daraus auf eine Ebene. Die Erde wird dabei i.a. als Kugel angenommen, die jedoch ohne Verzerrung nicht in die Ebene abwickelbar ist. Man unterscheidet zw. Zylinder-, Kegel- und Azimutalentwürfen.

Kartentelephon, öffentl. Fernsprecher, der die Gespräche bargeldlos von einer Chipkarte abbucht.

Karthago, Hptst. des Reiches der **Karthager,** an der N-Küste Afrikas, beim heutigen Tunis. K. wurde im 9. Jh. v. Chr. von Phönikern aus Tyrus gegr., war lange die bedeutendste Handelsstadt des Altertums und besaß die größte Seemacht. Schon im 6. Jh. v. Chr. hatte es Kolonien in Sardinien, Sizilien, Spanien, Gallien und an der W-Küste Afrikas. In den → Punischen Kriegen unterlag es den Römern; 146 v. Chr. wurde es zerstört, sein Gebiet röm. Provinz. Die von Caesar in K. gegr. Kolonie wurde 439 n. Chr. Hptst. des Wandalenreiches, 533 von Belisar erobert, 687 durch die Araber zerstört.

Kartoffel [von ital. tartufolo »Trüffel«] die, **Erdapfel,** wichtige Nutzpflanze der gemäßigten Gebiete aus der Fam. Nachtschattengewächse mit weißen, rosa oder violetten Blüten und grünen, ungenießbaren Beeren. Die Knolle (verdickter unterird. Stengelausläufer) dient als Nahrung, Futter und Rohstoff (Brennerei). Sie enthält etwa 10-28% Stärke, wenig Eiweiß, Fett, Vitamine. Die K. liebt tiefgründigen, lockeren, etwas sandigen Boden und wird als Hackfrucht angebaut. Die Heimat der K. sind die Hochebenen in Nordchile und Peru. Durch die Spanier kam die K. in der Mitte des 16. Jh. nach Europa; erst im 18. Jh. im großen angebaut.

Kartoffelbovist, Bauchpilz; giftig!

Kartoffelerntemaschinen, Maschinen mit einer Schar zum Auswerfen der Kartoffeln. Kartoffelvollerntemaschinen haben zugleich Hubvorrichtungen, Verlesebänder und Bunker.

Kartoffelkäfer, Coloradokäfer, Blattkäfer aus dem westl. N-Amerika, 9-11 mm lang, gelb-schwarz gestreift. Die fleischrote Larve richtet durch das Zerfressen der Kartoffelblätter großen Schaden an. Die Puppe entwickelt sich in der Erde. Die Eier werden auf der Unterseite der Blätter in stehenden Häufchen abgelegt. Bekämpfung: Absuchen, Insektengifte.

Kartoffelkrankheiten werden hervorgerufen durch Pilze, Bakterien und Viren; wirtschaftlich schädlich sind: 1) **Kraut-** und **Knollenfäule,** Erreger ein schmarotzender Algenpilz (Kartoffelpilz): dunkle, abgestorbene Flecke am Kraut, fleckige Knollen, die erst beim Hinzutreten anderer Schmarotzer völlig zerstört werden. 2) **Knollennaßfäule,** Erreger ein Bakterium, kann bei zu hoher Temperatur in der Miete das gesamte Erntegut vernichten. 3) Viruskrankheiten sind: **Blattrollkrankheit, Strichelkrankheit** und **Rauhmosaik;** werden durch Saugen einer Blattlaus von kranken auf gesunde Pflanzen übertragen. 4) **Kartoffelschorf,** eine Schalenkrankheit. 5) **Kartoffelkrebs,** von geringer Bedeutung.

Kartoffelmehl, Stärkemehl aus Kartoffeln.

Kartogramm [grch.] das, figürl. Darstellung von Zahlenwerten auf Landkarten.

Kartographie [grch.] die, das Entwerfen und Bearbeiten von Landkarten, Stadtplänen usw. durch **Kartographen.** Eigw.: **kartographisch.** Die kartograph. Darstellung benützt Signaturen (Zeichen z.B. für Wege, Wald, Gebäude). Babylonier, Chinesen und Ägypter gelten als erste Hersteller von Karten; im 18. Jh. erste Karten auf Grund planmäßiger Vermessungen. Heute Verfeinerung der Kartenaufnahme durch Photogrammetrie und Luftbild.

Karton [kart'ɔ̃, frz.] der, **1)** steifes, dickes Papier; Pappschachtel. **2)** MALEREI: Zeichnung auf starkem Papier als Vorstudie für eine große Darstellung in anderem Material.

Kartothek [grch.] die, ✤ → Kartei.

Kartusche [frz.] die, **1)** eine von halb aufgerollten Bändern oder Blättern eingerahmte schildartige Fläche zur Aufnahme von Wappen, Sinnbildern, Inschriften u. dgl. **2)** ∴ Pulverladung für Geschütze, jetzt meist in Metallhülsen.

Karussell [frz.] das, **1)** Reiterspiel (mit Ringstechen usw.). **2)** eine sich drehende Rundbahn zur Belustigung für Kinder.

Karwendelgebirge, Kette der Nordtiroler Kalkalpen, zw. Inn und Isar, in der Birkkarspitze 2756 m hoch.

Karwin, tschech. **Karviná,** Bergbauort im Bez. Freistadt, ČSFR, 73 000 Ew.; Steinkohlebergbau, Kokerei.

Karwoche, Woche vor Ostern, **stille Woche,** zum Andenken an Christi Leiden und Tod, mit dem Karfreitag.

Karyatide [grch.] die, 🏛 weibl. Gewandfigur als Gebälkträgerin.

Karzer [lat.] der, früher Haftraum in höheren Schulen und Hochschulen.

Karzinom [grch.] das, → Krebs.

Kasachen Mz., Türkvolk im Tiefland zw. Kasp. Meer und den Gebirgen Innerasiens; Sunniten. Die K. waren Nomaden, z.T. bis ins 20. Jh. **Kasachische SSR,** Unionsrep. der UdSSR, zw. unterer Wolga im W und Altai im O, 2 717 300 km², 16,2 Mio. Ew. (Russen, K., Ukrainer u.a.); Hptst.: Alma Ata. Meist Steppe, Halbwüste, Wüste. Landwirtschaft im Schwarzerdegürtel, z.T. mit künstl. Bewässerung (Getreide, Baumwolle, Zuckerrüben, Obst). Reiche Bodenschätze: Erdöl, Erdgas, Kohle, Erze. Hüttenwerke, Eisen-, Stahl-, chem., elektrotechn. u.a. Ind.

Kasack [frz.] der, Kittelbluse.

Kasack, Hermann, Schriftst., *1896,

†1966; surrealist. Roman: »Die Stadt hinter dem Strom«; besinnl. Lyrik.

Kasai der, wasserreicher linker Nebenfluß des Kongo, 2200 km lang.

Kasan, Hptst. der Tatar. ASSR, links der Wolga, 1,07 Mio. Ew.; Univ.; mehrere alte Klöster (eines mit dem Marienbild der hl. Mutter von K.); Handels- und Industriestadt.

Kasba die, in N-Afrika Zitadelle, Altstadt.

Kasbek der, Berg im Kaukasus, 5047 m.

Kaschau, slowak. **Košice** [k'ɔʃitsɛ], magyar. **Kassa,** bedeutendste Stadt in der östl. Slowakei, 229000 Ew.; TH; Bischofssitz; got. Dom; Maschinen-, Textil-, Lederfabriken. K. war im MA. eine dt. Stadt.

Kaschemme [zigeuner.] die, üble Kneipe.

Kaschgar, amtl. **Kashi,** Stadt in der chines. Autonom. Reg. Sinkiang-Uigur, im westl. Tarimbecken, rd. 100000 Ew.; Textilind.

kaschieren [frz.], verdecken.

Kaschmir der, feines Gewebe aus **K.-Wolle,** dem Flaumhaar der **K.-Ziege.**

Kaschmir, engl. **Kashmir,** Teil des von Indien und Pakistan umstrittenen Gebiets im Himalaya. Kernlandschaft ist das 130 km lange, 40 km breite Hochtalbecken (rd. 1500 m ü. M.) von K. Es wird vom Jhelum entwässert. Das Klima ist kontinental. Die Ebene am Fuß des Himalaya und das Tal von K. sind dicht besiedelt. Die zu 77% muslim. Bev. besteht vorwiegend aus Kaschmiri, einem Hindustamm mit indoarischer Sprache. Der ehem. ind. Fürstenstaat K. steht seit 1947 zu 60% (6,2 Mio. Ew.) unter indischer, zu 40% (1,8 Mio. Ew.) unter pakistan. Hoheit. Der **indische Teil** besteht aus der Prov. Jammu and Kashmir (einschl. Ladakh); Regierungssitz: Srinagar im Sommer und Jammu im Winter. Im **pakistan. Teil** werden die nördl. Gebiete (Baltistan, Gilgit, Hunja Nagar) von der pakistan. Reg. unmittelbar verwaltet. Die südl. Gebiete (Muzzafarabad, Poonch, Mirpur) unterstehen der von Pakistan abhängigen Azad-Kashmir-Reg. unter einem Präs.

Kaschmir der, weiches Gewebe aus Wolle, Seide, Chemieseide in Köperbindung, urspr. aus Kaschmir-Ziegenhaaren.

Kaschnitz, Marie-Luise, Schriftstellerin, *1901, †1974; Lyrik, Romane, Essays.

Kaschuben Mz., westslaw. Volksstamm in Pommerellen, vor 1918 z. T. eingedeutscht.

Käse der, leichtverdauliches Nahrungsmittel aus Eiweißstoffen, Fett, Wasser, Salzen, aus der Milch abgeschieden durch Lab (Süßmilch-K.) oder durch Säuerung (Sauermilch-K.) infolge Eindringens von Milchsäurebakterien (zunächst Quark), dann gegoren; Rückstand ist die Molke. Nach Festigkeit und Fettgehalt unterscheidet man: Hart-, Weich-, Rahm-, Fett-, halbfetten und Mager-K.

Kasel [lat. casula] die, Meßgewand.

Kasematte [ital.] die, schußsicherer Raum in Festungswerken oder auf Kriegsschiffen.

Kaserne [ital.] die, Gebäude zur dauernden Unterbringung von Truppen.

Kasernierte Volkspolizei, in der Dt. Dem. Rep. 1952-56 Vorläufer der Nat. Volksarmee.

Kasimir [slaw. »Friedensstifter«], männl. Vorname.

Kasimir, Fürsten von Polen: **1) K. I., der Erneuerer,** festigte als Herzog (1034-37, 1041-58) die fürstl. Gewalt. **2) K. III., der Große,** König (1333-70), verzichtete auf Schlesien, eroberte Wolhynien und Galizien, gab Polen die ersten geschriebenen Gesetze. **3) K. IV.,** König (1447-92), erwarb im Kampf mit dem Dt. Orden Pommerellen und die Lehnshoheit über Ostpreußen.

Kasino [ital.] das, Speise- und Aufenthaltsraum für Offiziere und Unteroffiziere; auch in Fabriken, Büros u.ä.; Name von Unterhaltungsstätten **(Spiel-K.).**

Kaskade [frz.] die, **1)** über Stufen stürzender Wasserfall. **2)** Zirkus: verwegener Sprung. **3)** ⊸ die Anordnung über- oder hintereinandergeschalteter, gleichartiger Gefäße.

Kaskadengebirge, waldreicher Gebirgszug im W der USA, vom Columbia (mit Kaskaden) durchflossen, im Mount Rainier 4392 m hoch; Silber-, Blei-, Kohlenbergbau.

Kaskadengenerator, Hochspannungsanlage zur Beschleunigung geladener Teilchen.

Kasko [span.], Schiffsrumpf; Beförderungsmittel. **K.-Versicherung,** Versicherung gegen Schäden an Beförderungsmitteln (Schiffs-K., Auto-K.).

Kaspar [pers. »Schatzmeister«], männl. Vorname; der Legende nach einer der Heiligen Drei Könige, dargestellt als Mohr.

Kasparow, Gary, sowjet. Schachspieler, *1963; seit 1985 Weltmeister.

Kaspisches Meer, Kaspisee, größter Binnensee der Erde, östlich vom Kaukasus, 28 m u.d. Spiegel des Schwarzen Meeres, 371000 km², fischreich; salzig; am W-Ufer große Erdölfelder.

Kassandra, grch. Sage; Tochter des Priamos und der Hekuba, Seherin; ungehörte Warnerin in Troja. **K.-Rufe,** vergebl. Warnungen.

Kassation [frz.] die, **1)** ⚖ Aufhebung eines gerichtl. Urteils durch ein höheres Gericht; in der Dt. Dem. Rep. außerordentl. Rechtsmittel (→ Gerichtswesen); in Frankreich, Italien: **K.-Hof,** höchstes Gericht. **2)** ♩ leichteres, mehrsätziges Instrumentalstück, der Serenade ähnlich.

Kassave die, → Maniok.

Kasse [ital. cassa], ⚮ bares Geld; **gegen** oder **per K.,** gegen Barzahlung.

Kassel, Hptst. des RegBez. K., Hessen, an der Fulda, 190000 Ew.; nach starken Kriegsschäden großzügig wiederaufgebaut. Im W über der Stadt liegen Schloß und Park Wilhelmshöhe. K. ist Sitz des Bundessozialgerichts, Bundesarbeitsgerichts; hat u.a. Gemäldegalerie, Staatstheater, Univ. (Gesamthochschule), Kunst- u.a. Hochschulen, Konservatorium. Ind.: Lokomotiven, Kraftwagen, Maschinen, chirurg. und opt. Instrumente, Holz, Textilwaren, Feinmechanik. K. war bis 1866 Hptst. von Kurhessen, 1807-13 Hptst. des Kgr. Westfalen, 1866-1945 der preuß. Prov. Hessen-Nassau.

Kassenarzt, zur Behandlung von Krankenkassenpatienten zugelassener Arzt.

Kassenbuch, Kassabuch, Grundbuch der kaufmänn. Buchführung, in das alle Einnahmen (links) und alle Ausgaben (rechts) eingetragen werden. Die Endsummen werden monatl. auf das **Kassenkonto** im Hauptbuch übertragen.

Kassengeschäft, Kassageschäft, Geschäftsabschluß, bei dem Waren oder die Wertpapiere sofort geliefert und gezahlt werden: Lieferungs- und Termingeschäft.

Kassenscheine Mz., staatl. Papiergeld.

Kasserolle [frz.] die, Brat-, Schmorgefäß.

Kassette [frz.] die, **1)** Schmuck-K. **2)** 🏛 ka-

Kasel

Kassel: Museum Fridericianum

stenförmig vertiefte, oft verzierte Felder an einer Decke **(K.-Decke). 3)** in Photoapparate einsetzbarer lichtdichter Behälter mit dem lichtempfindl. Material. **4)** Behälter mit auf- und abspulbarem Magnetband.

Kassettendeck, Magnetband-Kassettengerät ohne integrierten Endverstärker in einer elektroakust. Anlage.

Kassettenfernsehen, Wiedergabe von Filmen und Bildern, die in Wechselkassetten gespeichert sind, über Fernsehbildschirme (→Videorecorder).

Erich Kästner

Kassettenrecorder [-rɪk'ɔ:də(r), engl.] der, -s/-, Magnetbandgerät zur Aufzeichnung und Wiedergabe von Fernseh- und/oder Tonsignalen.

Kassiber [jidd.] der, heiml. schriftl. Mitteilung in und aus Gefängnissen.

Kassi|e die, trop. Hülsenfrüchtergatt.; afrikan. Arten **(Senna)** liefern →Sennesblätter, die südasiat. **Röhren-** oder **Fisett-K.** ein Fruchtmark **(Manna)** von abführender Wirkung.

kassieren [frz.], **1)** Geld erheben. **2)** für ungültig erklären, vernichten. **Kassierer** der, Kassenführer.

Kassiopeia, 1) grch. Sage: Mutter der Andromeda. **2)** die, ☆ Sternbild im nördlichsten Teil der Milchstraße.

Kassner, Rudolf, philosoph. Schriftst., Essayist, *1873, †1959.

Kastagnetten [kastaɲ'ɛtən, span.] Mz., ausgehöhlte Holzklappern zur Betonung des Rhythmus beim Tanz.

Kastalische Quelle, Kastalia, heilige Quelle von Delphi, in hellenist. Zeit Sinnbild der dichter. Begeisterung.

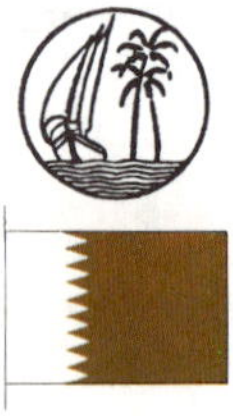
Katar

Kastani|e [lat.-grch.] die, **1)** versch. Baumgatt., →Edel-K. und →Roß-K. **2)** ♘ Hornschwiele auf der Innenseite des Pferdebeins.

Kaste [portug. »Geschlecht«] die, **1)** abgeschlossener erbl. Stand, bes. in Indien. **2)** Gesellschaftsschicht. **Kastengeist,** Absonderung besonderer Gesellschaftsschichten.

Kastell [lat.] das, röm. und mittelalterl. Befestigungsanlagen.

Kasten, urspr. schwed. Sprunggerät für Turner. (BILD Turnen)

Kastili|en, Hochland im mittl. Spanien; das **Kastil. Scheidegebirge** (bis 2650 m hoch) trennt **Alt-K.** im N von **Neu-K.** im S. Über das mittelalterl. Königreich K. →Spanien.

Kästner, 1) Abraham Gotthelf, Mathematiker, Dichter, *1719, †1800, schrieb »Sinngedichte«. **2)** Erhart, Schriftst., *1904, †1974, »Zeltbuch von Tumilad«. **3)** Erich, Schriftst., *1899, †1974; Gedichte, Romane (»Fabian«), Jugendbücher (»Emil und die Detektive«, »Das doppelte Lottchen« u. a.).

Kastor der, Stern im Sternbild Zwillinge.

Kastor und **Pollux,** einer der →Dioskuren.

Kastration [lat.] die, **Verschneidung,** Ausschalten der Keimdrüsen (Hoden, Eierstöcke) durch Operation oder Bestrahlung. Geschieht die K. im Kindesalter, so bleibt der männl. **Kastrat** (grch. **Eunuch**) in seiner seel. und körperl. Entwicklung zurück; es unterbleibt auch der Stimmwechsel. Bei Frauen wirkt sich die K. wie das natürl. Erlöschen der Eierstocktätigkeit aus. – Tiere werden durch K. gefügiger oder ihr Fleisch schmackhafter.

Kasuar: Helmkasuar

Kasuar der, straußartiger flugunfähiger Vogel; in Australien, Neuguinea.

Kasuarine die, Baumgatt.; in Australien, Indonesien; liefert Eisenholz.

Kasuistik [lat.] die, **1)** Anwendung sittl. Grundsätze und Lehren auf einzelne prakt. Fälle und Beispiele, um zu zeigen, wie man sich in Gewissensfragen entscheiden soll. **2)** ♡ Beschreibung einzelner Krankheitsfälle.

Kasus [lat.] der, →Casus.

Kaswin, Stadt im Iran, 250 000 Ew.; wichtiger Straßenknoten, Marktzentrum.

Kat, Abk. für →Katalysator.

Kat, Kath das, Blätter des arab.-ostafrikan. **K.-Strauches,** anregendes Genußmittel.

Katajew, Walentin Petrowitsch, russ. Erzähler und Dramatiker, *1897, †1986; u. a. satir. Romane und Erz. über Revolution.

Katakombe [grch.] die, unterird. Begräbnisanlage der ersten Christen, bes. in Rom; die Gräber befinden sich in den Seitenwänden oder im Boden. Kammern und Einzelgräber sind oft ausgemalt.

Katalanen, Bewohner Kataloniens; span. Volksstamm in Katalonien, Valencia und auf den Balearen. Das **Katalanische** steht selbständig zw. dem Span. und Provenzalischen.

Katalasen Mz., eisenhaltige Enzyme.

Katalaunische Felder, Ebene um Châlons-sur-Marne; 451 Sieg der Römer unter Aëtius über die Hunnen unter Attila.

Katalog [grch.] der, Verzeichnis, bes. von Büchern; nach alphabet. oder sachl. Ordnungsprinzipien erstellt.

Kataloni|en, nordöstl. Teil Spaniens, vorwiegend Bergland mit Korkeichen, Olivenhainen, Weingärten; Hauptindustriegebiet Spaniens (Kali-, Blei-, Schieferbergbau); Hptst.: Barcelona. Die Bewohner (Katalanen) halten an ihrer Sprache und Eigenart fest.

Katalpe [indian.] die, **Trompetenbaum,** Pflanzengatt. Nordamerikas und Ostasiens; Parkbäume und -sträucher.

Katalysator der, ⚗ **1)** ein Stoff, der durch Bildung aktiver Zwischenprodukte eine chem. Reaktion ermöglicht, beschleunigt oder in eine best. Richtung lenkt. **2)** Abk. **Kat,** eine Vorrichtung in Kfz-Ottomotoren zur →katalytischen Nachverbrennung der Abgase.

Katalyse [grch.] die, ⚗ Beschleunigung chem. Reaktionen durch **Katalysatoren,** die selbst dabei keine merkbare Veränderung erleiden. Für Chemotechnik und biochem. Vorgänge wichtig.

katalytische Nachverbrennung, Verfahren zur Reinigung von industriellen Abgasen (z. B. aus Lackierereien, Räucher- und Lebensmitteltrockenanlagen) und Autoabgasen, bei denen organ. Stoffe (z. B. Kohlenwasserstoffe, Aldehyde) und Kohlenmonoxid in Gegenwart von Katalysatoren zu Kohlendioxid und Wasser verbrannt werden. Bei der k. N. von Autoabgasen werden Edelmetall-Katalysatoren (Rhodium, Platin) verwendet. Für deren Funktionieren ist ein gleichbleibendes Luft-Kraftstoff-Gemisch und bleifreies Benzin Voraussetzung (→Lambdasonde).

Katamaran, altes Doppelrumpfboot der Südsee, zum Sportboot weiterentwickelt.

Katanga, seit 1971 →Shaba genannt.

Kataphorese [grch.] die, Wanderung von Kolloidteilchen im elektr. Feld.

Katapult [grch.-lat.] das, **1)** antike Wurfmaschine. **2)** Flugzeugschleuder, Startvorrichtung; das Flugzeug ruht auf einem Schlitten, der durch Druckluft oder Raketen mit großer Geschwindigkeit nach vorn geschoben wird.

Katar, arab. Halbinsel im Pers. Golf, selbständiges Scheichtum (seit 1971), zuvor unter brit. Protektorat, 10 900 km², 369 000 Ew.; Hptst. und Hafen: Doha. Wüstenhaft, seit 1949 Erdölförderung.

Katarakt [grch.] **1)** der, Wasserfall. **2)** die, ♡ grauer →Star.

Katarrh [grch.] der, ♡ Entzündung einer Schleimhaut, verbunden mit Schwellung, Rötung und Absonderung von Schleim oder Eiter.

Kataster [ital.] der, das, amtl. Verzeichnis der Grundstücke eines Bezirks; Unterlage für Grundbuch und Grundsteuererhebung.

Katastrophe [grch. »Umwendung«] die, **1)** die Wendung zum Unheil. **2)** schweres, unglückl. Ereignis. Eigw.: **katastrophal.**

Katatonie [Kw., grch.] die, Spannungsirresein, eine Form der →Schizophrenie.

Kate, Koten die, Haus eines Kleinbauern oder Landarbeiters, des **Kätners;** auch Hütte.

Katechese [grch.] die, relig. Unterweisung, bes. in Frage-und-Antwort-Form. **Katechetik** die, Lehre vom kirchl. Unterricht.

Katechismus [grch.] der, Leitfaden der christl. Glaubenslehre in Frage und Antwort. **Protestantisch:** der Große K. (für Geistliche) und der Kleine K. Luthers von 1529; der Genfer K. Calvins (frz., 1542); der Heidelberger K. von Ursinus und Olevianus (1563). **Katholisch:** K. von Canisius, der Tridentin. K. oder Catechismus Romanus (1566).

Katechu das, Auszug aus einer in Ostindien heim. Akazie; Gerb- und Farbstoff, zusammenziehendes Heilmittel.

Katechumene [grch.] der, Teilnehmer am Vorbereitungsunterricht zur Konfirmation (im frühen Christentum: zur Taufe).

Kategorie [grch.] die, **1)** Begriffsklasse, in die ein Gegenstand gehört. **2)** PHILOSOPHIE: allgemeinste Verstandesbegriffe; z.B. Größe, Anzahl, Beziehung. **kategorisch,** unbedingt, bestimmt (i.Ggs. zum Bedingten, Hypothetischen). **Kategor. Imperativ,** das Sittengesetz bei → Kant, weil es unabhängig von jeder Rücksicht auf Nutzen oder Vergnügen gebietet oder verbietet: »Handle so, daß die Maxime deines Willens jederzeit zugleich als Prinzip einer allg. Gesetzgebung gelten könne.«

kat|exochen [grch.], im wahrsten Sinne.

Katgut [engl. »Katzendarm«] das, aus Schafs-, Ziegen- oder Rinderdarm gefertigtes chirurg. Nähmaterial, wird vom Körper aufgelöst; heute weitgehend durch synthet. Material ersetzt.

Katharer [grch. »die Reinen«] Mz., den Manichäern verwandte, streng asket. Sekte, die sich seit Ende des 10. Jh. im südl. und westl. Europa ausbreitete (in Italien **Gazzari,** in Frankreich **Albigenser,** auch **Bulgaren** genannt); trotz Inquisition und Albigenserkriege konnten sie sich bis im 15. Jh. halten.

Katharina [grch. »Reine«], weibl. Vorname.

Katharina, Heilige. **1) K. von Alexandria,** legendär, Anfang des 4. Jh.; gehört zu den 14 Nothelfern. **2) K. von Siena** (Tag 29. 4.), bewog Papst Gregor XI. zur Rückkehr aus Avignon, †1380. **3) K. von Genua** (Tag 15. 9.), Asketin und relig. Schriftst., †1510.

Katharina, Fürstinnen: **Frankreich. 1) K. von Medici,** Gemahlin König Heinrichs II., *1519, †1589, als Königinwitwe sehr einflußreich, veranlaßte das Blutbad der → Bartholomäusnacht. – **Rußland. 2) K. I.,** Kaiserin (1725 bis 27), Frau eines schwed. Dragoners, dann Geliebte Peters d. Gr., seit 1712 mit ihm vermählt. **3) K. II., die Große,** Kaiserin (1762-96), Prinzessin von Anhalt-Zerbst, Gattin des russ. Thronfolgers, späteren Kaisers Peter III., bestieg nach dessen Ermordung den Thron. Sie entriß den Türken die Nordküste des Schwarzen Meeres mit der Krim, gewann den Hauptanteil bei der Aufteilung Polens, rief die Wolgadeutschen nach Rußland. Schriftstellerin; ihr einflußreichster Günstling war → Potemkin.

Katharsis [grch.] die, Läuterung durch seel. Erschütterung, nach Aristoteles Wirkung der Tragödie.

Katheder [grch. »Sessel«] das, Lehrstuhl, erhöhter Platz.

Kathedersozialismus, Richtung der dt. Wirtschaftswissenschaft im 19. Jh., trat für eine staatl. Sozialpolitik ein, um Klassengegensätze zu mindern und den sozialen Aufstieg der Arbeiter zu fördern. Hauptvertreter: A. Wagner, G. Schmoller, L. Brentano.

Kathedrale [lat.] die, Bischofskirche.

Katheten [grch.] Mz., im rechtwinkligen Dreieck die den rechten Winkel einschließenden Seiten.

Katheter [grch.] der, ♡ Röhre aus Metall, Hartgummi oder Gummi, kann in Kanäle oder Höhlen des Körpers eingeführt werden.

Kathiawar [»Land der Kathi«], trockene Halbinsel im N der Westküste Indiens; Baumwoll- und Getreideanbau mit künstl. Bewässerung.

Kathode [grch.] die, ⚡ negative → Elektrode.

Kathodenstrahlen, aus einer Kathode austretende Elektronenstrahlen.

Kathodenstrahlröhre, eine luftleere oder mit geringen Gasmengen gefüllte Elektronenröhre, Verwendung als Oszilloskop- und Fernsehbildröhre.

Katholikentag, Deutscher K., die alle 2 oder 4 Jahre (bis 1950 jährl.) abgehaltene »Generalversammlung der Katholiken Dtl.s« (seit 1858).

Katholikos [grch.] der, Titel des Patriarchen der armen. Kirche.

katholisch [grch.], allgemein, allumfassend.

Katholisch-apostolische Gemeinden, fälschlich **Irvingianer,** Anfang des 19. Jh. entstandene Gemeinschaften, die eine baldige Wiederkunft Christi annahmen und Ämter und Ordnungen der Urkirche wiederherstellen wollten.

Katholische Akademien, seit 1950 entstandene kirchl. Einrichtungen zur Laienbildung.

Katholische Aktion, 1) das Laienapostolat. **2)** von Papst Pius XI. ins Leben gerufene Bewegung zur Durchsetzung der kirchl. Grundsätze. Die Aufgaben der K. A. hat der 1977 in Päpstl. Rat für Laien umbenannte »Laienrat« übernommen.

Katholische Arbeitnehmer-Bewegung, Abk. **KAB,** Zusammenschluß (seit 1968) kath. Arbeitnehmer zur Verbesserung der wirtschaftl. und sozialen Lage; rd. 320000 Mitgl.

Katholische Briefe, 7 Briefe im N.T., die nicht für eine Einzelperson, sondern für die Gesamtheit der Kirche bestimmt erscheinen.

Katholische Kirche, die unter dem → Papst stehende christl. Kirche (→ Christentum). Sie gliedert sich in die **Lat. Kirche,** die zugleich Trägerin der Äußeren Mission ist, und in die **Unierte Ostkirche** (zus. rd. 860 Mio. Gläubige). Die Verfassung ist hierarchisch (Unterscheidung von Klerus und Laien); jedoch hat das Zweite → Vatikan. Konzil die Einheit beider als des Volkes Gottes betont. Ebenso hat es das bisherige monarch. Prinzip (Papst, Bischof) i. S. der Kollegialität und die zentralist. Verwaltung (→ Römische Kurie) i. S. größerer Selbständigkeit der Bischofskonferenzen und durch Beteiligung auswärtiger Bischöfe an den Kardinalskongregationen aufgelockert. Die **Glaubenslehre** beruht auf der nach der Tradition zu verstehenden Hl. Schrift; das kirchl. Lehramt legt sie unter Berücksichtigung der theolog. Forschung aus. Ihre **Soziallehre** über die richtige Ordnung von Gesellschaft, Wirtschaft und Staat entspricht nach ihrer Auffassung der naturrechtl. Ordnung; insoweit hält sie eine Übereinkunft mit den nichtkath. Christen und auch mit den nichtchristl. Weltanschauungen über die Soziallehre für möglich und erstrebenswert. Übernatürl. Grundlage ihres Seins und Wirkens sind ihre 7 → Sakramente. Mittelpunkt des Kultus sind → Messe und Altarsakrament; daneben besteht Heiligenverehrung (→ Maria). Das Klosterwesen (→ Orden) wird seit dem Konzil i. S. stärkerer Weltzugewandtheit umgebildet. Ihren Anspruch, alleinseligmachend zu sein, hat die K. K. auf dem Konzil dahingehend ausgelegt, daß alle christl. Konfessionen und auch die nichtchristl. Religionen mögliche Wege zum Heil seien, wenn auch die Annahme des kath. Glaubens und demge-

Katharina II.

Katheten: a, b

mäß seine Ausbreitung durch die Mission der eigentl. Wille Gottes sei. Gemäß dem Menschenrecht der Religionsfreiheit beansprucht sie Unabhängigkeit vom Staat.

katholische Presse, die aus kath. Weltanschauung gestalteten Zeitungen und Zeitschriften: Bistumskirchenzeitungen, Verbandsblätter, Familien-, Sonntags-, Jugendzeitschriften u. a.

Katholische Reform, Bestrebungen der kath. Kirche im 15.-17. Jh., den sittl. Niedergang der Klöster und des Klerus, die finanzielle Ausnutzung der Volksfrömmigkeit und der päpstl. Amtsrechte u. a. innerkirchl. Mißstände zu beseitigen. Wesentl. Anstöße gab die Reformation.

katholische Soziallehre, kath. Kirche: amtl. Äußerungen zu Fragen der sozialen Gerechtigkeit, v. a. die Sozialenzykliken der Päpste, weiterhin die Beschlüsse des 2. Vatikan. Konzils (1965).

Katholizismus [lat.-grch.] der, Wesen und Eigenart der kath. Kirche in Verfassung, Lehre, gottesdienstl. Ordnung, Frömmigkeit, Einstellung zur Welt.

Kat|ion [Kw., grch.] das, positives → Ion.

Katmai [k'ætmaı], 2047 m hoher Vulkan in Alaska, bekannt durch den Ausbruch von 1912.

Katmandu, Hptst. von Nepal, im Himalaya, über 236 000 Ew.

Kätner der, Besitzer einer Kate.

katonisch [n. Cato d. Ä.], sittenstreng.

Katschberg, 1641 m hoher Paß zw. Hohen Tauern und Norischen Alpen (Mur- und Drautal).

Katsina, Handelsstadt an der N-Grenze Nigerias, 112 000 Ew., im 17. und 18. Jh. Kulturzentrum und Hptst. eines Hausastaates.

Kattak, Cuttack, Stadt in Orissa, Indien, 194 000 Ew.; Silberfiligranarbeiten.

Kattara-Senke, eine der tiefsten Depressionen der Erde, in der Libyschen Wüste, NW-Ägypten, bis 137 m u. M.

Kattegat das, Meerenge zw. Jütland, Seeland und Schweden.

Katten, → Chatten.

Kattowitz, poln. **Katowice** [-tsɛ], Industriestadt in Ostoberschlesien, Polen, 367 300 Ew.; Univ., Hochschule für Musik; Steinkohlenbergbau, Eisenhütten, Gießereien, Werkzeugmaschinen u. a. 1922 kam K. an Polen.

Kattun [arab. »Baumwolle«] der, leinwandartig gewebtes Baumwollzeug.

Katyn, Ort bei Smolensk, in dessen Nähe 1943 dt. Soldaten die Massengräber von etwa 4100 poln. Offizieren fanden, die vom sowjet. Geheimdienst erschossen wurden.

Katzbach die, Nebenfluß der Oder, in Niederschlesien. – 1813 Sieg von Blücher und Gneisenau über die napoleon. Truppen unter Macdonald.

Kätzchen, ährenähnl., filzig-dichter, oft hängender Blütenstand.

Katzen Mz., Raubtierfam., Zehengänger, meist mit einziehbaren Krallen, vorzügl. Springer und Schleicher, mit scharfem Seh-, Hör- und Tastvermögen. Zu den K. gehören Luchs, Gepard, ferner Löwe, Tiger, Leopard, Jaguar, Puma. Die europ. **Wild-K.** unterscheidet sich von der Haus-K. durch die Größe und das stumpfe Schwanzende, sie bewohnt Waldgebirge. Die **Haus-K.,** mehrere Rassen, stammt von der ägypt. **Falb-K.** ab (Angora-K., Siam-K. u. a.).

Katzen: 1 Falbkatze; **2** Siamkatze

Katzenauge, 1) streifiger Lichteffekt auf geschliffenen Mineraloberflächen, beim Quarz, beim Chrysoberyll-K. **2)** reflektierender → Rückstrahler.

Katzenbuckel, höchster Berg des Odenwalds, 626 m hoch.

Katzenhai, bis zu 1 m langer Haifisch im Mittelmeer und in westeuropäischen Meeresteilen. (BILD Haifische)

Katzenjammer, Kater, Unlustgefühl, Nachwirkungen zu reichl. Alkoholgenusses.

Katzenkraut, Pflanzenname für: Baldrian, Hauhechel, Gamander, Katzenminze.

Katzenpfötchen, Korbblüter mit weißen oder roten strohigen, zweihäusigen Blüten.

Katzer, Hans, Politiker (CDU), *1919; 1965-1969 Bundesarbeitsminister; 1979-89 Mitgl. des Europa-Parlaments.

Kaub, Stadt in Rheinl.-Pf., rechts am Rhein, 1300 Ew.; Weinbau, Fremdenverkehr; Schieferind. Im Rhein die **Pfalz** (14. Jh.), Neujahr 1813/14 ging Blücher hier über den Rhein.

Kauderwelsch das, schwerverständl. Gerede, geradebrechtes Deutsch.

Kaudinische Pässe, Engpässe bei Caudium, Mittelitalien, wo die Römer 321 v. Chr., besiegt von den Samniten, unter einem Joch aus Speeren hindurchziehen mußten. Daher **Kaudin. Joch,** Demütigung, schimpfl. Unterwerfung.

Kaue die, Gebäude über einer Schachtmündung **(Schacht-K.);** Badehaus für Bergarbeiter **(Wasch-K.).**

Kauf der, Vertrag, durch den sich der Verkäufer verpflichtet, das Eigentum an einer Sache oder ein Recht zu übertragen, während sich der Käufer zur Kaufpreiszahlung und zur Abnahme des Kaufgegenstandes verpflichtet (§§ 433 ff. BGB). Der K. kann formlos abgeschlossen werden, bei Grundstücken bedarf er gerichtl. oder notarieller Beurkundung. Der Verkäufer haftet für Sach- und Rechtsmängel. Sachmängel geben dem Käufer das Recht, »Wandlung« (Rückgängigmachung des K.) oder »Minderung« (Herabsetzung des Kaufpreises) zu verlangen, u. U. auch Schadenersatz wegen Nichterfüllung. Diese Ansprüche verjähren, wenn der Mangel nicht arglistig verschwiegen ist, bei bewegl. Sachen in 6 Monaten, bei Grundstücken in einem Jahr nach der Übergabe. – **Bar-K.,** gegen sofortige Bezahlung, **Raten-K.,** → Abzahlungsgeschäft.

Kaufbeuren, altertüml. Stadt im bayer. Schwaben, an der Wertach, 39 000 Ew.; neuaufgebaute Gablonzer Glas- und Schmuckwaren-Ind., Spinnereien, Webereien, Brauereien.

Kauffmann, Angelica, Malerin, *1741, †1807; Bildnisse, z. B. Winckelmanns, Goethes, Herders.

Kaufhaus, Großbetrieb des Einzelhandels mit Waren mehrerer oder einer Branche.

Kaufkraft, 1) Fähigkeit eines einzelnen, einer Berufsschicht oder eines Volkes, Waren zu kaufen; sie ist abhängig von der Größe des jeweiligen Vermögens und Einkommens. **2)** Tauschwert des Geldes (Zahlungskraft), der Währung, gemessen an der Menge der Güter, die für eine Geldeinheit erworben werden kann. Die **K.-Stabilität** kann durch → Inflation oder → Deflation gestört werden.

Kaufmann der, -s/...leute, **1)** allg. jeder, der im Handelsbetrieb, sei es auch unselbständig, tätig ist. **2)** ⚖ Person, die ein Handelsgewerbe selbständig betreibt. Wer ein Grundhandelsgeschäft (z. B. Anschaffung und Veräußerung von Waren) betreibt, ist ohne weiteres K. **(Muß-K.),** wer ein anderes Gewerbe ausübt, kann durch Eintragung ins Handelsregister K. werden. Zu dieser Eintragung ist er teils verpflichtet **(Soll-K.),** teils berechtigt **(Kann-K.).** Wer K. i. S. des HGB ist, hat die für Kaufleute festgesetzten Pflichten (z. B. Buch- und Firmenführung) und Rechte (z. B. Erteilung einer Prokura). Ausnahmen bestehen für Personen, deren Gewerbebetrieb einen kaufmänn. eingerichteten Geschäftsbetrieb nicht erfordert (**Minder-K.** im Unterschied zum **Voll-K.**).

kaufmännischer Angestellter, ausgebildeter Kaufmannsgehilfe (Handlungsgehilfe). Ausbildung schließt mit der Kaufmannsgehilfenprüfung ab.

Kaufunger Wald, Waldhochfläche bei Kassel; im Bilstein 642 m hoch; Braunkohlen.

Kaugummi, knetbare Masse aus Chiclegummi, dem eingedickten Milchsaft des in Mittelamerika heim. Sapotillbaums, mit Zusatz von Würzstoffen; statt Chicle auch Polyvinylester u. a.

Kaukasi|en, Länder zw. Schwarzem und Kasp. Meer, mit den Teilen Nord-K., dem Gebirgszug Kaukasus und Trans-K.

Kaukasus der, Hochgebirge auf der Landenge zw. Schwarzem und Kasp. Meer, 1500 km lang, 32-180 km breit; mehrere gleichlaufende Ketten (Elbrus 5633 m hoch); im W üppige Wälder, reiche Tierwelt; geringe Verkehrserschließung. – Südl. liegt der **Kleine K.,** ein Teil des armen. Hochlandes.

Kaukasusvölker, Bewohner der Gebirgstäler des Kaukasus, bes. die Georgier, Lesgier, Tscherkessen, Abchasen; i. w. S. auch die iran. Völker: Osseten, Taten, ferner Armenier, türk. Aserbaidschaner, Karatschaier u. a.

Kaulbach, Wilhelm v., Maler, *1804, †1874; Geschichtsbilder; Bildnisse.

Kaulbarsch der, **Pfaffenlaus,** bis 25 cm langer, wohlschmeckender Barschfisch der Ostsee, braungrün, mit dunklen Flecken.

Kaulquappe die, ♤ Larve der → Froschlurche.

Kaunas, Stadt in der Litauischen SSR, an der Memel, 417 000 Ew.; Kultur- (Univ.) und Industriemittelpunkt; Holz-, Metall-, Turbinen-, Textil-, Möbelind.

Kaunitz, Wenzel Anton Fürst v., österr. Staatsmann, *1711, †1794, leitete 1753-92 bes. die Außenpolitik Maria Theresias.

Kauri die, Porzellanschnecke des Ind. Ozeans; in Indien Schmuck, in Teilen Afrikas früher auch Zahlungsmittel.

kausal [lat.], ursächlich, begründend. **Kausalität** die, das Verhältnis von Ursache und Wirkung (Kausalnexus). **Kausalgesetz, Kausalprinzip,** der Satz, daß jede Veränderung eine bestimmte Ursache hat. **Kausalsatz,** begründender Nebensatz, mit »da« oder »weil« eingeleitet.

Kausche [frz.] die, → Seilkausche.

Kaustik [grch.] die, **1)** ♡ Verschorfung kleiner Hautstücke durch Glühhitze, jetzt durch Elektrochirurgie ersetzt. **2)** Fläche, in der sich Bildstrahlen bei unvollkommener Korrektur eines opt. Systems schneiden **(Brennfläche).**

kaustisch [grch.], ätzend, beißend, spöttisch; ☜ ätzend. **k. Soda,** Natriumhydroxid.

Kautabak, Priem der, strangförmig gedrehter gewürzter Tabak; zum Kauen.

Kautel [lat.] die, Vorbehalt, Sicherheitsklausel.

Kaution [lat.] die, ⚖ Sicherheitsleistung durch Hinterlegung von Geld oder Wertpapieren.

Käutner, Helmut, Film- und Bühnenregisseur, *1908, †1980; Filme »Die letzte Brücke«, »Des Teufels General«, »Das Glas Wasser« u. a.

Kautschuk der, eingedickter Milchsaft einiger trop. Gewächse, bes. des brasilian. **K.-Baumes** (Hevea brasiliensis). Der Milchsaft (Latex) wird den Bäumen durch Anschneiden der Rinde entzogen; mit Säuren oder durch Räuchern gewinnt man daraus **Roh-K.** Da der Roh-K. in der Wärme weich und klebrig wird, kann er nur in wenigen Fällen direkt verwendet werden (Isolierband, Heftpflaster). Dieser Nachteil wird durch Vulkanisieren behoben. Hierbei wird ein durchgeknetetes Gemisch von Roh-K. und Schwefel auf 80-160 °C erwärmt. Es entsteht je nach Schwefelgehalt **Weichgummi** (1-7% S) oder **Hartgummi** (bis 45% S). Die ziegelrote Farbe der Gummiwaren wird durch Zusatz von Antimonpentasulfid, die schwarze durch Ruß erreicht.

Kunst-K., Synthese-K., eine Reihe hochmolekularer organ. Verbindungen, meist Polymerisate von Butadien (mit Styrol oder Acrylnitril, **Nitril-K.**) oder Chlorbutadien (Chloropren-K.). – Der künstl. K. hat z. T. bessere Eigenschaften als der natürl., z. B. bessere Abreibefestigkeit, größere Temperaturbeständigkeit.

Kautschukgewinnung (in 1000 t)

Naturkautschuk (1988)		**Kunstkautschuk** (1987)	
Malaysia	1612	UdSSR	2366
Indonesien	1094	USA	2182
Thailand	862	Japan	1192
VR China	240	Frankreich	538
Indien	227	Bundesrep. Dtl.	461
Philippinen	140	Großbritannien	257
Welt	**4722**	**Welt**	**9440**

Kautsky, Karl, sozialist. Politiker und Theoretiker, *1854, †1938; Mitverfasser des Erfurter Programms der Sozialdemokratie.

Kauz der, -es/Käuze, **1)** ♤ **K., Käuzchen,** → Eulen. **2)** wunderl. Mensch, Sonderling.

Kavalier [frz.-ital.] der, **1)** ✿ Reiter; Ritter; Edelmann. **2)** ritterl. Mann.

Kavalkade [ital.] die, Reitertrupp.

Kavallerie [frz.] die, ⁂ zu Pferd fechtende Truppe; durch motorisierte Truppen ersetzt.

Kavatine [ital.] die, kurze Arie, auch Instrumentalstück.

Kaverne [lat.] die, **1)** unterirdischer Hohlraum. **2)** ♡ Hohlraum in der Lunge durch Gewebszerfall, bei → Tuberkulose.

Kaviar [türk.] der, eingesalzener Rogen, bes. vom Stör, Hausen (Beluga), Sterlet.

Kavitation, Bildung von Dampfblasen in strömenden Flüssigkeiten. Die damit verbundenen Druckstöße können an umströmten Teilen (Turbinenschaufeln, Schiffsschrauben) zu erhebl. Zerstörungen führen.

Kawa die, Harzstoff aus der Wurzel einer polynes. Pfefferart; Rauschgetränk.

Kawabata Yasunari, japan. Erzähler, *1899, †1972 (Selbstmord); schrieb »Tausend Kraniche«, »Schneeland«; Nobelpreis 1968.

Kawasaki, Stadt in Japan, südl. von Tokio, 1,088 Mio. Ew.; chem. und Schwerind.

Kayseri, türk. Provinz-Hptst., 378 500 Ew.; Handels- und Verkehrsmittelpunkt.

Kazan [kəz'ɑ:n], Elia, amerikan. Regisseur sozialkrit., realist. Filme, Schriftst. *1909; Filme »Endstation Sehnsucht«, »Jenseits von Eden« u. a.

Kazantzakis [-z-], Nikolaos, grch. Schriftst., *1883, †1957; Romane aus dem Volksleben z. B. »Alexis Sorbas«.

Kazike der, indian. Dorfhäuptling in Mittel- und Südamerika.

kcal, Abk. für Kilokalorie (→ Kalorie).

Keaton [ki:tn], Buster, *1895, †1966; Komiker des amerikan. Stummfilms.

Keats [ki:ts], John, engl. Dichter, *1795, †1821; Vertreter der engl. Hochromantik, schrieb Gedichte, Verserzählungen (»Endymion«, »Hyperion«).

Kaunas: Rathaus

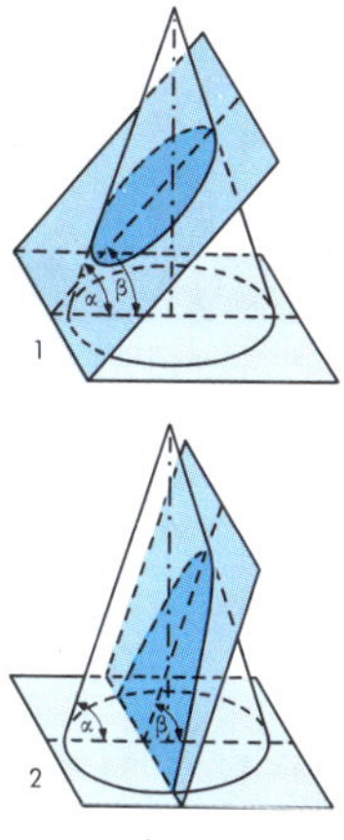

Kegel 1): K.-Schnitte: **1** Die Schnittfigur ist eine Ellipse, bei $\beta < \alpha$, **2** eine Parabel, bei $\beta = \alpha$, **3** eine Hyperbel, $\beta > \alpha$

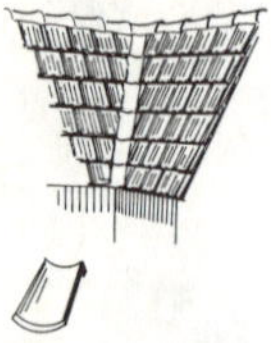

Kehle 2): oben Dach-K., unten Kehlstein

Sumerische Keilschrift

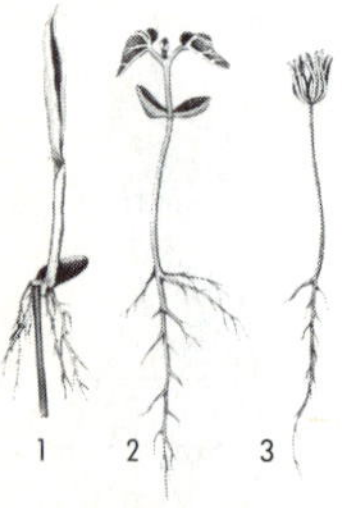

Keimblatt: 1 Einkeimblättrige Pflanze (Roggen), **2** Zweikeimblättrige Pflanze (Bohne), **3** Mehrkeimblättrige Pflanze (Kiefer)

Kebnekaise, höchster Berg Schwedens, 2111 m hoch, in der Provinz Norrbotten.

Kebse [german.] die, **Kebsweib,** Nebenfrau.

Kecskemét [k'ɛtʃkɛme:t], Stadt in Ungarn, südöstl. von Budapest, 104000 Ew.; Obst- und Weinbau; landwirtschaftl. Ind.

Keeling-Inseln [k'i:lıŋ-], → Kokos-Inseln.

keep smiling [ki:p sm'aılıŋ, engl., »immer lächeln«], stets zur Schau getragener Optimismus.

Kees [ahd. »Eis«] das, in den Ostalpen: Gletscher.

Kefir [türk.] der, alkohol. Getränk, hergestellt aus Milch durch Gärung mit **K.-Körnern** (Bakterien- und Hefepilzmassen).

Keflavik, Stadt auf Island, im SW von Reykjavik, 6500 Ew.; großer Flughafen.

Kegel der, **1)** △ Fläche, die entsteht, wenn alle Punkte einer geschlossenen Kurve mit einem nicht auf der Kurve liegenden Punkt (Spitze) durch Geraden verbunden werden. Beim gewöhnl. oder Kreis-K. der elementaren Raumlehre ist die Kurve ein Kreis, und der K. heißt **K.-Mantel.** Die beim Schnitt eines Kreis-K. mit einer Ebene entstehenden Kurven heißen **K.-Schnitte:** Kreise, Ellipsen, Parabeln, Hyperbeln. (BILD S. 435)
2) die 9 Figuren beim Kegeln.
3) Höhe des Schriftbildes bei einer → Letter.
4) ✤ nichtehel. Kind.

Kegeln, Kegelsport, Kugelspiel, bei dem der Spieler am Ende einer glatten Bahn eine Holzkugel ins Rollen bringt, um die am anderen Ende der Bahn aufgestellten 9 Kegel umzustoßen.

Kegelrad, ein → Zahnrad.

Kehl, Gr. Krst. in Baden-Württ., am Rhein gegenüber Straßburg (Europabrücke), 29000 Ew.; Rheinhafen; Betonröhrenwerk.

Kehle die, **1)** Vorderteil des Halses. **2)** ⌂ abgerundete einspringende Ecke an einem Bauglied.

Kehlkopf, beim Menschen und den lungenatmenden Wirbeltieren der Eingang in die Luftröhre und das Organ der Stimmbildung, in der Mittellinie des Vorderhalses **(Larynx).** Der **Kehldeckel** verschließt beim Schlucken den K., so daß die Speisen an ihm vorbei in die Speiseröhre gleiten. Der stimmbildende Teil des K. besteht aus den **Stimm-** und den **Taschenbändern,** zw. denen **Stimmritze** und K.-Bucht liegen.

Kehlkopfgenerator, Gerät zur Erzeugung einer künstl. Stimme nach operativer Entfernung des Kehlkopfs.

Kehlkopfmikrophon, am Kehlkopf angesetztes Mikrophon, bes. für Flieger, ermöglicht klare Verständigung auch bei starkem Lärm.

Kehlkopfspiegelung, Betrachtung des Kehlkopfes mit Hilfe eines gestielten Spiegels (indirekte K.) oder mit dem **Laryngoskop,** einem beleuchteten Metallrohr (direkte K.).

Kehre die, im Turnen der Abschwung mit dem Rücken zum Gerät (Barren, Pferd, Reck).

Kehrreim, Refrain [rəfr'ɛ̃] der, regelmäßig wiederkehrende Worte oder Verse, meist als Schluß der Strophe, bes. bei volkstüml. Liedern.

Keighley [k'i:θlı], Stadt im östl. England, 57500 Ew.; Textil- und Maschinen-Ind.

Keihin, die vereinigten Häfen von Tokio, Yokohama, Kawasaki und Chiba.

Keil der, **1)** in eine Kante spitz zulaufender Körper zum Trennen und Spalten: eine an der Grundfläche angreifende Kraft wird in 2 von den Schenkeln ausgehende Kräfte zerlegt. **2)** bei Maschinen ein unterschiedlich geformtes, selbsthemmendes Verbindungselement, das in eine Nut zwischen den zu verbindenden Teilen gesteckt wird.

Keil, Birgit, Tänzerin, *1944.

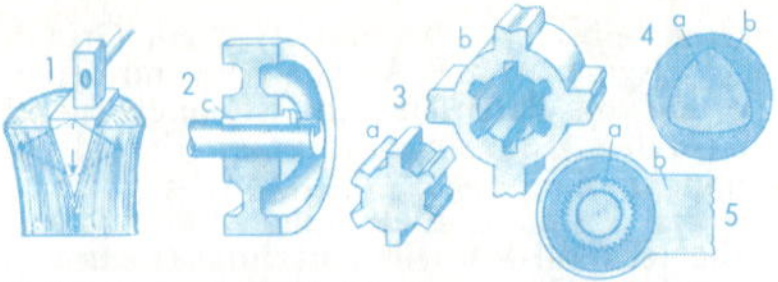

Keil: K. und K.-Verbindungen: **1** K.-Wirkung, **2** K.-Verbindung, **3** K.-Welle, **4** K.-Welle, **5** Kerbverzahnung, a Welle, b Nabe, c Keil

Keilbein, 1) Knochen der Schädelbasis mit der K.-Höhle. **2)** 3 Fußwurzelknochen.

Keilberg, tschech. **Klínovec** [-vɛts], höchster Gipfel des Erzgebirges, auf der böhm. Seite, 1244 m hoch.

Keilberth, Joseph, Dirigent, *1908, †1968.

Keiler der, männl. Wildschwein.

Keilriemen, Riemen mit trapezförmigem Querschnitt; meist als Treibriemen verwendet.

Keilschrift, die aus keilförmigen Strichen zusammengesetzten Schriftarten der Denkmäler Babyloniens, Assyriens und Persiens; die K. entstand im 3. Jahrtsd. v. Chr. aus einer Bilderschrift; zuerst 1802 entziffert von G. F. Grotefend.

Keim der, **1)** einfaches Ausgangsgebilde, das in Keimung zum Pflanzen-, Tier- oder Menschenkörper oder zu einem Organ auswächst; bei Pflanzen auch die ungeschlechtl. Spore oder Brutknospe. **2)** Krankheitserreger. **3)** das erste in einer Schmelze oder Lösung gebildete Kriställchen, an dem die Kristallisation ansetzt.

Keimblase, der Blasenkeim, → Entwicklung.

Keimblatt, Samenlappen, frühestes Blattgebilde am Pflanzenkeim, in Einzahl bei den Einkeimblättrigen, in Zweizahl bei den Zweikeimblättrigen, in größerer Zahl bei den Nadelhölzern.

Keimdrüsen, Hoden und Eierstöcke.

keimfrei, aseptisch, → Asepsis.

Keimgifte, Stoffe, die männl. oder weibl. Keimzellen schädigen **(Keimschädigung),** z. B. Alkohol, radioaktive Substanzen.

Keimling, der → Embryo.

Keimpräparate, Heilnährmittel aus Getreide- (bes. Weizen-)Keimen; reich an Vitaminen und Mineralstoffen.

Keimscheibe, ⌂ Teil des Vogeleis.

Keimung, erste Fortentwicklung eines pflanzl. Keims mit Hilfe des Vorratsstoffes. Beispiele: Bei den Samen beginnt die K. mit Wasseraufnahme in den ruhenden Samen und mit Quellen; danach wird die Samenschale gesprengt, der Keim wird zur Keimpflanze. Blütenstaubkörner wachsen zum Pollenschlauch aus **(Pollenkeimung).**

Keimzelle, Geschlechtszelle.

Keiser, Reinhard, Komponist, *1674, †1739; Kirchenmusik, Kantaten, Opern.

Keitel, Wilhelm, Generalfeldmarschall (seit 1940), *1882, † (hingerichtet) 1946; 1938-45 Chef des Oberkommandos der Wehrmacht; in Nürnberg verurteilt.

Kekkonen, Urho, finn. Politiker, *1900, †1986; 1950 bis 1953 und 1954-56 MinPräs., 1956-81 Staatspräs.

Keks [aus engl. cake], trockenes Feingebäck.

Kekulé von Stradonitz, August, Chemiker, *1829, †1896; wurde durch seine Hypothese über den Aufbau des Benzols (Benzolring) einer der Begründer der neuzeitl. organ. Chemie.

Kelch [von lat. calix] der, **1)** Trinkgefäß mit Fuß, bes. beim christl. Abendmahl. **2)** ⚘ Teil der → Blüte.

Kelheim, Krst. im RegBez. Niederbayern, 14500 Ew., Zellstoff-, Chemiefaserind.; westl. die Befreiungshalle (erbaut 1842-63) zum Andenken an die Freiheitskriege.

Kelim [pers.-türk.] der, gewebter oriental. Teppich, mit Muster auf beiden Seiten.

Kelle die, **1)** Schöpflöffel mit langem Stiel. **2)** Maurergerät zum Auftragen von Mörtel.

Keller, 1) Gottfried, schweizer. Dichter, *1819, †1890; war 1861-76 erster Staatsschreiber des Kt. Zürich. Seine Dichtungen sind erfüllt von Freude am Schönen wie am Absonderlichen; sie gestalten mit Ernst, Spott und Heiterkeit bes. den Kampf des Gesunden und Aufrechten gegen Lüge und Heuchelei. Romane: »Der grüne Heinrich«, »Martin Salander«; Erzählungen: »Die Leute von Seldwyla«, »Züricher Novellen«, »Das Sinngedicht«, »Sieben Legenden«; Gedichte. **2)** Helen, amerikan. Schriftstellerin, *1880, †1968, verlor mit 19 Monaten Augenlicht und Gehör; Autobiographisches. **3)** Paul, Erzähler, *1873, †1932; Romane: »Die Heimat«, »Waldwinter«, »Ferien vom Ich«.

Kellermann, Bernhard, Schriftst., *1879, †1951; techn.-utop. Roman »Der Tunnel« u.a.

Kellermeister, Verwalter eines Weinkellers, leitet die sachgemäße Weinbehandlung.

Kellogg, Frank, *1856, †1937; war 1925 bis 1929 Außenmin. der USA; Friedens-Nobelpreis 1929; veranlaßte den **K.-Pakt,** der die Ächtung des Krieges (mit Ausnahme der Verteidigungskriege) vorsah; 1928 in Paris von 15, später von weiteren 48 Staaten unterzeichnet.

Kelly, 1) Gene, amerikan. Schauspieler, Tänzer, *1912. **2)** Grace, → Gracia Patricia.

Kelsen, Hans, Rechtsphilosoph, *1881, †1973; entwarf die österr. Verf. v. 1920.

Kelten Mz., indogerman. Völkergruppe; zunächst in Süddtl., Böhmen, Schlesien, wichen unter german. Druck über den Rhein nach Westen. Hauptgruppen: **Gallier** (in Südfrankreich, Oberitalien), **Belgen** (in Nordfrankreich, Südengland), **Briten** (in England, Wales), **Gälen** (in Irland, Schottland), **Galater** in Kleinasien. Mit der Eroberung Galliens und Britanniens durch die Römer wurde ihre Macht gebrochen. Reste mit eigener Sprache leben heute noch in der Bretagne, in Schottland, Wales, auf der Insel Man und im westl. Irland. **Kelt. Sprachen,** → Sprachen der Erde.

Kelter die, große Frucht-, Traubenpresse.

Kelvinskala, Temperaturskala. **Kelvin,** Zeichen **K,** früher **°K,** SI-Einheit der thermodynam. Temperatur. Tripelpunkt des Wassers = 273,16 K, Eispunkt aber mit 273,15 K vereinbart. 0 K = −273,15 °C; 0 °C = +273,15 K.

Kemal Pascha, türk. Staatspräs., → Atatürk.

Kemenate [ahd., lat. Lw.] die, im MA. heizbarer Wohnraum, Frauengemach.

Kemerowo, sibir. Bergwerksstadt, Gebiets-Hptst. im Kusnezker Kohlenbecken, UdSSR, 478000 Ew.; Zentrum der chem. Ind.

Kemijoki, längster Fluß Finnlands, 520 km, zum Bottn. Meerbusen; im Unterlauf schiffbar.

Kempen, Stadt in NRW, 30200 Ew.; Ind.

Kempff, Wilhelm, Pianist, Komponist, *1895.

Kempowski, Walter, Schriftst., *1929; schildert in stark autobiograph. Werken Nationalsozialismus, Kriegs- und Nachkriegszeit und Haft in der Dt. Dem. Rep.: »Im Block«, »Tadellöser & Wolff«, »Uns geht's ja noch gold«, »Aus großer Zeit« u.a.

Kempten (Allgäu), Stadt im bayer. Schwaben, 59900 Ew.; Milch-, Textil-, Papierind.

Ken, japan. Verwaltungseinheit.

Kendo [japan. »Schwertweg«], urspr. die Fechtkunst der Samurai mit scharfen Schwertern und ohne Schutzpanzer, seit 1876 in eine sportl. Form umgewandelt.

Kenia, Rep. in O-Afrika, 582646 km², 22,9 Mio. Ew. (meist Bantu); Hptst.: Nairobi. Amtssprache: Suaheli. Präsidialverfassung. – K. ist eine im W von Gräben und Brüchen durchzogene, z.T. vulkan. Landschaft (Kenia 5194 m) mit steppenartigen Hochebenen. Niederschläge nur im W und im Küstengebiet (SO) reichlicher. Anbau: Mais, Maniok, Zuckerrohr; für die Ausfuhr (z.T. in Plantagenwirtschaft): Kaffee, Tee, Sisal. Viehzucht. Nahrungsmittel-, Erdöl-, Zement- u.a. Ind. Fremdenverkehr. Haupthandelspartner: Großbritannien, Bundesrep. Dtl. Haupthafen: Mombasa; Flughäfen: Nairobi, Mombasa. – Die Engländer setzten sich seit 1889 in K. fest; seit 1920 war es Kronkolonie. Einheim. Negerstämme lösten 1952 den »Mau-Mau«-Aufstand aus (bis 1955/56). 1963 wurde K. als Land des Commonwealth unabhängig, 1964 Rep. 1. Präs. war J. Kenyatta (1964-78). Staatspräs.: D. Arap Moi (seit 1978). ⊕ S. 482.

Kennedy [kˈenədɪ], **1)** John Fitzgerald, 1961 bis 1963 der 35. Präs. der USA (Demokrat), *1917, † (ermordet) 22. 11. 1963; entwickelte ein neues Konzept (»Neue Grenzen«) zur Förderung von Technik und Bildung, Kampf gegen Armut, für die Bürgerrechte der Farbigen; erstrebte durch Abrüstung einen Ausgleich mit der UdSSR, mit der er jedoch anläßl. der Kubakrise 1962 in schweren Konflikt geriet. **2)** Robert F., Bruder von 1), amerikan. Politiker (Demokrat), *1925, † (ermordet) 1968; 1960-64 Justizmin., dann Senator, bewarb sich 1968 um die Präsidentschaftskandidatur seiner Partei. **3)** Edward M., Bruder von 1), *1932; seit 1963 Senator für Massachusetts.

Kennedy Airport, John F. Kennedy International Airport, Flughafen von New York.

Kennedy-Runde, 1964-67 Verhandlungen über allg. Zollsenkungen im → GATT.

Kenning die, Mz. -ar, dichter. Umschreibung in den Dichtungen nord. Skalden.

Kennkarte, ✤ → Personalausweis.

Kennung die, **1)** Merkmal. **2)** ⚓ ✈ rhythmisch gegebenes opt., elektromagnet. oder akust. Weg- oder Leitsignal.

Kenotaph [grch.] das, leeres Grab, bes. das Grabmal für fern von der Heimat Gestorbene.

Kensington [kˈenzɪŋtən], vornehmer westl. Stadtteil von London.

Kent, Cty. in SO-England, fruchtbares Hügelland.

Kentaur [grch.], → Zentaur.

kentern, vom Schiff: umschlagen.

Kentia die, Gatt. zierl. Fiederpalmen in Neuseeland.

Kentucky [kentˈʌkɪ], Abk. **Ky.,** einer der südöstl. Mittelstaaten der USA, südl. des Ohio, 104623 km², 3,73 Mio. Ew.; Hptst.: Frankfort; größte Stadt: Louisville. Tabak-, Mais-, Weizenanbau, Vieh- und Pferdezucht; Tabakind. Kohle, Erdöl, Erdgas. ⊕ S. 494.

Kenyatta, Jomo, Politiker in Kenia, *1891, †1978; 1964-78 Staatspräsident.

Kephallenia, größte der Ionischen Inseln, gebirgig; Ausfuhr von Wein, Öl, Korinthen.

Kepler, Johannes, Naturforscher, *1571, †1630; Erfinder des astronom. Fernrohrs, entdeckte die nach ihm benannten Gesetze der Planetenbewegung; 1601-12 kaiserl. Hofastronom in Prag. **Keplersche Gesetze:** 1) die Planeten bewegen sich in Ellipsen, in deren einem Brennpunkt die Sonne steht; 2) die von der Sonne bis zum Planeten gedachte Gerade (Fahrstrahl) überstreicht in gleichen Zeiten gleiche Flächen; 3) die Quadrate der Umlaufzeiten verhalten sich wie die Kuben der mittleren Entfernungen von der Sonne.

Keramik [grch.] die, Sammelbegriff für alle Tonwaren. **Fein-K.** sind Geschirr, Platten u.a. Nach dem Grundstoff und dem Brennprozeß sind zu scheiden: Töpferware, → Steingut, → Fayence, → Steinzeug und → Porzellan. Zur **Grob-K.** gehören Baustoffe (Ziegel, Röhren, Kacheln usw.).

Keratin [Kw., grch.] das, **Hornstoff,**

G. Keller

Kenia

J. F. Kennedy

R. Kennedy

E. Kennedy

Kepler

eiweißartiger Körper, aus dem Haare, Nägel, Hufe, Federn und Oberhaut bestehen.

Keratịtis [grch.] die, Entzündung der Hornhaut des Auges.

Keratọm das, geschwulstartige Verdikkung der Hornschicht der Haut, bes. der Fußsohle.

Kerbel der, Doldenblütergatt. **Garten-K. (Küchen-K.)** Würzpflanze.

Kẹrbela, Stadt im Irak, südwestl. von Bagdad, 190000 Ew.; Wallfahrtsort der Schiiten.

Kerbholz, der Länge nach gespaltener Holzstab, in dessen 2 Hälften Einschnitte (Kerben) zur Zählung und Abrechnung von Arbeitstagen, Schuldforderungen u.a. gemacht wurden, z.T. bis in das 19. Jh. gebräuchlich; übertragen: etwas auf dem K. haben.

Kerbschnitzerei, Verzierung von Holzflächen: Einschnitte mit Schnitzmesser u.ä.

Kerbstift, zylindr. Metallstift mit 3 Kerbfurchen am Umfang, zum Verbinden zweier Teile. Sonderausführung: **Kerbnagel.**

Kerbtiere, Kerfe Mz., die → Insekten.

Kẹrenskij, Aleksandr, russ. Politiker, *1881, †1970; Mai bis Juni 1917 Kriegsmin. der »Provisor. Regierung«, Juli bis Okt. 1917 MinPräs., von Lenin gestürzt, emigrierte in die USA.

Kerényi [k'ɛre:nji], Károly, ungar. Philologe, Religionswissenschaftler, *1897, †1973.

Kerguelen [kɛrg'elɛn], frz. Inselgruppe im südl. Indischen Ozean, 6200 km², im W vergletschert; Forschungsstationen.

Kerker [von lat. carcer] der, **1)** enges Gefängnis. **2)** früher im österr. Strafrecht die schwerste Form der Freiheitsstrafe.

Kẹrkrade, Stadt im S-Zipfel der Niederlande, im Steinkohlengebiet, 52800 Ew.

Kẹrkyra, grch. Name der Insel → Korfu.

Kermadec-Graben [kə:m'ædek-], Tiefseegraben des Pazif. Ozeans, bis 10047 m tief, östl. der **Kermadec-Inseln** (33 km²); gehört zu Neuseeland.

Kermanschạh, heute **Bachtaran,** Provinz-Hptst. im Iran, 565000 Ew.; Erdölraffinerie (Pipeline).

Kermes|schildlaus, in Südeuropa und im Orient auf der Kermeseiche; war früher Rotfärbemittel **(Karmoisin).**

Kern der, **1)** ♡ ⚘ ⚲ Zellkern. **2)** ⊠ Atomkern. **3)** ⚘ Samenkorn, Stein der Steinfrucht. **4)** ⊙ aus Sand oder Lehm hergestellter Teil der Gußform, wird in die Form eingelegt, um Hohlräume im Gußstück zu erzeugen, z.B. die Nabenbohrung eines Rades, → Gießerei.

Kernbatterie, mit radioaktiven Isotopen geheizte Thermoelemente zur Erzeugung von elektr. Energie für Satelliten, unbemannte Wetterstationen u.a.

Kernbeißer

Kernbeißer, Kirschkernbeißer, großer Finkenvogel mit dickem Kegelschnabel. Farbe: braun-schwarz-hellgrün; knackt Bucheckern, Kirsch-, Pflaumenkerne.

Kernbrennstoff, Material, aus dem durch Kernspaltung Energie gewonnen wird.

Kernchemie, die Lehre von den Atomumwandlungen, ein Teilgebiet der Kernphysik.

Kern|energie, → Atomenergie.

Kern|energie|antrieb, Fahrzeugantrieb durch Umwandlung der von einem Kernreaktor freigesetzten Wärme in mechan. Energie; in der Schiffahrt (z.B. Eisbrecher, U-Boote) bereits angewandt.

Kerner, Justinus, Dichter und Arzt, *1786, †1862; schrieb Lieder, Balladen; okkultist. Aufzeichnungen: »Die Seherin von Prevorst«.

Kernexplosion, 1) Explosion eines Kernbrennstoffes. **2)** Zertrümmerung eines Atomkerns durch Kernfusion, svw. → Kernverschmelzung. Stoß mit einem sehr energiereichen Teilchen, z.B. in einem Beschleuniger.

Kernfäule, Fäule des Kernholzes lebender Bäume.

Kernkräfte, Kräfte zw. den Protonen und Neutronen des Atomkerns, die den Zusammenhalt im Atomkern bewirken.

Kernkraftwerk, → Kraftwerk.

Kernobst, die zu den Rosengewächsen gehörenden Obstarten Apfel, Birne, Quitte u.a., deren fleischige Scheinfrucht in 5 pergamentartig ausgekleideten Fächern **(Kernhaus)** Samen (Kerne) enthält.

Kernphysik, die Wissenschaft vom Bau und den Eigenschaften der Atomkerne. Sie geht zurück auf die seit 1911 (Rutherford) begründete Vorstellung vom Aufbau der Atome (→ Atom). Nach heutigen Vorstellungen sind alle Atomkerne aus Nukleonen (→ Protonen und → Neutronen) aufgebaut. So besteht der Kern des leichtesten Atoms, des Wasserstoffs, aus einem Proton allein, der Heliumkern (Alphateilchen) aus zwei Protonen und zwei Neutronen, der Kern des schwersten in der Natur vorkommenden Elements, des Urans, aus 92 Protonen und 146 Neutronen. Die Gesamtzahl der Kernteilchen ist die Massenzahl (Protonen und Neutronen sind fast gleich schwer), im Falle des Urans also $92+146=238$, die Anzahl der positiv elektr. geladenen Protonen die Ladungszahl oder Ordnungszahl des Kerns. Die Kräfte, die die Kernbausteine zusammenhalten, sind etwa millionenmal größer als die elektr. Kräfte der Atomhülle, weshalb durch Abbau (bei den leichtesten Kernen auch durch Zusammenschluß) von Kernen riesige Energie, die → Atomenergie, gewonnen werden kann. Sowohl natürlich vorkommende als auch künstlich hergestellte Atome können instabile Atomkerne haben, die radioaktiv zerfallen (→ Radioaktivität). Wenige Elemente bestehen aus Atomen mit nur einer Massenzahl (Reinelemente); bei den meisten kommen Kerne mit versch. Massenzahlen, aber gleicher Ordnungszahl (Isotope) vor (Mischelemente). Erst durch Wechsel der Ordnungszahl (Protonenzahl) entsteht ein anderes Element. Durch Beschuß mit Teilchen oder schweren Ionen kann man Atomkerne in andere bekannte oder noch unbekannte, neue umwandeln. Neben den → Transuranen wurden auf diese Weise weit über 1000 neue isotope Arten künstlich erzeugt, unter ihnen auch die in der Natur nicht vorkommenden Elemente Technetium, Promethium, Astatium, Francium. Das dadurch erschlossene Anwendungsgebiet der K. nennt man auch Kernchemie. Fast alle so gewonnenen neuen Kernarten sind radioaktiv. Der Kernaufbau kann durch ein Schalenmodell beschrieben werden, jedoch gibt es noch keine abgeschlossene Theorie der Kernkräfte. (BILD S. 439)

Kernpilze, artenreiche Ordn. der Schlauchpilze mit winzigen, flaschenförmigen Fruchtkörpern, auf Pflanzen, an Insekten.

Kernreaktion, Umwandlung von Atomkernen durch Einbau oder Abtrennung von Elementarteilchen oder Kernbruchstücken.

Kernreaktor, → Reaktor.

Kernschleifen, → Chromosomen.

Kernsdorfer Höhe, poln. **Dylewska Góra** [dil'ɛfska g'ura], höchste Erhebung (313 m) des Masur. Landrückens, Ostpreußen.

Kernspaltung, Zerfall schwerster Atomkerne in 2 Bruchstücke, meist ausgelöst durch eindringende Neutronen. Dabei wird die Bindungsenergie als Bewegungsenergie und Strahlung frei. Spaltbar sind bes. das Uranisotop U 235 (Hahn und Straßmann 1938/39) sowie alle Transurane und einige stabile Kerne. Die bei der Uranspaltung freigesetzten Neutronen ermöglichen eine K.-Kettenreaktion, die sich zur techn. Gewinnung der Atomenergie eignet. Sie führte im 2. Weltkrieg zur Entwicklung der **K.-Bombe,** einer aus dem reinen Uranisotop U 235 oder aus Plutonium bestehenden Atombombe, bei der die K. als Ketten-

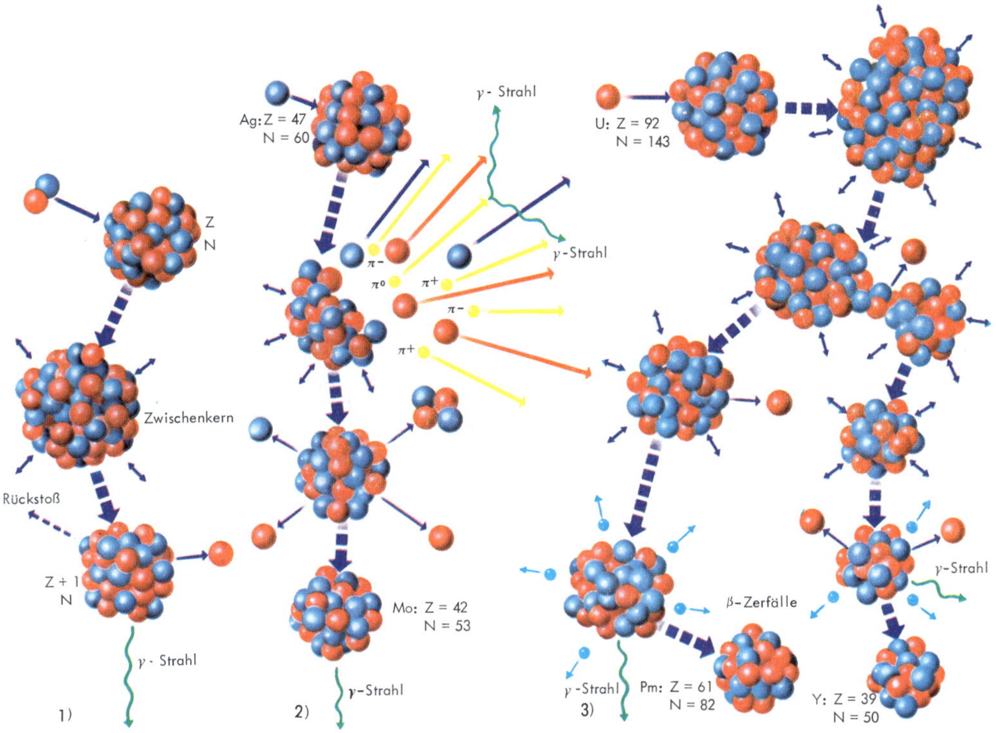

Kernphysik: Kernreaktionen. **1** Kernprozeß, bei dem ein Deuteron in den Kern eindringt und ein Neutron wieder ausgesandt wird [(d, n)-Prozeß]. **2** Von einem sehr energiereichen Proton bewirkte Kernzertrümmerung, durch die ein Silberkern in einen Molybdänkern umgewandelt wird. Bei der Zertrümmerung sendet der Kern außer Nukleonen auch mehrere π-Mesonen aus. **3** Die technisch wichtige Kernspaltung des Urankerns U 235. Während und nach der Spaltung werden Sekundär-Neutronen, danach noch mehrere Elektronen (β-Teilchen) ausgesandt; als Endprodukte erscheinen hier ein Promethium- und ein Yttriumkern.

reaktion in Bruchteilen einer Sekunde ungehemmt abläuft und die gesamte verfügbare Atomenergie des Bombenmaterials (20 Mio. kWh/kg Uran) zerstörerisch freigibt. → Reaktor.

Kerntechnik, Atomtechnik, befaßt sich mit Entwicklung und Betrieb von Anlagen zur Gewinnung von Kernenergie und ihren Anwendungen in techn. Maßstab, vor allem Reaktortechnik (→ Reaktor), Strahlenschutzanlagen und kernphysikal. Meßgeräten, Kernbrennstoff-Gewinnung und -Aufbereitung, Handhabung radioaktiver Substanzen, Lagerung und Beseitigung radioaktiver Abfälle.

Kernteilung, Teilung des Zellkerns, die Grundlage der Zellteilung und Vermehrung, der Fortpflanzung und Vererbung. Die wichtigste Form der K. ist die indirekte K. **(Mitose).** Aus dem Kerngerüst **(Chromatin)** bilden sich Kernschleifen **(Chromosomen).** Sie spalten sich der Länge nach in 2 Hälften, die zu den entgegengesetzten Polen der Kernspindel abwandern und das Chromatingerüst der Tochterkerne bilden. Dadurch werden die Chromosomen und die in ihnen liegenden Erbanlagen gleichmäßig auf die beiden Tochterzellen verteilt. Bei der Reifung der Geschlechtszellen tritt eine besondere Form der indirekten K. auf **(Reduktionsteilung);** durch diese K. wird die Chromosomenzahl (beim Menschen 46) auf die Hälfte vermindert. Alle Körperzellen haben einen doppelten **(diploiden)** Chromosomensatz, reife Geschlechtszellen einen einfachen **(haploiden)** Satz.

Kernverschmelzung, 1) Aufbau von Atomkernen, bes. Heliumkernen, aus leichteren Bestandteilen, wie er unter Freisetzung riesiger Energien im Inneren aller Sterne abläuft und in unkontrollierter, explosiver Form in der Wasserstoffbombe. An einer kontrollierten techn. Nachahmung, die an die Erzeugung höchster Temperaturen (~ 100 Mio. K) und stärkster Magnetfelder gebunden ist, wird gearbeitet. **2)** Biologie: Vereinigung zweier Zellkerne.

Kernwaffen, → Atombombe.

Kernwaffensperrvertrag, Vertrag über die Nichtweiterverbreitung nuklearer Waffen, 1965-68 von USA, UdSSR und Großbritannien ausgehandelt; seit dem Inkrafttreten 1970 schlossen sich viele Staaten an.

Kerosin das, im Erdöl enthaltene Leichtölanteile, verdampfen zw. 160° und 280 °C; Kraftstoff bes. für Turbinen-, Luft-, Strahltriebwerke.

Kerouac [k'erʊæk], Jack, amerikan. Schriftst. der »Beat-Generation«, *1922, †1969; »Unterwegs«.

Kerpen, Stadt in NRW, 54600 Ew.

Kerr, 1) Alfred, ursprüngl. Kempner, *1867, †1948; emigrierte 1933 nach England, war einer der einflußreichsten Theaterkritiker Berlins. **2)** [kɑ:, kə:], Deborah, brit. Filmschauspielerin, *1921. **3)** [kɑ:, kə:], John, engl. Physiker, *1824, †1907; Entdecker des **Kerr-Effekts** (→ Kerrzelle).

Kerrzelle, Karoluszelle, Gerät zur trägheitslosen Umwandlung elektr. Spannungsschwankungen in entsprechende Lichtschwankungen (Karolus, 1923/24); u.a. benutzt bei Bildtelegraphie und noch heute als Lichtsteuergerät in der Tonfilmtechnik.

Kerschensteiner, Georg, Erzieher, *1854, †1932; Begr. der Berufsschule.

Kersting, Friedrich Georg, Maler, *1785, †1847; biedermeierl. Innenraumbilder.

Kertsch, Hafen- und Industriestadt auf der Krim, an der **Straße von K.** (zw. Asowschem und Schwarzem Meer), 173000 Ew.; Hüttenwerk, Fischkombinat.

Kẹrygma [grch.] das, im N.T. Verkündigung der Propheten des A.T., bes. der Predigt von Jesus Christus.

Kerze die, **1)** Beleuchtungskörper aus Wachs, Paraffin, Stearin mit Baumwolldocht, brennt mit offener Flamme. **2)** ⊠ Einheit der Lichtstärke (Candela). **3)** kurz für Zündkerze. **4)** ↗ eine Turnübung; beim Fußball: Steilschuß.

Kescher der, **Käscher,** Rahmennetz an einem Stiel, zum Fisch- oder Schmetterlingsfang.

keß [hebr.], dreist, flott, vorlaut.

Kessel der, **1)** bauchiges Metallgefäß. **2)** ⊕ beckenförmige Vertiefung im Gelände, bes. im Gebirge **(Talkessel). 3)** ♆ Lager des Schwarzwilds; der Mittelraum im Fuchs- und Dachsbau; der von den Treibern und Schützen umstellte Raum beim K.-Treiben.

Kesselfallenblume, Blüten mit einem die Staubgefäße und den Stempel bergenden Kessel, in dem die bestäubenden Insekten vorübergehend gefangen bleiben (z. B. Aronstabgewächse).

Kesselring, Albert, Generalfeldmarschall, *1885, †1960; im 2. Weltkrieg Führer der Luftstreitkräfte im Mittelmeer und in Afrika, Befehlshaber in Italien, 1952 aus brit. Strafhaft entlassen.

Kesselstein, steinartige Kruste aus Calciumcarbonat, Gips, Calcium- und Magnesiumsilicat u. a., die sich in Kochgefäßen beim Verdampfen von Wasser absetzt. (→ Härte des Wassers)

Kesten, Hermann, Schriftst., *1900; zeitkrit. Romane, Biographien, Essays.

Ketchup, → Catchup.

Ketọne Mz., ⊸ organ. Verbindungen, die die Carbonylgruppe >C=O, gebunden an 2 Kohlenwasserstoffatome, enthalten. Das einfachste K. ist das Aceton, CH_3COCH_3.

Kẹtschua, Quechua, indian. Sprache in den Andengebieten von Peru und Bolivien. Die **K.-Indianer** (rd. 5 Mio.), das einstige Staatsvolk des Inkareichs, sind heute nur mehr eine Sprachgemeinschaft.

Kette die, **1)** ⊙ ein Zug- oder Treiborgan, dessen Glieder beweglich ineinandergreifen **(Glieder-K.)** oder gelenkig miteinander verbunden sind **(Gelenk-K.).** Arten: Steg-K., Vaucansonsche Haken-K., Gallsche Gelenk-K., Rollen-K. u. a. **2)** die Längsfäden im Zeugstück **(Kettfäden),** → Weberei.

v. Ketteler

Ketteler, Wilhelm Emmanuel Freiherr v., Bischof von Mainz, *1811, †1877; trat für die rechtl. und kulturelle Selbständigkeit der kath. Kirche ein.

Kettenbrief, Brief mit meist abergläub. Inhalt, den sein Empfänger abschreiben und weitersenden soll.

Kettenhandel, Einschaltung von überflüssigen Zwischenhändlern zw. Erzeuger und Verbraucher.

Kette 1): 1 Glieder-K., **2** Steg-K., **3** Gallsche Gelenk-K. (Laschen-K.), **4** zerlegbare Gelenk-K., **5** Rollen-K., **6** Vaucansonsche Haken-K.

Kettenpanzer, aus Eisenringen geflochtenes Panzerhemd im MA.

Kettenrad, Rad mit Zähnen oder gezahnter Rille **(Kettenrolle)** zum Bewegen einer → Kette, z. B. am Fahrrad, an Hebezeugen.

Kettenreaktion, physikal., chem. oder biolog. Vorgang, der, einmal eingeleitet, von selbst weiter um sich greift. Die Einleitung einer chem. K. heißt **Zünd-, Start-, Primärreaktion.** K. neigen zu explosivem Verlauf. Beispiele sind die gewöhnl. Verbrennung, die selbständige Gasentladung und die im → Reaktor oder in der Atombombe vollzogene → Kernspaltung.

Kettenreim, Verskunst: fortlaufende Verbindung der Zeilen durch inneren oder äußeren Reim.

Kettenware, Kettenwirkware, auf Kettenwirk- oder Raschelmaschine hergestellte Wirkware mit in Längsrichtung maschenförmig verschlungenen Fäden.

Ketzer [aus »Katharer«] der, **1)** Leugner eines dogmat. Glaubenssatzes (auch **Häretiker**). **2)** allg.: Aufrührer gegen geltende Meinungen.

Keuchhusten, Stickhusten, ansteckende Kinderkrankheit mit krampfhaften Hustenanfällen und Entleerung von zähem Schleim.

Keulenpilz, Ständerpilz, → Ziegenbart.

Keun, Irmgard, Schriftstellerin, *1910, †1982; Unterhaltungsromane (»Das kunstseidene Mädchen« u. a.).

Keuper der, die oberste Abteilung der Trias (→ Erdgeschichte, ÜBERSICHT).

Keuschheit die, geschlechtl. Enthaltsamkeit und Selbstbeherrschung, auch im Reden und Denken; eines der 3 Klostergelübde.

Kevelaer [k'evəla:r], Stadt im Kr. Kleve, NRW, 23800 Ew.; Wallfahrtskirche; Ind.

Keynes [keɪnz], John Maynard, Baron, engl. Nationalökonom, *1883, †1946; gab der theoret. Volkswirtschaftslehre eine neue Grundlage, untersuchte bes. Probleme der Vollbeschäftigung, Zusammenhänge zw. Sparen und Investieren.

Keyserling, Hermann Graf v., Philosoph, *1880, †1946; schrieb »Reisetagebuch eines Philosophen« (1919), gründete 1920 in Darmstadt die »Schule der Weisheit«.

Key West [ki:-], südlichste Stadt der USA; auf der Hauptinsel der **Key-Inseln,** Florida.

kg, Abk. für Kilogramm.

KG., Abk. für **K**ommandit**g**esellschaft. **KGaA., K**ommandit**g**esellschaft **a**uf **A**ktien.

KGB, Abk. für russ. **K**omitet **G**osudarstwennoj **B**esopasnosti, »Komitee für Staatssicherheit«, sowjet. Geheimdienst, überwacht die sowjet. Grenzen und das wirtschaftl. und kulturelle Leben; besetzt u. a. Stellen des Partei- und Staatsapparates (auch diplomat. Vertretungen im Ausland).

Khaibarpaß, Chaiberpaß, verbindet Pakistan und Afghanistan, 1072 m hoch.

Khaki [pers.] der, graugelber Stoff aus Baumwolle, für Tropenuniformen.

Khan der, Herrschertitel, → Chan.

Khartụm, Khartoum, Hptst. des Sudan, 1,6 Mio. Ew., am Zusammenfluß des Weißen und des Blauen Nil; wichtiger Hafen und Handelsplatz; am linken Ufer des Weißen Nil liegt **Omdurman** (526000 Ew.), am rechten Ufer des Blauen Nils **K.-Nord** (341000 Ew.).

Khatchatụrian, Aram, sowjet. Komponist, *1903, †1978.

Khedịve [pers. »Gebieter«] der, 1867-1914 Titel des Vizekönigs von Ägypten.

Khmer, Volk mit austroasiat. Sprache in Hinterindien, noch die Mehrheit der Ew. Kambodschas, beherrschte früher Siam, Laos und Cochinchina. Das K.-Reich erreichte seine höchste Blüte im 11. Jh. Unter vorderind. Einfluß entstanden großartige Bauten (Tempelbauten von Angkor).

Khoisan, wissenschaftl. Gesamtname für Hottentotten und Buschmänner. Sie haben sprachl. (Schnalzlaute) und rass. Gemeinsamkeiten.

Khomeini, Ruhollah Mussawi Hendi, iran. Schiiten-Führer (Ajatollah), *Khomein (Zentral-Prov.) 1900, †1989; wurde 1964 als Hauptanstifter der Unruhen im Iran des Landes verwiesen, Haupt der Opposition gegen den Schah; kehrte nach dessen Flucht nach Teheran zurück (Febr. 1979), war die politisch bestimmende Kraft in Iran.

Khorana, Har Gobhind, amerikan. Enzymforscher, *Raipur (Indien) 1922, erhielt 1968 (zus. mit Holley und Nirenberg) den Nobelpreis für die Aufklärung des genet. Codes bei der Eiweißsynthese in der lebenden Zelle. 1970 gelang ihm als erstem die synthet. Herstellung eines Gens.

kHz, Kilohertz = 1000 Hz (→ Hertz).

Kiamusze, Stadt in der Provinz Heilungkiang, China, 250 000 Ew.; Bahnendpunkt, Flughafen, Ind.

Kiangsi, amtl. **Jiangxi,** Provinz in SO-China, 166 000 km^2, 34,2 Mio. Ew.; Hptst.: Nanchang; Reis-, Teeanbau; alte Porzellan-Ind.

Kiautschou, amtl. **Jiaozhou,** ehemal. dt. Flottenstützpunkt in China, an der Küste der Halbinsel Shantung, 515 km^2 (1914), 200 000 Ew., mit der Halbinsel Tsingtao; wurde 1898 durch Vertrag mit China auf 99 Jahre gepachtet, 1914 von den Japanern besetzt, 1922 an China zurückgegeben.

Kibbuz der, Mz. **Kibbuzim,** planmäßiges, freiwilliges Kollektiv in Israel: Landwirtschaftl., Ind.- und Dienstleistungsbetriebe.

Kibo, höchster Gipfel des → Kilimandjaro.

Kicher die, **K.-Erbse,** krautiger Schmetterlingsblüter in Südeuropa und Asien, die eckigen Samen dienen als Nahrung und Futter.

Kick-down [-daʊn] der, das Herunterschalten eines automat. Pkw-Getriebes in niedrigere Fahrstufe durch das Durchtreten des Gaspedals.

Kickelhahn der, Berg im Thüringer Wald, im SW von Ilmenau, 861 m hoch.

kicken [engl.], stoßen, treten. **Kicker** der, Fußballspieler. **Kickstarter** der, Fußhebel zum Anwerfen des Kraftradmotors.

Kidnapping [-næpɪŋ, engl.] das, → Kindesentziehung.

Kidron, wasserarmes Tal bei Jerusalem.

Kiebitz der, **1)** Regenpfeifervogel; grünschwarz und weiß. **2)** Zuschauer beim Kartenspiel, der meist durch Hineinreden stört.

Kiechle, Ignaz, Politiker (CSU), *1930; seit 1983 Bundesmin. für Ernährung, Landwirtschaft und Forsten.

Kiefer der, **Kinnlade,** 2 Knochengebilde, die die Mundöffnung stützen und die Zähne tragen. **Ober-K.:** 2 miteinander fest verbundene Knochen, von denen jeder eine **K.-Höhle** einschließt. U-förmiger **Unter-K.:** durch ein Gelenk mit dem Schläfenbein verbunden, wird durch die Kaumuskeln bewegt. **K.-Klemme,** ein Krampf der Kaumuskeln.

Kiefer die, Nadelbaumgatt., größtenteils in der nördl. gemäßigten Zone. Zweinadlig sind: **Gemeine K. (Föhre, Kiene),** bes. auf Sandboden; **Berg-K.,** in höheren europ. Gebirgen als niedrige, buschige **Latsche (Knieholz, Legföhre); Schwarz-K.,** im östl. Alpengebiet, bei uns Zierbaum; → Pinie. Fünfnadelige K. sind: **Weymouths-K.,** mit feinen, hellen, 6-10 cm langen Nadeln, aus Nordamerika, und → Zirbelkiefer.

Kieferneule, → Forleule.

Kiefernspanner, bräunl. Spannerschmetterling, dessen grüne Raupen an Kiefern schädlich werden.

Kiefernspinner, Schmetterling, dessen graublaue Raupe in Kiefernwäldern besonders schädlich ist.

Kiel der, **1)** unterster Längsverband eines Schiffes. **2)** der Schaft der Vogelfeder; der **Gänse-K.** war früher Schreibwerkzeug.

Kiel, Hptst. von Schlesw.-Holst., Ostseehafen an der **Kieler Förde,** 238 000 Ew.; Univ. (Inst. für Weltwirtschaft); Werften, Maschinen-, Schiffsausrüstungs-, elektrotechn., Textil-, Photoind., Fischräucherei (Kieler Sprotten). Olymp. Segelhafen **(Kieler Woche).**

Kielboot, Segelboot mit verlängertem Kiel.

Kielce [ki'ɛltsɛ], Stadt in Polen, am Südfuß der Łysogóra, 208 000 Ew.; Hochschule; Zementind., Kupfer-, Eisen- und Bleibergbau.

kielholen, **1)** ein Schiff auf die Seite legen. **2)** früher: als Strafe einen Matrosen an Tauen unter dem Kiel des Schiffes hindurchziehen.

Kielland [ç'ɛlan], Alexander, norweg. Dichter, *1849, †1906; realist. Gesellschaftsromane.

Kiellinie, Schiffe in einer Reihe hintereinander; nebeneinander: in Dwarslinie.

Kielwasser, Wasserspur hinter einem fahrenden Schiff, Folge des Sogs.

Kieme die, Atmungsorgan der meisten Wassertiere, zartes, häutiges, blutgefäßreiches Gebilde an der Körperwand, ermöglicht den Gasaustausch mit dem umgebenden Wasser bei Fischen, einigen Amphibien, den Krustentieren, Weichtieren u. a. Sie sind kamm-, blatt-, lappen- oder büschelförmig. Bei den Fischen sitzen die K.-Blättchen an **K.-Bögen,** zw. denen die **K.-Spalten** liegen, durch die das Atemwasser strömt. Bei den Knochenfischen sind die K. durch **K.-Deckel** bes. geschützt.

Kien der, harzreiches Kiefernholz, **Kienholz.**

Kienzl, Wilhelm, Komponist, *1857, †1941; Oper »Der Evangelimann«.

Kiepe die, ein Rückentragkorb.

Kierkegaard [k'ergəgɔ:r], Søren, dän. Theologe und Philosoph, *1813, †1855, wandte sich gegen die idealist. Philosophie, bes. Hegels, und gegen das Kirchenchristentum und wirkte entscheidend auf die → Dialektische Theologie und die → Existenzphilosophie.

Kierspe, Luftkurort im Sauerland, NRW, 14 900 Ew.; Fremdenverkehr.

Kies der, **1)** vom Wasser rundgeschliffene Gesteinstrümmer, Korngröße 2-60 mm. **2)** Mz. **Kiese,** metallglänzende Mineralien, → Blende.

Kiesel der, abgerundetes Quarzstückchen.

Kiesel|algen, Diatomeen, mikroskop. kleine, meist gelbl., einzellige Algen im Süß- und Meerwasser, bilden einen zweiteiligen, schachtelförmig übereinandergreifenden Kieselpanzer. Die K. leben einzeln oder in Kolonien, festsitzend auf Stielen oder freischwebend im Plankton; Fortpflanzung meist durch Zweiteilung. (BILD Algen)

Kieselgur, als mehlige weiße Masse abgelagerte Kieselalgenpanzer, verwendet als Isolier-, Polier-, Filtermittel u. ä.

Kieselsäuren, Säuren der Formeln H_2SiO_3, H_4SiO_4 u. a., in freiem Zustand sehr unbeständig, in Form ihrer Salze (Silicate) und ihres Anhydrids (Siliciumdioxid, SiO_2) in der Natur sehr verbreitet (Quarz, Sand).

Kieselsinter, aus Thermalquellen ausgeschiedener Opal.

Kieselzink|erz, Hemimorphit, rhombisches Mineral.

Kieserit der, weißl. Mineral in Kalisalzlagern (→ Kali).

Kiesinger, Kurt-Georg, Politiker, *1904, †1988; 1966-69 Bundeskanzler; 1967-71 Bundesvors. der CDU. (BILD S. 442)

Kiew [k'iɛf], Hptst. der Ukrain. SSR, 2,5 Mio. Ew.; Mittelpunkt des ukrain. Kulturlebens (Univ., Akad. der Wissenschaften, Kernforschungsinstitute, Gemäldegalerie; Höhlen-

Khomeini

Kiebitz 1)

Kiefernspanner: Raupe

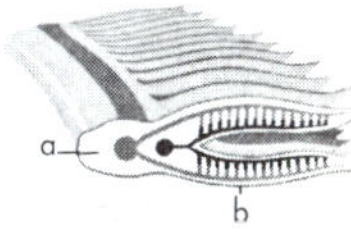

Kieme: Teil einer K. (schematisch), a Kiemenbogen, b Kiemenblättchen mit den Blutgefäßen. Schwarz: zuführende, grau: abführende Blutgefäße

Kierkegaard

Kilimandjaro

kloster, Sophienkathedrale von 1073); Maschinen-, Waggonbau-, Elektromotoren-, Kabel-, Gummi-, Textilind., Flußhafen mit Werft. – K. war seit 882 altruss. Hptst., 1240 von den Mongolen zerstört, kam 1362 an Litauen, dann an Polen, 1654/67 an Rußland.

Kigali, Hptst. von Ruanda, 155000 Ew.; Flughafen; Handelszentrum.

Kikuyu, Bantuvolk im Hochland von Kenia, rd. 4,6 Mio.

Kilauea, 1247 m hoher Vulkan auf Hawaii.

Kilian, Apostel der Franken, 689 hingerichtet; Schutzheiliger Würzburgs (Tag 8. 7.).

Kiliki|en, antike Landschaft im SO Kleinasiens, umfaßte den mittleren und östl. Taurus.

Kilimandjaro der, Vulkanstock in Ostafrika, mit 5895 m der höchste Berg Afrikas; 3 Gipfel: der vergletscherte Kibo, Schira, Mawensi.

killen [engl.], **1)** töten, ermorden. **2)** Segel: im Wind flattern.

Kiesinger

Killerbienen, → Mörderbienen.

Killersatelliten, unbemannte Raumfahrzeuge, die geeignet sind, andere Satelliten in der Erdumlaufbahn zu zerstören.

Kilmarnock [kılm'a:nək], Stadt in Schottland, 52100 Ew.; Webwaren, Maschinenbau.

Kilo... [grch.], Zeichen **k,** Vorsatzzeichen an Maßen: das Tausendfache. Das **Kilo,** Kurzform für **Kilogramm** (kg), Einheit der Masse (1000 g); **Kilopond** (kp), Einheit für Kräfte und Gewichte (1000 Pond); **Kilometer** (km), Längenmaß (1000 m); **Kilowatt** (kW), Maß für elektr. Leistung; **Kilowattstunde** (kWh), Maß für elektr. Energie.

Kilpinen, Yrjö, finn. Liederkomponist, *1892, †1959; Lieder von melod. Eigenart.

Kilt der, kurzer faltiger Rock der schott. männl. Nationaltracht, aus kariertem Wollstoff.

Kimberley [k'ımbəlı], Stadt in der Rep. Südafrika, 149500 Ew.; Bergbau auf Diamanten.

Kimberlit [n. Kimberley], Tiefengestein, Muttergestein der Diamanten.

Kimbern, Cimbern Mz., german. Volk auf der Jüt. Halbinsel; wandten sich gegen Ende des 2. Jh. v. Chr. nach Süddtl., Gallien und Spanien, besiegten mehrfach röm. Heere, wurden nach der Vernichtung der → Teutonen von den Römern unter Marius 101 v. Chr. bei Vercellae (Oberitalien) geschlagen.

Kimm [ndt.] die, ⦣ **1)** Horizont. **2)** Übergang vom Schiffsboden zur Schiffswand.

Kimme die, Kerbe im Visier des Gewehres.

Kimmeri|er, 1) bei Homer die Anwohner des Okeanos, beim Eingang zum Hades, wo ewiges Dunkel ist: **kimmer. Finsternis. 2)** urspr. in S-Rußland ansässiges Reitervolk, zerstörte um 700 v. Chr. → Phrygien, um 600 v. Chr. vernichtet.

Kimon, athen. Feldherr und Staatsmann, †449 v. Chr., schlug 466 v. Chr. die Perser.

Kimono

Kimono [jap.] der, japan. Kleidungsstück mit weiten Ärmeln, von einem Gürtel (Obi) zusammengehalten.

Kinabalu, höchster Berg der südostasiat. Inselwelt, im N Borneos, 4101 m hoch.

kinästhetisch [grch.], Bewegungen wahrnehmend. **k. Sinn,** der Muskelsinn.

Kind das, der Mensch von der Geburt bis zur geschlechtl. Entwicklung. **Neugeborenes** bis zum 10. Lebenstag, **Säugling** bis zum 12. Lebensmonat, **Klein-** oder **Spiel-K.** (2.-6. Lebensjahr), **Schul-K.** (7.-14. Lebensjahr).

Kindbettfieber, → Wochenbettfieber.

Kinderarbeit, → Jugendschutz.

Kinderdorf, Schul- und Erziehungssiedlungen für heimat- und elternlose Kinder und Jugendliche (1946 Vereinigung K. Pestalozzi; SOS-K., gegr. 1949 von H. Gmeiner).

Kinderehe, kommt bei manchen Naturvölkern sowie in den ärmeren Schichten Indiens vor; von Sozialreformern bekämpft.

Kindergarten, öffentl. oder private Einrichtungen zur Betreuung der Kleinkinder. → Fröbel.

Kindergeld, in der Bundesrep. Dtl. an Arbeitnehmer, Selbständige und mithelfende Familienangehörige gewährter steuerfreier Zuschuß: für das erste 50 DM, für das zweite 130 DM, 220 DM für das dritte und für jedes weitere Kind unter 18 Jahren (oder so lange, wie es in der Ausbildung steht) 240 DM; bei höheren Einkommen wird das K. stufenweise gekürzt.

Kinderkrankheiten, die dem Kindesalter eigentüml. Erkrankungen, wie Brechdurchfall, Rachitis, sowie die kindl. Infektionskrankheiten: Masern, Scharlach, Diphtherie, Keuchhusten, Windpocken u. a.

Kinderkreuzzug, → Kreuzzüge.

Kinderlähmung, spinale K., Poliomyelitis, ansteckende Virus-Krankheit, bewirkt entzündl. Entartung der Ursprungszellen der Bewegungsnerven im Rückenmark, kann zu Lähmungen und zum Tod führen. Die K. wird vorwiegend von scheinbar Gesunden durch Tröpfcheninfektion übertragen, die meisten Menschen machen sie in Form eines Schnupfens, einer Halsentzündung, eines Darmkatarrhs durch, nur wenige erkranken an Lähmungen. Durch vorbeugende aktive Schutzimpfung (Salk-, Sabin-Impfung) ist die Zahl der schweren Erkrankungen erheblich verringert worden.

Kinderlieder, Kinderreime, Lieder und Verse, die Kindern vorgesungen oder von Kindern aufgesagt (gesungen) werden (z. B. Abzählreime); eigene Gatt. des Volksliedes.

Kinderpsychologie, befaßt sich mit der Entwicklung des kindl. Erlebens und Verhaltens sowie den geistigen Fähigkeiten von der Geburt bis zur Pubertät.

Kinderseelsorge, der kindl. Auffassungs- und Vorstellungsgabe angepaßte Seelsorgeform, bezieht auch eine kindertüml. Gottesdienstgestaltung **(Kindergottesdienst, Kindermesse)** mit ein.

Kinder- und Jugendpsychiatrie, spezieller Zweig der Psychiatrie, behandelt Nervenkrankheiten und geistig-seel. Abnormitäten bei Kindern und Jugendlichen.

Kinderzuschläge, Leistungen der Kriegsopferversorgung, werden in bestimmten Fällen anstelle des Kindergeldes in dessen Höhe gezahlt.

Kindesentziehung begeht, wer einen Minderjährigen unter 18 Jahren durch List, Drohung oder Gewalt seinen Eltern oder seinem Vormund entzieht; Freiheitsstrafe bis zu 5 Jahren oder Geldstrafe, in besonderen Fällen Freiheitsstrafe von 6 Monaten bis zu 10 Jahren (§ 235 StGB). Wer eine K. zum Zweck der Erpressung begeht, wird nach § 239a wegen Menschenraubes bestraft.

Kindesmißhandlung, schwere Form der Körperverletzung, Mißhandlung von Schutzbefohlenen, § 223b StGB.

Kindesraub, → Kindesentziehung.

Kindestötung, Kindermord, die vorsätzl. Tötung eines nichtehel. Kindes durch die Mutter bei oder gleich nach der Geburt. Strafe: Freiheitsstrafe nicht unter 3 Jahren, bei mildernden Umständen Freiheitsstrafe von 6 Monaten bis zu 5 Jahren. Die vorsätzl. Tötung eines ehel. Kindes wird als Mord oder Totschlag bestraft.

Kindesunterschiebung, Art der Personenstandsfälschung, wenn man z. B. ein fremdes Kind als eigenes im Geburtenbuch eintragen läßt.

Kinemathek [grch.] die, Filmarchiv. 1963 wurde in W-Berlin eine Dt. K. gegründet.

Kinematik [grch.] die, → Mechanik.

Kinematographie [grch.] die, Herstellung und Vorführung von Filmen.

kinetische Gas|theorie, Lehre, daß sich die Moleküle aller Gase unabhängig voneinander mit einer Durchschnittsgeschwindigkeit bewegen, die von der Temperatur des Gases abhängt; ermöglicht Berechnung der Geschwindigkeit der Moleküle und Ableitung der Gasgesetze.

kinetische Plastik, Richtung der zeitgenöss. Kunst; Gestaltungsprinzip ist die Bewegung an sich.

kinetische Wärmetheorie, Lehre, daß die Wärme eines Körpers in der Energie der ungeordneten Bewegung seiner Moleküle besteht; je größer ihre Geschwindigkeit, desto höher die Temperatur des Körpers.

King, Martin Luther, *1929, † (Attentat) 1968; Pfarrer in Montgomery, Alabama, Vorkämpfer für die Bürgerrechte der Neger in den USA. Friedensnobelpreis 1964.

King's English [kɪŋz'ɪŋglɪʃ], korrekte Anwendung der engl. Sprache, in Tonfall, Wortwahl und Stil, von der an den Univ. Oxford und Cambridge gepflegten Sprachform bestimmt.

King Size [kɪŋ saɪz, engl. »Königsformat«], in der internat. Werbesprache aufwertende Bez. für Länge (Zigaretten), Größe (Getränkeflaschen).

Kingston [k'ɪŋstən], Hptst. von Jamaika, 524000 Ew.; Univ.; Hafen- und Handelsstadt.

Kingston upon Hull [k'ɪŋstən əp'ɔn hʌl], Hafenstadt im östl. England, 274600 Ew.; Univ.; Handelsplatz, Fischerei, vielseitige Ind.

Kinn das, Vorsprung des Unterkiefers; stammesgeschichtlich wichtiges Merkmal.

Kinnhaken, Boxen: Schlag gegen die Kinnspitze.

Kinnock [k'ɪnɔk], Neil, brit. Politiker, *1942; seit 1983 Führer der Labour Party.

Kinsey [k'ɪnzi:], Alfred, amerikan. Zoologe, Sexualforscher, *1894, †1956.

Kinshasa, bis 1966 **Léopoldville,** Hauptstadt der Rep. Zaire, wichtiger Umschlaghafen am unteren Kongo, 2,8 Mio. Ew.; Flughafen, Ind.

Kinzig die, **1)** rechter Nebenfluß des Mains, mündet bei Hanau. **2)** rechter Nebenfluß des Rheins, mündet bei Kehl.

Kiosk [türk.] der, Verkaufshäuschen, Zeitungsstand.

Kioto, Kyoto, Stadt auf der japan. Insel Honshu, 1,5 Mio. Ew.; altes Kulturzentrum (Krönungsstadt der Kaiser) und Mittelpunkt des japan. Buddhismus (über 900 Tempel); Univ., Kernforschungsinstitute, Kunsthandwerk.

Kipfel [oberdt.] der, das, Hörnchen (Gebäck).

Kipling, Rudyard, engl. Dichter, *1865, †1936; leidenschaftl. Verkünder des brit. Imperialismus, schrieb Gedichte, Balladen, Erzählungen, bes. aus Indien (»Dschungelbücher«). Nobelpreis 1907.

Kippe die, **1)** Schaukelbrett. **2)** Punkt, wo ein Gegenstand das Gleichgewicht verliert; **auf der K. stehen,** in Gefahr sein, umzuschlagen. **3)** im Turnen das Aufstemmen aus dem Hang in den Stütz, meist im Schwung (Reck, Barren, Ringe).

Kipper der, **1)** Lastwagen oder Anhänger mit kippbarem Kastenaufbau zum schnellen Entladen von Schüttgut. **2)** Vorrichtung zum Entladen von Eisenbahnwagen durch Schrägstellen.

Kipper und Wipper [von ndt. kippen »abschneiden«, wippen »wiegen«], Geldfälscher, bes. um 1618-23, die Münzen durch Beschneiden und Abfeilen im Gewicht verminderten.

Kippglied, Kippschaltung, elektron. Schaltung mit einem oder mehreren stabilen Zuständen zum Erzeugen von Impulsen oder Impulsreihen **(Kippschwingungen)** durch einen von außen angestoßenen, selbständig ablaufenden Kippvorgang zw. 2 Signalwerten am Ausgang. K. gibt es in bi-, mono- und astabiler Ausführung.

Kipphardt, Heinar, Schriftst., *1922, †1982; Lyrik, Erzählungen, Zeit- und Dokumentarstücke.

Kippregel, Meßtischaufsatz, Feldmeßgerät, dient in Verbindung mit dem Meßtisch zur Entfernungsmessung.

Kippscher Apparat, ☞ Glasgerät zur Herstellung von Gasen.

Kiptschak, türk. Eigenbez. der → Kumanen, auch ihre südruss. Siedlungsgebiete.

Kirche [von grch. kyriake »Haus des Herrn«] die, **1)** christl. Gemeindegottesdienst gewidmetes Gebäude. **2)** gesamte Christenheit oder ihre Teile (Bekenntnisse). Über die kath. Auffassung von der K. → Katholische Kirche. Protestantisch: Unterscheidung zw. **unsichtbarer K.** (Gesamtheit der wahrhaften Christen) und **sichtbarer K.** (Gesamtheit der Getauften). Zw. der kath. und der protestant. Ausprägung des K.-Gedankens stehen die → Ostkirche, die → Anglikanische Kirche, die → Altkatholiken.

Kirchenaustritt muß vor dem Amtsgericht erklärt werden. Folgen: Befreiung von der Kirchensteuer, Verlust der kirchl. Rechte. Der Übertritt in eine andere christl. Kirche heißt **Konversion.**

Kirchenbann, Exkommunikation, kath. Kirche: besteht im Verlust der kirchl. Mitgliedschaftsrechte (Teilnahme am Gottesdienst, Sakramentenempfang, kirchl. Begräbnis u. a.).

Kirchenbuch, vom Geistlichen geführtes Verzeichnis der Tauf-, Trauungs- und Sterbefälle.

Kirchengemeinde, unterste Stufe der kirchl. Territorialgliederung (Pfarrei).

Kirchengesetz, Anordnung der kirchl. Organe mit rechtsverbindl. Wirkung für die Angehörigen ihrer Kirche. In der kath. Kirche sind oberste Gesetzgeber der Papst, die Röm. Kurie, das ökumen. Konzil. In der dt. evang. Kirche liegt die Gesetzgebung bei den Gesamtsynoden.

Kirchengewalt, in der kath. Kirche die Leitungs- und Weihegewalt. In den evang. Kirchen gilt das geistl. Amt als berufsmäßige Ausübung eines an sich allen zustehenden Dienstes.

Kirchenjahr, Jahreskreis gottesdienstl. Tage und Festzeiten; beginnt in der kath. und evang. Kirche mit dem 1. Adventssonntag.

Kirchenlehrer, in der kath. Kirche ein wegen der Rechtgläubigkeit seiner Lehre und wegen seiner persönl. Heiligkeit kirchl. mit dem Titel »Doctor ecclesiae« ausgezeichneter Kirchenschriftst. (→ Kirchenväter).

Kirchenmusik. Die Grundlage der **kath. K.** ist der Gregorian. Choral. Die Mehrstimmigkeit scheint zuerst auf flandr. Boden in die K. eingedrungen zu sein. Höhepunkte der älteren Zeit sind die Motetten des 12./13. Jh. und die Messen der niederländ. Meister des

King

Kipling

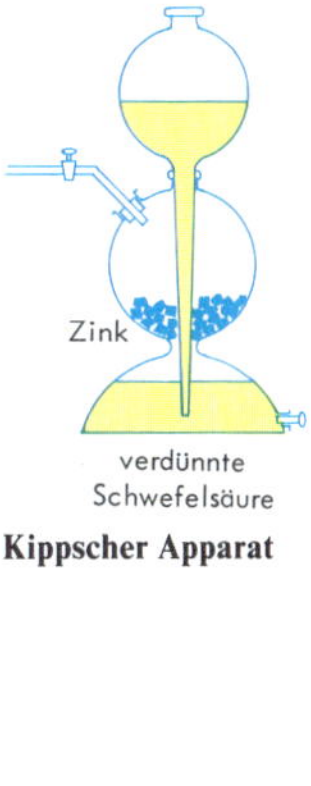

Kippscher Apparat

Kirchner: Segelboote

15.-16. Jh. (Dufay, Okeghem, Josquin). Gegen das Überhandnehmen der weltl. Formen und der Instrumentalmusik wandte sich die Gegenreformation. Das Ergebnis war der A-capella-Stil Palestrinas. Im 17. Jh. drangen aus der Oper über das geistl. Oratorium Rezitativ und Arie in die K. ein. Die Grenzen zw. weltl. und geistl. Musik verwischten sich wieder. Meister der klass. und romant. K. sind Haydn, Mozart, Beethoven, Schubert, Liszt, Bruckner. Zeitgenöss. Komponisten sind J. Haas, O. Jochum, H. Schröder. In der **evangel. Kirche** wurde im 16. Jh. das Kirchenlied (Luther, Fleming, Gerhardt, Spener, Tersteegen) bestimmend und zur Grundlage einer reichen Motetten- und Orgelkunst. Im 17. Jh. kam der neue Sologesang mit Generalbaß auf. Über H. Schütz, Kuhnau, Pachelbel, Buxtehude führte der Weg zu der umfassenden Kunst Bachs. Bald nach ihm begann der Niedergang der protestant. K. Reger griff wieder auf Bach zurück. In neuerer Zeit erstrebte die K. den Zusammenhang mit Liturgie und Choral: Thomas, Kaminski, David, Distler. Neuerdings gibt es Versuche, auch Elemente des absoluten Rhythmus und des Jazz, der seriellen und elektron. Musik in die K. einzubauen (W. Fortner, K. Penderecki).

Kirchschläger

Kirchenpräsident, der leitende Geistliche in den evang. Landeskirchen von Hessen-Nassau, der Pfalz, Anhalt und NW-Dtl.

Kirchenprovinz, kath. Kirche: Zusammenfassung mehrerer benachbarter Diözesen unter einem Erzbischof (Metropoliten).

Kirchenrat, evang. Kirchen: **1)** in manchen Gemeinden der Kirchenvorstand; **2)** in einzelnen Landeskirchen die kirchl. Verwaltungsbehörde; **3)** Amtsbez. für Mitgl. der kirchl. Verwaltung.

Kirchenrecht, Gesamtheit der Normen, die das kirchl. Leben der christl. Religionsgemeinschaften und ihr rechtl. Verhältnis zum Staat regeln.

Kirchenslawisch, Sprache der bibl. und liturg. Bücher der orthodoxen Slawen. Die älteste, reine Form des **K. (Altkirchenslawisch** oder **Altbulgarisch)** geht auf die Übersetzungen der Slawenapostel Kyrillos und Methodios zurück und beruht auf deren Heimatdialekt (Umgebung von Saloniki).

Kirchenstaat, ehem. Staatsgebiet unter päpstl. Oberhoheit in Mittelitalien. Entstanden im 8. Jh. durch Schenkungen der fränk. Könige an die Päpste (Pippin. und Karoling. Schenkung), schwankte der Gebietsumfang dauernd durch Neuerwerbungen und Verluste, bis Julius II. (1503-13) den neuen K. schuf; er gewann die Romagna, Bologna, Perugia, Parma und Piacenza. Unter Pius VI. (1775-99) verlor der K. infolge der Frz. Revolution Avignon, Bologna, Urbino, Ferrara, Ravenna, Imola und Faenza. 1798 wurde er vorübergehend zur Röm. Rep. erklärt und erst 1815 durch den Wiener Kongreß wiederhergestellt. 1870 wurde der K. dem Königreich Italien einverleibt. Die Lateranverträge (1929) gaben dem Papst die Vatikanstadt als Herrschaftsgebiet zurück.

Kirchensteuer wird in der Bundesrep. Dtl. von den öffentl.-rechtl. Religionsgesellschaften erhoben (8-10% der Einkommensteuer) und durch die staatl. Finanzbehörden eingezogen. Daneben wird in einigen Ländern **Kirchgeld** erhoben.

Kirchentag, Deutscher Evangelischer K., jährl. Großversammlung der evang. Laienschaft (seit 1957 alle zwei Jahre).

Kirchentonarten, Kirchentöne, ♩ die 8 Tonarten, die vor Ausbildung der Dur- und Molltonleiter, z. T. noch bis ins 17. Jh., in Gebrauch waren. Ihre grch. Benennung stammt aus dem 10. Jh.: dorisch, hypodorisch, phrygisch, hypophrygisch, lydisch, hypolydisch, mixolydisch, hypomixolydisch.

Kirchenväter, altchristl. Kirchenschriftst., deren rechtgläubige Lehre und Heiligkeit des Lebens von der Kirche anerkannt ist.

Kirchenverfassung, → Evangelische Kirche in Deutschland, → Katholische Kirche.

Kirchheim unter Teck, Gr. Krst. in Bad.-Württ., 32100 Ew.; vielseitige Ind.

Kirchhoff, Robert, Physiker, *1824, †1887; erfand mit Bunsen die → Spektralanalyse.

Kirchner, Ernst Ludwig, Maler und Graphiker, *1880, † (Selbstmord) 1938; einer der Wegbereiter des dt. Expressionismus.

Kirchschläger, Rudolf, Jurist, *1915, österreich. Politiker (parteilos), 1970-74 Außenmin., 1974-86 Bundespräsident.

Kirchspiel, Kirchsprengel, Pfarrbezirk.

Kirchweih die, feierl. Einweihung einer Kirche sowie die jährl. Erinnerungsfeste daran; jetzt meist Volksfest **(Kirmes, Kirmse).**

Kirgisen Mz., Türkvolk in Mittelasien, etwa 1,9 Mio.; Sunniten; meist Viehzüchter.

Kirgisische SSR, Unionsrep. der UdSSR, an der NW-Abdachung des Tienshan, 198500 km², 4,0 Mio. Ew. (K., Russen, Usbeken u. a.); Hptst.: Frunse. Gebirgig (Pik Pobedy 7439 m). Viehwirtschaft; Ackerbau mit Bewässerung; reiche Bodenschätze (Kohle, Erdöl, NE-Metalle), Nahrungsmittel-, Textilind., Maschinenbau.

Kiribati, Rep. im S-Pazifik, 886 km², etwa 64000 Ew.; umfaßt die Gilbert-Inseln. Wichtigstes Atoll ist Tarawa mit dem Haupthafen und Verwaltungssitz Bairiki. Die Gilbert-Inseln sind seit 1892 britisch und gehörten bis 1975 zur brit. Kronkolonie Gilbert and Ellice Islands, seitdem Trennung von den Ellice Islands, die als Tuvalu 1978 unabhängig wurden. Als unabhängig. Staat (1979) nahmen die Gilbert-Inseln den Namen K. an.

Kırıkkale, türk. Stadt, 320500 Ew.; Stahlwerk.

Kirin, amtl. **Jilin,** Provinz-Hptst. in der Mandschurei, China, 1,1 Mio. Ew.; chem. Ind., Schiffbau, Öl.

Kirkcaldy [kəːkˈɔldɪ], Stadt in Schottland, am Firth of Forth, 50500 Ew.; Leinenindustrie.

Kirke, lat. **Circe,** in Homers »Odyssee« eine Zauberin auf einer einsamen Insel (Aia).

Kirkuk, Stadt im Irak, 207900 Ew., Mittelpunkt eines Erdölgebietes.

Kirmes, Kirmse die, Kirchweih.

Kirow, Stadt in der Russ. SFSR, 415000 Ew.; TH; Maschinenbau-, Bekleidungsind.

Kirowabad, Stadt in der Aserbaidschan. SSR, 265000 Ew.; Wein-, Obstbau; Metall-, Aluminiumind.

Kirowograd, Industriestadt in der Ukrain.

SSR, 266000 Ew.; Kohlengruben, landwirtschaftl. Maschinen-, chem. u.a. Ind.

Kirsch, Sarah, Schriftstellerin, *1935; lebt seit 1977 in Berlin (West), Lyrik, Prosa, Kinderbücher.

Kirsche, Kirschbaum, zu den Rosenblütern gehörende sortenreiche Steinobstarten. Die **Süß-K.** ist ein Obstbaum Mitteleuropas und Westasiens, veredelte Formen davon sind **Knorpel-** und **Herz-K.,** die beliebtes Obst liefern. Das Holz ist gutes Möbelholz. Die **Sauer-K.** stammen aus Vorderasien.

Kirschfliege, Bohrfliege; legt ihr Ei in Kirschen; die Larve ist die **Kirschmade.**

Kirschlorbeer, traubenkirschenartiger Zierstrauch aus Kleinasien, lederige Blätter.

Kirschwasser, Kirsch, wasserheller Trinkbranntwein aus Süßkirschen.

Kirst, Hans Hellmut, Schriftst., *1914, †1989; mehr unterhaltsame als zeitkrit. Romane: »08/15«, »Die Wölfe«, »Faustrecht«, »Verdammt zum Erfolg« u.a.

Kiruna [k'iryna], nördlichste Stadt Schwedens, mit den Erzbergen **Kirunavaara** (749 m) und **Luossavaara,** 26500 Ew.; an der Bahn Luleå-Narvik. Erzbergbau; Europ. Raketenabschußbasis, geophysikal. Observatorium.

Kisangani, Stadt in der Rep. Zaire, unterhalb der Stanleyfälle, 283000 Ew.; Verkehrs-, Handels- und Industrieplatz.

Kisch, Egon Erwin, Schriftst., *1885, †1948; »Der rasende Reporter«.

Kischinjow, Hptst. der Moldauischen SSR, 684000 Ew.; Kathedrale, Univ., Forschungsinstitute; Nahrungs- und Genußmittel-, metallverarbeitende, Leichtind.

Kishon [kiʃ'on], Ephraim, israel. Schriftst., Journalist, *1924; satir. Prosa.

Kismet [arab.] das, unabwendbares Schicksal; auch die Ergebung in das Schicksal.

Kissingen, Bad K., Krst. und Heilbad in Bayern, an der Fränk. Saale, 21100 Ew.; Kochsalzquellen.

Kissinger [k'ɪsɪndʒə], Henry Alfred, amerikan. Politiker, *Fürth (Bayern) 1923; Außenminister 1973-76. Für seine Bemühungen um den Waffenstillstand in Vietnam erhielt er mit Le Duc Tho 1973 den Friedensnobelpreis.

Kitakyushu, japan. Industriestadt im N von Kyushu, 1,06 Mio. Ew. Kohlenbergbau, Schwer-, chem., Textilind. Durch einen untermeer. Tunnel mit Shimonoseki (Honshu) verbunden.

Kitchener [k'ɪtʃɪnə], Horatio Herbert Earl, engl. Heerführer, *1850, †1916; eroberte 1898 den ägypt. Sudan, führte das engl. Heer im Burenkrieg 1899 bis 1902, wurde 1914 Kriegsmin., setzte die allg. Wehrpflicht durch.

Kithara die, altgr. Saiteninstrument.

Kitimat, Indianersiedlung in W-Kanada; eines der größten Aluminiumwerke der Welt.

Kitsch der, Erzeugnisse, die Illusionen und Rührung wecken.

Kitt der, Klebmasse zum Ausfüllen von Fugen, Hohlräumen u.ä. oder echte Klebstoffe. **Schmelz-K.** erweichen in der Wärme, **Abdunst-K.** erhärten durch Verdunsten eines Lösungsmittels, **Reaktions-K.** durch chem. Reaktion.

Kittel der, leichtes knielanges, hemdähnl. Obergewand für Männer und Frauen.

Kitwe, Stadt in Sambia, 341000 Ew.; Zentrum des Kupferminen- und -industriegürtels.

Kitzbühel, Luftkur- und Wintersportort in NO-Tirol, Österreich, 8000 Ew.; Seilbahnen.

Kitze die, **Kitz** das, Junges von Reh, Ziege.

Kitzingen, Krst. in Bayern, am Main, 20400 Ew.; Weinbau; Industrie.

Kitzler, Klitoris, weibl. Geschlechtsorgan.

Kiwi der, **1) Schnepfenstrauß,** Vogel in Neuseeland, haushuhngroß, mit Stummelflügeln, Stummelschwanz, haarähnl. Gefieder. **2)** asiat. Nutzpflanze und deren eßbare Frucht.

Kiwusee, See in Ostafrika, nördl. vom Tanganjikasee, 2650 km², 1460 m ü.M.; fischarm.

Kızılırmak [türk. »roter Fluß«] der, im Altertum **Halys,** der größte Fluß Kleinasiens, mündet ins Schwarze Meer.

Kjellén [tçɛl'e:n], Rudolf, schwed. Geschichtsforscher, *1864, †1922; vertrat eine geopolit. Staatsauffassung.

Kjökkenmöddinger [dän.] Mz., Abfallhaufen mittel- und jungsteinzeitl. Siedlungsstellen, bes. in Dänemark und Nord-Dtl.

k. k., Abk. für kaiserlich-königlich.

Klabautermann, Volksglauben: Schiffskobold, verläßt bei drohendem Unheil das Schiff.

Klabund, eigtl. Alfred **Henschke,** *1890, †1928; impressionist. Lyriker, Erzähler, histor. Romane (»Moreau«, »Mohammed«, »Pjotr.«).

Kladde [niederdt. »Schmutz«] die, Tagebuch; Buch für die ersten Eintragungen.

Kladderadatsch der, **1)** Krach; Zusammenbruch. **2)** polit. Witzblatt in Berlin nach 1848.

Kladno, Stadt in der ČSFR, westl. von Prag, 73000 Ew.; Steinkohlenbergbau, Eisen- und Stahl-Ind.

Klafter die, **1)** altes dt. Längenmaß: Spannweite der seitwärts gestreckten Arme, zw. 1,7 und 2,5 m. **2)** Raummaß für Holz, 1 preuß. K. = 3,339 m³.

Klage die, ⚖ Bitte um Rechtsschutz durch Urteil. Sie wird i.d.R. dem zuständ. Gericht schriftl. eingereicht **(K.-Schrift),** muß Gegenstand und Grund des geltend gemachten Anspruchs **(K.-Grund)** angeben und einen bestimmten Antrag **(K.-Antrag)** enthalten. Die **K.-Erhebung** erfolgt durch Zustellung der K.-Schrift an den Beklagten. (→ Anklage, → Privatklage)

Klagemauer, Teil der W-Wand des Tempels im alten Jerusalem, jüd. Gebetsstätte.

Klagenfurt, Hptst. von Kärnten, Österreich, 4 km östl. des Wörther Sees, 87300 Ew.; Dom (16. Jh.), Landhaus; Ind.: Leder, Holz, Mineralfarben; Flughafen.

Klages, Ludwig, Philosoph, *1872, †1956; schuf eine wissenschaftl. Handschriftenkunde sowie eine allg. Ausdruckslehre und Charakterkunde (→ Lebensphilosophie).

Klamauk der, Geschrei, Lärm.

Klamm die, ⊕ vom Wasser ausgewaschene schmale, tief eingeschnittene Felsschlucht.

Klammeraffe, südamerikan. Kapuzineraffe mit sehr langen Armen und Greifschwanz.

Klamotten Mz., **1)** U Theaterstücke mit primitiver Situationskomik. **2)** zerbrochene Mauersteine. **3)** U Kleider, ärml. Hausrat.

Klampfe die, Zupfgeige, Gitarre.

Klang der, Zusammenklingen mehrerer einfacher Töne, → Klangfarbe, → Klangfiguren.

Klangfarbe, ♩ der Unterschied im Klang gleich hoher Töne bei verschiedenen Musik-

Kirsche: oben Rote Knorpel-K., unten Schwarze Herz-K.

Kiwi 1)

Klagemauer

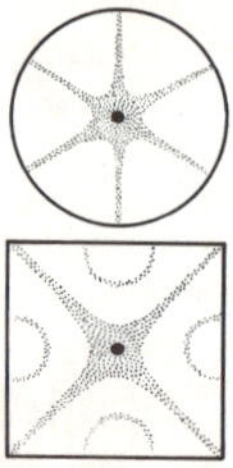

Klangfiguren: Chladnische K.

instrumenten, auch der menschl. Stimme, bewirkt durch die mit dem Grundton mitklingenden Teil- und Obertöne.

Klangfarbeneinstellung, Klangfarbenregelung, bei Rundfunkgeräten und Verstärkern die Änderung der Klangfarbe durch das Einstellen von elektr. Filtern.

Klangfiguren, regelmäßige Figuren, die sich auf mit Sand bestreuten Platten bilden, wenn der Rand mit einem Geigenbogen angestrichen wird und dadurch die Platte in Schwingungen gerät.

Klapperschlange, Gatt. sehr giftiger Grubenottern in Amerika, mit einer aus mehreren Hohlringen zusammengesetzten Hornrassel am Schwanz, Überbleibsel früherer Häutungen.

Klapperschlange

Klaproth, Martin Heinrich, Chemiker, *1743, †1817; entdeckte die Elemente Uran, Zirkonium, Kalium, Cer und Titan, führte wichtige Mineralanalysen durch.

Klara [lat. »die Glänzende«], weibl. Vorname.

Klara, *1194, †1253; Stifterin des Ordens der **Klarissinnen** (→Franziskaner); Heilige (Tag 11.8.).

Kläranlagen dienen zur Reinigung der →Abwässer.

Klarett [frz.] der, Weißherbst, roséfarbener Wein aus blauen Trauben.

klarieren, (Schiffsgüter) verzollen.

Klarinette [ital.] die, Holzblasinstrument, um 1700 erfunden; besteht aus der Schallröhre mit 6 Grifflöchern und 12-15 Klappen auf Tonlöchern und dem schnabelförmigen Mundstück mit einfachem Rohrblatt; in versch. Stimmungen: B (Umfang: d-b^3), A (cis-a^3); ferner **Baß-** und **Kontrabaß-K.** (BILD Blasinstrumente I)

Klasse [lat. classis] die, **1)** Abteilung einer Schule. **2)** menschl. Gruppe, deren Rangstellung innerhalb einer geschichteten Gesellschaft durch ihre wirtschaftl. Lage, Bildungsgrad und gesellschaftl. Bewußtsein bestimmt wird. Zum polit. Begriff und Schlagwort wurde K. durch den Marxismus; er unterscheidet herrschende K., die über die Produktionsmittel verfügt, und beherrschte K. Nach Marx werden die K. zusammengehalten durch das **K.-Bewußtsein.** Die gesamte menschl. Entwicklung sei eine Geschichte der **K.-Kämpfe,** z.B. bürgerl. Gesellschaft gegen Feudalismus; proletar. Erhebung gegen die bürgerl. K.; (→Stand, →Kaste). **3)** höhere Einheit der Systematik der Pflanzen und Tiere, die mehrere Ordn. umfaßt.

Klassizismus 2): Die Sabinerinnen von J.-L. David

Klassenlose Gesellschaft, in der marxist. Gesellschaftstheorie das Stadium der gesellschaftl. Entwicklung, in dem sämtl. Klassenunterschiede aufgehoben sind.

Klassierung, Trennung von Stoffgemischen nach Teilchengröße oder Masse.

Klassifikation, Klassifizierung die, Einteilung von Sachen oder Begriffen in Klassen. Zeitw. **klassifizieren.**

Klassik die, grch.-röm. Kunst und Kultur. **Deutsche K.,** Blütezeit des dt. Schrifttums zur Zeit Schillers und Goethes.

Klassiker [bei der röm. Einteilung der Bürger nach ihrem Vermögen waren die classici die Angehörigen der reichsten Gruppe] der, als vorbildlich anerkannter Schriftst., dann großer anerkannter Meister in Künsten oder Wissenschaften überhaupt, bes. die des grch.-röm. Altertums.

klassisch, 1) das, was die Klassiker betrifft, von ihnen herrührt; im bes. grch.-römisch, z.B. **k. Philologie,** Wissenschaft von der grch. und röm. Sprache und dem Kulturerbe der Antike überhaupt. **2)** vortrefflich, mustergültig; z.B. nennt man die Blütezeit einer Nationalliteratur ihr klass. Zeitalter. **3)** STILBEGRIFF: maßvoll, klar, ausgewogen, harmonisch (nach dem Stil in der Blütezeit der grch. Kunst).

Klassizismus der, **1)** Literatur: schulmäßige Nachahmung klass. Muster und Regeln; in der dt. Literatur z.B. die klassizist. Reform →Gottscheds. **2)** Richtung der bildenden Kunst, die in der 2. Hälfte des 18.Jh. einsetzte und sich an Formen und Vorbilder der Antike und der ital. Renaissance anlehnte. Die führenden Baumeister in Dtl. sind Schinkel, Weinbrenner, Klenze, in Frankreich Soufflot, neben dem Percier und Fontaine die von den Formen der röm. Kaiserzeit ausgehende Abart des K., den **Empirestil,** entwickelten, in England Chambers, Soane. In der Malerei waren in Dtl. Carstens und Koch, in Frankreich David und Ingres führend. Die Hauptmeister der Bildhauerkunst sind Canova in Italien, Thorwaldsen in Dänemark, Schadow und Dannekker in Dtl., Flaxman in England.

Klatschmohn, Klatschrose, →Mohn.

Klaue die, **1)** hornige Zehenbekleidung der Wiederkäuer und Schweine, umgibt die 3. und 4. Zehe. Die K. höherstehender Stummelzehen heißen **After-K. 2)** bei Raubtieren, Vögeln: Kralle.

Klaus [von Nikolaus], männl. Vorname.

Klause [lat. clusa] die, **1)** Engpaß (in den Alpen). **2)** Klosterzelle, Einsiedelei. Der Bewohner einer K. heißt **Klausner.**

Klausel [lat.] die, ⚖ Vorbehalt, Nebenbestimmung in Verträgen.

Klausenburg, rumän. **Cluj-Napoca** [kluʒ-], Stadt in Rumänien, 310000 Ew.; Univ., Theater, Mus.; wirtschaftl. Mittelpunkt N- und W-Siebenbürgens; Metall-, Maschinen-, Leder-, Textilind. Im MA. war K. eine überwiegend dt. Stadt, später kulturelles Zentrum der Madjaren, seit 1921 rumänisch, 1940-45 ungarisch.

Klaustrophobie [grch.], krankhafte Angst vor dem Aufenthalt in geschlossenen Räumen.

Klausur [lat.] die, **1)** für Fremde, bes. für Personen des anderen Geschlechts, unzugängl. Klosterräume. **2)** Prüfungsarbeit unter Aufsicht.

Klaviatur [lat. clavis »Schlüssel«] die, ♩ Gesamtheit der Tasten eines Tastinstruments.

Klavichord [Kw., lat.] das, →Klavier.

Klavier [lat.-frz.] das, Tasteninstrument mit Metallsaiten; durch Niederdrücken der Taste wird durch ein Hebelwerk ein mit Leder und Filz überzogenes Hämmerchen gegen die Saite geschlagen. Eine ältere Form ist das **Klavichord.** Die rechtwinklig zu den Tasten liegenden Saiten werden durch je ein Metallplättchen (Tangente) angeschlagen. Beim **Spinett** werden die Saiten mit Federspulen angerissen. Das **Cembalo,** auch **Klavizimbel,** in Flügelform, dessen Saiten durch Federkiele angerissen werden, wurde nach 1750 vom **Hammerklavier,** Pianoforte, abgelöst.

Klavizimbel [Kw., lat.] das, → Klavier.

Klebe, Giselher, Komponist, *1925; Orchester- und Kammermusik, Opern nach literar. Vorlagen.

Klebebindung, → Lumbeckverfahren.

Kleber der, Gemisch wasserunlösl. Eiweißstoffe im Getreidekorn.

Klebstoffe, → Leim, → Kitt. Mit Kunstharz bestrichene Folien werden als **Klebefolien** oder **Klebebänder** verwendet.

Kleditzsch, Jürgen, Politiker (CDU), *1944; seit April 1990 Min. für Gesundheitswesen in der Dt. Dem. Rep.

Klee der, Gattung der Schmetterlingsblüter, Kräuter mit meist dreizähligen Blättern. Arten: **Kopf-** oder **Rot-K.** mit roten Blütenköpfen, auf Wiesen wild; die wichtigste Futterpflanze Mitteleuropas. Der **Inkarnat-** oder **Blut-K.** hat blutrote, längl. Köpfchen, der **Acker-K.** gelbweiße, der kriechende **Weiß-K.** rötlichweiße Blütenköpfe. (BILD Blatt)

Klee, Paul, Maler, Graphiker, *1879, †1940; Mitgl. des → Blauen Reiters, lehrte seit 1921 am → Bauhaus; malte abstrakte Bilder von zarter Farbgebung. (BILD deutsche Kunst)

Kleesalz, ☜ saures Kaliumsalz der → Oxalsäure, giftig; dient zur Fleckenbeseitigung.

Kleiber der, den Meisen verwandter Klettervogel, mit rostgelber Unterseite und schieferblauen Flügeldecken.

Kleiber, 1) Carlos, Sohn von 2), Dirigent, *1930. **2)** Erich, Dirigent, *1890, †1956.

Kleidung, dient zum Schutz gegen die Witterung, zur Verhüllung, zum Schmuck. Die mannigfaltigen Formen sind durch Klima, Sitte, Brauchtum, soziale Stellung, Kultur, Technik bedingt. Die K. ist stark von der Mode abhängig. (TAFEL S. 448)

Kleie die, beim Mahlen abgesonderte Schalen, Außenschichten der Getreidekörner.

Klein, 1) Felix, Mathematiker, *1849, †1925; setzte sich für eine Neuordnung des mathematisch-naturwissenschaftl. Unterrichts ein. **2)** Hans, Politiker (CSU), *1931; 1987 bis 1989 Bundesmin. für wirtschaftl. Zusammenarbeit, seither als Bundesmin. für besondere Angelegenheiten Bundespressesprecher und Leiter des Presse- und Informationsamts der Bundesreg.

Kleinasien, Anatolien, die zw. Schwarzem Meer und Mittelmeer nach Europa vorgestreckte Halbinsel Asiens, der asiat. Teil der Türkei. ● Seit etwa 2000 v. Chr. traten die Hethiter auf. Noch vor 1000 v. Chr. siedelten Griechen an der W-Küste. Seit dem 7. Jh. v. Chr. bildete K. westlich des Halys das Lyd. Reich; dieses ging 546 v. Chr. im Perserreich auf. 333 v. Chr. wurde K. von Alexander d. Gr. erobert, 133 v. Chr. fiel es an das Röm. Reich. Später gehörte es zum Byzantin., seit dem 14. Jh. zum Osman. Reich.

Kleindeutsche, → Großdeutsche.

Kleine Entente [ãt'ãt], 1920/21 vom tschech. Außenmin. Benesch gegr. Bündnis der Tschechoslowakei, Rumäniens und Jugoslawiens, um den im Vertrag von Trianon festgelegten Bestand der Nachfolgestaaten Österreich-Ungarns aufrechtzuerhalten und eine Wiederkehr der Habsburger zu verhindern. Die K. E. brach mit der Unterzeichnung des → Münchener Abkommens zusammen.

Kleingärten, Schrebergärten [nach dem Leipziger Arzt D. M. Schreber, *1808, †1861], kleine, gärtnerisch genutzte Grundstücke am Großstadtrand, meist gepachtet.

Kleinhirn, Teil des → Gehirns.

Kleinkaliberschießen, sportl. Schießen mit einer Kleinkaliberbüchse von 5,6 mm Kaliber.

Kleinkredit, Darlehen von relativ geringer Höhe mit unterschiedl. Laufzeiten; meist an Konsumenten.

Kleinkrieg, → Guerilla.

Kleinkunstbühne, → Kabarett.

Kleinod [mhd.] das, Schmuckstück.

Kleinrußland, früher der mittlere Teil der Ukraine, Heimat der **Kleinrussen** (Ukrainer).

Kleinstadt, Stadt bis zu 20000 Ew.

Kleist, 1) Ewald v., Dichter, *1715, †1759; fiel als preuß. Offizier bei Kunersdorf; beschreibendes Gedicht »Der Frühling«; »Ode an die preuß. Armee«, Idyllen im klassizist. Zeitstil. **2)** Heinrich v., Dichter, *1777, † (Selbstmord) 1811. In seinen Schauspielen gestaltete er die traumwandler. Gefühlsgewißheit (»Käthchen von Heilbronn«), auch die trag. Verwirrung des Bewußtseins in der begrenzten Wirklichkeit (»Penthesilea«, »Prinz von Homburg«). Weitere Schauspiele: »Amphitryon«, »Die Hermannsschlacht«, Lustspiel »Der zerbrochene Krug«. Formstrenge Erzählungen und Novellen (»Michael Kohlhaas«, »Die Marquise von O...« u. a.).

Kleister, Klebstoff aus Stärke oder Celluloseäthern.

Kleisthenes, grch. Staatsmann, ersetzte 507 v. Chr. die alte Stammesordnung des athen. Staates durch 10 neue Einheiten (Phylen).

Kleistsche Flasche, → Leidener Flasche.

Klemens, Päpste: **1) K. V.** (1305-14), verlegte 1309 den päpstl. Sitz nach Avignon. **2) K. VII.** (1523-34), nahm zunächst für Frankreich Partei gegen Karl V., krönte diesen aber 1530 in Bologna, verweigerte die Zustimmung zur Scheidung des engl. Königs Heinrich VIII. von Katharina; daraufhin sagte sich 1534 England von Rom los. **3) K. XIV.** (1769-74), hob 1773 den Jesuitenorden auf, förderte Künste und Wissenschaften **(Klementin. Museum).**

Klemens von Alexandria, griech. Kirchenschriftst. des 2. Jh., verband kirchl. Überlieferung mit platon.-stoischer Philosophie.

Klemperer, Otto, Dirigent, *1885, †1973.

Klempner, Blechschmied, Handwerker, der Blechwaren anfertigt und ausbessert.

Klenau, Paul v., dän. Komponist, *1883, †1946; Opern u. a. im Zwölftonsystem.

Klenze, Leo v., Baumeister, *1784, †1864; klassizist. Bauten, bes. in München: Glyptothek, Propyläen, Alte Pinakothek, Königsbau.

Kleon, grch. Staatsmann, riß nach dem Tode des Perikles die Macht in Athen an sich, †422.

Kleopatra, ägypt. Königin, *69, † (Selbstmord) 30 v. Chr.; war die Geliebte von Caesar, später von Markus Antonius.

Kleptomanie [grch.] die, Stehltrieb.

klerikal, 1) den Klerus betreffend, geistlich. **2)** streng kirchlich gesinnt. **Klerikalismus** der, heute meist abwertend für eine ausgeprägte kirchl. Haltung im polit. Leben.

Klerus [grch.] der, allg.: geistl. Stand. kath. Geistlichkeit. Ggs.: Laien. **Kleriker** der, kath. Priester. **Klerisei** die, Klerus; Anhang, Sippschaft.

Klette die, Gatt. hochwüchsiger Korbblüterstauden mit widerhakigen Blüten- und Fruchtköpfen. Wegunkraut ist die **Große K.**

Klettenberg, Susanne v., *1723, †1774; Vorbild der »schönen Seele« in Goethes »Wilhelm Meister«.

Klettergarten, Felsgruppen in Mittel- und Hochgebirge, zum Erlernen und Üben von Kletter- und Seiltechnik geeignet; neuerdings auch künstlich angelegt **(Kletterwand).**

Kletterpflanzen, Pflanzen, die an Stützen emporwachsen und so zu besserer Lichtnutzung gelangen (z. B. Lianen).

Klettgau der, histor. Landschaft zw. unterer Wutach und Rhein.

Klee: Blüten des Kopfklees

Kleiber

H. v. Kleist

1 Ende 9. Jh. Schwertträger (Miniatur): Hemdkittel, ärmelloser Mantel, Lederstiefel. **2** Ende 9. Jh. Fränkische Dame (Handschrift Paris): Langes Unterkleid, Oberkleid mit weiten Ärmeln, Schleier. **3** Anfang 14. Jh. (Manessische Handschrift): Enges Unterkleid, ärmelloses Überkleid (Sukenie), Gebende. **4** Anfang 14. Jh. (Manessische Handschrift): Langärmeliger Rock, pelzgefütterter Mantel, Schapel. **5** Mitte 15. Jh. (Kupferstich Israel van Meckenem): Oberkleid mit Schleppe, Hennin. **6** Mitte 15. Jh. (Kupferstich Israel van Meckenem): Kurze Schecke, Beinlinge mit Schamkapsel, Federhut. **7** Mitte 16. Jh. Spanische Tracht: Wattiertes Wams, Schultermantel, Beinlinge, Pluderhosen, Barett. **8** Mitte 16. Jh. Spanische Tracht: Unterkleid mit Halskröse, geöffnetes Oberkleid mit Achselpuffen, Barett. **9** Mitte 17. Jh. Unterkleid mit Schnürbrust, vorn offene Robe, stehender Spitzkragen. **10** Mitte 17. Jh. Unter dem Knie gebundene Hosen, Wams, mit geschlitzten Ärmeln, Spitzenkragen, Rosettenschuhe, Schlapphut. **11** Mitte 18. Jh. Justeaucorps, lange Weste, Culotte, Spitzenjabot, Haarbeutel und Seidenschleife. **12** Mitte 18. Jh. Reifrock (Panier), Schnürleib, Manteau, Igelfrisur (Herisson). **13** Anfang 19. Jh. Überrock, Pantalons, Stiefel, Halsbinde, runder Hut. **14** Anfang 19. Jh. Chemisekleid mit hoher Taille und Schleppe. **15** Mitte 19. Jh. Frack, Weste (Gilet), Hosen mit Steg, Vatermörder, Zylinder. **16** Mitte 19. Jh. Fußfreies Kleid, Wespentaille, Keulenärmel (Gigots), Kapotthut. **17** Ende 19. Jh. Straßenkleid mit Tournüre (Cul de Paris), Hütchen (Toque), Sonnenschirm. **18** Ende 19. Jh. Straßenanzug, Filzhut.

Klimt: Der Kuß

Kleve, Krst. in NRW, im SW des Niederrheins (Hafen), 46000 Ew.; ehemal. Residenzschloß. Leder-, Maschinen-, chem. Ind. Die ehemal. Grafschaft (seit 1417 Hzgt.) K. mit Jülich, Berg und Ravensberg vereinigt, kam 1614 und 1666 an Brandenburg-Preußen.

Klient [lat.] der, **1)** Auftraggeber, z. B. des Rechtsanwaltes. **2)** im alten Rom der Hörige, später der Anhang eines Politikers. Die Gesamtheit der K. ist die **Klientel.**

Kliff [engl.] das, von der Brandung beständig unterspülter Steilabfall der Küste.

Klima [grch.] das, -s/...ate, Witterungsverlauf eines Gebiets. Das K. wird in erster Linie durch die Stärke der Sonnenstrahlung bestimmt, weiter durch Art und Höhe der Niederschläge, vorherrschende Windrichtung, eine hohe oder tiefe, eine Nord- oder Südlage des Ortes, Entfernung vom Meer, Strömungsverhältnisse angrenzender Meeresteile, Pflanzenwuchs usw. K.-Zonen: **heiße Zonen (Tropen)** zw. den 2 Wendekreisen oder bis zu den Jahresisothermen von +18 °C; 2 **gemäßigte Zonen** zw. den Wendekreisen und den Polarkreisen oder bis zu den 10°-Isothermen des wärmsten Monats; 2 **kalte Zonen** jenseits der Polarkreise oder der 10°-Isotherme. Das Übergangsgebiet zw. gemäßigter und heißer Zone heißt **subtrop. Zone.** Das **polare K.** ist immer kalt mit halbjährl. Wechsel von Tag und Nacht, das **gemäßigte K.** hat ausgesprochene Jahreszeiten, das **trop.** ist immer heiß mit wechselnden Regen- und Trockenzeiten. Das **Binnenland-** oder **Kontinental-K.** hat heiße Sommer, strenge Winter (z. B. Rußland); das **See-** oder **maritime K.** mäßig warme Sommer, milde Winter (z. B. Irland); das **Mittelmeer-K.,** auch **Etesien-K.** genannt, hat heiße, trockene Sommer und milde, feuchte Winter (z. B. Süditalien, Griechenland).

Klima, Ivan, tschech. Schriftsteller, *1931; Reportagen, Erz., Roman (»Ein Liebessommer«), Theaterstücke (»Gesellschaftsspiele«).

Klima|anlage hält Temperatur, Feuchtigkeit, Reinheit der Luft in geschlossenen Räumen in festgelegten Grenzen.

Klimakterium [lat.] das, ♡ → Wechseljahre.

Klimatologie [Kw., grch.] die, Klimakunde.

Klimax [grch. »Leiter«] die, Rhetorik: Steigerung.

Klimsch, Fritz, Bildhauer, *1870, †1960; klassisch bestimmte Akte, Bildnisbüsten.

Klimt, Gustav, Wiener Maler, *1862, †1918; malte Bilder meist symbol. Art von raffiniert dekorativer Wirkung.

Klingel, → elektrische Klingel.

Klingenthal, Stadt im Bez. Karl-Marx-Stadt, 12800 Ew.; Musikinstrumentenbau; Wintersportort.

Klinger, 1) Friedrich Maximilian v., Dichter, *1752, †1831; nach seinem Drama »Sturm und Drang« wurde die Sturm-und-Drang-Zeit benannt. **2)** Max, Maler, Bildhauer, Graphiker, *1857, †1920; arbeitete sowohl realistisch wie idealisierend; Radierungszyklen.

Klingsor, Klinschor, mächtiger Zauberer im »Parzival« des Wolfram von Eschenbach.

Klinken-Steckverbinder, elektromechan. Steckverbindung aus Klinkenstecker und Kupplung oder Einbaubuchse in versch. Größen und Ausführungen in Mono- und Stereoausführung für elektroakust. Geräte sowie als zweipolige Steckverbinder, z. B. für Anschluß eines Netzteils an Taschenrechner.

Klinker der, **1)** aus Ton bis zum Sintern gebrannter, sehr fester Ziegel. **2)** Bauweise für Boote mit ziegelartig übereinanderliegenden Außenplanken. Ggs.: Karwe(e)lbau.

Klio [grch.], die Muse der Geschichte.

Klippe die, gefährl. Felsen wenig unter oder über einer Wasserfläche.

Klipper [engl.] der, **1)** schnelles Segelschiff. **2)** schnelles amerikan. Verkehrsflugzeug.

Klippfisch, getrockneter Kalbeljau.

Klippschliefer der, **Klippdachs,** kaninchenähnl. Säugetier, bewohnt die felsigen Gebiete SO-Asiens und Afrikas.

Klippspringer, Gatt. der Springantilopen, Kletterer und Springer in Gebirgen Afrikas von Äthiopien bis S-Afrika.

Klirrfaktor, ⚡ Maß für die Verzerrung eines reinen Tons durch Oberschwingungen in den Übertragungsgliedern.

Klischee [frz.] das, **1)** Druckstock. **2)** Ⓢ abgegriffener Ausdruck.

Klistier [grch.] das, ♡ ein → Einlauf.

Klitoris [grch.] die, → Kitzler.

Klitzing, Klaus von, Physiker, *1943; Arbeiten zur Festkörperphysik, Nobelpreis 1985.

Kloake [lat.] die, **1)** Abzugskanal für Abwässer. **2)** ⚲ gemeinsame Ausmündung für Darm, Harnblase und Geschlechtsorgane, z. B. bei Kriechtieren, Vögeln, Haien.

Kloakentiere, Ordn. niederster, eierlegender Säugetiere in Australien (z. B. Ameisenigel, Schnabeltier).

Kloben der, **Bandhaken, 1)** Scheitholz. **2)** → Feilkloben. **3)** Beschlagteil zur drehbaren Befestigung von Türen, Toren, Fensterläden an der Wand oder am Anschlag.

Klon, durch ungeschlechtliche Vermehrung (Zellteilung) entstandene, erbgleiche Nachkommen, v. a. in der Gentechnologie eingesetzt.

Klondike [kl'ɔndaɪk], Landschaft und Fluß in NW-Kanada; Goldfunde 1896. Hauptort: Dawson.

Klopfen, durch Selbstentzündung verursachte, vorzeitige Verbrennung des Kraftstoffs bei Verbrennungsmotoren. Verbleitem Benzin wird 0,15 g/l Bleitetraäthyl (Antiklopfmittel) zugesetzt, um das K. zu verhindern.

Klopf|festigkeit, die Widerstandsfähigkeit eines Kraftstoff-Luft-Gemisches gegen Selbstentzündung, durch Oktan- oder Cetanzahl gemessen.

Klöppeln

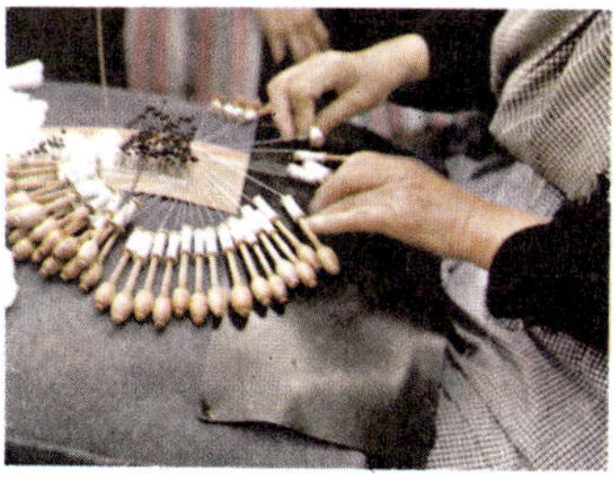

Klimsch: Die Schauende

Kloben 3)

Klopstock

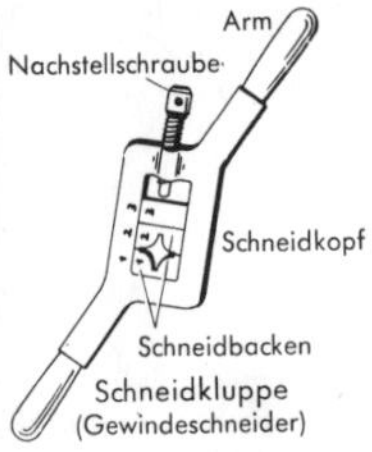

Kluppe 1): Schneidkluppe

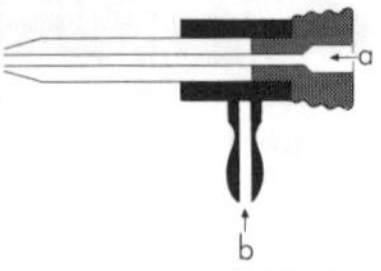

Knallgas: K.-Gebläse, a Sauerstoff, b Wasserstoff

Kneipp

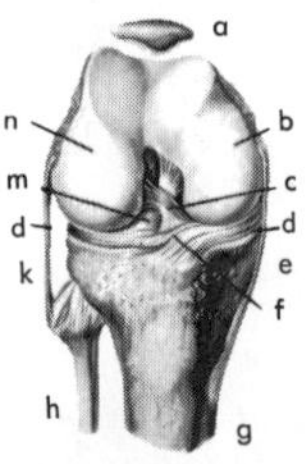

Kniegelenk: a Kniescheibe (hochgehoben), b innerer Gelenkknorren, c vorderes Kreuzband, d Meniskus, e inneres Seitenband, f Querband, g Schienbein, h Wadenbein, k äußeres Seitenband, m hinteres Kreuzband, n äußerer Gelenkknorren

Klopfkäfer, ein im Holz lebender Bohrkäfer **(Totenuhr).**

Klöppeln, Spitzen herstellen durch Verflechten vieler Fäden, die sich von Holzspulen **(Klöppel)** abwickeln. Das Muster **(Klöppelbrief)** wird auf dem **Klöppelkissen** befestigt.

Klopstock, Friedrich Gottlieb, Dichter, *1724, †1803; bereitete mit seiner feierl., schwungvoll beseelten Sprache den Durchbruch der Empfindsamkeit, des »Sturm und Drang« und der Erlebnisdichtung vor. Einführung reimloser altgrch. Versmaße: Epos »Messias«, Oden, vaterländ. und bibl. Dramen.

Kloster [lat. claustrum »verschlossener Ort«] das, von einer Mauer umgebene Gebäudegruppe aus Kirche, Wohnräumen, Wirtschaftsgebäuden, oft mit reichem Grundbesitz. Die Mitgl. eines geistl. Ordens leben im K. gemeinsam nach einer Regel **(Mönchs-K., Nonnen-K.).** Die **K.-Schule** war im frühen MA. die Pflegestätte des allg. wissenschaftl. Unterrichts (z. B. Fulda, St. Gallen, Reichenau, Corvey).

Klosterneuburg, Stadt bei Wien, 23000 Ew.; Stiftskirche; Chorherrenstift, gegr. um 1100.

Klosters, Kurort im schweizer. Kt. Graubünden, 1125-1313 m ü. M., 3500 Ew.

Kloten, der Flughafen von Zürich.

Klothilde [ahd. »Kampfberühmte«], weibl. Vorname.

Klotho, grch. Sage: Schicksalsgöttin, Spinnerin des Lebensfadens (→ Moiren).

Klotz, Mathias, Geigenbauer, *1653, †1743.

Klub, engl. **Club** [klʌb] der, gesellige Vereinigung und ihr Versammlungsort.

Klug, Aaron, brit. Biochemiker, *1926; Nobelpreis für Chemie 1982 für Forschungen über Nukleinsäure-Proteinkomplexe.

Kluge, 1) Alexander, Schriftsteller und Filmregisseur, *1932. **2)** Friedrich, Sprachforscher, *1856, †1926; »Etymolog. Wörterbuch der dt. Sprache«, 1883. **3)** Günther v., Generalfeldmarschall, *1882, † (Selbstmord) 1944; 1944 Oberbefehlshaber West; wegen des Verdachts der Beteiligung am Widerstand gegen Hitler des Kommandos enthoben. **4)** Kurt, Schriftst., Bildhauer, *1886, †1940; »Der Herr Kortüm«, »Die Zaubergeige«.

Klump|fuß, Mißbildung: Mittelfuß und Zehen sind nach innen und unten eingerollt.

Klüngel der, **1)** Knäuel. **2)** Anhang, Parteiwirtschaft, sich abschließende Gesellschaft.

Kluppe die, **1)** Handwerkszeug zum Gewindeschneiden **(Gewindeschneid-K.). 2)** Längenmeßgerät für grobe Messungen **(Meß-K.).**

Klüver der, ⚓ dreieckiges Segel am **K.-Baum,** der Verlängerung des Bugspriets.

Klystron [Kw., grch.] das, Elektronenröhre (Laufzeitröhre) zur Erzeugung von Dezimeterwellen und Verstärkung.

Klytämnestra, grch. Sage: Gattin Agamemnons, ermordete ihn; von Orestes getötet.

km, Abk. für **Kilo**meter (→ Kilo).

Knab, Armin, Komponist, *1881, †1951; Marienlieder, Weihnachtskantate.

Knabenkraut, zu den Orchideen gehörende Stauden mit stärkereichen Knollen (Salep): das **Gemeine K.** und das **Breitblättrige K.,** mit meist braunfleckigen Blättern und handförmig geteilten Knollen, wachsen auf Naßwiesen; purpurne Blüten. (BILD Heilpflanzen)

Knallgas, ⚗ Wasserstoff-Sauerstoff- oder Wasserstoff-Luft-Gemenge, das bei Entzündung heftig explodiert, wobei sich die Gase zu Wasserdampf vereinigen; zum Schweißen u. ä.

Knallquecksilber, das äußerst explosive Quecksilbersalz der **Knallsäure** $C=NOH$.

Knappe der, **1)** im MA. ein Jüngling, der zum Ritter ausgebildet wurde. **2)** Bergmann.

Knappschaft die, seit dem 13. Jh. zunftmäßiger Zusammenschluß der Bergleute (Knappen), vor allem zur gegenseitigen Unterstützung bei Krankheiten oder Unfällen. **K.-Versicherung,** Trägerin der Kranken- und Rentenversicherung für Arbeiter und Angestellte des Bergbaus.

Knaster [span.] der, Pfeifentabak im Krüllschnitt.

Knäuelgras, Knaul-, Hundsgras, Futtergras, Ährchen in Knäueln. (BILD Gräser)

Knauf der, **1)** kugel- oder knopfartiger Griff. **2)** Säulenkopf (Kapitell).

Knaus-Ogino, die vom österr. Frauenarzt H. Knaus und dem japan. Frauenarzt Ogino Kynsaku aufgestellte Theorie von der period. Fruchtbarkeit der Frau. (→ Empfängnis)

Knautschzone, verformbare Karosserieteile (Bug, Heck) des PKW, wandeln bei Aufprallunfällen einen Teil der anfallenden kinet. Energie in Formänderungsarbeit um.

Knecht [ahd.] der, **1)** ✤ Gehilfe im landwirtschaftl. Betrieb. **2)** früher: Geselle, Diener, Soldat, Gerichtsdiener u. a.

Knecht Ruprecht, Volksbrauch: Begleiter des hl. Nikolaus oder des Christkindes; geht auch allein in der Weihnachtszeit umher und verteilt Rügen oder Gaben.

Knechtsand, ausgedehntes Wattgebiet zw. Elbe und Weser; Vogelschutzgebiet.

Knef, Hildegard, Filmschauspielerin, Chansonsängerin, *1925.

Kneip, Jakob, Schriftst., *1881, †1958; Gedichte (»Bauernbrot«), Romane.

Kneipe die, **1)** Wirtshaus. **2)** regelmäßige Zusammenkunft der Mitgl. einer student. Verbindung zum Zechen und Singen.

Kneipp, Sebastian, kath. Pfarrer, Heilkundiger, *1821, †1897; bildete ein eigenes → Wasserheilverfahren aus.

Knesset(h) die, Volksvertretung in Israel.

Knick der, **1)** scharfe Biegung, Riß. **2)** Wall mit Gebüsch um ein Feld (Norddtl.).

Knickerbocker [n'ɪkəbɔkə, engl.] Mz., weite Kniehosen.

Knickfestigkeit, → Festigkeit.

Knie das, ♡ Gelenk zw. Ober- und Unterschenkel; vorn ist in die Sehne des Streckmuskels die **K.-Scheibe** eingelassen. Durch die **K.-Kehle** an der Beugeseite gehen Blutgefäße und Nerven.

Kniebis der, Berg im N-Schwarzwald, 971 m.

Kniehebel, Einrichtung zur Erzielung großer Drücke bei Pressen, Verschlüssen; Doppelhebel mit Gelenk, das durch eine Kraft gestreckt werden kann.

Knigge, Adolf Freiherr, Schriftst., *1751, †1796; schrieb »Über den Umgang mit Menschen«.

Knight [naɪt], untere Stufe des niederen engl. Adels (Titel Sir; Lady).

Knipperdolling, Bernhard, Wiedertäufer in Münster, † (hingerichtet) 1536.

Knittel, John, schweizer. Schriftst., *1891, †1970; Romane: »Via mala«, »Therese Etienne«, »El Hakim« u. a.

Knittelverse, Knüttelverse, zu Reimpaaren gebundene vierhebige Verse, mit beliebiger Anzahl von Senkungen; aus der höf. Epik hervorgegangen; oft im 16. Jh. verwendet (H. Sachs), von Goethe bes. im »Faust«.

Knobelsdorff, Georg v., Baumeister Friedrichs d. Gr., *1699, †1753; vertrat ein klassizistisch gemäßigtes Rokoko: Opernhaus Berlin, Stadtschloß Potsdam, Sanssouci.

Knoblauch, vorderasiat. Lauch, dessen aus mehreren Teilen (Zehen) bestehende Zwiebel Küchengewürz ist.

Knobloch, Johann, Sprachwissenschaftler, *1919; indogerman. Etymologie, Linguistik, kulturgesch. Wortforschung.

Knöchel der, die beiden seitl. Knochenvorsprünge über dem Fußgelenk.

Knochen, festes Körpergewebe bei Mensch und Wirbeltieren. Die K. bestehen im wesentl. aus leimgebenden Fasern und phosphorsaurem Kalk. Außen sind sie von der **K.-Haut (Periost)** überzogen, innen liegt bei den langen **Röhren-K.** (z. B. Oberarmbein, Schienbein) gelbes, fettreiches **K.-Mark,** bei den **kurzen** und **platten K.** (z. B. Rippen, Bekken-K.) rotes, blutbildendes K.-Mark.

ERKRANKUNGEN DER K.: **K.-Bruch, Fraktur,** entsteht meist durch äußere Gewalteinwirkung (Schlag, Stoß, Fall usw.); heftiger Druckschmerz an der Bruchstelle, Bluterguß, Gebrauchsunfähigkeit des Gliedes mit unnatürl. Beweglichkeit und Stellung. Die Heilung geht durch eine Kallusbildung vor sich und dauert verschieden lange. Erste Maßnahmen → TAFEL Erste Hilfe. – **K.-Entzündungen** gehen von der K.-Haut **(Periostitis)** oder vom K.-Mark **(Osteomyelitis)** aus und entstehen meist durch bakterielle Infektion. Schwere **K.-Zerstörungen** mit Fistelbildungen nach außen **(K.-Fraß)** entstehen vorwiegend bei Tuberkulose und Syphilis. – **K.-Erweichung (Osteomalazie),** seltene K.-Systemerkrankungen Erwachsener infolge Kalkmangels. – **K.-Krebs, K.-Sarkom,** eine bösartige Geschwulst des K.-Gewebes mit schnellem Wachstum. (BILDER Mensch, Skelett)

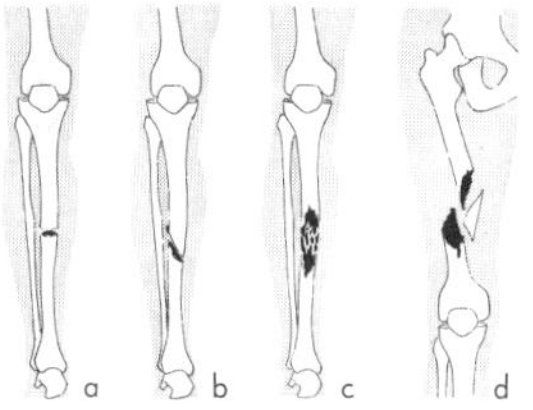

Knochen: Knochenbrüche, a gerader Bruch, b Schrägbruch, c Splitterbruch, d Drehungsbruch

Knochenfische, Fische mit verknöchertem Skelett, so die meisten See- und Süßwasserfische. Ggs.: Knorpelfische.

Knochenmehl, gemahlene, entleimte Knochen; Düngemittel, Hühnerfutter.

knockout [n'ɔkaut, engl.], **k.o.,** Boxkampf: der den Sieg entscheidende **Niederschlag.**

Knöllchenbakterien, im Erdboden heim. Bakterien, die in engster Gemeinschaft (Symbiose) mit Blütenpflanzen (bes. Hülsenfrüchtern) leben. Die K. ernähren sich auf Kosten der von der Pflanze gelieferten organ. Substanz und verwenden den Stickstoff der Bodenluft zur Bildung von Eiweißstoffen. Die Pflanze nimmt die Eiweißstoffe von absterbenden Bakterien auf. Schmetterlingsblüter-Feldfrüchte können daher als Gründünger dienen.

Knolle die, ♧ fleischig verdickter, stärkereicher Sproß- (Stengel-) oder Wurzelteil; dient zur ungeschlechtl. Fortpflanzung und als Nährstoffspeicher. Wichtig als Nahrungsmittel für den Menschen: Kartoffel, Batate, Maniok, Yam u. a. (BILD S. 453)

Knollenblätterpilz, giftiger Blätterpilz, dem Champignon ähnl., mit knolligem Stielgrund und weiß bleibenden Lamellen; an der Hutfläche oft Fetzen der Hülle. (BILD S. 452)

Knorpel der, elast. Stützgewebe, das die Gelenkenden überzieht, an vielen Stellen als Skelett (Nase, Kehlkopf, Luftröhre) und als biegsame Verbindung (Rippenenden) dient.

Knorpelfische, die knochenlosen Haie, Rochen und Seedrachen.

Knorren der, knotiger Auswuchs am Baum.

Knospe die, **1)** ♧ Sproß oder Blüte vor der Entfaltung, oft von **K.-Schuppen** umhüllt. **2)** ♘ manche bei ungeschl. Fortpflanzung entstehende Tochtertiere.

Knossos, Stadt des alten Kreta; große mehrfach zerstörte und wiederaufgebaute,

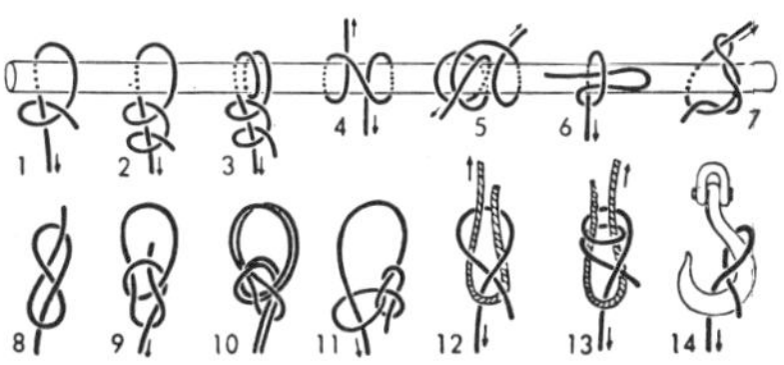

Knoten 1): K.-Formen **1** ein halber Schlag, **2** zwei halbe Schläge, **3** Rundtörn mit zwei halben Schlägen, **4** Webeleinstek, **5** Stopperstek, **6** Schlippstek (Slipstek), **7** Zimmermannstek, **8** Achtknoten, **9** Pahlstek, **10** doppelter Pahlstek, **11** laufender Pahlstek, **12** einfacher Schotstek, **13** doppelter Schotstek, **14** Hakenschlag

1900 ausgegrabene Palastanlage (Palast des Minos), Bauzeit etwa 1900-1400 v. Chr.

Knötchenflechte, → Lichen.

Knoten der, **1)** Verschlingung von Tauen, Fäden u. ä. **2)** ♧ gliedernde Verdickung am Pflanzenstengel, die Ursprungstelle der Blätter und Knospen. **3)** ⊠ bei Schwingungen die Punkte, in denen die Amplitude stets gleich Null ist. **4)** ☆ die beiden Schnittpunkte der Bahn eines Himmelskörpers mit einer anderen Ebene, bes. der Ekliptik. **5)** ⚓ Einheit für die Geschwindigkeit eines Schiffes; 1 K. (Abk. kn) = 1 Seemeile je Stunde = 1,852 km je Stunde.

Knöterich der, vielgestaltige, größtenteils staudige Pflanzengatt.: **Vogel-K.,** niederliegendes Wegunkraut mit rötl. Blütchen, dient als Brusttee; **Wiesen-K.,** fleischrot blühende Wiesenpflanze.

Know how [n'əʊhaʊ, engl.] das, Fachwissen um die techn. Verwirklichung eines Vorhabens.

Knox [nɔks], John, Reformator Schottlands, Schüler Calvins; *1513(?), †1572.

Knoxville [n'ɔksvɪl], Stadt in Tennessee, USA, 173 000 Ew.; Univ., Sitz der Tennessee Valley Authority; Maschinen-, Textil-, Nahrungsmittel-, Holz-, Papierind., Stahlwerke.

Knüll, Gebirgsstock des Hess. Berglandes, zw. Fulda und Schwalm, im Eisenberg 636 m.

Knurrhahn, schmackhafter Meeresfisch, erzeugt ein knurrendes Geräusch.

Knut, König von Dänemark: **1) K. der Große** (1018-35), seit 1016 König von England, seit 1028 auch von Norwegen, erwarb von Kaiser Konrad II. Schleswig. **2) K. IV., der Heilige** (1080-86), von Aufständischen ermordet; 1101 heiliggesprochen (Tag 19.1. und 10. 7.).

Knute [russ.] die, aus Riemen geflochtene Peitsche; Sinnbild grausamer Willkürherrschaft.

Knuth, Gustav, Schauspieler, *1901, †1987.

Knüttelverse, → Knittelverse.

k.o., Abk. für → **knockout.**

ko... [lat.], Vorsilbe in Fremdwörtern: svw. mit..., zusammen...

Ko|adjutor [lat.] der, Amtsgehilfe eines Bischofs, Pfarrers.

Koagulation [lat.] die, Gerinnung, Ausfallen kolloidaler Stoffe aus ihrer Lösung. Zeitw. **koagulieren. Koagulantia** Mz., ♡ blutgerinnungsfördernde Mittel.

Koala der, Beutelbär, ostaustral. bärenähnl. Beuteltier, trägt sein Junges auf dem Rücken.

Koalition [lat.] die, Bündnis von Staaten, bes. zu gemeinsamer Kriegführung; Zusammenschluß von Parteien zu einer Regierungsmehrheit.

Koalitionsfreiheit, das Recht der Arbeitnehmer und Arbeitgeber, sich zur Vertretung ihrer Interessen zusammenzuschließen.

Koalitionskriege, Kriege mehrerer Verbündeter gegen einen gemeinsamen Gegner, bes. die Französischen Revolutionskriege.

Koaxial|leitung, ⚡ gegen Störungen von

Robert Koch

Grüner **Knollenblätterpilz** (giftig)

außen unempfindl. elektr. Leitung für Wechselströme bis zu höchsten Frequenzen, besteht aus zylindr. Außenleiter (Rohr, Drahtgeflecht) und koaxialem Innenleiter.

Kọbalt das, **Co**, chem. Element, Metall; D 8,9 g/cm^3, Schmelzpunkt 1495 °C. K. ist grauglänzend, hart, schmiedbar, magnetisch; wird zu Legierungen verwendet. K.-Verbindungen zeichnen sich vielfach durch ihre blaue oder rote Farbe aus; Oxide des K. dienen zum Blaufärben von Glas, Porzellan und Email.

Kobaltbestrahlung, Tiefenbestrahlung zur Behandlung von Geschwulstkrankheiten mit im Kernreaktor aktiviertem Kobalt (Kobalt 60).

Kobayashi [-ʃi], **1) Hideo,** japan. Essayist, *1902, †1983; Begründer der modernen japan. Literaturkritik. **2) Masaki,** japan. Filmregisseur, *1916; Trilogie über 2. Weltkrieg (»Barfuß durch die Hölle«).

Kobe, Stadt in Japan, an der S-Küste Honshus, 1,4 Mio. Ew.; große Hafenanlagen; elektrotechn., Textil-, Stahl-, Flugzeugind., Werften; Univ., TH.

Kobell, Ferdinand, *1740, †1799; und sein Sohn Wilhelm v., *1766, †1855; Maler und Radierer (Landschaften u. a.).

Koberger, Anton, Nürnberger Buchdrukker, Verleger, Buchhändler, *um 1445, †1513.

Koblenz, Hptst. des RegBez. K., Rheinl.-Pf., an der Mündung der Mosel in den Rhein (Dt. Eck), 113 700 Ew.; Mittelpunkt des mittelrhein. Weinbaus und -handels; »Industriegebiet Rheinhafen« mit Aluminium-, Gummi-, Bremsen-, Schraubenind., ferner chem., Textilind., Verlage; Bundesarchiv, Schule der Bundeswehr für innere Führung. – K., als Römerkastell 9 v. Chr. gegr., gehörte seit 1018 den Erzbischöfen von Trier, kam 1815 an Preußen.

Kogge (15. Jh.)

Kọbold der, im dt. Volksglauben zwergenhafter Erd- und Hausgeist.

Kọboldmaki der, **Gespensttier,** hinterind. Halbaffe mit großen Augen; nächtl. Baumtier.

Kọbra die, ind. → Brillenschlange.

Koch, 1) Joseph Anton, Maler und Radierer, Vertreter der heroischen Landschaftsmalerei, *1768, †1839. **2)** Robert, Arzt und Bakterienforscher, *1843, †1910; einer der Begründer der Bakteriologie, entdeckte die Erreger der Cholera und der Tuberkulose. Nobelpreis 1905. (BILD S. 451)

Kochelsee, See in Oberbayern, am Fuß des Herzogstands, 5 km südwestl. liegt das Walchenseekraftwerk.

Köchelverzeichnis, KV, das 1862 von Ludwig Köchel herausgegebene »Chronolog.-themat. Verzeichnis sämtl. Tonwerke W. A. Mozarts«.

Kocher der, rechter Nebenfluß des Neckars, kommt von der Schwäb. Alb, 180 km lang.

Koblenz: Deutsches Eck, davor Rhein, dahinter Mosel

J. A. Koch: Heroische Landschaft mit Regenbogen

Köcherfliegen, mottenähnl. Insekten; ihre raupenförmige Larve, die **Köcherlarve,** lebt im Wasser in einem selbsthergestellten Gehäuse.

Kochsalz, → Salz.

Koczian [-tʃ-], Johanna von, Schauspielerin, *1933; Theater-, Film- und Fernsehrollen.

Kodály [k'oda:j], Zoltán, ungar. Komponist, *1882, †1967; neuere ungar. Musik.

Kodeịn, Codein das, Methylmorphin, Linderungsmittel bei quälendem Hustenreiz.

Köder der, zum Fang von Raubwild und Fischen dienende Lockspeise.

Kọdex, dt. Schreibung für → Codex.

Kodiak [k'əʊdıæk], Insel vor der S-Küste Alaskas, USA, mit Nebeninseln rd. 9000 km^2, 7100 Ew.

Kodifikatiọn [von Codex] die, ⚖ Zusammenfassung eines oder mehrerer Rechtsgebiete zu einem einheitl. Gesetzbuch (u. a. BGB).

Ko|edukatiọn [lat.] die, gemeinsamer Unterricht für Jungen und Mädchen.

Ko|effiziẹnt [lat.] der, **1)** △ Vorzahl, Faktor, mit dem eine unbekannte oder veränderl. Größe multipliziert wird, z. B. 2 in dem Ausdruck 2*x*. **2)** ⊠ Größe, die den Einfluß einer Stoffeigenschaft oder eines Systems auf einen physikal. Zusammenhang kennzeichnet.

Koenig, Friedrich, *1774, †1833; Erfinder der Buchdruck-Schnellpresse.

Koeppen, Wolfgang, Schriftst., *1906; Romane »Das Treibhaus«, »Der Tod in Rom«, »Jugend« (selbstbiograph.).

Koestler, Arthur, engl. Schriftst., *1905, †1983; seine Romane stellen eindringl. kommunist. Methoden dar (»Sonnenfinsternis«, »Gottes Thron steht leer«); »Pfeil ins Blaue« (selbstbiogr.).

Ko|existẹnz [lat.] die, gleichzeitiges Bestehen. **Friedl. K.,** Schlagwort der sowjet. Außenpolitik für den Verzicht auf krieger. Durchführung ihrer polit. Ziele.

Koffeịn, → Coffein.

Köflach, Industriestadt in der Steiermark, 12 700 Ew.; Mittelpunkt des Braunkohlenreviers.

Kofu, Stadt auf der japan. Insel Honshu, 202 500 Ew.; Weinbau; Seidenwebereien.

Kogge die, hochbordiges Kriegs- oder Handelsschiff der Hanse, im 13.-15. Jh.

Kognạt [lat.] der, Blutsverwandter; i. e. S. von denselben Eltern; Ggs.: → Agnaten.

Kogon, Eugen, polit. Publizist, *1903, †1987; nach 1945 führend in der Europa-Bewegung; Hg. der »Frankfurter Hefte«; schrieb »Der SS-Staat«.

Kohärenz [lat.] die, Zusammenhang, Geschlossenheit.

Kohäsion [lat.] die, der innere Zusammenhalt der Stoffe. **K.-Kräfte** bewirken den Zusammenhalt von Atomen oder Molekülen gleicher Art.

Koh-i-Noor [ind. »Berg des Lichts«] der, Diamant im brit. Kronschatz, wiegt 108,93 Karat.

Kohl, Brassica, Kreuzblütergatt., wichtige Gemüsepflanzen. Arten: **Garten-K.,** davon Grün-, Braun-K., Wirsing, Kopf-K. oder -Kraut (Weiß-K., Rot-K.), Rosen-K., Blumen-K., Kohlrabi. **Rüben-K.** wird angebaut teils als Ölfrucht (Rübsen), teils als Wurzelgemüse (Weiße Rübe, Mairübe sowie Teltower, Märk. Rübe). **Raps-K.** wird angebaut als Raps und Kohlrübe; ferner der **Senf-K.** oder **Schwarze Senf.**

Kohl, Helmut, Politiker (CDU), *1930; 1969 bis 1976 MinPräs. von Rheinl.-Pf., seit 1973 Bundesvors. der CDU. Bundeskanzlerkandidat der CDU/CSU für die Bundestagswahl 1976; seit Okt. 1982 Bundeskanzler.

Köhl, Hermann, Flieger, *1888, †1938, überflog als erster mit G. v. Hünefeld und J. Fitzmaurice den Atlant. Ozean in OW-Richtung.

Kohle die, Zersetzungs- und Umwandlungsprodukt organ. Substanzen, entsteht einerseits als **Holz-K.** durch Erhitzung solcher Stoffe unter Luftabschluß, andererseits als **Mineral-K.,** im wesentl. durch Reduktion unter großem Druck innerhalb langer Zeiten: Aus üppigen Sumpfmoorwäldern in trop. Klima bildeten sich Torfmoore, dann die **Braun-K.** und unter dem Einfluß starken Drucks durch weitere Anreicherung des Kohlenstoffs die **Stein-K.** Das geolog. Alter der großen Steinkohlenvorkommen beträgt ungefähr 250-280, das der Braun.-K. etwa 40-50 Mio. Jahre.

Die **Stein-K.** hat dichtes, hartes Gefüge, muschligen Bruch, oft fetten Glanz, schwarze, seltener braune Farbe, 60 bis 100% Kohlenstoffgehalt, 24000-36000 kJ/kg Heizwert, D 1,2 bis 1,5 g/cm^3. Die Gewinnung der Stein-K. geschieht fast durchweg im Untertagebau. Man unterscheidet: 1) **fette K.,** mit einem hohen Gehalt an Kohlenwasserstoffen und großer Teerausbeute; 2) **trockene K.,** die neben Kohlenwasserstoffen noch große Anteile von Kohlenoxid und Kohlendioxid enthält; 3) **magere K.,** mit geringem Gehalt an flüchtigen Bestandteilen. Die magere K. mit hohem Heizwert ist vor allem im Hausbrand, die fette K. für die K.-Veredlung wertvoll. Die Grundlage dieses Prozesses ist die Verkokung: Durch Erhitzen der Stein-K. unter Luftabschluß werden die leichtflüchtigen Bestandteile als Gas (Stadtgas) und die schwererflüchtigen Kohlenwasserstoffe als Teer abgetrieben, als Rückstand entsteht Koks, ein hochwertiger Brennstoff; außer im Hausbrand v.a. für die Eisenverhüttung verwendet. Ein anderer Veredelungsprozeß ist die → Kohlehydrierung.

Kohleförderung (in Mio. t)

Steinkohle (1987)		Braunkohle (1987)	
VR China	898	Dt. Dem. Rep.	309
USA	760	UdSSR	161
UdSSR	519	Bundesrep. Dtl.	109
Polen	193	ČSFR	98
Indien	177	Rumänien	73
Südafrika	176	Jugoslawien	71
Australien	174	USA	70
Großbritannien	101	Griechenland	41
Bundesrep. Dtl.	76	Türkei	40
Kanada	32	Bulgarien	36
Welt	**3247**	**Welt**	**1231**

Die **Braun-K.,** eine junge K. von geringem Inkohlungsgrad, hat ein bröckliges, mitunter noch holziges Gefüge von brauner bis schwarzer Farbe. D 1,2-1,4 g/cm^3, Heizwert 10000-25000 kJ/kg, ziemlich hoher Wassergehalt (50-60%). Sie bildet meist mächtige, oberflächennahe Flöze, die im Tagebau abgebaut werden können. Sie wird entweder an Ort und Stelle zur Elektrizitätserzeugung verfeuert oder in Brikettfabriken zu Preß-K.verarbeitet, die für Hausbrand verwendbar ist. Wertvoll ist die Braun-K. bes. durch die moderne Veredelungstechnik geworden: Verschwelung, wobei durch Erhitzen unter Luftabschluß die Kohlenwasserstoffe ausgetrieben werden; man gewinnt Schwelgas, Teer, flüssige Treibstoffe, Öle, Paraffin, Montanwachs, als Rückstand Grude.

Die wichtigsten europ. Steinkohlenvorkommen sind: Großbritannien, Donezbecken, Ruhr- und Niederrheingebiet, Saarland, Oberschlesien, N-Frankreich, Namur und Lüttich. Große Braunkohlenvorkommen finden sich in Mitteldtl., der UdSSR, Böhmen u.a.

Kohlehydrierung, ☜ Umwandlung von Kohle in flüssige Kohlenwasserstoffe. Beim direkten Verfahren **(Bergius-Pier-Verfahren)** wird die Kohle mit Rohöl zu einem Brei angerieben und durch hohen Druck und hohe Temperaturen aufgespalten; an die gerade entstehenden Spaltprodukte wird katalytisch Wasserstoff angelagert. Die gasförm. Erzeugnisse werden verflüssigt und durch Destillation voneinander getrennt. Beim **Fischer-Tropsch-Verfahren** wird die Kohle mit Wasserdampf zu Wassergas umgesetzt. Dieses wird bei etwa 2000 °C über Katalysatoren geleitet, wobei neben Benzin u.a. flüssigen Kohlenwasserstoffen auch Paraffine entstehen; wird nur noch in der Rep. Südafrika durchgeführt.

Kohlendioxid, CO_2, farb- und geruchloses Gas, das bei Verbrennungsvorgängen und bei der tier. und menschl. Atmung entsteht; kommt in der Luft vor (0,03-0,04%), strömt aus Vulkanen und ist in allen natürl. Wässern gelöst. Verwendung zur Herstellung künstl. Mineralwässer, in der Kältetechnik, für Feuerlöschgeräte u.a. Unter dem Einfluß des Sonnenlichts bauen Pflanzen daraus Kohlenhydrate auf (Assimilation) und scheiden den im K. enthaltenen Sauerstoff wieder aus. Die Kohlenhydrate gelangen durch pflanzl. Nahrungsstoffe in den Tierkörper, werden umgewandelt und als K. wieder ausgeatmet (»Kreislauf des Kohlenstoffs«).

Kohlenhydrate, ☜ stickstofffreie organ. Verbindungen, die mit den Fetten und Eiweißstoffen die Nährstoffe für Mensch und Tier bilden. Zu den K. gehören die Zuckerarten, Stärke, Cellulose, Glykogen, Inulin u.a.

Kohlen|oxid, Kohlenmon|oxid, CO, farb- und geruchloses, giftiges Gas, entsteht bei unvollständiger Verbrennung von Kohle u.dgl.; kräftiges Reduktionsmittel. Zu **K.-Vergiftung** können führen: schadhafte Leuchtgasleitung, Kohlendunst, Motorgase in geschlossenen Räumen. Anzeichen: Kopfschmerz, Benommenheit, Schwindel, schließl. Betäubung. ERSTE HILFE: Frische Luft, künstl. Atmung. Arzt rufen!

Kohlensäure, 1) H_2CO_3, wenig beständige Säure, entsteht bei Auflösung von Kohlendioxid in Wasser. Ihre Salze sind die **Carbonate. 2)** das → Kohlendioxid.

Kohlenstaub|explosion die, explosionsartige Entzündung von Kohlenstaub durch Sprengschüsse oder schlagende Wetter.

Kohlenstaubfeuerung ist auch für geringwertige Kohle geeignet; durch einen Luftstrom wird aus Brennern Kohlenstaub geblasen und verbrannt; sehr wirtschaftlich.

Kohlenstoff, C, chem. Element, Nichtmetall, Ordnungszahl 6, Atomgewicht 12,01115; kommt in der Natur vor als Diamant und Graphit, die sich durch versch. Anordnung der K.-

Kohl

Kohlweißling: Raupen

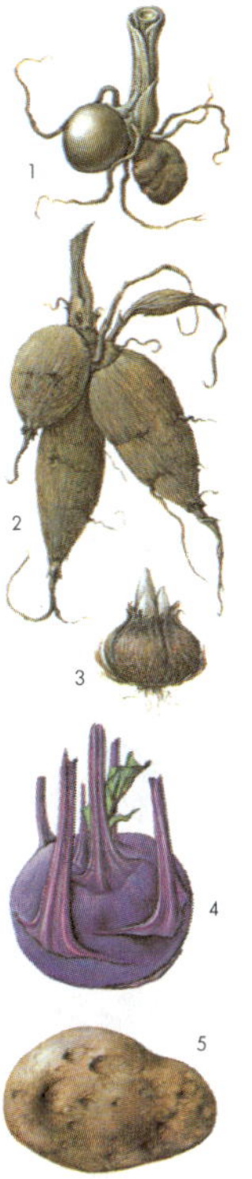

Knollen: 1-3 Wurzelknollen: **1** Salep-Knabenkraut (Kl. Knabenkraut), **2** Dahlie, **3** Krokus. 4-5 Sproßknollen: **4** Kohlrabi, **5** Kartoffel

Kolbe: Die Tänzerin

Belgien

Bundesrep. Deutschland

Frankreich

Großbritannien

Niederlande

Verein. Staaten

Sowjetunion

Kokarde: Hoheitszeichen von Militärflugzeugen

Atome im Kristallgitter unterscheiden. Graphit ist grau, hat eine Dichte von 2,26 g/cm^3 und leitet den elektr. Strom. Diamant ist farblos, hat eine Dichte von 3,51 g/cm^3 und ist ein Isolator. Diamant läßt sich in Graphit überführen, der umgekehrte Prozeß gewinnt an techn. Bedeutung. Ruß, Holzkohle, Koks besteht aus sehr kleinen, regellos zusammengefügten Graphitteilchen (frühere Bez.: »amorpher« K.). K. ist auch der Hauptbestandteil der Steinkohle. Verwendung des elementaren K.: Ruß zur Herstellung von Druckfarbe, Schuhkrem, Tusche u. dgl. sowie als Füllmittel in der Gummiwarenind.; in sehr fein zerteiltem Zustand als Tier- oder Holzkohle, → Aktivkohle. K. verbindet sich mit einigen Metallen zu **Carbiden.** Er nimmt unter den Elementen eine Sonderstellung ein durch seine Fähigkeit, seine Atome untereinander in vielfältiger Weise zu verketten.

Kohlenstoffverbindungen, organische Verbindungen, ☜ Gesamtheit der die lebenden Organismen aufbauenden, durch unzählige künstlich erzeugte Stoffe ergänzten chem. Verbindungen des Kohlenstoffs.

Kohlenwasserstoffe, ☜ chem. Verbindungen des Kohlenstoffs mit Wasserstoff. Aus ihnen lassen sich alle organ. Verbindungen ableiten; es gibt 2 Hauptgruppen, die → aliphatischen und die → aromatischen Verbindungen.

Kohlepfennig, in Prozent des Strompreises festgelegte Abgabe zur Subventionierung des Einsatzes heim. Kohle bei der Stromerzeugung.

Köhler, 1) Georges, Immunologe, *1946; erhielt 1984 für immunbiolog. Forschungen zus. mit C. Milstein und N. K. Jerne den Nobelpreis für Physiologie oder Medizin. **2)** Wolfgang, Psychologe, *1887, †1967; einer der Begründer der Gestaltpsychologie.

Köhlerei die, Herstellung von Holzkohle durch Verschwelen von Holz im **Kohlenmeiler.**

Kohlhaas, Michael, Held der gleichnam. Novelle von H. v. Kleist, nach dem Kaufmann Hans Kohlhase aus Kölln bei Berlin (hingerichtet 1540), der aus verletztem Gerechtigkeitsgefühl zum Gesetzesbrecher wurde.

Kohlherni|e, Kohlkropf, krankhafte Auswüchse an Kohlwurzeln durch Algenpilz.

Kohlrabi der, Gartenkohlart, deren Stengelknolle als Gemüse dient. **Unter-K.,** → Kohlrübe.

Kohlrausch, Friedrich, Physiker, *1840, †1910; »Leitfaden der prakt. Physik«.

Kohlrös|chen, Orchideengatt. **Schwarzes K., Brändlein, Braunelle,** mit schwarzroter, kugeliger Blütenähre, auf kalkigen Gebirgsmatten Europas; steht unter Naturschutz.

Kohlrübe, Steck-, Erdrübe, Unterkohlrabi, aus dem Wildkohl entstandene Gemüse- und Futterrübe, mit gelber, dickfleischiger Rübenwurzel.

Kohlweißling, Tagfalter; die Raupen schaden an Kreuzblütern. (BILD S. 453)

Kohorte [lat.] die, altröm. Truppeneinheit; der 10. Teil einer Legion, gegliedert in 6 Zenturien von 600, später 1000 Mann.

Kohout [k'ɔhɔut], Pavel, tschech. Schriftst., *1928; Dramatiker, verließ 1978 die ČSSR. – »Die Einfälle der Hl. Klara«.

Koimbator [ko:jamb'atu:r], **Coimbatore,** ind. Stadt im Dekkan, 701 500 Ew.; landwirtschaftl. Veredelungsind.

Koine [grch.] die, grch. Sprache im Zeitalter des Hellenismus.

Ko|inzidenz [lat.] die, Zusammenfallen, Zusammentreffen.

Ko|itus, Coitus, → Beischlaf.

Koivisto, Mauno, finn. Politiker (Sozialdemokrat), *1923; seit 1982 Staatspräs.

Koje [ndt.] die, **1)** Bettverschlag auf Schiffen. **2)** kleiner Raum.

Koka, → Coca.

Kokain, → Cocain.

Kokand, Stadt in der Usbek. SSR. 169 000 Ew.; Superphosphatfabrik, Metall-, chem., Leicht-, Nahrungsmittelind.

Kokarde [frz.] die, Abzeichen an Hut oder Mütze, urspr. in der Frz. Revolution am Hut getragene Schleife oder Stoffblume; heute meist aus Metall, rund oder oval, auch Kennzeichen an Flugzeugen.

Kokerei die, Betrieb zur Gewinnung von → Koks und Gas.

kokett [frz.], gefallsüchtig. **kokettieren,** tändeln. **Kokette** die, Gefallsüchtige.

Kokille [frz.] die, ⊙ eiserne Gußform für Rohstahlblöcke und Kokillenguß, → Gießerei.

Kokiu, amtl. **Gejiu** [gɛdʒju], chines. Stadt, im SO der Prov. Yünnan, 160 000 Ew., Zentrum des Zinnbergbaus.

Kokken [grch.], Ez. **Kokkus** der, → Bakterien.

Kokon [kɔk'ɔ̃, frz.] der, Schutzhülle um eine Insektengruppe oder um Eigelege (z. B. bei Spinnen, Käfern, Würmern), aus Gespinst allein oder mit versponnenen Untergrund-, Nahrungsteilen, Körperhaaren u. a.

Kokoschka, Oskar, Maler, Graphiker, Schriftst., *1886, †1980; entwickelte einen zw. Impressionismus und Expressionismus sich bewegenden Stil: Landschaften, Bildnisse, symbol. Kompositionen und Illustrationen; schrieb Dramen, Prosa u. a.

Kokos-Inseln, Keeling-Inseln, austral. Inselgruppe im Ind. Ozean, 14 km^2, rd. 600 Ew.; Kokospalmen; Flughafen.

Kokospalme, trop. Fiederpalmengatt. Die Wedel sind 4-6 m lang, der Stamm ist bis 30 m hoch. Die kopfgroße, dreikantige Frucht **(Kokosnuß)** hat eine aus drei Schichten bestehende Fruchtwand: eine ledrige Außen-, eine dicke, faserige Mittel- und eine steinharte Innenschicht. Darin sitzt eine fleischige Hohlkugel, der Samen; er enthält milchähnl. Flüssigkeit **(Kokoswasser,** umgangssprachlich auch **Kokosmilch).** Das Holz dient als Nutzholz; das Laub zu Dachbedeckung u. a.; die Fruchtfaser (**Kokosfaser,** Coir) gibt Taue, Matten, Bürsten, Polster; der Blütenscheidensaft Palmzucker, Palmwein. Das getrocknete Samenfleisch **(Kopra)** wird zu Speisefett **(Kokosfett, Kokosöl),** Kerzen, Seife verarbeitet; der Preßrückstand gibt Kraftfutter.

Koks [engl.] der, Brennstoff, Rückstand beim Entgasen hauptsächlich von Steinkohle.

Kola, Halbinsel zw. Weißem Meer und Barents-See, UdSSR. Im W, der im **Chibiny-Gebirge** bis 1191 m ansteigt, sind bedeutende Ne-

Kokoschka: Professor Forel

phelin- und Apatitlager, in der **Montsche-Tundra** (bis 1114 m hoch) Nickel- und Kupferlager, bes. bei Kirowsk; Haupthafen Murmansk.

Kọla die, trop.-afrikan. Baumgatt. mit faustgroßen, mehrsamigen Früchten. Die Keimlinge der Samen, die **K.-Nüsse,** enthalten Coffein und geben Anregungs- und Kräftigungsmittel.

Kołakowski, Leszek, poln. marxist. Philosoph, *1927; krit. Darstellung der marxist. Weltanschauung; erhielt 1977 den Friedenspreis des Dt. Buchhandels; lebt in Oxford.

Kolar Goldfields [kəʊl'a: g'əʊldfi:ldz], Stadt in Karnataka, Indien, 119000 Ew.; Goldbergbaugebiet.

Kolb, Annette, Schriftst., *1870, †1967; geistvoll-liebenswürdige Erzählerin (Romane »Daphne Herbst«, »Die Schaukel«), Essayistin, Biographin, Übersetzerin.

Kolbe, Georg, Bildhauer, *1877, †1947; schuf vom grch. Gestaltideal beeinflußte Aktfiguren, Denkmäler; Bildnisse. (BILD S. 454)

Kolben der, **1)** ⚗ flaschenförmiges Glasgefäß. **2)** ährenartiger, aber dickachsiger Blütenstand, z. B. beim Mais. **3)** Maschinenteil in **K.-Maschinen,** der in einem Zylinder Druckkräfte aufnimmt und an einen Kurbeltrieb abgibt (Kraftmaschinen) oder auf eine Flüssigkeit oder Gas überträgt (Pumpen, hydraul. Pressen, Kompressoren). Abdichtung durch **Kolbenringe** oder andere Liderung. (BILD S. 456)

Kolbenheyer, Erwin Guido, Schriftst., *1878, †1962; Romane (»Amor Dei«), Dramen (»Gregor und Heinrich«).

Kolbenmaschine, Arbeits- oder Kraftmaschine, bei der unter Druck stehende Dämpfe oder Gase auf den → Kolben wirken und Arbeit leisten.

Kolberg, poln. **Kołobrzeg** [kɔł'ɔbʒɛk], Ostseebad und Hafen in der poln. Wwschaft Koszalin, ehem. Stadt in Ostpommern, 36000 Ew., Getreide-, Holz-, Kohlen-, Düngemittelhandel.

Kolchis, fruchtbare Anschwemmungsebene am unteren Rioni, im O des Schwarzen Meeres, Georg. SSR. In der grch. Sage ist K. die Heimat der Medea.

Kolchizịn, Colchizin, das, giftiges Alkaloid aus dem Samen der Herbstzeitlose; schmerzlindernd bei Gicht.

Kolchọse [russ.] die, in der UdSSR die zu Kollektivbetrieben zusammengefaßten Landwirtschaftsbetriebe.

Kọlding, Stadt an der O-Küste Jütlands, Dänemark, 57500 Ew.; Handelsplatz; Ind.

Kolhapụr, Stadt in Maharashthra, Indien, 259100 Ew.; alte buddhist. Tempel.

Kọlibakteri|en, im Dickdarm gesunder Warm- und Kaltblüter in Symbiose mit dem Wirt lebende Bakterien.

Kọlibris, artenreiche Familie kleiner, farbenprächtiger, metallisch schillernder, amerikan. Vögel, schnelle Schwirrflieger; der kleinste wiegt nur etwa 2 g; nähren sich mit Hilfe ihrer Pinselzunge und ihres röhrenartigen Schnabels von Nektar und Blüteninsekten.

Kọlik [grch.] die, → Krampf.

Kolk der, durch Wasserwirbel oder -strömung im Flußbett entstandene Vertiefung.

Kọlkrabe, 60-70 cm großer Rabe mit schwarzem, metall. Gefieder, guter Flieger; unter Naturschutz; Flugbild greifvogelähnlich. (BILD S. 456)

Kollaboratiọn [frz.] die, Zusammenarbeit mit der Besatzungsmacht oder dem Feind, bes. in Frankreich 1940-44. Die **Kollaborateure** wurden dort, wie anderwärts, nach Abzug der dt. Truppen verfolgt.

Kollagẹn [grch.] das, Eiweißstoff im tier. Bindegewebe, in Knorpeln und Knochen, geht beim Kochen in Leim über.

Kollạps [lat.] der, ♡ Zusammenbruch v. a. des Kreislaufs; → Ohnmacht, → Schock. Zeitw.: **kollabịeren.**

Kollatiọn [lat.] die, **1)** Vergleichung einer Abschrift mit der Urschrift. **2)** Imbiß, Stärkung. **3)** Verleihung eines kirchl. Amts. Zeitw.: **kollationịeren.**

Kollẹg [lat.] das, -s/-ien, **1)** Vorlesung (an Hochschulen). **2)** Studentenhaus. **3)** Institut zur Erlangung der Hochschulreife.

Kollẹge [lat. collega] der, Amts-, Berufsgenosse. **Kollẹgin** die. **kollegiạl,** kameradschaftlich, einträchtig. **Kollegiạlgericht,** mit mehreren Richtern besetztes Gericht. **Kollegiạlsystem,** Zusammensetzung einer Behörde aus mehreren Mitgl., die durch Abstimmung entscheiden. **Kollegiạtkapitel,** Kapitel einer nichtklösterl. und nichtbischöfl. Kirche **(Kollegiat- oder Stiftskirche). Kollẹgium** das, -s/...gien, Körperschaft von Personen gleichen Amtes, z. B. Lehrkörper.

Kollẹkte [lat.] die, **1)** kirchl. Geldsammlung zu wohltätigem Zweck. **2)** kath. Messe: Gebet des Priesters vor der Epistel.

Kollektiọn [lat.] die, Sammlung.

kollektịv [lat.], gemeinschaftlich, gruppenweise; umfassend. **K.-Vollmacht,** mehreren Personen gemeinschaftl. übertragene Vollmacht.

Kollektịv [lat.] das, Gruppe, Arbeitsgemeinschaft, bes. des → Kollektivismus.

Kollektivịerung die, Überführung von Privateigentum in Kollektiveigentum.

Kollektivịsmus der, Lehre, daß das gesellschaftl. Ganze den Vorrang vor dem Einzelnen (Individuum) habe, den der K. als unselbständigen Teil des Ganzen auffaßt. Ggs.: Individualismus. Dem K. entsprechen gebundene Formen der Wirtschaft (Zwangs-, Planwirtschaft, kollektive Arbeitsregelungen).

Kollektịvschuld, moral. und rechtl. Schuld, die einer Gesamtheit (Familie, Volk, Gruppe) für verbrecherische oder polit. Handlungen einzelner Glieder oder eines größeren Mittäterkreises beigemessen wird, auch wenn viele Individuen unschuldig sind.

Kollektịvum [lat.] das, -s/...va, Ⓢ Sammelwort, z. B. Gebirge, Volk.

Kollektịvvertrag, 1) Staatsvertrag, an dem auf jeder Seite mehr als ein Vertragsteil beteiligt ist. **2)** → Tarifvertrag.

Kollẹktor [lat.] der, **1)** → Kommutator. **2)** eine Elektrode des Bipolartransistors.

Koller das, **1)** ärmelloses Lederwams des 17. Jh. **2)** ∴ weißer Rock der Kürassiere. **3) K., Goller,** Frauenkragen.

Koller der, **1)** Wutausbruch. **2)** unheilbare Gehirnkrankheit bei Pferden.

Kollergang, ⊙ Zerkleinerungsmaschine (für Erze, Steine, Kohlen), bei der schwere Walzen auf einer waagerechten Bahn abrollen. (BILD S. 456)

kollidịeren [lat.], zusammenstoßen.

Kollier [kɔlj'e, frz.] das, Halskette.

Kollimạtor [lat.] der, opt. Gerät, das eine Meßmarke oder dgl. ins Unendliche abbildet.

Kollisiọn [lat.] die, Zusammenstoß, Gegeneinanderwirken versch. Kräfte; Zwist.

Kollo, eigtl. **Kollodziepski, 1)** René, Sänger (Tenor), *1937, Enkel von 2). **2)** Operetten- und Schlagerkomponist, *1878, †1940.

Kollọdium das, Lösung von Dinitrocellulose in Alkohol und Äther, verwendet als Wundverschluß, zur Lackherstellung u. a.

Kolloịde Mz., ⚗ fein verteilte Stoffe mit Teilchengrößen zw. tausendstel und millionstel Millimeter. Die Teilchen sind als **disperse Phase** in einem **Dispersionsmittel** verteilt. Kolloidale Lösungen stehen zw. echten Lösungen und Suspensionen; sie zeigen keinen osmot. Druck, keine Siedepunktserhöhung und keine Gefrierpunktserniedrigung. Gelöste Kolloidteilchen tragen meist adsorbierte Ladungen, weshalb sie elektrolytisch ausgeschieden werden können (Elektrophorese); sie setzen sich

Kolibri: von oben Flaggensylphe, Glanz-K., Helm-K., Prachtelfe, Hummelelfe

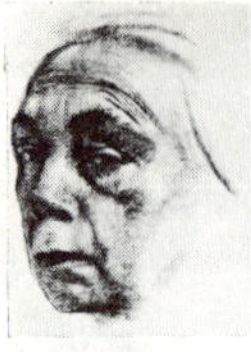

Kollwitz: Selbstbildnis

als Gelee ab (Koagulation, Ausflockung). K., die das Ausflocken anderer verhindern, heißen Schutz-K., z. B. Dextrin. Im pflanzl. und tier. Körper sind viele Wirkstoffe in kolloidaler Lösung vorhanden.

Kolloquium [lat.] das, wissenschaftl. Unterredung.

Kollusion [lat.] die, ⚖ unerlaubte Verständigung zw. Angeklagten und Zeugen zur »Verdunkelung« der Wahrheit. Verdunkelungsgefahr **(K.-Gefahr)** ist Verhaftungsgrund.

Kollwitz, Käthe, Malerin, Graphikerin, Bildhauerin, *1867, †1945; sozial aufrüttelnde Radierungen und Lithographien; Gefallenendenkmal bei Dixmuiden.

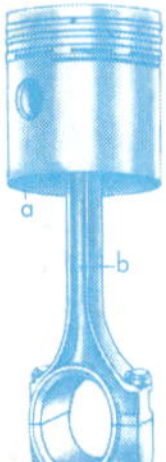

Kolben 3): a Kolben, b Pleuelstange

Köln, Hptst. des RegBez. K., NRW, beiderseits des Rheins (8 Brücken), 934000 Ew.; wichtiger Bahnknoten, Flußhafen, Flughafen in Wahn. Viele weltl. und kirchl. Bauten (→Kölner Dom) des MA. Erzbischofssitz, Univ., Hochschulen für Musik und Sport; Sitz des Dt. Städtetages, von Botschaften, Konsulaten, Handelsmissionen, Wirtschaftsverbänden u. a. – Ind.: Fahrzeug-, Maschinenbau, chem. Ind., Elektrotechnik, Petrochemie u. a.; zahlreiche Messen. – K. entstand als röm. Stadt (Colonia Agrippinensis); Karl d. Gr. errichtete 785 das Erzbistum K. Die Stadt, einer der wichtigsten Vororte der Hanse, wurde 1274 Reichsstadt. 1815 kam sie an Preußen. Im 2. Weltkrieg zu 75% durch Bomben zerstört.

Kölner Dom, das bedeutendste Bauwerk der Hochgotik in Dtl., fünfschiffiges Langhaus, Westtürme 160 m hoch; 1248 begonnen, Chor 1322 geweiht. Der K. D. wurde erst 1842 bis 1880 vollendet.

Kolkrabe

Kölner Malerschule, die am frühesten zu ausgeprägter Eigenart gekommene Schule der dt. Tafelmalerei. Im 15. Jh.: Meister der hl. Veronika, S. Lochner, Meister des Marienlebens, Meister von St. Severin u. a.

Kölnisch Wasser, frz. **Eau de Cologne,** alkohol. Lösung flüchtiger Öle; Duftwasser.

Kolombine [ital. »Täubchen«] die, Geliebte des Harlekins im ital. Lustspiel.

Kolomna, Stadt südöstl. von Moskau, 158000 Ew.; Maschinen-, Baumwoll- u. a. Ind.

Kolon [grch.] das, **1)** Satzzeichen: Doppelpunkt. **2)** ♡ der Grimmdarm.

Kollergang

Kolone [lat.] der, persönlich freier, erbl. an die Scholle gebundener, zu Abgaben an den Grundherrn verpflichteter Bauer in der röm. Kaiserzeit.

Kolonel [frz.-engl. aus grch.], **1)** der, Oberst. **2)** die, Schriftgrad, →Schriften.

Kolonialismus, Schlagwort für eine übersteigerte, rücksichtslose Kolonialpolitik.

Kolonialstil, in Übersee zu Sonderformen entwickelter europ. Stil.

Kolonialwaren, ✤ überseeische Erzeugnisse: Kaffee, Tee, Reis, Kakao usw.

Kolonie [lat. colonus »Feldbauer«] die, auswärtige, i. d. R. überseeische Besitzung eines Staates. Arten: **Siedlungs-K.,** nahm Mas-

Kolosseum

Köln: Rheinfront

senauswanderungen in Dauersiedlung auf; **Wirtschafts-K.,** diente der wirtschaftl. Ausnutzung; **kolonialer Stützpunkt,** Militär-, Luft-, Flottenstützpunkt. Man unterscheidet zw. den **eigtl. K.** (mit und ohne Selbstverwaltung; →Kronkolonie), **Protektoraten, Schutzstaaten** und **Schutzgebieten, Pachtgebieten** sowie **Mandats-** und **Treuhandgebieten.** Die Bez. K. wird heute vielfach durch eine andere ersetzt, so **Überseegebiet, Territorium.** – Die Gründung von K. begann mit den Phönikern (Karthago) und erreichte in der Zeit vor dem 1. Weltkrieg ihren Höhepunkt. Nach dem 2. Weltkrieg setzte eine rasche Auflösung der Kolonialreiche ein. **Kolonisation** die, Gründung einer K.; **innere Kolonisation,** Besiedlung und wirtschaftl. Erschließung des eigenen Landes (→Siedlung). **kolonisieren,** besiedeln.

Kolonist der, Ansiedler, Koloniebewohner.

Kolonnade [frz.] die, Säulengang, -halle.

Kolonne [frz. »Säule«] die, **1)** Form der Truppenaufstellung. **2)** Gruppe, Arbeitsgruppe. **3)** ⟲ senkrechter Hohlzylinder zur Trennung von Stoffgemischen.

Kolophonium [nach der altgrch. Stadt Kolophon] das, **Geigenharz,** Rückstand bei der Destillation des Terpentinöls.

Koloquinte die, Kürbisgewächs; weißl., apfelgroße, bittere Frucht **(K.-Apfel)** mit eßbarem Samen.

Koloratur [ital.] die, Gesangsverzierung, bes. für Sopranstimme.

kolorieren [lat.], **1)** färben. **2)** Zeichnungen farbig ausmalen. **Kolorimeter** das, Gerät, mit dem man die Stärke einer Farblösung mit Hilfe von Vergleichslösungen bestimmt. **Kolorit** das, **1)** Farbgebung. **2)** ♩ Klangfarbe.

Koloß [grch.] der, Riesengebilde, z. B. Standbild. **kolossal,** riesig, gewaltig.

Kolosserbrief, Schrift des Apostels Paulus.

Kolosseum das, 80 n. Chr. vollendetes Amphitheater in Rom für 40000-50000 Zuschauer; heute großartige Ruine.

Koloß von Rhodos, von Chares aus Lindos gegossenes, 32 m hohes Erzstandbild des Helios am Hafen von Rhodos, 227 v. Chr. umgestürzt; eines der 7 Weltwunder.

Kolostrum [lat.] das, **Vormilch,** ♡ milchähnl. Flüssigkeit, wird nach der Geburt von der Brustdrüse gebildet; geht am 3./4. Tag in Frauenmilch über.

Kolping, Adolf, Gründer der kath. Gesellenvereine, *1813, †1865.

Kolportage [-t'a:ʒe, frz.] die, **1)** ✤ Wanderbuchhandel. **2)** minderwertige Schrift; **K.-Roman,** Hintertreppenroman. **Kolporteur** [-œ:r] der, Hausierer mit Büchern, Zeitschriften. **kolportieren, 1)** mit Druckschriften hausieren gehen. **2)** verbreiten (ein Gerücht).

Kolposkop [grch.] das, ♡ Gerät zur opt. Untersuchung (Kolposkopie) des Muttermundes und des Scheidenanteils der Gebärmutter.

Kölsch, obergäriges Bier in Köln und unmittelbarer Umgebung.

Koltschak, Aleksandr, russ. Admiral, *1873, † (erschossen) 1920; 1918/19 Führer der weißruss. Armee gegen die Bolschewiki.

Kolumbarium [lat. »Taubenhaus«] das, Urnenhalle eines Krematoriums.

Kolumbien, Rep. im NW Südamerikas, 1138914 km², 29,72 Mio. Ew.; Hptst.: Bogotá; Amtssprache: Spanisch. Präsidialverfassung. – Im W 3 Ketten der Kordilleren, die mittlere bis 5750 m hoch. Viele fruchtbare Hochbekken. Im O Trockensavannen (Llanos), nach SO in trop. Wälder (Amazonasgebiet) übergehend. Hauptflüsse: Magdalena, Cauca. BEVÖLKERUNG. Über 70% Mischlinge, rd. 20% Weiße, sonst Neger und Indianer. Religion: rd. 90% kath. – WIRTSCHAFT. Anbau von Mais, Maniok, Reis; für die Ausfuhr: Kaffee, Bananen; Viehzucht; Energiewirtschaft. ⚒ auf Erdöl, Erdgas, Kohle, Erze, Schmucksteine, Salz. Nahrungsmittel-, chem., Papier-, Metallind., Raffinerien. Ausfuhr: Kaffee, Erdöl, Bananen. Haupthandelspartner: USA. Haupthäfen: Santa Marta, Cartagena, Buenaventura, Barranquilla. Internat. Flughafen: Bogotá. ⊕ S. 485.

Ⓖ Die 1536-39 errichtete span. Herrschaft wurde 1819 von Bolívar beseitigt. In blutigen Bürgerkriegen wurde ein loser Staatenbund, 1886 die »Rep. K.« geschaffen. In den 1980er Jahren entwickelte sich K. zunehmend zu einem Zentrum des Anbaus und Handels mit Kokain, dessen Organisatoren, nach ihrer Operationsbasis Medellín auch Medellínkartell genannt, staatl. Verfolgungsmaßnahmen mit Gewaltaktionen (»Drogenkrieg«) zu vereiteln suchten. Staatspräs.: C. Gavirias (seit 1990).

Kolumbus, Christoph, Entdecker Amerikas, *1451, †1506; wollte Indien auf dem Westweg erreichen, gewann die Unterstützung der Königin Isabella und landete am 12. 10. 1492 auf der Insel Guanahani (Bahamas).

Kolumne [lat.] die, **1)** Säule. **2)** ✎ Satzspalte. **3)** Presse: kurzer Meinungsartikel. **Kolumnist,** Verfasser von K.

Kolur [grch.] der, durch die Himmelspole gelegter Großkreis.

Kolvenbach, Peter-Hans, niederländ. Theologe, *1928; seit 1983 Generaloberer der Jesuiten.

Kolyma die, Fluß in NO-Sibirien, fließt ins Nordpolarmeer, 2600 km.

kom... [lat.], Nebenform von: → kon... vor Wörtern, die mit b, p oder m beginnen.

Koma [grch.], ♡ das, tiefe Bewußtlosigkeit. **2)** die, Bildfehler von Linsen oder Linsensystemen: ein seitl. der opt. Achse gelegener Punkt wird nicht als Punkt, sondern in Form eines Kometenschweifs abgebildet. **3)** die, leuchtende Hülle um den Kern eines Kometen.

Komantschen Mz., nordamerikan. Indianerstamm in Texas und New Mexico, lebt jetzt in Reservationen.

Kombattant [frz.] der, Mitkämpfer.

Kombinat das, in den kommunist. Ländern der Zusammenschluß industrieller Erzeugungsstätten mit ihren Nebenindustrien.

Kombination [lat.] die, **1)** Zusammenfügung, Verknüpfung. **2)** Gedankenverbindung, Vermutung. **3)** ⚽ planmäßiges Zusammenspiel. **4)** Gesamtpunktwertung aus Einzelwettbewerben, z. B. Alpine Kombination. **5)** Springreiten: aus 2 oder 3 Elementen zusammengestelltes Hindernis. Zeitwort: **kombinieren.**

Kombinationslehre, Kombinatorik die, △ Lehre von den versch. Möglichkeiten, gegebene Dinge oder Elemente anzuordnen; bes. in der Wahrscheinlichkeitsrechnung.

Komet [grch.] der, **Schweifstern,** Himmelskörper von geringer Masse und Dichte, besteht aus Kopf (Meteoransammlung mit Gashülle) und in Sonnennähe oft einem von der Sonne abgekehrten Schweif. Ein mit bloßem Auge sichtbarer wiederkehrender K. ist der **Halleysche K.** (Umlaufzeit 76 Jahre, letzte Annäherung Mai 1986).

Komi Mz., Eigenbez. der → Syrjänen. **ASSR der Komi,** Teilrep. (seit 1936) der Russ. SFSR, westlich des nördl. Ural, 415900 km², 1,25 Mio. Ew.; Hptst.: Syktywkar. Vorwiegend Waldland. ⚒ auf Kohle (Workuta), Erdöl, Erdgas.

Komik [grch.] die, was erheiternd, lachenerregend wirkt. **Komiker,** Darsteller kom. Rollen. **komisch,** spaßhaft, sonderbar.

Kominform das, Kurzwort für **Kommu**nistisches **Inform**ationsbüro, 1947 in Belgrad an Stelle der → Komintern gegr., 1956 aufgelöst.

Komintern die, Kurzwort für **Kom**munistische **(III.) Intern**ationale; 1919 in Moskau gegr., um die Revolution i. S. der marxist.-leninist. Lehren in andere Länder zu tragen. Formal von der bolschewist. Reg. unabhängig, wurde sie bes. unter Stalin ein Werkzeug der sowjet. Außenpolitik, löste sich 1943 auf (→ Kominform). Der gegen die K. gerichtete **Antikominternpakt** wurde 1936 zw. dem nat.-soz. Dt. Reich und Japan abgeschlossen, seit 1937 erweitert (Italien, Ungarn, Spanien u. a.).

Komitat [lat.] das, **1)** ✤ feierl. Geleit. **2)** früher Verwaltungsbez. in Ungarn.

Komitee [frz.] das, Ausschuß.

Komitien [lat.] Mz., im alten Rom die Volksversammlungen; **Kuriat-, Zenturiat-, Tribut-K.,** mit gesetzgeberisch unterschiedl. Bedeutung.

Komma [grch.] das, -s/-s und -ta, Satzzeichen: der Beistrich.

Kommandant [lat.] der, Befehlshaber einer Festung, eines Schiffes u. a. **Kommandantur** die, entsprechende Behörde; Dienstgebäude dieser Behörde. **Kommandeur** [-œːr, frz.] der, Führer einer Truppe. **kommandieren,** befehlen.

Kommanditgesellschaft, Abk. **KG,** Handelsges., bei der mindestens ein Gesellschafter persönl. mit seinem ganzen Vermögen haftet **(Komplementär),** der andere Teil nur mit einer bestimmten Vermögenseinlage **(Kommanditist).** Von der offenen Handelsges. unterscheidet sich die K. durch die Stellung des Kommanditisten (§§ 161 ff. HGB). Bei der **K. auf Aktien (KGaA)** sind die Kommanditisten mit Einlagen auf das in Aktien zerlegte Grundkapital beteiligt.

Kommando [ital.] das, **1)** Befehlswort. **2)** Sonderauftrag. **3)** Befehlshaberschaft. **Kommandobrücke,** ⚓ Aufbau auf dem Schiffsoberdeck, Aufenthaltsort des Schiffsführers.

Kommandogerät, Bez. für Datenverarbeitungsgeräte in Waffenleitsystemen; ermitteln nach eingehenden Meßdaten selbsttätig geeignete Waffen zur Zielbekämpfung; steuern und überwachen deren Einsatz.

Kommende [lat.] die, **1)** kirchl. Pfründe ohne Amtspflichten. **2)** Komturei (→ Komtur).

kommensurabel [lat.], maßverwandt.

Komment [frz. kɔm'ɑ̃] der, student. Brauchtum.

Kommentar [lat.] der, Erläuterung; Auslegung von Gesetzen, Büchern, Zeitereignissen u. a. **Kommentator** der, -s/...toren, **1)** Verfasser eines K. **2)** Fernseh-, Rundfunksprecher, der zu Zeitereignissen Stellung nimmt.

Kommerell, Max, Literarhistoriker, *1902, †1944; »Der Dichter als Führer in der dt. Klassik«, »Jean Paul«.

Kommers [lat.] der, studentisch: festl. Trinkgelage mit Gesang von **K.-Liedern.**

Kommerz [lat.] der, Handel, Verkehr. **kommerziell,** den Handel betreffend. **Kommerzialisierung** die, **1)** Überbetonung des Wirtschaftlichen. **2)** Umwandlung öffentl. in privatwirtschaftl. Schulden. **Kommerzienrat,** ✤ Berufs- und Ehrentitel; Österreich: **Kommerzialrat.**

Kolumbien

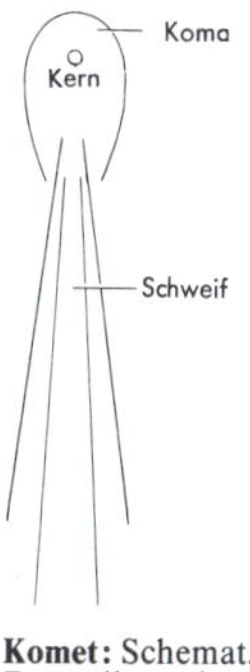

Komet: Schemat. Darstellung der Bestandteile

Kommilitone [lat.] der, Mitstudent.

Kommissar [lat.] der, **1)** im Staats- oder Gemeindeauftrag tätige Person, die mit Sondervollmachten ausgestattet ist. **2)** Amtsbez., z. B. Polizei-K. **kommissarisch,** beauftragt.

kommissarische Vernehmung, Vernehmung von Zeugen und Sachverständigen durch beauftragten oder ersuchten Richter.

Kommission die, **1)** Auftrag. **2)** Ausschuß.

Kommissionär [lat.] der, Kaufmann, der Waren oder Wertpapiere im eigenen Namen, aber für Rechnung eines andern **(Kommittenten)** gegen Vergütung (Provision) kauft oder verkauft.

Kommodore [ital.] der, **1)** Kriegsmarine: Kapitän zur See, in Admiralsstellung. **2)** Luftwaffe: Kommandeur eines Geschwaders. **3)** Handelsmarine: Ehrentitel für verdiente Kapitäne.

kommunal [lat.], eine Gemeinde betreffend oder ihr gehörig.

Kommunal|anleihen, von Gemeinden oder Gemeindeverbänden aufgenommene langfristige Kredite.

kommunale Spitzenverbände, Zusammenschlüsse kommunaler Gebietskörperschaften und deren Regionalverbände zur Auswertung von Erfahrungen und zur Beratung gemeinsamer Gemeindeangelegenheiten. In der Bundesrep. Dtl. bilden der **Dt. Städtetag,** der **Dt. Städte- und Gemeindebund** und der **Dt. Landkreistag** die **Bundesvereinigung der k. S.** (Köln).

Kommunalisierung, Übernahme oder Fortführung privater Unternehmen durch eine Gemeinde.

Kommunal|obligation, Teilschuldverschreibung einer Kommunalanleihe.

Kommunalpolitik, die der Erfüllung der Gemeindeaufgaben gewidmete Gesetzgebungs- und Verwaltungstätigkeit.

Kommunalwissenschaft, wissenschaftl. Darstellung der Gemeindeverwaltung, Teil der Verwaltungswissenschaft.

Kommunarsk, Stadt in der Ukrain. SSR, im Donezbecken, 121000 Ew.; Kohlengruben, Hüttenwerk, chem. Ind.

Kommune [frz.] die, **1)** Gemeinde. **2) Pariser K.,** die revolutionäre sozialist. Sonderregierung vom 15. 3. bis 28. 5. 1871. **3)** Vereinigung linksgerichteter Studenten **(Kommunarden). 4)** → Volkskommune.

Kommunikation [lat.] die, Mitteilung, Verbindung, Verständigung.

Kommunion [lat.] die, kath. Kirche: Abendmahl. **Kommunikant,** Teilnehmer an der K. **kommunizieren, 1)** Abendmahl empfangen. **2)** in Verbindung stehen (→ kommunizierende Röhren).

Kommuniqué [-mynik'e] das, Denkschrift, amtl. Mitteilung.

Kommunismus [lat.] der, Theorie einer Gesellschaftsordnung, in der es keine Klassenunterschiede gibt, die Produktionsmittel, die Produktion und die Güterverteilung in den Händen der Gesellschaft liegen, jeder gleichen Zugang zu den Verbrauchsgütern hat und der Staat mit seiner Zwangsgewalt zugunsten freiwilliger Zusammenarbeit verschwunden ist. Gedankengänge dieser Art wurden schon früh vertreten (altes Griechenland, frühes Christentum). Der heutige K. entstand aus dem Sozialismus des 19. Jh. Die beiden Begriffe wurden anfangs auswechselbar benutzt. Der Sozialismus und mit ihm der K. erhielten ihre theoret. Grundlage durch K. Marx und F. Engels **(Marxismus).** Sie verfaßten 1847/48 eine Kampfschrift, das **Kommunist. Manifest,** die die Arbeiter aller Länder zum Zusammenschluß aufrief. In Auseinandersetzung mit reformer. Richtungen innerhalb des Marxismus (→ Revisionismus 1) deutete und spezifierte W. I. Lenin die Lehren von Marx und Engels neu **(Marxismus-Leninismus)** und schuf die theoret. Grundlagen des **Bolschewismus,** der in der Oktoberrevolution 1917 in Rußland zur Macht kam (→ Sowjetunion). Mit Hilfe der → Komintern ging unter Stalin die Führung des Welt-K. auf die UdSSR über. Nach ihrem Sieg im 2. Weltkrieg kam der K. in den osteurop. Staaten zur Herrschaft. Der Übergang Chinas ins Lager des K. (1949) und die → Entstalinisierung (seit 1956) leiteten eine neue Phase ein. Sie fand ihren Ausdruck in der weiteren Verbreitung des K. in Ostasien (Nordkorea, Vietnam), in der Ablehnung des Führungsanspruches der KPdSU seitens der Partei- und Staatsführung in China (Mao Zedong), bes. in dem Versuch, das Eigengewicht der kommunist. Staaten Europas (Rumänien, ČSSR) gegenüber der UdSSR zu verstärken. Seit 1961 machte sich der ideolog. und machtpolit. Ggs. zw. China und der UdSSR immer mehr bemerkbar. Nach der Revolution in Kuba 1959 faßte der K. erstmals in einem lateinamerikan. Staat Fuß. Im Zug der von M. S. → Gorbatschow in der UdSSR begonnenen Reformpolitik brachen sich in nahezu allen kommunistisch regierten Ländern Osteuropas Reformbewegungen Bahn, die die Alleinreg. der jeweiligen kommunist. Partei durch in freien, allg. Wahlen ermittelte Regierungen ablösten.

In kommunist. regierten Staaten sind Machtpolitik und kommunist. Ideologie eng miteinander verschmolzen. In Volksrepubliken oder → Volksdemokratien ist der K. jeweils durch eine Minderheit zur Herrschaft gelangt. Er setzte dann alle Mittel ein, um die Alleinherrschaft zu erringen; die übrigen polit. Parteien wurden aufgelöst oder führten ein Schattendasein. Der Staatsapparat wurde der KP untergeordnet und von ihr überwacht. Die Herrschaftsform ist totalitär und bürokratisch, individuelle Freiheit aufgehoben und in der Wirtschafts-, Sozial- und Kulturpolitik durch einen radikalen → Kollektivismus ersetzt; das Privateigentum an Produktionsmitteln wurde durch Vergesellschaftung und »Bodenreform« beseitigt oder zumindest eng begrenzt. Gleichzeitig wurden starke militär. Kräfte aufgebaut. In der KP selbst wurden Abweichungen durch »Säuberungen« und »Liquidationen« abgewehrt. Auswüchse der Zeit Stalins wurden vom 20. Parteikongreß der KP der UdSSR 1956 verworfen; einige andere kommunist. Länder folgten. Die Verquickung des K. mit der Weltmachtpolitik der UdSSR hat, ebenso wie die Mißachtung der Freiheit, die Anziehungskraft des K. geschwächt. Versuche der Kommunist. Partei der Tschechoslowakei, Reformen mit dem Führungsanspruch der Kommunist. Partei zu verbinden, wurden durch den Einmarsch von Truppen aus den Staaten des Warschauer Paktes (1968) vereitelt. 1989 wurden Reformforderungen in China blutig unterdrückt.

Kommunistische Parteien. Staatspartei wurde die KP 1917 in der UdSSR (KPdSU). Nach 1945 setzte sie sich oder eine von ihr beherrschte Einheitspartei in den Ostblockstaaten (Polen, Tschechoslowakei, Ungarn, Rumänien, Bulgarien, Albanien, Dt. Dem. Rep.), ferner in Jugoslawien, China, N-Korea, Vietnam und Kuba durch. 1989/90 wurde ihre Alleinherrschaft durch Mehrparteiensysteme in Bulgarien, Rumänien, Polen, Ungarn, der ČSFR und der Dt. Dem. Rep. abgelöst. Die KP dieser Staaten gaben ihren Alleinvertretungsanspruch auf. In Westeuropa verfügt die KP nur in Frankreich und Italien über größere Wählermassen (1987 in Italien 26%, 1988 in Frankreich 11%). Im übrigen Europa und in Amerika spielen die KP keine große Rolle, in vielen Ländern sind sie verboten.

Die KP wurde 1918 in Rußland gegründet

(→ Bolschewismus), ihr folgten die Gründungen der KP in Dtl. (1919) und der übrigen Welt. Die **KPD** spielte 1919-23 eine revolutionäre Rolle. 1932 besaß sie 100 von den 584 Sitzen im Reichstag. 1933 wurde sie aufgelöst. 1945 wurde die KPD in allen Besatzungszonen zugelassen, 1946 in der sowjet. Zone mit der SPD zur »Sozialist. Einheitspartei« (SED) verschmolzen. In der Bundesrep. Dtl. wurde die KPD 1956 für verfassungswidrig erklärt und aufgelöst; eine »Deutsche Kommunist. Partei« (DKP) wurde 1968 neu gegründet; daneben entstanden Ende der 60er Jahre maoistisch orientierte Splittergruppen.

Kommunistisches Manifest, das grundlegende Dokument des Marxismus; von K. Marx und F. Engels im Auftrag des Bundes der Kommunisten 1847/48 erstelltes Grundsatzprogramm; 1848 in London veröffentlicht.

kommunizierende Röhren, oben offene, unten verbundene Röhren, in denen eine Flüssigkeit überall gleich hoch steht.

Kommutation [lat.] die, Vertauschung.

Kommutator [lat.] der, ⚡ Teil des Läufers einer Kommutatormaschine, arbeitet als Gleich- oder Wechselrichter.

Komnenen, byzantin. Kaiserhaus aus Kleinasien, herrschte 1057-59 und 1081-1185 in Konstantinopel, 1204-1461 in Trapezunt.

Komödie [grch.] die, **1) Lustspiel,** Gatt. des Schauspiels, die Verwicklungen zu heiterem Schluß führt. Eine Abart ist die **Posse,** sie sucht durch derb Lächerliches zu wirken; eine Mittelstellung zw. beiden nimmt der **Schwank** ein. **2)** i. w. S.: Theater, Theaterstück.

Komoren Mz., islam. Rep. und vulkan. Inselgruppe an der O-Küste Afrikas; 1797 km² (ohne Mayotte), 390 000 Ew.; Hptst. Moroni. Ausfuhr: Vanille, Sisal, Duftstoffpflanzen (Ylang-Ylang). Die K. wurden 1886 (Mayotte 1841) frz. Protektorat, 1946 Übersee-Territorium. Außer der Insel Mayotte, die sich in einer Volksabstimmung dagegen entschied, erhielten die K. 1975 die staatl. Unabhängigkeit.

Komotau, tschech. **Chomutov** [x'ɔmutɔf], Stadt in der ČSFR, 58 000 Ew.; vielseitige Ind.; ⚒ auf Braunkohlen.

Kompagnon [kɔ̃paŋ'ɔ̃, frz.] der, Teilhaber.

Kompaktlager, Kerntechnik: → Zwischenlager.

Kompanie [frz.] die, -/...n'ien, **1)** Genossenschaft, Gesellschaft. **2)** ⁂ Truppenabteilung, 100 bis 250 Mann.

komparabel [lat.], vergleichbar.

Komparation [lat.] die, Ⓢ Steigerung. **Komparativ** der, Ⓢ Steigerungsstufe.

Komparator [lat.] der, **1)** Gerät zur genauen Längenmessung (Abstand von Spektrallinien, von Sternen auf photograph. Platten, Messungen in der Feinmeßtechnik). **2)** elektron. Schaltung, mit der 2 elektr. Größen verglichen werden können.

Komparse [ital.] der, stummer Darsteller bei Theater und Film. **Komparserie** die, Statisten.

Kompaß [ital.] der, Instrument zum Bestimmen der Himmelsrichtung. Der **Magnet-K. (Bussole)** besteht aus einer sich in waagrechter Richtung frei drehenden Magnetnadel, die sich infolge des erdmagnet. Feldes in N-S-Richtung einstellt. Beim **Kreisel-K.** dreht sich eine Scheibe um eine waagrechte Achse, die sich von selbst, unabhängig von magnet. Einflüssen, immer gleichlaufend zur Erdachse, genau in die N-S-Richtung, einstellt. Der **Radiokompaß** ist ein (in Flugzeugen, Schiffen) als Navigationshilfe benutzter Funkpeiler, der selbsttätig und laufend die Richtung zu einem bekannten, ortsfesten Sender angibt.

kompatibel [lat.], vereinbar.

Kompendium [lat.] das, **1)** Handbuch. **2)** trichterförmiger Vorsatz vor den Linsen einer Kamera, hält Streulicht ab.

Kompensation [lat.] die, **1)** allg.: Ausgleichung, Aufhebung der Wirkung einander entgegengesetzter Ursachen. **2)** AUSSENHANDEL: bei Devisenbewirtschaftung die Verrechnung der Einfuhr mit der Ausfuhr, so daß keine Devisenzahlungen nötig sind. **3)** STRAFRECHT: Ausgleichung wechselseitigen Verschuldens. **4)** Ⓟ Ausgleich von Minderwertigkeitskomplexen.

Kompensator [lat. Kw.] der, in der Optik auch **Komparator,** Gerät, das eine Meßgröße, z. B. elektr. Spannung oder Lichtintensität, mit einer bekannten Standardgröße vergleicht.

kompetent [lat.], zuständig, befugt. **Kompetenz** die, Zuständigkeit, bes. einer Behörde.

Kompilation [lat.] die, ein aus Büchern anderer zusammengestelltes Werk; Zeitwort: **kompilieren;** Hauptwort: **Kompilator** der.

Kompilierer, Kompilierprogramm, engl. **Compiler** [kəmp'aɪlə], bei Rechenanlagen ein Programm zum ›Übertragen‹ einer höheren Programmiersprache in eine niedere.

Komplement [lat.] das, Ergänzung, Ergänzungsstück. **K.-Winkel,** Winkel, der einen gegebenen zu 90° ergänzt. **Komplementär,** persönl. haftender Gesellschafter der → Kommanditgesellschaft. **Komplementärfarben,** Farben, die zus. Weiß ergeben (→ Farbe).

Komplet, 1) das [kɔ̃pl'e, frz.], Kleid mit Jacke oder Mantel. **2)** die [lat.], kirchl. Nachtgebet.

komplett [frz.], **1)** vollständig. **2)** besetzt. **komplettieren,** vervollständigen.

Komplex [lat.] der, **1)** Gesamtumfang, Inbegriff; Gebiet, Fläche; Block (von Gebäuden). **2)** Ⓟ Erlebnisgesamtheiten, die sich aus Einzelbestandteilen zusammensetzen; PSYCHOANALYSE: »affektmächtiger Gedanken- und Interessenkreis« (S. Freud), der oft unbewußt ist und von sich aus in das Seelenleben einwirkt, z. B. Minderwertigkeits-K.

komplexe Zahlen, aus → reellen und → imaginären Zahlen zusammengesetzte Zahlen der Form $a + bi$.

Komplexverbindung, ⚗ zusammengesetzte chem. Verbindung; ein **Zentralatom** oder **-ion** ist von weiteren Atomen, Molekülen, Ionen oder Radikalen, den **Liganden,** umgeben.

Komplikation [lat.] die, **1)** Verwicklung. **2)** ♡ Zusammentreffen mehrerer Krankheiten.

Kompliment [frz.] das, Höflichkeitsbezeigung, liebenswürdige Schmeichelei.

Komplize [frz.] der, Mitschuldiger.

komplizieren [lat.], verwickeln, erschweren.

Komplott [frz.] das, Verschwörung.

Komponente [lat.] die, Bestandteil eines Ganzen, Baustein.

komponieren [lat.], **1)** zusammensetzen. **2)** ♩ → Komposition 2). **Komponist** der, ♩ Tonsetzer, Tondichter.

Kompositen Mz., ✿ die → Korbblüter.

Komposition [lat.] die, **1)** wohldurchdachte Zusammensetzung. **2)** ♩ Schöpfung eines musikal. Kunstwerks und dieses selbst.

Kompositum [lat.] das, -s/...ta, Ⓢ Zusammensetzung, zusammengesetztes Wort.

Kompost [frz. aus mittellat.] der, Mischdünger aus Erde, Abfälle, Jauche.

Kompott [frz.] das, gedünstete, gesüßte Früchte.

kompreß [lat.], **1)** eng, dicht gedrängt. **2)** ✐ Schriftsatz: ohne Zwischenraum (Durchschuß) zw. den Zeilen.

Kompresse [lat.] die, ♡ Verband aus mehrfach zusammengelegtem Mull oder Leinen.

Kompression [lat.] die, **1)** Zusammenpressen. **2)** Verdichten von Gasen, z. B. bei Verbrennungsmotoren.

Kompressor [lat.] der, → Verdichter.

komprimieren [lat.], zusammenpressen, verdichten.

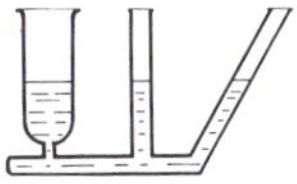

kommunizierende Röhren

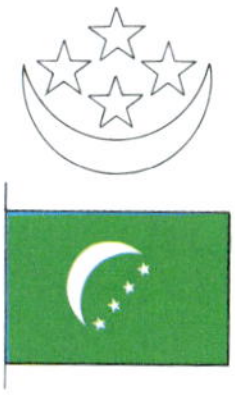

Komoren

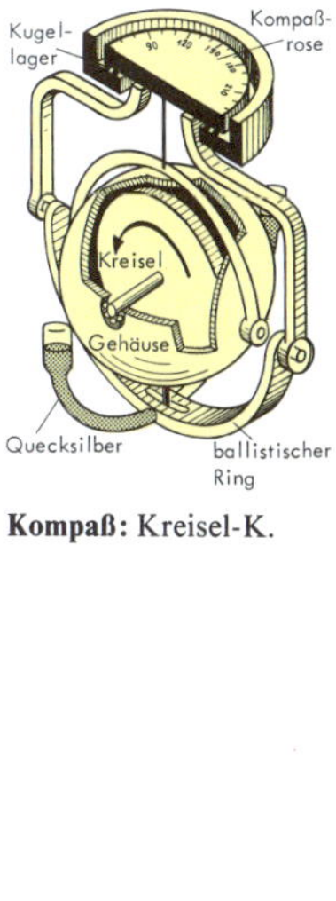

Kompaß: Kreisel-K.

Kompromiß [lat.] der, **1)** Vergleich, Übereinkunft. **2)** Zwischenlösung.

kompromittieren, bloßstellen, gefährden.

Komsomol der, Kurzwort für die kommunist. Jugendorganisation in der UdSSR.

Komsomolsk am Amur, Stadt in der UdSSR, am Amur, 309000 Ew.; Stahlwerke, Werften, Flugzeugbau, Ölraffinerie.

Komtesse [frz.] die, unverheiratete Gräfin.

Komtur [lat.] der, **1)** Amtsträger eines Ritterordens. **Komturei, Kommende** die, bei den geistl. Ritterorden das einem K. überwiesene Verwaltungsgebiet; mehrere Komtureien bilden eine **Ballei. 2)** Inhaber der mittleren von 5 Klassen eines Verdienstordens.

kon... [lat.], zusammen..., mit...

Konak [türk.] der, in der Türkei: Regierungsgebäude; Schloß.

Konche die, 🏛 bei frühchristl. und roman. Kirchen die Halbkuppel der Apsis, auch diese selbst.

Konchylie [grch.] die, 🐚 Schale von Schnecken und Muscheln.

Kondensation [lat.] die, **1)** Übergang von Gasen und Dämpfen in den flüssigen oder festen Zustand. **2)** chem. Reaktion, wobei sich zwei Moleküle unter Abspaltung von Wasser oder Alkoholen verbinden.

Kondensator [lat.] der, **1)** ⚡ Vorrichtung zur Aufnahme elektr. Ladungen. Ein K. besteht aus je 2 flächenhaften Leitern, die durch ein → Dielektrikum voneinander getrennt sind. Die → Kapazität 1) hängt von der Leiterfläche, ihrem Abstand und der Art des Dielektrikums ab. Der K. hat die Eigenschaft, Gleichstrom zu sperren, Wechselstrom aber weiterzuleiten (→ Drehkondensator). **2)** Vorrichtung bei Dampfturbinen, die den Abdampf zu Wasser verdichtet. **3)** Kältemaschinen: Wärmeaustauscher, in dem der verdichtete Kältemitteldampf unter Wärmeabgabe an Kühlwasser oder Kühlluft verflüssigt wird.

Kondensor [lat.] der, in opt. Geräten (Projektor, Mikroskop) eine Linsen- oder Spiegelanordnung zw. Lichtquelle und abzubildendem Objekt, lenkt das Licht, das das Objekt durchsetzt, in die Blende des Objektivs.

Kongo

Kondensstreifen Mz., zu Eiskristallen erstarrte feine Wassertröpfchen, die sich aus dem Wasserdampf der Abgase von Flugzeugen an Kondensationskernen bei Minustemperaturen bilden.

Kondition [lat.] die, **1)** Bedingung; im Handel: Lieferungs-, Zahlungsbedingung. **2)** ⚑ körperl. Verfassung. **konditional, konditionell,** bedingend, bedingt. **Konditionalsatz,** Ⓢ Bedingungssatz.

Konditions|training, ⚑ Übungen zur Steigerung der körperl. Leistungsfähigkeit (v.a. Kraft, Schnelligkeit, Ausdauer).

Kondolenz [lat.] die, Beileidsbezeigung. Zeitwort: **kondolieren.**

Kondom der, Gummischutz, Präservativ.

Kondominat [lat.] das, **Kondominium** das, ungeteilte Herrschaft mehrerer über ein Gebiet; auch das Gebiet selbst.

Kondor der, größter Geiervogel in den Anden; 3 m Flügelspanne.

Konduite [frz.] die, ✤ Betragen, Führung.

Kondukt [lat.] der, Geleit, Leichenzug.

Konduktanz die, Wirkleitwert eines Wechselstromkreises.

Konduktor [lat.] der, ⚡ isolierte Metallkugel, ältere Form eines Kondensators.

Konfekt [lat.] das, Zuckerwerk, Pralinen.

Konfektion [lat.] die, serienmäßig hergestellte Fertigkleidung.

Konferenz [lat.] die, Beratung, Sitzung.

Konferenz über internationale wirtschaftliche Zusammenarbeit, Abk. **KIWZ,** die Beratungen über die künftige Gestaltung der Wirtschaftsbeziehungen zw. Industrie- und Entwicklungsländern (»Nord-Süd-Dialog«); erste Zusammenkunft 1975.

Konferenz über Sicherheit und Zusammenarbeit in Europa, → KSZE.

Konferenz über vertrauens- und sicherheitsbildende Maßnahmen und Abrüstung in Europa, → KVAE.

Konfession [lat.] die, **1)** (Glaubens-)Bekenntnis. **2)** Bekenntnisschrift. **konfessionell,** das Glaubensbekenntnis betreffend.

Konfiguration [lat.] die, Anordnung.

Konfirmation [lat.] die, **1)** Bestätigung. **2) Einsegnung,** evang. Kirche: feierl. Bestätigung des Taufbundes seitens des **Konfirmanden,** seine Zulassung zu allen kirchl. Rechten und Pflichten.

Konfiskation [lat.] die, Beschlagnahme, Einziehung. Zeitw.: **konfiszieren.**

Konfitüre [frz.] die, Eingemachtes, Marmelade, auch andere Süßwaren.

Konflikt [lat.] der, Streit, Zwiespalt.

Konfliktforschung, → Friedensforschung.

Konföderation [lat.] die, Staatenbund.

Konföderierte Staaten von Amerika, die 11 Südstaaten der USA, die 1861-65 einen Sonderbund bildeten; unterlagen im Sezessionskrieg den Nordstaaten und kehrten zur Union zurück.

Konformist der, ein sich willig Anpassender.

Konfrater [lat.] der, Mitbruder.

Konfrontation [lat.] die, Gegenüberstellung. Zeitw. **konfrontieren.**

konfus [lat.], verwirrt. **Konfusion** die, Verwirrung.

Konfuzius, eigtl. **Kung-fu-tse,** chines. Philosoph, *551 v.Chr., †um 479 v.Chr.; war Beamter, wurde verbannt, führte ein Wanderleben und sammelte viele Schüler um sich; erst im Alter kehrte er in seine Heimat zurück. – Nach dem **Konfuzianismus** ist die Familie die Grundlage des Staates. Als Grundtugenden gelten Nächstenliebe, Gerechtigkeit, Schicklichkeit, Weisheit und Pietät, bes. in der Form der Treue gegen die Eltern; der Pietätsgedanke ist mit dem Ahnenkult verbunden.

kongenial [lat.], geistesverwandt.

kongenital [lat.], angeboren.

Kongestion [lat.] die, der Blutandrang.

Konglomerat [lat.] das, **1)** ungegliederte Masse. **2)** ⊕ aus Geröllen bestehendes, durch kalkige u.a. Bindemittel verkittetes Gestein, z.B. die → Nagelfluh.

Kongo der, seit 1971 in der Rep. Zaire **Zaire** genannt, wasserreichster Strom Afrikas, 4320 km lang, entspringt als Lualaba im Mitumba-Gebirge. Nach den **Stanley-Fällen** erweitert er sich im Stanleypool zu einem See, bildet im Unterlauf die **32 Livingstone-Fälle,** mündet, 40 km breit, in den Atlant. Ozean. Größere Nebenflüsse sind rechts Aruwimi, Ubangi, Sanga, links Lomami, Kasai.

Kongo, Bakongo, Bantuvolk am unteren Kongo bis zur Atlantikküste.

Kongo, Volksrep. K., VR im westl. Äquatorialafrika, 342000 km², 1,84 Mio. Ew. (meist Bantu); Hptst.: Brazzaville; Amtssprache: Französisch. K. ist meist stark zerklüftetes Bergland. Forstwirtschaft. ⚒ auf Erdöl, Blei, Zink, Diamanten, Gold, Kalisalze u.a. Ausfuhr: Diamanten, Holz, Erdöl. Seehafen: Pointe-Noire. – Ehem. Gebiet von Frz.-Äquatorialafrika, 1958 autonom, 1960 unabhängig. Staatspräs. D. Sassou-Nguesso (seit 1979). ⊕ S. 482.

Kongregation [lat. »Vereinigung«] die, kath. Kirche: **1)** Verbindung mehrerer Klöster derselben Regel. **2)** Klostergenossenschaft mit einfachen Gelübden oder Vereinigung ohne Gelübde. **3) Kurien-K.,** z.B. die Glaubens-K.

Kongreß [lat.] der, **1)** Tagung, Zusammenkunft, bes. von Bevollmächtigten mehrerer Staaten. **2)** die aus Senat und Repräsentantenhaus bestehende Volksvertretung der USA.

Kongreßpolen, das durch den Wiener Kongreß 1815 geschaffene Kgr. Polen, in Personalunion mit Rußland, 1832 Rußland einverleibt.

Kongruenz [lat.] die, Übereinstimmung. △ 2 Figuren sind **kongruent,** wenn sie in Größe und Gestalt übereinstimmen. Zeichen: ≅.

Koniferen [lat.] Mz., die → Nadelhölzer.

Koniferen|nadel|öle, von versch. Koniferenarten gewonnene, balsamisch riechende Öle; in Parfümerie und Pharmazie verwendet.

König [ahd. kuning] der, **1)** Träger der höchsten Herrscherwürde nach dem Kaiser; Anrede: »Majestät«. – Aus dem Königtum der Merowinger und Karolinger gingen das dt. und das frz. Königtum hervor. Im Unterschied zur Erblichkeit bes. des frz. und engl. Königtums blieb das dt. bis 1806 ein Wahlkönigtum. Wahlberechtigt waren zunächst alle Reichsfürsten, später nur die Kurfürsten. Die Wahl fand seit 1152 in Frankfurt a. M. statt, die Krönung bis 1531 in Aachen. Seit Otto d. Gr. (962) führten die dt. K. den Titel eines »Röm. Kaisers«, sobald sie in Rom vom Papst gekrönt waren; seit 1508 und 1556 nannten sie sich ohne päpstl. Krönung Kaiser. **2)** Spielkarte. **3)** Hauptfigur im Schachspiel.

König, 1) Franz, österr. Kardinal, *1905; 1956-85 Erzbischof von Wien, 1965-80 auch Leiter des »Sekretariats für die Nichtglaubenden«. **2)** Leo Frhr. v., Maler, *1871, †1944; Impressionist; Bildnismaler. **3)** René, Soziologe, *1906, empirisch-soziolog. Beiträge zur Familien-, Entwicklungs-, Gemeindesoziologie und Soziologie der Mode.

Könige, Bücher der K., Schrift des A.T., enthalten die israelit. Geschichte vom Tod Davids bis zur Rehabilitierung Jojakims 561 v. Chr.

Königgrätz, tschech. **Hradec Králové** [hr'adɛts kr'a:lɔvɛ:], Stadt in der ČSFR, an der Elbe, 100000 Ew.; got. Kathedrale (1307); Leichtmetall-, Maschinen-, Textil-, Gummi-, Holz-Ind. 1866 Sieg der Preußen über die Österreicher und Sachsen.

Königin die, **1)** Herrscherin in einem Königreich oder Gattin eines Königs. **2)** Karten- und Schachspiel: Dame. **3)** Weisel, das fruchtbare Weibchen des Bienenvolks (→ Biene).

Königin-Charlotte-Inseln, gebirgige, fjordreiche Inselgruppe an der W-Küste Kanadas, 13215 km², von Indianern bewohnt.

Königin der Nacht, Kakteenart des trop. Regenwaldes mit bis zu 40 cm großen, nur in einer Nacht geöffneten Blüten.

Königs-Au, 65 km langer Fluß in Jütland, Dänemark; 1864-1920 Grenze zw. Dänemark und Schleswig-Holstein.

Königsberg, russ. **Kaliningrad,** Hptst. des Gebietes Kaliningrad der UdSSR, ehem. Hptst. der Prov. Ostpreußen, Festung, zu beiden Seiten des Pregels, 394000 Ew.; war geistiger Mittelpunkt des dt. Ostens, bes. durch die Albertus-Univ. und die Staats- und Universitätsbibliothek; ferner Handelshochschule, Kunstakademie, Konservatorium, Theater, Mus.; Wirtschaftsmittelpunkt (Ostmesse); Hafen mit modernen Löschanlagen; Ind. umfaßte: landwirtschaftl. Verarbeitungsbetriebe, Sägewerke, Cellulosefabriken, Landmaschinen- und Waggonbau, Werften, Ziegeleien, Textilien, Bernsteinmanufaktur, Marzipanherstellung. Bedeutende Bauwerke waren u. a.: Schloß aus der Ordenszeit, Kirche von Juditten (Anfang 14. Jh.), Dom, Schloßkirche (1592), Burgkirche (1690). – 1255 vom Dt. Orden gegr., war K. seit 1457 Sitz des Hochmeisters und 1525-1618 der Herzöge von Preußen; Krönungsstadt der preuß. Könige (1701, 1861).

Königshütte, poln. **Chorzów** [x'ɔʒuf], Stadt in Polen, im oberschles. Industriegebiet, 138000 Ew.; Steinkohlengruben, Eisen- und Stahl-Ind. K. fiel 1922 an Polen.

Königssee

Königskerze, Wollkraut, Gatt. hochstaudiger filzhaariger Rachenblüter. Die gelbblühende **Großblütige K.** wird 2 m hoch, ihre getrockneten Blüten **(Wollblumen)** geben Hustentee.

Königsleutnant, Stellvertreter des frz. Königs (lieutenant du roi); später hoher Militärbeamter in besetzten Gebieten.

Königslutter am Elm, Stadt in Ndsachs., 16000 Ew.; Ind.; Kalkwerke; roman. Stiftskirche (Kaiserdom; Grab Kaiser Lothars III.).

Königsschlange, Abgottschlange, eine → Riesenschlange.

Königssee, Alpensee bei Berchtesgaden, bis 188 m tief, 5,2 km² groß.

Königsspitze, Berg der → Ortler-Gruppe, 3857 m.

Königsstuhl, achteckiger Steinbau von 1376 bei Rhens am Rhein, 1794 zerstört, 1843 wiederhergestellt; im MA. Versammlungsort der Kurfürsten.

Königstein im Taunus, Stadt, Luftkurort im Hochtaunuskr., Hessen, 15400 Ew.; Burgruine.

Königstuhl, 1) Berg bei Heidelberg, 568 m. **2)** Kreidefels bei Stubbenkammer auf Rügen.

Königswasser, ⟲ Lösungsmittel für Gold und Platin aus 3 Teilen konzentrierter Salzsäure mit 1 Teil konzentrierter Salpetersäure.

Königswinter, Stadt in NRW, am rechten Rheinufer, 34600 Ew.; Zahnradbahn zum Drachenfels.

Königs Wusterhausen, Krst. im Bez. Potsdam, 19000 Ew.; Jagdschloß (1718), Standort des »Dtl.-Senders« der Dt. Dem. Rep.

Koniin, Coniin [grch.] das, sehr giftiges Alkaloid aus dem gefleckten Schierling.

Konimeter das, Meßgerät zum Feststellen des Staubgehaltes der Luft.

konisch [grch.], kegelförmig.

Köniz, Gem. im Kt. Bern, Schweiz, 37000 Ew.; Metall-, Maschinen- u. a. Ind.

Konjektur [lat.] die, Vermutung; Verbesserungsversuch in alten Texten.

Konjugation [lat.] die, Ⓢ Beugung des Zeitwortes. Zeitw.: **konjugieren.**

Konjunktion [lat.] die, **1)** Ⓢ das → Bindewort. **2)** ☆ → Aspekt. **3)** eine Grundfunktion der → Schaltalgebra.

Konjunktiv [lat.] der, Ⓢ Möglichkeitsform.

Konjunktivitis die, Bindehautentzündung.

Konjunktur [lat.] die, Gesamtlage der Wirtschaft, bes. die Bewegungsvorgänge, aus denen sich die wirtschaftl. Aussichten ergeben; i. e. S. die günstige Lage. Das wirtschaftl. Wachstum verläuft wellenförmig **(K.-Schwan-**

Königin der Nacht

Königskerze

kungen, **K.-Zyklen).** Der **K.-Anstieg** ist durch ein Ansteigen von Erzeugung, Beschäftigung, Gewinnerwartungen und Preisen gekennzeichnet, die **Hoch-K.** durch steigende Zinssätze bei nachlassendem Preisauftrieb und Umschlag in die Krise (Geldknappheit, sinkende Börsenkurse, Produktionsrückgänge, steigende Arbeitslosigkeit), die darauf folgende **Depression** durch sinkende Zinssätze. – Die **K.-Theorien** untersuchen die Ursachen dieser Schwankungen. Aufgabe der **K.-Forschung** ist die statist. Beobachtung der Wirtschaft, aus der man Voraussagen über den weiteren Verlauf **(K.-Prognosen)** zu gewinnen sucht. Die staatl. Maßnahmen zur Vermeidung übermäßiger Wirtschaftsschwankungen heißen **K.-Politik.**

konkav [lat.], hohl, nach innen gekrümmt. **K.-Linse,** Zerstreuungslinse; **K.-Spiegel,** Hohlspiegel. Ggs.: konvex (→ Linse).

Konklave [lat.] das, **1)** von der Außenwelt abgeschlossener Raum, in dem die Kardinäle zur Papstwahl zusammenkommen. **2)** Kardinalsversammlung zur Papstwahl.

konkludent [lat.], eine Schlußfolgerung zulassend, schlüssig. **Konklusion** die, Schluß, Schlußfolgerung.

Konkordanz [lat.] die, **1)** Zusammenstellung aller in einem Schriftwerk vorkommenden Wörter nach dem Abc mit Angabe der Belegstellen (Verbal-K.) oder aller auf einen bestimmten Gedanken oder Gegenstand bezüglichen Stellen (Real-K.), z. B. die Bibelkonkordanz. **2)** ⊕ gleichförmige Lagerung von Schichten. Ggs.: Diskordanz.

Konkordat [lat.] das, Vertrag zw. einem Staat und dem Hl. Stuhl über Wahrung der Kirchenfreiheit im jeweiligen Staat.

Konkordienbuch, Samml. der luther. Bekenntnisschriften von 1580.

Konkordienformel, Bekenntnisschrift, legte den Lehrinhalt der luther. Kirche endgültig fest (1577).

konkret [lat.], gegenständlich, anschaulich, greifbar. Ggs.: abstrakt.

Konkretion [lat.] die, ⊕ in einem anderen Gestein eingeschlossene Mineralmasse.

Konkubinat [lat.] das, ⚘ wilde Ehe. **Konkubine** die, Geliebte, Nebenfrau.

Konkupiszenz [lat.] die, sinnl. Begierde.

Konkurrenz [lat.] die, **1)** Wettstreit. **2)** Wettbewerb im Wirtschaftsleben. **K.-Klausel,** ⚖ vertragl. Wettbewerbsverbot. **Konkurrent** der, Mitbewerber, Gegner. Zeitw.: **konkurrieren. 3) K. von Verbrechen,** → Idealkonkurrenz, → Realkonkurrenz.

konkurrierende Gesetzgebung, in einem Bundesstaat der Bereich der Gesetzgebung, für den der Gesamtstaat und die Gliedstaaten nebeneinander zuständig sind.

Konkurs [lat.] der, **1)** Zahlungsunfähigkeit. **2) K.-Verfahren,** Verfahren zur gleichzeitigen und gleichmäßigen Befriedigung aller Gläubiger **(K.-Gläubiger)** aus dem gesamten Vermögen **(K.-Masse)** eines zahlungsunfähigen Schuldners **(Gemeinschuldner).** Der K. wird auf Antrag des Schuldners oder eines Gläubigers durch das Amtsgericht **(K.-Gericht)** eröffnet. Die Abwicklung führt ein richterl. bestellter **K.-Verwalter** durch. Das Verfahren ist in der **K.-Ordnung** v. 1877/1879 geregelt. (→ Zwangsvergleich, → Vergleich)

Konnex [lat.] der, Zusammenhang. **Konnexion** die, einflußreiche Verbindung.

Konnivenz [lat.] die, Nachsicht, Duldung.

Konnossement [ital.-frz.] das, ⚖ Seefrachtbrief, vom Schiffer nach Empfang des Gutes ausgestellte Urkunde, die ihn verpflichtet, das Gut dem berechtigten Inhaber des K. nach Beendigung der Reise auszuhändigen.

Konquistador [span. »Eroberer«] der, Eroberer, bes. die span. Eroberer in Amerika im 16. Jh. (Cortez, Pizarro).

Konrad [ahd. »Kühnrat«], männl. Vorname.

Konrad. Dt. Könige. **1) K. I.** (911-918), Herzog der Franken, kämpfte vergeblich gegen die übrigen Stammesherzöge. **2) K. II., der Salier** (1024-39), wurde 1027 in Rom zum Kaiser gekrönt, warf die Aufstände seines Stiefsohnes Ernst II. von Schwaben nieder, erwarb 1033 das Kgr. Burgund. Grab im Dom zu Speyer. **3) K. III.** (1138-52), der erste Staufer auf dem dt. Thron, 1128 Gegenkönig Kaiser Lothars III. in Italien, kämpfte gegen den Welfenherzog Heinrich den Stolzen, unternahm den mißglückten 2. Kreuzzug 1147-49. **4) K. IV.** (1250-54), der letzte Staufer auf dem dt. Thron, zog 1251 nach Italien.

Konrád, György, ungar. Schriftsteller, *1933; Romane über polit., soziale Probleme.

Konrad der Pfaffe, Regensburger Geistlicher um 1150, verfaßte die erste dt. Bearbeitung des altfrz. Rolandsliedes (→ Roland).

Konradin, eigtl. **Konrad,** Herzog von Schwaben, *1252, †1268; der letzte Staufer, zog 1267 nach Italien, um das Kgr. Neapel-Sizilien zurückzuerobern; 1268 von Karl von Anjou besiegt, gefangen und in Neapel enthauptet.

Konrad von Marburg, Inquisitor, Beichtvater der hl. Elisabeth; 1233 erschlagen.

Konrad von Soest [- zo:st], Maler, 1394 bis um 1425 in Dortmund tätig; zarte, in hellen Farben leuchtende Bilder, z. B. Hochaltar in Bad Wildungen.

Konrad von Würzburg, *zw. 1220 und 1230, †1287; mhd. Dichter, pflegte das Kleinepos (»Die Herzmaere«, »Der Welt Lohn«).

Konsekration [lat.] die, **1)** Einsegnung, Weihung. **2)** Kath. Kirche: die dem Bischof vorbehaltene Weihe von Personen oder Sachen (Kirche, Altar); auch die Wandlung.

konsekutiv [lat.], abgeleitet, folgernd. **K.-Satz,** Folgesatz, mit »daß«, »so daß« eingeleitet.

Konsens [lat.] der, Zustimmung, Übereinstimmung; Genehmigung.

konsequent [lat.], folgerichtig, beharrlich. **Konsequenz** die, **1)** Folgerichtigkeit. **2)** Folge, Folgerung.

konservative Parteien, 1) im Dt. Reich nach 1871: a) die **Alt-** (seit 1876 **Deutsch-)k. P.;** sie entsprach der k. P. in Preußen, wo sie bis 1918 maßgebend war; ganz überwiegend protestant., kirchl., föderalist., gegen Erweiterung der Volksrechte, vertrat vorwiegend landwirtschaftl. Interessen. Spätere Führer: v. Heydebrand und der Lasa, Graf Westarp. b) die liberaleren **Freikonservativen,** im Reichstag: **Dt. Reichspartei.** Führer: v. Kardorff. c) in der Weimarer Zeit gingen die Konservativen in der → **Deutschnationalen Volkspartei** auf, von ihr spalteten sich die **Volkskonservativen** und andere unbedeutende Gruppen ab. **2)** Großbritannien: eine der beiden führenden Parteien. Sie ging 1832 aus der feudalen Partei der Tories hervor, war im 19. und frühen 20. Jh. Trägerin des brit. Imperialismus. Führer u. a.: Peel, Disraeli, J. Chamberlain, Baldwin, Churchill, Macmillan, D. Home, Heath, Margaret Thatcher (seit 1975; Premier-Min. seit 1979).

Konservativismus [lat.] der, **Konservatismus,** geistige, soziale und polit. Haltung, die überkommene Ordnungen wertmäßig bejaht und zu erhalten strebt, betont ein höheres Recht überlieferter Werte und Einrichtungen. Staat, Gesellschaft und Kultur gelten ihm als geschichtlich gewordene, organisch sich entwickelnde Gebilde.

Konservator [lat.] der, Beamter, dem in Denkmalspflege oder Museumsdienst die Erhaltung und Pflege der Kunstwerke und naturwissenschaftl. Samml. untersteht.

Konservatorium [lat.] das, -s/...rien, Hochschule für Musik.

Konserven [lat.] Mz., Dauerwaren, durch besondere Behandlung vor dem Verderben geschützte Nahrungsmittel (→einmachen). **konservieren,** aufbewahren, erhalten, haltbar machen. **Konservierungsmittel** sind Ameisen-, Propion-, Sorbin-, Benzoesäure und PHB-Ester.

Konsignation [lat.] die, Übergabe von Waren zum Verkauf im Kommissionsgeschäft.

Konsilium [lat.] das, -s/...ien, **1)** →Consilium. **2)** Ärzteberatung über einen Krankheitsfall.

konsistent [lat.], dicht, fest, haltbar. **Konsistenz** die, äußere Beschaffenheit von Körpern und ihr Verhalten gegen Formänderungen; z.B. spröde, zähe, breiige Konsistenz.

Konsistorium [lat.] das, -s/...rien, **1)** Kath. Kirche: Versammlung von Kardinälen unter Vorsitz des Papstes. **2)** evang. Kirchen: früher die vom Landesherrn eingesetzte Behörde aus geistl. und weltl. Mitgl., die statt seiner das Kirchenregiment ausübten **(Konsistorialverfassung),** 1918-33 selbständige kirchl. Behörden, nach 1945 nicht wieder neu gebildet.

Konskription [lat.] die, bedingte Wehrpflicht, ließ Loskauf oder Stellvertretung zu; seit 1792 durch allg. Wehrpflicht ersetzt.

Konsole [frz.] die, 🏛 Wandvorsprung als Träger eines Bauteils, Standbilds usw.

konsolidieren [lat.], festigen, sichern; vereinigen. **konsolidierte Anleihen** entstehen durch Zusammenlegen älterer Anleihen; oft mit niedrigerem Zinssatz ausgestattet. **konsolidierte Bilanz,** zusammengefaßte Bilanz mehrerer Gesellschaften, z.B. von Mutter- und Tochtergesellschaften.

Konsols [engl.] Mz., Schuldverschreibungen aus der Zusammenfassung älterer Anleihen.

Konsonant [lat.] der, Ⓢ Mitlaut.

Konsonanz [lat.] die, ♩ harmon. Zusammenklang von Tönen; Ggs.: Dissonanz.

Konsortium [lat.] das, -s/...tien, vorübergehende Vereinigung von Kaufleuten, bes. Banken, zur Durchführung eines größeren Geschäfts **(Konsortialgeschäft).**

Konspiration [lat.] die, Verschwörung. **konspirieren,** sich verschwören.

Konstabler, Konstabel [lat.] der, **1)** ehemals: Büchsenmeister zur Bedienung der Geschütze. **2)** ✤ Polizist.

konstant [lat.], unveränderlich, beständig.

Konstante die, **1)** △ feste Größe. **2)** ⊠ unveränderl. **Natur-K.** sind nur bei gegebenen Bedingungen feste **Stoff-K. 3)** in der Datenverarbeitung ein Datenfeld, dessen Inhalt in einem Programm nicht verändert wird.

Konstantan [Kw., lat.] das, Nickel-Kupfer-Legierung mit temperaturunabhängigem Widerstand; für elektr. Widerstände, Thermoelemente.

Konstantin, Konstanze [lat. »der, die Standhafte«], Vornamen.

Konstantin, 1) K. I., der Große, röm. Kaiser (306-337), *nach 280, †337; seit 312 Herr des Westens, 324 Alleinherrscher, erhob das Christentum zur Staatsreligion, 330 Byzanz (Konstantinopolis) zur Reichs-Hptst., berief 325 die erste allg. Kirchenversammlung (Konzil) nach Nicäa. **2) K. II.,** König der Hellenen (Griechen), *1940, bestieg 1964 den Thron, 1973 abgesetzt (1974 durch Referendum bestätigt).

Konstantinische Schenkung, im 8.Jh. gefälschte Urkunde, nach der Konstantin d.Gr. dem Papst Silvester I. und seinen Nachfolgern die Herrschaft über Rom und das weström. Reich zugestanden haben soll.

Konstantinopel, türk. Stadt, →Istanbul.

Konstanz, Krst. in Bad.-Württ., am Bodensee, 72000 Ew.; Fremdenverkehrszentrum, Grenzübergang zur Schweiz; alte Bauwerke: Münster (11.Jh.), Konzilshaus (1388), Rathaus (16.Jh.); Univ., Bodensee-Forschungsanstalt. Mus., Theater; Textil-, Holz-, Metall-, Elektro-, chem. Ind. – K., um 300 n.Chr. von den Römern gegr., wurde im 6.Jh. Bischofssitz (bis 1827), 1192 Reichsstadt, 1548 österreich., 1805 badisch. Das **Konstanzer Konzil** 1414-18 beendete die Kirchenspaltung (seit 1378) durch Absetzung der Gegenpäpste und verurteilte →Hus als Ketzer.

Konstanz [lat.] die, Unveränderlichkeit.

Konstanze, Erbin des normann. Kgr. Sizilien, *1152, †1198, Gemahlin des Staufers Heinrich VI., Mutter Kaiser Friedrichs II.

konstatieren [lat.], feststellen.

Konstellation [lat.] die, **1)** ☆ Stellung von Himmelskörpern zueinander. **2)** Lage, Umstände.

konsterniert [lat.], bestürzt, verblüfft.

Konstipation [lat.] die, ♡ Verstopfung.

konstituieren [lat.], festsetzen, einrichten, gründen. **Konstituierende Versammlung, Constituante** [frz.] die, Versammlung von Volksvertretern zur Ausarbeitung einer Verfassung.

Konstitution [lat.] die, **1)** Grundbeschaffenheit, Einrichtung, Festsetzung. **2)** Staatsrecht: die →Verfassung. **3)** ♡ durch Erbgut und äußere Einwirkungen geformte körperl.-seel.-geistige Beschaffenheit eines Menschen. – K.-Typen nach E. Kretschmer sind: **leptosomer (asthenischer)** Typ (schmal, zart); **athletischer** Typ (kräftig, muskulös); **pyknischer** Typ (kurz, gedrungen, dick).

konstitutionelles System, Staats- und Regierungsform, bei der das Staatsoberhaupt (meist der Monarch: **konstitutionelle Monarchie**) im Unterschied zum Absolutismus durch eine Verfassung (Konstitution) gebunden ist **(Konstitutionalismus);** zuerst in England (1689).

konstitutiv [neulat.], grundlegend, wesentlich.

konstruieren [lat.], **1)** bauen, entwerfen. **Konstrukteur** [-t'œ:r] der, Erbauer, Erfinder. **2)** △ geometr. Figur mit vorgeschriebenen Eigenschaften zeichnen. Hptw.: die **Konstruktion.**

konstruktives Mißtrauensvotum, →Mißtrauensvotum.

Konstruktivismus, Richtung der abstrakten Kunst, die auf streng geometr. Formen aufbaut; von W. Tatlin in Moskau begründet.

Konsul [lat.] der, **1)** in der röm. Rep.: Amtsbez. der beiden obersten, auf 1 Jahr gewählten Beamten; das **Konsulat** war zuerst nur den Patriziern, seit 367 v.Chr. auch den Plebejern zugänglich. **2)** in Frankreich 1799-1804 **Erster K.:** Napoleon I. als Inhaber der obersten Regierungsgewalt. **3)** der ständige, nicht diplomat. Vertreter eines Staates in einem andern,

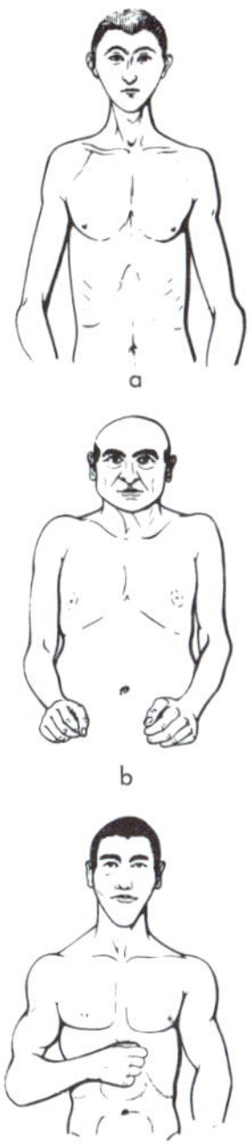
a
b
c

Konstitution 3): a leptosom, b pyknisch, c athletisch

Konstantin I., der Große

Konstanz: Konzilsgebäude

bes. zum Schutz des Handels, Verkehrs, der Schiffahrt, zur Überwachung der Staatsverträge und um den Angehörigen seines Staates Rat und Beistand zu gewähren.

Konsulent [lat.] der, ✣ Rechtsberater.

Konsultation [lat.] die, Beratung, Befragung (eines Arztes, Rechtsanwalts). **konsultieren,** um Rat fragen. **konsultativ,** beratend.

Konsultativpakt, Vereinbarung zw. Staaten, bestimmte außenpolit. Entscheidungen erst nach gemeinsamer Beratung zu treffen.

Konsum [lat.] der, **1)** Verbrauch. **2)** volkstüml.: K.-Verein. **Konsument** der, Verbraucher. Ggs.: Produzent. **konsumieren,** verbrauchen. **Konsumtion** die, Verbrauch.

Konsumfinanzierung, Finanzierung von Abzahlungsgeschäften, bes. durch Kreditinstitute (Teilzahlungsbanken), entweder mit dem Händler (Absatzfinanzierung) oder mit dem Käufer (Kundenfinanzierung): daneben Kreditgewährung; durch den Verkäufer selbst.

Konsumgenossenschaften, Konsumvereine, Verbrauchergenossenschaften, genossenschaftl. Zusammenschlüsse von Verbrauchern zur Versorgung mit Gütern des tägl. Lebensbedarfs (gemeinsamer Einkauf, preisgünstiger Verkauf gegen bar). Die K. sind mehr und mehr vom Großeinkauf zur Eigenproduktion übergegangen. Oberster Zusammenschluß in der Bundesrep. Dtl.: Bund Dt. Konsumgenossenschaften GmbH. Seit 1972 ist die Co op-Zentrale AG, Hamburg, Dachges.

Konsumgesellschaft, Schlagwort für westl. Industrieges., in denen dem Konsum eine bevorzugte Stellung eingeräumt wird.

kontagiös [frz.], ♡ ansteckend.

Kontakt [lat.] der, **1)** Berührung. **2)** ⚡ Berührung zweier Stromleiter.

Kontakter [von engl. contact], Angestellter einer Werbeagentur, Mittelsmann zw. Agentur und Kunden.

Kontaktgesteine, durch Berührung mit einem Magmaerguß umgewandelte Gesteine, z. B. Hornfelse, Schiefer, Kalkgranate.

Kontaktlinsen, kleine, dünne, auf der Hornhaut des Auges über der Pupille schwimmende, schalenförmige Kunststofflinsen; Brillenersatz.

Kontaktsperre, Ges. über K. vom 30. 9. 1977, nach dem für Gefangene wegen einer Straftat nach § 129 a StGB unter best. Umständen jede Verbindung miteinander oder mit der Außenwelt unterbrochen werden kann.

Kontrapost: Rekonstruktion des Speerträgers von Polyklet

Kontamination [lat.] die, **1)** Ⓢ Verschmelzung, Vermischung, z. B. von Wortformen. **2)** Verunreinigung durch radioaktive Stoffe.

Kontemplation [lat.] die, Beschauung, Betrachtung, anschauende Versenkung. **kontemplativ,** beschaulich.

kontemporär [lat.], zeitgenössisch.

Kontenplan, systemat. Ordnung der Konten in der doppelten → Buchführung.

Konterfei [frz.] das, Bildnis, Abbildung.

kontern, 1) Offset- und Steindruck: einen seitenverkehrten Andruck herstellen. **2)** Boxen: mit Gegenschlag abwehren. Fußball: einen schnellen Gegenangriff ausführen.

Kontertanz, Contredanse [kɔ̃trd'ɑ̃s, frz.], mit Paartanzfiguren durchsetzter Reigentanz des 17./18. Jh., hervorgegangen aus den altengl. Countrydances (ländl. Tänze), in Frankreich Contre Anglaise, Contrefrançaise.

Kontestation [frz.] die, Streit, Infragestellung bestehender Herrschaftsstrukturen.

Kontext [lat.], Ⓢ sprachl. Umgebung eines Wortes oder Satzes **(sprachl. K.);** Situation, in der ein Text geäußert und verstanden wird **(situativer K.).**

Kontinent [lat.] der, Festland, Erdteil. **kontinental,** festländ. **Kontinentalklima,** → Klima.

Kontinentalsperre, Maßnahme Napoleons I. zur wirtschaftl. Abschließung des europ. Festlandes gegen England (1806-13).

Kontinentalverschiebungstheorie, → Wegener; → Plattentektonik.

kontingent, zufällig, nicht notwendig, unwesentlich. **Kontingenz** die, Zufälligkeit.

Kontingent [lat.] das, **1)** Beitrag, Anteil; z. B. festgesetzte Warenmenge, die ein Kartellmitgl. erzeugen und absetzen darf; Höchstmenge an Waren, die ein-(aus-)geführt werden darf **(Einfuhr-, Ausfuhr-K.). 2)** ∴ Beitrag an Truppen, den Mitgl. eines Bundesstaates, Staatenbundes oder einer Verteidigungsgemeinschaft zu stellen haben. **kontingentieren,** K. festsetzen, eine knappe Ware zuteilen.

Kontinuität [lat.] die, Stetigkeit. **kontinuierlich,** stetig, ununterbrochen. **Kontinuum** das, das lückenlos Zusammenhängende.

Konto [ital.] das, -s/...ten, auch ...ti, Verrechnungsform für Geschäftsvorfälle in der Buchführung. **K.-Korrent** das, laufende Rechnung; Geschäftsverbindung, bei der die beiderseitigen Ansprüche und Verbindlichkeiten nebst Zinsen kontenmäßig in Rechnung gestellt werden und in regelmäßigen Zeitabschnitten der Überschuß (Saldo) festgestellt wird.

Kontor [frz.] das, Büro; Handelsniederlassung; Reederei. **Kontorist** der, Büroangestellter.

kontra [lat.], gegen, dagegen.

Kontrabaß, Baßgeige, ♩ das tiefste Streichinstrument, meist mit 4 Saiten, die in Quarten E_1, A_1, D, G gestimmt sind.

kontradiktorisch [lat.], → Gegensatz; im Zivilprozeß: streitig.

Kontrahent [lat.] der, Vertragspartner, Zweikampfgegner.

kontrahieren [lat.], **1)** vereinbaren. **2)** zum Zweikampf fordern. **Kontrahierungszwang,** ✣ gesetzl. Verpflichtung zum Abschluß eines Vertrages, besteht z. B. für öffentl. Verkehrs- und Versorgungsunternehmen.

Kontra|indikation, Umstand, der die angezeigte zweckmäßige Behandlung einer Krankheit verhindert.

Kontrakt [lat.] der, → Vertrag.

Kontraktion [lat.] die, Zusammenziehung.

Kontraktur [lat. »Zusammenziehung«] die, dauernde Verkürzung von Muskeln oder Sehnen, mit veränderter Gelenkstellung.

Kontrapost [ital.] der, bei der künstler. Darstellung der menschl. Gestalt der Wechsel zw. dem vom Körper belasteten Standbein und dem entlasteten Spielbein; ausgebildet von der grch. Klassik, aufgenommen von der Renaissance.

Kontrapunkt der, ♩ Lehre und Kunst, die Stimmen eines mehrstimmigen Musikstücks selbständig zu führen; bes. die Kunst, zu einer Melodie eine oder mehrere melodisch selbständige Gegenstimmen zu gestalten (polyphone Mehrstimmigkeit). Ein Hauptmittel ist die melodische Nachahmung (→ Kanon, → Fuge).

konträr [lat.], entgegengesetzt, gegenteilig.

Kontrast [frz.] der, **1)** Gegensatz. **2)** beim Fernsehen das Verhältnis der größten zur kleinsten Leuchtdichte.

Kontrastmittel, ♡ für Röntgenstrahlen undurchlässige Stoffe, die auf dem Röntgenbild Schatten geben (zum Kenntlichmachen von Hohlräumen).

Kontrazeption [lat.], Empfängnisverhütung.

Kontribution [lat.] die, **1)** gemeinschaftl. Beitrag. **2)** vom Feind auferlegte Kriegssteuer.

Kontrolle [frz.] die, Prüfung, Überwachung. Zeitw. **kontrollieren. Kontrolleur** [-l'ø:r] der, Prüfer, Aufsichtsbeamter.

Kontrollkommission, 1) 1919-27 alliierter Ausschuß zur Überwachung der Entmilitarisierung der Mittelmächte. **2)** 1949-53 die sowjet. Besatzungsbehörde in Dtl., Sitz Berlin-Karlshorst. **3) Zentrale K., Zentrale Kommission für staatl. Kontrolle,** in der Dt. Dem. Rep.

zur Überwachung der Verwaltungsorgane sowie der wirtschaftl., kulturellen und sozialen Einrichtungen (bis 1963).

Kontrollrat, Organ, durch das Frankreich, Großbritannien, die UdSSR und die USA lt. Erklärung vom 5. 6. 1945 die oberste Regierungsgewalt bis 1948 in Dtl. ausübten; bestand aus den Militärbefehlshabern der 4 Besatzungszonen, Sitz: Berlin. Der sowjet. Vertreter verließ am 30. 3. 1948 die Sitzung des K.

Kontroverse [lat.] die, Streit(frage). **kontrovers,** strittig, umstritten.

Kontur [frz.] die, Umriß.

Kontusion [lat.] die, ♡ Quetschung.

Konus [lat.] der, -/...nen, Kegel.

Konvektion [lat.] die, Übertragung von Energie, z. B. Wärme, durch die Teilchen einer Strömung.

Konvenienz [lat. »Übereinkunft«] die, gesellschaftl. Herkommen, Schicklichkeit. **konvenieren, 1)** zusagen, passen. **2)** übereinkommen.

Konvent [lat.] der, **1)** Versammlung. **2)** Kloster, Stift. **3)** Nationalkonvent, verfassunggebende Versammlung der Frz. Revolution 1792-95.

Konventikel [lat.] das, außerkirchl. Versammlung zur relig. Erbauung (Pietismus).

Konvention [lat.] die, **1)** Überlieferung, Brauch. **2)** zwischenstaatl. Vereinbarung.

Konventionalstrafe, Vertragsstrafe.

konventionell, herkömmlich; förmlich, kalt. **konventionelle Waffen,** ⁂ alle Waffen außer den nuklearen, biolog. und chem. Waffen.

konvergieren [lat.], sich nähern, einem Punkte zustreben. **Konvergenz** die, Annäherung. **konvergent,** aufeinander zulaufend.

Konversation [frz.] die, Unterhaltung, Gespräch. **konversieren,** sich unterhalten.

Konversationslexikon das, Nachschlagewerk, Sachwörterbuch in Abc-Folge, Sonderform der allg. → Enzyklopädie; sie wurde durch Brockhaus' K. festgelegt.

Konversion [lat.] die, **1)** Übertritt zu einer christl. Religion oder von einer Konfession zu einer anderen. **2)** Umwandlung einer Schuld (z. B. öffentl. Anleihe) in eine andere, meist mit niedrigerem Zinsfuß.

Konverter [Kw., lat.] der, **1)** Bessemer-K. (→ Bessemer). **2)** Reaktor (Brüter), in dem durch Kernreaktionen neuer Spaltstoff entsteht. **3)** Elektronik: eine Baugruppe zur Wandlung von Spannungen oder Strömen; in der Datenverarbeitung eine Schaltung zur Umsetzung analoger in digitale Signale (und umgekehrt). **4)** Fernsehtechnik: Gerät, das HF-Signale in eine andere Frequenz umsetzt.

Konvertierbarkeit Konvertibilität, Möglichkeit, inländ. Geld ohne Beschränkungen in ausländ. Zahlungsmittel umzuwechseln.

konvertieren [lat.], den Glauben wechseln.

konvex [lat.], erhaben, nach außen gewölbt; Ggs.: konkav (→ Linse).

Konvikt [lat.] das, Gemeinschaftsheim (bes. kirchl. K.) für Studenten oder Schüler.

Konvolut [lat.] das, **1)** Bündel von Schriftstücken oder Drucksachen. **2)** Sammelband.

Konvulsion [lat.] die, ♡ Krampfanfall. **konvulsivisch, konvulsorisch,** krampfartig.

Konya, Konia, türk. Stadt in S-Anatolien, 327 000 Ew.; Nahrungsmittelind.

konzedieren [lat.], zugestehen, einräumen.

Konzentration [lat.] die, **1)** gespannte Aufmerksamkeit. **2)** wirtschaftl. Zusammenschluß, → Konzern. **3)** Menge einer Molekülart je Raumeinheit in einer bestimmten Phase, ausgedrückt z. B. in Massen-, Mol- oder Volumenprozent.

Konzentrationslager, Abk. **KZ,** Lager zur Festhaltung von Zivilpersonen während eines Krieges, eingeführt von den Spaniern während der Revolution von 1895 auf Kuba und von England 1901 im Burenkrieg, später meist **Internierungslager** genannt. In totalitären Staaten des 20. Jh. ein Mittel zur Unterdrückung von »Staatsfeinden«, bes. im nat.-soz. Dtl. Hier kamen polit. Gegner, rassisch Verfolgte (bes. Juden), Kriminelle, »Asoziale«, Homosexuelle u. a. in die K. Die Häftlinge waren rechtlos und schlimmsten Quälereien sowie drakon. Strafen ausgesetzt; Zwangsarbeit mußte bis zur Erschöpfung geleistet werden. Die Zahl der Opfer war sehr hoch. Die ersten K. wurden 1933 errichtet. Seit 1934 unterstanden sie insgesamt der SS. Bis 1939 bestanden die 3 großen Lager Dachau, Buchenwald und Sachsenhausen und 25 kleinere Lager. Das Ausmaß der Greuel wurde durch härteste Schweigegebote verschleiert. Die Zahl der K. stieg bis 1944 auf 22 mit 165 »Außenlagern«. In den **Vernichtungslagern** (wie Auschwitz, Maidanek u. a. sowie in den Gettos in Warschau, Lemberg und Riga) wurden die Massenmorde an den Juden begangen. 1945-50 wurden die in ihrem Machtbereich gelegenen K. von der sowjet. Militärverwaltung als Internierungslager benutzt. 1990 wurden Massengräber aus dieser Periode entdeckt.

konzentrieren [lat.], **1)** verdichten, sättigen (eine Lösung). **2)** sich sammeln, auf etwas einstellen, genau aufmerken. **konzentrisch,** mit gemeinsamem Mittelpunkt.

Konzept [lat.] das, Entwurf.

Konzeption [lat.] die, **1)** Abfassung eines Schriftstückes. **2)** geistiges Begreifen. **3)** ♡ Empfängnis.

Konzeptualismus [lat.] der, Ⓟ urspr. im Universalienstreit des MA. zw. Realismus und Nominalismus vermittelnde Lehre, daß die allg. Begriffe weder Realität noch bloße Wörter, sondern Ordnungselemente seien.

Konzern [engl.] der, Zusammenschluß mehrerer Unternehmen, bei dem diese rechtl. selbständig bleiben, wirtschaftl. aber eine Einheit mit gemeinsamer Leitung und Verwaltung bilden. Die K.-Bildung kann produktionstechn., markt- oder finanzwirtschaftl. Gründe haben.

Konzert [ital.] das, **1)** Musikaufführung. **2)** Musikstück, in dem einzelne Stimmen oder Instrumente solistisch hervortreten: Kirchen-, Kammer-, Instrumental-K. → Concerto grosso. **3)** [aus frz. concert], Vertrag, Einverständnis; z. B. das »Europ. Konzert«. **konzertiert,** abgestimmt, gemeinsam. **konzertierte Aktion,** Schlagwort für eine Wirtschaftspolitik, an der alle Sozialpartner mitwirken.

Konzertmeister, Titel der führenden Orchestermusiker (der 1. Geiger am 1. Pult).

Konzession [lat.] die, **1)** Zugeständnis. **2)** Verwaltungsrecht: polizeil. Erlaubnis zum Betrieb eines nicht jedem zugängl. Gewerbes, z. B. einer Apotheke, auch Verleihung des Rechts an einer öffentl. Sache. **3)** Völkerrecht: Gebiet, für das ein Ausbeutungs- oder Niederlassungsrecht erteilt ist, z. B. Erdöl-Konzession.

konzessiv [lat.], einräumend. **Konzessivsatz,** Ⓢ Einräumungssatz.

Konzil [lat.] das, Versammlung kirchl. Würdenträger. **Allg.** oder **Ökumen. K.,** Versammlung der Bischöfe, urspr. der ganzen christl., später der röm.-kath. Kirche. Die röm.-kath. Kirche zählt 21 Allg. K., die Ostkirche erkennt nur die ersten sieben an. Die wichtigsten Allg. K. sind: 1) Erstes K. zu Nicäa (325; Verwerfung der Lehre der → Arianer), 2) Drittes Lateran-K. (1179; Ordnung der Papstwahl), 3) Viertes Lateran-K. (1215; Lehre von der → Transsubstantiation), 4) K. zu Konstanz (1414-1418; Absetzung der Gegenpäpste, Verurteilung von Hus), 5) K. zu Basel (1431-45; Versuch einer Neuordnung der Kirche), 6) Fünftes Lateran-K. (1512-17; Versagen der

Reform), 7) Tridentin. K. (1545-63; Neuordnung der kath. Kirche), 8) Erstes Vatikan. K. (1869/70; Kirchenlehre über die → Unfehlbarkeit des Papstes), 9) Zweites Vatikan. K., 1962 bis 65, leitete eine in Ausmaß und Erfolg noch nicht absehbare Umwandlung der röm.-kath. Kirche ein.

konziliant [lat.], versöhnlich, verbindlich.

konzipieren [lat.], entwerfen, planen.

konzis [lat.], kurz, bündig.

Koog der, -s/Köge, eingedeichte Marsch.

Ko|operation [lat.] die, Zusammenarbeit. **Kooperator** der, kath. Hilfsgeistlicher.

Ko|optation [lat.] die, Ergänzungswahl zu einer Körperschaft durch deren Mitglieder.

Ko|ordinaten [Kw., lat.] Mz., Größen, welche die Lage eines Punktes oder einer Geraden auf einer Fläche oder im Raum eindeutig festlegen. In der Ebene wählt man meist die Abstände *x* **(Abszisse)** und *y* **(Ordinate)** des Punktes *P* von 2 aufeinander senkrecht stehenden Geraden (Achsenkreuz). Zur Festlegung eines Raumpunktes sind 3 Koordinaten notwendig. Als **sphärische K.** (z. B. auf der Erd- oder Himmelskugel) dienen der Abstand vom Nullpunkt und bestimmte Bögen (Winkel) auf Kugelgroßkreisen.

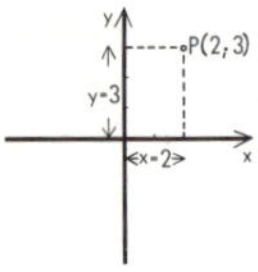

Koordinaten

Ko|ordination [lat.] die, Zuordnung, Abstimmung. **koordinieren,** beiordnen, zuordnen.

Kopal der, sehr feste Harze versch. trop. Bäume, z. T. durch Einritzen von Bäumen, z. T. als fossiles K. durch Ausgraben gewonnen. Verwendung für Lack, Firnis, Linoleum.

Kopejsk, Industriestadt östl. des Urals, unweit Tscheljabinsk, Russ. SFSR, 146 000 Ew.

Kopeke die, russ. und sowjet. Scheidemünze = $\frac{1}{100}$ Rubel.

Kopelew, Lew, russ. Schriftsteller und Literarhistoriker, *1912; Systemkritiker, verließ 1980 die UdSSR; 1981 Friedenspreis des Dt. Buchhandels; v. a. autobiograph. Schriften.

Kopenhagen, dän. **København,** Hptst. Dänemarks, Agglomeration: 1,35 Mio. Ew.; königl. Residenz, Festung und Flottenstützpunkt; Univ., TH, Konservatorium, Kunstakademie, Theater; wichtige Handels- und Industriestadt (Eisen-, Metall-, Lebensmittelind.); großer Hafen, Reedereien; Schiffbau, kgl. Porzellanfabrik.

Köper der, Gewebe in Köperbindung, → Bindung.

Kopernikus

Kopernikus, Nikolaus, Astronom, *1473, †1543; Begründer des heliozentr. (kopernikan.) Weltsystems, nach dem i. Ggs. zu dem geozentr. System des Ptolemäus die Sonne, und nicht die Erde, den Mittelpunkt unseres Planetensystems bildet.

Kopf der, **Haupt** das, birgt in der knöchernen Schutzhülle des Schädels den wichtigsten Teil des Zentralnervensystems, das Gehirn.

Kopffüßer, Tintenfische, Tintenschnecken, Klasse meeresbewohnender Weichtiere mit deutlich vom Rumpf abgesetztem Kopf, hochentwickelten Augen und 8 oder 10 Fangarmen, die auch zum Kriechen dienen. Das Atemwasser wird an der Bauchseite durch einen Trichter ausgepreßt, wodurch das Tier rückwärts schwimmt. Bei Gefahr stoßen einige K. einen dunklen Farbstoff **(Sepia)** aus. K. sind Kraken und Nautilus.

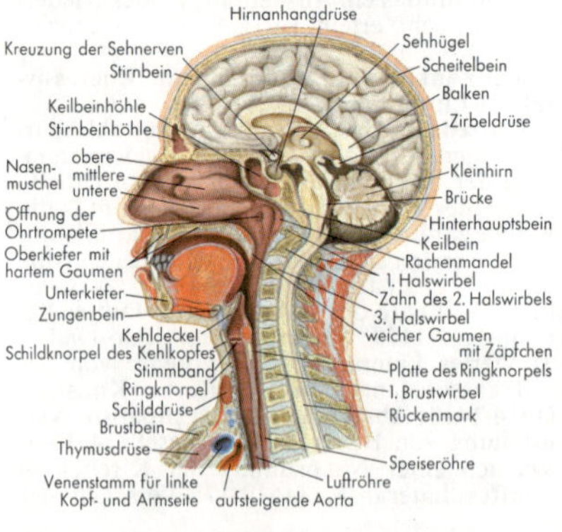

Kopf

Kopfhörer, 2 durch einen Stahlbügel verbundene Hörkapseln, enthalten einen elektroakust. Wandler zur Umwandlung elektrischer in akust. Schwingungen.

Kopfsalat, ein Gartensalat.

Kopfschmerz wird hervorgerufen z. B. durch Krämpfe der glatten Muskulatur, durch Giftwirkungen, seel. Belastung, Blutdruck- und Kreislaufstörungen, Erkrankungen der Gehirnhäute, Blutaustritt und Geschwülste im Gehirn. Behandlung je nach Ursache. Eine Sonderform des K. ist die → Migräne.

Kopfsteuer, einfachste Form der Personalsteuer, bei der jede Person mit dem gleichen Betrag besteuert wird.

Kopfstimme, Kopfregister, ♩ → Falsett.

Kopie [lat.] die, **1)** Vervielfältigung, Abschrift. **2)** Nachbildung eines Kunstwerks. **3)** Abzug einer photograph. Aufnahme.

kopieren, 1) nachahmen. **2)** abschreiben, -zeichnen, -malen. **3)** vervielfältigen.

Kopiergerät, Gerät zur Vervielfältigung von Dokumenten und Drucken. Weitgehend durchgesetzt haben sich Trocken-K. nach dem Xerographieprinzip. Dabei wird das Vorlagenbild auf eine Kopiertrommel übertragen, auf die der Toner (Farbpulver) aufgebracht wird. Der an den Bildstellen haftende Toner wird dann elektrostatisch auf das Papier übertragen.

Kopisch, August, Maler, Dichter, *1799, †1853; entdeckte die »Blaue Grotte« auf Capri, schrieb Gedichte, Novellen.

Kopp, Georg v., *1837, †1914; 1887 Fürstbischof von Breslau, 1893 Kardinal, an der Beendigung des Kulturkampfes wesentl. beteiligt.

Koppel die, **1)** eingezäuntes Land-, bes. Weidestück **(K.-Weide). 2)** Pferde oder Hunde, die miteinander gekoppelt sind. **3)** das, ∴ Leibriemen.

Kopplung die, **1)** ⊠ wechselseitige Beeinflussung zweier physikal. Systeme. **2)** ⚡ Verbindung zweier Stromkreise zur Energie- oder Signalübertragung. **3)** ♩ bei Orgel, Cembalo, Harmonium mechan. Verbindung mehrerer Register durch den Registerzug.

Kopplungsmanöver, Koppeln zweier Raumfahrzeuge als Abschluß eines Rendezvous-Manövers.

Kopra die, gedörrtes Kokosnußfleisch, sehr fettreich.

Kopten Mz., christl. Nachkommen der alten Ägypter, bes. in den Städten Oberägyptens; sie haben eigene Kirche **(Kopt. Kirche),** eigene Schrift, Sprache und Schrifttum.

koptische Kunst, die in altägypt. Überlieferung wurzelnde Kunst der Kopten, die spätantike, byzantin., arab. Einflüsse zu eigener Formensprache verarbeitete (5.-9. Jh.): kuppelüberwölbte Kirchenbauten, Wandmalereien in Klosterkirchen, meist flächenhaft ornamental wie auch die Bauplastik, Grabsteine, Elfenbeinschnitzereien, Gewebe.

Kopula [lat.] die, **1)** Ⓢ das Zeitwort »sein« im Prädikat, z. B. »die Rose ist rot«. **kopulativ,** verbindend. **2)** Biologie: Verschmelzung der Geschlechtszellen **(Kopulation). 3)** Veredelung durch Edelreis auf ganzer Schnittfläche.

Korah, im A. T.: Urenkel des Levi, wurde als Empörer gegen Moses mit der **Rotte K.** von der Erde verschlungen.

Koralle, → Korallentiere.

Korallenbaum, 1) Indischer K., Mimosengewächs Ostindiens, Zierbaum mit eßbaren roten Samen, die Halsketten liefern, sowie mit

Korallentiere: Edelkoralle

rotem wertvollem Holz **(Korallenholz). 2)** Schmetterlingsblüter mit roten Blüten, so der rotsamige, leichtholzige **Amerikan. K.,** der rotsamige **Südafrikan. K.,** der brasilian. **Korallenstrauch.**

Korallenfische, kleine, farbenprächtige Fische, die zw. Korallenriffen leben.

Koralleninseln und **-riffe,** aus den Kalkgerüsten abgestorbener Korallentierchen, liegen in trop. Meeren als **Saum-** oder **Küstenriffe** den Küsten an, verlaufen nach Senkung des Inselkerns und weiterem Wachsen der Korallenstöcke als **Wall-** oder **Barriere-Riffe** in einiger Entfernung von ihnen und werden schließlich zu Atollen.

Korallentiere, Korallen, Blumentiere, Klasse der Hohltiere; meist festsitzend, von Polypengestalt, in warmen Meeren. Einzeln lebende, skelettlose K. sind die **Seerosen.** Die **Stein-** oder die **Riffkorallen** leben in Tierstöcken und scheiden ein Kalkskelett aus (Riffe, Atolle, → Koralleninseln). Die **Edelkoralle** bildet Tierstöcke an Felsen, bes. im Mittelmeer. Aus ihrem roten Kalkskelett stellt man Schmuck her.

Korallenwurz, europ. Waldorchidee ohne Blattgrün mit grünlichgelben Blüten.

Koran [arab.] der, hl. Buch des Islams, enthält in 114 **Suren** (Kapiteln) die von Mohammed verkündigten göttl. Offenbarungen.

Korb|ball, dem Basketball ähnl. Spiel zw. 2 Mannschaften von je 7 Spielern.

Korb|blüter, Pflanzen, deren Blüten zu Körbchen vereint sind **(Kompositen).** Der Kelch bildet meist eine Haarkrone (Pappus). Die Blumenkrone ist röhrenförmig **(Röhrenblüten)** oder zungenförmig **(Zungenblüten).** Je nach der Stellung auf dem Boden (der Scheibe) des Körbchens oder am Rand unterscheidet man **Scheiben-** und **Randblüten.**

Korçë, Stadt in S-Albanien, 48 000 Ew.; Tabak-, Gummi-, Konservenind.

Korczak [k'ɔrtʃak], Janusz, eigtl. Henryk **Goldszmit,** poln. Kinderarzt und Sozialpädagoge, *1878, †(KZ) 1942; erhielt 1972 postum den Friedenspreis des Dt. Buchhandels.

Kordel [frz.] die, Schnur, Bindfaden.

kordial [frz.], herzlich.

Kordilleren [kɔrdilj'erən, span.] Mz., Hochgebirgsketten im W von N- und S-Amerika, über 15 000 km lang. Die **K. von Nordamerika** bestehen aus 2 mehrkettigen Gebirgszügen, die gewaltige Hochbecken trennen. I. e. S. das Kettengebirge auf der Westseite Südamerikas, span. **Cordilleras de los Andes,** auch **Anden** genannt, mit teilweise vulkan. Gipfeln (Aconcagua 6959 m) und großen Hochebenen (3400 bis 4200 m). Die K. sind reich an Metallen (Silber, Kupfer, Zinn, Zink, Blei). Die Schneegrenze liegt im S 1200-1600, in der Mitte 5000-5900, im N 4500-4700 m hoch.

Kordofan, Landschaft in der Rep. Sudan; Gummiarabicumgewinnung, Baumwollanbau.

Kordon [kɔrd'ɔ̃, frz.] der, ⁂ ✤ Postenkette.

Kore [grch. »Jungfrau«] die, bekleidete Mädchenfigur der archaischen grch. Kunst, auch als Karyatide ein Gebälk tragend.

Korea, Halbinsel in O-Asien, zw. dem Gelben und dem Japan. Meer, von 2 Gebirgsketten durchzogen, im W Tiefland. Längster Fluß und Grenze gegen China ist der Yalu. Klima: binnenländisch. Bev.: → Koreaner.

Politisch ist K. seit 1948 geteilt in:

1) Süd-K., Rep. im S K.s, 98 143 km², 42,1 Mio. Ew.; Hptst.: Seoul; Amtssprache: Koreanisch. Präsidialverfassung. Anbau von Reis, Getreide, Sojabohnen, Baumwolle; Seidenraupenzucht; Fischerei. ⚒ auf Kohle, Wolfram, Graphit, Kupfer, Blei, Zink. In der Industrie stehen Nahrungsmittel- und Textilind. an erster Stelle. Ausfuhr: Graphit, Wolfram, Asbest, Konserven. Haupthandelspartner: Japan, USA. Haupthafen: Pusan; internat. Flughafen: Seoul. Das nach der Ermordung von Staatspräs. Chung Hee Park (1963-79) fortgeführte autoritäre Reg.-System wurde nach Unruhen 1987 in wesentl. Teilen aufgehoben. Präs. seit 1988: Roh Tae Woo. ⊕ S. 483.

Süd-Korea

2) Nord-K., Volksrep. im N K.s, 120 538 km², 22,4 Mio. Ew.; Hptst.: Pyŏngyang; Amtssprache: Koreanisch. Nach der neuen »Sozialist. Verf.« von 1972 trat ein Präs. an die Spitze des Staates (Kim Il Sung); MinPräs.: Yon Hyon Muk (seit 1989). Landwirtschaft kollektiviert und stark mechanisiert (Reis, Getreide u. a.). Forstwirtschaft, Fischerei. ⚒ auf Kohle, Eisen, NE-Metalle. Eisen-, Stahl-, Maschinen-, chem., Textil- u. a. Ind.; Wasserkraftwerke. Ausfuhr: Eisenerz, Buntmetalle. Haupthandelspartner: UdSSR, Volksrep. China. Seehäfen: Wŏnsan, Hungnam, Chŏngjin; internat. Flughafen: Pyŏngyang. ⊕ S. 483.

Nord-Korea

G In K. bestanden mehrere Reiche, z. T. auch unter chines. oder japan. Herrschaft. Seit 1910 gehörte K. zu Japan. Nach der Kapitulation Japans 1945 wurde die Unabhängigkeit K.s erklärt, 1948 das Land in 2 Staaten gespalten (Grenze der 38. Breitengrad). In den 1950 zw. Nord- und Süd-K. ausbrechenden K.-Krieg griffen die UNO unter Führung der USA auf der Seite Süd-K.s ein, während starke chines. Truppen Nord-K. unterstützten. Nach langen Verhandlungen wurde am 27. 7. 1953 der Waffenstillstand von Panmunjon abgeschlossen. 1973 begannen Gespräche über eine Wiedervereinigung beider Staaten.

Koreaner, mongol. Rasse Koreas und der Nachbargebiete, zeigt in den N-Prov. Koreas Ähnlichkeit mit den Nordchinesen, in den S-Prov. mit den Indonesiern.

koreanische Kunst entwickelte sich unter dem Einfluß der chines. zu selbständigen Leistungen und befruchtete ihrerseits die japan.; Königsgräber aus dem 4.-6. Jh., Tempel aus dem 7. Jh. erhalten; hervorragend das Kunsthandwerk, bes. Lackkunst, Keramik.

kören [ndt.], Zuchttiere auswählen.

Korfball, Ballspiel für 2 Mannschaften mit je 6 männl. und weibl. Spielern, bei dem der Ball (Umfang 68-71 cm) in einen Korb geworfen wird.

Korfu [ital.], grch. **Kerkyra, 1)** nordöstlichste der → Ionischen Inseln, 641 km², 99 500 Ew.; im N gebirgig; Wein, Oliven; Fremdenverkehr. **2) K.,** Hptst. der Insel, 33 500 Ew., Hafen.

Koriander der, südeurop. krautiges Doldengewächs; die Früchtchen sind Gewürz.

Korinth, Stadt in Griechenland, auf der Pe-

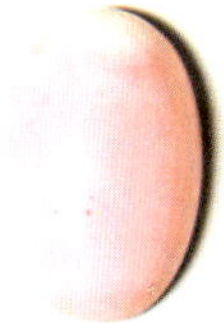

1

2

3

Korallen (Schmuck): **1** Edelkoralle (Engelshaut). **2** Edelkoralle (lachsfarben). **3** Morokoralle

Körper 1): Regelmäßige K.

loponnes, am **Golf von K.,** der mit dem Saron. Golf durch den **Kanal von K.** (6,3 km lang, quert den **Isthmus von K.**) verbunden ist. 22800 Ew., im Altertum berühmte Stadt. Den **Korinth. Krieg** führte K. im Bunde mit Athen, Theben und Argivern gegen Sparta (395-386 v. Chr.); 337 einigte Philipp von Makedonien im **Korinth. Bund** Griechenland (außer Sparta) unter seiner Führung. K. wurde 146 v. Chr. vom röm. Konsul Mummius zerstört, von Caesar 44 v. Chr. wieder besiedelt.

Korintherbriefe, N.T.: 2 Schreiben des Apostels Paulus an die Gemeinde von Korinth.

korinthische Säule, → griechische Kunst.

Koriolan, röm. Adliger des 5. Jh. v. Chr.

Kork [span.] der, oberflächl. liegendes, meist braunes Schutzgewebe der pflanzl. Rinde, an Zweigen, Stamm, Wurzel, Knollen. Seine Zellwände sind durch einen fettartigen Stoff, das Suberin, schwer durchlässig, daher Schutzmittel gegen Wasserverlust. Die **Korkeiche** in Spanien, Unteritalien, N-Afrika liefert K. zu Verschlußpfropfen (K.-Stöpseln), Schwimmgürteln, Linoleum usw.

Kormoran der, **Scharbe,** Vogelgatt. der Ruderfüßer, lebt von Fischen. Die **Eisscharbe** wird in China zum Fischfang benutzt.

Korn das, **1)** Samen oder samenähnl. Hartfrucht. **2)** landesübl. Hauptgetreide, meist Roggen, Weizen oder Mais. **3)** Feingehalt der Münze. **4)** Photographie: kleinste Silberteilchen, aus denen ein photograph. Bild aufgebaut ist. **5)** Narbe des Papiers. **6)** Schußwaffen: auf der Oberseite des Laufes nahe der Mündung angebrachter Teil der Visiereinrichtung. **7)** kurz für K.-Branntwein.

Korn, Arthur, Physiker, *1870, †1945; führte 1904 die erste Übertragung einer Photographie über eine Leitung, 1923 die erste drahtlose Bildübertragung durch.

Kornblume, Art der → Flockenblume.

Kornbranntwein, Korn, Trinkbranntweine aus Roggen, Weizen, Hafer, Gerste u. a. mit mindestens 32% (Doppelkorn mindestens 38) Vol.-% Alkohol.

Kornelkirsche, Kornelle, → Hartriegel.

Körner, ⊙ Stahlstift mit gehärteter Spitze zum Kennzeichnen auf Metall.

Körner, 1) Christian Gottfried, *1756, †1831; Theologe, Freund Schillers, Vater von **2)** Theodor, Dichter, *1791, † (gefallen) 1813; trat in das Lützowsche Korps ein; Kriegslieder (»Leier und Schwert«), Trauerspiele (»Zriny«), Lustspiele. **3)** Theodor, *1873, †1957; 1951-57 österr. Bundespräs.

Körnerkrankheit, ansteckende Entzündung der Bindehaut des Auges **(Trachom, Granulose)** mit Körnerbildung, kann zu narbiger Schrumpfung und zum Erblinden führen.

Kornett [ital.], **1)** das, kleines Trompeteninstrument, meist in B, aus dem Posthorn entstanden. **2)** der, früher Reiterfähnrich.

Korngold, Erich, Komponist, *1897, †1957; Opern-, Orchester- und Kammermusik, Lieder.

Kornkäfer, Kornkrebs, braunschwarzer 4 mm langer Rüsselkäfer. Das Weibchen legt die Eier in lagerndes Korn; Schädling.

Kornrade, purpurn blühendes Getreideunkraut; im giftigen Samen Saponin.

Kornwestheim, Gr. Krst. in Bad.-Württ., 28500 Ew.; Eisenbahnfachschule, Maschinen-, Metall-, Schuh-Ind.

Korolenko, Wladimir, russ. Erzähler, *1853, †1921; »Sibirische Geschichten«.

Koromandelküste, südl. Teil der Ostküste Indiens.

Korona [lat.] die, **1)** ☆ äußerste Umhüllung der Sonne, eine weißl. Strahlenkrone, die mit dem **Koronographen** oder bei vollständiger Sonnenfinsternis beobachtet werden kann (BILD Sonne).

Korinth: Einfahrt zum Kanal von K.

2) ⚡ Glimmhaut einer → Gasentladung; K.-Verluste an Höchstspannungsleitungen werden durch Hohl- und Bündelleiter vermindert. **3)** Freundeskreis, fröhl. Gesellschaft.

Koronargefäße, Herzkranzgefäße; ungenügende Durchblutung führt zur **Koronarinsuffizienz.**

Koronograph, astronom. Fernrohr zur Erforschung der Sonnen-Korona; die Sonne wird durch eine Blende abgedeckt.

Körper der, **1)** △ von Flächen begrenzter Raumteil; regelmäßige K. werden von deckungsgleichen regelmäßigen Vielecken begrenzt: Tetraeder, Würfel (Hexaeder), Oktaeder, Dodekaeder, Ikosaeder. **2)** Gegenstand der höheren Algebra. **3)** Stoffmenge mit beständiger (starrer K.) oder veränderl. Gestalt. **4)** Organismus (Leib) der Lebewesen.

Körperbehinderter, Mensch mit angeborener oder erworbener schwerer Beeinträchtigung der Bewegungsmöglichkeit.

Körperfarben, Farben einer nicht selbstleuchtenden Fläche. Ggs.: Spektralfarben.

Körperschaft die, mit den Rechten einer jurist. Person ausgestattete Vereinigung mehrerer Personen zu gemeinsamem Zweck; im öffentl. Recht z. B. die Gemeindeverbände, im Privatrecht der Verein.

Körperschaftsteuer, Steuer auf die Einkünfte der Körperschaften, Personenvereinigungen und selbständigen Vermögensmassen.

Körperschutzmittel, Arbeitsschutz: am Körper getragene Schutzausrüstungen und Schutzvorkehrungen (z. B. Schutzanzüge, -handschuhe, -helme) sowie Mittel zum Schutz des Körpers (Hautschutzmittel, Hautdesinfektionsmittel u. a.).

Körpertemperatur, wird bei Mensch und Warmblütern durch chem. Umsetzungen aufrechterhalten, schwankt beim gesunden Menschen zw. 36 und 37 °C; bei Fieber erhöht.

Körperverletzung, ⚖ widerrechtl. Verletzung der körperl. Unversehrtheit eines Menschen. Rechtsfolgen: Schadenersatz, Strafe (Geldstrafe, Freiheitsstrafe), Buße (§§ 223 ff. StGB).

Korporal [frz.] der, Unteroffizier.

Korporale [lat.] das, quadrat. Linnentuch, auf dem in der Messe Hostie und Kelch ruhen.

Korporation [lat.] die, **1)** die → Körperschaft. **2)** student. → Verbindung. **korporativ,** körperschaftlich, geschlossen.

Korps [kɔ:r, frz.] das, **1)** Gemeinschaft von Personen gleichen Standes (Offiziers-K.). **2)** ⁖ Großverband und militär. Führungsstelle der oberen Führung. **3)** manche Studentenverbindungen.

Korpus [lat.], **1)** der, Körper. **2)** die, ✍ Schriftgrad (→ Schriften).

Korporal (Frankreich, Garde Republicaine, 1966)

Korpuskel [lat. »Körperchen«] die, kleinste Teilchen (Staub-, Schwebeteilchen); i. e. S. Nukleonen und Elementarteilchen.
Korpuskularstrahlen, Teilchenstrahlen, z. B. Kathodenstrahlen, Alpha-, Betastrahlen.
Korreferent [lat.] der, 2. Berichterstatter.
korrekt [lat.], richtig, fehlerlos.
Korrektion [lat.] die, **1)** Nachbesserung, Berichtigung. **2)** Verbesserung opt. Systeme.
Korrektor der, -s/...toren, ⚭ Angestellter, der den Schriftsatz auf Satzfehler prüft.
Korrektur die, Verbesserung, Berichtigung.
Korrelat [lat.] das, Ergänzung, Gegenstück. **Korrelation** die, Wechselbeziehung. Eigenschaftswort: **korrelativ.**
Korrepetitor [lat.] der, Musiker an der Oper, der die Sänger am Klavier einübt.
Korrespondent [lat.] der, **1)** Briefverkehr erledigender kaufmänn. Angestellter. **2)** Geschäftspartner. **3)** auswärtiger Berichterstatter einer Zeitung. **Korrespondenz** die, Briefwechsel (geschäftl.), Briefverkehr.
korrespondieren, 1) Briefe wechseln. **2)** übereinstimmen, entsprechen.
Korridor der, **1)** Gang, Flur. **2)** Gebietsstreifen, der fremdes Staatsgebiet durchquert, z. B. der 1919 errichtete **Poln. Korridor.**
korrigieren [lat.], berichtigen.
Korrosion [lat.] die, Zerstörung von Werkstoffen durch chem. oder elektrochem. Angriffe von der Oberfläche aus. **K.-Schutz** durch Verwendung sehr reiner Werkstoffe, durch bestimmte Legierungszusätze oder durch bes. Oberflächenbehandlung (Anstreichen mit einer Schutzschicht, Überziehen mit korrosionsbeständigen Metallen). Zeitw.: **korrodieren.**
korrumpiert, korrupt [lat.], verdorben, sittenlos, bestechlich. **Korruption** die, Sittenverderbnis, Bestechlichkeit.
Korsak der, Fuchs der Kirgisensteppe.
Korsar [ital.] der, Seeräuber.
Korselett [frz.] das, leichtes Mieder.
Korsen Mz., Bewohner Korsikas, ital. Volksstamm, wohl iberischer und ligur. Herkunft.
Korsett [frz.] das, Schnürleib, Mieder.
Korsika, frz. **La Corse** [la k'ɔrs], frz. Insel im Mittelmeer, 8568 km^2, 246000 Ew. (Korsen); Hptst.: Ajaccio. Gebirgsland (bis 2710 m) mit Viehzucht; in den Küstenebenen Wein-, Obst-, Gemüseanbau. Fremdenverkehr. – Im Altertum unter karthag., seit 238 v. Chr. unter röm. Herrschaft. Seit 1300 von Genua beherrscht; 1768 an Frankreich verkauft. Seit 1970 verstärkten sich Autonomiebestrebungen. – Heimat Napoleons I.
Korso [ital.] der, -s/-s, **1)** festl. Auffahrt, Schaufahrt. **2)** Name von Straßen. **3)** Vorführung bes. schöner Gespanne.
Kortner, Fritz, Schauspieler, Regisseur, *1892, †1980; bed. Inszenierungen.
Kortrijk [k'ortrɛjk], frz. **Courtrai** [kurtr'ɛ], Stadt in W-Flandern, Belgien, an der Leie, 76000 Ew.; alte Bauten: Rathaus, St.-Martins-Kirche, Beginenhof, Belfried u. a.; Univ.; Leinen-Ind.
Kortum, Karl Arnold, Schriftst., *1745, †1824; grotesk-kom. Heldengedicht »Die Jobsiade« mit selbstentworfenen Bildern.
Korund der, sehr hartes Tonerdemineral. K. sind u. a. **Saphir, Rubin, Schmirgel.**
Korvette [frz.] die, kleineres Kriegsschiff.
Korybant [grch.] der, Begleiter, auch Priester der phryg. Göttin Kybele.
Koryphäe [grch. »Chorführer«] die, in seinem Fachgebiet hervorragender Mensch.
Kos, ital. **Coo,** türk. **Istanköy,** grch. Insel des Dodekanes, im Ägäischen Meer, 290 km^2, 20500 Ew.; im Altertum berühmt durch Asklepiosheiligtum. (→ Hippokrates)
Kosaken Mz., seit dem 15. Jh. freie, krieger. Gemeinschaften in der Ukraine, in SO-Rußland **(Don-K.)** und Sibirien, bildeten einst Heere unter eigenen Feldherren **(Ataman),** später bes. russ. Reiterregimenter.
Koschenille die, Arten von Schildläusen, die roten Farbstoff liefern **(Cochenille).**
koscher, kauscher [hebr. »rein«], nach den jüd. Speisegesetzen zum Genuß erlaubt.
Koschnik, Hans, Politiker (SPD), *1929; 1967-85 Senatspräs. und Bürgermeister von Bremen.
Kosciusko [kɔzɪ'ʌskəʊ], **Mount K.,** mit 2230 m der höchste Berg Australiens.
Kościuszko [kɔsjtsj'uʃkɔ], Tadeusz, poln. Feldherr, *1746, †1817; 1794 Anführer im letzten Aufstand gegen die poln. Teilungen.
Kösen, Bad K., Stadt und Solbad im Bez. Halle, an der Saale, 5700 Ew. Bei K.: → Schulpforta; Ruinen Rudelsburg und Saaleck.
Kosinski, Jerzey, poln.-amerikan. Schriftst., *1933; zeitkrit. Romane.
Kosinus der, → Winkelfunktionen.
Köslin, poln. **Koszalin** [kɔʃ'alin], Hptst. der poln. Wwschaft Koszalin, ehem. Stadt in Pommern, 105000 Ew.
Kosmas und **Damian,** Heilige (Tag 26. 9.), Brüder, Ärzte in Kilikien, 303 enthauptet.
Kosmetik [grch.] die, → Schönheitspflege.
kosmisch [grch.], zum Weltall gehörend.
kosmische Strahlung, Höhenstrahlung, aus dem Weltraum auf die Erde treffende, sehr energiereiche Teilchenstrahlung (bis 10^{20} eV) von Protonen und leichteren Atomkernen, die mit der Höhe über dem Erdboden zunimmt, aber auch in der Erdrinde und in 1300 m Meerestiefe noch nachweisbar ist. (→ Hochenergiephysik)
kosmo... [grch.], in Fremdwörtern: welt..., z. B. Kosmonaut, Weltraumfahrer.
Kosmodrom, russ. Bez. für Raumfahrt-Raketenstartplatz.
Kosmogonie [grch.] die, Lehre von der Weltentstehung.
Kosmographie die, Beschreibung der Welt.
Kosmologie [grch.] die, Lehre vom Weltall als Ganzem, bes. die Entstehung und Entwicklung **(Kosmogenie)** sowie Alter, Ausdehnung und Struktur des Weltalls.
Kosmonaut, russ. Bez. für Astronaut.
Kosmopolit [grch.] der, Weltbürger.
Kosmos [grch.] der, Weltordnung, Weltall.
Kosovo, autonome Prov. der Volksrep. Serbien, Jugoslawien, 10887 km^2, 1,85 Mio. Ew. (rd. ¾ Albaner); Hptst.: Priština. – Nach 1981 anhaltende Spannungen zw. Albanern und serb. Minderheit; 1989 Einschränkung der Autonomie.
Kossuth [k'ɔʃut], Ludwig v., *1802, †1894; war 1848/49 Führer des ungar. Unabhängigkeitskampfes gegen das habsburg. Österreich.
Kossygin, Aleksej, sowjet. Politiker, *1904, †1980; Wirtschaftsfachmann, 1960-64 Erster stellvertr. MinPräs., 1964-80 Vors. des Ministerrats (MinPräs.).
Kosten Mz., Gesamtheit der Werte, die für die Beschaffung oder Herstellung eines wirtschaftl. Gutes aufgewendet werden; betriebswirtschaftl. der gesamte Verbrauch an Sachgütern, Dienstleistungen u. a. (Löhnen und Gehältern, Rohstoffen, Abschreibungen, Zinsen, Steuern), der notwendig ist, um eine wirtschaftl. Leistung hervorzubringen. Die betrieblich entstehenden K. gliedern sich in **direkte** oder **Einzel-K.** (unmittelbar auf das einzelne Werkstück anzurechnen) und **indirekte** oder **Gemein-K.** Ferner werden unterschieden **fixe K.** (unabhängig vom Beschäftigungsgrad des Unternehmens) und **variable K.,** die sich je nach dem Beschäftigungsgrad ändern.
Köstritz, Bad K., Kurort im Bez. Gera, an der Weißen Elster, 4000 Ew.; ehemal. fürstl. Reußisches Schloß; Sand- und Solbäder.

Kosake: Offiziers-Garde-Uniform (Rußland, 1825)

Kossygin

Kothurn: Schauspieler mit K., Elfenbeinstatuette

Krafträder, links: Motorroller Heinkel-Tourist, 175 cm³, 1960-66, Mitte: Kreidler-Moped MP2, 50 cm³, 2 PS, 1975, rechts: BMW R 90 S, 67 PS, 1975

Kotze

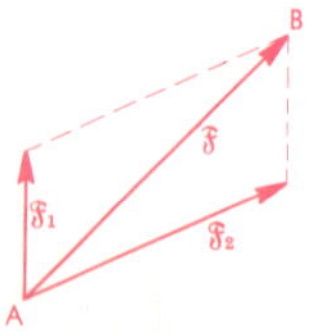

Kraft: Kräfteparallelogramm. F_1, F_2 = Einzelkräfte, AB = F = resultierende Gesamtkraft

Kostromạ, Stadt im zentralruss. Industriegebiet, an der Wolga, 276 000 Ew.; Werft, Hüttenwerk, Maschinenbau, Fischverarbeitung.

Kostụ̈m [frz.-ital.] das, **1)** Tracht, Kleidung. **2)** Jackenkleid. **kostümịeren,** verkleiden.

Kot der, Ausscheidungen des Darms.

Kọtangens der, → Winkelfunktionen.

Kotạu der, tiefe Verbeugung vor hochgestellten Personen und im Gottesdienst, in China bis 1911.

Kotelẹtt [frz.] das, Rippenstück vom Kalb, Schwein, Hammel, Wild.

Kotelẹtten [frz.] Mz., kurzer Schläfen-, Backenbart.

Koterịe [frz.] die, Klüngel, Sippschaft.

Köthen/Anhalt, Krst. im Bez. Halle, 34 700 Ew.; Acker-, Gartenbau, versch. Ind.

Kothụrn [grch.] der, altgrch.: hoher Schnürschuh; dann der Bühnenschuh zur Erhöhung der Gestalt. Übertragen: gestelzter Stil. (BILD S. 469)

Kotiẹrung die, Zulassung eines Wertpapiers zur Notierung an der Börse.

Kotillon [kɔtij'ɔ̃, frz.] der, -s/-s, Gesellschaftstanz mit scherzhaften Überraschungen.

Kọtor, ital. **Cạttaro,** Hafenstadt in Montenegro, Jugoslawien, 5800 Ew.; K. gehörte 1797 bis 1805 und 1814-1919 zu Österreich.

Kotze die, Wetterüberwurf.

Kotzebue [-bu:], August v., Schriftst., *1761, †1819, in Mannheim von dem Burschenschafter K. L. Sand erdolcht, weil er als Spitzel der russ. Regierung galt. Lustspiele (»Die dt. Kleinstädter«) und Rührstücke.

Kowloon [kaʊl'u:n], amtl. chines. **Jiulong,** Halbinsel und Stadt, Teil von → Hongkong.

Kozhikode [k'əʊdʒɪkəʊd], engl. **Calicut** [k'ælɪkət], versandeter Hafen (Malabarküste), Indien, 394 000 Ew.; Baumwollwebereien. 1498 landete hier Vasco da Gama.

kp, Abk. für **K**ilo**p**ond; 1 kp = 1000 Pond.

KP, Abk. für **K**ommunistische **P**artei.

kPa, Abk. für **K**ilo**pa**scal; 1 kPa = 1000 Pascal.

Kr, chem. Symbol für Krypton.

Kra, Landenge auf der Halbinsel Malakka bei der gleichnam. Stadt, 42 km breit.

Krabben [ndt.] Mz., Zehnfußkrebse, mit kurzem Hinterleib; meist Meeresbewohner; sie laufen vielfach seitwärts. Arten: **Taschenkrebs,** eßbar, und **Gemeine Strand-K.,** in der Nordsee; **Japan. Riesen-K.,** größter Krebs; Wollhand.-K. Viele K. sind eßbar.

Krabben [ndt.] Mz., ⌂ knollen- und blattartige steinerne Verzierungen.

Kracken, Umwandlung höher siedender Kohlenwasserstoffe in niedriger siedende zur Gewinnung klopffester Fahrbenzine, gelenkt durch Temperatur- und Druckregelung sowie durch Katalysatoren.

Krad, Abk. für **Kr**aftr**ad.**

Krafft, Kraft, Adam, Bildhauer, *um 1460, †1508/1509; Meister der dt. Spätgotik: Sakramentshaus in St. Lorenz, Kreuzwegstationen im German. Museum Nürnberg.

Kraft die, ⊠ gerichtete physikal. Größe (Vektor), Ursache für Formänderungen oder die Änderung des Bewegungszustandes eines Körpers, bestimmt durch das Produkt Masse × Beschleunigung. Maßeinheit im Internat. Einheitensystem (SI) ist das **Newton** (N); 1 N ist die K., die der Masse 1 kg eine Beschleunigung von 1 m/s^2 erteilt, also 1 N = 1 m kg/s^2. Früher verwendete man als Einheit der K. das Kilopond; 1 kp = 9,80665 N ≈ 9,81 N (entspricht der Fallkraft, die an der Erdoberfläche auf 1 kg Masse ausgeübt wird). Zwei oder mehrere Kräfte, die in einem Punkt angreifen, können zu einer **Ersatz-K.** vereinigt werden. Ihre Größe und Richtung ist durch die Diagonale eines Parallelogramms bestimmt, dessen Seiten die gegebenen Kräfte bilden **(Kräfteparallelogramm).**

Kraftfahrt-Bundesamt, Bundesoberbehörde für den Straßenverkehr, Sitz: Flensburg-Mürwik. Aufgaben: Typprüfung, Auswertung der Erfahrungen im kraftfahrtechn. Prüf- und Überwachungswesen, Führung der »Verkehrssünderkartei«.

Kraftfahrzeug, Abk. **Kfz,** durch Maschinenkraft angetriebenes Straßenfahrzeug, das nicht an Schienen gebunden ist: → Kraftwagen, Kraftrad, → Zugmaschine. Zulassung und Betrieb der K. unterliegen gesetzl. Vorschriften (Straßenverkehrs- und Straßenverkehrszulassungs-Ordnung). – **K.-Verkehr.** Voraussetzung ist eine Betriebserlaubnis (Zulassung)

Kraftwagen: links Benz-Motorwagen, 1885/86; rechts BMW-Kleinwagen als Cabriolet, 1928

und ein amtl. Kennzeichen, die von der zuständigen Verwaltungsbehörde erteilt werden. Für das K. muß eine Haftpflichtversicherung abgeschlossen werden.

Kraftfahrzeugbrief, Urkunde, in der ein Kraftfahrzeug beschrieben ist; dient der Sicherung des Eigentums; Verlust melden.

Kraftfahrzeugkennzeichen, vgl. hierzu Übersicht.

Kraftfahrzeugschein, bei der Zulassung eines Kraftfahrzeugs erteilte Urkunde, die auf den Namen des Kraftfahrzeughalters ausgestellt ist und die polizeil. Zulassungsnummer sowie techn. Daten des Fahrzeugs enthält.

Kraftfahrzeugsteuer, erfaßt das Halten eines Kfz. zum Verkehr auf öffentl. Straßen, allg. ohne Rücksicht auf die tatsächl. Benutzung (Ges. 1. 12. 1972); meist auf Hubraum oder Gewicht bezogen.

Kraftfeld, Kraftlinien, → Feld.

Kraftloserklärung, Rechtshandlung, durch die Urkunden ihre Wirksamkeit entzogen wird.

Kraftmaschine, Maschine zur Umwandlung einer Energieform in mechan. Energie. Die erzeugten treibenden Kräfte bewegen einen Kolben hin und her (Hubkolbenmotor) oder rufen eine drehende Bewegung hervor (Turbinen, Elektromotoren).

Kraftmesser der, → Dynamometer.

Kraftrad, durch Zwei- oder Viertakt-Ottomotor, in Dtl. ab 50 cm^3 Hubraum, angetriebenes Einspurfahrzeug, auch mit Beiwagen. Antrieb geht vom Motor über Kupplung, Wechselgetriebe, Gelenkwelle oder Kettenrad mit Kette auf Hinterrad. (BILDER S. 470)

Kraftwagen, i. a. von Verbrennungsmotoren angetriebene Fahrzeuge. Drehzahl und Leistung werden durch Betätigen des Gaspedals, das die Zuführung des Kraftstoff-Luft-Gemisches zum Motor steuert, geregelt. Vom Motor wird die Kraft über Ausrückkupplung, Wechselgetriebe Gelenkwelle, Ausgleichsgetriebe auf die Antriebsräder übertragen. Vorherrschend ist der Hinterradantrieb, daneben gibt es den Vorderradantrieb sowie (für Gelände-K.) den Allradantrieb. Die **Ausrückkupplung** ermöglicht ruckfreies Anfahren und Schalten des **Getriebes.** Dieses soll durch Änderung der Übersetzungsverhältnisse das nur in engen Grenzen veränderl. Drehmoment des Motors den wechselnden Fahrwiderständen (Anfahren, Beschleunigen, Steigen) anpassen und Rückwärtsfahrt ermöglichen; es wird durch den Handschalthebel betätigt. Neben Handschaltgetrieben werden halb- und vollautomat. Getriebe gebaut. Bei den ersteren gibt der Fahrer nur den Impuls zum Schalten, das dann durch den Getriebemechanismus selbsttätig ausgeführt wird. Vollautomat. Getriebe passen ohne Zutun des Fahrers die Übersetzung den auftretenden Fahrwiderständen an. – Das **Fahrgestell** (eigener Rahmen oder selbsttragender Aufbau) trägt Motor, Kraftübertragung, Achsen oder Radaufhängung, Federung, Räder mit Bereifung, Bremsen und Lenkung. Die **Federung** soll Fahrbahnstöße auffangen. Starrachsen sind bei Lkw und Omnibussen üblich, bei Pkw für die Hinterachse vorherrschend, sonst Einzelradaufhängung. Zur **Lenkung** werden durch Drehen des Lenkrads über Lenkgetriebe und Lenktrapez die auf den Achsschenkeln gelagerten Vorderräder um den Lenkzapfen geschwenkt. Jeder K. muß 2 voneinander unabhängige **Bremsen** haben, von denen eine feststellbar sein muß. Gebräuchl. ist die Vierradbremse als Innenbacken- oder Scheibenbremse, die meist hydraulisch (Öldruck), bei Lkw und Omnibussen durch Saug- oder Druckluft betätigt wird. – Der **Aufbau** (Karosserie) nimmt die Fahrgäste oder Waren auf. Geschlossene Pkw heißen Limousinen, solche mit Rolldach Kabriolimousinen, mit zurückklappbarem Verdeck Kabrioletts, mit abnehmbarem Verdeck Hardtop. Der Motor wird auch im Heck oder unter Flur eingebaut. Die Aufbauten der Lkw richten sich nach dem Verwendungszweck. (BILDER S. 470; BILD Verbrennungsmotor).

Kraft-Wärme-Kopplung, Nutzung der bei der Stromerzeugung im Kraftwerk anfallenden Wärme zur Heizung oder Prozeßwärme.

Kraftwerk umfaßt elektr. Erzeugungs-, Umspann- und Schaltanlagen. Für den Antrieb der Generatoren verwendet man Wasser- und Wärmekraftmaschinen. Die Grundlast übernehmen die **Wärme-K.** (Kohle, Öl, Gas) und die **Laufwasserwerke,** die das fließende Wasser der Flüsse bei geringem Gefälle ausnutzen. Die Lastspitzen werden von **Spitzen-K.** übernommen. Das Wasser hochgelegener Seen und die Wassermengen, die in Talsperren gestaut und gespeichert werden, stehen hierfür zur Verfügung. Je nachdem, ob es sich um **Nieder-K.** (Gefälle bis zu 50 m) oder **Hochdruck-K.** (50-800 m) handelt, verwendet man Turbinen unterschiedl. Bauart (Francis-, Kaplanturbine, Peltonrad). Die Generatoren in Wärme-K. werden in der Hauptsache durch Dampfturbinen angetrieben. **Kern-K.** werden mit Kernenergie betrieben. Die Energie wird bisher ausschließlich durch Spaltung schwerer Atomkerne – bes. des Uranisotops 235 – gewonnen, die als kontrollierte Kettenreaktion im → Reaktor abläuft, der an die Stelle der Feuerung des Dampfkessels in einem konventionellen Kraftwerk tritt. Der Bau von Kern-K. ist derzeit umstritten, da das Problem der Entsorgung, der Wiederaufbereitung und Endlagerung von Kernbrennstäben nicht gelöst ist. Sonnen-, Wind-, Gezeiten- und geotherm. K. haben noch keine große Bedeutung. Zum Energieausgleich zw. den K. kuppelt man sie über das Hochspannungsnetz (Verbundbetrieb). Die von den Generatoren erzeugte Energie (meist Drehstrom 6000 V, 50 Hz) wird in der Umspannstation auf Hochspannung (110 kV bis 765 kV) gebracht und ins Netz geleitet. Die Fernsteuerung der Schaltgeräte und die Überwachung des gesamten Betriebes übernimmt die Schaltwarte.

Kragenfäule, Rindenfäule bes. am Stammgrund des Apfelbaumes.

Kragujevac [-vats], jugoslaw. Stadt, 87 000 Ew.; Rüstungsind., Kraftfahrzeugbau.

Krähe die, Rabenvogel, in Mitteleuropa mit den Arten: **Raben-K.,** schwarz, westl. der Elbe; **Nebel-K.,** grauschwarz, östl. der Elbe bis Asien; **Saat-K.,** blauschwarz, sehr häufig, frißt Getreidekörner und Schädlinge des Feldes.

Krähe: Nebelkrähe

Krähenbeere, nadelblättriger, rosablühender, heidelbeerähnl. Zwergstrauch auf Mooren.

Krähen-Indianer, engl. **Crow** [kroʊ], Stamm der Sioux, Bisonjäger der nördl. Prärie; heute in Reservation in Montana (USA).

Krahl, Hilde, österr.-dt. Schauspielerin, *1927; (»Der Postmeister« u. a.).

Krähwinkel, Kleinstadt in Kotzebues Lustspiel »Die dt. Kleinstädter« (1803).

Kraichgau, Landschaft zw. Schwarzwald und Odenwald, Bad.-Württ.

Krain, Landschaft in Jugoslawien, der Westteil der Volksrep. Slowenien. Hptst.: Laibach (Ljubljana).

Krakatau, Krakatoa, vulkan. Insel in der Sundastraße (Ausbrüche 1883, 1928, 1933).

Krakau, poln. **Kraków** [-kuf], Hptst. der poln. Wwschaft K., an der oberen Weichsel, 745 000 Ew.; got. Marienkirche (Altar von Veit Stoß), Schloß mit Kathedrale (Krönungsort und Grabstätte der poln. Könige); Univ. (1364 gegr.); Kernforschungsinstitut; Eisen-, Metallind., Kunstdüngerwerke. – K., im 13. Jh. als dt. Stadt angelegt, war 1320-1550 poln. Hptst., bis

KRAFTFAHRZEUGKENNZEICHEN

Bundesrep. Dtl. und Berlin (West)

(im Januar 1990 gültige Unterscheidungszeichen)

A:	Augsburg, Stadt/Kr.
AA:	Ostalbkreis
AB:	Aschaffenburg, Stadt/Kr.
AC:	Aachen, Stadt/Kr.
AH:	Ahaus, Kr.
AIB:	Bad Aibling, Kr.
AIC:	Aichach-Friedberg, Kr.
AK:	Altenkirchen Westerwald, Kr.
AL:	Altena, Kr.
ALF:	Alfeld Leine, Kr.
ALS:	Vogelsbergkreis
ALZ:	Alzenau i. UFr, Kr.
AM:	Amberg, Stadt/Kr. Amberg-Sulzbach
AN:	Ansbach, Stadt/Kr.
AÖ:	Altötting, Kr.
AR:	Arnsberg, Kr.
AS:	Amberg-Sulzbach, Kr.
ASD:	Aschendorf-Hümmling, Kr.
AUR:	Aurich, Kr.
AW:	Bad Neuenahr-Ahrweiler, Kr.
AZ:	Alzey-Worms, Kr.
B:	Berlin
BA:	Bamberg, Stadt/Kr.
BAD:	Baden-Baden, Stadt
BB:	Böblingen, Kr.
BC:	Biberach, Riß, Kr.
BCH:	Buchen Odenwald, Kr.
BD:	Bundestag, -rat, -reg.
BE:	Beckum, Kr.
BEI:	Beilngries, Kr.
BF:	Steinfurt, Kr.
BGD:	Berchtesgaden, Kr.
BGL:	Berchtesgadener Land, Kr.
BH:	Bühl Baden, Kr.
BI:	Bielefeld, Stadt
BID:	Biedenkopf, Kr.
BIN:	Bingen/Rhein, Kr.
BIR:	Birkenfeld Nahe, Kr.
BIT:	Bitburg-Prüm, Kr.
BK:	Backnang, Kr.
BKS:	Bernkastel, Kr.
BL:	Zollernalbkreis
BLB:	Wittgenstein, Kr.
BM:	Erftkreis
BN:	Bonn, Stadt
BO:	Bochum, Stadt
BOG:	Bogen, Kr.
BOH:	Bocholt, Stadt
BOR:	Borken, Kr.
BOT:	Bottrop, Stadt
BP:	Dt. Bundespost
BR:	Bruchsal, Kr.
BRA:	Wesermarsch, Kr.
BRI:	Brilon, Kr.
BRK:	Bad Brückenau, Kr.
BRL:	Blankenburg, Kr.
BRV:	Bremervörde, Kr.
BS:	Braunschweig, Stadt
BSB:	Bersenbrück, Kr.
BT:	Bayreuth
BU:	Burgdorf, Kr.
BÜD:	Büdingen Oberhessen, Kr.
BÜR:	Büren, Kr.
BÜS:	Konstanz, Kr.
BUL:	Burglengenfeld, Kr.
BW:	Bundes-Wasser- u. Schiffahrtsverw.
BWL:	Bad.-Württ. (Landesreg., Landtag)
BYL:	Bayern (Landesreg., Landtag)
BZA:	Bergzabern, Kr.
CAS:	Castrop-Rauxel, Stadt
CE:	Celle, Kr.
CHA:	Cham, Kr.
CLP:	Cloppenburg, Kr.
CLZ:	Zellerfeld, Kr.
CO:	Coburg
COC:	Cochem-Zell, Kr.
COE:	Coesfeld, Kr.
CR:	Crailsheim, Kr.
CUX:	Cuxhaven, Kr.
CW:	Calw, Kr.
D:	Düsseldorf, Stadt/Kr. Mettmann
DA:	Darmstadt, Stadt/Kr.
DAH:	Dachau, Kr.
DAN:	Lüchow-Dannenberg, Kr.
DAU:	Daun, Kr.
DB:	Dt. Bundesbahn
DEG:	Deggendorf, Kr.
DEL:	Delmenhorst, Stadt
DGF:	Dingolfing-Landau, Kr.
DH:	Diepholz, Kr.
DI:	Dieburg, Kr.
DIL:	Dillkreis
DIN:	Dinslaken, Kr.
DIZ:	Unterlahnkreis
DKB:	Dinkelsbühl, Kr.
DLG:	Dillingen a. d. Donau, Kr.
DN:	Düren, Kr.
DO:	Dortmund, Stadt
DON:	Donau-Ries, Kr.
DS:	Donaueschingen, Kr.
DT:	Lippe, Kr.
DU:	Duisburg, Stadt
DUD:	Duderstadt, Kr.
DÜW:	Bad Dürkheim Weinstraße, Kr.
E:	Essen, Stadt
EBE:	Ebersberg, Kr.
EBN:	Ebern, Kr.
EBS:	Ebermannstadt, Kr.
ECK:	Eckernförde, Kr.
ED:	Erding, Kr.
EG:	Eggenfelden, Kr.
EHI:	Ehingen Donau, Kr.
EI:	Eichstätt, Kr.
EIH:	Eichstätt, Kr.
EIN:	Einbeck, Kr.
EL:	Emsland, Kr.
EM:	Emmendingen, Kr.
EMD:	Emden, Stadt
EMS:	Rhein-Lahn-Kr.
EN:	Ennepe-Ruhr-Kr.
ER:	Erlangen, Stadt
ERB:	Odenwaldkreis
ERH:	Erlangen-Höchstadt, Kr.
ERK:	Erkelenz, Kr.
ES:	Esslingen Neckar, Kr.
ESB:	Eschenbach i. d. OPf, Kr.
ESW:	Werra-Meißner-Kr.
EU:	Euskirchen, Kr.
EUT	Eutin, Kr.
F:	Frankfurt/Main, Stadt
FAL:	Soltau-Fallingbostel, Kr.
FB:	Wetteraukreis
FD:	Fulda, Kr.
FDB:	Friedberg, Kr.
FDS:	Freudenstadt, Kr.
FEU:	Feuchtwangen, Kr.
FFB:	Fürstenfeldbruck, Kr.
FH:	Main-Taunus-Kr.
FKB:	Frankenberg, Eder, Kr.
FL:	Flensburg
FN:	Bodenseekreis
FO:	Forchheim, Kr.
FR:	Freiburg, Breisgau, Stadt/Kr.
FRG:	Freyung-Grafenau, Kr.
FRI:	Friesland, Kr.
FS:	Freising, Kr.
FT:	Frankenthal Pfalz, Stadt/Kr. Bad Dürkheim
FÜ:	Fürth, Stadt/Kr.
FÜS:	Füssen, Kr.
FZ:	Fritzlar-Homberg, Kr.
GAN:	Gandersheim, Kr.
GAP:	Garmisch-Partenkirchen, Kr.
GD:	Schwäbisch Gmünd, Kr.
GE:	Gelsenkirchen, Stadt
GEL:	Geldern, Kr.
GEM:	Gemünden a. Main, Kr.
GEO:	Gerolzhofen, Kr.
GER:	Germersheim, Kr.
GF:	Gifhorn, Kr.
GG:	Groß-Gerau, Kr.
GI:	Gießen, Kr.
GK:	Geilenkirchen-Heinsberg, Kr.
GL:	Rheinisch-Berg. Kr.
GLA:	Gladbeck, Stadt
GM:	Oberberg, Kr.
GN:	Gelnhausen, Kr.
GÖ:	Göttingen, Stadt/Kr.
GOA:	Sankt Goar, Kr.
GOH:	Sankt Goarshausen, Kr.
GRA:	Grafenau, Kr.
GRI:	Griesbach i. Rottal, Kr.
GS:	Goslar, Kr.
GT:	Gütersloh, Kr.
GUN:	Gunzenhausen, Kr.
GV:	Grevenbroich, Kr.
GZ:	Günzburg, Kr.
H:	Hannover, Stadt/Kr.
HA:	Hagen, Stadt
HAB:	Hammelburg, Kr.
HAM:	Hamm, Stadt
HAS:	Haßberge, Kr.
HB:	Hansestadt Bremen, Bremen-Nord, Bremerhaven, Stadt
HCH:	Hechingen, Kr.
HD:	Heidelberg, Stadt/Kr.
HDH:	Heidenheim, Brenz, Kr.
HE:	Helmstedt, Kr.
HEB:	Hersbruck, Kr.
HEF:	Hersfeld-Rotenburg, Kr.
HEI:	Dithmarschen, Kr.
HEL:	Hessen (Landesreg., Landtag)
HER:	Herne, Stadt
HF:	Herford, Kr.
HG:	Hochtaunuskreis
HH:	Hansestadt Hamburg
HI:	Hildesheim, Kr.
HIP:	Hilpoltstein, Kr.
HL:	Hansestadt Lübeck
HM:	Hameln-Pyrmont, Kr.
HMÜ:	Münden, Kr.
HN:	Heilbronn, Neckar, Stadt/Kr.
HO:	Hof, Stadt/Kr.
HOG:	Hofgeismar, Kr.
HOH:	Hofheim i. UFr, Kr.
HOL:	Holzminden, Kr.
HOM:	Saar-Pfalz-Kr.
HOR:	Horb Neckar, Kr.
HÖS:	Höchstadt a.d. Aisch, Kr.
HP:	Bergstraße, Kr.
HR:	Schwalm-Eder-Kr.
HS:	Heinsberg, Kr.
HSK	Hochsauerlandkreis
HU:	Main-Kinzig-Kr.
HÜN:	Hünfeld, Kr.
HUS:	Husum, Kr.
HW:	Halle, Kr.
HX:	Höxter, Kr.
IGB:	St. Ingbert, Stadt
ILL:	Illertissen, Kr.
IN:	Ingolstadt, Stadt/Kr. Eichstätt
IS:	Iserlohn, Stadt/Kr.
IZ:	Steinburg, Kr.
JEV:	Friesland, Kr.
JÜL:	Jülich, Kr.
K:	Köln, Stadt/Erftkr.
KA:	Karlsruhe, Stadt/Kr.
KAR:	Main-Spessart, Kr.
KB:	Waldeck-Frankenberg, Kr.
KC:	Kronach, Kr.
KE:	Kempten (Allgäu), Stadt/Kr. Oberallgäu
KEH:	Kelheim, Kr.
KEL:	Kehl, Kr.
KEM:	Kemnath, Kr.
KF:	Kaufbeuren, Stadt/Kr. Ostallgäu
KG:	Bad Kissingen, Kr.
KH:	Bad Kreuznach, Stadt/Kr.
KI:	Kiel, Stadt
KIB:	Donnersbergkreis
KK:	Kempen-Krefeld, Kr.
KL:	Kaiserslautern, Stadt/Kr.
KLE:	Kleve, Kr.
KN:	Konstanz, Kr.
KO:	Koblenz, Stadt Kr. Mayen-Koblenz
KÖN:	Königshofen i. Grabfeld, Kr.
KÖZ:	Kötzting, Kr.
KR:	Krefeld, Stadt
KRU:	Krumbach, Kr.
KS:	Kassel, Stadt/Kr.
KT:	Kitzingen, Kr.
KU:	Kulmbach, Kr.
KÜN:	Hohenlohekreis
KUS:	Kusel, Kr.
L:	Lahn-Dill-Kr.
LA:	Landshut, Stadt/Kr.
LAN:	Landau a. d. Isar, Kr.
LAT:	Vogelsbergkreis
LAU:	Nürnberger Land, Kr.
LB:	Ludwigsburg, Kr.
LD:	Landau, Stadt/Kr. Südl. Weinstraße
LE:	Lemgo, Kr.
LEO:	Leonberg Württemberg, Kr.
LER:	Leer, Kr.
LEV:	Leverkusen, Stadt
LF:	Laufen, Kr.
LG:	Lüneburg, Kr.
LH:	Lüdinghausen, Kr.
LI:	Lindau (Bodensee), Kr.
LIF:	Lichtenfels, Kr.
LIN:	Lingen, Kr.
LK:	Lübbecke, Kr.
LL:	Landsberg a. Lech, Kr.
LM:	Limburg-Weilburg, Kr.
LÖ:	Lörrach, Kr.
LOH:	Lohr a. Main, Kr.
LP:	Lippstadt, Kr.
LR:	Lahr Schwarzwald, Kr.
LS:	Märkischer Kr.
LU:	Ludwigshafen Rhein
LÜD:	Lüdenscheid, Kr.
LÜN:	Lünen, Stadt
M:	München, Stadt/Kr.
MA:	Mannheim, Stadt/Rhein-Neckar-Kr.
MAI:	Mainburg, Kr.
MAK:	Marktedwitz, Stadt
MAL:	Mallersdorf, Kr.
MAR:	Marktheidenfeld, Kr.
MB:	Miesbach, Kr.
ME:	Mettmann, Kr.
MED:	Süderdithmarschen, Kr.
MEG:	Melsungen, Kr.
MEL:	Melle, Kr.
MEP:	Meppen, Kr.
MES:	Hochsauerlandkreis
MET:	Mellrichstadt, Kr.
MG:	Mönchengladbach, Stadt
MGH:	Bad Mergentheim, Kr.
MH:	Mülheim a. d. Ruhr, Stadt
MI:	Minden-Lübbecke, Kr.
MIL:	Miltenberg, Kr.
MK:	Märkischer Kr.
MM:	Memmingen, Stadt/Kr. Unterallgäu
MN:	Unterallgäu, Kr.
MO:	Moers, Kr.
MOD:	Ostallgäu, Kr.
MON:	Monschau, Kr.
MOS:	Neckar-Odenwald-Kr.
MR:	Marburg-Biedenkopf, Kr.
MS:	Münster, Stadt
MSP:	Main-Spessart, Kr.
MT:	Westerwald, Kr.
MTK:	Main-Taunus-Kr.
MÜ:	Mühldorf a. Inn, Kr.
MÜB:	Münchberg, Kr.
MÜL:	Müllheim Baden, Kr.
MÜN:	Münsingen, Kr.
MY:	Mayen, Kr.
MYK:	Mayen-Koblenz, Kr.
MZ:	Mainz, Stadt
MZG:	Merzig-Wadern, Kr.
N:	Nürnberg, Stadt/Kr.
NAB:	Nabburg, Kr.
NAI:	Naila, Kr.
ND:	Neuburg-Schrobenhausen, Kr.
NE:	Neuss, Kr.
NEA:	Neustadt a. d. Aisch-Bad Windsheim, Kr.
NEC:	Neustadt b. Coburg, Stadt
NEN:	Neunburg vorm Wald, Kr.
NES:	Rhön-Grabfeld, Kr.
NEU:	Hochschwarzwald, Kr.
NEW:	Neustadt a. d. Waldnaab, Kr.

NF: Nordfriesland, Kr.
NI: Nienburg Weser, Kr.
NIB: Süd Tondern, Kr.
NK: Neunkirchen Saar, Kr.
NL: Ndsachs. (Landesreg., Landtag)
NM: Neumarkt i. d. OPf., Kr.
NMS Neumünster, Stadt
NÖ: Nördlingen, Stadt/Kr.
NOH: Grafschaft Bentheim, Kr.
NOM: Northeim, Kr.
NOR: Norden, Kr.
NR: Neuwied, Rhein, Stadt/Kr.
NRÜ: Neustadt am Rübenberge, Kr.
NT: Nürtingen, Kr.
NU: Neu-Ulm, Kr.
NW: Neustadt Weinstraße, Stadt/Kr. Bad Dürkheim
O: Diplomat. Korps (Bonn)
OA: Oberallgäu, Kr.
OAL: Ostallgäu, Kr.
OB: Oberhausen, Stadt
OBB: Obernburg a. Main, Kr.
OCH: Ochsenfurt, Kr.
OD: Stormarn, Kr.
OE: Olpe, Kr.
OF: Offenbach, Main
OG: Ortenaukreis
OH: Ostholstein, Kr.
OHA: Osterode Harz, Kr.
ÖHR: Öhringen, Kr.
OHZ: Osterholz, Kr.
OL: Oldenburg/Oldenburg, Stadt/Kr.
OLD: Oldenburg/Holstein, Kr.
OP: Rhein-Wupperkr.
OS: Osnabrück, Stadt/Kr.
OTT: Land Hadeln, Kr.
OTW: Ottweiler, Kr.
OVI: Oberviechtach, Kr.
PA: Passau, Stadt/Kr.
PAF: Pfaffenhofen a. d. Ilm, Kr.
PAN: Rottal-Inn, Kr.
PAR: Parsberg, Kr.
PB: Paderborn, Kr.
PE: Peine, Kr.
PEG: Pegnitz, Kr.
PF: Pforzheim, Stadt/Kr.
PI: Pinneberg, Kr.
PLÖ: Plön Holstein, Kr.
PRÜ: Prüm Eifel, Kr.
PS: Pirmasens, Stadt/Kr.
R: Regensburg, Stadt/Kr.
RA: Rastatt, Kr.
RD: Rendsburg-Eckernförde, Kr.
RE: Recklinghausen, Kr.
REG: Regen, Kr.
REH: Rehau, Kr.
REI: Berchtesgadener Land, Kr.
RH: Roth, Kr.
RI: Grafschaft Schaumburg, Kr.
RID: Riedenburg, Kr.
RO: Rosenheim, Stadt/Kr.
ROD: Roding, Kr.
ROF: Rotenburg Fulda, Kr.
ROH: Rotenburg Hannover, Kr.
ROK: Rockenhausen, Kr.
ROL: Rottenburg a. d. Laaber, Kr.
ROT: Rothenburg ob der Tauber, Stadt/Kr.
ROW: Rotenburg Wümme, Kr.
RPL: Rheinl.-Pf. (Landesreg., Landtag)
RS: Remscheid, Stadt
RT: Reutlingen, Kr.
RÜD: Rheingau-Taunus-Kr.
RV: Ravensburg, Kr.
RW: Rottweil, Kr.
RWL: NRW (Landesreg., Landtag)
RY: Rheydt, Stadt
RZ: Herzogtum Lauenburg, Kr.
S: Stuttgart, Stadt
SAB: Saarburg Bz. Trier, Kr.
SAD: Schwandorf, Kr.
SÄK: Säckingen, Kr.
SAL: Saarland (Landesreg., Landtag)
SAN: Stadtsteinach, Kr.
SB: Saarbrücken, Stadtverband
SC: Schwabach, Stadt/Kr. Roth
SE: Segeberg, Kr.
SEF: Scheinfeld, Kr.
SEL: Selb, Stadt
SF: Oberallgäu
SFA: Soltau-Fallingbostel, Kr.
SG: Solingen, Stadt
SH: Schlesw.-Holst. (Landesreg., Landtag)
SHA: Schwäbisch Hall, Kr.
SHG: Schaumburg, Kr.
SI: Siegen, Kr.
SIG: Sigmaringen, Kr.
SIM: Rhein-Hunsrück-Kr.
SL: Schleswig-Flensburg, Kr.
SLE: Schleiden, Kr.
SLG: Saulgau Württemberg, Kr.
SLS: Saarlouis, Kr.
SLÜ: Schlüchtern, Kr.
SMÜ: Schwabmünchen, Kr.
SNH: Sinsheim Elsenz, Kr.
SO: Soest, Kr.
SOB: Schrobenhausen, Kr.
SOG: Schongau, Kr.
SOL: Soltau, Kr.
SP: Speyer, Stadt/Kr. Ludwigshafen
SPR: Springe, Kr.
SR: Straubing, Stadt/Kr.
ST: Steinfurt, Kr.
STA: Starnberg, Kr.
STD: Stade, Kr.
STE: Staffelstein, Kr.
STH: Schaumburg-Lippe, Kr.
STO: Stockach Baden, Kr.
SU: Rhein-Sieg-Kr.
SUL: Sulzbach-Rosenberg, Kr.
SÜW: Südl. Weinstraße, Kr.
SW: Schweinfurt, Stadt/Kr.
SWA: Rheingau-Taunus-Kr.
SY: Grafschaft Hoya, Kr.
SZ: Salzgitter, Stadt
TBB: Main-Tauber-Kr.
TE: Tecklenburg, Kr.
TIR: Tirschenreuth, Kr.
TÖL: Bad Tölz-Wolfratshausen, Kr.
TÖN: Eiderstedt, Kr.
TR: Trier, Stadt/Kr.
TS: Traunstein, Kr.
TT: Tettnang Württemberg, Kr.
TÜ: Tübingen, Kr.
TUT: Tuttlingen, Kr.
ÜB: Überlingen Bodensee, Kr.
UE: Uelzen, Kr.
UFF: Uffenheim, Kr.
UL: Ulm Donau, Stadt/Kr.
UN: Unna, Kr.
USI: Usingen, Taunus, Kr.
VAI: Vaihingen Enz, Kr.
VB: Vogelsbergkreis
VEC: Vechta, Kr.
VER: Verden, Kr.
VIB: Vilsbiburg, Kr.
VIE: Viersen, Kr.
VIT: Viechtach, Kr.
VK: Völklingen, Stadt
VL: Villingen, Kr.
VOF: Vilshofen, Kr.
VOH: Vohenstrauß, Kr.
VS: Schwarzwald-Baar-Kr.
W: Wuppertal, Stadt
WA: Waldeck, Kr.
WAF: Warendorf, Kr.
WAN: Wanne-Eickel, Stadt
WAR: Warburg, Kr.
WAT: Wattenscheid, Stadt
WD: Wiedenbrück, Kr.
WEB: Ostwesterwaldkreis
WEG: Wegscheid, Kr.
WEL: Oberlahnkreis
WEM: Wesermünde, Kr.
WEN: Weiden i. d. OPf., Stadt
WER: Wertingen, Kr.
WES: Wesel, Kr.
WF: Wolfenbüttel, Kr.
WG: Wangen Allgäu, Kr.
WHV: Wilhelmshaven, Stadt
WI: Wiesbaden, Stadt
WIL: Bernkastel-Wittlich, Kr.
WIT: Witten, Stadt
WIZ: Witzenhausen, Kr.
WL: Harburg, Kr.
WM: Weilheim-Schongau, Kr.
WN: Rems-Murr-Kr.
WND: St. Wendel, Kr.
WO: Worms, Stadt/Kr. Alzey-Worms
WOB: Wolfsburg, Stadt
WOH: Wolfhagen Bz. Kassel, Kr.
WOL: Wolfach, Kr.
WOR: Wolfratshausen, Kr.
WOS: Wolfstein, Kr.
WS: Wasserburg a. Inn, Kr.
WST: Ammerland, Kr.
WT: Waldshut, Kr.
WTL: Wittlage, Kr.
WTM: Wittmund, Kr.
WÜ: Würzburg, Stadt/Kr.
WUG: Weißenburg-Gunzenhausen, Kr.
WÜM: Waldmünchen, Kr.
WUN: Wunsiedel i. Fichtelgebirge, Kr.
WW: Westerwald, Kr.
WZ: Wetzlar, Kr.
X: Bundeswehr (Nato-Hauptquartier)
Y: Bundeswehr
Z: Zoll
ZEL: Zell Mosel, Kr.
ZIG: Ziegenhain, Kr.
ZW: Zweibrücken, Stadt/Kr. Pirmasens

Dt. Dem. Rep.

A: Rostock
B: Schwerin
C: Neubrandenburg
D: Potsdam
E: Frankfurt/O.
F: Erfurt
H: Magdeburg
I: Berlin
K: Halle
L: Erfurt
M: Magdeburg
N: Gera
O: Suhl
P: Potsdam
R: Dresden
S: Leipzig
T: Chemnitz
U: Leipzig
V: Halle
X: Chemnitz
Y: Dresden
Z: Cottbus

Österreich

B: Burgenland
K: Kärnten
N: Niederösterreich
O: Oberösterreich
S: Salzburg
St: Steiermark
T: Tirol
V: Vorarlberg
G: Graz
L: Linz
W: Wien

Schweiz

AG: Aargau
AI: Appenzell-Innerrhoden
AR: Appenzell-Außerrhoden
BE: Bern
BL: Basel-Land
BS: Basel-Stadt
FR: Freiburg
GE: Genf
GL: Glarus
GR: Graubünden
JU: Jura
LU: Luzern
NE: Neuenburg
NW: Nidwalden
OW: Obwalden
SG: St. Gallen
SH: Schaffhausen
SO: Solothurn
SZ: Schwyz
TG: Thurgau
TI: Tessin
UR: Uri
VD: Waadt
VS: Wallis
ZG: Zug
ZH: Zürich

Nationalitätszeichen

A: Österreich
ADN: Jemen (Demokrat. VR)
AL: Albanien
AND: Andorra
AUS: Australien
B: Belgien
BD: Bangladesh
BDS: Barbados
BG: Bulgarien
BH: Belize
BR: Brasilien
BRN: Bahrain
BRU: Brunei
BS: Bahamas
BUR: Birma
C: Kuba
CDN: Kanada
CH: Schweiz
CI: Elfenbeinküste
CL: Sri Lanka
CO: Kolumbien
CR: Costa Rica
CS: Tschechoslowakei
CY: Zypern
D: Bundesrep. Dtl.
DDR: Dt. Dem. Rep.
DK: Dänemark
DOM: Dominikan. Rep.
DY: Benin (Dahomey)
DZ: Algerien
E: Spanien
EAK: Kenia
EAT: Tansania
EAU: Uganda
EC: Ecuador
ES: El Salvador
ET: Ägypten
ETH: Äthiopien
F: Frankreich und Überseegebiete
FJI: Fidschi
FL: Liechtenstein
FR: Färöer
GB: Großbritannien und Nordirland
GBA: Alderney
GBG: Guernsey
GBJ: Jersey
GBM: Insel Man
GBZ: Gibraltar
GCA: Guatemala
GH: Ghana
GR: Griechenland
GUY: Guyana
H: Ungarn
HK: Hongkong
I: Italien
IL: Israel
IND: Indien
IR: Iran

IRL:	Irland	NIC:	Nicaragua	RMM:	Mali	U:	Uruguay
IRQ:	Irak	NL:	Niederlande	RN:	Niger	USA:	Verein. Staaten
IS:	Island	NZ:	Neuseeland	RSM:	San Marino	V:	Vatikanstadt
J:	Japan	P:	Portugal	RSR:	Rhodesien	VN:	Vietnam
JA:	Jamaika	PA:	Panama	RWA:	Rwanda	WAG:	Gambia
JOR:	Jordanien	PAK:	Pakistan	S:	Schweden	WAL:	Sierra Leone
K:	Kambodscha	PE:	Peru	SD:	Swasiland	WAN:	Nigeria
KWT:	Kuwait	PL:	Polen	SF:	Finnland	WD:	Dominica
L:	Luxemburg	PY:	Paraguay	SGP:	Singapur	WG:	Grenada
LAO:	Laos	R:	Rumänien	SME:	Surinam	WL:	St.-Lucia
LAR:	Libyen	RA:	Argentinien	SN:	Senegal	WS:	Westsamoa
LS:	Lesotho	RB:	Botswana	SP:	Somalia	WV:	St. Vincent
M:	Malta	RC:	China	SU:	Sowjetunion	YU:	Jugoslawien
MA:	Marokko	RCA:	Zentralafrikan. Rep.	SY:	Seychellen	YV:	Venezuela
MAL:	Malaysia	RCB:	Rep. Kongo	SYR:	Syrien	Z:	Sambia
MC:	Monaco	RCH:	Chile	T:	Thailand	ZA:	Rep. Südafrika
MEX:	Mexiko	RH:	Haiti	TG:	Togo	ZR:	Zaire
MS:	Mauritius	RI:	Indonesien	TJ:	VR China	CD:	Diplomat. Korps
MW:	Malawi	RIM:	Mauretanien	TN:	Tunesien	CC:	Konsular. Korps
N:	Norwegen	RL:	Libanon	TR:	Türkei	EUR:	Diplomaten der EG in Brüssel
NA:	Niederländ. Antillen	RM:	Madagaskar	TT:	Trinidad und Tobago		

1609 Residenz, kam 1795 an Österreich, wurde 1815 Freistaat, 1846 österreichisch, 1918 polnisch.

Krake der, achtfüßiger → Tintenfisch.

Krakowiak der, poln. Nationaltanz im 2/4-Takt mit Synkopenrhythmus.

Kral der, kreisförm. Dorf afrikan. Völker.

Kralle die, dolchförmig gebogener Zehennagel bei Raubtieren und Greifvögeln.

Kramatorsk, Industriestadt im Donezbekken, Ukrain. SSR, 198000 Ew.; Ausrüstungswerke für die Metallind.

Krammetsbeere, Kramtsbeere, die Wacholderbeere (→ Wacholder).

Krammetsvogel, Wacholderdrossel.

Kranich: Grau-K.

Krampe die, U-förmig gebogene Eisenklammer.

Krampf der, ♡ grch. **Spasmus,** unwillkürl. starke Muskelzusammenziehung, die mit Schmerzen einhergeht. Krämpfe innerer, mit glatter Muskulatur versorgter Hohlorgane werden als **Koliken** bezeichnet. Alle mit Muskeln ausgestatteten Organe können sich verkrampfen **(Muskelkrampf).**

Krampfadern, krankhaft erweiterte Venen (Blutadern), am häufigsten an den Unterschenkeln und am After (→ Hämorrhoiden). Durch Ernährungsstörungen der Haut entstehen oft **K.-Geschwüre** (Ulcus cruris); auch besteht Neigung zu Venenentzündungen. **Behandlung:** Bäder, elast. Binden, Verödung durch Einspritzungen.

Kran der, Maschine zum Heben, Senken, Versetzen von Lasten, z.B. als Lauf-, Dreh-, Kipp-, Portal-, Derrick-K., Verladebrücke. (BILD S. 475)

Kranich der, großer, hochbeiniger Vogel, mit langem Hals, kleinem Kopf und spitzem Schnabel; Sumpfbewohner. Im Herbst fliegen sie in ihre Winterquartiere nach Afrika.

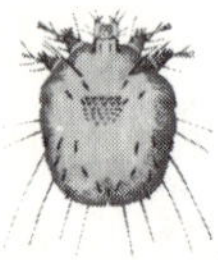

Krätze: Krätzmilbe

Kraniologie [grch.] die, Schädellehre, Teilgebiet der Biologie.

Kraniometrie die, Schädelmessung.

Krankenkassen, Träger der gesetzl. und privaten → Krankenversicherung.

Krankenpflege, Versorgung eines Kranken mit den zur Genesung notwendigen Mitteln und Handleistungen.

Krankenversicherung, 1) soziale K. als Teil der Sozialversicherung, Pflichtversicherung für Angestellte, Arbeiter, Lehrlinge, Hausgehilfen, Seeleute (ohne Rücksicht auf Einkommenshöhe) bis zu einem Jahresarbeitsverdienst in Höhe von 75 v. H. der Beitragsbemessungsgrenze der Rentenvers. (1990: 4725,- DM monatlich). Die soziale K. gleicht 2 Risiken aus: das der Krankheit selbst und das des krankheitsbedingten Erwerbsminderung. **2) private K.** beruht auf freiwilliger Grundlage.

Krankheit die, Störung im Ablauf der Lebensvorgänge. Man erkennt K. durch **Diagnose,** sucht sie durch **Prophylaxe** zu verhüten, behandelt sie durch **Therapie,** bestimmt ihren mutmaßl. Verlauf durch **Prognose.**

Kranzadern, Kranz-, Koronargefäße, das Herz ernährende Blutgefäße.

Kranzgeld, Deflorationsanspruch, → Defloration.

Kranzgesims, 🏛 das einen Bau am Dachansatz abschließende Gesims.

Krapp der, **Krapprot,** roter Beizenfarbstoff aus der Wurzel der Färberröte; Hauptbestandteil ist Alizarin.

Krasiński [kraʃ'ĩnski], Zygmunt Graf, poln. Dichter der Romantik, *1812, †1859; »Ungöttl. Komödie«, »Irydion«.

Krasnodar, Stadt in N-Kaukasien, UdSSR, am Kuban, 620000 Ew.; Erdöl-, Pelz-, Lederwarenind.

Krasnojarsk, bedeutendste Industriestadt Ostsibiriens, UdSSR, am Jenissej und der Sibir. Bahn, 912000 Ew.; Hochschulen.

Krasnyj Lutsch, Industriestadt im Donezbecken, Ukrain. SSR, 112000 Ew.

Krater [grch.] der, **1)** altgrch. zweihenkliges Gefäß zum Mischen des Weins. **2)** der, kesselförmige Öffnung der Vulkane.

Krätze, Scabies, durch die **Krätzmilbe** hervorgerufene Hautkrankheit. Die Milben graben sich zur Eiablage in die Haut ein (Milbengänge). Starker Juckreiz führt durch Kratzen zu einer Sekundärinfektion. Behandlung: milbentötende Mittel.

Kraulschwimmen, ⚘ schnellste Schwimmart; im Handüberhandstil mit pendelartigem Beinschlag.

Krakau: Marienkirche, 14. Jh.

Kraus, **1)** Franz Xaver, kath. Kirchen- und Kunstgeschichtsforscher, *1840, †1901. **2)** Karl, Wiener Schriftst., *1874, †1936; leidenschaftl. Zeitkritiker, Herausgeber der »Fackel«; Drama »Die letzten Tage der Menschheit«.

Krause, Karl C. F., Philosoph, *1781; †1832, schuf ein System des → Panentheismus; einflußreich war seine Rechtsphilosophie.

Krauss, **1)** Clemens, Dirigent, *1893, †1954. **2)** Werner, Schauspieler, *1884, †1959.

Kraut das, **1)** jede Pflanze mit saftigem (unverholztem), weichem Stengel. **2)** → Kohl. **3)** Blätterwerk von Kartoffeln, Rüben, Beerenpflanzen. **4)** im Rheinland: Gelee aus Saft von Äpfeln, Birnen.

Krawatte [frz.] die, **1)** Schlips, Selbstbinder. **2)** ↗ Ringergriff.

Kreatin das, ⚗ Abbaustoff des Eiweißstoffwechsels, Bestandteil des Muskelfleisches.

Kreation [lat.] die, Schöpfung; Gestaltung (einer Rolle, eines Kleides).

Kreatur [lat.] die, **1)** Geschöpf. **2)** verächtl. Mensch, willenloses Werkzeug.

Krebs der, **1)** ♘ → Krebse. **2)** ☆ 4. Zeichen des Tierkreises (♋). **3)** ☆ nördl. Sternbild. **4)** ⚘ durch Wucherungen gekennzeichnete Pflanzenkrankheiten. **5)** ♡ **Karzinom** das, eine vom Epithelgewebe ausgehende bösartige Geschwulstbildung. Der **Primärherd** junger, sich ständig vermehrender Zellen breitet sich in die Umgebung aus. Einzelne der wuchernden Zellen können sich aus dem Verband lösen und mit dem Lymph- und Blutstrom in entfernte Körperteile gelangen, wo sie Tochtergeschwülste **(Metastasen)** bilden. Bei seinem Wachstum zerstört der K. benachbarte Organe oder verschließt Hohlräume wie Speiseröhre, Magen und Darm und ruft so die verschiedensten Krankheitserscheinungen hervor. Die Ursachen der K.-Bildung sind vielfältig und noch nicht völlig geklärt. Langdauernde physikal., chem. oder entzündl. Reize sind wesentlich, so versch. Strahlen, krebserregende **(karzinogene)** Stoffe (so Bestandteile von Teer, der Farbstoff »Buttergelb«), Entzündungen oder Verletzungen, die das Gewebe zu vermehrter Zellteilung anregen, vielleicht auch bestimmte Erbanlagenkombinationen; auch das Alter begünstigt die Entstehung des K. BEHANDLUNG: Entfernen der Geschwulst durch Operation; Zerstören durch Bestrahlung; Chemotherapie, z. B. mit zytostat. Mitteln. Frühzeitige Erkennung ist für die Heilung am wichtigsten. Krebsverdächtige Allgemeinerscheinungen sind zunehmende Blässe, Ermüdbarkeit, Gewichtsabnahme. **Krebsstatistik.** Die Verteilung von K. auf Geschlechts- (auch auf Alters- und Volks-) Gruppen ist unterschiedlich. In der Bundesrep. Dtl. starben 1987: 166526 Menschen (82912 Männer, 83614 Frauen) an K., darunter an K. der Luftwege: 21678 Männer, 5198 Frauen, an K. des Magens: 7333 Männer, 7294 Frauen, an K. der Prostata: 8631 Männer, an K. der Brustdrüse: 85 Männer, 14417 Frauen; an K. der Gebärmutter: 4426 Frauen. Sozialpolitisch bedeutungsvoll ist die Zunahme der Krebserkrankungen.

Krebse, Krustentiere, Klasse der Gliederfüßer mit Kiemen, meist 2 Paar Fühlern, zweiästigen Spaltfüßen; sie haben einen Panzer aus Chitin mit Kalkeinlagerung. Kopf und Brust sind meist zu einem Kopfbruststück vereinigt. Die Augen, meist Facettenaugen, sitzen vielfach auf Stielen. Die meisten K. sind Meeresbewohner. **Niedere K.:** z. B. Rankenfüßer, Ruderfuß-K., Wasserflöhe. **Höhere K.:** Zehnfüßer wie Fluß-K., Hummer, Krabben und Ringel-K. (Floh-K., Asseln).

kredenzen [ital.], anbieten, darreichen. **Kredenz** die, Geschirrschrank, Anrichte.

Kredit [frz.-ital. »das Geglaubte«] der, **1)** Vertrauenswürdigkeit eines Schuldners. **2)** zusätzl. Kaufkraft, die auf der Hereinnahme fremder Mittel beruht, wobei der **K.-Geber** dem **K.-Nehmer** die wirtschaftl. Verfügung über eine bestimmte Geldsumme überläßt, gegen die Verpflichtung, den Betrag zu einem späteren Zeitpunkt zurückzuzahlen. Der K.-Geber erhält als Entgelt **Zins.** – Man unterscheidet: **Konsumtiv-K.,** der zur Bedürfnisbefriedigung, und **Produktiv-K.,** der zur Gütererzeugung verwendet wird; **kurzfristigen K.** (z. B. Wechsel-K.) und **langfristigen K.** (z. B. Anleihe-K.); **Personal-K.,** der sich auf die Vertrauenswürdigkeit des K.-Nehmers gründet, und **Real-K.,** der durch besondere Sicherheiten gedeckt ist (bewegl. Güter, **Lombard-K.;** unbewegl. Güter, **Hypothekar-K.**). – Volkswirtschaftl. Bedeutung: durch den K. wird Kaufkraft den Stellen zugeleitet, die die verfügbaren Mittel möglichst produktiv verwenden. K.-Erleichterung und K.-Drosselung (billiges und teures Geld) sind wichtige Instrumente der Wirtschaftspolitik. Ihre Anwendung, die **K.-Politik,** obliegt den Zentralnotenbanken. **K.-Schöpfung,** → Geld.

Kreditbrief, an Banken gerichtete Zahlungsanweisung **(Akkreditiv),** dem im K. genannten Inhaber Geldbeträge bis zu einer bestimmten Höhe auszuzahlen; wichtig im Reiseverkehr (Reiseakkreditiv). Eine freiere Ausgestaltung sind die Reise- oder Zirkular-(Traveller-)Schecks.

Kreditgefährdung, ⚖ Behauptung oder Verbreitung unwahrer Tatsachen wider besseres Wissen, die geeignet sind, den Kredit eines anderen zu gefährden; als verleumder. Beleidigung strafbar, verpflichtet zu Schadenersatz.

Kreditkarte, Ausweiskarte, die den Inhaber berechtigt, Leistungen von Vertragsfirmen bargeldlos durch Unterschrift zu begleichen; Rechnung wird durch die K.-Organisation beglichen, die wiederum von ihrem Mitgl. Zahlung verlangt. 1989 wurden in der Bundesrep. Dtl. 2% des Zahlungsverkehrs mit K. abgewickelt. Zu diesem Zeitpunkt waren etwa 2,7 Mio. K. ausgegeben.

Krefeld, Stadt in NRW, 235000 Ew.; Ingenieur- u. a. Fachschulen, Textil-Forschungsanstalt, Seiden-, Samt-Weberei, -Färberei und -Appretur; Gießereien, Maschinen-, Waggonfabrik, Edelstahlwerk, chem. Ind.; Rheinhafen. – K. erhielt 1373 Stadtrecht.

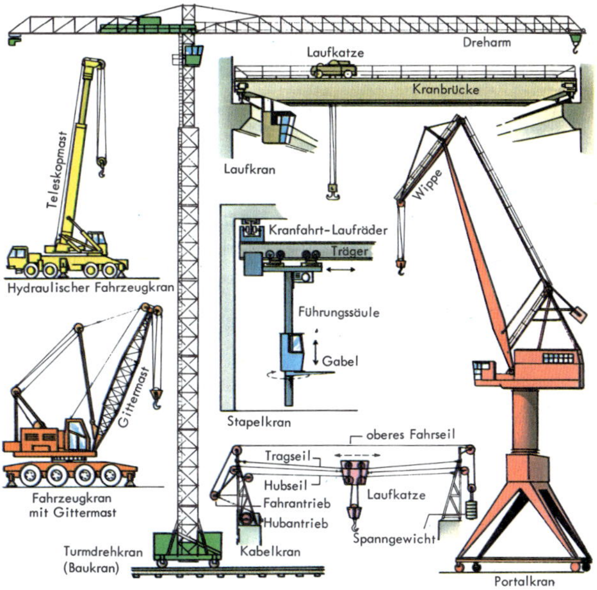

Kran

Krebse, oben Hummer, Mitte Flußkrebs, unten Krabbe

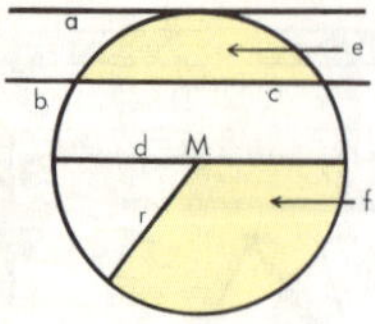

Kreis 4): a Tangente, b Sekante, c Sehne, d Durchmesser, r Radius, e Kreisabschnitt, f Kreisausschnitt

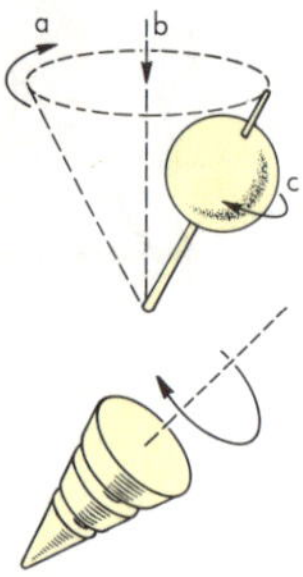

Kreisel: a Präzession, b Schwerkraft, c Rotation

Kreisky

Kahler Krempling

Kreide die, **1)** erdiger weißer Kalkstein, dient zum Polieren, als Farbe, in der keram. Ind. **Rote K.** ist Rötel. **Schreib-K.** besteht meist aus Gips. **2)** ⊕ jüngste Formation des Mesozoikums (→ Erdgeschichte, ÜBERSICHT).

Kreidezeichnung, Zeichnung mit schwarzer oder farbiger Kreide.

kreieren [lat.], schaffen, in Mode bringen.

Kreis der, **1)** Bereich, Bezirk. **2)** Gruppe. **3)** Verwaltungs-Bez.: in beiden Teilen Dtl. der Gemeindeverband mit Selbstverwaltung **(Land-K.)**; die größeren Städte bilden davon unabhängige **Stadt-K.**, in einigen Ländern ist der Land-K. zugleich staatl. Verwaltungs-Bez. Organe sind der **K.-Tag** (Beschlußorgan), der **K.-Ausschuß** (Verwaltungsorgan). **4)** △ geschlossene ebene Kurve, deren Punkte alle den gleichen Abstand *r* **(Radius)** von einem festen Punkt *M* (Mittelpunkt) haben. Eine den K. schneidende Gerade heißt **Sekante,** ihr Stück innerhalb des K. **Sehne.** Eine Sehne durch *M* heißt **Durchmesser.** Berührt eine Gerade den K., so nennt man sie **Tangente.** Die Länge der K.-Linie **(Umfang)** ist $U = 2\pi r$, der Flächeninhalt des K. ist $A = \pi r^2$ ($\pi = 3{,}14\ldots$).

Kreisauer Kreis, Gruppe der dt. Widerstandsbewegung gegen Hitler. Mittelpunkt war Graf H. J. v. Moltke, Gutsherr in Kreisau (Schlesien); er wurde im Jan. 1944, die anderen Mitgl. nach dem 20. 7. 1944 verhaftet. Hingerichtet: Moltke, Yorck v. Wartenburg, A. Delp, T. Haubach, J. Leber, A. Reichwein, ferner die dem K. K. nahestehenden A. v. Trott zu Solz und H. B. v. Haeften. Zuchthaus: E. Gerstenmaier u. a.

Kreisel der, in einem Punkt festgehaltener, sich drehender, i. e. S. rotationssymmetr. Körper. Seine Eigenschaft, bei freier Beweglichkeit die Stellung seiner Drehimpulsachse zu erhalten, wird zum Stabilisieren bei Bewegungen verwendet (**Schiffs-K.** zum Dämpfen des Schlingerns. **K.-Kompaß** → Kompaß).

Kreisgericht, → Gerichtswesen.

Kreiskolbenmotor, Viertakt-Verbrennungsmotor, dessen dreieckförmiger Kolben in einem ovalen Gehäuse planetenartig auf einer Kreisbahn, sich gleichzeitig drehend, umläuft. Der Kolben bildet dabei mit der Gehäusewandung 3 Kammern mit sich ständig änderndem Volumen; z. B. der **Wankel-Motor.** (BILD Verbrennungsmotor)

Kreisky, Bruno, österreich. Politiker (SPÖ), *1911, †1990; 1959-66 Außenminister, 1970-1983 Bundeskanzler einer SPÖ-Regierung.

Kreislaufschwäche, Versagen des Blutkreislaufs (→ Ohnmacht, → Schock).

Kreislaufstörungen, ♡ nervöse Störungen des Blutkreislaufs mit schwankendem, meist erniedrigtem Blutdruck. Neigung zu Schwindelanfällen, Ohnmachten, Herzbeschwerden.

kreißen, sich in Geburtswehen befinden. **Kreißsaal,** Entbindungssaal.

Krematorium [lat.] das, -s/...rien, Einäscherungsanlage; → Feuerbestattung.

Krementschug, Stadt in der Ukrain. SSR, am Dnjepr, 230000 Ew.; Holzverarbeitung, Transportmaschinen- und Waggonbau.

Kremer, Gidon, Violinist sowjet. Herkunft, *1947, bed. Interpret auch der musikal. Avantgarde.

Kreml [russ.] der, in Rußland der meist erhöhte, befestigte innere Teil einer Stadt, beherbergte in Moskau u. a. Kirchen, Paläste, die ehem. Residenz des Zaren, jetzt Sitz der Regierung.

Krempel der, **1)** Trödelware, Kram. **2)** Spinnereimaschine zum Auflösen und Gleichrichten wirrer Faserflocken.

Krempling, ein roh giftiger Blätterpilz.

Krems, mittelalterl. Stadt in Niederösterreich, 23300 Ew.; Obst- und Weinhandel.

Kremser [nach einem Berliner Fuhrunternehmer] der, offener, vielsitziger Wagen mit Verdeck.

Kremsmünster, Markt in Oberösterreich, a. d. Krems, 5800 Ew.; Benediktinerstift, 777 gegr.

Křenek [krʒ'ɛnɛk], Ernst, Komponist, *1900; kam vom Expressionismus zur Zwölftonmusik; Jazz-Oper »Jonny spielt auf«, Opern, Sinfonien.

Krenz, Egon, Politiker (SED), *1937; führte 1974-83 die FDJ, seit 1983 Mitgl. des Politbüros, Okt.-Dez. 1989 Vors. des Staatsrats der Dt. Dem. Rep., 1990 SED-Ausschluß.

Kreole der, in den Kolonien geborener Nachkomme von Spaniern, bes. in Südamerika.

Kreon, grch. Sage: König von Theben, Bruder der Iokaste, ließ Antigone einmauern.

krepieren 1) zerspringen, zerplatzen (Sprenggeschosse). **2)** ⌂ verenden, verrecken.

Krepp der, gekräuselte oder wellig aussehende Gewebe, entstehen durch besondere Bindung oder durch stark gedrehte Garne.

Kreppapier, Papier mit gekrauster Oberfläche, durch Stauchen der nassen Papierbahn.

Kresol das, ⊸ vom Phenol abstammende Verbindung im Steinkohlen- und Holzteer; Bestandteile vieler Desinfektionsmittel. Durch Kondensation von K. mit Formaldehyd entstehen Kunstharze.

Kresse die, Kreuzblütler verschiedener Gatt.; weißblühend: **Garten-K.** vom östl. Mittelmeer, Salatkraut; **Brunnen-K.** in Bächen, vielfach gezüchtet. (→ Kapuzinerkresse)

Kreszenz [lat.] die, Wachstum (Wein).

Kreta, Krete, ital. **Candia,** größte grch. Insel im östl. Mittelmeer, 8335 km², 502000 Ew.; gebirgig, Wein- und Olivenbau. Städte: Chania, Rethymnon, Heraklion. – K., der Herrschersitz des sagenhaften Minos (→ ägäische Kultur), von Griechen besiedelt, wurde 67 v. Chr. römisch, kam im 13. Jh. an Venedig, 1669 an die Türken, 1913 an Griechenland.

Krethi und Plethi [hebr.], aus Ausländern bestehende Leibwache König Davids; U abschätzig: gemischte Gesellschaft.

Kretin [kret'ɛ̃, frz.] der, geistesschwacher und körperlich mißgebildeter Mensch (Zwergwuchs, kleiner Schädel, greisenhaftes Aussehen). Ursache ist angeborenes Fehlen oder Unterfunktion der Schilddrüse.

Kretscham [slaw.] der, Wirtshaus. **Kretschmar** oder **Kretschmer** der, Wirt.

Kretschmer, Ernst, Psychiater, *1888, †1964; stellte eine Typengliederung der menschl. → Konstitution auf.

Kreml in Moskau: Verkündigungskathedrale

Kreuzgang des Klosters S. Marco, Florenz, von Michelozzo

Kreuder, 1) Ernst, Schriftst., *1903, †1972; Kurzgeschichten, Romane. **2)** Peter, Komponist, *1905, †1981; Musik zu Filmen, Operetten.

Kreusa, grch. Sage: **1)** Tochter des Priamos. **2)** Gemahlin des Iason.

Kreuth, Luftkurort in Oberbayern, südlich vom Tegernsee, 786 m ü. M., 3400 Ew. Dabei **Wildbad K.** mit Schwefelquellen.

Kreutzberg, Harald, Tänzer und Choreograph, *1902, †1968; Schüler von M. Wigman.

Kreutzer, 1) Konradin, Komponist, *1780, †1849; Oper: »Das Nachtlager von Granada«; Männerchöre. **2)** Rodolphe, frz. Geigenvirtuose, Komponist, *1766, †1831; Beethoven widmete ihm seine Violinsonate op. 47 **(K.-Sonate).**

Kreuz [aus lat. crux] das, **1)** aus 2 sich überschneidenden Balken gebildeter Körper und das entsprechende Zeichen. Das K. in seinen versch. Formen ist ein altes Zauber- und Heilszeichen.

2) ⚖ altes Hinrichtungsgerät in K.-Form; durch die Kreuzigung Christi wurde es Sinnbild des Christentums.

3) ♡ Körpergegend des Kreuzbeins.

4) ♩ Erhöhungszeichen (♯) des Tons um ½ Ton.

5) K. des Südens, südl. Sternbild, → Südliches Kreuz.

6) Kartenspiel: Farbe → Treff, entspricht dem dt. Eichel.

Kreuzband, 1) Türband für schwere Türen. **2)** heute nicht mehr gebräuchliches Streifband für Drucksachen.

Kreuzbeere, Beere von → Kreuzdorn.

Kreuzbein, durch Verschmelzung von 5 Wirbeln entstandener Knochen, der die hintere Wand des Beckens bildet.

Kreuzberg, 1) Berg in der Rhön (932 m). **2)** 6. Verw.Bez. von Berlin (West), 150 000 Ew.; Zentrum des graph. Gewerbes, Textil-, Elektro-Ind.; stark überalterter Wohnbaubestand, hoher Ausländeranteil.

Kreuzblume, 1) ⚘ auf Wiesen das blaublühende, kleinstaudige Kreuz- oder Natternblümchen; die nordamerik. **Senega-K.** liefert die hustenlösende Senegawurzel. **2)** 🏛 auf got. Türmen u. a. Baugliedern die aus kreuzförmig angeordneten Blumen oder Blättern gebildete Spitze.

Kreuzblüter, Kruziferen, große Pflanzenfamilie von Kräutern oder auch Halbsträuchern mit je vier kreuzweise stehenden Kelch- und Blütenblättern. Die Früchte sind Schoten mit Scheidewand. Vergleiche → Hülse. (BILD Blüte)

Kreuzdorn, kreuzähnl. verzweigter Dornstrauch mit grünl. Blüten und schwarzen Früchten **(Kreuzbeeren),** die als Abführmittel dienen; das Holz wird zu Drechslerarbeiten verwendet.

kreuzen, ⚓ im Zickzack gegen den Wind segeln.

Kreuzer [Münze mit aufgeprägtem Kreuz] der, ältere Scheidemünze, in Dtl. bis 1871, in Österreich-Ungarn bis 1892.

Kreuzer der, ⚓ schnelles, gepanzertes Kriegsschiff, für Aufklärung und Sicherung. Heute unterscheidet man: Schwere und Leichte K. sowie die neuentwickelten, zw. 8000 und 14 000 t großen, 30 kn schnellen, z. T. nuklear angetriebenen Lenkwaffen-K. und U-Jagd-K.

Kreuzgang, Umgang eines Klosterhofes, gegen diesen in Bogenstellungen geöffnet.

Kreuzgewölbe, 🏛 rechtwinklige Durchdringung zweier Tonnengewölbe gleichen Querschnitts.

Kreuzigung Christi, Höhepunkt und Abschluß des Erlösungswerkes Christi durch sein Sterben auf Golgatha. – Kunst: Anfänglich wurde Christus zw. den Schächern dargestellt, dann meist zw. Maria und Johannes. In der Romanik erscheint Christus als Überwinder des Todes, in der Gotik mit dem Ausdruck qualvollen Leidens. Figurenreiche Darstellungen des Spät-MA. schildern das Geschehen auf dem Kalvarienberg. Die Renaissance mied den Ausdruck des Leidens, im Barock wurde er stärker betont.

Kreuzkopf, ⊙ Gelenk zur Geradführung von Kolben- und Pleuelstange.

Kreuzkraut [aus Greiskraut], **Senecio,** Gatt. krautiger Korbblüter, meist mit gelben Blütenkörbchen, mit weißem Flughaarschopf auf den Früchten; **Gemeines K.,** Unkraut, Vogelfutter, **Jakobs-K.,** bis 1 m hoch. Viele Arten sind Zierpflanzen.

Kreuzlingen, Stadt im schweizer. Kt. Thurgau, am Bodensee, 16 300 Ew.; Weinbau, Ind.; Barockkirche, ehem. Augustinerkloster.

Kreuznach, Bad K., Radium-Solbad in Rheinl.-Pf., an der Nahe, 41 000 Ew.; Weinhandel und Wermutherstellung; Lederwaren-, Textil-, Kamm-, opt., chem., Maschinenind.

Kreuz|otter die, 70 cm lange Giftschlange Europas, meist grau, braun, schwarz, längs des Rückens mit dunklem, bisweilen in Flecke aufgelöstem Zickzackband, dreieckigem Kopf; nährt sich von Mäusen, Eidechsen. Ihr Biß kann tödlich sein, → Schlangengift. (BILD S. 478)

Kreuzprobe, ♡ wichtigste serolog. Untersuchung von Bluttransfusionen zum Nachweis der Verträglichkeit von Spender- und Empfängerblut.

Kreuzritter, 1) Teilnehmer an Kreuzzügen. **2)** Mitgl. des Dt. Ordens.

Kreuzschnabel, Finkenvogel mit gekreuztem Schnabel; gewandter Kletterer. **Fichten-K.** lebt von dem Samen der Nadelbäume.

Kreuzspinne, Radnetzspinne mit weißer Kreuzzeichnung auf dem Hinterleib; baut in Gärten große Radnetze.

Kreuzspulgerät, → elektrische Meßinstrumente.

Kreuztal, Stadt in NRW, 29 700 Ew.

Kreuzung, in der Züchtung die Paarung zweier Pflanzen oder Tiere mit versch. Erbanlagen.

Kreuz 1): 1 Grch. K. **2** Lat. Hoch- oder Passions-K. **3** Andreas-, Schräg-K. **4** Antonius-K. **5** Schächer-K. **6** Tatzen-K. **7** Achtspitziges Malteser-, Johanniter-K. **8** Anker-K. **9** Krücken-K. **10** Jerusalem-K. **11** Doppel-K., Patriarchen-K., lothring. K. **12** russ. K., orthodoxes K. **13** Winkelmaß-K., Swastika, populär: Hakenkreuz

Kreuzspinne

Kreuz 1)

Kreuzotter

Kreuzverhör, ⚖ Zeugenvernehmung durch die Parteien und deren Anwälte ohne Mitwirkung des Richters, bes. im angloamerikan. Recht; im dt. Strafprozeß – durch Staatsanwalt und Verteidiger – ausnahmsweise zulässig.

Kreuzweg, 1) Leidensweg Jesu vom Palast des Pilatus bis Golgatha. **2)** kath. Andacht vor den 14 **K.-Stationen,** den Nachbildungen des K. **3)** Volksglaube: Kreuzungsstelle zweier Wege; Aufenthaltsort von Geistern, Hexen.

Kreuzworträtsel, Worträtsel, bei dem die gesuchten Wörter buchstaben- oder silbenweise in waagerecht und senkrecht aneinandergereihte Vierecke eingetragen werden.

Kreuzzeichen, im Christentum Brauch, mit der rechten Hand ein Kreuz zu zeichnen. Im kath. und ostkirchl. Gottesdienst sehr häufig. Bei kath. Laien und Geistlichen auch im tägl. Leben. Im luther. Gottesdienst, nicht im reformierten, bei der Taufe, →Konsekration und am Schluß des Segens.

Kreuzzüge, i. a. Kriegszüge zur Bekehrung der Ungläubigen, im bes. die Kriege der abendländ. Christenheit zur Eroberung Palästinas (1096-1291). Im **1. K. (1096-99),** von Papst Urban II. veranlaßt, eroberten Gottfried v. Bouillon und sein Bruder Balduin Jerusalem (1099), das unter Gottfried v. Bouillon Königreich wurde. Der **2. K. (1147-49),** von Bernhard v. Clairvaux veranlaßt, unter Konrad III. und Ludwig VII. von Frankreich, war erfolglos. 1187 eroberte der Sultan Saladin Jerusalem; daraufhin **3. K. (1189-92),** an dem Kaiser Friedrich I. (†1190), Philipp II. August von Frankreich und Richard Löwenherz teilnahmen. Eroberung von Akkon. Im **4. K. (1202-04)** wurde Konstantinopel erstürmt und das Lat. Kaisertum (→Byzantinisches Reich) gegründet. Im **5. K. (1228/29)** gewann Kaiser Friedrich II. das Heilige Land durch Vertrag. Der **6.** und **7. K.** Ludwigs IX. von Frankreich blieben erfolglos **(1248-54, 1270).** Außerdem viele kleinere Züge, auch ein **Kinder-K. (1212).** Die Christen verloren jedoch alle Eroberungen im Heiligen Lande wieder, zuletzt (1291) Akkon. Die K. waren polit. ein Mißerfolg und kosteten die europ. Völker große Blutopfer. Kulturell erbrachten sie die Berührung mit der vorderasiat. Welt und die Entwicklung der Ritterorden.

Kribbelkrankheit, Vergiftung mit Mutterkorn.

Kricket das, engl. Schlagballspiel zw. 2 Parteien von je 11 Spielern; Spielgeräte: Schläger, Ball, Tor. Der Werfer **(Bowler)** sucht das feindl. Tor so zu treffen, daß die Stäbchen herabfallen, der Schläger **(Batsman)** soll dies verhindern.

Kriebelmücke, →Gnitze.

Kriechspur, 🚗 zusätzl. Fahrbahn für langsame Fahrzeuge, bes. an Autobahnsteigungen.

Kriechstrom, unerwünschter Stromübergang entlang der Oberfläche eines Isolierstoffkörpers; entsteht meist durch herabgesetztes Isolationsvermögen des Isolierstoffes.

Kriechtiere, →Reptilien.

Krieg der, gewaltsame Austragung von Streitigkeiten zw. Staaten (→Taktik, →Strategie). **K.-Erklärung,** förml. Ankündigung der K.-Eröffnung an den Gegner.

Krieg der Sterne, umgangssprachl. Bez. (nach einem gleichnamigen Spielfilm) für →Strategic Defensive Initiative.

Kriegsanleihe, →Kriegsfinanzierung.

Kriegsbeschädigtenfürsorge, →Versorgung.

Kriegsdienstverweigerer ist in der Bundesrep. Dtl., wer sich aus Gewissensgründen jeder Waffenanwendung zw. den Staaten widersetzt und deshalb den Kriegsdienst mit der Waffe verweigert; er hat Zivildienst zu leisten.

Kriegsentschädigung, Ersatz der Kriegskosten durch den unterlegenen Teil, meist im Friedensvertrag festgesetzt. →Reparationen.

Kriegsfinanzierung, Beschaffung der im Krieg nötigen Gelder. Da verschärfte Besteuerung meist nicht ausreicht, wird staatl. Kreditaufnahme (**Kriegsanleihen,** im 1. Weltkrieg in Dtl. 98,7 Mrd. M) oder Geldschöpfung (»geräuschlose K.« in Dtl. im 2. Weltkrieg) erforderlich.

Kriegsgefangene, Angehörige einer Kriegsmacht, die in die Hände des Feindes fallen. Maßgebend für ihre Behandlung sind die →Genfer Konventionen von 1929 (1949 verbessert).

Kriegsgericht, früher das erstinstanzl. Gericht im Militärstrafverfahren.

Kriegsgräberfürsorge, Betreuung der Gräber und Friedhöfe der im Krieg Gefallenen. Träger ist seit 1919 neben amtl. Stellen der »Volksbund Dt. K.«, Kassel.

Kriegsmarine, Teilstreitkraft eines Staates, der die Rüstung zur See umfaßt.

Kriegsrecht, 1) völkerrechtl. Regeln, die für kriegführende Staaten untereinander und gegenüber Neutralen gelten und die nach neuerer Auffassung auch unmittelbar Rechte und Pflichten für Einzelpersonen erzeugen. Der Zweck des K. ist, die Leiden des Krieges so weit zu mildern, als es die militär. Interessen gestatten. Quellen sind das Kriegsgewohnheitsrecht und Staatsverträge: bedeutsam sind die Haager Abkommen von 1899 und 1907 und die Genfer Konventionen. Danach ist z. B. die Verwendung von Giften und bakteriolog. Kampfmitteln, die Tötung, Verwundung eines Feindes, der die Waffen gestreckt hat, die Plünderung und Festnahme von Geiseln verboten. **2)** innerstaatlich die Veränderungen des für normale Zeiten geltenden Rechts im Krieg, z. B. Verhängung des Ausnahmezustandes, Einschränkung der Pressefreiheit und der Freizügigkeit, Zwangswirtschaft, Sonderbestimmungen für Kriegsteilnehmer.

Kriegsschiffe sind Kreuzer, Flugzeugträger, Zerstörer, Torpedo-, Unterseeboote, Minensuchboote u. a.

Kriegsschule, in der Bundesrep. Dtl. **Offizierschule,** militär. Schule für Offizieranwärter zur Ausbildung als Truppenführer, Erzieher und Ausbilder.

Kriegstagebuch, im Krieg von allen Truppenteilen und Kommandobehörden geführtes Buch über alle militär. Ereignisse und Personalveränderungen.

Kriegsverbrechen, Verbrechen, die unter Verletzung des Kriegsrechts begangen werden, z. B. Ermordung und Mißhandlung von Kriegsgefangenen, Verschleppung von Zivilpersonen. Die K. sind regelmäßig nach dem allg. oder militär. Strafrecht der einzelnen Staaten strafbar. Auf Grund des Londoner Abkommens v. 8. 8. 1945 zur Aburteilung dt. K. fanden in Nürnberg versch. K.-Prozesse statt. Die Anklage stützte sich auf Verbrechen gegen den Frieden, auf K. und auf Verbrechen gegen die Menschlichkeit. 1945-46 fanden vor dem Internat. Militärtribunal, das sich aus amerikan., engl., frz. und sowjet. Richtern zusammensetzte, die Prozesse gegen 24 führende Angehörige der NSDAP, des Staates und der Wehrmacht (Hauptkriegsverbrecher) und gegen 6 verbrecher. Organisationen statt; später weitere Prozesse.

Kriegswirtschaft, auf die Bedürfnisse des Krieges eingestellte Volkswirtschaft, meist Zwangswirtschaft mit bevorzugter Deckung des militär. Bedarfs.

Kriemhild, Hauptgestalt des Nibelungenlieds; ihrer Rache für den Mord an ihrem Gatten Siegfried fiel nicht nur der Mörder Hagen, sondern ihre ganze Sippe, das burgund. Königsgeschlecht, zum Opfer.

Kri|ens, Gem. im schweizer Kt. Luzern, 22700 Ew.; Maschinen-, Textil-, Holzind.

Krim die, Halbinsel zw. dem Schwarzen und dem Asowschen Meer, 25500 km²; im N Steppe und Ackerland, im S das Jailagebirge, an der Südküste Mittelmeer-Pflanzenwuchs und Kurorte. Bodenschätze: Kohle, Erdöl, Eisen, Salz; Hafen Sewastopol. – Im Altertum entstand hier das Bosporan. Reich, das später in das Oström. überging; während der Völkerwanderung drangen Goten ein. Seit 1475 stand die K. unter türk. Oberhoheit, 1783 wurde sie russisch. → Krimkrieg.

kriminal [lat.], strafrechtlich. **kriminell** [frz.], verbrecherisch. **Kriminalgericht,** Gericht, das die Strafrechtspflege ausübt. **Kriminalist** der, Beamter der Kriminalpolizei, auch Lehrer des Strafrechts; **Kriminalistik** die, Lehre von den Erscheinungsformen, Ursachen und Zielen des Verbrechens, den Mitteln seiner Erforschung, Bekämpfung und Verhütung. **Kriminalität** die, Art und Häufigkeit von Straftaten, die innerhalb eines Volkes, einer Berufsgruppe oder von einzelnen begangen werden. **Kriminalpolizei,** Zweig der Polizei, der zur Unterstützung der Staatsanwaltschaft und des Untersuchungsrichters bei der Aufdeckung, Untersuchung und Verfolgung strafbarer Handlungen mitwirkt. **Kriminalbeamter,** Beamter der Kriminalpolizei in Zivil.

Kriminalroman, Kriminalgeschichte, Erzählung über ein Verbrechen, seine Aufdeckung, seine Sühne. Vorläufer der K. sind die Räuberromane. Großen Einfluß hatte E. A. Poes Erzählung »Mord in der Rue Morgue« (1841). Mit C. Doyles Sherlock-Holmes-Geschichten gelangte die **Detektivgeschichte** zu einem Welterfolg. Dem K. nahverwandt ist die **Spionage-** und **Geheimagentengeschichte.** – Der **Kriminalfilm** (seit den 30er Jahren v.a. in den USA) verbreitete sich stark durch Fernsehserien **(Krimi).**

Kriminologie [lat.-grch.] die, Wissenschaft vom Verbrechen, sucht die Entstehungs- und Erscheinungsformen von Verbrechen zu fassen und vorbeugend zu wirken.

Krimkrieg, Krieg Rußlands gegen die mit Frankreich und England (ab 1855 auch Sardinien) verbündete Türkei, 1853-56. Der Hauptkampf ging um Sewastopol, das 1854/55 erobert wurde. Im Pariser Frieden von 1856 verzichtete Rußland auf Kriegsflotte im Schwarzen Meer (bis 1871), trat S-Bessarabien ab.

Krinoline [frz.] die, **1)** Stoff aus Baumwolle und Roßhaar. **2)** → Reifrock.

Kris der, Dolch der Indonesier mit meist schlangenförmig gekrümmter Klinge.

Krise, Krisis [grch.] die, **1)** Wendepunkt; bedenkliche Lage, Störung im Wirtschaftsleben. **2)** ♡ Höhepunkt einer Krankheit.

Krisenmanagement [-m'ænɪdʒmənt], kurzfristiger Einsatz eines betriebseigenen oder fremden Krisenstabs zur Überwindung weitreichender betriebl. Probleme.

Krisenstab, vom Reg.-Chef bei akuten Notständen gebildetes überparteil. Gremium zur Beratung und als Koordinationshilfe.

Krishna [Sanskrit »der Schwarze«], urspr. ind. Fürst, wurde zu göttl. Würde erhoben und als 8. Verkörperung des Vishnu gefeiert.

Krishna [-ʃ-], früher **Kistna,** Fluß in Indien, 1280 km lang, entspringt in den West-Ghats, fließt nach O durch die Halbinsel, mündet in den Golf von Bengalen.

Kristall [grch.] der, regelmäßige, vieleckige Form, die viele Stoffe bei der Kristallisation einnehmen. Alle K. sind in gesetzmäßiger Weise von ebenen Flächen begrenzt, die in Kanten und Ecken zusammenstoßen. In die K. kann man sich immer 3 (oder 4) Achsen einbeschrieben denken, die sich im **K.-Mittelpunkt** schneiden. Nach diesen Achsenkreuzen unterscheidet man 6 **K.-Systeme:** 1) **kub. (reguläres) System** mit 3 gleich langen, senkrecht aufeinanderstehenden Achsen; 2) **tetragonales System** mit 2 gleichen, sich rechtwinklig schneidenden Achsen (Nebenachsen), auf denen eine 3. verschieden lange Hauptachse senkrecht steht; 3) **hexagonales System** mit 3 gleich langen, sich unter 60° schneidenden Nebenachsen, auf denen eine 4., abweichend große, senkrecht steht; 4) **rhomb. System** mit 3 sich rechtwinklig schneidenden, aber verschieden langen Achsen; 5) **monoklines System** mit 2 ungleichen, sich schiefwinklig kreuzenden Achsen und einer darauf senkrechten Achse; 6) **triklines System** mit 3 ungleichen, schiefwinklig gekreuzten Achsen. Die K. sind aufgebaut aus kleinsten Zellen, in deren Eckpunkten die Atome (richtiger: Ionen) regelmäßig angeordnet sind **(K.-Gitter);** ihr Aufbau wird durch Beugung von Röntgenstrahlen ermittelt (Laue-Diagramm). Physikal. Eigenschaften bestimmter K. sind → Doppelbrechung, Drehung der Polarisationsebene hindurchfallenden Lichtes und Piezoelektrizität, letztere ausgenutzt im Transistor u.a. **Kristallisation** die, Bildung von K.; **kristallinisch** heißen Stoffe, die K. bilden; Ggs.: amorph. **Kristallographie** die, Lehre von den K.

Kristallglas, bleifreies böhm. K. (reines Kalikalksilikat); Blei-K. (Kalibleisilikat).

kristalline Schiefer, → Gesteine.

Kristallnacht, von den Nationalsozialisten in Dtl. in der Nacht vom 9./10. 11. 1938 organisierten Pogrome gegen Juden.

Kristallzüchtung, synthet. Herstellung von Kristallen v.a. für die Halbleiter-Ind. Von Bedeutung sind die Schmelzzieh- und das Zonenschmelzverfahren.

Kristiansand, bedeutendste Hafenstadt S-Norwegens, 70000 Ew.; Fährverbindung nach Dänemark; Holzausfuhr, Metallind.

Kriterium [grch.] das, -s/...rien, unterscheidendes Merkmal; Kennzeichen.

Kritik [grch.] die, Beurteilung, Prüfung. **Kritikaster** der, Nörgler. **Kritiker** der, Beurteiler, Tadler. **kritisieren,** beurteilen, tadeln.

kritisch, 1) prüfend, **2)** entscheidend, bedrohlich. **krit. Alter,** → Wechseljahre. **krit. Temperatur,** Temperatur, oberhalb deren ein Gas durch keinen noch so starken Druck mehr verflüssigt werden kann.

kritische Masse, Kerntechnik: kleinste Masse an Spaltstoff, in der eine Kettenreaktion von Kernspaltungen ohne äußere Einflüsse erhalten bleibt.

Kritischer Rationalismus, Schule der wissenschaftstheoret. Philosophie, die von K. R. Popper ausging. K. R. richtet sich gegen klass. Rationalismus und Neopositivismus. Für ihn sind sichere Begründungen unmöglich. Er betont die Idee der method. Prüfung in der Bewährung einer Theorie gegenüber Widerlegungsversuchen.

Kritische Theorie, von M. Horkheimer geprägte und von anderen Vertretern der Frankfurter Schule aufgenommene Bez. für ein sich an konkreten geschichtl. Situationen orientierendes gesellschaftstheoret. Denken, das sich bes. K. Marx verpflichtet weiß.

Kritizismus der, Denkrichtung, die die Erkenntnismittel, ihr Wesen und ihre Grenzen prüft. Der Begründer des K. ist Kant.

Kriwoj Rog, Stadt in der Ukrain. SSR, 713000 Ew.; Eisenerzbergbau u.a. Ind.

Krk, ital. **Veglia,** nördlichste Insel Jugoslawiens, 410 km², rd. 20000 Ew.

Krleža [k'rlɛʒa], Miroslav, kroat. Schriftst., *1893, †1981; Lyrik, Dramen, Romane u.a.

Kroaten Mz., südslaw. Volk in Kroatien, Slawonien, Sirmien, Dalmatien, Herzegowina, Teilen von Bosnien.

Kroatien, serbokroat. **Hrvatska,** Sozialist. Rep. in Jugoslawien, 56538 km², 4,67 Mio. Ew.; Hptst. Zagreb. K. umfaßt das Tiefland

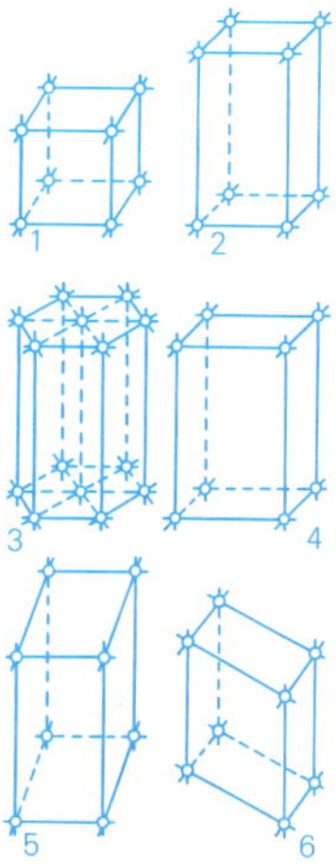

Kristall: Die Grundformen der Kristallsysteme **1** kubisch, **2** tetragonal, **3** hexagonal, **4** rhombisch, **5** monoklin, **6** triklin

Kröten: Wechselkröte

zw. Drau, Donau und Save, das Gebirgsland Hochkroatiens und das dalmatin. Küstengebiet. Überwiegend Landwirtschaft (Mais, Weizen, Wein, Obst), Forstwirtschaft; ⚒ (Bauxit, Kohle, Eisen, NE-Metalle, Erdöl); Ind. im Aufbau; Fremdenverkehr. Verkehrsnetz z.T. gut ausgebaut. Haupthafen: Rijeka (Fiume). Ⓖ Das Land wurde im 7. Jh. von den Kroaten besiedelt, kam Ende des 11. Jh. an Ungarn, mit diesem im 16. Jh. unter habsburg., dann unter türk. Herrschaft, fiel 1699 an das habsburg. Ungarn zurück. K. bildete mit Slawonien ein Nebenland der ungar. Krone; 1918 dem neuen Kgr. Jugoslawien angeschlossen.

Kroatzbeere [schles.], Brombeere.

Krocket das, Rasenspiel zw. 2 Parteien; Holzkugeln sind mit Schlägern durch eine Reihe von Toren (Drahtbügel) zu treiben. Wer zuerst den Zielpfad erreicht, ist Sieger.

Kroetz, Franz Xaver, Schriftst., Schauspieler, *1946, schreibt sozialkrit. Stücke mit naturalist. Milieuschilderung. – »Wildwechsel«, »Oberösterreich«, »Wunschkonzert«, »Mensch Meier«, »Bilanz« u. a.

Krokant [frz.] der, feste Masse aus Nüssen oder Mandeln und Zucker.

Kroketten, Krusteln, gebackene kleine Vor- und Zwischengerichte.

Kroki das, ⊕ Kartenskizze.

Krokodile, Panzerechsen, große Reptilien der warmen Zonen, deren Körper mit knöchernen Hautschilden gepanzert und von Hornschilden bedeckt sind. **Nil-K.,** bis 6 m lang, in Afrika, ist dem Menschen gefährlich; Männchen mit Moschusgeruch. **Chines. Alligator,** bis 2 m lang; **Hechtalligator (Kaiman),** bis 4 m lang, in Amerika; **Gavial,** bis 5 m, in Indien.

Krokodilwächter, afrikan. Regenpfeifervogel; sucht Krokodile nach Schmarotzern ab.

Krokus

Krokus der, -/...sse, knollentragende Schwertliliengewächse, blau-, weiß-, gelbblühende Frühlingsblüher.

Krolow [-lo], Karl, Schriftst., *1915; gelangte von moderner Naturlyrik zu differenzierter Darstellung des Alltäglichen und Subjektiven; Essays, Übersetzungen.

Kronberg (Taunus), Luftkurort im Hochtaunuskreis, Hessen, 17600 Ew.; Burg (13. Jh.).

Krone [lat. corona »Kranz«] die, **1)** Zeichen der fürstl. Würde, urspr. nur ein Stirnreif. **2)** Münzeinheit in Schweden, Norwegen, Dänemark, Island, ČSR, bis 1924 auch in Österreich und Ungarn. **3)** ♡ oberer Teil des Zahns. **4)** ☆ 2 Sternbilder: Nördl. und Südl. Krone.

Kronglas, erstes optisches Glas, ein Kali-Kalk-Silikat-Glas.

Kronkolonie, eine brit. Kolonie, in der die Krone (die Königin) durch einen von ihr ernannten Gouverneur die Gesetzgebung und Verwaltung ausübt.

Kronländer, 1) Erbländer eines fürstl. Hauses. **2)** in Österreich bis 1918 die einzelnen Länder.

Kröse

Kronos, grch. Sage: ein Titan, jüngster Sohn des Uranos, vermählt mit seiner Schwester Rhea, verschlang alle seine Kinder bis auf Zeus, den Rhea verbarg. Zeus, der **Kronide,** stieß ihn in den Tartarus. Das Zeitalter des K. galt später als goldenes.

Kronprinz, in Monarchien der zukünftige Thronerbe, sofern er Sohn oder Enkel des Herrschers ist.

Kronsbeere, die → Preiselbeere.

Kronstadt, 1) K., rumän. **Braşov** [braʃ'ov], Hptst. des Kr. K. in Rumänien, 346000 Ew.; Univ.; spätgot. Schwarze Kirche (1477 vollendet); Textil-, Maschinen-, Flugzeug-, Lebensmittelind. K. kam 1921 an Rumänien. **2)** Kriegs- und Handelshafen vor Leningrad, auf der Insel Kotlin, 45000 Ew.

Krönung die, feierl. Einsetzung des Herrschers durch Aufsetzen der Krone.

Kronzeuge, Hauptzeuge; in England und Amerika ein Mittäter, der bei Straflosigkeit oder Strafmilderung als Belastungszeuge auftritt. Seit 1989 gilt eine bis 1992 befristete und auf terrorist. Straftaten beschränkte K.-Regelung in der Bundesrep. Dtl.; darüber K.-Regelung bei Drogenstraftaten.

Kropf der, **1)** Erweiterung der Vogelspeiseröhre zur Vorverdauung. **2)** ♡ von einer Vergrößerung der Schilddrüse herrührende Anschwellung vorn am Hals; in manchen Gebirgsgegenden häufig. Vorbeugung: jodhaltiges Speisesalz. In schweren Fällen: Operation. (→ Basedowsche Krankheit)

kröpfen, 1) ⊙ Welle winkelig abbiegen. **2)** ♘ Nahrung aufnehmen (bei Greifvögeln).

Kropftauben, Kröpfer, Haustauben mit blähbarem Kropf. (BILD Taube)

Kropotkin, Peter Fürst, russ. Schriftst., Revolutionär, *1842, †1921; Vertreter des kommunist. Anarchismus.

Kröse die, gefaltete Hemdkrause.

Krösus, der letzte König von Lydien, um 564 bis 560 v. Chr., durch seinen Reichtum sprichwörtlich; wurde von Kyros 546 v. Chr. entthront.

Kröten, zahnlose Froschlurche, meist plump, mit fast gleichlangen Beinen und warzig-drüsiger Haut, deren Sekret das giftige Bufotalin enthält. Die an schattig-feuchten Orten in selbstgegrabenen Löchern lebende, etwa 12 cm lange **Erdkröte** ist dunkel-, die **Wechselkröte** buntfarbig. Die südamerikan. **Riesen-K. (Aga)** wird über 20 cm lang.

Kroton [grch.] der, trop. Gattung der Wolfsmilchgewächse, darunter der südasiat. **Tiglibaum;** das fette Öl seiner Samen (Purgierkörner) ist ein starkes Abführmittel **(K.-Öl).**

Krueger, Felix, Psychologe, *1874, †1948; begründete die Ganzheitspsychologie.

Krug der, **1)** bauchiges Gefäß für Flüssigkeiten, mit Henkel und kurzem Hals. **2)** ndt. Dorfwirtshaus. **Krüger** der, Schankwirt.

Krüger, 1) Franz, Maler, *1797, †1857; Vertreter eines biedermeierl. Realismus; Pferdebilder. **2) Kruger,** Paulus, genannt **Oom Krüger,** Präs. des Burenfreistaates Transvaal (1883-1900), *1825, †1904; leitete den Widerstand der Buren gegen England.

Krüger-Nationalpark, Naturschutzgebiet und Wildreservat in der Rep. Südafrika.

Krüger-Rand [-rænd, engl., n. P. Krüger], seit 1967 Goldmünze (Goldanlegermünze) der Rep. Südafrika im Gewicht von 33,9 g, darin 31,1 g (1 Unze) Feingold.

Kruke die, kurzhalsige Steingutflasche.

Krume die, abgebröckeltes, kleines Stück, bes. vom Brot.

Krümmer der, Gerät zum Auflockern des Bodens.

Krummholz, Knieholz, niedriges Gehölz.

Krummhorn, Hornblasinstrument des 13. bis 17. Jh., mit unten aufgebogener Schallröhre.

Krummhübel, poln. **Karpacz** [-tʃ], Stadt in der poln. Wwschaft Jelenia Góra, Luftkurort und Wintersportplatz, Niederschlesien, unter der Schneekoppe, 6100 Ew.

ERDE · POLITISCHE GLIEDERUNG

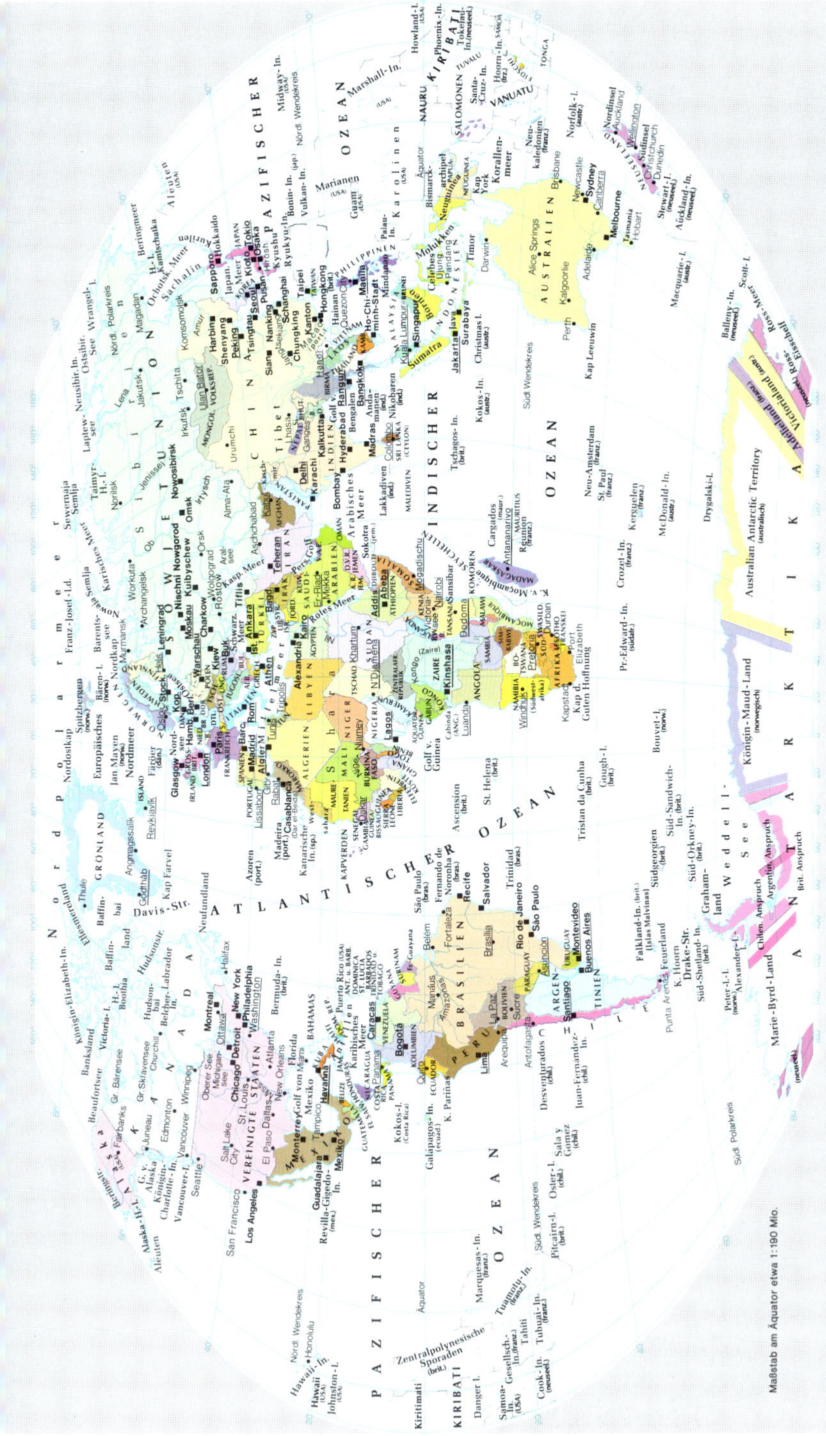

Afrika
30,3 Mio. km² groß
514 Mio. Einwohner
Bevölkerungsdichte:
17 Einw. je km²
Höchste Erhebung:
Kilimandscharo 5895 m

Asien
44,2 Mio. km² groß
2719 Mio. Einwohner
Bevölkerungsdichte:
62 Einw. je km²
Höchste Erhebung:
Mount Everest 8848 m

Australien (ohne Ozeanien)
7,7 Mio. km² groß
14,9 Mio. Einwohner
Bevölkerungsdichte:
1,9 Einw. je km²
Höchste Erhebung:
Mt. Kosciusko 2230 m

Europa
10,5 Mio. km² groß
691 Mio. Einwohner
Bevölkerungsdichte:
66 Einw. je km²
Höchste Erhebung:
Montblanc 4810 m

Nordamerika
21,5 Mio. km² groß
259 Mio. Einwohner
Bevölkerungsdichte:
12 Einw. je km²
Höchste Erhebung:
Mt. McKinley 6193 m

Südamerika
17,8 Mio. km² groß
258 Mio. Einwohner
Bevölkerungsdichte:
14,5 Einw. je km²
Höchste Erhebung:
Aconcagua 6959 m

AFRIKA

ATLANTISCHER
OZEAN
ATLANTISCHER OZEAN
INDISCHER
OZEAN
Mittelmeer
Nordsee
Ostsee
Ärmelkanal
Golf von Biscaya
Schwarzes Meer
Kasp. Meer
Rotes Meer
Golf von Guinea
Golf v. Aden
Pers. Golf
Kanal von Moçambique
SOWJETUNION
POLEN
DDR
BUNDESREP. DTL.
FRANKREICH
SPANIEN
PORTUGAL
ITALIEN
JUGOSLAWIEN
UNGARN
RUMÄNIEN
BULGARIEN
GRIECHENLAND
TÜRKEI
SYRIEN
IRAK
IRAN
SAUDI-ARABIEN
OMAN
JEMEN
D.V.R. JEMEN
MAROKKO
ALGERIEN
TUNESIEN
LIBYEN
ÄGYPTEN
MAURETANIEN
MALI
NIGER
TSCHAD
SUDAN
SENEGAL
GUINEA
BURKINA FASO
ELFENBEIN-KÜSTE
GHANA
TOGO
BENIN
NIGERIA
KAMERUN
ZENTRALAFRIKAN. REP.
ÄTHIOPIEN
SOMALIA
KENIA
UGANDA
ZAIRE
KONGO
GABUN
TANSANIA
ANGOLA
SAMBIA
MALAWI
MOÇAMBIQUE
SIMBABWE
NAMIBIA (Südwest-afrika)
BOTSWANA
SÜDAFRIKA
LESOTHO
SWASILAND
MADAGASKAR
KOMOREN
SEYCHELLEN
Sahara
Libysche Wüste
Nubische Wüste
Kalahari
Namib
Rub al-Chali
Nefud
Hoggar 3000
Tibesti 3415
Aïr 2000
Ennedi 1450
Darfur 3088
Kordofan
Hoher Atlas
Tell-Atlas
Sahara-Atlas
Drakensberge
Kilimandscharo 5895
Kenia 5194
Ruwenzori 5119
Äquator
Nördlicher Wendekreis
Südlicher Wendekreis
Azoren
Madeira
Kanarische Inseln (span.)
Ascension (brit.)
St. Helena (brit.)
Tristan da Cunha (brit.)
Gough -I. (brit.)
Réunion (franz.)
Mauritius
Kap Palmas
Kap d. Guten Hoffnung
Kap Agulhas
Kap Guardafui
Kap Delgado
Rabat
Algier
Tunis
Tripolis
Kairo
Khartum
Addis Abeba
Nairobi
Kinshasa
Luanda
Lusaka
Harare
Pretoria
Johannesburg
Kapstadt
Durban
Dakar
Nouakchott
Bamako
Niamey
N'Djamena
Lagos
Accra
Abidjan
Monrovia
Freetown
Conakry
Bangui
Yaoundé
Libreville
Brazzaville
Kampala
Mogadischu
Dodoma
Daressalam
Lilongwe
Maputo
Windhuk
Gaborone
Antananarivo

ASIEN

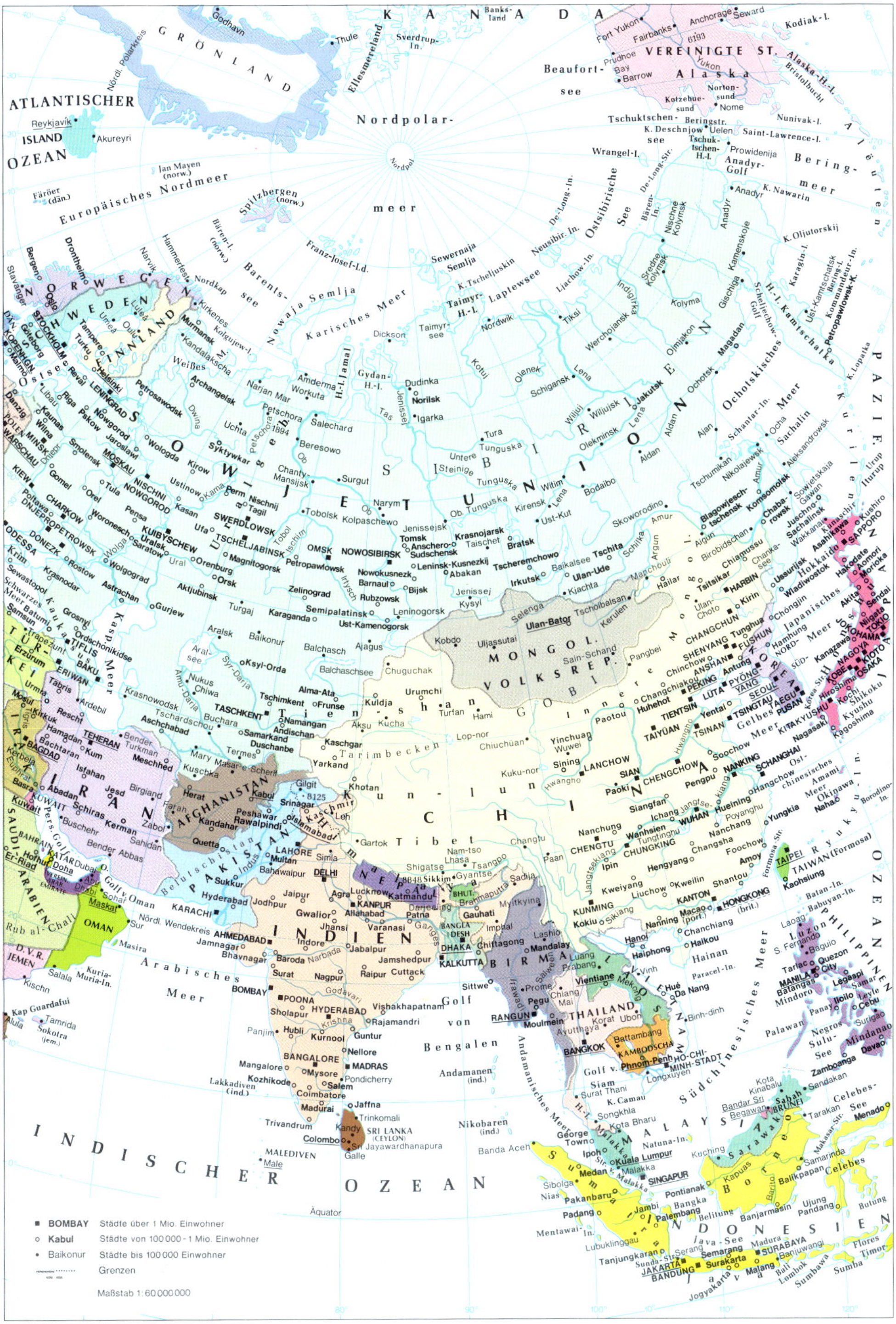

K A N A D A
G R Ö N L A N D
ATLANTISCHER OZEAN
ISLAND
Reykjavík
Akureyri
Jan Mayen (norw.)
Färöer (dän.)
Europäisches Nordmeer
Spitzbergen (norw.)
Nordpolarmeer
Nordpol
VEREINIGTE ST.
Alaska
Beaufort-see
Barentssee
Karisches Meer
Nowaja Semlja
Sewernaja Semlja
Laptewsee
Ostsibirische See
Bering-meer
Aleuten
Tschuktschen-see
Beringstr.
Wrangel-I.
Anadyr-Golf
Ochotskisches Meer
Sachalin
Kamtschatka
Kurilen
S O W J E T U N I O N
N O R W E G E N
S C H W E D E N
F I N N L A N D
Ostsee
MOSKAU
LENINGRAD
KIEW
Schwarzes Meer
Kaspisches Meer
Aralsee
Balchaschsee
Baikalsee
T Ü R K E I
I R A K
I R A N
SAUDI-ARABIEN
Rub al-Chali
OMAN
Maskat
D.V.R. JEMEN
AFGHANISTAN
Kabul
PAKISTAN
Kaschmir
I N D I E N
DELHI
BOMBAY
KALKUTTA
MADRAS
NEPAL
BHUT.
BANGLA DESH
DHAKA
SRI LANKA (CEYLON)
Colombo
MALEDIVEN
Male
Arabisches Meer
Golf von Bengalen
MONGOL. VOLKSREP.
Ulan-Bator
Gobi
Tarimbecken
Tienschan
Kunlun
Tibet
C H I N A
PEKING
SCHANGHAI
KANTON
HONGKONG (brit.)
Macao (port.)
TAIWAN (Formosa)
TAIPEI
KOREA
PYÖNG-YANG
SEOUL
Japanisches Meer
JAPAN
TOKIO
OSAKA
SAPPORO
Gelbes Meer
Ostchinesisches Meer
Südchinesisches Meer
BIRMA
RANGUN
THAILAND
BANGKOK
LAOS
Vientiane
KAMBODSCHA
Phnom-Penh
VIETNAM
Hanoi
HO-CHI-MINH-STADT
Hainan
PHILIPPINEN
MANILA
MALAYSIA
Kuala Lumpur
SINGAPUR
BRUNEI
Borneo
Celebes
Sumatra
Java
I N D O N E S I E N
JAKARTA
Timor
PAZIFISCHER OZEAN
I N D I S C H E R O Z E A N
Äquator
Nördl. Polarkreis
Nördl. Wendekreis
■ BOMBAY Städte über 1 Mio. Einwohner
○ Kabul Städte von 100 000 - 1 Mio. Einwohner
• Baikonur Städte bis 100 000 Einwohner
Grenzen
Maßstab 1:60 000 000

NORDAMERIKA

SÜDAMERIKA

HAVANNA
Cienfuegos
Sta. Clara
Camagüey
Holguín
Santiago
K U B A
Yucatán-Str.
Mérida
Yucatán-H.-I.
MEXIKO
Caymans-In. (brit.)
JAMAIKA
Kingston
Long I.
BAHAMAS
Acklin
Great
Inagua
Turks- und Caicos-In. (brit.)
HAITI
Port-au-Prince
DOM. REP.
Sto. Domingo
Puerto Rico (USA)
San Juan
Ponce
Jungfern-In. (USA, brit.)
Anguilla (brit.)
St. Martin (franz.)
Basseterre
ST. CHRISTOPHER AND NEVIS
ANTIGUA AND BARBUDA
St. Johns
Guadeloupe (franz.)
Roseau
DOMINICA
Martinique (franz.)
Fort-de-France
Castries
STA. LUCIA
Kingstown
ST. VINCENT
BARBADOS
Bridgetown
St. George's
GRENADA
Tobago
Port of Spain
TRINIDAD u. TOBAGO
G r o ß e   A n t i l l e n
K l e i n e   A n t i l l e n
K a r i b i s c h e s   M e e r
BELIZE
Belmopan
GUATEMALA
Pto. Barrios
HONDURAS
Tegucigalpa
EL SALV.
San Salvador
NICARAGUA
Managua
Nicaragua-see
COSTA RICA
San José
PANAMA
Panama
G. v. Panama
Kokos-I. (Costa Rica)
Malpelo-I. (kol.)
Galápagos-In. (ecuad.)
Kap Gallinas
Aruba (nied.)
Curaçao
Bonaire
Sta. Marta
Barranquilla
Cartagena
Montería
Cúcuta
Bucaramanga
MEDELLÍN
Manizales
Armenia
Ibagué
BOGOTÁ
Buenaventura
Cali
Neiva
Popayán
Tumaco
Pasto
K O L U M B I E N
Magdalena
Maracaibo
Barquisimeto
S. v. Maracaibo
Maracay
Valencia
CARACAS
V E N E Z U E L A
San Cristóbal
San Fernando de Apure
Orinoco
Ciudad Guayana
Ciudad Bolívar
Bergland von Guayana
G U Y A N A
Georgetown
New Amsterdam
Paramaribo
Brokopondo
SURINAM
Franz.-Guayana
Cayenne
Boa Vista
Rio Branco
Quito
E C U A D O R
6267 Chimborazo
Riobamba
Guayaquil
Salinas
Cuenca
Iquitos
Caquetá
Putumayo
Japurá
Uaupés
Rio Negro
Barcelos
Manáus
Óbidos
Santarém
Amazonas
Tefé
Juruá
Purús
Rio Madeira
Tapajós
Xingú
Tocantins
Macapá
Marajó
Pará
Belém
Tijoca
São Luís
Parnaíba
Fortaleza
Fernando de Noronha (bras.)
Kap São Roque
Natal
Sobral
Caxias
Teresina
Mossoró
Juázeiro do Norte
Campina Grande
João Pessoa
RECIFE
Paulistana
Garanhuns
Maceió
Juázeiro
Senhor do Bonfim
Feira de Santana
Aracajú
SALVADOR
Rio São Francisco
B R A S I L I E N
Pôrto Velho
Rio Branco
Guajará Mirim
Juruena
A m a z o n a s
Brasilianisches Bergland
Hochland von Mato Grosso
Cuiabá
Goiânia
Anápolis
Brasília
Araguaia
Jequié
Vitória da Conquista
Ilhéus
Itabuna
Montes Claros
Teófilo Otôni
Caravelas
Governador Valadares
BELO HORIZONTE
Vitória
Uberaba
Ribeirão Prêto
Rio Grande
Campo Grande
Pto. Pres. Vargas
Corumbá
Paraguay
Juiz de Fora
Campos
Nova Iguaçu
Niterói
RIO DE JANEIRO
Campinas
SÃO PAULO
Santos
Bauru
Londrina
Ponta Porá
Soracaba
Ponta Grossa
Curitiba
Paranaguá
Blumenau
Florianópolis
Itaipu
Posadas
Uruguay
Passo Fundo
Santa María
PÔRTO ALEGRE
Bagé
Pelotas
Rio Grande
K. Pariñas
Piura
Chiclayo
Marañón
Ucayali
P E R U
Trujillo
Chimbote
Cerro de Pasco
La Oroya
Huacho
Callao
LIMA
Huancayo
Rio Madre de Dios
Cuzco
Pisco
Arequipa
Mollendo
Puno
Titicaca-see
La Paz
Cochabamba
Cobija
Mamoré
B O L I V I E N
Santa Cruz
Oruro
Poopó-see
Sucre
Potosí
Arica
Iquique
Pilcomayo
Fuerte Olimpo
P A R A G U A Y
Concepción
Asunción
Villarrica
Rio Bermejo
Jujuy
Salta
Antofagasta
Tucumán
Santiago del Estero
Catamarca
La Rioja
Gran Chaco
Resistencia
Corrientes
Paraná
Rio Salado
Copiapó
La Serena
Coquimbo
Aconcagua 6959
San Juan
Córdoba
Sta. Fe
Paraná
Concordia
Salto
Paysandú
URUGUAY
Mercedes
MONTEVIDEO
Mendoza
Mercedes
Rosario
Viña del Mar
Valparaíso
SANTIAGO
S. Rafael
BUENOS AIRES
La Plata
Río de la Plata
Talca
Chillán
Talcahuano
Concepción
Sta. Rosa
Azul
Tandil
Mar del Plata
Colorado
Bahía Blanca
Tres Arroyos
Neuquén
Zapala
Río Negro
Temuco
Valdivia
Viedma
S.-Matías-G.
Puerto Montt
Chiloé
Rawson
Esquel
Comodoro Rivadavia
Golf v. S. Jorge
Pto. Deseado
Puerto Aysén
H.-I. Taitao
Wellington-I.
Santa Cruz
Río Gallegos
Magellan-Str.
Punta Arenas
Feuerland
Ushuaia
Staaten-I.
Sta. Inés
Kap Hoorn
Drake-Str.
Falkland-In. (Islas Malvinas) (brit.)
Port Stanley
Südgeorgien (brit.)
Süd-Sandwich-In. (brit.)
Süd-Orkney-In. (brit.)
C H I L E
A R G E N T I N I E N
Patagonien
San Félix
San Ambrosio (chil.)
Juan-Fernández-In. (chil.)
PAZIFISCHER OZEAN
ATLANTISCHER OZEAN
Nördl. Wendekreis
Äquator
Südl. Wendekreis
BOGOTÁ   Städte über 1 Mio. Einwohner
Brasília   Städte von 100 000 - 1 Mio. Einwohner
Belize   Städte bis 100 000 Einwohner
Grenze
Maßstab 1 : 50 000 000

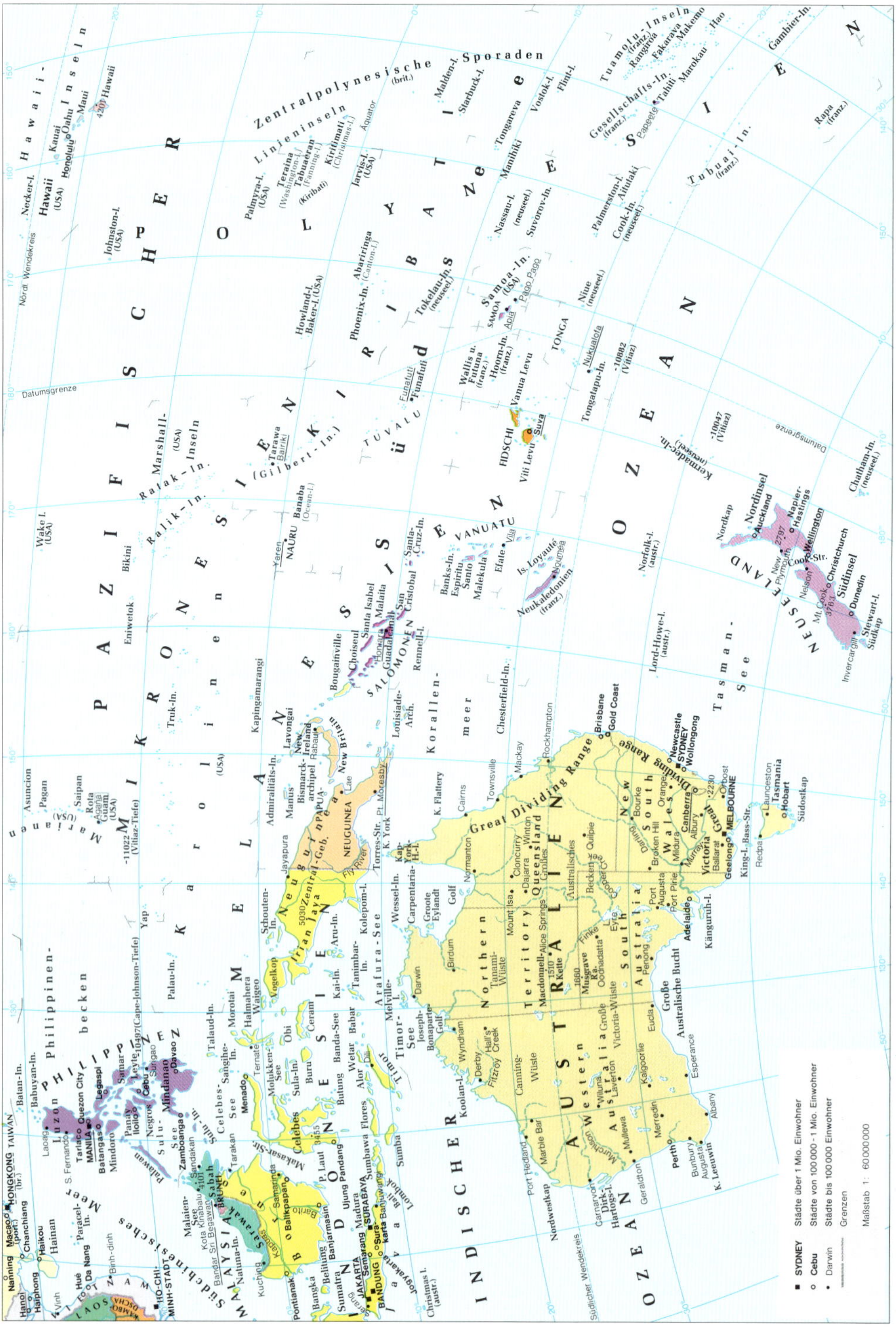
PAZIFISCHER OZEAN
INDISCHER OZEAN
AUSTRALIEN
MIKRONESIEN
MELANESIEN
POLYNESIEN
INDONESIEN
NEUSEELAND
NEUGUINEA
Western Australia
Northern Territory
Queensland
South Australia
New South Wales
Victoria
Tasmania
Great Dividing Range
Korallenmeer
Tasmansee
Arafurasee
Timorsee
Südchinesisches Meer
Philippinenbecken
Hawaii-Inseln
Marshall-Inseln
Karolinen
Marianen
Salomonen
Vanuatu
Fidschi
Tonga
Samoa-In.
Tuvalu
Kiribati
Nauru
Datumsgrenze
Nördl. Wendekreis
Südlicher Wendekreis
SYDNEY
MELBOURNE
Brisbane
Adelaide
Perth
Darwin
Canberra
Hobart
Auckland
Wellington
Christchurch
Dunedin
MANILA
JAKARTA
Honolulu
SYDNEY Städte über 1 Mio. Einwohner
Cebu Städte von 100 000 - 1 Mio. Einwohner
Darwin Städte bis 100 000 Einwohner
Grenzen
Maßstab 1 : 60 000 000

EUROPA

Maßstab 1 : 30 000 000
ATLANTISCHER OZEAN
Europäisches Nordmeer
Nord-see
Barentssee
Weißes Meer
Kaspisches Meer
Schwarzes Meer
Mittelmeer
Ägäisches Meer
Adriatisches Meer
Tyrrhenisches Meer
Ionisches Meer
Golf von Biscaya
Bottnischer Meerbusen
Finnischer Meerbusen
ISLAND
IRLAND
GROSSBRITANNIEN
NORWEGEN
SCHWEDEN
FINNLAND
DÄNEMARK
NIEDERLANDE
BELGIEN
LUX.
FRANKREICH
SPANIEN
PORTUGAL
ANDORRA
MONACO
SCHWEIZ
ÖSTERREICH
ITALIEN
MALTA
POLEN
TSCHECHOSLOWAKEI
UNGARN
RUMÄNIEN
JUGOSLAWIEN
ALBANIEN
BULGARIEN
GRIECHENLAND
TÜRKEI
ZYPERN
SYRIEN
IRAK
IRAN
MAROKKO
ALGERIEN
TUNESIEN
Russische SFSR
Weißrussische SSR
Ukrainische SSR
Lett. SSR
Lit. SSR
Estn. SSR
Kasachische SSR
Usbek. SSR
Turkmen. SSR
Kaukasus
Ural
Balkan
Karpaten
Alpen
Pyrenäen
Apenninen
Kreta
Sizilien
Sardinien
Korsika
Balearen
Pontisches Gebirge
Taurus
Elburs-Gebirge
Tell-Atlas
Hoher Atlas

BERLIN Städte über 1 Mio. Einwohner
Köln Städte von 500000 - 1 Mio. Einwohner
Bonn Städte von 100000 - 500000 Einwohner
Lindau Städte bis 100000 Einwohner
Ballungsraum
Eisenbahn
Eisenbahntunnel
im Bau
Kanal
Grenzen
Deutsche Ostgebiete: Stand vom 31.12.1937
Maßstab 1:6000000
Nordsee
Deutsche Bucht
Helgoland
Nordfriesische Inseln
Ostfriesische Inseln
Westfriesische Inseln
Straße von Dover
GROSS-BRITANNIEN
NIEDERLANDE
BELGIEN
LUXEMBURG
FRANKREICH
SCHWEIZ
LIECHTENSTEIN
DÄNEMARK
BUNDESREP. DEUTSCHLAND
ITALIEN
ÖSTERREICH
Seeland
Fünen
Schleswig-Holstein
Kieler Bucht
Mecklenburger Bucht
Niedersachsen
Nordrhein-Westfalen
Hessen
Rheinland-Pfalz
Saarland
Baden-Württemberg
Bayern
Lüneburger Heide
Teutoburger Wald
Sauerland
Westerwald
Taunus
Hunsrück
Eifel
Spessart
Odenwald
Schwarzwald
Schwäbische Alb
Thüringer Wald
Frankenwald
Fichtelgebirge
Harz
Rhön
Vogesen
Ardennen
Champagne
Burgund
Picardie
Artois
Flandern
Brabant
Friesland
Ijsselmeer
Jura
Savoyen
Berner Oberland
Walliser Alpen
Rätische Alpen
Ötztaler A.
Dolomiten
Hamburg
Bremen
Hannover
Kiel
Lübeck
Amsterdam
Rotterdam
Den Haag
Utrecht
Brüssel
Antwerpen
Lüttich
Luxemburg
Paris
Köln
Düsseldorf
Dortmund
Essen
Bonn
Koblenz
Frankfurt
Mainz
Wiesbaden
Mannheim
Heidelberg
Karlsruhe
Stuttgart
Nürnberg
Würzburg
München
Augsburg
Regensburg
Straßburg
Metz
Nancy
Reims
Dijon
Lyon
Basel
Zürich
Bern
Lausanne
Genf
Luzern
Innsbruck
Bozen
Konstanz
Bodensee
Genfer See
Mont Blanc
Zugspitze
St. Gotthard
Simplon
Brenner
488

MITTELEUROPA

FRANKREICH · PYRENÄENHALBINSEL

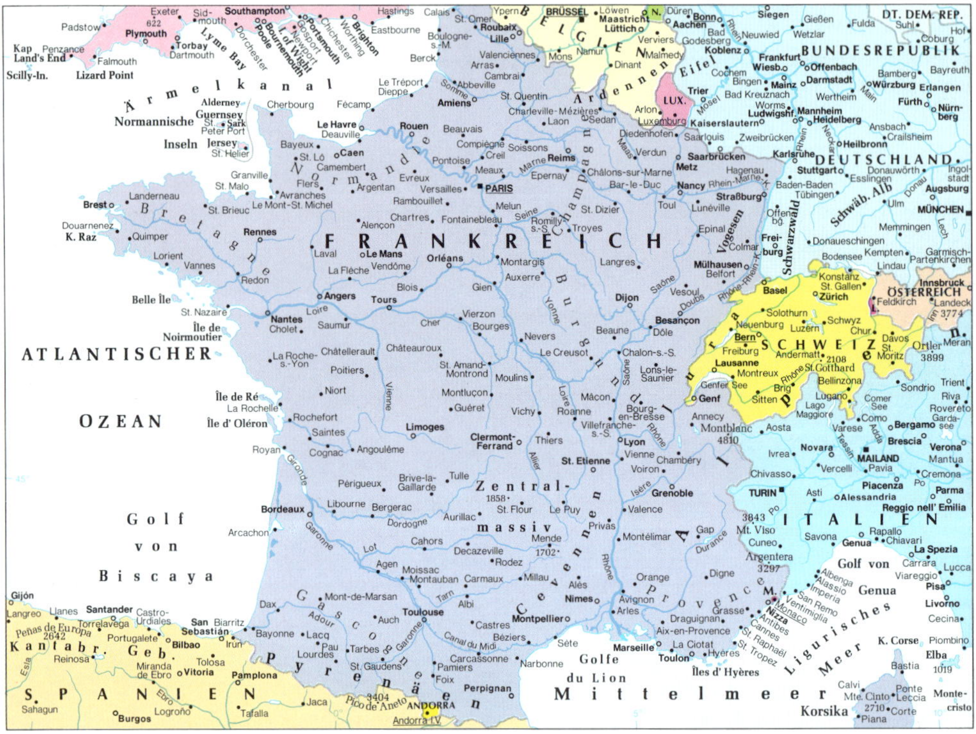

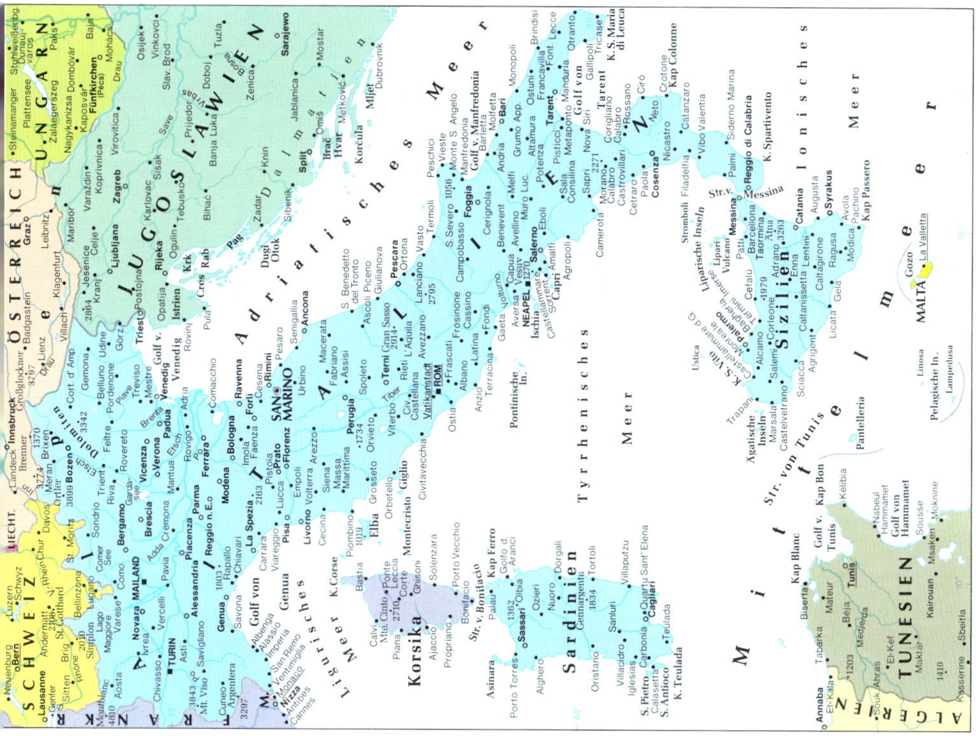
SCHWEIZ
ÖSTERREICH
UNGARN
JUGOSLAWIEN
ITALIEN
FRANKREICH
Korsika
Sardinien
Sizilien
TUNESIEN
ALGERIEN
Adriatisches Meer
Tyrrhenisches Meer
Ionisches Meer
Ligurisches Meer
Mittelmeer
Dalmatien
ROM
MAILAND
NEAPEL
TURIN
Genua
Venedig
Florenz
Bologna
Palermo
Messina
Catania
Bari
Tarent
Cagliari
SAN MARINO
MALTA
La Valletta
Tunis
Zagreb
Ljubljana
Sarajewo
Innsbruck
Bern
Str. v. Messina
Str. von Tunis
Str. v. Bonifacio
Liparische Inseln
Pelagische In.
Pantelleria
Elba

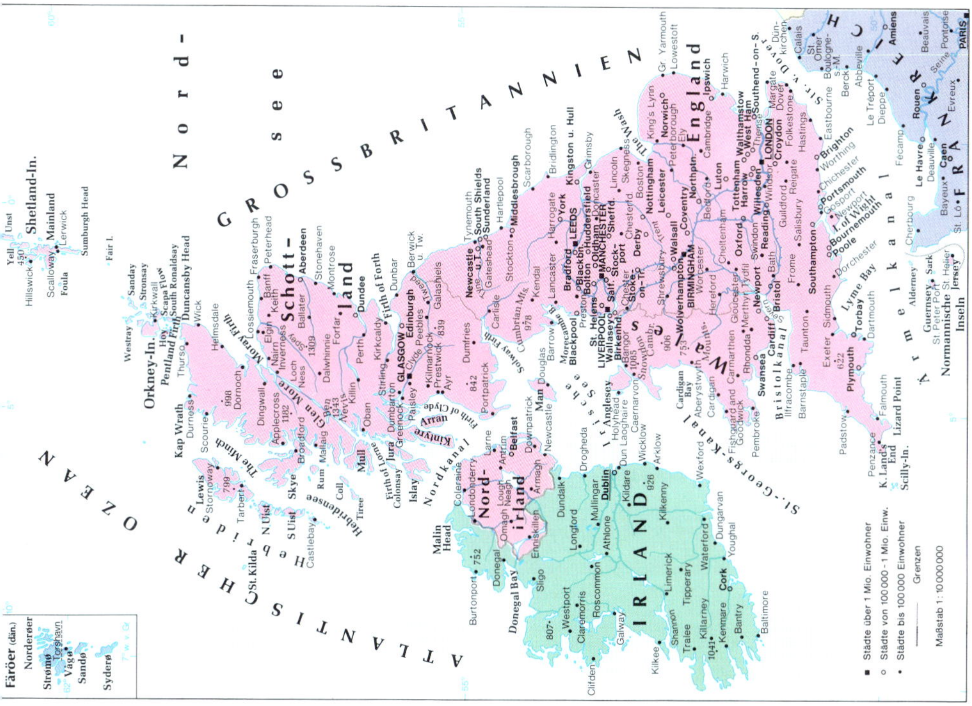
GROSSBRITANNIEN
IRLAND
Nordirland
Schottland
England
Wales
FRANKREICH
Nordsee
ATLANTISCHER OZEAN
Ärmelkanal
Irische See
St.-Georgs-Kanal
Bristolkanal
Nordkanal
Hebriden
Orkney-In.
Shetland-In.
Färöer (dän.)
Normannische Inseln
LONDON
BIRMINGHAM
MANCHESTER
LIVERPOOL
LEEDS
GLASGOW
Edinburgh
Dublin
Belfast
Cardiff
Bristol
Aberdeen
Cork
PARIS
Städte über 1 Mio. Einwohner
Städte von 100 000 - 1 Mio. Einw.
Städte bis 100 000 Einwohner
Grenzen
Maßstab 1 : 10 000 000

BALKANHALBINSEL

SKANDINAVIEN

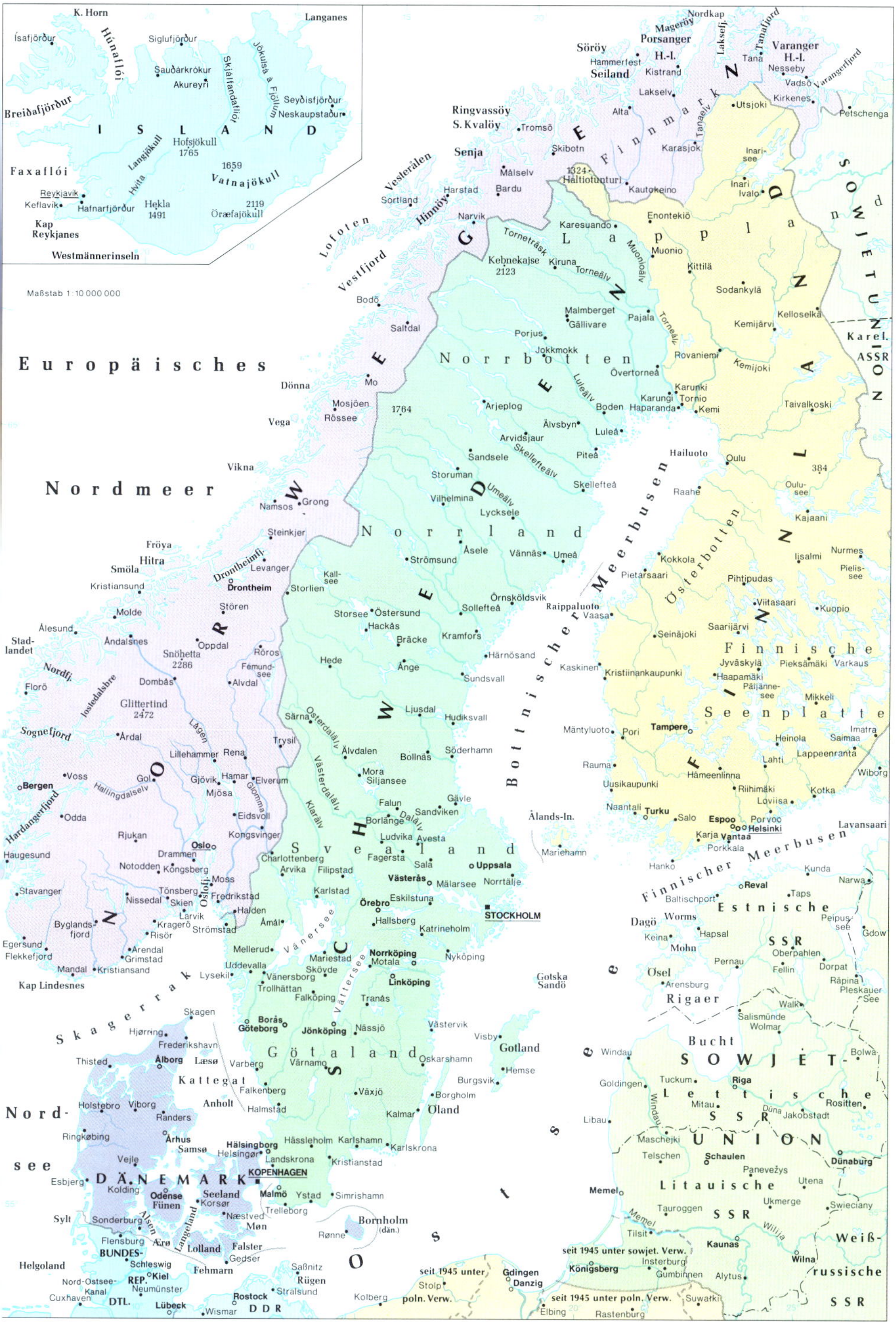

VEREINIGTE STAATEN

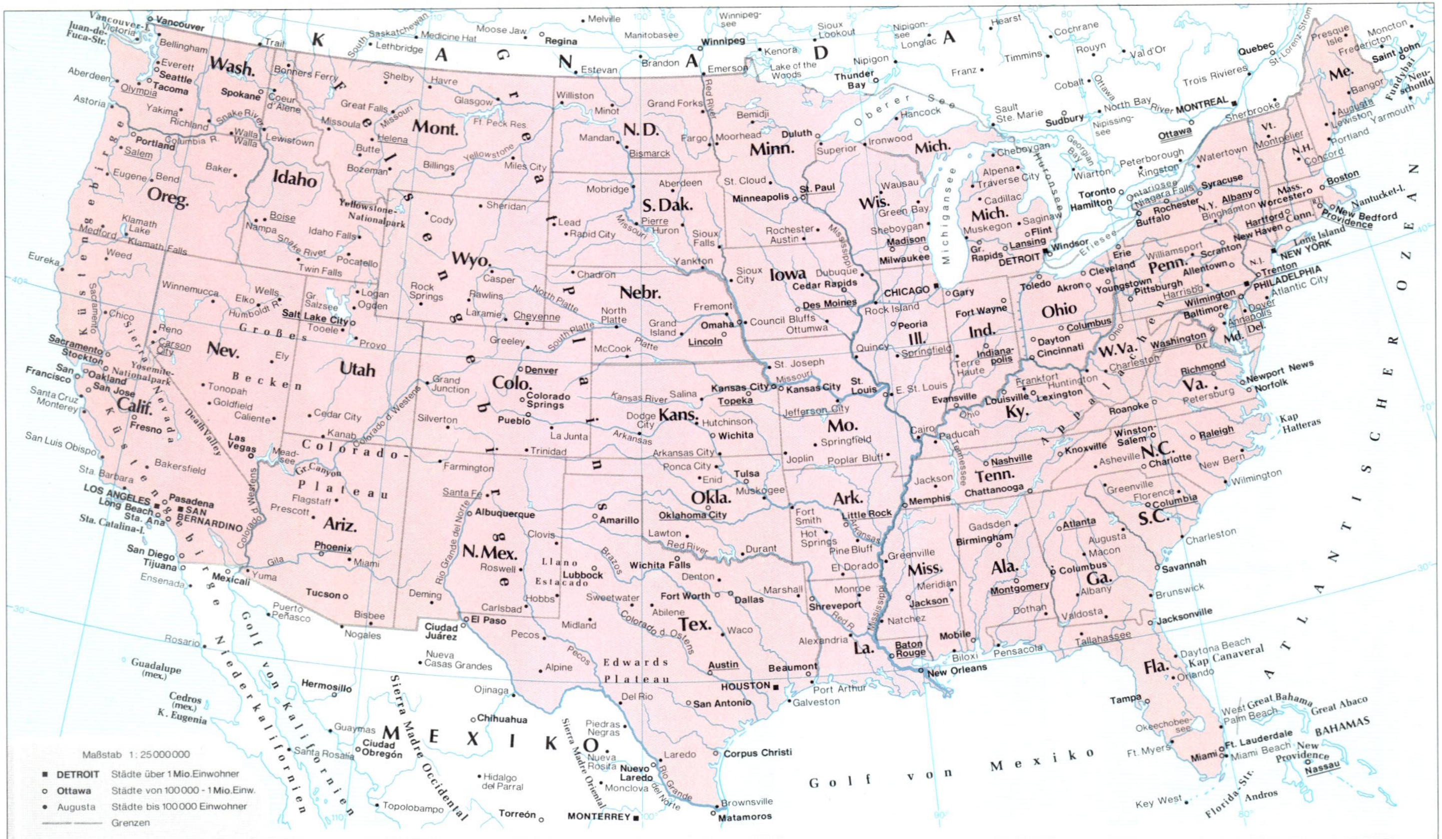

Die Bundesstaaten der Vereinigten Staaten:

Name	amtl. Abk.	Hauptstadt
Alabama	Ala.	Montgomery
Alaska	Alas.	Juneau
Arizona	Ariz.	Phoenix
Arkansas	Ark.	Little Rock
California	Cal(if).	Sacramento
Colorado	Col(o).	Denver
Connecticut	C(onn).	Hartford
Delaware	Del.	Dover
District of Columbia	D.C.	Washington
Florida	Fla.	Tallahassee
Georgia	Ga.	Atlanta
Hawaii	–	Honolulu
Idaho	(Id.)	Boise
Illinois	Ill.	Springfield
Indiana	Ind.	Indianapolis
Iowa	(Ia.)	Des Moines
Kansas	Kans.	Topeka
Kentucky	Ky.	Frankfort
Louisiana	La.	Baton Rouge
Maine	Me.	Augusta
Maryland	Md.	Annapolis
Massachusetts	Mass.	Boston
Michigan	Mich.	Lansing
Minnesota	Minn.	St. Paul
Mississippi	Miss.	Jackson
Missouri	Mo.	Jefferson City
Montana	Mont.	Helena
Nebraska	Nebr.	Lincoln
Nevada	Nev.	Carson City
New Hampshire	N.H.	Concord
New Jersey	N.J.	Trenton
New Mexico	N.M(ex).	Santa Fe
New York	N.Y.	Albany
North Carolina	N.C.	Raleigh
North Dakota	N.D.	Bismarck
Ohio	(O.)	Columbus
Oklahoma	Okla.	Oklahoma City
Oregon	Oreg.	Salem
Pennsylvanien	Pa. (Penn.)	Harrisburg
Rhode Island	R.I.	Providence
South Carolina	S.C.	Columbia
South Dakota	S.D(ak).	Pierre
Tennessee	Tenn.	Nashville
Texas	Tex.	Austin
Utah	–	Salt Lake City
Vermont	Vt.	Montpelier
Virginia	Va.	Richmond
Washington	Wash.	Olympia
West Virginia	W. Va.	Charleston
Wisconsin	Wis.	Madison
Wyoming	Wyo.	Cheyenne

SOWJETUNION

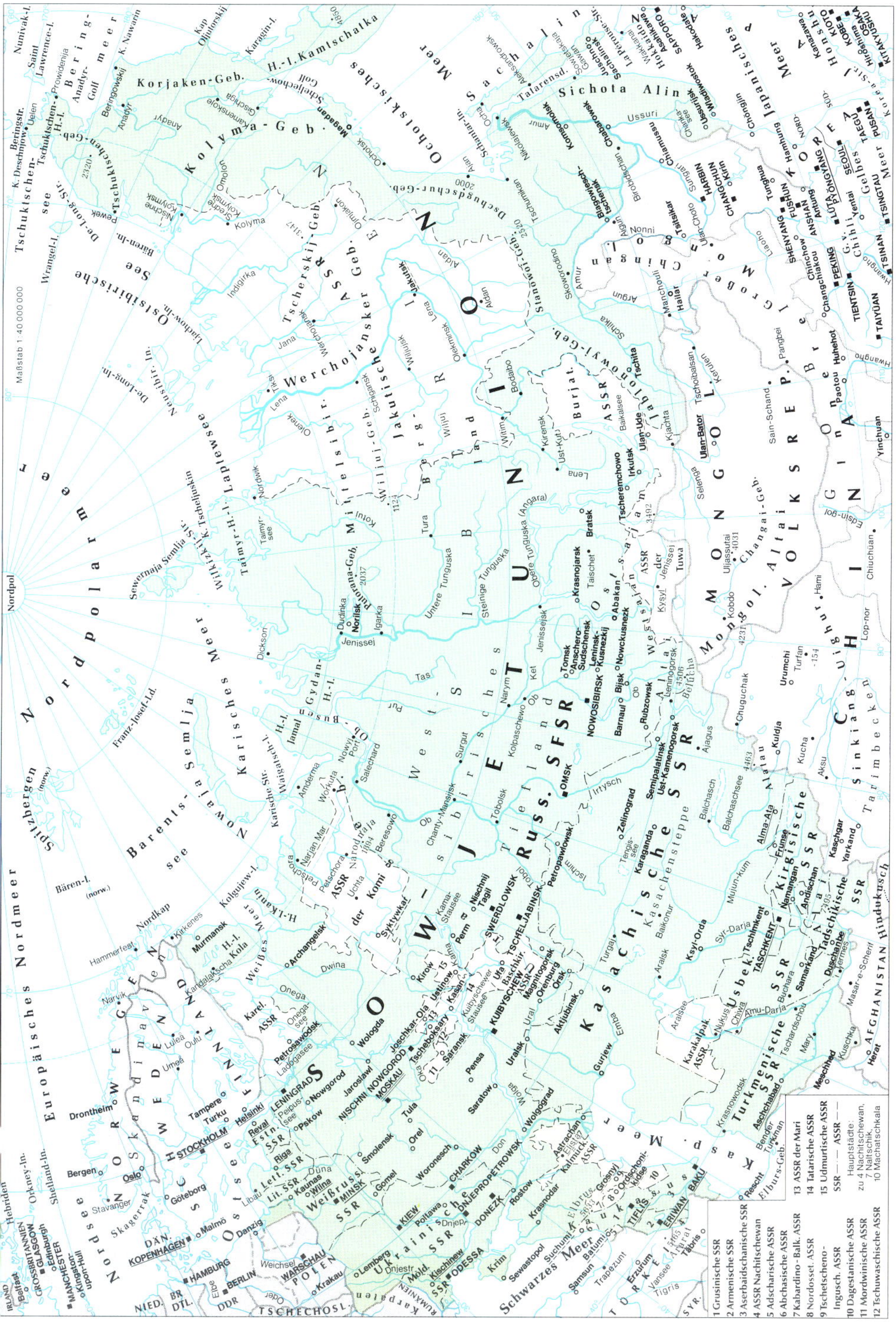

POLARGEBIETE

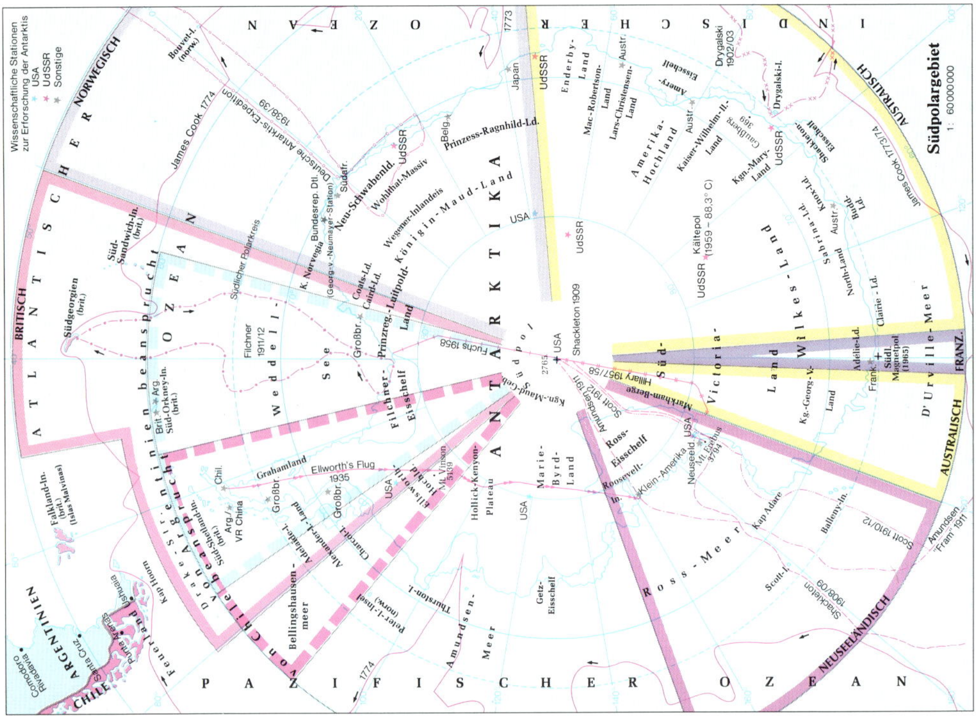

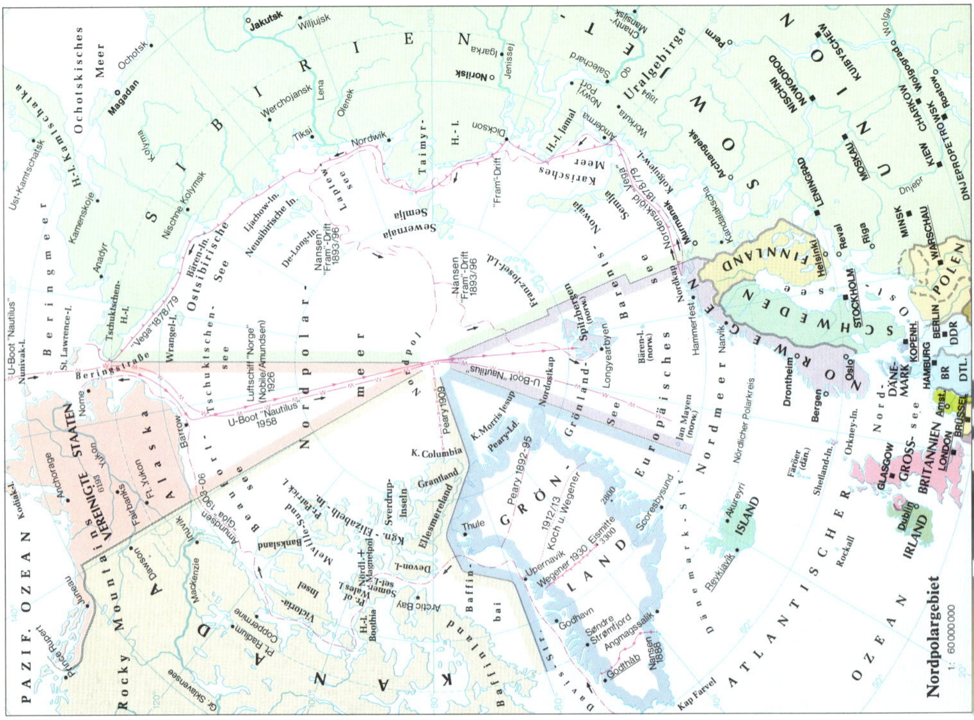

Krypta der Stiftskirche in Bonn, um 1060/70

Krummstab, oben spiralförmig gekrümmter Stab der kath. Bischöfe und Äbte.

Krümmung, △ Abweichung einer Linie vom geradlinigen, einer Fläche vom ebenen Verlauf.

Krümper Mz., 1808-12 zu kurzer Ausbildung in das preuß. Heer eingestellte Soldaten, Notbehelf Scharnhorsts **(K.-System).**

Krupp der, → Diphtherie des Kehlkopfes. **falscher K.,** nicht diphther. entzündl. Anschwellung der Rachenschleimhaut.

Krupp, Fried. K. GmbH, führendes Unternehmen der Montanind. in Essen, gegr. 1811 (Gußstahlfabrik) von Friedrich K. (*1787, †1826). 1943 wurde Alfried K. v. Bohlen und Halbach Alleininhaber (*1907, †1967). 1967 wurde die Firma in eine Stiftung eingebracht, die Alleinerbin Alfried K.s wurde.

Kruppade [frz.] die, Hohe Schule: das Pferd springt und landet auf der Hinterhand.

Kruppe [frz. croupe] die, Pferderücken zw. Nierengegend und Schweifwurzel.

Kruse, 1) Käthe, Malerin, Kunstgewerblerin, *1883, †1968; durch ihre Puppen bekannt. **2)** Martin, evang. Pfarrer, *1929; seit 1977 Bischof der Evang. Kirche in Berlin-Brandenburg, seit 1985 Vors. des Rates der EKD.

Krustentiere, die → Krebse.

Krüseler der, Frauenhaube (1340-1430).

Kruziferen [lat.], → Kreuzblüter.

Kruzifix [lat.] das, bildl. Darstellung des gekreuzigten Christus in Holz, Metall usw.

Krylow, Iwan A., russ. Fabeldichter, *1768, †1844.

kryo... [grch.], Eis..., Kälte...

Kryobiologie, Teilgebiet der Biologie, untersucht die Wirkung tiefer Temperatur auf Organismen.

Kryochirurgie, Anwendung tiefer Temperaturen in der Chirurgie. Das kranke Gewebe wird eingefroren und entfernt.

Kryohydrate, Kältemittel, deren Temperatur beim Gefrieren und Schmelzen konstant bleibt.

Kryolith, farbloses, leicht schmelzendes Mineral (Na_3AlF_6); dient zur Herstellung von Milchglas und Emaille.

Kryomagnet, ⊠ auf der → Supraleitfähigkeit beruhender Magnet ohne Eisenkern.

Kryopumpen, Verfahren zur Erzeugung hohen Vakuums durch Kühlen von Teilen der Wand des Vakuumbehälters, an der Gasmoleküle durch Kondensation niedergeschlagen werden.

Kryoskopie, Molekulargewichtsbestimmung durch Messung der Gefrierpunktserniedrigung.

Kryo|sphäre, die die Erde bedeckenden Eismassen.

Kryotechnik, die Technik der bei Temperaturen unter −100 °C verflüssigten Gase, d.h. deren Verflüssigung, Lagerung, Verwendung sowie die Entwicklung der dazu notwendigen techn. Geräte.

Kryotron, elektron. Bauelement aus 2 Supraleitern mit sehr kurzen Schaltzeiten.

Krypta [grch.] die, Grabkammer eines Märtyrers in den Katakomben, dann Grabstätte auch kirchl. und weltl. Würdenträger, mehrschiffiger Hallenraum als Unterkirche unter einem erhöhten Kirchenchor; bis zur Gotik.

krypto... [grch.], geheim, verborgen.

Kryptogamen [grch.], die → Sporenpflanzen.

Kryptologie [grch.], Wissenschaft vom Verschlüsseln, Verschleiern, Entschlüsseln und Entziffern von Informationen.

Kryptomeri|e, Japanische Zeder, japan.-chines. Nadelbaum, wichtiger Forstbaum Japans.

Krypton [grch.] das, **Kr,** chem. Element, Edelgas; in ganz geringen Mengen in der Luft. Zur Füllung von Glühlampen verwendet.

Kryptorchismus [Kw., grch.] der, Leisten- oder Bauchhoden.

Kshatrija [Sanskrit »Krieger«], 2. Kaste der Inder (Fürsten, Kriegeradel).

KSZE, Abk. für **K**onferenz über **S**icherheit und **Z**usammenarbeit in **E**uropa, 1973-75 in Genf unter Teilnahme aller europ. Staaten (außer Albanien), Kanadas und der USA, abgeschlossen mit der Erklärung von Helsinki, in der in 10 Punkten die Beziehungen der unterzeichnenden Völker untereinander festgelegt wurden. 1977/78 wurde in Belgrad eine Folgekonferenz abgehalten, weitere 1980-83 in Madrid, 1986-89 in Wien; letztere beschloß die ›Verhandlungen über konventionelle Streitkräfte in Europa‹ (→ VKSE).

Ktesiphon, alte Stadt in Mesopotamien beiderseits des Tigris.

Kuala Lumpur, Hptst. Malaysias, 750000 Ew.; Kautschuk-, Zinnhandel.

Kuba, Cuba, größte Insel der Großen Antillen, Rep. in Westindien, 113123 km², 10,3 Mio. Ew. (70% Weiße, 12% Schwarze, 17% Mischlinge; überwiegend kath.); Hptst.: Havanna; Amtssprache: Spanisch. Staatsoberhaupt und Regierungschef der Präs. Der Kongreß ist seit 1959 aufgelöst. – Im Innern vorwiegend Hügelland, im SO Gebirge (bis 1994 m hoch). Klima tropisch; oft Wirbelstürme, Erdbeben. Anbau von Zucker, Mais, Reis, Obst, Tabak, Kaffee; Viehzucht; ⚒ (Eisen-, Nickel-, Kupfer-, Manganerze); Zucker-, Zigarren-, Textil- u.a. Ind. Ausfuhr: Zucker, Bergbauerzeugnisse, Tabak; Haupthandelspartner: Ostblockstaaten. Gutes Verkehrsnetz. Haupthafen und Flughafen: Havanna. Ⓖ K., von Kolumbus 1492 entdeckt, wurde 1511 spanisch, 1901 unabhängige Rep. Von 1901 bis 1934 besaßen die USA das Interventionsrecht. Sie besitzen einen Flottenstützpunkt in Guantánamo. Dez. 1958 wurde Präs. Batista durch einen Aufstand F. Castros gestürzt. Seitdem kam es zu großen wirtschaftl. Umwälzungen und zu einer feindl. Haltung gegenüber den USA. 1961 erklärte Castro sich offen für den Kommunismus. Im Okt. 1962 kam es zu einer internat. Krise um K. Die Reg. unterstützt revolutionäre Bewegungen in Lateinamerika und (1975-90) durch Entsendung von Truppen marxist. Reg. in Afrika (Angola, Äthiopien). Staatsratsvors. und MinPräs.: F. Castro (seit 1959). 🌐 S. 484.

Kuba-Krise. Die Lieferung weitreichender sowjet. Raketen an und der Bau von Abschußrampen auf Kuba führte im Okt./Nov. 1962 zu einer Blockade Kubas durch die USA sowie zu ernsten Spannungen zw. USA und UdSSR. Nach dem Abbau der Startrampen und dem Rücktransport der Raketen konnte der Konflikt im Jan. 1963 offiziell beigelegt werden.

Kuban der, Fluß in Nordkaukasien mündet mit mehreren Armen ins Asowsche Meer.

Kubelik, Rafael, tschech. Dirigent und Komponist, *1914.

Krüseler

Kuba

Kuckuck (Cuculus canorus)

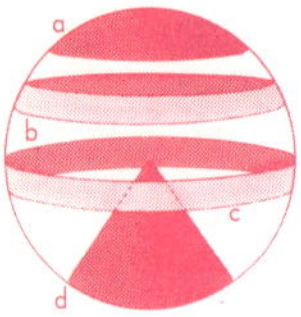

Kugel: a Abschnitt, b Kugelschicht, c Zone, d Ausschnitt

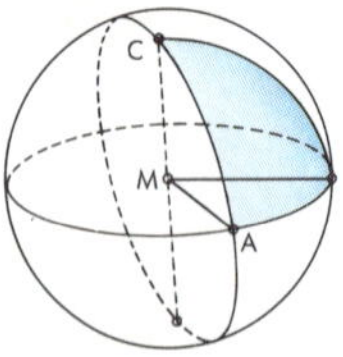

Kugeldreieck

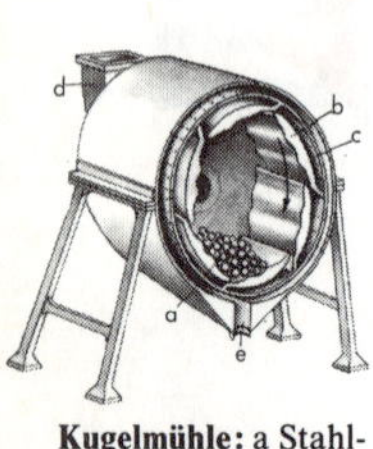

Kugelmühle: a Stahlkugeln, b Mahlbalken, c gelochte Trommel, d Einfülltrichter, e Auslauf

kubieren [lat.], in die 3. → Potenz erheben.

kubik... [grch.], raum..., z. B. **Kubikmeter** (m^3), Raummeter, Würfel von 1 m Kantenlänge. **Kubikzahl,** die 3. Potenz einer Zahl, z. B. $5^3 = 125$.

Kubilai mongol. Groß-Chan, *1215, †1294; Enkel Dschingis Chans, vollendete die Unterwerfung Chinas, einigte es unter der Yüan-Dynastie. An seinem Hof lebte Marco Polo.

Kubin, Alfred, Zeichner, *1877, †1959; Federzeichnungen von spukhafter Wirkung, illustrierte Werke von E. T. A. Hoffmann, Dostojewski, Poe.

kubisch, 1) würfelförmig. **2)** 3. Grades, in 3. Potenz.

Kubismus [Kw., lat.] der, von Picasso und Braque 1908 begr. Richtung der Malerei, die gegenständl. Formen facettenartig gebrochen in die Fläche übersetzte, anfangs in grauen und braunen Tönen, später farbenreicher (Gris, Delaunay).

Kubrick [kj'u:-], Stanley, amerikan. Filmregisseur, *1928; »Clockwerk Orange«, »Barry London«, »Shining« u. a.

Kubus [lat.] der, → Würfel.

Küchenlatein, schlechtes Latein, bes. das verderbte Mönchs- und Hochschullatein des MA.

Küchenschabe, → Schaben.

Küchenschelle, Kuhschelle, Pflanzenart, gehört zur Gatt. Hahnenfußgewächse, giftig. (BILD Giftpflanzen)

Kuckuck der, aschgrau gefärbter, scheuer Vogel; das Weibchen legt seine Eier in Nester anderer Vögel (Brutschmarotzer). Volksglauben: Die Anzahl der Kuckucksrufe soll Bedeutung für Lebensdauer, Heirat, Geld und Wetter haben.

Kuckucksei, das Ei des → Kuckucks; daher: etwas Untergeschobenes.

Kuckucksnelke, eine → Lichtnelke.

Kuckucksspeichel, weißer Schaum an Wiesenpflanzen; stammt von der Schaumzikade.

Kuckucksuhr, Uhr mit Kuckucksruf.

Kudowa, Bad K., poln. **Kudowa Zdrój** [- zdruj], Stadt in der poln. Wwschaft Wałbrzych, Kurort und Heilbad im Glatzer Bergland, 11 000 Ew.

Kudrun, Heldin eines mhd. Epos, des → Gudrunlieds.

Kudu der, **Schraubenantilope,** hirschgroße afrikan. Antilope mit korkenzieherförmigen Hörnern.

Kufa, Ruinenstadt in Irak, vom 7.-10. Jh. n. Chr. ein Mittelpunkt islam. Wissenschaft; **kufische Schrift,** Monumentalform der arab. Schrift.

Kufe die, **1)** großes Gefäß für Wein und Bier. **2)** Gleitschiene des Schlittens.

Küfer der, **1)** Kelleraufseher. **2)** Böttcher.

Kufra, Oasengruppe der östl. Sahara (Libyen), bis 1931 Hauptsitz der Senussi.

Kufstein, Sommerfrische in N-Tirol, Österreich, im Inntal, überragt von der alten Festung K., 12 000 Ew.; Glashütte, Blechwaren-, Skifabrik.

Kugel die, geschlossene Fläche, deren Punkte alle den gleichen Abstand r **(Radius, Halbmesser)** von einem festen Punkt M **(Mittelpunkt)** haben. Ebenen durch M schneiden die K. in größten Kreisen. Rauminhalt einer K. vom Radius r ist $V = \frac{4}{3}\pi r^3$, Oberfläche $A = 4\pi r^2$ ($\pi = 3{,}14...$).

Kugelblume, Gebirgspflanze mit schmalzipfligen, halbkugeligen blauen Blütenköpfchen.

Kugeldistel, distelähnl. Korbblüter auf dürrem Boden mit kugeligen, graublauen Blüten.

Kugeldreieck, sphärisches Dreieck, Dreieck ABC auf der Oberfläche einer Kugel (mit Mittelpunkt M), dessen Seiten Bögen größter Kugelkreise sind; für Berechnungen in der Astronomie und der Kartographie.

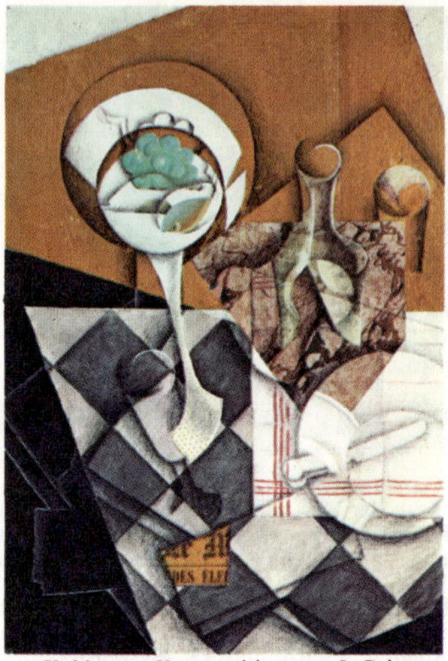
Kubismus: Komposition von J. Gris

Kugelfische, trop. Knochenfische, können ihren Magen mit Luft füllen und treiben so kugelig aufgeblasen auf der Wasseroberfläche.

Kugelgelenk, ♡ ⊙ Gelenk, bei dem sich der Gelenkkopf in einem Teil einer Hohlkugel dreht; z. B. das Schultergelenk.

Kügelgen, 1) Gerhard von, Maler, *1772, †1820; relig. und mytholog. Bilder klassizist. Art. **2)** Wilhelm, Maler, Schriftst., *1802, †1867; »Jugenderinnerungen eines alten Mannes«.

Kugelhaufenreaktor, Hochtemperaturreaktor mit kugelförmigen Brennelementen.

Kugellager, ⊙ → Lager.

Kugelmühle, drehbare Trommel mit Löchern, halb mit Mahlgut und halb mit Kugeln aus Stahl, Porzellan, Flintstein gefüllt. Bei Drehung zerkleinern die Kugeln das Mahlgut.

Kugelschreiber, Schreibgerät mit etwa 1 mm starker Kugel als Schreibspitze, gespeist von Farbpaste in einem griffelförmigen Röhrchen.

Kugelstoßen, ↗ Stoßen einer Kugel, meist aus Eisen (für Männer 7,257 kg, für Frauen 4 kg), aus einem Kreis von 2,135 m Durchmesser.

Kugler, Franz, Kunsthistoriker, Geschichtsschreiber, *1808, †1858; »Gesch. Friedr. d. Gr.«.

Kuh die, weibl. Rind; Muttertier von Büffel, Elefant, Flußpferd, Hirsch, Elch, Nashorn.

Kuh|antilopen, Paarhufer mit kräftigen Hörnern und langem Quastenschwanz, antilopenähnlich; leben in Afrika und Arabien: das südafrikan. **Haartebeest (Kaama),** der **Buntbock** und die mähnentragenden → Gnus.

Kuhblume, volkstüml. Name für Löwenzahn, Hahnenfuß, Sumpfdotterblume u. a.

Kühlanlagen, mit → Kältemaschinen ausgestattete Einrichtungen zum Frischhalten von Lebensmitteln, Räumen, Fahrzeugen u. a.

Kühler der, **1)** Einrichtung bei Verbrennungsmotoren zum Rückkühlen des im Motor erwärmten Kühlwassers. **2)** ⌒ Gerät zum Abkühlen und Verdichten der Dämpfe bei der → Destillation. (BILD chemische Geräte)

Kühlhaus, wärmedicht gebautes, mit Kältemaschinen versehenes Gebäude zum Aufbewahren von Nahrungsmitteln.

Kühlkette, ununterbrochene Folge versch. Kühleinrichtungen zur Einhaltung konstant niedriger Temperaturen bei Gefriergütern vom Hersteller bis zum Verbraucher.

Kühlschiff, Spezialschiff mit Kälteanlagen (0 bis +10 °C) zum Transport verderbl. Güter. **Gefrierschiffe** befördern gefrorene Güter.

Kühlschrank, wärmedicht gebauter Schrank mit → Kältemaschine.

Kühltruhe, → Tiefkühlung.

Kühlturm, Rieselgerüst aus Holz oder Beton zum Rückkühlen von erwärmtem Kühlwasser.

Kühlwagen, Eisenbahn- oder Lastkraftwagen zum Transport leichtverderbl. Ware.

Kühn, Dieter, Schriftsteller, *1935; Werkreihe »Ich Wolkenstein«, »Der Parzival des Wolfram v. Eschenbach«, »Neidhard aus dem Reuental«.

Kuhnau, Johann, Komponist, *1660, †1722; war als Thomaskantor in Leipzig Vorgänger Bachs; Schöpfer der mehrsätzigen Klaviersonate.

Kuhpilz, rötlichgelber, eßbarer Röhrenpilz.

Kuhreigen der, gesungene oder auf dem Alphorn geblasene alte Weise der Hirten.

Kujbyschew, bis 1935 **Samara,** Stadt und wichtiger Umschlaghafen in der UdSSR, an der Wolga, 1,3 Mio. Ew.; wissenschaftl. Institute, Bibliotheken; Waffen- und Maschinenfabriken, Textilien, Ölraffinerien. **Kujbyschewer Stausee,** im Wolgalauf zw. K. und Kasan, 880 km lang, bis 30 km breit; Kraftwerk (seit 1958).

Kujon [frz.] der, nichtswürdiger Mensch, Schuft. **kujonieren,** schlecht behandeln.

k. u. k., Abk. für **k**aiserlich **u**nd **k**öniglich.

Küken das, **1)** junges Huhn. **2)** ⊙ kegeliger, drehbarer Teil eines Hahns.

Ku Klux Klan, polit. Geheimbund im S der USA, richtete sich nach dem Bürgerkrieg gegen die Gleichberechtigung der Farbigen; wegen seines Terrors seit 1871 unterdrückt; lebte im 1. Weltkrieg, bes. nach 1960 mit rechtsradikalrassist. Zielsetzung wieder auf.

Kuku-nor [mongol. »Blauer See«], chines. **Tsinghai,** abflußloser See in NW-China, 3205 m ü. M., etwa 5000 km^2 groß.

Kukuruz [türk.] der, Mais.

Kulak [russ.] der, russ. Großbauer, bolschewist. Schlagwort für Dorfkapitalist.

kulant [frz.], gefällig, entgegenkommend.

Külbel das, der an der Glasmacherpfeife hängende, innen hohle Glasposten.

Kuldja, amtl. **Yining,** Oasenstadt in NW-China, rd. 150 000 Ew.; alter Handelsplatz, Webereien, Flugplatz.

Kulenkampff, Hans-Joachim, Schauspieler, Conférencier, *1921.

Kuli der, Lastträger in China und Indien.

kulinarisch [lat.], feinschmeckerisch.

Kulisse [frz.] die, **1)** Theater: als Seitenabschluß des Bühnenbilds hintereinander aufgestellte (aufgehängte) Schiebewände. **2)** Börse: nichtamtl. Wertpapierhandel; auch die berufsmäßigen Spekulanten.

Kulm der, **1)** ⊕ einzelner Berggipfel. **2)** ⊕ untere Steinkohlenzeit (Unterkarbon, → Erdgeschichte, ÜBERSICHT).

Kulmbach, Gr. Krst. im bayer. RegBez. Oberfranken, am Weißen Main, 28 800 Ew.; Bierbrauereien. Über der Stadt die **Plassenburg.**

Kulmbach, Hans v., Maler, *um 1480, †1522; Schüler Dürers: Altarbilder.

Kulmination [lat.] die, **1)** ☆ der höchste Punkt; Durchgang eines Gestirns durch die Mittagslinie **(K.-Punkt).** Die K. der Sonne findet um 12 Uhr (wahre Sonnenzeit) statt. **2)** der Höhepunkt einer Entwicklung. Zeitw.: **kulminieren.**

Külpe, Oswald, Philosoph und Psychologe, *1862, †1915; vertrat einen krit. Realismus.

Kult, Kultus [lat.] der, **1)** Pflege, Verehrung, z. B. Goethe-K. **2)** Form der öffentl. Gottesverehrung. **kultivieren,** pflegen.

Kultur [lat.] die, **1)** Gesamtheit der Lebensäußerungen der menschl. Gesellschaft in Sprache, Religion, Wissenschaft, Kunst u. a. **2)** allg.: Pflege, Veredlung, Vervollkommnung, vor allem der menschl. Gesittung, Lebensführung und der Umwelt des Menschen. **3)** Urbarmachung des Bodens; Anbau, Pflege von Nahrungspflanzen. **4)** ‡ künstl. Gründung eines Waldbestandes (Saat, Pflanzung). **5)** ♡ auf geeigneten Nährböden gezüchtete Bakterien oder Zellarten.

Kulturfilm, berichtet i. Ggs. zum Spielfilm hauptsächlich über Brennpunkte des Natur- und Kulturgeschehens **(Dokumentarfilm);** Unterrichtsmittel.

Kulturfolger, Tiere und Pflanzen, die sich in Kulturlandschaften ausbreiten; z. B. Sperling, Wegerich; Ggs.: **Kulturflüchter.**

Kulturgeographie, erforscht die Veränderungen der Erdoberfläche durch den Menschen.

Kulturgeschichte, Darstellung der geistigen und gesellschaftl. Entwicklung der Menschheit, i. Ggs. zu polit. Geschichtsschreibung.

Kulturkampf, Kampf des preuß. Staates (Bismarck), parlamentarisch bes. von den Nationalliberalen unterstützt, gegen die kath. Kirche, deren parlamentar. Vorkämpferin die Zentrumspartei war; er wurde eine polit. Niederlage Bismarcks. Der K. begann 1871, führte u. a. zum Jesuitengesetz von 1872 (1904 und 1917 aufgehoben) und zu den scharfen »Maigesetzen« von 1873, die aber 1880-87 allmählich abgebaut wurden. Im Verlauf des K. wurde auch die Zivilehe eingeführt.

Kulturrevolution, → China (Geschichte).

Kultursteppe, Umwandlung einer Wald- in eine Ackerlandschaft.

Kulturtechnik, landwirtschaftl. Bodenverbesserung, Wasserversorgung, z. B. Ödlandkultur, Neulandgewinnung, auch Flurbereinigung.

Kum, Ghom, Wallfahrtsort in Iran, 450 000 Ew.

Kumamoto, Stadt in Japan, auf der Insel Kyushu, 556 000 Ew.; Nahrungsmittelind.

Kumanen, Völkerschaft türk. Sprache, wanderte im 13. Jh. aus Südrußland in die Donauländer ein **(Groß-Kumanien);** ging in den Ungarn und Rumänen auf.

Kumasi, Stadt in Ghana, 260 000 Ew., Univ.

Kümmel der, Doldenblüter, bes. auf trockenem Grasland, auch angebaut. Die Früchtchen dienen als Gewürz; fördern die Verdauung.

Kümmel

Kümmelblättchen [vom hebr. Zahlzeichen Gimel = 3], Glücksspiel.

Kumpan [lat. »Brot-, Tischgenosse«] der, **Kumpel,** Gefährte, auch Bergarbeiter.

Kumt, Kummet das, um den Zugtierhals gelegter gepolsterter Geschirrteil.

Kumulation [lat.] die, Häufung.

Kumulo|nimbus [lat.] der, Gewitterwolke, → Wolke.

Kumulus [lat. »Haufe«] der, -/...li, Haufenwolke, scharf begrenzte, kuppelförmige → Wolke. (BILD Wolken)

Kunde der, ständiger Abnehmer, Käufer.

Kundera, Milan, tschech. Schriftsteller, *1929; Dramen, Erz., Romane (»Die unerträgl. Leichtigkeit des Seins«) zu menschlich-polit. Zeitproblematik.

Kündigung die, einseitige Erklärung, die ein bestehendes Vertragsverhältnis (z. B. Miete, Darlehen, Dienst-, Arbeitsvertrag) beenden soll. **Ordentl. K.** geschieht unter Einhaltung der gesetzlich oder vertraglich bestimmten Fristen und Termine, **außerordentl. K.** setzt einen »wichtigen Grund« voraus. Über K. von Mietverträgen → Miete. Die ordentl. K. eines **Arbeitsvertrags** durch den Arbeitgeber unterliegt dem **K.-Schutz;** sozial ungerechtfertigte K. ist unwirksam. K. durch den Arbeitnehmer ist nicht beschränkt. Wenn keine vertragl. Fristen vereinbart sind, gelten die gesetzl. Fristen des HGB, der Gewerbeordnung und des BGB. Ein »wichtiger Grund« zur fristlosen K. liegt vor, wenn dem Kündigenden die Fortsetzung des Arbeitsverhältnisses nicht zugemutet werden kann. Die K. einer Frau während der Schwangerschaft ist unzulässig (→ Mutterschutz).

Kundrie, abschreckend häßl. Botin des Grals im »Parzival« Wolfram von Eschenbachs.

Kunert, Günter, Schriftst., *1929; Lyrik, Erz., Essays, Kinderliteratur, Hör- und Fernsehspiele.

Küng, Hans, kath. Fundamentaltheologe und Dogmatiker, *1928; Prof. in Tübingen, wegen seiner Theorie zum Dogma der päpstl. Unfehlbarkeit 1979 Entzug der kirchl. Lehrerlaubnis.

Kunigunde [aus ahd. kunni »Geschlecht« und gund »Kampf«], weibl. Vorname.

Kunigunde, Gemahlin Kaiser Heinrichs II., †1033, beigesetzt im Bamberger Dom, 1200 heiliggesprochen (Tag 3. 3.).

Kunkel die, **1)** Spindel, Spinnrocken. **2)** ⚖ im MA. Sinnbild des weibl. Geschlechts, → Mage.

Kun-lun, Gebirgskette Innerasiens; im Ulugh Mustagh 7724 m hoch.

Kunming, Hptst. der chines. Prov. Yünnan, 1,4 Mio. Ew.; Handel; Textil-, Werkzeugmaschinen- u. a. Ind.

Künneke, Eduard, Komponist, *1885, †1953; Operetten: »Der Vetter aus Dingsda« u. a.

Kuno, männl. Vorname, Abk. von Konrad.

Kunst die, zur Meisterschaft entwickeltes Können; i. e. S. die bildenden Künste (Architektur, Plastik, Malerei, Graphik, Kunsthandwerk), auch Musik, Dichtung, Theater, Tanz.

K. entspringt einem Grundtrieb des Menschen und ist seit Urzeiten eines seiner wichtigsten Ausdrucksmittel (Ornamentik, Felsbilder von Jagdtieren kultisch-mag. Bedeutung u. a.). In den alten Hochkulturen war die K. lange eng mit Glauben und Kultur verbunden (Tempel, Götterbilder, myth. Darstellungen; so in Griechenland fast ausschließlich bis ins 5. Jh. v. Chr.). Auch im MA stand sie im Dienst der Religion, die bis in die Zeit des Barocks für weite Gebiete der K. maßgebend blieb. Zunehmende Lockerung der relig. Bindungen seit der Renaissance zeitigte auch die Ablösung der K. von der Religion und ihre Verselbständigung zu ästhet. Eigenleben. Kennzeichnend für die den großen Blütezeiten der K. folgenden Epochen, in denen nicht mehr umfassender Gehalt mit künstler. Formwillen im Gleichgewicht stand, sind der Phantasie- und Gefühlsüberschwang der Romantik, das Streben nach unbedingter Wirklichkeitserfassung (Realismus), schließlich der Bruch mit der künstler. Überlieferung und das Suchen nach neuen Ausdrucksmitteln, um neuerlebte Gehalte auszusprechen (Expressionismus, abstrakte Kunst, Surrealismus).

Kunstakademie, → Kunsthochschule.

Kunstfälschung, → Fälschung.

Kunstfaser, → Chemiefaser.

Kunstfehler, ⚖ Verstoß eines Arztes, Heilpraktikers, Apothekers, einer Hebamme gegen anerkannte Regeln der Medizin.

Kunstflug, Ausführen schwieriger Flugfiguren zur Beherrschung aller Fluglagen; bei sportl. Wettbewerben werden Genauigkeit der Figuren und Einhaltung des Raumes bewertet.

Kunstgeschichte, → Kunstwissenschaft.

Kunsthandwerk, Kunstgewerbe, Sammelbegriff für alle Kunst, die dem Gebrauch oder Schmuck dient (Möbel, Keramik, Weberei, Bucheinbände, Goldschmiedearbeiten usw.).

Kupferglucke

Kunstharze, → Kunststoffe.

Kunsthochschule, dient zur Ausbildung in den bildenden Künsten.

Kunsthonig, honigähnl. Nahrungsmittel aus eingedampfter Rohrzuckerlösung.

Kunstkautschuk, → Kautschuk.

Kunstkraftsport, → Sportakrobatik.

Kunstleder, künstl. hergestellte Werkstoffe mit lederähnl. Eigenschaften aus Faser-K. oder Textilgewebe mit einem Aufstrich von Nitrocelluloselack; lederähnlich gepreßt.

künstliche Atmung, Beatmung, zur Wiederbelebung. (TAFEL Erste Hilfe)

künstliche Besamung, (artifizielle) Insemination, bei Mensch und Tier Übertragung des Samens ohne Begattung zur Befruchtung.

künstliche Ernährung, Zufuhr flüssiger Nahrung über eine Magensonde oder einen Infusionskatheter bei Bewußtlosen, Kranken.

Künstliche Intelligenz, Abk. **KI,** Bereich der Informatik, in dem menschl. Denkstrukturen und die Simulation menschl. Intelligenz durch elektron. Rechner untersucht werden. Wichtigstes Ergebnis dieser Forschungen sind die → Expertensysteme.

Künstliche Niere, (Hämo-)Dialyse, bei Ausfall oder Störung der Nierenfunktion Verfahren zur Reinigung des Blutes von den sonst mit dem Harn ausgeschiedenen Stoffen.

Kunstschwimmen, → Synchronschwimmen.

Kunstseide, Reyon, ☜ aus Lösungen von Zellstoff hergestellte, verspinnbare, seidige Fäden. Arten: Viskoseseide, Kupferseide, Chardonnetseide, Acetatseide u. a.

Kunstspringen, → Wasserkunstspringen.

Kunststoffe, Plaste, organ.-chem. makromolekulare Stoffe. Synthet. Herstellung: 1) durch Abwandlung hochpolymerer Naturstoffe oder einfacher Grundbausteine (z. B. der Kohle und Erdölchemie); K. auf Cellulose-, Casein-, Naturkautschukbasis. 2) wichtiger sind die **rein synthet. K.;** sie werden aus niedermolekularen Verbindungen durch Polykondensation, Polymerisation oder Polyaddition hergestellt. **Thermoplaste** bleiben auch bei wiederholtem Erwärmen verformbar, **Duroplaste** erstarren in Wärme zu nicht mehr erweichbaren Massen. Thermoplaste: Polyäthylen, Polyvinylchlorid, Polystyrol, Polyacrylharze u. a. Duroplaste: Phenol- und Aminoplaste, Epoxidharze, ungesättigte Polyester u. a. Andere wichtige K.: Polyamide, Polyurethane, Silicone, Fluorcarbone. – Verwendung: K. sind den natürl. Werkstoffen vielfach überlegen. Ihre Verformbarkeit erlaubt preiswerte maschinelle Verarbeitung (Gießen, Pressen, Spritzen, Verspinnen zu Synthesefasern). Harzartige K. **(Kunstharze),** die dabei als Bindemittel dienen, werden auch als Lösungen oder Dispersionen für Imprägnierungen, Lack- und Anstrichstoffe, Klebstoffe u. a. verwendet. Polymerisate und Copolymerisate des Butadiens haben gummiähnl. Eigenschaften **(Elastomere;** Herstellung von Synthesekautschuk).

Kunst|turnen, auf artist. wie ästhet. Hochleistung abzielendes Turnen.

Kunstwissenschaft, betreibt die wissenschaftl. Erforschung der Kunst aller Zeiten und Völker. Ihr wichtigster Teil, die **Kunstgeschichte,** verfolgt geschichtl. Entwicklungen unter Ausschluß von Archäologie und Völkerkunde; J. J. Winckelmann erhob sie zur Wissenschaft.

Kunstwort, meist aus lat. und grch. Bestandteilen in neuerer Zeit gebildetes Wort der Wissenschaft und Technik, z. B. Automobil.

Kunze, Reiner, Schriftst., *1933; seit 1977 in der Bundesrep. Dtl.; Gedichte, Prosa.

Kuo-min-tang [chines. »Nationalpartei«], 1912 von Sun Yat-sen gegr. Sie erlangte 1924 in S-China größere Bedeutung, als sie Sun Yat-sen mit Hilfe sowjet. Berater umorganisierte und unter Tschiang Kai-schek eine Armee aufbaute, mit der die K.-m.-t.-Regierung nach 1926 ganz China eroberte. 1931 wurde die K.-m.-t. zur staatstragenden Partei erklärt, mit vorwiegend bürgerl. Programm (Erziehung des Volkes zur Selbstregierung). 1947 spaltete sich ein revolutionärer Flügel unter Marschall Li Tschi-sen ab und ging zu Mao Tse-tung über. Nach Eroberung des chines. Festlands durch die Kommunisten (1948/49) zogen sich die Anhänger der K.-m.-t. nach Taiwan zurück.

Kuopio, Stadt in Finnland, an der W-Küste des Kallavesi (See), 77700 Ew.; Holzind.

Küpe [ndt.] die, Färberei: **1)** großes Gefäß. **2)** Lösung des Farbstoffes.

Küpenfarbstoffe erhalten ihre wahre Farbe erst auf der Stoffaser durch Aufnahme von Sauerstoff aus der Luft.

Kupfer [lat.] das, **Cu,** chem. Element, Schwermetall; Ordnungszahl 29, Atomgewicht 63,54, D 8,94 g/cm^3, Schmelzpunkt 1083 °C. An frischen Schnittflächen ist K. von glänzender, hellroter Farbe, nächst Silber der beste Leiter für Wärme und Strom. An feuchter Luft überzieht es sich allmählich mit einer grünen Schicht von bas. **K.-Carbonat (Patina),** durch Einwirkung von Essigsäure entsteht der giftige **Grünspan** (bas. **K.-Acetat**). K. kommt gediegen, vor allem aber in Form von Sulfiden und Oxiden vor; das wichtigste K.-Erz ist der **K.-Kies,** $CuFeS_2$. Gewinnung: Aus Roh-K. wird durch Raffinationsschmelze und anschließende Elektrolyse das **Elektrolyt-K.** mit 99,95% K. gewonnen. Die bedeutendsten K.-Erz-Lagerstätten finden sich in den USA, Chile, Afrika, der UdSSR und in Kanada; in geringeren Mengen auch in Dtl. (Mansfelder Kupferschiefer). K. wird in Form von Draht, Röhren und Blechen in der Ind. verwendet, bes. aber auch in Form seiner Legierungen. Die wichtigsten **Legierungen:** K. und Zinn ergeben Bronze; K. und Zink Messing und Tombak, K., Zinn und Zink Rotguß, K., Zink und Nickel Neusilber, Alpakasilber. Von seinen Verbindungen wird das tiefblaue **K.-Sulfat (K.-Vitriol),** $CuSO_4 \cdot 5\ H_2O$, zur galvan. Verkupferung, in galvan. Elementen sowie zur Bekämpfung von Schmarotzern (Peronospora) u. a. verwendet. K. war schon in vorgeschichtl. Zeit bekannt (→ Bronzezeit).

Kupferförderung (1987, in 1000 t)

USA	1561	Bundesrep. Dtl.	400
UdSSR	1430	VR China	400
Japan	980	Polen	390
Chile	972	Belgien	313
Sambia	509	Zaire	305
Kanada	491	**Welt**	**10185**

Kupfer, Harry, Opernregisseur, *1935.

Kupferdruck, Druck von Kupfer-, Stahlstichen, Radierungen auf der **K.-Presse.**

Kupferglucke, dickleibige braune Nachtfalter, in Flügelruhestellung einer brütenden Henne (Glucke) ähnlich. (BILD S. 500)

Kupferschiefer, bituminöser schwarzer Mergelschiefer mit feinen Kupfererzteilchen.

Kupferstich, Kunst, Zeichnungen in Kupferplatten einzugraben, auch der von dieser abgezogene Druck. Der K. entstand in Dtl. (erster datierter K. von 1446). Meister des K. waren bes. Schongauer und Dürer. Anfang des 16. Jh. kam die → Radierkunst auf, die den K. verdrängte.

kupieren [frz.], **1)** abschneiden; Stutzen der Ohren oder des Schwanzes bei Hunden und Pferden. **2)** Wein verschneiden.

Kupolofen, Kuppelofen, ⊙ Schachtofen zum Umschmelzen von Roheisen zu Gußeisen.

Kupon [kup'ɔ̃, frz.] der, → Coupon.

Kuppe die, **1)** rundl. Ende, z. B. Finger-K. **2)** rundl. Berggipfel.

Kuppel [ital.] die, ▥ meist halbkugelförmiges Gewölbe über kreisrundem oder vieleckigem Auflager.

Kuppelei die, ⚖ Förderung sexueller Handlungen durch oder an Personen unter 16 Jahren (Freiheitsstrafe bis zu 3 Jahren) und K. gegen Entgelt oder unter Ausnützung eines Autoritätsverhältnisses, auch bei Personen unter 18 Jahren (Freiheitsstrafe bis zu 5 Jahren; §§ 180f. StGB).

Kupplung die, Maschinenteil zur Verbindung zweier, meist sich drehender Maschinenteile, z. B. Wellen. Arten: **starre K.,** z. B. Scheiben-K; **längsbewegl. K.:** Klauen-K.; **querbewegl. K.:** Kugel-, Kreuzgelenk-K.; **Ausrück-,** meist **Reibungs-K.,** z. B. Scheiben-, Lamellen-K. bei Kraftwagen, Arbeitsmaschinen. Außerdem Schlauch-, Eisenbahn-K. usw.

Kur [lat.] die, Heilverfahren mit planmäßiger Anwendung bes. zusammengestellter Heilmittel.

Kur [von küren] die, im MA. Kurfürstentum, Kurwürde.

Kür die, Wahl; ↗ frei gewählte Übung. **küren,** D wählen.

Kura die, größter Fluß Transkaukasiens, 1364 km, vom Armen. Hochland zum Kasp. Meer.

Kurant [frz.] das, **Kurantgeld,** ✿ Geld, das unbeschränkt in Zahlung genommen werden muß und seinen Wert ganz in seinem Material trägt.

Kurare das, Pfeilgift der südamerikan. Indianer aus dem Saft der Strychnospflanzen; lähmt die Bewegungsnerven der Muskeln; heute in der Heilkunde zur Narkose verwendet.

Küraß [frz.] der, Brustharnisch schwerer Reiter **(Kürassiere),** urspr. aus Leder, später Metall.

Kuratel [lat.] die, ⚖ Pflegschaft, Vormundschaft, bes. über entmündigte Erwachsene.

Kurator [lat.] der, **1)** Vormund, Pfleger. **2)** Aufsichtsbeamter des Staates an Hochschulen. **3)** Verwalter einer Stiftung.

Kuratorium [lat.] das, Aufsichtsbehörde.

Kuratorium Unteilbares Deutschland, Sitz Berlin; 1954 gegr. Vereinigung zur Förderung und Vorbereitung der dt. Wiedervereinigung.

Kurbel die, ⊙ einarmiger Hebel zum Drehen einer Welle, z. B. **Handkurbel.**

Kurbelwelle, ein- oder mehrfach gekröpfte Welle, wird durch die Pleuelstange in Bewegung gesetzt.

Kürbis der, einjährige Kletter- oder Kriechgewächse aus dem wärmeren Amerika, mit gelben eingeschlechtigen Blüten, sind mit zahlreichen Schwesterarten Kulturpflanzen; ihre bis zentnerschwere Beerenfrucht dient als Speise und Futter. Verschiedene K.-Formen dienen als Zierpflanzen. Vom verwandten **Flaschen-K.** in Afrika wird die Frucht ausgehöhlt und als Flasche verwendet.

Kurden Mz., muslim., der Sprache nach iran. Volk, bes. am oberen Tigris (in **Kurdistan**), wandernde Hirten und seßhafte Ackerbauern; Gesamtzahl etwa 23,6 Mio.

Kure, Hafenstadt in Japan, am Nordufer der Inlandsee, 226000 Ew.; Stahl-, Werftind.

Kürenberg, der von K., einer der ältesten mit Namen bekannten dt. Minnesänger (um 1160).

Kürette [frz.] die, ♡ Gerät zum Ausschaben.

Kurfürsten, im alten Dt. Reich (bis 1806): Fürsten, denen das Recht zustand, den dt. König zu wählen (küren). Sie waren seit dem 13. Jh. Inhaber der → Erzämter: die Erzbischö-

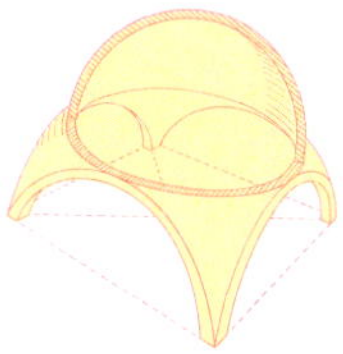

Kuppel mit Pendentifs

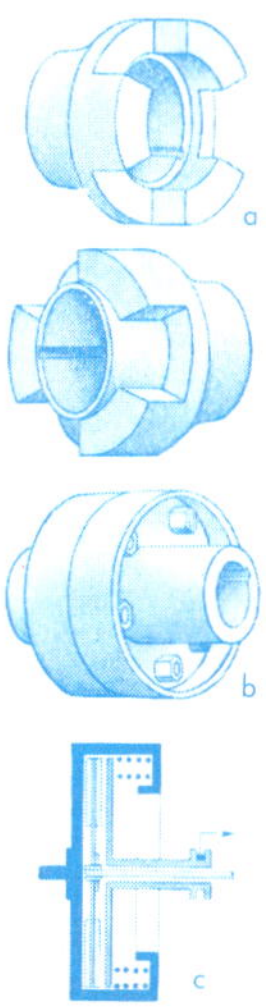

Kupplung: a Klauen-K., b Scheiben-K., c Scheiben-K. (ausrückbar)

Kürassier (Preußen, 1762)

Kurkume: Blütenstand

Kurve 2): Kurvenlineal

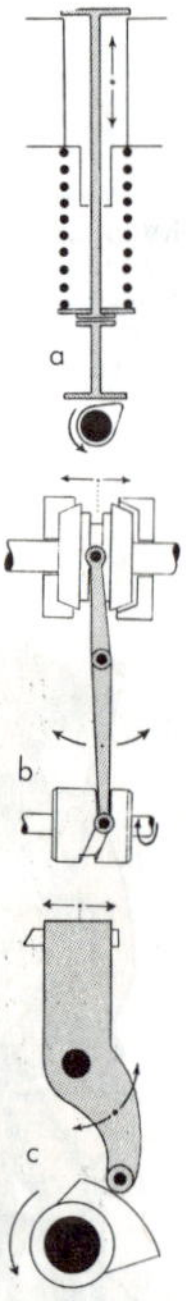

Kurvengetriebe: a Ventilsteuerung durch Nockenwelle, b Kupplungsumsteuerung durch Schaltwalze, c Drehstahlzustellung durch Steuerkurve

fe von Mainz, Trier und Köln, der Pfalzgraf bei Rhein (seit 1623 der Herzog von Bayern), der Herzog von Sachsen, der Markgraf von Brandenburg und der König von Böhmen (→ Goldene Bulle). 1648 wurde für die Pfalz die 8. Kurwürde geschaffen (bis 1777), 1692 als 9. die für Hannover. 1803 (Reichsdeputationshauptschluß) erhielten die Kurwürde noch Salzburg, Baden, Württ., Hessen-Kassel.

Kurgan, westsibir. Stadt, 354000 Ew.; Landwirtschaft; Maschinenbau, Textilind.

Kurhessen, ehem. Kur-Fstt. Hessen-Kassel (→ Hessen).

Kuriale [lat.] die, Schrift der älteren Papsturkunden. **Kuriale** der, päpstl. Hofbeamter.

Kuri|e [lat.] die, **1)** im alten Rom Bez. der 30 Familienverbände; auch Versammlungsort, bes. des Senats. **2)** früher: Gerichtshof, Behörde, Wahlkörper, z. B. im Dt. Reichstag vor 1806. **3)** der päpstl. Hof. Eigw. **kurial.**

Kuri|enkongregationen, die 9 Hauptbehörden der → Römischen Kurie.

Kurier [frz.] der, Eilbote; Überbringer von wichtigen staatl. Meldungen oder Papieren.

Kurilen Mz., Inselbogen mit über 30 vulkanreichen Inseln östlich von Asien, zw. Kamtschatka und Hokkaido. Die K. kamen 1875 an Japan, 1945 zur UdSSR.

kurios [lat.], seltsam, sonderbar. **Kuriosum** das, **Kuriosität** die, Merkwürdigkeit.

Kurisches Haff, Strandsee in Ostpreußen, 1620 km², 3,8 m mittl. Tiefe, durch die 97 km lange **Kurische Nehrung** (Landstreifen mit Sanddünen) von der Ostsee getrennt.

Kurkume, trop. Ingwergewächs; der Wurzelstock, **Gelber Ingwer,** liefert die wichtigsten Bestandteile des Gewürzes Curry, Farbstoff.

Kurland, geschichtl. Landschaft in Lettland, nach den balt. **Kuren** genannt. Hptst.: Mitau. K. wurde im 13. Jh. vom Dt. Orden erobert, war seit 1561 ein Hzgt. der dt. Fam. Kettler und Biron unter poln. Lehnshoheit; 1795-1918 russ., bis 1940 Prov. im Freistaat Lettland, seit 1940 Teil der Lett. SSR.

Kurmark die, Hauptteil der ehem. Mark Brandenburg.

Kurosawa Akira, japan. Filmreg., *1910; »Die 7 Samurai«, »Kagemusha«, »Träume« u. a.

Kuroshio, warme, salzreiche Meeresströmung an der japan. Ostküste.

Kurpfuscherei, unsachgemäße Heilbehandlung durch einen Laien.

Kurrende [lat.] die, **1)** früher: aus bedürftigen Schülern gebildete Chöre, die vor Häusern gegen Spenden sangen; heute: kirchl. Knabenchor. **2)** ❁ Laufzettel, Rundschreiben.

Kurrentschrift, gewöhnl. Schreibschrift. Ggs.: Kanzleischrift und Kurzschrift.

Kurs [lat.] der, **1)** ⛴ Lauf und Richtung eines Schiffs. **2)** ✆ Richtung und Reihenfolge der Züge (→ Kursbuch). **3)** Umlauf einer Geldsorte. **4)** Kursus. **5)** Börse: Preis für Wertpapiere, Devisen und vertretbare Waren. Die **Börsen-K.** werden von **K.-Maklern** festgesetzt und im **K.-Zettel** bekanntgegeben.

Kursbuch, Fahrpläne von Bahn, Schiffs-, Kraft-, Luftverkehrslinien in Buchform.

Kürschner [von ahd. kursina »Pelzrock«] der, Handwerker, der Pelzwerk verarbeitet.

Kürschner, Joseph, Schriftst., *1853, †1902; gab Jb. und Nachschlagewerke (seit 1882 den »Dt. Literaturkalender«) sowie eine Auswahl aus der dt. Dichtung (»Dt. Nationalliteratur«, 164 Bde., 1882 ff.) heraus.

kursieren [zu Kurs], in Umlauf sein.

Kursivschrift, schräggestellte Druckschrift.

Kursk, Stadt in der Russ. SFSR, am Sejm, 434000 Ew.; Eisenerzlager, Hüttenwerke, Metall-, Kunstkautschuk-, Lederind.

kursorisch [lat.], fortlaufend, ohne auf Einzelheiten einzugehen.

Kursus, Kurs der, Lehrgang.

Kurswagen, ✆ durchlaufender Wagen.

Kurt [von Konrad], männl. Vorname.

Kur|taxe, Gebühr für Kurgäste.

Kurtisane [frz.] die, urspr. Hoffräulein, vornehme Geliebte.

kurulische Ämter, im antiken Rom die Ämter der höheren (kurulischen) Magistrate (Beamten): der Konsuln, Prätoren, Zensoren und der kurul. Ädilen.

kurulischer Stuhl, tragbarer Klappstuhl, Ehrensessel der kurul. Magistrate (später auch der Kaiser) im alten Rom.

Kurve die, **1)** allg.: Krümmung, z. B. einer Straße. **2)** △ gerade oder gekrümmte Linie, entweder in der Ebene **(ebene K.)** oder im Raum **(Raum-K.).** Ebene K. sind z. B. Gerade, Kreis, Parabel, eine Raum-K. ist z. B. die Schraubenlinie. **K.-Lineal,** Hilfswerkzeug zum Zeichnen von K.

Kurvengetriebe, Getriebe, bei dem ein gleichförmig umlaufender Kurventräger (Scheibe, Zylinder) ein Eingriffsglied (Schieber, Hebel) in eine vorgeschriebene Bewegung versetzt.

Kur|verein zu Rhense, Vereinigung der Kurfürsten 1338 zur Abwehr der Ansprüche des Papsttums auf Bestätigung der dt. Königswahl.

Kurz, 1) Hermann, Dichter, *1813, †1873; Gedichte, Erzählungen, Romane (»Schillers Heimatjahre«, »Der Sonnenwirt«). **2)** Isolde, Dichterin, Tochter von 1), *1853, †1944; Gedichte (»Florentiner Novellen«). Romane (»Vanadis«).

Kurzarbeit, verkürzte Arbeitszeit unter entsprechender Kürzung des Arbeitslohnes; zur Vermeidung von Entlassungen aus betriebl. Gründen mit Genehmigung des Landesarbeitsamtes möglich. Im Rahmen der Arbeitslosenversicherung kann in bes. Fällen **K.-Geld** gewährt werden.

Kurzflügler, Käfer mit stummelhaften Flügeldecken; leben in Mist, Aas, Moder.

Kurzgeschichte [von engl. short story], kurze Erzählung zw. Novelle und Anekdote.

Kurzschluß, Fehlverbindung von Leitern, die elektr. Spannung versch. Polarität führen. Es fließt dabei ein hoher Strom, der Anlagen oder Geräte gefährden kann und der die Überstromschalter oder Sicherungen auslöst.

Kurzschrift, Stenographie die, Schnellschrift zur Beschleunigung des Schreibens, bes. zum Nachschreiben von Ansagen (Diktaten) oder Reden. 1924 wurde die **Einheits-K.** entwickelt, die noch heute gelehrt wird.

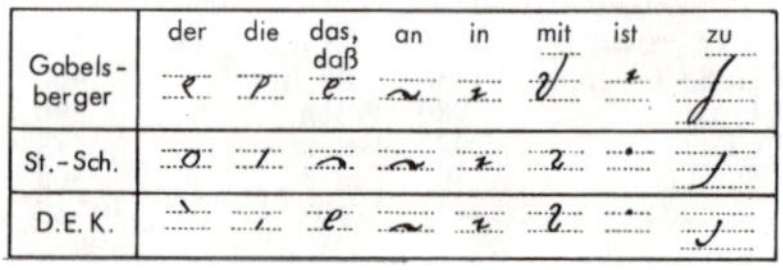

Kurzschrift: Kürzel. St.-Sch. = Stolze-Schrey. D.E.K. = Dt. Einheits-K.

Kurzsichtigkeit, grch. **Myopie** die, → Brechungsfehler des Auges, läßt Fernes unscharf, Nahes scharf sehen.

Kurzstreckenlauf, Sprint, Leichtathletik: Lauf über Strecken bis 400 m.

Kurz- und Mikrowellentherapie, ♡ Anwendung von → Kurzwellen zur Tiefendurchwärmung von Geweben und Körperteilen; bei rheumat. Leiden, Ischias, Gelenk-, Nebenhöhlenentzündungen u. a.

Kurzwaren, Nähbedarf (Knöpfe, Garne u. a.).

Kurzwellen, Abk. **KW,** elektromagnet. Wellen mit einer Wellenlänge von 100-10 m; längere heißen Mittel-, Langwellen, kürzere **Ultra-K.** (10-1 m), **Dezimeterwellen** (1 m bis

1 dm), **Zentimeterwellen** (10-1 cm). In der Funktechnik sind die K. bes. für den Weitverkehr geeignet. Sie haben auch bei geringer Sendeenergie eine große Reichweite, zeigen geringe Störanfälligkeit und lassen ein gerichtetes Senden zu (Richtstrahler). Sie werden vorwiegend als »Raumwellen« steil in den Raum gestrahlt, wo sie in der Ionosphäre mehrfach gebrochen und reflektiert werden. Nachteilig ist der Unterschied in der Empfangslautstärke bei Tag und Nacht sowie die Erscheinung der »toten Zone«, eines mehr oder weniger breiten, konzentr. Gürtels um den Sender, in dem man ihn nicht hört.

Kurz|zeile, 4hebiger Vers mit stumpfem oder 3hebiger Vers mit klingendem Ausgang.

Kusenberg, Kurt, Schriftst., *1904, †1983; humorist.-skurrile, grotesk-phantast. Geschichten.

Kusmin, Michajl, russ. Erzähler, *1875, †1936; Vollender des russ. Impressionismus.

Kusnezker Kohlenbecken, russ. Abk. **Kusbass,** das wichtigste Kohlenbergbaugebiet der asiat. UdSSR, in Westsibirien.

Kusnezow, Anatolij Wassiljewitsch, russ. Schriftsteller, *1929, †1979; seit 1969 in Großbritannien, Romane »Babi Jar« u. a.

Küßnacht, Sommerfrische im schweizer. Kt. Schwyz, 8600 Ew., am NO-Arm des Vierwaldstätter Sees; in der Nähe die **Hohle Gasse** (Tell-Sage).

Kustanaj, Stadt in der Kasach. SSR., 212000 Ew.; Eisenbahnknoten, Industrieschwerpunkt.

Küste die, **Gestade** das, der an das Meer grenzende Streifen eines Landes: **Flach-K.** mit K.-Wällen oder Nehrungen, Dünen, Lagunen. **Steil-K.** mit Kliffen, Klippen usw.; Abtragungs- und Anschwemmungs-K., Fjord-, Förden-, Bodden-K. Der K.-Teil **Strand** bleibt je nach Flut und Ebbe bespült oder trocken.

Küstengebirge, nordamerikan. Gebirge (Kalifornien), längs der Küste des Pazif. Ozeans.

Küstengewässer, Teil des Meeres, der zum Hoheitsbereich des Küstenstaates gehört (→ Dreimeilenzone) mit Luftraum, Meeresgrund und -untergrund.

Küstenkanal, Schiffahrtskanal zw. Ems und Weser, 71 km lang.

Küstenschiffahrt, Schiffahrtsverkehr zw. Seehäfen desselben Staats; meist den Schiffen des Küstenstaats vorbehalten.

Kustos [lat. »Hüter«], wissenschaftl. Beamter an Büchereien, Museen.

Küstrin, poln. **Kostrzyn** [k'ɔstʃin], Stadt an der Mündung der Warthe in die Oder, 16000 Ew.; K., zuerst 1232 erwähnt, war preuß. Festung. 1945 kam K. jenseits Oder und Warthe zu Polen, das Gebiet auf dem li. Oderufer gehört zur Dt. Dem. Rep.

Kutaissi, Stadt in der Georg. SSR, 220000 Ew.; chem., Textilind.

kutan [lat.], die Haut betreffend.

Kutikula, Cuticula [lat. »Häutchen«] die, dünnes, für Gase und Wasser kaum durchlässiges Häutchen aus dem korkähnl. **Kutin,** als Schutz der Oberhaut von Pflanzen und Tieren.

Kutte die, langer Mönchsrock mit Kapuze.

Kutteln Mz., Eingeweide, Gekröse.

Kutter der, ⛵ **1)** Segelschiff mit jachtartigem Kiel. (BILD Segelschiff) **2)** Rettungsboot.

Kutusow, Michajl I. Fürst, russ. Feldmarschall, *1745, †1813; 1805-12 Oberbefehlshaber gegen Napoleon I.

Kuvert [kuv'ɛr, frz.] das, **1)** Briefumschlag. 2) Gedeck auf dem Eßtisch.

Küvette [frz.] die, **1)** flache Glasflasche. **2)** Staubdeckel an Taschenuhren.

Kuwait, Koweit, arab. Scheichtum am Pers. Golf, 24280 km², 1,71 Mio. Ew. (unter den Erwerbstätigen 50% Ausländer); Hptst.: Kuwait (100000 Ew.); Haupthäfen: Schuwaik und Schuaiba, Erdölhafen: Mina al-Ahmadi. Seit 1946 Erdölproduktion. – K. war 1880 bis 1961 brit. Protektorat. Aug. 1990 von irak. Truppen besetzt. Staatsoberhaupt: Jabir al-Achmad as Sabah (seit 1978). ⊕ S. 482.

Kuwait

Kux der, Gesellschaftsanteil an einer bergrechtl. Gewerkschaft. Die Inhaber (Gewerken) müssen im Notfall Zubußen leisten.

kV, Kilovolt. 1 kV = 1000 V (→ Volt).

KV, Abk. für → Köchelverzeichnis.

KVAE, Abk. für Konferenz über Vertrauensbildung und Abrüstung in Europa, 1984-86 tagende Sicherheits- und Abrüstungskonferenz 33 europ. Staaten unter Einbeziehung der USA und Kanadas. Seit 1989 verhandeln die KVAE-Staaten in Wien, → VSBM.

Kvarner, ital. **Quarnero,** Golf des Adriat. Meeres zw. Istrien und Kroatien, mit den **Kvarner. Inseln.**

kW, Kilowatt. 1 kW = 1000 W (→ Watt).

Kwanchowwan, 1898-1943 frz. Pachtgebiet auf der Ostseite der chines. Halbinsel Leitschou; seit 1947 Zhanjiang.

KwaNdebele, Homeland in der Rep. Südafrika, 746 km², 233000 Ew., Hauptort: Siyabushwa.

Kwangsi-Tschuang, amtl. **Guangxi Zhuang** [-sji], autonome Region in S-China, 236000 km², 38 Mio. Ew.; Hptst.: Nanning.

Kwannon [japan.], chines. **Kuan-yin,** buddhist. Göttin der Barmherzigkeit.

Kwas, Kwaß der, russ. bierähnl. gegorenes Getränk aus Roggenbrot und Früchten.

KwaZulu, bis 1972 **Zululand,** Homeland in der Rep. Südafrika, 31443 km², (1980) 3,7 Mio. Ew., Hauptort: Nongoma. Univ.

Kweichow, amtl. **Guizhou** [gweɪdʒɔu], Prov. in SW-China, 174000 km², 30 Mio. Ew., Hptst.: Guiyang; Kohle, Quecksilber, Eisen, Mangan-, Kupferabbau.

Kweilin, amtl. **Guilin** [gweɪ-], Stadt in der Prov. Kwangsi, China; rd. 300000 Ew.; Ind.

Kybele, kleinasiat. Fruchtbarkeitsgöttin, bei den Griechen mit Rhea gleichgesetzt, 204 v. Chr. als Magna mater in Rom eingeführt.

Kybernetik [grch.] die, Wiss., bei der die Gesetzmäßigkeiten der Steuerung, der Regelung und Rückkopplung der Informationsübertragung und -verarbeitung in Maschinen, Organismen und Gemeinschaften sowie die Theorie und Technik der Informationsverarbeitungssysteme untersucht werden.

Kyd [kɪd], Thomas, engl. Bühnendichter, getauft 1558, †1594, schrieb: »Span. Tragödie«.

Kyffhäuser der, Waldgebirge zw. Harz und Thüringen, 477 m hoch; mit der Ruine der Burg Kyffhausen und dem K.-Denkmal. Nach der Sage wurde Kaiser Friedrich I. Barbarossa im K. durch Zauber in Schlaf versetzt.

Kyffhäuserbund e. V., Verband ehem. Soldaten, neugegr. 1951.

Kybele, 4. Jh. v. Chr.

Kykladen, Mz., grch. Inselgruppe im südl. Ägäischen Meer; darunter Andros, Naxos, Paros; Hptst.: Hermupolis auf Syros.

Kyklop [grch. »Rundäugiger«] der, grch. Sage: einäugige Riesen; → Polyphem.

Kymation [grch.] das, → Eierstab.

Kymograph [Kw., grch.] der, Gerät zur Aufzeichnung von Muskelzuckungen, Tonschwingungen.

Kymren, kelt. Bewohner von Wales.

Kynast [ki-], poln. **Chojnik** [x'ɔjnik], der, Berg und Burgruine im Vorland des Riesengebirges, 588 m hoch.

Kyniker, grch. Philosophenschule, begründet von dem Sokratesschüler Antisthenes, dem Diogenes von Sinope, Krates u. a. folgten; vertrat das Ideal der Bedürfnislosigkeit bis zur Verachtung aller Sitte; danach **Kynismus, Zynismus; zynisch:** verletzend.

Kynologie [grch.] die, Lehre vom Hund und seiner Zucht.

Kynoskephaleia, Berg und Hügelland in Thessalien.

Kyoto, → Kioto.

Kyphose [Kw., grch.] die, ♡ Buckel, Verbiegung der Wirbelsäule nach hinten.

Kyrenaische Schule, von dem Sokratesschüler Aristippos in Kyrene gegr. Philosophenschule, vertrat in sophist. Form den Hedonismus.

Kyrene, in der Antike Hptst. der Cyrenaica, im 7. Jh. v. Chr. von Griechen gegr.

Kyriale [grch.-lat.] das, Samml. der in jeder Messe wiederkehrenden Gesänge: Kyrie, Gloria, Credo, Sanctus, Agnus Dei.

Kyri|e ele|ison [grch. »Herr, erbarme Dich«], Gebetsformel, am Anfang der kath. Messe gesungen, in der evang. Kirche Bittruf in der Eingangsliturgie des Gottesdienstes.

Kyrillos und **Methodios,** 2 Brüder, Apostel der Slawen, Heilige (Tag 14. 2.); führten die slaw. Sprache im Gottesdienst ein (→ Kirchenslawisch). K. (†869) gilt als Erfinder der ältesten slaw. Schrift (→ kyrillische Schrift).

kyrillische Schrift [nach Kyrillos], aus den grch. großen Buchstaben umgebildete altslaw. Schrift. In modernisierter Form wird die k. S. heute im Russischen, Ukrainischen, Serbischen und Bulgarischen verwendet.

Kyros, lat. **Cyrus, 1) K. der Ältere,** Gründer des Pers. Reichs, †529 v. Chr., befreite Persien von den Medern, eroberte Medien, Lydien, Babylon. **2) K. der Jüngere,** empörte sich gegen seinen Bruder Artaxerxes, fiel 401 v. Chr. bei Kunaxa.

Kysyl-kum [türk. »roter Sand«], Sandwüste in der Usbek. und Kasach. SSR, UdSSR, rd. 300 000 km².

Kythera, ital. **Cerigo,** grch. Insel südl. der Peloponnes, 274 km²; gebirgig.

Kyudo, japan. zeremonielles Bogenschießen, eine Kunst der Selbstversenkung. K. wird auch sportlich betrieben.

Kyushu, drittgrößte Insel Japans, 35 700 km², 13,31 Mio. Ew., vulkanisch.

KZ, Abk. für **K**onzentrations**lager**.

Labkraut: Gelbes L.

Kyros 1), Grabmal

L

l, L, 1) Mitlaut, 12. Buchstabe des dt. Abc. **2)** röm. Zahl: L = 50. **3)** ital. Währungseinheit: L = Lira. **4)** l = Liter. **5)** £ = Pfund Sterling.

La, chem. Symbol für Lanthan.

Laacher See, das größte Maar im Vulkangebiet der Eifel, westl. von Andernach, 276 m ü. M., 3,32 km², bis 53 m tief, Naturschutzgebiet; an seinem Ufer die Benediktinerabtei **Maria Laach.**

Laatzen, Stadt in Ndsachs., 39 000 Ew.; Standort der »Hannover-Messe«.

Lab das, Enzym des Magens, bringt das Casein der Milch zur Gerinnung.

Laban, im A. T. Vater von Lea und Rahel.

Labarum [lat.] das, spätröm. kaiserl. Feldzeichen: Konstantin d. Gr. brachte auf ihm das Christusmonogramm an.

Labé, Louise, frz. Dichterin, *um 1526, †1566; Liebessonette, dt. v. Rilke.

Labenwolf, Pankraz, Erzgießer in Nürnberg, *1492, †1563, Schüler P. Vischers.

Labial [lat.] der, Lippenlaut. **labial,** die Lippen betreffend.

Labiaten [lat.] Mz., ⚘ die → Lippenblüter.

labil [lat.], schwankend, veränderlich.

Labkraut, Wald- und Wiesenpflanzen mit quirlständigen Blättern, weißen oder gelben Blütchen.

Labmagen, Hauptmagen der Wiederkäuer.

Laboe [-'œ], Ostseebad an der Kieler Außenförde, Schlesw.-Holst., 4500 Ew.; Marine-Ehrenmal.

Laboratorium [lat.] das, -s/...rien, **Labor** das, Arbeitsstätte für naturwissenschaftl. oder techn. Arbeiten. **Laborant, Laborantin,** Mitarbeiter im L., Ausbildungsberuf.

laborieren [lat.], leiden an, sich vergebens abmühen, ein Übel loszuwerden.

Labour Party [l'eɪbəp'ɑ:tɪ], engl. Arbeiterpartei; entstand 1900 und nahm 1906 den Namen L. P. an. Ihren Kern bildeten die Gewerkschaften. Sie bildete 1924, 1929-31, 1945-51, 1964-70 und 1974-79 allein die Regierung. Parteiführer: J. R. Macdonald, A. Henderson, G. Lansbury, C. R. Attlee, H. Gaitskell, H. Wilson, J. Callaghan, M. Foot, N. Kinnock. 1981 spaltete sich von der L. P. die »Social Democratic Party« ab.

Labrador, 1) Halbinsel N-Amerikas, zw. Hudsonbai und Atlant. Ozean, 1,4 Mio. km², flachwelliges, seenreiches Hochland mit steiler Felsküste, im NO Fjorde. L. hat kaltes, rauhes Klima; viel Wald. Eisen- u. a. Erze, Kraftwerke, Fischfang. – L. wurde um 1000 von Normannen entdeckt (Helluland), 1497 von Caboto wiederentdeckt. **2) L., Labradorit,** Kalknatron-Feldspat; Schmuckstein.

Labradorstrom, südl. gerichtete kalte Meeresströmung an der Ostküste von Labrador.

La Bruyère [labryj'ɛ:r], Jean de, frz. Moralist, *1645, †1696; »Die Charaktere oder die Sitten im Zeitalter Ludwigs XIV.« (1688).

Labskaus das, seemänn. Eintopfgericht.

Labyrinth [grch.] das, **1)** Irrgarten; berühmt das L. auf Kreta (→ Ariadne). **2)** innerster Teil des → Ohres.

Labyrinthfische, trop. stachelflossige Fische des Süßwassers und der Küstengebiete. In 2 seitl. Schädelhöhlen liegt das Luft-Atmungsorgan **(Labyrinth).** Zu den L. gehören: Kletterfisch, Großflosser, Gurami.

Lac [frz.], See.

La Chaux-de-Fonds [-ʃodf'ɔ̃], Stadt im schweizer. Kt. Neuenburg, 32 000 Ew.; Uhrenind.

Lachesis, grch. Sage: die Zuteilerin des Lebensloses, die 2. der 3 → Parzen.

Lachgas, Distickstoffmonoxid; bewirkt eingeatmet rauschartige bis narkot. Zustände.

Lachmann, Karl, Altphilologe, Germanist, *1793, †1851; einer der Begr. der philolog. Textkritik; Theorie über Entstehung des Nibelungenliedes aus 20 Einzelliedern.

Lachs der, **Salm,** 1,5 m langer, bis 50 kg schwerer Raubfisch, mit einer Fettflosse, lebt in nördl. Meeren. Der L. wandert zum Laichen die Flüsse aufwärts, ohne dabei Nahrung aufzunehmen. Er überwindet dabei kleinere Wasserfälle und Wehre durch über 3 m hohe Sprünge. Zur Erleichterung werden Rinnen **(L.-Leitern)** angelegt. Die Jungen wandern im 2. Sommer aus dem Quellgebiet flußabwärts ins Meer. In Dtl. fand sich der L. bes. in Rhein **(Rheinsalm),** Elbe, Oder; in der Donau lebt der **Huchen (Donau-L.).**

Lachs|schinken, zartgepökeltes, wenig geräuchertes Rückenfleisch des Schweins.

Lachtaube, kleine, graugelbe Taube mit schwarzem Nackenband, in NO-Afrika und SW-Arabien.

Lack der, Lösung von Harzen oder Kunstharzen in einem Lösungsmittel, nach dessen Verdunsten ein glänzender oder matter Film zurückbleibt. **Lack-Farben** sind mit farblosem L. vermischte Trockenfarben.

Lackarbeiten, mit Lacküberzug versehene Gegenstände, bes. Möbel, Kästchen u. a., meist aus Holz, auch aus Metall oder Ton; in China erfunden, in Japan sehr gepflegt.

Lackmus das, Farbstoff aus Flechtenarten; Indikator (Anzeiger) für Säuren und Basen. In alkal. Lösung wird **L.-Papier** blau, in saurer rot gefärbt.

Lac Léman [lem'ã, frz.], der Genfer See.

Laclos [lakl'o], Pierre Ambroise François **Choderlos de,** frz. Schriftst., *1741, †1803; Briefroman »Gefährl. Liebschaften«.

La Coruña [lakor'uɲa], Hafenstadt an der NW-Küste Spaniens, 240 000 Ew.

Lacq [lak], frz. Gem. im Pyrenäenvorland, 700 Ew.; Erdgaslager, petrochem. Ind.

Lacrimae Christi [lat. »Tränen Christi«], Wein vom Vesuv oder seiner Umgebung.

Lacrosse, dem Hockey, Tennis und Eishockey verwandtes Mannschaftsspiel auf Tore, bei dem 2 Mannschaften einen Ball mit einem rechteckigen Netzschläger (Racket) fangen und schlagen.

Lactasen Mz., Enzyme, die Milchzucker in Traubenzucker und Galaktose spalten.

Lactate Mz., Salze der Milchsäure.

Lactoflavin das, ❀ für Riboflavin, Vitamin B_2.

Lactose [lat.] die, → Milchzucker.

Ladakh, Gebirgslandschaft in Kaschmir.

Ladebaum, ⚓ kranähnl. Fördereinrichtung (Hebezeug) auf Schiffen.

Lademaschinen, Lader, vollmechan. Geräte zum Aufnehmen von Haufwerk im Erdbau, Steinbruch und Bergbau.

Lademaß, über einem Bahnhofsgleis aufgestellter Rahmen zum Nachprüfen der Umfangslinien beladener Güterwagen.

Laden, Eingabe eines Programms in den Arbeitsspeicher eines Computers.

Ladenpreis, Verkaufspreis einer Ware im Einzelhandel.

Ladenschluß. Nach dem L.-Gesetz v. 28. 11. 1956, geändert 10. 7. 1989 müssen Verkaufsstellen an Sonn- und Feiertagen ganztägig, montags bis freitags bis 7 Uhr und ab 18 Uhr 30 und samstags ab 14 Uhr (am 1. Samstag im Monat ab 18 Uhr, in den Monaten April-Sept. ab 16 Uhr) geschlossen sein, an Donnerstagen dürfen sie bis 20.30 Uhr geöffnet sein. An 4 aufeinander folgenden Samstagen vor dem 24. 12. dürfen sie bis 18 Uhr geöffnet bleiben. Ausnahmen z. B. für Apotheken, Tankstellen, Friseurbetriebe, Kurorte, besondere Waren (z. B. Milch, Zeitungen).

Ladeschein, Urkunde, die der Frachtführer über seine Verpflichtung zur Auslieferung des Gutes an den Empfänger ausstellt.

Ladiner Mz., rätoroman. Bewohner einiger Täler S-Tirols.

Ladino, 1) Mischling zw. Weißem und Indianer. **2)** jüdisch-span. Sprache **(Spaniolisch).**

Ladogasee, der größte See Europas, in Karelien, 17 700 km², 225 m tief; Abfluß: die Newa (zur Ostsee). Durch Kanäle mit der Wolga, Dwina und dem Weißen Meer verbunden.

Ladung die, **1)** Nutzlast eines Fahrzeugs. **2)** ⚡ → Elektrizität, → Elementarladung. **3)** Feuerwaffe: die Pulvermenge; beim Geschütz die → Kartusche. **4)** ⚖ Aufforderung, zu best. Termin vor Gericht zu erscheinen. **L.-Frist,** Zeitraum zw. Zustellung der L. und Termin: in Zivilsachen bei Anwaltsprozessen 1 Woche, sonst 3 Tage, in Meß- und Marktsachen 24 Stunden; in Strafsachen 1 Woche.

Lady [l'eɪdɪ] die, Dame; i. e. S.: **1)** vor dem Namen: Adelstitel der engl. Frauen. **2) Mylady,** ohne Namen: Anredeform für adelige Damen. **ladylike** [l'eɪdɪlaɪk], damenhaft.

Laederach, Jürg, schweizer. Schriftsteller, *1945; experimentelle Romane.

Laertes, Vater des Odysseus.

Laetare [lat. »freue dich«], 4. Fastensonntag und 3. Sonntag vor Ostern.

Lafayette [lafaj'ɛt], **1)** Joseph Marquis de, frz. Staatsmann, *1757, †1834, nahm am nordamerikan. Unabhängigkeitskrieg teil, war 1789-92 und 1830 Führer der Pariser Nationalgarde. **2)** Marie-Madeleine Gräfin von, frz. Schriftstellerin, *1634, †1693; Hinwendung zum psychologisch beschreibenden Roman.

Lafette [frz.] die, ⁂ Schießgerüst, in der Regel Fahrgerüst der Geschütze.

Lafontaine [lafɔ̃t'ɛn], Oskar, Politiker (SPD), *1943, seit 1985 MinPräs. des Saarlandes; Kanzlerkandidat der SPD für die Bundestagswahl 1990; bei einem Attentat im April 1990 schwer verletzt.

La Fontaine [lafɔ̃t'ɛn], Jean de, frz. Dichter, *1621, †1695; schrieb Fabeln (in Versen) und Verserzählungen.

Lagasch, sumer. Stadt im südl. Mesopotamien, Ruinenstätte Tello (»Hügel«); reiche Funde aus dem 4. Jahrtsd. v. Chr.

Lage die, ♩ **1)** Stellung der Töne innerhalb des Gesamttonumfanges: hohe, mittlere, tiefe L. **2)** Harmonielehre: Stellung der Töne eines Akkords zueinander. **3)** augenblickl. Verhältnisse, z. B. militär. oder polit. L.

Lage, Stadt in NRW, 32 600 Ew.

Lagenschwimmen, Wettbewerb, bei dem der Teilnehmer nach einem best. Teil der Strecke in eine andere Stilart (**Lage;** Schmetterlings-, Rücken-, Brust- und Kraulschwimmen) wechselt; auch Staffelwettbewerb.

Lager das, **1)** behelfsmäßige Truppenunterkunft in Zelten, Hütten oder Baracken. **2)** geschlossene Unterbringung von Personengruppen aus polit., militär. und Wohlfahrtsgründen (Flüchtlings-, Auffang-, Kriegsgefangenen-, Internierten-, Verschleppten-L.; → Konzentrationslager). **3)** ⊙ Maschinenteil zum Tragen **(Trag-L.)** oder Stützen **(Stütz-L.)** von Wellen und Zapfen. **Gleit-L.** bestehen meist aus zweiteiligem Gußgehäuse mit **L.-Schalen** aus Grauguß, Bronze, Rotguß, oft mit L.-Metall (Weißmetall) ausgegossen, oft mit Kunststoff. Reibung zw. L.-Schale und Welle muß durch **Ölfilm** vermieden werden. Geringere Reibung besitzen **Wälz-L.** (Kugel- und Rollen-L.: z. B. Zylinderrollen-L., Pendelkugel-L.). Die gehärteten Wälzkörper (Kugeln, Rollen) laufen zw. gehärtetem Innen- und Außenring und werden durch Käfige geführt. **Nadel-L.** können unmittelbar zw. Welle und Gehäuse oder Nabe laufen. **4)** Aufbewahrungsraum für Rohstoffe u. a. (→ Lagergeschäft). **5)** → Lagerstätte.

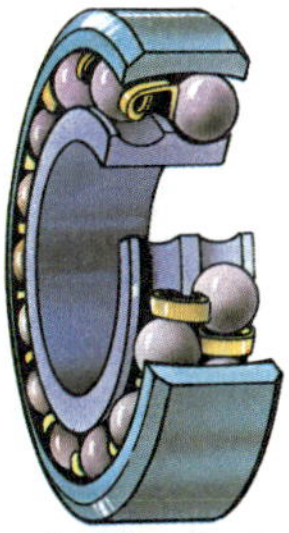

Pendelkugellager

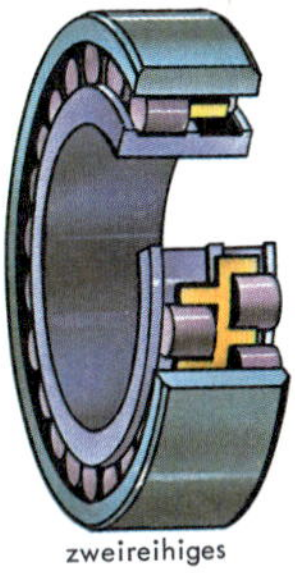

zweireihiges Zylinderrollenlager

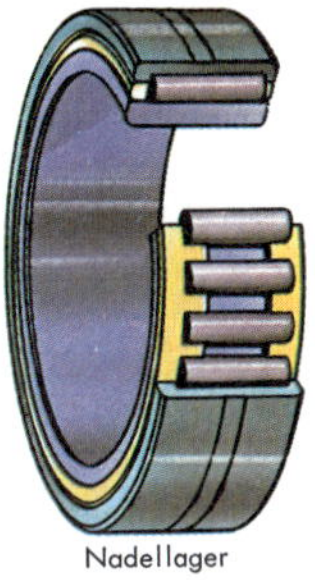

Nadellager

Lager 3)

Lage|regler, in Flugzeugen ein Kreisel-Flugüberwachungsgerät, das eine bestimmte Fluglage automatisch aufrechterhält. In Raumfluggeräten dienen Steuerdüsen diesem Zweck.

Lagergeschäft, gewerbsmäßige Lagerung und Aufbewahrung fremder Güter durch den **Lagerhalter** (§§ 416ff. HGB). Gegenleistung ist das **Lagergeld.** Empfang des Gutes und Verpflichtung zur Aushändigung bestätigt der **Lagerschein.**

Lagerkvist, Pär, schwed. Dichter, *1891, †1974; Nobelpreisträger 1951; Roman: »Barabbas«.

Lagerlöf

Lagerlöf, Selma, schwed. Dichterin, *1858, †1940; Romane, Geschichten: »Gösta Berling«, »Jerusalem«, »Nils Holgerssons wunderbare Reise«, »Christuslegenden«; Nobelpreis 1909.

Lagerpflanzen, → Thallophyten.

Lago [ital., span.], See.

Lago Maggiore [maddʒ'o:re], **Langensee,** oberital. See, am Südfuß der Alpen, 194 m ü. M., 216 km², bis 372 m tief, vom Tessin durchflossen.

Lagos, Hptst. von Nigeria, 4,1 Mio. Ew. (Agglomeration); Univ., Haupthafen des Landes, Bahn nach Kano, Ind., Flugplatz.

La Grande-Motte [lagrād m'ɔt], Ferienzentrum an der Languedoc-Küste, Süd-Frankreich.

Lagrange [lagr'ãʒ], Joseph Louis, frz. Mathematiker, *1736, †1813; begründete die Variationsrechnung und theoret. Mechanik.

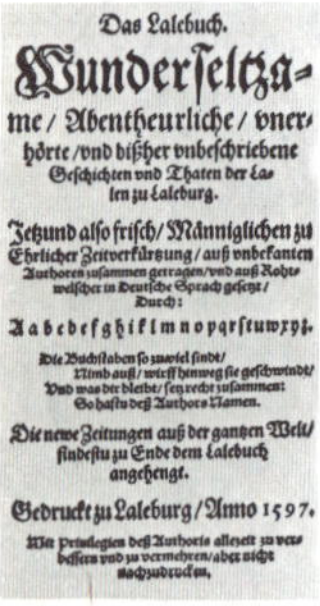

Das Lalebuch.
Wunderseltzame / Abentheurliche / unerhörte / und bißher unbeschriebene Geschichten und Thaten der Lalen zu Laleburg.
Jetzund also frisch / Männiglichen zu Ehrlicher Zeitverkürtzung / auß unbekanten Authoren zusammen getragen / und auß Rohtwelscher in Deutsche Sprach gesetzt / Durch:
A a b c d e f g h i k l m n o p q r s t u w x y z.
Die Buchstaben so zuviel sindt /
Nimb auß / wirff hinweg sie geschwindt /
Und was der bleibt / setz recht zusammen:
So hastu deß Authors Namen.
Die newe Zeitungen auß der gantzen Welt / findestu zu Ende dem Lalebuch angehengt.
Gedruckt zu Laleburg / Anno 1597.
Mit Privilegien deß Authoris allezeit zu verbessern und zu vermehren / aber nicht nachzudrucken.

Lalebuch: Titelblatt der Ausgabe von 1597

Lagting [l'ateŋ] das, in Norwegen das vom Storting gewählte Oberhaus.

Lagune [ital.] die, **1)** durch ein Riff oder eine Nehrung vom offenen Meer abgetrennter Brackwasserbereich. **2)** die von Korallenriffen geschützte Wasserfläche im Innern eines Atolls.

La Harpe [la arp], Frédéric César de, schweizer. Politiker, *1754, †1838; Erzieher des russ. Kaisers Alexander I.; als Anhänger der Frz. Revolution Mitbegr. der Helvet. Republik (1798).

Lähmung die, ♡ Aufhebung der Tätigkeit eines Organs, äußert sich in Bewegungs- oder Empfindungslosigkeit. Ursache: krankhafter Zustand von Gehirn, Rückenmark, Nerven, Muskeln.

Lahn die, rechter Nebenfluß des Rheins, entspringt im Rothaargebirge, mündet bei Lahnstein.

Lahnstein, Stadt in Rheinl.-Pf., am Eingang der Lahn in den Rhein, 18800 Ew., gebildet aus Ober- und Nieder-L. In der Nähe Burg **Lahneck,** gegenüber Burg **Stolzenfels.**

Lahnung die, netzartig parallel und senkrecht zur Küste angelegte Dämme. → Landgewinnung.

Lahore, Hptst. der Prov. Pandschab, Pakistan, 2,92 Mio. Ew.; alte Prachtbauten, Univ., Ind.

Lahr, Stadt im Ortenaukreis, Bad.-Württ., 34500 Ew.

Lama 1)

Lahti [l'axti], Stadt in S-Finnland, am Vesijärvi(-See), 94000 Ew.; Möbel-Industrie.

Laibung die, ⌂ innere Fläche der Maueröffnung bei Bögen, Fenstern, Türen.

Laich der, ♘ die ins Wasser abgelegten und von einer gallertigen Hülle umgebenen Eier der Fische, Frösche und Schnecken.

Laichkraut, artenreiche einkeimblättrige Wasserpflanzengatt.

Laie [von grch. laos »Volk«] der, **1)** Nichtfachmann, Ungelernter. **2)** Nichtgeistlicher. **L.-Apostolat,** in der kath. Kirche die Mitarbeit von L. an der Ausbreitung der kath. Lehre und Lebensführung. **L.-Bruder,** Mitgl. einer Klostergenossenschaft, das keine Weihen empfängt.

Laienrichter, frühere Bez. für **ehrenamtl. Richter** ohne jurist. Vorbildung, z. B. Schöffen und Geschworene, auch Handels- und Arbeitsrichter (Beisitzer in Kammern für Handelssachen und Arbeitsgerichten).

Laienspiegel, Rechtsbuch in dt. Sprache, von Ulrich Tengler, 1509 in Augsburg gedruckt.

Laienspiel, Theaterspiel von Laien, auch das hierfür verfaßte Stück.

Laissez-faire, laissez-aller [lɛs'e fɛ:r, lɛs'e al'e, frz.], d. h. laßt machen (gehen); Forderung des Wirtschaftsliberalismus: die Wirtschaft gedeiht am besten, wenn der Staat sich nicht einmischt.

La|izismus der, die Bestrebungen nach Ausschluß der Geistlichkeit von nicht kirchl. Angelegenheiten.

Lakai [frz.] der, Diener.

Lake [leɪk, engl.], See.

Lake die, Salzbrühe zum Einpökeln.

Lakedämon, Lakedaimon, antiker Name von → Sparta. **Lakedämonier,** Spartaner.

Lake Placid [leɪk pl'æsɪd], Wintersportort in den Adirondacks im Staat New York (USA); rd. 7500 Ew.; Austragungsort der Winterolympiaden 1932 und 1980.

Lake Success [leɪk səks'es], Vorort von New York auf Long Island, bis 1951 Sitz der UNO.

Lake Superior [leɪk sju:p'ɪərɪə], → Oberer See.

Lakkadiven, 14 Koralleninseln im Ind. Ozean, vor der SW-Küste Indiens; bilden mit den Amindiven und der Minicoi-Insel ein Unionsgebiet Indiens (seit 1956).

Lakkolith der, zw. ältere Schichtgesteine von unten eingepreßte vulkan. Gesteinsmasse.

Lakoni|en, grch. Landschaft, in der südöstl. Peloponnes, das Kernland des alten Sparta.

lakonisch, kurz und treffend im Ausdruck.

Lakritze [grch.-lat.] die, eingedickter Saft vom Süßholz.

Lakshmi, Shri, hinduist. Göttin des Glücks, Gattin des Vishnu; dargestellt mit Lotosblume.

Laktation die, ♡ ♘ Milchabsonderung.

Lalebuch [Narrenbuch], dt. Schwankbuch, erschien 1597; später als → Schildbürger.

La Línea de la Concepción [-kɔθep θi'ɔn], Stadt in S-Spanien, 59700 Ew., Gemüseanbau.

Lama das, **1)** höckerloses, hirschgroßes Haustier des westl. Südamerika; als Last-, Woll- und Fleischtier aus der wildlebenden Kamelart **Guanako** gezüchtet. Zu den L. gehören auch das **Alpaka (Pako)** und das kleinere **Vicuña,** dessen Wolle sehr wertvoll ist. **2)** flanellähnl., weiches Gewebe, aus Streichgarn.

Lama [tibet. »der Obere«] der, im Lamaismus Titel der vollgeweihten Priester.

Lama|ismus der, tibet. Abart des Buddhismus, Mischung buddhist. Philosophie, prunkvollen Kults und bodenständigen Dämonen- und Zauberglaubens. Die Häupter der lamaist.

Kirche sind der **Dalai-Lama,** der zugleich weltl. Herrscher Tibets war, und der **Pan-chen Rin-po-che,** der mehr relig. Aufgaben zu erfüllen hat. Da sich der Druck des kommunist. Chinas immer mehr verstärkte, floh der Dalai-Lama 1959 von seinem Sitz in Lhasa nach Indien. Die Klöster (bis zu 4000 Insassen) waren bis zur chines. Besetzung Mittelpunkte des wirtschaftl. und polit. Lebens.

Lamarck, Jean Baptiste de, frz. Naturforscher, *1744, *1829; bestritt als erster die Unveränderlichkeit der Arten. **Lamarckismus** der, Lehre von der Vererbbarkeit »erworbener« Eigenschaften, z. B. durch Gebrauch eines Organs, wurde von der Forschung bisher nicht bestätigt. (→ Darwinismus)

Lamartine [lamart'in], Alphonse de, frz. Dichter, *1790, †1869; Romantiker, schwermütig-klangvolle Gedichte, die epischen Dichtungen »Jocelyn«, »Der Fall eines Engels«.

Lamb [læm], Charles, engl. Schriftst., *1775, †1834; Essayist; Nacherzählungen Shakespearescher Dramen für Kinder.

Lambarene, Ort in der Rep. Gabun, Zentralafrika; Wirkungsstätte A. Schweitzers.

Lambda-Sonde, Meßfühler in Ottomotoren zur Regelung der Gemischbildung. Mit der L. kann das Luftverhältnis $\lambda = 1$ eingehalten werden, was für Einbett-Abgaskatalysatoren notwendig ist.

Lambrequin [lãbrək'ɛ̃, frz.] der, Behang über Fenstern, Türen usw.

Lambsdorff, Otto Graf, Politiker (FDP), *1926; 1977-84 Bundeswirtschaftsminister, seit 1988 Vors. der FDP.

Lamé der, Gewebe mit Metallfäden.

Lamelle [lat.] die, dünnes Blättchen.

Lamennais [lamən'ɛ], Robert de, frz. relig., polit.-sozialer Schriftst., *1782, †1854; suchte liberale Ideen in der Kirche durchzusetzen.

Lamento [ital.] das, Wehklage, Klagegeschrei. **lamentieren,** klagen.

Lametta [ital.] die, das, dünne Zinn- oder Aluminiumstreifen; Christbaumschmuck. Ü viele v. a. militär. Auszeichnungen.

Lamettrie, Julien Offray de, frz. Arzt, Philosoph, *1709, †1751; Vertreter des Materialismus (Der Mensch »eine Maschine«).

Lamia die, im altgrch. Glauben Spukgeist, der Müttern die Kinder raubte; später gespenst. weibl. Wesen **(Lamien),** die Jünglinge an sich lockten, ihnen das Blut aussaugten.

Lamina [lat.] die, **1)** metallenes Plättchen. **2)** blattähnl. geformter Körperteil.

laminare Bewegungen, ⊠ Form der Bewegung stationär bewegter Flüssigkeiten oder Gase, deren Schichten durch Wirbelbildung aneinander vorbeigleiten.

Laminaria die, **Riementang,** Gatt. großer Braunalgen, z. B. Zuckertang, bis 5 m lang.

Laminate die, → Schichtstoffe.

Lamischer Krieg [nach der Stadt Lamia], Krieg der Griechen unter Führung Athens (323/22 v. Chr.); vergebl. Versuch, sich der makedon. Vorherrschaft zu entledigen.

Lamm das, /-es, Lämmer, Schaf oder Ziege vor dem vollendeten 1. Lebensjahr. Ü Sinnbild der Unschuld und Geduld.

Lämmergeier, ✿ für → Bartgeier.

Lamormain [lamɔrm'ɛ̃], Wilhelm, Jesuit, *1570, †1648; wirkte für die Gegenreformation, Beichtvater Kaiser Ferdinands II.

Lampe, Name des Hasen in der Tierfabel.

Lampe die, Gerät zur Erzeugung von Licht. Früher Öl-, Petroleum- und Gas-L., heute die → Glühlampe und die → Leuchtstofflampe.

Lampe, Jutta, Schauspielerin, *1937; auch Filmrollen.

Lampertheim, Stadt in Hessen, 30 700 Ew., in der Rheinebene; Gemüsebau; Elektroind.

Lampion [lãpj'ɔ̃, frz.] der oder das, Lämpchen, Papierlaterne.

Lamprecht der Pfaffe, geistl. Dichter, schrieb 1140/50 nach frz. Vorlage ein Alexanderlied, erste dt. Bearbeitung eines antiken Stoffes.

Lamprete die, ⚘ Wassertier, → Neunauge.

Län das, Verwaltungsbezirk (Provinz) in Schweden und Finnland (Lääni).

Lancashire [l'æŋkəʃɪə], Cty. in NW-England; Eisen-, Kohlenbergbau, Textilind.

Lancaster [l'æŋkəstə], Stadt in der Cty. Lancashire in England, 49 500 Ew.; Textil-, Linoleum-, Waggonind.

Lancaster [l'æŋkəstə], Nebenlinie des engl. Königshauses Plantagenet, die von 1399-1461 die engl. Könige stellte; in den → Rosenkriegen ausgerottet (1471).

Lancaster [l'æŋkəstə], Burt, amerikan. Filmschauspieler, *1913; »Die tätowierte Rose« u. a.

Lamarck

Lancelot, sagenhafter Held aus der Tafelrunde des Königs Artus.

Lanchow [-dʒɔv], amtl. **Lanzhou,** Hptst. der chines. Prov. Kansu, am Hwangho, 1,2 Mio. Ew.; an der Seidenstraße; Erdöl- und -zubehörind.

lancieren [lãs'i:ren, frz.], in Gang, Mode bringen; zur Aufnahme verhelfen.

Land das, **1)** Erdboden. **2)** 🌐 feste Teile der Erdoberfläche. **3)** Gegend, Landschaft. **4)** abgegrenztes Gebiet.

Land|ammann, Amtsbezeichnung des Regierungschefs einiger schweizer. Kantone.

Landarbeiter, Person, die in landwirtschaftl. Betrieben im Lohnverhältnis Feld-, Hof-, Stallarbeiten verrichtet. Zu den **ständigen L.** gehören Gesinde (Knechte, Mägde), Deputanten, Taglöhner. Die **unständigen L.** sind bes. während der Ernte beschäftigt, z. T. als Wanderarbeiter. Die L. werden in der Regel nach Tarif entlohnt. Das Gesinde erhält außer dem Barlohn freie Unterkunft, Verpflegung, der **Deputant** Naturalien (Anteillohn), Wohnung, Garten- oder Ackerland, Berechtigung zur Viehhaltung.

Land Art [l'ænd ɑ:t, engl.], Äußerungen der zeitgenöss. Kunst, in der die Landschaft zum Gestaltungsmaterial wird.

Landauer der, viersitziger Wagen mit zusammenlegbarem Verdeck.

Landauer

Landauer, Gustav, Philosoph, sozialist. Politiker, *1870, †(ermordet) 1919; Volksbeauftragter für Volksaufklärung der Münchener Räteregierung.

Landau in der Pfalz, Stadt in Rheinl.-Pf., 35 300 Ew., in der Rheinebene; Stiftskirche; Wein-, Tabakhandel; Textil-, Gummiind. L. war seit 1291 Reichsstadt, fiel 1679 an Frankreich, 1816 an Bayern.

Landeck, 1) Bad L. in Schlesien, poln. **Lądek Zdrój,** Stadt in der poln. Wwschaft Wałbrzych, im Glatzer Schneegebirge, 7000 Ew., Radium-, Schwefel-, Moorbad. **2)** Stadt in Österreich, Tirol, 7500 Ew.; an der Arlbergbahn; Fremdenverkehr.

Landeführungssysteme, funktechn. Verfahren für den Landeanflug von Flugzeugen ohne Bodensicht. Beim **ILS** (engl. **I**nstrument **L**anding **S**ystem) wird der Anflugkurs durch zwei über Bordinstrument angezeigte Leitstrahlebenen bestimmt. Das **GCA** (engl. **G**round **C**ontrolled **A**pproach) erfaßt die Lage des Flugzeugs mittels Präzisionsradar und gibt dann die notwendigen Steuerungsanweisungen. Die **Mikrowellen-Landesysteme (MLS)** sind nicht an eine starre Anflugbahn gebunden. Sie ermöglichen präzisere und weniger gestörte Führungssignale in der Aufsetzphase.

Landehilfen, Einrichtungen zur Unterstützung der Landung, bes. zur Herabsetzung der Landegeschwindigkeit von Flugzeugen, z. B. Landeklappen, Vorflügel, Nasenklappen.

Landekorridor, schmales, schlauchartiges Gebiet tangential zur Erdoberfläche, in dem ein aus dem Weltall zurückkehrender Raumflugkörper sich ständig bewegen muß, um den Wiedereintritt in die Atmosphäre und die Landung sicher bewerkstelligen zu können.

Landenge die, → Isthmus.

Länder Mz., im Dt. Reich seit 1919 und in der Bundesrep. Dtl. die Gliedstaaten; in der Dt. Dem. Rep. 1952 durch Bezirke ersetzt. In Österreich bestehen 9 selbständige Bundes-L.

Länderkampf, Länderspiel, ⚡ Wettkampf zweier oder mehrerer Nationalmannschaften.

Landerziehungsheime, Heimschulen auf dem Lande. Das erste dt. L. wurde 1898 von H. Lietz gegründet.

Landes, Les L. [lã:d, kelt. »Heide«], frz. Landstrich zw. Gironde und Golf von Biscaya, einst unfruchtbare Sandebenen, Moore, jetzt durch Aufforstung, Entwässerung ertragreiches Kulturland (Holz, Getreide, Gemüse).

Landesaufnahme, planmäßige Vermessung und kartograph. Aufnahme eines Landes zur Herstellung der amtl. Landkarten in versch. Maßstäben. Die L. liegt in Dtl. bei den Landesvermessungsämtern.

Landesbanken, gemeinnützige öffentl.-rechtl. Bankinstitute, meist von Provinzialverbänden gemeinsam mit den zuständigen Sparkassen- und Giroverbänden betrieben, als Girozentrale Verrechnungsstellen der regionalen Sparkassen.

Landesbischof, der oberste Geistliche einer evang. Landeskirche.

Landeshauptmann, Österreich: in den Bundesländern der Vors. der Landesreg.; in Wien ist L. der Bürgermeister.

Landesherrschaft, Herrschaftsbereich (»Territorium«) der dt. Fürsten und Städte im alten Dt. Reich. 1648 erhielten sie die Souveränität im Rahmen des Reiches, bis dieses 1806 zerfiel.

Landeshut i. Schles., poln. **Kamienna Góra** [- g'ura], Stadt in der poln. Wwschaft Jelenia Gora, 21 500 Ew., Textilind.

Landeskirche, Gliedkirchen der Evang. Kirche in Dtl.

Landeskultur, umfaßt Bodenerhaltung, -verbesserung, Neulandgewinnung, Flurbereinigung.

Landesliste, Wahlvorschläge auf Landesebene; z. B. wird die Hälfte der Abgeordneten für den Bundestag über L. gewählt.

Landesplanung, vorausschauende Gesamtgestaltung eines Gebiets unter Berücksichtigung der Bedürfnisse von Siedlung, Bodenbewirtschaftung, Industrie, Verkehr (→ Raumordnung).

Landesrecht, in Bundesstaaten das von den Gliedstaaten (Ländern) gesetzte Recht. Ggs.: Bundesrecht. Auch das Recht der einzelnen Staaten. Ggs.: Völkerrecht.

Landesregierung, in den Ländern der Bundesrep. Dtl. die leitenden Behörden (Ministerien, Staatskanzlei); auch das Kabinett (MinPräs. und Min.). In Bayern heißt die L. **Staatsregierung,** in Hamburg, Bremen und Berlin **Senat.**

Landesvermessung, → Landesaufnahme.

Landesverrat, ⚖ in der Bundesrep. Dtl.: vorsätzl. Preisgabe oder öffentl. Bekanntmachung eines Staatsgeheimnisses, die das Wohl der Bundesrep. Dtl. oder eines ihrer Länder gefährdet. Strafe: Freiheitsstrafe (§§ 94ff. StGB). Die Dt. Dem. Rep. hat eine entsprechende, weiter gefaßte Strafbestimmung.

Landesversicherungsanstalten, Hauptträger der Arbeiterrentenversicherung.

Landeszentralbank, seit 1. 8. 1957 die in jedem Land der Bundesrep. Dtl. bestehende Hauptverwaltung der Dt. Bundesbank; ihr sind die Geschäfte mit dem Land, mit den öffentl. Verwaltungen im Land sowie mit den Kreditinstituten des Landes vorbehalten.

Landflucht, Abwanderung ländl. Arbeitskräfte in industrielle Berufe.

Landfolge, Landwehr, Landesaufgebot, im alten Dt. Reich die Verpflichtung der Landeseinwohner zur Heeresfolge und zur Hilfeleistung in Notfällen.

Landfriede, im MA. das Verbot oder die Einschränkung der Fehden durch strenge gesetzl. Bestimmungen (Ewiger L. von 1495).

Landfriedensbruch, ⚖ Verübung von Gewalttätigkeiten an Personen oder Sachen durch eine zusammengerottete Menschenmenge. Strafe: Freiheitsstrafe.

Landgericht, → Gerichtswesen, ÜBERSICHT.

Landgewinnung, geschieht bes. aus dem Wattenmeer durch Förderung der Schlickablagerung mit Buhnen und Lahnungen; auch durch Trockenlegen von Binnenseen.

Landgraf, Fürstentitel im alten Dt. Reich.

Landjäger, ✠ der Gendarm.

Landkapitel, in der kath. Kirche die Geistlichkeit eines Dekanats; Leiter ist der Dechant.

Landkarte, verkleinerte Darstellung der Erdoberfläche oder ihrer Teile in einer Ebene. Man unterscheidet dem Maßstab nach: **topograph. Grundkarten** bis 1:10 000, **topograph. Länderkarten** bis 1:100 000, **topograph. Übersichtskarten** bis 1:900 000 und **geograph. Karten** ab 1:1000 000. Eine systemat. Samml. von Karten heißt **Atlas.**

Landkreis, → Kreis.

Ländler der, dt. Tanz im langsamen $^3/_4$- oder $^3/_8$-Takt, benannt nach dem Landl, einem Teil von Oberösterreich.

Landmarke, weithin sichtbarer Geländepunkt; in Seekarten auch Bauwerke.

Landmaschinen, Arbeitsmaschinen und Geräte zur Bodenbearbeitung, Feldbestellung, Ernte; i. w. S. auch Maschinen zur Weiterverarbeitung der Feldfrüchte sowie Hofmaschinen (Dresch-, Häcksel-, Melkmaschinen, Schrotmühlen).

Landmeister, im Dt. Orden Vertreter des Hochmeisters in Preußen, Livland, Binnendtl.

Landpfleger, von Luther geprägter Begriff. A.T.: Statthalter über einen Landesteil. N. T.: der röm. Prokurator.

Landrat, 1) Leiter der Landkreisverwaltung oder Vorsitzender des Kreistages. **2)** Schweiz: in manchen Kantonen die gesetzgebende Behörde.

Landrecht, ⚖ **1)** im MA. allg. Recht der Einwohner eines Stammesgebietes i. Ggs. zu den Sonderrechten des Stadt-, Hof-, Dienst- und Lehnsrechtes. **2)** in der Neuzeit: bürgerlich-rechtl. Gesetzbuch für ein Land, z. B. **Allg. L.** für Preußen 1794.

Landsassen, im MA. persönl. freie Zinsbauern.

Landsberg, 1) L. am Lech, Krst. in Oberbayern, 19 000 Ew.; alte Stadt mit Toren und Türmen der Stadtmauer, Metallverarbeitung. **2) L. an der Warthe,** poln. **Gorzów Wielkopolski,** 119 500 Ew., bis 1945 Stadt in der Neumark, Kunstfaser-Kombinat, Maschinen-, Fahrzeugind.

Landschaft die, Gebiet, das durch sein bes. Gepräge eine Einheit bildet und sich von anderen L. abhebt, als **Natur-L.** ohne Eingriffe des Menschen, als **Kultur-L.** zum Siedlungs-, Wirtschafts- und Verkehrsraum umgebildet.

Landschaften, ⚖ öffentlich-rechtl. Bodenkreditanstalten auf genossenschaftl. Grundlage: Schleswig-Holst. L. und Westfäl. L.

Landschaftsmalerei. Landschaften wurden schon auf röm. Wandgemälden dargestellt, dann in Ostasien, im Abendland wieder seit dem Spät-MA., bes. in niederländisch-burgund. Buchmalereien, auch auf Altarbildern, in denen Landschaftshintergründe allmählich den Goldgrund verdrängten (Genfer

See im Fischzug Petri von Witz, 1444). Dürer stellte Landschaften ohne Figuren in Aquarellen dar, Altdorfer schuf das erste selbständige Landschaftsgemälde. Im 17. Jh. begründeten Poussin und Claude Lorrain die ideale (heroische) und holländ. Maler die realist. L.

Landschafts|ökologie, Landschaftsbiologie, Wissenschaft vom Naturhaushalt in der Landschaft, von den Lebensbedingungen und der Besiedlung von Landschaften mit Organismen unter dem Einfluß des Menschen.

Landschaftsschutz befaßt sich mit der Sicherung, Gestaltung und Pflege der Landschaft als Lebensraum von Menschen, Tieren und Pflanzen.

Landschaftsschutzgebiet, geschützte naturnahe Fläche (Größe über 5 ha) zur Erhaltung eines ausgeglichenen Naturhaushaltes und als Erholungsgebiet.

Landschule, Volksschule auf dem Lande, oft wenig gegliedert oder auch einklassig; jetzt häufiger zu mehrklassigen Bezirks-, Mittelpunkt- oder Zentralschulen zusammengelegt.

Landser der, Landsmann, Kamerad, Soldat.

Landsgemeinde, in einigen Kantonen der Schweiz die Vereinigung der stimmfähigen Bürger zur Ausübung der polit. Rechte; sie tritt einmal jährlich zusammen.

Landshut, Industriestadt in Niederbayern, 57000 Ew., an der Isar; Nahrungsmittelind. 1255-1340, dann 1392-1503 bayer. Herzogssitz; 1800-26 Sitz der Bayer. Landesuniv.

Landsknecht, zu Fuß kämpfender Söldner des 15./16. Jh. L.-Heere wurden zuerst von Kaiser Maximilian I. aufgestellt. Sie wurden von Feldobersten (-hauptleuten) angeworben und waren eingeteilt in **Fähnlein** zu je etwa 300-500 Mann unter einem Hauptmann; 10-15 Fähnlein bildeten ein Regiment. Hauptwaffen: Schwert, Spieß, Sturmhaube, später noch die Hakenbüchse.

Landskrona [lanskr'u:na], Hafenstadt in S-Schweden, am Sund, 35500 Ew.; Ind.

Landsmål [l'antsmo:l] das, älterer Name der neunorweg. Schriftsprache, jetzt Nynorsk.

Landsmannschaft, 1) Vereinigung zur Heimatpflege. **2)** student. → Verbindung.

Landstände, nach Ständen (Geistlichkeit, Ritterschaft u.a.) gegliederte Vertretung des Landes gegenüber den Landesherren im alten Dt. Reich.

Landsteiner, Karl, Bakteriologe, *1868, †1943; entdeckte die Blutgruppen und den Rhesusfaktor. Nobelpreis 1930.

Landstreicherei, ⚖ gewohnheitsmäßiges Umherziehen ohne regelmäßige Arbeit und eigene finanzielle Versorgung; nicht mehr strafbar.

Landsturm, früher Aufgebot der älteren waffenfähigen Männer bis 45 Jahre zur Verteidigung der Heimat.

Landtag, Volksvertretung in den einzelnen Ländern der Bundesrep. Dtl.; in Bremen und Hamburg: Bürgerschaft, in Berlin; Abgeordnetenhaus.

Landvogt, 1) bis 1806: vom König bestellter Verwalter eines reichsunmittelbaren Gebiets. **2)** in der Schweiz bis 1798: Verwalter eines Untertanengebiets in einem selbständigen Kanton.

Landwehr die, früheres dt. Heer; gediente Reservisten bis zum 39. Lebensjahr.

Landwehrkanal, Schiffahrtsweg durch Berlin, verbindet Ober- und Unterspree.

Landwirt der, Eigentümer oder Pächter eines landwirtschaftl. Betriebes, allg.: jeder, der eine landwirtschaftl. Berufsausbildung hat: meist 2jähr. Lehre in anerkanntem Lehrbetrieb, Gehilfenprüfung; nach 3jähr. Tätigkeit und Besuch der Landwirtschaftsschule Meisterprüfung (Staatl. geprüfter Wirtschafter). Technikerschulen für Landwirtschaft verleihen nach 2jähr. Ausbildung den Titel »Staatl. geprüfter Techniker für Landbau«, Fachhochschulen nach 6 Semestern den »Ing. (grad.) für Landbau« (Agraring.), Hochschulen nach 8 Semestern den »Diplom-Agraringenieur«. – **Altershilfe für L.** wird nach Übergabe des Hofes vom 65. Lebensjahr an gewährt.

Landwirtschaft die, Nutzung der Bodenkräfte zur Erzeugung pflanzl. und tier. Rohstoffe: Ackerbau, Wiesen- und Weidewirtschaft, Viehzucht, Garten- und Weinbau; auch Jagd und Fischerei werden zur L. gerechnet. Die beiden Hauptzweige, Bodennutzung und Viehhaltung, ergänzen und fördern sich gegenseitig. Ziel ist die Umwandlung, Züchtung und Veredelung der pflanzl. und tier. Produkte.

Landwirtschaftliche Produktionsgenossenschaften, LPG, in der Dt. Dem. Rep. zwangsmäßige Zusammenschlüsse von Bauern, eine Abart der sowjet. Kolchosen.

landwirtschaftliche Schulen bestehen als landwirtschaftl. Berufsschule, Landwirtschaftsschule, höhere Landbauschule.

Landwirtschaftskammern, berufsständ. Vereinigungen zur Wahrnehmung der Belange der Land- und Forstwirtschaft ihres Bezirks.

Landwirtschaftspolitik, → Agrarpolitik.

Lang, Fritz, Filmregisseur, *1890, †1976; seit 1933 in den USA. Filme: »Metropolis«, »Dr. Mabuse, der Spieler«, »Die Nibelungen«, »M« u. a.

Langbehn, Julius, Schriftst., *1851, †1907; 1890 erschien anonym sein Buch »Rembrandt als Erzieher« (daher der **Rembrandtdeutsche**).

Lange, Helene, eine Führerin der dt. Frauenbewegung, *1848, †1930; verdient um die Neuordnung des Mädchenschulwesens.

Länge die, **1)** 🌐 **geograph. L.** eines Ortes ist der in Winkelgraden gemessene Bogen **(L.-Grad)** des Erdäquators zw. einem angenommenen Nullmeridian (Greenwich) und dem Meridian **(L.-Kreis)** des Ortes. Alle Meridiane laufen durch beide Pole der Erde. Vom Nullmeridian zählt man nach O **(östl. L.)** und W **(westl. L.)** bis 180°. Orte gleicher L. haben gleiche Zeit. **2)** ⊠ Basisgröße des Internationalen Einheitensystems, SI-Einheit ist das → Meter.

Landsknecht

Langemar(c)k, belg. Ort in Westflandern, rd. 6500 Ew., bekannt durch den Ansturm dt. Freiwilligenregimenter am 11. 11. 1914.

Lange-Müller, Katja, Schriftstellerin, *1951; Erz. (»Wehleid, wie im Leben«).

Langen, Stadt in Hessen, in der Mainebene, 29000 Ew.; Maschinen-, Holz- u. a. Ind.

Langenbielau, poln. **Bielawa** [bjɛ-], in der Wwschaft Wałbrzych, 32900 Ew., Industriestadt in Niederschlesien; Webwaren.

Langenfeld, Stadt in NRW, 48200 Ew.; Eisen-, Textilind.

Langenhagen, Stadt in Ndsachs., 46800 Ew.; Flughafen von Hannover; Eisen-, Elektro-Ind.

Langensalza, Bad L., Krst. im Bez. Erfurt, an der Salza, 21600 Ew.; Schwefelbad; Textil-, Leder-Ind. Schloß Dryburg (um 1300).

Langenscheidt KG., Verlagsbuchhandlung, Berlin, gegr. 1856 v. Gustav L. (*1832, †1895); Wörterbücher, Sprachlehrbücher.

Langeoog, ostfries. Nordseeinsel, 19 km², 2800 Ew., Nordseebad.

Langerhans, Paul, Anatom, *1847, †1888; entdeckte die **L.schen Inseln** der Bauchspeicheldrüse.

Langer Marsch, der rd. 12500 km lange Rückzug der chines. Kommunisten (Okt. 1934 bis Okt. 1935) von S-China nach N-China vor den Truppen der Nationalreg. Auf dem L. M. festigte Mao Zedong seine innerparteiliche Stellung.

Langgässer, Elisabeth, *1899, †1950; schrieb religiös-myth. Gedichte und Romane: »Das unauslöschl. Siegel«, »Märk. Argonautenfahrt«.

Langgässer

Lanzettfischchen

Lapislazuli (geschliffen)

Lappe (Volkstracht)

Lärche: oben Zweig mit weibl. Blütenstand (rot) und männl. Blütenstand (gelb); unten Zweig mit Zapfen

Langhans, Carl Gotthard, Baumeister, *1732, †1808; Klassizist: Brandenburger Tor, Berlin.

Langhaus, 🏛 der lange, meist nach O gerichtete Teil einer Basilika oder Hallenkirche.

Langlauf, Skiwettkampf, bei Männern als 15, 30 und 50 km L. sowie 4 × 10 km Staffel, bei Frauen als 5, 10 km L. und 3 × 5 km Staffel.

Langobarden, german. Stamm, urspr. an der Unterelbe, zog im 5. Jh. in die Donau-Theiss-Ebene, eroberte 568 unter König Alboin Oberitalien (Lombardei) und Teile Mittel- und S-Italiens. 774 rief der Papst Karl d. Gr. gegen die L. zur Hilfe, der ihr Reich eroberte. Nur das Hzgt. Benevent hielt sich bis ins 11. Jh. Die L. sind im ital. Volk aufgegangen.

Langreo, Stadt in Spanien, Asturien, am Nalón, 59500 Ew.; Steinkohlenbergbau.

Langstreckenlauf, sportl. Laufwettbewerbe von 5000 (Damen von 3000) bis zum Marathonlauf.

langue d'oc [lãg d'ɔk] die, im MA. Bez. für die provenzal. Sprache nach dem Worte oc für »ja«; Ggs.: **langue d'oïl,** die nordfrz. Sprache nach der Bejahungsform oïl (oui).

Languedoc [lãgd'ɔk] die, alte Landschaft in S-Frankreich, Hptst.: Toulouse; Weinbau.

Languste [frz.] die, hummergroßer, scherenloser, schmackhafter Krebs; im Mittelmeer und an der engl. Küste.

Langwellen, lange Wellen, Funktechnik: elektromagnet. Wellen, eingeteilt in **Mittelwellen** (Bereich: 200 bis 600 m; 1,5 MHz bis 500 kHz), **Langwellen** i. e. S. (1050 bis 2000 m; 285 bis 150 kHz) und **Längstwellen** (2 bis 30 km; 150 bis 10 kHz).

Langzeile, Vers der altgerman. Dichtung, aus 2 durch Stabreim gebundenen Kurzzeilen.

Lanner, Joseph, Komponist, *1801, †1843; der eigtl. Vater des Wiener Walzers.

Lanolin das, Salbengrundlage aus Wollfett, Paraffin und Wasser.

Lansdowne [l'ænzdaʊn], Henry Chales Keith **Petty-Fitzmaurice,** 5. Marquis of L., engl. Politiker, *1845, †1927; als Außenmin. (1900-05) Mitgründer der »Entente cordiale« mit Frankreich.

Lansing [l'ænsɪŋ], Hptst. von Michigan, USA, 130200 Ew.; Kraftwagen- u. a. Ind.

Lanthan das, **La,** chem. Element, zinnfarbenes Erdmetall, Ordnungszahl 57, Atomgewicht 138,9055, kommt in Verbindungen mit anderen Lanthanoiden vor.

Lanthanoide Mz., ⚗ die 14 im Periodensystem dem Lanthan folgenden chem. Elemente Cer bis Lutetium, durch sehr ähnl. Atombau chem. nahe verwandte Metalle. Technisch wichtig: Cer für Feuersteine, Neodym als Beimengung im Schutzbrillenglas Neophan und für Laser, Europium für Leuchtstoffe in Farbfernsehröhren.

Lanugo die, Wollhaar der Säugetiere.

Lanzarote [lanθar'ote], östlichste der Kanar. Inseln mit zahlreichen Vulkanen, etwa 42000 Ew.; Haupt- und Hafenstadt: Arrecife; Fremdenverkehr.

Lanze [lat.] die, Wurf-, später Stoßwaffe, meist aus Holz oder Metall, mit Spitze.

Lanzen|ottern, sehr giftige, bis 2 m lange Grubenottern Südamerikas.

Lanzette [frz.] die, zweischneid. ärztl. Messer.

Lanzettfischchen, Branchiostoma, niedrigste Form der Wirbeltiere, von fischähnl. Gestalt, ohne Schädel, Gliedmaßen und Herz. Wirbel fehlen; der Körper wird durch einen elast. Stab, die ungegliederte Rückensaite (Chorda), gestützt. Das 5-6 cm lange L. gräbt sich in den Meeressand und strudelt sich kleine Nahrungsteilchen herbei.

Laokoon, grch. Sage: Apollonpriester in Troja. Sein und seiner Söhne Tod durch 2 von Poseidon gesandte Schlangen ist bes. durch Vergil (Aeneis 2) bekannt. Vielerörterte (Winckelmann, Lessing, Goethe) Marmorgruppe (wahrscheinl. 1. Jh. v. Chr.) im Vatikan.

Laon [lã], Stadt im NW Frankreichs, 30200 Ew.; frühgot. Kathedrale; Ind.

Laos, VR in SO-Asien, 236800 km², 3,6 Mio. Ew. (meist buddhist. Lao); Hptst.: Vientiane; Amtssprache: Laotisch. Größtenteils unzugängl. Waldgebirge (bis 2817 m). Trop. Monsunklima. Die Erzeugung (Reis, Mais, Tabak u. a.) reicht für den Eigenbedarf nicht aus. ⚒ auf Zinn. Ⓖ bis 1955 → Indochina. 1961 wurde L. polit. Krisenherd (Kämpfe zw. kommunist. und neutralist. Truppen; Genfer L.-Konferenz); 1973 Waffenstillstand; die Kommunisten, seit 1974 an der Regierung beteiligt, übernahmen 1975 nach Beendigung des Vietnamkrieges völlig die Macht. Staatspräs.: Phoumi Vongvichit (seit 1986), MinPräs.: Kaysone Phomvihan (seit 1975). 🌐 S. 483.

Lao She [-ʃɛ], chines. Schriftstellerin, *1899, †1966; Romane, Kurzgeschichten und Dramen mit sozialkrit. Inhalt.

Lao-tse, Laozi, der bedeutende und neben Konfuzius einflußreichste chines. Philosoph; ihm wird das Werk »Tao-te-king« zugeschrieben, das (nach heutiger Annahme) um oder nach 300 v. Chr. entstand.

Laparo|skopie, Bauchhöhlenspiegelung (Betrachtung) mit dem **Laparoskop.**

Laparotomie [grch.] die, ♡ das operative Eröffnen der Bauchhöhle (Bauchschnitt).

La Paz [lap'as], Hptst. von Bolivien, 3700 m ü. M., 993000 Ew.; Erzbischofssitz; Kathedrale; Univ.

La Pérouse [laper'u:z], Jean François de Galaup, Comte de, frz. Seefahrer, *1741, †1788; entdeckte 1787 die **L.-P.-Straße** zw. Sachalin und Hokkaido.

Lapislazuli, Lasurstein, blauer Schmuckstein, Gemenge aus versch. Mineralien.

Laplace [lapl'a:s], Pierre Simon, frz. Mathematiker, Astronom, *1749, †1827; Lehre über die Entwicklung des Sonnensystems.

La Plata, Hafenstadt in Argentinien, 455000 Ew.; Univ., Ind.

La-Plata-Staaten, die zum Stromgebiet des Río de la Plata gehörenden Staaten: Argentinien, Uruguay, Paraguay.

Lappen Mz., Volksstamm in Lappland, dem europiden Rassenkreis (mit mongol. Einschlag) zugehörig, der Sprache nach zu den Finno-Ugriern; Rentierjagd, Fischfang.

läppen, ⊙ Gleitschleifverfahren, spanende Formgebung zur Erhöhung der Oberflächengüte.

Lappland, nördlichste Landschaft Europas, zw. Norwegen, Schweden, Finnland und der UdSSR aufgeteilt; im N Tundra. Viehzucht (Rentiere), Waldwirtschaft, reiche Erzlager (Kiruna, Gällivare, Petsamo).

Lapplandbahn, für den Erztransport gebaute Bahn zw. Luleå und Narvik.

Laptop, tragbarer, batteriebetriebener Computer mit der Leistungsfähigkeit eines Personalcomputers.

Larbaud [larb'o], Valery, frz. Schriftst., *1881, †1957; Romane, Übersetzungen.

Lärche die, ⚘ Nadelbaum der nördl. gemäßigten Zone. Die hellgrünen, gebüschelten, weichen Nadeln fallen im Herbst ab.

Laren Mz., im alten Rom: Schutzgötter der Familien, der Feldflur; bes. die Hausgötter.

larghetto [lat.], ♩ mäßig langsam, breit.

largo [ital.], ♩ breit, sehr langsam. das **Largo,** Musikstück oder Satz einer Sonate, Sinfonie in diesem Zeitmaß.

Lärm der, unangenehm empfundenes Geräusch, gesundheitsschädlich (→ Lautstärke). **L.-Bekämpfung** durch schalldämmende Baustoffe und Schalldämpfer für Maschinen und Motoren.

La Roche [lar'ɔʃ], Sophie, Erzählerin, *1731, †1807; schrieb den ersten empfindsamen dt. Briefroman: »Geschichte des Fräuleins von Sternheim«. Ihre Tochter Maximiliane (*1756, †1793) war die Mutter von Clemens und Bettina Brentano.

La Rochefoucauld [larɔʃfuk'o], François VI. Duc de L. R., frz. Schriftst., *1613, †1680; »Betrachtungen oder moral. Sentenzen und Maximen«.

La Rochelle [rɔʃ'ɛl], befestigte Hafenstadt in W-Frankreich, 77500 Ew.; Schiffbau, Fischerei, Werften. L. R. war einer der Sicherheitsplätze der Hugenotten; 1628 von Richelieu erobert.

Larousse [lar'us], **Librairie L.,** Verlag in Paris, gibt Lexika und Wörterbücher heraus.

Larsson, Carl, schwed. Maler, Graphiker, *1853, †1919; Aquarelle; Fresken in Stockholm.

L'art pour l'art [la:rpurl'a:r, frz. »die Kunst für die Kunst«], Formel für die Eigengesetzlichkeit der Kunst (v. Cousin, 1836).

La Rue [lar'y], Pierre de, niederländ. Komponist, †1518; Meister des Kontrapunkts: Messen.

Larve [lat.] die, **1)** Gesichtsmaske. **2)** ⚘ bei den Tieren, die eine Verwandlung durchmachen (Schmetterlinge, Käfer, Bienen, Fliegen, manche Fische u. a.), eine vom ausgebildeten Tier stark abweichende Jugendform.

Laryngitis, der Kehlkopfkatarrh.

Larynx [grch.] der, Kehlkopf.

La Salle [las'al], Jean Baptiste de, Stifter der christl. Schulbrüder, *1651, †1719; Heiliger (Tag 7. 4.); Schutzpatron der Lehrer.

Las Casas, (Fray) Bartolomé de, span. Dominikaner, *1474, †1566; kämpfte gegen die Versklavung und Mißhandlung der Indianer durch die Spanier.

Lascaux [lask'o], Höhle bei Montignac (S-Frankreich) mit altsteinzeitl. Felsmalereien.

Laser [l'eɪzə] der, [Abk. für **l**ight **a**mplification by **s**timulated **e**mission of **r**adiation, engl. Lichtverstärkung durch induzierte Strahlungsemission], Lichtquelle zur Verstärkung einer Lichtstrahlung, liefert einen kohärenten, scharf gebündelten, fast zerstreuungsfreien Strahl von monochromat., frequenz-, und phasengleichem Licht mit hoher Energiedichte. Bauarten: **Festkörper-L.** (Kristalle, meist Rubin), **Gas-L.** (Helium, Neon, Argon, Krypton, Kohlendioxid), **Halbleiter-L.** (meist Gallium-Arsenid-Halbleiterdiode als **Injektions-L.** mit geringen Abmessungen). Die L.-Wirkung beruht auf der Möglichkeit, durch Resonanz bestimmte Elektronenübergänge im Atom zu erzwingen. Anwendungen: Bohren von feinsten Löchern, Schneiden, Schmelzen, Schweißen von Metallen, Keramik, Kunststoffen, Diamanten; Augen- und Mikrochirurgie, Spektroskopie, Landvermessung, Längenmessung, Leitstrahlsteuerungssysteme (Tunnelbauten), Radar, Nachrichtentechnik, z. B. bei der Abtastung der Compact Disc.

Laserdrucker [l'eɪzə-], nichtmechanisch arbeitender Schnelldrucker, bei dem ein Laserstrahl das zu projizierende Bild auf die mit photoleitfähigem Material beschichtete Trommel aufbringt, von der es gedruckt wird.

Laserwaffen [l'eʒzə-], in der Entwicklung befindliche Strahlenwaffen.

Lash [læʃ], Abk. für engl. **lighter aboard ship** [l'aɪtə əb'ɔ:d ʃɪp], Transportverfahren, bei dem Binnnenschiffs-Leichter im Huckepackverkehr durch Seeschiffe befördert werden und auf Binnenwasserstraßen im Schubverband fahren.

Lasker-Schüler, Else, Schriftst., *1869, †1945; expressionist. Lyrik »Hebräische Balladen«, »Mein blaues Klavier«, Novellen, Dramen (»Die Wupper«).

Las Palmas, 1) span. Prov. auf den Kanar. Inseln, 4065 km², 780000 Ew. **2)** Hptst. von 1), 384000 Ew., im NO der Insel Gran Canaria, Kanar. Inseln; kath. Bischofssitz; Hafen und Flughafen.

La Spezia, Kriegs- und Handelshafen Italiens, an der ital. Riviera, 107000 Ew., am Golf von S.; Seebäder, Ind.

Lassalle [las'al], Ferdinand, Politiker, *1825, †(im Zweikampf) 1864; gründete 1863 den »Allg. dt. Arbeiterverein« in Leipzig, erstrebte das gleiche und allg. Wahlrecht. Sein Anhang ging 1875 in der von Bebel und Liebknecht gegr. sozialist. Arbeiterpartei auf.

Lasso [span.] der oder das, **1)** Wurfschlinge, die zum Rinder- und Pferdefang benutzt wird. **2)** Eis-, Rollkunstlauf: Figur im Paarlauf.

Lasso, Orlando di, niederländ. Komponist, *1532, †1594; Hofkapellmeister in München, neben Palestrina bekanntester Komponist des 16. Jh.; Messen, Motetten, dt. Lieder.

Last die, **1)** Gewicht. **2)** Schiffsfrachtgewicht (Kommerzlast), in Dtl. = 2000 kg. **3)** altes dt. Hohlmaß. **4)** Fracht-, Vorratsraum auf Schiffen. **5)** → Belastung.

Lastenausgleich, 1) der horizontale Finanzausgleich. **2)** in der Bundesrep. Dtl. nach dem 2. Weltkrieg der Vermögensausgleich zw. den durch Kriegs- und Nachkriegsereignisse Geschädigten und denen, die ihren Besitzstand ganz oder überwiegend gewahrt haben (Ges. v. 14. 8. 1952, mit vielen Novellen). Zur Durchführung werden **Ausgleichsabgaben** erhoben (Vermögensabgabe, Hypothekengewinnabgabe, Kreditgewinnabgabe). **Ausgleichsleistungen** sind: Hauptentschädigung, Eingliederungsdarlehen, Kriegsschadenrente, Hausratentschädigung, Wohnraumhilfe u. a. Förderungsmaßnahmen. Dem L. unterliegen Vertreibungs-, Kriegssach-, Ost- und Sparerschäden; er wird vom Bundesausgleichsamt (Landesausgleichsämter, örtl. Ausgleichsämter) durchgeführt. Die Hauptentschädigung wurde 1979 abgeschlossen; bis dahin wurden 113,7 Mrd. DM ausbezahlt.

Lastensegler, Gleitflugzeug zum Befördern und Absetzen von Lasten.

Lästrygonen Mz., menschenfressendes Riesenvolk, zu dem Odysseus verschlagen wurde.

Lastschrift, Buchung einer Forderung zu Lasten des Schuldners.

Lasurfarben, Farbstoffe oder Pigmente, die durchscheinende Überzüge ergeben, i. Ggs. zu den Deckfarben.

Lasurstein, → Lapislazuli.

Las Vegas, Stadt in Nevada, USA, 192000 Ew.; Spielbanken; in der Umgebung Viehwirtschaft und Bergbau.

Latakia, frz. **Lattaquié,** das antike **Laodikeia,** Hptst. und Hafen der Prov. L. in Syrien mit etwa 200000 Ew.

Lateinamerika, Ibero-Amerika, das von der Iberischen Halbinsel (Spanien, Portugal) her kolonisierte Südamerika und Mittelamerika.

Lateinamerikanische Freihandelszone, span. **Asociación Latinoamericana de Libre Comercio, ALALC,** engl. **Latin American Free Trade Association, LAFTA,** Sitz Montevideo, 1960 gegr. Freihandelszone von 11 lateinamerikan. Staaten; 1980 aufgelöst.

Lateinamerikanische Integrationsvereinigung, span. **Asociación Latinoamericana de Integración,** Abk. **ALADI,** im Juli 1980 beschlossene Nachfolgeorganisation der → Lateinamerikanischen Freihandelszone; Ziel: Förderung und Regulierung des Handels zw. den Mitgliedstaaten.

lateinamerikanische Literatur. Die brasilian. Literatur ist in portugies., die der übrigen lateinamerikan. Länder in span. Sprache geschrieben. Eine bodenständige l. L. entfal-

Larve 2): oben Kamm-Molch-L.; Mitte Maikäfer-L.; unten Schmetterlings-L.

Lassalle

tete sich nach Ansätzen am Ende des 19. Jh. im wesentl. seit den 20er Jahren des 20. Jh. Die chilen. Literatur erlangte Weltgeltung durch die Lyriker Gabriela Mistral (*1889, †1957), Nobelpreis 1945, Pedro Prado (*1886, †1952), Vicente Huidobro (*1893, †1948), Pablo Neruda (*1904, †1973), Nobelpreis 1971. Weitere Nobelpreisträger sind M. A. Asturias (1967) sowie G. García Márquez (1982). Internationale Bedeutung erlangten J. L. Borges, O. Paz, M. Vargas Llosa.

Lateinamerikanisches Wirtschaftssystem, span. **Sistema Economico Latinoamericano,** Abk. **SELA,** 1975 in Panama gegr. Wirtschaftsvereinigung von 26 lateinamerikan. Staaten. Sitz: Caracas; Ziel: Konsultation und Koordination von wirtschaftspolit. Aktivitäten.

Lateinische Kirche, der Teil der Kath. Kirche, der den lat. Ritus befolgt; der andere Teil ist die unierte Oriental. Kirche.

Lateinische Münzunion, 1865 in Paris zw. Frankreich, Belgien, Italien und der Schweiz (1868 Griechenland) geschlossener Vertrag über gleichartige Ausprägung von Gold- und Silbermünzen; erlosch 1927.

Lateinisches Kaisertum, Kaisertum der Kreuzfahrer in Konstantinopel (1204-61).

lateinische Sprache, urspr. die Sprache der Latiner und der Römer, gehört zu den indogerman. Sprachen und verbreitete sich über Italien und mit dem röm. Weltreich über das westl. Mittelmeergebiet. Man unterscheidet die **Vorliterar. Zeit** bis 240 v. Chr., **altlat. literar. Periode** bis etwa 100 v. Chr., die **klass. (goldene) Latinität** bis etwa 14 n. Chr., die **silberne Latinität** bis etwa 120 n. Chr. Das **Vulgärlatein** wurde Grundlage der → romanischen Sprachen. Das **Mittellatein** ist die Fortsetzung der spätantiken lat. Schriftsprache. Die Besinnung der Humanisten auf die klass. lat. Literatur führte das **neulat. Zeitalter** herauf (seit dem 14. Jh.), doch wurde die l. S. zur toten Sprache. – Im MA. war sie die Unterrichtssprache an allen europ. Schulen und Hochschulen; es entstand eine reiche lat. Dichtung **(mittellat. Literatur);** als Sprache der Wissenschaft erst seit dem 17. und 18. Jh. durch die Nationalsprachen abgelöst.

Lateinsegel, ⛵ dreieckiges Segel auf kleineren Seeschiffen, bes. im MA.

Lateinschrift, Antiqua, → Schriften.

Latènezeit [lat'ɛn-, nach der Fundstätte La Tène, einer Untiefe am Neuenburger See], **Jüngere Eisenzeit,** die der Hallstattzeit folgende vorgeschichtl. Eisenzeit West- und Mitteleuropas (etwa 500 v. Chr. bis Chr. Geburt), schöpferisch getragen in der Hauptsache von den → Kelten. Erhalten sind: Waffen, Werkzeuge, Schmucksachen mit reicher Verzierung. Charakteristisch sind die großen Burgen und Bergwerke.

G. de La Tour: Der hl. Joseph als Zimmermann

latent [lat.], verborgen, schlummernd. Die **l. Wärme (Umwandlungswärme)** ist die Wärmemenge, die ein Körper bei Phasenübergängen aufnimmt, ohne dabei wärmer zu werden. **Latenzzeit,** ♡ Zeit zw. Reiz und Reaktion (Nerven).

latentes Bild, das bei der Belichtung photograph. Materials entstehende, unsichtbare Bild, das durch die Entwicklung sichtbar wird.

lateral [lat.], seitlich.

Lateran der, päpstl. Palast in Rom. Die **L.-Kirche** ist die rangerste kath. Kirche.

Lateranverträge, am 11. 2. 1929 zw. Italien und dem Papst im Lateranpalast abgeschlossene Verträge: der Papst erhielt die Staatshoheit über die Vatikanstadt und erkannte Italien mit der Hptst. Rom an.

Laterit der, ziegelrote tonerde- und eisenoxidreiche Bodenart der Tropen.

Laterna magica [lat. »Zauberlaterne«] die, ältere Form des → Diaskops.

Laterne [lat.] die, **1)** Lampe mit Regen- und Windschutz. **2)** 🏛 Dachreiter auf Hallendächern und Kuppeln.

Latex der, wäßrige Emulsion oder Dispersion von natürl. oder synthet. Polymeren. Natürl. L., Milchsaft der Kautschukpflanzen.

Latifundium [lat.] das, -s/...dien, sehr großer, in einer Hand vereinigter Grundbesitz.

Latina, ital. Prov.-Hptst., in den Pontin. Sümpfen, 100 500 Ew.; Kernkraftwerk.

Latiner Mz., Bewohner der histor. Landschaft **Latium** im mittleren Italien.

Latinismus der, -/...men, der lat. Sprache eigentüml. Redewendung.

Latinum das, Examen in Latein.

La Tour [lat'u:r], **1)** Georges de, frz. Maler, *1593, †1652; Nachtstücke. **2)** Maurice-Quentin de, frz. Maler, *1704, †1788; Pastellbildnisse.

Latsche die, ⚘ eine → Kiefer.

Lattich der, ⚘ Gatt. krautiger milchsafthaltiger Korbblüter, meist gelbblühend. Wichtigste Art ist der **Garten-L.** (Gartensalat, → Salat), ferner **Mauer-L., Stachel-L.** (»Kompaßpflanze«).

Latwerge [lat.] die, **1)** md.: Pflaumenmus. **2)** breiförmige Arznei.

Lauban, poln. **Lubán** [l'ubajn], Wwschaft Jelenia Góra, ehem. Krst. in Niederschlesien, am Queis; 23 000 Ew.; Webwaren.

Laube die, **1)** Gartenhäuschen. **2)** 🏛 überbauter Gehsteig.

Laube, Heinrich, Schriftst., *1806, †1884, gehörte zum Jungen Deutschland, war 1849-67 Direktor des Burgtheaters in Wien; schrieb Schauspiele (»Graf Essex«), Romane.

Lauberhornrennen, Skisport: jährlich am Lauberhorn bei Wengen (Schweiz) ausgetragene internat. Rennen (Abfahrt, Slalom, Riesenslalom) für Herren.

Laubfrösche, Fam. der Froschlurche, die meist charakterist. Stimme und Farbwechselvermögen haben; Haftscheiben an den Zehenenden, meist Baumbewohner. Der **Europ. L.** ist bis 5 cm lang, als Männchen mit blähbarer Schallblase an der Kehle, nur zur Paarung und Eiablage (im Frühjahr) im Wasser; Insektenfresser mit Winterschlaf. Als angebl. Wetterprophet ist der L. auch Zimmertier.

Laubheuschrecken, 🐞 → Heuschrecken.

Laubhölzer, ⚘ bedecktsamige Bäume und Sträucher mit flächigen Blättern (Laub), z. B. Ahorn, Eiche, Buche, Linde, Birke, Pappel. Ggs.: Nadelhölzer.

Laubhüttenfest, jüd. Erntedankfest (Okt.).

Laubkäfer, ♘ Gatt. der Blatthornkäfer; viele sind Pflanzenschädlinge (Blätter).

Laubmoose, eine der beiden Klassen der Moose. Die L. sind immer in Stengel und Blätter gegliedert. Bekannte Vertreter: → Frauenhaar, Drehmoos, Weißmoos, → Torfmoose.

Laubsäge, U-förmiger Stahlbogen mit dünnem Sägeblatt, bes. für Bastel- und Feinarbeiten.

Laubsänger, ♘ kleine, grüngraue Singvögel, so Fitis, Zilpzalp, Weiden-L.

Lauch der, ♧ Gatt. der Liliengewächse, meist mit Zwiebel. Viele Nutzpflanzen: **Knoblauch, Zwiebel, Porree, Schnittlauch** u. a. In feuchten Laubwäldern der weißblütige **Bären-L.**

Lauchhammer, Gem. im Bez. Cottbus, 24800 Ew.; Eisen-, Maschinen- und Braunkohlenind.

Lauchstädt, Bad L., Stadt im Bez. Halle, 5400 Ew.; Eisensäuerling-Quelle, -Versand. – Im 18. Jh. beliebtes Bad (Goethe-Theater).

Laudanum [lat.] das, im MA. jedes Beruhigungsmittel, bes. aus Opium.

Laudatio [lat.] die, Lobrede.

Laudes [lat. »Lobgesänge«] Mz., Teil des kath. Breviers.

Laudon, Gideon Ernst Frhr. v., österr. Feldmarschall im Siebenjähr. Krieg, *1717, †1790; eroberte im Türkenkrieg 1789 Belgrad.

Laue, Max von, Physiker, *1879, †1960; entdeckte die Beugung von Röntgenstrahlen an Kristallen, förderte die Relativitätstheorie, entwickelte eine Theorie der Supraleitung. Nobelpreis für Physik 1914.

Lauenburg, 1) L. an der Elbe, Stadt in Schlesw.-Holst., 33000 Ew., an der Mündung des Elbe-Trave-Kanals; Schiffahrt; Holz-, Textilindustrie. – **Burg L.** (1260). Hzgt. **Sachsen-L.,** früher Gfsch. Ratzeburg, fiel 1865 an Preußen. **2) L. in Pommern,** poln. **Lębork,** Wwschaft Słupsk, ehem. Krst., 33000 Ew.

Lauf der, **1)** Gangart, Leibesübung und Wettbewerb, umfaßt **Flach-, Hürden-** und **Hindernis-, Gelände-, Wald-, Crosscountry-L.** Die Flach-L. werden gegliedert in Kurzstrecken-L. (50-400 m), Mittelstrecken- (800-3000 m) und Langstrecken-L. (ab 3000 m). **2)** Rohr der Handfeuerwaffen und Maschinengewehre, das dem Geschoß die Richtung gibt. **3)** ♆ Bein der vierfüßigen Jagdtiere und Hunde. **4)** ♘ aus Fußwurzel- und Mittelfußknochen verschmolzener langer Knochen, der den unteren Teil des Vogelbeines bildet. **5)** ♩ auf- und absteigende, schnelle Tonfolge. **6)** Bahn, Weg, Strecke, bes. von Flüssen.

Lauf an der Pegnitz, Krst. in Bayern, 22500 Ew.; Wenzelsschloß; Ind.

Läufer der, **1)** Figur des Schachspiels. **2)** langer, schmaler Teppich. **3)** Schwein von etwa 4 Monaten. **4)** Ordonnanz an Bord von Kriegsschiffen. **5)** Fußball, Handball, Hokkey: Verbindungsspieler zw. Stürmern und Verteidigern; Rugby: einer der 4 Spieler hinter den Stürmern. (Dreiviertelspieler). **6)** ⊙ rotierendes Teil einer Maschine, z. B. L. eines Generators, bei Turbinen Laufrad genannt.

Lauf|feldröhre, Wanderfeldröhre, eine Laufzeitröhre der Höchstfrequenztechnik zur Verstärkung breiter Frequenzbänder.

läufig, hitzig, brünstig (Hündinnen; zweimal im Jahr für 2-3 Wochen).

Laufkäfer, ♘ schnellfüßige Raubkäfer, meist Vertilger von Ungeziefer, z. B. **Gold-, Getreide-L.**

Laufkatze, ⊙ auf einem Kran, Drahtseil oder Träger laufender Wagen mit Windwerk oder angehängtem Flaschenzug.

Laufmilben, ♘ bunte Milben, leben am Boden, saugen Pflanzensäfte, stechen aber auch den Menschen (z. B. **Erntemilbe**).

Laufzeitröhre, ⚡ eine Elektronenröhre, nutzte die Laufzeit der Elektronen aus.

Lauge die, **1)** Salzlösung. **2)** Lösung einer starken Base in Wasser, z. B. Alkali-L.

Laughton [l'ɔ:tn], Charles, engl. Charakterdarsteller, auch im Film, *1899, †1962.

Laura, Frau, die Petrarca in seinen Dichtungen besang; ihre histor. Existenz ist umstritten.

Laurana, Luciano, ital. Baumeister, *um 1420, †1479; schuf u. a. den Herzogspalast in Urbino.

laureatus [lat.], mit Lorbeer bekränzt.

Laurentius [von lat. laurus »Lorbeer«], männl. Vorname. **Laurentia,** weibl. Vorname.

Laurentius, Märtyrer, 258 in Rom verbrannt; Kirchenlehrer, Heiliger (Tag 10. 8.).

Laurentiusschwarm, → Sternschnuppen.

Laurin, Heldendichtung (1250): Zwergenkönig in Tirol; sein Reich war der »Rosengarten«.

v. Laue

Laurion, ngrch. **Lavrion,** Gebirgslandschaft in Griechenland, auf der Südspitze von Attika. Blei, Zink, Eisenmanganbergbau, in der Antike Silberbergbau.

Lausanne [loz'an], Hptst. des schweizer. Kt. Waadt, 124300 Ew.; am Genfer See (Hafen Ouchy); Kathedrale, Univ.; alter Bischofssitz. – **Konferenzen von L.,** 1923: Anerkennung der Türkei; 1932: Reparationskonferenz; 1949: Waffenstillstandsabkommen zw. Israel und Arabern.

Lauscher Mz., **Loser, Luser,** ♆ Ohren des wiederkäuenden Schalenwildes.

Läuse Mz., flügellose Insekten mit stechendsaugenden Mundwerkzeugen, Klammerbeinen, abgeflachtem Körper; machen keine Verwandlung durch. Blutsauger an Säugern. Am Menschen: **Kopflaus,** klebt die Eier (Nisse) an die Kopfhaare, **Kleiderlaus,** in rauher Wäsche, läßt sich bei 50 bis 60 °C abtöten, Überträger des Flecktyphus und Rückfallfiebers; **Filzlaus,** nistet sich im Bereich der Scham- und Achselhöhlenhaare ein. BEKÄMPFUNG: Rasieren, insektentötende Mittel.

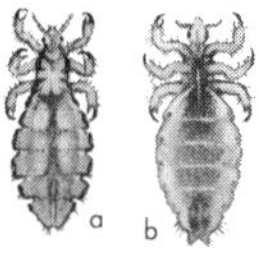

Läuse: a Kopflaus, b Kleiderlaus

Läusekraut, ♧ Gatt. rot- oder gelbblühender Halbschmarotzer auf Graswurzeln.

Lausfliegen, Zweiflügler, z. T. mit rückgebildeten Flügeln; Außenschmarotzer an Säugern und Vögeln.

Lausitz [von sorb. Łužica »Sumpfland«] die, dt. Landschaft, umfaßt den NO Sachsens, Niederschlesien bis zum Bober und Queis und den Spreewald im N; besteht aus dem Bergland der **Ober-L.** und dem Flachland der **Nieder-L.** Das Gebiet der slaw. Milzener hieß unter dt. Herrschaft seit Ende des 10. Jh. zunächst nach dem Hauptort Bautzen (Budissin) »Land Budissin«. Im 11. und 12. Jh. wechselte die Herrschaft zw. Dtl. und Polen. Im 14. Jh. fiel sie an Böhmen, 1635 an Kursachsen und 1815 größtenteils an Preußen. Seit 1945 steht die östl. L. unter poln. Verw.

Lausitzer Bergland, die westl. der Görlitzer Neiße liegenden Ausläufer der Sudeten, im **Lausitzer Gebirge** bis 793 m hoch (Lausche).

Lausitzer Kultur, spätbronze- und früheisenzeitl. Fundgruppe (etwa 1200-1500 v. Chr.) im östl. Mitteleuropa, benannt nach Funden in der Niederlausitz, gekennzeichnet durch schöne Tongefäße (»Buckelurnen«, »Urnenfelderkultur«). Ihre Träger waren hauptsächlich Illyrer.

Laut der, **1)** Ton, Klang. **2)** Ⓢ jeder bei bestimmter Stellung der Sprachwerkzeuge (Artikulation) mit Hilfe des Atemstroms erzeugte Schall.

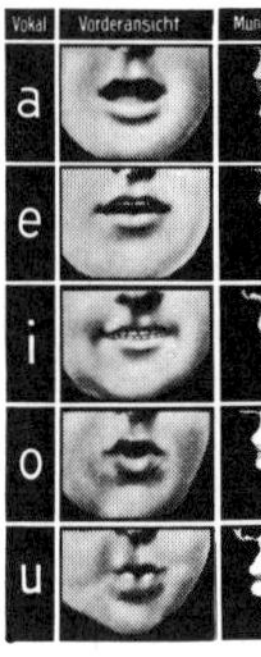

Laut 2): Lautbildung

Laute [aus dem Arab.] die, Musikinstrument, heute gewöhnlich mit 6 Saiten, die mit den Fingern gezupft werden. Die **Baß-L.** hat noch Baßsaiten, deren Tonhöhe nicht durch Greifen verändert werden kann. (BILD Zupfinstrumente)

Lauterberg im Harz, Bad L., Stadt in Ndsachs., 14100 Ew.; Kneippkurort am Südharz.

Lauterbrunner Tal, Gletschertrogtal, im Berner Oberland (Schweiz), viele Wasserfälle; Kurort **Lauterbrunnen.**

Lautréamont [lotream'ɔ̃], Comte de, eigtl. Isidore **Ducasse,** frz. Dichter, *1847, †1870; satan. »Gesänge des Maldoror«.

Lautschrift, phonetische Schrift, lautgetreue Aufzeichnung der Aussprache.

Lautsprecher, wandelt elektromagnet. Schwingungen in hörbare (akustische) um.

Lautstärke, die subjektive Schallempfindung, Maßeinheit ist das **Phon.**

Lautstärke, gemessen in Phon

Untere Hörschwelle	0	Mittlerer Straßenlärm	70
Blättersäuseln	10	Schreien	80
Flüstern	20	Motorrad	85
Gedämpfte Unterhaltung	40	Schmerzschwelle (z. B. Flugzeug in	
Lautes Sprechen	60	25 m Entfernung)	120

D. H. Lawrence

Lautverschiebung, Veränderung bestimmter Mitlaute in den german. Sprachen. Man unterscheidet zeitlich 2 Stufen: **1) german. L.** (um 500 v. Chr.), löste die german. Sprachen aus der indogerman. Gemeinschaft. Durch sie wandelten sich u. a. die Laute k, t, p in h, th, f; z. B. entsprechen sich im Lateinischen und Gotischen: cornu und haurn [horn], tres und threis [thris, drei], pater und fadar [Vater]. **2) hochdt. L.** (5. bis 8. Jh.), betraf nur die hochdt. Sprache, die seitdem vom Niederdt. geschieden ist. Damals wandelten sich k in ch, t in tz oder ss, p in f oder pf. So entsprechen sich niederdt. Schipp, Water, ik und hochdt. Schiff, Wasser, ich, niederdt. ten, Perd, hochdt. zehn, Pferd.

Lava [ital.] die, bei Vulkanausbruch aus dem Erdinnern ausgestoßenes geschmolzenes Gestein, durch Gase oft porös aufgetrieben.

Lavabo [lat.] das, symbol. Handwaschung des Priesters in der Messe und die Gefäße, die dazu verwendet werden.

Laval [lav'al], Pierre, frz. Politiker, *1883, †(hingerichtet) 1945; war 1931/32, 1935/36 und 1940 MinPräs. (in der Regierung Pétain, 1942 auf dt. Betreiben wiederernannt); 1945 als Kollaborateur verurteilt.

Lavallière [frz.] die, lockere Seidenschleife.

Lavater, Johann Kaspar, *1741, †1801; Pfarrer in Zürich. In seinen »Physiognom. Fragmenten« erläuterte er die Kunst der Charakterdeutung aus den Gesichtslinien.

Lavendel der, halbstrauchige, blaublühende Lippenblüter des Mittelmeerbereichs; die duftreiche Blüte gibt L.-Öl; z. T. Heilpflanzen (BILD Heilpflanzen)

Laveran [lavr'ã], Charles L. A., frz. Bakteriologe, *1845, †1922; entdeckte den Malariaerreger. Nobelpreis 1907.

lavieren [niederländ. von »Luv«], **1)** ↘ kreuzen. **2)** geschickt und vorsichtig ausweichen. **3)** Malerei: aufgetragene Farbe mit Wasser verreiben.

Lavoisier [lavwasj'e], Antoine Laurent, frz. Chemiker, *1743, † (hingerichtet) 1794; Begr. der neuzeitl. Chemie, wies nach, daß jede Verbrennung auf einer Sauerstoffaufnahme beruht.

Lavongai, bis 1920 **Neuhannover,** Insel des Bismarck-Archipels.

Law [lɔ:], John **L. of Lauriston,** *1671, †1729; seine 1716 in Paris gegr. Privatnotenbank wurde 1718 Staatsbank; ihr Zusammenbruch 1720 brachte eine Finanz- und Wirtschaftskrise.

Lawine [spätlat. zu lat. labi »gleiten«] die, in Tirol **Lähne,** große stürzende Schnee- und Eismassen der Hochgebirge. **Staub-L.** aus feinkörnigem, trockenem Neuschnee. **Grund-** oder **Schlag-L.:** durchweichter Schnee, der an steilen Berglehnen abrutscht und niedergeht. **Gletscher-** oder **Eis-L.:** Gletschereis, das sich beim Vorrücken des Gletschers an einem steilen Abhang ablöst. Oft genügt ein lauter Ruf, ein fallender Stein, um Schnee in Bewegung zu setzen. Am besten schützt der geschlossene Hochwald (Bannwald), sonst Dämme, Mauern, Galerien. **L.-Schnur,** lange farbige Schnur, die nachgeschleift wird und bei Verschüttung schnelles Auffinden ermöglichen soll, daneben zunehmend das Mitführen von Minisendern, die rasche Ortung ermöglichen.

Lawra, Laura [grch. »Gasse«] die, urspr. Zellen von Einsiedlern im ostkirchl. Mönchtum, später Ehrentitel einiger Klöster der Ostkirche, z. B. »Große Lawra« auf dem Athos.

Lawrence [l'ɔ:rəns], **1)** David Herbert, engl. Erzähler, *1885, †1930. »Söhne und Liebhaber«, »Lady Chatterley«; Novellen. **2)** Ernest Orlando, amerikan. Physiker, *1901, †1958; baute das →Zyklotron. Nobelpreis 1939. **3)** Sir Thomas, engl. Maler, *1769, †1830; gesuchter Porträtist der Zeit. **4)** Thomas Edward, engl. Politiker, Schriftst., *1888, †1935; organisierte 1915-18 erfolgreich den arab. Aufstand gegen die Türkei und die Mittelmächte, widersetzte sich 1919 vergebl. der Friedensregelung im Nahen Osten; »Die sieben Säulen der Weisheit« u. a.

Lawrencium [lɔr-] das, **Lr,** zu den Transuranen gehörendes, radioaktives Element.

lax [lat.], schlaff, locker. **laxieren,** ♡ abführen. **Laxans** das, Abführmittel.

Laxismus der, kath. Moraltheologie: Lehre, daß ein Gesetz nicht befolgt werden muß, wenn auch nur schwache Gründe anderes Verhalten erlauben; 1679 verurteilt.

Laxness, Halldór Kiljan, eigtl. **Guðjonsson,** isländ. Schriftst., *1902; »Atomstation«, »Das Fischkonzert« u. a.; Nobelpreis 1955.

Layout [l'eɪaut, engl.] das, graph. Entwurf zur Gestaltung von Bild und Schrift. **Layouter** der, wer berufsmäßig L. herstellt.

Lazarett [ital.] das, ⁂ Krankenhaus.

Lazaristen, Vinzentiner, kath. Priestergenossenschaft ohne öffentl. Gelübde, gegr. 1625.

Lazarus [hebr. »Gott hilft«], N.T.: **1)** Bruder der Maria und Martha, durch Jesus vom Tode erweckt (Johannes 11-13). **2)** der **arme L.** (Lukas 16,19), Patron der Aussätzigen.

Lazzaroni Mz., Gelegenheitsarbeiter in Neapel; Ü Tagediebe.

lb, engl. Abk. für Pfund (libra).

l.c., Abk. für loco citato [lat.], am angeführten Ort (in Büchern).

LDPD, Abk. für →**L**iberal-**D**emokratische **P**artei **D**eutschlands.

Lea, A. T.: Gattin Jakobs.

Leader [l'i:də, engl.] der, **1)** Führer. **2)** Aufsatz im Hauptblatt (Leitartikel) von Zeitungen.

Leander, Geliebter der →Hero.

Lear [lɪə], sagenhafter König von Britannien, Held eines Trauerspiels von Shakespeare.

Leasing [li:-, engl.] das, Form der Finanzierung durch Anleihen von Industrieanlagen, Investitions- und/oder Konsumgütern (z. B. Auto). Vermieter kann der Produzent **(Direkt-L.)** oder eine L.-Gesellschaft **(indirektes L.)** sein.

Leba die, Küstenfluß in Ostpommern, 135 km lang, fließt durch den Lebasee in die Ostsee.

Leben das, Daseinsweise der Organismen (Pflanzen, Tiere, Menschen) i. Ggs. zum anorgan. Sein. Die wichtigsten Merkmale des L. sind **Stoffwechsel** (Ernährung, Ausscheidung, Atmung), **Wachstum** und **Fortpflanzung.** Alles L. ist an die Zelle als äußere Form und an Protoplasma geknüpft. Die Wissenschaften vom L. sind Biologie und Physiologie.

lebendgebärend, vivipar, Bez. für Tiere, deren Junge ihre Frühentwicklung in den mütterl. Geschlechtswegen durchmachen, z. B. Säugetiere.

Lebensbaum, ⚘ schuppenblättrige Nadelhölzer von kegelförmigem Wuchs. Der **Morgenländ. L.** und der **Abendländ. L.** sind die häufigsten.

Lebenserwartung
(annähernde Höchstwerte in Jahren)

Pflanzen:		Perlmuschel über	100
Affenbrotbaum	5000	Adler	80
Mammutbaum	4000	Storch	70
Linde	800-1000	Eule	60
Buche	600-1000	Pferd	60
Ulme	500	Kuckuck	40
Nadelhölzer	300-500	Rind...........	30
Weinstock	130	Löwe	25
Heide	40	Katze, Hund ...	20-30
Heidelbeere	28	Amsel	18
Tiere:		Reh	16
Schildkröte	200	Regenwurm	10
Elefant.........	60	Hase...........	10
Karpfen....	über 100	Hausmaus	4

Lebenselixier, alchimist. Allheilmittel.

Lebenserwartung, durchschnittl. Zahl von Jahren, die ein Lebewesen oder eine Pflanze voraussichtlich lebt. Für neugeborene Menschen in der Bundesrep. Dtl. betrug sie 1985/87 bei Männern 71,8, bei Frauen 78,4 Jahre (1901/10: 44,82 und 48,33 Jahre).

Lebenshaltungskosten, Preise der von einer vierköpfigen Arbeitnehmerfamilie mit einem best. Monatseinkommen **(Indexfamilie)** benötigten Güter des tägl. Bedarfs. Die Zusammenstellung der ausgewählten Güter **(Warenkorb)** ist abhängig vom Wandel der Verbrauchsgewohnheiten. Die Entwicklung der L. wird durch Indexziffern dargestellt; der **Preisindex für die Lebenshaltung** ist Maßstab der Kaufkraft des Geldes.

Lebenshilfe, helfende Maßnahmen für entwicklungsgeschädigte Kinder, gefördert durch die Bundesvereinigung L., Sitz Marburg.

Lebenslinie, Handlesekunst: Linie um den Daumenballen der Innenhand.

Lebensmittel, → Ernährung.

Lebensphilosophie, im 19. und 20. Jh. weitverbreitete philosoph. Strömung, die vom Begriff des Lebens ausgeht. Grundbegriffe der L. sind Erleben, Verstehen, Einfühlen, Intuition. Die L. knüpft an Herder, Goethe, die Romantik, vor allem an Nietzsche an; ihre wichtigsten Vertreter waren Bergson, Klages und Dilthey.

Lebensqualität, schlagwortartiger Sammelbegriff für die Summe jener schwer definierbaren Elemente, die Glück oder Zufriedenheit der in einem Staat lebenden Menschen ausmachen.

Lebensschutz, Bioprotektion, Biophylaxe, Erhaltung der Lebensgrundlagen für Menschen, Tiere und Pflanzen.

Lebensstandard, Gesamtheit der Güter, Rechte und Nutzungen, die der Bev. eines Staates, einer Bevölkerungsgruppe oder dem einzelnen für die private Lebensführung zur Verfügung stehen. Hauptbestandteil des L. ist die Lebenshaltung. Maßstab für den internat. Vergleich des L. sind die Ergebnisse der Sozialproduktberechnungen über den privaten Verbrauch; auch Arbeitslöhne, Pro-Kopf-Einkommen u. a. werden verglichen.

Lebensversicherung, Zweig der Versicherung. Man unterscheidet **Rentenversicherung** (lebenslängl. Rente) und **Kapitalversicherung,** bei der die Auszahlung einer Geldsumme für den Todesfall oder zu einem best. Zeitpunkt vereinbart wird (Alter; Ausbildung und Aussteuer der Kinder). Die Höhe der Prämien richtet sich, abgesehen von der Höhe der Versicherungsleistungen, nach Alter und Gesundheit des Aufzunehmenden.

Leber die, größte Drüse des Körpers, wichtig für den Stoffwechsel (Aufspeicherung des Zuckers, der im Blut der Pfortader der L. zugeführt wird, als Glykogen), Aufnahme und Verarbeitung der Eiweißstoffe (Bildung von Harnstoff) und für die Bildung der Gallenfarbstoffe aus Blutfarbstoff. Sie liegt als abgerundetes Dreieck auf der rechten Seite unter dem Zwerchfell, besteht aus einem größeren (rechten) und einem kleineren (linken) **L.-Lappen.** Absonderung der L. ist die → Galle.

KRANKHEITEN: **L.-Entzündung,** Hepatitis, verläuft meist unter dem Bild einer → Gelbsucht. Kann vielerlei Ursachen haben und zu schweren Stoffwechselstörungen führen. **L.-Krebs,** fast immer durch Verschleppung von Krebszellen aus anderen Organen (L.-Metastasen). **L.-Schwellung,** am häufigsten durch Stauung im Blutkreislauf (→ Herzkrankheiten) und bei Gelbsucht. **L.-Zirrhose,** entzündl. Wucherung des Bindegewebes, die zum Schwund der L.-Zellen führt (Schrumpf-L., L.-Verhärtung). Oft als Folge von Alkoholmißbrauch; auch durch Syphilis, Tuberkulose.

Leber, 1) Georg, Politiker (SPD), *1920; 1966-72 Bundesmin. für Verkehr, 1969-1972 auch für Post- und Fernmeldewesen, 1972-78 Bundesverteidigungsminister, 1979-83 Bundestagsvizepräs. **2)** Julius, sozialdem. Politiker, Journalist, *1891, †(hingerichtet) 1945; 1924-33 MdR, 1933-37 im KZ, Widerstandskämpfer.

Leberblümchen, ⚘ kleinstaudiges, blaublühendes Hahnenfußgewächs in Laubwäldern.

Leber|egel, 2-3 cm lange, 1 cm breite, zwittrige Saugwürmer, schmarotzen in der Leber von Schafen, Schweinen, Rindern, Pferden, gelegentlich auch Menschen, verursachen die Leberfäule.

Leberfleck, ♡ Muttermal.

Lebermoose, ⚘ eine der beiden Klassen der Moose. Die L. wachsen an feuchten, schattigen Orten, sind meist laubartig: **Brunnen-L.**

Leberpilz, ⚘ zungenförmiger Pilz, an morschem Laubholz, Farbe orange, später rotbraun, jung eßbar.

Lebertran, Öl aus der Leber vom Kabeljau oder Dorsch mit hohem Gehalt an Vitamin D und A; zur Vorbeugung gegen Rachitis. **L.-Emulsion,** durch Emulgierung leichter verdaulicher L.

Leblanc [ləbl'ã], Nicolas, frz. Chemiker und Arzt, *1742, †1806; erfand ein Verfahren zur Sodaherstellung.

Le Bon [lə bɔ̃], Gustave, frz. Arzt, *1841, †1931; Begründer der Massenpsychologie.

Lebowa, Homeland in Transvaal, Rep. Südafrika, 22476 km², 1,98 Mio. Ew., Hauptort: Lebowakgomo.

Lebrun [ləbr'œ̃], **1)** Charles, frz. Maler, *1619, †1690; der große Organisator des Stils Ludwigs XIV. **2)** Elisabeth, → Vigée-Lebrun.

Lec [lɛts], Stanislaw Jerzy, poln. Lyriker, *1909, †1966; Aphorismen und Satiren.

Leberblümchen

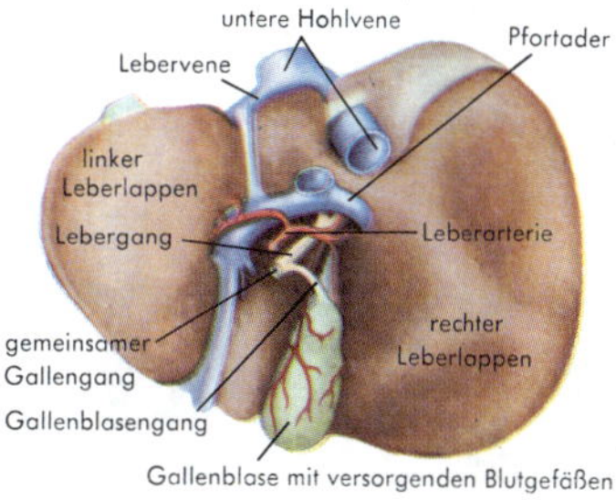

Leber: Ansicht von hinten und unten

Grüner Leguan

Le Carré [ləkar'e], John, eigtl. John **Moore Cornwell,** engl. Schriftst., *1931; Spionageromane (»Der Spion, der aus der Kälte kam«, »Das Rußlandhaus« u. a.).

Lecce [l'ɛttʃe], Provinz-Hptst. in S-Italien (Apulien); 102000 Ew.; Dom; Textilind.

Lẹcco, ital. Stadt am Comer See, 48300 Ew.; metallurg., Seidenind.

Lech der, rechter Nebenfluß der Donau, kommt aus Vorarlberg, berührt Augsburg, mündet östl. von Donauwörth, 263 km lang. Auf dem **Lechfeld** südl. von Augsburg siegte 955 Otto d. Gr. entscheidend über die Ungarn.

Lecher-Leitung [nach E. Lecher, *1856, †1926], Leitungssystem der Höchstfrequenztechnik: 2 parallele, gut isolierte Leiter, auf denen sich elektromagnet. Wellen ausbilden, die in Ausbreitungsrichtung keine Feldkomponente aufweisen.

Lechtaler Alpen, Gruppe der Kalkalpen in Tirol zw. Inn und Lech; Parseier Spitze 3038 m.

Lecithịn [grch.] das, organ. Verbindung, ein in jeder tier. und menschl. Zelle, bes. aber in Gehirn und Nerven vorkommendes Lipoid; Bestandteil von Kräftigungsmitteln.

Leck das, ⚓ Undichtigkeit eines Schiffes.

Leckage [lɛk'aʒə] die, **1)** Frachtverkehr: Verlust an flüssigen Waren durch Auslaufen oder Verdunsten. **2)** aus einem Reaktor ungenutzt entweichende Neutronen **(Leckfaktor).**

v. le Fort

Leconte de Lisle [lək'ɔ̃tdəl'il], Charles Marie, frz. Dichter, *1818, †1894; gilt als größter Vertreter der → Parnassiens.

Le Corbusier [lə kɔrbysj'e], eigtl. Charles-Edouard **Jeanneret,** schweizer. Architekt in Paris, *1887, † (ertrunken) 1965; baute in Stahlbeton kubisch klare Wohnhäuser, dann vor allem Wohnhochhäuser (Marseille 1947-52, Berlin 1957 u. a.).

Le Creusot [ləkrøz'o], frz. Stadt südwestl. von Dijon, 34000 Ew.; Kohlengruben, Erzlager, Rüstungsind.

LED, Abk. für → Leuchtdiode.

Lẹda, grch. Sage: Mutter der Dioskuren, auch der Helena; Zeus nahte ihr als Schwan.

Leder das, durch Gerbstoff haltbar gemachte tier. Haut. Die älteste **L.-Bereitung,** die **Lohgerberei,** verwendet die in der Rinde von Eichen und Nadelhölzern (Lohe) enthaltene Gerbsäure und erhält so lohgares L.: Rindsleder für Schuhe, Treibriemen, Lack-L., Saffian, Juchten (Jagdstiefel, Bucheinbände, Taschen). In der **Mineralgerberei** unterscheidet man die **Weißgerberei,** die Alaun und Kochsalz, und die **Chromgerberei,** die Chromsalz verwendet. Sie erzeugt Boxcalf, Chevreau (Ziegenleder). Die **Sämisch-** oder **Ölgerberei** verwendet Öle und Trane zur Herstellung von Wild-, Wasch-, Putz-L. Vielfach werden gemischte Gerbverfahren angewandt, z. B. beim Glacé-L.

Le Corbusier: Ronchamp

Lederhaut, Teil von → Haut und → Auge.

Lederman, Leon Max, amerikan. Physiker, *1922; erhielt 1988 mit M. Schwartz und J. Steinberger den Nobelpreis für die Neutrinostrahlenmethode und die Entdeckung des Myon-Neutrinos.

Lederstrumpf, Beiname des Helden in den Indianergeschichten von J. F. Cooper.

Lee die, **Leeseite,** ⚓ die vom Wind abgekehrte Seite (des Schiffs). Ggs.: **Luv.**

Lee [li:], **1)** Robert E., nordamerikan. General, *1807, †1870; führte im Sezessionskrieg 1861-65 das Heer der Südstaaten. **2)** Yuan Tseh, amerikan. Chemiker, *1936; erhielt mit D. R. Herschbach und J. C. Polanyi 1986 den Nobelpreis für Arbeiten zur Reaktionskinetik.

Leeds [li:dz], Industriestadt in O-England, 448500 Ew.; Univ.; Tuch-, Eisenind.

Leer (Ostfriesland), Hafenstadt in Ndsachs., 33500 Ew.; Seefahrtsschule; Ind.

Leeuwarden [l'e:vardə], Hptst. der niederländ. Prov. Friesland, 85100 Ew.; ehem. Residenzschloß; Viehmärkte; Ind.

Leeuwenhoek [l'e:vənhu:k], Antoni van, niederländ. Naturforscher, *1632, †1723; baute Mikroskope, entdeckte die Infusorien, die Blutkörperchen u. a.

Leeward Islands [lj'uəd'aıləndz, engl.], Inselgruppe der Kleinen Antillen.

Lefebvre [ləf'ɛ:vr], Marcel, *1905; traditionalist. Kritiker der kirchl. Entwicklung nach dem 2. Vatikan. Konzil; wegen unerlaubter Priesterweihen 1976 suspendiert. Seit 1978 geführte Verhandlungen mit dem Vatikan endeten 1988 mit einem Schisma, als L. ohne päpstl. Zustimmung 4 Bischöfe weihte.

le Fort [ləf'ɔ:r], Gertrud v., Schriftst., *1876, †1971; schrieb aus kath. Sicht (»Hymnen an die Kirche«, »Hymnen an Dtl.« u. a.).

legạl [lat.], gesetzlich, gesetzmäßig. **Legalitạ̈t** die, Gesetzmäßigkeit.

Legalitạ̈tsprinzip, ⚖ Grundsatz, nach dem die Staatsanwaltschaft wegen aller strafbaren Handlungen Anklage erheben muß (§ 152 StPO). Ggs.: → Opportunitätsprinzip.

Legasthenịe [grch.], Lese- Schreib-Schwäche bei sonst normaler Begabung.

Legạt [lat.], **1)** das, ⚖ → Vermächtnis. **2)** der, bei den Römern: Gesandter; militär. Befehlshaber. **3)** Kath. Kirche: Abgesandter des Papstes für kirchl. Aufgaben **(Apostol. L.).**

Legatiọn [lat.] die, ✾ Gesandtschaft. **Legatiọnsrat,** Titel im Auswärtigen Dienst.

legạto [ital.], ♩ gebunden.

Legẹnde [lat.] die, **1)** Erzählung aus dem Leben der Heiligen; fromme Sage. **2)** erklärender Text zu Landkarten und Abbildungen.

Léger [leʒ'e], Fernand, frz. Maler, *1881, †1955; einer der Meister des Kubismus.

leger [leʒ'ɛ:r, frz.], ungezwungen, leicht.

Leggin(g)s [l'egıŋ, engl.] Mz., Ledergamaschen, Name für eine Art Hose der meisten nordamerikan. Indianer.

Leghorn das, 🐔 weiße Haushuhnrasse.

Legịerung [lat.] die, ⚒ entsteht durch Zusammenschmelzen mehrerer Metalle zur Verbesserung der Eigenschaften des Grundmetalls, z. B. erhöhte Festigkeit, Härte, Rostbeständigkeit.

Legiọn [lat.] die, **1)** röm. Heereseinheit, 300 Reiter und 4000-6000 Fußsoldaten. **2)** in neuerer Zeit Einheiten aus Freiwilligen oder

Söldnern (z. B. → Fremdenlegion). **Legionär, 1)** Soldat einer L. **2)** Ritter der → Ehrenlegion.

Legionärskrankheit, erstmalig 1976 in den USA bei einem Veteranentreffen aufgetretene Viruserkrankung; der Lungenentzündung ähnelnder Krankheitsverlauf mit hohem Fieber und hoher Sterblichkeit.

legislativ [lat.], gesetzgebend. **Legislative** die, die gesetzgebende Gewalt (→ Gesetzgebung). **Legislaturperiode,** Zeitraum, für den eine Volksvertretung gewählt wird.

Legitimation [lat.] die, Beglaubigung; Nachweis der Berechtigung; Ausweis über die Persönlichkeit; auch Urkunde, durch die man sich ausweist. – Im Familienrecht erlangt ein nichtehel. Kind durch die L. die Rechtsstellung eines ehel., entweder kraft Gesetzes durch nachfolgende Ehe des Vaters mit der Mutter des Kindes (§ 1719 BGB) oder durch behördl. Verfügung **(Ehelichkeitserklärung).**

Legitimationspapier, Wertpapier, bei dem der Gläubiger zwar in der Urkunde genannt ist, der Aussteller aber auch an den jeweiligen Inhaber leisten kann (z. B. Sparkassenbuch).

legitimieren, beglaubigen, **sich legitimieren,** sich ausweisen. **legitim,** gesetz-, rechtmäßig; ehelich. **Legitimität** die, Rechtmäßigkeit, bes. einer Regierung oder eines Herrscherhauses. **Legitimist** der, Anhänger der Legitimität, bes. eines gestürzten Herrscherhauses.

Legnano [lɛɲ'anɔ], Stadt in N-Italien, 48300 Ew. – 1176 Sieg der lombard. Städte über Friedrich Barbarossa.

Leguan der, vorwiegend südamerikan. Echsenfam.; Baum- und Erdtiere mit Stachelkamm, bis 1,50 m lang. (BILD S. 516)

Leguminosen Mz., die → Hülsenfrüchter.

Lehár, Franz, Operettenkomponist, *1870, †1948; »Die lustige Witwe«, »Paganini«, »Das Land des Lächelns« u. a.

Le Havre [lə 'a:vr], Hafenstadt in der Normandie, Frankreich, 200000 Ew.; Schiffbau, Erdölraffinerien, chem., Textil-Ind.; Erdölleitung nach Paris; starke Ein- und Ausfuhr.

Lehen, Lehn das, im MA. ein Grundstück, nutzbares Recht oder Amt, das der **Lehnsmann** (Vasall) vom **Lehnsherren** durch die **Belehnung** zu meist erbl. Besitz erhielt. Er war dafür zu ritterl. Kriegs- und Hofdienst verpflichtet. Das Lehnswesen entstand im Fränk. Reich der Karolinger und wurde Grundlage der mittelalterl. Staatsverfassung **(Lehnsstaat).**

Lehm der, durch Eisenverbindungen gelb bis braun gefärbter, sandhaltiger Ton; Rohstoff für die Ziegel- und Töpferwarenfabrikation; im MA. Baumaterial **(Lehmbau).**

Lehmann, 1) Karl, Theologe, *1936; seit 1983 Bischof von Mainz, seit 1987 Vors. der Dt. Bischofskonferenz. **2)** Lotte, Sängerin (Sopran), *1888, †1976. **3)** Wilhelm, Schriftst., *1882, †1968; Gedichte »Der grüne Gott«, »Ruhm des Daseins«.

Lehmbruck, Wilhelm, Bildhauer, *1881, † (Selbstmord) 1919; expressionist. Bildwerke.

Lehming, Sigo, evang. Theologe, *1927, seit 1972 Militärbischof der Bundeswehr.

Lehn, Jean-Marie Pierre, frz. Chemiker, *1939; erhielt mit C. Pedersen und D. J. Cram 1987 den Nobelpreis für Chemie für Arbeiten zur supramolekularen Chemie.

Lehnin, Gem. im Bez. Potsdam, 4000 Ew.; ehemal. (1180 gegr.) Zisterzienserkloster.

Lehnwort, aus einer anderen Sprache aufgenommenes Wort, das sich den dt. Sprachgesetzen angepaßt hat.

Lehr, Ursula, Psychologin und Politikerin (CDU), *1930; seit 1988 Bundesmin. für Jugend, Familie, Frauen und Gesundheit.

Lehrberufe, 1) Berufe, für die eine Lehrzeit verlangt wird. **2)** die Lehrerberufe.

Lehrdichtung, didaktische Poesie, Dichtung, die auf unterhaltende Weise belehren will; sie ist an keine bestimmte Gattung gebunden, wenn auch Fabel, Epigramm und Parabel ihr zuneigen. Im 20. Jahrh. entwickelte sich das **Lehrstück** (B. Brecht).

Lehre die, **1)** Lehrsatz, kluge Regel. **2)** Lehrmeinung, Anschauung. **3)** Lehrzeit. **4)** Maschinenbau, Metallbearbeitung: Meßinstrument, meist aus gehärtetem Stahl, zur Kontrolle der Werkstückabmessungen auf Einhaltung der vorgegebenen Toleranzen.

Lehrer der, berufsmäßig Unterrichtender, i. e. S. die Lehrkräfte an Schulen, Hochschulen. Die Ausbildung der L. setzt in der Bundesrep. Dtl. die Reifeprüfung voraus. Grund- und Hauptschul-L. werden an Univ. oder an Pädagog. Hochschulen ausgebildet. Als Realschul-L. können zugelassen werden: Grundschul-L. nach der 2. Prüfung (fachl. Ergänzungsprüfung), Studierende nach mindestens 6semestr. Fachstudium und 1-2semestr. Referendariat. Gymnasial-L. werden in einem mindestens 8semestr. Studium an Univ. (TU) oder an Kunst-, Musik- und Sporthochschulen und durch Vorbereitungsdienst als Studienreferendare ausgebildet.

Lehrfilm, → audio-visuelle Unterrichtsmittel.

Lehrfreiheit, das Recht, gewonnene Einsichten und Überzeugungen zu verbreiten; in der Bundesrep. Dtl. als Grundrecht in Art. 5 GG gewährleistet.

Lehrling, Auszubildende(r), jugendl. Person, die einen Beruf unter Leitung eines **Lehrherrn (Ausbildenden)** erlernen will. Der L. wird durch Berufsausbildungsvertrag eingestellt. Die Lehrzeit dauert 3-3½ Jahre. Die Zahlung einer Erziehungsbeihilfe ist üblich. Die Lehre wird durch die Prüfung beendet (im Handwerk Gesellen-, im Handel Gehilfen-, in der Industrie Facharbeiterprüfung). Der Lehrherr muß die bürgerl. Ehrenrechte besitzen, längere Berufserfahrung haben und mind. 24 Jahre alt sein. Bei Streitigkeiten zw. Lehrherrn und L. sind die Innungsausschüsse und das Arbeitsgericht zuständig.

Lehrmittel, Unterrichtshilfsmittel, z. B. Filme, Modelle, Sammlungen (i. Ggs. zu **Lernmitteln** wie Bücher).

Lehrte, Industriestadt, Bahnknoten in Ndsachs., 39500 Ew.; Kalibergbau.

Leibeigenschaft, ⚖ im MA. persönl. Abhängigkeit des zu Frondienst und best. Abgaben verpflichteten bäuerl. Hintersassen von seinem Herrn. In Süd- und Westdtl. führte die Auflösung der Grundherrschaft schon im Spät-MA. zur Auflockerung und Beseitigung der L., in Ostdtl. bildete sie jedoch ihre strengste Form in der seit dem 16. Jh. entstandenen **Erbuntertänigkeit** aus (bis 1850).

Leibesfrucht, das Kind im Mutterleib, wird rechtlich in best. Fällen (z. B. bei einem Erbfall) als schon geboren behandelt.

Leibesübungen, planmäßig betriebene körperl. Übungen zur Erhaltung oder Steigerung der Leistungsfähigkeit: Gymnastik, Spiel, Sport.

Leibesvisitation, → Durchsuchung.

Leibgedinge das, das Altenteil.

Leibl, Wilhelm, Maler, *1844, †1900; mit seinen Bildern aus dem bayer. Bauernleben und seinen Bildnissen überwand er den Impressionismus und prägte den Stil des dt. Realismus im 19. Jh. (BILD S. 518)

Leibniz, Gottfried Wilhelm Frhr. v., Philosoph, *1646, †1716; seit 1700 Präs. der von ihm gegr. Akademie der Wissenschaften in Berlin; bedeutend als Mathematiker, Rechtsgelehrter, Geschichtsforscher, Staatsmann und Sprachforscher. Als Philosoph entwarf er ein rationalist.-idealist. Denkgebäude, das die mechanist. Naturerklärung Descartes' mit dem relig. Glauben zu versöhnen suchte. An die Stelle der toten Atome setzte L. **Monaden,** d. h. leben-

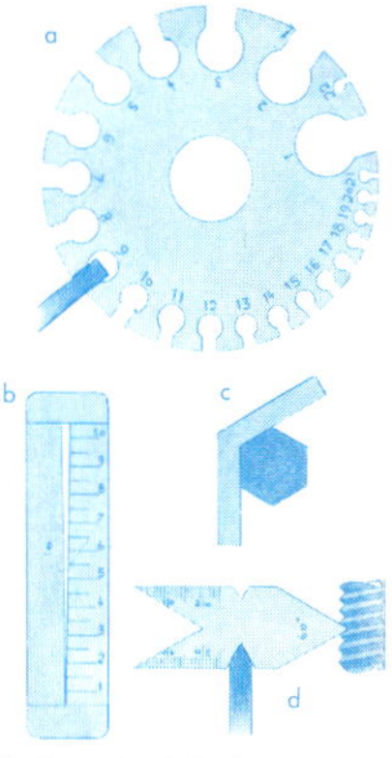

Lehre 4): a Blech-, b Draht-, c Sechskant-, d Gewindelehre

Lehár

Leibniz

Leibl: Die Wildschützen

dige, einfache Einheiten, aus denen das Weltganze aufgebaut ist. Gott ist die Urmonade; er hat alle Monaden zu einem harmonisch geordneten Kosmos abgestimmt (prästabilierte Harmonie); daher ist nach L. unsere Welt die beste aller möglichen.

Leibrente, Lebensrente, Geldrente, die einem anderen für dessen Lebensdauer in best. Abständen zu entrichten ist (§§ 760 BGB).

Leicester [l'estə], alte Stadt im mittleren England, 280000 Ew.; Univ.; Ind.

Leicester [l'estə], Robert **Dudley,** Earl of, *1533, †1588; Günstling der Königin Elisabeth I. von England.

Leich [german. »Tanz«] der, im Mhd. eine kunstvolle Liedform aus verschieden gestalteten und vertonten Strophen. Der L. kommt als geistl., Minne- und Tanzlied vor.

Leiche die, abgestorbener menschl. **(Leichnam)** oder tier. Körper. Gleich nach dem Tode des Menschen tritt die **Leichenstarre** ein, die Haut verfärbt sich an tiefliegenden Stellen infolge der Senkung des Blutes **(Leichenflecke).** – L. sind nach der → Leichenschau innerhalb landesgesetzl. festgelegter Fristen zu bestatten.

Leichenfledderei, »Diebstahl« von Sachen, die einem Bestatteten beigegeben sind; kein eigener Straftatbestand.

Leichenöffnung, Sektion, Obduktion, zur Feststellung der Todesursache.

Leichenschau, im amtl. Auftrag erfolgende Untersuchung Verstorbener; soll bes. die Beerdigung Scheintoter verhindern.

Leichhardt, Ludwig, Australienforscher, *1813, verschollen 1848 in Australien.

Leichlingen, Stadt in NRW, 25000 Ew.; Ind., Obstbau und -verwertung.

Leichtathletik, aus den natürl. Bewegungen des Gehens, Laufens, Werfens und Springens entwickelte Sportübungen, die als Einzel-, Mehr- oder Mannschaftswettkämpfe ausgetragen werden.

Leinberger: Hl. Jakobus d. Ä.

Leichtbau, Bauweise, bei der durch bes. Baustoffe, Bauarten und -formen das Gewicht verringert wird (Stahl-L., Leichtmetallbau, Leichtbetonbau u.a.). **Leichtbauplatten,** aus Holzwolle oder Holzspänen mit Zement, Magnesit oder Gips gebundene, in Formen gepreßte Bauplatten.

Leichtbeton, Beton mit leichten, porigen Zuschlagstoffen.

Leichter der, kleines Wasserfahrzeug zum Entladen (Löschen) von Schiffen.

Leichtgewicht, → Gewichtsklassen.

Leichtkraftrad, Kraftrad bis 80 cm^3 Hubraum und mit einer Höchstgeschwindigkeit von 80 km/h; Führerschein Klasse 1 (b).

Leichtmetalle, alle Metalle, deren Dichte kleiner als 4,5 g/cm^3 ist, also die Alkali- und Erdalkalimetalle, ferner Aluminium, Titan.

Leichtöl, leicht entzündl. Brenn- und Heizöl, aus Erdöl oder Teer gewonnen.

Leiden, alte Stadt in den westl. Niederlanden, 105000 Ew.; Univ.; Sternwarte; Renaissancebauten; Textil-, Nahrungsmittelind.

Leidener Flasche [nach der Stadt Leiden], ⚡ älteste Form des elektr. → Kondensators, besteht aus einem innen und außen mit Stanniol belegten Glasbecher; von E. J. v. Kleist 1745 erfunden.

Leidenfrostsches Phänomen [nach dem Arzt J. G. Leidenfrost, 1715-94], Erscheinung, daß Wassertropfen, die auf eine glühende Platte fallen, durch einen sich bildenden Dampfmantel vor sofortiger Verdampfung geschützt werden.

Leie, frz. **Lys,** li. Nebenfluß der Schelde, 214 km lang, schiffbar, mündet bei Gent.

Leier die, **1)** die Lyra, Sinnbild lyr. Dichtung. **2)** ☆ nördl. Sternbild.

Leierkasten, → Drehorgel.

Leierschwanz, 🐦 austral. Singvogel; Männchen mit leierförmigem Schwanz.

Leif Eriksson, norweg. Seefahrer, fand um 1000 die Küste Nordamerikas.

Leigh [li:], Stadt in Nordengland, 46100 Ew.; Textil- u.a. Ind., Kohlenbergbau.

Leihe die, ⚖ unentgeltl., zeitlich begrenzte Überlassung einer Sache zum Gebrauch (§§ 598 ff. BGB). Gebrauchsüberlassung gegen Entgelt ist rechtlich Miete.

Leihhaus, öffentl. (staatl., städt.) Anstalt, die gegen Pfand Geld auf kurze Zeit ausleiht.

Leihmutter, umgangssprachl. Bez. für eine Frau, die gegen Bezahlung für ein Ehepaar ein Kind austrägt; umstritten.

Leih-Pacht-System, engl. **Lend Lease System** [-li:s-], Maßnahmen der USA im 2. Weltkrieg zur Versorgung der Alliierten mit Kriegsmaterialien gegen Leihe oder Pacht.

Leihstimme, umgangssprachl. Bez. für eine Wahlstimme, die der Wähler aus takt. Überlegung einer anderen Partei als der von ihm grundsätzlich bevorzugten gibt.

Leim der, wasserlösl. Klebemittel zur Herstellung dauerhafter Verbindungen. Kalt-L. binden bei normaler Temperatur, Warm-L. bei 50-70 °C, Heiß-L. bei 100-160 °C.

Leimkraut, Gatt. → Silene.

Lein der, → Flachs.

Leinberger, Hans, Bildhauer, *um 1480, †um 1531/35; Hochaltar in Moosburg, Sitzender Jakobus (München, Nat.-Mus.).

Leine die, linker Nebenfluß der Aller, 279 km lang, entspringt auf dem Eichsfeld, mündet bei Schwarmstedt, ab Hannover schiffbar.

Leinenfischerei, Angelfischerei im Meer mit Lang-, Schlepp- oder Handleinen.

Leinfelden-Echterdingen, Stadt im Kr. Esslingen, Bad.-Württ., 35300 Ew.

Leinkraut, Löwenmaul, Gatt. der Braunwurzgewächse mit gespornten Blüten. Arten: **Echtes L.** (Frauenflachs) mit gelben Blüten; **Alpen-L.,** violettgelb blühend.

Lein|öl, aus Leinsamen gepreßtes, goldgelbes Öl; wird als Speiseöl, zur Herstellung von Firnis, für Ölfarben, Linoleum verwendet.

Leinpfad, Treidelweg, Weg längs eines Flusses oder Kanals, von dem aus früher die Schiffe an Seilen gezogen (getreidelt) wurden.

Leinsamen, Flachssamen, hellbraune, glänzende Samen des Flachses, enthalten Schleim und Leinöl und sind ein Mittel zur Bekämpfung der chron. Stuhlverstopfung.

Leinster [l'enstə], irisch **Laighean** [l'aıən], Provinz im östl. Irland; Hptst.: Dublin.

Leinwand die, **1) Leinen,** Gewebe in Leinwandbindung, als **Reinleinen** ganz aus Flachsbastfasergarnen, als **Halbleinen** in der Kette aus Baumwolle, im Schuß aus Flachs; für Wäsche, Kleider u.a. **2)** Bildwand.

Leip, Hans, Schriftst., *1893, †1983; Gedichte (»Lili Marleen«), Seemannsgeschichten u.a.

Leipzig, 1) Bez. der Dt. Dem. Rep., 4966 km², 1,368 Mio. Ew.; 1952 aus Teilen von Sachsen, Sachsen-Anhalt und Thüringen gebildet, an Elbe, Mulde, Pleiße und Weißer Elster, überwiegend Flachland. Im S Ackerbau; im SW Mittelpunkt des mitteldt. Braunkohlenbergbaus. Chem., Maschinen- u.a. Ind. ⊕ S. 456/57. **2)** Hptst. von 1), bedeutendste Handels- und Industriestadt von Mitteldtl., 549 200 Ew., in fruchtbarer Auenlandschaft der Elster und Pleiße, inmitten der **L. Tieflandsbucht;** Univ., Akademien, Hoch-, Fachschulen; Dt. Bücherei; Mus.; Theater; Gewandhausorchester; Thomaskirche (15. Jh.; Thomanerchor), Nikolaikirche (13.-16. Jh.), Altes Rathaus (Mitte 16. Jh.); Völkerschlachtdenkmal; Sitz des Reichsgerichts 1879-1945. Die **L. Messe** ist Mustermesse mit Techn. und Baumesse. Ind.: Eisen-, Stahlwaren, Elektrotechnik, Chemikalien, Webereien, Druckereien u.a. Bis 1945 war L. Mittelpunkt des dt. Buchhandels und der Pelzverarbeitung. – 1813 entschied die **Völkerschlacht bei L.** den Herbstfeldzug der → Freiheitskriege. 1943-45 wurde die Innenstadt stark zerstört. 1989/90 gingen von den »Montagsdemonstrationen« in L. entscheidende Impulse für die revolutionären Veränderungen in der Dt. Dem. Rep. aus.

Leipziger Allerlei, Gericht aus jungem Gemüse, Spargel und Morcheln, mit Grießklößchen.

Leipziger Disputation, theolog. Streitgespräch in der Pleißenburg zw. Luther, Eck und Karlstadt (1519).

Leise die, **Leis** der, kirchl. Bittgesang und geistl. Volkslied des MA., nach dem Kehrreim des → Kyrie eleison.

Leistengegend, der dicht über der Schenkelbeuge liegende Bauchteil; in der L. verläuft der **Leistenkanal** für den Samenstrang oder das runde Mutterband bei der Frau; durch den Kanal können Eingeweide hindurchtreten; **Leistenbruch,** → Bruch.

Leistikow [-ko], Walter, Maler, *1865, †1908; stimmungsvolle Bilder märk. Seen.

Leistung die, **1)** ⊠ von einer Kraft in der Zeiteinheit geleistete Arbeit, gemessen in Watt (W). $1\ W = 1\ J/s = 1\ N \cdot m/s = 1\ kg \cdot m^2/s^3$. 1 PS (gültig bis Ende 1977) = 735,49875 W. Elektr. L. ist bei Gleichstrom das Produkt von Spannung und Strom, 1 W = 1 Volt × 1 Ampere. Bei Wechselstrom werden unterschieden: Schein-L., Wirk-L. und Blind-L. **2)** ⚖ Gegenstand einer Schuldverpflichtung, bes. die Zahlung. **L.-Klage,** ⚖ Klage, mit der die Verurteilung des Beklagten zu einer L. (oder Unterlassung) verlangt wird. **L.-Lohn,** → Lohn, **L.-Ort,** ⚖ Erfüllungsort (→ Erfüllung). **L.-Schutzrecht** hat bes. die L. ausübender Künstler, der Schallplattenhersteller und der Sendeunternehmen zum Gegenstand. **L.-Verweigerungsrecht,** → Einrede.

Leitartikel, Leitaufsatz, größerer Aufsatz an bevorzugter Stelle in Zeitungen, vielfach auch **Kommentar** genannt.

Leiter der, ⊠ Stoff, der Wärme, Schall oder elektr. Strom weiterführt. Elektr. L. sind alle Metalle, Kohle und die Elektrolyte. Elektr. und Wärme-**Leitfähigkeit** entsprechen einander (→ Halbleiter).

Leitfossil das, Tier- oder Pflanzenversteinerung, die nur in einer best. geolog. Schicht vorkommt und diese kennzeichnet.

Leith [li:θ], Seehafen von Edinburgh.

Leitha die, rechter Nebenfluß der Donau, 180 km, wird rechts begleitet vom **L.-Gebirge,** das bis 1918 z.T. die Grenze zw. Österreich (Zisleithanien) und Ungarn (Transleithanien) bildete.

Leipzig: Katherinenstraße

Leitmotiv das, ♩ bes. bei R. Wagner oft wiederkehrende Tonfolge zur Kennzeichnung einer Person, eines Vorganges, einer Stimmung; auch auf die Literatur übertragen.

Leitstrahlsender, Navigationshilfsmittel für Luft- und Seefahrt.

Leitung die, Einrichtung zum Fortleiten von Stoffen oder Energien, → Rohr, → Kabel. **Frei-L.:** an Masten mit Isolatoren befestigte Starkstrom- oder Fernmelde-L.

Leitwährung, Währungen, in denen ein großer Teil des Welthandels abgerechnet wird und für die ein breiter internat. Kapitalmarkt besteht, bes. der US-Dollar.

Leitwerk, 1) dammartiges Bauwerk an Flüssen zur Festlegung der Streichlinie und zur Einschränkung des Querschnitts. **2)** beim Höhen- und Seitensteuer eines Flugzeuges die feste Flosse und ein bewegl., der Änderung der Bewegungsrichtung dienendes Ruder.

Leitwert, Kehrwert des elektr. Widerstands; SI-Einheit ist das Siemens (S); 1 S = 1/Ω.

Leitzahl, Photographie: bei Blitzlichtgeräten von der Filmempfindlichkeit abhängige Hilfszahl, mit der sich die Blendenöffnung errechnen läßt.

Leitzinsen, Zinsen, zu denen die Bundesbank Geld an Banken verleiht; Orientierung für das allg. Zinsniveau.

Lek der, **1)** Mündungsarm des Rheins, in den Niederlanden. **2)** Währungseinheit Albaniens.

Lektion [lat.] die, **1)** Vorlesung, Unterrichtsstunde, Aufgabe. **2)** Strafrede, Verweis.

Lektor [lat. »Vorleser«] der, **1)** Hochschullehrer für Einführungskurse und Übungen. **2)** Mitarbeiter eines Verlags, der Manuskripte auf ihre Brauchbarkeit prüft. **3)** evang. Kirche: ehrenamtl. Stellvertreter des Pfarrers.

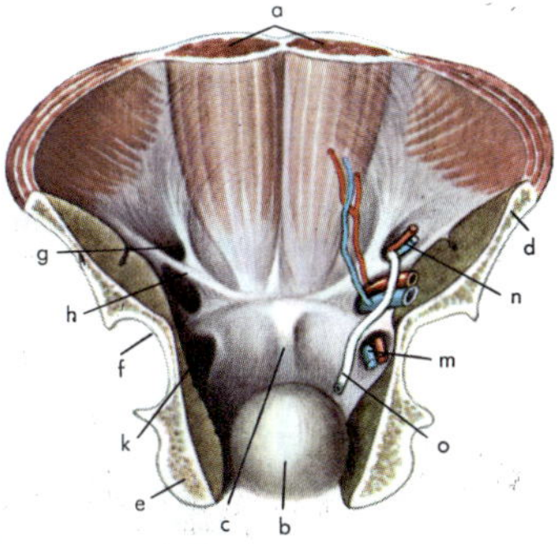

Leistengegend: Unterer Teil der vorderen Bauchwand beim Mann von innen, nach Entfernung des Bauchfells; a gerader Bauchdeckel, b Harnblase, c Gegend der Schambeinfuge, d Darmbein, e Sitzbein, f Pfanne des Hüftgelenks, g innerer Leistenring, h Leistenband (durchscheinend), k innere Öffnung des Hüftgelenks, m Hüftgefäße, n Blutgefäße, die gemeinsam mit dem Samenleiter (o) den Samenstrang bilden und in den Leistenkanal eintreten

Le Locle [lə l'ɔkl], Bez.-Stadt im Kt. Neuenburg, Schweiz, 12000 Ew.; Uhrenind.

Lem, Stanisław, poln. Schriftst., *1921; utop. Romane (»Der futurolog. Kongreß« u.a.), Erzählungen (»Die Jagd« u.a.).

Le Mans [lə mã], Stadt in NW-Frankreich, 148800 Ew.; Ind.; Autorennstrecke.

Lemberg, russ. **Lwow,** Gebiets-Hptst. in der Ukrain. SSR, 753000 Ew.; Univ., Hoch- und Fachschulen. – L. kam 1340/49 an Polen, war 1772-1918 Hptst. des österr. Kronlandes Galizien, 1919-39 poln., 1944 an die UdSSR.

Lemercier [ləmɛrsj'e], Jacques, frz. Baumeister, *1585, †1654; Kirche der Sorbonne, Palais Richelieu (heute Palais Royal).

Lemgo, Stadt in NRW, 39000 Ew.; alte Hansestadt; got. Kirche; Ind.

Lemma [grch.] das, -s/...mata, Hilfssatz, Annahme; entliehener Satz; Stichwort.

Lemming der, ⚘ im Norden lebende Wühlmaus, hamsterähnlich; nach Massenvermehrung Wanderungen infolge Nahrungsknappheit, wobei viele L. zugrunde gehen.

Lemmon [l'æmən], Jack, amerikan. Filmschauspieler, *1925; »Manche mögens heiß«.

Lemnos, grch. Insel im Ägäischen Meer, 476 km², rd. 18000 Ew.; Hafen Mudros. – 1479-1912 türkisch.

Lenau

Lemper, Ute, Schauspielerin, Tänzerin, *1963.

Lemuren, Ez. **Lemur** der, **1)** altröm. Bezeichnung für die Geister Verstorbener. **2) Makis,** ⚘ Halbaffen Madagaskars, Nachttiere.

Lena die, Strom in Ostsibirien, 4400 km lang, entspringt im Baikalgebirge, mündet ins Nordpolarmeer; z.T. schiffbar.

Le Nain [lə n'ɛ̃], 3 frz. Maler, in Werkstattgemeinschaft arbeitende Brüder: Antoine (*um 1588, †1648), Louis (*um 1593, †1648), Mathieu (*um 1607, †1677).

Lenard, Philipp, Physiker, *1862, †1947; untersuchte die Wechselwirkungen zw. Elektronen und Licht (Photoeffekt, Phosphoreszenz); 1905 Nobelpreis.

Lenau, Nikolaus, Deckname des Dichters **Niembsch von Strehlenau,** *1802, †1850; schwermütige Lieder, dramatische Gedichte, z.B. »Faust«, »Savonarola«, »Albigenser«.

Lenin

Lenbach, Franz v., Maler, *1836, †1904; führender Porträtmaler des 19. Jh.: Bismarck, Moltke, Wilhelm I. u.a.

Lende die, ♡ ⚘ hintere seitl. Gegend der Bauchwand.

Lendl, Ivan, tschechoslowak. Tennisspieler, *1960; seit Mitte der 1980er Jahre Weltranglistenerster.

Lengefeld, 1) Charlotte v., Gemahlin →Schillers. **2)** Karoline v., Schwester von 1), →Wolzogen.

Lenggries, Gem. in Oberbayern, 8200 Ew., 679 m ü.M.; Wintersportort.

Lenin, eigtl. **Uljanow,** Wladimir Iljitsch, *1870, †1924; seit 1903 Haupt der russ. Bolschewiki (→Bolschewismus, →Kommunismus), lebte meist als Schriftst. im Ausland (u.a. London, München, Genf, Zürich), kehrte 1917 mit dt. Hilfe nach Rußland zurück, organisierte mit →Trotzkij u.a. den Aufstand vom 7.11.1917 und errichtete den Sowjetstaat; stand seitdem unbestritten an dessen Spitze als Vors. des Rates der Volkskommissare (→Sowjetunion, Geschichte). In seinen Schriften vertrat er als bedeutendster Theoretiker des Kommunismus den dialekt. und histor. Materialismus, den er zum Marxismus-Leninismus weiterentwickelte (→Marxismus). Im Zuge der von Gorbatschow eingeleiteten Reformen werden Person und Leistung Lenins zunehmend kritischer beurteilt.

Leningrad: Eremitage

Leninabad, alte Oasenstadt und Gebiets-Hptst. in der Tadschik. SSR, 157000 Ew.; eine der größten Seidenspinnereien und -webereien der UdSSR.

Leninakan, Stadt in der Armen. SSR, 228000 Ew.; Textilind.

Leningrad, bis 1914 **St. Petersburg,** 1914-24 **Petrograd,** Stadt in der UdSSR, 4,39 Mio. Ew., liegt an der Mündung der Newa in den Finn. Meerbusen, z.T. auf Inseln. Nach Moskau größtes Kulturzentrum der UdSSR, zahlreiche histor. Bauten, berühmte Mus. (Bildergalerie »Eremitage«), große Staatsbibliothek (eine der größten Buch- und Handschriftensamml. der Welt), Theater, Univ., Forschungsinstitute; Werften, Elektro-, feinmechan., Textil-, Schuh-, chem. Ind.; Seehafen. – L., 1703 von Peter d.Gr. gegr., war bis 1917 Residenz der russ. Kaiser.

Leninsk-Kusnezkij, Bergbau- und Industriestadt in W-Sibirien, Russ. SFSR, 169000 Ew.

Lenkflugkörper, fast ausschließlich militärisch verwendeter Transportflugkörper, der ferngelenkt wird oder Zielsucheinrichtungen besitzt; Trägerflugzeuge für militär. Nutzlasten, Fernlenkwaffen oder Köderflugzeuge.

Lenkung die, Vorrichtung, die bei Straßenfahrzeugen oder Flugkörpern der Richtungsänderung dient.

Lenne die, linker Nebenfluß der Ruhr, entspringt am Kahlen Asten, 131 km lang.

Lenné, Peter Joseph, 1789, †1866; schuf in engl. Stil Parkanlagen preuß. Schlösser.

Lennestadt, Stadt in NRW, 27000 Ew., 1969 durch Zusammenschluß mehrerer Gemeinden gebildet.

Le Nôtre [lə n'o:tr], André, frz. Gartenarchitekt, *1613, †1700, schuf den frz. Gartenstil; Parkanlagen in Versailles, St. Germain.

lento [ital.], ♩ langsam.

Lenz der, Frühling.

Lenz, 1) Jakob Michael Reinhold, Dichter, *1751, †1792, schloß sich in Straßburg Goethe an; Dramen im Geist der Sturm-und-Drang-Zeit (»Der Hofmeister«, »Die Soldaten«), Gedichte. **2)** Hermann, Schriftst., *1913; Romane, Erz. aus Geschichte und Zeitgeschichte. **3)** Siegfried, Schriftst., *1926; Romane (»Deutschstunde«, »Heimatmuseum« u.a.), Erz. (»So zärtlich war Suleyken« u.a.), Schauspiele.

lenzen, ⚓ **1)** eingedrungenes Wasser aus einem Schiffsraum pumpen. **2)** bei schwerem Sturm ein Schiff mit gerefftem oder ohne Segel vor dem Wind laufen lassen.

Leo, Päpste. **1) L. I., der Große** (440-461), erwirkte 445 die Anerkennung der Vormachtstellung der Päpste innerhalb der Kirche; Kirchenlehrer; Heiliger (Tag 10. 11.). **2) L. IX.** (1049-54), kämpfte gegen Priesterehe und Simonie, unter ihm 1054 endgültiger Bruch mit der Ostkirche. **3) L. X.** (1513-21), aus der Familie Medici, Förderer der Wissenschaften und Künste. **4) L. XIII.** (1878-1903), förderte die kath.-soziale Bewegung und die Entwicklung der kath. Wissenschaft; beendete den →Kulturkampf in Preußen.

Leonardo da Vinci: Anna Selbdritt

Leoben, Bez.-Stadt in Österreich, an der Mur, 30000 Ew.; Mittelpunkt des steir. Bergbaus; Montanist. Hochschule.
Leochares, grch. Bildhauer um 350 v. Chr.; vermutlich geht auf ihn der als Kopie erhaltene Apollo von Belvedere zurück.
Leon III., der Syrer, byzantin. Kaiser (717-41), verteidigte Konstantinopel gegen die Araber (717/18); verbot 730 den Bilderdienst.
León, 1) geschichtl. Landschaft und Prov. in NW-Spanien, um den Fluß Duero; im frühen MA. christl. Kgr. **2)** Hptst. von 1), 132000 Ew.; Kathedrale (13.-15. Jh.). **3)** Stadt in Mexiko, 656000 Ew., 1885 m ü. M.; Textil-, Lederind. **4)** Stadt in Nicaragua, 101000 Ew.
León, Fray Luis de, span. Lyriker, *1527, †1591; Augustiner; »Los nombres de Cristo«.
Leonardo da Vinci [v'intʃi], ital. Maler, Bildhauer, Naturforscher, *1452, †1519; war bei Verrocchio in Florenz als Maler tätig (Verkündigung, Florenz, Uffizien; Anbetung der Könige, Uffizien); in Mailand malte er die Felsgrottenmadonna (Paris) und das Wandbild des Abendmahls. 1500 Rückkehr nach Florenz, wo er u.a. das Bild der Mona Lisa malte. – L. war als Maler der erste Vollender des klass. Stils der Renaissance und gelangte zu einer überzeugenden Licht- und Schattenmalerei (»sfumato«). Daneben auch Pionierleistungen in Naturwissenschaft und Technik.
Leonard-Schaltung [nach H. W. Leonhard], Anordnung aus Antriebsmotor, Steuergenerator und gesteuertem Motor zur Drehzahländerung.
Leonberg, Gr. Krst. im Kr. Böblingen, Bad.-Württ., 40000 Ew.; versch. Ind.
Leoncavallo, Ruggiero, ital. Opernkomponist, *1857, †1919; »Der Bajazzo« u.a.
Leone, 1) Giovanni, ital. Politiker (Democrazia Cristiana), *1908, †1989; 1971-78 Staatspräs. **2)** Sergio, ital. Filmregisseur, *1929, †1989; »Italo-Western« u.a. Filme (»Für eine Handvoll Dollar« u.a.).
Leonhard, Einsiedler des 6. Jh.; Schutzheiliger der Haustiere (Tag 6. 11.).
Leonidas, König von Sparta, fiel 480 v. Chr. im Kampf gegen die Perser bei den →Thermopylen.
Leoniden Mz., →Sternschnuppen.
Leonow, Leonid Maksimowitsch, russ. Schriftst., *1899; gesellschaftspol. Romane.
Leopard der, **1) Panther,** Großkatze in Afrika, Asien, 45-62 cm Schulterhöhe, gelbl., schwarzgefleckte Fell, zuweilen auch ganz schwarz; guter Kletterer. **2) Jagd-L.,** →Gepard.
Leopardi, Giacomo Graf, ital. Dichter, *1798, †1837; seine streng geformten Verse sind Ausdruck tiefen Weltschmerzes.
Leopold, Fürsten: **Röm.-dt. Kaiser. 1) L. I.** (1658-1705), gewann 1683-99 (→Türkenkriege) Ungarn mit Siebenbürgen; damit stieg das Reich der österr. Habsburger zur europ. Großmacht auf. Zugleich kämpfte L. gegen Ludwig XIV. von Frankreich. **2) L. II.** (1790-92), Bruder und Nachfolger Josephs II., seit 1765 Großherzog von Toskana; beendete 1791 den Türkenkrieg. – **Anhalt-Dessau. 3) L. I.,** Fürst (1693-1747), der **Alte Dessauer,** preuß. Feldmarschall und Freund Friedrich Wilhelms I. – **Belgien. 4) L. I.,** König (1831-65), Prinz von Sachsen-Coburg, vertrat einen gemäßigten Liberalismus. **5) L. II.,** König (1865-1909), Sohn von 4), erwarb mit Hilfe Stanleys 1881-85 den Kongo. **6) L. III.,** *1901, †1983; König (1934-1951), dankte ab zugunsten seines Sohnes Baudouin.
Leopoldina, Deutsche Akademie der Naturforscher, 1652 gegr., 1687 durch Leopold I. anerkannt, seit 1879 Sitz in Halle a. d. Saale.
Léopoldville, →Kinshasa.
LEP, Abk. für **L**arge **E**lectron **P**ositron Storage Ring, Elektron-Positron-Speicherring bei →CERN; mit 27 km Durchmesser größte Maschine der Welt.
Lepanto, ital. Name der grch. Stadt →Naupaktos.
Lepidodendron, der →Schuppenbaum.
Leporello das, in Buchform harmonikaartig zusammenfaltbare Reihe von Bildern; nach Don Juans Diener L. (in Mozarts »Don Giovanni«).
Lepra [grch.] die, der →Aussatz.
Lepsius, Richard, Ägyptenforscher, *1810, †1884; leitete die ägypt. Expedition, die 1842-46 das Niltal bis in den Sudan erforschte.
Leptis Magna, altphönik. Hafenstadt in N-Afrika, östl. von Tripolis, seit 25 v. Chr. röm.; wurde im 4. und 7. Jh. zerstört, später verschüttet; seit 1920 freigelegt.
lepto... [grch.], zart..., schmal..., dünn..., fein...
Leptonen, Familie von →Elementarteilchen, Elektron, Myon, Tau-Teilchen mit den zugehörigen Neutrinos sowie die entsprechenden Antiteilchen.
leptosom [grch.], →Konstitution.
Lerchen Mz., erdfarbene Singvögel mit trillerndem Fluggesang, leben in offenem Gelände, Bodenbrüter. **Feld-L.** und **Heide-L.** sind Zugvögel. **Hauben-L.** tragen einen Federschopf am Hinterkopf.
Lerchensporn der, weichkrautige Frühlingsstaude, lila oder weiß blühend.
Lérida, Stadt in Katalonien, Spanien, 109000 Ew.; Textil-, Glasind. L. wurde 1117 den Mauren entrissen.
Lermontow, Michail Jurjewitsch, russ. Dichter, *1814, †1841; neben Puschkin und Gogol Begründer der neuen russ. Literatur; weltschmerzl. Lyriker, schrieb das visionäre lyr. Epos »Der Dämon«; Roman: »Ein Held unserer Zeit«.

G. Leone

Lerchen: Feldlerche

Lermontow

Leopard 1): Amur-L.

Lesotho

Lessing

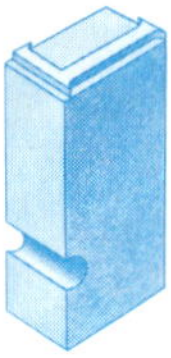
Letter 2)

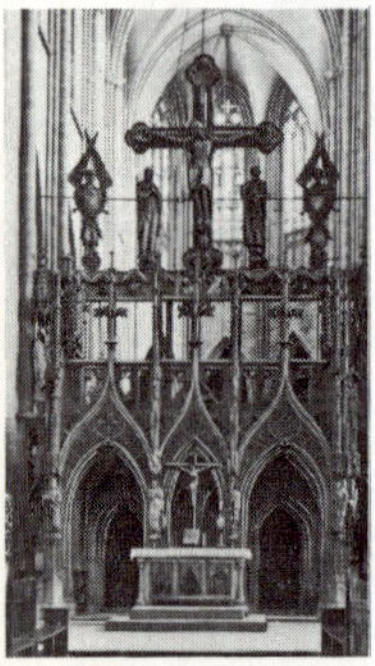
Lettner im Dom von Halberstadt

Lernäische Schlange, die → Hydra.

lernende Automaten, techn. Systeme mit Informationsverarbeitung, können aus früheren, gespeicherten Arbeitsergebnissen (Erfahrungen) »lernen«.

Lernet-Holenia, Alexander, österr. Schriftst., *1897, †1976; Romane (»Die Standarte«), Schauspiele.

Lerntheorie, die Lehre vom Lernen, meist i. S. des → Behaviorismus, der, vom Tierversuch ausgehend, Lernen als Verhaltensänderung versteht.

Lesage [ləs'a:ʒ], Alain René, frz. Schriftsteller, *1668, †1747; Roman »Der hinkende Teufel«, Schelmenroman »Gil Blas«.

lesbische Liebe, gleichgeschlechtliche Liebe unter Frauen.

Lesbos, ngrch. **Lesvos,** grch. Insel im Ägäischen Meer, gebirgig; 1613 km^2, 104000 Ew.; Anbau von Oliven, Wein, Südfrüchten. Hauptort: Mytilene. 1462-1912 türkisch.

Lesespeicher, der Festwertspeicher eines Computers, aus dem die Daten nur abgerufen (ausgelesen) werden können.

Lesgi|er, ostkaukas. Völkergruppe, bes. in der Dagestan. ASSR, etwa 324000 Menschen, Viehzüchter, z. T. Ackerbauer.

Leskow, Nikolaj Semjonowitsch, russ. Erzähler, *1831, †1895 (»Ohne Ausweg«).

Lesotho, Kgr. in S-Afrika, 30355 km^2, 1,62 Mio. Ew. (Sotho oder Basuto; 70% Christen); Hptst.: Maseru; Amtssprachen: Englisch, Se-Sotho. Gebirgsland, von der Rep. Südafrika umschlossen. Gemüsebau, Viehzucht. Diamanten. Haupthandelspartner: Südafrika. Eisenbahn von Maseru nach Bloemfontain. – L. war als **Basutoland** brit. Schutzgebiet; seit 1966 unabhängig. König: Moshoesho II. (seit 1960); nach Militärputsch (1986) Vors. des Militärrats: J. Lekhanya. ⊕ S. 482.

Lesseps, Ferdinand, Vicomte de, frz. Diplomat, *1805, †1894; führte 1859-69 den Bau des Suezkanals durch, 1879 begann er den Bau des Panamakanals, scheiterte jedoch.

Lessing, 1) Doris, engl. Schriftstellerin, *1919; in Rhodesien aufgewachsen, gesellschaftskrit. und psycholog. Romane und Erz. **2)** Gotthold Ephraim, Dichter und Kritiker, *1729, †1781, lebte seit 1748 meist in Berlin, schrieb treffsichere Kritiken in der »Vossischen Zeitung« (1748-55) und in der Ztschr. »Briefe, die neueste Literatur betreffend« (1759-65). Mit der Tragödie »Miß Sara Sampson« (1755) begründete er das dt. bürgerl. Trauerspiel nach engl. Vorbild. 1767-69 war er Dramaturg am Dt. Nationaltheater in Hamburg (»Hamburg. Dramaturgie«), seit 1770 Bibliothekar in Wolfenbüttel. – Als Kritiker befreite L. die dt. Dichtung aus ihrer Abhängigkeit von frz. Mustern. Als Dichter schuf er mit »Minna von Barnhelm« (1767) das erste dt. realist. Lustspiel; sein »Nathan der Weise« (1779) ist Ausdruck aufklärer. Humanitätslehre. Sein Sprachstil prägte die dt. Prosa. Weitere Werke: »Laokoon« (1766), »Fabeln«, »Emilia Galotti« (1772), »Die Erziehung des Menschengeschlechts« (1780).

Le Sueur [ləsɥ'œ:r], Eustache, frz. Maler, *1617, †1655; schuf zart empfundene Werke.

Lesung die, Beratung einer Gesetzesvorlage im Parlament, meist 3 L. erforderlich.

letal [lat.], ♡ tödlich.

Lethargie [grch. »Untätigkeit«] die, **1)** geistige Trägheit, Unempfindlichkeit. **2)** ♡ Schlafsucht.

Lethe [grch. »Vergessen«] die, grch. Sage: Strom in der Unterwelt, aus dem die Seelen der Verstorbenen Vergessen trinken.

Leto, grch. Sage: Titanentochter, durch Zeus Mutter des Apollon und der Artemis.

Letten der, bunter Schieferton des Keuper.

Letten Mz., Volk der balt. Sprachengruppe, (1939) 2 Mio., bes. in der Lett. SSR.

Letter die, **1)** Buchstabe. **2)** Drucktype: Schriftkörper aus einer Bleilegierung, der den Buchstaben seitenverkehrt trägt.

Lette-Verein, 1866 von W. A. Lette gegr.; widmet sich der Ausbildung der Frauen für kaufmänn., hauswirtschaftl., gewerbl. Berufe.

Lettland, einer der balt. Staaten, zw. Estland im N und Litauen im S, an der Rigaer Bucht, ist als **Lettische SSR** seit 1940 Unionsrep. der UdSSR; 63700 km^2, 2,7 Mio. Ew. (rd. 57% Letten, daneben Russen, Weißrussen, Polen u. a.); Hptst.: Riga. Niederes Moränenhügelland, von der Düna entwässert. Zahlreiche Seen. Ackerbau, Viehwirtschaft. Maschinen-, Textil-, Holz-, Nahrungsmittel- u. a. Ind. Ⓖ L. war seit dem 13. Jh. Teil des Dt. Ordensstaates; seit dem 16. Jh. im poln., im 17. Jh. im schwed. Staatsverband, seit 1710 im Russ. Reich. 1918 wurde die Rep. L. ausgerufen. 1920 wurde durch die Agrarreform der deutschbalt. Großgrundbesitz enteignet. 1941-44 von dt. Truppen besetzt. 1990 erklärte L. einseitig seine Unabhängigkeit.

Lettner [mlat. lectorium »Lesepult«] der, in Kirchen Scheidewand zw. Chor und Mittelschiff, mit einer Empore.

Lettow-Vorbeck, Paul von, General, *1870, †1964; 1913-18 Kommandeur der Schutztruppe in Dt.-Ostafrika.

Letzte Ölung, → Ölung, Letzte.

Letzter Wille, das → Testament. **letztwillige Verfügung,** Verfügung über den Nachlaß durch Testament.

Leuchtdichte, → Lichttechnik.

Leuchtdiode, Abk. **LED** (**L**ight **E**mitting **D**iode), Halbleiterdiode, bei der Elektrolumineszenz am pn-Übergang auftritt; verwendet z. B. in Displays, in Optokopplern.

Leuchtenberg, Eugène **Beauharnais** [boarn'ɛ], Herzog v., Stiefsohn Napoleons I., *1781, †1824; wurde 1807 von Napoleon als Sohn und Erbe des damaligen Kgr. Italien angenommen.

Leuchtfeuer, Lichtzeichen der See- und Luftfahrt, von → Leuchttürmen, Feuerschiffen, Leuchtbaken, -bojen, -tonnen.

Leuchtgas, das → Stadtgas.

Leuchtgasvergiftung, Kohlenoxidvergiftung. Erste Hilfe: künstl. Beatmung.

Leuchtkugel, Körper mit Leuchtsatz, wird als Signal oder zur Geländebeleuchtung aus Pistolen oder Geschützen abgefeuert.

Leuchtlebewesen Mz., tier. und pflanzl. Lebewesen, die durch chem. Vorgänge beim Stoffwechsel phosphorartig leuchten. Die L. sind z. T. Landbewohner, z. B. Glühwürmchen, der amerikan. Cucujokäfer, der auf faulem Holz lebende Hallimasch, das Leuchtmoos; z. gr. T. Meeresbewohner, wie Quallen, Borstenwürmer, Muscheln und Tiefseetiere. **Meeresleuchten** bewirken u. a. Leuchtbakterien, Algen und das Geißeltierchen Noctiluca. Leuchtorgane vieler Tiefseetiere (Tintenfische, Fische, Feuerwalzen) enthalten Leuchtbakterien, die mit diesen in Symbiose leben und das Leuchten verursachen.

Leuchtröhre, röhrenförmige → Gasentladungslampe mit kalter, nicht geheizter Kathode; Füllung meist mit Edelgasen (Neon: rotes Licht, Neon mit Quecksilberdampf: blaues Licht; andere Farben mit Opal- und Filtergläsern oder durch Leuchtstoffe). Verwendung vor allem in der Werbe-Beleuchtung.

Leuchtschirm, mit einem lumineszierendem Material beschichteter Schirm, der beim Auftreffen energiereicher Strahlen, z. B. Alpha-, Elektronen- oder Röntgenstrahlen, aufleuchtet. Verwendung: Röntgentechnik, Fernsehen.

Leuchtstoffe, Leuchtmassen, Leuchtfarben, Lumineszenzstoffe, meist pigmentartige Stoffe, die der Fluoreszenz oder Phosphoreszenz fähig sind. **Nicht nachleuch-**

tende L. wandeln die auffallende Strahlung in (meist) längerwellige um. **Nachleuchtende L.** leuchten nach Aufhören der Bestrahlung oft noch lange nach. Anorgan. L. sind z.B. Zink- und Zinkcadmiumsulfide. Organ. L. sind Lumogene und das Luciferin der Leuchtkäfer und Leuchtbakterien.

Leuchtstofflampe, Niederspannungs-Gasentladungslampe, gefüllt mit einem Grundgas, meistens Argon, und einer geringen

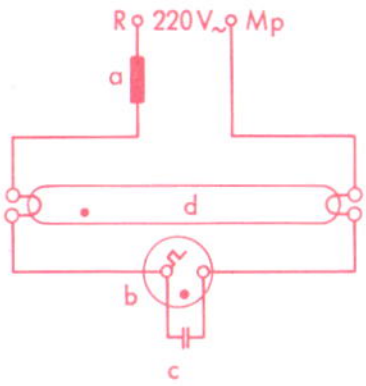

Leuchtstofflampe: a Drosselspulen, b Glimmstarter mit Bimetallschalter, c Kompensationskondensator, d Leuchtstofflampe

Menge Quecksilber. Die Innenwand des Entladungsrohrs ist mit → Leuchtstoffen bedeckt, die die Ultraviolettstrahlung der Entladung in sichtbares Licht verwandelt.

Leuchtturm, turmartiges Seezeichen an Häfen oder gefährl. Küstenpunkten, mit starkem Leuchtfeuer, oft mit Nebelsignalen.

leuk..., leuko... [grch.], weiß...

Leukämie [grch. »Weißblütigkeit«] die, schwere Erkrankung der blutbildenden Gewebe (Lymphknoten, Milz oder Knochenmark), bei der die weißen Blutkörperchen außerordentlich vermehrt, die roten meist vermindert sind.

Leukas, eine der → Ionischen Inseln.

Leukippos von Milet, grch. Philosoph des 5. Jh. v. Chr., gemeinsam mit seinem Schüler Demokrit Begründer des → Atomismus.

Leukom [grch.] das, weiße Narbe der Augenhornhaut, nach Hornhautgeschwüren.

Leukotomie [Kw., grch.] die, operative Durchtrennung der vom Stirnhirn zu anderen Hirnteilen ziehenden Nervenbahnen.

Leukozyten Mz., die weißen Blutkörperchen (→ Blut).

Leuktra, Ort im alten Griechenland, südwestl. von Theben. 371 v. Chr. Sieg des Epaminondas über die Spartaner.

Leumund [ahd. liumunt »Ruf, Gerücht«] der, Ruf, den jemand genießt. **Leumundszeugnis,** Zeugnis über den Ruf eines anderen.

Leuna, Stadt im Bez. Halle, an der Saale, 9500 Ew., Stadtautobahn nach Merseburg-Schkopau. **Leunawerke:** Großbetrieb der chem. Ind.; Benzin-, Stickstoffgewinnung.

Leuschner, 1) Bruno, Politiker (Kommunist), *1910, †1965; 1936-45 im KZ, darauf als Leiter der Staatl. Plankommission (1952-61), als stellvertr. MinPräs. (1955-65) und als Mitgl. des Staatsrats (seit 1960) Wirtschaftsfunktionär der Dt. Dem. Rep. **2)** Wilhelm, Gewerkschaftler, *1890, † (hingerichtet) 1944; 1928-33 hess. Innenmin., 1933/34 im KZ, war führend im sozialist. Flügel der Widerstandsbewegung; nach dem 20. 7. 1944 verurteilt.

Leutenegger, Gertrud, schweizer. Schriftstellerin, *1948; Lyrik, Romane.

Leuthen, Dorf bei Breslau; 1757 Sieg Friedrichs d. Gr. über die Österreicher.

Leutnant [frz.] der, unterste Rangklasse der Offiziere, mit den Stufen **L.** und **Ober-L.**

Levante [ital. »Morgenland«] die, Länder um das östl. Mittelmeer bis zum Euphrat und Nil, bes. die Küste Kleinasiens, Syriens und Ägyptens. **Levantiner** der, **1)** europ.-oriental. Mischling in der L. **2)** Händler in den Hafenstädten der L.

Levée [ləv'e, frz.] die, ⚔ Aushebung von Rekruten, Aufgebot. **L. en masse** [ãm'as], Aufgebot der gesamten männl. Bevölkerung.

Level [levl, engl.] der, Stufe, geistiges, soziales, wirtschaftl. Niveau.

Lever [ləv'e, frz.] das, Aufstehen; 17./18. Jh.: Morgenempfang bei einem Fürsten.

Leverkusen, Industriestadt in NRW, 156000 Ew.; chem. Großind. (Bayer), Eisen-, Maschinen-, Textilind.

Le Verrier [ləvɛrj'e], Urbain Jean Josef, frz. Astronom, *1811, †1877; schloß aus den Abweichungen der Bewegung des Uranus von der Theorie auf die Existenz des Neptun.

Levetzow, Ulrike v., *1804, †1899; Goethes Liebe zu ihr fand Ausdruck in seiner »Marienbader Elegie«.

Levi, Sohn Jakobs und der Lea (→ Leviten).

Leviathan der, A. T.: Chaosdrache (Ps. 104,26). Dichterisch: Ungeheuer.

Levirat das, **Leviratsehe,** Schwägerehe, die bei manchen Völkern (z.B. Israeliten) bestehende Sitte, daß der jüngere Bruder die Witwe des älteren zu heiraten hat.

Lévi-Strauss [levistr'os], Claude, frz. Ethnologe, *1908; deckte allg. (strukturale) Gesetzlichkeiten in sozialen Gegebenheiten versch. Kulturen auf.

Leviten [nach Levi] Mz., Ez. **Levit** der, **1)** israelit. Stamm, dem der Tempeldienst oblag. **2)** kath. Kirche: Diakon und Subdiakon beim feierl. Hochamt. **3) die L. lesen,** einen Verweis erteilen.

Levkoje die, krautige Kreuzblüter, bes. im Mittelmeergebiet; Gartenblumen.

Lévy-Bruhl [-bry:l], Lucien, frz. Soziologe, Psychologe, *1857, †1939; Arbeiten über das Denken der Naturvölker.

Lew, Lev der, -s/Lewa, bulgar. Währungseinheit. = 100 Stótinki.

Lewis [l'uis], **1)** Sir (William) Arthur, brit. Wirtschaftswissenschaftler, *1913; befaßte sich u.a. mit Entwicklungstheorie; Nobelpreis 1979. **2)** Cecil Day, engl. Schriftst., *1904, †1972; Lyriker; auch Kriminalromane. **3)** Sinclair, amerikan. Schriftst., *1885, †1951; gab satir. Sittenbilder der amerikan. Mittelklasse; Romane »Hauptstraße«, »Babbitt«, »Dodsworth« u.a. Nobelpreis 1930.

Lex [lat.] die, Mz. Leges, ⚖ das Gesetz.

Lexikon [grch.] das, -s/...ka, Wörterbuch; nach dem Abc geordnetes Sachwörterbuch (→ Enzyklopädie, → Konversationslexikon).

Ley, Robert, nat.-soz. Politiker, *1890, † (Selbstmord) 1945; Chemiker; 1932 Reichsorganisationsleiter; löste 1933 die Gewerkschaften auf, gründete die Dt. Arbeitsfront (DAF) sowie die Organisation »Kraft durch Freude« (KdF).

Leyden, 1) → Gerhaert von Leyden. **2)** → Lucas von Leyden.

Leysin [lez'ɛ̃], Luft- und Lungenkurort im Kt. Waadt, Schweiz, 1400 m ü. M., 2700 Ew.

Leyte, vulkan. Insel der Philippinen, 6268 km², 1,3 Mio. Ew.; fruchtbar, mineralreich.

Lhasa [tibet. »Ort der Götter«], Hptst. von Tibet, etwa 3600 m ü. M., etwa 343000 Ew.; die hl. Stadt der lamaist. Buddhisten, bis 1959 Sitz des Dalai-Lama, mit Palastburg (Potala).

Lhotse, Berg im Himalaya, 8511 m hoch, Erstbesteigung 1956 von E. Reiss und F. Luchsinger.

Li, chem. Symbol für Lithium.

Liane [frz.], Kletterpflanze, bes. im Urwald.

Liaotung, amtl. **Liadong Bandao,** Halbinsel im nordöstl. China., zw. dem **Golf von L.** und der Koreabai.

Lias der oder die, **schwarzer Jura,** Gesteinsschicht, → Erdgeschichte, ÜBERSICHT.

Libanon, Staat an der O-Küste des Mittelmeers, 10400 km², 2,7 Mio. Ew.; Hauptstadt: Beirut. Religion: rd. 50% Christen, darunter Maroniten; sonst Muslime und Drusen, rd.

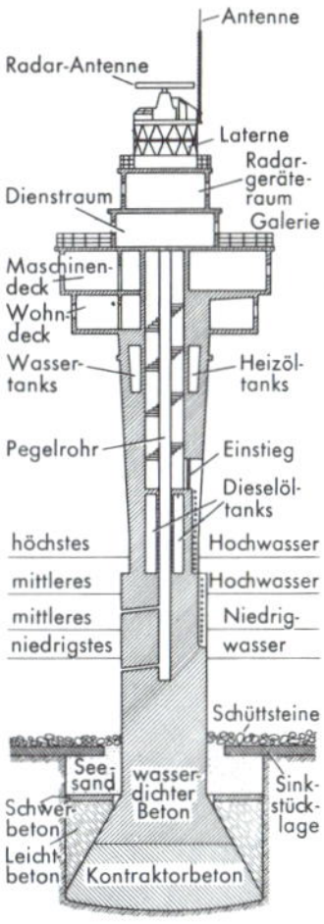

Leuchtturm: Schnitt durch den L. »Alte Weser«

Levkoje

S. Lewis

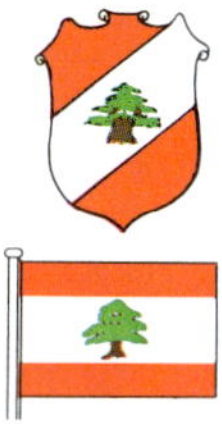

Libanon

Libellen 1): Seejungfer

6000 Juden. Der Staatspräs. muß Maronit, der MinPräs. Sunnit sein. – Anbau von Südfrüchten, Oliven, Wein, Tabak, Maulbeerbäumen. Krieg und Bürgerkrieg (seit 1975) beeinträchtigten das Wirtschaftsleben sehr. – GESCHICHTE. Die Geschicke L.s waren früher mit denen →Syriens verbunden; 1920 wurde L. mit Syrien frz. Mandat, seit 1926 mit eigener Verwaltung, 1944 unabhängig. Als 1958 eine polit. Krise das Land erschütterte, wurden vorübergehend amerikan. Truppen in L. stationiert. Unter dem Druck der arab. Nachbarstaaten und der PLO ließ die libanes. Reg. seit 1967 Guerilla-Aktionen der palästinens. Araber vom L. gegen Israel zu. Dies zog israel. Vorstöße gegen L. nach sich. Die zunehmende Verwicklung des L. in den Nahostkonflikt führte zu schweren innenpolit. Spannungen und stellte das verfassungsmäßig garantierte Gleichgewicht zw. den Religionsparteien in Frage. Seit 1975 entwickelte sich ein Bürgerkrieg zw. christl. und muslim. Kräften. Die 1976 in das Land einmarschierten syr. Streitkräfte, von der arab. Liga in eine panarab. Friedenstruppe eingebaut, sicherten den Einfluß Syriens in L. In einem Gebietsstreifen entlang der libanesisch-israel. Grenze bildeten christl. Milizen unter israel. Schutz den »Freien L.«. 1982/83 besetzte Israel den Süd-L. Nach dem erzwungenen Rückzug der Israelis flammten die Kämpfe zw. den rivalisierenden Parteien in häufig wechselnden Bündnissen wieder auf. Staatspräs. E. Hrawi (seit 1989); Min.Präs.: S. al-Hoss (seit 1989). ⊕ S. 482.

Libanon-Gebirge, Gebirge in Vorder-Asien, 175 km lang, bis 3088 m hoch; nur noch Restbestände an Libanon-Zedern, an den W-Hängen intensive Bewirtschaftung; Erholungs- und Wintersportgebiet.

Libau, lett. **Liepaja,** Hafenstadt der Lett. SSR, 108000 Ew.; Industrie, Handel; Badestrand. – Im 13. Jh. vom Schwertbrüderorden gegr., gehörte L. seit 1795 zu Rußland, 1919-1940 zur Rep. Lettland.

Liberia

Libby, Willard F., amerikan. Physiker, Chemiker, *1908, †1980; erhielt für die Entwicklung der →Radiokarbonmethode 1960 den Nobelpreis.

Libellen [lat.] Mz., **1) Wasserjungfern, Schillebolde.** Insekten mit 4 netzadrigen Flügeln, großem Kopf, sehr leistungsfähigen Facettenaugen und kräftigen Mundwerkzeugen. Bekannt sind **See-, Schmal-** (oder **Schlank-**) und **Goldjungfer. 2)** →Wasserwaage.

liberal [lat.], freisinnig; vorurteilsfrei.

Liberal-Demokratische Partei Deutschlands, LDPD, 1945 in der sowjet. Besatzungszone gegr. Partei, die 1948 ihre Unabhängigkeit durch Blockbildung mit der SED verlor; seit Ende 1989 wieder eigenständig; 1990 Umbenennung in **Liberal-Demokrat. Partei, LDP.**

Liberalisierung [lat.] die, **1)** allg.: Abbau bestehender Zwangsvorschriften. **2)** Außenhandel: Beseitigung von mengenmäßigen Beschränkungen bei der Einfuhr von Waren.

Libyen

Liberalismus [aus lat. liberalis »die Freiheit betreffend«] der, Staats-, Gesellschafts- und Wirtschaftsauffassung, die die Freiheit des einzelnen als grundlegende Norm des menschl. Zusammenlebens ansieht, den Fortschritt in Kultur, Recht, Sitte, Wirtschaft und sozialer Ordnung als geschichtl. Entwicklung annimmt und eine fortgesetzte Emanzipation des Individuums fordert. Historisch entstand der L. Anfang des 19. Jh.; er wurde von bürgerl. Schichten getragen und knüpfte an die Frz. Revolution von 1789 an. Polit. Ziele waren Beseitigung des Absolutismus, Einführung von Verfassungen, Errichtung von Volksvertretungen, weitgehende Selbstverwaltung, Gewährung der Grundrechte. In Dtl. vor 1870 und in Italien war der L. Träger des nationalen Einheitsstrebens. Auf wirtschaftl. Gebiet forderte er die Beseitigung staatl. Eingriffe in das wirtschaftl. und soziale Leben (»laissez faire«, Gewährenlassen); bei freiem Wettbewerb durch Gewerbefreiheit und Freihandel sollten sich Preise und Löhne nach dem Gesetz von Angebot und Nachfrage im freien Spiel der Kräfte regeln. Vielfach trat er gegen polit. Einflüsse der Kirche auf, so in Preußen z. Z. des Kulturkampfes; bes. in Frankreich, Italien und Spanien zeigte er antiklerikale Tendenzen. Die **liberalen Parteien** spielten im 19. Jh. eine wichtige Rolle. Seit den ersten Jahrzehnten des 20. Jh. trat ein Rückschlag ein, der sie vielfach, so in Großbritannien, zur Bedeutungslosigkeit herabdrückte. Heute sucht der L. vielfach nach neuen Wegen **(Neo-L.).**

Liberia, Rep. in W-Afrika, 111369 km^2, 2,4 Mio. Ew. (rd. 25% Muslime, 85800 Christen); Hptst.: Monrovia; Amtssprache: Englisch. – Präsidialverfassung nach amerikan. Muster. – Im Küstengebiet meist trop. Regenwald, landeinwärts Savanne. Anbau: Reis, Bananen, Kaffee u. a., in Plantagenwirtschaft Kautschuk. ⚒ auf Eisenerz, Diamanten. Ausfuhr: Diamanten, Kautschuk. Haupthandelspartner: USA. Große Handelsflotte unter liberian. Flagge. Haupthafen: Monrovia; Flughafen: Robertsfield (nahe Monrovia). Ⓖ L. ist 1822 aus einer Ansiedlung freigelassener nordamerikan. Negersklaven entstanden; seit 1847 selbständig. Präs.: S. K. Doe (nach Putsch 1980). ⊕ S. 482.

Libero [ital. »freier Mann«], Fußball: Abwehrspieler, der auch im Angriff mitspielt, wenn die Situation es erlaubt.

Libertas die, altröm. Göttin der Freiheit.

Liberté, Egalité, Fraternité [frz.], »Freiheit, Gleichheit, Brüderlichkeit«, Losungsworte der Frz. Revolution.

Libertin [libɛrˈtɛ̃] der, **Libertiner, 1)** zügelloser, liederl. Mensch. **2)** ✤ Freigeist. **Libertinage** [libɛrtinˈaːʒ] die, Liederlichkeit.

liberum arbitrium [lat.], freies Ermessen.

Libido [lat.] die, im geschlechtl. Verhalten Lust, Trieb, Begierde.

Libration [lat.] die, scheinbares Pendeln des Mondes, das bewirkt, daß man von der Erde aus 4/7 der Oberfläche sehen kann.

Libretto [ital.] das, Opern-, Operettentext.

Libreville [librəvˈil], Hptst. und wichtigster Hafen der Rep. Gabun, 186200 Ew.

Libussa, sagenhafte Gründerin Prags.

Libyen, Arab. Libysche Sozialist. VR in N-Afrika, 1759540 km^2, 4,1 Mio. Ew.; Verwaltungssitz: Tripolis; Regierungssitz: El-Beida. Amtssprache: Arabisch. Volksvertretung: Allg. Volkskongreß; keine polit. Parteien. – L. umfaßt die Cyrenaica, Tripolitanien und Fessan. In Küstennähe kulturfähige Steppe und Weidegebiete; im Innern Wüste. Klima: heiß, trocken. BEVÖLKERUNG. Meist Araber, daneben Berber. Staatsreligion: Islam. WIRTSCHAFT. Anbau an der Küste und in Oasen, z. T. mit Bewässerung: Getreide, Datteln, Oliven. Grundlage der Wirtschaft L.s ist das Erdöl. Fremdenverkehr. Ausfuhr: Erdöl, Erdnüsse, Olivenöl, Datteln, Häute, Rizinussamen. Haupthandelspartner: Bundesrep. Dtl., Italien. Moderne Küstenstraße. Haupthäfen und Flughäfen: Tripolis, Bengasi. Ⓖ L. kam im 1. Jh. v. Chr. unter röm., im 7. Jh. unter arab. Herrschaft, 1556 an die Türkei, 1912 an Italien. L. war im 2. Weltkrieg Kampfgebiet. Am 24. 12. 1951 wurde es auf Beschluß der UNO selbständiges Kgr. unter Idris el-Senussi. Der König wurde 1969 abgesetzt. Oberst Moamar al Gaddhaffi übernahm die Macht; MinPräs. O. al Muntasser (seit 1986). ⊕ S. 482.

Libysche Wüste, der nordöstl., wasser- und pflanzenärmste Teil der Sahara, etwa 2 Mio. km^2. Der NW der L. W. gehört zu Libyen, der NO zu Ägypten, der S zum Sudan.

Lic., Abk. für → Lizentiat.

Lichen [grch.] der, **Knötchenflechte,** stark juckender knötchenförmiger Ausschlag.

Lichnowsky, Felix Fürst, *1814, †(ermordet) 1848, Führer der Rechten in der Frankfurter Nationalversammlung.

Licht das, elektromagnet. Strahlung, die sich geradlinig ausbreitet; an der Grenze zweier Medien (z. B. zw. Luft und Glas oder Luft und Wasser) wird die Strahlrichtung geändert (→ Brechung). Weißes L., das als eine Mischung verschiedenfarbigen L. aufzufassen ist, kann in seine versch. Farben zerlegt werden, da diese versch. Brechbarkeit haben (→ Dispersion, → Spektrum). Beim Auftreffen auf undurchsichtige Körper wird das L. entweder vollständig zurückgeworfen (reflektiert), wie vom Spiegel oder von weißen Körpern, oder es wird verschluckt (absorbiert), teilweise von farbigen, völlig von schwarzen Körpern (→ Körperfarben). Newton nahm an, daß das L. aus kleinsten Teilchen bestünde (Emissionstheorie, 1669). Die Wellentheorie von Huygens (1677) betrachtete das L. als die Wellenbewegung eines das ganze Weltall erfüllenden, unwägbaren Stoffes, des »Äthers«. Die Maxwellsche Theorie deutete das L. als eine elektromagnet. Strahlung der Wellenlängen 0,36 bis 0,78 μm. Den **L.-Wellen** sind nach der Quantentheorie masselose Elementarteilchen, die **L.-Quanten** oder **Photonen,** zugeordnet, die von den Elektronen der Atome emittiert und absorbiert werden. **L.-Quellen** strahlen entweder selbst infolge hoher Temperatur und dadurch bedingter Anregung der Atomelektronen (Sonne, Fixsterne, Glühlampe) oder nach Anregung durch elektr. Vorgänge (Leuchtröhren), oder sie werfen das auf sie auftreffende L. zurück (Mond, Planeten, alle nicht selbstleuchtenden Körper).

Lichtanlage, alle zur elektr. Beleuchtung erforderl., fest verlegten Leitungen, Schalter, Sicherungen, Steckdosen u. ä.

Lichtbild, → Photographie.

Lichtbogen, Gasentladung hoher Stromstärke, techn. genutzt in der Bogenlampe, zum Schneiden, Schweißen, Schmelzen von Metallen **(L.-Ofen).**

Lichtdruck, 1) ⊘ Flachdruckverfahren zur Wiedergabe von Halbtönen, bei dem eine mit Gelatine überzogene Mattglasplatte belichtet wird. **2)** der Strahlungsdruck (→ Strahlung).

lichte Höhe, lichte Weite, Höhe im Lichten, innere nutzbare Höhe (Breite) eines Raumes oder einer Öffnung.

lichtelektrischer Effekt, → Photoeffekt.

lichtelektrische Zelle, → Photozelle, → Selen.

lichten, ⚓ Anker hochziehen.

Lichtenberg, Georg Christoph, Schriftst., Physiker, *1742, †1799; geistreiche »Aphorismen«, Abhandlungen.

Lichtenstein, Schloß südöstl. von Reutlingen, auf der Schwäb. Alb, 1840/41 auf den Grundmauern der älteren, durch Hauffs Erzählung bekannten Burg L. erbaut.

Lichtgeschwindigkeit, ⊙ Ausbreitungsgeschwindigkeit des Lichts und aller elektromagnet. Wellen im Vakuum; universelle Konstante der Relativitätstheorie mit dem Wert 299792456,2 ± 1,1 m/s.

Lichtjahr, Strecke, die das Licht in einem Jahr zurücklegt, dient als Einheit für astronom. Entfernungsmessungen. 1 L. = 9,460528 Billionen km.

Lichtleiter, Bündel biegsamer Glasfasern aus hochreinen, absorptionsfreien Gläsern, mit Durchmessern zw. 0,001 und 0,005 mm, für Beleuchtungs- und Beobachtungszwecke in der Endoskopie, in der Nachrichten- und Meßtechnik zur Informationsübertragung. Die einzelne Glasfaser besteht aus einem Kern und einem Mantel mit unterschiedl. Brechzahl. Das eintretende Licht wird durch → Totalreflexion an der Grenzfläche zw. Kern und Mantel im Kern geführt.

Lichtmaschine, im Kraftfahrzeug vom Motor angetriebener Generator, der Strom für die elektr. Verbraucher und zur Batterieladung liefert.

Lichtmeß, Mariä L., Darstellung Christi (2. 2.), Fest zum Gedächtnis des Besuchs Marias mit dem Jesuskind im Tempel.

Lichtnelke, 1) Lychnis, Gatt. der Nelkengewächse. **Kuckucks-L.:** Wiesenblume mit fleischroten, zerschlitzten Blüten. Gartenpflanze: **Brennende Liebe,** scharlachrot. **2) Melandryum,** leimkrautähnl. Gatt. der Nelkengewächse.

Lichtnelke 1): Kuckucks-L.

Licht|orgel, Effektbeleuchtungsanlage, bei der farbige Lampen im Takt von Lautsprechermusik selbsttätig gesteuert werden.

Lichtquant das, → Photon.

Lichtsignale, 1) zur Regelung des Verkehrs. **2)** zur Übermittlung von Nachrichten (→ Leuchtfeuer, → Blinklicht; Notzeichen).

Lichtspielwesen, → Film.

Lichtstärke, 1) → Lichttechnik. **2)** Photographie: Verhältnis der wirksamen Öffnung eines Objektivs zur Brennweite.

Lichttechnik, Grundbegriffe: **Lichtstrom:** gesamte von einer Lichtquelle ausgehende Strahlungsleistung, soweit sie vom Auge als Licht empfunden wird, Einheit Lumen, Abk. lm. **Lichtmenge:** Produkt aus Lichtstrom und Zeit, Einheit Lumenstunde, Abk. lmh (für Wirtschaftlichkeitsbetrachtungen und als Dosis für photochem., -graph. und -biolog. Vorgänge). **Lichtstärke:** Lichtstromdichte für den Raumwinkel 1, Einheit Candela, Abk. cd (Basiseinheit für das Internationale Einheitensystem SI). Eine nach allen Seiten gleichmäßig strahlende Lichtquelle von 12,57 lm hat die Lichtstärke 1 cd. Die Lichtverteilungskurve einer Lichtquelle oder Leuchte gibt die Lichtstärke in versch. Richtungen an. Als Normal dient ein Hohlraumstrahler bei der Temperatur des erstarrenden Platins. **Lichtausbeute:** Quotient aus abgegebenem Lichtstrom und zugeführter elektr. Leistung, Einheit lm/W. **Leuchtdichte:** Maß für die Helligkeit einer leuchtenden Fläche, d. h. Quotient aus Lichtstärke und Fläche (senkrecht zur Strahlungsrichtung), Maßeinheit: Candela/m^2 (cd/m^2), früher Stilb (sb). **Beleuchtungsstärke:** Maß für die Helligkeit einer beleuchteten Fläche, d. h. Quotient aus Lichtstrom und Fläche, Einheit Lux, Abk. lx (1 lx = 1 lm/m^2).

Lichttonverfahren, Verfahren der Tonfilmtechnik, bei dem Schallwellen mit Lichtsteuergeräten in Lichtschwankungen umgesetzt werden (Tonfilm).

Lichtverstärker, → Laser.

Lichtwark, Alfred, Kunsthistoriker, *1852, †1914, führend in der Kunsterziehungsbewegung.

Lichtwert, bei automat. Kameraverschlüssen eine vom Belichtungsmesser angezeigte Hilfszahl (1 bis 20), mit der die von der Filmempfindlichkeit abhängige Belichtungszeit und Blende eingestellt werden.

Lichtzählrohr, ⊠ nur auf Photonen des sichtbaren Lichts reagierendes Zählrohr, dient zur Messung von Lichtintensitäten.

Lick-Sternwarte, auf dem Mount Hamilton in Kalifornien, nach dem Stifter J. Lick (*1796, †1876) benannt.

Lid das, Augenlid (→ Auge).

Lidar, Abk. für **L**ight **d**etection **a**nd **r**anging, nach dem Radarprinzip, jedoch mit Laserlicht arbeitendes Verfahren der Umwelttechnik, mit dem der Schadstoffgehalt der Luft gemessen werden kann.

Liderung, ⊙ im Maschinen- und Geschützbau die Dichtung.

Lidice [l'idjitse], tschech. Dorf im Bez.

M. Liebermann Selbstbildnis

Kladno, 1942 von der SS als Repressalie für das Attentat auf Heydrich zerstört; die Männer wurden erschossen, die Frauen in KZ gebracht, die Kinder auf dt. Familien verteilt.

v. Liebig

Lido [ital.] der, Landstreifen zw. Meer und Lagune, z. B. der **L. von Venedig.**

Lie [li:], **1)** Jonas, norweg. Schriftst., *1833, †1908; Romane (»Die Familie auf Gilje«). **2)** Trygve, norweg. Politiker, *1896, †1968; 1946-52 Gen.-Sekr. der UNO.

Liebe die, **1)** opferbereite Gefühlsbindung, Zuneigung, z. B. →platonische Liebe; i. e. S.: geschlechtsgebundene Gefühlsbeziehung. **2)** Erbarmen, Mildtätigkeit.

Liebeneiner, Wolfgang, Schauspieler und Regisseur, *1905, †1987; wirkte zuerst in Berlin, seit 1954 am Theater i. d. Josefstadt in Wien. Filme: »Der Mustergatte«, »Liebe 47« u. a.

Liechtenstein

Liebenstein, Bad L., Gem. im Bez. Suhl, 8600 Ew.; ältestes Heilbad Thüringens (Eisen-, Arsen-, Mangan-, Kochsalzquellen); Augenheilanstalt.

Liebenwerda, Bad L., Krst. im Bez. Cottbus, an der Schwarzen Elster, 6700 Ew.; Eisenmoorbad.

Liebenzell, Bad L., Stadt im Kr. Calw, Bad.-Württ., 7000 Ew., Heilbad mit warmen Quellen und Luftkurort im Schwarzwald; internat. Jugendzentrum Burg Liebenzell.

Liebermann, 1) Max, Maler, Graphiker, *1847, †1935; wurde nach anfänglich naturalist. Malweise Hauptvertreter des dt. Impressionismus; Genrebilder, Porträts, Landschaften. **2)** Rolf, schweizer. Komponist, *1910; Opern, Orchesterwerke u. a. in der Zwölftonmusik nahestehendem Stil.

Liebesmahl, 1) Agape, in der christl. Kirche die bis ins 4. Jh. zugunsten der Armen veranstaltete gemeinsame Mahlzeit. **2)** feierl. Abendmahlzeit der Brüdergemeine mit Gesang, Gebet.

Liechtenstein: Schloß Vaduz

Liebig, Justus v., Chemiker, *1803, †1873; Schöpfer der Agrikulturchemie, führte die Mineraldüngung ein, entwickelte einen Fleischextrakt.

Liebknecht, 1) Karl, Politiker, Sohn von 2), *1871, †1919; seit 1912 sozialdemokrat. Reichstagsabgeordneter, führte den von ihm gegr. Spartakusbund (1919 in Berlin), wurde verhaftet und ohne Verfahren erschossen. **2)** Wilhelm, Politiker, *1826, †1900; lebte seit 1850 in enger Freundschaft mit Marx in London; neben Bebel der erste Führer der SPD.

Liebstöckel der oder das, Doldenblüter mit gelbl. Blütchen (Küchengewürz); der Wurzelstock gibt harntreibenden Tee.

Liechtenstein, Fürstentum in den Alpen, zw. Österreich und der Schweiz, von dieser durch den Rhein getrennt; 160 km², 28000 deutschsprachige, meist kath. Ew.; Hptst.: Vaduz. Verfassung von 1921, Staatsoberhaupt der Fürst, Landtag mit 15 Abgeordneten. Außenpolit. Vertretung L.s durch die Schweiz. Acker-, Obst-, Weinbau; Textil-, feinmechan. u. a. Ind.; Fremdenverkehr. Post- und Zollgemeinschaft mit der Schweiz. – Das österr. Adelsgeschlecht L. erwarb 1699 und 1712 die reichsunmittelbaren Herrschaften Schellenberg und Vaduz, 1719 zum Fürstentum L. erhoben. Fürst: Hans II. Adam (seit 1989).

Lied das, **1)** sangbare lyrische Kurzform. **2)** ♩ die zum Singen bestimmte Vertonung eines Gedichts mit einer in sich geschlossenen Melodie. Das **Volks.-L.** gibt den Empfindungen eines Volkes Ausdruck. Das **Kunst-L.,** von einem bestimmten Künstler geschaffen, ist in seinem Ausdruck persönlicher. Die häufigste Liedform in der Neuzeit ist das einstimmige Solo-L. mit Klavierbegleitung (Schubert, Schumann, Brahms, R. Strauß u. a.).

Liedermacher, Autoren und Interpreten im deutschsprachigen Raum, die Lieder selbst texten, komponieren und vortragen.

Liegenschaft die, Grundstück.

Liegnitz, poln. **Legnica** [-tsa], Hptst. der poln. Wwschaft Legnica, ehemal. Hauptstadt des RegBez. L., Niederschlesien, an der Katzbach, 96500 Ew.; Behördenstadt, landwirtschaftl. Veredelungs- u. a. Ind.; evang. Peter-Paul-Kirche (14. Jh., got.), kath. Johanniskirche (1714-1730, barock umgebaut); Schloß, barockes Rathaus. L. war schles. Herzogssitz, 1241 Mongolenschlacht (bei Wahlstatt), kam 1675 an Österreich, 1742 an Preußen.

Lienz, Stadt in Osttirol, Österreich, an der Drau, 675 m ü. M., 12000 Ew.; Fremdenverkehr.

Lieschgras, Grasgatt. mit walziger Rispe: **Wiesen-L. (Timotheusgras),** Futtergras.

Liestal, Hptst. des Kt. Basel-Landschaft, Schweiz, 12100 Ew.; Textil-, Kunststoffind.

Lietz, Hermann, Pädagoge, *1868, †1919, gründete die ersten Landerziehungsheime.

Lifar, Serge, russ. Tänzer, *1905, †1986; Choreograph, Ballettmeister u. a. in Paris.

LIFO, Abk. für Last in/First out, Speicherprinzip in der Datenverarbeitung, die zuletzt eingegebene Information wird als erste ausgegeben.

Lift [engl.] der, -s/-e oder -s, Aufzug. **Liftboy** der, Aufzugführer.

Liga [span.] die, -/...gen, **1)** Bund, Bündnis, bes. die Fürstenbündnisse im 15.-17. Jh. **Kath. Liga,** unter Maximilian I. von Bayern 1609 gegen die Protestant. Union abgeschlossen. **2)** ↗ Spitzenklassen in Mannschaftssportarten; in der Bundesrep. Dtl. die Bundes-L.

Liga für Menschenrechte, 1898 in Paris zur Revision des Dreyfus-Prozesses gegr.; 1922 schlossen sich die nationalen Gruppen zur **Internat. L. f. M.** zusammen.

Ligament [lat.] das, ♡ sehniges Band.

Ligatur [lat.] die, **1)** Vereinigung zweier Buchstaben auf einer Type, z. B. fi, fl, æ, œ.

Brüder von Limburg: »Februar«, aus dem Stundenbuch des Herzogs von Berry

2) 𝅗𝅥 Zusammenziehung von 2 gleich hohen Noten zu einem Ton.

Ligeti, György, österr. Komponist ungar. Herkunft, *1923; entwickelte die »Klangfarbenkomposition«.

Lignin [lat.] das, Holzbestandteil.

Lignit der, ✤ für **Xylit,** engl. Bez. für holzartige Braunkohle.

Liguori, Alfonso Maria di, kath. Moraltheologe, *1696, †1787; Gründer der → Redemptoristen (1732); Kirchenlehrer (Tag 1. 8.).

Liguri|en, 1) im Altertum das Land der kelt. **Ligurer,** die zu Beginn der geschichtl. Zeit im südl. Gallien und westl. Oberitalien wohnten. **2)** Landschaft um den Golf von Genua.

Ligurisches Meer, nördl. Teil des westl. Mittelmeers zw. Riviera und Korsika.

Liguster der, **Rainweide,** Heckenstrauch mit weißen Blüten und schwarzen Beeren.

Ligusterschwärmer, großer, braun-rotschwarzer Nachtschmetterling; die grüne Raupe lebt auf Liguster und Flieder.

liieren [frz.], eng verbinden. **liiert,** eng verbunden, vertraut.

Likör [frz.] der, süßer oder sämiger Gewürz-, Frucht-, Kräuterbranntwein.

Liktoren [lat.] Mz., Ez. **Liktor** der, im alten Rom: Amtsdiener der höheren Beamten, denen sie die fasces vorantrugen.

Lili|e die, Gatt. einkeimblättriger hoher Zwiebelpflanzen mit großen Blüten; manche als Zierpflanzen. Europ.-asiat.: **Türkenbund,** blaß braunrot blühend, bes. im Buchenwald, steht unter Naturschutz; europ.: **Feuer-L.,** rotgelb blühend, auf Gebirgswiesen. Viele Arten sind Gartenzierpflanzen, z. B. die weißblühende **Weiße L.** aus dem östl. Mittelmeerbereich. Zur Familie **L.-Gewächse** gehören außer der Gatt. L. noch Tulpe, Kaiserkrone, Hyazinthe, Zwiebel.

Lili|encron, Detlev Freiherr v., Dichter, *1844, †1909; Gedichte (»Adjutantenritte«, »Der Haidegänger«), Kriegsnovellen, Romane, das »kunterbunte« Epos »Poggfred«.

Lili|enthal, Otto, Ingenieur, Flugtechniker, *1848, † (abgestürzt) 1896; seit 1891 erste Gleitflüge über mehrere 100 m Länge.

Liliput, in Swifts Satire »Gullivers Reisen« (1726) ein Märchenland mit nur daumengroßen Bewohnern **(Liliputanern).**

Lilith, jüd. Aberglaube: unheilbringendes Nachtgespenst; im Talmud Adams erste Frau.

Lilje, Hanns, evang. Landesbischof von Hannover (1947-71), *1899, †1977.

Lille [lil], Stadt und Festung in NO-Frankreich, 168 400 Ew.; 2 Univ.; Ind.-Zentrum. Lille gehörte früher zu Flandern, kam 1667 an Frankreich.

Lilongwe, Hptst. von Malawi, 187 000 Ew.

Lima, Hptst. der Rep. Peru, Südamerika, 4,7 Mio. Ew.; Kathedrale, Bauten aus der Kolonialzeit, alte Kirchen und Klöster; Erzbischofssitz; Univ. Baumwoll-, Möbel-, Schuh-, Mühlen-Ind. – 1535 von Pizarro gegründet.

Liman [türk.] der, Haff, bes. die Haffe senkrecht zur Nordküste des Schwarzen Meers.

Limbach-Oberfrohna, Stadt im Bez. Karl-Marx-Stadt, 22 100 Ew.; Fachschule für Wirkerei; Wirkwaren- u. a. Ind.

Limburg, 1) L. an der Lahn, Krst. in Hessen, 28 600 Ew.; roman. Dom; Fachwerkhäuser; Ind.: Maschinen, Blech-, Papierwaren. **2)** südl. Provinz der Niederlande, ehem. Hzgt.; Hptst.: Maastricht. **3)** nordöstl. Provinz Belgiens, westlich der Maas; Hptst.: Hasselt. **4)** Stadt in Belgien, östl. von Verviers; Käsebereitung: **Limburger Käse.**

Limburg, Brüder von L., Paul, Hermann, Jan, niederländ.-frz. Miniaturmaler. Hauptwerk: Stundenbuch »Très riches heures« (um 1416), für den Herzog von Berry geschaffen.

Limbus [lat. »Rand«] der, nach kath. Lehre die Vorhölle, der Aufenthaltsort a) der Gerechten des A. T. bis zur Himmelfahrt Christi, b) der seit der Verkündigung des Evangeliums ungetauft verstorbenen Unmündigen.

Limerick, irisch **Luimneach** [l'imnəx], Hafenstadt im südwestl. Irland, an der Shannonbucht, 56 100 Ew.; Schiffbau, Eisengießerei, Salmfischerei.

Limerick der, engl. Strophenform, meist fünfzeilig, für Ulkverse.

Limes [lat.] der, Grenzwall; bes. der unter Domitian, Trajan, Hadrian gebaute und durch Kastelle verstärkte **Obergerman.-Rätische L.** (548 km lang), der die Prov. Obergermanien und Rätien zw. Rhein und Donau gegen die german. Völker abschloß; nach 250 n. Chr. von den Römern aufgegeben.

Limfjord der, 180 km lange, buchtenreiche Meeresstraße durch N-Jütland (Dänemark).

Limit [engl.] das, Preisgrenze, bes. im Wertpapierhandel, soll beim Kauf nicht über-, beim Verkauf nicht unterschritten werden. Zw.: **limitieren.**

Limited [l'ɪmɪtɪd, engl. »beschränkt«], **Ltd., Lim., Ld.,** Zusatz bei engl. Handelsfirmen, die etwa der dt. AG. oder GmbH. entsprechen.

Limmat die, rechter Nebenfluß der Aare, entspringt als **Linth** am Tödi, fließt in den Zürichsee, den sie als Limmat verläßt, mündet bei Brugg.

Limnologie [grch.] die, Wissenschaft von den Binnengewässern und ihren Lebewesen.

Limnograph der, Pegel, der Wasserveränderungen selbsttätig aufzeichnet.

Limoges [lim'o:ʒ], Hptst. der geschichtl. Landschaft **Limousin,** Mittelfrankreich, an der Vienne, 140 400 Ew.; mittelalterl. Bauwerke; Univ.; Herstellung von Fayencen, Porzellan, Emailwaren, Elektrogeräten.

Liguster: Gemeiner L.

Lilie: Feuer-L.

Lilienthal

Limes

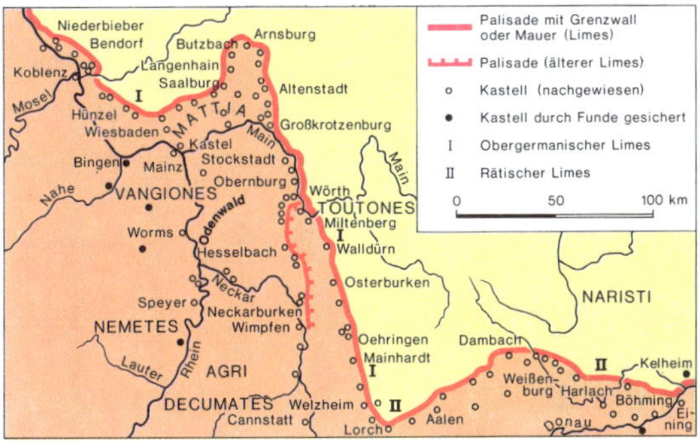

Limonade [frz.] die, alkoholfreies Getränk aus natürl. Aromastoffen und Wasser.

Limone [ital.] die, Zitrone, Gewächs der Gatt. Citrus.

Limousine [limuz'i:nə] die, geschlossener Personenkraftwagen.

Limpopo der, Fluß in Südafrika, entspringt als **Krokodilfluß** bei Johannesburg, mündet in den Ind. Ozean, 1600 km lang.

Linares, Bergwerksstadt im südl. Spanien, 53000 Ew.; Blei-, Kupferbergbau.

Lincke, Paul, Operetten-, Schlagerkomponist, *1866, †1946; »Frau Luna«, »Berliner Luft« u.a.

Lincoln [l'ɪŋkən], **1)** Stadt in Mittelengland, 77000 Ew.; Kathedrale (12.-14. Jh.); Herstellung landwirtschaftl. Maschinen und Geräte. **2)** Hptst. von Nebraska, USA, 172000 Ew.; 2 Univ.; Schlachthäuser.

Lincoln

Lincoln [l'ɪŋkən], Abraham, *1809, † (ermordet) 1865; als Republikaner 1861-65 der 16. Präs. der USA, hob 1862 die Sklaverei auf, führte die Nordstaaten im Sezessionskrieg.

Lind, Jenny, schwed. Sängerin, *1820, †1887; als »schwedische Nachtigall« gefeiert.

Lindau, Krst. in Bayern, Große Kreisstadt; Altstadt auf einer Insel im Bodensee, 24200 Ew.; Peterskirche (10. u. 12. Jh.), Stefanskirche (12. u. 18. Jh.), Rathaus (1422; umgebaut), Patrizierhäuser; Fremdenverkehr; Metall- u.a. Ind. Bis 1802 Reichsstadt.

Lindau

Lindbergh [l'ɪndbə:g], Charles, amerikan. Flieger, *1902, †1974; überflog 1927 als erster allein den Atlant. Ozean auf der Strecke New York–Paris.

Linde: Zweig mit Blüten, links Früchte

Linde die, Baumgatt. der Lindengewächse in der nördl. gemäßigten und subtrop. Zone, mit grünlichgelben, duft- und honigreichen Blüten, mit Flugblatt, das dem Blütenstiel angewachsen ist, und einsamigen Nüßchen. Die **Großblättrige L.** oder **Sommer-L.** blüht Mitte bis Ende Juni, die **Kleinblättrige L.** oder **Winter-L.** etwa 2 Wochen später (→ Zimmerlinde). Das weiche, zähe Holz dient zu Schnitzarbeiten, der Bast als Binde- und Flechtstoff, die Blüten zu Schwitztee, dem **Lindenblütentee,** die Holzkohle zum Zeichnen.

Linde, Carl v., Ingenieur, *1842, †1934; erfand 1876 die Ammoniakkältemaschine.

Lindenberg, Udo, Jazz- und Rockmusiker, *1946.

Linderhof, Prunkschloß Ludwigs II. von Bayern, südwestl. von Oberammergau.

Lindgren, Astrid, schwed. Kinderbuchautorin, *1907; schrieb »Pippi Langstrumpf«, »Kalle Blomquist« u.a. 1978 Friedenspreis des Dt. Buchhandels.

v. Linné

Lindtberg, Leopold, österr. Bühnen- und Filmregisseur, *1902, †1984; Inszenierungen in Zürich, Wien, Salzburg.

Lindwurm, Ungeheuer der german. Dichtung und Sage, → Drache.

Lineal [lat.] das, Holz- oder Metallstab zum Ziehen gerader Linien. **Kurven-L.,** → Kurve.

linear [lat.], auf Linien beziehbar, durch Linien darstellbar; **lineare Gleichung,** Gleichung ersten Grades.

Linearbeschleuniger, Gerät zur Beschleunigung geladener atomarer Teilchen auf gerader Bahn (einige m bis km). Ionen werden durch Spannungsstöße zw. aufeinanderfolgenden Elektroden, Elektronen durch ein elektr. Wechselfeld beschleunigt. Anwendung in der Hochenergiephysik und zur Erzeugung sehr harter Röntgenstrahlen.

Linearmotor, Elektromotor, bei dem keine rotierende, sondern eine geradlinige Bewegung erzeugt wird, da der Antrieb nicht von einem magnet. Drehfeld, sondern von einem Wanderfeld bewirkt wird. L. dienen z.B. als Antrieb von Fördermitteln.

Linga(m) [Sanskrit »Geschlechtsglied«] das, in Indien verehrtes Sinnbild des Shiva.

Lingen, Stadt in Ndsachs., am Dortmund-Ems-Kanal, 45600 Ew.; Erdölraffinerie; Kernkraftwerk.

Linguistik [lat.] die, Sprachwissenschaft.

Lini|e [lat.] die, **1)** △ Bahn eines bewegten Punktes. **2)** früher: aktive Truppenteile i. Ggs. zu Reserve, Landwehr. **3)** Abstammungsreihe.

Linienrichter, Gehilfe eines Schiedsrichters bei Ballspielen (an der Seitenlinie).

Linienschiff, bis etwa 1918 die größten und kampfkräftigsten Schlachtschiffe; kämpften urspr. in Linienformation (Kiellinie).

Linke die, **1)** im Parlament die (vom Präsidentenplatz aus) auf der linken Seite des Saales sitzende(n) Partei(en). **2)** bes. die sozialist. Parteien; auch in einer polit. Partei der linke Flügel, der dem Sozialismus oder Kommunismus nahesteht.

linke Hand, → morganatische Ehe.

Linköping [l'intçøpiŋ], Stadt in Südschweden, 111900 Ew.; Dom (12.-15. Jh.), Schloß (15. Jh.), Flugzeug- u.a. Ind.

Linkshändigkeit, Bevorzugung der linken Hand vor der rechten (z.B. beim Schreiben), bei etwa 2-5% aller Menschen.

Linné, Carl v., schwed. Naturforscher, *1707, †1778; schuf für die Pflanzen- und Tierarten lat.-grch. Benennungen mit je einem Gattungs- und einem Artnamen, beschrieb auch viele neue Arten und Gattungen.

Linole|um das, dauerhafter, elast. Belagstoff für Fußböden, Wände, Tische usw. aus Leinölfirnis, Kork, Harzen und Farbstoffen, auch Sojabohnenöl; in der Graphik zur Herstellung von **Linolschnitten.**

Linon [lin'ɔ̃, frz.] der, feinfädiges Gewebe aus Leinen, Baumwolle oder Halbleinen.

Linotype [l'aɪnotaɪp, engl.], die, → Setzmaschine.

Linse die, **1)** ⚘ krautiger, einjähriger Schmetterlingsblüter mit kleinen, weißl. Blüten und meist zweisamigen Hülsen; in Europa und anderen Erdteilen angebaut. Die Samen dienen als Gemüse, das Kraut als Viehfutter. **2)** → Auge. **3)** Optik: aus durchsichtigem Stoff (Glas, Steinsalz, Quarz) bestehender Körper, der von 2 schwach gewölbten Kugelhauben

Linse 3): Abbildung durch eine Sammellinse, **1** Gegenstand außerhalb, **2** innerhalb der Brennweite

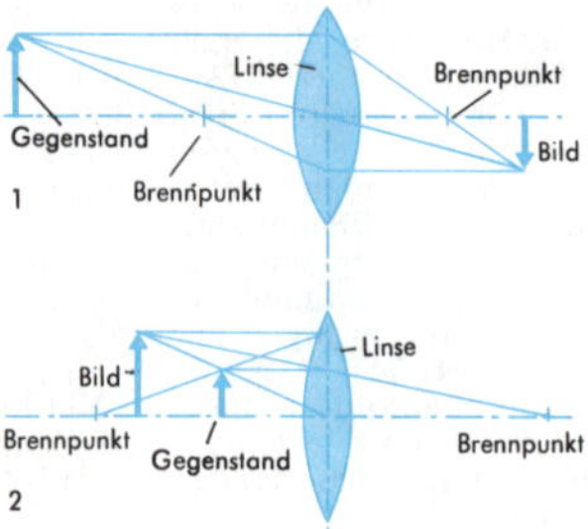

oder einer Ebene und einer Kugelhaube begrenzt ist. **Sammel-** oder **Konvex-L.,** in der Mitte dicker als am Rand, vereinigen parallele Strahlen in einem Punkt, dem **Brennpunkt** (daher auch **Brennglas**). Seine Entfernung von der L.-Mitte heißt **Brennweite. Zerstreuungs-** oder **Konkav-L.,** in der Mitte dünner als am Rand, bewirken Auseinanderlaufen der Strahlen. Je nach Art der Krümmung der L. unterscheidet man **bi-, plan-** und **konkavkonvexe Sammel-L.** und **bi-, plan-** und **konvexkonkave Zerstreuungs-L. L.-Kombination, L.-Satz,** Vereinigung mehrerer L., um die bei einfachen L. auftretenden Fehler (Aberration, Astigmatismus, Dispersion, Koma) auszugleichen.

Linters [engl.] Mz., unverspinnbare Schutzhaare des Baumwollsamenkerns; zur Herstellung von Chemiefasern, auch als Rohstoff für Papier.

Linth die, der Oberlauf der → Limmat.

Lin Yutang, eigtl. **Lin Yü-tang,** chines. Schriftst., *1895, †1976. Romane »Mein Land und mein Volk«, »Weisheit des lächelnden Lebens«.

Linz an der Donau, Hptst. Oberösterreichs, 200000 Ew.; Rathaus (1651), Dreifaltigkeitssäule (1723), Jesuitenkirche, ehem. Minoritenkirche (spätbarocker Neubau), Landhaus (1564-1571); Eisen- und Stahlwerke, opt., Stickstoff-, Textil-, Tabakind. – L. entstand aus dem röm. Kastell **Lentia.**

Linzgau, Landschaft nördl. vom Bodensee.

Lions [l'aɪənz, engl.], Kurzw. aus **L**iberty, **I**ntelligence, **O**ur **N**ations' **S**afety, Zusammenschluß von Persönlichkeiten des öffentl. Lebens zur internat. Verständigung, Sitz: Oak Brook (Illinois, USA); 33474 Klubs in 151 Ländern, davon 584 in der Bundesrep. Dtl.

Liotard [ljot'a:r], Jean-Etienne, schweizer. Pastell-, Emailmaler, *1702, †1789.

Liparische Inseln, Äolische Inseln, vulkan. Inselgruppe nördl. von Sizilien, 117 km². Tätige Vulkane: Stromboli, Vulcano.

Lipasen Mz., fettspaltende Enzyme bei Tieren und Pflanzen.

Lipezk, Stadt nördl. von Woronesch, UdSSR, 456000 Ew.; Badeort; Hüttenwerk, Nahrungsmittel- u.a. Ind.

Lipizzaner, Warmblutpferde (meist Schimmel), bis 1918 aus dem Hofgestüt Lipizza bei Triest, dann nach Piber (Steiermark) verlegt; Dressurpferde der Span. Reitschule in Wien.

Lipoide [grch.] Mz., in tier. und pflanzl. Zellen vorhandene fettähnl. Stoffe, z.B. Phosphatide. Die fettlösl. Vitamine sind an L. gebunden.

Fra Filippo Lippi: Madonnenbild

Lipom [grch.] das, die → Fettgeschwulst.

Lippe [urspr. nd.] die, fleischiger Rand bes. der menschl. Mundspalte. Die L. bestehen aus dem kreisförm. Schließmuskel des Mundes, der nach außen von der Gesichtshaut, nach innen von der Mundschleimhaut bedeckt ist; durch eine Schleimhautfalte (Lippenbändchen) sind beide Häute in der Mittellinie mit dem Zahnfleisch verbunden.

Lippe die, rechter Nebenfluß des Rheins, 255 km lang, entspringt im Teutoburger Wald, mündet bei Wesel; von Hamm bis Wesel vom **L.-Seitenkanal** begleitet.

Lippe, ehem. Freistaat in NW-Dtl., westl. der Weser, vom Lipp. Bergland und Lipp. Wald durchzogen, umfaßte 1215 km² mit (1939) 187300 Ew. Hptst. war Detmold. – Die im 10. Jh. entstandene, seit 1529 reichsunmittelbare Herrschaft L. wurde 1720 Fstt.; 1640 hatte sich Schaumburg-Lippe abgetrennt; 1918 Freistaat, seit 1947 zu NRW.

Lippenblüter, Labiaten Mz., Pflanzenfam., Kräuter oder Sträucher, mit vierkant. Stengel und lippenförm. Blüten; die Blüte hat Ober- und Unterlippe, 2 ungleich lange Staubfädenpaare, vierteil. Fruchtknoten. Die L. sind meist würzig durch flüchtiges Öl.

Lippi, ital. Maler, **1)** Filippino, Sohn von 2), *1450, †1504; Schüler von Botticelli. **2)** Fra Filippo, *1406, †1469; Karmelitermönch.

Lippspringe, Bad L., Stadt in NRW, an der oberen Lippe, 11000 Ew.; radioaktive Mineralquellen.

Lippstadt, Stadt in NRW, an der Lippe, 60200 Ew.; Metall-, Textil-, Möbel- u.a. Ind.

Liptauer Käse [aus Liptau in der Slowakei], ein Schafmilch-Weichkäse.

liquid [lat.], flüssig, verfügbar. **Liquidität** die, Fähigkeit zur rechtzeitigen Erfüllung fälliger Zahlungsverpflichtungen.

Liquidae [lat. »flüssige Laute«] Mz., die Mitlaute r und l.

Liquidation die, **1)** Kostenberechnung; Rechnung, z.B. eines Arztes. **2)** Auflösung eines Geschäfts, Unternehmens. **Liquidator** der, als Vertrauensmann bestellter Leiter der Auflösung von Handelsgesellschaften usw.

liquidieren, 1) abrechnen, berechnen (fordern). **2)** auflösen (Geschäft). **3)** vernichten.

Liquor [lat.] der, flüssige Arznei. **L. cerebrospinalis,** Gehirn-, Rückenmarks-Flüssigkeit.

Lira [von lat. libra »Pfund«] die, -/Lire, ital. Währungseinheit, 1 L. = 100 Centesimi.

Liselotte von der Pfalz, Tochter des Kurfürsten Karl Ludwig, *1652, †1722; ⚭ 1671 mit Herzog Philipp von Orléans, dem Bruder Ludwigs XIV.; schrieb urwüchsige Briefe über die Zustände am Versailler Hof.

Lisene [frz.] die, 🏛 flacher, senkrechter, der Gliederung dienender Wandstreifen.

Lisieux [lizj'ø], frz. Stadt in der Normandie, 25000 Ew.; got. Kathedrale; Möbel- u.a. Ind.

LISP, Abk. für **List Processing Language,** eine Programmiersprache, deren wichtigste Datenstruktur lineare Listen sind. Sie hat u.a. für die → Künstliche Intelligenz Bedeutung.

lispeln, eine → Sprachstörung.

Liss, Johann, Maler, *um 1597, †1629/30.

Lissa, poln. **Leszno** [l'ɛʃnɔ], Hptst. der poln. Wwschaft Leszno, 56300 Ew.; Möbel-, Maschinen- u.a. Ind. L. kam 1793 an Preußen, 1920 an Polen. Seit dem Dreißigjährigen Krieg war es der Hauptsitz der Böhm. Brüder in Polen (Comenius).

Lissabon, portug. **Lisboa,** Hptst. und -hafen Portugals, an der Mündungsbucht des Tejo (Brücke), 827500 Ew.; kultureller und wirtschaftl. Mittelpunkt des Landes; Univ., TH; Bauten: Kloster Dos Jeronymos de Belem (1499-1572), alte Kathedrale, Kirchen São Vi-

Liotard: Das Schokoladenmädchen

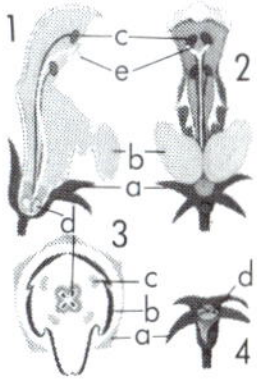

Lippenblüter: Blüte der Taubnessel, **1** Längsschnitt, **2** von vorn, **3** Grundriß, **4** Frucht im Kelch, a Kelchblätter, b Blütenblätter, c Staubgefäße, d Fruchtknoten, e Griffel mit Narbe

Lissabon

List

cente de Fora und São Roque, Necessidades-palast (früher kgl. Schloß). Ind., Schiffbau, Flughafen. – L., seit dem 8. Jh. islamisch, wurde 1147 den Mauren entrissen, im 15. Jh. wichtigster Handelsplatz Europas; 1755 durch Erdbeben schwer zerstört.

List, Friedrich, Volkswirtschaftler, *1789, †1846; trat für ein einheitl. dt. Zollgebiet und für den Eisenbahnbau ein.

Listenwahl, Wahlverfahren, bei dem mehrere Abgeordnete zugleich nach einer feststehenden Liste gewählt werden.

Lister, Joseph, engl. Chirurg, *1827, †1912; führte die Wundbehandlung mit keimtötenden Mitteln (Antisepsis) ein.

Liszt

Liszt, Franz v., Pianist, Komponist, *1811, †1886; Förderer R. Wagners. Werke: sinfon. Dichtungen, Oratorien, Messen, Klavierwerke (Konzerte, Rhapsodien, Etüden). Seine Tochter Cosima, *1837, †1930, ⚭ mit Hans v. Bülow, dann mit R. Wagner.

Li Tai-Po, auch **Li Po,** der größte chines. Lyriker, *701 (oder 699), †762.

Litanei [grch.] die, Wechselgebet zw. Geistlichem (Vorbeter) und Gemeinde.

Litauen, geschichtl. Landschaft im Baltikum, zw. Ostpreußen und Lettland, ist als **Litauische SSR** seit 1940 Unionsrep. der UdSSR; 62 000 km², 2,5 Mio. Ew. (rd. 80% Litauer, Russen, Polen, Weißrussen u. a.); Hptst.: Wilna. Wald- und Seenlandschaft; Hauptfluß die Memel; größte Städte: Wilna, Kaunas. Ackerbau, Obstbau, Viehwirtschaft. Nahrungsmittel-, Textil-, Papier- u. a. Ind. Ⓖ Die Litauer kämpften im 13./14. Jh. oft gegen den Dt. Orden und gründeten seit Anfang des 14. Jh. ein Großreich zw. Düna und Schwarzem Meer. 1386 durch Jagiello, der zum Christentum übertrat, mit Polen vereinigt, kam es durch die poln. Teilungen von 1772, 1793 und 1795 an Rußland. 1918 wurde L. unabhängiger Freistaat. Das von L. beanspruchte Wilnagebiet nahm Polen 1920 in Besitz; die vorläufige Hptst. wurde Kaunas. 1923 wurde L. das Memelgebiet zugesprochen. Seit 1940 Sowjetrep. (1941-44 von dt. Truppen besetzt); 1989/90 einsetzende Unabhängigkeitsbestrebungen, die im März 1990 zur Unabhängigkeitserklärung führten, worauf die UdSSR eine Blockade von Rohstoffen und Versorgungsgütern verfügte.

Livingstone

Litauer, Volk der balt. Sprachengruppe, katholisch, etwa 3 Mio.; bes. in Litauen.

Liter [frz.] der, das, Abk. **l,** Einheit der Raummaße, Rauminhalt von 1 kg Wasser von 4 °C; 1 l = 1dm³ = 1000 cm³.

Literatur [lat.] die, Gesamtheit aller schriftl. niedergelegten sprachl. Zeugnisse, bes. die Dichtung. Die L. wird nach Epochen, Völkern oder Sachgebieten geordnet. Das Schrifttum einer Nation ist die **National-L.,** die über die Grenzen hinauswirkende L. die **Welt-L.** Die **L.-Wissenschaft** erforscht Geschichte **(L.-Geschichte),** Formen und Gattungen der L.; sie sichert die Originaltexte literar. Werke, deutet ihre Form und ihren Gehalt **(Interpretation)** und untersucht ihre Entstehung, Wirkung, Verbreitung und den geschichtl. Zusammenhang, indem sie stehen. **literarisch,** schriftstellerisch. **Literat** der, Berufsschriftst.

Litfaßsäule [nach dem Buchdrucker E. Litfaß], Anschlagsäule, zuerst 1855 in Berlin.

Lithium [grch.] das, **Li,** chem. Element, dem Natrium sehr ähnl., silberweißes Alkalimetall; D 0,53 g/cm³ (das leichteste Metall), Schmelzpunkt 181 °C.

Lithographie [grch.] die, **1)** → Steindruck. **2)** In der Halbleitertechnologie Verfahren, mit denen mikroelektron. Bauelementstrukturen auf die Halbleiterscheiben (Wafer) übertragen werden; Bez. nach der verwendeten Strahlung als Photo-, Elektronenstrahl-, Röntgen-, Ionenstrahl-L.

Lithopone [Kw., grch.] die, weiße Malerfarbe aus Zinksulfid und Bariumsulfat.

Lithosphäre [Kw., grch.] die, der etwa 1200 km dicke Gesteinsmantel der Erde.

litoral [lat.], zur Küste gehörig.

Little Rock [lɪtl rɔk], Hptst. von Arkansas, USA, 158 500 Ew.; Univ., Baumwollind.

Liturgie [grch.] die, **1)** in altgrch. Staaten unentgeltl. Leistung für das Gemeinwesen. **2)** öffentl., von der Kirche geübter Kultus. In der kath. Kirche seit 1963 stark geändert (Umgestaltung der Messe, Erhebung der Landes- zur L.-Sprache), z. T. als Ergebnis der **Liturg. Bewegung.** In der evang. Kirche befaßt sich bes. der Berneuchener Kreis mit L.

Litze die, **1)** schmales Geflecht, Tresse. **2)** biegsamer elektr. Leiter aus dünnen, auch miteinander verflochtenen Einzeldrähten. **3)** Seil aus einer oder mehreren Drahtlagen.

Liudger, Ludger, Missionar der Friesen, *744, †809; Heiliger (Tag 26. 3.).

Liudolfinger, Ludolfinger, altsächs. Adelsgeschlecht, erlangte im 9. Jh. die sächs. Herzogswürde, stellte dann die sächs. Kaiser; mit Heinrich II. starb es 1024 aus. (→ Sachsen)

Liverpool [lˈɪvəpu:l], Stadt in W-England, am Mersey, 510 000 Ew.; Univ., Kathedrale; Welthandelshafen mit Docks.

Live-Sendung [laɪv-, engl.], ⊤ Original- oder Direktsendung.

Livia Drusilla, 2. Gemahlin des Augustus, *58 v. Chr., †29 n. Chr.; Mutter des Tiberius.

Livingstone [lˈɪvɪŋstən], David, engl. Afrikaforscher, *1813, †1873; unternahm seit 1849 Entdeckungsreisen in Süd- und Mittelafrika. Nach ihm sind die **L.-Fälle** des Kongo und das **L.-Gebirge** am Malawisee benannt.

Livistona die, **Schirmpalme,** trop. Gatt. der Fächerpalmen; Gewächshaus-, Zimmerpflanzen.

Livius, Titus, röm. Geschichtsschreiber, *um 59 v. Chr., †17 n. Chr.

Livland, geschichtl. Landschaft im Baltikum, stand seit dem 13. Jh. unter der Herrschaft des Dt. Ordens, wurde 1561 poln., 1629 schwed., 1721 russ.; die dt. Oberschicht (Ritterschaft und Städte) bewahrte bis gegen Ende des 19. Jh. ihre ständ. Selbstverwaltung. 1918 zw. Estland und Lettland geteilt.

Livorno, Hafen- und Handelsstadt an der Westküste Mittelitaliens, 172 200 Ew.

Livre [livr], ehem. frz. Rechnungsmünze zu 20 Sous.

Livrée [frz.] die, Uniform für Diener.

Lizentiat der, Abk. **Lic.** oder **Lic. theol.,** in Dtl. bis 1944/45 akadem. Würde der evang. Theologen; seitdem Dr. theol.

Lizenz [lat.] die, **1)** Gewerberecht: die → Konzession. **2)** Patentrecht: vom Inhaber eines Patents einem anderen erteilte Erlaubnis, die Erfindung für sich in einem bestimmten Gebiet gewerblich zu nutzen.

Ljuberzy, Stadt im Gebiet Moskau, 162 000 Ew.; Maschinenbau, chem. Ind.

Ljubljana, dt. **Laibach,** Stadt in N-Jugoslawien, 303 000 Ew., Mittelpunkt Sloweniens, Univ. – L. war Hptst. des habsburg. Hzgt. Krain, kam 1918 an Jugoslawien.

Llanos [ʎ'anɔs, span.] Mz., Hochgrassteppen im trop. und subtrop. Amerika.

Llewellyn [lu'ɛlɪn], Richard, engl. Schriftst., *1906, †1983; Romane »So grün war mein Tal« u. a.

Lloyd George [lɔɪd dʒɔ:dʒ], David, brit. Staatsmann, *1863, †1945; führte als Schatzkanzler (1908-15) eine Sozialreform durch. MinPräs. 1916-1922.

Lloyd's, kurz für **Corporation of Lloyd's,** Vereinigung von engl. Einzelversicherern (bes. Seeversicherung), nach E. Lloyd, dessen Londoner Kaffeehaus seit Ende des 17. Jh. Zentrum der Schiffsinteressenten wurde.

Lm, Abk. für **Lumen.**

Lob [lɔb] der, Tennis: hoher, weich geschlagener Ball.

Lobatschewskij, Nikolaj, russ. Mathematiker, *1793, †1856; Prof. in Kasan, Mitbegründer der nichteuklid. Geometrie.

Lobbyismus [von engl. »lobby« Vorraum], Beeinflussung von Politikern (Abgeordneten) durch Interessenvertreter.

Lobeli|e die, Gatt. der Glockenblumengewächse, die blau-, weiß- oder scharlachrot blühende L. ist eine beliebte Zierpflanze.

Locarno, Bezirksstadt und Kurort im schweizer. Kt. Tessin, am Lago Maggiore, 14300 Ew.

Locarno-Pakt, 1925 in Locarno vereinbarter und in London unterzeichneter Sicherheitsvertrag, durch den sich das Dt. Reich (→Stresemann), Frankreich und Belgien (Garantie Großbritanniens und Italiens) verpflichteten, die im Vertrag von Versailles festgelegten dt. Westgrenzen und die entmilitarisierte Rheinlandzone zu achten. Am 7. 3. 1936 erklärte Hitler den L. für hinfällig und marschierte ins Rheinland ein.

Loccum, Ortsteil von **Rehburg-Loccum,** Kr. Nienburg (Weser), Ndsachs., westl. des Steinhuder Meeres. Das ehem. Zisterzienserkloster (1136 gegr.) wurde 1593 evangel., 1820 Predigerseminar, 1952 evangel. Akademie.

Loch das, **1)** Öffnung, Riß, Lücke, Spalte. **2)** ⊠ nicht besetzter Quantenzustand in einer sonst voll besetzten Folge von Zuständen.

Loch, irisch **Lough** [lɔx, lɔk, gäl.], See.

Lochi|en [grch.] Mz., ♡ Wochenfluß.

Lochkamera, Camera obscura, →Photographie.

Lochkarte, veraltetes Hilfsmittel der →Datenverarbeitung. Informationen (Zahlen, Buchstaben oder Schemafolgen) werden in die L. eingestanzt; der Kartenaufdruck dient nur der Prüfung der Lochungen. In **L.-Maschinen** (→Rechengeräte) werden mit Tastern die L. abgetastet und die Arbeitsvorgänge (berechnen, sortieren, ausdrucken usw.) gesteuert; vom Magnetband ersetzt.

Lochner, Stephan, der bedeutendste Maler der Kölner Schule, *um 1410, †1451; malte Altarwerke (Dreikönigsbild, Kölner Dom).

Loch Ness, See im schott. Hochland, 52 km², 36 km lang, 230 m tief. – L. N. wurde bekannt durch Berichte über ein Meeresungeheuer, das im See gesehen worden sein soll.

Lochstickerei, Weißstickerei; Muster entsteht durch umstickte Löcher.

Lochstreifen, gelochtes Band zur Ein- und Ausgabe von Informationen bei Rechenanlagen und numerisch gesteuerten Maschinen; vom Magnetband ersetzt.

Locke [lɔk], John, engl. Philosoph, Begründer des engl. Empirismus, *1632, †1704; in seiner Staatslehre entwickelte er die Gedanken der Volkssouveränität und der Gewaltenteilung.

Lockstoffe, sehr unterschiedl. chem. Verbindungen, die bes. Insekten zu ihren Futterpflanzen, Wirtstieren oder zum Geschlechtspartner leiten, heute vielfach zur Schädlingsbekämpfung (mit L. versehene Fallen).

loco [lat.], am Orte. **loco citato,** Abk. **l. c.,** an angeführter Stelle (eines Buches). **locus,** Ort, Stelle.

Loden der, Tuch aus grober Wolle, gewalkt, gerauht, aber nicht geschoren.

Lodi, Stadt in Oberitalien, an der Adda, 42500 Ew., Dom; Majolika, landwirtschaftl. Ind.

Lodz, poln. **Łódź** [łutsj], Fabrikstadt im mittleren Polen, 845000 Ew.; Univ., Textilind.

Loerke, Oskar, Dichter, *1884, †1941; seine Lyrik ist Ausdruck eines kosm. Naturgefühls.

Loewe, Carl, Komponist, *1796, †1869; Meister der neueren Ballada (»Erlkönig«).

Löffelkraut, Kreuzblüter mit weißen oder violetten Blüten, an nord. Küsten.

Löffler, fälschlich **Löffelreiher,** Reihervogel mit löffelförmigem Schnabel.

Löffler, Friedrich August, Hygieniker, *1852, †1915; entdeckte den Erreger der Rotzkrankheit bei Pferden und den der Diphtherie.

Lofoten Mz., felsige Inselgruppe vor der Küste Norwegens; Haupthafen: Harstad; bedeutende Fischerei (Kabeljau); Schafzucht.

Log das, ⚓ Gerät zum Messen der Fahrgeschwindigkeit von Schiffen. **Logbuch,** gesetzl. vorgeschriebenes Schiffstagebuch, in das Kurs, Fahrgeschwindigkeit, Wetter, besondere Vorkommnisse usw. eingetragen werden.

log, △ Abk. für den dekad. **Log**arithmus.

Logarithmus [grch.] der, -/...men, Abk. **lg,** △ Exponent einer →Potenz, z. B. ist wegen $5^3 = 125$ die Zahl 3 der L. des **Numerus** 125 zur **Basis** 5, $^5\lg 125 = 3$. Meistens werden die **dekad.** oder **Briggschen L.** benutzt, die die Basis 10 haben. Dann ist der L. diejenige Zahl, mit der man 10 potenzieren muß, um den Numerus zu erhalten, z. B. $\log 100 = 2$ (wegen $10^2 = 100$), $\log 2 = 0{,}3010$, $\log 20 = 1{,}3010$. Die Zahl links vom Komma heißt **Kennzahl,** die rechts vom Komma **Mantisse. L.-Tafeln** enthalten eine Zusammenstellung von Mantissen. Multiplizieren, Dividieren, Potenzieren und Wurzelziehen werden durch die L. auf die Addition, Subtraktion, Multiplikation und Division zurückgeführt. In der höheren Mathematik haben größte Bedeutung die L. zur Basis e = 2,71828... (**natürliche L.,** Abk. **ln**).

Logau, Friedrich Frh. v., schles. Barockdichter, *1604, †1655; Sinngedichte.

Loge [lo:ʒe, frz. aus dt. Laube] die, **1)** umschlossener Platz im Zuschauerraum des Theaters. **2)** Raum für Pförtner **(Portier-L.). 3)** Verein und Versammlungsort der Freimaurer.

Logger der, ⚓ Heringsfangschiff mit Dieselmotorantrieb und Hilfsbesegelung.

Loggia [lˈɔdʒa, ital.] die, -/...ien, 🏛 offene Bogenhalle oder Bogengang an einem Gebäude; auch die dem Haus verbundene Laube.

Logik [grch.] die, Lehre von den Gesetzen des richtigen Denkens, von den Begriffen, Urteilen und Schlüssen. **logisch,** den Gesetzen der L. gemäß; vernünftig.

Logis [lɔʒˈi:, frz.] das, zeitweilige Wohnung; auf Handelsschiffen der Mannschaftsraum. **logieren** [lɔʒˈi:rən], wohnen; beherbergen.

Logikschaltungen, elektron. Schaltungen, deren Eingangssignale durch Gesetze der Boolschen Algebra mit den Ausgangssignalen verknüpft sind.

Logistik die, **1)** →mathematische Logik. **2)** militär. und ziviles Versorgungssystem.

Lobelie: Scharlachrote L.

Lochner: Engel

Logopädie [grch.] die, Sprachheilkunde.

Logos [grch.] der, im Griechischen, bes. in der grch. Philosophie: zugleich »Wort«, »Rede«, das in den Dingen erkennbare »Gesetz«; später bei den Stoikern als Weltvernunft, als Gott aufgefaßt. In der jüd. Philosophie: Mittler zw. Gott und den Menschen; im A. T.: das empfangene Urwort Gottes; im N.T.: Christus, der Fleisch gewordene L.

Logotherapie [grch.], psychotherapeut. Methode (nach V. E. Frankl) zur Behandlung von seel. Störungen, die durch geistige Probleme verursacht sein sollen.

Logroño [loɣroɲo], span. Provinz-Hptst., am oberen Ebro, 116000 Ew.; Weinbau.

Lohe die, gemahlene Rinde junger Eichen und anderer Bäume, zum Gerben.

Löhe, Wilhelm, evang. Theologe, *1808, †1872; gründete 1846 die Neuendettelsauer Missionsanstalt, 1854 das Diakonissenmutterhaus.

Lohengrin, Schwanenritter, Sohn des Parzival, Sagenheld aus dem Gralskreis.

Lohenstein, Daniel C. v., Dichter, *1635, †1683; Trauerspiele in barocker Sprachfülle, Roman »Großmütiger Feldherr Arminius«.

Lohn der, Entgelt für die Arbeitsleistung, bes. das wöchentl. gezahlte Entgelt für den Arbeiter. Bei anderen Berufen sind die Bez. Gehalt, Honorar, Gage, Heuer üblich. Nach der Art des Entgelts unterscheidet man **Geld-** und **Natural-L.** (Lebensmittel, Wohnung, Land usw.), nach der Art der Berechnung **Zeit-L.** (Wochen-, Stunden-L.), bei dem die Arbeitszeit maßgebend ist, und **Werk-L.** (Stück-, Akkord-L.), bei dem die Arbeitsleistung zugrunde gelegt wird. Beim **Sozial-** oder **Familien-L.** wird durch Verheirateten- und Kinderzuschläge der Familienstand berücksichtigt.

Löhne, Stadt in NRW, 37000 Ew.

Lohnfortzahlung, Weiterzahlung des Lohns bei Krankheit bis zu 6 Wochen durch den Arbeitgeber für Angestellte und Arbeiter.

lohnintensive Betriebe, Betriebe, in denen die Lohnkosten die Material- und Kapitalkosten übersteigen, z. B. Hotelbetriebe.

Lohnpfändung, Gehaltspfändung, ⚖ die in der Zwangsvollstreckung in beschränktem Umfang mögliche Pfändung noch nicht ausgezahlter Lohn- und Gehaltsforderungen. Unpfändbar sind neben best. Sonderzulagen u. a. das Nettoeinkommen bis 559 DM monatlich.

Lohn-Preis-Spirale, bildl. Ausdruck für das Anziehen der Löhne als Folge von Preissteigerungen und für das Steigen der Preise als Folge von Lohnerhöhungen.

Lohnsteuer, Einkommensteuer auf die Einkünfte aus nicht selbständiger Arbeit.

Lohse, Eduard, *1924; seit 1971 evang. Landesbischof von Hannover, 1975-78 Leitender Bischof der Vereinigten Evang.-Luth. Kirche Dtl.s, 1979-85 Vors. des Rates der EKD.

Loiblpaß, Karawankenpaß, 1368 m hoch, zw. Kärnten und Jugoslawien.

Loire [lwa:r] die, längster Fluß Frankreichs, kommt von den Cevennen, 1010 km lang, mündet bei Saint-Nazaire in den Atlantik; Kanalverbindung mit der Saône, Seine und Brest.

Loisach die, linker Nebenfluß der Isar, in Oberbayern, entspringt bei Lermoos in Tirol.

lokal [lat.], örtlich, räumlich, auf einen Ort beschränkt. **Lokal** das, Gaststätte. **lokalisieren,** örtlich beschränken. **Lokalität** die, Räumlichkeit.

Lokalanästhesie die, örtl. → Betäubung.

Lokaltermin, ⚖ gerichtl. Termin am Tatort (Strafprozeß), zur Besichtigung des Streitgegenstandes oder zur Vernehmung von Zeugen außerhalb des Gerichtes (Zivilprozeß).

Lokativ [lat.] der, Ⓢ Beugefall in manchen Sprachen; antwortet auf die Frage »wo?«.

Loki, Gestalt der german. Göttersage, Feuer-, Untergangsdämon; veranlaßt durch eine List den Tod des Lichtgottes Baldr.

Lokomotive die, kurz **Lok,** Zugmaschine der Eisenbahnen. Der auf dem Laufwerk ruhende Rahmen trägt das Triebwerk und den übrigen Aufbau. Das Laufwerk umfaßt Lauf- und Treibachsen. **Dampf-L.** haben einen mit Holz, Torf, Kohle oder Öl geheizten Dampfkessel, der den Dampf für die Dampfmaschine erzeugt; deren Kraft wird über Treib- und Kuppelstangen auf die Treibräder übertragen. Antriebsmaschine der **Turbo-L.** ist eine Dampfturbine. Bei **turbo-elektr. L.** erzeugen turbinengetriebene Generatoren den Strom für Elektro-Fahrmotoren. Die **elektr. L.** erhält den Strom unmittelbar mit besonderer Leitung oder Schiene über Stromabnehmer oder mittelbar durch Speicherung in Akkumulatoren-Batterien **(Akkumulatoren-L.).** Am weitesten verbreitet ist die Einphasen-Wechselstrom-L. für 16⅔ Hz. Der Strom wird aus der Fahrleitung mit 15000 Volt Spannung entnommen (auch 25000 V, 50 Hz). Die meisten elektr. L. haben Fernsteuereinrichtung, durch die über ein Kabel entweder eine zweite unbemannte L. mitgesteuert oder die L. von einem Steuerwagen aus ferngesteuert werden kann. Die **Brennkraft-L.** wird durch Dieselmotoren, Vergasermotoren, auch durch Gasturbinen angetrieben. Von diesen hat die **Diesel-L.** die größte Verbreitung gefunden. Die Antriebskraft wird vom Motor über Zahnradstufengetriebe oder Flüssigkeitsgetriebe **(diesel-hydraul. L.,** in Dtl.) oder Druckluft oder unter Zwischenschalten eines Gleichstromgenerators und der Fahrmotoren **(diesel-elektr. L.,** in anderen Ländern) auf die Achsen übertragen. **Druckluft-L.** (vorwiegend in Bergwerken) werden durch mitgeführte Druckluft betrieben.

Lokris, altgrch. Landschaft an der Küste gegenüber N-Euböa (Östl. L.) und an der N-Küste des Golfs von Korinth (Westl. L.).

Lolch der, Grasgatt. mit zweiseitig abgeflachten Ährchen: **Ausdauernder L.,** auch **Wiesen-L.** oder **Raygras,** ohne Grannen; **Ital. L.** oder **Ital. Raygras,** mit Grannen, Unkraut; **Engl. Raygras;** alles Futtergräser; **Taumel-L.,** Samen giftig, unter der Saat.

Lolland, Laaland [l'ɔlan], dän. Insel, südl. von Seeland; 1241 km², 85000 Ew.; fruchtbar.

Lollobrigida [lollobr'idʒida], Gina, ital. Filmschauspielerin und Photographin, *1928 (?); »Fanfan der Husar« u. a.

Lombardei die, Landschaft in Oberitalien, von den Alpen bis auf den Apennin; Hptst.: Mailand. Die L., benannt nach den im 6. Jh. eingewanderten Langobarden, wurde 951 dt. Reichslehen. Gegen die Herrschaft der dt. Kaiser kämpfte im 11.-13. Jh. der Lombard. Städtebund auf seiten der Päpste. Seit Ende des 14. Jh. bildete der größte Teil der L. das Hzgt. Mailand. 1815-59 gehörte die L. zu Österreich.

Lombardgeschäft, Gewährung von Bankkredit gegen Verpfändung von Waren oder Wertpapieren **(Lombardkredit).** Der Zinsfuß **(Lombardsatz)** liegt i. d. R. 1% über dem Diskontsatz.

Lombardo, venezian. Bildhauer- und Baumeisterfamilie; Pietro (*1435, †1515) und seine Söhne Tullio (*1455, †1532), Antonio (*1458, †1516), erbauten die Kirche S. Maria dei Miracoli in Venedig.

Lombok, eine der Kleinen Sundainseln.

Lombroso, Cesare, ital. Arzt, *1836, †1909; Lehre vom »geborenen Verbrecher« und vom Zusammenhang zw. Genie und Irrsinn.

Lomé, Hptst. und Hafen von Togo, 366500 Ew.; moderner Tiefwasserhafen.

Lomonossow, Michajl Wassiljewitsch, russ. Gelehrter, Schriftst., *1711, †1765; bemühte sich um Ausbildung einer wissenschaftl. Chemie auf physikal. Grundlage, kann

London: City of L.

in vieler Hinsicht als Vorläufer Lavoisiers gelten. Seine Dichtungen (Oden), seine »Russ. Grammatik« sind für die Entwicklung der russ. Schriftsprache wichtig.

London [l'ʌndən], Hptst. Großbritanniens und des Commonwealth, an beiden Ufern der Themse, 75 km oberhalb ihrer Mündung, als Greater London 6,77 Mio. Ew. Am Nordufer liegt im Zentrum die **City,** das Geschäftsviertel; die Hauptstraßen Fleet Street und Strand führen in den flußaufwärts gelegenen Stadtteil **Westminster** mit Parlament und Ministerien, nördl. davon die belebten Straßenviertel von Regent Street, Piccadilly u.a., ferner der **Hyde Park.** Bekannteste Gebäude: Tower, St.-Pauls-Kirche, got. Westminster-Abtei (Ruhmeshalle mit den Gräbern und Denkmälern engl. Könige und berühmter Briten); Parlamentsgebäude, Rathaus, königl. Paläste Saint James und Buckingham Palace; Univ.; Brit. Mus. und Nationalgalerie (Gemälde) u.a. Mus. L. ist ferner eine bedeutende Handels- und Industriestadt und ein Mittelpunkt des Weltverkehrs; Flughäfen, Seehafen mit großen Docks und Lagerhäusern. – Schon das Londinium der Römerzeit war eine wichtige Handelsstadt. Ende des 12. Jh. entstand die Verf. der City (Mayor und Stadtrat), die vorbildlich für die übrigen engl. Stadtverfassungen wurde. (BILD S. 532)

London [l'ʌndən], Jack, eigtl. John **Griffith L.,** nordamerikan. Erzähler, *1876, †1916; schrieb Abenteuer-, sozialist. Romane, Tiergeschichten: »Ruf der Wildnis«.

London Boroughs Mz., → Greater London.

Londonderry [l'ʌndənderı], Stadt in N-Irland, 51900 Ew.; kath. und protestant. Bischofssitz; bedeutender Hafen; Ind.

Londoner Abkommen, 1) Abkommen zw. Frankreich, Großbritannien, der UdSSR und den USA vom 8. 8. 1945 über die Aburteilung von → Kriegsverbrechen. **2)** 1954 Neunmächtekonferenz, auf der die Beendigung des Besatzungsregimes in der Bundesrep. Dtl. und die Aufstellung dt. Truppen in neuen Formen beschlossen wurde (vertraglich festgelegt in Paris 23. 10. 1954).

Londoner Schuldenabkommen vom 27. 2. 1953 regelt die Rückzahlung der dt. Vorkriegs- (bes. Auslandsanleihen des Dt. Reiches, private Sonderkredite und Handelsschulden) und Nachkriegsschulden (bes. Wirtschaftshilfe der USA).

London-Kräfte, ⊠ sehr schwache Anziehungskräfte zw. Atomen oder Molekülen, die weder eine Ladung noch eine permanente Polarität aufweisen.

Long Beach [lɔŋ bi:tʃ], Seebad in Kalifornien, USA, gehört zum Stadtbezirk Los Angeles, 361000 Ew.; Erdöl- und Erdgaslagerstätten.

long drink [engl.], Getränk aus Spirituosen, mit Sodawasser stark verdünnt.

Longhena: S. Maria della Salute in Venedig

London: Parlamentsgebäude mit Big Ben

Longe [lɔ̃ʒə, frz.] die, Laufleine, an der man Pferde zur Ausbildung im Kreis laufen läßt.

Longfellow [l'ɔŋfeləʊ], Henry W., nordamerikan. Dichter, *1807, †1882; Verserzählungen (»Lied von Hiawatha«), volkstüml. Gedichte.

Longhena [lɔŋg'ɛna], Baldassare, venezian. Baumeister, *1598, †1682; Santa Maria della Salute.

Longhi, Pietro, ital. Maler, *1702, †1785.

Long Island [lɔŋ'aılənd], Insel an der Ostküste der USA, 4356 km², zum Staate New York gehörend. Auf L. I. liegen Stadtteile von New York: Brooklyn und L. I. City.

longitudinal [lat.], der Länge nach, längs.

Longwy [lɔ̃v'i], Stadt im östl. Frankreich, 20200 Ew.; bedeutende Eisenerzlager, Hochöfen; Befestigungen von Vauban.

Löns

Lönnrot [l'œnru:t], Elias, finn. Volkskundler, Sprachforscher, *1802, †1884; zeichnete das finn. Volksepos → Kalevala auf.

Löns, Hermann, Schriftst., Heidedichter, *1866, †(gefallen) 1914; schrieb volksliedartige Gedichte, Natur- und Tierschilderungen.

Looping [l'u:pıŋ, engl.] der, Kunstflug-Figur.

Loos, Adolf, Baumeister, *1870, †1933, Vertreter des sachl. Bauens.

Lope de Vega, → Vega.

López Portillo y Pacheco [l'ɔpɛs pɔrt'iʎo i patʃ'eko], José, mexikan. Politiker, *1920, 1976-82 Präs. von Mexiko.

Lop-nor der, amtl. **Lop Nur,** wanderndes Seen- und Sumpfgebiet, das Mündungsgebiet des Tarim, in Innerasien.

Loran, Abk. für **Lo**ng **ra**nge **n**avigation, Funkmeßverfahren zur Standortbestimmung von Flugzeugen und Schiffen über große Entfernungen.

Lorbeer der, immergrüner Baum Asiens und des Mittelmeergebiets; mit grünlichweißen Blüten. Die Blätter dienen als Gewürz; die Samen der blauschwarzen Beere enthalten das grünl. scharfe **L.-Ö,** das zu Einreibungen verwendet wird.

Lorca, Stadt in SO-Spanien, 65600 Ew.; maur. Kastell, alte Paläste; Ind.

Lorca, span. Dichter, → García Lorca.

Lorch, Stadt in Bad.-Württ., 9200 Ew.; an der Rems (zum Neckar); ehemal. Benediktinerabtei (Grabmäler der Staufer).

Lorchel die, morchelartige Schlauchpilze mit hirnähnlich gewulstetem Hut. **Früh-L.** oder **Speise-L.** und braungelbe **Krause L.** oder **Herbst-L.** Der Verzehr der L. kann trotz zweimaligem Abkochen und Weggießen des Kochwassers zum Tode führen.

Lord [lɔ:d, engl.] der, in Großbritannien Titel des hohen Adels; er ist allen Peers gemein-

Lorchel: Früh-L.

sam und wird (außer für den Archbishop und Duke) auch in Anrede und Umgangssprache gebraucht (so stets für den Baron), ferner für den ältesten Sohn eines Earl und die jüngeren Söhne eines Herzogs und Marquis; Rang und Anrede (Mylord) der Bischöfe; Titelbestandteil bei einzelnen hohen Richtern und Beamten: **Erster L. der Admiralität,** der brit. Marineminister; **L.-Kanzler,** Justizmin.; **L. Mayor,** der Erste Bürgermeister von London, York, Dublin; **House of L.,** das brit. Oberhaus.

Lordose [grch.] die, Verbiegung der Wirbelsäule nach vorn (Hohlkreuz).

Lore die, kleiner kippbarer Förderwagen.

Loreley, Lorelei [d.h. Elfenfels] die, hoher Fels rechts am Rhein, bei St. Goarshausen; nach der Sage der Sitz einer Nixe, die die Schiffer durch ihren Gesang anlockte.

Loren, Sofia, eigtl. **Scicolone,** ital. Filmschauspielerin, *1934; »Hochzeit auf italienisch« u.a.

Lorentz, Hendrik, niederländ. Physiker, *1853, †1928; verschmolz die Maxwellsche Feldtheorie mit W. Webers elektro-atomist. Auffassungen zur klass. Elektronentheorie; stellte Formeln für den Übergang von einem ruhenden Koordinatensystem zu einem gleichförmig-geradlinig zu diesem bewegten auf **(L.-Transformationen).** Nobelpreis 1902, zus. mit P. Zeeman.

Lortzing

Lorenz [von Laurentius], männl. Vorname.

Lorenz, Konrad, Verhaltensforscher, *1903, †1989; begründete die → Verhaltensforschung. Nobelpreis für Physiologie oder Medizin 1973.

Lorenzetti, 1) Ambrogio, †1348(?), ital. Maler; Fresken im Rathaus von Siena. **2)** Pietro, *1280, †1348(?), älterer Bruder von 1); Fresken in S. Francesco, Assisi; Altarwerke. (BILD italienische Kunst)

Lorenzstrom, → Sankt-Lorenz-Strom.

Loreto, Wallfahrtsort in Italien, mit dem »Heiligen Haus«, angebl. das Wohnhaus der Hl. Familie, 1294 von Engeln nach L. gebracht.

Lorgnette [lɔrnj'ɛt, frz.] die, bügellose Brille mit Stielgriff. **Lorgnon** [lɔrnjɔ̃, frz.] das, gestieltes Einglas.

Lori der, **1)** Halbaffen im trop. Asien und Afrika. **2)** Papageien in Australien und Indonesien, z.T. sehr farbenprächtig.

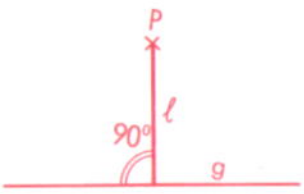

Lot 1): l ist das Lot vom Punkt P auf die Gerade g

Lorient [lɔri'ã], befestigte Stadt, Kriegshafen an der Südküste der Bretagne, 71 900 Ew.; Fischereihafen; Schiffbau.

Loriot [lorj'o], eigtl. Vicco **von Bülow,** Zeichner und Karikaturist, *1923; auch satir. Fernsehsendungen, Filme.

Lörrach, Krst. im südl. Bad.-Württ., 41 400 Ew.; PH, Textil-, Schokoladenind.

Lorrain, Claude, → Claude Lorrain.

Lorsch, Stadt in Hessen, 10 500 Ew. Die Torhalle (Michaelskapelle) ist der Rest des **Klosters L.** aus karoling. Zeit (764 gegr.).

Lortzing, Albert, Komponist, *1801, †1851; Hauptvertreter der dt. Singspieloper: »Zar und Zimmermann«, »Der Wildschütz«, »Der Waffenschmied«, »Undine«.

Los das, **1)** Geschick, Schicksal. **2)** Mittel der Schicksalsbefragung, z.B. durch Ziehen von Halmen. **3)** Anteilschein in der Lotterie. **4)** Anteil, Warenposten, Stück Land.

Los Alamos [lɔs 'æləməʊs], Industriesiedlung im Staat New Mexico, USA; 11 300 Ew.; Forschungsstätten für die Verwertung von Atomenergie.

Los Angeles [lɔs 'ændʒələz], Stadt in Kalifornien, 3,3, mit Vororten über 7,8 Mio. Ew.; eine der weiträumigsten Städte der Welt, inmitten eines reichen Obstbaugebiets und großer Erdölfelder; Univ., Kunsthafen, Flugplatz; Industriezentrum: Film- **(Hollywood),** Flugzeug-, Kautschuk-, Auto-, Erdöl-, Textil-, chem., Möbel- u.a. Ind.

löschen, 1) ⚓ ausladen. **2)** ⚖ tilgen, streichen (→ Löschung). **3)** In der Datenverarbeitung einen Speicherinhalt so verändern, daß er nicht mehr ausgegeben werden kann; erfolgt durch Überschreiben oder Tilgen des Dateinamens. **4)** Branntkalk mit Wasser versetzen.

Loschmidtsche Zahl [nach dem Physiker Joseph Loschmidt, *1821, †1895], die Anzahl der Moleküle in 1 Mol $= 6{,}022 \cdot 10^{23}$.

Löschung die, ⚖ Streichung von Eintragungen in öffentl. Registern (z.B. im Grundbuch, Handels- oder Strafregister).

Löß der, gelbl. mergeliger Sand, größtenteils Quarzmehl mit Kalkspat, Silicaten und Ton; sehr fruchtbar. L. wurde in der Eiszeit vom Wind aus Moränen ausgeweht. Er ist standfest, bildet senkrechte Wände (Hohlwege).

Lößnitz die, Landschaft am rechten Elbufer unterhalb Dresdens; Wein-, Obstbau.

Lostage Mz., nach dem Volksglauben für die Wettervorhersage bedeutsame Tage, z.B. Lichtmeß (2. Febr.), die Eisheiligen (11.-13. Mai), Siebenschläfer (27. Juni), Allerheiligen (1. Nov.).

Losung die, **1)** ∴ Erkennungswort. **2)** Kot von Wild, Hunden. **3)** tägl. Bibelspruch. **4)** Gesamttageseinnahme eines Ladengeschäftes.

Lösung die, meist flüssiges Stoffgemisch, das durch die feine Verteilung des gelösten Stoffes im **L.-Mittel** klar erscheint. Die **Löslichkeit** fester Stoffe in Flüssigkeiten wächst i.a. mit der Temperatur. **Gesättigte L.** enthalten die Höchstmenge lösbaren Stoffes, **übersättigte L.** scheiden den Überschuß aus. Die Wärmemenge, die bei der Auflösung einer chem. Verbindung gebunden oder frei wird, heißt **L.-Wärme. Kolloidale L.** → Kolloide.

Los-von-Rom-Bewegung, → Schönerer.

Lot das, **1)** gerade Linie, die auf einer anderen Geraden senkrecht steht. **2)** kugelförm. Metallgewicht **(Senkblei)** zum Ermitteln senkrechter Richtungen. **3)** ⚓ Gerät zum Messen der Wassertiefe **(loten). 4)** Lötmetall. **5)** altes Edelmetallgewicht.

Lot [lɔ] der, Fluß in Frankreich, rechter Nebenfluß der Garonne, 491 km lang.

Lot, im A. T. Neffe Abrahams, Stammvater der Moabiter und Ammoniter.

löten, Verbinden von Metallteilen durch eingeschmolzenes Lot: **Weichlot** (Blei und Zinn, Schmelzpunkt unter 450 °C); **Hartlot** (Kupfer, Messing, Silber, oberhalb 450 °C). Die Lötstelle wird metall. rein geschabt oder gebeizt, mit einem Flußmittel (Lötwasser, Kolophonium, Borax) bestrichen und mit einem Lötkolben, Lötlampe, Schweißbrenner so weit erwärmt, bis Lot in die Lötfuge einfließt.

Lothar. Fürsten: **1) L. I.,** röm.-dt. Kaiser (840-855), ältester Sohn Ludwigs des Frommen, *795; von seinen Brüdern 841 besiegt, erhielt er im Teilungsvertrag von Verdun 843 die Kaiserwürde, Italien und den mittleren Teil des Fränk. Reichs. **2) L. II.,** Sohn von 1), fränk. König, *825, †869, erhielt 855 das nach ihm genannte Lotharingen (Lothringen). **3) L. III.** oder **L. von Supplinburg,** *1075, seit 1106 Herzog von Sachsen, röm.-dt. Kaiser (1125-37), verband sich gegen die Staufer mit den Welfen, die seine Erben wurden; förderte die ostdt. Siedlung.

Lothar, Ernst, eigtl. E. **Müller,** *1890, †1974; Schriftst., Theaterleiter (Salzburg); Gesellschafts- und Zeitromane.

Lothringen, frz. **Lorraine,** Landschaft in NO-Frankreich, zw. Vogesen, Champagne und Ardennen, von mehreren nach O steil abfallenden Landstufen durchzogen und von Mosel und Maas durchflossen. Neben Ackerbau, Viehzucht und Waldwirtschaft hat L. Eisenerz- (Minette) und Kohlebergbau; Industriegebiet (bes. Stahlind.) ❸ L. war urspr. das Land zw. Schelde, Rhein, Maas und Saône, das der Karolinger Lothar II. 855 bei der Teilung als Kgr. erhielt; es kam 870, endgültig 923-925 an das Dt. Reich. Als dt. Hzgt. wurde es 959 in **Ober-L.** und **Nieder-L.** geteilt. Nieder-L., das die Niederlande, den größten Teil Belgiens und der Rheinprovinz umfaßte, zerfiel im 12. Jh. Aus dem Hzgt. Ober-L. mit der Hptst. Nancy bildete sich die jetzige Landschaft L. Frankreich riß 1552 die lothr. Bistümer Metz, Toul und Verdun an sich, 1735/1766 fiel L. an Frankreich, 1871-1918 gehörte der östl. Teil L. zum Dt. Reich (Reichsland Elsaß-L.; → Elsaß).

Lotto: Junger Mann

Loti, Pierre, eigtl. Julien **Viaud,** frz. Schriftst., *1850, †1923; »Die Islandfischer«.

Lotophagen [grch. »Lotosesser«] Mz., sagenhaftes Volk in Nordafrika.

Lotosblume, mehrere Arten von Seerosen, in Ägypten und Indien heimisch: weißblühende **Ägypt. L.** und die **Nelumbo** mit eßbarem Wurzelstock und Samen. Die L. gilt als hl. Pflanze, Sinnbild für Reinheit, ewiges Leben u. a.

Lötschental, Seitental der Rhône im schweizer. Kt. Wallis. Der **Lötschenpaß,** 2690 m hoch, führt ins Kandertal, die elektr. **Lötschbergbahn** durch den **Lötschbergtunnel** (14,6 km lang) von Spiez am Thuner See nach Brig.

Lotse der, ⚓ revierkundiger Seemann, der Schiffsführer bei Fahrten in schwierigen Gewässern nautisch berät; er muß das höchste Seefahrtspatent und die L.-Bestallung besitzen.

Lotsenfisch, Leitfisch, Pilot, 70 cm lange Stachelmakrele, begleitet Haie.

Lotte [Abk. von Charlotte], weibl. Vorname.

Lotterie [frz.] die, Auslosung, bei der durch Ziehen eines Loses oder von Nummern der Zufall über Verlust des Spieleinsatzes oder einen Gewinn entscheidet. Der Einsatz ist regelmäßig eine Geldsumme; der Gewinn besteht bei der **Geld-L.** aus Geld, bei der **Waren-L. (Tombola)** aus Sachen. Die **Klassen-L.** wird in mehreren Ziehungen (Klassen) gespielt. **Zahlenlotto:** »6 aus 49«, der Spieler hat 6 Nummern aus der Zahlenreihe 1-49 auszuwählen und im Wettschein einzutragen. Gezogen werden 6 Nummern und eine Zusatzzahl. Die Gewinne werden entsprechend 6-3 richtigen Voraussagen in 5 Gewinnklassen ausgezahlt. Beim »Lotto am Samstag« gibt es eine Ziehung, zu der ein Spieler wenigstens 2 Zahlenreihen angeben kann, zu den 2 Ziehungen des »Lotto am Mittwoch« kann ein Spieler wenigstens eine Zahlenreihe pro Ziehung angeben.

Lotto, Lorenzo, ital. Maler, *um 1480, †1556, schuf Gemälde mit reichen Helldunkelwirkungen. Seine Bildnisse gehören zu den besten der Renaissance.

Lötzen, poln. **Giżycko** [giʒ'itskɔ], Wwschaft Suwałki, ehem. Krst. in Ostpreußen, inmitten der Masur. Seen, 23 500 Ew.; Schloß des Dt. Ritterordens.

Louis [lwi, frz.], Ludwig.

Louisdor [lwidɔ:r] der, frz. Goldmünze seit Ludwig XIII. (später 20-Franc-Stück).

Louis Ferdinand [lwi], **1)** Prinz von Preußen, *1772, Neffe Friedrichs d. Gr., fiel 1806 bei Saalfeld gegen die Franzosen. **2)** Enkel Kaiser Wilhelms II., *1907; Chef des Hauses Hohenzollern.

Louisiana [luɪzɪ'ænə], Abk. **La.,** Staat im S der USA, am Golf von Mexiko, am Delta des Mississippi, 125 675 km^2, 4,5 Mio. Ew. (33% Schwarze); Hptst.: Baton Rouge; größte Stadt: New Orleans. Über 50% der Fläche sind Wald; im S fruchtbares Schwemmland. Anbau: Zuckerrohr, Baumwolle, Reis, Mais u. a.; Fischerei, Holzgewinnung; ⚒ auf Erdöl, Erdgas, Schwefel, Kohle; chem. u. a. Ind. Haupthafen: New Orleans. – L., zunächst frz., kam 1763 teils an Großbritannien, teils an Spanien, 1783 und 1803 an die USA. Seit 1812 Staat der Union. ⊕ S. 494.

Louis Philippe [lwi fil'ip], → Ludwig 15).

Louis-quatorze [lwi kat'ɔrz, frz. »Ludwig XIV.«] das, klass. gemäßigter Barockstil unter Ludwig XIV. (1643-1715).

Louis-quinze [lwi kɛ̃:z, frz. »Ludwig XV.«] das, der unter Ludwig XV. (1715-74) in Frankreich herrschende Stil (Rokoko).

Louis-seize [lwi sɛ:z, frz. »Ludwig XVI.«] das, der in Frankreich in den 60er Jahren des 18. Jh. einsetzende Stil der Übergangszeit vom Rokoko zum Klassizismus.

Louisville [l'uɪvɪl], größte Stadt in Kentucky, USA, am Ohio, 287 000 Ew.; Univ., Erzbischofssitz, Tabak-, Weizenbau-, Viehzuchtgebiet; Großschlächtereien, Mühlen; Ind.

Lourdes [lurd], Stadt in S-Frankreich, an den Pyrenäen, 17 400 Ew.; einer der bekanntesten kath. Wallfahrtsorte mit Quelle, der übernatürl. Heilwirkungen zugeschrieben werden.

Louvois [luvw'a], François Michel **Le Tellier** [tɛlj'e], Marquis de, *1641, †1691; seit 1668 Kriegsmin. Ludwigs XIV., befürwortete 1689 die Verwüstung der Pfalz.

Louvre [lu:vr] der, ehemal. Schloß der frz. Könige in Paris, seit 1793 Museum.

Löwe der, **1)** große Wildkatze, in Afrika, SW-Asien, NW-Vorderindien, früher auch in SO-Europa; mit gelbem Fell und Mähne beim männl. Tier (Widerristhöhe 80-100 cm, Länge 150-190 cm). L. und Tiger können miteinander gekreuzt werden. **2)** ☆ fünftes Sternbild im Tierkreis; nördlich des L. der **Kleine L.**

Lowell [l'əuəl], Amy, amerikan. Lyrikerin, *1874, †1925; gehörte zum Londoner Dichterkreis der → Imagisten, deren Hauptvertreterin sie in Amerika wurde.

Löwen, fläm. und amtl. **Leuven** [l'ø:və], frz. **Louvain** [luv'ɛ̃], belg. Stadt an der Dyle, 85 000 Ew.; got. Rathaus, 2 Univ. (gegr. 1426 und 1970); Ind.

Löwenherz, Richard, → Richard I.

Löwenmaul, Pflanzengatt. mit zahlreichen Arten, darunter das **Garten-L.** als Zierpflanze; volkstüml. auch für andere Pflanzen.

Louisdor (Vorderseite)

Louisdor (Rückseite)

Lotosblume: Indische L.

Löwe 1): Löwin mit Jungen

Löwenzahn

Löwentinsee der, einer der Masurischen Seen, bei Lötzen, 27 km^2, bis 40 m tief.

Löwenzahn [nach dem Blattrand], 2 Korbblütergatt., milchige, meist staudige Pflanzen mit einzelnen Köpfen aus gelben Zungenblüten: 1) Gatt. **Taraxacum,** darunter der **Gemeine L.** mit dickem Wurzelstock, hohlem Schaft und abblasbaren Flugfrüchten, auf Wiesen; Salat- und Gemüsepflanze, Volksarznei. 2) Gatt. **Leontodon,** darunter der **Herbst-L.,** meist mit mehrköpfigem Stengel, bes. auf Magerrasen.

Lowestoft [l'əustɔft], engl. Hafenstadt, Seebad, 52200 Ew.; Fischerei, Motorenbau.

Loxodrome [grch.] die, Kurve auf einer Kugel, die alle Meridiane unter gleichem Winkel schneidet; wichtig in der Navigation.

loyal [lwaj'a:l, frz.], **1)** gesetzmäßig, pflichttreu. **2)** redlich. Hptw.: die **Loyalität.**

Loyola, Ignatius v., span. Offizier, *1491, †1556; stiftete 1534 in Paris den Orden der Jesuiten; Schutzheiliger der Krieger (Tag 31. 7.).

LPG, Abk. für →Landwirtschaftliche Produktionsgenossenschaften.

Lr, chem. Symbol für Lawrencium.

L. S. [Abk. für lat. **Loco sigilli**], am Ort, d. h. anstatt des Siegels.

LSD, →Lysergsäurediäthylamid.

Ltd., Abk. für →Limited.

Lu, chem. Symbol für Lutetium.

Lualaba, →Kongo (Fluß).

Luanda, Hptst., wichtigste Hafenstadt von Angola, 700000 Ew.

Luang Prabang, ehem. Residenz des Königs von Laos, am Mekong, 44200 Ew.; buddhist. Wallfahrtsort.

Luba, Baluba, Bantuvolk in S-Zaire.

Lübeck, Hansestadt L., Stadt in Schlesw.-Holst., an der schiffbaren Trave, 210000 Ew., mit Vorhafen Travemünde an der **Lübecker Bucht.** Handel mit Holz, Erz, Kohle, Fertigwaren, Getreide, Vieh, Marzipan; Seefahrts- u. a. Schulen; Metall-, Lebensmittel-, chem., Textil-Ind., Werft. Mittelalterl. Bauten mit Kunstschätzen: Marienkirche, Rathaus, Holstentor u. a. – L., 1143 gegr., wurde 1226 Reichsstadt, wirkte bei der Gründung vieler dt. Ostseestädte mit und war seit Ende des 13. Jh. Haupt der Hanse. Das **Lübische Recht,** das wichtigste Stadtrecht im dt. MA., verbreitete sich über den ganzen Ostseeraum. Seit dem 16. Jh. ging die Machtstellung L.s zurück.

Lüben, poln. **Lubin,** Wwschaft Legnica, ehem. Krst. in Niederschlesien, 56000 Ew.; Bau von Saiteninstrumenten.

Lübke, Heinrich, Politiker (CDU), *1894, †1972; 1931-33 Mitgl. des Preuß. Landtags (Zentrum); seit 1953 Bundesernährungsmin., 1959-69 Bundespräsident.

Lublin, Hptst. der Wwschaft L., Polen, 333000 Ew.; Univ.; Kraftwagenfabrik, Textilien, Maschinen, Zement. 1317 Magdeburger Stadtrecht.

Lübeck: Holstentor

Lubumbashi, früher **Elisabethville,** Hptst. der Prov. Shaba (Katanga), Zaire, 451000 Ew.; Mittelpunkt des Kupferbergbaus; Univ.

Lucas van Leyden [l'y:kas van l'ɛidə], niederländ. Maler, Graphiker, *1494, †1533; schuf Bildnisse, Altarwerke, Genreszenen, auch Kupferstiche.

Lucca, Stadt im mittl. Italien, bei Pisa, 87200 Ew.; Erzbischofssitz; Dom; Ind. (Seide).

Luch, das, die, Bruch, Sumpf.

Luchs der, katzenartiges Raubtier, braun gefleckt, Pinselohren, kurzer Schwanz.

Luchs: Nord-L.

Lucia, Luzia, Märtyrerin aus Syrakus. Heilige. Tag 13. 12., in Schweden bes. gefeiert **(Lucienbraut).**

Luciani [lutʃ'a:ni], Albino, bürgerl. Name von Papst Johannes Paul I.

Luckenwalde, Krst. im Bez. Potsdam, 26800 Ew.; Tuch, Hüte, Metall-, Papierwaren.

Luckner, Felix Graf v., Seeoffizier, *1881, †1966; im 1. Weltkrieg Führer des Segelhilfskreuzers »Seeadler«, schrieb »Seeteufel«.

Lucknow, Hptst. von Uttar Pradesh, Indien, rd. 897000 Ew.; Univ.

Lucretia, röm. Sage: vornehme Römerin, tötete sich, weil sie von einem Sohn des Tarquinius Superbus entehrt worden war.

Lucullus, Lucius Licinius, röm. Feldherr, *117, † um 57 v. Chr., siegreich gegen Mithridates. Seine Freude am Genuß ist sprichwörtlich (Lukullisches Mahl).

Ludendorff, Erich, preuß. General, *1865, †1937; leitete unter Hindenburg den Krieg im Osten (Schlacht bei Tannenberg). Seit 1916 in der Obersten Heeresleitung, erhielt er als Erster Generalquartiermeister entscheidenden Anteil an der militär. Kriegführung; er übte auch Einfluß auf die Politik aus. Nach dem Krieg betätigte er sich, gemeinsam mit seiner 2. Frau Mathilde (*1877, †1966), polit. im »deutschvölk.« Sinne. Er schrieb »Meine Kriegserinnerungen« (1919) u. a.

Lüdenscheid, Krst. in NRW, im Sauerland, 73500 Ew.; Metall-, Kunststoff-Ind.

Luder das, ⚲ Aas zum Anlocken von Raubzeug, Wildschweinen. **ludern,** anlocken.

Lüderitz, Adolf, Bremer Großkaufmann, *1834, †1886; kaufte 1883 den Hafen Angra Pequena (seit 1886 **L.-Bucht,** seit 1920 L.), Kern des Schutzgebietes Dt.-Südwestafrika.

Ludhiana, Stadt in Indien, im Pandschab, 606000 Ew.; Textil-, Metallind.; Weizenbau.

Ludolphsche Zahl, Kreiszahl π = 3,1415… nach Ludolph van Ceulen, *1540, †1610.

Ludwig [aus ahd. hlût »bekannt« und wig »Kampf«], männl. Vorname.

Ludwig. Fürsten: **Röm.-dt. Kaiser und Könige. 1) L. I., der Fromme,** Kaiser (814-840), Sohn Karls d. Gr., unterlag 833 auf dem »Lügenfeld« bei Colmar einer Empörung seiner Söhne (Lothar I., L. der Dt., Karl der Kahle). **2) L. der Deutsche,** König des Ostfränk. Reichs (843-876), Sohn von 1), erhielt zum Ostfränk. Reich (seit 843) 870 im Vertrag von Mersen auch einen Teil Lothringens. **3) L. das Kind,**

König (900-911), der letzte dt. Karolinger. **4) L. IV., der Bayer,** Kaiser (1314-47), seit 1302 Herzog von Oberbayern, besiegte 1322 bei Mühldorf den Gegenkönig Friedrich den Schönen, geriet 1324 in langen Kampf mit dem Papst, wurde von den Kurfürsten unterstützt (Kurverein zu Rhense 1338), erwarb für sein Haus die Mark Brandenburg, Holland, Seeland und Hennegau. – **Baden. 5) L. Wilhelm I.,** Markgraf (1677-1707), der **Türkenlouis,** besiegte die Türken 1691. – **Bayern. 6) L. I.,** König seit 1825, dankte 1848 ab, machte München zur Kunststadt, ließ Ludwigstraße, Glyptothek und Propyläen, Feldherrnhalle, Pinakotheken, Walhalla bei Regensburg bauen. **7) L. II.,** König (1864-86) vollzog 1870/71 den Eintritt Bayerns ins Dt. Reich, förderte R. Wagner, baute die Schlösser Herrenchiemsee, Neuschwanstein und Linderhof; wurde für geisteskrank erklärt und ertrank unter ungeklärten Umständen im Starnberger See. – **Frankreich. 8) L. IX. der Heilige,** König (1226-1270), unternahm 1246-54 den 6. Kreuzzug gegen Ägypten, starb auf dem 7. Kreuzzug vor Tunis. **9) L. XI.,** König (1461-83), kämpfte zäh und erfolgreich gegen den mächtigen Burgunderherzog Karl den Kühnen. **10) L. XIII.,** König (1610-43), überließ seit 1624 dem Kardinal →Richelieu die Regierung. **11) L. XIV., der Sonnenkönig** (1643-1715), Sohn von 10), *1638, †1715, regierte seit dem Tode des Kardinals →Mazarin (1661) selbständig. Unter ihm erlebte der frz. Absolutismus seine Glanzzeit. Der Minister →Colbert führte innere Reformen durch, während →Louvois ein starkes Heer schuf. Durch seine ersten Raubkriege (1667/68 und 1672-79) eroberte L. belg. Grenzgebiete und die Freigfsch. Burgund; durch die →Reunionen riß er elsäss. Gebiete an sich und nahm 1681 Straßburg ein. Er verfolgte die →Hugenotten und hob 1685 das Edikt von Nantes auf. Seine europ. Vormachtstellung wurde schließlich durch den Span. Erbfolgekrieg gebrochen. Der prunkvolle Hof L. in Versailles wurde das Vorbild vieler Fürsten; seine Regierung war zugleich das klass. Zeitalter des frz. Geisteslebens. **12) L. XV.,** König (1715-74), Urenkel von 11), regierte willkürlich und verschwenderisch (Mätressen Pompadour, Dubarry); erwarb 1766 Lothringen, verlor aber durch den →Siebenjähr. Krieg die nordamerikan. Kolonien (Kanada) an England. **13) L. XVI.,** König (1774-92), Enkel von 12), ⚭ mit der österr. Kaisertocher Marie Antoinette, versuchte innere Reformen, konnte 1789 den Ausbruch der Frz. Revolution nicht verhindern, wurde 1792 abgesetzt, 1793 enthauptet. **14) L. XVIII.,** König (1814-24), Bruder von 13), war 1791 ins Ausland geflohen und nach dem Sturz Napoleons I. zurückgerufen worden. **15) L. Philipp, der Bürgerkönig** (1830-48), aus dem Hause Orléans, gelangte nach dem Sturz Karls X. durch die liberale Julirevolution von 1830 auf den Thron, vertrat eine Friedenspolitik, wurde durch die Februarrevolution von 1848 gestürzt; †1850. – **Thüringen. 16) L. IV., der Heilige,** Landgraf (1217-1227), Gatte der heiligen →Elisabeth, starb auf dem 5. Kreuzzug. – **Ungarn. 17) L. I.** der **Große,** König (1342-82), seit 1370 auch von Polen; durch erfolgreich geführte Kriege hatte Ungarn unter ihm seine größte Ausdehnung (von der Ostsee bis zum Schwarzen und Adriat. Meer). – **Holland. 18) L. (Louis Bonaparte),** König (1806-10), Bruder Napoleons I., Vater Napoleons III., *1778, †1846; dankte nach polit. Zerwürfnissen mit seinem Bruder ab.

Ludwig, 1) Christa, österr. Sängerin (Mezzosopran), *1928, Opern- und Konzertsängerin. **2)** Emil, *1881, †1948; biograph. Werke (»Goethe«, »Napoleon«, »Wilhelm II.«). **3)** Otto, Dichter und Erzähler, *1813, †1865; Drama »Der Erbförster«, Romane.

Ludwigsburg, Krst. in Bad.-Württ., 77000 Ew., Barockschloß; Pädagog. Hochschule, Meisterschule für Instrumentenbau; Maschinen, Orgelbau, Textilien, Chemikalien.

Ludwigsburger Porzellanmanufaktur, 1785 gegr., 1824 aufgelöst: Geschirr, Kleinplastik; 1948 wieder gegründet.

Ludwigshafen am Rhein, Industriestadt in Rheinl.-Pf., 153000 Ew.; wichtiger Binnenhafen und Umschlagplatz; chem. (BASF) und andere Ind.; Großmühlen.

Ludwigslied, ahd. (rheinfränk.) Preislied auf den Sieg des westfränk. Königs Ludwig III. über die Normannen bei Saucourt 881; ältestes histor. Lied in dt. Sprache.

Lues [lat.] die, →Syphilis.

Lueger, Karl, österreich. Politiker, *1844, †1910; seit 1897 Bürgermeister von Wien, Gründer der Christl.-Sozialen Partei, antisemit. Programmatiker.

Luffa die, kürbisähnl. Frucht; ihr Gefäßbündelnetz ist getrocknet Schwammersatz.

Luft die, Gasgemenge der →Atmosphäre, mit 78% Stickstoff, 21% Sauerstoff, daneben Edelgase, Kohlendioxid, Wasserstoff, Ozon, Wasserdampf und Verunreinigungen.

Luftbild, von Flugzeugen oder Flugkörpern photographisch aufgenommene Abbildung eines Teiles der Erdoberfläche.

Luftbrücke, Versorgung abgeschnittener Gebiete durch Flugzeuge, angewandt anläßlich der Blockade W-Berlins durch die UdSSR (1948-1949).

Luftdruck, →Atmosphäre.

Luftfahrt begann mit nichtlenkbaren Luftfahrzeugen, die leichter als Luft waren. Die Erfindung des Warmluftballons durch die Brüder Montgolfier 1783 (Montgolfière) leitete die eigentl. L. ein. Diese Entdeckung führte zum Freiballon und →Luftschiff. Mit Apparaten, die schwerer als Luft sind, führte O. Lilienthal seit 1891 Gleitflüge durch. Darauf aufbauend, gelangen 1903 den Brüdern Wright die ersten gelenkten Motorflüge. Ein bedeutender Abschnitt der Entwicklung begann mit dem Bau des Ganzmetallflugzeugs von H. Jun-

Ludwig II. von Bayern

Ludwig XIV. von Frankreich

Luftfahrt, links: Heißluftballon Montgolfière (1783), rechts: Luftschiff L.Z.127 »Graf Zeppelin« (Aufnahme 1928)

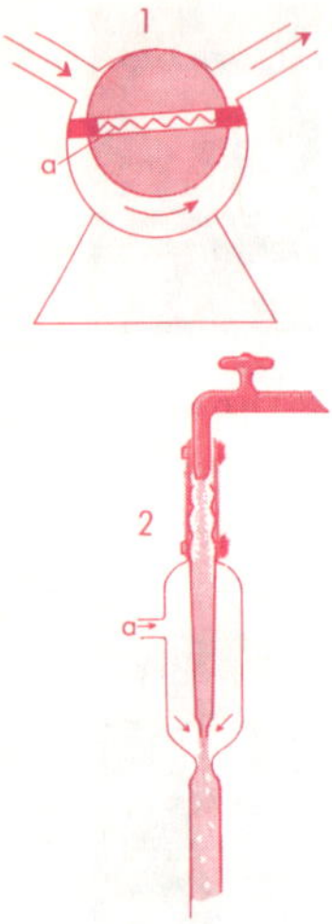

Luftpumpe 2): **1** Kapselpumpe, a Feder, **2** Wasserstrahlpumpe, a Luft

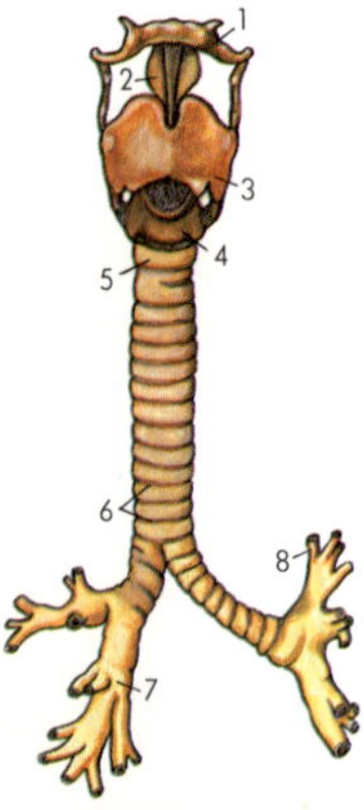

Luftröhre: 1 Zungenbein, **2** Kehldeckel, **3** Schildknorpel, **4** Bogen des Ringknorpels, **5** 1. Luftröhrenknorpel, **6** Bänder zwischen den Luftröhrenknorpeln, **7** rechter Stammbronchus, **8** linker Stammbronchus

kers (1915). Die Leistungssteigerung der Motoren und die Verbesserung der Navigation und Nachrichtenübermittlung ermöglichten Flüge über Ozeane, Polargebiete, Urwälder, Wüsten (1. Atlantikflug in West-Ost-Richtung 1919 von Alcock und Brown, in Ost-West-Richtung 1928 von Hünefeld, Köhl, Fitzmaurice; 1954 1. Passagierflug über den Nordpol: Kopenhagen-Los Angeles). 1957 erster Senkrechtstarter. 1969 Einführung der Großraumflugzeuge (Jumbo-Jets). 1969 Erstflug eines Überschall-Verkehrsflugzeugs. 1976 Aufnahme des Überschallverkehrs.

Luftfahrt-Bundesamt, Abk. **LBA,** 1954 errichtete Bundesoberbehörde für die Zivilluftfahrt, Sitz: Braunschweig.

Luftfeuchtigkeit, Menge des in der atmosphär. Luft enthaltenen Wasserdampfs. Messung durch das → Hygrometer und → Psychrometer.

Luftgewehr, Windbüchse, Sportgewehr, bei dem das Geschoß durch Druckluft aus dem Lauf getrieben wird.

Lufthansa, → Deutsche Lufthansa AG.

Lufthoheit, Recht jedes souveränen Staates, die Benutzung des über seinem Staatsgebiet liegenden Luftraums bindend zu regeln.

Luftkissenfahrzeug, Bodeneffekt-Fluggerät, Luftfahrzeug, das schwerer als Luft ist, in Form einer runden oder ovalen Scheibe. Es schwebt auf einem Luftpolster, das durch einen nach unten gerichteten Luftstrom erzeugt wird, etwa 40 cm über dem Boden oder über dem Wasser. Den Vortrieb erzeugen Luftschrauben oder Druckluftdüsen.

Luftkorridor, Einflugstrecke durch anderes Hoheitsgebiet, z. B. nach W.-Berlin.

Luftkrieg, alle Kampfmaßnahmen der Luftstreitkräfte mit operativen oder takt. Zielen einschließl. Bodenabwehr, sowohl in Verbindung mit Heer und Marine als auch selbständig. Der operative L. richtete sich im 2. Weltkrieg gegen Ind., Wirtschaft und Zivilbevölkerung.

Luftlandetruppen, Streitkräfte, die mit Flugzeugen oder Lastenseglern zum Einsatzort gebracht werden (Fallschirmtruppen).

Luftlinie, kürzeste Entfernung zw. 2 Punkten der Erdoberfläche.

Luftpiraterie, Hijacking [h'aıdʒækıŋ], Kapern eines Flugzeuges. Der Pilot wird durch Gewalt oder Drohung gezwungen, von der Flugroute abzuweichen und an einem anderen Ort als dem Bestimmungsziel zu landen. Der Entführer verübt L. meist zur Durchsetzung polit. Forderungen.

Luftpost, Postbeförderung auf dem Luftweg gegen Sondergebühr.

Luftpumpe, 1) Verdichter, z. B. zum Aufpumpen von Fahrzeugreifen. **2)** Vorrichtung zum Erzeugen eines Vakuums. Verwendet werden für Grobvakua Strahlpumpen (einige mbar), für Hochvakua Diffusions- und Molekularpumpen (bis 10^{-9} mbar), für Ultrahochvakua Sorptionspumpen (Getterpumpen).

Luftrecht, für die Luftfahrt geltendes Sonderrecht. In der Bundesrep. Dtl. liegt die Gesetzgebung über den Luftverkehr beim Bund (Art. 73 Ziff. 6 GG), die Ausführung der Bundes-Ges. meist bei den Ländern. Maßgebend ist das Luftverkehrs-Ges. i. d. F. v. 4. 11. 1968. Privatrechtl. ist bes. wichtig das Warschauer Abkommen von 1929 zur Vereinheitlichung der Beförderungsregeln im internat. Luftverkehr (Beförderungsscheine, Haftpflicht, Personen- und Sachschäden). Völkerrechtl. wird der internat. Luftverkehr im Abkommen von Chicago geregelt (7. 12. 1944). Oberste internat. Behörde ist die **Internat. Zivilluftfahrt-Organisation** (ICAO) in Montreal (Kanada) als Sonderorganisation der UNO.

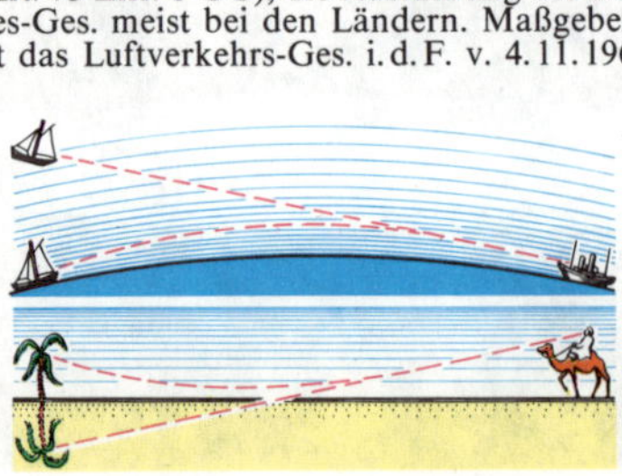

Luftspiegelung: oben über dem Meer bei nach oben abnehmender Luftdichte; unten über erhitztem Wüstensand bei nach oben zunehmender Luftdichte

Luftreifen, Gummireifen, der aus dem mit Luft gefüllten Schlauch und der schützenden Decke mit einer dicken gerillten Lauffläche besteht; **schlauchlose Reifen** schließen luftdicht an der Felge ab; **Gürtelreifen** haben verhältnismäßig steifen Zwischen- und elastischen Unterbau.

Luftröhre, etwa 12 cm langes, aus Knorpelringen bestehendes Rohr, welches Kehlkopf und Lungen verbindet. Sie teilt sich nach unten in die beiden Bronchien. **L.-Katarrh,** Entzündung der L.-Schleimhaut.

Luftröhrenschnitt, Operation zur Eröffnung der Luftröhre. → Kanüle.

Luftsack, → Air bag.

Luftschiff, Luftfahrzeug, das wie der → Luftballon durch den aerostat. Auftrieb einer Traggasfüllung schwebend erhalten wird und sich mit eigener Kraft vorwärts bewegt. Das **Prall-L.** erhält seine feste Form durch Überdruck der Gasfüllung (Parseval-L.). Das **Starr-L.** hat unter einer Stoffhaut ein Gerippe aus Leichtmetall, so das Zeppelin-L. Zw. den Hauptringen des Gerippes liegen die Gaszellen. Als Füllgas dienen Wasserstoff und Helium (nicht brennbar). → Luftfahrt.

Luftschraube, Propeller, Vortriebsmittel der Luftfahrzeuge, meist 3 oder 4 tragflügelähnl., meist verstellbare Flächen aus Metall auf einer Drehachse.

Luftschutz → Zivilschutz.

Luftspiegelung, durch Brechung der Lichtstrahlen an versch. warmen Luftschichten bewirkte scheinbare Erhöhung eines entfernten Gegenstandes über den Horizont **(Kimmung).** Wenn tiefere Luftschichten geringere D haben, kann Spiegelung nach unten erzeugt werden **(Fata morgana).**

Lüftung die, Zuführung frischer Luft in geschlossene Räume durch Ventilatoren oder Absaugen verbrauchter Luft (Bewetterung, → Bergbau); oft verbunden mit Reinigung, Erwärmung oder Abkühlung (Klimaanlagen).

Luftverflüssigung, Erzeugung flüssiger Luft durch Abkühlung unter die krit. Temperatur (−197,5 °C) unter gleichzeitiger Kompression. Verwendung für Sprengstoffe und Raketenantrieb.

Luftverkehr, Beförderung von Personen, Post, Fracht auf dem Luftweg. Neben dem öffentl. planmäßigen L. gibt es den Bedarfs-L. und den nichtöffentl. L. für Berufs-, Vergnügungs- und sportl. Zwecke. Den L. kennzeichnen Schnelligkeit und hohe Transportkosten, im **Luftfrachtverkehr** werden daher Güter von hohem Kosten- und Eilwert befördert. In verkehrsmäßig unterentwickelten Ländern ist der L. oft wichtigstes Verkehrsmittel, in durch Straßen und Eisenbahnen gut erschlossenen Ländern besteht erst für Entfernungen über 300 km ein L.-Bedarf. (BILDER S. 539)

Luftverschmutzung, durch Rauch, Abgase von Ind., Heizungen, Fahrzeugen usw. verunreinigte Luft; ist gesundheitsschädlich. (→ Smog)

Luftwaffe, Teil der Streitkräfte, umfaßt Fliegertruppe, Flakartillerie, Fernmeldetruppe und Versorgungstruppen der L.

Luftwege, Nase, Rachen **(obere L.),** Kehlkopf, Luftröhre, Bronchien **(untere L.).**

Luft-Werbung, Werbung v. a. durch Luftschiffe, Flugzeuge mit Schleppband, »Himmelsschrift« **(Himmelschreiber).**

Luftwirbel, spiralförm. Luftbewegungen, treten als Wind-, Wasserhosen, als Wirbelstürme (Tornados, Taifune) der Tropen sowie als Zyklone (Tiefdruckgebiet), Antizyklone (Hochdruckgebiet) der gemäßigten Breiten auf.

Luftwurzel, ⚘ → Wurzel.

Lugano, Stadt und Luftkurort in der südl. Schweiz, Kt. Tessin, 27800 Ew., am **Luganer See** und an der Gotthardbahn.

Lüge die, falsche Aussage. **Lügendichtung,** Erz. übertriebener Begebenheiten, z. B. »Eulenspiegel«, »Münchhausen«.

Lügendetektor, Gerät, das die Erregungsschwankungen sichtbar macht, die z. B. bei falschen Aussagen auftreten. Verwendung als Beweismittel vor Gericht in der Bundesrep. Dtl. verboten.

Lügendichtung, sie übertreibt das Unmögliche, so daß der Leser die Lüge erkennt und als künstler. Mittel würdigen kann.

Luhmann, Niklas, dt. Rechts- und Sozialwissenschaftler, *1927; entwickelte eine sozialwissenschaftl. »Systemtheorie«.

Luise [frz. Louise], weibl. Vorname.

Luise, Königin von Preußen, Gemahlin Friedrich Wilhelms III., *1776, †1810, unterstützte die Reformen Steins und Hardenbergs.

Luitpold, Prinzregent von Bayern (1886 bis 1912) für die geisteskranken Könige Ludwig II. und Otto.

Lukácz, Georg (von), ungar. sozialist. Literaturhistoriker, *1885, †1971; »Theorie des Romans«.

Lukas, Verf. des **L.-Evangeliums** und der Apostelgeschichte, Begleiter des Paulus, Arzt; Schutzheiliger der Maler (Tag 18. 10.). Sinnbild: Stier.

Luke die, **1)** kleines Fenster. **2) Luk,** ⚓ wasserdicht verschließbare Öffnung im Schiffsdeck, zum Laden, Lüften.

Lukian, grch. Schriftst., aus Samosata (Euphrat), * um 120, † nach 180 n. Chr., geißelte mit scharfem Spott die Gebrechen seiner Zeit.

Lukmanier, Alpenpaß der Gotthardgruppe (1917 m), verbindet das Medelser Tal (Graubünden) mit dem Val Blenio (Tessin).

lukrativ [lat.], gewinnbringend.

Lukrez, Titus Lucretius Carus, röm. Dichter, Philosoph; †55 v. Chr.; schrieb ein großes Lehrgedicht »De rerum natura«.

lukullisch, üppig, schwelgerisch (nach → Lucullus).

Luleå [l'y:lɔo:], Hafenstadt in N-Schweden, an der Mündung des Luleälv in den Bottn. Meerbusen, 67000 Ew.; Erzausfuhr, Stahlwerk.

Lullus, Raimundus, katalan. **Ramón Llull,** katalan. Mystiker, Enzyklopädist, Dichter, *1235, †1316, Franziskaner, wirkte als Missionar bei den Muslims in N-Afrika und im Orient. Seliger; Tag: 3. 7. **Ars magna (Lullische Kunst):** Verfahren, durch Vereinigung der obersten sachl. und method. Begriffe, alle möglichen Wahrheiten abzuleiten.

Lully [lyl'i], Jean-Baptiste, *1632, †1687, der erste Großmeister der frz. Nationaloper.

Lumbago [lat.] die, → Hexenschuß.

lumbal [lat.], ♡ die Lenden betreffend. **L.-Anästhesie,** Betäubung der unteren Körperhälfte. **L.-Punktion,** Entnahme von Nervenwasser aus dem Duralsack.

Lumbeckverfahren, fadenlose Klebebindung anstelle des Heftens von Büchern und Broschüren.

Lumberjack [l'ʌmbədʒæk, engl.] der, sportl., blusenartige Jacke.

Lumen das, → Lichttechnik.

Lumière [lymj'ɛ:r], Auguste, *1862, †1954; schuf mit seinem Bruder Louis (*1864, †1948) Neuerungen auf dem Gebiet der Photographie.

Lumineszenz [lat.] die, Lichtemission eines Stoffes oder Körpers infolge Energieabsorption ohne Temperaturerhöhung; → Fluoreszenz, → Phosphoreszenz. Die L. versch. Tiere (Glühwürmchen) heißt **Bio-L.**

Lumineszenzdiode, die → Leuchtdiode.

Lumme die, zu den Alken gehörige Schwimmvögel. Die **Trottel.-L.** brütet auf Helgoland.

Luna [lat.] die, Mond; röm. Mondgöttin.

Lunch [lʌntʃ, engl.] der, das, kleine Mittagsmahlzeit; Zeitw. **lunchen.**

Lund [lynd], Stadt in S-Schweden, 76300 Ew.; Univ. (seit 1668), roman. Dom, Bischofssitz.

Lunda, Bantuvolk in S-Zaire.

Lüneburg, Hptst. des RegBez. L., Ndsachs., 59600 Ew.; mittelalterl. Stadtbild, PH; Ind.; Sol- und Moorbad. – L., im 12. Jh. gegr., im MA. bedeutender Handelsplatz.

Lüneburger Heide, eiszeitl. Landrücken zw. Aller und Elbe; im Wilseder Berg (Naturschutzgebiet) 169 m hoch; teilweise bebaut oder aufgeforstet. Im SW Erdölvorkommen.

Lünen, Industriestadt in NRW, an der Lippe, 84200 Ew.; Steinkohlen ⚒, Ind.

Lünette [frz.] die, 🏛 Bogenfeld, oft mit einem Relief oder einer Malerei.

Lunéville [lynev'il], Stadt im östl. Frankreich, mit 21500 Ew.; landwirtschaftl. Handel; Ind.: Maschinen, Fayence, Textilien. – Der **Friede von L.** (1801) zw. Frankreich und Österreich schloß die frz. Revolutionskriege ab.

Lunge die, Atmungsorgan aller luftatmenden Wirbeltiere, besteht urspr. aus 2 Säcken und liegt im Brustkorb. Beim Menschen unterscheidet man die rechte L., die aus 3 L.-Lappen, und die linke L., die aus 2 Lappen besteht. Überzogen sind die L. und die Wand der Brusthöhle von einer in sich geschlossenen feinen Haut (Pleura), die als **Rippenfell** die innere Brustwand, als **L.-Fell** die L. überkleidet. Das L.-Gewebe ist schwammig, elastisch, rosafarben. Die in die beiden L. eintretenden **Bronchien** enden mit ihren feinsten Verzweigungen in kleinen **L.-Bläschen (L.-Alveolen),** die von vielen Haargefäßen netzartig umsponnen sind und in denen das Blut durch die sehr dünnen Wände der L.-Bläschen und der Haargefäße hindurch bei der → Atmung Sauerstoff aufnimmt und Kohlendioxid abgibt.

Lungenfische, Knochenfische, die mit ihrer lungenartigen Schwimmblase durch Schlund und Nase Luft atmen und längere Zeit auf dem Lande aushalten **(Lurchfische),** z. B. der 1-2 m lange **Molchfisch** in Afrika.

Lungenkrankheiten: Lungenabszeß, Eiterhöhle im Lungengewebe. – **Lungenblähung,** das → Emphysem. – **Lungenembolie,** Verstopfung der Lungenschlagader oder eines ihrer Äste durch ein Blutgerinnsel. Kann zu plötzl. Tod führen. (Lungenschlag). – **Lungenentzündung, Pneumonie,** Durchsetzung (Infiltration) des Lungengewebes mit entzündl. Ausschwitzung aus den Blutgefäßen. **Fibrinöse** oder **kruppöse Lungenentzündung,** meist durch Pneumokokken verursacht, beginnt mit Schüttelfrost, hohem Fieber, Seitenstechen; es folgen schmerzhafter Husten, Atemnot, zäher, rostfarbener Auswurf. Die Krise tritt zw. dem 7. und 13. Tag unter Schweißausbruch und schneller Entfieberung ein. Die Entzündung betrifft stets einen ganzen Lungenlappen. Die **katarrhal. Lungenentzündung** (Bronchopneumonie) betrifft kleinere Teile der Lunge. Erreger sind Bakterien verschiedenster Art, auch Viren. Meist geht ein Katarrh der feinsten Bronchien voraus oder eine ansteckende Krankheit (Masern, Grippe, Typhus u. a.). Behandlung: Antibiotika, Sulfonamide. **Lungenkrebs,** meist von der Schleimhaut der Bronchien ausgehende bösartige Geschwulst, → Krebs. – **Lungenödem,** Übertritt von Blut-

Lufthansa

Swissair

SAS (Skandinavien)

Alitalia

Iberia (Spanien)

El Al Israel Airlines

JAL (Japan)

Olympic Airways

Pan American World Airways

Trans World Airlines**

Luftverkehr: Abzeichen von Luftverkehrsgesellschaften

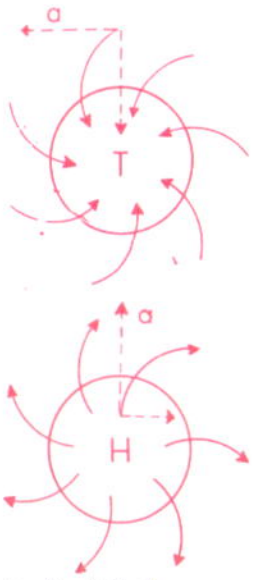

Luftwirbel: a Ablenkung durch Erdumdrehung, T Tiefdruck, H Hochdruck

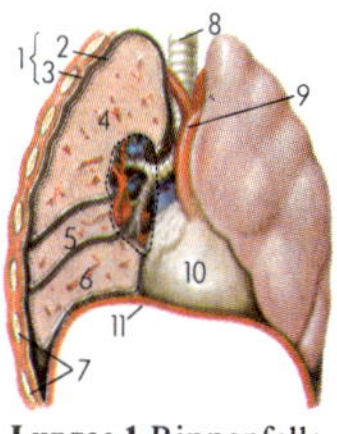

Lunge: 1 Rippenfell; **2** Lungenfell; **3** Brustfell; **4** Oberlappen; **5** Mittellappen; **6** Unterlappen; **7** Rippen; **8** Luftröhre; **9** Aorta; **10** Herzbeutel; **11** Zwerchfell

Lupine: Ausdauernde L.

wasser in das Lungengewebe infolge Blutstauung bei Herzschwäche, Nierenentzündung u.a. Ein Zustand höchster Atemnot und Erstickungsgefahr. – **Lungenpest,** → Pest. – **Lungentuberkulose,** → Tuberkulose.

Lungenkraut, ⚘ staudige, behaarte, borretschartige Frühlingspflanze, mit zuerst hellroten, dann blauen Blüten; früher als Lungenmittel verwendet.

Lungenschnecken, Pulmonaten, landbewohnende Schnecken, bei denen das blutgefäßreiche Dach der Mantelhöhle als lungenähnl. Atmungsorgan dient.

Lunker der, Hohlräume in Gußstücken.

Luns [lyns], Joseph, niederländ. Politiker, *1911, 1956 Außenminister, 1971-84 Generalsekr. der NATO.

Lunte die, **1)** Feuerschwamm oder mit Bleizuckerlösung getränkter, langsam glimmender Hanfstrick, diente im MA. als Zündmittel bei Feuerwaffen. **2)** ♈ Schwanz des Fuchses.

Lupanar [lat.] das, altröm. Bordell.

Lupe [frz.] die, Vergrößerungsglas.

Lupine die, Gatt. der Schmetterlingsblüter, hohe Kräuter aus dem südl. Europa, Grün- und Körnerfutter, auch zur Gründüngung (Stickstoffsammler). In Dtl. am häufigsten die **Blaue,** seltener die **Gelbe** und **Weiße L.** Die gezüchtete **Süß-L.** ist bitterstofffrei.

Lupus [lat.], der, → Hauttuberkulose.

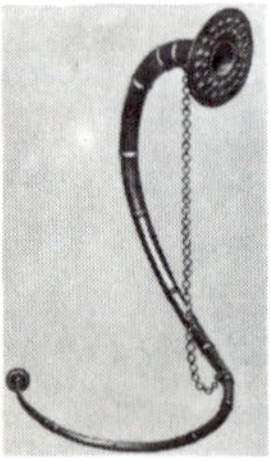

Lure

Lurche, Amphibien, wechselwarme Wirbeltiere mit nackter drüsenreicher Haut und 4 Gliedmaßen. Die Jungen leben im Wasser und atmen durch Kiemen. Hauptgruppen: **Schwanz-L.** (Salamander, Molche), **Frosch-L.** (Frösche, Kröten).

Lure die, große, gewundene Bronzetrompete der nord. Bronzezeit.

Lusaka, Hptst. von Sambia, 910000 Ew., Handels- und Industriezentrum; Univ.

Luserke, Martin, Pädagoge, Schriftst., *1880, †1968; förderte Jugend- und Laienspiel.

Lusitanien, röm. Provinz auf der Iberischen Halbinsel, etwa das heutige Portugal.

Lust die, alle Gefühlsarten, die eine Befriedigung von Bedürfnissen oder eine Steigerung des Lebensgefühls anzeigen.

Lustenau, Marktgem. in Vorarlberg, Österreich, 17500 Ew.; Textil-, Eisenind.

Lüster [frz.] der, **1)** Kronleuchter. **2)** leinwandbindiger Stoff.

Lustrum [lat.] das, -s/...stren und ...stra, **1)** im alten Rom das alle 5 Jahre wiederkehrende Sühneopfer. **2)** Jahrfünft.

Lustspiel, → Komödie.

M. Luther

Lüta, amtlich **Dalian,** Zusammenschluß der chines. Städte Port Arthur und Talien, 1,6 Mio. Ew.; Univ.; Kriegs- und Handelshafen, Schiffbau, Erdölraffinerie.

Lutetium das, **Lu,** chem. Element aus der Gruppe der Lanthanoide.

Luther, 1) Hans, Politiker, *1879, †1962; 1923-25 Reichsfinanz-Min., 1925/26 Reichskanzler, 1930 Reichsbankpräs. **2)** Martin, Reformator, Begründer des dt. Protestantismus, * Eisleben 10. 11. 1483, † das. 18. 2. 1546, Sohn des Bergmanns Hans L. aus Möhra, bezog 1501 die Univ. Erfurt, trat 1505 ins Augustinerkloster ein, wurde 1507 Priester, 1508 Prof. der Philosophie in Wittenberg, 1512 Dr. und Prof. der Theologie. Am 31. 10. 1517 schlug er seine gegen Tetzel gerichteten 95 Streitsätze (Thesen) über den Ablaß an die Schloßkirche in Wittenberg an, mußte sich 1518 vor Kardinal Cajetan in Augsburg verantworten, unterwarf sich nicht. Im Streitgespräch 1519 mit Eck, der Leipziger Disputation, bestritt er den Primat des Papstes und die Unfehlbarkeit der Konzilien. Damit hatte L. mit der kath. Kirche gebrochen und beschritt nun den Weg zu einer völligen Reformation der Kirche und der Theologie. 1520/21 veröffentlichte er die entscheidenden Reformationsschriften: »An den christl. Adel dt. Nation«, »Von der babylon. Gefangenschaft der Kirche«, »Von der Freiheit eines Christenmenschen«, verbrannte am 15. 12. 1520 die päpstl. Bannandrohungsbulle, wurde darauf am 3. 1. 1521 gebannt, verteidigte sich am 17. und 18. 4. 1521 vor dem Reichstag in Worms und wurde in die Reichsacht erklärt. Von Kurfürst Friedrich dem Weisen auf die Wartburg gebracht, übersetzte er das N. T. (1522 zuerst gedruckt). Im März 1522 kehrte er nach Wittenberg zurück und trat gegen die Wiedertäufer auf. 1525 heiratete er Katharina von Bora. 1526-30 half L. mit an der Einrichtung der Kursächs. Kirchen- und Schulvisitation. Mit den beiden Katechismen (1529), der Bibelübersetzung (1534 die ganze Bibel), seinen geistl. Liedern (»Ein' feste Burg« u. a.) förderte er entscheidend die Entwicklung der dt. Sprache. – Im Mittelpunkt seiner Lehre von den Gnadenmitteln steht das »Wort Gottes« als Gesetz und Evangelium. Mit der »Rechtfertigung allein aus dem Glauben« hat er das kath. Dogma gesprengt. Die unmittelbare Glaubensbeziehung zw. Gott und Mensch macht nach seiner Lehre jede priesterl. Mittlerschaft unnötig (allg. Priestertum aller Gläubigen). Die christl. Sittlichkeit erfüllt sich nach L. im weltl. »Beruf«, der im Glauben und in der Liebe getan wird.

Lutherische Kirchen, an den luther. Bekenntnisschriften festhaltende evang. Kirchen, bes. in Dtl., Dänemark, Skandinavien und Nordamerika i. Ggs. zu den von Zwingli und Calvin bestimmten reformierten Kirchen. In Preußen schlossen sich die L. K. und die reformierte Kirche 1817 zur **Altpreuß. Union** (nach 1945 in »Evang. Kirche der Union« umbenannt) zusammen; später Trennung der **Altlutheraner** von der Landeskirche. Die luther. Landeskirchen Dtl.s sind seit 1948 in der **Vereinigten Evang.-Luther. Kirche Dtl.s** (VELKD) zusammengeschlossen. Die Mehrzahl der L. K. der Welt sind im **Luther. Weltbund** (1947) verbunden.

Luthuli [lu:θ'u:lı], Albert, südafrikan. Eingeborenenpolitiker, *1899, †1967; vertrat den gewaltlosen Widerstand gegen die Rassentrennungspolitik der Regierung. Friedensnobelpreis 1960.

Luton [lu:tn], Stadt in England, 16400 Ew.; Gießereien, Kraftwagen-, Apparatebau.

Łutosławski [łutɔsł'afski], Witold, poln. Komponist, *1913; Symphonie; Konzert für Orchester; Trauermusik für Streichorchester.

Lutter am Barenberge, Gem. nordwestl. von Goslar; 1626 Sieg Tillys über Christian IV. von Dänemark.

Lüttich, Hptst. der belg. Prov. L., 202600 Ew.; liegt an der Mündung der Ourthe in die Maas; geistiger Mittelpunkt der Wallonen (Univ.). Steinkohlen- und Industriegebiet. – Das alte Reichs-Fstt. der Bischöfe von L. kam 1801 an Frankreich, 1815 an die Niederlande, 1830 an Belgien.

Lützen, Stadt im Bez. Halle, südwestl. von Leipzig, rd. 5000 Ew.; am 16. 11. 1632 siegten die Schweden über Wallenstein, Gustav Adolf fiel.

Lützow, Adolf Frhr. v., preuß. Generalmajor, *1782, †1834; stellte 1813 das **Lützowsche Freikorps** (Schwarze Schar) auf.

Luv die, ⚓ dem Wind zugekehrte Seite; Ggs.: Lee.

Lux, → Lichttechnik.

Luxation [lat.] die, ♡ Verrenkung.

Luxemburg

Luxemburg, 1) Groß-Hzgt. in W-Europa, 2586 km², 364000 Ew. (über 90% kath.); Hptst.: Luxemburg; Amtssprache: Französisch. VERFASSUNG vom 17. 10. 1868 (Änderungen 1919/48/56/72). Konstitutionelle Erbmonarchie (Haus Nassau). Gesetzgebungsorgan ist die Abgeordnetenkammer. – Der N hat

Anteil an den Ardennen (Ösling), im S erzreiches Stufenland. Anbau von Getreide, Kartoffeln, Wein; Viehzucht; Bergbau (Eisen), Eisen- und Stahl-, Getränke- u.a. Ind. Haupthandelspartner: EWG-Länder. ⊕ S.488/89.

G Die Grafen von L. stellten 1308 bis 1437 die dt. Kaiser (Heinrich VII., Karl IV., Wenzel, Sigismund). Das Hzgt. L. kam 1441 an Burgund, 1477 mit den Niederlanden an Habsburg, 1794 an Frankreich; als Groß-Hzgt. 1815 mit den Niederlanden in Personalunion verbunden (bis 1890) und in den Dt. Bund aufgenommen. 1839 fiel der wallon. Teil an Belgien. 1867 wurde L. für neutral und selbständig erklärt. 1890 wurde Adolf, bis 1866 Herzog von Nassau, Großherzog. Bis 1918 blieb L. im dt. Zollverband. Die 1922 mit Belgien geschlossene Zoll- und Wirtschaftsunion wurde 1948 auf die Niederlande ausgedehnt (→ Benelux-Länder). L. ist Mitgl. der NATO und der europ. Gemeinschaften. Staatsoberhaupt: Großherzog Jean (seit 1964); MinPräs.: J. Santer (seit 1984).

2) Hptst. von 1), 78000 Ew.; Ind.: Stahl, Maschinen, Steingut. Sekretariat des Europ. Parlaments, Europ. Gerichtshof, Internat. Univ.

Luxemburg, Rosa, sozialist. Politikerin, *1871, † (erschossen) 1919, gründete 1917 mit K. Liebknecht den Spartakusbund, nahm am Berliner kommunist. Aufstand 1919 teil.

Luxor, Luksor, Stadt in Oberägypten, am Nil, auf der Stelle des alten Theben; 40000 Ew.

Lu Xun [-çyn], chines. Schriftsteller und Gelehrter, *1881, †1936; gesellschaftskrit., satir. Erzählungen; Arbeiten zur chines. Literaturgeschichte.

Luxus [lat.] der, **1)** Üppigkeit, Wohlleben. **2)** Aufwand, der die als normal empfundene Lebenshaltung weit überschreitet; Bekämpfung früher durch L.- oder Aufwandgesetze, seit dem 18. Jh. durch **L.-Steuern.**

Luzern, 1) Kt. der Schweiz, 1494 km², 310500 deutschspr. Ew.; im S gebirgig, im N Hügelland; Ackerbau, Alpwirtschaft, Ind.; Fremdenverkehr. **2)** Hptst. von 1), 60500 Ew., am Vierwaldstätter See; mittelalterl. Bauten; Textil-, Metallind.; Mittelpunkt des schweizer. Fremdenverkehrs.

Luzerne die, Schmetterlingsblüter der Gatt. Schneckenklee aus Vorderasien, mit violetten Blüten, schneckenhausförmiger Fruchthülse; vieljährige Futterpflanze.

luzid [lat.], **1)** hell, licht. **2)** klar.

Luzifer [lat. »Lichtbringer«], **1)** ☆ der Morgenstern. **2)** der Teufel.

Luzon [-s-], Hauptinsel der Philippinen, 104600 km², rd. 24 Mio. Ew., im S stark vulkan., hat feuchtwarmes Tropenklima; Vorkommen von Kupfer, Gold, Chrom. Anbau von Reis, Zuckerrohr, Manilahanf, Tabak. Urbewohner sind Negrito, eingewanderte Malaien. Hptst.: Manila.

Lyallpur [l'aɪəl-], heute **Faisalabad,** Stadt in Pandschab, Pakistan, 1,1 Mio. Ew.; Baumwollind.

Lyck, poln. **Ełk,** Wwschaft Suwałki, ehem. Krst. in Ostpreußen, 30600 Ew.

Lydi|en, alte Landschaft im W Kleinasiens. Hptst.: Sardes. Einst ein mächtiger, reicher Staat (Krösus), 546 v. Chr. von Kyros erobert.

Lyki|en, antike Landschaft im S Kleinasiens; monumentale Grabbauten.

Lykurg, 1) sagenhafter Gesetzgeber Spartas, **2)** athen. Staatsmann, †324 v. Chr.

Lymphe [grch.] die, **Gewebsflüssigkeit,** ♡ **1)** farblose bis gelbl. Flüssigkeit, die aus den Geweben abfließt und von den → Lymphgefäßen aufgenommen wird. Sie besteht aus Blutplasma mit weißen Blutkörperchen und vermittelt den Stoffaustausch zw. den Blutgefäßen und den Gewebezellen. **2)** Flüssigkeit für Pockenimpfung.

Lymphgefäße, ♡ den Blutadern ähnl. feine Röhren, die die → Lymphe sammeln und dem Blut wieder zuführen. Die größeren L. besitzen Klappen. Die L., die von den unteren Gliedmaßen und den Baucheingeweiden kommen, treten vor der Lendenwirbelsäule zum **Brust-Lymphgang** zusammen, der in die linke Schlüsselbein-Blutader einmündet.

Lymphgefäßentzündung, Entzündung der Lymphgefäße, als roter Streifen von der Infektionsstelle zum Lymphknoten sichtbar.

Lymphknoten, früher fälschl. **Lymphdrüsen** genannt, linsen- bis haselnußgroße Kapseln, die als Filter in die Lymphgefäße eingeschaltet sind; sie enthalten in **Lymphfollikeln** gesammelte **Lymphzellen.**

Lymphogranuloma inguinale das, bes. beim Geschlechtsverkehr (»4. Geschlechtskrankheit«) übertragene, durch ein Virus hervorgerufene **venerische Lymphknotenentzündung.** Behandlung: Chemotherapeutika.

Lymphogranulomatose die, → Hodgkinsche Krankheit.

Lymphozyten, weiße Blutkörperchen.

lynchen [engl.], gesetzloses Töten von Personen durch gewalttätige Gruppen **(Lynchjustiz).**

Lynkeus, grch. Sage: scharfsichtiger Steuermann des Schiffes der Argonauten.

Lyon [lj'ɔ̃], drittgrößte Stadt Frankreichs, 413000 Ew.; am Zusammenfluß von Rhône und Saône; bed. Handels- (L. Messe), Textilstadt; Kraftfahrzeug-, pharmazeut., Elektro-, Seiden-Ind. Erzbischofssitz; 2 Univ. u.a. Hochschulen. – L. (Lugdunum) wurde unter Augustus die Hptst. Galliens, kam 1033 mit Burgund zum Dt. Reich, 1312 an Frankreich.

Lyra [grch. »Leier«] die, -/...ren, **1)** ♩ altgrch. Saiteninstrument. **2)** ♩ Glockenspiel.

Lyrik [grch.] die, Gatt. der Poesie, neben Epik und Dramatik. L. wird häufig i.S. eines autonomen Sprachkunstwerks als die reinste Form von Dichtung aufgefaßt. Stilmittel der L. sind Rhythmus und Reim (→ Vers), Sprachklang, bildhafter Ausdruck. Formen: Lied, Hymne, Ode, Elegie, Sonett u.a.

Lys [lis], frz. Name des Flusses → Leie.

Lysander, spartan. Feldherr, Staatsmann, †395 v. Chr.; beendete durch seinen Seesieg bei Aigospotamoi 405 und die Eroberung Athens 404 v. Chr. den Peloponnes. Krieg.

Lysergsäurediäthylamid, LSD, synthet. gewonnene Verbindung der Lysergsäure, bewirkt Halluzinationen.

Lysias, athen. Redner, *um 445 v. Chr.; wegen seiner Redeweise bewundert.

Lysippos, grch. Bronzebildner des 4. Jh. v. Chr.; mit seinem neuen Stil (gestreckte Proportionen) beginnt die hellenist. Zeit der Plastik.

Lysis [grch.] die, ♡ langsames Absinken des Fiebers.

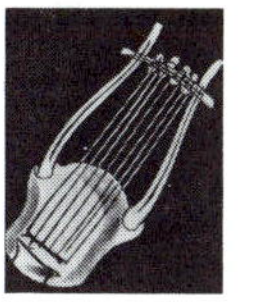

Lyra 1), Vasenbild

Luzern Kanton und Stadt

Luzerne

Luzern 2): Kapellbrücke und Wasserturm

Lysol, Handelsname einer bis 5prozentigen Kresolseifenlösung; Desinfektionsmittel.

Lyssenko, Trofim, sowjet. Botaniker, *1898, †1976; entwickelte eine dialektisch-materialist. Vererbungslehre, derzufolge die Entstehung neuer Erbeigenschaften ausschließlich durch Umweltbedingungen gelenkt wird (wissenschaftlich widerlegt).

Lyzeum das, -s/...zeen, höhere Schule, in Dtl. früher höhere Mädchenschule.

M

m, M, **1)** 13. Buchstabe des dt. Abc. **2)** röm. Zahl: M = 1000. **3) M.** Abk. für frz. Monsieur, für engl. Master. **4) M,** Vorsatzzeichen für Mega = 10^6. **5) m** = Meter; m^2 = Quadratmeter; m^3 = Kubikmeter.

MA., Abk. für Mittelalter.

M. A., → Magister Artium.

Mäander 3): 1 Eigentlicher M. (à la grecque); 2 Laufender Hund

Mäander der, **1)** im Altertum Name des Flusses Menderes in Anatolien. **2)** Flußwindungen. **3)** Ornamentband aus einer mehrfach rechtwinklig gebrochenen oder fortlaufenden Linie.

Maar das, trichterförmige Bodenvertiefung durch vulkan. Gasexplosionen; oft wassergefüllt, z. B. in der Eifel (→ Laacher See) und auf der Schwäb. Alb.

Maas die, frz. **Meuse** [møz], Fluß im östl. Frankreich, Belgien und den südl. Niederlanden; Länge 925 km, davon 574 km schiffbar.

Maastricht [-tr'ixt], Hptst. der niederländ. Prov. Limburg, an der Maas, 115200 Ew., Univ. (seit 1974); alte Bauten, u.a. St.-Servatius-Kirche (im 6. Jh. gegr., im wesentl. 11.-13. Jh. erbaut). Ind.: Fayence, Glas, Zement u. a.

Maat der, Unteroffizier der dt. Marine.

Maazel, Lorin, amerikan. Dirigent, *1930.

Mabillon [mabij'ɔ̃], Jean, frz. Benediktiner, *1632, †1707, schuf die Urkundenlehre.

Machiavelli

Mabuse [mab'y:z], Jan, eigtl. **Gossaert,** niederländ. Maler, * um 1478, † um 1532; ital. beeinflußte mytholog. Bilder, Porträts.

Mac [mæk, gälisch], Abk. **M'** oder **Mc,** unbetonte Vorsilbe in schott. Namen, svw. Sohn, z. B. Macdonald oder MacDonald.

MAC, Abk. für Multiplexed Analogue Components, Übertragungssystem des Farbfernsehens, das die Ton- und Bildsignale digitalisiert nacheinander überträgt. In der Variante D2-MAC werden seit 1989 Programme über den Satelliten TV-Sat 2 ausgestrahlt.

Machu Picchu

Macao [mak'au], chines. **Aomen,** portugies. Überseeprov. an der S-Küste Chinas, eine Halbinsel und 2 Inseln, 16 km², rd. 429000 Ew.; Hptst. M. Seit 1557 portugiesisch; seit 1974 »chinesisches Territorium« unter portugies. Verwaltung.

MacArthur [mək'ɑθə], Douglas, amerikan. General, *1880, †1964; im 2. Weltkrieg Oberkommandierender im Fernen Osten; 1945-51 Oberbefehlshaber in Japan und 1950 Oberbefehlshaber im Koreakrieg; 1951 abberufen.

Macaulay [mək'ɔ:lɪ], **1)** Rose, engl. Erzählerin, *1881, †1958; iron. Romane; »Tante Dot, das Kamel und ich«. **2)** Thomas, Lord **M. of Rothley** (1857), *1800, †1859, liberaler engl. Politiker, Historiker; »Geschichte Englands«.

Macbeth [mækb'eθ], König von Schottland 1040-57. Drama von Shakespeare.

Macchie [m'akiə, ital.] die, dichtes, immergrünes Gebüsch der Mittelmeerländer.

Macdonnell-Kette [məkd'ɔnl], Gebirge in Zentralaustralien, 300 km lang, bis 1510 m hoch.

Maceió [masɛj'o], Stadt in Brasilien, 484000 Ew.; Hafen, Erzbischofssitz.

Maecenas, röm. Ritter, Vertrauter des Kaisers Augustus, † 8 v. Chr.; Gönner von Vergil und Horaz (→ Mäzen).

Mach, Ernst, Physiker und Philosoph, *1838, †1916. Nach M. beruht alle Erkenntnis auf den Sinnesempfindungen. M. beeinflußte die Fortbildung des Positivismus und der Logistik. **Machzahl,** Verhältnis der Geschwindigkeit eines mit Überschallgeschwindigkeit bewegten Körpers zur Geschwindigkeit des Schalles in dem betr. Medium.

Machandelbaum, → Wacholder.

Machatschkala, Stadt am Kasp. Meer, UdSSR, 311000 Ew.; Univ., Erdölind.

Machete [matʃ'etə, span.] die, Haumesser, Buschmesser.

Machiavelli [makjav'ɛli], Niccolò, ital. Staatsmann, Geschichtsschreiber, *1469, †1527; sein Buch »Il principe« (Der Fürst) galt seinen Gegnern als Rechtfertigung des von allen sittl. Normen losgelösten Machtstaates **(Machiavellismus).** Friedrich d. Gr. verfaßte dagegen seinen »Antimachiavell«.

Machismo [-tʃ-, von span. macho ›männlich‹] der, mit Geringschätzung der Frau verbundenes, übersteigertes männl. Selbstbewußtsein.

Mächtigkeit die, Dicke (Gesteinsschicht).

Machu Picchu [m'atʃu p'iktʃu], eine der großen Städte der Inka über dem Urubamba-Tal, rd. 100 km im NW von Cuzco, Peru, umfaßt Tempel, Opferstätten, Sonnenwarte, Behausungen für etwa 10000 Menschen. Entstehungszeit unbekannt; 1911 entdeckt.

Macke, August, Maler, *1887, † (gefallen) 1914; gehörte dem »Blauen Reiter« an, malte, von R. Delauney beeinflußt, Bilder von lichter Farbigkeit, bes. Aquarelle. (BILD S. 543)

Mackensen, August v., Generalfeldmarschall, *1849, †1945; Armeeführer im 1. Weltkrieg in Polen, Serbien, Rumänien.

Mackenzie [mək'enzɪ] der, Strom im NW Kanadas; Quellflüsse: Athabasca und Peace River (mit Athabasca 4241 km lang); mündet ins Nordpolarmeer, 2000 km schiffbar.

MacLeish [məkl'i:ʃ], Archibald, amerikan. Schriftst., *1892, †1982; Gedichte, Schauspiele.

Mac-Mahon [-ma'ɔ̃], Maurice Marquis de, Herzog von Magenta, frz. Marschall, *1808, †1893, siegte 1859 bei Magenta, wurde 1871 bei Wörth und Sedan geschlagen; 1873-79 Staatspräs.

Macke: Blick auf eine Moschee

Macmillan [məkm'ılən], Harold, brit. Verleger, Politiker (Konservativer), *1894, †1986. 1957 bis 1963 Premiermin. und Führer der Konservat. Partei.

Macpherson [məkf'ə:sn], James, schott. Dichter, *1736, †1796; → Ossian.

Madagaskar, Insel im Indischen Ozean, von Südafrika durch den Kanal von Moçambique getrennt, zugleich Staatsgebiet der Rep. M. 587041 km², 10,8 Mio. Ew.; Nach der Verf. v. 1975: »Demokrat. Rep. auf der Basis der Charta der Sozialist. Revolution von M.« Hptst.: Antananarivo; Amtssprachen: Französisch, Malagasy. – M. wird im O von einem vulkan. Gebirge (bis 2876 m) durchzogen; im W weites Tafelland. Klima tropisch. BEVÖLKERUNG. Meist → Madegassen; daneben Weiße, Inder u.a. Religion: Naturreligionen, rd. ⅓ Christen, 4% Muslime. – WIRTSCHAFT. Anbau von Reis, Maniok, Kaffee, Erdnüssen u.a.; Viehwirtschaft. Bodenschätze, z.T. im Abbau: Graphit, Glimmer, Edelsteine, NE-Metalle, Uran. Nahrungsmittel- u.a. Ind. Ausfuhr: Kaffee, Vanille, Zucker, Schlachtvieh, Textilien u.a. Haupthandelspartner: Frankreich, USA, Japan; Haupthafen: Tamatave. – M. wurde 1896 frz. Kolonie, 1946 Überseegebiet der Frz. Union, 1960 unabhäng. Rep. 1975 übernahm nach einem Putsch ein Militärrat die Gewalt. Staatspräs.: D. Ratsiraka (seit 1975), MinPräs.: V. Ramahtra (seit 1988). ⊕ S. 482.

Madame [mad'am, frz. »meine Dame«], frz. Anrede für verheiratete Frauen.

Madariaga y Rojo [r'ɔxo], Salvador de, span. Schriftst., Diplomat, *1886, †1978; histor. Schriften, Romane, Dramen.

Mädchenhandel, ⚖ Anwerben und Verschleppen von weibl. Personen, um sie der Prostitution zuzuführen; von fast allen Staaten bekämpft, in der Bundesrep. Dtl. strafbar nach §§ 180, 181 StGB.

Made die, fußlose Larve mancher Insekten.

Madegassen Mz., einheim. Bev. Madagaskars. Aus dem Malaiischen Archipel eingewandert sind Merina, Betsimisaraka, Betsileo u.a. Bewohner des Innern und der O-Küste; im W leben Sakalaven u.a. Die Verkehrssprache (Malagasy) gehört zu den indones. Sprachen.

made in Germany [meıd ın dʒ'ə:mənı], »in Dtl. hergestellt«, seit 1887 vorgeschriebene Handelsbez. für nach England eingeführte dt. Waren; später allg. für dt. Ausfuhrwaren.

Madeira [mad'e:ra], **1)** portug. Insel im Atlant. Ozean, 797 km², 269500 Ew.; Hptst.: Funchal. Vulkanisch; mildes Klima. Anbau: Wein (M.-Wein), Zuckerrohr, Früchte, Gemüse. Fremdenverkehr. **2) Rio M.** [rr'iu mad'eira, brasilian.], rechter Nebenfluß des Amazonas, 3240 km; Stromschnellen.

Madeleine [madl'ɛ:n, frz. Form von Magdalene], weibl. Vorname.

Mademoiselle [madmwaz'ɛl, frz. »mein Fräulein«], frz. Anrede für Fräulein.

Madenwurm, bis 12 mm langer weißl. Fadenwurm, Schmarotzer im menschl. Dickdarm, bes. bei Kindern, verursacht beim Auskriechen Jucken am After. Ansteckung durch Nahrung, die mit Wurmeiern verunreinigt ist.

Maderna, 1) Bruno, ital. Komponist, Dirigent, *1920, †1973; Kompositionen in Zwölftontechnik. **2)** Carlo, Baumeister in Rom, *1556, †1629, seit 1603 Bauleiter der Peterskirche, die er mit dem Bau von Langhaus, Vorhalle und Fassade vollendete. **3)** Stefano, Bildhauer in Rom, *1576, †1636; bekanntestes Werk: Hl. Cäcilia.

Madison [m'ædısn], Hptst. von Wisconsin, USA, 177700 Ew.; Univ.; Elektro- und Maschinenind.; Flughäfen.

Madjaren, → Magyaren.

Madonna [ital. »meine Herrin«] die, -/...nen, die Jungfrau → Maria.

Madras, Hptst. des ind. Staates Tamil Nadu (früher M.), 3,3 Mio. Ew.; Hafen; Kulturmittelpunkt; Baumwollind.; Gerbereien.

Madras der, Gardinenstoff (bunt gemustert).

Madrid, Hptst. Spaniens, 3,05 Mio. Ew.; geistiger Mittelpunkt des Landes, Univ., Akademien, Kernforschungsinst., Gemäldegalerien (Prado), Mus., Kirchen, Bauten; Regierungs-, Erzbischofssitz. In der Nähe: ehemal. Königsschloß San Lorenzo del → Escorial, die Gärten von Aranjuez. M. wurde 1561 span. Königssitz.

Madagaskar

Madrigal [ital.] das, **1)** aus Italien stammende lyr. Form aus 6-15 Versen, Sieben-, Elfsilber frei mischend. **2)** ♩ urspr. kleines Hirtenlied; im 16., 17. Jh. mehrstimmiges Chorlied a capella.

Madura, Insel vor der N-Küste Javas, Indonesien, 4481 km² groß.

Madurai, Stadt im S Vorderindiens, über 550000 Ew.; Weberei, Metallverarbeitung.

ma|estoso [ital.], ♩ majestätisch, feierlich.

Ma|estro [ital.] der, Meister.

Maeterlinck [mɛtɛrl'ɛ̃:k], Maurice, belg. Dichter, *1862, †1949. Nobelpreis 1911; schrieb Gedichte, Schauspiele, ferner »Das Leben der Bienen«, »Das Leben der Termiten« u.a.

Mafia, Maffia, polit. Geheimbund in Sizilien, 1800-60 im Kampf gegen die Bourbonen bedeutsam; nach 1943 als kriminelle Organisation wieder erstanden.

Madrid

Magalhães [maɣaʎ'ãiʃ], Fernão de, span. **Magallanes,** auch **Magellan,** portug. Seefahrer, *1480, †1521; entdeckte 1520 die **Magellanstraße** zw. dem südamerikan. Festland und Feuerland.

Magazin [arab. »Scheune«], **1)** Lager-, Vorratshaus. **2)** Unterhaltungszeitschrift. **3)** Patronenkammer in Mehrladewaffen.

Magd die, **1)** urspr. Jungfrau, junges Mädchen. **2)** Dienerin.

Magdalena, Magdalene, weibl. Vorname, → Maria Magdalena.

Magdalena, span. **Río Magdalena,** Hauptfluß Kolumbiens, von den Anden zum Karibischen Meer, 1550 km lang.

Magdalenien [magdalenj'ɛ̃] das, jüngste Stufe der Altsteinzeit, benannt nach den Funden bei dem frz. Ort La Madeleine.

Magdeburg, 1) Bez. der Dt. Dem. Rep., 11525 km², 1,248 Mio. Ew., 1952 aus dem N-Teil des Landes Sachsen-Anhalt unter Geländeaustausch an der Ostgrenze und am Harz ge-

Magalhães

bildet. Überwiegend Tiefland, im SW gebirgig (Anteil an Harzvorland und Harz). Hauptflüsse: Elbe, untere Saale. Ackerbau, Viehwirtschaft; ⚒ auf Salze, Eisen, Braunkohle, Schwefelkies; Nahrungsmittel-, Maschinen-, chem. u. a. Ind. ⊕ S. 488/89.

2) Hptst. von 1), 289 000 Ew.; liegt an Elbe und Mittellandkanal; Medizin. Akademie, Hochschule, Institute; Umschlagplatz für landw. Erzeugnisse der **M. Börde;** Schwermaschinen-, chem. Ind., Meßgeräte-, Armaturenwerk, Konserven-, Zuckerfabriken. Bauten: Dom aus dem 13. Jh., roman. Liebfrauenkirche (11. Jh.). M., 805 schon erwähnt, wurde 968 durch Otto d. Gr. Erzbischofssitz; besondere Bedeutung erlangte sein Stadtrecht, das weite Verbreitung im Osten fand. M. kam 1680 an Brandenburg-Preußen.

Magdeburger Halbkugeln, 2 hohle, evakuierte und damit durch den Luftdruck aneinandergepreßte Halbkugeln, die O. v. → Guericke 1656 in Magdeburg erfand.

Mage [german.] der, im alten dt. Recht der durch Heirat verwandt Gewordene.

Magellan, → Magalhães.

Magellansche Wolken, die 2 nach ihrem Entdecker → Magalhães benannten Sternsysteme außerhalb der Milchstraße; am Südhimmel als Nebelflecken mit bloßem Auge sichtbar.

Magellanstraße, 585 km lange Meeresstraße zw. dem Südende Südamerikas und Feuerland, entdeckt von → Magalhães.

Magelone, Heldin einer frz. Erzählung; danach dt. Volksbuch von der **schönen M.**

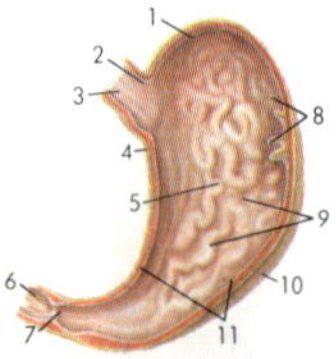

Magen: **1** Magengrund; **2** Magenmund; **3** Speiseröhre; **4** kleine Krümmung; **5** Magenkörper; **6** Zwölffingerdarm; **7** Pförtner; **8** Magenschleimhaut im Schnitt; **9** Magenschleimhaut; **10** große Krümmung; **11** Magenwand

Magen der, sackartige Erweiterung des Verdauungskanals zw. Speiseröhre und Dünndarm, in der oberen Bauchhöhle unter dem Zwerchfell. Der Eingang heißt **M.-Mund** (Cardia), der durch einen Ringmuskel verschließbare Ausgang ist der **Pförtner** (Pylorus). Die Drüsen der M.-Schleimhaut liefern den **M.-Saft,** der neben Schleim vor allem Salzsäure, Pepsin, Lipase und Lab enthält. Durch die M.-Bewegungen (Peristaltik) wird der M.-Inhalt gemischt und durch den Pförtner von Zeit zu Zeit in den Darm entleert. Die M.-Verdauung einer gewöhnl. Mahlzeit dauert 2-3 Stunden.

Magenbitter, bitterer Kräuterbranntwein.

Magenbremse die, ♘ Fliege, deren Larven im Magen der Pferde Verdauungsstörungen verursachen.

Magenkrankheiten verlaufen akut oder chronisch, gehen mit Störungen der Verdauung einher. **Magenerweiterung,** meist zur Senkung führende Überdehnung des Magens infolge Erschlaffung der Muskulatur. – **Magengeschwür, Ulcus ventriculi,** entsteht meist auf dem Boden einer Entzündung bei zeitweise schlechter Durchblutung der Schleimhaut. – **Magenkrebs,** → Krebs. – **Magenschleimhautentzündung, Gastritis,** zeigt sich an durch schmerzhaften Druck, Völlegefühl, mitunter Magenkrämpfe und Sodbrennen. Ursachen mannigfaltig, z. B. zu kalte oder verdorbene Speisen, reichl. Alkohol- oder Nikotingenuß; auch seel. Faktoren (Ärger) spielen bei der Entstehung eine Rolle.

Maghreb [arab. »Westen«], westl. Teil des arab. N-Afrikas (Marokko, Algerien, Tunesien). 1989 wurde mit Mauretanien und Libyen die **M.-Union** (Wirtschafts- und Beistandsvertrag) abgeschlossen.

Magie [grch.] die, Zauber; Glaube, sich durch best. geheimnisvolle Handlungen, Zeichen und Formeln übernatürl. Kräfte dienstbar machen und mit ihnen ird. Ereignisse beeinflussen zu können. Bei schädigendem Einfluß: **schwarze M.,** bei nutzbringendem: **weiße M.** Die M. findet sich bei Natur- und Kulturvölkern; auch in vorgeschichtl. Zeit.

Maginot-Linie [maʒin'o:-], tiefes Befestigungssystem, 1929-32 an der frz. O-Grenze unter Kriegsmin. Maginot angelegt.

magisches Auge, Abstimmungsanzeiger, früher in Rundfunk- und Tonbandgeräten.

magische Zahlen, ⊠ ausgezeichnete Anzahlen von Nukleonen (2, 8, 20, 28, 50, 82, 126) im Atomkern, bei denen die Kerne bes. stabil sind.

Magister Artium [lat.] der, Abk. **M. A.,** alter akadem. Grad; heute noch in den angelsächs. Ländern und in Österreich und wieder an allen philosoph. und evang.-theolog. Fakultäten der Bundesrep. Dtl.

Magistrat [von Magister] der, **1)** im antiken Rom Bez. für die durch Volkswahl verliehenen Ämter sowie deren Inhaber. **2)** leitende städt. Behörde in einigen dt. Ländern.

Magma [grch.] das, glutflüssiges Erdinneres.

Magna Charta [k'arta, lat.] die, wichtigstes altengl. Staatsgrundgesetz und Grundstein der engl. Parlamentsverfassung; wurde 1215 dem König → Johann von den aufständ. Baronen und der Kirche des Landes abgenötigt. Die M. C. faßte altes Lehensrecht zusammen und enthielt Bürgschaften der persönl. Freiheit und des Eigentums.

Magnetfeld der Erde: **1** Achse des Erdmagnetfeldes; **2** Rotationsachse; **3** Bahnen künstl. Erdsatelliten; **4** Strahlungsgürtel (Elektronen, Protonen); **5** Ekliptik; **6** Äquator; **7** Lufthülle bis 1000 km Höhe (Troposphäre, Stratosphäre, Ionosphäre); **8** magnet. Äquator; **9** einfallende Sonnenstrahlung

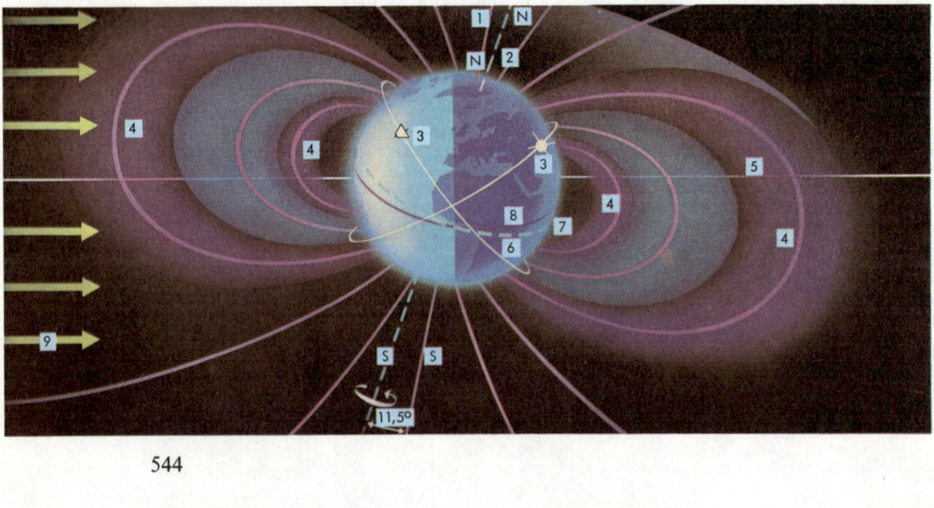

magna cum laude [lat.], mit großem Lob, zweitbeste Note bei akademischen Prüfungen.

Magnat [lat.] der, früher Angehöriger des hohen Adels in Ungarn, Polen.

Magnesia, MgO, Magnesiumoxid; feuerfestes Material für Tiegel, Brennöfen.

Magnesit der, **Bitterspat,** weißes Mineral, Magnesiumcarbonat; für feuerfeste Ziegel.

Magnesium das, **Mg,** chem. Element, silberweißes Leichtmetall, Ordnungszahl 12, D 1,745 g/cm³, Schmelzpunkt 651 °C. Weit verbreitete M.-Mineralien sind die M.-Silicate Serpentin, Olivin, Dolomit, Talk, Magnesit, Meerschaum, Asbest. M.-haltige Salze: Kieserit, Kainit, Carnallit. Gewonnen wird M. durch Schmelzflußelektrolyse, verwendet in Blitzlichtpulvern und Feuerwerkssätzen, hauptsächl. aber in M.-Legierungen für den Fahrzeug- und Flugzeugbau.

Magnet [nach der Landschaft Magnesia in Thessalien] der, Gegenstand, der Quelle eines Magnetfeldes ist (→ Magnetismus).

Magneteisenstein, Magnetit, stark magnet. Eisenerz, Fe_3O_4, liefert natürl. Magnete. Hauptvorkommen: Schweden, Ural.

magnetische Aufzeichnung, Abk. **MAZ,** Verfahren zur Aufzeichnung (Speicherung) von Schall (Ton), Bild oder Daten durch Magnetisierung eines Zeichenträgers.

magnetische Stürme, magnetische Gewitter, rasche zeitl. Schwankungen des erdmagnet. Feldes, als Wirkung der Sonnenflecken.

Magnetismus, Lehre vom magnet. Feld und dem Verhalten der Materie in ihm; urspr. Eigenschaft einiger Metalle und Legierungen, Eisen anzuziehen. Jeder Magnet hat 2 Pole: Nord- und Südpol. Ungleichnamige Pole ziehen sich an, gleichnamige stoßen sich ab. Jeder Magnet erzeugt in seiner Umgebung ein **Magnetfeld,** das man sich durch Kraftlinien veranschaulichen kann; die Kraftlinien beginnen und enden in den Polen. Sie haben die Richtung der anziehenden und abstoßenden Kräfte, und ihre Dichte ist proportional der **magnet. Induktion** oder **Kraftflußdichte.** Der in der Natur vorgefundene M. des Eisens (Ferro-M.) ist ein Sonderfall der viel allgemeineren Erscheinung, daß jeder elektr. Strom von einem Magnetfeld umgeben ist. Ein stromdurchflossener Draht erzeugt ein Magnetfeld, dessen Kraftlinien den Draht kreisförmig umschlingen. Eine zylinderförm. stromdurchflossene Spule wirkt wie ein Stabmagnet. Auch der Ferro-M. des Eisens entsteht durch elektr. Ströme: die in den Atomen kreisenden und sich drehenden Elektronen. Denkt man sich einen solchen Elementarstrom als Kreisscheibe, so bilden deren beide Seiten die beiden Magnetpole. Die Erde selbst verhält sich wie ein Magnet (→ Erdmagnetismus); ihre Magnetpole liegen nahe den geograph. Polen. Eine frei aufgehängte Magnetnadel nimmt daher die Nord-Süd-Richtung an. – Der technisch durch Ströme erzeugte M. hat größte Bedeutung in elektr. Maschinen und Meßgeräten für Lasthebemagneten, Schalter, Relais, Lautsprecher, Bildröhren u.a. (Weiteres BILD S. 544)

Magnetit der, → Magneteisenstein.

Magnetkies, Mineral, enthält meist Nickeleinschlüsse in Form von Pentlandit.

Magnetnadel, dünnes, im Schwerpunkt aufgehängtes oder auf eine Spitze gesetztes Magnetstäbchen, zeigt infolge des Erdmagnetismus zum magnet. Pol der Erde; Anwendung im Kompaß.

Magneton das, Elementarquantum des magnet. Moments.

Magnetosphäre, Zone der hohen Atmosphäre, in der schnelle Teilchen vom Magnetfeld der Erde eingefangen sind; → Strahlungsgürtel.

Magnetron das, Laufzeitröhre zum Erzeugen von Dezimeter- und Zentimeterwellen.

Magnetschichtspeicher, → Speicher der elektron. Datenverarbeitung, bei denen die Informationen in dünnen (einige 10^{-3} mm) magnetisierbaren Schichten gespeichert werden. Man unterscheidet Magnetband-, Magnetkarten-, Magnetplatten- und Magnettrommelspeicher. Bei den schnelleren Magnetblasenspeichern müssen keine Träger mechanisch bewegt werden.

Magnetschwebebahn, Magnetbahn, in magnet. Aufhängung schwebendes spurgeführtes Fahrzeug, das als unkonventionelles Schnell- und Nahverkehrsmittel in Versuchsanlagen erprobt wird.

Magnifizenz [lat. »Herrlichkeit«] die, Titel der Rektoren an Hochschulen, früher auch der regierenden Bürgermeister der Hansestädte.

Magnitogorsk, Industriestadt in der UdSSR (Südural), 425000 Ew.; Hüttenwerke.

Magnolie die, Zierbäume mit großen tulpenähnl. weißen bis roten Blüten.

Magnolie

Magnus-Effekt [nach dem Physiker H. G. Magnus, *1802, †1870], Erscheinung, daß Geschosse, die sich rasch um ihre Achse drehen, seitlich aus der Bahn abweichen (durch Luftströmungen am Mantel).

Magot [frz. mag'o] der, mit den Meerkatzen verwandter Affe, in Europa (Gibraltar) und Nord-Afrika vorkommende Affenart.

Magyaren, Madjaren Mz., **Ungarn,** Volk im mittl. Donautiefland, zur finno-ugrischen Sprachgruppe gehörig.

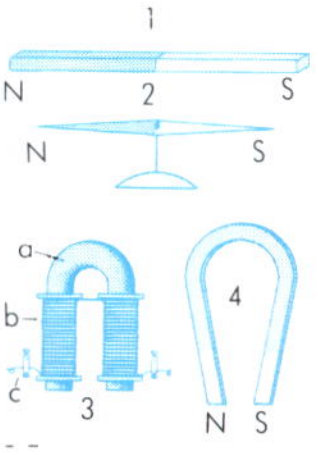

Magnetismus: **1** Stab-Magnet, **2** Magnetnadel, **3** Elektro-Magnet, a Eisenkern, b Wicklung, c Stromanschluß, **4** Hufeisen-Magnet

Mahabharata [Sanskrit] das, Nationalepos der Inder; im 4. Jh. n. Chr. aufgezeichnet.

Mahagoni das, versch. trop. Edelhölzer von rotbrauner Färbung mit Goldglanz.

Maharadscha, ind. Herrscher, → Radscha.

Mahatma, ind. Ehrentitel für geistig hochstehende Persönlichkeiten, z. B. für Gandhi.

Mahdi [arab. »der Rechtgeleitete«] der, der von den Muslimen erwartete Erlöser. 1881 gab sich Mohammed Achmed im ägypt. Sudan für den M. aus. Seine Anhänger, die **Mahdisten,** wurden 1898/99 von Kitchener besiegt.

Mahfus [max-], Nagib, ägypt. Schriftsteller, *1911; als Romancier Exponent der zeitgenöss. ägypt. Literatur. (»Die Midaqgasse«, »Das Hausboot am Nil«, »Miramar«.) Nobelpreis 1988.

Mah-Jongg [dʒɔŋ, chines.] das, urspr. chines. Spiel mit 144 dominoähnl. Steinen.

Mahler, Gustav, österr. Komponist, Dirigent, *1860, †1911; Brahms- und Brucknernachfolger, unter Ausweitung der musikal. Mittel; Sinfonien, Orchester-, Vokalmusik.

Mahler-Werfel, Alma, *1879, †1964; ⚭ mit G. Mahler, W. Gropius, F. Werfel; schrieb »Mein Leben«.

Mähmaschine, fahrbare Landmaschine zum Schneiden von Gras, Getreide u.ä. Das Schneidwerk wird von den Rädern, einem Einbaumotor oder der Zapfwelle des Motors der Zugmaschine angetrieben. **Mähdrescher,** Erntemaschine, die schneidet und drischt.

Mahnung die, ⚖ Aufforderung des Gläubigers an den Schuldner, eine fällige Schuld zu bezahlen. Leistet der Schuldner auf eine M. nicht, so kommt er in → Schuldnerverzug, doch unterbricht M. nicht die → Verjährung.

Mahnverfahren, ⚖ vereinfachtes Zivilprozeßverfahren bei Geldforderungen und Ansprüchen auf Leistung vertretbarer Sachen. Auf Antrag des Gläubigers stellt das Amtsgericht dem Schuldner einen **Mahnbescheid** zu. Erhebt der Schuldner Widerspruch, so kommt es zur mündl. Verhandlung, unternimmt er nichts und leistet auch nicht, erläßt das Gericht auf erneuten Antrag des Gläubigers den **Vollstreckungsbescheid,** aus dem vollstreckt werden kann (§§ 688 ff. ZPO).

Mainz: Dom und Höfchen

Mahón [ma'ɔn], Hptst., Kriegs- und Handelshafen der span. Insel Menorca, 18500 Ew.

Mahonie die, nordamerikan. Zierstrauch, der Berberitze verwandt, mit immergrünen Dornblättern, gelben Blüten, blauen Beeren.

Mahr der, Alp, Nachtgespenst.

Mähren, Landschaft der ČSFR. Ihren Kern bildet das Becken der March und Thaya, das durch die Böhmisch-Mähr. Höhe von Böhmen, durch das Mähr. Gesenke von Schlesien, durch die Karpaten von der Slowakei getrennt wird. Nach N hat M. durch die Mähr. Pforte Verbindung zur Oder. Handelsmittelpunkt: Brünn. ⓖ Den german. Quaden folgten im 6. Jh. die slaw. Morawer. Nach 800 entstand das Großmähr. Reich; es erlag 906 den Ungarn. 1018 wurde M. mit Böhmen vereinigt, 1182 Markgfsch. Seit 1411 teilte M. die Geschichte → Böhmens.

Mai, 5. Monat des Jahres (31 Tage). Der 1. M. ist mit mancherlei Volksbräuchen verknüpft; seit 1890 ist er Arbeiter-Feiertag.

Maiandachten, zur Verehrung Mariens im Mai, entstanden im 18. Jh.

Maiano, 1) Benedetto da, ital. Bildhauer, *1442, †1497. **2)** Giuliano da, Bruder von 1), ital. Baumeister, *1432, †1490.

Maibowle, Bowle mit Waldmeister.

Maidstone [m'eɪdstn], Stadt in SO-England, 72000 Ew.; Hopfenhandel.

Maifeld, → Märzfeld.

Maiglöckchen, staudiges Liliengewächs in lichten Gehölzen, mit duftreichen, weißen Blüten und roten Beeren, giftig.

Maikäfer, Blatthornkäfer, dessen Larve (Engerling) 3-5 Jahre im Boden lebt (Wurzelschädling); der Käfer schadet durch Blattfraß.

Maikop, Stadt im N-Kaukasus, UdSSR, 142000 Ew.; Erdölgebiet.

Mailand, ital. **Milano,** zweitgrößte Stadt Italiens, in der Lombardei, 1,464 Mio. Ew.; Erzbischofssitz, Univ. u.a. Hochschulen, Kunstsammlungen, Scala (Opernhaus). M. ist die wichtigste Industrie- und Handelsstadt (Messe) Italiens: Banken; Maschinen-, Textil-, Elektro-, Auto-, Lebensmittel-, chem. Ind. Bedeutende Bauten: Dom, S. Maria delle Grazie u.a. – M. entstand im Altertum als kelt. Stadt, wurde 1162 als Haupt der lombard. Städte von Friedr. Barbarossa zerstört. Das Geschlecht der Visconti regierte 1277-1450.

Mailbox, elektron. Postfach, über das Computerbenutzer Serviceleistungen beziehen können. Außer einen Computer benötigt man noch ein → Modem oder einen Akustikkoppler.

Mailer [m'eɪlə], Norman, amerikan. Schriftst., *1923; »Die Nackten und die Toten« u.a.

Maillol: Der Sommer

Maillol [maj'ɔl], Aristide, *1861, †1944, frz. Bildhauer, schuf bes. weibl. Aktfiguren, auch Holzschnitt-Illustrationen (Vergil).

Maimon, Salomon, jüd. Philosoph, *1753, †1800; Kritiker der kant. Philosophie.

Maimonides, Moses, jüd. Religionsphilosoph, *1135, †1204; maßgebl. jüd. Gesetzeslehrer.

Main der, größter rechter Nebenfluß des Rheins, 524 km lang, entsteht bei Kulmbach aus dem **Weißen M.** (vom Fichtelgebirge) und dem **Roten M.** (vom O-Rand der Fränk. Alb), mündet bei Mainz; ab Bamberg schiffbar. Nebenflüsse: rechts Fränk. Saale, Kinzig, Nidda, links Regnitz, Tauber. Als Schiffahrtsverbindung zur Donau ist der **Rhein-Main-Donau-Großschiffahrtsweg** im Bau.

Mainardi, Enrico, ital. Cellist und Komponist, *1897, †1976.

Mainau, Insel im Bodensee, subtrop. Pflanzenwelt; im Besitz des schwed. Königshauses.

Maine [meɪn], Abk. **Me.,** Küstenstaat im NO der USA, 86027 km², 1,173 Mio. Ew.; Hptst.: Augusta, größte Stadt: Portland. Akkerbau (Kartoffeln), Viehwirtschaft; Forstwirtschaft (rd. 80% der Fläche bewaldet), Fischerei; Holz- und Papierind.; Fremdenverkehr. ⊕ S. 494.

Maine de Biran [mɛn də bir'ã], François Pierre, frz. Philosoph, *1766, †1824; vertrat einen Voluntarismus, später myst. Metaphysik.

Mainland [m'eɪnlənd], **1)** größte der Shetland-Inseln. **2) M.,** auch **Pomona,** Hauptinsel der Orkney-Inseln.

Mainlinie, Main als Grenze zw. N- und S-Dtl.

Maintenon [mɛ̃tn'ɔ̃], Françoise d'Aubigné Marquise de, *1635, †1719, seit 1684 heiml. Gemahlin Ludwigs XIV.

Mainz, Hptst. von Rheinl.-Pf., 189300 Ew., gegenüber der Mündung des Mains in den Rhein, Umschlaghafen, Bischofssitz, roman. Dom (11.-13. Jh.); Univ. u.a. Hochschulen, Gutenberg- u.a. Museen. Waggon-, Maschinen-, Papier-, Glas- u.a. Ind. Hauptsitz des rhein. Weinhandels. – Die Stadt, auf dem Boden des röm. Kastells Mogontiacum, wurde 747 Sitz eines Erzbistums, das seit Bonifatius größte kirchl. und polit. Bedeutung erlangte. Die Erzbischöfe waren Kanzler und später Kurfürsten des Dt. Reiches. Das Erzbistum, zu dem auch Aschaffenburg, Erfurt und das Eichsfeld gehörten, wurde 1803 aufgelöst, 1827 als Bistum erneuert.

Maire [mɛːr, frz.] der, Bürgermeister. **Mairie** [mɛr'iː] die, Bürgermeisterei, Gemeindeamt.

Mais der, **Welschkorn, Kukuruz,** bis 2,50 m hohes einjähriges Getreidegras aus dem peruan. Hochland. Die männl. Blüten sitzen in Rispen, die weibl. weiter unten in blattumhüllten, dickachsigen Kolben, deren Spindeln mit Längsreihen von Fruchtknoten (Körnern) besetzt sind. Das Mehl wird mit Weizen- oder Roggenmehl zu Brot verbacken, in Italien und Rumänien als Brei genossen **(Polenta, Mamaliga),** in Mexiko als Fladen gebacken **(Tortilla).** Ferner liefert es M.-Stärke und Futtermittel.

Maisernte 1988, in 1000 t

USA	125003	UdSSR	16000
VR China	73820	Frankeich	13996
Brasilien	24709	Mexiko	11800
Rumänien	19500	**Welt**	**405460**

Maische [mhd.] die, **1)** Wein: durch Traubenmühlen zerdrückte Traubenmasse. **2)** Bier: das mit Wasser angesetzte zerkleinerte Darrmalz. **3)** Branntweinherstellung: aufgeschlossener Rohstoff mit gequetschtem Grünmalz und Wasser.

Maison(n)ette [mɛzɔn'ɛt, frz. Häuschen] die, Wohnung mit 2 Etagen innerhalb eines größeren Hauses: (Maison(n)ette-Wohnung).

Maistre [mɛ(s)tr], Joseph Marie Comte de, *1753, †1821, frz. Staatstheoretiker (Vertreter des Royalismus und polit. Klerikalismus).

Maître [mɛ:tr, frz.], Meister, **M. de plaisir** [-plæsi:r], früher Festorganisator, -ansager.

Maiwurm, Ölkäfer, Käfer mit kurzen Flügeldecken, blauschwarz glänzend, scheidet bei Berührung gelbes ätzendes Blut ab. Die Larven schmarotzen im Bienenstock.

Maizière [mɛsj'ɛ:r], **1)** Lothar de, Politiker (CDU), *1940; seit 1956 Mitgl. der CDU in der Dt. Dem. Rep., seit Nov. 1989 deren Vors., war stellv. Min.-Präs. im Kabinett Modrow, seit April 1990 MinPräs. der Dt. Dem. Rep. **2)** Ulrich de, General, *1912; Onkel von 1), 1962-64 Kommandeur der Führungsakad. der Bundeswehr in Hamburg, 1966-72 Generalinspekteur der Bundeswehr.

Maja, ind. Religion: die als leidvoll erlebte Erscheinungswelt, aufgefaßt als trügerische Verhüllung (»Schleier der M.«) des eigentlichen Wirklichen.

Majakowskij, Wladimir, russ. Dichter, *1894, † (Selbstmord) 1930; Futurist, verherrlichte die bolschewist. Revolution.

Majestät [lat. majestas »Größe, Hoheit«] die, Titel und Anrede der Kaiser und Könige und ihrer Gemahlinnen.

Majestätsbrief, Bestätigung von Sonderrechten. Der M. von Rudolf II. 1609 gewährte den protestant. böhm. Ständen freie Religionsübung.

Majolika [nach der Insel Mallorca, von der im 15. Jh. die Herstellung ausging] die, -/...ken, buntbemalte, glasierte Tonwaren.

major [lat. »größer«], älter; Ggs.: **minor** [lat. »kleiner«], jünger.

Major, unterster Dienstgrad der Stabsoffiziere (Heer und Luftwaffe).

Majoran, Meiran der, Küchengewürz, Lippenblüter mit weißen bis bläul. Blütchen.

Majorat [lat.] das, Ältestenrecht, **1)** Erbfolgeordnung, die dem ältesten Sohn **(M.-Herrn)** das Vorzugsrecht auf das Erbgut gewährt, bes. bei → Fideikommissen. **2)** das dieser Erbfolgeordnung unterworfene Erbgut, **M.-Gut.**

Majordomus [lat.] der, → Hausmeier.

majorenn [lat.], volljährig, mündig.

Majorität [lat.] die, Mehrheit.

Majorz [lat.] der, Mehrheitswahl (Schweiz).

Majuskel [lat.] die, Großbuchstabe, z. B. in Namen; Ggs.: Minuskel.

makaber [frz.], todesdüster; schaurig-frivol.

Makadamdecke, Straßenfahrbahndecke aus Split, gebunden durch eingeschlämmten Sand und eingewalzte bituminöse Bindemittel.

Makaken, Ez. der **Makak,** mit den Meerkatzen verwandte Affen, aus SO-Asien; bes. der gelbrote **Rhesusaffe.**

Makalu, Berg im Himalaya, 8481 m hoch.

Makart, Hans, Maler, *1840, †1884; ausstattungsreiche Geschichtsbilder.

Makedoni|en, Mazedoni|en, 1) geschichtl. Landschaft in SO-Europa, an der N-Küste des Ägäischen Meeres; gebirgig mit fruchtbaren Becken (Tabakanbau). Hauptflüsse: Wardar, Struma. Bev.: Griechen, slaw. Makedonier, Serben, Bulgaren u. a. – Das antike Kgr. M. war Ausgangspunkt des Alexanderreichs; 148/147 v. Chr. wurde M. röm. Provinz. Heute gehört es zu Griechenland, Jugoslawien (siehe unten), ein kleiner Teil zu Bulgarien. **2)** Sozialist. Rep. Jugoslawiens, 25 713 km², 2,06 Mio. Ew.; Hptst.: Skopje. Reich an Bodenschätzen (NE-Metalle, Eisen).

Makejewka, Industriestadt in der Ukrain. SSR, 453 000 Ew.; im Donezbecken; Hütten- u. a. Ind.

Make up [meɪk ʌp, engl.] das, Verschönerung bes. des Gesichts mit kosmet. Mitteln, auch die Mittel selbst.

Maki der, zu den Lemuren gehörender Halbaffe. **Kobold-M.,** → Halbaffen.

Makkabäer, jüd. Priestergeschlecht, nach Judas Makkabäus (†161 v. Chr.) benannt; erlosch 37 v. Chr. **Simon der Makkabäer** (142-135 v. Chr.) beseitigte die syr. Herrschaft.

Makler der, Unterhändler, der gegen Entgelt Geschäfte nachweist oder Abschlüsse vermittelt. Es gibt Zivil-, Handels- und Kurs-M. Sie erhalten einen Prozentsatz der Umsatzsumme als Vergütung **(M.-Gebühr).**

Mako der, rötlichgelbe ägypt. Baumwolle.

Makrele die, Stachelflosser, Raubfisch im nördl. Atlantik und im Mittelmeer, Speisefisch. Verwandt: **Gold-M.,** in warmen Meeren.

makro... [grch.], lang, groß.

Makrobefehl, aus Einzelbefehlen bestehende Befehlsfolge, die mit einem Befehl aufgerufen werden kann; verringert den Programmieraufwand.

Makrokosmos [grch.] der, Welt des Großen, das Weltgebäude. Ggs.: → Mikrokosmos.

Makromoleküle [grch.], sehr große Moleküle überwiegend organ. Natur, mit Molekularmassen ab etwa 10 000.

Makrone [ital.] die, Mandelplätzchen.

Makro|ökonomik, Teil der Volkswirtschaftslehre: erklärt das Zusammenwirken der volkswirtschaftl. Gesamtgrößen (Produktion, Nachfrage, Investition u. a.).

Makropoden [grch.] Mz., häufig im Aquarium gehaltene Labyrinthfische.

makroskopisch, mit bloßem Auge sichtbar. Ggs.: mikroskopisch.

Maksimow, Wladimir J., russ. Schriftst., *1932, lebt seit 1974 in Paris; Romane (»Die sieben Tage der Schöpfung« u. a.), Chefredakteur der Ztschr. »Kontinent«.

Makua, Bantuvolk in SO-Afrika, 2 Mio.

Makulatur [lat.] die, fehlerhafter Druckbogen; Altpapier. **makulieren,** einstampfen.

MAK-Wert, Abk. für **M**aximale **A**rbeitsplatz-**K**onzentration, max. Schadstoffbelastung der Luft am Arbeitsplatz; festgelegte Grenzkonzentrationen für über 400 Stoffe.

Mal das, **1)** sichtbares Zeichen einer Grenze, z. B. Grenzstein, Pfahl, Fähnchen auf dem Sportplatz. **2)** Fleck, Abzeichen. **3)** Zeitpunkt: dieses M. (aber: diesmal).

Malabar, der südlichste Teil von W-Vorderindien; gebirgig, fruchtbar (Pfefferanbau).

Malachias, Maleachi, israel. Prophet, letzter der »kleinen Propheten«.

Malachit der, grünes Mineral, bas. Kupfercarbonat; zu Schmucksteinen, Vasen u. a.

Maladetta die, höchster Teil der Pyrenäen, im Pico de Aneto 3404 m hoch.

mala fide [lat. »in bösem Glauben«], wider besseres Wissen. Ggs.: → bona fides.

Málaga, Hafen- und Handelsstadt Spaniens, am Mittelmeer, 566 000 Ew.; Bischofssitz; maur. Burgruine; Ind. (Zucker, Baumwolle); Ausfuhr: Südfrüchte, **M.-Weine.**

Malaien, 1) Hauptgruppe der Indonesier, **2)** indones. Volk auf der Malaiischen Halbinsel und im westl. Indonesien; Muslime. Die M. sind Reisbauern, Fischer, Viehzüchter, Handwerker, Seefahrer, Händler.

Malaiische Halbinsel, Malakka, der südlichste Teil Hinterindiens; gebirgig (bis 2190 m hoch); durch die Malakkastraße von Sumatra getrennt. Der NW gehört zu Birma, der NO und die Mitte zu Thailand, der S zu Malaysia und zu Singapur. Haupthäfen: Singapur, Georgetown.

Malaiischer Archipel, auch **Australasien** oder **Insulinde,** zw. Südostasien und Australien liegende Inselwelt, mit den Großen und Kleinen Sunda-Inseln, den Philippinen, Molukken und kleineren Inselgruppen; der Rest ei-

L. de Maizière

Majoran

Malachit (geschliffen)

Malawi

ner Asien und Australien verbindenden Landbrücke.

Malaiischer Bund, 1948 gegr. Zusammenschluß der 9 malaiischen Sultanate sowie der brit. Niederlassungen Penang und Malakka, 1957-63 unabhängiges Mitgl. des Commonwealth, gehört seither zu → Malaysia.

Malaise [mal'ɛ:z, frz.] die oder das, Unbehagen, Mißstimmung.

Malakka, die → Malaiische Halbinsel.

Malamud [m'æləməd], Bernard, amerikan. Schriftsteller, *1914; Hauptvertreter des jüd. Romans in den USA, sozialkritisch.

Malang, Stadt auf Java, Indonesien, 422400 Ew.

Malaparte, Curzio, eigtl. Kurt **Suckert,** ital. Schriftst., *1898, †1957; Romane über Kriegs- und Nachkriegszeit (»Die Haut«).

Malaysia

Malaria [ital. »schlechte Luft«] die, **Sumpffieber,** fieberhafte übertragbare Krankheit, hervorgerufen durch einzellige Sporentierchen, die beim Stich der Fiebermücke in die Blutbahn des Menschen gelangen, sich vermehren, in die roten Blutkörperchen eindringen und sich dort wieder vermehren. Mehrere Arten von Erregern mit versch. Entwicklungsdauer: 48 Stunden (Fieberanfall jeden 3. Tag, **M. tertiana**), 72 Stunden (Anfall jeden 4. Tag, **M. quartana**), 24-48 Stunden (fast tägl. Anfall, **M. tropica**). Behandlung: Spezif. Anti-Malariamittel; nur noch in Sonderfällen Chinin. Vorbeugung: Mückenbekämpfung.

Mälarsee, inselreicher See in Schweden, im W von Stockholm, 1140 km^2 groß.

Malaspinagletscher, Gletscher an der SW-Küste Alaskas, 4275 km^2.

Malatya, türk. Prov.-Hptst., 184100 Ew.

Malediven

Malawi, Rep. in SO-Afrika, am W-Ufer des Malawisees, 118484 km^2, 7,5 Mio. Ew.; Hptst.: Lilongwe, größte Stadt: Blantyre; Amtssprache: Englisch. Präsidialverfassung. – Übergang von Tiefland (Zentralafrikan. Graben) über Hochflächen zu Gebirgen (im S bis 3250 m). BEVÖLKERUNG. Meist Bantu; Religion: Naturreligionen, 30% Christen, rd. 10% Muslime. Anbau: Mais, Maniok, Hülsenfrüchte. Ausfuhr: Tee, Tabak, Baumwolle, Erdnüsse. Haupthandelspartner: Großbritannien, Rep. Südafrika. Internat. Flughäfen: Blantyre, Lilongwe. – 1889 brit. Protektorat Njassaland, 1964 unabhängig, 1966 Rep. Präs.: N. K. Banda (seit 1966). ⊕ S. 482.

Malawisee, früher **Njassasee,** See in SO-Afrika, 30800 km^2, 706 m tief.

Mali 2)

Malaysia, Bundesstaat in SO-Asien, 329608 km^2, 16,5 Mio. Ew. Hptst.: Kuala Lumpur. Amtssprache: Malaiisch, Handelssprache: Englisch. LANDESNATUR. M. umfaßt den S-Teil der Malaiischen Halbinsel (West-M., Malaya) und den N der Insel Borneo (Ost-M.). Zwei Drittel von M. sind gebirgig (bis 4101 m). BEVÖLKERUNG. 45% Malaien, rd. 35% Chinesen, 9% Inder. Staatsreligion: Islam. LANDWIRTSCHAFT. Kautschuk (rd. 44% der Welterzeugung), Palmöl, Palmkerne, Reis, Pfeffer, Tee, Kopra, Ananas, Kaffee, Zuckerrohr, Kakao; an den Küsten Fischerei. BERGBAU. M. ist größter Zinnproduzent der Welt, ferner Eisenerz, Bauxit, Erdöl, Kupfer, Gold. INDUSTRIE. Aufbereitung von Kautschuk, Metall-, chem. Ind.; Erdölverarbeitung. Ausfuhr: Kautschuk, Zinn, Holz, Erdöl u.a. – Haupthandelspartner: Japan, USA, Großbritannien, Singapur, Bundesrep. Dtl. Wichtigste Häfen: Port Klang, Penang, Sandakan, Port Dickson. STAAT. Staatsoberhaupt ist einer der islam. Herrscher, der vom Rat der Herrscher gewählt wird. Das Parlament besteht aus dem Senat und Repräsentantenhaus. Verwaltung: Das Land ist in 13 Bundesländer (11 in West-M. sowie Sarawak und Sabah) eingeteilt. ● Am 16. 9. 1963 schlossen sich der Malaiische Bund, Sarawak, Singapur (1965 ausgetreten) und Sabah zur Föderation M. zusammen. MinPräs.: D. S. Mahathir Mohamad (seit 1981). ⊕ S. 483.

Mallarmé

Malchen, Melibokus der, Berg im Odenwald, an der Bergstraße, 517 m hoch.

Malebranche [malbr'ãʃ], Nicole, frz. Philosoph, *1638, †1715; Okkasionalist.

Malediven, Rep. im Ind. Ozean, auf den Malediven, 298 km^2, 181000 Ew. (Muslime); Hptst.: Male. Kokospflanzungen. – 1887 brit. Protektorat, 1965 unabhängig; Staats- und MinPräs.: M. Gayoom (seit 1978). ⊕ S. 483.

Malente, Luftkurort in Schlesw.-Holst., in der Holstein. Schweiz; 10400 Ew.

Malepartus, in der späteren dt. Tiersage Name der Höhle des Reineke Fuchs.

Malerei die, Zweig der bildenden Kunst. Ihr Bereich ist die Fläche, ihr Mittel die Farbe; ihre Gestaltungen sind meist gegenständlich darstellender Art, im 20. Jh. auch ungegenständlich. – Nach Malgrund und Farbstoff unterscheidet man: Wand- (→ Freskomalerei), Tafel- (→ Temperamalerei, → Ölmalerei), Miniatur-M. (→ Miniatur), → Glasmalerei, → Emailmalerei, → Aquarellmalerei, → Guaschmalerei, → Pastellmalerei. Nach dem Inhalt: Historien-M. (relig. und weltl. Legende, Sage, Geschichte), Landschafts-, Bildnis-, Architektur-, Stilleben-, Tier-, Genre-M. (Darstellungen aus dem Alltagsleben). Vgl. die BILDER zur Kunst der einzelnen Länder, FARBTAFEL Maltechniken.

Maleuda, Günter, Politiker (DBD), *1931; seit 1987 Vors. der Demokrat. Bauernpartei Dtl.s (DBD), 1987-89 Stellvertretender Vors. des Staatsrats der Dt. Dem. Rep., 1989-90 Präs. der Volkskammer.

Malewitsch, Kasimir, russ. Maler, *1878, †1935, Mitbegr. der modernen Malerei.

Malherbe [mal'ɛrb], François de, frz. Dichter, *1555, †1628; Wegbereiter des sprachlich-literar. frz. Klassizismus.

Malheur [mal'œ:r, frz.] das, Unglück, Mißgeschick.

Mali, 1) altes islam. Negerreich im Gebiet des oberen Niger; größte Ausdehnung im 13.-15. Jh. **2)** Rep. in Afrika, 1240000 km^2, 8,6 Mio. Ew. (Mandingo, Tuareg, Fulbe; über $^2/_3$ Muslime); Hptst.: Bamako; Amtssprache: Französisch. – M. reicht vom Oberlauf des Senegal (Baumsavanne) über das Gebiet des oberen und mittleren Niger (Baum- und Kurzgrassavanne; Anbau von Hirse, Reis, Maniok, Erdnüssen, zunehmend Baumwolle) bis weit in die Sahara (Datteln). Viehzucht; Fischerei. Ausfuhr: Baumwolle, Erdnüsse, Vieh, Häute, Fische. Einfuhren bes. aus Frankreich, China. Eisenbahn von Bamako nach Dakar. Internat. Flughafen: Bamako. – M., seit dem 19. Jh. Frz.-Sudan, wurde 1960 unabhängig. Staatspräs.: M. Traore (seit 1968). ⊕ S. 482.

maligne [lat.], ♡ bösartig.

Malipiero, Francesco, *1882, †1973; ital. Komponist: u.a. Orchester-, Chormusik.

maliziös [frz.], boshaft, hämisch.

Mallarmé, Stéphane, frz. Dichter, *1842, †1898; Vertreter des Symbolismus.

Malle [mal], Louis, frz. Filmregisseur, *1932, Vertreter der »Neuen Welle«: »Fahrstuhl zum Schafott«, »Auf Wiedersehen, Kinder« u.a.

Mallorca [maʎ'ɔrka], größte Insel der span. Balearen; 3684 km^2, 439000 Ew., gebirgig; Hptst. und Haupthafen: Palma de M.

Malm der, oberster Teil der Juraformation. (Erdgeschichte, ÜBERSICHT)

Malmédy, Stadt im östl. Belgien, rd. 10000 Ew.; im Hohen Venn; Mineralquellen. – 1815 an Preußen, 1920 mit Eupen an Belgien.

Malmö, Hafenstadt in S-Schweden, am Sund, 231000 Ew., Schloß; Maschinen-, Schiffsbau, Textil-, Zementind.; Flughafen.

Malnehmen, Multiplikation, → Grundrechnungsarten.

Malojapaß, Alpenpaß (1815 m hoch) in Graubünden, zw. Bergell und Engadin.
Malpass [m'ælpæs], Eric, engl. Schriftst., *1910; Geschichten aus der Perspektive des Kindes (»Morgens um sieben ist die Welt noch in Ordnung« u.a.).
Malpighi, Marcello, ital. Arzt, *1628, †1694; gilt als Begr. der mikroskop. Anatomie.
Malraux [malr'o], André, eigtl. **Berger,** frz. Schriftst., Politiker, *1901, †1976, General im Span. Bürgerkrieg, trat 1939 aus der KP aus; Widerstandskämpfer; 1959-69 Min. für kulturelle Angelegenheiten. Romane, kunsttheoret. Schriften, »Antimemoiren«.

Malraux

Malstrom [norweg. Malstrømmen] der, durch Ebbe und Flut verursachte wirbelartige Meeresströmung zw. den südl. Lofot-Inseln.
Malta, Staat und Insel im Mittelmeer, mit Nebeninseln 316 km², 344 000 Ew.; Hptst. und Hafen: Valletta; Amtssprachen: Englisch, Maltesisch. Parlamentar. Rep. im Commonwealth (Verf. v. 1974). Staatsoberhaupt: der Staatspräs. – Stark befestigte Felseninsel. Landwirtschaft, Fremdenverkehr. Handelsschiffahrt, Flottenstützpunkt. M. ist Einfuhrland. – M., urspr. phönik. und karthag. Besitz, wurde 218 v. Chr. römisch, fiel 870 an die Araber, gehörte 1090-1530 zu Sizilien, dann dem Johanniterorden (Malteserorden); seit 1800 britisch, seit 1964 unabhängig. Staatspräs.: Agatha Barbara (seit 1982); MinPräs.: V. Tabone (seit 1989). ⊕ S. 491.
Maltechniken, hierzu ganzseitige FARBTAFEL S. 550.
Malter [von mahlen], altes dt. Getreidemaß.
Malteser, 1) Bewohner Maltas. Ihre Sprache, das Maltesische, ist eine arab. Mundart mit starkem ital., bes. sizilian. Wortschatz. **2)** seidenhaariges Hündchen. **3)** Taubenrasse.
Malteser-Hilfsdienst e.V., von den dt. Zweigstellen des Malteserordens und vom Dt. Caritasverband 1953 gegr. Organisation u.a. zur Unfallrettung; rd. 45 000 ehrenamtlich tätige Mitgl.
Malteserkreuz, 1) achtspitziges → Kreuz. **2)** ⊙ Schaltwerk, das eine stetig umlaufende Bewegung in eine ruckweise fortschreitende umwandelt, z. B. beim Kinoprojektor.
Malteserorden, → Johanniterorden.
Malthus [m'ælθəs], Thomas Robert, engl. Sozialforscher, *1766, †1834; vertrat die Ansicht, daß sich die Bev. schneller als die Nahrungsmittelmenge vermehre **(Malthusianismus),** empfahl Beschränkung des Bevölkerungswachstums.
Maltose die, Malzzucker.
malträtieren [frz.], mißhandeln.
Malus [lat. »schlecht«] der, **1)** in der Kraftfahrzeugversicherung Prämienzuschlag bei öfterem Eintreten von Schadensfällen. **2)** bei der zentralen Vergabe von Studienplätzen für zulassungsbeschränkte Studienfächer: Abschlag von der Abiturnote, um, z. B. zw. Bundesländern, eine vergleichbare Entscheidungsgrundlage herzustellen. Ggs.: Bonus.
Malvasier der, urspr. weiße Rebensorte auf Kreta und Inseln der Ägäis.
Malve [lat.] die, **1)** artenreiche Pflanzengatt., Kräuter mit gelappten Blättern, röhrenförmig verwachsenen Staubblättern und linsenförmigen Früchten; an Wegen, Zäunen: **Wilde M., Weg-M., Sigmarswurz. 2)** weitere Pflanzenarten: **Stock-M.** (Stockrose), **Schön-M.** u.a.
Malz das, angekeimtes Getreide (Gerste, Roggen, Weizen) zur Bereitung von Bier und Spiritus. Durch den Keimvorgang bildet sich ein Enzym, die Diastase, das die Stärkekörner im Getreide in Maltose umwandelt (verzukkert) und dadurch vergärbar macht. Zur Bierherstellung wird die gekeimte Gerste noch gedarrt (getrocknet) und geröstet. **M.-Bier,** alkoholarmes, malzreiches Bier. **M.-Kaffee,** Kaffee-Ersatz aus geröstetem Gersten-M. **M.-Zukker,** die Maltose.
Mambo, Gesellschaftstanz kuban. Stils.
Mamelucken [arab.], urspr. türk. Sklaven, die im 12. Jh. in Ägypten eingeführt und bald die Herren des Landes wurden; herrschten 1260-1517. Auch nach der Eroberung Ägyptens durch die Türken spielten die M. bis ins 19. Jh. in Politik und Verwaltung des Landes eine wichtige Rolle.
Mamertus, Erzbischof von Vienne, † um 475, Heiliger (Tag 11. 5.; → Eisheilige).
Mamma [lat.] die, -/-ae, die weibl. Brust.
Mammographie [lat. »Brustbeschreibung«] die, röntgenolog. Untersuchungsverfahren der weibl. Brust, z. B. zur Diagnose von Brustkrebs.
Mammon [aramäisch] der, Götze der Gewinnsucht; verächtlich: Reichtum, Geld.
Mammut das, ausgestorbene Elefantenart mit rotbraunem langhaarigem Pelz und mächtigen, gebogenen Stoßzähnen, bis 4 m hoch, lebte in der Eiszeit im nördl. Asien und Europa. In den gefrorenen Erdschichten Sibiriens fand man Leichen des M.
Mammutbaum, kaliforn. Nadelbäume: **Riesen-M.,** bis 100 m hoch, **Küsten-M.,** Nutzholz.

Malve: Sigmarswurz

Mammuthöhle, fünfstöckige riesige Höhle in Kentucky, USA, Gänge von 240 km Länge.
Mamsell [aus Mademoiselle], Wirtschafterin.
Man [mæn], brit. Insel in der Irischen See, 572 km², 64 000 Ew.; Hptst.: Douglas; eigene Verfassung, Volksvertretung. Getreide-, Gemüsebau, Viehzucht, Fischfang, Fremdenverkehr. Die Bewohner sprechen z. T. das kelt. **Manx.**
M.A.N., Maschinenfabrik Augsburg-Nürnberg AG., Sitz Nürnberg, gegr. 1898.
Mänaden [grch. »die Rasenden«] Mz., ekstat. Frauen im Gefolge des Dionysos.
Manager [m'ænıdʒə, engl.] der, Leiter, Geschäftsführer, Veranstalter, Vermittler. **Management,** Form moderner Unternehmensführung, beruht auf Trennung von Eigentum und Geschäftsführung; eine kleine Zahl leitender Angestellter, nicht die Eigentümer, führen die Großunternehmen.
Managerkrankheit, durch → Stress ausgelöste krankhafte Reaktionen v. a. des Herz-Kreislauf-Systems sowie des Magen-Darm-Kanals bei meist vorgeschädigtem Organismus; häufiger v. a. bei Männern ab dem 40. Lebensjahr.
Managua, Hptst. von Nicaragua, 517 700 Ew., 1931 und 1972 durch Erdbeben zerstört.
Manasse, 1) Sohn Josephs, Ahnherr des israelit. Stammes M. **2)** König von Juda, etwa 696-642 v. Chr.
Manaus, Hptst. des brasilian. Staates Amazonas, 615 000 Ew.; Flußhafen, Ind.

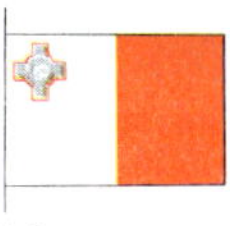
Malta

Mancha, La M. [m'antʃa], Steppenlandschaft in Neukastilien, eine Kornkammer Spaniens.
Manchester [m'æntʃıstə, engl.] der, starker, gerippter, samtartiger Baumwollstoff.
Manchester, Fabrikstadt in NW-England, mit Vororten 2,6 Mio. Ew.; Univ., Kathedrale; Mittelpunkt der engl. Baumwollind. und des -handels; Maschinen-, Fahrzeug-, Flugzeug- u. a. Ind. Durch den **M.-Schiffskanal** (64 km) Seehafen.
Manchestertum [nach der Stadt Manchester], Richtung des wirtschaftl. Liberalismus, für schrankenlosen → Freihandel, gegen wirtschafts- und sozialpolit. Eingriffe des Staates.
Mandäer, gnost. Täufersekte im Irak.
Mandalay [mændəl'eı], **Mandaleh,** Stadt in Birma, 417 200 Ew.; buddhist. Wallfahrtsort.

Mammut

Oben: Links Pastell. Mitte Aquarellmalerei. Rechts Temperamalerei. – **Unten:** Links Ölmalerei. Mitte Freskomalerei; a Ziegelmauerwerk, b dünner Spritzbewurf, c Zwischenputz, d Feinputz mit Malerei. Rechts Sgraffito-Technik (Kratzputz)

Mandarin der, im alten China: Staatsbeamter.

Mandarine die, Südfruchtbaum, → Citrus.

Mandat [lat.] das, ⚖ Auftrag, den der **Mandant** (Auftraggeber) dem **Mandatar** (Beauftragten) erteilt. **1)** bürgerl. Recht: Vertrag zur unentgeltl. Geschäftsbesorgung. **2)** Verfassungsrecht: Stellung eines Abgeordneten; er ist in den modernen demokrat. Verfassungen nicht an einen Auftrag gebunden. **3)** Völkerrecht: der vom Völkerbund einigen Siegermächten des 1. Weltkriegs erteilte Auftrag, in seinem Namen frühere dt. → Schutzgebiete und frühere türk. Gebietsteile zu verwalten; auch diese Gebiete selbst **(M.-Gebiete).** Die M. über die türk. Gebietsteile sind erloschen; es entstanden selbständige Staaten. Nach dem 2. Weltkrieg wurden die früheren dt. Schutzgebiete und das frühere Ital.-Somaliland zu **Treuhandgebieten** der UNO. Sie werden auf Grund von **Treuhandabkommen** von einzelnen Mächten verwaltet. Viele wurden unabhängig.

Mandel die, **1)** → Mandelbaum. **2)** ♡ **Mandeln (Tonsillen),** lymphknotenähnl. Organe im Rachen. Die beiden **Gaumen-M.** und die **Rachen-M.** gehören zu dem lymphat. Rachenring. **3)** altes Zählmaß; 1 M. = 15 Stück.

Mandela, Nelson, südafrikan. Politiker, *1918; Rechtsanwalt, Bürgerrechtler, seit 1954 stellvertretender Vors. des African National Congress (ANC), 1964-90 inhaftiert, Symbolfigur der schwarzafrikan. Antiapartheidsbewegung in der Rep. Südafrika, 1990 stellvertretender Vors. des ANC.

Mandelbaum, dem Pfirsichbaum verwandtes Rosengewächs, mit dünnfleischiger Frucht, die in einer Steinschale den Kern **(Mandel)** enthält. Rosablütige Ziersträucher sind **Zwerg-M.** und der **dreilappige M.**

Mandelentzündung, Tonsillitis, ♡ Entzündung bes. der Gaumenmandeln **(Halsentzündung, Angina),** mit Fieber, Halsschmerzen und bei **eitriger M.** mit gelblichweißen Flekken auf den Mandeln; es kann sich ein **Mandelabszeß** bilden.

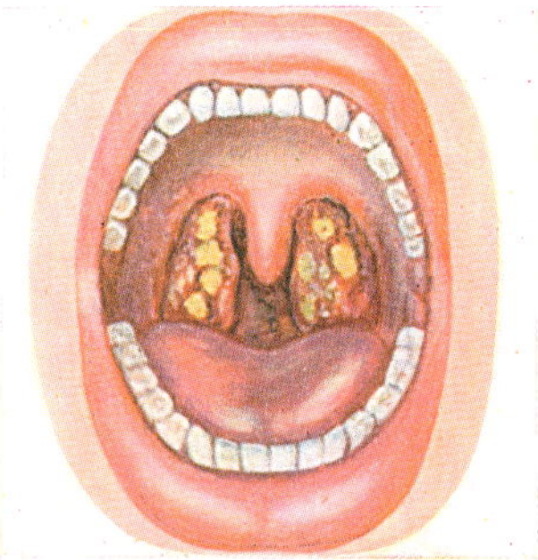

Mandelentzündung

Mandelkrähe die, volkstümlich für → Blauracke.

Mandelstam, Ossip Emiljewitsch, russ. Lyriker, *1891, † (in stalinist. Verbannung) 1938; herausragender Lyriker des 20. Jh.

Mandingo, Mande, sprach- und kulturverwandte Gruppe von negriden Völkern in W-Afrika, rd. 6,0 Mio. Menschen.

Mandoline [ital.] die, lautenartiges Musikinstrument mit 4 Drahtsaitenpaaren.

Mandrill der, zu den Pavianen gehörender Affe Guineas, mit großem Kopf, blauen Wangenwülsten, Stummelschwanz, rotblauen Gesäßschwielen.

Mandschu, Volk in Ostasien, eroberten 1644-60 China und wurden hier Gründer des bis 1912 herrschenden Kaisergeschlechtes (M.-Dynastie). Sie gingen im Chinesentum auf.

Manet: Der Pfeifer

Mandschurei die, Landschaft im NO Chinas, zw. dem Amur im N, im W bis zum Großen Chingan und im O bis zum Ussuri und Yalu. Kernlandschaft ist die von Hochgebirgen umrahmte mandschur. Ebene, vom Sungari nach NO und dem Liaoho nach SW durchflossen. Landwirtschaft; ⚒ (Kohle, Eisen, Zink, Bauxit); wichtige Stahl- u. a. Ind. – Die tungus. Mandschu einigten das Gebiet im 16. und 17. Jh. und eroberten 1644-60 China. 1900 wurde die M. von den Russen besetzt, 1905 in ein russ. und ein japan. Einflußgebiet aufgeteilt, 1917 faktisch selbständig. 1931 errichtete Japan den Staat »Mandschukuo«. Seit 1946 Basis für die kommunist. Eroberung Chinas; seit 1949 Bestandteil der VR China.

Manege [man'eːʒə, frz.] die, Reitbahn in einer Halle, bes. im Zirkus.

Manen Mz., bei den alten Römern: die Seelen der Verstorbenen.

Manen, Hans van, niederländ. Choreograph, Ballettdirektor, *1932, gilt als führender europ. Choreograph.

Manessische Handschrift, Große Heidelberger Liederhandschrift, Sammel-Hs. mittelhochdt. Minnedichtung, benannt nach Rüdiger Manesse (†1304) und dessen Sohn; entstanden in Zürich zw. etwa 1300 und 1340; mit 137 ganzseitigen Bildern. Seit 1888 in der Heidelberger Universitätsbibliothek. (BILD S. 552)

Manet [man'ɛ], Édouard, frz. impressionist. Maler, *1832, †1883; Bildnisse, Landschaften.

Manfred, männl. Vorname.

Manfred, Sohn Kaiser Friedrichs II., 1258 König von Sizilien, fiel 1266 gegen Karl von Anjou.

Mangalore [m'æŋgəlɔː, engl.], Stadt in SW-Indien; 195 000 Ew.

Mangan das, **Mn,** chem. Element, eisenähnl. Schwermetall; Ordnungszahl 25, D 7,20-7,43 g/cm³, Schmelzpunkt 1244 ± 3°C; in der Natur in Form seiner Oxide weit verbreitet, bes. als Braunstein, MnO_2; wird zu Legierungen und bei der Stahlherstellung verwendet. M.-Stähle sind hart und verschleißfest.

Mangel die, Rolle (zum Glätten der Wäsche).

Mängelhaftung, ⚖ Verpflichtung eines Vertragsteils, dem anderen für Fehler der geschuldeten Leistung (Sach- und Rechtsmän-

Mandoline

Manessische Handschrift: Turnierszene

gel) einzustehen; bei einzelnen Vertragsarten verschieden geregelt. M. wird durch **Mängelrüge** geltend gemacht.

Mangelkrankheiten, Avitaminosen, → Vitamine.

Manger, Jürgen von, Schauspieler, Kabarettist; *1923, parodierte die Sprech- und Denkweise des Ruhrgebiets.

Mangfall die, linker Nebenfluß des Inns bei Rosenheim, kommt aus dem Tegernsee.

Mangobaum, immergrüne Bäume aus Ostindien, mit gelben, als Obst beliebten Steinfrüchten.

Mangold der, Form der Runkelrübe.

Mangrove, Gehölze, die im Gezeitenbereich trop. Küsten wachsen; haben Stütz- und Atemwurzeln. Aus den Früchten sprossen auf dem Baum Keimlinge, die sich im Abfallen mit der Wurzel festspießen.

Manguste die, Raubtier, → Schleichkatzen.

Manhattan [mænh'ætən], Stadtteil New Yorks, auf der gleichnamigen Strominsel; Sitz der UNO.

Manichäer, Anhänger der von **Mani** aus Babylonien (gekreuzigt 276 n. Chr.) um 242 gestifteten Religion, des **Manichäismus.** Seine aus altpers. und christl. Vorstellungen gebildete Lehre stellte ein Reich des Lichts und ein Reich der Finsternis einander gegenüber. Sie wurde im O bis ins 13./14. Jh., im W bis ins 5. Jh. fast ständig verfolgt.

Manie [grch.] die, **1)** Besessenheit, Sucht, Leidenschaft. **2)** Phase der manisch-depressiven Erkrankung, mit gehobenem Selbstgefühl, Größenwahn, Rede- und Bewegungsdrang, seel. Enthemmung.

Manier [frz.] die, **1)** Art und Weise; Verfahren. **2)** Benehmen, Lebensart. **manieriert,** gekünstelt, überfein. **manierlich,** gesittet, artig.

T. Mann

Manierismus der, Epochenbegriff für die Spätrenaissance (1520-1600). Auf die Anfänge in Italien (Pontormo u. a.) wirkten sich auch Einflüsse nord. Kunst aus (Graphik Dürers). Stilmerkmale des M.: Auflösung des Statischen zugunsten von Bewegungsabläufen; Neigung zu zentrifugal angelegten Kompositionen anstelle des von der Hochrenaissance bevorzugten Zentrierten; Darstellung des Unendlichen i. Ggs. zum eindeutig Begrenzten; Aufhebung der Grenze zw. Kunstraum und Realraum; Verwischung der Grenzen zw. den Kunstgattungen; Negation der Realität zugunsten der Darstellung des Abnormen, Verformung der Figur zugunsten von Ausdruckssteigerung; ekstat. Versenkung neben Profanierung und akadem. Erstarrung. Der M. führte zu kühlem Formalismus (Parmigianino, Bronzino, Cellini, Ammanati), auch zu gesteigertem seel.-relig. Ausdruck (Tintoretto, Greco); überwunden zuerst in Italien vom Barock.

Manifest [lat.] das, **1)** öffentl. Erklärung, Programm. **2)** Seerecht: Verzeichnis der verladenen Güter.

Maniküre [frz.] die, Hand- und Nagelpflege.

Manila, Haupthafen der Philippinen, 1,6 Mio. Ew., im W der Insel Luzon; teils altspan. (Kathedralen, Klöster), teils neuzeitlich amerikan. Gepräge; 3 Univ., Lebensmittel-, Maschinen-, Textilind.

Manilafaser, Bastfasern der Faser-Banane auf den Philippinen.

Maniok der, **Manihot, Kassave,** trop. amerikan. Wolfsmilchgewächs; auch in allen Tropen angebaut; Wurzelknollen dienen nach dem Auskochen des Blausäuregifts als Nahrungsmittel (M.-, Mandioka-, Kassavemehl); das verfeinerte Mehl heißt **Tapioka.**

Manipel [lat.], Unterabteilung der röm. Legion.

Manipulation [lat.] die, **1)** Handhabung. **2)** Beeinflussung. Zeitw.: **manipulieren.**

Manipulator [lat.] der, Fernbedienungswerkzeug für Strahlenschutzzellen, bedient von Hand oder durch elektr. Schaltwerk. **Mikro-M.** übertragen Bewegungen auf kleinste mikroskop. Dimensionen; Anwendung in der Mikroskopie, Skalenherstellung, Mikroelektronik.

Manisa, türk. Prov.-Hptst., 127 000 Ew.

manisch, an Manie leidend, besessen.

manisch-depressive Erkrankung, Geisteskrankheit, bei der manische Zustände (maßlos gesteigertes Selbstgefühl, Rede- und Bewegungsdrang) mit depressiven (Schwermut, Entschlußunfähigkeit) abwechseln; dazwischen liegen Zeiten seel. Gesundheit.

Manitoba [mænit'əubə], Prov. in Mittelkanada, 650 086 km², 1,07 Mio. Ew.; Hptst.: Winnipeg. Getreidebau (Weizen), Forstwirtschaft, Fischerei; ⚒ auf Nickel, Kupfer, Gold, Zink, Silber, Erdöl; Ind.

Manitu, bei den Algonkin-Indianern, N-Amerika, der Name einer allen Dingen und Naturerscheinungen innewohnenden Kraft.

Maniu, Julius, rumän. Politiker, *1873, †1953, proklamierte 1918 die Vereinigung Siebenbürgens mit Rumänien, mehrfach Min.-Präs.; 1947 zu lebenslängl. Haft verurteilt.

Manizales [manis'alɛs], Provinz-Hptst. in Kolumbien, 328 000 Ew.; Kaffeehandel.

Manko [ital.] das, Mangel, Fehlbetrag.

Mann, 1) Golo (Gottfried), Sohn von 4), Historiker, *1909; »Dt. Geschichte des 19. und 20. Jh.«, »Wallenstein«. **2)** Heinrich, Schriftst., Bruder von 4), *1871, †1950; emigrierte 1933, schrieb 3 Renaissance-Romane (»Die Göttinnen«), griff die wilhelmin. Gesellschaft mit ätzender Schärfe an (»Professor Unrat«; Trilogie »Das Kaiserreich«, mit »Der Untertan« als Teil 1); Essaysammlungen. **3)** Klaus, Schriftst., Sohn von 4), *1906, † (Selbstmord) 1949; emigrierte 1933; »Der Wendepunkt« (zuerst englisch) u. a. **4)** Thomas, Schriftst., Bruder von 2), *1875, †1955; seit 1934 in der Schweiz, 1939-52 in den USA. Bürgerl. Niedergang und Künstlerdasein, der Mensch in seiner Gebrochenheit zw. Leben und Geist, der Geist als lebenzersetzende und -verfeinernde Kraft werden in seinen Romanen und Novellen mit meisterl. Sprachbeherrschung behandelt. Romane: »Buddenbrooks«, »Königl. Hoheit«, »Der Zauberberg«, »Josephs-Roman« (4 Tle.), »Lotte in Weimar«, »Dr. Faustus«, »Der Erwählte«, »Bekenntnisse des Hochstaplers Felix Krull« (Tl. 1, 1954); Novellen: »Tonio Kröger«, »Tristan«, »Der Tod in Venedig«; Essays.

Manna [grch.] das, **1)** eßbare, zuckerreiche, auch arzneil. Stoffe; **pers. M.** (honigartiger Saft von **M.-Klee**). **2)** Himmelsbrot, mit dem Gott die Juden in der Wüste speiste.

Manndeckung, bei Ballspielen die direkte ständige Bewachung des Gegenspielers. Ggs.: → Raumdeckung.

Mannequin [manək'ɛ̃, frz.] der, das, **1)** ✤ Gliederpuppe. **2)** Vorführdame für Moden. Männl. Entsprechung: der **Dressman** [-mæn].

Männerbund, bei vielen Naturvölkern (Geheim-)Bund aller erwachsenen Männer.

Männergesangvereine, Vereinigung zur Pflege mehrstimmigen Männergesangs.

Mannerheim, Carl Gustav Frhr. v., Marschall von Finnland (1933), *1867, †1951; ab 1887 in der russ. Armee, warf als Oberbefehlshaber der finn. »Weißen Garde« den kommunist. Aufstand 1918 nieder. Regent von Finnland 1918/19. Staatspräs. 1944-1946.

Männerkindbett, frz. **Couvade** [kuv'ad] die, Sitte, bei der der Vater nach der Geburt eines Kindes an Stelle der Frau die Aufgaben und das Verhalten der Wöchnerin übernimmt. (Indien, S-China, NO von Südamerika).

Männertreu, volkstüml. Name für versch. Pflanzen: Ehrenpreis, Vergißmeinnicht u. a.

Mannheim, Stadt in Bad.-Württ., 296 000 Ew., an der Mündung des Neckars in den Rhein; Schloß mit Samml.; Theater, Univ. u. a. Hochschulen; nächst Duisburg der größte dt. Binnenhafen (Kohlen, Baustoffe, Mineralöl, Erze, Holz), starke Ind. (Maschinen-, Fahrzeugbau, Elektrotechnik, Zellstoff, chem. Ind., Metalle, Textilien). M. wurde 1606 gegr., 1720 Residenz der Kurpfalz und kam 1802 an Baden.

Mannheimer Schule, Kreis von Komponisten am kurpfälz. Hof in Mannheim (J. Stamitz, F. X. Richter, I. Holzbauer), der sich durch seinen neuen, zur Wiener Klassik hinführenden Instrumentalstil auszeichnete.

Mannstreu, distelähnl. Doldengewächse mit kopfförmigen Blütendolden: **Feld-M.,** grünlich blühend; **Stranddistel,** bläulich blühend.

Manometer [grch.] das, Vorrichtung zum Messen des Druckes von Gasen und Flüssigkeiten. **Feder-M.:** durch das Gas wird eine in einem Gehäuse eingeschlossene Metallmembran durchgebogen. Die Durchbiegung wird auf einen Zeiger übertragen.

Manöver [franz.] das, **1)** ∴ kriegsmäßige Übung für Führung und Truppe in 2 Parteien. **2)** bei Schiffen Ausführung einer Bewegung.

Mansart [mãs'a:r], frz. Baumeister. **1)** François, *1598, †1666. **2)** Jules **Hardouin-M.** [ardu'ɛ̃-], Großneffe von 1), *1646, †1708; nach ihm wird die **Mansarde** (ausgebauter Dachstuhl) benannt.

Mansfield [m'ænsfi:ld], Katherine, engl. Erzählerin, * Neuseeland 1888, †1923; Kurzgeschichten.

Mansur Muhammed ibn Abi Amir, bei den Christen **Almansor,** Reichsverweser für den span. Omajjadenkalifen Hischam II., †1002, erweiterte die Machtstellung des Islam in Spanien.

Mansura, Stadt in Unterägypten, 258 000 Ew.; Stapelplatz für Baumwolle, Ind.

Mantegna [mant'ɛɲɲa], Andrea, ital. Maler, Kupferstecher, *1431, †1506; Meister der oberital. Frührenaissance.

Mantel der, **1)** Übergewand. **2)** äußere Hülle von Hohlkörpern (z. B. Kessel-M.), Geschossen. **3)** Urkunde des Wertpapiers; Ggs.: Dividenden-, Zinsbogen. **4)** Rechtsform, das »Kleid«, in dem ein Unternehmen nach außen in Erscheinung tritt, z. B. AG., GmbH.

Manteltarif, Tarifvertrag, der für längere Zeiträume die Arbeitsbedingungen regelt, die keiner häufigen Änderung unterliegen, z. B. Arbeitszeit, Urlaub.

Manteltiere, festsitzende Meerestiere, deren sackförmiger Körper von einem Mantel umhüllt ist **(Tunikaten).** Als Vorstadium der Wirbelsäule haben sie einen knorpeligen Skelettstab **(Chorda).** Zu den M. gehören die Salpen.

Manteuffel, Edwin Frhr. v., preuß. Generalfeldmarschall, *1809, †1885; war seit 1879 Statthalter von Elsaß-Lothringen.

Mantik [grch.] die, Wahrsagekunst.

Mantilla [mant'iʎa, span.] die, Schleiertuch der span. Frauen. **Mantille** die, Frauenmantel.

Mantinea, Stadt in Arkadien, Griechenland, bei der 362 v. Chr. Epaminondas fiel.

Mantisse [lat.] die, △ → Logarithmus.

Mantua, ital. **Mantova,** Stadt in Oberitalien, am Mincio, 55 500 Ew.; Mus.; Handel, Ind. In M. herrschten 1328-1708 die Gonzaga.

Manu, nach ind. Glauben Urvater und Gesetzgeber der Menschheit.

Manual [lat.] das, ♩ bei Tastinstrumenten die Tastenreihe für die Hände.

Manuel I. Komnenos, Kaiser von Byzanz 1143-80; unterwarf 1151 Serbien, suchte vergeblich Friedrich Barbarossa aus Italien zu verdrängen.

Manuel, Niklaus, genannt **Deutsch,** *um 1484, †1530, schweizer. Maler und Zeichner, bes. des Landsknechtslebens; auch reformator. Satiren, Fastnachtsspiele.

Manufaktur [lat.] die, früher: gewerbl. Großbetrieb mit Handarbeit **(Porzellan-M.).**

Manuskript [lat.] das, Handgeschriebenes, bes. handgeschriebenes Buch vor Erfindung des Buchdrucks. Im literar. Urheberrecht das **Originalwerk;** jede Vorlage für den Setzer, auch wenn sie mit Schreibmaschine geschrieben ist. Ggs.: vervielfältigtes Exemplar.

Manytsch der, Niederung nördl. des Kaukasus zw. Asowschem und Kasp. Meer, gilt als Teil der Grenze zw. Asien und Europa.

Manzanares [manθan'ares] der, Fluß in Spanien, durchfließt Madrid.

Manzanillobaum [-ʎ-], mittelamerikan.-westind., sehr giftiges, birnbaumähnl. Wolfsmilchgewächs; liefert Pfeilgift.

Manzoni, Alessandro, ital. Dichter, *1785, †1873; Romantiker; Hymnen, Trauerspiele, geschichtl. Roman »Die Verlobten«.

Manzù, Giacomo, ital. Bildhauer, *1908; weibl. Akte, Bronzetür des Salzburger Doms.

Mao Dun, chines. Schriftsteller, *1896, †1981; sozialkrit. Romane, Novellen und Essays.

Maori Mz., die Eingeborenen Neuseelands, ein Volk der Polynesier.

Mao Zedong, Mao Tse-tung, chines. Politiker, *1893, †1976, 1921 Mitgr. der Kommunist. Partei Chinas, seit 1931 ihr Vorsitzender. 1947-50 eroberte er von der Mandschurei aus das chines. Festland, rief 1949 die Chines. VR aus; 1954-59 Staatspräs.; bestimmte als Vors. des ZK die Politik Chinas. M.s Interpretation des Marxismus-Leninismus wird als **Maoismus** bezeichnet. – M. Z. trat auch als Schriftsteller hervor.

Mapai, sozialist. Partei Israels, gegr. 1930; schloß sich 1968 mit der Ahdut Ha'awoda und der Rafi zur **Israel. Arbeitspartei** zusammen.

Mapam, Abk. für die 1948 gegr. linkssozialist. Vereinigte Arbeiterpartei Israels.

Maputo, seit 1976 Name von **Lourenço Marques,** Hptst. von Moçambique, 785 000 Ew., an der Delagoa-Bai; Univ., Forschungsinstitute, Mus., Erdölraffinerien; Ausgangspunkt von Bahnlinien nach Transvaal, Simbabwe und Swasiland; bed. Naturhafen.

Maquis [mak'i, aus dem Kors.] der, Buschwald, sinnbildl.: Schlupfwinkel; daher Bez. für die frz. Widerstandsbewegung.

Mär, Märe [ahd. mâri »Kunde«] die, ✤ Erzählung, Nachricht.

Marabu der, Storchvogel in Afrika, Indien; mit nacktem Kopf, Hals und Kropfsack.

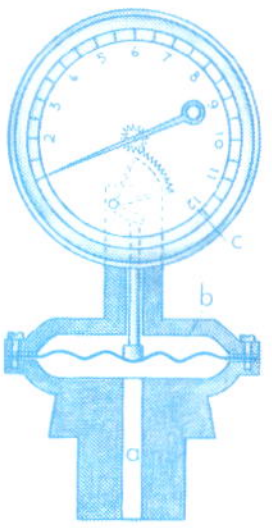

Manometer,
a Dampfdruck,
b Membran, c Skala

Mantegna

Mantille

Mao Zedong

1

2

3

4

Marder: 1 Nerz, **2** Steinmarder, **3** Kleine Wiesel, **4** Hermelin

Maracaibo, Hafenstadt in Venezuela, 929000 Ew., Univ.; Schiffbau, Erdölraffinerien.

Maracay, Stadt in Venezuela, 355000 Ew.

Maracuja, orangeroter Saft aus wohlschmeckenden, granatapfelähnl. Früchten der Passionsblumenart **Purpurgrenadilla (Passiflora edulis)** aus dem trop. Amerika.

Maräne die, ♘ Lachsfisch in nordeurop. Gewässern, schmackhafter Speisefisch.

Marañón [-ɲ'ɔn] der, Quellfluß des Amazonas.

Maranta die, **Pfeilwurz,** ♧ trop.-südamerikan. Staudengewächs der Ordnung Kannaartige.

Maraschino [marask'i:nɔ, ital.] der, Likör aus der dalmatin. Sauerkirsche.

Marasmus [lat.] der, ♡ fortschreitende körperl. Entkräftung, z. B. bei Altersschwäche.

Marat [mar'a], Jean Paul, einer der radikalsten Führer der Frz. Revolution, *1743, †(ermordet) 1793.

Marathen Mz., Gruppe ind. Bauernkasten im Dekkan; Sprache: **Marathi.**

Marathon, altgrch. Ort an der Ostküste von Attika; der Sieg der Athener über die Perser 490 v. Chr. wurde nach Athen gemeldet durch den »Läufer von M.«. Daher **M.-Lauf,** sportl. Wettlauf über 42,2 km.

Marbach am Neckar, Stadt in Bad.-Württ., 12000 Ew., am Neckar; Geburtsort Schillers; Schiller-Nationalmus.; Ind.

Marbella [-ʎ-], Stadt und Fremdenverkehrsort an der Costa del Sol, Spanien, 30000 Ew.

Marbod, Herzog der Markomannen.

Marburg, Krst. in Hessen, 75300 Ew., Univ. (gegr. 1527), got. Elisabethkirche mit dem Grabmal der hl. Elisabeth; Ind. 1529 hier erfolgloses Religionsgespräch zw. Luther und Zwingli.

Marburger Bund, 1947 gegr. Verband der angestellten und beamteten Ärzte der Bundesrep. Dtl.

Marburger Schule, → Neukantianismus.

Marc, Franz, Maler, *1880, † (gefallen) 1916; gehörte dem »Blauen Reiter« an; Tierbilder von zunehmend abstrakter Art.

Marc Aurel, → Mark Aurel.

Marceau [mars'o:], Marcel, frz. Pantomime, *1923; »Der Mantel«, »Bip«.

Marcel [mars'ɛl], Gabriel, frz. Philosoph, *1889, †1973; christl. Existenzphilosoph.

March die, Hauptfluß Mährens, 358 km lang, mündet bei Preßburg in die Donau.

Märchen das, phantasievoll ausgeschmückte Erz., in der die Naturgesetze aufgehoben sind und das Wunder vorherrscht. Entscheidend für das dt. M. wurde die Samml. »Kinder- und Haus-M.« der Brüder Grimm. – Den Kunst-M. (von E. T. A. Hoffmann, Brentano, Hauff, dem Dänen Andersen, dem Engländer O. Wilde u. a.) fehlt die naive Stoffbehandlung der echten M.

Marchese [mark'e:zə, ital.] der, Marquis.

Marchfeld, Ebene zw. Donau und March; Erdölfelder, Erdgaslagerstätten. 1278 besiegte hier Rudolf von Habsburg Ottokar II. von Böhmen.

Marcion, Gründer einer altkirchl. Sekte, *85, †um 160, verwarf das A. T.; vertrat die paulin. Gnadenlehre, forderte strenge Askese.

Marcks, Gerhard, Bildhauer, Graphiker, *1889, †1981; Aktfiguren, Tierbilder, Totenmale.

Marconi, Guglielmo, ital. Funktechniker, *1874, †1937, Mitbegr. der drahtlosen Telegraphie; 1909 Nobelpreis.

Marcuse, 1) Herbert, Philosoph, *1898, †1979; lebte seit 1934 in den USA, übte scharfe Kritik an den gesellschaftl. Zuständen in den westl. Ländern. **2)** Ludwig, Schriftst., *1894, †1971, schrieb über G. Büchner, A. Strindberg, H. Heine, S. Freud u. a.; philosoph. Abhandlungen.

Mar del Plata, Hafenstadt, Seebad in der argentin. Prov. Buenos Aires, 424000 Ew.

Marder der, Fam. der Raubtiere mit gestrecktem Leib, kurzen Beinen und dichtem feinem Fell, daher geschätzte Pelztiere; gute Kletterer. **Baum-M.** oder **Edel-M.,** bis 45 cm lang, braun, Kehle und Brust gelb; **Stein-M.** oder **Haus-M.,** 45 cm lang, grau-braun, Kehle und Brust weiß; **Zobel** der, mit orangefarbenem Kehlfleck, in Sibirien, fast ausgerottet. Die **Stink-M.** haben Stinkdrüsen am After. Zu ihnen gehören der Iltis und das Frettchen; **Wiesel** das, 20 cm lang, rostbraun-weiß, im Winter manchmal weiß, saugt seiner Beute das Blut aus, frißt Eier; **Hermelin** das, oder **Großes Wiesel,** 30 cm lang, im Sommer braun-weiß, im Winter weiß (Schwanzspitze schwarz), Edelpelztier, bes. in Sibirien, Nordamerika; **Nerz** oder **Nörz** der, Sumpftier mit wertvollem Pelz. Zu den M. gehören auch Dachs, Fischotter, Stinktier.

Marduk, Reichsgott der Babylonier.

Marées [mar'e:], Hans v., Maler, *1837, †1887; malte Bildnisse, Landschaften; HW:

Marées: Pferdeführer und Nymphe

Fresken der Zoolog. Station in Neapel. (BILD S. 554)

Maremmen Mz., einst ungesunde Sumpfgegend an der Küste der Toskana.

Marengo [ital.] der, Streichgarngewebe.

Marengo, Dorf in der ital. Prov. Alessandria; 1800 Sieg Napoleons über Österreich.

Margareta, eine der 14 Nothelfer, legendäre Märtyrerin.

Margarete, Margareta [grch. »die Perle«], weibl. Vorname.

Margarete, 1) M. I., Königin von Dänemark, Norwegen, Schweden (1387-1412), schloß 1397 die Kalmarer Union (→ Kalmar). **2) M. Maultasch,** Gräfin von Tirol (seit 1335), †1369, überließ Tirol 1363 den Habsburgern. **3) M. von Angoulême** oder **von Navarra,** *1492, †1549, ⚭ König Heinrich von Navarra, stand den Reformierten nahe; »Heptameron«. **4) M. von Parma,** Generalstatthalterin der Niederlande 1559-67, unter der die Unruhen in den Niederlanden begannen.

Margaretenblume, → Chrysanthemum.

Margarine die, alle der Butter und dem Butterschmalz ähnl. Zubereitungen; Rohstoffe: Kokos- und Palmkernfett, Palm-, Soja-, Baumwollsaat-, Sonnenblumen-, Erdnußöl, Wal- und Fischöle. Die Fettmischung wird geschmolzen, mit Aroma, Farbstoffen, Vitaminen, Lecithin, etwas Stärke versetzt, emulgiert, geknetet, gepreßt und abgepackt. M. hat einen hohen Gehalt an ungesättigten (essentiellen) Fettsäuren.

Margate [m'ɑ:git], Hafenstadt, Seebad im südöstl. England, 50 100 Ew.

Marge [marʒ, frz.] die, **1)** Unterschied, Spanne (z. B. zw. Selbstkosten und Verkaufspreis). **2)** Bareinschuß bei Termingeschäften.

Marginalie [lat.] die, Randbemerkung.

Margrethe II., dän. Königin (seit 1972), *1940, ⚭ (1967) mit Graf Henri de Laborde de Monpezat (seitdem Prinz Hendrik von Dänemark).

Mari Mz., Eigenbez. der **ASSR der Mari,** autonome Sowjetrep. in der Russ. SFSR, an der mittleren Wolga, 23 200 km², 734 000 Ew. (M., Russen, Tataren u. a.); Hptst.: Joschkar-Ola; Ind.

Maria, Marie [hebr. Mirjam], weibl., bei Katholiken auch männl. Vorname.

Maria, Mutter Jesu, auch **Unsere Liebe Frau, Mutter Gottes, Heilige Jungfrau,** von allen Christen verehrt. Nach **kath. Lehre** gebar sie durch das Wirken des Hl. Geistes das Jesuskind. Sie wurde »unbefleckt« empfangen (Glaubenssatz von 1854): im Schoß ihrer Mutter Anna blieb sie vor jedem Makel der Erbsünde bewahrt. Nach dem Dogma vom 1. 11. 1950 ist »die immer jungfräul. Gottesmutter nach Vollendung ihres ird. Lebenslaufes mit Leib und Seele in die himml. Herrlichkeit aufgenommen worden«. Durch ihre Würde überragt sie alle Heiligen, sie ist »mit der Heiligsten Dreifaltigkeit in einzigartiger Weise verbunden«. In der **Ostkirche** ist die Verehrung der M. nicht minder groß. Die **evang. Theologie** anerkennt die besondere Stellung M.s als der Mutter Jesu, verwirft aber die kath. Ausgestaltung der bibl. Aussagen, vor allem die Lehre von der Gnadenvermittlung und der leibl. Himmelfahrt, sieht vielmehr in ihr einen sündigen Menschen, der der Erlösung bedarf. **M.-Feste:** Fest der Gottesgebärerin (1. 1.); Mariä Heimsuchung (31. 5.); Himmelfahrt Mariä (15.8.); Maria Königin (22. 8.); Mariä Geburt (8. 9.); Fest der Schmerzhaften Jungfrau (15.9.); Maria vom Rosenkranz (7. 10.); Darstellung Mariä im Tempel (21.11.); Unbefleckte Empfängnis Mariä (8. 12.).

Maria. Fürstinnen: **Röm.-dt. Kaiserin. 1) M. Theresia,** *1717, †1780; Erbtochter Kaiser Karls VI., seit 1736 ⚭ mit dem späteren Kaiser (seit 1745) Franz I. aus dem Hause Lothringen, übernahm 1740 die Regierung der habsburg. Erblande, die sie im → Österreichischen Erbfolgekrieg behauptete; verlor Schlesien an Friedrich d. Gr. (→ Siebenjähriger Krieg). Seit 1765 war ihr Sohn Joseph II. Mitregent. Im Innern führte sie wichtige Reformen durch. – **England. 2) M., die Katholische** oder **die Blutige,** Königin (1553-1558), ⚭ mit Philipp II. von Spanien, verfolgte die Protestanten. – **Frankreich. 3) M. von Medici,** Königin, ⚭ 1600 mit Heinrich IV., wurde 1610 Regentin für Ludwig XIII., mußte als Gegnerin Richelieus 1631 ins Ausland fliehen. **4) Marie-Antoinette,** Königin, Tochter von 1), ⚭ 1770 mit Ludwig XVI., Gegnerin der Frz. Revolution, 1793 enthauptet. **5) Marie Louise,** Kaiserin, Tochter des österr. Kaisers Franz II., ⚭ 1810 mit Napoleon I., seit 1815 Herzogin von Parma. – **Schottland. 6) M. Stuart,** Königin (1542-68), streng katholisch, heiratete 1565 Lord Darnley, 1567 dessen Mörder Lord Bothwell, wurde vom protestant. Adel gestürzt, floh 1568 nach England; von ihrer Gegnerin Elisabeth gefangengehalten, 1587 hingerichtet.

Mariage [marj'a:ʒ, frz. »Heirat«] die, Kartenspiel: König und Dame gleicher Farbe in einer Hand.

Maria Laach, Benediktinerabtei am Laacher See, gegr. 1093, mit roman. Kirche (1156 geweiht, um 1220 vollendet).

Maria Magdalena, Maria aus Magdala, **büßende M.,** Heilige (Tag 22. 7.), Vorbild der Buße. **Magdalenerinnen,** Schwestern von der Buße der hl. M., kath. Frauenorden.

Mariamne [hebr.], Gemahlin Herodes' d. Gr., der sie unter der falschen Anklage des Ehebruchs 29 v. Chr. hinrichten ließ.

Marianen, vulkan. Inselgruppe Mikronesiens, 16 Inseln, 1183 km² mit 24 400 Ew. – Seit 1565 spanisch. Die M. außer → Guam kamen 1899 an das Dt. Reich, wurden 1920 japan. Mandatsgebiet, 1947 Treuhandgebiet der USA, das sich als »Commonwealth der Nördl. M.« 1978 enger an diese anschloß. Am Ostrand der M. der **M.-Graben** (11 022 m tief).

Marianische Kongregationen, kath. relig. Laienbewegung zur Verehrung Marias.

Marianne [aus Marie und Anna, vielleicht auch zu Mariamne], weibl. Vorname.

Maria-Theresia-Taler, Levantetaler, früherer österr. Silbertaler von 1780 mit dem Bilde Maria Theresias, bis in das 20. Jh. im Vorderen Orient und Ostafrika verbreitet.

Maribor, dt. **Marburg an der Drau,** Stadt Jugoslawiens, 105 000 Ew.; Univ.; Metallverarbeitung; Dom; kam 1919 von Österreich an Jugoslawien.

Marie de France [də frãs], frz. Dichterin des 12. Jh., verfaßte Versnovellen (Lais).

Marienbad, tschech. **Mariánske Lázně** [m'arja:nskɛ: l'azjnɛ], Kurort, Stadt in NW-Böhmen, ČSFR, 18 300 Ew.; Mineralquellen.

Marienborn, Gem. im Bez. Magdeburg; bis 1990 bedeutende Kontrollstelle des Interzonenverkehrs.

Marienburg in Westpreußen, poln. **Malbork,** Stadt in der poln. Wwschaft Elbląg, ehem. Stadt in Ostpreußen, an der Nogat,

Maria Stuart

Maria Theresia

Marie-Antoinette

Marienburg: Ordensburg

Marienkäfer: Siebenpunkt; oben Käfer, unten Larve

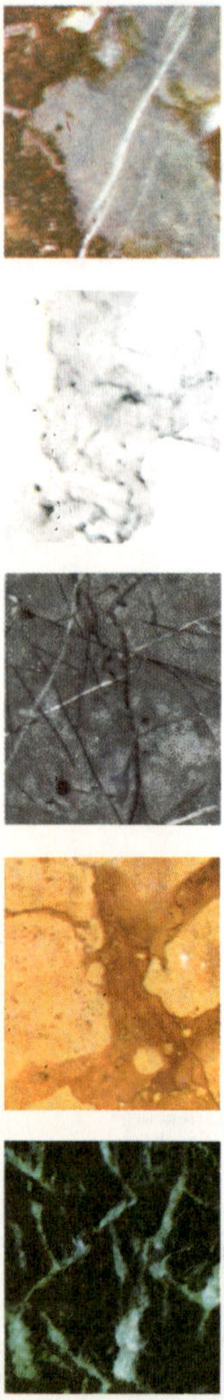

Marmor: 1 Rouge belge, **2** Arabesco, **3** Wallenfels, **4** Verona rot, **5** Vert des Alpes

33 500 Ew. Das **Schloß M.,** erbaut im 13. und 14., erneuert im 19. Jh., ist eines der bedeutendsten weltl. Bauwerke des MA. (got. Backsteinbau); es war Sitz der Hochmeister des Dt. Ritterordens.

Marienkäfer, Fam. halbkugeliger Käferchen: **Siebenpunkt,** 4 mm lang, ziegelrot-schwarz. Die M. fressen Blattläuse.

Marienwerder, poln. **Kwidzyn** [kf'idzin], Stadt in der poln. Wwschaft Elbląg, ehem. Stadt in Ostpreußen, 31 000 Ew.; Burg (1233 vom Dt. Orden gegr.), Dom und Kapitelschloß (14. Jh.); landwirtschaftl. und chem. Ind.

Marihuana, aus Hanf gewonnenes Rauschgift.

Marille [aus ital. amarello] die, bes. in Österreich Name der Aprikose.

Marimba die, afrikan., dem Xylophon ähnl. Schlaginstrument; von Negersklaven nach Mittel- und Südamerika gebracht.

Marinade die, Essigbrühe, → marinieren.

Marine [lat.] die, Gesamtheit der Seeschiffe und Besatzungen. **marineblau,** dunkelblau.

mariner Erzbergbau, im Forschungsstadium befindliche Ausbeutung von Erzvorkommen am Meeresboden, bes. in der Tiefsee. Abbauwürdig sind vor allem Manganknollen des Pazif. Ozeans in 3000-6000 m Tiefe.

Marinetti, Emilio Filippo Tommaso, ital. Schriftst., *1876, †1944; Gründer des → Futurismus.

Marini, Marino, ital. Bildhauer, *1901, †1980; Bildwerke (meist Pferd und Reiter).

marinieren [frz.], Fleisch oder Fisch in gewürzte Essigbrühe (Marinade) einlegen.

Marinismus [nach dem ital. Dichter G. Marino] der, schwülstige Schreibart im 17. Jh.

Marionette [frz.] die, **1)** Gliederpuppe für die kleine Bühne des **M.-Theaters.** Die M. wird durch Fäden oder Drähte gelenkt. **2)** übertragen: willenloser, von anderen beherrschter Mensch.

Mariotte [mari'ɔt], Edme, frz. Physiker, * um 1620, †1684, → Boyle.

Maris, holländ. Maler, 3 Brüder: 1) Jacob, *1837, †1899; 2) Matthijs, *1839, †1917; 3) Willem, *1844, †1910. Sie malten holländ. Landschaften im impressionist. Stil.

Maritain [marit'ɛ̃], Jacques, frz. Philosoph, *1882, †1973; führender Vertreter des Neuthomismus, beeinflußte Literatur und Kunst.

maritim [lat.], Meer und Schiffahrt betreffend.

Maritza die, Hauptfluß von S-Bulgarien, fließt vom Rilagebirge ins Ägäische Meer, 514 km.

Marius, Gaius, röm. Feldherr, *156, †86 v. Chr., schlug 102 v. Chr. die Teutonen bei Aquae Sextiae, 101 die Kimbern bei Vercellae. Sein Streit mit Sulla führte 88 zum Bürgerkrieg; geächtet, floh M. nach Afrika, eroberte aber 87 Rom zurück.

Marivaux [mariv'o], Pierre de, frz. Dichter, *1688, †1763; Komödien und Romane.

Mark [eigtl. »mit einer Marke versehenes Metallstück«] die, **1)** Währungseinheit des Dt. Reiches 1871-1924, Abk. **M;** 1923 gefolgt von der **Renten-M.,** 1924-48 von der **Reichs-M. (RM).** 1948 wurde in der Bundesrep. Dtl. die **Dt. M. (DM)** eingeführt. In der Dt. Dem. Rep. hieß die Währung nach 1948 zunächst **DM (Ost),** 1964-67 **M. der Dt. Notenbank (MDN),** 1968-90 **M. der Dt. Dem. Rep. (M).** Mit der »Währungs-, Wirtschafts- und Sozialunion am 2. 7. 1990 verlor sie ihre Gültigkeit. **2)** urspr. altdt. Gewicht, vom 12. Jh. bis 1857 dt. Münzgewichtseinheit (köln. M. = 233,85 g).

Mark das, **1)** Zellgewebe im Innern von Knochen (Knochen-, Rücken-M.) oder Organen (Niere, Gehirn). **2)** bei Pflanzen: Zellgewebe von innerer Lage und lockerer, weicher Beschaffenheit (Holunder-M.). **3)** übertragen: Kraft, Sitz der Kraft.

Mark die, **1) Gemarkung,** Dorfflur, Gemeindeland, früher das von der **M.-Genossenschaft** bewirtschaftete Land, bes. Viehweide. **2)** Grenzland, im mittelalterl. Dt. Reich, verwaltet von einem **M.-Grafen** (Brandenburg).

Mark die, **1)** ehem. westfäl. Gfsch. mit der Hptst. Hamm, 1368 mit dem Hzgt. Kleve, 1511 auch mit Jülich und Berg vereinigt, kam 1614, endgültig 1666 an Brandenburg-Preußen. **2) M. Brandenburg,** → Brandenburg.

markant [ital.], hervorstechend.

Markasit der, Mineral, FeS_2, rhomb. Modifikation des Pyrit; für Schmuck.

Mark Aurel, röm. Kaiser (161-180 n. Chr.), bekämpfte bes. die Markomannen; schrieb philosoph. »Selbstbetrachtungen« (Stoiker).

Marke die, **1)** Herkunftszeichen oder -angabe an einer Ware oder ihrer Verpackung **(M.-Artikel);** als → Warenzeichen rechtl. geschützt **(Schutz-M.). 2)** Postwertzeichen: **Brief-M.**

Marken [ital. Marche] Mz., Landschaft Mittelitaliens; Hptst.: Ancona.

Marken|artikel, Ware, mit einer ihre Herkunft bezeichnenden Marke versehen; die als → Warenzeichen eingetragenen Marken sind vor Nachahmung geschützt.

Marketender(in) [ital.] der (die), früher Händler(in), der (die) den Soldaten Lebensmittel u. a. verkaufte.

Marketing [engl.] das, marktgerichtete und marktgerechte Unternehmenspolitik.

Markgenossenschaft, nicht belegter histor. Kunstbegriff. Es gab kein echtes Gemeineigentum der Bauern, sondern nur eine Abgrenzung von Nutzungsbereichen. Bei einer eindeutigen Zuordnung des Wohn- und Nutzungsbereichs zu einer Dorfgemeinde spricht man von → Allmende.

Markgraf, im MA. der Befehlshaber einer Grenzmark (→ Mark); sein Bezirk: **Markgrafschaft.** Später wurde M. ein Fürstentitel.

Markgräfler Land, histor. Landschaft zw. dem Rheinknie bei Basel und dem ehem. vorderösterr. Breisgau; Weinbau.

markieren, 1) mit einer Marke (Zeichen) versehen; hervorheben. **2)** vortäuschen.

Markise [frz.] die, aufrollbarer Sonnenschutz aus Leinen u. a., vor Fenstern, Balkonen, Terrassen.

Markomannen Mz., westgerman. Stamm im Maingebiet, von Marbod 9 v. Chr. nach Böhmen geführt, kämpften 166-180 n. Chr. gegen den röm. Kaiser Mark Aurel; im 3. und 4. Jh. ließen sie sich in Bayern nieder und wurden den wahrscheinlich der Kern der Baiern.

Markscheide die, ⚒ Grenze des Grubenfeldes. **M.-Kunst,** Berechnung und Vermessung für bergmänn. Zwecke durch **Markscheider.**

Markt der, **1)** Veranstaltung, zu der an best. Orten zu best. Zeiten Käufer und Verkäufer zusammentreffen, um Waren zu erstehen oder abzusetzen (Kleinhandel: **Tages-, Wochen-, Jahr-M.** Großhandel: → Messen, Börsen). – Das Recht, M. zu errichten, war Vorrecht des fränk. und dt. Königs **(M.-Regal),** der es weiterverleihen konnte. **2)** WIRTSCHAFT: der (gedachte) Ort des Zusammentreffens von Angebot und Nachfrage, dient der Preisbildung in der Verkehrswirtschaft. **M.-Formen:** Monopol, Oligopol, vollständige Konkurrenz. Bei staatl. Preisfestsetzungen können sich **graue** (geduldete) und **schwarze** (verbotene) M. bilden.

Marktforschung, Erforschung der Verhältnisse auf den Einkaufs- und Absatzmärkten, entweder zu einem bestimmten Zeitpunkt **(Marktanalyse)** oder in ihrer Bewegung **(Marktbeobachtung).**

Marktfrieden, nach mittelalterl. Recht für Zeit und Ort eines Marktes zugesagter königl. Schutz.

Marktordnung, Beeinflussung des Wettbewerbs am Markt durch staatl. Maßnahmen sowie durch Zusammenschlüsse von Erzeugern und Verbrauchern (bes. für landwirtschaftl. Produkte).

Mark Twain [ma:ktw'eɪn], eigtl. Samuel Langhorne **Clemens,** amerikan. Erzähler, *1835, †1910; humorist. Skizzen, Reisebeschreibungen, Schelmenromane »Tom Sawyer«, »Huckleberry Finn«.

Marktwirtschaft, Wirtschaftsordnung, in der Gütererzeugung und -verbrauch durch den auf dem Markt frei gebildeten Preis bestimmt werden. Die **freie M.** (unbeschränkter Wettbewerb, keine staatl. Eingriffe) brachte soziale Spannungen und Krisengefahren (→Kapitalismus); daher betont man heute die **soziale M.,** die durch eine Wettbewerbsordnung sozial nachteilige Auswirkungen (Monopole, Kartelle usw.) verhindern soll.

Markus, Verfasser des **M.-Evangeliums,** des ältesten erhaltenen Evangeliums; begleitete Paulus und Barnabas, starb nach der Legende als Märtyrer in Alexandria; Schutzheiliger von Venedig (Tag 25. 4.). Sinnbild: Löwe.

Marl, Stadt im Kr. Recklinghausen, Nordrh.-Westf., 87600 Ew.; Bergbau, Großchemie.

Marlborough [m'ɔ:lbərə], Herzog von, eigtl. John **Churchill,** engl. Feldherr, Staatsmann, *1650, †1722; Oberbefehlshaber im →Spanischen Erbfolgekrieg, besiegte zus. mit Prinz Eugen wiederholt die Franzosen.

Marline, 2 Gatt. der Fächerfische: **Schwarzer M.** über 4 m, im Indopazifik, **Weißer M.,** bis 2,75 m, im Atlantik von Sportfischern begehrte Hochseefische.

Marlitt, E., eigtl. Eugenie **John,** Schriftstellerin, *1825, †1887; Unterhaltungsromane (»Goldelse«, »Das Geheimnis der alten Mamsell« u. v. a.).

Marlowe [m'ɑ:ləʊ], Christopher, bedeutendster engl. Dramatiker vor Shakespeare, *1564, †1593; Tragödien (»Tamerlan«, »Doctor Faustus«).

Marmarameer, Binnenmeer zw. Dardanellen und Bosporus, 280 km lang, 80 km breit.

Marmarika, Küstenland der O-Cyrenaica (Libyen), 200 m hohe, fast regenlose Hochfläche.

Marmelade [portug. marmelo »Quitte«] die, eingekochtes Obstmus.

Marmolada die, höchster Gebirgsstock der Dolomiten, 3342 m hoch.

Marmor der, kristallin.-körniger Kalkstein (Calciumcarbonat), rein weiß, durch Beimengungen auch gelb, rot, grün, grau, schwarz gefärbt; Bildhauer- und Dekorationsstein. (BILD S. 556)

Marne die, rechter Nebenfluß der Seine, mündet oberhalb Paris, 525 km lang, schiffbar.

Marodeur [marɔd'œ:r, frz.] der, ⁂ von der Truppe abgekommener, plündernder Soldat.

Marokko, Kgr. in NW-Afrika; 446550 km², 23,3 Mio. Ew.; Hptst.: Rabat; Amtssprache: Arabisch. Konstitutionelle Monarchie; durch die Verf. v. 1972 wurden die Rechte des Königs eingeengt, die der Reg. und des Parlaments erweitert. ⊕ S. 482.

Den Ketten des Mittleren Atlas, des Hohen Atlas und des Anti-Atlas ist nach NW ein breites Tafelland vorgelagert, das zur Atlantikküste abfällt. Im N das Rifgebirge mit Steilabfall zum Mittelmeer. Nach SW Übergang zu Steppe und Wüste. Klima: im Küstengebiet mittelmeerisch, im S trocken. BEVÖLKERUNG. Araber, Berber, daneben Europäer, Juden. Staatsreligion: Islam. WIRTSCHAFT. Anbau von Getreide, Citrusfrüchten, Gemüse, Wein, Oliven, Zuckerrüben, Baumwolle; Viehzucht (Schafe, Ziegen); Fischerei. ⚒ auf Phosphate (4. Stelle der Welterzeugung), Eisen, Mangan, Blei, Zink, Kohle, Uran u. a. Nahrungsmittel-, Textil-, Metall- u. a. Ind. Der Energieversorgung dienen bes. Wasserkraftwerke. Fremdenverkehr. Ausfuhr: Bergbauprodukte, Citrusfrüchte, Fischkonserven, Wein. Haupthandelspartner: Frankreich. Haupthafen und -flughafen: Casablanca.

Ⓖ Das antike Mauretanien kam um 40 n. Chr. unter röm., 429 unter wandal., 530 unter byzantin., 700 unter arab. Herrschaft. Ansprüche Frankreichs auf die Vorherrschaft in M. führten zu den Marokkokrisen (1905/06 und 1911). 1912 bis 1956 war M. bei Aufrechterhaltung seiner Einheit unter dem Sultan (Scherif. Reich) eingeteilt in: 1) das Frz. Protektorat, Hptst.: Rabat; 2) das Span. Protektorat, Hptst.: Tétouan; 3) das internat. Gebiet Tanger. 1921-26 Aufstand der Rifkabylen unter Abd el-Krim gegen Spanier und Franzosen; seit 1945 verstärkte Unabhängigkeitsbewegung. 1956 wurde M. unabhängig. Bei Spanien verblieben die Städte Ceuta und Melilla und das Gebiet von Ifni, das 1968 zurückgegeben wurde. 1976 kam Spanisch-Sahara als →Westsahara unter marokkan.-mauretan. Verwaltung; 1979 besetzte M. nach dem mauretan. Rückzug auch diese Gebiete. Staatsoberhaupt: König Hassan II. (seit 1961); Min.-Präs.: A. Laraki (seit 1986).

Maron [mar'ɔ̃, frz.], span. **Cimarrón** der, in Westindien und Guayana im Busch lebende Nachkommen entlaufener Negersklaven **(Buschneger).**

Marone [ital.] die, Frucht der Edelkastanie.

Maronenpilz, ein Röhrenpilz.

Maroniten, von der Ostkirche getrennte Kirchengemeinschaft in Libanon und Syrien, mit Rom uniert.

Maroquin [marɔk'ɛ̃, frz.] der, saffianähnl. Ziegen- oder Hammelleder.

Marot [mar'o], Clément, frz. Dichter, *1496, †1544; Psalmenübersetzung, Elegien.

Marotte [frz. »Narrenzepter«] die, Schrulle.

Marquesas-Inseln, vulkan. Inselgruppe in Französisch-Polynesien, 997 km², 6500 Ew.; Kopra-Ausfuhr. – Seit 1842 französisch.

Marquet [mark'ɛ], Albert, frz. Maler der →Fauves, *1875, †1947.

Marquis [mark'i, frz.] der, frz. Adelstitel, dem Rang nach zw. Fürst und Graf; weibl. **Marquise** [mark'i:s]; entsprechend in England **Marquess** [m'ɑ:kwɪs, engl.], in Italien **Marchese** [mark'ezə].

Marrakesch, Stadt in Marokko, 440000 Ew.; inmitten einer reichbewässerten Oase gelegen, am Rand des Hohen Atlas; Handelsplatz; alte Moscheen, Paläste.

Marranen, Maranen Mz., Juden, die sich unter dem Zwang der Inquisition vor der Vertreibung aus Spanien und Portugal (1492) taufen ließen.

Marryat [m'ærɪət], Frederick, engl. Erzähler, *1792, †1848; Seeromane: »Sigismund Rüstig«.

Mars, 1) röm. Kriegsgott, dem grch. Ares gleich. **2)** ☆ 4. Planet von der Sonne aus, Zeichen ♂, Abstand von der Erde zw. 55 und 377 Mio. km, Durchmesser etwa die Hälfte des Erddurchmessers, Umlaufzeit um die Sonne 687 Tage. Tageslänge und Jahreszeitenwechsel des M. sind ähnlich denen der Erde, seine Atmosphäre jedoch enthält nur wenig Sauerstoff und hat sehr geringen Druck. Die Oberfläche weist Krater auf, hat lange, breite Täler (M.-Kanäle) und ist wüstenartig. Der M. hat 2 Monde. (→Planeten)

Mars der, die, ⚓ Plattform am Schiffsmast; unseemännisch **M.-Korb** genannt.

Marsala, Hafenstadt an der W-Küste Siziliens, 85500 Ew.; Ausfuhr des M.-Süßweins.

Marsch der, **1)** Gangart; Bewegung von Truppen in Verbänden. **2)** Musikstück in zweiteiligem Takt.

Mark Twain

Marokko

Maronenpilz

Marsch die, **Marschland,** fruchtbares Schwemmland der Flußtäler und Küsten im NW Dtl.s, durch Deiche geschützt.

Marschall [ahd. »Pferdeknecht«] der, im alten Dt. Reich eines der von den Kurfürsten wahrgenommenen Erzämter **(Erz-M.)**; hoher Hofbeamter **(Hof-M.)**; höchster Generalsrang (Feld-M., Generalfeld-M.).

Marschflugkörper, → Cruise Missile.

Marschner, Heinrich, Komponist, *1795, †1861; romant. und volkstüml. Opern (»Der Vampir«, »Hans Heiling«); Chöre.

Marseillaise [marsɛj'ɛ:z] die, frz. Nationalhymne: »Allons, enfants de la patrie, le jour de gloire est arrivé...«; 1792 von Rouget de Lisle in Straßburg für die Rheinarmee geschrieben.

Marterl

Marseille [mars'ɛj], zweitgrößte Stadt Frankreichs und der bedeutendste frz. Hafen am Mittelmeer, nahe der Rhône-Mündung, 874000 Ew., Univ.-Fakultäten, Kathedrale; Mus., Theater; Ind.: Erdöl, Seife, Metall, Schiffbau. – M., um 600 v.Chr. von den Griechen gegründet, hieß im Altertum **Massilia,** gehörte im MA. zum Kgr. Burgund, kam mit der Provence 1481 an Frankreich.

Marsfeld [lat. Campus Martius] das, **1)** im alten Rom: Platz für Truppenübungen, Volksversammlungen. **2)** in Paris: **Champs de Mars** [ʃã də mars], Platz für Paraden, Ausstellungen.

Marshall [m'ɑ:ʃəl], **1)** Bruce, schott. Schriftst., *1899, †1987; »Das Wunder des Malachias«, »Alle Herrlichkeit ist innerlich«, »Keiner kommt zu kurz« u.a. **2)** George C., amerikan. General, Politiker, *1880, †1959; 1939 Generalstabschef und militär. Hauptberater des Präs. Roosevelt, 1947-49 Außenmin., 1950/51 Verteidigungsmin.; Urheber des → Marshall-Plans.

Marshall-Inseln [nach dem engl. Forscher Marshall], Inselgruppe in Mikronesien, 180 km², 39000 Ew.; Hauptinsel: Jaluit. Kopra-Ausfuhr. Im NW das Bikini- und das Eniwetok-Atoll. – 1885 dt. Schutzgebiet, 1920 japan. Völkerbundsmandat; seit 1947 Treuhandgebiet der USA; bilden seit 1978 zus. mit den Karolinen die »Föderierten Staaten von Mikronesien«.

Marx

Marshall-Plan, Europäisches Wiederaufbauprogramm, ERP, das von G. Marshall 1947 verkündete, am 3.4.1948 in Kraft getretene Programm der amerikan. Wirtschaftshilfe an westeurop. Staaten; diese erhielten bis 1952 13 Mrd. US-$ als nicht zurückzuzahlende Zuschüsse oder als langfristige Kredite.

Marsilius von Padua, Staatstheoretiker, *1280, †1342/43, spricht in der Streitschrift »Defensor pacis« die oberste Gewalt in Staat und Kirche dem Volk zu.

Marstall [zu Mähre] der, **1)** Pferdeställe und Wagenschuppen einer fürstl. Hofhaltung. **2)** Gesamtheit ihrer Pferde.

Marterl das, -s/-n, österr., bayr. Erinnerungsmal am Ort eines Unglücks oder Verbrechens.

Martha [aramä. »Herrin«], Schwester des Lazarus und der Maria von Bethanien. Tag 29.7.

Martial, Marcus Valerius **Martialis,** lat. Dichter, *um 40 n.Chr., †nach 100; schrieb treffsichere »Epigramme«.

martialisch [von Mars 1)], kriegerisch.

Martin [von Mars 1)], männl. Vorname.

Martin, Bischof von Tours, *316/17, †397, Apostel Galliens, Heiliger. Am 11.11. wird das **M.-Fest (Martini)** gefeiert, mit volkstüml. Bräuchen (**M.-Männchen, M.-Gans** usw.). Am Vorabend werden **M.-Feuer** abgebrannt.

Martin V., Papst, 1417-1431; mit seiner Wahl wurde das → Schisma beendet.

Martin 1) [ma:tin], Dean, amerikan. Filmschauspieler, *1917; »Vier für Texas« u.a.; auch Sänger. **2)** [-t'ɛ̃], Frank, *1890, †1974; markantester westschweizer. Komponist neben Honegger.

Martin du Gard [mart'ɛ̃ dyg'a:r], Roger, frz. Schriftst., *1881, †1958; Zyklenroman »Les Thibault«; Nobelpreis 1937.

Martinique [martin'ik], Insel der Kleinen Antillen, 1102 km², 328000 Ew. (Schwarze, Mulatten); Hptst.: Fort-de-France. Gebirgig, im N vulkanisch (Montagne Pelée bis 1397 m hoch). Zuckerrohr, Bananen, Ananas, Rum. – Seit 1535 von den Franzosen kolonisiert, seit 1946 frz. Übersee-Dép.

Martinů, Bohuslaw, tschech. Komponist, *1890, †1959; Opern, Ballette, Orchestermusik.

Märtyrer [grch. »Zeuge«] der, Blutzeuge, der sich für seinen Glauben opfert. **Martyrium** das, schweres Leiden. **Martyrologium** das, Verzeichnis der M. mit biograph. Angaben.

Marvin [ma:vin], Lee, amerikan. Filmschauspieler, *1924, †1987; v.a. in Western.

Marx, Karl, sozialist. Theoretiker, Begründer des → Marxismus, *1818, †1883; studierte Rechtswissenschaft, Philosophie, 1842/43 Redakteur der liberalen »Rhein. Zeitung«; 1843 in Paris, 1845-48 in Brüssel; aus beiden Städten ausgewiesen, lebte er nach kurzem Aufenthalt in Köln von 1849 bis zu seinem Tode in London. M. wurde mit F. Engels der Schöpfer des wissenschaftl. Sozialismus. Er übernahm von Hegel die dialekt. Methode und Geschichtsauffassung (Erfassung der Wirklichkeit in ihren Widersprüchen und Zusammenhängen) und gestaltete sie (unter Abkehrung vom Idealismus Hegels) zum dialekt. und histor. → Materialismus um, wonach die wirtschaftl. Kräfte und Verhältnisse die Entwicklung von Gesellschaft und Geschichte bestimmen. Hauptwerk: »Das Kapital«, 3 Bde. (Bd. 1: 1867, Bd. 2 und 3 hg. v. F. Engels 1885-94).

Marxismus, die von K. Marx unter Mitwirkung von F. Engels geschaffene, auf der Geschichtsauffassung des histor. Materialismus gegr. Theorie des wissenschaftl. Sozialismus. Die Arbeit, nicht das Kapital schaffe Werte. Der bei der Produktion entstehende **Mehrwert** werde dem Arbeiter durch zu niedrigen Lohn (Existenzminimum) vorenthalten und falle durch Ausbeutung der Arbeitskraft dem Unternehmer als Profit zu. Während sich so das Kapital in wenigen Händen anhäufe, verelendeten die Massen. Am Ende stehe der Zusammenbruch des kapitalist. Systems und der weltrevolutionäre Umschlag, bei dem sich die erwachten Massen der Produktionsmittel bemächtigten. Aus der Übergangszeit der **Diktatur des Proletariats** gehe dann als Endzustand die klassen- und staatenlose Gesellschaft hervor. Der seinem Wesen nach internat. und revolutionäre M. war von nachhaltigem Einfluß auf einen großen Teil der Arbeiterbewegung. Die Kritik an seinen Lehren führte zur Spaltung des → Sozialismus in den revisionist. Flügel und den → Kommunismus, heute überwiegend in Form des Bolschewismus **(M.-Leninismus).** Seit der 1986 eingeleiteten → Perestroika und den revolutionären Veränderungen in den Staaten Ost-Europas wird der M.-Leninismus zunehmend in Frage gestellt.

Mary, Handelsstadt in der **Oase M.,** Turkmen. SSR, 72000 Ew.; Baumwoll-, Gartenbau, Fleisch- u.a. Lebensmittelind.

Mary [m'ɛərɪ], engl. Form für Marie.

Maryland [m'ɛərɪlənd], Abk. **Md.,** Staat im O der USA, an der Chesapeake Bay, 27394 km², 4,463 Mio. Ew. (etwa 17% Schwarze); Hptst.: Annapolis, größte Stadt und Hafen: Baltimore. Anbau: Getreide, Tabak u.a.; Viehzucht. ⚒ auf Kohle, Erdgas. Metall-, Maschinen-, Fahrzeug-, chem. u.a. Ind. Fremdenverkehr. ⊕ S. 494.

März [lat. Martius, dem Kriegsgott Mars heilig] der, **Lenzmond** oder **Lenzing,** der 3. Monat des Jahres; er hat 31 Tage.

Märzenbier, Märzen das, starkes, urspr. im März gebrautes, sommerbeständiges Bier.

Märzfeld das, Fränk. Reich: im März abgehaltene Heeresversammlung; seit Pippin **Maifeld.**

Marzipan der oder das, Konfekt aus Mandeln und Zucker; seit dem MA. in Lübeck, Hamburg, Königsberg hergestellt.

Märzrevolution die, Revolution des dt. liberalen Bürgertums im März 1848.

Masaccio [mas'atʃo], ital. Maler, *1401, †1428, wurde mit seinen Fresken in der Brancacci-Kapelle in S. Maria del Carmine von Florenz zum Bahnbrecher der Renaissance.

Masada, Massada, vorchristl. Felsenfestung im W des Toten Meeres, Israel, von den Juden gegen die Römer verteidigt, dann von diesen im 1. Jh. erobert und ausgebaut; seit 1963/65 erforscht.

Masai, Massai Mz., Volksstamm in Ostafrika.

Masaryk, Tomáš, tschech. Staatsmann, *1850, †1937; 1918 maßgebend beteiligt an der Gründung einer unabhängigen tschechoslowak. Rep.; 1918-35 deren Präsident.

Mascagni [mask'aɲi], Pietro, ital. Opernkomponist, *1863, †1945; Hauptwerk »Cavalleria rusticana« (Sizilian. Bauernehre).

Maschallah [arab. »was Gott will«], bei Muslimen Ausdruck der Zustimmung oder Verwunderung.

Masche die, Schlinge beim Stricken, Häkeln, bei Netzarbeit, in Drahtgeflechten.

Maschine [lat.] die, **1)** ⊙ jede Einrichtung zur Übertragung von Kräften, die nutzbare Arbeit leisten **(Arbeits-M.)** oder die eine Energieform in eine andere umwandeln kann **(Kraft-M.). 2)** ⊠ **einfache M.** heißen die Vorrichtungen: Hebel, Rolle, Wellrad, geneigte Ebene, Keil, Schraube.

Maschinenelemente, meist genormte Grundbestandteile aller Maschinen, z. B. Schrauben, Nieten, Keile, Bolzen, Federn, Kolben, Wellen, Zapfen, Lager, Kupplungen, Räder, Rollen, Ketten, Zylinder, Stopfbüchsen, Ventile.

Maschinenstraße, die Aneinanderreihung von Arbeitsmaschinen zur möglichst durchlaufenden Bearbeitung von Werkstükken. Unterschieden werden: **Fertigungs-, Maschinenfließ-, Taktstraßen.** Vollautomat. M. heißen auch **Transferstraßen.**

Maschinenstürmerei, in der industriellen Frühzeit Versuch von Arbeitern oder Handwerkern, durch Zerstörung von Maschinen die Technisierung aufzuhalten und die Freisetzung von Arbeitskräften zu verhindern.

Maschinenwaffen, schnellfeuernde Waffen (Maschinengewehr, -pistole, -kanone), bei denen Laden und Abfeuern durch Ausnutzung des Rückstoßes selbsttätig erfolgt.

Masefield [m'eɪsfi:ld], John, engl. Dichter, *1878, †1967, »Salzwasserballaden«; Dramen, Romane.

Maser [m'eɪzə, engl., von **m**icrowave **a**mplification by **s**timulated **e**mission of **r**adiation] der, **Molekularverstärker,** Gerät zur Erzeugung und Verstärkung von Mikrowellen durch Ausnutzung der Resonanzeigenschaften innermolekularer oder innerkristalliner Eigenschwingungen; **Gas-M.** (Ammoniak), **Festkörper-M.** (Rubin). Anwendung: rauscharme Verstärker für Radioastronomie, Funkempfang über Satelliten und von Raumfahrzeugen, Radar.

Masereel, Frans, belg. Graphiker, Maler, *1889, †1972; bes. durch seine kraftvollen Holzschnitte bekannt.

Masern Mz., fieberhafte Infektionskrankheit, erregt durch ein Virus; meist im Kindesalter. Erscheinungen: Bindehautentzündung, Husten, weiße Pünktchen auf der Wangenschleimhaut, linsengroße rote Flecke an Gesicht und Hals, dann am ganzen Körper. Bei der Heilung schuppt sich die Haut kleienartig ab. Vorbeugend: Serum; Behandlung: Bettruhe, Zimmerverdunkeln.

Masada

Maseru, Hptst. von Lesotho, 85 000 Ew.

Maserung die, Schnittholzmusterung.

Maskarenen Mz., vulkan. Inselgruppe im Ind. Ozean; umfaßt Réunion, Mauritius und Rodriguez mit Nebeninseln.

Maskaron [maskar'ɔ̃, frz.] der, Menschen- oder Fratzengesicht als Bauschmuck.

Maske die, **1)** Gesichtsverhüllung bei Kulthandlungen, Volksfesten, Maskenbällen. **2)** Aufmachung eines Schauspielers; die M. ist Sinnbild der Bühnenkunst, da die Schauspieler im Altertum Gesichts-M. trugen; in Japan bei No-Spielen getragen. **3)** Photographie: Schablone zum Abdecken. **4)** Halbleitertechnologie: → Elektronenstrahllithographie. **5)** Computertechnik: Die abschnittsweise Einteilung des Bildschirms.

Maske 2): Japan. Holz-M.

Maskerade die, **1)** Verkleidung. **2)** Maskenfest. **sich maskieren,** sich verkleiden.

Maskoki, nordamerikan. Indianergruppe im SO der USA, zu der u. a. die Creek zählen.

Maskulinum [lat. »männl. Geschlecht«] das, -s/... lina, männl. Hauptwort.

Masochismus [nach dem österr. Schriftst. Sacher-Masoch] der, lustvolles Erleiden von Mißhandlungen; eine geschlechtl. Perversion.

Masora, Massora [hebr. »Überlieferung«] die, von jüd. Schriftgelehrten des 7.-10. Jh., den Masoreten, verfaßte textkrit. Bemerkungen zum hebr. Text des A. T.

Masowiecki [-soviɛtski], Tadeusz, poln. Politiker, *1927; Anhänger der Solidarność, Aug. 1989 nach über 40 Jahren als erster Nichtkommunist zum MinPräs. gewählt.

Masowi|en, fruchtbare Landschaft an Weichsel und Bug, mit Warschau und Plozk.

Massachusetts [mæsətʃ'u:sɪts], Abk. **Mass.,** einer der Neuengland-Staaten der USA, 21 386 km^2, 5,8 Mio. Ew.; Hptst.: Boston. Werkzeug-, Maschinen-, Textil-, Leder- u. a. Ind.; Fischerei. – M. war Mittelpunkt des puritan. Neuenglands. ⊕ S. 494.

Massage [mas'a:ʒə, frz.] die, ♡ Körperbehandlung durch Streichen, Reiben, Kneten, Klopfen mit der Hand, mit Geräten; beschleunigt den Blutumlauf.

Massageten Mz., antikes Nomadenvolk iran. Stammes, zw. Kasp. Meer und Aralsee.

Massaker [frz.] das, Gemetzel, Blutbad. **massakrieren,** niedermetzeln.

Maßanalyse, ⌐ Ermittlung der Menge eines gelösten Stoffes durch Zusetzen einer genau bekannten Lösung eines anderen Stoffes **(Titrieren),** bis der zu untersuchende Stoff völlig umgesetzt ist, Anzeige durch Farbänderung oder elektrochemisch.

Massaua, Haupthafen der Prov. Eritrea, Äthiopien, rd. 30000 Ew.; einer der heißesten Orte der Erde (Jahresmittel 30,2 °C).

Masse die, **1)** Grundgröße der Mechanik, die Menge des Stoffes, aus dem ein Körper besteht; die physikal. Ursache seiner Gewichtskraft und seines Widerstandes gegen jede Bewegungsänderung **(träge M.).** SI-Einheit der M. ist das Kilogramm. **2)** Soziologie: Vielzahl von Menschen, die i. Ggs. zur Gemeinschaft kein Ordnungsgesetz in sich trägt, wohl aber einheitl. Gefühle und Willensantriebe entwikkeln kann. Der Mensch in der M. verliert sehr oft an Urteilsfähigkeit, Besonnenheit, Haltung; Massenhandeln kann großmütig und heroisch, aber auch reizbar, triebhaft und feige sein. Infolge großer Beeinflußbarkeit kommt es leicht zu seel. »Ansteckung« **(M.-Psychose, M.-Suggestion).**

Maßwerk am Turm des Stephansdoms in Wien

Maßeinheiten, Vergleichsgrößen zur Bestimmung des Zahlenwerts einer physikal. Größe gleicher Art durch Messung. Urspr. benutzte man Naturmaße wie Fuß, Elle, Steinwurf, Tagwerk, Morgen usw.; nach der Frz. Revolution wurde das metr. System eingeführt, das im Laufe des 19. Jh. von fast allen Ländern übernommen wurde; die USA haben es bisher nicht übernommen. Danach ist in allen Ländern der **Meterkonvention** das Meter Grundlage der Längenmessung. Für Massenmessungen (Wägung) führte das metr. System einheitl. das Kilogramm (Gramm), für Zeitmessungen die Sekunde ein. Die heutigen physikal. Maßsysteme leiten sich von diesen M. unter Hinzunahme weiterer (elektr. M., Temperatur-M.) ab. → Internationales Einheitensystem. (ÜBERS. S. 561)

Maßvorsätze zur Bezeichnung von Vielfachen und Teilen von M.:

T	Tera-	=	10^{12}	=	1 000 000 000 000
G	Giga-	=	10^{9}	=	1 000 000 000
M	Mega-	=	10^{6}	=	1 000 000
k	Kilo-	=	10^{3}	=	1 000
h	Hekto-	=	10^{2}	=	100
D	Deka-	=	10^{1}	=	10
d	Dezi-	=	10^{-1}	=	0,1
c	Zenti-	=	10^{-2}	=	0,01
m	Milli-	=	10^{-3}	=	0,001
μ	Mikro-	=	10^{-6}	=	0,000 001
n	Nano-	=	10^{-9}	=	0,000 000 001
p	Piko-	=	10^{-12}	=	0,000 000 000 001

Massel [hebr. »Sternbild«] der, Glück.

Massel die, in Sandformen oder Kokillen gegossene Roheisenbarren (bis 1000 kg).

Massenanziehung, Gravitation, Anziehungskraft F zw. 2 punktförmigen Massen m_1, m_2, gehorcht dem **Newtonschen Gravitations-Gesetz:** $F = G \cdot m_1 \cdot m_2/r^2$, wo r die Entfernung zw. m_1 und m_2 und $G = 6{,}672 \cdot 10^{-11}$ $\mathrm{Nm^2\,kg^{-2}}$ die **Gravitations-Konstante** ist. Die M. ist die Ursache des inneren Zusammenhalts der Sterne und der Sternsysteme sowie der Sternbewegungen. Die **Schwerkraft** ist ein Sonderfall der M. Nach der allg. Relativitätstheorie wird die M. durch die Krümmung des Raumzeitkontinuums in der Nähe schwerer Massen hervorgerufen. Danach unterliegt jede bewegte Energie, also auch das Licht, der M.

Massendefekt, ⊠ Abweichung der Masse eines Atomkerns von der Summe seiner Protonen- und Neutronenmassen, verursacht durch die Bindungsenergie der Kernbestandteile.

Massenet [masn'ɛ], Jules, frz. Komponist, *1842, †1912; Opern (»Manon«, »Werther«, »Don Quichotte«), Orchesterwerke, Lieder.

Massenfertigung, Massenproduktion, Herstellung großer Mengen technisch gleichartiger Güter; führt zu optimaler Kapazitätsauslastung bei sinkenden Stückkosten **(Gesetz der Massenproduktion).**

Massenmedien, techn. Verbreitungsmittel, mit denen Informationen an ein großes Publikum gerichtet werden, z. B. Bücher, Presse, Film, Funk, Fernsehen, Tonband und Schallplatte.

Massenspektrograph der, Gerät zur Massenbestimmung von Atomen und Molekülen und zur Darstellung des Massenspektrums von Teilchengemischen.

Massenwirkungsgesetz, ☉ Grundgesetz der theoret. Chemie, gibt die Richtung an, in die eine Gleichgewichtsreaktion in Abhängigkeit von den Konzentrationen der Ausgangsstoffe und Produkte verschoben wird.

Massenzahl, ⊠ Anzahl der Nukleonen eines Atomkerns, gleichbedeutend mit der ganzzahlig abgerundeten Atommasse.

Masseur [mas'œ:r, frz.] der, einer, der → Massage ausübt, weiblich **Masseurin** [mas'ørin]. **massieren,** Massage ausüben.

massiv [lat.], fest, derb; voll, gediegen (nicht hohl). **Massiv** das, Gebirgsstock, Massengebirge, Tiefengesteinsmasse.

Maßliebchen das, → Gänseblume.

Maßregeln der Sicherung und Besserung, ♲ Strafrecht: neben der Strafe vorgesehene Maßnahmen zur Besserung des Täters und zum Schutz der Allgemeinheit vor ihm, z. B. Einweisung in eine Entziehungsanstalt, Entzug der Fahrerlaubnis.

Maßstab der, **1)** Längenmeßgerät, z. B. Lineal, Glieder-M., Stahlbandmaß u. a. **2)** Kartographie: Längenverhältnis von Karten gegenüber der Natur, in cm angegeben (z. B. 1 : 25 000 = 1 cm der Karte entspricht 25 000 cm in der Natur).

Maßwerk das, ⌂ Schmuckform der Gotik, aus geometr. Gebilden, bes. als Fensterfüllung.

Massys [-sɛjs], Quentin, fläm. Maler, *1466, †1530, malte mit äußerster Verfeinerung, vor allem der Farben.

Mast der, **1)** ⚓ kräftiges Rundholz oder Metallrohr, an dem die Rahen oder Gaffeln mit den Segeln befestigt sind, → Segelschiff. **2)** Leitungs-M. → Leitung.

Mast die, Fettfütterung von Schlachtvieh.

Mastaba die, altägypt. Grabbau.

Master [m'ɑ:stə, engl.], Meister; Lehrer. **1)** engl. Anrede an junge Leute höherer Stände. **2)** der Führer des Feldes im Jagdreiten. **3) M. of Arts,** Abk. **M. A.,** »Lehrer der freien Künste«, → Magister Artium.

Mastiff der, engl. Haushunderasse, Wach- und Verteidigungshund.

Mastitis [grch.] die, ♡ Entzündung der → Brustdrüsen.

Mastix [grch.] der, Harz einer Pistazienart, für Firnisse, Pflaster, Klebemittel.

Massys: Der Geldwechsler mit seiner Frau

Maßeinheiten

Maße und Gewichte des metrischen Systems

Längenmaße

Kilometer	1 km	= 1000 m
Meter	1 m	= 10 dm
Dezimeter	1 dm	= 10 cm
Zentimeter	1 cm	= 10 mm
Millimeter	1 mm	= 1000 µm
Mikrometer	1 µm	= 1000 nm (Nanometer)

Flächenmaße

Quadratkilometer	1 km^2	= 100 ha
Hektar	1 ha	= 100 a
Ar	1 a	= 100 m^2
Quadratmeter	1 m^2	= 100 dm^2
Quadratdezimeter	1 dm^2	= 100 cm^2
Quadratzentimeter	1 cm^2	= 100 mm^2 (Quadratmillimeter)

Raummaße

Kubikmeter	1 m^3 (cbm)	= 1000 dm^3
Kubikdezimeter (Liter)	1 dm^3	= 1000 cm^3
Kubikzentimeter	1 cm^3 (ccm)	= 1000 mm^3 (Kubikmillimeter)

Hohlmaße

Hektoliter	1 hl	= 100 l
Liter	1 l	= 10 dl
Deziliter	1 dl	= 10 cl
Zentiliter	1 cl	= 10 ml (Milliliter)

Massemaße

Tonne	1 t	= 1000 kg
Dezitonne	1 dt	= 100 kg
Kilogramm	1 kg	= 1000 g
Gramm	1 g	= 1000 mg (Milligramm)

Englische und amerikanische Maße und Gewichte (metr. Werte gerundet)

Längenmaße

mile	= 1760 yards	1,609 km
yard	= 3 feet	91,440 cm
foot	= 12 inches	30,480 cm
inch	= 10 lines	2,540 cm

Flächenmaße

square mile	= 3097600 sq. yards	2,59 km^2
square yard	= 9 square feet	0,836 m^2
square foot	= 144 square inches	0,092 m^2
square inch	= 100 square lines	6,451 cm^2
acre	= 4 rood	0,405 ha

Raummaße

cubic yard	= 27 cubic feet	0,765 m^3
cubic foot	= 1728 cubic inches	0,028 m^3
cubic inch	= 1000 cubic lines	16,387 cm^3

Hohlmaße

Flüssigkeitsmaße	Gr.Brit. / USA
1 gill	0,142 / 0,118 l
1 pint = 4 gills	0,568 / 0,473 l
1 quart (qt) = 2 pints	1,136 / 0,946 l
1 gallon (gal) = 4 qt	4,546 / 3,787 l
1 barrel (bbl) = 31½ gal	119,2 l
1 barrel Erdöl = 42 gal	158,8 l

Trockenhohlmaße	Gr.Brit. / USA
1 pint	0,568 / 0,56 l
1 quart (qt) = 2 pints	1,136 / 1,12 l
1 peck (pk) = 8 qt	9,092 / 8,81 l
1 bushel (bu) = 4 pk	36,37 / 35,24
1 quarter = 8 bu	2,91 hl / 2,82 hl
1 barrel (bbl)	163,7 / 119,2 l

Masse, Gewichte

a) Handelsgewichte (Avoirdupois):

pound	= 16 ounces	0,454 kg
ounce	= 48 scruples	28,35 g
scruple	= 10 grains	0,591 g
ton	= 20 centweights	1016,048 kg

b) Troygewichte:

troy pound	= 12 troy ounces	0,373 kg
troy ounces	= 20 pennyweights	31,104 g
pennyweight	= 24 troy grains	1,555 g

Physikalische Maßeinheiten (Auswahl)

Zeit		1 h	= 60 min = 3600 s
Druck		1 bar	= 10^5 Pa
Arbeit, Energie	Joule	1 J	= 1 N · m = 1 W · s
Arbeit, Energie	Kalorie	1 cal	= 4,1868 J
Leistung		1 kW	= 1,359621 PS
Schwingungszahl		1 Hertz	= 1 Schwingung/s
Wellenlänge		1 nm	= 1/1000000 mm
Lichtstärke		Candela	

Weitere Einheiten → Elektrizität

Mastodon [grch.] das, vorweltl. Rüsseltier.

Masturbation [spätlat.] die, **Ipsation, Onanie,** sexuelle Selbstbefriedigung.

Masuren, Landschaft in Ostpreußen, wald- und seenreich, in der Seesker Höhe 303 m hoch. Die größten **Masur. Seen** sind **Mauer-, Spirdingsee.** M. wurde durch den Dt. Orden, durch preuß. Herzöge und Könige meist mit Bauern aus Masowien besiedelt. Im 1. Weltkrieg Schlachten an den Masur. Seen. Seit 1945 unter poln. Verw.

Masurka, Mazurka die, poln. Nationaltanz im ¾-Takt.

Matabeleland, Landschaft in Simbabwe, Farm- und Bergbaugebiet.

Matadi, Seehafen in Zaire, am unteren Kongo, 162000 Ew., Beginn der Kongobahn; bedeutender Umschlagplatz.

Matador [span. »Töter«] der, Stierkämpfer, der dem Tier den Todesstoß gibt.

Mata Hari, eigtl. Margarete **Zelle,** niederländ. Tänzerin, *1876, 1917 in Paris als dt. Spionin erschossen.

Matamoros, Stadt in Mexiko, 239000 Ew.

Matanzas, Stadt auf Kuba, 100000 Ew.; Ausfuhr von Rohrzucker, Zuckerind.

Mataré, Ewald, Bildhauer, *1887, †1965; schuf Tierbildwerke, später vor allem Arbeiten in kirchl. Auftrag (Bronzetüren des Kölner Doms, der Friedenskirche in Hiroshima).

Match [mætʃ, engl.] das, Wettkampf.

Mate der, zu Tee verwendetes Laub einer südamerikan. Stechpalme, koffeinärmer als Tee.

Mater [lat.] die, **1)** Mutter. **Mater dolorosa** [lat. »schmerzensreiche Mutter«], Mutter Jesu im Schmerz über die Leiden ihres Sohnes (→ Pietà). **2)** Drucktechnik: Tafel aus Papierasbestmasse oder Kunststoff, als Gußform für den Drucksatz.

Material das, -s/...lien, Rohstoffe und Hilfsmittel für eine Arbeit oder einen bestimmten Zweck.

Materialisation [lat. »Stoffwerdung«] die, im Okkultismus eine angebl. körperl. Erscheinung in Form einer nebelartigen Masse (Tele- oder Ektoplasma).

Materialismus der, Weltsicht oder Haltung, für die die Materie der Grund alles Wirklichen ist; versucht das gesamte Weltgeschehen einschließlich des Lebens, der Seele und des Geistes als Wirkung des Stoffs und seiner Bewegungen zu erklären. Ggs.: → Idealismus. In der Antike vertraten Leukipp, Demokrit, Epikur und Lukrez, in der Neuzeit Gassendi, Holbach, Feuerbach u.a. den M. – **Prakt. M.,** Lebensauffassung, die materielle Werte wie Genuß, Besitz den geistigen Werten vorzieht. – **Histor. M.,** die theoret. Grundlage des → Marxismus, von Marx und Engels entwickelt, indem sie die Hegelsche dialekt. Selbstbewegung des Geistes (→ Hegel, → Dialektik) umkehrten in eine dialekt. Selbstbewegung der materiellen, d.h. ökonom. Verhältnisse. Danach ist die Geschichte ein Vorgang, der allein von den gesellschaftl. Produktionsverhältnissen gelenkt wird. Diese bestimmten das menschl. Bewußtsein. Alle geistige Kultur sei nur »Über-

Maulwurf

bau« über den jeweiligen Produktionsverhältnissen. So erscheint die Geschichte in ihrem Kern als eine Geschichte von Klassenkämpfen. – **Dialekt. M.,** Abk. **Diamat,** der Ausbau des Histor. M. zu einem umfassenden System, bes. in Rußland durch Plechanow und Lenin. **materialistisch, 1)** vom Stofflichen ausgehend. **2)** die sinnlich-stoffl. Werte bevorzugend.

Materialprüfung, → Werkstoffprüfung.

Materi|e [lat. materia] die, **1)** Stoff, Inhalt. Ggs.: Form. **2)** Gesamtheit dessen, was an chem. Elementen oder Verbindungen in der Natur anzutreffen ist. **materiell, 1)** auf die M. bezüglich, stofflich. **2) materielle Sorgen,** wirtschaftl. Sorgen, Nahrungssorgen. **3)** am Irdischen hängend.

Materi|ewellen, → Wellenmechanik.

Maternität [von → Mater 1)] die, Mutterschaft.

Mathematik [grch. mathema »Wissenschaft«] die, urspr. Wissenschaft von den Zahlen und Figuren, die sich mit deren wechselseitigen Beziehungen und Verknüpfungen beschäftigt. Durch die moderne mathemat. Grundlagenforschung, insbes. durch die → Mengenlehre und die → mathematische Logik, ist die Auffassung vom Aufgabenbereich der M. wesentlich erweitert worden. Danach ist unter M. heute die Wissenschaft von den abstrakten Strukturen und log. Folgerungen zu verstehen, die durch Festlegung von wenigen Grundannahmen über Relationen und Verknüpfungen zw. Elementen einer Menge beliebiger Größen bestimmt werden. Ihre wesentl. Aufgabe ist die Untersuchung der gegenseitigen Beziehungen zw. diesen Größen und die Erforschung der reinen, von den Gegenständen abgetrennten Beziehungsgefüge (Strukturen). Aus prakt. Gründen unterteilt man die M. in reine und angewandte M. und die **reine M.** wieder in Algebra, Zahlentheorie, Analysis, Geometrie, Topologie, Mengenlehre und Grundlagenforschung. Die **angewandte M.** benutzt Ergebnisse der reinen M., um formale Zusammenhänge zw. den Dingen der Erfahrung aufzuklären und nutzbringend zu verwerten (Physik, Chemie, Astronomie, Vermessungstechnik, Statistik, Versicherung u. a.).

mathematische Logik, Logistik, Lehre von den log., von inhaltl. Bedeutung unabhängigen Zusammenhängen, soweit sie, i. Ggs. zur älteren formalen Logik, nicht nur Subjekt und Prädikat, sondern alle Elemente und Beziehungen log. Zusammenhänge durch Symbole darstellt.

mathematische Zeichen dienen der einheitl. Ausdrucksweise für Rechenoperationen oder mathemat. Beziehungen und Größen (vgl. Übersicht).

MATHEMATISCHE ZEICHEN (Auswahl)

Relations- und Operationszeichen

=	gleich
≠	ungleich
<	kleiner
>	größer
≤, ≦	kleiner oder gleich
≥, ≧	größer oder gleich
≪	sehr viel kleiner
≫	sehr viel größer
≡	identisch; kongruent
+	plus
−	minus
·, ×	mal
:, /	geteilt durch
$\boldsymbol{a} \cdot \boldsymbol{b}, (\boldsymbol{a}, \boldsymbol{b})$	Skalarprodukt
$\boldsymbol{a} \times \boldsymbol{b}$	Vektorprodukt
t/a	t ist Teiler von a
a^n	n-te Potenz von a
$\sqrt[n]{a}$	n-te Wurzel aus a
$n!$	n-Fakultät
$\|a\|$	Betrag von a
$\\|a\\|$	Norm von a
$\binom{n}{k}$	Binomialkoeffizient n über k
Σ	Summe
∏	Produkt
Δ	Differenz, Deltaoperator
∇	Nablaoperator
d, d	Differential
∂	partielles Differential
∫	Integral
∞	unendlich

mengentheoretische Zeichen

∈	Element von
∉	nicht Element von
⊂	Teilmenge
⊄	nicht Teilmenge
$\cap, \bigcap_{i=1}^{n}$	Durchschnitt
$\cup, \bigcup_{i=1}^{n}$	Vereinigung
\	Minuszeichen für Mengen
$A \times B$	kartes. Produkt von A und B
M^n	n-faches kartes. Produkt von M
ϑ, Ø	leere Menge
	Potenzmenge
ℕ	Menge der natürl. Zahlen
	Menge der ganz-rationalen Zahlen
ℚ	Menge der rationalen Zahlen
ℝ	Menge der reellen Zahlen
ℂ	Menge der komplexen Zahlen

gebräuchliche Abkürzungen

$f: D \longrightarrow B$ $D \xrightarrow{f} B$	f ist Abbildung von D in B
lim	Grenzwert
$a_n \underset{n \to \infty}{\longrightarrow} a$	Grenzwert der Folge (a_n) ist a
$f(x) \underset{x \to x_0}{\longrightarrow} b$	Grenzwert von $f(x)$ für x gegen x_0 ist b
$[a, b]$	abgeschlossenes Intervall von a bis b
(a, b)	offenes Intervall
inf	Infimum
sup	Supremum
$\log_b$	Logarithmus zur Basis b
lg	Logarithmus zur Basis 10
ln	natürl. Logarithmus
exp	Exponentialfunktion $\exp x := e^x$
sin	Sinus
cos	Cosinus
tan	Tangens
cot	Cotangens
$\arg z$	Argument von z
$\operatorname{Re} z$	Realteil von z
$\operatorname{Im} z$	Imaginärteil von z

logische Zeichen

∧	und
∨	oder
→, ⇒	wenn ..., dann
↔, ⇔	genau dann, wenn
¬	nicht
∃, ⋁	es existiert
∀, ⋀	für alle
$A := B$ oder $B =: A$	A ist durch B definiert

geometrische Zeichen

∥	parallel
⊥	senkrecht
~	ähnlich
≅	kongruent
∢	Winkel
$\overline{AB}$	Streckenlänge von AB

Mathilde, 1) Gemahlin König Heinrichs I., Mutter Ottos d. Gr., †968; Heilige (Tag 14. 3.). **2)** Markgräfin von Tuscien (Toskana), †1115; unterstützte die Päpste gegen die dt. Kaiser im Investiturstreit, setzte die röm. Kirche zum Erben ihrer Güter und Lehen ein.

Mathura, Mattra, Stadt in Uttar Pradesh, Indien, 140 700 Ew., Museum; gilt den Hindus als Geburtsort Krishnas.

Matinee [frz., von matin »Morgen«] die, Morgenfeier, -veranstaltung.

Matisse [mat'is], Henri, frz. Maler, Graphiker, Bildhauer, *1869, †1954; Führer der Gruppe der → Fauves; entwickelte aus dem Impressionismus einen dekorativen Flächenstil; malte weibl. Akte, Landschaften, Stillleben u. a.. (BILD S. 563)

Matjeshering [niederländ.] der, noch nicht laichreifer → Hering.

Mato Grosso [portug. »dichter Wald«], Binnenstaat Brasiliens mit trop. Pflanzenwuchs, 1,2 Mio. km², 3,1 Mio. Ew. (viele Indianer), Hptst. Cuiabá; im S Viehzucht, im N Urwald; Reis, Tabak; Diamanten, Gold. – 1979 geteilt in **M. G.** und **M. G. do Sul** (350 000 km², 1,6 Mio. Ew.; Hptst.: Campo Grande).

Mätresse [von frz. Maître] die, Geliebte.

Matriarchat [lat.-grch.] das, → Mutterrecht.

Matrikel [lat.] die, **1)** amtl. Verzeichnis von Personen oder Einkünften, auch der Reichsstände im alten Dt. Reich **(Reichs-M.)**. **2)** Hochschule: Aufnahmeverzeichnis der Studenten.

Matrimonium [lat.] das, Ehe.

Matrix [lat.] die, ...trizen, Mz., rechteckige Anordnung von Zahlen (oder anderen mathemat. Größen), mit der ähnlich wie mit einer Zahl gerechnet wird.

Matrixdrucker, Ausgabegerät von Computern, das alle Zeichen mit zeilen- und spaltenförmig angeordneten Bildpunkten darstellt, z. B. Nadel- und Tintenstrahldrucker.

Matrize [von Mater 2)] die, **1)** Gußform für Druckbuchstaben. **2)** Kunststofform, die vom Satz oder von Originaldruckplatten hergestellt wird. **3)** Abformung vom Satz oder einer Druckplatte, auf der elektrolytisch ein Kupfer- oder Nickelniederschlag aufgebracht wird (→ Galvanotechnik). **4)** unterer Teil der Stahlform beim Gesenkschmieden, Prägen, Stanzen.

Matisse: Goldfische

Matrọne [lat.] die, ehrbare ältere Frau.

Matrọse [niederländ.] der, Seemann; in der Kriegsmarine: der einfache Soldat.

Matsumoto, Stadt auf der Insel Honshu, Japan, 197 200 Ew.; Seidenraupenzucht.

Matsuo Basho, japan. Mönch und Schriftsteller, *1644, †1694; vollendete Haiku-Dichtung.

Matsuyama, Stadt auf der Insel Shikoku, Japan, 426 000 Ew.; Schloß und Park, der als Muster japan. Gartenkunst gilt.

matt [arab. »tot«], **1)** schwach, müde. **2)** nicht glänzend. **schachmatt** [der König ist tot], Schachspiel: der König hat keinen Zug mehr.

Matte die, **1)** Alpenwiese. **2)** Geflecht oder Gewebe aus Fasern, Draht u. a. **3)** geronnene Milch.

Matteọtti, Giacomo, ital. Politiker, *1885, †(ermordet) 1924; führender Sozialist.

Matterhorn, steile Felspyramide der Walliser Alpen, an der schweizer.-ital. Grenze, 4478 m; Erstbesteigung 1865.

Mattes, Eva, Schauspielerin, *1954; vielseitige Charakterdarstellerin, auch Filme.

Matthạ̈us, Apostel (Tag 21. 9.), Verfasser des M.-Evangeliums; Sinnbild: Engel. **Matthäi am letzten,** am Ende.

Matthịas, Apostel (Tag 14. 5.) Jesu, an Judas Ischariots Stelle berufen; männl. Vorname.

Matthịas, 1) M., röm.-dt. Kaiser (1612 bis 1619), Bruder Rudolfs II., suchte vergebens zw. Protestanten und Katholiken zu vermitteln. **2) M. Corvinus,** König von Ungarn (1458-90), Sohn des Johann Hunyadi, erwarb 1469 Schlesien, Mähren und die Lausitz, eroberte 1485 Wien; zog Gelehrte und Künstler an seinen Hof und gründete die Univ. von Preßburg.

Mạtthisson, Friedrich v., Lyriker, *1761, †1831; wohllautend-gefühlvolle Naturgedichte.

mattịeren, ⊙ **1)** Metall-, Glaswaren eine matte Oberfläche durch Sand oder Säuren verschaffen. **2)** Möbeln tiefmatten Glanz geben.

Matur [lat.], **Matụra** die, **Matụrum** das, → Reifeprüfung.

Matutịn [lat.] die, kath. Kirche: Frühmesse.

Matze [von hebr. mazzoth] die, **Matzen** der, das ungesäuerte Passahgebäck der Juden.

Mauerfraß der, Zerstörung des Mauerwerks durch salpetersaure Salze (weißer Beschlag oder schmutziger Überzug).

Mauerpfeffer, eine Fetthennenart.

Mauersee, einer der größten Masur. Seen, 105 km², bis 40 m tief; Abfluß: die Angerapp.

Mauersegler, schwalbenähnl. Seglervogel (»Turmschwalbe«) mit Klammerfüßen, vorzügl. Flieger, Zugvogel, Vertilger von Kerbtieren.

Maugham [mɔ:m], William Somerset, engl. Erzähler, Dramatiker, *1874, †1965, Arzt; Romane (»Der bunte Schleier« u. a.), gesellschaftskrit. Lustspiele.

Maugham

Mauke die, Hautkrankheit am Fuß der Pferde und Rinder.

Maulbeerbaum, Bäume, deren Blätter die beste Nahrung für Seidenraupen liefern; der **Weiße M.,** aus China, in Europa bis S-Schweden angebaut, mit weißen Früchten. Der **Schwarze M.** hat dickere Blätter, schwarze Früchte.

Maulbrọnn, Stadt im Enzkreis, Bad.-Württ., 5800 Ew.; besterhaltenes ehem. Zisterzienserkloster Dtl.s, gegr. 1147; evang.-theolog. Seminar.

Maulbrüter, Fische (Buntbarsche), die ihre Eier im Maul ausbrüten.

Maulesel [ahd. mul aus lat. mulus], Kreuzung von Pferdehengst und Eselstute; **Maultier,** Kreuzung von Eselhengst und Pferdestute, pferdeähnlich, größer und stärker als M.; nur beschränkt fortpflanzungsfähig; bes. am Mittelmeer gezüchtet, gutes Last- und Zugtier auf schwierigen Pfaden.

Maul- und Klauenseuche, seuchenartig auftretende, ansteckende Viruskrankheit des Klauenviehs (Wiederkäuer, Schweine); anzeigepflichtig. Kennzeichen: fieberhafter Bläschenausschlag, Geschwüre im Maul, an den Klauen, am Euter. Die M.- und K. ist durch Berührung und den Genuß ungekochter Milch auch auf Menschen übertragbar.

Maulwurf [ahd. muwerf] der, -s/...würfe, im Boden wühlender Insektenvertilger mit dunklem Samtfell, Rüsselschnauze, Grabfüßen und rückgebildeten Augen. (BILD S. 562)

Mau-Mau, Geheimorganisation der Kikuyu in → Kenia, mit der die Erhebung gegen die brit. Herrschaft begann.

Mạuna Kẹa und **Mạuna Lọa,** Vulkane auf der Insel Hawaii, 4205 und 4169 m hoch.

Maupassant [mopas'ã], Guy de, frz. Erzähler, *1850, †1893; schildert in seinen meisterl. Novellen das Alltägliche, Gewöhnliche, Erotische; Romane (»Bel ami« u. a.).

Maupassant

Mauren, 1) berber.-arab. Mischbev. der Atlasländer. **2)** in Spanien: Araber.

Mauretạnia, im Altertum das von Mauren bewohnte NW-Afrika, etwa das heutige Marokko.

Mauretạni|en, Rep. in W-Afrika, 1 030 700 km², 1,8 Mio. Ew. (meist Mauren, Schwarze); Hptst.: Nouakchott; Amtssprache: Arabisch, daneben Französisch als Umgangssprache. Präsidialverfassung. Staatsreligion: Islam. – Meist abflußlose Wüste; Getreideanbau am Senegal; Viehzucht. ⚒ auf Eisen, Kupfer. Ausfuhr: Eisenerz, Fischereierzeugnisse. See- und Flughäfen: Nouakchott, Port Etienne. – Ehem. Gebiet von Frz.-Westafrika, 1960 unabhängig. 1976 erlangte M. zusammen mit Marokko Souveränitätsrechte in → Westsahara, die es 1979 unter marokkan. Protest an die saharaische Widerstandsorganisation POLISARIO abtrat. Staatspräs. und Vorsitzender des regierenden Militärausschusses: M. S. A. Ould Taya (seit 1984). ⊕ S. 482.

Mauretanien

Mauriac [mori'ak] François, frz. Schriftst., *1885, †1970; Romane auf der Grundlage kath. Ethik, vom Bösen und seinen Zerstörungen (»Natterngezücht«, »Die schwarzen Engel«); Biographie »Charles de Gaulle«; Nobelpreis 1952.

Maurịner, frz. Benediktinerorden, 1618 gegr.; um die Geschichtswissenschaft verdient, in der Frz. Revolution untergegangen.

maurische Kunst, → islamische Kunst, → spanische Kunst.

Maurịtius, vulkan. Insel der Maskarenen, im Ind. Ozean, monarch. Staat im Commonwealth, umfaßt mit der Insel Rodriguez 2045 km², 1,04 Mio. Ew.; Hptst. und -hafen: Port

Mauritius

Maxentius

Louis; Amtssprache: Englisch. Staatsoberhaupt die brit. Krone, vertreten durch Gen.-Gouv. Klima tropisch. Bev.: Inder, Chinesen, Weiße, Kreolen u.a. Mischlinge. Religion: Hinduismus, Katholizismus, Islam. Zuckeranbau und -ausfuhr. – 1598 niederländisch, 1715 französisch, 1810 britisch, 1968 unabhängig. MinPräs.: A. Jugnauth (seit 1982). ⊕ S. 482

Mauritius, Anführer der → Thebäischen Legion; Schutzheiliger der Infanterie (22. 9.).

Maurois [morw'a], André, eigtl. Emile **Herzog,** frz. Schriftst., *1885, †1967; Dichterbiographien, Romane, Studien.

Maurras [mor'as], Charles, frz. Politiker, Schriftst., *1868, †1952, Gründer der → Action Française; Verfechter einer antidemokrat. und antisemit. Politik; 1945 als Kollaborateur verurteilt; schrieb Gedichte, Erzählungen.

Maus die, **1)** Nagetierfam. mit etwa 370 Arten; viele M. werden durch starke Vermehrung und große Gefräßigkeit dem Menschen schädlich. Zu den M. gehören die → Hamster, die → Wühlmäuse und die Echten M.: Die **Haus-M.** ist mit Schwanz 18 cm lang und dunkelaschgrau gefärbt, lebt in menschl. Behausungen, fast über die ganze Erde verbreitet. Die **Weiße M.** (Albino) wird als Versuchstier gezüchtet. Die bräunlichgraue **Wald-M.** lebt in Wäldern, die rostbraune **Brand-M.** ist ein Feldschädling. Die **Zwerg-M.** (13 cm lang) baut ihr Nest frei zw. Pflanzenteile (→ Ratten). **2)** in der Datenverarbeitung ein bewegl. Eingabegerät, mit dem das Markierungssymbol (Cursor) auf dem Bildschirm gesteuert werden kann.

Mäuschen, Musikantenknochen, Stelle am Ellbogengelenk, wo der Ellennerv dicht unter der Haut auf dem Knochen liegt.

Mäusedorn der, stachlige, halbstrauchige Liliengewächse der Mittelmeerländer; auf blattförmigen, immergrünen Flachsprossen stehen in der Achsel eines Blättchens zweihäusige Blüten.

Mauser, Mauserung die, Federwechsel der Vögel, meist im Frühjahr und Herbst.

Mausergewehr [nach den Erfindern, den Brüdern Mauser], nach 1871 im dt. Heer eingeführtes, später verbessertes Gewehr (Gewehr M 98).

Mäuseturm, Turm auf einer Felseninsel im Rhein bei Bingen, in den sich nach der Sage Erzbischof Hatto I. oder Hatto II. von Mainz geflüchtet haben soll vor Mäusen, die ihn zur Strafe für seine Hartherzigkeit gegen die Armen auffraßen.

1

2

Maus: **1** Hausmaus, **2** Waldmaus

Mausoleum [Grabbau des karischen Fürsten Mausollos, †353 v. Chr.] das, -s/...leen, prächtiger Grabbau.

Maut [german.] die, Straßengebühr.

Mauthausen, Gem. in OÖ, nat.-soz. Konzentrationslager 1939-45.

mauve [mov, frz.], violett.

Max, Kurzform von Maximilian.

Max, Prinz von Baden, *1867, †1929; als letzter Reichskanzler des dt. Kaiserreichs verkündete er 1918 die Abdankung Wilhelms II. und übertrug F. Ebert das Reichskanzleramt.

Maxentius, Marcus Aurelius Valerius, röm. Kaiser (306-12), wurde von seinem Mitkaiser Konstantin an der Milvischen Brücke besiegt.

maximal... [lat.], größtmöglich; Ggs.: minimal.

Maxime [frz.] die, Grundsatz, Lebensregel.

Maximian, Mitkaiser (285-305) des röm. Kaisers Diokletian in der westl. Reichshälfte.

Maximilian, Abk. **Max,** männl. Vorname.

Maximilian, Fürsten: **Röm.-dt. Kaiser. 1) M. I.** (1493-1519), genannt »der letzte Ritter«, gewann durch seine Heirat mit Maria von Burgund (1477) die Niederlande und durch Heiratspolitik 1506/16 die span. Krone, 1515 die Anwartschaft auf Böhmen und Ungarn für die Habsburger, kämpfte erfolglos um Italien. 1495 verkündete er den Ewigen Landfrieden und setzte das Reichskammergericht ein. **2) M. II.** (1564-76), neigte zum Protestantismus, blieb aber äußerlich der kath. Kirche treu. **Bayern. 3) M. I.,** seit 1597 Herzog, 1623-51 Kurfürst, gründete 1609 die Kath. Liga, kämpfte im Dreißigjährigen Krieg neben den habsburg. Kaisern (Gegner Wallensteins), erwarb die Oberpfalz. **4) M. II. Emanuel,** Kurfürst (1679-1726), kämpfte gegen die Türken, verbündete sich im → Spanischen Erbfolgekrieg mit Ludwig XIV. von Frankreich. – **Mexiko. 5) M.,** Kaiser (1864-67, auf Betreiben Napoleons III.), Bruder des österr. Kaisers Franz Joseph, konnte sich gegen die Republikaner nicht durchsetzen; 1867 gefangengenommen und in Querétaro erschossen.

Maximinus, Gaius Julius Verus, genannt **M. Thrax** (»Thraker«), röm. Kaiser (235-38; als erster Nichtrömer).

Maximum [lat.] das, **1)** höchster Wert. Ggs.: Minimum. **2)** Wetterkunde: Hochdruckgebiet.

Max-Planck-Gesellschaft zur Förderung der Wissenschaften, Vereinigung freier, vorwiegend naturwissenschaftl. Forschungsinstitute (1983: 55); 1948 gegr., Sitz Göttingen. Nachfolgerin der Kaiser-Wilhelm-Gesellschaft.

Maxwell [m'ækswəl], James Clerk, engl. Physiker, *1831, †1879; fand die Gesetze der Elektrodynamik, erkannte, daß das Licht eine elektromagnet. Wellenbewegung ist.

May, 1) Ernst, Architekt, *1886, †1970; vorbildlich gewordene Siedlungen und städtebaul. Planungen. **2)** Karl, Erzähler, *1842, †1912; schrieb spannende Erz., die meist unter den Indianerstämmen Nordamerikas (»Winnetou«) oder im Nahen Osten (»Von Bagdad nach Stambul«) spielen. **Karl-M.-Museum** in Bamberg.

Maya Mz., sprachverwandte Indianerstämme in Zentralamerika, bes. Yucatán, etwa 2,5 Mio. Zeugen ihrer vorkolumb. Kultur sind Tempel-, Palast-, Städtebauten (Chichén Itzá), mit toltek. Einfluß. (BILD S. 565)

Maybach, Wilhelm, Ingenieur, *1846, †1929, erfand Vergaser, Wechselgetriebe, Kulissensteuerung, Wabenkühler u. a.

Mayday [m'eɪdeɪ, engl. von frz. m'aidez »helft mir«], internat. Notsignal im Funksprechverkehr.

Mayer, 1) Hans, Literarhistoriker, *1907. **2)** Julius Robert, Arzt, *1814, †1878, entdeckte das Gesetz von der Erhaltung der Energie.

Mayflower [m'eɪflaʊə], Name des Schiffs, auf dem 1620 die ersten engl. Kolonisten **(Pilgerväter)** nach Amerika fuhren.

Mayo-Klinik [m'eɪəʊ-], eins der bekanntesten Krankenhäuser der Welt, 1889 von W. W. Mayo und seinen Söhnen in Rochester (USA) gegr., verfügt über viele Abteilungen für diagnost. und therapeut. Verfahren. In Wiesbaden ist 1970 die **Dt. Klinik für Diagnostik** nach dem Vorbild der M.-K. eröffnet worden.

Mayor [mɛə, engl.] der, England und Nordamerika: Bürgermeister. **Lord-M.,** → Lord.

Mayotte [maj'ɔt], Insel der Komoren, 374 km², 67 000 Ew. M. blieb nach der Unabhängigkeitserklärung der Komoren 1975 bei Frankreich.

Mayr, Peter, Tiroler Freiheitskämpfer, Gefährte Andreas Hofers, *1767, †1810.

Mayröcker, Friederike, österreich. Schriftstellerin, *1924; experimentelle Lyrik und Prosa, Dramen.

Mazarin [mazar'ɛ̃], Jules, Herzog von Nevers (seit 1659), Kardinal (seit 1641), frz. Staatsmann, *1602, †1661, Nachfolger Richelieus seit 1642 und leitender Min. während der Minderjährigkeit Ludwigs XIV.

Mazedọnien, → Makedonien.

Mazeratiọn [lat.] die, Erweichen oder Ausziehen von organ. Geweben (Seidenkokon) oder Drogen in Flüssigkeiten.

Mazzịni, Giuseppe, ital. republikan. Freiheitskämpfer, *1805, †1872; gründete revolutionäre Geheimbünde.

Mbabane, Hptst. von Swasiland, 35 000 Ew.

MBFR, Abk. für **M**utual **B**alanced **F**orces **R**eductions [mj'u:tjuəl b'ælənsd fɔ:sɪs rɪd'ʌkʃəns], Bez. für die Verhandlungen der NATO und der Staaten des Warschauer Paktes über »beiderseitige und ausgewogene Truppenreduzierungen« in Mitteleuropa 1973-88 in Wien.

MByte, Abk. für Megabyte, 1024 × 1024 = 1 048 576 Byte; Maß für die Charakterisierung der Speicherkapazität in der Datenverarbeitung.

Mc, andere Schreibung für → Mac.

McCarthy [mək'ɑ:θɪ], Mary, amerikan. Schriftstellerin, *1912, †1985; Roman »Die Clique«.

McClintock [məkl'ɪntɔk], Barbara, amerikan. Biologin, *1902, erhielt für genet. Zellforschungen 1983 den Nobelpreis für Physiologie oder Medizin.

McCloy [məkl'ɔɪ], John Jay, amerikan. Politiker, *1895, †1989; 1949-52 Hochkommissar der USA in Dtl.; seit 1985 Ehrenbürger Berlins.

McCullers [mək'ʌləz], Carson, amerikan. Schriftstellerin, *1917, †1967; Kurzgeschichten, Romane.

McKinley [mək'ɪnlɪ], William, amerikan. Politiker, *1843, † (ermordet) 1901; 1897 bis 1901 25. Präs. der USA (Republikaner).

MdB, Abk. für **M**itglied **d**es **B**undestags.

MdL, Abk. für **M**itglied **d**es **L**andtags.

MdR, Abk. für **M**itglied **d**es **R**eichstags.

mẹa cụlpa [lat.], durch meine Schuld.

Mead [mi:d], **1)** George Herbert, amerikan. Philosoph, *1863, †1931, Pragmatist. **2)** Margaret, amerikan. Völkerkundlerin, *1901, †1978.

Mechạnik [grch.] die, ⊠ Wissenschaft vom Gleichgewicht und von der Bewegung der Körper. Erstere heißt auch **Statik,** letztere **Dynamik.** In der **Kinematik** wird allein die Bewegung (Lage, Geschwindigkeit, Beschleunigung) der Körper ohne Rücksicht auf die sie verursachenden Kräfte untersucht. Die M. der flüssigen Körper heißt **Hydro-M.,** die der gasförmigen Körper **Aero-M.** **mechanisch, 1)** zur M. gehörig, durch ihre Gesetze bestimmt; maschinenmäßig. **2)** übertragen: gedankenlos, zwangsläufig.

Maya: Chichén Itzá

Mechanisịerung die, Ersatz von Handarbeit durch Maschinenarbeit.

Mechanịsmus [grch.] der, ⊙ innere Einrichtung einer Maschine, ihr Triebwerk. **mechanistisch,** Denkweise, die alles Geschehen auf streng ursächlich bestimmte Bewegungen stoffl. Massen zurückführt. Ggs.: organisch.

J. R. Mayer

Mẹcheln, Stadt in Belgien, von mittelalterl. Gepräge, an der Dyle, 77 500 Ew.; Webwarenind. Erzbischofssitz.

Mechthild von Magdeburg, Nonne und Mystikerin, * um 1212, †1283.

Meckel, 1) Christoph, Schriftsteller und Graphiker, *1935; surrealist., phantast. Literatur. **2)** Markus, Politiker (SPD), *1952; Gründungsmitgl. und stellv. Parteivors. der SPD in der Dt. Dem. Rep., seit April 1990 Außen-Min. der Dt. Dem. Rep.

Mecklenburg, geschichtl. dt. Land, an der Ostsee zw. Lübecker Bucht und Darß, von der waldreichen **Mecklenburg. Seenplatte** durchzogen (Müritz, Schweriner See u. a.). ⓖ Mecklenburg, urspr. german. Siedlungsgebiet, wurde im 7. Jh. von Wenden (Obotriten) besetzt. Seit der Unterwerfung durch Heinrich den Löwen (12. Jh.) wurde das Land völlig eingedeutscht. Seit 1701 bestanden die Hzgt. M.-Schwerin und M.-Strelitz; sie wurden 1815 zu Groß-Hzgt., 1918 zu Freistaaten. 1934 Vereinigung zu einem Land M., das 1945 um den W Vorpommerns vergrößert wurde. 1952 Aufteilung auf die neu geschaffenen Bez. Rostock, Schwerin, Neubrandenburg.

Mecklenburg

Medaille [med'aj, frz., gewöhnl. med'aljə] die, Denk- oder Schaumünze. **Medaillon** [-aj'ɔ̃] das, flache Kapsel für ein kleines Bildnis.

Medẹa, grch. Sage: Tochter des Königs von Kolchis; entfloh mit Iason und dem Goldenen Vlies; verstoßen, tötete sie ihre Nebenbuhlerin Kreusa und die eigenen Kinder.

Medellín [meðeʎ'in], Stadt in W-Kolumbien, 2,1 Mio. Ew.; Univ.; Textil-, Tabakind., in der Nähe Gold-, Platin-, Kupferbergbau; entwickelte sich in den 1980er Jahren zu einem von verbrecher. Organisationen **(M.-Kartell)** beherrschten Zentrum des Kokainhandels.

M. Meckel

Mẹdia [lat.] die, -/...dien, stimmhafter Verschlußlaut (b, d, g).

Mẹdia-Planung, Betriebswirtschaft: Auswahl der Werbeträger, die bei einem Projekt den höchsten Wirkungsgrad versprechen.

Mediatisiẹrte [neulat. »mittelbar gemachte«], bes. die süddt. Standesherren, Fürsten und Grafen, die 1803 und 1806 ihre Landeshoheit ebenso wie die »säkularisierten« geistl. Fürsten verloren.

Medici [m'e:ditʃi], **Medicẹer,** florentin. Herrscherhaus, wurde durch Bankgeschäfte

Lorenzo Medici

sehr reich, übte seit 1434 die Stadtherrschaft über Florenz aus. **Cosimo der Alte** (1434-64) und **Lorenzo der Prächtige** (1469-92) förderten großzügig Kunst und Humanismus. 1531 wurden die M. Herzöge von Florenz, 1569 Großherzöge der Toskana. Zu ihnen gehören auch die Päpste → Leo X. und Klemens VII., die frz. Königinnen Katharina und Maria. 1743 erlosch das Geschlecht.

Mẹdi|en, im Altertum: NW-Teil von Iran. Die **Meder** schufen 714 v. Chr. unter Kyaxares ein Reich, das 550 v. Chr. vom Perserkönig Kyros erobert wurde. Hptst.: Ekbatana, heute Hamadan.

Mediengewerkschaft, IG Medien, im April 1989 durch Zusammenschluß der Gewerkschaft Kunst sowie der IG Druck und Papier gegründete Gewerkschaft.

Mẹdi|en [lat.], Ez. das **Mẹdium,** Kommunikationsmittel zur Verbreitung von Informationen durch Zeichen und Bilder (Photographie), Rede, Druck (Buch und Presse), Film, Rundfunk (Hörfunk und Fernsehen), Schallplatte und Bildplatte, Tonband und Bildband auf Spule oder Kassette.

Medikamẹnt [lat.] das, Arzneimittel.

Medịna [arab. »Stadt«], Stadt im Hidjas, 198000 Ew.; neben Mekka wichtigster Pilgerort der Muslime; Grab Mohammeds.

Mediokritạ̈t [lat.] die, Mittelmäßigkeit.

Meditatiọn [lat.] die, sinnende Betrachtung, Versenkung; geistig-geistl. Sammlung. **meditịeren,** tief nachdenken.

mediterrạn [lat.], mittelmeerisch.

Mẹdium [lat. »Mittel«] das, -s/...dien, **1)** Mittel, Vermittelndes. **2)** ⊠ Stoff, in dem sich ein Vorgang abspielt. **3)** Kommunikations-, bes. Werbeträger, → Medien. **4)** Spiritismus: Mensch, der angebl. Wahrnehmungen aus der Geisterwelt vermitteln kann. **5)** Ⓢ rückbezügl. Form des Zeitworts in indogerman. Sprachen, im Altgrch. und Gotischen erhalten.

Medizịn [lat.] die, **1) Heilkunde.** Wiss. vom gesunden und kranken Lebewesen, von Ursachen, Erscheinungen, Auswirkungen seiner Krankheiten **(Pathologịe),** ihrer Erkennung **(Diagnọstik),** Heilung **(Therapịe)** und Verhütung **(Prophylạxe).** – Die Grundlage der neuzeitl. M. bilden Physik, Chemie, Biologie, Anatomie, Physiologie, Bakteriologie, Pharmakologie, Toxikologie; daneben Psychologie und Soziologie. Es werden unterschieden die **Humạn-M.** (Heilkunde vom Menschen), die **Veterinạ̈r-M.** (Tierheilkunde) und die **Phyto-M.** (Bekämpfung von Pflanzenkrankheiten). Die Human-M. ist aufgegliedert in Fächer wie Innere M., Chirurgie, Frauenheilkunde, Kinderheilkunde, Neurologie, Psychiatrie, Hals-Nasen-Ohren-Heilkunde, Augenheilkunde, Nuklear-M., gerichtliche M., Tropen-M., Zahnmedizin u. a.

Ⓖ Die wissenschaftl. Grundlage der M. schuf Hippokrates im 5. Jh. v. Chr.; außer ihm galt im MA. Galen als medizin. Autorität. Die M. blühte im MA. bes. bei den Arabern. Auf prakt. Erfahrungen wollte im 16. Jh. Paracelsus die M. aufbauen. Seit dem 19. Jh. machte die M. als Wissenschaft große Fortschritte, bes. durch die Behorchung (→ Auskultation), Beklopfung (→ Perkussion), die keimtötende (antisept.) und keimfreie (asept.) Wundbehandlung, die Erforschung der → Bakterien und Viren (→ Virus), die → Schutzimpfung, die Anwendung der → Röntgenstrahlen und des Radiums, die → Chemotherapie, die Computertomographie. **2)** Arznei.

Medizịnball, Sportgerät zur Kräftigung der Rumpfmuskeln: ein Vollball von 30-35 cm Durchmesser und 3 kg Gewicht.

medizinisch-technische Assistenten, MTA, Helfer und Helferinnen an Krankenanstalten, Gesundheitsämtern, in Arztpraxen u. ä., die praktisch-wissenschaftl., den Arzt unterstützende Arbeiten verrichten. Ausbildung in Lehranstalten für MTA (2 Jahre); staatl. Abschlußprüfung.

Médoc [med'ɔk], Landschaft in SW-Frankreich, zw. Gironde und atlant. Küste; an der Ostseite werden ausgezeichnete Bordeauxweine angebaut; an den Küsten Fremdenverkehr.

Mẹdresse, Medrese die, islam. Hochschule.

Medụsa, eine der Gorgonen (→ Gorgo).

Medụse die, Meerestier, → Qualle.

Meer das, zusammenhängende Wassermasse, die 71% der Erdoberfläche (362 Mio. km²) einnimmt und sich auf **3 Weltmeere,** Atlant., Ind., Pazif. Ozean, verteilt. Von diesen gliedern sich noch Neben-M. ab. Die mittlere M.-Tiefe beträgt etwa 3800 m, die größte bekannte Tiefe im Pazif. Ozean 11022 m, im Atlant. 9219 m, im Ind. 7455 m. **M.-Wasser** schmeckt salzig-bitter. Die versch. **M.-Strömungen** entstehen im wesentl. im offenen Ozean als Winddriften durch gleichmäßig wehende Winde (→ Passat, → Monsun), je nach der Herkunft warm (z. B. Golfstrom) oder kalt (z. B. Labradorstrom). Das entführte Wasser wird durch Ausgleichströme an der Oberfläche und in der Tiefe ersetzt. Über die Schwankungen des Meeresspiegels → Gezeiten. Die Wissenschaft vom M. heißt **M.-Kunde** oder **Ozeanographie.**

Meer, Simon van der, niederländ. Physiker, *1925, Forschungen über Atomteilchen, 1984 Nobelpreis für Physik zus. mit C. Rubia.

Meerbrassen, Fam. der Barschartigen Fische, in trop. und gemäßigten Meeren; mit der **Goldbrasse (Echte Dorade).**

Meerbusch, Stadt (seit 1970) im Kr. Neuss, NRW, 50200 Ew.

Meerdrachen Mz., drachenförmige Rochenfische, z. B. Teufelsrochen im Mittelmeer.

Meerengenfrage, das polit. Problem der Durchfahrt bes. von Kriegsschiffen durch Bosporus und Dardanellen; seit 1774 Gegenstand vieler internat. Verträge und Abkommen. Heute geregelt durch das **Meerengen-Abkommen** (Montreux 1936), in welchem der Türkei alle Hoheitsrechte (einschließlich einer Sperrung im Kriegsfall) zugestanden wurden.

Meerkatzen Mz., afrikan. Affen, gesellig lebende Tiere, mit Backentaschen, Gesäßschwielen und langem Schwanz.

Meerkohl der, grünkohlähnl. Kreuzblüter, an europ. Küsten; Schößlinge sind Gemüse.

Meersburg, mittelalterl. Stadt in Bad.-Württ., 5000 Ew., am N-Ufer des Bodensees.

Meerschaum, weiches, erdiges, gelblichweißes Mineral, wasserhaltiges Magnesiumsilicat; zu Pfeifenköpfen u. dgl. verwendet.

Meerzwiebel die, weißblühendes, giftiges Liliengewächs in Südeuropa, Zimmerpflanze.

Meeting [m'i:tɪŋ, engl.] das, Versammlung, Treffen, auch Sportveranstaltung.

mega... [grch.], groß, z. B. Megaphọn, Sprachrohr in Trichterform; **Mega** vor Maßeinheiten: das 10^6-fache, z. B. MW = 10^6 Watt.

Megabit-Chip, ein → Chip mit einer Speicherkapazität von 1024 × 1024 = 1048576 Bit. In der Bundesrep. Dtl. begann 1989 die Fertigung von 4-M.-C. Mit dem 1989 beschlossenen Programm Jessi (Abk. für **J**oint **E**uropean **S**ubmicron **S**ilicon **I**nitiative) soll bis 1996 ein 64 M. entwickelt werden.

Megalịth [grch.] der, großer Steinblock; in vorgeschichtl. Zeit im Kreis oder in Reihen senkrecht aufgerichtet (Menhire) zu kult. Zwecken. **M.-Gräber,** → Hünengräber.

Megalozyten [grch.] die, übergroße rote Blutkörperchen, z. B. bei perniziöser Anämie.

Mẹgara, Stadt in Mittelgriechenland, 17800 Ew., war im Altertum der Hauptort der dor. Landschaft **Megaris,** bis ins 6. Jh. v. Chr. eine der bedeutendsten Städte Griechenlands.

Megäre, Megaira die, eine →Erinnye; böses Weib.

Megaron [grch.] das, Hauptraum myken. Paläste.

Megatherium das, Riesenfaultier, Gatt. eiszeitl. Säugetiere Südamerikas.

Mehlbeere, Frucht vom M.-Baum, einer Eberesche, auch von Weißdorn **(Mehlfäßchen).**

Mehlschwitze die, →Einbrenne.

Mehltau der, Pflanzenkrankheit, bes. auf Blättern, besteht aus dem Fadengeflecht von Schlauchpilzen, den **M.-Pilzen,** das Saugfortsätze in die Oberhautzellen der Wirtspflanze sendet; häufig an Beeren und Blättern des Weinstocks, an Eichen, Rosen, Stachelbeeren u. a. Bekämpfung mit schwefelhaltigen Mitteln. Der »falsche M.« der Weinrebe →Peronosporazeen.

Mehlwurm, Larve des **Mehlkäfers,** 2 cm lang; lebt in Mehl und Kleie; Vogelfutter.

Mehmed Ali, erhielt nach der Unterwerfung der oberen Nilländer (1820-22) die erbl. türk. Statthalterschaft, begründete das ägypt. Herrscherhaus.

Mehnert, Klaus, *1906, †1984; Publizist, Historiker; »Der Sowjetmensch«, »Peking und Moskau«, »China nach dem Sturm«, »China ohne Mao«.

Mehrheit die, der größte Teil. Nach dem **M.-Grundsatz (Majoritätsprinzip)** gilt bei Abstimmungen der Wille der M. als Ausdruck des Gemeinwillens. Man unterscheidet: absolute M. (mehr als die Hälfte aller Stimmen), relative M. (mehr Stimmen als für jede der anderen Meinungen abgegeben), qualifizierte M. (z. B. $\frac{2}{3}$ oder $\frac{3}{4}$ der Stimmen), →Wahlrecht.

Mehring, 1) Franz, polit. Schriftst., *1846, †1919; erste wissenschaftl. Darstellungen der dt. Arbeiterbewegung vom sozialist. Standpunkt. **2)** Walter, Schriftst., *1896, †1981; zeit- und sozialkrit. Gedichte, Chansons.

Mehrphasenstrom, →Drehstrom.

Mehrwert, →Marxismus.

Mehrwertsteuer, Steuer auf die Wertschöpfung der Unternehmen, unter Abzug der Vorsteuer. Die M. wurde in der Bundesrep. Dtl. im Rahmen der Vereinheitlichung des Steuersystems in der EWG ab 1. 1. 1968 eingeführt; Steuersatz: seit 1. 7. 1983: 14% (für manche Wirtschaftszweige nur 7%).

Méhul [me'yl], Étienne, frz. Komponist, *1763, †1817; Opern in der Nachfolge Glucks.

Meier, Maier, Meyer [aus lat. major »der Größere«] der, **1)** MA.: Vogt. **2)** Verwalter eines M.-Hofs (Landguts). **3)** Besitzer eines Bauern-(M.-)Guts. **4)** in manchen Gegenden: Pächter.

Meierei die, Betrieb für Milchwirtschaft.

Meier Helmbrecht, erste dt. Dorfgeschichte in Versen, 13. Jh., von Wernher dem Gartenaere.

Meiji Tenno, eigtl. **Mutsuhito,** Kaiser von Japan (seit 1867), *1852, †1912; beseitigte durch sein Reformprogramm **(M.-Reform)** die mittelalterl. Strukturen Japans und führte Japan zur Großmachtstellung.

Meile [von lat. milia passuum, 1000 Schritte] die, Wegemaß: 1) 1 geograph. M. = 7420 m; 2) 1 dt. M. = 7500 m (etwa $\frac{1}{15}$ Äquatorgrad); 3) 1 See-M. = 1852 m = $\frac{1}{60}$ Äquatorgrad; 4) 1 engl. M. = 1609 m.

Meiler der, gleichmäßig geschichteter Holzstapel zur →Holzverkohlung.

Meinecke, Friedrich, Historiker, *1862, †1964; »Weltbürgertum und Nationalstaat«, »Die Entstehung des Historismus« u. a.

Meineid [ahd. »Falscheid«] der, Beschwören einer Aussage, deren Unrichtigkeit dem Schwörenden bewußt ist. Strafe: Freiheitsstrafe nicht unter einem Jahr.

Meiningen, Krst. im Bez. Suhl, an der oberen Werra, 25 500 Ew.; 1680-1918 Hptst. der Herzöge von Sachsen-M. Großen Ruf genoß das M. Hoftheater und dessen Schauspielertruppe, die **Meininger.**

Meinong, Alexius, Ritter von **Handschuchsheim,** österr. Philosoph, *1853, †1920; in der Tradition von Husserl.

Meinrad, Josef, österr. Schauspieler, *1913.

Meinungsforschung, Demoskopie die, Erkundung der öffentl. Meinung in bezug auf polit., wirtschaftl. und soziale Fragen; bes. durch Befragen »repräsentativer« Bev.-Gruppen. In den USA entstand 1935 das Gallup-Institut, in Dtl. nach 1945 u. a. das Institut für Demoskopie in Allensbach, das Institut für M. (EMNID) in Bielefeld.

Meinungsfreiheit, Freiheit der Meinungsbildung und -äußerung, eines der wesentlichsten Grundrechte des einzelnen, in der Bundesrep. Dtl. im Grundgesetz gewährleistet.

Meir, früher **Meyerson,** Golda, israel. Politikerin, *1898, †1978, 1956-66 Außenmin., 1969-74 MinPräs. von Israel.

Meir

Meise die, Fam. der Singvögel: Kohl-M., Blau-M., Sumpf- oder Nonnen-M., Weiden-M., Tannen-M., Hauben-M., Schwanz-M.

Meise: Blaumeise

Meisner, Joachim, Kardinal (seit 1983), *1933; 1980-89 Bischof von Berlin, seither von Köln.

Meißel der, Werkzeug mit scharfer Schneide zur spanenden Formung oder zur Spaltung von Werkstücken, in der Bildhauerei **Grabstichel.**

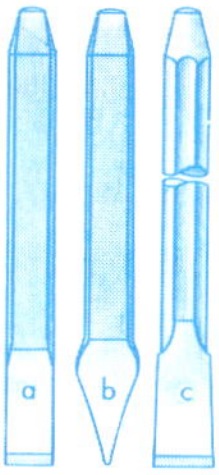

Meißel, a Flach-, b Kreuz-, c Stemmmeißel

Meißen, Krst. im Bez. Dresden, an der Elbe, 37 900 Ew.; Albrechtsburg, Frauenkirche (Porzellan-Glockenspiel), Dom. M. besitzt die ältesten Porzellanwerkstätten Europas **(M. Porzellan).** – Burg M. wurde 929 von König Heinrich I. gegr.; **Bistum M.** 968 von Otto I., 1921 neugegr.

Meißner, Berg südöstl. von Kassel, 754 m hoch. 1913 Proklamation der Freidt. Jugend.

Meistbegünstigung, Vertragsklausel der internat. Handelspolitik: die Vertragspartner gewähren einander alle Vorteile, die sie dritten Ländern einräumen..

Meister Bertram, →Bertram.

Meister des Marienlebens, Kölner Maler, tätig um 1463-80, genannt nach einem Marienaltar (7 Tafeln in München, 1 in London), malte auf klare, äußerst ruhige Art.

Meister Francke, →Francke.

Meistermann, Georg, Maler, *1911; entwirft abstrakte Glasmalereien; Gemälde.

Meisterprüfung, Abschluß der dreistufigen Berufsausbildung im Handwerk u. a. Wirtschaftszweigen (Industrie, Landwirtschaft, Gärtnerei). Zugelassen sind Inhaber des Gesellenbriefs, Absolventen der industriellen Facharbeiterprüfung mit mehrjähr. Berufspraxis sowie Fachschüler unter best. Voraussetzungen. Die M. besteht aus prakt. und theoret. Abschnitten und der Anfertigung eines **Meisterstücks.** Als Beurkundung wird der **Meisterbrief** ausgestellt.

Meistersang, bürgerl. Lieddichtung des 14. bis 16. Jh.; sie setzte äußerlich den Minnesang fort. Die Dichtkunst wurde zum schulmäßig gelehrten Handwerk (»Singschulen« in Nürnberg, Worms, Mainz u. a.), wie ihre Träger (die **Meistersinger**) oft Handwerksmeister waren. Zunächst waren für den musikal. Vortrag nur die »Töne« der 12 Meister erlaubt, im jüngeren M. (Reform von Hans Folz, †1513) durfte man auch neue »Töne« komponieren. Bedeutendster Vertreter war Hans Sachs.

Meister von Flémalle, →Flémalle.

Meitner, Lise, Physikerin, *1878; †1968; Mitarbeiterin von Otto Hahn; Arbeiten über Radioaktivität, Höhenstrahlung, über die Methoden zur Gewinnung von Atomenergie.

Meitner

Mekka, Stadt in der Landschaft Hidjas, Saudi-Arabien, Geburtsort Mohammeds, der

Mekka: Kaaba

wichtigste muslim. Wallfahrtsort, 367000 Ew.; mit dem Hauptheiligtum des Islams, der Kaaba. M. wird jährl. von über 1 Mio. Pilgern besucht.

Meknès, Stadt in Marokko, 320000 Ew.; Moscheen, Sultanspalast; Handelsmittelpunkt.

Melanchthon

Mekong der, größter Strom Hinterindiens, 4500 km lang, mündet ins Südchines. Meer.

Mel [grch.] das, Zeichen **mel,** Einheit der melod. Tonhöhenstufung.

Mélac, Ezéchiel Graf v., frz. General, †1709; verwüstete 1689 die Pfalz, u. a. Heidelberg.

Melancholie [grch. »Schwarzgalligkeit«] die, **1)** eins der vier → Temperamente. **2)** ♡ Schwermut, Gefühl der Leistungsunfähigkeit, Grübelsucht, Entschlußunfähigkeit, bes. bei manisch-depressiver Krankheit, auch infolge trauriger Erlebnisse, einer körperl. Krankheit, im höheren Alter. **melancholisch,** schwermütig.

Melone

Melanchthon [grch. für Schwarzert], Philipp, der »Lehrer Dtl.s«, *1497, †1560, der bedeutendste Mitarbeiter Luthers bei der Reformation. Wegen seiner Lehrabweichungen wurde er von den strengen Lutheranern angegriffen. Er verfaßte die → Augsburgische Konfession. Er machte sich um das Schulwesen sehr verdient.

Melanesi|en, Inselwelt im südwestl. Pazif. Ozean, umfaßt Neuguinea, Bismarck-Archipel, Salomon-, Santa-Cruz-Inseln, Neue Hebriden, Neukaledonien, Fidschi-Inseln und kleinere Inselgruppen, zus. rd. 967000 km^2, rd. 3,36 Mio. Ew.

Melanesi|er, Bev. Melanesiens; negerähnlich.

Melange [mel'ãʒ, frz.] die, Mischung. Österr.: **Café mélange,** Milchkaffee.

Melanin [grch.] das, natürl. dunkler Farbstoff.

Melk: Benediktinerabtei

Melanom [grch.], ♡ bösartige Geschwulst, in deren Zellen massenhaft Melanin abgelagert wird; häufig an der Haut und am Auge.

Melasse [frz.] die, bei der Zuckergewinnung zurückbleibender schwarzbrauner Sirup; als Viehfutter, zur Rum- und Spiritusherstellung.

Melbourne [m'elbən], Hptst. und Hafen des austral. Staates Victoria, 2,96 Mio. Ew.; 3 Univ., Mus.; bedeutendste Industrie- und Handelsstadt Australiens. 1835 gegr.

Melchior, einer der Hl. → Drei Könige.

Melchisedek [hebr. »König der Gerechtigkeit«], Priesterkönig zur Zeit Abrahams.

Melde die, Gatt. spinatähnl. Unkräuter, mit grünen Blüten; **Garten-M.** wird wie Spinat verwendet. (BILD Blatt)

Meldepflicht. Jeder Wohnungswechsel ist binnen 1 Woche auf vorgeschriebenen Meldescheinen der örtl. Meldebehörde anzuzeigen. Meldepflichtig sind: 1) der Umziehende selbst; 2) der Hauseigentümer; 3) der Wohnungsinhaber (bei Untermietern).

meldepflichtige Krankheiten. Nach dem Bundesseuchengesetz vom 18. 7. 1961 ist jeder Fall einer Erkrankung, des Verdachtes einer Krankheit oder eines Todes an vielen ansteckenden Krankheiten meldepflichtig.

Melibokus der, → Malchen.

meliert [frz.], gesprenkelt.

Melilla [mel'iʎa], Hafenstadt an der Nordküste Marokkos, span. Exklave, 12,3 km^2, rd. 55000 Ew.; Erzausfuhr.

Melioration [lat.] die, Urbarmachen oder Verbesserung landwirtschaftl. Böden.

Melisse [grch.] die, Lippenblütergatt.; die Blätter der weißblühenden **Zitronen-** oder **Garten-M.** geben Tee, M.-Öl, Karmelitergeist.

Melitopol, Stadt in der Ukrain. SSR, 172000 Ew.; Getreidehandel, Eisengießereien.

Melk, Bezirksstadt in NÖ, an der Donau, 6400 Ew.; Benediktinerabtei im Barockstil von Prandtauer (1702-36).

Melkmaschine, Saugpumpe, die das Handmelken nachahmt und die Milch vom Euter der Kuh absaugt.

Mell, Max, österr. Schriftst., *1882, †1971; schrieb christl.-legendäre Spiele, Gedichte.

Melodie [grch.] die, ♩ Weise, in wechselnden Tonhöhen rhythmisch sich bewegende, in sich geschlossene, sangbare Tonfolge. **Melodik** die, Lehre oder Kunst der M. **melodisch** oder **melodiös,** wohlklingend.

Melodrama [grch.] das, Schauspiel oder Gedicht, begleitet von Musik, die Spiel und Wort ausdeutend untermalt oder verbindet.

Melone [ital.] die, Kürbisgewächse: 1) Schwesterart der Gurke, mit saftreichen, süßen, würzigen Früchten. 2) **Wasser-M.,** Schwesterart der Koloquinte, mit grünen, saftreichen Früchten, in trocken-warmen Gegenden.

Melonenbaum, trop., den Fächerpalmen ähnelnde Baumgatt. mit melonenartigem Obst (Papayafrucht). Der Milchsaft des M. enthält das Enzym **Papain** (pflanzl. Pepsin), das Milch gerinnen läßt, Kochfleisch weich macht, magenstärkend wirkt. (BILD S. 569)

Melos, ital. **Milo,** 148 km^2 große, tiefgebuchtete grch. Kykladeninsel; heiße Quellen; Bergbau auf Schwefel, Mangan und Blei. Fundort der **Venus von Milo.**

Melozzo da Forlì, ital. Maler, *1438, †1494; niederländisch beeinflußt; bed. durch seine perspektiv. Kunst; Fresken in Rom, Loreto, Urbino.

Melpomene, eine der → Musen.

Melville [m'elvɪl], Herman, amerikan. Erzähler, *1819, †1891; sein Werk (Seeroman »Moby Dick«) gilt als ein Höhepunkt der amerikan. Prosaliteratur.

Melville-Halbinsel [m'elvɪl-], an der Küste N-Amerikas, führt zum Baffinland hinüber.

Melville-Insel ['melvıl-], Insel des arkt. N-Amerika, nördl. des **Melvillesund,** 42149 km^2.

Membran [lat.] die, **1)** am Rand eingespanntes Häutchen (Papier, Metall, Kohle, Kunststoff, Leder) zu Druckfortpflanzung (Druckmesser), Schwingungserregung (Mikrophon, Lautsprecher, Trommel) und Transport bestimmter Stoffe (halbdurchlässige M.). **2)** ⚘ Wand der → Zelle. **3)** ♘ ♡ dünne Häute, so das Trommelfell.

Memel die, russ. **Neman,** Fluß, entspringt südl. von Minsk, 937 km lang, mündet ins Kur. Haff.

Memel, litauisch **Klaipeda,** Stadt in der Litauischen SSR, 1924-39 Hptst. des Memelgebietes, 197000 Ew.; Umschlaghafen für Erdöl, Holz, Cellulose, Erz, Fische; Werften u.a. Ind. 1254 von Riga aus gegr., 1328 mit Preußen vereinigt; 1919 von Dtl. abgetrennt.

Memelgebiet, der nördl. der Memel und der Ruß gelegene Teil Ostpreußens, 2830 km^2, (1939) 154000 Ew.; wurde im Versailler Vertrag (1919) ohne Befragung der Bev. an die Alliierten abgetreten. Nach dem **Memelstatut** von 1924 war das M. ein Gliedstaat Litauens. 1939 gab Litauen das M. vertraglich an Dtl. zurück. Im Winter 1944/45 wurde es vom Großteil der Bev. geräumt; seit 1948 Teil der Litauischen SSR.

Memento [lat. »gedenke«] das, Mahnruf, Denkzettel, auch der Beginn des Fürbittgebetes. **memento mori,** gedenke des Todes.

Memleben, Gem. im Bez. Halle, an der Unstrut, mit Resten einer Kaiserpfalz, in der Heinrich I. und Otto d. Gr. starben.

Memling, Hans, niederländ. Maler dt. Herkunft, *um 1433, †1494; malerisch feine, gefühlsinnige relig. Bilder; Bildnisse.

Memme die, Feigling.

Memmingen, mittelalterl. Stadt in Bayern, am Rand des Allgäus, 37700 Ew.; Textil-, Metall-, chem., elektrotechn. u.a. Ind.

Memnon, grch. Sage: Sohn der Eos, später Fürst der Äthiopier, von Achilles getötet. Auf ihn wurden die **M.-Säulen** beim ägypt. Theben, 2 Riesensteinbilder, zurückgeführt.

Memoiren [memw'arən, frz.] Mz., Lebenserinnerungen, Denkwürdigkeiten.

Memorandum [lat.] das, **1)** Denkschrift. **2)** Merk-, Tagebuch.

Memoria [lat.] die, Gedächtnis. **Memorial** das, **1)** Denk-, Bittschrift, Eingabe. **2)** kaufmänn. Tagebuch. **memorieren,** auswendig lernen.

Memory-Metall [m'eməri-, engl.], Legierung mit 52-57% Nickel, die nach Verformung bei tiefen Temperaturen beim Wiedererwärmen ihre urspr. Form wieder annimmt; verwendet für Satellitenantennen, für Nieten und Bolzen an unzugängl. Stellen.

Memphis, **1)** **M.,** ägypt. **Menfe,** älteste Hauptstadt Ägyptens; Ruinenstätte mit Tempelresten. **2)** **M.,** Stadt in Tennessee, USA, am Mississippi, 646000 Ew.; Univ., Fahrzeug-, Maschinenbau, Holz- und Textilind.

Menage [men'a:ʒ, frz.] die, **1)** Tischgestell mit Essig, Öl, Gewürz. **2)** ✤ Haushalt.

Menagerie [menaʒər'i:, frz.] die, **1)** Tierschau. **2)** Tiergarten.

Menaikanal, engl. **Menai Strait** [-streıt], Meerenge zw. Wales und der Insel Anglesey, von 2 Brücken überspannt.

Menam, Hauptstrom von Thailand, 850 km.

Menander, grch. Lustspieldichter, *342, †291 v.Chr.

Mende, Erich, Politiker, *1916; Jurist, war 1960-68 Vors. der FDP, 1963-66 Vizekanzler und Min. für gesamtdt. Fragen; trat 1970 aus der FDP aus und wurde Mitgl. der CDU.

Mendel die, ital. **La Mendola,** Paß südwestl. von Bozen, 1363 m.

Memling: Verkündigung an die Hirten

Mendel, Gregor, Abt, Vererbungsforscher, *1822, †1884; fand bei Kreuzungsversuchen mit Erbsen und Bohnen Gesetze für die → Vererbung einfacher Merkmale, die **Mendelschen Gesetze,** deren Tragweite erst 1900 erkannt wurde.

Mendelejew, Dmitrij I., russ. Chemiker, *1834, †1907; stellte 1869 unabhängig von Lothar Meyer das → Periodensystem der Elemente auf.

Mendelevium, chem. Symbol **Md,** chem. Element der Ordnungszahl 101, Transuran.

Mendelsohn, Erich, Architekt, *1887, †1953, verband Sachlichkeit mit formenreich plast. Durchgliederung des Baukörpers (Einsteinturm, Potsdam, 1920/21 u.a.).

Mendelssohn, **1)** Moses, Philosoph, *1729, †1786; Freund Lessings, vertrat die Grundgedanken der Aufklärung (relig. Toleranz, Deismus); Wegbereiter der Emanzipation der Juden. **2)** **M.-Bartholdy,** Felix, Komponist, Enkel von 1), *1809, †1847, auch bedeutender Pianist, Dirigent; Wiedererwekker von Bachs Matthäuspassion; Gründer des Leipziger Konservatoriums; romant. Orchester-, Kammer-, Klaviermusik. (BILD S. 570)

Melonenbaum: Papayafrüchte am Baum

Menden (Sauerland), Stadt im RegBez. Arnsberg, NRW, 53200 Ew.; Metallind.

Mendès-France [mãndɛsfr'ãs], Pierre, frz. Politiker, *1907, †1982; Rechtsanwalt, 1932 bis 1958 radikalsozialist. Abgeordneter; 1954/55 MinPräs.

Mendikant [lat.] der, Bettelmönch.

Mendoza [mɛnd'ɔθa], Hptst. der argentin. Prov. M., 119000 Ew.; Wein-, Obstbau; in der Umgebung Erdölgewinnung.

Menelaos, grch. Sage: König von Sparta, Bruder Agamemnons, Gemahl der Helena.

Menelik, Menilek II., Kaiser von Äthiopien (1889-1913), *1844, †1913.

Menetekel das, Warnungszeichen im Anschluß an Buch Daniel (5,25), wo Belsazar durch eine Geisterschrift gewarnt wurde.

Memel

Menge die, △ Zusammenfassung von voneinander unterscheidbaren Objekten oder auch mathemat. Elementen (→ Mengenlehre).

Mengelberg, Willem, niederländ. Dirigent, Pianist und Komponist, *1871, †1951.

Mengenlehre, △ Teilgebiet der Mathematik. Der Begriff **Menge** wird wie folgt umschrieben: »Eine Menge ist eine Zusammenfassung bestimmter wohlunterschiedener Objekte unserer Anschauung oder unseres Denkens, welche die Elemente der Menge genannt werden, zu einem Ganzen.« Die moderne Mathematik verzichtet auf diese Definition des Begriffs Menge und verwendet ihn als Grundbegriff. Eine Menge wird durch Angabe aller Elemente (nur bei endl. Mengen möglich) oder durch Angabe einer Eigenschaft, der die Elemente genügen sollen, beschrieben.

Mendel

Mengs, Anton Raphael, Maler, *1728, †1779; führender Vertreter des akadem. Klassizismus.

Meng-tse, chines. Philosoph, 4. Jh. v.Chr., bildete die Ethik des Konfuzius fort.

25 B I

Mendelssohn-Bartholdy

Menhir [kelt.] der, bis 20 m hohe vorgeschichtl., roh behauene Steinsäule (→Megalith).

Meningitis [grch.] die, **Gehirnhaut-Entzündung,** hervorgerufen durch Bakterien verschiedenster Art, Zeichen: Kopfschmerzen, Nackensteifheit, hohes Fieber, Benommenheit, Erbrechen, Hirnnervenlähmungen. Früher fast immer tödlich, heute durch Anwendung von Antibiotika meist heilbar. **M. epidemica,** ansteckende Genickstarre, hervorgerufen durch Meningokokken; befällt meist Kinder und Jugendliche.

Meniskus [grch. »Möndchen«] der, **1)** 2 Knorpel im Kniegelenk. **2)** ⊠ gewölbte Oberflächenform einer Flüssigkeit in einer Röhre. **3)** Optik: **Meniskenglas,** stark durchgebogenes Brillenglas, liefert auch für Randstrahlen deutl. Bilder.

Mennige die, Pb_3O_4, gelb- bis scharlachrotes Blei (II, IV)-oxid, Rostschutzmittel.

Mennoniten, Taufgesinnte [nach dem Stifter Menno Simons, †1561], evang. Gemeinschaft, die Erwachsenentaufe, Eid- und Kriegsdienstverweigerung, Kampf für Toleranz fordert. Europ. Zentrum in den Niederlanden; größere Verbreitung bes. in Kanada.

Menopause [grch.] die, bei der Frau das auf die letzte →Menstruation folgende Jahr; danach **Postmenopause.**

Menorca, zweitgrößte Insel der span. Balearen, 668 km^2, 55000 Ew.; Landwirtschaft und Fischfang. Hptst.: Mahón.

Menorrhagie [grch.] die, zu starke und verlängerte Menstruationsblutung.

Menotti, Gian-Carlo, ital. Opernkomponist, *1911, lebt in den USA; »Der Konsul«, »Die Heilige von der Bleecker Street«.

Mensa [lat. »Tisch«] die, **1)** Platte des Altars. **2) M. academica,** Studentenspeiseraum.

Mensch der, lat. **homo,** grch. **anthropos,** das höchstentwickelte Lebewesen der Erde. Durch Glauben (Mythos, Religion), Gewissen (Sittlichkeit, Recht), schöpfer. Formgebung (Kunst) und abstraktes Denken (Wissenschaft), das an die Sprache geknüpft ist und durch sie mitteilbar wird, vermag der M. die Welt zu gestalten, während das Tier viel stärker von angeborenen Trieben und arteigenem Instinktverhalten geleitet wird.

Nach der →Abstammungslehre gehört der M. als oberste Stufe des Tierreichs zur Klasse der Säugetiere; er unterscheidet sich jedoch von allen Tieren durch die besondere Entwicklung des Gehirns, den aufrechten Gang, die hochentwickelte Greiffähigkeit der Hände, den Besitz einer reich gegliederten Sprache und den Gebrauch von Feuer. Die →Anthropologie beschäftigt sich mit den menschl. →Konstitutionen und den Menschenrassen.

Die stammesgeschichtl. Entwicklung des M. aus primitiven vormenschl. Formen ist durch

Mensch: Innere Organe und Skelett von vorn und hinten

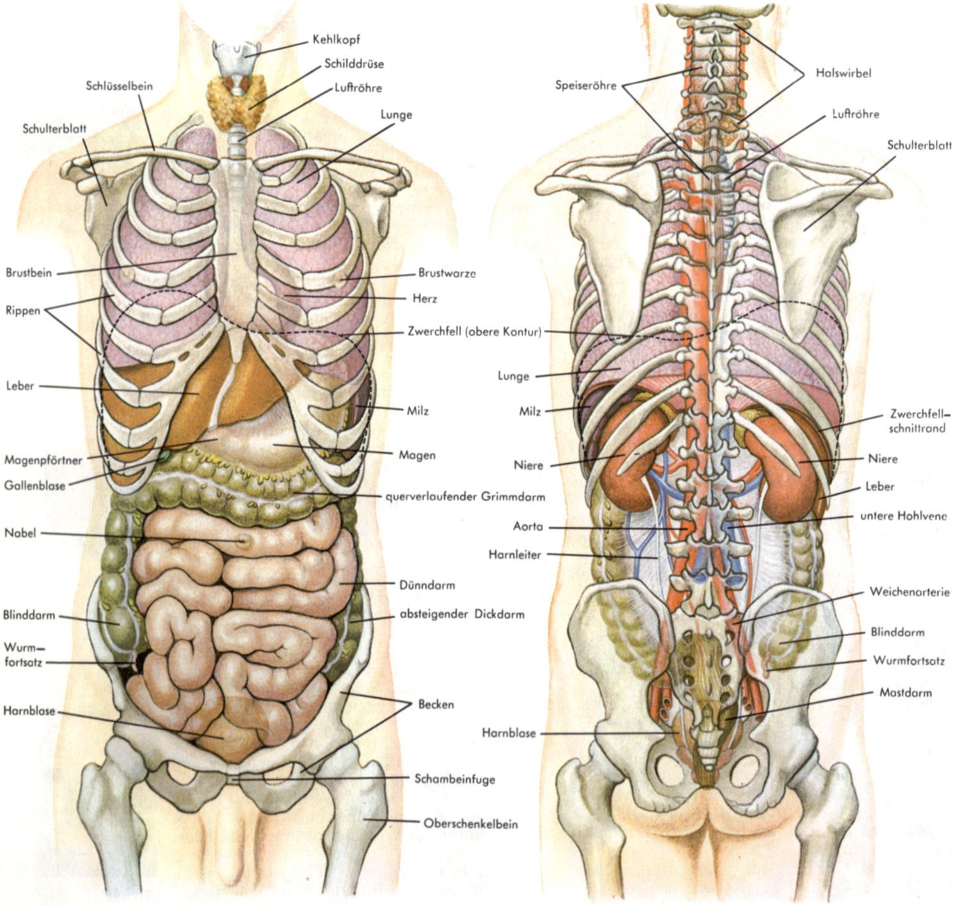

Funde nachgewiesen. Skelettreste früher Formen des ersten M. aus der Eiszeit wurden gefunden in Java (Pithecanthropus), in China (Sinanthropus = Peking-M.), in Ostafrika am Eyasi-See (Africanthropus) und in Europa (Heidelberg-M.). Der → Neandertaler stellt eine Sonderentwicklung dar. Der heutige M. **(Homo sapiens)** wanderte vermutlich gegen Ende der Eiszeit von Osten her in Europa ein.

Menschenaffen, Fam. der Altweltaffen; gesellig lebende Tiere, geschickte Kletterer, die kurze Zeit aufrecht gehen können. Der Körper ist stark behaart, die Arme sind länger als die Beine; der Daumen ist rückgebildet, der Fuß ist Greiforgan. Die Augen sind nach vorne gerichtet, die Stirn ist fliehend und hat starke Augenbrauenwülste; das Kinn springt schnauzenartig vor. Die Menschenähnlichkeit ist auch im Verhalten ausgeprägt, rein äußerlich bei Jungtieren am größten. Arten: → Gorilla, → Orang-Utan, → Schimpanse.

Menschenopfer, früher bei Naturvölkern die kultische Opferung von Menschen.

Menschenrassen, natürl. systemat. Untergruppen der Menschen (→ Rasse).

Menschenraub, Überwältigung eines Menschen durch List, Drohung oder Gewalt, um ihn in hilfloser Lage auszusetzen oder in auswärt. Kriegs- oder Schiffsdienst oder in Sklaverei zu bringen (→ Verschleppung); wird in der Bundesrep. Dtl. nach § 234 StGB mit Freiheitsstrafe nicht unter einem Jahr bestraft. Beim erpresser. M. liegt → Geiselnahme vor zum Zweck einer (finanziellen) Erpressung.

Menschenrechte, angeborene, unveräußerl. und unantastbare Rechte und Freiheiten des einzelnen gegenüber staatl. Eingriff; sie werden in den modernen Verfassungen als → Grundrechte gewährleistet. Der Schutz der M. ist ein Ziel der Vereinten Nationen; die von ihnen 1948 beschlossene »**Allg. Deklaration der M.**« enthält rechtl. nicht verbindl. Empfehlungen, auf deren Grundlage mehrere Konventionen zum Schutz der M. beschlossen wurden. Die Mitgliedsstaaten des Europarats haben 1950 die **Europ. Konvention der M.** abgeschlossen; 1959 wurde der **Europ. Gerichtshof für M.** gebildet.

Menschensohn, wichtigster Titel Jesu als Richter und Retter der Menschheit.

Menschewiki [russ.] Mz., → Bolschewismus.

Menschikow, Aleksandr D., Fürst (seit 1705), russ. Staatsmann, Feldherr unter Peter d. Gr. und Katharina I., *1672, †1729.

Mens sana in corpore sano (sit) [lat.], ein gesunder Geist (möge) in einem gesunden Körper (wohnen); Juvenal »Satiren«.

Menstruation [lat.] die, **Periode, Regel,** bei der geschlechtsreifen Frau in etwa 28tägigen Abständen erfolgende Blutung aus der Gebärmutter. Sie zeigt den Tod einer unbefruchtet gebliebenen Eizelle an und geht mit einer Abstoßung der für die Schwangerschaft vorbereiteten Gebärmutterschleimhaut einher.

Mensur [lat. »Maß«] die, **1)** Fechtkunst: Abstand der beiden Gegner. **2)** Studentisch: Zweikampf mit blanker Waffe (Schläger). **3)** ♩ bei Musikinstrumenten das Maßverhältnis des Tonkörpers. **4)** Meßzylinder für Flüssigkeiten.

Mensuralnotenschrift, Mensuralnotation, die Notenschrift des 13.-16. Jh.; gibt das Verhältnis der Dauer der Töne an.

mental [lat.], den Geist angehend, gedanklich. **Mentalität** die, Geistesrichtung, Denkungsart.

Mentalreservation [lat.] die, → Gedankenvorbehalt.

Menthol das, kühlender, schmerzstillender, entzündungswidriger Bestandteil des Pfefferminzöls; zu Mundwassern, Schnupfenpulvern u. a.

Menton [mãt'ɔ̃], ital. **Mentone,** Stadt, Kurort in Frankreich, bei Monaco, 25 300 Ew.

Mentor, 1) grch. Sage: der Vertraute des Odysseus und Erzieher des Telemach. **2) M.** der, Lehrer, Berater.

Menü [frz.] das, Speisenfolge, Speisekarte.

Menuett das, **1)** alter frz. Tanz im Dreivierteltakt. **2)** ☽ Satz einer Suite, Sonate, Sinfonie, aus Hauptteil und Trio bestehend.

Menuhin, Yehudi, brit. Geiger, *1916. Friedenspreis des Dt. Buchhandels 1979.

Menütechnik, in der Datenverarbeitung eine bes. benutzerfreundliche Ablaufsteuerung eines Dialogprogramms.

Menzel, Adolph v., Maler, Zeichner, *1815, †1905. Hauptwerke: Tafelrunde in Sanssouci, Flötenkonzert, Eisenwalzwerk; Holzschnitte zur Geschichte Friedrichs d. Gr.

Mephistopheles, Mephisto, Name des Teufels in Goethes »Faust«.

Meppen, Stadt in Ndsachs., am Dortmund-Ems-Kanal, 29 500 Ew.; Ind., Erdöl.

Meran, ital. **Merano,** Stadt in Südtirol, an der Etsch, 33 500 Ew.; alte Schlösser, z. B. Schloß Tirol; Herbst- und Winterkurort; Wein- und Obstbau.

Mercaptane, Thiole, ⚗ organ., Schwefel enthaltende Alkohole, widerlich riechend.

Mercator, eigtl. **Kremer,** Gerhard, Geograph, Kartograph, *1512, †1594; wendete zuerst die winkeltreue **M.-Projektion** für Seekarten an. 1595 erschien als sein Hauptwerk der erste Atlas.

Mercedes-Benz, → Daimler.

Mercerisation, Mercerisieren, Spezialbehandlung von Baumwollgarnen und -geweben zur Erhöhung von Glanz, Reißfestigkeit, Farbstoffaufnahmefähigkeit.

Merchandising [m'əːtʃəndaɪzɪŋ, engl.] das, Sammelbegriff für absatzschaffende und absatzbeschleunigende Maßnahmen.

Merck, Johann H., Schriftst., *1741, †1791; bed. Kritiker, Freund Goethes.

Mercouri, Melina, griech. Sängerin, Schauspielerin, Politikerin, *1925; 1981-90 Kultus-Min.

Meredith [m'eredɪθ], George, engl. Schriftst., *1828, †1909; psycholog., ironisch-satir. Romane (»Der Egoist«).

Mereschkowskij, Dmitrij Sergejewitsch, russ. Dichter, *1865, †1941; Mitbegründer des russ. Symbolismus; histor. Romane.

Mergel der, Gemenge aus Kalk und Ton; wird in der Zementind. verwendet.

Mergentheim, Bad M., Stadt in Bad.-Württ., im Taubertal, 19 400 Ew.; Heilbad (Bittersalzquellen); Deutschmeisterschloß; Ind.

Menzel: Die Schwester des Künstlers

Merseburg: Schloß

Merian, Matthäus, schweizer. Kupferstecher, *1593, †1650; kulturgeschichtl. wertvolle Städteansichten (»Theatrum Europaeum«).

Mérida [m'eriða], Stadt in Mexiko, 269600 Ew.; Sisalanbau. Nahebei die Ruinen von Chichén Itzá. (BILD Maya)

Meridian [lat.] der, Längenkreis, → Länge.

Mérimée, Prosper, frz. Dichter, *1803, †1870; kunstvolle Novellen (»Carmen«).

Merino [span.] der, mehrere feinwollige Schafrassen.

Merkantilismus der, wirtschaftspolit. System des Absolutismus (16.-18. Jh.) zur Erhöhung der staatl. Geldeinkünfte. Man förderte inländ. industrielle Erzeugung und Ausfuhr, um eine aktive Handelsbilanz und den Zustrom von Geld aus dem Ausland zu erreichen.

Merkur, Mercurius, 1) röm. Gott des Handels, dem → Hermes gleichgesetzt. **2)** der sonnennächste Planet; hat keine Atmosphäre, besteht wohl zu 80% aus Eisen. (→ Planeten)

Merlan [frz.] der, Art der Dorsche.

Merlin, 1) Zwergfalke. **2)** Zauberer und Prophet des Artuskreises.

Merowinger Mz., Königsgeschlecht der sal. Franken, erstmals mit Clodio um 425, gründete unter Chlodwig I. (482-511) ein Großreich (→ Fränkisches Reich). Im 7. Jh. verlor es seine Macht an die karoling. → Hausmeier; 751 wurde der letzte M. abgesetzt, → Karolinger.

Merrifield [m'erıfi:ld], Robert Bruce, amerikan. Biochemiker, *1921, Nobelpreis für Chemie 1984 für Forschungen über Aminosäuren.

Merseburg, Krst. im Bez. Halle, an der Saale, 46300 Ew.; Domkirche; TH für Verfahrenstechnik; Papier- und Maschinenind. Südl. von M. das **Leunawerk,** → Leuna.

Merseburger Zaubersprüche, 2 ahd. Zauberformeln, Stabreimgedichte, aufgezeichnet im 10. Jh.

Mesoamerikanische Hochkulturen: links Mosaik-Maske der Mixteken, Mexiko; rechts Tongefäß in Form eines mythischen Tieres, Nicaragua

Mersen, Gem. in den Niederlanden; 870 Vertrag zw. Ludwig dem Dt. und Karl dem Kahlen über die Teilung Lothringens.

Mersey [m'ə:zı], Fluß in NW-England, 109 km lang, mündet in die Irische See.

Mersin, Mersina, Provinz-Hptst. in der Türkei, 314000 Ew.; Hafen; Ausfuhr von Baumwolle.

Merthyr Tydfil [m'ə:θə t'ıdvıl], Industriestadt im Steinkohlenbezirk von Südwales, England, 53500 Ew.; Eisen- und Stahl-Ind.

Meru, Vulkanstock in Ostafrika, 4567 m hoch, westl. des Kilimandjaro, schwach tätig.

Merveilleuse [mɛrvɛj'ø:z, frz.] die, in Frankreich um 1800 eine Frau, die durch Übertreibung der Mode auffiel.

Merzig, Krst. im Saarland, an der Saar, 29300 Ew.; Metall-, Keramikind.

Mesabi Range [məs'ɑ:bı reındʒ], Gebirgszug in Minnesota, USA, reiches Eisenerzlager.

Mesalliance [mɛzali'ɑ̃s, frz.] die, → Mißheirat.

Mescalin das, Alkaloid aus mexikan. Kakteen; Rauschgift.

Meschede, Krst. in NRW, an der oberen Ruhr, 29300 Ew.; Hennetalsperre; Leichtmetall-, Textilind.

Meschhed, Stadt im Iran, 1,1 Mio. Ew.; Wallfahrtsort der Schiiten; Textil-, Zuckerind.

meschugge [hebr.], verrückt.

Meseritz, poln. **Międzyrzecz** [mjɛndz'iʒɛtʃ], Stadt in der poln. Wwschaft Gorzów, ehem. Krst. in Brandenburg, an der Obra, 17200 Ew.; Lebensmittelind.

Mesmer, Franz Anton, *1734, †1815; begründete die Lehre vom tier. Magnetismus **(Mesmerismus).**

Mesner der, Küster, Kirchendiener.

meso... [grch.], mittel..., zwischen...

Mesoamerika, Gebiet der präkolumb., indian. Hochkulturen: S-Mexiko, Guatemala, Belize, El Salvador und Teile von Honduras, Nicaragua und Costa Rica.

Mesoamerikanische Hochkulturen. Die Kultur der indian. Völker Mesoamerikas (bes. Azteken und Maya) ist von einheitl. Prägung. Erhalten sind außer Bauwerken hauptsächlich Keramik, Stein- und Metallgerät. – Um 200 bis um 900 n. Chr. entstanden größere kult. Bauwerke: mit Tempeln gekrönte Stufenpyramiden und Ballspielplätze. Die Bildhauerkunst schuf bes. Reliefs aus Stein oder Stuck. Auch die Wandmalerei blühte. Erst in der Folgezeit wurde die Rundplastik häufiger. Von der schon früh entwickelten Steinschneidekunst zeugen Masken für den Totenkult und Schmuckstücke. – Die Kunst der Metallbearbeitung breitete sich erst in der Toltekenzeit aus (um 900 bis um 1300). Die besten Goldarbeiter waren die Mixteken. Erst kurz vor der span. Eroberung trat Bronze auf. Holzgegenstände, reichgemusterte Textilien und Federmosaiken haben sich nur spärlich erhalten. – Die Bildhauerkunst der Azteken (um 1370 bis 1519) brachte neben starren Götterbildern auch realist. Bildwerke von Tieren und Menschen hervor. Die Keramik verlor an Reichtum der Farbe, Figuren wurden nun stets in Modeln geformt. Eine Bilderschrift, die Astronomie und Arithmetik waren bes. hoch bei den Maya entwickelt.

Mesolithikum [grch.] das, Mittelsteinzeit.

Mesolongion, grch. Stadt am Eingang des Golfs von Patras, 11200 Ew.; im grch. Freiheitskampf (seit 1821) Bollwerk gegen die Türken.

Mesonen [grch.] Mz., instabile → Elementarteilchen, die bei energiereichen Stößen von Nukleonen entstehen. Sie zerfallen in Leptonen und Photonen. Die M. kommen positiv, negativ und ungeladen vor. Die π-M. **(Pionen)** spielen eine wesentl. Rolle bei Wechselwirkungen zw. Nukleonen, die K-M. **(Kaonen)**

entstehen bei Wechselwirkungen zw. Nukleonen und π-M.

Mesopotamien [grch. »Zwischenstromland«], geschichtl. Landschaft beiderseits des unteren und mittleren Euphrat und Tigris, gehört jetzt größtenteils zum Irak. Im Altertum bedeutende Kulturlandschaft, später versteppt; neuerdings wieder zunehmend Anbauflächen, z.T. mit künstl. Bewässerung. Erdöllager. – M. gehörte zu Babylonien und Assyrien, später zur Herrschaft von Persern, Parthern, Römern, Sassaniden, Arabern, Seldschuken, Mongolen, Türken.

Mesosphäre [grch.] die, Schicht der → Atmosphäre.

Mesothorium das, radioaktives Isotop, entsteht aus Thorium durch radioaktiven Zerfall; zu Leuchtstoffen verwendet.

Mesozoikum [grch.] das, mittlerer Abschnitt der → Erdgeschichte, ÜBERSICHT.

Mespelbrunn, Wasserschloß (15./16. Jh.) der Grafen von Ingelheim im Spessart.

Messalina, Valeria, 3. Gattin des röm. Kaisers Claudius, sittenlos, 48 n. Chr. wegen einer Verschwörung hingerichtet.

Messe [lat. missa, missio »Entlassung«] die, **1)** KATH. KIRCHE: **Meßopfer,** Feier des Abendmahls als unblutige Erneuerung des Kreuzesopfers Christi. Hauptteile: **Wortgottesdienst** (Stufengebet, Introitus, Kyrie, Gloria, Kollekte, Epistel, Graduale, Evangelium, Credo), **Offertorium** (Bereitung der Opfergaben Brot und Wein), **Wandlung** oder **Konsekration** (Verwandlung von Brot und Wein in Leib und Blut Christi), **Kommunion** (Genuß der Opfergaben durch Priester und Gemeinde); danach abschließende Gebete, Segen. Der Feierlichkeit nach unterschied man **gesungene M.,** feierl. **Hochamt** (Missa solemnis) und **Pontifikal-M.** (von Bischöfen zelebriert; höchste Form die päpstl. oder **Papal-M.**). – Wichtigste liturg. Neuerungen seit dem 2. Vatikan. Konzil: Freigabe der Landessprache neben der lat. für die ganze M., Zelebration zum Volk hin, Einführung der Konzelebration (gemeinsame Feier der M. durch mehrere Priester). – MUSIK: Das **Ordinarium Missae** sind die bei jeder M. wiederkehrenden Teile, das **Proprium Missae** die für jeden Sonn- und Feiertag des Kirchenjahres wechselnden Gesänge. Höhepunkt der M.-Musik waren die A-capella-Schöpfungen Palestrinas. **2)** → Messen.

Messe [engl.] die, Wohn- und Speiseraum der Offiziere und Unteroffiziere.

Messen, Handelsmessen, im MA. in einigen Städten (Meßplätzen) entstandene Märkte für den Großhandel. Früher brachten Fabrikanten und Großhändler die Waren mit **(Waren-M.),** seit dem Ende des 19. Jh. nur mehr Muster **(Muster-M).** Nach 1945 wurden in Dtl. neben Leipzig bes. Frankfurt a. M., Hannover, Köln, München, Nürnberg, Offenbach, Düsseldorf und Berlin Messeplätze.

Messeni|en, grch. Landschaft in der südwestl. Peloponnes, von Sparta in **3 Messen. Kriegen** (8.-5. Jh. v. Chr.) unterworfen.

Messerschmitt, Willy, Flugzeugbauer, *1898, †1978, konstruierte Zivil- und Kampfflugzeuge.

Messiaen [mεsi'ã], Olivier, frz. Komponist, *1908; Orchesterwerke, Kammermusik.

Messias [hebr. »der Gesalbte«, grch. »Christos«] der, A. T.: Bez. des Königs; später: der erwartete Nachkomme des Stammes David, der das **Messian. Reich** aufrichten werde. Jesus hat sich als der erwartete M. und als der Erfüller der messian. Hoffnungen bekannt.

Messina, Hafenstadt auf Sizilien, an der **Straße von M.** (3-16 km breit), 272000 Ew.; Univ. – M. wurde im 8. Jh. v. Chr. von Griechen gegr.

Mespelbrunn: Wasserschloß

Messing das, gelbe Legierung aus Kupfer und 45-10% Zink; zinkärmere Legierungen heißen **Tombak** (Rot-M.); Verwendung im Maschinenbau.

Meßinstrumente, Hilfsmittel der Wissenschaft und Technik, dienen der genauen Größenbestimmung von Druck (Barometer), Durchfluß (Gas- und Wasserzähler), Elektrizität (Amperemeter, Voltmeter), Gewicht (Waage), Lichtstärke (Photometer), Radioaktivität (Zählrohr), Temperatur (Thermometer), Zeit (Uhr) u. a.

Messner, Reinhold, ital. Alpinist, *1944, bestieg alle 14 Achttausender; 1989/90 mit A. Fuchs erste Antarktisdurchquerung ohne techn. Hilfsmittel (ausgenommen Ski, Gleitsegel).

Meßter, Oskar, Kinotechniker, *1866, †1943; verbesserte die kinematograph. Geräte, führte die erste dt. Wochenschau vor (1914).

Meßtisch, auf einem Stativ befestigte waagerechte Zeichenplatte mit eingezeichnetem Grad- oder Gitternetz und zugehörigen Festpunkten für topograph. Feldaufnahmen, ersetzt durch → Photogrammetrie und → Tachymeter. **Meßtischblatt,** früherer Name der dt. topograph. Karten im Maßstab 1:25000.

Meßuhr, Feinmeßgerät, zeigt bei Meßbereich bis 10 mm Abweichungen bis zu 0,001 mm.

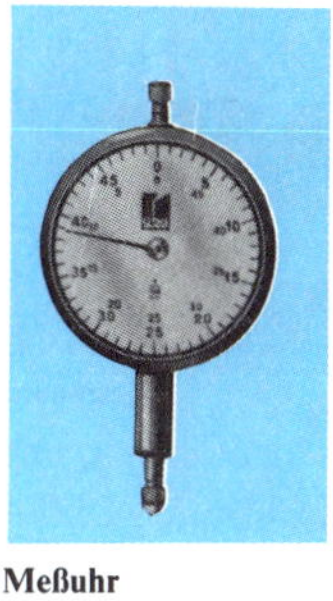

Meßuhr

Meßzahl, Indexzahl, Verhältniszahl zur deutlicheren Darstellung einer zahlenmäßigen Entwicklung. Der Zustand zu einem bestimmten Zeitpunkt wird als Grundlage genommen und gleich 100 gesetzt; die übrigen Zahlen werden im Verhältnis dazu umgerechnet.

Mestize [span.] der, Mischling zw. Weißen und Indianern.

Mestre, Vorstadt von Venedig, auf dem Festland, rd. 150000 Ew.; Hafenindustrie.

Meštrović [m'εʃtrovitç], Ivan, kroat. Bildhauer, *1883, †1962; Denkmäler, relig. Skulpturen.

Met der, Getränk aus vergorenem Honig.

meta... [grch.], mit..., nach..., zwischen...

Metageschäft [ital. metà »Hälfte«], gemeinsames Geschäft: beide Partner tragen Gewinn und Verlust zu gleichen Teilen.

Metalle [grch.-lat.], chem. Elemente, die sich durch besondere Eigenschaften von allen anderen chem. Elementen, den Nicht-M., unterscheiden (→ Halbmetalle). M. sind i. d. R. bei Raumtemperatur fest (Ausnahme: Quecksilber) und undurchsichtig, haben lebhaften Glanz, bilden mit anderen M. Legierungen, sind gute elektr. und Wärmeleiter und sind im festen Zustand plastisch verformbar. Die meisten M. überziehen sich an der Luft mit einer dunklen Oxidschicht (**unedle M.** i. Ggs. zu den **edlen M.** Platin, Gold, Silber). Nach der Dichte unterteilt man die M. in **Leicht-M.**

(Dichte unter 4,5 g/cm^3) und **Schwer-M.** In der Natur kommen Edel-M. z. T. gediegen vor, unedle M. nur in Form von Verbindungen, bes. als Oxide und Sulfide. Die meisten M. sind in Säuren löslich und bilden mit ihnen Salze.

Metall-Klebestoffe, Kunstharze zum Verbinden von Metallen mit Metallen und Nichtmetallen im Brücken-, Flugzeug-, Maschinenbau.

Metallographie [grch.] die, Zweig der Metallkunde, der sich mit metallmikroskop. Untersuchungen befaßt.

Metalloide Mz., ⚘ für → Nichtmetalle.

Metallschutz, Schutz von Metallen gegen Oxidation, Korrosion u.a., durch Anstrich, Überzüge mit anderen Metallen, Emaillieren, Legieren.

Metallspritzen, Verfahren zur Herstellung metall. Schutzüberzüge mittels Spritzpistole.

Metallurgie [grch.] die, **Hüttenkunde,** befaßt sich mit dem Erschmelzen der Metalle aus Erzen.

Metamorphose [grch.] die, Gestaltwandel, **1)** ⚲ Entwicklung eines Tieres durch versch. Formen hindurch, z. B. Larve, Puppe. **2)** Umbildung von Pflanzenteilen zu besonderen Aufgaben, z. B. Speicherwurzeln (Rüben, Knollen), Blattranken. **3)** ⊕ Umwandlungen, die ein Gestein durch Änderung seines physikalisch-chem. Gleichgewichtszustandes, etwa durch hohen Druck und hohe Temperatur, in der Erdkruste erleidet, ohne daß es völlig eingeschmolzen wird.

Metapher [grch.] die, übertragener (bildl.) Ausdruck, z. B. »Hafen« für »Zuflucht«. **metaphorisch.**

Metaphysik [grch.] die, Teil der Philosophie, der die Grundlagen des Seins erforscht, die man in und hinter der wahrnehmbaren Welt annimmt. **metaphysisch, 1)** auf die M. bezüglich. **2)** übersinnlich.

Metronom

Metastase [grch. »Versetzung«] die, Tochtergeschwulst oder Entzündung, die durch Verschleppung von Geschwulstzellen oder Keimen fernab vom Ursprung (Primärherd) an einer anderen Körperstelle entsteht (Krebs-M.; metastat. Abszeß).

Metazentrum das, Schnittpunkt der Auftriebsrichtung eines geneigten Schiffes mit der vertikalen Symmetrie-Ebene des Schiffes.

Metazo|en Mz., die vielzelligen Tiere. Gegengruppe: **Protozoen.**

Met|empsychose [grch.] die, Seelenwanderung.

Meteor [grch.] der, das, als Feuerkugeln, Sternschnuppen am Nachthimmel erscheinende Materiestücke außerird. Ursprungs. Zur Erde gefallene Stücke werden **Meteorite** genannt. Die M. dringen mit hohen Geschwindigkeiten (15-75 km/s) in die Erdatmosphäre ein, wo sie sich durch Reibung bis zum Glühen erhitzen; ihre Größe schwankt zw. wenigen g und vielen t. Die meisten M. sind Stein-, einzelne Eisenmeteorite.

Meteorologie [grch.] die, Wetterkunde. **Meteorologe** der, Fachmann der M.

Meteoropathologie [grch.] die, wissenschaftl. Grenzfach zw. Meteorologie und Medizin, erforscht den Einfluß des Wetters auf die Gesundheit, auf Entstehung und Verlauf von Krankheiten.

Metternich

Meter das, der, Abk. **m,** Längeneinheit, urspr. der 40millionste Teil eines Erdmeridians; das in Paris aufbewahrte **Urmeter** weicht geringfügig davon ab. Als Basiseinheit des Internationalen Einheitensystems (SI) festgelegt als Vielfaches der Wellenlänge einer bestimmten elektromagnet. Strahlung des Kryptonisotops ^{86}Kr.

Methadon, synthet. Droge, mit der Heroinabhängige von der Sucht befreit werden sollen, seit 1988 in NRW erprobt.

Methan das, **Sumpfgas, Grubengas,** ⚗ der einfachste Kohlenwasserstoff, CH_4, farb- und geruchloses, brennbares Gas; findet sich in erdölhaltigen Schichten, entsteht bei der Gärung von Cellulose (in Sümpfen), bei Zersetzungsvorgängen organ. Stoffe; Ursache der schlagenden Wetter.

Methode [grch. methodos »Weg zu etwas«] die, planmäßiges Verfahren zur Erreichung eines Ziels. **Methodologie** die, Lehre von den wissenschaftl. Verfahren. **Methodik** die, planmäßige Verfahrensweise. **methodisch,** planmäßig, zielsicher.

Methodisten Mz., protestant. Freikirche, entstand 1738 aus der Erweckungspredigt von J. Wesley und G. Whitefield. Die M. fordern praktische sittl. Tat.

Methusalem, Methusala, einer der Urväter (1. Mos. 5,21 ff.), der 969 Jahre alt geworden sein soll. Sprichwörtlich: **so alt wie M.,** sehr alt.

Methyl [grch.] das, ⚗ einwertige Alkylgruppe CH_3-.

Methylalkohol der, **Methanol** das, CH_3OH, der einfachste Alkohol; giftig, führt beim Genuß zur Erblindung.

Methylenblau, ⚗ künstl. blauer Farbstoff zum Färben von Papier, Stroh, Tinte.

Methylorange, ⚗ künstl. Farbstoff, ein Indikator; in sauren Lösungen rot.

Metier [metj'e, frz.] das, Gewerbe, Handwerk.

Metöke [grch. »Mitbewohner«] der, im alten Griechenland: ortsansässiger Fremder mit Handels- und Gewerbe-, aber ohne Bürgerrecht.

Metope [grch. »Zwischenfeld«] die, 🏛 rechteckiges Feld zw. den Triglyphen des dorischen Tempelgebälks, meist mit Reliefs.

Metrik [grch.] die, **1)** Lehre vom Versmaß **(Metrum),** → Vers. **2)** ♩ Lehre vom Takt.

metrisches System, das auf dem Meter aufgebaute Maßsystem; das Meter-Kilogramm-Sekunde-System **(MKS-System),** vom → Internationalen Einheitensystem abgelöst.

Metro, die Untergrundbahn von Paris.

Metronom [grch.] das, ♩ Gerät zum Messen des musikal. Zeitmaßes.

Metropole [grch.] die, Hptst., Mittelpunkt. **Metropolit** der, Erzbischof. **Metropolitankirche,** Kathedrale eines Metropoliten.

Metropolitan Area [metrəp'ɔlɪtən 'ɛərɪə, engl.] die, in den USA der die Vorstädte einschließende Planungs- und Verwaltungsraum großer Städte; auch städt. Ballungsräume in anderen Ländern.

Metropolitan Opera [metrəp'ɔlɪtən 'ɔpərə, engl.], führendes amerikan. Opernhaus in New York.

Metschnikow, Ilja, russ. Zoologe, *1845, †1916; seit 1888 am Pasteur-Institut Paris; grundlegende Forschungen über bakterielle Infektionen und Immunisierung; Nobelpreis 1908.

Metsu [m'ɛtsy], Gabriel, holländ. Maler, *1629, †1667; schilderte das häusl. Leben des holländ. Bürgertums.

Mett [ndt.] das, gehacktes Rind- oder Schweinefleisch; daraus mit Gewürz die **Mettwurst.**

Mette [von lat. matutina] die, Gottesdienst in der Nacht oder am Vorabend eines hohen Festes.

Metternich, Klemens Reichsgraf, seit 1803 Fürst v. **M.-Winneburg,** österr. Staatsmann, *1773, †1859; 1809 Außenmin., 1822 Staatskanzler. Auf dem Wiener Kongreß 1815 wirkte er führend an der Neuordnung Europas mit und sicherte Österreich die Vorherrschaft in Dtl. und Italien. Sein Ziel war die Erhaltung der staatl. Ordnung von 1815 und die Sicherung des Gleichgewichts der Mächte. Durch Polizeiherrschaft suchte er nationale und libe-

Metz: Deutsches Tor

rale Strömungen niederzuhalten. Die Revolution von 1848 erzwang seine Entlassung.

Metteur [mɛt'øːr, frz.] der, Schriftsetzer, der den Fahnensatz umbricht (→ umbrechen).

Mettmann, Krst. in NRW, 36600 Ew.; Kleineisen-, Maschinen-, Metallind.; bei M. das Naturschutzgebiet Neandertal.

Metz, Stadt in Lothringen, an der Mosel, 114200 Ew.; got. Kathedrale, alte Häuser und Tore; Schuh-, Tabak-, Konservenind. – M. ist eine sehr alte, stark befestigte Siedlung. 870 kam es zum Ostfränk. (Dt.) Reich, im 13. Jh. wurde es Reichsstadt, 1552 mit dem reichsunmittelbaren Gebiet der Bischöfe von M. von Frankreich besetzt. 1871-1918 und 1940-44 gehörte M. zum Dt. Reich.

Meunier [mœnj'e], Constantin, belg. Maler, Bildhauer, *1831, †1905; eindrucksvolle Darstellungen arbeitender Menschen, bes. Bergarbeiter.

Meunier: Lastträger

Meuterei [von Meute] die, Vereinigung mehrerer Personen, bes. Soldaten, Gefangene, Seeleute, zur Empörung gegen Vorgesetzte.

Mexicali [mɛxik'ali], Hptst. und Grenzort des Staates Baja California, Mexiko, 348500 Ew.

mexikanische Kunst. Geschichte: → Mesoamerikanische Hochkulturen. Gegenwart: In Architektur (J. O'Gorman), Freskenmalerei (J. C. Orozco, D. Rivera, D. A. Siqueiros, R. Tamayo) und Plastik (C. Bracho, F. Zúñiga) bestehen nebeneinander realist., expressionist., kubist. und surrealist. Stilformen mit Rückgriffen auf altmexikan. Vorbilder.

Mexiko [m'ɛxiko, span.], Rep. in Amerika, zw. dem Golf von M. und dem Pazif. Ozean, einschl. Inselgebiete 1972547 km², 81,16 Mio. Ew.; Hptst.: Mexiko; Amtssprache: Spanisch. ⊕ S. 484.

M. ist Bundesrep. mit 31 Bundesstaaten und dem Bundesdistrikt. Volksvertretung (Kongreß): Senat und Abgeordnetenhaus. Der Präs. wird vom Volk gewählt; er ernennt die Minister. Die Bundesstaaten haben eigene Volksvertretung.

Überwiegend Hochland (1000 bis über 2000 m), im W und O von höheren Gebirgen umsäumt; im S vulkanisch (Pico de Orizaba 5700 m, Popocatepetl 5452 m). Tiefland nur an den Küsten und auf der Halbinsel Yucatán. Größter Fluß der Rio Grande del Norte. Klima: im N trocken, binnenländisch; im S sind die Küstenniederungen tropisch, höhere Lagen gemäßigt und kühl. BEVÖLKERUNG. Rd. 95% Mestizen, daneben Indianer, Weiße, wenig Schwarze. Religion: über 90% kath. WIRTSCHAFT. Anbau (z. T. mit Bewässerung): Mais, Weizen, Reis, Zuckerrohr, Baumwolle, Citrusfrüchte, Kaffee, Sisal (Yucatán); Viehzucht, Forstwirtschaft, Fischerei. ⚒ auf Silber, Schwefel, Erdöl, Erdgas, Gold, Eisen, NE-Metalle u. a.; Ind. im Ausbau (Stahl-, Maschinen-, elektrotechn., chem., Papier- u. a. Ind.); Fremdenverkehr. Ausfuhr: Baumwolle, Kaffee, Zucker, Bergbauerzeugnisse. Haupthäfen: Veracruz, Tampico. Internat. Flughafen.

G Das Aztekenreich in M. erlag 1519-21 dem span. Eroberer Cortez. 1821 riß sich M. von Spanien los und wurde 1823 Freistaat. Seitdem häufige Bürgerkriege. 1848 mußte M. Kalifornien, New Mexico, Texas u. a. Gebiete an die USA abtreten. 1861 griff Napoleon III. in M. ein und machte 1864 den österr. Erzherzog Maximilian zum Kaiser (1867 erschossen). 1877-1911 Herrschaft des Diktators Diaz. Dann wieder blutige Bürgerkriege; Kampf auf Reform bedachter Regierungen gegen Großgrundbesitz (1910-20 aufgeteilt), kath. Kirche und nordamerikan. Erdölgesellschaften. Seit 1946 verstärkte Förderung von Industrie, Landwirtschaft, Verkehr. Staats- und Min.-Präs.: C. Salinas de Gortari (seit 1988).

Mexiko

Mexiko, Mexico City, amtl. **Ciudad de México** [θiuð'að ðɛ m'ɛxikɔ], Hptst. und größte Stadt der Rep. M., in der Agglomeration 19,4 Mio. Ew., 2240 m ü. M.; mehrere Univ.; Barockkathedrale, Nationalpalast, Häuser und Paläste im span. Stil; wichtigster Handelsplatz des Landes; Verkehrsknoten; Textil-, Eisen-, chem., Tabak-, Zement-, Papier-Ind. M. wurde auf den Trümmern der alten Azteken-Hptst. Tenochtitlán erbaut.

Mexiko (Stadt): Universitätsbibliothek

Mexiko, Golf von M., der westl. Teil des Amerikan. Mittelmeeres zw. Florida, Kuba und Yucatán; Wasserwärme: über 30 °C.

Mey, Reinhard, Liedermacher, *1942.

Meyer, 1) Conrad Ferdinand, schweizer. Dichter, *1825, †1898; schrieb formvollendete Gedichte, meisterhafte Novellen, auch aus der ital. Renaissancezeit: »Angela Borgia«, »Die Versuchung des Pescara«. Roman: »Jörg Jenatsch«. Episches Gedicht: »Huttens letzte Tage«. **2)** Eduard, Historiker, *1855, †1930; »Geschichte des Altertums«. **3)** Hans Joachim, Politiker, *1936; seit April 1990 Min. für Bildung und Wissenschaft in der Dt. Dem. Rep. **4)** Heinz-Werner, Gewerkschaftsführer, *1921; seit 1990 Vors. des Dt. Gewerkschaftsbundes. **5)** Joseph, Verlagsbuchhändler, *1796, †1856; Gründer des Bibliograph. Instituts in Gotha (1826). **6)** Lothar, Chemiker, *1830, †1895; stellte 1869 unabhängig von Mendelejew das Periodensystem der Elemente auf.

C. F. Meyer

Meyerbeer, Giacomo, eigtl. Jakob Liebmann **Meyer Beer,** Komponist, *1791, †1864; Opern: »Die Kreuzritter«, »Robert der Teufel«, »Die Hugenotten«, »Der Prophet«.

Meyrink, Gustav, Schriftst., *1868, †1932; Erzählungen, Romane (»Der Golem«).

Meysenbug, Malvida v., Schriftstellerin, *1816, †1903; Demokratin, Freundin von R. Wagner, Nietzsche, Liszt; »Memoiren einer Idealistin«.

MEZ, Abk. für Mitteleuropäische → Zeit.

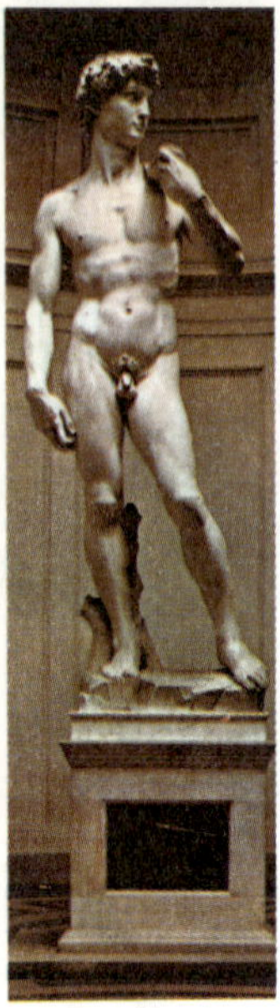

Michelangelo: David, 1501-04

Mikroskop

mezza voce [m'ɛddza vo:tʃɛ, ital.], ♩ mit verhaltener Stimme.

mezzo [ital.], mittel, halb. ♩ **Mezzosopran** der, ♩ Stimmlage zw. Sopran und Alt.

Mezzogiorno [mɛddzodʒ'orno, ital. »Mittag«], der Süden Italiens.

Mezzotinto [ital.] das, Schabkunst.

MF, Abk. für Mittelfrequenz.

mg, Einheitenzeichen für **Milligramm,** $^1/_{1000}$ g.

Mg, chem. Symbol für **Magnesium.**

M. G., Abk. für Maschinengewehr.

mhd., Abk. für mittelhochdeutsch.

Miami [maɪ'æmɪ], Stadt im S Floridas, USA, Agglomeration 1,7 Mio. Ew.; Seebad und Winterkurort, inmitten einer trop. und subtrop. Pflanzenwelt.

Miass, Stadt am M., Russ. SFSR, 162 000 Ew.; Kraftfahrzeug-, Elektro-Ind.

Micha [hebr. »wer ist wie Jahwe?«], Prophet in Israel, seit 725 v. Chr.

Michael [hebr. »wer ist Gott gleich?«], männl. Vorname. Kurzform: **Michel.** (→ Deutscher Michel)

Michael, einer der Erzengel, Sieger über den Satan, Beschützer der Kirche, Volksheiliger der Deutschen; Tag: 29. 9.

Michaux [miʃ'o], Henri, frz. Schriftst., Zeichner, *1899, †1984; surrealist. Dichtungen in Prosa oder selbstgeschaffenen Rhythmen.

Michel, Hartmut, *1948, dt. Biochemiker, erhielt 1988 mit R. Huber und J. Deisenhofer den Nobelpreis für Chemie für Forschungen zur Photosynthese.

Michelangelo [mikel'andʒelo], **M. Buonarroti,** Bildhauer, Maler, Baumeister, Dichter, *1475, †1564; eines der umfassendsten Genies der abendländ. Kunst, das ihr den Weg von der Renaissance zum Barock wies. Bildwerke: Pietà, David, Moses, Medicigrabmäler in San Lorenzo zu Florenz. Gemälde: Fresken in der Sixtin. Kapelle Rom (Schöpfungsszenen, Sintflut, Propheten, Sibyllen usw., Jüngstes Gericht). Bauten: Biblioteca Laurenziana in Florenz; Kapitolsplatz, Kuppel von St. Peter in Rom.

Michelet [miʃl'ɛ], Jules, frz. Geschichtsschreiber, *1798, †1874; Hauptwerke: »Histoire de France«, »Histoire de la Révolution française«.

Michelozzo [mikɛl'ɔttso], **M. di Bartolommeo,** ital. Baumeister, Bildhauer, *1396, †1472; Kloster S. Marco, Palazzo Medici in Florenz.

Michelson [m'aɪkəlsn], Albert, amerikan. Physiker, *1852, †1931; bewies die Unabhängigkeit der Lichtgeschwindigkeit von der Erdbewegung (→ Relativitätstheorie). Nobelpreis 1907.

Michelstadt: Rathaus

Michelstadt, Stadt in Hessen, im Odenwald, 14 000 Ew.; Rathaus (1484); versch. Ind., Elfenbeinschnitzerei, die seit 1990 mit Mammutelfenbein aus der Sowjetunion arbeitet.

Michigan [m'ɪʃɪgən], Abk. **Mich.,** nordöstl. Mittelstaat der USA, am Huron-, Michigan- und Oberen See, 150 779 km², 9,14 Mio. Ew.; Hptst.: Lansing; größte Stadt: Detroit. ⚒ auf Eisen, Salz, Erdöl, Erdgas u. a. Stark industrialisiert: Kraftwagen- (Detroit), Flugzeug-, Maschinen-, Möbel- u. a. Ind. Obst-, Getreidebau. ⊕ S. 494.

Michigansee [m'ɪʃɪgən-], **Lake Michigan,** der südwestlichste der 5 Großen Seen Nordamerikas, 57 757 km² groß, 282 m tief.

Mickiewicz [mitskj'evitʃ], Adam, poln. Dichter, *1798, †1855; lebte als Emigrant im Ausland; begründete die poln. romant. Schule.

Midas, grch. Sage: phryg. König (736-700 v. Chr.), dem sich alles, was er berührte, in Gold verwandelte und dem Apollo aus Rache für eine Beleidigung Eselsohren wachsen ließ.

Middlesbrough [m'ɪdlzbrə], Hafenstadt an der Ostküste Englands, 150 000 Ew.; Eisen- und Stahl-, chem. Industrie, Schiffbau.

Midgard [altnord.] der, nord. Göttersage: die Erde; umschlungen von der **Midgardschlange.**

Midi [frz.], Mittag, Süden.

Midlands [m'ɪdləndz], das mittelengl. Tiefland: durch Eisen- und Kohlevorkommen bedeutendes Industriegebiet; wichtigste Städte Birmingham, Coventry, Nottingham.

Midrasch [hebr.] der, die jüd. Auslegung des A. T.

Mieder das, **1)** eng anliegendes Oberteil der Frauenkleidung ohne Ärmel, bes. bei Trachten. **2)** Sammelbegriff für Korsett, Hüfthalter, Büstenhalter u. a.

Miegel, Agnes, Schriftstellerin, *1879, †1964; stimmungsvolle Balladen und Erz.

Miere die, 2 Gatt. der Nelkengewächse: 1) Gatt. Stellaria, darunter **Stern-M.,** weißblühendes Unkraut, und **Vogel-M.,** Vogelfutter, Unkraut. 2) Gatt. Alsine, darunter die **Frühlings-M.**

Mierendorff, Carlo, Politiker (SPD), *1897, † (Luftangriff) 1943; seit 1930 MdR, 1933-38 im KZ, Verbindungsmann zum → Kreisauer Kreis.

Miesmuschel [zu Moos] die, eßbare Muschel der nordeurop. Meere, mit blauschwarzen Schalen.

Mies van der Rohe, Ludwig, Architekt, *1886, †1969; war 1930-33 Leiter des Bauhauses Dessau, einer der führenden Architekten des neuen Bauens.

Miete die, ⚖ Vertrag, durch den sich der Vermieter verpflichtet, dem Mieter eine unbewegliche oder bewegl. Sache gegen einen vereinbarten **Mietzins** (auch M. genannt) zum Gebrauch zu überlassen (§§ 535 ff. BGB). Der Mietzins ist am Ende der Mietzeit zu zahlen, bei Bemessung nach Zeitabschnitten jeweils nach Ablauf des betr. Zeitabschnittes. Der Vermieter von Grundstücken oder Räumen hat für seine Forderungen aus der M. ein gesetzl. Pfandrecht **(Vermieterpfandrecht)** an den eingebrachten pfändbaren Sachen des Mieters. Beendigung der M. mit Ablauf der vereinbarten Mietzeit oder nach Kündigung mit gesetzl. Frist.

Migmatit der, Mischgestein in metamorphen Bereichen.

Migne [miɲ], Jacques Paul, frz. kath. Geistlicher, Verleger, *1800, †1875; Gesamtausgabe der Kirchenväter.

Migräne die, Leiden mit heftigen, meist halbseitigen Kopfschmerzanfällen, Übelkeit und Brechreiz.

Migration, 1) Biologie: dauerhafte Ab- oder Einwanderung einzelner Tiere oder auch einer Population in eine andere gleicher Art.

2) Soziologie: Wanderung einzelner oder von Gruppen im geograph. Raum, z. B. Gastarbeiter, auch im sozialen Gefüge.

Migrantenliteratur schildert sich aus der Migration ergebende soziale, wirtschaftl., kulturelle u. a. Probleme, meist von Migranten in ihrer eigenen Sprache oder in der des Gastlands verfaßt.

Mihailović [-vitsj], Draža, jugoslaw. Oberst, *1893, †(erschossen) 1946; gründete 1941 eine Partisanenarmee, Gegner Titos.

Mihrab das, Gebetsnische der Moschee.

Mikado [japan.], **1)** der, poet. Benennung des Kaisers von Japan. **2)** das, Geschicklichkeitsspiel mit Stäbchen.

mikro... [grch.], klein...

Mikroben [grch.], Ez. Mikrobe die, → Mikroorganismen.

Mikrobiologie, Wiss. von den Mikroorganismen; **allg. M.** trug zur Entdeckung biolog. Grundvorgänge bei; **angewandte M.** mit prakt. Bedeutung für Medizin, Landwirtschaft, Nahrungsherstellung u. a.

Mikrocomputer [-kɔmpju:tə], elektron. Rechner, bestehend v. a. aus → Mikroprozessor, Speichern, Ein- und Ausgabeeinheiten für Daten, Anschlüssen für externe Geräte, Datenleitungen und Stromversorgung.

Mikrodiskette, Mikrofloppy, Diskette mit 3½ und 3 Zoll Durchmesser.

Mikroelektronik, Anwendung hochintegrierter Schaltungen in der Elektronik. Die M. ist eine Schlüsseltechnologie für die gesamte Wirtschaft.

Mikrofiche [-f'iʃ, frz. »Zettel«] die, Planfilm im Postkartenformat, bei dem zeilenweise Mikrobilder **(Mikrokopien)** nebeneinandergereiht sind.

Mikrofilm, Film mit Mikrokopien, dient zur raumsparenden Schriftgutablage und Dokumentation. Die Mikrokopien werden mit einem Lesegerät betrachtet.

Mikrofilmgeräte, Aufnahmekameras, Filmentwicklungs- und Weiterverarbeitungsgeräte sowie Lese- und Rückvergrößerungsgeräte für Mikrofilm oder Mikrofiche.

Mikrokosmos [grch.] der, Einzelwesen, Einzelorganismus. Ggs.: → Makrokosmos.

Mikrometer [grch.] das, **1)** → Schraublehre. **2)** Abk. μm, ein Millionstel Meter.

Mikronesi|en, Inselwelt im westl. Pazif. Ozean, umfaßt Nauru, Tuvalu, Kiribati, Bonin-Inseln, Marianen, Karolinen, Marshall-Inseln, Wallis und Futuna, zus. 3425 km², mehr als 200000 Ew. **(Mikronesier).**

Mikro|organismen, Mikroben, die kleinsten Lebewesen, meist einzellig; auch die Viren zählen zu den M.

Mikrophon [grch.] das, Gerät zur Umwandlung von Schallschwingungen in elektr. Wechselspannungen. Beim **Kohle-M.** des Fernsprechers werden zw. einer Membran und einer von ihr isolierten Gegenelektrode Kohlekörnchen durch die Schwingungen der Membran mehr oder weniger gegeneinander gepreßt. Dadurch ändert sich der Übergangswiderstand zw. den Körnern, entsprechend schwankt ein durch sie geleiteter Gleichstrom. Beim **Kondensator-M.** werden die Wechselströme durch Kapazitätsänderung, beim **dynam. (Tauchspulen-)M.** durch Induktion erzeugt, beim **Kristall-M.** wird der → piezoelektrische Effekt ausgenutzt. Beim elektromagnet. M. schwingt in einer feststehenden Spule der durch den Schall bewegte Anker eines Magneten. **Körperschall-M.** (z. B. das **Kehlkopf-M.**) reagieren nur auf Schwingungen des Körpers, an den sie angelegt sind.

Mikroprozessor der, -/...s'oren, extrem verkleinertes Steuer- und Rechenwerk (Prozessor) eines → Mikrocomputers, bei dem die gesamte Zentraleinheit einer Datenverarbeitungsanlage auf einem einzigen Siliciumplättchen (→ Chip) aufgebaut ist. Durch die Miniaturisierung wird die Geschwindigkeit, mit der Befehle ausgeführt werden, wesentlich erhöht. Vielseitige Einsatzmöglichkeiten in allen Bereichen der Technik. Entwickelt wurde der M. 1969 in den USA.

Mikrorille, Rille einer Langspielplatte, 0,04 bis 0,05 mm breit.

Mikroskop [grch.] das, opt. Gerät zur vergrößerten Betrachtung und photograph. Aufnahme sehr kleiner Gegenstände. Eine Sammellinse sehr geringer Brennweite (Objektiv) entwirft ein wirkliches, vergrößertes Bild des Gegenstandes, das durch eine als Lupe wirkende Okularlinse nochmals stark vergrößert betrachtet wird. Das auf einem drehbaren Objekttisch ruhende Präparat wird von unten mit Hilfe einer Beleuchtungseinrichtung (Hohlspiegel, Kondensorlinsen) durchleuchtet. Das Auflösungsvermögen wird durch die Wellenlänge des Lichts begrenzt, es liegt bei Verwendung von sichtbarem Licht bei etwa 0,2 μm. Mit dem **Ultra-M.** können nur die Beugungsbilder noch kleinerer Teilchen beobachtet werden. Mit Elektronenstrahlen statt Licht arbeitet das → Elektronenmikroskop. (BILD S. 576)

Mikrotom [grch.] das, hobelart. Schneidemaschine zur Anfertigung dünnster, bes. tier. oder pflanzl. Schnitte (bis 10^{-5} mm) zu mikroskop. Untersuchungen.

Mikrowellen, elektromagnet. Schwingungen hoher Frequenz (unterhalb 0,3 m Wellenlänge). Verwendung: in der Physik zur Erforschung des Aufbaus von Molekülen und Atomen (M.-Spektrographie), techn. zur Wärmeerzeugung (Trockenanlagen für Papier, Textilien, Vierfarbendruck, Vulkanisieren), medizin. zur M.-Therapie.

Mikrowellenherd, Herd, in dem das Koch- oder Backgut in einem backofenähnlichen Hohlraum durch Mikrowellen im Gigahertz-Bereich erwärmt und gegart wird.

Milan [frz.] der, Falkenvogel; in Dtl. leben **Rot-M.** (Gabelweihe) und **Schwarz-M.**; Zugvögel.

Milben Mz., Ordn. der Spinnentiere mit verschmolzenem Kopfbruststück und Hinterleib. Viele Arten sind Schmarotzer; es gibt: **Haus-M., Lauf-M., Käse-M., Käfer-M., Krätz-M.** (→ Krätze).

Milch die, **1)** Abscheidung der M.-Drüsen der Frau und der weibl. Säugetiere nach dem Gebären; Nahrung des Neugeborenen. Versch. Haustiere haben durch Fortzüchtung reichlichere M.-Absonderung, bes. Kuh, Ziege, Schaf. Die **Kuh-M.** enthält 84-90% Wasser, 2,8-4,5% Fett, 3,3-4% Eiweiß und 3-5,5% **M.-Zucker,** außerdem Vitamine. Das Fett, der Rahm, der **Voll-M.** ist Ausgangsstoff für die Herstellung von Butter und Käse; als Rückstand entsteht → Molke und Buttermilch (→ Butter). Beim Sauerwerden der Milch wandelt sich der Milchzucker unter Mitwirkung von M.-Säurebakterien in **M.-Säure** um (→ adaptierte Milch). **2)** weiße Samenmasse des männl. Fisches, des **Milchners.**

Milchglas, getrübtes, lichtdurchlässiges und lichtverteilendes Glas.

Milchling der, Gatt. der Blätterpilze; sie sondern Milchsaft ab, z. B. der Reizker.

Milchpulver, → Trockenmilch.

Milchsaft, → Chylus.

Milchschorf, Hautausschlag im Säuglingsalter bei dazu veranlagten Kindern; im Gesicht und an der behaarten Kopfhaut.

Milchstraße, Galaxis die, das Sternsystem, in dem sich die Sonne befindet und das als breiter, heller Gürtel am Himmel zu sehen ist; entsteht durch den vereinigten Glanz sehr vieler, weit entfernter Sterne (einige hundert Milliarden). (BILD S. 578)

Milchzucker der, **Lactose** die, Zuckerart aus der Milch der Säugetiere.

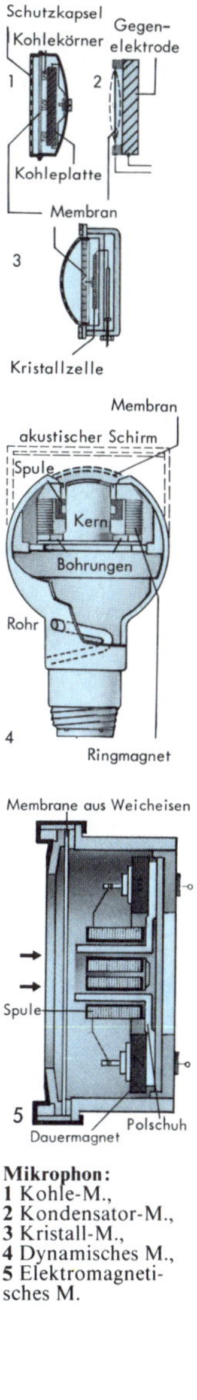

Mikrophon: 1 Kohle-M., **2** Kondensator-M., **3** Kristall-M., **4** Dynamisches M., **5** Elektromagnetisches M.

Milan: Rot-M.

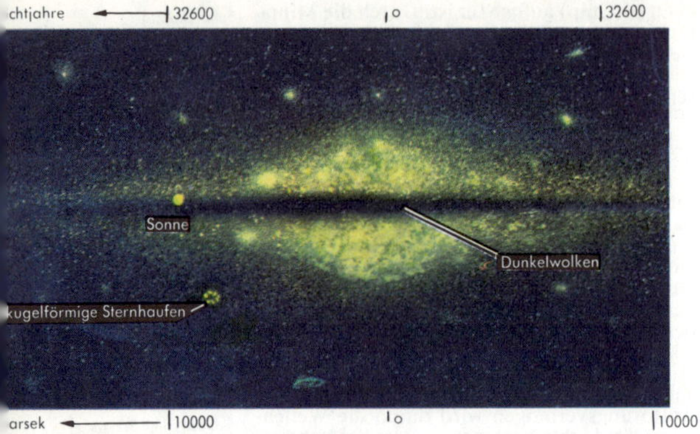

Milchstraße: Seitliche Ansicht des Milchstraßensystems (schematisch)

Milhaud

A. Miller

H. Miller

Milton

mildernde Umstände, ⚖ besondere tatsächl. Verhältnisse eines Straffalles, die die regelmäßige Strafe als zu streng erscheinen lassen.

mile [maɪl] die, Mz. miles, engl. für → Meile.

Milet, im Altertum die mächtigste ion. Stadt Kleinasiens, an der Mündung des Mäander in das Ägäische Meer. 494 v. Chr. von den Persern zerstört; neue Blüte unter den Römern. Dt. Ausgrabungen seit 1899.

Milhaud [mij'o:], Darius, frz. Komponist, *1892, †1974; Opern, Kammermusik.

Milieu [milj'ø, frz.] das, die → Umwelt.

militant [lat.], kämpferisch.

Militär [frz. aus lat.], **1)** das, Sammelbegriff für Soldaten, Wehrmacht, Streitkräfte. **2)** der, Berufssoldat, Offizier.

Militärattaché [-ataʃ'e] der, → Attaché.

Militärgerichtsbarkeit, durch militär. Behörden ausgeübte Gerichtsbarkeit über Militärpersonen in Strafsachen; 1920 aufgehoben, 1933 wieder eingeführt, 1945 abgeschafft.

Militärgrenze, im 16.-19. Jh. der streng militär. eingerichtete, mit Bauernsoldaten (»Grenzern«) besiedelte Landstrich entlang der türk. Grenze Österreich-Ungarns.

Militärischer Abschirmdienst, Abk. **MAD,** Einrichtung zum Schutz der Bundeswehr gegen Spionage, Sabotage und Zersetzung.

Militarismus [lat.] der, Vorherrschaft des Militärischen, bes. eine Gesinnung, die militär. Formen und Denkweisen überbetont.

Militärkonvention, Vertrag zw. Staaten über militär. Fragen; heute meist durch kollektive Sicherheitsbündnisse ersetzt.

Militärregierung, mit der Ausübung der Staatsgewalt in einem besetzten Gebiet betraute militär. Kommandostelle. In Dtl. übten die Besatzungsmächte 1945-49 die oberste Regierungsgewalt durch den → Kontrollrat aus.

Military [m'ɪlɪtərɪ, engl.] die, ↗ ehemalige Bez. der → Vielseitigkeit.

Miliz [lat.] die, Truppe, die nur zu kurzer Ausbildung und im Mobilmachungsfall einberufen wird.

Mill, John Stuart, engl. Philosoph, Volkswirt, *1806, †1873; vertrat in seiner Erkenntnislehre den Empirismus, in seiner Ethik den Utilitarismus und in seiner Wirtschaftslehre den Liberalismus.

Millais [mɪl'eɪ], Sir John, engl. Maler, *1829, †1896; gehörte zu den → Präraffaeliten.

Mille [lat.] das, das Tausend. **pro mille** oder **per mille** aufs Tausend, Abk. ‰. **Millennium** das, das Jahrtausend.

Miller, 1) Arthur, amerikan. Dramatiker, *1915; »Der Tod des Handlungsreisenden«; »Hexenjagd«; »Zwischenfall in Vichy«; Romane: »Brennpunkt«; »Nicht gesellschaftsfähig«. **2)** Glenn, amerikan. Jazzkomponist, Arrangeur, Bandleader, *1904, † (Flugzeugabsturz) 1944; klass. Swingstil. **3)** Henry, amerikan. Schriftst., *1891, †1980; Romane »Wendekreis des Krebses«; »Sexus«; »Plexus«; »Nexus«. **4)** Oskar v., Ingenieur, *1855, †1934; Gründer des → Deutschen Museums in München.

Millet [mil'ɛ], Jean François, frz. Maler, Graphiker, *1814, †1875; malte Bauerngestalten in meist schwermütigen Landschaften.

Milli... [lat.], Zeichen **m,** Vorsatz vor einer Maßeinheit = 10^{-3}.

Milliarde [frz.] die, tausend Millionen, 1 000 000 000 = 10^9.

Millikan [m'ɪlɪkən], Robert Andrews, amerikan. Physiker, *1868, †1953; bestimmte die elektr. → Elementarladung; Nobelpreis 1923.

Million [ital.] die, tausend mal tausend, 1 000 000 = 10^6.

Millöcker, Karl, österr. Operettenkomponist, *1842, †1899; »Der Bettelstudent«.

Millstätter See, Alpensee in Kärnten.

Miloš Obrenović [m'ilɔʃ ɔbr'ɛnɔvitsj], Gründer des serb. Fürstenhauses O., *1780, †1860.

Miłosz [m'ilɔʃ], Czesław, poln. Schriftst., *1911; seit 1956 in den USA, Romane, Lyrik; 1980 Nobelpreis für Literatur.

Milstein, César, argentin. Molekularbiologe, *1927, erhielt zus. mit N. K. Jerne und G. Köhler den Nobelpreis für Physiologie und Medizin 1984 für immunbiolog. Forschungen.

Miltenberg, Krst. in Bayern, am Main, 9300 Ew.; Ind.; Fachwerkhäuser, bes. das Haus zum Riesen (1590), Rathaus (15. Jh.).

Miltiades, athen. Feldherr, schlug 490 v. Chr. bei Marathon die Perser.

Milton [m'ɪltən], John, engl. Dichter, *1608, †1674; Puritaner, verfaßte polit. Schriften im Dienst Cromwells. Erblindet diktierte er die Epen: »Das verlorene Paradies« und »Das wiedergewonnene Paradies«.

Milwaukee [mɪlw'ɔ:kɪ], Stadt in Wisconsin, USA, am Michigansee, 1,4 Mio. Ew. (mit Vororten); Hafenanlagen; Ind.

Milz die, der große Blutlymphknoten des Menschen und der Wirbeltiere, Bildungsstätte von weißen Blutkörperchen (→ Blut), liegt links in der Bauchhöhle unter dem Zwerchfell. In der M. erfolgt der Abbau der verbrauchten roten Blutkörperchen; sie schwillt bei fast allen Infektionskrankheiten an, da die Bildung der weißen Blutkörperchen als Abwehrmaßnahme stark gesteigert ist.

Milzbrand, durch den **M.-Bazillus** verursachte Infektionskrankheit, bes. bei Schafen, Rindern, Pferden, Schweinen, Ziegen; auf den Menschen übertragbar.

Mimese die, spezielle Schutztracht, Übereinstimmung von Körpergestalt und Färbung eines Tieres mit anderen Objekten. (BILD Farbwechsel)

Mimik [grch.] die, Ausdrucksformen des Gesichts. **Mime,** Schauspieler.

Mimikry [engl. »Nachahmung«] die, spezielle Schutztracht oder Verhaltensweise, Übereinstimmung genießbarer oder nicht wehrhafter Tiere mit ungenießbaren oder wehrhaften Tieren, z. B. **Wespen-M.** (BILD Farbwechsel)

Mimir, Mime, dt. Heldensage: kunstreicher Schmied, der Sigurd erzieht.

Mimose [grch.] die, Gatt. der Hülsenfrüchter. Die Blätter der **Mimosa pudica** sind stark reizempfindlich; daher Sinnbild für übertriebene Empfindlichkeit.

Mimus [grch.] der, **1)** improvisierte Darbietung realist. Szenen (ohne Maske und vulgärsprachlich), gepflegt im dorischen Sizilien, dann bes. in Rom bis zum Ausgang der Antike. **2)** Schauspieler.

Minarett [arab. »Leuchtturm«] das, Turm einer Moschee mit Galerie für den Gebetsrufer. (BILDER S. 579)

Minas Gerais [m'inaʒ ʒer'ais], Binnenstaat Brasiliens, 587 172 km², 14,6 Mio. Ew.; Hptst.: Belo Horizonte. Kaffee, Tabak, Zuckerrohr; Viehzucht. Wichtigster Bergbaustaat Brasiliens (Eisen, Mangan, Bauxit, Zinn, Nickel u. a.); Schwerind.

Mindanao, Insel der Philippinen, 94 730 km²; gebirgig, vulkanisch (Apo 2954 m); reich an Seen, Sümpfen, Urwald; Anbau von Reis, Zucker, Kaffee. Größte Stadt: Davao.

Mindel die, rechter Nebenfluß der Donau; nach ihr ist die **Mindel-Eiszeit** benannt.

Minden, Krst. in NRW, an der Weser und am Mittellandkanal (mit Häfen), 75 400 Ew.; Dom (frühgot. Hallenkirche, roman. Westbau); Walzwerk, Eisengießereien, Sägewerke, Schiffswerften u. a. Ind. – Das Bistum M. kam 1648 als weltl. Fürstentum an Brandenburg.

Mindere Brüder, die → Franziskaner.

Minderheiten, → nationale Minderheiten.

Minderjährigkeit die, ⚖ Lebensabschnitt bis zum vollendeten 18. (in Österreich bis zum 19., in der Schweiz bis zum 20.) Lebensjahr. (→ Alter, Übersicht).

Minderung die, ⚖ Herabsetzung des Preises bei Mängeln der Ware, z. B. bei Kauf- und Werkvertrag (§§ 462 BGB), → Mängelhaftung.

Minderwertigkeitsgefühl, Gefühl des Versagens vor den Ansprüchen des Lebens (Umwelt) und der Unterlegenheit gegenüber Leistung und Wert von Mitmenschen.

Mindestreserven, Guthaben, die die Kreditinstitute bei der Zentralnotenbank unterhalten müssen. Werden sie erhöht, müssen die Banken ihre Kreditgewährung einschränken, Senkung erlaubt Kreditausweitung **(M.-Politik).**

Mindoro, waldbedeckte Philippineninsel, 9735 km²; Haupthafen: Calapan.

Mindszenty, Josef, Kardinal (seit 1946), *1892, †1975; 1945-74 Erzbischof von Gran; 1949-56 als Gegner des Kommunismus in Haft, während des ungar. Aufstands befreit, 1956-71 in der amerikan. Botschaft in Budapest, dann in Wien.

Mine [frz.] die, **1)** allg.: Sprengladung, die geballt oder in einem Gefäß verwendet wird. **Land-M.** dienen zu Sperren. **See-M.** werden als M.-Felder durch M.-Leger ausgelegt. **Luft-M.** sind Fliegerbomben mit besonderer Steuerung und hoher Luftdruckwirkung. **2)** Bergwerk. **3)** Füllung in Schreibstiften.

Mineralfarben Mz., die → Erdfarben.

Minerali|en [lat.] Mz., chemisch und physikalisch einheitl. Stoffe der Erdrinde; Gesteine dagegen sind Gemenge versch. M. Die meisten M. nehmen bei ihrer Bildung aus Lösungen oder aus geschmolzenem oder gasförmigem Zustand Kristallform an (→ Kristall). Die Beschreibung dieser, die Kristallographie, ist ein Teilgebiet der **Allg. Mineralogie.** Die **Spezielle Mineralogie** beschreibt die rund 2000 einzelnen M. (BILDER S. 580)

Mineralöle, Öle, die bes. durch Destillation des Erdöls, des Steinkohlen- und Braunkohlenteers und bei der Kohleverflüssigung gewonnen werden; sie oxidieren i. Ggs. zu den pflanzl. und tier. Ölen an der Luft nicht.

Mineralsalze, anorgan. Bestandteile der Lebewesen.

Mineralwässer, Mineralquellen, → Heilquellen, ÜBERSICHT.

Minerva, röm. Göttin des Handwerks; später der Athene gleichgesetzt.

Minette [frz.] die, phosphorhaltiges Brauneisenerz.

Minetti, Bernhard, Schauspieler, *1905; Charakterdarsteller, moderne Rollen.

Ming, chines. Herrscherhaus, 1368-1644.

Miniatur [ital.] die, Buchbild oder Kleinbild. **Miniaturmalerei,** im MA. die Buchmalerei (Initialen, figürl. Bilder), in der Neuzeit Kleinbildmalerei (Bildnisse auf Pergament, Elfenbein oder Porzellan).

Minidiskette, Minifloppy, Diskette (→ Floppy Disk) mit 5¼ Zoll Durchmesser.

Minigolf, Kleingolf, dem Golf ähnl. Geschicklichkeitsspiel über 18, im Schwierigkeitsgrad unterschiedl. Hindernisbahnen.

minimal... [lat.], mindest..., niedrigst..., kleinst...; Gegensatz: maximal.

Minimal Art [m'ɪnɪməl ɑ:t, engl. »Mindestkunst«], Name für einige Tendenzen der Kunst in den 60er Jahren des 20. Jh., mit auf das Essentielle reduzierter Formensprache.

Minimal Music [m'ɪnɪməl mj'u:sɪk], im Zwischenbereich von avantgardist. Musik und Gebrauchs-, v. a. Popmusik sich entwickelnde Musikgestaltung.

Minimen [lat.] Mz., **Mindeste Brüder, Paulaner,** kath. Bettelorden, 1454 von Franz v. Paula gestiftet.

Minimum [lat.] das, **1)** kleinster Wert, Tiefstand. **2)** Wetterkunde: Tiefdruckgebiet.

Minister [lat. »Diener«] der, **1)** Mitgl. der Regierung, meist Leiter eines Zweiges der Staatsverwaltung, z. B. der Finanzen; gelegentl. ohne bes. Geschäftsbereich (»ohne Portefeuille«). **M.-Präsident** oder **Premier-M.,** in vielen Ländern der Vors. der Regierung. **M.-Rat,** in vielen Staaten das Gesamtministerium, vielfach auch ein M.-Ausschuß für besondere Aufgaben; in kommunist. Staaten das oberste Vollzugsorgan. **2) bevollmächtigter M.,** Titel des Gesandten. **M.-Resident,** → Gesandter.

Ministeriale der, **Dienstmann,** im MA.: urspr. zu ritterl. Dienst herangezogener Unfreier. Die M. erlangten Gleichstellung mit den freien Rittern und wurden Kern des niederen Adels.

Ministerium [lat.] das, **1)** oberste Behörde eines Verwaltungszweiges, z. B. das Justiz-M. **2)** Gesamtheit der Minister (Gesamt-M., Kabinett, Regierung).

Ministrant [lat.] der, Meßdiener.

Minkowski, Hermann, Mathematiker, *1864, †1909; schuf die mathemat. Grundlagen der Relativitätstheorie.

Minne die, zunächst die helfende Liebe, dann ritterl.-höf. Liebesauffassung des 12./13. Jh.; Verehrung des weibl. Idealbildes, der frouwe (→ Minnesang). Die M. wurde zum gesellschaftl. Spiel mit Regeln und Gesetzen **(hohe M.).**

Minneapolis [mɪnɪ'æpəlɪs], Stadt in Minnesota, USA, am Mississippi, 371 000 Ew., Agglomeration 2,2 Mio. Ew.; Univ.; größtes Müllereizentrum der Welt, versch. andere Ind. – M. ist mit St. Paul zusammengewachsen.

Minnelli, Liza, amerikan. Schauspielerin, Sängerin, Tänzerin, *1946; »Cabaret« u. a.

Minnesang, höf. Lyrik des 12.-13. Jh. Minnesänger waren u. a.: Der von Kürenberg, Dietmar von Aist, Heinrich von Veldeke, Friedrich von Hausen, Heinrich von Morungen, Reinmar der Alte, Walther von der Vogelweide, Wolfram von Eschenbach, später Neidhart, Frauenlob.

Minnesota [mɪnɪs'əutə], Abk. **Minn.,** Staat der USA, westl. des Oberen Sees, Ursprungsgebiet des Mississippi, 217 736 km², 4,2 Mio. Ew.; Hptst.: St. Paul; größte Stadt: Minneapolis. Ackerbau, Milch-, Forstwirtschaft; Eisenerz; Ind. ⊕ S. 494.

minoische Kunst, → ägäische Kultur.

minor [lat.], kleiner, geringer, jünger.

Minorität [lat.] die, Minderheit. (→ nationale Minderheiten)

Minoriten [lat.] Mz., die → Franziskaner.

Minos, grch. Sage: Titel oder Name eines Königs von Kreta, Vater der Ariadne und der Phädra; seine Gattin gebar einen Menschen mit Stierkopf, den **Minotaurus.** Von Minos in einem Labyrinth eingesperrt, tötete Theseus den Minotaurus mit Hilfe der Ariadne.

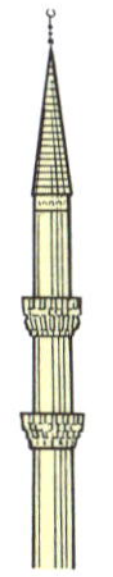

Istanbul
Sultan-Ahmed-Moschee

Medina

Kairouan

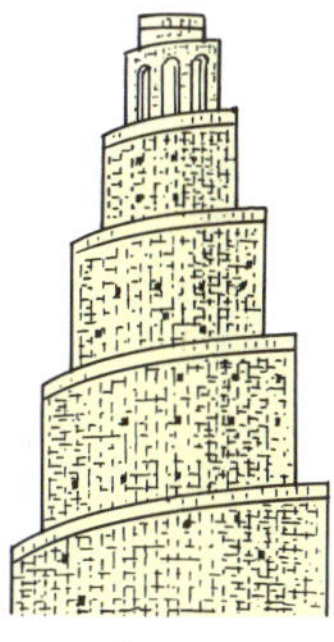

Samarra

Minarett (Bauformen)

1

2

3

4

Mineralien: 1 Silber, **2** Gold, **3** Pyrit, **4** Turmalin

Minsk, Hptst. der Weißruss. SSR, 1,58 Mio. Ew.; Univ.; Ind.

Mịnstrel [provenzal.] der, im MA.: Sänger, Spielmann, Gaukler im Dienst eines Adligen.

Minuẹnd [lat.] der, → Grundrechnungsarten.

mịnus [lat.], **1)** weniger. **2)** △ Ausdruck für die Subtraktion und die negativen Zahlen; Zeichen: –.

Minụskel [lat.] die, Kleinbuchstabe; Ggs.: Majuskel.

Minụte [lat.] die, **1)** 60. Teil einer Stunde, Abk.: min. **2)** 60. Teil eines Grades **(Bogen-M.).**

minuziọ̈s, minutiọ̈s [lat.], peinlich genau.

Minze die, Gatt. der Lippenblüter, mehrjähr., würz. Kräuter, z. B. wilde Arten: **Acker-M., Wasser-M.,** angebaut: **Pfeffer-M.,** deren Blätter krampflindernden, blähungstreibenden Tee liefern.

Miozạ̈n das, zweitjüngste Stufe des Tertiärs, → Erdgeschichte, ÜBERSICHT.

mips, Abk. für **m**illion **i**nstructions **p**er **s**econd, Maßeinheit für die Rechengeschwindigkeit von Computern.

Mirabeau [mirab'o], Honoré Gabriel Graf de **Riqueti** v., frz. Staatsmann, *1749, †1791; geistsprühender Redner, 1791 Präs. der Nationalversammlung; erstrebte liberale Reformen unter Erhaltung des Königtums.

Mirabẹlle [frz.] die, eine → Pflaume.

Mirạkel [lat.] das, **1)** Wunder. **2)** im MA.: dramatisierte Heiligenlegende.

Mịrat, engl. **Meerut,** Stadt in Uttar Pradesh, Indien, 470000 Ew.; Nahrungsmittelind.

Miró, Joan, span. surrealistisch-abstrakter Maler, *1893, †1983. (BILD spanische Kunst)

Misanthrọp [grch.] der, Menschenfeind.

Misch|ehe, Ehe zw. Personen versch. Rasse, versch. Religion oder versch. Bekenntnisses. Das kath. Kirchenrecht verbietet die M.; Ausnahmegenehmigung wird nur erteilt, wenn beide Teile versprechen, sich kath. trauen und die Kinder kath. taufen zu lassen und zu erziehen. Auch die evang. Kirche verlangt i. d. R. Sicherstellung der evang. Kindererziehung.

Misch|infektion, ♡ gleichzeitige Infektion mit mehreren versch. Erregerarten.

Misch|konzern, Konglomerạt, Konzern, in dem Unternehmen versch. Wirtschaftszweige zusammengefaßt sind.

Mischkristalle, → Isomorphie.

Mischlichtlampe, Lampen, in denen versch. Lichtquellen, meist Glühlampen und Gasentladungslampen, vereinigt sind, um tagesähnl. Licht zu erhalten.

Mischling der, **1)** Mensch, dessen Eltern versch. Rassen angehören, z. B. → Mulatte, → Mestize, → Bastaard. **2)** ⚘ ♧ ein → Bastard.

Mischna, der erste Teil des → Talmud.

Mischnick, Wolfgang, Politiker (FDP), *1921, 1961-63 Bundesmin. für Vertriebene, seit 1968 Vors. der FDP-Bundestagsfraktion.

Mischpult, 1) Elektroakustik: elektron. Gerät mit mehreren Eingängen und Lautstärkereglern sowie einem Ausgang zum Mischen von Tonfrequenzsignalen versch. Quellen (z. B. Mikrophon, Plattenspieler, Rundfunkempfänger); meist zur musikal. Untermalung von Sprachdarbietungen genutzt. **2)** Fernsehen: elektr. Gerät zum störungsfreien Einblenden von Bildsignalen in eine Sendung.

Mischstufe, ⊤ Stufe in Überlagerungsempfängern zur Umwandlung der Empfangsfrequenz in die Zwischenfrequenz (→ Rundfunk).

Mischwald, Forst aus 2 oder mehr Holzarten.

Misdrọy, poln. **Międzyzdroje** [mjɛndzizdr'ɔjɛ], seit 1972 Stadtteil von Stettin. Ostseebad auf der Insel Wollin.

Misẹre [frz.] die, Elend, Not, Jammer. **miserạbel,** elend, kläglich, erbärmlich.

Misẹreor [lat. »mich erbarmt es«], Hilfswerk dt. Katholiken gegen Hunger und Krankheit in der Welt, gegr. 1959. Die Mittel stammen bes. aus dem jährl. Fastenopfer der dt. Katholiken.

Miserẹre [lat. »erbarme dich«] das, Anfangswort und Bezeichnung des 51. Psalms.

Misericọrdias Dọmini [lat. »Die Gnade des Herrn«], 2. Sonntag nach Ostern.

Mises, Ludwig von, österr. Volkswirt, Soziologe, *1881, †1973; gründete 1926 das österr. Institut für Konjunkturforschung.

Mishima [-ʃ-] **Yukio,** japan. Schriftsteller, *1925, † (Selbstmord) 1970; Romane, Novellen, No-Spiele, verband japan. Tradition mit westl. psycholog. Denken.

Miskolc [m'iʃkolts], Stadt in Ungarn, 212000 Ew.; got. Stephanskirche (13. Jh.); Schwerind.; Bergbau (Braunkohle); Handel mit Wein.

Misogỵn [grch.] der, Frauenfeind.

Mispel die, Kernobstbaum, Rosenblüter, stammt aus Vorderasien, blüht weiß.

Mispel: oben Frucht, unten Blüte

Miss [engl.] die, Mz. **Mịsses,** Fräulein.

Missạle [lat.] das, Meßbuch der kath. Kirche.

Mißbildung, Fehlbildung, ♡ ⚘ ♧ durch Entwicklungsstörung bedingte Abweichung von der normalen Bildung des gesamten Körpers oder seiner Teile. Geringfügige M. wird auch als **Anomalịe** oder **Deformitạ̈t** bezeichnet.

Mißheirat, Mesalliance [mɛzali'ãs], im älteren Recht die Ehe zw. nichtstandesgleichen Personen.

mịssing link [engl. »fehlendes Glied«] das, Schlagwort für die vermutete Übergangsform zw. Mensch und Menschenaffen.

Mịssio canọnica [lat. »kirchl. Sendung«], von der kath. Kirche ausgesprochene Beauftragung mit einem kirchl. Amt.

Missiọn [lat.] die, **1)** Sendung, Auftrag. **2)** **Äußere M.,** Aussendung christl. Lehrer **(Mis-**

sionare) zur Verbreitung des Christentums. Die Geschichte der christl. M. begann mit der Wanderpredigt und Gemeindegründung der Apostel. Nach der Christianisierung des Röm. Reiches wandte sich die M. vornehmlich an die german., kelt. und slaw. Völker. Erst seit dem 16. Jh. ging sie auch in außereurop. Länder. Die kath. **M.-Gesellschaften** unterstehen der **Missionskongregation** in Rom, die evang. stehen nicht unter kirchl. Leitung. **3) Volks-M.,** kath. Seelsorge am Volk durch Predigten und Vorträge. Neuerdings wurde diese M. auch von den evang. Kirchen als **Evangelisation** aufgenommen (→ Innere Mission).

Mississippi [indian. »Vater der Gewässer«] der, längster Strom Nordamerikas, mit dem Missouri 6020 km lang; entwässert das Gebiet zw. Kordilleren und Appalachen; mündet in 3 Hauptarmen in den Golf von Mexiko; ist schiffbar bis oberhalb St. Paul. Nebenflüsse: rechts Missouri, Arkansas, Red River; links Ohio. Einzugsgebiet: 3,2 Mio. km^2.

Mississippi, Abk. **Miss.,** Staat im S der USA, links des unteren M., 123584 km^2, 2,62 Mio. Ew. (40% Schwarze); Hptst.: Jackson. Klima subtropisch, fruchtbarer Boden (Baumwolle, Obst, Getreide); Viehzucht, Holzwirtschaft; wenig Ind. ⊕ S. 494.

Missouri [miz'ʊəri, indian. »Schlammfluß«] der, rechter Nebenfluß des Mississippi, entsteht in Montana, mündet bei St. Louis.

Missouri, Abk. **Mo.,** einer der Mittelstaaten der USA, 180487 km^2, 5,06 Mio. Ew. (9% Schwarze); Hptst.: Jefferson City. Anbau von Getreide, Baumwolle; Viehwirtschaft. ⚒ auf Blei, Kohle, Silber u. a.; Zementherstellung; Fahrzeug-, Nahrungsmittel-, Leder-, chem. u. a. Ind. ⊕ S. 494.

Mißtrauensvotum, Mehrheitsbeschluß des Parlaments, der der Regierung, dem Regierungschef oder einem Minister das Vertrauen entzieht und damit den Rücktritt erzwingt. In der Bundesrep. Dtl. ist nur das **konstruktive M.** gegenüber dem Bundeskanzler vorgesehen (Art. 67 GG), d. h. Abwahl des alten durch die gleichzeitige Wahl eines neuen Bundeskanzlers.

Mistel die, **Hexenbesen,** Strauch, Halbschmarotzer auf versch. Bäumen. Die M. hat ledrige, überwinternde Blätter, zweihäusige grünl. Blüten und weiße Beeren mit klebr. Saft. Bei Germanen und Kelten war die M. heilig; sie ist heute noch Weihnachtspflanze der Engländer.

Mister [engl.], Abk. Mr., Anrede an Herren, stets mit dem Familiennamen verbunden.

Mistinguett [mistɛ̃g'ɛt], **La M.,** eigtl. Jeanne-Marie **Bourgeois** [burʒw'a], frz. Varietékünstlerin, *1873, †1956.

Mistkäfer, Blatthornkäfer mit plumpem Körper und Grabbeinen. Sie ernähren sich von Mist, formen daraus Ballen und legen sie in unterird. Brutbauten. Zu den M. gehören z. B. der **Roßkäfer** und der **Heilige Pillendreher (Skarabäus),** der am Mittelmeer lebt.

Mistral der, kalter, trockener Fallwind in Südfrankreich, bes. im Rhônedelta.

Mistral, 1) Frédéric, provenzal. Dichter, *1830, †1914. Sein Epos »Mirèio« (1859) führte zur Gründung der Félibrige (→ Félibre). **2)** Gabriela, eigtl. Lucila Godoy **Alcayaga,** chilen. Lyrikerin, *1889, †1957; Nobelpreis 1945.

Mistress [m'ıstrıs], Herrin; Abk. **Mrs.** [m'ısız, engl.], Frau, Anrede vor dem Namen.

Mitau, lett. **Jelgava,** Stadt in der Lett. SSR, 69000 Ew.; Textil- u. a. Ind. Deutschordensburg, 1265 erbaut. 1561-1795 war M. die Hptst. der kurländ. Herzöge.

Mitbestimmung, Beteiligung der Arbeitnehmer bes. an den sozialen (betriebl. Arbeitsverhältnisse), personellen (Einstellung, Entlassung, Versetzung) sowie an den wirtschaftl. Entscheidungen (als Mitwirkung). In der Bundesrep. Dtl. durch das → Betriebsverfassungsgesetz, das M.-Ges. Bergbau und Eisen, das Personalvertretungs-Ges. und das neue M.-Ges., in Kraft seit 1. 7. 1976, geregelt. Dieses sieht für AG, GmbH u. a. mit mehr als 2000 Arbeitnehmern parität. M. vor, gleichmäßige Besetzung des Aufsichtsrats mit Vertretern der Anteilseigner und der Arbeitnehmer.

Mitchell [m'ıtʃəl], Margaret, amerikan. Schriftstellerin, *1900, †1949; Roman aus dem amerikan. Bürgerkrieg: »Vom Winde verweht« (1936).

Mitchum [mıtʃəm], Robert, amerikan. Filmschauspieler, *1917.

Miteigentum, Beteiligung der Arbeitnehmer am Unternehmen, z. B. durch Belegschaftsaktien; dient der Eigentumsbildung.

Miterbe, ⚖ Mitgl. einer Erbengemeinschaft.

Mitesser der, → Talgdrüsen.

Mithras, arischer Lichtgott; sein myst. Kult verbreitete sich von Persien über Rom bis nach Germanien und Britannien.

Mithridates VI., König von Pontos, *um 132, †63 v. Chr.; eroberte fast alle Nachbarländer, 88 v. Chr. auch das röm. Kleinasien, wurde dann von den Römern in den 3 **Mithridat. Kriegen** besiegt.

Mitla, Ruinenstätte im Staat Oaxaca (Mexiko), einstige Residenz der Zapoteken.

Mitlaut der, lat. **Konsonant,** Laut minderer Schallfülle, der i. d. R. keine Silbe bildet.

Mitochondrien [grch.], körnige bis fädige Teilkörper des Protoplasmas vieler Zellen; wichtig für den Energiehaushalt der Zelle.

Mitose die, indirekte → Kernteilung.

Mitra [grch. »Binde«] die, **1)** in der Antike Kopfbinde grch. und röm. Frauen. **2)** mützenartige Kopfbedeckung altoriental. Herrscher. **3)** Bischofsmütze.

Mitropa, Mittel**euro**päische Schlafwagen- und Speisewagen AG., gegr. 1917; besteht in der Dt. Dem. Rep. weiter, in der Bundesrep. Dtl. seit 1950 → Deutsche Schlafwagen- und Speisewagen GmbH.

Mitscherlich, 1) Alexander, Mediziner, *1908, †1982, Prof. für Psychoanalyse, Sozialpsychologie, Leiter des Sigmund-Freud-Instituts in Frankfurt a. M. 1969 Friedenspreis des Dt. Buchhandels. **2)** Eilhard, Chemiker, *1794, †1863, Entdecker der Isomorphie.

Mitschurinsk, Stadt im Gebiet Tambow, Russ. SFSR, 102000 Ew.; Ind.

Mittag [von Mitte] der, **1)** Zeitpunkt des Durchgangs der Sonnenmitte durch den Meridian eines Ortes. **M.-Kreis,** der Längenkreis (→ Länge), **M.-Punkt,** Südpunkt. **2)** allg. für Süden. **3)** die mittleren Tagesstunden.

Mittagsblume, artenreiche Pflanzengatt., oft durch Blattsukkulenz an Wüstenklima angepaßt; auch Topfzierpflanzen.

Mistel: Zweig mit weibl. Blüten und Früchten

Mitra 3)

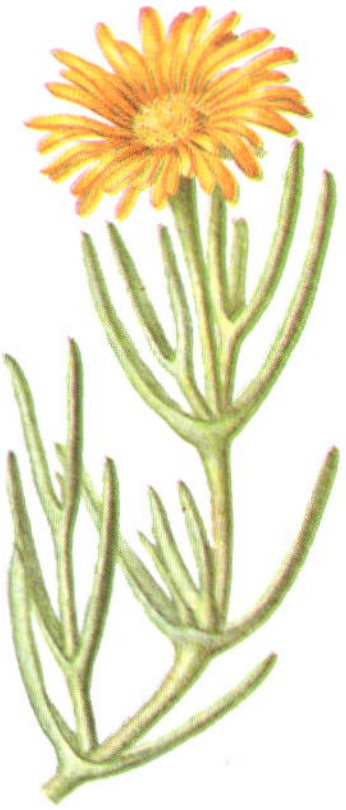

Mittagsblume

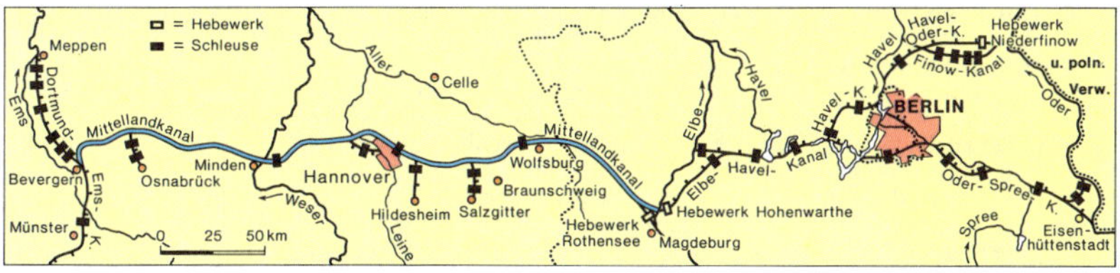

Mittellandkanal

Mitterrand

Mittäterschaft, Form der Beteiligung mehrerer an einer Straftat, bei der jeder einzelne einen die Tat fördernden Beitrag leistet und die Tat als eigene will. Nach § 25 StGB wird jeder Mittäter als Täter bestraft.

Mittel das, △ Mittelwert: Das **arithmet. M.** oder der Durchschnitt mehrerer Zahlen wird gefunden, wenn man ihre Summe durch ihre Anzahl teilt, z. B. haben 2, 6 und 7 das arithmet. M. $(2+6+7):3=5$. Das **geometr. M.** findet man, wenn man aus dem Produkt der Zahlen die Wurzel zieht, z. B. haben 3 und 12 das geometr. M. $\sqrt{3\cdot 12}=6$.

Mittelalter das, Zeit vom Untergang des weström. Reichs (476 n. Chr.) bis zur Entdekkung der Neuen Welt und der Reformation (um 1500); Teilabschnitte: Früh-, Hoch- und Spät-M.

Mittelamerika, Übergangsgebiet zw. Nord- und Südamerika, umfaßt → Zentralamerika, → Mexiko und → Westindien.

Mittelamerikanische Kulturen, → Mesoamerikanische Hochkulturen.

Mitteldeutschland, dt. Großlandschaft zw. dem sächsisch-böhm. Gebirgswall, Franken- und Thüringer Wald im SW, dem Fläming und Harz im N, mit der Leipziger Bucht als Kerngebiet; hochentwickelte Landwirtschaft; ⚒ auf Kohle, Salz, Kali, Ind.

Mitteleuropa, mittlerer Teil Europas zw. den Alpen im S, Nord- und Ostsee im N; im W und O fehlen natürl. Grenzen. Gewöhnlich versteht man unter M. die Stromgebiete von der Schelde bis zur Weichsel und das der Donau bis zur Mährischen Pforte.

Mitteleuropäische Zeit, Abk. **MEZ,** → Zeit.

Mittelfranken, RegBez. in Bayern, 7245 km^2, 1,524 Mio. Ew.; Hptst.: Ansbach.

Mittelgebirge, Gebirge in der gemäßigten Zone unter 2000 m, in den Tropen auch höher.

Mittelgewicht, → Gewichtsklassen.

mittelhochdeutsch, Abk. **mhd.,** Entwicklungsstufe des Hochdeutschen, → deutsche Sprache.

Mittellandkanal, Schiffahrtsweg für 1000-t-Schiffe vom Dortmund-Ems-Kanal bei Bergeshövede bis zur Elbe bei Magdeburg; 1938 eröffnet. (BILD S. 581)

mittellateinische Literatur, lat. Lit. des europ. MA. (500-1500).

Mittelmächte, im 1. Weltkrieg das Dt. Reich und Österreich-Ungarn und ihre Verbündeten (Türkei, Bulgarien).

Mittelmeer, rund 3,02 Mio. km^2 großes Meer zw. S-Europa, Vorderasien und N-Afrika, das über die Straße von Gibraltar mit dem Atlant. Ozean, über den Suezkanal und das Rote Meer mit dem Ind. Ozean Verbindung hat. Es hat ein westl. und ein östl. Hauptbecken, die durch die Straße von Tunis und die Straße von Messina in Verbindung stehen. Zum westl. gehören Iber., Ligur., Tyrrhen. Meer, zum östl. Ion., Adriat., Syrten-, Ägäisches, Levantin. Meer. Dardanellen, Marmarameer und Bosporus führen zum Schwarzen Meer. Seiner Entstehung nach ist das M. ein Einbruchsbecken. Das Wasser ist sehr salzhaltig (36,3‰ im W, 39‰ im O) und von tiefblauer Farbe. Das Klima, **M.-Klima,** ist gekennzeichnet durch Winterregen und Sommertrockenheit.

Mittelohrentzündung, → Ohrenkrankheiten.

Mittelpunktschule vereinigt die Oberstufen der Schulen mehrerer Dörfer zu einer Schule.

Mittelstand, Schicht zw. gesellschaftl. Ober- und Unterschicht; heute Bauern, Handwerker, Beamte, die Angehörigen freier Berufe und z. T. die Angestellten und Kaufleute.

Mittelsteinzeit, Mesolithikum, Übergangszeit zw. Alt- und Jungsteinzeit (etwa 9000-4000 v. Chr.). Sie setzt ein mit der Umgestaltung der Steinwerkzeuge zu kleineren Geräten (→ Vorgeschichte, ÜBERSICHT).

Mittelwellen, Wellen mit Wellenlängen von 100 bis 1000 m (3000 bis 300 kHz).

Mittenwald, Luftkurort und Wintersportplatz in Oberbayern, am Fuß des Karwendelgebirges, 920 m ü. M., 8700 Ew.; Geigenbau.

Mitternacht, 1) Zeitpunkt, an dem die Sonnenmitte zum 2. Mal durch den Meridian geht, 12 Uhr nachts (24 Uhr). **2)** ❀ Norden.

Mitternachtssonne, Erscheinung, daß die Sonne in den Polargebieten im Sommer auch um Mitternacht über dem Horizont bleibt.

Mitterrand [mitɛr'ã], François, frz. Politiker, *1916; war wiederholt Min., seit 1971 Vors. der Sozialist. Partei; seit 1981 Staatspräs.

mittlere Reife, Abschlußzeugnis der mittleren Schulbildung; auch die Obersekundareife an Gymnasien.

Mittwoch, der 3. Tag der Woche.

Mixed Media [mɪkst m'i:dɪə, engl.], **Inter Media, Multi Media,** programmat. Verbindung mehrerer künstler. Ausdrucksformen (Musik, Sprache, Aktion, Tanz, Film, bes. als Licht- und Farbeindruck, u. a.) zu einer neuen Einheit, z. B. in Form der Audiovision und des Environments.

Mixed pickles [m'ɪkst pɪklz, engl.] Mz., Beigericht aus jungem Gemüse in gewürztem Essig.

Mixgetränke, Mischung versch. Getränke (alkoholhaltig oder -frei), häufig eisgekühlt.

Mixteken, mexikan. Indianerstamm im Staat Oaxaca, (185 000), in vorspan. Zeit hatten die M. eine bedeutende Kultur.

Mixtum compositum [lat.] das, Mischmasch.

Mixtur [lat.] die, **1)** Mischung, flüssige Arznei aus mehreren Bestandteilen. **2)** ♩ bei der Orgel das durch ein Register auslösbare gleichzeitige Erklingen von 2 oder mehr Pfeifen.

Mjöl(l)nir, der, nord. Göttersage: Hammer des Thor.

Mjøsa [mj'øsa], **Mjøsen,** größter See Norwegens, nördl. von Oslo, 368 km^2 groß.

MKS-System, → metrisches System.

Mlle. [frz.], Abk. für Mademoiselle.

mm, Abk. für Millimeter, $^1/_{1000}$ m; **mm^2,** Quadratmillimeter; **mm^3,** Kubikmillimeter.

Mme. [frz.], Abk. für Madame.

Mn, chem. Zeichen für Mangan.

Mneme [grch.] die, das Gedächtnis.

Mnemonik, Mnemotechnik [grch.] die, Gedächtniskunst.

Mnemosyne, grch. Sage: Göttin des Gedächtnisses, Mutter der 9 Musen.

Mo, chem. Zeichen für Molybdän.

Moa der, ausgerotteter, flugunfähiger Riesenstraußvogel Neuseelands, bis 3 m hoch.

Moabiter, A. T.: Volk östl. des Toten Meeres.

Mob [engl.] der, Pöbel, Gesindel.

Möbel [frz.] Mz., bewegl. Einrichtungsgegenstände eines Raumes.

mobil [lat.], **1)** beweglich. **2)** ⁂ kriegsbereit.

Mobile das, Gebilde z. B. aus federnden Drähten mit blattart. Blechen, das in schwingende Bewegung gebracht werden kann; zuerst von dem Amerikaner A. Calder (*1898, †1976) geschaffen.

Mobilfunk, ein Fernmeldedienst, der mittels Funktelefon ein drahtloses Telefonieren, z. B. vom Auto aus, ermöglicht.

Mobiliar [lat.] das, bewegliche Güter, besonders die Möbel.

Mobilien [lat.] Mz., bewegl. Sachen. Gegensatz: Immobilien.

mobilisieren [lat.], beweglich machen.

Mobilität die, SOZIOLOGIE: Möglichkeit des Wechsels aus einer Position in eine andere,

z. B. Wohnsitzwechsel, sozialer Auf- und Abstieg.

Mobilmachung, ∴ Überführung der Streitkräfte, der Staatsverwaltung und der Wirtschaft in den Kriegszustand.

Mobutu Sese Seko, früher Joseph Désiré **Mobutu,** kongoles. Politiker, *1930; seit 1965 Staatspräs. der Rep. Zaire.

Moçambique, Mosambik, VR an der O-Küste des südl. Afrikas, 783 030 km², 14,9 Mio. Ew.; Hptst.: Maputo. M. umfaßt den östl. Steilabfall der inneren Hochländer Südafrikas und die vorgelagerte Küstenlandschaft; im S vorwiegend Steppe. Hauptfluß der Sambesi. Klima im Tiefland tropisch heiß, auf dem Hochland Savannenklima. BEVÖLKERUNG. Meist Bantu, daneben Weiße, Inder, Mischlinge u. a. Überwiegend Naturreligionen, etwa 4,6 Mio. Christen, etwa 2 Mio Muslime. Anbau von Reis, Mais, Erdnüssen; für die Ausfuhr: Zucker, Baumwolle, Cashewnüsse, Tee, Sisal, Kopra. Haupthandelspartner: Portugal. Haupthäfen und internat. Flughäfen: Maputo, Beira. Die Befreiungsfront Frelimo erreichte 1974 die Loslösung, 1975 die Unabhängigkeit des ehem. Portugiesisch-Ostafrika von Portugal; 1975 wurde eine gemischtrassige Regierung eingesetzt. Staatspräs.: J. A. Chissano. ⊕ S. 482.

Moçambique

Mochica [motʃ'ika], indian. Kultur (um 200 n. Chr.) im Küstengebiet Perus.

Mochica: Tongefäß, 22 cm hoch

Moctezuma II., letzter Herrscher des Aztekenreiches (* um 1465, †1520).

Modalität [lat.] die, Art und Weise, wie etwas geschieht, gedacht, ausgesagt wird.

Mode [frz.] die, i. w. S. jeder plötzlich auftauchende Gebrauch, der sich rasch ausbreitet; i. e. S. die vorübergehend herrschende Bekleidungsweise.

Model [lat.] der, figürlich geschnitzte Holzform. **M.-Druck, Stoffdruck, Textildruck, Zeugdruck,** Druckverfahren für Tapeten- und Stoffdrucke im Hoch- oder Tiefdruck.

Modell [frz.] das, **1)** Vorbild, Muster, Gebrauchsmuster, z. B. **M.-Kleid. 2)** Aufbau, Form, nach der das eigtl. Werk geschaffen wird. **3)** MALEREI, BILDHAUERKUNST: gegenständl. Vorbild oder lebende Person als Gegenstand des künstler. Nachbildens. **4)** vereinfachende bildl. oder mathemat. Darstellungen von Strukturen, Funktionsweisen, Verlaufsformen. **modellieren,** formen, bilden.

Modellschulen, Schulen, in denen von Versuchsschulen erprobte Reformen verwirklicht und fortentwickelt werden.

Modellversuche, Versuche mit Hilfe von Modellen; die gewonnenen Ergebnisse werden auf die Wirklichkeit übertragen.

Modem, Abk. für **Mo**dulator-**Dem**odulator, Endgerät für die Übertragung von Daten über Fernsprechleitungen.

Modena, Stadt in Norditalien, 176 500 Ew.; roman. Dom, Univ. (gegr. 1175). M. war bis 1860 Hptst. des Hzgt. M. (→ Este).

Moder der, **1)** Fäulnis, Verwesung. **2)** Sumpf-, Schlammerde.

moderato [ital.], ♩ gemäßigt, mäßig.

Moderator der, **1) Bremssubstanz,** im Kernreaktor verwendete Substanz, die die bei Kernspaltungen entstehenden schnellen Neutronen auf niedrige (thermische) Geschwindigkeit abbremst. **2)** im Rundfunk und Fernsehen: Diskussionsleiter, i. e. S. Redakteur, der Beiträge einleitet und kommentiert.

Moderne Kunst. ARCHITEKTUR: Abwendung von den histor. Baustilen; Versuch, die Form vom Zweck her und auf den Zweck hin zu entwickeln (funktionales Bauen); neue Werkstoffe, bes. Stahlbeton, boten neue konstruktive Möglichkeiten. Vorläufer: Behrens, Berlage, Garnier, J. Hoffmann, Loos, Mackintosh, Perret, van de Velde u. a.; Fortführer: Bartning, Gropius, Le Corbusier, Mies van der Rohe, Aalto, Oud, Wright u. a. PLASTIK, MALEREI: Verzicht auf Abbildlichkeit und Gegenständlichkeit; er bahnte sich im Impressionismus an und erreichte über Neo-Impressionismus, Jugendstil, Futurismus, Expressionismus im Kubismus und in der »abstrakten Kunst« den Höhepunkt. Maler: Cézanne, van Gogh, Munch, Nolde, Macke, Marc, Klee, Kirchner, Schmidt-Rottluff, Kandinsky, Beckmann, Picasso, Matisse, Baumeister, Werner, Winter, Nay; Bildhauer: Maillol, Lehmbruck, Despiau, Barlach, Mataré, Marcks, Moore, Marini. Die Entwicklung ist aber nicht einheitlich, Vorstöße wechselten mit Rückschlägen (Neue Sachlichkeit in Dtl., Neoklassizismus in Italien u. a.), es gibt keinen einheitl. Gegenwartsstil. Der »gegenstandslosen Kunst« ist der stark gegenständlich bestimmte Surrealismus (M. Ernst, S. Dalí u. a.) entgegengetreten, der Hintergründiges, Dämonisches anschaulich machen will. – Seit Ende des 2. Weltkrieges zeigt die Kunst internat. Charakter, das betrifft Idee, Gestaltung, Materialien. Jedoch sind alle Richtungen, die in den letzten Jahren eingeschlagen wurden, nur als Stationen eines Weges, nicht aber als Ziel zu bezeichnen (Action Painting, Pop Art, Op Art, Happening, Informelle Kunst). Doch ist eine Umkehr der Sehweisen zu beobachten, ein Zurück zum Menschen und seinem Abbild. – MUSIK: Hinwendung zur Atonalität, d. h. Verzicht der Beziehung aller Töne einer Melodie auf einen Grundton; ihre verbreitetste Form ist die Zwölftonmusik. Bahnbrecher war A. Schönberg, dem v. a. A. Berg, A. v. Webern, L. Dallapiccola, H. W. Henze, W. Fortner u. a. folgten. P. Hindemith, I. Strawinsky, B. Bartók, C. Orff u. a. sahen in der Erschütterung der harmon. Tonalität die Möglichkeit zur Gestaltung neuer Klänge und Rhythmen. Nach 1950 entwickelten sich die elektron. Musik und die experimentelle Musik, bei der das klangl. Ergebnis einer Aufführung weitgehend dem Zufall überlassen ist. Ende der 1970er Jahre entstanden eine neuromant. Richtung (»Neue Einfachheit«) und die → Minimal Music.

Modernismus [frz.] der, die von Papst Pius X. 1907 verurteilte Richtung in der kath. Kirche, die einen Ausgleich zw. kath. Glauben und modernem Denken herbeizuführen suchte. Der **Antimodernisteneid** war 1910-67 für alle kath. Priester vorgeschrieben.

Modern Jazz [m'ɔdən dʒæz, engl.], Stilform des → Jazz bes. nach 1940.

Modersohn, 1) Otto, Landschaftsmaler, *1865, †1943, Mitbegr. der Künstlerkolonie Worpswede, Gatte von 2). **2)** Paula, **Modersohn-Becker,** Malerin, *1876, †1907; Bilder bäuerl. Menschen und Kinder, Selbstbildnisse und Stilleben.

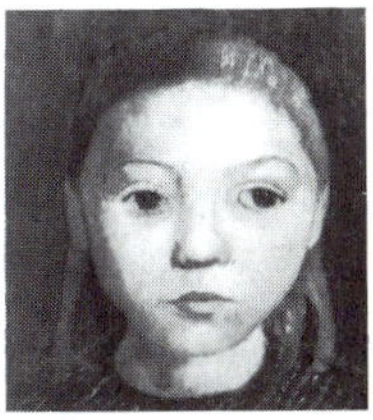

P. Modersohn-Becker: Mädchenbildnis

Modezeitschriften, Zeitschriften mit Berichten über Moden, Kosmetik u. a.

Modifikation [lat.] die, **1)** Milderung, Abänderung. **2)** ♤ ⚘ ♡ nichterbl. (umweltbedingte) Änderung von Merkmalen. Ggs.: Mutation. **3)** 2 oder mehr Kristallformen, in denen manche chem. Elemente und Verbindungen existieren (→ Allotropie, → Polymorphie).

Modigliani 1) [-diʎ'a:ni], Amedeo, ital. Maler in Paris, *1884, †1920, malte meist Köpfe und Akte von jungen Frauen. (BILD S. 584). **2)** Franco, amerikan. Wirtschaftswissenschaftler, *1918; Nobelpreis für Wirtschaftswissenschaften 1985.

Mödling, Stadt in NÖ, am Rande des Wienerwaldes, 19 000 Ew.; 2 spätgot. Kirchen, Renaissance-Rathaus.

Modrow, Hans, Politiker (SED/PDS), *1928; 1973-89 Erster Sekr. der SED-Bezirksleitung Dresden, war 1989/90 MinPräs. der Dt. Dem. Republik.

Modul [lat.] der, **1)** △ Faktor, durch den sich der Logarithmus versch. Systeme unterschei-

Modigliani: Frauenkopf

Mohammed II.

Mohammed Resa Pahlewi

Mohenjo-daro: Bronzefigur einer Tänzerin

Mokassin

det. **2)** ⊙ Vielfaches der Zahl π, z. B. bei Gewinden (Steigung), Zahnrädern (Teilung); Modul-×Zähnezahl gibt Teilkreisdurchmesser. **Elastizitäts-M.,** Kennzahl der Elastizität von Stoffen. **3)** Elektronik: Baugruppe, die eine oder mehrere in sich geschlossene Funktionen übernimmt und durch elektron. Schaltkreise realisiert, meist als mechanisch leicht austauschbare Einheit. **4)** Datenverarbeitung: geschlossene Programmroutine für eine Programm-Teilfunktion.

Modulation [lat.] die, **1)** Beeinflussung der Frequenz, Amplitude o. a. Größen einer Schwingung durch die gleiche Größe einer gleichart. zweiten Schwingung. **Frequenz-M.** wird im Ultrakurzwellenbereich, **Amplituden-M.** im Kurz-, Mittel- und Langwellenbereich angewandt. **2)** ♩ Übergang von einer Tonart in die andere. Zeitw.: **modulieren.**

Modus [lat. »Maß«] der, -/Modi, **1)** Art, Weise. **Modus vivendi** der, Art und Weise eines erträgl. Zusammenlebens. **2)** Ⓢ Aussageweise des Zeitwortes. Eigw.: **modal.**

Moeller van den Bruck, Arthur, Schriftst., *1876, †(Selbstmord) 1925; der Titel seines Buches »Das dritte Reich« wurde sinnentstellt zum nat.-soz. Schlagwort.

Moers, Stadt in NRW, 101 800 Ew.; Steinkohlenbergbau.

Mofa, Abk. für → Motorfahrrad.

Mofette [ital.] die, kalte, Kohlendioxid fördernde Gasquelle vulkan. Ursprungs.

Mofolo, Thomas, südafrikan. Schriftsteller, *1875, †1948; schrieb in Sotho (Bantusprache) den ersten histor. Roman der modernen afrikan. Literatur (»Chaka, der Zulu«).

Mogadiscio [-d'iʃo], **Mogadischu,** Hptst., wichtigster Hafen der Rep. Somalia, 600 000 Ew.

Möggingen, Schloß am Bodensee, seit 1946 Sitz der Vogelwarte Radolfzell.

Mogiljow [magilj'ɔf], **Mohilew,** Stadt in der Weißruss. SSR, am Dnjepr, 351 000 Ew.; Holz-, Lederind.

Mogul [pers. »Mongole«] der, svw. → Großmogul.

Mohair [moh'ɛ:r, frz.] der, Gewebe aus dem Haar der Angoraziege.

Mohammed, Stifter des → Islam, *um 570, †632. Seit ungefähr 595 unternahm M. als Kaufmann Handelsreisen, wobei er das Christentum, Judentum u. a. Religionen kennenlernte. Seit etwa 610 verkündete er in Mekka seine Offenbarungen, die wohl schon zu seinen Lebzeiten aufgezeichnet wurden (→ Koran). Die vornehmen Mekkaner verhielten sich ablehnend. 622 entschloß sich M. zur Auswanderung nach Medina, wo er eine Gemeinde gründete. 630 konnte er Mekka besetzen und für seine Lehre gewinnen. Mittelpunkt des Islam und Wallfahrtsziel wurde die Kaaba in Mekka. Als M. starb, war der Islam über weite Teile Arabiens verbreitet.

Mohammed, türk. **Mehmed,** Name türk. Sultane. **M. II., der Eroberer** (1451-81), eroberte 1453 Konstantinopel, unterwarf Serbien und Bosnien.

Mohammed V., König (seit 1957) von Marokko, *1911, †1961, erlangte 1956 von Spanien und Frankreich die Unabhängigkeit.

Mohammed Resa Pahlewi [paxlɛv'i], Schahinschah, Kaiser von Iran, *1919, †1980; folgte 1941 seinem Vater Resa Schah P. auf den Thron. Nach dem Sturz von MinPräs. Mossadegh übernahm M. R. P. stärker als zuvor die polit. Führung. Er wurde 1979 abgesetzt und in Abwesenheit zum Tod verurteilt.

Mohenjo-daro, Ruinenstätte am Unterlauf des Indus, größte bekannte Siedlung der → Induskultur.

Mohikaner Mz., nordamerikan. Indianerstamm der Algonkin-Gruppe, fast ausgestorben.

Mohn der, Pflanzengatt. mit weißem Milchsaft und Kapselfrucht. Der einjährige **Schlaf-M.** oder **Garten-M.** hat hellrote, lila oder weiße Blüten. Aus der unreifen Fruchtkapsel wird Opium gewonnen. Die kleinen, bläul. Samen dienen als Würze (auf Backwerk) und zu Mohnöl. Ackerunkraut ist der scharlachrot blühende **Klatsch-M. (Klatschrose).** In den Alpen wächst der **Alpen-M.** (BILD Heilpflanzen)

Möhne die, rechter Nebenfluß der Ruhr in Westfalen, 57 km lang. Die **M.-Talsperre** faßt 135 Mio. m^3 Wasser.

Mohole-Projekt [m'ɔhəʊl-, engl.], Plan einer wissenschaftl. Tiefbohrung, mit der die Erdkruste unter der Tiefsee durchdrungen und Material aus Kruste und oberem Erdmantel gefördert werden soll.

Moholy-Nagy [m'ɔhɔj-n'ɔdj], László, Vertreter der gegenstandslosen Malerei und Plastik, *1895, †1946, war am Bauhaus in Weimar, gründete 1937 in Chicago »The New Bauhaus«.

Mohr [lat. maurus] der, **1)** urspr. Bewohner Mauretaniens. **2)** muslim. Bewohner N-Afrikas. **3)** ✤ Neger.

Mohrrübe, Möhre, Gelbe Rübe, Doldenpflanze, blüht weiß, wächst wild auf Wiesen. Bei der Zuchtform ist die Pfahlwurzel fleischig, meist orangerot, zuckerreich; Gemüse, Futtermittel. (BILD Wurzel)

Mohssche Härteskala, → Härte.

Moiré [mwar'e, frz.] der und das, Gewebe mit schillernder Oberfläche.

Moiren [grch.] Mz., grch. Schicksalsgöttinnen: Klotho, Lachesis, Atropos.

Moissan [mwas'ã], Henri, frz. Chemiker, *1852, †1907, Entdecker des Fluors; Nobelpreis 1906.

mokant [frz.], spottlustig, spöttisch. **sich mokieren,** über etwas spotten.

Mokassin der, wildlederner Halbschuh der nordamerikan. Indianer.

Mokick das, Kleinmotorrad mit Kickstarter.

Mokka, südarab. Stadt am Roten Meer, im 19. Jh. Ausfuhrhafen für den Kaffee Jemens. **M.,** starker Kaffee.

Mol das, → Grammatom.

Molaren [lat.] Mz., Mahlzähne (→ Zähne).

Molarität, die ⟲ der Quotient aus der Stoffmenge eines gelösten Stoffes und dem Volumen der Lösung, gemessen in mol/dm^3.

Molasse die, ⊕ tertiäre Ablagerungen aus

Konglomeraten, Sandsteinen, Mergeln am N-Rand der Alpen.

Molch der, Schwanzlurch; der auf dem Land lebende **Salamander,** ferner viele wasserlebende Arten (**Kamm-M., Berg-M.** u.a.).

Mọldau die **1)** tschech. **Vltava,** Hauptfluß Böhmens, entspringt im Böhmerwald, mündet in die Elbe, 435 km. **2)** rumän. **Moldova,** Landschaft in Rumänien, zw. Ostkarpaten und Pruth. 1359-1862 selbständiges Fstt. (im 16./18. Jh. der Türkei tributpflichtig), Hptst.: Jassy.

Moldauische SSR, Unionsrep. (seit 1941) im SW der UdSSR, an Dnjestr und Pruth, 33700 km², 4,2 Mio. Ew. (Rumänen, sogenannte Moldauer; daneben Ukrainer, Russen u.a.); Hptst.: Kirschinjow. Anbau von Getreide, Wein, Obst, Tabak u.a.; Ind.

Mölders, Werner, Jagdflieger, Inspekteur der Luftwaffe, *1913, † (Absturz) 1941.

Mole [ital.] die, Damm, der einen Hafen gegen das offene Meer abgrenzt.

Molekụl [lat.] das, **Molẹkel** die, ⊙ das kleinste Teilchen einer chem. Verbindung, das noch deren chem. Eigenschaften darstellt, besteht aus 2 oder mehr Atomen. Man kennt auch organ. **Riesen-M.** (→Makromoleküle) mit mehreren Millionen Atomen. Einen Übergang zw. Riesen-M. und primitivsten Lebewesen bilden die Viren (→Virus). Die Summe der relativen Atommassen aller in einem M. vereinigten Atome ist die **relative M.-Masse (Molekulargewicht);** sie läßt sich bei Gasen besonders einfach durch Wägung eines bestimmten Volumens bestimmen (→Avogadrosches Gesetz). →Loschmidtsche Zahl.

Molekulạrbiologie erfaßt die Lebensvorgänge im Molekularbereich, z.B. Biosynthese der Eiweißstoffe.

Molekulạrgenetik, biolog. Arbeitsrichtung mit dem Ziel, die molekularen Grundlagen der Vererbung, des Austauschs von Erbanlagen und der Evolution zu ermitteln.

Molekulạrverstärker, →**Maser.**

Molfẹtta, Hafenstadt in Süditalien (Apulien), 64400 Ew.; Dom (1150); Öl, Wein.

Molière [mɔlj'ɛ:r], Jean Baptiste **Poquelin,** gen. M., frz. Komödiendichter, *1622, †1673; leitete 12 Jahre eine Wandertruppe, seit 1658 Schauspieler, Theaterdirektor in Paris; genoß die bes. Gunst Ludwigs XIV. Für die Hofbühne schrieb er mehrere Comédies-Ballets (»Der Bürger als Edelmann«, »Der eingebildete Kranke«). Seine Komödien mit ihrer meisterl. Handlungsführung und ihrer Sprache voller Witz stellen Mißstände seiner Zeit als Sonderfälle menschl. Defekte bloß, z.B. in »Schule der Frauen«, »Tartuffe«, »Der Geizhals«, »Der Menschenfeind«, »Der Arzt wider Willen«.

Molke [von melken] die, flüssiger Rückstand der von Fett und Casein befreiten Milch.

Molkerei die, Weiterverarbeitung der Milch und der hierzu dienende Betrieb.

Moll [lat. mollis »weich«] das, ♩ Tonart mit kleiner Terz. Ggs.: Dur.

Möllemann, Jürgen, Politiker (FDP), *1945; seit 1987 Bundesmin. für Bildung und Wissenschaft.

Mölln, Stadt in Schlesw.-Holst., 16500 Ew.; Luftkurort; Nikolaikirche mit angebl. Grabstein Till Eulenspiegels; Metall-, Holzind.

Mollụsken [lat.] Mz., Stamm der →Weichtiere.

Mọlnár, Ferenc, ungar. Schriftst., *1878, †1952; Lustspiele (»Spiel im Schloß«), Romane.

Molo, Walter v., *1880, †1958; histor. Romane.

Mọloch der, semit. Gott, wurde durch Menschenopfer verehrt. Sinnbild für alles, was Menschen oder Werte verschlingt.

Mọlotow, Wjatscheslaw, eigtl. **Skrjabin,** sowjet. Politiker, *1890, †1986; 1930-41 Vors. des Rats der Volkskommissare (MinPräs.), 1939 bis 1949 und 1953-56 Außenmin.

Mọlotowcọcktail [-teıl], mit Benzin und Phosphor gefüllte Flasche, behelfsmäßig zur Panzernahbekämpfung erstmals von sowjet. Truppen im 2. Weltkrieg benutzt.

Moltke, 1) Helmuth Graf v., preuß. Generalfeldmarschall, *1800, †1891, urspr. dän. Offizier, seit 1822 im preuß. Heer, 1858 Chef des Generalstabs der preuß. Armee. Er leitete die Kriegführung 1866 und 1870/71. **2)** Helmuth v., Neffe von 1), preuß. Generaloberst, *1848, †1916, wurde 1906 als Nachfolger Schlieffens Chef des Generalstabs der Armee, leitete 1914 die Operationen bis zur Marneschlacht, nach deren unglückl. Ausgang trat er zurück. **3)** Helmuth James Graf v., Jurist und Landwirt, *1907, † (hingerichtet) 1945, war 1939-44 Sachverständiger für Kriegs- und Völkerrecht im Oberkommando der Wehrmacht, Mittelpunkt des →Kreisauer Kreises.

Mọlton [aus frz.] der, weiches, beidseitig gerauhtes Baumwollgewebe.

Molụkken, Malụku, Gewürz-Inseln, Inselgruppe Indonesiens, 83675 km², 1,4 Mio. Ew.; Verwaltungssitz: Ambon. Klima tropisch. Erzeugnisse: Gewürznelke, Muskatnuß, Sago, Betelnuß, Pfeffer, Kaffee, Kopra, Holz, Asbest, Perlen u.a.

Molvolumen, molares Volumen, das M. einer Stoffmenge ist der Quotient aus ihrem Volumen und der Stoffmenge. Ideale Gase haben bei 0 °C und bei 1,01325 bar das M. 22,414 l/mol.

Molwärme, Molekularwärme, ältere Bez. für die zum Erwärmen von 1 Mol eines Stoffes um 1 Grad benötigte Wärmemenge (molare Wärmekapazität).

Molybdạ̈n das, **Mo,** chem. Element, silberweißes Schwermetall; Ordnungszahl 42, Atomgewicht 95,94, D 10,2 g/cm³, Schmelzpunkt 2610 °C. M. ist selten, findet sich im **M.-Glanz,** MoS_2; wird zu Edelstählen verwendet.

Mombạsa, Stadt und Haupthafen von Kenia, 342000 Ew.

Mọmbert, Alfred, Lyriker, *1872, †1942; visionäre Gedichte »Der himmlische Zecher«.

Momẹnt [lat.] das, **1)** (wesentl.) Umstand; Gesichtspunkt. **2)** Mechanik: →Trägheitsmoment; **Dreh-M.,** →Hebel.

Mommsen, Theodor, Historiker, *1817, †1903; liberaler Politiker. Hauptwerke: »Corpus inscriptionum Latinarum« (Samml. lat. Inschriften), »Römische Geschichte«, »Römisches Staatsrecht«. Nobelpreis für Lit. 1902.

Momper, Walter, Politiker (SPD), *1945; seit 1989 Regierender Bürgermeister von Berlin (West).

Mon, austroasiat. Restvolk in Birma und Thailand, etwa 400000. Die M. gründeten im 1. Jh. n. Chr. das Reich Pegu in Niederbirma, das 1757 zerstört wurde.

Møn, dt. **Mön,** fruchtbare dän. Insel, im SO von Seeland, 217 km², 12000 Ew., Fischerei.

Monaco, konstitutionelles Fstt. an der Ri-

Molière

Moltke 1)

Mommsen

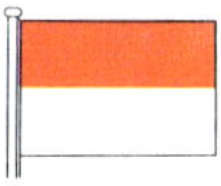

Monaco

Monaco

viera, unter frz. Schutz; 1,89 km², 27000 Ew.; Amtssprache: Französisch. M. bildet nur eine Gemeinde, zu der auch Monte Carlo (mit Spielbank) gehört. Fremdenverkehr. Staatsoberhaupt: Fürst Rainier III. (seit 1949). ⊕ S. 491.

Monade [grch.] die, → Leibniz.

Mona Lisa, Gioconda [dʒɔk'ɔnda], Gattin des Florentiners Francesco del Giocondo; Bildnis von Leonardo da Vinci (Paris, Louvre).

Monarchie [grch. »Einherrschaft«] die, Staatsform, in der ein Einzelner, der erbl. oder gewählte **Monarch,** auf Lebenszeit Staatsoberhaupt ist, urspr. als Alleinherrscher, der alle Staatsgewalt in seiner Person vereinigte **(absolute M.).** In der **konstitut. M.** ist seine Gewalt durch eine Verfassung (Konstitution) beschränkt, bes. ist die Volksvertretung (Parlament) an der Gesetzgebung beteiligt. In der **parlamentar. M.** bedarf außerdem die Regierung des Vertrauens der Volksvertretung (→ Parlamentarismus). **Monarchist** der, Anhänger der M.

Monat [von Mond] der, Zeit eines Mondumlaufs um die Erde: 1) **sider. M.,** Zeit, die vergeht, bis der Mond wieder vor dem gleichen Fixstern erscheint: 27 Tage, 7¾ Stunden. 2) **synod. M.,** die Zeit von einem Neumond zum andern: 29 Tage, 12¾ Stunden. – Im bürgerl. Leben gelten die **Kalender-M.**

Monazit der, rötlichbraunes bis gelbes Mineral, Cerphosphat, in dem Cer teilweise durch Lanthan u.a. Lanthaniden ersetzt ist; enthält ferner bis 33% Thorium. Wichtig für die Thorium- und Cergewinnung.

Mönch [von grch. monachos »einsam lebend«] der, einem Kloster angehöriges männl. Mitglied eines geistl. Ordens. Das **Mönchtum** ist in vielen Religionen verbreitet, auch im Brahmanismus, Buddhismus, Lamaismus.

Mönch, breite, steile Firnkuppe der Finsteraarhorngruppe, Berner Alpen, 4099 m hoch.

Mönchengladbach, Industriestadt in NRW, in der Kölner Tieflandsbucht, 253000 Ew.; Mittelpunkt der rhein. Textilind. mit Textil-, Ingenieur- u.a. Fachschulen. – Im 10. Jh. als Benediktinerabtei entstanden.

Mönchgut, südöstliche Halbinsel Rügens.

Mona Lisa

Mond der, Himmelskörper, der sich um einen Planeten und mit diesem um die Sonne bewegt. Die Erde hat 1, Mars 2, Jupiter 16, Saturn 21, Uranus 15, Neptun 8 und Pluto 1 M. Der M. der Erde dreht sich im Laufe von 27,32 Tagen (sider. Monat) in einer ellipsenförmigen Bahn einmal um die Erde. Seine mittlere Entfernung von der Erde beträgt 384403 km, sein Durchmesser 3476 km, seine Masse $\frac{1}{81}$ der Erdmasse, die mittlere D 3,34 g/cm³; die Schwerkraft auf dem M. ist $\frac{1}{6}$ der Schwerkraft auf der Erde. Er wendet der Erde stets dieselbe Seite zu. Der M. ist ohne Atmosphäre und Wasser, seine eintönig graue, staubüberzogene, steinige Oberfläche ist von unzähligen Kratern bis zur Größe von Ringgebirgen (Durchmesser bis 200 km, Höhe bis 8 km) bedeckt. Der M. erhält sein Licht von der Sonne; er erscheint von der Erde aus in versch. Phasen: **Neumond** (M. zw. Erde und Sonne), **Voll-M.** (Erde zw. M. und Sonne). Geht der Voll-M. durch den Erdschatten, entsteht eine partielle oder totale **M.-Finsternis.** (Weiteres BILD S. 587)

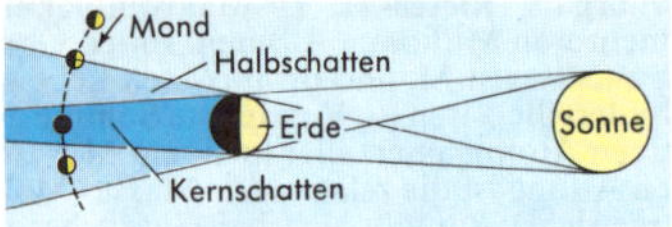

Mond: Mondfinsternis

Mondale [m'ɔndeɪl], Walter Frederick, amerikan. Politiker (Demokrat), *1928, 1977-81 Vizepräs. der USA.

mondän [frz.], weltmännisch, weltgewandt.

Mond|auto, bemanntes oder unbemanntes Forschungsfahrzeug, das für die besonderen Verhältnisse auf dem Mond konstruiert wurde.

Mondfisch, ein Kugelfisch im Atlant. Ozean und im Mittelmeer.

Mondraute die, Natterfarngatt., Wiesenpflanze.

Mondrian, Piet, niederländ. Maler, *1872, †1944; unterteilte die Fläche durch schwarze Linien in rechteckige Felder, wenig Farben. (BILD niederländische Kunst)

Mondsee, im Salzkammergut, 14 km² groß.

Mondsonde, unbemannte Raumsonde zur Erforschung des Mondes durch Vorbeiflug, Landung oder Umrundung.

Mondstein, → Adular.

Monegasse der, Bewohner von → Monaco.

Monelmetall [nach A. Monel, †1921], Nikkel-Kupfer-Mangan-Legierung; sehr korrosionsbeständig; im Turbinenbau verwendet.

Monet [mɔn'ɛ], Claude, frz. Maler, *1840, †1926, dem Stil den Namen gebender Meister des Impressionismus; gibt in Landschaften das wechselnde Spiel des Lichts in zarten Farben wieder. (BILD S. 587)

Moneta [lat. »Mahnerin«], Beiname der Göttin Juno; nahe ihrem Tempel befand sich die röm. Münzstätte; daher heißt **Moneten** svw. Geld. **monetär,** geldlich, durch Geld bedingt.

Mongolei die, Hochland im NO Innerasiens, von Mongolen bewohnt; meist abflußlose Wüste und Wüstensteppe (Gobi) mit Gebirgen (Changai über 4000 m). Die **Äußere M.** (zw. der Gobi und Sibirien) bildet die → Mongolische Volksrepublik. Im O und SO davon die **Innere M.,** autonomes Gebiet (seit 1947) in der VR. China, 1,2 Mio. km², 20,3 Mio. Ew.; Hptst.: Huhehot. – ⓖ Die M. war seit dem 17. Jh. chinesisch. 1911 machte sich die Äußere M. unabhängig; 1921 wurde mit sowjet. Hilfe eine revolutionäre Reg. gebildet, 1924 die Mongol. VR ausgerufen.

Mongolen Mz., verwandte Stämme in der Mongolei und deren Randgebieten; gehören zum mongoliden Rassenkreis und zur altaischen Sprachfam. Hauptgruppen: O-M., N-M. mit Burjaten, W-M., Kalmücken. Sie sind nomad. Viehzüchter. Zu Anfang des 13. Jh. gründete Dschingis Chan ein mongol. Weltreich; die M. eroberten ganz China, Mittelasien und Rußland, stürzten das Kalifat in Bagdad, besiegten die Ungarn, wurden in Schlesien durch die Schlacht bei Wahlstatt (Liegnitz) 1241 aufgehalten. Gegen Ende des 13. Jh. zerfiel dieses Reich, 1368 wurden die M. aus China vertrieben. Um 1369 gründete Timur ein neues Großreich von Mittel- bis Vorderasien.

Mongolenfalte, Hautfalte, die den Tränenwinkel und den anschließenden Teil des Oberlids bei geöffnetem Auge überdeckt; die Lidspalte erscheint schief gestellt (»Schlitzauge«).

Mongolide Mz., einer der 3 Hauptstämme der Menschenrassen (→ Rassen).

Mongolische Volksrepublik, VR in Innerasien, 1,565 Mio. km², 2,1 Mio. Ew.; Hptst.: Ulan-Bator; Amtssprache: Mongolisch. Oberstes Staatsorgan ist der Große Volks-Chural. Die M. V. reicht vom Altai im W bis zum Chingan im O. BEVÖLKERUNG. Mongolen, Turkvölker u. a.; der Lamaismus geht zurück. – Getreideanbau, Viehzucht (Schafe, Ziegen, Pferde, Rinder, Kamele). ⚒ auf Kohle, Erdöl u. a.; Leder-, Textilind. Die Transmongol. Bahn verbindet Moskau und Peking. Internat. Flughafen: Ulan-Bator. – Ⓖ → Mongolei. Staatsoberhaupt: G. Batmunch (seit 1984), MinPräs.: D. Sodnom (seit 1984). ⊕ S. 483.

Mongolismus der, angeborene Schwachsinnsform mit körperl. Veränderungen, bes. mongolenartigem Gesichtsausdruck.

Monier [mɔnj'e], Joseph, *1823, †1906; urspr. Gärtner, experimentierte seit 1848 mit Stahlbeton, setzte sich für dessen Verwendung im Bauwesen ein (→ Beton).

Monismus [grch.] der, Lehre, wonach alles auf ein einziges stoffl. oder geistiges Prinzip zurückzuführen sei (Ggs.: Dualismus); bes. auf die naturwissenschaftl. Entwicklungslehre (Spencer, Haeckel) gegr. Weltanschauung. Der »Deutsche Monistenbund« (gegr. 1906) wirkte gegen christlich-dogmat. Anschauungen.

Monet: Frau mit Schirm

Mond: Ausschnitt der Mondrückseite mit dem Krater IAU 308 (am Bildrand rechts oben)

Monitor [lat.] der, **1)** Meßgerät zur Überwachung physikal. Größen. **2)** Kontrollbildschirm beim Fernsehen.

Monitum [lat.] das, -s/...ta, Tadel, Rüge. Zeitw.: **monieren.**

Moniuszko [mɔnj'uʃkɔ], Stanislaw, poln. Komponist, *1819, †1872; Schöpfer der 1. poln. Nationaloper (Halka, 1848), Messen, Lieder.

Monnet [mɔn'ɛ], Jean, frz. Wirtschaftspolitiker, *1888, †1979; stellte ein Modernisierungsprogramm für die frz. Wirtschaft auf; maßgebl. an der Gründung der → Montanunion beteiligt, 1952-55 Vors. ihrer Hohen Behörde.

Monnier [mɔnj'e], Thyde, frz. Schriftstellerin, *1887, †1967; Romane: »Liebe, Brot der Armen«, »Die kurze Straße« u. a.

mono... [grch.], Allein..., Ein...

Monochord [grch.] das, Instrument zum Nachweis der Gesetze schwingender Saiten: mit Intervallskala versehener Kasten, über den eine Saite gespannt ist.

monochrom, monochromatisch [grch.], einfarbig. **Monochromasie** die, völlige Farbenblindheit.

Monodie [grch.] die, Einzelgesang, unbegleitet (Gregorian. Choral) oder mit Instrumentalbegleitung (Madrigal, Chanson); auch Gesang auf Akkordgrundlage i. Ggs. zu kontrapunkt. Mehrstimmigkeit.

Monogamie [grch.] die, Einehe, Ggs.: → Polygamie.

Monogramm [grch.] das, Anfangsbuchstaben eines Namens; Signatur eines Künstlers **(Künstler-M.).**

Monographie [grch.] die, Abhandlung über ein wissenschaftl. Thema oder eine Person.

Monokel [frz.] das, Einglas, Brillenglas für nur ein Auge.

monoklines Kristallsystem, → Kristall.

Monokotyledonen, Monokotylen, [grch. »mit einem »Keimblatt«], → Einkeimblättrige.

Monokultur [grch.] die, einseitiger Anbau der gleichen Pflanze über längere Zeiträume.

Monolith [grch. »ein Stein«] der, mächtiger, behauener Naturstein (z. B. Obelisk, Menhir).

Monolog [grch.] der, Selbstgespräch.

Monomanie [grch.] die, von einem best. Gedanken besessener Geisteszustand.

Monophthong [grch.] der, einfacher Vokal.

Monophysiten [grch.], Anhänger der christl. Lehre, die Christus nur eine Natur, die göttl., zuerkennt. Sie bilden die Kirchen in Armenien, Syrien, Ägypten, Äthiopien.

Monopol [grch.] das, Marktform, bei der

Mongolische VR

Monstranz

Monstera

das Angebot (seltener die Nachfrage) in einer Hand vereinigt ist, wodurch der freie Wettbewerb am Markt unterbunden wird. Beim Angebots-M. kann der Inhaber **(Monopolist)** für seine Marktstrategie sowohl Absatzmenge als auch Preis **(M.-Preise)** wählen, um maximale Gewinne zu erzielen. Die M.-Stellung umfaßt entweder nur den Verkauf **(Vertriebs-M.)** oder auch die Erzeugung **(Herstellungs-M.)**. Zeitw.: **monopolisieren.**

Monotheismus [grch.] der, Verehrung eines einzigen, persönl., überweltl. Gottes, im Judentum, Christentum, Islam vertreten. Ggs. → Pantheismus, → Polytheismus. **Monotheist,** Anhänger des M.

monoton [grch.], eintönig, einförmig.

Monotype [-taɪp, engl.], → Setzmaschinen.

Monreale, Stadt in Italien, Sizilien, 24000 Ew.; Dom, die schönste normann. Kirche Siziliens; Kloster mit prachtvollem Kreuzgang.

Monroe [mənr'əu], Marilyn, amerikan. Filmschauspielerin, *1926, †1962; in den 1950er Jahren Sexidol (»Manche mögens heiß« u.a.).

Monroe-Doktrin [mənr'əu-], Erklärung des Präs. der USA James Monroe von 1823: den europ. Mächten sollte die weitere Erwerbung amerikan. Kolonialgebietes und die Einmischung in die inneren Angelegenheiten amerikan. Staaten verwehrt sein.

Montaigne

Monrovia, Hptst. und Hafen der westafrikan. Rep. Liberia, 425000 Ew.

Mons [mɔ̃s], fläm. **Bergen** [b'ɛrxə], Stadt im Hennegau, Belgien, 91000 Ew.; spätgot. Kathedrale; Steinkohlenbergbau, Ind.

Monsalvatsch, Gralsburg im »Parzival« von Wolfram v. Eschenbach.

Monseigneur [mɔ̃sɛɲ'œ:r, frz. »mein gnädiger Herr«], Abk. **Msr.** oder **Msgr.** Anrede und Titel für Fürstlichkeiten und geistl. Würdenträger.

Monsieur [məsj'ø, frz. »mein Herr«] der, Herr, Abk. **M.,** Mz. **Messieurs,** Abk. **MM.** oder **Messrs.**

Monsignore [monsinj'orə, ital. »mein Herr«], Abk. **Msr., Msgr.,** Titel hoher kath. Geistlicher.

Monstera die, staudige Kletterpflanze im trop. Amerika, Aronstabgewächs; Zimmerpflanze.

Monstranz [lat.] die, Gefäß für die Ausstellung der geweihten Hostie, im MA. auch von Reliquien. (BILD S. 587)

monströs [lat.], unförmig, mißgebildet. **Monstrosität** die, Mißbildung. **Monstrum** das, -s/...stra, Ungeheuer, Scheusal.

Montesquieu

Monsun [arab.] der, bes. in Asien auftretender, halbjährlich die Richtung wechselnder Wind. Im Sommerhalbjahr strömen die M. landeinwärts, im Winterhalbjahr landauswärts.

Mont [mɔ̃, frz.], Berg, z. B. Montblanc.

Montabaur, Stadt in Rheinl.-Pf., 11500 Ew.; nahebei große Tonlager (Kannenbäckerland); Textil-, Kunststoff-Ind.

Montafon das, Tal der Ill in Vorarlberg.

Montag [Tag des Monds], 1. Wochentag.

Montage [mont'a:ʒə, frz.] die, Zusammenbau von Maschinen und Geräten (**montieren,** ausrüsten) durch den **Monteur** [-t'ø:r].

Montagna [mɔnt'aɲa], **Bartolomeo,** ital. Maler, *um 1450, †1523, Hauptmeister der Schule von Vicenza.

Montagne Pelée [mɔ̃taɲpəl'e] die, **Mont Pelé** [mɔ̃pəl'e], tätiger Vulkan auf der Insel Martinique, 1397 m hoch. Ein Ausbruch 1902 vernichtete die Stadt Saint-Pierre (30000 Ew.).

Montessori

Montaigne [mɔ̃t'ɛɲ], Michel de, frz. Philosoph, Schriftst., *1533, †1592; »Essays«.

montan [lat.], bergbaulich.

Montana [mɔnt'ænə], Abk. **Mont.,** Staat im NW der USA, am oberen Missouri, 381087 km², 819000 Ew.; Hptst.: Helena. Getreideanbau (Weizen), Viehzucht. ⚒ auf Erdöl, Kupfer u.a. ⊕ S. 494.

Montanindustrie, Bergbau; i.w.S. auch die weiterverarbeitende Schwerind.

Montanisten, altchristl. Sekte, nach Montanus, †178/79; er predigte die urchristl. Hoffnung auf baldige sichtbare Wiederkunft Jesu zur Errichtung des Tausendjährigen Reichs.

Montanunion, amtl. **Europäische Gemeinschaft für Kohle und Stahl, EGKS,** die am 18. 4. 1951 in Paris gegr., seit 25. 7. 1952 wirksame übernat. Gemeinschaft der Bundesrep. Dtl., Frankreichs, Italiens, Belgiens, Luxemburgs und der Niederlande zur Schaffung eines gemeinsamen Marktes für Kohle und Stahl. Seit 1967 ist ihr früheres oberstes Organ, die »Hohe Behörde«, mit der EWG- und Euratom-Kommission zur »Kommission der Europ. Gemeinschaften« verschmolzen. M.-, EWG- und Euratom-Vertrag sollen zu einem einzigen Vertrag zusammengefaßt werden. Die M. war die erste europ. Gemeinschaft, der staatl. Hoheitsrechte übertragen wurden (supranat. Gemeinschaft).

Montanwachs, durch Schwelen bitumenhaltiger Braunkohle gewonnenes Wachs.

Montblanc [mɔ̃bl'ã »weißer Berg«] der, höchste Berggruppe Europas, in den Westalpen, auf der frz.-ital. Grenze, bis 4810 m hoch; 1786 zuerst bestiegen; von dem **M.-Tunnel** (11,6 km) durchquert.

Monte Alban, relig. Zentrum der Zapoteken im mexikan. Staat Oaxaca aus dem 1. Jh. v. Chr. mit Tempeln, Pyramiden und Palästen.

Monte Carlo, Teil von → Monaco.

Monte-Carlo-Methode, Rechenverfahren für Näherungslösungen mathemat. Probleme.

Monte Cassino, Benediktinerabtei, auf einem Berg (519 m) über der süditalien. Stadt Cassino, wohl 529 gegr.; 1944 zerstört; wiederaufgebaut.

Montecuccoli, Raimund Fürst, österr. Feldherr, *1609, †1680, besiegte die Türken 1664.

Montenegro, serbokroat. **Crna Gora** [ts'rna -], Sozialist. Rep. in Jugoslawien, 13812 km², 625400 Ew.; Hptst.: Titograd. Karsthochland mit Kleintierzucht, in den Tälern Getreide- und Weinbau. – M., seit 1528 unter türk. Oberhoheit, wurde im 19. Jh. weltl. Fstt., 1910 Kgr.; 1918 mit Jugoslawien vereinigt.

Montería, Stadt in Kolumbien, 172000 Ew., Mittelpunkt eines bedeutenden Viehzuchtgebietes.

Monte Rosa, zweithöchster Gebirgsstock in den Walliser Alpen, an der Grenze des schweizer. Kt. Wallis und der ital. Regionen Piemont und Aostatal, mit Dufourspitze, 4634 m hoch (Schweiz).

Monterrey, Stadt in Mexiko, 1,9 Mio. Ew.; Bleischmelze, Eisen-, Stahlwerke.

Montesquieu [mɔ̃tɛskj'ø], Charles Baron de, frz. Schriftst., *1689, †1755, schrieb satir. »Pers. Briefe«, ferner »Ursachen der Größe und des Verfalls der Römer« und verglich in seinem Hauptwerk »Geist der Gesetze« die Staatsformen; er trat für die konstitutionelle Monarchie ein und gehört zu den geistigen Wegbereitern der Frz. Revolution.

Montessori, Maria, ital. Ärztin, Erzieherin, *1870, †1952; forderte Schulung der Sinnestätigkeit des Kindes, Selbsterziehung und -tätigkeit bes. in der Kindergartenerziehung.

Monteverdi, Claudio, ital. Komponist, *1567, †1643; als erster großer Musikdramatiker steht M. am Beginn einer Entwicklung, die über Gluck bis zu Wagner führt. Opern: »Orfeo«, »Arianna« u.a.; ferner Messen, Madrigale, Motetten.

Montevideo, Hptst. Uruguays, S-Amerika, an der Mündung des La Plata, 1,3 Mio. Ew.; Univ.; Kathedrale; Hafen.

Monte Viso, Monviso, der höchste Gipfel (3843 m) der Cottischen Alpen, auf ital. Gebiet.

Montez [m'ɔntɛθ], Lola, *1818, †1861, Tänzerin, seit 1846 in München, Geliebte Ludwigs I.

Montezuma, → Moctezuma.

Montgolfier [mɔ̃gɔlfj'e:], Jacques-Etienne, *1745, †1799, und sein Bruder Joseph-Michel, *1740, †1810, erfanden den Heißluftballon **(Montgolfière).** (BILD Luftfahrt)

Montgomery [məntg'ʌmərı], Viscount **M. of Alamein** (seit 1946), Bernard Law, brit. Feldmarschall, *1887, †1976; hielt 1942 Rommels Vorstoß bei El-Alamein auf, 1951-58 stellvertr. Oberkommandierender der NATO.

Montherlant [mɔ̃tɛrl'ã], Henry de, frz. Schriftst., *1896, †1972; Romane, Schauspiele.

Montini, Giovanni Battista, Papst → Paul VI.

Montluçon [mɔ̃lys'ɔ̃], Stadt im frz. Dép. Allier, am Cher, 50000 Ew.; Schloß der Herzöge von Bourbon (15./16. Jh.).

Montmartre [mɔ̃m'artr], Stadtteil auf einer Anhöhe im N von Paris, mit Kirche und Friedhof; Künstler- und Vergnügungsviertel.

Montpellier [mɔ̃pɛlj'e], Stadt in S-Frankreich, nahe dem Mittelmeer, 197000 Ew.; Univ. (gegr. 1289), Handels-, landwirtschaftl. und Chemiehochschule; Weinbau.

Montréal [mɔ̃tre'al], Handels-, Hafenstadt in Kanada, am St.-Lorenz-Strom, in der Agglomeration 2,9 Mio. Ew. (60% frz. Herkunft); Bischofssitz; kath. und protestant. Univ.; Ausfuhrhandel; Ind.: Flugzeugbau, Petrochemie, Ölraffinerien. – M. wurde 1642 von Franzosen gegründet.

Montreux [mɔ̃tr'ø], Luftkurort im schweizer. Kt. Waadt, 18800 Ew., am Genfer See; internat. Musik- und Fernsehfestspiele.

Mont-Saint-Michel, Le M.-S.-M. [lə mɔ̃ sɛ̃ miʃ'ɛl], Ort auf einer Insel vor der Küste der Normandie; ehem. Benediktinerabtei, Denkmal mittelalterl. Kloster- und Festungsbaukunst (11./12. Jh.).

Montserrat, 1) vielzackiger Berg in Katalonien, Spanien, 1241 m hoch; mit Benediktinerkloster (880 gegr.). **2)** Insel der Kleinen Antillen, 98 km², 12000 Ew.; brit. Kronkolonie, Hptst.: Plymouth.

Montur [ital.] die, ∴ Uniform.

Monument [lat.] das, Denkmal. **monumental,** groß, bedeutend. **Monumenta Germaniae historica** [lat. »Geschichtsdenkmäler Dtl.s«], von Freiherr vom Stein und G. H. Pertz 1819 begonnene Samml. der mittelalterl. Quellen zur dt. Geschichte.

Monza, Stadt in Oberitalien, 123200 Ew.; im Dom die → Eiserne Krone; Autorennbahn.

Moor das, dauernd durchfeuchtete Bodenart aus unvollständig zersetzten Pflanzenresten. Man unterscheidet: **Hoch-M.** (bes. in N-Dtl.), durch Dickenwachstum uhrglasähnlich aufgewölbt, mit Heidekraut u.a. bedeckt, und **Flach-M.** (bes. in S-Dtl.), nicht höher als der Wasserspiegel, mit Gräsern und Sauergräsern; beide können zur Torfgewinnung ausgenutzt werden. In Dtl. ist über 1% der Gesamtfläche vermoort. Andere Namen für M.: Moos, Bruch, Ried, Luch, Fehn, Venn oder Fenn, Mies.

Moorbäder, warme Voll- oder Teilbäder mit Moorerde, gegen Rheumatismus, Gicht, Gelenkentzündungen, Frauenkrankheiten.

Moore [m'uə], **1)** George Edward, engl. Philosoph, *1873, †1958; vertrat einen an der Naturwissenschaft orientierten Neurealismus. **2)** George, anglo-irischer Erzähler, *1853, †1933; schloß sich der kelt. Renaissance an. **3)** Henry, engl. Bildhauer, *1898, †1986; Bildwerke von starker Ausdruckskraft. **4)** Thomas, anglo-irischer Dichter, *1779, †1852; Heimatlieder »Irische Melodien«, oriental. Idyllen »Lalla Rookh«.

Moorleichen, im Moor gefundene Leichen aus der vor- und frühgeschichtl. Zeit, die durch die Moorstoffe vor Verwesung bewahrt geblieben sind.

Moos das, **1)** → Moose. **2)** → Moor.

Moosbrugger, Kaspar, Baumeister, *1656, †1723; Stiftskirche Einsiedeln.

Moose Mz., große Abteilung der Sporenpflanzen, 2 Gruppen: entweder in Stengel und Blätter gegliedert, die → Laubmoose, oder flächiglappig geformt, die → Lebermoose. Die M. haben → Generationswechsel: 1. (geschlechtl.) Generation ist das Moospflänzchen, das aus der Spore über dem **Vorkeim** entsteht; 2. (ungeschlechtl.) ist die aus dem weibl. Geschlechtsorgan sprossende, auf der Moospflanze sitzende **Sporenkapsel.**

Moostierchen, koloniebildende Kleinlebewesen mit Fangarmen, leben meist im Wasser.

Moped das, Fahrrad mit Hilfsmotor (50 cm³, meist in den Rahmen einbezogen) und Pedalen; versicherungs- und führerscheinpflichtig.

Mops der, Haushunderasse, mit großem Kopf, Stirnrunzeln, eingedrückter Schnauze.

Moradabad, Stadt in Indien, östl. von Delhi, 330000 Ew.; Holz-, Metallind.

Moral [lat.] die, –, **1)** Verhaltens- und Einstellungsnormen, die unter dem Einfluß einer Kultur in einer Gruppe oder Gesellschaft über längere Zeit hinweg offiziell und von der Mehrheit als verbindlich angesehen werden. **2)** Lehre, Nutzanwendung. **3)** sittl. Verhalten, Pflichtbewußtsein. **moralisch,** sittlich gut. **moralisieren,** belehrende Betrachtungen anstellen. **Moralist** der, Sittenprediger; Sittenbeobachter.

Moralische Aufrüstung, von Frank → Buchman geschaffene, anfangs Oxford-Gruppenbewegung genannte Bewegung, die im Glauben an Gott zur Erneuerung der Menschheit aus den moral. Kräften kommen will.

Moralität [lat.] die, **1)** Sittlichkeit. **2)** religiös-moralisierendes Schauspiel des Spät-MA.

Moraltheologie, wissenschaftl. Darstellung der Sittenlehre nach den Grundsätzen der kath. Glaubenslehre.

Morandi, Giorgio, ital. Maler, *1890, †1964; Stilleben (bes. Krüge, Flaschen).

Moräne [frz.] die, ⊕ von Gletschern verfrachtete und abgelagerte Schuttwälle: **Seiten-, Mittel-** und **Grund-M.** Am Ende des Gletschers häufen sich die Schuttmassen zur **End-M.**

Moratorium [lat.] das, -s/...rien, **Stundung,** Zahlungsaufschub; kann vom Gläubiger bewilligt oder durch Gesetz angeordnet werden.

Moravia, Alberto, eigtl. A. **Pincherle,** ital. Schriftst., *1907; Romane: »Adriana«, »Der Konformist«, »La noia«; »Ich und er«; Novellen.

Morawa die, **Morava,** der Hauptfluß Ser-

Moorleichen: Fund von Tollund

Mont-Saint-Michel

Mordent, a Notierung, b Ausführung

Mörike

Morgenstern

Morgenstern 2) 16. Jh.

biens, rechter Nebenfluß der Donau, 500 km lang.

Moray Firth [m'ʌrɪ fə:θ], trichterförmiger Meerbusen an der NO-Küste Schottlands; Verbindung zum Atlantik durch den Kaledon. Kanal.

morbid [lat.], kränklich, krankhaft, angekränkelt. **Morbidität** die, krankhafter Zustand.

Morchel die, Gatt. der Schlauchpilze mit keulig-knolligem, hohlem, auf dem Oberteil netzig-grubigem Fruchtkörper, eßbar, wachsen im Frühling, z. B. **Speise-M., Spitz-M.** (BILD Pilze)

Mord der, ⚖ vorsätzl. Tötung eines Menschen, bei der der Täter aus Mordlust, Habgier, zur Befriedigung des Geschlechtstriebes oder anderen niedrigen Beweggründen, heimtückisch, grausam, mit gemeingefährl. Mitteln oder um eine andere Straftat zu ermöglichen oder zu verdecken, handelt. Strafe in der Bundesrep. Dtl. lebenslängl. Freiheitsstrafe, in der Dt. Dem. Rep. Todesstrafe.

Mordent [ital.] der, ♩ eine Verzierung.

Mörderbienen, Killerbienen, in Südamerika aus afrikan. und lokalen Bienenrassen entstandene Kreuzung (»Brasilian. Honigbiene«). M.-Schwärme greifen bei geringstem Anlaß Menschen und Tiere an.

Mordwinen Mz., Volk mit finnisch-ugrischer Sprache, an der mittleren Wolga. **Mordwin. ASSR,** Autonome Sowjetrep. (seit 1934) in der Russ. SFSR, 26 200 km², 964 000 Ew. (Russen, M., Tataren); Hptst.: Saransk. Landwirtschaft; Holz-, Textil- u. a. Ind.

More [mɔə], latinisiert **Morus,** Sir Thomas, engl. Humanist und Staatsmann, *1478, †(enthauptet) 1535; Lordkanzler Heinrichs VIII.; als Anhänger des Papstes Gegner der Reformation; Verfasser der »Utopia« (Schrift über einen Idealstaat auf Erden); danach → Utopie.

Moreau [mɔr'o], **1)** Gustave, frz. Maler, *1826, †1898; bibl. und mytholog. Bilder. **2)** Jean Michel, frz. Kupferstecher, *1741, †1814; Radierungen, Illustrationen. **3)** Jeanne, frz. Schauspielerin, *1928; 1948-53 an der Comédie Française, auch Filmrollen (»Jules und Jim«, »Querelle«).

Morelia, Stadt in Mexiko, 350 000 Ew.

Morelle [ital.] die, eine Sauerkirsche.

Mores [lat.] Mz., Anstand, gute Sitten.

Morgan [m'ɔ:gən], Charles, engl. Erzähler, *1894, †1958; pflegte den psycholog. Roman (»Der Quell«, »Sparkenbroke«).

morganatische Ehe [lat. morganatica »Morgengabe«], **Ehe zur linken Hand,** in regierenden Häusern und beim Hochadel die Ehe mit einer nicht ebenbürtigen Frau.

Morgarten, Bergrücken am Aegerisee, Grenze zw. den Kt. Schwyz und Zug; 1315 Sieg der Schweizer über Herzog Leopold I. von Österreich.

Morgen der, **1)** der Tagesanbruch. **2)** Himmelsrichtung: der Osten. **3)** älteres Feldmaß, territorial versch. zw. 25 und 58 Ar.

Morgengabe, Geschenk des Ehemanns an seine Frau am Morgen nach der Hochzeit.

Morgenland das, ⚘ für → Orient.

Morgenländische Kirche, → Ostkirche.

Morgenrot, → Abendrot.

Morgenstern, 1) ☆ der Planet → Venus. **2)** im MA. mit Stacheln besetzte Keule.

Morgenstern, Christian, *1871, †1914, Dichter von humorist. und ernsten Gedichten (»Galgenlieder«, »Palmström«, »Palma Kunkel« u. a.).

Morgenthau-Plan, nach dem Finanz-Min. der USA, H. Morgenthau Jr. (*1891, †1967), benannte Denkschrift von 1944; sah die Entmilitarisierung, Verkleinerung und Aufteilung Dtl.s vor, seine Reduzierung auf den Status eines Agrarlandes durch Zerschlagung seiner Industrie; beeinflußte 1945-47 die amerikan. Besatzungspolitik (→ Demontage) in Dtl.

Morgner, Irmtraud, Schriftstellerin, *1933, †1990; phantastisch-iron. Romane.

moribund [lat.], sterbend.

Mörike, Eduard, Dichter, *1804, †1875, war Pfarrer, dann Lehrer, schrieb zarte Gedichte, die Novelle »Mozart auf der Reise nach Prag«, den Künstlerroman »Maler Nolten«.

Morisken, Mauren, die nach der arab. Herrschaft in Spanien zurückblieben.

Moritat die, Bänkelsängerlied.

Moritz, 1) M. von Nassau-Oranien, Prinz, *1567, †1625, folgte 1584 seinem Vater Wilhelm dem Schweiger als Statthalter und Oberbefehlshaber der Niederlande, kämpfte siegreich gegen die Spanier. **2) M. Kurfürst von Sachsen,** *1521, †1553, seit 1541 Herzog, erhielt als Verräter der protestant. Sache von Kaiser Karl V. 1547 die Kurwürde, zwang diesen jedoch 1552 zum Vertrag von Passau; Gründer der Fürstenschulen.

Moritz, Karl Philipp, *1756, †1793, Freund Goethes; autobiograph. Roman »Anton Reiser«.

Moritzburg, Jagdschloß nördlich von Dresden, 1542-46 erbaut, 1722-30 umgebaut.

Mormonen, Anhänger der Freikirche **Heilige der letzten Tage,** 1830 in Amerika gegr., errichteten 1848 den M.-Staat Utah mit der Ansiedlung → Salt Lake City, wo man die Wiederkunft Christi erwartete; früher Mehrehe.

Moro, Aldo, ital. Politiker (Democrazia Cristiana), *1916, †(ermordet) 1978; Jurist, wurde 1959 Parteisekretär, 1963-68 und seit 1974 mehrfach MinPräs., zuletzt 1976.

Morpheus, bei Ovid der Traumgott.

Morphin, früher **Morphium,** betäubend wirkendes Hauptalkaloid des Opiums, wirkt in Gaben von 0,01-0,02 g schmerzstillend und beruhigend, in größeren Mengen tödlich. Anhaltender Gebrauch, **M.-Sucht** oder **Morphinismus,** führt zu körperl. und geistigem Verfall (→ Rauschgifte).

Morphologie [grch.] die, **1)** ♧ ♡ ♤ Wissenschaft von Bildung und Umbildung von Gestalten. **2)** Die **Kultur-M.** untersucht die Strukturen der Kulturen. **3)** Ⓢ Lehre von den Wortbildungen.

Morris, William, engl. Dichter und Künstler, *1834, †1896; Erneuerer des Kunstgewerbes.

Mörser der, **1)** Schale, in der harte Stoffe mit dem **Pistill** zerrieben werden. **2)** ⁖ Steilfeuergeschütz.

Morsezeichen, von S. Morse (*1791, †1872) geschaffene, aus Strichen und Punkten zusammengesetzte Zeichenschrift zum Telegraphieren. (BILD S. 592)

Mortadella [ital.] die, Wurst aus Schweine- und Kalbfleisch, Speck, Gewürzen.

Mortalität [lat.] die, Sterblichkeit.

Mörtel der, Bindemittel für Bausteine.

Moritzburg: Jagdschloß

Mosaik: Kopf eines Heiligen, 4. Jh., Saloniki

Kalk-M., der → Kalk; **Wasser-M.,** der → Zement.

Morus, Thomas, → More.

MOS, Abk. für **M**etal **O**xide **S**emiconductor, Bez. für unipolare Halbleiter (→ MOSFET).

Mosaịk [grch.] das, aus flachen farbigen Steinchen oder Glasstückchen zusammengesetzte ornamentale oder figürl. Flächenverzierung (Böden, Wände usw.). (BILD byzantinische Kunst)

mosạisch, jüd., von → Moses herrührend.

Mosbach, Stadt in Bad.-Württ., an der Elz, 22 600 Ew.; Metallind.

Moscheẹ [arab. mazgit »Anbetungsort«] die, muslim. Bethaus; gewöhnlich mit → Minaretten; im Innern die Gebetsnische (Mihrab).

Mọscherosch, Johann Michael, satirischer Schriftst., *1601, †1669.

Moschus der, **Bisam** der, Drüsenausscheidung der → Moschustiere, von starkem Geruch; für Riechstoffe, Tusche; auch künstlich erzeugt (meist Nitroverbindungen).

Moschus|ochse, Horntier Grönlands und des arkt. Amerikas; schwarzbraun. Das Fleisch riecht nach Moschus.

Moschus|tiere, geweihlose Hirsche in Gebirgen Innerasiens, das Männchen mit Hauerzähnen und Drüse, die Moschus absondert.

Mosel die, linker Nebenfluß des Rheins, kommt aus den südl. Vogesen, durchfließt Lothringen, mündet bei Koblenz; 545 km lang; im M.-Tal Weinanbau **(M.-Weine).** 1964 wurde die M. zw. Diedenhofen und Koblenz für 1500-t-Schiffe schiffbar gemacht (14 Staustufen; Stromerzeugung).

Moseley [m'əuzlɪ], Henry, engl. Physiker, *1887, †1915; entdeckte das **Moseleysche Gesetz,** nach dem die Schwingungszahl der von einem Atom ausgesandten Röntgenstrahlen von der Kernladungszahl des Atoms abhängt.

Moser, 1) Hans, eigtl. **Juliet,** Schauspieler, *1882, †1964. **2)** Johann Jakob, Rechtslehrer, *1701, †1785, stellte als erster das geltende dt. Staatsrecht vollständig dar. **3)** Lukas, Maler des Magdalenenaltars in Tiefenbronn bei Pforzheim (1431).

Möser, Justus, Schriftst., *1720, †1794, Gegner der Aufklärung: »Osnabrück. Geschichte«, »Patriot. Phantasien«.

Mọses [hebr.], geschichtl., wenngleich von Sagen umwobene Gestalt (um 1225 v. Chr.). Nach dem A. T. sind die Befreiung Israels aus Ägypten und der für die Einigung Israels und seine ganze Geschichte grundlegende Bundesschluß mit Jahwe am Sinai sein Werk. **Die fünf Bücher Mose,** → Pentateuch.

Moses [m'əusəs], Anna Mary, *1860, †1961, nordamerikan. Farmersfrau, begann mit 75 Jahren, naive Bilder zu malen **(Grandma M.).**

MOSFET, Abk. für **M**etal-**O**xide-**S**emiconductor-**F**ield-**E**ffect-**T**ransistor [metl 'ɔksaɪd semɪkənd'ʌktə fi:ld ɪf'ekt træns'ɪstə, engl.], Feldeffekttransistor, der als unipolarer Transistor v. a. für die Großintegration mikroelektron. Bauelemente verwendet wird. Bei M. ist die Gate-Elektrode durch eine Metalloxidschicht vom Halbleiterkristall getrennt; der Steuerstrom ist dadurch stark reduziert.

Mọsi, Mọssi, afrikan. Volksgruppe, bes. in Burkina Faso und N-Ghana (rd. 3 Mio.), Muslime; hochentwickelte Handwerkskunst.

Mösi|en, im Altertum röm. Provinz südlich der unteren Donau.

Mọskau, russ. **Moskwạ,** Hptst. und größte Stadt der UdSSR, 8,9 Mio. Ew. M. liegt am Fluß Moskwa, in einem hochentwickelten Industrie- und Wirtschaftsgebiet in günstiger Verkehrslage (Bahnen, Straßen, Binnenhafen, Flugnetz). Den Kern bildet der **Kreml** (davor Roter Platz mit Lenin-Mausoleum) mit alten Kirchen und Palästen. M. ist Sitz der obersten Sowjetbehörden und des Patriarchen der russisch-orthodoxen Kirche; Univ., Hoch- und Fachschulen; Akademie der Wissenschaften, viele Mus., Bibliotheken, zahlreiche Theater; U-Bahn; Maschinen-, Fahrzeug-, Kugellager-, Triebwagen-, feinmechan., chem., Textil- u. a. Ind., Hüttenwerk. – M., 1147 erstmals erwähnt, war 1326 bis 1712 Sitz der russ. Herrscher; seit 1918 ist M. wieder Hptst.

Moskauer Konferenzen, alliierte Konferenzen, bes. jene Großbritanniens, der UdSSR und der USA vom Okt. 1943; sie bestätigte den Entschluß, den Krieg bis zur bedingungslosen dt. Kapitulation fortzusetzen und eine neue Friedens- und Sicherheitsorganisation zu gründen (auch von China unterschrieben).

Moskịto [span.] der, Stechmücke.

Moskwạ die, Fluß in Rußland, linker Nebenfluß der Oka, schiffbar von Moskau an.

Mọslem [arab. »Gottergebener«], **Muslim** der, Anhänger des Islams.

Mossadẹgh, eigtl. **Hedayat,** Mohammed, iran. Politiker, * um 1880, †1967; 1951-53 Min.-Präs., verstaatlichte 1951 die Erdölind.

Mössbauer, Rudolf, Physiker, *1929, erhielt für seine Arbeiten über Kernresonanzfluoreszenz bei tiefen Temperaturen **(M.-Effekt)** 1961 den Nobelpreis.

Most der, **1)** Traubensaft. **2)** in S-Dtl. und Österreich: gegorener Apfelsaft.

Mọstar, Stadt in Jugoslawien, Herzegowina, 63 000 Ew. (50% Muslime), oriental. Stadtbild.

Mostar, Gerhart Herrmann, eigtl. G. **Herr-**

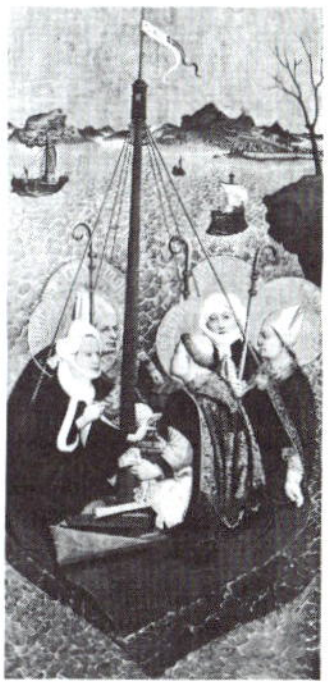

L. Moser: Die Seefahrt (aus dem Tiefenbronner Altar)

Moskau: Roter Platz, links Basilius-Kathedrale, rechts Kremlmauer, davor Lenin-Mausoleum

a	·–
ae	·–·–
à, å	·––·–
b	–···
c	–·–·
ch	––––
d	–··
e	·
é	··–··
f	··–·
g	––·
h	····
i	··
j	·–––
k	–·–
l	·–··
m	––
n	–·
ñ	––·––
o	–––
oe	–––·
p	·––·
q	––·–
r	·–·
s	···
t	–
u	··–
ue	··––
v	···–
w	·––
x	–··–
y	–·––
z	––··
1	·––––
2	··–––
3	···––
4	····–
5	·····
6	–····
7	––···
8	–––··
9	––––·
0	–––––
Punkt	·–·–·–
Komma	––··––
Doppelpunkt	–––···
Bindestrich	–····–
Apostroph	·––––·
Klammer	–·––·–
Fragezeichen	··––··
Notruf:	
SOS	···–––···
Irrung	········
Verstanden	···–·
Schlußzeichen	·–·–·

Morsezeichen

Mozart

mann, *1901, †1973, schrieb Romane, Schauspiele.

Mostrich der, → Senf.

Mosul, Mossul, Stadt im Irak, am Tigris, 293000 Ew.; Woll-, Fell-, Ledermarkt; Erdöllager.

Motala, Stadt in Schweden, 41000 Ew.; Schwerind., Rundfunksender.

Motel [aus **Mo**tor und Ho**tel**] das, Gastbetrieb, der bes. auf Unterbringung von Reisenden mit Kraftfahrzeugen eingestellt ist.

Motette [ital.] die, ♩ mehrstimmiger kirchl. Gesang ohne Instrumentalbegleitung (a cappella), in streng kontrapunkt. Stil.

Motherwell [m'ʌðəwel], Stadt in Schottland, 74200 Ew.; Eisen-, Stahlwerke; Kohlengruben.

Motion [lat.] die, Antrag (im Parlament).

Motiv [lat.] das, **1)** Beweggrund, Antrieb. **2)** Gegenstand eines Kunstwerkes. **3)** ♩ das kleinste selbständige Glied in einem Melodiegefüge.

Motoball, → Motorrad-Fußball.

Moto-Cross [engl.], Motorrad-Geländefahrt quer durch Wälder, Wiesen, Sumpf.

Motor [lat.] der, Antriebsmaschine, bes. → Elektromotor, → Verbrennungsmotor. **Motorisierung** die, allg.: Ersatz menschl. und tier. Zug- und Tragkraft durch M.-Kraft; auch: Bestand an Kfz.

Motorboot, durch Verbrennungsmotor (Innen- oder Außenbordmotor) angetriebenes Boot.

Motorfahrrad, kurz **Mofa,** Fahrrad mit Hilfsmotor.

motorisch, auf Bewegung bezüglich, z. B. m. Nerven, die zu den Muskeln gehen.

Motorrad, → Kraftrad.

Motorrad-Fußball, Motoball, Mannschaftsspiel auf Motorrädern nach Fußballregeln.

Motorroller, Zweiradfahrzeug, gekennzeichnet durch kleine Räder, weitgehende Verkleidung des Fahrwerks, Fahren im Sesselsitz ohne Knieschluß; Hubraum bis 175 cm³.

Motorschiff, Schraubenschiff mit Dieselmotor oder Gasturbine.

Motorsport, Sammelbegriff für alle Sportarten, die mit Motorfahrzeugen ausgeübt werden.

Mott, John R., amerikan. Theologe, *1865, †1955, Leiter der Weltorganisation des CVJM; führend in der ökumen. Bewegung; Friedensnobelpreis 1946.

Motten Mz., Kleinschmetterlinge. Die Raupen der **Kleider-M.** werden bis 1 cm lang, die der **Pelz-M.** zerstören Pelze. Schutz: dichter Abschluß, Ausklopfen der Kleidungsstücke, Anwenden von M.-Schutzmitteln. (BILD S. 593)

Motto [ital.] das, Sinnspruch, Geleitspruch.

Motuproprio [lat.] das, auf persönl. Entschluß des Papstes beruhender Erlaß.

Mouche [muʃ, frz.] die, **1)** schwarzes Schönheitspflaster. **2)** Bartform: Fliege.

mouillieren [muj'i:rən], ⓢ einen Laut mit der Mundstellung eines i oder j sprechen, z. B. frz. ll und gn wie lj und nj.

Mouliné [mulin'e, frz.] der, Zwirn aus 2 versch. Einzelgarnen.

Mount [maʊnt, engl.], Berg. **Mountains** [-tinz], Gebirge.

Mountbatten [maʊntb'ætn], → Battenberg. **1)** Louis, Earl M. of Burma, brit. Admiral, *1900, † (bei einem Terroranschlag) 1979; 1944/45 Oberkommandierender in Birma, 1947 letzter Vizekönig von Indien, 1955-59 Erster Lord der Admiralität, 1959-65 Chef des Verteidigungsstabes. **2)** Philipp M., jetzt Prinz Philip, Herzog von Edinburgh, früher Prinz Philip von Griechenland, Neffe von 1), dessen Namen er annahm, *1921, ⚭ Königin Elisabeth II.

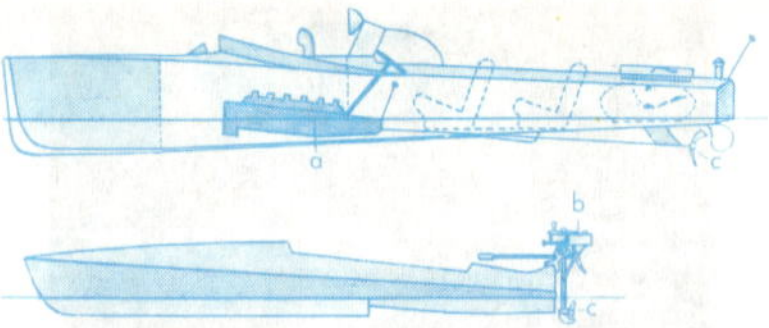

Motorboot: a Innenbordmotor, b Außenbordmotor, c Schiffsschraube

Mount Everest, → Everest, Mount.

Mount McKinley [maʊnt mək'ɪnlɪ], 6193 m hoher Gipfel in der Alaskahauptkette, der höchste Berg Nordamerikas.

Mount Palomar [-p'æləma:], Berg in Kalifornien, 1871 m; Sternwarte mit einem der größten Teleskope der Erde.

Mount Vernon [-v'ə:nən], Landsitz George Washingtons am Potomac in Virginia, USA, seit 1859 Gedenkstätte (Wohnhaus, Grab).

Mount Wilson [-w'ɪlsn], Berg bei Pasadena in Kalifornien, 1740 m hoch, Sonnenobservatorium der Carnegie-Stiftung.

moussieren [mus'i:rən, frz.], schäumen.

Möwen, Vogelfam., kräftige Stoßtaucher mit Schwimmfüßen und langen, zugespitzten Flügeln, leben gesellig an Gewässern. Arten: Lach-, Silber-, Sturm-, Herings-M. u. a.

Mozart, Wolfgang Amadeus, Komponist, *Salzburg 27. 1. 1756, †Wien 5. 12. 1791, der bedeutendste der Wiener Klassiker, zw. Haydn und Beethoven; erregte schon mit 6 Jahren Bewunderung als Klavierspieler und Komponist. Opern: »Die Entführung aus dem Serail« (1782), »Die Hochzeit des Figaro« (1786), »Don Giovanni« (1787), »Così fan tutte« (1789), »Die Zauberflöte« (1791), »Titus« (1791); Kirchenmusik (Messen, Requiem); 48 Sinfonien u. a. Orchesterwerke; Konzerte für Klavier, Geige; Sonaten u. a. für Klavier; Kammermusik (28 Streichquartette, Geigensonaten); Lieder. (→ Köchelverzeichnis)

M. P., Abk. für **1) M**ember of **P**arliament. **2) M**ilitary **P**olice, Militärpolizei.

Mr., Abk. für engl. Mister, Herr; in Österreich Magister.

Mrozek [mr'ɔʒek], Sławomir, poln. Schriftst., Satiriker, *1930; Komödie »Die Polizisten« u. a.

Mrs., Abk. für engl. Mistress, Frau.

MS-DOS, Abk. für **M**icro**s**oft **D**isk **Op**erating **S**ystem, Bez. für ein weitverbreitetes Betriebssystem von Mikrorechnern, das auch IBM-kompatibel ist.

Msgr., Abk. für Monseigneur, Monsignore.

MTA, Abk. für medizinisch-technische(r) Assistent(in). (→ medizinisch technische Assistenten)

Mubarak, Mohammed Hosni, ägypt. Offizier und Politiker, *1928; 1972-75 Oberbefehlshaber der Luftwaffe, 1975-81 Vizepräs., nach der Ermordung von Präs. Sadat im Okt. 1981 dessen Nachfolger.

Mucius, Gaius, genannt **Scaevola** [»Linkhand«], sagenhafter Stammesvater des plebej. Geschlechts der **Mucier** in Rom. Er soll, bei

Möwen: Lachmöwe

einem Mordversuch gegen den etrusk. König Porsenna ergriffen, zum Beweis seiner Furchtlosigkeit seine rechte Hand im Feuer verbrannt haben.

Mücke die, Zweiflüglerinsekt; Larven leben in Wasser oder pflanzl. Stoffen. Die **Stech-M.** oder **Moskitos** haben einen Stechrüssel. Die Weibchen der echten Stech-M. saugen Blut an Menschen, Säugetieren, Vögeln.

Mudjahedin [mudʒa-], urspr. Bez. für islam. Glaubenskämpfer im Hl. Krieg; neuerdings Bez. für radikal-islam., sozialrevolutionäre Untergrundkämpfer.

Mueller, Otto, Maler der → Brücke, *1874, †1930; jugendlich-herbe, zigeunerhafte Gestalten. (BILD deutsche Kunst)

Muezzin [arab.] der, islam. Gebetsrufer.

Muffe die, kurzes Rohrverbindungsstück.

Muffel die, **1)** Gefäß oder Kammer aus feuerfestem Ton oder Gußeisen zum Erhitzen von gemalten oder emaillierten Tonwaren. **2) M.-Öfen** mit Öl oder Gas geheizter Härteofen.

Muffelwild, Mufflon der, Wildschaf, → Schafe.

Mufti [arab.] der, islam. Rechtsgelehrter, der Gutachten nach relig. Recht abgibt.

Müggelsee, Spree-Erweiterung bei Berlin.

Mühlacker, Industriestadt in Bad-Württ., an der Enz, 24000 Ew.; Maschinen-, Holz-Ind.

Mühle die, **1)** Mahlmaschine, Mahlanlage, auch **Säge-M.,** Holzschneide-M. **Öl-M.,** Quetsch-M. für Ölfrüchte. **Papier-M.,** Papierfabrik. **2) M.-Spiel,** Brettspiel zw. 2 Spielern mit je 9 Steinen.

Mühlhausen, Stadt im Bez. Erfurt, 43000 Ew.; Textil-, Tabak-, Holz-, Leder- u.a. Ind. M., 775 erstmalig erwähnt, ist 1180 als Freie Reichsstadt genannt; 1525 Hauptquartier T. Mün(t)zers, darf seit 1975 den Beinamen **Thomas-Müntzer-Stadt** führen.

Mühlsteinkragen, Halskrause für Frauen im 16. und 17. Jh.

Mühlviertel das, Landschaft in Oberösterreich, mit den Donaunebenflüssen **Große** und **Kleine Mühl.**

Muhme die, Tante; weibl. Verwandte.

Mukden, zeitweilig Name von → Shenyang.

Mulatte der, Mischling: Weißer – Neger.

Mulde die, linker Nebenfluß der Elbe bei Dessau, entsteht aus der **Freiberger M.** und der **Zwickauer M.,** die im Erzgebirge entspringen.

Mulhacén, höchster Berg Spaniens, in der Sierra Nevada Andalusiens, 3478 m.

Mülhausen, frz. **Mulhouse** [myl'u:z], Industriestadt im Oberelsaß, Frankreich, 112500 Ew.; an der Ill und dem Rhein-Rhône-Kanal; Textil-, Maschinen-, Papier-Ind.

Mülheim an der Ruhr, Stadt in NRW, 175500 Ew.; Hafen an Ruhr und Rhein-Herne-Kanal; Hütten-, Stahl-, Erdölind.

Munch: Mädchen auf einer Brücke (1905)

Mull [engl.] der, leichtes Baumwollgewebe; auch Verbandsstoff **(M.-Binde).**

Mullah, Titel der untersten Stufe der schiitisch-islam. Geistlichkeit (v.a. in Iran); bei den Sunniten Ehrentitel islam. Würdenträger und Gelehrter.

Müller, 1) Adam Heinrich, Staats- und Wirtschaftsphilosoph, *1779, †1829, Hauptvertreter der romant. Staats- und Wirtschaftslehre; trat gegen den Liberalismus für die organ. Einordnung der Wirtschaft in den Staatsaufbau ein. **2)** Friedrich, genannt **Maler M.,** Maler und Dichter, *1749, †1825, schrieb Schauspiele (»Fausts Leben«), wirklichkeitsnahe Prosaidyllen (»Die Schafschur«). **3)** Gebhard, Politiker (CDU), *1900, Jurist; 1948 bis 52 Staatspräs. von S-Württ.-Hohenzollern, 1953-58 MinPräs. von Bad.-Württ., 1958-71 Präs. des Bundesverfassungsgerichts. **4)** Gottfried, Politiker (CDU), *1934; seit April 1990 Min. für Medienpolitik in der Dt. Dem. Rep. **5)** Heiner, Schriftst., *1929; lebt in Berlin (Ost), Dramen: »Philoktet«, »Leben Gundlings...« u.a. **6)** Hermann, Politiker, *1876, †1931, Sozialdemokrat, unterzeichnete 1919 als Außenmin. den Vertrag von Versailles; war 1920 und 1928-30 Reichskanzler. **7)** Johannes v., schweizer. Historiker, *1752, †1809; »Geschichte der schweizer. Eidgenossenschaft«. **8)** Karl Alexander, schweizer. Physiker, *1927, erhielt 1987 mit G. Bednorz den Nobelpreis für die Entdeckung der Supraleitung in spez. Metallkeramiken. **9)** Wilhelm, Dichter, *1794, †1827, schrieb die von Schubert vertonten Liederkreise »Müllerlieder«, »Winterreise«, ferner »Griechenlieder«.

Müller-Thurgau, früh reifende, blumige Rebsorte; 1882 in Geisenheim von H. Müller-Thurgau (*1850, †1927) gezüchtet.

Mullit der, Mineral, ein Aluminiumsilicat; dient zur Herstellung feuerfester Steine.

multilateral [lat.], mehrseitig.

Multi-Media [engl. aus lat.], auch **Mixed-** oder **Inter-Media,** → Mixed-Media.

multinationale Unternehmen, multinationale Konzerne, kurz **Multis,** Unternehmen, die über Produktionsstätten und Niederlassungen in mehreren Ländern verfügen.

multiple choice [m'ʌltɪpl tʃɔɪs, engl. »mehrfache Auswahl«], Fragebogen- und Testtechnik, bei der zw. mehreren vorgegebenen Antworten gewählt werden muß; v.a. in der sozialwissenschaftl. Forschung (Demographie), auch zu Prüfungszwecken.

Multiples [mʌltiplz, engl.] Mz., in serienmäßiger Auflage hergestellte Kunstobjekte.

multiple Sklerose [grch.-lat.] die, langdauernde Erkrankung des Gehirns und Rükkenmarks, in denen sich viele kleine Entzündungsherde bilden. Die Ursache des in Schüben verlaufenden Leidens ist noch unbekannt.

Multiplikation [lat.] die, das Malnehmen, → Grundrechnungsarten.

Multscher, Hans, Bildhauer und Maler, *um 1400, †1467, tätig in Ulm; Flügel des Wurzacher Altars (Berlin), Altar in Sterzing.

Mumi|e [arab.] die, durch Einbalsamieren vor Verwesung geschützter, eingetrockneter Leichnam, mit Tuchstreifen umwickelt; im alten Ägypten, Mexiko u.a.

Mummel die, → Seerose.

Mummelsee, See an der Hornisgrinde, im nördl. Schwarzwald, 1032 m ü. M.

Mumps der, **Ziegenpeter, Parotitis epidemica,** ♡ ansteckende, meist Kinder befallende, i.d.R. harmlos verlaufende Viruskrankheit mit Schwellung der Ohrspeicheldrüsen.

Munch [muŋk], Edvard, norweg. Maler und Graphiker, *1863, †1944, wurde, vom Impressionismus ausgehend, ein Wegbereiter des Expressionismus.

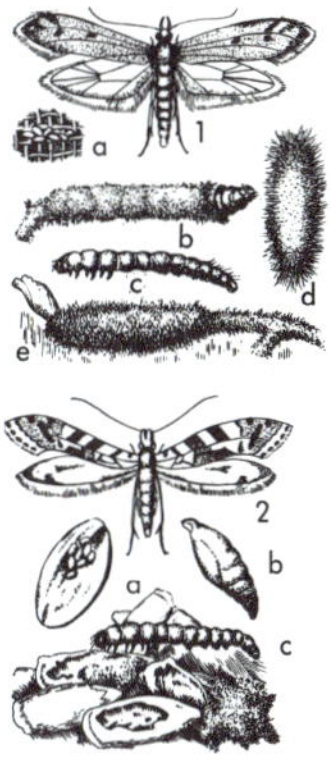

Motten: 1 Kleidermotte, a Eiablage am Stoffgewebe, b Larve in der Wohnröhre, c Larve, d Puppe im Kokon, e Fraßröhre mit leerer Puppenhülle. **2** Kornmotte, a Eiablage im Getreidekorn, b Puppe, c Larve mit zerfressenen Körnern und hinterlassenem Kot

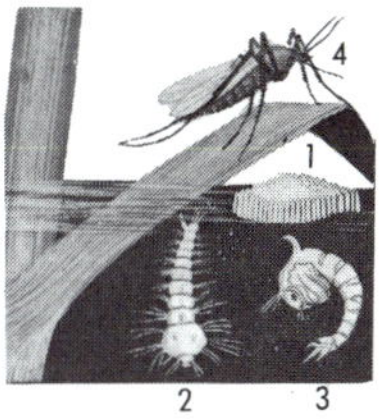

Mücke: Entwicklung der Stechmücke, **1** Eipaket, **2** Larve, **3** Puppe, **4** Stechmücke

Multscher: Kopf des Hl. Florian

26 B I

München: Marienplatz und Neues Rathaus, im Hintergrund Frauenkirche

München, Hptst. Bayerns, an der Isar, 1,2 Mio. Ew.; reich an schönen Bauten, Kirchen, u.a. Frauenkirche (15. Jh.), Michaelskirche (16. Jh.), Theatinerkirche (Spätbarock), Asamkirche (1733-1746), Residenz, Schloß Nymphenburg; Ludwigstraße mit klassizist. Prachtbauten aus der Zeit Ludwigs I.; hervorragende Bildungs- und Forschungseinrichtungen: Univ. (1826), TU, Kunstakademie, Hochschule für Musik; große Samml.: Dt. Museum (Technik), Bayer. Nationalmuseum, Pinakothek (Gemälde), Glyptothek (Bildhauerwerke) und bedeutende Theater. In M. fanden 1972 die Olymp. Spiele statt. U-Bahn im Ausbau; Flughafen. – INDUSTRIE. Bier, Maschinen-, opt., Apparate-, feinmechan., elektrotechn., Textilind.; Verlage, graph. und Kunstgewerbe. ❻ M., nach einer kleinen Siedlung des Klosters Tegernsee (zu den Mönchen) genannt, wurde 1158 durch Heinrich den Löwen als Stadt gegründet und war seit 1255 Wohnsitz der bayer. Herrscher. Ludwig I. (1825-48) erhob M. zur Kunststadt von europ. Bedeutung. Im 2. Weltkrieg erlitt M. schwere Zerstörungen.

Münchener Abkommen, am 29. 9. 1938 von Hitler, Mussolini, Chamberlain und Daladier abgeschlossen, über die Abtretung des Sudetenlandes durch die Tschechoslowakei an das Dt. Reich.

Münchhausen, 1) Börries Frhr. v., Dichter, *1874, †1945, schrieb Balladen, Idyllen. **2)** Karl Friedrich Hieronymus Frhr. v., *1720, †1797; seine witzigen Erzählungen unglaubl. Reise-, Jagd- und Kriegsabenteuer wurden z.T. von E. R. Raspe ins Engl. übersetzt; 1786 von G. A. Bürger dt. bearbeitet und erweitert.

Mund der, Eingang des Magen-Darm-Kanals, führt in die mit drüsenreicher Schleimhaut ausgekleidete **M.-Höhle,** wo die Nährstoffe zerkleinert und eingespeichelt werden. **M.-Fäule,** ♡ schmerzhafte Entzündung des Zahnfleisches und der Wangenschleimhaut mit Bildung von Geschwüren.

Mund|art die, **Dialekt** der, Volkssprache einer Landschaft, meist i. Ggs. zur Hochsprache.

Mündel das, der von einem Vormund betreute, nicht oder beschränkt Geschäftsfähige, z.B. ein elternloser Minderjähriger oder ein entmündigter Geisteskranker. Der **M.-Sicherheit** dienen bes. sichere, in §§ 1807 f. BGB aufgezählte Vermögensanlagen; nur so darf der Vormund **M.-Gelder** anlegen.

Münden, post- und bahnamtlich **Hannoversch M.,** Stadt in Ndsachs., 25500 Ew.; am Zusammenfluß von Fulda und Werra zur Weser; Fachwerkhäuser der Renaissance, forstwissenschaftl. Fakultät der Univ. Göttingen; Gummi-, Schmirgel-, Holz- u.a. Ind.

Münder, Bad M. am Deister, Stadt in Ndsachs., 19700 Ew.; Schwefel-, Stahl-, Solbad; Ind.

Mundharmonika die, Blasinstrument mit Luftkanälen und Metallzungen.

Mündigkeit [von ahd. munt »Hand«, »Schutz«] die, →Volljährigkeit. **Ehe-M.,** →Ehe; **Eides-M.,** →Eid.

Mundraub, ⚖ Entwendung oder Unterschlagung von Nahrungs- oder Genußmitteln in geringer Menge zum sofortigen Verbrauch; als Diebstahl bestraft.

Mundschenk der, im MA. Hofbeamter, dem die Getränke anvertraut waren; bisweilen erbl. Hofamt.

Mundt, Theodor, Schriftst. des →Jungen Deutschland, *1808, †1861; zeitgeschichtl. Romane; geschichtl. und krit.-ästhet. Werke.

Mungo der, ostind. rattenähnl. Raubtier der Fam. Schleichkatzen, jagt Giftschlangen.

Munition [lat.] die, Schießbedarf.

munizipal [lat.], städtisch. **Munizipalität** die, Gem. mit besonderer Verfassung; Stadtobrigkeit.

Munk, Kaj, dän. Dichter, Pastor, *1898, †(von der Gestapo erschossen) 1944; Dramen über relig. und polit. Fragen.

Munkácsy [m'uŋka:tʃi], Michael v., ungar. Maler, *1844, †1900, schuf relig. Bilder.

Munster [m'ʌnstə], irisch **Cúige Mhumhain** [k'u:gi mu:ən], Prov. im SW der Rep. Irland, 24126 km², 1 Mio. Ew., Hptst.: Limerick.

Munster, Stadt in Ndsachs., 18300 Ew., Ind.; Truppenübungsplatz **Munsterlager.**

Münster [lat. monasterium »Kloster«] das, große Stiftskirche, Dom.

Münster, 1) Bad M. am Stein-Ebernburg, Solbad in Rheinl.-Pf., 3600 Ew., an der Nahe. **2)** Stadt in NRW, 249000 Ew., Hafen am Dortmund-Ems-Kanal; reich an got. und Renaissance-Bauwerken; Univ.; Brauerei, Brennerei, Maschinen-, Textil- u.a. Ind. – Das Bistum M. wurde 802 gegr., der Ort wurde vor 1137 Stadt. In M. wurde 1648 der →Westfälische Friede unterzeichnet.

Münster, Sebastian, Theologe, Kosmograph, *1488, †1552; Anhänger der Reformation.

Münster|eifel, Bad M., Stadt in NRW, 15200 Ew. Im Stadtteil Effelsberg Radioteleskope u.a. mit 100-m-Parabolspiegel.

Münstersche Bucht, Einbuchtung der Norddt. Tiefebene zw. Teutoburger Wald und Rhein. Schiefergebirge, Ackerbaulandschaft, der südl. Teil **(Soester Börde)** bes. fruchtbar.

Munt [ahd. »Schutz«] die, **Mundschaft,** Grundbegriff im älteren german. Recht: Herrschafts- und Schutzgewalt.

Münter, Gabriele, Malerin, *1877, †1962.

Munthe, Axel, schwed. Arzt, *1857, †1949; »Das Buch von San Michele« (Erinnerungen).

Müntzer, Münzer, Thomas, Theologe und Revolutionär, *1468 oder 1489/90, †1525, erst Anhänger, später Gegner Luthers; 1525 Führer im Bauernkrieg in Thüringen, bei Frankenhausen besiegt und hingerichtet.

Münze [aus lat. moneta] die, **1)** nach Zusammensetzung und Gewicht bestimmtes, geprägtes Metallgeld in Scheibenform. Bei **Kurant-M.** sind Metall- und Nennwert annähernd gleich, bei **Scheide-M.** liegt der Metallwert unter dem Nennwert. **2)** Münzstätte.

Münzfälschung, Geldfälschung, ⚖ Herstellung oder Verbreitung falschen Metall- oder Papiergeldes und diesen gleichgestellten Wertzeichen und Wertpapieren **(Falschmünzerei, Münzbetrug)** oder die Veränderung gültiger Geldzeichen, um diesen den Schein eines höheren Wertes zu geben **(Münzverfälschung);** bestraft mit Freiheitsstrafe von mindestens 2 Jahren.

Murmeltier: Alpen-M.

Münzfuß, gesetzl. festgelegte Zahl von Münzen, die aus der Gewichtseinheit des Münzmetalls geprägt werden sollen.
Münzhoheit, obrigkeitl. Recht zur Ordnung des Münzsystems.
Münzkunde, Numismatik, Erforschung früherer Münzen, histor. Hilfswissenschaft.
Münzregal, das vom Staat ausgeübte oder verliehene Recht, Münzen zu prägen.
Münzstätte, Münze, Prägeort der Münzen; in der Bundesrepublik Deutschland: München (Münzbuchstabe D), Stuttgart (F), Karlsruhe (G), Hamburg (J).
Münzvertrag, Münzkonvention, Münzunion, völkerrechtl. Vertrag über Vereinheitlichung oder Annäherung des Münzwesens mehrerer Staaten.
Münz-Wertzeichendrucker, seit 1981 von der Dt. Bundespost aufgestellte Münzautomaten, die nach Münzeinwurf auf grünokkerfarbenes Wertzeichenpapier den gewählten Wert aufdrucken und als Wertzeichen (Briefmarke bis 3,50 DM) ausgeben.
Mur die, linker Nebenfluß der Drau, in der Steiermark, 444 km lang.
Murano, Insel bei Venedig, Mittelpunkt der venezian. Kunstglaserzeugung (seit 1292).
Murasaki Shikibu, japan. Hofdame, * um 978, †1016; schrieb Roman »Geschichte des Prinzen Genji«, Tagebücher.
Murat [myr'a], Joachim, frz. Marschall, *1767, † (erschossen) 1815, ⚭ Napoleons I. Schwester Caroline, 1808-15 König von Neapel.
Murcia [m'urθia], Stadt in SO-Spanien, 289000 Ew., Univ., got. Kathedrale; Ind.
Murg die, rechter Nebenfluß des Rheins, mündet bei Rastatt; 96 km lang.
Murger [myrʒ'ɛr], Henri, frz. Erzähler, *1822, †1861; »Die Bohème«.
Murillo [mur'iʎɔ], Bartolomé Esteban, span. Maler, getauft 1618, †1682, bedeutender Meister des span. Barock; Madonnen, Bildnisse, Genrebilder. (BILD spanische Kunst)
Müritz die, See auf dem Mecklenburg. Höhenrücken, 117 km², bis 33 m tief.
Murmansk, Stadt im NW der UdSSR, 426000 Ew., wichtiger, eisfreier Hafen an der **Murmanküste,** Endpunkt der Murman-Bahn von Leningrad, Fischerei-Ind., Werften.
Murmeltier, Gatt. der Hörnchen **(Marmotte).** Das **Alpen-M.** ist oben braungrau, unten rostgelb, 50-60 cm lang; lebt unter der Schneegrenze (1600-3000 m), gräbt im Sommer einfache Baue mit Fluchtröhre, im Winter Kessel; unter Naturschutz.
Murner, Thomas, Satiriker, Franziskaner, *1475, †1537, schrieb Spottdichtungen, z. B. »Narrenbeschwörung«; Gegner Luthers.
Murray [m'ʌrɪ] der, wasserreichster Fluß Australiens aus den Austral. Alpen, 2570 km.
Murten, frz. **Morat** [mor'a], Hauptort des Bez. See im Kt. Freiburg, Schweiz, 4600 Ew., am **Murtensee;** Schloß (13. Jh.). – Bei M. siegten die schweizer. Eidgenossen am 22. 6. 1476 über Karl den Kühnen von Burgund.
Mürzzuschlag, Stadt in Österreich; 11000 Ew.: Kurort an der Mürz, Eisen-, Holzind.
Musaget [grch.] der, Musenführer, Beiname des Gottes Apollo; Musenfreund.
Musä|us, Johann Karl, Schriftst., *1735, †1787; gab »Volksmärchen der Deutschen« heraus.
Muscarin das, Gift des Fliegenpilzes.
Muschelkalk, mittlere Abteilung der Triasformation, → Erdgeschichte, ÜBERSICHT.
Muschelkrebse, niedere Krebstiere in muschelähnl. Schale.
Muscheln, Muscheltiere, Klasse der Weichtiere. Sie haben einen **Mantel** und, daraus abgesondert, eine **Schale** mit 2 **Klappen.** Diese sind durch ein Band (Schloßband) verbunden und durch Schließmuskeln zu schließen. Feine Wimpern treiben einen Wasserstrom durch den Körper, der pflanzl. und tier. Nahrung zuführt.
Muschg, Adolf, schweizer. Schriftst., *1934, iron.-krit. Erzählprosa, Dramen.
Musen, die 9 grch. Göttinnen der schönen Künste und Wissenschaften, Töchter des Zeus: **Klio** (Geschichte), **Euterpe** (Musik), **Thalia** (Komödie), **Melpomene** (Tragödie), **Terpsichore** (Tanz), **Erato** (Liebesdichtung), **Polyhymnia** (ernster Gesang, Pantomime), **Urania** (Sternkunde), **Kalliope** (Epos, Elegie).
Musen|almanach der, regelmäßig erscheinende Samml. von Gedichten, Dramenteilen u. a., z. B. der »Göttinger M.« (1770 von F. W. Gotter und H. C. Boie gegr.), »Schillers M.« (1796-1800).
Musette [myz'ɛt, frz.] die, frz. Gesellschaftstanz im Dreitakt zur Zeit Ludwigs XIV.; später Suitensatz. Aus der M. entwikkelte sich der **M.-Walzer.**
Museum [den Musen geweiht] das, -s/...seen, Samml. von Werken der bildenden Künste oder von Gegenständen und belehrenden Darstellungen aus allen Wissensgebieten (z. B. Erd-, Völker-, Natur-, Menschenkunde, Kulturgeschichte, Technik).
Mushin, Stadt in S-Nigeria, 241000 Ew.
Musical [mj'u:zɪkl, engl.] das, operettenartiges Bühnenstück, zuerst in Amerika (z. B. »Kiss me, Kate«, »My fair Lady«).
Musik [grch. »Kunst der Musen«] die, bei den alten Griechen die Bildung von Gemüt und Geist (i. Ggs. zur Gymnastik); erst nach der klass. Zeit die **Tonkunst** als Ausdrucksmittel des menschl. Seelen- und Gefühlslebens. Gestaltungsmerkmale der M. sind Rhythmus, Melodie, Harmonie, ferner Tonstärken- und Zeitmaßverhältnisse sowie die Instrumentation. Nach den Darstellungsmitteln teilt man die M. ein in **Gesang (Vokal-M.)** und **Instrumental-M.** Werden viele versch. M.-Instrumente verwendet, spricht man von **Orchester-M.,** bei einigen wenigen von **Kammer-M.** – Historisch entwickelt sich die M. auf dem Boden der **Volks-M.** zu einer persönl. gestalteten **Kunst-M.** (mit der Sonderform **Kirchen-M.**). Daneben unterscheidet man folgende Arten der M.: **Unterhaltungs-M., Tanz-M., Jazz-M.** M. in Verbindung mit Darstellungen auf der Bühne: → Oper, → Operette, → Musical, → Singspiel. (→ Programmusik, → serielle Musik, → Zwölftonmusik)

Muscheln: 1 knochige Herzmuschel, **2** Kammuschel, **3** Venusherz, **4** braune Venusmuschel

Muscheln: Stachelauster

Musikbox die, Plattenspieler, der nach Münzeinwurf eine gewünschte Platte abspielt.
Musikdrama, durchkomponierte Oper i. Ggs. zur älteren Nummern-Oper.
Musikhochschulen bilden Musiker (ausübende Musiker, Komponisten, Dirigenten) aus, auch Musiklehrer und Lehrer für das künstler. Lehramt. Staatl. M. bestehen u. a. in Berlin, Köln, Frankfurt a. M., Karlsruhe, Hamburg, München.

Musil

Musikinstrumente sind meist Saiten-, Blas- und Schlaginstrumente (vgl. die Einzelstichwörter). **Musikwerk, Musikautomat,** Gerät zur Musikwiedergabe auf mechan. Wege, z. B. Spieldose, elektr. Klavier.
Musil, Robert, Schriftst., *1880, †1942; unvollendeter iron. Roman: »Der Mann ohne Eigenschaften«, »Die Verwirrungen des Zöglings Törleß«; Novellen, Dramen.
musisch, kunstempfänglich.
musivisch [lat.-grch.], Eigw. zu Mosaik.
Muskatellerwein, nach Muskat schmeckender Rot- oder Weißwein von der Muskatellertraube (Süßwein).
Muskatnußbaum, ein bis 18 m hoher, trop. Baum mit einem eiförmigen, als Gewürz dienenden braunen Samen **(Muskatnuß)** in rotbraunem Samenmantel **(Muskatblüte).** (BILD S. 597)
Muskau, Bad M., Stadt im Bez. Cottbus, 5000 Ew.; Eisen-Moorbad an der Lausitzer Neiße; Renaissance-Schloß, Fürst-Pücklerscher Park.
Muskeln [lat.], der fleischige Teil des menschl. und des tier. Körpers, der durch Zusammenziehen die Bewegungen vermittelt, besteht aus **M.-Fasern.** Die M. an den Knochen sind dem Willen unterworfen (**willkürl.** oder **quergestreifte M.**), i. Ggs. zu den **unwillkürl.** oder **glatten M.,** die sich unabhängig vom Willen betätigen und die Bewegungen der inneren Organe regeln. Die Herz-M. sind zwar quergestreift, sind aber dem Willen nicht unterworfen.
Muskelatrophie die, ♡ Muskelschwund.
Muskelkater, schmerzhafte Verhärtung der Muskulatur nach größeren Anstrengungen. Behandlung: bei hochgradigem M. völlige Ruhe, bei leichterem M. Bewegung als Selbstmassage.
Muskelkraftflugzeug, allein durch menschl. Muskelkraft angetriebenes Flugzeug. Der Amerikaner B. Allen überquerte 1979 den Ärmelkanal mit einem Flugzeug mit einer über Tretkurbeln angetriebenen Luftschraube.
Muskelkrampf, ♡ unwillkürl. starke Muskelzusammenziehung (→ Krampf).
Muskelzerreißung, ♡ unter blitzartigem Schmerz entstehender Riß eines Muskels **(Muskelriß, Muskelzerrung).**
Muskete [frz.] die, ⁂ Handfeuerwaffe mit Luntenschloß.

Muskeln: oberflächliche Skelettmuskeln, von vorn und hinten gesehen

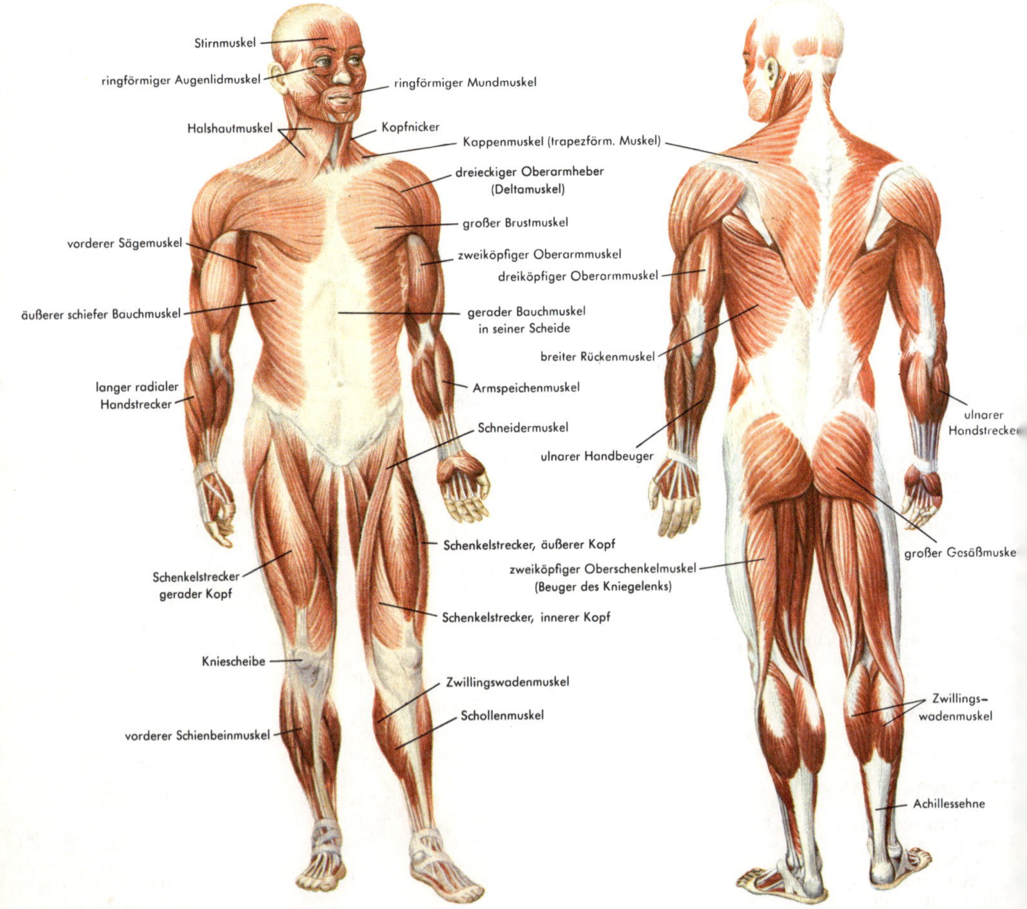

Musketier der, urspr. der mit einer Muskete Bewaffnete, später bis 1919 der einfache Infanterist.

Muskulatur die, Gesamtheit der Muskeln.

Muslim der, Bekenner des Islam.

Muslim-Bruderschaft, islam. Bewegung, gegr. 1928, forderte die Befreiung der arab. Länder von der Fremdherrschaft Andersgläubiger, nach 1945 ein bed. Machtfaktor, seit Mitte der 1950er Jahre in vielen arab. Staaten verboten, gewann um 1980 mit der Forderung nach einer islam. Staats- und Gesellschaftsordnung wieder an Boden.

Muspilli, stabreimendes Bruchstück einer altbair. Dichtung über das Weltende (9. Jh.).

Musselin [frz. aus »Mosul«] der, zartes, leichtes Gewebe aus Wolle oder feinen Baumwollgarnen in Leinwandbindung.

Musset [mys'ɛ], Alfred de, frz. Dichter, *1810, †1857; Romantiker; Gedichte, Verserzählungen, Theaterstücke.

Mussolini, Benito, ital. Politiker, *1883, † (erschossen) 1945, urspr. Sozialist; trat 1914 für Italiens Kriegseintritt gegen Dtl. und Österreich ein. 1919 gründete er den faschist. »Kampfbund«, → Faschismus. Als Regierungschef und Führer (Duce) der faschist. Partei erlangte er 1922 diktator. Gewalt, die er durch Ausschaltung der Parteien und innerparteil. Gegner zur persönl. Diktatur ausbaute (→ Italien, Geschichte). Wachsender Antifaschismus, bes. jedoch militär. Mißerfolge Italiens im 2. Weltkrieg sowie innerparteil. Opposition führten Juli 1943 zur Entlassung und Verhaftung M.s durch König Viktor Emanuel III. Nach seiner Befreiung rief M. als »Staatschef« eine von NS-Dtl. völlig abhängige »Ital. Sozialrep.« aus; von ital. Widerstandskämpfern erschossen.

Mussorgskij, Modest Petrowitsch, russ. Komponist, *1839, †1881; Oper »Boris Godunow«.

Mustafa, Name mehrerer türk. Sultane.

Mustagh-ata, Gipfel im O-Pamir, 7546 m.

Mustang [span.] der, Präriepferd.

Muster ohne Wert das, zollfreie Ware ohne Wiederverkaufswert.

Musterrolle, vom Seemannsamt ausgefertigtes Verzeichnis der angemusterten Schiffsmannschaft; ist an Bord mitzuführen.

Musterschutz, ⚖ gesetzl. Schutz bestimmter Gegenstände gegen Nachbildung. Für gewerbl. Muster und Modelle **(Geschmacksmuster)** nach Anmeldung beim **Musterregister** (Amtsgericht); Dauer 1 bis 15 Jahre. Für Arbeitsgerätschaften oder Gebrauchsgegenstände **(Gebrauchsmuster)** nach Eintragung in die **Gebrauchsmusterrolle** (Patentamt); Dauer 3 bis 6 Jahre.

Musterung die, **1)** Feststellung der militär. Tauglichkeit. **2)** ⚓ → Heuer. **3)** Art der Zeichnung, Ornamentik.

Mutation [lat.] die, ♁ ⚘ Änderung eines erbl. Merkmals (Ggs.: → Modifikation). M. können auch künstlich erzeugt werden durch Behandlung mit kurzwelligen Strahlen. Die von DeVries 1901 aufgestellte **M.-Lehre** ist die Grundlage der modernen Abstammungslehre.

mutatis mutandis [lat. »nach Änderung des zu Ändernden«], sinngemäß abgeändert.

Muth, Carl, kath. Publizist, *1867, †1944, gründete 1903 die Ztschr. »Hochland«.

Muthesius, Hermann, Architekt, Kunstschriftst., *1861, †1927; Mitgr. des Dt. Werkbundes; trat für die Typisierung im Bauwesen ein.

mutieren [lat.], **1)** verändern. **2)** die Stimme wechseln, sich im Stimmwechsel befinden.

Muting [mj'u:tɪŋ, engl. »Dämpfung«] das, Nachrichtentechnik: Rauschsperre, bes. die Verringerung des Pegels unerwünschter Signale (ohne Frequenzauslese wie z. B. beim Dolby-System).

Mutsuhito, urspr. Name des → Meiji Tenno.

Mutter die, **1)** Frau, die ein Kind geboren hat; bei Tieren **M.-Tier. 2)** ⊙ → Schraube.

Mütter-Genesungswerk, Dt. M., gemeinnützige Stiftung, 1950 von Elly Heuss-Knapp gegr.

Mutterkorn, schwarzvioletter, hornartiger Körper in der Ähre des Roggens, schmarotzende Schlauchpilze; Arzneimittel gegen Gebärmutterblutungen, giftig. (BILDER S. 598)

Mutterkuchen, Fruchtkuchen, lat. **Placenta,** weiches, scheibenförmiges, blutreiches Organ, das sich während der Schwangerschaft in der Gebärmutter bildet und dem Austausch von Nährstoffen, Sauerstoff und Kohlensäure zw. kindl. und mütterl. Blut dient. Die Verbindung zw. M. und Kind bildet die Nabelschnur.

Mutterlauge, ⚗ Restflüssigkeit nach Auskristallisieren einer chem. Verbindung.

Muttermal das, angeborene oder kurz nach der Geburt hervortretende umschriebene Geschwulst der Haut, erscheint als Farbstoffanhäufung in Form des **Pigmentmals (Leberfleck),** als Blutgefäßgeschwulst (erweiterte, netz- oder schwammartig verbundene Blutgefäße) in Form der **Feuer-, Gefäß-, Brand-, Blutmale.**

Mutterrecht, von J. J. Bachofen (1861) geprägter Begriff für eine Erbfolge- und Rechtsform, durch die die Stellung der Frau in Familie und Gesellschaft hervorgehoben erscheint. Die Annahme einer allg. gültigen mutterrechtl. Entwicklungsstufe der menschl. Gesellschaft zw. Promiskuität und Vaterrecht hat sich als nicht haltbar erwiesen.

Mutterschutz. Nach dem M.-Gesetz i. d. F. v. 18. 4. 1968 ist die Beschäftigung werdender und stillender Mütter mit schwerer körperl. Arbeit verboten. Werdende Mütter dürfen in den letzten 6 Wochen vor der Niederkunft, Wöchnerinnen während 8 Wochen nach der Niederkunft nicht beschäftigt werden. Mehr-, Nacht- und Sonntagsarbeit werdender und stillender Mütter ist grundsätzlich verboten. Ferner besteht gegenüber Frauen während der Schwangerschaft und bis zum Ablauf von 4 Monaten nach der Entbindung grundsätzlich ein Kündigungsverbot. Am 1. 7. 1979 wurde ein **Mutterschaftsurlaub** von 6 Monaten eingeführt. Der Kündigungsschutz reicht bis 2 Monate nach dessen Ablauf. Zum 1. 1. 1986 wurde der **Erziehungsurlaub** (derzeit 18 Monate, gilt auch für Väter) unter Zahlung eines **Erziehungsgeldes** eingeführt.

Muttertag, Tag zur besonderen Ehrung der Mutter (2. Maisonntag). In Dtl. erstmalig 1922/23.

Mutung die, ⚒ das beim Bergamt einzureichende Gesuch auf Verleihung des Bergwerkseigentums in einem bestimmten Felde.

Myanmar, seit Mai 1989 amtl. Bez. von → Birma.

Mykene, im Altertum grch. Stadt in Argolis, bei Homer Sitz des Agamemnon. – M. war im 2. Jahrtsd. v. Chr. Mittelpunkt der myken. Kultur; in der frühen Phase (1600-1500) erste Palastbauten in M. und Tirnys; die mittelmyken. Kultur (1500-1400) von Kreta beeinflußt (Kuppelgräber); zur spätmyken. Kultur (1400-1150) zählen monumentale Befestigungen und Schatzhaus des Atreus.

Mykorrhiza [Kw., grch.] die, Symbiose zw. Pilzen und Wurzeln höherer Pflanzen.

Mykosen [grch.], **Pilz|erkrankungen,** ♡ ♁ ⚘ durch höhere Pilze hervorgerufene Krankheiten, bes. der menschl. Haut.

Mylady [mɪl'eɪdɪ, engl.], gnädige Frau (Fräulein). **Mylord** [mɪl'ɔ:d], gnädiger Herr.

Myokard [grch.] das, ♡ der Herzmuskel.

Myom [grch.] das, ♡ gutartige Geschwulst aus Muskelfasern, meist in der Gebärmutter.

Muskatnußbaum: oben Frucht, unten Blüte

Musketier, Frankreich 1675

Mussolini

Mussorgskij

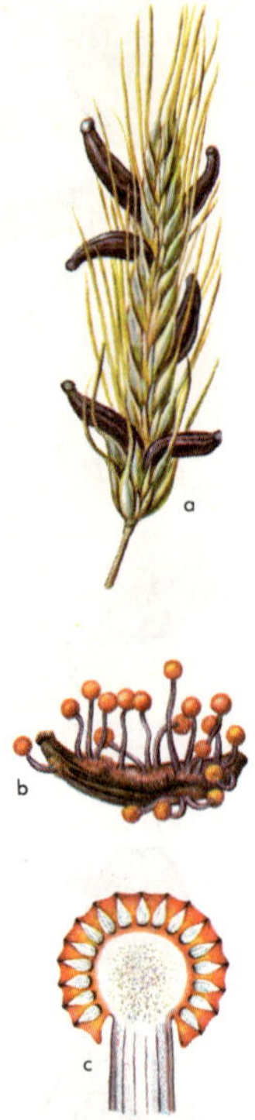

Mutterkorn: a Roggenähre mit Mutterkörnern, b keimendes Mutterkorn mit gestielten Köpfchen, c Längsschnitt durch ein Köpfchen

Myon, instabil geladenes Elementarteilchen aus der Gruppe der Leptonen.

Myopie [grch.] die, → Kurzsichtigkeit.

Myrdal, Alva, schwed. Gesellschaftswissenschaftlerin, *1902, †1986; erhielt 1982 mit A. García Robles den Friedensnobelpreis (für Verdienste um Abrüstung).

Myriade [von grch. zehntausend] die, eine sehr große Menge.

Myrmidonen Mz., **1)** bei Homer: Mannen des Achill vor Troja. **2)** übertragen: treue Gefolgschaft.

Myron, grch. Bildhauer der klass. Zeit um 460-430 v. Chr. in Athen. Werke: Diskuswerfer, Athena und Marsyas. (BILD Diskus)

Myrrhe die, Harz einer arab.-ostafrik. Strauchgatt.; für Räucherwerk, Mundwasser.

Myrte die, Strauch vom Mittelmeer. Die immergrünen Blättchen enthalten flüchtiges **M.-Öl.** Ästchen werden zu Brautkränzen verwendet.

Mysi|en, im Altertum: Landschaft im nordwestl. Kleinasien, südlich des Marmarameers.

Mysore [m'aɪzɔ:r], **Maisur,** Stadt im ind. Bundesstaat Karnataka, 440000 Ew., in den Westghats; Univ., Tempel; Textil-, Nahrungsmittel- u. a. Ind.

Mysteri|enspiel, Mysterium, geistl. Dramen, seit dem 14. Jh. aus der Liturgie entwickelt (Oster-, Passions-, Weihnachtsspiele).

mysteriös [grch.], geheimnisvoll, dunkel.

Mysterium [grch. »Geheimnis«] das, -s/...rien, **1)** Geheimnis. **2)** im Altertum: gottesdienstl. Handlung nur für »Eingeweihte« **(Mysten),** so die eleusin. und die orph. M.; sie sollte Erlösung und Gemeinschaft mit der Gottheit vermitteln. **3)** kath. Kirche: das einzelne Sakrament.

Mystifikation die, Täuschung, Vorspiegelung. Zeitw.: **mystifizieren.**

Mystik [grch.] die, Grundform des relig. Lebens, das unmittelbare Erleben Gottes. M. kann der Art nach gefühlsbetont, sinnl.-rauschhaft, kontemplativ oder spekulativ sein; ihre Grundlage ist durchweg asketisch. – Bedeutende Ausprägungen: Taoismus in China, Erlösungslehre des Vedanta in Indien, die Mysterienkulte im alten Griechenland, der Neuplatonismus der Spätantike, der Sufismus im Islam, Kabbala und Chassidismus im Judentum, Braut-M. (Bernhard von Clairvaux) und Passions-M. sowie spekulative M. (Ekkart, Seuse, Tauler) im Christentum des MA., in der Neuzeit die myst. Bewegungen in Spanien (Ignatius von Loyola, Teresa von Avila, Johannes vom Kreuz), Frankreich, Rußland (Starzentum) sowie der Pietismus. – **mystisch,** geheimnisvoll, dunkel. **Mystizismus** der, Neigung zum Geheimnisvollen.

Mythen, Gipfel der Glarner Alpen: **Großer M.,** 1899 m, **Kleiner M.,** 1811 m hoch.

Mythos [grch.] der, **Mythus,** -/Mythen, eigtl. Erzählung, bes. Vorzeiterzählung, oft auch Bericht über göttl. Mächte. **mythisch,** den M. betreffend, auch: nach Art der M., sagenhaft. **Mythologie** die, **1)** Gesamtheit der M. eines Volkes. **2)** Wissenschaft von den M.

Mytilene, Hptst. der grch. Insel Lesbos (M.), 24200 Ew.; Wein-, Ölausfuhr.

Mytischtschi, Stadt im N von Moskau, 151000 Ew.; Maschinenbau u. a. Ind.

Myx|ödem [grch.] das, ♡ bes. im Gesicht auftretende teigige Schwellung der Haut, mit körperl. und geistiger Schwerfälligkeit; Ursache: zu schwache Tätigkeit der Schilddrüse.

Myxomatose [grch.], Viruskrankheit der Kaninchen und Hasen, mit eitriger Bindehautentzündung und Anschwellung der Körperöffnungen; meist tödl. Ausgang.

Myzel, Myzelium [grch.] das, der spinnfädige, fortwachsende Pflanzenkörper der Pilze. Am M. bilden sich die Fruchtkörper.

Myrte

N

n, N, 1) 14. Buchstabe im dt. Abc. **2)** ⚖ **n.,** netto. **3)** ⊕ **N,** Norden. **4)** ⚗ **N,** Symbol für Stickstoff. **5)** Ⓢ **n,** Abk. für Neutrum. **6) n,** Kernphysik: Abk. für Neutron. **7) n,** Abk. für Nano. **8)** ⊠ **N,** Maßeinheit Newton.

Na, ⚗ Symbol für Natrium.

Naab, Nab die, linker Nebenfluß der Donau, vom Fichtelgebirge, mündet bei Regensburg.

Nabe die, ⊙ der Teil eines Rades, mit dem es auf der Welle oder dem Zapfen sitzt.

Nabel der, rundl. Narbe in der Mitte des Bauches. Zur Zeit des Lebens im Mutterleib mündet im N. die **N.-Schnur,** die Verbindung zw. Mutterkuchen und Embryo.

Nabelbruch, ♡ bei Säuglingen Vorwölbung des Nabels; kann durch Heftpflasterverband zusammengezogen und geheilt werden.

Nabelkraut, → Echeverie.

Nablus, Nabulus, jordan. Stadt, 64000 Ew., von Israel besetzt.

Nabob [arab.] der, steinreicher Mann, Geldfürst, bes. in Indien.

Nabokov, Wladimir, amerikan. Schriftst., *1899, †1977; Romane (»Lolita« u. a.).

Nabopolassar, König von Babylon (626 bis 605 v. Chr.), vernichtete 612 v. Chr. mit Hilfe der Meder die Assyrer.

Nachahmung, Imitation, 1) ♩ Wiederholung einer bestimmten Tonfolge, z. B. in Kanon, Fuge. **2) Nachbildung,** Wiederholen fremden Tuns oder die Darstellung nach einem Vorbild; für gewerbl. Geschmacksmuster oder Modelle verboten. → Plagiat.

Nachbarrecht, Rechtssätze, die die einander widerstreitenden Belange benachbarter Grundstückseigentümer ausgleichen sollen.

Nachbild, Bild, das das Auge noch sieht, wenn der gesehene Gegenstand nicht mehr auf das Auge einwirkt, → Eidetik.

Nachdruck, 1) ⚖ unberechtigte Vervielfältigung eines Schriftwerkes, einer Abbildung, eines Tonwerkes, das durch Urheberrecht geschützt ist. **2)** unveränderter Abdruck. **3)** Betonung.

Nachen der, Schifferkahn.

Nach|erbfolge, ⚖ Erbeinsetzung mehrerer in der Weise, daß der eine (Nacherbe) erst Erbe werden soll, wenn der andere (Vorerbe) es gewesen ist (§§ 2100 ff. BGB).

Nachfolge Christi, lat. **Imitatio Christi, 1)** nach Mt. 16,24 die echte, in Selbstverleugnung und Pflichterfüllung sich zeigende Frömmigkeit. **2)** Titel eines Erbauungsbuches; als Verfasser gilt → Thomas a Kempis.

Nachfrage die, ⚖ bei einem bestimmten Preis bestehende Bereitschaft der Käufer zur Abnahme einer best. Gütermenge. Die Kaufbereitschaft steigt (sinkt) mit fallenden (steigenden) Preisen; je stärker sie auf eine Änderung des Preises oder Einkommens reagiert, desto elastischer ist sie **(N.-Elastizität).**

Nachgeburt die, besteht aus dem Mutterkuchen, den Eihäuten und einem Teil der Nabelschnur; in der **N.-Periode** aus der Gebärmutter ausgestoßen.

Nachhall der, ein mehrfaches Echo.

Nachhut die, ⁖ Rückendeckung der Truppen, die vor dem Feind zurückgehen.

Nachitschewan, Autonome Sozialist. Sowjetrep. in der Aserbaidschan. SSR, im Armen. Hochland, 5500 km², 272000 Ew. (Aserbaidschaner, Armenier); Hptst.: N. Anbau (z. T. mit Bewässerung): Baumwolle, Getreide, Wein. Ende 1989 nationalist. Erhebungen.

Nachlaß der, ⚖ **1)** das gesamte Vermögen eines Verstorbenen. **N.-Gericht,** Amtsgericht, in dessen Bez. der Erblasser seinen letzten Wohnsitz hatte. **N.-Konkurs,** Konkursverfahren über den Nachlaß eines Verstorbenen bei dessen Überschuldung. **N.-Pflegschaft,** die vom N.-Gericht anzuordnende → Pflegschaft zur Sicherung und Erhaltung des N. für einen unbekannten Erben. **N.-Verwaltung,** Pflegschaft über einen N. zum Zwecke der Befriedigung der N.-Gläubiger. **2)** Herabsetzung, Minderung einer Schuld (z.B. Steuer-N.) oder eines Preises (Rabatt).

Nachnahme die, Einziehen des Rechnungsbetrages durch die Post bei der Aushändigung der Sendung.

Nachricht die, Sachbericht in Kurzform. Einheit der **Nachrichtenmenge** = 1 → bit.

Nachrichtenagentur vermittelt gegen Entgelt aktuelle Nachrichten an Zeitungen **(Presseagentur),** Rundfunk- und Fernsehsender. Die nationalen N. stehen mit anderen nationalen N. im Nachrichtenaustausch.

Nachrichtendienst, staatl. Geheimdienst zur Gewinnung und Auswertung geheimgehaltenen, für die Staatssicherheit bedeutsamen Materials aus dem Aus- und Inland. (→ Bundesnachrichtendienst)

Nachrichtensatellit, künstl. Satellit für den interkontinentalen Nachrichtenverkehr (Fernsehen, Fernsprechen, Datenübertragung u.a. mehr).

Nachrichtentheorie, → Informationstheorie.

Nachschlag, ♩ ein oder zwei Ziernoten, die dem Hauptton folgen.

Nachschlüssel, widerrechtlich angefertigter oder zufällig passender Schlüssel.

Nachschußpflicht, Pflicht der Gesellschafter einer GmbH. und der Genossen einer Genossenschaft, über ihre Einlagen hinaus weitere Einzahlungen zu leisten.

Nacht die, Zeitraum vom Untergang bis zum Aufgang der Sonne. Die kürzeste und die längste N. fallen in die Zeit der Sonnenwenden (21. Juni und 21. Dez.; auf der südl. Halbkugel umgekehrt).

Nachtblindheit, ungenügendes Vermögen der Augen, sich an die Dunkelheit anzupassen; angeboren oder durch Vitamin-A-Mangel.

Nachtgleiche, → Tagundnachtgleiche.

Nachtigal, Gustav, Arzt und Afrika-Reisender, *1834, †1885, erforschte 1869-74 Tibesti und Sudan, stellte 1884 Togo und Kamerun unter dt. Schutz.

Nachtigall [ahd. »Nachtsängerin«] die, dem Rotkehlchen verwandter, rostbraungrauer, schlankbeiniger Singvogel; als Zugvogel nur von Mai bis August in Mitteleuropa. Verwandt und sehr ähnlich der **Sprosser.**

Nachtkerze, Gatt. von Krautpflanzen mit gelben königskerzenähnl. Blüten.

Nachtpfauenauge, Nachtfalter, dessen Flügel je einen bunten Augenfleck tragen. Das **Große N.,** in Südeuropa bis Wien, bis zu 12 cm breit, ist der größte Schmetterling Europas, das **Kleine N.,** 5-6 cm breit, findet sich in Buchenwäldern.

Nachtragshaushalt, nachträgl. Haushaltsplan zur Änderung eines ordentl. oder außerordentl. Haushaltsplanes.

Nachtschattengewächse, Fam. der zweikeimblättrigen Pflanzen, mit über 1500 meist trop. Arten. Gatt.: Kartoffel, Tomate, Schwarzer Nachtschatten; Stechapfel; Tabak; Tollkirsche.

Nachtschwalben, Ziegenmelker, in der Dämmerung und Nacht aktive Vögel mit eulenartigem Gefieder, mit den Schwalben (Singvögel) nicht verwandt.

Nachtviole die, ♤ purpurviolettblühender, duftender Kreuzblüter, auf feuchten Wiesen.

Nachtwächter, 1) Personen, die Häuser, Betriebe, Baustellen u.ä. außerhalb der Betriebs- und während der Nachtzeit bewachen (→ Wach- und Schließgesellschaften). **2)** Gemeindebeamte, die bes. früher für Ruhe und Ordnung in der Nachtzeit zu sorgen hatten.

Nachtwandeln, Schlafwandeln, → Somnambulismus.

Nachverbrennung, Verbrennung des Kohlenmonoxids in den Abgasen von Ottomotoren mit Hilfe eines Katalysators.

Nacken der, der nach dem Rücken zu gelegene Teil des Halses (das **Genick**).

Nacktkultur, Nudismus, Freikörperkultur, Abk. **FKK,** gemeinsamer Freiluft- und Wassersport beider Geschlechter ohne Bekleidung.

Nacktsamige Pflanzen, ♤ → Blüte.

Nacktschnecken, 🐌 Landschnecken, fressen zarte Blätter im Garten; **Weg-, Egelschnecken.**

Nadel die, **1)** spitzes Stechwerkzeug: **N.-Arbeiten,** → Handarbeiten. **2)** ♤ Blattform.

Nadeldrucker, ein → Matrixdrucker.

Nadelgeld, früher übl. Taschengeld, das der Mann seiner Frau gewährte.

Nadelhölzer, Koniferen, Zapfenträger, größte Klasse der Nacktsamigen, meist mit nadel- oder schuppenförmigen, immergrünen Blättern. Die Blütenstände sind meist ährenähnlich (Zapfen). Zugehörig: Fichte, Kiefer, Lärche, Tanne, Lebensbaum, Wacholder, Eibe.

Nadir [arab.] der, Fußpunkt, → Himmel.

Naga, Stämme tibeto-birman. Sprache im Gebirge zw. Indien und Birma.

Nagano, Stadt auf Honshu, Japan, 337 000 Ew.; Seidenraupenzucht, Rohseidenindustrie.

Nagaoka, Stadt in Japan, im W von Honshu, 184 000 Ew.

Nagasaki, Stadt in Japan, 449 000 Ew.; bedeutender Hafen im W der Insel Kyushu; Univ.; Schiffbau, Textil-, Fischind. Am 9. 8. 1945 Abwurf einer Atombombe über N.

Nagel der, **1)** wohl ältestes Befestigungsmittel, besteht aus zugespitztem Schaft mit verschiedenartig geformtem Kopf, hölzern oder aus Draht. **2)** ♡ Hornplatte an Fingern und Zehen. Mit seiner inneren Fläche liegt der N. auf dem **N.-Bett.** Der eingewachsene N., **Neid-** oder **Nied-N.,** ist eine entzündete Weichteilwunde nahe dem N.-Rand.

Nägelein das, Bez. für mehrere Pflanzen: Nelke, Gewürznelke, Syringe, Goldlack.

Nagelfluh die, durch kalkhaltigen Sandstein verkittete Gerölle von Kalkstein.

Nagetiere, Ordn. der Säugetiere, mit **Nagezähnen,** d.h. meißelförmigen Schneidezähnen, die sich abnutzen und fortwährend nachwachsen. Die N. leben überwiegend von pflanzl. Nahrung; z.B. Mäuse, Ratten, Hamster, Hörnchen, Biber, Hasen, Stachelschweine, Schläfer. Einige N. sind wertvolle Pelztiere (Biber, Nutria, Chinchilla).

Nagoya, Stadt in Japan, 2,1 Mio. Ew.; auf der Insel Honshu, Schloß; Ind.

Nagpur, Stadt in Maharashtra, Indien, rd. 1,2 Mio. Ew.; Univ.; Textilind.

Nagy [nɔdj], Imre, *1896, † (hingerichtet) 1958; 1956 als MinPräs. Führer der ungar. Volkserhebung; 1989 rehabilitiert.

Nahe die, linker Nebenfluß des Rheins, entspringt im südl. Hunsrück, mündet bei Bingen, 116 km; Weinanbau.

Naher Osten, Länder Vorderasiens und Ägypten.

Nährhefe die, getrocknete, entbitterte → Hefe; dient als Nähr-, Futter-, Heilmittel.

Nährlösung, Lösung von Nährstoffen in destilliertem Wasser als Nahrungsquelle für Pflanzen, zu Versuchszwecken sowie zur erdelosen Pflanzenkultur (Wasserkultur); auch in fester Form **(Nährboden).**

Nährpräparat, Kräftigungsmittel aus Nährstoffen, Salzen, Vitaminen u.a.

Nährstoffe, Nahrungsstoffe, aus denen die Lebewesen ihre Körper aufbauen.

Nachtigall

Nachtviole

Nachtkerze

Naksch-i Rustam

Namibia

Nansen

Nahrungsmittel, → Ernährung. **N.-Chemie,** angewandte Chemie für das N.-Wesen. **N.-Vergiftungen,** durch Aufnahme verunreinigter oder unter Einwirkung von Bakterien bereits in Zersetzung (Gärung, Fäulnis, Verwesung) übergegangener Lebensmittel (→ Botulismus). **Nährwert,** der Nahrungswert von N. (FARBTAFEL S. 601)

Naht die, **1)** natürl. Verbindung zw. Knochen am Schädel. **Chirurg. N.,** Vereinigung durchtrennter Gewebe mittels Seide, Katgut, Draht u.a. **2)** durch Nieten, Löten, Schweißen hergestellte Verbindungsstelle zweier Metallteile.

Nahua, altindian. Jägerstämme, die von N her nach Mexiko einwanderten. Wichtigste Untergruppe: Azteken.

Nahum, Prophet Israels im 7. Jh. v. Chr.

Nairobi, Hptst. von Kenia, 1660 m ü. M., 828000 Ew.; an der Ugandabahn; internat. Flugplatz; Kathedrale, College.

naiv [frz.], **1)** natürlich, ungekünstelt. **2)** kindlich, einfältig. Hptw. **Naivität** die.

naive Malerei, naive Kunst, Laienkunst außerhalb der kunstgeschichtl. Stilrichtungen, erwächst unmittelbar aus einer »Seelenlandschaft von Einfalt und Einfachheit«.

Najaden [grch.], grch. Mythos: die → Nymphen der Quellen.

Naksch-i Rustam [arab.-pers. »Bildwerk Rustams«, eines Sagenhelden], Felswand unweit Persepolis (Iran) mit Felsgräbern für die Achaimenidenkönige Dareios I., Xerxes I., Artaxerxes I. und Dareios II.

Naltschik, Hptst. der Kabardino-Balkar. ASSR, Kurort im nördl. Kaukasus-Vorland, 231000 Ew., Univ.; Ind.

Namaland, 1) Groß-N., der südl., hochliegende Teil im Südwesten Afrikas. **2) Klein-N., Namaqualand,** das südl. vom Oranje anschließende Gebiet in der Kapprovinz.

Namangan, Gebiets-Hptst. in der Usbek. SSR, 283000 Ew., Mittelpunkt eines Baumwollgebiets; Konservenind.

Name der, Bez. einer Person **(Eigen-N.)** oder Örtlichkeit **(Orts-, Flur-N.).** In Dtl. bildeten sich seit dem 12. Jh. die **Familien-N.** aus, zuerst beim Adel.

namenlose Produkte, → No-Name-Produkte.

Namenspapiere, Rektapapiere, Wertpapiere, die auf den Namen einer best. Person ausgestellt sind. Ggs. → Inhaberpapiere.

Namensrecht. Das ehel. Kind erhält den Familiennamen der Eltern, das nichtehel. den der Mutter. Ehegatten können den gemeinsamen Familiennamen unter ihren bisherigen wählen. Einigen sie sich nicht, so gilt der Nachname des Mannes. Der Ehegatte, dessen Name nicht Ehename geworden ist, kann seinen Geburtsnamen diesem voranstellen **(Begleitname).** Das Recht auf den Namen, auch auf den anerkannten Künstlernamen, ist gegen Mißbrauch geschützt. Jede Namensänderung bedarf behördl. Genehmigung.

Namib die, Wüste an der Küste SW-Afrikas, 1300 km lang, 120 km breit; Diamantenlager.

Namibia, Südwestafrika, Rep. im südl. Afrika, mit Walfischbai 824292 km², 1,70 Mio. Ew.; Hauptstadt: Windhuk. Amtssprachen: Afrikaans, Englisch, Deutsch. N. ist ein Hochland von 1400 bis 1600 m Höhe. Das Klima ist kontinental. Giraffe, Elefant, Löwe, Nashorn leben im N vorwiegend im Etoscha-Wildpark. Die ältesten Bewohner sind Buschmänner, Nama (Hottentotten) und Bergdama; Bantu (63% der Ew.), Weiße (12%, davon 25% mit Deutsch als Muttersprache). In der Landwirtschaft überwiegt die Viehzucht. ⚒ auf Diamanten, Kupfer, Blei, Zink, Vanadium, Uranerz. Ausfuhr: Diamanten (67% der Ausfuhr), Kupfer, Uranerz, Blei, Wolfram; Karakulfelle u. a. Internat. Flughafen in Windhuk.

Ⓖ Im 19. Jh. beherrschten im N die Herero, im S die aus dem Kapland abgedrängten Nama das Land. 1884-1918 war N. dt. Schutzgebiet. 1919 kam N. als Mandat des Völkerbundes unter südafrikan. Verw. 1966 entzog die Generalversammlung der UNO der Rep. Südafrika das Mandat über N. Südafrika weigerte sich jedoch, seine Verwaltung zurückzuziehen. In der Folge suchte die → SWAPO mit militär. Mitteln die Unabhängigkeit durchzusetzen. 1988 einigten sich auf Vermittlung der USA Südafrika, Angola und (als in Angola wirkende militär. Kraft) Kuba auf ein »Abkommen zur Unabhängigkeit N.s.«. Diesem Unabhängigkeitsplan stimmte die UNO zu und überwachte seine Einhaltung. Bei Wahlen zur verfassunggebenden Versammlung setzte sich Ende 1989 die SWAPO mit großer Mehrheit durch. März 1990 wurde N. unabhängig. Staatspräs.: S. Nujoma (seit 1990). ⊕ S. 482.

Nämlichkeitssicherung, Zollmaßnahme zum Wiedererkennen vorübergehend ein- oder ausgeführter zollpflichtiger Waren **(Identitätsnachweis);** bei unveränderter Wiederein- oder -ausfuhr besteht Zollfreiheit.

Nampula, Stadt in Moçambique, rd. 130000 Ew.

Namur [nam'yr], fläm. **Namen,** Stadt in Belgien, am Einfluß der Sambre in die Maas, 102000 Ew.; Stahl-, Glasind., Kohle-, Eisenbergbau.

Nanchang [-dʒaŋ], Hptst. der chines. Prov. Jiangxi, etwa 1,1 Mio. Ew.; Textilind.

Nancy [nãs'i], Stadt in O-Frankreich, 96000 Ew., Univ.; Ind. (Textil-, chem., Ton-, Glaswaren, Handschuhe). Bis 1766 Residenz der Herzöge von Lothringen.

Nandu der, **Pampasstrauß,** Straußvogel der südamerikan. Graslandschaften.

Nanga Parbat, Gipfel im W-Himalaya, 8125 m hoch. Dt. Besteigungsunternehmen 1934-38 scheiterten unter schweren Opfern. Am 4. 7. 1953 wurde er von dem Österreicher H. Buhl bestiegen. (BILD S. 602)

Nanking, amtl. **Nanjing** [-dʒiŋ], Hptst. der chines. Prov. Jiangsu, 1928-45 auch Hptst. Chinas, am Jangtsekiang, 2,2 Mio. Ew.; Univ.; Textilind.

Nanning, Hptst. der Autonomen Region Guangxi, China, 900000 Ew.; Handel.

Nano..., Abk. **n,** Vorsatz bei physikal. Maßeinheiten; das 10^{-9}fache der betr. Einheit.

Nansen, Fridtjof, norweg. Polarforscher, Philanthrop, *1861, †1930; durchquerte 1888 als erster Südgrönland, unternahm 1893-96 eine Nordpolfahrt mit der »Fram«, wirkte seit 1918 für die Rückführung der Kriegsgefangenen und die Heilung von Kriegsschäden (Hungersnot); erhielt 1922 den Friedensnobelpreis.

NAHRUNGSMITTEL

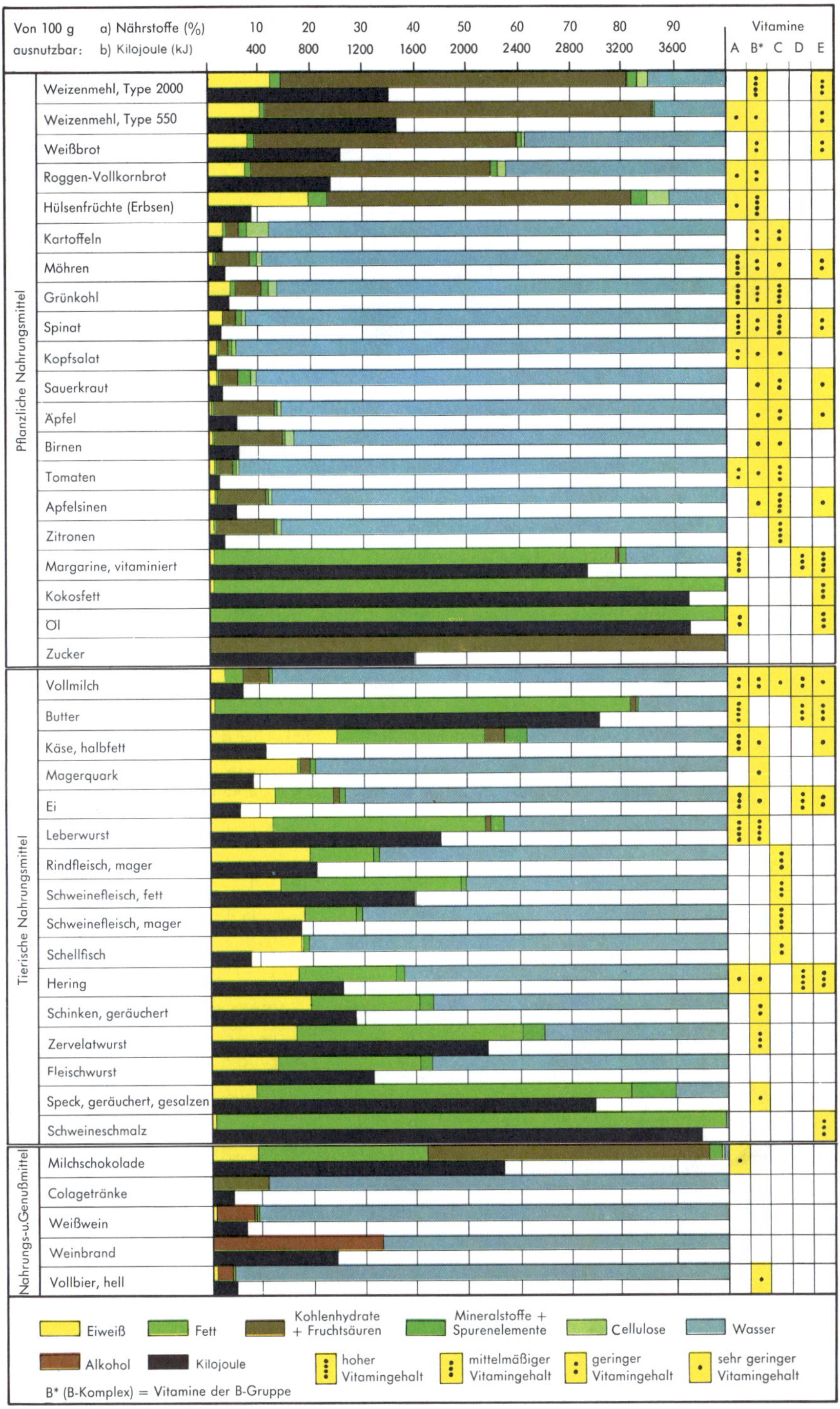

Nanga Parbat

Nansenpaß, auf Anregung von F. Nansen vom Völkerbund geschaffener Ausweis als Paßersatz für Staatenlose, zunächst für russ., später auch für andere Flüchtlinge.

Nanshan, Gebirge in Innerasien, Teil des Kun-lun, viele über 6000 m hohe Bergketten.

Nantes [nãt], Handelsstadt im westl. Frankreich, in der südl. Bretagne, an der Loire, 240500 Ew.; Univ.; Schiffbau, Eisen-Ind. 1598 **Edikt von N.** (→ Hugenotten).

Nantung, Stadt in der Prov. Jiangsu, China, 260000 Ew.; Kohlengebiet.

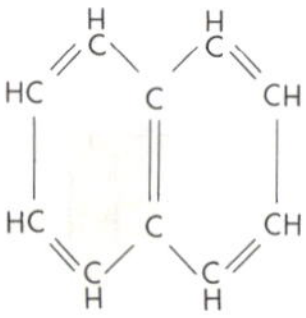

Naphthalin (Strukturformel)

Naogeọrgus, Thomas, eigtl. **Kirchmeyer,** nlat. Dichter, *1511, †1563 als Pfarrer; wandelte das Schuldrama zum protestant. Tendenzdrama.

Napalm-Bombe, Brandbombe; Füllung: Benzin, eingedickt durch Metallseifen von **Na**phthen-, **Palm**itinsäure u. a.

Nạphtha [grch.] das, eigtl. das russ. Erdöl; dann das Erdöl schlechthin.

Naphthalịn das, ⚗ im Steinkohlenteer vorkommender Kohlenwasserstoff von durchdringendem Geruch; kristallisiert in weißen Blättchen.

Naphthọle Mz., den Phenolen entsprechende aromat. Alkohole, Naphthalinabkömmlinge; N. sind wichtig für die Herstellung von Farb- und Riechstoffen.

Napier [n'eɪpɪə], **Neper,** John **Laird of Merchiston** [leəd ɔv m'ə:tʃɪstən], schott. Mathematiker, *1550, †1617; erfand die Logarithmen.

Napoleon I.

Napoleon III.

Napọleon, 1) N. I., Kaiser der Franzosen, aus der kors. Familie Bonaparte, *Ajaccio 1769, † St. Helena 1821; wurde frz. Artillerieoffizier, stieg in der Frz. Revolution rasch empor. Nach 1798/99 übernahm er als Erster Konsul die Staatsgewalt und machte sich 1804 zum Kaiser, 1805 auch zum König von Italien. 1801 gewann N. die Vorherrschaft in Europa. Im Krieg gegen England, den er 1803 begonnen hatte, verhängte er 1806 die Kontinentalsperre. 1805 wandte er sich gegen die Österreicher und zwang sie zum Preßburger Frieden (Verlust Venetiens und Tirols). Seinen Bruder Ludwig machte er zum König von Holland, seinen Schwager Murat zum König von Neapel. 1806 gründete er den Rheinbund, besiegte Preußen und gründete 1807 das Kgr. Westfalen (König: sein Bruder Jérôme). 1808 machte er seinen Bruder Joseph zum König von Spanien. Nachdem Österreich 1809 erneut unterlegen war, mußte es im Frieden von Schönbrunn auf Salzburg und seine adriat. Küstenländer verzichten. Nach der Scheidung von Joséphine Beauharnais vermählte er sich 1810 mit der österr. Kaisertochter Marie Louise. Im russ. Feldzug von 1812 konnte N. zwar in Moskau einziehen, mußte aber bald den Rückzug antreten, auf dem das Heer fast völlig zugrunde ging. Die → Freiheitskriege 1813/14 führten zum Sturz. Im April 1814 mußte er abdanken und wurde nach Elba verwiesen. Als er 1815 noch einmal die Macht in Frankreich an sich riß (die »Hundert Tage«), wurde er von den Engländern nach St. Helena verbannt. Grab (seit 1840) im Pariser Invalidendom. Von seinen innenpolit. Leistungen hat ihn bes. die große Gesetzessammlung **(Code N.)** überdauert. **2) N. II.,** Sohn von 1), der Herzog von → Reichstadt. **3) N. III., Kaiser der Franzosen,** *1808, †1873, Neffe von 1), unternahm 1836 und 1840 mißglückte Putschversuche gegen König Ludwig Philipp, wurde Ende 1848 zum Präs. der Zweiten Republik gewählt, erlangte durch einen Staatsstreich 1851 die unumschränkte Macht und ließ sich 1852 zum Kaiser ausrufen; 1853 vermählte er sich mit der span. Gräfin Eugenie. Er siegte im Krimkrieg 1854-56 über Rußland, im ital. Krieg von 1859 über Österreich. Im Dt.-Frz. Krieg mußte sich N. am 2. 9. 1870 in Sedan ergeben. 1871 ging er nach England.

Napoleondọr, unter Napoleon I. und III. geprägte frz. 20-Francs-Stücke in Gold.

Nạppaleder, glacégegerbtes Schaf- oder Ziegenleder, für Handschuhe, Handtaschen u. a.

Nara, japan. Stadt auf Honshu, 208300 Ew.

Narbe die, **1)** ♡ Endzustand einer Wundheilung. Das wenig elast., kaum durchblutete **N.-Gewebe** entsteht durch Schrumpfung aus dem → Granulationsgewebe. **2)** ⚘ Teil des → Stempels (→ Blüte).

Narbonne [narb'ɔn], alte Stadt in S-Frankreich, nahe dem Mittelmeer, 40500 Ew.; war Hptst. der röm. Provinz Gallia Narbonensis.

Narde die, wohlriechende Pflanzenteile für Salben, Salböl, Arzneien.

Nạrew der, Nebenfluß des Bug, 484 km.

Nạrgile [pers.] die, das, oriental. Wasserpfeife, bei der der Rauch erst durch Wasser geht.

Narkọse [grch.] die, ♡ allg. → Betäubung. Zeitw. **narkotisịeren.**

Narkọtika Mz., Arzneimittel, die vorübergehend best. Teile des Zentralnervensystems ausschalten und dadurch betäubend oder schmerzlindernd wirken, ohne Atem- oder Kreislaufzentrum zu beeinträchtigen.

Narmada, 1250 km langer Fluß in Indien, mündet in den Golf von Cambay.

Narr der, **1)** Dummkopf, Tor. **2)** Spaßmacher, reißt seit alters her unter der **N.-Kappe** seine Possen, genießt **N.-Freiheit:** kann ungestraft kritisieren (so heute in der Fastnacht).

Narses, armen. Eunuch, *um 480, †574; Feldherr des oström. Kaisers Justinian I., eroberte 552-555 das Ostgotenreich in Italien.

Nạrvik, Stadt in N-Norwegen, 19000 Ew., am Ofotenfjord; eisfreier Ausfuhrhafen schwed. Eisenerze. N. wurde 1940 hart umkämpft.

Nạrwa, Hafenstadt in der Estn. SSR, 74000 Ew.; Textil-Ind. – N. gehörte 1346-1558 zum Deutschordensland, bis 1704 zu Schweden (Karl XII. siegte 1700 bei N. über Peter d. Gr.).

Nạrwal der, Gründelwal der Nordmeere; das Männchen hat 2 schraubig gewundene Stoßzähne.

Narzịß, grch. Sage: schöner Jüngling, der sich in sein Spiegelbild im Wasser verliebte. **Narzißmus,** abnorme Selbstverliebtheit.

Narzịsse die, ⚘ Zwiebelgewächse, Gartenzierpflanzen: **Weiße N.:** weiß-gelb-rote, duftreiche Blüte, **Gelbblütige N.** oder **Osterblume.**

NASA, Abk. für National Aeronautics and Space Administration, 1958 gegr. zivile amerikan. Weltraumbehörde, Sitz: Washington,

D.C.; betreibt Weltraumforschung zu friedl. Zwecken.

nasal, auf die Nase bezüglich; **Nasal** der, Nasenlaut; im Deutschen: m, n, ng.

Nase die, **1)** ♡ Geruchsorgan, Eingang in die Luftwege bei Menschen und Tieren. Die äußere N. mit dem **N.-Bein** und dem knorpeligen Teil bestimmt wesentlich den Gesichtsausdruck. Die **N.-Höhle** wird durch die **N.-Scheidewand** in 2 **N.-Gänge** geschieden, deren Außenwände je 3 knorpelige Muscheln tragen. Im Bereich der oberen N.-Muschel liegt die **Riechschleimhaut.** Die N.-Höhle steht mit den lufthaltigen → Nebenhöhlen in Verbindung. Die Atemluft gelangt durch die hinteren Öffnungen der N.-Gänge (Choanen) in den **N.-Rachenraum.** KRANKHEITEN. Behinderung der N.-Atmung durch Verbiegung der N.-Scheidewand, **N.-Polypen,** vergrößerte Rachenmandel (→ Mandeln), Schwellung der N.-Schleimhaut (→ Schnupfen). **N.-Bluten,** meist harmlos, Zerreißung kleiner Schleimhautadern. **2)** Schmuckform im got. Maßwerk.

Nasenaffe, Affe mit langer Nase, auf Borneo.

Nasenbären, Coatis, Gatt. der Kleinbären.

Nash [næʃ], Paul, engl. Maler, *1889, †1946; Naturbilder, in denen sich Wirklichkeitsnähe mit Surrealismus verbindet.

Nashorn das, **Rhinozeros,** Fam. der Unpaarhufer. Plumpe, dickhäutige Pflanzenfresser mit 1-2 Hörnern auf dem Nasenbein. Ein Horn hat z. B. das **Ind. N.,** 1,70 m Schulterhöhe; 2 Hörner haben die **Afrikan. N.,** 1,60 m Schulterhöhe.

Nashorn: Spitzmaul-N.

Nashornfisch, Einhornfisch, im trop. Indopazifik; mit Knochenzapfen auf der Stirn.

Nashornkäfer, Blatthornkäfer, deren Männchen ein Horn tragen; in Mitteleuropa der **Gemeine N.** (43 mm), im trop. Südamerika der **Herkuleskäfer** 16 cm).

Nashornvögel, häher- bis hühnergroße Vögel, dicker, langer Schnabel mit hornigem Aufsatz; in Indien, Neuguinea, Südafrika.

Nashville [n'æʃvɪl], Hptst. von Tennessee, USA, am Cumberlandfluß, 455 000 Ew.; 2 Univ., Verlage, Ind.; Holzhandel.

Nasi [malaiisch], Reis; **Nasi goreng,** »gebratener Reis«, malaiisches Gericht von gebratenem Reis mit oder ohne Fleisch, Geflügel und/oder Gemüse, salzig-saurem Gemisch von Tamarinde und Salz, Gurke und Ei.

Nasik, Stadt in Maharashtra, Indien, 170 000 Ew.; Wallfahrtsort der Hindu.

Nassau, 1) Hptst. der → Bahamas, 135 500 Ew. **2)** ehem. dt. Hzgt., gehört jetzt zu Hessen, einzelne Kreise zu Rheinld.-Pf. Die **Grafen von N.,** vordem von Laurenburg, teilten sich 1255 in die Walramsche und die Ottonische Hauptlinie. Aus der Otton. stammt das Haus **N.-Oranien,** das im 16. Jh. die Statthalterschaft, 1815 die Königswürde der Niederlande erwarb und 1890 im Mannesstamm ausstarb. Die Walramsche vereinigte die nassauischen Besitzungen 1806 und 1815 zum Hzgt. N., wurde hier 1866 entthront, kam aber 1890 in Luxemburg zur Regierung; 1912 im Mannesstamm erloschen.

Nasenbären: Roter N.

nassauern, volkstüml. Ausdruck für das Ausnutzen eines Vorteils auf Kosten anderer.

Nasser, Gamal, **Abd an-Nasir,** ägypt. Offizier, Politiker, *1918, †1970; als führendes Mitgl. des Komitees freier Offiziere am Sturz König Faruks 1952 beteiligt, April 1954 Min-Präs., seit Nov. 1954 Staatspräs. International trat N. als einer der Sprecher der nichtpaktgebundenen Dritten Welt hervor.

Nasser-See, durch den Bau des Assuan-Staudamms entstandener Nil-Stausee, rd. 5000 km².

Nastie [grch.] die, Krümmungsbewegung eines Pflanzenteils, ausgelöst durch einen Reiz, z. B. **Photo-N.** (durch Lichtreiz).

Natal, 1) Provinz der Rep. Südafrika, am Ind. Ozean, 86 967 km², 6,2 Mio. Ew.; Hptst.: Pietermaritzburg; Hafen: Durban (Port N.). Getreide, Zuckerrohr, Tee, Baumwolle; ⚒ auf Eisen und Kohle; Schwerind. – N. wurde 1839 ein Burenfreistaat, 1845 britisch; 1893 Selbstregierung, 1910 südafrikan. Provinz. **2)** Hptst. und Hafen des brasilian. Staates Rio Grande do Norte, 376 000 Ew.

Nashornvögel: Doppelhornvogel

Natalität [lat.] die, Geburtenhäufigkeit.

Nathan [hebr. »von Gott gegeben«], Prophet, der David eine Bußpredigt hielt (2. Sam. 7 und 12).

Nathana|el, Jünger Jesu (in Joh. Ev. 2 und 21), wird mit Bartholomäus gleichgesetzt.

Nation [lat.] die, **1)** Gesamtheit der Bewohner eines Landes, wie sie durch die polit. Entwicklung geformt ist und sich als Einheit erhalten will (**Staats-N.,** z. B. Frankreich); oft gleichbedeutend mit »Staat« (z. B. Verein. N.). **2)** das Volk als Einheit der Abstammung, Sprache und Kulturüberlieferung (z. B. Fichtes »Reden an die Dt. N.«). Eigw. **national.**

Nationalchina, → Taiwan.

Nationaldemokratische Partei Deutschlands (NPD), rechtsstehende Partei in der Bundesrep. Dtl., gegr. 1964; Vors.: M. Mussgnug.

Nationale Befreiungsfront, frz. **Front de la Libération Nationale, FLN,** seit 1951 Zusammenschluß der für die Unabhängigkeit Algeriens eintretenden Kräfte, seit 1963 die allein zugelassene Partei Algeriens.

Nationale Front, Sammelorganisation der polit. Parteien und Massenorganisationen in den Volksdemokratien; in der Dt. Dem. Rep. 1949 aus dem Volkskongreß hervorgegangen.

Nasser

nationale Minderheiten, Volksgruppen, die in Abstammung, Sprache oder Religion von der Mehrheit des Staatsvolks verschieden sind. Nach 1945 ist ein Schutz der n. M. international nur in Einzelfällen vereinbart, so für Südtirol, doch verbieten die Verfassungen meist die unterschiedl. Behandlung nach Abstammung, Sprache und Religion. Die Bundesrep. Dtl. schloß 1955 ein gegenseitiges Abkommen über die n. M. mit Dänemark.

Nationales Olympisches Komitee, NOK, bereitet die Teilnahme dt. Sportler an den Olymp. Spielen vor. Präs. in der Bundesrep. Dtl.: W. Daume, in der Dt. Dem. Rep.: G. Heinze.

Nationale Volksarmee, Streitkräfte der Dt. Dem. Rep.

Nationalfarben, Landesfarben, Farben eines Staates oder staatsähnl. Territoriums, die in den Nationalflaggen, auf Kokarden, Schärpen, Ordensbändern u. ä. geführt werden. Sie sind vielfach den Wappen entlehnt. (FARBTAFEL Flaggen im vorderen Vorsatz).

Nationalgarde, Bürgerwehr der frz. Revolutionszeit, seit 1862 Reserve der gedienten Soldaten über 30 Jahre. In den USA Teil des Heeres **(National Guard).**

Nationalhymne, Lied, das das Bewußtsein der Zusammengehörigkeit einer Nation ausdrückt, daher bei nationalen Feiern und im zwischenstaatl. Verkehr zur Begrüßung und Ehrung von Staatsoberhäuptern, Sportmannschaften usw. gespielt wird (→Deutschlandlied, →God save the King, →Marseillaise, →Star-Spangled Banner).

nationalisieren, 1) ins Eigentum des Staats überführen. **2)** einbürgern. Hptw. **Nationalisierung** die, meist zu 1).

Nationalismus, Überbetonung des nat. Gedankens, bes. eine polit. Richtung seit dem 19. Jh. Der N. ist oft mit →Imperialismus und →Militarismus verbunden und fand seine stärkste Prägung in den totalitären Bewegungen und in Staaten mit →nationalen Minderheiten, bes. auch im →Panslawismus. **Nationalist** der, Vertreter des N.

Nationalität die, Zugehörigkeit zu einer Nation oder einer nationalen Minderheit.

Nationalitätenstaat, Staat, dessen Bev. sich aus mehreren Nationen oder Volksgruppen (Nationalitäten) zusammensetzt, so das alte Österreich-Ungarn, die UdSSR, Jugoslawien. Ggs.: →Nationalstaat.

Nationalkirche, Kirche, die als Volkskirche möglichst die ganze Nation umschließt, nationales Gepräge und eine bevorrechtete Stellung hat; so die Ostkirchen und die luther. Kirchen in den skandinav. Staaten.

Nationalkonvent, 1) revolutionäre Volksvertretung in Frankreich 1792-95. **2) National Convention,** in den USA die Delegiertenversammlungen der Parteien zur Aufstellung der Präsidentschaftskandidaten.

Nationalliberale Partei, rechtsliberale Partei im Dt. Reich, 1867 gegr.; anfangs stärkste Partei des Reichstags; Führer: Bennigsen, Miquel, Bassermann, Stresemann. In der Weimarer Rep. trat die →Deutsche Volkspartei die Nachfolge an.

Nationalmannschaft, ↗ vom jeweiligen nat. Fachverband getroffene Auswahl von Spitzensportlern für internat. Wettkämpfe in Mannschafts- und Einzelsportarten.

Nationalökonomie, →Volkswirtschaftslehre.

Nationalpark, →Naturschutz.

Nationalpreis, die in der Dt. Dem. Rep. jährl. am 7. 10. für Wissenschaft und Technik sowie für Kunst und Kultur in je 3 Klassen verliehenen Geldpreise, nebst Goldmedaille; Ende 1989 aufgehoben.

Nationalrat, 1) Schweiz: eine der beiden Kammern der Bundesversammlung. **2)** Österreich: die Volksvertretung.

Nationalsozialismus der, 1919 in München gegr., seit 1921 von A. →Hitler geführte Bewegung, die sich in der **Nat.-sozialist. Dt. Arbeiterpartei (NSDAP)** organisierte und 1933-45 die Herrschaft in Dtl. ausübte. Hitler hat die Ziele des N. in »Mein Kampf« (1925) offen dargelegt. Danach mißt der N. dem als »rassische« Einheit aufgefaßten Volk den höchsten Wert zu; dabei wird in der Wertung der Rassen der nordisch-german. Mensch an die Spitze gestellt, der Jude auf den untersten Rang verwiesen. Am Ende der Entwicklung soll eine »höchste Rasse als Herrenvolk« stehen. Dem dt. Volk gebühre der nötige »Lebensraum«, der nur durch »das Schwert« gewonnen werden könne. Diesem Ziele diente die Gewinnung der Massen durch eine grobe, aber erfolgreiche Propaganda mit Aufmärschen, Symbolen, Fahnen, Uniformen und die straffe Organisation der Partei und ihrer Gliederungen, bes. der SA und SS, sowie das schon 1920 aufgestellte »unabänderl.« Parteiprogramm (25 Punkte).

In seiner Propaganda wandte sich der N. radikal und fanatisch gegen die Folgen der Niederlage im 1. Weltkrieg und der Novemberrevolution, gegen die Bedingungen des Versailler Vertrages, gegen die parlamentarisch-demokrat. Neuordnung, gegen den Marxismus der kommunist. wie der sozialdemokrat. Richtung, gegen die demokrat.-liberale Ideenwelt, gegen den polit. Katholizismus, gegen bürgerl.-nationale und konservativ-feudale Richtungen und bes. in einem schrankenlosen Antisemitismus gegen das Judentum. Mißstände und Krisenerscheinungen in der staatl. und gesellschaftl. Entwicklung der Weimarer Rep. wurden in diesem Kampf gegen die bestehende Ordnung geschickt und bedenkenlos ausgenutzt. Die 1929 einsetzende Wirtschaftskrise mit ihrer Massenarbeitslosigkeit und der Verschuldung der Bauern führte der NSDAP Wählermassen zu, wobei auch die außenpolit. Schlagworte (für Gleichberechtigung, gegen Erfüllungspolitik) mitspielten. Der 30. 1. 1933 brachte die »Machtübernahme« im Staat.

Kennzeichen des nat.-soz. »Führerstaats« waren: erbarmungsloser Kampf gegen das Judentum, das erst entrechtet, dann in Hitlers Machtbereich nahezu ausgerottet wurde; Errichtung eines Polizeistaates mit Gestapo (→Geheime Staatspolizei), Sicherheitsdienst und →Konzentrationslagern; Fortfall aller rechtsstaatl. Garantien; Beseitigung der Parteien und der Parlamente; Auflösung oder Gleichschaltung aller nicht nat.-soz. Organisationen; Gleichschaltung des Presse- und Rundfunkwesens; Unterdrückung einer freien literar. und künstler. Tätigkeit; Kampf gegen die Kirchen; Zerschlagung der Gewerkschaften; Ersetzung der Tarifverträge durch staatl. Tarifordnungen und Streikverbot, Errichtung des dt. Einheitsstaates unter Beseitigung der Eigenstaatlichkeit der Länder; Wiedereinführung der allg. Wehrpflicht sowie die Schaffung einer starken Wehrmacht und Rüstungsind. Neben dem Rassenprinzip wurden einige wenige Grundsätze dem Volk eingehämmert, so: 1) Anspruch auf Totalität. Das gesamte Leben mit Wirtschaft, Kultur und Religion wurde »gleichgeschaltet« und dem Machtanspruch des N. unterworfen. 2) Führerprinzip. Die Entscheidungen wurden nicht durch Mehrheitsbeschlüsse herbeigeführt; an ihre Stelle trat die Befehlsgewalt einer abgestuften Führerhierarchie mit Hitler als »dem Führer« an der Spitze. 3) Gedanke der Volksgemeinschaft durch Überwindung der Klassen- und Standesgegensätze, dadurch entwertet, daß weite Kreise, Juden und Andersdenkende, ausgeschlossen wurden. 4) »Gemeinnutz geht vor Eigennutz«, ein Grundsatz, der zu Willkürakten mißbraucht wurde.

Der außenpolit. Weg führte über den Austritt des Dt. Reiches aus dem Völkerbund (1933), die einseitige Kündigung der Rüstungsbeschränkung des Versailler Vertrages (1934), die Wiederbesetzung des Rheinlandes (1936), den Anschluß Österreichs (1938) und des Sudetenlandes (1938) zum Einfall in Polen (1. 9. 1939). Der 2. →Weltkrieg brachte eine gesteigerte Schreckensherrschaft in Dtl. und den besetzten Gebieten und führte nach militär. Anfangserfolgen zur größten militär., polit., wirtschaftl. und moral. Katastrophe der →deutschen Geschichte. Von den führenden Nationalsozialisten endeten Hitler, Göring, Goebbels, Himmler und Ley durch Selbstmord; Rosenberg, Frank, Frick, Streicher, Ribbentrop und Kaltenbrunner wurden in Nürnberg vom Internat. Militärtribunal zum Tode verurteilt und hingerichtet. Andere erhielten Freiheitsstrafen; von ihnen verblieb nur R. Heß (Selbstmord 1987) im alliierten Kriegsverbrechergefängnis in Spandau. (→ Widerstandsbewegung, → Entnazifizierung)

Nationalstaat, Staat, dessen Angehörige ganz oder überwiegend zur selben Nation gehören. Ggs.: → Nationalitätenstaat.

Nationalstraßen, Fernstraßen in der Schweiz, Italien und Frankreich.

Nationaltracht wird im Unterschied zur Volkstracht von allen Ständen einer Nation getragen.

Nationalversammlung, Volksvertretung, die zu bes. Zwecken einberufen ist, namentl. zur Schaffung einer neuen Verfassung. Die erste N. wurde in Frankreich einberufen (1789-92), in Dtl. Frankfurter N., Weimarer N. In Frankreich ist die N. seit 1946 Gesetzgebungsorgan (Assemblée Nationale).

Nativismus der, jede Lehre, die das Angeborensein geistiger Fähigkeiten (z. B. der Raumvorstellung) behauptet.

Nativität [lat.] die, Stellung der Sterne bei der Geburt.

NATO, Abk. für **N**orth **A**tlantic **T**reaty **O**rganization, → Nordatlantikpakt.

Natorp, Paul, Philosoph, *1854, †1924; Neukantianer, vertrat eine Sozialpädagogik.

Natrium das, **Na,** chem. Element, ein Alkalimetall; Ordnungszahl 11, D 0,97 g/cm^3, Schmelzpunkt 97,8 °C, Siedepunkt 892 °C, silberweißes, weiches Metall, das an der Luft unter Bildung eines grauen Überzuges sofort oxidiert und Wasser unter Bildung von Wasserstoff und N.-Hydroxid stürmisch zersetzt; es wird deshalb unter Petroleum aufbewahrt, es verbrennt mit gelber Flamme. N. kommt in großen Mengen in der Natur vor, aber nur in Form seiner Verbindungen (Feldspat, Steinsalz, Chilesalpeter). **N.-Chlorid, Kochsalz,** NaCl, findet sich als Steinsalz sowie gelöst im Meerwasser. N.-Hydroxid, **Ätznatron,** NaOH, ergibt durch Auflösung in Wasser **Natronlauge,** eine sehr starke Base, die zur Seifenherstellung verwendet wird. **N.-Carbonat,** Na_2CO_3, → Soda. **N.-Bicarbonat,** (doppeltkohlensaures) Natron, $NaHCO_3$, wird u. a. zur Mineralwasserbereitung und als Backpulver verwendet.

Natriumdampflampe, Gasentladungslampe die eine Edelgasniederdruckfüllung und metall. Natrium enthält. Ihr monochromat. gelbes Licht erhöht die Sehschärfe und durchdringt Nebel und Dunst besser als Tageslicht. Anwendung zur Beleuchtung von Ausfallstraßen, Hafenanlagen u. a. Gegenüber der Glühlampe höhere Lichtausbeute und Lebensdauer.

Natron das, **doppeltkohlensaures N.,** Natriumbicarbonat (→ Natrium).

Nattern, artenreichste Fam. der Schlangen. Ungiftig ist z. B. die Ringelnatter, giftig die Brillenschlange.

Natternkopf, hohes, borstiges, erst blau-, dann rotblühendes Unkraut; Borretschgewächs.

Natternzunge die, Gatt. der Farnpflanzen.

Natur [lat.] die, Gesamtheit der beobachtbaren Tatbestände, soweit sie unabhängig von der Tätigkeit der Menschen da sind, also i. Ggs. einerseits zum Übernatürlichen (als Gegenstand relig. Glaubens), andererseits zur Kultur (als Inbegriff des vom Menschen Geschaffenen). Der Mensch macht die N. in den Naturwissenschaften zum Gegenstand der Erforschung, die dadurch ermöglichte Technik macht ihn in hohem Maß zum Beherrscher der N. Er bleibt aber selbst Glied und Teil der N.

Naturalien Mz. **1)** Bodenerzeugnisse, Lebensmittel, Rohstoffe. **2)** in Samml. aufgestellte Tiere, Pflanzen, Steine, Versteinerungen.

naturalisieren, einbürgern, → Einbürgerung.

1

2

3

4

Naturschutz I: Geschützte Pflanzen; **1** Schachbrettblume, **2** Gelber Enzian, **3** Frühlings-Adonisröschen, **4** Stengelloser Enzian, **5** Gelbe Narzisse, **6** Küchenschelle

5

6

Naturalismus [neulat.] der, **1)** Lehre, die alles aus Naturtatsachen erklären will. **2)** Kunstrichtung, die eine genaue Nachahmung des Sichtbaren anstrebt; vielfach mit → Realismus gleichgesetzt. In der Literatur löste der N. den Realismus ab (1880-1900). Starken Einfluß gewann der frz. N. (E. Zola) mit der Lehre von der Willensunfreiheit und der Bestimmtheit des Menschen durch Vererbung und soziale Umwelt (Milieutheorie von E. Taine), auch der N. Rußlands (Dostojewskij, Tolstoj) und Skandinaviens (Ibsen). Dt. Vertreter: Holz, Schlaf, Hart, G. Hauptmann.

Naturalleistung, Leistung in Gütern oder Diensten. Die Pflicht des Einzelnen zu N. an den Staat regelt das → Sachleistungsrecht.

Naturallohn, Bezahlung in Gütern.

Naturalobligation, ⚖ Forderung, die nicht eingeklagt werden kann, z. B. Spiel- und Wettschulden, Ehemäklerlohn.

Naturalrestitution, ⚖ Schadenersatz durch Wiederherstellung des urspr. Zustandes (§ 249 BGB). Ggs.: Schadenersatz in Geld.

Natorp

1

2

3

4

Naturschutz II: Geschützte Tiere: **1** Schleiereule, **2** Gartenrotschwanz, **3** Feuersalamander, **4** Geburtshelferkröte, **5** Apollofalter, **6** Hufeisennase

6

5

Naturalwirtschaft, geldlose Wirtschaft.

Naturdenkmal, auffallende Bildung oder Form in der Natur, deren Erhaltung im öffentl. Interesse liegt.

Naturell [frz.] das, natürl. Gemütsart.

Naturfreunde, Touristenverein Die N., TVN, gegr. 1895 von sozialdemokrat. Arbeitern in Wien zur Pflege des Wanderns.

Naturgesetz, feste Regel, nach der erfahrungsgemäß das Naturgeschehen verläuft und die sich meist mathemat. ausdrücken läßt, z. B. das Gesetz von der Erhaltung der Energie.

Naturheilkunde, Lehre der Krankenbehandlung, die auf Steigerung der dem Menschen innewohnenden Naturheilkräfte hinzielt. Heilung durch naturgemäße Verfahren (Luft, Licht, Gymnastik, Massage, Ernährungsänderung u. a.). Die neuzeitl. N. hat als **biolog. Medizin** innerhalb der Schulmedizin große Bedeutung erlangt.

Nautilus

Naturkunde, der pflanzen- und tierkundl. Unterricht der Grundschule.

natürliche Person, ⚖ der Mensch als Träger von Rechten und Pflichten. Ggs.: → juristische Person.

natürliches Kind, 1) ehel. Kind i. Ggs. zum angenommenen. **2)** nichtehel. Kind.

Naturpark, → Naturschutz.

Naturphilosophie, philosoph. Lehren, die in engem Anschluß an die Naturwissenschaften die Natur deuten, die Zusammenhänge des Naturgeschehens erkennen wollen.

Naturrecht, das in der göttl. Ordnung oder im Wesen des Menschen, bes. in seiner Vernunft begründete, daher unwandelbare Recht, i. Ggs. zum staatl. gesetzten **positiven Recht.** – Die Grundgedanken des N. finden sich bereits im Altertum (Heraklit, Aristoteles u. a.). Augustinus, Thomas von Aquino u. a. sahen im N. das von Gott der menschl. Vernunft eingeschriebene Gesetz. Die Renaissance und bes. die Aufklärung (Grotius, Spinoza, Pufendorf, Kant u. a.) lösten das N. aus der Verbindung zur Theologie und entwickelten es zum rationalen System.

Naturreligion, göttl. Verehrung der Naturkräfte oder -erscheinungen; → Animismus.

Naturschutz, Erhaltung, Gestaltung und Pflege der natürl. Umwelt der Menschen, der Tiere und Pflanzen, auch in der Kulturlandschaft. Maßnahmen: Einrichtung von **Naturparks** und **Nationalparks** (z. B. Stück der Lüneburger Heide, Bayer. Wald, Neandertal, Schweizer Nationalpark im Unterengadin, die Nationalparks in den USA, Kanada, Afrika u. a.); Erlaß von N.-Verordnungen (Verzeichnisse der geschützten Pflanzen und Tiere). (Weitere BILDER S. 605)

Naturvölker, Menschheitsgruppen abseits der Hochkulturen, die in starker Naturabhängigkeit, in Sippen-, Klan- und Stammesbildung, in von Naturverehrung, Totemismus, Magie u. a. abhängigen relig. Vorstellungen leben.

Naturwissenschaften, Wissenschaften von den Naturerscheinungen und den Naturgesetzen, z. B. Physik, Chemie, Astronomie, Mineralogie, Geologie, Biologie (Botanik, Zoologie, Anthropologie).

Nauheim, Bad N., Stadt in Hessen, 27 700 Ew.; am NO-Rand des Taunus; Herzbad; Kerckhoff-Herzforschungsinstitut.

Naumann, Friedrich, evang. Theologe, christl.-sozialer Politiker, *1860, †1919; gründete 1895 die Wochenschrift »Die Hilfe«, 1896 den »Nationalsozialen Verein« mit dem Programm, die Arbeiterschaft für den Staat zu gewinnen; 1919 Vors. der Dt. Demokrat. Partei.

Naumburg an der Saale, Krst. im Bez. Halle, 32 000 Ew.; Dom (13./14. Jh.) mit bedeutenden Bildwerken des Naumburger Meisters. Ind.: Nahrungsmittel, Textil-, Spielwaren.

Naupaktos, Hafenstadt in Griechenland, 9000 Ew., → Lepanto.

Nauru, Rep. im Pazif. Ozean, auf der gleichnamigen Insel, 21 km², 8000 Ew. (Nauruer). Hptst.: Yaren; bed. Phosphatlager. – 1888 deutsch, seit 1920 unter brit.-austral.-neuseeländ. Verwaltung, 1968 unabhängig. Staatspräs.: Hammer de Roburt (seit 1978). ⊕ S. 486. (BILD S. 607)

Nausikaa, in Homers »Odyssee« die Tochter des Königs der Phäaken.

Nautik [grch.] die, Schiffahrtskunde, Steuermannskunst. **nautisch,** das Seewesen betreffend.

Nautilus [grch.] der, vierkiemiger Kopffüßer mit gewundener Schale, im Pazif. Ozean. Der N. ist der einzige lebende Vertreter einer vorzeitl. Gruppe der Kopffüßer (Ammoniten).

Navarra, Prov. im nördl. Spanien. Das ehem. **Kgr. N.** entstand aus der Span. Mark Karls d. Gr.; der südl. Teil fiel 1512 an Spanien, der Rest wurde 1589 durch Heinrich IV. mit Frankreich vereinigt.

Navigation [lat.] die, Führung von Schiffen oder Luftfahrzeugen: **astronom. N.** (Standortbestimmung durch Höhenbeobachtung zweier Gestirne mittels Sextanten); **barometrische N.** (Fliegen nach Druckflächen); **Funknavigation; Schall-N.** (Ultraschallmessung zur Lotung, Entfernungsmessung und Richtungsbestimmung); **terrestrische N.** (opt. Beobachtung landfester Ziele u. a.); die **Satelliten-N.** ermöglicht wesentlich genauere Ortsbestimmungen und damit Treibstoffeinsparungen.

Navigationsakte, engl. Gesetz von 1651, das die Einfuhr aus Übersee den engl. Schiffen, aus Europa den engl. und den Schiffen des Ursprungslandes vorbehielt (gegen den holländ. Zwischenhandel); 1849 aufgehoben.

Naxos, größte Insel der → Kykladen, 428 km², 16000 Ew.; fruchtbar (Wein, Ölbäume).

Nay, Ernst Wilhelm, Maler, *1902, †1968; malte gegenstandslos in leuchtenden Farben.

Nazarener, 1) einige kleine Sekten. **2)** Maler des Lukasbundes, gegr. 1809 von Overbeck und Pforr in Wien, seit 1810 in Rom, wo sich P. Cornelius, W. Schadow, J. Schnorr v. Carolsfeld u. a. anschlossen. Die N. wandten sich von der akadem. Richtung ab und erstrebten, durch Ideen der Romantik bestimmt, eine an die altdt. Malerei und bes. die Kunst P. Peruginos und Raffaels anknüpfende Erneuerung der Kunst auf relig. Grundlage. Hauptwerke der N. sind die röm. Fresken der Casa Bartholdy.

Nazareth, arabisch **En-Nasira,** Stadt in Israel, 39000 Ew., Wallfahrtsort; Wohnort Jesu und seiner Eltern.

NB., n. b., Abk. für lat. **n**ota **b**ene, »beachte«.

Nb, chem. Symbol für Niob.

n. Br. oder **n. B.,** nördliche Breite.

n. Chr., nach Christi (Geburt).

Nd, chem. Symbol für Neodym.

N'Djamena [ndʒamen'a], Hptst. der Rep. Tschad, Afrika, 303000 Ew.; Univ.

NDR, Abk. für **N**ord**d**t. **R**undfunk.

Ne, chem. Symbol für Neon.

Neander, Joachim, Pfarrer, *1650, †1680; evang. Kirchenliederdichter.

Neandertaler, fossile Menschenform der jüng. Eiszeit (etwa 60000 v. Chr.), nach einem Schädelfund von Fuhlrott 1856 aus dem Neandertal bei Düsseldorf, war nach Skelettfunden in Europa, Asien und Afrika weit verbreitet. Der N. war nicht der direkte Vorfahr des heutigen Menschen, sondern gehört einer ausgestorbenen Seitenlinie an.

Neapel, ital. **Napoli,** Hptst. der Prov. N., Italien, am **Golf von N.,** westl. vom Vesuv, 1,2 Mio. Ew.; Univ. (gegr. 1224), Hochschulen, Kunstschulen, Altertumssamml. (Ausgrabungen von Herkulaneum und Pompeji). N. hat Kriegs- und Handelshafen, Schiffbau, Schwerind., Textilwaren, chem., Nahrungsmittelind.; Kunstgewerbe. Ⓖ N. ist grch. Kolonie des Altertums (Neapolis = Neustadt). Es war bis 1860 Hptst. des im 11./12. Jh. von den Normannen gegründeten, dann an die Staufer vererbten **Kgr. N.,** das Unteritalien mit Sizilien umfaßte (→ Italien, Geschichte).

neapolitanische Schule, Kreis von Komponisten in Neapel im 17./18. Jh.; sie schufen die Buffo-Oper, führten Solo-Arie und Opernmelodik in die Kirchenmusik ein (A. Scarlatti, F. Durante, N. Porpora, G. B. Pergolesi, D. Cimarosa G. Paisiello, N. Jommelli u. a.).

Nebel der, **1)** Ausscheidung sehr kleiner Wassertröpfchen aus der Luft. **2)** ☆ **N.-Flekken,** helle, nebelartige Gebilde am Nachthimmel. Die **diffusen N.** sind leuchtende **(Emissions-N.)** oder das Sternenlicht reflektierende **(Reflexions-N.)** Gasmassen. **Planetar. N.** sind Gasmassen, die einen heißen Stern umlagern. Die **Spiral-N.** sind spiralähnl. → Sternsysteme. **Dunkel-N.,** → Dunkelwolken.

Nay: Gelb und Purpur

Nebel, Gerhard, philosoph. Schriftst., *1903, †1974; »Weltangst und Götterzorn«.

Nebelkammer, Gerät zum Sichtbarmachen der Bahnen elektr. geladener atomarer Teilchen in einem mit übersättigtem Dampf gefüllten Behälter. Ein entsprechendes Gerät mit überhitzter Flüssigkeit ist die **Blasenkammer.**

Nebenhoden, dem Hoden aufsitzendes Organ, Speicher für reife Samenfäden.

Nebenhöhlen, ♡ lufthaltige, mit der Nase in Verbindung stehende Hohlräume in Schädelknochen (Stirn-, Oberkiefer-, Keilbeinhöhle).

Nebenintervention, Eintritt eines am Rechtsstreit interessierten Dritten in einen Zivilprozeß zur Unterstützung einer Partei.

Nebenklage, im Strafprozeß der Anschluß des durch eine Straftat Verletzten an die vom Staatsanwalt erhobene öffentl. Klage. Die N. kann jeder erheben, der zu einer Privatklage berechtigt ist.

Nebenlinie, Abkömmlinge eines jüngeren Sohnes. Ggs.: Hauptlinie.

Nebennieren, ♡ 2 den Nieren aufsitzende kleine Drüsen mit innerer Sekretion, die eine Anzahl lebenswichtiger Hormone herstellen, u. a. Adrenalin (im **N.-Mark**), Corticosteron und Cortison (in der **N.-Rinde**).

Nebensatz, Ⓢ von einem Hauptsatz abhängiger Satz.

Nebenschilddrüsen, Epithelkörperchen, ♡ erbsengroße Organe mit innerer Sekretion, hinten an der Schilddrüse gelegen; regeln Calcium- und Phosphatgehalt des Blutes.

Nebenstrafen, → Strafe.

Nebraska [nəbr'æskə], Abk. **Nebr.,** nordwestl. Mittelstaat der USA, 200017 km², 1,6 Mio. Ew.; Hptst.: Lincoln; größte Stadt: Omaha. Meist fruchtbare Grassteppe; Ackerbau, Viehzucht; Nahrungsmittelind.; Erdöl. ⊕ S. 494.

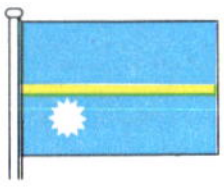

Nauru

Neapel: Blick auf die Bucht, im Hintergrund der Vesuv

Negativdruck

Nebukadnẹzar, König von Babylonien (605-562 v. Chr.), gründete das neubabylon. Reich, zerstörte 587 Jerusalem und führte die Juden ins Exil.

nebulọ̈s [lat.], unscharf, düster.

Necessaire [nesɛs'ɛ:r, frz.] das, Behälter für Toilettengegenstände oder Nähzeug.

Neckar der, rechter Nebenfluß des Rheins, entspringt im Schwarzwald, 367 km, mündet bei Mannheim; ab Plochingen schiffbar.

Neckarsulm, Stadt in Bad.-Württ., 22000 Ew., am Neckar; Audi NSU Auto Union AG.

Necker [nɛk'ɛ:r], Jacques, Bankier, frz. Finanzmin., *1732, †1804, veranlaßte 1789 die Einberufung der Generalstände; Vater der Mme. de Staël.

Nehru

Neckermann, Josef, Versandkaufmann, Dressurreiter, *1912; Weltmeister und Olympiasieger; Präs. der Dt. Sporthilfe.

Nẹdbal, Oskar, tschech. Komponist und Dirigent, *1874, †1930; Operetten.

Nedjd [nɛdʒd], Binnenhochland im Innern Arabiens, in Saudi-Arabien, etwa 1000 m hoch.

Neefe, Christian Gottlob, Komponist, *1748, †1798, Lehrer Beethovens in Bonn.

Neer, Aert van der, holländ. Landschaftsmaler, *um 1603, †1677, malte Lichtwirkungen von Mondschein, nächtl. Feuer u. a.

Neffe der, Sohn des Bruders, der Schwester.

Negatiọn [lat.] die, **Negiẹrung,** Verneinung. In der Digitaltechnik die Umkehrung des Binärwertes einer log. Verknüpfung. **nẹgativ,** verneinend. **negiẹren,** verneinen.

Nẹgativ [lat.] das, Photographie: das latente Filmbild, beim Entwickeln entsteht ein Abbild vom Original in den Gegenfarben oder in den entgegengesetzten Helligkeitswerten.

Negativdruck, Druckverfahren, bei dem die umgebende Fläche bedruckt wird und Schrift und Bild in der Farbe des Untergrundes erscheinen.

negative Zahlen, △ Zahlen, die kleiner als Null sind, z. B. –1, –2, –3.

Neger, Schwarze, dunkelhäutige, kraushaarige Bewohner Afrikas südlich der Sahara (Schwarzafrika). Sie gehören zu den → Negriden und zeigen große sprachl. und kulturelle Unterschiede. Durch den Sklavenhandel im 16. bis 19. Jh. kamen N. in großer Zahl auch nach Amerika. In Haiti, der Dominikan. Rep. und Liberia gründeten die N. im 19. Jh. selbständige Staaten.

Die Gleichstellung der N. mit den Weißen wird bis heute erschwert, jedoch entwickelten die N. seit etwa 1930 ein immer stärkeres Selbstbewußtsein.

Negerkorn das, Mohrenhirse, → Hirse.

Negev, Negeb, wüstenhafte Landschaft im S Israels, wird kolonisiert; Bergbau, Leichtindustrie.

Neglig̣é [negliʒ'e, frz.] das, Morgengewand.

Nelson

Negrẹlli, Alois, Ritter von **Moldelbe,** österr. Ingenieur, *1799, †1858; sein Entwurf für den Suezkanal wurde ausgeführt.

Nẹgri, Ada, ital. Dichterin, *1870; †1945; soziale und relig. Lyrik, Romane.

Negrịde Mz., ein Hauptstamm der Menschenrassen (→ Rasse).

Negrịtos, dunkelhäutige, kraushaarige Zwergvölker S-Asiens: Andamaner, Semang, Aëtas (Ureinwohner der Philippinen); Wildbeuter.

Négritude [negrit'yd, frz.], von A. → Césaire 1939 geprägter Begriff für die Rückbesinnung der Afrikaner und Afroamerikaner auf afrikan. Kulturtradition. Einer der bedeutendsten Dichter (in frz. Sprache) der N.: L. S. Senghor.

negroịd, negerähnlich.

Nẹgros, Philippinen-Insel, 13671 km².

Negro Spirituals [n'i:grəʊ sp'ɪrɪtjuəlz, engl.], → Spirituals.

Nẹgus, äthiopischer Königstitel.

Nehemịa, 445-433 v. Chr. pers. Statthalter in Jerusalem, erneuerte das jüd. Gemeindeleben; nach ihm das Buch N. im A. T.

Nehru, Jawaharlal, Pandit (»Gelehrter«), ind. Staatsmann, *1889, †1964; war Anhänger Gandhis, mehrmals Präs. des Ind. Nationalkongresses (Kongreßpartei); achtmal in engl. Haft; seit 1947 ind. MinPräs., zeitweilig auch Außenmin.; betrieb eine Politik der »blockfreien Staaten«.

Nehrung die, ⊕ langer, schmaler Landstreifen zw. Meer und Haff, meist mit Dünen.

Neidhart von Reuenthal, ritterl. Dichter aus Bayern, *zw. 1180 und 1190, †um 1237; nahm bäuerische Stoffe in die höf. Lyrik auf.

Neiße die, 2 linke Nebenflüsse der Oder: **1) Glatzer N.,** kommt vom Glatzer Schneeberg, mündet oberhalb Brieg. **2) Lausitzer** oder **Görlitzer N.,** kommt vom Isergebirge, mündet nördl. von Guben; seit 1945 Teil der »Oder-Neiße-Linie«.

Neisse, poln. **Nysa,** Stadt in der poln. Wwschaft Opole, ehem. Stadt in Oberschlesien, an der Glatzer Neiße, 39000 Ew.; Barockbauten.

Nekrạssow, Nikolaj Alexejewitsch, russ. Dichter, *1821, †1878; polit.-soziale Gedichte und Erzählungen.

Nekrolọg [grch.] der, Nachruf, Lebensbeschreibung eines Verstorbenen.

Nekropọle [grch.] die, Gräberstätte aus Vorgeschichte und Altertum.

Nekrọse [grch.] die, ♡ der → Brand.

Nẹktar der, **1)** Trank der grch. Götter. **2)** Zuckersaft bei Pflanzen.

Nektarịne, glattschaliger Pfirsich.

Nẹkton [grch.] das, selbständig im Meer schwimmende Tiere; Ggs.: Plankton.

Nelken, 1) Dianthus, buntblühende, duftreiche Zierpflanzen, so **Garten-N., Feder-N.;** wild wachsen: **Heide-N., Kartäuser-N. 2) Tunica,** bes. die rosablühende **Fels-N. 3)** → Gewürznelken.

Nelkenöl, → Gewürznelken.

Nelkenwurz die, Gatt. der Rosenblüter; **Echte N.,** gelb, auf Waldwiesen; Gartenzierpflanze ist die **Scharlachblütige N.**

Nell-Breuning, Oswald v., Jesuit, *1890; Vertreter kath. Sozial-, Staats- und Wirtschaftslehre.

Nelson [nelsn], Horatio Lord, brit. Admiral, *1758, †1805; vernichtete 1798 die frz. Flotte bei Abukir, siegte 1805 über die frz.-span. Flotte bei Trafalgar, wo er tödlich verwundet wurde.

Nelson River [nelsn], Fluß in Kanada, Abfluß des Winnipegsees in die Hudsonbai.

Nematọden Mz., die → Fadenwürmer.

Nemẹa, im Altertum Tal und Ort in Argolis, mit Zeustempel, Stätte der **Nemeischen Spiele.**

Nẹmesis, grch. Göttin der Vergeltung.

NĔ-Metalle, die → Nichteisenmetalle.

Németh, Lásló, ungar. Schriftsteller, *1901, †1975; literar. und kulturhistor. Essays, Gesellschaftsromane, existentialist. Dramen.

Nenner der, △ → Bruch.

Nennform, Infinitiv der, Ⓢ an keine Person gebundene Grundform des Verbs, z. B. laufen.

Nenni, Pietro, ital. Politiker, *1891, †1980, Führer des linken Flügels der Sozialisten, seit 1966 der Verein. Sozialist. Partei.

Nennwert, 1) Nominalwert, der auf einer Münze oder einem Wertpapier aufgeprägte oder aufgedruckte Wert; er kann vom tatsächl. Wert (Stoff-, Kurswert) stark abweichen. **2)** der auf dem Leistungsschild elektr. Maschinen und Geräte genannte Wert, z. B. Nennleistung.

neo... [grch.], neu...; z. B. **Neologismus** der, neue Wortbildung.

neoafrikanische Literatur. Sammelbegriff für geschriebene Literatur (Romane, Dramen u. a.) in afrikan. und europ. Sprachen, die sich bes. im 20. Jh. entwickelte; sie sucht afrikan. mündl. Tradition und europ. Literatureinflüsse miteinander zu verbinden.

Von den afrikan. Sprachen entwickelte sich v. a. die Yoruba-Sprache (Nigeria) und das Suaheli (Tansania) zu modernen Literatursprachen. Daneben traten noch die Bantusprache Sotho sowie die Xhosa- und Zulu-Sprache (Rep. Südafrika). Unter den europ. Sprachen herrschen in der n. L. bes. Französisch, Englisch und Portugiesisch vor.

Über die Literatur der Afroamerikaner → Schwarzamerikanische Literatur.

Neodym [grch.] das, **Nd,** chem. Element aus der Gruppe der Lanthanoiden; wird den Glasflüssen für Glas-Laser und für blendungsfreie, nicht farbverfälschende Sonnenbrillen (Neophanbrille) zugesetzt.

Neofaschismus, polit. Bewegung nach dem 2. Weltkrieg, geht auf den → Faschismus zurück.

Neoimpressionismus, → Pointillismus.

Neoliberalismus, wirtschaftspolit. Richtung, die unter Erneuerung des wirtschaftl. Liberalismus eine Ordnung des Wettbewerbs anstrebt. Durch Maßnahmen des Staates soll ein echter Leistungswettbewerb garantiert werden; zentrale Wirtschaftslenkung durch Staat oder Kartelle wird abgelehnt.

Neolithikum [grch.] das, → Jungsteinzeit.

Neomarxismus, zusammenfassende Bez. für eine Vielfalt philosoph., ideolog. und praktisch-polit. Strömungen in der Nachfolge der Lehren von K. Marx und F. Engels (→ Marxismus).

Neon das, **Ne,** chem. Element, Edelgas; ist in geringen Mengen in der Luft enthalten. Spuren von N. in Leuchtröhren erzeugen orangerotes Licht **(N.-Röhren).**

Neorealismus, LITERATUR: illusionslose, bisweilen zyn. Lebensdarstellung nach dem 1. (Hemingway) und 2. Weltkrieg (Ruinenliteratur); FILM: der bes. in Italien nach dem 2. Weltkrieg entwickelte Stil der unbeschönigten Darstellung sozialen Elends und moral. Verwilderung (Regisseure: Visconti, Rossellini, de Sica, Zampa, Fellini).

Neozoikum, Neuzeit der Erde, Abschnitt der → Erdgeschichte, ÜBERSICHT.

Nepal, Kgr. an der S-Seite des Himalaya, 140797 km², 17,79 Mio. Ew.; Hptst.: Katmandu. Vorwiegend Hochgebirge (Mount Everest); Kernland ist das Hochtal von N. BEVÖLKERUNG: Mongolen, Tibeter, als Oberschicht hinduist. Gurkha. In den Tälern Anbau von Reis, Getreide, in höheren Lagen Alpwirtschaft; Industrie im Aufbau. Ausfuhr: Holz, Getreide, Heilkräuter, Häute und Felle. Haupthandelspartner: Indien. – Das Kgr. wurde 1769 von einem Gurkha-Fürsten gegr.; seit 1959 konstitutionelle Monarchie. 1990 erzwangen Unruhen die Zulassung polit. Parteien. König: Birendra Bir Bikram (seit 1972). ⊕ S. 483.

Neper, Abk. **Np,** das gleiche Maß für die Dämpfung wie → Dezibel, jedoch mit natürl. Logarithmen.

Nephelin der, Mineral, Natrium-Aluminium-Silicat, Bestandteil von Eruptivgesteinen.

Nephrit der, **Beilstein,** → Jade.

Nephritis [grch.] die, Nierenentzündung.

Nephrose [grch.] die, Nierenerkrankung ohne Entzündung.

Nepomuk, → Johannes von Nepomuk.

Nepos, Cornelius, röm. Geschichtsschreiber, † nach 27 v. Chr.

Nepotismus [neulat.] der, **Vetternwirtschaft,** Begünstigung von Verwandten bei der Verleihung öffentl. Ämter.

Neptun, 1) röm. Gott des fließenden Wassers, dann wie der grch. → Poseidon auch des Meeres. **2)** 8. → Planet; wurde 1846 von J. G. Galle in Berlin entdeckt, nachdem seine Bahn aus den Störungen der Uranusbahn von Leverrier berechnet worden war. Der N. besitzt 8 Monde, von denen 6 beim Vorbeiflug von Voyager 2 1989 entdeckt wurden.

Neptunium das, **Np,** künstlich hergestelltes, radioaktives Element, ein Transuran.

Nereiden Mz., die 50 Töchter des Meergreises **Nereus,** darunter Thetis, Amphitrite.

Neri, Filippo, *1515, †1595; gründete die Weltpriester-Kongregation der Oratorianer; Heiliger (Tag 26. 5.).

Nernst, Walter, Physiker, *1864; †1941; Mitbegr. der physikal. Chemie; 1920 Nobelpreis für Chemie.

Nero, eigtl. Lucius Domitius **Ahenobarbus,** seit 50 n. Chr. **N. Claudius Caesar,** röm. Kaiser (54-68 n. Chr.), verfolgte nach dem Brande Roms (64) die Christen als Brandstifter, ließ Mutter, Gattin und viele Senatoren ermorden; beging Selbstmord.

Nerthus, german. Göttin des Wachstums.

Neruda, Pablo, chilen. Lyriker, *1904, †1973; 1971 Nobelpreis für Literatur.

Nerva, Marcus Cocceius, röm. Kaiser (96-98 n. Chr.) nach der Ermordung des Domitian, adoptierte Trajan.

Nerval, Gérard de, eigtl. **Labrunie,** frz. Dichter, *1808, †1855; Vorläufer des Surrealismus.

Nerven [lat.] Mz., Ez. der **Nerv,** ♘ ♡ strangartige Gebilde zur Reizleitung, die kabelartig aus **N.-Fasern** aufgebaut sind und sich bis zu feinsten Zweigen verästeln. Das gesamte **N.-Gewebe** besteht aus N.-Zellen, N.-Fasern und einem Stützgewebe (Neuroglia). Die **N.-Zellen** (Ganglien) haben einen unregelmäßig sternförmigen Zellkörper mit verästelten kurzen Fortsätzen (Dendriten) und einem längeren, unverästelten Fortsatz (Neurit). Die **Empfindungs-N. (sensible N.)** dienen zur Aufnahme von Empfindungen (Schmerz, Temperatur) und ihrer Weiterleitung zum Gehirn (Bewußtsein), die **Bewegungs-N. (motorische N.)** übermitteln Befehle vom Gehirn an die quergestreifte Muskulatur (Muskelbewegung). Viele Vorgänge verlaufen als → Reflex. – **N.-Entzündung,** → Neuritis; **N.-Lähmung,** → Lähmung; **N.-Schmerzen,** → Neuralgie; **N.-Schwäche,** → Neurasthenie; **N.-Schock,** → Schock; **N.-Wasser,** → Liquor.

Nervensystem, Gesamtheit der reizleitenden und reizverarbeitenden Organe. Man unterscheidet zw. dem **zerebrospinalen N.** und dem **vegetativen (autonomen) N.** – Zum zerebrospinalen N. gehören → Gehirn und → Rückenmark **(Zentral-N.)** sowie die von da aus nach allen Körperteilen (zur Peripherie) laufenden Kopf- und Rückenmarksnerven **(peripheres N.).** Es vermittelt die mit dem Bewußtsein verbundenen Empfindungen und Bewegungen. – Das vegetative N. regelt die zum Leben nötige Tätigkeit der inneren Organe (Herz, Magen, Darm u. a.) unter Ausschluß des Bewußtseins und des Willens. Dabei wirken seine beiden Anteile, **Sympathikus, Parasympathikus** und **Vagus,** funktionell entgegengesetzt (der eine fördert z. B. die Herztätigkeit, der andere hemmt sie). Das vegetative N. besteht aus Kernen im Zwischen-, Mittelhirn und Rückenmark sowie aus zahlreichen Nervengeflechten im ganzen Körper, in die

Nepal

Nero

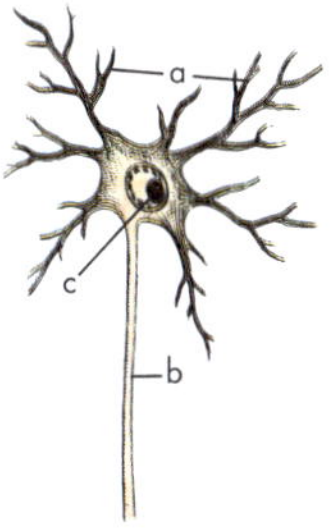

Nerven: Neuron, Nervenzelle mit Dendriten (a), Neurit (b) und Kern (c) (etwa 75fach vergr.)

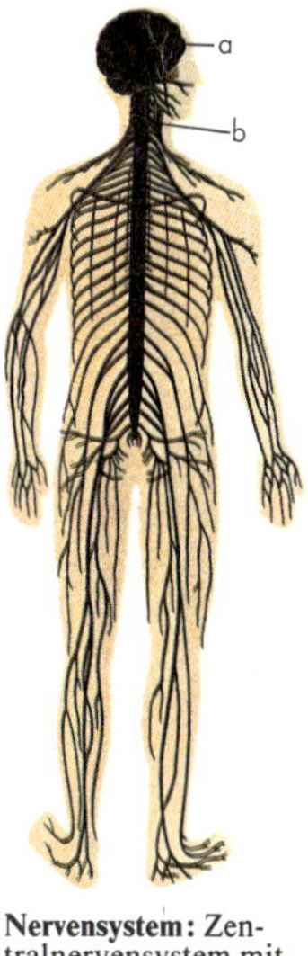

Nervensystem: Zentralnervensystem mit den von Gehirn (a) und Rückenmark (b) ausgehenden Nerven

Nestroy

Ganglien (Nervenzellhaufen) eingeschaltet sind. Den Hauptteil bildet der Grenzstrang des Sympathikus, eine Kette von Ganglien beiderseits der Wirbelsäule.

Nervi, Pier Luigi, ital. Ingenieur und Architekt, *1891, †1979; fand neue technisch-künstler. Lösungen für weitgespannte Hallen- und Kuppelwölbungen aus vorgefertigten Stahlbetonteilen.

Nervosität die, ♡ **1)** volkstüml.: verschiedenartige Störungen des Nervensystems. **2)** wissenschaftl.: Veranlagung zu Beschwerden bei sonst körperlich gesunden Menschen mit bes. empfindl. vegetativem Nervensystem.

Nerz der, Pelztier, → Marder.

Nesin, Aziz, türk. Schriftsteller, *1915; zeitkrit. satir. Kurzgeschichten.

Nessel die, **1) Brennessel,** Kräuter mit grünl. Blütchen und hakenspitzigen Brennhaaren. Diese brechen leicht ab, ritzen die Haut und ergießen einen Brennsaft hinein. Junge Blätter sind Gemüse. **2)** leinwandbindiges Baumwollgewebe.

Nesselausschlag, Nesselsucht, stark juckende Quaddeln auf der Haut, bisweilen von Fieber **(Nesselfieber)** begleitet, nach Insektenstichen, Berühren von Brennesseln, nach bestimmten Speisen, Arzneien, Seruminspritzungen. (→ Allergie)

Nest: oben: Schwalben-N., unten: Zwergmaus-N.

Nesseltiere, Hohltiere mit **Nesselzellen** (mit giftiger Flüssigkeit) als Schutz- und Angriffswaffe.

Nest das, Wohn- oder Brutstätte von Insekten, Fischen, Säugetieren und Vögeln. Bei den **N.-Hockern** bleiben die Jungvögel im N., die **N.-Flüchter** verlassen es sofort nach dem Ausschlüpfen.

Nestor, grch. Sage: König von Pylos, weiser Ratgeber vor Troja.

Nestorianer, Anhänger der Lehre des **Nestorius,** Patriarch von Konstantinopel (†451), daß die göttl. und menschl. Natur in Christus getrennt seien und Maria nur Mutter des Menschen Jesus sei.

Nestroy, Johann, Bühnendichter, *1801, †1862; schrieb Wiener Volksstücke: »Lumpazivagabundus«, »Einen Jux will er sich machen«.

Nestwurz die, fast blattgrünfreie Orchideenpflanze mit braungelben Blüten, im Moder des Waldes; Wurzelwerk nestähnl. verflochten.

Neuenburg 1)

Netsuke [nɛtskɛ] Mz., japan. Kleinschnitzereien aus Holz, Elfenbein oder Horn.

Nettelbeck, Joachim, *1738, †1824; Seemann, unterstützte Gneisenau als Bürgeradjutant erfolgreich bei der Verteidigung Kolbergs (1807).

Nettetal, Stadt in NRW, 38500 Ew.

netto [ital.], Abk. **n,** rein, nach Abzug. Ggs.: brutto. **N.-Ertrag,** Reingewinn. **N.-Gewicht,** Reingewicht einer Ware ohne Verpackung. **N.-Lohn,** Lohn nach Abzug von Steuern, Versicherungsbeiträgen usw. **N.-Preis,** Preis, von dem kein Abzug mehr gewährt wird. **N.-Produktionswert,** Wert der industriellen Produktion, von dem der Wert der bezogenen Rohstoffe, Halbfabrikate u. ä. abgezogen wurde. **N.-Registertonne, NRT,** → Registertonne. **N.-Sozialprodukt,** das → Volkseinkommen.

Neuenburg 2): Schloß von Osten und Türme der Stiftskirche

Netz das, **1)** Maschenwerk. **2)** △ in eine Ebene abgewickelte Oberfläche eines Körpers. **3)** ♡ Teil des Bauchfells. **4)** Linienwerte zum Bestimmen eines Punktes, z. B. → Gradnetz der Erde. **5)** ⚡ Leitungssystem für die Übertragung elektr. Energie. **6)** Nachrichten-N., z. B. das Fernsprech-N.

Netzarbeit, Filetarbeit, Handarbeit, bei der ein Netz regelmäßiger Vierecke durchstopft wird.

Netzätzung, Autotypie die, Druckform für den Hoch- und Offsetdruck; ermöglicht die Wiedergabe von Halbtönen, z. B. bei Lichtbildern. Durch einen Raster wird das Bild in kleine, nach den Lichtwerten versch. große Punkte aufgelöst. (BILD S. 611)

Netze die, re. Nebenfluß der Warthe, ab Nakel schiffbar, durchfließt das **N.-Bruch,** mündet östl. von Landsberg; 389 km lang.

Netzflügler, Insektenordnung mit netzadrigen Flügeln (Ameisenlöwe, Florfliege).

Netzhaut die, → Auge.

Netzmagen, Teil des Wiederkäuermagens.

Neuapostolische Kirche, Abspaltung der Kath.-Apostol. Gemeinde (1863).

Neuber, Caroline, die **Neuberin,** Schauspielerin, Theaterleiterin, *1697, †1760; reinigte mit Gottsched die dt. Bühne von den groben Hanswurstspäßen. (BILD S. 611)

Neubrandenburg, 1) Bez. der Dt. Dem. Rep., 10792 km², 620000 Ew.; 1952 aus Teilen der Länder Mecklenburg und Brandenburg gebildet; erstreckt sich westl. der unteren Oder im Gebiet der Mecklenburg. Seenplatte; Landwirtschaftsgebiet. Nahrungsmittel-, Baustoff-ind. **2)** Hptst. von 1), 87000 Ew.; got. Backsteinbauten. N., 1248 gegr., kam um 1300 an Mecklenburg. Maschinen-, Baustoff-Ind.

Neubraunschweig, Prov. von Kanada, → New Brunswick.

Neubritannien, größte Insel des Bismarck-Archipels, → New Britain.

Neuburg a. d. Donau, Krst. in Bayern, 24300 Ew.; chem., Textil-Ind.; war 1505-1685 Hptst. des Fstt. Pfalz-Neuburg.

Neuchâtel [nøʃat'ɛl], → Neuenburg.

Neu-Delhi, → Delhi.

Neue Hebriden, Inselgruppe im Pazif. Ozean, → Vanuatu.

Neue Linke, um 1959 entstandene polit.-soz. Bewegung bes. unter Studenten (in der Bundesrep. Dtl. die → Außerparlamentar. Opposition), nach Theorien u. a. von H. Marcuse, Che Guevara, Mao Tse-tung, die die Konsumgesellschaft kritisiert und sie durch Revolution beseitigen will. 1968 Studentenrevolten, bes. in Paris, Berlin.

Neue Malerei, Neue Musik, Neues Bauen u. a. → Moderne Kunst.

Neue Medien, Sammel-Bez. für auf neuen Technologien beruhende Verfahren der Informationsverarbeitung, -speicherung und -verbreitung, hierzu zählen z. B. Kabelfernsehen, elektron. Daten- und Textverfahren (Bildschirmtext, diensteintegrierendes digitales Nachrichtennetz).

Neuenahr-Ahrweiler, Bad N.-A., Heilbad an der Ahr, in Rheinl.-Pf., 25000 Ew.; alkal. Warmquellen, Eifelfangowerke, Spielbank, Weinbau.

Neuenburg, frz. **Neuchâtel** [nøʃat'ɛl], **1)** Kt. der westl. Schweiz, 797 km², 156400 Ew.; frz. Sprachgebiet. Gebirgig (Jura); im O der **Neuenburger See** (218 km²). Viehzucht, Weinbau, Uhren- u. a. Ind. – N., seit 1648 Fstt., unterstand 1707-1806 und 1814-57 dem preuß. König; seit 1814 schweizer. Kt. **2)** Hptst. von 1), 32700 Ew., am Neuenburger See; Univ., Schloß; Uhrenind.

Neuenfels, Hans, Regisseur, *1941.

Neuengland, engl. **New England** [nju:ˈɪŋlənd], der NO der USA mit den 6 N.-Staaten: Maine, New Hampshire, Vermont, Massachusetts, Rhode Island, Connecticut; im 17. Jh. von → Puritanern besiedelt.

Neue Philosophie, antimarxist., antiideolog., gesellschaftlich-politisch orientierte Gruppe frz. Philosophen (A. Glucksmann, B.-H. Lévy u. a.).

Neue Sachlichkeit, um 1922 aufgekommene Richtung der Malerei, die i. Ggs. zum Expressionismus die Wirklichkeit realist. erfaßte und sie in festen, oft starren Formen überbetont scharf darstellte. Kanoldt, Schrimpf u. a. malten Bilder von ruhiger Verhaltenheit, Grosz und Dix bevorzugten krassen Naturalismus mit sozialkrit. Tendenz. – In der Literatur wendete sich die N. S. vom Gefühlsüberschwang des Expressionismus ab.

Neues Testament, → Bibel.

Neue Welt, → Alte Welt.

Neue Wilde, Ende der 1970er Jahre aufgekommene, betont subjektiv gefühlsbeladene Malerei, die Stil (v. a. Expressionismus, Fauvismus) sowie Motive beliebig nutzt.

Neufundland, Insel vor der O-Küste Kanadas, 108860 km², Teil der kanad. Prov. → Newfoundland.

Neugotik, künstler. Stilrichtung im 19. Jh., die Formen der Gotik wiederaufnahm.

neugriechische Literatur, Literatur in neugriech. Sprache, die sich bes. seit der Konstituierung des griech. Staates im 19. Jh. entwickelte (D. Solomos, J. Psycharis, K. Palamas u. a.). In der n. L. des 20. Jh. ragen u. a. G. Seferis, O. Elytis, J. Ritsos (Lyrik) und N. Kazantzakis (Prosa, Dramen) hervor.

neugriechische Sprache, Sprache der Griechen seit etwa dem 15. Jh.

Neuguinea [-ginˈea], Insel nördl. von Australien, 771900 km², rd. 4 Mio. Ew. Südlich des Zentralgebirges (bis 5030 m) liegt eine weite, z. T. sumpfige Ebene. Flüsse: Fly River, Sepik u. a. Klima tropisch-feucht; Regenwald. Bewohner: Papua, im O auch Melanesier, daneben Pygmäen; im W indones. Einfluß. Pflanzungswirtschaft; ⚒ auf Gold, Erdöl. – Polit. Gliederung: 1) im W gehört Irian Jaya zu Indonesien. 2) Ost-N. bildet den Hauptteil von → Papua-Neuguinea. ⊕ S. 486.

Neuhannover, → Lavongai.

neuhochdeutsch, Abk. **nhd.,** seit 1500 Zeitabschnitt der → deutschen Sprache.

Neuhumanismus, Erneuerung der humanist. Bewegung seit etwa 1750. Das neue Bild des Griechentums und die Idee der Humanität wurden zum Leitmotiv des dt. klass. Zeitalters. Die Idee der Humanität wurde u. a. von Herder, Schiller, Goethe und W. v. Humboldt betont. Bes. Bedeutung gewann der N. im 19. Jh. als Grundlage des Bildungswesens.

Neuilly-sur-Seine [nœjˈi syr sˈɛ:n], westl. Vorort von Paris, 64200 Ew. **Vertrag von Neuilly,** 27. 11. 1919: Bulgarien verlor die südl. Dobrudscha an Rumänien, das thrak. Küstengebiet an Griechenland.

Neuirland, → New Ireland.

Neu-Isenburg, Stadt in Hessen, in der Mainebene, 35000 Ew.; photochem. Ind.

Neukaledoni|en, frz. Überseegebiet im südwestl. Pazif. Ozean, umfaßt die gebirgige Insel N. und Nebeninseln, zusammen 19103 km² mit 150000 Ew. (Melanesier, Weiße u. a.); Hptst.: Nouméa. Viehzucht, Bergbau. Ausfuhr: Nickel, Chrom, Eisen; Kaffee, Kopra. – 1988 Übergangsabkommen zur Unabhängigkeit.

Neukantianismus, philosoph. Bewegung seit 1860, die bes. in der Marburger Schule (Cohen, Natorp) eine Neubelebung und Weiterbildung des Kritizismus von Kant erstrebte.

Neuklassik, Neuklassizismus, dt. Literaturrichtung um 1905, greift auf klass. Kunsttradition zurück als Gegenströmung zum Naturalismus, Impressionismus.

Neulatein, die an lat. Klassikern geschulte Sprache seit Petrarca, Blütezeit: 15.-17. Jh.

Neumann, 1) Alfred, Schriftst., *1895, †1952; psycholog. Geschichtsromane (»Der Patriot«, »Es waren ihrer sechs«). **2)** Johann Balthasar, Baumeister, *1687, †1753; überragender Meister des Barocks: fürstbischöfl. Residenz in Würzburg, Wallfahrtskirche Vierzehnheiligen, Abteikirche zu Neresheim. **3)** John, v., amerikan. Mathematiker österreich. Abstammung, *1903, †1957, entwickelte u. a. eine Rechnerstruktur, die zur allg. Grundlage der Computertechnik wurde. **4)** Therese, * Konnersreuth (Oberpfalz) 1898, †1962; 1926 stigmatisiert; erlebte seitdem visionär das Leiden Christi.

Neumark, der östl. der Oder liegende Teil der Mark Brandenburg. Hauptstadt: Küstrin. – Um 1260 vom Markgrafen von Brandenburg erworben, 1402-55 dem Dt. Orden verpfändet; seit 1945 unter poln. Verwaltung.

Neumarkt i. d. OPf., Krst. in Bayern, 32000 Ew.; Bleistift-, Holz-, Elektro-Ind.

Neumecklenburg, → New Ireland.

Neumeier, John, amerikan. Choreograph und Ballettdirektor, *1942, sucht klass. Ballettstoffe auf Persönlichkeiten zu projizieren.

Neumen [grch.] Mz., ♩ älteste Tonschriftzeichen des MA.

Neumünster, Stadt in Schlesw.-Holst., 79500 Ew.; Bahnknoten; Textilfachschule; Textil-, Leder-, Maschinen-, chem. Ind.

Neunauge das, zu den Rundmäulern gehörendes fischähnl. Wirbeltier. An jeder Körperseite befinden sich 9 Öffnungen (7 Kiemenspalten, 1 Auge, 1 Nasenloch). **Fluß-N.** bis 50 cm, **Meerbricke (Lamprete)** bis 1 m lang.

Neunkirchen, Krst. im Saarland, 49500 Ew., Eisen-, Stahlind.; Steinkohlenbergbau, Aluminiumwerk.

Neuntöter der, **Rotrückenwürger,** ein Singvogel.

Neuphilologie, Wissenschaft von den lebenden Sprachen.

Neuplatonismus, letzte große Systembildung der grch. Philosophie, um 200 n. Chr. geschaffen: die Welt ist ein geistiges Stufenreich. Höchster Begriff ist das Ur-Eine (Gott), aus dem nicht durch Schöpfung, sondern durch Ausstrahlung (Emanation) alle Seinsformen hervorgehen. Der bedeutendste Geist des N. und Systemschöpfer war Plotin. Der N. hatte starke Wirkung auf das abendländ. Denken.

Neupommern, → New Britain.

Neupositivismus, → Positivismus.

Neuralgie [grch.] die, Nervenschmerz, oft quälend empfundener Schmerz ohne (oder mit geringem) objektiven Krankheitsbefund.

Neurasthenie [grch.] die, nervöse Erschöpfung nach schweren Krankheiten, hochgradiger Überarbeitung oder Unterernährung.

Neurath, Konstantin Frhr. v., Diplomat, *1873, †1956; 1932-38 Außenmin.; 1939-43 Reichsprotektor in Böhmen und Mähren; 1946 zu 15 Jahren Gefängnis verurteilt, 1954 aus Spandau entlassen.

Neuritis [grch.] die, Nervenentzündung, krankhafte Vorgänge an den peripheren Nerven, die sich in Bewegungsstörungen und Mißempfindungen äußern.

Neurochirurgie [grch.] die, Chirurgie des Nervensystems, chirurg. Eingriffe an Gehirn, Rückenmark, Nerven, Nervenknoten.

Neurode, poln. **Nowa Ruda,** Stadt in der poln. Wwschaft Wałbrzych, ehem. Stadt in Niederschlesien, im Eulengebirge, 26300 Ew.; Webwaren, Steinkohlenbergbau.

Neurologie [grch.] die, Lehre von den Nerven und Nervenkrankheiten.

Neuromantik die, literar. Bewegung um 1905, stand i. Ggs. zum Naturalismus, empfing

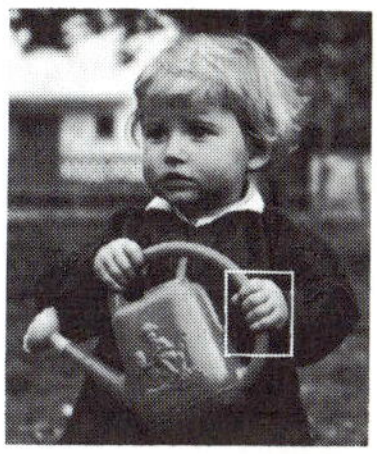

Netzätzung, oben: Autotypie, unten: stark vergrößerter Ausschnitt

Neuber

Neuntöter

Neuschwanstein

Anregungen vom frz. Symbolismus. Vertreter: S. George, R. M. Rilke, H. v. Hofmannsthal, R. Huch.

Neuron [grch.] das, Nervenzelle mit ihren Fortsätzen (Dendriten und Neurit).

neuronales Netzwerk, in der Entwicklung befindliche Computerarchitektur, die aus vernetzten Mikroprozessoren bestehen und nach dem Vorbild menschl. Nervenzellen (Neuronen) arbeiten soll.

Neurose [grch.] die, durch seel. Krisen verursachte »Gleichgewichtsstörung«, die sich in seel. oder körperl. Krankheitserscheinungen oder in beiden äußert. N. sind oft aus unbewältigten Lebenskonflikten, überhaupt aus der Lebensgeschichte der Kranken zu verstehen.

Neuruppin, Krst. im Bez. Brandenburg, 26900 Ew.; Luftkurort am Ruppiner See.

Neusalz (Oder), poln. **Nowa Sól** [-sul], Stadt in der poln. Wwschaft Zielona Góra, ehem. in Niederschlesien, 37000 Ew.; Eisen-, Textil-Ind.

Neuschottland, Prov. Kanadas, → Nova Scotia.

Neuschwanstein, für König Ludwig II. von Bayern 1869-86 erbautes Schloß bei Füssen (Allgäu).

Neuseeland, engl. **New Zealand** [nju: z'i:lənd], Staat des Brit. Commonwealth, im Pazif. Ozean südöstl. Australiens, umfaßt die Doppelinsel N. und benachbarte kleinere Inseln, 268676 km², 3,3 Mio. Ew.; Hptst.: Wellington; Amtssprache: Englisch. ⊕ S. 486.

Neuseeland

N. ist parlamentar. Monarchie, Staatsoberhaupt die brit. Krone, vertreten durch Gen.-Gouv. Gesetzgebung durch das Abgeordnetenhaus. – Auf der Nordinsel zahlreiche Vulkane, auf der Südinsel die teilweise vergletscherten Neuseeländischen Alpen (bis 3764 m hoch). Klima: gemäßigt-mild, im W und im N (Subtropen) niederschlagsreich. Verbreitet urtümliche Tier- und Pflanzenwelt. BEVÖLKERUNG. Meist Europäer, daneben einheim. Maori (Polynesier). Größte Stadt: Auckland.

WIRTSCHAFT. Auf der Nordinsel herrscht Molkereiwirtschaft vor, auf der Südinsel Getreideanbau und Schafzucht; Fischerei. Wenig Bodenschätze (Kohle, Gold u.a.); Nahrungsmittel-, Maschinen-, chem. u.a. Ind. Ausfuhr: Molkereierzeugnisse, Fleisch, Wolle, Häute. Haupthandelspartner: Großbritannien, Australien, USA. Haupthäfen: Auckland, Wellington, Lyttelton, Whangarei; internat. Flughäfen: Auckland, Christchurch.

Ⓖ N. wurde 1642 von A. Tasman entdeckt, 1840 brit. Kolonie, 1907 Dominion. MinPräs.: G. Palmer (seit 1989).

Neusibirische Inseln, Inselgruppe im Nordpolarmeer, zur UdSSR gehörig.

Neusiedler See, im Burgenland, etwa 320 km², bis 2 m tief; der N-Teil gehört zu Österreich, der S zu Ungarn.

Neusilber, Kupfer-Zink-Nickel-Legierung (Argentan, Alpakka u.a.), silberähnlich.

Neusohl, slowak. **Banská Bystrica** [- b'istritsa], Stadt in der ČSFR, 73000 Ew., Holzind.; war einst dt. Bergbaustadt.

Neuss, Krst. in NRW, linksrhein., 144000 Ew.; Quirinsmünster (13. Jh.); Hafen; chem., landwirtschaftl. Maschinen-, Eisenind.

Neustadt, 1) N. am Rübenberge, Stadt in Ndsachs., 37900 Ew.; Dachpappen-, Maschinenfabrik. **2) N. an der Saale, Bad N. a. d. S.,** Stadt in Unterfranken, Bayern, 14500 Ew.; Burgruine; Sol-, Moorbad. **3) N. an der Weinstraße,** Stadt in Rheinl.-Pf., 48500 Ew.; altes Stadtbild; Weinhandel; Metallind.

Neustettin, poln. **Szczecinek** [ʃtʃɛtsj'inɛk], Stadt in der poln. Wwschaft Koszalin, ehem. Stadt in Pommern, 33000 Ew.

Neustrelitz, Krst. im Bez. Neubrandenburg, am Zierker See, sternförmig angelegt, 27200 Ew.; Maschinenfabriken.

Neustrien, unter den Merowingern der westl. Teil des Fränk. Reichs.

Neusüdwales, austral. Bundesstaat, → New South Wales.

Neutitschein, tschech. **Nový Jičín** [n'ɔvi: j'itʃi:n], Hauptort des »Kuhländchens«, ČSFR, 33000 Ew.; Textil-, Hut-, Tabakind.

Neutra die, slowak. **Nitra** [nj'itra], linker Nebenfluß der Waag in der Slowakei, 220 km lang.

Neutra, Richard, österr. Architekt in den USA, *1892, †1970; schuf Wohnhäuser, Schulen, Krankenhäuser u.a. in enger Verbindung zur Natur.

neutral, 1) unparteiisch. **2)** Völkerrecht: nicht beteiligt (→ Neutralität). **3)** Ⓢ sächlich.

neutrale Ecken, Boxen: im Ring die beiden nicht von den Gegnern besetzten Ecken.

neutralisieren, 1) unwirksam machen. **2)** ⚗ eine Säure mit einer Base (oder umgekehrt) so absättigen, daß weder saure noch basische Reaktion vorherrscht. **3)** ⚐ einen Wettkampf auf best. Zeit unterbrechen, z. B. ein Fußballspiel, wenn ein Spieler verletzt wurde.

Neutralität die, Völkerrecht: Nichtteilnahme eines Staates an einem Krieg zw. anderen Staaten; teilweise geregelt im Haager Abkommen. Im Ggs. zu **neutralisierten Staaten,** die sich vertraglich zur Nichtteilnahme an krieger. Auseinandersetzungen verpflichtet haben (z. B. Schweiz, Vatikanstaat, Österreich), kann es neutrale Staaten nur während eines Krieges geben. Doch spricht man heute auch von N., wenn ein Staat sich allg. von internat. Konflikten oder Bündnissen fernhält, ohne formell neutralisiert zu sein (z. B. Schweden).

Neutralitätszeichen, nach der Genfer Konvention das rote Kreuz, der rote Halbmond, der rote Davidstern, der rote Löwe mit der Sonne, alle in weißem Feld.

Neutrino [grch.] das, masseloses, ungeladenes Elementarteilchen aus der Gruppe der Leptonen, experimentell nur durch seinen Rückstoß nachweisbar. N. kommen in 3 Arten als Elektron-, Myon- und Tau-N. vor.

Neutron [grch.] das, Elementarteilchen, neben dem Proton einer der beiden Bausteine der Atomkerne. N. sind bes. geeignet zur Auslösung von Kernreaktionen, da sie elektrisch ungeladen sind und leicht in Atomkerne eindringen können. Freie N. sind nicht beständig, sondern zerfallen in Protonen und Elektronen. In großen Mengen entstehen sie bei der Kernspaltung in Reaktoren.

Neutronenbombe, Nuklearwaffe für den takt. Einsatz gegen Panzerverbände. Bei ihrer Detonation entstehen nur wenig Hitze und eine geringe Druckwelle, dafür aber eine wesentl. stärkere Strahlung. Die N. wirkt deshalb v. a. gegen Menschen.

Neutrum [lat.] das, -s/...tra, Ⓢ Wort sächlichen Geschlechts.

Neu-Ulm, Krst. in Bayern, a.d. Donau, 46300 Ew.; Leder-, Maschinenind.

Neuwied, Krst. in Rheinl.-Pf., am Rhein, 60200 Ew.; Schloß; Bimssteinind.

Neuzeit, die Zeit von etwa 1500 n. Chr. bis zur Frz. Revolution 1789; dann **Neueste Zeit.**

Nevada [nəv'ædə], Abk. **Nev.,** Kordillerenstaat der USA, 286299 km^2, 963000 Ew.; Hptst.: Carson City; größte Stadt: Las Vegas. Wüstenhaft; Ackerbau bei künstl. Bewässerung; ⚒ auf Kupfer, Gold. 🌐 S. 494.

Nevers [nəv'ɛ:r], Stadt in Mittelfrankreich, 47700 Ew.; Kathedrale (13.-15. Jh.); Weinhandel, Fayence-, Maschinen-, chem. Ind.

Newa die, Abfluß des Ladogasees.

New Age [nju: eidʒ], seit den 1980er Jahren von den USA ausgehende religiöse Bewegung, verknüpft bestehende Heilserwartungen und sieht die Gegenwart als kosm. Wendezeit, erwartet die Umgestaltung der Welt zu einer überkonfessionellen, spirituellen Einheit mit neuen Lebens- und Technologieformen in einem neuen Zeitalter; auch **Wassermannzeit** genannt.

Newark [nj'u:ək], Stadt in New Jersey, USA, 316600 Ew., mit Vororten 1,88 Mio. Ew.; Hafen; Ind.

New Bedford [nju: b'edfəd], Stadt in Massachusetts, USA, 870000 Ew.; Textilind.

New Britain [nju: br'ıtn], dt. **Neubritannien,** vor 1919 **Neupommern,** größte Insel des Bismarck-Archipels, 36650 km^2, 154000 Ew.; Hauptort: Raubaul. Kopra-, Kakao-Ausfuhr.

New Brunswick [nju: br'ʌnzwik], dt. **Neubraunschweig,** Prov. in Kanada, 73437 km^2, 701000 Ew.; Hptst.: Fredericton; Wald-, Fischreichtum; Viehzucht; Bergbau.

Newcastle [nj'u:ka:sl], **1) N. upon Tyne** [əp'ɔn taın], Hafenstadt an der Ostküste Englands, 192000 Ew.; got. Kathedrale; chem., Stahl-, Eisen-, Glas-Ind., Schiffbau. **2) N.-under-Lyme** [ʌndəlaım], Stadt in Mittelengland, 73000 Ew.; Baumwoll-, Schuh-Ind. **3) N.,** Hafenstadt in Australien, 251000 Ew.; Ausfuhr (Kohle); Metall-, chem. Ind.; Schiffbau.

New Deal [nju: di:l, engl.] der, sozialpolit. Maßnahmen Präs. Roosevelts (seit 1933) zur Bekämpfung der Wirtschaftskrise.

Newfoundland [nj'u:fəndl'ænd], dt. **Neufundland,** Prov. Kanadas, besteht aus der Insel N. und der O-Küste Labradors; 405000 km^2, 571000 Ew.; Hptst.: Saint John's. N. hat Fischerei, viel Wald (Cellulose-, Papierind.), ⚒ auf Eisenerz, Zink, Kupfer u.a. – 1497 entdeckt, war seit 1713 britisch, erhielt 1855 Selbstverwaltung; 1948 kanad. Prov.

New Hampshire [nju: h'æm(p)ʃə], Abk. **N. H.,** einer der Neuenglandstaaten der USA, 24097 km^2, 1,02 Mio. Ew.; Hptst.: Concord; größte Stadt: Manchester. Waldreiches Hügelland. Schuh-, Textil- u.a. Ind. 🌐 S. 494.

New Haven [nju:heıvn], Stadt in Connecticut, USA, 126800 Ew.; Yale Univ.; Ind.

New Ireland [nju: 'aıələnd], dt. **Neuirland,** vor 1919 **Neumecklenburg,** Insel des Bismarck-Archipels, 9842 km^2, 65700 Ew.; Hauptort: Kavieng.

New Jersey [nju: dʒ'ə:zı], Abk. **N. J.,** einer der atlant. Staaten der USA, 20295 km^2, 7,6 Mio. Ew. (9% Schwarze); Hptst.: Trenton; größte Stadt: Newark. Getreide-, Obstanbau, Milchwirtschaft; Ind. 🌐 S. 494.

Newman [nj'u:mən], **1)** John Henry, engl. Theologe, Kardinal (1879), *1801, †1890; urspr. anglikan. Geistlicher, wurde 1845 kath.; betonte das Gefühl als Grundlage der Theologie, beeinflußte die moderne kath. Theologie. **2)** Paul, amerikan. Filmschauspieler, *1924.

New Mexico [nju: m'eksıkəʊ], Abk. **N. M.,** Kordillerenstaat der USA, 315115 km^2, 1,48 Mio. Ew.; Hptst.: Santa Fe. Anbau mit künstl. Bewässerung: Baumwolle, Getreide u.a.; Viehzucht. ⚒ auf Uran, Erdöl, Erdgas, Kalisalze. Kernversuchszentrum Los Alamos. 🌐 S. 494.

New Orleans [nju: 'ɔ:lı:nz], Stadt in Louisiana, USA, Hafen im Sumpfgebiet des Mississippideltas, 554500 Ew., mit Vororten 1,2 Mio. Ew., Univ.; Stapelort von Reis, Zuckerrohr, Baumwolle, Holz, Erdöl, Schwefel. – N., 1718 von Franzosen gegründet, kam 1848 an die USA.

New Penny [nju: p'enı], Mz. **New Pence** [p'ens], Abk. **p,** seit der Umstellung der brit. Währung auf das Dezimalsystem (1971) an die Stelle des Penny getretene Münze: 1 N. P. = $^1/_{100}$ Pfund.

Newport [nj'u:pɔ:t], Hafenstadt in England, am Bristolkanal, 105000 Ew.; Kohlenausfuhr; Eisen-, Stahl-, Gummi-Ind., Schiffbau.

New South Wales [nju: saʊθ wəılz], dt. **Neusüdwales,** Staat des Austral. Bundes im SO Australiens, 801600 km^2, 5,5 Mio. Ew.; Hptst.: Sydney.

Newton [nj'u:tn], Sir (seit 1705) Isaac, engl. Physiker, Mathematiker, *1643, †1727. N. fand die 3 Bewegungsgesetze der klass. Mechanik **(N.sche Axiome, N.sche Mechanik),** erklärte mit dem von ihm gefundenen Gravitationsgesetz die Planeten- und Mondbewegungen, die Gezeiten, entwickelte die Anfänge der Infinitesimalrechnung, wies die spektrale Zusammensetzung des weißen Lichts nach.

Newton

Newton [nach I. Newton] das, Abk. **N,** SI-Einheit der Kraft, $1\ N = 1\ kg \cdot m \cdot s^{-2} = 1\ J/m$.

New York [nju: j'ɔ:k], **1)** Abk. **N. Y.,** Staat im NO der USA, reicht vom Erie- und Ontario-See bis zur Atlantikküste, 128402 km^2, 17,77 Mio. Ew. (9% Schwarze); Hptst.: Albany; größte Stadt: New York. Bedeutendster Industrie- und Handelsstaat der USA; Landwirtschaft (Obstanbau, Viehzucht); Bodenschätze. – N. Y. wurde seit 1614 von den Holländern besiedelt und bildete mit New Jersey die Kolonie Neuniederland; 1664 von den Engländern erobert. 🌐 S. 494.

2) N. Y. City [- s'ıtı], Stadt in 1), 7,26 Mio. Ew., als Großraum 8,29 Mio. Ew. (seit 1970 rückläufige Tendenz). N. Y. liegt an der Mündung des Hudson, beiderseits des East River auf mehreren Inseln und dem Festland. 5 Stadtteile: Manhattan, Bronx, Brooklyn, Queens, Richmond. Der ältere südl. Teil, die

New York City

Nicaragua

Hauptgeschäftsgegend, ist unregelmäßig, die übrige Stadt rechtwinklig gebaut, mit vielen Hochhäusern; Hauptgeschäftsstraße: Broadway; am Nordende der 5. (Fifth) Avenue der Zentralpark. N. Y. besitzt mehrere Hochschulen, Büchereien, Mus., viele Theater. Über Hudson und East River führen große Brükken, darunter hindurch Tunnel. Der Hafen ist befestigt und neben London der verkehrsreichste der Erde. In seiner Einfahrt steht auf einer Insel die Freiheitsstatue. N. Y. ist der bedeutendste Geldmarkt der Erde und die erste Industriestadt der Union. Es entstand 1625 als kleine holländ. Niederlassung, hieß damals **Neu-Amsterdam;** 1664 wurde es engl. und in N. Y. umbenannt.

Nexus [lat.] der, -/-, Zusammenhang.

Ney, 1) Elly, Pianistin, *1882, †1968. **2)** [nɛ], Michel, frz. Marschall, *1769, †1815; zeichnete sich unter Napoleon I. 1812 bei Borodino aus; nach Napoleons Sturz erschossen.

Ngwane, eigener Name von Swasiland.

nhd., Abk. für **neuhochdeutsch.**

Ni, chem. Symbol für Nickel.

Niagara [engl. naɪ'ægrə] der, Strom in N-Amerika, Verbindung von Erie- und Ontariosee, auf der Grenze zw. Kanada und den USA; 56 km lang, bildet die **N.-Fälle: Amerikan. Fälle** im O (300 m breit, 51 m hoch), **Kanad.** oder **Hufeisen-Fälle** im W (800 m breit, 49 m hoch); Kraftwerke.

Niamey [-me], Hptst., Wirtschafts- und Verkehrszentrum der Rep. Niger, 333 500 Ew.

Nibelungen, dt. Sage: Zwergengeschlecht, dessen Schätze **(N.-Hort)** der Zwerg Alberich hütete. Als Siegfried ihn überwunden hatte, ging der Name auf ihn und seine Mannen, später auf die Burgunden über.

Nibelungenlied [→ Nibelungen], mhd. Heldenepos, gedichtet um 1198-1204 von unbekanntem österr. Dichter. In 39 »aventiuren« ist der Stoff urspr. getrennter Sagenkreise, dem des Brünhildeliedes und dem der älteren Nibelungennot, zu einem einheitl. Epos geformt. Die 3 wichtigsten Hss. entstanden im 13. Jh.

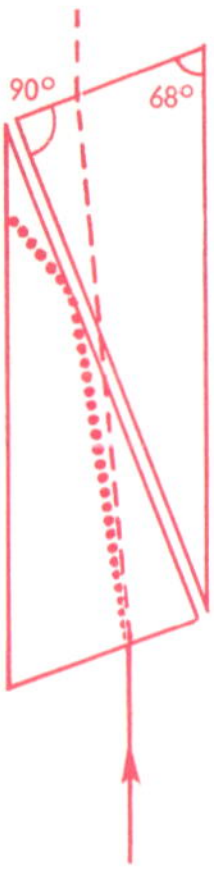

Nicolsches Prisma: ordentlicher Strahl = punktiert, außerordentlicher = gestrichelt

Nicäa, Nicaia, alte Stadt im nordwestl. Kleinasien; Kirchenversammlungen. **Nicänisches Glaubensbekenntnis,** 325 beschlossen, lehrt die Wesenseinheit (Homousie) des Sohnes mit dem Vater.

Nicaragua, Rep. in Zentralamerika, 128 875 km², 3,5 Mio. Ew. (Mestizen, daneben Indianer, Schwarze, Weiße u.a.; meist kath.); Hptst.: Managua; Amtssprache: Spanisch. – Parallel zur pazif. Küstenzone (Hauptanbaugebiet) verläuft die N.-Senke mit Vulkanen, dem Managua- und N.-See; im Innern Hochland (bis 1900 m), im O breites Tiefland (Urwald). Anbau: Mais, Reis, Hirse, Knollenfrüchte; für die Ausfuhr: Baumwolle, Kaffee, Zuckerrohr; Viehzucht, Forstwirtschaft, Fischerei. ⚒ auf Kupfer, Gold. Nahrungsmittel-, Textil- u.a. Ind. Haupthandelspartner: USA, Japan; Haupthafen: Corinto; internat. Flughafen: Managua. – Ⓖ 1522-24 von den Spaniern erobert, 1821 von ihrer Herrschaft befreit, seit 1839 selbständige Rep.; häufige Bürgerkriege. Präs. A. Somoza, der mit seiner Familie über 45 Jahre autoritär in N. herrschte, wurde 1979 von der Sandinist. Befreiungsfront gestürzt. Die Führung der Reg. übernahm ein fünfköpfiger Militärrat; als Präs. amtierte 1985-90 D. Ortega; nach Verf. von 1987 Präsidialrep. Präs.: Violeta Chamorro (seit 1990). ⊕ S. 484.

Niagara: N.-Fälle

Nicholson [n'ɪkəlsən], Ben, engl. abstrakter Maler, *1894; statisch und architekton. aufgebaute Landschaften und Stilleben.

Nichtangriffspakt, zwischenstaatl. Vertrag, der die Partner verpflichtet, sich über alle Streitfragen durch Verhandlungen zu verständigen und nicht Gewalt auszuüben.

Nichte die, Tochter des Bruders oder der Schwester.

nichteheliche Kinder haben nur der Mutter gegenüber die rechtl. Stellung ehel. Kinder, sie tragen auch den Familiennamen der Mutter. Das n. K. steht grundsätzlich unter der elterl. Gewalt der Mutter (§ 1705 BGB). Der Vater ist zum Unterhalt verpflichtet, das n. K. hat ihm gegenüber auch ein Erbrecht (Erbersatzanspruch § 1934a BGB).

Nichteisenmetalle, NE-Metalle, techn. genutzte Metalle und Legierungen außer Eisen (Stahl). N. werden unterteilt in → Schwermetalle und → Leichtmetalle.

nichteuklidische Geometrie, Geometrie, bei der es zu jeder Geraden durch einen Punkt außerhalb von ihr nicht wie in der gewöhnl. euklid. Geometrie genau eine Parallele gibt, sondern bei der entweder keine oder mehrere Parallelen zugelassen werden.

Nichtigkeit die, ⚖ Unwirksamkeit eines Rechtsgeschäftes, Verwaltungsaktes oder Urteils. **N.-Klage,** Klage auf N.-Erklärung einer Ehe (§§ 631 ff. ZPO), auch Klage, mit der die Wiederaufnahme eines beendeten Zivilprozesses wegen bestimmter formaler Verstöße betrieben wird (§§ 578 ff. ZPO), ferner die Klage auf Feststellung der N. eines Hauptversammlungsbeschlusses einer AG oder eines GmbH-Gesellschaftsvertrages.

Nichtmetalle, früher **Metalloide,** chem. Elemente mit nichtmetall. Eigenschaften.

Nickel das, **Ni,** chem. Element, eisenähnl., ferromagnet. Schwermetall; Ordnungszahl 28, D 8,9 g/cm³, Schmelzpunkt 1453 °C. N. ist silberweiß, zäh, dehnbar, luftbeständig, widerstandsfähig gegen Säuren und Alkalien. Es findet sich im Meteoreisen, in Form seiner Verbindungen in Erzen, bes. im nickelhaltigen Magnetkies und im Garnierit. Verwendung als Legierungsbestandteil des Stahls (erhöht Festigkeit, Härte, Zähigkeit, Korrosionsbeständigkeit, elektr. Widerstand), für Widerstandswerkstoffe und Heizleiter, hart- und weichmagnetische Werkstoffe; N.-Cadmium-Akkumulator.

Nickfänger, Messer zum Abnicken (Töten), Aufbrechen (Öffnen) u.a. des Wildes.

Nicolai, 1) Friedrich, Schriftst., *1733, †1811; gab u.a. die krit. Zeitschrift »Allg. Dt. Bibliothek« (1765-1805) heraus; Vertreter der Aufklärung, humorist.-satir. Romane. **2)** Otto, Komponist, *1810, †1849; Opern (»Die lustigen Weiber von Windsor«).

Nicolsches Prisma [nach W. Nicol, schott. Physiker, *1768, †1851], opt. Polarisator (→ Polarisation), aus 2 bes. geschliffenen Spaltstücken von Kalkspat zusammengekittet.

Nidwalden, Halbkanton der Schweiz, Teil des Urkantons Unterwalden, 276 km²; 31 700 Ew.; Hauptort: Stans.

Niebergall, Ernst Elias, hess. Mundartdichter, *1815, †1843; Tragikomödie: »Datterich«.

Niebuhr, 1) Barthold Georg, Historiker, *1776, †1831, begründete, bes. durch seine »Röm. Geschichte«, die krit. Geschichtsschreibung. **2)** Reinhold, führender evang. Theologe in den USA, *1892, †1971, trat für Durchdringung des sozialen und polit. Lebens mit christl. Grundsätzen ein.

Niederbayern, RegBez. in Bayern, 10 345 km², 1,03 Mio. Ew.; Hptst.: Landshut.

niederdeutsche Sprache, Plattdeutsch, dt. Mundarten, die von der hochdeutschen Lautverschiebung nicht betroffen worden sind. Im MA. war das **Mittelniederdeutsche** Schriftsprache in Nord-Dtl. (Sachsenspiegel von Eike von Repgau). Im 19. Jh. schrieben Groth, Reuter, Stavenhagen u. a. plattdeutsche Dichtungen.

Niederfrequenz, NF, i. e. S. Frequenz bis 300 Hz, i. w. S. die hörbaren Frequenzen **(Tonfrequenzen)** von 16 Hz bis 20 000 Hz.

Niederkalifornien, span. **Baja California** [β'axa-], langgestreckte Halbinsel an der W-Küste Nordamerikas, zu Mexiko gehörig, 143 800 km², 1,5 Mio. Ew. Meist wüsten- und steppenhaft; bei künstl. Bewässerung Baumwollanbau; Acker- und Gartenbau. Neben Erdöl kommen Kupfer-, Silber- und Golderze vor. Wichtiges Fischfanggebiet.

Niederlande, Kgr. in W-Europa, 41 160 km² (samt interner Wasserfläche), 14,75 Mio. Ew., 421 je km²; Hptst.: Amsterdam; Regierungssitz: Den Haag. ⊕ S. 488/89.

VERFASSUNG (von 1815/1983). Die N. sind eine parlamentar. Monarchie. Gesetzgebung bei der Königin und dem Parlament (Generalstaaten), das aus der 1. Kammer (von den Provinziallandtagen gewählt) und der vom Volk gewählten 2. Kammer besteht. Die Minister werden von der Königin ernannt und sind dem Parlament verantwortlich; beratendes Organ ist der Staatsrat. – 11 Prov. mit eigenen Volksvertretungen (»Staaten«).

Die N. sind Tiefland (über ⅓ der Fläche liegt unter dem Meeresspiegel). Im Mündungsgebiet von Rhein, Maas und Schelde und im nördl. Küstengebiet fruchtbare Marschen (Polder), sonst Geest- und Moorland. Das Ijsselmeer wird nach und nach trockengelegt. Nur im äußersten S (Limburg) hügelig. Klima mild und feucht. BEVÖLKERUNG. Niederländer, Friesen. Religion: etwa 31% protestant., rd. 36% kath., rd. 2% Muslime.

WIRTSCHAFT. Acker-, Gartenbau (Blumen-, Obst-, Gemüseanbau), bedeutende Milchwirtschaft; Fischerei. ⚒ auf Stein- und Braunkohle (Limburg), Erdgas, Erdöl, Salz. Nahrungsmittel-, Metall-, chem. Ind., Schiffbau, Textil-, Papier- u. a. Ind. Ausfuhr: Molkereierzeugnisse, Maschinen und Apparate, Textilien, Erdöl u. a. Haupthandelspartner: EG-Länder. Wichtiger Handel; bedeutende Fluß-, Kanal- und Seeschiffahrt; Haupthafen: Rotterdam. Die N. gehören der EG an; mit Belgien und Luxemburg sind sie wirtschaftlich bes. eng zusammengeschlossen (→ Benelux-Länder).

Ⓖ Urspr. von Batavern und Friesen bewohnt, kam das Gebiet der N. in der Völkerwanderungszeit zum Fränk., 870/79 mit Ausnahme Flanderns zum Ostfränk. Reich. Es fiel 1555 an den span. Habsburger Philipp II., der den Calvinismus und die ständ. Vorrechte bekämpfte; die 1566 einsetzenden Unruhen wurden trotz der Härte des Herzogs von Alba zum offenen Aufstand, und die in der Utrechter Union 1579 vereinigten 7 nördl. Provinzen, an ihrer Spitze Holland, fielen unter Führung Wilhelms von Oranien 1581 ab; sie bildeten die überwiegend protestant. Rep. der Verein. N., die nach langen Kämpfen gegen Spanien im Westfäl. Frieden 1648 die Anerkennung ihrer vollen Unabhängigkeit erlangte. Die N. wurden die größte europ. Handels- und Seemacht des 17. Jh., erwarben ein großes Kolonialreich, bes. in Ostindien; doch wurden sie durch England im 18. Jh. zurückgedrängt. 1815 entstand das Kgr. der N. Mit ihm waren bis 1830/31 auch die südl. Teile (das spätere Belgien), bis 1890 in Personalunion das Groß-Hzgt. Luxemburg verbunden. Im 1. Weltkrieg blieben die N. neutral, im 2. wurden sie 1940-44 von dt. Truppen besetzt gehalten. Seit 1949 gehören sie der NATO an. Königin: seit 1980: Beatrix; MinPräs.: R. Lubbers (seit 1982).

Niederlande

niederländische Kunst, Kunst der Holländer und Flamen. Ihre Hauptleistungen liegen auf dem Gebiet der Malerei. Anfang des 15. Jh. führten R. Campin und die Brüder van Eyck die neue Wirklichkeitsmalerei des Nordens herauf. Neben ihnen schuf Rogier van der Weyden, stärker dem MA. verbunden. Neue Tiefen des Seelischen erschloß H. van der Goes. H. Bosch stellt einen Höhepunkt nord. Phantastik dar. Der bedeutendste Meister des 16. Jh. ist P. Bruegel d. Ä. Von überragender europ. Wirkung war die niederländ. Malerei des 17. Jh., in dem sich stärker als bisher die barock bewegte fläm. und die malerisch stillere holländ. Kunst voneinander absetzen. Der fläm. Hauptmeister ist Rubens, neben dem van Dyck und Jordaens stehen. Von Rubens unabhängiger bleiben die Sittenbildmaler A. Brouwer und D. Teniers d. J. Die holländ. Landschaftsmalerei entwickelte sich zu der heroisch gesteigerten Kunst J. van Ruisdaels. Unter den Innenraumbildern sind die J.

niederländische Kunst: Links Rembrandt: Joseph und Potiphars Weib; 1655. Mitte Vermeer van Delft: Die Briefleserin. Rechts Rubens: Helene Fourment mit ihrem Söhnchen; um 1635

niederländ. Kunst: Komposition von Mondrian

Niederösterreich

Niedersachsen

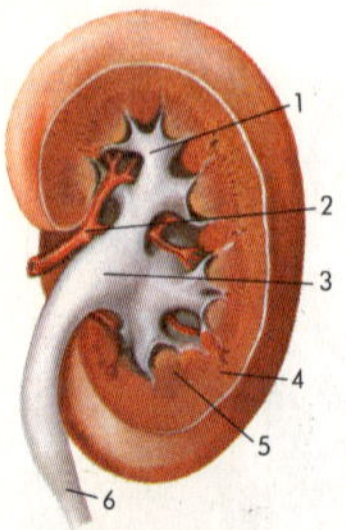

Niere: 1 Nierenbekkenkelch; **2** Nierenarterie; **3** Nierenbecken; **4** Rindenschicht; **5** Markschicht; **6** Harnleiter

Vermeer van Delfts am bedeutendsten. Das Gesellschaftsbild wurde von S. Terborch gepflegt, die Bauernmalerei von A. van Ostade. Alle schöpfer. Kräfte der holländ. Malerei aber sind in Rembrandt verkörpert. Im 18. Jh. verlor die n. K. ihre europ. Bedeutung. Erst mit dem späteren 19. Jh. begannen Holland und Belgien wieder hervorzutreten (van Gogh, Berlage, Meunier, Ensor u. a.). Zu Beginn des 20. Jh. erreichen sie erneut internat. Bedeutung durch H. van de Velde (Belgien), die dem Jugendstil verwandte Stijlbewegung, durch P. Mondrian und auf dem Gebiet der Architektur durch den Wiederaufbau des im 2. Weltkrieg zerstörten Rotterdam.

niederländische Sprache ist Schrift- und Umgangssprache der Niederlande **(Holländisch)** und im westl. und nördl. Teil Belgiens **(Flämisch).** Die n. S. gehört zur german. Sprachgruppe, i. e. S. zum Niederfränkischen. Das bekannteste ältere Sprachdenkmal ist die Tierdichtung »Reinaert« (→ Reinecke). Die heutige n. S. hat sich seit dem Ende des 16. Jh. ausgebildet. Das **Afrikaans,** die Sprache der Buren, eine Tochtersprache der n. S., hat sich zur selbständigen Hochsprache entwickelt.

Niederländisch-Guayana, → Surinam.

Niederländisch-Indien, umfaßte bis 1945 die Großen Sunda-Inseln Sumatra, Java und Madura, Celebes, Borneo (zum Teil), die Kleinen Sunda-Inseln außer Ost-Timor, die Molukken sowie kleinere Nebeninseln, dazu den W Neuguineas; jetzt → Indonesien.

Niederländisch-Westindien, niederländ. Antillen.

Niederlassungsfreiheit, Teil des Rechtes der → Freizügigkeit.

Niederösterreich, österr. Bundesland, 19171 km², 1,4 Mio. Ew.; Hptst.: St. Pölten, Regierungssitz ist Wien, das jedoch ein eigenes Bundesland bildet. N. liegt beiderseits der Donau zw. Ennsmündung im W und Marchmündung im O. Anbau: Getreide, Hackfrüchte, Obst, Wein; Waldwirtschaft; ⚒ auf Erdöl, Erdgas (Marchfeld).

Niedersachsen, Land der Bundesrep. Dtl., 47424 km², 7,162 Mio. Ew.; Hptst.: Hannover. 4 RegBez.: Hannover, Lüneburg, Braunschweig, Weser-Ems. STATISTIK Bundesrepublik Deutschland, 🌐 S. 488/89.

N. umfaßt das Norddt. Tiefland zw. Ems und unterer Elbe mit den Ostfries. Inseln, den O-Teil des Weserberglandes und den W-Harz. Sehr fruchtbare Gebiete (z. B. Marschland), daneben große Moor- und Geestgebiete (z. B. Teufelsmoor, Lüneburger Heide). Flüsse: Ems, Weser, Elbe, durch Kanäle (bes. Mittellandkanal) untereinander verbunden. Wirtschaft: Landwirtschaft (Ackerbau, Viehzucht); Moorkultivierung und Torfgewinnung; ⚒ auf Erdöl, Erdgas, Eisenerz (Salzgitter), Salz, Kali, Kohle; Ind.: Fahrzeuge, Maschinen, Nahrungsmittel, Elektrotechnik, Textilien, Gummi, Holzverarbeitung; Fischerei und Schiffahrt. – N. wurde am 1. 11. 1946 aus der ehem. preuß. Provinz Hannover, den Ländern Braunschweig, Oldenburg, Schaumburg-Lippe und (seit 1. 1. 1947) Teilen des Landgebietes von Bremen gebildet. MinPräs. G. Schröder (SPD, seit 1990).

Niederschlag, 1) ⚗ fester Stoff, der sich aus einer Lösung abscheidet. **2)** WETTERKUNDE: Verdichtung des in der Luft vorhandenen Wasserdampfes zu Nebel, Tau, Regen, Schnee, Hagel.

Niederschlagung, ⚖ Beendigung schwebender Straf- und Dienststrafverfahren vor dem Urteilsspruch, ein Teil des Gnadenrechts; in der Bundesrep. Dtl. nicht zulässig.

Niederspannung, elektr. Spannung unter 1000 V gegen Erde.

Niederwald der, Bergrücken am Rhein bei Rüdesheim, 350 m hoch, mit dem **N.-Denkmal.**

Niehans, Paul, schweizer. Arzt, *1882, †1971; bekannt durch seine Frischzellenbehandlung.

Niello [ital.] das, Verzierung von Metall, bes. Silber, durch schwärzl. Schmelz.

Niemeyer, Oscar, brasilian. Architekt, *1907, plante und erbaute u. a. Brasilia.

Niemöller, Martin, evang. Theologe, *1892, †1984; im 1. Weltkrieg U-Boot-Kommandant, führender Vertreter der Bekennenden Kirche, 1937-45 im KZ; 1947-64 Kirchenpräs. von Hessen und Nassau.

Nienburg a. d. Weser, Krst. in Ndsachs., 30000 Ew.; Glas-, chem. Ind.

Niepce [ni'ɛps], Joseph Nicéphore, *1765, †1833; einer der Erfinder der Photographie (Niepcotypie). Er versuchte erfolgreich, Lithographievorlagen mit Hilfe des Lichts auf den Stein zu übertragen.

Niere die, das paarige Organ der Harnabsonderung. Beim Menschen liegen die beiden N. an der hinteren Bauchwand beiderseits der Wirbelsäule in Höhe der 12. (letzten) Rippe, eingehüllt in fettreiches Bindegewebe **(N.-Kapsel).** Gestalt bohnenförmig, Länge etwa 11 cm. Die N.-Substanz besteht aus der äußeren Rindenschicht, die die **N.-Körperchen (Glomeruli)** enthält, und der inneren Markschicht mit den Harnkanälchen. Diese sammeln sich zu Ausflußröhrchen, aus denen der Harn in das N.-Becken und weiter in den Harnleiter abfließt.

Nieren-Krankheiten: N.-Beckenentzündung (Pyelitis), Entzündung der N.-Beckenschleimhaut mit Rückenschmerzen und Fieber, entsteht meist als Folge einer Harnblasenentzündung. **N.-Entzündung (Nephritis),** bakterielle Infektion, die bes. N.-Körperchen betrifft und damit zu Störungen der Harnbildung führt; hohes Fieber, Gesichtsschwellungen (Ödem), erhöhter Blutdruck und Eiweißharnen sind die wesentl. Anzeichen. Komplikationen können auftreten durch Harnvergiftung und **N.-Abszeß.** Chron. N.-Entzündung kann zu einer Schrumpf-N. führen. **N.-Kolik,** heftiger Schmerzanfall bei Vorhandensein von N.-Steinen. **N.-Krebs,** → Krebs. **N.-Tuberkulose,** → Tuberkulose.

Nierenbaum, trop.-südamerikan. Baumgatt.; **Westind. N.,** weitverbreiteter Tropenobstbaum.

Nierentransplantation, Ersatz einer erkrankten Niere durch die Niere eines Spenders; kommt v. a. für chronisch Nierenkranke in Frage, die zur Lebenserhaltung von einer → künstlichen Niere abhängig sind.

Nießbrauch [mhd. niez »Nutzen«], ⚖ dingl. Recht, eine fremde bewegl. Sache, ein fremdes Grundstück oder Recht zu nutzen. Der N. ist weder übertragbar noch vererblich.

Nieswurz die, **Schwarze N., Christrose,** Hahnenfußgewächs mit giftigem Wurzelstock, der gepulvert Niesen erregt; im Winter rötlich-weiße Blüten.

Niet der oder das, ⊙ Verbindungselement aus Metall mit 2 festen Köpfen.

Nietzsche, Friedrich, Philosoph, *1844, †1900, seit 1889 geistesgestört. Seine Jugendschriften, von Schopenhauer und der Musik R. Wagners beeinflußt, bringen eine neue Auffassung des Griechentums (»Geburt der Tragödie aus dem Geiste der Musik«). Nach dem Bruch mit Wagner suchte N. ein neues Wertsystem zu schaffen, wandte sich gegen Christentum und Demokratie und stellte der »Sklavenmoral« die »Herrenmoral«, dem Jenseitsglauben die Bejahung der Erde und des Lebens entgegen. Die Lehre von der ewigen Wiederkunft des Gleichen wurde ihm zum Prüfstein, das Bild des »Übermenschen« zum Inbegriff der neuen Werte. In seinen Hauptwerken: »Also sprach Zarathustra« (1883-85), »Der Wille zur Macht« (unvollendet) war N. ein Meister der Sprache und ein wirksamer Deuter der Kulturkrise des späten 19. Jh.

Nieuwe Maas [n'i:və -], Hauptarm des Rheindeltas, von dem der **Nieuwe Waterweg** abzweigt, die Verbindung Rotterdams mit der Nordsee.

Niflheim [»Nebelwelt«], in der nord. Göttersage die Unterwelt. Ggs.: Muspelheim.

Niger der, größter Strom Westafrikas, entspringt in Oberguinea, mündet mit einem Delta in den Golf von Guinea, 4160 km lang; auf weite Strecken schiffbar; Nebenfluß Benue. Bei Kainji Staudamm.

Niger, Rep. in Afrika, in der südl. Sahara, 1,267 Mio. km², 6,5 Mio. Ew. (Hausa, Fulbe, Tuareg u. a., viele Nomaden und Halbnomaden; 85% Muslime); Hptst.: Niamey; Amtssprache: Französisch. Präsidialverfassung seit Militärputsch 1974 außer Kraft. – Überwiegend Wüste; im S (vom mittleren Niger bis zum Tschadsee) Anbau von Hirse, Maniok, Erdnüssen u. a., in den Steppengebieten und Oasen Weideland (Ziegen, Rinder, Schafe). Uranvorkommen; ⚒ auf Salz, Zinn. Wenig Ind. Ausfuhr: Erdnüsse u. a.; Haupthandelspartner: Frankreich. Flughafen: Niamey. – Ehem. Gebiet von Frz.-Westafrika, 1960 unabhängig. Präs.: A. Seibou (seit 1987). ⊕ S. 482.

Nigeria, Bundesrep. in Afrika, beiderseits des unteren Niger und des Benue, 923 768 km², 101,9 Mio. Ew.; Hptst.: Lagos; Amtssprache: Englisch. ⊕ S. 482.

Verf. von 1978 (außer Kraft seit 1985); an der Spitze des Staates steht ein Präs., Parlament (2 Kammern); allg. Wehrpflicht; Bundesstaat mit Verwaltungseinteilung (seit 1976) in 19 Staaten.

An der Guineaküste Tiefland (Mangroven, trop. Regenwald), anschließend welliges Hochland mit Savanne (im Bauchi-Hochland bis 2000 m hoch). BEVÖLKERUNG. Wichtigste der vielen Stämme: Hausa, Ibo, Yoruba, Fulbe. Religion: rd. 50% Muslime (bes. im N), 35% Christen (bes. im S), Naturreligionen. WIRTSCHAFT. Anbau von Yamswurzeln, Maniok, Hirse, Erdnüssen, Mais, Palmkernen, Baumwolle, Kakao, Kautschuk, Sojabohnen. Viehzucht bes. im N; Fischerei. ⚒ auf Erdöl, Zinn, Columbit. Nahrungsmittel-, chem., Textilind. Nigerstaudamm im Bau. Ausfuhr: Erdnüsse, Kakao, Palmkerne und -öl; Erdöl, Zinn. Haupthandelspartner: EG-Länder. Haupthäfen: Lagos, Port Harcourt; internat. Flughäfen: Lagos, Kano.

Ⓖ Seit dem MA. bestanden große Reiche. Das von Portugiesen entdeckte Gebiet geriet seit dem 18. Jh. unter brit. Handelsvorherrschaft. 1861 besetzten die Engländer Lagos, nach 1880 das Hinterland; 1914 wurde N. brit. Kolonie, 1960 unabhängig, 1963 Rep. 1966 kam es zu Militärputschen und zu schweren Ausschreitungen gegen die Ibo. 1967 erklärte Oberst O. Ojukwu die Unabhängigkeit der Staaten der Ostregion unter dem Namen **Biafra.** Es kam zum blutigen Bürgerkrieg. Die Truppen Biafras wurden besiegt und mußten sich 1970 ergeben. Präs. des Obersten Militärrats (nach Putsch von 1985): J. Babangida.

Nightingale [n'aɪtɪŋgeɪl], Florence, *1820, †1910, organisierte im Krimkrieg die freiwillige Krankenpflege.

Nihilismus [lat. nihil »nichts«] der, grundsätzl. Leugnung gültiger Erkenntnisse und allgemeinverbindl. Werte, Grundbegriff der Philosophie Nietzsches. Die Existenzphilosophie gelangt, indem sie die Begriffe des Nichts und der absoluten Freiheit betont, zuweilen zu nihilist. Folgerungen (Sartre).

Niigata, Hafenstadt in Japan, an der W-Küste von Honshu, 475 000 Ew.; Erdöl-, Stahlind.

Nijinski [-ʒ-], Vaclav, russ. Tänzer und Choreograph, *1890(?), †1950.

Nike [grch.], grch. Göttin des Sieges, geflügelt dargestellt.

Nikias, athen. Feldherr im Peloponnes. Krieg, schloß 421 v. Chr. mit Sparta den »N.-Frieden«; 413 vor Syrakus hingerichtet.

Nikko, japan. Stadt auf Honshu, 25 500 Ew., Tempel, Pagoden; Nationalpark.

Nikobaren Mz., ind. Inselgruppe im Bengal. Meer; → Andamanen.

Nikodemus [grch. »Volksbesieger«], Anhänger Jesu (Joh. 3).

Nikolais [nɪkəl'a:ɪz], Alwin, amerikan. Choreograph und Ballettdirektor, *1912, entwickelte Sonderform des Mixed-Media-Balletts.

Nikolajew, Schwarzmeerhafen in der Ukrain. SSR, 509 000 Ew.; Schiffbau, Ind.

Nikolaus [grch. »Volksbeherrscher«], männl. Vorname. Kurzform: Niklas, Klaus.

Nikolaus, Heilige: **1)** legendärer Heiliger, Patron der Schiffer, Kaufleute, Bäcker, Schüler u. a. Tag: 6. 12.; beschenkt im Volksglauben am Vorabend (5. 12.) oder in der Nacht seines Festtages **(N.-Tag)** die Kinder. **2) N. von der Flüe, Bruder Klaus,** schweizer. Einsiedler, Mystiker; Patron des Kt. Obwalden, *1417, †1487; verhütete 1481 den Bürgerkrieg unter den Eidgenossen. Tag: 25. 9.

Nikolaus, Päpste: **1) N. I.** (858-867), verfocht die höchsten päpstl. Machtansprüche gegen die karoling. Könige und Bischöfe. **2) N. V.** (1447-55), der 1. Renaissancepapst, gründete die Vatikan. Bibliothek.

Nikolaus, 1) N. I., Kaiser von Rußland (1825-1855), besiegte 1828/29 die Türken, warf den poln. Aufstand von 1830/31 nieder, wirkte als Vertreter des strengsten Absolutismus auch auf die dt. Verhältnisse ein, unterlag im → Krimkrieg. **2) N. II., Kaiser von Rußland** (1894-1917), regte die erste Haager Friedenskonferenz von 1899 an, verlor den Krieg gegen Japan 1904/05, mußte infolge der Revolution von 1905 eine Verfassung gewähren, wurde 1917 gestürzt und mit seiner Familie 1918 von den Bolschewiki erschossen.

Nikolaus von Kues [-ku:s], **Cusanus,** *1401, †1464, Denker, der von der Scholastik zur neuzeitl. Philosophie überleitet; schied zw. verstandesmäßiger Erkenntnis und myst. Anschauung, die zu Gott, der Einheit aller Gegensätze (Coincidentia oppositorum), führt.

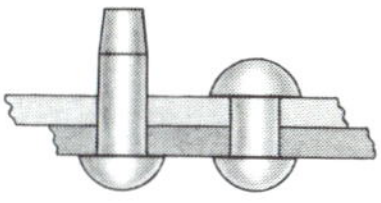

Niet: Nietverbindung

Nietzsche

Niger

Nigeria

Nikolaus von Kues (aus dem Grabrelief in Rom, S. Pietro in Vincoli)

Nikolaus von Verdun [- vɛrdœ], Goldschmied, nachweisbar 1181-1205; Hauptmeister der Rhein-Maas-Schule; schuf die Grubenschmelzplatten des Klosterneuburger Altars u.a.

Nikolsburg, tschech. **Mikulov,** Stadt in der ČSFR, in S-Mähren; **Vorfriede von N.,** → Deutscher Krieg von 1866.

Nikomedia, im Altertum Hptst. Bithyniens, Residenz Diokletians.

Nikopol, Stadt in der Ukrain. SSR, am Dnjepr, 156000 Ew.; Stahlind., Manganerzlager.

Nikosia, grch. **Leukosia,** türk. **Lefkoşa,** Hptst. der Rep. Zypern, 117000 Ew.; Sitz sowohl der grch.-zypriot. wie auch der türkisch-zypriot. Regierung; die Demarkationslinie verläuft seit 1974 durch die Stadt. Sitz eines grch. Erzbischofs, Moscheen, Kirchen.

Nikotin [nach Jean **Nicot,** *1530, †1600, der die Tabakpflanze nach Frankreich brachte] das, farblose, in Wasser leicht lösl. Flüssigkeit, in Form von Salzen in den Samen und Blättern des Tabaks. N. ist ein starkes Gift, wirkt in kleinen Mengen anregend, in größeren lähmend auf Gehirn, Atmung, Verdauung, Herztätigkeit **(N.-Vergiftung).**

Nil der, Strom in Afrika, 6671 km lang. Als Quellfluß gilt der in den Victoriasee mündende **Kagera.** Als **Victoria-N.** verläßt er den See. Er fließt als Bahr el-Djebel, dann als **Weißer N.** nordwärts, vereinigt sich bei Khartum mit dem **Blauen N.** Von hier an durchströmt er Wüstengebiet und nimmt als letzten Nebenfluß den Atbara auf. Der N. mündet in einem 24000 km^2 großen Delta mit den Hauptarmen Damiette und Rosette in das Mittelmeer. Um Dauerbewässerung und damit mehrmalige Ernten im Jahr zu erreichen, wurden Wehre und Staudämme gebaut. Bes. durch den Bau des Damms bei Assuan treten jedoch bed. negative Auswirkungen auf: Der fruchtbare Nilschlamm, der früher auf den überschwemmten Feldern zurückblieb, verbleibt zum größten Teil im Nasser-See. Regelmäßiger Schiffsverkehr bis Wadi Halfa und von Khartum aufwärts; dazwischen viele Stromschnellen.

Niloten, Völker in O-Afrika (Dinka, Nuer, Massai u.a.).

Nilpferd, → Flußpferd.

Nilsson, Birgit, schwed. Sängerin (lyr., später hochdramat. Sopran), *1918, v.a. Wagner-Interpretin.

Nimbus [lat.] der, **1)** dunkle Regenwolke. **2)** Heiligenschein. **3)** Ansehen, Weihe.

Nîmes [ni:m], Stadt in Südfrankreich, 124000 Ew.; alte Kathedrale, Reste röm. Bauwerke, Tempel (1. Jh.), in der Nähe röm. Aquädukt; Weinbau, Textil-, Metallwaren. – N. war ein Hauptsitz der Hugenotten.

Nimrod [nach 1. Mos. 10,9] der, Städteerbauer und großer Jäger.

Nimwegen, niederländ. **Nijmegen** [n'ɛjme:xə], Stadt in den Niederlanden, an der Waal, 147600 Ew.; Univ., Ind. (Papier, Textilien, Elektrotechnik, Kunstfasern, Schiffbau u.a.), Handel. Im **Frieden von N.** 1678/79 erhielt Ludwig XIV. von Frankreich die Freigrafschaft Burgund und einige belg. Grenzstädte von den Spaniern.

Nîmes: Maison Carrée (röm. Tempel)

Nin, Anaïs, amerikan. Schriftstellerin, *1903, †1977; Tagebücher (10 Bde.) mit lyr. Reflexionen und poetisch-intim erot. Erz.

Ninghsia-Hui, amtl. **Ningxia Huizu Zishiqi** [nɪŋsjia hweɪdzu dʒɪdʒɪtʃy], Autonome Region in N-China, 174000 km^2, 4,2 Mio. Ew. (Hui; chines. Muslime); Hptst.: Yinchuan. Reis, Weizen, Leinsaat; Schafzucht.

Ningpo, amtl. **Ningbo,** Hafenstadt in Mittelchina, 615000 Ew.

Ninive, alte Stadt am oberen Tigris, gegenüber Mosul, unter den Assyrern Hptst., 612 v.Chr. von Nabopolassar zerstört.

Niob, Nb, chem. Element, seltenes, chem. sehr widerstandsfähiges Metall, in allen Säuren unlöslich; Ordnungszahl 41, D 8,58 g/cm^3, Schmelzpunkt 2468 °C; kommt in der Natur meist zusammen mit Tantal vor.

Niobe, grch. Sage: Gemahlin des theban. Königs, dem sie 14 Kinder schenkte. Übermütig höhnte sie die Göttin Leto, die nur 2 Kinder, Apollon und Artemis, hatte; diese töteten N.s Kinder vor deren Augen mit Pfeilen.

Nipkow [-ko], Paul, Ingenieur, *1860, †1940; erfand die **N.-Scheibe** (mechan. Bildzerleger), die die Entwicklung des Fernsehens vorantrieb.

Nippel der, ⊙ kurzes Rohrstück mit Gewinde zur Befestigung oder Verbindung von Teilen. Ein **Schmier-N.** schließt mit einem Rückschlagventil eine Schmierstelle ab.

Nippflut, → Gezeiten.

Nippon, japan. Name von Japan.

Nirwana [Sanskrit »das Verlöschen«] das, im Buddhismus: das Aufhören des Daseinsdurstes, das nach dem Tode eine Wiedergeburt unmöglich macht; im Brahmanismus: Aufgehen der Einzelseele im Absoluten.

Niš, Nisch, Stadt in Serbien, Jugoslawien, 161000 Ew.; Bahnknoten, Tabak-, Textilind.

Nischnij Tagil, Stadt im Ural, 423000 Ew.; Hüttenwerke, chem. u.a. Ind., Bergbau.

Nishinomiya, japan. Stadt auf Honshu, 421200 Ew.; Stahl-, Auto- u.a. Ind.

Nisse die, Ei der Läuse.

Nitrate, ⚗ Salze der Salpetersäure.

Nitride, ⚗ Stickstoffverbindungen der Metalle.

nitrieren, 1) ⚗ Nitrogruppen in organ. Verbindungen einführen. **2)** ⊙ Art des Oberflächenhärtens von Stahl.

Nitrifikation die, Bindung und Weiterverarbeitung freien Stickstoffs durch **nitrifizierende Bakterien,** z.B. Knöllchenbakterien.

Nitrite, Salze der salpetrigen Säure, HNO_2.

Nitrobenzol das, schwach gelbl., wie Bittermandelöl riechende, giftige Flüssigkeit; dient zur Herstellung von Anilin; Riechstoff für billige Seifen.

Nitrocellulose die, ⚗ ein explosibler, gelblich-weißer Stoff; entsteht durch Nitrieren von Cellulose. Schwach nitrierte Cellulose ergibt **Kollodiumwolle** (Ausgangsmaterial für Celluloid), stärker nitrierte **Schießbaumwolle.**

Nitroglycerin das, ⚗ ölige, explosible Flüssigkeit, Glycerintrinitrat, → Dynamit; ♡ krampflösend bei Angina pectoris.

Niue, neuseeländ. Insel östlich der Tonga-Inseln, 259 km^2, rd. 4000 meist polynes. Ew.

Niveau [niv'o:, frz.] das, **1)** waagerechte Fläche. **2)** Höhengrad. **3)** Rang, Stufe.

nivellieren [zu Niveau], **1)** einebnen, verflachen, gleichmachen. **2)** Vermessung: Bestimmen von Höhen auf geometr. Wege, bes. mit dem **Nivelliergerät,** einem Präzisionsinstrument mit Zielfernrohr und Libelle, und der **Nivellierlatte** (3 oder 5 m hoch, mit Skala).

Nix, Neck, Nöck der, german Sage: Wassergeist; weiblich: die **Nixe.**

Nixon [nɪxn], Richard M., amerikan. Politiker (Republikaner), *1913; 1954-60 Vizepräs., 1969-74 der 37. Präs. der USA. Er bemühte sich um einen Abbau des militär. Engagements der USA im → Vietnam-Krieg und beendete die Politik der Nichtanerkennung gegenüber der VR China. Er mußte 1974 wegen der → Watergate-Affäre zurücktreten.

Nixon

Nizza, frz. **Nice,** Kurort an der frz. Riviera, 337000 Ew.; Festung; Parkanlagen, Univ., Theater, Spielkasino, Blumenfeste. – N., im 4. Jh. v. Chr. von Griechen gegr., kam 1388 an Savoyen-Piemont, 1860 an Frankreich.

Njemen, russ. Name der → Memel.

NKWD, Abk. für das frühere sowjet. Volkskommissariat des Inneren; → GPU.

n-Leitung, die Elektronenleitung in Halbleitern.

NN, Abk. für → Normal Null.

N. N. [aus lat. nomen nescio »Namen weiß ich nicht«], irgend jemand.

No, klass. japan. Drama mit Musik, Tanz.

No, chem. Symbol für Nobelium.

NO, Abk. für Nordost.

Noah, A. T.: der mit seinen Söhnen Sem, Ham, Japhet aus der Sintflut in der Arche gerettete Stammvater der heutigen Menschheit.

Nobel, Alfred, schwed. Chemiker, *1833, †1896, erfand → Dynamit und Sprenggelatine, errichtete die Nobelstiftung (→ Nobelpreis).

Nobel (Medaille mit Bildnis, Ausschnitt)

Nobelium das, **No,** künstlich hergestelltes radioaktives Element, ein → Transuran.

Nobelpreis. A. Nobel hinterließ sein Vermögen (31 Mio. schwed. Kronen) einer Stiftung für verdiente Männer und Frauen aller Länder. Seit 1901 wurden i. d. R. 5, seit 1969 werden 6 Preise von (1989) je (umgerechnet) rd. 850000 DM für Physik, Chemie, Medizin, Literatur, Wirtschaftswissenschaften und Bemühungen um den Völkerfrieden verliehen. Die ersten 5 verteilt die Schwed. Akademie in Stockholm, den Friedenspreis das norweg. Storting in Oslo. (ÜBERSICHT Nobelpreisträger S. 620, 621)

Nobile, Umberto, ital. General, *1885, †1978, überflog 1926 mit dem Luftschiff »Norge« den Nordpol, leitete 1928 die Polarexpedition mit dem Luftschiff »Italia«.

Nobilität [lat.] die, seit dem 3. Jh. v. Chr. die führenden Senatsfamilien Roms, die die höheren Beamten stellten.

Nobility [nəub'ɪlɪtɪ, engl.] die, in Großbritannien: der hohe Adel: Duke, Marquess, Earl, Viscount, Baron.

Noblesse [nɔbl'ɛs, frz.] die, Adel, vornehme Denkart.

Nöck der, → Nix.

Nocken der, kurvenförmiger Vorsprung an einer Welle oder Scheibe, ruft an einem daraufschleifenden Hebel eine Auf- und Abwärtsbewegung hervor.

Nocturne [nɔkt'yrn, frz.] das, ♩ → Notturno.

Noelle-Neumann, Elisabeth, Medien- und Meinungsforscherin, *1916, gründete 1947 mit E. P. NEUMANN das Institut für Demoskopie Allensbach.

Noetik [grch.] die, Denklehre.

Nofretete, Gemahlin Amenophis' IV. (BILD ägyptische Kunst)

Nogaier, türk. Volk, hervorgegangen aus der → Goldenen Horde, lebten nördl. des Kaukasus bis zur Krim, heute in Dagestan.

Nogat die, Mündungsarm der Weichsel.

NOK, → Nationales Olympisches Komitee.

Nolde, Emil, eigtl. **Hansen,** Maler, Graphiker, *1867, †1956; schuf Landschaften, Meeresbilder, Blumen, relig. Bilder.

noli me tangere [lat. »rühr mich nicht an«], Worte Christi, der nach seiner Auferstehung Maria Magdalena erscheint, von ihr zuerst für einen Gärtner gehalten; oft bildlich dargestellt.

Nomaden [grch.] Mz., umherziehende Hirtenvölker, die nach Jahreszeit Weideland wechseln.

Nomen [lat. »Name«] das, Mz. **Nomina,** Nennwort, Haupt- und Eigenschaftswort. **N. est omen,** im Namen liegt eine Vorbedeutung (nach Plautus).

Nomenklatur [lat.] die, Gesamtheit der Benennungen in einem Wissensgebiet.

nominal [lat.], **nominell, 1)** dem Namen nach. **2)** dem → Nennwert **(Nominalwert)** nach.

Nominalismus [mittellat.] der, Ⓟ Auffassung bes. im MA., daß die Allgemeinbegriffe nichts Wirkliches, sondern bloße Namen seien. Als »wirklich« galten nur die konkreten Einzeldinge.

Nominallohn, Lohn als Geldbetrag. Ggs.: Reallohn, der sich aus dem Index der Lebenshaltungskosten ergibt.

Nominativ [lat.] der, Ⓢ Werfall.

Nomographie [grch.] die, mathemat. Verfahren, unbekannte Größen durch zeichner. Darstellung zu ermitteln.

Nomos [grch.] der, Gesetz, Ordnung.

None [lat. nona »die Neunte«] die, **1)** Gebetsstunde um 3 Uhr nachmittags (→ Horen). **2)** ♩ die 9. Stufe der diaton. Tonleiter.

Nonius der, Hilfsteilung an Längenmeßgeräten, zum Ablesen von Zehnteln der Hauptteilung. Der N. hat meist 10 Teilstriche, die zusammen so lang sind wie 9 Einheiten der Hauptteilung (M).

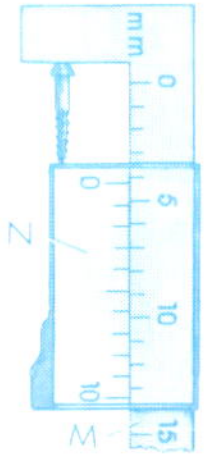

Nonius

Nonkonformist [lat.] der, jemand, der mit herrschenden Ansichten nicht übereinstimmt.

No-Name-Produkte [nəʊ n'eɪm-, engl.], **namenlose Produkte, weiße Produkte,** im Groß- und Einzelhandel vertriebene Güter, die i. Ggs. zu Markenartikeln keine besondere Aufmachung durch Form- und Farbgestaltung, Markierung u. a. eines best. Herstellers aufweisen, sondern lediglich eine Aufschrift über Art, Gewicht und ggf. inhaltl. Zusammensetzung des Gutes tragen.

Nonne [lat.] die, **1)** Angehörige eines weibl. Ordens **(Ordensfrau). 2)** Trägspinner-Schmetterling, Vorderflügel weiß mit schwarzen Zickzacklinien, Hinterleibsspitze rosa; als Raupe Nadelwaldschädling. **3)** Vogel, ein Weberfink.

Nonnenwerth, Insel im Rhein, gegenüber vom Siebengebirge; Franziskanerinnenkloster.

Nono, Luigi, ital. Komponist, *1924, †1990.

non olet [lat.], es (Geld) stinkt nicht.

Nonpareille [nɔ̃npar'ɛj, frz.] die, Schriftgrad von 6 typograph. Punkten, → Schriften.

non plus ultra [lat. »nicht darüber hinaus«], unübertrefflich.

Norbert, Bußprediger, *um 1082, †1134, gründete 1121 in Prémontré bei Laon den Prämonstratenserorden. 1126 Erzbischof von Magdeburg. Heiliger, Tag: 6. 6.

Nordamerika, nördl. Teil von Amerika. Grenzen: Nordpolarmeer im N, Atlant. Ozean im O, Pazif. Ozean im W, Golf von Mexiko und Landenge von Tehuantepec im S. ⊕ S. 484. LANDESNATUR. Der N-Teil ist in zahlreiche Inseln aufgelöst. Das Festland ist durch wenige Meeresbuchten gegliedert: Hudsonbai, St.-Lorenz-Golf, Golf von Mexiko, Golf von Kalifornien. Im W wird N. von den Kordilleren (bis 6198 m hoch) durchzogen. Nach O schließen sich an: Tafelland der Prärien, der seenreiche kanad. Schild und das Stromtiefland des Mississippi. Den O durchziehen die Appalachen, denen ein breites Küstentiefland vorgelagert ist. Küsten: im NO niedere Felsküsten, im SO flache Anschwemmungsküsten, im W Gebirgsküsten, die im N in Inseln und Fjorde gegliedert sind. Hauptflüsse: Mississippi mit Missouri und Ohio, St.-Lorenz-Strom (Abfluß der Kanad. Seen), Mackenzie,

NOBELPREISTRÄGER 1901-1989

Chemie
1901 J. H. van't Hoff NL
1902 E. H. Fischer D
1903 S. A. Arrhenius S
1904 Sir W. Ramsay GB
1905 A. von Baeyer D
1906 H. Moissan F
1907 E. Buchner D
1908 Sir E. Rutherford GB
1909 W. Ostwald D
1910 O. Wallach D
1911 M. S. Curie F
1912 V. Grignard F
P. Sabatier F
1913 A. Werner CH
1914 T. W. Richards USA
1915 R. M. Willstätter D
1918 F. Haber D
1920 W. H. Nernst D
1921 F. Soddy GB
1922 F. W. Aston GB
1923 F. Pregl A
1925 R. A. Zsigmondy D
1926 T. Svedberg S
1927 H. O. Wieland D
1928 A. O. R. Windaus D
1929 H. K. A. S. von Euler-Chelpin S
A. Harden GB
1930 H. Fischer D
1931 F. Bergius D
C. Bosch D
1932 I. Langmuir USA
1934 H. C. Urey USA
1935 F. Joliot F
I. Joliot-Curie F
1936 P. J. W. Debye NL
1937 Sir W. N. Haworth GB
P. Karrer CH
1938 R. Kuhn D
1939 A. F. J. Butenandt D
L. Ružička CH
1943 G. K. von Hevesy H
1944 O. Hahn D
1945 A. I. Virtanen SF
1946 J. H. Northrop USA
W. M. Stanley USA
J. B. Sumner USA
1947 Sir R. Robinson GB
1948 A. W. K. Tiselius S
1949 W. F. Giauque USA
1950 K. Alder D
O. P. H. Diels D
1951 E. M. McMillan USA
G. T. Seaborg USA
1952 A. J. P. Martin GB
R. L. M. Synge GB
1953 H. Staudinger D
1954 L. C. Pauling USA
1955 V. du Vigneaud USA
1956 Sir C. N. Hinshelwood GB
N. N. Semjonow SU
1957 Lord A. R. Todd GB
1958 F. Sanger GB
1959 J. Heyrovský CS
1960 W. F. Libby USA
1961 M. Calvin USA
1962 Sir J. C. Kendrew GB
M. F. Perutz GB
1963 G. Natta I
K. Ziegler D
1964 D. Crowfoot Hodgkin GB
1965 R. B. Woodward USA
1966 R. S. Mulliken USA
1967 M. Eigen D
R. G. W. Norrish GB
Sir G. Porter GB
1968 L. Onsager USA
1969 Sir D. H. Barton GB
O. Hassel N
1970 L. Leloir RA
1971 G. Herzberg CDN
1972 C. B. Anfinsen USA
S. Moore USA
W. H. Stein USA
1973 E. O. Fischer D
G. Wilkinson GB
1974 P. J. Flory USA
1975 V. Prelog CH
Sir J. W. Cornforth GB
1976 W. N. Lipscomb USA
1977 I. Prigogine B
1978 P. Mitchell GB
1979 G. Wittig D
H. C. Brown USA
1980 F. Sanger GB
P. Berg USA
1981 K. Fukui J
R. Hoffmann USA
1982 A. Klug GB
1983 H. Taube USA
1984 R. B. Merrifield USA
1985 H. A. Hauptman USA
J. Karle USA
1986 D. R. Herschbach USA
Y. T. Lee USA
J. C. Polanyi USA
1987 C. J. Pedersen USA
J.-M. Lehn F
D.-J. Cram USA
1988 J. Deisenhofer D
R. Huber D
H. Michel D
1989 S. Altmann CAN
T. R. Cech USA

Friedenspreis
1901 H. Dunant CH
F. Passy F
1902 E. Ducommun CH
C. A. Gobat CH
1903 Sir W. R. Cremer GB
1904 Institut de droit international, Gent
1905 B. von Suttner A
1906 T. Roosevelt USA
1907 L. Renault F
E. T. Moneta I
1908 K. P. Arnoldson S
F. Bajer DK
1909 A. Beernaert B
P. H. B. B. Baron d'Estournelles de Constant F
1910 Bureau international permanent de la Paix, Bern
1911 T. M. C. Asser NL
A. H. Fried A
1912 E. Root USA
1913 H. La Fontaine B
1917 Comité international de la Croix-Rouge, Genf
1919 T. W. Wilson USA
1920 L. V. A. Bourgeois F
1921 K. A. Branting S
G. L. Lange N
1922 F. Nansen N
1925 Sir J. A. Chamberlain GB
C. G. Dawes USA
1926 A. Briand F
G. Stresemann D
1927 F. Buisson F
L. Quidde D
1929 F. B. Kellogg USA
1930 L. O. N. Söderblom S
1931 J. Addams USA
N. M. Butler USA
1933 Sir N. R. L. Angell GB
1934 A. Henderson GB
1935 C. von Ossietzky D
1936 C. Saavedra Lamas RA
1937 Lord R. G. Cecil of Chelwood GB
1938 Office int. Nansen pour les Réfugiés, Genf
1944 Comité international de la Croix-Rouge, Genf
1945 C. Hull USA
1946 E. Balch USA
J. R. Mott USA
1947 The Quakers: American Friends Service Committee, Washington
Friends Service Council, London
1949 Lord J. Boyd Orr of Brechin GB
1950 R. J. Bunche USA
1951 L. Jouhaux F
1952 A. Schweitzer F
1953 G. C. Marshall USA
1954 Flüchtlingsamt der Vereinten Nationen, Genf
1957 L. B. Pearson CDN
1958 G. Pire B
1959 P. Noel-Baker GB
1960 A. J. Luthuli ZA
1961 D. H. A. G. Hammarskjöld S
1962 L. C. Pauling USA
1963 Comité international de la Croix-Rouge, Genf
1964 M. L. King USA
1965 UNICEF
1968 R. Cassin F
1969 Internationale Arbeitsorganisation, Genf
1970 N. E. Borlaug USA
1971 W. Brandt D
1973 H. A. Kissinger USA
Le Duc Tho VN
1974 S. MacBride IRL
E. Sato J
1975 A. D. Sacharow SU
1976 M. Corrigan GB
B. Williams GB
1977 Amnesty International
1978 M. Begin IL
A. as-Sadat ET
1979 Mutter Teresa IND
1980 A. Pérez Esquivel RA
1981 Flüchtlingsamt der Vereinten Nationen, Genf
1982 A. Myrdal S
A. García Robles MEX
1983 L. Wałensa PL
1984 D. Tutu ZA
1985 Internat. Ärztevereinigung zur Verhütung eines Atomkrieges
1986 E. Wiesel USA
1987 O. A. Sanchez CR
1988 UN-Friedenstruppe
1989 Dalai Lama

Literatur
1901 R.-F. A. Sully Prudhomme F
1902 T. Mommsen D
1903 B. Bjørnson N
1904 J. Echegaray E
F. Mistral F
1905 H. Sienkiewicz Pl
1906 G. Carducci I
1907 R. Kipling GB
1908 R. C. Eucken D
1909 S. Lagerlöf S
1910 P. Heyse D
1911 M. Maeterlinck B
1912 G. Hauptmann D
1913 R. Tagore IND
1915 R. Rolland F
1916 V. von Heidenstam S
1917 K. Gjellerup DK
H. Pontoppidan DK
1919 C. Spitteler CH
1920 K. Hamsun N
1921 A. France F
1922 J. Benavente E
1923 W. B. Yeats IRL
1924 W. S. Reymont PL
1925 G. B. Shaw GB
1926 G. Deledda I
1927 H. Bergson F
1928 S. Undset N
1929 T. Mann D
1930 S. Lewis USA
1931 E. A. Karlfeldt S
1932 J. Galsworthy GB
1933 I. A. G. Bunin, staatenlos
1934 L. Pirandello I
1936 E. O'Neill USA
1937 R. Martin du Gard F
1938 P. S. Buck USA
1939 F. E. Sillanpää SF
1944 J. V. Jensen DK
1945 G. Mistral RCH
1946 H. Hesse CH
1947 A. Gide F
1948 T. S. Eliot GB
1949 W. Faulkner USA
1950 Earl B. A. W. Russell GB
1951 P. Lagerkvist S
1952 F. Mauriac F
1953 Sir W. L. Churchill GB
1954 E. Hemingway USA
1955 H. K. Laxness IS
1956 J. R. Jiménez E
1957 A. Camus F
1958 B. L. Pasternak SU
1959 S. Quasimodo I
1960 Saint-John Perse F
1961 J. Andrić YU
1962 J. Steinbeck USA
1963 G. Seferis GR
1964 J.-P. Sartre F
1965 M. A. Scholochow SU
1966 S. J. Agnon IL
N. Sachs D
1967 M. A. Asturias GCA
1968 Y. Kawabata J
1969 S. Beckett IRL
1970 A. I. Solschenizyn SU
1971 P. Neruda RCH
1972 H. Böll D
1973 P. White AUS
1974 E. Johnson S
H. Martinson S
1975 E. Montale I
1976 S. Bellow USA
1977 V. Aleixandre E
1978 I. B. Singer USA
1979 O. Elytis GR
1980 C. Milosz PL
1981 E. Canetti GB
1982 G. García Márquez CO
1983 W. Golding GB
1984 J. Seifert CS
1985 C. Simon F
1986 W. Soyinka WAN
1987 I. A. Brodsky USA
1988 N. Mahfus ET
1989 C. J. Cela E

Physiologie und Medizin
1901 E. A. von Behring D
1902 Sir R. Ross GB
1903 N. R. Finsen DK
1904 I. P. Pawlow R
1905 R. Koch D
1906 C. Golgi I
S. Ramón y Cajal E
1907 C. L. A. Laveran F
1908 P. Ehrlich D
I. Metschnikow R
1909 E. T. Kocher CH
1910 A. Kossel D
1911 A. Gullstrand S
1912 A. Carrel USA
1913 C. R. Richet F
1914 R. Bárány H
1919 J. Bordet B
1920 S. A. S. Krogh DK
1922 Sir A. V. Hill GB
O. F. Meyerhof D
1923 F. G. Banting CDN
J. J. R. Macleod CDN
1924 W. Einthoven NL
1926 J. A. G. Fibinger DK
1927 J. Wagner-Jauregg A
1928 C. J. H. Nicolle F
1929 C. Eijkman NL
Sir F. G. Hopkins GB
1930 K. Landsteiner A
1931 O. H. Warburg D
1932 Lord E. D. Adrian GB
Sir C. S. Sherrington GB
1933 T. H. Morgan USA
1934 G. R. Minot USA
W. P. Murphy USA

G. H. Whipple USA
1935 H. Spemann D
1936 Sir H. H. Dale GB
O. Loewi A
1937 A. von Szent-Györgyi H
1938 C. J. F. Heymans B
1939 G. Domagk D
1943 H. C. P. Dam DK
E. A. Doisy USA
1944 J. Erlanger USA
H. S. Gasser USA
1945 E. B. Chain GB
Sir A. Fleming GB
Sir H. W. Florey GB
1946 H. J. Muller USA
1947 C. F. Cori USA
G. T. Cori USA
B. A. Houssay RA
1948 P. H. Müller CH
1949 W. R. Hess CH
A. C. Moniz-Egas P
1950 P. S. Hench USA
E. C. Kendall USA
T. Reichstein CH
1951 M. Theiler ZA
1952 S. A. Waksman USA
1953 H. K. Krebs GB
F. A. Lippmann USA
1954 J. F. Enders USA
F. C. Robbins USA
T. H. Weller USA
1955 A. H. T. Theorell S
1956 A. F. Cournand USA
W. Forßmann D
D.W. Richards Jr. USA
1957 D. Bovet I
1958 G. W. Beadle USA
J. Lederberg USA
E. L. Tatum USA
1959 A. Kornberg USA
S. Ochoa USA
1960 Sir F.M.Burnet AUS
Sir P.B.Medawar GB
1961 Gg. v. Békésy USA
1962 F. H. C. Crick GB
J. D. Watson USA
M. H. F. Wilkins GB
1963 Sir J. C. Eccles AUS
Sir A.L.Hodgkin GB
Sir A. F. Huxley GB
1964 K. Bloch USA
F. F. K. Lynen D
1965 F. Jacob F
A. Lwoff F
J. Monod F
1966 C. B. Huggins USA
F. P. Rous USA
1967 R. A. Granit S
H. K. Hartline USA
G. Wald USA
1968 R. W. Holley USA
H. G. Khorana USA
M. W. Nirenberg USA
1969 M. Delbrück USA
A. D. Hershey USA
S. E. Luria USA
1970 J. Axelrod USA
U. S. von Euler S
B. Katz GB
1971 E. W. Sutherland USA
1972 G. M. Edelman USA
R. R. Porter GB
1973 K. v. Frisch D
K. Lorenz A
N. Tinbergen GB
1974 A. Claude B
G. E. Palade USA
C. R. de Duve B
1975 H. M. Temin USA
R. Dulbecco USA
D. Baltimore USA
1976 B. S. Blumberg USA
D. C. Gajdusek USA
1977 R. L. Guillemin USA
A. V. Schally USA
R. S. Yalow USA
1978 W. Arber CH
D. Nathans USA
H. O. Smith USA
1979 A. M. Cormack USA
G. N. Hounsfield GB
1980 B. Benacerraf USA
G. Snell USA
J. Dausset F
1981 D. Hubel CDN
R. Sperry USA
T. N. Wiesel S
1982 J. Vane GB
S. Bergström S
B. Samuelsson S
1983 B. McClintock USA
1984 N. K. Jerne DK
G. Köhler D
C. Milstein RA
1985 M. S. Brown USA
J. L. Goldstein USA
1986 S. Cohen USA
R. Levi-Montalcini USA
1987 S. Tonegawa J
1988 Sir J. W. Black GB
G. B. Elion USA
G. H. Hitchings USA
1989 M. J. Bishop USA
H. E. Varmus USA

Physik
1901 W. C. Röntgen D
1902 H. A. Lorentz NL
P. Zeeman NL
1903 A. H. Becquerel F
M. S. Curie F
P. Curie F
1904 Lord J. W. S. Rayleigh GB
1905 P. E. A. von Lenard D
1906 Sir J. J. Thomson GB
1907 A. A. Michelson USA
1908 G. Lippmann F
1909 K. F. Braun D
G. Marconi I
1910 J.D. van der Waals NL
1911 W. Wien D
1912 G. Dalén S
1913 H. Kamerlingh-Onnes NL
1914 M. von Laue D
1915 Sir W. H. Bragg GB
Sir W. L. Bragg GB
1917 C. G. Barkla GB
1918 M. Planck D
1919 J. Stark D
1920 C. E. Guillaume F
1921 A. Einstein D
1922 N. Bohr D
1923 R. A. Millikan USA
1924 K. M. G. Siegbahn S
1925 J. Franck D
G. Hertz D
1926 J. B. Perrin F
1927 A. H. Compton USA
C. T. R. Wilson GB
1928 Sir O. W. Richardson GB
1929 L.-V. de Broglie F
1930 Sir C. V. Raman IND
1932 W. Heisenberg D
1933 P. A. M. Dirac GB
E. Schrödinger A
1935 J. Chadwick GB
1936 C. D. Anderson USA
V. F. Hess A
1937 C. J. Davisson USA
Sir G.P.Thomson GB
1938 E. Fermi I
1939 E. O. Lawrence USA
1943 O. Stern USA
1944 I. I. Rabi USA
1945 W. Pauli A
1946 P. W. Bridgman USA
1947 Sir E.V.Appleton GB
1948 Lord P. M. S. Blackett GB
1949 H. Yukawa J
1950 C. F. Powell GB
1951 Sir J. D. Cockcroft GB
E. T. S. Walton IRL
1952 F. Bloch USA
E. M. Purcell USA
1953 F. Zernike NL
1954 M. Born GB
W. Bothe D
1955 P. Kusch USA
W. E. Lamb USA
1956 J. H. Bardeen USA
W. H. Brattain USA
W. Shockley USA
1957 T. D. Lee RC
C. N. Yang RC
1958 P. A. Tscherenkow SU
I. M. Frank SU
I. J. Tamm SU
1959 O. Chamberlain USA
E. Segrè USA
1960 D. A. Glaser USA
1961 R. Hofstadter USA
R. L. Mössbauer D
1962 L. D. Landau SU
1963 M. Goeppert-Mayer USA
J. H. D. Jensen D
E. P. Wigner USA
1964 N. G. Basow SU
A. M. Prochorow SU
C. H. Townes USA
1965 R. Ph. Feynman USA
J. Schwinger USA
S. Tomonaga J
1966 A. Kastler F
1967 H. A. Bethe USA
1968 L. W. Alvarez USA
1969 M. Gell-Mann USA
1970 H. O. G. Alfvén S
L. E. N. Néel F
1971 D. Gabor GB
1972 J. Bardeen USA
L. N. Cooper USA
J. R. Schrieffer USA
1973 L. Esaki J
I. Giaever GB
B. D. Josephson GB
1974 M. Ryle GB
A. Hewish GB
1975 A. Bohr DK
B. R. Mottelson DK
J. J. Rainwater USA
1976 S. C. C. Ting USA
B. Richter USA
1977 J. H. van Vleck USA
Sir N. F. Mott GB
P. W. Anderson USA
1978 P. L. Kapiza SU
A. A. Penzias USA
R. W. Wilson USA
1979 S. Glashow USA
S. Weinberg USA
A. Salam USA
1980 J. Cronin USA
V. Fitch USA
1981 N. Bloembergen USA
L. Schawlow USA
K. M. Siegbahn S
1982 K. G. Wilson USA
1983 S. Chandrasekhar USA
W. A. Fowler USA
1984 C. Rubbia I
S. van der Meer NL
1985 K. von Klitzing D
1986 G. Binnig D
H. Rohrer CH
E. Ruska D
1987 J. G. Bednorz D
K. A. Müller CH
1988 L. Lederman USA
M. Schwartz USA
J. Steinberger USA
1989 H. G. Dehmelt D
W. Paul D
N. F. Ramsay USA

Wirtschaftwissenschaften
1969 R. Frisch N
J. Tinbergen NL
1970 P. A. Samuelson USA
1971 S. Kuznets USA
1972 K. J. Arrow USA
J. R. Hicks GB
1973 W. W. Leontief USA
1974 F. A. v. Hayek GB
G. Myrdal S
1975 L.W. Kantorowitsch SU
T. C. Koopmans USA
1976 M. Friedman USA
1977 B. G. Ohlin S
J. E. Meade GB
1978 H. Simon USA
1979 T. W. Schultz USA
Sir A. Lewis USA
1980 L. R. Klein USA
1981 J. Tobin USA
1982 G. J. Stigler USA
1983 G. Debreu USA
1984 R. Stone GB
1985 F. Modigliani USA
1986 J. M. Buchanan USA
1987 R. M. Solow USA
1988 M. Allais F
1989 T. Haavelmo N

In den folgenden Jahren sind keine N. verliehen worden: Physik 1916, 1931, 1934, 1940-42; Chemie 1916, 1917, 1919, 1924, 1933, 1940-42; Physiologie und Medizin 1915-18, 1921, 1925, 1940-42; Literatur 1914, 1918, 1935, 1940-43; Friedenspreis 1914-16, 1918, 1923, 1924, 1928, 1932, 1939-43, 1948, 1955, 1956, 1966, 1967, 1972.
Die Abk. der Nationalitätszugehörigkeit entspricht den Nationalitätszeichen bei Kraftfahrzeugen; D steht für Dtl. (Dt. Reich und Bundesrep. Dtl.).

Yukon, Colorado, Rio Grande del Norte. KLIMA. Am N-Rand herrscht Polarklima, an der W-Küste feucht-kühles Meeresklima, das in das warme, sommertrockene Klima Kaliforniens übergeht. Im Innern und im S trockenes, sommerheißes Binnenklima; der O ist ziemlich feucht, Florida und die Golfküste subtropisch heiß. PFLANZEN- UND TIERWELT. Im hohen N Moor- und Flechtentundra mit Ren und Moschusochsen; anschließend ein breiter Waldgürtel, nach S zunehmend mit Laubwald. Im Innern weite Grassteppen (Prärien), einst reich an Steppentieren, und Wüsten; in den südl. atlant. Küstenebenen und am Golf von Mexiko z. T. immergrüne Wälder, im S mit Palmen vermischt.

BEVÖLKERUNG. Indianer bilden nur noch eine kleine Minderheit. Im äußersten N leben Eskimos. Die Hauptmasse der Bev. stellen die seit 400 Jahren eingewanderten Weißen. Die seit 1700 als Sklaven eingeführten Neger bilden einen wesentl. Bestandteil. Religion: überwiegend Christen.

WIRTSCHAFT. Grundlage für die günstige wirtschaftl. Entwicklung N.s ist sein Reichtum an Bodenschätzen u.a. Rohstoffen. Die USA und Kanada stellen bei weitgehender Arbeitsteilung ein stark technisiertes Wirtschaftsgebiet mit hoher Produktivität dar. Näheres siehe bei den einzelnen Staaten. VERKEHR: Ein geschlossenes Eisenbahnnetz überzieht N. mit Ausnahme der arkt. Gebiete. Hervorragendes Straßennetz; das Flugzeug wird zum Massenverkehrsmittel. Die Seehäfen N.s gehören zu den größten Weltumschlagplätzen.

Nordamerika: Staatliche Gliederung

Land	km²	Ew. in 1000
Kanada	9976137	25858
Verein. Staaten[1])	9363123	246821
Grönland[2])	2175600	54
Saint-Pierre-et-Miquelon[3])	242	6
Bermuda[4])	53	56

[1]) Einschl. Hawaii (16705 km²), das geographisch zu Ozeanien gehört. [2]) zu Dänemark gehörig. [3]) Frz. Überseegebiet. [4]) Brit. Kolonie.

Nordatlantikpakt

nordamerikanische Kunst. Bis zur Unabhängigkeitserklärung (1776): Kolonialstile; Bauten in Neuengland und Virginia in engl. Stilformen (Old State House, Philadelphia, 1733; Bauten in Williamsburg), in New York nach holländ. Vorbildern, im Westen in span. Barockformen. – Naive Bildnisse.

Nach 1776: Bauten meist im Stil des engl. Klassizismus, in Holz (Wohnhäuser in Washington, Salem u.a.; Holzkirchen). Kapitol in Washington, 1793 von W. Thornton begonnen.

19. Jh.: Klassizist. Repräsentationsstil unter Einfluß des Präsidenten und Architekten Jefferson; Fortführung des Kapitols, seit 1818 von Bulfinch. Dann Eklektizismus. Streng gestaltet dagegen die Bauten von H. Richardson (um 1880). – Malerei: Zu Anfang des 19. Jh. in London tätig: J. S. Copley (Bildnisse) und B. West (realist. Geschichtsbilder). Hervorragende Bildnisse von G. Stuart. Romant. Landschaften von W. Allston. Laienmaler, bes. der Quäker E. Hicks. Amerikan. Landschaften der Hudson River School seit etwa 1826: T. Cole u.a. Bilder aus dem Leben der Siedler von G. C. Bingham. In Paris tätig: Mary Cassatt, Schülerin von Degas. Ebenfalls meist in Europa: Whistler und Sargent. Von typisch amerikan. Art: W. Homer, T. Eakins u.a.

20. Jh.: Hochhäuser von L. H. Sullivan in Chicago: neue Lösungen aus der Stahlskelettkonstruktion entwickelt. Der vielseitigste Architekt: F. L. Wright, Wohnbauten im Einklang mit der Landschaft gestaltet. Hochhausbauten in New York: Empire State Building, 1931, Rockefeller Center, 1940. Führend waren die aus Dtl. emigrierten Architekten des Bauhauses: W. Gropius, L. Mies van der Rohe, M. Breuer; ferner A. Aalto, Eero Saarinen u.a. Malerei: G. Wood (neusachl. Bilder), L. Feininger (seit 1937 in den USA); B. Shan u.a. Gegenstandslose Bilder von M. Tobey und J. Pollock (Tachist), im Sinne der Pop Art: R. Lichtenstein, A. Warhol u.a.

nordamerikanische Literatur. Erst seit 1800 gewann die n. L. selbständige Bedeutung durch H. W. Longfellow, J. F. Cooper, H. Beecher-Stowe, N. Hawthorne und H. Melville. Eingeleitet durch W. Irving (1783-1859), erlangte die Kurzgeschichte durch E. A. Poe, später durch Bret Harte, Mark Twain, O. Henry, W. Saroyan, Carson McCullers, J. Thurber in der n. L. größere Bedeutung. Führender Kopf der »Transzendentalisten«, der größten geistigen Bewegung Amerikas im 19. Jh., war R. W. Emerson. Der Lyriker W. Whitman lieh dem Lebensgefühl der Neuen Welt Ausdruck. Die Romantechnik von H. James wurde epochemachend auch für den engl. Roman. Nach F. Norris schrieben revolutionär-naturalist. oder sozialkrit. Romane T. Dreiser, S. Lewis, U. Sinclair, J. London, J. Dos Passos, S. Anderson, J. Steinbeck, E. Hemingway. In den epischen Gemälden von T. Wolfe, W. Faulkner, auch von Margaret Mitchell, trat der Süden der USA in den Vordergrund. Weltanschaul. Fragestellungen zeigen die Werke T. Wilders, J. Baldwins; Pearl S. Buck behandelt chines. Leben. Kriegsromane schrieben N. Mailer, J. Jones, H. Wouk, J. Hershey, J. Michener, Antikriegsromane J. Heller. Als Romanschriftst. traten hervor N. West, H. Miller, S. Bellow, B. Malamud, W. Burroughs, J. D. Salinger, Mary McCarthy, W. Styron, J. Updike. Realist. wie symbol. Elemente verbinden die Werke von Truman Capote, P. Bowles, W. Goyen. Als Dramatiker ragen E. O'Neill, T. Williams, A. Miller, E. Albee, W. Inge hervor. E. Pound u.a. »Imagisten« haben die moderne Lyrik entscheidend beeinflußt. Neuere Lyriker sind R. Frost, C. Sandburg, V. Lindsay, R. Penn Warren, P. Viereck, R. Lowell, E. E. Cummings. A. Ginsberg, K. Rexroth, J. Kerouac u.a. zählen zu den Autoren der »Beat Generation«.

Nordatlantikpakt, NATO, 1949 in Washington von Belgien, Dänemark, Frankreich, Großbritannien, Island, Italien, Kanada, Luxemburg, den Niederlanden, Norwegen, Portugal und den USA unterzeichneter Sicherheitspakt. Griechenland und die Türkei traten 1952 bei, 1954 die Bundesrep. Dtl. in Verbindung mit den → Pariser Verträgen. Die Partner sind zur gegenseitigen Unterstützung, nicht aber zum automat. militär. Beistand verpflichtet, wenn einer von ihnen in Europa, Nordamerika und im nordatlant. Bereich angegriffen wird. Die polit. Leitung liegt bei dem **NATO-Rat** (Sitz bis 1967 in Paris, seitdem in Brüssel). Die Partner unterstellen diesem Land-, Luft- und Seestreitkräfte. Die militär. Leitung hat ihren Sitz in Casteau (Belgien). Durch die Pariser Verträge von 1954 sind die NATO und die → Westeuropäische Union in enge Verbindung gebracht. 1966 trat Frankreich aus der militär. Integration der N. aus, blieb jedoch Mitgl.

Nordaustralien, → Northern Territory.

Norddeich, Stadtteil von Norden, Seebad und Hafen. **N.-Radio,** dt. Hauptfunkstelle für den Seefunkdienst.

Norddeutscher Bund, 1866-71, bestehend aus Preußen und 17 norddt. Kleinstaaten, Bundesstaat, von Bismarck gegr., Vorläufer des Dt. Reiches.

Norddeutschland, das norddt. Tiefland.

Norden der, **Mitternacht,** Himmelsgegend des tiefsten Stands der Sonne.

Nordenham, Stadt in Ndsachs., Hafen an der Unterweser, 29000 Ew.; Elektro- u.a. Ind.

Nordenskjöld [n'u:rdənʃœld], **1)** Adolf Erik Frhr. v., schwed. Polarfahrer, *1832, †1901, führte 1878/79 auf der »Vega« die erste → Nordöstliche Durchfahrt aus. **2)** Otto, Neffe von 1), Polarforscher, *1869, †1928, leitete 1901-03 die schwed. Südpolarexpedition.

Norderney, Nordsee-Insel an der ostfries. Küste, 26 km², 8000 Ew.; Seebad.

Norderstedt, Stadt in Schlesw.-Holst., 68000 Ew.

Nordeuropa, die nord. Länder Europas mit Norwegen und Schweden als Kernraum; Dänemark, Finnland, Island: Randländer.

Nordfriesland, Marschland an der Westküste Schleswig-Holsteins, zw. Tondern und Husum. **Nordfries. Inseln,** Inselkette der Nordsee von Amrum bis Fanö mit den Halligen.

Nordhausen, Krst. im Bez. Erfurt, am

Südrand des Harzes, 44400 Ew.; mittelalterl. Bauwerke, Dom (14.-16. Jh.), Rathaus (1610).

Nordhorn, Krst. in Ndsachs., 48500 Ew.; Textilmeisterschule, Textilind.

Nordirland, der 1921 bei Großbritannien verbliebene Teil von → Irland, 14120 km², 1,5 Mio. Ew. (davon 27% Presbyterianer, 22% Anglikaner, 31% kath.); Hptst.: Belfast. N. wird von einem brit. N.-Min. verwaltet. Verfassungsmodelle auf der Grundlage »Teilhabe aller an der Macht« scheiterten bisher (1983). Verwaltungseinteilung: 6 Grafschaften, 2 Stadtgrafschaften. WIRTSCHAFT. Anbau von Gerste, Hafer, Kartoffeln. Industrie: Textilien, Maschinen, Schiff- und Flugzeugbau, Elektrotechnik, Nahrungsmittel u.a. ❻ → Irland. Die Unruhen um die Stellung der kath. Minderheit in N. veranlaßten Großbritannien, die beschränkte Autonomie 1972 aufzuheben, die nordir. Regierung und das Parlament zu entlassen und selbst die Regierungsgewalt auszuüben. ⊕ S. 491.

Nordische Kombination, Ski-Wettkampf: 15-km-Langlauf und Springen.

Nordischer Krieg, 1700-21, zw. Schweden (Karl XII.) einerseits, Dänemark, Polen-Sachsen (August der Starke) und Rußland (Peter d. Gr.), später auch Preußen und Hannover andererseits. Karl XII. war anfangs siegreich und zwang August den Starken 1706 zum Frieden von Altranstädt, wurde aber 1709 bei Poltawa von Peter d. Gr. entscheidend besiegt; 1718 fiel er. Der N. K. brach das Übergewicht Schwedens im Norden und erhob Rußland zur europ. Großmacht.

Nordischer Rat, seit 1951 gemeinsames Organ Dänemarks, Islands, Norwegens und Schwedens zur Zusammenarbeit in kulturellen, wirtschaftlichen und sozialpolitischen Fragen. Finnland trat 1955 bei.

Nordkalotten [schwed. aus frz.], Skandinavien nördlich des Polarkreises.

Nordkanal, Meerenge zw. Schottland und Irland, an der engsten Stelle 20 km breit.

Nordkap, steiles, 307 m hohes Vorgebirge auf der norweg. Insel Magerøy; gilt als Nordspitze Europas, doch liegt ein anderer Vorsprung der Insel 1½ km weiter nördlich.

Nordlicht, Lichterscheinung, → Polarlicht.

Nördlingen, Krst. in Bayern, Schwaben, 18200 Ew.; das reizvolle mittelalterl. Stadtbild ist z. T. erhalten (Tore, Stadtmauer). – Bis 1803 Reichsstadt.

Nord-Ossetische ASSR, autonom. Sowjetrep. (seit 1936) in der Russ. SFSR, im N-Kaukasus, 8000 km², 597000 Ew. (→ Osseten u.a.); Hptst.: Ordschonikidse. Erzlager; Akkerbau, Viehwirtschaft, Ind.

Nordostpassage [-ʒə], **Nordöstliche Durchfahrt,** Seeweg längs der nördl. Küste von Europa und Asien und durch die Beringstraße zum Pazif. Ozean; 1878/79 gefunden; seit 1967 befahrbar.

Nordostpolder, Polder des östl. Ijsselmeeres (1942 trockengelegt), 465 km², 39000 Ew.

Nord-Ostsee-Kanal, Seekanal zw. der Kieler Förde (Ostsee) bei Kiel-Holtenau und der Elbebucht (Nordsee) bei Brunsbüttelkoog, 98,7 km lang, an jedem Endpunkt je 2 alte und 2 neue Schleusen; 1895 eröffnet.

Nordpol, → Pol, → Entdeckungsreisen.

Nordpolargebiet, Arktis, Gebiet um den Nordpol der Erde. Grenze: mathematisch der nördl. Polarkreis (66° 33′ n. Br.), geographisch die nördl. Baumgrenze. ⊕ S. 496.

Nordpolarmeer, Nördliches Eismeer, → Polarmeere.

Nordrhein-Westfalen, Land der Bundesrep. Dtl., 34069 km², 16,71 Mio. Ew.; Hptst.: Düsseldorf. 5 RegBez.: Düsseldorf, Köln, Münster, Detmold, Arnsberg. STATISTIK Bundesrepublik Deutschland, ⊕ S. 488/89.

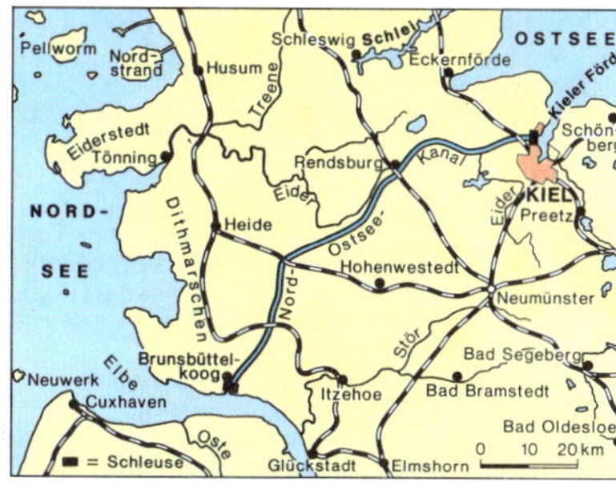

Nord-Ostsee-Kanal

N.-W. umfaßt etwa ⅔ Tiefland (Niederrhein. und Münstersche Bucht) und ⅓ Gebirgsland (N-Teil des Rhein. Schiefergebirges, westl. Weserbergland). N.-W. ist stark industrialisiert, mit den Zentren Ruhrgebiet (Steinkohle; Schwerind., chem., Maschinen- u.a. Ind.), Kölner Raum (Braunkohle; chem. Ind., Fahrzeugbau u.a.), Berg. Land (Kleineisen-, Textilind.), Siegerland (Eisenerz; Hüttenind.); auch anderwärts Textil- (Niederrhein, Westfalen), chem. (Düsseldorfer Raum), Maschinen- (Düsseldorf, Aachen) u.a. Ind. N.-W. hat die größte Energieerzeugung der Bundesrep. Dtl.; viele Erdölraffinerien. – Das Land N.-W. wurde 1946 aus dem N-Teil der preuß. Rheinprov. und der Prov. Westfalen gebildet, 1947 um Lippe-Detmold erweitert. MinPräs.: J. Rau (SPD, seit 1978).

Nordrhodesien, → Sambia.

Nordschleswig, nördl. Teil von Schlesw.-Holst., seit 1920 zu Dänemark gehörig.

Nordsee, Randmeer des Atlant. Ozeans, zw. den Brit. Inseln im W, Skandinavien und Jütland im O und dem NW-europ. Festland im S, rd. 580000 km². Verbindung zum Atlantik durch den Ärmelkanal und das Meeresgebiet zw. Norwegen und Schottland, zur Ostsee durch Skagerrak und Kattegat. Mittlere Tiefe 93 m, tiefste Stelle 725 m, über der Doggerbank nur 13 m; starke Gezeiten. Erdgas- und Erdölvorkommen (seit den 1970er Jahren verstärkt ausgebeutet). Wichtiges Fischereigebiet, eines der verkehrsreichsten Meere der Erde.

Nordseegermanen, Gruppe sprachlich eng verwandter germ. Stämme (Friesen, Chauken, Sachsen).

Nordseekanal, Großschiffahrtsweg von Amsterdam zur Nordsee.

Nordsibirische Eisenbahn, Bahnstrecke, die seit 1986 von Tjumen über Tobolsk und Surgut nach Urengoj führt.

Nordstrand, nordfries. Insel, 50 km², rd. 2700 Ew.; Damm nach dem Festland bei Husum.

Nord-Süd-Konflikt, der Interessengegensatz zw. den industriell hoch- und den industriell unterentwickelten Staaten der Erde.

Nordwest-Grenzprovinz, bis 1947 die nördlichste Provinz Britisch-Indiens, seitdem Pakistans, 1955 aufgelöst, 1970 wiederhergestellt. Sie umfaßt 43303 km² mit 11,7 Mio. Ew.; Hptst.: Peshawar.

Nordwest-Territori|en, → Northwest Territories.

Norfolk [nˈɔ:fək], engl. Herzogstitel.

Norfolk [nˈɔ:fək], **1)** Cty. in O-England. **2)** Hafenstadt in Virginia, USA, 267000 Ew.; Werften, Holz-, chem. Ind.; Kriegshafen.

Norfolk-Insel, austral. Insel in der Tasmansee, östlich Australiens, bis 316 m hoch, 36 km², 2000 Ew.; zum Austral. Bund gehörend.

Noricum, im Altertum: Land zw. Donau, Inn, Karn. Alpen und Wienerwald, von den **Norikern** bewohnt; Hptst.: Noreia.

Norilsk, Bergwerksstadt in N-Sibirien, 181000 Ew.; Nickel-, Kupfer-, Kohlengruben.

Nordrhein-Westfalen

Norische Alpen, Teil der Zentralalpen, zw. Murtal und Kärntner Becken.

Norm [lat.] die, **1)** Richtmaß, Regel, Vorschrift. **2)** ⊙ → Normung. **3)** der gekürzte Titel am Fuß der ersten Seite jedes Bogens.

normal [lat.], der Norm entsprechend.

Normale [lat.] die, △ bei Kurven (Flächen): die im Berührungspunkt der Tangente (Tangentialebene) auf dieser errichtete Senkrechte.

Normal Null, Abk. **NN,** Ausgangsfläche für Höhenangaben, der mittlere Wasserstand des Meeresspiegels.

Normalspur die, eine → Spurweite.

Normalton der, ♩ → Kammerton.

Normaluhr, 1) in Sternwarten die astronom. Hauptuhr. **2)** bei elektr. Uhrenanlagen die Mutteruhr. **3)** öffentl. Uhr auf Straßen.

Normandie [nɔrmãd'i], geschichtl. Landschaft in NW-Frankreich; mildes, feuchtes Klima. Hptst.: Rouen, Haupthäfen Le Havre, Cherbourg; kam 1449/50 endgültig an Frankreich; → Normannen.

Normannen [eigtl. Nordmannen], **Wikinger,** Bewohner Skandinaviens, die im 8. bis 11 Jh. als Seeräuber, Kaufleute, Staatengründer die Küsten Europas heimsuchten. Sie erhielten 911 die → Normandie, eroberten von hier aus 1066 England (Wilhelm der Eroberer) und gründeten das unterital. Reich Neapel-Sizilien (Robert Guiscard). Von Island kamen sie nach Grönland und um 1000 nach Nordamerika (→ Vinland). Schwed. N., die **Waräger,** schufen unter Rurik seit 862 das Russ. Reich.

Norwegen

Normannische Inseln, Kanal-Inseln, brit. Inselgruppe im Ärmelkanal mit verfassungsrechtl. Sonderstatus, 195 km², 135 000 Ew.; Hauptinseln Jersey und Guernsey.

normativ, als Norm, Richtschnur geltend.

Normenkontrolle, Überprüfung von Gesetzen durch Verfassungsgerichte.

Normung [zu Norm] die, in der Industrie die Vereinheitlichung von Benennungen, Kennzeichen, Formen, Größen, Abmessungen und Beschaffenheit von Industrieerzeugnissen. Ziel: Verringerung der Sortenzahlen, einfachere Lagerhaltung, Verbilligung der Herstellung, leichtere Ersatzbeschaffung und Austauschbarkeit. Normen sind verpflichtende Empfehlungen. Die Normungsarbeit in der Bundesrep. Dtl. und Berlin (West) werden vom **Dt. Institut für N. e. V.** durchgeführt.

Normvolumen, Formelzeichen V_n, das Volumen (m³) eines Gases im Normzustand (bei 273,15 K oder 0 °C, 1,01325 bar).

Nornen, altnord. Mythen: die Schicksalsgottheiten **Urd, Skuld** und **Verdandi,** die bei der Geburt eines Menschen über dessen Schicksal und Lebensende bestimmen.

Norrbotten, nördlichste Prov. Schwedens, 98 906 km², 261 000 Ew.; Hptst.: Luleå.

Norrköping [n'ɔrtçø:piŋ], Hafen- und Industriestadt in S-Schweden, nahe der Ostsee, 119 000 Ew.; Textil-, Papier-, Lebensmittel- u. a. Ind.

Norrland, der nördlichste, am dünnsten besiedelte Teil Schwedens.

Northampton [nɔ:θ'æmptən], Stadt in Mittelengland, 157 000 Ew.; Leder-, Metall-Ind.

North Carolina [nɔ:θ kærəl'aɪnə], Abk. **N.C.,** einer der atlant. Staaten der USA, 136 197 km², 6,33 Mio. Ew.; Hptst.: Raleigh. N.C. hat Anteil an der Küstenebene und den Appalachen. Tabak, Mais, Baumwolle; Vieh- und Geflügelzucht; Forstwirtschaft; Textil-, Zigaretten- u. a. Ind. ⊕ S. 494.

Northcliffe [n'ɔ:θklɪf], Alfred, Viscount (1917), *1865, †1922, Inhaber eines Zeitungskonzerns mit Daily Mail, Times u. a., den sein Bruder Lord Rothermere (*1868, †1940) weiterführte.

North Dakota [nɔ:θ dəkəʊtə], Abk. **N. D.,** Staat im N der USA, 183 022 km², 679 000 Ew.; Hptst.: Bismarck. Präriegebiet. Ackerbau (Getreide, Flachs, Kartoffeln); Viehzucht. ⚒ auf Erdöl, Erdgas, Braunkohle. ⊕ S. 494.

Northeim, altertüml. Stadt in Ndsachs., 31 000 Ew.; Nahrungsmittel-, Textil- u. a. Ind.

Northern Territory [nɔ:θn t'erɪtrɪ, engl.], dt. **Nordterritorium,** Gebiet des Austral. Bundes mit Selbstverwaltung (seit 1978), 1,346 Mio. km², 150 000 Ew.; Hptst.: Darwin; größtenteils Wüste und Savanne; wichtige Erzfunde: Uran, Bauxit, Mangan u. a.; große Teile Reservate der Ureinwohner.

Northumberland [nɔ:θ'ʌmbələnd], nördlichste Gfsch. Englands, Hptst.: Newcastle.

North West Frontier Province [nɔ:θ west fr'ʌntɪə pr'ɔvɪns, engl.], Prov. Pakistans, → Nordwest-Grenzprovinz.

Northwest Territories [nɔ:θw'est t'erɪtrɪz, engl.], dt. **Nordwest-Territorien,** Verwaltungsgebiet im N Kanadas, 3,38 Mio. km², 52 000 Ew.; Hauptort: Yellowknife. Im N überwiegend Tundra, im S Waldland; ⚒ auf Erdöl, Erdgas, Blei, Gold; Pelztier- und Fischfang.

Norwegen, Kgr. in N-Europa, der westliche Teil der Skandinavischen Halbinsel (ohne arkt. Besitzungen Spitzbergen, Bären-Insel und Jan Mayen), 323 886 km², 4,18 Mio. Ew., meist protestantisch (Norweger, im N Lappen); Hptst.: Oslo. ⊕ S. 493.

VERFASSUNG (von 1814, mit Änderungen). N. ist konstitutionelle Monarchie. Die Volksvertretung, der Storting (2 Kammern), hat die gesetzgebende Gewalt. Die vollziehende Gewalt liegt beim König und dem Ministerrat. Die Minister sind dem Storting verantwortlich. – Verwaltungseinteilung: 19 Fylker (Provinzen).

LANDESNATUR. Stark vergletschertes Hochgebirge (bis 2472 m hoch) mit fjordreicher Küste; Ebenen nur im S. Klima: feucht und mild.

WIRTSCHAFT. Überwiegend Forst- und Weidewirtschaft; Anbau nur in Tälern. Pelztierzucht; Fischerei (Kabeljau, Hering). ⚒ auf Erze, Steinkohle (Spitzbergen), Erdöl (Nordsee). Papier-, Hütten-, elektron. Ind. Grundlage der Energiewirtschaft ist die Wasserkraft. Handels- und Lohnschiffahrt; Fremdenverkehr. Hauptausfuhr: Aluminium, Fischereierzeugnisse, Schiffe, Papier, Häute, Fleisch. Haupthandelspartner: Großbritannien, Bundesrep. Dtl., Schweden. N. ist Mitgl. der EFTA. Zahlreiche gute Häfen. Internat. Flughafen: Oslo.

Ⓖ N. wurde im 10./11. Jh. ein einheitl. Königreich und nahm zugleich das Christentum an. 1387-1814 war N. mit Dänemark, 1397-1523 auch mit Schweden vereinigt. 1814 wurde es in Personalunion erneut mit Schweden verbunden, erhielt jedoch eine freiheitl. Sonderverfassung; 1905 trennte es sich friedlich von Schweden und wählte einen dän. Prinzen als Håkon VII. zum König. Seit 1949 ist N. Mitgl. der NATO, seit 1951 mit den nord. Ländern im Nord. Rat verbunden. Staatsoberhaupt: König Olaf V. (seit 1957), MinPräs.: J. P. Syse (seit 1989).

norwegische Kunst. Ihre eigentümlichsten Leistungen seit frühgeschichtl. Zeit sind die nach der Christianisierung (11. Jh.) entstandenen → Stabkirchen und ihre Schnitzereien. Die Steinbauten schlossen sich im MA. engl. Vorbildern an (Dome von Stavanger und Trondheim, 12. Jh.). Das Beste brachte die Volkskunst hervor. Aus klassizist. Zeit stammen Univ. und Schloß in Oslo. Die Maler des 19. Jh. standen in enger Verbindung mit Dtl. (so der mit C. D. Friedrich befreundete J. C. Dahl; sein Schüler: T. Fearnley); später lernten sie meist in Paris (F. Thaulow, C. Krohg, E. Werenskiold), wie auch die Bildhauer (S. Sinding, G. Vigeland). Der größte norweg. Maler war E. Munch, der zu den Wegbereitern des Expressionismus gehört.

norwegische Literatur. Die Dichtung blühte schon um 800; die Anfänge der Edda- und Skalden-Dichtung sind norwegisch. Jahrhundertelang war dann nur die Volksdichtung norwegisch. Erst im 19. Jh. entwickelte sich norweg. Nationalschrifttum. Einen Höhepunkt erreichte die n. L. mit Ibsen und Björnson; nach 1890 landschaftsgebundene Erzähllit.: A. Garborg, H. E. Kinck, A. L. Kielland, J. Lie, J. Bojer, G. Scott, O. Duun, J. Falkberget, K. Hamsun, Sigrid Undset, T. Gulbranssen u. a.; bed. Dramatiker: G. Heiberg, H. Krog. In jüngster Zeit traten neben Dichtern wie G. Reiss-Andersen, H. Wildenvey, T. Vesaas, O. Bull, S. Hoel hervor: I. Hagerup, L. Kvalstad, A. Bjerke, E. Orvil, F. Carling u. a.

norwegische Sprache bildet mit dem Isländischen und Färöischen den westnord. Zweig der nordgerman. Sprachgruppe. Nach der Reformation wurde in Norwegen das Dänische als Kirchen- und Schulsprache, um 1600 auch als Rechtssprache eingeführt. Mit der beginnenden Selbständigkeit erwachte der Wunsch nach Sprachreinigung. Das **Bokmål** (»Buchsprache«, früher Riksmål) beruht auf der norweg. Stadtsprache, einer dän.-norweg. Mischung mit norweg. Lautgebung. Das 1853 von Ivar Aasen geschaffene **Landsmål** (»Landessprache«), seit 1929 **Nynorsk,** beruht auf den ältesten norweg. Mundarten. Seit 1907 sind beide Sprachen gleichberechtigt. Aus Bokmål und Nynorsk soll eine gemeinsame Sprache **(Samnorsk)** geschaffen werden.

Norwich [n'ɔrɪdʒ], alte Bischofsstadt in O-England, 122000 Ew.; normann. Kathedrale (1096 begonnen); im MA. wichtigster Kornmarkt der Insel; Maschinen- u. a. Ind.

Noske, Gustav, Politiker (SPD), *1868, †1946; ließ 1919 als Mitgl. des »Rates der Volksbeauftragten« den Spartakusaufstand niederwerfen, sorgte als Reichswehrmin. (1919-20) für den Aufbau der Reichswehr.

Nossack, Hans Erich, Schriftst., *1901, †1977; Gedichte, Schauspiele, Romane, Erz., Essays.

Nostalgie [grch.] die, Sehnsucht nach vergangenen Zeiten.

Nöstlinger, Christine, österr. Schriftstellerin, *1936; am realen Milieu ausgerichtete Kinder- und Jugendliteratur.

Nostradamus, eigtl. Michel de **Notredame,** frz. Astrologe, *1503, †1566, Leibarzt Karls IX.; machte dunkle Prophezeiungen in gereimten Vierzeilern.

Nota [lat. »merke an«] die, -/Noten, **1)** Rechnung. **2)** kurze Aufzeichnung.

Notabel [frz.] der, durch Vermögen, Bildung und Rang ausgezeichneter Mann.

Notar [lat.] der, mit öffentl. Glauben ausgestattete jurist. Amtsperson, die bes. Rechtsgeschäfte beurkundet, Unterschriften und Abschriften beglaubigt, Testamente und Erbverträge errichtet und vollstreckbare Urkunden ausstellt. Das **Notariat** kann mit der Anwaltschaft verbunden sein (z. B. in Hessen).

Not|arztwagen, Krankenwagen, mit Arzt und Pflegepersonal besetzt.

Notation, in der Datenverarbeitung die Festlegung der Reihenfolge von Rechenoperationen.

Not|aufnahmeverfahren, Verfahren nach dem Notaufnahme-Ges. v. 22. 8. 1950, i. d. F. v. 29. 6. 1961, ersatzlos gestrichen zum 1. 7. 1990, bei der Aufnahme Deutscher aus der Dt. Dem. Rep. in das Bundesgebiet zur Erlangung einer Aufenthaltserlaubnis.

Notbremse, Druckluftbremse der Eisenbahnen, kann in Notfällen von den Fahrgästen betätigt werden.

Note [lat.] die, **1)** Anmerkung, bes. in einem Buch. **2)** förml., schriftl. Mitteilungen zw. Regierungen. **3)** 𝅗𝅥 Zeichen für die einzelnen Töne, überhaupt für alle musikal. Schriftzeichen. Die **N.-Schrift** umfaßt N., Linien, Schlüssel, Erhöhungs-, Erniedrigungszeichen, Taktstriche, Pausen usw. **4)** Beurteilung einer Leistung. **5)** Bank-N.

Note 3): Rhythmische Werte

Notenbank die, → Banken.

Nothelfer, 14 Heilige, von denen man in bes. Nöten Hilfe erwartet: Achatius, Ägidius, Blasius, Christophorus, Cyriacus, Dionysius, Erasmus, Eustachius, Georg, Pantaleon, Vitus, Barbara, Katharina, Margareta.

notieren, aufzeichnen, vormerken. **Notiz** die; **Notierung** die, Börse: Feststellung und Veröffentlichung der Marktpreise und Kurse.

Notifikation [lat.] die, amtl. Mitteilung, z. B. des Kriegszustands an die neutralen Mächte. **notifizieren,** mitteilen, anzeigen.

Nötigung begeht, wer einen andern rechtswidrig durch Gewalt oder Drohung veranlaßt, etwas zu tun, zu dulden oder zu unterlassen. Freiheitsstrafe oder Geldstrafe.

Notke, Bernt, Bildschnitzer, Maler, * um 1440, †1509; Kampf des hl. Georg mit dem Drachen (1489, Stockholm).

Notke: König Karl Knutsson (1480/90)

Notker, Mönche in St. Gallen: **1) N. Balbulus** [»der Stammler«], * um 840, †912; verdient um den Kirchengesang. **2) N. III. Labeo** [»der Großlippige«] oder **Teutonicus** [»der Deutsche«], * um 950, †1022; übersetzte lat. Werke ins Althochdeutsche.

notleidendes Papier, Wertpapier, bei dem darin verkörperte Rechte unsicher geworden sind.

notorisch [lat.], offenkundig, allg. bekannt.

Notstand, 1) ZIVILRECHT: Zwangslage, in der eine fremde Sache beschädigt oder zerstört werden darf, wenn durch sie Gefahr droht (**Sachwehr,** § 228 BGB), oder in der auf eine neutrale Sache eingewirkt werden darf, wenn eine drohende Gefahr nicht anders abgewehrt werden kann. (**Nothilfe,** § 904 BGB). **2)** STRAFRECHT: unverschuldete Gefahrenlage für Leib oder Leben, aus der man sich nur unter Verletzung strafrechtl. geschützter Interessen retten kann (§ 34 StGB). Der strafrechtl. N. schließt die Schuld aus. Einen **übergesetzl. N.** erkennt die Praxis als Rechtfertigungsgrund an, wenn der Täter eine höhere Rechtspflicht nur durch Verletzung geringerer Rechtsgüter erfüllen kann. **3)** STAATS-N.: Bei dringender Gefahr für Bestehen oder Sicherheit des Staates haben die obersten Vollzugsorgane das Recht, die zur Überwindung der Notlage erforderl. Maßnahmen zu treffen. In der Bundesrep. Dtl. erging am 24. 6. 1968 die N.-Gesetzgebung. Sie sieht unterschiedl. N.-Maßnahmen vor 1) für den **Katastrophenfall,** 2) für den **inneren N.** (Gefahr für den Bestand des Staates oder für die freiheitl. demokrat. Grundordnung), 3) für den **äußeren N.** (Spannungs- oder Verteidigungsfall; seinen Eintritt stellt der Bundestag mit ⅔-Mehrheit fest). Die zur Gefahrenabwehr zulässigen Beschränkungen des Brief- und Fernmeldegeheimnisses, der Freizügigkeit, der Berufsfreiheit (z. B. durch Dienstleistungspflicht), des Eigentums (Sachleistungspflicht nach dem Bundesleistungsges.) sind im Grundges. (Art. 10, 12, 12a) und ergänzenden einfachen N.-Gesetzen (z. B. Ges. zur Beschränkung des Post-, Brief- und Fernmeldegeheimnisses, Arbeitssicherstellungs-Ges., Ges. zur Erweiterung des Katastrophenschutzes) geregelt.

Nostradamus

Not|taufe, Taufe eines Neugeborenen, das zu sterben droht; durch Laien vollziehbar.

Not|testament, kann durch mündl. Erklärung vor 3 Zeugen errichtet werden (§ 2250 BGB).

Nottingham [n'ɔtıŋəm], Stadt im mittleren England, 271 000 Ew.; Univ.; Ind.

Notturno [ital.] das, ♩ Nachtmusik; einsätziges Klavierstück träumerischer Art.

Notverordnung, Verordnung mit Gesetzeskraft, die in Notfällen erlassen wird; in den Rechtsstaaten ist dies nur in den verfassungsmäßig vorgesehenen Fällen und Formen und meist mit nachträgl. parlamentar. Kontrolle zulässig. Nach der Weimarer Verfassung konnten die Reichspräs. und die Reichsreg. N. erlassen (Ebert, Hindenburg). Das GG sieht N. nicht vor und regelt nur den Fall des → Gesetzgebungsnotstandes.

Notwehr, ⚖ Verteidigung, die erforderlich ist, um einen gegenwärtigen rechtswidrigen Angriff eines Menschen von sich oder einem andern abzuwenden. Eine N.-Handlung ist nicht widerrechtlich; sie ist daher weder strafbar, noch verpflichtet sie zum Schadensersatz.

Notzucht die, **Vergewaltigung,** ⚖ der von einem Mann erzwungene außerehel. Beischlaf. Strafe: Freiheitsstrafe.

Nouakchott [nwakʃ'ɔt], **Nuakschott,** Hptst. Mauretaniens, 150 000 Ew.

Nougat [frz.] der oder das, Masse aus gerösteten Mandeln, Haselnüssen, Zucker, Vanille, Kakao.

Nouveau roman [nuv'o rom'ã, frz. »Neuer Roman«], frz. Romanform des 20. Jh., gekennzeichnet durch Ablehnung traditioneller Formen, Streben nach objektiver Beschreibung.

Nova [lat.] die, -/Novae, → Stern.

Novalis

Novalis, Schriftstellername des Frhr. Friedrich **von Hardenberg,** *1772, †1801, Dichter der Romantik; er schrieb Gedichte voll Sehnsucht nach dem Jenseits (»Hymnen an die Nacht«, »Geistl. Lieder«), den unvollendeten Roman »Heinrich von Ofterdingen«; daneben Tagebücher und Studienhefte.

Novara, Stadt in N-Italien, 102 100 Ew.; Bahnknoten, Textil-, Seiden-, chem. Ind.

Nova Scotia [n'əuvə sk'əuʃə], dt. **Neuschottland,** Prov. Kanadas, am Atlant. Ozean, umfaßt die Halbinsel N. und die Kap-Breton-Insel, 55 490 km^2, 873 000 Ew.; Hptst.: Halifax. Viehzucht, Obstbau, Forstwirtschaft, Fischerei; ⚒ auf Kohle, Baryth u. a.

Novation [lat. »Erneuerung«] die, ⚖ vertragl. Aufhebung eines Schuldverhältnisses, verbunden mit der Begründung eines neuen, das an die Stelle des ersten tritt. Mit dem ersten begründete Pfandrechte und Bürgschaften erlöschen in der Regel.

Novelle [von lat. novus »neu«] die, **1)** Nachtragsgesetz. **2)** kleinere Erz., meist in Prosa. Die klass. Form der N. entstand in der ital. Renaissance (Boccaccios »Decamerone«). In Spanien bedeuten Cervantes' »Novelas ejemplares« einen Höhepunkt novellist. Kunst, in Frankreich das »Heptameron« (1547) der Margarete von Navarra, im 19. Jh. die N. von Mérimée, Flaubert, Maupassant. Dt. N. schrieben Goethe, Kleist, E. T. A. Hoffmann, Gottfr. Keller, C. F. Meyer, Stifter, Storm, Raabe, R. G. Binding, Thomas Mann.

November [von lat. novem »neun«] der, 11. Monat des Jahres, auch **Nebelung.** Bei den alten Römern war er der 9. Monat.

Novemberrevolution, 1) dt. Revolution im Nov. 1918. Sie begann am 30. 10. mit dem Marineaufstand in Kiel, führte am 7. 11. zum Sturz der bayr. Monarchie und am 9. 11. zur Abdankung Kaiser Wilhelms II. Alle dt. Fürstenhäuser wurden entthront, in Dtl. wurde die Rep. ausgerufen. **2)** die revolutionären Veränderungen in der Dt. Dem. Rep. im Herbst 1989, die am 9. 11. 1989 zur Öffnung der Mauer in Berlin und der Grenze zw. der Bundesrep. Dtl. und der Dt. Dem. Rep. führten.

Novene [ital.] die, neuntägige kath. Andacht.

Novi Sad, Neusatz, Stadt in der Wojwodina, a. d. Donau, Jugoslawien, 141 700 Ew.

Novität [lat.] die, Neuheit, Neuerscheinung.

Noviziat [lat.] das, Prüfungszeit der **Novizen** vor Eintritt in einen geistl. Orden.

Novum [lat.] das, -s/... va, etwas Neues.

Nowaja Semlja [russ. »Neuland«], russ. Doppelinsel im Nördl. Eismeer, 83 000 km^2; Kohle, Kupfer; Kernwaffen-Versuchsgelände.

Nowak, Ernst, österreich. Schriftsteller, *1944.

Nowgorod, Stadt in der Russ. SFSR, am Wolchow, 224 000 Ew.; Sophienkathedrale, Klöster, alte Kirchen; im MA. Hanse-Kontor.

Nowokusnezk, Industriestadt in Westsibirien, Russ. SFSR, 583 000 Ew.; Mittelpunkt des Kusnezker Kohlenbeckens.

Nowomoskowsk, Industriestadt im Gebiet Tula, Russ. SFSR, 147 000 Ew.; Hütten-, chem. Ind., Großkraftwerke.

Noworossijsk, Schwarzmeerhafen in der Russ. SFSR, 177 000 Ew.; Metall- u. a. Ind.

Nowosibirsk, Industriestadt Sibiriens, Russ. SFSR, am Ob, 1,44 Mio. Ew., Univ.; Hochschulen; Maschinen-, Hütten-, Leichtind., Großkraftwerke.

Nowotscherkassk, Stadt im Gebiet Rostow (Don), Russ. SFSR, 187 000 Ew.; Fachschulen; Weinbau; Lokomotivbau, Eisenind.

Noxe [lat.] die, Schädlichkeit.

Np, chem. Symbol für Neptunium.

NPD, Abk. für → Nationaldemokratische Partei Deutschlands.

NRT, Abk. für Nettoregistertonne, → Registertonne.

NS, Abk. für Nachschrift, Nationalsozialismus.

NSDAP, Abk. für Nationalsozialistische Deutsche Arbeiterpartei, → Nationalsozialismus.

n. St., Abk. für neuen Stils (d. h. nach dem Gregorianischen → Kalender).

N. T., Abk. für Neues Testament (→ Bibel).

Nuance [ny'ãsə, frz.] die, Abstufung, Abschattierung, feine Abtönung.

Nuba, Berg-Nuba, Gruppe von negriden Kleinststämmen in den N.-Bergen des Sudan.

Nubien, Landschaft in N-Afrika (S-Ägypten und N-Sudan), am Nil, zw. Assuan und Khartum, außerhalb des Niltals Wüste.

Nucleinsäuren, Verbindungen von Phosphorsäure, Nucleinbasen (Pyrimidin- oder Purinbasen) und dem Zucker Ribose **(Ribo-N., RNS)** oder Desoxyribose **(Desoxyribo-N., DNS).** Einfache N., **Mononucleotide,** kommen im Zellstoffwechsel und als Wirkgruppen von Enzymen vor, polymere N., **Polynucleotide** (N. i. e. S.), sind die zentralen Bestandteile der Gene im Zellkern; mit Eiweißen bilden sie **Nucleoproteide.** Viele Viren bestehen ausschließlich aus N. in einer Eiweißhülle.

Nudität [lat.] die, Nacktheit. **Nudismus,** → Nacktkultur.

Nufenenpaß, Paß in der Schweiz, 2478 m hoch, verbindet Tessintal mit Rhônetal.

Nujoma, Sam, afrikan. Politiker, *1929, Mitbegründer und Präs. der → SWAPO, seit 1990 erster Präs. von Namibia.

nuklear [von lat. nucleus, »Kern«], den Atomkern betreffend. **n. Waffen,** Kernwaffen.

Nuklearmedizin, Atommedizin, umfaßt alle aus der Verwendung künstl. radioaktiver Isotope sich ergebenden ärztl. Aufgaben.

Nukleonen Mz., ⊠ die Kernbausteine Proton und Neutron.

Nuklid, ⊠ Bez. für eine Atomsorte mit einer nach Ladungs- und Massenzahl festgelegten Kernart (z. B. $^{60}_{27}Co$: »Kobalt 60«).

Null [von lat. nullus »keiner«] die, Zahlzeichen 0, Ergebnis einer Subtraktion, wenn man eine Zahl von sich selbst abzieht, z. B. 3 – 3 = 0.

Null-Leiter, ⚡ elektr. Leiter, der unmittelbar geerdet ist; meist ein Neutralleiter, der auch die Funktion eines Schutzleiters übernehmen kann

Nulltarif, freie Benutzung von Verkehrsmitteln, freier Theatereintritt u. a.

Nullung, ⚡ in elektr. Niederspannungsnetzen Schutzmaßnahme gegen gefährl. Berührungsspannungen; die zu schützenden Anlagenteile werden mit dem Null-Leiter des Versorgungsnetzes verbunden.

Nullwachstum, engl. **Zero growth** [z'ıərəʊ grəʊθ], Schlagwort für die Forderung, die Zunahme der Bev. und das wirtschaftl. Wachstum auf Null zu begrenzen, um die Erschöpfung der Rohstoffe zu verlangsamen; auch Bez. für wirtschaftl. Stagnation.

Numa Pompilius, röm. Mythos: der 2. König Roms, 715-672 v. Chr.

Numen [lat.] das, göttl. Walten, Gottheit. **Numinose** das, das Heilige in seiner zugleich erschreckenden und anziehenden Wirkung.

Numerale [lat.] das, Ⓢ → Zahlwort.

numerisch, zahlenmäßig.

numerische Maschinensteuerung, bei automat. Werkzeugmaschinen allg. Bez. für Steuerungen, bei denen die Steuerbefehle ziffernmäßig verschlüsselt auf einem Loch- oder Magnetband stehen. Die n. M. als Glied einer innerbetriebl. datenverarbeitenden Kette bildet den Ausgangspunkt für eine umfassende Automatisierung.

Numerus [lat.] der, **1)** Zahl, Ziffer; **N. clausus,** zahlenmäßige Beschränkung der Zulassung, z. B. zum Hochschulstudium, (→ Zentralstelle für die Vergabe von Studienplätzen). **2)** △ → Logarithmus. **3)** Ⓢ Unterscheidungsform von Einzahl und Mehrzahl.

Numidi|en, im Altertum: Kgr. in N-Afrika, das heutige O-Algerien; später röm. Prov.

Numismatik [grch.] die, Münzkunde. **Numismatiker,** Münzforscher. **numismatisch,** auf Münzkunde bezüglich.

Nunatak [grönländ.] der, aus dem Inlandeis herausragender Berg, z. B. in Grönland.

Nuntius [lat.] der, ständiger Vertreter des Papstes bei einem Staatsoberhaupt.

Nuragen Mz., kegelförmige Steinbauten seit Ende der Steinzeit bis zur röm. Zeit auf Sardinien, Korsika, in S-Italien.

Nürburgring, Automobil- und Motorradrennstrecke, um die Ruine Nürburg bei Adenau in der Eifel, 1927 eröffnet, 1981-84 umgebaut.

Nurejew, Rudolf, russ. Tänzer und Choreograph, *1938.

Nurmi, Paavo, finn. Weltrekordläufer im Langstreckenlauf, *1897, †1973; neunfacher Olympiasieger 1920-28; 22 Weltrekorde.

Nürnberg, Stadt in Bayern Mittelfranken, an der Pegnitz, 480 000 Ew., überragt von der ehem. kaiserl. Burg; die Altstadt mit got. Kirchen (St. Sebaldus, St. Lorenz, Frauenkirche), Rathaus, Dürerhaus u. a. wurde im 2. Weltkrieg stark zerstört. N. hat reiche Samml. der dt. Geschichte (German. Nationalmuseum); Hoch- und Fachschulen. Fahrzeug-, Spielwaren-, Lebkuchen u. a. Ind. Hafen am Rhein-Main-Donau-Großschiffahrtsweg. Haupthandelsplatz für Hopfen. – N. war eine der bed. dt. Reichsstädte und behauptete sich gegen die fränk. Hohenzollern als Burggrafen von N. Blütezeit im 15./16. Jh. (Dürer, Veit Stoß, Peter Vischer, Hans Sachs); 1806 bayerisch; 1835 erste dt. Eisenbahn zw. N. und Fürth.

Nürnberger Eier, in Nürnberg im 16. Jh. hergestellte Taschenuhren von eirunder Form; die von Peter Henlein um 1510 hergestellten dosenförmigen Taschenuhren waren keine N. E.

Nürnberger Gesetze, die 1935 vom Reichstag beschlossenen → Rassengesetze.

Nürnberg, links: Dürerhaus, rechts: Frauenkirche

Nürnberger Prozesse, auf Grund des Londoner Abkommens von 1945 zur Aburteilung dt. → Kriegsverbrechen in Nürnberg durchgeführte Strafverfahren.

Nürnberger Trichter, scherzhaft für Lehrverfahren, durch das auch dem Dümmsten etwas beigebracht (eingetrichtert) werden kann.

Nürtingen, Stadt in Bad.-Württ., am Fuß der Schwäb. Alb, 36 000 Ew.; Textilind.

Nus [grch.] der, grch. Philosophie: Weltgeist, Vernunft.

Nuß die, einsamige Schließfrucht.

Nüstern Mz., Nasenlöcher des Pferdes.

Nut die, ⊙ längl. Vertiefung an Wellen, Zapfen, Balken, Brettern zur Befestigung oder Führung anderer Teile.

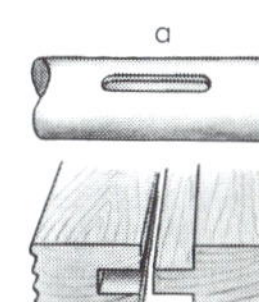

Nut, a Keilnut, b Nut und Feder

Nutation [lat.] die, period. Bewegung der Figurenachse eines Kreisels um die Drehimpulsachse; im Falle der Erde als Kreisel ein geringes Schwanken der Erdachse mit 18,6jähriger Periode infolge der Anziehungskraft des Mondes.

Nutria [span.] die, → Biberratte.

Nutzholz, Bau- und Werkholz, i. Ggs. zu Brennholz.

Nutzlast, Gewicht der Ladung, i. Ggs. zum Leer-, Eigen- oder toten Gewicht.

Nutzleistung, die von einer Maschine nach außen abgegebene nutzbare Leistung.

Nutznießung, früher gesetzl., auf familienrechtl. Verhältnissen (Ehe, elterl. Gewalt) beruhendes **Nutzungsrecht** an fremdem Vermögen; jetzt nur noch → Nießbrauch.

NW, Abk. für Nordwest(en).

Nyíregyháza [nj'i:rɛdjha:zɔ], Stadt in Ungarn, 119 000 Ew.; Wein-, Tabak- und Obstbaugebiet.

Nylon [n'aılɔn], ehem. Handelsname für Kunstfasern und -stoffe aus Polyamiden.

Nymphen Mz., **1)** weibl. Naturgottheiten der alten Griechen, die in und an Quellen und

Schloß Nymphenburg

Bächen **(Najaden),** im Meere **(Nereiden),** auf Wiesen und Bergen **(Oreaden),** in Wäldern und Bäumen **(Dryaden)** hausen. **2)** ⚘ Entwicklungszustand einiger Insekten mit unvollkommener Verwandlung.

Nymphenburg, Stadtteil im W von München mit **Schloß N.,** im Barockstil (1664-1728; Jagdmuseum), Porzellanfabrik (seit 1747). (BILD S. 627)

Nymphomanie [grch.] die, krankhaft gesteigerter Geschlechtstrieb der Frau.

Nystagmus [grch.] der, Augenzittern.

Nyx [grch.], lat. **Nox,** die Nacht, Gestalt der kosmogon. Dichtung der Griechen; ihre Kinder: Thanatos (Tod), Hypnos (Schlaf).

O

o, O, 1) Selbstlaut, 15. Buchstabe im dt. Abc. **2)** ⊕ **O,** Abk. für Osten. **3) O,** chem. Symbol für Sauerstoff.

O' [altirisch ane »Enkel«], in irischen Familiennamen Sohn, Abkömmling.

Obelisk (Luxor)

Oahu, die volkreichste Hawaii-Insel, 1564 km², 763 000 Ew., mit der Hptst. Honolulu.

Oakland ['əʊklənd], Hafen und Industriestadt in der Bucht von San Francisco, USA, 339 000 Ew.; Schiffbau, Erdöl- u. a. Ind.

Oak Ridge ['əʊk rɪdʒ], Stadt in O-Tennessee, USA, 28 000 Ew.; Kernforschungsstätten.

OAS, 1) Abk. für engl. **O**rganization of **A**merican **S**tates, Organisation der Amerikan. Staaten, →panamerikanische Bewegung. **2)** Abk. für frz. **O**rganisation **a**rmée **s**ecrète, frz. Untergrundbewegung in Algerien (bis 1962).

Oase [grch. aus ägypt.] die, Stelle reicheren Pflanzenwuchses in Wüstengebieten, durch Grundwassernähe oder Quellen hervorgerufen; Ansiedlung und Anbau (Dattelpalmen); Sammelpunkt der Karawanenwege.

Oates [əʊts], Joyce Carol, amerikan. Schriftstellerin, *1938; Romane (Bellefleur u. a.), Kurzgeschichten.

OAU, Abk. für engl. **O**rganization of **A**frican **U**nity: Organisation für die Einheit Afrikas; gegr. 1963, Sitz Addis Abeba; umfaßt fast alle unabhäng. afrikan. Staaten; Südafrika und die Homelands wurden nicht aufgenommen; Marokko trat 1984 aus.

Ob der, Hauptstrom Sibiriens, entspringt im Altai, mit Katun 5410 km lang, mündet in das Karische Meer.

Obadja, Prophet Israels aus der Zeit nach der Babylon. Gefangenschaft.

Oberösterreich

Obdachlosenfürsorge, betreut Personen ohne Wohnung oder Unterkunft, obliegt den Trägern der Sozialhilfe.

Obduktion [lat.] die, Leichenöffnung.

Obedienz [lat.] die, kath. Kirche: kirchl. Gehorsam der Geistlichen gegen ihre Oberen.

Obelisk [grch.] der, viereckige Spitzsäule.

Ober|ammergau, Gem. in Oberbayern, 5000 Ew., Sommerfrische in den Kalkalpen, bekannt durch die seit 1634 alle 10 Jahre stattfindenden Passionsspiele der Einwohner; Holzschnitzerei.

Oberammergau: Haus im Ortskern

Oberbayern, RegBez. in Bayern, 17 534 km², 3,672 Mio. Ew.; Hptst.: München.

oberdeutsch, die süddeutschen Mundarten, →deutsche Sprache.

Obereigentum, im alten dt. Recht beim »geteilten Eigentum« die Rechte des Lehnsherrn, Erbzinsherrn u. a. **(Obereigentümers)** am Grundstück als solchem, während das **Untereigentum** das Recht auf Nutzungen gewährte. (→Heimfall)

Oberer See, in Nordamerika, der westlichste der Kanadischen Seen, der größte Süßwassersee der Erde, 82 103 km², 405 m tief.

Oberfläche, äußere Begrenzung eines Körpers. **O.-Spannung,** die auf jedes Teilchen der O. einer Flüssigkeit wirkende, nach dem Innern der Flüssigkeit gerichtete Kraft, Ursache der Tropfenform. **O.-Schutz,** Korrosionsschutz (→Korrosion).

Oberfranken, RegBez. in Bayern, 7230 km², 1,039 Mio. Ew.; Hptst.: Bayreuth.

Oberhaus das, **1)** i. w. S. Erste Kammer einer Volksvertretung. **2)** i. e. S. Haus der Lords in Großbritannien.

Oberhausen, Industriestadt in NRW, 221 000 Ew.; am Rhein-Herne-Kanal; Steinkohlenbergbau, Stahl-, Eisenind.; Kurzfilmtage.

Oberhof, Kurort und Wintersportplatz im Thüringer Wald, 800-835 m ü. M.

Ober|italien, ital. Alpen, Venetien, Po-Ebene und nördl. Apennin.

Ober|italienische Seen, Seen des südl. Alpenrandes; Lago Maggiore, Luganer, Comer, Iseo-, Gardasee.

Oberkirchenrat, evang. Kirche: **1)** oberste kirchl. Verwaltungsbehörde in den Landeskirchen von Baden, Oldenburg, Mecklenburg, Württemberg sowie der Evang. Kirche in Österreich. **2)** beamtete Mitglieder der Landeskirchenämter, der Kirchenkanzlei der EKD und des Kirchenamtes der VELKD.

Oberkommando der Wehrmacht, Abk. **OKW,** 1938-45 Führungsstab der dt. Wehrmacht.

Oberkreisdirektor, Leiter der Kreisverwaltung in Ndsachs. und NRW.

Oberlandesgericht, →Gerichtswesen, ÜBERSICHT.

Oberleitungsomnibus, Abk. **Obus,** wird von Elektromotoren angetrieben, die ihren Strom einer Oberleitung entnehmen.

Oberlicht, von oben einfallendes Tageslicht, auch die Lichtöffnung.

Oberlin, Johann Friedrich, evang. Pfarrer im Elsaß, *1740, †1826, gründete 1779 die erste Kinderbewahranstalt.

Oberon, 1) Elfenkönig, Gemahl der Feenkönigin Titania, gelangte auch in die Volksbücher, durch G. Chaucer in die Kunstdichtung. **2)** Mond des Planeten Uranus.

Oberösterreich, österr. Bundesland, 11 978 km², 1,294 Mio. Ew.; Hptst.: Linz. O. erstreckt sich vom Donautal zw. Passau und der Ennsmündung nach N bis in den Böhmerwald, nach S über das fruchtbare Alpenvorland bis auf den Kamm der Kalkalpen. Flüsse: Donau, Inn mit Salzach, Enns mit Steyr, Traun mit Krems. Viehzucht, Ackerbau, Obstbau, Forstwirtschaft; Großkraftwerke. Erdölförderung. Textil-, Zellstoff-, Lebensmittel-, Hütten- u. a. Ind.

Oberpfalz, RegBez. in Bayern, 9672 km², 0,975 Mio. Ew.; Hptst.: Regensburg.

Oberpräsident, in Preußen bis 1945 der oberste Verwaltungsbeamte einer Provinz.

Oberrheinisches Tiefland, vom Rhein durchflossene, etwa 300 km lange Einsenkung zw. Schwarzwald und Odenwald im O und Vogesen und Haardt im W; fruchtbar, mildes Klima.

Obers das, österr.: Sahne, Rahm.
Obersalzberg, Berg bei Berchtesgaden, 1000 m, mit Hitlers »Berghof« (1945 zerstört).
Oberschlesien, ehem. preuß. Prov., → Schlesien.
Oberst, ⁂ höchste Rangstufe der Stabsoffiziere.
Oberstadtdirektor, Hauptverwaltungsbeamter in kreisfreien Städten in NRW und Ndsachs.
oberständig, ⚘ ist der Fruchtknoten, wenn die Blütenteile unter ihm entspringen. (BILD Blüte)
Oberstdorf, Luftkurort in Bayern, in den Allgäuer Alpen, 815 m ü. M.; 10 000 Ew.; Wintersport, Bergbahnen; Molkereiprodukte.
Oberster Sowjet, oberstes Staatsorgan der UdSSR.
Oberstes Gericht, → Gerichtswesen.
Oberth, Hermann, Raketenforscher, *1894, †1989; arbeitete über Rückstoßantrieb und Raketenbau.
Obertöne, Nebentöne, zum Grundton mitklingende höhere Töne, die seine Klangfarbe bestimmen.
Oberursel, Stadt in Hessen, am Taunus, 38 900 Ew., Maschinenbau.
Obervolta, bis 1984 Name der Republik → Burkina Faso in W-Afrika.
Objekt [lat.] das, **1)** Ⓟ Gegenstand einer Tätigkeit, z. B. des Denkens, i. Ggs. zum → Subjekt. **2)** Ⓢ Satzteil, auf den das Zeitwort abzielt. **objektiv,** auf das O. bezüglich; gegenständlich, sachlich, tatsächlich. **Objektivität** die, Denkweise und Haltung, die den Gegenstand sachlich, unbeeinflußt von Voreingenommenheiten, Gefühlen und Interessen auffaßt.
Objektcode [-ko:d], in eine Maschinensprache umgesetztes Computerprogramm.
Objektiv [lat.] das, Optik: die dem Gegenstand zugewandte Linse. Ggs.: die dem Beschauer zugewandte Linse, das **Okular.**
Objektkunst, Stilrichtung der zeitgenöss. Kunst, in der ein oder mehrere Gegenstände selbst ausgestellt werden und nicht wie herkömmlich deren Darstellung.
Oblate [lat.] die, **1)** Hostie. **2)** Arzneikapsel. **3)** waffelartiges Gebäck.
Oblate [lat.] der, **1)** Person, die sich einem kath. Orden angeschlossen hat. **2)** Mitgl. einer Klostergenossenschaft von O. (z. B. O. des hl. Franz von Sales).
obligat [lat.], **1)** verbindlich, unerläßlich. **2)** ♩ selbständig geführte Einzelstimme, z. B. eine solist. Instrumentalstimme.
Obligation [lat. »Verbindlichkeit«] die, **1)** ⚖ Verbindlichkeit eines Schuldners, auch das ganze Schuldverhältnis. **2)** Teilschuldverschreibung, das einzelne Stück einer in Form von → Schuldverschreibungen aufgenommenen festverzinsl. Anleihe (Staats-, Gemeinde-, Industrie-O.). **O.-Recht** → Schuldrecht.
obligatorisch [lat.], verpflichtend, zwangsmäßig. Ggs.: fakultativ.
Obligo [ital.] das, Verbindlichkeit, Verpflichtung. **Ohne O., Frei von O.,** die Haftung ausschließender Vermerk auf Wechseln.
Obmann der, Vorsitzender, Leiter.
Obo|e [frz.] die, Blasinstrument mit doppeltem Rohrblatt als Mundstück, von etwas näselndem Klang. (BILD Blasinstrumente)
Obolos [grch.] der, altgrch. Gewicht oder Münze. **Obolus** der, kleiner Betrag.
Obra die, linker Nebenfluß der Warthe.
Obraszowa, Jelena, sowjet. Sängerin (Mezzosopran), *1937.
Obrenović, serb. Herrscherhaus, gegründet von → Miloš Obrenović.
Obrigkeitsstaat, Staatswesen mit monarchisch-patriarchal. Grundmustern, in polit. Diskussionen oft kritisch verwendet.
Observanz [lat. »Beobachtung«] die, **1)** kirchl. Abgaben, Klostergebräuche. **2)** ⚖ in einem begrenzten Kreis, z. B. einer Gebietskörperschaft, ausgebildetes Gewohnheitsrecht.
Observatorium [lat.] das, Gebäude für physikal. Beobachtungen, bes. die Sternwarte.
Obsidian [lat.] der, glasige Ausbildungsform junger Ergußgesteine mit muscheligem Bruch; kunstgewerbl. Werkstoff.
obskur [lat.], dunkel, unbekannt.
Obsoleszenz [von lat. »sich abnutzen«], **geplante O.,** Absatzwirtschaft: bewußte Qualitätsminderung, v. a. durch Senkung der Lebensdauer von Produkten, um durch Nachkauf den Absatz zu steigern.
obsolet [lat.], veraltet, ungebräuchlich.
Obst das, die schmackhaften Früchte und Samen, meist von Natur saftig und süß: **Stein-O.** (z. B. Kirschen, Pflaumen), **Kern-O.** (z. B. Äpfel, Birnen), **Beeren-O.** (z. B. Stachelbeeren), **Schalen-O.** (z. B. Nüsse). O. hat großen Vitamin- und Mineralgehalt. O. wird durch Trocknen zu Dauerware gemacht oder zu O.-Wein und O.-Säften verarbeitet.
obstinat [lat.], hartnäckig, halsstarrig.
Obstipation [lat.] die, Verstopfung.
Obstruktion [lat.] die, im Parlament die Verhinderung oder Verzögerung von Beschlüssen durch Ausnutzung von Mitteln, die die Geschäftsordnung zuläßt, so durch Dauerreden oder Anträge (→ Filibuster).
obszön [lat.], unzüchtig, unanständig.
Obus, Abk. für → Oberleitungsomnibus.
Obwalden, Halbkanton der Schweiz, Teil des Urkantons Unterwalden, 491 km², 28 400 Ew.; Hauptort: Sarnen.
OCAM, Abk. für frz. **O**rganisation **C**ommune **A**fricaine et **M**auricienne [ɔrganizasj'ɔ̃ kɔm'yn afrik'ɛn e mɔrisj'ɛn], dt. Gemeinsame Afrikanisch-Mauritian. Organisation, Zusammenschluß von afrikan. Staaten und Mauritius mit dem Ziel polit., wirtschaftl. und kultureller Zusammenarbeit.
O'Casey [əuk'eɪsɪ], Sean, angloirischer Dramatiker, *1880, †1964, schrieb sozialkrit. Stücke (»Juno und der Pfau«, »Der Pflug und die Sterne«).
Ochlokratie [grch.] die, Pöbelherrschaft.
Ochotskisches Meer, Randmeer des Pazif. Ozeans, zw. Kamtschatka, den Kurilen, Hokkaido, Sachalin und dem asiat. Festland.
Ochrana [russ. »Schutz«] die, zarist. Geheimpolizei (seit 1881).
Ochse der, kastriertes männl. Rind.
Ochsenauge, 1) 🏛 rundes oder eirundes Fenster. **2)** 🦋 **Großes O.** und **Kleines O.,** bräunl. Tagfalter mit schwarzen Augenflecken.
Ochsenfrosch, nordamerikan. Frösche, bis 20 cm lang, 600 g schwer, eßbar.
Ochsenzunge, ⚘ Sandbodenpflanze, Borretschgewächs, steifhaarige Blätter, blaue Blüten.
Ockeghem, auch **Okeghem,** Johannes, niederländ. Komponist, *um 1425 (?), †1496 oder 1497, Hauptmeister der 2. niederländ. Schule; Messen, Motetten, Chansons.
Ocker, gelbes bis rotes Mineralgemenge, meist Eisenoxid und Ton, wird als rötl. Farbe verwendet, bes. als gebrannter O.
Ockham, Occam ['ɔkəm], Wilhelm von, *1285, †zw. 1347 und 1350, Begr. des spätscholast. → Nominalismus.
O'Connell [əuk'ɔnl], Daniel, irischer Politiker, *1775, †1847, gründete 1823 die »Irish Catholic Association« und erreichte 1829 für die Katholiken Gleichberechtigung.
OCR, Abk. für **O**ptical **C**haracter **R**ecognition, opt. Zeichenerkennung. OCR-Schriften haben Formen, die die automat. Zeichenerkennung erleichtern.
Octavia, 1) Schwester des Kaisers Augustus, †11 v. Chr., ⚭ 40 v. Chr. mit Marcus Antonius. **2)** Tochter des Kaisers Claudius und der Messalina, 53 n. Chr. Gemahlin Neros; verbannt und 62 ermordet.

Oberschlesien

Oberth

Ochsenzunge

Odermennig: Gemeiner O.

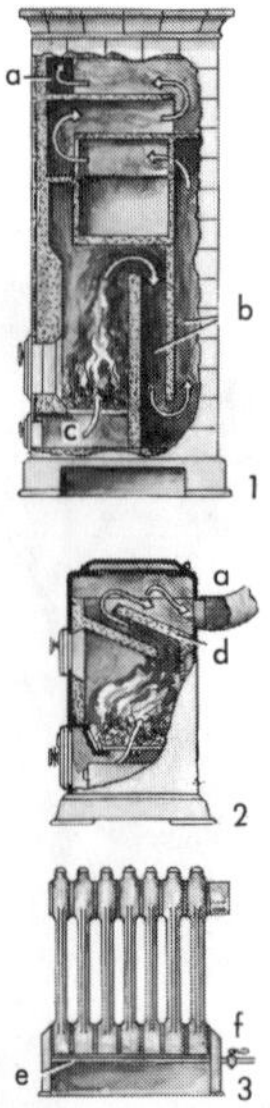

Ofen 1): 1 Kachelofen, **2** Dauerbrandofen, **3** Gasofen. a Abzug, b Rauchgaskanäle, c Lufteintritt, d Prallplatte, e Brenner, f Regler

Octavius, Octavianus, der urspr. Name des röm. Kaisers → Augustus.

Oculi [lat.], 4. Sonntag vor Ostern, benannt nach dem Eingangslied der Messe.

Odal [zu german. ot »Besitz«] das, im german. Recht der unveräußerl. Grundbesitz einer Sippe.

Odaliske [türk.] die, urspr. weiße Sklavin im Harem; später türk. Berufstänzerin.

Odd Fellows ['ɔdf'eləʊz], unabhängiger Orden, im 18. Jh. in England gegr., seit 1870 in Dtl.

Ode [grch. »Gesang«] die, feierl. Gedicht in altem, meist reimlosem Versmaß.

Ödem [grch.] das, → Wassersucht.

Ödenburg, ungar. **Sopron** [ʃ-], Stadt in W-Ungarn, 57000 Ew., beim Neusiedler See.

Odense, Hptst. der dän. Insel Fünen, 169000 Ew.; Univ.; Handel, Ind.

Odenwald, Gebirge in SW-Dtl., südlich vom Main; höchster Berg: der Katzenbuckel, 626 m; am Westrand verläuft die Bergstraße.

Odenwaldschule, koedukative Heimschule für Jungen und Mädchen in Oberhambach (Bergstraße), von P. Geheeb 1910 gegr.; staatlich anerkannte Gesamtschule; UNESCO-Modellschule.

Oder die, **1)** Fluß in Mitteleuropa, entspringt im **O.-Gebirge,** durchfließt das mähr. Steinkohlengebiet, Schlesien, Brandenburg (unterhalb Frankfurts das **O.-Bruch**), Pommern, bildet bei Stettin den Dammschen See, fließt in das Stettiner Haff und mündet aus diesem in 3 Armen, Dievenow, Swine, Peene, in die Ostsee. Die O., 860 km lang, ist eine Hauptwasserstraße, mit der Elbe und der Weichsel durch Kanäle verbunden. Hauptnebenflüsse links: Glatzer Neiße, Katzbach, Bober, Görlitzer Neiße; rechts: Klodnitz, Malapane, Bartsch, Warthe mit Netze; seit 1945 Teil der → Oder-Neiße-Linie Grenze. **2)** Fluß im Harz, mündet in die Rhume; bei Bad Lauterberg die **Odertalsperre** (30 Mio. m^3).

Odermennig der, **Ackermennig,** Gatt. der Rosenblüter mit gelben in Ähren stehenden Blüten, auf Wiesen, an Wald- und Wegrändern.

Oder-Neiße-Linie, die im Potsdamer Abkommen 1945 festgelegte Demarkationslinie zw. den polnisch verwalteten dt. Gebieten und dem übrigen Dtl. Sie verläuft von der Ostsee westlich Swinemünde nach Süden, erreicht südlich Stettin die Oder, läuft an dieser entlang bis zur Einmündung der Lausitzer Neiße und folgt ihr bis zur tschechoslowak. Grenze. Das Potsdamer Abkommen stimmte der Aussiedlung der dt. Bev. zu, behielt aber die Festlegung der Westgrenze Polens dem künftigen Friedensvertrag vor. Die Dt. Dem. Rep. hat (1950) die O.-N.-L. als dt. Ostgrenze anerkannt. Im Warschauer Vertrag (1970) erkannte die Reg. der Bundesrep. Dtl. die O.-N.-L. an (vorbehaltlich früher von den Vertragspartnern geschlossener oder sie betreffender internat. Verträge). Nach den polit. Umwälzungen in der Dt. Dem. Rep. bezeichnete Polen die Anerkennung der O.-N.-L. als unabdingbare Voraussetzung der dt. Einigung.

Oder-Spree-Kanal, von Eisenhüttenstadt an der Oder zur Spree im SO Berlins, 84 km.

Odessa, Industriestadt und bedeutendster Schwarzmeerhafen in der Ukrain. SSR, 1,148 Mio. Ew.; Univ.

Odeur [ɔd'œ:r, frz.] das, Duft, Wohlgeruch.

Odilienberg, Hohenburg, Berg der Vogesen, 826 m, mit vorgeschichtl. Denkmälern und Kloster; Wallfahrtsort.

Odin, german. Gott, → Wodan.

Ödipus, grch. Sage: Sohn des theban. Königs Laios und der Iokaste; tötete seinen Vater, den er nicht kannte. In Theben löste er das Rätsel der → Sphinx, wodurch er Gatte der Königswitwe, der eigenen Mutter, wurde. Ö. blendete sich und irrte in Begleitung seiner Tochter Antigone umher. Tragödien von Aischylos, Sophokles, Euripides.

Ödipuskomplex, nach S. Freud (→ Psychoanalyse) Liebe des Knaben zur Mutter, des Mädchens zum Vater, mit Eifersucht, Haß gegen den anderen Elternteil.

Odium [lat.] das, Haß, Abneigung, Makel.

Ödland, land- und forstwirtschaftlich nutzloses Land.

Odoaker, westgerm. Heerführer, *433, setzte 476 Romulus Augustulus ab und machte sich zum König von Italien, wurde von dem Ostgotenkönig Theoderich besiegt, 493 erschlagen.

Odontologie [grch.] die, Lehre von den Zähnen und den Zahnkrankheiten.

Odysseus, grch. Sage: Sohn des Laertes, Gemahl der Penelope, Vater des Telemach, König von Ithaka, Held vor Troja; seine Irrfahrt nach Trojas Fall und seinen Sieg über die seine Gattin Penelope bedrängenden Freier erzählt die **Odyssee** des → Homer.

OECD, Abk. für engl. **O**rganization for **E**conomic **C**ooperation and **D**evelopment (»Organisation für wirtschaftl. Zusammenarbeit und Entwicklung«), gegr. 1961, Sitz: Paris; Mitgl. sind die Mitgl. der EG sowie Kanada, die USA, Australien, Neuseeland, Japan, Finnland, Griechenland, Island, Norwegen, Österreich, Portugal, Schweden, Schweiz, Spanien, Türkei; beschränkt arbeitet Jugoslawien mit. Oberstes Organ ist der Rat der OECD. Zusammenschluß zu stetiger Wirtschaftsentwicklung, Entwicklungshilfe und Ausweitung des Welthandels.

OEEC, Abk. für engl. **O**rganization for **E**uropean **E**conomic **C**ooperation (»Organisation für europ. wirtschaftl. Zusammenarbeit«), 1948-61 wirtschaftl. Zusammenschluß europ. Staaten. Nachfolger ist die → OECD.

Oehlenschlaeger, Adam Gottlob, dän. Dichter, *1779, †1850, leitete die dän. Romantik ein; Trauerspiele, bes. nord. Stoffe.

Oe Kenzaburo, japan. Schriftsteller, *1935; gesellschaftskrit. Erzählungen.

Oels, poln. **Oleśnica** [ɔlɛsjn'itsa], Stadt in der poln. Wwschaft Wrocław, ehem. Stadt in Niederschlesien, östl. Breslau, 33000 Ew.

Oeynhausen ['o:n-], **Bad O.,** Stadt in NRW, nahe der Westfäl. Pforte, 44200 Ew.; Thermal- und Solquellen.

OEZ, Abk. für **o**steuropäische **Z**eit.

Ofen der, **1)** Anlage, die die Verbrennungs- oder Stromwärme zum Kochen oder Heizen ausnutzt, z. B. Kachelofen, Heizung, Gasofen, Industrieöfen, Herd. **Allesbrenner** sind eiserne Öfen (einfachste Form: Kanonenofen), deren Schacht mit Schamotte ausgemauert ist. **2)** ☆ Sternbild des Südhimmels.

Ofen, Stadtteil von → Budapest.

Ofenpaß, Paß in der Schweiz zw. Engadin und Münstertal, 2155 m hoch.

Offbeat [-bi:t, engl.], Jazz: kleine rhythm. Abweichung der Melodie vom Grundrhythmus.

Offenbach, Jacques, Opern- und Operettenkomponist, *1819, †1880; »Orpheus in der Unterwelt«, »Hoffmanns Erzählungen«.

Offenbach am Main, Stadt in Hessen, 113750 Ew.; Hauptsitz der Lederwaren-Ind.; Maschinenbau, Metall-, chem., graph. Ind.

Offenbarung die, in den Religionen die Willensmitteilung des verborgenen Gottes an den Menschen. Für die **kath. Kirche** ist O. freie Herablassung Gottes zur Menschheit als Enthüllung seines Wesens und seiner Heilspläne; sie ist durch die Schöpfung vorbereitet. Jeder Gläubige soll in der Stimme der lehrenden Kirche den sich offenbarenden Gott selbst vernehmen und ihr glauben. Die **evang. Glaubenslehre** versteht i. S. des N.T. unter O. nicht ein Wissen, sondern ein Geschehen, das Gott in der Sendung Christi bewirkt, im Gesetz und Evangelium zusammengefaßt.

Offenbarung des Johannes, Apokalypse, letztes Buch der Bibel; schildert in wunderbaren Geschichten die Zukunft des Gottesreiches, Vernichtung des Antichrists, Wiederkehr Christi.

Offenbarungseid, frühere Bez. für die → eidesstattliche Versicherung zur Bekräftigung einer geschuldeten Auskunft oder des vom erfolglos gepfändeten Schuldner auf Antrag des Gläubigers dem Gericht vorgelegten Vermögensverzeichnisses (§§ 807, 883, 899 ff. ZPO).

Offenburg, Stadt und Bahnknoten in Baden-Württ., 50600 Ew.; an der Kinzig; Obst- und Weinhandel; graph. u. a. Ind.

Offene Handelsgesellschaft, Abk. **OHG.,** Vereinigung von Personen, die sich zum Betrieb eines Handelsgewerbes unter gemeinsamer Firma zusammenschließen. Jeder Teilnehmer haftet für die Schulden der Gesellschaft unbeschränkt. (§§ 105 ff. HGB)

offener Biß, ♡ Zahnstellungsanomalie: bei Kieferschluß treffen nur die Backenzähne zusammen, zw. oberen und unteren Schneidezähnen bleibt ein Spalt.

offener Brief, meist in der Presse abgedruckte; krit. Mitteilung in Briefform.

Offenmarktpolitik, An- oder Verkäufe von Wertpapieren durch die Zentralnotenbank, um die Geldmenge zu beeinflussen. Kauft die Notenbank Wertpapiere von Banken, so steigt deren Liquidität und die Möglichkeit zur Kreditgewährung; durch Verkauf engt sie diese ein.

offensiv [lat.], angreifend, verletzend. **Offensive** die, Angriff.

öffentliche Beglaubigung, Formvorschrift zur Gültigkeit bestimmter Rechtsgeschäfte, vom Gericht oder Notar vorzunehmen.

öffentliche Hand, öffentl. Verwaltung (Staat, Gemeinde) als Unternehmer.

öffentliche Meinung, Durchschnittsmeinung einer Bevölkerung.

öffentlicher Glaube, ⚖ Grundsatz, daß der Inhalt bestimmter öffentl. Bücher und Urkunden (Grundbuch, Erbschein) zugunsten der darauf vertrauenden Personen als richtig gilt.

öffentliches Recht, ⚖ Teil der staatl. Rechtsordnung, der durch das Wirken hoheitl. Gewalt bestimmt ist, z. B. Verfassungs- und Verwaltungsrecht; Ggs.: Privat-, bürgerl. Recht.

öffentliche Unternehmen, Unternehmen im Besitz oder unter maßgebender Beteiligung eines öffentl.-rechtl. Gemeinwesens. Sie treten in Organisationsformen des Privatrechts (AG., GmbH.) oder des öffentl. Rechts auf (meist als rechtl. unselbständige **Regiebetriebe** oder als organisator. verselbständigte **Eigenbetriebe** wie Bundesbahn u. a.). Dazu kommen **Sondervermögen,** Beteiligungsgesellschaften und Staatskonzerne. Die ö. U. dienen teils fiskalisch-erwerbswirtschaftl. Zwecken, teils der Entfaltung einer die Wirtschaft beeinflussenden Macht.

Öffentlichkeitsarbeit, → Public relations.

öffentlich-rechtliche Körperschaft, jurist. Person, der zu öffentl. Zwecken besondere Rechte zustehen (z. B. Staat, Gemeinde, Kirche).

offerieren [lat.], anbieten. **Offerte** die, Antrag (Verkaufsangebot), durch dessen Annahme der Vertrag (Kaufvertrag) zustande kommt.

Offertorium [lat.] das, Opferung; der 1. Hauptteil der kath. Messe, Zubereitung von Brot und Wein und die Gebete des Priesters dabei.

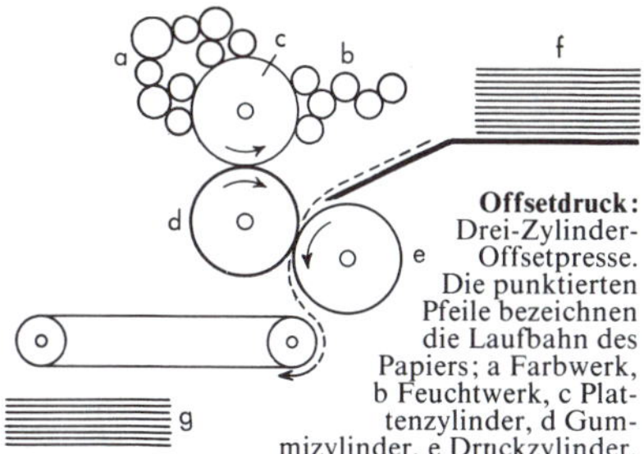

Offsetdruck: Drei-Zylinder-Offsetpresse. Die punktierten Pfeile bezeichnen die Laufbahn des Papiers; a Farbwerk, b Feuchtwerk, c Plattenzylinder, d Gummizylinder, e Druckzylinder, f Papierstapel, g bedruckter Bogen

Offizial [lat.] der, Vorsitzender des bischöfl. Gerichts, des **Offizialats. Offizialanwalt, Offizialverteidiger,** → Pflichtverteidiger.

offiziell [frz.], amtlich.

Offizier [frz.] der, militär. Berufsstand mit der Aufgabe der operativen und takt. Führung im Kriege und der Ausbildung der Mannschaften. In der dt. Bundeswehr gibt es **Berufs-O.** und **O. auf Zeit.** O. gibt es auch bei der Polizei, beim Bundesgrenzschutz.

Offizin [lat.] die, Werkstätte (Apotheke, Druckerei).

offizinell [lat.] nennt man die im amtl. **Arzneibuch** aufgeführten Arzneimittel.

offiziös [frz.], halbamtlich, auf Veranlassung einer Behörde.

Offizium [lat.] das, -s/...fizien, Pflicht, Amt. **Heiliges O.,** älteste (1542) Kardinalskongregation. Aufgabe: Reinhaltung der Glaubens- und Sittenlehre. Seit 1965 heißt es **Glaubenskongregation.**

off limits [engl.], Zutritt verboten.

off-line, Begriff der Datenverarbeitung für nicht vom Rechner gesteuerte Peripheriegeräte.

Offsetdruck [engl., »abgesetzt«], Flachdruckverfahren, bei dem von der Druckform erst auf einen Zwischenzylinder und von diesem auf das Papier gedruckt wird.

Off-Shore-Käufe [ɔf ʃ'ɔ:-, engl.], außerhalb der Küsten Nordamerikas getätigte Einkäufe amerikan. Vergabestellen.

Off-Shore-Technik [ɔfʃ'ɔ:-, engl.], Aufsuchen und Gewinnen von Erdöl und/oder Erdgas aus küstennahen Meeresgebieten mit **Bohrplattformen, Hubinseln, Bohrschiffen.**

O'Flaherty [əufl'ɛətı], Liam, irischer Erzähler, *1897, †1984.

Ofterdingen, Heinrich v., → Heinrich.

Ogaden, trockenes Hochland in SO-Äthiopien an der Grenze zu Somalia. – 1978 unterdrückte Äthiopien eine von Somalia unterstützte Separationsbewegung.

Ogbomosho, Stadt in Nigeria, 527000 Ew.

Ogier der Däne [ɔʒj'e-], Gestalt der Heldensage, Gegner Karls des Großen.

Oglio ['ɔljɔ], linker Nebenfluß des Po, in Oberitalien, mündet südwestl. Mantua, 280 km lang.

Ogowe, Fluß in Gabun, an der Westküste Afrikas, 850 km lang, mündet bei Kap Lopez.

Oheim [mhd.], **Ohm,** Onkel.

OHG., Abk. für → Offene Handelsgesellschaft.

Ohio [əh'aıəU] der, **1)** der wichtigste linke Nebenfluß des Mississippi, entsteht aus 2 Quellflüssen, die sich bei Pittsburgh vereinigen, von da an ist er schiffbar. Er ist 1570 km lang. **2)** Abk. **Oh.,** Staat der USA, zw. dem Fluß O. und dem Eriesee, 106764 km², 10,752 Mio. Ew.; Hptst.: Columbus; größte Stadt: Cleveland. O. ist welliges Tafelland; Anbau von Getreide, Sojabohnen; Viehzucht. ⚒ auf Kohle, Kalk, Salz, Erdöl, Erdgas. Maschinen-, Fahrzeug-, Gummi- u. a. Ind. ⊕ S. 494.

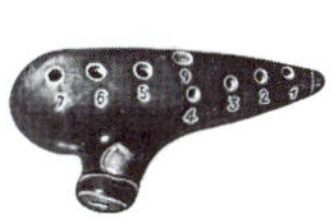

Okarina

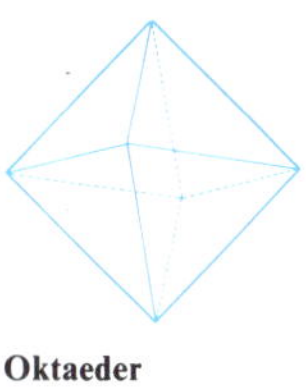

Oktaeder

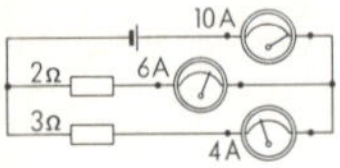

Ohm: Ohmsches Gesetz

1

2

3

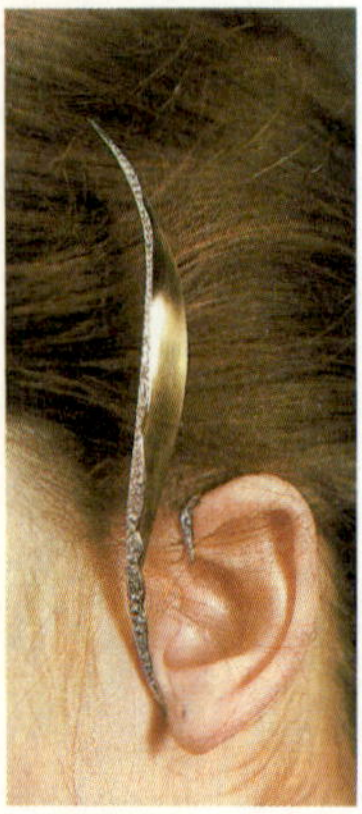
4

Ohlau, poln. **Oława,** Stadt in der poln. Wwschaft Wrocław, ehem. Stadt in Niederschlesien; 19700 Ew.

Ohle die, linker Nebenfluß der Oder, mündet bei Breslau, 92 km lang.

Ohm, Georg Simon, Physiker, *1789, †1854; entdeckte das **Ohmsche Gesetz:** die elektr. Stromstärke I eines Stromkreises ist gleich der anliegenden Spannung U geteilt durch den elektr. Widerstand R des Stromkreises, $I = U/R$. Nach O. ist auch die Einheit des elektr. Widerstandes, das O., Abk. Ω (→ Elektrizität) benannt.

ohne Gewähr, ohne Obligo, → Obligo.

Ohnmacht die, vorübergehender Zustand von Bewußtlosigkeit, der auf mangelhafter Durchblutung des Gehirns beruht; z. B. infolge Hitzschlags, eines leichten Schocks, bei Herzschwäche, durch langes Stehen.

Ohr das, Sitz des Gehörs und des Gleichgewichtssinnes beim Menschen und bei den Wirbeltieren. Das menschl. O. besteht aus dem äußeren O. **(O.-Muschel** und **Gehörgang),** dem **Mittel-O.** (Paukenhöhle mit 3 Gehörknöchelchen) und dem inneren O. Der Gehörgang wird durch das **Trommelfell** gegen das Mittel-O. abgeschlossen. Das Mittel-O. steht durch die **Eustach. Röhre** oder **O.-Trompete** mit dem Nasen-Rachen-Raum in Verbindung. Das **innere O.** oder **Labyrinth** enthält ein mit Flüssigkeit gefülltes Röhrensystem. Es besteht aus dem Vorhof, den 3 Bogengängen und der Schnecke mit den gegen Erschütterungen (Schallwellen) empfindl. Hörzellen. Die Bogengänge dienen der Wahrnehmung von Bewegungen des Kopfes und damit des ganzen Körpers, der Vorhof meist der Wahrnehmung der Lage des ruhenden Körpers im Raum.

Ohrenkrankheiten. Am häufigsten sind die Entzündungen des äußeren Gehörgangs (meist durch Furunkel) und des Mittelohrs. Entzündung oder Katarrh des Mittelohrs und der Paukenhöhle, **Mittelohrentzündung,** entsteht durch Eindringen von Keimen vom Nasen-Rachen-Raum oder, bei durchlöchertem Trommelfell, vom äußeren Ohr her, oft auch bei Masern, Scharlach, Diphtherie, Grippe; sie führt zur Entzündung, oft Durchlöcherung des Trommelfells. **Schwerhörigkeit** kann bei den verschiedensten O. auftreten. Untersuchungen erfolgen mit dem **Ohrtrichter,** durch den mit einem durchlöcherten Hohlspiegel **(Ohrenspiegel)** Licht auf das Trommelfell geworfen wird.

Ohrenqualle die, ♘ teller- bis tassenähnl., violett durchscheinende Schirmqualle der europ. Küstenmeere.

Ohrschmuck, im Ohrläppchen getragener oder um das Ohr gelegter Schmuck.

Ohrspeicheldrüse, grch. **Parotis,** größte der Mundspeicheldrüsen; sie liegt vor und unter der Ohrmuschel. Entzündung der O., → Mumps.

Ohrwurm, ♘ Geradflügler mit kurzen Flügeln und harmloser Zange am Hinterleib, lebt von Obst, Blüten u. a., für den Menschen ungefährlich.

Oise [wa:z] die, rechter Nebenfluß der Seine, entspringt in den Ardennen, 302 km lang, mündet bei Conflans.

Oistrach, David, *1908, †1974, und sein Sohn Igor, *1931, russ. Geigenvirtuosen.

Oka die, Fluß in der UdSSR, rechter Nebenfluß der Wolga bei Gorkij; 1500 km lang.

Ohrschmuck: 1 Goldener Bügelohrring mit gehörntem Löwenkopf, grch., 4.-3. Jh. v. Chr., **2** Bügelohrring mit Frauenkopf und Glasperlen zw. Goldringen, Bügel aus gedrehtem Golddraht, röm. 1.-2. Jh., **3** Ohrgehänge Paris, um 1786, Silber, Gold, Smaragde, Diamanten, Perlen (1-3 Schmuckmuseum Pforzheim), **4** O. in Gelbgold mit Brillanten, W. Stoess, Wiesbaden, 1978

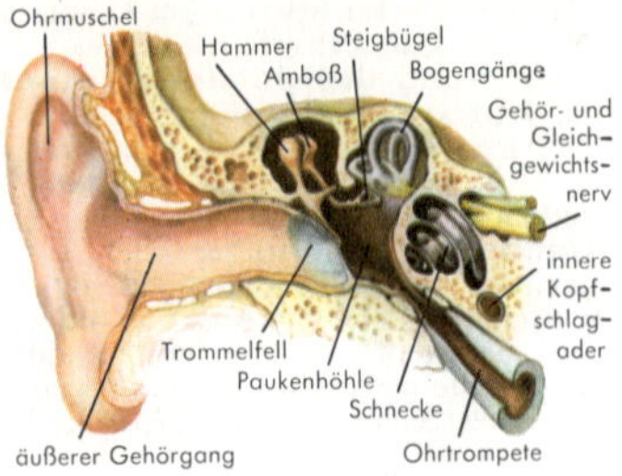

Ohr, schematische Übersicht

Okapi das, giraffenartiger Wiederkäuer in Innerafrika; bis 1,5 m Schulterhöhe.

Okarina [ital. »Gänschen«] die, -/...nen, tönernes Blasinstrument. (BILD S. 631)

Okayama, japan. Stadt auf Honshu, 572400 Ew., altes Schloß; Textil- u. a. Ind.

Okeanos der, lat. **Oceanus,** grch. Mythos: Sohn des Uranos und der Gaia, göttl. Repräsentant des Weltstroms, der die Länder der Erde umfließt.

Oken, Lorenz, Naturforscher und Philosoph, *1779, †1851; Naturphilosoph.

Oker die, linker Nebenfluß der Aller, 105 km.

Okinawa, die größte der → Ryukyu-Inseln.

Okkasionalismus der, ⓟ Lehre, nach der Leib und Seele nicht von sich aus wechselseitig aufeinander wirken können; alle wechselseitige Wirkung zw. ihnen geschieht durch Gott; für diesen sind die realen Zustände nur Anlaß, bestimmte Wirkungen hervorzubringen.

Okklusion [lat.] die, **1)** allg.: Ein-, Umschließung, Verschluß. **2)** WETTERKUNDE: → Front. **3)** ♡ Zusammenbiß von Ober- und Unterkiefer.

okkult [lat.], verborgen, geheimnisvoll.

Okkultismus [lat.] der, **1)** Lehre, daß es verborgene, in unsere heutige Wissenschaft nicht einzugliedernde Tatsachen der Natur und des Seelenlebens gebe, → Parapsychologie. **2)** Geheimwissenschaften, z. B. Magie.

Okkupation [lat.] die, militär. Besetzung eines fremden Staatsgebiets.

Oklahoma [əukləh'əumə], Abk. **Okla.,** Staat der USA, 181089 km², 3,305 Mio. Ew.; Hptst.: Oklahoma City. Im O Prärie, im W Steppe (künstl. Bewässerung). Anbau von Weizen, Baumwolle u. a. ⚒ auf Erdöl, Erdgas. Ölraffinerien u. a. Ind. ⊕ S. 494.

Ökoladen, → Bioladen.

Ökolampadius, Johannes, Reformator von Basel, *1482, †1531; Gegner der luther. Abendmahlslehre.

Ökologie [grch.] die, Wissenschaft von den Beziehungen der Lebewesen zu ihrer Umwelt (Standort, Boden, Klima, andere Lebewesen).

ökologische Bewegung, außerparlamentarisch wirkende politisch-soziale Bewegung gegen Umweltzerstörungen.

ökologisches Gleichgewicht, Wechselwirkungen zw. den Gliedern einer biolog. Lebensgemeinschaft; jede Systemveränderung ruft entsprechende Gegenreaktion hervor, um das ö. G. wiederherzustellen.

Ökonometrie [grch.] die, Inbegriff der Anwendung der Wahrscheinlichkeitstheorie auf wirtschaftsstatist. Daten im Rahmen wirtschaftstheoret. Modelle, u. a. zum Zweck der Bestimmung wirtschaftl. Konstanten.

Ökonomie [grch.] die, **1)** Wirtschaftlichkeit. **2)** Wirtschaft; Wirtschaftslehre. **3)** Landwirtschaft. **Ökonom** der, Landwirt.

Ökosystem [grch.], ökolog. Partnerschaft zw. Organismus oder Organismenverband und Umwelt, auch **Biosystem** genannt.

Oktaeder [grch.] das, △ von 8 gleichseitigen Dreiecken begrenzter, regelmäßiger → Körper. (BILD S. 631)

Oktant der, **1)** Winkelmeßinstrument für die Schiffsortbestimmung, ähnlich dem → Sextanten. **2)** ☆ Sternbild am Südpol des Himmels.

Oktanzahl, Abk. **OZ,** Kennzahl für die Klopffestigkeit eines Ottokraftstoffs. Kraftfahrbenzin hat O. von 80-100 und darüber, Flugbenzin von 100-145.

Oktav [lat.], **1)** die O., in der kath. Liturgie die achttägige Feier von Weihnachten, Ostern, Pfingsten. **2)** das O., das gebräuchlichste Buchformat mit 22,5 cm Höhe (8°).

Oktave die, ♩ **1)** der (von einem Grundton aus gerechnet) 8. Ton der diaton. Leiter, die 8. diaton. Stufe, die zum Grundton im Schwingungsverhältnis von 2:1 steht und mit ihm gleichnamig ist; **2)** Zusammenklang beider Töne (also der 1. und 8. Stufe); **3)** 8 Stufen umfassender Tonraum zw. 2 gleichnamigen Tönen (C bis c, D bis d, E bis e usw.).

Oktett [lat.] das, Tonstück von 8 Stimmen.

Oktober [lat.], dt.: **Gilbhart,** 10. Monat des Jahres. Bei den Römern war er der 8. **O.-Fest,** jährl. Münchner Volksfest.

Oktoberrevolution, Sturz der russ. menschewist. Kerenskij-Regierung durch die Bolschewiki unter Lenin am 25./26. 10. 1917 a.St. (nach heutigem Kalender 7./8. 11. 1917).

Oktopoden [grch.] Mz., achtarmige Kopffüßer, die Kraken.

oktroyieren [ɔktrwaj'i:rən, frz.], aufdrängen, aufzwingen.

Okular [lat.] das, → Objektiv (→ Fernrohr).

okulieren [lat.], **äugeln,** Obstbau: Holzpflanze (Wildling) veredeln. (BILD Veredelung)

Ökumene [grch.] die, bewohnte Erde. **ökumenisch,** allgemein.

Ökumenische Bewegung, Bemühungen der christl. Kirchen, sich trotz Aufspaltung in versch. Bekenntnisse und Trennung durch Landesgrenzen zur Einheit zusammenzufinden (1925 Einberufung der ersten Weltkirchenkonferenz in Stockholm). Die versch. Strömungen wurden 1948 in dem **Ökumen. Rat der Kirchen** (Sitz Genf) zusammengefaßt. Diesem **Weltkirchenrat** können alle Kirchen (1990: über 300) angehören, die »Jesus Christus als Gott und Heiland« bekennen. Der Rat hat keine kirchenleitenden Befugnisse. Die kath. Kirche ist nicht beteiligt.

Ökumenisches Konzil, in der kath. und in der Ostkirche eine Versammlung der kirchl. Hierarchie, deren Beschlüsse für die ganze Kirche bindend sind.

Ökumenismus, vom II. Vatikan. Konzil übernommene Bez. für die kath. Unionsbestrebungen.

OKW, → Oberkommando der Wehrmacht.

Okzident [lat.] der, der W Europas (einschließlich Mitteleuropa). Ggs.: → Orient.

ö.L., ⊕ Abk. für östliche Länge (→ Länge).

Öl, gemeinsamer Name für meist flüssige chem. Stoffe, die brennbar, leichter als Wasser und in Wasser unlöslich sind: Erdöl, Fette und fette Öle, Mineralöle, ätherische Öle.

Olaf V., König von Norwegen, *1903, folgte 1957 seinem Vater Håkon VII. auf den Thron.

Olaf der Heilige, König von Norwegen 1015 bis 1028, förderte die Ausbreitung des Christentums, vom Dänenkönig Knut d. Gr. vertrieben.

Öland, schwed. Ostseeinsel, vom Festland durch den Kalmarsund getrennt, 1346 km^2.

Ölbaum, weidenähnl. Baum mit graugrünem Laub, weißen Blütchen und schwarzblauer Steinfrucht, der **Olive.** Der Ö. stammt aus Vorderasien, wächst seit dem Altertum am Mittelmeer, wurde dann auch in Amerika, Südafrika, Australien eingeführt. Aus den Früchten bereitet man Olivenöl.

Ölberg, Berg östlich von Jerusalem; Lehrstätte und Stätte der Himmelfahrt Christi.

Oktave, a Intervall, b Tonraum

Olbrich, Joseph Maria, Architekt, *1867, †1908, Vorkämpfer des Jugendstils; Bauten auf der Mathildenhöhe in Darmstadt.

Olbricht, Friedrich, General, *1888, †(erschossen) 20. 7. 1944, gehörte zu den Führern der Umsturzpläne gegen Hitler.

Oldenbarnevelt, Johan van, *1547, Ratspensionär der Prov. Holland, Führer des republikan. Patriziats, Gegner des Statthalters Moritz von Nassau, der ihn 1618 verhaften, 1619 enthaupten ließ.

Ökumenische Bewegung

Oldenburg, 1) ehem. Land des Dt. Reiches, umfaßt Geest-, Moor- und Marschgebiete westl. der Wesermündung. ⊕ O. kam als Stammgebiet der Grafen von O. 1667 an das dän. Königshaus, wurde 1777 Hzgt. und 1815 Groß-Hzgt., bekam 1803 das Stift Lübeck und 1817 das Fstt. Birkenfeld, die beide 1937 an Preußen fielen. O. wurde 1918 Freistaat. **2) O. in O.,** kreisfreie Stadt im RegBez. Weser-Ems, 100 500 Ew., an der Hunte und am Küstenkanal; Univ., Fachhoch- sowie Fach- und Berufsschulen; Handel (Viehmärkte); Ind. (Glas, Maschinen, Nahrungs-, Genußmittel, Textilien).

Olaf V.

Oldesloe [-lo:], **Bad O.,** Krst. in Schlesw.-Holst., 20 500 Ew., an der Trave; Sol-, Moor-, Schwefelbad.

Oldham ['oUldəm], Industriestadt in NO-England, 95 500 Ew.; Baumwoll-, Maschinenind.

Oldoway, steinzeitl. Fundort in der Serengeti-Steppe.

Oleander der, Rosenlorbeer, milchiger, giftiger Uferstrauch oder -baum im Mittelmeergebiet und in Vorderasien, hat rote oder weiße duftreiche Blüten; in Mitteleuropa Zierpflanze.

Olefine Mz., ⚗ azyklische und zyklische aliphat. Kohlenwasserstoffe (Alkene) mit einer oder mehreren reaktiven Doppelbindungen im Molekül.

Oleg, Waräger, †912, übernahm 879 nach Ruriks Tod die Herrschaft über Nowgorod, 880/82 über Kiew; begründete das Reich der Rurikiden.

Oléron [ɔler'ɔ̃], Insel vor der Küste SW-Frankreichs, 175 km^2; Seesalzgewinnung.

Ölbaum: Blütenzweig

Oleum das, ⚗ rauchende konzentrierte Schwefelsäure, die noch SO_3 gelöst enthält.

Ölfarben, Malfarben aus Pigmenten und einem trocknenden Öl (Leinöl, für Künstlerfarben auch Mohnöl); auch Anstrichmittel, ergeben dichten, wetterbeständigen, waschfesten Anstrich.

Ölfrüchte, Ölpflanzen, angebaute Pflanzen, die aus Samen oder Früchten fettes Öl liefern; z. B. in Europa: Ölbaum, Raps, Rübsamen, Schwarzer und Weißer Senf, Mohn, Sonnenblume, Flachs, Hanf; außereurop.: Öl-, Kokospalme, Rizinus, Erdnuß, Sojabohne, Mandelbaum u. a. **Ölkuchen:** Preßrückstände (Futtermittel).

Olga [russ. für Helga], weibl. Vorname.

Olga, Gemahlin des Großfürsten Igor von Kiew, †969, nach dessen Tod Regentin, 955 Helena getauft. Heilige der russ. Kirche (Tag: 11. 7.).

Olifant [altfrz. »Elefant«] der, in der Heldensage das Horn → Rolands; danach im MA.: Jagd- und Trinkhorn.

Oligarchie [grch.] die, **Oligokratie** die, Herrschaft einer kleinen Gruppe.

Oligoklas [grch.] der, ein Feldspat.

Oligopol [grch.] das, Marktform, bei der wenige Anbieter den gesamten Markt beliefern **(Angebots-O.)** oder wenige Nachfrager das ganze Angebot kaufen **(Nachfrage-O.).**

Oleander

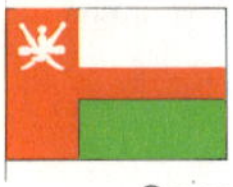

Oman

O'Neill

Oligozän das, drittälteste Stufe der Tertiärformation, → Erdgeschichte, ÜBERSICHT.

olim [lat.], einst, einstmals.

Oliva, Vorort von Danzig mit ehem. Kloster, 1178 von Zisterziensern gegr., 1831 aufgehoben; Klosterkirche des 13. Jh. – **Friede von O.,** 1660 zw. Schweden und Polen.

Olive die, Frucht des → Ölbaums.

Olivier [-vje], **1)** Ferdinand, Maler und Graphiker, *1785, †1841, schuf bes. Bilder aus dem Salzburger Land. **2)** Friedrich, Maler, Bruder von 1), *1791, †1859. **3)** [o'lıvıə] Baron (seit 1970) Laurence, *1907, †1989; engl. Bühnen-, Filmschauspieler.

Olivin, olivgrünes Mineral, ein Magnesium-Eisen-Silicat. Edelsteinvarietäten: Chrysolith und Peridot.

Ollenhauer, Erich, Politiker, *1901, †1963; 1952-63 Vors. der SPD.

Ölmalerei, Malen mit Ölfarben: sie sind haltbar, können deckend oder lasierend aufgetragen werden, laufen nicht ineinander über, ermöglichen daher die feinsten Übergänge, gestatten Korrekturen. Schon dem MA. bekannt, haben zuerst die Brüder van Eyck die Ö. zu künstler. Entwicklung gebracht.

Olmeken, aztek. Name für die Bewohner der S-Küste des Golfs von Mexiko zur Zeit der span. Eroberung.

Olmütz, tschech. **Olomouc** ['ɔlɔmɔuts], Stadt im nördl. Mähren, ČSFR, an der March, 106 500 Ew., Univ., Rathaus (15. Jh.), Dom (12. Jh.); Metall-, Leder-, Lebensmittelind. – 29. 11. 1850 **Olmützer Punktation:** Aufgabe der kleindt. Einigungspolitik Preußens unter dem Druck Österreichs und Rußlands.

Ölpalme, Fiederpalme, in Afrika, Südamerika. Das **Palmöl** aus dem Fruchtfleisch dient zu Speisefetten, Seife, Kerzen. Aus den Samen stellt man **Palmkernöl** her; der Preßrückstand, **Palmkernkuchen,** ist Mastfutter.

Ölpest, Verschmutzung küstennaher Meeresgebiete durch in das Meer gelaufenes Öl, das durch das Salzwasser verkrustet.

Ölsäure, ☜ ungesättigte organ. Säure; kommt (als Glycerinester) in fast allen Fetten und fetten Ölen vor.

Ölschiefer, dunkle, bitumenreiche Schiefer, die bei der Destillation Öl liefern.

Olten, Stadt in der Schweiz, nahe Basel, 18 000 Ew., Bahnknoten, Aare-Kraftwerk; Schuh-, Maschinen-, Kraftwagen- u. a. Ind.

Ölung, Letzte Ö., seit dem 2. Vatikan. Konzil: **Krankensalbung,** Sakrament, in der kath. Kirche Schwerkranken gespendet, um sie von Sünden zu reinigen und seel. und leibl. aufzurichten; in der Ostkirche als Vermittlung leibl. Gesundheit aufgefaßt, auch Gesunden gespendet.

Ölweide die, Bäume und Sträucher mit weidenähnl., silberglänzenden Blättern, duftreichen, unscheinbaren Blüten und Steinfrüchten.

Olymp [grch.] der, im Altertum: mehrere Gebirge, bes. das in Griechenland an der Grenze von Makedonien und Thessalien (2917 m), für die Griechen der Sitz der Götter, der **Olympier.**

Olympia, altgrch. Heiligtum von Zeus und Hera, Stätte der → Olympischen Spiele, in Elis (Peloponnes). Dt. Ausgrabungen 1875-81, 1922 ff., 1936-42 und seit 1952. Giebelfiguren des Zeustempels im Museum von O.

Olympiade [grch.] die, **1)** bei den Griechen die zw. 2 Feiern der Olymp. Spiele liegenden 4 Jahre. **2)** die Olymp. Spiele.

Olympische Spiele, 1) im alten Griechenland die bedeutendsten Festspiele, in Olympia von 776 v. Chr. bis 393 n. Chr. alle 4 Jahre ausgetragen. Sportl. betrieben wurden bes. der klass. Fünfkampf, Dauerlauf, Wagenrennen u. a. **2)** die 1894 durch P. de → Coubertin ins Leben gerufenen Internat. O. S., die seit 1896 (Athen) alle 4 Jahre stattfinden. (Weitere BILDER S. 635)

Omaha [əumə'hɔ:], Stadt in Nebraska, USA, 349 000 Ew.; am Missouri, Mittelpunkt großer Getreide- und Viehzuchtgebiete, Großschlächtereien, Metallind.; Hochschulen.

Omajjaden, muslim. Herrschergeschlecht; 661-750 Kalifen in Damaskus, 756-1031 in Córdoba (Spanien).

Oman, Sultanat im O Arabiens, 212 457 km^2, 1,33 Mio. Ew.; Hptst.: Maskat; größte Stadt: Matrah. Im W Wüste, im O gebirgig (bis 3108 oder 3352 m). Bev.: Araber, daneben Inder, Belutschen; Religion: Islam. – Erzeugung: Datteln, Südfrüchte, Zuckerrohr; Erdölförderung; Fischerei. Haupthandelspartner: Großbritannien; Haupthafen: Matrah. – Seit 1890 brit. Protektorat, seit 1938/51 Freundschaftsvertrag. Staatspräs.: Sultan Quabus bin Said as Said (seit 1970). ⊕ S. 483.

Omar I., der zweite Kalif (634-644) leitete den Siegeszug des Islams ein.

Omar Chajjam, pers. Dichter, Astronom, Mathematiker, *1048, †1131; Sinnsprüche.

Ombudsman [schwed. »Schiedsmann«], Bevollmächtigter, Sachwalter; im Staatsrecht eine von der Volksvertretung bestellte Person

OLYMPISCHE SPIELE

Olympiade	Jahr	Ort	Beteiligte Staaten	Wettkämpfer	davon Frauen	Goldmedaillen
		Sommerspiele				
I	1896	Athen	11	285	–	43
II	1900	Paris	20	1066	6	87
III	1904	St. Louis	11	496	–	89
	1906[1])	Athen	20	883	7	77
IV	1908	London	22	2059	36	107
V	1912	Stockholm	28	2541	57	106
VII[2])	1920[3])	Antwerpen	29	2606	63	155
VIII	1924[3])	Paris	44	3092	136	129
IX	1928	Amsterdam	46	3292	263	119
X	1932	Los Angeles	40	1429	23	125
XI	1936	Berlin	49	4793	328	139
XIV	1948[3])	London	59	4106	385	146
XV	1952	Helsinki	69	4925	518	149
XVI	1956	Melbourne	67	4388	456	153
	1956	Stockholm[4])	29	164	16	12
XVII	1960	Rom	84	5337	537	152
XVIII	1964	Tokio	94	5558	732	164
XIX	1968	Mexiko	113	6059	844	174
XX	1972	München	121	7303	1251	195
XXI	1976	Montréal	89	6125	1261	198
XXII	1980[5])	Moskau	81	5678		204
XXIII	1984[6])	Los Angeles	140	6708		226
XXIV	1988	Seoul	160	9392		237
XXV	1992[7])	Barcelona				
		Winterspiele				
I	1924[3])	Chamonix	16	293	13	16
II	1928	St. Moritz	25	363	27	15
III	1932	Lake Placid	17	278	21	19
IV	1936	Garmisch-Partenkirchen	28	756	81	21
V	1948[3])	St. Moritz	28	878	57	24
VI	1952	Oslo	30	732	108	23
VII	1956	Cortina	32	924	146	24
VIII	1960	Squaw Valley	30	648	146	27
IX	1964	Innsbruck	36	933	175	35
X	1968	Grenoble	37	1293	228	35
XI	1972	Sapporo	35	1136		36
XII	1976	Innsbruck	37	1261	248	37
XIII	1980	Lake Placid	37	1500		38
XIV	1984	Sarajevo	49	1437		39
XV	1988	Calgary	57	1759		46
XVI	1992[7])	Albertville				
XVII	1994[7])	Lillehammer				

[1]) olymp. Zwischenspiele; [2]) die für 1916 in Berlin, 1940 in Tokio und Helsinki, 1944 in London geplanten VI., XII. und XIII. O.S. wurden infolge der beiden Weltkriege nicht ausgetragen; [3]) zu den O.S. von 1920, 1924 und 1948 war Dtl. nicht zugelassen; [4]) olymp. Reiterspiele; [5]) wegen der sowjet. Intervention in Afghanistan nahmen 51 Länder (darunter USA, Bundesrep. Dtl.) nicht teil. [6]) die UdSSR sowie die meisten kommunist. Staaten nahmen nicht teil. [7]) vorgesehen.

(Behörde), die die Rechtsanwendung und den Rechtsschutz des einzelnen beaufsichtigt, in Schweden seit 1809, in der Bundesrep. Dtl. seit 1956 der Wehrbeauftragte, seit 1978 der Datenschutzbeauftragte.

Omdurman, Stadt in Sudan, am Weißen Nil, gegenüber Khartum, 526 400 Ew.; Kultur- und Handelszentrum; Textil- u. a. Industrie.

Omega, letzter Buchstabe des grch. Alphabets.

Omelette [ɔml'ɛt, frz.] die, **Omelett** das, Speise aus geschlagenen Eiern ohne Mehl.

Omen [lat.] das, -s/Omina, Anzeichen, Vorbedeutung.

ominös [lat.], von (schlimmer) Vorbedeutung.

Omnibus [lat. »für alle«] der, Kraftfahrzeug zur Beförderung von mehr als 9 Personen.

Omnipotenz [lat.] die, Allmacht. **omnipotent,** allmächtig.

Omnivoren Mz., Allesfresser, Tiere, die pflanzl. und tier. Nahrung aufnehmen, z. B. Affen.

Omsk, Stadt in der Russ. SFSR, 1,150 Mio. Ew.; am Irtysch; kultureller Mittelpunkt Sibiriens; Maschinen-, Erdöl-, chem. u. a. Ind.

Omuta, Omuda, japan. Stadt auf Kyushu, 159 000 Ew., Eisen- und chem. Ind.

Onager [grch.] der, asiat. Halbesel.

Onanie die, → Masturbation.

Ondit [ɔ̃d'i, frz. »man sagt«] das, Gerücht.

Onega, Fluß im Gebiet Archangelsk, UdSSR, 416 km lang, mündet ins Weiße Meer.

Onegasee, See in der N-UdSSR, 9700 km^2, fließt durch den Swir zum Ladogasee ab.

O'Neill [əʊn'i:l], Eugene, amerikan. Dramatiker, *1888, †1953. Seine Schauspiele geben einer trag. Lebensauffassung Ausdruck: »Gier unter Ulmen«, »Seltsames Zwischenspiel«, »Trauer muß Elektra tragen«, »Der Eismann kommt«, »Fast ein Poet«. Nobelpreis 1936. (BILD S. 634)

Onkelehe, → Rentenkonkubinat.

Onkel Sam [engl. Uncle Sam, aus der Abk. U. S. Am. für United States of America], Scherzbezeichnung des amerikan. Volkes.

Onkologie [grch.] die, Lehre von den Geschwülsten.

On-line, direkte Kopplung an digitale Rechenanlagen.

Önologie [grch.] die, Weinkunde.

onomatopoetisch [grch.], klangmalend, z. B. »zischen«, »quaken«.

on parle français [ɔ̃ parl frãs'ɛ, frz.], man spricht (hier) französisch.

Ontario, 1) O.-See, der kleinste der Kanad. Seen, 19 011 km^2 groß, mit dem Eriesee durch den Niagara und den Wellandkanal, mit dem Atlant. Ozean durch den Sankt-Lorenz-Strom verbunden. **2)** Prov. Kanadas am Nordufer der Kanad. Seen, 1,067 Mio. km^2, 9,1 Mio. Ew.; Hptst.: Toronto. Im S Anbau von Gemüse, Obst, Tabak u. a.; Viehzucht; im N Forstwirtschaft. ⚒ auf Nickel, Kupfer, Uran u. a. Fahrzeug-, Holz- und Papier-, chem. u. a. Ind.

Ontogenie [grch.] die, Individual- oder Einzelentwicklung, → Stammesgeschichte.

Ontologie [grch.] die, Ⓟh Lehre vom Sein, bes. von den Bestimmungsgründen des Seienden, von den Seinsweisen und Seinsschichten; im Kritizismus Kants als Erkenntnismöglichkeit abgelehnt, erneuert durch M. Heidegger, N. Hartmann.

Onyx [grch.] der, Schmuckstein, schwarzweißgestreifter Chalcedon.

Oolith der, aus Schalen oder Kügelchen aufgebautes Gestein, bes. Kalk-O.

op., ♩ Abk. für **Op**us.

opak [lat.], undurchsichtig.

Opal der, buntschillerndes Mineral aus wasserhaltiger Kieselsäure; Schmuckstein. (BILD S. 636)

Opanke [slaw.] die, absatzloser Lederschuh, mit Riemen über Fuß und Wade kreuzweise festgeschnürt, in SO- und S-Europa.

Op-Art [engl. 'ɔpɑ:t], Abk. für **Optical Art,** Tendenzen zeitgenöss. Kunst, seit etwa 1964, stellt opt. Täuschungsphänomene (Flimmereffekte) dar und findet vor allem Verbreitung in Werbegraphik und Mode; Begründer sind V. Vasarély und Y. Agam.

Opatija, ital. **Abazzia,** Kurort in Istrien, Jugoslawien, 10 000 Ew.; am Quarnero.

OPEC, Abk. für **O**rganization of **P**etroleum **E**xporting **C**ountries [ɔ:gənaɪz'eɪʃn ɔv pɪtr'əʊljəm ɪksp'ɔ:tɪŋ k'ʌntrɪz, engl., »Organisation erdölexportierender Länder«], Sitz: Wien, 1960 gegr. von: Irak, Iran, Kuwait, Saudi-Arabien und Venezuela, weitere Vollmitgl. sind (1990): Algerien, Ecuador, Gabun, Indonesien, Katar, Libyen, Nigeria und Vereinigte Arab. Emirate. Ziele: Koordinierung der Erdölpolitik der Mitgliedstaaten, höhere und stabile, von Regierungen der Mitgliedstaaten festgesetzte Abrechnungspreise.

Open Shop ['əʊpn ʃɔp, engl.], im amerikan. Arbeitsrecht eine für alle Arbeitnehmer offene Stelle (kein Gewerkschaftszwang).

Oper [ital.] die, Bühnenwerk, in dem Musik, Dichtung, Gesang, Darstellungskunst und Bühnenarchitektur, bisweilen auch Tanz vereinigt sind. Man unterscheidet **ernste O.** (opera seria) und **komische O.** (opera buffa). Der Form nach ist die O. eine Aneinanderreihung geschlossener Musikstücke (»Nummern«, Nummer-O.), die durch Rezitative oder Dialoge verbunden sind. Eine neue Form schuf Wagner mit dem durchkomponierten Musikdrama.

Operation [lat.] die, **1)** Handlung, Verrichtung. **2)** ♡ mit gewaltsamer Gewebsdurchtrennung verbundener ärztl. (chirurg.) Eingriff. **3)** ⁖ in sich abgeschlossene Kampfhandlung in einem begrenzten Gebiet **(O.-Gebiet). 4)** △ Durchführung einer best. Vorschrift algebraischer, geometr., mengentheoret. oder log. Art; z. B. die Grundrechenarten.

Operations Research [ɔpər'eɪʃənz rɪs'ə:tʃ, engl.], die → Unternehmensforschung.

Operator [lat.] der, △ mathemat. Grundbegriff; eine durch ein Symbol gekennzeichnete Rechen- oder Zuordnungsvorschrift für best. Größen, z. B. Funktionen, mit wichtigen Anwendungsmöglichkeiten in Physik und Technik (Elektrotechnik, Quantentheorie).

Operette [ital.] die, musikal. Bühnenstück, meist mit gesprochenem Text, Gesangsnummern und Tanzeinlagen; in der Funktion heute vielfach vom Musical abgelöst.

Opfer das, **1)** Darbringung von Gaben an die Gottheit. **2)** die Gabe selbst. **Meß-O.,** → Messe. **O.-Stock** oder **Gotteskasten,** Behälter an Kirchentüren für milde Gaben.

Ophir, im A. T. ein Goldland, aus dem Salomo Gold und Edelsteine holen ließ.

Ophthalmologie [grch.] die, Augenheilkunde.

Ophüls ['ɔph-], Max, Filmautor, Regisseur, *1902, †1957; »Liebelei«, »Der Reigen«.

Opitz, Martin, Dichter, *1597, †1639; im »Buch von der dt. Poeterei« (1624) gab er strenge Sprachregeln; Lehrgedichte.

Opium das, ein Rauschgift. O., der eingetrocknete Milchsaft des Schlafmohns, enthält die Alkaloide Morphin, Narcotin, Codein, Papaverin, Thebain, Narcein u. a. In kleinen Dosen ist O. ein wichtiges schmerzstillendes und betäubendes Arzneimittel. **Rauch-O.** vermittelt tiefen Schlaf mit lebhaften Träumen. Die **O.-Vergiftung** entspricht der Morphinvergiftung. ⚖ → Betäubung.

Opiumkrieg, zw. England und China 1840-42, wegen der von China verweigerten engl. Opium-Einfuhr; das besiegte China mußte Hongkong abtreten.

Olympische Spiele: Olympia-Embleme

München 1972

Montreal 1976

Moskau 1980

Los Angeles 1984

Olympische Spiele: Olympische Ringe

Opal: Milch-O.

Opossum [indian.] das, versch. pelzliefernde Beuteltiere.

Oppa die, linker Nebenfluß der oberen Oder bei Ostrau, 129 km lang.

Oppeln, poln. **Opole,** Hptst. der poln. Wwschaft Opole, ehem. Stadt in Oberschlesien, an der Oder; 111000 Ew.; Ind.

Oppenheimer, 1) Franz, Nationalökonom, *1864, †1943; vertrat einen liberalen Sozialismus. **2)** J. Robert, amerikan. Physiker, *1904, †1967; war führend an der Entwicklung der Atombombe beteiligt.

opponieren [lat.], widersprechen.

opportun [lat.], passend, gelegen (zur rechten Zeit). **Opportunist** der, Mensch, der nach den gegebenen Verhältnissen handelt.

Opportunitätsprinzip, ⚖ Grundsatz, nach dem die zuständige Behörde (i.d.R. die Staatsanwaltschaft) eine strafbare Handlung nur zu verfolgen braucht, wenn dies im öffentl. Interesse liegt. Ggs.: →Legalitätsprinzip.

Opposition [lat.] die, Gegensatz, Widerstand. **1)** polit.: Minderheit im Parlament, die der Regierungsmehrheit gegenübersteht. **oppositionell,** gegnerisch, O. treibend, zur O. gehörig. **2)** ☆ Stellung zweier Gestirne, wenn ihr Längenunterschied 180° beträgt.

Orang-Utan

Optativ [lat.] der, Ⓢ Wunschform, bes. beim grch. Zeitwort.

optieren [lat.], wählen (→Optionsrecht).

Optik [lat.] die, Lehre vom Licht. Die **geometr. O.** behandelt Ausbreitung, Brechung und Spiegelung des Lichtes; die **physikal. O.** die Beugung, Interferenz, Polarisation, Farbenzerstreuung; die **angewandte O.** die opt. (aus Linsen gebauten) Geräte; die **physiolog.** und **psycholog. O.** die Vorgänge beim Sehen. **Optiker,** Fachmann für opt. Geräte.

Optimismus [von optimus] der, Neigung, das Leben von der besten Seite aufzufassen und auf einen guten Ausgang der Dinge zu vertrauen. **Optimist** der; Eigw. **optimistisch.**

optimus, optima, optimum [lat.], der, die, das Beste. **optimal,** bestmöglich.

Optionsrecht, ⚖ Wahlrecht. **1)** allg.: vertraglich eingeräumtes Recht, einen Gegenstand unter bestimmten Bedingungen zu erwerben (»Vorhand«). **2)** Völkerrecht: der bei Abtretung eines Gebietes an einen anderen Staat vereinbarte Vorbehalt, daß sich dessen Bewohner in einer bestimmten Frist für ihre bisherige Staatsangehörigkeit erklären können. Meist muß der **Optant,** der für seine urspr. Staatsangehörigkeit **optiert,** das Land in einer festgelegten Zeit verlassen.

optische Täuschungen, Gesichtstäuschungen, fehlerhaftes Auffassen, Vergleichen räuml. Größen bei best. Anordnungen der Bildelemente.

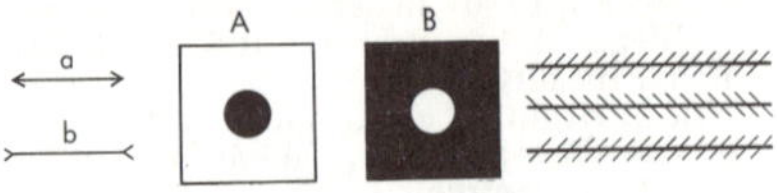

optische Täuschungen: a erscheint kürzer als b, Punkt A erscheint kleiner als B, die Parallelen scheinen zusammenzulaufen

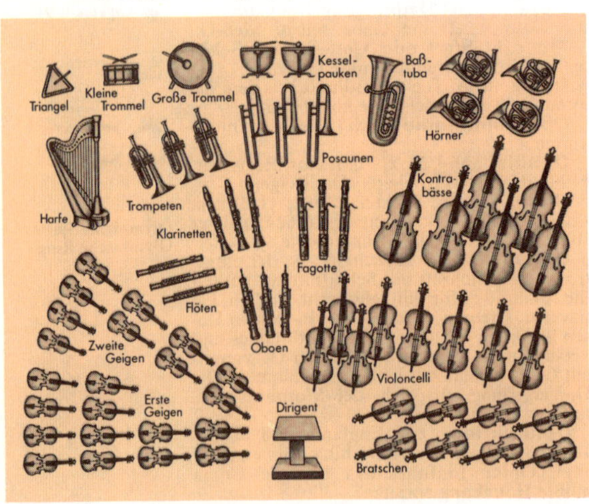

Orchester: amerikan. Sitzordnung, von der abgewichen wird, wenn die akust. Bedingungen des Konzertraumes es erfordern

Optoelektronik, Teilgebiet der Elektronik mit Bauelementen, in denen elektron. und opt. Signale miteinander verknüpft werden. Optoelektron. Systeme ermöglichen höhere Speicherkapazitäten und niedrigere Schaltzeiten als rein elektron. Systeme.

opulent [lat.], reich, mächtig, üppig.

Opuntie die, Gatt. der Kakteen, meist mit flachen, gegliederten Trieben, z.T. mit eßbaren Früchten, so beim Feigenkaktus.

Opus [lat.] das, Abk. **op.,** Werk; bes. das numerierte Einzelwerk eines Komponisten.

Opus Dei, kath. Laienorganisation.

ora [lat.], bete, bitte. **o. pro nobis,** bitte für uns. **o. et labora,** bete und arbeite.

Oradour [orad'ur], Gem. in Mittelfrankreich; 1944 wurden dort 648 Einwohner bei einer gegen die Widerstandsbewegung gerichteten Aktion von der SS umgebracht.

Orakel [lat.] das, **1)** im Altertum: die Zukunft weissagende Sprüche und Zeichen der Götter, bes. an heiligen Stätten (Delphi). **2)** diese Stätten selbst. **3)** Ü Schicksalsspruch, Rätselwort. **orakeln,** klug und wissend tun.

oral [lat.], mündlich, zum Mund gehörend.

Oran, Stadt in Algerien, 598000 Ew.; Univ.; Ausfuhrhafen für landwirtschaftl. Erzeugnisse; Flughafen; versch. Ind.

Orange [or'ãʒə, frz.] die, die Apfelsine, von gelblich-roter Farbe **(orange),** →Citrus. **Orangeade** [-ʒ'a:də] die, Getränk aus O.-Saft. **Orangeat** [-ʒ'a:t] das, kandierte O.-Schale.

Orangerie die, ein →Gewächshaus.

Orang-Utan [malaiisch »Waldmensch«] der, Gatt. der Menschenaffen auf Borneo, Sumatra. Die Arme reichen fast auf den Boden. Das Männchen wird bis 1,5 m groß. Baumbewohner, ernährt sich von Pflanzen.

Oranien, Orange [frz., ɔr'aʒ], ehem. kleines Fstt. im Rhônetal; kam 1530 an Nassau-Dillenburg, aus dem die niederländ. Linie **Nassau-O.** stammt; fiel 1713 an Frankreich.

Oranje, Strom in Südafrika, entspringt in den Drakensbergen, mündet in den Atlant. Ozean, 1860 km lang, nicht schiffbar.

Oranje-Freistaat, Prov. der Rep. Südafrika, 129152 km², 1,9 Mio. Ew.; Hptst.: Bloemfontein. Viehwirtschaft; Maisanbau. ⚒ auf Gold, Diamanten, Kohle. Nahrungsmittel- u.a. Ind. – Ⓖ 1842 als Burenfreistaat gegründet, nach dem Burenkrieg 1902 brit. Kolonie, 1910 der Südafrikan. Union eingegliedert.

Oration [lat.] die, Gebet in Messe und Brevier.

Orator [lat.] der, -s/...toren, Redner. **oratorisch,** als Redner, rednerisch.

Oratorianer, kath. Weltpriestervereinigung ohne Klostergelübde.

Oratorium [lat.] das, **1)** nichtöffentl. oder halböffentl. Betraum. **2)** ♩ mehrteilige Komposition für Chor, Einzelstimmen und Orchester über einen geistl. oder weltl. Text; in ihrem Aufbau (Arien, Rezitative, Chorgesänge, lyrisch-dramat. Teile) der Oper ähnlich. Hauptmeister: Carissimi, Metastasio, Händel, Haydn, Liszt, neuerdings Haas, Honegger, Strawinsky, Hindemith.

Orb, Bad O., Stadt in Hessen, im Spessart; 8600 Ew., Kohlensäure-Solbad.

Orbis [lat.] der, Kreis. **O. pictus,** gemalte Welt, Schulbuch von Comenius.

Orbit ['ɔ:bit, engl.] der, Umlaufbahn.
Orbiter ['ɔ:bɪtə, engl.], auf einer Planetenumlaufbahn befindl. Raumflugkörper.
Orchẹster [grch. »Tanzplatz«] das, **1)** Theater: der versenkte Raum vor der Bühne. **2)** ♩ aus einer größeren Anzahl von Instrumenten zusammengesetzter Klangkörper; Musikkapelle. (BILD S. 636)
Orchẹstrion das, mechan. Musikinstrument mit orchesterähnl. Klang.
Orchidẹen, Fam. staudiger einkeimblättriger Pflanzen, meist in warmen Ländern. Wegen Form, Farbe und Duft der Blüte sind viele O. kostbare Zierblumen. Einheimisch sind z. B. Knabenkraut, Frauenschuh, Braunelle, Zweiblatt.
Orchis, 1) der, der Hoden. **2)** die, Gatt. → Knabenkraut.
Orchịtis [grch.] die, Hodenentzündung.
Ordạl das, → Gottesurteil.
Ordẹn [von lat. ordo »Ordnung«] der, **1)** Geistl. O. und → Ritterorden; **Geistl. O.** sind vom Papst bes. bestätigte Verbindungen von Männern oder Frauen, die nach der **O.-Regel** nach religiös-sittl. Vollkommenheit streben. Sie müssen die Klostergelübde ablegen (d. h. Armut, Keuschheit, Gehorsam geloben), in Mönchs- oder Nonnenklöstern leben und eine best. **O.-Tracht** tragen. Die O. pflegen meist neben den Frömmigkeitsübungen tätige Nächstenliebe: Seelsorge, Krankenpflege, Mission, Unterricht. An der Spitze eines O. steht der **General,** über den Klöstern einer Provinz der **Provinzial,** über dem Kloster der **Abt.**
2) O. als **Verdienstauszeichnung;** sie sind aus den Abzeichen der mittelalterl. O. hervorgegangen. In der Bundesrep. Dtl. wurde 1951 der **Verdienst-O. der Bundesrep. Dtl.** gestiftet. O., Ehrenzeichen und Abzeichen aus den 2 Weltkriegen dürfen seit 1957 wieder getragen werden (ohne nat.-soz. Sinnbilder). Die Friedensklasse des **O. Pour le mérite** (gestiftet 1842) wurde 1952 mit Zustimmung des Bundespräs. und (seit 1954) unter seinem Protektorat als privater Verein neugegründet. Zw. O., Ehrenzeichen u. ä. Auszeichnungen besteht keine scharfe Trennungslinie. Das **Eiserne Kreuz** war kein O., sondern eine Kriegsauszeichnung für besondere Tapferkeit. In der Dt. Dem. Rep. gab es den **Karl-Marx-O.,** den **Vaterländ. Verdienst-O.** und versch. Medaillen (→ Nationalpreis); sie alle wurden 1989 aufgehoben. Die Schweiz verleiht keine O. (BILDER S. 638)
Ordensband, ♘ Eulenschmetterlinge mit gebänderten Hinterflügeln: **Rotes O.**
Orderpapiere, indossạble Papiere, Wertpapiere, die zwar eine bestimmte, namentl. bezeichnete Person als berechtigt benennen, aber durch → Indossament auf eine andere übertragen werden können. O. kraft Gesetzes (»geborene O.«): Wechsel, Scheck u. a. »Gekorene O.« können durch **Orderklausel** (»an Herrn X oder dessen Order«) zu O. gemacht werden, z. B. kaufmänn. Anweisungen, Konnossemente, Ladescheine u. a. (§ 363 HGB). Ggs.: → Namenspapier, Rektapapier.
Ordinạlzahl [lat.], Ordnungszahl.
Ordinarịat [lat.] das, **1)** kath. Kirche: Verwaltungsbehörde des Bischofs. **2)** an Hochschulen: das Lehramt eines **Ordinarius.**

Orden 1): 1 Dominikaner, 2 Franziskaner, 3 Barmherzige Schwester, 4 Jesuit, 5 Kapuziner

1

2

3

4

5

6

Orchideen: Orchideen-Hybriden (Neuzüchtungen); 1 Phalaenopsis Artur Elle. 2 Cymbidium Joyce Duncan. 3 Phalaenopsis Karfunkel. 4 Laeliocattleya Varycolor. 5 Oncidium Goldrausch. 6 Paphiopedilum Papa Röhl. 7 Phalaenopsis Lippstadt

7

Ordinạte die, △ → Koordinaten.
Ordinatiọn [lat.] die, **1)** Weihe oder Berufung zum kirchl. Amt. **2)** ♡ ärztl. Verordnung; Sprechstunde. Zeitw. **ordiniẹren.**
Ordnung die, ♘ ♤ in der Systematik Einheit zw. Familie und Klasse.
Ordnungsruf, im Parlament u. a. Versammlungen Zurechtweisung eines Versammlungsmitgl. durch den Vorsitzenden.
Ordnungsstrafe, im Prozeß zur Aufrechterhaltung der Ordnung verhängte Strafe; keine Kriminalstrafe.
Ordnungswidrigkeit, ⚖ Verstoß gegen Anordnungen der Verwaltungsbehörden; i. d. R. mit Geldbuße geahndet **(Bußgeldverfahren).** Gegen den Bußgeldbescheid kann innerhalb einer Woche Einspruch eingelegt werden.
Ordnungszahl, 1) △ → Zahlwörter. **2)** ⚗ gibt die Stelle eines chem. Elements im Periodensystem an; stimmt mit der Kernladungszahl des Atomkerns überein.

Ordensband

Ordonnanz [frz.] die, ∴ **1)** Befehlsüberbringer. **2)** ✤ Befehl. **3) Ordonnanzoffizier,** einem Stab zugeteilter Offizier.
Ordos, Steppentafel und Halbwüste in der großen Nordschleife des Hwangho in China.
Ordschonikidse, Hptst. der N-Osset. ASSR, 308 000 Ew., am Terek; Metall-Ind.
Öre, dän. und norweg. **Øre,** isländ. **Eyrir,** Scheidemünze in Dänemark, Norwegen, Schweden, Island. 1 Ö. = 1/100 Krone. Münzen zu 1 Ö. werden nicht mehr geprägt.
Oreade [grch.] die, → Nymphen.
Örebro [-br'u], Stadt in Mittelschweden, 119 000 Ew.; Papier-, Schuh-, Keksfabriken.
Orechowo-Sujewo, Stadt in der UdSSR, östl. von Moskau, 136 000 Ew.; Textilind.
Oregon ['ɔrɪgən], Abk. **Oreg.,** Staat der USA, am Pazif. Ozean, 251 180 km², 2,70 Mio. Ew.; Hptst.: Salem; größte Stadt: Portland. Gebirgig (Kaskadengebirge), im W niederschlagsreich. Ackerbau (im O künstl. Bewässerung), Viehzucht, Forstwirtschaft, Lachsfang. Erzbergbau; Holz-, Leichtmetall-, Papier- u. a. Ind. ⊕ S. 494.
Orel [arj'ɔl], Stadt in der Russ. SFSR, an der Oka, 331 000 Ew.; Flußhafen; Ind.
Orenburg, Stadt in der Russ. SFSR, am Uralfluß, 544 000 Ew.; Ind.
Orense, span. Provinz-Hptst., am Miño, 100 000 Ew.; Mühlen, Sägewerke, Eisengießereien.
Orestes, grch. Sage: Sohn des Agamemnon und der Klytämnestra, rächte die Ermordung seines Vaters an Klytämnestra und deren Geliebtem Ägisth. Als Muttermörder wurde er von den Rachegöttinnen verfolgt, die er auf Befehl Apollos zu versöhnen suchte, indem er das Bild der Artemis aus Taurien holte; er kehrte glücklich mit seiner Schwester Iphigenie heim.
Öresund, der **Sund,** Meerenge zw. Seeland (Dänemark) und Schonen (S-Schweden).
Orff, Carl, Komponist, *1895, †1982; Opern (»Die Kluge«, »Die Bernauerin«); szen. Oratorien (»Carmina burana«); O.-Schulwerk. (BILD S. 639)
Organ [grch. organon »Werkzeug«] das, **1)** zu bestimmter Leistung dienender Körperteil der mehrzelligen Lebewesen, z. B. Wurzel, Leber, Niere. Mehrere zusammenwirkende O. bilden ein **O.-System,** z. B. Nervensystem. Ein O. im Einzeller heißt **Organell. 2)** ⚖ Person oder Personenmehrheit, die in Staat, Vereinen, Gesellschaften u. a. bestimmte Aufgaben erfüllt: **Beschluß-O.** (z. B. Parlament), **ausführende O.** (z. B. Regierung), **beratende O.** (Beiräte), **Aufsichts-O.** (z. B. Aufsichtsrat), **rechtsprechende O.** (Gerichte). **3)** Stimme. **organisch,** ein O. betreffend; tierisch-pflanzlich; zusammenhängend geordnet.
Organdy, Organdin [ind.] der, feines, durchsichtiges, steifes Baumwollgewebe.
Organgesellschaft, Gesellschaft mit jurist. Persönlichkeit, die finanziell, wirtschaftl. und organisator. wie eine Betriebsabteilung in ein beherrschendes Unternehmen (die Obergesellschaft) eingegliedert ist **(Organschaft).**
Organisation [frz.] die, **1)** ⚘ ⚕ ♡ die den Lebensanforderungen entsprechende Gestaltung und Anordnung der Teile (Organe) eines Lebewesens. **2)** planmäßige Gestaltung, z. B. des Staates, eines Unternehmens (Vereins).
Organisation der Amerikanischen Staaten, Abk. **OAS,** → panamerikanische Bewegung.

1

2

3

4

5

6

7

Orden 2): 1 Malteser-O. (1099). **2** Dt. Ritterorden, Ritterkreuz (1190). **3** O. vom Hl. Grabe (1868). **4** England, Hosenbandorden (1348). **5** Orden Pour le mérite, Friedensklasse (1842). **6** Dt. Dem. Rep., Karl-Marx-O. (1953). **7** Sowjetunion, Lenin-O. (1930)

Organisation für die Einheit Afrikas, engl. **Organization of African Unity,** → OAU.
organische Verbindungen, ⚗ Verbindungen des Kohlenstoffs mit Ausnahme seiner Oxide und Carbide (→ Kohlenstoffverbindungen). Silicium-organische Verbindungen, → Silicone.
Organismus [grch.-lat.] der, -/...men. **1)** Lebewesen. **2)** Ü Sozialkörper o. ä.
Organist [grch.] der, Orgelspieler.
Organsin das, → Seide.
Organtherapie, Behandlung von Krankheiten mit Auszügen aus tier. Organen.
Organum [lat.] das, **1)** Orgel. **2)** ♩ früheste gesetzmäßige Form der Mehrstimmigkeit in der Kunstmusik des frühen MA.
Orgasmus [grch.] der, Höhepunkt der geschlechtl. Erregung. Eigw.: **orgastisch.**
Orgel [grch.] die, Tasteninstrument mit vielen Pfeifen. Die Luft wird durch einen Blasebalg in Windladen gepreßt, auf denen die Pfeifen stehen, die in einzelnen Reihen, den **Registern,** zusammengefaßt sind. Jedes Register besteht aus Pfeifen gleicher Bauart und Klangfarbe. Die O. hat Tastenreihen für Hände **(Manuale)** und Füße **(Pedale),** Registerzüge. Die erste O. wurde im 3. Jh. v. Chr. in Alexandria gebaut.
Orgelpunkt, ♩ lang ausgehaltener Baßton, über dem sich die übrigen Stimmen frei bewegen.

Orgelpunkt

Orgie [grch.] die, Ausschweifung, wildes Fest; im alten Griechenland die ekstat. Riten des Dionysos. **orgiastisch,** wild, zügellos.
Orient [lat. »Morgen«] der, **1)** der Osten. **2)** die Länder am östl. Mittelmeer, in Vorderasien. **orientalisch,** morgenländisch.
orientalide Rasse, → Rasse.
Orientalische Kirche, die → Ostkirche.
Orientalist der, Erforscher der oriental. Sprachen und ihres Schrifttums.
Orientbeule, Hautkrankheit in warmen Ländern, mit beulenart. Geschwüren **(Aleppobeule).**
orientieren, 1) nach der Himmelsrichtung einrichten. **2)** unterrichten, von der Lage in Kenntnis setzen. **3)** sich zurechtfinden.
Origenes, grch. Kirchenlehrer, * um 185, †253/54; bedeutendster Theologe des christl. Altertums, regte die Dogmenbildung an.
Original [lat.] das, **1)** Urbild, Urschrift. **2)** merkwürdiger Mensch, Kauz. **original,** ursprünglich, echt; selbständig. **Originalität** die, Ursprünglichkeit, Besonderheit. **originär,** ursprünglich, urtümlich. **originell,** eigenartig.
Orinoco der, Strom Südamerikas, entspringt im Hochland von Guayana; 2140 km lang, bildet Wasserfälle, Stromschnellen, durch den Casiquiare mit dem Río Negro (Amazonasgebiet) verbunden, mündet unterhalb von Ciudad Bolívar in den Atlant. Ozean; 17 Mündungsarme.
Orion, 1) grch. Sage: Jäger, Liebling der Eos. **2)** Sternbild am Äquator mit Beteigeuze, Rigel und den 3 Gürtelsternen.
Orizaba [ɔris'awa], **1) Pico de O.** oder **Citlaltepetl,** Vulkan in der Sierra Madre Oriental von Mexiko, 5700 m hoch, schneebedeckt. **2)** Stadt im Staat Veracruz, Mexiko, 75 000 Ew.
Orkan [indian.] der, stärkster Sturm.
Orkney-Inseln ['ɔ:kni-], Inselgruppe vor

der Nordspitze Schottlands; 976 km², 18500 Ew.; Hptst.: Kirkwall. Fischerei.

Orkus [lat.] der, röm. Gott des Todes; auch die Unterwelt, das Totenreich.

Orléans [ɔrleˈã], Stadt in Frankreich, an der Loire, 103000 Ew.; Kathedrale (13.-18. Jh.); Univ.; Verarbeitungs-, Textil-, Maschinenind., Baumschulen. – Seit dem 4. Jh. Bischofssitz; 1429 von den Engländern belagert, von der → Jungfrau von O. befreit.

Orléans [ɔrleˈɑ̃], frz. Herzogs- und Königshaus, wichtigste Nebenlinie der → Bourbonen. Als die Hauptlinie der Bourbonen 1883 ausstarb, erbte das Haus O. ihre Thronansprüche.

Orlow, 1) Aleksej G., Graf (*1737, †1808), russ. Admiral, mit seinem Bruder **2)** Grigorij G., Graf (*1734, †1783), maßgeblich an der Palastrevolution und dem Sturz Peters III. 1762 beteiligt.

Orlow der, Diamant im russ. Zarenzepter.

Orly [orlˈi], einer der Flughäfen von Paris.

Ormuz, Hormus, iran. Insel in der **O.-Straße** zw. Pers. Meerbusen und Arab. Meer.

Ormuzd, altiran. Gottheit, → Ahura Masda.

Ornament [lat.] das, ⌂ Verzierung von Bauwerken und Gegenständen. Die Hauptmotive stammen aus dem Pflanzen- und Tierreich oder sind geometrisch.

Ornat [lat.] der, das, feierl. Amtstracht.

Ornithologe [grch.] der, Vogelforscher.

Ornithologie [grch.] die, Vogelkunde.

Orontes, arab. **Nahr el-Asi,** größter Fluß im nördl. Syrien, 570 km.

Orpheus, sagenhafter grch. Sänger, Sohn der Kalliope und des Apollo, bezauberte durch seinen Gesang selbst Tiere, Bäume, Steine; durfte seine Gattin Eurydike aus der Unterwelt holen, verlor sie aber wieder, da er sich entgegen dem göttl. Gebot nach ihr umschaute. O. galt als Stifter geheimnisvoller Gebräuche **(Orphische Mysterien)** und der Gemeinschaft der **Orphiker (Orphismus).**

Orsini, röm. Adelsgeschlecht (Führer der Guelfenpartei), aus dem 2 Päpste hervorgingen.

Orsk, Stadt in der Russ. SFSR, 270000 Ew., am Rande des Industriegebietes im Südural.

Ørstedt, Hans Christian, dän. Physiker, *1777, †1851; entdeckte den Elektromagnetismus. Nach ihm ist die nichtgesetzl. Einheit Oersted **(Oe)** der magnet. Feldstärke im elektromagnet. Maßsystem benannt; $1\ \mathrm{Oe} = \frac{1000\ \mathrm{A}}{4\pi\ \mathrm{m}}$.

Ort der, -es/-e oder Örter, **1)** Platz, Stelle, Siedlung. **2)** △ → geometrischer Ort. **3)** ⚒ Endpunkt einer Strecke, an dem gearbeitet wird.

Ortega y Gasset, José, span. Philosoph, Schriftst., *1883, †1955; einflußreicher Denker des modernen Spaniens; nahm als Kulturphilosoph vom Standpunkt des Individualismus Stellung zu den Problemen unserer Zeit (»Aufstand der Massen«, 1930), kämpfte für die Idee eines neuen Europa.

Ortenau, geschichtl. Landschaft im badischen Rheintal; Weinbau.

Orthikon [grch.] das, veraltete Bildaufnahmeröhre für Fernsehbilder.

ortho... [grch.], Vorsilbe in Fremdwörtern: gerade..., richtig..., z. B. Orthographie, Rechtschreibung.

orthochromatisch [grch.], → Photographie.

Orthodoxie [grch.] die, Rechtgläubigkeit; Übereinstimmung mit der kirchl. Lehre. **orthodox,** rechtgläubig. **Orthodoxe Kirche,** → Ostkirche.

orthogonal [grch.], KRISTALLOGRAPHIE: rechteckig, rechtwinklig, aufeinander senkrecht.

Orthographie [grch.] die, Rechtschreibung.

Orthoklas [grch.] der, → Feldspat.

Orthopädie [grch.] die, ♡ Lehre von der Entstehung, Verhütung, Behandlung angeborener oder erworbener Fehler des menschl. Stütz- und Bewegungsapparates (Knochen, Gelenke, Muskeln). Eine bes. Fachrichtung der → Chirurgie.

Orff

Ortler-Gruppe, gletscherbedeckter Gebirgsstock der ital. Alpen, im **Ortler** 3902 m hoch.

Ortnid, Ortnit, in der dt. Heldensage der Sohn Alberichs.

Ortolan der, Gartenammer, ein Singvogel.

Orton [ɔtən], Joe, engl. Dramatiker, *1933, † (ermordet) 1967; sozialkritisch-witzige Stücke »Seid nett zu Mrs. Sloane« u. a.

Ortsbestimmung, Bestimmung der Lage eines Punktes der Erdoberfläche durch Feststellung seiner geogr. Breite, Länge und Höhe.

Ortskrankenkasse, Allgemeine O., Abk. **AOK,** einer der Träger der sozialen → Krankenversicherung.

Ortszeit, die für alle Orte auf gleichem Längengrad geltende Zeit.

Ortung [von Ort] die, **1)** Orientierung, Standortbestimmung. **2)** ⚒ Festlegung von Punkten unter der Erde durch Vergleichung mit Punkten über der Erde.

Oruro, Stadt in Bolivien, 184100 Ew.; Mittelpunkt des bolivian. Zinnminengebiets.

Orvieto, Stadt in Mittelitalien, 23200 Ew.; got. Dom; etrusk. Gräber; Weinbau.

Orwell [ˈɔ:wəl], George, eigtl. E. **Blair,** engl. Schriftst., *1903, †1950; »Farm der Tiere«, pessimist. Zukunftsroman »1984«.

Orpheus und Eurydike (Paris, Louvre)

Os, chem. Symbol für Osmium.

Osaka, zweitgrößte Stadt Japans, 2,6 Mio. Ew.; Verkehrsknoten; Hafen; Schiffbau, Stahl-, Kraftfahrzeug-, Nähmaschinen-, Textilind., Erdölraffinerien, Elektrizitätswerke; altes Schloß, berühmte Tempel; Univ., Handelshochschule, Kernforschungsinstitute.

Osborne [ˈɔzbən], John, engl. Schauspieler, Dramatiker, *1929; schrieb »Blick zurück im Zorn«, »Der Entertainer« u. a.

Oscar, Statuette, jährl. (seit 1929) als Preis für beste Leistungen (Darstellung, Regie, Musik u. a.) des amerikan. Films verliehen.

Osch, Stadt in der Kirgis. SSR, 173000 Ew.; Fleisch-, Textil-, Möbelind.; Flughafen.

Oschatz, Krst. im Bez. Leipzig, 19200 Ew.; Ind.; auf dem Collmberg Observatorium.

Oseberg [ˈu:səbærg], Ort am Oslofjord, Norwegen, Fundort (1903) des O.-Grabes einer normann. Fürstin des 9. Jh.; darin das O.-Schiff (21,58 m lang) mit Wagen, Schlitten u. a.

Ortega y Gasset

Ösel, estn. **Saaremaa,** Ostseeinsel vor der Rigaer Bucht, 2714 km². Ackerbau, Fischerei. – Ö. wurde 1227 von den Deutschen besetzt, kam 1559 an Dänemark, 1645 an Schweden, 1710 an Rußland, 1918 an Estland.

Öser, Adam Friedrich, Maler, *1717, †1799; Lehrer Goethes in Leipzig, Klassizist.

Oshogbo [əʊʃˈɔgbeʊ, engl.], Stadt in Nigeria, 345000 Ew.; Handelszentrum; Kakao-, Tabakverarbeitung.

Osiander, Andreas, luther. Theologe, *1498, †1552, begleitete 1529 Luther nach Marburg zum Religionsgespräch mit Zwingli; geriet später mit den Anhängern Melanchthons in Streit über die Rechtfertigungslehre.

Osijek, dt. **Esseg,** Stadt in Kroatien, Jugoslawien, 104500 Ew., an der Drau; Univ. (gegr. 1975).

Osiris, ägypt. Gott, Bruder und Gemahl der Isis, Vater des Horus, als Totengott verehrt; dargestellt als Mumie mit Krone, Krummstab und Geißel.

Oskar, schwed. und norweg. Könige: **1) O. I.** (1844-59), Sohn Bernadottes, *1799, †1859, Anhänger des Skandinavismus. **2) O. II.** (1872-1907), Sohn von 1), *1829, †1907, suchte vergebens die Union mit Norwegen aufrechtzuerhalten, die sich 1905 löste.

Oscar

Oslo: Blick auf die Festung Akershus (rechts) und das Rathaus

Osker Mz., altitalischer Volksstamm in Kampanien, nah verwandt den Samniten.

Ösling der, die luxemburg. Ardennen.

Oslo, 1624-1924 **Christiania,** Hptst. von Norwegen, am Nordende des **O.-Fjords;** 451 000 Ew.; Bischofssitz; Univ.; Akademie; Nobel-Institut; Nationaltheater, Galerien, Mus.; Hafen. Schiffbau, Maschinen-, Papier-, Textil-, chem. Ind.; nahebei liegt das Wintersportgebiet Holmenkollen.

Oslo

Osmane der, Türke. **Osman. Reich,** das Türk. Reich (bis 1918), genannt nach seinem Gründer Osman I. (Sultan 1288-1326).

Osmium das, **Os,** chem. Element, Platinmetall; Ordnungszahl 76, D 22,48 g/cm^3, Schmelzpunkt 3045 ± 30 °C. O. ist der schwerste aller bekannten Stoffe; zur Herstellung von Füllfederspitzen und elektr. Kontakten verwendet.

Osmose [grch.] die, Hindurchtreten von Flüssigkeiten durch eine durchlässige oder halbdurchlässige Wand, die 2 Lösungen voneinander trennt. Halbdurchlässige Häutchen lassen nur Wasser eindringen. Dadurch wird die Konzentration einer Lösung und damit ihr **osmot. Druck** herabgesetzt. Die O. ermöglicht die Aufnahme und den Austausch von Wasser und Nährstoffen durch die Wände lebender Zellen. Der osmot. Druck bewirkt eine elast. Straffung **(Turgor)** der Zellwände.

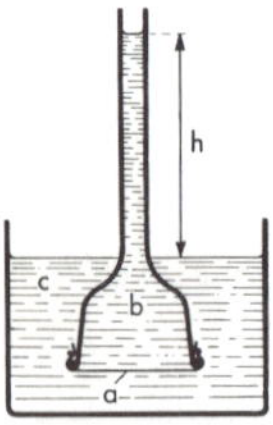

Osmose: Pfeffersche Zelle; a für Zucker undurchlässige, für Wasser durchlässige Membran, b Zuckerlösung, c Wasser, h Steighöhe

Osmotherapie [grch.] die, Heilverfahren bei krankhaften Wasseransammlungen in den Geweben: durch Osmose wird die zurückgehaltene Flüssigkeit ins Blut ausgeschwemmt.

Osnabrück, Stadt in Ndsachs., 154 600 Ew.; Hafen am O. er Zweigkanal (zum Mittellandkanal). Dom (12.-13. Jh.), got. Kirchen, Rathaus, Schloß. Von Karl d. Gr. vor 787 begründeter Bischofssitz; war Mitgl. der Hanse.

Osning der, Teil des Teutoburger Waldes.

Ösophagus [grch.] der, die Speiseröhre.

Osorno, 1) tätiger Vulkan im südl. Chile, 2660 m hoch. **2)** Prov.-Hptst. in S-Chile, 122 000 Ew.; Landwirtschafts- und Handelsmittelpunkt; älteste dt. Schule Chiles.

Ossa, ngrch. **Kissavos,** Gebirge im östl. Thessalien, bis 1978 m hoch.

Osseten, Ossen, Volk im mittleren Kaukasus, mit z. T. altertüml. Sozialordn. und eigener iran. Sprache. Sie bewohnen die → Nord-Ossetische ASSR und das Autonome Gebiet der Südosseten in der Georg. SSR.

Ossiach, Sommerfrische in Kärnten, Österreich, 560 Ew., am **Ossiacher See** (11 km lang, 10,6 km^2 groß). Der Ort entstand um die Benediktinerabtei (vor 1028 gegr., 1783 aufgehoben) mit roman. Kirche (barock umgebaut).

Ossian, Held eines südirischen Sagenkreises, dessen angebl. Gedichte → Macpherson 1760 herausgab; sie beeinflußten die naturhafte Lyrik des Sturm und Drang.

Ossietzky, Carl v., Schriftst., *1889, †1938 (nach Haft im KZ); Pazifist, Hg. der »Weltbühne«; Friedensnobelpreis 1935.

Osterluzei

Ostade, Adriaen van, niederländ. Maler, Radierer, *1610, †1685; Hauptmeister des holländ. Bauernbildes; ebenso sein Bruder **Isaak van O.,** *1621, †1649.

Ostafrika, Gebiet östlich des Zentralafrikan. Grabens: Uganda, Kenia, Ruanda, Burundi, Tansania.

Ostasien, der Osten des Erdteils Asien: Japan, China, Korea, die östl. UdSSR.

Ostblockstaaten, allg. die kommunist. Staatenwelt, i. e. S., die im Warschauer Pakt 1955 zusammengeschlossenen Staaten: UdSSR, Albanien (Austritt 1968), Bulgarien, Polen, Rumänien, ČSFR, Ungarn, Dt. Dem. Rep.; wirtschaftl. sind die O. im »Rat für gegenseitige Wirtschaftshilfe« (Comecon) zusammengeschlossen. Der Begriff verlor nach den polit. und wirtschaftl. Reformen 1989/90 an Bedeutung.

Ostchinesisches Meer, flaches Randmeer des Pazif. Ozeans zw. China, Taiwan, den Ryukyu-Inseln und dem Gelben Meer.

Osten der, Himmelsrichtung nach Sonnenaufgang. Zeichen O, internat. E.

Ost|ende, Stadt in Belgien, 69 700 Ew.; Nordseebad; Fährhafen nach England; Werften, Tabak-, Textilind.

ostentativ [lat.], augenfällig.

Osteologie [grch.] die, Knochenkunde.

Österbotten, Landschaft an der finn. Westküste, meist Flachland eiszeitl. Prägung mit vielen Mooren und Seen.

Östergötland ['œstɛrjø:t-], VerwBez. in Schweden, zw. Vättersee und Ostsee.

Oster-Insel, östlichste Insel Polynesiens, vulkanisch, 165 km^2, 1400 Ew. (Mischlinge der alten polynes. Bevölkerung mit Tahitiern und Weißen; ihre Sprache ist polynesisch). Die O.-I. ist bekannt durch die rd. 600 riesigen Skulpturen mit menschl. Gesichtern, aus Tuffstein gemeißelt. – Die O.-I., Ostern 1722 von dem Niederländer Roggeveen entdeckt, gehört seit 1888 zu Chile.

Österliche Bußzeit, → Fasten.

Osterluzei die, Gatt. zweikeimblättriger Pflanzen, Schlinggewächse oder Stauden mit Röhrenblüten. Arten: **Pfeifenstrauch,** windender, großblättriger Zierstrauch mit braunen, pfeifenkopfähnl. Blüten, aus dem östl. N-Amerika; **Gemeine O.** in Weinbergen.

Ostern [ahd. ostra], ältester Feiertag der christl. Kirchen. Fest der Auferstehung Christi am 1. Sonntag nach dem 1. Frühjahrsvollmond. **Osterbräuche: 1)** Verschenken und Suchen der **Ostereier,** die als Lebenssinnbild zu deuten sind und nach Kinderglauben vom **Osterhasen** gelegt werden. **2)** Schöpfen von **Osterwasser** am Ostermorgen aus einem Fluß. Es soll Gesundheit bringen und schön machen. **3)** Anzünden von **Osterfeuern** als Schutz der Felder vor Hagel, Verhexung. **Osterspiele,** Darstellungen der Auferstehung Christi.

Osterode, 1) O. am Harz, Krst. in Ndsachs., 27 100 Ew.; Fachwerkhäuser; Textil-, Eisen-, chem. u. a. Ind. **2) O. in Ostpreußen,** poln. **Ostróda,** Stadt am Drewenzsee, 27 000 Ew.

Österreich, Bundesstaat im SO Mitteleuropas, 83 854 km^2, 7,5 Mio. Ew.; Hptst.: Wien. 9 Bundesländer. ⊕ S. 488/89.

Oster-Insel: Ahnenbilder

VERFASSUNG von 1920/1929, wieder in Kraft seit 1. 5. 1945. Die Gesetzgebung üben der vom Volk gewählte Nationalrat und der Bundesrat aus, dessen Mitgl. von den Landtagen gewählt werden; beide zus. bilden die Bundesversammlung. Staatsoberhaupt ist der Bundespräs.; er wird auf 6 Jahre vom Volk gewählt. Der Bundeskanzler und die Min. werden vom Bundespräs. ernannt und entlassen und sind vom Vertrauen des Nationalrats abhängig. Gesetzgebende und vollziehende Gewalt sind zw. dem Bund und den Ländern aufgeteilt. Der Verwaltungsgerichtshof kontrolliert die Verwaltung; der Verfassungsgerichtshof entscheidet über verfassungsgesetzl. gewährleistete Rechte. Vgl. auch ÜBERSICHT Gerichtswesen.

Größe und Bevölkerung (Gebietsstand 1. 1. 1981)

Bundesland (Verwaltungssitz)	km^2	Ew. in 1000
Burgenland (Eisenstadt)	3966	266,9
Kärnten (Klagenfurt)	9533	541,8
Niederösterreich (St. Pölten) .	19171	1425,8
Oberösterreich (Linz)	11979	1294,2
Salzburg (Salzburg)	7154	461,8
Steiermark (Graz)	16387	1180,9
Tirol (Innsbruck)	12647	609,7
Vorarlberg (Bregenz)	2601	314,4
Wien	414	1479,8

LANDESNATUR. Ö. ist vorwiegend Alpenland mit Anteil an den Nördl. Kalkalpen (Parseier Spitze 3038 m), den Zentralalpen (Großglockner 3797 m) und den Südl. Kalkalpen (Hohe Warte 2780 m). Nach NO schließt sich das Alpenvorland an, nördl. der Donau das Mühl-, Wald- und Weinviertel, östl. der Alpen das Wiener Becken und das Burgenland. Flüsse: Donau, Inn, Salzach, Traun, Enns, Mur, Drau. Viele Seen im Salzkammergut und in Kärnten; südöstl. von Wien der Neusiedler See. BEVÖLKERUNG. Rd. 99% deutschsprachige Österreicher, daneben Kroaten, Magyaren, Slowenen, Tschechen. 5 Großstädte (Wien, Graz, Linz, Salzburg, Innsbruck). Religion: überwiegend kath. (84%).

WIRTSCHAFT. Anbau auf nur rd. 24% der Fläche: Getreide, Kartoffeln, Zuckerrüben, Wein; Alpwirtschaft, Forstwirtschaft; ⚒ auf Magnesit (an 2. Stelle der Welterzeugung), Eisenerz, Braunkohle, Erdöl, Erdgas, NE-Metalle, Graphit, Salz. Ind. (viele Großbetriebe verstaatlicht) hat steigenden Anteil am Sozialprodukt. Wichtige Zweige sind Eisen- und Stahl-, Maschinen-, Holz-, Papier-, Textilind., Energiewirtschaft (Wasserkraft), Fremdenverkehr. Ausfuhr: Eisen und Stahl, Fertigwaren, Nahrungsmittel. Haupthandelspartner: Bundesrep. Dtl., Italien, Schweiz, Großbritannien. Das Autobahn- und Straßennetz wird ausgebaut (Arlberg-Autobahn). Wichtigste Donauhäfen: Linz, Wien; 6 Flughäfen.

❻ Ober-Österreich, Salzburg und Tirol gehörten zum altbayer. Stammesgebiet; seit dem 8. Jh. wurden auch Kärnten und die Steiermark einbezogen. Nach dem Sieg Ottos d. Gr. über die Ungarn 955 entstand die Bayer. Ostmark jenseits der Enns. Seit 976 waren die Babenberger Markgrafen der Ostmark, die dann Ö. genannt wurde; sie erwarben 1192 die Steiermark. 1278 gewann Rudolf von Habsburg Ö. und verlieh es 1282 mit der Steiermark seinen Söhnen. Die →Habsburger erwarben 1335 Kärnten und Krain, 1363 Tirol, 1368 den Breisgau, 1382 Triest, 1500 die Gfsch. Görz, 1363-1765 das alemann. Vorarlberg, verloren jedoch einen Teil ihrer südwestdt. Stammbesitzungen an die Schweizer Eidgenossenschaft. Ö. wurde 1453 zum Erz-Hzgt. erhoben. 1438 erlangten die Habsburger wieder die dt. Königs- und Kaiserkrone. Durch ihre Heiratspolitik gewannen sie 1482 das niederländ. Reich der Herzöge von Burgund, dann Spanien. Kaiser Karl V. überließ 1521 die österr. Erblande seinem Bruder Ferdinand I., der 1526 das Kgr. Böhmen mit Schlesien und der Lausitz sowie Ungarn erwarb, aber erfolglos gegen die Türken kämpfte (türk. Belagerung Wiens 1529). Der Protestantismus ergriff auch in Ö. den größten Teil der Bev., doch erzwangen die Habsburger fast überall die Rückkehr zum Katholizismus. Damit siegte in Ö. zugleich der Absolutismus. Im →Dreißigjährigen Krieg wurden die Lausitz 1635 an Kursachsen, die habsburg. Besitzungen im Elsaß 1648 an Frankreich abgetreten. Mit der Abwehr der 2. türk. Belagerung Wiens 1683 begann der große Türkenkrieg, in dem bis 1699 ganz Ungarn mit Siebenbürgen erobert wurde (→Türkenkriege); 1716-18 wurde den Türken durch Prinz Eugen von Savoyen auch das Banat entrissen. Durch den →Spanischen Erbfolgekrieg gewann Kaiser Karl VI. 1714 die südl. Niederlande, Mailand und Neapel-Sizilien, das er aber 1735 wieder preisgab. Auf Grund der »Pragmatischen Sanktion« von 1713 suchte Karl VI. die Nachfolge seiner Erbtochter Maria Theresia zu sichern, die durch ihre Heirat mit Herzog Franz Stephan von Lothringen (Kaiser Franz I.) die Stammutter des neuen Hauses Habsburg-Lothringen wurde (→Österreichischer Erbfolgekrieg, →Siebenjähriger Krieg). 1772 wurden das poln. Galizien, 1775 die Bukowina, 1779 das bayer. Innviertel erworben. Maria Theresia schuf eine einheitl. Verwaltung der österr.-böhm. Länder, während Ungarn seine alte Sonderverfassung behielt. Kaiser →Joseph II. führte 1781 wichtige Reformen durch. Im Kampf gegen die Frz. Revolution gingen 1797 Belgien und die Lombardei verloren. Ebenso unterlag Ö. 1805 und 1809 gegen →Napoleon I. Kaiser Franz II. hatte 1806 der dt. Kaiserwürde entsagt, nachdem er schon 1804 den Titel eines Kaisers von Ö. (als Franz I.) angenommen hatte. In den →Freiheitskriegen half Ö. beim Sturz Napoleons mit und wurde nach dem →Wiener Kongreß die führende Macht im neuen Dt. Bund und in Italien (→Metternich). Die Revolution von 1848/49 erschütterte die habsburg. Monarchie. Ungarn konnte nur mit russ. Hilfe bezwungen werden. Seit 1848 war Franz Joseph I. Kaiser. 1859 wurde die Lombardei, 1866 Venetien an Italien abgetreten. Im Innern wurde 1860/61 der Absolutismus aufgegeben. Nach dem →Deutschen Krieg von 1866 schuf der Ausgleich mit den Ungarn 1867 die Doppelmonarchie **Ö.-Ungarn.** Diese erhielt die liberale Verfassung v. 21. 12. 1867. Sie wurde immer mehr in die Nationalitätenkämpfe, bes. mit den Ungarn und Slawen, verwickelt. Mit dem neuen Dt. Reich schloß sie das Verteidigungsbündnis von 1879, geriet aber in wachsenden Gegensatz zu Rußland, Serbien und Italien. 1907 wurde das allg. und gleiche Wahlrecht eingeführt. Die Ermordung des Thronfolgers Franz Ferdinand am 28. 6. 1914 gab den Anlaß zum Ausbruch des 1. →Weltkriegs.

Mit dem militär. Zusammenbruch im Herbst 1918 entstanden auf dem Gebiet Österreich-Ungarns die Nachfolgestaaten Ö., Ungarn und Tschechoslowakei; andere Gebietsteile fielen an die neuen Staaten Polen und Jugoslawien, ferner an Italien und Rumänien. Die Verträge von Saint-Germain (1919) und Trianon (1920) besiegelten die Aufteilung der habsburg. Monarchie.

Im Nov. 1918 wurde die Rep. Deutsch-Ö. ausgerufen, die alle dt. Siedlungsgebiete in den Alpen- und Sudetenländern des alten Ö. umfassen sollte, und durch Gesetz zum Teil des Dt. Reiches erklärt; diese Bestimmung wurde 1919 auf alliiertes Verlangen aufgehoben, der Name in Rep. Ö. geändert. Ihr Gebiet wurde auf Nieder- und Ober-Ö., Nord- und Osttirol,

Österreich

Vorarlberg, Salzburg, den größten Teil von Steiermark und Kärnten beschränkt. Hinzu kam das bisher ungar. Burgenland (ohne Ödenburg). 1931 scheiterte der Plan einer deutsch-österr. Zollunion. 1934 errichtete Dollfuß, gestützt auf die »Vaterländ. Front«, den ständisch-autoritären Bundesstaat Ö. Dollfuß wurde bei einem nat.-soz. Putschversuch 1934 ermordet. Sein Nachfolger Schuschnigg führte Dollfuß' Kurs weiter, doch mußte er unter starkem nat.-soz. Druck am 11. 3. 1938 zurücktreten; Seyß-Inquart übernahm die Reg. Am 12. 3. rückte die dt. Wehrmacht in Ö. ein. Am 13. 3. wurde die Vereinigung Ö.s mit dem Reich von Hitler verkündet. Unter nat.-soz. Herrschaft wurde Seyß-Inquart Reichsstatthalter und Leiter der Österr. Landesregierung. 1939 wurde das Land Ö. aufgelöst und durch 7 »Reichsgaue« ersetzt. Nach dem Zusammenbruch der nat.-soz. Herrschaft wurde am 27. 4. 1945 die demokrat. Rep. Ö. ausgerufen. Ö. wurde wie Dtl. in 4 Besatzungszonen, Wien in 4 Sektoren aufgeteilt. Am 15. 5. 1955 wurde in Wien von den 4 Großmächten und Ö. der »Staatsvertrag« unterzeichnet, der Ö. die Unabhängigkeit zurückgab und es zur Neutralität verpflichtet. Seit 1960 gehört Ö. der Europ. Freihandelsgemeinschaft an. Bundespräs.: K. Waldheim (seit 1986); 1947-66 Koalition ÖVP/SPÖ, 1966-70 ÖVP-Regierung; 1970-83 SPÖ-Regierung unter B. Kreisky; nach den Wahlen 1986 Bildung einer Koalitionsreg. von SPÖ und ÖVP. Bundeskanzler: F. Vranitzky (SPÖ).

KUNST: Blütezeiten waren die Gotik (um 1300; Hauptwerke z. B. die Chöre in Heiligenkreuz und von St. Stephan in Wien, »Dienstbotenmadonna« in St. Stephan, Tafelbilder des Klosterneuburger Altars), die Spätgotik (um 1500; Kefermarkter Altar, Altäre M. Pachers, Malerei der Donauschule u. a.), vor allem die Entfaltung des österr. Barock nach dem Sieg über die Türken von 1683 (Hauptmeister J. B. Fischer v. Erlach und L. v. Hildebrandt). Unter den Bildhauern ragt im 18. Jh. G. R. Donner hervor; wichtigste Vertreter der Malerei waren im 19. Jh. der Romantiker M. v. Schwind und die Wiener Biedermeiermaler (F. Waldmüller u. a.), im 20. Jh. G. Klimt, O. Kokoschka, F. Hundertwasser, E. Fuchs, W. Hollegha. – Die MUSIK in Ö. hat an der Entwicklung der europ. Musik bed. Anteil. Charakteristisch sind Einschmelzungsvorgänge, hervorgerufen durch die Neigung zur ital. Kultur und durch die Berührung mit den benachbarten kleineren Nationen, bes. den Ungarn. Beide Einflußsphären werden v. a. zur Zeit der Wiener Klassik spürbar, die ital. auf dem Gebiet der Oper, die ungar. in der Instrumentalmusik (bei J. Haydn, später bei Schubert, Liszt und Brahms). Bezeichnend ist ferner das enge Wechselverhältnis von Kunst- und Volksmusik (z. B. bei Mozart, Schubert, Bruckner, Mahler). Die Entwicklung des Klavierlieds von Schubert bis Wolf und Mahler, die Entstehung des Walzers und die Entwicklung der Operette von J. Strauß (Sohn) bis Lehár vollzogen sich in Ö.

Im 20. Jh. entstand in Wien die »Neue Musik«. Schönberg entwickelte seine Zwölftontechnik. Neben Berg und v. Webern, der die serielle Musik anregte, traten bes. Schreker und Krenek (als Opernkomponisten) hervor. Weitere Komponisten: Apostel (Zwölftontechnik), F. Schmidt (Neuromantik), v. Einem (Neoklassizismus), Cerha (serielle Musik). – Die LITERATUR Ö.s stand seit dem 16. Jh. im Licht der europ. Weite des habsburg. Reiches. Erfüllt von Musikalität, hat sie eine außerordentl. Spannweite zw. leidenschaftl. Tragik und einer an das Volkhaft-Mimische anknüpfenden Komik, zw. Schwermut und philosoph. Heiterkeit, bäuerl. Schwere und tänzer. Leichtigkeit. Während die Volksdichtung mit Bühnenspiel und Lied (Raimund, Nestroy) sich eigenständig entwickelte, hatte die Kunstdichtung (Grillparzer, Stifter, Hofmannsthal, Trakl, Schnitzler, Musil, Broch, St. Zweig, v. Doderer u. a.) eine starke Ausstrahlung in den westl. und nördl. dt. Raum. Als Dramatiker traten hervor v. Horváth, Csokor; als Lyriker Weinheber; nach 1945 Erzähler wie Ilse Aichinger, T. Bernhard (auch Dramatiker); Lyriker: Ingeborg Bachmann, Christine Lavant, Friederike Mayröcker, Jandl (Lautgedichte). Zur avantgardist. Wiener Gruppe zählten Achleitner, Bayer, Rühm. Sammelpunkt neuer literar. Bestrebungen wurde das Grazer »Forum Stadtpark«, von wo Handke, Bauer, G. Roth, Wolfgruber und Barbara Frischmuth ausgingen. In jüngster Zeit hervorzuheben: Brandstetter, Brigitte Schwaiger, Marianne Fritz.

Österreichischer Erbfolgekrieg 1740 bis 1748. Kurfürst Karl Albert von Bayern (als Kaiser Karl VII.) verbündete sich mit Frankreich und Spanien, um die Erbfolge Maria Theresias in den habsburg. Ländern zu verhindern; auf Österreichs Seite traten England, Holland, später Rußland. Im Aachener Frieden 1748 wurde die Erbfolge Maria Theresias anerkannt.

Österreichische Volkspartei, ÖVP, gegr. 1945, demokrat., föderalist., sozialreformator., vertritt die christl.-abendländ. Kulturauffassung.

Österreichisch-Ungarische Monarchie (Österreich-Ungarn), 1867 bis 1918 Bez. der habsburg. Monarchie, bestehend aus 1) den im Reichsrat vertretenen österr. Ländern (»Kaisertum Österreich«), 2) den Ländern der ungar. Krone: Ungarn, Kroatien und Slawonien und 3) den 1878 besetzten, 1908 einverleibten türk. Provinzen Bosnien und Herzegowina. VERFASSUNG. Österreich-Ungarn war 1867-1918 eine →Realunion. Beide Staaten waren konstitutionelle Monarchien unter gemeinsamem Staatsoberhaupt, dem Kaiser von Österreich und König von Ungarn (»Doppelmonarchie«).

Osteuropa, Tiefland östl. der Ostsee und der Karpaten, etwa der europ. Teil der UdSSR.

Ostflevoland, trockengelegter Polder vor dem Südostufer des Ijsselmeers. Hauptort: Lelystad.

Ostfriesische Inseln, →Friesische Inseln.

Ostfriesland, Landschaft zw. Oldenburg und den Niederlanden, mit den vorgelagerten Ostfries. Inseln; vorwiegend Ackerbau- und Viehzuchtgebiet. Das ehem. Fstt. O. kam 1744 an Preußen, 1815 an Hannover.

Ostgebiete, →Deutsche Ostgebiete.

Ostgoten, →Goten.

Ostia, im Altertum: Hafenstadt Roms am Tiber; seit dem 4. Jh. verfallen.

ostinato [ital.], ♩ fortgesetzt die gleiche Tonfolge wiederholend.

Ostindien, ✤ für Vorder- und Hinterindien und den Malaiischen Archipel.

Ostindische Kompanien, die im 17. Jh. bes. für Ostindien gegr. →Handelskompanien.

Ostjaken Mz., eigener Name **Chanti,** finno-ugrisches Volk im Gebiet des mittleren Ob und des Tas in Westsibirien.

Ostkirche, Morgenländische Kirche, auch **Orthodoxe Kirche,** urspr. **griechisch-orthodoxe Kirche,** die christl. Kirchen des Ostens; sie sind autokephal und erkennen nur die ersten 7 Konzile an; die Glaubenslehre unterscheidet sich von der röm.-kath. nur in einigen Punkten. Den Priesterzölibat erkennt die O. nur für die aus der Klostergeistlichkeit gewählten Bischöfe an. Die O. zeigt starke mystisch-asket. Züge; die Heiligen und Bilder werden hoch verehrt. Hauptgruppen sind die russ., rumän., serb., grch. und bulgar. Kirche. – 1054 wurde die Trennung zw. Ost- und Westkirche endgültig. Seit 1453 war der Patriarch von Konstantinopel, nach 1589 der Patriarch von Moskau führend. Seit dem 17. Jh. steht wieder ein Teil der morgenländ. Christen in Gemeinschaft mit dem Papst **(unierte O., grch.-unierte Kirche).**

Ostmark die, **1) Bayer. O.,** im MA. das Gebiet zw. Enns und Leitha (NÖ). **2) Sächs. O.,** die von Otto d. Gr. zw. Elbe und Spree errichtete Mark, die spätere Mark Lausitz. **3)** 1938 bis 1945 Name für Österreich.

Ostpreußen, ehem. preuß. Provinz mit (1939) 36992 km² und 2,49 Mio. Ew.; umfaßte die Reg.-Bez. Königsberg, Gumbinnen, Allenstein und (bis 1939) Westpreußen; Hptst.: Königsberg. – Seit 1945 steht der Nordteil mit Königsberg unter sowjet., der Südteil unter poln. Verwaltung (→ Deutsche Ostgebiete). – O. ist Teil des Norddt. Tieflandes, durchzogen vom seenreichen Balt. Landrücken (Kernsdorfer Höhe 313 m); im N meist Acker- und Wiesenland, Wälder bes. im S.; O. hatte bedeutende Landwirtschaft (Ackerbau, Viehzucht) und Forstwirtschaft; ferner Bernsteingewinnung, Fischerei, Schiffbau. Bes. im sowjet. besetzten Teil O.s wurden Industrie, Fischfang und Bernsteingewinnung nach 1945 ausgebaut. ⊕ S. 488/89.

Ⓖ O. ist aus dem ehem. Hzgt. Preußen, dem Rest des alten Deutschordensstaates (→ Deutscher Orden), hervorgegangen; es fiel 1618 an die brandenburg. Hohenzollern. Durch die 1. poln. Teilung 1772 kam das Ermland hinzu. Durch den Vertrag von Versailles (1919) fiel das Gebiet von Soldau an Polen, das → Memelgebiet wurde ebenfalls abgetrennt. Westpreußen rechts der Weichsel wurde O. als Reg.-Bez. angegliedert. Auf der Potsdamer Konferenz (1945) wurde vorbehaltlich der Regelung durch einen Friedensvertrag die Teilung in ein sowjetisch und ein polnisch verwaltetes Gebiet beschlossen.

Ostpunkt, der Punkt des Horizonts, der von den Schnittpunkten des Meridians mit dem Horizont um 90° entfernt ist; in ihm geht die Sonne zur Tagundnachtgleiche auf.

Ostrau, tschech. **Ostrava,** aus **Mährisch-O.** und **Schlesisch-O.** entstandene Stadt, ČSFR, 328000 Ew.; Steinkohlen ⚒, Hüttenwerke.

Ostrazismus [grch. ostrakon »Scherbe«] der, **Scherbengericht,** im alten Athen: Volksabstimmung mit Tontafeln über eine Verbannung politisch verdächtiger Bürger.

Östrogene, weibl. Geschlechtshormone.

Oströmisches Reich, → Byzantinisches Reich.

Ostrowskij, Aleksandr, russ. Bühnendichter, *1823, †1886; neben Gogol eigtl. Schöpfer des russ. Schauspiels: »Das Gewitter«, »Der Wald«.

Ostrumeli|en, das fruchtbare Becken der oberen Maritza, Bulgarien; Hptst.: Plowdiw.

Ostsee, Baltisches Meer, Binnenmeer, das die Skandinav. Halbinsel vom Festland trennt; etwa 422000 km² groß, bis 459 m tief (55 m mittl. Tiefe); salzarm. Die O. hat starke Eisbildung (Bottn. und Finn. Meerbusen bis 5 Monate); die Gezeiten treten kaum in Erscheinung. Sie ist durch Öresund, Gr. und Kl. Belt mit der Nordsee verbunden; Fischerei; bed. O.-Häfen (Kopenhagen, Stockholm, Helsinki, Kiel, Lübeck, Rostock, Stettin, Danzig, Königsberg, Leningrad).

Ostseeprovinzen, frühere russ. Gouvernements Estland (seit 1721), Livland (seit 1721) und Kurland (seit 1795). 1918 entstanden aus den O. die Rep. Estland und Lettland.

Ostwald, 1) Wilhelm, Chemiker, Physiker, Philosoph, *1853, †1932; entdeckte u. a. den Mechanismus der Katalyse (1909 Nobelpreis für Chemie); → Farbenlehre. **2)** Wolfgang, Chemiker, Sohn von 1), *1883, †1943; Hauptbegr. der Kolloidchemie.

Ost-West-Handel, der Warenaustausch zw. den kommunist. Staaten (bes. Staaten des Comecon) und der westl. Welt (bes. den OECD-Staaten).

Ost-West-Konflikt, oft gebrauchte schlagwortartige Bez. für die ideologisch-polit. Auseinandersetzungen zw. den Staaten Westeuropas und Nordamerikas (Führungsmacht: USA) und den kommunist. Staaten Osteuropas (UdSSR).

Ostzone, U Bez. für die Sowjet. Besatzungszone Dtl. (später Dt. Dem. Rep.).

Oswald [altsächs. os »Gott« und wealdan »walten«], männl. Vorname.

Oswald von Wolkenstein, spätmittelalterl. Liederdichter, *1377, †1445.

Oszillation [lat.] die, Schwingung; **oszillieren,** schwanken, schwingen. **Oszillator** der, elektron. Schaltung zur Erzeugung von elektr. Schwingungen mit sinusförmigem Spannungsverlauf.

Oszilloskop das, Gerät zur Beobachtung oder photograph. Aufnahme oszillierender Vorgänge (Spannungsverlauf von Wechselströmen, Schwingungen an Bauwerken u. a.).

Otaru, Hafenstadt in Japan, auf Hokkaido, 172000 Ew.; Mittelpunkt der Fischerei.

Otfried, Benediktinermönch in Weißenburg, Elsaß, verfaßte um 863-871 eine → Evangelienharmonie, die älteste dt. Dichtung mit Endreimen.

Othello, maurischer Befehlshaber der Truppen Venedigs, »der Mohr von Venedig«, ermordete aus Eifersucht seine Gemahlin; Trauerspiel von Shakespeare; Opern von Rossini, Verdi.

Otitis [grch.] die, Ohrenentzündung.

Otranto, Straße von O., Meerenge zw. Süditalien und Albanien; sie ist 70 km breit.

Ottawa [ˈɔtəwə], Hptst. Kanadas, Prov. Ontario, 301000 Ew.; Erzbischofssitz; Univ.; Holz-, Textil-, chem., Papierind.

Otter die, **1)** vipernartige Giftschlange, bes. Kreuzotter. **2)** der oder die → Fischotter.

Otto, Fürsten: **Röm.-dt. Kaiser. 1) O. I., der Große** (936-973), Sohn Heinrichs I., *912, †973; brach die Macht der Stammesherzöge, stützte sich auf die Bischöfe, besiegte die Ungarn 955 auf dem Lechfeld, dehnte die Ostgrenze gegen die Slawen aus, gründete 968 das Erzbistum Magdeburg, besetzte 951/952 das Kgr. Italien (Oberitalien); 962 in Rom zum Kaiser gekrönt; beigesetzt im Magdeburger Dom. **2) O. II.** (973-983), *955, †983; Sohn von 1), ⚭ mit der byzantin. Prinzessin Theophano, kämpfte gegen Araber und Byzantiner in Unteritalien. **3) O. III.** (983-1002), *980, †1002, Sohn von 2), erstrebte die Wiederherstellung des röm. Weltreichs in christl. Geiste; Astronom und Mathematiker. **4) O. IV. von Braunschweig** (1198-1218), *um 1175 oder 1182, †1218; Welfe, Sohn Heinrichs des Löwen, Gegenkönig des Staufers Philipp von Schwaben, nach dessen Ermordung 1208 allg. anerkannt, 1214 durch den Staufer → Friedrich II. verdrängt.

Otto, 1) Nikolaus, Ingenieur, *1832, †1891; schuf den nach ihm benannten → Ottomotor. **2)** Rudolf, evang. Religionspsychologe, *1869, †1937; Hauptwerk: »Das Heilige«.

Ottobeuren, Gem. im RegBez. Schwaben, Bayern; Benediktinerabtei (Kirche 1737-66, Klostergebäude 1711-31 erbaut).

Ottokar II., König von Böhmen (1253-78), *um 1233, †1278; förderte die dt. Einwanderung, brachte 1251 Österreich, 1260 die Steiermark, 1269 Kärnten an sich; im Kampf gegen König Rudolf von Habsburg auf dem Marchfeld besiegt und getötet. Trauerspiel von Grillparzer (1825).

Ottoman [frz. »türkisch«] der, Gewebe mit

Ostpreußen (histor. Wappen)

starken Querrippen für Kleider, Möbelbezüge u. ä.

Ottomane [frz., von Osmane], **1)** der, Türke. **2)** die, ⚘ Liegemöbel.

Ottomotor [nach N. Otto], Verbrennungskraftmaschine mit Fremdzündung. Der Kolben saugt in den Zylinder Luft ein, die das im Vergaser gebildete Gemisch von Tröpfchen, Nebel und Dampf des Kraftstoffes mitreißt. Dieses Kraftstoff-Luft-Gemisch wird vom zurückgehenden Kolben verdichtet; kurz bevor der Kolben seinen oberen Totpunkt erreicht, wird das Gemisch durch elektr. Funken gezündet. Die heißen, unter Druck stehenden Verbrennungsgase treiben den Kolben vor sich her und leisten dabei Arbeit. Arbeitsweise: → Viertaktverfahren oder → Zweitaktverfahren. Gleichmäßiger Gang wird durch ein Schwungrad oder durch Anordnung als Mehrzylindermotor erreicht. (TAFEL Verbrennungsmotor)

Ottonen, dt. Könige und Kaiser des sächs. Hauses im 10. Jh. (→ Otto I., II., III.).

ottonische Kunst, Kunst zur Zeit der Ottonen, → deutsche Kunst.

Otto-Peters, Luise, *1819, †1895; gründete 1848 die erste dt. »Frauenzeitung«, 1865 den »Allg. Dt. Frauenverein«.

Otto von Bamberg, Apostel der Pommern, *um 1060, †1139; Bischof von Bamberg, führte seit 1124 in Pommern das Christentum ein, Heiliger (Tag 2. 7.).

Otto von Freising, Geschichtsschreiber, *nach 1111, †1158; seit 1138 Bischof von Freising; schrieb »Gesta Friderici I« und »Weltchronik« (bedeutendster geschichtsphilosoph. Versuch des MA.).

Ötztal, rechtes Seitental des Inns in Tirol, in den an Gletschern reichen **Ötztaler Alpen** (Wildspitze 3774 m hoch). Das obere Ö. spaltet sich in das **Venter** und das **Gurgler Tal.**

Ouagadougou [wagadug'u, frz.], **Wagadugu,** Hptst. von Burkina Faso, 375 000 Ew.; Bahn nach Abidjan.

Oujda [uʒd'a, frz.], Stadt in O-Marokko, 260 000 Ew.; Wirtschafts- und Verkehrszentrum.

Oulu, schwed. **Uleåborg** [y:ləo:b'ɔrj], Hafenstadt in N-Finnland, 96 500 Ew.; Univ., Holzausfuhr.

Ounce [aʊns, engl. »Unze«] die, Abk. **oz.,** früheres engl. Gewicht = 28,35 g, für Edelmetalle und -steine = 31,1 g.

out [aʊt, engl.], aus, draußen. **Outcast** ['aʊtkɑ:st, engl.] der, gesellschaftl. Geächteter. **Outsider** ['aʊtsaɪdə, engl.] der, Außenseiter.

Output [aʊtpʊt, engl.] der, **1)** Elektrotechnik: Ausgangsinformation oder Ausgabe, auch Ausgangsleistung oder Ausgangsgröße eines elektron. Gerätes. **2)** ⚖ der Produktionsausstoß.

outrieren [utr'i:rən, frz.], übertreiben.

Ouvertüre [uvɛrt'y:rə, frz. »Eröffnung«] die, Instrumentalvorspiel zu Bühnenwerken (Oper, Ballett, Schauspiel) oder Oratorien; auch selbständig (Konzert-O., Fest-O.).

oval [lat.], eirund, länglichrund.

Ovarium, Ovar [lat.] das, der → Eierstock.

Ovation [lat.] die, Huldigung.

Overall ['əʊvərɔ:l, engl.] der, Überzieh-, Schutzanzug.

Overbeck, Johann Friedrich, Maler, *1789, †1869; bestimmender Meister der → Nazarener (2), malte u. a. relig. Bilder.

Overdrive ['əʊvərdraɪv, engl.] der, Zusatzgang zu einem Kraftwagengetriebe, der bei höherer Geschwindigkeit zugeschaltet wird und die Motordrehzahl herabsetzt.

Overkill ['əʊvəkɪl, engl.] das, Zustand der militär. Aufrüstung mit jener Menge atomarer Sprengköpfe, die über das zur Vernichtung des Gegners nötige Potential hinausgeht.

Ovid, lat. **Publius Ovidius Naso,** röm. Dichter, *43 v. Chr., † etwa 17 n. Chr., lebte in Rom als geschätzter Dichter, 8 n. Chr. von Augustus verbannt; schrieb Liebeselegien, das Lehrbuch der Liebe (»Ars amandi«), die »Metamorphosen« (Kleinepen aus der grch.-röm. Mythologie), die »Fasti« und in der Verbannung »Tristia« (Klagelieder).

Oviedo [oβj'eðo], Hptst. der span. Prov. O. in Asturien, 190 200 Ew.; got. Kathedrale (1388 begonnen); Univ. (1604 gegr.); Waffen-, Eisen-, Lederind.

ovipar [lat. »eigebärend«], eierlegend.

ÖVP, Abk. für → Österreichische Volkspartei.

Ovulation [lat.] die, der Eisprung (→ Eierstock). **Ovulationshemmer,** Mittel zur Empfängnisverhütung (Anti-Baby-Pille, → Empfängnis).

Owambo Mz., Bantustamm, → Ambo.

Owen ['əʊɪn], Robert, engl. Sozialist, *1771, †1858; führte als Industrieller soziale Reformen ein; geistiger Begründer der engl. Genossenschaften.

Oxalsäure, Kleesäure, HOOC-COOH, im Pflanzenreich sehr verbreitete organ. Säure, giftig, farblose Kristalle. Die O. und einige ihrer Salze (Oxalate, Kleesalz) werden verwendet als Farbbeize, Bleichmittel, Fleckenmittel (zur Entfernung von Rost, Tinte).

Oxenstierna ['uksənʃæ:rna], Axel Graf, schwed. Staatsmann, *1583, †1654, Kanzler Gustav Adolfs, leitete seit dessen Tode 1632 die schwed. Politik im Dreißigjährigen Krieg, war auch in Verwaltung Wirtschaft, Schulwesen erfolgreich.

Oxer, Hindernis im → Parcours.

Oxford ['ɔksfəd], Stadt in England, an der Themse, 98 500 Ew.; älteste engl. Univ. (13. Jh.); got. Kathedrale, alte Kirchen und Collegegebäude; Bischofssitz; Fahrzeugind.

Oxford-Bewegung, → Ritualismus.

Oxford-Gruppenbewegung, → Moralische Aufrüstung.

oxi... [von grch. oxys »scharf«, »sauer«], bei chem. Verbindungen: sauerstoffhaltig.

Oxid [grch.], das, chem. Verbindung eines Elements mit Sauerstoff.

Oxidation [grch.-lat.] die, chem. Vereinigung von Sauerstoff mit anderen Elementen oder Verbindungen, auch die Abspaltung von Wasserstoff aus Verbindungen. Eine rasch unter Feuererscheinung sich abspielende O. heißt Verbrennung. **O.-Mittel:** Sauerstoff und sauerstoffabgebende Mittel wie Ozon, Kaliumchlorat u. a.

Oxygenium [grch.] das, Sauerstoff.

Oxymoron [grch. »scharfsinnig-dumm«] das, Verbindung zweier sich widersprechender Begriffe: alter Knabe, schaurig-schön.

Oybin der, bewaldeter Felsberg bei Zittau, Klosterruine; am Fuß der Kurort O.

Ozean [grch. okeanos] der, das → Meer, **Ozeanographie** die, Meereskunde. **Ozeanolo-**

Ozelot

gie die, Wissenschaft von den Meeren und ihren Lebewesen.

Ozeanien, Inseln des südwestl. Pazifiks, zw. Australien, Indonesien, Japan und den küstennahen Inseln S-Amerikas; teils alte Festlandmassen **(Melanesien),** teils aus vulkan. Gestein und Korallenkalk aufgebaut **(Mikronesien, Polynesien).** STAATLICHE GLIEDERUNG → Australien und Ozeanien. 🌐 S. 486.

Ozelot [indian.] der, Pantherkatze, gefleckte Wildkatze; lebt im warmen Amerika. (BILD S. 644)

Ozenfant [ozãf'ã], Amédé, frz. Maler, Kunstschriftst., *1886, †1966; mit Le Corbusier Begründer des → Purismus.

Ozokerit [grch.] der, das → Erdwachs.

Ozon [grch.] das, O_3, Verbindung aus drei Sauerstoffatomen, starkes Oxidationsmittel. O. bildet sich aus Sauerstoff (Luft) durch ultraviolette Strahlen und elektr. Entladungen, riecht kräftig, reizt die Atmungsorgane. Die O.-Schicht der Hochatmosphäre (zw. 15 und 50 km Höhe) schützt die Erde vor der energiereichen UV-Strahlung der Sonne.

Ozonloch, seit etwa 20 Jahren gemessene Verringerung der Ozonkonzentration im September/Oktober in der Ozonschicht der Hochatmosphäre über der Antarktis. 1989 wurde erstmals auch über dem Nordpol ein O. nachgewiesen. Für die Zerstörung des Ozons werden u. a. die → Fluorkohlenwasserstoffe verantwortlich gemacht.

P

p, P, **1)** 16. Buchstabe des dt. Abc. **2) P,** chem. Symbol für Phosphor. **3) p.,** Abk. in Zitaten für pagina (Seite), auf Gemälden pinxit (hat gemalt), 𝅗𝅥 piano. **4) P,** Pater oder Père.

Pa, **1)** chem. Symbol für Protactinium. **2)** Einheitenzeichen für Pascal.

p. a., Abk. für **p**ro **a**nno [lat.], fürs Jahr.

p. A., auf Briefen: **p**er **A**dresse.

Paarerzeugung, → Elementarteilchen.

Paarhufer, Paarzeher, Säugetierordn., alle huftragenden Säuger, bei denen nur die 3. und 4. Zehe entwickelt und mit Hufen bedeckt sind. Man unterscheidet Nichtwiederkäuer (Schwein, Flußpferd) und Wiederkäuer (Horntiere, Hirsche, Giraffen, Kamele).

Paarung, → Begattung, → Fortpflanzung.

Paarvernichtung, → Elementarteilchen.

Pace [peıs, engl.] der, Schritt, Gang. Rennsport: Geschwindigkeit eines Rennens.

Pacelli [patʃ'ɛli], Papst → Pius XII.

Pachelbel, Johann, bedeutender Organist und Komponist vor Bach, *1653, †1706.

Pacher, Michael, Maler, Bildschnitzer, *um 1435, †1498; Meister der dt. Spätgotik: Altar in Sankt Wolfang (Salzkammergut).

Pachomius, Heiliger, *287, †346, gründete am Nil das erste Kloster (Tabennisi).

Pacht die, ⚖ Überlassung eines Gegenstandes an einen anderen **(Pächter)** zum Gebrauch und zur Nutzung gegen Zahlung eines **P.-Zinses** (§§ 581 ff. BGB). I. Ggs. zur Miete können auch Rechte (z. B. Jagdrechte) Gegenstand der P. sein, außerdem erhält der Pächter im Rahmen einer ordnungsgemäßen Wirtschaft die Früchte des P.-Gegenstandes. I. a. finden auf die P. die Vorschriften der Miete Anwendung. **Halb-** oder **Teil-P.:** im älteren Recht Form der P., bei der der P.-Zins in einem Bruchteil des Früchteertrages bestand.

Pachyderme [grch.] der, ❀ Dickhäuter.

Pacioli [patʃ'oli], Luca, Erfinder der doppelten Buchführung, *um 1445?, †um 1509.

Packeis, durch Pressungen zusammen- und übereinandergeschobene Eisschollen, bes. in Polarmeeren.

Packung die, **1)** ♡ Umhüllen des Körpers oder eines Körperteils mit feuchten Tüchern (zur **kühlenden P.** stubenwarm, zur **Schwitz-P.** heiß). **2)** ⊙ die Dichtung.

Packungsanteil, ⊠ relative Abweichung der Isotopenmasse von der ganzzahligen Massenzahl.

Pädagoge der, Erzieher, Lehrer, Wissenschaftler für Erziehungsfragen.

Pädagogik [grch.] die, Kunst und Lehre von der Erziehung, Erziehungswissenschaft; seit dem 17. Jh. wurde sie zu einer eigenen Wissenschaft mit vielen Zweigen: pädagog. Psychologie, soziolog. P., Didaktik (Unterrichtslehre), Geschichte der P. u. a.

Pädagogische Hochschulen, Hochschulen zur Ausbildung von Grund-, Haupt-, Real- und Sonderschullehrern.

Pädagogium das, höhere Schule mit Heimerziehung.

Padang, Hafenstadt in Westsumatra, Indonesien, 481 000 Ew.; Univ.; Ausfuhr von Kaffee, Gewürzen, Tabak, Kohlen.

Paddel das, Ruder, das frei (ohne Widerlager) mit den Händen geführt wird. **paddeln,** mit dem P. rudern, z. B. ein **P.-Boot.**

Päderastie [grch.] die, Knabenliebe.

Paderborn, Krst. in NRW, am Eggegebirge, 114 500 Ew.; Erzbischofssitz; Dom (11. bis 13. Jh.), roman., got. und Barockkirchen, Rathaus (Renaissance); Fakultät für kath. Theologie; Akademien; Ind. Seit 1295 Mitgl. der Hanse. – Karl d. Gr. stiftete das Bistum P.

Pädiatrie [grch.] die, Kinderheilkunde.

Padischah [pers.] der, Großkönig.

Pädogenesis [grch.] die, Form der Jungfernzeugung, bei der bereits in der Larve aus unbefruchteten Eiern neue Lebewesen entstehen (so bei manchen Mücken).

Padua, ital. **Padova,** Stadt in Norditalien, 222 300 Ew.; alte Bauten (Ringmauer, Dom, Justizpalast aus dem 12. Jh., Kirche Sant'Antonio); Bischofssitz; Univ.; Maschinen-, Auto-, Konservenind. – P. fiel 1406 an Venedig, 1797 und 1814 an Österreich, 1866 an Italien.

Paestum, grch. **Poseidonia,** antike Stadt am Golf von Salerno; 3 dorische Tempel.

pag. oder **p.,** Abk. für → pagina.

Pag, jugoslaw. Insel in Norddalmatien, 295 km^2; Mittelpunkt und Seebad ist die Stadt P. an der Südwestküste mit 2500 Ew. Weinbau, Fischerei, Meersalzgewinnung, Fremdenverkehr.

Pagode: fünfstöckige P. in Bhadgaon (Nepal)

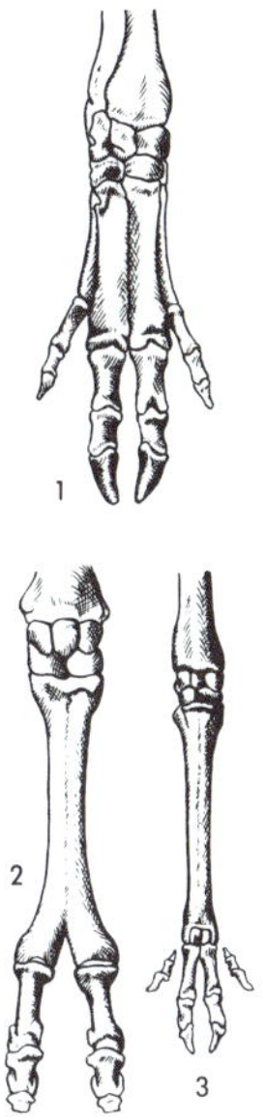

Paarhufer: Vorderfußknochen von Schwein (1), Kamel (2) und Hirsch (3)

Paganini

Paganini, Niccolò, ital. Geigenvirtuose, Komponist, *1782, †1840.

Paganismus [lat.] der, **1)** Heidentum. **2)** im Christentum fortlebender heidn. Brauch.

Page [pa:ʒə, frz.] der, **1)** Edelknabe im Hofdienst. **2)** Lehrling in Gaststätten oder Hotels.

pagina [lat.] die, Abk. **pag., p.,** Mz. **pp.,** Buchseite. **paginieren,** mit Seitenzahlen versehen.

Pagnol [paɲ'ɔl], Marcel, frz. Dramatiker *1895, †1974; Lustspiele »Topaze«, »Marius«, Filme.

Pagode [malaiisch aus ind.] die, **1)** turmartige Tempelbauten Ostasiens. **2)** fälschlich: kleine chines. Figur mit nickendem Kopf. (BILD S. 645)

Paiho, Peiho der, Fluß im nordöstl. China, fließt bei Peking vorbei und mündet bei Taku.

Paillette [paj'ɛtə, frz.] die, dünnes Metallblättchen zur Verzierung von Kleidern, Abendtaschen.

Paine [peɪn], Thomas, engl. Schriftst., Politiker, *1737, †1809; Wortführer der amerikan. Unabhängigkeitsbewegung. Hauptwerk: »Menschenrechte« (1791).

Paionios, grch. Bildhauer, 5. Jh. v. Chr.; erhalten Marmorstandbild der Nike in Olympia.

Pair [pɛ:r, frz.] der, **1)** in Frankreich bevorrechtigtes Mitgl. des Hochadels, bes. Mitgl. der Oberen Kammer 1814-48. **2)** in England → Peer.

Paisiello, Giovanni, ital. Opernkomponist, *1740, †1816; »Der Barbier von Sevilla«.

Paisley [p'eɪzlɪ], Stadt in Schottland, westl. Glasgow, 85 000 Ew.; alte Abtei; Ind.

Pak, .•. Abk. für **P**anzer**a**bwehr**k**anone.

Paket [aus frz.] das, Post: Kleingutsendung, die zu bestimmten, nach Entfernung und Gewicht gestaffelten Gebühren unter Beifügung einer **P.-Karte** versandt wird.

Paketboot, ❀ Schiff für Passagiere und Post.

Paketvermittlung, Übertragung von Datenpaketen (Datenfeld einer best. Anzahl von Bits) z. B. durch die Dt. Bundespost.

Pakistan

Pakistan, islam. Rep. in Vorderindien, 803 943 km², 102,2 Mio. Ew. Hptst.: Islamabad. Staatssprache ist Urdu, daneben regionale Amtssprachen. ⊕ S. 483.

LANDESNATUR. P. reicht vom Pamir nach S und SW zum Arab. Meer; es umfaßt das Stromgebiet des Indus, das Suleimangebirge und das Hochland von Belutschistan. Klima: Trocken, sommerheiß. Bevölkerung: → Vorderindien. Großstädte: Karachi, Lahore.

WIRTSCHAFT. Anbau von Zuckerrohr, Reis, Weizen, Baumwolle, Tee u. a.; Fischerei. ⚒ auf Erdöl, Erdgas, Chrom, Gips, Kalkstein, Kohle. Textil-, Nahrungsmittelind.; Stahlwerke. Ausfuhr: Baumwolle. Haupthandelspartner: USA, Japan, EG-Länder. Haupthafen: Karachi; internat. Flughafen: Karachi.

❶ P. ist 1947 aus der Teilung Brit.-Indiens entstanden (→ Vorderindien, GESCHICHTE). Es bestand bis 1971 aus West- und Ost-P. Am 23. 3. 1956 wurde die Bindung an die brit. Krone gelöst und die unabhäng. Rep. P. proklamiert. Mit Indien bestand 1947-66 der Konflikt um Kaschmir, der zuletzt 1990 wieder aufflammte. Der Ggs. zw. West- und Ost-P. sowie zw. orthodoxen Muslimen und Vertretern neuerer Staatsauffassungen führte wiederholt zu inneren Unruhen. Ost-P. erklärte 1971 seine Unabhängigkeit als → Bangladesh. Im folgenden Bürgerkrieg konnten die O-Pakistaner, von ind. Truppen unterstützt, die westpakistan. Truppen schlagen. Es entstand der selbständige Staat Bangladesh. 1972 erklärte P. seinen Austritt aus dem Brit. Commonwealth (1987 Wiederaufnahmeantrag). 1977 wurde MinPräs. Z. A. Bhutto (hingerichtet 1979) von Militärs unter General Zia ul-Haq gestürzt. 1979 schloß sich P. der »blockfreien Bewegung« an. Staatspräs.: Ghulam Ishaq Khan (seit 1988). MinPräs.: Benazir Bhutto (seit 1988, Aug. 1990 durch Präsidialbeschluß amtsenthoben; Übergangsreg.).

Pakt [lat. pactum] der, Vertrag, im bes. Staatsvertrag.

PAL, → Fernsehen 2).

Palacio Valdés [pal'aθjo ßald'es], Armando, span. Schriftst., *1853, †1938; realist. Romane.

Paladin der, im Rolandslied einer der 12 Helden; allg.: treuer Gefolgsmann.

Palais [pal'ɛ, frz.] das, Palast. **P. de l'Élysée,** Amtssitz des frz. Staatspräs. **P. Schaumburg,** Amtssitz des Bundeskanzlers in Bonn.

paläo... [grch.], alt...; ur...; z. B. paläolithisch, altsteinzeitlich.

Paläogeographie die, Zweig der Geologie, dient der Erforschung der geograph. Verhältnisse der Vorzeit.

Paläographie die, die Wissenschaft von den Schriftarten und Schreibstoffen.

Paläolithikum das, die → Altsteinzeit.

Paläologen Mz., das letzte byzantin. Kaiserhaus (1261-1453).

Paläontologie die, **Versteinerungskunde,** Wissenschaft von den fossilen, d. h. versteinerten Tier- und Pflanzenresten und von der Geschichte des Tier- und Pflanzenreichs im Lauf der Erdgeschichte. Die P. dient zur Klärung der → Stammesgeschichte.

Paläozoikum [grch.] das, Zeitabschnitt der → Erdgeschichte (ÜBERSICHT).

Palas [von lat. palatium] der, Wohnbau einer Burg mit Festsaal.

Palästina [»Land der Philister«], geschichtl. Landschaft an der O-Küste des Mittelmeeres, mit vielen dem Christentum, Judentum und Islam heiligen Orten, daher **Heiliges Land** genannt. P. reicht von der flachen, fast buchtenlosen Mittelmeerküste und der breiten Küstenebene über ein etwa 1000 m hohes Bergland bis zur Jordansenke (Spiegel des Toten Meeres 396 m unter dem Mittelmeerspiegel). Hauptstrom: Jordan. Mittelmeerklima mit spärlichen Niederschlägen und dürftiger Pflanzenwelt im Landesinnern. Über BEVÖLKERUNG und WIRTSCHAFT → Israel, → Jordanien. – GESCHICHTE. In das schon zur Altsteinzeit besiedelte P. wanderten um 3000 v. Chr. die semit. Amoriter, später die Kanaaniter ein, denen die Juden folgten (→ Israel 3). Nach der Eroberung Babyloniens durch Persien kehrten die Israeliten aus der babylon. Gefangenschaft zurück; seitdem gehörte P. zum Perserreich, seit 332 zum Reich Alexanders d. Gr.; es kam 320 zum Ptolemäerstaat, 198 zum Seleukidenreich. Nach der Befreiung durch die Makkabäer wurde P. 63 v. Chr. abhängig von Rom. Seit dem 1. Jh. n. Chr. bildete P. eine röm. Prov., seit 395 gehörte es zu Ostrom. Seit 636 unter dem Einfluß des Islam, war P. 1517-1918 türkisch, 1920-48 brit. Mandatsgebiet. 1948 wurde der jüd. Staat Israel ausgerufen, der östl. Teil P.s fiel an Jordanien (1967 von Israel besetzt). Die palästinens. Araber, 1948/49 vor den israel. Truppen geflohen oder von diesen vertrieben, wurden in den arab. Nachbarländern in Lagern angesiedelt. Durch Guerillakrieg und Terrorismus, neuerdings auch auf diplomat. Weg, suchen sie, v. a. im Rahmen der → Palästinensischen Befreiungsorganisation, ein arab. P. wiederherzustellen. 1979 begannen → Israel und → Ägypten Verhandlungen über Autonomie-Rechte für die Araber im Westjordanland und im Gaza-Streifen. 1988 rief die Palästinens. Befreiungsorganisation in Algier den Staat ›Palästina‹ aus; umfaßt Westjordanland und Gaza-Streifen, wo seit 1987 verstärkt Widerstand (→ Intifada) gegen Israel ausgeübt wird. ⊕ S. 482.

Palästinensische Befreiungsorgani-

sation, engl. **Palestine Liberation Organization** [p'æləstaın lıbər'eıʃən ɔ:gənaız'eıʃən], Abk. **PLO,** 1964 gegr., seit 1969 von Y. Arafat geführt, umfaßt die meisten palästinens. Guerilla-Organisationen. 1988 Ausrufung des Staates → Palästina.

Palästra [grch.] die, altgrch. Ausbildungsstätte für den Ringsport.

Palatal [lat.] der, Vordergaumenlaut.

Palatin der, einer der 7 Hügel Roms, der vornehmste Stadtteil im alten Rom.

Palatin [lat.] der, **1)** der Pfalzgraf. **2)** in Ungarn (bis 1848) Stellvertreter des Königs.

Palatina, alte Heidelberger Bibliothek; kam 1623 nach Rom; ein Teil 1816 zurückgegeben.

Palatschinken Mz., Österreich: gefüllte Eierkuchen.

Palau-Inseln, Inselgruppe Mikronesiens, 487 km², 14000 Ew. – 1899 von Spanien an das Dt. Reich verkauft; 1919-45 japan. Mandat; seitdem Treuhandgebiet der USA. 1981 erklärten sich die P.-I. selbst als »Republik Belau« für unabhängig.

Palaver [engl., von portug. »Wort«], weitschweifiges Gerede.

Palembang, Hafenstadt auf Sumatra, Indonesien, 787000 Ew.; Erdölraffinerien.

Palenque [pal'eŋke], Ruinenstadt der Maya im mexikan. Staat Chiapas.

Palermo, Hafenstadt Siziliens, an der Nordküste, am **Golf von P.,** 731000 Ew.; Erzbischofssitz; Dom (1170) mit den Gräbern Kaiser Heinrichs VI., Friedrichs II.; Palazzo Reale (11. Jh.); Univ.; Stahl-, Glas-, chem., Textil-, Zement-, Papier-, Lebensmittelind., Schiffbau; Fremdenverkehr. – P. wurde von den Phönikern gegründet; 831 von den Arabern, 1072 von den Normannen erobert; Lieblingssitz Kaiser Friedrichs II.

Palestrina, Giovanni, eigtl. G. **Pierluigi da P.,** ital. Komponist, *um 1525, †1594; Erneuerer der kath. Kirchenmusik (A-cappella-Stil): Messen, Motetten u. a. – Oper »P.«, musikal. Legende von H. Pfitzner.

Paletot [paləť'o, frz.] der, Herrenmantel.

Palette [frz.] die, **1)** mit Daumenloch versehene Tafel, auf der der Maler die Farben mischt. **2)** Hub-, Stapel- und Transportplatte aus Holz oder Stahl zum Zusammenfassen von Einzelstücken zu Ladungseinheiten.

Pali das, die Sprache des ind. MA. und der Schriften der Buddhisten.

Palimpsest [grch.] der, Pergament-Hs., deren urspr. Text beseitigt, durch einen anderen ersetzt ist; ältere Schrift kann durch neuzeitl. Hilfsmittel wieder lesbar gemacht werden.

Palindrom [grch.] das, Buchstabenreihe, die vor- und rückwärts gelesen einen Sinn ergibt, z. B. Otto, Regen.

Palingenesis [grch.] die, **Palingenese, 1)** Wiedergeburt. **2)** Wiederholung stammesgeschichtlich älterer Formen in der Keimesentwicklung.

Palisade [frz.] die, ⁂ Reihe zugespitzter Schanzpfähle als Hindernis.

Palisadenwürmer, bis zu 1 m lange Fadenwürmer, Schmarotzer im Nierenbecken von Tieren und Menschen.

Palisander der, rötlichbraunes hartes Holz einiger Jacaranda-Arten (O-Indien, S-Amerika).

Palladio, Andrea, ital. Baumeister, *1508, †1580; schuf Bauten von strenger Klarheit und Harmonie; Lehrmeister des Klassizismus.

Palladium das, **1)** im Altertum geschnitztes Bild der Pallas Athene zum Schutz einer Stadt. **2)** Schutzbild, Hort.

Palladium das, **Pd,** chem. Element, Platinmetall; Ordnungszahl 46, D 12.02 g/cm³, Schmelzpunkt 1552 °C. In feinverteiltem Zustand **(P.-Mohr)** nimmt P. viel Wasserstoff auf; Verwendung als Katalysator.

Pallas [grch.], Beiname der Göttin Athene.

Pallasch [russ.] der, langer, schwerer Degen, früher Stichwaffe der Kürassiere.

Palliativa [lat.] Mz., Arzneimittel, die nur lindernd wirken, ohne die Ursachen zu beheben.

Pallium das, **1)** altröm. weiter Überwurf für Männer; im MA. kaiserl. Mantel, Krönungsmantel. **2)** Papst und Erzbischöfe: ringförmige, mit 6 Kreuzen verzierte weißwollene Binde mit Brust- und Rückenstreifen.

Pallium 2)

Pallottiner Mz., kath. Missionsgesellschaft; 1835 gegründet.

Palm, Johann Philipp, Buchhändler, *1768, †1806; als Verleger einer antifrz., vaterländ. Druckschrift auf Befehl Napoleons erschossen.

Palma, Jacopo, genannt **P. Vecchio,** ital. Maler, *um 1480, †1528; malte Altarbilder, weibl. Akte und Halbfiguren.

Palma de Mallorca [maʎ'ɔrka], Hptst. und -hafen der Balearen, auf Mallorca, 300400 Ew.; got. Kathedrale; Handel, Leder-Ind., Fremdenverkehr.

Palmarum, der → Palmsonntag.

Palm Beach [pɑ:m bı:tʃ], Badeort an der SO-Küste Floridas, USA, 9100 Ew.

Palme, Olof, schwed. Politiker, *1927, †(ermordet) 1986; Jurist, 1969-76, 1982-86 MinPräs.

Palmen Mz., einkeimblättrige Pflanzenfamilie, bis 30 m hohe und 50 cm dicke Holzgewächse der Tropen und warmer Landstriche. Man unterscheidet nach der Form der Blätter **Fieder-P.** und **Fächer-P.** Die P. tragen blütenreiche, oft zweihäusige Blütenstände; die Früchte sind Beeren, Steinfrüchte oder Nüsse. Zugehörig: **Dattel-P., Kokos-P., Öl-P., Rohr-P., Sago-P.** u. a.

Palmer, Lilli, Filmschauspielerin, *1914, †1986.

Palmerston [p'ɑ:məstən], Henry John Temple, Viscount, engl. Staatsmann, *1784, †1865; liberal, 1855-58, 1859-65 Premier-Min.

Palmette [frz.] die, **1)** dem Palmenblatt ähnl. Ornament. **2)** eine Spalierbaumform.

Palmetto der, amerikan. Fächerpalmen.

Palmfarne Mz., **1)** Farne mit dicken Stämmen, an denen palmenartige Wedel sitzen; trop. Waldpflanzen Südasiens, Polynesiens, Australiens, Madagaskars. **2) Zykasgewächse,** einfachste Formen der Nacktsamigen, in warmen Ländern, farnähnl. mit holzigem Stamm. Die **japan. P.** liefern Stärkemehl (Sago).

Palmira, Stadt in Kolumbien, 214500 Ew.

Palmitinsäure, ⊙ Fettsäure; in Form ihres Glycerinesters Bestandteil der meisten Fette.

Palmnicken, russ. **Jantarnyj,** Ostseebad in Ostpreußen, im Gebiet Kaliningrad, an der samländ. Küste; Bernsteingewinnung.

Palmöl, Fett aus dem Fruchtfleisch der Ölpalme.

Palmsonntag, Sonntag vor Ostern, nach dem Palmenstreuen beim Einzug Christi in Jerusalem.

Palmwein, alkohol. Getränk aus Palmensaft.

Palmyra, alte Stadt in einer Oase der syr. Wüste; Baureste aus dem 3. Jh. n. Chr.; Fundort aramäischer Inschriften. (BILD S. 648)

Palolowurm, Ringelwurm der Südsee.

Palucca, Gret, Tänzerin und Tanzpädagogin, *1902; Meisterin des Ausdruckstanzes; **P.-Schule** Dresden, gegr. 1925.

Pamir der, **Dach der Welt,** Knotenpunkt der Gebirgszüge in Mittelasien, besteht aus versch. Hochgebirgen und Hochflächen (Pamire Mz.); gehört zum größten Teil zur Sowjetrep. Tadschikistan.

Pampa die, baum- und strauchlose Grasebene in Argentinien, landwirtschaftl. Kernlandschaft Argentiniens.

Pampasgras, Silbergras, hohe Grasart

Palmyra: Triumphbogen und Säulenstraße

in den Pampas, mit weißer Rispe; Gartenpflanze.

Pampashase, meerschweinchenartiges Nagetier in der patagon. Steppe Argentiniens.

Pampelmuse die, eine Südfrucht, → Citrus.

Pamphlet [engl.-frz.] das, Schmähschrift.

Pamphylien, antike Landschaft im südl. Kleinasien.

Pamplona, Stadt im nördl. Spanien, 178 500 Ew.; Festung; got. Kathedrale; Textil-, Papier-, Steingutind.

Pan, grch. Sage: (urspr. arkad.) Hirtengott, mit Bocksbeinen und halbtier. Gesicht oder mit Bockshörnern dargestellt. P. galt als Erfinder der Syrinx **(Panflöte)** und Urheber plötzl. und unerklärl. (pan.) Schrecken.

pan... [grch.], all..., ganz..., z. B. Panamerika.

Panaitios von Rhodos, grch. Philosoph im 2. Jh. v. Chr., Leiter der stoischen Schule in Athen, prägte den Begriff der Humanität.

Panama

Panama, 1) Rep. in Zentralamerika, beiderseits des → Panamakanals, 75 650 km², 2,27 Mio. Ew. (überwiegend Mestizen, daneben Schwarze, Weiße, Mulatten, Indianer; rd. 93% kath.); Hptst.: Panamá; Amtssprache: Spanisch. – P. umfaßt die **Landenge von P.;** gebirgig, verbreitet Wälder. Klima tropisch. Anbau von Reis, Mais; für die Ausfuhr: Bananen, Kaffee, Zuckerrohr u. a.; Fischerei (Krabben); Erdölraffinerie. Von wirtschaftl. Bedeutung sind die Einnahmen aus der Kanalzone. Haupthandelspartner: USA. – P. war bis 1821 spanisch, schloß sich 1821 Kolumbien an, erklärte 1903 seine Unabhängigkeit mit Unterstützung der USA, die das Recht zum Bau des Panamakanals und die Herrschaft über die Kanalzone erhielten. Nach dem 1977 zw. Panama und den USA geschlossenen P.-Vertrag soll der P. bis 2000 in panames. Besitz übergehen. Militärmachthaber Gen. M. Noriega Ende 1989 durch amerikan. Militärintervention gestürzt. Präs.: G. Endara (seit 1989). ⊕ S. 484.

2) Hptst. und -hafen von 1), am Golf von P., 7 km vom S-Ende des P.-Kanals, 388 600 Ew.; 1519 von Spaniern gegr.

Panama der, Gewebe mit kleinem Würfelmuster, eine Abart der Leinwandbindung.

Panamahut, aus Blättern der Kolbenpalme geflochtener Strohhut mit breiter Krempe.

Panamakanal, stark befestigter Schleusenkanal zw. Atlant. und Pazif. Ozean. Durchschneidet die Landenge von → Panama; 81,6 km lang, wird meist in 7-8 Stunden durchfahren. – Der Bau des P., den zuerst 1879-89 eine von Lesseps gegr. frz. Gesellschaft versuchte, erfolgte erst 1903-1914 durch die USA.

Panamarinde, Quillajarinde (→ Seifenbaum).

Pantoffelblume

Panamerican Highway [pænəm'erıkən h'aıweı], span. **Carretera Panamericana,** Straßensystem, das Alaska (Fairbanks) mit Feuerland verbindet; Gesamtlänge 34 620 km.

panamerikanische Bewegung, Zusammenarbeit der Staaten Amerikas zur freien Entwicklung gemeinsamer polit. und wirtschaftl. Interessen. Aus der 1. Konferenz (Washington 1889) ging 1890 die »Panamerikan. Union« hervor. Auf der 9. Konferenz (Bogotá 1948) entstand die **Organisation der Amerikanischen Staaten,** OAS. Sie umfaßt (1990) 31 Mitgliedsländer.

panarabische Bewegung, Streben nach Zusammenarbeit der Staaten des arab. Sprachgebiets. (→ Arabische Liga)

Panaritium das, ♡ die → Fingerentzündung.

panaschieren [frz. aus ital. »mischen«], bei der Verhältniswahl (→ Wahlrecht) Kandidaten versch. Parteien auf einem Stimmzettel zusammenstellen.

Pan|athenäen Mz., im Altertum: das in Athen gefeierte Hauptfest der Athene.

Pančevo [p'a:ntʃεvɔ], Stadt in Jugoslawien, an der Donau, 70 000 Ew.; Bahn- und Straßenbrücke nach Belgrad; Lebensmittelind.

Panchatantra [-tʃ-, Sanskrit] das, altind. Fabelsamml., meist Tierfabeln.

Pan-chen Rin-po-che [tibet.], **Pantschen-Lama,** Titel des neben dem Dalai Lama höchsten geistl. Würdenträgers des Lamaismus.

panchromatisch, → Photographie.

Panda der, Arten von Kleinbären (Katzenbär, Bambusbär).

Pandämonium [grch.] das, Versammlung, Versammlungsort aller bösen Geister.

Pandang der, **Schraubenpalme,** palmenähnl. trop. Baumgatt. mit Stelzwurzeln und schraubigen Blattzeilen.

Pandekten [grch. »alles enthaltend«] Mz., ⚖ Hauptteil des Corpus iuris civilis (→ Corpus). **P.-Recht,** ein auf der Grundlage der P. entwickeltes modernes Recht.

Pandemie [grch.] die, ♡ eine sich über große Gebiete ausbreitende Epidemie.

Pandit, Titel brahman. Gelehrter.

Pandora, grch. Sage: von Zeus im Zorn geschaffenes Weib. Es öffnete ein auch alle Übel einschließendes Gefäß, die **Büchse der P.,** nur die Elpis (Hoffnung) blieb darin zurück.

Pandschab [»Fünfstromland«], Landschaft in W-Pakistan und NW-Indien, vom Indus und seinen Nebenflüssen durchflossen.

Panduren Mz., im 17./18. Jh. die aus Südungarn stammenden österr. Soldaten.

Paneel [niederländ. aus frz.] das, Wandbekleidung, Füllung, Täfelung.

Panegyrikus [grch.] der, Lobrede. **Panegyriker** der, Lobredner.

panem et circenses [lat.], »Brot und Zirkusspiele«; sprichwörtlich für: die Hauptbedürfnisse der gedankenlosen Menge.

Paneuropa, → Europäische Einigungsbewegung.

Panamakanal

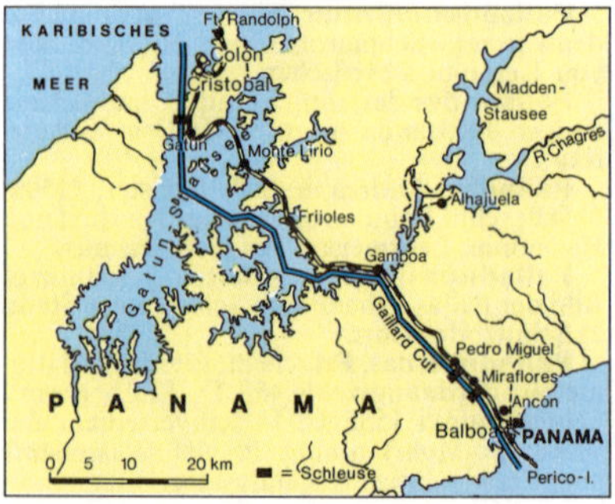

Pangermanismus [grch.-lat.] der, Schlagwort für ein angebl. gemeinsames Stammesbewußtsein aller Völker german. Herkunft.

Pangwe, Fang, Bantuvolk in Äquatorialafrika.

Panier das, Banner, Feldzeichen.

panieren [frz.], Bratstück in Ei und Semmelkrümel oder Mehl umwenden.

Panik [zu Pan] die, plötzl. Bestürzung; Massenangst.

panislamische Bewegung, Panislamismus, abendländ. Bez. für das Streben der islam. Welt nach polit. Einheitlichkeit gegenüber dem Übergewicht der europ. Großmächte im 19. Jh.

Panje [von poln. pan] der, scherzhaft für poln. und russ. Bauer. **P.-Pferd,** kleines russ. Pferd.

Pankhurst [p'æŋkhə:st], Emmeline, *1858, †1928; Vorkämpferin für das Frauenwahlrecht in England.

Pankok, Bernhard, Architekt und Maler, *1872, †1943; führend im Jugendstil.

Pankow [-o:], der 19. VerwBez. der Stadt Berlin (Berlin [Ost]); bis 1989 Schlagwort für die Reg. der Dt. Dem. Rep.

Pankratius, Pankraz, Märtyrer, †um 304; einer der Eisheiligen (Tag 12. 5.).

Pankreas [grch.] das, ♡ Bauchspeicheldrüse.

Panlogismus [grch.] der, Lehre von der log. Struktur des Universums.

Panne [frz.] die, eine Betriebsstörung.

Pannoni|en, im Altertum: röm. Provinz an der mittleren Donau.

Pannwitz, Rudolf, Kulturphilosoph, *1881, †1969; »Krisis der europ. Kultur«, »Kosmos Atheos«, »Der Nihilismus und die werdende Welt«.

Panoptikum [grch.] das, Wachsfigurensammlung; Schaustellung von Sehenswürdigkeiten.

Panorama [grch.] das, **1)** Rundblick. **2)** Rundbild.

Panpsychismus [grch.-lat.] der, Lehre, nach der auch die unbelebte Natur beseelt ist.

Pansen der, Magenteil der Wiederkäuer.

Panslawismus der, allslaw. Bewegung, die im 19. und frühen 20. Jh. den Zusammenschluß aller Slawen, bes. unter russ. Führung, anstrebte.

Pantalons [pãtal'ɔ̃, frz.] Mz., lange Hose.

panta rhei [grch. »alles fließt«], Satz des Heraklit.

Pantelleria, ital. vulkan. Insel, südwestl. von Sizilien, 83 km² groß; heiße Quellen, Schwefelgruben; Flotten- und Luftstützpunkt.

Pantheismus [grch.] der, relig. oder philosoph. Lehre, die das Göttliche mit dem Weltganzen in eins setzt, also die Immanenz Gottes in der Welt behauptet und einen persönl. Gott leugnet. Die Brücke zw. P. und Theismus bildet der **Panentheismus:** Gott wirkt danach in allem, aber er überragt zugleich die Welt.

Pantheon [grch. »Tempel für alle Götter«] das, in der Neuzeit Gedächtnisstätte bedeutender Männer. **1)** Rundbau in Rom, mit gewaltiger Kuppel, um 120 n. Chr. vollendet. **2)** Kirche Ste. Geneviève in Paris, von Soufflot (1756-90); seit 1791 Ehrentempel großer Franzosen.

Panther der, schwarzer → Leopard.

Pantine [frz.] die, Holzpantoffel.

Pantoffel [ital.] der, bequeme Fußbekleidung, mit Kappe für den vorderen Fußteil.

Pantoffelblume, südamerikan. Rachenblüter mit pantoffelförm. bunten Blüten. (BILD S. 648)

Pantoffeltierchen, einzellige Tiere der Klasse Wimpertierchen, mit pantoffelförm. Körper, leben in faulenden Gewässern.

Pantograph [grch.] der, Zeichengerät, der → Storchschnabel.

Pantokrator [grch.], Christus als Allbeherrscher, Motiv der ostkirchl. Ikonographie.

Pantomime [grch.] die, Bühnenspiel ohne Worte, bei dem nur Gebärden, auch mit Musik und Tanz, die Handlung ausdrücken.

Pantothensäure, Vitamin des Vitamin-B-Komplexes.

Pantry [p'æntrı, engl.] die, Raum zum Speisenanrichten, Geschirraufbewahren auf Schiffen und in Flugzeugen.

Panzer der, **1)** Schutzvorrichtung gegen feindl. Angriffe; auch im Tierreich (z. B. Schildkröte). **2)** Panzerfahrzeug.

Panzerechsen, die → Krokodile.

Panzerfische, urtümlichste Wirbeltiere, Fische mit panzerartiger Haut, ohne Kiemen und paarige Flossen, im Paläozoikum.

Panzergrenadiere, zunächst eine Spezialtruppe zum Zusammenwirken mit Kampfpanzern. Bundeswehr: Infanterie ohne Jäger.

Panzerschiff, 1) i. a.: gepanzertes Kriegsschiff. **2)** bis 1939 amtl. Bez. der 1928-36 erbauten dt. 10 000-t-Kampfschiffe, später schwere Kreuzer.

Panzertruppe, Waffengattung der Kampftruppen, besteht aus Panzer- und Panzeraufklärungsverbänden. **Kampfpanzer** haben Waffen in Drehtürmen (meist Schnellfeuerkanonen), **Sturmpanzer** sind Unterstützungsfahrzeuge mit Steilfeuerwaffen zum Kampf gegen Feldstellungen; **Jagdpanzer** sind zum Kampf gegen Panzer bestimmt, **Selbstfahrlafetten** tragen Waffen hinter schwächerer (manchmal oben offener) Panzerung. Spezialpanzer zur Luftabwehr sind die **Flakpanzer** mit leichter oder mittlerer Flak sowie Flakraketen. Sonderbauarten: **Brückenlege-, Minenräum-, Flammen-, Raketenwerferpanzer.** Die schnellen, leicht gepanzerten **Spähpanzer** dienen der Aufklärung. – Panzerabwehrwaffen sind Lenkraketen, rückstoßfreie Leichtgeschütze.

Päoni|e die, **Pfingst-, Gicht-, Bauernrose,** staudige bis strauchige Hahnenfußgewächse, mit rosenähnl. Blüten.

Paotou, amtl. **Baotou,** Stadt in China, Innere Mongolei, über 800 000 Ew.; Eisen- und Stahlzentrum.

Papa [grch.], in der Ostkirche jeder höhere Geistliche; lat. Kirche: Titel des Papstes.

Papabile [ital.] der, Kardinal, der Aussicht hat, zum Papst gewählt zu werden.

Papageien, artenreiche Vogel-Ordn., meist trop. bis subtrop. Klettervögel mit stark gekrümmtem Schnabel, bewegl., fleisch. Zunge und Kletterfüßen. Die oft farbenprächtigen P. nähren sich von Früchten, Samen, Insekten und Honig. Gedächtnis und Assoziationsvermögen sind hoch entwickelt; Verwandtschaftsgruppen: **Aras, Jakos, Kakadus, Wellensittiche.** (Weitere BILDER S. 650)

Papageienkrankheit, durch Papageien u. a. Vogelarten übertragene bes. Art von Lungenentzündung ohne Husten. Erreger ist ein Virus.

Papageifisch, Meeresfische mit schnabelartigen Kiefern, in warmen Meeren.

Papalsystem [papal »päpstlich«], System der päpstl. Kirchenhoheit; Ggs.: → Episkopalsystem.

Papaya, → Melonenbaum.

Papel die, Knötchen auf der Haut, bei Hautkrankheiten.

Papen, Franz v., Politiker, *1879, †1969; 1932 Reichskanzler, 1933-34 Vizekanzler, 1939-44 Botschafter in der Türkei; wurde im Nürnberger Prozeß freigesprochen.

Papenburg, Stadt in Ndsachs., Fehnkolonie, durch einen Kanal mit der Ems verbunden, 28 700 Ew.; Schiffswerft, Torfwerk, Glashütte.

Paperback [p'eıpəbæk, engl.], Buch in → Klebebindung mit lackiertem oder laminiertem Papierumschlag.

Päonie

Papageien: 1 Graupapagei. **2** Hellroter Ara. **3** Wellensittich

Papageien: **1** Arakakadu, **2** Blauwangenlori. **3** Gelbkopfamazone

Papua-Neuguinea

Paprika

Paphlagọni|en, antike Landschaft im nördl. Kleinasien.

Papịer [von grch. papyros] das, wurde etwa um 105 n.Chr. in China bekannt. Es wird durch dichtes Verfilzen, Pressen und Leimen feiner Pflanzenfasern (Baumwoll-, Hanf-, Leinen-, Holzfasern) für hochwertiges P. feinst gemahlener Hadern (Lumpen) gewonnen, die mit Wasser zu einem wäßrigen Brei vermengt werden. Bei der vorherrschenden maschinellen P.-Herstellung fließt der P.-Brei auf ein endloses Metallsiebband, wird entwässert und anschließend über dampfgeheizten Trommeln (→ Kalander) getrocknet und geglättet. Leimen macht das P. tintenfest; Füllen mit Kaolin, Talkum verleiht der Oberfläche Glanz und Glätte. Hauptrohstoff der P.-Herstellung ist Holz, das zu Holzschliff oder Zellstoff verarbeitet wird. Holzhaltiges P. (Zeitungs-P.) vergilbt, holzfreies (z.B. gutes Schreib- und Druck-P.) ist lichtecht.

Papierboot, Papiernautilus, vierkiemiger, achtarmiger Tintenfisch; das Weibchen erzeugt einen papierartigen Brutbehälter.

Papierchromatographie, Verfahren der chem. Analyse zur Auftrennung von Stoffgemischen auf Grund ihrer Löslichkeit. Die Stoffe werden durch ein Lösungsmittel, das von einem Filtrierpapierstreifen aufgesogen wird, verschieden schnell transportiert, durch Reagenzien fixiert und sichtbar gemacht.

Papierformate. An Stelle der früher üblichen Formate Oktav, Quart, Kanzlei usw. werden heute fast ausschließlich **DIN-Formate** der Hauptreihe A verwendet. Ausgangsgröße ist A 0 (841 × 1189 mm) mit 1 m^2 Fläche. Die folgenden P. A 1 bis A 10 erhält man durch Halbieren des vorangegangenen Formats, z.B. die Postkartengröße A 6 (105 × 148 mm) durch Halbieren von DIN A 5.

Papiermaché [-maʃ'e, frz.] das, formbare Masse aus Papier mit Zusatz von Leim, Stärke, Gips, Ton, wird in Formen gepreßt, dann getrocknet, gefirnißt und bemalt.

Papierwährung, Währungssystem, bei dem außer Scheidemünzen nur Banknoten **(Papiergeld)** umlaufen, die nicht in Edelmetall oder Metallgeld eingelöst werden; trifft auf alle modernen Währungen zu.

Papịlle [lat.] die, Wärzchen.

Papiniạnus, Aemilius, bedeutender röm. Jurist, * um 140, † 212.

Pappatạcifieber, Dreitagefieber, im Mittelmeergebiet auftretende Viruskrankheit mit grippeähnl. Verlauf.

Pappe die, festes, dickes Papier, oft aus mehreren Lagen dünnen Papiers.

Pappel die, Gatt. der Weidengewächse, bis 30 m hoch, zweihäusige Windblüter. **Schwarz-P.,** mit dreieckigem Blatt, ist als **Pyramiden-P. (Italien. P.)** Zierbaum an Landstraßen; **Weiß-** oder **Silber-P.** hat Blätter, die unten schneeweißfilzig sind. Die Blätter der **Zitter-Pappel** oder **Espe** sind ebenfalls unten weiß-filzig und flattern beim geringsten Luftzug. **Pappel-Holz** wird als Furnier-, Kisten-, Faser-, Schnitzholz sowie für Zündhölzer verwendet.

Pappenheim, Gottfried Heinrich, Graf zu, kaiserl. General des Dreißigj. Krieges, * 1594, † 1632; Führer eines Kürassierregiments **(Pappenheimer),** wurde bei Lützen tödl. verwundet.

Pappus der, weißl. Haarkrone der Früchte mancher Korbblüter (Löwenzahn), verbreitet die Früchtchen im Wind.

Pappus, grch. Mathematiker, lebte um 300 n.Chr. in Alexandria.

Pạprika [ungar.] der, südamerikan. Gatt. der Nachtschattengewächse, mit kartoffelähnl. Blüten und roten, kugeligen bis spindelförmigen Beeren **(P.-Schoten).** Einige Arten liefern mit ihrer Fruchtschale das Gewürz P. (Cayennepfeffer), andere Gemüse.

Papst [lat. papa »Vater«] der, Titel des Bischofs von Rom, nach kath. Lehre der Stellvertreter Christi auf Erden und Nachfolger des Petrus. Als Oberhaupt der röm.-kath. Kirche ist er oberster Lehrer, Gesetzgeber und Richter, steht über allen Bischöfen und Kirchenversammlungen (Konzilien) und ist, wenn er »vom Lehrstuhl Petri aus« (ex cathedra) in Sachen des Glaubens und der Sitten spricht, unfehlbar (→ Unfehlbarkeit). Er ist zugleich Landesherr der Vatikanstadt. TRACHT: weißseidener Talar, Brustkreuz, roter Mantel und Hut; beim Gottesdienst wie der Erzbischof gekleidet; bei feierl. Anlässen außerhalb des Gottesdienstes trug er (bis 1963) die Tiara. ANREDE: Eure Heiligkeit, Heiliger Vater. Der P. wird gewählt durch die Kardinäle im Konklave, in geheimer Abstimmung mit Zweidrittelmehrheit (aktives und passives Papstwahlrecht seit 1970 auf Kardinäle bis zum 80. Lebensjahr beschränkt). Der Vorrang (Primat) des Bischofs von Rom ist nach kath. Lehre darin begründet, daß Christus dem Apostel Petrus die → Schlüsselgewalt verliehen hat und daß Petrus der erste Bischof von Rom war. Kaiser Valentinian III. erkannte 445 den Bischof von Rom als den obersten (Primas) der Bischöfe an. Nach Verfall im 10. Jh. erstarkte mit der Erneuerung der Kirche durch die Cluniazenser (→ Cluny) auch das Papsttum: Kampf zw. Kaiser und Papst (Beginn unter Gregor VII., 1073-85, → Investiturstreit; Höhepunkt unter Innozenz III. 1198-1216). Verlegung des päpstl. Sitzes nach Avignon (1309) und das → Schisma (1378-1417) führten zum zeitweiligen Niedergang. Trotz Reformation und Aufklärung vermochte das Papsttum jedoch sein Ansehen zu erhalten und zu steigern, bes. seit dem 19. Jh. Auf dem 1. Vatikan. Konzil (1870) wurde das Dogma von der Unfehlbarkeit des P. verkündet. Leo XIII. und seine Nachfolger verstanden das Ansehen der P. weiter zu vergrößern. Pius XI. söhnte sich 1929 mit dem Kgr. Italien aus (→ Kirchenstaat). 1939 wurde Pacelli als Pius XII. Papst (Verurteilung des Kommunismus, Dogma von der Himmelfahrt Mariä). 1958-63 war Johannes XXIII. Papst (Einberufung des 2. Vatikan. Konzils 1962), 1963-78 Paul VI. (Lehre von der bischöfl. Kollegialität). Seit 1978 ist Johannes Paul II. (K. Woityla) Papst. **Päpstl. Insignien,** Abzeichen des Papstes: die → Tiara über 2 schräg aufwärts gerichteten Schlüsseln. **Päpstl. Stuhl,** → Römische Kurie.

Pạpua Mz., Urbev. Neuguineas und umliegender Inseln, mit dunkler Hautfarbe, kraushaarig; Vielfalt der Sprachen.

Pạpua-Neuguinẹa, Rep. im SO Neuguineas, mit Bismarck-Archipel, Bougainville u.a. Inseln, 461 691 km^2, 3,60 Mio. Ew.; Hptst.: Port Moresby; vorwiegend Landwirtschaft, intensive Forstwirtschaft. P.-N. erlangte 1975 die Unabhängigkeit von Australien.

Papỵrus der, Stoff zum Beschreiben, aus Blättern der **P.-Staude,** in Ägypten seit dem 3. Jahrtsd. v.Chr., in Griechenland seit dem 6. Jh. v.Chr. gebraucht. (BILD S. 651)

para... [grch.], bei..., neben..., entgegen...

Parạ́, Rio P., trichterförmige Mündungsbucht von Tocantins und eines südl. Mündungsarms des Amazonas.

Parạbel [grch.] die, **1)** lehrhaftes Gleichnis in Erzählform. **2)** △ Kurve, deren Punkte P von einem festen Punkt F **(Brennpunkt)** und einer festen Geraden b **(Leitlinie)** den gleichen Abstand haben. Die P. ist einer der Kegelschnitte (→ Kegel). (BILD S. 651)

Parabolantenne, schüsselförmige Antenne zum direkten Empfang von Satellitenrundfunkprogrammen.

parabọlisch, 1) vergleichsweise. **2)** in Form einer Parabel.

Paraboloid das, gekrümmte Fläche; durch Drehung einer Parabel um die Achse entsteht das **Umdrehungs-P.**

Paracelsus, Arzt, Philosoph, *um 1493, †1541, erkannte als erster die chem. und physikal. Grundlagen des Lebendigen und wendete sie in der Heilkunde an.

Parade [frz.] die, **1)** Aufmarsch. **2)** im Reit- und Rennsport Anhalten (ganze P.) oder Versammeln (halbe P.) eines Pferdes oder Gespannes. **3) Parieren,** beim Fechten die Abwehr der Hiebe des Gegners.

Paradentitis, → Parodontose.

Paradies [grch. aus altpers.] das, **1)** Garten in Eden, die urspr. Schöpfungswelt vor dem Sündenfall. **2)** Ort der Seligen.

Paradiesapfel, 1) Apfelbaumsorte mit kirschähnl. Früchten. **2)** Tomate.

Paradiesvogel, Singvögel Neuguineas und Australiens; das Männchen mit Prachtgefieder.

Paradigma [grch. »Vorbild«] das, Beispiel, Muster; Ⓢ Musterbeispiel.

paradox [grch.], widersinnig. **Paradox, Paradoxon** das, scheinbar widersinnige Behauptung, z. B. »da ward die Stille laut«. **Paradoxie** die, Widerstreit zweier an sich gleich begründeter Sinngehalte.

Paraffin das, Gemisch fester Kohlenwasserstoffe, das aus Braunkohlenteer, Erdwachs, Erdöl durch Destillation gewonnen wird; löslich in Benzin, Äther, Schwefelkohlenstoff. Verwendung zur Herstellung von Kerzen und Salben, zum Tränken von Zündhölzern usw. In der Chemie bezeichnet man die gesättigten Kohlenwasserstoffe als **Paraffine.**

Paragraph [grch.] der, ⚖ kleinerer Abschnitt in Gesetzen, Verträgen usw., Zeichen: §., Mz. §§.

Paraguay, 1) der, größter rechter Nebenfluß des Paraná in S-Amerika, entspringt im Hochland von Mato Grosso, mündet oberhalb Corrientes; 2600 km, größtenteils schiffbar.

2) Rep. in Südamerika, 406752 km², 3,92 Mio. Ew.; Hptst. Asunción; Amtssprache: Spanisch, Umgangssprache auch Guaraní. Präsidialverfassung. – P. wird durch den Fluß P. zweigeteilt in ein fruchtbares östl. Hügelland (zw. den Flüssen P. und Paraná) und ein westl. Flachland mit Savanne und Wäldern (Gran Chaco). Klima: warm, nach W zunehmend trocken. BEVÖLKERUNG. Rd. 91% Mestizen, daneben Indianer, Weiße. Religion: über 90% kath. (Staatsreligion). WIRTSCHAFT. Trop. Landbau; Viehzucht, Forstwirtschaft. Ausfuhr: Fleisch, Holz, Öle, Baumwolle, Tabak. Binnen- und Flughafen ist Asunción. – P. war im 17./18. Jh. Mittelpunkt des Jesuitenstaates. 1811 wurde P. unabh. Rep. 1864-70 unterlag es gegen Brasilien, Argentinien und Uruguay, 1932-35 führte es den siegreichen Chacokrieg gegen Bolivien. Staatspräs.: Gen. A. Rodríguez (nach Militärputsch 1989). ⊕ S. 485.

Paraklet [grch. »Rechtsbeistand«], der Hl. Geist (auch Jesus selbst) als Fürsprecher.

Parallaxe [grch. »Abweichung«] die, Winkel zw. 2 Geraden, die von versch. Standorten aus nach dem gleichen Punkt gerichtet sind; dient in der Astronomie zur Entfernungsbestimmung von Sternen.

Parallelcomputer, Datenverarbeitungsanlage, bei der viele Mikroprozessoren gleichzeitig an einer Aufgabe arbeiten und aus deren Teilergebnissen das Endresultat ermittelt wird. Der 1989 in der Bundesrep. Dtl. vorgestellte P. SUPRENUM z. B. besteht aus 256 Mikroprozessoren und kann 5 Mrd. Rechenoperationen je Sekunde ausführen.

Parallele [grch.] die, **1)** △ Gerade, die eine gegebene Gerade nirgends im Endlichen schneidet. **2)** Gegenüberstellung, vergleichbarer Fall.

Parallel|epiped, → Parallelotop.

Parallelismus der, das gleichartige Auftreten ähnl. Ereignisse oder Entwicklungen. **Psychophys. P.,** ⓟ Lehre, nach der leibl. und seel. Vorgänge stets parallel verlaufen (Spinoza, Leibniz).

Parallelogramm [grch.] das, → Parallelotop.

Parallelotop [grch.] das, in der Ebene (zweidimensional): Stück der Ebene, das von 2 Paaren paralleler Geraden begrenzt wird **(Parallelogramm);** im Raum (dreidimensional): Teil des Raumes, der von 3 Paaren paralleler Ebenen begrenzt wird **(Parallel|epiped),** analog in höherdimensionalen Räumen.

Parallelotop: Parallelogramm, a Quadrat, b Rechteck, c Rhomboid, d Rhombus

Parallelschaltung, Nebeneinanderschaltung, alle Stromerzeuger oder Verbraucher liegen parallel an derselben Spannung.

Paralyse [grch.] die, ♡ vollständige Lähmung. – **Paralysis agitans** (Schüttellähmung) tritt auf bei Parkinsonismus. **Progressive P.** ist eine Form der Syphilis; die Erreger dringen in das Gehirn ein und bewirken dort zunächst Entzündungs-, später Entartungsvorgänge. Behandlung: Penicillin.

Paramagnetismus [grch.] der, Magnetismus, den alle Stoffe mit atomarem magnet. Moment besitzen. Paramagnet. Stoffe zeigen im Magnetfeld eine temperaturabhängige Magnetisierung in Feldrichtung. Ggs.: → Diamagnetismus.

Paramaribo, Hptst. und -hafen von Surinam, 68000 Ew.

Parament [lat.] das, kirchl. Gewand, Altarbekleidung usw.

Parameter [grch.] der, **1)** bei Kegelschnitten die Sehne, die senkrecht zur Hauptachse durch einen Brennpunkt geht. **2)** unterscheidende Konstante in einer Gruppe gleichartiger Funktionen. **3)** veränderl. Hilfsgröße bei der Darstellung einer Kurve.

Paraná, 1) der, Fluß in Südamerika, entsteht aus Rio Grande und Paranaíba, hat viele Nebenflüsse (u. a. Paraguay), ist (mit dem La Plata) 4700 km lang, bis Santa Fe schiffbar. Am P. befindet sich das größte Wasserkraftwerk der Erde: Itaipu. **2)** Staat in S-Brasilien, 199554 km², 8,28 Mio. Ew.; Hptst.: Curitiba. Bedeutendstes Kaffeeanbaugebiet Brasiliens; Viehzucht, Forstwirtschaft, Holzind. **3)** Stadt in Argentinien, am Unterlauf des P., 161000 Ew., gegenüber von Santa Fe.

Paranoia [grch.] die, Verfolgungswahn, Form der → Schizophrenie.

Paranuß, Brasilnuß die, der ölreiche Samen des P.-Baumes, wohlschmeckend.

Paraph [grch.-frz.] der, **Paraphe** die, abgekürzter Namenszug unter Schriftstücken. **Paraphierung** die, ⚖ vorläufige, rechtlich noch nicht verbindl. Unterzeichnung einer völkerrechtl. Vereinbarung.

Paraphrase [grch.] die, **1)** Umschreibung, freie Wiedergabe des Inhalts. **2)** ♩ freie Bearbeitung von Tonstücken.

Parapsychologie [grch.] die, Lehre von den Erscheinungen, die außerhalb der bekannten Naturgesetze zu stehen scheinen. Dazu gehören: Telepathie, Hellsehen, Prophetie, Telekinese, Materialisationen.

Parasit [grch.] der, Schmarotzer.

Parasol [frz.] der, das, **1)** ✿ Sonnenschirm. **2) P.-Pilz, Schirmpilz,** schirmförmiger Blätterpilz mit langem Stiel; eßbar.

Parästhesie [grch.] die, ♡ Mißempfindung bei Einschlafen der Glieder.

Parasympathikus der, → Vagus.

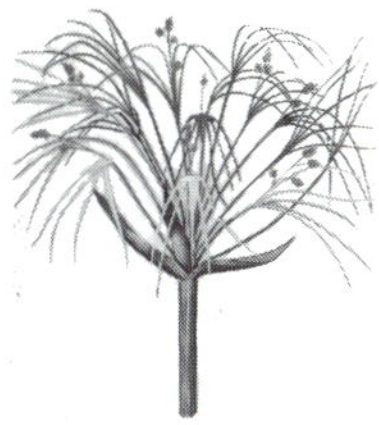

Papyrus: P.-Staude

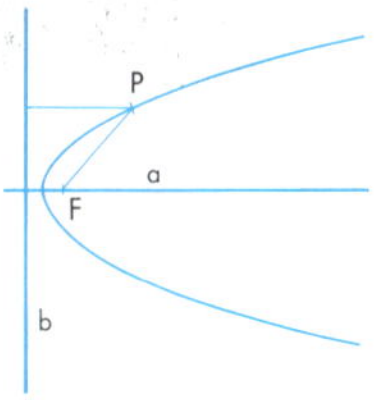

Parabel, a Achse, b Leitlinie, F Brennpunkt, P Punkt der Parabel

Paraboloid

Paracelsus

Paraguay

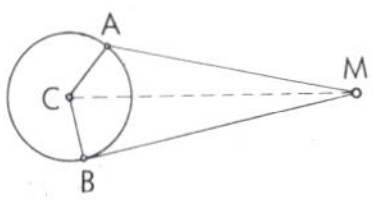

Parallaxe: C Erdmittelpunkt, M Mond, AB Beobachtungspunkte, AMB Parallaxe

Paris: Notre-Dame

parat [lat.], bereit, fertig.

Paratyphus [grch.] der, dem Typhus ähnl., aber leichter verlaufende übertragbare Erkrankung mit Brechdurchfall und Darmkatarrh. Erreger: P.-Bakterien A und B. Vielfach führen diese durch Zersetzung von Lebensmitteln zu Nahrungsmittelvergiftungen.

Paravent [parav'ã, frz.] der, das, Windschirm, spanische Wand.

par avion [par avj'ɔ̃, frz. »durch Flugzeug«], engl. **By (via) Airmail,** [»mit Luftpost«], zusätzl. Vermerk auf Luftpostsendungen im Auslandsverkehr.

Paris

Parcours [park'u:r, frz.] der, Hindernisbahn für Springprüfungen im Turniersport.

par distance [-dist'ãs, frz.], aus der Ferne.

Pardon [pard'ɔ̃, frz.] der, Verzeihung, Begnadigung.

Pardubitz, tschech. **Pardubice** [-tsɛ], Stadt in der ČSFR, Ostböhmen, 95 000 Ew.; chem., elektrotechn. Ind., Mineralölraffinerie.

Parenchym [grch.] das, **1)** bei Pflanzen und niederen Tieren ein nur füllendes Gewebe aus gleichmäßigen, einfach gearteten Zellen. **2)** bei höheren Tieren und beim Menschen die besonderen Gewebeteile eines Organs, i. Ggs. zu dem Bindegewebegerüst.

Parentel [lat.] die, Gesamtheit der Abkömmlinge eines gemeinsamen Stammvaters.

parenteral [grch.], unter Umgehung des Magendarmkanals; p. einverleibt wird Arznei, z. B. durch Einspritzung.

Parenthese [grch.] die, Einschaltung, Zwischenbemerkung, Klammern: ( ), ––.

Parergon [grch. das, **Parerga** Mz., kleinere Schrift, Nebenwerk.

Parese [grch.] die, ♡ unvollständige Lähmung.

Pareto, Vilfredo, ital. Volkswirtschaftler, Soziologe, *1848, †1923. Seine Lehren von der Herrschaft, bes. vom »Kreislauf der Eliten«, haben den Faschismus beeinflußt.

par excellence [par ɛksəl'ã:s, frz.], vorzugsweise, ganz besonders.

par exemple [par ɛgzã:pl, frz.], zum Beispiel.

par force [parf'ɔrs, frz.], mit Gewalt. **Parforcejagd,** Hetzjagd zu Pferd auf Fuchs, Wildschwein, Hirsch.

Parfüm [frz.] das, Riechmittel, Duft. **Parfümerie** die, Riechmittelherstellung oder deren Verkauf. Zeitw.: **parfümieren.**

pari [ital. »gleich«], von Wertpapieren: der Kurswert ist gleich dem Nennwert.

Paria der, **1)** Angehöriger der niedrigsten Kasten in Indien. **2)** Unterdrückter, Rechtloser.

parieren [lat.], **1)** gehorchen. **2)** Fechtkunst, → Parade.

parietal [lat.], **1)** ♧ ♡ a) nach der Körperwand zu liegend; b) nach dem Scheitel zu liegend. **2)** ♤ wandständig.

Paris: Eiffelturm

Paris, grch. Sage: Sohn des Priamos und der Hekuba, entschied den Streit der Göttinnen Hera, Athene und Aphrodite um den Apfel der → Eris zugunsten der Aphrodite, entführte Helena (→ Troja), tötete Achilles durch einen Pfeilschuß in die Ferse, fiel durch Philoktet.

Paris [frz. par'i], Hptst. Frankreichs und dessen geistiger und wirtschaftl. Mittelpunkt, im P. Becken, beiderseits der Seine, 2,1 Mio. Ew. (Région Parisienne 10 Mio. Ew.). – Charakterist. für das Stadtbild sind der Ring der inneren und äußeren Großen Boulevards, großartige Straßen (Champs-Élysées) und Plätze (Place de la Concorde, Place Vendôme). Den Kern bildet die Île de la Cité in der Seine mit Justizpalast, Sainte-Chapelle, Kathedrale Notre-Dame (12./13. Jh.). Am Südufer der Seine liegen: Quartier Latin mit Sorbonne, Künstlerviertel Montparnasse, Panthéon, Kirche St. Germain-des-Prés, Institut de France, Jardin de Luxembourg, Palais Bourbon (Sitz der Nationalversammlung), Invalidendom und Marsfeld mit Eiffelturm. Mehr als 30 Brücken verbinden den südl. mit dem nördl. Stadtteil: Rathaus, im Tuileriengarten der Louvre, Palais Royal, Palais de l'Élysée (Sitz des Staatspräs.), Place Charles de Gaulle mit Triumphbogen (Grabmal des Unbekannten Soldaten), Opernhaus. Im W liegt der Bois de Boulogne, im N der Montmartre mit der Kirche Sacré-Cœur. – P. ist Sitz der frz. Reg. und der obersten Staats- und kirchl. Behörden, vieler internat. Organisationen; es hat neben der Sorbonne mehrere andere Hochschulen (Grandes écoles: École Polytechnique u. a.) sowie Akademien und Forschungsinstitute, Bibliotheken (Bibliothèque Nationale), Mus., Theater. P. ist Finanz-, Handels- und Industriezentrum des Landes, Mittelpunkt des frz. Eisenbahnnetzes, größter Binnenhafen des Landes; Untergrundbahn (Métro), Flughäfen (Orly, Le Bourget, Charles de Gaulle). – P., das gall.-röm. **Lutetia Parisiorum,** war seit 508 Herrschersitz der Frankenkönige, später der Capetinger. Seit der Reg. Ludwig XIV. war es der geist. Mittelpunkt Europas. Der Zentralismus der Revolution und das napoleon. Kaisertum festigten seine Stellung.

Pariser Bluthochzeit, → Bartholomäusnacht.

Pariser Friedensschlüsse, 1) 1763: zw. England und Frankreich/Spanien (Ende des Kolonialkrieges). **2)** 1814 (1. Pariser Friede): → Freiheitskriege, Frankreich wurde auf die Grenzen von 1792 festgelegt und **3)** 1815 (2. Pariser Friede): Frankreich erhielt die Grenzen von 1790 (ohne Saarbrücken, Landau, Savoyen). **4)** 1856: zw. Frankreich, Großbritannien, Türkei u. a. und Rußland, Ende des Krimkrieges. **5) Pariser Vorortverträge** 1918-20: zw. den Alliierten und Dtl. (Versailles), Österreich (Saint-Germain), Ungarn (Trianon), Bulgarien (Neuilly), der Türkei (Sèvres). **6)** 1946/47: zw. den Alliierten und (je gesondert) Finnland, Italien, Ungarn, Rumänien, Bulgarien.

Pariser Seerechtsdeklaration, in Paris 1856 unterzeichnete völkerrechtl. Erklärung über Kaperei, Blockade, Schutz neutraler Güter.

Pariser Übereinkunft, → Internationale Konvention zum Schutz des gewerblichen Eigentums.

Pariser Verträge, zw. den westeurop. Staaten und den USA am 23. 10. 1954 in Paris getroffene Vereinbarungen. Sie bestehen aus dem erweiterten → Deutschland-Vertrag, dem Truppenvertrag (über den Aufenthalt ausländ. Truppen in der Bundesrep. Dtl.), den Protokollen über den Beitritt der Bundesrep. Dtl. zur Westeurop. Union und zur NATO (damit Ermächtigung zur Aufstellung von Truppen im Rahmen der NATO) sowie dem Saarland-Abkommen zw. Frankreich und der Bundesrep. Dtl.; seit 1955 in Kraft.

Parität [lat.] die, **1)** Gleichberechtigung. **2)** Geldwesen: Austauschverhältnis einer Währung zum Gold (Gold-P.), zu →Sonderziehungsrechten oder zu einer anderen Währung, z.B. zum US-Dollar. **paritätisch,** aus versch. Parteien gleichmäßig zusammengesetzt. **3)** vom Drehsinn des Raumes abhängige Eigenschaft der Elementarteilchen.

Paritätskontrolle, Verfahren der Datensicherung, bei dem geprüft wird, ob die Zahl der binären Einsen ungeradzahlig ist.

Park der, **1)** Tiergehege **(Wildpark). 2)** kunstvoll angelegter großer Garten.

Park-and-Ride-System [pɑ:k ənd raɪd-, engl.] das, Verkehrslösung, bei der Pendler ihren Personenwagen an der Peripherie von Ballungsräumen abstellen und mit öffentl. Verkehrsmitteln zur Innenstadt weiterfahren.

Parkbahn, eine Umlaufbahn um die Erde oder einen anderen Himmelskörper als Zwischenaufenthalt eines Raumflugkörpers, von wo zum eigtl. Ziel gestartet wird.

Parkett [frz.] das, **1)** Fußbodenbelag aus natürlich gewachsenem Holz in Stab- oder Tafelform, meist aus Eiche, Buche, Kiefer. Die **Parkettstäbe (Riemen)** werden mit Nut und Feder (gefedert) auf Blindboden verdeckt genagelt verlegt oder mit Kaltklebemasse auf Zementestrich geklebt. Heute wird auch **Klein-, Mosaik-, Lamellen-P.**, zu Tafeln verleimt **Tafel-P.**, hergestellt. **2)** Theater: Teil der Saalsitzplätze des Zuschauerraums.

Parkinson [p'ɑ:kɪnsn], **1)** Cyril Northcote, engl. Historiker, Schriftst., *1909; stellte eine ironisch-satir. Regel für das Wachsen der Bürokratie auf **(Parkinsons Gesetz). 2)** James, engl. Arzt, *1755, †1824; beschrieb eine mit Starre der gesamten Körpermuskeln und Zittern verbundene Krankheit **(Parkinsonismus).**

Parkscheibe ermöglicht in best. Stadtgebieten (→Blaue Zone) für kurze Zeit ein kostenloses Parken. Sie wird im Wageninneren angebracht und auf die Uhrzeit des Parkbeginns eingestellt.

Parkuhr, an Parkflächen aufgestellte Parkzeitmesser mit Münzeinwurf.

Parlament [frz.] das, Volksvertretung, bestehend aus einer oder aus zwei Kammern. Die eine von ihnen ist in den modernen Verfassungsstaaten vom Volke in allg., geheimer und unmittelbarer Wahl gewählt; der Zugang zu der anderen ist versch. geregelt (mittelbare oder unmittelbare Wahl, Ernennung, Erblichkeit). Das P. ist in Verfassungsstaaten das Hauptorgan der Gesetzgebung, wobei die in Volkswahl gewählte Kammer meist den entscheidenden Anteil hat.

Parlamentär [frz.] der, .•. Unterhändler.

Parlamentarischer Rat, 1948/49 parlamentähnl. Körperschaft aus 65 von den Landtagen der 11 westdt. Länder gewählten Abgeordneten; beschloß das Grundgesetz für die Bundesrep. Dtl. Präsident war K. Adenauer.

Parlamentarismus der, Regierungsform, bei der die Regierung vom Vertrauen des Parlaments abhängig ist. Das Parlament ist an der Regierungsbildung beteiligt, indem es entweder den Regierungschef wählt oder die vom Staatsoberhaupt ernannten oder vorgeschlagenen Mitgl. der Reg. durch ein Vertrauensvotum bestätigt. Regierungschefs oder Regierungen, denen das Parlament das Mißtrauen ausspricht, müssen i.d.R. zurücktreten.

parlando [ital.], ♪ Singweise, dem schnellen Sprechen ähnlich.

Parler, Baumeister- und Bildhauerfamilie des 14. Jh. – Peter P., *1330, †1399; baute u.a. in Prag die Karlsbrücke, am Dom sowie an der Allerheiligenkirche auf dem Hradschin.

Parma, 1) vormals selbständiges Hzgt. in Norditalien, kam 1512 an den Kirchenstaat, 1545 an das Haus Farnese, 1731 und 1748 an eine Nebenlinie der span. Bourbonen, 1860 dem Kgr. Italien einverleibt (Provinz P. und Piacenza). **2)** Stadt in Norditalien, 175000 Ew., bedeutende Bauten (Dom, 11. Jh.), Univ. (gegr. 1512); landwirtschaftl. Verarbeitungsind.

Parmenides, grch. Philosoph, *um 540, †um 470 v. Chr., lehrte: Nur das Denken läßt den wahren Sachverhalt erkennen, die sinnl. Wahrnehmung täuscht uns.

Parmesankäse [nach der Stadt Parma], halbfetter oberital. Hartkäse.

Parmigianino [parmidʒan'i:no], eigtl. Francesco **Mazzola,** ital. Maler, *1503, †1540, fand, ausgehend von Correggio, einen neuen manierist. Stil von raffinierter Eleganz.

Parnaíba [parna'i:ba], Fluß in Nordostbrasilien, 1716 km lang, mündet in den Atlantik.

Parnaß, Parnassos der, **1)** Gebirge im mittl. Griechenland, 2459 m hoch; an der Südseite liegt Delphi; galt im Altertum als Sitz des Apollo und der Musen. **2)** sinnbildl.: Dichtersitz.

Parnassiens [parnasj'ɛ̃] Mz., frz. Dichtergruppe in der 2. Hälfte des 19. Jh., die eine kühle, formal vollendete Dichtung pflegte (Leconte de Lisle u.a.).

Parodie [grch.] die, spött. Nachahmung ernster Dichtung, deren Form beibehalten, deren Inhalt ins Komische umgestimmt wird.

Parodontitis [grch.], früher **Paradentitis,** der entzündliche Zahnbettschwund.

Parodontose [grch.], früher **Paradentose,** der nichtentzündliche Zahnbettschwund.

Parole [frz.] die, .•. Losung, Kennwort. **p. d'honneur** [par'ɔl dɔn'œ:r], Ehrenwort.

Paroli das, Verdoppelung des Einsatzes beim Pharaospiel; **P. bieten** (oder **biegen**), mit derberer Münze heimzahlen.

Paros, grch. Kykladeninsel, 209 km², gebirgig, bis 750 m hoch; **Parischer Marmor,** reinweißer Marmor.

Parotis [grch.], die Ohrspeicheldrüse. **Parotitis** die, →Mumps.

Paroxysmus [grch.] der, ♡ anfallsweise auftretende Steigerung von Krankheitserscheinungen.

Parricida [lat.], Verwandten- oder Vatermörder; Beiname Johanns von Schwaben.

Parsec das, Abk. **pc,** ☆ Längeneinheit in der Astronomie, 1 P. = 3,263 Lichtjahre.

Parsen Mz., heutige Anhänger des altiran. Propheten Zarathustra, in Iran rd. 20000, in Indien (bes. um Bombay), wohin sie im 8. Jh. auswanderten, über 100000.

Parsenn, Wintersportgebiet bei Davos.

Parseval, August v., Luftschiffer, *1861, †1942, erfand mit H. Bartsch v. Sigsfeld den Fesselballon, baute unstarres Luftschiff.

Parsifal, Oper von Wagner, →Parzival.

Parsismus der, Form der Lehre Zarathustras, die sich bei den →Parsen entwickelte.

pars pro toto [lat.], ein Teil für das Ganze, z.B. »Köpfe« für »Menschen«.

Part [frz.] der, Teil, Anteil, Rolle.

Partei die, ⚖ der Kläger oder Beklagte im Zivilprozeß. **P.-Fähigkeit,** Fähigkeit, Träger prozessualer Rechte und Pflichten zu sein; parteifähig ist, wer rechtsfähig ist, →Prozeßfähigkeit. **P.-Vernehmung,** das letzte Beweismittel im Zivilprozeß, wenn alle anderen Beweismöglichkeiten erschöpft sind. **P.-Verrat, Prävarikation,** Anwaltstreubruch, pflichtwidrige Beratung oder Unterstützung beider P. in derselben Rechtssache durch einen Anwalt oder sonstigen Rechtsbeistand; wird mit Freiheitsstrafe bestraft.

Partei des Demokratischen Sozialismus, Abk. **PDS,** Febr. 1990 als Nachfolgeorganisation der SED gegr. Partei.

Parteien, politische P., Verbindungen von Menschen, die auf Grund gleichgerichteter polit. Anschauungen oder Interessen Einfluß auf die staatl. Willensbildung erstreben,

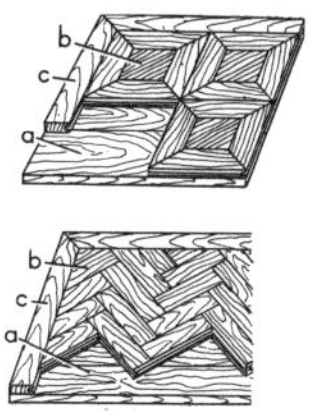

Parkett, oben Tafel-P., unten Stab-P., a Blindboden, b quadratische Holztafeln oder Stäbe aus Hartholz, c Fries

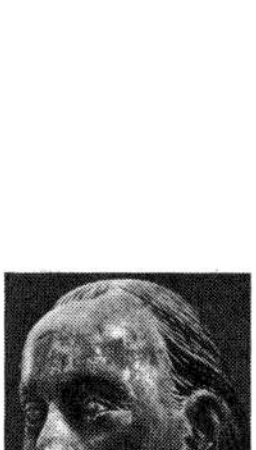
P. Parler: Selbstbildnis

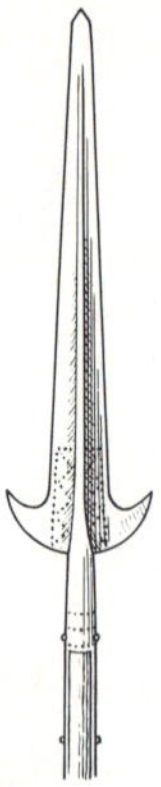

Partisane

bes. durch Teilnahme an der Wahl der Volksvertretung. P. im modernen Sinne entstanden zuerst in England, dann in den USA und Frankreich, in Dtl. erst nach 1815. Haupttypen der Parteien sind (unter versch. Benennungen): Konservative, Liberale, Demokraten, Christlich-Soziale, Sozialisten, Kommunisten. In den westl. Demokratien gilt der Grundsatz der freien Parteibildung. Es gibt Staaten mit einem **Zweiparteiensystem** (USA) und einem **Vielparteiensystem** (Bundesrep. Dtl., Frankreich). In totalitären Staaten herrscht in der Regel das **Einparteisystem,** (z. B. in der UdSSR, wo erst mit der Verf.-Reform 1990 das Machtmonopol der KPdSU aufgegeben wurde); alle polit. Vereinigungen außerhalb der herrschenden P. sind verboten. Eine Abart des Einparteisystems war das **Blocksystem** der Volksdemokratien, in denen eine herrschende P. die neben ihr bestehenden P. unter ihrer Führung zu einem festen Block zusammenschließt. Die Leitung der P. liegt in der Hand eines **P.-Vorstands.** Die P. stellen ein **P.-Programm** auf als Grundsatz- oder als Aktionsprogramm für eine kommende Wahl u. dgl. In den Volksvertretungen schließen sich die Abgeordneten einer P. zu **Fraktionen** zusammen, die häufig eine einheitl. Stimmabgabe durch **Fraktionszwang** herbeiführen. In der Bundesrep. Dtl. ist die Gründung von P. frei, doch können sie durch den Bundesverfassungsgerichtshof für verfassungswidrig erklärt werden.

Pascal

parterre [part'ɛr, frz.], zu ebener Erde. **Parterre** das, **1)** Erdgeschoß. **2)** Theater: die hinteren Saalplätze.

Parthenogenese [grch.] die, 🌱 ⚘ die → Jungfernzeugung.

Parthenon [grch.] der, Tempel der jungfräul. Göttin Athene auf der Akropolis in Athen.

Parthien, im Altertum Landschaft in NO-Persien. Die **Parther** bildeten im 3. Jh. v. Chr. ein **Parth. Reich** zw. Euphrat und Indus, das Artaxerxes 226 n. Chr. stürzte.

Partie [frz.] die, **1)** abgeschlossener Teil eines Ganzen. **2)** ⚖ Anzahl, Menge. **3)** ⚔ einzelnes Spiel. **4)** Vergnügungsreise. **5)** Heirat. **6)** ♩ Stimme, Rolle.

partiell [frz.], zum Teil, teilweise.

Partikel [lat.] die, **1)** Teilchen. **2)** Ⓢ Füllwort, unbeugbares Wort; Sammelbegriff für: Verhältnis-, Binde- und Umstandswort.

partikular [lat.], **1)** einen Teil betreffend, abgesondert. **2)** einzelstaatlich.

Partikularismus [lat.] der, Streben eines Gliedstaates nach möglichst großer Selbständigkeit, wobei Sonderinteressen denen des Staatsganzen vorangestellt werden.

Partisan [frz. aus ital.] der, Freischärler, der den Kleinkrieg im besetzten Gebiet führt. (→ Guerilla).

Partisane die, alte Stoßwaffe mit blattförmiger Klinge und seitl. Nebenspitzen.

Partita [ital.] die, ♩ die → Suite.

partitiv [lat.], teilend. **Partitiv** das, **Partitivum,** Ⓢ Teilungswort.

Partitur [lat.] die, ♩ Aufzeichnung sämtl. Stimmen eines Tonstücks in Notenschrift; gleichzeitig erklingende Noten stehen übereinander.

Partizip, Partizipium [lat.] das, -s/ ....ien, Ⓢ Mittelwort oder Beiform des Zeitworts.

Partizipationsgeschäft, Handelsgeschäft, zu dessen Durchführung auf gemeinsame Rechnung sich mehrere Kaufleute zusammenschließen.

partizipieren [lat.], teilnehmen.

Partner [engl.] der, Teilhaber, Mitspieler.

partout [part'u, frz.], durchaus, unbedingt.

Party [p'ɑ:tɪ, engl.] die, -/... ties, zwanglose Geselligkeit.

Parure [par'yr, frz.], Schmuck, der sich in einzeln verwendbare Teilstücke zerlegen läßt (z. B. Diadem in Broschen und Ohrclips).

Parusie [grch.] die, Wiederkunft Christi am Jüngsten Tage zum Weltgericht.

Parvenü [frz.] der, Emporkömmling.

Parzelle [frz.] die, als Einheit vermessener Teil der Erdoberfläche, im Grundbuch eingetragen. **parzellieren,** in P. einteilen.

Parzen [lat.] Mz., die 3 röm. Schicksalsgöttinnen, entsprechen den grch. Moiren.

Parzival, sagenhaftes Urbild des christl. Ritters, der in schweren Kämpfen Ritterpflicht und Pflicht gegen Gott zu vereinigen sucht. Die Sage von P. ist der Artussage angegliedert. Bearbeiter des Stoffes: Chrétien de Troyes (1190), Wolfram von Eschenbach (1200-10); bei R. Wagner »Parsifal«.

Pas [pa, frz.] der, Schritt, bes. Tanzschritt.

Pasadena [pæsəd'i:nə], Wohnvorort von Los Angeles, Kalifornien, USA, 119 500 Ew.; Technolog. Kernforschungsinstitut.

Pascal, Blaise, *1623, †1662, frz. Mathematiker (Kegelschnitte, Wahrscheinlichkeitsrechnung, Kombinationslehre, → Pascalsches Dreieck) und Philosoph, erlebte eine innere Bekehrung, war als Anhänger des → Jansenismus Gegner des Jesuitenordens, sah in seiner Verteidigung des Christentums (»Pensées sur la religion«) den Menschen zugleich in seiner Größe und Gefährdetheit.

Pascal, Zeichen **Pa,** SI-Einheit des Druckes. $1\ \mathrm{Pa} = 1\ \mathrm{N/m^2} = 10^{-5}\ \mathrm{bar} = 7{,}5 \cdot 10^{-3}\ \mathrm{Torr}$.

PASCAL, nach B. Pascal benannte Programmiersprache, deren Sprache sich am natürl. Denkprozeß orientiert (von der Gesamt- zur Teilfunktion).

1
1 1
1 2 1
1 3 3 1
1 4 6 4 1
1 5 10 10 5 1

Pascalsches Dreieck

Pascalsches Dreieck [nach B. → Pascal], die als gleichschenkliges Dreieck angeordneten Binominalkoeffizienten (→ Binom); durch Addition zweier nebeneinander liegender Zahlen erhält man die in der »Lücke« darunter befindl. Zahl der nächsthöheren Reihe.

Pasch der, im Würfelspiel Wurf mit gleichen Augen auf jedem Würfel. **paschen,** würfeln.

Pascha der, früher ein Titel der obersten türk. Beamten und Offiziere, 1934 abgeschafft; bis 1953 auch in Ägypten verliehen.

Paschalis [-sk-], Päpste: **1) P. I.** (817-24), erhielt von Ludwig dem Frommen eine Bestätigung der Pippinschen Schenkung. **2) P. II.** (1099-1118), suchte vergeblich (Vertrag von Sutri) den dt. Investiturstreit zu beenden.

Paschto das, eine ostiran. Sprache in weiten Teilen Afghanistans und in NW-Pakistan; seit 1936 Amtssprache Afghanistans.

Paschtunen, in Pakistan **Pathanen,** Volk in Afghanistan (etwa 6 Mio.) und Pakistan (über 5 Mio.) mit zahlreichen Stämmen; Sprache: Paschto.

Pascoli, Giovanni, ital. Dichter, *1855, †1912; melodische, zarte Gedichte.

Pas de Calais [pa də kal'ɛ], frz. Name der Straße von → Dover.

Pasewalk, Krst. im Bez. Neubrandenburg, 15 000 Ew.; Maschinen-, Nahrungsmittel-Ind.; got. Marien- und Nikolaikirche.

Pašić [p'aʃitsj], Nikola, serb. Staatsmann, *1846, †1926; 1919 maßgebend an der Gründung des jugoslaw. Staates beteiligt.

Pasigraphie [grch.] die, Zeichenschrift unabhängig von jeder Lautsprache, z. B. internat. Flaggensignale, Verkehrszeichen.

Paso doble [-β-, span. »Doppelschritt«] der, urspr. Marsch; als Tanz eine Abart des One step.

Pasolini, Pier Paolo, ital. Schriftst. und Regisseur, *1922, †(ermordet) 1975; Lyrik, realist. Romane; Filme: »Teorema«, »Die 120 Tage von Sodom« u. a.

Paspel der oder die, schmaler andersfarbiger Stoffstreifen an Nähten von Dienst- oder Damenkleidung.

Pasquill [nach einer Säule in Rom, an der man Spottschriften anklebte] das, Schmähschrift.

Paß [von lat. passus »Schritt«] der, ...sses/Pässe, **1)** ⊕ Einsenkung in einem Gebirgsrükken, meist mit Weg, Straße oder Eisenbahn. **2)** amtl. Ausweis mit Lichtbild und Personenbeschreibung.

passabel [frz.], erträglich, leidlich.

Passacaglia [pasak'alja], alter ital. Tanz in langsamem ¾-Takt.

Passage [pas'a:ʒə, frz.] die, **1)** Durchgang, Durchfahrt. **2)** ♩ schnelle Tonfolge aus tonleitermäßigen Gängen. **3)** Reitübung der Hohen Schule: versammelter Trab.

Passagier [pasaʒ'i:r, frz.] der, Fahr-, Fluggast.

Passah [hebr.] das, jüd. Fest zur Erinnerung an den Auszug aus Ägypten, (2. Mos. 12), gefeiert am Abend des 14. Nisan (am 1. Frühlingsvollmond).

Passant [frz.] der, **1)** Durchreisender. **2)** Fußgänger (im Straßenverkehr).

Passarge die, poln. **Pasłęka** [pasł'ɛŋka], Fluß in Ostpreußen, mündet in das Frische Haff.

Passat der, regelmäßig wehender Wind in der unteren Atmosphäre aus östl. Richtung in den Tropen; auf der nördl. Halbkugel bis zu 30° n. Br. aus NO, auf der südl. bis zu 25° s. Br. aus SO, dazwischen liegt die etwa 1100 km breite innertrop. Konvergenzzone, in die die Luftmassen aus den subtrop. Randgebieten von NO bzw. SO einströmen und nach oben steigen.

Passau, Stadt in Niederbayern, 49000 Ew., an der Mündung von Inn und Ilz in die Donau, Umschlaghafen und Stapelplatz; Dom (eine der größten Kirchenorgeln), bischöfl. Residenz, Univ. (seit 1978), Maschinen-, Textil-, chem. Ind. – Das alte Bistum P. (gegr. 737) fiel 1803 an Bayern. Der **Passauer Vertrag** von 1552 zw. Kurfürst Moritz von Sachsen und Ferdinand I. bereitete den Augsburger Religionsfrieden vor.

passé [frz.], vergangen, abgetan, erledigt.

Passeier das, Seitental des Etschtals, mündet bei Meran, Heimat Andreas Hofers.

passen, 1) sich eignen, angemessen sein, das richtige Maß haben. **2)** Kartenspiel: auf ein Spiel verzichten. **3) abpassen,** auf etwas lauern.

Passepartout [paspart'u, frz.] der, das, **1)** ✤ Hauptschlüssel. **2)** ✤ dauernd gültige Eintrittskarte. **3)** aus Karton geschnittene Umrahmung für Zeichnung, Graphik, Photographie u. a.

Paßgang [von lat. passus »Schritt«] der, wiegender Gang von Reittieren (Kamel, Elefant, seltener beim Pferd) infolge gleichzeitigen Bewegens der Beine einer Seite.

passieren [frz.], **1)** vorbeikommen, durchreisen, überschreiten (eine Brücke, Grenze). **2)** sich ereignen. **3)** Kochkunst: durch ein Sieb pressen, durchseihen.

Passion [lat. passio »das Leiden«] die, **1)** das Leiden; auch Leidenschaft, Hang. **2)** Leiden und Sterben Christi. **P.-Zeit,** die Fastenzeit vor Ostern.

passionato [ital.], ♩ mit Leidenschaft.

passioniert [frz.], leidenschaftlich, begeistert.

Passionisten, → Paulus vom Kreuz.

Passionsblume, Halbsträucher im wärmeren Amerika, meist kletternd, mit schönen großen Blüten. Im Griffel und den Staubfäden sah man Abbilder der Marterwerkzeuge Christi (Geißel, Dornenkrone und Nägel); manche mit gelbem Beerenobst **(Granadillen, Granadillen).**

Passionsmusik, Komposition über die Passion Christi (H. Schütz, J. S. Bach).

Passionsspiel, → Mysterienspiel.

Passau: Blick über die Donau auf die Altstadt

passiv [lat.], leidend; untätig; teilnahmslos. Ggs.: aktiv. **Passiv** das, Ⓢ Leideform des Zeitw.

Passiva [lat.] Mz., die auf der rechten Seite der → Bilanz **(Passivseite)** ausgewiesenen Werte eines Unternehmens (Eigenkapital und Verbindlichkeiten).

passiver Widerstand, in polit. oder in Arbeitskämpfen Form der Auflehnung unter Verzicht auf Gewaltakte (z. B. Bummelstreik).

passives Wahlrecht, → Wahlrecht.

Passivgeschäft, → Banken.

Passivität [lat.] die, tatenloses Zusehen.

Passung die, bezeichnet Form und Art, wie zusammengehörige Teile, z. B. Welle und Lager, ineinanderpassen. Wirtschaftl. Fertigung und Austauschbarkeit ohne Nach- oder Paßarbeit verlangen einheitl. Regelung des »Passens«. Dies geschah in Dtl. 1922 durch die **DIN-P.**; sie sind inzwischen durch die internationalen **ISO-P.** ersetzt. Diese legen u. a. die zulässigen Abweichungen **(Toleranzen)** vom Nennmaß (= Sollmaß), gestuft nach Genauigkeitsgraden **(Qualitäten),** sowie die Lage der Abweichungen **(Toleranzfeld)** fest, fassen zur Vereinfachung die Nennmaße zu **Durchmesserbereichen** zusammen, innerhalb deren Größe und Lage der Toleranz gleichbleiben. Zum Messen werden → Grenzlehren benutzt.

Passus [lat. »Schritt«] der, Abschnitt, Stelle einer Schrift.

Paste [ital. pasta »Teig«] die, teigige Form von Speisen, Arzneien u. a.

Pastellmalerei, Malen mit trocknen Farbstiften, den Pastellstiften. (TAFEL Maltechniken)

Pasternak, Boris Leonidowitsch, russ. Schriftst., *1890, †1960; Lyriker, Übersetzer (Goethe, Shakespeare, Rilke); Roman: »Doktor Schiwago«. Den Nobelpreis dafür (1958) mußte P. ablehnen.

Pasterze die, größter Gletscher der Ostalpen am Glockner, 8,8 km lang, 19,6 km².

Pastete die, feine Fleisch-, Fisch- oder Gemüsespeise, die in Blätterteig gebacken wird.

Pasteur [past'œ:r], Louis, frz. Chemiker, Biologe, *1822, †1895, entdeckte die Mitwirkung von Bakterien an der Gärung, schuf die Grundlagen der Bakteriologie (Asepsis), stellte erstmals Impfstoffe gegen Tollwut, Milzbrand, Rotlauf u. a. her.

Pasteurisieren [-tœr-, n. L. → Pasteur], Erhitzungsverfahren zur Haltbarmachung von Lebensmitteln mit Temperaturen unterhalb von 100 °C. Die vermehrungsfähigen Formen von Mikroorganismen werden zu 90-99% abgetötet. Das P. wird z. B. bei Milch, Fruchtsäften, Limonaden und Bier angewendet.

Pastille [lat.] die, Arzneizubereitung in Form von Scheibchen, Kugeln, Plätzchen.

Pastinake die, **Pastinak** der, staudiger gelbblühender Doldenblüter; Wurzelgemüse.

Pasto, San Juan de P., Stadt in Kolumbien, 245000 Ew.; 2594 m ü. M.; Univ.

Pastor [lat. »Hirt«] der, -s/...storen, Seelsorger, bes. der evang. Geistliche.

Passionsblume: blaue P.

Pasternak

Pasteur

Pastor, Ludwig, Frhr. v. Campersfelden, österr. Historiker, *1854, †1928; »Geschichte der Päpste seit dem Ausgang des MA.« (bis 1800).

Pastorale [lat.] das, Schäferspiel; Musikstück, das das Landleben künstlerisch gestaltet.

Pastoraltheologie, Lehre von der Seelsorge.

pastos, Malerei: mit dickem Farbenauftrag.

Patagoni|en, südl. Teil S-Amerikas. Im argentin. Ost-P. regenarmes, geröllübersätes Hochland mit zahlreichen Seen; Schafzucht; Erdölfelder. Der chilen. W gehört den Anden an, hat Wälder, Gletscher, Fjorde.

Pate [von lat. pater »Vater«] der, **Patin** die, Taufzeuge, der für christl. Erziehung des **Patenkindes** bürgen soll. Nach kath. Auffassung besteht zw. P. und Patenkind geistl. Verwandtschaft (Ehehindernis). **Firm-P.,** → Firmung.

Patella [lat.] die, ♡ Kniescheibe.

Patene [lat.] die, in der christl. Kirche flache Schale für Hostien.

Patent [lat.] das, ⚖ **1)** Urkunde, durch die für eine neue Erfindung ein Schutzrecht erteilt wird, geregelt im Patentges. v. 5.5.1936/2.1. 1968. Auch das Recht selbst wird P. genannt. Ein P. wird erteilt, wenn die Erfindung eine techn. Neuheit darstellt und eine gewerbl. Verwertung gestattet; ausgenommen sind Erfindungen, die gegen Gesetze oder die guten Sitten verstoßen, außerdem Erfindungen von Nahrungs-, Genuß- Arzneimitteln sowie von chem. Stoffen. Das Recht auf das P. hat der Erfinder oder sein Rechtsnachfolger. Die Schutzdauer des P. beträgt 20 Jahre. **2)** Urkunde über eine öffentl. Rechtshandlung, durch die einem Privaten ein Recht verliehen wird (z. B. Kapitäns-P.).

Patent|anwalt, akadem. freier Beruf zur Beratung und Vertretung auf dem Gebiet des gewerbl. Rechtsschutzes.

Patentrolle, Register, in das ein Patent nach seiner Erteilung eingetragen wird.

Pater [lat. pater »Vater«] der, -s/Patres, Abk. **P.**, Mz. **PP.**, Ordensgeistlicher.

Pater [p'eɪtə], Walter H., engl. Schriftst., *1839, †1894; »Marius der Epikureer«.

Paternität [lat.] die, ⚘ Vaterschaft.

Paternoster [lat.] das, Gebet: Vaterunser.

Paternostererbse, rote, schwarzfleckige, giftige Samen eines trop. Schmetterlingsblüters; für Rosenkränze und als Zierat.

Paternosterfahrstuhl, → Umlaufaufzug.

Pater patriae [lat. »Vater des Vaterlandes«], altröm. Ehrentitel.

Paterson [p'ætəsn], Stadt in New Jersey, USA, 138000 Ew.; Seiden-, Maschinen-Ind.

pathogen [grch.], krankheitserregend.

Pathogenese [grch.] die, Entstehungsgeschichte einer Krankheit.

Pathologie [grch.] die, Krankheitslehre und -forschung. **pathologisch, 1)** krankheitskundlich. **2)** krankhaft.

Pathos [grch. »Leiden«] das, leidenschaftl., erhabener Ausdruck. **pathetisch,** leidenschaftlich.

Pathosklerose [grch.] die, krankhaftes Altern der Gewebe, z. B. bei Bluthochdruck.

Patience [pasj'ãs, frz.] die, Geduldsspiel, bes. Kartenspiel für eine Person.

Patient [lat.] der, ein Kranker.

Patina [lat.] die, grünl., braune oder schwarze Oberflächenschicht auf Metallen (Kupfer und Kupferlegierungen), entsteht durch Einwirken von Chemikalien.

Patinir, Joachim, niederländ. Maler, *um 1480, †1524; Landschaften mit kleinen, meist bibl. Figuren unter hohem Hprizont.

Patio [span.] der, Innenhof span. Häuser.

Pâtisserie [patisr'i, frz.] die, feines Kleingebäck; Feinbäckerei.

Patmos, grch. Insel des Dodekanes; Aufenthaltsort des Evangelisten Johannes; Kloster.

Patna, Stadt am Ganges, Indien, über 776000 Ew.; Univ., Oriental. Bibliothek.

Patois [patw'a] das, in Frankreich: Bauernsprache, Mundart des niederen Volkes.

Paton [peɪtn], Alan, südafrikan. Erzähler, *1903, †1988; »Denn sie sollen getröstet werden« u. a.

Patras, Patrai, Hafenstadt auf der nördl. Peloponnes (Griechenland), 142200 Ew.; Wein-, Korinthenausfuhr.

Patria [lat.] die, Vaterland.

Patriarch [grch.] der, **1) Erzvater,** Stammväter Israels: Abraham, Isaak, Jakob. **2)** seit dem 5. und 6. Jh.: Bischöfe von Rom, Konstantinopel, Alexandria, Antiochia, Jerusalem. **3)** Ehrentitel der Erzbischöfe von Goa, Venedig, Lissabon; Titel des Oberbischofs bei vielen Einzelkirchen der Ostkirche und der Oriental. Kirche.

patriarchalisch, nach Vorvätersitte, altväterlich.

Patriarchat das, **1)** die Würde eines Patriarchen. **2)** Vaterherrschaft; Ggs.: Matriarchat (→ Mutterrecht).

Patrick [p'ætrɪk], **Patricius,** Apostel, Schutzheiliger Irlands (Tag 17. 3.), †461.

Patrimonium [lat.] das, -s/...nien, röm. Recht: das väterl. Erbteil. **P. Petri** (»Erbe des Apostels Petrus«), der älteste Teil des Kirchenstaats. **Patrimonialgerichtsbarkeit,** die mit dem Besitz eines Ritterguts verbundene niedere Gerichtsbarkeit (in Dtl. 1877 beseitigt).

Patriot [grch.] der, Vaterlandsfreund. **Patriotismus,** Vaterlandsliebe, vaterländ. Gesinnung. Egw.: **patriotisch.**

Patristik [lat.] die, **Patrologie** [grch.] die, Wissenschaft, die die Schriften und Lehren der Kirchenväter behandelt.

Patrizi|er [lat.] der, **1)** im alten Rom: Mitgl. des Geburtsadels. **2)** MA.: vornehme Familien, aus denen Ratsmitgl. gewählt wurden.

Patroklos, grch. Sage: Freund des Achill, vor Troja von Hektor getötet.

Patron [lat.] der, **1)** Schutz-, Schirmherr, Beschützer. **2)** Schutzheiliger. **3)** Inhaber des **Patronats,** der Schutzherrschaft über eine Kirche. **4)** ⚓ Schiffs-, Handelsherr.

Patrone [frz.] die, die zu einem Stück vereinigte (»Einheits-P.«), Geschoß, Treibladung, Zündhütchen und Metallhülse umfassende Munition der Faustfeuer-, Handfeuer- und Maschinenwaffen, z. T. auch der Geschütze. Spezielle P. ohne Geschoß sind die **Platz-P.** (nur Knallsatz), **Gas-P.** (Tränengas) und **Leucht-P.** (Treib- und Leuchtsatz).

Patronymikon [grch.] das, -s/...ka, Personenname, der vom Namen eines Vorfahren, meist des Vaters, abgeleitet ist, z. B. Peterson.

Patrouille [patr'uljə, frz.] die, Spähtrupp.

Patt [ital.], Schach: unentschiedener Spielausgang; Sonderform des Remis.

Pattern-Painting [p'ætən p'eɪntɪŋ], dekorative Richtung der Malerei der 70er Jahre, die mit Schablonen Ornamente der nicht westl. Kulturen zu farbenfrohen Kompositionen vereinigt (R. Kushner, Miriam Schapiro, R. Zakanitch u. a.).

Pau [po], Stadt in SW-Frankreich, am Fuß der Pyrenäen, 83900 Ew.; Ind., Weinhandel.

Pauke die, **Kesselpauke,** Schlaginstrument mit veränderbarer Tonhöhe, ein mit Kalbs-(Esels-)Fell bespannter Kupfer- oder Messingkessel.

pauken, 1) Studentensprache: fechten. **2)** angestrengt lernen.

Paukenhöhle, Teil des Ohrs.

Paul [von lat. paulus »der Kleine«], männl. Vorname; weibl. Form: **Paula.**

Paul, Päpste, **1) P. III.** (1534-49), Gönner Michelangelos; bestätigte 1540 den Jesuitenorden. **2) P. VI.** (1963-78), Giovanni Montini,

*1897, †1978; 1954 Erzbischof von Mailand, 1958 Kardinal. Unter ihm wurde das II. Vatikan. Konzil 1965 zu Ende geführt, Kurie und Liturgie reformiert, das Kardinalskollegium erweitert.

Paul, Fürsten: **Griechenland. 1) P. I.,** König der Hellenen (1947-64), *1901, †1964; seit 1938 ⚭ mit → Friederike. **Jugoslawien. 2) P.,** Prinz von Jugoslawien, *1893, †1976; 1934-41 Prinzregent für Peter II. **Rußland. 3) P. I.,** Kaiser (1796-1801), *1754, †1801; gehörte 1798-1800 zur europ. Koalition gegen Frankreich, 1801 bei einer Offiziersverschwörung ermordet.

Paul, 1) Hermann, Germanist, *1846, †1921; »Dt. Grammatik«; »Dt. Wörterbuch«. **2)** Jean, Dichter, → Jean Paul. **3)** Wolfgang, *1913, Physiker, erhielt 1989 mit N. F. Ramsay und H. G. Dehmelt den Nobelpreis für Arbeiten zur atomaren Präzisionsspektroskopie.

Pauli, Wolfgang, österr. Physiker, *1900, †1958, stellte das für den Atombau wichtige **P.-Prinzip** auf. Nobelpreis 1945.

Pauling [p'ɔ:lɪŋ], Linus Carl, amerikan. Chemiker, *1901; 1954 Nobelpreis für Chemie, 1962 Friedensnobelpreis.

Paulownile die, **Kaiserbaum,** großblättriger japan. Baum, violette Rachenblüten.

Paulskirche in Frankfurt a. M., 1848/49 Tagungsort der Dt. Nationalversammlung.

Paulus, vor seiner Bekehrung **Saul,** der Heidenapostel, *Tarsus (Kilikien) um 10 n. Chr.; zuerst Gegner der Christen, wurde um 34 vor Damaskus durch eine wunderbare Erscheinung (Damaskuserlebnis) zum Jünger Jesu bekehrt. Seine Missionsreisen führten nach Zypern, Kleinasien (bes. Ephesos), Makedonien, Griechenland (bes. Korinth). Überall entstanden Gemeinden, mit denen P. in persönl. und schriftl. Verkehr stand. P. wurde in Rom gefangengenommen und um 64 hingerichtet. Seine Lehre ist in seinen Briefen im N. T. enthalten. Mittelpunkt ist die Botschaft von Jesus Christus, von dessen Tod, Auferstehung und Erhöhung. P. hat das Christentum den Ausdrucksformen der oriental.-hellenist. Kulturwelt angepaßt und ihm den Weg zur Weltreligion bereitet. – Heiliger, Tage 29. 6. (Peter-und-Pauls-Tag), 25. 1. (Pauli Bekehrung).

Paulus, Friedrich, GFM, *1890, †1957; war 1942 mit der 6. Armee in Stalingrad eingeschlossen; 1943-53 in sowjet. Gefangenschaft. Lebte ab 1953 in der DDR.

Paulus vom Kreuz, *1694, †1775, stiftete 1720 den Orden der Passionisten (innere und äußere Mission); Heiliger (Tag 19. 10.).

Paulus von Theben (Ägypten), †um 341; der erste Einsiedler. Heiliger (Tag 15. 1.).

Pausanias, 1) spartan. Feldherr, Führer der Griechen bei Plataiai 479 v. Chr. **2)** kleinasiat. Grieche, schrieb einen Reisebericht über Griechenland (zw. 160 und 180 n. Chr.).

Pauschale die, älter: das, Gesamtabfindung an Stelle von Einzelzahlungen. **pauschal,** alles zusammen, zum Sammelpreis. **Pauschbetrag,** Betrag, der ohne Ermittlung von Einzelzahlungen usw. berechnet wird.

Pauschalreisen, durch Reisebüro zusammengestellte Reisen, schließen im Preis alle Leistungen (Fahrt, Unterkunft) ein.

Pause die, **1)** Durchzeichnung, auch kurz für → Lichtpause. **2)** Arbeitsunterbrechung. **3)** **Pausenzeichen,** akust. oder opt. Signal zur Senderkennzeichnung.

Pausewang, Gudrun, Schriftstellerin, *1928; Kinder- und Jugendliteratur über Nachkriegszeit, Dritte-Welt-Probleme, atomare Gefahren.

Paustowsky, Konstantin Georgijewitsch, russ. Schriftsteller, *1892, †1968, Romane.

Pavarotti, Luciano, ital. Tenor, *1935.

Pavelić [-litsj], Ante, kroat. Nationalist, *1889, †1959, 1941 Staatschef des unabhäng. Kroatien.

Pavese, Cesare, ital. Schriftst., *1908, † (Selbstmord) 1950; Romane »Junger Mond«, »Die einsamen Frauen« u. a.

Pavia, Stadt in Oberitalien, am Tessin, 81 500 Ew.; Univ., Handel, Ind. – P. war 572-774 Hptst. der Langobarden, kam 1359 an Mailand; 1525 wurde hier Franz I. von Frankreich von Kaiser Karl V. besiegt.

Pavian der, Affe der Fam. Hundsaffen, mit starkem Gebiß und grellroten Gesäßschwielen; lebt auf Felsen in gebirgigen Gegenden Arabiens, Afrikas. **Mantel-P.,** mit langem Schulter- und Kopfhaar (Äthiopien bis Arabien); **Babuin** (Ostafrika).

Pawlodar, Stadt i. d. Kasach. SSR, 322 000 Ew.

Pawlow, Iwan, russ. Arzt, Forscher, *1849, †1936, schuf die Lehre von den bedingten Reflexen. Nobelpreis für Medizin 1904.

Pawlowa, Anna, russ. Ballettänzerin, *1882, †1931; »Der sterbende Schwan«.

Pax [lat.] die, Friede.

Paz, Octavio, mexikan. Schriftsteller, *1914; visionäre, surrealist. Lyrik, Essays; 1984 Friedenspreis des Dt. Buchhandels.

Pazifik-Pakt, 1951 in San Francisco geschlossenes Verteidigungsbündnis zw. Australien, Neuseeland und den USA, ergänzt 1954 durch den Südostasiat. Sicherheitsvertrag (SEATO).

Pazifischer Ozean, Pazifik, Großer oder **Stiller Ozean,** größte Wasserfläche der Erde, zw. Amerika im O und Asien und Australien im W, 181,34 Mio. km^2; Nebenmeere: Bering-, Ochotskisches, Japan., Gelbes, Ostchines. Meer, Australasiat. Mittelmeer, Arafurasee mit Carpentaria- und Kalifornischem Golf. Seine mittl. Tiefe beträgt 4282 m, die größte 11 022 m (Marianengraben). Der SW-Teil, »Südsee«, ist reich an Inseln, bes. Koralleninseln (Melanesien, Mikronesien, Polynesien). Hauptströmungen: Nordäquatorialstrom mit dem warmen Kuro-Shio-Strom und Südäquatorialstrom. In den ostasiat. Gewässern sind Taifune gefürchtet. Der P. O. ist i. a. tierarm, nur die kalten Strömungen der chilen. Küste, Alaskas und die ostasiat. Gewässer sind fischreich. – Die 1. Überquerung des P. O. gelang Magalhães 1520/21.

Pazifismus [lat.] der, → Friedensbewegung.

pazifizieren [lat.], befrieden.

Pb, chem. Symbol für Blei.

PC, 1) Abk. für → Polycarbonate. **2)** Abk. für **P**ersonal **C**omputer.

p. Chr., Abk. für lat.: **p**ost **Chr**istum (natum), nach Christi Geburt.

Pd, chem. Symbol für Palladium.

PDS, Abk. für → Partei des Demokratischen Sozialismus.

Peace River [pi:s rɪvə], Fluß in Kanada, 1920 km lang, kommt mit 2 Quellflüssen aus dem Kanad. Felsengebirge, vereinigt sich mit dem Athabasca zum Großen Sklavenfluß.

Peak [pi:k, engl.] der, Bergspitze.

Pearl Harbor [pə:l h'ɑ:bə], Flottenstützpunkt der USA auf der Hawaii-Insel Oahu. Der Überfall der Japaner auf P. H. am 7. 12. 1941 eröffnete den japan.-amerikan. Krieg.

Peary [p'ɪərɪ], Robert, amerikan. Polarforscher, *1856, †1920, stellte 1901 die Inselnatur Grönlands fest, erreichte 1909 den Nordpol. **P.-Land,** die NO-Halbinsel Grönlands.

Pech das, **1)** zähflüssige, braune bis schwarze Masse, Rückstand bei der Destillation von Steinkohlenteer und Erdöl; zur Brikettierung von Kohlen, zum Wasserdichtmachen, zur Isolierung. **2)** übertragen: Unglück.

Pechblende die, **Uranpecherz,** U_3O_8, das wichtigste Uranerz.

Pechkohle die, **Gagat** der, eine spröde, pechschwarze Braunkohle, polierfähig, wird zu Schmuck (Jett) verarbeitet.

Paulownie

Paulus (vom Nordportal der Kathedrale von Reims)

Pavian: Mantel-P.

Pechstein: Mädchen in Rot am Tisch

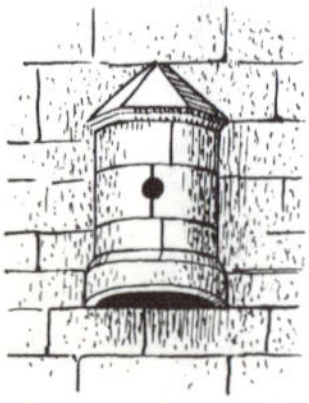

Pechnase

Pechnase die, kleiner, unten offener Ausbau an mittelalterl. Burgmauern, zum Herabgießen siedenden Pechs.

Pechnelke, Nelkengewächs mit roten Blüten, klebriger Stengelabsonderung.

Pechstein, Max, expressionist. Maler, Graphiker, *1881, †1955; entwickelte in Graphiken, Gemälden die dekorativen Möglichkeiten des Expressionismus.

Peckinpah [p'ekınpɑ:], Sam, amerikan. Filmregisseur, *1925, †1984; »Sacramento«, »Wer Gewalt sät...«, »Steiner« u.a.

Pedal [lat.] das, **1)** ⊙ mit dem Fuß betätigter Hebel oder Kurbel **(Tretkurbel)** zum Übertragen einer Bewegung. **2)** ♩ Fußhebel bei Harfe, Klavier, Pauke; bei der Orgel die mit den Füßen zu spielende Tastenreihe.

Pedant [ital. »Schulmeister«] der, Kleinigkeitskrämer. Hauptw. **Pedanterie,** die. **pedantisch,** nach Art eines P., kleinlich.

Pedersen, Charles J., amerikan. Chemiker, *1904, erhielt 1987 mit D. J. Cram und J.-M. Lehn den Nobelpreis für Forschungen zur supramolekularen Chemie.

Peddigrohr [nd.] das, die dünnen Stämme der → Schilfpalme.

Pedell [mlat.], Hausmeister in Schulen.

Pediküre [frz.] die, Fußpflege.

Pedro, Kaiser von Brasilien: **1) P. I.** (1822-31), *1798, †1834, Sohn des portugies. Königs Johann VI., machte Brasilien selbständig. **2) P. II.** (1831-89), *1825, †1891, Sohn von 1), hob die Sklaverei auf (1888); dadurch Sturz des Kaisertums.

Peel [pi:l], Sir Robert, engl. Staatsmann, *1788, †1850; mehrfach Min., 1834-35 und 1841-46 Premiermin.; Führer der Konservativen, ging 1846 zur Freihandelsbewegung über und hob die Getreidezölle auf.

Peene die, **1)** westl. Mündungsarm der Oder. **2)** schiffbarer Fluß, mündet in 1).

Peenemünde, ehemal. Fischerdorf im NW von Usedom, an der Peene 1), bis 1945 Forschungsstelle für Raketen- und Fernlenkwaffen, nach 1945 Marinestützpunkt der Dt. Dem. Rep.

Peep-Show, Peepshow [pi:pʃəʊ, engl. peep »verstohlener Blick«], Form sexueller Nacktdarbietung einer Frau auf einer von Einzelkabinen mit Sichtluken umgebenen, meist drehbaren Kleinbühne; urspr. (v.a. im 17./18. Jh.) kleine Kinderpuppenbühne.

Peer [pıə, von frz. Pair] der, in England: Mitgl. des hohen Adels, der das Recht auf Sitz und Stimme im Oberhaus hat. Die Würde vererbt sich nach dem Erstgeburtsrecht. Rangstufen: Duke (Herzog), Marquess, Earl (Graf), Viscount und Baron; Titel: **Lord.**

Pegasus der, **1)** grch. Sage: Flügelroß, dessen Hufschlag die Musenquelle Hippokrene hervorbrachte; daher Dichterroß. **2)** ☆ Sternbild des nördl. Himmels.

Pegel der, Vorrichtung zum Messen des Wasserstandes, Latte mit Maßeinteilung oder Gerät mit Schwimmer und Zeiger (P.-Uhr).

Pegnitz, die, Fluß in Franken, fließt durch Nürnberg, mündet bei Fürth in die Regnitz.

Péguy [peg'i], Charles, frz. Schriftst., *1873, †1914; verkündete einen reiligiös verklärten Nationalismus.

Pehlewi [p'ɛçlevi], **Pahlawi,** mittelpers. Sprache; die P.-Schrift ist aus der aramäischen Schrift abgeleitet.

peilen, Feststellen der Richtung und des Standorts von Schiffen, Flugzeugen usw. (→ Funkmeßtechnik).

Peine, Krst. in Ndsachs., 45200 Ew.; am Mittellandkanal; Schuh-, elektromechan. u.a. Ind.

peinlich, ehemals von Strafen, Gericht u. dgl.: Leib und Leben betreffend; **p. Befragung,** die → Folter.

Peipussee, See in der NW-UdSSR, 3550 km²; sein Abfluß ist die Narwa.

Peirce [p'i:əs], Charles Sanders, amerikan. Philosoph, *1839, †1914; Begründer des Pragmatismus, Mitbegründer der mathemat. Logik.

Peisistratos, Tyrann von Athen, von um 546-528/27 v. Chr.

Peitschenwurm, Fadenwurm, bis 5 cm lang, harmloser Darmschmarotzer des Menschen.

pejorativ [lat.], verschlechternd, abwertend.

Pekari, Bisamschwein, kleines trop.-amerikan. Wildschwein mit stark riechender Rückendrüse.

Pekinese der, langhaariger Zwerghund aus China.

Peking, amtl. **Beijing** [bɛıdʒıŋ, »nördl. Hptst.«], Hptst. der VR China, 5,4 Mio. Ew., als eigenes Verwaltungsgebiet, 9,75 Mio. Ew. P. umfaßt die Mandschustadt mit dem ehem. kaiserl. Palastbez. »Verbotene Stadt« und dem Gesandtschaftsviertel, ferner die Chinesenstadt. P. hat Tempel, Paläste, Mus., Universitäten, Akademien, Kernforschungszentrum u.a.; Textil-, Gummi-, Elektro-, Leder-, Glasind. – Seit etwa 1000 v. Chr. Hptst. versch. Dynastien, zuletzt bis 1911/12 der Mandschukaiser. Nach Einnahme P.s durch die Kuomintang war Nanking 1928-45 die Hptst. Chinas. 1937 wurde P. von den Japanern, 1945 wieder von den Kuomintang, 1949 von den chines. Kommunisten erobert.

Pekingmensch, Sinanthropus, bei Peking entdeckte Reste einer sehr altertüml. Menschenform, die dem Java-Menschen (Pithecanthropus) ähnelt. Er besaß Feuer, fertigte Steinwerkzeuge.

Pektin das, Gallertstoffe in Pflanzen, bewirken das Gelieren der Fruchtsäfte.

Pektorale [lat.] das, Brustschnalle für den Chormantel des kath. Priesters; Brustkreuz.

pekuniär [lat.], Geld betreffend, geldlich.

Pelagianer, Anhänger des irischen Mönchs **Pelagius** († nach 418), der die Erbsünde leugnete und eine natürl. Fähigkeit des Menschen zum Guten behauptete; von Augustinus bekämpft.

Pelagische Inseln, vulkan. Inselgruppe südl. von Sizilien; dürftiger Pflanzenwuchs.

Pelargoni|e [grch.] die, Gatt. der Storchschnabelgewächse, auch **Geranium** genannt; mit gespornten Blüten; z.T. Zierpflanzen, so **Muskat-P. (Muskatkraut).**

Pelasger Mz., Urbewohner Griechenlands.

pêle-mêle [pɛ:lm'ɛ:l, frz.], bunt gemischt.

Pelikan: Gemeine Pelikane

Pelerine [frz.] die, Schulterkragen, Umhang.
Peleus, grch. Sage: Herrscher der → Myrmidonen, Vater des Achill.
Pelias, grch. Sage: Sohn Poseidons, sandte Iason nach dem Goldenen Vlies aus. Nach Iasons Rückkehr wurde P. auf Medeas tück. Rat von seinen Töchtern (außer Alkestis) zerstückelt und in einem Zaubertrank gekocht.
Pelide [Sohn Peleus'] der, Beiname Achills.
Pelikan [grch.] der, Gatt. der Ruderfüßer mit Kehlsack für die Fischbeute; lebt im südl. Europa, in Afrika, Südasien. Der P. gilt als Symbolgestalt der christl. Liebe.
Pelion, ngrch. **Pilion,** Waldgebirge auf der grch. Halbinsel Magnesia, 1681 m hoch.
Pella, Hptst. des alten Makedonien, bei Saloniki.
Pellagra [ital.] das, auf Mangel an Vitamin B beruhende Krankheit; heute selten.
Pellworm, nordfries. Insel, 37 km², 1200 Ew.
Pelopidas, befreite 379 v. Chr. Theben von den Spartanern, entschied 371 den Sieg von Leuktra, fiel 364.
Peloponnes [grch. »Insel des Pelops«] die, auch der, **Morea,** südl. Halbinsel Griechenlands, 21 410 km²; mit dem Festland verbunden durch die Landenge von Korinth. Hauptort: Patras. **Peloponnesischer Krieg,** Kampf zw. Athen und Sparta 431-404 v. Chr., endete mit der Niederlage Athens.
Pelops, grch. Sage: Sohn des Tantalos, wurde als Kind von diesem geschlachtet und den Göttern als Speise vorgesetzt, von ihnen aber neu belebt. Seine Nachkommen sind die **Pelopiden.**
Pelota [span.] die, bask. Nationalspiel.
Pelotas, Stadt im brasilian. Staat Rio Grande do Sul, 260 200 Ew.; Schlachthäuser, Ind.
Peltier-Effekt [pɛltj'e-, nach dem frz. Physiker J. C. A. Peltier, *1785, †1845], thermoelektr. Effekt an der Lötstelle eines Thermoelements: Fließt ein elektr. Strom durch die Lötstelle, so tritt je nach der Stromrichtung Abkühlung oder Erwärmung ein. Ggs.: Seebeck-Effekt.
Peltonrad, → Wasserturbinen.
Pelvis [lat.] die, ♡ ⚘ das Becken.
Pelz der, behaarte Tierhaut, → Rauchwaren.
Pelzflatterer, Flugmaki, katzengroßes Säugetier mit Flughäuten; Baumbewohner im Malaiischen Archipel.
Pelztiere, Säugetiere, die wegen ihres Felles zur Pelzgewinnung gejagt oder gezüchtet werden: Nerz, Nutria, Biber, Fohlen, Karakulschaf, Skunk, Kaninchen, Fuchs, Waschbär, Zobel, Opossum, Ziege, Kalb, Bisamratte, Bärenrobbe, Seehund, Chinchilla, Marder, Otter u. a. (→ Rauchwaren).
Pemba, Koralleninsel vor der Küste Ostafrikas, zu Tansania gehörig, 984 km², 206 000 Ew.; Gewürznelkenpflanzungen.
Pemmikan [indian.] der, Dauerfleisch.
Pemphigus [grch.] der, ♡ Blasenausschlag.
P. E. N., Penclub, internat. Vereinigung von Dichtern, Essayisten, Romanschriftst. (Poets, Essayists, Novelists), 1921 in London gegr.
Penalty [p'enəltı] die, Strafstoß (Elfmeter; Fußball), Strafschuß (Eishockey).
Penaten [lat.] Mz., altröm. Hausgötter.
Pence [pens], Mz. von → Penny.
Pendant [pãd'ã, frz.] das, **1)** Ohrgehänge. **2)** ✤ Gegenstück.
Pendel das, um eine Achse oder einen Punkt frei drehbarer Körper, der unter dem Einfluß der Schwerkraft eine period. Bewegung ausführt. Beim **mathemat. P.,** dessen Masse man sich in einem Punkt vereinigt denkt, ist die Schwingungsdauer bei kleinen Schwingungen proportional der Wurzel aus der P.-Länge. Jedes wirkl. **(physikal.) P.** schwingt langsamer als ein gleichlanges mathemat. P.
Pendel|achse, Achsbauart für Kraftwagen: die Räder sind unabhängig voneinander abgefedert.
Pendentif [pãdãt'if, frz.] das, 🏛 Gewölbeteil in Form eines sphär. Dreiecks (Zwickel), der von den Ecken eines quadrat. Grundrisses zum Kreisrund einer Kuppel überleitet.
Pendolino, Bez. für eine italien. Eisenbahnentwicklung, deren Wagenaufbauten sich bei Kurvenfahrten über eine computergesteuerte Hydraulik zur Seite neigen und damit eine höhere Geschwindigkeit erlauben. Ab Mitte 1991 will die Dt. Bundesbahn mit dem P. auf kurvenreichen Strecken Reisezeitverkürzungen bis zu 40% erreichen.
Penelope, Gemahlin des Odysseus.
penetrant, durchdringend, hartnäckig.
penibel, gewissenhaft; peinlich, mühsam.
Penicillin das, erstes, 1928 von A. Fleming entdecktes, seit 1940 in der Heilkunde verwendetes → Antibiotikum; aus einem Schimmelpilz hergestellt.
Penis [lat.] der, männl. Glied (→ Geschlechtsorgane).
Penki, chines. Stadt, rd. 600 000 Ew.; Stahlwerk.
Penn, William, Gründer von Pennsylvania, *1644, †1718, Führer der Quäker; gründete 1683 Philadelphia, führte unbedingte Religionsfreiheit durch, gewann die Indianer durch gute Behandlung.
Pennal [lat. »Federbüchse«] das, **Penne** die, Schülersprache: höhere Lehranstalt. **Pennäler** der, Schüler eines P.
Penninische Alpen, Walliser Alpen, Teil der Westalpen (im Monte Rosa 4634 m hoch); reich an Gletschern.
Penninisches Gebirge, engl. **Pennines** [p'enaınz], Gebirgszug in N-England, bis 893 m.
Pennsylvania [-v'eınjə], Abk. **Pa.,** einer der mittleren atlant. Staaten der USA, 117 412 km², 11,8 Mio. Ew. Hptst.: Harrisburg. Hauptflüsse: Delaware, Susquehanna, Allegheny. Getreide-, Obstbau, Tabak; Milchwirtschaft. ⚒ auf Kohle, Erdöl, Erdgas. Stark industrialisiert (Schwer-, Textil-, chem., Tabak- u. a. Ind.). – P. wurde von dem engl. Quäker William → Penn gegründet. Seit 1683 starke dt. Einwanderung. ⊕ S. 494.
Penny [engl.] der, Mz. **Pence** [p'ens, als Wertangabe] oder **Pennies** [p'enis, zur Bez. mehrerer einzelner Stücke], Abk.: **p,** kleinste engl. Münzeinheit (1 £ = 100 New Pence = 240 alte Pence, Abk. d).
Pensa, Stadt in der UdSSR, an der Sura, 547 000 Ew.; Ackerbau, Holzind.
Pension [frz. pãsj'on] die, **1)** Ruhegehalt; Witwen- und Waisengeld. **2)** Fremdenheim mit Beköstigung. **3) P.** oder **Pensionat,** Erziehungsheim für junge Mädchen. **Pensionär** der, Beamter im Ruhestand; Kostgänger; Zögling.

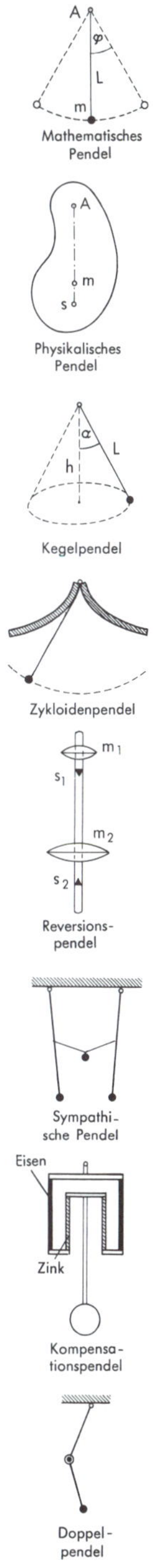

Pendel

Perchta: Maske aus Hofgastein (20. Jh.)

Pérez de Cuéllar

Perikles

penta... [grch.], fünf...

Pentachlorphenol, Abk. **PCP,** giftige organ. Verbindung, Konservierungs- und Imprägniermittel.

Pentagon [grch.] das, **1)** Fünfeck. **2) Pentagon,** das Verteidigungsministerium der USA in Washington (fünfeckiger Grundriß).

Pentagramm [grch.] das, Drudenfuß.

Pentameter [grch.] der, fünffüßiger daktyl. Vers, bildet mit dem Hexameter das → Distichon.

Pentane Mz., ⊙ 3 isomere Kohlenwasserstoffe der Zusammensetzung C_5H_{12}; wichtiger Bestandteil des Benzins.

Pentateuch [grch. »das fünfteilige Buch«] der, **5 Bücher Mose,** Gesetzbuch **(Thora)** des Judentums, berichtet von der Erwählung des jüd. Volkes durch Jahwe.

Pentathlon [grch.] das, altgrch. Fünfkampf: Lauf, Weitsprung, Diskus-, Speerwurf, Ringen.

Pentatonik [grch.] die, Tonordnung, die sich auf 5 Töne innerhalb des Oktavraumes beschränkt und urspr. keine Halbtöne aufweist: f g a . c d . f g (Südsee, Ostasien, Afrika). Eine jüngere Form: e f . a h c . e f liegt der japan. Musik zugrunde.

Pentelikon der, grch. Gebirge (Attika), 1108 m; **Pentel. Marmor.**

Penthesilea, grch. Sage: Königin der → Amazonen, von Achill getötet.

Penthouse [p'enthaʊs, engl.] das, bungalowartige Wohnung auf dem Flachdach eines mehrstöckigen Hauses.

Pentlandit, wichtiges Nickelerz, bes. in Magnetkies-Lagerstätten (Kanada).

Penzoldt, Ernst, Dichter, Bildhauer, *1892, †1955, schrieb Schauspiele, heitere Romane (»Die Powenzbande«).

Peoria [pɪ'ɔ:rɪə], Stadt in Illinois, USA, 124000 Ew.; Hafen-, Handels-, Industrieort.

Pepita [span.], Gewebe aus allen Faserarten in kleinkarierter Musterung, meist schwarzweiß.

Pepping, Ernst, Komponist, *1901, †1981; Vertreter neuer evang. Kirchenmusik.

Pepsin [grch.] das, eiweißverdauendes Enzym des Magensaftes.

Peptide [grch.] Mz., ⊙ Zwischenprodukte beim Abbau der Eiweiße.

Peptone [grch.] Mz., ⊙ Zwischenprodukte beim Abbau des Nahrungseiweißes im menschl. und tier. Organismus.

Pepusch, Johann Christoph, Komponist, *1667, †1752, vertonte J. Gays »Bettleroper«.

per [lat. und ital.], durch, für.

Peräa [grch.], jenseits, d. h. östlich des Jordans gelegener Teil des alten Palästina.

Perborate Mz., ⊙ Salze aus Borsäure und Natriumperoxid; Bleichmittel.

Perchta, Berchta, oberdt. Volksglauben: Sagengestalt, die während der Zwölfnächte (25. 12. bis 6. 1.) helfend oder schadend durch die Lüfte fährt, begleitet von den **Perchten.** Perchtentag: 6. 1.

perdü [frz.], verloren; dahin, entzwei.

Pereira, Stadt in Kolumbien, 390000 Ew.

Père-Lachaise [pɛ:r laʃ'ɛ:z], Friedhof in Paris, Gräber bedeutender Persönlichkeiten.

peremptorisch [lat.], ⚖ vernichtend.

perennierend [lat. »ausdauernd«], ⚘ mehrfach überwinternd, mehrjährig.

Perestroika [russ. ›Umbau‹, ›Umgestaltung‹], Bez. für die geplante Umgestaltung des sowjet. polit. Systems im Hinblick auf Demokratisierung des öffentl. Lebens und eine leistungsfähigere Wirtschaft im Rahmen der von M. Gorbatschow betriebenen Reformpolitik.

Pérez de Ayala [p'ɛrɛθ -], Ramón, span. Schriftst., *1881, †1962; Lyrik, Romane.

Pérez de Cuéllar [p'eres ðə kʊ'eʎar], Javier, peruan. Diplomat, *1920, seit Jan. 1982 Gen.-Sekr. der UNO.

Pérez Esquivel [p'ereθ eskiß'el], Adolfo Maria, argentin. Bildhauer und Menschenrechtskämpfer, *1931, erhielt für seinen gewaltlosen Einsatz für die Menschenrechte den Friedensnobelpreis 1980.

perfekt [lat.], vollendet, vollkommen. **Perfektion** die, Vollkommenheit.

Perfekt, Perfektum das, Ⓢ Vollendung in der Gegenwart, z. B. er hat gesprochen.

perfid [lat.], treulos, hinterlistig. Hptw. **Perfidie.**

Perforation [lat.] die, Durchbohrung, Durchlöcherung. Zeitw.: **perforieren.**

Performance [pəf'ɔ:məns, engl.] die, allg.: Aufführung oder Vorstellung; i. e. S. bes. die von avantgardist. Künstlern. **Performance Art,** typ. Bestandteil der zeitgenöss. Kunst.

Pergament das, Beschreibstoff aus enthaarten, geglätteten, getrockneten Tierhäuten.

Pergamon, im Altertum: Hptst. des **Pergamen. Reichs,** das in Mysien (Kleinasien) 280 v. Chr. gegr. wurde und 133 v. Chr. an Rom fiel. Dt. Ausgrabungen seit 1878 legten Burg, Tempel, Paläste frei. Die Skulpturen des **P.-Altars** (197-159 v. Chr.) stehen in Berlin.

Pergola [ital.] die, -/...len, 🏛 auf Pfeilern oder Säulen ruhender Laubengang, auch Lattengerüst für Weinstöcke.

Pergolesi, Giovanni Battista, ital. Komponist, *1710, †1736; komische Opern, u. a. »La serva padrona«; Kirchenmusik.

peri... [grch.], um... herum, z. B. Peripherie, Umfangslinie.

Perigäum [grch.] das, → Apsiden.

Perigon [grch.] das, Blütenhülle mit gleichgestalteten Blumen- und Kelchblättern.

Périgueux [perig'ø], Stadt in SW-Frankreich, 30000 Ew.; röm. Baureste.

Perihel [grch.] das, → Apsiden.

Perikard [grch.] das, ♡ der Herzbeutel. **Perikarditis** die, Herzbeutelentzündung.

Perikles, grch. Staatsmann, * nach 500, †429 v. Chr., wurde, gestützt auf das Volk, seit etwa 460 der maßgebende Führer Athens, das unter ihm die höchste Blüte erreichte (**Perikleisches Zeitalter;** Schaffung der → Akropolis).

Perikope [grch.] die, Bibelabschnitt; beim Gottesdienst Lesestück und Predigttext.

perinatal [grch.-lat.], um die Zeit der Geburt.

Periode [grch. »Umlauf«, »Kreislauf«] die, **1)** regelmäßige Wiederkehr einer Erscheinung, z. B. Umläufe von Gestirnen. **2)** △ Wiederkehr oder Wiederholung, etwa die Ziffernfolge 54 in dem period. Dezimalbruch $^6/_{11}$ = 0,5454... **3)** ♡ → Menstruation. **4)** Zeitabschnitt, Zeitraum. **5)** Ⓢ langer Satz. **periodisch,** regelmäßig wiederkehrend.

Periodensystem der Elemente (hierzu ÜBERSICHT S. 661), Anordnung der chem. Elemente nach ihrem Atombau, bei der Elemente mit verwandten chem. Eigenschaften untereinander zu stehen kommen; z. B. enthält die Gruppe I die Alkalimetalle, die Gruppe II die Erdalkalimetalle, Gruppe VII die Halogene. Die den Elementen im P. d. E. zugeordnete **Atomnummer** stellte sich später als identisch mit der Kernladungszahl (Zahl der Protonen im Kern, ihr entsprechend Zahl der Elektronen der Hülle) heraus. – Das P. wurde 1869 gleichzeitig und unabhängig voneinander von D. J. Mendelejew und Lothar Meyer entdeckt.

Periöke [grch. »Um-, Nebenwohner«] der, im grch. Altertum der persönlich freie, aber politisch rechtlose Einwohner, bes. in Sparta.

Periost [grch.] das, Knochenhaut (→ Knochen).

Peripatetiker [von grch. »herumgehen«] der, Philosoph aus der Schule des Aristoteles (nach der Wandelhalle, wo Aristoteles gehend lehrte).

Peripetie [grch.] die, Schicksalswendung; Umschwung im Drama, Roman.

Periodensystem der Elemente

Periode	Gruppe 0	Gruppe I (a, b)	Gruppe II (a, b)	Gruppe III (a, b)	Gruppe IV (a, b)	Gruppe V (a, b)	Gruppe VI (a, b)	Gruppe VII (a, b)	Gruppe VIII
1	0 n 1,00867	1 H 1,00797							
2	2 He 4,0026	3 Li 6,941	4 Be 9,0122	5 B 10,811	6 C 12,011	7 N 14,0067	8 O 15,9994	9 F 18,9984	
3	10 Ne 20,179	11 Na 22,98977	12 Mg 24,305	13 Al 26,9815	14 Si 28,0855	15 P 30,97376	16 S 32,06	17 Cl 35,453	
4	18 Ar 39,948	19 K 39,0983	20 Ca 40,08	21 Sc 44,9559	22 Ti 47,88	23 V 50,9415	24 Cr 51,996	25 Mn 54,9380	26 Fe 55,847 27 Co 58,9332 28 Ni 58,69
		29 Cu 63,546	30 Zn 65,38	31 Ga 69,72	32 Ge 72,59	33 As 74,9216	34 Se 78,96	35 Br 79,904	
5	36 Kr 83,80	37 Rb 85,4678	38 Sr 87,62	39 Y 88,9059	40 Zr 91,22	41 Nb 92,9064	42 Mo 95,94	43 Tc [98]	44 Ru 101,07 45 Rh 102,9055 46 Pd 106,42
		47 Ag 107,868	48 Cd 112,41	49 In 114,82	50 Sn 118,69	51 Sb 121,75	52 Te 127,60	53 J 126,9045	
6	54 Xe 131,29	55 Cs 132,9054	56 Ba 137,33	57-71 Lanthanoide*)	72 Hf 178,49	73 Ta 180,9479	74 W 183,85	75 Re 186,207	76 Os 190,2 77 Ir 192,22 78 Pt 195,08
		79 Au 196,9665	80 Hg 200,59	81 Tl 204,383	82 Pb 207,2	83 Bi 208,9804	84 Po [209]	85 At [210]	
7	86 Rn [222]	87 Fr [223]	88 Ra [226,0254]	89-103**) Actinoide	104[1]) [261]	105[1]) [262]	106[1]) [263]	107[1]) [261]	108[1]) [265] 109[1]) [266]

***) Lanthanoide**

57 La 138,91	58 Ce 140,12	59 Pr 140,907	60 Nd 144,24	61 Pm [145]	62 Sm 150,4	63 Eu 151,96	64 Gd 157,25	65 Tb 158,924	66 Dy 162,50	67 Ho 164,930	68 Er 167,26	69 Tm 168,934	70 Yb 173,04	71 Lu 174,97

****) Actinoide**

89 Ac [227]	90 Th 232,038	91 Pa 231,035	92 U 238,03	93 Np 237,048	94 Pu [244]	95 Am [243]	96 Cm [247]	97 Bk [247]	98 Cf [251]	99 Es [254]	100 Fm [257]	101 Md [258]	102 No [259]	103 Lr [260]

Die Zahl vor jedem Element ist die Ordnungszahl (Kernladungszahl), die unter dem Element die Atommasse, bei instabilen Elementen die Massenzahl des längstlebigen bekannten Isotops. [1]) Diese Elemente haben noch keine verbindliche Bez. 1982 wurde Element 109 experimentell nachgewiesen, 1984 Element 108.

Peripherie [grch.] die, Umfangslinie einer begrenzten Fläche, z. B. des Kreises. **peripher,** außen.

Peripheriegeräte, Geräte, die an die Zentraleinheit einer Rechenanlage angeschlossen werden können.

Periskop das, →Sehrohr des Unterseeboots.

Peristaltik [grch.] die, ♡ bei Hohlorganen (z. B. Darm) die fortschreitende Zusammenziehung der Ringmuskeln zum Vorwärtstreiben des Inhalts.

Peristyl [grch.] das, 🏛 Säulenhalle um den Hof des altgrch. und röm. Wohnhauses.

Peritonaeum [grch.-lat.] das, Bauchfell. **Peritonitis** die, Bauchfellentzündung.

Perkal der, feinfädiger Baumwollstoff.

Perkussion [lat.] die, **1)** Erschütterung, Stoß, Schlag. **2)** ♡ Beklopfen des Körpers (z. B. mit dem P.-Hammer), um aus dem Schall Schlüsse auf die inneren Organe zu ziehen. **3)** ♩ Schlaginstrumente, das Schlagzeug.

Perkussionsgewehr, ein Vorderlader.

Perle 1): P. in der Muschel

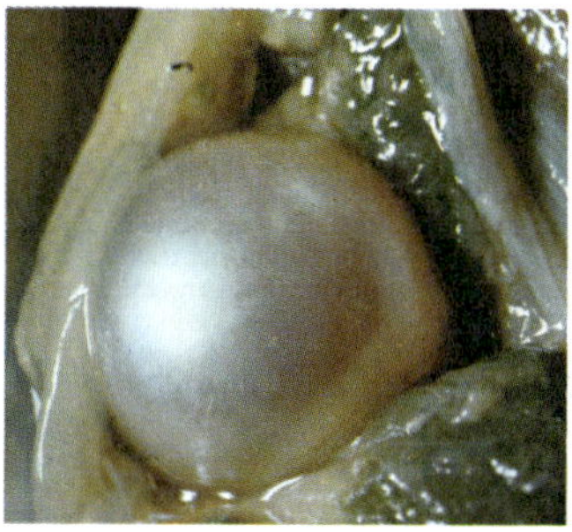

perkutan [lat.], durch die unverletzte Haut hindurch.

Perl die, ✎ ein Schriftgrad von 5 typograph. Punkten (= 1,88 mm; →Schriften).

Perlblümchen, ⚘ Traubenhyazinthe.

Perle die, **1)** Kügelchen aus Perlmutter, das als krankhafte Bildung bei vielen Weichtierarten, bes. Perlmuscheln, zw. Mantel und Schale entsteht. Um den »Perlkern« wird innerhalb von Jahren dauernd neuer Perlstoff herumgelagert. Die Muscheln werden durch Taucher oder mit Netzen heraufgeholt **(Perlfischerei).** Zucht-P. (nach dem Verfahren des Japaners Mikimoto, †1954; Japan-P.) haben sehr an Beliebtheit gewonnen. Sie werden durch Einschieben von kleinen Fremdkörpern oder Injizieren einer Ölmasse in gesunde Seeperlmuscheln erzeugt. **2)** Knochenknötchen am Geweih.

Perlgras, zierl. Gras mit oft ährenförmiger Rispe, wächst im Laubwald.

Perlhuhn, afrikan. Unterfam. der Fasanartigen, schwarzgrau, weißgetupft, mit Knochenhelm oder Federbusch; auch Hausgeflügel.

Perlmutter die, das, **Perlmutt** das, Schicht aus dünnen Kalkblättchen in Weichtier-, bes. Muschelschalen; für Schnitz- und Einlegearbeiten.

Perlmutterfalter, Tagschmetterling; Flügelunterseite perlmutterähnl. gestreift oder gefleckt. (BILD S. 662)

Perlon das, Handelsname für eine Kunstfaser aus Polyamiden.

Perlpilz, Speisepilz. (BILD S. 662)

Perlsucht die, Tuberkulose der Haustiere.

Perlwein, Weiß- oder Rotwein, in den Kohlendioxid eingepreßt wird.

Perlzwiebel, Perllauch, perlenähnl. Brutzwiebeln versch. Laucharten.

Perm das, erdgeschichtl. Formation, →Erdgeschichte, ÜBERSICHT.

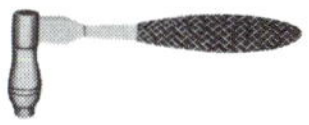

Perkussion 2): P.-Hammer

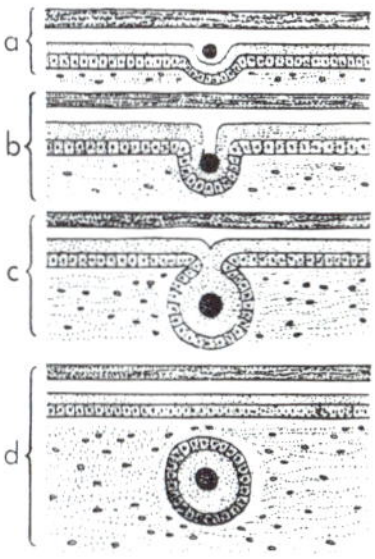

Perle 1): Entstehung einer Feinperle (stark vergr.): a-c ein frei zw. Schale und Mantel liegender Fremdkörper wird vom Mantelepithel umwuchert; von diesem löst sich ein Perlsäckchen (d) ab, in dem der Fremdkörper überperlmuttert wird

Perlmutterfalter

Perlpilz

Persepolis: Xerxes-Tor

Perm, Stadt in der UdSSR, an der Kama, 1,08 Mio. Ew.; Univ., TH; vielseitige Ind.

Permanẹnz [lat.] die, Fortdauer, Ständigkeit. **permanẹnt,** ununterbrochen.

Permeabilitạ̈t [lat.] die, **1)** ⚗ Durchlässigkeit von Scheidewänden. **2)** ⊠ Größe, die angibt, wievielmal sich die magnet. Induktion durch einen in das Magnetfeld gebrachten Stoff vergrößert oder verkleinert. Für paramagnet. Stoffe ist die P. etwas größer, für diamagnet. etwas kleiner als 1; bes. groß ist sie für ferromagnet. Stoffe, einige 1000 bis 100000. Eigw.: **permeạbel.**

per mille [lat.], für 1000 Stück.

Pẹrmoser, Balthasar, Bildhauer, *1651, †1732; Figurenschmuck am Dresdner Zwinger.

Permutatiọn [lat.] die, △ Umstellung, Vertauschung. **permutiẹren,** vertauschen.

Permutịte Mz., kristallisierte Mineralien, komplexe Natrium-Aluminium-Silicate, die bestimmte Stoffe aus wäßrigen Lösungen gegen mineraleigene Stoffe austauschen. **Permutitverfahren** zur Wasserenthärtung mit P.

Pẹrnik, Stadt in Bulgarien, 95000 Ew.; Braunkohlenbergbau.

perniziọ̈se Anämiẹ, Perniziọsa, Biermersche Krankheit, Blutkrankheit mit zuwenig roten Blutkörperchen und Fehlen von Magensäure. Anzeichen sind Ermüdung, Gewichtsabnahme, Zungenbrennen. Behandlung: Injektionen von Vitamin B 12.

Pernod [-n'o, frz.] der, Handelsname eines aus Wermut, Anis u.a. Kräutern hergestellten alkohol. Getränks.

Perón, Juan Domingo, argentin. General, Politiker, *1895, †1974, beteiligt an den Staatsstreichen 1942-44, wurde 1946 Staatspräs., 1955 gestürzt, lebte bis 1973 im Exil, wurde 1973 zum Staatspräsidenten gewählt. Anteil an seinem Aufstieg hatte seine 2. Frau Eva P. (*1919, †1952). Nach P.s Tod übernahm seine 3. Frau Isabel P. (*1931) die Präsidentschaft; sie wurde 1976 von Militärs gestürzt.

Peronosporazẹen [grch.] Mz., Pilze, die falschen Mehltau erzeugen, z.B. an Reben; auch der **Blauschimmel** der Tabakpflanze.

perorạl, per os [lat.], ♡ durch den Mund.

Pẹroxide Mz., ⚗ Abkömmlinge des Wasserstoffperoxids, die an Stelle der Wasserstoffatome ein Metall enthalten, wie **Natrium-P.,** Na_2O_2.

per pẹdes [lat.], zu Fuß; **p.p. apostolọrum,** zu Fuß (reisen) wie die Apostel.

Perpendicular Style [pə:pənd'ɪkjələ staɪl, engl.], in der engl. Kunst der Stil der spätgot. Architektur.

Perpendịkel der, das, **1)** Uhrpendel. **2)** Lot.

Perpẹtuum mọbile [lat. »dauernd beweglich«] das, Maschine, die ohne Energiezufuhr Arbeit leisten soll; sie ist mit den Naturgesetzen nicht vereinbar.

Perpignan [pɛrpiɲ'ã], Stadt in S-Frankreich, nahe dem Mittelmeer, 112000 Ew.; Kathedrale, maur. Zitadelle; Handel, Ind. – P. kam 1659 von Spanien an Frankreich.

per procụra [ital.], Abk. **p. p., ppa.,** Zusatz bei der Unterschrift durch einen Prokuristen.

Perrault [pɛr'o], Charles, frz. Schriftst., *1628, †1703; Märchensamml.

Perron [pɛr'ɔ̃, frz.] der, ✣ Bahnsteig.

Persạnte die, Küstenfluß in Hinterpommern.

per sẹ [lat.], selbstverständlich.

Perseịden Mz., → Sternschnuppen.

Persẹnning die, starkfädiges, wasserdichtes Flachs- oder Hanfsegeltuch in Leinwandbindung für Boots- und Autoverdecke, Zelte.

Persẹphone, lat. **Prosẹrpina,** grch. Göttin, Tochter des Zeus und der Demeter, Gemahlin des Hades.

Persẹpolis, Hptst. des altpers. Reichs, bes. unter Darius I.; Hauptbauzeit 518 bis etwa 460 v.Chr.; wurde 330 v.Chr. durch Alexander d.Gr. in Brand gesteckt. Ausgrabungen.

Perser, Bewohner von Persien (→ Iran). **Perserkriege,** Kriege zw. Persern und Griechen, 500-448 v.Chr. (→ griechische Geschichte).

Pẹrseus, 1) grch. Göttersage: Sohn des Zeus und der Danae, tötete die Medusa, befreite Andromeda und vermählte sich mit ihr. **2)** ☆ nördl. Sternbild mit dem Stern 3. Größe **Algol.**

Perseverạnz [lat.] die, ✣ Beharrlichkeit.

Persiạner der, **Karakụl,** feinste schwarze Lammfelle des buchar. Karakulschafes.

Pẹrsien, früherer Name von → Iran.

Persiflage [pɛrsifl'a:ʒə, frz.] die, geistvoller Spott. Zeitw.: **persifliẹren.**

persische Kunst, altpers. Kunst des Achaimenidenreichs vom 7. Jh. bis 330 v.Chr., auch die Kunst der Parther, der Sassaniden und die Kunst Persiens in islam. Zeit. Hauptwerke altpers. Baukunst sind die Königspaläste in Persepolis und Susa mit ihren gewaltigen Säulenhallen, das Grabmal des Kyros in Pasargadä und die Felsgräber der Achaimenidenkönige in Naksch-e Rustam. Sehr gut erhalten sind die Reliefs der Palastwände in Persepolis (schreitende Gestalten, Tierkampfszenen) und die aus farbig glasierten Ziegeln in Susa (Bogenschützen, Löwen, Fabeltiere). Hoch entwickelt war die Kleinkunst. (BILD S. 663)

Persischer Golf, Nebenmeer des Ind. Ozeans.

persische Sprache und Literatur. Das Persische ist ein Zweig der iran. Sprachen (ÜBERSICHT Sprachen der Erde). Aus dem Altpers. (erhalten in Inschriften einer vereinfachten Keilschrift) ging das Mittelpers. (Pehlewi) hervor. Das Neupers. ist in arab. Schrift bis nach Nordindien verbreitet. Bedeutende Dichter sind Firdausi (†1020, Nationalepos »Königsbuch«) und der Lyriker Hafis (†1390, Ghaselendichtung). Geschichtsschreibung, Märchen- und Erzählungsdichtung wurden gepflegt. – Eine moderne pers. Dichtung entstand aus der Tradition und westl. Vorbildern.

persistẹnt [lat.], beharrlich.

Persọn [lat.] die, **1)** menschl. Einzelwesen. **2)** ⚖ Träger von Rechten und Pflichten: natürl. und → juristische Person. **Persona grata,** in (hoher) Gunst stehend; Ggs.: **persona non grata.**

Personalausweis, polizeil. Inlandsausweis mit Lichtbild, den jede über 16 Jahre alte meldepflichtige Person in der Bundesrep. Dtl. besitzen muß, soweit sie nicht einen gültigen Paß hat.

Persepolis

Personalcomputer, Abk. **PC,** Mikrocomputer, der von einer einzelnen Person sowohl beruflich als auch privat genutzt wird; i. w. S. als Bez. für Homecomputer verwendet. Größere P. verfügen über Anschlußmöglichkeiten an öffentl. Datennetze (Dateldienste).

Personali|en [lat.] Mz., Angaben über Name, Herkunft, Geburtstag, Beruf usw.

Personalismus der, **1)** Gottesanschauung des Theismus i. Ggs. zum Pantheismus. **2)** Ⓟ jedes System, in dem »Person« als selbsttätiges Sein aufgefaßt wird, in dem Freiheit, Entscheidungsfähigkeit, persönl. Selbstverwirklichung des Menschen betont wird (Scheler, Jaspers u. a.).

Personalpronomen das, persönl. Fürwort.

Personalunion die, durch die Person des gleichen Herrschers hergestellte Staatenverbindung, die die Selbständigkeit des einzelnen Staates nicht berührt. Ggs.: → Realunion.

Personalvertretung, Vertretung der Beamten, Angestellten und Arbeiter des öffentl. Dienstes, in der Bundesrep. Dtl. geregelt durch das Bundespersonalvertretungs-Ges. v. 15. 3. 1974; es entspricht etwa dem → Betriebsverfassungsgesetz.

Personengesellschaft, → Handelsgesellschaft, deren Gesellschafter für die Verbindlichkeiten der Gesellschaft persönlich haften. Ggs.: → Kapitalgesellschaft.

Personenkult, von Chruschtschow im Hinblick auf den Führungsstil Stalins geprägtes Schlagwort; kennzeichnet innerhalb der kommunist. Führung die Macht- und Autoritätskonzentration auf eine Person und deren übertriebene persönl. Verehrung.

Personenstand, ⚖ familienrechtl. Verhältnis einer Person zu einer anderen. Die Beurkundung des P. erfolgt in den **Personenstandsbüchern** (Geburten-, Familien-, Sterbebuch), die in dem P.-Ges. v. 8. 8. 1957 geregelt ist. An Stelle des Familienbuchs am Eheschließungsort ist das Familienbuch des jeweiligen Wohnsitzes getreten. Die P.-Bücher begründen eine widerlegbare Vermutung für die Richtigkeit der Eintragung. **Personenstandsfälschung,** vorsätzl. Veränderung oder Unterdrückung des P. eines anderen (z. B. Kindesunterschiebung), bestraft nach § 169 StGB.

Personifikation die, Verkörperung, Darstellung als Person. Zeitw.: **personifizieren.**

Persönlichkeit die, ausgeprägte Individualität eines Menschen.

Perspektive [frz.] die, scheinbare Verkürzung entfernterer Strecken und die zeichner. Darstellung entsprechend diesem räuml. Eindruck. Bei der **mathemat. P.** werden vom Auge A aus Strahlen nach den Punkten G des Gegenstandes gezogen. Wo diese die Bildebene a schneiden, liegen die zugehörigen Bildpunkte B. Die Bilder paralleler Geraden schneiden sich in einem Punkt **(Fluchtpunkt).** In der Malerei gibt es auch Beleuchtungs-, Luft- und Farb-P.

Perspektivismus der, Ⓟ Lehre, wonach es keine standpunktfreie, allgemeingültige Erkenntnis gibt (Nietzsche, Ortega y Gasset).

Perth [pəːθ], **1)** Stadt in Schottland, am Firth of Tay; 43 000 Ew., Gewebeind.; bis 1437 Sitz der schott. Könige. **2)** Hptst. von Westaustralien, mit der Hafenstadt Fremantle, 1,02 Mio. Ew.; Univ.

Perthes, Justus P., geograph. Anstalt und Verlagsbuchhandlung in Darmstadt, gegr. 1785 in Gotha. »Genealog. Taschenbücher«, Atlanten.

Pertini, Alessandro, ital. Politiker (Sozialist), *1896, †1990; 1978-1985 Staatspräsident.

Peru, Rep. im W Südamerikas, 1 285 215 km², 20,7 Mio. Ew.; Hptst.: Lima; Amtssprache: Spanisch. – Präsidialverfassung. ⊕ S. 485.

Im W flache, schmale Küstenzone; den Hauptteil nehmen die Kordilleren (bis 6768 m, viele Hochbecken) ein; im O schließt sich der westl. Teil des Amazonasgebiets an (Urwälder). Im S hat P. Anteil am Titicacasee. Hauptflüsse: Marañón, Ucayali. Klima gemäßigt, nur im O tropisch. BEVÖLKERUNG. Rd. 47% Indianer, rd. 33% Mestizen, daneben Weiße u. a. Religion: überwiegend kath.

WIRTSCHAFT. Im Küstenland (Bewässerung) werden Baumwolle, Kaffee, Zuckerrohr, Reis u. a., im Hochland Getreide, Maniok u. a. angebaut; Viehzucht. In den Wäldern Gewinnung von Koka, wildem Kautschuk, Balata. Bedeutender Fischfang. ⚒ auf Eisen, NE-Metalle, Silber, Erdöl; Erdgas- und Phosphatlager. Textil-, Nahrungsmittel-, chem., Leder- u. a. Ind. Ausfuhr: Fischmehl, Baumwolle, Bergbauerzeugnisse, Zucker, Wolle, Häute. Haupthandelspartner: USA, Bundesrep. Dtl. ✈ Panamerican Highway 3337 km. Haupthafen: Callao; internat. Flughafen: Lima.

Ⓖ P., das zum Reich der → Inka gehörte, wurde 1532-33 von Pizarro erobert; als Vizekönigreich P. war es span. Kolonie. 1821-24 erkämpfte P. seine Unabhängigkeit; 1824 löste sich Bolivien ab. 1879-83 unterlag P. im »Salpeterkrieg« gegen Chile. 1942 wurde ein Streit mit Ecuador um die Zugänge zum oberen Amazonas zugunsten P.s entschieden. Präs.: A. García (gewählt 1985); MinPräs.: L. Alberto Sanchez (seit 1989).

Perubalsam, vanilleartig duftender Harzsaft eines südamerikan. Baums; antisept., Rohstoff der Parfüm-, Seifen-, Süßwarenind.

Perücke [frz.] die, Haarersatz.

Perugia [pɛrˈudʒa], das alte **Perusia,** Stadt in Mittelitalien, 148 800 Ew.; alte Bauwerke (etrusk. Mauerring), Univ. (seit 1307); pharmazeut., Metallind.

Perugino [pɛrudʒˈiːnɔ], Pietro, ital. Maler, * um 1448, †1523, Lehrer Raffaels.

pervers [lat.], verkehrt, widernatürlich. **Perversion** die, Umkehrung der natürl. Gefühle und Triebe, bes. des Geschlechtstriebs. **Perversität** die, abnorme Form der Geschlechtsbefriedigung.

Perzeption [lat.] die, seel. Vorgang des Wahrnehmens. **perzipieren,** begreifen. → Apperzeption.

Pesaro, Stadt in Italien, 90 400 Ew., an der Adria; Herzogspalast (15.-16. Jh.); Ind.

Pescadores, chines. **Penghu,** Inselgruppe in der Formosastraße, zu Taiwan gehörend, 127 km², 99 500 Ew.; Hauptort: Makung.

Pescara, Seebad in Italien, an der Adria, 129 000 Ew.

Pesch, Heinrich, Volkswirtschaftler, Jesuit, *1854, †1926, entwickelte von der kath. Soziallehre her den Solidarismus. (→ solidarisch)

Peseta die, span. Währungseinheit.

Peshawar [peʃˈɔːə], befestigte Stadt in Pakistan, 566 000 Ew.; beherrscht den Khaibarpaß.

Pesne [pɛːn], Antoine, frz. Maler, *1683, †1757, Hofmaler Friedr. Wilhelms I.; Bildnisse.

Peso der, Währungseinheit in der Dominikan. Rep., Kolumbien, Kuba, Mexiko, Uruguay.

Pessar [lat.] das, **Mutterring,** Ring aus Hartgummi u. a., z. B. zum Stützen der Gebärmutter, zur Empfängnisverhütung.

Pessimismus [lat.] der, Neigung, alles von der schlechten Seite her zu sehen (Ggs.: Optimismus). Ⓟ Lehre, daß das Übel in der Welt das Gute überwiege (E. v. Hartmann), daß das Leben überwiegend Leiden sei (Schopenhauer) oder daß Welt und Leben sinnlos seien. Der P. kann den Grundton relig. Glaubenslehren bilden (Buddha, Prediger Salomon), ebenso den dichter. Werke (grch. Tragiker,

persische Kunst: Geflügelter Steinbock (Vasenhenkel, 27,5 cm hoch)

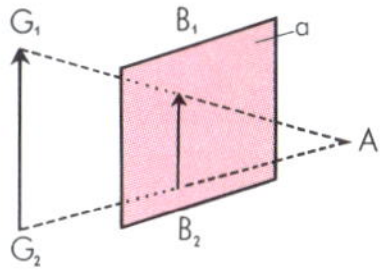

Perspektive

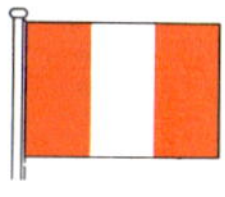

Peru

Pestalozzi

Petel: Hl. Sebastian

Peter d. Gr.

Lord Byron, Leopardi). **Pessimist** der, Anhänger des P., Schwarzseher. **pessimistisch,** schwarzseherisch.

Pessọa Câmara, Hélder, Erzbischof (1964) von Olinda und Recife, Brasilien, *1909, vertritt die sozialpolit. Forderungen der nachkonziliaren kath. Soziallehre als Grundlage einer Neuordnung Lateinamerikas.

Pest [lat.] die, auch **Pestilẹnz** die, schwere Infektionskrankheit, die von Nagetieren durch Vermittlung von Rattenflöhen auf den Menschen übergehen und dann (als **Lungen-P.**) von Mensch zu Mensch weitergegeben werden kann. Erreger ist das **P.-Bakterium.** Zunächst zeigen sich Lymphknotenvereiterungen **(Beulen-P.).** Behandlung: Sulfonamide, Antibiotika. Der **Schwarze Tod,** die europ. P.-Epidemie 1347-52, tötete etwa ein Drittel der Europäer. Heute ist die P. in Europa ausgestorben.

Pest, Stadtteil von Budapest.

Pestalọzzi, Johann Heinrich, schweizer. Pädagoge, Philosoph, *1746, †1827; seine Methode der Erziehung beruhte auf »Anschauung«. Er wollte die Kräfte des Zöglings bilden und betonte den erzieher. Wert der Arbeit und des Gemeinschaftslebens. Bewirkte eine Erneuerung der Erziehung in ganz Europa.

Pestalọzzidörfer, eine Gruppe der → Kinderdörfer in allen Erdteilen.

Pestizịde [lat.] Mz., Sammelname für chem. Schädlingsbekämpfungsmittel.

Pestwurz, Korbblüter mit rhabarberähnl. Blättern, mit rötl. Blütensprossen.

Petah Tịkva [p'ɛtax-], Stadt in Israel, östl. von Jaffa, 130500 Ew., 1878 als jüd. Ackerbaukolonie gegr.; Mittelpunkt von Citruskulturen; vielseitige Ind.

Pétain [pet'ɛ̃], Philippe, frz. Marschall, *1856, †1951; 1916 Verteidiger von Verdun, 1922-31 Generalinspekteur der Armee, im Juni 1940 MinPräs., Juli 1940 Staatsoberhaupt (Sitz: Vichy); arbeitete in gewissen Grenzen mit der dt. Besatzungsmacht zusammen. 1945 als Kollaborateur zum Tode verurteilt und zu lebenslanger Haft begnadigt.

Petel, Georg, Bildhauer des dt. Frühbarocks in Augsburg, * um 1601/02, †1633.

Peter [von Petrus], männl. Vorname.

Peter, Fürsten: **Jugoslawien. 1) P. II.,** *1923, †1970, König seit 1934, jedoch bis 1941 vertreten von Prinz Paul, 1941 vertrieben, 1945 abgesetzt. **Rußland. 2) P. I., der Große,** Kaiser, *1672, †1725, regierte seit 1682, als Alleinherrscher seit 1689, suchte sein Land der westeurop. Kultur zu öffnen, erlernte selbst in Holland den Schiffbau, gründete 1703 die neue Hptst. Petersburg. Im → Nordischen Krieg gegen Schweden gewann er Ingermanland, Estland, Livland und machte damit Rußland zur europ. Großmacht. Seine inneren Reformen setzte er mit großer Härte durch. **3) P. III.,** Kaiser, *1728, †1762, aus dem Hause Holstein-Gottorp, folgte 1762 der Kaiserin Elisabeth, schloß sogleich Frieden mit Preußen, wurde aber von seiner Gemahlin Katharina II. gestürzt und von A. Orlow ermordet.

Peterborough [p'i:təbrə], Stadt im östl. Mittelengland, 115000 Ew.; Kathedrale (12./13. Jh.), alte Abtei (gegr. 656); Textilindustrie.

Petermann, August, Geograph und Kartograph, *1822, †1878, gründete 1847 eine kartograph. Anstalt in London.

Peters, Carl, Gründer des Schutzgebiets Dt.-Ostafrika, *1856, †1918, erwarb privat 1884 Gebiete in Ostafrika, 1885 Reichskommissar. Sein Versuch, 1889/90 Uganda zu gewinnen, wurde durch den Helgoland-Sansibar-Vertrag vereitelt.

Petersberg, 331 m hohe vulkan. Kuppe des Siebengebirges bei Bonn.

Petersburg [nach Zar Peter d. Gr.], **St. P.,** bis 1914 Name der Stadt → Leningrad.

Petersịli|e die, gelblichblühende Doldenpflanze; Blätter und Wurzeln liefern Gewürz.

Peterskirche, Hauptkirche der kath. Christenheit in Rom; unter Konstantin d. Gr. erbaut, in der Renaissance und im Barock vollständig erneuert; den Neubau begann man 1506 nach dem Plan Bramantes: überkuppelter Zentralbau mit 4 gleich langen Kreuzarmen und 4 überkuppelten Eckräumen; auf Michelangelo gehen die westl. Hauptteile zurück; G. della Porta vollendete die Kuppel, C. Maderna fügte das Langhaus an.

Peterspfennig, freiwillige Gaben der Katholiken an den Papst.

Peterwardẹin, serbokroat. **Petrovarạdin,** Stadtteil von Novi Sad, Jugoslawien; 1716 Sieg Prinz Eugens über die Türken.

Petipạ, Marius, frz. Choreograph und Ballettmeister, *1818, †1910; führte das russ. klassizistische Ballett zum Weltruhm.

Petit [pti, frz. »klein«] die, ⊘ Schriftgrad von 8 typograph. Punkten (= 3 mm; → Schriften).

Petit [pti], Roland, frz. Choreograph, Ballettdirektor, *1924, sucht klass. Ballett und modernen Ausdruckstanz zu verbinden.

Petitiọn [lat.] die, Gesuch, Bittschrift. Zeitw.: **petitionịeren.**

Petition of Right [pɪt'ɪʃn ɔv raɪt, engl. »Bittschrift um Herstellung des Rechts«], Aufzählung der Rechte der Untertanen durch das engl. Parlament, 1628 von Karl I. anerkannt; an ihrer Auslegung entzündete sich u. a. die puritan. Revolution.

petịtio princịpii [lat.] die, Beweisfehler, bei dem der zu beweisende Satz als Beweisgrund dient.

Petit point [ptipw'ɛ̃, frz.] der, Stickerei mit bunten Garnen auf engmaschigem Gitterstoff **(Wiener Arbeit).**

Petits fours [ptifu:r] Mz., kleine, trockene oder glasierte Feingebäcke.

Petőfi [p'ɛtø:fi], Sándor, ungar. Lyriker, *1823, † (gefallen) im ungar. Freiheitskampf 1849; Revolutionslieder, volksliedhafte Dichtung.

Petra, Ruinenstätte und Felsenburg in Jordanien, alte Hptst. des Nabatäerreiches.

PETRA, ⊠ Abk. für die **P**ositron-**E**lektron-**T**andem-**R**ingbeschleuniger-**A**nlage des → Deutschen Elektronen-Synchrotrons.

Petrạrca, Francesco, ital. Dichter, Gelehrter, *1304, †1374, Wegbereiter des Humanismus. Seine lat. Werke umfassen alle Kunstformen der Zeit (Epos, Traktat, Dialog usw.). Seine ital. Gedichte (Gefühls- und Gedankenlyrik) waren jahrhundertelang Vorbild für die Dichter Italiens und Europas.

Petrochemie, Zweig der chem. Technik, der sich mit der Herstellung versch., aus Erdöl und Erdgas abgeschiedener Kohlenwasserstoffe (Petrochemikalien) für die Kunststoff-, Chemiefaser-, Kunstdünger-, Kunstkau-

Petra: Fassade eines Felsengrabes

tschuk-, Waschmittel-, Pflanzenschutz- und die pharmazeut. Ind. beschäftigt.

Petrographie [grch.] die, Gesteinskunde.

Petroläther, sehr leicht siedendes Spezialbenzin.

Petroleum [grch.-lat.] das, Destillationsprodukt des Erdöls, siedet bei 150-270 °C.; wird unter dem Namen **Kerosin** als Flugturbinenkraftstoff benutzt.

Petropawlowsk, 1) Stadt in der Kasach. SSR, am Ischim, 229 000 Ew.; Ind. **2) P.-Kamtschatskij,** Hauptort und Hafen des Gebiets Kamtschatka, 248 000 Ew.

Petropolis, Stadt in SO-Brasilien, 242 000 Ew.; Ind.

Petrosawodsk, Hptst. der Karel. ASSR, am Onegasee, 259 000 Ew.; Univ.

Petrus [von grch. petra »Fels«], männl. Vorname; dazu **Petra,** weibl. Vorname.

Petrus, Apostel, eigtl. **Simon,** Fischer aus Kapernaum, Jünger Jesu, von diesem (nach Mt. 16, 18) als **Kephas** [grch. Petros, von petra »Fels«] bezeichnet. Er hat nach der Überlieferung in Rom 64 n. Chr. unter Nero den Märtyrertod erlitten. Die kath. Kirche sieht in P. den ersten Bischof von Rom und Stellvertreter Christi auf Erden, d. h. den ersten Papst. Heiliger; **Peter-Pauls-Tag,** 29.6. Über dem Grabe des P. in Rom steht die **Peterskirche. Petrusbriefe,** 2 Briefe des Apostels P. im N. T.

Petrus Lombardus, Scholastiker, *um 1095, †um 1164, Bischof von Paris. Sein Hauptwerk »Sententiarum libri IV« war im MA. maßgebl. Lehrbuch der kirchl. Glaubenslehre.

Petsamo, russ. **Petschenga,** Gebiet am Nordpolarmeer, 1920 finnisch, 1940/47 sowjetisch. Hauptort P. am P.-Fjord, eisfreier Hafen Liinahamari. In den P.-Bergen Nickel-, Kobalterze.

Petschaft [tschech.] das, Handstempel mit Namenszug oder Wappen zum Siegeln.

Petschora die, Fluß im NO der UdSSR, 1809 km lang, mündet ins Nordpolarmeer.

Pettenkofer, Max v., Hygieniker, *1818, †1901, schuf die Grundlagen der neuzeitl. Hygiene.

Petticoat [p'etıkəʊt, engl.] der, gesteifter Unterrock.

Petting [engl.] das, Austausch erot. Zärtlichkeiten ohne Geschlechtsverkehr.

petto [ital.], Brust; **in p. haben,** im Sinne haben.

Petuni|e die, krautiges südamerikan. Nachtschattengewächs; Zierpflanzen.

Petz der, **Meister P.,** der (braune) Bär.

peu à peu [pø a pø, frz.], nach und nach.

Peutinger, Konrad, Augsburger Humanist, *1465, †1547. **Peutingersche Tafel,** Kopie einer röm. Straßenkarte aus seinem Besitz.

Peymann, Claus, Regisseur, *1937.

Peyote [aztek.] die, das → Mescalin.

Peyrefitte [pɛrf'it], Roger, frz. Schriftst., *1907; Romane (»Söhne des Lichts«, »Diplomat. Mission«, »Die Juden« u. a.).

Pfadfinder der, in Dtl. 1911 nach dem Vorbild der engl. Boyscouts gegr. Jugendbund.

Pfäfers, Dorf im schweizer. Kt. St. Gallen, Benediktinerkloster (bis 1838); Thermen.

Pfaffe [von grch. papas »Vater«] der, urspr. Ehrenname jedes Geistlichen, dann abfällig gebraucht.

Pfaffenhütchen, ein → Spindelbaum.

Pfahlbauten, auf Pfählen errichtete Siedlungen, während der europ. Stein-, Bronze- und Eisenzeit in und an Seen, Sümpfen und Mooren; in Hinterindien, auf Neuguinea u. a. noch heute.

Pfahlbürger, im MA. Landbewohner in den Außenwerken einer Stadt, die das Bürgerrecht der Stadt erworben hatten.

Pfahlrost, Rost aus Holz- oder Stahlbetonpfählen bei zu lockerem Baugrund.

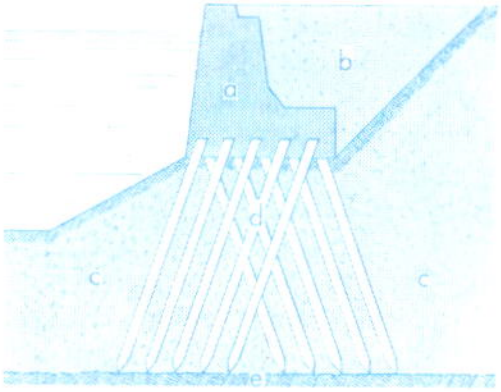

Pfahlrost, a Kaimauer, b frische Schüttung, c nicht tragfähiger Boden, d in den Boden eingerammte Pfähle (Pfahlrost), e Fels

Pfalz [von lat. palatium »Palast«] die, unbefestigter, später auch befestigter Wohnsitz der Könige und Kaiser im MA.

Pfalz die, **Rheinpfalz, Bayerische P.,** histor. Landschaft am Mittelrhein, bis 1968 RegBez. in Rheinl.-P.; Hptst.: Neustadt a. d. W. – Aus der lothring. Pfalz-Gfsch. ging im 12. Jh. die Pfalz-Gfsch. bei (am) Rhein hervor. Sie kam 1214 an die wittelsbach. Herzöge von Bayern und 1329 mit der Oberpfalz an eine eigene Linie der Wittelsbacher, die bald auch die Kurwürde (daher **Kurpfalz**) erhielt. Hptst.: Heidelberg (seit 1720 Mannheim). Die Kurfürsten von der P. wurden 1561/83 calvinistisch und 1608 Führer der Protestant. Union. Friedrich V. unterlag 1619/20 im Kampf um die böhm. Königskrone; die Oberpfalz kam 1623 an Bayern. 1689 wurde die P. im **Pfälz. Erbfolgekrieg,** der von dem frz. König Ludwig XIV. um Teile der P. 1688-97 ohne Erfolg geführt wurde, von dem frz. General Mélac furchtbar verwüstet, 1777 mit Bayern vereinigt, unter den pfälz. Wittelsbachern. Die linksrhein. P. fiel 1797 an Frankreich, die rechtsrhein. 1803 an Baden. 1815-1945 war die linksrhein. P. wieder bayerisch.

Pfälzer Bergland, reichgegliederte Landschaft zw. **Pfälzer Wald** und Hunsrück, im Donnersberg 687 m hoch, mit steilen Porphyrfelsen (Nahe- und Glantal).

Pfalzgraf, Fränk. Reich: königl. und kaiserl. Verwalter einer Pfalz; Karolinger: Vorsitzender des Königsgerichts, seit Otto I. Vertreter der Königsrechte in den einzelnen Stammes-Hzgt.

Pfälzischer Erbfolgekrieg, → Pfalz.

Pfandbrief, festverzinsl. Schuldverschreibung einer Kreditanstalt **(P.-Anstalt).** Diese gibt das durch P. beschaffte Kapital gegen Bestellung von Hypotheken bes. für den Wohnungsbau weiter **(Hypotheken-P.).** Der P. gewährt keine Rechte an den belasteten Grundstücken, sondern verbrieft nur eine Forderung gegen die Bank.

Pfandkehr die, Antragsdelikt, das vorliegt, wenn jemand seine eigene bewegl. Sache oder eine fremde dem Nutznießer, Pfandgläubiger oder dem Gebrauchs- oder Zurückhaltungsberechtigten in rechtswidriger Absicht zugunsten des Eigentümers wegnimmt; bestraft nach § 289 StGB.

Pfandleihe, Ausleihen von Geld gegen Pfänder. Gewerbsmäßige P. durch private Pfandleiher bedarf der behördl. Erlaubnis.

Pfandrecht, dingl. Recht an einer fremden Sache (bei Grundstücken → Hypothek, → Grundschuld), auf Grund dessen der Be-

Petunie

Pfau 1): in Balzstellung

Pfeffer

Pfefferfresser

rechtigte (der Pfandgläubiger) die Sache versteigern lassen kann, falls der Schuldner die durch das P. gesicherte Schuld nicht bezahlt. Das P. entsteht durch Vertrag, kraft Gesetzes (bes. bei → Miete) oder durch staatl. Hoheitsakt (→ Pfändung). Zur Entstehung des vertragl. P. an bewegl. Sachen ist Übergabe des Pfandes an den Gläubiger erforderlich (Faustpfand). Soll die Übergabe vermieden werden, so läßt sich durch → Sicherungsübereignung eine dem P. ähnl. Sicherung des Gläubigers erreichen. – Ein P. kann auch an Forderungen u.a. Rechten bestellt werden, soweit diese übertragbar sind.

Pfändung, ⚖ Beschlagnahme von bewegl. Sachen oder Rechten zur Durchführung einer → Zwangsvollstreckung. Bewegl. Sachen werden vom Gerichtsvollzieher dadurch gepfändet, daß er sie dem Schuldner wegnimmt oder mit einem Siegel versieht. Die P. von Forderungen u.a. Rechten bewirkt das Amtsgericht durch **P.- und Überweisungsbeschluß,** durch den der Gläubiger an Stelle des Schuldners in die Lage versetzt wird, eine dem Schuldner zustehende Forderung einzuziehen oder ein Recht geltend zu machen (→ Lohnpfändung).

Pfanne [von lat. panna] die, **1)** flaches Küchengerät zum Braten, Backen usw. **2)** ♡ Gelenkgrube am Knochen, z.B. die Hüftgelenk-P. des Hüftbeins. **3)** ⊕ flache Mulde in Trockengebieten mit dauernder oder zeitweiser Wasserführung. Es gibt Salz- oder Sand-P.

Pfarrer der, geistl. Vorsteher einer **Pfarre, Pfarrei.** Die kath. P. werden durch die Bischöfe, die evang. P., auch **Pfarrerin,** durch die Kirchenbehörden ernannt, meist unter Mitwirkung der Gemeinde. **Pfarrvikar,** kath. Kirche: vom Bischof anstatt oder zur Unterstützung eines P. ernannter Geistlicher; evang. Kirche: Geistlicher als Stellvertreter oder Gehilfe des P.

Pfau der, **1)** ♘ Fasanenvogel Ostindiens und Afrikas, truthahngroßer Waldvogel mit langen Oberschwanzfedern (die beim Hahn zum »Rad« fächerartig aufgerichtet werden können), Federkrönchen und blau, grün, rot schillerndem Gefieder. (BILD S. 665) **2)** ☆ Sternbild des Südhimmels.

Pfauenauge, Schmetterling mit augenähnl. Flügelflecken. **Abend-P., Nacht-P., Tag-P.** (BILD Schmetterlinge)

Pfeffel, Gottlieb Konrad, Schriftst., *1736, †1809, »Die Tabakspfeife«.

Pfeffer [lat. aus ind.] der, scharfe Gewürze vom **P.-Strauch,** der in heißen Ländern wächst. **Schwarzer P.** sind die unreifen, gedörrten Beeren eines in Ostindien heim. P.-Strauchs, **Weißer P.** die ausgeschälten reifen Samen, **Grüner P.** in Salzlake eingelegte unreife Früchte.

Pfefferfresser der, **Tukan,** bunter Vogel des trop. Amerika mit Kletterfuß, großem Schnabel.

Pfefferkuchen, Gebäck aus Mehl, Honig, Zucker, Mandeln, Gewürzen.

Pfefferküste, 1) → Malabar. **2)** Küstenstrich von Guinea.

Pfefferminze, eine → Minze.

Pfeife die, **1)** Rohr, in dem durch Luftschwingungen Töne erzeugt werden. Bei **Lippen-P.** trifft der Luftstrom gegen eine Kante, an der periodisch Wirbel entstehen; bei **Zungen-P.** tritt die Luft durch eine Öffnung, die durch die Schwingungen eines Metallstreifens periodisch geöffnet und geschlossen wird. **2)** Rauchgerät (z. B. Tabaks-P.).

Pfeifenstrauch, → Jasmin 2).

Pfeiler [lat.] der, Stütze aus Holz, Stein, Beton, Stahl zum Tragen von Gebälken, Bogen, Gewölben. Flache Wand-P. heißen **Pilaster.**

Pfeilgift, → Kurare.

Pfeilkraut, staudige Wasserpflanze mit pfeilförmigen Blättern, rötlichweißen Blüten.

Pfennig der, Abk. **Pf,** kleinste dt. Münzeinheit, = 1/100 DM.

Pferch der, umzäunter Raum für Vieh-, bes. Schafherden, zur Übernachtung im Freien.

Pferd das, **1)** ↗ Turngerät für Sprungübungen: ein gepolsterter, lederüberzogener Holzrumpf mit ausziehbaren Beinen. **2)** ☆ **Kleines P.,** das Sternbild Füllen. **3)** ♘ **Pferde,** Reit- und Zugtiere; zu den Unpaarhufern gehörige Säugetierfam. der **Equiden.** Zu ihnen gehören außer dem Wild-P., das früher auch in Europa verbreitet war, heute aber auf Asien be-

Pferd 3): 1 Grévy-Zebra. **2** Hausesel. **3** Hannoveraner. **4** Lipizzaner. **5** Haflinger. **6** Belgisches Kaltblut

1

2

3

4

5

6

schränkt ist, auch Zebra und Esel. Die P. sind hochbeinig, schnellfüßig und leben in Herden. Nur die 3. Zehe ihrer Gliedmaßen ist ausgebildet (»Einhufer«). Das Gebiß ist für pflanzl. Ernährung eingerichtet. Das **Haus-P.** stammt vom Wild-P. ab. Es gibt 2 große Rassengruppen: das leichtgebaute, edle **Warmblut** (Lauf-P.) und das schwergebaute **Kaltblut** (Schritt-P.). Nach Verwendung und Leistung unterscheidet man: Renn-P. (Galopp-P., Traber), Wagen- und Reit-P. (geeignete Rassen sind z.B. Trakehner, Araber, Oldenburger, Hannoveraner, Anglonormannen), Jagdpferde (Hunter), Spring-P., Dressur-P. und Kunstreit-P. (z. B. Lipizzaner), Spezial-P. (für Polo), Gebirgs-P. (z. B. Haflinger) und Zuglast-Pferde. Das männl. P. heißt **Hengst,** das weibl. **Stute,** das junge **Fohlen (Füllen),** das kastrierte männl. **Wallach.** Nach der Farbe gibt es Schimmel, Fuchs, Isabellen, Rappen, Schekken, Braune, Falben. Das Haus-P. wird bis 40 Jahre alt; Tragzeit 11, Säugezeit 4-6 Monate. – Das P. ist seit der Bronzezeit Haustier. Bei den Germanen war es als Opfertier geheiligt.

Pferderennen, Wettrennen zu sportl. Zwecken und Prüfung der Leistungsfähigkeit der Pferde: Flach-, Hindernis-, Trabrennen.

Pferdestärke, Abk. **PS,** ⊙ seit 1. 1. 1978 nicht mehr gesetzl. Maßeinheit für die → Leistung, 1 PS = 0,7355 kW.

Pfette die, Dachstuhlbalken, der Sparren und Schalung trägt.

Pfifferling der, dottergelber, pfefferig **(Pfefferling)** schmeckender eßbarer Blätterpilz **(Gelbschwämmchen, Gänschen).**

Pfingsten [von grch. pentekoste »der 50.«], Fest der Ausgießung des Hl. Geistes am 50. Tage nach Ostern. Viele alte Volksbräuche: **Pfingstreiten,** Setzen von **Pfingstmaien.**

Pfingstrose, → Päonie.

Pfinzgau, Landschaft zw. Schwarzwald und Kraichgau.

Pfirsich der, **P.-Baum,** Steinobstbaum asiat. Herkunft, Rosenblüter, mit rosa Blüten und sehr saftiger Frucht mit samtartiger Haut.

Pfitzner, Hans, Komponist, *1869, †1949; in der dt. Romantik verwurzelt: Opern »Palestrina«, Kammermusik, Kantaten, Lieder. (BILD S. 668)

Pflanze die, Lebewesen, das seinen Körper aus anorgan. Nahrung aufbaut (→ Assimilation); manche niederste P. sind schwer von niederen Tieren unterscheidbar. Grundbestandteil der P. ist die Zelle; die niedersten P. bestehen aus nur einer Zelle (Bakterien, best. Algen). Man unterscheidet Blüten- oder Samen-P. und blütenlose oder Sporen-P.

Pflanzenarzt, Berufsbez. für einen hauptamtl. im Pflanzenschutzdienst tätigen Akademiker mit Spezialausbildung.

Pflanzenformationen, Pflanzenges. von einheitl. Aussehen und best. Wuchsform, z. B. Laubwald.

Pflanzengeographie, die Wiss. von der räuml. Verteilung der Pflanzen.

Pflanzengesellschaft, Gruppe versch. Pflanzenarten mit gleichen oder ähnl. ökolog. Ansprüchen.

Pflanzenkrankheiten können verursacht sein durch pflanzl. Schmarotzer (Pilze, Bakterien), tier. Schmarotzer (Rübenmüdigkeit, Gichtkorn) und andere Einflüsse, z. B. Rauchschaden, Frost und Sonnenbrand, Gelbsucht (Chlorose). Die P. äußern sich sehr verschiedenartig: Mißbildung (Gallen), Kräuselung, Welken, Vertrocknen, Verfaulen.

Pflanzenkunde, Botanik, Wiss. von Pflanzen. Teilgebiete: Verwandtschaftslehre (Systematik); Gestaltlehre (Morphologie); Lehre von den Lebenserscheinungen (Physiologie); Beziehungen der Pflanzen untereinander und zur Umwelt (Ökologie oder Biologie); Verbreitung über Erde und Meere (Pflanzengeographie); Vorweltpflanzen (Paläophytologie). Zur **angewandten Botanik** gehören z. B. landwirtschaftl. Botanik, Pflanzenzucht, pharmazeut. Botanik, Lehre von den → Pflanzenkrankheiten.

Pflanzenschutz, 1) Kultur-P., Bekämpfung und Verhütung von Pflanzenkrankheiten. **2) Botan. P.,** Naturschutz wildwachsender Pflanzen.

Pflanzenzucht, Veredelung schon vorhandener und Gewinnung neuer Pflanzenformen durch Auslese der Stammpflanzen, Kreuzung (Bastardierung), Änderung der Lebensbedingungen und Fortzüchten der Mutationen. Man erzielt so neue Formen und Farben, größere Pflanzen und Früchte, frühere Reife, gesteigerte Menge und Güte der Erträge. Wichtig sind z. B. Saatzucht und Obstzucht.

Pflaster [lat.] das, **1)** ♡ Arzneimittelzubereitung aus Fett, Öl, Wachs, Harz, Terpentin, fettsaurem Blei oder aus Mischungen davon, zu äußerl. Gebrauch. **2)** klebender Verbandstoff, z. B. Heft-P. **3)** Straßenbelag aus gesetzten Steinen.

Pflaume die, **Pflaumenbaum,** Steinobstpflanzen, Rosenblüter mit zahlreichen Spielarten: 1) **Zwetsche,** mit violettblauer, längl. Frucht; 2) **Reineclaude,** mit grüngelber, kugeliger, sehr süßer Frucht; 3) **Kriechen-P.** oder **Spilling,** mit kleiner blauer oder auch gelber Frucht; 4) **Kirsch-P.** oder **Mirabelle,** mit kugeliger, roter bis gelber Frucht.

Pfifferling

Pfirsich

NATÜRLICHES SYSTEM DER PFLANZEN

		Arten:
A. Reich der Prokaryota (Akaryobionta)		
Abteilung:	Schizophyta (Spaltpflanzen)	
1. Klasse:	Schizomycetes (Bakterien, Spaltpilze)	1 600
2. Klasse:	Cyanophyceae (Blau- oder Spaltalgen)	2 000
B. Reich der Eukaryota (Karyobionta)		
I. Abteilung:	Phycophyta (Algen)	
1. Klasse:	Euglenophyceae (Änderlinge)	500
2. Klasse:	Pyrrhophyceae (Panzergeißelalgen)	1 000
3. Klasse:	Chrysophyceae (Goldalgen)	1 000
4. Klasse:	Bacillariophyceae (Kieselalgen)	–
5. Klasse:	Xanthophyceae (Gelbgrüne Algen)	400
6. Klasse:	Chlorophyceae (Grünalgen)	6 000
7. Klasse:	Phaeophyceae (Braunalgen)	1 500
8. Klasse:	Rhodophyceae (Rotalgen)	4 000
II. Abteilung:	Mycophyta (Pilze)	
1. Klasse:	Myxomycetes (Schleimpilze)	600
2. Klasse:	Phycomycetes (Algenpilze)	1 500
3. Klasse:	Ascomycetes (Schlauchpilze)	12 000
4. Klasse:	Basidiomycetes (Ständerpilze)	13 500
III. Abteilung:	Lichenes (Flechten = Pilz-Algen-Symbiosen)	20 000
1. Klasse:	Ascolichenes (Schlauchpilzflechten)	
2. Klasse:	Basidiolichenes (Ständerpilzflechten)	
IV. Abteilung:	Bryophyta (Moose)	
1. Klasse:	Hepaticae (Lebermoose)	10 000
2. Klasse:	Musci (Laubmoose)	16 000
V. Abteilung:	Pteridophyta (Farngewächse)	
1. Klasse:	Psilophytatae (Ur- oder Nacktfarne)	–
2. Klasse:	Lycopodiatae (Bärlappgewächse)	11 000
3. Klasse:	Equisetatae (Schachtelhalmgewächse)	32
4. Klasse:	Filicatae (Farne)	9 000
VI. Abteilung:	Spermatophyta (Blüten- oder Samenpflanzen)	
Unterabteilung:	Coniferophytina oder Gymnospermae (Nacktsamer)	
1. Klasse:	Ginkgotae (Fächerblattpflanzen)	1
2. Klasse:	Pinatae oder Coniferae (Nadelhölzer)	600
Unterabteilung:	Cycaelophytina (Gliederblättrige Nacktsamer)	
1. Klasse:	Lyginopteridatae oder Pteridospermae (Samenfarne)	–
2. Klasse:	Cycadatae (Palmfarne)	90
3. Klasse:	Bennettitatae (Bennettitenartige Pflanzen)	–
4. Klasse:	Gnetatae (Gnetumverwandte Pflanzen)	80
Unterabteilung:	Magnoliophytina oder Angiospermae (Decksamer)	über 226 000
1. Klasse:	Magnoliatae oder Dicotyledoneae (zweikeimblättrige Decksamer)	172 000
2. Klasse:	Liliatae (Monocotyledoneae, einkeimblättrige Decksamer)	54 000

Pfitzner

Pflegekennzeichen, Etikett in Textilien mit Symbolen (internat.) für sachgemäße Reinigung und Pflege.

Pflegekinder, Kinder, die dauernd oder nur für einen Teil des Tages in fremde Pflege zu Familien oder in Anstalten gegeben sind. Vor der Aufnahme eines P. unter 16 Jahren ist die Erlaubnis des Jugendamtes einzuholen.

pflegeleichte Textili|en, aus synthet. Fasern oder veredelten natürl. Fasern bestehende Textilien, bedürfen nach dem Waschen kaum der Nacharbeit (Mangeln, Bügeln).

Pflegesatz, Richtsatz für die Kosten der Unterbringung und Behandlung in Kranken-, Heil- und Pflegeanstalten.

Pflegschaft die, ⚖ Fürsorge für in rechtl. Hinsicht hilfsbedürftige Person oder Vermögen **(Kuratel).** Im Ggs. zur Vormundschaft (→Vormund) bezieht sich die P. nur auf einzelne Angelegenheiten (§§ 1909ff., 1961 BGB), z.B. Gebrechlichkeits-, Abwesenheits-, Nachlaß-P. oder P. für die Leibesfrucht. Die P. wird durch das Vormundschafts- oder Nachlaßgericht bestellt.

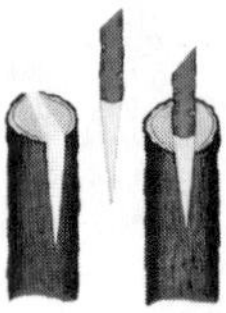

pfropfen

Pflichtexemplar, das von jedem Druckwerk kostenfrei an die Dt. Bibliothek in Frankfurt abzuliefernde Stück.

Pflichtteil, ⚖ Anteil am Nachlaß, den die Abkömmlinge, die Eltern und der Ehegatte des Erblassers verlangen können, wenn sie durch Verfügung von Todes wegen von der gesetzl. Erbfolge ausgeschlossen worden sind. Der P. besteht in der Hälfte des Wertes des gesetzl. Erbteils; er ist ein schuldrechtl. Anspruch gegenüber den Erben.

Pflicht|unterricht, der Teil des Schulunterrichts, den alle Schüler im Hinblick auf Gegenstand und Zeit leisten müssen, im Unterschied zum wahlfreien Unterricht.

Pflichtversicherung, Versicherung auf Grund einer gesetzl. Verpflichtung, z.B. in der Sozialversicherung.

Pflichtverteidiger, Offizialverteidiger, ⚖ in schweren Strafsachen dem Angeklagten vom Gericht beigeordneter Verteidiger (Rechtsanwalt).

Phaethon

Pflimlin [pfliml'ɛ̃], Pierre, frz. Politiker, 1984-87 Präs. des Europ. Parlaments.

Pflug der, Ackergerät zum Wenden, Mischen, Lockern und Krümeln des Bodens.

Pforr, Franz, Maler, *1788, †1812; seit 1810 mit den →Nazarenern in Rom; Bilder aus der mittelalterl. Legende und Gesch.

Pfort|ader, ♡ Vene sammelt das Blut aus dem Magen-Darm-Kanal, um es der Leber zuzuführen. (BILD Blutkreislauf)

Pforte [von lat. porta] die, **1)** Tür, kleines Tor. **2) Hohe P.,** bis 1924 Hof des türk. Sultans in Konstantinopel.

Pförtner, Pylorus der, Magenausgang.

Pforzheim, Stadt in Baden-Württ., im nördl. Schwarzwald, 104500 Ew.; Hauptsitz der dt. Schmuckwarenind.; Maschinen-, Papier-, Uhren-, feinmechan. Ind.

Pfronten, Sommerfrische und Wintersportplatz in den Allgäuer Alpen, 6800 Ew.; Ind.

Pforzheim: Schloßkirche

pfropfen, Verfahren der Veredelung, bei dem das zugeschnittene, dünnere Edelreis zw. Rinde und Splint des Wildlings in den gespaltenen Wildling oder einen Kerb eingesetzt wird.

Pfründe [von lat. praebenda] die, **Präbende, Benefizium,** kath. Kirche: Kirchengut, dessen Nutznießung best. geistl. Personen zusteht; daher: einträgl. Amt.

Pfund [von lat. pondus »Gewicht«] das, **1)** bis zur Einführung des metr. Systems in fast allen Kulturstaaten Gewichtseinheit versch. Größe und Einteilung; in Dtl. seit 1857: 500 g = ½ kg; 1884 als gesetzl. Maß abgeschafft. **2)** Währungseinheit, bes. das engl. **P. Sterling,** Abk. £, zu 100 new pence; heißt als geprägtes Goldstück →Sovereign.

pH, pH-Wert, Maßzahl für die Konzentration freier Wasserstoff-Ionen in einer Lösung. Für destilliertes Wasser ist pH = 7, pH-Werte kleiner als 7 gehören zu sauren, pH-Werte größer als 7 zu alkal. Lösungen.

Phäaken, Phaiaken, Mz., bei Homer: sagenhaftes Volk, dessen König Alkinoos Odysseus gastl. aufnahm.

Phädra, grch. Sage: Tochter des Minos und der Pasiphae, Gemahlin des Theseus.

Phaedrus, röm. Dichter zur Zeit des Augustus; Götterschwänke, Tierfabeln, Anekdoten.

Phaëthon, grch. Sage: Sohn des Sonnengottes Helios, setzte mit dem Sonnenwagen die Erde in Brand; von Zeus vernichtet.

Phaeton der, leichter vierrädriger Kutschwagen.

Phalanx [grch.] die, -/...langen, die altgrch. geschlossene Schlachtreihe des Fußvolks, mehrere Glieder tief.

Phaleron, ältester Hafen Athens.

Phallus [grch.] der, männl. Glied, bes. als Fruchtbarkeitssymbol.

Phanerogamen [grch.], die →Blütenpflanzen.

Phänologie [grch.] die, biolog. Forschungsrichtung, die Lebenserscheinungen bei Pflanzen, Tieren im Jahreslauf untersucht.

Phänomen [grch.] das, Erscheinung; Wunder. **phänomenal,** außerordentlich.

Phänomenologie [grch.] die, **1)** Lehre von den Erscheinungen. **2)** von Husserl begr. Lehre von den Bewußtseinsgegebenheiten, unter Ausklammerung ihrer Realität.

Phänotypus [grch.] der, **Erscheinungsbild,** durch Umwelt und Erbanlagen bedingte äußere Erscheinungsform eines Lebewesens.

Phantasie [grch.] die, **1)** Einbildungskraft; schöpfer. Erfindungsgabe; Träumerei. **2)** ♩ **P., Fantasie,** frei gestaltetes Instrumentalstück. Zeitw.: **phantasieren.**

Phantasma [grch.] das, Schein-, Trugbild. **Phantasmagorie,** Wahngebilde.

Phantast [grch.], Schwärmer. **phantastisch,** unwirklich, märchenhaft, großartig.

Phantom [grch.] das, **1)** Trugbild. **2)** ♡ zu Lehrzwecken nachgebildeter Körperteil.

Phantombild, Bild eines polizeil. Gesuchten, nur nach Zeugenaussagen hergestellt.

Pharao [grch. aus ägypt. »großes Haus«], **1)** der, -s/...onen, Titel der altägypt. Könige. (BILD S. 669)

2) P., Pharo, Faro, das, Kartenglücksspiel.

Pharisäer [hebr. »Abgesonderte«], **1)** religiös-polit. Partei der Juden (2. Jh. v. Chr. bis 70 n. Chr.), standen i. Ggs. zu den Sadduzäern, betonten mehr den Wert von Frömmigkeit. **2)** Ü Heuchler.

Pharmakologie [grch.] die, Arzneimittellehre.

Pharmakopöe [grch.] die, das Arzneibuch.

Pharmazie [grch.] die, Wissenschaft von der Beschaffung, Herstellung und Verarbeitung der Arzneimittel. **Pharmazeut** der, Apotheker.

Pharos, im Altertum: Insel (jetzt Halb-

Pharao 1): Ägyptisches Königspaar des Neuen Reiches

insel) bei Alexandria (Ägypten), mit Leuchtturm.

Pharsalos, alte Stadt in Thessalien; 48 v. Chr. Sieg Caesars über Pompejus.

Phase [grch.] die, Entwicklungsstufe, Erscheinungsform. **1)** wechselnde Lichtgestalten von Monden und Planeten, verursacht durch die Richtung des Lichteinfalls von der Sonne. **2)** durch Ort und Impuls bestimmter Zustand eines mechan. Systems. **3)** durch Frequenz und Anfangszustand bestimmter Zustand einer Welle. **4)** homogener Bereich innerhalb eines heterogenen Systems, z. B. die Dampf-P. über einer Flüssigkeitsoberfläche.

Phasenkontrastverfahren, ⊠ Ausnutzung kleiner Phasenverschiebungen des von einer Metalloberfläche reflektierten Lichts zum Sichtbarmachen kleinster Unebenheiten im Mikroskop.

Phenole [grch.] Mz., ☜ aromat. Verbindungen, bei denen Wasserstoffatome des Benzolkerns durch die Hydroxylgruppe -OH ersetzt sind; finden sich meist im Steinkohlenteer. – Das gewöhnl. P., die Carbolsäure, C_6H_5OH, farblose Kristalle von durchdringendem Geruch, wirkt sehr giftig und keimtötend; Ausgangsstoff zur Darstellung von Farbstoffen, Kunstharzen u. a.

Phenol|phthalein das, ☜ weißes Pulver, das sich in Alkalien mit roter Farbe löst, durch Säurezusatz aber wieder entfärbt wird; Verwendung als Indikator in der Maßanalyse.

Phenyl..., ☜ einwertige Atomgruppe C_6H_5- (in vielen aromat. Verbindungen).

Pheromone Mz., **Ektohormone,** tier. Wirkstoffe ähnlich den Hormonen, die jedoch von Drüsen nach außen abgesondert werden; bes. bei Insekten als Duft- und Lockstoffe verbreitet.

Phiale [grch.] die, Opferschale, flache Schale.

Phidias, grch. **Pheidias,** grch. Bildhauer, 5. Jh. v. Chr.; Schöpfer der hochklass. attischen Kunst, seine Hauptwerke (Athena Parthenos, Zeus von Olympia) sind nicht erhalten.

phil... [grch.], in Fremdwörtern ...freund, ...liebend.

Philae, Nilinsel oberhalb Assuan, mit Tempeln der Isis (4.-2. Jh. v. Chr.); diese wurden, da durch den Stausee überschwemmt, verlegt.

Philadelphia [fɪləd'elfjə], Stadt in Pennsylvania, USA, 4,8 Mio. Ew.; bed. Ind., Einfuhrhafen am Delaware; Kulturinstitute; Univ.; 1683 von dem engl. Quäker Penn gegr.; Ort der Unabhängigkeitserklärung der USA.

Philanthrop [grch.] der, Menschenfreund. **Philanthropismus** der, pädagog. Reformbewegung, vertreten von J. B. Basedow und seinen Anhängern Ende des 18. Jh., erstrebte eine natur- und vernunftgemäße Erziehung.

Philatelie [grch.] die, Briefmarkenkunde. **Philatelist** der, Briefmarkensammler. (BILDER S. 670)

Philemon und Baucis, grch. Sage: altes treues Ehepaar, das Zeus und Hermes Obdach gewährte (Ovid).

philharmonisch [grch.], musikliebend. **Philharmonie** die, eine Konzertgesellschaft. **Philharmoniker,** Name versch. Orchester (Berliner, Wiener Philharmoniker).

Philhellenen, »Griechenfreunde«, Nichtgriechen, die seit 1821 den Freiheitskampf der Griechen unterstützten.

Philip, Prinz (seit 1957), Herzog von Edinburgh, → Mountbatten.

Philipp [von grch. Philippos »Pferdefreund«], männl. Vorname.

Philipp, Fürsten: **1) P. von Schwaben,** Dt. König (1198-1208), Staufer, kämpfte erfolgreich gegen den welf. Gegenkönig Otto IV., wurde von dem Pfalzgrafen Otto von Wittelsbach ermordet. – **Burgund. 2) P. der Kühne,** Herzog (1363-1404), erwarb durch Heirat 1384 Flandern, Artois und die Frei-Gfsch. Burgund. **3) P. III. der Gute,** Herzog (1419-67), erwarb Brabant, Hennegau, Holland, Luxemburg u. a.; sein Hof war der Mittelpunkt einer Spätblüte der frz. Ritterkultur. – **Frankreich** (Könige). **4) P. II. August** (1180-1223), nahm am 3. Kreuzzug teil, entriß dem engl. König Johann ohne Land 1203-08 den größten Teil seiner frz. Besitzungen und siegte zus. mit dem Staufer Friedrich II. über Otto IV. 1214 bei Bouvines. **5) P. IV., der Schöne** (1285-1314), ließ 1303 Papst Bonifaz VIII. gefangennehmen, erreichte 1309 die Übersiedlung der Päpste nach Avignon und erzwang 1312 die Vernichtung des Templerordens. – **Hessen. 6) P. der Großmütige,** Landgraf (1509-67), führte 1526 die Reformation ein, gründete 1527 die Univ. Marburg, war neben dem Kurfürsten von Sachsen der Führer des Schmalkald. Bundes der dt. Protestanten; 1547-52 von Kaiser Karl V. gefangengehalten. – **Makedonien. 7) P. II.,** König (359-336 v. Chr.), Vater Alexanders d. Gr., erhob Makedonien zur Großmacht, einigte ganz Griechenland unter makedon. Führung. – **Spanien** (Könige). **8) P. II.** (1555-1598), Sohn Kaiser Karls V., Vorkämpfer des strengen Katholizismus der Gegenreformation, konnte den Abfall der nördl. (protestant.) Niederlande nicht verhindern (→ Niederlande, Geschichte); im Krieg gegen die Königin Elisabeth von England wurde 1588 die span. → Armada vernichtet. Doch vereinigte P. 1581 Portugal mit Spanien. **9) P. V.** (1701-46), Bourbone, Enkel Ludwigs XIV. von Frankreich, mußte sich den Thron im → Spanischen Erbfolgekrieg erkämpfen.

Philipp II. von Spanien

Philippi, antike Stadt in Thrakien, 42 v. Chr. Sieg von Antonius und Octavian über Cassius und Brutus.

Philippika die, -/...ken, Reden des → Demosthenes gegen Philipp von Makedonien; danach: heftige Strafrede.

Philippinen Mz., Rep. und nördlichste Inselgruppe des Malaiischen Archipels, 300 000 km², 58,72 Mio. Ew.; Hptst.: Manila (Quezon City); Amtssprache: Pilipino, ein malaiischer Dialekt; Bildungs- und Handelssprachen: Englisch, Spanisch. – Verf.: Seit 1987 Präsidialrep., allg. Wahlrecht, Parlament und Senat. ⊕ S. 486.

Die P. bestehen aus über 7100 Inseln (die größten sind Luzon und Mindanao); viele, z. T. tätige Vulkane. Trop. Monsunklima. BEVÖLKERUNG. Überwiegend Filipinos, ein Zweig der Indonesier; Reste der Ureinwohner

Philippinen

(Aëtas); Chinesen u.a. Religion: rd. 85% kath., 6% kath. Nationalkirche, 4% Muslime, 3% Protestanten, Stammesreligionen u.a. WIRTSCHAFT. Reis, Mais, Manilahanf, Kopra, Zuckerrohr, Tabak; Geflügelzucht. Forstwirtschaft, Harzgewinnung. Fischerei. ⚒ auf Chrom-, Gold-, Kupfer-, Eisenerz u.a. Nahrungsmittel-, Textil- u.a. Ind. Ausfuhr: Holz, Kopra, Zucker, Kupferkonzentrate, Kokosöl, Manilahanf. Internat. Flughafen: Manila.

Ⓖ Die P. wurden 1521 von Magalhães entdeckt, von den Spaniern in Besitz genommen, 1898 an die USA abgetreten. Seit 1946 unabhängig. Staatspräs.: Corazón Aquino (seit 1987).

Philippus, Jünger und Apostel Jesu, aus Bethsaida (Galiläa); Heiliger (Tag 3. 5.).

Philister, 1) nichtsemit. Kulturvolk an der SW-Küste Palästinas (seit 1200 v.Chr.); von Saul und David besiegt; erlag seit 734 v.Chr. den Assyrern. **2)** Spießbürger.

Philodendron [grch.] das, Gatt. tropisch-amerikan. Aronstabgewächse; Zierpflanze.

Philoktet, Held der grch. Sage, erbte den Bogen des Herakles, tötete Paris vor Troja.

Philologie [grch.] die, i.e.S. Kunst, Texte zu deuten, i.w.S. Erforschung der geistigen Entwicklung und Eigenart eines Volkes oder einer Kultur auf Grund von Sprache und Literatur. Die **klass.** oder **Alt-P.** beschäftigt sich mit der Antike. Als **Neu-P.** faßt man die P. der neueren Sprachen zusammen, bes. Germanistik, Anglistik (Amerikanistik), Romanistik, Slawistik. Aus der P. haben sich Sprachwissenschaft und Literaturwissenschaft entwickelt.

Philomela, grch. Sage: athen. Königstochter, wurde in eine Schwalbe verwandelt.

Philon von Alexandria, jüd.-hellenist. Philosoph, *13 v.Chr.; versuchte eine Vereinigung von grch. Philosophie und jüd. Glauben.

Philosemit der, Judenfreund.

Philosophia perennis [lat.] die, immerwährende philosoph. Wahrheiten (Neuscholastik) oder zeitlose philosoph. Probleme.

Philosophie [grch. »Liebe zur Weisheit«] die, Streben des menschl. Geistes, die Zusammenhänge des Seins und die Grundsätze der Lebensführung und Daseinsgestaltung zu erkennen. Der Umkreis ihrer Probleme ist nicht fest umrissen. Obenan stehen das Sein selbst und seine allg. Bestimmungen **(Metaphysik, Ontologie),** die Grundsätze und -formen der Erkenntnis **(Erkenntnistheorie)** sowie die allg. Gesetzlichkeit des Wahren **(Logik),** des Guten **(Ethik),** des Schönen **(Ästhetik).** Dazu kommen Sonderfächer wie **Natur-P., Geschichts-P., Sprach-P., Kultur-P.** usw. Ⓖ Philosoph. Denken entwickelte sich aus myth. Denken, neben Chinesen und Indern zuerst bei den Griechen (→griechische Philosophie); sie schufen die Grundlagen der abendländ. P. In der P. des MA., der →Scholastik, steht im Mittelpunkt die Frage, wie sich Offenbarung und menschl. Erkenntnis, Glauben und Wissen zueinander verhalten. In der P. der Neuzeit treten 2 große Gedankensysteme hervor, der →Rationalismus und der Empirismus (→Empirie). In Kants Kritizismus werden Rationalismus und Empirismus in einer höheren Einheit zusammengefaßt. Seine P. setzt sich in dem dt. →Idealismus fort. Im 19. Jh. wird nach Hegels Tod (1831) der Idealismus durch positivist. und materialist. Denken zurückgedrängt (→Positivismus, →Materialismus). Ende des 19. Jh. und im 20. Jh. entwickeln sich die →Lebensphilosophie, der →Pragmatismus, die →Wertphilosophie, die →Phänomenologie, die →Existenzphilosophie. (→deutsche Philosophie, →englische Philosophie, →französische Philosophie)

1

2

3

4

5

6

Philatelie: 1 Großbritannien 1840, 1 Penny, erste Briefmarke der Welt. **2** Bayern 1849, 1 Kreuzer, erste Briefmarke Deutschlands. **3** Preußen 1850, 1 Silbergroschen. **4** Württemberg 1873, 70 Kreuzer. **5** Österreich 1856, 6 Kreuzer zinnober, Zeitungsmarke. **6** Mauritius 1847, 2 Pence dunkelblau, »blaue Mauritius«

Phimose die, ♡ Verengung der →Vorhaut.

Phiole [grch.] die, birnenförmiges Glasgefäß mit langem, engem Hals.

Phlebitis [grch.] die, Venenentzündung, →Vene.

Phlegma [grch.] das, Unempfindlichkeit, Trägheit; Mangel an Erregbarkeit. **Phlegmatiker** der, Bedächtiger, Behäbiger. **phlegmatisch,** schwer erregbar, träge.

Phlegmone [grch.] die, →Zellgewebsentzündung.

Phlogistontheorie [grch.], von G. E. Stahl im 18. Jh. aufgestellte, überholte Theorie, wonach ein als **Phlogiston** bezeichneter Stoff aus verbrennenden Körpern entweichen sollte.

Phlox [grch.] die oder der, **Flammenblume,** Gartenzierpflanzen mit Doldentrauben weißer oder roter Trichterblüten. (BILD S. 671)

Phnom-Penh, Hptst. von Kambodscha, (1986) 700000 Ew.; nach Vertreibung von Vietnamesen und Chinesen und eines großen Teils der Khmer-Stadtbevölkerung durch das Pol-Pot-Regime 1975-79 nur noch Verwaltungsmetropole; seitdem wieder steigende Bev.-Zahl. Kleinind.

Phöbe, grch. **Phoibe,** Beiname der Artemis und Selene.

Phobie [grch.] die, krankhafte Angst.

Phöbus [lat.], grch. **Phoibos** [»der Leuchtende«], Beiname Apollos.

Phoenix [f'i:nɪks], Hptst. von Arizona, USA, 765000 Ew.; Univ.; elektrotechn., elektron., Leichtind.

Phokis, lat. **Phocis,** antike Landschaft in Mittelgriechenland.

Phon [grch.] das, nicht mehr gebräuchl. Einheit der →Lautstärke.

Phonetik [grch.] die, **Lautlehre,** Wiss. von den äußeren Bedingungen menschl. Kommunikation mit gesprochener Sprache. **phonetisch,** lautgetreu, lautlich.

Phönikien, Phönizien, im Altertum Küstenstrich Syriens vom Fluß Eleutheros (Nahr el-Kebir) im N bis zum Kap Karmel im S. Die **Phöniker** (auch Sidonier, Kanaanäer, Punier) waren ein Handels- und Seefahrervolk; sie beherrschten das Mittelmeer und gründeten viele Ansiedlungen (u.a. Karthago). Tyros errang die Vorherrschaft über die phönik. Städte. Im 8. Jh. v.Chr. unterwarfen die P. sich den Assyrern, 538 den Persern, 63 den Römern. Sie verehrten die Götter El, Baal, die Astarte u.a. Ihre schon im 16. Jh. (?) v.Chr. entwickelte Buchstabenschrift ist die Grundlage u.a. der grch. Alphabete, der latein. und kyrill. Schrift.

Phönix der, sagenhafter Vogel der alten Ägypter, der sich selbst verbrennt und aus der Asche verjüngt hervorgeht; Sinnbild der Auferstehung.

Phosgen [grch.] das, $COCl_2$, sehr giftiges Gas aus Kohlenmonoxid und Chlor.

Phosphate Mz., Salze der Phosphorsäure (→Phosphor); →Phosphorit, →Thomasmehl.

Phosphatide Mz., Gruppe zellwichtiger Lipoide (Lecithine, Kephalin, Plasmalogene).

phosphatieren, mit phosphorsäurehaltigen Lösungen auf Eisen, Zink u.a. Metallen unlösliche Schutzschichten erzeugen.

Phosphor [grch. »Lichtträger«] der, **P,** chem. Element, Nichtmetall; P. kommt in der Natur nur in **Phosphaten,** bes. →Phosphorit (Nordafrika, Florida) vor. P. ist ein wesentl. Bestandteil des pflanzl. und tier. Organismus, in den Knochen und im Eiweiß. P. tritt in 5 versch. Modifikationen auf: **Weißer P.,** D 1,82 g/cm³, Schmelzpunkt 44,1 °C, Siedepunkt

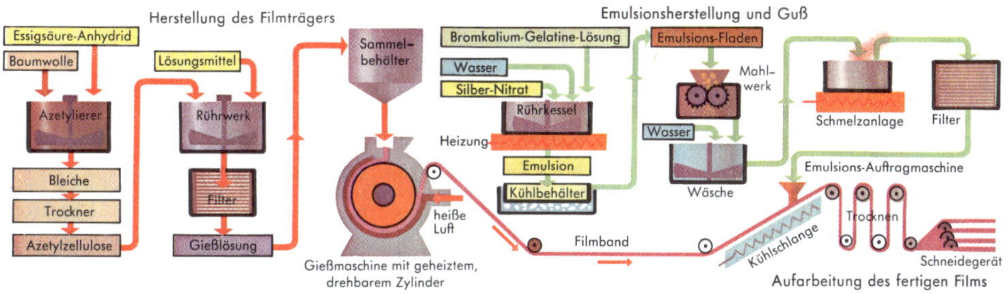

Filmherstellung (schematisch)

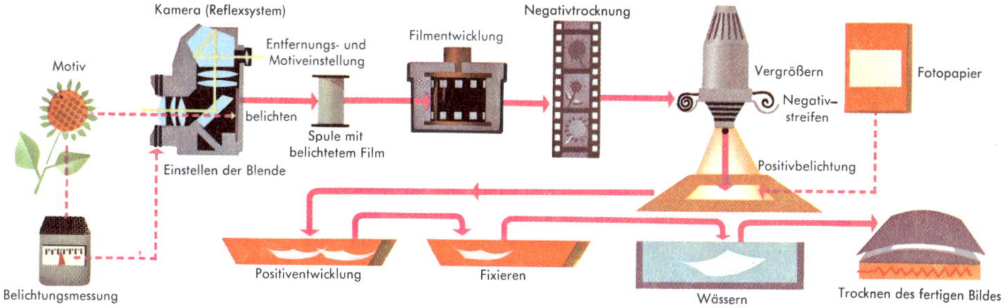

Photographie: Schematische Darstellung der Entstehung einer Aufnahme

280 °C, bildet sich bei der Abkühlung von P.-Dampf; sehr giftig, löslich in Schwefelkohlenstoff, sehr reaktionsfähig, leuchtet im Dunkeln, entzündet sich sehr leicht (bei 60 °C) an der Luft, wird deshalb unter Wasser aufbewahrt. **Roter P.** entsteht aus weißem P. durch Erhitzen unter Luftabschluß; ungiftig, unlöslich in Schwefelkohlenstoff, sehr reaktionsträge, leuchtet nicht im Dunkeln, wird für die Reibflächen der Zündholzschachteln verwendet. Weitere Modifikationen sind der **»Schenksche« hellrote,** der **schwarze** und der **schwarze amorphe P.** mit wesentlich versch. physikal. und chem. Eigenschaften.

Phosphoreszenz die, Fähigkeit mancher Stoffe, unter Einwirkung von Strahlen eigenes Licht auszusenden, i. Ggs. zur → Fluoreszenz nachleuchtend (→ Leuchtstoffe).

Phosphorit der, $Ca_3(PO_4)_2$, **Calciumphosphat,** Mineral; Düngemittel.

Phosphoros [grch.] der, Morgenstern (→ Venus).

photo... [grch.], eingedeutscht **foto,** licht..., **Photo** das, Lichtbild.

Photochemie [grch.] die, Lehre von den durch elektromagnet. Strahlung ausgelösten chem. Reaktionen.

Photodiode die, Halbleiterdiode zur Umwandlung von Licht- in Stromschwankungen.

Photoeffekt, lichtelektrischer Effekt, Auslösung von Elektronen aus belichteten Metallflächen, entdeckt 1888 von Hallwachs; Anwendung in der → Photozelle.

Photoelement, optoelektron. Halbleiterbauelement, das bei Lichteinfall eine elektr. Spannung abgibt.

photogen [grch.], für Photo- und Filmaufnahmen geeignet.

Photogrammetrie, Meßbildverfahren, Verfahren zur Geländeaufnahme und Landesvermessung aus photograph. Aufnahmen der Landschaft (Meßbildern) von der Erde oder vom Luftfahrzeug. Diese werden entzerrt in die Karte eingetragen.

Photographie [grch.], die Erzeugung dauerhafter Abbildungen durch Strahlungen, bes. durch sichtbares Licht (Lichtbild), aber auch durch Ultraviolett-, Infrarot-, Röntgen-, Elektronen-, Ionen-, Gammastrahlung u. a. Das Bild des Gegenstandes entsteht dadurch, daß er mit Hilfe des photograph. Objektivs auf eine lichtempfindl. Schicht abgebildet wird, die meist Silberhalogenidkristalle sehr fein verteilt enthält. Beim Entwickeln wird das Silberhalogenid der belichteten Körner zu metall., schwarz erscheinendem Silber reduziert. Das entstandene Negativ wird durch Herauslösen des unbelichteten Silberhalogenids fixiert. Durch Belichten eines photograph. Papiers oder Films unter Zwischenschaltung des Negativs (kopieren) erhält man ein Positiv. **Farbphotographie** ist ein photograph. Verfahren zur Herstellung von Bildern in meist naturgetreuen Farben. Alle Farben werden aus drei Grundfarben dargestellt, man macht also gleichzeitig drei Teilbilder, von denen eines den Rotanteil, eines den Grünanteil und eines den Blauanteil wiedergibt. Das kann erreicht werden durch Aufnahmen mit Farbfiltern oder durch Filme mit drei übereinandergegossenen, jeweils für ein Drittel des sichtbaren Spektrums empfindlichen Schichten (Farbfilme nach dem Agfacolor-, Kodacolor-Verfahren, Kinofilme nach dem Technicolor-Verfahren). Früher wurde mit Hilfe von Kameras mit Strahlenteilung ein besonderes Negativ für jede Farbe hergestellt. Beim Farbnegativ-Verfahren erhält man ein Negativ in Komplementärfarben. Es kann auf Farbfilm oder Farbpapier kopiert werden, man erhält dann das farbrichtige Positiv. Beim Umkehr-Verfahren erhält man durch zweimalige Entwicklung ein Diapositiv in den richtigen Farben. Positive Kopien davon können auf Umkehrfilm oder -papier hergestellt werden. – Eine photograph. Aufnahme, die eine persönl. geistige Schöpfung darstellt, genießt urheberrechtl. Schutz.

G Um 1500 Lochkamera durch Leonardo da Vinci, 1727 Lichtempfindlichkeit der Silbersalze entdeckt durch J. H. Schulze in Halle, 1824 erste Lichtbilder auf Metallplatten (J. N. Niepce), 1837 Vervollkommnung (L. J. M. Daguerre), 1871 Erfindung der Trockenplatte (R. L. Maddox), 1887 Erfindung des Films (H. Goodwin).

photographische Kamera, Gerät zur opt. Abbildung eines Gegenstandes auf einer licht- oder strahlungsempfindl. Schicht. Man

Phlox

unterscheidet je nach Art des verwendeten lichtempfindl. Materials Platten-Kameras, Rollfilm-Kameras, Filmkassetten-Kameras; nach dem Aufnahmeformat: Großformat-, Mittelformat-, Kleinbild-Kameras, Kleinstbild-(Pocket-, Disc-)Kameras, Film-Kameras (z.B. Schmalfilm-Kameras); nach der Bauweise: Box-Kameras, Spring-Kameras, Klapp-Kameras, Spiegelreflex-Kameras, Balgen-Kameras, Sofortbild-Kameras. Die photograph. Kamera besteht aus dem photograph. Objektiv, dem Verschluß zur zeitl. Begrenzung der Belichtung, einem Sucher, einer Halterung für das lichtempfindl. Material, häufig auch aus einer Einrichtung zur Entfernungsmessung und einem Belichtungsmesser. Zur Bildeinstellung wird bei versch. Kameratypen eine Mattscheibe benutzt. Bei der einäugigen Spiegelreflexkamera wird durch einen in den Strahlengang eingebauten Klappspiegel ein außerhalb des Aufnahmematerials liegendes Mattscheibenbild erzeugt. Die zweiäugige Spiegelreflexkamera hat dafür ein gesondertes zweites Objektiv, das mit dem Kameraobjektiv gekoppelt ist. Der Belichtungsmesser ist oft mit Zeit und Blende so gekoppelt, daß nach Voreinstellung der gewünschten Belichtungszeit die Blende zur richtigen Einstellung der Belichtung so lange verändert wird, bis ein im Sucherfeld sichtbarer Zeiger eine bestimmte Position einnimmt (Blendennachführung). Bei automat. Kameras wird diese Einstellung vom Belichtungsmesser selbständig gesteuert, wobei je nach Kameratyp Zeit oder Blende vorgewählt werden. Meist ist ein Einstellen bei voller Objektivöffnung, d.h. bei hellem Sucherbild, möglich. Im Moment der Auslösung springt die Blende vom vollen Öffnungswert auf den vorgewählten Wert (Springblende). Wegen des geringen Platzbedarfs hochempfindlicher Belichtungsmesser läßt sich die Lichtmessung innerhalb einäugiger Spiegelreflexkameras durchführen (Belichtungsmessung durch das Objektiv, TTL-[Through-the-lens-]Messung). Bei modernen Kameras ist die Blitzeinrichtung meist integriert und wird automatisch ausgelöst. Die heute üblichen Kompaktkameras arbeiten mit fest eingebautem Objektiv (auch 2 Objektiven auf Wechselschlitten oder Zoomobjektiv), ihre Funktionen (Filmeinlegen, -transport, -rückspulung, Belichtung u.a. mehr) sind vollautomatisiert, auch die Entfernungseinstellung mittels eines Autofokussystems. Bei Spiegelreflexkameras haben sich Autofokus und Belichtungsautomatik (in mehreren Programmen) durchgesetzt. Bridgekameras, eine Weiterentwicklung der Meßsucherkamera, vereinten deren Vorzüge mit denen von Spiegelreflexkameras.

photographische Kamera: Pocketkamera AGFAMATIC tele pocket

photographisches Material, Platten, Filme (Plan-, Roll-, Kassettenfilme) und Papiere haben mehrere Schichten: Schichtträger, Haftschicht, lichtempfindl. Emulsion, Schutzschicht gegen Kratzer und elektr. Aufladungen (Verblitzen). Beim »Disc-Film« sind die Negative kreisförmig um einen Kunststoffkern in einer Kassette angeordnet. Die meisten Papiere zur Herstellung von positiven Aufsichtsbildern besitzen einen mit Polyäthylen kaschierten Träger. Die photograph. Empfindlichkeit (Lichtempfindlichkeit) wird in Dtl. durch logarithmisch abgestufte DIN-Zahlen gekennzeichnet, in den USA durch ASA-Werte, die arithmetisch abgestuft sind.

A. Piccard

photographische Objektive. Optische (meist Linsen-)Systeme der Kameras bilden den Gegenstand auf dem Film oder der Platte ab. **Universal-** oder **Standardobjektive** haben beim Kleinbildformat 24 × 36 mm meist um 50 mm Brennweite. **Teleobjektive** sind langbrennweitige Objektive (etwa ab 85 mm) für Aufnahmen in größere Ferne. Zur Erfassung größerer Bildwinkel dienen **Weitwinkelobjektive** mit entsprechend kürzerer Brennweite (35 bis 16 mm) und Fischaugenobjektive (Bildwinkel bis zu 220°, Brennweite 6-12 mm). Bei **Vario-(Zoom-)Objektiven** kann die Brennweite innerhalb der konstruktionsbedingten Grenzen stufenlos verändert werden (z.B. 80-200 mm, 35-75 mm). Bei Spiegelreflexkameras z.B. ist ein vollständiges Auswechseln der p. O. möglich **(Wechselobjektive).**

Pickelhaube

Photogravüre die, **Heliogravüre, Gravüre,** Tiefdruckverfahren. Als Druckform dient eine präparierte blanke Kupferplatte, auf die eine auf chromiertem Gelatinepapier hergestellte Kopie aufgequetscht wird; durch diese hindurch wird geätzt; gedruckt wird auf der Kupferdruckpresse.

Photokopie [grch.] die, photograph. Herstellung originalgleicher Zweitstücke.

Photometrie [grch.] die, **Lichtmessung,** bes. Messung von Lichtstärken, meist durch Photometer mit Photozelle.

Photomontage [-'a:ʒə, frz.] die, Zusammensetzen von Teilen versch. Aufnahmen zu einem neuen Bild, das photographiert wird.

Photon das, **Lichtquant, Gammaquant,** masseloses Elementarteilchen, Träger des elektromagnet. Feldes, z.B. des → Lichts. P. sind um so energiereicher, je kurzwelliger die elektromagnet. Strahlung ist.

Photonastie [grch.] die, → Nastie.

Photosatz, Filmsatz, mit **Film-** oder **Lichtsetzmaschinen** hergestellter Schriftsatz, vom Lichtsatz, Computersatz völlig verdrängt.

Photosphäre [grch.] die, strahlende Oberfläche der Sonne; Sitz der Sonnenflecken.

Photosynthese [grch.] die, Aufbau chem. Verbindungen durch Einwirkung von Licht, bes. die Bildung energiereicher Kohlenhydrate aus energiearmem Kohlendioxid und Wasser, Assimilation bei grünen Pflanzen.

Phototaxis [grch.] die, → Taxis.

Phototransistor, Transistor, dessen Sperrschicht einer externen Lichtquelle zugänglich ist. Der Lichteinfall erzeugt eine Spannung, die den P. steuert.

Phototropismus [grch.] der, → Tropismus.

Photovoltaik, die direkte Umsetzung von Licht- in elektr. Energie mit Hilfe von Halbleitermaterialien (Solarzellen).

Photowiderstand, Halbleiter, dessen elektr. Widerstand bei Strahlungseinwirkung (Licht) vermindert wird.

Photozelle, Röhre zur Umwandlung von Licht in elektr. Strom unter Ausnutzung des lichtelektr. Effekts **(lichtelektr. Zelle);** i.e.S. in ein Vakuum eingeschlossene photoelektr. wirksame Schicht, z.B. Alkalimetall (Alkali-P.) oder Kupferoxid (Sperrschicht-P.). Anwendung bei Tonfilm, Fernsehen, Belichtungsmessern u.a. Selenzellen (→ Selen); weitgehend durch Photodioden und -transistoren verdrängt.

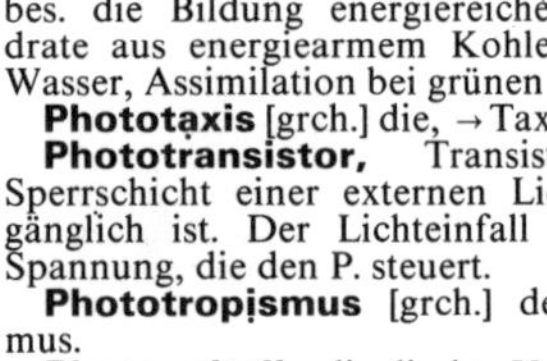

Photozelle, a Glaskörper, b Kaliumschicht (Kathode), c Drahtschleife (Anode), d Lichtquelle, e Batterie

Phrase [grch.] die, **1)** Satz, Redewendung, inhaltleeres Gerede. **2)** ♩ in sich geschlossene Motivfolge. **Phraseologie** die, Lehre von den einer Sprache eigentüml. Redensarten. **phrasieren,** gliedern.

Phrenologie [grch. »Geisteskunde«] die, von F. J. Gall eingeführte Schädellehre.

Phrygi|en, antike Landschaft in Kleinasien. Die indogerman. **Phryger** bildeten bis 546 v. Chr. ein selbständiges Reich.

phrygische Mütze, Zipfelmütze der alten Phryger und kleinasiat. Griechen; Urbild der Freiheits-(Jakobiner-)Mütze (→ Jakobiner).

Phthaleine Mz., organ. Verbindungen, die aus Phthalsäureanhydrid und Phenolen oder Aminophenolen unter Wasseraustritt entstehen; z. B. der Indikator **Phenolphthalein.**

Phyle die, Unterabteilung altgrch. Stämme und Stadtstaaten.

Phyllit [grch.] der, dunkles schiefriges Gestein aus der Urschiefergruppe; Dachschiefer.

Phyllocactus, Flügelkaktus, ein Blattkaktus mit blattähnl. Stengeln.

Phylogenie [grch.] die, → Stammesgeschichte. **phylogenetisch,** stammesgeschichtlich.

Physik [grch.] die, Lehre von den Naturerscheinungen, soweit sie Zustandsänderungen, nicht stoffl. Veränderungen sind. Sie gliedert sich in die klass. Teilgebiete Mechanik, Wärmelehre, Akustik, Elektrodynamik (Elektrizität, Magnetismus) und Optik. Quer durch diese Gebiete geht die neuere Einteilung in **Mikrophysik** (Atom-, Kern-, Elementarteilchen-P.), **Makrophysik** und **Kosmologie** (P. des Weltalls). Quellen der Forschung sind Beobachtungen, Versuche (Experimente), aus denen man physikal. Gesetze abzuleiten sucht. **Physiker** der, Forscher, Lehrer der P.

Physikalisch-Technische Bundesanstalt, Abk. **PTB,** Braunschweig und Berlin, gegr. 1949, techn. Bundesoberbehörde für das Prüfungs-, Eich- und Zulassungswesen.

Physikum das, ärztl. Vorprüfung nach 2jährigem Studium (Anatomie, Physiologie, Chemie, Physik, Biologie, medizin. Psychologie und Soziologie). → Vorphysikum

Physiognomie [grch.] die, äußere Erscheinung eines Menschen, bes. sein Gesicht als Abbild (Spiegel) seines Inneren, seiner Wesensart. **Physiognomik** die, Deutung der Wesensart eines Menschen aus seiner P.

Physiokratismus [grch.] der, von dem Franzosen F. Quesnay begr. volkswirtschaftl. Lehre, die den Boden als einzige Quelle des Reichtums ansieht; Ggs. → Merkantilismus.

Physiologie [grch.] die, Wissenschaft von den Leistungen und der Arbeitsweise der Zellen, Gewebe und Organe.

physisch [grch.], körperlich.

phyto... [grch.], in Fremdwörtern: pflanzen...; z. B. **phytogen,** aus Pflanzen entstanden; **Phytophagen,** pflanzenfressende Tiere.

Picasso: Bildnis der Madame »Z«

Piero della Francesca: Reiterknechte

Pi das, **1)** grch. Buchstabe. **2)** △ die Zahl $\pi =$ 3,14159..., die angibt, wievielmal so groß der Kreisumfang im Vergleich zum Durchmesser ist.

Pia [lat. »die Fromme«], weibl. Vorname.

Piacenza [piatʃ'ɛntsa], Stadt in Oberitalien, am Po, 104500 Ew.; alte Bauten; Bischofssitz; Mittelpunkt eines Landwirtschaftsgebiets. 218 v. Chr. von den Römern gegr.; 1545-1860 mit dem Hzgt. → Parma vereinigt.

Piaf, Édith, frz. Chansonsängerin, *1915, †1963.

Piaffe [frz.] die, Reitübung der Hohen Schule: trabartige Bewegung auf der Stelle.

Piano, Pianoforte [ital.] das, → Klavier. **Pianino** das, Klavier mit aufrechtstehendem Saitenkasten. **Pianist** der, Klavierspieler.

piano [ital.], Abk. **p,** ♩ leise, schwach; Ggs.: forte. **pianissimo, pp,** sehr leise.

Piaristen Mz., 1617 in Rom gestiftete Klostergenossenschaft für Schulunterricht.

Piassave [indian.-portug.] die, Bastfasern versch. Palmen; zu Bürsten, Matten u. a. verarbeitet.

Piasten Mz., poln. und schles. Herrschergeschlecht, regierte in Polen bis 1370, in Masowien bis 1526, in Schlesien bis 1675.

Piaster [ital. piastra »Metallplatte«] der, kleine Münzeinheit in Ägypten, Libanon, Sudan, Syrien.

Piave der, Fluß in Oberitalien, 220 km.

Piazza [ital.] die, (Markt-)Platz.

Piazzetta, Giovanni Battista, ital. Maler, *1682, †1754; Altar- und Genrebilder, Porträts.

Picabia, Francis, frz. Maler, *1879, †1953; geistiger Führer des Neodadaismus.

Picador [span.] der, berittener Stierkämpfer; reizt den Stier durch Lanzenstiche in den Nacken.

Picard [pik'a:r], Max, schweizer. Schriftst., *1888, †1965; »Das Menschengesicht« u. a.

Picardie die, fruchtbare Landschaft im nordöstl. Frankreich; Hptst.: Amiens.

Picasso, Pablo, eigtl. **Ruiz y P.,** span. Maler, Graphiker, *1881, †1973; in seiner Frühzeit schuf er in Paris schwermütige Bilder, die er auf einen blauen, seit 1905 auf einen rosa Ton stimmte; 1908 mit Braque Bilder des → Kubismus; seit 1917 auch Werke eines neuen klassizist. Stils. Um 1925 begann er mit krasser werdenden surrealist. Verzerrungen zu malen. Die sich ständig wandelnde Vielfalt seiner Kunst ließ gegensätzl. Werke oft gleichzeitig entstehen, z. B. monströse Gebilde, realist.

Pierrot

Pilger (Holzschnitt von L. Cranach d. Ä.)

Pillendreher

Pilze I (Speisepilze): **1-4** Röhrenpilze: **1** Steinpilz; **2** Rotkappe; **3** Maronenröhrling; **4** Goldröhrling; **5** und **6** Blätterpilze: **5** Wiesenchampignon; **6** Hallimasch; **7** Leistenpilz: Pfifferling; **8** Schlauchpilz: Speisemorchel

Stierkampfszenen und heiter-parodist. Zeichnungen.

Piccadilly [pikəd'ılı], Geschäftsstraße im W der Londoner City, mit **P. Circus** (großer Platz).

Piccard [pik'a:r], Auguste, schweizer. Physiker, *1884, †1962; unternahm Stratosphärenflüge, Tiefseetauchfahrten in einem selbst entworfenen Tauchschiff (Bathyskaph) zus. mit seinem Sohn **Jacques P.** (*1922, †1979). (BILD S. 672)

Piccolọmini, ital. Adelsgeschlecht. **1)** Enea Silvio, → Pius II. **2)** Ottavio, Fürst, kaiserl. Feldherr im Dreißigjährigen Krieg, 1634 führend am Sturz Wallensteins beteiligt.

Pichelsteiner Fleisch, Eintopf aus Rind-, Kalb-, Hammel- und Schweinefleisch, Gemüse und Kartoffeln.

Picht, Georg, Philologe, Pädagoge, Religionsphilosoph, *1913, †1982; krit. Untersuchungen zum dt. Bildungswesen: »Die dt. Bildungskatastrophe«.

Pickel der, **1)** Spitzhacke, bes. der Eis-P. des Bergsteigers. **2)** ♡ kleine spitze Erhebung der Haut.

Pickelhaube, Lederhelm mit Metallbeschlag und -spitze, seit 1842 preuß., in abgewandelter Form bis 1915 dt. Infanteriehelm. (BILD S. 672)

Pickelhering, kom. Gestalt bei den engl. Komödianten des 17./18. Jh.

Pịcknick [frz.] das, -/-s, Ausflug mit Mahlzeit im Freien.

Pịco der, span., portug.: Berg, Bergspitze.

Pịco della Mirạndola, Giovanni, ital. Humanist und Philosoph, *1463, †1494; erstrebte die Überhöhung des christl. Weltbildes i. S. eines Bildungshumanismus; »Über die Würde des Menschen«.

Pidgin English [p'ıdʒın 'ıŋglıʃ] das, Verkehrssprache zw. Eingeborenen und Europäern in O-Asien, mit chines. Satzbau und engl. Wortschatz.

Pièce [pj'ɛ:s, frz.] die, Stück; Theaterstück.

Pieck, Wilhelm, Politiker, *1876, †1960; seit 1895 in der SPD, seit 1918 in der KPD (1928-33 MdR); emigrierte 1933 nach Frankreich; war 1939-45 in der UdSSR; wurde 1945 Vors. der KPD, 1946-54 mit Grotewohl zusammen Vors. der SED, 1949-60 Präs. der Dt. Dem. Rep.

Piedestạl [pjedɛst'a:l, frz.] das, Fußgestell, Sockel.

Pi|emọnt, geschichtl. Landschaft im westl. Oberitalien; wichtiges Industriegebiet (Hütten-, chem., Textil-, Automobil-, Leder-, Lebensmittelind.). Ⓖ P. wurde im MA. das Kernland der Grafen (seit 1416 Herzöge) von Savoyen. 1798 verloren sie ganz P. an die Franzosen, erhielten es aber 1814/15 zurück, dazu Genua. König Karl Albert stellte sich 1848/49 an die Spitze der ital. Nationalbewegung gegen Österreich; unter seinem Sohn Viktor Emanuel II. führte Cavour 1859-61 die Einigung Italiens durch (→ Italien, Geschichte).

Pieper der, Gatt. lerchenartiger Singvögel, Zugvögel; brütet am Boden. **Baum-P., Wiesen-P., Brach-P.** u. a.

Pier [engl.] der, ↘ Mole, Hafendamm.

Pịero della Francesca [-frantʃ'ɛska], ital. Maler, *um 1415, †1492; schuf Fresken und Tafelbilder in lichter, zarter Farbigkeit. (BILD S. 673)

Pierre [pjɛ:r, frz.], Peter.

Pierrot [pjɛ:r'o, frz.] der, kom. Gestalt der ital. Bühne in Paris. **Pierrẹtte** die, entsprechende weibl. Maske. (BILD S. 673)

Pi|età [ital.] die, **Vesperbild,** Darstellung der trauernden Maria mit dem Leichnam Christi.

Pi|etät [lat. pietas] die, Frömmigkeit, Ehrfurcht, Anhänglichkeit.

Pietermạritzburg, Hptst. der Prov. Natal, Rep. Südafrika, 179000 Ew.; Univ.

Pi|etismus der, evang. relig. Bewegung zur Erneuerung des frommen Lebens und der Kirche, seit dem 17. Jh. Ihre Anhänger wurden urspr. spöttisch **Pietisten** (»Frömmler«) genannt. Eigtl. Schöpfer des P. war P. J. Spener. Hauptsitze des älteren P. waren Halle (A. H. Francke), Württemberg, niederrhein. Gebiete, Westfalen und die Herrnhuter Brüdergemeine.

pi|ezo|elektrischer Effekt, elektr. Aufladung mancher Kristalle durch mechan. Druck, beruht auf Polarisation der Atome, Verschiebung der äußeren Elektronenhülle gegenüber dem Atomrumpf. Durch elektr. Felder kann umgekehrt Zusammenziehung und Ausdehnung, durch elektr. Wechselfelder mechan. Schwingung im Kristall erzeugt werden. Anwendung zur Ultraschallerzeugung, in der Meßtechnik (→ Quarzuhr) u. a.

Pigalle [pig'al], Jean-Baptiste, frz. Bildhauer, neigte zum Klassizismus, *1714, †1785.

Pigment [lat.] das, **1)** farbgebender Stoff, der von Bindemitteln aufgenommen, aber nicht gelöst wird. **2)** Farbstoff in tier. und menschl. Geweben (Haut, Haaren, Augen).

Pik [schwed.] der, spitzer Berg.

Pik [frz.] das, Farbe der frz. Spielkarte (schwarzer Spaten); entspricht dem dt. Grün.

pikant [frz.], **1)** appetitanregend gewürzt. **2)** lüstern, prickelnd. **Pikanterie** die, Anzüglichkeit, Reiz.

pikaresker Roman [span. pícaro »Gauner«], **pikarischer Roman,** → Schelmenroman.

Pike [frz.] die, Spieß, Lanze. **von der P. auf,** vom untersten Rang an.

Pikee, Piquée [pik'e, frz.] der, Gewebe mit reliefartiger Musterung.

Pikett [frz.] das, **1)** ✠ ∴ kleine Truppenabteilung. **2) P.-Spiel,** Kartenspiel mit 2 Spielern.

pikieren [frz.], junge Pflanzen auseinanderpflanzen. **pikiert,** Ü gekränkt, verletzt.

Pikkolo [ital.] der, **1)** Kellnerlehrling. **2)** kleines Sektfläschchen (0,2 l).

Pikkoloflöte, ♩ die kleine → Flöte.

Pik Kommunismus, bis 1962 **Pik Stalin,** höchster Berg der UdSSR, im Pamir, 7495 m; 1933 erstmals erstiegen.

Piko, Vorsatzzeichen: **p,** Vorsatz vor → Maßeinheiten für den Faktor 10^{-12} (Billionstel).

Pikör [frz.] der, reitender Jäger, der bei der Jagd die Hundemeute führt.

Pikrinsäure [grch. pikros »bitter«], **Trinitrophenol,** entsteht durch Erhitzen vieler Benzolverbindungen mit Salpetersäure.

Pikten Mz., kelt. Ureinwohner Schottlands, die sich 844 mit den Skoten zum späteren Kgr. Schottland vereinigten.

Piktogramm das, allgemeinverständl. Bildsymbol.

Pilaster [ital.] der, ⌂ Wandpfeiler.

Pilatus der, Bergstock der Voralpen, am Vierwaldstätter See, 2120 m hoch; Pilatusbahn.

Pilatus, Pontius, 26-36 n. Chr. röm. Prokurator in Judäa; war an der Verurteilung Jesu beteiligt.

Pilaw, Pilaf, Pilau [türk.] der, oriental. Gericht aus Reis und Hammelfleisch.

Pilcomayo der, Fluß in Südamerika, 1125 km lang, entspringt in Bolivien, mündet in den Paraguay.

Pile [paıl, engl.] das, Kernreaktor.

Pilger [lat.] der, **Pilgrim** [lat.], Wallfahrer nach heiligen Orten. (BILD S. 673)

Pilgerväter, die ersten puritan. Ansiedler in Neuengland (USA).

Pilgram, Anton, österr. Baumeister, Bildhauer, *1450/1460, † um 1515; schuf Bildwerke von ausdrucksstarkem Realismus.

Pille [lat.] die, **1)** Arzneizubereitung in Kugelform. **2)** volkstüml. Bez. für empfängnisverhütende Hormonpräparate (**Anti-Baby-P.,** → Empfängnis).

1

2

3

4

5

6

7

8

Pilze II (Giftpilze und ungenießbare Pilze): **1** und **2** Röhrenpilze: **1** Satanspilz (giftig); **2** Gallenröhrling (ungenießbar); **3-8** Blätterpilze: **3** Grüner Knollenblätterpilz (giftig); **4** Pantherpilz (giftig); **5** Fliegenpilz (giftig); **6** Ziegelroter Rißpilz (giftig); **7** Riesenrötling (giftig); **8** Schlauchpilz: Frühlorchel (giftig)

Pinguin von oben nach unten: Brillen-P., Felsen-P., Kaiser-P.

Pinseläffchen

Pillendreher, Kotkäfer mit ausgeprägter Brutpflege; formt aus dem Dünger von Weidetieren kugelige Ballen, die den Larven als Nahrung dienen. Der **Heilige P.** (Skarabäus) lebt im Mittelmeergebiet. (BILD S. 673)

Pillnitz, Lustschloß bei Dresden, an der Elbe.

Pilnjạk, Boris Andrejewitsch, russ. Schriftsteller, *1894, †(hingerichtet?) 1937; Erz. »Gewesenes«.

Pilon [pil'ɔ̃], Germain, frz. Bildhauer, *um 1536, †1590; Hochrenaissance; Marmorgrabmal für Heinrich II. und Katharina von Medici.

Pilọt [frz.] der, **1)** ↘ Lotse, Steuermann. **2)** ✈ Flugzeugführer. **P.-Ballon,** Wetterkunde: kleiner unbemannter Ballon zur Windmessung in größeren Höhen. Ferner → Radiosonde.

Pilotstudie, Voruntersuchung kleineren Maßstabes, durch die Leistungen und Kosten eines Gesamtprojekts erkundet werden.

Pilọty, Karl von, Maler, *1826, †1886; malte theatral.-realist. Geschichtsbilder.

Pilsen, tschech. **Plzeň** [p'lzɛnj], Stadt in der ČSFR, 156 500 Ew.; bed. Wirtschaftsmittelpunkt: Brauereien, Stahlwerke, Glas-, Ton- u. a. Ind.

Piłsụdski, Józef, poln. Staatsmann, Marschall, *1867, †1935; kämpfte im 1. Weltkrieg mit seiner poln. Legion auf österr. Seite; 1918-22 Staatsoberhaupt Polens; sicherte 1920 im Krieg gegen die UdSSR die poln. Unabhängigkeit. 1926 stürzte er die parlamentar. Regierung und herrschte autoritär.

Pilze Mz., Gruppe von Sporenpflanzen, zu denen Schleim-, Spalt-, Echte Pilze und Flechten gehören, i. e. S. die Echten P., zu denen die Ständer-, Schlauch- und Algenpilze gehören. Die Echten P. haben kein Blattgrün und ernähren sich als Fäulnisbewohner (Saprophyten) oder Schmarotzer. Sie bestehen aus vielzelligen **Pilzfäden** oder **Hyphen,** die Gesamtheit dieser Fäden nennt man **Lager** oder **Myzel.** Die Echten P. vermehren sich durch Sporen, die in Sporenträgern oder **Fruchtkörpern** (dem, was der Volksmund Pilz oder Schwamm nennt) entstehen, und zwar durch Abschnürung nach außen (Ständer-P.) oder im Innern von **Sporenbehältern** (Schlauch-P., Algen-P.). Zu den Echten P. gehören unsere Speise-P., Hefe, Schimmel-P., der schädliche Hausschwamm sowie viele Arten von Schmarotzer-P., die Krankheiten an Kulturpflanzen, seltener bei Tieren und Menschen hervorrufen. Gift-P. enthalten gesundheitsschädigende, z. T. tödl. Stoffe, meist Alkaloide. ERSTE HILFE BEI PILZVERGIFTUNG: Erregen von Erbrechen, Arzt rufen. (BILDER S. 674 und 675)

Pimẹnt [lat.] der, das, **Jamaikapfeffer,** unreife, getrocknete Beeren eines westind. Myrtengewächses; Küchengewürz.

Pimpernuß, Klappernuß, Sträucher mit dreizähligen oder gefiederten Blättern, meist weißen Blütentrauben und blasiger Frucht mit klapperndem Samen; z. B. Maiblumenstrauch.

Pimpinẹlle [lat.] die, **Pimpernẹll** der, **Bibernell,** Gatt. staudiger Doldengewächse, würzige Wiesenkräuter, darunter Anis.

Pinakothẹk [grch.] die, Antike: Samml. gemalter Weihegeschenke; seit dem Humanismus: Gemäldegalerie (z. B. in München).

Pinạsse [frz.] die, ↘ Kriegsschiff-Beiboot.

Pincenez [pɛ̃sn'e, frz.] das, Kneifer.

Pinch-Effekt [pɪntʃ-], **Quetscheffekt,** Zusammenschnüren einer Gasentladung hoher Stromstärke durch ihr eigenes Magnetfeld; wichtig für Experimente zur Kernverschmelzung.

Pịndar, grch. Dichter, *um 518 v. Chr., † nach 446; steht mit seiner Chorlyrik am Ausgang der archaischen Zeit; Hymnen.

Pịndos der, Gebirgszug in Griechenland, trennt Thessalien von Epirus, 2637 m hoch.

Pinẹn [lat.] das, ⚗ Kohlenwasserstoff, Hauptbestandteil des Terpentinöls.

Pinget [pɛ̃ʒ'ɛ], Robert, frz.-schweizer. Schriftst., *1920; phantastisch-satir. Romane; Vertreter des → Nouveau roman.

Ping-Pong das, → Tischtennis.

Pịnguin [frz.] der, flugunfähiger Schwimmvogel im Südpolargebiet, mit schuppenähnl. Gefieder und flossenartigen Flügeln. Sie leben in großen Gesellschaften und brüten in Mulden, Höhlen oder in Steinnestern. **Riesen-P.** und **Kaiser-P.** werden bis 1 m groß.

Pịni|e [lat.] die, zur Gatt. Kiefer gehöriger Nadelbaum mit schirmförmiger Krone, in den Mittelmeerländern, bis 25 m hoch; der hartschalige Samen (**P.-Nuß, Pignole**) enthält einen mandelähnlich schmeckenden Kern.

Pinke die, G Geld.

Pinne [lat.] die, **1)** kleiner spitzer Nagel, Zwecke. **2)** Hebel zum Bedienen des Steuerruders.

Pinneberg, Krst. in Schlesw.-Holst., 35 500 Ew.; Ind.; Rosenzucht, Baumschulen.

Pinọcchio [-kkjo], Name der Titelgestalt des ital. Kinderbuches »P.« (1883, von C. Collodi), eine Gliederpuppe.

Pinscher [engl.] der, alte dt. Hunderasse; meist glatthaarige Schnauzer.

Pinsel der, **1)** Handwerkszeug, Stiel mit daran befestigten Borsten. **2)** Haarbüschel.

Pinseläffchen, eichhorngroßer Krallenaffe der südamerikan. Urwälder.

Pinsk, Stadt in der Weißruss. SSR, 93 000 Ew.; Kanal zum Bug; Flußhafen am Pripet; Ind.

pint [paɪnt, engl.] die, engl. (0,568 l) und amerikan. (0,473 l) Hohlmaß.

Pinter [p'ɪntə], Harold, engl. Schriftst., *1930; Hörspiele, Theaterstücke; urspr. dem absurden Theater, später einem neuen Realismus verbunden.

Pinturicchio [pintur'ikjo], Bernardino, ital. Maler, *1454 (?), †1513; Fresken im Dom von Siena sowie u. a. in Rom, Vatikan.

Pin-up-girl [pɪn'ʌpgə:l, engl.] das, aus Ztschr. ausgeschnittenes Bild einer erotisch ansprechenden Frau, an die Wand geheftet.

pịnxit [lat. »hat gemalt«], Abk. **p., pinx.,** Zusatz zur Künstlersignatur.

Pinyin-Transkription, die seit 1979 offiziell verwendete Umschrift der → chinesischen Schrift in lat. Buchstaben.

Pinzẹtte [frz.] die, Federzange mit 2 Armen, zum Fassen kleiner Gegenstände.

Pinzgau der, Längstal der oberen Salzach zw. Hohen Tauern und den Kitzbüheler Alpen.

Piọmbo, → Sebastiano del Piombo.

Pioneer [p'aɪənɪə, engl.], Serie amerikan. Raumsonden, die Meßergebnisse und Bilder des Asteroidengürtels liefern.

Pioniẹr [frz.] der, **1)** Soldat der techn. Truppe des Heeres. **2)** Wegbereiter, Vorkämpfer.

Piọntek, Heinz, *1925, Schriftst., Lyrik, Erz., Hörspiele.

Pipeline [paɪplaɪn, engl.] die, Rohrleitung zum Befördern von Flüssigkeiten (z. B. Erdöl) und Gasen (z. B. Erdgas).

Pipẹtte [frz.] die, Stechheber zum Abmessen von Flüssigkeiten. (BILD chemische Geräte)

Pippau der, **Grundfeste,** Gatt. der Korbblüter, meist gelbblühende Kräuter auf Wiesen.

Pịppin der Jüngere (fälschl. »der Kleine«), *um 715, †768; fränk. Herrscher aus dem Hause der → Karolinger (seit 751), schenkte dem Papst seine langobard. Eroberungen (**Pippinische Schenkung,** die Grundlage des → Kirchenstaates); Vater Karls d. Gr.

Pips der, ♘ volkstüml. Sammelbez. für Erkrankungen der Luftwege bei Geflügel.

Pirandẹllo, Luigi, ital. Schriftst., *1867,

†1936; Schauspiel: »Sechs Personen suchen einen Autor«. Roman: »Die Wandlungen des Mattia Pascal«. Nobelpreis 1934.

Piranesi, Giovanni Battista, ital. Kupferstecher, *1720, †1778; Ansichten von Rom.

Piranha [pir'anja, indian.-portug.] der, span. **Piraya,** südamerikan. Karpfenfischart mit vielen spitzen Zähnen, kann auch größere Säugetiere und Menschen anfallen.

Piratenküste, → Vereinigte Arabische Emirate.

Piratensender, private Rundfunkgesellschaften ohne Lizenz und Sendefrequenz; senden meist von Bord eines Schiffes oder von einer künstl. Insel außerhalb der Küstengewässer aus.

Piräus, Stadtteil von Athen, Haupthafen Griechenlands, 196 500 Ew.; Ind. (Werften). – P. wurde von Themistokles gegr., 86 v. Chr. von Sulla zerstört.

Pirckheimer, auch **Pirkheimer,** Willibald, Ratsherr in Nürnberg, *1470, †1530; Humanist, Freund Dürers.

Pire [pi:r], Dominique Georges, belg. Dominikaner, *1910, †1969; gründete 1950 die »Hilfe für heimatlose Ausländer und deren Europadörfer«; 1958 Friedens-Nobelpreis.

Pirmasens, Stadt in Rheinl.-Pf., im Pfälzer Wald, 46 000 Ew.; bed. Schuhind.

Pirminius, Missionsbischof, †753; gründete die Klöster Reichenau (Bodensee), Murbach (Elsaß), Niederaltaich (Bayern) u. a.; Heiliger (Tag 3. 11.).

Pirna, Stadt im Bez. Dresden, an der Elbe, 47 000 Ew.; alte Bauten; Ind.; Hauptausfuhrplatz des Elbsandsteins.

Piroge [span.] die, indian. Einbaum.

Pirol der, **Goldamsel,** gelbschwarzer amselgroßer Singvogel.

Pirouette [pirw'ɛt, frz.] die, **1)** Figur beim Ballett, Eis-, Rollkunstlauf: Kreiselbewegung. **2)** Reitkunst: kreisförm. Drehung im Galopp um die Hinterhand.

Pirquet [pirk'ɛ], Clemens v., österr. Kinderarzt, *1874, †1929; fand die für die Feststellung der kindl. Tuberkulose wichtige Hautreaktion mit Tuberkulin.

pirschen, birschen, Ψ Anschleichen an Wild. **Pirsch** die, Einzeljagd, Spürjagd.

Pisa, Stadt im mittl. Italien, am Arno, 103 000 Ew.; roman. Dom mit dem schiefen, um 4,27 m geneigten, 54 m hohen Glockenturm (1173-1350); Erzbischofssitz; Friedhof (Campo Santo, 1278-1463, mit Wandgemälden), Univ. (1343 gegr.); Textil-, Porzellan-Ind. – P. war im 11.-13. Jh. eine der führenden See- und Handelsstädte Italiens und beherrschte auch Sardinien und Korsika.

Pisanello, Antonio, ital. Maler, Medailleur, *1395, † zw. 1450 und 1455, begründete die Medaillenkunst der Renaissance; Fresken, Handzeichnungen.

Pisangfresser, Bananenfresser, bunte Kuckucksvögel Afrikas.

Pisano, 1) Andrea, ital. Bildhauer, *um 1295, † nach 1349. **2)** Antonio, genannt → Pisanello. **3)** Giovanni, ital. Bildhauer, Baumeister, *um 1250, † nach 1314; got. Bauwerke. **4)** Niccolò, ital. Bildhauer, Vater von 3), *um 1225, † nach 1278; griff auf antike Vorbilder zurück.

Piscator, Erwin, Regisseur und Theaterleiter, *1893, †1966; expressionist. Inszenierungen in Berlin; 1934-51 in der Emigration; 1962-66 Intendant der Freien Volksbühne in W-Berlin.

Pisidi|en, antike Landschaft Kleinasiens, am Taurus; die Burgen der krieger. **Pisider** waren für Perser und Makedonier uneinnehmbar.

Pissarro, Camille, frz. Maler, Graphiker, *1830, †1903; impressionist. Landschaften, auch Großstadtszenen.

Pisa: Dom mit schiefem Turm

Pistazi|e die, vorderasiat., am Mittelmeer angepflanzter Baum mit eiförmig., grün-rötl., fleischigen Früchten. Die haselnußgroßen Kerne **(P.-Nüsse, grüne Mandeln)** enthalten den mandelähnlich schmeckenden, ölreichen Samen, der als Gewürz, Nußobst, auch zur Ölbereitung dient. Schwesterart am Mittelmeer: **Mastixbaum,** liefert das Harz Mastix. **Erd-P.,** die → Erdnuß.

Piste [frz.] die, **1)** Einfassung der Manege im Zirkus. **2)** Fährte; nicht ausgebauter Verkehrsweg; Skispur, Rodelbahn; Rennstrecke, Rennbahn; Start-, Landebahn eines Flughafens.

Pistill [lat.] das, **1)** Mörserkeule, Stampfer. **2)** ⚘ Fruchtknoten.

Pistoia, Stadt im mittleren Italien, 90 700 Ew.; roman. Dom, Baptisterium (1338-59); Metallwaren-, Musikinstrumenten-, Textilind.

Pistole die, **1)** einhändige, ein- oder mehrläufige Handfeuerwaffe, heute meist Selbstlader. **2)** dt. Bez. des span. Doppelescudo, in den dt. Staaten das goldene 5-Taler-Stück.

Piston [pist'ɔ̃, frz. »Kolben«] das, ♩ Blechblasinstrument, ein Kornett mit Pumpventilen.

Pistyan, slowak. **Piešt'any** [pj'ɛʃtjani], Stadt und Badeort in der ČSFR, an der Waag, 26 000 Ew.; Schwefelquellen (67 °C), Moorbäder.

Pitaval, Samml. von Kriminalfällen, nach dem ersten Hg., dem frz. Rechtslehrer F. G. de P. (*1673, †1743).

Pitcairn [p'ɪtkɛən], brit. Insel im östl. Pazif. Ozean, 4,6 km², rd. 100 Ew.; wurde 1790 von meuternden Matrosen des brit. Schiffes Bounty und Tahitierinnen besiedelt.

Pitchpine [p'ɪtʃpaɪn, engl.] das, rotgelbes amerikan. Kiefernholz; Bau- und Möbelholz.

Pithecanthropus [grch.] der, Urmensch der älteren Eiszeit, 1890/91 von E. Dubois auf Java entdeckt. Kennzeichen: flacher Schädel, kleines Gehirn, starke Augenbrauenwülste.

Pitt, William, brit. Staatsmänner: **1) P. der Ältere,** Earl of **Chatham** [tʃ'ætəm], *1708, †1778, unterstützte Friedrich d. Gr. im Siebenjährigen Krieg mit Hilfsgeldern, ließ das frz. Kolonialreich in Amerika und Indien erobern. **2) P. der Jüngere,** Sohn von 1), *1759, †1806, entschiedener Gegner Napoleons; vereinigte 1800 Irland staatsrechtlich mit Großbritannien.

Pitti, Palazzo P. in Florenz, Palast der P., dann der Medici; jetzt Gemäldegalerie.

pittoresk [ital.], malerisch.

Pittsburgh [p'ɪtsbə:g], Stadt in Pennsylvania, USA, am Ohio, 387 000 Ew.; Univ., Carnegie-Institut, Kernforschungsinstitut; eine der bedeutendsten Industriestädte der Erde inmitten reicher Erdölfelder, Naturgasquellen, großer Kohlenlager, hat Eisen-, Stahl-, Maschinen-, Glas-Ind.; starker Flußverkehr.

Pittura metafisica [ital. »metaphys. Malerei«], Richtung der modernen ital. Malerei,

Pirkheimer (Kreidezeichnung von A. Dürer)

Pirol

Pistole (Vorderseite)

Pistole (Rückseite)

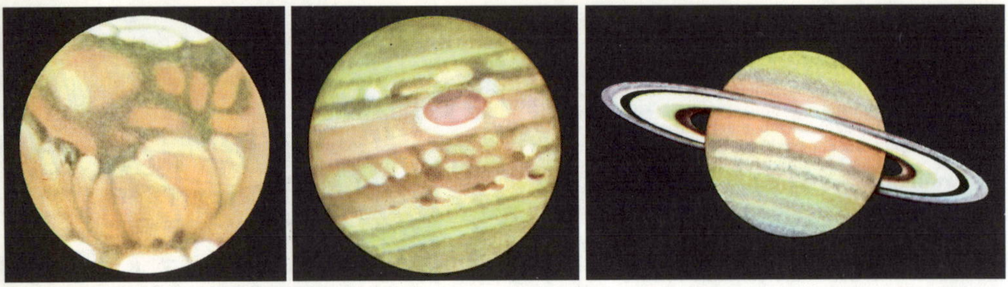

Planeten: links Mars; Mitte Jupiter; rechts Saturn

1917 von G. de Chirico begründet. Die P. m. stellt Gegenstände mit betont zeichner. Härte und scharfen plast. Modellierungen dar.

Pityusen Mz., Inselgruppe der → Balearen; Hauptinseln: Ibiza und Formentera.

più [ital.], ♩ mehr; z. B. **più forte,** stärker.

Pius [lat. »der Fromme«], männl. Vorname.

Pius, Päpste. **1) P. II.** (1458-64), Enea Silvio **Piccolomini,** 1442 Rat Kaiser Friedrichs III., bedeutend als Dichter, Humanist, Geschichtsschreiber. **2) P. V.** (1566-72), Michele **Ghislieri,** Vorkämpfer der Gegenreformation. **3) P. VII.** (1800-23), Barnaba **Chiaramonti,** krönte 1804 Napoleon I., verlor 1809 den Kirchenstaat an ihn, sprach den Bann gegen ihn aus, war 1809-1814 sein Gefangener, stellte Kirchenstaat (1815) und Jesuitenorden wieder her. **4) P. IX.** (1846-78), Giovanni **Mastai-Ferreti,** verlor den Kirchenstaat, 1870 auch Rom; verkündete 1854 das Dogma der Unbefleckten Empfängnis Mariä (→ Maria, Mutter Jesu), berief das 1. Vatikan. Konzil, das die päpstl. Unfehlbarkeit zum Dogma erhob (1870). **5) P. X.** (1903-14), Giuseppe **Sarto,** seit 1893 Patriarch von Venedig, bemühte sich um inneren Ausbau des kirchl. Lebens, bekämpfte den → Modernismus; Heiliger (Tag 21. 8.). **6) P. XI.** (1922-39), Achille **Ratti,** schloß 1929 mit Italien die → Lateranverträge ab. **7) P. XII.** (1939 bis 1958), Eugenio **Pacelli,** wurde 1917 Nuntius in München, 1920 in Berlin, 1929 Kardinal in Rom; verkündete 1950 das Dogma von der Himmelfahrt Mariä.

Planck

Pixel, Kw. aus **Pi**cture **El**ements, die durch Aufrasterung eines Bildes entstandenen Bildpunkte, die als digitalisierte Größen einem Rechner eingegeben werden können.

Piz [ladin.] der, Bergspitze.

Pizarro [piθ'arɔ], Francisco, span. Konquistador, *1478, †(ermordet) 1541; eroberte 1531-33 das Inkareich in Peru, ließ dessen letzten Herrscher hinrichten, gründete 1535 Lima.

Pizza, ital. Gericht aus Hefeteigboden, mit Tomaten, Käse, Salami, Sardellen u. a. belegt, im Ofen gebacken.

pizzicato [ital.], Abk. **pizz.,** ♩ gezupft (Anreißen der Saiten mit dem Finger).

Pkw, Abk. für **P**ersonen**k**raft**w**agen.

Placebo [lat.] das, in Form, Farbe, Geschmack einer bestimmten Arznei nachgebildetes Präparat, jedoch ohne Arzneistoff.

Placenta [lat.], ♡ → Mutterkuchen.

placieren [frz.], auch **plazieren, 1)** unterbringen, anlegen (Geld). **2)** ↗ einen Treffer erzielen; **sich p.,** einen vorderen Platz erringen.

plädieren [frz.], eine Sache vor Gericht mündl. vertreten. **Plädoyer** [plɛdwaj'e:] das, ⚖ Schlußvortrag einer Partei, im Strafprozeß der des Staatsanwalts und der des Verteidigers.

Plafond [plaf'ɔ̃, frz.] der, **1)** Zimmerdecke. **2)** Höchstbetrag.

Plagiat [lat.] das, geist. Diebstahl, bewußte Verletzung des Urheberrechts. **Plagiator,** jemand, der ein P. begeht.

Plagioklas der, Sammelname für alle Natrium und Calcium enthaltenden Feldspäte.

Plaid [plæd, engl.] das, der, **1)** schott. Umhang aus kariertem Wollstoff. **2)** Reisedecke.

Plakat [frz.] das, öffentlich angeschlagene Bekanntmachung oder Werbung.

Plakette [frz.] die, kleine, meist rechteckige Relieftafel aus Bronze oder anderem Metall, mit unterschiedl. Darstellungen.

plan [lat.], flach, eben. **Plan** der, -s/Pläne, **1)** Karte eines kleinen Gebietes (Stadt usw.) in großem Maßstab. **2)** Absicht; Entwurf.

Planartechnik, Halbleitertechnologie, bei der alle Bauelementstrukturen in Ebenen (planar) eingefügt werden.

Planck, Max, Physiker, *1858, †1947. Durch die von ihm begründete → Quantentheorie ist die Physik grundlegend umgestaltet worden. Seine Hauptarbeitsgebiete waren Strahlungstheorie und Thermodynamik. Nobelpreis 1918.

Plancksches Wirkungsquantum, Planck Konstante, Zeichen **h,** universelle Konstante von der Dimension einer Wirkung; $h \approx 6{,}626 \cdot 10^{-34}$ Js. (→ Quantentheorie).

Plane die, wasserdichte Schutzdecke.

Planetarium [lat.] das, Kuppelbau, in dem durch Projektionsapparate der Sternhimmel nachgebildet wird.

Planeten [grch.], Ez. **Planet** der, **Wandelsterne,** kalte Himmelskörper, die sich nach den Keplerschen Gesetzen in ellipt. Bahnen um die Sonne bewegen. Nach ihrer Entfernung von der Sonne geordnet sind es Merkur, Venus, Erde, Mars, Jupiter, Saturn, Uranus, Neptun, Pluto. Hinter Pluto wird ein 10. P., Transpluto, vermutet. Die mit bloßem Auge sichtbaren P. von Merkur bis Saturn waren schon im Altertum bekannt; Uranus wurde 1781, Neptun 1846, Pluto 1930 entdeckt. Zw.

Planeten

Name	Zeichen	Entfernung von der Sonne in Mio. km	Umlaufzeit	Durchmesser in km	Rotationsdauer d = Tag
Merkur	☿	58	88 Tage	4848	58 d 15 h
Venus	♀	108	225 Tage	12104	243 d 2 h
Erde	♁	149	1,00 Jahr	12756	23 h 56 min
Mars	♂	227	1,88 Jahre	6794	24 h 37 min
Jupiter	♃	778	11,86 Jahre	142796	9 h 55 min
Saturn	♄	1427	29,46 Jahre	120670	10 h 14 min
Uranus	⛢	2870	84,02 Jahre	51200	16 h 48 min
Neptun	♆	4496	164,79 Jahre	48600	18 h 12 min
Pluto	♇	5946	247,70 Jahre	~2200	6 d 9 h 17 min

den Bahnen von Mars und Jupiter bewegen sich kleine P. **(Planetoiden, Asteroiden);** man kennt die Bahnelemente von über 1900 Planetoiden. Außer Merkur und Venus haben alle Planeten Monde; Jupiter, Saturn, Uranus und Neptun besitzen Ringe aus Meteoriten und Staub.

Planetengetriebe, ⊙ → Umlaufgetriebe.

Planimeter [grch.] das, Gerät zum Ausmessen unregelmäßiger ebener Flächen.

Planimetrie die, Geometrie in der Ebene.

plankonkav, plankonvex, → Linse.

Plankton [grch.] das, Gesamtheit der im Wasser frei schwebend lebenden Tiere **(Zoo-P.)** und Pflanzen **(Phyto-P.).** Die tier. **Planktonten** besitzen besondere Einrichtungen, die das Absinken verhindern, z. B. Gasblasen im Innern des Körpers, lange Schwebefortsätze. Zum tier. P. gehören Radiolarien, Geißeltierchen, Quallen, Borstenwürmer, Flügelschnekken, Krebstiere, Larven von Fischen. Zum pflanzl. P. gehören Bakterien, Algen, Diatomeen, Wasserlinsenarten. P. dient vielen Tieren als Nahrung und als Sauerstofflieferant.

Planscheibe, Teil der Drehbank zum Aufspannen größerer scheibenförm. Werkstücke.

Planspiel, 1) militär. Ausbildungsverfahren, anhand einer angenommenen Kriegslage werden best. Führungsverfahren durchgeführt. **2)** → Unternehmensspiele.

Plantage [plant'a:ʒə, frz.] die, Großbetrieb für landwirtschaftl. Produkte.

Plantagenet [plænt'ædʒɪnɪt], **Anjou-P.** [ãʒ'u-], engl. Königshaus, das 1154-1485 herrschte. Der Name stammte von der Helmzier Graf Gottfrieds V. von Anjou (1129-51), einem Ginsterbusch (lat. planta genista). (→ Großbritannien, Geschichte).

Planwirtschaft, Wirtschaftsform, bei der der gesamte Wirtschaftsablauf von einer zentralen Stelle aus gelenkt wird **(Zentralverwaltungswirtschaft).** Ein Gesamtplan legt Produktion, Investition, Güterverteilung, z. T. auch Beruf und Arbeitsplatz fest; bes. in totalitären Staaten und manchen Entwicklungsländern. In der P. kommunist. Länder sind die Produktionsmittel meist verstaatlicht.

Plasma [grch.] das, **1)** das → Zytoplasma der Zelle. **2)** gerinnbare Flüssigkeit, z. B. des Blutes, der Milch. **3)** lauchgrüner Chalcedon, Schmuckstein. **4)** ⊠ hochionisiertes, elektr. leitendes Gas, Gemisch aus neutralen Atomen, positiven und negativen Ionen, Elektronen, Photonen und angeregten Atomen; bes. im Entladungsrumpf einer → Gasentladung (Gasschlauch), in Flammengasen und Sternatmosphären. Die **P.-Physik** erforscht Eigenschaften und Anwendungen von P. bes. für die gesteuerte Kernfusion.

Plasmodium [grch.-lat.] das, **1)** Entwicklungszustand der Schleimpilze. **2) P. malariae,** ein Sporentierchen, Erreger der → Malaria.

Plastik [grch.] die, **1)** dreidimensionales Werk der → Bildhauerkunst. **2)** ♡ operative Korrektur von angeborenen oder erworbenen Körperverunstaltungen (z. B. Gesichts-P. nach Verbrennung). **3)** U Kunststoff.

Plastiksprengstoffe, knet- und verformbares Sprengmittel; die Explosion wird durch Zeitzünder oder chemisch ausgelöst.

plastisch, 1) körperhaft. **2)** bildhauerisch.

plastische Chirurgie, Zweig der Chirurgie, der sich mit plast. Operationen beschäftigt, → Plastik 2).

Plastizität [zu Plastik] die, Verformbarkeit mit bleibender Gestaltänderung.

Plastron [plastr'ɔ̃, frz.] das, der, **1)** breite Krawatte. **2)** Schutzpolster beim Fechten.

Plataiai, dt. **Platää,** antike Stadt in Südböotien; 479 v. Chr. Sieg der Griechen unter Pausanias über die Perser.

Platane [grch.] die, Baumgatt. mit heller, glatter, in Platten abfallender Borke, mit drei- bis fünflapp. Blättern und kugel. (getrenntgeschlecht.) Blüten- und Fruchtköpfen. Die **Morgenländ. P.** und die **Nordamerikan. P.** sind Park- und Alleebäume; liefern gutes Nutzholz.

Platen, August Graf v. **P. Hallermund,** Dichter, *1796, †1835; formstrenge Gedichte, Schauspiele, Epos »Die Abassiden«; Romanzen (z. B. »Das Grab im Busento«).

Plateresken-Stil [span. plateresco »silberschmiedeartig«], Ende des 15. Jh. aufgekommener Stil der span. Kunst, Fassadendekorationen mit überreicher Pracht.

Platin [aus span.] das, **Pt,** chem. Element, silberweißes Metall; Ordnungszahl 78, Atomgewicht 195,09, D 21,45 g/cm^3, Schmelzpunkt 1769 °C, Siedepunkt 3827 ± 100 °C. Es ist chem. sehr widerstandsfähig und in Säuren (außer Königswasser) unlöslich. P. findet sich nur gediegen, meist legiert mit den andern Platinmetallen. Verwendung zu Schmucksachen, zur Herstellung von Schmelztiegeln, Schalen, Drähten und in feinverteilter Form **(P.-Mohr)** als Katalysator.

Platine, Träger einer gedruckten Schaltung.

Platinmetalle, Platin und die platinähnl. Metalle Ruthenium, Rhodium, Palladium, Osmium, Iridium.

Platon, lat. **Plato,** grch. Philosoph, Schüler des Sokrates, *427 v. Chr., †347 v. Chr.; gründete in Athen die → Akademie. Der Kern seiner Lehre sind die »Ideen«, die er als die ewigen Urbilder alles Seienden begreift; die Dinge der Wirklichkeit sind unvollkommene Abbilder der Ideen; die höchsten Ideen sind das Wahre, Schöne, Gute. Auch die Seele ist unsterblich, Ideenerkenntnis ist Wiedererinnerung. P.s Lehre ist in Gesprächen (Dialogen) dargestellt, von denen 35 erhalten sind. **Platoniker** der, Anhänger der platon. Philosophie.

platonische Liebe, geistige, nicht sinnliche Liebe (nach Platos Schrift »Symposion«).

Platonow, Andrej Platonowitsch, russ. Schriftsteller, *1899, †1951; naturalist. Romane, Erz.

Plattdeutsch, → niederdeutsche Sprache.

Plattensee, ungar. **Balaton** [b'ɔlɔton], größter See Ungarns, Mitteleuropas, 591 km^2, flach, fischreich.

Plattenspieler, Gerät zur Wiedergabe von Schall (Musik, Sprache), der auf einer Schallplatte aufgezeichnet ist. Der P. besteht aus einem **Plattenteller,** der von einem Elektromotor mit bestimmter, meist umschaltbarer Drehzahl (i. d. R. 45, 33⅓, früher auch 78 Umdrehungen je Minute) gedreht wird, und einem schwenkbaren **Tonarm,** der den **Tonabnehmer** mit dem **Abtaststift** (Saphir- oder Diamantnadel) trägt. Der Tonabnehmer (meist Kristall- oder Magnetsystem) wandelt die Bewegungen der Nadel in den Plattenrillen in elektr. Wechselspannungen um, die verstärkt und einem Lautsprecher zugeführt werden. **Stereo-P.** werten die in den Rillen von Stereo-Schallplatten in Zweikomponentenschrift gespeicherten Informationen für die Aussteuerung der beiden beim Stereo-Verfahren erforderl. Kanäle getrennt aus. Die beiden gewonnenen Wechselspannungen werden getrennt verstärkt und über 2 Lautsprecher abgestrahlt. Zum Abtasten (Laserabtastung) der digitalen Informationen bei **Compact Disc** (Toninformation) und Bildplatte (Bild- und Toninformation) sind besondere Abspielgeräte notwendig. Vorläufer des P. war der 1878 von Edison erfundene **Phonograph;** er benutzte Walzen mit Tiefenschrift. Die runde, ebene Schallplatte mit Seitenschrift wurde 1887 von E. Berliner erfunden.

Plattentektonik, geotekton. Hypothese zur Erklärung der Massenverlagerungen in der Erdkruste. Nach der P. besteht die Erdkruste aus 6 großen (Afrika, Amerika, Antarktis, Indien-Australien, Eurasien, Pazifik) und

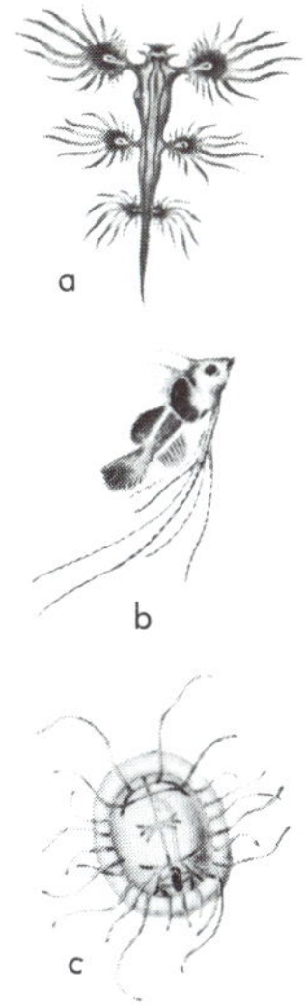

Plankton,
a Schnecke, b Larve des Seeteufels, c Manteltier

Platane

Platon

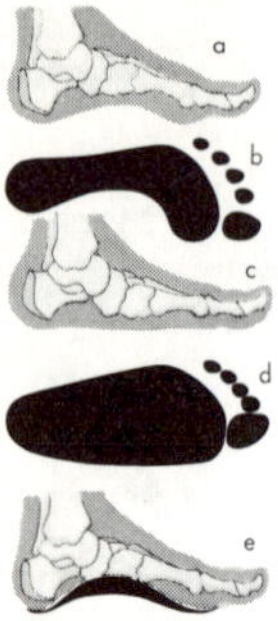

Plattfuß, a normaler Fuß, b normaler Fußabdruck, c Plattfuß, d Plattfußabdruck, e Plattfuß mit Einlage

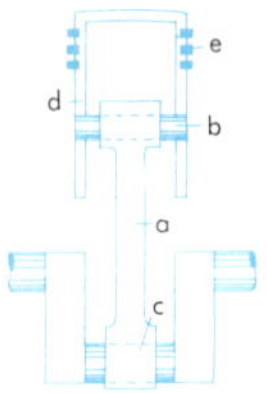

Pleuelstange (a), b Kolbenbolzen, c Pleuellager an der Kurbelwelle, d Kolben, e Kolbenringe

mehreren kleinen, mehr oder weniger starren, auf ihrer Unterlage verschiebbaren Tafeln. Driften diese auseinander, so bilden oder vergrößern sich Ozeane. Bewegen sich Platten aufeinander zu, so schiebt sich eine unter die andere: Kettengebirge und Inselbögen werden aufgefaltet. Als auslösendes Moment werden Unterströmungen in der **Asthenosphäre,** dem sich plastisch verhaltenden Teil des Erdmantels, angenommen. Die **Kontinentalverschiebungstheorie** ging aus von der Annahme eines Urkontinents, der in die heutigen Kontinente zerfallen und auseinandergetriftet sei.

Platt|erbse, krautige, meist rankende Schmetterlingsblüter. Die bläulich bis weiß blühende **Saat-P.** oder **Kicherling** wird der als Nahrung und Futter dienenden Samen wegen angebaut; die purpurn blühende **Knollen-P.** oder **Erdeichel** hat eßbare Knollen.

Plattfuß, angeborene oder erworbene Senkung des Fußgewölbes, häufig mit erhebl. Gehbeschwerden, auch Kreuzschmerzen.

plattieren, Metall mit einem anderen Metall überziehen, durch Walzen oder Galvanotechnik.

Plattwürmer, formenreiche Klasse der Würmer mit flachem Körper, meist Schmarotzer: Strudel-, Saug-, Band-, Schnurwürmer.

Platz|angst, krankhafter Angstzustand beim Überschreiten eines freien Platzes.

Platzhirsch, der stärkste am Brunftplatz.

Platzwechsel, 1) Wechsel, bei dem der Ausstellungsort auch Zahlungsort ist. Ggs.: Domizilwechsel (→Domizil). **2)** ↗ Seitenwechsel.

Platzziffer, ↗ Form der Wertung in nicht meßbaren Sportarten (z. B. Eislauf), die sich aus der Addition der von den einzelnen Kampfrichtern bestimmten Rangfolge ergibt.

Plauen, Krst. im Bez. Karl-Marx-Stadt, an der Weißen Elster, 77500 Ew.; Mittelpunkt der vogtländ. Textil- (Spitzen, Gardinen, Wäsche, Bekleidung u.a.), Maschinen-, Fahrzeug- und elektrotechn. Ind.

plausibel [lat.], einleuchtend, glaubhaft.

Plautus, Titus Maccius, röm. Lustspieldichter, *um 250 v. Chr., †184 v. Chr.; erhalten sind 21 Lustspiele, freie Fortbildungen grch. Komödien.

Play-back [pl'eıbæk, engl.] das, nachträgl. Abstimmung von Bild und Ton bei Film- und Fernsehaufnahmen.

Playboy [pl'eıbɔı, engl.], unernster, modisch bewußter, dem Vergnügen lebender Mann.

Plazenta [lat.] die, der →Mutterkuchen.

Plazet [lat. placet »es wird genehmigt«] das, Zustimmungsformel.

Plebejer der, **1)** urspr.: Angehöriger der röm. →Plebs. **2)** unfeiner, gewöhnlicher Mensch.

Plebiszit [lat.] das, Volksabstimmung.

Plebs [lat. »Menge«] die, **1)** im röm. Staat der Teil des Volkes, der nicht zu den →Patriziern gehörte (Plebejer), errang 287 v. Chr. polit. Gleichberechtigung. **2)** der, svw. Pöbel.

Plechanow, Georgij Walentinowitsch, russ. Sozialist, *1856, †1918; einer der Gründer und Führer der russ. Sozialdemokratie.

Pleinairmalerei [plεn'ε:r-, frz.], →Freilichtmalerei.

Pleinpouvoir [plẽpuvw'ar, frz.] das, unbeschränkte Vollmacht, freie Hand.

Pleiße die, rechter Nebenfluß der Weißen Elster, fließt durch Leipzig.

Pleistozän [grch.] das, neuerer Name des Diluviums, →Eiszeit.

pleite [hebr.], bankrott. **Pleite** die, Bankrott.

p-Leitung, die Defektelektronenleitung (Löcherleitung) in Halbleitern.

Plejaden Mz., ☆ das →Siebengestirn.

Plektron [grch.] das, ♪ Horn-, Holz-, Metallplättchen zum Anreißen der Saiten von Zupfinstrumenten.

plenar... [lat.], gesamt..., voll...

Plenarsitzung, Vollsitzung.

Plenum [lat.] das, die Vollversammlung.

Plenzdorf, Ulrich, Schriftst., *1934; Drama: »Die neuen Leiden des jungen W.« (nach »Werthers Leiden« von Goethe), Drehbücher.

pleo... [grch.], mehr...

Pleonasmus [grch.] der, überflüssiger Zusatz (z. B. »weißer« Schimmel).

Plesiosaurus der, ausgestorbener Saurier mit schlangenartigem Hals, bis 5 m lang.

Pleskau, russ. **Pskow,** Stadt in der Russ. SFSR, nahe dem **Pleskauer (Pskower) See,** dem südl. Teil des Peipussees, 197000 Ew.

Pleß, fürstl. Geschlecht in Schlesien; der Grundbesitz kam 1922 an Polen.

Plessen, Elisabeth, eigtl. Elisabeth Gräfin v. P., Schriftstellerin, *1944; sozialkrit. Prosa, Fernsehspiele.

Plessner, Helmut, Kulturphilosoph, *1892, †1985; Mitbegründer der modernen Anthropologie.

Plettenberg, Stadt in NRW, im Sauerland, 29100 Ew.; Metallind.

Pleuelstange, Schub-, Kurbel-, Treibstange, bei Kolbenmaschinen das Organ, das die hin- und hergehende Bewegung des Kolbens in eine drehende umwandelt.

Pleura [grch.] die, Brustfell (→Rippenfell).

Pleuritis [grch.] die, Rippenfellentzündung.

Pleureuse [plœr'ø:zə, frz. »die Trauernde«] die, **1)** ⚘ Trauerbesatz, Trauerrand am Briefpapier. **2)** Straußenfeder als Hutschmuck, um 1900.

Plewen, Pleven, Stadt im nördl. Bulgarien, 130000 Ew.; Lebensmittel-, chem., Zementind.

Plexus [lat.] der, ♡ Geflecht, netzartige Verbindung aus Blutadern oder Nerven.

Pleydenwurff, Hans, Maler, *um 1420, †1472; Hochaltar in Breslau, Kreuzigung.

Pli [frz. »Falte«] der, feines Benehmen, Schliff.

Plinius, 1) P. der Ältere, röm. Offizier, Gelehrter, *23 oder 24 n. Chr., †79 (beim Vesuvausbruch); verfaßte u. a. eine große »Naturgeschichte«. **2) P. der Jüngere,** Neffe und Adoptivsohn von 1), *61 oder 62 n. Chr., †um 113; seine Reden und Briefe geben ein anschaul. Bild vom Leben seiner Zeit.

Plinse [sorb.] die, Pfannkuchen.

Plinthe [grch.] die, Fußplatte einer Säulen- oder Pfeilerbasis, auch das entsprechende Glied eines Sockelprofils.

Pliozän [grch.] das, ⊕ jüngste Stufe des Tertiärs, →Erdgeschichte, ÜBERSICHT.

Plissee [frz.] das, **Faltenstoff,** Gewebe mit Falten. **plissieren,** fälteln.

PLO, Abk. für **P**alestine **L**iberation **O**rganization, →Palästinensische Befreiungsorganisation.

Ploiești [ploj'εʃtj], Stadt in Rumänien, 235000 Ew.; Mittelpunkt des rumän. Erdölgebietes am Rand der Karpaten.

Plombe [frz.] die, **1)** Bleisiegel. **2)** Zahnfüllung. Zeitw.: **plombieren.**

Plotin, grch. Philosoph, *um 205, †270; wichtigster Denker des →Neuplatonismus.

Plötze die, ein →Weißfisch.

Plowdiw, früher **Philippopel,** Stadt in Bulgarien, an der Maritza, 342000 Ew.; Textilind.

Plozk, poln. **Płock** [pɫɔtsk], Hptst. der Wwschaft P., 117500 Ew., an der Weichsel; roman. Dom. – 1138 bis 1351 Residenz der Masow. Herzöge.

Pluhar, Erika, österr. Schauspielerin und Chansonsängerin, *1939.

Plumbikon, eine Bildaufnahmeröhre (→Fernsehen).

Plumeau [plym'o, frz.] das, Federdeckbett.

Plumpudding [pl'ʌm-, engl.] der, Pudding

mit Nierenfett, Rosinen, Zitronat, Gewürz, mit Rum-Zucker-Gemisch übergossen und angezündet; engl. Weihnachtsspeise.

Plünderung, im Krieg die unbefugte Wegnahme von Gegenständen unter Ausnutzung der Kriegsverhältnisse. In der → Haager Landkriegsordnung (1899 und 1907) verboten.

Plural [lat.] der, ⓢ Mehrzahl; der **Pluralis maiestatis,** die von Fürsten gebrauchte Mehrzahl »wir« statt »ich«. **Pluraletantum** das, nur in der Mehrzahl gebrauchtes Wort, z. B. Leute.

Pluralismus [lat.] der, **1)** Ⓟ jede Lehre, die eine Vielheit von Prinzipien, Elementen oder Bereichen der Wirklichkeit annimmt, i. Ggs. zu Dualismus und Monismus. **2)** Politik: Staats- und Gesellschaftstheorie, die in der Koexistenz und freien Entfaltung einer Vielzahl von sozialen und weltanschaul. Teilmächten und Gruppierungen das tragende Element einer demokrat. Ordnung erblickt **(pluralist. Gesellschaft).**

plus [lat.], mehr; und: Zeichen (+), Rechenzeichen des Zusammenzählens; Vorzeichen der positiven Zahlen. **Plus** das, Mehr, Überschuß.

Plusquamperfekt [lat.] das, ⓢ Vergangenheitsform des Perfekts.

Plutarch, grch. Schriftst., *um 45 n. Chr., †um 125; vergleichende Lebensbeschreibungen bedeutender Griechen und Römer (z. B. Alexander-Caesar).

Pluto, 1) P., Hades, grch. Gott der Unterwelt; Bruder des Zeus. **2)** ☆ 9. Planet des Sonnensystems, 1930 entdeckt (→ Planeten).

Plutokratie [grch.] die, Herrschaft des Reichtums, bes. des Geldkapitals (in der Antike z. B. Karthago).

plutonische Gesteine [von Pluto], Tiefengesteine, → Gesteine.

Plutonismus [von Pluto], **Tiefenvulkanismus,** alle Erscheinungen, die mit der Bewegung des Magmas zusammenhängen.

Plutonium das, **Pu,** künstlich hergestelltes, radioaktives Element, ein → Transuran; Ordnungszahl 94. P. entsteht aus dem Uranisotop U 238 durch Beschuß mit Neutronen. Es wird durch langsame Neutronen gespalten (→ Kernspaltung), dient deshalb als »Sprengstoff« für Kernwaffen; auch »Brennstoff« für Kernreaktoren (Schnelle Brüter).

Plutos, altgrch. Gott des Getreidevorrats, dann des Reichtums.

Pluviale [lat.] das, mantelähnl. Gewand der kath. Geistlichen.

Pluvialzeit [von lat. pluvia »Regen«], der Eiszeit nördlicherer Gebiete entsprechende Zeit stärkerer Niederschläge in Tropen und Subtropen.

Plymouth [pl'ɪməθ], Hafenstadt an der Südküste Englands, befestigter Kriegs-, bed. Handelshafen, 244 000 Ew.; Schiffbau, Docks; Maschinen-, Radio- und Textil-Ind.

Pm, chem. Symbol für Promethium.

p. m., Abk. für **1) pro mille,** das Tausend. **2) post meridiem,** nachmittags.

Pneuma [grch.] das, **1)** Hauch, Luft, Atem. **2)** Seele, Geist. **3)** der Heilige Geist. **pneumatisch, 1)** mit Luft gefüllt. **2)** durch Luftdruck getrieben.

Pneumatik, techn. Verfahren, bei denen eingeschlossene Luft zur Kraftübertragung dient.

pneumatische Wanne, mit Wasser oder Quecksilber gefülltes Gefäß zum Auffangen von Gasen.

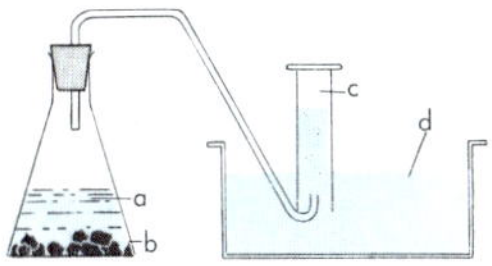

pneumatische Wanne, a Säure, b Metall (Zink), c Wasserstoff, d Wasser

Pneumokokken [grch.] Mz., Kugelbakterien; Erreger einer Lungenentzündung.

Pneumonie [grch.] die, die Lungenentzündung (→ Lungenkrankheiten).

Pneumothorax [grch.] der, Luftansammlung in der Pleurahöhle (→ Rippenfell); wird künstlich erzeugt (zur Ruhigstellung der erkrankten Lunge) oder kann durch Verletzung entstehen.

pn-Übergang, Grenzschicht zw. dem Gebiet mit p-Leitung und dem mit n-Leitung in einem Halbleiter.

Po der, lat. **Padus,** der größte Fluß Italiens (652 km), entspringt am Monte Viso (Cottische Alpen), durchfließt die **P.-Ebene,** mündet in einem Delta, das sich ständig ins Adriat. Meer vorschiebt.

Pocci [p'ɔttʃi], Franz Graf v., Zeichner, Dichter, Musiker, *1807, †1876; schrieb und illustrierte Kinderbücher, komponierte Singspiele, Opern.

Pochwerk, ⊙ Maschine zum Zerkleinern, bes. von Erz. **Pochstempel:** von Daumenwellen gehoben, fallen durch ihr Eigengewicht auf das Pochgut.

Pocken, Blattern Mz., durch ein Virus hervorgerufene Infektionskrankheit, bei der sich auf Haut und Schleimhäuten unter hohem Fieber Eiterpusteln bilden. Diese gehen in Geschwüre über, die beim späteren Abheilen entstellende Narben hinterlassen. – Seit der Einführung der gesetzl. P.-Schutzimpfung (1874; 1976 aufgehoben) sind die P. in Dtl. erloschen.

Pocket-book [p'ɔkɪtbuk, engl.], Taschenbuch.

Pockholz, Holz des Guajakbaumes.

Podagra [grch.] das, ♡ Fußgicht (→ Gicht).

Podest [lat.] der oder das, **1)** Treppenabsatz. **2)** Bühne, erhöhter Tritt.

Podex [lat.] der, Gesäß.

Podium [lat.] das, Bühne, erhöhte Fläche.

Podoli|en, fruchtbare Landschaft (Weizen, Zuckerrüben) in der Ukraine.

Podolsk, Stadt im Gebiet Moskau, Russ. SFSR, 208 000 Ew.; Maschinenbau-, elektrotechn. Ind.

Poe [pəʊ], Edgar Allan, amerikan. Schriftst., *1809, †1849; bed. Vertreter der amerikan. Romantik; spannende, phantasiereiche, oft unheiml. Erzählungen, Gedichte.

Poem [grch.-lat.] das, Gedicht. **Poesie** die, Dichtkunst. **Poet** der, Dichter. **poeta laureatus** der, mit Lorbeer gekrönter Dichter. **poetisch,** dichterisch. **Poetik** die, Lehre von der Dichtkunst.

Pogrom [russ.] der, Verfolgung einer Bev.-Gruppe, bes. der Juden.

Pohl, Gerhard, Politiker (CDU), *1937; April bis Aug. 1990 Min. für Wirtschaft in der Dt. Dem. Rep.

Pöhl, Karl-Otto, Bankfachmann, *1929, seit 1980 Präs. der Dt. Bundesbank.

Poilu [pwal'y, frz.] der, erst Spitz-, dann Ehrenname des frz. Frontsoldaten.

Poincaré [pwɛ̃kar'e], Raymond, frz. Staatsmann, *1860, †1934; 1913-20 Staatspräs.; 1922-24, 1926-29 MinPräs. P. baute das Bündnissystem mit Großbritannien und der Sowjetunion aus. Nach dem 1. Weltkrieg vertrat er gegenüber Dtl. eine starre Reparationspolitik und ließ 1923 das Ruhrgebiet besetzen.

Pointe [pw'ɛ̃tə, frz.] die, Spitze, entscheidende Stelle eines Witzes. **pointiert,** geistreich.

Pointer [p'ɔɪntə, engl.] der, ein Jagdhund.

Pointillismus [pw'ɛ̃-, frz.] der, auch **Neoimpressionismus,** Fortsetzung des Impressionismus, setzt ungemischte Farben punktartig nebeneinander (G. Seurat, P. Signac u. a.).

Point-of-Sale-Terminal, Abk. **POS-Terminal,** elektron. Kasse, an der mit Kreditkarte gezahlt wird.

Poitiers [pwatj'e], Stadt in W-Frankreich, 79 000 Ew.; got. Kathedrale, roman. Kirchen,

Pluviale

Poe

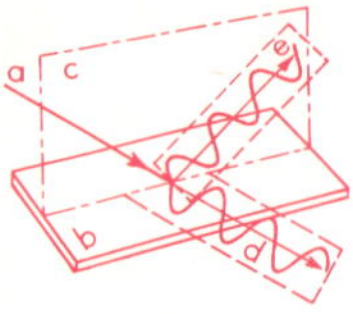

Polarisation 1): durch Spiegelung, a einfallender Lichtstrahl, b Spiegel, c Einfallsebene, d Schwingungsebene des gebrochenen Strahls, e Schwingungsebene des reflektierten Strahls

Polarlicht

Polen

Baptisterium Saint-Jean (4. Jh.); Univ. – P. war die Hptst. der Gfsch. Poitou. 732 schlug Karl Martell bei P. die Araber.

Poitou [pwat'u], geschichtl. Landschaft in W-Frankreich, südl. der Loire; Hptst.: Poitiers. P. war 1154-1204 und 1360-71 in engl. Hand.

Pokal [lat.] der, **1)** kunstvoller Becher mit Fuß. **2)** sportl. Siegespreis.

pökeln, Fleisch haltbar machen durch Einlegen in eine Lösung von Salz und Salpeter.

Poel [pøl], **Pöl,** Ostsee-Insel in der Wismarer Bucht, 37 km², 3500 Ew.

Pol [grch. polos »Drehpunkt«] der, **1)** ⊕ ☆ Punkt, der bei der tägl. Umdrehung der Erde und der scheinbaren Drehung des Himmelsgewölbes in Ruhe bleibt; Endpunkte der Erdachse (**Erd.-P.,** Nord-, Süd-P.) und Himmels- oder Weltachse (**Himmels-, Welt-P.**). **2) Magnetischer P.,** → Magnetismus. **3)** ⚡ Klemmen einer Stromquelle, zw. denen eine Spannung besteht (Plus-P. oder positiver P.; Minus-P. oder negativer P.).

Polanski, Roman, poln. Filmregisseur, *1933; vom Surrealismus und absurden Theater beeinflußt, »Tanz der Vampire«, »Piraten«, u. a. Filme.

Polanyi, John C., kanad. Chemiker, *1929, erhielt 1986 den Nobelpreis.

Polarforschung, → Entdeckungsreisen, ÜBERSICHT.

Polargebiete, das → Nordpolargebiet und → Südpolargebiet.

Polarimeter [grch.-lat.] das, Gerät zum Messen der Drehung der Polarisationsebene von Licht; besteht häufig nur aus Polarisator und Analysator (→ Polarisation).

Polarisation [lat.] die, **1) P. des Lichts.** Das gewöhnl. Licht ist eine transversale elektromagnet. Welle, d. h. die Schwingungen erfolgen senkrecht zur Fortpflanzungsrichtung. Treten die Schwingungen nur in einer Ebene (**P.-Ebene**) auf, so heißt das Licht **polarisiert.** Das erreicht man durch Spiegelung bei bestimmtem Einfallswinkel oder bei Doppelbrechung in Kristallen. Spiegel oder Kristall (meist ein → Nicolsches Prisma) heißen **Polarisator.** Fällt das polarisierte Licht auf einen 2. Spiegel oder durch einen 2. Kristall (**Analysator**), so wird es bei bestimmten Stellungen des Analysators völlig ausgelöscht. Derartige **P.-Apparate** verwendet man zu Untersuchungen von Kristallen (Polarisationsmikroskop; → Dünnschliffe) und bei chem. Untersuchungen optisch aktiver Stoffe. **2) elektrolyt. P., Konzentrations-P.,** unerwünschte Änderungen der Ionenkonzentration an den Elektroden einer elektrolyt. Zelle (z. B. galvan. Element); **chem. P.,** unerwünschte Wasserstoffabscheidung an den Elektroden. Beide Effekte vermindern die Zellenspannung; Abhilfe durch bes. Elektrodenaufbau und **Depolarisatoren.**

Polarität [grch.-lat.] die, Verhältnis der Gegensätzlichkeit.

Polarkreis, Breitenkreise von 66°33′ nördl. (**nördl. P.**) und von 66°33′ südl. (**südl. P.**) Breite. Die P. trennen die Polarzonen von den gemäßigten Zonen.

Polarlicht, Lichterscheinung am nächtl. nördl. oder südl. Himmel in Horizontnähe (**Nordlicht, Südlicht**) in höheren Breiten, vorhangförmig, verursacht durch Teilchenstrahlung von der Sonne; meist von → magnetischen Stürmen begleitet.

Polarmeere Mz., **Eismeere,** die die Pole umgebenden Teile des Weltmeeres, die großenteils ständig von Eis bedeckt sind.

Polarnacht, Zeit, in der die Sonne mehr als 24 Stunden (zutreffend für alle Orte mit mehr als 66½° geograph. Breite) unter dem Horizont bleibt; an den Polen nahezu ½ Jahr. Ggs.: Polartag.

Polarstern, ☆ Stern zweiter Größe im Sternbild des Kleinen Bären, etwa 1° vom Himmelsnordpol entfernt; dient nachts zur Feststellung der Himmelsrichtungen.

Polarzonen, kalte Zonen, die beiden Kugelkappen der Erde jenseits der beiden Polarkreise.

Polder [niederländ.] der, durch Eindeichung gewonnenes Neuland.

Polemik [grch.] die, (wissenschaftl.) Streit; Streitkunst. **polemisch,** streitend, feindselig. **polemisieren,** streiten, bekämpfen.

Polen, Rep. im östl. Mitteleuropa, umfaßt (einschl. der seit 1945 unter poln. Verwaltung stehenden dt. Ostgebiete und Danzig) 312683 km² mit 37,77 Mio. Ew.; Hptst.: Warschau. ⊕ S. 488/89.

VERFASSUNG von 1952 (zuletzt geändert 1989); Staatsoberhaupt ist der gewählte Präs.; an der Spitze der Reg. steht ein vom Parlament (Sejm) gewählter MinPräs. Das Prinzip der Gewaltenteilung wurde in die Verf. aufgenommen, ebenfalls das der Freiheit und Freiwilligkeit bei der Parteienbildung, die führende Rolle der Poln. Vereinigten Arbeiterpartei gestrichen. – Verwaltungseinteilung in 49 Woiwodschaften, darunter die Städte Warschau, Lodz, Krakau.

LANDESNATUR. Im N vorwiegend von der Eiszeit geprägte Oberflächenformen (Anteil an der Balt. Tiefebene und Seenplatte und der Pommerschen Seenplatte). Im S schließen sich Mittelgebirge an (Łysica 611 m), im äußersten S Hochgebirge (Karpaten bis 2655 m hoch), im SW ein Teil der Sudeten. Hauptflüsse: Weichsel mit Bug, Oder mit Warthe und Netze. BEVÖLKERUNG. Überwiegend Polen; nach poln. Schätzungen rd. 200000 Deutsche. Religion: überwiegend katholisch.

WIRTSCHAFT. Seit 1947 entwickelte sich P. zu einem Industriestaat, in dem die Landwirtschaft (Anbau von Getreide, Viehzucht) ein wichtiger Wirtschaftszweig blieb. Das Agrarland ist meist in Privatbesitz; die Schlüsselind. wurden verstaatlicht oder stehen unter Staatskontrolle. Mehrjahrespläne fördern die Industrialisierung. P. war (1987) viertgrößter Steinkohlenerzeuger der Welt (Oberschlesien); ferner ⚒ auf Zink-, Blei-, Eisenerz u. a.; Erdgaslager. Schwer-, Maschinen- und Fahrzeug-, elektrotechn., chem., Papier-, Textil- u. a. Ind. Forstwirtschaft, Fischerei. Ausfuhr: Kohle, Hüttenerzeugnisse, Schiffe, Eisenbahnwagen. Haupthandelspartner: UdSSR u. a. osteurop. Staaten, Bundesrep. Dtl. Haupthäfen: Gdingen, Danzig, Stettin; internat. Flughafen: Warschau.

Ⓖ Nach dem Abzug der Germanen von der mittleren Weichsel und Warthe drangen um 600 Slawen ein. Fürst Misika (Mieszko), der das Haus der **Piasten** gründete, wurde Christ (seit 1000 eigenes Erzbistum Gnesen) und dt. Lehnsmann. Sein Sohn Bolesław I. Chrobry (992-1025) gewann zeitweise die Länder an der Oder. Nach der Teilung von 1138 fiel Schlesien 1163 an Böhmen, Pommern 1181 an das Dt. Reich, Westpreußen 1230, Pommerellen 1308/43 an den Dt. Orden. Der letzte Piast Kasimir d. Gr. (1333-1370) eroberte Galizien, Wolhynien, Podolien. 1386 gelangte mit → Jagiełło (Władisław II.) das litauische Haus der **Jagiellonen** auf den Thron; so wurde das großlitauische Gebiet, das auch Weißrußland und die Ukraine umfaßte, mit P. vereinigt. Im Kampf gegen den → Deutschen Orden gewannen die Polenkönige 1466 die Herrschaft über Westpreußen mit dem Ermland und die Oberlehnshoheit über Ostpreußen (bis 1657), ferner 1561 Livland und die Lehnshoheit über Kurland. Seit dem Aussterben der Jagiellonen 1572 machtloses **Wahlkönigtum** und innere Kämpfe der Adelsparteien. 1629 kam Livland zu Schweden, 1654/67 die östl. Ukraine zu Rußland. König Johann III. Sobieski (1674-96) kämpfte erfolgreich gegen die Türken. Unter den sächs. Königen (1697-1764) wurde P. zum Objekt der Großmächte Österreich, Frankreich und später Rußland. Durch die **poln. Teilungen** von 1772, 1793 und 1795 wurde P. unter Rußland, Österreich und Preußen aufgeteilt. Napoleon I. errichtete 1807 aus preuß. und österr. Teilen das Hzgt. Warschau. Dieses fiel 1815, in das Kgr. P. (Kongreßpolen) umgewandelt, zum größten Teil an Rußland. Im Nov. 1918 entstand die unabhäng. **Rep. P.** Sie gewann durch den Versailler Vertrag den größten Teil Westpreußens (als »Poln. Korridor« zur Ostsee) und der Prov. Posen, Vorrechte in der »Freien Stadt« Danzig, dazu 1921 den wertvollsten Teil von Oberschlesien. 1920 wurde ein Angriff Sowjetrußlands bei Warschau abgeschlagen, 1921 im Frieden von Riga weißruss. und ukrain. Gebiete P. einverleibt. Marschall → Piłsudski gewann durch den Staatsstreich von 1926 eine autoritäre Machtstellung. Er suchte eine Verständigung mit dem Dt. Reich und schloß 1934 den dt.-poln. Nichtangriffspakt ab. 1939 schloß P. den Beistandspakt mit Großbritannien. An der poln. Frage entzündete sich der 2. Weltkrieg. P. wurde 1939 von dt. und russ. Truppen, 1941 ganz von den Deutschen erobert, 1945 von den Russen besetzt. Nach Kriegsende fielen die poln. Ostprovinzen an die UdSSR. P. erhielt die Verwaltungsbefugnis über die dt. Gebiete östlich der Oder-Neiße-Linie; die dt. Bev. wurde ausgewiesen. 1947-90 war P. VR. P.s Außenpolitik war mit der UdSSR koordiniert. P. ist Mitgl. des Warschauer Pakts und des Comecon. Eine Revolte in Posen (1956) und Studentenunruhen in Warschau (1968) wurden unterdrückt. P. und die Bundesrep. Dtl. schlossen 1970 den Warschauer Vertrag zur Besserung der gegenseitigen Beziehungen.

Wirtschaftl. Schwierigkeiten lösten 1980 eine von Danzig ausgehende Streikwelle aus, in deren Folge sich unabhängige Gewerkschaften bildeten. Anhaltende wirtschaftl. und soziale Spannungen (v. a. mit der Gewerkschaft → Solidarität) führten 1981 zu Umbesetzungen in Partei- und Staatsführung, die mit der Verhängung des Kriegsrechts (Dez. 1981-Juli 1983) das kommunist. Machtmonopol zu sichern suchte. Die in der Folge starken Einfluß gewinnende Solidarität vermochte 1989 ihre Forderungen nach polit., sozialen und wirtschaftl. Reformen weitestgehend durchzusetzen. Staatspräs.: Gen. W. Jaruzelski (seit 1989), MinPräs.: T. Mazowiecki (seit 1989).

Polesien, unwegsame Sumpf- und Waldlandschaft am Pripet, im W der UdSSR.

Polhöhe, Winkel Himmelspol-Beobachter-Horizont; er ist gleich der geograph. Breite. **P.-Schwankung,** → Nutation.

Poliakoff, Serge, russ. Maler, *1906, †1969; abstrakte Bilder; lebte in Paris.

Police [pɔl'isə, frz.] die, Versicherungsschein.

Polier, Palier [von frz. parler »sprechen«] der, aufsichtführender Bauhandwerker.

polieren, glänzende Oberflächen herstellen durch Glattschleifen mit feinkörnigen Schleifmitteln (Metalle, Glas, Kunststoff), bei Holz wird noch eine Politur aufgetragen.

Poliklinik [zu Polis] die, Krankenhaus für nicht bettlägerige Kranke.

Poliomyelitis [grch.] die, → Kinderlähmung.

Polis [grch.] die, altgrch. Stadtstaat.

POLISARIO, FPOLISARIO, Abk. für **F**rente **Po**pular de **Li**beración de **Sa**guia el Hamra y de **Rí**o de **O**re, Untergrundbewegung, tritt für die Unabhängigkeit von → Westsahara ein.

Politbüro das, Abk. für **Polit**isches **Büro**, Führungsgremium einer kommunist. Partei.

Politesse [frz.] die, **1)** ✤ Höflichkeit. **2)** Hilfspolizistin für best. Aufgaben.

Politik [von polis] die, **1)** staatl. oder auf den Staat bezogenes Planen und Handeln; als **Staats-P.** zur Verwirklichung der Staatszwecke (Macht, Sicherheit, Frieden, Gerechtigkeit, Wohlfahrt, Kultur u. a.) und als **Partei-P.** zur Erringung von Macht oder Einfluß im Staat (durch Parteien, Klassen, Verbände, Interessengruppen u. a.). Bereiche: Außen-, Innen-, Länder-, Kommunal-, Finanz-, Sozial-, Wirtschafts-, Agrar-, Bevölkerungs-, Kultur-P. u. a. **2) wissenschaftl. P., Politologie,** Lehre vom staatsbezogenen Denken und Handeln mit Wissensgebieten aus Staat, Recht, Wirtschaft, Soziologie, Geschichte, Geographie.

Politikum [grch.-lat.] das, eine ins Politische gezogene Angelegenheit.

politische Häftlinge, politische Gefangene, i. w. S. Menschen, die aus weltanschaul., rassischen, ethn. oder polit. Gründen in Haft sind; i. e. S. Menschen, die wegen ihrer vermeintl. oder tatsächl. Opposition gegen ein Reg.-System inhaftiert sind.

politische Verbrechen, gegen den Staat gerichtete strafbare Handlungen, z. B. Hochverrat, Staatsgefährdung, Landesverrat, Handlungen gegen ausländ. Staaten, Verbrechen und Vergehen in Beziehung auf die Ausübung staatsbürgerl. Rechte.

Politoffiziere, Dt. Dem. Rep.: Offiziere, die bis 1989/90 für das kommunist. Schulungsprogramm in der Armee verantwortlich waren.

Politologie [grch.], Lehre von der Politik.

Polizei die, Teil der öffentl. Verwaltung; dient in erster Linie der Abwehr von Gefahren, durch die die öffentl. Sicherheit oder Ordnung bedroht wird. – Das **P.-Recht** ist in der Bundesrep. Dtl. bis auf einige Ausnahmen Angelegenheit der Länder. – Die Länder sind auch Träger der P., daneben auch in einigen Ländern die Gemeinden. Auf einzelnen Gebieten verfügt der Bund über Sonderpolizeibehörden: Bahn-P., Bundesgrenzschutz, Bundeskriminalamt u. a. – Die P. gliedert sich in die Sicherheits-P. i. w. S. oder **Ordnungs-P.**, das sind alle die Behörden, die der öffentl. Sicherheit und Ordnung dienen, und in die Sicherheits-P. i. e. S., das ist die **Vollzugs-P.** (uniformierte Schutz-P., Bereitschafts-P., Wasserschutz-P. und die nichtuniformierte Kriminal-P.). Diese Unterscheidung hat aber an Bedeutung verloren, da die sog. Verwaltungs-P. (Bau-, Gewerbe-P. u. a.) in vielen Ländern abgeschafft und ihre Aufgabe reinen Verwaltungsbehörden übertragen worden ist. – Die

Poliakoff: Komposition

Voraussetzung für die Tätigkeit der P. gibt die sog. **Generalermächtigung.** Die Maßnahmen sind nach pflichtmäßigem Ermessen zu treffen und dürfen nicht weiter gehen, als zur Erreichung des Zieles nötig ist. Eingeschränkt werden die Maßnahmen der P. durch die zum Schutze des Bürgers vor Eingriffen in seine Freiheitssphäre (→Menschenrechte) erlassenen Gesetze, z. B. über die Durchsuchung von Personen und Räumen. – In der Dt. Dem. Rep. besteht die **Volks-P.** als Schutz-P., Verkehrs-P., Kriminal-P., Transport-P.

Polizeiaufsicht, ⚖ Freiheitsbeschränkung, die in best. Fällen vom Richter neben einer Freiheitsstrafe verhängt werden kann; 1975 durch eine Führungsaufsicht ersetzt.

Polizeihund, Diensthund mit besonderer Abrichtung zur Unterstützung der Polizei.

Polizeistaat, Staat des Absolutismus im 17./18. Jh., der nach Willkür der Fürsten mit seiner von der Justiz nicht klar getrennten Verwaltung (Polizei im damaligen Sinne) stark in den Privatbereich der »Untertanen« eingriff. Im 19. Jh. wurde der P. durch den Verfassungs- und Rechtsstaat abgelöst; die totalitären Staaten des 20. Jh. näherten sich mit ihrer Beseitigung der rechtsstaatl. Garantien wieder dem P.

Polizeistunde, polizeilich festgesetzter Zeitpunkt, nach dem, auch die Zeitspanne, während der der Aufenthalt in Gastwirtschaften verboten ist.

Polka [tschech.] die, Rundtanz im $^2/_4$-Takt.

Pollaiuolo, Antonio, ital. Bronzebildner, Maler, *1432 (?), †1498, schuf die Grabmäler für Sixtus IV. und Innozenz VIII. (Rom, St. Peter) zus. mit seinem Bruder Piero (*1443, †1496).

Pollack, Peter, Politiker, *1930; April bis Aug. 1990 Min. für Ernährung, Land- und Forstwirtschaft in der Dt. Dem. Rep.

Pollen [lat.] der, ♤ Blütenstaub. →Blüte, →Bestäubung, →Befruchtung. **P.-Analyse,** Erschließung des vorzeitl. Pflanzenwuchses eines Gebietes aus P. früherer Pflanzen.

Pollock, Jackson, amerikan. Maler, *1912, †1956; einflußreicher Künstler des Tachismus.

Polonaise: Grundrhythmus

Pollution [lat.] die, ♡ nächtl. Samenerguß, oft mit sexuellen Träumen verknüpft. P. sind natürl. Ausgleichsvorgänge.

Pollux, 1) einer der →Dioskuren. **2)** ☆ der Stern 1. Größe b im Sternbild Zwillinge.

polnische Kunst. Im MA. enger Zusammenhang mit mitteleurop. Kunst. Wenige roman. Kirchen erhalten, bes. Zentralbauten. Domtür in Gnesen (um 1230). Im 13. Jh. got. Bauformen durch Zisterzienser verbreitet. Nach dem Mongolensturm (1241) Aufschwung der Baukunst in den nach dt. Recht neugegr. Städten (Krakau, Lublin, Lemberg u. a.). In spätgot. Zeit Nürnberger Meister in Krakau: V. Stoß, P. Vischer, H. v. Kulmbach u. a. Seit dem 16. Jh.: wachsender Einfluß der Renaissance; ital. Baumeister in P.; dann zunehmende Verselbständigung. Im 17. Jh. Verschmelzung europ. und oriental. Formen (»Sarmat. Stil«, bes. im Kunsthandwerk). Warschau Mittelpunkt des höf. Barock. Im 18. Jh.: dt. Einfluß maßgebend unter den sächs. Königen. Seit dem Übergang zum 19. Jh. der westeurop. Kunst entsprechende Entwicklung: Klassizismus, Eklektizismus; in der Malerei nationale Themen bevorzugt (Bilder aus der poln. Geschichte von J. Matejko u. a.). Nach 1945 vorbildl. Leistungen der Architektur durch Restaurierung zerstörter Städte (Warschau, Danzig, Posen). Hochentwickelt die Volkskunst, die bis in die Gegenwart ihre bodenständige Überlieferung bewahrt hat; hervorragende Leistungen auch in der Gebrauchsgraphik: Plakate, Illustrationen (bes. Kinderbücher). Fast alle Tendenzen der modernen Kunst wurden seit den 50er Jahren in der p. K. aufgenommen.

Polyklet: Amazone

Polnischer Korridor, →Korridor 2).

polnische Sprache und Literatur. Das Polnische gehört zum westl. Zweig der slaw. Sprachfamilie. Die ersten Sprachdenkmäler stammen aus dem 14. Jh. Unter dem Einfluß der Romantik und der poln. Teilungen schwang sich die poln. Dichtung zu großen Leistungen auf (Mickiewicz, Słowacki, Krasiński). Abgelöst wurde die Romantik von der naturalist.-psycholog. Richtung (Prus, Konopnicka, später Reymont, Żeromsky). Den patriotisch-histor. Roman pflegte Sienkiewicz. Seit etwa 1895 entstand eine neuromant. Dichtung (Tetmajer, Kasprowicz, Wyspiański). Vor und nach dem 1. Weltkrieg entwickelte sich die Literatur vielseitig (Kaden-Bandrowski, Z. Nałkowska, M. Dabrowska, W. Gombrowicz). Nach dem 2. Weltkrieg Hinwendung zum sozialist. Realismus (Rembeck, Hłasko, Mrożek, Miłosz). Die student. Unruhen 1968 veranlaßten z. B. Kołakowski zur Solidarisierung.

Polo, Marco P., Kaufmann in Venedig, *1254, †1324, bereiste den Fernen Osten (1271 bis 1292); schrieb »Am Hofe des Großkhans«.

Polo das, reiterl. Ballspiel, bei dem 2 Mannschaften mit je 4 Spielern mit hammerartigen Schlägern einen Hartball durch das gegner. Tor zu treiben suchen.

Polonaise [polonˈɛːz(ə), frz.] die, urspr. poln., geschrittener Tanz im $^3/_4$-Takt.

Polonium das, **Po,** radioaktives chem. Element, entdeckt 1898 von P. und Marie Curie.

Poltawa, Stadt der Ukrain. SSR, 305000 Ew.

Polter|abend, Abend vor der Hochzeit, an dem Geschirr u. a. zerschlagen wird, weil die Scherben Glück bringen sollen.

poly... [grch.], in Fremdwörtern: viel..., z. B. Polygon, Vieleck.

Polyacrylharze, thermoplast., licht- und wetterbeständige Kunststoffe, oft glasklar (Acrylglas), auch als Faser verspinnbar.

Polyaddition [Kw., grch.-lat.] die, ☜ Bildung von Makromolekülen durch Wanderung von Wasserstoffatomen ohne Abspaltung anderer Stoffe, →Kunststoffe.

Polyamide, hornartige Kunststoffe, die zu Fasern, Borsten, Folien, Lacken, Spritzgußmassen u. a. verarbeitet werden.

Polyandrie, →Polygamie.

Polyäthylen das, ☜ thermoplast. Kunststoff, u. a. für Fasern verwendet.

Polybios, grch. Geschichtsschreiber, *um 200 v. Chr., †um 120 v. Chr., kam als Geisel nach Rom, beschrieb die Ausbreitung der röm. Herrschaft über die Mittelmeerwelt.

Polycarbonate, durchsichtige Kunststoffe für Fasern, Platten, Filme.

Polychlorbiphenyle, Abk. **PCB,** organ. Verbindungen, die in geschlossenen Systemen als Isolier-, Hydraulik- und Kühlflüssigkeiten dienen; hochgiftig, krebserregend.

polychrom [grch.], vielfarbig, bunt.

Polyeder [grch.] das, **Vielflach,** △ ein von ebenen Flächen begrenzter Körper, z. B. der Würfel.

Polyester, Kunststoff für Folien, Gießharze, Niederdruckpreßmassen, Karosserien.

Polygamie [grch.] die, Vielehe; entweder die **Vielweiberei** oder **Polygynie** (Verbindung eines Mannes mit mehreren Frauen) oder die **Vielmännerei** oder **Polyandrie** (Verbindung einer Frau mit mehreren Männern).

polyglott [grch.], vielsprachig.

Polygon [grch.] das, △ →Vieleck.

Polygynie, →Polygamie.

Polyhistor [grch.] der, -s/...storen, Gelehrter, der in vielen Wissenschaften bewandert ist.

Polyhymnia, die Muse des Tanzes, Gesangs.

Polyklet, klass. grch. Bildhauer des 5. Jh. v. Chr.: Speerträger, Diadumenos, Amazone.

Polykondensation [grch.-lat.] die, ☜ Bildung von Makromolekülen unter Abspaltung anderer Stoffe (meist Wasser), → Kunststoffe.

Polykrates, seit etwa 538 v. Chr. Tyrann von Samos, großartiger Bauherr mit glanzvollem Hof; vom pers. Satrapen Oroites getötet. – Ballade von Schiller: Der Ring des P. (1797).

Polymerisation [grch.] die, ☜ Zusammenschluß vieler Moleküle einer einfachen Verbindung zu einem Makromolekül; ergibt ein **Polymerisat.**

Polymorphie die, **Polymorphismus** [grch.] der, Vielgestaltigkeit. **1)** verschiedenerlei Gestalt in derselben Tier- oder Pflanzenart (Bienenkönigin, Drohne und Arbeiterin). **2)** ☜ Eigenschaft chem. Verbindungen, in versch. Kristallformen aufzutreten.

Polynesi|en, der östl. Teil Ozeaniens, meist vulkan. oder Koralleninseln; umfaßt die Hawaii-Inseln, die Zentralpolynes. Sporaden, Tonga-, Samoa-, Tokelau-, Phoenix-, Gesellschafts-, Cook-, Tubuai-, Tuamotu-, Marquesas-Inseln, Neuseeland, die Oster-Insel u.a.; zus. rd. 45 000 km², über 1,3 Mio. Ew. (→ Polynesier, ferner weiße und asiat. Einwanderer). Fischerei.

Polynesi|er Mz., hellfarbige Eingeborene Polynesiens, hochgewachsene Menschen, sind rassisch Europide mit mongol. Beimischung.

Polynom [grch.] das, mathemat. Ausdruck, der Form $a_0 + a_1x + a_2x^2 + \cdots + a_nx^n$; die Koeffizienten $a_0, a_1, \ldots$ sind Zahlen, die Größe x heißt Unbestimmte, n ist der Grad des P.

Polyp [grch. »Vielfüßer«] der, **1)** ⚘ ✤ Krake. **2)** ⚘ festsitzende, sich ungeschlechtlich fortpflanzende Form der → Hohltiere. **3)** ♡ gutartige, geschwulstförmige Wucherung der Schleimhäute (Nasen-, Kehlkopf-, Gebärmutter-P. u.a.).

Polyphem, grch. Sage: einäugiger Kyklop, wurde von Odysseus geblendet.

Polyphonie [grch.] die, mehrstimmige Musik: Komposition, bei der jede Stimme eigene melod. Bedeutung hat. Eigw.: **polyphon.**

Polypropylen [grch.], thermoplast. Kunststoff hoher mechan. Festigkeit für Spritzgußartikel, Folien, Fasern.

Polysaccharide, zusammengesetzte Zuckerarten, → Zucker.

Polystyrol das, ☜ glasklarer Kunststoff für den Spritzguß von Massenartikeln.

Polytechnikum das, ✤ höhere techn. Fachschule.

polytechnische Bildung, naturwissenschaftlich-techn. Unterricht zunächst an Schulen kommunist. Staaten, heute ähnlich in allen Industriestaaten.

Polytheismus [grch.] der, Vielgötterei.

polytonal, ♩ Musik, die versch. Melodielinien in versch. Tonarten gleichzeitig erklingen läßt.

Polyurie [grch.] die, krankhaft vermehrte Harnausscheidung.

Polyvinylchlorid das, Abk. **PVC,** Polymerisat des Vinylchlorids, in großen Mengen hergestellter thermoplast., schwer entflammbarer Kunststoff, als **Hart-PVC** für Folien, Rohrleitungen, Behälterauskleidungen, als **Weich-PVC** für Isolierungen, Beschichtungen, Wand- und Bodenbeläge, Schläuche, Schaumstoffe, Kunstleder u.a.

Polzin, Bad P., poln. **Połczyn Zdrój** [p'ɔltʃin zdr'uj], Stadt in der poln. Wwschaft Koszalin, ehem. Stadt in Pommern, 8000 Ew.; Moor-, Sol-, Stahlbad.

Pomeranze [ital.] die, Form von → Citrus.

Pomesani|en, altpreuß. Landschaft rechts an der Weichsel, von Graudenz bis Elbing.

Pommerellen, Landschaft westlich der unteren Weichsel.

Pommern, ehem. preuß. Prov. an der Ostseeküste, (1933) 30 208 km², 1,88 Mio. Ew.; Hptst.: Stettin. ⊕ S. 488/89. Die Oder trennt Vor-P. von Hinter-P.; an der Küste Ebene, südlich davon das Hügelland des **Pommerschen Landrückens (Pommersche Seenplatte).** ⓖ P. wurde 1124-28 durch Otto von Bamberg zum Christentum bekehrt. Die slaw. Herzöge von P. wurden 1181 Reichsfürsten; 1637 starben sie aus. Im Westfäl. Frieden (1648) wurde Vor-P. schwedisch, Hinter-P. brandenburgisch; 1720 kam der größte Teil, 1815 der Rest von Vor-P. mit Rügen an Preußen. Hinter-P. mit einem östl. Streifen Vor-P.s steht seit 1945 unter poln. Verwaltung; das übrige Vor-P. (1945 an Mecklenburg) ist seit 1952 auf die Bez. Rostock und Neubrandenburg der Dt. Dem. Rep. aufgeteilt.

Pommersches Haff, → Stettiner Haff.

Pommersfelden, Schloß in Oberfranken, an der Ebrach, 1718 von J. → Dientzenhofer gebaut.

Pommes frites [pɔmfr'it, frz.], roh in Streifen geschnittene, in Fett gebackene Kartoffeln.

Pomologie [lat.-grch.] die, Obstbaukunde.

Pomona, altröm. Göttin der Baumfrüchte.

Pomona, die Orkney-Insel Mainland.

Pomoranen Mz., westslaw. Stamm, im frühen MA. zw. der unteren Weichsel und Oder. Reste sind die Kaschuben.

Pomp [lat.] der, Gepränge, Prachtentfaltung. **pompös,** prächtig, prunkhaft.

Pompadour der, ✤ Handtäschchen.

Pompadour [pɔ̃pad'u:r], Marquise de, Geliebte des frz. Königs Ludwig XV., *1721, †1764, von großem Einfluß auf die Regierung.

Pompeius, Sextus **P.** Magnus, röm. Staatsmann, *106 v. Chr., †48 v. Chr.; schloß 60 v. Chr. mit Caesar und Crassus das erste Triumvirat; wurde 48 von Caesar bei Pharsalos besiegt, in Ägypten ermordet.

Pompeji, in der Antike blühende Hafenstadt in S-Italien, 79 n. Chr. mit Herculaneum durch Ausbruch des Vesuvs verschüttet, seit dem 18. Jh. wieder ausgegraben.

Pompidou [pɔ̃pid'u], Georges, frz. Politiker, *1911, †1974; Anhänger de Gaulles, 1962-68 Premiermin., 1969-74 Staatspräs.

Pompon [pɔ̃p'ɔ̃, frz.] der, Büschel, Knäuel.

Ponape, größte Insel der Karolinen.

Ponce [p'ɔnsɛ], Hafenstadt im S Puerto Ricos, 191 000 Ew.; Ausfuhr von Tabak, Zucker.

Poncelet [pɔ̃sl'ɛ], Jean Victor, frz. Ingenieur, *1788, †1867, konstruierte das **P.-Rad,** eine Wasserturbine.

Poncho [p'ɔntʃɔ, span.] der, viereckige Decke mit Halsschlitz, mantelartiger Überwurf der mittel- und südamerikan. Indianer und Gauchos.

Pond das, Abk. **p,** veraltete Maßeinheit der Kraft; SI-Einheit ist Newton (N). $1\ p = 9{,}80665 \cdot 10^{-3}\ N = 0{,}001\ kp$.

Ponderabili|en [lat.], wägbare Dinge. Eigw.: **ponderabel.** Ggs. → Imponderabilien.

Pondicherry [pɔndɪtʃ'erɪ, engl.], Unionsgebiet an der SO-Küste Indiens, 480 km², 604 000 Ew.; Hptst.: P.

Polyp 2)

Pommern

Pompadour

Poncho

Pompeji: Wandgemälde

Ponẹnte [ital.] die, Westen. Ggs.: Levante.

Pongau, Talweitung der Salzach im österr. Bundesland Salzburg, vom Gasteiner Tal bis zum Paß Lueg.

Ponge [pɔ̃ʒ], Francis, frz. Schriftst., *1899, †1988; »Poêmes«.

Poniatọwski, poln. Adelsgeschlecht: **1)** Joseph Anton P., poln. General, napoleon. Marschall, *1763, †1813. **2)** Stanislaus P., Geliebter Katharinas II. von Rußland; letzter König (1764-95) von Polen.

Pönitẹnz [lat. »Reue«] die, kath. Kirche: vom Beichtvater auferlegte Bußwerke, die der **Pönitẹnt** (Büßende) zu leisten hat.

Ponnelle [pɔn'ɛl], Jean-Pierre, frz. Bühnenbildner und Regisseur, *1932, †1988.

Pọnta Delgạda, Stadt der Azoren, auf der Insel São Miguel, 22000 Ew.

Pontevẹdra, Kriegs- und Handelshafen in Spanien, Galicien, 67000 Ew.; Sardinenfang.

Pontiac [p'ɔntɪæk], Stadt in Michigan, USA, 76700 Ew.; Kraftwagen-, Holz-Ind.

Pontiạnak, Hafen an der Westküste Borneos, Indonesien, 305000 Ew.

Pọntifex [lat.] der, **1)** Mitgl. eines altröm. Priesterkollegiums, an dessen Spitze der **P. maximus** (der oberste Priester) stand. **2)** christlich: Titel des Papstes.

Pontifikạlamt, feierl. Hochamt des Bischofs (→ Messe). **Pontifikạlien** Mz., Amtstracht oder geistl. Amtshandlungen der Bischöfe und Prälaten. **Pontifikạt** das, **1)** Amt des Papstes oder eines Bischofs. **2)** dessen Regierungszeit.

Pontịnische Sümpfe, ehemals versumpfte Küstenebene im SO von Rom, seit 1928 planmäßig trockengelegt und besiedelt.

Pọntisches Gebirge, Gebirgssystem, das den Nordrand von Anatolien bildet, bis 3937 m hoch; Steinkohle bei Ereğli-Zonguldak.

Ponton [pɔ̃t'ɔ̃, frz.] der, kastenförmiger Schwimmkörper aus Stahl, der als Träger von Fähren und Schiffbrücken **(P.-Brücken)** dient.

Pop Art: A. Warhol: »Marilyn Monroe«

Pontọrmo, Jacopo da, Maler in Florenz, *1494, †1557. Seine Werke gehören zu den frühesten des Manierismus (Fresken in der Certosa bei Florenz).

Pọntos, im Altertum: Reich am Schwarzen Meer zw. Bithynien und Armenien, blühte unter → Mithridates, danach röm. Provinz.

Pontresịna, Kurort im schweizer. Kt. Graubünden, im Oberengadin, 1802 m ü. M.

Pony [engl.] das, kleine Pferderasse.

Pọnza-Inseln, vulkan. Inselgruppe vor der Westküste Italiens.

Pool [pu:l, engl.] der, **1)** Spieleinsatz. **2)** Interessengemeinschaft, bes. Vereinbarung von mehreren Unternehmen, best. Gewinne nach festem Schlüssel zu verteilen. **3)** allg.: Ring, Zusammenschluß.

Pool-Billard [pu:l-], **American Pool,** Sonderform des Billardspiels mit 15 Spielbällen.

Poole [pu:l], Hafenstadt an der Südküste Englands, 119000 Ew.; Schiffbau.

Poona [p'u:nə], Stadt in Maharashtra, Indien, 1,2 Mio. Ew.; alte Paläste, Tempel; Papier-, Textil-, Leichtmetallind.

Pọpanz [von tschech. bubak] der, **1)** Schreckgestalt. **2)** willenloser Mensch.

Pop Art [p'ɔpa:t, engl.], Kunstrichtung seit etwa 1960, dem Dadaismus verwandt, mit der Grundidee, Realität als Kunst zu bieten, banale Objekte des Massenkonsums durch Isolierung, Vergrößerung, Reihung entweder der Objekte selbst oder genauer Imitationen zu verfremden, zu parodieren oder zu fetischisieren. Namhafte Künstler: R. Lichtenstein, C. Oldenburg, J. Rosenquist, G. Segal, A. Warhol, T. Wesselmann, R. Rauschenberg.

Pọpe [aus grch. papas »Geistlicher«] der, -n/-n, volkstüml. für ostkirchl. Priester.

Pope [pəʊp], Alexander, engl. Dichter, *1688, †1744; Lehrgedichte, Verserzählung »Der Lockenraub«.

Popelịne [frz.] die, leinwandbindiges Gewebe, meist aus Baumwolle.

Popitz, Johannes, *1884, †(hingerichtet) 1945; 1933 preuß. Finanzmin., als Widerstandskämpfer 1945 zum Tode verurteilt.

Pop Musik, Popmusik, Sammelbez. i. w. S. für alle durch Massenmedien verbreitete Musikformen der Unterhaltungs-Ind. (z. B. Schlager-, Film-, Tanzmusik); i. e. S. für die populären Stile der afro-amerikan. Musik seit etwa 1960, oft synonym mit der Bez. → Rockmusik verwendet.

Popocatẹ́petl der, Vulkan im SO der Stadt Mexiko, 5452 m hoch.

Pöppelmann, Matthäus Daniel, Baumeister, *1662, †1736; baute Zwinger in Dresden.

Popper, Sir Karl Raimund, Philosoph, *1902; Theoretiker des »kritischen Rationalismus«, entwarf eine wissenschaftstheoret. Methodenlehre, zu der das log. Prinzip der permanenten Fehlerkorrektur (Falsifikation) gehört, forderte die Planung sozialen Wandels auf der Grundlage einer »offenen«, durch rationale Reformen veränderbaren Gesellschaft, geriet in Ggs. zu den Vertretern der → Frankfurter Schule (Positivismusstreit).

populạ̈r [lat.], **1)** volkstümlich, beliebt. **2)** gemeinverständlich. Hptw.: **Popularitạ̈t** die. Zeitw.: **popularisiẹren.**

Populạrphilosophen, Schriftstellergruppe der Aufklärung, die ihre Lehren allg. verständlich machen wollten (z. B. F. Nicolai).

Populatiọn [lat.] die, Bev., die Gesamtheit der Individuen (Menschen, Tiere) eines abgegrenzten Gebiets; auch **Stern-P.**

Populọrum progrẹssio [»der Fortschritt der Menschen«, lat.], Anfangsworte einer Enzyklika Papst Pauls VI. von 1967.

Pore [grch.] die, Loch, Öffnung; **Haut-P.,** Mündung der Schweißdrüsen der Haut. **porọ̈s,** durchlässig. Hptw.: **Porositạ̈t** die.

Pori, Stadt in SW-Finnland, 1365 von Schweden gegr., 79 000 Ew.; Holz-, Papier-Ind.

Porkkala, Gebiet an Finnlands S-Küste, 393 km², 1945-56 als Marine-Stützpunkt an die UdSSR verpachtet.

Porling, Porenpilz, → Röhrenpilze.

Pornographie [grch.] die, das Obszöne betonende Darstellung geschlechtl. Vorgänge in Wort und Bild.

Porphyr der, Eruptivgestein aus einer Grundmasse mit Einsprenglingen. **Granit-** und **Quarz-P.** werden für Pflastersteine, Schotter, Splitt verwendet.

Porphyrios, grch. Philosoph, *um 223, †um 304; Neuplatoniker, bes. als Aristoteles-Kommentator bedeutend.

Porree [frz.] der, **Breitlauch,** Zuchtform des südeurop. **Asch-** oder **Eschlauchs;** Gemüse, Suppenkraut.

Porridge [p'ɔrɪdʒ, engl.] das, Haferbrei.

Porsche, Ferdinand, *1875, †1951; erfolgreicher Kraftwagenkonstrukteur (Rennwagen, Volkswagen, Tiger-Panzer), Gründer der **Dr. Ing. h. c. F. Porsche AG.**

Porst der, **Sumpf-P.,** zu den Heidekrautgewächsen gehöriger Torfmoorstrauch, immergrün, mit weißen bis rötl. Blüten in Doldentrauben; stark riechend.

Porst

Port [von lat. portus] der, Hafen.

Portable [p'o:təbl] das, tragbarer Mikrorechner oder Fernsehapparat.

Portal [lat.] das, Haupteingang.

Porta Nigra die, Tor der röm. Stadtbefestigung in Trier, Anf. 4. Jh. n. Chr.; vom 11. bis 19. Jh. Kirche (St. Simeon). (BILD Trier)

Port Arthur, Teil der chines. Stadt → Lüta. 1898 pachtete Rußland P. A. und baute es zum stärksten Flottenstützpunkt Ostasiens aus. 1905 von den Japanern erobert; bis 1945 japanisch; nach 1945 Marinebasis der UdSSR und Chinas, 1955 an China zurückgegeben.

Portativ [frz.] das, kleine tragbare Orgel.

Port-au-Prince [pɔrtopr'ɛ̃s], Hptst. von Haiti, 684 000 Ew.; Univ., Ausfuhrhafen.

Porta Westfalica [lat.] die, → Westfälische Pforte.

Porta Westfalica, Stadt und Kurort in NRW, 33 200 Ew.

Portefeuille [pɔrtf'œj, frz.] das, **1)** ✤ Brieftasche, Mappe. **2)** Bank: Bestand an Wertpapieren. **3)** Politik: Ministerposten. **Minister ohne P.** hat Sitz und Stimme in der Regierung, aber keinen eigenen Verwaltungsbereich.

Port Elizabeth [pɔ:t ɪl'ɪzəbəθ], Hafenstadt in der Rep. Südafrika, 492 000 Ew.; Kultur-, Handels- und Industriezentrum.

Portemonnaie [pɔrtmɔn'ɛ, frz.] das, Geldtäschchen, Geldbörse.

Portepee [frz.] das, silbergestickter Riemen mit Quaste an der Offiziersseitenwaffe.

Porter [engl.] der, alkoholreiches, dunkles engl. Bier. Starke Sorte: der **Stout** [staʊt].

Porter [p'ɔ:tə], **1)** Cole, *1893, †1964, amerikan. Schlagerkomponist; Musicals (»Kiss me, Kate«, 1948). **2)** Katherine Anne, amerikan. Schriftst., *1890, †1980; Kurzgeschichten, Erzählungen.

Portici [p'ɔrtitʃi], Hafenstadt in S-Italien, auf den Trümmern von Herculaneum, 75 100 Ew.

Portier [pɔrtj'e, frz.] der, Pförtner.

Portiere [pɔrtj'ɛrə, frz.] die, Türvorhang.

Portikus [lat.] der, 🏛 Säulenvorbau.

Portland [p'ɔ:tlənd], **1) Isle of P.** [aɪl ɔv -], Halbinsel an der engl. Kanalküste, mit der Stadt P. (13 000 Ew.) und dem Kriegshafen P. Harbour. **2)** Stadt in Oregon, USA, 366 700 Ew.; Columbia-Univ.

Port-Louis [pɔ:tl'uɪs], Hauptstadt und Hafen von Mauritius, 134 000 Ew.; Elektro-, Textilind.

Portmann, Adolf, schweizer. Zoologe, Anthropologe, *1897, befaßt sich mit der Entwicklungsgeschichte von Mensch und Tier.

Port Moresby [pɔ:t mɔ:zbɪ], Hptst. v. Papua-Neuguinea, 144 000 Ew.

Porto [ital.] das, -s/-s oder ...ti, Postgebühr.

Porto [ital. und portug.], Hafen.

Porto [portug. p'ortu], früher **Oporto,** zweitgrößte Stadt Portugals, an der Mündung des Douro, 335 700 Ew.; Univ.; Textil-, Leder-, Genußmittelind.; Ausfuhr von Wein (Portwein).

Pôrto Alegre [p'ortu al'ɛgri], Hptst. des brasilian. Staates Rio Grande do Sul, 1,1 Mio. Ew.; Hafen.

Portoferraio, Hptst. der Insel Elba, Hafen, 11 100 Ew.

Port of Spain [pɔ:t əv speɪn], Hptst. von Trinidad und Tobago, 55 800 Ew.

Porto Novo, Hptst. der Rep. Benin, 144 000 Ew.

Porträt, Portrait [pɔrtr'ɛ] das, künstler. Darstellung eines Menschen, v. a. seines Antlitzes, in Malerei und Plastik. **porträtieren,** von jemandem ein Porträt anfertigen.

Port Said, Hafenstadt in Ägypten, am nördl. Eingang des Suezkanals, 263 000 Ew.; Stadtbez. seit 1975 Freihandelszone; Erdölraffinerien, chem. u. a. Ind.

Pörtschach, Kur- und Badeort am Nordufer des Wörther Sees, Österreich, 2500 Ew.

Portsmouth [p'ɔ:tsməθ], **1)** Stadt und Hauptkriegshafen Englands, an der Kanalküste, 179 000 Ew.; Docks und Werften; Seebad. **2)** Hafenstadt in Virginia, USA, 104 700 Ew.; Marinewerft, Ind.

Portugal, Rep. im W der Pyrenäenhalbinsel, 92 640 km², 10,4 Mio. Ew. (mit Azoren und Madeira); Hptst.: Lissabon. ⊕ S. 490.

Portugal

VERFASSUNG. Nach der Verf. von 1976 ist P. eine Rep. mit einem gewählten Präs. als Staatsoberhaupt. Die gesetzgebende Gewalt wurde 1976-82 vom Parlament und einem Revolutionsrat gemeinsam ausgeübt. Mit der Verf.-Änderung von 1982 löste das Parlament den Revolutionsrat auf.

P. ist im N gebirgig (Serra da Estrela 1993 m), im S und an der Küste herrscht Tiefland vor. Flüsse: Minho, Douro, Tejo, Guadiana. Klima: im N mild und feucht, im S sommerheiß, bes. im Innern trocken. BEVÖLKERUNG: fast ausschließlich kath. Portugiesen. Großstädte: Lissabon, Porto.

WIRTSCHAFT. P. hat Landwirtschaft (Weizen, Mais, Wein, Oliven, Kork, Südfrüchte), Viehzucht (bes. Schafe), Fischerei (Sardinen, Thunfisch). ⚒ auf Wolfram, Mangan, Zinn, Pyrite, Eisen, etwas Kohle u. a. Die Industrie (Nahrungsmittel-, Textil- u. a. Ind.) wird ausgebaut. Wasserkraftwerke; Fremdenverkehr. Ausfuhr: Kork (über 50% der Welterzeugung), Wein, Sardinen, Holz, Harze, Textilien. Haupthandelspartner: Großbritannien, Bundesrep. Dtl., Angola. Haupthäfen: Lissabon, Porto; internat. Flughäfen: Lissabon, Porto, Faro.

Ⓖ P. entstand im Kampf gegen die arab. Herrschaft Ende des 11. Jh. Alfons I. nahm den Königstitel an und eroberte 1147 Lissabon. Durch große Entdeckungsfahrten seit 1418 (Heinrich der Seefahrer, Barth. Diaz, Vasco da Gama) bes. nach Ostindien und Brasilien wurde P. im 15. und 16. Jh. die führende See- und Kolonialmacht Westeuropas. 1580 eroberte Philipp II. von Spanien das Land; P. verlor seine wertvollsten Kolonien in Ostindien an die Holländer; 1640 wurde P. unter dem Hause Braganza wieder selbständig. Außenpolitisch wurde es von England abhängig. 1822 machte sich Brasilien unabhängig. Portugiesisch-Indien wurde 1961 von Indien in Besitz genommen. Seit 1910 ist P. Rep. Die von Salazar (MinPräs. 1932-68) geschaffene korporative Staatsform erlaubte ihm, autoritär zu

Poseidon

regieren. Sein Nachfolger, MinPräs. M. Caetano (seit 1968), sowie Staatspräs. A. Thomás (seit 1958) wurden im April 1974 durch einen Militärputsch unter General A. de Spinola gestürzt, den im Sept. 1974 General C. Gomes ablöste, der bis 1976 Staatspräs. war. 1975 erarbeitete eine gewählte verfassunggebende Versammlung die neue Verfassung. Verhandlungen mit den Überseeprovinzen über deren Unabhängigkeitsbestrebungen ergaben 1974 die Unabhängigkeit von Guinea-Bissau, 1975 von Angola, den Kapverd. Inseln, Moçambique und São Tomé e Principe. 1976 annektierte Indonesien die Kolonie Portug.-Timor. Staatspräs.: M. Soares (seit 1986); MinPräs.: A. Cavaco Silva (seit 1985).

portugiesische Literatur. Blütezeit im 16. Jh. (Vicente: Schauspiele, Camões: Nationalepos »Die Lusiaden«) und im 19. Jh. (Herculano: histor. Roman, Garrett: Drama). Realismus der »Generation von Coimbra«: E. de Queirós und E. de Castro. 20. Jh.: Modernismus: Lyrik: F. Pessoa; Erz.: Regionalismus: A. Ribeiro; Drama: J. Dantas, A. Cortês.

portugiesische Sprache, roman. Sprache, in Portugal, W-Asturien, Galicien, S-Amerika (Brasilien), auf den Azoren gesprochen.

Portugiesisch-Guinea, → Guinea-Bissau.

Portugiesisch-Ostafrika, → Moçambique.

Portugiesisch-Timor, → Timor.

Portugiesisch-Westafrika, → Angola.

Portulak [lat.] der, **1) Gemüse-P.,** fette, oft rötl. Gemüse-, Würzpflanze, mit gelbl. Blütchen. **2) Wasser-P.,** rötl. Weiderichgewächs.

Portwein, weißer und roter portugies. Wein aus dem Dourogebiet.

Porzellan [ital.] das, feinste weiße durchscheinende Tonware. **Hart-P.** besteht aus 40-65% Koalin, 12-30% Quarz, 15-35% Feldspat. Herstellung: Feingeschlämmter Kaolin wird mit Quarz und Feldspatpulver gemengt und in feuchten Kellern längere Zeit gelagert (Faulen). Die mit der Töpferscheibe, von Hand, durch Gießen oder Pressen in Gipsformen geformten Gegenstände werden langsam an der Luft getrocknet und darauf in Öfen bei etwa 900 °C geglüht, nach dem Erkalten in die flüssige **Glasurmasse** getaucht, die ähnlich zusammengesetzt ist wie das P. Dann werden sie getrocknet und in Schamottekapseln bei etwa 1400 °C glattgebrannt. P. ohne Glasur heißt **Biskuit.** Malereien werden meist vor dem Glasieren aufgetragen (Scharffeuerfarben). Malereien auf die Glasur brennt man in weniger heißen Öfen ein (Schmelzfarben). – P. war den Chinesen schon im Altertum bekannt; in Europa wurde es zuerst 1693 durch E. W. v. Tschirnhaus hergestellt, später von J. F. Böttger verbessert.

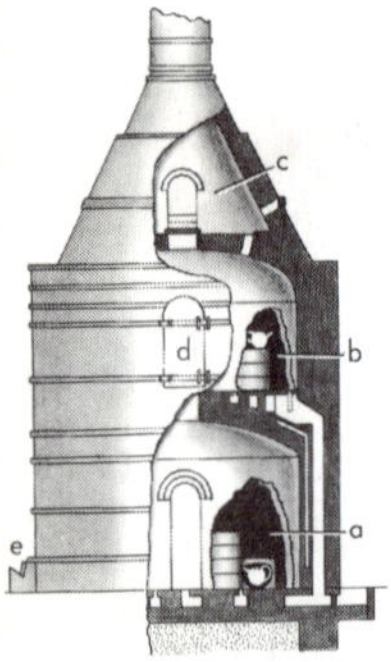

Porzellan: P.-Ofen, a Glattofen, b Verglühofen, c Kuppel, d Tür, e Feuerung

Porzellanerde, der → Kaolin.

Porzellanschnecke, Kiemenschnecke mit porzellanartiger Schale; auch **Tigerschnecke, Kauri.**

Posamenten [frz.] Mz., Besatzartikel (Borten, Litzen, Quasten, Tressen u. a.).

Porzellan: Muschelschale, Meißen, um 1730

Posaune [frz.] die, tiefes Blechblasinstrument mit Röhre ohne Tonlöcher, ausziehbar (dadurch sind alle chromat. Töne erzeugbar). Arten: **Baß-, Tenor-, Alt-P.** (BILD Blasinstrumente II)

Pose [frz.] die, wirkungsvolle Stellung, Gebärde.

Poseidon, grch. Meergott, auch der Erderschütterer, Bruder des Zeus; römisch: → Neptun. Kennzeichen: Dreizack.

Poseidonios, stoischer Philosoph, *135, †51 v. Chr., lehrte in Rhodos und Rom, war Naturforscher, Astronom, Geograph, Mathematiker, Historiker. Pompeius, Cicero waren seine Schüler.

Posen, poln. **Poznań** [p'ɔznajn], Stadt in W-Polen, an der Warthe, 589 000 Ew.; Univ., Hochschulen; Maschinen-, Seifen-, Lebensmittelind., Messen. Die bedeutenden Bauten (roman. Johanniskirche, got. Marienkirche, Dom, Schloß u. a.) wurden im 2. Weltkrieg z. T. zerstört. – P. wurde 968 Bischofssitz und war bis 1296 Residenz der poln. Herzöge. Der westl. Teil (Hauptteil) wurde 1253 von dt. Einwanderern angelegt und hatte bis 1793 eigene Verwaltung nach magdeburg. Recht; P. war Mitgl. der Hanse. 1793-1806 und 1815-1918 preuß. (seit 1815 Hptst. der ehemal. Prov. P.). 1821 wurde P. Sitz des Erzbistums Posen-Gnesen. 1920-1939 und seit 1945 Hptst. der poln. Wwschaft P.

Posen-Westpreußen, → Grenzmark Posen-Westpreußen.

Position [lat.] die, Stellung, Lage.

Positionslampen, Leuchten auf Schiffen, Flugzeugen (rechts/steuerbord grün, links/backbord rot) oder festen Punkten, bes. bei Nacht; auch in best. Richtung strahlende Hochfrequenzsender, zeigen Lage und Fahrtrichtung an.

positiv [lat.], **1)** bejahend. **2)** tatsächlich, vorhanden; Ggs.: negativ. **3)** △ größer als Null. **4)** eine der beiden elektr. Ladungszustände.

Positiv [lat.] das, **1)** Photographie: beim **Schwarzweiß-P.** ein Bild, das die Helligkeiten des Objekts in entsprechenden Grauwerten darstellt; beim **Farb-P.** ein Bild v. a. mit möglichst naturgetreuen Farben. **2)** kleine Orgel mit wenig Stimmen in hoher Lage. **3) P.** der, Ⓢ Grundstufe bei der Steigerung.

Positivismus der, von A. Comte begründete Richtung der Philosophie, die nur in dem unmittelbar Wahrgenommenen eine sichere Grundlage des Erkennens sieht und Metaphysik ablehnt. Eine Erneuerung des P. bildet der bes. in angelsächs. Ländern verbreitete **Logische P. (Neu-P.),** der eine Verbindung von empirist. Erkenntnistheorie und mathemat. Logik anstrebt.

Positivismusstreit, → Popper.

Positron [grch.] das, -s/...tronen, das positiv geladene Antiteilchen des Elektrons, kommt vor in der kosm. Ultrastrahlung, beim Zerfall radioaktiver Stoffe u. ä. (→ Elementarteilchen).

Positur [lat.] die, Körperstellung, -haltung.

Posse die, Schwank, derbkomisches Bühnenstück. **Possen** der, derber Streich.

Possessivpronomen [lat.] das, Ⓢ besitzanzeigendes Fürwort.

possierlich [von Posse], spaßig, drollig.

post [lat.], nach, hinter; **p. festum,** nachträglich; **p. meridiem,** nachmittags; **p. Christum natum,** nach Christi Geburt.

Post die, Organisation zum Übermitteln von Nachrichten durch Briefe, Postkarten u. a. oder auf dem Draht- und Funkweg, ferner für die Beförderung von Personen und Kleingütern sowie zur Abwicklung von Geldverkehr (→ Postscheckdienst). In den meisten Ländern ist die P. eine staatl. Einrichtung (→ Postregal). In der Bundesrep. Dtl. hat der Bund die ausschl. Gesetzgebung über die P. (→ Deutsche

Post (Aufbau)

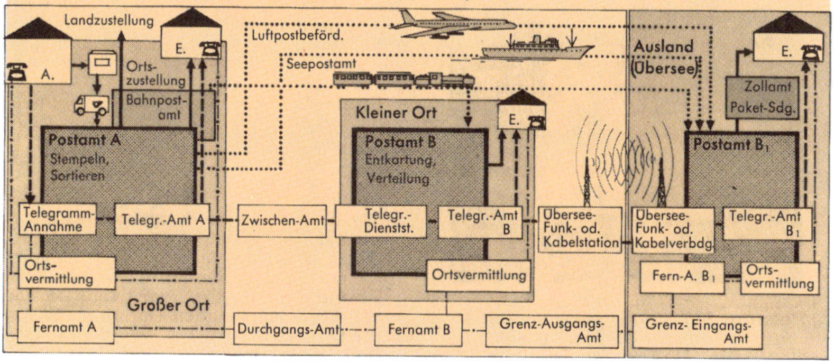

Bundespost). Postähnl. Einrichtungen gab es schon im Altertum und MA. Seit 1516 bis ins 19. Jh. lag das dt. Postwesen im wesentlichen in Händen der Familie Thurn und Taxis. 1850 wurde der **Dt.-Österr. Postverein** gegr., 1868 von Preußen die **Norddt. Bundespost,** die nach 1871 zur **Dt. Reichspost** erweitert wurde; von 1945-1950 **Dt. Post.**

Postament [lat.] das, ⌂ Fußgestell, Sockel.

Postamt, Postanstalt größeren Umfangs; untersteht einer Oberpostdirektion.

Postbank, Deutsche Bundespost P., seit 1990 bestehendes Unternehmen der Dt. Bundespost, umfaßt u. a. → Postscheckdienst und → Postsparkasse.

Poster [p'əustə, engl.] das, künstler. Plakat, oft Nachdruck von Bildern, Plakaten, Photos.

poste restante [pɔst rɛst'ãt, frz.], → postlagernd.

Posterität [lat.] die, Nachwelt, Nachkommenschaft.

Postgeheimnis, → Briefgeheimnis.

posthum [lat.], fälschlich für → postum.

postieren [frz.], hinstellen, aufstellen.

Postille [lat.] die, Samml. von Predigten.

Postillion, Postillon [frz.] der, Postkutscher. **P. d'amour** der, Liebesbote.

Postl, Karl, Erzähler, → Sealsfield.

postlagernd, im Auslandsverkehr **poste restante,** Postsendungen, die zur Abholung am Postschalter bereitgehalten werden.

Postleitzahl, postamtl. Leitbezeichnung (4stellige Zahl), im Dt. Reich seit 1940, in der Bundesrep. Dtl. seit 1961 (8 Leitzonen, 64 Leiträume, 492 Leitbereiche). P. wurden in der Schweiz 1964, in der Dt. Dem. Rep. 1965, in Österreich 1966, auch in Frankreich, Italien und den USA eingeführt. Sendungen nach ausländ. Staaten, die P. haben, tragen vor der P. das Kfz.-Länderkennzeichen des betreffenden Staates (z. B. CH-8000 für Zürich, Schweiz).

Postmoderne, Bez. für versch. Strömungen der gegenwärtigen Kunst und v. a. Architektur, Abkehr vom Funktionalismus und Rationalismus.

postnumerando [lat.], nachträglich zu zahlen, z. B. das Gehalt ist p. fällig, ist am Monatsende zu zahlen. Ggs.: pränumerando.

Postojna, dt. **Adelsberg,** Stadt in Slowenien, Jugoslawien, 6300 Ew. **Adelsberger Grotten,** Tropfsteinhöhlensysteme, 22 km lang.

Postregal das, Alleinrecht des Staates, Postanstalten zu errichten und zu betreiben. In der Bundesrep. Dtl. gilt der Beförderungsvorbehalt (Postges. v. 1969).

Postscheckdienst, bankmäßige Posteinrichtung für bargeldlosen und halbbaren Zahlungsverkehr. Beim **Postscheckamt** kann jeder Volljährige ein **Postscheckkonto** errichten. Möglich sind Überweisungen von Konto zu Konto, Bareinzahlungen durch **Zahlkarten,** Barauszahlungen durch **Postscheck;** auch Postanweisungs-, Postauftrags-, Nachnahmezahlungen werden gutgeschrieben. Der P. besteht in Dtl. seit 1909 (→ Postbank).

Postskriptum [lat.] das, Abk. **PS.,** Nachschrift.

Postsparkasse, Annahme (und Verzinsung) von Spareinlagen durch die Post. **Postsparbücher** gibt das Postamt aus. Der Sparer kann an allen Postschaltern Beträge einzahlen oder abheben (→ Postbank).

Postulat [lat.] das, Forderung; unbeweisbare, aber unentbehrl. Annahme; nach Kant sind Willensfreiheit, Unsterblichkeit der Seele und Dasein Gottes P. der prakt. Vernunft.

postum [lat.], nachgeboren; nachgelassen.

Postwertzeichen, → Briefmarke.

Postzwang, Pflicht des Einzelnen, sich ausschließlich der Posteinrichtungen zu bedienen. Nach dem Postgesetz trat an die Stelle des P. für Briefe ein Beförderungsvorbehalt.

Potemkin, → Potjomkin.

potent [lat.], **1)** leistungsfähig. **2)** wohlhabend. **3)** zeugungsfähig.

Potentat [lat.] der, Machthaber, Herrscher.

potential, auch **potentiell** [lat.], möglich; als Kraft vorhanden. **Potential** das, kennzeichnende Größe eines Kraft- oder Geschwindigkeitsfeldes **(Gravitations-, elektr., Strömungs-P.).** Elektr. **P.-Differenz,** elektr. Spannung.

Potentialis der, Ⓢ Möglichkeitsform des Zeitworts.

Potentiometer das, Widerstand mit Schleifkontakt zur Spannungsregelung.

Potenz [lat.] die, **1)** Macht, Leistung. **2)** Zeugungskraft. **3)** △ Produkt einer Anzahl (n) gleicher Faktoren (a), geschrieben a^n, gesprochen a hoch n. a heißt **Grundzahl** oder **Basis,** n heißt **Hochzahl** oder **Exponent,** die Rechnungsart heißt **potenzieren.** Beispiel: $a^3 = a \cdot a \cdot a$. Für a^2 liest man auch zweite P. oder Quadrat von a. **4)** Ⓟ die Möglichkeit, Anlage, i. Ggs. zu Akt (Wirklichkeit, Verwirklichung).

Potiphar, im A. T. ägypt. Beamter, an den Joseph verkauft wurde und dessen Frau ihn verführen wollte.

Potjomkin, Potemkin, Grigorij Aleksandrowitsch, Fürst, russ. Feldherr und Staatsmann, *1739, †1791, seit 1774 Günstling und polit. Ratgeber Katharinas II.; besetzte 1783 die Krim. **P.sche Dörfer,** die angeblich von P. rasch aufgebauten Dorfattrappen in der Krim, die der Kaiserin Wohlstand vorspiegeln sollten; später allg. Bez. für Blendwerk.

Potomac [pət'əumək], Fluß im östl. Nordamerika, von den Appalachen zur Chesapeake Bay, 670 km lang. Am P. liegt Washington.

Potosí, Stadt in Bolivien, 4040 m ü. M., im öden Hochland, 103200 Ew.; einst ausgedehnter Bergbau auf Silber, heute auf Zinn.

Potsdam 2): Bildergalerie in Sanssouci

Pound

Prachtlein

Prag: Karlsbrücke mit Hradschin

Potpourri [p'ɔtpuri] das, aus versch. Melodien zusammengestelltes Musikstück.

Potsdam, 1) Bez. der Dt. Dem. Rep., 12572 km², 1,12 Mio. Ew. 1952 aus dem W-Teil des Landes Brandenburg und Randstükken von Sachsen-Anhalt gebildet; umfaßt das Tiefland zw. dem Fläming und der Mecklenburg. Seenplatte, teils fruchtbares Wiesenland, teils sandige Böden mit Kiefernwald. Land- und Forstwirtschaft; Nahrungsmittel-, Metall-, chem. Ind., Fahrzeugbau u. a. ⊕ S. 488/89.

2) Hptst. von 1), 111500 Ew., liegt auf dem von Havel und Havelseen gebildeten **Potsdamer Werder;** im 2. Weltkrieg z. T. zerstört, u. a. die Garnisonkirche (1730-35) und die Nikolaikirche (1830-37; wiederhergestellt). Zahlreiche Schlösser wurden zerstört, Sanssouci im wesentl. erhalten. P. hat Observatorien, viele andere wissenschaftl. Institute, wenig Ind. Im O liegen die Schlösser Babelsberg und Glienicke. P. war die bevorzugte Residenz der preuß. Könige. – Das **Potsdamer Edikt** (1685) rief die Hugenotten nach Brandenburg.

Potsdamer Abkommen, unterzeichnet am 2. 8. 1945 als Ergebnis der Dreimächtekonferenz (17. 7.-2. 8. 1945) zw. Truman, Stalin, Churchill (bis 25. 7.) und Attlee und ihren Außenministern. Vereinbart wurde u. a.: 1) Grundsätze der polit. und wirtschaftl. Behandlung Dtl.s. 2) Reparationen. 3) Übertragung der Verwaltung der dt. Ostgebiete an die UdSSR und Polen bis zu einer Friedensregelung; dabei wurde der UdSSR die Unterstützung ihres Anspruchs auf Königsberg und das anliegende Gebiet zugesagt. 4) Die Ausweisung der Deutschen aus den osteurop. Gebieten. 5) Errichtung eines Rates der Außenminister der 3 Mächte, Chinas und Frankreichs (Sitz: London); erste Aufgabe war die Vorbereitung der Friedensverträge mit Italien, Bulgarien, Finnland, Rumänien und Ungarn.

Pottasche, Kaliumcarbonat, → Kalium.

Potter, Paulus, niederländ. Maler, Radierer, *1625, †1654; Tierbilder.

Potteries [p'ɔtərı:z, engl. »Töpfereien«], auch **Pottery District,** Fabrikgegend im westl. Mittelengland, liefert Steingut und Porzellan.

Pottwal, der größte Zahnwal, 20 m lang, lebt gesellig in wärmeren Meeren, lieferte Ambra, Tran, Walrat. (BILD Wale)

Poularde [pul'ardə, frz.] die, junges, noch nicht geschlechtsreifes männl. oder weibl. Masthuhn; auch lebensmittelrechtlich zulässige Handelsbez. für ein über 1200 g wiegendes Hähnchen.

Poulenc [pul'ɛ̃], Francis, frz. Komponist, *1899, †1963; Klavier-, Kammermusik u. a.

pound [paʊnd, engl.] das, Abk. **lb,** engl. und amerikan. Gewichtseinheit (→ Maßeinheiten, ÜBERSICHT). **P. Sterling,** das → Pfund 2).

Pound [paʊnd], Ezra, amerikan. Dichter, *1885, †1972; übte starken Einfluß auf die moderne Lyrik aus.

Pour le mérite [purləmer'it, frz. »für das Verdienst«], **1)** bis 1918 hoher preuß. Kriegsorden, von Friedrich d. Gr. 1740 gestiftet. **2)** seit 1842 preuß. Zivilorden (1952 wiederbelebt), Friedensklasse für Wissenschaften und Künste (→ Orden).

Poussin [pus'ɛ̃], Nicolas, frz. Maler, *1594, †1665, klass. Darstellungen aus Götter-, Heldensagen, Landschaften.

Pozzuoli, Stadt am Golf von Neapel, 72000 Ew.; röm. Amphitheater (Ruine).

pp, ♩ pianissimo, sehr leise.

pp. [lat. **p**erge, **p**erge »fahre fort«!], ✤ und so weiter.

PP., Abk. für lat. Patres.

P.P., auch **p.p., 1)** Abk. für lat. **p**raemissis **p**raemittendis, »nach Vorausschickung des Vorauszuschickenden«, Ersatz für Anrede und Titel. **2)** ⚖ Abk. für frz. **p**ort **p**ayé »Porto bezahlt« (Handelsklausel).

ppa., p.p., ⚖ Abk. für lat. **p**er **p**rocur**a**. (→ Prokura).

Pr, chem. Symbol für Praseodym.

prä..., Prä... [lat.], Vorsilbe in Fremdwörtern: vor..., vorher..., z. B. Präparation, Vorbereitung.

Präambel [lat.] die, Vorrede, Einleitung.

Präbende [lat.] die, svw. → Pfründe.

Prachtfinken, bunte, trop. Webervögel.

Prachtlein, rotblühende Zierpflanze der Gatt. Flachs.

Prädestination [lat.] die, Vorherbestimmung. Zeitw.: **prädestinieren. P.-Lehre,** von Augustinus entwickelte Lehre von der Vorherbestimmung des Menschen. Für Calvin war die P. durch den Lebenserfolg erfahrbar.

Prädikant [lat.] der, Prediger.

Prädikat [lat.] das, **1)** Ⓢ Satzaussage. **2)** ehrendes Beiwort; Titel.

prädisponiert [lat.], **1)** vorausbestimmt. **2)** ♡ empfänglich, anfällig (für Krankheiten).

Prado [span. »Wiese, Aue«] der, öffentl. Park- und Gartenanlagen in span. Städten. **P.-Museum (Museo del P.),** Gemäldesamml. in Madrid.

prädominieren [lat.], vorherrschen.

praecox [lat.], frühreif, frühzeitig.

Präexistenz [lat.] die, Lehre vom Dasein der Seele schon vor Erzeugung des Leibes.

Präfation [lat.] die, **1)** Vorrede. **2)** kath. Messe: Gebet vor der Wandlung.

Präfekt [lat.] der, oberster Verwaltungsbeamter, in Frankreich des Dép., in Italien der Prov.

Präferenz [lat.] die, Vorzug, Vorrang. **P.-System,** ⚖ gegenseitige Vorzugsbehandlung zw. 2 oder mehreren Ländern, bes. durch niedrige Zollsätze (Vorzugszölle, **P.-Zölle**).

Präfix [lat.] das, Ⓢ Vorsilbe.

Prag, tschech. **Praha,** Hptst. der ČSFR, 1,26 Mio. Ew., beiderseits der Moldau, mit schönem geschlossenem Stadtbild aus der Gotik und dem Barock. Auf dem hochgelegenen Hradschin der got. Dom St. Veit (14. Jh.) mit

Wenzelkapelle, Grabmal des hl. Nepomuk; in der Altstadt Rathaus, Univ. u. a. Hochschulen. Im Wirtschaftsleben stehen Handel (Prager Mustermesse) und Bankwesen voran; vielseitige Ind., u. a. Maschinen-, Nahrungsmittel-, elektrotechn., chem., opt. Ind.; Verkehrsknoten, Flußhafen; südl. P.s Stauwerk mit Kraftwerk. – P. war seit dem 10. Jh. Sitz des Bischofs und der böhm. Könige. Es erlebte eine Blütezeit bes. unter Kaiser Karl IV., der 1348 in P. die erste dt. Univ. gründete. 1618 leitete der **Prager Fenstersturz** den Dreißigjährigen Krieg ein. 1866 **Prager Friede** zw. Preußen und Österreich (Dt. Krieg von 1866).

Prägedruck, die mit oder ohne Farbe (Blinddruck) auf Prägepressen ausgeführte Herstellung von Druckerzeugnissen, bei der die Schrift erhaben oder vertieft erscheint (→ prägen).

prägen, Herstellen erhabener oder vertiefter Verzierungen, Schrift u. ä. in Metall, Papier, Pappe mittels Pressen in zweiteiligen Prägeformen. **Massivprägen** von Münzen; **Hohlprägen:** Gebrauchsgegenstände aus Blech, Verzieren von Pappe.

pragmatisch [von grch. pragma »Tat«], auf Tatsachen beruhend; auf die Praxis bezogen; dem Nutzen dienend.

Pragmatische Sanktion die, Staatsgrundgesetz, z. B. die österr. P. S. von 1713, durch die Kaiser Karl VI. die Unteilbarkeit des habsburg. Länderbesitzes festlegte und die Erbfolge zugunsten Maria Theresias auch auf weitere weibl. Nachkommen ausdehnte.

Pragmatismus [grch.] der, von C. S. Peirce 1878 begründete und von W. James und J. Dewey ausgebildete philosoph. Lehre, die alles theoret. Erkennen nur nach prakt. Konsequenzen wertet. Die menschl. Erkenntnis ist nur ein Werkzeug des Handelns (Instrumentalismus).

prägnant [lat.], bündig, treffend. **Prägnanz** die, Begriffsschärfe, Bestimmtheit.

Prähistorie [lat.] die, → Vorgeschichte.

Prahm der, ⚓ flacher offener Lastkahn.

Präjudiz [lat.] das, ⚖ Gerichtsentscheidung, die für künftige gleichartige Fälle richtungweisend ist. Zeitw.: **präjudizieren.**

Praktik [grch.] die, 1) Praxis, Ausübung. 2) Kunstgriff, Kniff.

praktikabel [grch.], 1) zweckdienlich, brauchbar. 2) Bühnentechnik: wirklich, nicht nur gemalt.

Praktikum das, -s/...ka, 1) prakt. Tätigkeit zur Vorbereitung auf bestimmte Berufe (**Praktikantenzeit**). 2) im akadem. Unterricht Übung zur prakt. Anwendung des Gelernten.

praktisch, 1) für das tätige Leben tauglich, Ggs.: theoretisch. 2) zweckdienlich, brauchbar, geschickt, Ggs.: unpraktisch. 3) tätig, die Praxis ausübend.

praktizieren, ausüben (Beruf, Methode).

Prälat [lat.] der, kath. Kirche: höherer kirchl. Würdenträger. Evang. Kirche: in einigen Landeskirchen der Leiter kirchl. Aufsichtsämter, auch der Vertreter der EKD bei der Bundesregierung.

präliminar [lat.], einleitend, vorläufig. **Präliminarien,** Vorverhandlungen, vorläufige Abmachungen. **Präliminarfriede,** Vorfriede.

Praline die, **Praliné** das, Konfekt mit Schokoladenüberzug, gefüllt mit Marzipan u. a.

Präludium [lat.] das, -s/...dien, ♩ Vorspiel.

Prämie [lat.] die, 1) Belohnung für Verdienste. 2) ⚖ Zuschuß (Ausfuhr-P.). 3) Börse: Reuegeld beim P.-Geschäft. 4) Zuschlag zum Lohn. 5) Risikozuschlag. 6) Versicherung: regelmäßiger Beitrag des Versicherten. 7) Lotterie: Zusatzgewinn. **prämiieren, prämieren,** mit einem Preis auszeichnen.

Prämiengeschäft, bedingtes Termingeschäft an der Börse, läßt Rücktritt vom Geschäft gegen Zahlung einer Prämie zu.

Prämiensparen, 1) Sparverfahren bei Sparkassen und Volksbanken, bei dem regelmäßig ein Sparbetrag und ein Auslosungsbetrag einzuzahlen sind. 2) **Sparprämie,** wird Sparern bei Abschluß bestimmter Kapitalansammlungsverträge oder bei Ersterwerb und Festlegung best. Wertpapiere (Festlegungsfrist 6 oder 7 Jahre) von der öffentl. Hand gewährt. 3) Wohnungsbauprämie.

Prämisse [lat.] die, Voraussetzung; Logik: der Vordersatz beim → Schluß.

Prämonstratenser Mz., kath. Mönchsorden, gegr. 1121 in Prémontré (Picardie); weiße Tracht.

Prandtauer, Jakob, österr. Barockbaumeister, *1660, †1726; Stift Melk an der Donau.

Pranger der, **Schandpfahl,** Pfahl, an dem im MA. Verbrecher zur Schau gestellt wurden. **anprangern,** Mißstände der Öffentlichkeit bekanntgeben.

pränumerando [lat.], im voraus; → postnumerando.

Präparat [lat.] das, etwas kunstgemäß Zubereitetes; z. B. Arzneimittel oder naturkundl. Lehrmittel. **Präparation** die, Vorbereitung, Zubereitung. Zeitw.: **präparieren.**

Präposition [lat.] die, Ⓢ Verhältniswort.

Präraffaeliten Mz., engl. Maler (seit 1848), die die ital. Kunst vor Raffael zum Vorbild nahmen.

Prärie [frz. »Wiese«] die, große baumlose Grasebenen in Nordamerika, östl. an das Felsengebirge anschließend, im SW Wüstensteppe. **P.-Indianer,** die in der P. lebenden Indianerstämme (Sioux, Algonkin u. a.).

Prärogativ [lat.] das, **Prärogative** die, Machtbefugnis des Staatsoberhauptes, z. B. Sanktion von Gesetzen, Begnadigung.

Präsens [lat. »gegenwärtig«] das, Ⓢ Gegenwartsform des Zeitworts.

präsent [lat.], gegenwärtig, anwesend. **Präsent** das, -es/-e, Geschenk.

präsentieren, 1) vorzeigen, darreichen, einreichen, vorstellen, vorschlagen. 2) ⁂ das **Gewehr p.,** eine Ehrenbezeigung.

Präsenz [lat.] die, Gegenwart, Vorhandensein.

Praseodym das, **Pr,** chem. Element aus der Gruppe der Lanthanoiden.

Präservativ [lat.] das, → Kondom.

Präses [lat.] der, Präsident, Vorsitzender.

Präsident [lat.] der, Vorsitzender; Staatsoberhaupt einer Republik.

Präsidialsystem, Staatsverfassung, bei der ein vom Volk gewählter Präsident die Regierung unabhängig vom Vertrauen der Volksvertretung entweder selbst als Regierungschef (USA) oder durch ein von ihm eingesetztes Ministerium (Ende der Weimarer Rep.) ausübt.

Präsidium [lat.] das, Vorsitz; **präsidieren,** den Vorsitz führen.

prästabilierte Harmonie, → Leibniz.

präsumtiv [lat.], voraussichtlich, mutmaßlich. **Präsumtion** die, Mutmaßung.

Prätendent [lat.] der, Bewerber; bes. ein Fürst, der Ansprüche auf einen ihm vorenthaltenen Thron erhebt. **prätentiös,** anspruchsvoll. **Prätension, Prätention** die, Anspruch.

Prater [aus ital.] der, Park in Wien.

Präteritum [lat.] das, Ⓢ Vergangenheitsform des Zeitwortes.

Prätext [lat.] der, ✤ Vorwand.

Prato, Stadt in Mittelitalien, 165 000 Ew.; Dom (13. Jh.), Paläste (14. Jh.), Kastell (1250), Gemäldegalerie; Textil-, Lederind.

Pratolini, Vasco, ital. Schriftst., *1913; Romane (»Chronik armer Liebesleute«).

Prätor [lat.] der, -s/...toren, im alten Rom urspr. die obersten Staatsbeamten, dann die mit der Zivilgerichtsbarkeit betrauten Beamten.

Prätorianer Mz., Leibwache röm. Feldherren und Kaiser; daher: Schutzwache.

Praxiteles: Hermes

Prätorius, Michael, eigtl. **Schultheiß,** Komponist, Musikwissenschaftler, *1571, †1621; evang. Kirchenmusiker, schrieb 2- bis 16stimmige Psalmen, Motetten u.a.

Prättigau, Prätigau das, Hochtal des Flusses **Landquart** im schweizer. Kt. Graubünden.

Prävalenz [lat.] die, Übergewicht. **prävalieren,** überwiegen.

Prävarikation [lat.] die, ⚖ Parteiverrat (→Partei).

Prävention [lat.] die, Zuvorkommen, bes. mit einer Rechtshandlung; Strafrecht: Abschreckung. **präventiv,** vorbeugend. **Präventivkrieg,** Krieg, den ein Staat beginnt, um dem Angriff eines Gegners zuvorzukommen.

Praxis [grch.] die, **1)** Ausübung, Anwendung einer Lehre. Ggs.: Theorie. **2)** Tätigkeitsbereich, z.B. des Arztes.

Praxiteles, grch. Bildhauer, um 350 v. Chr. in Athen; berühmt durch die Anmut seiner Götterbilder: Aphrodite, Apollon, Hermes.

Präzedenzfall [lat.], Musterfall für die Behandlung späterer ähnl. Fälle.

Präzeptor [lat.] der, Lehrer. **P. Germaniae,** Lehrer Dtl.s, Beiname des Hrabanus Maurus und des Philipp Melanchthon.

Präzession [lat.] die, Wandern der Achse eines bewegten Kreisels auf einem gedachten Kegelmantel (→Kreisel). Die Erdachse beschreibt in 25800 Jahren **(Platon. Jahr)** einen solchen Kegel. Infolgedessen durchwandern in diesem Zeitraum Frühlings- und Herbstpunkt einmal die Ekliptik, d.h., die Tagundnachtgleichen rücken jährl. auf der Ekliptik von Osten nach Westen um rund 50″ vor.

Präzipitat [lat.] das, ⚗ ❄ Niederschlag.

präzise [lat.], bestimmt, genau. **Präzision** die, Genauigkeit. **präzisieren,** genau angeben.

Präzisionsmechanik, svw. →Feinmechanik.

Predella [ital.] die, malerisch oder plastisch geschmückter Sockel des Altarschreins.

Predigerorden, Bez. für die →Dominikaner.

Prediger Salomo, Schrift des A.T., dem König Salomo zugeschrieben.

Predigerseminar das, Ausbildungsstätte für evang. Theologen nach der 1. Prüfung.

Predigt [lat.] die, gottesdienstl. Rede, zur Verkündung und Auslegung des Wortes Gottes; ihr liegt meist eine Bibelstelle zugrunde. In der evang. Kirche steht die P. im gottesdienstl. Mittelpunkt.

Preetorius: Initiale zu »Der hinkende Teufel« von Lesage

Preetorius, Emil, Graphiker, Bühnenbildner, Kunstschriftst., *1883, †1973.

Pregel der, Hauptfluß Ostpreußens, 127 km lang, entsteht aus Inster und Angerapp, mündet in das Frische Haff.

Preis der, **1)** ⚖ Gegenwert für eine Ware oder Leistung. In der freien Marktwirtschaft bilden sich die P. durch Ausgleich von Angebot und Nachfrage **(P.-Bildung).** Das Ausmaß, in dem die P. auf Veränderungen von Angebot oder Nachfrage reagieren, ist die **P.-Elastizität.** Daneben wirken die P. der Konkurrenzgüter auf die P.-Höhe. Die P. stehen zueinander in einem best. Verhältnis **(P.-Gefüge).** Voraussetzung für das selbsttätige Einspielen der Markt-P. ist freier Wettbewerb. Monopole können ihre marktbeherrschende Stellung zum Herauftreiben oder Herabdrücken der P. wahrnehmen, auch zur Festsetzung unterschiedl. P. für versch. Käuferschichten **(P.-Differenzierung).** – Veränderungen der Waren-P. **(P.-Bewegungen)** sind eine Erscheinungsform der wirtschaftl. Wellenbewegungen. Generelle P.-Bewegungen erklären sich aus dem Steigen und Sinken des Geldwertes. – **P.-Politik** ist die staatl. Beeinflussung der P., bes. in Kriegs- und Notzeiten, aber auch im normalen Wirtschaftsleben für best. Güter und Leistungen. Ihr wichtigstes Mittel ist die Festsetzung von Höchst-, Mindest- oder Fest-P. Da staatl. Fest-P. keinen automat. Ausgleich von Angebot und Nachfrage bewirken, sind ergänzende Maßnahmen der Produktions- und Verbrauchslenkung (Rationierung) notwendig. **2)** Siegergewinn bei Wettbewerben.

Preiselbeere

Preisbindung der zweiten Hand, Vertragssystem, durch das sich der Abnehmer verpflichtet, beim Weiterverkauf der Ware den vom Hersteller festgesetzten Preis einzuhalten und weitere Abnehmer zur Einhaltung des gleichen Preises zu verpflichten; in der Bundesrep. Dtl. seit 1974 aufgehoben, außer für Verlagserzeugnisse **(vertikale Preisbindung).**

Preiselbeere, Kronsbeere, immergrünes Heidekrautgewächs, auf trockenem Waldboden, mit rötlichweißen Glockenblüten und roten, herben Beeren.

Preiß, Manfred, Politiker (BFD). *1939; seit April 1990 Min. für regionale und kommunale Angelegenheiten in der Dt. Dem. Rep.

Preisschere, bildl. Ausdruck für die Spanne zw. 2 Preisreihen, bes. der landwirtschaftl. Produkte und der von der Landwirtschaft benötigten Industriegüter.

Preiswerk, Handwerksform: der Handwerker beschafft die Rohstoffe selbst. Ggs.: Lohnwerk.

Prellbock, Vorrichtung zum Anhalten von Wagen am Ende der Gleise.

Preller, Friedrich, d.Ä., Maler, *1804, †1878; grch. Landschaften mit Sagengestalten.

Prélude [prel'yd, frz.] das, ♩ Vorspiel.

Premier [prəmj'e, frz.] der, Kurzwort für **Premierminister,** Ministerpräsident.

Premiere [prəmj'ɛːrə, frz.] die, Ur- oder Erstaufführung eines Bühnenstücks, Films.

Přemysliden [pʒ'ɛ-], böhm. Königshaus (1198-1306) tschech. Herkunft.

Presbyter [grch. »Ältester«] der, **1)** Kirchenältester. **2)** evang. Kirche: Kirchenvorstand.

Presbyterianer, reformiert-evang. Kirchen, die die bischöfl. Verfassung der Anglikan. Kirche und den demokrat. Kongregationalismus ablehnen und sich selbst regieren **(Presbyterialverfassung).**

Presbyterium [grch.] das, **1)** Kollegium der Presbyter. **2)** der für die Geistlichkeit bestimmte Teil des Kirchenraums.

Presley [pr'eslɪ], Elvis Aron, amerikan. Rock'n'Roll-Sänger und -Gitarrist, *1935, †1977; stand am Beginn der Rockmusik.

Preßburg, slowak. **Bratislava,** Hptst. der slowak. Rep. und wichtigster Donauhafen der ČSFR; 430000 Ew.; Dom, Schloß (Wohnsitz der ungar. Könige), Univ.; vielseitige Ind., Weinbau. P. war 1526-1784 Haupt- und Krönungsstadt Ungarns. **Preßburger Friede** vom 26. 12. 1805 zw. Frankreich (Napoleon I.) und Österreich.

Presse die, **1)** Vorrichtung oder Maschine zur Ausübung von Druck, mit der Hand, mit Dampf, Druckwasser (→hydraulische Presse), Druckluft. Arten: Schrauben-P., Hebel-P., Exzenter-P., Kurbel-P., Kolben-P., verwendet als Öl-, Wein-, Papier-, Präge-P. usw., bes. auch als **Buchdruck-P.** und Schnell-P., →Buchdruck. **2)** Zeitungen und Zeitschriften; auch Sammelbez. für die Journalisten. Die P. ist mit Rundfunk und Fernsehen das wichtigste Mittel zur Meinungsbildung und zur Verbreitung von Nachrichten, von Einfluß auch auf die Wirtschaft und die Wissenschaft (Fach-P.).

Presseagentur, →Nachrichtenagentur.

Pressefreiheit, Recht auf freie Meinungsäußerung durch die Presse; umfaßt das Recht, ungehindert Nachrichten und Informationen einzuholen und ohne Zensur darüber zu berichten sowie Kritik zu üben. Die P. findet ihre Grenze an den allg. Gesetzen.

Presserecht, ⚖ Rechtsnormen, die die Beziehungen zw. Presse, Staat und Allgemeinheit und dem Staatsbürger regeln. Das P. gilt für die Erzeugnisse der Buchdruckerpresse wie auch für alle sonstigen durch mechan. oder chem. Mittel bewirkten und zur Verbreitung bestimmten Vervielfältigungen von Schriften und bildl. Darstellungen. – In der Bundesrep. Dtl. gelten die Landespressegesetze der Bundesländer.

Pressestelle, Abteilung einer Behörde zur Unterrichtung von Presse, Rundfunk u. a. über Ziele und Beweggründe behördl. Maßnahmen.

pressieren [lat.], drängen, Eile haben.

Preßkopf, Wurst mit grobem Füllsel aus Schweinskopf, Zunge, Fettstücken.

Preßluft, ⚘ → Druckluft.

Preßmassen, Gemische aus harzartigen Stoffen (Kunstharzen) und Füllstoffen, die unter Druck und Hitze zu starren Formteilen verpreßt werden.

Preßspan, dichte, glatte, harte Pappe, für Isolierzwecke in der Hochspannungstechnik.

Pressure group [pr'eʃə gru:p, engl.] die, Interessengruppe (z. B. Wirtschaftsverbände), die auf die Entschlüsse des Parlaments Druck auszuüben sucht (→ Lobbyismus).

Prestige [prɛst'i:ʒ, frz.] das, Ansehen.

presto [ital.], ♩ schnell; **prestissimo,** sehr schnell.

Preston [pr'estən], Hafenstadt in NW-England, 143700 Ew.; Textil-, Textilmaschinenind.; Kessel- und Schiffbau.

Pretoria, Hptst. der Rep. Südafrika und der Prov. Transvaal, 528500 Ew.; 2 Univ., wissenschaftl., kulturelle Einrichtungen; Ind.; bei P. Gold-, Platin-, Eisenlager.

Preußen Mz., **1)** ehem. balt. Volksstamm, → Prußen. Danach **2)** Bev. Ost- und Westpreußens. **3)** 1701-1945 die Bev. des preuß. Staates.

Preußen, ehem. Land (das größte) des Dt. Reiches, (1937) 293796 km^2, (1933) 39,6 Mio. Ew., 10 Provinzen: Ost-P., Brandenburg, Pommern, Schlesien, Sachsen, Schleswig-Holstein, Hannover, Westfalen, Hessen-Nassau, Rheinprovinz; dazu die Hptst. Berlin und die Hohenzollerischen Lande.

G Die Entstehung des preuß. Staates ist das Werk der → Hohenzollern, die seit 1415 Kurfürsten von Brandenburg waren (→ Brandenburg, Geschichte); sie erhoben 1486 Berlin zur Hptst. und führten 1539 die Reformation ein. Kurfürst Johann Sigismund erwarb 1614 die rheinisch-westfäl. Gebiete Kleve, Mark und Ravensberg, ferner 1618 das Hzgt. P. (Ost-P. ohne Ermland), den Rest des alten Deutschordensstaates (→ Deutscher Orden). Der Große Kurfürst Friedrich Wilhelm (1640-88) setzte im Innern den fürstl. Absolutismus durch, erwarb 1648 Hinterpommern, Halberstadt, Minden und 1680 das Hzgt. Magdeburg, beseitigte 1657 die poln. Lehnsoberhoheit über das Hzgt. P. Kurfürst Friedrich III. krönte sich am 18. 1. 1701 in Königsberg als Friedrich I. zum König in Preußen. Sein Nachfolger Friedrich Wilhelm I. (1713-40) schuf das preuß. Heer und Beamtentum; von Schweden erwarb er 1720 Vorpommern bis zur Peene. Friedrich II., d. Gr. (1740-86), erhob P. zur europ. Großmacht; er eroberte das bisher österr. Schlesien und verteidigte es im → Siebenjährigen Krieg; dazu erwarb er 1744 Ostfriesland. Er gewährte volle Glaubensfreiheit, betrieb eine großzügige Siedlungspolitik und schuf das »Allg. Preuß. Landrecht«. Bei den Teilungen Polens erhielt P. 1772 Westpreußen mit dem Ermland und Netzedistrikt, 1793 und 1795 weite Gebiete einschl. Warschau. Im Krieg von 1806/07 gegen Napoleon I. erlebte P. einen völligen Zusammenbruch und verlor im Tilsiter Frieden 1807 die Hälfte seines Staatsgebiets. Die innere Erneuerung kam durch die Reformen Steins, Hardenbergs und Scharnhorsts: Bauernbefreiung, Selbstverwaltung der Städte, allg. Wehrpflicht. 1813 erhob sich P. gegen die napoleon. Herrschaft; nach den siegreichen → Freiheitskriegen erhielt P. 1814/15 die Provinz Posen, den Rest Vorpommerns, die nördl. Hälfte des Kgr.s Sachsen, bes. Westfalen und die Rheinprov. Es gründete 1828-34 den Dt. Zollverein. Unter Friedrich Wilhelm IV. (1840-61) errang der bürgerl. Liberalismus vorübergehend einen Sieg in der Märzrevolution 1848; die Folge war die konservative Verfassung von 1850. Der König lehnte 1849 die dt. Kaiserkrone ab, und der Versuch, durch eine »Union« der dt. Fürsten einen kleindt. Bundesstaat zu schaffen, scheiterte am Widerstand Österreichs (Vertrag von Olmütz 1850). Dann begann Wilhelm I. (seit 1858 Prinzregent, seit 1861 König) mit seinem Kriegsminister Roon eine Neuordnung und Vermehrung des Heeres, geriet jedoch in scharfen Ggs. zur liberalen Mehrheit des Abgeordnetenhauses. Diesen Machtkampf focht Bismarck, 1862 zum MinPräs. berufen, zugunsten der Monarchie durch. Gleichzeitig gelang ihm die bisher vergeblich erstrebte kleindt. Reichsgründung: in den Kriegen von 1864, 1866 und 1870/71 siegte das preuß. Heer dank der Feldherrnkunst Moltkes; P. wurde 1866 durch die Einverleibung Schleswig-Holsteins, Hannovers, Hessen-Kassels, Nassaus und Frankfurts wesentlich vergrößert, Wilhelm I. am 18. 1. 1871 in Versailles zum Dt. Kaiser ausgerufen. Im neuen Dt. Reich war P. der führende Bundesstaat; der Reichskanzler war meistens auch preuß. MinPräs. 1918 wurde P. Freistaat und erhielt 1920 eine demokrat.-parlamentar. Verfassung. Die langjährige sozialdemokrat. Regierung Braun-Severing wurde 1932 durch Reichskanzler v. Papen abgesetzt. Hitler schaltete die preuß. Regierung mit der des Reiches gleich. Nach dem Zusammenbruch von 1945 wurde P. 1947 aufgelöst.

Preußisch Blau, das → Berliner Blau.

Preußisch Eylau, russ. **Bagrationowsk,** Stadt im Gebiet Kaliningrad, ehem. Stadt in Ostpreußen, südl. von Königsberg.

Preußler, Otfried, Schriftsteller, *1923; bes. Kinderbücher, »Die kleine Hexe«, »Der Räuber Hotzenplotz«, »Krabat« u. a.

Prévert [prev'ɛ:r], Jacques, frz. Dichter, *1900, †1977; Gedichte, Drehbücher (»Kinder des Olymp«).

Prévost [prev'o:], Marcel, eigtl. E. **Marcel,** frz. Erzähler, *1862, †1941; psycholog. Romane.

Prévost d'Exiles [prevodɛgz'il], Antoine-François, Abbé, frz. Erzähler, *1697, †1763; »Manon Lescaut«.

Preysing, Konrad Graf v., Kardinal (seit 1946), *1880, †1950; 1932 Bischof von Eichstätt, 1935 von Berlin; führend im Kampf der kath. Kirche gegen den Nationalsozialismus.

Preziosen, Pretiosen [lat.] Mz., Schmuck, Edelsteine.

Priamos, Priamus, sagenhafter König von → Troja, Gemahl der Hekuba, Vater des Hektor und des Paris, hatte 50 Söhne.

Priapus, grch.-röm. Fruchtbarkeitsgott.

Price [praɪs], Leontyne, amerikan. Opern- und Konzertsängerin (Sopran), *1927.

Priel [nd.] der, Wasserablauf im Wattenmeer; durch Ebbe und Flut offengehalten.

Priem [niederländ. »Pfläumchen«] der, Stück Kautabak. **priemen,** Tabak kauen.

Prießnitz, Vincenz, Naturheilkundiger, *1799, †1851, trat für die Kaltwasserbehandlung ein. **P.-Umschlag,** feuchter Umschlag, mit trockenen wollenen Tüchern bedeckt.

Priester [aus grch.] der, Bevollmächtigter und Stellvertreter der Gemeinde bei kult. und rituellen Handlungen, häufig auch der Mittler zur Gottheit. Amt des P. ist es, die kult. Tradition zu hüten. Das **Priestertum** kann erblich

J. B. Priestley

sein oder als unpersönl. Amt durch Weihen u. a. übertragen werden. In der chines. Staatsreligion, im Islam und im Urbuddhismus fehlt es. In der kath. Kirche ist der P. ein Kleriker, der die **P.-Weihe** empfangen hat. Die evang. Kirchen kennen keinen bes. Priesterstand.

Priestley [pr'i:stlı], **1)** John Boynton, engl. Erzähler, Dramatiker, *1894, †1984; Romane: »Die Engelgasse«, »Die guten Gefährten«; Schauspiel: »Ein Inspektor kommt«. **2)** Joseph, engl. Naturforscher, *1733, †1804; Entdecker des Sauerstoffs.

Prignitz die, Nordwestteil der Mark Brandenburg, nordöstl. von Elbe und Havel.

Prim [lat.] die, **1)** ♩ die → Prime. **2)** kath. Kirche: Gebetsstunde im Stundengebet. **3)** Fechtsport: gerader Hieb von oben nach unten.

Prima [lat. »die Erste«] die, -/...men, **1)** 2 Klassen einer höheren Schule: **Unterprima,** 12. Schuljahr; **Oberprima,** 13. Schuljahr. **Primaner** der, Schüler der P. **2)** Erstausfertigung eines Wechsels. **prima,** Abk. **I a,** sehr fein, ausgezeichnet.

Primaballerina [ital.] die, 1. Solotänzerin.

Primadonna [ital.] die, 1. Sängerin.

primär [lat.], ursprünglich, anfänglich.

Primärenergie, Energieinhalt natürl. Energieträger (fossile Brennstoffe, Uran, regenerative Energiequellen). P. wird in nutzbare **Sekundärenergie** (elektr. Energie, Wärme, mechan. Arbeit) umgewandelt.

Primarstufe, Eingangsstufe des Pflichtschulbereichs, an die sich die Sekundarstufe (→ Sekundarschule) anschließt.

Primas [lat. »Erster«] der, **1)** kath. Kirche: der Erste Erzbischof eines Landes. **2)** ♩ Vorgeiger einer Zigeunerkapelle.

Primat [lat.] der und das, **1)** Erstgeburtsrecht, erste Stelle, Vorrang. **2)** Vorrang des Papstes als Oberhaupt der kath. Kirche.

Primaten [lat.] Mz., **Herrentiere,** Ordn. der Säugetiere: Affen, Halbaffen; schließt im zoolog. System die Menschen ein.

prima vista [ital.], **1)** Musik: vom Blatt. **2)** auf Wechseln: bei Sicht (zu bezahlen).

Prime [lat.] die, ♩ 1. Stufe; Grundton einer Tonleiter, eines Zusammenklangs.

Primel [lat.] die, ausdauernd krautige Pflanzengatt. mit grundständiger Blattrosette: **Hohe P.,** mit hellgelben Blüten, und **Gebräuchl. P.,** mit sattgelben Blüten, Wald- und Wiesenblumen **(Schlüsselblume, Himmelsschlüssel); Alpenaurikel,** gelb blühend, in den Voralpen usw., unter Naturschutz, **Gartenaurikel,** mit glatten Blättern und bunt braunroten bis gelben Samtblüten, und **Garten-P.,** rauhblättrig, meist rotbunt; **Chines. P.,** weiß bis rosa blühend, weitkelchig, und **Becher-P.,** weiß bis violett blühend, mit Trichterkelch; scheiden durch Drüsenhaare das Allergien verursachende **Primin** aus.

Primel: Schlüsselblume

Prime rate [pr'aım reıt, engl.], in den USA der Bankzinssatz für kurzfristige Kredite.

primitiv [lat.], **1)** ursprünglich, urzuständlich, urtümlich. **2)** einfach, dürftig.

Primiz [lat.] die, kath. Kirche: 1. Messe eines neugeweihten Priesters.

Primo de Rivera [- ðe rriß'era], **1)** José Antonio, span. Politiker, Sohn von 2), *1903, †1936, Gründer der Falange, im Bürgerkrieg von Kommunisten erschossen. **2)** Miguel, Marqués de Estella, span. General, Politiker, *1870, †1930, kam nach einem Staatsstreich 1923 an die Regierung und führte sie seit 1925 als Diktator unter dem König, der ihn 1930 entließ. Er starb in Paris.

Primogenitur [lat.] die, Erstgeburt, Vorzugsrecht des Erstgeborenen bei der Erbfolge.

primordial [lat.], ursprünglich.

Primus [lat.], der Erste; **P. inter pares,** der Erste unter an Rang Gleichen.

Primzahlen, ganze Zahlen, die nur durch 1 und sich selbst teilbar sind, z. B. 2, 3, 5, 7, 11.

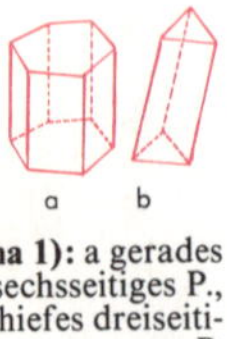

Prisma 1): a gerades sechsseitiges P., b schiefes dreiseitiges P.

Prince Edward Island [prıns 'edwəd 'aılənd, engl.], Insel im S des Sankt-Lorenz-Golfs, bildet die kleinste kanad. Provinz, 5657 km², 126 500 Ew.; Hptst.: Charlottetown.

Prince of Wales [prıns ɔv weılz], Titel des brit. Thronfolgers.

Princeps [lat. »der Erste, Vorderste«] der, Mz. **Principes, 1)** im alten Rom: Ehren- oder Amtstitel; seit Augustus: der röm. Kaiser, → Prinzipat. **2)** im MA.: Fürst.

Princeton [pr'ınstən], Stadt im Staat New Jersey, USA, 12 000 Ew.; Univ., Rockefeller-Forschungsinstitut.

Príncipe [pr'ĩsipe], Insel im Golf von Guinea, → São Tomé.

principiis obsta [lat.], wehre den Anfängen.

Printe [nd.] die, Pfefferkuchen.

Prinz [aus lat. princeps] der, **Prinzessin** die, nichtregierendes Mitgl. eines Fürstenhauses; **P.-Gemahl,** Gemahl einer regierenden Herrscherin; **P.-Regent,** P., der bei Behinderung eines Monarchen die Regentschaft führt.

Prinzip [lat.] das, -s/-pien, Grundsatz; Grundbegriff. **prinzipiell,** grundsätzlich.

Prinzipal [lat.] der, **1)** ☿ Geschäftsinhaber. **2)** Hauptstimme der Orgel.

Prinzipat [lat.] der und das, das röm. Kaisertum des Augustus und seiner Nachfolger; von Diocletian zum **Dominat** umgebildet.

Prior [lat. »Oberer«] der, -s/...oren, Gehilfe eines Abtes oder Vorsteher eines Klosters.

Priorität [lat.] die, Vorzug, Vorrang.

Prioritätsaktie, → Vorzugsaktie.

Pripet der, rechter Nebenfluß des Dnjepr, 775 km lang, aus Wolhynien, durchfließt Polesien, entwässert die **Pripet-Sümpfe.**

Prise [frz.] die, **1)** was man mit 2-3 Fingern fassen kann (z. B. Schnupftabak). **2)** Völkerrecht: als Seebeute weggenommenes feindl. oder neutrales Privatgut (Schiff, Ladung oder beides). Das **P.-Recht** ist auf der Grundlage des Völkerrechts in nationalen **P.-Ordnungen** festgelegt. Über die Rechtmäßigkeit der Wegnahme entscheidet ein (nationales) **P.-Gericht.**

Prisma [grch.] das, -s/...men, **1)** △ Säule; Körper, bei dem Grundfläche und Deckfläche deckungsgleiche Vielecke sind. Rauminhalt = Grundfläche mal Höhe. **2)** OPTIK: keilförmiger Körper aus lichtdurchlässigem und lichtbrechendem Stoff, z. B. Glas, Quarz oder Steinsalz, benutzt zur Richtungsänderung abbildender Strahlen, zur Bilddrehung, zur spektralen Zerlegung von Licht u. a. m.

Priština [pr'i:ʃtina], Hptst. der Autonomen Prov. Kosovo, Serbien, Jugoslawien, 70 000 Ew.; Univ. Textilind.

Privatdozent [lat.] der, zu Vorlesungen an einer Hochschule berechtigter Gelehrter ohne Professur.

Privatisierung die, Überführung von Staatsbesitz in privates Eigentum.

privatissime [lat.], im engsten Kreis.

Privatklage, ⚖ Strafklage, die, i. Ggs. zur öffentl. (vom Staatsanwalt erhobenen) Anklage, vom Verletzten selbst **(Privatkläger)** vor dem Amtsgericht erhoben werden kann. Sie ist nur zulässig bei Beleidigung, Körperverletzung, Bedrohung, Hausfriedensbruch, Verletzung von Privatgeheimnissen, Sachbeschädigung, unlauterem Wettbewerb und bei Urheberrechtsverletzung. Die öffentl. Klage wird hier nur erhoben, wenn es im öffentl. Interesse liegt. Meist muß der P. ein Sühneversuch vorausgehen (§§ 374 ff. StPO).

Privatrecht, ⚖ → bürgerliches Recht.

Privatschulen, neben den öffentl. Schulen bestehende Unterrichtsanstalten, oft mit besonderen pädagog. Methoden; entsprechen in Lehrziel und Lehrplan den öffentl. Schulen.

Privatwirtschaft, auf Privateigentum an Produktionsmitteln beruhende wirtschaftl. Tätigkeit von Einzelwirtschaften.

Privileg, Privilegium [lat.] das, -s/...gien, Sonderrecht.
Prix [pri, frz.], Preis.
pro [lat.], für; **Pro und Kontra,** Für und Wider.
probabel [lat.], wahrscheinlich. **Probabilität** die, Wahrscheinlichkeit. **Probabilismus** der, Wahrscheinlichkeitsstandpunkt.
probat [lat.], erprobt, bewährt.
Probe|arbeitsverhältnis, ⚖ Arbeitsverhältnis, über dessen Fortsetzung erst nach einer **Probezeit** entschieden wird.
Problem [grch.] das, Frage, Aufgabe, Rätsel, Schwierigkeit. **Problematik** die, Fragestellung, Ungelöstheit, Fragwürdigkeit. **problematisch, 1)** ungewiß, unbewiesen. **2)** schwierig.
Prodekan, an Universitäten der Stellvertreter des amtierenden Dekans.
pro domo [lat. »für das Haus«], in eigener Angelegenheit; zu eigenem Nutzen.
Produkt [lat.] das, **1)** Erzeugnis; **Produktenbörse,** Warenbörse (→ Börse). **2)** △ → Grundrechnungsarten.
Produkthaftung, Entschädigungspflicht eines Herstellers für Schäden, die Verbrauchern durch fehlerhafte Erzeugnisse entstehen.
Produktion [lat.] die, Erzeugung. **1)** VOLKSWIRTSCHAFT: Herstellung neuer Güter zur Befriedigung menschl. Bedürfnisse, erfordert den Einsatz von **P.-Mitteln** (Rohmaterial, Energie) und menschl. Arbeitsleistung. Die Aufwendungen bilden die **P.-Kosten.** Die P. gliedert sich in **Ur-P.** (Land-, Forstwirtschaft, Bergbau) und Weiterverarbeitung. **2)** BETRIEBSWIRTSCHAFT: Abteilungen zur techn. Herstellung der Erzeugnisse. **3)** Gesamtheit der erzeugten Gütermenge.
Produktionsfaktoren, die 3 elementaren Kräfte der Gütererzeugung: Arbeit, Ertragskraft des Bodens, Kapital.
Produktionsgenossenschaften, gewerbl. oder landwirtschaftl. Genossenschaften, die die Erzeugnisse ihrer Mitgl. verarbeiten, verkaufen.
produktiv, schöpferisch; leistungsstark.
Produktivität [lat.] die, schöpferische Kraft, Ergiebigkeit. Wirtschaft: Verhältnis zw. Produktionsmenge (output) und dem Faktoreneinsatz (input: Arbeit, Kapital).
Produktpiraterie, unberechtigtes Nachahmen von Erzeugnissen mit bekanntem Warenzeichen.
Produzent [lat.] der, Hersteller, Erzeuger. **produzieren, 1)** hervorbringen, erzeugen. **2)** zur Schau stellen.
Pro familia, Dt. Gesellschaft für Sexualberatung und Familienplanung e.V., gegr. 1952; überparteil. Vereinigung mit Beratungsstellen in vielen dt. Städten.
profan [lat.], ungeweiht, unheilig, weltlich. **profanieren,** entweihen, schänden.
Profeß [lat.] die, Ablegung des Ordensgelübdes.
Profession [lat.] die, Beruf. **Professional** [prɔf'eʃnl, engl.] der, **Profi,** Berufssportler.
Professor [lat.] der, -s/...ssoren, Hochschullehrer; entweder **ordentl. P.,** beamteter Inhaber eines Lehrstuhls, oder **außerordentl. P.,** meist mit best. Lehrauftrag. **Honorar-P.,** P. mit dem Ehrenrecht, Vorlesungen zu halten. Der Titel P. wird auch ehrenhalber verliehen. **Professur** die, das Lehramt eines P., Lehrstuhl.
Profil [ital.] das, Seitenansicht oder Schnitt eines Gegenstandes oder Körpers. **profiliert,** scharf umrissen, hervortretend.
Profit [frz.] der, Gewinn, Nutzen, Vorteil. **profitieren,** Nutzen haben.
pro forma [lat.], der Form wegen, zum Schein.
Profos der, **Profoß,** in Landsknechtsheeren der Regimentspolizist.
profund [lat.], tief, gründlich.

Progenitur [lat.] die, Nachkommenschaft.
Progesteron das, ♡ Gelbkörperhormon der Eierstöcke, reguliert den Schwangerschaftsablauf.
Prognathie [grch.] die, schnauzenartiges Vorstehen des Oberkiefers.
Prognose [grch.] die, Vorhersage (der Witterung, des Verlaufs einer Krankheit). Zeitw.: **prognostizieren.**
Programm [grch.] das, -s/-e, **1)** Spielfolge, Festordnung. **2)** Arbeitsplan, Ziel. **3)** Plan für automatisierte Arbeitsvorgänge in Maschinenanlagen durch Schaltwerke, Lochkarten, Magnetbänder. In der Datenverarbeitung eine Folge von Anweisungen (Algorithmen) für einen Computer; **programmieren,** ein P. für einen Rechenautomaten aufstellen.
Programmiersprache, zum Abfassen von Programmen für digitale Rechenanlagen geschaffene Sprache.
programmierter Unterricht, Unterricht mit genau festgelegten Einzelschritten, dessen Erfolg vom Schüler selbst nachgeprüft werden kann, durch Programme, in Form von Fragebogen, Lehrbüchern, Lehrmaschinen u.a.
Programmusik, 𝅗𝅥 musikal. Darstellung bestimmter Ereignisse oder Vorstellungen.
Progression [lat.] die, **1)** Fortschritt, Stufenfolge. **2)** △ die → Reihe. **3)** STEUERRECHT: Staffelung des Steuertarifs, so daß z.B. mit steigendem Einkommen Steuerbeträge und Steuersätze ansteigen. Ggs.: Degression.
Progressisten [frz.], Fortschrittler.
progressive Paralyse die, Gehirnerweichung (→ Paralyse).
progressiver Jazz, → Jazz.
Prohibition [lat.] die, Verhinderung, Verbot, bes. staatl. Verbot von Herstellung und Verkauf alkoholhaltiger Getränke (Alkoholverbot). P. bestand z.B. 1919-33 in den USA. **prohibieren,** verhindern, verbieten. **prohibitiv, prohibitorisch,** hindernd, verbietend.
Prohibitivsystem das, außenhandelspolit. System mit dem Zweck, Ein- oder Ausfuhr durch Verbote gänzlich oder durch hohe Zölle **(Prohibitivzölle)** möglichst zu verhindern.
Projekt [lat.] das, Plan, Entwurf; **projektieren,** planen.
Projektil [lat.] das, -s/-e, Geschoß.
Projektion [lat.] die, △ Abbildung von Körpern, Flächen oder Kurven auf eine Bildebene durch Strahlen. Bei der **Zentral-P.** gehen alle Strahlen von einem Punkt (Zentrum) aus (→ Perspektive). Die **Parallel-P.** bildet durch parallele Srahlen zur Bildebene parallele Strecken in wahrer Größe ab. Beim techn. Zeichnen erhält man durch Parallel-P. auf 3 senkrecht aufeinanderstehende Ebenen **Grund-, Auf-** und **Seitenriß.** In dem BILD ist der Grundriß des Zylinders ein Kreis, Aufriß und Seitenriß sind Rechtecke.
Projektionsgerät, Apparat zur optisch vergrößerten Wiedergabe von Film- und Bildmaterial auf einer Bildwand (→ Epidiaskop).
projizieren [lat.], **1)** eine Projektion fertigen. **2)** mit dem Projektionsgerät vorführen.
Proklamation [lat.] die, Verkündigung, Bekanntmachung, Aufruf. Zeitw.: **proklamieren.**
Proklos, grch. Philosoph, *411, †485 n. Chr.; der letzte bedeutende Neuplatoniker.
Prokofjew, Serge, Komponist, *1891, †1953; Vertreter der modernen russ. Musik: Opern (»Die Liebe zu den drei Orangen«), Sinfonien.
Prokonsul, Proprätor, im alten Rom: ehem. Konsul oder Prätor als Statthalter einer Prov.
Prokop, byzantin. Historiker des 6. Jh., schrieb die Geschichte der Kriege Kaiser Justinians I. mit den Persern, Wandalen, Goten.
Prokopjewsk, Stadt in W-Sibirien, UdSSR, 286000 Ew.; Kohlengruben.

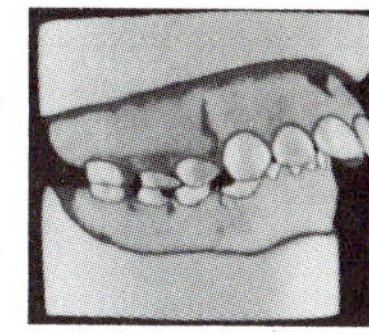
Prognathie

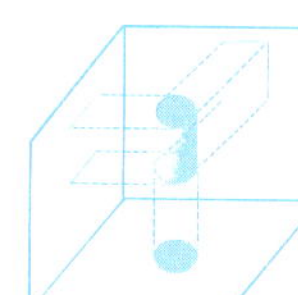
Projektion: Parallel-P.

Prokofjew

Prokrustes, grch. Sage: Riese, der den zu kurzen Reisenden auf einem Folterbett die Glieder streckte, den zu langen diese abhackte; von Theseus getötet. **P.-Bett,** peinl. Zwangslage.

Prokura [lat.] die, ⚖ umfassende Vollmacht eines Vollkaufmannes oder dessen gesetzl. Vertreters, die den Bevollmächtigten, den **Prokuristen,** zu allen Geschäften und Rechtshandlungen ermächtigt, die der Betrieb irgendeines Handelsgewerbes mit sich bringt. Die P. ist jederzeit widerruflich, erlischt jedoch nicht mit dem Tode des Geschäftsinhabers (§§ 48 ff. HGB). Abk. **ppa.**

Prokurator [lat.] der, -s/...toren, **1)** röm. Reich: Verwalter einer Provinz. **2)** kath. Kirchenrecht: Prozeßvertreter oder Vertreter eines relig. Ordens beim Hl. Stuhl **(General-P.).**

Prokyon [grch.] der, heller Fixstern im Sternbild des Kleinen Hundes.

Prolaps [lat.] der, ♡ → Vorfall.

Prolegomena [grch.] Mz., Vorbemerkungen, Einleitung.

Proletarier [lat.] der, **1)** im alten Rom: Bürger, die nicht einmal den niedrigsten Steuersatz zahlten. **2)** unter Einfluß des Kommunistischen Manifests klassenkämpfer. Schlagwort für die Lohnarbeiter. (→ Marxismus)

Prolog [grch.] der, Vorrede.

Prolongation [lat.] die, Verlängerung der Dauer eines Rechtsverhältnisses, einer Zahlungsfrist, bes. bei Wechseln. **prolongieren,** verlängern, Stundung bewilligen.

PROM, Abk. für **P**rogrammable **R**ead **O**nly **M**emory, programmierbarer Halbleiter-Testwertspeicher.

pro memoria [lat.], zur Erinnerung. **Promemoria** das, Eingabe, Denkschrift.

Promenade [frz.] die, **1)** Spaziergang. **2)** Spazierweg, Anlage. **promenieren,** spazierengehen.

Prometheus, grch. Göttersohn, → Titanen; raubte dem Zeus das Feuer, um es den Menschen zu bringen; wurde zur Strafe an einen Felsen geschmiedet, wo ihm ein Adler die immer wieder wachsende Leber aushackte, bis ihn Herakles befreite. Später schrieb man P. auch die Schöpfung des Menschen zu. Drama von Äschylos. **prometheisch,** urgewaltig.

Promethium das, **Pm,** künstlich hergestelltes radioaktives Element aus der Gruppe der Lanthanoiden.

Promille [lat.] das, Abk.: **p.m.** oder ‰, je Tausend.

prominent [lat.], hervorragend. **Prominente** der, führende Persönlichkeit.

Promiskuität die, Geschlechtsverkehr mit häufig wechselnden Partnern.

Promoter [prəm'əutə, engl.] der, Veranstalter sportl. Wettkämpfe (z. B. Boxen, Ringen).

Promotion [lat.] die, Verleihung der Doktorwürde. **promovieren,** die Doktorwürde verleihen oder erlangen.

prompt [lat.], unverzüglich, pünktlich.

Promulgation [lat.] die, Verkündung, bes. eines Gesetzes. Zeitw.: **promulgieren.**

Pronomen [lat.] das, Ⓢ das Fürwort.

prononciert [prɔnɔ̃s'i:rt, frz.], ausgesprochen, betont, scharf ausgeprägt.

Pronunciamiento [prɔnunθiami'ɛntɔ, span.] das, Militärputsch; urspr. Kundgebung.

Pronyscher Zaum [nach dem frz. Ingenieur Prony, *1755, †1839], ⊙ Bremsdynamometer zur Leistungsmessung einer Maschine.

Proömium [grch.-lat.] das, -s/...mia, Vorspiel, Eingang einer Rede, Vorrede einer Schrift.

Propädeutik [grch.] die, Vorbereitung, Vorschule. **propädeutisch,** vorbereitend.

Propaganda [lat.] die, Form der Werbung, bes. für bestimmte geistige Ziele und polit., relig., wirtschaftl., aber auch künstler. oder humanitäre Ideen; allg. die publizist. Beeinflussung, ihre Inhalte und Methoden. Zeitw.: **propagieren.**

Propan das, C_3H_8, gasförmiger Kohlenwasserstoff; Rohstoff in der chem. Ind.; in Stahlflaschen abgefüllt als Heiz- und Treibgas (ungiftig).

Propeller [lat.] der, Luft-, Schiffsschraube.

Propeller-Turbinen-Luftstrahltriebwerk, Abk. **PTL-Triebwerk,** Gasturbinen-Flugtriebwerk, bei dem der größte Teil der frei werdenden Energie dem Antrieb eines Propellers dient, während der aus der Schubdüse austretende Abgasstrom nur wenig Schub liefert. (→ Strahltriebwerk)

Properz, lat. Sextus **Propertius,** röm. Dichter, *um 50, † nach 16 v. Chr., dichtete Elegien.

Prophet [grch.] der, Verkündiger des göttl. Willens (→ Bibel); Weissager. **prophezeien,** vorhersagen, weissagen.

Prophylaxe [grch.] die, ♡ Vorbeugung, Verhütung von Krankheiten. **prophylaktisch,** vorbeugend.

proponieren [lat.], vorschlagen, beantragen.

Proportion [lat.] die, **1)** Verhältnis. **2)** △ Gleichung zw. 2 Zahlenverhältnissen, z. B. $5:15 = 6:18$. In jeder P. ist das Produkt der inneren Glieder gleich dem Produkt der äußeren (hier 90). **proportional,** verhältnismäßig, im gleichen Verhältnis. **proportioniert,** gut abgemessen.

Proportionalitätsfaktor, der konstante Quotient zweier veränderl. Größen; z. B. ist der P. von Spannung zu Strom ein Widerstand.

Proporz [von Proportion] der, **1)** Verhältniswahl. **2)** Verteilung von Ämtern nach dem polit. Kräfteverhältnis.

Proposition [lat.] die, **1)** ✤ Vorschlag. **2)** Lehrsatz, Behauptung.

Propst [lat.] der, -es/Pröpste, **1)** kath. Kirche: 1. Würdenträger in Dom- und Stiftskapiteln. **2)** evang. Kirche: Titel für Superintendenten oder Geistliche in gehobener Stellung. **Propstei, Präpositur** die, Sprengel, Amtshaus des P.

Propyl [grch.], die einwertige Atomgruppe $CH_3-CH_2-CH_2-$.

Propyläen [grch.] Mz., **1)** 🏛 Eingangstore zu monumentalen Anlagen (P. der Akropolis zu Athen), danach die P. in München. **2)** Name einer Zeitschrift, hg. 1798-1800 von Goethe.

Prorektor [lat.], Stellvertreter des Rektors.

Prorogation [lat.] die, **1)** Aufschub. **2)** Unterwerfung unter ein gesetzlich nicht zuständiges Gericht. **prorogativ,** aufschiebend.

Prosa [lat.] die, nicht durch Vers gebundene Sprache. **Prosaiker** der, P.-Dichter. **prosaisch, 1)** in P. geschrieben. **2)** nüchtern.

Prosektur [lat.] die, Institut für Leichenöffnungen (Sektionen) an Krankenhäusern.

Proselyt [grch.] der, Neubekehrter, Überläufer (zu einer anderen Partei oder Religion).

Pros|enchym [grch.] das, ⚘ Gewebe mit dickwandigen Zellen, das den Pflanzenkörper festigt.

Proserpina, lat. Name von → Persephone.

Prosit [lat. »es möge nützen«] oder **Prost!,** Wohl bekomm's!

Proskription [lat.] die, Ächtung, Verbannung. Zeitw.: **proskribieren.**

Prosodie [grch.] die, Lehre von der Behandlung der Sprache im Vers.

Prospekt [lat.] der, **1)** Werbeschrift. **2)** Bekanntmachung über Wertpapiere, die zur Börse zugelassen werden sollen. **3)** MALEREI: Ansicht von Gebäudegruppen, Straßen, Plätzen. **4)** THEATER: gemalter Bühnenhintergrund.

prosperieren [lat.], gedeihen. **Prosperität** die, **1)** Wohlstand. **2)** Konjunkturaufschwung.

Prostata [grch.] die, → Vorsteherdrüse.

Prostitution [frz.] die, gewerbsmäßige

Hingabe des eigenen Körpers zu geschlechtl. Zwecken. **prostituieren,** preisgeben, entehren.

Proszenium [grch.] das, vorderster Bühnenteil zw. Vorhang und Orchester mit seitl. **P.-Logen.**

Protactinium [grch.] das, **Pa,** radioaktives chem. Element aus der Gruppe der Aktiniden.

Protagonist [grch.] der, **1)** grch. Drama: Hauptspieler. **2)** Vorkämpfer.

Protagoras aus Abdera, grch. Sophist, *etwa 481, †411 v. Chr., lehrte die menschl. Bedingtheit alles Wissens und aller Erkenntnis (»der Mensch ist das Maß aller Dinge«).

Protégé [prɔteʒ'e, frz.] der, Günstling, Schützling. **protegieren** [prɔteʒ'i:rən], begünstigen.

Protein [grch.], ⊸ einfacher Eiweißkörper.

Protektion [lat.] die, Förderung, Gönnerschaft, Schutz. **Protektor** der, Schirmherr, Beschützer, Gönner.

Protektionismus [lat.] der, handelspolit. System, das die inländ. Erzeugung einzelner Wirtschaftsbereiche (z. B. Landwirtschaft) durch Schutzzölle, Einfuhrkontingente u. a. vor der ausländ. Konkurrenz zu schützen sucht. Das →GATT strebt den Abbau des P. seiner Mitgl. an.

Protektorat [lat.] das, **1)** VÖLKERRECHT: Schutzherrschaft eines Staates oder einer Staatenmehrheit über einen anderen Staat, dessen Außenpolitik ganz oder teilweise von der Schutzmacht wahrgenommen wird (z. B. Frankreich über Monaco). Das P. wird meistens durch einen Schutzvertrag begründet. Es kann auch eine Form für koloniale Abhängigkeit sein. **2)** Gönnerschaft. **3)** Ehrenvorsitz.

Proterozoikum [grch.] das, ⊕ neuere Bezeichnung für Eozoikum.

Protest [lat.] der, **1)** Einspruch, Widerspruch. **2)** ⚖ Wechsel-P., →Wechsel.

Protestant [lat. »Widersprecher«] der, Angehöriger der luther. oder der reformierten Kirche. Der Name stammt von dem feierl. Einspruch (Protestation) der evang. Stände auf dem Reichstag zu Speyer 1529 gegen den Beschluß der kath. Mehrheit, der alle kirchl. Neuerungen verbot.

Protestantismus der, die aus der →Reformation hervorgegangenen Glaubensgemeinschaften i. Ggs. zur römisch-kath. und Ostkirche. Die kirchl. Mannigfaltigkeit des P. ist stark ausgeprägt. Ihnen allen ist gemeinsam, daß nur das Evangelium Richtschnur für Kirche und Verkündigung ist. Die Lehre von der →Rechtfertigung allein durch den Glauben ist nicht für alle protestant. Gemeinschaften in derselben Weise verbindlich geblieben. Gegenüber der sakralen Heilsvermittlung in der kath. Kirche betont der P. den persönl. Charakter des Glaubens, das allg. Priestertum. Der P. begründete die Freiheit des nur an Gottes Wort gebundenen Gewissens.

Protestsong, Lied mit polit., zeit- und gesellschaftskrit. Inhalt.

Proteus, grch. Sage: weissagender Meergreis, der sich in alle Gestalten verwandeln konnte.

Prothallium [lat.] das, der Vorkeim der Farnpflanzen.

Prothese [grch.] die, Ersatz für verlorengegangene Körperteile, z. B. Zahn-P., Augen-P., Ersatzglieder (künstl. Glieder).

Protokoll [grch.] das, **1)** Niederschrift über eine Verhandlung, Erklärung, Aussage, einen Beschluß. **2)** VÖLKERRECHT: zwischenstaatl. Vereinbarung, z. B. das Genfer P. von 1925. **3)** Abteilung des Auswärtigen Amtes unter dem **Chef des P.,** die sich mit den persönl. Angelegenheiten der Mitgl. des Diplomat. Korps und Fragen des diplomat. Zeremoniells befaßt.

Protokolle der Weisen von Zion, gefälschte Protokolle einer fiktiven jüd. Tagung, die einen Plan zur Aufrichtung der jüd. Weltherrschaft unter einem König aus dem Hause Zion enthalten.

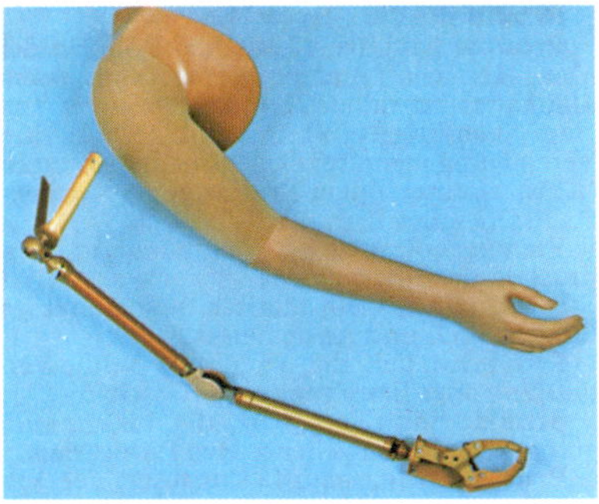

Prothese: Schulterexartikulations-P.

Proton [grch. »erstes«] das, positiv geladenes Elementarteilchen, zus. mit dem Neutron Baustein aller Atomkerne.

Protonenstürme, in seltenen Fällen von der Sonne ausgeworfene Protonen, die so energiereich sind, daß sie die Erdatmosphäre tief durchdringen und eine merkl. Zunahme der Intensität der kosm. Ultrastrahlung auf dem Erdboden bewirken.

Protonotar [lat.], oberste Rangstufe der päpstl. Hof- und Ehrenprälaten.

Protoplasma [grch.] das, ✤ für Zytoplasma.

Prototyp [grch.] der, Urbild, Musterbild.

Protozoen [grch.] Mz., →Urtiere.

Protuberanz [lat.] die, **1)** ♡ Vorsprung. **2)** aus der Chromosphäre der Sonne emporgeschleuderte leuchtende Gasmasse. Größte Aufstiegshöhe etwa 1 Mio. km.

Protze die, ⁂ ✤ zweirädriger Vorderwagen von Geschützen.

Proudhon [prud'ɔ̃], Pierre Joseph, frz. Sozialist, *1809, †1865, griff die herrschende Eigentumsverfassung an (Eigentum ist Diebstahl).

Proust [prust], Marcel, frz. Erzähler, *1871, †1922; Romanwerk »Auf der Suche nach der verlorenen Zeit«.

Provence [prɔv'ãs] die, Landschaft in S-Frankreich, mit Mittelmeerklima, meist Gebirgsland (Schaf-, Ziegenzucht); in den fruchtbaren Niederungen Anbau von Wein, Maulbeerbäumen, Oliven, Gemüse, Obst, Blumen. Die Bewohner, **Provenzalen,** haben eine eigene Sprache (→provenzalische Sprache). – Der Name P. kommt von der röm. Bez. Provincia für SO-Frankreich. Die P. gehörte im MA. zum Kgr. Burgund, 1246 zum Haus Anjou, 1481 mit Frankreich vereinigt.

Provenienz [lat.] die, Herkunft, Ursprung.

provenzalische Sprache, Mundart S-Frankreichs **(langue d'oc),** war im MA. auch Schriftsprache. Blütezeit der Dichtung 11. bis 13. Jh. (→Troubadour).

Proverb [lat.] das, ✤ Sprichwort.

Proviant [ital.] der, Mundvorrat; Lebensmittel (bes. für Truppen).

Providence [pr'ɔvɪdəns], Hptst. des Staates Rhode Island, USA, 156300 Ew.; Hafen, Univ.; bed. Schmuckwarenind.

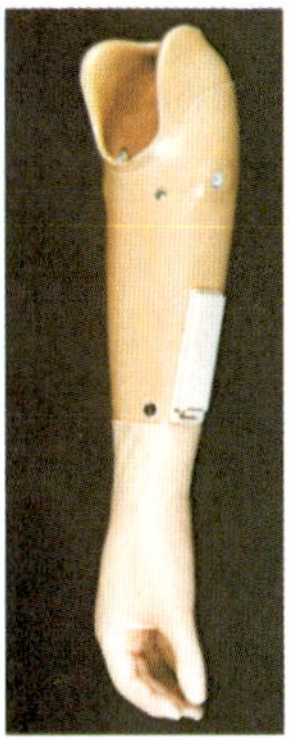

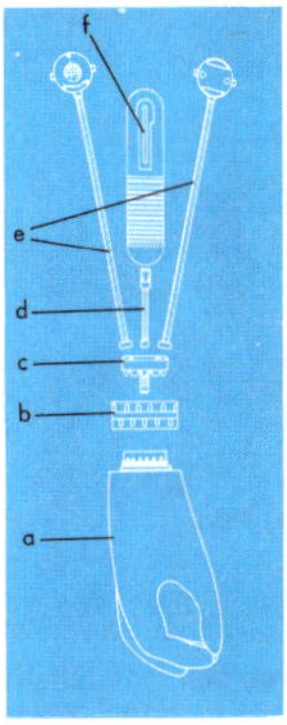

Prothese: Myoelektrisch gesteuerte Unterarm-Prothese: a Elektrohand, b Handgelenk-Ersatz mit Kugellaufbahn, c Einsatz zum Anschluß von Elektrohand, Elektroden und Akkumulator, d Akkumulator-Anschlußkabel, e Elektroden, f Akkumulator. Mit Steuerelektroden wird die bei Muskelkontraktion entstehende elektr. Spannung abgenommen, verstärkt und zum Ein- und Abschalten des winzigen Elektromotors (in der Prothesenhand) verwendet, der über ein Miniaturgetriebe Finger und Daumen bewegt. Energiequelle ist der Akkumulator (innerhalb der Prothese)

Prothese

Providenz [lat.] die, ❀ Vorsehung.

Provinz [lat.] die, **1)** im alten Rom ein der röm. Herrschaft unterworfenes, von einem Statthalter verwaltetes Land. **2)** größerer Teil eines Staatsganzen. **3)** im kath. Ordenswesen Vereinigung mehrerer Ordensniederlassungen (Klöster) unter einem **Provinzial. 4)** Kirchen-P.: Bezirk eines Erzbischofs.

Provinzialismus [lat.] der, mundartl. Ausdruck in der Hochsprache.

provinziell, kleinstädtisch, beschränkt (in Gesichtskreis und Ansichten).

Provision [lat.] die, Vergütung für die Vermittlung oder Besorgung eines Geschäfts.

provisorisch [lat.], vorläufig, bis zur endgültigen Regelung geltend. Hw. **Provisorium.**

Provitamine, natürl. Vorstufen der Vitamine.

Provokation [lat.] die, Herausforderung, Aufreizung. **Provokateur** [-'œ:r], Lockspitzel, Aufreizer. **provokatorisch, provokativ,** herausfordernd, aufreizend. **provozieren,** herausfordern, reizen, heraufbeschwören.

Proxima Centauri, ☆ erdnächster Fixstern (4,3 Lichtjahre entfernt).

Prozedur [lat.] die, Verfahren.

Prozent [lat.] das, **v. H.,** %, für, auf, vom Hundert. Eigw.: **prozentual.**

Prozeß [lat.] der, **1)** Vorgang, Geschehen. **2)** ⚖ Gerichtsverfahren zur Entscheidung von Rechtsstreitigkeiten (Zivilprozesse, Strafprozesse, Verwaltungsgerichtsprozesse u. a.). Das **P.-Recht** ist in **P.-Ordnungen** enthalten.

Prozeßfähigkeit, ⚖ Fähigkeit, einen Prozeß selbst oder durch einen Bevollmächtigten zu führen.

Prozession [lat.] die, **1)** feierl. Aufzug. **2)** kath. Kirche: gottesdienstl. Umzug der Geistlichkeit und der Gläubigen, auch als Bittgang.

Prozessionsspinner: Raupen des Eichen-P.

Prozessionsspinner, Nachtschmetterling, dessen Raupen abends in geordneten Zügen vom Ruheplatz zum Futterplatz in die Baumkronen wandern. **Eichen-P.** und **Kiefern-P.,** Schädlinge.

Prozeßkostenhilfe, bei einem Prozeß vorläufige Befreiung von Gerichts-, Anwalts- und Gerichtsvollzieherkosten, wenn jemand ohne Beeinträchtigung seines Unterhalts die Verfahrenskosten nicht bestreiten kann; wird einer mittellosen Partei (Nachweis durch zu belegende Erklärung im Verfahren; früher durch Armutszeugnis) zur Führung eines aussichtsvollen Prozesses gewährt.

Prozeßrechner, Sonderform einer Rechenanlage zur Steuerung gleichförmiger industrieller Prozesse **(Prozeßsteuerung),** z. B. in der chem. Industrie, in Kraftwerken, im Straßen- und Bahnverkehr.

Prschewalskij [prʒə-], Nikolai Michajlowitsch, russ. General, Asienforscher (NW-Tibet, Hwangho-Quellgebiet), *1839, †1888.

prüde [frz.], zimperlich, übertrieben schamhaft (in sexueller Hinsicht). **Prüderie** die, Zimperlichkeit.

Prudentius, Aurelius P. Clemens, christl.-lat. Dichter, *348, †nach 405; »Psychomachia«.

Prud'hon: Mädchenakt (Kreidezeichnung)

Prud'hon [pryd'ɔ̃], Pierre-Paul, frz. Maler, *1758, †1823, schuf, vom Helldunkel Correggios beeinflußt, mytholog.-allegor. Bilder, Bildnisse.

Prunus [lat.], Baum- und Strauchgatt., Rosenblüter, z. T. mit Steinobst (Kirsche, Pflaume, Aprikose, Pfirsich, Schlehe u. a.).

Pruritus [lat.] der, Hautjucken, Juckreiz.

Prus, Bolesław, eigtl. Aleksander **Głowacki,** poln. Schriftst., *1847, †1912; schrieb naturalist.-psycholog. Romane (»Pharao«).

Prußen, Pruzzen Mz., balt. Volksstamm an der Ostsee, östl. der Weichsel, vom → Deutschen Orden im 13. Jh. unterworfen, zum Christentum bekehrt, ging im ostpreuß. Deutschtum auf.

Pruth, rumän. **Prut,** linker Nebenfluß der Donau, 989 km lang, ist Grenzfluß zw. Rumänien und der Moldauischen SSR.

Przemyśl [pʃ'ɛmysjl], Stadt in Polen, 65 000 Ew.; an der poln.-sowjet. Grenze; Bischofssitz.

Przybyszewski [pʃibiʃ'ɛfski], Stanisław, poln. Dichter, *1868, †1927, schrieb zunächst deutsch (Essays, Romane); seit 1898 in Krakau einer der Führer des naturalistisch-symbolist. »Jungen Polens«.

PS, Abk. für **1) P**ferde**s**tärke (→ Leistung). **2) P**ost**s**kriptum, Nachschrift.

Psalm [grch. »Gesang«] der, -s/-en, die 150 im **Psalter** des A. T. gesammelten Lieder. **Psalmist** der, Dichter von Psalmen. **Psalmodie** die, Psalmengesang.

Psalter [grch.] der, **1)** Samml. von Psalmen. **2)** ♩ altes harfenähnl. Saiteninstrument.

pseudo... [grch.], in Fremdwörtern: falsch..., schein..., z. B. Pseudodiphtherie, falsche Bräune.

Pseudo|isidorische Dekretali|en, folgenreiche kirchenrechtl. Fälschungen aus dem 9. Jh.

Pseudomorphose [grch.] die, stoffl. Umwandlung eines Minerals unter Beibehaltung seiner äußeren Form.

Pseudonym [grch.] das, Deckname. **pseudonym,** unter falschem Namen, Decknamen.

Psittakose [grch.] die, ♡ die → Papageienkrankheit, eine Viruskrankheit.

Psoriasis vulgaris [grch.], die Hautkrankheit Schuppenflechte.

Psychagogik [grch.] die, Menschenführung durch seel. Beeinflussung.

Psyche [grch.] die, **1)** urspr. Hauch, Atem. **2)** Leben, Seele. **3)** Geliebte des → Amor. **psychisch,** auf das Seelenleben bezüglich, seelisch.

psychedelisch [grch.], gesteigerte Wahrnehmungsfähigkeit und Erlebnisbereitschaft durch Drogen oder psychische Vorgänge.

Psychedelische Kunst, unter Einfluß von Drogen oder in mystischer Versenkung entstandene künstler. Werke.

Psychiatrie [grch.] die, Seelenheilkunde, die Lehre von den seel. Krankheiten.

Psychoanalyse [grch. »Seelenzergliederung«] die, von S. Freud entwickeltes Verfahren zur Heilung von Neurosen. Durch eingehendes Befragen und Erzählenlassen, auch der Träume, werden Erlebnisse unangenehmer oder schmerzl. Art, die innerlich nicht verar-

Psychedelische Kunst: Cosmic orchid von I. Abrams

beitet und ins Unbewußte verdrängt wurden (Komplexe), wieder ins Bewußtsein gebracht und geklärt.

psychogen [grch.], seelisch bedingt.

Psychohygi|ene [grch.] die, Lehre von der Erhaltung der Gesundheit, bes. im seelisch-geistigen und sozialen Bereich.

Psychologie [grch. »Seelenkunde«] die, Hauptforschungsgebiete: **theoret. P.:** Allg. P. (Modelle menschl. Erlebens und Verhaltens, Denkens und Lernens), Differentielle P.: Persönlichkeits-P. oder Charakterologie, Entwicklungs-P. mit pränataler P. (vorgeburtl. seel. Einflüsse), Sozial-P. mit Gruppendynamik und Massen-P., Kultur-P. und Völker-P., Ausdrucks-P., Sondergebiet der Wahrnehmungs- und Motivations-P. **Angewandte P.:** Arbeits-, Berufs-, Betriebs- und Wirtschafts-P., Markt-, Werbe-, Verkehrs-P., Militär-P., Polit. P., Pädagog. P., Forensische P. (Gerichts-P.) und Klinische und Medizin. P., Pharmako-P. (psych. Wirkung chem. Substanzen) u. a.

Psychologismus [grch.-lat.] der, Ⓟ Überbewertung psycholog. Gesichtspunkte.

Psychopathie [grch.] die, meist angeborene seelisch-charakterl. Normabweichung, z. B. Geltungssucht, Fanatismus, Schwermut u. a.; sie tritt in allen Graden auf (leichte, krankhafte, kriminelle P.). Behandlung durch → Psychotherapie.

Psychopathologie [grch.] die, Lehre vom kranken Seelenleben, wissenschaftl. Grundlage der Psychiatrie.

Psychopharmaka [grch.] Mz., Arzneimittel, die die Stimmung und Verhaltensweise des Menschen beeinflussen.

Psychophysik die, Wissenschaft von den Wechselbeziehungen zw. körperl. und seel. Vorgängen; ihr Begründer ist T. Fechner.

Psychosen [grch.] Mz., Ez. **Psychose** die, Hauptgruppe der → seelischen Krankheiten.

Psychosomatik [Kw., grch.] die, Lehre der Medizin und Psychologie über die Ganzheit von Seele und Körper, bes. über die Zusammenhänge zw. Seelenleben und organ. Krankheit.

Psychotherapie [grch.] die, Behandlung psych. Störungen durch seel. Beeinflussung (→ Psychoanalyse, Suggestion, Hypnose, autogenes Training).

Psychrometer [grch.] das, Gerät zur Messung der Luftfeuchtigkeit.

psychrophil [grch.], ♀ ♘ kälteliebend.

Pt, chem. Symbol für Platin.

Ptah, ägypt. Ortsgottheit von Memphis, Schutzherr der Handwerker und Künstler.

Pterosauri|er [grch.] der, → Flugsaurier.

Ptolemaios, Feldherr Alexanders des Großen, gewann nach 323 v. Chr. die Herrschaft über Ägypten; seine Nachkommen, die **Ptolemäer,** herrschten bis 30 v. Chr.

Ptolemaios, Claudius, Geograph, Astronom, Mathematiker, gebürtiger Ägypter, *um 100, †um 160 n. Chr., wirkte in Alexandria, faßte die Beobachtungen seiner Vorgänger im **Ptolemäischen Weltsystem** zusammen; danach wurde die Erde als Mittelpunkt der Welt angenommen; schrieb eine wissenschaftl. Begründung der Astrologie.

Ptyalin [grch.] das, stärkespaltendes Enzym des Speichels.

Pu, chem. Symbol für Plutonium.

Pubertät [lat.] die, Geschlechtsreifung, bei Jungen meist das 12.-15., bei Mädchen das 10.-14. Lebensjahr.

Publicity [engl., pʌbl'ısıtı] die, **1)** Publizität; allg. Bekanntheit. **2)** Reklame, Werbung.

Public Relations [p'ʌblık rıl'eıʃənz, engl. »Verbindungen zur Öffentlichkeit«], Abk. **PR,** Öffentlichkeitsarbeit; Werbung um öffentl. Vertrauen bei Einzelpersonen, Behörden, Parteien u. a.

Public School [p'ʌblık sku:l], engl. höhere Internatsschule, z. B. Eton, Harrow, Rugby.

publik [lat.], öffentlich, bekannt. **Publikation** die, Veröffentlichung, Bekanntmachung, Druckschrift. **Publikum** das, Öffentlichkeit; Zuschauer.

Publizistik [lat.] die, Behandlung öffentl. Angelegenheiten in öffentl. Aussprache durch Wort, Schrift, Bild; übertragen: die Mittel dieser Aussprache (Presse, Rundfunk, Film, Fernsehen). **Publizist** der, Schriftsteller, der auf die öffentl. Meinung einwirkt, bes. in der Presse. **publizieren,** veröffentlichen. **Publizistikwissenschaft, Kommunikationswissenschaft,** Forschung, Lehre und Studium vom Austausch von Wissen unter Menschen als Information, Kommentar, Unterhaltung.

Publizität [lat.] die, Öffentlichkeit, Offenkundigkeit. **P.-Prinzip,** ⚖ Grundsatz des → öffentlichen Glaubens.

Puccini [puttʃ'i:ni], Giacomo, ital. Opernkomponist, *1858, †1924; »La Bohème«, »Tosca«, »Madame Butterfly«.

Puck [engl.] der, **1)** Kobold. **2)** Scheibe im Eishockey.

Pückler-Muskau, Hermann Fürst v., *1785, †1871; bekannt durch seine künstler. Gärten.

Pudel Mz., kraushaarige Hunde, gelehrige Tiere. (TAFEL Hunde)

Puder der, mineral. Pulver, meist aus Zinkoxid und Talk zur Hautpflege, auch mit Zusatz von Arzneistoffen.

Puebla de Zaragoza [-saraɣ'osa], Stadt in Mexiko, 836 000 Ew.; Baumwoll-, Lederind.

Pueblo-Indianer, seßhafte Indianerstämme in den südl. Hochlandstaaten Nordamerikas; wohnen in festungsartigen Stammeshäusern; Maisbauern.

pueril [lat.], kindisch, zurückgeblieben.

Puerperalfieber [lat.], Kindbettfieber, → Wochenbettfieber.

Puerto Rico, kleinste der Großen Antillen, einschl. Nebeninseln 8897 km², 3,30 Mio. Ew. (2/3 Weiße, 1/3 Schwarze und Mischlinge), Hptst.: San Juan; gebirgig (bis 1338 m hoch), mit trop. Klima. Anbau von Zuckerrohr, Bananen, Kaffee, Ananas, Tabak; Fischfang; Nahrungsmittel-, Textil-, Zement-, Maschinen- u. a. Ind. Fremdenverkehr. Ⓖ P. R., 1493 von Kolumbus entdeckt, wurde 1508 von den Spaniern kolonisiert, 1898 an die USA abgetreten.

Pufendorf, Samuel, Jurist, Historiker, *1632, †1694, kritisierte die damalige Reichsverfassung.

Puff, 1) das, Brettspiel, Tricktrack. **2)** das, der, U Bordell. **3)** der, Schlag, Stoß.

Puffbohne, Saubohne, zu den Wicken gehörige, weiß-schwarz blühende, fettkrautige Futter-, Gemüse-, Gründüngungspflanze.

Puffer der, **1)** Vorrichtung an Eisenbahnwagen zur Aufnahme von Stoßkräften. **2)** ⊙ Stoffe zur Aufrechterhaltung der Wasserstoffionenkonzentration in Reaktionssystemen. **3)** gebackene Kartoffelpfannkuchen.

Pufferstaat, kleiner Staat zw. größeren.

Puff|otter die, ♘ gefährl. Giftschlange Afrikas.

Pula, ital. **Pola,** Stadt in Kroatien, Jugoslawien, an der Südspitze von Istrien, 56 000 Ew.; röm. Amphitheater, Dom; Schiffswerft. – P. war 1850-1918 österr.-ungar. Hauptkriegshafen.

Pulcinella [pultʃin'ɛlla, ital. »Hähnchen«], Charaktermaske der Commedia dell'arte, der gefräßige, unverschämte, listige Diener.

Pulitzer, Joseph, nordamerikan. Zeitungsverleger, *1847, †1911; Stifter der **P.-Preise** für Literatur, Erziehung, öffentl. Verdienste.

Pulk [russ.] der, Haufen, Trupp.

Pulkowo, Observatorium südl. v. Leningrad.

Ptah (Granitstatue, um 1400 v. Chr.; 2 m hoch)

Puccini

Puerto Rico

Pufendorf

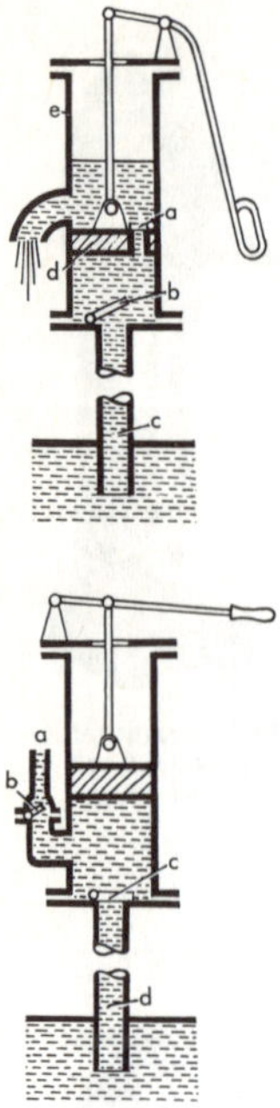

Pumpe, oben Saugpumpe: a Druckventil, b Saugventil, c Saugrohr, d Kolben, e Zylinder, unten: Druckpumpe, a Druckrohr, b Druckventil, c Steigventil, d Saugrohr

Puppenspiel: Handpuppe »Punch« aus England

Puschkin

pullen [engl.], **1)** ↘ rudern. **2)** im Rennen: ein Pferd pullt, drängt scharf vorwärts. **3)** beim Wettrennen betrügen.

Pullman [p'ulmən], George Mortimer, amerikan. Industrieller, *1831, †1897, baute 1858 den ersten Eisenbahnschlafwagen, 1864 den Durchgangswagen (P.-Wagen); gründete 1867 die **P.-Palace Car Company** in Chicago.

Pullọver [engl.] der, über den Kopf zu ziehendes, gestricktes Kleidungsstück.

Pụlpa [lat.] die, Zahnmark (→ Zähne).

Pụlque [span.] der, mexikan. alkohol. Getränk, gegorener Saft der Agave.

Puls [lat. »Stoß, Schlag«] der, **1)** sicht- und fühlbare Bewegung an den größeren Schlagadern, hervorgerufen durch das bei jedem Herzschlag wiederholte Einströmen des Blutes in den Anfangsteil der Hauptschlagader. Jedem Herzschlag entspricht ein P.-Schlag; in Ruhe beim Erwachsenen etwa 60-80 in der Minute, beim Kinde im 10. Lebensjahr 90, im ersten 130; die Zahl wird erhöht durch körperl. Arbeit, geistige Erregung, Fieber (Tachykardie). Bei allen, auch krankhaften Veränderungen der Herztätigkeit ist der P. mit verändert. **P.-Verlangsamung** (Bradykardie), z. B. bei Gehirnblutung. **P.-Adern,** die → Schlagadern. **2)** Bez. für eine regelmäßige Impulsfolge in der Technik.

Pulsạre Mz., ☆ 1967 entdeckte stellare Objekte, die mit 0,03 bis etwa 3,7 s Periode Radioimpulse größter Regelmäßigkeit aussenden. Die Strahlung rührt von rotierenden überdichten (Neutronen-) Sternen her, deren mitgeführtes Magnetfeld auf Elektronen in der Umgebung einwirkt. Auch im sichtbaren Gebiet ist bei einem P. der Lichtwechsel entsprechend den Radioimpulsen gefunden worden.

Pulver [lat. »Staub«] das, **1)** sehr fein zerteilter fester Stoff. **2)** → Schießpulver.

Pulvermetallurgie, aus Pulver, Körnern oder Spänen von Metallen und Nichtmetallen Formkörper durch Druck und Wärme (sintern) herstellen.

Pulverschnee, lockerer, nicht ballender Schnee.

Pulververschwörung, mißglückter Plan fanat. Katholiken (u. a. G. Fawkes) in England, Jakob I. 1605 mit dem Parlament in die Luft zu sprengen.

Pụma der, **Kuguar, Silberlöwe,** Großkatze mit hellgrauem Fell, lebt wild nur noch in S-Amerika, in N-Amerika fast ausgerottet.

Pumpe die, Arbeitsmaschine zum Fördern (bes. Heben) von Flüssigkeiten und zum Verdichten oder Verdünnen von Gasen und Dämpfen. Die wichtigsten Arten sind Kreisel-, Propeller-, Kaplan-, Verdränger-, Strahl-P.

Pụmpernickel der, urspr. westfäl. schwarzes Roggenbrot, Schrotbrot.

Pumphose [nd.], weite Kniebundhose.

Pumps [pœmps, engl.] Mz., Damenhalbschuhe mit höherem Absatz ohne Spangen oder Schnüre.

Pumpspeicherwerk, Kraftwerk, bei dem mit Hilfe des überschüssigen Nachtstromes wieder Wasser in das Speicherbecken gedrückt wird.

Pụna, kalte öde Hochebene in Peru und Bolivien, oberhalb von 3500 m.

Punch [pʌntʃ], Gestalt der engl. Komödie des 18. Jh. (Kasperl); danach polit.-satir. engl. Wochenschrift (gegr. 1841).

Punchingball [p'ʌntʃiŋbɔ:l], Übungsball für Boxer.

Pụnctum [lat.] das, Punkt. **P. sạliens,** der springende Punkt; Kernpunkt.

Pụni|er [»Phöniker«] Mz., röm. Name der Karthager. Eigw.: **punisch.**

Pụnische Kriege, die 3 Kriege der Römer mit den Karthagern **(Puniern)** um die Vorherrschaft im westl. Mittelmeer. Im **1. P. K.** (264-241 v. Chr.) verlor Karthago nach mehreren röm. Seesiegen Sizilien. Den **2. P. K.** (218-201 v. Chr.) führte Hannibal anfangs erfolgreich (→ Cannae), aber schließlich unterlag Karthago bei Zama und mußte alle auswärtigen Besitzungen und die Flotte ausliefern. Im **3. P. K.** (149-146) wurde Karthago vernichtet.

Punjab [pʌndʒ'a:b, engl.] der, → Pandschab.

Punk [pʌŋk, engl.], **P.-Rock,** Form der Rockmusik, die zus. mit ekstat., auch gewalttätigen Show-Elementen eine jugendl. Protesthaltung zum Ausdruck bringt. Ihre Anhänger, die **Punker,** verstehen sich als »zukunftslose Aussteiger«. Sie zeichnen sich häufig durch schockierende, provozierende Erscheinung aus.

Punkt [lat.] der, **1)** △ Ort im Raum, Gebilde ohne Ausdehnung. **2)** Teilfrage, Glied einer Aufzählung oder Ausführung. **3)** ↗ Einheit zur Bewertung von Leistungen. **4)** Ⓢ Zeichen am Ende eines Satzes; Abkürzungszeichen. **5)** △ Rechenzeichen der Multiplikation, **mal,** z. B. 3 · 3. **6)** ⊘ Maßeinheit für die Schriftgröße: 0,376 mm. **punktịeren,** P. machen, mit P. versehen; eine → Punktion ausführen.

Punktatiọn die, vorläufige Abfassung eines Vertrags (Aufstellung der einzelnen Punkte).

Punktiọn [lat.] die, ♡ Einstich in Hohlräume des Körpers mit einer Hohlnadel, um krankhafte Flüssigkeitsansammlungen festzustellen und zu entfernen, z. B. **Pleura-, Kniegelenk-P.**

Punsch [engl. aus hindustan. »Fünftrank«] der, heißes Getränk aus Wasser, Wein oder Tee mit Arrak oder Rum, Gewürzen, Zucker.

Pụnta [ital., span.] die, Vorgebirge, Spitze.

Pụnta Arẹnas, Prov.-Hptst. in Chile, 62 000 Ew.; Hafen an der Magellanstraße.

punzen, mit Stahlstiften **(Punze)** erhabene oder vertiefte Figuren in Metall treiben.

Pupille [lat.] die, ♡ Sehloch im → Auge.

Pupinspule, Induktionsspule, diente vor Einführung der Elektronenröhre zur Verminderung der Dämpfung in Fernsprechleitungen, von M. Pupin (*1858, †1935) erfunden.

Puppe [lat.] die, **1)** Nachbildung der Menschengestalt, bes. Kinderspielzeug. **2) Getreide-P.,** eine Art Garbenstapel. **3)** ♘ Entwicklungsstufe der Insekten; ein Ruhezustand, in dem das Tier, in einer festen Haut liegend, die Verwandlung von dem Zustand der Larve zum ausgebildeten Vollkerf vollzieht.

Puppenspiel, Theaterspiel mit bewegl. Marionetten oder Handpuppen.

pur [lat.], rein, unvermischt.

Purcell [pə:sl], Henry, engl. Komponist, *1659, †1695; Opern, Kirchen-, Instrumentalwerke.

Pürẹe [frz.] das, Brei, Mus.

purgịeren [lat.], abführen, reinigen. **Purgatịv** das, ♡ Abführmittel. **Purgatọrium** das, Reinigungsort, Fegefeuer.

Puma

Purrmann: Häuser in Porto d'Ischia

Purim [hebr. »die Lose«] das, **Losfest,** jüd. Fest am 14. Adar (Febr./März) zur Erinnerung an die Errettung der pers. Juden durch Esther.

Purinbasen, bas. organ. Verbindungen, die am Aufbau der Nucleinsäuren (DNS, RNS) beteiligt sind.

Purine Mz., ⚗ ringförmige, stickstoffhaltige Kohlenwasserstoffe, bilden sich im Tier- und Pflanzenkörper, z. B. Harnsäure.

Purismus [lat.] der, übertriebenes Streben, die Muttersprache von Fremdwörtern zu reinigen. **Purist** der, Anhänger des P.

Puritaner [von lat.], seit etwa 1560 die engl. Protestanten, die im Geiste des Calvinismus der Kirche ihre evang. Reinheit wiedergeben und bes. auch die bischöfl. Verfassung der anglikan. Staatskirche durch eine presbyterian. Synodalverf. ersetzen wollten. Aus den P. sind neben den eigtl. Presbyterianern auch die Independenten, Baptisten und Quäker hervorgegangen. Die sittl. Ideale des **Puritanismus** sind strenge Selbstzucht und verstandesmäßige Beherrschung des Trieblebens.

Purpur der, roter Farbstoff aus dem Saft der P.- und Stachelschnecken, chem. ein Indigoabkömmling. – Im Altertum war der **P.-Mantel** Zeichen höchster Würde (asiat. Könige, röm. Senatoren und Kaiser), jetzt Farbe der Kardinäle.

Purrmann, Hans, Maler, *1880, †1966; malte südl. Landschaften, Stilleben und figürl. Bilder in leuchtkräftigen Farben.

pürschen, Nebenform von pirschen.

Purús der, rechter Nebenfluß des Amazonas, 3210 km lang.

Pusan, Hafenstadt in S-Korea, 3,5 Mio. Ew., Fähre nach Japan; Baumwoll- u. a. Ind.

Puschkin, Aleksandr, russ. Dichter, *1799, †1837; Versroman »Eugen Onegin«, Trauerspiel »Boris Godunow«, Novellen. (BILD S. 700)

Puschlav, ital. **Val di Poschiavo** [pɔski'avɔ], Landschaft im schweizer. Kt. Graubünden.

Pushball [pʊʃbɔl, engl.], Ballspiel zw. 2 Mannschaften, die einen Ball von 180 cm Durchmesser ins gegner. Mal zu schieben versuchen.

Pußta [ungar. »Einöde«] die, -/...ten, in Ungarn große, einst unbewohnte Steppen, jetzt z. T. mit Reis und Grünfutter bebaut; Viehzucht.

Pustel [lat.] die, Eiterbläschen.

Pustertal, 100 km langes Tal in den Ostalpen zw. den Hohen Tauern und den Dolomiten und Karn. Alpen. Der W-Teil ist seit 1919 italienisch; Hauptorte: Bruneck und Toblach.

putativ [lat.], vermeintlich, irrtümlich. **Putativdelikt (Wahnverbrechen),** ⚖ erlaubte Handlung, begangen in der Meinung, daß sie strafbar sei.

Putbus, Seebad auf Rügen, 6300 Ew.

Pute die, Truthenne. **Puter** der, Truthahn.

Putsch [schweizer. »Stoß«] der, Umsturz oder Umsturzversuch (→ Revolution).

Putte [ital. putto, Mz. putti] die, nackte Kindergestalt in der Kunst.

Puttgarden, Ortsteil von Bannesdorf auf der Ostseeinsel Fehmarn, Schlesw.-Holst.; Fährhafen nach Dänemark auf der → Vogelfluglinie.

Putumayo, linker Nebenfluß des oberen Amazonas, 1580 km.

Putziger Nehrung, die Halbinsel → Hela.

Puvis de Chavannes [pyv'i də ʃav'an], Pierre, frz. Maler, *1824, †1898; klassizist. Wandmalereien.

Puy de Dôme [pɥi də d'o:m], Gipfel in der Chaîne des Puys, Auvergne, 1465 m.

Puzo, Mario, amerikan. Schriftst., *1920, »Der Pate«, »Narren sterben«.

Puzzlespiel [pʌzl-, engl.], Geduldspiel.

PVC das, → Polyvinylchlorid.

Pyämie [grch.] die, ♡ ✤ Blutvergiftung.

Pyelitis [grch.] die, Nierenbeckenentzündung.

Pygmäen [grch. »Fäustlinge«] Mz., Zwergstämme in Afrika (Bambuti), SO-Asien (Negrito) und Neuguinea; kleinwüchsig (1,45 m), kraushaarig, dunkelhäutig.

Pygmalion, grch. Sage: König, der sich leidenschaftlich in die von ihm selbst geschaffene Statue einer Jungfrau verliebte. Aphrodite belebte das Bild, und P. nahm die Jungfrau zur Gattin.

Pyhrn, Paß zw. den Ennstaler und den Ausseer Alpen, 945 m hoch.

Pyjama [pɪdʒ'a:ma, engl. aus hindustanisch] der, Schlaf- und Hausanzug.

pyknisch, → Konstitution.

Pyknometer [grch.] das, Gerät zur Messung der Dichte von Flüssigkeiten und festen Körpern.

Pylades, grch. Sage: Freund des → Orestes.

Pylon [grch.] der, 🏛 ägypt. Tempeltor mit 2 festungsartigen Seitenbauten; auch ein diesen ähnl. turmartiger Bauteil, z. B. Brückenpfeiler von Hänge- oder Schrägseilbrücken.

Pyongyang, Hptst. von N-Korea, 1,8 Mio. Ew., wirtschaftl., kultureller Mittelpunkt.

Pyramide die, **1)** △ Körper mit einem Viel-

Putte

Pyknometer

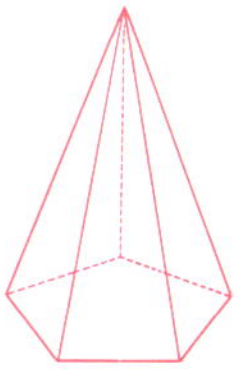

Pyramide 1): Fünfseitige P.

Pyramide 2): links: Stufen-P. des Königs Djoser bei Sakkara, Ägypten (um 2500 v. Chr.), rechts: Nischen-P. in El Tajín, NO-Mexiko (600-1200 n. Chr.)

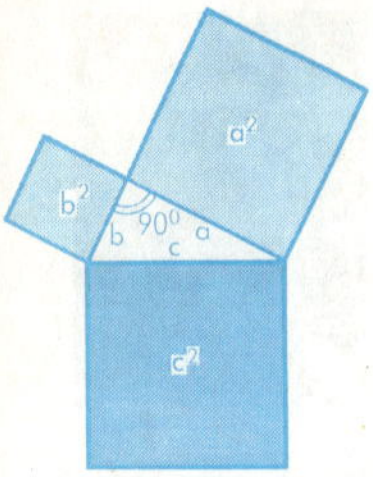

Pythagoras: Lehrsatz des P. ($a^2+b^2=c^2$)

Pythonschlange

eck als Grundfläche, dessen Eckpunkte durch Kanten mit der Spitze verbunden sind. Rauminhalt = ⅓ Grundfläche × Höhe. **2)** ⊞ Grabbau altägypt. Könige in Form einer P. mit quadrat. Grundfläche. Das Kernmauerwerk besteht meist aus Muschelkalk, die Verkleidung aus Blöcken von feinkörnigem Kalkstein, auch Granit. Das Innere birgt die Sargkammer, zu der ein Stollen von der Nordseite führt. Vorläufer der P. war die über rechteckigem Grundriß errichtete Stufen-P. von Sakkara. Die meisten P. (rd. 70) liegen am westl. Nilufer (die größten: P. des Cheops und des Chephren bei Giseh). – Bed. P. gab es auch im Gebiet der alten Kulturen Mittel- und Südamerikas, wo sie als **Stufen-P.** meist den Unterbau von Tempeln bildeten. – Auch aus Ozeanien und Hinterindien sind P. bekannt.

Pyramus und Thisbe, → Thisbe.

Pyrenäen Mz., Kettengebirge zw. Frankreich und Spanien, 435 km lang, etwa 110 km breit. Sie bilden eine geschlossene Erhebung mit einheitl. Kamm und hohen Pässen, vorwiegend Quertäler; kleine Gletscher; zahlreiche Heilquellen. I. Ggs. zur reichbewaldeten N-Seite ist die Südabdachung meist kahl und öde. Die P. sind am höchsten in der Mitte im Granitmassiv der → Maladetta. Die W-P. sind eher ein Mittelgebirge, dicht bewaldet, leicht überschreitbar. Daher haben sich hier die Basken über beide Hänge des Gebirges ausgebreitet, während die mittleren P. eine scharfe Scheide zw. dem frz. und dem span. Sprachgebiet bilden. Die P. werden von Straßen und Bahnlinien überquert. **P.-Halbinsel, Iberische Halbinsel,** die SW-Halbinsel Europas mit Spanien (⅘) und Portugal (⅕).

Pyrenäenfriede, 1659 zw. Frankreich und Spanien, brachte die span. Gebiete nördl. der Pyrenäen und Artois an Frankreich.

Pyridin [grch.] das, ⚗ organ. Base im Steinkohlenteer.

Pyrimidin das, ⚗ ringförmige organ. Verbindung mit 2 Stickstoffatomen im Ring.

Pyrit [grch.] der, FeS_2, metallisch glänzendes Mineral, dient zur Herstellung von Schwefelsäure.

Pyrmont, Bad P., Stadt in Ndsachs., 21900 Ew.; im Weserbergland, Heilbad mit kohlensäurereichen Kochsalzquellen und Eisenmoor.

pyro... [grch.], in Fremdwörtern: feuer... hitze..., z. B. **Pyrotechnik,** Feuerwerkerei; **Pyromanie,** Brandstiftungstrieb.

Pyrogallol [grch.] das, ein Trihydroxybenzol, verwendet in der Medizin, Gasanalyse, früher photograph. Entwickler.

Pyrometer das, Gerät zum Messen hoher Temperaturen in Schmelz-, Härteöfen. Für Temperaturen von 400 bis 1500 °C werden geeichte **Thermoelemente** benutzt.

pyrophore Metalle, feinstverteilte Metalle, die sich bei Zimmertemperaturen an der Luft von selbst entzünden; z. B. Eisen, Nickel, Blei.

Pyroxene [grch.] Mz., für die Gesteinsbildung wichtige Gruppe von Mineralien; Silicate.

Pyrrhon, grch. Philosoph aus Elis, z. Z. Alexanders d. Gr., gründete in Athen die Schule der Skeptiker (Leugnung jeder Erkenntnis).

Pyrrhos, lat. **Pyrrhus,** König von Epirus, *319, †(gefallen) 272 v. Chr., siegte u. a. 280 und 279 in Unteritalien über die Römer, jedoch unter schweren Verlusten **(»Pyrrhussieg«).**

Pythagoras, grch. Philosoph, im 6. Jh. v. Chr., wirkte in Kroton in Unteritalien; lehrte Zahl und Maß als Wesen der Dinge, fand die Gesetze harmonisch schwingender Saiten. **Lehrsatz des P.:** Im rechtwinkligen Dreieck ist die Summe der Quadrate über den Katheten gleich dem Quadrat über der Hypotenuse.

Pytheas, grch. Geograph, Mathematiker, reiste um 330 v. Chr. nach Britannien, Thule und ins »Bernsteinland«, brachte die erste Kunde von den Germanen in die Mittelmeerwelt.

Pythia, Priesterin des Orakels in Delphi. **pythisch,** dunkel, geheimnisvoll.

Python, grch. Sage: Drache am Parnaß, den Apollo tötete.

Pythonschlange, eine Riesenschlange.

Pyxis [grch.] die, Büchse zum Aufbewahren der Hostien, Reliquien.

Q

q, Q, Mitlaut, im Deutschen mit nachfolgendem u geschrieben; der 17. Buchstabe des dt. Abc. **qm,** Abk. für Quadratmeter, heute $\mathbf{m^2}$.

Q-Fieber, Abk. für **Queensland-Fieber,** durch Rickettsien hervorgerufene Infektionskrankheit des Menschen, Lungenentzündung.

Quacksalber der, Kurpfuscher.

Quaddel [ahd.] die, ♡ Anschwellung der Haut, bes. bei Nesselsucht.

Quaden, german. Stamm, z. Z. Caesars unter dem Namen → Sweben, wanderte 8 v. Chr. aus der Maingegend nach Mähren, kämpfte mit den → Markomannen gegen die Römer. Ein Teil zog mit den Wandalen nach Spanien.

Quader [lat.] der, △ ein von 6 Rechtecken begrenzter Körper.

Quadflieg, Will, Schauspieler, *1914.

Quadragesima [lat.] die, 40tägige Fastenzeit vor Ostern, auch der 1. Sonntag dieser Zeit.

Quadragesimo anno, Anfangsworte der Enzyklika Pius' XI. (1931) über die kath. Soziallehre.

Quadrant [lat.] der, **1)** Viertelkreis. **2)** Instrument zur Messung der Höhen im Meridian.

Quadrat [lat.] das, **1)** ebenes Viereck mit 4 gleichen Seiten und 4 rechten Winkeln. **2) Quadrat-,** Flächen-, in 2. Potenz, z. B. **Q.-Meter,** Flächenmeter, Meter mal Meter. **Q.-Wurzel,** → Wurzel.

Quadratur [lat.] die, Umwandlung einer krummlinig begrenzten Fläche in eine gleich große, von Geraden begrenzte Figur (z. B. Quadrat). Die Q. des Kreises allein mit Zirkel und Lineal ist unmöglich.

quadrieren [lat.], **1)** in die 2. Potenz erheben. **2)** eine Entwurfszeichnung mit einem Quadratnetz überziehen, um sie in die Größe des auszuführenden Werks zu übertragen. **3)** Scheinfugen in Putz einritzen.

Quadriga [lat.] die, Viergespann; im Altertum für Wettfahrten, Triumphzüge.

Quadrille [kadr'i:j, frz.] die, Gesellschaftstanz für je 4 Paare.

Quadrivium [lat.] das, → Freie Künste.

Quadrupeden [lat. Kw.] Mz., ✿ Vierfüßer.

quadrupel [lat.], vierfach.

Quagga das, ausgestorbene Zebraart.

Quai [kɛ, frz.] der, → Kai. **Q. d'Orsay** [kɛ dɔrs'e], Straße in Paris am südl. Seine-Ufer, mit dem Außenministerium; auch dieses selbst.

Quäker [engl. quaker »Zitterer«] der, urspr. Spottname für die im 17. Jh. von G. Fox in England gegr. relig. »Ges. der Freunde«. Sie wurde durch W. Penn auch in Amerika verbreitet. Die Q. glauben an die unmittelbare Erleuchtung der Gläubigen durch Gott. Sie verwerfen Sakramente, Priestertum, Eid, Krieg, Lustbarkeiten; wirkten in und nach den Weltkriegen durch ihre großzügige Wohltätigkeit.

Qualifikation [lat.] die, Befähigung. **sich qualifizieren,** seine Eignung beweisen.

qualifizierte Mehrheit, → Mehrheit.

Qualität [lat.] die, Güte, Beschaffenheit, Wertstufe, bes. i. Ggs. zur → Quantität. **qualitativ,** der Q. nach.

Qualitätswein, nach dem dt. Weingesetz (1969) geschützte Bez. für Q. best. Anbaugebiete (Q. b. A.). Der Wein muß v. a. aus empfohlenen Rebsorten stammen und im Weinanbaugebiet hergestellt worden sein; Ausgangsmostgewicht: nicht unter 65° Öchsle (bei spätreifenden Trauben 62°). Q. mit Prädikat (Prädikatswein): Kabinett, Spätlese, Auslese, Beerenauslese, Trockenbeerenauslese und Eiswein haben ein Mostgewicht über 75° (72°) Öchsle.

Qualle die, frei schwimmende Form **(Meduse)** der Hohltiere. Ihr Körper besteht zum größten Teil aus Wasser; ihre Fangarme sind mit Nesselkapseln besetzt.

Qualle: oben Blasenquallen; unten Ohrenqualle; etwa ⅕ nat. Gr.

Qualtinger, Helmut, österr. Schauspieler, Kabarettist, Schriftst., *1928, zus. mit C. Merz Satire »Der Herr Karl«.

Quantenelektronik, quantenmechan. Theorie der Maser und Laser.

Quantentheorie, Beschreibung der (von der klass. Mechanik und Elektrodynamik abweichenden) Gesetze, nach denen sich das physikal. Geschehen in kleinsten Bereichen abspielt. Die **Quantenmechanik** erklärt das Verhalten der Elementarteilchen, Atome, Moleküle und Kristalle (Festkörper) und der ihnen zugeordneten Felder **(Quantenfeldtheorie,** für das elektromagnet. Feld: **Quantenelektrodynamik).** Aus dem Atom- und Molekülbau erklärt die Q. die Mannigfaltigkeit der Spektren und das chem. Verhalten der Materie. Kennzeichnend für die Q. ist der sprunghafte (»quantenhafte«), aus unteilbaren Einzelakten zusammengesetzte Geschehensablauf, theoretisch bedeutsam der mit jedem Meßakt unvermeidl. Eingriff des Beobachters in ein nicht mehr vollständig objektivierbares physikal. Geschehen, das deshalb grundsätzl. Unbestimmtheiten enthält (Heisenbergsche Unbestimmtheitsrelationen) und sich nur mehr statistisch erfassen läßt. **Quantensprünge** und Unbestimmtheit hängen eng miteinander zusammen und werden in ihrer Größe durch eine fundamentale physikal. Konstante, das Plancksche Wirkungsquantum, bestimmt. M. Planck gab um 1900 mit einer neuen Strahlungsformel den Anstoß zur Entwicklung der Quantentheorie.

Quantität [lat.] die, **1)** Menge, Größe; Ggs.: Qualität. **quantitativ,** nach der Q. **2)** Metrik: Silbendauer (lang, kurz), → Vers.

Quantité négligeable [kãtit'e negliʒ'a:bl, frz.] die, Größe oder Tatsache, die nicht berücksichtigt zu werden braucht.

Quantum [lat.] das, **1)** durch Maß, Gewicht oder Stückzahl bestimmte Menge. **2) Q., Quant,** kleinste Menge, z. B. von Energie **(Energie-Q.);** Wechselwirkung vermittelndes Elementarteilchen.

Quantz, Johann Joachim, Flötist, *1697, †1773; Hofkomponist Friedrichs d. Gr.: Flötenkonzerte.

Quappe die, **Aalraupe,** Raubfisch im Forellenbach, auch in Brackwasser.

Quarantäne [frz.] die, Schutzmaßregel gegen Einschleppen von Seuchen: Überwachung der Ankommenden in **Q.-Stationen.** Die gelbe Flagge auf Schiffen zeigt an, daß an Bord eine Seuche herrscht, oder daß das Schiff aus einem verseuchten Hafen kommt.

Quark der, Käsestoff aus Sauermilch.

Quarks [kwɔ:ks, engl., nach einer Wortschöpfung von J. Joyce] Mz., hypothet. Bausteine der Mesonen und Baryonen, die, falls sie als selbständige → Elementarteilchen existieren, drittelzahlige elektr. Elementarladungen tragen.

Quart [lat.] das, **1)** ¼ vom Ganzen. **2)** engl. Hohlmaß zu ¼ Gallon = 1,136 l. **3)** Papiergröße: 22,5 × 29 cm. **4)** Fechthieb von linker Schläfe zur rechten Hüfte.

Quarta [lat.] die, 3. Klasse (7. Schuljahr) der höheren Schule. **Quartaner,** Schüler der Q.

Quartal [lat.] das, Vierteljahr.

Quartär [lat.] das, → Erdgeschichte, ÜBERSICHT.

Quarte [lat.] die, ♩ 4. Stufe oder der Zusammenklang der 1. und 4. Stufe einer Tonleiter.

Quarter [kw'ɔ:tə, engl.] das, engl. Hohlmaß, **1 qr** = 2,91 hl; engl. Gewicht, **1 qr** = 12,7 kg.

Quartett [ital.] das, **1)** ♩ Tonsatz für 4 Stimmen oder Instrumente. **Streich-Q.:** 2 Violinen, Bratsche, Violoncello; **Klavier-Q.:** Klavier und 3 Streichinstrumente. **2)** Kartenspiel.

Quartier [frz.] das, **1)** Wohnung, Nachtunterkunft. **2)** Stadtviertel. **3)** ∴ Unterkunft, Standquartier, Kaserne. **4)** ⚓ Ruhezeit; Wache während dieser Zeit.

Quartier Latin [kartj'e lat'ɛ̃] das, Hochschulviertel von Paris, links der Seine.

Quarz der, weitverbreitetes, wasserhelles, oft trübes bis gefärbtes, hexagonales Mineral, chemisch Kieselsäure, SiO_2. Arten: Bergkristall (wasserhell), Regenbogen-Q., Rauch-Q., Amethyst (violett), der gebrannt als gelber Goldtopas, hellgelber Citrin, grüner Prasiolit gehandelt wird, Milch-Q. (milchweiß), Rosen-Q. (blaßrosa), Saphir-Q. (indigoblau), Katzenauge (grünlich), Tigerauge (bräunlich), Falkenauge (blau), Aventurin (rotbraun), Eisenkiesel (rot), ferner Jaspis, Chalcedon u. a. Viele Q. dienen als Schmuckstein.

Quarzglas, aus reinem Quarz erschmolzenes Glas, ist hitzebeständig, korrosionsfest, ultraviolettdurchlässig.

Quarzit der, Sedimentgestein aus zahnig ineinandergreifenden Quarzkörnern.

Quarzlampe, Quecksilberdampflampe zur Erzeugung ultravioletter Strahlen. **Bestrahlungslampen** dienen zur Heilbehandlung, **Analysenlampen** für Forschungszwecke und gerichtl. Untersuchungen.

Quarz|uhr, von A. Scheibe und U. Adelsberger 1933/34 entwickeltes Zeitmeßgerät, in dem die Schwingungsdauer eines Schwingquarzes zur Zeitmessung ausgenutzt wird. Der mit hochfrequenten elektr. Schwingungen angeregte Schwingquarz schwingt mit sehr konstanter Frequenz. Die am Kristall abnehmbare Wechselspannung dieser Frequenz dient zum Antrieb einer Uhr.

Quasare Mz., ☆ **Quasi**-stellare Radioquellen, die in ihrer Ausdehnung nicht von einem

Quarz (geschliffen): oben Rosen-Q., unten Rauch-Q.

Quarz: oben Bergkristall, Mitte Rauchquarz, unten Rosenquarz

Stern unterschieden werden können; sie haben eine extrem starke Rotverschiebung, extrem blaue Farbe und zeigen z.T. Veränderlichkeit der opt. oder der Radio-Helligkeit. Der gewaltige Energieausstoß soll beim Hineinstürzen von Gasmassen in ein Schwarzes Loch entstehen.

quasi [lat.], gleichsam, als ob.

Quasimodo, Salvatore, ital. Lyriker, *1901, †1968; Nobelpreis 1959.

Quasi modo geniti [lat. »wie Neugeborene«], Sonntag nach Ostern (nach 1. Petr. 2,2); auch **Weißer Sonntag** genannt.

Quastenflosser, aus dem Devon bekannte Gruppe der Fische, die **Krossopterygier.** Gegenwärtig lebt noch die Art **Latimeria chalumnae,** z.B. im Ind. Ozean.

Quästor [lat.] der, **1)** im alten Rom oberster Finanzbeamter. **2)** oberster Kassenbeamter einer Hochschule, dessen Amtsraum die **Quästur** ist.

Quattrocento [kwatrotʃ'ɛntɔ, ital. »vierhundert«, Abk. für 1400] das, ital. Bez. für das 15. Jh. und seinen Stil.

Quayle [kw'eılı], Dan, amerikan. Politiker (Republikaner), *1947; seit 1988 Vizepräs. der USA.

Quebec [kwıb'ek], **1)** größte Prov. Kanadas, umfaßt den Hauptteil von Labrador und das südlich anschließende Gebiet am Sankt-Lorenz-Strom, 1540680 km², 6,540 Mio. Ew.; Amtssprache: Französisch; Forstwirtschaft, Fischerei; ⚒ auf NE-Metalle, Eisen u.a.; Holz- und Papier-, Textilind., Fahrzeug-, Schiffbau u.a.; Wasserkraftwerke. **2)** Hptst. von 1), am Sankt-Lorenz-Strom, 164500 Ew. (Agglomeration 552500); Hafenfestung; Univ.; Seehandel. – 1608 von den Franzosen gegr., 1759 von den Engländern erobert.

Quebracho [kɛbr'atʃo, span. »Axtbrecher«] der, südamerikan. Baumgatt. mit hartem Holz.

Quecke die, **Hundsgras,** schwer auszurottendes, weizenähnl. Wurzelunkraut.

Quecksilber, Hg, hell silberglänzendes Element; D 13,5935 g/cm³, Schmelzpunkt −38,87°C, Siedepunkt 356,58°C. Q. findet sich v.a. als **Zinnober,** HgS. Es ist das einzige bei Zimmertemperatur flüssige Metall; der **Q.-Dampf** sowie alle lösl. Q.-Salze sind sehr giftig. Q. löst sich in konzentrierter Salpetersäure; mit den meisten Metallen bildet es Legierungen, die **Amalgame.** Es dient zum Füllen von Thermometern und Barometern, als Sperrflüssigkeit bei physikal. und chem. Apparaturen; elektr. Entladungen in Q.-Dampf liefern ein ultraviolettes Licht (→Quarzlampe).

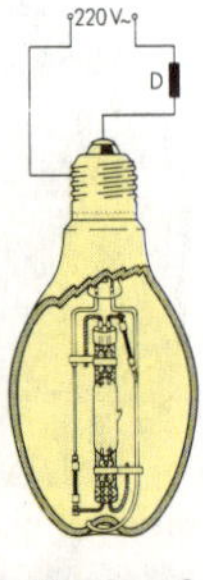

Quecksilberdampflampe, D Drosselspule

Quecksilberdampflampe, Gasentladungslampe mit Quecksilberzusatz, gibt tageslichtähnl. Licht. Verwendung für Straßenbeleuchtung, Scheinwerfer u.a.

Quedlinburg, Krst. im Bez. Halle, am Nordfuß des Harzes, 29200 Ew.; Renaissanceschloß, roman. Basilika (11./12. Jh.) mit den Gräbern Heinrichs I. und seiner Gemahlin Mathilde. Heinrich I. erbaute eine Burg; Otto d.Gr. und seine Mutter Mathilde gründeten 936 das reichsfürstl. Frauenstift Q.

Queen [kwi:n, engl.] die, Königin.

Queensland [kw'i:nzlənd], Staat im NO des Austral. Bundes, 1727200 km², 2,6 Mio. Ew.; Hptst.: Brisbane.

Queis der, Nebenfluß des Bober, entspringt im Isergebirge, mündet bei Sagan.

Quelle die, **1)** Zutagetreten fließenden Wassers, meist Grundwasser. Aus größeren Tiefen kommen warme und heiße Q. (Therme, →Geysir); **Mineralquellen** enthalten Kohlendioxid, Salze, radioaktive Stoffe (→Heilquellen, ÜBERSICHT). **2)** Elektronik: engl. **Source,** einer der Anschlüsse des Feldeffekttransistors.

Queller [norddt.] der, →Glasschmalz.

Quellinus, Artus d.Ä., fläm. Barockbildhauer, *1609, †1668, schuf Skulpturen für Kirchen. Sein Vetter Artus d.J., *1625, †1700; Werke: Kanzeln und Grabmäler.

Quemoy, nationalchines. Insel, 2300 m vor dem chines. Festland.

Quempas [aus: Quem pastores laudavere »den die Hirten lobeten«], **Quempaslieder,** alte, auf die Weihnachtsgeschichte bezogene Wechselgesänge.

Quendel der, →Thymian.

Queneau [kən'o], Raymond, frz. Schriftst., *1903, †1976; Roman »Zazie dans le métro«.

Quent das, **Quentchen,** früheres dt. Handelsgewicht = 1,67 g.

Quercia [kw'ɛrtʃa], Jacopo della, ital. Bildhauer, *1367, †1438; Marmorreliefs am Hauptportal von S. Petronio in Bologna.

Querétaro [ke-], Stadt in Mexiko, 239600 Ew.; hier wurde 1867 Kaiser Maximilian erschossen.

Querflöte, →Flöte.

Querpfeife, kleine Flöte mit seitl. Blasloch, ohne Klappen.

Querschiff, Querhaus, 🏛 der das Langhaus der Kirche vor dem Chor kreuzende Raum.

Querschläger, Gewehrgeschoß, das infolge einer Ablenkung schief auftrifft.

Querschnitt, techn. Zeichnen: Schnitt durch einen Körper quer zur Längsachse.

Querschnittslähmung des Rückenmarks, Lähmung beider Beine, des After- und Blasenschließmuskels mit Empfindungslosigkeit infolge von Verletzungen u.a., die das Rückenmark durchtrennen.

Quersumme, △ Summe der Ziffern einer natürl. Zahl; z.B. die Q. von 314 ist $3+1+4=8$.

Querulant [lat.] der, Nörgler. **querulieren,** quengeln; mit wiederholten, nichtigen Beschwerden lästig fallen.

Quesnay [kɛn'ɛ], François, frz. Volkswirtschaftler, *1694, †1774; Begründer des →Physiokratismus.

Quételet [ketl'ɛ], Lambert Adolphe Jacques, belg. Astronom, Statistiker, *1796, †1874; Begründer der Sozialstatistik.

Quetschung, Kontusion die, Verletzung durch stumpfe Gewalt mit Zerreißung von Weichteilen unter der Haut.

Quetta [kv'ɛta], Hptst. der Prov. Belutschistan, Pakistan, 286000 Ew.; 1935 von Erdbeben fast völlig zerstört.

Quetzal [kɛ-] der, Währungseinheit in Guatemala (1 Q. = 100 Centavos); nach dem Vogel Q., dem Wappentier Guatemalas.

Quetzalcoatl [k'ɛtsalkoatl, aztek.], Gottheit im vorkolumb. Mexiko (Azteken).

Queue [kø, frz.] das, Billardstock.

Quevedo y Villegas [keß'eðo i ßiʎ'eγas], Francisco Gómez de, span. Schriftst., *1580, †1645; Schelmenroman »Das Leben des Buscón«.

Quezon City [k'eθɔn s'ıtı], Hptst. der Philippinen, heute Teil von Metropolitan Manila, 1,2 Mio. Ew.

Quickborn, 1909 entstandener Zweig der dt. kath. Jugend.

Quietismus [lat. quies »Ruhe«] der, relig. Lehre des 17./18. Jh., die eine myst. Einigung mit Gott durch affekt- und willenloses Sichergeben in den Willen Gottes erstrebte. **Quietist** der, Anhänger des Q.

Quillaja die, →Seifenbaum.

Quinn, Anthony, amerikan. Filmschauspieler, *1915; »Alexis Sorbas« u.a.

Quinquagesima [lat.] die, der 50. Tag vor Ostern, der Sonntag Estomihi.

Quint [lat.] die, **1)** Musik: →Quinte. **2)** Fechten: Stoß gegen eine von der rechten Hüfte zur linken Schulter führenden Linie.

Quinta [lat.] die, 2. Klasse (6. Schuljahr)

einer höheren Schule. **Quintaner** der, Schüler der Quinta.

Quinte [lat.] die, ♩ **1)** 5. Stufe der diaton. Leiter. **2)** Intervall, das 4 diaton. Tonschritte enthält.

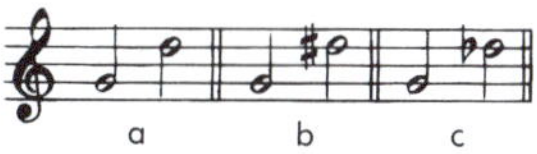

Quinte, a rein, b übermäßig, c vermindert

Quintenzirkel, ♩ nach Quinten gezählter Rundgang durch die →Tonarten, der in der temperierten Stimmung von jedem Grundton aus nach 12 Quinten-Intervallen wieder zum gleichen Ton zurückführt (→Enharmonik).

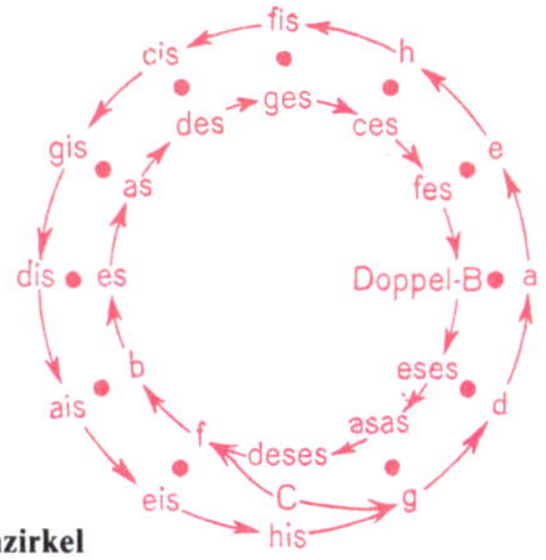

Quintenzirkel

Quintessenz [lat. »das fünfte Wesen«] die, der wesentl. Inhalt, der Kern einer Sache.

Quintett [ital.] das, ♩ Tonstück für 5 Stimmen oder Instrumente; auch die 5 Ausführenden.

Quintilian, Marcus Fabius, röm. Redner, *etwa 30 n. Chr., †um 96; sein Werk über Rhetorik »Institutio oratoria« wirkte stark auf die Humanisten.

Quiproquo [lat. »der für den«] das, Personenverwechslung.

Quipu [k'ipu] das, **Knotenschnur,** Schriftersatz der Inka. Verschiedenfarbige Schnüre bezeichnen Menschen, Tiere, Gegenstände, die Knoten Zahlen.

Quirinal der, **1)** einer der 7 Hügel Roms. **2)** Palast auf diesem Hügel, seit 1947 Residenz des ital. Präs., daher Ü »Staatspräsident«.

Quirit [lat.] der, altröm. Vollbürger.

qui s'excuse, s'accuse [ki sɛksk'y:z sak'y:z, frz.], »wer sich (ohne beschuldigt zu sein) entschuldigt, klagt sich an«.

Quisling, Vidkun, norweg. Politiker, *1887, †1945; gründete die völk. »Nasjonal Samling«, wurde wegen Zusammenarbeit mit der dt. Besatzung 1945 hingerichtet. Sein Name wurde allg. zur Bez. für Kollaborateure.

Quisquilien [lat.] Mz., Nichtigkeiten.

Quito [k'ito], Hptst. Ecuadors, 2850 m ü. M., 1,1 Mio. Ew.; 2 Univ.; Textil-, Schmuckwaren- u. a. Ind. – Q. gehörte zum Inkareich, 1533 von den Spaniern erobert.

quitt [frz.], frei, ledig, ohne Verbindlichkeiten.

Quitte die, aus Vorderasien stammender, im milderen Europa angepflanzter Obststrauch oder -baum, Rosenblüter mit einzelnstehenden weißrosa Blüten und grünlichgelben apfel- oder birnenförmigen Früchten. Die **Japan. Q.,** mit roten Blüten, ist in Mitteleuropa Zierstrauch.

Quittung die, **1)** Empfangsschein. **2)** i. e. S. schriftl. Bestätigung eines Gläubigers, daß eine ihm zustehende Forderung getilgt ist (§§ 368 ff. BGB). **quittieren, 1)** Q. ausstellen. **2)** verzichten, aufgeben, z. B. den Dienst quittieren.

qui vive? [ki vi:v, frz.], frz. Postenruf: wer da?; **auf dem Quivive sein,** aufpassen, auf der Hut sein.

qui vivra, verra [ki vivr'a vɛr'a, frz.], »wer es erlebt, der wird's sehen«; die Zukunft wird es lehren.

Quiz [kvɪz, engl.] das, Frage- und Antwortspiel.

Qumran [kumr'a:n], Ort am Toten Meer; seit 1947 wurden dort Hss., bes. zum A. T., gefunden.

quod erat demonstrandum [lat.], was zu beweisen war.

Quodlibet [lat. »was gefällt«] das, ♩ scherzhafte Kompositionsform, in der versch. Melodien verknüpft werden; Blütezeit 16.-18. Jh.

quod licet Jovi, non licet bovi [lat.], was Jupiter erlaubt ist, ist nicht dem Ochsen erlaubt; »Eines schickt sich nicht für alle«.

Quote [lat.] die, rechnungsmäßiger Anteil. **Quotisierung,** jährl. Festsetzung der Steuersätze nach dem Bedarf. **Quotenaktie,** Aktie, die auf keinen bestimmten Nennwert lautet, sondern einen Anteil am Gesellschaftsvermögen verkörpert.

Quotient [lat.] der, →Grundrechnungsarten.

quo vadis? [lat.], vollständig: Domine q. v.: »Herr, wohin gehst du?«, Frage, die der aus dem Kerker entflohene Petrus dem ihm erscheinenden Christus stellte. – Titel eines Romans von H. Sienkiewicz.

q. v., Abk. für lat. quod videas, siehe dieses.

Qwaqwa, Basotho Q., Homeland in der Rep. Südafrika, ein Landstück im Oranje-Freistaat, 620 km², 181 000 Ew., Verwaltungssitz: Phuthaditjhaba.

Quitte: oben blühend, unten Frucht

R

r, R, 1) 18. Buchstabe des dt. Abc. **2)** △ **R** = rechter Winkel; **r** = Radius. **3)** ⊠ **R** = Réaumur. **4)** ♩ **R (r)** = rechte Hand. **5)** auf Uhren: **R** = retarder [frz. »verzögern«]. **6)** auf Rezepten: **R** = Recipe [lat. »nimm«].

Ra, chem. Symbol für Radium.

Ra, ägypt. Sonnengott, →Re.

Raa die, ↘ die →Rah.

Raab, 1) die, rechter Nebenfluß der Donau, entspringt in der Steiermark, mündet bei der Stadt R. **2)** ungar. **Györ,** Stadt in W-Ungarn, 113 300 Ew., an der R.; Dom (12. Jh.); Handel.

Raab, Julius, österr. Politiker (ÖVP), *1891, †1964; war 1953-61 Bundeskanzler.

Raabe, Wilhelm, Erzähler, *1831, †1910; sein Stil ist barock, verschmitzt, seine Gestalten sind oft Sonderlinge, die äußerlich scheiternd, innerlich reich geblieben sind: »Die Chronik der Sperlingsgasse«, »Der Hungerpastor«; Erzählungen: »Die Akten des Vogelsangs«, »Stopfkuchen« u. a.

Raabe

Rab, ital. **Arbe,** Insel Jugoslawiens, 92,4 km²; Öl-, Weinbau, Fischfang, Viehzucht; Hauptort: R., 3300 Ew.

Rabat, Hptst. von Marokko, Hafen am Atlant. Ozean, 1,1 Mio. Ew., Univ.; Teppiche, Leder-, Töpferwaren.

Rabatt [ital.] der, Preisnachlaß (meist in Prozenten), als Vergütung für schnelle Zahlung **(Barzahlungs-R., Skonto)** oder bei Bezug größerer Mengen **(Mengen-R.)** bes. für Wiederverkäufer.

Rabatte [niederländ. aus frz.] die, Einfassungs-, Randbeet.

Rabbi [hebr. »mein Meister«] der, Ehrentitel der jüd. Gesetzeslehrer; auch Anrede Jesu.

Rabbiner [von Rabbi] der, der von den jüd. Gemeinden berufene Religionslehrer, Prediger und Seelsorger.

Rabe der, Vogel der Fam. **Rabenvögel,** mit derbem Schnabel, meist krächzender Stimme. Zu den R. gehören u. a. **Kolkrabe, Krähe,**

Racine

Rachmaninow

Radetzky

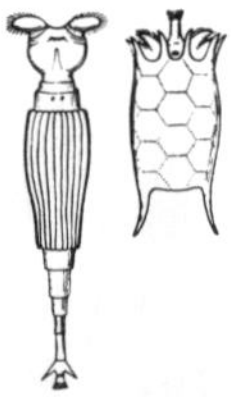
Rädertiere, links: Philodina, rechts: Anuraea (beide stark vergrößert)

Radfenster mit gotischem Maßwerk

Dohle, Elster und **Häher.** – Im Volksglauben Künder der Zukunft, des Todes und Unglücks.

Rabelais [rabl'ɛ], François, frz. Schriftst., *1494, †1553; Geistlicher und Arzt; derb-zeitsatir. Roman »Gargantua und Pantagruel«.

Rabenschlacht, mhd. Epos über die Kämpfe Dietrichs von Bern mit Ermanrich vor Raben (Ravenna).

rabiat [lat.], wütend, rasend vor Zorn.

Rabitzwand, Drahtputzwand, Gipswand mit Einlage von Drahtgeflecht.

Rabulist [lat.] der, Rechtsverdreher. **Rabulistik** die, Kunst, das Recht zu verdrehen.

Rachel der, Berggruppe (im **Großen R.** 1453 m hoch) im Bayer. Wald, am SO-Fuß liegt der **R.-See.**

Rachen der, ♡ Teil des Schlundkopfes, der mit der Mundhöhle in Verbindung steht. Krankheiten im Bereich des R.: **R.-Katarrh,** häufig in Verbindung mit Schnupfen (Erkältung) auftretende Entzündung der R.-Schleimhaut; chronisch meist bei Rauchern (Raucherkatarrh). **R.-Polypen,** Vergrößerung der **R.-Mandeln** (→ Mandeln).

Rachenblüter, Braunwurzelgewächse, zweikeimblättrige Pflanzenfam., mit gegen- oder quirlständigen Blättern und fünfgliedrigen, meist zweilippigen Blüten; Frucht meist eine Kapsel.

Rachitis [grch.] die, **Englische Krankheit,** volkstümlich »Knochenerweichung«, Störung des Kalk- und Phosphorstoffwechsels, die bes. Veränderungen am Knochensystem verursacht; beginnt meist im 2. bis 3. Lebensvierteljahr. Ursache ist neben Mangel an Vitamin D_2 Mangel an Sonnenlicht. Anzeichen sind eindrückbarer Weichschädel, spätes Aufsitzen und Stehen, mangelhafte Zahnung, aufgetriebener Bauch. In schweren Fällen Verbildung des Brustkorbes (Hühner-, Trichterbrust), des Beckens und der Beine (O-, X-Beine). Auf Grund der vorbeugenden Gabe von Vitamin D (400-1000 Einheiten täglich) ist R. im Säuglingsalter fast verschwunden.

Rachmaninow, Sergej Wassiljewitsch, russ. Komponist, *1873, †1943; Orchester-, Klaviermusik.

Rachmanowa, Alja, russ. Schriftstellerin, *1898; Romane über sowjetruss. Verhältnisse.

Racine [ras'in], Jean Baptiste, frz. Bühnendichter, *1639, †1699. Seine Dramen sind der Höhepunkt der klass. frz. Bühnendichtung: »Andromache«, »Britannicus«, »Bérénice«, »Mithridates«, »Phädra«, die beiden bibl. Tragödien »Esther«, »Athalie«.

Rad das, **1)** Maschinenteil für drehende (rollende) Bewegung, dessen äußerer runder Rollkranz (Felge) durch Speichen oder eine Scheibe mit der Nabe verbunden ist. **2)** ↗ seitl. Überschlag aus dem Handstand heraus.

rad, Abk. für Radiant, → Winkel.

Radar, Abk. für engl. **r**adio **d**etection **a**nd **r**anging, → Funkmeßtechnik.

Radau [Schallwort] der, Lärm.

Radball, fußballähnl. Spiel zweier Mannschaften mit 2 Spielern auf Fahrrädern, bei dem der Ball mit Vorder- oder Hinterrad ins gegner. Tor zu treiben ist.

Rade die, svw. → Kornrade.

Radebeul, Stadt im Bez. Dresden, 33 800 Ew.; Metallwaren- u.a. Ind.; Obst- und Spargelbau.

radebrechen [eigtl. »Verbrecher rädern«], stümperhaft sprechen.

Radecki [rad'ɛtski], Sigismund v., Schriftst., *1891, †1970, humorvolle Betrachtungen; übersetzte Puschkin, Gogol u.a.

rädern, Todesstrafe im MA.; die Glieder des Verurteilten durch ein Rad zerschlagen.

Rädertiere, mikroskopisch kleine, meist festsitzende durchsichtige Wassertiere. Ein radförmiges Wimperorgan dient zum Herbeistrudeln der Nahrung und zur Fortbewegung.

Radetzky, Joseph Graf **R. von Radetz,** österr. Feldmarschall (1836), *1766, †1858; besiegte die Italiener 1848 bei Custozza, 1849 bei Mortara und Novara. **R.-Marsch** von J. Strauß (Vater).

Radfenster, großes rundes Kirchenfenster mit speichenförmiger Gliederung.

Radhakrishnan, Sarwapalli, ind. Philosoph, Politiker, *1888, †1975; 1962-67 Staatspräs. Indiens; 1961 Friedenspreis des Dt. Buchhandels.

radial [lat.], strahlenartig, strahlenförmig. **Radialturbine,** → Turbine.

Radialgeschwindigkeit, Geschwindigkeit der Sterne in Richtung auf die Erde oder von ihr weg; sie wird mit Hilfe des → Doppler-Effekts spektrographisch gemessen.

Radiant der, Abk. **rad,** SI-Einheit des ebenen → Winkels.

Radiator der, aus einzelnen Gliedern zusammengesetzter Zentralheizungs-Heizkörper.

Radierkunst, die Kunst, eine Zeichnung mit der **Radiernadel** auf eine mit säurefester, harziger Masse überzogene Platte (Kupfer, Stahl, Zink) einzuritzen, durch → Ätzen zu vertiefen und abdruckfähig zu machen. Die ersten **Radierungen** entstanden im 16. Jh.

Radies|chen [lat. radix »Wurzel«], → Rettich.

radikal [lat.], von Grund auf, gründlich; unentwegt, scharf, bis zum Äußersten gehend; rücksichtslos. **Radikal** das, → chemische Radikale. **Radikalismus** [lat.] der, Unentwegtheit, Unbedingtheit, Schärfe der Anschauungen, bis zum Äußersten gehende Richtung.

Radikand [lat.] der, △ → Wurzel.

Radio [lat. radius »Strahl«] das, → Rundfunk.

radio|aktive Abfälle, Abfallstoffe, die z.B. in Kernreaktoren entstehen. Sie können gasförmig, flüssig oder fest sein. Wegen ihrer schädlichen Strahlung werden sie isoliert gelagert, vergraben oder versenkt.

radio|aktiver Niederschlag, bei Kernkraftwerken und kernverfahrenstechn. Anlagen sowie bei Atomkernexplosionen entstehen radioakt. Edelgase und Aerosole, die an die Atmosphäre abgegeben werden können. Sie können durch »trockenes« Absinken **(Fall-out),** mit dem Regen **(Rain out)** oder durch Auswaschen mittels Regentropfen **(Wash out)** auf die Erde gelangen.

Radioaktivität die, Eigenschaft der **radioaktiven chem. Elemente,** sich ohne äußere Beeinflussung unter Aussendung von Alpha-, Beta- oder Gammastrahlen in andere Elemente umzuwandeln, die ihrerseits wieder radioaktiv sein können. **Natürl. R.** findet sich bei allen → Isotopen der in der Natur vorkommenden Elemente mit einer Ordnungszahl größer als 80. Die Lebensdauer der einzelnen radioaktiven Stoffe schwankt zw. Bruchteilen einer Sekunde und Millionen von Jahren (→ Halbwertszeit). Alle natürlich radioaktiven Elemente sind durch Zerfall des Urans oder Thoriums über versch. Zwischenglieder entstanden (Zerfallsreihen), die Endprodukte dieses Zerfalls sind versch. stabile (nicht radioaktive) Isotope des Bleis. Da man die Zeiten des radioaktiven Zerfalls genau kennt, kann man aus dem Gehalt eines Gesteins an Uran (oder Thorium) und Blei die Zeit berechnen, die zur Entstehung des Bleis durch Zerfall des Urans notwendig war; auf diese Weise gelangte man zu Schätzungen über das Alter von Gesteinen und der Erde (3-4 Mrd. Jahre). **Künstl. R.** tritt bei allen künstlich hergestellten Isotopen auf (→ Kernphysik). Künstlich radioaktive Stoffe sind fast durchweg Beta- und Gammastrahler, viele solcher Kerne emittieren aber auch → Positronen. Gemessen wird die R. eines Stoffes mit Elektrometer, Ionisationskammer, Zählrohr, Kristallzähler u.a., auch durch die

Schwärzung von Photoplatten. Alle radioaktiven Strahlen, bes. die Beta- und Gammastrahlen, wirken schädigend auf den Organismus, schnellwachsende Geschwulstbildungen (Krebs) werden zerstört. Die natürl. R. wurde zuerst (1896) von H. Becquerel am Uran nachgewiesen. Kurze Zeit darauf (1898) fand das Ehepaar Curie in der Pechblende das Polonium und das Radium; danach wurden radioaktive Elemente in großer Zahl aufgefunden. Die künstl. R. wurde 1934 durch das Ehepaar Joliot-Curie entdeckt.

Radio|astronomie untersucht die Radio- und Mikrowellenstrahlung astronom. Objekte von etwa 30 m bis 0,6 cm Wellenlänge, die in **Radioteleskopen** (bewegl. Antennen in Form von Parabolspiegeln oder Dipolantennen) aufgefangen wird. Die R. dient zur Erforschung der Korona der Sonne, des Planeten Jupiter, bestimmter Sterne, des interstellaren Wasserstoffs und anderer Gase in den Spiralarmen der Milchstraße, kollidierender und explodierender Sternsysteme (Radiogalaxien). R. ermöglicht größere Reichweiten als die opt. Astronomie. (→ Quasare, → Pulsare)

Radiochemie, Chemie der radioaktiven Stoffe, ihre Anwendung in chem. Forschung, Biologie, Medizin, Landwirtschaft, Industrie.

Radiojodtest, Prüfung der Schilddrüsenfunktion mit geringfügigen Radiojodgaben.

Radiokarbonmethode, Verfahren zur Altersbestimmung geolog. und histor. Gegenstände aus organ. Stoff (Holz, Kohle und dgl.) durch Ermittlung ihres Gehalts an radioaktivem Kohlenstoff (Kohlenstoffmethode). Dieser stammt aus dem Kohlendioxid der Luft und verringert sich im Laufe der Zeit gesetzmäßig durch radioaktiven Zerfall.

Radiokardiographie, diagnost. Verfahren zur Erkennung von Herzkrankheiten mittels eines radioaktiven Isotops.

Radiolari|en [lat.] Mz., ♘ Strahlentierchen, Wurzelfüßer, die frei schwebend im Meer leben. Einzeller mit fadenförmigen Scheinfüßchen und einem zierl. Kieselskelett. Die Skelette der abgestorbenen R. bilden den **R.-Schlamm.**

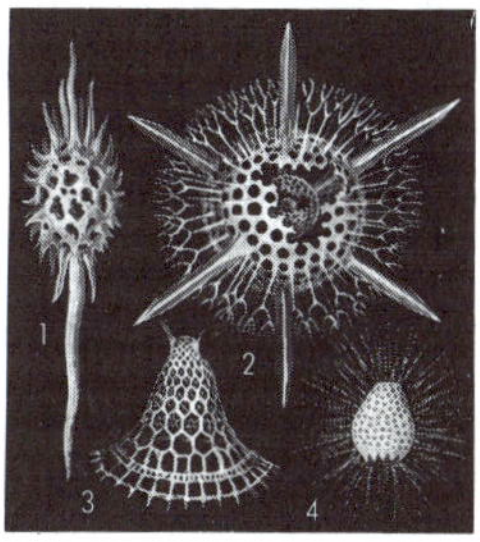

Radiolarien: **1** Lithomespilus, **2** Hexacontium, **3** Clathocyclas, **4** Carpocanium

Radiosonde, Beobachtungsgerät der Aerologie für Höhen zw. 25-35 km Höhe, besteht aus einem Pilotballon mit Meßgeräten (für Luftdruck, Temperatur, Feuchtigkeit) und einem Kurzwellensender zum Übermitteln der Meßwerte.

Radium [lat.] das, **Ra,** radioaktives Element aus der Gruppe der Erdalkalimetalle, Ordnungszahl 88, Atommasse 226,025; zerfällt unter Aussendung von Alphastrahlen mit einer Halbwertszeit von 1620 Jahren in das Edelgas Radon. R. findet sich in ganz geringen Mengen in Uranmineralien. Seine prakt. Bedeutung ist seit der Entdeckung der Radioisotope sehr zurückgegangen, es wird gegenwärtig noch bei der Krebsbehandlung verwendet.

Radius [lat.] der, Halbmesser bei Kreis, Kugel.

Radiusvektor [lat.], **Fahrstrahl,** Abstand eines bewegten Punktes von einem festen.

radizieren [lat.], △ die → Wurzel **(Radix)** einer Zahl ziehen.

Radolfzell am Bodensee, Stadt in Bad.-Württ., am Bodensee, 24600 Ew.; got. Stadtkirche; Textil-, Metall-, Nahrungsmittel-Ind. Naturschutzgebiet: Halbinsel Mettnau.

Radom, Stadt in Mittelpolen, 201000 Ew.; Metall-, Holz-, Tabak- u.a. Ind.; Rohrleitung zu den Erdgasfeldern von Jasło-Krosno.

Radom, Radar-Kuppel, aerodynam. Verkleidung, meist aus Kunststoff, über Radargeräten, bes. deren Antennen.

Radon das, **Rn,** früher **Emanation,** chem. Element, radioaktives Edelgas; entsteht beim Zerfall des Radiums, ist in tieferen Erdschichten vorhanden und gelangt in Quellen an die Erdoberfläche (Gastein, Ischia, Münster a. St.).

Radpolo, Ballspiel mit Torwertung für Zweier-Damenmannschaften auf dem Fahrrad mit Schlagstöcken.

Radscha [Sanskrit »König«] der, ind. Fürst. **Maharadscha** (Großkönig), Fürst über mehrere R.

Radschputen Mz., Stammeskaste in N-Indien, rd. 10 Mio. Menschen, mit eigener indoarischer Sprache; meist Hindus; Grundbesitzer und Ackerbauern.

Radsport, sportl. Wettkämpfe auf Fahrrädern; man unterscheidet Straßenrennsport, Bahnrennsport sowie Hallen- oder Saalwettbewerbe. Straßen- und Bahnrennen werden als Einzel- oder Mannschaftswettbewerbe von Amateuren und Profis ausgetragen.

Radstadt, Stadt, Sommerfrische. Wintersportplatz im Pongau, Salzburg, an der über die **Radstädter Tauern** führenden Römerstraße; 856 m ü. M., 4200 Ew.

Radstand, → Achsstand.

Radsturz, Achssturz, Schrägstellung der Räder von Kraftwagen durch Neigen der Achszapfen. Ist der Abstand der unteren Felgenkanten kleiner als der der oberen Kanten, spricht man von **negativem Sturz,** umgekehrt von **positivem Sturz.**

Raeder, Erich, Großadmiral, *1876, †1960; 1935-43 Oberbefehlshaber der Kriegsmarine. Im Nürnberger Prozeß zu lebenslängl. Gefängnis verurteilt, 1955 entlassen.

RAF, Abk. **1)** für → **R**oyal **A**ir **F**orce. **2)** für → Rote Armee-Fraktion.

Raffa|el, eigtl. Raffaello **Santi,** ital. Maler, Baumeister, *1483, †1520; klass. Meister der Renaissance: Madonnenbilder (→ Sixtinische Madonna), Bildnisse, Fresken in den Stanzen des Vatikan; Entwürfe für die Peterskirche. (BILD italienische Kunst)

Raffael

Raffael: Donna Valeta, um 1513

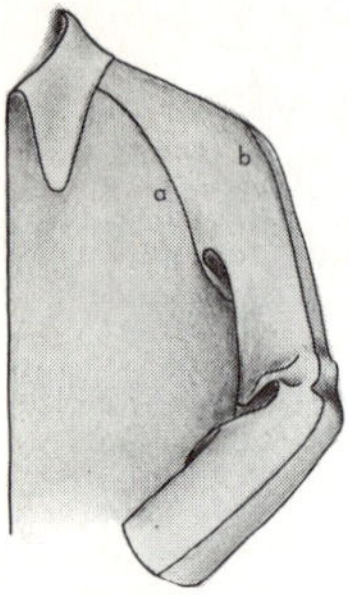

Raglan: a Armlochnaht, b Schulternaht

Raiffeisen

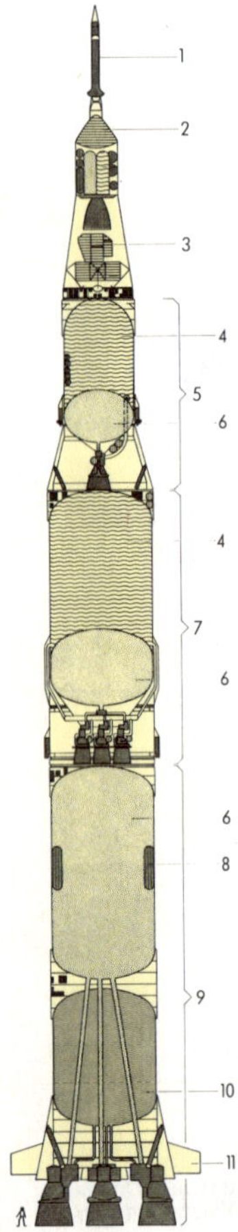

Rakete: Trägerrakete »Saturn 5« des Apollo-Mondlandeprogramms (Höhe 111 m, Startgewicht über 2700 t). **1** Rettungsrakete, **2** Apollo-Kapsel, **3** Mondfähre, **4** Flüssigwasserstofftank, **5** dritte Stufe, **6** Flüssigsauerstofftank, **7** zweite Stufe, **8** Heliumtank, **9** erste Stufe, **10** Kerosintank, **11** Leitwerkflosse

Raffinạde [frz.] die, gereinigter Zucker.

raffiniẹren, Raffination, chem. Technik: Reinigung und Veredelung von Naturstoffen und techn. Produkten (Erdöl, Fette, Metalle, Zucker). **Raffineriẹ,** Anlage zur Raffination.

raffiniẹrt, 1) gereinigt, geläutert. **2)** verfeinert, überfeinert. **3)** schlau, durchtrieben; Hptw.: die **Raffinẹsse.**

Rafflẹsi|e, hinterind.-indones. Riesenpflanze mit Blüten bis 0,50 m Durchmesser. Ihr Hauptkörper schmarotzt pilzfadenförmig in der Wirtspflanze, aus der die Blüten hervorbrechen.

Ragạz, Bad R., Badeort im Kt. St. Gallen, Schweiz, am Rhein, 4400 Ew.

Rage [ra:ʒə, frz.] die, Wut, Raserei.

Rạglan [engl.] der, Schnittform von Ärmeln mit angeschnittenen Schulterteilen.

Rạgnarök [altnord. »Götterverhängnis«] Mz., nord. Sage: Kampf der Götter mit den feindl. Mächten (Fenriswolf, Midgardschlange), ihr Untergang und die Vernichtung der Erde.

Ragout [rag'u, frz.] das, Gericht aus Fleisch- oder Fischstückchen in gewürzter Soße; **R. fin** [- fɛ̃], aus Kalbsmilch, Kalb- oder Geflügelfleisch, mit Parmesankäse bestreut, meist in Muschelschalen gebacken.

Ragtime [r'ægtaɪm, amerik.] der, Frühform des Jazz für Klavier, mit treibender, scharf rhythmisierter Begleitung zu einer einfachen, volkstüml. Melodie.

Ragụsa, 1) Stadt in S-Sizilien, 68 500 Ew.; Asphaltbergbau; Wein; in der Umgebung Erdöllagerstätten. **2)** ital. Name von → Dubrovnik.

Rah, Raa die, ⚓ Stange für **Rahsegel.**

Rahm [mhd.] der, das Milchfett, Ausgangsstoff für Butter und Käse.

Rahmenerzählung, umschließt eine oder mehrere andere Erz., z. B. »1001 Nacht«.

Rahmengesetz, ⚖ Gesetz, das nur allg. Grundsätze und Richtlinien enthält, die Einzelheiten aber besonderen Rechtsvorschriften überläßt.

Rahner, Karl, Jesuit, *1904, gehört als Dogmatiker und Religionsphilosoph zu den Führern der kath. Erneuerung.

Raid [reɪd, schott.] der, Streifzug, Einfall.

Raiffeisen, Friedrich Wilhelm, *1818, †1888, Gründer des ländl. Genossenschaftswesens in Dtl., bes. der Spar- und Darlehnskassen **(R.-Vereine, -Kassen).** → Genossenschaft.

Raimund, Ferdinand, österr. Schauspieler, Bühnendichter, *1790, †1836; Volksstücke und Zauberpossen, z. B. »Der Verschwender«.

Rainald von Dassel, Erzbischof von Köln, *um 1120, †1167; leitete seit 1156 die Politik Friedrich Barbarossas.

Rainer [zu Reinhard], männl. Vorname.

Rainfarn der, **Wurmkraut,** gelbblühender Korbblüter; Blätter, Blüten sind Wurmmittel (kaum mehr gebräuchlich).

Rainier, Mount R. [maʊnt r'eɪnjə], **Mount Tacoma** [-tək'əʊmə], Vulkankegel des Kaskadengebirges im Staat Washington, USA, 4391 m hoch.

Rainier III. [rɛnj'e], Fürst von Monaco (seit 1949), *1923; 1956-82 ⚭ mit Gracia Patricia. (BILD S. 709)

Rainweide die, ✿ → Liguster.

Raison [rɛz'ɔ̃, frz.] die, → Räson.

Raisting, Gem. in Oberbayern, südl. des Ammersees, 1500 Ew.; in der Nähe eine Breitband-Erdefunkstelle, die über Satelliten Fernsehsignale und Ferngespräche überträgt.

Rajahmundry [r'ɑ:dʒəm'ʌndrɪ], Stadt in Andhra Pradesh, Indien, 216 900 Ew.; Handelszentrum.

Rajasthan [r'ɑ:dʒəsta:n], Staat in NW-Indien, Hptst.: Jaipur.

Rajkot [r'ɑ:dʒkɔt], Stadt in Gujarat, Indien, 444 000 Ew.; Textilind.

Rakel die, messerartig geschliffenes Stahlband, das beim Tiefdruck die Druckfarbe vom Druckzylinder abstreift.

Rakẹte [ital.] die, durch Rückstoß angetriebener Flugkörper. Der die Vortriebskraft erzeugende, nach hinten durch eine Düse austretende Gasstrahl wird durch Verbrennen des Treibstoffs erzeugt. Da die R. außer dem Brennstoff den gesamten Sauerstoff mit sich führt, ist sie nicht an die Lufthülle gebunden. Der R.-Kopf enthält die Nutzlast (Leuchtsatz, Sprengladung, Geräte, Erdsatellit, Raumsonde oder Besatzung). **Feuerwerks-R.** enthalten in einer zylindr. Papp- oder Blechhülse den Treibsatz, in dem eine Bohrung (Seele) die Düse ersetzt. Vor dem Treibsatz befindet sich meist noch eine kleine Pulverladung, die im Gipfelpunkt den Feuerwerkskörper zur Wirkung bringt. **Signal-** und **Leucht-R.** erzielen eine starke Leuchtwirkung durch Abbrennen eines Magnesiumsatzes. **Feststoff-R.** haben einfachsten Aufbau; der feste Treibsatz ist ein Gemisch aus Treibstoff und Sauerstoffträger. Sie werden als Starthilfen benutzt. **Flüssigkeits-R.** enthalten Treibstoff und Sauerstoffträger in getrennten Tanks. Sie werden für militär. Zwecke (R.-Waffen) und, i. d. R. kombiniert mit weiteren Flüssigkeits- oder Feststoff-R. **(Mehrstufen-R.),** als Träger von Forschungseinrichtungen oder Erdsatelliten angewendet. Bei Mehrstufen-R. besteht der R.-Körper aus mehreren hintereinandergeschalteten Teilen mit jeweils eigenen Triebwerken, die nach Verbrauch des Treibstoffes abgetrennt werden.

Andere Antriebsarten sind denkbar. Bei **Ionentriebwerken** erzeugt ein gerichteter Strahl hochbeschleunigter Ionen den Schub. In **Atom-R.** soll die Atomenergie zum Vortrieb ausgenutzt werden. Hierbei könnte ein Massenträger auf sehr hohe Temperaturen aufgeheizt werden und als Gasstrahl mit hoher Geschwindigkeit austreten (etwa Wasserstoff oder Wasserdampf). **Photonen-R.** sollen ein gerichtetes Bündel elektromagnet. Wellen (z. B. Licht) ausstoßen und so einen Schub erzeugen. Der Photonenantrieb ist noch im Stadium theoret. Studien.

Rakẹtenapparat, Gerät zur Rettung Schiffbrüchiger: eine Rakete, an der ein Seil befestigt ist, wird über das gestrandete Schiff geschossen und somit die Verbindung hergestellt.

Rakẹtenwaffen, unbemannte Flugkörper mit Rückstoßantrieb (Treibsatz aus festem oder flüssigem Treibstoff), die durch vorherige Programmierung oder durch Fernlenkung ihr Ziel erreichen. Als Abschußvorrichtungen dienen Rohre, Gleitschienen, Tische, Gerüste auf der Erde, auf (Panzer-)Fahrzeugen, Flugzeugen, Schiffen usw., für schwere Raketen auch unterird. Raketenbasen (Raketensilos). – Als Antriebe werden bislang ausschließlich chem. Raketentriebwerke verwendet. Je nach Einsatzzweck werden konventionelle oder atomare Gefechtsköpfe verwendet; bei R. für interkontinentale Reichweiten auch Gefechtsköpfe mit mehreren einzeln lenkbaren Sprengköpfen. – R. werden nach ihrer militär. Zweckbestimmung, nach ihrer Reichweite (Mittelstreckenraketen bis 5000 km, Interkontinentalraketen über 9000 km) und nach der Lage von Start- und Zielort unterschieden: Boden-Boden-R., Boden-Luft-R. (Fla-Raketen), Luft-Luft-R. (Flugzeugraketen), Luft-Boden-R., Unterwasser-Boden-R. u.a. mehr. – Die systemat. Entwicklung der R. begann im 2. Weltkrieg: Bekannteste Nahkampf- und takt. R. waren Panzerfaust, Nebelwerfer, Stalinorgel (Salven-R.), die erste Fernrakete, die V2.

Rákóczi [r'a:ko:tsi], ungar. Adelsgeschlecht, ausgestorben 1756; protestant. Fürsten von Siebenbürgen; Georg I. (1630-48), sein Sohn Georg II. (1648-1660); Franz II. (*1676, †1735) war 1703-11 Führer eines Aufstandes gegen die Habsburger. – **R.-Marsch** [nach Franz II. R.], ungar. Nationalmarsch.

Raleigh [r'ɔ:lɪ], Sir Walter, engl. Seefahrer, Schriftst., *um 1552, †(hingerichtet) 1618; gründete 1584/85 die erste engl. Kolonie in Nordamerika (Virginia).

Rallen Mz., Wasser- und Sumpfvögel mit hohen Beinen und langen Zehen. In Europa: **Wasserralle, Wiesenralle** (auch »Wachtelkönig«), **Teichralle** (auch »Teichhuhn«), **Bleßralle** (auch »Bleßhuhn«), **Sumpfrallen** (auch »Sumpfhühner«).

rallentạndo [ital.], ♩ langsamer werdend.

Rallye [rali, frz.] die, Automobilsport: Wettbewerb für Rennfahrzeuge über eine oder mehrere Etappen.

RAM, Abk. für **Random Access Memory** [r'ændəm 'ækses m'emərɪ], Schreib- und Lesespeicher, Halbleiter-Speicherbaustein für elektron. Datenverarbeitungsanlagen, geeignet zum Auslesen sowie zum Einschreiben oder Verändern von Informationen.

Ramadạn [arab.] der, islam. Fastenmonat.

Ramạjana [Sanskrit] das, Nationalepos der Inder (4./3. Jh. v. Chr.).

Ramakrịshna, ind. Asket, *1834, †1886, gründete einen hinduist. Reformorden.

Rạman, Chandrasekhara Venkata, ind. Physiker, *1888, †1970; Entdecker des **Smekal-R.-Effektes:** an Materie gestreutes Licht weist infolge der Schwingungen und Rotationen der Moleküle teilweise geänderte Frequenzen auf; Nobelpreis 1930.

Rambouillet [rãbuj'ɛ], **1)** Stadt südwestl. von Paris; Schloß (14. Jh.; Sommerresidenz des frz. Staatspräs.). **2) Hôtel de R.,** Palais der Marquise de R. (*1588, †1665) in Paris; von etwa 1610-1650 versammelte sich in ihrem Salon die vornehme Gesellschaft Frankreichs, um Geselligkeit in preziösem Geist zu pflegen.

Rameau [ram'o], Jean Philippe, frz. Komponist, *1683, †1764; Opern, Klaviermusik; Schöpfer der neuzeitl. Harmonielehre.

Ramịe die, **Chinagras,** ostasiat. Nesselgewächs, liefert Gespinstfasern **(chines. Hanf).**

Ramme die, für Pflastersteine: Handramme. Zum Eintreiben von Pfählen ein in einer Führung gleitender Klotz, der durch Menschenkraft oder maschinell gehoben wird.

Rampe die, **1)** schiefe Ebene als Wagenauffahrt, zum Verladen von Gütern (Laderampe). **2)** Theater: vorderer Bühnenbodenrand.

Ramsay [r'æmzɪ], **1)** Norman F., amerikan. Physiker, *1915, erhielt 1989 mit W. Paul und H. G. Dehmelt den Nobelpreis. **2)** Sir William, engl. Chemiker, *1852, †1916; Entdecker der Edelgase. Nobelpreis 1904.

Rạmses, ägypt. Könige der 19. und 20. Dynastie. **R. II.,** 1290-1224 v. Chr., kämpfte mit den Hethitern (Schlacht bei Kadesch), errichtete viele große Bauten.

Ramuz [ram'y], Charles Ferdinand, frz.-schweizer. Erzähler, *1878, †1947; Roman »Das große Grauen in den Bergen«.

Ran, nord. Göttersage: Herrin des Meeres, Gattin des Ägir.

Ranch [ræntʃ, engl. aus span.] die, Viehwirtschaft, Farm im nordamerikan. Westen.

Rand, Währungseinheit der Rep. Südafrika, 1 R. = 100 Cents; **Krüger-R.,** südafrikan. Goldmünze mit 1 Unze (31,1 g) Feingehalt.

Randers [r'anərs], Industrie- und Handelsstadt im NO Jütlands, Dänemark, 61700 Ew.

Rang der, **1)** Stufe in einer Ordnung; gesellschaftl. Stellung. **2)** Offiziersdienstgrad. **3)** Stockwerk im Zuschauerraum. **4)** ⚖ Verhältnis eines Rechtsanspruches zu einem anderen an derselben Sache. Bei bewegl. Sachen geht regelmäßig das früher entstandene dem später entstandenen Recht vor. Für den R. mehrerer Rechte an Grundstücken ist die Aufeinanderfolge der Eintragung in das Grundbuch maßgebend (§ 879 BGB).

Ranger [r'eɪndʒə] der, in den USA Angehöriger einer bes. ausgerüsteten Militär- oder Polizeitruppe für Sondereinsatz.

rangieren [rãʒ'i:rən, frz.], **1)** eine bestimmte Rangstufe einnehmen, gelten. **2)** Eisenbahn: (Wagen) verschieben.

Rạngström, Ture, schwed. Komponist, *1884, †1947; Opern, Orchester-, Kammermusik.

Rangụn, engl. **Rangoon** [ræŋg'u:n], Hptst. von Birma, am östl. Mündungsarm des Irrawaddy, 2,5 Mio. Ew.; Hafen, Ausfuhr bes. von Reis; Univ.; Shve-Dagon-Pagode. Nach dem Beschluß vom Mai 1989 soll R. künftig **Yangon** heißen.

Ranke die, fädiges, zum Klettern dienendes Pflanzenorgan, entstanden durch Umbildung von Blättern (Zaunrübe), Blatteilen (Erbse) oder dem Sproß (Wein).

Ranke, Leopold von (1865), *1795, †1886; Historiker auf der Grundlage strenger Quellenkritik und unbedingter Sachlichkeit. Hauptwerke: »Die röm. Päpste im 16. und 17. Jh.«, »Dt. Gesch. im Zeitalter der Reformation«, »Weltgeschichte«.

Rankenfüßer Mz., meerbewohnende Gruppe niederer Krebstiere; festsitzend, mit rankenhaft verlängerten Beinen, die Nahrung und Atemwasser herbeischaffen; z. B. Seepokken, Entenmuscheln.

Rankụ̈ne [frz.] die, Groll, heiml. Feindschaft.

Ranụnkel [lat.] die, ⚘ der → Hahnenfuß.

rạnzig [aus frz.], unangenehmer Geruch alter Fette infolge Spaltung durch Bakterien, Sauerstoff, Licht, Wasser, Schimmelpilze.

Rapacki [rap'atski], Adam, poln. Politiker (Kommunist), *1909, †1970; 1956-68 Außenmin., trat 1957 mit dem Plan einer kernwaffenfreien Zone in Mitteleuropa hervor **(R.-Plan).**

Rapạllo, Kurort an der nordital. Riviera, 29200 Ew.

Rapạllovertrag, 1) Vertrag (1920) zw. Italien und Jugoslawien über die Bildung des Freistaates Fiume. **2)** Vertrag (1922) zw. dem Dt. Reich und der UdSSR über die Aufnahme diplomat. und wirtschaftl. Beziehungen.

Rạphael, Erzengel (Buch Tobias); Beschützer der Pilger (Tag 29. 9.).

Rạphia die, Gatt. der Fiederpalmen; eine madegass. Art liefert den **R.-** oder **Raffiabast,** eine westafrikan. die → Piassave.

rapịd [lat.], reißend, schnell.

Rapịer [frz.] das, Fechtdegen.

Rappe [zu »Rabe«] der, schwarzes Pferd. **auf Schusters Rappen,** zu Fuß.

Rappen der, schweizer. Münze (frz. **Centime**) = $\frac{1}{100}$ Franken.

Rappenau, Bad R., Stadt in Bad.-Württ., 14200 Ew.; Saline, Solbad.

Rapperswịl, Gem. im Kt. St. Gallen, Schweiz, 8000 Ew.; alte Bauwerke; Textilind.

Rappọrt [frz.] der, Bericht, Meldung. **rapportịeren,** berichten.

Raps der, **Rapskohl,** gelbblühender Kreuzblüter, dem Kohl verwandt. Feldfrucht, wird hauptsächlich als Ölfrucht angebaut, liefert Rüböl **(Rapsöl), Rapsfett** aus dem Samen.

Rapsglanzkäfer, metallisch glänzender Käfer, der die Knospen des Rapses zerfrißt.

Rapụnzel der und die, **1)** der → Feldsalat. **2)** die → Teufelskralle.

rar [lat.], selten. **Raritạ̈t** die, Seltenheit.

Rainier III.

Ranke

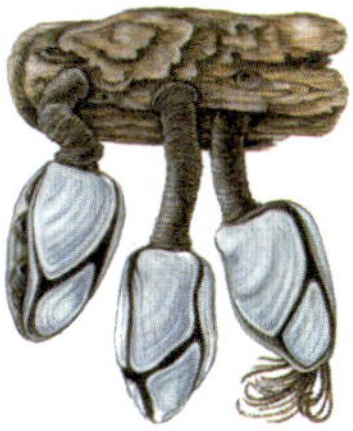
Rankenfüßer: Entenmuschel

Ramses II.

Raps

Ras [arab. »Kopf«] der, **1)** Vorgebirge, Berg. **2)** früherer äthiop. Fürstenrang.

rasant [frz.], **1)** flach verlaufend (Geschoßflugbahn). **2)** U schnell. **3)** attraktiv.

Rasenspiele, Sammelbez. für Fuß-, Faust- und Handball, Hockey, Tennis, Golf u.a.

Ras Hafun, Kap der Somali-Halbinsel, Ostafrika.

Rask, Rasmus Kristian, dän. Sprachforscher, *1787, †1832; entdeckte die german. Lautverschiebung.

Rasmussen

Raskolniki [russ. »Abtrünnige, Ketzer«] Mz., russ. Sekten, die sich im 17. Jh. von der russ. Staatskirche getrennt haben.

Rasmussen, Knud, dän. Polarforscher, *1879, †1933; nahm 1902-04 an der Grönland-expedition von L. Mylius-Erichsen teil, führte 1912-32 7 Polarexpeditionen durch.

Räson [frz. raison, rɛz'ɔ̃] die, Vernunft, Einsicht. **räsonieren, 1)** überlegen, untersuchen. **2)** nörgeln, schimpfen.

Rasputin, 1) Grigorij Jefimowitsch, russ. Mönch, Abenteurer, *1864 oder 1865, †(ermordet) 1916; myst. Wundertäter, hatte seit 1907 großen Einfluß am russ. Kaiserhof. **2)** Walentin Grigorjewitsch, russ. Schriftsteller, *1937; poetisch-realist. Dorfprosa.

Rasse die, Gruppe von Lebewesen, die sich durch eine Reihe von erbl. Merkmalen und durch ihren räuml. Zusammenhang von anderen Gruppen der gleichen Art unterscheidet, aber mit diesen paarungsfähig ist **(R.-Mischung).**

Die heutige Menschheit läßt sich nach diesem biolog. R.-Begriff in zahlreiche R. untergliedern. Die Bez. R. ist dabei zu trennen von der des Volkes. Zur Unterscheidung der einzelnen Menschen-R. dienen im wesentl. körperl. Merkmale wie Hautfarbe, Haarform und -farbe, Schädelform und darüber hinaus psych. Merkmale **(R.-Psychologie).** Die Stellung einzelner R.-Gruppen und R.-Splitter ist umstritten, doch hält man an der Einteilung in 3 Hauptstämme fest.

Rassenfrage, Sammelbez. für die polit. und gesellschaftl. Probleme, die sich aus dem Zusammenleben von Menschen versch. Rasse in einem Staat ergeben. Wie beim → Rassismus wird beim Begriff R. die Grenze zw. »Rasse« und »ethnischer Gruppe« nicht immer scharf gezogen. Häufig ist die R. eng mit wirtschaftl. und sozialen Spannungen verquickt. In der neueren Geschichte gibt es eine R. in größerem Umfang seit der Ausbreitung der Europäer über die ganze Erde; in Amerika hat der Sklavenhandel durch die Zwangsansiedlung von Schwarzen zur Entstehung einer R. beigetragen. Unter verschiedenen geschichtl., verfassungspolit. und gesellschaftl. Voraussetzungen tritt die R. bes. in den USA und im südl. Afrika (→ Apartheid) in der Gegenwart hervor.

Rassengesetze, Nürnberger Gesetze, 1935 in Nürnberg beschlossene Gesetze. Das »Reichsbürgergesetz« nahm den Juden das Vollrecht als Bürger; das »Blutschutzgesetz« verbot die Ehe zw. dt. Staatsangehörigen »dt. oder artverwandten Blutes« und Juden.

Rassenkunde, Wissenschaft von den menschl. Rassen, ihrer Verbreitung, ihrem Wachstum, ihren Verschiebungen und Wanderungen. Sie ist ein Teilgebiet der Anthropologie und gliedert sich in versch. Zweige: **Rassenbeschreibung, -geographie, -geschichte, -psychologie.** Von den exakten biolog. Forschungsmethoden sind polit. Rassenlehren abzugrenzen; Gobineau, Nietzsche, H. S. Chamberlain versuchten einen Zusammenhang zw. Weltgeschichte und Menschenrassen herzustellen und die Rassen in politisch und kulturell wertvolle und minderwertige aufzuteilen. Diese Lehren wurden bes. durch den Nationalsozialismus ausgebaut und dienten als Vorwand für die Entrechtung und Vernichtung ganzer Volksteile, bes. der Juden.

Rassismus, Haltung, bei der Menschen einer Rasse die Angehörigen anderer Rassen oder ethn. Gruppen im Unterschied zur eigenen als minderwertig ansehen.

Rastatt, Krst. in Bad.-Württ., in der Rheinebene, an der Murg, 37400 Ew. Im 18. Jh. planmäßig neu angelegt; Schloß (frz.-ital. Barock), Schloßkirche; Maschinen-, Metall-, Möbel-Ind. – Der **Friede von R.** (1714) beendete den Span. Erbfolgekrieg.

Raster [lat.] der, Glasplatte mit feinem Netz sich kreuzender Linien oder Film mit entsprechendem Liniennetz zur Herstellung von → Netzätzungen.

Rastrelli, Bartolomeo Francesco Graf, ital.-russ. Baumeister, *1700, †1771; Hauptmeister des russ. Rokokos.

Rat der, **1)** Amtsbez. von Beamten höheren Ranges (z.B. Ministerialrat, Landrat); auch Ehrentitel (z.B. Hofrat). **2)** aus mehreren Mitgl. bestehende Behörde oder Körperschaft: Staatsrat, Gemeinderat.

Rate [lat.] die, Beitrag oder Anteil. **Ratenzahlung,** Tilgung einer Schuld durch Teilzahlungen; bes. beim Abzahlungsgeschäft.

Rätesystem, 1917 in Rußland eingeführte Reg.-Form; alle Reg.-Gewalt lag in den Händen von Arbeiter- und Soldatenräten.

Rassen der Menschheit

I. **Europider (weißer) Hauptstamm** (weit über die Erde verbreitet).
  Nördl. hellfarbige Gruppe: **Nordische R.** und **Fälische R.; Osteuropide** (Ostbaltische) **R.** mit vorstehenden Backenknochen, in Rußland, Polen, Balkan, Ostdtl.
  Mittlere Kurzkopfgruppe: **Alpine, Dinarische, Armenide.**
  Südl. dunkelfarbige Langkopfgruppe: **Mediterrane;** klein und zierlich. **Orientalide:** Arabien, Syrien, Irak, W-Afrika. **Indide:** schlank, klein, dunkles welliges Haar; Iran, Indien.
    Primitivformen: **Weddide** (Wedda in Sri Lanka, Toala auf Celebes, Senoi auf Malakka).
    Randgruppe: **Ainu.**
    Schwer einzuordnende Übergangsgruppen zw. Europiden und Negriden:
      Melanide (N- und S-Indien); **Australide, Polyneside** (mit mongolidem Einschlag).

II. **Negrider (schwarzer) Hauptstamm.** Urspr. im trop. Afrika beheimatet, später nach Amerika verbreitet. Merkmale: kurzer Rumpf, langgliedrig, dunkle Hautfarbe, breite Nase, Wulstlippen, Kraushaar.
  Europ. Kontaktzone: **Äthiopide.**
  Graslandgürtel: **Sudanide** (Sudanneger), **Nilotide, Bantuide** (Bantuneger).
  Von diesen eigtl. Negern unterscheiden sich die folgenden Primitivformen:
  Khoisanide: Buschmänner, Hottentotten (Zwischenformen zw. negrid und mongolid).
  Pygmide: Zwergformen im trop. Afrika, **Melaneside,** im Melanes. Archipel.

III. **Mongolider (gelber) Hauptstamm.** Vom asiat. Lebensraum aus verbreitet zum Malaiischen Archipel und nach Amerika. Merkmale: langer Rumpf, kurzgliedrig, gelbl. Hautfarbe, schwarzes, straffes Haar, Mongolenfalte (über dem Augenlid), Mongolenfleck (in der Kreuzbeingegend).
  Sinide R., eigtl. Mongolen, Chinesen, Japaner, Koreaner. – **Tungide** (im N der Wüste Gobi). – **Palämongolide (Malaien), Sibiride** (europ. Kontaktform). – **Indianide** in Amerika (westl. Gebirgsformen und östl. Ebenenformen in N- und S-Amerika); **Eskimide,** arkt. Sonderform.

Rat für gegenseitige Wirtschaftshilfe, engl. **Comecon,** 1949 gegr. Organisation für wirtschaftl. Zusammenarbeit der Ostblockländer. Mitgl.: UdSSR, Polen, ČSFR, Ungarn, Rumänien, Bulgarien, seit 1950 Dt. Dem. Rep., seit 1962 die Mongol. Volksrepublik, seit 1972 Kuba, seit 1978 Vietnam. Albanien bleibt dem Comecon seit 1961 fern, Jugoslawien ist seit 1964 assoziiertes Mitglied. Nach den revolutionären Veränderungen im Ostblock 1989/90 lockert sich die Zusammenarbeit unter den Mitgliedsländern.

Rathaus, Gebäude für die Gemeindeverwaltung und die städt. Ämter. – Aus dem Altertum ist bes. das R. in Milet (2. Jh. v. Chr.) bekannt; im MA. bauten bes. Italien und Dtl. die monumentalsten und formreichsten R.

Rathenau, Walther, Industrieller und demokrat. Politiker, *1867, †(ermordet) 1922; 1922 Außenmin.; trat für die Erfüllung des Vertrages von Versailles ein, schloß den Vertrag von Rapallo.

Rathenow [-no:], Krst. im Bez. Potsdam, an der Havel, 31 300 Ew.; Marien-Andreas-Kirche (13., 15., 16. Jh.), Rathaus (16. Jh.).

Ratibor, poln. **Racibórz** [ratsj'ibuʃ], Industriestadt in der poln. Wwschaft Katowice, ehem. Stadt in Oberschlesien, an der Oder, 56 000 Ew.; 1281-1532 schles. Herzogssitz.

Rätien, lat. **Raetia,** röm. Prov., die Graubünden, Tirol und Südbayern umfaßte, unter Augustus 15 v. Chr. erobert. Die **Räter** sind mit den Kelten und Illyrern verwandt.

Ratifikation [lat.] die, Genehmigung. **1)** Staatsrecht: verfassungsrechtl. vorgesehene Bestätigung von Staatsverträgen (meist durch das Parlament). **2)** internat. Verkehr: Inkraftsetzung eines völkerrechtl. Vertrags durch das zur Vertretung des Staates nach außen berufene Organ (Staatsoberhaupt oder Vertreter). Die Form der R. ist meist der Austausch der vom Staatsoberhaupt vollzogenen R.-Urkunden. Zeitwort: **ratifizieren.**

Rätikon, Rhätikon das, Gruppe der Alpen zw. Montafon und Prätigau.

Ratingen, Stadt in NRW, 89 500 Ew.; Kirche mit 2 roman. Türmen, got. Langhaus.

Ratio [lat.] die, **1)** Vernunft. **2)** Ursache, Grund.

Ration [frz.] die, das zugeteilte Maß; Tagesbedarf. **rationieren,** den beschränkten Vorrat, z. B. an Lebensmitteln, planmäßig erfassen und verteilen. Hptw.: die **Rationierung.**

rational [lat.], vernunftmäßig, auf Vernunfterkenntnis gegründet; **rationell,** zweckmäßig, praktisch. **rationale Zahlen,** △ alle Zahlen, die sich mit Hilfe der 2 Grundrechnungsarten und ihrer Umkehrungen aus den positiven ganzen Zahlen darstellen lassen.

Rationalisierung [von Ratio] die, Gesamtheit der Maßnahmen, die durch techn. und organisator. Verbesserungen höchste Leistung bei geringsten Kosten zu erreichen suchen, bes. durch Mechanisierung und Vereinheitlichung (Automatisierung, Normung, Standardisierung).

Rationalismus [von Ratio] der, Überzeugung, daß die Welt der Vernunft gemäß, d. h. von logischer, gesetzmäßig berechenbarer Beschaffenheit sei. Nach rationalist. Auffassung sind auch alle geschichtl. Erscheinungen, bes. die Kulturgebilde, aus vernunftgeleiteten Erwägungen und Entschlüssen der handelnden Menschen entstanden. Die →Aufklärung als Zeitalter des R. hat auch seine Schwächen deutlich gemacht: Verkennung der Bedeutung und Macht der Erfahrung (Empirismus), der Gefühlskräfte und des Unbewußten. Gegen die mit Descartes beginnenden und in Leibniz und C. Wolff gipfelnden rationalist. philosoph. Systeme wandte sich Kants Kritik. **Rationalist** der, Anhänger des R., Verstandesmensch.

Ratten: Hausratte

Rätische Alpen, Teil der mittleren Ostalpen, in der östl. Schweiz, vom Splügen- und Septimer- bis zum Flüelapaß.

Rätoromanen, 3 roman. Volksgruppen im Alpengebiet: **Bündner Romanen** im schweizer. Kt. Graubünden, die **Ladiner** in Südtirol und die **Friauler** im Tagliamentogebiet. Das **Romantsch, Rumantsch** ist in der Schweiz 4. Landessprache. In ihr entwickelte sich v. a. in jüngster Zeit ein reiches Schrifttum.

Ratsche die, ⊙ Zahnkranz mit ein- und ausschaltbarer Sperrklinke zum Feststellen eines Getriebeteils, z. B. Handbremse des Kfz.

Rätsel das, Denkaufgabe, die eine Lösung verlangt; wohl kult. Ursprungs und als eine Urform der Dichtung bei allen Völkern ausgebildet. Es gibt u. a. **Wort-R., Buchstaben-R., Bilder-R.** (Rebus), **Kreuzwort-R.**

Ratsherr, in einigen dt. Ländern: Mitgl. der Gemeindevertretung der Städte.

Ratten die, weltweit verbreitete Gatt. der →Mäuse; **Haus-R.** ist braunschwarz, **Wander-R.** oberseits bräunlichgrau, unterseits grauweiß. R. lieben feuchte Orte, sind große Schädlinge. Die R. sind bes. gefährlich als Überträger von Pest, Typhus, Trichinen. **R.-Gift:** Cumarin-Derivate, Diazo-Aminoverbindungen.

Rattenkönig, 1) junge Ratten, deren Schwänze vom Nestleben her verschlungen und verklebt sind. **2)** bildlich: Verknüpfung ärgerl. Dinge, z. B. von Prozessen.

Rattigan [r'ætɪgən], Sir (1971) Terence Mervyn, engl. Dramatiker, *1911, †1977; Gesellschaftslustspiele, zeitnahe Problemstücke.

Ratzeburg, Krst. in Schlesw.-Holst., 12 700 Ew.; Kurort auf einer Insel im **R.er See;** roman. Dom (12./13. Jh.); landwirtschaftl. Handel; Holzind. – 1225-1689 war R. Residenz der Herzöge von Lauenburg. Das Bistum wurde 1154 gegr., 1648 kam es als weltl. Fstt. R. an Mecklenburg.

Ratzinger, Joseph, kath. Dogmatiker, Kardinal (1977), *1927, 1977-82 Erzbischof von München-Freising; seit 1981 Präfekt der Vatikan. Glaubenskongregation.

Rau, Johannes, Politiker (SPD), *1931, seit 1978 MinPräs. von NRW.

Raub der, ⚖ mit Gewalt gegen eine Person oder unter Drohungen mit gegenwärtiger Gefahr für Leib oder Leben begangener Diebstahl. Freiheitsstrafe, bei **Schwerem R.** (z. B.

Ratzeburg: Dom

Raubkäfer: Goldstreifiger R.

Rauchmüller: Bacchantenhumpen, Elfenbein

Straßenraub) nicht unter 5 Jahren (§§ 250 StGB).

Raubfische, Fische mit raubtierhafter Ernährung (Hai, Hecht); Ggs.: Friedfische.

Raubfliegen, Mordfliegen, meist behaart, lauern auf Insekten und saugen sie aus.

Raubkäfer, Käfer, die lebendes Kleingetier fressen, bes. die Kurzflügler.

Raubtiere, **1)** Tiere, die sich von lebendig ergriffener Beute nähren. **2)** i. e. S. Ordn. der Säugetiere mit großen Eckzähnen, starken Reißzähnen und scharfen Krallen: Katzen, Hyänen, Hunde, Marder, Bären.

Raubvögel, → Greifvögel.

Rauch der, gasförmige Abgänge einer Verbrennung. R. enthält Kohlendioxid, Stickstoff, Wasserdampf, Kohlenoxid (giftig), Schwefeldioxid, mitunter auch Teerdämpfe, und fein verteilte feste Stoffe (z. B. Ruß).

Rauch, Christian Daniel, Bildhauer, *1777, †1857; Bildnisse, Denkmäler.

rauchen, Einsaugen des Rauches von Pflanzenerzeugnissen, z. B. Tabak (→ Nikotin).

räuchern, Fleisch und Fisch im Rauch bestimmter Hölzer haltbar machen.

Rauchfang, trichterförmige Haube über frei brennenden Feuern.

Rauchfaß, Behälter zum Verbrennen von Weihrauch, mit Ketten zum Schwenken.

Rauchgasprüfer, chemisch und physikalisch arbeitende Geräte zur Rauchgasanalyse.

Rauchgasreinigung, die Beseitigung von Stäuben, Schwefeldioxid und Stickoxiden v. a. aus den Abgasen von Großfeuerungsanlagen nach versch. Verfahren zur Entschwefelung und Entstickung.

Rauchgasvorwärmer, Economizer, in den Abgaskanal der Dampfkesselfeuerung eingebautes Rohrsystem zur Vorwärmung des Dampferzeugerspeisewassers, Bestandteil jeder Dampfkesselanlage.

Rauchmüller, Matthias, Bildhauer, *1645, †1686; beeinflußt von der fläm. Kunst, schuf Grabmäler (Trier, Liebfrauenkirche u. a.) sowie Elfenbeinarbeiten.

Rauchquarz der, grauer oder brauner Bergkristall; Schmuckstein.

Rauchvergiftung, meist Kohlenoxidvergiftung (→ Kohlenoxid).

Rauchwaren [von rauch »behaart«] Mz., **1)** Tabakwaren. **2)** Pelzwirtschaft: veredelte, zur Herstellung von Pelzgegenständen taugl. Tierfelle, entweder nur zugerichtet (→ Leder) oder zugerichtet und gefärbt.

Räude, Krätze die, **Grind,** ansteckende Hautkrankheit der Haustiere. Sie wird durch Milben hervorgerufen und verursacht stark juckenden Hautausschlag und Haarausfall. Die Fuß-R. des Pferdes ist anzeigepflichtig.

Rauhes Haus [eigtl. »Ruges (des Erbauers) Haus«], **Wichernsche Anstalten,** die 1833 in Horn bei Hamburg von J. H. → Wichern gegründete Anstalt für die Innere Mission.

Rauhnächte, Rauchnächte, → Zwölfnächte.

Raum der, substanzfreie Leere, in der die wirkl. Dinge wahrgenommen werden. Der R. ist nach 3 Dimensionen ausmeßbar (Länge, Breite, Höhe). In der Mathematik wird der R.-Begriff stark verallgemeinert: als R. wird eine Menge von Dingen (z. B. von Punkten) bezeichnet, zw. denen bestimmte Beziehungen bestehen. Solche abstrakten R. können beliebig viele Dimensionen haben. In der Physik erweitert man den R. durch die Zeit als 4. Dimension zur **R.-Zeit** (»Welt«) und sieht diese nicht mehr als leere Form, sondern selbst als Träger physikal. Eigenschaften (Feld) an.

räumen, Verfahren der spanenden Formung zur Herstellung von Ebenen und beliebigen zylindr. Flächen (Profilen) an Werkstükken aus Metall mit Räumnadeln. Die (bis zu 1 m lange) **Räumnadel** trägt eine größere Anzahl von Zähnen, die sehr dünne Späne abnehmen (etwa 0,01 mm).

Raumer, Friedrich v., Historiker, *1781, †1873; schrieb eine romantisch verklärte Darstellung der Stauferzeit »Gesch. der Hohenstaufen und ihrer Zeit«.

Raumfahrt, Weltraumfahrt, Astronautik, Durchquerung und Erforschung des Weltraumes außerhalb der ird. Atmosphäre. Die Voraussetzung, den luftleeren und schwerelosen Raum zu erreichen und sich in ihm zu bewegen, erfüllt ausschließlich das Antriebsprinzip der → Rakete. Raketen sind die Träger und Steuerorgane der Raumfahrzeuge, Satelliten, Raumsonden, Raumstationen, Raumtransporter, Mondlandefähren.

Die Bewegung eines Körpers im Weltraum hängt nur von Größe und Richtung seiner Geschwindigkeit und den auf ihn wirkenden Kräften (Schwerefelder) anderer Himmelskörper ab. Damit er nicht wieder auf die Erde zurückfällt, muß er die **Kreisbahn-** oder **Satelliten-** oder **1. kosm. Geschwindigkeit** von 7,9 km/s erreichen, die eine ellipt. oder kreisförmige Erdumlaufbahn ermöglicht. Mit steigender Höhe wird die Kreisbahngeschwindigkeit niedriger, während die Umlaufzeit wächst; in rd. 36 000 km Höhe beträgt die Kreisbahngeschwindigkeit 3 km/s, die Umlaufzeit 24 Stunden (geostationäre Umlaufbahn von Synchronsatelliten). Um den Anziehungsbereich der Erde zu verlassen, ist die **Flucht-** oder **2. kosmische Geschwindigkeit** von 11,2 km/s erforderlich. Unter Ausnutzung der Schwerefelder von Himmelskörpern läßt sich die Flugbahn beeinflussen (Swing-by-Methode).

Der aktive Teil der Flugbahn, die **Antriebsbahn,** dauert nur Minuten und damit einen Bruchteil des passiven Teils, der als **Freiflugbahn** antriebslos zurückgelegt wird. Bei Raumflügen zu anderen Himmelskörpern bringt man die letzte Raketenstufe mit der Nutzlast zunächst in eine Erdumlaufbahn **(Parkbahn),** auf der zu einem best. Zeitpunkt das Triebwerk wieder gezündet wird, um die Nutzlast auf Fluchtgeschwindigkeit zu beschleunigen. Der **Einschußkorridor** liegt für einen jeweiligen Tag im Raum fest; er ist u. a. bestimmend für den oder die möglichen Starttage **(Startfenster).** – Bei einer interplanetar. R. sind gelegentlich Bahnkorrekturen unerläßlich.

Die gesamte Flugbahn wird durch elektron. Rechenanlagen vorausberechnet. Das Programm wird in Form von Steuerbefehlen gespeichert und nach dem Start automatisch durchgeführt (Programmsteuerung) und mit Hilfe der → Trägheitsnavigation korrigiert. Daneben können die Kommandosteuerung von der Erde aus und die manuelle Steuerung durch die Besatzung treten. Die für die elektron. Geräte u. a. benötigte Energie wird aus Brennstoffzellen, Kernreaktoren, chem. Batterien und Sonnenenergie (Solarzellen) bezogen.

Die **unbemannte R.,** wird v. a. mit Satelliten und Raumsonden betrieben. Seit 1957 wurden weit über tausend solcher Raumflugkörper gestartet, darunter viele militärische. Spektakuläre Ergebnisse brachten in den vergangenen Jahren die Raumsonde Giotto (Rendezvous mit dem Kometen Halley 1986) und die Raumsonde Voyager 2, die nacheinander die Planeten Jupiter, Saturn, Uranus und Neptun (1989) passierte.

Die **bemannte R.** wird v. a. mit dem Ziel betrieben, Menschen auf anderen Himmelskörpern landen und/oder in Raumstationen längere Zeit verweilen zu lassen. Als Vorbereitung hierzu gelten die zahlreichen bemannten Flüge auf Satellitenbahnen (seit 1961), die Erforschung der Probleme der **Raumfahrtmedizin,** die Vorversuche mit Hunden und Affen, mit Raketenschlitten und Raketenflugzeugen.

Raumfahrt: Die ersten Menschen auf dem Mond am 21. 7. 1969. Links: Landeplatz im »Meer der Ruhe« mit Mondfähre und Geräten. Rechts: Die Mondfähre auf dem Rückflug zum Raumschiff

Techn. Hauptprobleme waren und sind, die Raumfahrzeuge und die Raumanzüge gegen das Vakuum und die Strahlung des Weltraums abzudichten, in ihnen die lebensnotwendigen Umweltbedingungen zu sichern (Sauerstoff, Wiederaufbereitung der Luft, Temperatur), die Betriebssicherheit durch Einbau von Mehrfachsystemen zu erhöhen, die Reibungshitze, die beim Wiedereintritt in die Atmosphäre 3000 °C betragen kann, durch eine bestimmte Formgebung und durch einen Hitzeschild vom Innern der Kapsel abzuhalten, die weiteren Landephasen zu beherrschen. Die amerikan. Raumkapseln wasserten bisher ausnahmslos, die sowjetruss. landeten auf festem Boden (außer Sojus 23), wobei zu den Fallschirmen noch eine zusätzl. Raketenbremsung tritt. Alle bisherigen Raumfahrzeuge waren Verlustgeräte, d.h. nicht wiederverwendbar. Erst seit dem Start des Raumtransporters (1981) steht der bemannten R. ein wiederverwendbares Transportsystem zur Verfügung.

Die bisherigen bemannten Raumflüge der UdSSR wurden mit Wostok-, Woschod- und Sojus-Raumfahrzeugen durchgeführt, die der USA im Rahmen des Mercury-Programms, des Gemini-Programms, des Apollo-Programms. Seit den ersten Raumflügen von J. Gagarin (1961), G. Titow (1961) und J. Glenn (1962) waren wichtige R.-Ereignisse: das freie Schweben im Raum von A. Leonow (Woschod 2, 1965) und E. White (Gemini 4, 1965), das erste gelungene Rendezvous-Manöver (von Gemini 6 und 7), die erste Mondlandung von N. Armstrong und E. Aldrin (Apollo 11, 1969), die Erprobung der Versuchs-Raumstation Saljut 1 durch die Besatzung von Sojus 11, die sich darin 23 Tage und 18 Stunden aufhielt, die Raumstation Skylab (1973), in der die dritte Besatzung mit 84 Tagen einen Dauerrekord aufstellte, die Erprobung der versch. amerikan. und sowjet. Systeme 1975 in dem gemeinsamen Apollo-Sojus-Rendezvous (ASTP, »Apollo Sojuz Test Project«), der Start des amerikan. Raumtransporters Space Shuttle (1981), 1984 der Langzeit-Aufenthalt (237 Tage) der Besatzung von Sojus T-11 an Bord von Saljut 7, 1986 die Challengerkatastrophe, 1987 Langzeit-Aufenthalt J. Romanenkos in der Raumstation Mir (326 Tage), 1988 der Start der sowjet. Raumfähre Buran.

Wissenschaftl. Nutzen ziehen aus der R. v. a. Geophysik, Geologie, Geographie, Meteorologie, Astronomie und Astrophysik. Wirtschaftl. Nutzen bringen bes. Wetter-, Nachrichten- und Navigations-, Fernsehsatelliten. Indirekter Nutzen wird gewonnen aus den Erzeugnissen, Werkstoffen und techn. Verfahren, die für die R. entwickelt wurden, bes. auf dem Gebiet der Elektronik, Metallurgie und der Kunststoffe. Die Forderung nach ultraleichter Bauweise, nach höchster Leistung und Zuverlässigkeit hebt den techn. Entwicklungsstand insgesamt. Alle diese und weitere Erkenntnisse und Errungenschaften sind auch von militär. Wert. Die polit. Weltlage führte in den ersten 12 bis 15 Jahren der R. zu einer Prestige-Rivalität zw. den großen R.-Nationen USA und UdSSR. An der kommerziellen Raumfahrt (Satellitenstarts) hat die europ. Raumfahrt (→ESA) mit den erfolgreichen Ariane-Raketen einen bedeutenden Anteil.

Rauminhalt, Volumen, Anzahl von Raumeinheiten (cm^3, l, m^3 u. a.) in Körpern.

Raumkunst, künstlerische Gestaltung und Ausstattung von Innenräumen.

Raumkurve, Kurve, die nicht in einer Ebene liegt, z.B. eine Schraubenlinie. Die

Raumfahrt: Zeichnerische Darstellung vom Apollo-Sojus-Rendezvous am 17. 7. 1975, links das amerikan., rechts das sowjet. Raumfahrzeug

31 B I

Ravel

wichtigsten Eigenschaften einer R. sind ihre Krümmung, d.h. die Abweichung vom geradlinigen Verlauf, und ihre Windung, d.h. die Abweichung vom ebenen Verlauf.

Raumladung, Elektronenwolke, die eine Elektronenquelle, z.B. Kathode, umgibt.

Raummeter, Abk. **rm., Ster,** Raummaß der Forstwirtschaft, 1 m^3 aufgeschichtetes Holz mit Zwischenräumen.

Raumordnung, koordinierende Vorsorge für eine geordnete, den Gegebenheiten der Natur und dem zusammengefaßten öffentl. Interesse entsprechende, planmäßige, vorausschauende, an einem Leitbild ausgerichtete Gesamtgestaltung des Landesgebietes oder einzelner Landesteile. Gesetzl. Grundlage der R. ist das R.-Ges. v. 8.4.1965.

Re

Raumsonde, mit einer Rakete in den außerird. Raum geschickter Körper, der mit Hilfe von Meß-, Fernsehgeräten und Sendern die physikal. Verhältnisse melden soll.

Raumstation, engl. **space station** [sp'eɪs steɪʃn], bemannter Weltraumstützpunkt, der auf Umlaufbahnen um die Erde Menschen den Aufenthalt und die Durchführung von Arbeiten für längere Zeit ermöglichen soll. Sowjet. R. waren Saljut 1-6 (1971-77), amerikan. R. war Skylab (1973). → Spacelab.

Raumtransporter, engl. **Space Shuttle** [sp'eɪs ʃʌtl], **Raumgleiter,** wiederverwendbares zweistufiges Raketenfahrzeug der USA. Die deltageflügelte bemannte Oberstufe (Orbiter), von 3 Flüssigkeitstriebwerken angetrieben, sitzt »Huckepack« auf einem externen Treibstofftank, der von 2 Feststoff-Raketentriebwerken zur Startunterstützung flankiert ist. Geplanter Aufenthalt des Orbiters in der Erdumlaufbahn zw. 7 und 30 Tagen (Einsatzhöhe 185-1100 km), Rückkehr zur Erde und Landung wie ein Flugzeug auf einer Piste. Erster Start (Orbiter »Columbia«) April 1981. Die Sowjetunion startete ihren ersten R. (Buran) 1988.

Reagan

Räumungsfrist, ⚖ Aufschub, den das Gericht dem zur Räumung verurteilten Mieter bewilligen und auf Antrag einmal verlängern kann (§ 721 ZPO).

Raumwelle, Welle, die von einem Funksender ausgestrahlt wird und sich durch den Raum ausbreitet; Ggs.: Bodenwelle. Die R. gelangt nur durch Reflexion an der Ionosphäre zur Erdoberfläche zurück. Kurze Wellen breiten sich nur als R. aus; sie haben daher große Reichweiten bei geringen Energien.

Raumzelle, vorgefertigter Bauwerksteil, geschlossen aus Decke und Wänden oder als tragendes Gerippe mit Leichtwänden.

Raupe die, Larve der Schmetterlinge.

Raupenfahrzeuge, Gleiskettenfahrzeuge, Fahrzeuge, deren Räder zur Verringerung der Bodenpressung auf Gleisketten laufen, u.a. **R.-Schlepper, Panzer, Räumgeräte.**

Ravenna: Sant' Apollinare in Classe

Rauschgifte, Rauschmittel, Gruppe verschiedenartiger Stoffe (Drogen), die beim Menschen erregend oder lähmend auf das Zentralnervensystem wirken, häufig zu Bewußtseinsveränderungen und Euphorie führen und psych. und körperl. Abhängigkeit hervorrufen können. Kennzeichen der **psych. Abhängigkeit** ist das Unvermögen, mit der R.-Einnahme aus eigener Kraft aufhören zu können. Die **körperl. Abhängigkeit** äußert sich darin, daß das Weglassen des R. oder eine Dosisverringerung ernste körperl. Störungen (Entzugserscheinungen) hervorruft. Drogenabhängigkeit führt häufig zu chron. Gesundheitsschäden, sozialem und beruflichem Abstieg und Gesetzeskonflikten.

Es lassen sich im wesentlichen folgende Gruppen von R. unterteilen: 1. Opiate (Morphin, Opium, Heroin). 2. Barbiturate und Alkohol. 3. Cocain. 4. Hanfdrogen (Haschisch, Marihuana). 5. amphetaminähnl. Substanzen (Weckamine). 6. Halluzinogene (Lysergsäurediäthylamid, Mescalin). Als »harte« Drogen werden bes. Opiate, als »weiche« Haschisch, Alkohol, Lysergsäurediäthylamid (LSD) u.a. bezeichnet.

Rauschgold, ausgewalztes Messingblech von 0,01 bis 0,03 mm Stärke.

Raute die, △ → Rhombus.

Raute die, **1) Ruta,** Pflanzengatt. der zweikeimblättr. Familie **Rautengewächse. Garten-, Wein-R.,** süd- und westeuropäische gelbblühende, herb-aromat. Staude, bis 0,60 m hoch; Gewürz und Heilmittel; das Blatt Zierform (Rautenkranz). **2)** ähnl. Pflanzen anderer Gatt., so: **Eber-, Mauer-, Mond-, Wiesenraute.**

Ravẹl, Maurice, frz. Komponist, *1875, †1937; Opern, Orchester- und Kammermusik.

Ravenạla [madegass.] die, Bananengewächse mit fächerförmigem Blätterschopf und Holzstamm; z.B. auf Madagaskar der **Quellenbaum** mit wasserbergenden Blattscheiden.

Ravẹnna, Stadt in Oberitalien, nahe dem Adriat. Meer, 136300 Ew.; Baudenkmäler des 5. und 6.Jh.: Mausoleum der Galla Placidia, Kirche S. Vitale, Basilika S. Apollinare Nuovo, Grabmal Theoderichs und Dantes; Kunstakademie. Ind.: Stickstoffdünger; Erdölraffinerie. – R. wurde 402 Sitz der weström. Kaiser, später der ostgot. Könige und byzantin. Exarchen (Statthalter) von Italien; im 8.Jh. fiel es an den Kirchenstaat.

Ravensberg, ehem. westfäl. Gfsch. mit der Hptst. Bielefeld, kam 1346 an Jülich, 1614 (1666) an Brandenburg.

Ravensburg, Krst. in Bad.-Württ., 43000 Ew.; mittelalterl. Bauwerke; versch. Ind. – R. war bis 1803 Reichsstadt, seit 1810 württembergisch.

Raviọli [ital.] Mz., kleine Nudelteigtaschen mit Fleisch- oder Gemüsefüllung.

Rawalpịndi, Stadt in Pakistan, in NW-Pandschab, 928000 Ew.; Erdölraffinerie.

Rạxalpe, Kalkhochfläche der Alpen, nordwestl. vom Semmering, 2007 m hoch.

Raygras [engl.] das, → Lolch.

Rayon [rɛj'ɔ̃, frz.] der, Umkreis, Bezirk.

Rạzzia [arab.] die, -/...zzien, Polizeistreife nach verdächtigen Personen.

Rb, chem. Symbol für Rubidium.

Re, Ra, ägypt. Name der Sonne und des Sonnengottes, mit einem Falkenkopf dargestellt.

Re, chem. Symbol für Rhenium.

Ré, Ile de Ré, Insel an der Westküste Frankreichs, 86 km^2; Austernzucht, Seebäder.

re... [lat.], wieder..., zurück..., gegen..., neu...; z.B. Reform, Neugestaltung.

Reading [r'edɪŋ], Stadt in Südengland, 124000 Ew.; Univ.; Ind., Blumenzucht.

Reagan [r'eɪgən], Ronald Wilson, amerikan. Politiker, *1911, Filmschauspieler, 1967-75 Gouverneur von Kalifornien, 1981 bis 1988 der 40. Präs. der USA (Programm der »nationalen Erneuerung«: Wirtschaftsstabilisierung, Aufholung des militär. Vorsprungs der UdSSR).

Reagẹns [lat.] das, -/...gentien, ⚗ jeder chem. Stoff, der zu Umsetzungen, Lösungen, Fällungen u. a. benutzt wird. **R.-Glas,** Glas für Versuche. **R.-Papier,** mit einem R. durchtränktes Papier, z. B. Lackmuspapier.

reagịeren [lat.], auf etwas eingehen, eine Rückwirkung ausüben.

Reaktiọn [frz.] die, **1)** Gegenwirkung, Gegendruck, Rückschlag. **2)** ⚗ → chemische Reaktionen, → Kettenreaktion. **3)** Physiologie und Psychologie: Antwort eines Lebewesens auf einen inneren oder äußeren Reiz. **4)** politisch: Streben nach Rückkehr zu überholten, veralteten Anschauungen und Einrichtungen. **Reaktionär** der, Anhänger der R.

reaktivịeren [frz.], wieder in Tätigkeit (Dienst) setzen.

Reạktor [lat.] der, Anlage zur techn. Gewinnung von Kernenergie durch Einleitung einer Kettenreaktion von → Kernspaltungen. Als Spaltstoffe verwendet man Uran 235, Uran 233 und Plutonium 239. Die bei der Spontanspaltung von U 235 entstehenden Neutronen werden durch Graphit, leichtes oder schweres Wasser (Moderator) so abgebremst, daß sie neue Spaltungen einleiten, bei denen wieder Neutronen entstehen usf. Die bei jeder Spaltung freiwerdende Wärme wird durch Wasser, Gas (Kohlendioxid, Helium) oder flüssiges Natrium abgeführt (Kühlung) und genutzt. Regelung der Kettenreaktion durch Stäbe aus Cadmium. Weitere Energie neben Wärme wird in Form von Strahlung frei. Verwendung: **Forschungs-R.** als Neutronenquelle, **Produktions-R.** zur Erzeugung von Plutonium (Atombombe), **Leistungs-R.** in Kernkraftwerken. Für letzteren Zweck hauptsächlich **Leichtwasser-R.** mit angereichertem Uran, Wasser als Moderator und zur Kühlung in Form des **Siedewasser-** und **Druckwasser-R.** Der **Gas-Graphit-R.** mit Natururan gilt heute als unwirtschaftlich. Entwicklungsrichtungen: **Fortgeschrittener Gas-R.** oder **Hochtemperatur-R.** mit Thorium-Uran-Zyklus, Heliumkühlung und ggf. Helium-Gasturbine ergibt guten thermodynam. Wirkungsgrad; **Schwerwasser-moderierter R.** mit Natururan (für Länder mit Uranvorkommen); **Brut-R. (schneller Brüter)** ohne Moderator erzeugt außer Wärme mehr spaltbares Material (z. B. U 233 aus Thorium) bei Kühlung durch Natrium.

Reạktorsicherung, Einrichtung zur automat. Stillsetzung eines Reaktors bei Versagen der normalen Regelungs- und Sicherungsorgane im Fall unzulässig hoher Erwärmung.

reạl [lat.], **1)** sachlich, dinglich. **2)** stofflich; Gegensatz: ideal. **3)** wirklich, wahrhaft.

Reạl der, alte span. Münze.

Realgạr [arab.] das, rubinrotes Mineral, chem. Arsensulfid AsS.

Reạlịen [lat.] Mz., Gegenstände als Quellen der Wissenschaft (etwa Sachfunde aus vergangenen Geschichtsepochen).

Reạl|injurie, tätliche Beleidigung.

realisịeren, 1) verwirklichen, ausführen. **2)** zu Geld machen. **3)** begreifen, einsehen.

Realịsmus [lat.] der, **1)** ⓟ Anerkennung der selbständigen Wirklichkeit der von uns erkannten Außenwelt. Der **naive R.** nimmt an, daß unsere Wahrnehmungen die Welt so spiegeln, wie sie ist; der **krit. R.** behauptet, daß wir zwar von der Außenwelt wissen, aber nur von ihren Erscheinungen, nicht von ihrem An-sich (→ Idealismus). **2)** Kunst, Literatur: Richtung, die jede Idealisierung ablehnt und die künstler. Darstellung der Wirklichkeit erstrebt. Sie tritt bes. in kulturellen Spätzeiten auf (Spätantike, Plastik des 13. Jh., niederländ. Malerei). Im bes. wird R. die Epoche von etwa 1830-80 genannt (Maler: Courbet, Menzel, Leibl; Dichter: Balzac, Flaubert, G. Keller, Raabe, Fontane); sie wurde abgelöst von Naturalismus und Impressionismus. **Sozialist. R.,** Darstellung der Wirklichkeit i. S. der marxist.-leninist. Ideologie, ist der in den kommunist. beherrschten Ländern von der Partei geforderte Stil. **Realịst** der, Anhänger des R., Tatsachenmensch.

Realität [lat.] die, Wirklichkeit, Tatsache.

Reạlkonkurrenz, ⚖ Verletzung mehrerer Strafgesetze oder die mehrfache Verletzung desselben Strafgesetzes durch mehrere selbständige Handlungen. Ggs.: Idealkonkurrenz. Bei R. wird, außer bei Haft-, Geld- und lebenslängl. Freiheitsstrafen, durch Erhöhung der verwirkten schwersten Strafe eine Gesamtstrafe gebildet (§§ 53 StGB).

Reạllast, ⚖ Belastung eines Grundstücks in der Weise, daß aus dem Grundstück an den Berechtigten wiederkehrende Leistungen (z. B. Rente) zu entrichten sind (§§ 1105 ff. BGB).

Reạllexikon [lat.-grch.], Sachwörterbuch.

Reạllohn, der → Lohn nach seiner Kaufkraft bemessen **(Realeinkommen).**

Reạlpolitik, von den realen Gegebenheiten bestimmte Politik (»Politik des Möglichen«).

Reạlschulen, in der Bundesrep. Dtl. Sekundarschulen, die mit der 10. Klasse abschließen und eine über die Hauptschule hinausgehende allg. Bildung vermitteln.

Reạl|union, verfassungsmäßig festgelegte Vereinigung selbständiger Staaten nicht nur durch → Personalunion, sondern auch durch gemeinsame Einrichtungen.

Reạlwert, wirklicher Wert; Ggs.: → Nennwert.

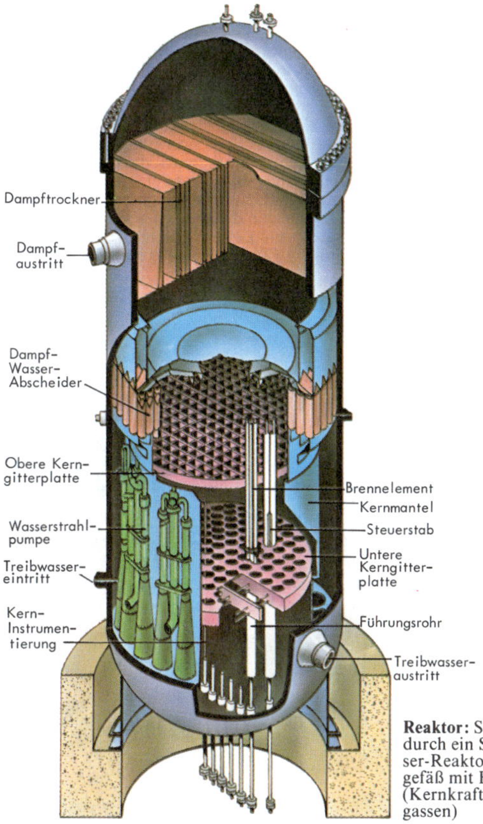

Reaktor: Schnitt durch ein Siedewasser-Reaktor-Druckgefäß mit Einbauten (Kernkraftwerk Würgassen)

Rebhuhn

Reblaus

Réaumur [reom'yr], René-Antoine, frz. Physiker, Biologe, *1683, †1757; **R.-Skala:** Temperaturskala: 1°R = 5/4°C.

Rebbach, Rebbes, Raibach [hebr.] der, G Gewinn, Nutzen.

Rebe die, der → Weinstock.

Rebekka, im A.T. Frau Isaaks, Mutter Jakobs und Esaus (1. Mos. 24-27).

Rebell [lat.] der, Empörer, Aufrührer. **rebellieren,** sich empören. **rebellisch,** aufrührerisch. **Rebellion** die, Empörung.

Rebhuhn, erdfarbenes Feldhuhn.

Reblaus, sehr schädl. Blattlaus, stammt aus Nordamerika. Als Wurzelläuse saugen die ungeflügelten Weibchen an den feinen Wurzeln des Weinstocks und erzeugen hier Anschwellungen, die später faulen. Die Reben sterben bei Befall nach 5-10 Jahren ab. Bekämpfung: Beseitigung der befallenen Rebpflanzungen, Züchtung widerstandsfähiger Reben, Desinfektion des Bodens.

Rebstecher, Rebenstecher, sehr schädl., bis zentimeterlanger grüner oder blauer Rüsselkäfer (Afterrüsselkäfer), dessen Weibchen Weintriebe anbohrt, nach dem Anwelken deren Laub zusammenwickelt **(Rebenwickler)** und als Brutnahrung mit Eiern belegt.

Rebus [lat.] der, das, Bilderrätsel.

Récamier [rekamj'e], Julie, *1777, †1849, geistvolle und schöne Frau, deren Salon Mittelpunkt der Gegner Napoleons war, befreundet mit Chateaubriand.

Rechaud [rəʃ'o, frz.] das, Schüsselwärmer für den Tisch.

Rechenanlage, Computer [engl. -pju:tə], techn. Einrichtung zur rechner. oder organisator. Verarbeitung großer Mengen von Informationen bei Aufgaben aus Wissenschaft, Technik, Wirtschaft und Verwaltung.

Das **Programm** steuert den Ablauf aller Funktionen der R.; es besteht aus einer Folge von Befehlen und Zahlen, beide meist im reinen Dualsystem oder buchstaben- und ziffernweise nach einem nur 2 Zeichen (O und 1) enthaltenden Code verschlüsselt. Zum Aufstellen des Programms muß die Aufgabe in verständl. Anweisungen zerlegt werden (programmieren). Das Programm wird durch Disketten, Magnetplatten, -bänder oder Tastaturen über das **Eingabewerk** in das **Speicherwerk** gegeben. Von dort werden die einzelnen Rechenbefehle und Daten vom **Leitwerk** abgerufen und in das Rechenwerk **(Zentraleinheit)** geleitet; den Gesamtablauf steuert ein Taktgeber im Leitwerk. Das **Rechenwerk** führt die Rechenoperationen (Zahlenvergleiche und die vier Grundrechenarten) aus. Teilergebnisse werden in **Registern** zwischengespeichert, wo sie je nach Programmfolge erneut abgerufen und in anderen Operationen im Rechenwerk weiterverarbeitet werden usw. Das Endergebnis wird im Speicherwerk abgelegt und kann von dort über das **Ausgabewerk** dem Benutzer zugänglich gemacht werden. Dazu können je nach Anwendungsfall versch. **Peripheriegeräte** angeschlossen sein: Datensichtgeräte zur opt. Anzeige, Schnelldrucker zur Ausgabe von gedruckten Texten und Zahlenergebnissen, Plotter zum Zeichnen von Kurven und graph. Darstellungen u.a. – Die Zusammenstellung eines Programms erfordert oft erhebl. Mühe und Zeit, so daß man bemüht ist, das **Programmieren** durch Anwendung von hochentwickelten → Programmiersprachen so stark zu vereinfachen, daß es mittels einfacher Hilfsprogramme von der R. z.T. selbst ausgeführt werden kann. Durch zusätzl. Einrichtungen kann man einer R. gewisse »Entscheidungsfähigkeiten« verleihen, indem man im Programm selbst die automatische Abänderung des Programms vorsieht, sobald ein Zwischenergebnis bestimmten Bedingungen genügt (»lernende R.«). Obwohl solche Möglichkeiten bisher nur geringe prakt. Anwendungen finden, wird ihnen im Rahmen der → Kybernetik hohe theoret. Bedeutung beigemessen (→ Künstliche Intelligenz). – R. werden eingesetzt von wissenschaftl. Instituten, Banken, Versicherungen, Großbetrieben, Verwaltungsstellen, zur Diagnosehilfe in der Medizin, zur Prozeßsteuerung von industriellen Fertigungsabläufen und Werkzeugmaschinen, in der rechnerunterstützten Konstruktion von elektron. Schaltkreisen, in der Kriminalistik, zur Verkehrssteuerung, im militär. Bereich u.v.a.

Madame Récamier, Gemälde von F. Gérard

Rechenarten, → Grundrechnungsarten; höhere Rechnungsarten arbeiten mit → Potenzen, → Wurzeln, → Logarithmen.

Rechenschieber, Rechenstab, △ Gerät zum Multiplizieren, Dividieren, Potenzieren und für verwandte Rechnungsarten. Grundlage bilden logarithm. Teilungen, die auf dem Körper des R. und der darin verschiebbaren Zunge angebracht sind. Zum Multiplizieren werden die logarithm. Strecken aneinandergefügt, zum Dividieren mit übereinstimmendem Endpunkt zur Deckung gebracht. Durch elektron. Taschenrechner wurde der R. völlig verdrängt.

Rechenwerk, → Rechenanlage.

Rechenzentrum, zentrale Organisationsstelle in einem Unternehmen; erledigt mit einer → Rechenanlage die Betriebsabrechnung.

Recherche [rəʃ'ɛrʃə, frz.] die, Ermittlung.

Rechnungseinheit, Abk. **RE,** Währungswesen: Einheit, in der Werte und Preise ausgedrückt werden; über die Europ. Währungseinheit (EWE) → Europäisches Währungssystem.

Recht das, **1)** R.-Ordnung, Gesamtheit der R.-Sätze, die innerhalb einer rechtsverbundenen Gesamtheit (R.-Gemeinschaft) für die R.-Genossen verbindlich gelten. **2)** Anspruch, der sich im Einzelfall für eine Person aus der R.-Ordnung ergibt. – Zur R.-Erzeugung befähigt sind: 1) Staat. 2) Kirche (Kirchen-R.). 3) Völkerrechtsgemeinschaft (→ Völkerrecht). Geltungsgrund, die eigtl. »Quelle« der R.-Ordnung, ist die R.-Idee (Gerechtigkeit), d.h. der aus den obersten sittl. Werten der R.-Gemeinschaft hergeleitete Grundsatz, daß jedem R.-Genossen ein angemessener Anteil an Rechten und Pflichten innerhalb des Ganzen zukommt. Zu den Erscheinungsformen der R.-Ordnung gehören: 1) Gewohnheits-R. 2) Gesetzes-R., das vom obersten Gesetzgeber einer R.-Genossenschaft in schriftl. Anordnungen (Gesetzen usw.) niedergelegt wird. Es teilt sich in **öffentl. R.** und **Privat-R.** Beide sind dort miteinander verschmolzen, wo der Staat beansprucht, R.-Beziehungen zw. einzelnen durch hoheitl. Eingriffe mitzugestalten, z. B. im Arbeits-R., Wirtschafts-R., Miet- und Pacht-R. (→ Naturrecht)

Rechte die, **1)** im Parlament die (vom Präsidentenplatz aus) auf der rechten Seite des Saales sitzende(n) Partei(en), meist die Konservativen. **2)** in einer polit. Partei der rechte Flügel, mit gemäßigteren oder konservativen Zielen. **3)** im Boxen ein Stoß mit der rechten Hand (rechte Gerade, rechter Haken).

Rechteck das, △ Parallelogramm mit 4 rechten Winkeln.

Rechtfertigung die, **1)** in der evang. Theologie die Grundlehre der Reformatoren, die Lehre von der R. allein aus dem Glauben, auf Grund des Römerbriefes. Danach vermag der Mensch von sich aus nichts, um das durch die Sünde gestörte Verhältnis zu Gott wiederherzustellen. In dem ihm von Gott aus freier Güte geschenkten Glauben nimmt der Mensch Gnade und R. an. **2)** Nach kath. Lehre verläuft die R. des Sünders in einem durch Gottes Gnade eingeleiteten Prozeß, auf Grund dessen dann Gott ihm die heiligmachende eingegossene Gnade aus freier Güte schenkt und zugleich die Sünden vergibt.

Rechtsanwalt, juristisch ausgebildeter unabhängiger Berater und Vertreter in allen Rechtsangelegenheiten, bes. im Prozeß. Als R. wird nur zugelassen, wer die Befähigung zum Richteramt hat. Die R. sind in R.-Kammern zusammengeschlossen. In der Dt. Dem. Rep. arbeitet die Mehrzahl der R. in R.-Kollegien (Anwaltskollektive). – Vom R. zu unterscheiden ist der **Rechtsbeistand (Rechtskonsulent),** der ohne Zulassung als R. auf Grund besonderer Erlaubnis (Rechtsberatungsges. vom 13. 12. 1935, i. d. F. v. 1962) berechtigt ist, fremde Rechtsangelegenheiten geschäftsmäßig zu besorgen. Voraussetzungen: Zuverlässigkeit, persönl. Eignung, Sachkunde.

Rechtsbeugung, ⚖ bewußte Verletzung eines Gesetzes bei Leitung oder Entscheidung einer Rechtssache durch Richter, Schiedsrichter oder Justizbeamte (nicht Geschworene oder Schöffen) zugunsten oder zum Nachteil einer Partei. Freiheitsstrafe nicht unter einem Jahr (§ 336 StGB).

Rechtschreibung, Orthographie, Regelung der Schreibweise.

Rechtsfähigkeit, Fähigkeit, Träger der in der Rechtsordnung vorgesehenen Rechte und Pflichten zu sein. Rechtsfähig ist jeder Mensch von vollendeter Geburt an (§ 1 BGB) bis zum Tode, ferner jede → juristische Person.

Rechtsgeschäft, aus einer oder mehreren → Willenserklärungen bestehende Rechtshandlung, durch die eine privatrechtl. Verpflichtung oder Verfügung bewirkt wird. Man unterscheidet **einseitige R.** (z. B. Kündigung, Testament), **zweiseitige R.** (z. B. Vertrag, Eheschließung) und **kollektive R.** (z. B. Gesellschaftsvertrag) oder **Verpflichtungsgeschäfte,** die eine schuldrechtl. Verpflichtung zu einer Leistung begründen (z. B. Kauf, Werkvertrag), und **Verfügungsgeschäfte,** die ein dingl. Recht ändern (z. B. Übereignung).

Rechtshängigkeit, prozessuraler Zustand durch Klageerhebung oder → Eröffnungsbeschluß, durch den z. B. die Verjährung unterbrochen wird.

Rechtshilfe, richterl. Hilfeleistung (z. B. Zeugenvernehmung) durch ein anderes als das Prozeßgericht.

Rechtskirche, eine Kirche, deren Bekenntnis und Hierarchie nach ihrer Ansicht durch göttl. Recht begründet sind.

Rechtskraft, Endgültigkeit von Rechtsentscheidungen. Die R. kann beseitigt werden durch Wiederaufnahme des Verfahrens, Wiedereinsetzung in den vorigen Stand, Abänderungsklage.

Rechtsmedizin, gerichtliche Medizin, Teilgebiet der Medizin für die Anwendung medizin. Erkenntnisse auf die Rechtspflege und zur Vermittlung jurist. Wissens an Ärzte. Aufgaben: Erstellung von Gutachten (Vaterschaft, Todeszeitpunkt, Zurechnungsfähigkeit u. a.), Untersuchung von Leichen auf Gewalt- oder Gifteinwirkung.

Rechtsmißbrauch, unzulässige Ausübung eines Rechtes, z. B. **Schikane.**

Rechtsmittel, gesetzl. Mittel gegen eine gerichtl. Entscheidung (z. B. Beschwerde, Berufung, Revision).

Rechtsnachfolge, Sukzession, tritt ein durch Abtretung **(Zession)** oder Gesamtübergang **(Universalsukzession),** im Staats-, Völkerrecht durch **Staatennachfolge.**

Rechtsnorm, zur Regelung des Gemeinschaftslebens erlassene Vorschrift (Verfassung, Gesetze, Rechtsverordnungen, usw.).

Rechtspfleger, Beamter des gehobenen Justizdienstes, der mit der selbständigen Erledigung bestimmter einfacher richterl. Aufgaben betraut ist, z. B. Vormundschafts-, Grundbuchsachen, Konkurs-, Vergleichsverfahren.

Rechtspositivismus, Richtung der Rechtsphilosophie, die i. Ggs. zum Naturrecht das Recht mit den in einem Staat tatsächlich (»positiv«) geltenden Normen gleichsetzt und seine Rechtfertigung in der staatl. Macht sieht.

Recht|sprechung, Anwendung der Gesetze auf den Einzelfall durch die Gerichte.

Rechtsstaat, Staat, in dem die Staatsfähigkeit durch die Rechtsidee bestimmt sowie durch die Rechtsordnung begrenzt ist und in dem die Rechtsstellung der Verbände wie der einzelnen (bes. Leben, Freiheit und Eigentum) durch Rechtsgarantien gesichert ist (→ Gewaltenteilung, → Grundrechte).

Rechtsstreit, → Prozeß.

Rechtsverordnung, von einer staatl. Stelle erlassene Vorschrift, die, ohne formelles Gesetz zu sein, wie ein Gesetz wirkt. In der Bundesrep. Dtl. können die Bundesregierung, die Landesregierungen und die Bundesminister durch Gesetz zum Erlaß von R. ermächtigt werden (Art. 80 GG).

Rechtsweg, Weg, auf dem bei einer Gerichtsbarkeit um Rechtsschutz nachgesucht werden kann.

Rechtswidrigkeit, Verstoß einer Handlung oder Unterlassung gegen die Verbote oder Gebote des Rechts.

Rechtswissenschaft, Jurisprudẹnz die, systemat. und begriffl. Durchdringung und Auslegung des geltenden Rechtes **(Dogmatik);** i. w. S. schließt die R. Rechtsphilosophie, -geschichte, -soziologie und -politik ein.

Recịfe, Hptst. des Staates Pernambuco, Brasilien, 1,2 Mio. Ew.

Reck das, Turngerät: waagrechte Stahlstange zw. 2 Haltestangen (2,4 m Abstand), in der Höhe verstellbar.

Recke [germ., »Verbannter«] der, Held.

Recklinghausen, Krst. in NRW, 117 700 Ew.; Hafen am Rhein-Herne-Kanal; Steinkohlenbergbau, Metallind.; Ruhrfestspiele; Volkssternwarte.

Rẹclam Verlag, 1824 in Leipzig gegr. Verlagsbuchhandlung, gab seit 1867 **Reclams Universal-Bibliothek** heraus. Seit 1990 firmieren der in Leipzig 1950 teilenteignete Betrieb mit »Reclam-Verlag Leipzig« und die 1947 in Stuttgart gegr. Firma mit »Philipp Reclam jun.«

Recorder [rɪk'ɔ:də] der, Gerät zur magnet. Aufzeichnung auf Tonbändern, zur magnet. oder mechan. Aufzeichnung auf Platten. Weiteres → Kassetten-Recorder, → Video-Recorder.

Recycling [ri:s'aɪklɪŋ], Rückführung, → Abfall.

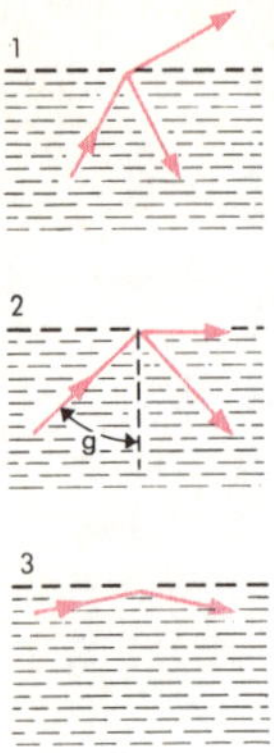

Reflexion 1): von Licht beim Übergang aus Wasser in Luft: **1** Einfallswinkel kleiner als Grenzwinkel: normale Brechung. **2** Einfallswinkel = Grenzwinkel (g): der gebrochene Strahl verläuft in der Wasseroberfläche. **3** Einfallswinkel größer als Grenzwinkel: Totalreflexion

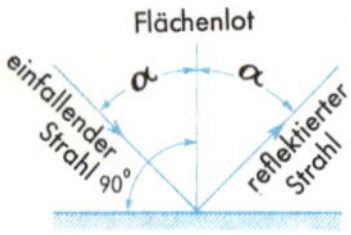

Reflexion 1): reguläre R.

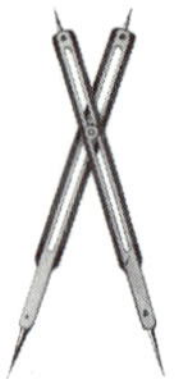

Reduktionszirkel

Redakteur [redakt'œ:r, frz.] der, schweizer. **Redạktor** der, Schriftleiter, **Redaktiọn** die, Schriftleitung.

Reddy, Neelam Sanjya, ind. Politiker, *1913, 1977-82 Staatspräsident.

Redekunst, grch. **Rhetọrik,** Kunst der Rede als Praxis; zugleich die Lehre von den Wegen, die zur Redevollkommenheit in der Praxis führen; sie wurde bes. bei den Griechen (Demosthenes) und Römern (Cicero) gepflegt.

Redemptorịsten [von lat. redemptor »Erlöser«] Mz., kath. Orden, gestiftet 1732 von Alfonso von Liguori. Die R. widmen sich der Seelsorge, bes. der Volksmission.

Redẹmptor họminis [lat. »Erlöser des Menschen«], Anfangsworte der Enzyklika Johannes Pauls II. vom 4. 3. 1979 über die Situation des Christen in der heutigen Welt.

redigịeren [lat.], einen Schriftsatz überarbeiten, druckfertig machen.

Rediskontịerung, Weiterverkauf diskontierter Wechsel (→ Diskont).

redivịvus [lat.], wiedererstanden, erneuert.

Redon [rəd'ɔ̃], Odilon, frz. Maler, *1840, †1916; schuf Gemälde, Aquarelle, Pastelle.

Redoute [rəd'utə, frz.] die, **1)** früher trapezförmiges Befestigungswerk. **2)** ❀ Maskenball.

Redoxreaktion, chem. Reaktion, bei der ein Stoff oxidiert wird (Elektronenabgabe), der andere reduziert wird (Elektronenaufnahme).

Red River [red r'ɪvə, engl. »Roter Fluß«], rechter Nebenfluß des Mississippi, 1666 km lang.

Reduktiọn [lat.] die, **1)** Zurückführung (auf Einfacheres oder Grundsätzliches), Verminderung. **2)** ⚗ Wegnahme von Sauerstoff aus Verbindungen oder die Anlagerung von Wasserstoff; i. w. S. die Elektronenaufnahme.

Reduktiọnsteilung, → Kernteilung.

Reduktiọnszirkel, Zirkel zum Übertragen von Strecken in einen anderen Maßstab.

Redundạnz [lat.] die, Überfluß. Informationstheorie: Weitschweifigkeit, Erweiterung zu übertragender Information durch zusätzl. Kennzeichen.

Reduplikatiọn [lat.] die, Verdoppelung. Ⓢ Wiederholung von Silben zur Wort- und Formenbildung (z. B. Mama, Papa).

reduzịeren [lat.], zurückführen; vermindern.

Reduzịerventil, Ventil zur Druckverminderung von Flüssigkeiten, Gasen in Leitungen.

Reede die, geschützter Ankerplatz an einer Küste (Bucht, Flußmündung).

Reeder der, Eigentümer eines Schiffes, das dem Erwerb dient (Binnenschiffahrt: **Schiffseigner**). **Reedereị** die, Schiffahrtsunternehmen.

reẹll [frz.], **1)** wirklich vorhanden. **2)** redlich, zuverlässig. **reelles Bild,** wirkliches Bild.

reelle Zahlen, gewöhnl. positive und negative Zahlen, z. B. 3, −17, ¾, π=3,14...

Reep [nd.] das, Tau. **R.-Schläger,** Seiler.

Reeperbahn, 1) Anlage zur Herstellung von Seilen. **2)** Vergnügungsviertel in Hamburg.

REFA, Abk. für den 1924 gegr. »Reichsausschuß für Arbeitszeitermittlung«, seit 1948 »Verband für Arbeitsstudien, REFA e. V.«, Sitz: Darmstadt.

Refektọrium [lat.] das, Speisesaal eines Klosters, am Kreuzgang gelegen.

Referạt [lat.] das, **1)** Berichterstattung, Vortrag. **2)** Sachgebiet eines Referenten, Dezernat. **Referẹnt** der, Berichterstatter, Sachbearbeiter. **referịeren,** berichten, vortragen.

Referendạr [lat. »Berichterstatter«] der, im Vorbereitungsdienst für die höhere Beamtenlaufbahn stehender Anwärter, z. B. Berg-, Forst-, Studien-R., bes. der im jurist. Vorbereitungsdienst zw. der 1. und 2. Staatsprüfung stehende **Gerichts-R.**

Referẹndum [lat.] das, → Volksentscheid.

Referẹnz [frz.] die, Auskunft, Empfehlung.

reffen, ⚓ die Segelfläche verkleinern.

Refinanzịerung, Geldbeschaffung eines Kreditgebers bei Mangel an Eigenmitteln, z. B. durch Beleihung von Wertpapieren bei der Notenbank.

reflektịeren [lat.], **1)** zurückwerfen, zurückstrahlen. **2)** nachdenken. **3)** etwas erstreben. **Reflektạnt** der, Kauflustiger, Bewerber.

Reflẹktor [lat.] der, **1)** Gerät an Beleuchtungskörpern zum Zurückwerfen des Lichtes, z. B. bei Scheinwerfern. **2)** Funktechnik: Drahtgeflecht, Gitterwerk oder Metallfläche in Hohlspiegelform hinter Antennen, erhöht deren Richtwirkung. **3)** Kerntechnik: ein Neutronen »reflektierender« Mantel um einen Reaktor, zur Verbesserung von dessen Neutronenökonomie.

Reflẹx [lat.] der, **1)** Widerschein (das Zurückstrahlen des Lichts). **2)** ♡ ⚘ auf bestimmten Reiz unwillentl. eintretender Körpervorgang (Kniescheiben-R.) oder Drüsentätigkeit (Magensaftabsonderung bei Nahrungsaufnahme). Auch Atmung und Herztätigkeit werden reflektorisch gesteuert.

Reflexiọn [lat.] die, **1)** Zurückwerfen von Strahlen (Wellen) durch eine Fläche. Durch die R. des Lichts werden die nicht selbst leuchtenden Körper unserem Auge sichtbar. R. von Schallwellen, → Echo. → Totalreflexion. **2)** Nachdenken.

reflexịv [lat.], **1)** zurückwirkend. **2)** Ⓢ rückbezüglich. **Reflexivpronomen,** rückbezügl. Fürwort.

Refọrm [lat.] die, Neugestaltung, planmäßige Umänderung. **Reformạtor** der, -s/...tọren, Neugestalter, Verbesserer, bes. Kirchenverbesserer. **reformịeren,** umgestalten, neugestalten.

Reformatiọn [lat. »Wiederherstellung«] die, **1)** Umbruch, innere Umgestaltung. **2)** durch Luther ausgelöste relig. Bewegung im 16. Jh., die die Entstehung neuer, vom Papsttum unabhäng. Kirchengemeinschaften herbeiführte. Grundgedanke war die Erneuerung der Kirche i. S. urchristl. Reinheit, Überwindung der kirchl. Mißstände. Dieser rein relig. Ansatz führte gegen die Absicht der Reformatoren zur Kirchenspaltung. Vorreformator. Bewegungen → Wycliffe, → Hus. Wichtigste Ereignisse: → Luther; Bündnis der kath. Fürsten zu Regensburg 1524; Reichstag zu Speyer 1526 als Ausgangspunkt für die Einrichtung luther. Landeskirchen; »Protestation« der evang. Stände auf dem Reichstag zu Speyer am 19. 4. 1529; Religionsgespräch zu Marburg 1529; Augsburger Konfession auf dem Reichstag zu Augsburg 1530; Schmalkald. Bund 1531; Nürnberger Religionsfriede 1532; Eröffnung des Tridentin. Konzils 1545; Schmalkald. Krieg 1546-47; Augsburger Interim 1548; Passauer Vertrag 1552; staatl. Anerkennung der Lutheraner im Augsburger Religionsfrieden 1555. – Von Dtl. griff die R. auf die meisten anderen Länder über, verlief aber in den einzelnen Ländern sehr verschieden. In der Schweiz begann die R. 1522 durch Zwingli; sie konnte aber nur in einem Teil der Kantone den Katholizismus verdrängen. Einen neuen Aufschwung nahm hier die reformator. Bewegung seit 1536 durch Calvin (→ Reformierte Kirche). In Skandinavien und den Ostseeprovinzen hatte die R. Erfolg durch das Luthertum, in Schottland durch den Calvinismus. In den Niederlanden wurde der Calvinismus Staatsreligion, in England fand neben der

→Anglikanischen Kirche der Calvinismus Verbreitung, in Frankreich erlangte der Protestantismus nur vorübergehende Duldung (→Hugenotten). Seit etwa 1570 veränderte sich die Lage in Dtl. zuungunsten der luther. R.; die kath. Kirche begann wieder Boden zu gewinnen **(Gegenreformation).** Der Dreißigjährige Krieg brachte die große Auseinandersetzung um den Bestand des Protestantismus in Dtl. Im Westfäl. Frieden (1648) wurden die luther. und auch die reformierte Kirche endgültig reichsrechtl. anerkannt.

Reformationsfest, Gedenkfeier der Reformation am 31. 10. (Anschlag der 95 Sätze durch Luther in Wittenberg 1517).

Reformieren, verfahrenstechn. Prozeß zur Herstellung hochklopffester Benzine, bei dem Kohlenwasserstoffe umgelagert werden.

Reformierte Kirche, von →Zwingli und →Calvin begründete evang. Kirchengemeinschaft, ausgehend von der Schweiz, wo in Zürich die Reformation seit 1522 durch Zwingli, in Genf seit 1536 durch Calvin eingeführt wurde. In Genf entstand die strengste Form der R. K., die außer in Dtl. in Frankreich, England, Schottland, den Niederlanden, Polen, Ungarn Verbreitung fand. Der Gottesdienst der R. K. ist schlicht und prunklos, die Gemeinde von Ältesten geleitet (Presbyterialverfassung). Von der luther. Kirche unterscheidet sich die R. K. durch eine andere Auffassung des Abendmahls und der Prädestination.

Reformkonzilien, spätmittelalterl. Kirchenversammlungen von Pisa (1409), Konstanz (1414-18), Basel (1431-37), die zur Beseitigung des abendländ. Schismas und Reform der kirchl. Mißstände einberufen wurden.

Refrain [rəfr'ɛ̃, frz.] der, →Kehrreim.

refraktär [lat.], ♡ unempfänglich.

Refraktion [lat.] die, →Brechung der Lichtstrahlen. **Refraktor** der, astronom. Fernrohr.

Réfugiés [refyʒj'e, frz. »Flüchtlinge«] Mz., vor der Verfolgung durch Ludwig XIV. aus Frankreich geflohene →Hugenotten.

Refugium [lat.] das, Zufluchtsort.

Rega die, Fluß in Pommern, 188 km lang.

Regal [ital. Lw.] das, -s/-e, **1)** Gestell für Bücher, Waren. **2)** kleine tragbare Orgel des 16.-18. Jh. **3)** Orgelregister aus Zungenpfeifen mit verkürzten Schallbechern.

Regalien [lat.], Ez. das Regal, im MA. die urspr. dem König, später den Landesherren vorbehaltenen nutzbaren Hoheitsrechte, bes. **Zoll-, Münz-, Markt-, Jagd-, Berg-R.** Sie leben in den öffentl.-rechtl. Monopolen fort.

Regatta [ital.] die, -/...gatten, Wettfahrt auf dem Wasser, z. B. **Ruder-R., Segel-R.**

Regel die, **1)** Richtschnur, Vorschrift. **2)** die →Menstruation.

Regelstudienzeit, auf eine bestimmte Höchstzahl von Semestern beschränkte Studienzeit, seit 1978 in Bad.-Württ., Bayern.

Regelung die, **1)** Beeinflussung von natürl. oder techn. Vorgängen. **2)** ⊙ Vorgang, bei dem eine zu regelnde Größe fortlaufend erfaßt, mit einer anderen Größe, der Führungsgröße (Sollwert), verglichen und abhängig davon i. S. einer Angleichung an die Führungsgröße beeinflußt wird. Letzteres unterscheidet die R. von der →Steuerung.

Regen, tropfenförmiger →Niederschlag.

Regen der, Nebenfluß der Donau bei Regensburg, entspringt im Böhmerwald, 184 km.

Regenbogen, farbige Lichterscheinung auf einer sonnenbeschienenen Regenwolke. Er entsteht durch Brechung und Spiegelung der Sonnenstrahlen an den Regentropfen. Beim **Haupt-R.** erscheinen von außen nach innen folgende Farben: Rot, Orange, Gelb, Grün, Blau, Violett; beim (lichtschwächeren) **Neben-R.** umgekehrt.

Regenbogenhaut, →Auge.

Regenbogenpresse (nach den mehrfarbigen Kopfleisten), Wochenendzeitschriften.

Régence [reʒ'ãs] die, frz. Kunststil zw. Barock und Rokoko während der Regentschaft Philipps von Orléans (1715-23).

Regency [r'i:dʒənsı, engl. »Regentschaft«] der, engl. Stilphase z. Z. der Prinzregentschaft (1810-1820) des späteren Königs Georg IV. (*1762, †1830).

Regeneration [lat.] die, **1)** Wiederherstellung; Erneuerung. **2)** ♤ ♘ Erscheinung, daß ein Lebewesen verlorene Körperteile ersetzt, z. B. die Eidechse den abgebrochenen Schwanz. **3)** beim Menschen werden u. a. Nägel, Haare, Blut, Knochenmasse regeneriert. Zeitw.: **regenerieren.**

Regenerator, Wärmeaustauscher, bei dem die Abgaswärme zum Vorwärmen der Frischluft verwendet wird.

Regenpfeifer, Sumpfvögel mit geradem Schnabel, langen Flügeln, kurzem Schwanz und hohen Beinen; schnelle Läufer, gute Flieger, leben an Gewässern. **Gold-R.,** in Dtl. seltener Brutvogel; **Fluß-R., Halsband-R., See-R., Mornell-R.**

Regenpfeifer: oben Gold-R., unten Mornell-R.

Regens [lat.] der, -/Regentes, geistl. Leiter eines kath. Priesterseminars.

Regensburg, Hptst. des bayer. RegBez. Oberpfalz, an der Donau, 124100 Ew.; got. Dom St. Peter, 13. Jh., got. Rathaus; Univ.; chem., Nahrungs- und Genußmittelind.; Schiffswerften. – R., das röm. Standlager **Castra Regina,** war im 6.-12. Jh. Sitz der bayer. Stammesherzöge, 739 Bischofssitz, 1230 Reichsstadt, erlebte im 14. Jh. eine große Handelsblüte. 1663-1806 tagte in R. der **Immerwährende Reichstag.** 1810 kam R. an Bayern.

Regent [lat.] der, Herrscher, i. e. S. Landesverweser, der für einen minderjährigen oder durch Krankheit oder Abwesenheit verhinderten Monarchen die Regierung führt; die Aufgabe kann auch einem **Regentschaftsrat** übertragen werden.

Regenwald, artenreicher, immergrüner Tropenwald.

Regenwurm, zu den Ringelwürmern gehörender zwittriger Borstenwurm. Der Körper besteht aus vielen Gliedern, die auf der Bauchseite Borsten zur Fortbewegung haben. R. mischen und durchlüften den Boden.

Regenzeit, in den Gebieten des Monsunklimas die Jahreszeit mit Regenfällen.

Reger, Max, Komponist, *1873, †1916, erneuerte die Polyphonie der Bachzeit in reicher Harmonik: Orgel-, Orchester-, Kammer-, Klaviermusik, Lieder.

Reger

Regesten [lat.] Mz., Urkundenauszüge.

Reggae [r'egeı, auch r'egı], Populärmusik der Bev. Jamaikas, verbindet karib. Rhythmik, afrikan. Musikpraxis und afro-amerikan. Elemente aus Gospal und Rhythm Blues.

Reggio di Calabria [r'eddʒɔ -], Stadt in S-Italien, an der Straße von Messina, 178500 Ew.

Reggio nell'Emilia [r'eddʒo -], Stadt in N-Italien, 129700 Ew.; Landwirtschaft.

Regie [reʒ'i, frz.] die, **1)** Führung einer wirtschaftl. Unternehmung durch Staat oder Gemeinde **(R.-Betrieb). 2)** Theater, Film: Tätigkeit des Spielleiters **(Regisseur),** der die Stücke in Szene setzt, die Rollen verteilt usw.

regieren [lat.], **1)** lenken, leiten. **2)** herrschen. **3)** Ⓢ (vom Zeitwort) einen bestimmten Beugefall erfordern.

Regierung [lat.] die, das zur obersten Leitung der Staatsgeschäfte berufene Kollegium (z. B. Bundes-R., Reichs-R., Landes-R.), das in einem Rechtsstaat die oberste Staatsgewalt mit andern Organen (Parlament, Gerichte) teilt.

Regierungsbezirk, in den Ländern Bad.-Württ., Bayern, Hessen, Ndsachs., NRW und Rheinl.-Pf.: staatl. Verwaltungsbez. zw. Land und Kreis; in Bayern und Rheinl.-Pf. zugleich kommunaler Selbstverwaltungsverband. **Regierungspräs.**, der oberste Beamte eines R.

Regierungsrat, **1)** höherer Verwaltungsbeamter. **2)** in vielen schweizer. Kantonen die Regierung und ihre Mitgl.

Regime [reʒ'i:m, frz.] das, Regierungsform; Herrschaft; Leitung.

Regiment [lat.] das, **1)** -s/-e, Herrschaft, Leitung. **2)** -s/-er, ∴ Bundeswehr (Heer): wichtigste mittlere Truppeneinheit aus 2-4 Bataillonen unter einem R.-Kommandeur.

Regina [lat. »Königin«], weibl. Vorname.

Regina [rɪdʒ'aɪnə], Hptst. von Saskatchewan, Kanada, 154000 Ew.; Industrie.

Regiomontanus, eigtl. Johann **Müller,** Mathematiker, Astronom, *1436, †1476; arbeitete über Zahlentheorie, Jahreslänge, Planetenbewegungen u. a.

Region [lat.] die, Bezirk, Gebiet. **regional,** die R. betreffend.

Reibahle

Regisseur [reʒis'ø:r] der, Spielleiter im Theater, bei Filmaufnahmen, → Regie.

Register [lat.] das, **1)** Verzeichnis. **2)** in Büchern: Sach-, Namensverzeichnis. **3)** bei Gericht oder andern öffentl. Stellen (z. B. Patentamt) geführte Bücher, die der Offenkundigkeit bestimmter Rechtsverhältnisse dienen (z. B. Handels-, Vereinsregister). **4)** Orgel: selbständige Reihe von Pfeifen gleicher Bauart und Klangfarbe; ähnlich beim Harmonium. **5)** → Rechenanlage.

registered [r'edʒɪstəd, engl.], in ein Register eingetragen, gesetzl. geschützt.

Registertonne, Abk. **Reg.-T., RT,** Raummaß für Schiffe (2,8316 m^3). **Brutto-R. (BRT),** gesamter Vermessungsraum eines Schiffes einschl. Maschinenräume, Unterkünfte der Besatzung usw. **Netto-R. (NRT),** abgabepflichtiger Vermessungsraum (ohne die genannten Räume).

registrieren [von Register], in ein Verzeichnis eintragen. **Registrator** der, Kanzleibeamter, der die Eintragung besorgt. **Registratur** die, Ablage von Briefen, Zeitschriften u. a.

Registriergeräte, Meß- und Beobachtungsgeräte zum selbsttätigen Aufzeichnen der Meßwerte nach Größe und zeitl. Verlauf.

Registrierkasse, Kontrollkasse, zeichnet Einnahmen und Ausgaben selbsttätig auf, zeigt den Betrag durch ein Schauwerk an und druckt einen Quittungszettel.

Reglement [regləm'ã, frz.] das, Dienstvorschrift. **reglementieren,** behördlich regeln.

Regler, Regulator [lat.] der, Gerät, das selbsttätig eine → Regelung auf einen eingestellten Wert steuert, z. B. Druck-R., → Fliehkraftregler, → Pendel (bei Uhren), → Thermostat u. a.

Regnitz die, linker Nebenfluß des Mains, entsteht bei Fürth aus Rednitz und Pegnitz, mündet unterhalb von Bamberg; 65 km lang.

Regnum [lat.] das, Königreich.

Regreß [lat.] der, Rückgriff eines haftbar gemachten Erst- auf einen Zweitverpflichteten (z. B. im Wechselrecht); im Recht der Amtshaftung der Rückgriff des entschädigungspflichtigen Staates auf den verantwortl. Beamten. **regressiv,** zurückgehend, rückwirkend.

Reichle: Kopf des Luzifer vom Zeughaus in Augsburg

Regula falsi [lat. »Regel des Falschen«], mathemat. Näherungsverfahren zum Auflösen von Gleichungen.

regulär [lat.], regelmäßig, regelrecht. **reguläres Kristallsystem,** → Kristall.

Regularen [lat.] Mz., Ordensmitgl. **Regularkleriker,** Klostergenossenschaften ohne Bindung des Klerikers an das Kloster des Eintritts und ohne Chorgebet, z. B. Jesuiten.

Regulation [lat.] die, → Regelung.

regulativ, regelnd, normbildend. **Regulativ** das, regelnde Vorschrift, Verordnung.

regulieren [lat.], regeln, ordnen; einen Wasserlauf begradigen; eine Schuld begleichen.

Regulus, Stern 1. Größe α, im Sternbild des Löwen.

Reh das, europ.-asiat. Hirschart von zierl. Körperbau. Im Sommer ist das Fell rotbraun, das Winterkleid ist graubraun. Der weiße »Spiegel« am Hinterende erleichtert den Zusammenhalt des Rudels beim Flüchten. Der Bock trägt ein »Gehörn« (→ Geweih). Das Weibchen heißt **Ricke;** es setzt im Mai 1-2 Junge **(Kitze),** deren Fell weiß gefleckt ist.

rehabilitieren [lat.], wieder zu Ehren bringen. **Rehabilitation** die, **1)** Ehrenerklärung, Wiedereinsetzung in den früheren Stand. **2)** ♡ alle Maßnahmen, die der Wiedergewinnung der berufl. Leistungsfähigkeit nach Unfall oder Krankheit dienen.

Rehmke, Johannes, Philosoph, *1848, †1930; betrachtete die Philosophie als überfachl. Grundwissenschaft.

Rehpilz, Habichtschwamm, Stachelpilz.

Rehposten Mz., ♆ stärkster Flintenschrot (6-8 mm ∅), für die dt. Jagd nicht zugelassen.

Reib|ahle, Werkzeug mit Längsschneiden zum Erweitern, genauen Ausarbeiten und Glätten von Bohrungen.

Reibung die, bewegungshemmende Kraft bei der Berührung von Körpern **(äußere R.)** oder im Innern von Flüssigkeiten und Gasen **(innere R.,** → Viskosität).

Reibungsbahn, gewöhnl. Schienenbahn, nur für Steigungen bis höchstens 60‰, bei der die Fortbewegung durch Reibung zw. Rad und Schiene ermöglicht wird. Ggs.: z. B. Zahnradbahn.

Reibungselektrizität, durch Reiben hervorgerufene, entgegengesetzte elektr. Aufladung zweier Körper, z. B. Kamm und Haar beim Kämmen.

Reich das, nicht scharf abgrenzbare Bez. für Staaten und staatl. Großgebilde, z. B. im Altertum Perser-R., R. Alexanders d. Gr., Röm. R.; im MA. entstanden Oström. R., Fränk. R., Hl. Röm. R. Dt. Nation, Mongolen-R. des Dschingis-Khan; in der Neuzeit Brit. Reich (British Empire), Russ. R. (Zaren-R.), Osman. R., Frz. Kaiser-R. (Empire); der dt. Bundesstaat von 1871 gab sich den Namen Dt. R. (bis 1945 beibehalten).

Reichardt, Johann Friedrich, *1752, †1814; Liederkomponist (bes. Goethetexte); Opern, Sinfonien, Kammermusik, Klaviersonaten.

Reichenau, Insel im Bodensee (Untersee), 4,5 km^2, 5000 Ew. Die 724 gegründete Benediktinerabtei war eine der bedeutendsten Pflegestätten der frühmittelalterl. Kultur.

Reichenbach, **1) R. im Eulengebirge,** poln. **Dzierżoniów** [dzjɛrʒ'ɔnuf], in der poln. Wwschaft Wałbrzych, ehem. Stadt in Nieder-

Reichenau: Niederzell

schlesien, 35000 Ew.; Textilind. **2) R. im Vogtland,** Krst. im Bez. Karl-Marx-Stadt, 24700 Ew.; Textilien.

Reichenbach, 1) Carl von, Chemiker, Naturphilosoph, *1788, †1869; entdeckte Paraffin und Kreosot. **2)** Hans, Philosoph, *1891, †1953, förderte die Wissenschaftslehre vom Standpunkt des Neupositivismus aus. **3)** Klaus, Politiker (CDU), *1945; seit April 1990 Min. im Amt des MinPräs. der Dt. Dem. Rep.

Reichenberg, tschech. **Liberec** [l'ibɛrɛts], Stadt in der ČSFR, an der Görlitzer Neiße, 102000 Ew.; Textil- u. a. Ind.; bis 1945 Mittelpunkt des Sudetendeutschtums.

Reichenhall, Bad R., Krst. in Oberbayern, 17800 Ew., Solbad an der Saalach. Das Augustinerchorherrenstift St. Zeno (gegr. 1136) ist seit 1852 Institut der Engl. Fräulein.

Reich Gottes, in Christi Lehre die religiös-sittl. Ordnung der unter der Herrschaft Gottes verbundenen Menschheit.

Reichle, Reichel, Hans, Bildhauer, *um 1570, †1642; Schüler, Mitarbeiter des Giovanni da Bologna in Florenz. Hauptwerk: Bronzegruppe des hl. Michael im Kampf mit Luzifer (1603-06). BILD S. 720

Reichsadler, Wappentier des Dt. Reichs, bis 1410 und 1919-1933 einköpfig ohne Krone, 1410 bis 1806 zweiköpfig, zuletzt mit Kaiserkrone, 1871 bis 1918 einköpfig mit preuß. Wappen auf der Brust und Kaiserkrone.

Reichsämter, 1) im Dt. Reich bis 1806 die Erz- und Erbämter. **2)** im Dt. Reich 1871-1918 die obersten Reichsbehörden.

Reichsapfel, Kugel (Weltkugel) mit Kreuz, Sinnbild der Königs-(Kaiser-)Herrschaft, eins der → Reichskleinodien.

Reichsarbeitsdienst, Abk. **RAD,** in militär. Form organisierter → Arbeitsdienst der nat.-soz. Zeit; 1935-45 Pflicht für alle Jugendlichen.

Reichsarchiv, 1919 in Potsdam gegr. als Archiv des Dt. Reichs; erlitt 1945 schwere Verluste; Restbestände erhalten. Rechtsnachfolger sind das **Bundesarchiv** in Koblenz, das **Dt. Zentralarchiv** in Potsdam und Merseburg.

Reichsbahn, → Deutsche Reichsbahn.

Reichsbank, Deutsche R., von 1875 bis 1945 die Zentralnotenbank des Dt. Reichs.

Reichsdeputationshauptschluß, letzter Beschluß der Reichsdeputation (Ausschuß des alten Reichstags) vom 25. 2. 1803: Aufteilung der geistl. Fürstentümer und der meisten Reichsstädte, um die dt. Fürsten für den Verlust der linksrhein. Gebiete an Frankreich zu entschädigen.

reichsfrei, → reichsunmittelbar.

Reichsgericht, 1879-1945 höchstes dt. Gericht in Zivil-, Strafsachen; Sitz Leipzig.

Reichshofrat, bis 1806 der neben dem Reichskammergericht bestehende oberste Gerichtshof; gegr. 1498, Sitz Wien.

Reichskammergericht, 1495-1806 im Dt. Reich höchstes Gericht; seit 1527 in Speyer, 1693-1806 in Wetzlar.

Reichskanzler, 1) bis 1806: seit dem 13. Jh. der Erzbischof von Mainz als Erzkanzler für Dtl. **2)** 1871-1918: der vom Kaiser ernannte einzige Reichsminister; er leitete die Politik und die Verwaltung des Reichs. **3)** 1919-33: der vom Reichspräs. ernannte Vorsitzende des Reichskabinetts, abhängig vom Vertrauen des Reichstags. Er bestimmte die Richtlinien der Politik. **4)** 1934-1945: nach Hindenburgs Tod (1934) vereinigte Hitler das Amt des Reichspräsidenten mit dem des R. (»Führer und R.«).

Reichskartenwerk, früher die vom Reichsamt für Landesaufnahme, jetzt von den Landesvermessungsämtern herausgegebenen amtl. dt. Kartenwerke 1:50000, 1:100000, 1:200000, 1:300000, 1:1000000.

Reichskleinodien, Reichsinsignien Mz., Hoheitsabzeichen der dt. Kaiser bis 1806: Krone, Zepter, Reichsapfel, Heilige Lanze, Schwert, Sporen und kostbare Kleidungsstücke; in Wien aufbewahrt. (Weiteres BILD deutsche Kunst)

Reichskonkordat, zw. dem Dt. Reich und dem Hl. Stuhl am 20. 7. 1933 abgeschlossener Vertrag über die Rechtsstellung der kath. Kirche in Dtl. Nach Entscheidung des Bundesverfassungsgerichts (1957) ist das R. gültiges Recht, die Länder sind aber an die Schulbestimmungen nicht gebunden.

Reichsland, 1) bis 1806 zum Dt.Reich gehöriges Gebiet. **2)** 1871-1918 das **R. Elsaß-Lothringen.**

Reichsmark, Abk. **RM,** 1924-48 die dt. Währungseinheit (= 100 Reichspfennig). → Mark.

Reichspost, Deutsche R., → Deutsche Bundespost, → Post.

Reichspräsident, in der Weimarer Rep. das vom Volk gewählte Staatsoberhaupt des Dt. Reichs. (→ Reichskanzler 4)

Reichsrat, 1) in der Weimarer Verf. die Vertretung der Länder bei der Gesetzgebung und Verwaltung des Reichs. **2)** in Bayern 1818 bis 1918 die 1. Kammer des Landtags. **3)** in Österreich 1867 bis 1918 die aus Herrenhaus und Abgeordnetenhaus bestehende Volksvertretung.

Reichsreform, 1) im ausgehenden MA. die Bestrebungen, die Verf. des alten Dt. Reichs bes. durch Stärkung des landesherrl. Einflusses gegenüber dem Kaiser umzugestalten. **2)** in der Weimarer Rep. die Versuche einer Neugliederung des Reichsgebiets unter Zerschlagung Preußens; sie waren bis 1933 nicht über Planung und Beratung hinaus gediehen. **3)** nach 1933 die »Gleichschaltung« des Reichs zu einem Einheitsstaat; sie war teilweise durchgeführt.

Reichsregierung, oberste Leitung der Reichspolitik und der Reichsverwaltung; im Kaiserreich ab 1871 der Reichskanzler und die ihm unterstellten Staatssekretäre; in der Weimarer Rep. der Reichskanzler und die ihm gleichgestellten Reichsminister. Im nat.-soz. Staat verlor die R. immer mehr an Bedeutung und trat seit 1938 nicht mehr zusammen.

Reichsritterschaft, im Dt. Reich bis 1806 der reichsunmittelbare niedere Adel, schloß sich 1577 in den 3 Ritterkreisen (in Schwaben, Franken, am Rhein) zusammen.

Reichsstadt, Freie R., im Dt. Reich bis 1806 die reichsunmittelbaren Städte; sie verloren die Reichsunmittelbarkeit größtenteils 1803, einige 1806. (→ Freie Städte)

Reichsstände, im Dt. Reich bis 1806 die unmittelbaren Glieder des Reichs (weltl. und geistl. Landesherren, Reichsstädte), die auf den Reichstagen Sitz und Stimme hatten.

Reichstadt, Napoleon **Herzog v. R.,** einziger Sohn Napoleons I. und der Marie Louise, *1811, †1832; von seinem Vater zuerst als König von Rom, 1815 als Napoleon II. proklamiert; wurde in Wien erzogen, wo er starb.

Reichstag, 1) Dt. Reich bis 1806: Versammlung der Reichsstände, seit 1663 ständig in Regensburg, gegliedert in 3 Kollegien: Kurfürsten, Reichsfürsten, Reichsstädte. **2)** Dt. Reich seit 1871: gemeinsame Vertretung des dt. Volkes, hervorgegangen aus allg., gleichen, geheimen, unmittelbaren Wahlen. Der Schwerpunkt der Reichsgewalt lag beim Bundesrat. **3)** Weimarer Rep.: Der R. war als Vertretung des als souverän gedachten Volkes oberstes Reichsorgan und Hauptträger der Reichsgewalt. Reichskanzler und Reichsminister waren vom Vertrauen des R. abhängig (parlamentar. System). Infolge des Anwachsens der radikalen Parteien war der R. in den letzten Jahren vor 1933 zu einer Mehrheitsbildung unfähig; Gesetzgebung weitgehend

Reichsadler

Reichskleinodien: Reichsapfel

Reichskleinodien: Zepter (14. Jh.)

durch Notverordnungen des Reichspräsidenten. **4)** 1933-45: Der neugewählte R. gab am 24. 3. 1933 das Gesetzgebungsrecht durch das Ermächtigungsgesetz in die Hand Hitlers. Der nach Auflösung der Parteien (außer der NSDAP) gebildete R., dessen Mitgl. von Hitler ernannt wurden, beschloß 1935 die → Rassengesetze und trat sonst nur zur Entgegennahme von Reg.-Erklärungen zusammen.

Reichstagsbrand, Zerstörung des Reichstagsgebäudes in Berlin durch Brandstiftung am 27. 2. 1933. Er wurde von Hitler ausgenutzt, um die wichtigsten Grundrechte außer Kraft zu setzen. Im R.-Prozeß (Sept.-Dez. 1933) wurde der niederländ. Kommunist M. van der Lubbe als Alleintäter zum Tode verurteilt, die der Mittäterschaft bezichtigten Kommunisten E. Torgler, G. Dimitrow u.a. freigesprochen. – Der R. ist nicht völlig geklärt; diskutiert wird auch eine nat.-soz. Urheberschaft.

reichsunmittelbar, reichsfrei, im Dt. Reich bis 1806 derjenige, der nur dem Kaiser und dem Reich untertan war, so Landesherren, Reichs-Städte, -Dörfer, -Ritter, -Beamte.

Reichsverfassung, 1) Verf. des Dt. Kaiserreichs vom 16. 4. 1871; sie war die nur wenig geänderte Verf. des Norddt. Bundes von 1867. Ihre bedeutsamste Änderung, das Ges. vom 28. 10. 1918 (Einführung des parlamentar. Systems), wurde nicht mehr wirksam. **2)** Verf. der Weimarer Rep. vom 11. 8. 1919; sie schuf einen demokrat.-parlamentar. und föderativen Rechtsstaat, der durch den Nationalsozialismus (1933) sein Ende fand, ohne daß die Verf. formell außer Kraft gesetzt wurde.

Reichsversicherungsordnung, Abk. **RVO,** regelt die gesetzl. Kranken-, Unfall- und Rentenversicherung der Arbeiter; erlassen am 19. 7. 1911, Neufassungen v. 15. 12. 1924, 9. 1. 1926 und 17. 5. 1934. Zahlreiche spätere Änderungen, darunter bes. wichtig das Rentenversicherungs-Neuregelungsges. v. 23. 2. 1957, geändert 27. 6. 1977 und das Unfallversicherungs-Neuregelungsges. v. 30 4. 1963. → Rentenversicherung, → Sozialversicherung.

Reichsverweser, 1) im Dt. Reich bis 1806 der einstweilige Verwalter der Königsgewalt bei Thronerledigung, Regierungsunfähigkeit oder längerer Abwesenheit des Königs; auch **Reichsvikar** genannt. **2)** das von der Frankfurter Nationalversammlung 1848 gewählte Oberhaupt der vorläufigen Zentralgewalt Dtl.s (Erzherzog Johann von Österreich). **3)** in Ungarn 1920-44 Admiral N. v. → Horthy.

Reichswehr, Bez. der Streitkräfte des Dt. Reiches 1919-35, nach dem Versailler Vertrag ein Berufsheer von 115000 Mann (einschließlich 15000 Mann der Marineeinheiten).

Reider, Sybille, Politikerin (SPD), *1949; seit April 1990 Min. für Handel und Tourismus in der Dt. Dem. Rep.

Reif der, Niederschlag aus feinen Eisteilchen bei Kälte; bes. stark als **Rauh-R.**

Reifen der, Teil des Rades, umschließt die Felge; aus Eisen oder Gummi (→ Luftreifen).

Reifensteiner Verband für haus- und landwirtschaftliche Frauenbildung e.V., Schulträger von Landfrauenschulen, 1897 gegr., Sitz Goslar.

Reifeprüfung, Abitur, Matur(a), Abschlußprüfung an höheren Schulen; Voraussetzung zum Besuch der Hochschulen.

Reihe die, △ Ausdruck der Form $a_0 + a_1 + a_2 + \dots$; die Glieder können Zahlen oder Funktionen sein. Bei der **arithmet. R.** besteht zw. 2 aufeinanderfolgenden Gliedern stets die gleiche Differenz (z.B. $2+5+8+11$), bei der **geometr. R.** ergibt sich jedes Glied aus seinem Vorgänger durch Multiplikation mit dem gleichen Faktor (z.B. $1+2+4+8+16$). Hat eine **unendl. R.** eine endl. Summe, heißt sie **konvergent,** sonst **divergent.**

Reinhardt

Reiher: Silberreiher

Reihenfertigung, serienweise Fertigung von Maschinen-, Bauteilen, Häusern u.a.

Reihenschaltung, Hintereinanderschaltung, Serienschaltung, ⚡ Stromerzeuger oder Verbraucher, sind so geschaltet, daß sie vom selben Strom durchflossen werden.

Reiher Mz., storchenähnl. Schreitvögel mit Schmuckfedern an Kopf und Hals; leben in wasserreichen Gegenden, nähren sich von Fischen, Lurchen, Mäusen u.a. Der **Grau-** oder **Fisch-R.** wird etwa 1 m hoch, ist grau, weiß und schwarz gefärbt, nistet in Baumkronen. **Silber-R.,** weiß, mit graubraunen Füßen; **Purpur-R.,** mit brauner Brust.

Reiherschnabel, kleinstaudiges, rotviolettblühendes Storchschnabelgewächs; die sich spiralig rollenden Teilfrüchtchen dienen als Feuchtigkeitsmesser. **Moschus-R.** ist Zierpflanze. (BILD Storchschnabel)

Reim der, Ausdrucksmittel der gebundenen Sprache, der Gleichklang des Auslauts mehrerer Wörter, bes. am Ende von Verszeilen. Beim **stumpfen** oder **männl. R.** ruht der Gleichklang nur auf der letzten Silbe, z.B. Herz, Schmerz; beim **klingenden** oder **weibl. R.** auf den 2 letzten Silben, z.B. Regen, Segen; beim **gleitenden** auf den 3 letzten Silben, z.B. lebende, strebende. Die erste dt. Dichtung in Reimen ist Otfrieds »Evangelienharmonie« (um 870).

Reimarus, Hermann Samuel, Theologe, Philosoph, *1694, †1768, vertrat eine natürl. Vernunftreligion, übte scharfe Bibelkritik.

Reims [rɛ̃s], Stadt in Frankreich, in der Champagne, 177200 Ew.; Univ.; Erzbischofssitz; Kathedrale (Meisterschöpfung der Gotik, 13.-15. Jh.) u.a. alte Bauwerke; Mittelpunkt der Champagnererzeugung; Leder-, Schmuckwaren-, Textil-, Metall-, Elektro-Ind. – R. war Hptst. der belg. Remer, später Krönungsstadt der frz. Könige.

Reinecke, Reineke, Tierfabel: Name des Fuchses. **R. Fuchs, Reinke de Vos,** nd. Tiergedicht (1498), nach dem niederländ. »Van den vos Reinaerde« des Hinrek van Alkmar bearbeitet. Neudichtung von Goethe (1794) in Hexametern.

Reineclaude [rɛ:nkl'o:d, frz.] die, → Pflaume.

Reinerz, Bad R., poln. **Duszniki Zdrój** [duʃn'iki zdruj], Kurort in Niederschlesien; 15000 Ew.

Reinhard, Reinhart [aus ahd. regin »Rat« und harti »stark«], männl. Vorname.

Reinhardswald, Bergzug zw. Weser und Diemel, 472 m hoch.

Reinhardt, Max, eigtl. **Goldmann,** *1873, †1943; Leiter des Dt. Theaters und der Kammerspiele in Berlin, Mitbegründer der Salzburger Festspiele (1920), übernahm 1924 das Theater in der Josefstadt in Wien, emigrierte 1937 nach den USA, leitete dort eine Schauspielschule.

Reinhold [aus ahd. regin »Rat« und walto »Herrscher«], männl. Vorname.

Re|inkarnation [lat.] die, Wiederverkörperung, → Seelenwanderung.

Reinmar, 1) R. von Hagenau, auch **R. der Alte,** Minnesänger am Wiener Hof, Lehrer Walthers von der Vogelweide, †vor 1210. **2) R.**

von Zweter, rhein. Spruchdichter, lebte um 1260.

Reinshagen, Gerlind, Schriftstellerin, *1926; Kinderbücher, Theaterstücke.

Reis das, -es/-er, Schößling, Zweig.

Reis der, urspr. trop. Getreidegras, 1-1,3 m hoch. **Wasser-R.** wird auf künstl. Überschwemmungsgebiet, **Berg-R.** auf gewöhnl. Boden angebaut. Für den Handel wird das Korn mit Maschinen geschält und poliert. Gesünder ist ungeschälter Vollreis durch die darin enthaltenen Vitamine. R. ist das verdaulichste Getreide. Einseitige Ernährung mit geschältem R. kann Beriberi hervorrufen. Der R. eignet sich bes. zum Kochen und Dünsten; die Stärke dient zu Puder und Schminke. Aus vergorenem R. wird japan. R.-Wein (R.-Bier, Sake) hergestellt, auch Branntwein, z. B. Arrak.

Reisernte 1988 (in 1000 t)

VR China ...	172365	Vietnam	15200
Indien[1])	101950	Myanmar	
Indonesien .	41769	(Birma) ...	14000
Bangladesh	21900	Japan	12419
Thailand ...	20813	Brasilien	11804
		Welt	**483466**

[1]) Einschl. Angaben für Jammu und Kaschmir sowie Sikkim

Reis, Philipp, Physiker, *1834, †1874; Erfinder des Fernsprechers (1861).

Reisegewerbe, im Umherziehen von Ort zu Ort betriebenes Gewerbe.

Reisescheck, Traveller's Cheque [tr'ævləz tʃek, engl.] der, Reisezahlungsmittel in Scheckform, wird in Heften an den Reisenden verkauft und von bestimmten Einlösungsstellen (meist Banken) eingelöst.

Reisige [von ahd. reisa »Kriegszug«] Mz., schwerbewaffnete Reiter des MA.

Reislaufen [zu Reisige], Eintreten junger Männer in fremden Kriegsdienst; bes. in der Schweiz im 16.-18. Jh., seit 1859 verboten.

Reispapier, papierähnl. Erzeugnis aus dem Mark einer ostasiat. Aralie.

Reißbrett, Holzplatte, auf der Papier für eine techn. Zeichnung mit **Reißzwecken** befestigt werden kann. Die Kanten des R. sind sauber gehobelt, damit die **Reißschiene,** ein Lineal mit dazu rechtwinkliger oder verstellbarer Querleiste als Anschlag, parallel verschoben werden kann.

Reißfeder die, → Reißzeug.

Reißlänge, Länge eines Drahtes oder Bandes, bei der er unter seinem eigenen Gewicht zerreißen würde.

Reißverschluß, besteht aus zwei Reihen gegenüberliegender, versetzt angeordneter Metall- oder Kunststoffzähnchen (Krampen), die beim Schließen durch einen Schieber ineinandergepreßt werden. Beim Öffnen werden sie durch ein Herzstück auseinandergerückt. Beim **Gleitverschluß** werden durch den Schieber zwei keilförmige Nutenpaare ineinander geschoben. **Klettenverschlüsse,** aus 2 Textilbändern, haften mit kleinen Häkchen aneinander.

Reißzeug, Satz von Geräten zur Anfertigung techn. Zeichnungen: Zirkel, **Reißfedern,** letztere zum Nachziehen der Linien mit Zeichentusche.

Reiten, das Benutzen von Reittieren, bes. Pferden, auch deren Zucht mit ihrer Wechselwirkung auf die sportl. Anforderungen und Qualifikationen. Der Pferdesport entwickelte sich vom Gebrauch des Pferdes als Transport- und Verkehrsmittel zum Freizeitreiten der Amateure und zu den versch. Disziplinen des Hochleistungssports wie Galopprennen, Hindernisrennen, Trabrennen, Springreiten, Jagdreiten, der Vielseitigkeitsprüfung Military und Fahren mit versch. Gespannen. Aus der Grundausbildung des Pferdes verfeinerte das Dressurreiten mit seiner Hohen Schule Gänge und Haltung.

Reiter der, **1)** Berittener, bes. berittener Soldat. **2)** Getreidesieb. **3)** Heugestell. **4)** aufgesteckte Klammer auf Karteikarten. **5)** verschiebbares Gewicht bei Präzisionswaagen.

Reit- und Fahr-Turnier, auch **Concours hippique,** reiterl. Veranstaltung, Dressur-, Eignungs- und Materialprüfungen, auch Jagdspringen und Fahrkonkurrenzen.

Reiz der, jede Einwirkung, die bei einem Lebewesen eine Wirkung (Empfindung, Bewegung, Absonderungsvorgang, Wachstum usw.) auslöst. Der R. muß eine bestimmte Stärke haben, um wirksam zu werden **(R.-Schwelle).**

Reizbehandlung, Heilweise, die auf die Umstimmung der vegetativen Nerven und der innersekretor. Drüsen abzielt. Bei der **Reizkörperbehandlung** werden Eiweißkörper (Eigenblut, abgetötete Bakterien u. a.) eingespritzt.

Reizker der, Blätterpilzgatt. Der **Echte R.** ist eßbar, hat orangerote Milch und grünspanähnl. Wundstellen; der **Birken-R. (Falscher R.)** ist giftig, hat weiße Milch.

Rekapitulation [lat.] die, Wiederholung, Zusammenfassung. Zeitw.: **rekapitulieren.**

Reklamation [lat.] die, Einspruch, Beschwerde. Zeitw.: **reklamieren.**

rekognoszieren [lat.], **1)** ✤ anerkennen, für richtig erklären. **2)** •*• erkunden, aufklären.

Rekombination, Vorgang in Halbleitern, bei dem durch Vereinigung von Elektronen und Defektelektronen die Zahl freier Ladungsträger verringert wird.

Rekonstruktion [lat.] die, Wiederherstellung. Zeitw.: **rekonstruieren.**

Rekonvaleszent [lat.] der, ♡ Genesender. **Rekonvaleszenz** die, Genesung.

Rekonziliation [lat.] die, Versöhnung; im kath. Kirchenrecht die Wiederheiligung einer Kirche durch neue Weihe; auch die Wiederaufnahme eines Zensurierten (→ Zensur).

Rekrut [frz.] der, neu eingestellter Soldat. **rekrutieren,** Soldaten ausheben.

rektal [lat.], den Mastdarm betreffend.

Rektapapiere, die → Namenspapiere.

Rektaszension [lat.] die, ☆ svw. → gerade Aufsteigung.

Rektifikation [lat.] die, **1)** ✤ Berichtigung. **2)** ⊸ Trennung von Flüssigkeitsgemischen durch wiederholte Destillation. **3)** △ Ermittlung der Bogenlänge einer krummen Linie. Zeitw.: **rektifizieren.**

Rektor [lat.] der, -s/...toren, **1)** Leiter einer Hochschule. **2)** Schulleiter. **3)** kath. Kirche: Vorsteher eines Konvents, eines geistl. Kollegiums oder einer Stiftung.

Rektorenkonferenz, → Westdeutsche Rektorenkonferenz.

Rekuperator, Wärmeaustauscher ohne -speicherung mit 2 parallelen Leitungssystemen für kalte Frischluft und heiße Abgase.

Rekurs [lat.] der, Rechtsmittel. **1)** in Dtl. seit 1960 → Widerspruch. **2)** Österreich: Rechtsmittel gegen Beschlüsse im Zivilprozeß. **3)** Schweiz: Anfechtung von Verwaltungsakten vor Verwaltungsgerichten.

Relais [rəl'ɛ, frz.] das, ⚡ Schaltgerät, dessen Arbeitsstromkreis durch Änderung anderer Größen (Temperatur, Druck, Stromstärke) betätigt wird. Beim **elektromagnet. R.** können durch den Anker mehrere Kontakte betätigt werden. Die erregenden Ströme sind meist schwach gegenüber den gesteuerten Strömen.

Reis

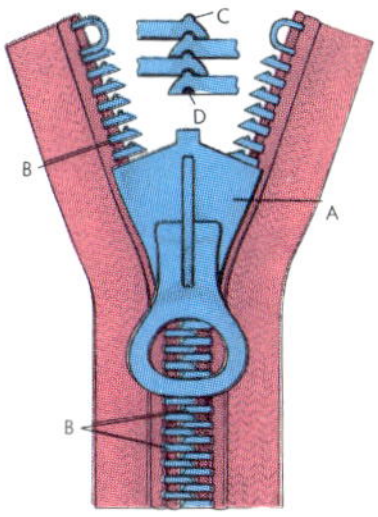

Reißverschluß: A Schieber, B Krampenreihen, C Wulst, D Vertiefung

Reizker: oben Echter R., unten Falscher R.

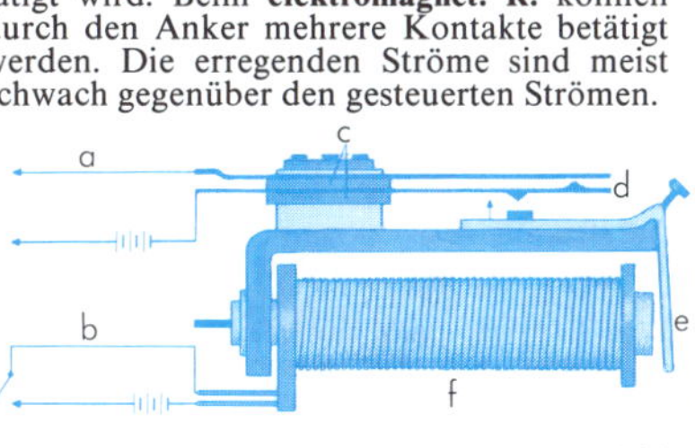

Relais, a Arbeitsstromkreis, b Steuerstromkreis, c Isolator, d Kontaktsatz, e Anker, f Spule

Relaisstation, Station mit Empfänger und Sender, die dazu dient, die Reichweite einer Funkverbindung zu vergrößern, indem sie die empfangenen Nachrichten verstärkt weitersendet.

Relation [lat.] die, Beziehung, Verhältnis.

relativ [lat.], verhältnismäßig; bedingt; bezogen. Ggs.: absolut. **Relativsatz,** Bezugssatz, Beifügungssatz, durch ein bezügl. Fürwort **(Relativpronomen)** oder ein Relativadverbium (»das Land, wo meine Wiege stand«) eingeleitet.

Relativismus [lat.] der, -, ⓟ philosophisch-erkenntnistheoret. Haltung, die alle Erkenntnis nur als relativ richtig gelten läßt, weil sie durch den Standort des Erkennenden (bes. durch seine Individualität) bedingt sei.

Relativität [lat.] die, Verhältnismäßigkeit, Bezogenheit, Bedingtheit.

Relativitäts|theorie, physikal. Theorie, die als **spezielle R.** enge Zusamenhänge zw. der Struktur von Raum und Zeit und der Lichtausbreitung aufgedeckt und als **allg. R.** eine noch wesentlich tiefere Einsicht in die Raumzeitstruktur gewonnen hat, derart, daß die Gravitation als eine Eigenschaft von Raum und Zeit verstanden werden kann. Ausgangspunkt der R. bildete das **Relativitätsprinzip** der klass. Mechanik, nach dem es unmöglich ist, experimentell zu entscheiden, ob man sich in »absoluter Ruhe« oder in gleichförmig geradliniger Bewegung befindet. Versuche, für diese Entscheidung die Lichtausbreitung heranzuziehen, verlaufen negativ und zwingen dazu, den Ablauf der Zeit vom Bewegungszustand des Beobachters abhängig zu machen (Einstein 1905). Nach einem verallgemeinerten Relativitätsprinzip muß man auch die durch homogene Gravitation beschleunigten Bewegungen als physikal. gleichwertig den nicht durch Gravitation beschleunigten Bewegungen im feldfreien Raum betrachten (Einstein 1915). Die R. hat wegweisende Anregungen für die Kosmologie gebracht.

Relegation [lat.] die, **1)** im alten Rom: Verbannung, Verweisung. **2)** jetzt: Verweisung von einer Schule oder Hochschule. Zeitw.: **relegieren.**

relevant [lat.], wichtig, wesentlich.

Relevation [lat.] die, Befreiung von einer Verpflichtung.

Relief [frz.] das, **1)** Werk der Plastik, das i. Ggs. zu einem freiplast. Bildwerk an eine Fläche gebunden ist. Nach dem Grad der Erhebung über den Grund unterscheidet sich das **Hoch-R.** vom **Flach-R.** Bei dem versenkten R. der ägypt. Kunst setzen sich die Formen nur durch herausgemeißelte Umrisse gegen die Fläche ab. **2)** 🜨 Höhengestaltung der Erdoberfläche, in Karten plastisch wiedergegeben durch Schummerung oder Photographie eines R. aus Gips oder anderen Stoffen **(R.-Karten).** Mit einer Karte überzogene oder bedruckte Prägungen heißen **Karten-R.**

Religion [lat.] die, das Ergriffenwerden von der Wirklichkeit des Heiligen, das überwiegend in Glaubensgemeinschaften, den geschichtl. Religionen, seine Ausdrucksform findet. Das relig. Erleben hebt sich vom Erkennen einer Wahrheit, vom Anerkennen einer sittl. Forderung und vom Erfassen eines ästhet. Wertes mit gleicher Deutlichkeit ab. Es ruft im Menschen das Kreaturgefühl der »schlechthinnigen Abhängigkeit« hervor (Schleiermacher) und erhebt ihn zugleich. Relig. Erleben äußert sich in Gebet und Verehrung. Der relig. Glaube an ein transzendentes Sein oder Sollen hat stets auch das Erkenntnisstreben herausgefordert, das den Gegenstand der R. zu begreifen, zu objektivieren sucht, in frühen Zeitaltern magisch, dann mythisch, dann rational. Die vielen Einzel-R. lassen folgende Hauptformen erkennen: pantheist., für die Gott mit der Welt eins ist, und mono- oder polytheist., in denen ein persönl. Gott oder eine Mehrzahl von Göttern der Welt gegenüberstehen; Natur-R., die das Heilige in Naturdingen erfassen, und Offenbarungs-R., die durch histor. Persönlichkeiten gestiftet sind und heilige Schriften besitzen; Volks-R., die an eine begrenzte Gemeinschaft (Stamm, Volk) gebunden sind, und Universal-R., die bei allen volksmäßigen Unterschieden den einzelnen auf der ganzen Welt erfassen wollen.

Religionsfreiheit, → Glaubensfreiheit.

Religionsgeschichtliche Schule, um 1890 entstandene Richtung der evang. Theologie; sie sucht das Christentum in den Gesamtverlauf der Geistesgeschichte einzugliedern (H. Gunkel, W. Bousset).

Religionsgesellschaften, Vereinigungen von Angehörigen desselben Glaubensbekenntnisses zu gemeinsamer Religionsübung. Nach den Art. 137/138 der Weimarer Verf. (Art. 140 GG) verwalten die R. ihre Angelegenheiten selbständig. Soweit sie Körperschaften des öffentl. Rechts sind, können sie Steuern nach Landes-Ges. erheben.

Religionskriege, hauptsächlich durch den Ggs. der relig. Bekenntnisse bedingte Kriege (z. B. Hugenottenkriege).

Religionsphilosophie denkt entweder vom Standpunkt einer bestimmten Religion aus und ist dann Deutung oder Rechtfertigung des Glaubens; oder sie versucht unabhängig von diesem die relig. Grundfragen begrifflich zu lösen.

Religionswissenschaft, Erforschung sämtl. Religionen und relig. Einrichtungen durch **Religionsgeschichte, Religionspsychologie, Religionssoziologie, Religionsphilosophie.**

religiöse Erziehung. Über die r. E. entscheiden die Eltern. Vom 12. Lebensjahr an kann ein Kind nicht gegen seinen Willen in einem anderen Bekenntnis als bisher erzogen werden. Nach dem 14. Lebensjahr steht eine Entscheidung dem Kinde selbst zu.

Religiosen [lat.] Mz., die → Regularen.

Relikt [lat.] das, Überbleibsel, Rest, bes. von Pflanzen oder Tieren der Vorwelt.

Reling die, ⚓ Geländer um die freiliegenden Decks von Schiffen.

Reliquie [lat.] die, Überbleibsel. **Reliquien** Mz., kath. Kult: Überreste von Heiligen, ihre Gebeine, Kleider, Marterwerkzeuge. **Reliquiar** das, -s/-e, Reliquienschrein.

remanent [lat.], zurück-, übrigbleibend.

Remarque [rəm'ark], Erich Maria, eigtl. E. Paul **Remark,** Schriftst., *1898, †1970; »Im Westen nichts Neues«, »Arc de Triomphe«.

Rembourskredit [rãb'u:r-], durch Übergabe der Verschiffungspapiere gesicherter Akzeptkredit im Überseehandel.

Remboursregreß [rãb'u:r-], der → Regreß eines Wechselverpflichteten nach Einlösung des Wechsels gegen seine Vormänner.

Rembrandt, eigtl. **R. Harmensz van Rijn,** holländ. Maler, Radierer, *1606, †1669; der größte Meister der holländ. Malerei, bes. durch seine Fähigkeit, Farbe und Licht (Hell-Dunkel) zu Mittlern tiefsten seel. Ausdrucks zu machen. Erhalten sind etwa 700 Gemälde (Anatomie, Landschaften, Selbstbildnisse, Nachtwache, Jakobssegen, Staalmeesters), 300 Radierungen (Kreuzabnahme, 3 Kreuze, Hundert-Gulden-Blatt, Dr. Faust, Landschaften), 1800 Zeichnungen. (BILD niederländische Kunst)

Remedur [lat.] die, Abhilfe, Heilung.

Reminiscere [lat. »gedenke«], der 2. Fastensonntag, 5. Sonntag vor Ostern.

Reminiszenz [lat.] die, Erinnerung.

remis [rəm'i, frz.], unentschieden (z. B. Schachpartie).

Remise [frz.] die, **1)** ✤ Wagenschuppen. **2)** dichtes Gehölz.

Remission [lat.] die, **1)** Verminderung; vorübergehende Besserung einer Krankheit. **2)** Bez. für diffuse → Reflexion 1).

Remittenden [lat.] Mz., ⚭ unverkaufte, dem Verleger zurückgesandte Bücher.

Remittent [lat.] der, → Wechsel.

Remonstration [lat.] die, ✤ Einwendung, Gegenvorstellung. Zeitw.: **remonstrieren.**

Remoulade [rəmul'adə, frz.] die, kaltgerührte Soße aus Eidotter, Öl, Essig, Senf u. a.

Remscheid, Industriestadt in NRW, im Berg. Land, 128400 Ew.; Mittelpunkt der dt. Werkzeugind.

Remter [von lat. refectorium] der, Speise- und Versammlungsraum (bes. in Deutschordensburgen).

Remuneration [lat.] die, Vergütung.

Remus, Zwillingsbruder des → Romulus.

Ren das, → Rentier.

Renaissance [rənɛs'ã:s, frz. »Wiedergeburt«] die, Zeit von der Mitte des 14. bis zum Anfang des 16. Jh., in der das Natur- und Lebensgefühl, das Denken und Forschen begann, sich aus der kirchl. Gebundenheit des MA. zu lösen, sich auf die Kraft der Persönlichkeit zu gründen und am Diesseits, bes. an der Antike, zu orientieren. Wie der gleichzeitige → Humanismus ging auch die R. von Italien aus, wurde aber zu einer europ. Bewegung, die in nahezu allen Ländern nationale Ausprägungen erfuhr. Die Kunst gewinnt aus der Antike sinnhafte Schönheit und Klarheit der Verhältnisse, bildet aber die Formensprache selbständig und schöpferisch fort. Ein besonderes Merkmal ist die Fülle der weltl. Aufgaben und die Entwicklung der Perspektive. Der R.-Stil ist eine Schöpfung der Kunst Italiens. Die **Früh-R.** reicht hier von etwa 1420 bis etwa 1490, die **Hoch-R.** bis etwa 1520/30; die **Spät-R.,** neuerdings mit dem Manierismus gleichgesetzt, mündet in den → Barock. In den außerital. Ländern setzt die R. erst um 1500 ein. Baukunst: Alberti, Bramante, Michelangelo; Malerei: Leonardo da Vinci, Michelangelo, Raffael, Tizian, Giorgione, Correggio; Bildhauerei: Donatello, Michelangelo.

Renan [rən'ã], Ernest, frz. Religionswissenschaftler, Schriftst., *1823, †1892; suchte Positivismus und Christentum zu vereinigen.

Rendezvous [rãdev'u, frz.] das, verabredete Zusammenkunft, Stelldichein.

Rendezvous-Manöver, Annäherung und eventuell auch Ankopplung zweier Raumflugkörper, z. B. Raumfähre an Raumstation.

Rendite [ital.] die, Rentabilität, bes. von Wertpapieren; zur Berechnung wird der Ertrag (Dividende, z. B. 12%) in Beziehung zum Kurs (z. B. 300%) gesetzt (12 · 100) : 300 = 4%.

Rendsburg, Krst. in Schlesw.-Holst., am Nord-Ostsee-Kanal, 31000 Ew.; Eisen-, Schiffs- u. a. verarbeitende Ind.; Eisenbahnhochbrücke über, Straßentunnel unter dem Nord-Ostsee-Kanal.

Renegat [lat.] der, Abtrünniger.

Reneklode, Reineclaude die, → Pflaume.

Renette [frz.] die, Apfelsorten mit festem Fleisch, säuerlich-würzig-süßem Geschmack.

Reni, Guido, ital. Maler, *1575, †1642; gefühlvolle relig. und mytholog. Bilder.

renitent [lat.], widerspenstig.

Renke die, Fischgattung, → Felchen.

Renkontre [rãk'õtrə, frz.] das, unerwartete (feindl.) Begegnung, Zusammenstoß.

Renminbi ¥uan, Währungseinheit der VR China; 1 RMB ¥ = 10 Jiao = 100 Fen.

Renn, Ludwig, eigtl. **A. F. Vieth v. Golßenau,** Schriftst., *1889, †1979; Offizier, trat 1928 der KPD bei; schrieb »Krieg« u. a.; Hg. kommunist. literar. Ztschr.

Rennenkampf, Paul v., russ. General, *1854, † (erschossen) 1918; wurde 1914 als Führer der 1. russ. Armee in Ostpreußen geschlagen.

Renaissance: Palazzo Farnese, Rom (1534 begonnen)

Renner, Karl, österr. Staatsmann (SPÖ), *1870, †1950; 1918-20 Staatskanzler, 1930 bis 1933 Präs. des Nationalrats, 1945-50 Bundespräs.

Rennes [rɛn], Stadt in der Bretagne, Frankreich, 195000 Ew.; Erzbischofssitz; 2 Univ.; Auto-, elektron. Ind.

Rennsport, 1) Bahn- oder Straßenrennen im Radfahrsport. **2)** Automobil-, Motorradrennen.

Rennstieg, Rennsteig der, alter Grenzweg auf dem Kamm des Thüringer Waldes, von der Saale zu Werra; Wanderweg.

Renoir [rənw'a:r], Pierre Auguste, frz. Maler, *1841, †1919; Hauptmeister des Impressionismus; Bildnisse, Landschaften, Akte.

Renommée [frz.] das, Ruf. **renommieren,** prahlen, aufschneiden. **renommiert,** angesehen. **Renommist** der, Prahlhans, Aufschneider.

Renonce [rən'õs, frz.] die, Kartenspiel: Fehlfarbe.

Renouvier [rənuvj'e], Charles, frz. Philosoph, *1815, †1903; begründete den Neukantianismus in Frankreich.

renovieren [lat.], erneuern.

rentabel [frz.], lohnend, einträglich

Rent|amt, ✤ Finanz- oder Kassenverwaltung, bes. bei großen Besitzungen, Universitäten.

Rente [frz.] die, Einkommen, das auf Besitz, Versicherungs- oder Versorgungsansprüchen beruht (z. B. → Grundrente).

Rentenbank, landwirtschaftl. Kreditorganisationen, im 19. Jh. zur Ablösung der bäuerl. Lasten errichtet.

Rentendynamik, → dynamische Rente.

Rentenkonkubinat, Lebensgemeinschaft unter Verzicht auf die Eheschließung, um die Rentenansprüche der Frau zu erhalten (Onkelehe).

Renaissance: Johannes der Täufer als Knabe, Plastik von Donatello

Renoir: Die Schaukel

Reseda: Wohlriechende R.

Rentenmark, 1923 geschaffene Zwischenwährung zur Beendigung der Inflation; 1924 durch die Reichsmarkwährung abgelöst.

Rentenschuld, ⚖ besondere Art der →Grundschuld, bei der in regelmäßigen Abständen eine bestimmte Geldsumme aus dem Grundstück zu zahlen ist (§§ 1199 ff. BGB).

Rentenversicherung leistet gegen einmalige oder laufende Prämie regelmäßige Zahlungen an den Versicherten oder einen Dritten, entweder von einem best. Zeitpunkt oder Ereignis an bis zum Tod **(Leib-, Lebens-, Altersrente)** oder bis zu einem vereinbarten Termin **(Zeitrente).** Mit dem Tod des Versicherten beginnt die Laufzeit der **Witwen-** und **Waisenrenten.**

Soziale R., Zweig der →Sozialversicherung, leistet an die versicherten Arbeitnehmer bei Berufs- und Erwerbsunfähigkeit und bei Eintritt in den Ruhestand (flexible Altersgrenze) Rentenzahlungen, umfaßt die **Arbeiter-R.** (früher Invalidenversicherung), **Angestellten-R.** (früher Angestelltenversicherung) und die **knappschaftliche R.** Diese Zweige wurden durch die Rentenreform von 1957 umgestaltet und einander stark angenähert. – Die Beiträge zur R. werden i. d. R. je zur Hälfte vom Arbeitgeber und vom Arbeitnehmer getragen. Sie betragen 18,5% des Bruttoverdienstes bis DM 5000 (1983) monatlich (Beitragsbemessungsgrenze).

Ren|tier, Ren das, Hirschtier im N Europas, Asiens, Amerikas; Fleisch-, Milch-, Zug-, Reittier nord. Völker. Das männl. und weibl. R. tragen ein schaufelförmiges Geweih. Die stämmigen Beine enden in breiten Hufen.

Rentierflechte, Strauchflechte, weißlichgrau, Hauptfutter der Rentiere, wächst auf Heideboden, bes. der Tundra. (BILD Flechten)

Rentner der, **Rentier** [rɛntj'e, frz.], wer von einer Rente lebt.

reorganisieren, neugestalten, umgestalten.

Reparationen [lat.-frz.] Mz., Völkerrecht: den Besiegten eines Krieges auferlegte Leistungen zum Ausgleich der Kriegsschäden der Sieger. – Nach dem 1. Weltkrieg sollte Dtl. auf Grund des Versailler Vertrages Entschädigungen leisten, deren Höhe auf den Konferenzen von Boulogne, Spa (1920), Paris, London (1921) und Cannes (1922) festgelegt wurden, die dt. Leistungsfähigkeit aber überstiegen. 1923 kam es wegen Rückständen in den R. zur Besetzung des Ruhrgebiets. Auch der Dawesplan (1924) und Youngplan (1930) erwiesen sich als unerfüllbar. Das Hoover-Moratorium (1931) stundete die Zahlungen und führte zur Konferenz von Lausanne (1932), die die R. tatsächlich beendete. – Nach dem 2. Weltkrieg bestanden die dt. R. in Sachleistungen. 1950 wurden die Demontagen in den Westzonen eingestellt. In der sowjet. Besatzungszone wurde nach 1947 nicht mehr demontiert; allerdings gingen die R.-Leistungen aus der laufenden Produktion bis 1952 weiter. Die Pariser Verträge von 1954 beendeten die R.-Leistungen der Bundesrep. Dtl.

Rentier: Karibu

Reparatur [lat.] die, Ausbesserung, Instandsetzung. **reparieren,** ausbessern.

Repatriierung [lat.] die, **1)** Zurückführung Kriegsgefangener, Zivilinternierter usw. in ihre Heimat. **2)** Wiedereinbürgerung.

Repellents [rɪp'elənts, engl.], →Schreckstoffe.

Repertoire [rəpɛrtw'a:r, frz.] das, **1)** Spielplan einer Bühne. **2)** Rollen, die ein Schauspieler oder Sänger beherrscht.

Repertorium [lat.] das, ..-s/...rien, Verzeichnis zum Nachschlagen, Übersicht.

repetieren [lat.], wiederholen. **Repetition** die, Wiederholung. **Repetitor** der, Lehrer für die Wiederholung von Lehrstoff. **Repetitorium** das, Wiederholungsunterricht, -buch.

Repin, Ilja Jefimowitsch, russ. Maler, *1844, †1930; naturalist. Bilder sozialen und geschichtl. Inhalts (Wolgatreidler); Bildnisse (Tolstoj).

Replik [lat.] die, Erwiderung; bes. auf Einrede des Beklagten im Prozeß. **replizieren,** entgegnen.

Report [engl., frz.] der, **1)** Bericht. **2)** BÖRSE: Kurszuschlag bei Verlängerung von Zeitgeschäften. **Reporter** [engl.] der, Berichterstatter einer Zeitung. **Reportage** [rəpɔrt'a:ʒə, frz.] die, Bericht.

Repräsentantenhaus, 2. Kammer der Volksvertretung, bes. in den USA.

repräsentieren [lat.], **1)** darstellen. **2)** jemand vertreten. **3)** standesgemäß auftreten. **Repräsentant** der, Volksvertreter, Abgeordneter. **Repräsentation** die, Stellvertretung, standesgemäßes Auftreten. **repräsentativ,** stellvertretend; würdig. **Repräsentativverfassung,** Teilnahme des Volkes an der Staatsgewalt durch Abgeordnete.

Repressali|e [lat.] die, Vergeltungsmaßnahme eines Staates gegen völkerrechtswidrige Handlungen eines andern durch eine an sich gleichfalls rechtswidrige, zur Vergeltung aber zulässige Handlung (→Retorsion). R. gegenüber Kriegsgefangenen und Zivilinternierten sind nach den →Genfer Konventionen von 1949 verboten.

Repression die, Unterdückung, Hemmung. Soziologie: jede Form der Behinderung der freien Entfaltung der Persönlichkeit und der individuellen und gesellschaftl. Emanzipation.

Reprint [engl. ri:pr'ɪnt] der, durch photomechan. oder elektrostat. Vervielfältigungsverfahren hergestellter Neudruck meist vergriffener Bücher oder Zeitschriften.

Reprise [frz.] die, **1)** ♩ Wiederholung. **2)** Theater, Film: Wiederaufnahme eines bereits gespielten Stückes in den Spielplan. **3)** Börse: Kurserholung, Kurssteigerung.

Reproduktion [lat.] die, Vervielfältigung, Wiedergabe, Abdruck.

Reptili|en [lat.], Ez. **Reptil** das, Kriechtiere, wechselwarme, meist landbewohnende Wirbeltiere. Ihr Körper ist mit Hornschildern oder Schuppen bedeckt; unter der Oberhaut liegen vielfach noch Knochenplatten. Die R. sind Lungenatmer; sie pflanzen sich durch Eier fort, die mit einer lederart. Schale bedeckt sind. Zu den R. gehören die Echsen, Schlangen, Krokodile und Schildkröten. Die R. waren im Erdmittelalter weit verbreitet, z. T. von gewaltiger Größe (Dinosaurier).

Reptili|enfonds [-fɔ̃], ein parlamentarisch nicht kontrollierter Fonds der Reg. zur Informationsförderung; die Bez. geht auf Bismarck zurück.

Republik [lat.] die, **1)** im Altertum ein Staat mit anerkannten Volksrechten. **2)** in neuerer Zeit die Staatsform, bei der i. Ggs. zur → Monarchie das Staatsvolk als Träger der Staatsgewalt gesehen wird. Die früheren dt. Reichsstädte und die ital. Stadtstaaten waren aristokrat. R., während die neueren R. **(Freistaaten)** liberale Demokratien sind. Als »Volks-R.« bezeichnen sich die → Volksdemokratien.

Republikaner, Abk. **REP,** als rechtsextrem eingestufte Partei, 1983 gegr.

Republikanische Partei, in den USA eine der beiden großen Parteien. Sie entstand 1854 infolge der wachsenden Ggs. in der Sklavenfrage. In ihrer Grundtendenz ist sie zentralistisch, schutzzöllnerisch und, bes. in den sozialen Fragen, weiter rechtsstehend als die Demokraten. Präsidenten: Lincoln, Grant, McKinley, Th. Roosevelt, Hoover, Eisenhower, Nixon, Ford, Reagan, Bush.

Reputation [lat.] die, guter Ruf, Ansehen.

Requiem das, **Seelenmesse,** in der kath. Kirche: Totenmesse, benannt nach dem Eingangsgesang: Requiem aeternam dona eis [lat. »Gib ihnen die ewige Ruhe«]; Musikwerke von Mozart, Berlioz, Verdi, Reger.

requiescat in pace [lat.], »Er (sie) ruhe in Frieden«, Abk. **R. I. P.,** Schlußformel des Requiems; häufige Inschrift auf Grabsteinen.

requirieren [lat.], herbeischaffen, beitreiben, beschlagnahmen, bes. im Krieg.

Requisit [lat.] das, **1)** Handwerkszeug. **2)** Zubehör zur Bühnenausstattung.

Rerum novarum [lat.], die Enzyklika Leos XIII. (1891) über die kath. Soziallehre.

Resa Schah, Schah von Iran (1925-41), *1878, †1944. R., 1925 Begründer der Dynastie Pahlewi, leitete innenpolit. Reformen ein; er mußte 1941 nach dem Einrücken Großbritanniens und der UdSSR zugunsten seines ältesten Sohnes → Mohammed Resa Pahlewi abdanken und wurde in die Südafrikan. Union verbannt.

Reschenpaß der, Alpenpaß zw. Inntal und Vintschgau, 1504 m hoch.

Rescht, Rasht, Stadt im nördl. Iran, am Kasp. Meer, 189000 Ew.; Hauptseidenmarkt des Iran.

Reseda [lat.] die, krautige Pflanzen mit ährigen Blütenständen: **Wohlriechende R.,** unscheinbare, stark duftende Gartenpflanze; **Färber-R., Färberwau,** duftlos, lieferte gelben Farbstoff. (BILD S. 726)

Resektion [lat.] die, ♡ operatives Entfernen eines erkrankten Organteils oder Knochens.

Reservat [lat.] das, **1)** Vorbehalt, Sonderrecht. **2)** **R., Reservation,** fest umgrenztes Schutzgebiet (z. B. Indianerreservat).

reservatio mentalis [lat.] die, → Gedankenvorbehalt.

Reserve [frz.] die, **1)** zurückhaltendes Benehmen. **2)** Rücklage, Vorrat für die Not. **3)** Betriebswirtschaft: → Rücklage. **4)** ∴ Mannschaften **(Reservisten)** nach Ableistung ihrer aktiven Dienstzeit. **R.-Offizier,** Offizier des Beurlaubtenstandes, i. Ggs. zum aktiven Offizier.

reservieren [lat.], zurückbehalten, vormerken; belegen. **reserviert,** zurückhaltend, kühl.

Reservoir [rezervw'a:r, frz.] das, Vorrats- und Sammelbehälter, z. B. Wasserreservoir.

Residenz [lat.] die, Wohnsitz des Staatsoberhauptes (bes. eines Fürsten) oder eines hohen geistl. Würdenträgers. **R.-Pflicht,** Pflicht der Beamten, Geistlichen u. a., am Amtssitz zu wohnen. **residieren,** seinen Wohnsitz haben.

Resignation [lat.] die, Entsagung, Verzicht. Zeitw.: **resignieren. resigniert,** gefaßt, ergeben.

Resistenz [lat.] die, Widerstand.

Reskript [lat.] das, Erlaß, Verordnung.

resolut [lat.], entschlossen. **Resolution** die, Beschluß, Entschließung.

Resonanz [lat.] die, Mitklingen von Körpern, wenn die Eigenschwingungszahl (Frequenz) der einwirkenden Schwingung gleich ist, z. B. das Mitklingen einer Saite, das Mitschwingen von Bauwerken bei Erschütterungen. Auf R. beruht die Funktechnik mit ihren aufeinander abgestimmten Schwingungskreisen. **Resonator** der, ⚡ Bez. für einen Schwingkreis (→ Hohlraumresonator).

resorbieren, ein-, aufsaugen. **Resorption** die, Aufnahme von Stoffen in die Körpersäfte, bes. der Nährstoffe in Blut- und Lymphgefäße der Darmzotten.

resp., Abk. für **resp**ektive [lat.], beziehungsweise, oder.

Respekt [lat.] der, Achtung, Ehrfurcht. **respektieren,** achten, beachten.

Respighi [resp'i:gi], Ottorino, ital. Komponist, *1879, †1936; Opern, Orchester- und Kammermusik, Lieder.

Respiration [lat.] die, → Atmung.

Responsorium [lat.] das, -s/...rien, Wechselgesang zw. Geistlichem und Gemeinde.

Ressentiment [rəsãtim'ã, frz.] das, heiml. Groll; lang, oft unbewußt gehegter Haß, Neid.

Ressort [rəs'o:r, frz.] das, Fach, (Amts-) Bereich, Abteilung.

Ressource [rəs'urs, frz.] die, Hilfs-, Erwerbsquelle, Geldmittel.

Restanten [lat.] Mz., Rückstände.

Restaurant [rəstor'ã, frz.] das, Gaststätte, Wirtshaus. **Restaurateur** [rəstorat'œ:r] der, Wirt, Gastwirt.

Restauration [lat.] die, **1)** Wiederherstellung eines früheren polit. oder wirtschaftl. Zustandes, bes. die Wiedereinsetzung eines gestürzten Herrscherhauses, z. B. der Bourbonen in Frankreich 1814-30 **(R.-Zeit);** allg.: weitgehende Wiederherstellung des früheren polit. Zustandes, meist i. S. der Reaktion. **2)** das → Restaurant. **restaurieren,** wiederherstellen, erneuern.

Restaurierung [aus frz.] die, Wiederherstellung oder Erhaltung gealteter, beschädigter oder durch spätere Hinzufügung entstellter Kunstwerke.

restituieren [lat.], erstatten, ersetzen. **Restitution** die, Wiederherstellung, Erstattung.

Restitutionsedikt, 1629 von Kaiser Ferdinand II. erlassene Verordnung, den kirchl. Besitzstand von 1552 wiederherzustellen.

Restriktion [lat.] die, Beschränkung.

Resultat [lat.] das, Ergebnis, Erfolg. **resultieren,** sich ergeben, folgen.

Resümee [frz.] das, Zusammenfassung.

retardieren [lat.], aufhalten, verzögern.

Rethel, Alfred, Maler, Zeichner, *1816, †1859; Karlsfresken in Aachen; Holzschnitte.

Retikulo-Endothel [lat.-grch.] das, **retikulo-endotheliales System,** Abk. **RES,** Leistungsgemeinschaft von Zellen, die bei Stoffwechsel- und Abwehrvorgängen eine Rolle spielen; bes. in Milz, Knochenmark, Lymphknoten, Leber.

Rethel: Auch ein Totentanz

Rettungsmedaille: von oben: Preußen, R. (1833-1918); Baden-Württemberg, R. (1953); Bundesrep. Dtl., Grubenwehrehrenzeichen (1953); Großbritannien, Medaille für Tapferkeit zur See (1902)

E. Reuter

F. Reuter

Retina [lat.] die, Netzhaut im → Auge.

Retirade [frz.] die, Rückzug. **retirieren,** sich zurückziehen.

Retorsion [lat.] die, Vergeltung einer rechtmäßigen, aber unfreundl. Handlung eines Staates durch eine gleiche Handlung, z. B. Abbruch der diplomat. Beziehungen (→ Repressalie).

Retorte [frz.] die, ⚗ ⚘ zur Destillation von Flüssigkeiten verwendetes Gefäß. (BILD chemische Geräte)

Retortenbaby [-be:bi], volkstümliche Bez. für ein durch → In-vitro-Fertilisation gezeugtes Kind. Nach der Befruchtung wird der entstandene Keim (Zygote) zur Einnistung in die Gebärmutter der Frau gebracht und auf natürliche Weise ausgetragen.

retour [rət'u:r, frz.], zurück. **retournieren,** zurücksenden.

Retraite [rətr'ɛ:t, frz.] die, **1)** ∴ Rückzug. **2)** Signal zum Zapfenstreich bei der Kavallerie.

retrospektiv [lat.], rückschauend. **Retrospektive** die, Rückschau.

Rettich der, Kreuzblütergatt.: **Acker-R., Hederich,** gelbblütiges Ackerunkraut; **Garten-R.** mit pikant-scharfer Rübenwurzel, die roh gegessen wird; eine Art des Garten-R. ist das Radieschen.

Rettungsmedaille, Ehrenzeichen für Lebensrettung unter Einsatz des eigenen Lebens. (BILDER S. 727)

Rettungsring, im Wasser tragfähiger Ring aus Kork oder Schaumstoff, mit Gewebe oder Kunststoff überzogen; heute oft ersetzt durch die → Schwimmweste.

Rettungsschwimmen, zusammenfassende Bez. für die Rettungs- und Befreiungsgriffe, Tauchen, Kleider- und Beförderungsschwimmen zur Rettung Ertrinkender. Die Dt. Lebens-Rettungs-Gesellschaft hat **Rettungsprüfungen** eingeführt; ihre Mitgl. überwachen viele Badestrände.

Rettungswesen, Einrichtungen, die bei Unfällen u. a. Erste Hilfe leisten können: Rotes Kreuz, Organe der öffentl. Krankenfürsorge, freiwillige Körperschaften (Dt. Lebens-Rettungs-Gesellschaft, Ges. zur Rettung Schiffbrüchiger, Bergwacht, Samaritervereine u. a.).

retuschieren, Überarbeiten photograph. Platten oder Abzüge zur Beseitigung von Fehlern oder Herausarbeiten von Einzelheiten, z. B. durch Abdecken nebensächl. Teile. Ergebnis ist die **Retusche.**

Reuchlin, Johannes, Humanist, *1455, †1522; Vertreter eines myst. Neuplatonismus, förderte die Kenntnis des Griechischen und Hebräischen. Sein Streit mit den Dominikanern in Köln zog die → Epistolae obscurorum virorum nach sich.

Reue die, **1)** Schmerz über das eigene Tun. **2)** im Strafrecht die → tätige Reue.

Reugeld, 1) ⚖ Zahlung, die dem Leistenden vertragsmäßig den Rücktritt vom Vertrag gestattet (§ 359 BGB). **2)** vom Besitzer eines Rennpferdes dem Rennveranstalter zu zahlende Summe, wenn die Meldung nicht aufrechterhalten wurde.

Re|union [frz.] die, **1)** Verein, Versammlung. **2)** Tanzgesellschaft (in Badeorten). **3)** Wiedervereinigung, Einverleibung.

Réunion [reynj'ɔ̃], vulkan. Insel im Ind. Ozean, eine der Maskarenen, 2510 km², 565 000 Ew. (meist Kreolen); Hptst.: St.-Denis. Zuckerrohr, Duft-, Gewürzpflanzen u. a. – Seit 1652 frz., seit 1946 Übersee-Département.

Re|unionen [frz.] Mz., die gewaltsamen Aneignungen Ludwigs XIV. an der frz. Ostgrenze, bes. im Elsaß 1679-81 (Wegnahme Straßburgs), mit der Begründung, daß die besetzten Gebiete früher zu den 1648 und 1678 an Frankreich abgetretenen Ländern gehört hätten.

Reuse die, Fanggerät für Fische und Vögel aus Weiden-, Netz- oder Drahtgeflecht.

Reuß die, rechter Nebenfluß der Aare in der Schweiz, kommt vom Sankt Gotthard, durchfließt den Vierwaldstätter See, ist von da an schiffbar, 159 km lang.

Reuß, ehem. Fstt. im östl. Thüringen: **R. ältere Linie** (Greiz, seit 1778 fürstl.), **R. jüngere Linie** (Gera und Schleiz, seit 1806 fürstlich).

reüssieren [frz.], Erfolg haben.

Reuter, 1) Christian, *1665, †1712, schrieb den Lügenroman »Schelmuffsky«. **2)** Ernst, sozialdemokrat. Politiker, *1889, †1953; 1947 zum Oberbürgermeister von Berlin gewählt (Einspruch der Russen), seit 1948 Oberbürgermeister von West-Berlin. **3)** Fritz, nd. Dichter, *1810, †1874, verbrachte, als Burschenschaftler erst zum Tode, dann zu 30jähr. Festungshaft verurteilt, 7 Jahre in Festungshaft, war dann 10 Jahre als Gutsvolontär (»Strom«) tätig. Er schrieb plattdt. Gedichte, humorvolle Erzählungen »Olle Kamellen« (darunter: »Ut mine Stromtid«).

Reuters Ltd., führendes engl. Nachrichtenbüro, 1849 in Aachen gegründet, 1851 nach London verlegt.

Reutlingen, Krst. in Bad.-Württ., 97 500 Ew.; Webwaren-, Leder-, Maschinen-Ind.; Dt. Forschungsinstitut für Textil-Ind. R. war 1240 bis 1803 Reichsstadt.

Reutter, Hermann, Komponist, *1900, †1985; Opern, Klavier-, Chorwerke, Lieder.

Reval, estn. **Tallinn,** Hptst. und wichtigster Hafen der Estn. SSR, am Finn. Meerbusen, 484 000 Ew.; Domschloß, Domkirche, got. Rathaus; Baumwoll-, Papier-, Leder-, Maschinen- u. a. Ind. – R. entstand um 1230 als dt. Stadt; gehörte zur Hanse.

Revanche [rev'ãʃ, frz.] die, Vergeltung, Rache.

Reveille [rəv'ɛj, frz.] die, ∴ Wecksignal.

Reventlow [-lo], Franziska Gräfin zu, Schriftstellerin, *1871, †1918, schilderte die Münchner Bohème.

Reverend [»ehrwürdig«] der, Titel der Geistlichen im englischsprachigen Raum.

Reverenz die, Ehrerbietung; Verbeugung.

Revers [lat.] der, **1)** schriftl. Verpflichtung. **2)** Rückseite einer Münze; Vorderseite: Avers. **3)** [rəv'ɛ:r, frz.], Aufschlag an Kleidungsstücken.

reversibel [lat.], umkehrbar. ⊠ Vorgänge, die rückwärts verlaufen können. Ggs.: irreversibel, nicht umkehrbar.

Reversible [revɛrz'ibl, frz.] der, beiderseitig verwendbares Gewebe aus Kammgarn, Seide.

revidieren [lat.], nachsehen, überprüfen.

Revier [frz.] das, **1)** Bezirk, begrenztes Gebiet, Tätigkeitsbereich (bes. im Forstwesen). **2)** ⚒ größeres Abbaugebiet. **3)** Kasernenräume: Kompanie-R., Kranken-R.

Review [rivj'u:, engl.] die, Übersicht, Rundschau; Rezension, Besprechung; auch Titel engl. und amerikan. Zeitschriften.

Revirement [rəvirm'ã, frz.] das, Änderung in der Besetzung von Ämtern, bes. im diplomat. Dienst.

Revision [lat.] die, **1)** Überprüfung, Nachprüfung. **2)** regelmäßige Überprüfung des Rechnungswesens eines Unternehmens. **3)** ✎ letzte Durchsicht vor dem Druck. **4)** ⚖ Rechtsmittel zur Nachprüfung der Rechtsfragen (nicht der Tatfragen) durch ein höheres Gericht **(R.-Gericht). 5)** Abänderung von Verträgen, Verfassungsurkunden oder Gesetzen.

Revisionismus [lat.] der, **1)** gemäßigte (reformist.) Richtung innerhalb der dt. → Sozialdemokratie. Vom Kommunismus wird der R. als Verfälschung der marxist. Grundlehre bekämpft. **2)** Streben nach Änderung eines bestehenden (polit. oder völkerrechtl.) Zustandes. Die Ostblockstaaten bezeichneten die Forderung nach der Wiedervereinigung Dtl.s in den Genzen von 1937 als R. oder Revanchismus.

Revolution [frz.] die, **1)** Umwälzung. Ggs.: Evolution. **2)** polit. Umsturz, durch den eine best. Gruppe unter Bruch der Rechtsordnung zur Macht im Staate zu gelangen sucht. **3)** ☆ Umlauf eines Himmelskörpers um einen anderen. **revolutionär,** umstürzlerisch; vorwärtsdrängend. **revolutionieren,** in Aufruhr bringen.

Revolver [engl. »Drehpistole«] **1)** der, kurze Faustfeuerwaffe mit einer Mehrladeeinrichtung in Form einer drehbaren Trommel. **2)** drehbarer Werkzeugträger an Werkzeugmaschinen (z. B. R.-Drehmaschine).

revozieren [lat.], widerrufen.

Revue [rev'y, frz.] die, **1)** Bühnendarbietung aus lose aneinandergereihten Szenen mit Gesang, Tanz, Artistik (Ausstattungs-, Tanz-, Eis-R.). **2)** Titel vieler Zeitschriften.

Rex-Partei, rechtsradikale kath. Bewegung im wallon. Belgien, gegr. 1930 von L. → Degrelle. Im 2. Weltkrieg kämpften Freiwillige der R.-P. auf dt. Seite.

Reykjavik, Hauptstadt und -hafen Islands, 91 500 Ew.; Univ.; Großfunksender.

Reymont, Władysław, poln. Erzähler, *1867, †1925; Roman »Die Bauern«; Nobelpreis 1924.

Reynaud [rɛn'o], Paul, frz. Politiker, *1878, †1966; seit 1930 wiederholt Min. und Min.-Präs., versuchte 1940 den frz. Widerstand aufrechtzuerhalten. 1958 maßgebend an der neuen frz. Verfassung beteiligt.

Reynolds [r'enldz], **1)** Burt, amerikan. Filmschauspieler, *1936. **2)** Sir Joshua, engl. Bildnismaler, Schriftst., *1723, †1792.

Reyon [frz. rɛj'ɔ̃], → Kunstseide.

Reza Pahlewi, → Resa Schah.

Rezensent [lat.] der, krit. Beurteiler eines Buches oder einer künstler. Leistung, Verfasser einer **Rezension.**

rezent [lat.], **1)** neu, jung. **2)** ⊕ in der Jetztzeit noch lebend. Ggs.: fossil.

Rezept [lat.] das, **1)** ♡ schriftl., mit Datum und Unterschrift versehene Anweisung eines Arztes an den Apotheker zur Herstellung oder Abgabe einer Arznei. **2)** Zubereitungsvorschrift beim Kochen.

Rezeption [lat.] die, **1)** Aufnahme, Übernahme. **2)** Empfangsbüro. **3)** Übernahme fremden Rechts (z. B. dt. Recht in Japan); bes. das Eindringen des röm. Privatrechts in Dtl. (14.-16. Jh.). Zeitw. **rezipieren.**

rezeptiv [lat.], aufnehmend, empfänglich. Hptw.: **Rezeptivität,** die.

Rezeptur die, Zubereitung eines Arzneimittels auf Grund eines Rezeptes.

Rezeß [lat.] der, ...sses/...sse, Vereinbarung über strittige Verhältnisse, Vergleich.

Rezession [lat.] die, Nachlassen des wirtschaftl. Wachstums mit sinkender Erzeugung und steigender Arbeitslosigkeit.

rezessiv [lat.], überdeckt. Ggs.: dominant. (→ Vererbung)

Rezidiv [lat.] das, ♡ erneuter Ausbruch einer Krankheit.

reziprok [lat.], kehrwertig; z. B. ist ⅓ die **Reziproke** der Zahl 3, ihr Kehrwert.

Rezitation [lat.] die, künstler. Vortrag. **Rezitator** der, Vortragskünstler.

Rezitativ [lat.] das, ♩ dem Rhythmus und Tonfall der Sprache angepaßter Sprechgesang.

Reznicek [r'ɛznitʃɛk], Emil Nikolaus v., Komponist, Dirigent, *1860, †1945; Opern »Donna Diana«, Orchesterwerke u. a.

Rezzori, Gregor von, Schriftst., *1914; »Maghrebinische Geschichten«, »Der Tod meines Bruders Abel« u. a.

R-Gespräch, Ferngespräch, dessen Gebühr vom Inhaber des verlangten Anschlusses bezahlt werden muß.

Rh, chem. Symbol für Rhodium.

Rhabanus Maurus, → Hrabanus Maurus.

Rhabarber der, großblättrige Knöterichgewächse, aus Innerasien. Vom **Echten R.** geben die fleischigen Wurzeln abführende Pillen; die oxalsäurehaltigen Blattstiele Gemüse, Kompott.

Rhapsode der, altgrch. Wandersänger, der Gedichte, bes. die des Homer, öffentlich vortrug.

Rhapsodie [grch.] die, **1)** von einem Rhapsoden vorgetragenes Gedicht. **2)** ♩ Tonstück balladesken Charakters in freier Form (Brahms); Phantasiestück über nationale Volksweisen (Liszt). **rhapsodisch,** bruchstückartig.

Rhätikon, → Rätikon.

Rhea, grch. Göttermutter, Gattin des Kronos.

Rheda-Wiedenbrück, Stadt in NRW, an der Ems, 37 500 Ew.; niedersächs. Baudenkmäler, Möbel- u. a. Ind.

Rhein [wohl keltisch »Strom«] der, einer der großen Flüsse Europas; Länge: 1320 km; entsteht in der östl. Schweiz, im Kt. Graubünden, aus dem **Vorder-R.,** der vom St.-Gotthard-Massiv kommt, und dem **Hinter-R.,** der am Rheinwaldhorn in den Adula-Alpen entspringt. Er bildet später den **Alpen-R.,** durchfließt den Boden- und Untersee, bildet bei Schaffhausen den **R.-Fall** (160 m breit, 21 m hoch), fließt nach W bis Basel **(Hoch-R.),** dann nach N durch die Oberrhein. Tiefebene bis Mainz **(Ober-R.),** darauf westl. am Rheingau entlang, von Bingen ab nach NW und durchbricht das Rhein. Schiefergebirge **(Mittel-R.).** Bei Bonn tritt der R. in das norddt. Flachland ein **(Nieder-R.)** und mündet in mehreren Armen in die Nordsee: **Waal,** der mit Merwede, Noord, Nieuwe Maas als Nieuwe Waterweg in die Nordsee mündet; der nördl. Arm **(Pannerdenscher Kanal)** fließt als Neder-Rijn und Lek weiter, mündet in die Nieuwe Maas. Die wichtigsten Nebenflüsse sind rechts: Kinzig, Murg, Neckar, Main, Lahn, Sieg, Wupper, Ruhr, Emscher, Lippe; links: Aare, Ill, Sauer, Lauter, Nahe, Mosel, Ahr, Erft, Maas. Wirtschaftlich ist der R. von Bedeutung, bes. für die Güterbeförderung Westdtl.s bis zum Meer. Die Seeschiffahrt reicht bis Köln, die Großschiffahrt bis Straßburg, die Schiffahrt überhaupt bis Rheinfelden. Die bedeutendsten R.-Häfen sind: Kehl, Straßburg, Karlsruhe, Mannheim-Ludwigshafen, Mainz, Bingen, Koblenz, Köln, Düsseldorf, Duisburg, Wesel, Arnheim, Nimwegen, Dordrecht, Utrecht (→ Rheinseitenkanal). Wichtige Kanalverbindungen: R.-Herne-Kanal, R.-Marne-Kanal, R.-Rhône-Kanal, Amsterdam-R.-Kanal, der Neue Wasserweg Rotterdam-Nordsee. → Rhein-Main-Donau-Großschiffahrtsweg.

Rheinberg, Stadt in NRW, 26 400 Ew.

Rheinbund, 1) Bündnis westdt. Fürsten mit Frankreich gegen Österreich und Branden-

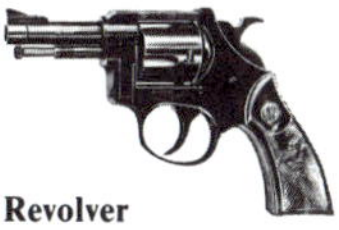

Revolver

Reykjavik

Rhabarber: Medizinal-R.

Rhein bei Bacharach, vorn Burg Stahleck

burg/Preußen (»Rhein. Allianz« 1658-1668). **2)** 1806 von den süd- und westdt. Fürsten unter der Schutzherrschaft Napoleons I. gegr. Bund, der zur Auflösung des alten Dt. Reiches führte. Später traten der König von Sachsen und die kleineren mittel- und norddt. Fürsten dem R. bei; er zerfiel 1813.

Rheine, Stadt in NRW, an der Ems, 70600 Ew.; Solbad; Textil-, Eisenind.

Rheinfelden, 1) R. in Baden, Stadt in Bad.-Württ., am Rhein oberhalb von Basel, 27500 Ew.; Aluminium- u. a. Ind. **2)** Solbad im schweizer. Kt. Aargau, 6900 Ew., gegenüber von 1).

Rheingau, das vom westl. Taunus **(R.-Gebirge)** zum Rhein abfallende, klimatisch begünstigte Hügelland; obst- und weinreich. – Der R. kam im 13. Jh. an die Erzbischöfe von Mainz, 1803 an Nassau. **R.-Weine,** die rechtsrhein. Weine zw. Hochheim am Main und Lorch am Rhein.

Rhein-Herne-Kanal, Schiffahrtsweg zw. dem Rhein bei Duisburg und dem Dortmund-Ems-Kanal bei Herne, 45 km lang.

Rheinhessen, Landschaft in Rheinl.-Pf., fruchtbares Hügelland von Worms bis Bingen.

Rheinhessen-Pfalz, RegBez. (seit 1969) in Rheinl.-Pf., 6830 km^2; 1,806 Mio. Ew.; Hptst.: Neustadt a. d. Weinstraße.

Rheinisches Schiefergebirge, Mittelgebirge zu beiden Seiten des Rheins unterhalb von Bingen; rechtsrheinisch Taunus, Westerwald mit Siebengebirge, Bergisches Land, Sauerland mit Rothaargebirge, linksrheinisch Hunsrück und Eifel-Ardennen.

Rheinisch-Westfälisches Industriegebiet, → Ruhrgebiet.

Rheinlande, dt. Gebiete zu beiden Seiten des Rheins. Durch Caesar kam das linke Rheinufer unter röm. Herrschaft; während der Völkerwanderung drangen die Franken ins linksrhein. Gebiet ein und schufen von hier aus das → Fränkische Reich, das die R. umfaßte. Im Karolingerreich wurden sie zur Mittelachse des Reiches und kamen bei den Reichsteilungen (870 Vertrag von Mersen) an das Ostfränk., spätere Hl. Röm. Reich. Im MA. bildeten sich geistl. und weltl. Fstt. Seit dem 17. Jh. strebte Frankreich nach der Rheingrenze: es gewann 1648 das Elsaß (ohne Straßburg), besetzte 1681 u. a. Straßburg und erhielt 1766 das Hzgt. Lothringen. In den Frz. Revolutionskriegen erreichte Frankreich vorübergehend sein Ziel, mußte jedoch 1815 mit Ausnahme Straßburgs und Teilen Lothringens die R. wieder an Dtl. zurückgeben. Aus den altpreuß. und kurpfälz. Gebieten, den geistl. Kurfürstentümern Köln und Trier und kleineren Territorien wurde die preuß. **Rheinprovinz** gebildet.

Rheinländer, Rheinische Polka, Rundtanz in mäßigem ¾-Takt.

Rheinland-Pfalz

Rheinland-Pfalz, Land der Bundesrep. Dtl., 19847 km^2, 3,630 Mio. Ew.; Hptst.: Mainz. 3 RegBez.: Koblenz, Trier, Rheinhessen-Pfalz. STATISTIK Bundesrepublik Deutschland, ⊕ S. 488/489.

R.-P. hat Anteil am Rhein. Schiefergebirge (Hunsrück, Teile von Eifel, Westerwald und Taunus), am Oberrheintalgraben mit Rheinhessen, an der Haardt und dem Saar-Nahe-Berg- und Hügelland. Wichtigste Flüsse: Rhein, Nahe, Mosel mit Saar, Lahn. Ackerbau im Neuwieder Becken, in Rheinhessen, der Vorderpfalz, im Zweibrücker Hügelland u. a. Weinbau an Rhein, Ahr, Mosel und Nahe, in Rheinhessen und der Pfalz. Forstwirtschaft (39% Waldfläche), Mineralquellen. Chem. Ind. (Ludwigshafen), Maschinenbau (Kreuznach, Frankenthal u. a.), Eisen- und Stahlwerke (Randgebiete des Siegerlandes), Textil- (Kaiserslautern), Schuhind. (Pirmasens) u. a., Baustoffe und Basalt bes. im Neuwieder Becken. Fremdenverkehr. – R.-P. wurde 1946 aus der bayer. Pfalz, Rheinhessen, Teilen der preuß. Rheinprov. und der Prov. Hessen-Nassau gebildet. 1951-71 Koalition CDU/FDP, 1971–87 CDU-Reg., seither Koalition CDU/FDP, MinPräs.: C.-L. Wagner (seit 1988).

Rhein-Main-Donau-Großschiffahrtsweg, Europa-Kanal, im Bau befindliche Kanalverbindung zw. Rhein und Donau für Schiffe bis 1500 t Tragfähigkeit, benutzt zw. dem Rhein und Bamberg das Flußbett des Mains.

Rhein-Marne-Kanal, Kanal vom Rhein bei Straßburg bis zum Seitenkanal der Marne bei Vitry, 315 km lang.

Rheinpfalz, → Pfalz.

Rhein-Rhône-Kanal, 320 km langer Kanal vom Rhein bei Straßburg über Mülhausen zur Saône.

Rheinsberg (Mark), Stadt im Bez. Potsdam, nördlich von Neuruppin, 5500 Ew.; Schloß und Kronprinzensitz Friedrichs d. Gr.

Rheinseitenkanal, Kanal im Elsaß, der den Oberrhein zw. Basel und Straßburg streckenweise auf frz. Gebiet ableitet.

Rheinstein, Burg am Rhein gegenüber Aßmannshausen; enthält bed. Sammlungen.

Rheinwaldhorn, der höchste Gipfel der Adula-Alpen, 3402 m hoch.

Rheinweine, die im Flußgebiet des Rheins erzeugten Weine (Rheingau, Rheinhessen, Mittelrhein, auch die der Rheinpfalz und Bergstraße).

Rhenium das, **Re,** chem. Element, Metall; D 21,0 g/cm^3, Schmelzpunkt 3180 °C; tritt in der Natur spurenweise auf, meist mit Molybdän.

Rheostat [grch.] der, veränderl. elektr. Widerstand.

Rheotropismus [grch.] der, **Rheotaxis** die, Einstellen mancher Pflanzenteile oder Tiere zur Strömungsrichtung (Stromaufziehen der Lachse zum Laichen).

Rhesus|affe, vorderind., zierl. Makak-Affe, in vielen Tiergärten gehalten.

Rhesusfaktor, Rh-Faktor, Blutkörperchenmerkmal Rh (nach dem Rhesusäffchen benannt), das bei 85% der Europiden vorhanden ist. Sein Fehlen wird mit rh bezeichnet. Wiederholtes Zusammentreffen von rhesuspositivem (Rh) mit rhesusnegativem (rh) Blut (Transfusion; Schwangerschaft) kann zu bedrohl. Unverträglichkeiten (z. B. Transfusionszwischenfall) führen.

Rhetorik [grch.] die, → Redekunst; **rhetor. Frage,** Frage, auf die man keine Antwort erwartet, z. B.: »Was hilft's?«. **Rhetor** der, Redner, Lehrer der Redekunst.

Rheumatismus [grch.] der, **Rheuma** das, **Gliederreißen,** Sammelbez. für verschiedenartige mit Schmerzen einhergehende Krankheiten des Bewegungs- und Stützapparates (Knochen, Muskeln, Bindegewebe), deren Ursachen nur z. T. geklärt sind. Man unterscheidet zw. **Gelenk-R.,** der in die degenerativen und entzündl. Gelenkkrankheiten unterteilbar ist, und **Weichteil-R.** von Muskeln und Bindegewebe. Der Weichteil-R. geht mit Schmerzen und Sensibilitätsstörungen einher, die temperatur-, lage- und belastungsabhängig sind. Die Schmerzen treten bes. an best. Stellen (Rücken, Gelenknähe) auf und führen zu Bewegungs- und Funktionseinschränkungen. I. d. R. handelt es sich um einen Dauerschmerz wechselnder Stärke, der durch zahlreiche Faktoren wie Wetter, psych. Verfassung und bes. Infekte mitbeeinflußt werden kann. Behandlung: je nach Form des R. Wärmeanwendung, Krankengymnastik, physikal. Therapie (Massagen, Bäder u. a.), schmerzstillend und entzündungshemmend wirkende Arzneimittel (Antiphlogistika), Glucocorticoide u. a.; Operation.

Rhin, rechter Nebenfluß der Havel, durchfließt viele durch Kanäle verbundene Seen.

Rhinologie [grch.] die, Nasenheilkunde.

Rhinozeros [grch.] das, ein → Nashorn.

Rhizoid [grch.] das, wurzelähnl. Zellfaden der Moose, Flechten.

Rhizom [grch.] das, → Wurzelstock.

Rhizopoden [grch.] Mz., → Wurzelfüßer.

Rhodan das, Thiocyan, Atomgruppe SCN. Die Salze der **R.-Wasserstoffsäure,** HSCN, die **Rhodanide,** haben in der chem. Analyse Bedeutung.

Rhode Island [rəʊd 'aɪlənd], Abk. **R. I.,** der kleinste Staat der USA, 3144 km², 975000 Ew., am Atlant. Ozean; Hptst.: Providence. Textil-, Maschinen-, elektron. u.a. Ind. – 1636 als engl. Kolonie und als Stätte der Glaubensfreiheit gegründet.

Rhodes [rəʊdz], Cecil, engl.-südafrikan. Kolonialpolitiker, *1853, †1902, wurde durch die Ausbeutung südafrikan. Diamantenfelder sehr reich, war 1890-96 MinPräs. der Kapkolonie, veranlaßte die Besitznahme des Betschuanalandes und des später nach ihm Rhodesien benannten Gebiets, erstrebte die Eingliederung der Burenfreistaaten.

Rhodesi|en, ehem. brit. Gebiet im nördl. Südafrika, das bis 1964 die Teilgebiete Nord-R. und Süd-R. umfaßte. – R. wurde 1889/90 von der Brit.-Südafrikan. Ges. in Besitz genommen, 1895 nach C. Rhodes benannt, dann ständig erweitert. Nord- und Süd-R. waren 1953-63 mit Njassaland zur Zentralafrikan. Föderation zusammengeschlossen. Nord.-R. wurde 1964 als → Sambia unabhängig; Süd-R. verblieb als Rhodesien brit. Kolonie. Seine einseitige Unabhängigkeitserklärung 1965 wurde von Großbritannien mit wirtschaftl. Sanktionen beantwortet. Seit 1978 gab es eine gemischtrassige Übergangsreg. unter dem langjährigen weißen MinPräs. I. Smith (seit 1964), 1979 kurzfristig eine von A. Muzorewa geführte Reg. mit schwarzafrikan. Mehrheit, die von der Patriot. Front (Führer J. Nkomo und R. Mugabe) bekämpft und international nicht anerkannt wurde. Weiteres → Simbabwe.

Rhodium [grch.] das, **Rh,** chem. Element, Platinmetall; D 12,41 g/cm³, Schmelzpunkt 1966 ± 3 °C; wird zu Thermoelementen verwendet.

Rhododendron [grch.] das, -s/... dren, **Alpenrose,** Gatt. schön blühender Heidekrautgewächse mit vielen Arten. In den Alpen 2 Arten, **Almrausch** genannt, niedrige Sträucher mit immergrünen Blättern und leuchtendroten Blüten. Asiat. und nordamerikan. Arten mit großen Blüten sind Gartensträucher.

Rhodope-Gebirge, waldreiches Gebirge in SW-Bulgarien; bis 2925 m hoch.

Rhodos, 1) grch. Insel im Ägäischen Meer, 1400 km², 69000 Ew., meist Griechen; gebirgig (bis 1215 m); bedeutende Ruinenstätten (Lindos, Kamiros), Fremdenverkehr; Wein, Olivenöl. – R. erlebte als grch. See- und Handelsmacht des Altertums seine Blütezeit im 3. und 2. Jh. v. Chr. Es war 1310-1522 Sitz des → Johanniterordens, dann türkisch, 1912-47 italienisch, seitdem griechisch. **2)** Hptst. der Insel und des Dodekanes, 43000 Ew.; Hafen; Ritterpaläste.

Rhombus [grch.] der, **Raute,** Parallelogramm mit 4 gleich langen Seiten.

Rhön die, Mittelgebirge zw. Werra, Fulda und Fränk. Saale, gliedert sich in die südl. **Hohe R.** (Wasserkuppe, 950 m hoch) und die nördl. **Kuppen-** oder **Vorder-R.** (Milseburg, 835 m hoch). Viehzucht, gewerbl. Heimarbeit, Kalibergbau; Segelflug.

Rhondda [r'ɔndə], Bergwerks-, Industriestadt in Wales, Großbritannien, 82000 Ew.

Rhône [ro:n] die, Fluß der Schweiz und Frankreichs, entsteht aus dem **R.-Gletscher** zw. Grimsel- und Furkapaß, durchströmt den Genfer See, wendet sich bei Lyon nach S, mündet in 2 Hauptarmen in den Golfe du Lion; 812 km lang, von Lyon an schiffbar. Durch Kanäle mit Rhein, Seine, Loire, Marseille verbunden.

Rhönrad, Turngerät aus 2 miteinander quer verbundenen gleich großen Reifen (1,40-2,20 m) aus Stahlrohr, mit Griffen versehen sowie Brettern zum Anschnallen der Füße.

Rhythm-and-Blues [rɪðm ænd blu:z, engl.], Ende der 1930er Jahre aus dem Blues entstandene Variante der afroamerikan. Musik, in den 50er Jahren in den städt. Negervierteln der USA weit verbreitet.

Rhythmus [grch.] der, period. Gliederung, von grundlegender Bedeutung für die meisten Lebensvorgänge und Arbeitsleistungen. Der R. ist wesentl. für alle »Zeitkünste« (Musik, Dichtung, Tanz). In der Musik betrifft er die Zeitdauer der einzelnen Töne im Verhältnis zueinander (**Rhythmik:** i.e.S.: lang – kurz), den Wechsel nach Gewicht und Betonung (**Metrik:** leicht – schwer) und das Zeitmaß (Tempo) des Gesamtablaufs; mit der Melodik ist er Hauptträger der musikal. Aussage. **rhythmisch,** regelmäßig wiederkehrend.

Riad, → Er-Riad.

Rial der, iran. Währungseinheit.

Rialtobrücke, Brücke über den Canal Grande in Venedig, erbaut 1587-91.

RIAS Berlin, Abk. für **R**undfunk **i**m **a**merikan. **S**ektor (Berlin), gegr. 1946.

Ribbentrop, Joachim v., *1893, † (hingerichtet) 1946; 1936-38 Botschafter in London, 1938-45 Reichsaußenmin., hatte wesentl. Anteil an Hitlers Macht- und Kriegspolitik; 1946 in Nürnberg verurteilt.

Ribeirão Prêto [ribejr'ãum pr'etu], Stadt im brasilian. Staat São Paulo, 197000 Ew.; Kaffeeplantagen, Stahlind.

Ribera [riß'era], Jusepe de, span. Maler, *1591, †1652; Meister des span. Barocks.

Ribnitz-Damgarten, Krst. im Bez. Rostock, am **Ribnitzer Bodden,** 17500 Ew.; alte Kirchen.

Ribonucle|insäuren, Abk. **RNS,** → Nucleinsäuren.

Ricardo [rɪk'ɑ:dəʊ], David, engl. Volkswirtschaftler, *1772, †1823; Liberaler, entwikkelte eine geschlossene Werttheorie, eine Theorie der Grundrente, des Arbeitslohns, des Geldes u.a.

Riccione [rittʃ'one], Seebad an der ital. Adriaküste, Prov. Forli, 32000 Ew.

Richard [ahd. »der mächtig Starke«], männl. Vorname.

Richard, Fürsten: **Dt. König. 1) R. von Cornwallis** (1257-72), als Gegenkönig Alfons' von Kastilien während des »Interregnums« aufgestellt. **– England, Könige. 2) R. I. Löwenherz** (1189-99), nahm 1190-92 am 3. Kreuzzug teil, geriet auf dem Rückweg in die Gefangenschaft Kaiser Heinrichs VI., erst 1194 freigelassen. **3) R. II.** (1377-1399), wegen seines willkürl. Regiments wurde er von Heinrich IV. und dem Parlament zum Rücktritt gezwungen. **4) R. III.** (1483-85), aus dem Hause York, an-

Rhododendron

Richard II.

Rhönrad

B. Riemann

fangs Herzog von Gloucester, gelangte durch die Ermordung seiner jungen Neffen Eduard V. und R. auf den Thron, fiel im Kampf gegen Heinrich VII. Tudor.

Richardson [r'ıtʃədsn], **1)** Dorothy M., engl. Erzählerin, *1873, †1957; »Pilgerfahrt«. **2)** Samuel, engl. Erzähler, *1689, †1761; Schöpfer des bürgerl. Familienromans: »Pamela«, »Clarissa«.

Richelieu [riʃəlj'ø], Armand Jean du Plessis [dyplɛs'i], Herzog von, Kardinal, frz. Staatsmann, *1585, †1642, seit 1624 leitender Minister Ludwigs XIII., setzte im Kampf gegen den Hochadel den Absolutismus des Königs durch, nahm den Hugenotten nach der Eroberung von La Rochelle 1628 ihre polit. Sonderstellung, griff 1635 auf schwed. Seite in den Dreißigjährigen Krieg ein, um die span.-habsburg. Macht zurückzudrängen. Begründer der Vormachtstellung Frankreichs.

Richmond [r'ıtʃmənd], Hptst. von Virginia, USA, 219 000 Ew.; Ind. – R. war im Sezessionskrieg die Hptst. der Südstaaten.

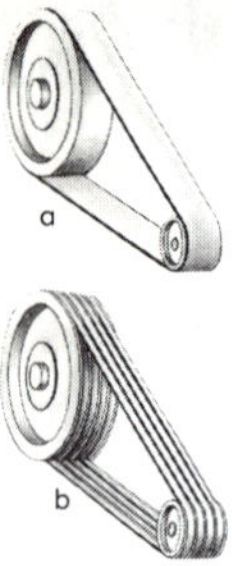

Riemen 1): Riementrieb, a Flachriemen, b Keilriemen

Richter der, ⚖ mit der Vollmacht zur Entscheidung von Rechtsstreitigkeiten ausgestatteter Staatsbeamter. Die Fähigkeit zum R.-Amt wird durch 2 staatl. Prüfungen erlangt: nach dem Rechtsstudium und nach einer dreieinhalbjährigen Vorbereitungszeit. Die R. sind in ihren Entscheidungen unabhängig und nur dem Gesetz unterworfen, d. h. sie sind an keine Weisungen eines »Vorgesetzten« gebunden und dürfen wegen ihrer richterl. Tätigkeit nicht benachteiligt werden. – Neben den Berufs-R. gibt es → Laienrichter.

Richter, Führer des israelit. Volkes nach Besetzung Kanaans bis zum Königtum Sauls. Ihre Geschichte berichtet das **Buch der R.** im A. T.

Richter, 1) Hans Werner, Schriftst., *1908; Gründer der literar. »Gruppe 47«. **2)** Johann Paul Friedrich, Dichter, → Jean Paul. **3)** Ludwig, Maler und Zeichner, *1803, †1884; Meister der volkstüml. Illustration; Landschaften; »Lebenserinnerungen eines dt. Malers«. **4)** Swjatoslaw Theophilowitsch, russ. Pianist, *1914.

Richter-Skala [n. C. F. Richter, *1900, †1985], ⊕ Erdbebenskala (nach oben hin nicht begrenzt) zur objektiven Feststellung der Erdbebenstärke mit Seismographen.

Richtfest, bei einem Neubau die Feier der Handwerker und des Bauherrn nach Errichtung des Dachstuhls.

Richtfunkverbindung, Nachrichtenübertragungsweg: mit scharf bündelnden Antennen werden die mit der Nachricht modulierten hochfrequenten elektromagnet. Schwingungen übertragen. Zur Überbrückung großer Entfernungen werden Relaisstationen (als Satelliten zur Überbrückung sehr großer Entfernungen) zwischengeschaltet.

Riemenschneider: Heiligblutaltar 1501-1504, Rothenburg ob der Tauber, St. Jakob

Richelieu, Gemälde von P. de Champaigne

Richthofen, Frhr. v., **1)** Ferdinand, Geograph, *1833, †1905, reiste in Süd- und Ostasien, Kalifornien, erforschte China. **2)** Manfred, Frhr. v., *1892, † (gefallen) 1918; erfolgreichster dt. Jagdflieger des 1. Weltkrieges (80 Luftsiege).

Richthofengebirge, chines. Name **Qilian Shan,** Teil des Nan Shan (Innerasien), bis 5934 m hoch.

Richtscheit das, geradlinige Holzleiste; dient als Unterlage für die Wasserwaage.

Richtstrahler, → Antenne.

Ricke [zu Reh] die, weibl. Reh.

Rickert, Heinrich, Philosoph, *1863, †1936; gründete mit W. Windelband die südwestdt. (bad.) Schule des → Neukantianismus.

ridikül [frz.], ✿ lächerlich.

Ridinger, Riedinger, 1) Georg, Baumeister, *um 1568; Aschaffenburger Schloß (1604-14). **2)** Johann Elias, Maler, Graphiker, *1698, †1769; Tier- und Jagddarstellungen.

Riechstoffe, chem. Verbindungen von kennzeichnendem Geruch, verwendet in Parfümerie und Kosmetik, auch in der Genußmittelind.

Ried das, **1)** ♀ rohr- oder schilfförmige Uferpflanzen. **2)** Sumpf, Moor.

Riedbock, Wasserbock, rehgroße Antilope in Mittel- und Südafrika, an Ufersümpfen.

Riefe die, Rille, Furche.

Riege die, ↗ kleinste Turnerabteilung.

Riehl, 1) Alois, Philosoph, *1844, †1924, vertrat eine Mittelstellung zw. Realismus und Idealismus. **2)** Wilhelm Heinrich, Kulturhistoriker, *1823, †1897, Direktor des Bayer. Nationalmuseums; Mitbegründer der dt. Soziologie und der wissenschaftl. Volkskunde.

Riemann, 1) Bernhard, Mathematiker, *1826, †1866; arbeitete über Funktionentheorie, Differentialgleichungen und bes. über die Grundlagen der Geometrie. **2)** Hugo, Musikhistoriker, *1849, †1919; »Musiklexikon«.

Riemannsche Geometrie, System geometr. Sätze, in dem der Raum eine von Ort zu Ort veränderl. Krümmung haben kann und demnach der Begriff der Geraden durch den Begriff der kürzesten Linie **(geodät. Linie)** ersetzt ist.

Riemen der, **1) Treibriemen,** endloses Band aus Leder, Gummi, Gewebe, Kunststoff zur Kraftübertragung (Flach-R., Keil-R. mit trapezförmigem Querschnitt, Zahn-R.). **R.-Trieb,** Verbindung zweier R.-Scheiben durch den R. **2)** volkstüml. **Ruder,** hölzerne Stange mit schaufelartiger Verbreiterung (»Blatt«) am Ende, zur Fortbewegung von Booten.

Riemenschneider, Tilman, Bildhauer und Bildschnitzer, *um 1460, †1531; ein Hauptmeister der dt. Spätgotik: Scherenberggrabmal (Würzburg), Schnitzaltäre in Rothenburg, Creglingen, Dettwang. (BILD S. 732)

rien ne va plus [ri'ɛ̃ nə va pl'y, frz.], nichts geht mehr (Anweisung beim Roulettespiel).

Rienz, linker Nebenfluß des Eisack in Tirol, mündet bei Brixen, 95 km lang.

Rienzo, Rienzi, Cola di, röm. Volksführer, *1313, †(ermordet) 1354; suchte 1347 im päpstl. Rom einen Freistaat nach altröm. Muster zu errichten, regierte kurze Zeit als Tribun.

Ries das, Papiermaß, früher 20 Buch = 500 Bogen, heute **Neuries** = 10 Buch = 1000 Bogen. 10 R. = 1 Ballen.

Ries das, fruchtbare Einsenkung zw. der Schwäb. und der Fränk. Alb; Hauptort Nördlingen.

Riesa, Krst. im Bez. Dresden, 49 100 Ew.; Umschlaghafen an der Elbe; Stahl- und Walzwerk, Großmühlen.

Riese der, **1)** ♡ ♤ ♧ Lebewesen von übernormaler Körpergröße. **2)** Sage, Märchen: Giganten, Titanen, Zyklopen u. a., Verkörperungen der Naturkräfte, Feinde der Götter, Menschenfresser u. ä.

Riese, Ries, Adam, Rechenmeister, *1492, †1559, verfaßte Lehrbücher des prakt. Rechnens.

Riesel|anlagen dienen zur Bewässerung und Düngung von Feldern **(Rieselfelder)** oder Wiesen mit vorgeklärten städt. Abwässern, auch zur Abwasserreinigung.

Riesengebirge, höchster Teil der Sudeten, 37 km lang, 22-25 km breit. Auf dem Kamm verläuft die Grenze zw. der VR Polen und der ČSFR. Das R. ragt über die Waldgrenze auf und hat Reste einer Vergletscherung: Große und kleine Schneegrube, Großer und Kleiner Teich (Hochseen). Die höchste Erhebung ist die Schneekoppe (1603 m). Das R. hat viele Bäder, Kurorte (Krummhübel, Schreiberhau, Warmbrunn u. a.), Wintersportplätze; neuerdings wird es stark industrialisiert.

Riesenhuber, Heinz, Politiker (CDU), *1935; wurde 1982 Bundesmin. für Forschung und Technologie.

Riesensalamander, lidlose Schwanzlurche, bis 1,60 m lang; in Gebirgsbächen O-Asiens.

Riesenschlange, 4-9 m lange, ungiftige trop. Schlange, die ihre Beute durch Umschlingen erdrückt. Sie verschlingt Tiere bis zur Größe eines Schweines. **Tigerschlange,** 3,5 m lang, lebt in sumpfigen Gegenden Indiens; **Abgott-** oder **Königsschlange (Boa),** bis 6 m lang, im nördl. Südamerika; **Anakonda,** bis 7 m lang, in Brasilien, lebt am und im Wasser.

Riesling der, eine Traubensorte.

Rietschel, Ernst, Bildhauer, *1804, †1861; Lutherdenkmal in Worms.

Rif das, **Er-Rif,** Gebirge im N Marokkos, bis 2453 m hoch, schluchtenreich. **Rifkabylen,** Berber der N-Küste Marokkos, Viehzüchter und Ackerbauern, früher oft Seeräuber.

Riff das, schmale Bank oder Klippen im Meer (Sand-, Fels-, Korallen-R.), dicht unter dem Meeresspiegel, als Untiefen gefürchtet.

Riga, Hptst. der Lett. SSR, 913 000 Ew.; Hafenstadt an der Düna; im 2. Weltkrieg stark zerstört; hatte viele alte Bauwerke: Domkirche (1211-26), Petrikirche (1409-91), kath. Jakobikirche (1226), Schloß (1330, 1491-1515); Univ. Lebensmittel-, Textil-, Metall-, Maschinen-, chem., Holz- u. a. Ind. – R. wurde als dt. Stadt 1201 gegr., 1255 Erzbischofssitz, 1282 Mitgl. der Hanse, kam 1582 unter poln., 1621 schwed., 1710 russ. Herrschaft; 1918-1940 Hptst. der Rep. Lettland.

Rigaud [rig'o], Hyacinthe, frz. Maler, *1659, †1743; malte Mitgl. des Hofs, Gelehrte, Künstler.

Rigel der, ☆ hellster Stern im Orion.

Rigi der und die, Gebirgsstock am Vierwaldstätter See, Schweiz, 1797 m hoch.

rigoros [lat.], streng, hart. **Rigorosum** das, die mündl. Doktorprüfung.

Rigveda der, ältestes Denkmal des ind. Schrifttums mit 1028 meist relig. Liedern; reicht bis ins 2. Jahrtsd. v. Chr. zurück.

Rijeka [rij'ɛka], ital. **Fiume,** Hafenstadt in Kroatien, Jugoslawien, am Golf von R., 158 000 Ew.; Schiffswerften, Maschinenbau, Ölraffinerie, Tabakfabriken. – Bis zum 1. Weltkrieg war R. der Hafen Ungarns, 1920 wurde es Freistaat, 1924 italienisch, 1947 jugoslawisch.

Rijswijk [r'ɛjswɛjk], Stadt in S-Holland, 50 500 Ew. Im **Frieden von R.** 1697 mußte Ludwig XIV. von Frankreich die → Reunionen bis auf das Elsaß mit Straßburg herausgeben.

Rikli, Arnold, schweizer. Naturheilkundiger, *1823, †1906; Sonnenlichtbehandlung.

Rikscha [japan.] die, zweirädriger Wagen, wird von einem zw. den Deichseln laufenden oder auf einem Fahrrad (Motorrad) sitzenden Mann gezogen.

Riksmål [-mo:l], heute **Bokmål** das, → norwegische Sprache.

Rilke, Rainer Maria, Dichter, *1875, †1926; empfing maßgebende Eindrücke in Rußland und Paris bei Rodin, drückte mit großer Sprach- und Reimkunst Einsamkeit, Schwermut, Weltangst und Suche nach Gott, schließlich schwer erkämpfte Weltbejahung

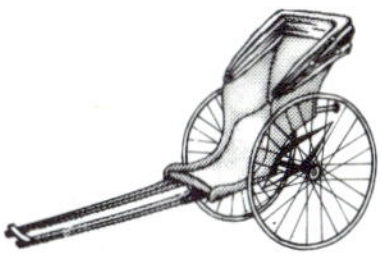

Rikscha

Rilke

1

2

3

Rinderrassen: 1 Simmentaler Fleckvieh, **2** Allgäuer Braunvieh, **3** Dt. Schwarzbuntes Niederungsvieh

Rimbaud

aus; »Stundenbuch«; »Duineser Elegien« und »Sonette an Orpheus«. Weitere Werke: lyr. Prosa »Weise von Liebe und Tod des Cornets Christoph R.«; Roman »Aufzeichnungen des Malte Laurids Brigge«; Briefe.

Rimbaud [rɛ̃b'o], Jean-Arthur, frz. Dichter, *1854, †1891; seine wenigen visionären Dichtungen (»Die Erleuchtungen«, »Ein Aufenthalt in der Hölle«) haben den frz. → Symbolismus aufs stärkste beeinflußt.

Rimesse [ital.] die, **1)** Übersendung eines Wechsels zur Deckung einer Schuld. **2)** der übersandte Wechsel.

Rimet [rim'ɛ], Jules, frz. Sportfunktionär *1873, †1956, 1921-54 Präs. des Welt-Fußballverbandes, stiftete den **Coupe Jules Rimet** [kup ʒyl-] für Fußball-Weltmeisterschaften.

Ringelblume: Garten-R. mit (links) Fruchtstand

Rimini, Hafenstadt in Mittelitalien, am Adriat. Meer, 131 000 Ew.; Altertümer, Seebad.

Rimskij-Korssakow, Nikolaj A., russ. Komponist, *1844, †1908; Opern, Orchester-, Klaviermusik u. a.

Rinaldo Rinaldini, Titelheld eines Räuberromans (1797) von C. A. Vulpius.

Rinckart, Martin, Dichter, *1586, †1649; schrieb geistl. Lieder (»Nun danket alle Gott«).

Rind das, Wiederkäuer mit dicken, nach außen gebogenen Hörnern. Die weibl. R. (Kühe) haben ein Euter mit 4 Zitzen, viele R. am Unterhals eine hängende Hautfalte (Wamme). Die Wild-R. leben gesellig im Wald- oder Grasland, als Haustiere sind sie über die ganze Erde verbreitet. Zu den R. gehören **Büffel, Zebu** oder **Buckelochse, Jak** oder **Grunzochse, Wisent** oder **Bison.** Das europ. **Haus-R.** stammt vom Auerochsen ab. Es erscheint als Haustier schon in der mittl. Steinzeit und wurde urspr. als heiliges Tier verehrt. Es ist eines der wichtigsten Nutztiere, als Fleisch-, Milch- und Arbeitstier. Es ist im 3.-5. Jahr ausgewachsen und wird über 20 Jahre alt. Die Tragzeit dauert 9 Monate. Das junge R. heißt **Kalb;** das männl. zuerst **Jungtier,** das geschlechtsreife **Stier (Bulle, Farren),** kastriert **Ochse.** Das weibl. R. heißt vor dem 1. Kalben **Färse, Kalbin,** danach **Kuh.** R.-Rassen: 1) Niederungs- und Tieflandrassen; schwarzbunte oder rotbunte R. 2) Höhenvieh: Schweizer, Dt. Fleckvieh, graubraunes Allgäuer R. 3) Engl. Vieh (Shorthorn). Sie unterscheiden sich nach Milch-, Mast- und Zugleistung. (BILDER S. 733)

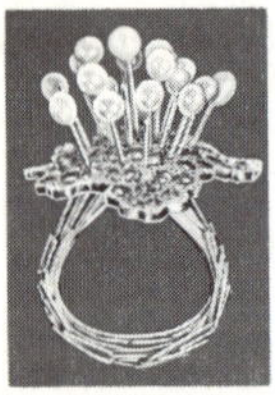
Ring 2): Damen-R., 1971

Rinde die, **1)** ⚘ vom Kambium nach außen liegendes Gewebe der Pflanzenachse; i. Ggs. zum innen liegenden Mark oder Holz. Bei zunehmender Dicke des Stammes reißt die Oberhaut. Die nun entstehende Korkschicht läßt die außerhalb davon liegenden Zellen absterben und als Borke abblättern. Aus der R. versch. Pflanzen gewinnt man Gerb-, Arznei- und Gewürzstoffe. (BILDER S. 735)

Rio de Janeiro

2) das Mark umgebende äußere Schicht vieler Organe, z. B. des Gehirns, der Niere.

Rinderpest, tödl. Viruskrankheit, bes. der Rinder, mit Fieber, Belägen auf den Kopfschleimhäuten und Ausfluß aus Augen, Nase, Mundspalte; heimisch in Afrika, Asien.

Ring der, **1)** Marktplatz. **2)** Schmuckreif, Kettenglied. **3)** ↗ Kampfstätte beim Boxen und Ringen. **4)** △ eine algebraische Struktur, eine Menge *R* mit 2 Operationen.

Ringelblume, Totenblume, Calendula, gelbblühender südeurop. Korbblüter, Gartenpflanze.

Ringelnatter, häufigste dt. Schlange, bis 1,20 m lang, nicht giftig. Kennzeichen: 2 gelbl. halbmondförmige Flecken am Hals; lebt vorwiegend am Wasser, kann schwimmen, klettern, jagt Frösche, Molche. (BILD S. 736)

Ringelnatz, Joachim, eigtl. Hans **Bötticher,** *1883, †1934; satir., humorist. Gedichte (»Kuttel Daddeldu«); Kriegsaufzeichnungen.

Ringelspinner, rotbrauner Schmetterling, klebt die Eier ringförmig um Obstbaumzweige. Die Raupe ist ein Obstschädling.

Ringelwürmer, ♘ Gliedertiere, mit mehreren Abschnitten (Segmenten) von gleichem äußerem und innerem Bau, meist mit paarigen Anhängen, die als Bewegungsorgane dienen **(Anneliden);** z. B. die Borstenwürmer.

Ringen, ↗ waffenlose, auf Körpergriffe beschränkte Form des Kampfes Mann gegen Mann. Beim **grch.-röm. Stil** sind Griffe vom Kopf bis zum Gürtel, beim **Freistilringen** alle nicht schmerzhaften Griffe erlaubt; eine Abart des Freistilringens ist → Catch-as-catch can. Der Ringkampf wird auf einer gepolsterten Matte von 9 m ∅ (Kampffläche 7 m ∅) ausgetragen. Als besiegt gilt, wer den Boden mit beiden Schultern zugleich berührt. Ferner → Gewichtsklassen.

Ringmodulator, aus 2 Überträgern und 4 ringförmig angeordneten Dioden gebildete Modulationsschaltung.

Ringofen, Ofen für fortlaufenden Betrieb zum Brennen von Tonwaren.

Ringrichter, Kampfrichter beim Boxen und Catchen.

Ringwälle, vor- oder frühgeschichtl. Befestigungen, Erdwälle mit Graben.

Rinser, Luise, Erzählerin, *1911; »Mitte des Lebens«, »Ich bin Tobias«, »Tagebuch 1972-76«.

Rinteln, Stadt in Ndsachs., an der Weser, 26 000 Ew.; Renaissance- und Fachwerkhäuser; Glas- u. a. Ind. – 1621-1809 Univ.

Rio [ital.; portug. Aussprache r'iu] der, span. **Río,** Fluß; auch kurz für Rio de Janeiro.

Rio de Janeiro [r'iu di ʒan'eiru], Hptst. des gleichnamigen Küstenstaates in Brasilien, 5,6 Mio. Ew.; am Atlant. Ozean gelegen; 3 Univ. u. a. Hochschulen, Kunstakademie, Nationalbibliothek; viele Prachtbauten. In der industriellen Entwicklung blieb die Stadt hinter São Paulo zurück (Gewerbeverbote in der Kolonialzeit). Hauptflughafen Brasiliens; bedeutender Handel, Kaffeeausfuhr. Die Bucht von R. d. J. wurde von Vespucci 1502 entdeckt. R. d. J. war von 1763-1960 Hptst. Brasiliens.

Río de la Plata [span. »Silberstrom«] der, Mündungsbucht der Flüsse Paraná und Uruguay, etwa 300 km lang und 50-200 km breit.

Río de Oro, der Südteil von → Westsahara.

Rio Grande del Norte der, Strom in N-Amerika, entspringt in Colorado, bildet die Grenze zw. Texas und Mexiko; 3034 km lang, mündet in den Golf von Mexiko.

Rio Grande do Norte [r'iu gr'andi du n'ɔrti], brasilian. Staat im NO Südamerikas, 53 015 km², 2,1 Mio. Ew.; Hptst.: Natal. Baumwolle, Viehzucht.

Rio Grande do Sul [r'iu gr'andi du sul], der südlichste Staat Brasiliens, 282 184 km², 8,5 Mio. Ew. (viele dt. Abstammung); Hptst.:

Pôrto Alegre. Weizen- und Viehzuchtgebiet; Kohlengruben.

Río Muni, seit 1973 amtl. **Mbini,** Festlandsteil von Äquatorialguinea, südlich von Kamerun, 26017 km², rd. 240000 Ew., überwiegend Hochland mit trop. Wäldern. Holzausfuhr. – Bis 1968 spanisch.

Río Negro der, größter linker Nebenfluß des Amazonas, mündet unterhalb Manáus, 2000 km lang. Er ist durch die Gabelteilung des Casiquiare mit dem Orinoco verbunden.

Río Tinto, Fluß im südl. Spanien, 80 km lang, von der Sierra Morena zum Golf von Cádiz; am Oberlauf Kupfererzgebiet.

R. I. P., Abk. für → requiescat in pace.

Rippe die, **1)** bei Mensch und Wirbeltieren: reifenartiger Knochen, Teil des Brustkorbes. **2)** 🏛 am Grat eines Gewölbes hervortretende Verstärkung. **3)** ⚘ Ader im Blatt.

Rippenfell, ♡ ⚕ das äußere Blatt des Brustfells, nach den Rippen zu gelegen.

Rippenfell|entzündung, Entzündung des Brustfells (**Brustfell|entzündung,** Pleuritis), mit Fieber, Hustenreiz, Schmerz beim Atmen. Bei der **trockenen R.** werden die Brustfellblätter rauh. Bei der **feuchten R.** bildet sich im Brustfellraum ein Flüssigkeitserguß. Behandlung durch den Arzt.

Rippenquallen, im Meer frei schwebende, durchsichtige Hohltiere von zweistrahlig symmetr. Bau; bewegen sich mit in Reihen angeordneten Wimperplättchen fort.

Rippe(n)speer der, Rippenstück vom Schwein.

Rips der, Gewebe mit hervortretenden Längs- oder Querrippen.

Ripuari|er Mz., → Franken.

Risiko [ital.] das, -s/-s oder ...ken, Wagnis, Gefahr, z. B. die mit jeder wirtschaftl. Unternehmung verbundene Verlustgefahr. **riskant,** gefährlich, gewagt. **riskieren,** wagen.

Risorgimento [risɔrdʒimˈɛntɔ] das, ital. Einheits- und Freiheitsbewegung bes. 1815-70, i. w. S. auch bis 1918.

Risotto [ital.] der, mit Fett und Zwiebel angedünsteter, in Wasser oder Fleischbrühe weichgekochter Reis.

Rispe die, zusammengesetzte Blütentraube. (BILD Blüten)

Rispengras, Grasgatt. mit lockeren Rispen, unbegrannt. **Wiesen-R.,** wertvolles Futter.

Riß [zu reißen] der, Zeichnung; → Projektion.

Riß die, rechter Nebenfluß der Donau (Oberschwaben). Nach ihr ist die **Riß-Eiszeit** benannt.

Rist der, Hand- oder Fußrücken.

Rist, Johann, geistl. Barockdichter, *1607, †1667; gründete den »Elbschwabenorden« zur Unterstützung der Sprachreformen des M. Opitz.

ritardando [ital.], Abk. **rit.,** ♩ langsamer werdend.

rite [lat.], ordnungsgemäß, genügend.

ritenuto [ital.], Abk. **riten.,** ♩ zögernd.

Ritornell [ital.] das, **1)** ♩ instrumentales Vor-, Zwischen- und Nachspiel bei Gesangstücken. **2)** Strophenform ital. Volkslieder, dreizeilig (1. und 3. Zeile gereimt).

Ritschl, 1) Albrecht, evang. Theologe, *1822, †1889, betont die Selbständigkeit der Religion gegenüber allem wissenschaftl. Welterkennen. **2)** Otto, *1885, †1976; malte ungegenständl. Bilder.

Rittelmeyer, Friedrich, evang. Geistlicher, *1872, †1938; 1922 Mitbegründer der → Christengemeinschaft.

Ritten der, Porphyrhochfläche bei Bozen (Südtirol); Erdpyramiden.

Ritter der, **1)** im alten Rom: der 2. Stand nach den Senatoren, die Equites. **2)** im MA.: Angehörige des Berufskriegerstandes, beritten und gepanzert. Der R.-Stand entwickelte sich auf der Grundlage der altgerman. Gefolgschaft und des Lehnswesens (→ Lehen), verdrängte seit der Karolingerzeit immer mehr das altgerman. Volksaufgebot, bildete eine Adelsgenossenschaft, in die auch die unfreien → Ministerialen aufstiegen; höchste Blütezeit der ritterl. Kultur im Zeitalter der Kreuzzüge und der Stauferkaiser (→ Minnesang). Die Waffenübung der R. gipfelte im Turnier. Die Jünglinge wurden nach einer Probezeit als Knappen durch den feierl. **R.-Schlag** wehrhaft. Im späten MA. entartete der R.-Stand zum **Raubrittertum.**

Ritter, 1) Carl, Geograph, *1779, †1859; Prof. in Berlin, einer der Begründer der wissenschaftl. Erdkunde. **2)** Gerhard, Historiker, *1888, †1967; nach dem 20. 7. 1944 verhaftet. »Luther«, »Stein«, »Friedrich der Große«, »Europa und die dt. Frage«, »Carl Goerdeler und die dt. Widerstandsbewegung«, »Staatskunst und Kriegshandwerk«.

Ritterakademien, Bildungsanstalten für junge Adlige im 16.-18. Jh.

Ritteraufstand, 1522/23 der gewaltsame Versuch der Reichsritterschaft unter Führung Sickingens, ihre polit. Stellung zu festigen und zu erhöhen; niedergeschlagen von den Fürsten von Trier, Pfalz, Hessen.

Rittergut, größeres Landgut, urspr. ein Gut, dessen Besitzer Ritterdienste zu leisten hatte und besondere Vorrechte genoß.

Ritterling der, Gatt. der Blätterpilze, mit den Speisepilzen Grünling, Maipilz. (BILD S. 736)

Ritterorden, Geistliche R., im MA gegründet zum Schutz der Pilger im Hl. Land, zur Krankenpflege und zum Kampf gegen die Ungläubigen; so der → Johanniterorden, der → Deutsche Orden, die → Templerorden.

Ritterschaft die, der Adel in den alten → Landständen.

Ritterschlag, → Ritter.

Rittersporn der, Gatt. krautiger Hahnenfußgewächse mit gespornten Blüten, Blaublütiger **Feld-R.,** Getreideunkraut; **Garten-R.,** Zierstaude vom Mittelmeer.

Rittmeister, bis 1945 Hauptmannsrang bei Kavallerie und Fahrtruppe; heute noch in Österreich.

Ritual [lat.] das, feierl. Formeln und Gebräuche beim Gottesdienst. **Rituale Romanum** (Ritus) das, R.-Buch der röm.-kath. Kirche.

Ritualismus der, nach ihrem Hauptsitz auch **Oxford-Bewegung** genannt, seit 1833 hervorgetretene, zum Katholizismus neigende Richtung in der anglikan. Kirche. Der R. stieß auf starken Widerstand; er ging in der hochkirchl. Partei auf.

Ritualmord, die Tötung von Menschen im Rahmen einer kult. Veranstaltung.

Ritus [lat.] der, alter Brauch; bes. der kirchl. Brauch, die festgelegte Form von Kulthandlungen. **rituell,** zum R. gehörig.

Ritzel, kleines Zahnrad, das ein größeres antreibt.

Riukiu-Inseln, → Ryukyu-Inseln.

Rivale [frz.] der, Nebenbuhler. **rivalisieren,** wetteifern. **Rivalität** die, Nebenbuhlerschaft.

River [rˈɪvə, engl.] der, Fluß, Strom.

Rivera, Diego, mexikan. Maler, *1886, †1957; schuf volkstüml. realist., an altmexikan. Kunst anknüpfende Wandmalereien geschichtl.-polit. Art.

Riviera [ital. »Küste«] die, durch mildes Klima, südl. Pflanzenwuchs und Naturschönheiten berühmter Küstenstrich am Golf von Genua, von Marseille bis La Spezia. Man unterscheidet die frz. R. **(Côte d'Azur)** von der ital. R. (die westl. **R. di Ponente** und die östl. **R. di Levante**). Kurorte: Cannes, Nizza, Monaco, Menton, San Remo, Nervi, Rapallo.

Rizinus der, trop. Wolfsmilchgewächs; Zierpflanze bis 13 m hoch. Aus dem großen

1

2

3

4

5

Rinde: 1 Kiefer; **2** Platane; **3** Kampferbaum; **4** Ulme; **5** Eukalyptus

Ringelnatter

Ritterling: Grünling

Rizinus mit Blütenstand (männl. Blüten gelblich, weibl. Blüten mit roten Narben)

Robespierre

marmorierten, giftigen Samen preßt man **R.-Öl,** als Abführmittel, zur Seifenherstellung, als schwer erstarrendes Schmiermittel.

Rjasan, Stadt in der UdSSR, südöstl. Moskau, 515 000 Ew.; Kreml und Kirchen des 15. und 16. Jh.; Bahnknoten; Ind.

Rn, chem. Zeichen für Radon.

RNS, → Nucleinsäuren.

Roadster [r'əUdstə, engl.] der, offener zweisitziger Sportwagen.

Roastbeef [r'əUstbi:f, engl.] das, Rippenstück vom Rind, so gebraten, daß es innen noch rosa ist.

Robbe-Grillet [rɔbgrij'ɛ], Alain, frz. Schriftst., *1922; einer der Hauptvertreter des Nouveau roman, Romane (»Der Augenzeuge«, »Die blaue Villa in Hongkong« u. a.); Filmdrehbücher.

Robben die, Meeressäugetiere mit spindelförmigem Körper und flossenartigen Gliedmaßen. Die R. sind Raubtiere, sie gehen zur Fortpflanzung ans Land. Zu den R. gehören die → Seehunde, → Walrosse und **Ohren-R.** Von diesen wird der **Seelöwe** 3,5 m lang und 600 kg schwer, andere Ohren-R. sind **Bären-R.** und **Mähnen-R.** Die R.-Jagd (R.-Schlag) liefert Felle und Tran.

Robbia, Luca della, ital. Bildhauer, *1399/1400, †1482, entwickelte die Technik der Tonglasur.

Robbins [r'ɔbɪnz], Jerome, amerikan. Choreograph und Regisseur, *1918.

Robe [frz.] die, **1)** Frauenkleid. **2)** Amtskleid von Richtern, Anwälten, Geistlichen u. a.

Robert, 1) R. I., Herzog der Normandie (1027-35), im 15. Jh. irrtümlich mit dem Sagenheld Robert der Teufel identifiziert. **2) R. Guiscard** [-gisk'a:r, frz. »Schlaukopf«], Normanne, *1016, †1085; unterwarf seit 1057 Unteritalien und wurde 1059 Herzog von Apulien.

Robert von Molesme [mɔl'ɛ:m], Stifter des Zisterzienserordens, *1027, †1111; Heiliger, Tag: 26. 1.

Robespierre [rɔbɛspi'ɛ:r], Maximilien de, *1758, †1794, urspr. Rechtsanwalt, wurde in der Frz. Revolution der entschiedenste Vertreter der radikalen → Jakobiner, übte 1793/94 eine blutige Schreckensherrschaft aus, ließ auch Danton hinrichten, wurde dann selbst gestürzt und enthauptet.

Robin Hood [r'ɔbɪn hUd], sagenhafter, edler Räuber; Held vieler engl. Volksballaden.

Robinie die, amerikan. Gatt. der Schmetterlingsblüter; oft mit Akazie verwechselt; dornige Bäume oder Sträucher mit Blütentrauben. Die **Gemeine R.** ist in Europa Straßen- und Forstbaum; ihre Rinde ist giftig. Rot- und rosa-blühende Arten sind Zierbäume.

Robinson [r'ɔbɪnsn], **1)** Edwin Arlington, amerikan. Lyriker, *1869, †1935; Gedichte, Versepen. **2)** Henry Morton, amerikan. Schriftst., *1898, †1961; Romane (»Der Kardinal«). **3)** Sir Robert, engl. Chemiker, *1886, †1975; Präs. der Royal Society 1940-45, erhielt für Arbeiten über Alkaloide und Blütenfarbstoffe 1947 den Nobelpreis.

Robinson Crusoe [kr'u:səU], Titelheld eines Romans von D. Defoe (1719), der die Erlebnisse eines auf eine einsame Insel verschlagenen Schiffbrüchigen schildert. Vorbild war der Matrose Selkirk, der 1704-09 auf der Insel Juan Fernandez lebte. R. C. wurde in vielen **Robinsonaden** nachgeahmt (z. B. von J. G. → Schnabel).

Roboter [von slaw. robota »Arbeit«] der, Maschine, die selbständig Arbeitsvorgänge verrichtet, elektron. gesteuerter **Industrie-R.;** Automatenmensch. **Robot** die, Frondienst.

Rocard [rok'a:r], Michel, frz. Politiker (Sozialist), *1930, seit 1988 MinPräs.

Rochade [pers. roch »Turm«] die, Schachspiel: Doppelzug mit König und Turm.

Rochdale [r'ɔtʃdeɪl], Stadt in NW-England, 93 000 Ew.; Kohlenbergbau, Maschinen-Ind.

Rochefort [rɔʃf'ɔ:r], **Rochefort-sur-Mer** [-syr mɛ:r], Hafenstadt in W-Frankreich, an der Charente, 27 000 Ew.; früher befestigt; hier ergab sich Napoleon 1815 den Engländern.

Rochen, Roche der, Knorpelfisch mit abgeplattetem Körper. Die dunkle Oberseite trägt die Augen, die hellere Unterseite das quergestellte Maul und die Kiemenspalten. Zu den R. gehören der **Glatt-R.,** bis 1 m lang, in der Nordsee; der **Dorn-R.,** in der Ostsee; der **Teufels-** oder **Zitter-R.,** der elektr. Schläge austeilt; der **Sägefisch.**

Rochester [r'ɔtʃɪstə], **1)** Hafenstadt in Südengland, 52 500 Ew.; Kriegshafen an der Themsebucht; anglikan. Bischofssitz; normannisch-got. Kathedrale; Maschinen-Ind., Ölraffinerien, Austernfischerei. **2)** Stadt im Staat New York, USA, 241 500 Ew.; Industrie: photograph. und opt. Instrumente, landwirtschaftl. Maschinen.

Rochus, Schutzheiliger gegen Pest und Seuchen, *1295, †1327; wirkte für die Pestkranken in Italien. Tag: 16. 8.

Rockefeller [r'ɔkəfɛlə], **1)** John Davison, amerikan. Unternehmer, *1839, †1937, führend in der amerikan. Erdöl- und Schwerind., errichtete die **R.-Stiftung** zur Förderung der Wiss. **2)** Nelson Aldrich, amerikan. Politiker, Enkel von 1), *1908, †1979; 1974-77 Vize-Präsident der USA.

Rocker, in Banden zusammengeschlossene Jugendliche, in Lederkleidung und auf Motorrädern, die die Bevölkerung provozieren und gelegentlich terrorisieren.

Rockmusik [zu → Rock 'n' Roll], Sammelbez. für alle populären afroamerikan. Musikformen seit Mitte der 1950er Jahre, entstand aus der Verbindung von → Blues, → Rhythm-and-Blues und der »Country and Western Music« (in den 1960er Jahren weit verbreitete, populäre amerikan. Musik). Häufig synonym zu → Pop-Musik verwendet, unterscheidet sich R. von ihr durch eine Rückbesinnung auf ihre afroamerikan. Wurzeln: klass. Besetzung mit Sänger, Gitarre, E-Bass und Schlagzeug; eigenschöpfer. Improvisation. In der R.-Szene hat sich das Leitbild des antibürgerl. und antikommerziellen Helden eingebürgert; der jugendl. Protest hat eine gewisse Echtheit bewahrt (»Polit Rock«, »Punk Rock«), obwohl Profitstreben, vordergründige Show-Elemente die R. zunehmend zu schablonenhafter Massenware verfälscht haben (»Soft Rock«, »Happy Rock«).

Rock 'n' Roll [r'ɔkn r'əUl, engl. »wiegen und schaukeln«], i. w. S. um 1955 in den USA entstandener Musikstil Jugendlicher, zu dessen Merkmalen u. a. ein schnelles Tempo, elektr. Verstärkung sowie eine standardisierte Besetzung gehören. Parallel zur Entwicklung des R. lief die internat. Ausbildung einer jugendl. Protestkultur (→ Rockmusik). I. e. S. ist R. ein Tanz im 4/4-Takt mit starker rhythm. Wirkung.

Rocky Mountains [r'ɔkɪ m'aUntɪnz] die, Gebirge in Nordamerika, → Felsengebirge.

Roda Roda, Alexander, eigtl. Sandór Friedrich **Rosenfeld,** österr. Schriftst., *1872, †1945, emigrierte 1938 nach Amerika; Komödien (»Der Feldherrnhügel«); Romane, Erzählungen, Anekdoten.

Rodel der, auch die, **Rodelschlitten,** Sportschlitten, Kinderschlitten. Zeitw.: **rodeln.**

roden, 1) Wurzelstöcke entfernen, Waldland in Feld verwandeln. **2)** Knollen und Wurzelgemüse ernten.

Rodenberg, Julius, eigtl. **Levy,** Schriftst., *1831, †1914; Gründer der Ztschr. »Dt. Rundschau« (1874).

Rodin: Der Kuß

Rodẹo [span.] das, amerikan. Reiterspiele mit Geschicklichkeitsübungen.

Röder, Franz Josef, Politiker (CDU), *1909, †1979, 1959-79 MinPräs. des Saarlandes.

Rọderich [ahd. »Ruhmesfürst«], männl. Vorname.

Rọderich, span. **Rodrigo,** letzter König der Westgoten in Spanien (710/11), fiel 711 im Kampf gegen die Araber.

Rodin [rod'ɛ̃], Auguste, frz. Bildhauer, *1840, †1917; seine Kunst ist der impressionist. Malerei verwandt: »Ehernes Zeitalter«, »Die Bürger von Calais«, »Der Denker«, »Der Gedanke«, »Der Kuß« u.a.

Rodriguez [rɔdr'igɛs], Insel im Ind. Ozean, gehört zu Mauritius; 104 km², 24000 Ew.

Rogạte [lat. »bitte«], der 5. Sonntag nach Ostern.

Rogen der, die Eier der Fische. R. enthaltende weibl. Fische heißen **Rogener.** Aus Stör-R. wird → Kaviar hergestellt.

Roger [engl. r'ɔdʒə, frz. rɔʒ'e; dt. Rüdiger], männl. Vorname.

Ch. Rohlfs: Kahle Konifere

Roger, normann. Fürsten in Sizilien: **1) R. I.,** *1031, †1101; Bruder Robert Guiscards, entriß 1060-91 den Arabern Sizilien. **2) R. II.,** *1095, †1154; Sohn von 1), vereinigte 1127 die normann. Eroberungen in Süditalien zu einem Gesamtstaat; seit 1130 König von Sizilien.

Roger Bacon [r'ɔdʒə b'eɪkn], engl. Franziskaner, *1219, †1294, suchte die Philosophie auf mathemat.-naturwissenschaftl. Kenntnisse zu stützen.

Roggen, Getreideart mit begrannten Ähren von 10-18 cm Länge, eine Hauptbrotfrucht Europas; heute zu 50-60% verfüttert. Der ergiebigere (heute fast ausschließlich angebaute) **Winter-R.** wird im Herbst ausgesät, **Sommer-R.** im Frühjahr. R.-Mehl ist dunkler und proteinreicher als Weizenmehl.

Roggenernte 1988 (in 1000 t)

UdSSR	16000	ČSFR	534
Polen	5501	USA	382
Dt. Dem. Rep. ..	1783	Dänemark	366
Bundesrep. Dtl. .	1579	Spanien	357
VR China	1000	**Welt ....**	**29617**

Rogier van der Weyden, → Weyden.

Rohan [ro'ã], altes frz. Adelsgeschlecht aus der Bretagne: **1) Henri II.,** Herzog v., *1579, †1638; führte 1621/22 und 1625-29 die Hugenottenkriege. **2) Louis,** Prinz v., *1734, †1803; Kardinal, wurde 1779 Fürstbischof von Straßburg; 1785 in die Halsbandaffäre um die Königin Marie Antoinette verwickelt, mußte er Frankreich 1790 verlassen.

Roheisen, im Hochofen erschmolzenes Eisen mit hohem Kohlenstoffgehalt.

Roh|ertrag, Ergebnis eines Geschäftsjahres vor Abzug der Aufwendungen.

Rohlfs, 1) Christian, Maler, Graphiker, *1849, †1938; malte realist. Stimmungslandschaften, gelangte dann in seinen Werken zu expressionist. Darstellung. **2)** Gerhard, Afrikareisender, *1831, †1896; durchquerte 1865-67 Afrika von Tripolis nach Lagos, 1873/74 die Libysche Wüste.

Röhm, Ernst, nat.-soz. Politiker, *1887, †(erschossen) 1934; war seit 1931 »Stabschef« der SA, seit 1933 Reichsmin.; erstrebte die Verschmelzung der SA und der Reichswehr zu einem Volksheer, forderte eine 2. Revolution; wurde der Vorbereitung eines Putsches **(R.-Putsch)** beschuldigt, mit anderen hohen SA-Führern am 30. 6. 1934 verhaftet und ermordet.

Rohöl, noch nicht destilliertes Erdöl; auch die nicht raffinierten Öle aus Braunkohlen- und Steinkohlenteer sowie aus Ölschiefer.

Rohr das **1)** ⚘ Großgräser und deren Halme, z. B. Schilf-R., Bambus. **2)** Stämmchen der R.-Palme (→ Schilfpalme), die zu Spazierstöcken verwendet werden (span. Rohr). **3)** Maschinenteil, hauptsächl. zur Fortleitung von Flüssigkeiten und Gasen. Werkstoff: Stahl, Gußeisen, Kupfer, Messing, Aluminium, Blei, Ton, Glas, Kunststoffe.

Rohrdommel die, Reihervogel mit braunem weichem Gefieder. In Europa: **Große R.** und **Zwergdommel.**

Röhre, → Elektronenröhre.

röhren, rören, ♉ schreien (vom Hirsch in der Brunftzeit).

Röhrenpilze, Löcherpilze, Röhrlinge, Gatt. der Blätterpilze, bei denen an der Hutunterseite senkrechte, untereinander verwachsene Röhren stehen, in denen sich die Sporen entwickeln. Dazugehörig: die Speisepilze Stein-, Maronen-, Butterpilz u.a.; der Bitterling (nach seinem bitteren Geschmack); sehr giftig ist der Satanspilz mit rotem Stiel.

Röhrenwürmer, Borstenwürmer des Meeres, leben in selbstgebauten Röhren, z. B. Sandwurm.

Rohrer, Heinrich, schweizer. Physiker, *1933, erhielt 1986 mit G. Binnig und E. Ruska den Nobelpreis.

Rohrdommel: Große R.

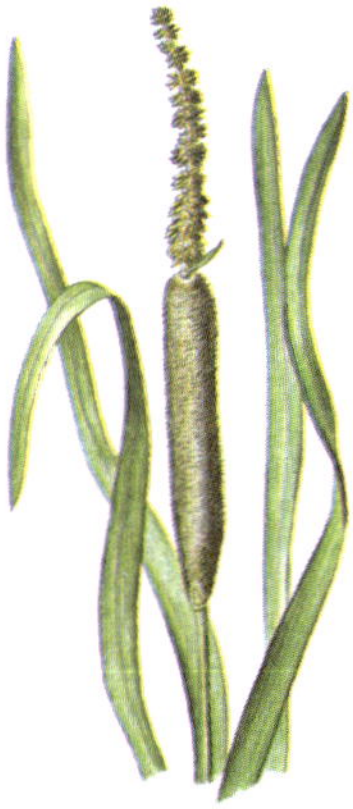

Rohrkolben

Roland am Rathaus von Halberstadt

Rolland

Rollschuh für Rollkunstlauf

Rollschuh für Rollhockey

Romains

Rokoko: F. de Cuvilliés, Zuschauerraum des Cuvilliés-Theaters in München

Rohrkolben der, schilfähnl. Pflanzen mit endständigem, zweiteiligem, samtigem Blütenkolben (Unterteil weibl., Oberteil männlich). BILD S. 737

Rohrmühle, Zerkleinerungsmaschine nach dem Prinzip der → Kugelmühle, aber für ununterbrochenen Betrieb.

Rohrpalme, → Schilfpalme.

Rohrpost, Rohrleitungssystem, in dem Briefe, Akten, Warenproben u.a. in zylindr. Büchsen (Patronen) durch Saug- oder Druckluft befördert werden. Geschwindigkeit etwa 10-13 m/s.

Rohrsänger, Schilfsänger, graubraune Singvögel, geschickte Kletterer im Schilf, bauen kunstreiche Nester. Arten: **Drossel-R. (Rohrspatz),** der kleinere **Teich-R., Sumpf-R., Schilf-R.**

Rohrzucker, Saccharose die, wichtigste Zuckerart, wird bes. aus Zuckerrohr und Zuckerrüben gewonnen, kann in Traubenzucker und Fruchtzucker zerlegt werden (→ Zucker).

Rohstoff, Ausgangsmaterial für die Be- oder Verarbeitung in der gewerbl. Wirtschaft. R. können Naturerzeugnisse tier., pflanzl. oder mineral. Herkunft sein, aber auch Halbfabrikate (z.B. Roheisen, Rohkupfer), Endprodukte einer Synthese (z.B. Kunststoffe, Spinnfasern) oder Abfälle (z.B. Schrott).

Rokitno-Sümpfe, Sumpflandschaft beiderseits des Pripets, im S der Weißruss. SSR.

Rokoko [von frz. rocaille »Grottenwerk«] das, der dem → Barock folgende, von 1720-80 bes. in Frankreich, Dtl. und Italien vorherrschende Stil; gekennzeichnet durch zierl., verspielte Formen, Anmut und Leichtigkeit. Am reinsten entfaltete es sich in der Innenausstattung und im Kunstgewerbe (Porzellan).

Rokossowskij, Konstantin, sowjet. und poln. Marschall, *1896, †1968; im 2. Weltkrieg sowjet. Heerführer, 1949-56 poln. Verteidigungsmin. und Oberbefehlshaber, dann stellvertr. Verteidigungsmin. der UdSSR.

Roland, Held der Karlssage, einer der Paladine und Neffe Karls d. Gr., 778 bei Roncesvalles gefallen. Frz. Epos (»chanson de Roland«, um 1100), danach **Rolandslied** → Konrads des Pfaffen.

Roland der, **Rolandsäule,** mittelalterl. Bildsäule aus Holz oder Stein auf den Markt- oder Hauptplätzen vieler Orte N- und Mittel-Dtl.s (z.B. Bremen), wahrscheinlich Rechtswahrzeichen. (BILD S. 737)

Rolf [Kw. zu Rudolf], männl. Vorname.

Rolland [rɔl'ã], Romain, frz. Schriftst., *1866, †1944; behandelte die geistige Auseinandersetzung zw. Dtl. und Frankreich in dem Roman »Jean Christophe« (10 Bde., 1907-12); Nobelpreis 1915.

Rolle die, **1)** ⊙ radähnl. Maschinenteil mit Rille im Umfang zur Aufnahme einer → Kette, eines Seiles usw.: feste und lose R. bei Hebezeugen. Als gehärtete zylindr., kegelige tonnenförmige Walze Wälzkörper in R.-Lagern. **2)** der dem Schauspieler zugeteilte Text sowie das Heft, das den Text und die vorhergehenden Anschlußworte (Stichworte) des Mitspielers enthält. **3)** ↗ Purzelbaum, Überschlag, Boden- oder Geräteübung vor- oder rückwärts.

Rollenhagen, Georg, *1542, †1609; schrieb Schuldramen, Gedicht »Der Froschmeuseler«.

Roller der, **1)** Kinder-Laufrad. **2)** der → Motorroller.

Roller-Skates [r'əʊlə skeɪts], in den USA 1978 entstandene Weiterentwicklung der Rollschuhe mit 3-5 cm breiten Polyurethan-Walzen auf Kugellagern und einer bewegl. Achse sowie einem Stopper zum Bremsen.

Rollfeld, betonierter Platz, auf dem Flugzeuge zw. Start- und Landebahnen, den Flugsteigen oder Abfertigungsgebäuden rollen.

Rollschuh, vierrädriger Schuh mit Rollen aus Holz, Metall, Kunststoff, Hartgummi.

Rollsiegel, im Alten Orient ein Siegelzylinder mit eingeschnittener Figurendarstellung, der beim Siegeln abgerollt wurde.

Rolltreppe, Fahrtreppe, Beförderungsmittel mit wandernden Treppenstufen.

Rom, ital. **Roma,** Hptst. Italiens, 2,82 Mio. Ew., größte Stadt des Landes, Mittelpunkt der kath. Christenheit, einer der ältesten und bedeutendsten Kulturmittelpunkte der Erde, auf beiden Seiten des Tibers, auf mehreren Hügeln, die z.T. nicht mehr sichtbar sind (die 7 Hügel des alten R. sind: Palatin, Kapitol, Quirinal, Viminal, Esquilin, Caelius, Aventin).

Die älteste Ansiedlung wurde um 1000 v. Chr. auf dem Palatin angelegt; als Gründungsdatum setzte Varro 753 v. Chr. fest. Vor 500 v. Chr. breitete sich R. schon auf 7 Hügeln aus. Unter den Kaisern erhielt es als Residenz durch Tempel, Theater, Thermen, Foren, den Kaiserpalast, Denkmäler, Privatbauten den Glanz der Weltstadt. Zahlreiche Aquädukte versorgten R. mit Wasser; unter Aurelian erhielt es eine neue Ummauerung. 330 verlegte Konstantin die Residenz nach Byzanz. 410, 455, 546 eroberten die Germanen R. Im MA. bewahrte es durch die Päpste seine Bedeutung als »Haupt der Welt«. Die Päpste der Renaissance und des Barocks gaben mit Hilfe großer Baumeister und Künstler R. ein neues Gepräge. Seit dem 18. Jh. begann man, die antiken Denkmäler zu sichern: Forum Romanum mit Vespasian-, Saturn-, Castor- und Faustinatempel, Severus- und Titusbogen, Augustus-, Nerva- und Trajansforum (Trajanssäule), Palatin, Kolosseum, Konstantinsbogen, Neptuntempel, Pantheon, Grabmäler des Augustus und Hadrian (Engelsburg), Thermen Diokletians, Caracallas. 1809-14 gehörte R. dem napoleon. Kaiserreich an; 1871 wurde es Hptst. des Kgr. Italien. Durch die Lateranverträge (1929) wurde die → Vatikanstadt geschaffen.

Seit 1931 wurde die Stadt planmäßig umgestaltet und die Ruinenstätten in eine einheitl. Gesamtwirkung einbezogen. Mittelpunkt sind das Forum Romanum, an dessen N-Seite sich das Denkmal Viktor Emmanuels II. mit dem Grab des Unbekannten Soldaten erhebt, und die Piazza Venezia. Von hier strahlen die Hauptstraßen aus: Via dei Fori Imperiali zum Kolosseum, Corso Vittorio Emanuele zur Engelsburg und der Vatikan. Stadt mit der Peterskirche. Hinter dem Nationaldenkmal erhebt sich das Kapitol. R. hat Univ., Akademien, Hochschulen, wertvolle Samml. Ind.: Papier, Kunstgewerbe, Druckerei; Filmstadt

Cinecittà. Bahnknoten; Flughäfen (Leonardo da Vinci in Fiumicino; Ciampino); Seehafen. ⓖ →römische Geschichte, →Italien (Geschichte), →Kirchenstaat. (Weitere BILDER Engelsburg, Forum Romanum, Kapitol, Kolosseum)

ROM, Abk. für **R**ead **O**nly **M**emory (Nur-Lese-Speicher), ein Festwert-Halbleiterspeicher, der seinen Speicherinhalt bereits bei der Herstellung erhält, ein Löschen oder Umprogrammieren ist dann nicht mehr möglich.

Roma, eigene Bez. eines v. a. in Europa lebenden Zigeunerstamms.

Romagna [rɔm'aɲa] die, Landschaft in N-Italien, zw. Apennin und Adriaküste.

Romains [rɔm'ɛ̃], Jules, Deckname des frz. Dichters Louis **Farigoule,** *1885, †1972; Romanreihe: »Die Menschen guten Willens«. (BILD S. 738)

Roman [frz.] der, Form der erzählenden Dichtung, die seit Beginn der Neuzeit im wesentl. die Aufgabe des Epos übernommen hat. Im R. wird ein breiter Lebensausschnitt oder das ganze Leben einer oder mehrerer Personen und ihre Umwelt dargestellt. Er bedient sich (außer im Hoch-MA.) der Prosa, kann alle Darstellungsarten in sich aufnehmen, wie Bericht, Beschreibung, Gespräch, Monolog usw. – Der neuzeitl. Prosaroman entstand aus der Auflösung der mittelalterl. ritterl. Vers-R. **Romancier** [romãsj'e:] der, Romanschriftst.

Romanik die, **romanische Kunst,** der auf die karoling. Kunst (→deutsche Kunst) folgende Stil (950-1150), der von der Gotik abgelöst wurde. Die R. hat einen monumentalen Baustil entwickelt; Grundgestalt des Kirchenbaues ist die kreuzförmige →Basilika. Hauptmerkmale sind der Rundbogen, die körperhaft gegliederten starken Mauern, der ernste wuchtige Innenraum, die Erneuerung der Monumentalplastik. (Weiteres BILD S. 740)

romanische Sprachen, Sprachen, die aus dem Lateinischen hervorgegangen sind. Es gibt heute 9 r. S.: Portugiesisch, Spanisch, Katalanisch, Provenzalisch, Französisch, Sardisch, Italienisch, Rätoromanisch, Rumänisch. **Romanistik** die, Wissenschaft von den r. S. und Literaturen. **Romanist** der, **1)** Kenner der r. S. **2)** ⚖ Kenner des röm. Rechts.

Romanow, russ. Herrscherhaus 1613-1762 (→russische Geschichte).

Romanshorn, Gem. im Kt. Thurgau, Schweiz, 8700 Ew., am Südufer des Bodensees; Schiffswerft u. a. Ind.

Romantik die, geistes- und stilgeschichtl. Epoche, die um die Wende zum 19. Jh. Aufklärung und Klassizismus ablöste; ihr Höhepunkt kann in Dtl. gesehen werden. **Romantisch** bedeutete urspr. »romanhaft«, »fabulös«, wurde dann zum Begriff des Gefühlvollen, Ahnungsreichen, i. Ggs. zum Verstandesmäßigen. Die künstler. Formen wurden oft aufgelöst: Vorliebe für das Fragment, Verschleifung der Künste und der Dichtungsgatt. Am unmittelbarsten äußerte sich die R. in Dichtung, Musik, Malerei, wirkte jedoch auch in Philosophie und Wissenschaft. In der **Früh-R.** (Mittelpunkt Jena, dann Berlin; Brüder A. W. und F. Schlegel, L. Tieck) führte die romant. Haltung teilweise zu überspitztem Ichbewußtsein (Subjektivismus). Ausdruck der selbstherrl. Geistigkeit ist die romant. Ironie. Die **Hoch-R.** (Mittelpunkt Heidelberg) entwickelte die

Rom: links Petersplatz; rechts Spanische Treppe mit Kirche Trinità dei Monti

Rom

Romanik: San Isidoro in León (Pantheon der kastilischen Könige)

Romantik: links C. F. Schinkel: Der Dom; rechts C. D. Friedrich: Mondaufgang am Meer

Romanik: Christuskopf

Überzeugung, daß die schöpfer. Kräfte im Volksgeist und seinen Äußerungen Sprache, Dichtung usw. zu suchen seien (Wiedererwekkung von Märchen, Sage, Volkslied und volksliedhafter Dichtung durch C. v. Brentano, A. v. Arnim, Brüder J. und W. Grimm, J. v. Eichendorff). In der **Spät-R.** (Mittelpunkt Dresden, Schwaben) schlug der Sinn für geschichtl. Vergangenheit in eine konservative, oft reaktionäre Haltung um. – Hauptmeister der romant. Malerei waren C. D. Friedrich, P. O. Runge, M. v. Schwind.

Romạnze die, **1)** kürzere episch-lyr. Dichtung in der Art der span. Volksromanzen (Verse von 16 Silben, durch Assonanz zusammengehalten). **2)** stimmungsvolles Musikstück von schwärmer. Grundhaltung.

Romberg, Walter, Politiker (SPD); *1928; April bis Aug. 1990 Min. für Finanzen in der Dt. Dem. Rep.

Römer der, **1)** Ew. des alten Röm. Reiches. **2)** Ew. von Rom. **3)** kelchförmiges, farbiges Weinglas. **4)** alter Teil des Rathauses in Frankfurt a. M., mit dem Kaisersaal, dem Ort der Krönungsfestlichkeiten, 1405 erbaut, nach Zerstörung im 2. Weltkrieg wieder aufgebaut.

Römerbrief, im N. T. der wichtigste Brief des Paulus, 55 von Korinth aus abgeschickt, behandelt Rechtfertigung und Erlösung.

Römerstraßen, Straßen des Röm. Reiches. In Italien z. B. Appische (1. künstlich angelegte und ausgebaute), Flaminische, Ämilische und Aurelische Straße. Außerhalb Italiens bes. die Alpenstraßen (z. B. Via Iulia Augusta), die Straßen in Gallien, in den Rheinlanden und in Spanien.

Römische Frage, seit 1870 der Streit des Papstes mit dem Kgr. Italien um den Kirchenstaat, 1929 durch die → Lateranverträge gelöst.

römische Geschichte. Die Anfänge Roms liegen im dunkeln. Die röm. Sage erzählt von 7 Königen. Historisch ist, daß die letzten 2 oder 3 Könige Etrusker waren, deren Vertreibung um 500 v. Chr. später als nationale Befreiung galt.

Die Republik. Rom wurde zu einer Adelsrepublik. Die Senatsfamilien der Königszeit **(Patrizier)** suchten ihr Machtmonopol zu behaupten. Die Nichtpatrizier, die **Plebejer,** beendeten den Kampf gegen die Vorrechte des Geblütsadels u. a. mit der Errichtung des Volkstribunats (494 ?) und dem Zutritt zu den Ämtern (367/366 zum Konsulat). Allerdings entstand so ein neuer (Amts-)Adel **(Nobilität).** Der Machtbereich Roms dehnte sich seit dem 4. Jh. v. Chr. nach schweren Kriegen gegen die Etrusker, Samniten, Tarentiner bis zur Straße von Messina aus. Das führte zum Zusammenstoß mit Karthago in den drei → Punischen Kriegen (264-241, 218-201, 149-146), die mit der Zerstörung Karthagos endeten. Den hellenist. O unterwarf Rom in den Makedonischen Kriegen (215-205, 200-197, 171-168), im Syrischen Krieg (192-189); Aufstände in Spanien wurden im Numantin. Krieg (154-133) niedergeschlagen. Die Folgen des raschen Aufstiegs zur Weltmacht trieben die Rep. in eine Krise.

Ein hundertjähriger **Bürgerkrieg** begann mit den gracchischen Unruhen (133-121), führte zu den Kämpfen zw. Marius und Sulla (88-79), Pompeius und Caesar, dem der Senat 46 die Diktatur übertrug. Seine Ermordung (44) verursachte einen neuen Bürgerkrieg, aus dem Octavian (→ Augustus) 31 v. Chr. als Alleinherrscher hervorging.

Die Kaiserzeit. Augustus gab dem Reich eine neue, dauerhafte Ordnung. Die Grenzen waren Rhein (die Elbelinie ging durch die Schlacht im Teutoburger Wald 9 n. Chr. verloren), Donau und Euphrat, im W der Ozean, in Afrika die Wüste. Auf das **julisch-claudische Haus** (Tiberius, Caligula, Claudius, Nero) folgte nach dem Vierkaiserjahr 69 die Dynastie der **Flavier** (Vespasian, Titus und Domitian). Das **Adoptivkaisertum** (mit Nerva 96 beginnend) war durch die Idee der Auswahl der Besten bestimmt: Trajan, Hadrian, Antoninus Pius, Mark Aurel, Commodus.

Der erste **Soldatenkaiser** war Septimius Severus. Sein Sohn Caracalla gab 212 allen Freien des Reiches das röm. Bürgerrecht. Die äußere Bedrohung wuchs. 247 beging Philippus Arabs mit Glanz die 1000-Jahr-Feier Roms, doch vom Schwarzen Meer her drangen die Goten in das Reich, über den Rhein Alemannen und Franken, im O die Perser. Im Inneren kämpften allenthalben von den Soldaten ausgerufene Kaiser gegeneinander. Erst Aurelian konnte die Einheit des Reiches wiederherstellen, die Diokletian durch eine straffe Ordnung sicherte. 306-24 erkämpfte sich Konstantin d. Gr. die Alleinherrschaft. Sein Übertritt zum Christentum beendete die Christenverfolgungen (bes. unter Nero, Decius und Diokletian). Seine Hptst. Konstantinopel (330) blieb bis 1453 die Kaiserstadt des → Byzantinischen Reiches. 378 mußten erstmals Goten als Föderaten (»Verbündete«) in das Reichsgebiet aufgenommen werden. Nach dem Tode Theodosius' I. (395), der das Christentum zur Staatsreligion erhob, wurde das Reich in ein O- und ein W-Reich geteilt (vgl. Karte Völkerwanderung). Staatsrechtlich bestand das Gesamtreich weiter, aber die Regierungen gingen politisch eigene Wege. Das Westreich hörte auf zu bestehen, als 476 Odoaker Kaiser Romulus Augustulus absetzte.

römische Kunst umfaßt zeitlich die Kunst der Röm. Rep. bis zu Konstantin d. Gr., räumlich die von Rom ausgehende Kunst, die sich über das Gebiet des röm. Reiches verbreitete. I. Ggs. zur grch. ist die röm. Architektur mit wenigen Ausnahmen (Pantheon) Profanbau, bei dem sie durch Zweckmäßigkeit der Anlage und durch ihre Wölbungskunst Großartiges leistete (Aquädukte, Thermen, Kaiserforen, → Kolosseum). Die Skulptur schuf das Bedeutendste im Bildnis und im histor. Relief (Trajans-, Mark-Aurel-Säule), die Malerei blieb stark vom grch. Vorbild abhängig.

Römische Kurie, zentrale Verwaltungsbehörde des Papstes; sie umfaßt a) 9 Kurienkongregationen, b) Sekretariate für die Einheit der Christen, für die Nichtchristen, für die nicht Glaubenden, c) Laienrat und Päpstl. Studienkommission für »Gerechtigkeit und Frieden«, d) Gerichtsbehörden (Apostol. Signatur und Röm. Rota als Berufungsgerichte, Paenitentiarie für Gewissensangelegenheiten), e) Ämter (Apostol. Kanzlei für die Ausfertigung von Bullen, Finanz-, Vermögensverwaltung des Hl. Stuhles u.a.). An der Spitze der R. K. steht die Staats- oder Päpstl. Sekretarie.

römische Literatur. Die r. L. entstand aus bewußtem Anschluß an die Griechen. Naevius (um 230 v. Chr.) und Ennius wählten als erste für ihre Epen und Dramen röm. Stoffe; Plautus und Terenz schufen in Anlehnung an grch. Vorbilder das röm. Lustspiel. Im 2. Jh. begründete Cato die röm. Prosa. Das 1. Jh. v. Chr. ist die Glanzzeit der r. L. Cicero führte die Redekunst zu klass. Höhe. Caesar schilderte seine Feldzüge. In Sallust erstand der erste große Geschichtsschreiber, in Catull der erste große Lyriker, Lukrez verkündete in einem Lehr-Epos die Philosophie Epikurs. Die augusteische Zeit erhielt ihr Gepräge durch Vergil (Aeneis), Horaz (Oden, Satiren), Properz, Tibull (Elegien), Ovid (Metamorphosen) und das Geschichtswerk des Livius. Im 1. Jh. n. Chr. brachten der Prosaiker und Tragiker Seneca, die beiden Historiker und Biographen Plinius, der Romandichter Petronius, der Rhetoriker Quintilian, die Satiriker Persius und Juvenal, der Epigrammatiker Martial bedeutende Leistungen hervor. Die Geschichtsschreibung hatte um 100 einen Höhepunkt in Tacitus; richtungsweisend für viele Jahrhunderte blieb die Kaiserbiographie Suetons. Letzte bedeutende Werke der r. L.: Trostschrift des Boëthius (524) und die große Rechtssamml. (Corpus iuris civilis) unter Justinian.

römische Musik ist nur durch Literaturzeugnisse und Bilddokumente überliefert. Danach war sie bedeutend in den versch. Bereichen des röm. Lebens, so im Kult- und Militärwesen, bei Theateraufführungen, Tanz und Unterhaltung. Die Instrumente waren Weiterbildungen etrusk., grch. und oriental. Vorbilder. Als Beleg der sangbaren lat. Lyrik ist nur das Werk des Catull (87-54 v. Chr.) erhalten.

römische Religion. Urspr. nahmen in der r. R. die 3 Götter Jupiter, Mars, Quirinus den ersten Platz ein. An ihre Stelle trat im 6. Jh. v. Chr. die Dreiheit Jupiter, Juno, Minerva. Neben diesen wurden verehrt Tellus und Ceres als Göttinnen der Erde und der Saat, Neptun (Wasser), Vulcanus (Feuer), Vesta (Herdfeuer), Janus (Eingang). Götter des Hauses waren Laren und Penaten, Schützer der Zeugungskraft der Genius; als Geister der Toten wurden die Manen verehrt. Diese Götter waren für die Römer keine menschlich empfundenen Wesen; daher wurden neben ihnen viele abstrakte Begriffe, wie Fides (Treue), Concordia (Eintracht) als Gottheiten verehrt, und es gab urspr. auch keine Götterbilder und Tempel. Träger des staatl. Kultes waren die Priester. Bedeutsam wurde das Eindringen grch. Vorstellungen; es veränderte seit dem 3. Jh. den Gehalt der r. R. Die röm. Götter wurden bildlich gefaßt und mit den grch. gleichgesetzt, z. B. Jupiter mit Zeus, Minerva mit Athene.

1

2

römische Kunst:
1 Wanddekoration aus Stabiae. **2** Büste des Augustus aus Meroë, Bronze; um 14 n. Chr.

Später drangen Kulte aus dem Osten ein (z. B. Isis), ungehemmt seit dem 3. Jh. n. Chr., an ihrer Spitze der des Mithras, bis im 4. Jh. das Christentum an ihre Stelle trat.

römisches Recht, das im Röm. Reich entstandene Recht; Zusammenfassung im **Corpus iuris civilis** unter Kaiser Justinian (527 bis 565). Diese Rechtssamml. verdrängte seit dem Spät-MA. das zersplitterte → deutsche Recht. Im 17. und 18. Jh. bildeten in Dtl. Rechtslehrer und Praktiker das r. R. unter stärkerer Einbeziehung des dt. Rechtsbrauchs zum → Gemeinen Recht um. Das r. R. ist durch seine klare Begriffsbildung und Systematik von starkem Einfluß auf das Rechtsdenken.

Römische Verträge, Gründungsverträge der EWG (Rom 25. 3. 1957).

Römische Ziffern, Zahlzeichen der alten Römer: I (1), V (5), X (10), L (50), C (100), D (500), M (1000), jetzt noch in Inschriften usw. Nebeneinandergestellte Zeichen werden zusammengezählt, z. B. XX = X + X = 20. CX = C + X = 110. Steht aber eine kleine Ziffer links von einer größeren, wird sie von dieser abgezogen, z. B. XL = L − X = 40; MDIX = 1509.

Römisch-Germanisches Zentralmuseum in Mainz, gegr. 1852. Samml. zu Kulturen Mitteleuropas von der Altsteinzeit bis zur Karolingerzeit.

Römisch-katholische Kirche, → Katholische Kirche.

Rommé das, Kartenspiel für mehrere Personen, wird mit 53 Karten gespielt.

Rommel, Erwin, Generalfeldmarschall, *1891, †1944; führte 1941-43 das dt. Afrikakorps, leitete seit 1943 die Heeresgruppe B in Frankreich; gehörte später der Widerstandsbewegung an, zum Selbstmord gezwungen.

Rømø, Röm, nordfries. Insel, meist Heide und Moor; seit 1920 dänisch.

Romulus, sagenhafter Gründer der Stadt Rom, erster röm. König, wurde mit seinem Bruder **Remus** ausgesetzt, von einer Wölfin gesäugt und von einem Hirten aufgezogen.

Romulus Augustulus, letzter weström. Kaiser, 476 von → Odoaker abgesetzt.

Roncalli, → Johannes (Päpste).

Roncesvalles [rɔnθεzv'aʎεs, span.], frz. **Roncevaux** [rɔ̃sv'o], span. Dorf in den Pyrenäen; hier wurde 778 die Nachhut Karls d. Gr.

Röntgen

F. D. Roosevelt

Rose 1): oben Heckenrose, unten: veredelte Rose

durch die Basken vernichtet, wobei → Roland gefallen sein soll.

Ronchamp [rɔ̃ʃ'ã], frz. Wallfahrtsort in den Vogesen, westl. von Belfort; Kirche von Le Corbusier.

Rondell [frz.] das, **1)** Rundbeet. **2)** Rundturm.

Rondo, Rondeau [rɔ̃d'o] das, **1)** Reigenliedchen, einstrophiges Tanzlied mit Kehrreimen. **2)** ♩ Tonstück mit wiederkehrender Hauptweise.

Ronkalische Felder, Ebene nördl. des Po, im MA. Sammelplatz der dt. Heere auf dem Wege nach Rom; Reichstage von 996 (Otto III.), 1110 (Heinrich V.), 1158 (Friedrich I.).

Rønne [r'œnə], Hptst. der dän. Insel Bornholm, 15200 Ew.; Hafen.

Ronneburg, Stadt im Bez. Gera, rd. 10000 Ew.; versch. Ind.; Heilbad (radioaktive Quellen); um R. Uranerzbergbau.

Ronsard [rɔ̃s'a:r], Pierre de, frz. Dichter, *1525, †1585; Oden, Natur- und Liebessonette.

Röntgen, Wilhelm Conrad, Physiker, *1845, †1923; entdeckte 1895 die → Röntgenstrahlen; Nobelpreis 1901.

Röntgen|astronomie untersucht mit Raumsonden außerhalb der Atmosphäre die kosm. Röntgen- und Gammastrahlung.

Röntgenkunde, Röntgenologie die, Lehre von den → Röntgenstrahlen und ihrer Anwendung. In der Technik werden sie benutzt zu Werkstoffprüfungen, Untersuchungen des Feinbaus von Kristallen, Metallen usw. In der Medizin dienen sie zu diagnost. Zwecken (Röntgendurchleuchtung des Körpers, Röntgenuntersuchung von Organen mit Hilfe von → Kontrastmitteln) sowie zur Behandlung von Hautkrankheiten (Oberflächenbestrahlung) und bösartigen Geschwülsten.

Röntgenlithographie, modernes Verfahren der Chipherstellung, mit dem Leiterbahnen von etwa 0,5 μm Breite möglich sind, da Röntgenstrahlen gegenüber dem Licht bei photolithograph. Verfahren eine wesentlich geringere Wellenlänge haben.

Röntgenographie die, **Röntgenphotographie,** Herstellung von dauerhaften Abbildungen **(Röntgenogramm)** mittels Röntgenstrahlen, die den abzubildenden Gegenstand durchdringen und nach Durchgang auf eine photograph. Schicht **(Röntgenfilm)** fallen.

Röntgenspektroskopie, Anregung und Auswertung der charakterist. Eigenstrahlung der Atome (→ Röntgenstrahlen), um Einblicke in den inneren Bau der Atome zu gewinnen.

Röntgenstrahlen, X-Strahlen, elektromagnet. Strahlung mit kürzeren Wellenlängen als das Licht; entsteht als **Bremsstrahlung** beim Aufprall von Elektronen auf Materie oder als **charakterist. Eigenstrahlung** der Atome, wenn die kernnächsten, inneren Elektronen der Atomhülle angeregt werden. R. sind unsichtbar, schwärzen Photoplatten, erzeugen Fluoreszenz und haben hohes Ionisationsvermögen; technisch werden sie in **Röntgenröhren** erzeugt. Ähnlich den Lichtstrahlen zeigen sie Reflexion, Brechung, Beugung, Interferenz, Polarisation, haben aber i. Ggs. zum Licht hohes Durchdringungsvermögen für die meisten Stoffe. Ihre biolog. Wirkung beruht auf der Absorption im Gewebe; unausgereifte Zellen sind gegen R. empfindlicher als ausgereifte, die Empfindlichkeit steigert sich während der Kernteilung. Anwendung → Röntgenkunde.

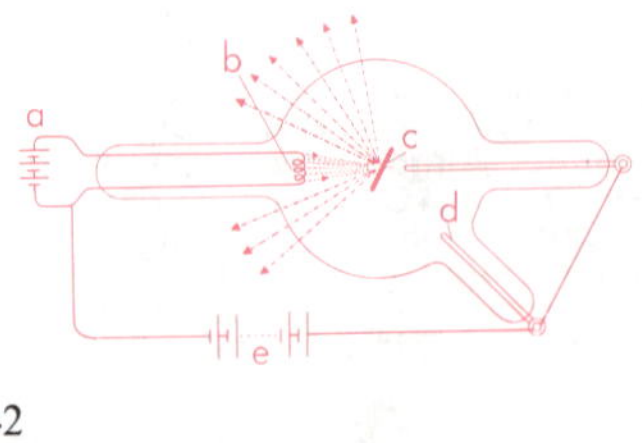

Röntgenstrahlen, a Heizbatterie, b Kathode, c Antikathode, d Anode, e Hochspannung

Roon, Albrecht Graf v., preuß. Generalfeldmarschall, *1803, †1879; war 1859-73 Kriegsmin. und an der Neuordnung des preuß. Heeres führend beteiligt.

Roosevelt [r'əuzəvelt], **1)** Franklin Delano, 32. Präs. der USA (1933-1945), Demokrat, entfernter Verwandter von 2), *1882, †1945. Als Präs. eröffnete er die Wirtschafts- und Sozialpolitik des »New Deal«. Im 2. Weltkrieg unterstützte er die Kriegführung der Alliierten schon vor dem Kriegseintritt der USA (1941). 1945 war er maßgebl. an der Gründung der UNO beteiligt. **2)** Theodore, 26. Präs. der USA (1901-09), Republikaner, *1858, †1919; bekämpfte als Präs. die Trusts und verstärkte die Autorität der Exekutive. Gegenüber den lateinamerikan. Staaten führte er eine Interventionspolitik. 1905 vermittelte er zw. Rußland und Japan; Friedensnobelpreis 1906.

Röpke, Wilhelm, Nationalökonom, *1899, †1966; vertrat die neuliberale Richtung.

Roquefort [rɔkf'ɔ:r] der, frz. Edelpilzkäse aus Schafsmilch, benannt nach dem Herkunftsort Roquefort-sur-Soulzon.

Rorate [lat.] die, kath. Kirche: das Engelamt, nach dem Eingangsgesang.

Ro-Ro-Schiff, Abk. für Roll on-Roll off, modernes Seeschiff, bei dem die Ladung mit Trailern über eine Bug- oder Heckrampe transportiert wird.

Rorschach, Stadt im Kt. St. Gallen, Schweiz, 10200 Ew., am Bodensee; Hafen.

Rorschach-Test, auch **Kleckstest,** von dem schweizer. Psychiater H. Rorschach (*1884, †1922) entwickelter Persönlichkeitstest, bei dem der Prüfling (sinnfreie) klecksartige Figuren deuten muß.

Rosa [lat. rosa »Rose«], weibl. Vorname.

Rosa, Salvator, ital. Maler, Dichter, *1615, †1673; Schlachten- und Landschaftsbilder.

Rosario, Industriestadt in Argentinien, 935000 Ew., am Paraná; Univ.; Flughafen.

Rosa von Lima, Schutzheilige von Amerika, *1586, †1617; Dominikanerin (Tag 23.8.).

Rosazeen Mz., Rosengewächse, -blüter, Pflanzenfam. mit vielen Arten; Kräuter, Sträucher, Bäume mit strahligen, meist fünfblättrigen Blüten und in der Regel vielen Staubfäden. Zugehörig: Rose, Apfelbaum, Pflaume, Himbeere, Weißdorn, Wiesenknopf u.a.

Roscelin von Compiègne [rɔsl'ɛ̃, -kɔ̃pj'ɛɲ], frz. Philosoph, Theologe, *um 1050, † nach 1120, begründete den frühscholast. Nominalismus.

Rose die, **1)** wichtigste Gatt. der Familie Rosenblüter (→ Rosazeen). Die R. sind Sträucher mit bunten, meist wohlriechenden Blüten und roter oder gelber, beerenähnl. Schein- und Sammelfrucht, der eßbaren, aromat. **Hagebutte,** in der die kleinen harten Früchte zw. Stachelborsten sitzen. Es gibt viele Arten **Wildrosen.** Die bekannteste, die **Hunds-** oder **Hekken-R.** mit einfachen rosa Blüten, wächst in Hecken, an Wegen, in lichten Wäldern, 2-3 m hoch. Ihre Wurzelschößlinge werden zur Veredelung (Okulieren) benutzt, man züchtet darauf hochstämmige **Gartenrosen.** Gartenrosen sind z.B.: die aus Frankreich stammende **Zentifolie** mit stark gefüllter Blüte, die rosafarbige **Monats-R.,** die **Moos-R.,** mit moosähnl. Auswüchsen am Kelch. Von anderer Abstammung sind die duftreiche **Tee-R.,** die jährlich zweimal blühende **Remontant-R.** und die eigtl. **Edelrosen.**

2) → Wundrose. **3)** ⚘ Geweihansatz.

Roséewein, frz. **Rosé,** Wein aus hellgekeltertem Most von Rotweintrauben; in Frankreich auch mit Rotwein gemischter Weißwein.

Rosegger, Peter, österr. Erzähler, *1843, †1918; »Schriften des Waldschulmeisters«, »Der Gottsucher«, »Jakob der Letzte«.

Rosei, Peter, österreich. Schriftsteller, *1946; Erz. und Romane in hintergründiger Sprache.

Rosenberg, 1) Alfred, nat.-soz. Politiker, *1893, †(hingerichtet) 1946; neben Goebbels ein Hauptpropagandist der Partei. Sein Buch »Der Mythus des 20. Jh.« (1930) gab dem Nat.-Soz. eine scheinwissenschaftl. Begründung. R. war Leiter des »Außenpolit. Amts« (Parteiamt) und ab 1941 Reichsmin. für die besetzten Ostgebiete. In Nürnberg verurteilt. **2)** Ludwig, Gewerkschaftler, *1903, †1977; 1962-69 Erster Vorsitzender des Dt. Gewerkschaftsbundes.

Rosengarten, 1) ital. **Catinaccio,** wildzakkige Felskette der Dolomiten, im Kesselkogel 3004 m hoch. **2) Großer R.,** Heldengedicht des burgund.-got. Sagenkreises, schildert die Kämpfe der 12 Helden, die Kriemhilds Rosen bewachen, mit den 12 Helden Dietrichs von Bern. **3) Kleiner R.,** → Laurin.

Rosenheim, Stadt in Oberbayern, am Inn, 53 000 Ew.; Maschinen-, Elektroind.

Rosenholz, nach Rosen duftendes Wurzelholz strauch. Windenpflanzen **(Jamaika-R.)**; Hölzer von rosenroter Farbe, wie **Echtes R., Ostind. R., Afrikan. R.**

Rosenkäfer, metall. glänzende Blatthornkäfer; Larven in alten Bäumen; in Dtl. der **Gold-R.**

Rosenkranz, kath. Kirche: **1)** Gebetform aus 150 Ave Maria und 15 Vaterunser. **2)** Gebetsschnur mit 6 größeren und 53 kleineren Perlen (Kugeln) zum Abzählen der Vaterunser und Ave Maria. Ähnl. Gebetsschnüre werden auch in der Ostkirche, im Buddhismus, Islam verwendet. **R.-Bruderschaften** pflegen R.-Andacht. **R.-Fest,** am 7. 10.

Rosenkreuzer Mz., seit dem 12. Jh. bestehende, anfangs geheime Strömung mit reformator. Zielen, die seit dem 16. Jh. Bruderschaften gründete. Die R. beeinflußten die engl. und schott. Werklogen und führten sie zur spekulativen Freimaurerei; sie waren auch wissenschaftlich tätig. – Die mit der Alchemie verbundenen »Gold- und R.« blühten kurz in Europa, heute noch in den USA.

Rosenkriege, engl. Thronkämpfe 1455-85 zw. den Häusern York (Wappenzeichen: weiße Rose) und Lancaster (rote Rose). (→ Großbritannien, Geschichte)

Rosenmontag, rhein. Bez. für den Fastnachtsmontag; erscheint in Köln erstmals nach 1830.

Rosenöl, wohlriechendes flüchtiges Öl, aus Rosen mit Wasserdampf hergestellt. 4000-5000 kg Blüten geben 1 kg Öl. R. dient zu Parfümen, Essenzen.

Roseole [lat. »Röschen«] die, **Roseola,** Hautausschlag mit linsengroßen roten Flekken, bes. bei Syphilis, Typhus.

Rosesches Metall, Legierung 50% Wismut, 28% Blei, 22% Zinn; schmilzt bei 94 °C.

Rosette [frz. »Röschen«] die, **1)** Schmuckform in Gestalt einer aufgeblühten Rose, altoriental. Ursprungs. **2)** rosenförmiges Schleifchen aus Stoff.

Rosette, arab. **Raschid,** Hafenstadt in Unterägypten, am westl. Mündungsarm des Nils, rd. 37 000 Ew. Der **Stein von R.** ermöglichte durch seine grch. und hieroglyph. Inschrift die Entzifferung der Hieroglyphen (Champollion).

Rosinante die oder der, Schindmähre; nach Don Quijotes elendem Hengst, den nur er für edel hielt.

Rosinen Mz., getrocknete Weinbeeren wärmerer Gegenden; große kernlose, hellgelbe R. heißen **Sultaninen,** kleine **Korinthen.**

Roskilde [r'ɔskilə], Stadt auf Seeland, Dänemark, 49 400 Ew.; alter Dom, im MA. dän. Königssitz.

Rosmarin der, immergrüner, halbstrauch. Lippenblütler aus den Mittelmeerländern, mit bläulichweißen Blüten; im dt. Volksglauben Sinnbild für Liebe, Treue, Tod. Das flüchtige, kampferduftende **R.-Öl** dient u. a. als Bestandteil des Kölnischen Wassers, als Zusatz zu Bädern, als Haarwuchsmittel, Gewürz, Volksmedizin.

Ross, 1) Sir James, engl. Admiral und Polarforscher, *1800, †1862, entdeckte 1841 Süd-Viktorialand. **2)** Sir John, engl. Polarforscher, *1777, †1856, entdeckte 1831 auf Boothia Felix den nördl. magnet. Pol.

Roßbach, Gem. im Kr. Merseburg, Bez. Halle, 4300 Ew.; 1757 Sieg Friedrichs d. Gr. über die Franzosen und die Reichsarmee.

Roßbreiten Mz., ⊕ → Kalmengürtel.

Rössel das, Springer im Schachspiel. **R.-Sprung, 1)** Zug des R. gerade-schräg auf das übernächste Feld. **2)** danach Rätselart, bei der Silben oder Buchstaben in R.-Sprüngen über die Felder einer Figur verteilt sind.

Rossellini, Roberto, ital. Filmregisseur, *1906, †1977; Mitbegründer des ital. neorealist. Stils; »Rom, offene Stadt«.

Rossellino, 1) Antonio, ital. Bildhauer der Florentiner Renaissance, *1427, †1479. **2)** Bernardo, ital. Baumeister und Bildhauer, Bruder von 1), *1409, †1464; Domplatz von Pienza.

Rossetti, Dante Gabriel, engl. Maler und Dichter, *1828, †1882; gehörte zum Kreise der → Präraffaeliten; Romanzen, Balladen, Liebessonette.

Roßhaar, Schweif- und Mähnenhaar des Pferdes; zum Bespannen von Violinbogen usw.

Rossini, Gioacchino, ital. Opernkomponist, *1792, †1868; »Der Barbier von Sevilla«, »Die Italienerin in Algier«, »Wilhelm Tell«. (BILD S. 744)

Ross-Insel, 1) antarkt. vulkan. Insel im → Ross-Meer mit dem tätigen Vulkan Erebus (3795 m). **2) James-Ross-Insel,** antarkt. Insel in der Weddel-See.

Rossitten, Ostseebad auf der Kurischen Nehrung, Ostpreußen; Vogelwarte.

Roßkamm [ital. cambiare »tauschen«], **Roßtäuscher** der, Pferdehändler.

Roßkastanie, Baum mit meist fünffingrigen Blättern und weißroten Blüten. Der bittere Samen dient als Futter.

Ross-Meer, Bucht des Südl. Eismeeres zw. Süd-Victorialand und Marie-Byrd-Land, im S vom **Ross-Schelfeis** begrenzt.

Roßtrappe die, Granitklippe des Bodetals im Harz, bei Thale; wohl german. Kultstätte.

Rost der, **1)** aus gußeisernen Stäben gebildete durchbrochene Einrichtung in Feuerungen, auf der der stückige Brennstoff verbrennt. **2) Pfahlrost,** als Fundament für Gebäude auf wenig tragfähigem Untergrund. **3)** die braunrote pulverig-schuppige Zersetzungsschicht, die sich auf Eisen an feuchter Luft bildet. **4)** ⚘ eisenrostähnlich hervortretende Pflanzenkrankheiten, hervorgerufen durch innerlich schmarotzende **Rostpilze.** Vom **Getreide-R.** bilden sich an Berberitzenblättern orangerote Flecke von Pilzsporen, die vom Wind aufs Getreide übertragen werden. Weitere schädl. R.-Pilze: **Flachs-R., Johannisbeer-R., Zuckerrüben-R., Erbsen-R.**

Rostand [rɔst'ã], Edmond, frz. Dramatiker, *1868, †1918; Versdramen: »Cyrano de Bergerac«, »Der junge Adler« (»L'Aiglon«).

rösten, 1) Kochkunst: Nahrungsmittel ohne Zusatz von Wasser erhitzen; auf dem Rost braten. **2)** ⊙ Erze in **Röstöfen** erhitzen unter Luftzutritt zur Aufbereitung. **3)** Faserbereitung: die Flachs-, Hanfstengel mit Wasser, Wasserdampf oder Schwefelsäure behandeln, um die Fasern bloßzulegen.

Rosegger

Rosenkäfer

Rosette 1)

Rosmarin

Rossini

Rostock, 1) Bez. der Dt. Dem. Rep., 7074 km^2, 903 000 Ew., 1952 aus dem nördl. Mecklenburg und Vorpommern gebildet, umfaßt die gesamte Ostseeküste der Dt. Dem. Rep. Akkerbau, Fischerei, Schiffahrt; Schiffbau, Nahrungsmittel- u.a. Ind. **2)** Hptst. von 1), 249 500 Ew.; Haupthafen der Dt. Dem. Rep.; Überseehafen am Breitling; Univ.; alte Befestigungsanlagen; Bauwerke bes. der Backsteingotik, z.B. Marienkirche, Nikolaikirche; Rathaus (15. Jh. und 1727); 3 Stadttore; Schiffbau, Eisen-, Maschinen-, chem. Ind., Fischkombinat. – Neben einer wendischen Burg entstand 1189 die dt. Stadt R., die 1218 lübisches Recht erhielt; R. war Mitgl. der Hanse.

Rostow am Don, Stadt in der Russ. SFSR, 1,01 Mio. Ew.; Univ.; Ausfuhrhafen für Donezkohle; Maschinenbau, Werften, Fischkombinat.

Rostra [lat.] die, altröm. Rednertribüne.

Rostropowitsch, Mstislaw, Violoncellist und Dirigent sowjet. Herkunft, *1927, gilt als derzeit führender Violoncellist.

Roswaenge, Rosvaenge, Helge Anton, dän. Opernsänger, *1897, †1972; Tenor.

Roswitha, mittellat. Dichterin, *um 935, † nach 975; Nonne in Gandersheim; Schauspiele, Heiligengeschichten, Gedichte.

Roteisenstein: stückiges Erz

Rot, die langwelligste sichtbare Farbe des → Spektrums.

Rota die, amtl. **Sacra Romana Rota,** päpstl. Gerichtshof in kirchl. Prozessen.

Rot|algen, Rot|tange, Gruppe von Meeresalgen; das Blattgrün ist durch einen übergelagerten roten Farbstoff verdeckt.

Rotang der, → Schilfpalme.

Rotary-Club [r'əutəri klʌb], weltumspannende, unpolit. Vereinigung unter der Devise des Dienens, 1905 in Chicago gegr.; Dachorganisation: **Rotary International** (Abk. **RI,** seit 1922, Sitz Evanston, Ill.); Büros in Zürich und London.

Rotation [lat.] die, Umdrehung.

Rotationsmaschine, schnellaufende Druckmaschine für alle Druckverfahren, bei der die Druckformen auf dauernd umlaufenden Zylindern befestigt sind. Gedruckt wird auf eine »endlose« Papierbahn.

Rotbarsch, Goldbarsch, lebendiggebärender Meeresfisch, meist in großen Tiefen; Speisefisch.

Rotdorn, Form des → Weißdorns.

Rote Armee, eigtl. Rote Arbeiter- und Bauern-Armee, bis 1946 Bez. für das Heer der UdSSR.

Rote-Armee-Fraktion, Abk. **RAF,** Eigenbez. der terrorist. Vereinigung, die aus der Baader-Meinhof-Gruppe hervorgegangen ist.

Rote Erde [»gerodete Fläche«], seit 1490 nachweisbarer Name für Westfalen.

Rote Garden, Bez. für revolutionär-sozialist. Kampfverbände: Arbeiterformationen während der Revolution von 1905 in Rußland, 1917 die Kernformation der Bolschewiki, 1966-69 in China maoist. Schüler- und Studentenverbände zur Verwirklichung der »Kulturrevolution«.

Rot|eisenstein, rötl. dichte Varietät des Minerals **Hämatit,** Fe_2O_3, wichtiges Eisenerz.

Rote Kapelle, Kennwort (der dt. Abwehr) für einen im Rahmen der sowjet. Spionageorganisation für W-Europa seit 1936 aufgebauten Agentenapparat (Führer: L. Trepper), dem sich Gegner des Hitler-Regimes zur Verfügung stellten. Ihr Ziel war Sturz des nat.-soz. Regierungssystems in Dtl. und Errichtung einer sozialist. Rep. in Anlehnung an die UdSSR. Die R. K. wurde 1943 zerschlagen.

Rötel der, **Rotstein,** derber, roter Toneisenstein; Mal- und Anstrichfarbe, in Stiftform zum Zeichnen (R.-Zeichnungen).

Rotes Kreuz

Rote Liste, Red Data Book [red d'eɪtə bʊk, engl.], Liste sämtlicher bedrohter Tier- und Pflanzenarten in aller Welt, zusammengestellt auf Iniative der »Internat. Union für Naturschutz«; einzelne Staaten haben eigene R.L.

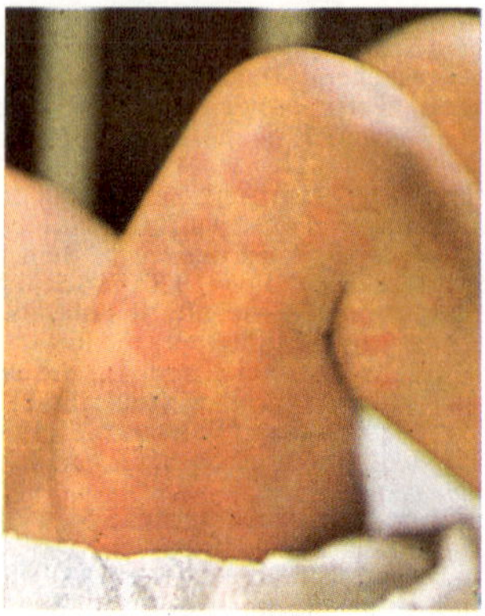
Röteln

Röteln Mz., Viruskrankheit vorwiegend des Kindesalters, mit masernähnl. Hautausschlag; kann während einer Schwangerschaft Fruchtschädigungen hervorrufen.

roter Faden, 1) urspr. in das Tauwerk der engl. Marine als Kennzeichen eingedrehter Faden. **2)** Ü verbindendes Merkmal.

Roter Halbmond, → Rotes Kreuz 1).

Rote Riesen, Sterne mit großem Durchmesser, hoher Leuchtkraft, niedriger Temperatur.

Roter Sand, Untiefe mit Leuchtturm in der Wesermündung.

Rotes Kreuz, 1) rotes Kreuz auf weißem Grund, internat. Abzeichen des Sanitätsdienstes; dem R.K. entsprechen **Roter Halbmond** (islam. Länder), **Roter Davidstern** (Israel). **2)** internat. Organisation, die durch die → Genfer Konventionen völkerrechtl. Schutz genießt. Das R.K. sorgt im Krieg für die Pflege von Verwundeten und Kranken, betreut Kriegsgefangene, leistet Hilfe bei öffentl. Notständen und Unglücksfällen, führt Krankentransporte durch und bildet Helfer aus. Das **Internat. Komitee vom R. K. (IKRK)** hat seinen Sitz in Genf. **3)** das **Dt. Rote Kreuz (DRK),** Sitz Bonn, gegr. 1921 (Neugründung 1950), eine selbständige unpolit. Organisation, leistet Rettungsdienst, Krankenpflege, Familienzusammenführung (Suchdienst) usw. Ihm obliegt auch die Ausbildung der Bevölkerung in Erster Hilfe und häusl. Krankenpflege. Das DRK unterhält eigene Krankenhäuser und Heime sowie Ausbildungsstätten. Präs. seit 1982 Botho Prinz zu Sayn-Wittgenstein. – In der Dt. Dem. Rep. besteht ein DRK wieder seit 1952.

Rotes Meer, Meeresarm des Ind. Ozeans zw. Arabien und Afrika, zugänglich durch die Meerenge Bab el-Mandeb; 0,45 Mio. km^2 groß, größte Tiefe 2604 m, salzreich, durch Algenwuchs rötlich gefärbt, das wärmste Meer der Erde; seit Eröffnung des Suezkanals wichtige Zugangsstraße von Europa nach Asien.

Rot-Grün-Blindheit, → Farbenfehlsichtigkeit.

Rotgültig|erz, 2 rote, sulfid. Silbererze. **Dunkles R.,** ein Silber-Antimon-Sulfid; **lichtes R.,** ein Silber-Arsen-Sulfid.

Rotguß, Kupferlegierungen mit 4-10% Zinn, 2-7% Zink, Blei, Kupfer.

Roth, 1) Eugen, Schriftst., *1895, †1976; heitere Verse (»Ein Mensch«, u.a.). **2)** Gerhard, österreich. Schriftsteller, *1942; experimentelle Prosa, Romane. **3)** Joseph, Schriftst., *1894, † (als Emigrant in Paris) 1939; Roman »Radetzkymarsch«. **4)** [rɔ–], Philip, amerikan. Schriftsteller, *1933; Romane. Erzählungen.

Rot|haargebirge, Bergzug im Sauerland, im Kahlen Asten 840 m hoch. Quellgebiet von Eder, Lahn, Sieg, Lenne, Ruhr, Diemel.

Rothacker, Erich, Philosoph, *1888, †1965; Anthropologe und Kulturphilosoph.

Rot|häute die, volkstüml. Bezeichnung für die Indianer N-Amerikas.

Rothenberger, Anneliese, Sängerin (Sopran), *1926.

Rothenburg ob der Tauber, Stadt in Mittelfranken, Bayern, 11800 Ew.; über dem Taubertal, eine der besterhaltenen mittelalterl. Städte mit vollständ. Stadtbefestigung. – 1172 Stadtrecht, später Freie Reichsstadt, kam 1803 an Bayern.

Rotherham [r'ɔðərəm], Stadt in Mittelengland, 84600 Ew.; Stahl-, Messingwerke.

Rotholz, Bez. für einige Überseehölzer, z. B. Mammutbaumholz.

Rothschild, Meyer Amschel, *1744, †1812; begr. 1766 ein Bankhaus in Frankfurt a. M., das 1901 erlosch. Seine Söhne errichteten Banken in London, Paris, Wien und Neapel. Im 19. Jh. besaß das Haus R. starken polit. Einfluß. Es bestehen noch Banken in Paris und London.

Rotkehlchen, Singvogel mit rostroter Kehle, nistet am Boden.

Rotkupfererz, Cuprit, Cu_2O (Kupfer(I)-oxid), ein rotes Kupfererz.

Rotlauf der, **1)** bei Tieren: **R. der Schweine,** anzeigepflichtige Infektionskrankheit mit Hautröte, Fieber und allg. Blutvergiftung. **2) Erysipeloid** das, der durch Wundinfektion auf den Menschen übertragene R. der Schweine, bes. an den Händen von Fleischern.

Rotliegendes, das untere Perm (→ Erdgeschichte, ÜBERSICHT).

Rotor der, ⊙ umlaufender Teil elektr. Maschinen. (→ Läufer 7)

Rotschwanz, 1) Singvögel: **Garten-R.,** lebt in Baumhöhlen; **Haus-R.,** meist schwarzgrau, lebt in Mauerlöchern. **2)** Schmetterling: **Buchen-R.**

Rotspon [ndt. Span, »Faß«] der, Rotwein.

Rot|tanne, die Gemeine → Fichte.

Rotte die, **1)** Abteilung, Schar. **2)** in einer mehrgliedrigen Abteilung jeweils hintereinander stehende Soldaten. **3)** ☙ mehrere Sauen, Wölfe.

Rottenburg, Stadt in Bad.-Württ., am Neckar, 33500 Ew.; Kathedralkirche St. Martin (15. Jh.), Barockbauten; Maschinen-, Holz-, Uhren-Ind. – Röm. Ursprung. 1381 bis 1806 bei Österreich, dann an Württemberg.

Rotterdam, zweitgrößte Stadt der Niederlande, im Umschlag größter Hafen der Welt und der bedeutendste Europas, an der Neuen Maas, 531000 Ew. (Agglomeration 1,03 Mio.); der Hafen (→ Europoort) ist für Schiffe bis 19 m Tiefgang benutzbar; Einfuhr von Erdöl, Erzen, Getreide, Holz, Fettrohstoffen, Ausfuhr von Kohle, Obst, Molkereierzeugnissen, Fleisch; Handelsplatz für Rohtabak; Groß-ind.: Maschinen-, Waggon- und Autofabriken, Erdölraffinerie u. a. – Im 17. und 19. Jh. großer wirtschaftl. Aufschwung. Nach dem 2. Weltkrieg neu aufgebaut.

Rottmayr, Johann Michael, Maler, *1654, †1730; Fresken in österr. Barockbauten.

Rottweil, Stadt in Bad.-Württ., am oberen Neckar, 23300 Ew.; Kapellenkirche, Heiligkreuzmünster; versch. Ind. Bekannt ist die **R.er Fasnacht.** – R. war bis 1803 Reichsstadt.

Rottweiler der, kurzhaariger, bis 68 cm hoher kräftiger Hund.

Rotunde [lat.] die, Rundbau.

Rotverschiebung, Verschiebung von Spektrallinien nach dem roten Ende des → Spektrums hin; zeigt sich bei Sternen, die sich von der Erde entfernen (→ Doppler-Effekt) und bei entfernten Spiralnebeln (Hubble-Effekt, → Hubble).

Rothenburg ob der Tauber: Markusturm mit Rödertor

Rotwelsch [mhd. rot »Bettler«] das, Geheimsprache der Vagabunden.

Rotwild, das Hirschwild.

Rotz der, ♡ seltene, meist tödlich verlaufende ansteckende Tierkrankheit bei Einhufern (Pferden), die auch auf Menschen übertragbar ist. Erreger ist der R.-Bazillus.

Rot|zunge, rotbrauner Plattfisch der Nordsee.

Rouault [ru'o:], Georges, frz. Maler, *1871, †1958; schuf Bilder, die relig. Themen, Arbeiter, Bauern und Clowns darstellen.

Roubaix [rub'ɛ], Industriestadt in N-Frankreich, 101500 Ew.; Textilindustrie.

Roué [ru'e, frz.] der, Wüstling, Lebemann.

Rouen [ru'ã], Stadt in Frankreich, in der Normandie, 101500 Ew.; wichtiger Einfuhrhafen an der Seine; Erzbischofssitz; Kathedrale Notre-Dame (12.-16. Jh.), Abteikirche (14.-16. Jh.), Justizpalast (15.-16. Jh.); Univ.; Textil-, Maschinen-, Papier-, petrochem., Kraftfahrzeug-Ind., Schiffbau. – In R. wurde 1431 die Jungfrau von Orléans verbrannt.

Rotkehlchen

Rouge et noir [ru:ʒ e nwa:r, frz. »Rot und Schwarz«] das, Glücksspiel mit 6 Whistkartenspielen.

Rouget de Lisle [ruʒ'ɛ də li:l], Claude Joseph, *1760, †1836; dichtete und vertonte die → Marseillaise.

Roulade [rul'adə, frz.] die, Fleischrolle.

Rouleau [rul'o, frz.] das, Rollvorhang.

Roulette [ru-, frz.] die, **Roulett** das, Glücksspiel mit einer Kugel auf einer drehbaren Scheibe mit numerierten Fächern.

Rourkela [r'ur-], Stadt in Orissa, Indien, 309500 Ew.; von westdt. und österr. Unternehmen gebautes Stahlwerk.

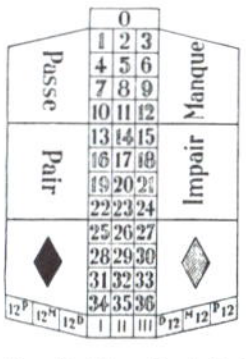

Roulette: Spielplan

Rousseau [rus'o], **1)** Henri, gen. **Le Douanier,** frz. Maler, *1844, †1910; Bildnisse, Stillleben, Landschaften von naiv jede Einzelheit erfassender Dingwiedergabe. (BILD S. 746)

2) Jean-Jacques, frz. Schriftst. und Philosoph, *1712, †1778; Vertreter und zugleich Überwinder der → Aufklärung; konstruierte einen glückl. naturhaften Urzustand der Menschheit (»Rückkehr zur Natur«). Im »Gesellschaftsvertrag« (»Du Contrat social«, 1762) verkündete er die Lehre von der Souveränität des Volkes. Die Frz. Revolution wurde von seinen staatstheoret. Lehren entscheidend bestimmt. W W: Liebesroman »Die neue Héloïse«, Erziehungsroman »Émile«; »Bekenntnisse«.

Roussel [rus'ɛl], Albert, frz. Komponist, *1869, †1937; Orchester-, Kammer-, Chormusik.

Roussillon [rusij'ɔ̃], geschichtl. Landschaft in Südfrankreich, mit vorherrschend katalanisch sprechender Bevölkerung; Hptst.: Perpignan. – Bis 1659 spanisch.

J.-J. Rousseau

H. Rousseau: Der Stadtzoll

Routine [rut'i:nə, frz.] die **1)** durch Übung erlangte Fertigkeit, Gewandtheit. **routiniert,** gewandt, geübt. **Routinier** [rutinj'e] der, erfahrener Praktiker. **2)** Datenverarbeitung: in sich abgeschlossenes Unterprogramm.

Rovigo, Stadt in NO-Italien, 52300 Ew.; Dom (1696); Verkehrsknoten; Handel.

Rovuma der, südl. Grenzfluß von Tanganjika, 920 km lang, mündet in den Ind. Ozean.

Rowohlt, Ernst, Verleger, *1887, †1960; nach dem 2. Weltkrieg Taschenbuchreihen (ro ro ro, rowohlts rotations romane).

Roxane, baktrische Fürstentocher, 327 v. Chr. Gemahlin Alexanders d. Gr.; mit ihrem Sohn Alexander (*323) um 310 ermordet.

royal [frz. rwaj'al; engl. r'ɔɪəl], königlich.

Royal Air Force [r'ɔɪəl'ɛəfɔ:s], Abk.: **RAF,** amtl. Name der brit. Luftwaffe.

Royalismus der, Bekenntnis zum Königtum. **Royalist** der, Anhänger des Königtums.

Ruanda

Royal Society [r'ɔɪəl səs'aɪətɪ], älteste engl. Akademie der Wiss., gegr. 1660 zur Förderung der Naturwiss. Mitgl. der R. S. heißen **Fellows.**

Różewicz [ruʒ'evitʃ], Tadeusz, poln. Schriftsteller, *1921; Lyrik, Erz., Dramen.

Rp., auf Rezepten: Abk. für lat. **R**eci**p**e, nimm!

RP, bei Telegrammen Abk. für **R**éponse **p**ayée [rep'ɔ̃s, pɛj'e, frz.], Antwort bezahlt.

RSFSR, Abk. für **R**ussische **S**ozialistische **F**öderative **S**owjet**r**epublik.

RTL plus, privates Fernsehprogramm der luxemburg. Rundfunkanstalt **R**adio **T**élé **L**uxembourg, das sich durch Werbung finanziert und seit 1984 über den Satelliten ESC 1 ausgestrahlt wird.

Ru, chem. Symbol für Ruthenium.

Ruanda, Rwanda, Rep. in Zentralafrika, 26338 km², 6,7 Mio. Ew. (meist Bantu); Hptst.: Kigali; Amtssprachen: Kinyaruanda, Französisch. R. liegt im O des Kiwusees; im W gebirgig. Anbau von Kaffee, Baumwolle, Yams, Bananen; Viehzucht. ⚒ auf Zinn, Wolfram u. a. Ausfuhr: Kaffee, Zinnerz (Kassiterit) u. a. Haupthandelspartner: USA, EG-Länder. – R. war bis zu seiner Unabhängigkeit (1962) Teil des belg. Treuhandgebiets **Ruanda-Urundi** (bis 1919 Teil von Dt.-Ostafrika). Staatspräs.: J. Habyalimana (seit 1973). ⊕ S. 482.

Ruapehu der, höchster Vulkan auf Neuseeland (Nordinsel), 2797 m.

Rubbia, Carlo, ital. Physiker, *1934; erhielt für grundlegende Forschungen in der Teilchenphysik mit R. B. Merrifield den Nobelpreis für Physik 1984.

Rubel der, Währungseinheit der UdSSR; 1 R. = 100 Kopeken (→ Währungseinheiten).

Ruben, israelit. Stamm, benannt nach dem ältesten Sohn Jakobs.

1 2 3

Rubin (geschliffen): **1** R. Birma; **2** R. Ceylon (Sri Lanka); **3** Sternrubin

Rubens, Peter Paul, fläm. Maler, *1577, †1640; seine Werke sind gekennzeichnet durch Farbenpracht, Sinnenfülle, unerschöpfl. Erfindungskraft: Kreuzaufrichtung; Selbstbildnis mit Isabella Brant, seiner ersten Frau; Raub der Töchter des Leukippos; Jüngstes Gericht; Medici-Zyklus; Ildefonso-Altar; Bildnis der Helene Fourment, seiner zweiten Frau; Landschaften u. a.

Rübezahl, Berggeist des Riesengebirges. Die R.-Sagen wurden zuerst im 17. Jh., dann in Musäus' »Volksmärchen« gesammelt (1782-86).

Rubidium das, **Rb,** chem. Element, dem Kalium ähnliches, in sehr geringen Mengen vorkommendes Alkalimetall; Ordnungszahl 37, D 1,53 g/cm³, Schmelzpunkt 38,7 °C, Siedepunkt 688 °C.

Rubikon, Rubico der, Altertum: Grenzfluß zw. Italien und dem Zisalpin. Gallien. Mit seiner Überschreitung eröffnete Caesar 49 v. Chr. den Bürgerkrieg gegen Pompejus; daher: **den R. überschreiten,** einen entscheidenden Schritt tun.

Rubin [mittellat.] der, Edelstein, durchsichtiger, rot gefärbter Korund.

Rubinstein, 1) Anton, russ. Pianist und Komponist, *1829, †1894. **2)** Artur, polnisch-amerikan. Pianist, *1887, †1982.

Rubljow, Andrej, russ. Maler, * um 1360/70, †1427/30; schuf Werke spätbyzantin. Tradition, z. B. die Dreifaltigkeits-Ikone in Moskau.

Rüb|öl, fettes Öl aus Raps oder Rübsensamen; dient als Brenn-, Schmieröl.

Rubrik [lat. rubrica »rote Erde, Röte«] die, **1)** im MA. rot geschriebene Überschriften in Büchern. **2)** Ü Abteilung, Abschnitt, Spalte. **rubrizieren, 1)** mit Überschriften versehen. **2)** ordnen, einteilen.

Rubrum [lat.] das, Aktenzeichen.

Rübsamen, Rübsaat, Rübenreps, Rübsen, rapsartige Kreuzblüterpflanze, liefert Rüböl.

Rubzowsk, Stadt im südl. Westsibirien, Russ. SFSR, 167000 Ew.; Industrie.

Ruchgras, Wiesengras mit Waldmeisterduft.

Rücken der, hintere (bei Tieren obere) Körperwand von der Grenze des Hinterhaupts bis zum Kreuzbein, gebildet von Wirbelsäule, hinteren Abschnitten der Rippen, Schulterblättern und darüberliegenden Weichteilen.

Rückenmark, Teil des zentralen → Nervensystems; vom Gehirn ausgehender, im Kanal der Wirbelsäule liegender Nervenstrang, der eigene Nervenzentren und die wichtigen Nervenbahnen enthält, die das Gehirn mit dem übrigen Körper verbinden. Neben der Erregungsleitung ermöglicht das R. auch die Bil-

Rubens: Selbstbildnis mit Isabella Brant

dung der →Reflexe. 31 Paar **R.-Nerven** (periphere Nerven) verlassen das R. jeweils durch die Zwischenwirbellöcher, um zu ihren Erfolgsorganen (Haut, Muskeln) zu gelangen. Das R. schwimmt in der **Gehirn-R.-Flüssigkeit** und ist von drei **R.-Häuten** (weiche, Spinnweben-, harte Haut) umgeben. – **R.-Krankheiten** sind solche Erkrankungen, die vorwiegend oder ausschließlich das R. und seine Höhlen befallen, z.B. →multiple Sklerose, →Kinderlähmung, R.-Schwindsucht (→Tabes dorsalis), R.-Entzündung nach Masern, Typhus u.a. Je nach Sitz der Entzündungs- oder Degenerationsherde treten schlaffe oder krampfartige (spastische) Lähmungen, Blasen- und Mastdarmstörungen und andere Ausfallserscheinungen auf.

Rück|erstattung, jede Rückgewähr. einer ohne Rechtsgrund erbrachten Leistung, bes. die Rückgabe der vom nat.-soz. Staat aus rass., relig., nat. oder polit. Gründen entzogenen Vermögensgegenstände.

Rückert, Friedrich, romant. Dichter, *1788, †1866; Prof. der oriental. Sprachen; vaterländ. und Liebesgedichte, Kinderlieder; übersetzte meisterhaft ind., arab., pers. Dichtungen (»Die Weisheit des Brahmanen«).

Rückert

Rückfall, 1) ⚖ erneute Begehung einer mit Freiheitsstrafe bedrohten vorsätzl. Straftat, nachdem der Täter schon mindestens zweimal wegen einer vorsätzl. Straftat verurteilt worden ist und deswegen mindestens 3 Monate Freiheitsstrafe verbüßt hat. Besondere Strafen treffen →Hangtäter. **2)** →Rezidiv.

Rückfallfieber, durch Spirochäten verursachte Infektionskrankheit. 3-6 Tage anhaltendes hohes Fieber tritt nach 6-10tägiger Pause mehrmals wiederholt in gleicher Weise auf.

Rückgrat das, die →Wirbelsäule.

Rückgriff, svw. →Regreß.

Rückkauf, →Wiederkauf.

Rückkopplung, 1) Beeinflussung eines Geschehens durch die Rückwirkung der Folgen auf seinen weiteren Verlauf. Das Prinzip der R. ist grundlegend für die Theorie der Steuerungsvorgänge (Kybernetik, Regelung) in Technik, Biologie und Psychologie und Kommunikations- und Sozialforschung. **2)** bei elektron. Verstärkerschaltungen die Rückführung eines Teiles der Ausgangsenergie einer Schaltung, eines Regelkreises oder dgl. an den Anfangspunkt zur Verstärkung von Schwingungen, Unterdrückung von Schwankungen, Einregelung einer Größe u.a.

Rücklage die, zusätzlich zum nominellen (Grund-, Stamm-) Kapital in einem Unternehmen vorhandenes Eigenkapital **(Reserve).** Aktiengesellschaften sind zur Bildung **gesetzl. R.** verpflichtet, **freie R.** können freiwillig gebildet und beliebig aufgelöst werden. **Offene R.** werden aus dem ausgewiesenen Jahresgewinn gebildet. **Stille R.** sind in unterbewerteten Vermögensteilen oder in überbewerteten Schulden u.a. enthalten.

Rückstau, Abflußstörung in Wasserläufen.

Rückstellungen Mz., Verbindlichkeiten, die ihrer Entstehung nach bekannt, der Höhe nach noch ungewiß sind, z.B. für Pensionszusagen.

Rückstoß, Rückwirkung einer von einem Körper durch innere Kräfte fortgestoßenen Masse auf den Körper selbst, z.B. R. durch eine aus einem Gefäß ausfließende Flüssigkeit, bei Feuerwaffen und Raketen; Folge des Impulserhaltungssatzes.

Rückstrahler, Geräte, die einfallendes Licht mit geringer Streuung zurückwerfen; vorgeschrieben für Straßenfahrzeuge aller Art **(Katzenaugen).**

Rücktritt, 1) Verzicht auf ein Amt. **2)** Schuldrecht: einseitige Auflösung eines Vertrages durch Erklärung gegenüber dem anderen Vertragsteil, daß der Vertrag als nichtgeschlossen behandelt werden soll. Das R.-Recht kann vertraglich vereinbart sein (§§ 346ff. BGB) oder bei verschuldeter →Unmöglichkeit der Leistung, Verzug, positiver Vertragsverletzung (→Vertrag) kraft Gesetzes gegeben sein (§§ 325ff. BGB).

Rücktrittbremse, Reibungsbremse in den Freilaufnaben von Fahrrädern, Motorfahrrädern und Mopeds: bei Rückwärtsbewegung der Pedale wird ein Bremsmantel an die sich drehende Nabenhülse gepreßt.

Rückversicherung, Re|assekuranz die, Versicherung, durch die sich eine Versicherungsgesellschaft zur Deckung des von ihr übernommenen Risikos bei einer anderen Versicherungsgesellschaft (Rückversicherer) weiterversichert.

Rückversicherungsvertrag, der dt.-russ. geheime Neutralitätsvertrag auf 3 Jahre vom 18.6.1887; nach Bismarcks Sturz von Caprivi unter Holsteins Einfluß 1890 nicht verlängert.

Rückwirkung, ⚖ Anwendbarkeit einer gesetzl. Bestimmung auch für die Zeit vor deren Verkündung. Rückwirkende Strafgesetze sind in der Bundesrep. Dtl. verboten (Art. 103 Abs. 2 GG).

Ruda Śląska [-sjl'ɔ̃ska], Industriestadt in der Wwschaft Kattowitz, Polen, 147000 Ew.; Eisen- und Zinkhütten, Steinkohlengruben.

Rude [ryd], François, frz. Bildhauer, *1784, †1855; HW: Hochreliefgruppe der Marseillaise am Arc de Triomphe in Paris.

Rüde der, **1)** der männl. Wolf, Fuchs, Hund, Marder. **2)** Hetzhund, Jagdhund.

rüde [frz.], roh, ungeschliffen.

Rudel das, Lebensverband mancher Tiere (Hirsche, Gemsen, Rehe, Wölfe).

Rudelsburg, Burgruine auf dem rechten Saaleufer, bei Bad Kösen.

Ruder das, **1)** um eine senkrechte Achse drehbare Platte zum Steuern des Schiffes, meist am Heck. Die **Tiefen-R.** der U-Boote und Torpedos (immer paarweise angeordnet) sind um eine waagerechte Achse drehbar. **2)** bewegl. Steuerflächen an Tragflügeln und Leitwerk der Flugzeuge. **3)** U für →Riemen. **4)** Füße der Schwimmvögel.

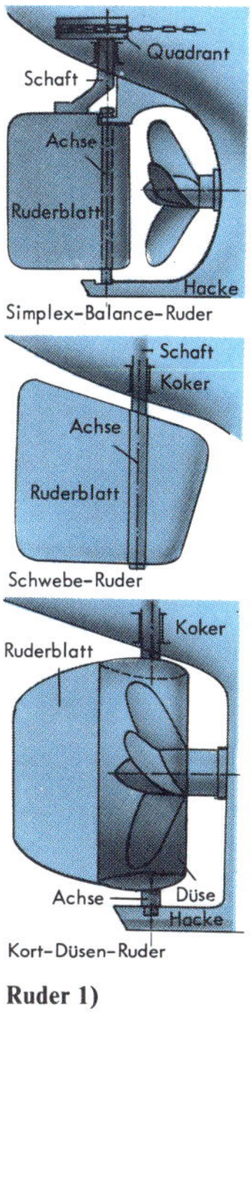

Ruder 1)

Ruderfüßer, Ordn. meist fischfressender Vögel, an deren Füßen alle Zehen durch Schwimmhäute verbunden sind, z.B. Kormorane, Tölpel, u.a.

Rudergänger, Rudergast, ⚓ Matrose, der das Ruder (Steuer) bedient.

Rudern, wird hauptsächlich als Wettrudern über eine best. Strecke, in der Regel 2000 m, ausgeübt. – Bei Riemenbooten bedient jeder Mann einen Riemen (Ruder) mit beiden Händen, bei Skullbooten 2 Riemen. Riemenboote werden als Zweier, Vierer und Achter, die Skulls als Einer, Doppelzweier, Doppelvierer gerudert; beim Dollenboot haben die Ruder ihren Drehpunkt in eisernen Gabeln (Dollen), beim Auslegerboot auf eisernen Trägern (Auslegern).

Rüdesheim am Rhein, Stadt in Hessen, 10300 Ew., im Rheingau; Weinbau und Handel; oberhalb von R. das **Niederwalddenkmal.**

Rüdiger [ahd. »Sperruhm«], männl. Vorname.

Rüdiger von Bechelaren, im Nibelungenlied Markgraf im Dienst des Königs Etzel.

Rudiment [lat.] das, **1)** Überbleibsel, Rest. **2)** rückgebildeter Körperteil (z.B. Wurmfortsatz). **rudimentär,** unausgebildet, verkümmert.

Rudolf [ahd. »Ruhmwolf«], männl. Vorname.

Rudolf. Fürsten: **1) R. von Rheinfelden,** 1077 von den Gegnern Heinrichs IV. als Gegenkönig aufgestellt, 1080 tödlich verwundet. **2) R. I. von Habsburg,** Dt. König (1273-91), *1218, †1291; beendete das →Interregnum, bekämpfte die Raubritter, besiegte 1278 den Böhmenkönig Ottokar II. auf dem Marchfeld, brachte 1282 Österreich und die Steiermark an sein Haus; Grab im Dom zu Speyer. **3) R. II.,** Dt. Kaiser (1576-1612), Habsburger, *1552, †1612; begünstigte die Gegenreformation, mußte aber den böhm. Protestanten im »Majestätsbrief« 1609 Religionsfreiheit zusichern. **4) R. IV., der Stifter,** Herzog (1358-65), *1339, †1365; erwarb 1363 Tirol, gründete 1365 die Wiener Univ. **5) R.,** Kronprinz von Österreich-Ungarn, einziger Sohn Franz Josephs, *1858, † (Selbstmord in Mayerling) 1889.

Rudolf von Ems, mhd. Dichter, *um 1200, †um 1250; Schüler Gottfrieds von Straßburg, behandelte legendäre Stoffe, begann eine »Weltchronik«.

Rudolstadt, Stadt im Bez. Gera, an der Saale, 32 500 Ew.; mit Schloß Heidecksburg.

Ruf der, **1)** Leumund. **2)** Berufung eines Hochschullehrers.

Rüfe die, → Mure.

Rufmord, Zerstörung des Ansehens (Rufs) einer Person durch öffentl. Verleumdung.

Rugby [r'ʌgbɪ], Stadt in Mittelengland, am Avon, 59 400 Ew.; Public School (Entstehungsort des Rugby-Sports); Eisenbahnwerkstätten u. a. Ind.

Rugby [nach der Stadt → Rugby] das, Kampfspiel zw. 2 Mannschaften mit je 15 Spielern, bei dem ein ovaler Ball mit Händen und Füßen in eine Torzone (Malfeld) hinter das gegner. Tor gebracht werden muß.

Ruge, Arnold, Schriftst. des »Jungen Dtl.«, *1802, †1880, begr. 1838 die »Hallischen (seit 1841: Dt.) Jb. für Literatur und Kunst«, das führende Organ der »Junghegelianer«.

Rüge die, **1)** Tadel, Verweis. **2)** Behauptung vor Gericht, daß Verfahrensvorschriften verletzt worden seien. **3)** im bürgerl. und Handelsrecht Beanstandung von Mängeln an einer gekauften Sache. **4)** im MA. Anzeige unverfolgt gebliebener Verbrechen durch vereidigte Männer **(R.-Geschworene, R.-Zeugen).**

Rügen, größte dt. Insel, in der Ostsee, von der pommerschen Küste durch den **Greifswalder Bodden** und den **Strelasund** getrennt, 926,4 km², 84 300 Ew., mit Stralsund durch den 2,54 km langen **R.-Damm** verbunden; Landwirtschaft, Fischerei, Fremdenverkehr in den Seebädern. – R., urspr. von den german. Rugiern, dann von Slawen bewohnt, kam 1168 unter dän. Oberhoheit, 1325 an Pommern, 1648 an Schweden, 1815 an Preußen; seit 1952 gehört es zum Bezirk Rostock.

Rugier Mz., german. Stamm, der aus dem Ostseegebiet im 4. Jh. nach Niederösterreich abwanderte, schloß sich den Ostgoten an.

Rühe, Volker, Politiker (CDU), *1942; seit 1989 CDU-Gen.-Sekretär.

Ruhegehalt, Pension die, wird an Beamte bei dauernder Arbeitsunfähigkeit oder nach Erreichen der Altersgrenze (gewöhnl. 65 Jahre) gezahlt.

Ruhegeld, 1) Alters-R., Rente, Leistung der → Rentenversicherung. **2) betriebl. R.,** dem Arbeitnehmer vom Unternehmer gewährte, auf Einzelvertrag oder betriebl. Übung beruhende Rente.

Ruhestand, Stellung eines auf Lebenszeit berufenen Beamten nach Beendigung des aktiven Dienstes. Bei einstweiliger Beendigung des Dienstverhältnisses eines Beamten spricht man von **Wartestand.**

Rühmann, Heinz, *1902; Filmschauspieler, Komiker, Regisseur.

Rühmkorf, Peter, Schriftsteller, *1929; zeitkrit. Dramen und Lyrik.

Ruhpolding, Kurort und Wintersportplatz in Oberbayern, im SO des Chiemsees.

Ruhr die, **Dys|enterie,** jedes Krankheitsbild mit schleimigblutigen bis eitrigen Durchfällen. Die **Bakterien-R.** ist eine Infektionskrankheit, erregt durch R.-Bakterien. Behandlung: Sulfonamide, später Antibiotika, Wärme, Diät (Tee, Haferschleim). Die **Amöben-R.** tropischer und subtrop. Gebiete wird erregt durch die R.-Amöbe. Behandlung: Chemotherapeutika u. a.

Ruhr die, rechter schiffbarer Nebenfluß des Rheins, kommt aus dem Sauerland, mündet bei Duisburg; 235 km lang.

Ruhrgebiet, rechts des unteren Rheins zw. Ruhr und Lippe, im O über Dortmund hinaus bis Hamm reichend, bildet zus. mit den Industriezentren am Niederrhein und an der Wupper das **Rheinisch-Westfäl. Industriegebiet,** eines der größten industriellen Ballungsgebiete Europas. Grundlage der wirtschaftl. Entwicklung bilden die Steinkohlevorkommen. An den Bergbau schließt sich eine vielseitige Ind. an, bes. Eisen-, Stahl- und chem. Ind. Durch zurückgehende Wirtschaftlichkeit setzte 1957 eine Absatzkrise ein. Das Gebiet ist dicht bebaut und besiedelt mit zahlreichen Großstädten. Wichtigste Kanäle: Rhein-Herne-, Dortmund-Ems-Kanal. Zur einheitl. Regelung der Siedlungs-, Bebauungs- und Verkehrsfragen im R. wurde 1920 der **Siedlungsverband Ruhrkohlenbezirk** geschaffen. – 1919 und 1920 waren im R. schwere kommunist. Unruhen. 1921 besetzten frz. und belg. Truppen Düsseldorf, Duisburg und Ruhrort, um die Reichsregierung zur Annahme der Reparationsbedingungen zu zwingen. Wegen geringer Rückstände in den Reparationsleistungen besetzte Frankreich Jan. 1923 das gesamte R. Der daraufhin von der Reichsregierung proklamierte »passive Widerstand« mußte aus wirtschaftl. Gründen (Inflation) im Sept. aufgegeben werden. Nach Einigung über den Dawesplan (1924) wurde das R. 1925 von den Franzosen geräumt.

Rührmichnichtan das, ein Springkraut (→ Balsamine).

Ruhrort, Stadtteil von → Duisburg.

Ruhrstatut, das Abkommen von 1948 zw. Belgien, Großbritannien, Frankreich, den Niederlanden, Luxemburg und den USA über die internat. Kontrolle der Hilfsquellen des Ruhrgebietes. Das R. wurde 1952 mit Inkrafttreten der Montanunion aufgehoben.

Ruin [lat.] der, Einsturz, Verfall, Untergang, Verderb. **Ruine** die, zerfallendes Bauwerk. **ruinieren,** zugrunde richten. **ruinös,** verderblich.

Ruisdael [r'œysda:l], **1)** Jakob van, holländ. Maler, Radierer, *1628/29, †1682; schwermütige Landschaften. **2)** Salomon van, Landschaftsmaler, Onkel, Lehrer von 1) *um 1600, †1670, Flußufer-, Kanallandschaften.

Ruiz [ruiθ], Juan, genannt »Erzpriester von Hita«, größter span. Dichter des MA., *um 1280, †um 1350.

Rum der, aus Saft und Melasse des Zuckerrohrs durch Vergären hergestellter, etwa 50%iger Alkohol mit spezif. Aromastoffen.

Rumänen Mz., Volk in SO-Europa, rd. 20 Mio.; Nachkommen der romanisierten Daker und röm. Siedler, vermischt mit Slawen und Türken.

Rumäni|en, Republik in SO-Europa, 237 500 km², 23,05 Mio. Ew.; Hptst.: Bukarest. 🌐 S. 492.

VERFASSUNG v. 21. 8. 1965, nach der Revolution vom Dez. 1989 außer Kraft gesetzt; neue Verf. vorgesehen. Verwaltungseinteilung in 40 Kreise (seit 1968).

LANDESNATUR. R. wird von den O- und S-Karpaten durchzogen, die mit dem Bihorgebirge und dem Banat das Hochland von Siebenbürgen einschließen. Am Außenrand der Karpaten liegen im S das Tiefland der Walachei, im O das Hügelland Moldau und südl. des sumpfigen Donaudeltas das Tafelland der Dobrudscha. Klima: binnenländisch. Flüsse:

Rumänien

Donau mit Alt, Sereth, Pruth; zur Theiß entwässern Szamos und Maros. BEVÖLKERUNG. 87,7% Rumänen, daneben Magyaren, Deutsche u.a. 20 Großstädte. Religion: Rumän. Orthodoxe Kirche rd. 14 Mio., daneben rd. 800000 evang., ferner Juden, Muslime u.a.

WIRTSCHAFT. Über 90% der landwirtschaftl. Nutzfläche sind kollektiv bewirtschaftet. Anbau von Mais (an 1. Stelle in Europa), Weizen, Zuckerrüben, Gemüse, Obst, Wein; Viehzucht (Rinder, Schweine, Schafe), Forstwirtschaft; ⚒ auf Erdöl und Erdgas (nach der UdSSR an 2. Stelle in Europa), Eisenerz, Kohle, NE-Metalle, Salz. Eisen- und Stahl-, Maschinen-, chem., elektrotechn., Textil- u.a. Ind. Wasserkraftwerke. Fremdenverkehr. Ausfuhr: Erdöl und -erzeugnisse, pflanzl. und tier. Erzeugnisse, Fertigwaren (bes. Maschinen). Haupthandelspartner: UdSSR, Bundesrep. Dtl., Italien. R. ist Mitgl. des Comecon. Haupthafen: Constanța; wichtige Flußhäfen: Galatz, Brăila; internat. Flughafen: Bukarest.

G Das alte Dakien wurde 101-106 n.Chr. von Trajan unterworfen und in der Folgezeit romanisiert. Im MA. drangen viele Slawen ins Land. Die Fürstentümer Moldau und Walachei (»Donaufürstentümer«), die sich im 14.Jh. bildeten, gerieten bald unter türk. Oberherrschaft. 1859 wurden sie zum rumän. Staat vereinigt; 1878 volle Unabhängigkeit; 1881 Königreich (seit 1866 Haus Hohenzollern-Sigmaringen, zunächst als Fürsten von R.). Seit 1916 kämpfte R. gegen die Mittelmächte und erhielt 1919/20 Siebenbürgen, das östl. Banat und die Bukowina, ferner Bessarabien. König Karl (Carol) II. machte sich 1938 zum Träger einer autoritären Staatsgewalt. 1940 mußte R. die nördl. Bukowina und Bessarabien an die UdSSR, das nördl. und östl. Siebenbürgen an Ungarn, die südl. Dobrudscha an Bulgarien abtreten. 1941 trat R. auf dt. Seite in den Krieg gegen die UdSSR ein, schloß 1944 Waffenstillstand. Im Frieden von Paris 1947 mußte R. auf die wieder besetzten Gebiete verzichten, erhielt aber das an Ungarn abgetretene Siebenbürgen und Banat zurück. 1947 mußte König Michael abdanken; R. wurde kommunist. VR (→Volksdemokratie). Seit 1955 gehört R. dem Warschauer Pakt an. Seit 1963 nahm es eine selbständigere Haltung gegenüber Moskau ein. N. Ceaușescu, seit 1965 Vors. der Kommunist. Partei, seit 1967 auch Staatsoberhaupt, regierte R. zunehmend diktatorisch. Sein Regime wurde Dez. 1989 durch einen von Temesvar ausgehenden Volks- und Militäraufstand gestürzt. Die von Übergangspräs. (seit 1989) I. Iliescu geführte ›Nationale Front‹ siegte bei den ersten freien Parlaments- und Präsidentenwahlen im Mai 1990. Präs.: I. Iliescu (seit 1990), MinPräs.: P. Roman (seit 1989).

rumänische Sprache und Literatur. Rumänisch ist die östlichste der roman. Sprachen. Höhepunkt der rumän. Dichtung ist Mihail Eminescu (*1850, †1889), der Volksliedhaftes mit westl. Einflüssen verband.

Rumba der oder die, Gesellschaftstanz im 4/4-Takt, stammt aus Kuba.

Rumelien, in der türk. Verwaltung bis 1864 die europ. Türkei außer Bosnien, Ungarn und der Peloponnes.

Rumpler, Edmund, Flugzeugkonstrukteur, *1872, †1940; begr. 1908 in Berlin die erste dt. Flugzeugfabrik, baute dort die **R.-Taube,** erfand Stromlinienform, Schwingachse.

Rumpsteak [r'ʌmpsteɪk, engl.] das, kurzgebratene Lendenschnitte vom Rind.

Run [rʌn, engl.] der, **1)** das Ablaufen eines Computerprogramms. **2)** in Krisenzeiten Ansturm der Konteninhaber auf Banken oder Sparkassen, der Verbraucher auf knappe Waren.

Rundbau, →Zentralbau.

Runde die, ↗ **1)** Boxen: Kampfabschnitt von 3 Min. **2)** einmaliger Weg um eine Kampfbahn (bei Lauf- und Rennwettbewerben).

Rundfunk, Radio, Verbreitung von Darbietungen in Ton (Hör-, Ton-R.) oder Bild (Fernseh-R., Television, →Fernsehen) durch elektromagnet. Wellen; eins der wichtigsten Mittel der Gegenwart für Unterhaltung, Belehrung und Meinungsbildung. Die durch die Darbietungen erzeugten Schallschwingungen in der Luft werden am Ort des Geschehens (Live-Sendung) oder in einem Aufnahmeraum (Studio) mit einer Fernsehkamera oder einem Mikrophon in elektr. Schwingungen umgewandelt und verstärkt. Mit diesen Schwingungen wird die Trägerschwingung des **Senders,** die eine sehr viel höhere Frequenz hat, entweder in ihrer Schwingungsweite (Amplitude) oder in ihrer Schwingungszahl (Frequenz) moduliert. Diese modulierten Schwingungen werden der Sendeantenne zugeführt und von ihr ausgestrahlt. Sie breiten sich mit Lichtgeschwindigkeit (300000 km/s) aus und erzeugen (induzieren) in der Empfangsantenne genau entsprechende hochfrequente Wechselspannungen. Diese Schwingungen werden im Empfänger zu der Darbietung entsprechenden Schwingungen demoduliert, verstärkt und im Lautsprecher oder der Bildröhre in die Darbietung zurückverwandelt.

Ein **Empfänger** hat außer der Demodulation und meist auch Verstärkung noch die Aufgabe, den gewünschten Sender von den nicht gewünschten zu trennen. Hierzu dienen →Schwingungskreise, die meist mittels Drehkondensatoren abgestimmt (in Resonanz gebracht) werden. Der Detektorempfänger dient nur zur Demodulation und Trennung ohne Verstärkung und ist nur für Kopfhörerempfang des Ortssenders brauchbar. Der Röhrenempfänger verstärkt dagegen außerdem noch und ermöglicht deshalb Lautsprecherempfang. Kleine Röhrenempfänger (Audionempfänger) sind wenig trennscharf und hauptsächlich für den Ortsempfang bestimmt. Überlagerungsempfänger (Superhets), die heute überwiegend verwendet werden, sind auch für den Fernempfang geeignet und um so trennschärfer, je mehr Schwingungskreise sie enthalten. Bei diesen Empfängern wird die Empfangsfrequenz beim Empfang eines beliebigen Senders immer in dieselbe Frequenz (Zwischenfrequenz) umgewandelt, was in der Mischstufe mittels einer Hilfsschwingung geschieht. Diese Umwandlung hat den Vorteil, daß die Schwingungskreise des Zwischenfrequenzteils nur einmal fest abgestimmt zu werden brauchen. Die Verwendung von →Transistoren hat Gewicht und Größe der R.-Empfänger sehr herabgesetzt und damit den Bau von Reise- und Taschenempfängern ermöglicht. Zur Wiedergabe von Stereosendungen werden die Sender und Empfänger mit einem zweiten Übertragungs- und Empfangskanal, zugehörigen Mikrophonen und Lautsprechern ausgerüstet.

Die von den Sendern ausgestrahlten Wellen, die sich durch ihre Wellenlänge (2000 m bis 0,6 m) und entsprechend durch ihre Frequenz voneinander unterscheiden, liegen in versch. Wellenbereichen, auf denen die Eigenschaften (Reichweite, Störungen, Einfluß von Tag und Nacht, Schwund) verschieden sind: Lang-, Mittel-, Kurz- und Ultrakurzwellen (UKW). Letztere zeichnen sich durch gute Störbefreiung und Ermöglichung einer hohen Klangqualität aus (wegen des großen zur Verfügung stehenden Frequenzbandes) und verfügen über eine geringe Reichweite, die eine entsprechend geringe Störung eines Senders durch frequenzbenachbarte Sender verursacht.

Die modernen R.-Empfänger enthalten

Runen

P. O. Runge: Selbstbildnis, Kreidezeichnung (Ausschnitt)

B. Russell

Lautsprecher für die hohen Töne, die zur Verbesserung der Klangfülle auch seitlich strahlen. 1989 wurde der mit Digitaltechnik arbeitende → Digitalrundfunk eingeführt.

Bis 1945 war in Dtl. die Reichspost Eigentümer der R.-Sender und führte den techn. Sendebetrieb durch, während die R.-Gesellschaften für den Programmbetrieb sorgten. In der Bundesrep. Dtl. wurde dagegen von den Besatzungsmächten das Recht des techn. Sendebetriebes auf die R.-Anstalten in den einzelnen Ländern übertragen. Der Post verblieb das Recht, das R.-Leitungsnetz zur Verfügung zu stellen, die Senderfrequenzen zu überwachen und R.-Störungen zu beheben. Die R.-Anstalten sind öffentlich-rechtl. Natur. Ihre Organe sind der Rundfunkrat als Vertretung der Allgemeinheit, der Verwaltungsrat als wirtschaftl. Aufsicht und der Intendant als Leiter der R.-Anstalt. Seit 1984 werden auch Lizenzen an private Rundfunksender vergeben.

❻ Aufbauend auf den Arbeiten von Faraday, Maxwell, Hertz, Tesla, Popow, Branly u.a. verwendete Marconi als erster elektromagnet. Wellen zur Nachrichtenübermittlung. Die Löschfunken-, Lichtbogen- und Maschinensender von Braun, Slaby, Arco, Poulsen, Wien u.a. wurden durch den Röhrensender von A. Meißner verdrängt. Armstrong führte die Rückkopplung ein und entwarf mit Schottky den Überlagerungsempfänger. 1921 wurde in den USA, 1923 in Dtl. der erste Mittelwellensender, 1949 der UKW-R. in Betrieb genommen.

Rundlauf, ⚩ Strickleitern an einer Drehscheibe zum Laufen und Schwingen im Kreis.

Rundling der, geschlossene Dorfform. Die Gehöfte ordnen sich in Giebelstellung um den inneren Anger.

Rundmäuler Mz., niedere Ordn. der Wirbeltiere, Vorläufer der Fische, aalähnlich, mit knorpeligem Skelett, Saugmund; z.B. Neunauge.

Rundspruch, in der Schweiz: Rundfunk.

Rundstedt, Gerd v., Generalfeldmarschall, *1875, †1953; führte im 2. Weltkrieg Heeresgruppen im poln., frz. und russ. Feldzug; 1942-45 Oberbefehlshaber an der Westfront.

Rundwürmer, → Fadenwürmer.

Runeberg [r'ynəbɛrj], Johan Ludvig, finn. Nationaldichter, *1804, †1877.

Runen [german. »Geheimnis«, zu »raunen«] Mz., gemeingerman. Kult- und Schriftzeichen, um 100 v.Chr. vielleicht unter Verwendung altgerman. Sinnbilder aus der nordetrusk. (oder nordital.) Schrift entstanden. Sie wurden in Holz, Bein und Metall bes. auf Waffen und Schmuckgegenstände geritzt, im Norden auch in **R.-Steine** zum Gedächtnis der Toten. Das älteste der R.-Alphabete, die nach ihren ersten 6 Buchstaben **Futhark** [fu:θark] genannt werden, besteht aus 3 Reihen zu je 8 Zeichen. Die Zahl der R.-Inschriften geht in die Tausende (Schweden über 2000). In Dtl. kam ihre Verwendung um 700 außer Gebrauch, in England um 1000, in Skandinavien später.

P. O. Runge: Wir drei, Selbstbildnis mit Braut und Bruder

Runge, 1) Friedlieb Ferdinand, Chemiker, *1795, †1867, entdeckte Anilin, Phenol, Coffein und andere organ. Verbindungen. **2)** Philipp Otto, Maler, *1777, †1810, tiefsinniger Romantiker (symbol. Bilder der Tageszeiten); Bildnisse.

Ruodlieb, Roman, bald nach 1023 im Kloster Tegernsee in lat. Hexametern verfaßt.

Rupertus, Ruprecht, Schutzheiliger von Bayern, *um 650, †718 (?), wirkte in Salzburg für das Christentum. Tag: 27. 3.

Rupiah, Währungseinheit in Indonesien, 1 Rp. = 100 Sen.

Rupie die, Währungseinheit in Indien (1 R = 100 Paise), Pakistan (1 Pakistan. R = 100 Paisa), Sri Lanka (1 R = 100 Cents).

Ruprecht, Fürsten: **1) R. von der Pfalz** (1400-1410 Dt. König), Nachfolger des abgesetzten Luxemburgers Wenzel von Böhmen, nur z.T. anerkannt. **2) Rupprecht, Kronprinz von Bayern,** *1869, †1955, ältester Sohn Ludwigs III., Heerführer im 1. Weltkrieg.

Ruptur [lat.] die, ♡ das Zerreißen von Gefäßen, Muskeln oder inneren Organen.

Rur, niederländ. **Roer** [ru:r] die, rechter Nebenfluß der Maas, vom Hohen Venn, 207 km lang; Rurtalsperre.

Rurik, waräg. (normann.) Fürst in Nowgorod und Stammvater des ältesten russ. Herrscherhauses; †879.

Rusafa, er-Ressafe, Resafa, Ruinenstadt in der Syr. Wüste, 26 km vom Euphrat entfernt, im SW von Rakka, in assyr. Zeit im 9. Jh. v.Chr. erwähnt (Rasappa), hieß im 3./4. Jh. n.Chr. Sergiopolis.

Rushdie [r'ʌʃdi], Salman, brit. Schriftsteller ind. Herkunft, *1947; wegen seines nach radikal-moslem. Auffassung den Islam verhöhnenden Romans ›Satan. Verse‹ von Ajatollah Khomeini mit Morddrohung belegt.

Rush-hour [r'ʌʃaʊə, engl.] die, Hauptverkehrszeit.

Ruska, Ernst, Elektroingenieur, *1906, †1988; erhielt für die Entwicklung des Elektronenmikroskops den Nobelpreis für Physik 1986 (mit G. Binnig und H. Rohrer).

Ruskin [r'ʌskɪn], John, engl. Kunstschriftst. und Sozialreformer, *1819, †1900, forderte Neubewertung der Arbeit, regte Gründung von Gartenstädten und Arbeiterhochschulen an.

Ruß der, **1)** tiefschwarzes Pulver, vorwiegend Kohlenstoff, entsteht bei unvollständiger Verbrennung organ. Stoffe; für Farben, Tusche, Kohlestifte, als Kautschukfüllstoff. **2)** ♡ **Ferkelruß,** braungrauer Hautausschlag versch. Ursache, bei Ferkeln.

Russe, Ruse, türk. **Rustschuk,** Stadt in Bulgarien, 184000 Ew., Donauhafen; Ind.

Rüssel der, röhrenförmige Verlängerung am Kopf. Saug- und Stech-R. bei Insekten, R. des Elefanten.

Rüsselkäfer, Käfer mit rüsselförmig verlängertem Kopf; sie durchbohren damit Pflanzen; schädlich z.B. der Haselnuß-, Kohlgallenrüßler und Kornkäfer.

Russell [rʌsl], **1)** Bertrand, 3. Earl R., engl. Philosoph, Mathematiker, Sozialkritiker, *1872, †1970, förderte den philosoph. Empirismus, entwickelte mit A. N. Whitehead das erste System der mathemat. Logik. Seit dem 1. Weltkrieg einflußreich durch sozialkrit. und kulturpolit. Aktivität. 1950 Nobelpreis. **2)** George William, irischer Schriftst. und Maler unter dem Decknamen Æ, *1867, †1935; visionäre Dichtungen und Bilder. **3)** Henry Norris, amerikan. Astronom, *1877, †1957, Prof. und

Direktor der Sternwarte in Princeton, wirkte bahnbrechend für die moderne Astrophysik.

Rüsselsheim, Stadt in Hessen, am Main, 58600 Ew.; Kraftwagen-Ind. (Opel-Werke).

Rüsseltiere, Säugetierordn., deren Nase zu einem Rüssel verlängert ist und als Greiforgan dient; im Tertiär und in der Eiszeit stark vertreten; z.B. Mammut, Mastodon; heute sind nur noch die Elefanten vorhanden.

Russen, ostslaw. Volk in der UdSSR.

russische Geschichte. Der erste russ. Staat entstand allmählich in der 2. Hälfte des 9. und im Laufe des 10. Jh. Die Waräger (Normannen) haben dieser Staatsbildung wesentl. Impulse gegeben. Sie begründeten eine Herrschaft über fast alle slaw. Stämme Rußlands und machten Kiew zur Hptst. Sie kamen in nähere Berührung mit dem Byzantin. Reich, und **Wladimir der Heilige** nahm 988 das Christentum an. Später wurde das Reich von Kiew durch viele Teilungen geschwächt. Es wurde 1224-40 größtenteils von den **Mongolen** (Tataren) unterworfen (»Goldene Horde«), während die westl. Gebiete an Litauen, dann an Polen fielen. Unter mongol. Oberherrschaft, die bis 1480 dauerte, erstarkte allmählich das Groß-Fstt. Moskau. **Iwan IV., der Schreckliche,** nahm 1547 den Zarentitel an und begann mit der Eroberung der mongol. Chanate von Kasan und Astrachan die russ. Expansionspolitik; auch die Unterwerfung Sibiriens wurde eingeleitet. Als 1598 das Herrschergeschlecht (Danilowitschi) ausstarb, kam es zu langen Wirren (Dmitrij), bis 1613 das Haus **Romanow** den Thron bestieg. Im Kampf gegen Polen wurde 1654 und 1667 die östl. Ukraine mit Kiew gewonnen. → Peter der Große erhob Rußland zur europ. Großmacht und leitete die innere Europäisierung ein. Unter der Kaiserin Elisabeth kämpfte Rußland im → Siebenjährigen Krieg gegen Preußen. Mit Peter III. gelangte 1762 das Haus **Holstein-Gottorp-Romanow** auf den Thron. Die deutschblütige Kaiserin → Katharina II. gewann den größten Teil Polen-Litauens für Rußland und eroberte die ganze Nordküste des Schwarzen Meers. **Alexander I.** entriß Schweden 1809 Finnland und kämpfte gegen Napoleon I., dessen russ. Feldzug von 1812 völlig scheiterte (→ Napoleon I., → Freiheitskriege); durch den Wiener Kongreß wurde 1815 auch das poln. Kernland (»Kongreßpolen«) mit Rußland vereinigt. **Nikolaus I.** vertrat einen schroff konservativen Standpunkt im Sinne des Absolutismus. Das weitere Vordringen gegen die Türkei, mit dem Ziel der Eroberung Konstantinopels und der Meerengen, erlitt im → Krimkrieg (1853-56) einen Rückschlag. **Alexander II.** hob 1861 die bäuerl. Leibeigenschaft auf und führte 1864 eine beschränkte Selbstverwaltung ein. Die Unterwerfung Kaukasiens wurde abgeschlossen, Turkestan erobert, die Erfolge des Türkenkriegs von 1877/78 freilich durch den Berliner Kongreß (1878) eingeschränkt. Die Bismarcksche Reichsgründung unterstützte Alexander II., während **Alexander III.** ein Bündnis mit Frankreich schloß (1891/94). Unter ihm wurde der russ. Nationalismus herrschend, der sich nach außen als → Panslawismus gegen das mit dem Dt. Reich verbündete Österreich-Ungarn wandte und sich nach innen in der »Russifizierung« der Ostseeprovinzen, Finnlands, Polens ausdrückte. Seit den 1870er Jahren wuchs der Widerstand liberal- und sozialrevolutionärer Gruppen gegen die Selbstherrschaft der Zaren immer mehr an. Forderungen nach inneren Reformen (Agrarreform als Voraussetzung der Modernisierung und Industrialisierung des Landes) wurden immer lauter. Die Eroberungspolitik in Ostasien unter **Nikolaus II.** lief im → Russisch-japanischen Krieg 1904/05 unglücklich aus. Darauf erzwang die Revolution von 1905/06 die Berufung einer Volksvertretung (Duma). 1907 kam auch eine russisch-engl. Verständigung zustande, die den → Dreiverband vollendete. Nach den schweren Niederlagen durch die dt. Heere wurde Nikolaus II. in der liberalbürgerl. Revolution vom März 1917 entthront. Doch bald errang die bolschewist. Partei unter → Lenin die Oberhand (Oktoberrevolution). → Sowjetunion, GESCHICHTE.

russische Kirche, stärkstes Glied der → Ostkirche. Rußland wurde seit dem 9. Jh. von Byzanz her christianisiert. Seit Errichtung des Moskauer Patriarchats (1589) wurde die r. K. unabhängig von Byzanz. Unter Peter d.Gr. wurde an Stelle des Patriarchen der Hl. Synod oberste geistl. Spitze, die vom Zaren durch einen weltl. Oberprokuror kontrolliert wurde. 1917 wurde wieder ein Patriarch bestellt, der unter dauernder Staatsaufsicht steht. Neben der r. K. bestanden stets viele Sekten, bes. die → Raskolniki.

russische Kunst. Altruss. Kunst seit Einführung des Christentums (988) im Dienst der Kirche und unter Einfluß von Byzanz. Erste große Werke der BAUKUNST: Sophienkirchen in Kiew (1017-37) und Nowgorod (1045-52), Vorbild: byzantin. Kreuzkuppelkirchen, dann vielfach vereinfacht und abgewandelt, auch durch Verbindung mit roman. und armen. Formen (Kirchen in Wladimir). Seit Ende des 15. Jh.: Neugestaltung des Moskauer Kremls, bes. durch ital. Baumeister (A. Fioravante, von ihm die Uspenskij-Kathedrale im Kreml, 1475-79). Fortbildung byzantin. Kirchenbautypen zu russ. Sonderformen: Außenbau oft turmartig mit hohem Zeltdach: Himmelfahrts-Kirche in Kolomenskaja (1532), auch fast ganz in Türme aufgelöst: Basilius-Kathedrale in Moskau (1555-60). Seit dem 16. Jh. Verschmelzung der mannigfachen Einflüsse, auch von islam. Kunst und Barock, zu einem nat. Stil: maler. Einheit überreicher Formen, gipfelnd in oft grellbunten Zwiebeltürmen. – PLASTIK: wie in Byzanz meist auf Reliefs beschränkt. HW des Metallgusses: Hostienbehälter der Sophienkirche in Nowgorod (1435). – MALEREI: in der Frühzeit rein byzantinisch (Mosaiken der Sophienkirche in Kiew, 1017-37). Seit dem 12. Jh.: Blüte der Fresken- und Ikonenmalerei in Nowgorod (Theophanes der Grieche, Ende des 14. Jh.), seit dem 14. Jh. in Moskau (Rubljow, um 1400).

neuruss. Kunst, beginnend unter Peter d. Gr. BAUKUNST: Berufung von Ausländern (Schlüter, Schädel), um die 1703 gegr. Hptst. St. Petersburg auf europ. Art zu erbauen, anfänglich holländ. Einfluß vorherrschend. Um 1750: russ. Rokoko, Hauptmeister: Rastrelli. Seit Ende des Jh.: Klassizismus, großzügige Bau-

russische Kunst: Krone des Monomach, 13./14. Jh.

1

2

3

russische Kunst: **1** Ikone n. der Muttergottes von Wladimir, 15. Jh. **2** Elfenbeinschnitzerei vom Thron Iwans IV., 16. Jh. **3** Longinus, Ikone, 17. Jh.

ten und Platzgestaltungen in St. Petersburg, neben ausländ. Baumeistern bes. russ. maßgebend: A. Sacharow (Admiralität in St. Petersburg, 1806-20), A. Woronichin u. a. Charakteristisch sind reiche Bauplastik, Verwendung der glatten dor. Säule und meist ockerfarbener Verputz, Repräsentationsstil. Langes Nachwirken des Klassizismus im 19. Jh. Nach 1918: anfangs Begünstigung der modernen Architektur, dann herkömml., repräsentative Bauten. – PLASTIK: zunächst von Ausländern gestaltet (Falconet: Reiterdenkmal Peters d. Gr. in Leningrad), von Russen erst seit dem Klassizismus. Außerhalb Rußlands bekannt wurde P. Trubetzkoj durch impressionist. Tier- und Bildnisstatuetten (um 1900). – MALEREI: 18. Jh.: zunächst Bildnisse (Lewizkij), 19. Jh.: Genre- und Historienmalerei, am vielseitigsten: Repin, naturalist. Schlachtenbilder von Wereschtschagin, russ. Landschaften von Lewitan. 20. Jh.: Kandinsky, Jawlensky, Chagall u. a. im Ausland tätig; → Konstruktivismus hat bes. in der Architektur gewirkt. Moderne Strömungen seit Stalin als Formalismus bekämpft, maßgebend das Programm des »sozialist. Realismus«, das der Partei erwünschte Darstellungen mit den realist. Mitteln des 19. Jh. fordert. Um 1960 mehr Aufgeschlossenheit gegenüber westl. Kunst, vor allem in der Architektur Aufnahme moderner westeurop. Eisen-, Stahl-, Glaskonstruktionen (Kongreßpalast im Kreml). Weitere BILDER S. 753

russische Literatur. Von der altruss. Dichtung ist nur das Igorlied (um 1200) erhalten. Lomonossow legte im 18. Jh. Grundlagen für eine neue Schriftsprache. Anfang des 19. Jh. schrieb Gribojedow sein Lustspiel »Verstand schafft Leiden«, Krylow führte die Fabel zur höchsten Vollendung. In Puschkin (†1837) erstand der größte russ. Dichter, ein Meister des Verses. Dichter des Weltschmerzes war Lermontow (†1841), eigenartiger Romantiker und Satiriker Gogol (†1852), der zur Behandlung der sozialen Fragen hinführte. Gontscharow (†1891) und Turgenjew (†1883) bildeten die realist. Darstellung der russ. Welt weiter aus; sie gipfelte in den Schöpfungen Leo Tolstojs (†1910) und Dostojewskijs (†1881). Bed. Erzähler waren auch Leskow (†1895), Mereschkowskij (†1941), Bunin (†1953). Schauspiele schrieben Gogol, Ostrowskij (†1886), A. K. Tolstoj (†1875), Tschechow (†1904). Landstreichertypen und die russ. Arbeiterbewegung zeichnete Gorkij (†1936). Nach 1917 stand die r. L. im Dienst bolschewist. Propaganda: Lyriker Majakowskij (†1930), Erzähler A. N. Tolstoj (†1945), Gladkow (†1958), Fadejew (†1956), Fedin (†1977), Ehrenburg (†1967), Scholochow; nach Stalins Tod begann eine »Tauwetterperiode«: B. Pasternak (†1960), V. Nekrassow (*1911), W. Dudinzew (*1918), A. Solschenizyn (*1918); Lyriker J. Jewtuschenko (*1933), A. Wosnessenskij (*1933).

Russische Sozialistische Föderative Sowjetrepublik, RSFSR, größte Unionsrep. der UdSSR, 17075400 km², 146,5 Mio. Ew. (davon 83% Russen), ist mit 76% der Fläche und 53% der Bevölkerung das Kerngebiet der UdSSR, auch in polit. und wirtschaftl. Hinsicht; Hptst.: Moskau. – Die RSFSR wurde am 7. 11. 1917 gegründet; 1990 Autonomie-Erklärung. ⊕ S. 495.

russische Sprache, i. w. S. Ostslawisch (→ slawische Sprachen); i. e. S. Großrussisch. Der russ. Schriftsprache liegt die südgroßruss. Mundart von Moskau zugrunde. Die **russ. Schrift** ist eine jüngere Form der kyrill. Schrift.

Druckschrift	Volkstümliche Umschrift	Druckschrift	Volkstümliche Umschrift
А а	a	Р р	r
Б б	b	С с	s, ß
В в	w	Т т	t
Г г	g	У у	u
Д д	d	Ф ф	f
Е е	e, je	Х х	ch
Ж ж	sch	Ц ц	z
З з	s	Ч ч	tsch
И и	i	Ш ш	sch
Й й	j, i	Щ щ	schtsch
К к	k	Ы ы	y (ü)
Л л	l	Ъ ъ	–[1])
М м	m	Ь ь	–[2])
Н н	n	Э э	e
О о	o	Ю ю	ju
П п	p	Я я	ja

[1]) nur in der Druckschrift als Trennungszeichen im Wortinnern gebraucht: handschr.: ' (Apostroph).
[2]) zeigt an, daß der vorausgehende Konsonant weich auszusprechen ist.

Russisch-japanischer Krieg, 1904/05 um Korea und die Mandschurei. Nach seinen Siegen von Port Arthur, Mukden, Tsushima gewann Japan im Frieden von Portsmouth (USA) Korea, Port Arthur, Sachalin; die Mandschurei kam an China zurück.

Rußland, Russisches Reich, ehem. Zarenreich in Osteuropa, Nord- und Innerasien,

Rüstung: Ritter-R. (nach 1500)

1

2

russische Kunst: 1 Pimenow: Platzregen. 2 Gorelow: Der angesehene Stahlgießer Gussarow

insgesamt 22,43 Mio. km² mit (1915) 180,7 Mio. Ew.; aus ihm ging die → Sowjetunion hervor. ⊕ → russische Geschichte.

Rüster die, → Ulme.

Rustika [ital.] die, **Bossenwerk,** 🏛 roh behauenes Quaderwerk.

rustikal [ital.], ländlich.

Rüstung die, **1)** der mittelalterl. Harnisch. (BILD S. 752)

2) militär. und wirtschaftl. Einrichtungen eines Staates für den Kriegsfall.

Rüstungsbeschränkung, → Abrüstung.

Rutanzige-See, früher **Edwardsee,** See in Innerafrika, westl. des Victoriasees, 2150 km².

Rute die, **1)** früheres Längenmaß, zw. 3 und 5 m. **2)** Schwanz des Haarraubwildes (außer Fuchs), des Hundes. **3)** ♘ Penis.

Rutebeuf [rytb'œf], frz. Lyriker, †um 1285; Totenklagen, moralisierende Gedichte; »Mirakelspiel von Theophil«.

Rutenbündel, → Fasces.

Rutengänger, Wasser- oder Erzsucher mit → Wünschelrute.

Ruth [hebr. »Freundin«], BIBEL: Moabiterin, Heldin des **Buches R.,** heiratete in Bethlehem Boas, wurde Stammutter des judäischen Königshauses.

Ruthenen Mz., andere Bez. für die → Ukrainer im ehem. Österreich-Ungarn.

Ruthenium das, **Ru,** chem. Element, ein Platinmetall; Ordnungszahl 44, Dichte 12,4 g/cm³, Schmelzpunkt 2500 °C; Verwendung als Katalysator u. a. bei der Autoabgasreinigung.

Rutherford [r'ʌðəfəd], Ernest, Lord **R. of Nelson** [nelsn], engl. Physiker, *1871, †1937, schuf die Grundlagen der Atomphysik (Atommodell); 1919 erste künstl. Umwandlung eines Elements (Stickstoff). Nobelpreis für Chemie 1908.

Rutherford

Rutil der, TiO_2, rotbraunes Mineral, → Titan.

Rütli das, **Grütli,** Bergwiese (Matte), bes. die im Schweizer Kanton Uri; hier beschworen der Sage nach die Schweizer Urkantone ihren Freiheitsbund gegen die Habsburger.

Ruwenzori der, Gebirgsstock Ostafrikas, zw. Albert- und Rutanzige-See, an der Grenze Zaire/Uganda; 5119 m hoch.

Ruwer die, rechter Nebenfluß der Mosel, mündet unterhalb Trier.

Ruysbroeck [r'œjsbru:k], **Ruusbroek** [r'y:s-], Jan van, Mystiker, *1293, †1381.

Ruysdael, Salomon van, → Ruisdael 2).

Ruyter [r'œytər], Michiel Adrianszoon de, niederländ. Admiral, *1607; siegte 1666 und 1672 über die Engländer, drang 1667 in die Themse ein; 1676 tödlich verwundet.

RVO, Abk. für **R**eichs**v**ersicherungs**o**rdnung.

Rwanda, → Ruanda.

Rybinsk, Stadt in der UdSSR, nördl. von Moskau, 252 000 Ew.; Stausee mit Kraftwerk; Werft, Maschinen- u. a. Industrie.

Ryukyu-Inseln, japan. **Nansei Shoto,** Inselgruppe, schließt das Ostchines. Meer gegen den Pazifik ab; 4599 km², über 2 Mio. Ew. Anbau von Reis, Zuckerrohr; Fischfang. Der südl. Teil (einschl. Okinawa) stand 1945-72 unter amerikan. Verwaltung.

Rzeszów [ʒ'ɛʃuf], Hptst. der gleichnamigen Wwschaft, in Galizien, Polen, 138 000 Ew.; in der Umgebung Erdölvorkommen.

S

s, S, 1) der 19. Buchstabe des dt. Abc. **2) S.,** Abk. für Seite, Süden, für Schilling, ⟲ Symbol für Schwefel **3) s.,** Abk. für Sekunde, für siehe. **4) S.,** Abk. für San, Santo, Santa (heilig).

SA, **S**turm-**A**bteilung, → Nationalsozialismus.

s. a., bei Angabe von Büchertiteln: Abk. für **s**ine **a**nno [lat.], ohne Jahreszahl.

S. A., Abk. für **S**ociété **A**nonyme [sɔsjet'e anɔn'im, frz.], Aktiengesellschaft.

Sa|adi, pers. Dichter, *wohl zw. 1213 und 1219, †1292, schrieb lehrhafte Vers- und Prosaerzählungen und formvollendete, in einem »Diwan« zusammengefaßte Gedichte.

Saalburg, röm. Kastell am Limes im Taunus, nördlich Bad Homburg v. d. H., 1873 bis 1907 aufgedeckt und wiederhergestellt; Sammlungen.

Saale die, **1) Fränk. S.,** größter rechter Nebenfluß des Mains, 142 km lang, mündet bei Gemünden. **2) Sächs.** oder **Thüring. S.,** linker Nebenfluß der Elbe, kommt vom Fichtelgebirge, mündet bei Barby; 427 km lang; Unterlauf schiffbar.

Saalfeld an der Saale, Krst. im Bez. Gera, 33 500 Ew.; Maschinen-, Farben-, Süßwaren-, Elektromotoren- u. a. Ind. **Burg S.,** im 10. Jh. Königspfalz. Bei S. die **Feengrotten** (Tropfsteinhöhlen). – S. wurde 1680 Hptst. des Fstt.s Sachsen-Saalfeld, 1826 mit Sachsen-Meiningen vereinigt.

Saaltochter, schweizer.: Kellnerin.

Saar die, rechter Nebenfluß der Mosel, entspringt in den Vogesen, mündet unterhalb Konz; durch den **S.-Kohlenkanal** mit dem Rhein-Marne-Kanal verbunden; 246 km lang, ab Saargemünd schiffbar.

Saarbrücken, Hptst. des Saarlandes, an der Saar, 188 500 Ew.; alte, teilweise zerstörte Kirchen, Bauten; Univ.; Saargrubenverwaltung; Mittelpunkt des Industriegebiets mit Schwerind. im Saarkohlenbecken.

Saarinen, finn. Architekten, **1)** Eero, Sohn von 2), *1910, †1961; auch Möbelentwürfe. **2)** Eliel, *1873, †1950; seit 1923 in den USA; leitete das Neue Bauen in Finnland ein.

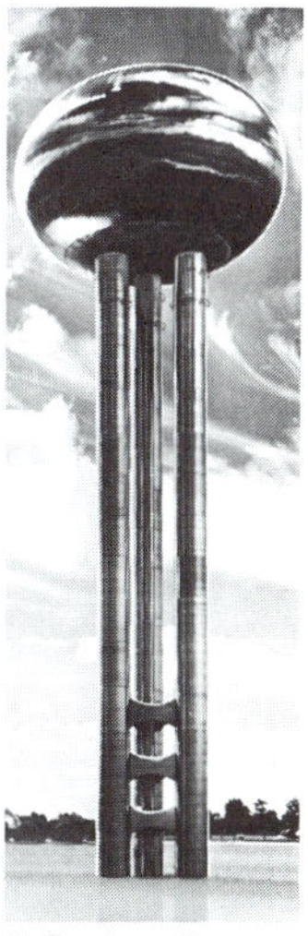

E. Saarinen 1): Wasserturm, Stahl (Warren, Mich.)

Saarland

Saarland, Land der Bundesrep. Dtl., 2574 km², 1,05 Mio. Ew.; Hptst.: Saarbrücken. ⊕ S. 488/89.

Das S. grenzt an Rheinl.-Pf., Frankreich und Luxemburg. Es umfaßt meist welliges Hügelland; sehr fruchtbar ist das Tal der Saar. Industriegebiete: Steinkohlen⚒, Schwerind., Energiewirtschaft u. a.

Ⓖ Das S. wurde durch den Versailler Vertrag aus Teilen der preuß. Rheinprov. und der bayer. Pfalz gebildet und für 15 Jahre unter eine Völkerbundsreg. gestellt. 1935 kehrte es nach einer Volksabstimmung (90,8% für die Rückkehr) zum Dt. Reich zurück. – 1946 wurde es aus der frz. Besatzungszone ausgegliedert und 1946/47 durch Teile von Rheinl.-Pf. erweitert. Die Verf. von 1947 ging von der Loslösung des S.s von Dtl. und dem wirtschaftl. Anschluß an Frankreich aus. Das im dt.-frz. Abkommen von 1954 vorgesehene europ. Saarstatut im Rahmen der Westeurop. Union wurde in der Volksabstimmung v. 23. 10. 1955 durch die Saarbev. abgelehnt (67,7%). MinPräs. Hoffmann trat zurück. Auf Grund des dt.-frz. Saarvertrags v. 27. 10. 1956 wurde das S. am 1. 1. 1957 ein Land der Bundesrep. Dtl.; die wirtschaftl. Eingliederung erfolgte am 5. 7. 1959. MinPräs. an der Spitze einer SPD-Regierung ist seit 1985 O. Lafontaine (SPD).

Saarlouis [-l'uj], Krst. im Saarland, 37600 Ew.; Befestigung; eisenverarbeitende Ind. 1681 von Ludwig XIV. als frz. Festung gegr.; 1815 preußisch.

Saas|tal, Alpental im schweizer. Kt. Wallis mit dem Kurort **Saas-Fee** (1798 m ü. M.).

Saatgut, Pflanzgut, zur Aussaat bestimmte Samen, Früchte, Knollen.

Saaz, Johannes von, → Tepl, Johannes von.

Saba, Sabäa, im Altertum Landschaft und Reich der Sabäer im südl. Arabien. Die **Königin von S.** besuchte Salomo und prüfte seine Weisheit durch Rätselfragen.

Sabadell [saβað'ɛl], Stadt in Spanien, Katalonien, 185000 Ew.; Woll-, Baumwoll-, Metall-Ind.

Sabadill der, Liliengewächs in Mittelamerika; der giftige Samen dient als **S.-Essig** gegen Läuse.

Sabah, Gliedstaat von Malaysia, im N der Insel Borneo, 73680 km², 773200 Ew. (Malaien, Chinesen); Hptst.: Kota Kinabalu. S. hat eine eigene Regierung und ein eigenes Parlament. Landwirtschaftl. Erzeugnisse: Reis, Bananen, Tabak, Kokospalmen, Kautschuk; Holzreichtum. – Das Gebiet von S. war als Nordborneo bis 1963 brit. Kolonie. ⊕ S. 483.

Sabata, Victor de, ital. Dirigent, *1892, †1967; wirkte an der Mailänder Scala.

Sabatier [sabatj'e], Paul, frz. Chemiker, *1854, †1941; lieferte wichtige Beiträge zur Erforschung der Katalyse; Nobelpreis 1912.

Sábato [s'aßato], Ernesto, argentin. Schriftst., *1911, »Der Maler und das Fenster«, »Über Helden und Gräber«.

Sabbat [hebr. »Ruhetag«] der, jidd. **Schabbes,** jüd. wöchentl. Feiertag vom Freitag bis Samstagabend; völliger Ruhetag. Jedes 7. Jahr war ein **S.-Jahr,** in dem die Äcker brach liegenblieben und keine Schulden eingetrieben werden durften. **Sabbatarier,** christl. Sekten, die den Sonnabend feiern, z. B. Adventisten.

Säbel der, Hiebwaffe mit gekrümmter, einschneidiger, zugespitzter Klinge; als Fechtwaffe mit gerader Klinge, die Vorder- und Rückschneide aufweist.

SABENA, Abk. für Société Anonyme Belge d'Exploitation de la Navigation Aérienne, belg. Luftverkehrsgesellschaft.

Sabine [lat. »Sabinerin«], weibl. Vorname.

Sabiner Mz., antikes Volk in Mittelitalien. Ein Teil verschmolz in Roms Frühzeit mit den Römern (Sage vom **Raub der Sabinerinnen**). Die S. erhielten 268 v. Chr. röm. Bürgerrecht.

Sabinergebirge, Gebirgszug des Apennins in Mittelitalien, bis 1368 m hoch.

Sabin-Impfung [s'æbın-], eine von dem amerikan. Mikrobiologen **A. B. Sabin** (*1906) erprobte → Schluckimpfung gegen Kinderlähmung.

Sabotage [sabɔt'a:ʒə, frz.] die, allg.: Vereitelung eines Zieles durch geheime Gegenwirkung oder passiven Widerstand; i. e. S. das vorsätzl. Zerstören oder Beschädigen von Maschinen, Betriebsanlagen u. a. aus Anlaß eines Arbeitskampfes, zu polit. Zwecken u. a. **Saboteur** [-'œ:r] der, wer S. übt. Zeitw.: **sabotieren.**

SAC, Abk. **1)** für **S**chweizer **A**lpen-**C**lub; **2)** für **S**trategic **A**ir **C**ommand [strət'i:dʒık ɛə kəm'ɑ:nd], Truppengatt. der US-Air Force.

Saccharide Mz., Kohlenhydrate.

Saccharin das, Benzoesäuresulfimid, ein → Süßstoff.

Saccharose die, Rohrzucker, Rübenzucker.

Saccharum [grch.-lat.] das, Zucker, Zuckerrohr. **Saccharimeter,** Gerät zur Bestimmung des Zuckergehaltes von Flüssigkeiten.

Sacco di Roma [ital.] der, Plünderung Roms durch dt. und span. Landsknechte Karls V. (6. 5. 1527-17. 2. 1528).

Sachalin, sowjet. Insel an der Küste Ostasiens, 76400 km², als Verwaltungsgebiet zus. mit den Kurilen 87100 km², 700000 Ew.; Hptst. Juschno-Sachalinsk. S. ist gebirgig, waldreich. Kohlen-, Erdöllager; Fischerei. – 1875 Rußland zugesprochen, das 1905 den ehemals japan. südl. Teil an Japan abtrat (1945 an die UdSSR zurück).

Sacharow, Andrej, Dimitrijewitsch, sowjet. Atomphysiker, *1921, †1989; schuf mit anderen die wissenschaftl. Grundlagen für die ersten sowjet. Wasserstoffbomben. Sein Kampf gegen die Mißachtung der Menschenrechte in der UdSSR brachte ihn in einen schweren Konflikt mit dem sowjet. Staat. 1980-86 war S. in die Stadt Gorki verbannt. 1975 Friedensnobelpreis.

Sachbeschädigung, ⚖ vorsätzl. und rechtswidrige Beschädigung oder Zerstörung einer fremden Sache.

Sachbuch, stellt (i. Ggs. zur Belletristik) Probleme, Gegenstände, histor. Personen, Forschungsreisen u. a. in wissenschaftl. oder populärwissenschaftl. Form dar.

Sache die, **1)** Ding, lebloser Gegenstand. **2)** ⚖ jeder körperl. Gegenstand (feste, flüssige und gasförmige Körper, nicht aber Elektrizität, vgl. §§ 90 ff. BGB). Man unterscheidet z. B. bewegl. und unbewegl., teilbare und unteilbare S. **Öffentl. S.** dienen der öffentl. Verwaltung und ihren Zwecken unmittelbar.

Sachenrecht, ⚖ der Teil des bürgerl. Rechts, der die Rechtsbeziehungen der Personen zu den Sachen, die → dinglichen Rechte regelt. Das S. ist im 3. Buch des BGB enthalten. Die Zahl der S. ist geschlossen, d. h., andere als die im Gesetz geregelten Rechtsarten können nicht durch Vertrag begründet werden.

Sacher-Masoch, Leopold Ritter von, *1836, †1895; Schriftsteller mit Hang zum Sexualpathologischen (»Venus im Pelz«), namengebend für den Masochismus.

Sachlegitimation, ⚖ Befugnis zur Führung eines Rechtsstreits als Kläger **(Aktivlegitimation)** oder Beklagter **(Passivlegitimation).**

Sachleistungsrecht. In der Bundesrep. Dtl. regelt das Bundesleistungsges. i. d. F. v. 27. 9. 1961 die Überlassung von bewegl. Sachen, Grundstücken u. a. an die öffentl. Hand zur Verhütung oder Beseitigung einer Gefahr für den Bestand des Bundes oder eines Landes.

Sachs, 1) Hans, Dichter, *Nürnberg 1494, war dort Schuhmacher, †1576; dichtete Meisterlieder, Spruchgedichte, gereimte Schwänke, Fabeln, Fastnachtsspiele. In dem allegor. Gedicht »Die Wittenbergisch Nachtigall« trat

H. Sachs

S. für Luther ein. **2)** Nelly, Schriftst., Lyrikerin, *1891, †1970, erhielt 1965 den Friedenspreis des Dt. Buchhandels, 1966 den Nobelpreis (zus. mit S. J. Agnon).

Sachsa, Bad S., Kurort in Niedersachsen, am Südharz, 8500 Ew.; Wintersportplatz.

Sachsen Mz., dt. Stamm, breitete sich im 3.-6. Jh. über NW-Dtl. und die Harzlande aus. Ein Teil der S. ging nach England (→ Angelsachsen). Das altsächs. Stammesgebiet gliederte sich in Westfalen, Engern, Ostfalen und Nordalbingien (Holstein). Karl d. Gr. unterwarf die von Widukind geführten S. (772-804) und zwang sie, das Christentum anzunehmen. Gegen Ende des 9. Jh. bildete sich das sächs. Stammes-Hzgt. der Liudolfinger, die 919-1204 auf dem dt. Königs- und Kaiserthron saßen. Dieses Stammes-Hzgt. wurde von neuem durch Lothar von Supplinburg (1106-37) und den Welfen Heinrich den Löwen (1142-80) gestärkt, doch 1180 zerschlagen. Die Herzogswürde ging auf eine Linie der Askanier über, die um Lauenburg und Wittenberg saßen; das Hzgt. **S.-Wittenberg,** das auch Kur-Fstt. wurde, fiel 1423 an die wettin. Markgrafen von Meißen (→ Sachsen, Land).

Sachsen, ehem. Land des Dt. Reiches, 14995 km², (1939) 5,2 Mio. Ew., Hptst.: Dresden. S. umfaßte die Mittelgebirge: im S Vogtland, Erzgebirge (mit Fichtelberg, 1214 m), Elbsandstein-, Lausitzer Gebirge, die nach N zur Norddt. Tiefebene (Leipziger Tieflandsbucht) abfallen.

G Das Kernland S.s ist die **Mark Meißen,** die gegen die Slawen 929 gebildet worden war und bis ins 12. Jh. eingedeutscht wurde. Die **Wettiner** wurden 1089 Markgrafen von Meißen und erwarben 1423 das Kur-Fstt. S.-Wittenberg **(Kur-S.).** Durch die Teilung von 1485 entstanden die Linien der **Ernestiner** (Wittenberger Land mit der Kurwürde, dem größten Teil Thüringens) und der **Albertiner** (Mark Meißen, nördl. Thüringen). Die Ernestiner traten an die Spitze der dt. Protestanten (Friedrich der Weise beschützte Luther). Während sie ihren thüring. Restbesitz durch viele Teilungen zersplitterten, erwarb das nunmehrige albertin. Kur-S. 1635 die Lausitz. Kurfürst Friedrich August I. **(August der Starke)** trat 1697 zum Katholizismus über und erlangte dadurch die poln. Königskrone; er machte Dresden zu einer der schönsten Kunststädte des Barocks. Durch engen Anschluß an Napoleon I. wurde Kur-S. 1806 zum **Kgr. S.** erhoben, mußte jedoch 1815 die ganze nördl. Landeshälfte an Preußen abtreten **(Provinz S.).** Der Umsturz 1918 machte S. zum **Freistaat.** Nach dem 2. Weltkrieg wurde S. zunächst Land S. in der Dt. Dem. Rep., seit 1952 in Bezirke aufgeteilt (Dresden, Chemnitz, Leipzig, Cottbus).

Sachsenhausen, Stadtteil von Oranienburg, Bez. Potsdam; 1936-45 nationalsozialist. Konzentrationslager, 1945-50 sowjet. Lager.

Sachsenspiegel, zw. 1220 und 1235 von → Eike von Repgau aufgezeichnetes Gewohnheitsrecht, das älteste und in seiner Zeit bedeutendste dt. Rechtsbuch.

Sachsenwald, Wald östl. von Hamburg, wurde 1871 von Wilhelm I. Bismarck geschenkt.

Sächsische Herzogtümer, die 4 Kleinstaaten der Ernestin. Linie der Wettiner in Thüringen: Groß-Hzgt. **Sachsen-Weimar-Eisenach** und die Hzgt. **Sachsen-Altenburg, Sachsen-Coburg und Gotha, Sachsen-Meiningen.** Sie wurden 1918 Freistaaten und gingen 1920 im Land Thüringen auf. Coburg schloß sich Bayern an.

Sächsische Schweiz, → Elbsandsteingebirge.

Sachverständiger, ⚖ wer auf Grund besonderer Sachkunde Aufklärung über allg. Erfahrungssätze aus seinem Fachgebiet geben kann; häufig im Prozeß zu Gutachten herangezogen.

Sachwalter, allg.: Fürsprecher, Verteidiger.

Sachwert, Substanzwert, Wirtschaftsgüter, z. B. Aktien, Grundstücke, Edelmetalle, deren Wert bei Geldwertminderung ungefähr proportional zum allgemeinen Preisniveau steigt; kann vor Kaufkraftverlusten schützen.

Sackpfeife, der → Dudelsack.

Sacramento, Hptst. von Kalifornien, USA, 276000 Ew.; hat Obst-, Gemüsekonserven-, Holzind., Eisenbahnwerkstätten, Maschinenbau.

Sacré-Cœur [sakrek'œ:r, frz.], Heiliges Herz (Jesu); Name kath. Kirchen (am bekanntesten auf dem Montmartre in Paris) und der »Ordensfrauen vom Hl. Herzen Jesu«.

Sadat, Mohammed Anwar as-, *1918, † (ermordet) 1981; seit 1970 Staatspräs. von Ägypten; Friedensnobelpreis 1978 mit dem israel. MinPräs. M. Begin.

Sadduzäer Mz., jüd. Adelspartei zur Zeit Jesu; Gegner der → Pharisäer; sie erkannten nur das Mosaische Gesetz an, verwarfen den Auferstehungs- und Engelsglauben.

Sade [sad], Donatien-Alphonse-François Marquis de, frz. Schriftst., *1740, †1814, verbrachte wegen sexueller Vergehen, dann wegen seiner Schriften 27 Jahre im Gefängnis, vertrat ein Übermenschentum im Bösen (→ Sadismus).

Sachsen

Sadebaum, dem Wacholder verwandtes, immergrünes, bis 5 m hohes Nadelholz mit Schuppennadeln und schwarzen Beerenzapfen, giftig; an sonnigen Gebirgshängen Europas, Gartenpflanze, Volksarznei.

Sadhu [ind.] der, in Indien Ehrentitel für einen Hindu-Asketen.

Sadismus [nach dem frz. Schriftst. → Sade] der, Lustbefriedigung durch Quälen des Partners. **Sadist** der, Person, die andere quält.

Sadowa, Dorf in Böhmen; nach ihm wird auch die Schlacht bei → Königgrätz genannt.

SAE, Abk. für Society of Automotive Engineers [səs'aıətı ɔv ɔ:təm'əutıv endʒın'ıəz], größte amerikan. Ingenieur-Vereinigung. **SAE-Grade** sind Viskositätsbez. für Schmieröle. **SAE-PS,** Leistungsangabe für Verbrennungsmotoren; gemessen wird die reine Motorleistung ohne Belastung durch Zusatzeinrichtungen (Kupplung, Kraftstoffpumpe, Schwungrad u. a.), daher 15-20% höher als die DIN-Leistung.

säen, Saatgut in den vorgerichteten Boden ausstreuen, teils im Herbst **(Wintersaat),** teils im Frühjahr **(Sommersaat).** Sämaschinen säen breit, in Reihen (Drillmaschine) oder in Häufchen (Dibbelmaschine).

Safari [ostafrikan.] die, urspr. Karawanen-

Safran

Saflor

Saint Christopher and Nevis

reise; Touristikreise zur Jagd oder Tierbeobachtung (Photo-S.).

Saffianleder, pflanzlich gegerbtes Ziegenleder.

Saflor der, **Färberdistel,** gelb-, später rotblühender Korbblüter aus Asien; die Blüten wurden früher für Farben (Spanischrot), Schminke verwendet. Wegen seines hohen Gehalts an essentiellen ungesättigten Fettsäuren ist **Saflor-Öl** Teil der Astronautendiät.

Safran [arab.] der, getrocknete braunrote Blütennarben einer Krokusart; dienen zum Gelbfärben von Speisen, als Gewürz.

Saga [altnord. von segja »sagen«] die, wirklichkeitsnahe, aus mündl. Überlieferung entstandene altisländ. Prosaerzählung: **Familien-S.,** Geschichten der bekanntesten Großbauerngeschlechter von der Landnahmezeit bis ins Hoch-MA., **Königs-S.** (Geschichtserz., z. B. »Heimskringla«), **»Vorzeit-S.«** (märchenhafte Erz. der Wikingerzeit, z. B. »Frithjofs-S.«; altnord. Übersetzung mittelalterl. Ritterromane, z. B. »Thidreks-S.«). Die S. wurden im 13. Jh. auf Island aufgeschrieben; dt. in der Samml. »Thule«.

Sagan, poln. **Żagań** [ʒ'agaɲ], Stadt in der poln. Wwschaft Zielona Góra, ehem. Stadt in Niederschlesien, am Bober, 24000 Ew.; Wallensteinschloß mit Samml.; 1312-1549 schles. Herzogssitz.

Sagan [sag'ã], Françoise, eigtl. **Quoirez,** frz. Schriftstellerin, *1935; melancholisch-skept. und erot. Romane (»Bonjour tristesse« u. a.), Dramen.

Sage die, mündl., daher immer wieder umgebildete und dichterisch ausgestaltete Überlieferung der Vorzeit (→ Mythos, → Heldensage).

Säge die, Schneidwerkzeug, bei dem ein S-Blatt eine große Anzahl von Schneiden (Zähnen) trägt. Hand-S. sind **Fuchsschwanz, Loch-** oder **Stich-S., Schrot-** oder **Wald-S., Bügel-** oder **Spann-S., Fleischer-S., Metall-S. S.-Maschinen** mit hin- und hergehender Bewegung des S-Blatts sind die **Bügelsägemaschine** (für Metalle), das **Gatter** (für Holz), mit kontinuierl. Bewegung des S-Blatts die **Band-S.** und die **Kreis-S.** (BILDER S. 757)

Sägefisch, ⚘ haifischähnl. Rochen.

Säger der, ⚘ Entenvogel mit gezähntem Schnabel; Gänse-S., Mittel-S. und Zwerg-S.

Sägewerk, Betrieb zur Aufarbeitung von Holz zu Brettern, Bohlen, Balken u. a.

Sago [malaiisch] der, gekörntes Stärkemehl aus dem Mark ostind. Palmen und des S.-Palmfarns; auch aus Tapioka (Maniok) oder Kartoffelstärke.

Sahara [arab. »Wüste«] die, größte Wüste der Erde, in N-Afrika, rd. 9 Mio. km². Das Tafelland (200-500 m) wird im Inneren von den Gebirgsländern Ahaggar (bis 3000 m) und Tibesti (bis 3415 m) überragt. Vorwiegend schuttbedeckte Hochebenen (Hamada) oder Sanddünenwüsten. Das Klima ist sehr trocken mit sehr großen tägl. Temperaturschwankungen. Trockenflußbetten (Wadis) führen nur nach heftigen Regengüssen streckenweise Wasser. Pflanzenwuchs (bes. Dattelpalmen, Akazien, Tamarisken) meist nur in Oasen oder an Flußläufen (Niltal). Die Bewohner sind vorwiegend hamit. Stämme (Berber, Tuareg) und Araber, seßhafte Oasensiedler oder Nomaden. Zahlreiche Karawanenstraßen, meist in N-S-Richtung, und Autopisten in der alger. S. Von großer wirtschaftl. Bedeutung sind Erdöl und Erdgas in Algerien und Libyen, Eisenerzlager in Mauretanien, Phosphate in der Westsahara.

Saharanpur, Stadt im nördl. Uttar Pradesh, Indien, 295500 Ew.; Botan. Garten.

Saharauis, Sahraouis [sar'aw'is] Mz., Bewohner der ehem. Span. Sahara, → Westsahara.

Sahel [arab. »Ufer«] der, -, Landschaftsgürtel am Rand der Sahara (bes. am S-Rand), die Übergangszone zw. den Trockengebieten der Wüste und den Savannen der Sudanzone. Nomad. Viehhaltung. Trockenperioden führen oft zu langjährigen Hungerkatastrophen.

Sahne die, svw. → Rahm.

Saibling der, Lachsfisch in Gebirgsseen der Alpen und N-Europas. **Bach-S.,** aus N-Amerika eingeführt.

Saiga die, plumpe Antilope der asiat. Steppen; Kopf und Hals schafähnlich.

Saigon, bis 1976 Name von → Ho-Chi-minh-Stadt.

Saimaa der, See in SO-Finnland, 1460 km², fließt durch den Vuoksi in den Ladogasee ab; durch den **S.-Kanal** mit dem Finn. Meerbusen verbunden.

Saint [frz. sɛ̃, engl. snt, sɪnt, sənt], Abk. **St.,** weibl. **Sainte** [sɛ̃t, frz.], Abk. **Ste.,** heilig.

Saint Albans [snt 'ɔ:lbənz], Stadt in S-England, nördl. von London, 52000 Ew.; Kathedrale (12. Jh.); Bekleidungsind.

Saint Christopher [sntkr'ɪstəfə], auch **Saint Kitts** [sntk'ɪts], Insel der Kleinen Antillen, 1967-76 mit Nevis und Anguilla, 1976-83 mit Nevis Teil der Westind. Assoziierten Staaten.

Saint Christopher and Nevis [sntkr'ɪstəfə ænd n'i:vɪs], Staat (seit 1983) in Mittelamerika, umfaßt die Inseln Saint Christopher und Nevis, rd. 270 km², 50000 Ew.; Hptst.: Basseterre auf Saint Christopher. – 1493 von Kolumbus entdeckt, 1713–1983 britisch.

Saint-Cloud [sɛ̃kl'u], westl. Wohnvorort von Paris, 28600 Ew.; Schloß, Park.

Saint-Denis [sɛ̃dən'i], Stadt im N von Paris, 90800 Ew.; Abteikirche mit Königsgräbern; bedeutendes Industriezentrum (Maschinen-, Elektronik-, chem. Ind.).

Sainte-Beuve [sɛ̃tb'œv], Charles-Augustin, frz. Schriftst., *1804, †1869, der führende Literaturkritiker seiner Zeit.

Saint-Etienne [sɛ̃tetj'ɛn], Industriestadt in Frankreich, im O des Zentralmassivs, 205000 Ew.; Mittelpunkt des südostfrz. Steinkohlereviers; Maschinenind.

Saint-Exupéry [sɛ̃tɛgsyper'i], Antoine de, frz. Flieger, Schriftst., *1900, † (abgeschossen) 1944, vertrat einen neuzeitl. Humanismus. »Nachtflug«, »Wind, Sand und Sterne«, »Der kleine Prinz«. (BILD S. 757)

Saint-Germain-en-Laye [sɛ̃ ʒɛrm'ɛ̃ ã l'ɛ], Stadt westlich von Paris, 38500 Ew.; Schloß mit Samml. galloröm. Altertümer; Friedensverträge von St. Germain 1679 und 1919.

Saint Helens [snt h'elɪnz], Industriestadt in NW-England, 100000 Ew.; Metallind.

Saint John [snt dʒɔn], Stadt in Kanada, 76000 Ew.; Univ.; eisfreier Hafen, Ind.

Saint-John Perse [sɛ̃ʒon pɛrs], eigtl. A. **Léger,** frz. Lyriker, *1887, †1975, Diplomat. Nobelpreis 1960.

Saint John's [snt dʒɔnz], Hauptort der kanad. Prov. Newfoundland, 155000 Ew.; Univ.; Hafen; Fischfang; Maschinenbau.

Saint Kitts [snt k'ɪts], → Saint Christopher.

Saint Louis [snt l'uɪs], Stadt in Missouri, USA, am Mississippi, 426000 Ew. (in der Agglomeration 2,4 Mio.); 2 Univ.; Mus.; bedeutender Binnenhandelsplatz; Ind. S. L. wurde 1764 von den Franzosen gegr. und nach Ludwig XV. benannt.

Saint Lucia [snt l'u:ʃə], Rep. auf der Insel S. L. der Kleinen Antillen, 616 km², 131000 Ew.; seit 1979 unabhängig. (BILD S. 757)

Saint-Malo [sɛ̃mal'o], Hafenstadt in der Bretagne, Frankreich, 46300 Ew.; Schiffbau, Fischerei, Seebad.

Saint-Nazaire [sɛ̃naz'ɛ:r], Hafenstadt in W-Frankreich, an der Loiremündung, 68300 Ew.

Saint Paul [snt p'ɔ:l], Hptst. von Minnesota, USA, am Mississippi, 270000 Ew.; wichtiger Verkehrsknoten; Handel; Ind.; Nordende der Stromschiffahrt.

Saint Petersburg [snt p'i:təzbə:g], Stadt in Florida, USA, 234400 Ew.; Winterkurort.

Saint-Pierre [sɛ̃pj'ɛ:r], Jacques Henri Bernardin de, frz. Schriftst., *1737, †1814; Schüler Rousseaus; »Paul et Virginie« (1784).

Saint-Pierre-et-Miquelon [sɛ̃pj'ɛ:r e mikl'ɔ̃], seit 1976 frz. Übersee-Département, 2 Inseln südlich Neufundland, mit Nebeninseln 241 km², 6000 Ew. (meist Franzosen); Hptst. Saint-Pierre.

Saint-Quentin [sɛ̃kãt'ɛ̃], Stadt in N-Frankreich, an der Somme, 63600 Ew.; got. Kollegiatkirche (12.-15. Jh.); Textil-, Maschinenind.

Saint-Saëns [sɛ̃sãs], Camille, frz. Komponist, *1835, †1921; Opern (»Samson und Dalila«), Orchester-, Orgelmusik.

Saint-Simon [sɛ̃sim'ɔ̃], Claude Henri de Rouvroy, Graf, frz. Sozialtheoretiker, *1760, †1825; forderte die Abschaffung aller altständ. Vorrechte, Leitung der Gesellschaft auf Grund der wissenschaftlich erkannten sozialen Entwicklungsgesetze, Christentum der Tat. Seine Schüler bildeten den **Saint-Simonismus** zu einem sozialist.-relig. Kollektivismus fort.

Saint-Tropez [sɛ̃trɔp'e], Seebad an der frz. Riviera, 6400 Ew.

Saint Vincent und die Grenadinen [snt v'ɪnsənt -], Rep. in Mittelamerika, umfaßt die Insel Saint Vincent der Kleinen Antillen sowie die nördl. Grenadinen, 388 km², 106000 Ew.; Unabhängigkeit seit 1979. (BILD S. 758)

Saïs, im Altertum Stadt in Unterägypten am Rosettearm des Nil. »Das verschleierte Bild zu S.« (Schiller) geht auf Plutarch zurück.

Saison [sɛz'ɔ̃, frz.] die, **1)** jahreszeitlich (durch Klima und Gebräuche) bedingte Hauptgeschäftszeit, in Kurorten Zeit des Hauptverkehrs. **2)** Theaterspielzeit.

Saite die, Tonquelle der Saiteninstrumente, für Streich- und Lauteninstrumente, für Klaviere, Zithern usw. aus Darm, Seide oder Metall.

Saitenwürmer, Fadenwürmer, im Jugendzustand in größeren Insekten, geschlechtsreif frei im Wasser; z. B. das violinsaitenähnl. **Wasserkalb.**

Sajanisches Gebirge, an der sibirisch-mongol. Grenze, im Munko Sardyk 3491 m hoch.

Sakai, Hafenstadt in Japan, südl. von Osaka, 818000 Ew.; Werkzeug-, Stahl-, Erdölind.

Sake der, japan. Nationalgetränk aus vergorenem Reis, enthält 12-16% Alkohol.

Sakkara, ägypt. Dorf bei Memphis, große alte Totenstadt, Djoser-Pyramide.

Sakko [ital.] der, kurzer Herrenrock, Jacke.

sakral [lat.], **1)** auf die Religion oder den Gottesdienst bezüglich. **2)** ♡ das Kreuzbein [lat.: Os sacrum] betreffend.

Sakrament [lat. »Eid«] das, Gnadenmittel. Die kath. Kirche und die Ostkirche kennen 7 S.: Taufe, Firmung, Altarsakrament, Buße, Krankensalbung, Weihe, Ehe; der Protestantismus 2: Taufe und Abendmahl.

Sakramentalien Mz., kath. Kirche: Weihungen und Segnungen zu kult. Zwecken; auch die geweihten und die gesegneten Dinge.

Sakrileg [lat.] das, Religionsfrevel, Heiligtumsschändung.

Sakristan [lat.] der, kath. Kirchendiener.

Sakristei [lat.] die, Raum in Kirchen zum Aufbewahren der gottesdienstl. Geräte u. a.

sakrosankt [lat.], hochheilig, unverletzlich.

säkular [lat.], **1)** nur einmal in hundert Jahren, außergewöhnlich; Jahrhunderte dauernd. **2)** weltlich.

Säkularisation [lat.] die, Verweltlichung; Überführung geistl. Besitzes in weltl.; in großem Maß vorgenommen in der Reformationszeit, in der Frz. Revolution, in Dtl. 1802/03 (→Reichsdeputationshauptschluß), in Italien 1860/70 (Kirchenstaat). Zeitw.: **säkularisieren.**

Säkulum [lat.] das, -s/....la, **1)** Jahrhundert. **2)** die Welt i. Ggs. zur Kirche.

Saladin, Sultan von Ägypten (1171-93), eroberte auch Syrien, entriß den Kreuzfahrern 1187 Jerusalem.

Salam [arab.], **Selam, Salem,** Wohlbefinden, Heil. **Salam aleikum,** Gruß der Mohammedaner: Heil sei mit Euch!

Salamanca, Stadt in Spanien, 137500 Ew.; Kathedrale; Univ.

Salamander [grch.-pers.] der, landbewohnende Schwanzlurche mit rundem Schwanz; leben an feuchten Stellen. **Feuer-S., Alpen-S.**

Salamander reiben, burschenschaftl. Brauchtum: Reiben der Gläser auf der Tischplatte als Ehrenbezeigung.

Salami [ital.] die, geräucherte Dauerwurst.

Salamis, grch. Insel im Golf von Ägina, 93 km². In der **Seeschlacht von S.** 480 v. Chr. siegten die Griechen über die Perser.

Salangane die, ind. Seglervogel; liefert die aus Speichel bestehenden, eßbaren »Schwalbennester«.

Salär [frz.] das, Lohn, Gehalt.

Salat der, Gericht mit Essig, Öl, Salz, Gewürzen, meist aus S.-Gewächsen, z. B. Garten-S. (Gartenlattich, →Lattich). Er wird gezogen als **Kopf-S., Binde-** oder **Koch-S.** (Sommerendivien, Röm. S.) mit längl., büschelig stehenden Blättern, **Schnitt-S.** mit kopflosem, schnellwüchsigem Kraut und **Stengel-S.** →Endivie, →Feldsalat, →Kresse.

Salazar, António de **Oliveira S.,** portugies. Staatsmann, *1889, †1970; 1928-40 Finanzmin., 1932-1968 MinPräs., zugleich 1936-44 Kriegsmin. und 1936-47 Außenmin. Unter seiner autoritär geführten Regierung wurde Portugal neu gestaltet.

Salbader der, Schwätzer. Zeitw.: **salbadern.**

Salbe die, streichfähige Masse zum Einreiben, aus Fett, Öl, Wachs u. a., Träger von Arzneistoffen, kosmet. Mittel.

Salbei der, die, Lippenblütlergatt.; z. T. Zierpflanzen. Der **Echte S.** enthält äther. Öl und ist Gewürz- und Arzneipflanze. **S.-Tee** gilt in der Volksheilkunde als schweißhemmend und krampflösend. (BILD Heilpflanzen)

Saldo [ital.] der, -s/...en, Betrag, um den die eine Seite eines Kontos größer ist als die andere **(Soll-, Aktiv-,** oder **Haben-, Passiv-S.).** Der S. wird bei Abschluß des Kontos auf der Gegenseite eingesetzt und darauf neu vorgetragen. **(S.-Vortrag). saldieren,** ausgleichen.

Salem, →Salam.

Salem [s'eɪləm], **1)** Hptst. von Oregon, USA, 89200 Ew., Willamette-Univ.; Konservenind. **2)** Stadt in Madras, Indien, 361300 Ew.; Textilind.

Salem, Gem. in Baden-Württ., nördlich des Bodensees, 7800 Ew.; Zisterzienserkloster (1134 gegr.), Schule **Schloß S.** (privates, staatlich anerkanntes Landerziehungsheim, gegr. 1920).

Salep der, getrocknete Wurzelknollen versch. Orchideen, schleim- und stärkehaltig, dienen u. a. zur Herstellung von Emulsionen, Appreturen u. a.

Salerno, Hafenstadt in S-Italien, am **Golf von S.,** 153000 Ew.; Dom (11. Jh.), älteste medizin. Fakultät Europas (bis 1812); Textilind., Maschinenbau.

Salesianer, 1) Oblaten des hl. Franz von Sales. **2) S. Don Boscos,** Priesterkongregation für Erziehung, Unterricht, äußere Mission, aufgebaut seit 1841.

sales promotion [seɪlz prəm'əuʃn, amerikan.] die, 🙰 Maßnahmen zur Absatzsteigerung, bes. durch Einsatz von Werbemitteln und Verkaufspersonal.

Säge

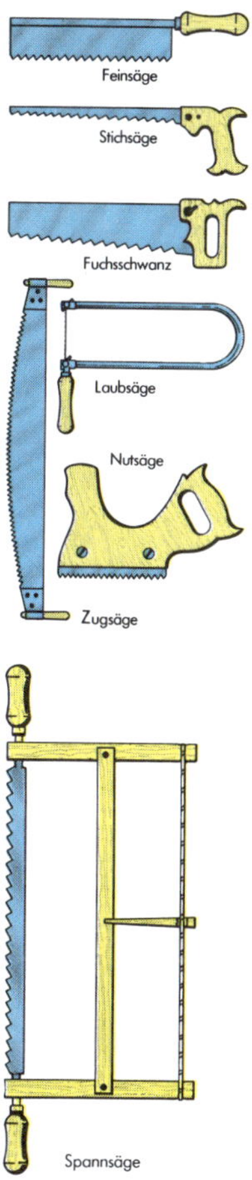

Saint-Exupéry

Saint Lucia

Saint Vincent und die Grenadinen

Salford [s'ɔ:lfəd], Industriestadt im W Mittelenglands, mit Manchester zusammengewachsen, 98 000 Ew.; Baumwoll-, Eisen-, chem., Maschinenind.

Salicylsäure, organ. Säure, farblose Kristalle, u. a. als keimtötendes Mittel oder als pharmazeut. Grundstoff verwendet.

Sali|er Mz., Teilstamm der alten → Franken. **Salische Kaiser,** die Fränk. Kaiser.

Salieri, Antonio, ital. Komponist, *1750, †1825; Lehrer von Beethoven, Schubert, Liszt.

Saline [lat.] die, Anlage zur Gewinnung von Salz, häufig mit Gradierwerk.

Salisbury [s'ɔ:lzbərɪ], **1)** Stadt in S-England, 35 400 Ew.; Kathedrale; Messerschmiede, Feininstrumentenind. **2)** bis 1982 Name von → Harare.

Salisbury [s'ɔ:lzbərɪ], Robert Cecil, **Marquess of S.,** konservativer engl. Staatsmann, *1830, †1903; seit 1866 mehrfach Premier- und Außenmin.; vergrößerte den engl. Kolonialbesitz.

Salisches Gesetz, lat. **Lex Salica, 1)** Volksrecht der salischen Franken (vom Anfang des 6. Jh.). **2)** seit dem 14. Jh. der Ausschluß der Frauen von der Thronfolge und die Thronberechtigung der durch Männer verwandten Männer (→ Agnaten).

Salk-Impfung [s'ɔ:(l)k-], nach dem amerikan. Mikrobiologen J. E. Salk Impfung gegen Kinderlähmung mit abgetöteten Erregern (erstmals 1954).

Saline: Gradierwerk

Sallust, Gaius **Sallustius** Crispus, röm. Geschichtsschreiber, *86, † um 35 v. Chr., Anhänger Caesars; schrieb: »Die Verschwörung des Catilina«, »Der Jugurthin. Krieg«, »Historiae« (Bruchstücke). S. leitete Roms Niedergang aus dem allg. sittl. Verfall her; er beeinflußte Tacitus.

Salm der, ein Fisch, → Lachs.

Salmiak der, Ammoniumchlorid, NH_4Cl, weißes Kristallpulver, wird u. a. beim Löten und in Kältemischungen verwendet. **S.-Geist,** wäßrige Lösung von Ammoniak.

Salminen, Sally, finn.-schwed. Schriftst., *1906, †1976; Romane »Katrina« u. a.

Salmonellen Mz., krankheitserregende Darmbakterien, verursachen die **Salmonellosen,** z. B. Paratyphus.

Salome, auch **Salome** [hebr. »Friedensreiche«], Tochter der Herodias, forderte für ihren Tanz vor Herodes Antipas von diesem das Haupt Johannes des Täufers.

Salomo, König von Israel und Juda (etwa 965-926 v. Chr.), Sohn Davids. Die Nachwelt sah in ihm das Ideal eines mächtigen und weisen Herrschers, in seiner Regierung das Goldene Zeitalter Israels. Mehrere Bücher des A. T. werden ihm zugeschrieben.

Salomon, Ernst von, Schriftst., *1902, †1972; wegen Beteiligung am Mordanschlag auf W. → Rathenau zu Freiheitsstrafe verurteilt; Roman »Die Geächteten«; Lebensbericht »Der Fragebogen«.

Salomonen, engl. **Solomon Islands** [s'ɔləmən 'aɪləndz], Staat im südwestl. Pazif. Ozean auf den → Salomon-Inseln, 28 446 km^2, 290 000 Ew.; Hptst.: Honiara auf Guadalcanal. Die S. sind seit 7. 7. 1978 ein unabhängiger Staat im Commonwealth (parlamentar. Monarchie). Verwaltungsgliederung: 7 Provinzen.

Die Hauptinseln sind gebirgig, auf Guadalcanal 2447 m hoch, tragen z. B. aktive Vulkane, sind von dichtem trop. Regenwald bedeckt und an den Küsten erschlossen. Die Bewohner sind überwiegend Melanesier. Die Bev. ist in ihrer Mehrheit protestantisch. Zur Eigenversorgung werden v. a. Yams und Taro angebaut, ferner Kakao, Reis und Ölpalmen. Bodenschätze: Gold, Silber, Kupfer, große Phosphat- und Bauxitlagerstätten. Wichtige Exportgüter sind Fische, Kokosnüsse, Kopra, Süßkartoffeln, Holz. Haupthandelspartner: Australien, Japan, USA, Großbritannien. Geschichte: → Salomon-Inseln.

Salomonen

Salomon-Inseln, engl. **Solomon Islands** [s'ɔləmən 'aɪləndz], Gruppe von 10 größeren und vielen kleineren Inseln im südwestl. Pazif. Ozean, erstrecken sich in einer doppelten Kette über 1450 km in nordwest-südöstl. Richtung. Sie bilden (ohne Bougainville und Buka) den Staat → Salomonen. – 1886 und 1899 wurden die S.-I. zw. Dtl. und Großbritannien geteilt. Der dt. Teil wurde 1920 austral. Mandat, 1945 Treuhandgebiet der UNO und kam 1975 an Papua-Neuguinea. 1976 erhielt das brit. Protektoratsgebiet Autonomie, 1978 die Unabhängigkeit.

Salomons|siegel, Gemeiner → Weißwurz.

Salon [sal'ɔ̃, frz.] der, **1)** Empfangs-, Gesellschaftszimmer. **2)** im 17./18. Jh. Bez. für Empfänge literar. interessierter Frauen. **3)** gut ausgestatteter Geschäfts- oder Ausstellungsraum.

Saloniki, amtl. **Thessalonike,** Stadt in Griechenland, 406 000 Ew.; wichtiger Hafen am **Golf von S.;** Univ.; viele byzantin. Bauwerke. – S., um 315 v. Chr. gegr., hatte in byzantin. Zeit seine größte Blüte; wurde 1430 türkisch, kam 1912 an Griechenland.

salopp [frz.], lässig, nachlässig, schlampig.

Salpen [grch.] Mz., glashelle, frei schwimmende, schwanzlose Manteltiere meist wärmerer Meere; mit Ammenzeugung.

Salpeter der, Kalium-, Natrium-, Calcium- und Ammoniumsalze der Salpetersäure, die sich entweder frei in der Natur finden **(Chile-S.)** oder aus S.-Säure hergestellt werden.

Salpetersäure, HNO_3, wichtige anorgan. Säure; farblose, stechend riechende Flüssigkeit, D 1,5 g/cm^3, Schmelzpunkt $-42\,°C$, Siedepunkt 84 °C. S. ist ein sehr starkes Oxidationsmittel. Wegen ihrer Fähigkeit, Silber aus seiner Legierung mit Gold herauszulösen, nannte man sie früher **Scheidewasser.** Herstellung heute durch katalyt. Verbrennung von Ammoniak zu Stickoxid und dessen Überführung in S. Verwendung zum Lösen und Beizen von Metallen und zur Herstellung von Schieß-, Spreng- und Farbstoffen.

SALT [sɔ:lt, engl.], Abk. für **Strategic Arms Limitation Talks** [strət'i:dʒɪk ɑ:mz lɪmɪt'eɪʃn tɔ:ks], Bez. für die seit 1969 geführten sowjetisch-amerikan. Gespräche über eine Begrenzung des strateg. Waffenarsenals. 1972 schlossen die USA und die UdSSR einen unbefristeten Vertrag über die beiderseitige Begrenzung der Anti-Raketen sowie ein auf 5 Jahre begrenztes Abkommen über die Beschränkung des Baus von Interkontinentalraketen und ihrer Abschußvorrichtungen (SALT I). 1979 schlossen die USA und die UdSSR ein weiteres Abkommen (SALT II, zunächst ein bis 1985 befristeter Vertrag), das vor dem Hintergrund weltpolit. Krisen, v. a. der in Afghanistan, nicht in Kraft trat.

Salta, Stadt in Argentinien, in den östl. Kordilleren, 260 000 Ew.; Andenbahn zu dem chilen. Hafen Antofagasta.

Saltillo [salt'iʎɔ], Hptst. des Staates Coahuila, Mexiko, 1520 m ü. M., 321 500 Ew. 2 Univ.

Salt Lake City [sɔ:lt leɪk sɪtɪ, engl. »Salzseestadt«], Hptst. von Utah, USA, 163 000 Ew. (fast die Hälfte Mormonen); Sitz des Mormonenpräs.; Univ.; Eisen-, Glas-, Zuckerind.

Salto [ital. »Sprung«] der, -s/-s, und ...ti, freier Überschlag in der Luft; aus größerer Höhe **Salto mortale,** Todessprung.

Salut [frz. aus lat.] der, militär. Ehrengruß durch Aufziehen der Flagge, Kanonenschüsse. **salutieren,** grüßen.

Salvador, 1) Hptst. des brasilian. Staates Bahia, 1,5 Mio. Ew., 2 Univ. Hafen; Textil-, Kakao-, Tabakind. **2)** → El Salvador.

Salvarsan [lat.] das, von P. Ehrlich und S. Hata entwickelte organ. Arsenverbindung zur Behandlung der Syphilis, u.a.; heute nicht mehr gebräuchlich.

Salvator [lat.] der, Erlöser, Heiland.

Salvatorianer, Gesellschaft vom göttl. Heiland, 1881 gegr. kath. Genossenschaft für Seelsorge und Mission.

Salve die, gleichzeitiges Abfeuern von Gewehren oder Geschützen, auch als militär. Ehrengruß **(Ehren-S.).**

Salve Regina [lat. »gegrüßet seist du, Königin«], Anfang einer alten marian. Hymne.

Salvini|e die, Schwimmfarn, auf ruhigen Gewässern der nördl. gemäßigten Zone.

Salween [s'ælwi:n, engl.], **Salu|en** der, Fluß in Hinterindien, entspringt auf dem Hochland von Tibet, mündet in den Golf von Martaban; 3200 km lang.

Salz das, **1)** ⚗ Verbindung eines Metalls mit einer Säure, i.w.S. alle aus Ionen aufgebauten chem. Verbindungen, die nicht Säuren, Basen oder Oxide sind. **2) Koch-S.,** chem. Natriumchlorid, NaCl. Es kommt als **Stein-S.** in großen Lagern vor (z.B. Staßfurt, Reichenhall, Halle, in Galizien, Siebenbürgen, Frankreich, England u.a.), die aus S.-Seen oder Meeresteilen entstanden sind; Gewinnung durch bergmänn. Abbau oder Auflösung in Wasser. **See-S.** gewinnt man durch Verdunstung von Meerwasser, **Sole-S.** durch Eindampfen oder Gradieren natürlich oder künstlich hergestellter Solen. Außer zum Würzen der Nahrung dient Kochsalz zur Herstellung von Natrium, Chlor, S.-Säure u.a. – Die Körperflüssigkeit der wirbellosen Meerestiere enthält dieselben S. in ungefähr gleichem Mengenverhältnis wie das Meerwasser, z.B. 3,5% Koch-S. Bei Süßwasser- und Lufttieren ist der Kochsalzgehalt geringer (z.B. bei Warmblütern 0,9%).

Salzach die, rechter Nebenfluß des Inns, mündet bei Burghausen; 220 km lang.

Salzbrunn, Bad S., poln. **Szczawno Zdrój** [ʃtʃ'avno zdruj], Stadt in der poln. Wwschaft Wałbrzych, ehem. Kurort im Waldenburger Bergland, Schlesien, 7900 Ew.

Salzburg, 1) österr. Bundesland, 7154 km², 461900 Ew.; reicht vom nördl. Alpenrand über die Kalkalpen und die Tallandschaften der Salzach (Pinzgau, Pongau) bis auf den Kamm der Hohen Tauern, im SO ins Murtal. Erwerbszweige: Alm- und Forstwirtschaft, Akkerbau, ⚒ auf Salz (Hallein), Kupfer (Bischofshofen), Marmor (Untersberg); Eisen-, Maschinen-, Aluminium- u.a. Ind.; Fremdenverkehr. **2)** Hptst. von 1), an der Salzach, vor den Kalkhochalpen, 139500 Ew.; Verkehrsknoten; die malerische Stadt, überragt von der Feste **Hohensalzburg** (gegr. 1077), besitzt bedeutende Kirchen, bes. der Barockzeit, Residenz, das Barockschloß Mirabell; im Benediktinerstift St. Peter das Grabmal Michael Haydns; Bibliotheken, Museen, Festspielhaus (seit 1920 jährlich **Salzburger Festspiele,** seit 1967 auch Osterfestspiele); Geburtsort Mozarts. In der Umgebung die Schlösser **Hellbrunn** (1613-15, mit schönem Park), **Leopoldskron** (1736-40), **Kleßheim** (1700-09). – Das **Bistum S.** wurde 739 durch Bonifatius gegr., 798 zum Erzbistum erhoben, 1802 in ein weltl. Kurfürstentum umgewandelt und kam 1805, endgültig 1816 an Österreich.

Salzburger Emigranten, die 1731/32 aus dem Erzbistum Salzburg vertriebenen Protestanten; meist in Ostpreußen angesiedelt.

Salzburger Kalkalpen, Teil der nördl. Ostalpen, zw. den Nordtiroler Kalkalpen und den Salzkammergutbergen, mit Untersberg, Reiter Alpe, Steinernem Meer und Hochkönig.

Salzgitter, Stadt im RegBez. Braunschweig, Ndsachs., 105600 Ew.; größtes dt. Eisenerzlager, Kali-, Steinsalz- und Erdölvorkommen; Ind.

Salzburg 2): Altstadt; darüber Festung Hohensalzburg

Salzkammergut, Kalkalpenland beiderseits der Traun, in Oberösterreich und Salzburg; reich an Seen. Gebirgsgruppen: Dachstein, Höllen-, Totes Gebirge, Schafberg. Salzwerke in Hallstatt und Ischl; Fremdenverkehr. Hauptort: Bad Ischl.

Salzmann, Christian Gotthilf, *1744, †1811, einer der → Philanthropen, wirkte seit 1784 an dem von ihm gegr. Erziehungsheim Schnepfenthal.

Salzpflanzen, Halophyten, Pflanzen kochsalzreicher Standorte, z.B. des Meeresstrandes, der Salzsteppen: Glasschmalz oder Queller.

Salzregal, früher das ausschließl. Recht der Fürsten auf Salzgewinnung auf Grund der Goldenen Bulle (1356).

Salzsäure, ⚗ wäßrige Lösung von Chlorwasserstoff, HCl, farblose, stechend riechende Flüssigkeit, D 1,2 g/cm³. S. gehört zu den stärksten Säuren, löst unedle Metalle wie Zink, Eisen, Nickel unter Wasserstoffentwicklung. Bestandteil des Magensaftes aller Wirbeltiere, vielfältige Verwendung im Laboratorium und in der chem. Industrie (Umsatz in großen Mengen).

Salzschlirf, Bad S., Heilbad in Hessen, 2500 Ew., am Vogelsberg; gegen Gicht, Rheuma.

Salzsee, Großer S., abflußloser See in Utah, USA, 4000 km², enthält 25% Salz.

Salzstraßen, Handelswege seit der Vor- und Frühgeschichte, auf denen Salz befördert wurde.

Salz|uflen, Bad S., Stadt in NRW, an der Salze, 51200 Ew.; warme Solquellen.

Salzungen, Bad S., Krst. im Bez. Suhl, an der Werra, 20800 Ew.; Solquellen.

Salzwedel, Krst. im Bez. Magdeburg, 23500 Ew.; Zucker-, chem. Ind.

Samaden, roman. **Samedan,** Wintersportort im schweizer. Kt. Graubünden.

Samaria, ehem. Stadt in Mittelpalästina, um 880 v.Chr. als neue Hptst. des Reiches Israel erbaut; später Name der umliegenden Landschaft; Ausgrabungen.

Samariter, 1) Samaritaner, Bewohner von Samaria, Mischvolk aus Israeliten und fremden Einwanderern, gründeten, von der jüd. Gemeinde ausgeschlossen, um 350 v.Chr. eine eigene Religionsgemeinschaft nach jüd. Muster. **2)** der, Mitgl. eines Vereins zur Leistung der Ersten Hilfe (nach dem **barmherzigen S.,** Lukas 10,33).

Samarium das, **Sm,** chem. Element aus der Gruppe der Lanthaniden, Verwendung in Dauermagneten, Laser- und Kerntechnik.

Samarkand, Stadt in der Usbek. SSR, 381000 Ew.; Univ., Moscheen, Denkmäler aus der Zeit Timurs. Seiden-, Teppich- u.a. Ind. – Blütezeit durch die Araber seit 712; 1369-1405 die Hptst. Timurs; wurde 1868 russisch.

Salzburg 1)

Sambia

Samarra, Ruinenstätte im Irak, am Tigris, 1911-13 dt. Ausgrabungen (Abbasidenresidenz 9. Jh.); Werke frühislam. Kunst.

Samba die, urspr. brasilian. Volkstanz, dann Gesellschaftstanz im $^{4}/_{4}$-Takt.

Sambesi der, größter Fluß Südafrikas, fließt vom östl. Angola zum Ind. Ozean; 2660 km lang, bildet die **Victoriafälle.** Der **Kariba-Damm** staut den S. zu einem 4500 km² großen See (Kraftwerk beliefert Sambia und Simbabwe). In Moçambique ist in der Cabora-Bassa-Schlucht der S. zu einem 2700 km² großen See aufgestaut. – Der S. wurde von Livingstone erforscht.

Sambia, engl. **Zambia** [z'æmbıə], Rep. in S-Afrika, 752614 km², 7,5 Mio. Ew.; Hptst.: Lusaka; Amtssprache: Englisch. Präsidialverfassung. Vorwiegend Steppenhochland (bis 1500 m) mit trop., durch die Höhenlage gemäßigtem Klima. BEVÖLKERUNG. Fast ausschließlich Bantu. Religion: Naturreligionen, rd. 20% Christen. WIRTSCHAFT. Mais, Hirse, Maniok, Tabak, Baumwolle, Erdnüsse. Viehhaltung, Fischerei. ⚒ auf Kupfer (an 3. Stelle der Welt), Zink, Blei, Kobalt, Kohle u. a.; Nahrungsmittel-, Textil-, Zement-, Holz- u. a. Ind. Ausfuhr: Kupfer u. a. Bergbauerzeugnisse, Tabak; Handelspartner: Großbritannien, Japan, Südafrika, Bundesrep. Dtl. 1975 wurde die Bahnlinie Kapiri Mposhi-Daressalam (Tansania) eröffnet und damit der Überseehandel Sambias an den Indischen Ozean verlagert. Internat. Flughafen: Lusaka. – S. war als **Nordrhodesien** brit. Protektorat, 1953-63 Teil des Zentralafrikan. Bundes; seit 1964 unabhängige Republik. Staatspräsident: K. D. Kaunda (seit 1964). ⊕ S. 482.

Samedan, roman. für → Samaden.

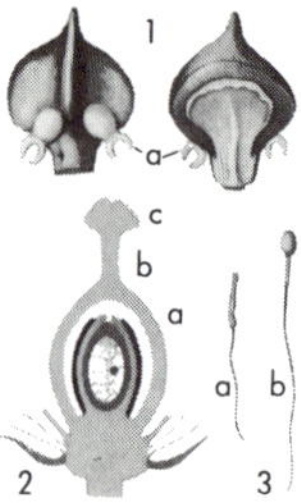

Samen: 1 Nacktsamer (Kiefer), Fruchtblatt mit a Samenanlagen, **2** Bedecktsamer (Stempel), a Fruchtknoten mit Samenanlage, b Griffel, c Narbe, **3** Samenfäden, a Grünspecht, b Mensch

Samen der, **1)** ⚘ lat. **Semen,** bei den S.-Pflanzen der nach der Befruchtung aus der S.-Anlage hervorgegangene, von Hüllen umgebene und mit Nahrungsvorrat versehene Keim; er fällt von der Pflanze ab und keimt zu einem jungen Pflänzchen. Die Nährstoffe sind dem S. entweder in einem Nährgewebe (Endosperm) mitgegeben oder sie sind im Keimling (Embryo) selbst, z. B. den S.-Blättern (Keimblättern), gespeichert. Bei den **Nacktsamern** (-samigen) sitzt der S. frei an den Fruchtblättern, bei den **Decksamern** (Bedecktsamigen) in einer Frucht. **2)** ♘ ♡ grch. **Sperma,** die Absonderung (S.-Flüssigkeit) der männl. Geschlechtsdrüsen (Hoden); sie besteht bei Mensch und Wirbeltieren vorwiegend aus den Sekreten der Vorsteherdrüse (Prostata) und der **S.-Bläschen** und enthält die männl. Geschlechtszellen **(S.-Zellen, S.-Fäden,** Spermien), die sich in den S.-Kanälchen der Hoden bilden. Beim Menschen sind die S.-Zellen etwa 0,06 mm lang, bestehen aus Kopf (mit Zellkern), Mittelstück und Schwanz und bewegen sich schlängelnd vorwärts. Der S. wird durch die Harnröhre entleert.

Samen|anlage, Jugendzustand des pflanzl. Samens vor der Befruchtung **(Samenknospe, Ei),** mit einer Hülle oder mehreren. Die Hüllen lassen einen Kanal frei (Mikropyle) als Eingang für den befruchtenden Pollenschlauch.

Samenpflanzen, die → Blütenpflanzen.

Samisdat [russ. »Selbstverlag«] der, Herstellung (meist hand- oder maschinengeschrieben) und Verbreitung verbotener oder nicht freigegebener Publikationen in der UdSSR.

Samjatin, Jewgenij Iwanowitsch, russ. Schriftsteller, *1884, †1937; emigrierte 1932, gesellschaftskrit. Schauspiele und Erz., satir. Romane.

Samland, ostpreuß. Halbinsel zw. Frischem und Kurischem Haff; Gebiet Kaliningrad, UdSSR; Seebäder: Cranz, Neukuhren, Rauschen, Palmnicken. Im W Steilküste; Bernsteingewinnung. 1255 vom Dt. Orden unterworfen.

Sammelsurium [nd. sammelsur »saures Restgericht«] das, buntes Durcheinander.

Samniter Mz., antikes Volk in der mittelital. Landschaft **Samnium,** in den **S.-Kriegen** (343-290 v. Chr.) von Rom unterworfen; Reste 82 v. Chr. von Sulla geschlagen.

Samoa, Staat auf den Samoa-Inseln, → West-Samoa.

Samoa-Inseln, Inselgruppe in Polynesien; 4 große (Sawaii, Upolu, Tutuila, Manua) und zehn kleine vulkan. Inseln, insges. 3039 km², 180000 Ew. Ausfuhr von Kopra, Kakao, Bananen. Die S.-I. wurden 1722 entdeckt. Politisch sind sie geteilt in den Staat → West-Samoa und **Amerikan. Samoa,** 197 km², ein nichtinkorporiertes Territorium der USA.

Samogitien, Landschaft in Litauen, 1398 vom Dt. Orden unterworfen, 1411 polnisch.

Samojeden Mz., Sammelbez. für die Völker des östlichsten Zweigs der ural. Sprachengruppe, die in der subarkt. Tundra- oder Taigazone des europ. Rußland und NW-Sibiriens leben. Dazu gehören die Nenzen beiderseits des Ural. Ihr Wohngebiet bildet innerhalb der Russ. SFSR 3 Nationalbezirke.

Samojeden-Halbinsel, früherer Name der Halbinsel **Jamal,** zw. Kara-See und Ob-Busen, an der Eismeerküste der UdSSR.

Samos, grch. Insel an der Westküste Kleinasiens, 468 km², 40200 Ew. Ausfuhr von Wein, Öl, Tabak. Hauptstadt: S. Im Altertum erlebte S. seine höchste Blüte unter → Polykrates; 1832 Fstt. unter türk. Oberhoheit, kam 1912 an Griechenland.

Samothrake, grch. Insel in der N-Ägäis, 150 km², rd. 4000 Ew.; Schaf- und Ziegenzucht. – Im Altertum bekannt durch das Heiligtum der »Großen Götter« mit seinen Mysterien. Fundort der **Nike von S.** (um 190 v. Chr.).

Samowar [russ.] der, Heißwasserbereiter mit Auslaufhahn zur Teezubereitung.

Sample [sɑ:mpl, engl.] das, Markt- und Meinungsforschung: Stichprobenerhebung.

Samson, → Simson.

Samstag [süddt., österr.], Sonnabend.

Samsun, Provinz-Hptst. in der Türkei, Hafen am Schwarzen Meer, 280000 Ew.

Samt [grch.] der, Gewebe mit aufrechtstehendem, kurzem Faserflor aus aufgeschnittenen Schlingen.

Samu|el [hebr. »Gott erhöre«], israelit. Seher und Priester (um 1050 v. Chr.), salbte Saul und David zum König.

Samum [arab.] der, glühendheißer Wüstensturm in Vorderasien und Nordafrika.

Samurai [japan.], der adlige japan. Kriegerstand; pflegte eine strenge Moral und Ehrauffassung.

Sambesi: Victoriafälle

San [ital., span.], Abk. von Santo, heilig, z. B. San Francisco; weibl.: Santa.

San der, rechter Nebenfluß der Weichsel, 444 km, kommt aus den Beskiden.

San'a, Hptst. der Rep. Jemen, in SW-Arabien; rd. 427000 Ew.; Kaffeehandel.

San Antonio [sæn ænt'əʊnɪəʊ], Stadt in Texas, USA, 914500 Ew.; 2 Univ.; Flughafen; Maschinen-, Nahrungsmittelind., Erdöl.

Sanatorium [lat.] das, -s/...rien, Heilanstalt für chron. Kranke und Genesende.

Sancho Pansa [s'antʃɔ -], Schildknappe Don Quijotes, verkörpert den realist. bäuerl. Sinn und Mutterwitz.

Sancta simplicitas [lat.], heilige Einfalt.

Sanctus [lat.], in der kath. Messe der Jes. 6,3 entnommene Lobgesang.

Sand der, Anhäufung kleiner, loser Mineralkörner, bes. Quarz; dient zu Mörtel, zur Glas- und Porzellanbereitung, zum Formen beim Metallguß, zum Schleifen.

Sand, 1) [sã:d], George, Pseudonym der frz. Erzählerin Aurore Baronne **Dudevant,** *1804, †1876; Geliebte von A. de Musset und F. Chopin, prangerte in ihren Romanen die gesellschaftl. Vorurteile und sozialen Mißstände an. **2)** Karl Ludwig, *1795, †(hingerichtet) 1820; Jenaer Burschenschaftler, erdolchte 1819 → Kotzebue.

Sand|aale, aalschlanke Fischchen des Ufermeeres, bei Ebbe im Sand.

Sandale die, mit Riemen am Fuß befestigte Laufsohle mit flachem Absatz als Fußbekleidung, mit höherem Absatz als **Sandalette** für Damen.

Sandbad, ♡ Bad in 45-50 °C heißem Sand, wirkt überwärmend und schweißtreibend; z. B. gegen Gicht, Rheumatismus.

Sandblatt, unteres, größeres, hochwertiges Tabakblatt, meist Zigarrendeckblatt.

Sandburg [s'ændbə:g], Carl, nordamerikan. Dichter, *1878, †1967, schrieb die impressionist. »Chicago Poems«, eine Lincoln-Biographie u. a.

Sand|dorn, Strauch der Ölweidengewächse, an Meeresküsten und Gebirgsflüssen, mit schmalen Blättern und gelbroter Scheinbeere (**Fasanbeere,** reich an Vitamin C), die Saft und Marmelade gibt, auch Fasanenfutter liefert.

Sandelholz, das Holz versch. Bäume, wird bes. zu Schnitzarbeiten verwendet, ferner zur Gewinnung von **S.-Öl** für die Parfümerie.

San Diego [sæn dɪ'eɪgəʊ], Hafenstadt, Badeort in Kalifornien, USA, 1,1 Mio. Ew. (Metropolitan Area: 2 Mio.); 2 Univ., Flugzeug-, Raketenbau.

Sandinistische Nationale Befreiungsfront, span. **Frente Sandinista de Liberación Nacional** [-liberasj'ɔn nasjon'al], Abk. **FSLN,** urspr. nicaraguan. Guerillaorganisation, gegr. 1962, benannt nach dem früheren Guerillaführer C. A. **Sandino** (*1893, †1934, ermordet), hatte 1979 entscheidenden Anteil am Sturz von Präs. A. Somoza-Debayle jr., war bis zu den Wahlen 1990 die politisch beherrschende Kraft in Nicaragua.

Sandläufer, bunte, räuberisch lebende Bodenkäfer, z. B. der europ. **Sandlaufkäfer.**

Sandpilz, ein Röhrenpilz auf Heideboden, braungelb, eßbar.

Sandr [isländ.] der, **Sander,** flache, ausgedehnte Sandanhäufungen vor Gletschern.

Sandrart, Joachim v., Maler, Kupferstecher, *1606, †1688; schrieb die »Teutsche Academie der edlen Bau-, Bild- und Mahlerey-Künste« (1675-79), die erste dt. Künstlergeschichte.

Sandschak [türk.] der, im alten Türk. Reich ein Verwaltungsbezirk.

Sandschak-i-Scherif [türk.] der, in Konstantinopel aufbewahrtes (angebl.) Banner Mohammeds **(Fahne des Propheten).**

Sandstein, Sedimentgestein aus verfestigtem Quarzsand. S. enthält winzige Zirkone, Turmaline, oft auch Glimmer u. a.; bed. Erdgas- und Erdölspeichergestein.

Sandstrahlgebläse, ⊙ Gerät zum Reinigen und Behandeln der Oberfläche harter Gegenstände; Sand oder Stahldrahtstücke werden durch Druckluft gegen die Oberfläche geschleudert.

Sandwespe, Gattung der → Grabwespen.

Sandwich [s'ænwɪtʃ, engl.] das, belegte Weißbrotschnitte.

Sandwichbauweise [s'ænwɪtʃ-], zur Gewichtsersparnis, Verbesserung der Formsteifigkeit, Wärme- und Schalldämmung bes. im Leicht- und Flugzeugbau angewendete Bauweise: eine leichte, wabenartige oder aus Schaumkunststoff bestehende Kernschicht wird zw. feste Deckplatten geklebt.

Sandwich-Inseln [s'ænwɪtʃ-], die Hawaii-Inseln (→ Hawaii).

Sandwurm, Borstenwurm, lebt in einer U-förmigen Wohnröhre in Sand oder Schlick an der Meeresküste.

San Francisco [sæn frəns'ɪskəʊ], Abk. **Frisco,** Stadt in Kalifornien, USA, 1,5 Mio. Ew. (Agglomeration: 5,87 Mio.), größter Hafen und Handelsplatz der W-Küste Amerikas, am Pazif. Ozean, auf der Landzunge zw. der **S.-F.-Bucht** und der Meeresstraße des Goldenen Tores (Golden Gate); Erzbischofssitz; Sternwarte. Ind.: Erdölraffinerien, Schiff-, Maschinenbau, Chemikalien u. a. – S. F. ist nach einer Siedlung span. Franziskanermönche benannt; 1906 durch Erdbeben zerstört. Auf der **Konferenz von S. F.** von 1945 wurde die Satzung der → Vereinten Nationen vereinbart.

Sänfte die, Tragstuhl, bei Babyloniern, Ägyptern, Römern, Chinesen in Gebrauch, im Abendland vom 17.-19. Jh.

Sanger [s'æŋə], Frederick, engl. Chemiker, *1918; entwickelte bahnbrechende Verfahren zur Strukturaufklärung der Eiweiße (z. B. Insulin); Nobelpreis 1958 und 1980.

Sänger [nach E. Sänger], das in der Planung befindl. dt. → Weltraumflugzeug.

Sänger, Eugen, dt. Raketenforscher, *1905, †1964; wissenschaftl. Arbeiten zur Raumfahrt; Vorsitzender der dt. Ges. für Raketentechnik und Raumfahrt.

Sangerhausen, Krst. im Bez. Halle, am Harz, 33100 Ew.; Rosenforschungsinstitut, Maschinen-, Holz-, Nahrungsmittelind.

Sangria [span.] die, -, span. Getränk aus Rotwein, Fruchtstücken (Citrusfrüchte), Zukker, wird mit Eis serviert.

Sanguiniker [von lat. sanguis »Blut«] der, einer der 4 Persönlichkeitstypen der antiken Temperamentlehre: leicht erregbarer, lebhafter, heiterer, auch oberflächlicher Mensch. **sanguinisch,** lebhaft.

Sanherib, König von Assyrien (704-681 v. Chr.), unterwarf Babylon, belagerte Jerusalem, baute Ninive zur großen Stadt aus.

Sanierung die, **1)** Schaffung gesunder Lebensverhältnisse **(Großstadt-Sanierung). 2)** Maßnahme, durch die ein notleidendes Unternehmen auf gesunde Grundlagen gestellt werden soll, so daß es mit Gewinn arbeitet.

sanitär [lat.], die Gesundheit betreffend.

Sanitäter, zur ersten Hilfeleistung bei Unfällen und plötzl. Erkrankungen sowie zum Krankentransport ärztlich Ausgebildeter.

Sanitätsoffizier, dem Militär angehöriger Arzt, Zahnarzt, Apotheker, Veterinär, im Offiziersrang.

Sanitätsrat, 1) in Dtl. bis 1918 Ehrentitel für verdiente Ärzte; heute wieder in einigen Bundesländern verliehen. **2)** Österreich: beratendes Organ im Gesundheitswesen.

Sanitätstruppe, militär. Sanitätsverbände und -einheiten.

George Sand

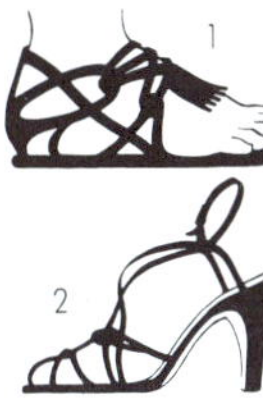

Sandale: 1 grch. S., **2** Sandalette

Sanddorn: Zweig mit Früchten

Sänfte
Chines. S.

Sankt Gallen
Kanton

Sanitätswesen, 1) das öffentl. Gesundheitswesen. **2)** in der Bundeswehr alle dem Inspekteur des Sanitäts- und Gesundheitswesens unterstellten Maßnahmen und Einrichtungen für Frieden und Verteidigungsfall.

San Jose [sæn (h)əuz'eɪ], Stadt in Kalifornien, USA, 712 000 Ew.; nahebei →Lick-Sternwarte.

San José [saŋxos'e], **1)** Hptst. der Rep. Costa Rica, 241 000 Ew.; Univ. **2) S. J. de Cúcuta** [- ðe k'ukuta], gewöhnlich **Cúcuta,** Stadt in Kolumbien, 441 000 Ew.; Stapelplatz des Handels mit Venezuela.

San Juan [-xu'an], **1)** Stadt in Argentinien, 291 000 Ew.; Univ. **2)** Hptst. von Puerto Rico, 435 000 Ew.; Univ.; Hafen; Ausfuhr: Zucker, Kaffee, Tabak.

Sankhja [Sanskr.] das, dualist. Richtung der klass. ind. Philosophie.

Sankt [lat. sanctus], Abk. **St.,** heilig.

Sankt Andreasberg, Stadt in Ndsachs., im Oberharz, 520-650 m ü. M., Luftkurort, 2800 Ew.

Sankt Anton am Arlberg, Gem. in Tirol, Österreich, im Stanzer Tal, 1302 m ü. M., 2100 Ew.; Sommerfrische, Wintersport.

Sankt Augustin, Stadt im Rhein-Sieg-Kr. NRW, 51 000 Ew. Computer-Ind.

Sankt Bernhard, 2 Alpenpässe: Der **Große S. B.,** 2472 m hoch, führt von Martigny (Schweiz) nach Aosta (Italien); wird von einem Straßentunnel durchquert; auf der Höhe das **S.-B.-Kloster** mit Hospiz. **Kleiner S. B.,** 2188 m hoch, führt vom Isèretal (Frankreich) nach Aosta.

Sankt Blasi|en, Stadt in Bad.-Württ., im südl. Schwarzwald, 762 m ü. M., 4200 Ew.; Kurort; Benediktinerkloster (948 gegr.).

Sankt Florian, Markt in OÖ, südöstlich von Linz, 3700 Ew.; Augustiner-Chorherrenstift; Stiftskirche mit Krypta und Grab A. Bruckners.

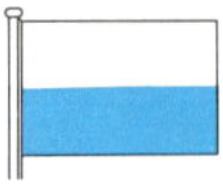
San Marino

Sankt Gallen, 1) Kt. der östl. Schweiz, 2014 km², 409 000 Ew.; im S Ausläufer der Glarner Alpen, in der Mitte die Säntisgruppe, im N fruchtbares Hügelland; Landwirtschaft mit Obst-, Weinbau, Viehzucht; Ind. **2)** Hptst. von 1), 73 500 Ew.; Hochschule für Wirtschafts- und Sozialwissenschaften; Textil- u. a. Ind.; Stiftskirche, Bibliothek. – Die ehem. Benediktinerabtei, im 7. Jh. als Einsiedlerzelle vom hl. Gallus gegr., war im 9. bis 11. Jh. eine der bedeutendsten Pflegestätten der mittelalterl. Kunst und Wissenschaft. Die Äbte wurden 1206 Reichsfürsten und verbündeten sich im 15. Jh., ebenso wie die Stadt S. G., mit der Schweizer Eidgenossenschaft. 1803 entstand der heutige Kt. S. G.

Sankt Georgen im Schwarzwald, Stadt im Schwarzwald, 14 500 Ew.; Uhren-, Werkzeugmaschinenind.

Sankt-Georgs-Kanal, engl. **Saint George's Channel** [snt dʒ'ɔːdɪz tʃ'ænəl], Meeresstraße zw. Irland und Wales, 80-150 km breit.

Sankt Gallen: Stiftsbibliothek

Sankt Goar, Stadt in Rheinl.-Pf., am linken Rheinufer, 3100 Ew.; Weinbau, -handel; Ruine **Rheinfels.**

Sankt Goarshausen, Stadt in Rheinl.-Pf., rechts am Rhein, 1600 Ew.; in der Nähe die Lorelei.

Sankt Gotthard, Gebirgsstock in der Schweiz, 3192 m hoch; der über ihn führende **S.-G.-Paß,** 2108 m hoch, mit Hospiz, verbindet Reuß- und Tessintal. Der S. G. wird von der →Gotthardbahn durchfahren; seit 1980 Straßentunnel von Göschenen nach Airolo.

Sankt Helena, engl. **Saint Helena** [sənt ɪl'iːnə], brit. Insel im südl. Atlant. Ozean, 122 km², 5600 Ew.; vulkanisch, fast unzugängl. Küsten, mildes Klima. Verbannungs- (1815-21) und Sterbeort Napoleons I.

Sankt Ingbert, Stadt im Saarland, 40 500 Ew.; Eisen-, Leder-, Glasind.

Sanktion [lat.] die, **1)** feierl. Bestätigung; im Staatsrecht die Ausstattung eines Gesetzesentwurfs mit Gesetzeskraft. **2)** ⚘ wichtiges Staatsgesetz (z. B. →Pragmatische Sanktion). **3)** Strafe. **Sanktionen,** Zwangsmaßnahmen polit., wirtschaftl., militär. Art zur Sicherung völkerrechtl. Verpflichtungen. **sanktionieren,** bestätigen, Gesetzeskraft erteilen, Zustimmung geben.

Sanktissimum [lat.] das, **1)** Allerheiligstes. **2)** die geweihte Hostie.

Sankt Joachimsthal, tschech. **Jáchymov** [j'aːximɔf], Stadt in der ČSFR, 3300 Ew., im Erzgebirge, 635-750 m ü. M.; Radiumbad.

Sankt-Lorenz-Strom, Strom im östl. Nordamerika, Abfluß des Ontariosees, 4023 km lang, mit zahlreichen Inseln, Stromschnellen, Seen und Nebenflüssen. Er mündet, 150 km breit, in den **Sankt-Lorenz-Golf.** 1959 wurde der Ausbau des S.-L.-S. zum **Sankt-Lorenz-Seeweg** für Seeschiffe bis Chicago und Duluth vollendet.

Sankt Moritz, Kurort, Wintersportplatz in Graubünden (Schweiz), 5900 Ew., im Oberengadin, 1838 m ü. M.; Stahlbad.

Sankt Peter-Ording, Nordseeheilbad in Schlesw.-Holst. 5300 Ew.; Schwefelsolquelle.

Sankt Pölten, Stadt in NÖ, 51 000 Ew.; Bischofssitz; Maschinen- u. a. Ind.

Sanktuarium [mlat.] das, -s/...rien, kath. Kirche: **1)** Altarraum. **2)** Reliquienschrein.

Sankt Wendel, Krst. im Saarland, an der Blies, 26 700 Ew.; Tabak-, Ziegel-Ind.

Sankt Wolfgang im Salzkammergut, Sommerfrische in OÖ, 2500 Ew., am **St.-Wolfgang-See;** Wallfahrtskirche (Schnitzaltar von M. Pacher); Papier-, Holz-Ind.

San Luis Potosí, Hptst. des mexikan. Staates S. L. P., 406 000 Ew.; prachtvolle Kirchen; Hüttenwerke, Textil- u. a. Ind.

San Marino, Rep. im mittleren Italien, südwestl. von Rimini, 61 km², 23 000 Ew.; Hptst.: S. M. Staatsoberhaupt: 2 »capitani regenti«. Fremdenverkehr. – Seit 1862 unter dem Schutz Italiens. ⊕ S. 491.

Sannazaro, Jacopo, ital. Dichter, *1456, †1530; Hirtenroman »Arcadia«, oft nachgeahmt.

San Remo, ital. Winterkurort an der Riviera di Ponente; 60 500 Ew.

San Salvador, 1) früher **Watlings-Insel,** indian. **Guanahani,** eine der Bahama-Inseln, 780 Ew. Hier landete Kolumbus am 12. 10. 1492. **2)** Hptst. der Rep. El Salvador, 440 000 Ew.; Erzbischofssitz; Univ.; Ind.; span. Gründung (1525).

Sansculotten [sãkyl'ɔtən, frz. »ohne Kniehosen«] Mz., Spottname für Anhänger der Frz. Revolution, die lange Hosen trugen.

San Sebastián, Hafenstadt im nördl. Spanien, am Golf von Biscaya, 175 500 Ew.; alte Festung.

Sanseviеria die, **Bogenhanf,** Liliengewächs im trop. Asien und Afrika.

sans façon [sã fas'ɔ̃, frz.], ohne Umstände.

sans gêne [sã ʒ'ɛ:n, frz.], zwanglos.

Sansibar, Koralleninsel an der Küste O-Afrikas, gehört mit → Pemba zu Tansania, 1660 km², 479000 Ew. (Bantu, Araber, Inder, Weiße; überwiegend Muslime); Hptst.: S. S. hat eigene Regierung und eigenes Parlament. Im W fruchtbar, Klima tropisch-feucht. Auf S. und Pemba Gewinnung von Gewürznelken (80% der Welternte). – Im 10. Jh. setzten sich die Araber auf S. fest. Seit 1832 residierten hier die Sultane von Oman. 1890 kam das Sultanat unter brit. Protektorat (Helgoland-S.-Vertrag); 1963 wurde es unabhängig. 1964 wurde der Sultan gestürzt und die »Volksrepublik« ausgerufen. 1964 schloß sich S. mit Tanganjika zusammen (→ Tansania).

Sanskrit das, Sprache der altind. Literatur, starb schon im 6. Jh. v. Chr. als Volkssprache aus. Die S.-Forschung im 19. Jh. begründete die indogerman. Sprachwissenschaft.

Sansovino, 1) Andrea, ital. Bildhauer, *1460, †1529; Wandgrabmäler. **2)** Jacopo, *1486, †1570; der führende Baumeister und Bildhauer der venezian. Renaissance.

Sanssouci [sãsus'i, frz. »sorgenfrei«], Rokokoschloß und Park bei Potsdam, Lieblingsaufenthalt Friedrichs d. Gr., 1745-48 von Knobelsdorff erbaut. Östlich vom Schloß die Bildergalerie (1755-64), westl. die Neuen Kammern (1771-73); das Neue Palais (1763-69), gegenüber die beiden Communs (Gästewohnungen, 1765-69); Villa Charlottenhof (1826-29 von Schinkel im ital. Stil umgebaut); Orangerie (1851-57).

Santa [ital., span., portug.], weibl. Form zu Santo (San) und São, heilig.

Santa Clara, Stadt auf Kuba, 172000 Ew.; Zucker- und Tabakhandel.

Santa Cruz de Tenerife [-kruθ-], Hauptort der Insel Teneriffa, 191000 Ew.; Industrie.

Santa Fe, Stadt im östl. Argentinien, am Paraná, 292000 Ew.; Univ.; Handel.

Santander, Hafenstadt Nordspaniens, 180000 Ew.; Bischofssitz; Seebad; Erzausfuhr.

Santayana, George de, span.-amerikan. Philosoph, Schriftst., *1863, †1952; Roman »Der letzte Puritaner« u. a.

Santiago, 1) S. de Chile, Hptst. Chiles, 4,85 Mio. Ew. (mit Vororten); Erzbischofssitz, 3 Univ., Sternwarte. **2) S. de Compostela,** Stadt in NW-Spanien, 92000 Ew.; Erzbischofssitz, Kathedrale, Wallfahrtsort; Univ.; Ind. **3) S. de Cuba,** Stadt auf Kuba, 345000 Ew.; Erzbischofssitz; rege Ind.; Hafen; Ausfuhr: Zucker, Kaffee, Nutzhölzer, Eisenerze.

Säntis der, höchster Gipfel der **S.-Gruppe** im Kt. St. Gallen, Schweiz, 2501 m; Wetterwarte.

santo [span., ital., auch portug.], heilig.

Santo André [s'ãntu ãndr'ɛ], Stadt in Brasilien, 673000 Ew.; räumlich und wirtschaftlich eng mit São Paulo verbunden.

Santo Domingo, Hptst. der Dominikan. Rep., 1,41 Mio. Ew.; Ausfuhrhafen für Zukker; Univ.

Santorin, Thera, grch. Insel der Kykladen, 72 km² groß, vulkanisch.

Santos [-us], Hafenstadt in Brasilien, auf der Küsteninsel São Vicente, 411000 Ew.; Bischofssitz; Kaffeeausfuhr.

são [sãu, portug.; sɔ̃, brasil.], heilig.

São Francisco, Rio S. F. [sãu frãs'isku], 2900 km langer Strom im östl. Brasilien, mit den Paulo-Affonso-Wasserfällen (81 m).

São Luis [sãu l'uis], Hptst. und Hafen des brasilian. Staates Maranhão, 450000 Ew.

São Miguel [sãu miɣ'e:l], größte Insel der portugies. Azoren, 747 km².

Saône [so:n] die, Fluß in Frankreich, größter rechter Nebenfluß der Rhône, mündet in Lyon; 482 km lang, davon 374 km schiffbar.

São Paulo [sãup'aulɔ], **1)** Küstenstaat im südl. Brasilien, 247898 km², 31 Mio. Ew.; Kaffeeanbau, Baumwolle, Reis; Viehzucht; Ind. Von S. P. aus erschlossen portugies. Waldläufer im 17./18. Jh. das riesige Hinterland Brasiliens. **2)** Hptst. von 1), 7,3 Mio. Ew. (Agglomeration 16 Mio.); Hauptsitz des brasilian. Kaffeehandels, bed. Ind., Hochschulen.

São Tiago [sãutj'agu], die größte der Kapverdischen Inseln, 991 km², 129400 Ew.

São Tomé e Príncipe [-tum'ɛ i pr'insipi], Staat in W-Afrika, 964 km², 103000 Ew.; umfaßt die im Golf von Guinea gelegenen Inseln **São Tomé** (836 km², 75000 Ew., bis 2024 m hoch) und Príncipe. Hptst.: São Tomé. Amtssprache: Portugiesisch. Kakao-, Kaffee-, Zukkerrohranbau, Kokos-, Ölbaumkulturen. – Seit dem 15. Jh. portugies. Kolonie, wurden die Inseln São Tomé und Príncipe 1951 Überseeprov. und erhielten 1975 staatl. Unabhängigkeit. Staatsoberhaupt: M. Pinto da Costa (seit 1975).

Saphir der, Edelstein, der blaue Korund.

Saponine [von lat. sapo »Seife«] Mz., in vielen Pflanzen (z. B. Panamarinde, Roßkastanie) vorkommende seifenartige organ. Verbindungen (Glykoside), Ausgangsstoffe zur Synthese von Steroidhormonen (Corticosteroide, Progesteronderivate).

Saporoschje, Stadt in der Ukrain. SSR, 887000 Ew.; Dnjepr-Staudamm mit Kraftwerk; Aluminiumwerk u. a. bed. Ind.

Sappe [frz.] die, ✠ ⁛ Graben, der gegen die feindl. Stellung vorgetrieben wird. **Sappeur** [sap'œr] der, ✠ Pionier.

Sappho, grch. Dichterin, lebte auf Lesbos um 600 v. Chr.; formvollendete Gedichte von tiefer Leidenschaft und Naturverbundenheit. Trauerspiel von Grillparzer.

Sapporo, Hptst. der japan. Insel Hokkaido, 1,5 Mio. Ew.; Univ.; Textilind.

Sapropel der, → Faulschlamm.

Saprophyten [grch.] Mz., **Fäulnisbewohner,** Pflanzen (bes. Bakterien, Pilze), denen das Chlorophyll fehlt und damit die Fähigkeit, Kohlendioxid und mineral. Stoffe zu assimilieren; sie nähren sich von pflanzl. und tier. Zerfallstoffen.

Sara [hebr. »Fürstin«], im A. T.: Frau Abrahams; weibl. Vorname.

Sarabande [span.] die, langsamer span. Tanz im ¾-Takt, wurde Bestandteil der → Suite.

Sarafan der, Frauenkleid der russ. Tracht.

Saragat, Guiseppe, ital. Politiker, *1898, †1988; gründete 1947 die Sozialist. Arbeiterpartei, 1964-71 Staatspräsident.

Saragossa, span. **Zaragoza** [θaraɣ'oθa], Stadt im nordöstl. Spanien, am Ebro, 572500 Ew.; Erzbischofssitz; got. Kathedrale; Univ. (1474 gegr.); Lebensmittel-, Bau- und Maschinenind. Seit 1118 Hptst. des alten Kgr.s Aragonien.

Sarajevo, Stadt in Jugoslawien, Bosnien, 447000 Ew.; Erzbischofs- und Metropolitensitz; viele Moscheen; Textilien-, Teppich-, Tabak-Ind. In S. wurde am 28. 6. 1914 der österr.-ungar. Thronfolger Franz Ferdinand mit seiner Gattin ermordet (→ Weltkrieg I).

Saransk, Hptst. der Mordwin. ASSR, UdSSR, 315000 Ew., Univ.

Sarasate, Pablo de, span. Violinvirtuose, Komponist, *1844, †1908.

Saratow, Stadt in der Russ. SFSR, an der Wolga, 926000 Ew.; Univ.; Hafen; Maschinen-, Erdöl-Ind.; Erdgasvorkommen.

Sarawak, Gliedstaat von Malaysia, an der NW-Küste der Insel Borneo, 121900 km², 1,30 Mio. Ew. (Malaien, Dajak, Chinesen); Hptst.: Kuching. S. hat eine eigene Regierung und ein eigenes Parlament. WIRTSCHAFT. Reis, Sago,

Santiago de Chile

São Tomé e Príncipe

Saphir

Sappho und Alkaios: Mischgefäß, 480-70 v. Chr.

Saragat

Sari

Kautschuk, Kokospflanzungen, Pfeffer; Erdöl, Bauxit, Gold. – S. war 1888-1963 britisch.

Sarazenen Mz., im Altertum Name eines Beduinenstammes auf der Sinai-Halbinsel, im MA. auf Araber und Muslime übertragen.

Sardanapal, assyr. König, → Assurbanipal.

Sardelle [ital.] die, eingesalzene Anchovis.

Sardes, antike Hptst. von Lydien.

Sardine [ital.] die, bis 20 cm langer Heringsfisch an den europ. Küsten des Atlantik; im Handel eingesalzen oder in Olivenöl **(Öl-S.).**

Sardinilen, ital. **Sardegna** [sard'ɛɲa], ital. Insel im Mittelmeer, 23800 km^2, 1,65 Mio. Ew. (Sarden); Hptst.: Cagliari. Gebirgig, im SW Ebene. Getreide, Wein, Ölbäume, Südfrüchte, Tabak; Viehzucht; ⚒ (Kohle, Zink, Blei, Mangan, Antimon). – S. kam im 5. Jh. v. Chr. unter karthag. Herrschaft und war seit 238 v. Chr. röm. Provinz, später oströmisch. Vom 8. bis 11. Jh. war es in den Händen der Araber, dann der Pisaner, 1164-1250 Kgr. unter stauf. Herrschaft, seit 1297 spanisch. 1717-20 fiel S. an die Herrscher von Piemont-Savoyen, die den Königstitel von S. annahmen.

sardonisches Lachen [nach dem Kraut Sardonia, das Gesichtszucken verursachen soll], krampfhaftes Lachen.

Sardonyx [grch.] der, weiß und rot gestreifter Chalcedon; Schmuckstein.

Sardou [sard'u], Victorien, frz. Dramatiker, *1831, †1908; »Cyprienne«, »Madame Sans-Gêne«.

Sargassosee, Teil des Atlant. Ozeans zw. den Azoren, Bermudas und den Westind. Inseln; Laichgebiet der Aale.

Sargent [s'ɑ:dʒənt], John Singer, amerikan. Maler, *1856, †1925; Bildnisse, Landschaften, Geschichtsbilder.

Sargon, altmesopotam. Könige. **1) S. von Akkad,** gründete um 2350 v. Chr. das erste semit. Großreich in Babylonien. **2) S. II.,** König von Assyrien (721-705 v. Chr.), befestigte und erweiterte in Kämpfen gegen Syrien, Babylonien und Armenien die assyr. Herrschaft.

Sartre

Sari das, Wickelgewand der indischen Frau.

Sarkasmus [grch.] der, -/...men, beißender Spott. **sarkastisch,** höhnisch, bitter.

Sarkom [grch.] das, **Fleischgeschwulst,** bösartige Geschwulst, Behandlung ähnlich dem → Krebs.

Sarkophag [grch. »Fleischfresser«] der, meist steinerner Sarg, ohne oder mit Reliefschmuck. (BILD etruskische Kunst)

Sarmaten Mz., im Altertum: iran. Nomadenvolk in Südrußland **(Sarmatien),** gute Reiter und Bogenschützen.

Sarnen, Hauptort im schweizer. Halb-Kt. Obwalden, 7800 Ew.; am **Sarner See;** Kunststoffind.

Sarong der, rockähnl. Kleidungsstück der Malaien.

Saroyan [sər'ɔiən], William, amerikan. Schriftst. armen. Abstammung, *1908, †1981; »Menschl. Komödie«, »... sagte mein Vater«.

Sarraute [sar'o:t], Nathalie, frz. Schriftst., *1902; Vertreterin des »Nouveau roman«; »Die goldenen Früchte«, »sagen die Dummköpfe«.

Satanspilz

Sarto, Andrea del, ital. Maler, *1486, †1530; Fresken und Tafelbilder.

Sartre [sartr], Jean-Paul, frz. Philosoph, Schriftst., *1905, †1980, Hauptvertreter der frz. → Existenzphilosophie: der Mensch »ist Freiheit«, ohne Bindung an einen Gott; er ist, wozu er sich durch sein Tun macht. Hauptwerk: »Das Sein und das Nichts«. Schauspiele: »Die Fliegen«, »Die schmutzigen Hände«, »Die Eingeschlossenen«; Romane. 1964 lehnte S. den Nobelpreis ab.

SAS, Abk. für Scandinavian Airlines System [skændın'eıvjən 'ɛəlaınz s'ıstım, engl.], dänisch-norwegisch-schwed. Gemeinschafts-Luftverkehrsgesellschaft, Sitz: Stockholm Bromma.

Sasebo, Hafenstadt in Japan, im W der Insel Kyushu, 255500 Ew.; Werftind.

Saskatchewan [sæsk'ætʃıwən], **1)** der, Fluß in Kanada, mündet in den Winnipegsee, dem er als Nelson River entströmt, insges. 2560 km lang. **2)** Prov. Kanadas, 651903 km^2, 1,01 Mio. Ew.; Hptst.: Regina. Getreidebau (über 50% der kanad. Weizenernte), Viehzucht, Pelztierfang; ⚒ auf Erdöl, Erdgas, NE-Metalle u. a.; Uranlager. Raffinerien, holzverarbeitende u. a. Ind.

Sassafras der, **Sassafraslorbeer,** Lorbeergewächs im atlant. Nordamerika mit gelbl. Blütenrispen und dunkelblauen Beeren. Holz und Rinde enthalten das nach Fenchel riechende **S.-Öl;** Würze für Seife, Tabak, Getränke.

Sassaniden Mz., neupers. Herrscherhaus von 224 bis um 642 n. Chr.

Sassari, Stadt im N Sardiniens, 121000 Ew.; Erzbischofssitz; Univ.; Handel.

Saßnitz, Ostseebad auf der Insel Rügen, 14100 Ew.; Fähre nach Trelleborg (Schweden).

Sassolin der, weißes Mineral in Schuppen oder Fasern, natürliche Borsäure.

Satan [hebr. »Widersacher«] der, Teufel.

Satanspilz, Blutpilz, giftiger Röhrling.

Satellit [lat.] der, **1)** Leibwächter, Begleiter. **2)** ☆ einen Planeten begleitender Mond. **3) künstl. S.,** unbemannter Raumflugkörper (→ Raumfahrt), der mit Trägerraketen **(S.-Träger)** auf eine der vorgegebenen Bahnhöhe entsprechende Geschwindigkeit gebracht wird und dann – im Gleichgewicht von Schwerkraft und Fliehkraft – antriebslos nach den Gesetzen der Himmelsmechanik Bahnen um die Erde **(Erd-S., Erdtrabant, künstl. Mond),** um Mond **(Mond-S.),** Planeten **(Planeten-S., künstl. Mond)** und Sonne **(künstl. Planet)** zieht. Niedrige Bahnhöhen von Erd-S. führen in immer stärker hemmende Atmosphäreschichten, bis der S. durch Reibung so stark erhitzt wird, daß er verglüht. Die S.-Bahnen geben u.a. Auskunft über die Gestalt des umflogenen Himmelskörpers und die Verteilung der Massen in seinem Innern. Mond-S. gaben Hinweise auf vorher unbekannte Massenkonzentrationen im Mondinnern. I. a. liegen die Geschwindigkeiten von Erd-S. zw. 7,9 und 11,2 km/s. Während die erforderl. S.-Geschwindigkeit mit zunehmender Bahnhöhe geringer wird, nehmen die Umlaufzeiten zu. In etwa 200 km Höhe beträgt die Umlaufzeit rd. eineinhalb Stunden, während sie in etwa 36000 km Höhe auf 24 Stunden ansteigt (geostationäre Umlaufbahn von **Synchron-S.,** bes. bei Nachrichten-S. angewendet).

S. sind mit Meß- und Photogeräten ausgerüstet, speichern Daten und senden diese in Form von Signalen zur Erde. Die erforderl. Bordenergie wird durch Sonnenzellen-Batterien, Brennstoffzellen, Kernenergie gewonnen. Die Bahnstabilisierung von S. kann z. B. durch Rotation, Schwungradmethoden, Steuerraketen vorgenommen werden. Zur Orientierung ist der S. mit einem Ortungs- und Orientierungssystem ausgerüstet. Bis Ende 1982 sind mehr als 2000 S. von der Erde aus auf Erdumlaufbahnen oder andere Bahnen im Sonnensystem gebracht worden.

Wissenschaftl. S. werden eingesetzt zur Erforschung von Atmosphäre, Ionosphäre, Magnet- und elektr. Feldern, Strahlungen, Mond, Planeten, Sonne; sie dienen der Geophysik, Astronomie und der Biologie.

Wirtschaftl. S. sind Nachrichten-, Navigations-, Wetter-, Erderforschungs- und Erkundungs-S. (Geodäsie-, Geologie-, Ozeanologie-

u. a. S.). Letztere sind mit multispektralen Fernseh-Kameras und einem multispektralen radiometr. Erfassungssystem (Scanning) ausgerüstet. Die kontrastreichen Aufnahmen (Falschfarbenphotographie) erlauben eine Auswertung auf dem Gebiet der Kartographie, Geologie, Geodäsie, Ozeanologie, Hydrologie, Flut- und Erosionsuntersuchungen, Eisbedeckungen, Strömungen, Luft- und Wasserverschmutzung, Feststellung von Gas-, Öl-, Wasser-, Erzlagerstätten, Land- und Forstwirtschaft, Vegetation, Bewässerung, Fischortung, Schädlingsbefall, Feuermeldung. Der Beobachtung dienen militärische Satelliten.

Satellitenrundfunk, die (weltweite) Übertragung von Hörfunk- und Fernsehprogrammen mittels Rundfunksatelliten (z. B. TDF1, TV-SAT2, Astra, Kopernikus) als Zwischenstationen.

Satellitenstaat, meist krit. Bez. für einen völkerrechtlich unabhängigen, jedoch von einer Großmacht abhängigen Staat.

Sathmar, rumän. **Satu Mare,** ungar. **Szatmárnemeti** [s'ɔtma:r n'e:mɛti], Krst. in Rumänien, gehörte bis 1919 und 1940-45 zu Ungarn, 125 000 Ew.; Handelsmittelpunkt; Waggon-, Eisen-, Maschinen-Ind.

Satie [sat'i], Eric, frz. Komponist, *1866, †1925; Opern, Ballette, Klavierstücke.

Satin [sat'ɛ̃, frz.] der, Gewebe von seidiger Oberfläche, in Atlasbindung. **satinieren,** Papier im Kalander glätten, Glanz geben.

Satire [lat.] die, Literaturgatt., die durch Spott, Ironie, Übertreibung bestimmte Personen, Anschauungen, Ereignisse kritisieren oder verächtlich machen will. Sie kann sich mit allen literar. Formen verbinden.

Satisfaktion [lat.] die, Genugtuung, bes. mit der Waffe bei Verletzung der Ehre.

Satrap [pers.] der, Statthalter.

Sattel der, **1)** Vorrichtung, die den sicheren Sitz des Reiters ermöglicht. Neben den **Reit-S.** gibt es **Pack-S.** für Tragtiere. **2)** Sitzvorrichtung beim Fahr- und Motorrad. **3)** 🌐 Senke im Verlauf eines Bergzuges.

Sattelschlepper, Zugfahrzeug.

Sattler der, handwerkl. und industrieller Lehrberuf, **Groblederverarbeiter.** Spezialberufe: Geschirr-, Auto-, Sportartikel-Sattler.

saturiert [lat.], gesättigt.

Saturn der, **1)** altröm. Gott der Saaten und der Fruchtbarkeit, später dem Kronos gleichgesetzt. **2)** ☆ nach Jupiter der größte Planet. Das ihn umgebende Ringsystem **(S.-Ring)** besteht aus mehreren Hauptringen, die ihrerseits in zahlreiche Teilringe zerfallen. 23 Monde des S. sind bekannt. Bei einer Oberflächentemperatur von −180 °C besteht die Atmosphäre des Planeten ähnlich der des Jupiters aus Wasserstoff, Helium und Spuren von Methan, Ammoniak u. a.

Saturnalien Mz., altröm. Fest zu Ehren des Gottes Saturn am 17. Dezember.

Satyr der, grch. Sage: mit Dionysos auftretender Quell- oder Walddämon; Mischgestalt: Menschenkörper, Pferde- oder Bocksbeine, Schwanz; der → Faun.

Satyrspiel, das ausgelassene Nachspiel der grch. Trauerspiele einer → Trilogie.

Satz [zu setzen] der, **1)** Ⓢ sprachl. Ausdruck eines Gedankens; gliedert sich in 2 **S.-Teile: S.-Gegenstand** oder **Subjekt** und **S.-Aussage** oder **Prädikat.** Zum Zeitwort der S.-Aussage kann die **Ergänzung** (das **Objekt**) hinzutreten. Ferner können S.-Gegenstand und -aussage durch nähere Bestimmungen erweitert werden. Es gibt **Haupt-** und **Neben-S.** (S.-Teile in Form von S.). Mit dem S.-Bau beschäftigt sich die **S.-Lehre** oder **Syntax. S.-Zeichen:** Punkt, Strichpunkt, Beistrich usw. **2)** ✎ Anzahl gleicher Gegenstände versch. Größe. **3)** ♩ a) abgeschlossener Teil eines größeren Tonstücks (Sonate, Sinfonie u. a.). b) Setzweise, d. h. Art des Aufbaus eines Tonstücks. **4)** ✎ Zusammenstellung der Lettern.

Satzung die, **Statut** [lat.] das, ⚖ **1)** rechtl. Anordnung, durch die eine mit Selbstverwaltung ausgestattete öffentl. Körperschaft, z. B. Gemeinde, ihr eigenes Recht im Rahmen der Gesamtrechtsordnung bestimmt. **2)** Verfassung eines Vereins oder einer Gesellschaft.

Sau die, **1)** Mz. Säue, weibl. Schwein. **2)** Mz. Sauen, ♆ Wildschwein.

Sau die, Nebenfluß der Donau, → Save.

Sauce [z'osə, frz.] die, frz. für → Soße.

Saudi-Arabien, Kgr. in Arabien, 2,15 Mio. km², 14 Mio. Ew.; Hptst.: Er-Riad. S.-A. umfaßt den Hauptteil der Halbinsel Arabien, hat Anteil an den Küsten des Roten Meers und des Pers. Golfs. BEVÖLKERUNG. Überwiegend muslim. Araber, die z. T. nomadisch oder halbnomadisch leben. WIRTSCHAFT. Oasen- und Bewässerungskulturen (Datteln), Viehhaltung (Schafe, Ziegen, Kamele); reiche Erdölvorkommen. Handwerksbetriebe, Leichtind., Raffinerien. Haupthäfen: Djidda, Damman; internat. Flughäfen: Er-Riad, Djidda, Dahran. Ⓖ Seit 1902 schuf sich der Wahhabitenherrscher Ibn Sa'ud im Nedjd, dem Innern der Arab. Halbinsel, ein Herrschaftsgebiet, das er seit 1932 S.-A. nannte. Die wachsende Ölförderung machte S.-A. zu einem der reichsten Ölländer im Mittelmeerraum. Nach dem Tode Ibn Sa'uds (1953) wurde dessen Sohn Sa'ud König, der 1964 von seinem Bruder Feisal verdrängt wurde. Nach dessen Ermordung (1975) bestieg Chalid den Thron. Unter Ablehnung des ägyptisch-israel. Friedensvertrags trat S.-A. mit eigenen Lösungsvorschlägen zum Nahost-Konflikt hervor. 🌐 S. 482.

Sau|distel, ♣ Gänsedistel, eine Eberwurz, Acker- und Kohldistel.

Sauer die, linker Nebenfluß der Mosel aus den Ardennen, mündet bei Wasserbillig.

Sauerampfer der, → Ampfer.

Sauerbruch, Ferdinand, Chirurg, *1875, †1951; neue Methoden der Brustkorbchirurgie, künstl. Glieder (Sauerbruch-Hand). Selbstbiographie: »Das war mein Leben«.

Sauergräser, grasähnl. Sumpfwiesenpflanzen (Seggen, Binsen, Zypergräser), schlechtes Futter.

Sauerklee, kleinstaudige, rötlichweiß blühende Waldpflanze, reich an Kleesäure (Oxalsäure). Eine vierblättrige Schwesterart wird als Glücksklee gezogen. Amerikan. Arten haben eßbare Knollen.

Sauerkraut, eingesalzener Weißkohl, durch Gärung milchsäurehaltig.

Sauerland, Süderland [Südland], der NO-Teil des Rhein. Schiefergebirges zw. Sieg, Möhne und Ruhr; Forst-, Weidewirtschaft, Eisenerzgewinnung, Ind.; Fremdenverkehr.

Säuerling der, kohlensäurehaltige Heilquelle. (ÜBERSICHT Heilquellen)

Sauerstoff, O, chem. Element, farb-, geruch- und geschmackloses Gas; Ordnungszahl 8, D 1,429 g/l, Siedepunkt −182,97 °C. S. ist das häufigste Element, da gewichtsmäßig etwa 50% der oberen Erdrinde, 89% des Wassers und 21 Vol.-% der Luft aus S. bestehen. Dabei enthält die Luft den S. in chem. reiner Form (O_2), während er im Wasser an den Wasserstoff, in der Erdkruste meist an Metalle chem. gebunden ist. Mit den meisten Elementen vereinigt sich S. unmittelbar zu den **Oxiden,** diese Vereinigung wird **Oxidation** oder, falls sie unter Feuererscheinung vor sich geht, **Verbrennung** genannt. S. kann aus zahlreichen sauerstoffhaltigen Verbindungen (Braunstein, Kaliumchlorat) durch Erhitzen abgespalten werden. Technisch wird er aus flüssiger Luft (→ Luftverflüssigung) gewonnen und kommt in Stahlflaschen, auf 150 at zusammengepreßt, in den Handel. Verwendet wird S. in Atmungsgeräten sowie zum autogenen Schweißen,

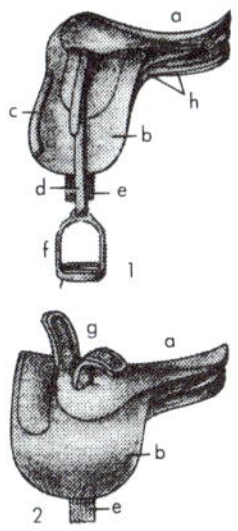

Sattel 1): 1 Herren-, **2** Damensattel, a Sitz, b Seitenblatt, c Kniepausche, d Steigriemen, e Sattelgurt (Teil), f Steigbügel, g Horn, h Trachtkissen

Saudi-Arabien

Sauerbruch

Stahlgewinnung, Brennen, Schmelzen, als Raketentreibstoffkomponente; lebensnotwendig für fast alle Lebewesen (→ Atmung). → Ozon.

Sauerstoffgebläse, das Knallgasgebläse (→ Knallgas).

Sauerteig, → Brot.

Sauerwurm, Raupe des Traubenwicklers.

Säugetiere, Säuger, Mammalia, Klasse der höchstentwickelten Wirbeltiere, zu der im zoolog. System auch der Mensch gehört. Warmblüter mit Haarkleid (Wärmeschutz), atmen durch Lungen. Sie bringen lebende Junge zur Welt (Ausnahme: Kloakentiere), die mit Hilfe von Milchdrüsen gesäugt werden. Die 4 Gliedmaßen sind meist gleichartig als Füße ausgebildet, oft aber an die besondere Lebensweise angepaßt, z. B. als Greifhand bei Affen, als Flosse bei Walen, Seehunden oder als Flugwerkzeuge bei Fledermäusen. Das Gebiß ist sehr verschieden und der Ernährungsweise angepaßt. Die S. stammen von kriechtierähnl. Formen ab. Die ersten S. waren kleine Insektenfresser des Erdmittelalters. Die reichste Entfaltung der S. fällt in die Tertiärzeit.

Säugling der, Kind im 1. Lebensjahr. Der S. fordert sorgsame Ernährung und Pflege (möglichst Muttermilch; regelmäßiges Trokkenlegen; tägl. Bad, etwa 35 °C). Das Körpergewicht nimmt in den ersten 3-5 Tagen ab, danach im Durchschnitt wöchentlich 150-180 g zu. Im 5. Monat pflegt es verdoppelt zu sein, gegen Ende des 12. Monats verdreifacht. Die **S.-Fürsorge** wird gefördert durch die **Mütterberatungsstellen.**

Säuglingssterblichkeit, Anzahl der im 1. Lebensjahr gestorbenen Säuglinge, bezogen auf 1000 Lebendgeborene.

Saugwürmer, Ordn. der Plattwürmer; Schmarotzer mit Saugnäpfen zum Festhalten; z. B. **Leberegel.**

Saul [hebr. »der Erbetene«], 1. König von Israel (etwa 1020-1000 v. Chr.).

Säule die, 🏛 freistehende, walzenförmige Stütze aus Stein, Holz, Metall; klass. Gliederung in **Basis, Schaft** und **Kapitell.**

Säulen des Herkules, im Altertum: Vorgebirge an der Meerenge von Gibraltar.

Säulenheilige, Styliten, christl. Asketen (→ Askese) im 5. Jh., die einen großen Teil ihres Lebens auf der Plattform einer Säule zubrachten.

Säulenkaktus, → Cereus.

Saulus, Saul, Name des Apostels → Paulus vor seiner Bekehrung.

Saum der, **1)** einfacher oder doppelter Umschlag der Stoffkante. **2)** Traglast eines Tragtiers. **S.-Tier,** Packtier im Gebirge (Maulesel, Maultier, Esel, Pferd), das auf schmalem Pfad, **S.-Pfad,** sicher und geschickt klettert.

Sauna [finn.] die, hölzernes Badehaus, das zu jedem finn. Gehöft gehört. Der Name übertrug sich auf die Badeweise selbst, eine Verbindung von Dampfbad und Heißluftbad.

Säule: S. und Kapitelle,
1, 1a dorisch,
2, 2a ionisch,
3, 3a korinthisch,
4, 4a romanisch

Säure die, ⚗ Verbindungen, die in polaren (z. B. wäßrigen) Lösungen durch elektrolyt. Dissoziation positive Wasserstoffionen (Protonen) abgeben. Diese werden an die Lösungsmittelmoleküle gebunden und bewirken so den sauren Geschmack der Lösung und den Farbumschlag von Indikatoren. Werden S. durch Basen neutralisiert, entstehen Salze.

saurer Regen, chemisch sauer reagierender Niederschlag, entsteht durch die Verbindung von Regentropfen mit in der Luft befindl. Schadstoffen, bes. Schwefel- und Stickstoffdioxiden, den Rückständen von Verbrennungsprozessen (Autoabgase, Heizung u. a.).

Saurier [grch.] der, Kriechtier der Vorzeit, z. B. **Dinosaurier, Ichthyosaurus.**

Saussure [sos'yr], Ferdinand de, schweizer. Sprachforscher, *1857, †1913; Begründer der modernen Linguistik. »Grundfragen der allg. Sprachwissenschaft«.

Savannah [səv'ænə], Stadt in Georgia, USA, 134 000 Ew.; Flußhafen; Küsten-, Überseehandel.

Savanne [indian.] die, mit einzelnen Bäumen bestandene Grasflur trop. und subtrop. Gebiete mit reicher Tierwelt, bes. in Afrika.

Save, Sau die, rechter Nebenfluß der Donau, entspringt am Triglav, mündet bei Belgrad, Hauptfluß Kroatiens, 940 km lang.

Savigny [s'aviɲi], Friedrich Carl v., Jurist, *1779, †1861; Begründer der histor. Rechtsschule. Werke: »Vom Berufe unserer Zeit für Gesetzgebung und Rechtswissenschaft«, »Geschichte des röm. Rechts im MA«.

Savona, Stadt in Italien, am Golf von Genua, 70 600 Ew.; Bischofssitz; Dom; Südfrüchte; Eisen- u. a. Ind.

Savonarola, Girolamo, Bußprediger in Florenz, *1452, †1498, errichtete hier eine Art »Gottesstaat«, wurde 1498 verbrannt.

Savoyen, Landschaft im südöstl. Frankreich, früheres Hzgt., das Stammland des ehem. ital. Herrscherhauses, seit 1860 bei Frankreich. Die Bewohner, **Savoyarden,** sprechen eine frz. Mundart. – S., seit 121 v. Chr. unter röm. Herrschaft, dann von den Burgundern besiedelt, kam mit dem Königreich Burgund 1033/34 an das Dt. Reich; das Kernland der Grafen, seit 1416 Herzöge von S., war bald das oberital. Fstt. → Piemont.

Savoyer Alpen, Teil der Westalpen, höchster Berg der → Montblanc.

Saxo Grammaticus, dän. Geschichtsschreiber, *um 1150, †Anf. 13. Jh.; schrieb dän. Geschichte bis 1185 in lat. Sprache.

Saxophon [nach dem Erbauer A. Sax, *1814, †1894] das, Holzblasinstrument (Körper aus Metall) mit Klarinettenmundstück, bes. in Jazzkapellen. (BILD Blasinstrumente I)

Sayers [s'eɪəz], Dorothy Leigh, engl. Schriftstellerin, *1893, †1957; Detektivromane, relig. Dramen.

Sb, chem. Symbol für Antimon.

s. Br., ⊕ Abk. für: südl. → Breite.

Sc, chem. Symbol für Scandium.

sc., Abk. für [lat.] **1) sculpsit,** hat es gestochen (auf Kupferstichen); **2) scilicet,** nämlich.

Scala die, **Teatro alla S.,** Opernhaus in Mailand, 1776-1778 von G. Piermarini erbaut.

Scaliger [neulat.], **Scala,** ghibellin. Adelsgeschlecht Norditaliens, besaß 1259-1387 die Stadtherrschaft von Verona.

Scandium das, **Sc,** chem. Element aus der Gruppe der → Seltenerdmetalle.

Scanner [sk'ænə, engl.] der, Gerät, das einen Untersuchungsgegenstand punkt- oder zeilenförmig auf seine Struktur oder Strahlung hin (z. B. mit Licht- oder Röntgenstrahl) abtastet. Anwendung: Computertomographie, Scannerkassen zur Registrierung von Warenausgang und -preis u. a.

Scapa Flow [sk'æpəfl'ou], Bucht in den Orkney-Inseln, in den 2 Weltkriegen Hauptstützpunkt der brit. Flotte. 1918/19 Internierungsplatz eines Teils der dt. Hochseeflotte (1919 Selbstversenkung).

Scarborough [sk'ɑ:bərə], Hafenstadt und Seebad im NO Englands, 44400 Ew.

Scarlatti, 1) Alessandro, ital. Komponist, *1660?, †1725; Hauptvertreter der älteren neapolitan. Schule: Opern, Kantaten, Messen u. a. **2)** Domenico, ital. Komponist, *1685, †1757; einflußreiche Klaviermusik.

Scarron [skar'õ], Paul, frz. Schriftsteller, *1610, †1660; Hauptvertreter der antiklass. burlesken Literatur des 17. Jh.; sein »Kommödianten-Roman« ist einer der wichtigsten frühen frz. realist. Romane.

Schabbes [hebr.] der, → Sabbat.

Schaben, lichtscheues Insekt, Geradflügler mit flachem Körper; Vorratsschädling, z. B. die **Küchen-S.** oder der **Kakerlak.**

Schablone [frz.] die, Muster oder Form aus Pappe, Blech, Holz für oft auszuführende gleiche Arbeiten. Sinnbild geistloser Gleichförmigkeit.

Schabracke [türk.] die, **1)** verzierte Decke über oder unter dem Pferdesattel. **2)** überhängende Decken, Stoffe.

Schach [pers.] das, → Schachspiel.

Schachbrettblume, Schachblume, Kiebitzblume, Art der Liliengewächse mit schachbrettartig gefleckten Blütenglocken; unter Naturschutz; auch Gartenzierpflanze. (BILD Naturschutz)

Schachbücher, Dichtungen des MA., die das Schachspiel auf mittelalterl. Stände und Verhältnisse ausdeuten.

Schach-Computer [-kɔmpj'u:tər, engl.], seit etwa 1970 entwickelte, mit Zügen des Schachspiels programmierte Computer als maschinelle Gegner und Trainingsgeräte für Schachspieler.

Schächer der, Räuber, bes. die beiden mit Christus gekreuzigten Übeltäter.

Schachspiel [pers. »Königsspiel«], aus Indien stammendes altes Brettspiel zw. 2 Spielern, gespielt auf dem Damebrett, mit 16 weißen, 16 schwarzen Figuren: je 1 König, 1 Dame, 2 Türme, 2 Läufer, 2 Springer, 8 Bauern. Das Ziel ist, den König des Gegners → matt zu setzen. (→ Patt, → Rochade)

Schacht der, ⚒ senkrecht oder schräg niedergehender Grubenbau zum Erschließen eines Bergwerks, zur Förderung, Wetterführung (→ Bergbau). **Schachtbrunnen,** → Brunnen.

Schacht, (Horace Greely) Hjalmar, Bankier, *1877, †1970; war 1924-30 und 1933-39 Reichsbankpräs., außerdem 1934-37 Reichswirtschaftsmin. und bis 1944 Reichsmin. ohne Geschäftsbereich; 1944/45 inhaftiert; im Nürnberger Prozeß freigesprochen; gründete 1953 in Düsseldorf ein Bankhaus.

Schachtelhalme, Gruppe der Sporenpflanzen, Kräuter von quirligem Wuchs, mit Stengeln aus ineinandergeschachtelten Gliedern, kieselsäurereich. Der **Acker-S.** ist ein Ackerunkraut mit nichtgrünen, fruchtbaren Frühlings- und grünen, unfruchtbaren Sommertrieben. Heilmittel gegen Nieren-, Blasenleiden und Gicht. (BILD S. 768)

schächten [hebr.], nach jüd. Brauch schlachten: Tieren wird der Hals durchschnitten, das Fleisch blutet völlig aus.

Schachtofen, schachtartiger → Industrieofen.

Schachty, Stadt im Gebiet Rostow, Russ. SFSR, 223000 Ew.; Mittelpunkt eines Steinkohlegebiets; Großkraftwerk, Leder- u. a. Ind.

Schack, Adolf Friedrich Graf v., Übersetzer, Dichter, *1815, †1894; gründete die **Schack-Galerie** in München.

Schädel der, Knochengerüst des Kopfes. Der **Gehirn-S.** umschließt die S.-Höhle mit dem Gehirn; er besteht aus 8 Knochen: Stirnbein, 2 Scheitel-, 2 Schläfenbeine, Hinterhaupt-, Sieb-, Keilbein. Der **Gesichts-S.** hat 14 Knochen: Pflugscharbein, Unterkiefer, je 2 Oberkiefer-, Nasen-, Gaumen-, Tränen-, Jochbeine, untere Muschelbeine; zum Gesichts-S. werden noch die Gehörknöchelchen und das Zungenbein gerechnet. Einen S. haben nur die Wirbeltiere (Ausnahme: Lanzettfischchen).

Schädelstätte, → Kalvarienberg.

Schaden der, ⚖ jede Benachteiligung einer Person an ihren Rechtsgütern. Man unterscheidet **Vermögens-** und **immateriellen S.** (→ Schmerzensgeld). Vermögensschaden wird durch **S.-Ersatz,** d. h. durch Wiederherstellung des vor der Benachteiligung bestehenden Zustandes oder durch Zahlung von Geld ausgeglichen (§§ 249 ff. BGB); Verpflichtung zum Schadenersatz, → Haftung.

Schädlinge Mz., Tiere, die bei Massenvermehrung dem Menschen und seiner Wirtschaft schaden, vor allem Insekten. BEKÄMPFUNG: **1)** techn. mit mechan. Mitteln (Absammeln, Abbrennen, Leimringe); **2)** chem. durch Mittel, die als Berührungs-, Atem- oder Magengifte wirken; häufig umweltschädlich; **3)** biolog. (vorbeugend) durch Schutz der natürl. Feinde der S. (Vögel, Waldameisen, Fledermäuse u. a.), künstl. Hervorrufung von Seuchen (Mäusetyphus); **4)** integrierter Pflanzenschutz durch Kombination von biolog. und chem. Verfahren.

Schadstoffe, Sammelbez. für chem. Stoffe, die Mensch und Umwelt schädigen können, z. B. organ. Giftstoffe, → Abgase, Schwermetalle, radioaktive Stoffe.

Schador, in islam. Ländern von der Frau getragener Gesichtsschleier.

Schadow [ʃ'ado], Johann Gottfried, Bildhauer, *1764, †1850; bedeutendster dt. Bildner des frühen 19. Jh.: Viergespann auf dem Brandenburger Tor (Berlin), Standbilder Ziethens und Friedrichs d. Gr., Lutherdenkmal (Wittenberg), Bildnisbüsten.

Schaefer, Oda, ⚭ mit dem Schriftst. Horst **Lange,** Schriftst., *1900, †1988; Gedichte, Erzählungen.

Schaeffer, Albrecht, Dichter, *1885, †1950, schrieb Gedichte, Erz., Romane (»Helianth«), übersetzte Homer.

Schafe Mz., horntragende Wiederkäuer, Paarzeher, mit zottigem oder wolligem Haar; der Bock hat ein spiraliges Gehörn. Wildlebende S. sind z. B. **Mufflon,** in Sardinien, Korsika, in dt. Mittelgebirgen als Jagdtiere ausgesetzt; wichtigste Stammform vom Hausschaf. **Asiat. Steppen-S.** mit großen Hörnern; **Argali,** in den zentralasiat. Hochgebirgen, größtes Wild-S.; **Nordamerikan. Dickhorn-S., Mähnen-S.** im Atlas. Das **Haus-S.** stammt von versch. Wildschafen ab und ist über die ganze Erde verbreitet. Männl. Tiere heißen Bock (Widder), kastriert Hammel. Das weibl. S. (Mutterschaf, Zippe) wirft nach 5-6monatiger Tragzeit 1-2 Junge (Lämmer). Das S. wird seit der jüngeren Steinzeit gezüchtet, es liefert Wolle, Fleisch, Milch, Felle, Wollfett (Lanolin). Das S. wird ein- bis zweimal im Jahr geschoren, liefert bis 7 kg Wolle. S.-Rassen: Haar-S., gemischtwollige S. (Heidschnucken, Karakul-S.), schlicht-wollige S. (Rhön-S.), krauswollige S. (Merinos), engl. S. (lang- und kurzwollige).

Schachspiel

Gangarten der Schachsteine

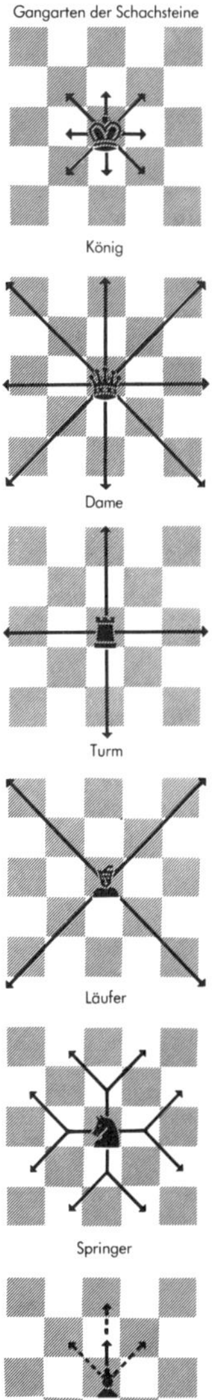

Schafe, links: Heidschnucke, rechts: Merino

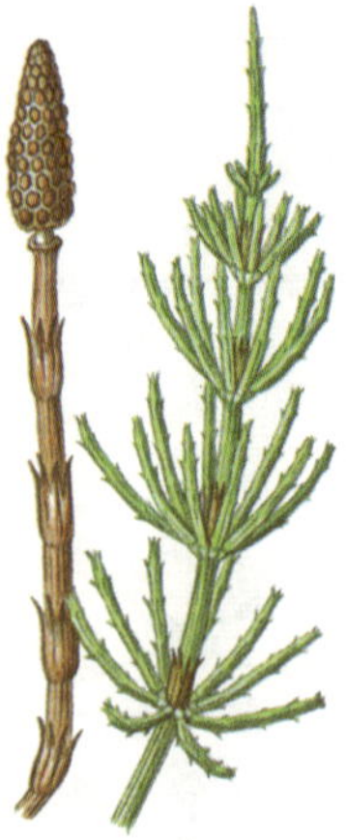

Schachtelhalm: Ackerschachtelhalm, links Frühjahrssproß, rechts Sommersproß

Schaffhausen Kanton

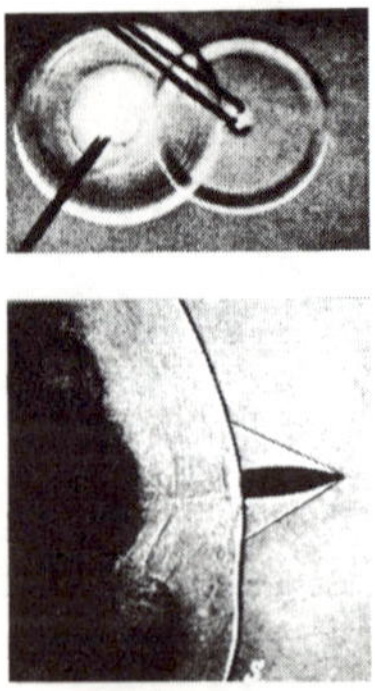

Schall: S.-Ausbreitung, oben: Abhängigkeit von S.-Geschwindigkeit und S.-Intensität (links der stärkere Knall), unten: Mündungsknallwelle (S) eines Gewehres mit der für Körper, die sich mit Überschallgeschwindigkeit bewegen, typischen Bugwelle

Schalotte

Schäfer, Wilhelm, Dichter, *1868, †1952, schrieb bildkräftige Anekdoten, Rheinsagen, Erzählungen, »Dreizehn Bücher der dt. Seele«.

Schäferdichtung, Hirtendichtung, bukolische Dichtung, arkadische Poesie, schildert und preist die Lebensart der Hirten; bildete sich in Zeiten aus, deren gesellschaftl. Verfeinerung sich nach einfachen Sitten und Zuständen zurücksehnte. Sie entstand in Anknüpfung an die Antike (Vergil) in der Renaissance und wurde im 17. Jh., getragen von der galanten Gesellschaft, in Dtl. heimisch als **Schäferspiel (Hirtendrama)** und als **Schäferroman,** der von Spanien über England und Frankreich nach Dtl. kam. Schäfermotive begegnen noch in der Rokokolyrik Goethes.

Schäferhund, wolfsähnl. Hund: **Dt. S.,** glatt- bis langhaarig, grau, schwarz, gelb bis braun; Dienst-, Wach- und Blindenhund. **Schott. S., Collie** [engl.], langhaarig, braunweiß gefärbt. (TAFEL Hunde)

Schaffhausen, 1) Kt. der Schweiz, rechtsrheinisch; 298 km^2, 70 500 Ew.; Getreide-, Obstbau; Metall-, Uhren-Ind.

2) Hptst. von 1), 34 300 Ew., oberhalb des Rheinfalls; altertüml. Stadt mit roman. und got. Kirchen. Textil-, Uhren-, chem., Fahrzeug-Ind.

Schäffle, Albert Eberhard Friedrich, Nationalökonom, *1831, †1903; 1871 österr. Handelsminister; vertrat den Kathedersozialismus.

Schäffler [süddt.] der, Böttcher; **S.-Tanz,** alle 7 Jahre in München Reifentanz der Böttcher.

Schaffner, 1) Hans, *1908, 1961-69 schweizer. Bundesrat, 1966 Bundespräs. **2)** Jakob, schweizer. Erzähler, *1875, †1944, lebte seit 1913 in Dtl. Autobiograph. Romane: »Konrad Pilater«, »Johannes«.

Schafgarbe die, → Garbe.

Schafkopf, Kartenspiel für 4 Spieler, 2 Parteien. **Doppel-S., Doppelkopf** mit 2 Spielen.

Schafott [frz.] das, Gerüst für Hinrichtungen.

Schafstelze, Wiesenstelze die, eine Bachstelzenart.

Schaft der, geglättete Stange oder ähnlich geformter Teil von Pflanzen.

Schah [pers. »König«] der, Herrscher.

Schakal [frz.] der, fuchsähnl. Wildhund in Afrika, Asien, SO-Europa; streift nachts meist heulend in Rudeln umher; lebt von Aas. **Gold-S.,** 50 cm Widerristhöhe, graugelb, oben schwärzlich.

Schalen Mz., Ψ Hufe von Wisent, Elch, Reh, Dam-, Sikahirsch, Steinbock, Mufflon, Gams-, Rot-, Schwarzwild **(Schalenwild).**

Schalenobst, in trockenen, harten Schalen sitzende Frucht- oder Samenteile, enthalten fettes Öl, Zucker; z. B. Nüsse, Edelkastanie, Mandel.

Schaljapin, Fjodor Iwanowitsch, russ. Sänger (Baß), *1873, †1938.

Schall der, mechan. Schwingungen eines elast. Mediums, i. e. S. Empfindung, die durch die unser Ohr treffenden Luftschwingungen hervorgerufen wird. Der S. wird bei harmon. Schwingungen als **Ton** oder **Klang,** bei unharmon. Schwingungen und Schwingungsgemischen als **Geräusch, Knall** o. dgl. empfunden. Die Aufnahmefähigkeit des menschl. Ohres ist begrenzt; nur S.-Wellen von 16 bis 20 000 Schwingungen je s können wahrgenommen werden (→ Ultraschall). Die **S.-Geschwindigkeit** beträgt in Luft rund 331 m/s, in Wasser 1408 m, in Eisen 5100 m/s. Erreicht oder übertrifft ein Flugobjekt die S.-Geschwindigkeit, so bewirkt die starke Zunahme des Luftwiderstandes **(S.-Mauer)** eine Stauung der zusammendrückbaren Luft. Die Verdichtungsstöße erzeugen einen intensiven Doppelknall.

Schallaufzeichnung, Phonographie, 1) Sichtbarmachen des zeitl. Verlaufs von Schallvorgängen (Schalldruck, Schallausbreitung, Frequenzspektrum) zu Untersuchungszwecken. Der Schall wird durch ein Mikrophon in ein elektr. Signal umgewandelt und dieses z. B. von einem Kathodenstrahl-Oszillographen angezeigt, photographisch registriert oder von einem Schreibwerk aufgezeichnet **(Phonogramm). 2)** Schallspeicherung zwecks späterer Wiedergabe (magnet. Aufzeichnung, Nadeltonverfahren, Lichttonverfahren).

Schallplatte, kreisrunde Platte als Träger von Schallaufzeichnungen, zum Abspielen auf einem → Plattenspieler. Zur Herstellung wird die Darbietung zunächst auf ein Magnettonband aufgenommen und dann mit einem Plattenschneider auf eine Lackfolie überspielt (Analogverfahren); dabei werden die Schallrillen eingraviert. Die Folie erhält einen Metallüberzug, der galvanisch verstärkt und von der Folie abgenommen wird. Diese Form dient zur Herstellung der Preßmatrizen. S. mit Mikrorillen für 45 und $33\frac{1}{3}$ Umdr./min **(Langspielplatten)** bestehen aus Kunststoff auf Vinylgrundlage. Bei **stereophon. S.** werden in einer Rille in 2 um 90° gegeneinander geneigten Richtungen die von 2 Mikrophonen aufgenommenen Darbietungen eingeschnitten. Bei der Abtastung wertet die Nadel des Spezialtonabnehmers beide Teile getrennt aus (auch Abtastung mittels Laserstrahl, → Plattenspieler). – Bei der **Compact disc** werden die Übertragungssignale als digitale Impulse aufgebracht und mittels Laserstrahl abgetastet. Träger von Bildaufzeichnungen → Bildplatte.

Schalmei die, Sammelname für Rohrblattinstrumente, also für Oboen und Klarinetten.

Schalotte [frz.] die, vorderasiat. Lauch mit mehrteiligem Zwiebelkörper.

Schalt|algebra, Sonderform der Booleschen Algebra zum Beschreiben von Schaltvorgängen, bes. in digitalen Einrichtungen der Informationsverarbeitung.

Schalter der, **1)** Gerät zum Verbinden oder Trennen elektr. Stromwege dadurch, daß je Stromweg 2 Kontakte zur Berührung gebracht oder getrennt werden; im einfachsten Fall **Dreh-, Druckknopf-, Kipp-, Zug-S.** Der **Wechsel-S.** dient zum unabhängigen Schalten eines Stromkreises von 2 Stellen aus, der **Kreuz-S.** zum Schalten von mehreren Stellen aus, der **Gruppen-S.** zum abwechselnden Schalten zweier Stromkreise, der **Serien-S.** zum stufenweisen Schalten eines Stromkreises. S. für hohe Ströme und Spannungen sind **Motor-, Hebel-, Paket-, Öl-, Druckluft-, Hartgas-, Wasser-S.** u. a. (BILD S. 769)

2) Stelle der Kundenbedienung bei Behörden und Banken.

Schaltjahr, jedes 4. Jahr im Kalender, an dem der 29. Februar, eingeschaltet wird.

Schaltkreis|technik, 1) techn. Bauweise von Schaltungen (Relais-, Halbleiter-S. u. a.).

Schafstelze

2) der funktionelle Aufbau digitaler Schaltkreise, z. B. bei Anlagen der Datenverarbeitung.

Schaltplan, Schaltbild, ⚡ zeichnerische Darstellung elektrischer Schaltungen durch genormte **Schaltzeichen** und **Schaltkurzzeichen.**

Schalt|tafel, ⚡ Tafel aus isolierendem Material, auf der Schalt-, Meß-, Reguliergeräte, Sicherungen, Sammelschienen u. a. montiert sind.

Schalt|uhr, Uhr mit Kontakteinrichtungen zum selbsttätigen Schalten von Stromkreisen.

Schaltung die, **1)** Art der Verbindung von Maschinen, Geräten untereinander. **2)** Anordnung der elektr. Verbindungen zw. Stromquellen, Maschinen, Geräten und Geräteteilen (z. B. **Dreieck-, Stern-, Hintereinander-, Parallel-S.**). **3)** bei Kraftfahrzeugen Anordnung und Bedienung der Gänge im Wechselgetriebe.

Schalung die, Bretterverkleidung von Decken, Wänden usw. beim Betonieren, bleibt bis zum Abbinden des Betons.

Schaluppe die, ⚓ **1)** Schiffsboot. **2)** einmastiges Küstenfahrzeug.

Schälwald, Eichenniederwald zur Gewinnung von Gerbrinde (Lohe).

Scham die, **1) S.-Gefühl,** Gefühl des Bloßgestelltseins; instinkthafte, doch spezifisch menschl. Reaktionsform. **2)** ♡ die äußeren Geschlechtsteile, bes. die weibl. (große und kleine **S.-Lippen** und Kitzler).

Schamaiten, dt. Name für die litauische Landschaft → Samogitien.

Schamane [tungus.] der, Geisterbeschwörer, bes. in Sibirien, Zentralasien und bei den Indianern, der mit Dämonen oder Seelen Verstorbener in Verbindung treten soll. Nach dem Glauben seiner Anhänger **(Schamanismus)** sendet der S. seine Seele zu den Geistern aus, oder er wird von ihnen besessen. Er will Kranke heilen, Unheil abwenden, Regen zaubern.

Schambein, Teil des Beckens. (BILD Skelett)

Schamotte [frz.] die, gebrannter, feuerfester Ton, Quarz u. a., zum Auskleiden der Öfen, für die Metall-, Glas-, keram. Ind.

Schandau, Bad S., Stadt im Bez. Dresden; Mittelpunkt des Fremdenverkehrs im Elbsandsteingebirge, an der Elbe; 4200 Ew.

Schändung die, **1)** Entehrung durch körperl. An- oder Eingriff, bes. Mißbrauch einer willenlosen, bewußtlosen oder geisteskranken Frau zum außerehel. Beischlaf. **2)** Entweihung, z. B. Kirchenschändung.

Schanghai, amtl. chines., zugleich auch engl. **Shanghai,** größte Stadt und wichtigster Hafen Chinas, nahe der Mündung des Jangtsekiang, 7,1 (Agglomeration 12,4) Mio. Ew., eigene Verwaltungsregion. Textil-, Schwer-, chem., Papier-, Glas- u. a. Ind., Erdölraffinerie, Schiffbau; internat. Flughafen; Verlagszentrum, mehrere Univ. u. a. Hochschulen.

Schankara, ind. Philosoph, *788, †820; der bedeutendste Vertreter der Vedanta-Philosophie, verfaßte Kommentare zu dem Hauptwerk dieser Schule, dem Brahmasutra des Badarajana, zu mehreren Upanishaden und zur → Bhagavadgita.

Schanker [frz.] der, Geschwür, infolge Ansteckung beim Geschlechtsverkehr meist an den äußeren Geschlechtsteilen. Der **harte S.** ist das erste Zeichen der Syphilis. Beim **weichen S.** (Erreger: Streptobakterien) entzünden sich auch die Leistenlymphknoten. Behandlung: Sulfonamide und Antibiotika.

Schankgewerbe, gewerbsmäßiger Ausschank von Getränken zum Genuß an Ort und Stelle; erlaubnispflichtig **(Schankkonzession).**

Schan-Staat, Gliedstaat im O Birmas; Hptst.: Taunggi.

Schantungseide, Rohseide in Leinwandbindung mit verdickten Stellen und Noppen, vielfach mit Chemieseide imitiert.

Schanze die, ⁖ stark ausgebaute Feldbefestigung mit Wall und Graben; auf Kriegsschiffen das Achterdeck. **schanzen,** Feldbefestigungen anlegen.

Schapel der, Kopfschmuck des 13. Jh., heute noch bei Volkstrachten. (TAFEL Kleidung)

Schaper, Edzard, religiös bestimmter Erzähler, *1908, †1984; »Die Freiheit des Gefangenen«, »Die Macht des Ohnmächtigen«, »Der Gouverneur«.

Scharade [frz.] die, durch Umschreibung oder durch Gebärden angedeutetes Silbenrätsel.

Scharbe die, Wasservogel (→ Kormoran).

Scharbockskraut, Hahnenfußgewächs in Laubmischwäldern, gelbblühend mit glänzenden, rundl. Blättern; → Hahnenfuß, → Löffelkraut.

Schären Mz., Inseln und Klippen vor den Küsten Schwedens, Norwegens und Finnlands.

Scharf, Kurt, evang. Theologe, *1902, †1990; 1961-1967 Ratsvorsitzender der Evang. Kirche in Deutschland, 1966-77 Bischof von Berlin.

Schärf, Adolf, österr. Politiker, *1890, †1965, Rechtsanwalt; 1945-57 Vizekanzler und Vors. der Sozialist. Partei, 1957-65 Bundespräsident.

Schärfentiefe, Tiefe des Raumes vor und hinter der Gegenstandsebene, innerhalb dessen ein opt. Gerät noch scharfe Bilder liefert. (→ Photographie)

Scharff, Edwin, Bildhauer, Radierer, *1887, †1955; Denkmäler, Bildnisbüsten, Figuren.

Scharfrichter, Henker, der Vollstrecker der Todesstrafe.

Schari der, Fluß im SW von Tschad, Hauptzufluß des Tschadsees, schiffbar, 1400 km lang.

Schari'a die, → Scheria

Scharlach [grch.-lat.] der, **1)** brennendrote Farbe. **2)** ansteckende Krankheit, bes. im Kindesalter, mit scharlachrotem Hautausschlag (S.-Exanthem). Beginn mit plötzl. hohem Fieber, Kopfschmerzen, Erbrechen, Mandelentzündung, Lymphknotenschwellungen am Hals. Im Laufe der 2. Woche Einsetzen einer Hautschuppung. Mögliche Nachkrankheiten mitunter Nierenentzündung, Mittelohrentzündung, Gelenkrheuma. (ÜBERSICHT ansteckende Krankheiten)

Scharlatan [frz.] der, Marktschreier, Quacksalber, Aufschneider.

Scharmützel [ital.] das, kleines Gefecht, Plänkelei.

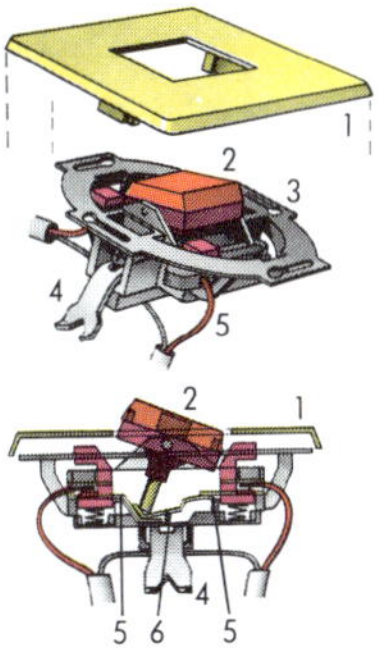

Schalter 1): oben Kippschalter: **1** Abdeckplatte, **2** Kipptaste, **3** Montagescheibe, **4** Spreizklaue, **5** Anschlußklammern, **6** Kontaktwippe

unten Druckschalter: **1** Drucktaste und Gehäuse, **2** Spiralfeder, **3** Druckschalter, **4** Bodenplatte, **5** Drillstift, **6** Drehscheibe (und Kontaktspange)

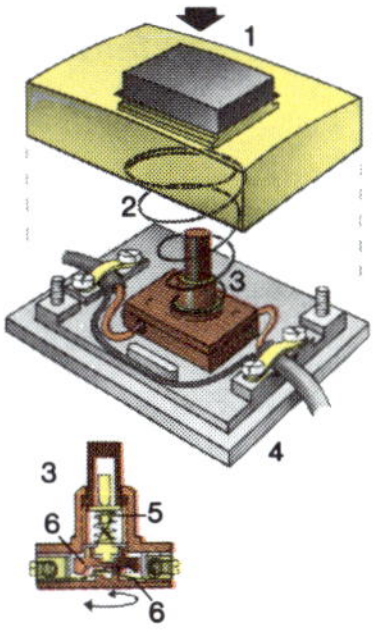

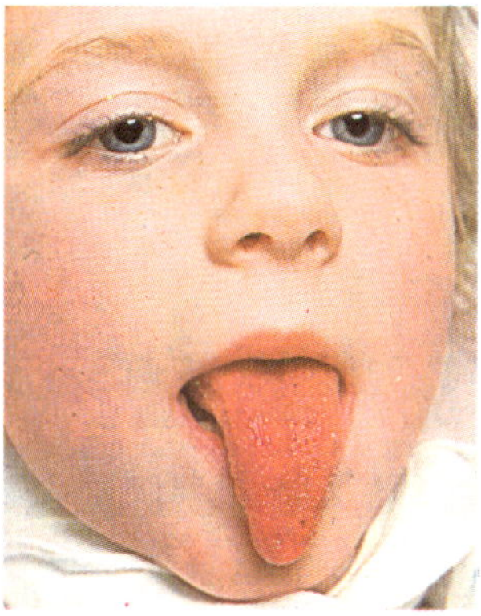

Scharlach 2): »Himbeerzunge« bei S.

v. Scharnhorst

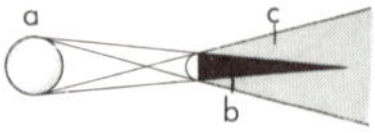

Schatten, a Lichtquelle (Sonne), b Kern-, c Halbschatten

Schattenbild

Schattenblume

Schaube

Scharnhorst, Gerhard v., preuß. General, *1755, †1813 (nach Verwundung); leitete seit 1807 das Kriegsministerium, wurde der Schöpfer des preuß. Volksheeres, der allg. Wehrpflicht, führte das Krümpersystem (→Krümper) ein; 1813 Generalstabschef Blüchers.

Scharnier [frz.] das, Vorrichtung zum drehbaren Befestigen von Türen, Fenstern u.a.

Scharoun [-r'un], Hans, Architekt, *1893, †1972; seit 1956 Präs. der Akademie der Künste, Berlin; Hauptwerke: Philharmonie, Nationalbibliothek in Berlin.

Schärpe [frz.] die, breites Band, meist über der Brust oder um den Leib getragen.

Schasar, Salman, israel. Politiker, *1889, †1974; 1963-73 Staatspräs.

Schaschlik [türk.] der, am Spieß geröstete Fleischstückchen mit Speck und Zwiebeln.

Schatt el-Arab [Araberstrom] der, vereinigter Unterlauf von Tigris und Euphrat, bildete bis 1980 die Grenze zw. Irak und Iran. Der irak. Versuch, im Sept. 1980 im S. e.-A. Grenzveränderungen durchzusetzen, führte zu krieger. Auseinandersetzungen mit Iran.

Schatten der, dunkler Raum hinter einem beleuchteten, undurchsichtigen Körper. Der Raum ohne jedes Licht heißt **Kern-S.** Er ist umgeben vom **Halb-S.,** in den von einigen Punkten der Lichtquelle Strahlen gelangen.

Schattenbild, Schattenriß, Silhouette die, schwarz ausgefüllte Umrißzeichnung, seit dem 18. Jh. beliebt. Bekannte Künstler des S.: F. v. Pocci und W. Dieffenbach. Verwandt ist der **Scherenschnitt,** aus Papier ausgeschnittene bildl. Darstellungen auf andersfarbiger Unterlage befestigt.

Schattenblume, kleinstaudiges Liliengewächs, mit weißen Blütchen, roten Beeren, wächst im Wald.

Schattenkabinett, Ausschuß der Opposition, der die mutmaßl. Minister für den Fall eines Regierungswechsels umfaßt.

Schattenmorelle die, Sauerkirschensorte.

Schattenpflanzen, Pflanzenarten, die im Gegensatz zu den Licht- oder Sonnenpflanzen (Heliophyten) im Schatten anderer Pflanzen wachsen, z.B. Haselwurz, fast alle Farne.

Schattenreich, Totenreich, Unterwelt.

Schattenspiel, Spiel mit Figuren hinter einer beleuchteten, durchsichtigen Fläche, auf der sie als Schatten erscheinen.

Schatulle [lat.] die, **1)** Kästchen für Kostbarkeiten, Papiere usw. **2)** Privatkasse eines Fürsten.

Schatz der, ∴ Sache, die so lange verborgen gelegen hat, daß der Eigentümer nicht mehr zu ermitteln ist. Wird ein S. entdeckt, so gehört er zur Hälfte dem Entdecker und zur anderen Hälfte dem Eigentümer der Sache, in der er verborgen war (§ 984 BGB).

Schatzanweisung, Anweisung der Finanzverwaltung an die Staatskasse. Die **unverzinsl. S.** (Schatzscheine, Schatzwechsel) sind zum Nennwert in 6-24 Monaten rückzahlbare Staatsschulden, die vom Erwerber diskontiert werden. Die mehrjährig laufenden, mit Zinsscheinen ausgestatteten **verzinsl. S.** werden börsenmäßig gehandelt. Die Laufzeit der S. ist meist kürzer als die der Staatsanleihen.

Schatzung die, mit Androhung von Plünderung und Brand auferlegte Abgabe **(Brandschatzung).**

Schaube [ital.] die, mantelartiger Oberrock; kam im 15. Jh. auf.

Schaubild das, →Diagramm.

Schäuble, Wolfgang, Politiker (CDU), *1942; seit 1989 Bundesmin. des Innern.

Schau|brote Mz., bei den Juden: die 12 Opferbrote als Speiseopfer auf dem Schaubrottisch im Heiligtum des Tempels; sie wurden am Sabbat erneuert (3. Mose 24, 5-9).

Schauerleute [von Scheuer, Scheune] Mz., Ez. **Schauermann,** Speicher- und Werftarbeiter.

Schäufelein, Hans, Maler und Graphiker, *1480/85, †1538/40; Schüler Dürers, am bedeutendsten durch seine Holzschnitte.

Schaukal, Richard v., österr. Dichter, Übersetzer, *1874, †1942; Gedichte (»Gezeiten der Seele«), Novellen, Essays, Aphorismen.

Schaulen, Stadt in der Litauischen SSR, 137000 Ew.; Handel, Ind.

Schaumann, Ruth, Bildhauerin, Graphikerin, Dichterin, *1899, †1975; Holz- und Scherenschnitte zu eigenen Dichtungen.

Schaumburg-Lippe, bis 1946 eines der kleinsten dt. Länder, 340 km^2, seitdem Kreis im RegBez. Hannover. Hptst.: Bückeburg. Ⓑ Als Teil der alten Gfsch. Schaumburg 1640 an eine Linie des Hauses →Lippe; 1807-1918 Fstt.

Schaumkraut, Gatt. der Kreuzblüter: **Wiesen-S.,** Blüte weiß bis blaßviolett; **Brunnenkresse,** weiße Blüten, scharfe Salatpflanze.

Schaumstoffe, schaumartig aufgetriebene, in zelliger Struktur erstarrte Stoffe, z.B. Schaumkunststoffe, -gummi, -glas, -beton.

Schaumwein, Sekt, Wein, der i. Ggs. zu gewöhnl. Wein viel Kohlendioxid gelöst enthält und daher schäumt; Das Kohlendioxid wird in ausgebauten Wein eingepreßt (Imprägnierverfahren) oder in einem Jungwein durch Vergärung von zugesetztem Zucker erzeugt (Gärverfahren). Trockene S. enthalten rund 10 g/l, süße bis zu 50 g/l Zucker (in Lösung). Die bekanntesten S. kommen aus der Champagne **(Champagner).**

Schauspiel, Drama das, Dichtungsgatt., die Begebenheiten als gegenwärtige, vor den Augen des Zuschauers sich abspielende Handlungen darstellt. Wesensbegründend ist der die dramat. Spannung erzeugende Ggs. zw. dem Helden und seinem inneren oder äußeren Gegenspiel (Schicksal, relig. oder sittl. Gebot, widerstreitende Umwelt, minderwertige oder gleichberechtigte Gegenfigur). Hauptformen: **Tragödie (Trauerspiel),** endet mit dem Untergang des Helden; **Schauspiel** (i.e.S.), führt bei ernster Grundstimmung zu einer positiven Auflösung des Konflikts; **Komödie (Lustspiel),** löst die innere **(Charakterkomödie)** oder äußere **(Situationskomödie)** Verwicklung humorvoll oder ironisch-satirisch. Ihre derberen Kurzformen sind **Posse, Farce, Schwank.** Die **Tragikomödie** verbindet trag. und kom. Elemente. Das **Singspiel** leitet hinüber zur Oper. Das Drama baut sich herkömmlich aus 5, häufig aus 3 **Akten** auf, die ihrerseits in **Szenen** oder **Auftritte** unterteilt sind. G. Freytag stellte für die Technik des Dramas ein pyramidenförmiges Schema der steigenden und fallenden Handlung auf, mit **Exposition, erregendem Moment, Höhepunkt (Peripetie), Katastrophe,** das aber nur bedingt anwendbar ist.

Schdanow, Hafenstadt am Asowschen Meer, UdSSR, 525000 Ew.; Hüttenind.

Schdanow, Andrej, sowjet. Politiker, *1892, †1948; 1941 Verteidiger von Leningrad, 1947 Mitgründer des Kominform.

Scheck [engl.-frz.] der, an best. Formvorschriften gebundene, bei Vorlegung zahlbare Anweisung auf ein Bankguthaben des Ausstellers. Wesentl. Erfordernisse: 1) Bez. als »Scheck« im Text; 2) unbedingte Anweisung auf Zahlung eines best. Betrages; 3) Name des Bezogenen (Bank); 4) Zahlungsort; 5) Tag und Ort der Ausstellung; 6) Unterschrift des Ausstellers. Der S. kann **Inhaber-, Order-** oder **Namens-S.** sein. Ein im Inland ausgestellter und zahlbarer S. muß binnen 8 Tagen vorgelegt werden. Nach der Art der Zahlung unterscheidet man **Bar-** und **Verrechnungs-S.** Weite Anerkennung fand der →Eurocheque.

Schecke [altfrz.] die, **Scheck(e)** der, buntgeflecktes Pferd oder Rind mit weißen Fellstellen.

Scheckkarte, Ausweiskarte, die garantiert, daß der zus. mit der S. vorgelegte Scheck unter best. Voraussetzungen vom bezogenen Kreditinstitut eingelöst wird und mit der an den Geldausgabeautomaten der Kreditinstitute nach Geschäftsschluß Geld vom eigenen Konto abgehoben werden kann.

Schedel, Hartmann, Nürnberger Arzt, Humanist, *1440, †1514; verfaßte die erste dt. Weltchronik (1493) mit über 1000 Holzschnitten von M. Wolgemut und W. Pleydenwurff.

Scheel, Walter, Politiker (FDP), *1919; 1961-1966 Bundesmin. für wirtschaftl. Zusammenarbeit, 1968-74 FDP-Vors., 1969-74 Vizekanzler und Außenmin., 1974-79 Bundespräs.

Scheele, Karl Wilhelm, schwed. Chemiker, *1742, †1786; entdeckte unabhängig von J. Priestley den Sauerstoff, weiter Chlor, Mangan, Blausäure, Glycerin, Wein-, Zitronen-, Apfel-, Milch-, Harnsäure.

Scheer, Reinhard, Admiral, *1863, †1928; 1916 Chef der Hochseeflotte (Skagerrakschlacht), 1918 Chef des Admiralstabs.

Scheffel [von Schaff] der, früheres dt. Hohlmaß, zw. 30 und 300 l.

Scheffel, Joseph Victor v., Dichter, *1826, †1886; Roman »Ekkehard«, »Der Trompeter von Säckingen«, Kommersliederbuch »Gaudeamus«.

Schefferville, Bergwerksort im N der Prov. Quebec, Kanada, Mittelpunkt großer Eisenerzlager.

Scheffler, Johannes, → Angelus Silesius.

Scheherezade [-z'a:də, pers.], die Märchenerzählerin in Tausendundeiner Nacht.

Scheibe die, ⊙ als Riemen-, Seil-, Reib-S. Maschinenteil zur Kraftübertragung.

Scheibenpilze Mz., Ordn. der Schlauchpilze mit scheibenförm. Fruchtkörper; dazu gehören u. a. Morcheln, Lorcheln, Trüffel.

Scheich [arab.] der, bei den Beduinen Stammesoberhaupt, Ortsvorsteher.

Scheide die, **1)** trennende Grenze, z. B. → Wasserscheide. **2)** schmales langes Behältnis, z. B. Säbel-S. **3)** ♡ **Vagina,** Teil der weibl. → Geschlechtsorgane.

Scheidegg die, 2 Alpenpässe in der Schweiz: **1) Große S.,** vom Hasli- zum Grindelwaldtal. **2) Kleine S.,** von Grindelwald nach Lauterbrunnen.

Scheidemann, Philipp, Politiker (SPD), *1865, †1939; seit 1903 MdR, Herbst 1918 im Kabinett des Prinzen Max von Baden; rief am 9. 11. 1918 die Dt. Rep. aus, wurde Febr. 1919 MinPräs., lehnte die Unterzeichnung des Versailler Vertrags ab und trat Juni 1919 zurück; 1920-33 MdR.

Scheidemünze, niedrigwertige → Münze.

Scheidewasser, die → Salpetersäure.

Scheidt, Samuel, Komponist und Organist, *1587, †1654; bed. protestant. Kirchenmusiker.

Scheidung die, **Ehescheidung,** → Ehe.

Schein, Johann Hermann, Komponist, *1586, †1630; Thomaskantor; Konzerte, Lieder.

Scheiner, Christoph, Mathematiker, Astronom, *1575, †1650. S. erfand den → Storchschnabel, entdeckte die Sonnenflekken, bestimmte empirisch die Umdrehungszeit der Sonne, stellte die erste Mondkarte her.

Scheiner-Grade [nach dem Astrophysiker J. Scheiner, *1858, †1913], frühere Angabe der Empfindlichkeit photograph. Materials.

Scheinfrucht, → Frucht.

Scheingeschäft, ⚖ von den Beteiligten nur zum Schein abgeschlossenes Geschäft; es ist nichtig (§ 117 BGB).

Scheintod, in der Medizin nicht mehr verwendeter Begriff für einen Zustand, in dem sich nur durch sorgfältige Untersuchung Lebensfunktionen nachweisen lassen.

Scheinwerfer der, parabel- oder halbkugelförmiger Reflektor. Bei Kraftwagen-S. ist zum Abblenden außer der Hauptlampe noch eine zweite Glühlampe vorgesehen, die sich oberhalb des Brennpunktes befindet oder als Zweifadenlampe (Biluxlampe) mit der Hauptlampe vereinigt ist.

Scheitel der, **1)** ♡ der mittlere obere Teil des menschl. Kopfes (Wirbel). **2)** △ Schnittpunkt der Schenkel eines Winkels. **3)** △ Schnittpunkt einer Kurve mit einer Symmetrieachse.

Scheitelpunkt, der Zenit (→ Himmel).

Schelde die, Hauptfluß in Flandern, mündet mit 2 Armen **(Ooster-** und **Wester-S.)** in die Nordsee, 430 km lang, bis Antwerpen für Seeschiffe befahrbar.

Scheler, Max, Philosoph, *1874, †1928. Von der Phänomenologie Husserls ausgehend, begründete er u. a. eine philosoph. Anthropologie, in der das Verhältnis von Geist und Leben im Mittelpunkt steht sowie eine materiale Wertethik.

Schelf [engl.] der oder das, **Festlandsockel,** von der Flachsee (bis 200 m Tiefe) bedeckter Sockel der Erdteile, an dessen Rand der Abfall zur Tiefsee beginnt; **Schelfmeere,** z. B. die Nordsee.

Schell, 1) Hermann, Theologe, *1850, †1906; ein Führer des Reformkatholizismus (→ Modernismus), versuchte eine Synthese zw. kath. Glaubensgut und moderner Wissenschaft herzustellen. **2)** Maria, schweizer. Schauspielerin, *1926. **3)** Maximilian, Bruder von 2), schweizer. Schauspieler, *1930.

Schellack [engl.] der, Harz ostind. Bäume, erzeugt durch den Saugstich einer Schildlaus, Verwendung für Lacke, Firnisse, Kitte u. a.

Schellen meist Mz., Farbe der dt. Spielkarte, entspricht dem Karo der frz. Spielkarte.

Schellenbaum der, ♩ → Halbmond.

Schellfisch, grauweißer Knochenfisch, kenntlich an der schwarzen Seitenlinie und dem schwarzen Fleck hinter der Brustflosse; etwa 50 cm lang, lebt im Atlant. Ozean, in Nord- und Ostsee; wichtiger Nutzfisch.

Schelling, Friedrich Wilhelm v., Philosoph, *1775, †1854; vertrat die Identität von Natur und Geist. In seiner »Philosophie der Mythologie« und »Philosophie der Offenbarung« versuchte er eine Deutung des Religiösen.

Schelm der, **1)** im Mhd.: Henker, unehrl., schlechter Mensch, daher: Judas, der **Erzschelm. 2)** jetzt: Schalk, Spaßvogel.

Schelmenroman der, entstand als **pikaresker** Roman (picaro = Gauner) in Spanien in der 2. Hälfte des 16. Jh. Seine Entwicklung mündete in den roman. Ländern und in Dtl. seit Grimmelshausens »Simplicissimus« in den Abenteuerroman.

Schelsky, Helmut, Soziologe, *1912, †1984; HW: »Soziologie der Sexualität«; »Die skeptische Generation«, »Die Arbeit tun die anderen«.

Schema [grch. »Gestalt«] das, -s/-s und -ta, vereinfachte anschauliche Darstellung. **schematisch,** nach einem S., gleichartig; umrißhaft. **Schematismus** der, **1)** gleichmacherische Behandlung. **2)** Verzeichnis von Amtspersonen, z. B. der Geistlichen eines Bezirks.

Schemen der, wesenloses Schattenbild.

Schenectady [skın'ektədı], Stadt im Staat New York, USA, 68 000 Ew.; Univ.; Metall-, Elektro- u. a. Industrie.

Schenk, Otto, Regisseur und Schauspieler, *1930.

Schenkel der, **1)** ♘ ♡ **Ober-** und **Unter-S.** des Beins. **2)** △ → Winkel.

Schenkelhals, ♡ winklig abgebogener Knochenteil zw. Gelenkkopf und Schaft des Oberschenkelbeins.

Scheel

v. Scheffel

Scheler

v. Schelling

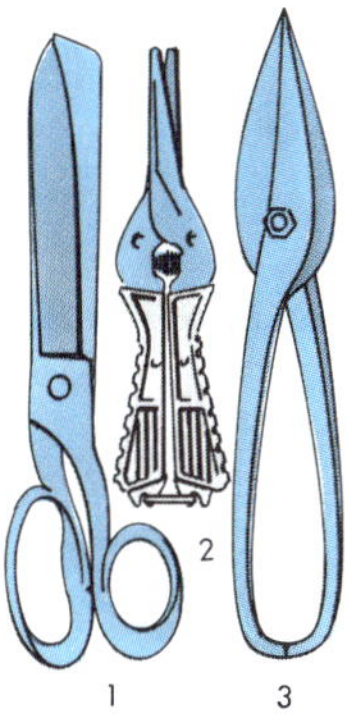

Schere 1): 1 Schneider-S., **2** Allzweck-S., **3** Blech-S.

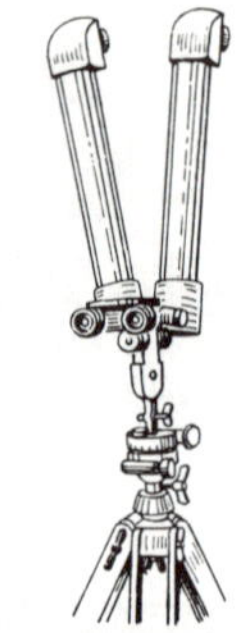

Scherenfernrohr

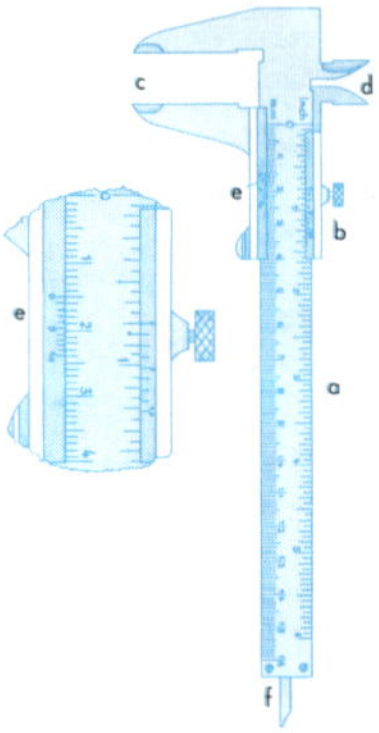

Schieblehre, a Meßschiene, b Schieber, c Meßschnabel, d Meßschneiden, e Nonius, f Tiefenmaß

Schiefer

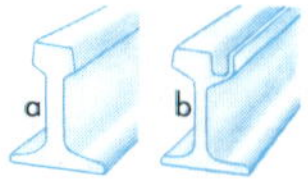

Schiene 1): Schienenformen, a Eisenbahn-, b Rillenschiene

Schenkendorf, Max von, *1783, †1817; Dichter der Freiheitskriege.

Schenkung die, ⚖ unentgeltl. Zuwendung von Vermögensvorteilen an einen anderen. Die sogleich vollzogene S. **(Hand-S.)** ist formlos gültig. Ein S.-Versprechen muß gerichtl. oder notariell beurkundet werden. Bei Verarmung des Schenkers oder grobem Undank des Beschenkten ist Widerruf der S. zulässig. Die S. unterliegt der **S.-Steuer.**

Schenk von Stauffenberg, Claus **Schenk Graf von Stauffenberg,** *1907, †(erschossen) 20. 7. 1944, war seit 1944 Stabschef des Befehlshabers des Ersatzheeres. S. legte am 20. 7. 1944 im Hauptquartier Hitlers bei Rastenburg eine Bombe und löste mit seinen Mitverschworenen in Berlin einen Putsch gegen das nat.-soz. Reg.-System aus (→ Widerstandsbewegung); von einem »Standgericht« zum Tode verurteilt.

Scherbengericht, → Ostrazismus.

Scherbenkobalt, gediegenes → Arsen.

Scherchen, Hermann, Dirigent, *1891, †1966; »Lehrbuch des Dirigierens«.

Schere die, **1)** Werkzeug zum Trennen von Werkstoffen, z. B. Hand-, Elektro-, Maschinen-S. (BILD S. 771)

2) scherenartige Füße (Krebse) und Mundwerkzeuge (Kreuzspinne, Skorpion).

Scherenfernrohr, binokulares Prismenfernrohr, dessen Objektive an den Enden zweier senkrecht oder waagerecht einstellbarer Arme sitzen.

Scherenschnabel, Möwenvogel mit scherenartigem Schnabel, in Indien, Afrika, Amerika.

Scherge der, **1)** Gerichtsdiener, Büttel, Häscher. **2)** käuflicher Verräter.

Scheria [türk.], **Schari'a** [arab.] die, das auf Mohammed zurückgehende, alle Lebensbereiche wie Ehe, Familie, Erbschaft, wirtschaftl. Angelegenheiten und innere wie äußere Sicherheit der Gemeinschaft und das religiöse Leben erfassende Gesetz des → Islam.

Scherif [arab. »edel«] der, Titel der Nachkommen Mohammeds.

Schermaus, eine der → Wühlmäuse.

Scherrer, Paul, schweizer. Physiker, *1890, †1969; entwickelte mit P. Debye die **Debye-S.-Methode** zur Untersuchung von Kristallstrukturen mittels Röntgenstrahlen.

Scherung die, ⊙ Verformung eines elast. Körpers durch in Richtung der Seitenflächen wirkende Kräfte.

Scherzo [sk'ɛrtso, ital. »Scherz«] das, -s/ ...zi, ♪ lebhaftes Musikstück, seit Beethoven Mittelsatz von Sonaten, Sinfonien u. a.

Schesaplana, höchster Gipfel des Rätikons, 2965 m.

Scheuch, Erwin Kurt, Soziologe, *1928; bemüht um die Weiterentwicklung der empir. Methoden der Sozialforschung.

Scheveningen [sx'e:fəniŋə], Seebad in den Niederlanden, Vorort von → Den Haag.

Schewardnadse, Eduard Ambrosjewitsch, sowjet. Politiker (KPdSU), *1928; seit 1985 Außen-Min., unterstützt die Reformpolitik von M. Gorbatschow.

Schewtschenko, Taras Grigorjewitsch, *1814, †1861, der größte ukrain. Dichter, Maler; Gedichte, Epen.

Schiaparelli [skiapar'ɛlli], Giovanni Virginio, ital. Astronom, *1835, †1910, Entdecker der »Marskanäle«.

Schicht die, **1)** GEOLOGIE: Gesteinskörper von großer seitlicher, aber geringer senkrechter Ausdehnung. **2)** tägl. Arbeitszeit des Industrie-, bes. des Bergarbeiters. **3)** SOZIOLOGIE: Teilgruppe der Gesellschaft mit ähnl. wirtschaftl. Lage und sozialer Einschätzung.

Schichtgesteine, Sedimentgesteine: Konglomerate, Sandsteine, Schiefertone, Tone, Kalke, Kohlen, Salz u. a.

Schichtlinien, → Höhenlinien.

Schichtstoffe, Laminate Mz., aus einzelnen, miteinander verbundenen Lagen hergestellte Werkstoffe, z. B. Schichtpreßstoffe, Verbundwerkstoffe, Verbund-Sicherheitsglas.

Schick, Gottlieb, klassizist. Maler, *1776, †1812; Bildnisse.

Schickele, René, elsäss. Dichter, *1883, †1940; trat für eine europ. Völkergemeinschaft ein; dreiteiliger Roman »Das Erbe am Rhein«; Drama »Hans im Schnakenloch«.

Schicksal das, **1)** Geschick. **2)** Macht, die den Lebensweg des Menschen bestimmt.

Schiebebühne, Plattform mit Gleisen zum Umsetzen von Schienenfahrzeugen, läuft auf Schienen in einer Grube.

Schieber der, ⊙ Absperrorgan in Rohrleitungen.

Schieblehre, Meßwerkzeug zur Ermittlung von Außen- und Innendurchmesser und Abständen, meist mit Nonius.

Schiedam [sxid'am], Hafenstadt in den Niederlanden, bei Rotterdam, 76 900 Ew.; Destillerien, Schiff-, Maschinenbau u. a. Ind.

Schieder, Theodor, Historiker, *1908, †1984; »Gesch. als Wissenschaft«; »Staatensystem als Vormacht der Welt 1848-1918«, »Friedrich der Große« u. a.

Schiedsgerichtsbarkeit, ⚖ **1)** im Zivilrecht ein Verfahren, in dem eine Streitigkeit durch **Schiedsrichter,** die von den Beteiligten durch **Schiedsvertrag** bestellt wurden, nicht durch die staatl. Gerichte entschieden wird. Ein Schiedsvertrag ist nur zulässig für Streitfälle, über die die Beteiligten einen Vergleich schließen können. Der von den Schiedsrichtern gefällte **Schiedsspruch** hat die Wirkung eines rechtskräftigen Urteils und kann, nachdem das zuständige Gericht ihn für vollstreckbar erklärt hat, vollstreckt werden. **2)** im Völkerrecht ein Verfahren zur Entscheidung von zwischenstaatl. Rechtsstreitigkeiten auf Grund von Schiedsgerichtsklauseln oder Schiedsabkommen (→ Ständiger Schiedshof).

Schiedsmann, ⚖ ehrenamtlich bestellte Person der Rechtspflege zur gütl. Beilegung von Privatklagesachen.

Schiedsrichter, 1) → Schiedsgerichtsbarkeit. **2)** ↗ der Unparteiische, der die Einhaltung der Spielregeln beaufsichtigt.

Schiefblatt, die → Begonie.

schiefe Ebene, eine um den Winkel α (Neigungswinkel) gegen die Waagerechte geneigte Ebene; gehört zu den »einfachen Maschinen«. Beispiele: Schrotleiter, Schrägaufzug.

Schiefer der, in dünnen ebenen Platten brechendes Gestein, benannt nach den Mineralgemengteilen (z. B. **Glimmer-S.**), der Verwendung (z. B. **Dach-S.**) u. a.

Schiele, Egon, österr. Maler, Zeichner, *1890, †1918; Akte und Bildnisse, zuerst von G. Klimt beeinflußt, näherte sich später dem expressionist. Stil Kokoschkas.

Schielen das, ♡ fehlerhafte Stellung der Augen, bei der die gleichzeitige Einstellung beider Augen auf einen Punkt nicht möglich ist. Behandlung: Ausgleichen des Brechungsfehlers beim schielenden Auge **(Schielbrille).** Durch **Schieloperation** wird der Ansatz eines äußeren Augenmuskels am Augapfel verlagert; Schulung zum beidäugigen Sehen **(Orthoptik)** ist zu empfehlen.

Schienbein, der innen liegende stärkere Unterschenkelknochen. (BILD Skelett)

Schiene die, **1)** ⊙ Vorrichtung zur Führung eines Gegenstandes auf bestimmter Bahn. **2)** ♡ aus Metall (z. B. Draht), Holz, Gips, Leder hergestellte Stützvorrichtung zum Ruhigstellen von Gliedmaßen.

Schienenbremse, → Bremse an Schienenfahrzeugen zur Ergänzung der Druckluftbremse.

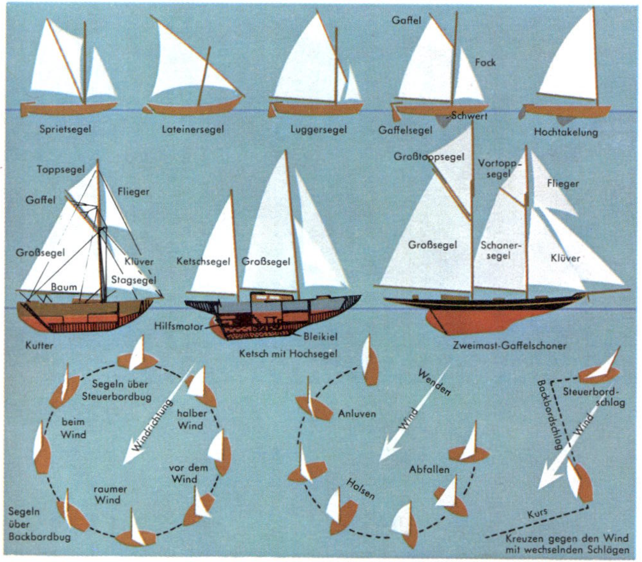

Links oben Seezeichen: Beispiel einer Fahrwasserbetonnung. **Rechts oben:** Segeln. **Unten:** Schematische Darstellung des Turbinen-Fahrgastschiffes »Queen Elizabeth II«, 58000 BRT, 293,52 m lang, 32 m breit, 9,60 m Tiefgang, 28,5 kn Geschwindigkeit, 94000 WPS, Fahrgastzahl 2025; a Ventilatoren, b Offizierskajüten, Kindergarten, c Bibliothek, d Bar, e Funkzentrale, f Küche, Mannschaftsküche, g Mannschaftsmesse, h Mannschaftslogis, k Laderäume, m Vorratsräume, n Hospital, p Wäscherei, q Wagenaufzug, r Werkstatt, Maschinenzentrale, s Schwimmbad, t Eingang, u Synagoge, v Quertrieb

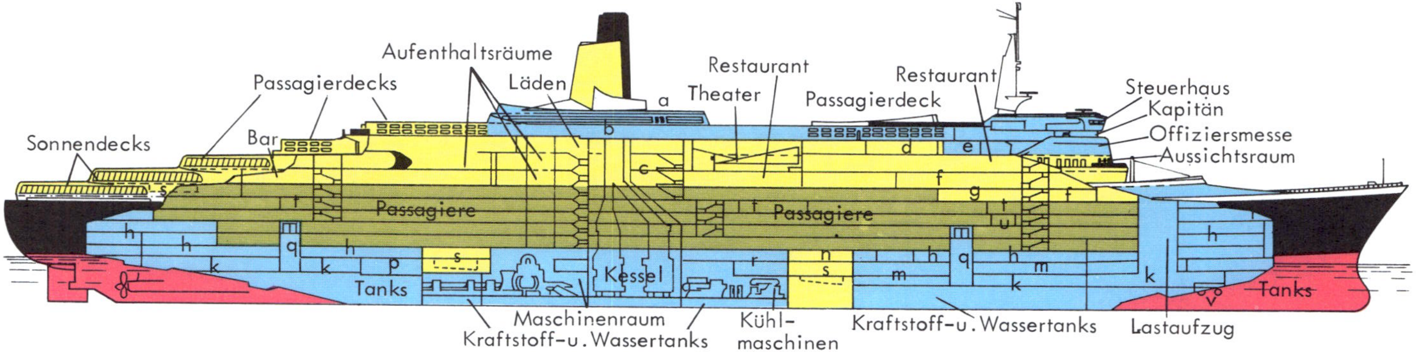

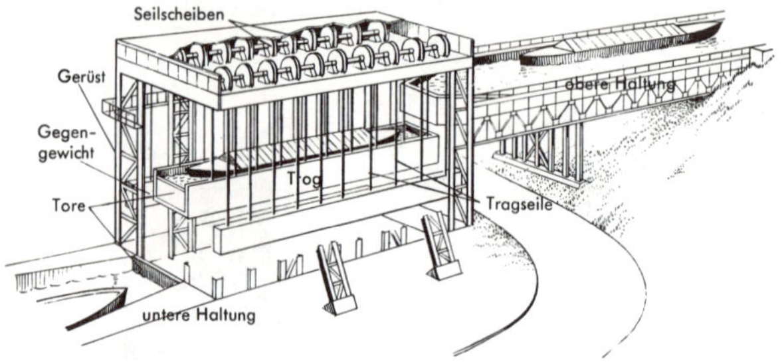

Schiffshebewerk

Schierling der, mehrere weißblütige, sehr giftige Doldenblütler. **1) Echter** oder **Gefleckter S.,** bis 2,5 m hoch, mit weißen Blüten und hohlem, unten oft braungeflecktem Stengel, im alten Athen Hinrichtungsmittel (S.-Becher). **2) Wasser-S.,** Uferstaude mit fein fiederteiligem Blatt.

Schierlingstanne, → Hemlocktanne.

Schießbaumwolle, Trinitrocellulose, Sprengstoff; wird aus Baumwolle durch Behandeln mit einem Gemisch aus konzentrierter Salpeter- und Schwefelsäure hergestellt.

Schießen, Sportart mit Schußwaffen, ausgeübt im Gewehr-, Pistolen-, Bogenschießen und S. mit der Armbrust.

Schießpulver, der älteste Treib- und Sprengstoff; besteht als **Schwarzpulver** (B. → Schwarz) aus Holzkohle, Kaliumnitrat und Schwefel. Heute wird nur noch das **rauchschwache S.** verwendet, das im wesentl. aus Schießbaumwolle hergestellt wird.

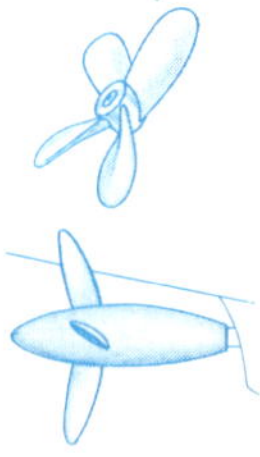

Schiffsschrauben

Schiff das, **1)** größeres Wasserfahrzeug zur Personen- und Güterbeförderung auf See und auf Binnenwasserstraßen. Das Schwimmen eines S. beruht auf dem Archimed. Prinzip (→ Auftrieb). Während Binnen-S. meist mit flachem Boden gebaut werden, besitzen See-S. i.d.R. einen **Kiel,** der das S. unten in ganzer Länge von Steven zu Steven durchzieht. An ihn sind seitlich zur Aussteifung des Bodens die **Bodenwrangen** wie Rippen angesetzt. Eine oben auf sie gelegte Beplattung, der Innenboden, bildet mit dem äußeren Boden zusammen den **Doppelboden.** Die Bordwände an den Seiten werden durch die Spanten ausgesteift. Oberer Abschluß ist das Hauptdeck mit den Aufbauten, so daß das Ganze eine Art von Kastenträger mit großem Querschnitt bildet. Der Raum zw. Innenboden und Hauptdeck wird je nach S.-Größe und -Art durch weitere Decks waagerecht unterteilt. Längs- und Querwände **(Schotte)** unterteilen weiter in wasserdichte Einzelräume, deren Verbindungen (Schottüren, seemänn. Schotten) bei Gefahr von der Kommandobrücke aus geschlossen werden und dadurch auch beim Vollaufen einzelner Abteilungen eine best. Sinksicherheit gewährleisten. Der Baustoff aller größeren S. ist heute ausschließlich Stahl. Antrieb durch Öl-, vorwiegend Dieselmotoren, vereinzelt Gasturbinen. Bei den Anlagen mit Kernenergieantrieb liefert der Reaktor die Wärme. Dampfturbinen und Kolbenmaschinen sind veraltet. Das S. wird von der Kommandobrücke aus geführt (→ Navigation). Jedes Fahrgast-S. muß mit Schwimmwesten, Rettungsflößen und -booten ausgerüstet sein. Anker, Feuerlöscheinrichtungen, Lenzpumpen und Ladegeschirr, Lüftungseinrichtungen und eine umfassende Stromversorgung bilden die Betriebseinrichtungen für das S. (BILDER S. 773)

2) Raumteil einer Kirche, nach der Lage unterschieden als **Mittel-, Seiten-, Quer-S.**

Schiffahrt, umfaßt die **Handels-S.** zur gewerbsmäßigen Beförderung von Personen und Gütern **(Personen-, Fracht-S.)** auf Seen, Flüssen, Kanälen, an Küsten und auf Meeren, sowie die **Kriegs-S.** In der **See-S.** gibt es Große, Mittlere, Kleine Fahrt und Küsten-S. **Große Fahrt** ist die S. nach allen Meeren und Häfen der Welt (Linien-, Tramp-, Passagierdienst), **Mittlere Fahrt** bezeichnet die S. zw. europ. und nichteurop. Häfen des Mittel- und des Schwarzen Meeres, Häfen der Westafrikan. Küste nördl. von 12° n. Br. sowie Häfen auf den Kapverd., Kanar. Inseln, auf Madeira. **Kleine Fahrt** umfaßt die Ostsee, die Nordsee bis 61° n. Br., den Engl., Bristol- und St.-Georgs-Kanal, die Irische See einschließl. der Clydehäfen. Ferner → Binnenschiffahrt.

Schiffchen das, **1)** Nähmaschine: Teil, der den Unterfaden durch die Schlinge des Oberfadens führt. **2)** Weberei: Schußspule mit dem Schußfaden.

Schiffsbohrmuschel, Schiffswurm, wurmförmige → Bohrmuschel.

Schiffshalter, Knochenfische, die sich mit einer schildförmigen Saugscheibe an Schiffen, Haifischen, Schildkröten festheften.

Schiffshebewerk, Bauwerk zur Überwindung größerer Höhenunterschiede in einem Schiffahrtskanal: Das Schiff gleitet in einen mit Wasser gefüllten Stahltrog, der in einem stählernen Gerüst oder auf einer schiefen Ebene auf und ab gleiten kann. Der Trog wird durch Drahtseile oder durch hydraulisch bewegte Preßstempel bewegt.

Schiffsjunge, angehender Seemann, der auf Handelsschiffen ausgebildet wird.

Schiffsmakler, Schiffsklarierer, vermittelt Schiffsraum, Ladungen, Liegeplätze u.a.

Schiffsregister, öffentl., bei den Amtsgerichten geführtes Register, das über Rechtsverhältnisse an Schiffen Auskunft gibt.

Schiffs|schraube, Antriebsmittel für Schiffe, besteht aus meist 3-7 auf einer Welle befestigten, z.T. verstellbaren Flügeln in Form von Ausschnitten aus Schraubenflächen.

Schiiten [arab.] Mz., Ez. **Schiit** der, Religionspartei des → Islam; sie erkennen nur die direkten Nachkommen des Propheten als Leiter der Gemeinde an. S. sind bes. die Perser. Ggs.: → Sunniten.

Schikane [frz.] die, kleinliche Bosheit. **schikanieren,** jemanden plagen, quälen.

Schikaneder, Emanuel, Bühnenleiter und Theaterdichter, *1751, †1812; verfaßte den Text zu Mozarts »Zauberflöte«, schrieb Possen, Singspiele und Zaubermärchen.

Schild der, -s/-e, **1)** am linken Arm getragene Schutzwaffe (Holz, Flechtwerk, Leder, Metall). **2)** Schutzplatte, bes. an Geschützen. – **S.** das, -s/-er, **1)** Sternbild des Südhimmels. **2)** Geschäfts-, Namenstafel u. dgl. **3)** schildförmige Platte an Krebsen, Insekten, Schildkröten. **4)** Schulterfell des männl. Wild-

Schilddrüse und Nachbarorgane

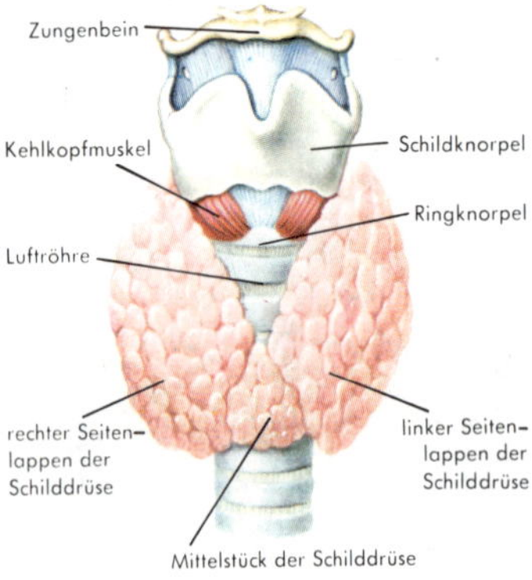

schweins. **5)** auffälliges Brustgefieder der männl. Auer- und Feldhühner.

Schildbürger, die törichten Bürger von Schilda, deren **S.-Streiche** das aus dem Lalebuch entstandene Volksbuch (1598) erzählt.

Schilddrüse, gefäßreiche lebenswichtige Drüse mit → innerer Sekretion, am Hals, unter dem Kehlkopf. Ihre Hormone, **Trijodthyronin, Thyroxin** und **Calcitonin,** regulieren Wachstum, Stoffwechsel. Übermäßige Tätigkeit der S., meist mit Kropfbildung verbunden, bewirkt Basedowsche Krankheit u.a., verminderte oder fehlende Tätigkeit Fettsucht, Myxödem, Kretinismus. (BILD S. 774)

Schildfarn, Farngatt. Der Auszug aus dem Wurzelstock der häufigen Art des **Wurmfarns** ist Bandwurmmittel.

Schildkröten, Ordn. der Reptilien mit Bauch- und Rückenschild aus Knochenplatten, die mit Horntafeln **(Schildpatt)** überzogen sind. Kopf, Beine und Schwanz können unter dem Panzer geborgen werden. Die S. haben statt der Zähne Hornschneiden. Sie sind zäh- und langlebig und pflanzen sich durch Eier fort, die sie in den Boden legen. Man unterscheidet: 1) Land- und Sumpf-S., leben von Pflanzen. **Griech. Land-S.; Riesen-** oder **Elefanten-S.,** auf den Galapagosinseln, bis 2 m lang, bis 500 kg schwer, werden über 100 Jahre alt; **Europ. Sumpf-** oder **Teich-S.,** schwarzgrün und gelblich, im wärmeren Europa. 2) See- oder Meeres-S., mit Flossenfüßen, leben von Meerestieren. **Suppen-S.,** in warmen Meeren, eßbar. **Karett-S.,** dunkelbraun, bes. im Karib. Meer; werden des Schildpatts wegen gejagt.

Schildläuse, Pflanzenläuse; die schildförmigen Weibchen sind flügellos. Sie saugen sich auf Pflanzen fest, von deren Saft sie leben. Viele Arten sind schädlich, so Kommalaus, San-José-S.; andere nützen, z.B. Lack-S., Koschenille.

Schildläuse

Schildpatt das, getrocknete Hornplatten vom Panzer der Karettschildkröte; z.B. für Kämme.

Schilf das, am Wasser wachsende hohe grasähnl. Pflanzen; bes. das Schilfrohr dient als Auflage für Wände, zu Matten, Geflechten.

Schilfpalme, Fiederpalmengatt., lianenart. Kletterpflanzen mit dünnen, langen Stämmen (z.B. der **Rotang).** Diese dienen als Flechtmaterial **(Peddigrohr).**

Schill, Ferdinand v., preuß. Offizier *1776, †1809; bekämpfte 1809 mit seinen Husaren auf eigene Faust die napoleon. Fremdherrschaft, fiel in Stralsund im Straßenkampf.

Schiller, 1) Friedrich v., * Marbach 10. 11. 1759, † Weimar 9. 5. 1805; besuchte als Sohn des Militärwundarztes Johann Kaspar S. auf Befehl des Herzogs 1773-80 die Militärakad. (Karlsschule), veröffentlichte als Regimentsmedikus in Stuttgart 1781 »Die Räuber« und floh 1782. Danach arbeitete er an »Kabale und Liebe« und wurde 1783 als Theaterdichter in Mannheim angestellt. In höchster wirtschaftl. Not bot ihm C. G. → Körner 1785 Hilfe und

Schildkröten: links Sumpf-S., rechts Rotwangen-S.

Unterkunft in Leipzig, dann in Dresden. Dort entstand »Don Carlos«, das letzte seiner Jugendwerke, die dem → Sturm und Drang angehören. Nach der Übersiedlung nach Weimar 1787 erhielt S. 1789 durch Goethes Vermittlung eine Professur für Geschichte und Philosophie in Jena. 1790 heiratete er **Charlotte von Lengefeld** (*1766, †1826). Früchte der histor. Studien sind »Die Geschichte des Abfalles der vereinigten Niederlande« (1788) und »Die Geschichte des Dreißigjähr. Krieges« (1791-93). Die Auseinandersetzung mit Kant zeitigte viele philosoph. und ästhet. Abhandlungen. Seine Freundschaft mit Goethe ließ u.a. die Balladen und Xenien als Zeugnisse gemeinschaftl. Arbeit entstehen. Gesundheitlich gefährdet, arbeitete S. an seinen großen Dramen »Wallenstein« (1798/99), »Maria Stuart« (1800), »Die Jungfrau von Orléans« (1801), »Die Braut von Messina« (1803), »Wilhelm Tell« (1804). Über der Arbeit am »Demetrius« starb er. Ein leidenschaftl. sittl. Heroismus ist die Triebfeder von S.s Schaffen. Seine Ideendramen verherrlichen sittl. Freiheit, die den Menschen, wo er sie festhält, noch im Untergang siegen läßt, ferner Geist- und Menschheitsglauben des dt. Idealismus. In seinen philosophisch-ästhet. Schriften findet seine Prosa ihren Höhepunkt. **2)** Karl, Politiker (SPD), *1911, Prof., 1966-72 Bundesmin. für Wirtschaft und 1971-72 für Finanzen.

F. v. Schiller

K. Schiller

Schillerfalter, Tagfalter, Männchen blau schillernd, Weibchen braun; im Laubwald.

Schillergesellschaft, Deutsche S., aus dem 1895 gegr. **Schwäb. Schillerverein** hervorgegangen; Sitz Marbach a.N.; verwaltet das Schiller-Nationalmuseum (eröffnet 1903).

Schiller-Stiftung, Deutsche S.-S., gegr. 1859, zur Unterstützung dt. Schriftst. und ihrer Hinterbliebenen, verlor 1945 ihr Vermögen. **Dt. Friedrich S.-S. e.V.,** neu gegr. 1953, Sitz: Darmstadt. **Schweizerische S.,** 1905 gegr., verteilt den Großen Schillerpreis.

Schilling der, **1)** nach der Münzordnung Karls d. Gr. = $\frac{1}{20}$ Pfund Silber = 12 Pfennig, nach dem Reichsmünzfuß von 1559 = $\frac{1}{32}$ Taler, oder $\frac{1}{28}$ Gulden. **2)** Währungseinheit in Österreich (1 S. = 100 Groschen), in Großbritannien bis 1971 (1 S. = 12 Pence).

Schillings, Max v., Komponist, *1868, †1933; Opern (»Mona Lisa«), Lieder.

Schimäre die, → Chimäre.

Schimmel der, **1)** zerstörender Pilz auf organ. Stoffen, z.B. der Algenpilz **Kopf-S.,** mit runden Sporenträgern; die zu den Schlauchpilzen zählenden **Gießkannen-S.** sowie **Pinsel-S.,** mit pinselähnlichen Sporenträgern. Eine Art des Pinsel-S. liefert das Penicillin. **2)** (teilweise) weißes Pferd (z.B. der Apfel-S., Grau-S.).

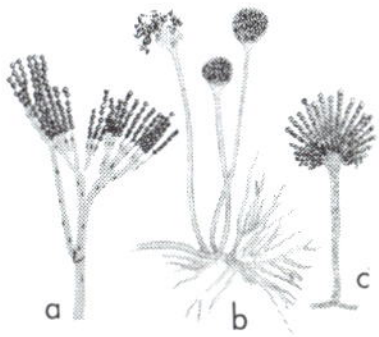

Schimmel 1): a Penicillium, b Mucor, c Aspergillus

Schimmelreiter der, Spukgestalt, Anführer der Wilden Jagd, Novelle von T. Storm.

Schimpansen, Gatt. der Menschenaffen im trop. Afrika, Männchen bis 1,7 m, die Weibchen bis 1,30 m groß, mit beweglichen Lippen, platter Nase, menschenähnlichen Ohren; sehr gelehrig.

Schindanger, der, Abdeckerei.

Schindel die, schmales Brettchen zum Decken von Dächern und Hauswänden.

Schimpanse

Schinkel

Schlafmäuse: Gartenschläfer

Schlägel: S. und Eisen

Schinderhannes, eigtl. Johann **Bückler,** *1783, †(enthauptet) 1803, Anführer einer Räuberbande in den Rheinlanden.

Schinkel, Karl Friedrich, klassizist. Baumeister und Maler, *1781, †1841; Bauten in Berlin: Neue Wache, Schauspielhaus, Altes Museum, Werdersche Kirche. (BILD Romantik)

Schipkapaß, Paß im Balkan in Bulgarien, zw. Gabrowo und Kasanlak, 1333 m hoch.

Schippe die, **1)** Schaufel. **2)** Pik im Kartenspiel.

Schirach, Baldur v., *1907, †1974; 1933 bis 40 Jugendführer des Dt. Reiches, 1940-45 Gauleiter und Reichsstatthalter in Wien; 1946-66 in Spandau inhaftiert.

Schirmer, Herbert, Politiker (CDU), *1945; seit April 1990 Min. für Kultur in der Dt. Dem. Rep.

Schirmgitter das, → Elektronenröhre.

Schirmpalme, versch. Fächerpalmen in Indien, Indonesien; Zimmerpflanzen.

Schirmquallen, Scheibenquallen, Klasse der Hohltiere, gallertige Meeresbewohner mit Generationswechsel, scheibenförmig; **Ohrenqualle** an dt. Küsten.

Schirokko [arab.] der, ital. **Scirocco,** im Mittelmeergebiet heißer Südwind.

Schirrmann, Richard, *1874, †1961, begr. 1910 das Dt. Jugendherbergswerk.

Schirting der, Baumwollgewebe; stark appretiert, auf Glanz gemangelt, Futterstoff.

Schisma [sç'isma, grch. »Spaltung«] das, -s/...men, Kirchenspaltung; bes. Bez. für eine Spaltung der Kath. Kirche mit Päpsten in Rom und in Avignon (**Großes S.,** 1378-1417).

Schitomir [ʒit'omir], Stadt in der Ukrain. SSR, 282 000 Ew.; vielseitige Ind.

Schizophrenie [grch.] die, **Spaltungsirresein,** meist im jugendl. Alter entstehende Geisteskrankheit mit Zerfall der geistigen Persönlichkeit, Gemüts- und Willensstörungen, Wahnbildungen, Sinnestäuschungen, Erregungszuständen.

schizothym, Temperamentstyp von empfindsamer Geistesverfassung (nach E. Kretschmer).

Schjelderup, Gerhard, norweg. Komponist, *1859, †1933; Opern, sinfon. Dichtungen; Musikschriftst.

Schklowskij, Šklovskij, Wiktor Borissowitsch, russ. Literaturtheoretiker, Schriftst., *1893, †1984; Mitbegründer und führender Vertreter des russ. Formalismus; neben seinem theoret. HW »Theorie der Prosa« stark memoirenhafte belletrist. Werke (»Sentimentale Reise«, »Kindheit und Jugend«).

Schlachta, poln. **Szlachta** [ʃ-, von ahd. slahta »Geschlecht«] die, früherer poln. Adel.

Schlachthof, öffentl. Einrichtung zum Schlachten von Vieh, mit Ställen **(Viehhof),** Schlachthallen, Kühlhäusern; ständig tierärztl. überwacht.

Schlacke die, **1)** Abfallstoffe bei der Verhüttung der Erze, z.B. kieselsäurereiche S. des Hochofens, kalkreiche Thomasschlacke (→ Thomasmehl). **2)** vulkan. Lavabrocken. **3)** ♡ unverdaul. Nahrungsteile.

Schlackenkost, Diät, die viele Ballaststoffe enthält zur Anregung der Darmtätigkeit.

Schladming, Kurort in der Steiermark, Österreich, 3700 Ew.; **Schladminger Alpen** mit Hochgolling (2863 m).

Schlaf der, für das Leben wichtige natürl. Ausgleichstätigkeit, die von zentraler Stelle (**S.-Zentrum** im Zwischenhirn) aus gesteuert wird. Zum **orthodoxen S.** gehört der Tiefschlaf in der ersten Nachthälfte; darauf folgt der **REM-S.** (von engl. **r**apid **e**ye **m**ovement »rasche Augenbewegung«) mit periodisch auftretenden Traumphasen. S.-Bedürfnis, S.-Zeiten, S.-Dauer wechseln stark und sind von Lebensalter, Beruf, Gewohnheiten, Klima abhängig.

Schlaf, Johannes, Dichter, *1862, †1941, begr. mit A. Holz den dt. Naturalismus.

Schläfe die, zw. äußerem Augenwinkel, Ohr, Stirn und Jochbogen gelegener Teil des Schädels.

Schlafkrankheit, 1) Trypanosomiasis, Infektionskrankheit im trop. Afrika, erregt von Geißeltierchen (Trypanosomen). **2) europäische S.,** »Schlafgrippe«, epidem. Gehirnentzündung.

Schlaflosigkeit, zu kurze Dauer oder zu geringe Tiefe des Schlafes. **Schlafstörungen** sind oft seelisch bedingt, auch durch Genußmittelmißbrauch, Schmerzen u.a.; Behandlung je nach Ursache.

Schlafmäuse, den Eichhörnchen verwandte Nagetiere, leben auf Bäumen, halten Winterschlaf. Der **Gartenschläfer** ist ein Obstschädling; **Siebenschläfer; Haselmaus.**

Schlafmittel, ♡ S. mit rasch einsetzender und etwa 3-4stündiger Wirkungsdauer heißen **Einschlafmittel,** solche mit 7-8stündiger **Durchschlafmittel** und S. mit noch längerer Wirkung **Dauer-S.** Als S. dienen z.B. Abkömmlinge der Barbitursäure. Mißbrauch kann zu **S.-Sucht** führen.

Schlafsucht, Folge einer Störung des Schlafzentrums, bes. bei Gehirnschädigungen.

Schlafwagen, Eisenbahnwagen mit Schlafabteilen für 1-3 Personen. **Liegewagen** haben Abteile mit 6 Liegepolstern.

Schlafwandeln, → Somnambulismus.

Schlag der, **1)** ‡ flächenweise erfolgter Kahlabtrieb eines Baumbestandes; auch die Fläche selbst. **2)** Landwirtschaft: jedes Glied einer Fruchtfolge. **3)** ⚓ Stich, Knoten, Tauschlinge; Strecke zw. 2 Wenden beim Kreuzen. **4)** ⚽ Treiben des Balls mit dem Schläger; beim Schwimmen, Rudern Einzelphase der Bewegung; beim Boxen der Hieb. **5)** ⚘ alle Individuen einer Haustierrasse, die örtlich bedingte Eigenheiten aufweist.

Schlag|adern Mz., **Arteri|en,** Blutgefäße, die vom Herzen weg in den Körper führen; sie enthalten, mit Ausnahme der Lungen-S., sauerstoffreiches, hellrotes Blut.

Schlag|anfall, grch. **Apoplexie** die, plötzlich auftretende, meist mit Bewußtseinsverlust und Lähmungen verbundene Ausschaltung von Hirnteilen (Gehirnschlag).

Schlagball, Ballspiel: 2 Parteien (Schläger und Fänger) kämpfen um ein Mal.

Schlägel der, Hammer des Bergmanns.

schlagende Wetter, Schlagwetter, ⚒ Grubenwetter, mit einem best. Gehalt an Grubengas (→ Methan). Sie explodieren heftig bei Berührung mit offenen Flammen, Funken, z.B. bei Sprengungen.

Schlager der, **1)** ♩ leicht eingängiges, oft gefühlsseliges Gesangsstück ohne künstler. Anspruch. **2)** Ü leicht verkäufl. Ware u.a.

Schlageter, Albert Leo, Offizier, *1894, †1923; war 1923 aktiv am Widerstand gegen die Ruhrbesetzung beteiligt; von den Franzosen standrechtlich erschossen.

Schlagintweit, drei Brüder, Asienforscher; Adolf (*1829, †1857) und Hermann (*1826, †1882) bestiegen 1851 als erste den Monte Rosa und bereisten mit Robert (*1833, †1885) 1854-57 Vorderindien, das Himalayagebiet, Karakorum, Kun-lun, Tarimbecken.

Schlaglot, Hartlot, → löten.

Schlagring, Schlagwaffe: eiserner Bügel mit 4 Ringen zum Überstreifen über 4 Finger.

Schlagsahne die, **Schlag|obers** der, steif geschlagener Rahm.

Schlagschatz, Unterschied zw. Nenn- und Metallwert einer Münze abzüglich der Prägekosten **(Münzgewinn).**

Schlagseite, Überliegen eines Schiffes nach einer Seite.

Schlagwetter, → schlagende Wetter.

Schlagzeug, ♩ Musikinstrumente, deren

Ton durch Schlagen erzeugt wird; Trommel, Pauke, Becken, Triangel usw.

Schlamassel [hebr.] der, das, Unglück.

Schlamm der, **Schlick,** Mischung von Wasser mit feinverteilten festen Stoffen.

Schlammbeißer, Schlammpeitzger der, Karpfenfisch, 20-30 cm lang, in schlammigen Gewässern.

Schlammfisch, urtüml. Kahlhecht, Raubfisch im Mississippi, verbringt den Winter im Schlamm.

Schlammfliege, bienenähnl. Schwebfliege, deren Larve **(Rattenschwanzmade)** mit Atemröhre im Schlammwasser lebt.

Schlämmkreide, durch Einrühren in Wasser und Absetzen von fremden Bestandteilen gereinigte Kreide, wird zu Zahnpasten, Kitten und als Poliermittel verwendet.

Schlangen Mz., Ordn. der Reptilien, mit langgestrecktem, gliedmaßlosem Körper, der mit Schuppen bedeckt ist. Die Haut wird mehrmals im Jahr abgestreift **(Natternhemd).** Die S. bewegen sich fort durch Schlängelung, mit Aufstellen der Bauchschuppen. Maul, Rachen, Speiseröhre und Magen sind dehnbar. Die Beute wird verschlungen. Die Zähne dienen nur zum Festhalten der Beute, bei **Gift-S.** auch zum Töten **(Giftzähne).** Fortpflanzung meist durch Eier. (→ Riesenschlange)

Schlangenbad, Kurort und Bad im Taunus, Hessen, 5800 Ew.; warme Heilquellen.

Schlangengift, enthält Nerven- und Blutgifte. Die Nervengifte lähmen die Nervenzentren, bes. das Atemzentrum. Die Blutgifte bewirken Zusammenballen der roten Blutkörperchen. Serumbehandlung.

Schlangensterne, → Stachelhäuter mit 5 langen, bewegl. Armen, in allen Meeren.

Schlankaffen, zierl. Affen S-Asiens mit langem Schwanz und langgliedrigen Händen, z. B. **Nasenaffe, Hulman.**

Schlaraffenland, Märchenland, in dem Milch und Honig fließen, Faulheit Tugend, Fleiß Laster ist; die Vorstellung geht auf das verlorene Paradies zurück.

Schlauchboot, Wasserfahrzeug, zu Bootsform aufblasbarer Floßsack.

Schlauchpilze, Pilze, deren Sporen im Innern von Zellschläuchen entstehen; z. T. Krankheitserreger, auch Speisepilze oder Antibiotikalieferanten. Zu den S. zählen: Morchel-, Trüffel-, Mehltau-, Hefepilze, Mutterkorn u. a.

Schlaun, Johann Conrad, Baumeister, *1695, †1773; Meister des westfäl. Barock.

Schlegel der, **1)** Schlagzeug, Klöppel. **2)** Kochkunst: Hinterkeule.

Schlegel, 1) August Wilhelm v., Literaturkritiker und Sprachforscher, *1767, †1845; verbreitete die Ideen der Romantik, vermittelte als Übersetzer den Dt. die europ. Literaturen, bes. Shakespeare (17 Dramen). **2)** Caroline, *1763, †1809; bis 1803 Gattin von 1), dann von → Schelling, eine der geistvollsten Frauen der Frühromantik. **3)** Dorothea, Erzählerin und Übersetzerin, *1763, †1839; Tochter Moses Mendelssohns, verheiratet mit dem Bankier Veit, dann mit 4), hatte um sich in Wien einen literar. Kreis gesammelt. **4)** Friedrich v., Dichter und Philosoph, Bruder von 1), *1772, †1829, begr. als genialer Anreger die frühromant. Welt- und Kunstanschauung und als Sprachforscher die altind. Sprachwissenschaft in Dtl.

Schlangensterne: zerbrechl. S.

Schlehe die, **Schwarzdorn,** dorniger Strauch, Rosenblütler, in Hecken, Waldrändern, mit weißen Blüten; die zwetschgenfarbigen, herben Steinfrüchte geben Branntwein.

Schlei die, lange, flußartige Ostseebucht in Schlesw.-Holst.

Schleich, Carl Ludwig, Arzt und Dichter, *1859, †1922, erfand eine Art der örtl. Betäubung (Infiltrationsanästhesie).

Schleicher, Kurt v., General, *1882, †1934; 1932 Reichswehrmin., Dez. 1932/Jan. 1933 Reichskanzler; im Zusammenhang mit dem Röhm-Putsch von SS-Angehörigen ermordet.

Schleichhandel, der → Schwarzhandel.

Schleichkatzen, Fam. marderähnl. Raubtiere mit langgestrecktem Körper, langem Schwanz und kurzen Beinen; Nachttiere; so die **Zibetkatze,** deren Afterdrüsen das als Riechstoff verwendete Zibet liefern; **Ichneumon, Manguste, Mungo** sind wichtige Schlangenvertilger.

Schleiden, Matthias, Naturforscher, *1804, †1881; Prof. in Dorpat, entdeckte, daß der Pflanzenkörper aus Zellen aufgebaut ist.

Schleie die, **Schlei** der, Karpfenfisch in Europa und Nordasien, bis 50 cm lang, bis 5 kg schwer; lebt in schlammigem Süßwasser.

Schleier der, **1)** leichtes Tuch, um Hut und Kopf getragen **(Braut-, Trauer-S.).** Nach der Sittenlehre des Islam verschleiern die Frauen in islam. Ländern noch heute vielfach ihre Gesichter; seit 1926 in der Türkei verboten. **2)** **Indusium,** Organ der Farne.

Schleiermacher, Friedrich Daniel Ernst, Theologe und Philosoph, *1768, †1834, versuchte Theologie und idealist. Philosophie zu verbinden. Das relig. Bewußtsein des Menschen (»Gefühl schlechthinniger Abhängigkeit«), weniger das Wort Gottes, ist das Thema seiner Theologie.

Schleierschwanz, beliebter Aquarienfisch, eine Abart des Goldfisches, mit durchsichtiger Schwanzschleppe.

Schleife die, Teil eines Computerprogramms, das mit jeweils anderen Daten mehrfach durchlaufen wird.

schleifen, 1) ⊙ Verfahren der spanenden Formung: die scharfen Kanten der Körner des Schleifkörpers nehmen feine Späne vom Werkstoff ab. **2)** ∴ Befestigungswerke niederlegen.

Schleim der, **1)** ♡ zähe, schlüpfrige Flüssigkeit, Absonderung von **S.-Drüsen** und Becherzellen der **S.-Häute.** Diese kleiden als Fortsetzung der äußeren Haut die Kanäle des Körpers aus (Magen-Darm-Kanal, Luftwege u. a.). **2)** **Pflanzen-S.,** Speicherstoff, z. B. in Zwiebeln, Knollen von Knabenkraut-Arten.

Schleimbeutel, ♡ in sich abgeschlossene Verschiebespalten, die mit Gelenkflüssigkeit gefüllt sind; mildern die Reibung zw. Haut, Sehnen, Gelenkkapseln und Knochen.

Schleimpilze, Gruppe niederer Lebewesen an der Grenze zw. Tierreich und Pflanzenreich; nackte Zytoplasma-Massen mit sporenbildenden Fruchtkörpern; z. B. Lohblüte.

Schleißheim, 2 Schlösser nordwestlich von München (Altes und Neues Schloß).

A. W. v. Schlegel

F. v. Schlegel

Schleiermacher

Schlemihl [hebr.], Pechvogel, Unglücksmensch; Märchen von Chamisso.

Schlemmer, Oskar, Maler, *1888, †1943; Meister am → Bauhaus, malte menschl. Figuren in streng geordnetem Bezug zum Raum.

Schlempe die, Abfall der Spiritusbrennerei, Futtermittel.

Schleppe die, auf dem Boden nachschleifender Saum des Frauenkleides.

Schlepper der, **1) Schleppdampfer,** zieht Frachtkähne oder Schleppkahnzüge an Seilen. **2)** → Zugmaschine.

Schleppnetz, Gerät der Fischerei.

Schleppschiffahrt, 1) Überführung von Schwimmkörpern aller Art über See. **2)** Schleppen von Kähnen und Schiffen ohne Eigenantrieb gegen Entgelt (Schlepplohn).

Schlern der, ital. **Sciliar** [ʃili'ar], Kalk- und Dolomitstock in Südtirol über der Seiser Alm, 2564 m hoch.

Schlesien
(historisches Wappen)

Schlesien, Landschaft beiderseits der oberen und mittl. Oder, zw. Sudeten im SW und poln. Ebene im O; meist Tiefland, an das sich nach SW mit einer Reihe von Vorbergen die Kette der Sudeten anschließt. WIRTSCHAFT. Acker- und Gartenbau mit reichen Erträgen, Obstbau. Reichtum an Bodenschätzen (Braunkohle in der Oberlausitz, Steinkohle um Waldenburg und in Ober-S., wo auch Zink, Blei und Eisen gefördert werden) ließ in Ober-S. bed. Schwerind. entstehen; in Nieder-S. Ton-, Porzellan-, Cellulose-, Textil-Ind. ⊕ S. 488/89.

Ⓖ Der Name S. geht wahrscheinlich auf die Silingen zurück, einen Teilstamm der Wandalen. Seit Ende des 10. Jh. gehörte S. zu Polen, 1163 setzte Kaiser Friedrich I. eine Linie des poln. Herrscherhauses der Piasten als selbständige Herrscher ein. 1327-29 kam S. unter böhm. Lehnshoheit, mit Böhmen 1526 an die Habsburger. Durch die → Schlesischen Kriege fiel fast ganz S. mit der Gfsch. Glatz an Preußen (seit 1807 Prov.), dazu 1815 der Hauptteil der bisher sächs. Oberlausitz. 1919 wurden die preuß. Provinzen **Nieder-S.** (Hptst. Breslau) und **Ober-S.** (Hptst. Oppeln) gebildet. Ein Teil von Ober-S. fiel nach der 1921 dort abgehaltenen Volksabstimmung an Polen, obwohl rd. 60% für Dtl. gestimmt hatten. Der bis 1918 bei Österreich verbliebene Teil S.s wurde 1920 zw. Polen und der Tschechoslowakei geteilt. Ober- und Nieder-S. wurden 1934 zusammengefaßt, 1941 erneut aufgeteilt. 1945 wurde das preuß. S. östl. der Oder-Neiße-Linie unter poln. Verwaltung gestellt; der Landstrich westl. der Neiße wurde dem Land Sachsen angegliedert (seit 1952 Teil der Bez. Dresden und Cottbus).

Schlesische Kriege, die 3 Kriege Friedrichs d. Gr. gegen Maria Theresia, endeten für Österreich mit dem Verlust, für Preußen mit dem Gewinn Schlesiens: **1. S. K.** (1740-42), **2. S. K.** (1744/45, Österr. Erbfolgekrieg), **3. S. K.** (1756-63, Siebenjähriger Krieg).

Schleswig, 1) Stammgebiet der Kimbern, Angeln, Jüten und Friesen, als dän. Mark dem Fränk. Reich angegliedert, von Konrad II. an Dänemark abgetreten, wo es ein selbständiges Hzgt. wurde. → Schleswig-Holstein. **2)** Stadt in Schleswig-Holstein, 28600 Ew.; Hafen an der Schlei. Im MA. Bischofs- und Herzogssitz.

Schleswig-Holstein

Schleswig-Holstein, Land der Bundesrep. Dtl., 15696 km², 2,54 Mio. Ew.; Hptst.: Kiel. Verwaltung: 4 Stadt-, 17 Landkreise. ⊕ S. 488/89.

S.-H. umfaßt den südl. Teil der Jüt. Halbinsel und die ihm vorgelagerten Inseln. S.-H. hat im O seenreiches Grundmoränen-, im W Marschland, in der Mitte sandige Geest. Die Landwirtschaft ist vorherrschend, bes. Viehzucht und Milchwirtschaft, daneben Getreide-, Kartoffel-, Futterrüben-, Gemüse- und Obstbau; Baumschulen (Halstenbek). Fischerei; Schiffbau, Maschinen-, Nahrungsmittel- u. a. Ind.; Fremdenverkehr.

Ⓖ Die Schauenburger in → Holstein erwarben 1386 auch das Hzgt. Schleswig als dän. Lehen. Nach ihrem Aussterben wurde 1460 der Dänenkönig Christian I. aus dem Oldenburger Haus zum Landesherrn gewählt unter der Bedingung, daß Schleswig und Holstein »auf ewig ungeteilt« bleiben sollten. Als Herzog von Holstein war der dän. König zugleich Reichsfürst. Seit 1815 war Holstein ein Glied des Dt. Bundes, aber nicht Schleswig. Als die Dänen Schleswig von Holstein trennen und in Dänemark einverleiben wollten, erhoben sich 1848 die Schleswig-Holsteiner. Sie unterlagen im Dt.-Dän. Krieg von 1848-50 den Dänen. Als Bismarck ein gemeinsames Vorgehen Preußens und Österreichs erreichte, wurden die Dänen im Dt.-Dän. Krieg von 1864 besiegt und mußten S.-H. abtreten, das dann infolge des → Deutschen Kriegs von 1866 preußisch wurde. Durch Volksabstimmung auf Grund des Versailler Vertrags fiel N-Schleswig (im N der Flensburger Förde) 1920 an Dänemark. 1946 wurde aus der preuß. Prov. das Land S.-H. gebildet. MinPräs.: B. Engholm (SPD) (seit 1988).

Schleuder die, **1)** alte Wurfwaffe; von Naturvölkern benutzt. **2)** → Zentrifuge.

Schleuderball, ↗ Wurf- und Fangspiel zw. 2 Mannschaften mit einem Lederball, der an einer Schlaufe angepackt und geschleudert wird.

Schleuderguß, Gießverfahren, bei dem die Gußform in schnelle Drehung versetzt und das eingegossene Material (Beton, Metall) durch Fliehkraft an die Formwandung angepreßt wird, wo es erstarrt.

Schleudersitz, bei Gefahr mit Raketen aus einem Flugzeug herausschleuderbarer Pilotensitz, mit Fallschirm versehen.

Schleuse die, **1) Schiffs-S.** zur Überführung eines Schiffes von einem Gewässer in ein zweites mit anderer Höhe des Wasserspiegels. Bei der **Kammer-S.** fährt das Schiff in eine Kammer, die nach Ober- und Unterwasser Einfahrtstore besitzt. Durch Füllen oder Leeren der Kammer wird der Wasserspiegel dem Ober- oder Unterwasser angeglichen, so daß nach Öffnen des entsprechenden Tores die Fahrt fortgesetzt werden kann. **2) Luft-S.,** Kammer mit 2 Türen zur Überwindung von Druckunterschieden zwischen zwei Räumen.

Schlichtungswesen, ⚖ **1)** im Arbeitsrecht Maßnahmen zur Verhütung und Beilegung von Arbeitskämpfen; zunächst auf Grund von Vereinbarungen der Tarifparteien, dann durch ein staatl. Vermittlungsverfahren mit Zustimmung beider Parteien. **2)** Einigungsstellen bei den Ind.- und Handelskammern zur Beilegung von Wettbewerbsstreitigkeiten.

Schlick der, sandig-tonig-kalkige Anschwemmung des Meeres mit organ. Beimengungen.

Schleuse 1): a Kammer gefüllt, oberes Tor offen, Einfahrt; b beide Tore geschlossen, Schützen des unteren Tores geöffnet, Schleusung; c unteres Tor geöffnet, Ausfahrt

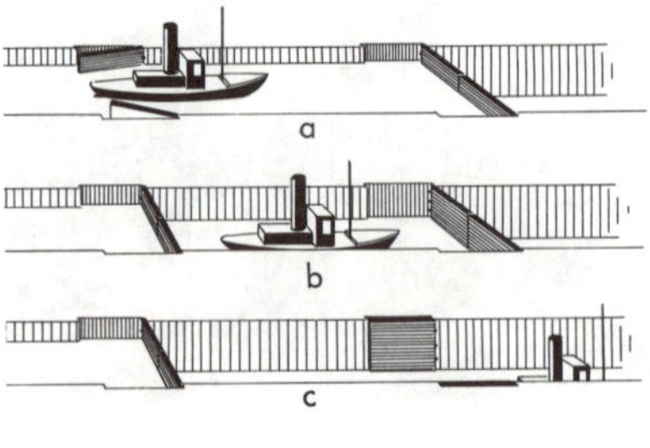

Schlick, Moritz, Philosoph, *1882, †1936; Vertreter des Neupositivismus.

Schlieffen, Alfred Graf von, preuß. Generalfeldmarschall (1911), *1833, †1913; 1891 bis 1905 Chef des Generalstabs, entwarf den Operationsplan für einen Zweifrontenkrieg: bei hinhaltendem Widerstand im O rasche Entscheidung im W durch Stärkung des rechten Flügels **(S.-Plan).**

Schliemann, Heinrich, Kaufmann und Archäologe, *1822, †1890; unternahm seit 1870 Ausgrabungen in Troja, Mykene, Tiryns, Orchomenos. »Selbstbiographie«.

Schlieren Mz., ⚗ beim Lösen eines Stoffes oder beim Mischen von Flüssigkeiten auftretende Gebilde, die das Licht anders brechen als der umgebende Stoff.

Schliersee, See in Oberbayern, am Nordende der Kurort S., 6000 Ew.; Bauerntheater.

Schließfach, 1) Post-, Bank-S., zu mietendes, verschließbares Fach bei der Post (zum Abholen von Postsendungen), in Banken usw. **2)** auf Bahnhöfen verschließbares Fach zur kurzfristigen Aufbewahrung von Kleingepäck.

Schließmuskel, ringförmiger Muskel, der Öffnungen umgibt (After-S., Blasen-S.).

Schliff [von schleifen] der, **1)** Schleifen von Metall, Glas, Edelsteinen. **2)** dadurch erreichte Eigenschaften: Schärfe, Glätte, Glanz usw. **3)** Ü feines Benehmen.

schlingern, ⚓ Pendeln des Schiffes um eine Längsachse infolge des Seeganges oder anderer Impulse. Ggs.: → stampfen. Gegenmaßnahmen: 1) **Schlingertanks,** paarweise an beiden Seiten des Schiffes eingebaut, enthalten Wasser oder flüssigen Brennstoff und sind durch Wasser- und Luftkanäle miteinander verbunden. Ihr Inhalt schwingt im Gegentakt zum Schiff und dämpft das S. 2) kreiselgesteuerte **Dämpfungsflossen** werden gegen den Fahrtstrom angestellt; sie wirken wie Tiefenruder eines U-Boots.

Schlingpflanzen, Kletterpflanzen, Lianen.

Schlitten [zu mhd. slîten »gleiten«] der, **1)** Fahrzeug mit Gleitschienen (Kufen) statt Rädern, auf Schnee und Eis (Pferde-S., Rodel, Bobsleigh, Skeleton, Hörner-S., Eisjacht). Der **Motor-S.** hat Raupenantrieb oder Luftschrauben. **2)** ⊙ hin und her gleitender Maschinenteil, z. B. Gleitschuh, Walzenträger bei der Schreibmaschine. **3)** ⚓ Vorrichtung, auf der das Schiff vom Stapel gelassen wird.

Schlittschuhe, mit einer Kufe versehene Schuhe zum Gleiten auf Eis, meist aus Metall; Knochen-S. aus der Steinzeit nachweisbar.

Schlitzsteuerung, die Steuerung des Ladungswechsels von Zweitaktmotoren oder von Schiebermotoren durch Schlitze.

Schlöndorff, Volker, Filmregisseur, *1939; »Der junge Törless«, »Die verlorene Ehre der Katharina Blum«, »Die Blechtrommel« (nach G. Grass), »Die Fälschung«, »Eine Liebe von Swann« u. a.

Schloß [von schließen] das, ...sses/Schlösser, **1)** Wohngebäude, bes. von Fürsten, i. Ggs. zur → Burg meist unbefestigt. **2)** Vorrichtung zum Verschließen von Türen u. dgl. Das gewöhnl. **Kasten-S.** besitzt eine Zuhaltung. Das **Sicherheits-S.** (häufig ein Zylinder-S.) verwendet mehrere Zuhaltungen, die nur durch Schlüssel mit best. Bart in die zum Öffnen nötige Lage gebracht werden können. Das **Kombinations-S.** läßt sich ohne Schlüssel durch Einstellung bestimmter Zahlen oder Buchstaben öffnen. **3)** ∴ bei Handfeuerwaffen: hinterer Verschluß des Laufes; dient zum Laden, Spannen und Entzünden der Ladung.

Schlosser, 1) Friedrich Christoph, Historiker, *1776, †1861; Prof. in Heidelberg; »Weltgeschichte für das dt. Volk«. **2)** Johann Georg, Schriftst., *1739, †1799; Freund und Schwager Goethes.

Schlot der, → Schornstein.

Schlözer, August Ludwig von (1802), *1735, †1809; Historiker und einflußreicher polit. Publizist der dt. Aufklärung.

Schluchsee, See im südl. Schwarzwald, 930 m ü. M.; Talsperre mit Kraftwerk.

Schlucken, 1) reflexartig ablaufende Muskelzusammenziehungen, durch die zu Bissen geformte Nahrung oder Flüssigkeiten aus der Mundhöhle in den Magen befördert werden. **2) Schluckauf,** stoßweise auftretende, krampfartige Zwerchfellzusammenziehungen.

Schluck|impfung, → Impfung, bei der der Impfstoff durch den Mund aufgenommen wird, z. B. die → Sabin-Impfung.

Schlund der, unterer Teil des Rachens.

Schlupf der, **1)** ⚡ Drehzahlabfall des Asynchronmotors, bezogen auf die Drehfelddrehzahl. **2)** ⊙ Drehzahlabfall des belasteten Riementriebs, abhängig von Umschlingungswinkel und Riemenspannung.

Schlupfwespen, Hautflüglersippe; die Weibchen legen mit dem Legebohrer ihre Eier in Eier oder Larven anderer Insekten.

Schluß der, Logik: Ableitung eines Urteils aus einem anderen Urteil **(unmittelbarer S., Folgerung),** z. B.: alle Menschen sind sterblich; alle unsterbl. Wesen sind keine Menschen; oder aus mehreren anderen Urteilen **(mittelbarer S., Syllogismus),** z. B.: die Fische haben kaltes Blut, der Hecht ist ein Fisch, also hat der Hecht kaltes Blut. Der Syllogismus besteht also aus 2 Vordersätzen **(Prämissen)** und einem Schlußsatz **(Konklusion).**

Schlüssel der, **1)** → Schloß. **2)** verabredete Wörter, Silben, Ziffern, Zeichen. **3)** ♩ Zeichen am Anfang der Notenlinien zur Bestimmung der Tonhöhe (C-, F-, G-S.).

Schlüsselbein, längl. flach S-förmig gekrümmter Knochen zw. Brustbein und Schultergelenk. (BILD Skelett)

Schlüsselblume, Primel, ⚘ Gatt. der Primelgewächse mit zahlreichen Arten.

Schlüsselgewalt, 1) Berechtigung jedes Ehegatten, Geschäfte zur angemessenen Deckung des Lebensbedarfs der Familie mit Wirkung auch für den anderen Ehegatten zu besorgen (§ 1357 BGB). **2)** nach kath. Lehre die von Christus verliehene höchste geistl. Gewalt, die dem Papst als Nachfolger des Petrus zusteht.

Schlüssel|industrie, Industriezweige, die andere Wirtschaftszweige mit Rohstoffen und Halbfabrikaten versorgen (z. B. Hüttenind.).

Schlüsselkind, auf sich gestelltes Kind berufstätiger Eltern, das den Wohnungsschlüssel erhält.

Schlüsselroman, Roman, in dem wirkl. Personen und Vorkommnisse mehr oder weniger erkennbar dargestellt sind.

Schlüsseltechnologi|en Mz., → Technologien, von denen vielfältige Impulse ausgehen, die das wirtschaftl. und gesellschaftl. Umfeld grundlegend verändern, z. B. Gentechnologie, Energietechniken, Krebstherapie u. a.

Schlüssigkeit die, ⚖ im Prozeß die logische Geschlossenheit des Vorbringens und des Antrages einer Partei; eine Klage ist z. B. **schlüssig,** wenn die vorgetragenen Tatsachen den Klageantrag auf Grund der geltenden Gesetze rechtfertigen.

Schlußstein, 🏛 Scheitelstein eines Gewölbes.

Schlüter, Andreas, Baumeister, Bildhauer, * um 1660, †1714 (?); Hauptmeister des norddt. Barocks: Berliner Schloß (1950 abgetragen), Reiterdenkmal des Großen Kurfürsten, Masken sterbender Krieger am Zeughaus.

Schmalenbach, Eugen, Betriebswirtschaftler, *1873, †1955; befaßte sich bes. mit Kostenrechnung, Finanzierung, Bilanz (»dynam. Bilanz«).

Schliemann

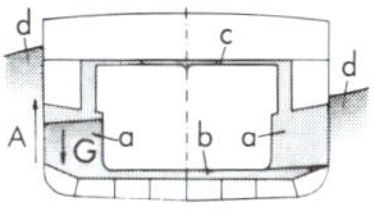

schlingern: Schlingertank, a Seitenbehälter, b Überströmkanal, c Luftkanal, d Wellenbewegung, A Auftrieb der Welle, G Wassergegengewicht im Behälter

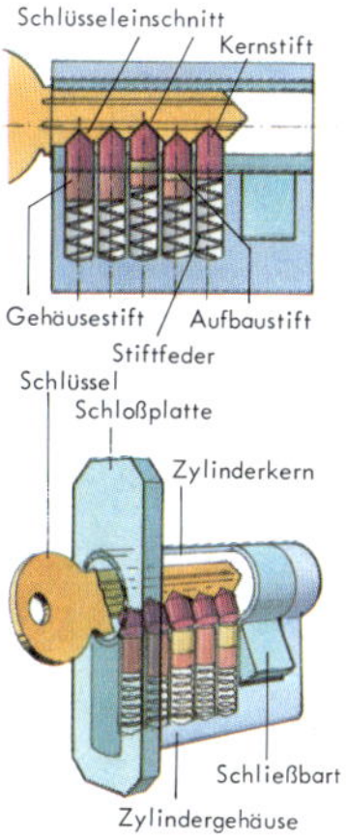

Schloß 2): Zylinderschloß

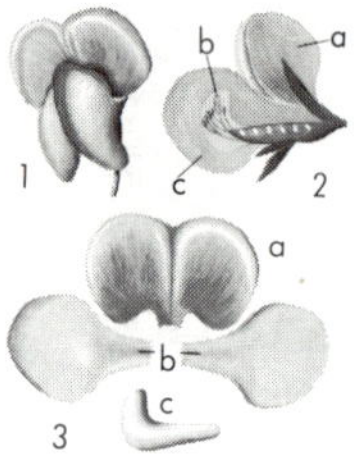

Schmetterlingsblüter: **1** Erbsenblüte, **2** Längsschnitt, a Fahne, b Schiffchen, c Flügel, **3** Teile der Blüte (a, b und c wie 2)

Schmalfilm, Film bis 16 mm Breite.

Schmalkalden, Kurort und Krst. im Bez. Suhl, 17300 Ew.; alte Fachwerkhäuser; Kleineisenind.

Schmalkaldische Artikel, von Luther 1536 verfaßtes Glaubensbekenntnis, das 1580 in das → Konkordienbuch aufgenommen wurde.

Schmalkaldischer Bund, der von den meisten protestant. Fürsten und Städten unter Führung der Kurfürsten von Sachsen und des Landgrafen Philipp von Hessen gegen Kaiser Karl V. 1531 in Schmalkalden geschlossene Bund. Im **Schmalkald. Krieg** 1546/47 siegte Karl V. bei Mühlberg; Kurfürst Johann Friedrich und Landgraf Philipp gerieten in kaiserl. Gefangenschaft, der S. B. löste sich auf.

Schmalspurbahnen, EISENBAHN: Schienenbahnen mit geringerer Spurweite (→ Spurweite) als Normalspur.

Schmaltier, 🦌 weibl. Hirschwild im 2. Jahr bis zur ersten Brunft.

Schmarotzer, Parasiten, Tiere oder Pflanzen, die auf Kosten eines andern Lebewesens (Wirt) leben. Die **Außen-S.** sitzen auf dem Wirt, z. B. Läuse, Stechmücken, Milben. Die **Innen-S.** leben im Körper des Wirtes, z. B. Bandwürmer, krankheitserregende Bakterien. Sie ernähren sich von seinen Körperbestandteilen. Anpassungen: Haftorgane (Blutegel), Saugorgane (Floh), Rückbildung der Bewegungs-, Sinnes-, Verdauungsorgane. Unter den Pflanzen gibt es **Voll-S.** ohne Chlorophyll (Schuppenwurz, Kleeseide) und **Halb-S.,** die mit Hilfe ihres Chlorophylls assimilieren können (Mistel).

Carlo Schmid

Schmätzer der, 🦌 den Drosseln nahestehende, am Boden brütende Singvögel, z. B. Stein-S., Braunkehlchen, Schwarzkehlchen.

Schmeil, Otto, Biologe, *1860, †1943, gab botan. und zoolog. Lehrbücher heraus.

Schmeißfliege, Brummer, große blauschimmernde Fliege; Eier an Fleisch, Aas.

Schmeling, Max, Boxer, *1905; 1930-32 Weltmeister im Schwergewicht.

H. Schmidt

Schmelz der, **1)** glänzender, oft gefärbter Überzug auf Metallgegenständen (Email). **2)** Glasur auf Tonwaren. **3)** ♡ 🦌 **Zahn-S.,** glänzende oberste Schicht des Zahnes.

schmelzen, Übergang aus dem festen in den flüssigen Aggregatzustand bei bestimmter Temperatur, dem **Schmelzpunkt.** Die dabei aufgenommene **Schmelzwärme** bewirkt keine Temperaturerhöhung.

Schmelzfarben, mit Metalloxiden gefärbte Glasflüsse, zum Einbrennen auf Glas, Porzellan, Email.

Schmelzmalerei, → Emailmalerei.

Schmelzofen, Ofen zum Schmelzen von Metallen, → Industrieöfen.

Schmelzschupper, urtüml. Fische (Ganoiden), z. T. mit Schuppen, die wie mit Zahnschmelz überzogen sind.

Schmelzsicherung, ⚡ → Sicherung.

Schmer das, der, rohes Fett, Flomen.

Schmerle die, **Bartgrundel,** schlanker Karpfenfisch, mit 6-10 Bartfäden, in Bächen, Teichen.

Schmerling der, eßbarer Röhrenpilz mit braunem Hut und schmieriger Haut.

Schmerz der, quälende körperl. Empfindung. In der Haut kann der **Oberflächen-S.** von den **S.-Punkten** her ausgelöst werden. Der **Tiefen-S.** wird von Nervennetzen in den Muskeln u. a. aufgenommen. Der **Eingeweide-S.** wird von den Nerven des vegetativen Nervensystems vermittelt. Seel.-S. als Gefühlsqualität (bei Verlust, Trauer, Leid) kann bis in die Bereiche körperl. S. hineinreichen.

Schmerzbekämpfung, grch. Name **Anästhetik,** Verfahren, um Schmerzen zu lindern oder zu beseitigen, um Unempfindlichkeit (**Anästhesie,** → Betäubung) zu erreichen.

Schmerzensgeld, ⚖ Geldentschädigung, die bei Verletzung des Körpers, der Gesundheit sowie der Freiheit neben dem Ersatz des Vermögensschadens verlangt werden kann (z. B. für Schmerzen, Verunstaltung). Die Höhe bestimmt sich nach Billigkeit.

Schmerzklinik, Einrichtung der Medizin, die sich mit Patienten befaßt, die an chron. Schmerzen leiden; ambulante und stationäre Behandlung.

Schmetterlinge, Falter Mz., artenreiche Ordn. der Insekten, mit 4 häutigen Flügeln, die mit kleinen, farbigen Schuppen bedeckt sind. Sie haben saugende Mundwerkzeuge (Rüssel) und eine vollkommene Verwandlung (Ei, Raupe, Puppe, S.). Die Raupen vieler S. sind durch Fraß schädlich. Zu den S. gehören Groß-S. und Klein-S., Schwärmer, Spinner, Spanner, Eulen u. a. (BILDER S. 781)

Schmetterlingsblütler, Fam. der Hülsenfrüchtler mit schmetterlingsähnl. Blüte, deren Blütenblätter als »Fahne«, »Flügel« und »Schiffchen« bezeichnet werden. Zugehörig: Bohne, Erbse, Linse, Klee, Wicke, Lupine, Luzerne, Ginster, Robinie u. a.

Schmid, 1) Carlo, Völkerrechtslehrer, Politiker (seit 1946 im Vorstand der SPD), *1896, †1979; 1948/49 Mitgl. des Parlamentar. Rats, 1949-72 MdB; 1949-66 und 1969-72 Vizepräs. des Bundestages, 1966-69 Bundesratsmin. **2)** Christoph von, Pfarrer, Jugendschriftst., *1768, †1854; »Die Ostereier«.

Schmidt, 1) Arno, Schriftst., *1914, †1979, Romane; Literarhistorisches. **2)** Christa, Politikerin (CDU), *1941; seit April 1990 Min. für Familie und Frauen in der Dt. Dem. Rep. **3)** Erich, Germanist, *1853, †1913; Lessingbiographie; entdeckte 1887 Goethes »Urfaust«. **4)** Franz, österr. Komponist, *1874, †1939; Sinfonien, Orgelwerke, Oper »Notre-Dame«. **5)** Helmut, Politiker (SPD), *1918; 1969-72 Bundesverteidigungsmin., 1972 Bundesmin. für Wirtschaft und Finanzen; 1972-74 für Finanzen; 1974-82 Bundeskanzler; wurde nach dem Scheitern der SPD/FDP-Koalitionsreg. (17. 9. 1982) als Reg.-Chef einer SPD-Minderheits-Reg. am 1. 10. 1982 durch ein konstruktives Mißtrauensvotum gestürzt. **6)** Wilhelm, kath. Theologe, Völkerkundler, *1868, †1954; Vertreter der Kulturkreislehre und eines urtüml. Hochgottglaubens als erster Stufe der Religion. **7)** Wilhelm, Ingenieur, *1858, †1924, erfand die Heißdampflokomotive.

Schmidtbonn, Wilhelm, eigtl. **Schmidt,** Erzähler, Dramatiker, *1876, †1952; »Mutter Landstraße« (Drama).

Schmidtrohr, periodisch arbeitendes Verpuffungs-Strahltriebwerk.

Schmidt-Rottluff, Karl, Maler, Graphiker der → Brücke, *1884, †1976; Expressionist.

Schmidt-Rottluff: Nächtliche Häuser

Schmiedeberg im Riesengebirge, poln. **Kowary,** Stadt in der poln. Wwschaft Jelenia Góra, Kurort, 12000 Ew.; Metallwaren.

schmieden, erhitzte oder glühende dehnbare Metalle mit dem Schmiedehammer auf dem Amboß oder im Gesenk formen.

Schmiege die, **1)** Winkelmaß mit verstellbarem Winkel. **2)** Klappmaßstab.

Schmiele die, versch. Gräser, z. B. Ruchgras, Honiggras, Zittergras.

Schmiergelder, Bestechungsgelder.

Schmiermittel, ⊙ Stoffe zur Reibungsverminderung an Maschinenteilen, meist Öle oder Öl-Seifen-Gemische, Graphit, Molybdändisulfid.

Schminke die, Mittel zum Färben der Haut, Lippen, Wimpern, Augenbrauen.

Schmirgel der, feinkörniges, hartes Mineral, Abart des Korunds; als Schleifmittel verwendet.

Schmitt, Carl, Staats-, Völkerrechtler, *1888, †1985; Kritiker des Parlamentarismus, Verfechter der Freund-Feind-Theorie und des totalen Staates.

Schmitz, Bruno, Baumeister, *1858, †1916; Kyffhäuser-, Völkerschlachtdenkmal.

Schmöker [nd. smoken »schmauchen«] der, dickes Buch; Buch der leichten Unterhaltung.

Schmoller, Gustav von, Volkswirtschaftler, *1838, †1917; Vorkämpfer der dt. Sozialgesetzgebung.

Schmollis das, student. Trinkgruß; **S. trinken,** Brüderschaft trinken.

Schmölln, Kreisstadt im Bez. Leipzig, 12000 Ew.; Herstellung von Präzisionswerkzeugen.

Schmu [hebr.] der, Gewinn, Betrug.

Schmuck der. Das S.-Bedürfnis ist beim Menschen uralt. Metalle, bes. Edelmetalle, Edelsteine, Perlen, geschnittene Steine, Glasfluß werden bevorzugt. In den Hochkulturen folgt der S. der Stilentwicklung der Kunst (geometr. Motive bei den Griechen, farbenprächtige Glasflüsse auf Gold im späten Rom und in Byzanz, reiche Goldschmiedekunst in Frankreich und Burgund im 15. Jh.). Außer der sozial auszeichnenden und der erot. Bedeutung hat der S. oft auch magisch-zauberische, z. B. Abwehrbedeutung (Amulette).

Schmuggel [nd.] der, verbotswidriges Ein-, Aus- oder Durchführen von zollpflichtigen Waren; strafbar.

Schnabel der, der mit Hornscheiden überdeckte Unter- und Oberkiefer der Vögel, auch bei Schnabeltier, Schildkröte. Der S. ist der Lebensweise bes. angepaßt. (BILDER S. 782)

Schnabel, 1) Arthur, Pianist, Komponist, *1882, †1951. **2)** Franz, Historiker, *1887, †1966, »Dt. Geschichte im 19. Jh.« **3)** Johann Gottfried, Dichter, *1692, † nach 1750; Robinsonade »Insel Felsenburg«.

Schnabelkerfe, Insektenordn. mit stechenden Mundwerkzeugen. Viele sind Schädlinge an Kulturpflanzen, Blutsauger und Krankheitsüberträger. Zu den S. gehören Wanzen, Zikaden, Pflanzen- und Tierläuse.

Schnabelschuhe, Schuhe mit langer aufgebogener Spitze (14., 15. Jh.).

Schnabeltier, ♘ zu den Kloakentieren gehörendes Wasser-Säugetier mit Entenschnabel, Schwimmhäuten; legt Eier, lebt in Australien und Tasmanien.

Schnack, 1) Anton, Schriftst., *1892, †1973; Gedichte, Romane. **2)** Friedrich, Schriftst., Bruder von 1), *1888, †1977; Gedichte, Erzählungen.

Schnaderhüpferl, Schnadahüpfl [Schnittertanz] das, derbes, spöttisches Stegreiflied der Alpenländer.

Schnake die, **1)** große, mückenartige, nicht stechende, langbeinige Zweiflügler, z. T.

Schmetterlinge

Schmetterlinge: 1 Admiral. **2** Apollofalter. **3** Schwalbenschwanz. **4** Großer Fuchs. **5** Tagpfauenauge. **6** Bläuling, Männchen. **7** Trauermantel. **8** Wolfsmilchschwärmer. **9** Abendpfauenauge. **10** Totenkopf. **11** Zitronenfalter, Männchen. **12** Hornissenschwärmer

Schnabel: Schnabelformen. **1** Schnabeltier, **2** Karettschildkröte, **3** Kernbeißer, **4** Papagei, **5** roter Ibis, **6** Flamingo, **7** Kreuzschnabel, **8** Schwarzspecht, **9** Steinadler, **10** Kahnschnabel, **11** Pelikan, **12** Graugans, **13** Klaffschnabel

Pflanzenschädlinge. **2)** volkstüml. für die Stechmücke (→ Mücke).

Schnapphahn der, ✤ Wegelagerer.

Schnauzer der, rauhhaariger Pinscher, drahthaarige Hunderasse mit Schnauzbart.

Schnebel, Dieter, Komponist, *1930; experimentelle, auch Sprachlaute sowie visuelle und szen. Elemente einbeziehende Musik.

Schnecke die, **1) Gastropoden,** Klasse der Weichtiere, z. gr. T. mit kalkiger Spiralschale **(S.-Haus)** um den Eingeweidesack. Der Fuß, der manchen S. fehlt, hat eine Kriechsohle. Der Kopf trägt Fühler mit Augen. Sie leben vorwiegend von Pflanzen. Zw. Körper und Schale (Mantelhöhle) liegen die Atemorgane, entweder Kiemen oder Lungen. Viele S. sind Zwitter. Man unterscheidet: **Kiemen-S.,** meist Meeresbewohner wie Wellhorn-S., Kauri-S., Napi-S., und **Lungen-S.** wie Garten-S., Weg-S., Teller-S., Weinberg-S. (BILD S. 783)

2) Teil des inneren → Ohrs.

3) ⊙ eine auf einem zylindr. Schaft eingeschnittene endlose Schraube (→ Zahnrad).

4) ♩ oberster Teil des Halses von Streichinstrumenten.

5) 🏛 → Volute.

6) Förder-S. für Schüttgut (Sand, Zement u. a.).

Schnee der, **1)** Niederschlag in fester Form, kleine, meist sternförmige Kristalle, die durch Gefrieren des Wasserdampfes in der Luft entstehen. Mehrere zusammengehakte Kristalle bilden **S.-Flocken.** Formen des S.: **Pulver-S.** (trocken, feinkörnig), **Papp-S.** (feucht, aus großen Flocken). Durch Wind entstandene S.-Anhäufungen heißen **S.-Wehen.** Älterer S. wird zu → Firn. **2)** steifgeschlagener Eiweißschaum.

Schneeball, 1) zu einer Kugel geballter Schnee. **2)** Gatt. der Geißblattgewächse. Der **Gemeine S.** ist ein Waldstrauch mit weißen, urspr. flachen Blütenständen und roten Beeren, als **Gefüllter S.** mit kugeligen Blütenständen Gartenzierstrauch. **Wolliger S.,** Schlinge, Wald- und Zierstrauch, mit filzigen Blättern, gelbweißen Dolden und schwarzen Beeren.

Schneeballsystem, Verkaufssystem, bei dem der Händler dem Käufer Preisnachlaß oder andere Vergünstigungen gewährt, wenn er ihm weitere Kunden zuführt; als unlauterer Wettbewerb strafbar.

Schneebeere, ♧ nordamerikan. Zierstrauch mit rosa Blüten, weißen Beeren; Geißblattgewächs.

Schneeberg, Stadt im Bez. Karl-Marx-Stadt, 21 800 Ew.; der Uranbergbau ist zurückgegangen; Spitzen, Metallind.

Schneeberg, 1) Gipfel der Kalkalpen in Niederösterreich, 2075 m. **2) Glatzer** oder **Großer S.,** höchster Berg des Glatzer Schneegebirges in den Sudeten, 1425 m. **3)** der höchste Gipfel des Fichtelgebirges, 1053 m. **4) Krainer S.,** höchste Erhebung des Karstes, 1796 m.

Schneeblindheit, ♡ meist vorübergehende Blendung durch längeres Blicken auf sonnenbeschienene Schneefelder.

Schnee-Eifel, Schneifel, Hochfläche in der westl. Eifel.

Schneeglöckchen, weißblühendes Zwiebelgewächs: Vorfrühlingsblüher. (BILD S. 784)

Schneegrenze, die untere Grenze des ewigen Schnees: sie steigt vom Meeresspiegel (im Polargebiet) bis etwa 6000 m (W-Anden).

Höhe der Schneegrenze in Gebirgen

Spitzbergen	78° N	300– 600 m
Skandinavien	62° N	1300–1900 m
Alpen	47° N	2900–3200 m
Pyrenäen	43° N	2600–2900 m
Karakorum	35°–37° N	5400–5800 m
Himalaya	29°–31° N	4200–4800 m
Kilimandjaro	3° S	5300 m
Anden (S-Peru)	17° S	6000 m

Schneehuhn, rebhuhngroßes nordeurop. Wildhuhn, im Winter weiß, im Sommer braungesprenkelt; die Beine und Zehen pelzartig befiedert. **Alpen-S., Moor-S.**

Schneeketten, Gleitschutz für Kraftfahrzeuge auf verschneiten oder vereisten Straßen.

Schneekoppe, höchster Gipfel des Riesengebirges, 1603 m.

Schneemensch, in Nepal **Yeti,** in Tibet **Kangmi,** umstrittenes Himalaya-Wesen. Bisher wurden nur Spuren, Exkremente und Haare gefunden, die seine Existenz beweisen sollen.

Schneeschuh, 1) der → Ski. **2) Schneereifen,** hölzerner Rahmen mit Geflecht, als Hilfsmittel zum Gehen auf dem Schnee.

Schneewittchen, Märchengestalt, wird von der Stiefmutter um ihre Schönheit beneidet und gequält, flieht zu den 7 Zwergen.

Schneezement, Salzmischung, die schmelzenden Schnee bei Temperaturen um und über 0 °C härtet; verwendet zur Erhaltung von Skipisten und Sprungschanzen.

Schneidemühl, poln. **Piła,** Hptst. der gleichnamigen Wwschaft, ehem. Stadt in der preuß. Prov. Posen, 55 000 Ew.

schneiden, 1) ⊙ Werkstoffe trennen mit schneidentragenden Werkzeugen, durch autogenes Schneiden (→ autogenes Schweißen) oder elektr. S. mit einem Lichtbogen, der zw. einer Kohleelektrode und dem Werkstoff übergeht. **2)** Ballsport: dem Ball einen Drall geben; bei Tennis, Tischtennis, Fußball, so daß er anders, als es der Gegner erwartet, abspringt. **3)** Laufen, Rad-, Kraftfahren: Gegner behindern, indem man seine Bahn kreuzt. **4)** Kartenspiel: von 2 Karten die bessere aufsparen, um später einen besseren Stich machen zu können.

Schneider, 1) Erich, Volkswirtschaftler, *1900, †1970; Vertreter des mathemat.-ökonometr. Verfahrens. **2)** Oscar, Politiker (CSU), *1927; 1982-89 Bundesmin. für Raumordnung, Bauwesen und Städtebau. **3)** Reinhold, kath. Schriftst., *1903, †1958; »Philipp II.«, »Las Casas vor Karl V.«, »Macht und Gnade«; Gedichte.

Schneiderhan, Wolfgang, Violinvirtuose, *1915.

Schneidkluppe, Werkzeug zum Schneiden von Außengewinden mit 2 verstellbaren **Schneidbacken.**

Schneise die, baumleerer Streifen in Forsten.

Schnell, Emil, Politiker (SPD), *1953; seit 1990 Min. für Post- und Fernmeldewesen in der Dt. Dem. Rep.

Schnellbahn, S-Bahn, elektrisch betriebene Eisenbahn zur Bewältigung des Massenverkehrs zw. Großstädten und ihren Vororten.

Schnellboot, S-Boot, kleines Kriegsschiff für das Küstenvorfeld. (BILD S. 783)

Schneller Brüter, Schneller Brutreaktor, Kernreaktor, der mehr spaltbares Material erzeugt als er verbraucht. Der Brutstoff Uran 238 wird durch Einfang schneller Neutronen und nachfolgende Betazerfälle in den Spaltstoff Plutonium 239 umgewandelt.

Schnellkäfer, Fam. schmaler Käfer, die sich aus der Rückenlage in die Höhe schnellen und auf die Beine fallen; z. B. der **Saat-S.,** dessen Larve, der **Drahtwurm,** die Saat schädigt.

Schnellkäfer

Schnellpresse, Druckmaschine, bei der der Druckbogen vom Druckzylinder gegen die Druckform gepreßt wird. (BILD S. 783)

Schnellrichter, ⚖ Richter im beschleunigten Strafverfahren. → Strafprozeß.

Schnepfe die, Watvogel mit langem, geradem Schnabel, in Mitteleuropa **Bekassine** (Sumpf-S.) und **Wald-S.,** Nest in Bodenmulde, wohlschmeckendes Fleisch. (BILD S. 783)

Schnirkelschnecken, 🐌 Landlungenschnecken mit spiralig gewundener Schale; Weinberg-, Acker-, Garten-, Hain-Schnecke.

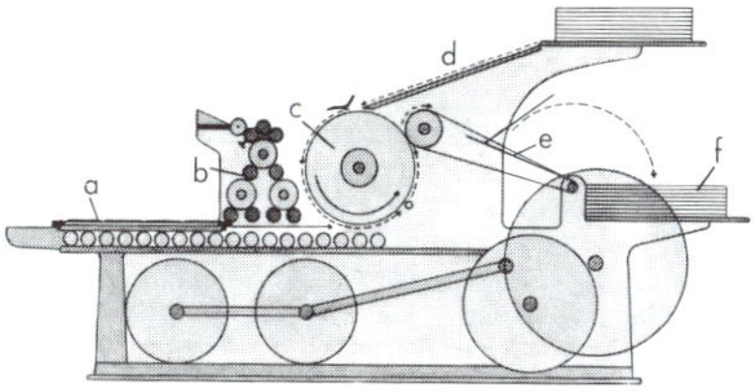

Schnellpresse: Buchdruck-S., a Druckform, b Farbwerk, c Druckzylinder, d Bogenanlage, e Auslegerrechen, f Papierablage

Schnittholz, im Sägewerk zu Brettern, Bohlen usw. zerschnittenes Holz.

Schnittlauch, eine Art von →Lauch, rotblühend; Würzkraut.

Schnittstelle, Interface das, Datenverarbeitung: Bez. für eine Stelle, an der zwei Anlagenteile zusammengeschaltet sind und deren (genormter) techn. Aufbau die Übertragung von Daten zwischen diesen Teilen ermöglicht.

Schnittwaren, Stoffe in Ballen, von denen das gewünschte Maß abgeschnitten wird.

Schnitzeljagd, Jagdreiten; Hunde und Fuchs werden durch Reiter dargestellt, die Fährte durch Papierschnitzel.

Schnitzer, Eduard, →Emin Pascha.

Schnitzler, Arthur, österr. Schriftst., *1862, †1931; impressionist.-psycholog. Bühnenstücke (»Anatol«, »Reigen« u.a.), Romane, Novellen.

Schnorchel der, **1)** ⚓ Hohlmast am Unterseeboot zur Versorgung mit Frischluft bei Unterwasserfahrt. **2)** Hilfsgerät beim Sporttauchen.

Schnorr von Carolsfeld, Julius, Maler, *1794, †1872; →Nazarener; relig., geschichtl. Bilder.

Schnüffeln das, Rauschzustände hervorrufendes Inhalieren von leicht flüchtigen Verdünnungsmitteln für Farben, Klebstoffe, Sprays u.a.

Schnupfen der, die Entzündung (Katarrh) der Nasenschleimhaut. Der **akute S.** (Erkältungs-S.) beruht auf einer Virusinfektion nach Kälte- und Nässeeinwirkung. Der **chronische S.** (Stock-S.) entsteht durch Verstopfung der Nasengänge oder Schleimhautwucherungen (Polypen). Behandlung je nach Ursache. – Über **Heu-S.** →Heufieber.

Schnupftabak, aus Tabakblättern gewonnenes Pulver, reizt die Nasenschleimhaut.

Schnürboden, Rollenboden, Theater: Raum über der Bühne mit Vorrichtungen zum Aufzug der Vorhänge, Kulissen, Prospekte.

Schnurkeramik, jungsteinzeitl. Fundgruppe, nach den mit Schnüren eingedrückten Verzierungen der Tongefäße benannt. Fundgebiete im nördl. Mitteleuropa (bis nach Südrußland und den Niederlanden).

Schnurre, Wolfdietrich, Schriftst., *1920, †1989; Essays, Gedichte, Erzählungen.

Schnurrhaare, Spürhaare, lange, borstige Tasthaare an den Lippen der Katze und anderer Säugetiere.

Schoa, Kernlandschaft im Hochland Äthiopiens bis 4000 m ü.M. mit der Hptst. Addis Abeba.

Schober der, **Diemen, Feime,** regelmäßig aufgesetzter Haufen Getreide, Stroh oder Heu, z.T. mit festem Boden und Dach.

Schober, Johannes, österr. Staatsmann, *1874, †1932; 1921/22 und 1929/30 Bundeskanzler, 1930-32 Vizekanzler und Außenminister; sein Plan einer Zollunion mit Dtl. scheiterte 1931.

Schock das, Zählmaß: 60 Stück.

Schock [engl.] der, **1)** Stoß, Schlag. **2)** ♡ plötzl. schwere Beeinträchtigung des Nervensystems, die Kreislauflähmung mit Bewußtlosigkeit zur Folge hat, z.B. bei schweren Infektionskrankheiten, nach Verletzungen **(Wund-S.),** durch Schreck oder Freude **(seel. S., Nerven-S.).** Kann rasch vorübergehen, aber auch durch Herzlähmung zum Tod führen.

Schockbehandlung, Verfahren zur Behandlung seel. Krankheiten. Der heute nur noch selten angewendete **Insulinschock** führt zu Bewußtlosigkeit infolge Verminderung des Zuckers im Blut durch Insulin. Der **Elektroschock** beruht auf der Wirkung von elektr. Strom auf das Gehirn; er löst Krämpfe mit Bewußtlosigkeit aus.

schockieren [frz.], Entrüstung verursachen.

Schoeck, Othmar, schweizer. Komponist, *1886, †1957; Opern, Orchestermusik, Lieder.

schofel [hebr.], unfein, gemein, schäbig.

Schöffengericht, ⚖ in der Bundesrep. Dtl. bei den Amtsgerichten bestehendes Strafgericht, das mit dem Amtsrichter als Vorsitzendem und 2 Schöffen besetzt ist. Zuständigkeit →Gerichtswesen. **Schöffe** der, ehrenamtl. Richter (Laienrichter) eines S., einer Strafkammer oder eines Schwurgerichts. Früher **Schöppe** der, Urteilsfinder beim Volksgericht.

Schokolade [altmexikan.] die, Mischung aus Kakao, Zucker, Kakaobutter, Milch, Gewürz.

Scholar [lat.] der, im MA.: Schüler, Student.

Scholastik [lat.] die, »Schulwissenschaft«; Philosophie und Theologie im MA. Sie suchte die kirchl. Glaubenslehren auch durch Vernunftbeweise zu erhärten und in ein einheitl. Gedankengebäude zu bringen; außer an die Kirchenväter knüpfte sie an Aristoteles an. Ihre Blütezeit war vom 11. bis 14. Jh., ihr bedeutendster Vertreter Thomas von Aquino. **scholastisch, 1)** auf die S. bezüglich. **2)** wortklaubend, nur am Wort hängend. **Scholastiker** der, **1)** Anhänger der S. **2)** noch studierender Priesterkandidat.

Scholl, Geschwister Hans (*1918) und Sophie S. (*1921); sie waren mit anderen Studenten, Gelehrten, Künstlern in der Widerstandsgruppe »Weiße Rose« vereinigt, wurden in der Univ. München am 18. 2. 1943 bei einer Flugblattverteilung verhaftet, vom Volksgerichtshof zum Tode verurteilt und am 22. 2. hingerichtet.

Schollen Mz., **Plattfische,** Fam. der Knochenfische, mit scheibenförmigem Körper. Die obere, d.h. urspr. rechte Seite ist dunkler. Das linke Auge ist auf die Oberseite gewandert, das Maul ist schief. Die S. leben meist auf dem Meeresboden an den Küsten,

Schnellboot: Modernes Tragflügel-Schnellboot mit Turbinenantrieb; Bewaffnung: 1 Schnellfeuerkanone und See-See-Raketen (Heck); Höchstgeschwindigkeit 74 km/h. (amerikanisch-deutsch-ital. Gemeinschaftsentwicklung)

Schnecken: **1** Weinberg-S., **2** Hainschnörkel-S., **3** Rote Weg-S.

Schnepfe

Schneeglöckchen

Schönberg

Schongauer: Mädchenbildnis

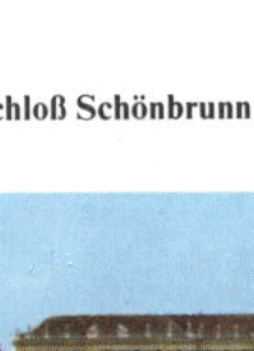
A. Schopenhauer

ernähren sich von kleinen Tieren. Ihr Fleisch ist wohlschmeckend. Arten: **Heilbutt,** bis 4,5 m lang und 200 kg schwer, **Steinbutt, Flunder, Gemeine S.** oder **Goldbutt, Seezunge, Rotzunge.**

Schöllkraut, Schellkraut, behaartes staudiges Mohngewächs mit gelbem Milchsaft, gelben Blüten, stabförmigen zweiklappigen Schoten. Heilpflanze gegen Leber-, Gallenleiden.

Scholochow, Michail Aleksandrowitsch, russ. Schriftst., *1905, †1984; erhielt 1965 für den Roman »Der stille Don« (4 Bde.) den Nobelpreis. »Neuland unterm Pflug« (2 Tle.).

Scholz, Wilhelm v., Dichter, *1874, †1969; Schauspiele, Erzählungen, Romane, Gedichte.

Schön, Helmut, Sportlehrer, *1915; 1964-78 Fußballbundestrainer des Dt. Fußballbundes.

Schönaich-Carolath, Emil Prinz v., Lyriker, *1852, †1908; Gedichte, Novellen.

Schönbein, Christian Friedrich, Chemiker, *1799, †1868, entdeckte das Ozon, erfand die Schießbaumwolle und das Kollodium.

Schönberg, Mährisch-S., tschech. **Šumperk** [ʃ'umpɛrk], Stadt in der ČSFR, im Gesenke, 30000 Ew.; Mineralöl-, Textilind.

Schönberg, Arnold, Komponist, *1874, †1951; Vertreter der → Zwölftonmusik. Orchester-, Kammer-, Orgelmusik. Opern »Moses und Aron« u.a., sinfon. Dichtungen, Kammer-, Klaviermusik u.a.

Schönbrunn, ehem. kaiserl. Barockschloß südwestl. von Wien (1696-1749) mit großem Park; **Friede von S.** 1809, → Napoleon I.

Schönebeck/Elbe, Krst. im Bez. Magdeburg, an der Elbe, 45000 Ew.; Maschinen- u.a. Ind., Saline. Dazu **Bad Salzelmen.**

Schöneberg, 11. VerwBez. der Stadt Berlin (West-Berlin). Das Rathaus S. ist Sitz des Regierenden Bürgermeisters und des Senats von W-Berlin.

Schöne Madonnen, im ganzen dt. Sprachgebiet verbreitete Gruppe spätgot. Skulpturen der stehenden Maria mit dem Kind.

Schönemann, Anna Elisabeth, Goethes **Lili,** *1758, †1817, war 1775 mit Goethe verlobt.

Schonen, südlichste, fruchtbarste Landschaft Schwedens; bis 1658 dänisch.

schönen, Verfahren, um Trübungen im Wein zu beseitigen.

Schoner, Schuner der, ⚓ mehrmastiges Segelschiff. Der **Gaffel-S.** führt nur Gaffel-, Stagsegel, der **Rah-S.** hat Rahen am vordersten Mast.

Schönerer, Georg Ritter v., österr. Politiker, *1842, †1921; vertrat ein alldt., antisemit., antiklerikales Programm (»Los-von-Rom«-Bewegung); beeinflußte damit Hitler.

Schongauer, Martin, Maler, Kupferstecher, *um 1450, †1491, förderte entscheidend die künstler. Entwicklung des Kupferstichs.

Schönheitspflege, Kosmetik die, Anwendung von Hautpflege- und Verschönerungsmitteln, z.B. Hautcreme, Puder, Schminke; auch Massage und kosmet. Chirurgie.

Schönherr, Karl, österr. Dichter, *1867, †1943; Volksdramen (»Glaube und Heimat«).

Schönkopf, Anna Katharina (Käthchen), *1746, †1810; Jugendfreundin Goethes in Leipzig.

Schonung die, ‡ geschützte Anpflanzung von jungen Waldbäumen.

Schonzeit, Hegezeit, ⚘ Zeit, während der das Jagen und Fischen bestimmter Tiere verboten ist.

Schopenhauer, 1) Arthur, Philosoph, *1788, †1860. Er betrachtet als Wesen der Welt einen grund- und ziellosen (blinden) Willen. Dieser »objektiviert« sich in der Erscheinungswelt als Wille zum Leben und zur Fortpflanzung. Auf den höheren Stufen wird er fähig, sich selbst als unvernünftig und böse zu durchschauen und sich dadurch von seinem eigenen Drang zu erlösen. Dies geschieht auf Zeit im interesselosen Anschauen der Kunstwerke. Volle Erlösung erreicht nur der Heilige, der den Willen zum Leben verneint (Einfluß des Buddhismus). S. wirkte sehr stark auf R. Wagner, Nietzsche. Hauptwerk: »Die Welt als Wille und Vorstellung«. **2)** Johanna, Mutter von 1), *1766, †1838, lebte als Schriftst. seit 1806 in Weimar; Romane, Erinnerungen.

Schöpfung die, **1)** religiös: Erschaffung der Welt und der ersten Menschen. **2)** Werk, Meisterstück.

Schoppen [zu schöpfen] der, **1)** früheres Flüssigkeitsmaß, meist etwa ½ Liter. **2)** jetzt: ¼ Liter Bier oder Wein.

Schöps [tschech.] der, Hammel.

Schorf der, **Grind, 1)** ♡ durch geronnenes Blut oder eingetrocknete Hautabsonderungen entstandene Kruste auf Wunden. **2)** ⚘ Pflanzenkrankheiten mit wundschorfähnl. Mißbildungen, erregt bes. durch Pilze.

Schorfheide, Naturschutzgebiet in der Uckermark, Bez. Frankfurt a.d.O.

Schorle die, Erfrischungsgetränk, meist: Weißwein mit Mineralwasser.

Schorndorf, Stadt in Bad.-Württ., 34500 Ew.; Schloß (16.Jh.), Fachwerkhäuser; Stahlmöbel-, Holzind.

Schornstein, Schlot der, **Esse** die, der senkrecht aufsteigende Kanal einer Feuerungsanlage, der die Verbrennungsgase ins Freie abführt und den zur Verbrennung erforderl. Luftzug erzeugt. Er wird im Inneren des Gebäudes bis über das Dach hochgeführt oder frei stehend aus Eisenblech oder Stein (Fabrik-S.) gebaut.

Schornsteinfeger, Kaminkehrer, Schlotfeger, Handwerksberuf, wegen seiner Bedeutung für den vorbeugenden Feuerschutz geregelt durch Ges. v. 15. 9. 1969.

Schostakowitsch, Dmitrij, russ. Komponist, *1906, †1975; Opern, Orchester-, Kammermusik.

Schote die, Fruchtform der Kreuzblütler: zwei Fruchtblätter mit Mittelwand, an der die Samen sitzen.

Schott, Sebcha [arab.], **Salar** [pers.], **Kawir** [pers.], **Salzsumpf,** flache Salzseen, die zeitweilig austrocknen.

Schott [ndt.] das, **Schotte** die, Quer- und Längswände in Schiffen und Flugzeugen, zur Unterteilung in wasser- und feuersichere Abschnitte.

Schott, Friedrich Otto, Chemiker, *1851, †1935, schuf die Grundlagen für die neuzeitl. Glasherstellung, gründete mit Ernst Abbe und Carl Zeiss 1884 das Jenaer Glaswerk S. und Genossen, seit 1952 in Mainz.

Schotten Mz., heute noch Gälisch sprechende Bewohner des schott. Hochlandes, die im 5.Jh. von Irland her einwanderten; meist reformiert; ihre Tracht (Kilt, Weste, kurze

Schloß Schönbrunn

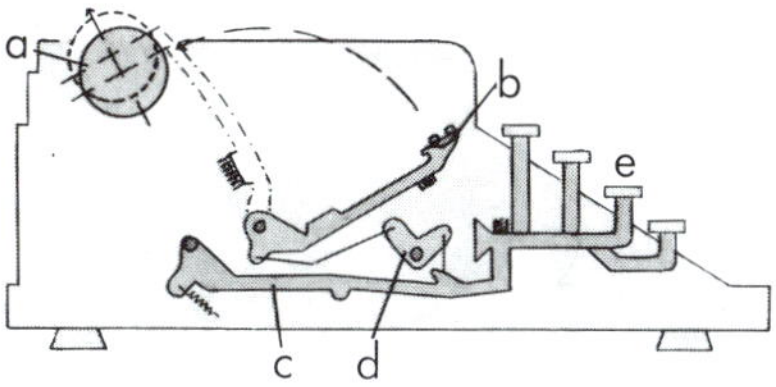

Schreibmaschine, a Schreibwalze, b Typenhebel mit Type, c Tastenhebel, d Zwischenhebel, e Taste

Jacke, Plaid über linker Schulter und Schottenmütze) ist heute im Schwinden.

Schotter der, **Stein-, Kleinschlag,** Geröllablagerungen oder zerkleinerte Steine zur Herstellung, Instandhaltung **(Beschotterung)** von Straßen, Gleisanlagen, als Zuschlagstoff für → Beton.

Schottisch, Schottischer der, **Ecossaise** [ekɔs'ɛ:z, frz.] die, lebhafter Tanz schott. Ursprungs, im ¾-, jetzt im ²⁄₄-Takt.

Schottische Kirche, reformierte Kirche Schottlands, gegr. von John Knox. Sie hält streng an der Lehre → Calvins fest.

Schottland, nördl. Teil der brit. Hauptinsel (einschl. Hebriden, Orkney- und Shetland-Inseln), 78773 km², 5,12 Mio. Ew. (meist → Schotten); Hptst.: Edinburgh. S. ist im wesentlichen Gebirgsland (Ben Nevis 1343 m). Die Highlands (Hochlande) im N werden durch das Senkungsfeld der Lowlands (mittelschott. Tiefland) von den Southern Uplands (südschott. Bergland) getrennt. In den Highlands zahlreiche Seen (Lochs), wenig Wald, Schafzucht. Kohle- und Eisenvorkommen in den Lowlands; wichtigster Industriestandort und größte Stadt ist Glasgow. Schiffbau, Fischerei.

Ⓖ Im Altertum blieb das von den kelt. Pikten bewohnte nördl. S. (Kaledonien) von der röm. Herrschaft frei. Später kamen von Nordirland die kelt. Skoten, von denen der Name S. herrührt; der S des Landes wurde von den german. Angeln besiedelt. Pikten und Skoten vereinigten sich 844 zu einem Kgr., das seine Unabhängigkeit erfolgreich gegen England verteidigte. Seit 1371 regierte das Haus Stuart; die Königsgewalt blieb gegenüber dem Adel schwach. Im 16. Jh. setzte sich der Calvinismus durch (John Knox), die kath. Königin Maria Stuart wurde 1567/68 gestürzt. Ihr Sohn wurde 1603 als Jakob I. auch König von England; 1707 wurde S. endgültig mit England zum Kgr. Großbritannien vereinigt (→ Großbritannien, Geschichte).

schraffieren, 1) helle und dunklere Teile in Zeichnungen, Stichen usw. durch nebeneinandergesetzte mehr oder weniger starke Striche **(Schraffen; Schraffierung, Schraffur)** kenntlich machen. **2)** Farben durch Striche oder Punkte andeuten.

Schragen [zu schräg] der, Gestell aus gekreuzten Hölzern, z. B. Zaun, Bockgestell.

Schram der, ⚒ tiefer Einschnitt in die Abbauschicht, wird mit der **Schrämmaschine** hergestellt. **schrämen,** glatt abkratzen.

Schramm, Percy Ernst, Historiker, *1894, †1970; »Herrschaftszeichen und Staatssymbolik«.

Schrammelmusik [nach Johann (*1850, †1893) und Josef (*1852, †1895) Schrammel], Wiener Volksmusik (Geigen, Gitarre und Bandoneon oder Klarinette).

Schrank, Kastenmöbel mit Türen.

Schranze [mhd. schranz »Schlitz«] der, meist: **Hofschranze,** liebedienernder Höfling.

Schrapnell [nach dem brit. General Shrapnel, *1761, †1842] das, ⁂ mit Sprengladung und Kugeln gefülltes Artilleriegeschoß.

Schrat [ahd. scrato] der, Waldgeist.

Schratte die, Rinne, Riefe.

Schraube die, **1)** Befestigungsmittel aus Stahl, Kupfer, Messing, Leichtmetall zur Herstellung lösbarer Verbindungen; besteht aus dem Kopf, dem zylindr., mit Gewinde versehenen Schaft und der Mutter mit Innengewinde, die mittels **S.-Schlüssels** festgedreht (oder gelockert) wird. **Kopf-S.** werden ohne Mutter verwendet. **Holz-S.,** in der Regel Kopf-S., haben einen schwach kegeligen Schaft. **Bewegungs-S.** dienen der Vermittlung einer geradlin. Bewegung, z. B. die Spannspindel des Schraubstockes oder die Leitspindel der Drehbank, die den Support vorwärts bewegt. Der **S.-Dreher** dient zum Festziehen und Lösen von S. **2)** → Schiffsschraube.

Schraublehre, Schraubenmikrometer, Gerät zum Messen kleiner Größen.

Schraubstock, Gerät mit gegeneinander bewegl. Backen zum Einspannen von Werkstücken. Beim **Parallel-S.** wird die eine Backe in einer Parallelführung gegen die andere Backe bewegt. Der **Maschinen-S.** ist ein Parallel-S. mit ebenem, geschlitztem Fuß, der auf den Tisch einer Werkzeugmaschine aufgespannt wird.

Schrebergärten, → Kleingärten.

Schreckensherrschaft, → Französische Revolution.

Schreckstoffe, engl. **repellents,** chem. Stoffe, die bei Tieren Schreck- oder Fluchtreaktionen auslösen, im Unterschied zu **Lockstoffen (attractants).** Künstliche S. werden z. B. bei der Schädlingsbekämpfung benutzt.

Schreibautomat, Textautomat, elektr. Schreibmaschine, die einen gespeicherten Text automatisch schreibt.

Schreibfeder, kurz **Feder,** Schreibwerkzeug aus hochelast. Stahl, Gold oder Palladiumlegierungen mit bes. gefertigter Spitze; früher hergestellt aus Rohr, dann aus den Kielen von Vogelfedern (bes. Gänsefedern).

Schreibmaschine, Maschine für Schreibarbeiten, bei der über ein Tastenfeld Typen durch ein Farbband hindurch gegen das Schreibpapier geschlagen werden. Bei der **Typenhebel-S.** sind die Typenhebel unabhängig voneinander im kegeligen Typenkorb angeordnet, die **Schreibkopf-S.** trägt die Typen auf einem auswechselbaren, kugelförmigen Schreibkopf von Tischtennisballgröße. Das Papier ist auf einer Walze aufgespannt; es wandert unter der Typenanschlagstelle nach links (Typenhebel-S.) oder verbleibt in Ruhe, während der Schreibkopf nach rechts wandert (Schreibkopf-S.). **Elektr. S.:** nur leichter Tastendruck, alle anderen Funktionen elektrisch. Ausrüstungen mit elektromechan., magnet. oder elektron. Textspeichern und Text- oder Datenlesern sind möglich. Sonder-S.: S. mit Lochstreifensteuerung, Blinden-, Musiknoten-S., Stenographiermaschine.

Schreibtischtäter, Schlagwort, das mit der Verfolgung nat.-soz. Kriegsverbrecher aufkam. S. nennt man Personen, die zwar nicht direkt Straftaten begehen, für sie aber entweder die gesetzlich-verwaltungsmäßigen Voraussetzungen schaffen oder sie durch schriftsteller. Äußerungen fördern.

Schreier, Peter, Sänger (Tenor), Dirigent, *1935.

Schrein der, hölzerner Behälter, Schrank.

Schreker, Franz, Opernkomponist, *1878, †1934; »Der ferne Klang«, »Die Gezeichneten«.

Schrey, Ferdinand, Stenograph, *1850, †1938; förderte die Stenographie durch ein eigenes System (1887), abgelöst 1897 durch das Ergänzungssystem **Stolze-Schrey.**

Schreyvogl, Friedrich, Schriftst., *1899, †1976; Romane, Dramen.

Schrift die, System von Zeichen, in denen Sprache festgehalten wird. Als älteste

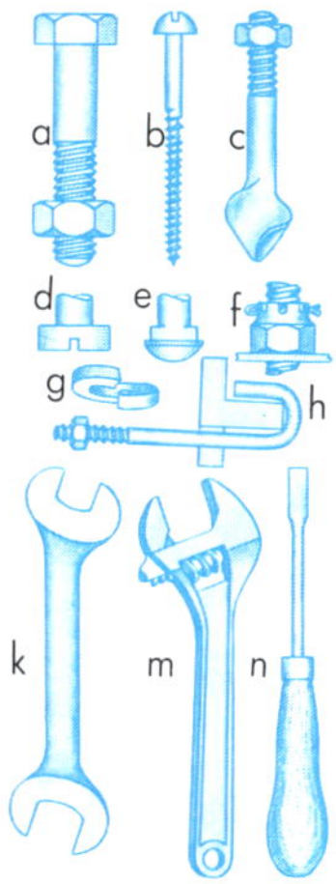

Schraube 1): a Sechskant-, b Holz-, c Steinschraube, d Zylinderkopf, e Flachrundkopf, f Kronenmutter, g Federring, h Hakenschraube, k Schraubenschlüssel, m verstellbarer Schraubenschlüssel, n Schraubendreher

Schraublehre

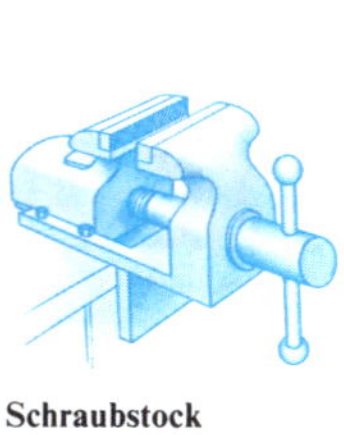

Schraubstock

Schriftarten	Nonpareille (6 Punkt)	Petit (8 Punkt)	Borgis (9 Punkt)	Korpus (10 Punkt)	Beispiele für Schriftstärken	
Antiqua	Buch	Buch	Buch	Buch	mager	Buch
Fraktur	Buch	Buch	Buch	Buch	halbfett	**Buch**
Kursiv	*Buch*	*Buch*	*Buch*	*Buch*	fett	**Buch**

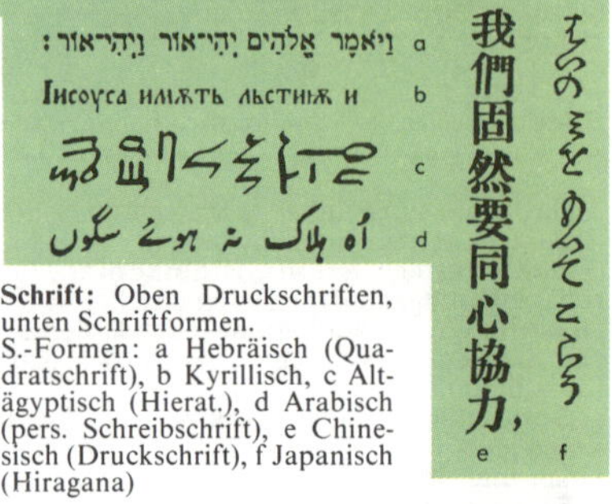

Schrift: Oben Druckschriften, unten Schriftformen. S.-Formen: a Hebräisch (Quadratschrift), b Kyrillisch, c Altägyptisch (Hierat.), d Arabisch (pers. Schreibschrift), e Chinesisch (Druckschrift), f Japanisch (Hiragana)

Schriftart wird die **Bilder-S.** angesehen. Damit wurden ganze Gedankenkreise durch bildhafte Zeichnungen oder Malerei mitgeteilt. Neuerdings sieht man in zentimetergroßen Zeichen aus gebranntem Ton den Ursprung der S. Diese Tonzeichen wurden zur Darstellung von Objekten, wahrscheinlich Handelswaren, benutzt. Es folgte die **Wort-S.,** bei der jedem Wort ein Zeichen entspricht; daraus entwickelten sich **Silben-** und **Laut-S.,** bei der ein Zeichen ein größeres Lautgebilde darstellt. Die → Hieroglyphen sind eine Bilder-S., die schon den Weg zur Silben- und Laut-S. nimmt. Eine Wort-S. ist die chines. S.; vorwiegend Silben-S. war die → Keilschrift. Vermutlich bildeten best. ägypt. Hieroglyphen die Quelle der semit. **Buchstaben-S.,** mit Einkonsonantenzeichen. Das nordsemit. Alphabet, dessen früheste Inschriften aus dem 13. und 12. Jh. v. Chr. stammen, spaltete sich früh in 3 Typen: den phönik., althebr. und aramäischen Typ, auf den die altiran. S. zurückgehen. Nach der herrschenden Ansicht ist die grch. S. frühestens im 11. Jh. v. Chr. aus der phönik. entlehnt worden; sie wurde ihrerseits der Ausgangspunkt für die Entwicklung der europ. **S.-Formen.** Aus einer spätgrch. Unzialschrift stammen die got. S., die kopt. S., die Kyrilliza (→ kyrillische Schrift). Das lat. Abc findet sich seit etwa 600 v. Chr. in zusammenhängenden Inschriften. Auf die lat. S. gehen **Antiqua** und **Fraktur** zurück (→ Schriften). Als Schreibwerkzeug dienten Griffel, mit denen man die S.-Zeichen in Wachs- oder Lackmasse einritzte, später Rohrfeder, Gänsekiel, seit dem 19. Jh. die Stahlfeder.

R. A. Schröder

Schriften Mz., ⌀ Gesamtheit der nach Größe und Form versch. Typen oder Lettern. Der Form nach unterscheidet man bes. 2 Schriftarten: 1) **Antiqua** oder **Altschrift** und 2) **Fraktur.** Die Fraktur geht auf die got. Mönchsschrift zurück. Beide S. bildeten sich mit der Entwicklung des Buchdrucks heraus, die Antiqua im 15., die Fraktur im 16. Jh. Die **Schriftgrade** unterscheidet man nach der Größe des Kegels (→ Letter), ein typograph. Punkt mißt 0,376 mm.

Schriftform, ⚖ für bestimmte Rechtsgeschäfte gesetzl. oder vertragl. vorgesehene Form, bei der die Willenserklärungen schriftl. niedergelegt werden müssen; entscheidend die handschriftl. Unterzeichnung. Gerichtl. oder notarielle Beurkundung ersetzt die S. (§ 125 BGB).

Schriftgelehrter, Ausleger des jüd. Gesetzes, der kult. und sittl. Gebote.

Schriftgießerei, Zweig des graph. Gewerbes, der Lettern für Druckschriften durch Gießen herstellt. Die Originalstempel (Patrizen) werden nach 3 Verfahren hergestellt: **Stempelschneiden, Zeugschnitt, Matrizenbohren.** In der **Gießmaschine** wird die Form mit Letternmetall abgegossen.

Schriftleiter, Redakteur [-'ør, aus frz.] der, Leiter von period. Schriften oder Sammelwerken, von Funk- oder Fernsehredaktionen. Für den Gesamtinhalt sind **Haupt-S.** (Chefredakteure) verantwortlich, für Sachgebiete die **Fach- (Ressort-) S.** (Politik, Wirtschaft, Feuilleton, Lokal, Sport, Bild). Haupt-S. und Fach-S. bilden die **Schriftleitung (Redaktion).**

Schrotschnitt eines oberrhein. Meisters, Ende 15. Jh.: St. Bernardin von Siena

Schriftsprache, vorzugsweise dem schriftl. Ausdruck dienende Form der Sprache. Sie ist nur eine besondere Verwendung der → Hochsprache, die man oft ungenau S. nennt.

Schrimpf, Georg, Maler, *1889, †1938; durch realist., klare Landschaften- und Figurenbilder Maler der → Neuen Sachlichkeit.

Schrippe die, norddt.: längl. Semmel.

Schrittmacher, 1) Pferderennen: das führende Pferd. **2)** Radrennen: der dem → Steher Vorausfahrende (meist auf Motorrad). **3) künstl. Herz-S.,** elektr. Impulsgeber, dessen Batterie Stromstöße zum Herzen leitet; zur Behandlung versch. Herzkrankheiten.

Schröder, 1) Gerhard, Politiker (CDU), *1910, †1989; Jurist; wurde 1953 Bundesinnen-, 1961 Bundesaußen-, 1966-69 Bundesverteidigungsmin. **2)** Gerhard, Politiker (SPD), *1944; seit 1990 MinPräs. von Niedersachsen. **3)** Rudolf Alexander, Dichter, *1878, †1962; Mitbegr. der Ztschr. »Insel«, Gedichte, prot. Kirchenlieder, Übersetzungen.

Schröder-Devrient [-dəvri'ɛ̃], Wilhelmine, *1804, †1860; Sängerin (Sopran).

Schrödinger, Erwin, Physiker, *1887, †1961; baute seit 1926 die Ansätze L. de Broglies zur Wellenmechanik aus, bemühte sich um die Fortentwicklung der allg. Relativitätstheorie. Nobelpreis 1933 zus. mit P. A. M. Dirac.

schröpfen, Reizkörperbehandlung, örtl. Blutabsaugen durch Saugglocken, Blutegel oder durch Ritzen der Haut.

Schrot das oder der, **1)** grobgemahlenes Getreide, dient als Viehfutter und zum Backen von **S.-Brot. 2)** kleine Bleikörner zur Füllung von **S.-Patronen,** Durchmesser von 1 mm (Vogeldunst) bis 6 mm (Rehposten). **3)** Gesamt- oder Rauhgewicht von Gold-, Silbermünzen.

Schrotschnitt, Bilddruck des 15./16. Jh. in Metallschnitt. Die Umrisse wurden graviert, die Flächen gepunzt; das Bild erscheint im Abzug weiß.

Schrott der, Metallabfälle und unbrauchbare Metallgegenstände.

Schrumpfniere, Schädigung des Nierengewebes, bei der die Fähigkeit der → Niere, den Harn zu verdünnen und wieder zu verdikken, verlorengeht. Der Blutdruck ist erhöht, das Herz vergrößert sich; Blässe, Blutarmut, Sehstörungen. Die Nierenoberfläche wird durch Narbenbildung höckerig.

Schruns, Marktgem. im Montafon, Vorarlberg, Österreich, 689 m ü. M., Wintersportplatz, Luftkurort, 3800 Ew.

Schub der, Vortriebskraft, die von einem Propeller-, Luftstrahl- oder Raketentriebwerk erzeugt wird; sie ergibt sich beim Strahltriebwerk aus dem Produkt der je Sekunde aus der

Düse ausgestoßenen Gasmasse und der Übergeschwindigkeit des austretenden Strahls gegenüber der Eintrittsgeschwindigkeit ins Triebwerk.

Schubart, Christian Friedrich Daniel, Dichter, Musiker, *1739, †1791; 1777-87 auf der Festung Hohenasperg eingekerkert; stand der Kunst des →Sturm und Drang nahe.

Schubert, 1) Cordula, Politikerin (CDU), *1959; seit April 1990 Min. für Jugend und Sport in der Dt. Dem. Rep. **2)** Franz, österr. Komponist, *1797, †1828; der Romantik nahestehend. Aus der Dichtung der Goethezeit schöpfte er das Lied, z. B. die Folgen »Die schöne Müllerin«, »Winterreise«. Reiche Melodik und neuartige Harmonik geben auch den Instrumentalwerken das Gepräge: Sinfonien, darunter die »Unvollendete«; Ouvertüren; Kammermusik, darunter »Forellenquintett«, Streichquartett »Der Tod und das Mädchen«; Klaviermusik (Sonaten, Tänze); Messen; Singspiele.

Schubschiffahrt, eine Betriebsform der Binnenschiffahrt, bei der starr verbundene, kastenförmige Spezialkähne **(Schubleichter)** zu **Schubverbänden** zusammengefaßt, von einem **Schubboot** geschoben und gesteuert werden.

Schubstange, ⊙ →Pleuelstange.

Schuch, Carl, österr. Maler, *1846, †1903; Stilleben, Landschaften.

Schücking, Levin, Schriftst., *1814, †1883; schilderte das westfäl. Landleben, Lebensbild der Annette v. Droste-Hülshoff.

Schudra der, Angehöriger der untersten der 4 Hauptkasten der arischen Inder.

Schuh der, **1)** ein Längenmaß, der →Fuß. **2)** Fußbekleidung des Menschen.

Schuh, Oskar Fritz, Theaterleiter, *1904, †1984; war 1963-1968 Generalintendant in Hamburg.

Schuhplattler der, oberbayer. Volkstanz, bei dem der Bursche in einer Folge von Sprung- und Hüpfbewegungen nach dem Takt auf Schenkel, Knie und Fußsohlen schlägt.

Schuhschnabel, Abu Markub, Reihervogel mit schuhförmigem Schnabel, am oberen Nil.

Schukow, Georgij, Marschall der UdSSR, *1896, †1974; verteidigte 1942 Moskau, nahm 1945 Berlin ein, war 1945/46 Oberbefehlshaber der sowjet. Truppen in Dtl.; 1955 Verteidigungsmin., 1957 aller Posten enthoben.

Schukowskij, Wassilij A., russ. Romantiker, *1783, †1852; Übersetzer dt. Dichtung.

Schulbrüder, Schulschwestern, kath. Laien-Klostergenossenschaften für die Erziehung.

Schuld die, ⚖ **1)** individuelle Vorwerfbarkeit und Zurechenbarkeit eines rechtswidrigen Verhaltens (Verschulden); man unterscheidet →Vorsatz und →Fahrlässigkeit. Die strafrechtl. S. ist ausgeschlossen bei mangelnder →Zurechnungsfähigkeit, bei mangelndem Bewußtsein der Rechtswidrigkeit und wenn besondere **S.-Ausschließungsgründe** (z. B. →Notstand, Notwehrüberschreitung) vorliegen. **2)** die schuldrechtl. Verbindlichkeit (Schulden), →Schuldverhältnis.

Schuldanerkenntnis, Schuldversprechen, ⚖ Vertrag, durch den das Bestehen eines Schuldverhältnisses anerkannt oder eine Leistung versprochen wird. Bei Nicht-Kaufleuten ist eine Schriftform in der Regel erforderlich (§§ 780ff. BGB; § 350 HGB).

Schuldbuch, Verzeichnis, in dem →Staatsschulden eingetragen werden.

Schuldhaft, früher: Haft eines säumigen Schuldners auf Betreiben des Gläubigers.

Schuldnerverzeichnis, von Amtsgerichten geführtes Verzeichnis über Personen, die nach fruchtloser Zwangsvollstreckung die eidesstattl. Versicherung über ihre Vermögensverhältnisse geleistet haben.

Schuldnerverzug, die vom Schuldner zu vertretende Verzögerung einer geschuldeten Leistung.

Schuldrecht, Obligationenrecht, Gesamtheit der Vorschriften, die das Recht der →Schuldverhältnisse regeln, hauptsächlich im 2. Buch des BGB (§§ 241-853).

Schuldschein, schriftl. Bescheinigung des Schuldners, dem Gläubiger eine bestimmte Leistung, meist eine Geldsumme zu schulden. Bei Erfüllung der Verbindlichkeit kann der Schuldner die Rückgabe des S. verlangen (§ 371 BGB).

Schuldtitel, ⚖ i. w. S. jede Urkunde, in der sich jemand zu einer Leistung verpflichtet; i. e. S. eine Urkunde, aus der die Zwangsvollstreckung möglich ist (→Vollstreckung).

Schuldübernahme, Übernahme einer Schuld durch einen Dritten, entweder an Stelle des bisherigen Schuldners **(befreiende S.)** oder neben dem bisherigen Schuldner als Gesamtschuldner **(kumulative S.** oder **Schuldbeitritt).**

Schuldumwandlung, ⚖ →Novation.

Schuldverhältnis, Rechtsverhältnis, das eine Partei (Gläubiger) berechtigt, von der anderen (Schuldner) eine Leistung zu fordern (§ 241 BGB). S. entstehen bes. aus Rechtsgeschäften (z. B. Verträgen), unerlaubten Handlungen und kraft Gesetzes.

Schuldverschreibung, Schuldurkunde (Wertpapier), in der sich der Aussteller dem Gläubiger gegenüber zu einer Leistung verpflichtet, die i. d. R. in einem Geldbetrag und einer laufenden Verzinsung besteht. S. sind bes. →Anleihen von öffentl. Körperschaften und privaten Unternehmen (Industrie-S., **Obligationen**).

Schuldversprechen, →Schuldanerkenntnis.

Schule die, öffentl. oder private Lehranstalt. Die öffentl. S. werden von den Gem. und Kreisen unter Staatsaufsicht oder vom Staat direkt unterhalten, die Privatschulen von nichtöffentl. Unterhaltsträgern. Meist wird unterschieden zw. allgemeinbildenden S. (Grund-, Haupt-, Real-S., Gymnasien) und berufsbildenden S. (Berufs-, Gewerbe-, Berufsfach-, Fach-S.).

Im Sinne einer optimalen Erfüllung des Bildungsauftrages war die S. in ihrer Geschichte steten Wandlungen ausgesetzt. Die Schulreform bemüht sich in fast allen Ländern der Welt um Anpassung der S. an die Gegenwart, Mobilisierung der Begabungsreserven, Verbesserung der pädagog., didakt. und organisator. Voraussetzungen. Eine Hebung der Bildung aller Menschen und Gründung entsprechender S. ist das Ziel der UNESCO. In der Bundesrep. Dtl. schufen das »Düsseldorfer Abkommen« (1955), das »Saarbrücker Rahmenabkommen« (1960), das »Hamburger Abkommen« (1964) die Grundlagen für Reformen. Der Strukturplan für das Bildungswesen (1970) des Dt. Bildungsrates sieht eine horizontale Gliederung des Bildungswesens nach Schulstufen (Elementar-, Primar-, Sekundarstufe I und II, Tertiärbereich) vor, die Vereinbarung der Kultusministerkonferenz von 1972 die Neugliederung der gymnasialen Oberstufe (vielgestaltiges Kurssystem). Der bis 1985 reichende Bildungsgesamtplan der Bund-Länder-Kommission von 1973 griff den Strukturplan auf und betonte den Ausbau der Vorschulerziehung, die Neuordnung der Lehrerbildung und Schulabschlüsse im Sinne der vertikalen Schulgliederung und den stärkeren Zusammenschluß von allgemein- und berufsbildenden S. bes. hinsichtl. des bisher einseitig studienbezogenen Abiturs (Numerus clausus) und die Berücksichtigung der Erfordernisse des lebenslangen Lernens. Die Gesamtschulversuche und die Nutzung techn. Möglichkeiten (audiovisuelle Unterrichtsmittel, program-

Schubert

Schumacher

Schuman

Schumann

Schuppenwurz

Schurz

mierter Unterricht) zur Rationalisierung und Intensivierung des Unterrichts haben bisher die Erwartungen nicht voll erfüllt. Allg. Reformpunkte sind nach wie vor die Chancengleichheit für alle Schüler und die Demokratisierung des Schullebens; mittels der Curriculumforschung soll die umfassende wissenschaftl. Begründung und Kontrolle von Lernzielen und -inhalten erreicht werden. – Das Schulrecht ist in der Bundesrep. Dtl. enthalten im GG (Art. 7), in Ländergesetzen und Erlassen der Schulaufsichtsbehörden. Es regelt schulorganisator. Fragen, Schulpflicht, Lehrerbildung u. a. mehr.

In der DT. DEM. REP. wurde seit 1960 die 8jährige Grund-S. in eine 10jährige allgemeinbildende polytechn. Ober-S. umgewandelt, die wissenschaftl. Ober-S. in eine 12jährige erweiterte polytechn. Ober-S. Seit 1965 wird in der S. eine berufl. Grundausbildung betrieben.

In ÖSTERREICH wurde eine Gesamtneuordnung durch die S.-Reformgesetze von 1962 ff. eingeleitet. Die allg. S.-Pflicht beträgt hiernach 9 Jahre: 8jähr. Volksschul- oder 4jähr. Volksschul- und 4jähr. Hauptschulbesuch sowie anschließenden 1jährigen polytechn. Lehrgang. Die nunmehr 9jähr. höheren S. (bisher Mittel-S.) bauen auf dem 4. Volksschuljahr auf (Gymnasium, Realgymnasium, wirtschaftskundl. Realgymnasium für Mädchen). Sonderformen sind: musisch-pädagog. Realgymnasien, Aufbaugymnasien und -realgymnasien, Gymnasium und Realgymnasium für Berufstätige. Neben der Berufs-S. (Pflicht-S.) besteht die ein- bis vierstufige mittlere berufsbildende S. (Fach-, Handels-S.), ferner höhere techn. und gewerbl. Lehranstalten.

In der SCHWEIZ liegt die S.-Hoheit bei den Kantonen. Die 1. S.-Stufe ist die Primar- oder Elementar-S. Ihre Abschlußklassen (8., 9., 10. S.-Jahr) werden zunehmend auf werktätiger Grundlage ausgebaut. Eine vertiefte Bildung bietet die Sekundar-, Real-S. oder Untergymnasien (manchmal auch Mittel-S. genannt), die auf dem 4.-6. Primarschuljahr aufbaut. Die höhere S. mit Maturitätsabschluß heißt ebenfalls Mittel-S. Sie umfaßt Untergymnasium und obere Mittel-S. (humanist. Gymnasium, Oberreal-S., techn. Abt., höhere Handels-S.) und schließt mit der Hochschulreife ab.

Schulenburg, 1) Friedrich Werner Graf von der, Diplomat, Onkel von 2). *1875, †(hingerichtet) 1944; 1934-1941 dt. Botschafter in Moskau, gehörte der Widerstandsbewegung an. **2)** Fritz-Dietloff Graf von der, Verwaltungsjurist, *1902, †(hingerichtet) 1944; gehörte der Widerstandsbewegung an.

Schülermitverwaltung, früher **Schülerselbstverwaltung,** Beteiligung der Schüler an Verwaltung und Gestaltung des Schullebens (Klassensprecher, Schulsprecher, Schülerausschüsse, Schülerzeitschriften u. a. m.).

Schulpforta, frühere Internatsschule, seit 1952 Stadtteil von Bad Kösen, 1543 gegr., eine der von Moritz v. Sachsen errichteten Fürstenschulen, heute Oberschule mit Internat.

Schulrat, Amtsbezeichnung für Schulaufsichtsbeamte.

Schulschiff, ⚓ Schiff zur Ausbildung des Nachwuchses für Kriegs- und Handelsmarine.

Schulter die, obere Grenze des Rumpfes zu beiden Seiten des Halses, gebildet von Schlüsselbeinen, Schulterblättern und dazugehörigen Muskeln. Das knöcherne Gerüst der S. (Schlüsselbein und Schulterblatt), der **S.-Gürtel,** ist nicht mit der Wirbelsäule verbunden.

Schultheiß, Schulze, Gemeindevorsteher; in karoling. Zeit der Inhaber der niederen Gerichtsgewalt, später auch der Stadtrichter.

Schulz, Johann Abraham Peter, Liederkomponist, *1747, †1800; »Der Mond ist aufgegangen«.

Schulze-Delitzsch, Hermann, Volkswirt, *1808, †1883; gründete das gewerbl. Genossenschaftswesen (1849 die erste Rohstoffgenossenschaft in Delitzsch).

Schumacher, Kurt, Politiker (SPD), *1895, †1952; war 1930-33 MdR., 1933-45 im KZ, seit 1946 Vors. der SPD, deren antikommunist. Frontstellung er bestimmte; sah in der Wiedervereinigung Dtl.s oberstes Ziel; seit 1949 MdB.

Schuman, Robert, frz. volksrepublikan. Politiker, *1886, †1963; 1947-48 MinPräs., 1948-52 Außenmin. 1950 trat S. mit dem »Schuman-Plan«, dem Plan einer westeurop. Gemeinschaft für Kohle und Stahl, hervor, der später in der →Montanunion verwirklicht wurde; 1958-60 Präs. des Europ. Parlaments.

Schumann, Robert, Komponist, *1810, †1856 (geisteskrank); wirkte in Leipzig, Dresden, Düsseldorf; Meister der Hochromantik. Schuf bes. Klaviermusik und Lieder, ferner Sinfonien, Kammermusik u.a. Seine Gattin Clara (*1819, †1896), die Tochter seines Klavierlehrers Wieck, war eine bed. Pianistin.

Schumen, Stadt im NO Bulgariens, 99600 Ew.: zur Türkenzeit die stärkste Festung Bulgariens.

Schummerung die, auf Landkarten Darstellung der Gebirge durch Abtönung oder Schattierung der Hänge.

Schumpeter, Joseph Alois, Nationalökonom, *1863, †1950; befaßte sich mit dem dynam. Unternehmer, der Innovationen in Gang setzt und so den Konjunkturaufschwung herbeiführt.

Schundliteratur, künstler. wertlose Schriften, vorwiegend erzählenden Inhalts, die je nach Bewertungsgrundlage als moralisch anstößig gelten (verrohende Wirkung). Die Übergänge zu Kitsch und Pornographie sind fließend. Rechtl. Grundlage der Bekämpfung ist das Ges. über die Verbreitung jugendgefährdender Schriften vom 29. 4. 1961.

Schupo, 1) die, Kurzwort für **Schutzpolizei. 2)** der, für **Schutzpolizist.**

Schuppen Mz., **1)** ♡ trockene Abschilferungen der Haut. **Kopf-S.** (Kleienflechte), →Seborrhöe. **S.-Flechte,** →Psoriasis vulgaris. **2)** ♘ schützende Hautgebilde; bei Knochenfischen Knochenplatten, die in die Haut eingelagert sind; bei Reptilien Verhornungen der äußeren Haut; bei Schmetterlingen kleine Chitin-S. auf den Flügeln. Die S. der Haifische bestehen aus Schmelz, Zahnbein und Zement.

Schuppenbaum, Lepidodendron, ausgestorbene bärlappartige Pflanzengatt., gabelzweigige Bäume, Rinde voller schuppenähnl. Blattnarben; bes. im Karbon; Bestandteil der Steinkohlenflöze.

Schuppentiere, zahnlose Säugetierordn. in Afrika, Asien. Sie sind langgestreckt, bis 1,40 m groß; ihren Körper bedecken große, scharfkantige Hornschuppen; ernähren sich von Ameisen.

Schuppenwurz die, blattgrünloser gelbl. Schmarotzer auf Baum- und Strauchwurzeln im feuchten Wald, bis 30 cm hoch, fleischig, mit fleischroten Blütenähren, Schuppenblättern.

schürfen, ⚒ nutzbare Mineralien in ihrer natürl. Lagerstätte aufsuchen.

Schuricht, Carl, Dirigent, *1880, †1967.

Schurz, Carl, Politiker, *1829, †1906; flüchtete nach dem badischen Aufstand 1849 in die USA, war dort im Sezessionskrieg General der Nordstaaten, 1869-75 Senator, 1877-81 Innen-Min. – Zur Pflege der dt.-amerikan. Beziehungen bestehen seit 1926 die »Vereinigung Carl S.« in Dtl., seit 1930 die »Carl S. Memorial Foundation« in New York.

Schuschnigg, Kurt Edler v., österr. Politiker (christl.-sozial), *1897, †1977; 1932-34 Justizmin., nach der Ermordung von Dollfuß

1934-38 Bundeskanzler; 1938-45 inhaftiert (zuletzt im KZ); seit 1948 Prof. in den USA, kehrte 1967 nach Österreich zurück.

Schuß der, **1) Schußfaden,** Querfäden eines Gewebes; → Weberei. **2)** Abfeuern einer Schußwaffe.

Schussenried, Stadt in Bad.-Württ., südwestl. Biberach, 7600 Ew.; im nahen Moor wurden Reste von vorgeschichtl. Pfahlbausiedlungen gefunden.

Schußwaffen, nach dem Bundes-Waffen-Ges. i. d. F. v. 1976 tragbare Waffen, die zum Angriff, zur Verteidigung, zum Sport, zum Spiel oder zur Jagd bestimmt sind und bei denen Geschosse durch einen Lauf getrieben werden. S. mit einer Länge bis zu 40 cm sind **Kurzwaffen,** mit einer Länge von mehr als 40 cm **Langwaffen.**

Schusterkugel, ✤ wassergefüllte Glaskugel, die das Licht dahinterstehender Lichtquellen sammelt.

Schute [mnd.] die, **1)** flacher, breiter Schleppkahn für den Hafenbetrieb. **2)** Kiepenhut in gebogener Form.

Schütt die, 2 fruchtbare Donauinseln: **Große S.** (gehört zur ČSFR), 1885 km², **Kleine S.** (gehört zu Ungarn), 275 km².

Schüttelfrost, Frostgefühl mit Schüttelbewegungen des ganzen Körpers, Zittern und Zähneklappern; zu Beginn eines Fiebers.

Schüttellähmung, Erkrankung des Hirnstamms, oft Folge der »Schlafgrippe«, mit Gliederzittern, Muskelsteifheit, Speichelfluß.

Schüttelreim, Scherzreim, der die Anfangsbuchstaben zweier Wörter oder Wortteile vertauscht: »Wenn der Wind in **W**ipfeln geht, Trost dir von den **G**ipfeln **w**eht.«

Schuttpflanzen, 1) Geröll und Schotter liebende Pflanzen. **2) Ruderalpflanzen,** die stickstoffreichen Boden bei menschl. Siedlungen bevorzugen **(Salpeterpflanzen, Nitrophyten).**

Schutz [ʃyts], Ordensname: **Frère** (Bruder) **Roger** [frɛːr rɔʒ'e], evang. ökumen. Theologe, *1915, gründete die Communauté de Taizé. Ihr besonderes Anliegen ist die Verständigung unter den christl. Konfessionen, bes. unter den Jugendlichen; 1989 Karlspreis.

Schütz das, **1)** in Wasserläufen eine Anlage zum Absperren und Aufstauen des Wassers. **2)** elektromagnetisch betätigter Schalter für große Schaltleistung und Schalthäufigkeit, gebaut als Luft- oder Öl-S.

Schütz, 1) Heinrich, Komponist, *1585, †1672; Hofkapellmeister in Dresden; wies der protestant. Kirchenmusik neue Wege. »Cantiones sacrae« (Motetten), »Symphoniae sacrae« (geistl. Kantaten) und »Geistl. Konzerte«, Weihnachtsoratorium, Passionsmusiken; erste dt. Oper »Daphne« (Musik nicht erhalten). **2)** Klaus, Politiker (SPD), *1926; 1967-77 Regierender Bürgermeister von Berlin, 1977-80 Botschafter in Israel.

H. Schütz

Schutzaufsicht, → Erziehungsbeistandschaft.

Schütze der, **Schütz, 1)** .•. Mannschaftsdienstgrad in der Bundeswehr. **2)** Sternbild der südl. Milchstraße, 9. Zeichen des Tierkreises, liegt in Richtung Milchstraßenzentrum.

Schützen der, in der Webmaschine das Schiffchen, das den Schuß einträgt.

Schützenfisch, Spritzfisch, 20 cm langer barschart. Fisch in Fluß- und Brackwasser O-Indiens und N-Australiens; spritzt sich mit Wassertropfen Insekten von Pflanzen ab.

Schutzengel, der nach kath. Lehre jedem Menschen zur Leitung und Hilfe beigegebene Engel.

Schützengesellschaften, Schützengilden, Vereinigungen zur Pflege des Schießsports; auf den Schützenfesten wird der **Schützenkönig** ermittelt.

Schützengraben, Graben zur Deckung der Infanterie gegen feindl. Feuer und zur sicheren Schußabgabe, oft mit Unterständen (Stollen) versehen.

Schutzfärbung, Schutztracht, Färbung oder Zeichnung eines Lebewesens oder Gegenstands, die ihrer Umgebung ähnelt und dadurch verbergen hilft; z. B. sind viele Wüstentiere sandgelb, Polartiere schneeweiß, Laubtiere grün. Besondere S.-Formen sind → Mimese, → Warntracht und → Mimikry.

Schutzfrist, ⚖ Zeitraum, in dem das geist. Eigentum gegen ungenehmigte Auswertung durch andere geschützt ist (→ Urheberrecht, → Patent).

Schutzgas, chem. unwirksames Gas, z. B. Edelgase, Gemische von Wasserstoff, Kohlendioxid, Stickstoff u. a.; verhindert durch die Verdrängung des Luftsauerstoffs die Oxidation beim Blankglühen, Hartlöten, Schweißen, in Glühlampen und als Spülgas Explosionen in Rohrleitungen und Behältern.

Schutzgebiete, bis 1918 die überseeischen dt. Besitzungen (ÜBERSICHT).

Schutzgenossen, im internat. Recht die dem Schutz der diplomat. oder konsular. Organe eines befreundeten oder, im Kriege, eines neutralen Staates (→ Schutzmacht) anvertrauten Personen.

Schutzhaft, ⚖ **1)** polizeil. Verwahrung einer Person zu ihrem eigenen Schutz oder zum Schutz der Allgemeinheit (bei Störung der öffentl. Sicherheit und Ordnung). **2) polit. S.,** Verwahrung polit. Gegner (in der Bundesrep. Dtl. verboten).

Schutzheiliger, Schutzpatron, kath.: Heiliger, der eine Person oder Sache beschützt.

EHEMALIGE DEUTSCHE SCHUTZGEBIETE

	km²	Ew. 1913 in 1000	Jahr der Erwerbung	seit 1919/22 unter Mandats-, seit 1946 unter Treuhandverwaltung von	unabhängig seit
Deutsch-Ostafrika ...	993 500	7646	1885/90	Großbritannien (Tanganjika) Belgien (Ruanda-Urundi)	1961 1962
Deutsch-Südwest-afrika	836 000	81	1884	Südafrika	–
Kamerun	797 400[1])	2650	1884/1911	Frankreich Großbritannien	1960 1961
Togo	89 900	1032	1884	Frankreich Großbritannien	1960 1957 zu Ghana
Deutsch-Neuguinea[2])	242 600	418	1884/98/99	Austral. Bund (K.-Wilh.-Land) Japan, seit 1946 USA	1975
Samoa	2927	35	1899	Neuseeland	1962
Kiautschou (Pachtgebiet)	515	192	1898	1914 von Japan erobert	–[3])

[1]) bis zum Marokko-Kongo-Abkommen (1911) 519 000 km². [2]) umfaßte Kaiser-Wilhelms-Land, Bismarck-Archipel, Karolinen, Marianen, Palau-, Marshall-Inseln, Nauru. [3]) 1922 zu China.

Schutzmantelmadonna

Schwalben: Mehl-S.

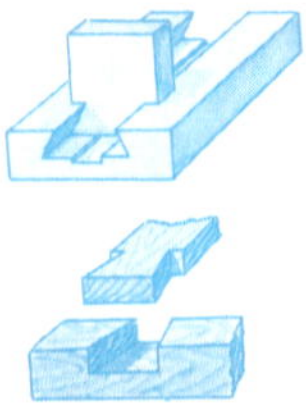

Schwalbenschwanz 1): oben: Führung an einer Maschine, unten: Holzverbindung

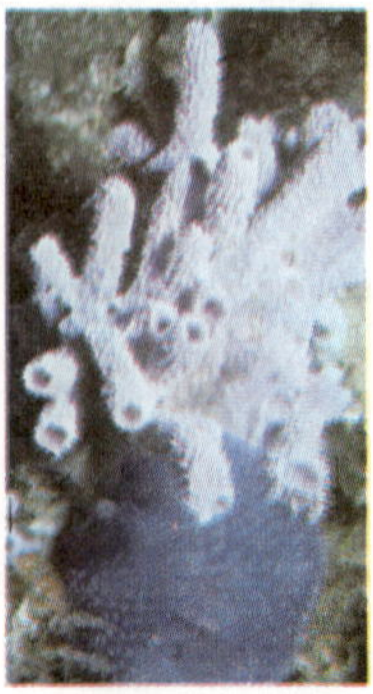

Schwämme: Hornkiesel-S.

Schutzimpfung, künstl. Erzeugung einer Immunität bei Mensch und Tier gegenüber Krankheitserregern oder Giften. Durch künstl. Verabreichung von Antigenen oder vermehrungsfähigen Mikroorganismen, die Antigene im Körper bilden, wird der Organismus veranlaßt, selbst Antikörper und dadurch eine langanhaltende Immunität zu entwickeln (aktive S.). Eine kurzfristige Immunität kann durch Injektion von Präparaten, die (körperfremde) Antikörper enthalten, geschaffen werden (passive S.). – Die älteste S. ist die gegen → Pocken. Weitere wichtige S. mit Lebend-Impfstoffen sind die S. gegen Tuberkulose, Gelbfieber, Kinderlähmung (Schluckimpfung), Masern, Röteln, Mumps. S. mit inaktivierten Erregern werden zur Vorbeugung gegen Cholera, Typhus und Paratyphus, Keuchhusten (umstritten), Grippe, Kinderlähmung (Injektionsimpfung), Masern durchgeführt.

Schutzkontaktstecker, ⚡ für elektr. Geräte mit Schutzleiteranschluß an **Schutzkontaktsteckdosen;** letztere sind für alle Räume, für die Schutzmaßnahmen erforderl. sind, vorgeschrieben.

Schutzmacht, 1) Staat, der die Schutzherrschaft **(Protektorat)** über einen anderen ausübt. **2)** im Krieg ein neutraler Staat, der die Interessen einer kriegführenden Macht im Feindstaat wahrnimmt.

Schutzmantelmadonna, spätmittelalterl. Darstellung Marias, die mit ausgebreitetem Mantel die Gläubigen umfängt.

Schutzmarke, das → Warenzeichen.

Schutzpolizei, Kw. **Schupo,** i. d. R. uniformierter Teil der Polizei.

Schutztruppe, die 1891-1918 in den ehem. dt. Schutzgebieten eingesetzten Truppen.

Schutzzoll, Zoll auf Einfuhrwaren, der inländ. Erzeugnisse gegen ausländ. Wettbewerb schützen soll **(S.-System, Protektionismus).** Ggs.: → Freihandel.

Schwab, Gustav, Dichter, *1792, †1850; gehört der Schwäb. Schule an; schrieb Romanzen und Lieder; gab die »Sagen des klass. Altertums« und die »Dt. Volksbücher« heraus.

Schwabach, Stadt im RegBez. Mittelfranken, Bayern, 35400 Ew.; spätgot. Hallenkirche (15. Jh.); Metallind. **Schwabacher Schrift,** eine der ältesten dt. Druckschriften.

Schwaben Mz., **1)** Teilstamm der → Alemannen in Württ., Oberschwaben und dem bayer. Schwaben. **2)** die Deutschen im Banat und bei Sathmar.

Schwaben, 1) RegBez. in Bayern. Verw.-Sitz: Augsburg. 9993 km², 1,54 Mio. Ew. **2)** das alte dt. Stammes-Hzgt. der → Alemannen, umfaßte die dt. Schweiz, das Elsaß, das südl. Baden, Württ. und das bayer. S. Die Herzogswürde war 1079-1268 im Besitz der Staufer; dann zerfiel S. in viele größere und kleinere Gebiete (bis zum 19. Jh. → Württemberg, → Baden). 1488-1533 bestand der mächtige **Schwäb. Bund** zur Wahrung des Landfriedens, 1376-1389 der **Schwäb. Städtebund** zur Wahrung der Reichsunmittelbarkeit.

Schwabenspiegel, privates südwdt. Rechtsbuch, entstand um 1275.

Schwäbische Alb, südwdt. Gebirge zw. Rhein und Nördlinger Ries, bis 1015 m hoch, zahlreiche Tropfsteinhöhlen.

Schwäbische Kaiser, staufische Kaiser, → deutsche Geschichte, ÜBERSICHT Herrscher und Staatsoberhäupter.

Schwäbischer Bund, → Schwaben.

Schwäbischer Städtebund, → Schwaben.

Schwäbisches Meer, der → Bodensee.

Schwäbisch-fränkisches Stufenland, abwechslungsreiche Großlandschaft zw. Schwarzwald, Odenwald und Böhmerwald.

Schwäbisch Gmünd, Krst. in Bad.-Württ., an der Rems, 56000 Ew.; alte Türme, Fachwerk- und Rokokohäuser, roman. Johanniskirche, Hl.-Kreuz-Münster (1320ff.); Edelmetall-, Textilind.

Schwäbisch Hall, Krst. in Bad.-Württ., am Kocher, 31000 Ew.; St.-Michaels-Kirche (Hallenkirche mit roman. Turm; auf der Treppe Freilichtspiele), Rathaus (1730-35, nach dem 2. Weltkrieg wieder hergestellt); versch. Ind. – S. H. war 1276-1802 Reichsstadt.

Schwachsinn, Oligophrenie die, schwere Störung der Auffassung, der Aufmerksamkeit, des Kombinations- und Urteilsvermögens. Der **angeborene S.** ist oft erbbedingt. S. schweren Grades nennt man **Idiotie.**

Schwachstrom, Strom in Anlagen mit Spannungen unter 24 Volt, in der Fernmeldetechnik unter 60 Volt. Ggs.: Starkstrom.

Schwadron [ital.] die, ∴ kleinste Einheit der Kavallerie.

schwadronieren, schwätzen, prahlen. **Schwadroneur** [ʃwadron'øːr] der, Aufschneider.

Schwager der, -s/Schwäger, **1)** → Schwägerschaft. **2)** ⚘ Postillion.

Schwägerschaft, Rechtsverhältnis zw. dem einen Ehegatten und den Verwandten, bes. dem Bruder **(Schwager)** oder der Schwester **(Schwägerin)** des anderen.

Schwaiger, Brigitte, österr. Schriftstellerin, *1949; Romane »Wie kommt das Salz ins Meer«, »Schönes Licht« u. a.

Schwalbach, 1) Gem. im Kr. Saarlouis, Saarland, 19000 Ew. **2) Bad S.,** Stadt in Hessen, im Taunus, 9300 Ew.; Stahl- und Moorbad.

Schwalben Mz., Singvögel mit Gabelschwanz, sehr tiefer Mundspalte und schmalen, spitzen Flügeln. Sie fliegen sehr schnell, erbeuten dabei Insekten u. a. und sind Zugvögel. In Mitteleuropa bauen die **Mehl-** oder **Haus-S.** und die etwas größere **Rauch-S.** ihre Nester aus durchspeichelter Erde in oder an Häuser. Kleiner ist die erdbraune **Ufer-S.;** sie höhlt in Uferwände Röhren zum Nest. Nicht verwandt mit den S. sind die **Turm-S.** (Mauersegler), die **Nacht-S.,** die **See-S.**

Schwalbennester, Eßbare S., Nester eines Seglervogels (Salangane) in Indien.

Schwalbenschwanz, 1) ⊙ Verbindung zweier Teile mit trapezförm. Querschnitt, auch als Führung des einen Teils in dem anderen verwendet. **2)** ♤ Tagfalter, dessen Hinterflügel geschwänzt sind; die grün-schwarz-rote Raupe lebt auf Fenchel, Möhren. (BILD Schmetterlinge)

Schwalbenwurz die, krautiges S.-Gewächs mit grünlichweißen Blüten. Volksmittel, z. B. gegen Vergiftungen (auch Schlangenbiß).

Schwalm die, rechter Nebenfluß der Eder, entspringt auf dem Vogelsberg, durchfließt die Landschaft S., ein Kerngebiet hess. Volkstums.

Schwamm der, **1)** ♤ **Schwammerl,** oberdt.: Pilz. **2)** kurz für → Hausschwamm. **3)** poröser Reinigungsgegenstand, der viel Wasser aufnimmt. **4)** Wassertiere, → Schwämme.

Schwämmchen, Soor der, eine → Hautpilzerkrankung.

Schwämme Mz., die niedersten mehrzelligen Tiere. Sie sitzen im Wasser fest und bilden vielfach Stöcke. Die Körperwand hat viele Kanäle, die in den Körperhohlraum münden. Diese Poren dienen zur Einfuhr von Nahrung und Atemwasser, das durch die Auswurföffnung wieder abfließt. Zum Bewegen dieses Wassers dienen Kragengeißelzellen, die das Innere des Körpers auskleiden. Die S. haben ein inneres Skelett, das aus Kalk, Kiesel oder Horn besteht. Fortpflanzung geschlechtlich durch Eier, ungeschlechtlich durch Knospen. Man unterscheidet **Kalk-S.** (Meeresbewohner), **Kiesel-S.** (Meeres- und Süßwasser-S.), **Hornkiesel-S.** (Bade-S., Pferde-S.).

Schwammspinner, Schmetterling, dessen Raupen Obst- und Waldschädlinge sind.

Schwan der, **1)** → Schwäne. **2)** Sternbild des nördl. Himmels.

Schwäne Mz., Gatt. großer Entenvögel mit langem Hals, leben in Einehe, Nest meist an Süßwasserseen; die Nahrung besteht aus Pflanzen und Kleingetier. **Höcker-S.,** auch Ziervogel, weiß, mit schwarzem Höcker auf dem roten Schnabel. **Sing-S.,** lebt in N-Europa und Asien; **Zwerg-S., Schwarzer S.**

Schwanenblume, meterhohe grasblättrige, fleischrot blühende Sumpfwasserstaude.

Schwanengesang, letztes Werk eines Dichters, nach dem angebl. Sterbegesang des Schwans.

Schwanenritter, Held einer niederrhein., auf → Lohengrin übertragenen Sage.

Schwangerschaft, Gravidität, der Zeitabschnitt von der Empfängnis bis zur Geburt des Kindes (durchschnittlich 267 Tage). Während dieser Zeit nistet sich das befruchtete Ei in der Gebärmutter der Frau ein, teilt sich und wächst über ein embryonales und ein fötales Stadium heran. Da der Befruchtungstermin meist nicht genau bekannt ist, geht man bei der Berechnung der **S.-Dauer** und somit des Geburtstermins von dem ersten Tag der letzten normalen Menstruation aus und rechnet 280 Tage hinzu. Während der Schwangerschaft vergrößert sich die Gebärmutter, das Milchdrüsengewebe der Brüste wächst, und die später auch bei der Geburt bes. beanspruchten Körperteile (Gebärmutterhals, Scheide, Damm, Bauchmuskulatur und Bauchhaut) werden aufgelockert; dadurch können Dehnungsstreifen **(S.-Narben)** entstehen, bes. an Unterbauch und Hüften. Massagen und Salbeneinreibungen können S.-Narben verhindern. Da auch die Wände der Blutgefäße erschlaffen, können sich Erweiterungen der Venen bilden (Krampfadern, Hämorrhoiden). Das früheste Anzeichen einer S. ist meist das Ausbleiben der Menstruation. Eindeutig läßt sich eine S. in den ersten Monaten nur nachweisen durch → Schwangerschaftsreaktionen. Jede Frau sollte während der S. in regelmäßigen Abständen den Arzt aufsuchen (→ Schwangerschaftsbetreuung). **S.-Beschwerden** sind individuell verschieden und treten bes. in den ersten drei Monaten auf, z. B. Brechreiz, Appetitlosigkeit, Abscheu vor oder Heißhunger nach bestimmten Speisen. Eine ratsame Vorbereitung auf die Geburt ist die → Schwangerschaftsgymnastik in der 2. S.-Hälfte.

Schwangerschaftsabbruch, Abtreibung, künstl. Herbeiführung einer → Fehlgeburt. ∴ Nach geltendem Recht ist der S. im Grundsatz strafbar (Freiheitsstrafe bis zu 3 Jahren oder Geldstrafe, § 218); der Abbruch bis zur 22. Woche nach der Empfängnis ist in vielen Fällen, danach in allen Fällen strafbar, es sei denn, daß eine der **Indikationen** (angezeigte Gründe) nach § 218 a vorliegt. Der S. ist bei medizin., eugen., ethischer und sozialer Indikation zulässig. Die **medizin. Indikation** setzt eine ernste Gefahr für Leben oder Gesundheit der Mutter voraus, die **eugenische** die Gefahr von körperlich oder geistig schwer geschädigtem Nachwuchs, die **ethische** eine Schwangerschaft nach einer Sexualstraftat der §§ 176-179 StGB und die **soziale** einen sozialen Härtefall. Hinzu kommen muß die Einwilligung der Schwangeren. Auch bei Minderjährigen entscheidet i. d. R. deren persönl. Einwilligung, nicht die ihrer Eltern. – Auch in den Fällen der Indikation ist der **Fremdabbruch** nach §§ 218 b, 219 StGB strafbar, wenn die Schwangere nicht vorher einen Arzt und eine anerkannte Beratungsstelle in Anspruch genommen hat und ärztlich beraten worden ist, ebenso wenn nicht eine schriftl. Feststellung eines Arztes, der selbst den Abbruch nicht vornimmt, über den Indikationsgrund vorliegt.

Schwangerschaftsbetreuung, Schwangerenvorsorge, Teilbereich der Gesundheitsfürsorge zum Schutz der Schwangeren vor Komplikationen des Schwangerschafts- und Geburtsverlaufs. Die S. dient auch der Senkung der Müttersterblichkeit und der perinatalen Mortalität (Tod des Kindes kurz vor, während oder bis sieben Tage nach der Geburt).

Schwangerschaftsgymnastik dient der Auflockerung muskulärer Verspannungen und Förderung der Durchblutung, der körperlich-seelischen Geburtsvorbereitung, darunter auch dem Abbau von Angstgefühlen.

Schwangerschaftsreaktionen, Schwangerschaftsnachweis, Untersuchungsverfahren zum frühzeitigen Nachweis einer Schwangerschaft. Einen sicheren Nachweis schon 2-12 Tage nach Ausbleiben der Menstruation bieten **immunolog. Schwangerschaftstests.** Hierbei wird durch eine Antigen-Antikörper-Reaktion ein vom Mutterkuchen gebildetes Hormon nachgewiesen. Heute kaum mehr verwendet werden biolog. S., wie der **Frosch-** und **Krötentest** oder die **Aschheim-Zondeksche Reaktion.**

Schwangerschaftsverhütung, → Empfängnis.

Schwank der, derbe, lustige Erzählung, im 16. Jh. gern in S.-Büchern gesammelt (J. Pauli, J. Wickram, H. W. Kirchhoff); auch derbkomisches Bühnenstück (Posse).

Schwann, Theodor, Naturforscher, *1810, †1882; entdeckte das Pepsin, wies nach, daß Zellen als Grundeinheiten Tier wie Pflanze aufbauen.

Schwanthaler, Ludwig v., Bildhauer, *1802, †1848; Riesenstandbild der Bavaria in München.

Schwanz der, bewegl. Fortsatz des Rumpfes hinter dem After bei allen Wirbeltieren mit Ausnahme der Frösche und der Menschenaffen. Der S. der Vögel ist mehr ein Federbesatz.

Schwanzlurche Mz., Ordn. der Amphibien, bei denen auch das erwachsene Tier einen Schwanz hat; Molche, Salamander.

Schwanzmeisen, Unterfamilie der Meisen.

Schwär der, **Schwäre** die, **Blutschwäre,** der → Furunkel.

Schwärmer Mz., **1)** Fam. der Schmetterlinge mit langen, schmalen Vorderflügeln, sehr langem Rüssel, fliegen meist in der Dämmerung. Die Raupen haben auf dem letzten Körperring ein aufrechtes Horn. **Liguster-, Wolfsmilch-S., Totenkopf. 2)** polem. Bez. für → Wiedertäufer.

Schwartau, Bad S., Stadt in Schlesw.-Holst., nördl. Lübeck, 19500 Ew.; Jodnatriumquellen (Rheuma, Rachitis); Marmeladenfabrik.

Schwarte die, **1)** zähe Außenhaut, z. B. am Speck; Fell von Dachs und Wildschwein. **2)** altes, eigtl. in Schweinsleder gebundenes Buch.

Schwartz, Melvin, amerikan. Physiker, *1932; für Arbeiten zur Elementarteilchenphysik Nobelpreis 1988 (mit L. M. Ledermann und J. Steinberger).

schwarz, 1) Farbe, die jede Lichtstrahlung vollkommen absorbiert. **2)** in Zusammensetzungen, z. B. Schwarzfahrt, -hörer, -schlachtung, svw. unberechtigt, unerlaubt. **3) s. werden,** Kartenspiel: keinen Stich bekommen.

Schwarz, 1) Berthold, Mönch aus Konstanz (14. Jh.), gilt als abendländ. Erfinder des Schießpulvers, das bereits die Chinesen kannten. **2)** Rudolf, Architekt, *1897, †1961; baute v. a. kath. Kirchen, das Wallraf-Richartz-Museum in Köln; entwarf den Plan für den Wiederaufbau von Köln.

Schwäne: Höcker-S.

Schwanzmeise

Schwarzkehlchen

Schwarza die, linker Nebenfluß der Saale im Thüringer Wald.

schwarz|amerikanische Literatur, engl. **Black American literature** [blæk əm'erıkən l'ıtrətʃə], eine zeitweise eigenständige Richtung der amerikan. Literatur. Als Protestliteratur tritt sie Mitte der 20er Jahre des 20. Jh. hervor; Hauptvertreter: C. McKay (*1889, †1949), L. Hughes (*1902, †1967) und C. Cullen (*1903, †1946). In den Werken von R. Ellison (*1914) und J. Baldwin (*1924) wird die Problematik vielschichtig ausgeweitet. Die 60er Jahre sind v. a. im Bereich der Lyrik und des Theaters durch militante Autoren wie I. A. Baraka (*1934, früher Le Roi Jones), Ed Bullins (*1935) und E. Cleaver (*1935) bestimmt, doch beginnt bereits mit den Stücken von Lorraine Hansberry (*1930, †1965) und der frühen Lyrik von Gwendolyn Brooks (*1917) ein Integrationsprozeß auf eine nur noch perspektivisch, nicht mehr ideologisch unterschiedl. literar. Identität hin.

Schwarz|arbeit, heiml. Arbeit gegen Entgelt unter Umgehung steuerl. Vorschriften.

Schwarzburg-Rudolstadt u. **Schwarzburg-Sondershausen,** bis 1918 Fstt. des Dt. Reiches; sie gingen 1920 im Lande Thüringen auf.

Schwarzdorn, die → Schlehe.

Schwarzkümmel

Schwarze Kunst, 1) → Magie. **2)** ✤ Buchdruckerkunst.

Schwarze Listen, Verzeichnisse von Personen oder Sachen (z. B. Bücher), über die Ungünstiges vermerkt ist.

Schwarzenbachtalsperre, Talsperre des Schwarzenbachs, eines Nebenflusses der Murg, Stauraum 14,3 Mio. m^3; Kraftwerk.

Schwarzenberg, 1) Felix Fürst zu S., österr. Staatsmann, *1800, †1852; seit 1848 MinPräs., bezwang die Revolution von 1848/49, nötigte Preußen zum Vertrag von Olmütz 1850, kehrte zum Absolutismus zurück. **2)** Karl Philipp Fürst zu S., österr. Feldmarschall in den → Freiheitskriegen, *1771, †1820.

Schwarzerde, russ. **Tschernosjom,** schwarzer fruchtbarer Steppenboden mit hohem Humusgehalt.

Schwebfliegen: Brust-S.

Schwarzer Freitag, Tag schwerer Kursstürze; der Name verbindet sich bes. mit dem Börsenkrach vom Freitag, dem 9. 5. 1873; später auch Bez. für den New Yorker Börsenkrach vom 13. 5. 1927 und 25. 10. 1929, der die Weltwirtschaftskrise auslöste.

Schwarzer Humor, makabrer Witz; in der Literatur eingeführt u. a. durch J. Swift, E. A. Poe; verstärkt im 20. Jh.

schwarzer Körper, ein Körper, der die elektromagnet. Strahlung aller Wellenlängen vollständig absorbiert, im Idealfall kleine Öffnung in einem Hohlkörper mit für elektromagnet. Strahlung undurchlässigen Wänden mit konstanter Temperatur. Er sendet eine Strahlung aus, deren spektrale Energieverteilung durch das Plancksche Strahlungsgesetz beschrieben wird.

Schwarzer Peter, Kartenspiel mit ungerader Kartenzahl zw. beliebig vielen Teilnehmern. Jeder Spieler legt je 2 gleichartige Karten weg, bis der S. P. übrig bleibt.

Schweden

Schwarzer September, Terrororganisation der Palästinenser.

Schwarzer Tod, die → Pest.

Schwarzes Loch, Black Hole [blæk həʊl], Stern, der auf Grund seiner großen Masse keine Strahlung abgeben und in sich zusammenstürzen **(Gravitationskollaps)** kann. S. L. werden im Zentrum der Quasare und Galaxien vermutet.

Schwarzes Meer, kühleres, salzärmeres Nebenmeer des Mittelmeers, nebel- und sturmreich, ohne das Nebenbecken des Asowschen Meers im NO 423 000 km^2, bis 2240 m tief. Zugang: Dardanellen, Marmarameer, Bosporus. Wichtige Zuflüsse: Donau, Dnjestr, Dnjepr, Don.

Schwarzfahrer, 1) wer einen Kraftwagen ohne Wissen und Willen des Fahrzeughalters benutzt. **2)** wer ein öffentl. Verkehrsmittel ohne Entrichtung des Fahrpreises benutzt.

Schwarzhandel, Warenverkauf außerhalb der normalen Absatzwege unter Umgehung von Zöllen und Steuern.

Schwarzhemden, die Faschisten unter Mussolini (→ Faschismus).

Schwarzhörer oder **Schwarzfernseher,** Rundfunk- oder Fernsehteilnehmer, der sein Empfangsgerät ohne Genehmigung benutzt (strafbar).

Schwarzkehlchen, Vogel, ein Wiesenschmätzer (→ Schmätzer).

Schwarzkopf, Elisabeth, Opern- und Konzertsängerin (Sopran), *1915.

Schwarzkümmel, krautige Hahnenfußgewächse, die blaue Blüte hat zerschlissene Hüllblätter. Zierpflanze vom Mittelmeer ist die **Jungfer im Grünen (Braut in Haaren** oder **Jungfer im Busch).**

Schwarzpulver, ein → Schießpulver.

Schwarz-Schilling, Christian, Politiker (CDU), *1930; seit 1982 Bundesmin. für Post- und Fernmeldewesen.

Schwarzwald, süddt. Mittelgebirge vom Hochrhein bis zum Kraichgau, 160 km lang, 22-60 km breit, im S aus Gneis und Granit, im N aus Buntsandstein, nach W und S steil, nach O allmählich abfallend. Höchste Erhebungen: im S Feldberg 1493 m, Herzogenhorn 1415 m; im N Hornisgrinde 1164 m. Zahlreiche Seen (Feld-, Schluch-, Titi-, Mummelsee), Kurorte, Wintersportplätze und Heilquellen (Baden-Baden, Badenweiler, Wildbad, Liebenzell). Der S. hat überwiegend Nadelwälder; Ackerbau, Viehzucht, Waldwirtschaft; Holz-, Uhren-, Metall-, Textil-Ind.

Schwarzwasserfieber, lebensgefährl. Verlaufsform einer Malaria tropica mit Blutzerfall und Nierenversagen.

Schwarzwild, Ψ das Wildschwein.

Schwarzwurzel, gelb blühender Korbblütler, ein Wurzelgemüse.

Schwaz, Stadt in Tirol, Österreich, 12 000 Ew.; Ordenshochschule der Franziskaner; altes Stadtbild; früher Silberbergbau.

Schwebebahn, → Seilbahn.

Schwebebalken, im Frauenturnen verwendetes, auf pyramidenförmigen Böcken gelagertes Turngerät (5 m lang, 1,20 m hoch, 10 cm breit).

Schwebezug, auf Luftkissen (**Hovertrain** [h'ɔvətreın], **Aerotrain**) nach dem Prinzip des → Bodeneffekt-Fluggeräts oder in magnet. Aufhängung **(Magnetkissen)** schwebendes, spurgeführtes Fahrzeug. Die Luftkissen (Druckluft) werden durch Turboverdichter mit Gasturbinenantrieb erzeugt, der Vortrieb durch Luftschrauben, Strahltriebwerk oder Linearmotor. Im Entwicklungsstadium befinden sich S. **(Magnetschwebebahnen)** mit gleichem Vortrieb, aber einer speziellen magnet. Aufhängung (Supraleitungsmagneten). Man hält eine Höchstgeschwindigkeit von über 500 km/h für möglich.

Schwebfliegen, Schwirrfliegen, wespenähnl. Fliegen, die im Schwirrflug lautlos stillstehen.

Schwebung die, period. Schwankung der Amplitude einer Schwingung; z. B. als Schwanken der Tonstärke beim Zusammenklang zweier eng benachbarter Töne.

Schwechat, Stadt in NÖ, südöstl. von Wien, 15 100 Ew.; Industrie; Flughafen.

Schweden Mz., nordgerman. Volk in Schweden und SW-Finnland (einschl. Ålands-Inseln), ferner Auswanderer bes. in Nordamerika, zus. etwa 9,5 Mio.

Schweden, schwed. **Sverige** [sv'ærjə],

Kgr. in N-Europa, 449964 km^2, 8,46 Mio. Ew.; Hptst.: Stockholm. ⊕ S. 493.

VERFASSUNG von 1809, mehrfach geändert, zuletzt 1975. Konstitutionelle Monarchie (Haus Bernadotte). Der König übt als Staatsoberhaupt nur mehr repräsentative Funktionen aus. Der Staatsrat (Regierung) ist dem Reichstag verantwortlich. – Verwaltungseinteilung in 24 Provinzen (Län).

LANDESNATUR. S. umfaßt die Abdachung der Skandinav. Halbinsel zur Ostsee; im N gebirgig (Kebnekaise 2111 m) mit Küstenniederungen, im S vorwiegend eben. Zahlreiche Flüsse, Wasserfälle und Seen (Väner-, Vätter-, Mälarsee u. a.). Klima: mäßig warme Sommer, schneereiche, kalte Winter. BEVÖLKERUNG (bes. im S): fast ausschließlich Schweden, daneben auch Finnen, im N Lappen. Großstädte: Stockholm, Göteborg, Malmö, Västerås. Religion: evang.-luther. Staatskirche (Erzbischof in Uppsala).

WIRTSCHAFT. Anbau (bes. in Mittel- und Süd-S.): Getreide, Kartoffeln, Zuckerrüben; Rinder- und Schweinezucht, im N auch Rentier- und Pelztierzucht. Forstwirtschaft (Wald auf 57% der Fläche) bes. im N; Fischerei bes. an der S- und W-Küste. ⚒ auf Eisenerz, Blei, Kupfer, Zink u. a.; Eisen- und Stahl-, Metall-, Maschinen- und Fahrzeug-, holzverarbeitende, chem. u. a. Ind.; Wasserkraftwerke. Ausfuhr: Maschinen und Fahrzeuge, Eisen und Stahl, Zellstoff, Papier, Holz. Haupthandelspartner: Bundesrep. Dtl., Großbritannien, nord. Länder. Haupthäfen: Göteborg, Stockholm, Malmö, Hälsingborg, Trelleborg; internat. Flughafen: Stockholm.

❻ Während das südwestl. S. zu Dänemark gehörte, gaben schwed. Wikinger, die Waräger, wesentl. Impulse zur Entstehung des ersten russ. Staates (9.-11. Jh.). Seit dem 9. Jh. drang das Christentum ein (→ Ansgar), 1164 wurde der Königssitz Uppsala Erzbistum. Mit Birger Jarl kamen 1250 die Folkunger auf den Thron (bis 1363). Durch die Kalmarer Union 1397 wurde S. mit Dänemark und Norwegen vereinigt. Unter schwed. Reichsverwesern kam es zu Aufständen. Gustav Wasa befreite S. endgültig von der dän. Herrschaft, wurde 1523 als Gustav I. König und führte die Reformation ein. Sein Enkel Gustav II. Adolf (1611-32) erhob S. durch sein Eingreifen in den Dreißigjährigen Krieg zur führenden Macht des Nordens: 1648 (→ Oxenstierna) Erwerb von Vorpommern und dem Hzgt. Bremen mit Verden sowie Süd-S. (von Dänemark). Unter Karl XII. (1697-1718) brach im → Nordischen Krieg S.s äußere Macht zusammen; die dt. Besitzungen (außer dem westl. Vorpommern) und die Ostseeprovinzen gingen verloren. Karl XIII. (1809-18) suchte durch Aufgabe Finnlands Anschluß an Rußland, adoptierte 1810 den frz. Marschall Bernadotte, der 1818 als Karl XIV. Johann den Thron bestieg. 1814 erwarb S. gegen den Rest von Vorpommern das Anrecht auf Norwegen, das bis 1905 unter dem schwed. König stand. In beiden Weltkriegen blieb S. neutral. 1919 Einführung des allg. Wahlrechts. Die Sozialdemokratie wurde zur stärksten Partei; 1932-76, wieder seit 1982 stellte sie die Regierung. Unter MinPräs. T. Erlander (1946-1969) wurde der schwed. Wohlfahrtsstaat ausgebaut. S. betreibt eine Neutralitätspolitik. Mit Norwegen, Dänemark, Island und Finnland ist es seit 1951 im Nord. Rat zusammengeschlossen. König: Carl XVI. Gustaf (seit 1973); MinPräs.: I. Carlsson (seit 1986).

Schwedenplatte, würzige kalte Vorspeisen, Fisch, Fleischsalat, Käse u. a.

schwedische Kunst. ARCHITEKTUR: Der roman. Kirchenbau (Basiliken, Rundkirchen) war von Dtl., der got. von Frankreich beeinflußt (Dome von Uppsala, Linköping). Nach der Reformation überwog der Schloßbau unter Mitwirkung dt. und niederländ. Künstler (Renaissance: Gripsholm, Kalmar; Barock: Drottningholm, Stockholm). Im 19. Jh. herrschten Klassizismus und Historismus, nach 1900 eigenständige Architektur (Rathaus in Stockholm). – BILDHAUEREI: Noch engere Verbindung zur dt. Kunst, im 14.-16. Jh. Bevorzugung lübischer Meister; bis zum 19. Jh. überwogen dann niederländ. und frz. Einflüsse, europ. Bedeutung erlangten der Klassizist J. T. Sergel, im 20. Jh. C. Milles. – Eigenständige MALEREI erst seit dem 18. Jh.; im 19. Jh. ragte C. J. Fahlcrantz, im 20. Jh. der Impressionist A. Zorn hervor. Entwicklung eines gemäßigten Expressionismus und einer → Neuen Sachlichkeit, auch Hinwendung zu einem gesellschaftskrit. Realismus (J. É. Franzén, P. Tillberg).

schwedische Sprache und Literatur. Das Schwed. bildet mit dem Dän. den ostnord. Zweig des Nordgerman. Die Schriftsprache entwickelte sich im 15. Jh., wobei die Mundart von Östergötland die Grundlage war. – Von der Heldendichtung der Wikingerzeit ist nichts erhalten. Älteste Sprachdenkmäler sind zahlreiche Inschriften in Runen (seit dem 9. Jh.). I. a. folgte die Entwicklung der schwed. Literatur der der europäischen. Lebens- und trinkfrohe Lieder schrieb C. M. Bellman (*1740, †1795). Die nord. Romantik vertrat E. Tegnér (*1782, †1846). A. Strindberg (*1849, †1912) gewann um 1880 dem Naturalismus die Bühne. Bedeutende Vertreter der neueren Entwicklung sind Selma Lagerlöf (†1940), die Neuromantiker V. Heidenstam (†1940) und P. Hallström (†1960), die Nobelpreisträger E. A. Karlfeldt (†1931), P. Lagerkvist (†1974), E. Johnson (†1976) und H. Martinson.

Schwedt an der Oder, Stadt im Bez. Frankfurt a. d. Oder, 51800 Ew.; Erdölraffinerie.

Schwefel der, **S,** chem. Element, Nichtmetall, Ordnungszahl 16, D 2,07 g/cm^3, Schmelzpunkt 113/119 °C, Siedepunkt 444,7 °C. S. ist ein hellgelber, spröder Stoff, unlösl. in Wasser, leicht löslich in S.-Kohlenstoff; Nichtleiter der Elektrizität; verbrennt mit blauer Flamme zu S.-Dioxid. Freier S. kommt in großen Lagern in Sizilien, Nordamerika und Japan vor, gebundener S. in Sulfaten, Sulfiden, im S.-Wasserstoff und im Pflanzen- und Tierreich als Bestandteil der Eiweißstoffe. S. kommt als Stangen-S. oder »S.-Blume« (S.-Pulver) in den Handel; er dient zur Herstellung von S.-Säure, zur Vulkanisation des Kautschuks, als Schädlingsbekämpfungsmittel, in der Medizin zu Hautsalben und Abführmitteln verwendet, ist in Schwarzpulver, Streichhölzern und Feuerwerkskörpern enthalten. VERBINDUNGEN: **S.-Dioxid,** SO_2, ein stechend riechendes Gas, bildet sich bei der Verbrennung von S. und beim Rösten der S.-Erze; beim Einleiten in Wasser bildet sich → Schweflige Säure, H_2SO_3. Aus S.-Dioxid und Luft gewinnt man bei etwa 400 °C in Anwesenheit eines Katalysators **S.-Trioxid,** SO_3, das mit Wasser in → Schwefelsäure übergeht. Leitet man S.-Dämpfe über glühende Kohlen, so bildet sich **S.-Kohlenstoff,** CS_2, eine farblose, feuergefährl. Flüssigkeit, in der sich S., Phosphor, Fette leicht auflösen. **S.-Wasserstoff,** H_2S, ein nach faulen Eiern riechendes, giftiges Gas, bildet sich aus den Salzen des S., den Sulfiden, durch Einwirkung von Säuren.

Schwefel (kristallisiert)

Schwefelfarbstoffe, ⊙ künstl. schwefelhaltige Farbstoffe zum Färben von ungebeizter Baumwolle.

Schwefelkies, der → Pyrit.

Schwefelkopf, eine Blätterpilzgattung.

Schwefeln, Desinfizieren, Haltbarmachen oder Bleichen durch die Verwendung von Schwefeldioxid (Fässer, Lebensmittel, Wolle).

Schwefelkopf: Grünblättriger S. (giftig)

Schweitzer

Schwefelsäure, H_2SO_4, wichtige anorgan. Säure. **Konzentrierte S.** wirkt stark wasserentziehend; sie bildet als Salze die **Hydrogensulfate** und die **Sulfate.** Herstellung früher nach dem **Bleikammerverfahren,** heute fast nur noch nach dem **Kontaktverfahren:** Röstgase von Sulfidmineralien werden gereinigt, gekühlt, gewaschen, das in ihnen enthaltene Schwefeldioxid katalytisch zu Schwefeltrioxid oxidiert und dieses in konzentrierter S. aufgefangen, wodurch **rauchende S.** entsteht. Sie wird mit Wasser zu gewöhnl. S. verdünnt.

Schweflige Säure, H_2SO_3, starkes Reduktionsmittel. Die Salze der S. S. heißen **Sulfite.**

Schweidnitz, poln. **Świdnica** [sjfdu'itsa], Stadt in der poln. Wwschaft Wałbrzych, ehem. Stadt in Niederschlesien, am NO-Rand des Eulengebirges, 57000 Ew.; alte Bauten.

Schweigepflicht, → Amtsgeheimnis, → Berufsgeheimnis.

Schweikart, Hans, Regisseur, *1895, †1975; 1947-62 Intendant der Münchener Kammerspiele.

Schweine Mz., Fam. der Paarzeher, Nichtwiederkäuer mit Allesfressergebiß, kegelförm. Rüssel und borstigem Haarkleid. Die Männchen (Eber) tragen wehrhafte Eckzähne (Hauer). Das **Wild-S.** lebt in feuchten Waldgebieten N-Asiens, Europas und N-Afrikas, meist in Rudeln. Es ist braunschwarz, bis 1,70 m lang und wiegt durchschnittl. 50-350 kg. In der Jägersprache heißt es **Schwarzwild** oder **Sau.** Das männl. Tier wird **Keiler,** das weibl. **Bache,** die rotbraunen, gelbgestreiften Jungen **Frischlinge** genannt. Das Wild-S. ist durch sein Wühlen nach Kartoffeln und Rüben schädlich. Das Fleisch jüngerer Tiere ist wohlschmeckend. Andere Wild-S. sind: asiat. **Binden-S.,** afrikan. **Warzen-S.,** amerikan. **Nabel-S.** Das aus dem Wild-S. gezüchtete **Haus-S.,** bis 500 kg schwer, wird meist im 2. Lebensjahr geschlachtet. Die Sau hat jährl. zweimal 6-12 Junge, die zuerst **Ferkel,** dann **Läufer** genannt werden.

1

2

3

Schweine: Rassen des Hausschweins; **1** Deutsches Landschwein, **2** Pietrain, **3** Yorkshire

Schweinepest, ♡ anzeigepflichtige, sehr ansteckende Viruskrankheit der Schweine mit inneren Blutungen.

Schweineseuche, ♡ durch Bakterien hervorgerufene ansteckende Lungen-Brustfell-Entzündung der Schweine; anzeigepflichtig.

Schweinfurt, Stadt im RegBez. Unterfranken, Bayern, am Main, 51000 Ew.; Johanniskirche (spätromanisch), Rathaus (1572); Kugellager-, Metall-, Leder- und Farbenind.

Schweinfurth, Georg, Afrikaforscher, *1836, †1925; bereiste 1864-89 das Nilgebiet, die Libysche Wüste, Äthiopien, Jemen.

Schweinsaffe, Affenart der Gatt. → Makak.

Schweiß der, **1)** flüssige Absonderung der S.-Drüsen der Haut, enthält 99% Wasser, ferner Kochsalz, Harnstoff, Fette und (übelriechende) flüchtige Fettsäuren. **2)** ♆ Blut.

schweißen, 1) Werkstücke durch Ineinanderkneten (Preßschweißen) oder Ineinanderfließen (Schmelzschweißen) des örtl. erwärmten Werkstoffes verbinden. Bei der ältesten **Preßschweißung,** der **Hammerschweißung,** werden die Teile auf Rotglut erhitzt, übereinandergelegt und durch Hammerschläge ineinandergeknetet. Bei der **elektr. Widerstandsschweißung** werden die Werkstücke an den Verbindungsstellen durch den elektr. Strom bis zur Schweißhitze erwärmt und in der Maschine zusammengepreßt, bei der **Punktschweißung** zw. Stift-Elektroden, bei der **Nahtschweißung** mit rollenförmigen Elektroden.

Bei der **Schmelzschweißung** werden die Teile an den Schweißkanten aufgeschmolzen, meist unter gleichzeitigem Abschmelzen eines Schweißstabes oder einer Elektrode aus gleichem oder ähnl. Werkstoff. Die erforderl. Wärme wird erzeugt durch Verbrennen eines Heizgases (meist Acetylen) mit Sauerstoff **(autogenes S.),** durch einen Lichtbogen zw. dem Werkstück und einer Elektrode oder zw. 2 Elektroden **(Lichtbogenschweißung).** Der Zutritt von Luftsauerstoff und Stickstoff wird durch Schutzgase oder durch einen Schlackenmantel verhindert. Die **Elektronenstrahlschweißung** (im Vakuum) läßt das S. von Metallen mit sehr unterschiedl. Schmelzpunkt zu. Schweißungen an sehr kleinen Teilen und sehr dünne Schweißnähte ermöglicht das **Laserstrahlschweißen,** bei dem die hohe Energiedichte im Fokus des Laserstrahls, die ausreicht, um alle absorbierenden Materialien zu schmelzen, ausgenutzt wird. – Kunststoffe werden geschweißt, indem sie durch Erwärmen plastisch gemacht und dann zusammengepreßt werden. Mit Ultraschall schweißt man dünne Bleche und Drähte. **2)** ♆ bluten.

Schweißhund, Bluthund, Jagdhund, der angeschossenes (schweißendes) Wild aufspürt.

Schweitzer, Albert, evang. Theologe, Philosoph, Musikforscher, Orgelkünstler, *1875, †1965; studierte später auch Medizin, seit 1913 Missionsarzt in Lambarene in Gabun. Werke: »Zw. Wasser und Urwald«, »Aus meiner Kindheit und Jugend«, »Kultur und Ethik«, »J. S. Bach« u.a. Friedensnobelpreis 1952.

Schweiz, amtlich **Schweizerische Eidgenossenschaft,** frz. **Suisse** [sɥ'is], ital. **Svizzera,** rätoroman. **Svizzra,** Bundesstaat in Mitteleuropa, 41293 km², 6,6 Mio. Ew.; Hptst.: Bern; Amtssprachen: Deutsch, Französisch, Italienisch, Rätoromanisch. ⊕ S. 488/89.

VERFASSUNG von 1874 (mehrfach geändert). Die S. ist ein republikan. Bundesstaat aus 23 Kantonen, von denen 3 in je 2 Halbkantone

Schweiz, Kantone						
Kanton (Hauptort)	Fläche in km²	Ew. in 1000	Sprachen in % dt.	frz.	ital.	räto-roman.
Basel						
Basel-Stadt (Basel)	37	194,7	82,7	3,7	8,3	0,3
Basel-Landschaft (Liestal)	428	227,4	82,9	2,5	10,3	0,2
Solothurn (Solothurn)	791	221,0	85,5	1,5	10,0	0,1
Aargau (Aargau)	1405	478,2	84,0	0,9	11,3	0,2
Schaffhausen (Schaffhausen)	298	70,4	84,4	0,8	9,2	0,2
Zürich (Zürich)	1729	1142,7	82,9	1,7	10,2	0,4
Thurgau (Frauenfeld)	1013	195,5	85,5	0,5	10,5	0,2
Sankt Gallen (St. Gallen)	2014	409,1	88,4	0,4	7,4	0,4
Appenzell						
Außerrhoden (Herisau)	243	50,1	88,2	0,4	6,8	0,2
Innerrhoden (Appenzell)	172	13,4	92,9	0,1	4,6	0,1
Jura (Delsberg)	838	65,2	8,5	82,1	6,7	0,0
Neuenburg (Neuenburg)	797	158,0	9,2	73,0	12,8	0,1
Waadt (Lausanne)	3219	561,9	8,9	73,6	9,8	0,1
Freiburg (Freiburg)	1670	197,5	32,4	60,3	4,0	0,0
Bern (Bern)	6049	934,0	82,6	8,6	6,0	0,1
Luzern (Luzern)	1492	310,5	90,9	0,7	5,4	0,2
Unterwalden						
Obwalden (Sarnen)	491	28,3	94,7	0,5	3,2	0,1
Nidwalden (Stans)	276	31,7	92,0	0,5	4,8	0,2
Zug (Zug)	239	83,2	86,6	1,0	8,2	0,4
Schwyz (Schwyz)	908	105,2	90,1	0,3	7,2	0,3
Uri (Altdorf)	1077	33,8	92,5	0,3	5,6	0,4
Glarus (Glarus)	684	37,2	84,5	0,3	12,2	0,3
Graubünden (Chur)	7106	175,8	57,6	0,5	15,8	23,4
Genf (Genf)	282	370,0	10,9	65,4	10,9	0,1
Wallis (Sitten)	5226	241,8	32,4	59,4	6,2	0,0
Tessin (Bellinzona)	2811	28,5	10,5	1,7	85,7	0,1
Schweiz	41293	6619,1	64,9	18,1	11,9	0,8

aufgeteilt sind. Die Bundesgesetzgebung liegt bei der Bundesversammlung. Diese besteht aus 2 Kammern, dem Ständerat (46 von den Kantonen gewählte Vertreter) und dem Nationalrat (200 in allgemeiner Wahl gewählte Mitgl.). Der Bundesrat wird von der Vereinigten Bundesversammlung auf 4 Jahre gewählt; er übt die vollziehende Gewalt (Regierung) aus. Seine 7 Mitgl. sind Leiter der Departemente (Ministerien). Aus dem Bundesrat wählt die Bundesversammlung den jährlich wechselnden Bundespräsidenten (1983: P. Aubert). Die Kantone haben eigene Volksvertretungen und Regierungen. Frauen haben seit 1971 auf Bundesebene das Wahlrecht, für Kantonswahlen nur teilweise. 1978 wurde der Entwurf für eine neue Bundesverfassung vorgelegt. Über die Gerichte vgl. Übersicht Gerichtswesen.

Landesnatur. Die S. umfaßt den mittleren Teil der Alpen. Der nördl. Gebirgszug erreicht in den stark vergletscherten Berner Alpen 4274 m (Finsteraarhorn), der südl. in den gletscherreichen Walliser Alpen den höchsten Punkt der S. mit 4634 m (Monte Rosa). Nach NW schließen sich die Hügelregion des dicht besiedelten Mittellandes (500 m) und der Schweizer Jura an. Mittelpunkt des Gewässernetzes ist das St.-Gotthard-Massiv, von dem Rhein, Reuß, Aare, Rhone, Tessin ausgehen. Im SO hat die S. Anteil am oberen Inntal. Schöne Seen: Genfer, Neuenburger, Vierwaldstätter, Luganer See, Zürichsee u.a. Klima: gemäßigt warm bis rauh, sonnenreich in den Hochtälern, am Nordufer des Genfer Sees und auf der Südseite der Alpen. Bevölkerung. 64,9% sprechen Deutsch (im größten Teil des Mittellandes und den Alpen bis ins Monte-Rosa-Gebiet), 18,1% Französisch (im Jura, Waadtland, Unterwallis), 11,9% Italienisch (im Tessin und den Randtälern Graubündens), 0,8% Rätoromanisch (in Graubünden). Großstädte: Zürich, Basel, Genf, Bern, Lausanne. Religion: Rd. 44,3% prot., rd. 47,6% kath.

Wirtschaft. Trotz geringer Bodenschätze ist die S. heute überwiegend Industrieland. In der Landwirtschaft arbeiten nur noch rd. 6,3% aller Berufstätigen. Ackerbau in den tiefsten Lagen, auch Mais- und Weinbau. Hoch entwickelt ist die Milchviehzucht (im Gebirge Almwirtschaft) mit Käserei und Milchverarbeitung; Fleisch, Futtermittel und Getreide müssen jedoch eingeführt werden. Die Industrie (44,7% der Berufstätigen), vorwiegend im nördl. Mittelland und Jura, liefert Qualitätswaren (Stickereien, Textilien, Uhren, Maschinen, Motoren, elektr. und chem. Erzeugnisse, Medikamente, Schokolade). Der Ausbau der Wasserkräfte zur Elektrizitätsgewinnung ist weit fortgeschritten. Starker Fremdenverkehr, bes. in den Höhenluftkurorten und Wintersportplätzen. Ausfuhr: Nahrungs- und Genußmittel, Fertigwaren; Haupthandelspartner: Bundesrep. Dtl. u.a. EG-Länder, USA. Die S. gehört der Europ. Freihandelsgemeinschaft (EFTA) an. Basel hat als Rheinhafen steigende Bedeutung. Zahlreiche Bahnen (meist elektr.) und Straßen führen über die Alpenpässe. Internat. Flughäfen: Zürich, Genf, Basel.

Schweiz

Ⓖ Das Gebiet der heutigen S. kam teils 58 v.Chr. durch Caesars Sieg über die Helvetier, teils 15 v.Chr. unter röm. Herrschaft. Während der Völkerwanderung wurde der größte Teil des Landes von den Alemannen, der SW von den frühzeitig romanisierten Burgundern besetzt; dem entspricht die Sprachgrenze zw. der dt. und der frz. S. Dann gehörte das Land zum Fränk. Reich, später größtenteils zum dt. Hzgt. Schwaben; die Westschweiz kam mit dem Kgr. Burgund 1033 ebenfalls an das Dt. Reich. Im 13. Jh. erlangten die Habsburger die Vorherrschaft im Lande. Zu ihrer Abwehr schlossen die reichsunmittelbaren Bauerngemeinden Uri, Schwyz und Unterwalden (erst 1309 reichsunmittelbar), die **Urkantone,** 1291 einen »ewigen Bund« (Sage von →Tell). Sie siegten 1315 am Morgarten und nach Erweiterung des Bundes um Luzern (1332), Zürich (1351), Glarus und Zug (1352), Bern (1353) bei Sempach 1386 über österreich. Ritterheere. Auf diese **Eidgenossenschaft** ging dann der Name von Schwyz als Gesamtbezeichnung über. Den Habsburgern entrissen die Eidgenossen 1415 den Aargau und 1460 den Thurgau. In den Burgunderkriegen besiegten sie Karl den Kühnen 1474-77; seitdem waren sie lange Zeit eine vielumworbene Kriegsmacht (→ Reislaufen). 1481 wurden Freiburg i. Ü. und Solothurn, 1501 Basel und Schaffhausen, 1513 Appenzell als vollberechtigte Kantone (»Orte«) in die Eidgenossenschaft aufgenommen, mit der sich ferner Wallis, St. Gallen, Graubünden, Genf u. a. als »zugewandte Orte« verbündeten. Der Schwabenkrieg von 1499 führte zur tatsächl. Loslösung der S. vom Dt. Reich (1648 im Westfäl. Frieden bestätigt). Zu Anfang des 16. Jh. eroberten die Eidgenossen das Tessin, im Kampf gegen Savoyen 1536 die Waadt. Trotz Glaubensspaltung während der Reformation (Zwingli in Zürich, Calvin in Genf) hatte die Eidgenossenschaft Bestand. Daran änderte auch die vorübergehende, im Zug der Frz. Revolution erfolgte Umwandlung zur »Helvet. Republik« (1798-1803) nichts. Napoleon schuf durch die Mediationsakte von 1803 wieder einen Staatenbund; zu den 13 alten Kantonen kamen 6 neue: Graubünden, St. Gallen und die bis 1798 ganz unselbständigen, von Landvögten verwalteten Untertanenlande Aargau, Thurgau, Tessin, Waadt. Nach den Freiheitskriegen wurde die Zahl der Kantone durch Genf, Wallis und Neuenburg auf 22 vermehrt; die europ. Mächte erkannten zugleich die dauernde Neutralität der S. an. Die Liberalen erreichten seit 1830 die endgültige Beseitigung der aristokrat. Kantonsverfassungen, überwanden den Widerstand der 1845-47 zu einem Sonderbund vereinigten kath. Kantone und errichteten durch die Verfassung von 1848 einen festen Bundesstaat an Stelle des losen Staatenbundes. Die demokrat. Einrichtungen wurden immer mehr ausgebaut. In beiden Weltkriegen bewahrte die S. ihre Neutralität. Nach 1947 sind Freisinnige, Sozialdemokraten und Christl. Demokraten die stärksten Parteien. In Abstimmungen auf versch. Ebenen löste sich zw. 1974 und 1978 ein neuer Kt. → Jura heraus (zuletzt Abstimmung in der Gesamtschweiz 1978), der de jure seit dem 1. 1. 1979 existiert.

Schwerspat

KUNST. Im MA entstanden zahlreiche bed. Kirchen (Baseler Münster, Kathedrale von Lausanne, Kirchen in Königsfelden und Kappel mit Glasmalereien). Literarisches und künstler. Zeugnis der Hochgotik ist die → Manessische Handschrift. In Basel wirkten K. Witz (15. Jh.) und H. Holbein d. J. (16. Jh.). Typisch für das 16. Jh. die Gemälde und Zeichnungen von N. Manuel, H. Leu u. a., für die Renaissance reich ausgestattete Bürgerhäuser, Fassadenmalereien. Meister der Vorarlberger Schule schufen großartige Barockkirchen (St. Gallen, Maria Einsiedeln). Aus der S-Schweiz gebürtige Baumeister zählen zu den bedeutendsten des röm. Barocks (D. Fontana, F. Borromini u. a.). Im Ausland arbeiteten die bekanntesten Maler des 18. Jh.: J. Liotard, H. Füßli sowie (im 19. Jh.) A. Böcklin. Aus der Schule von F. Hodler gingen u. a. Augusto Giacometti, F. Pauli, E. Morgenthaler hervor. Im 20. Jh. zählen N. Stoecklin, F. Vallotton und F. Chiesa zur älteren Malergeneration, die jüngere repräsentieren J. Itten, M. Hunziker (Glasfenster), F. Glarner (konkret-abstrakte Bilder). Als Bildhauer traten hervor: C. Burckhardt, A. Zschokke, Alberto Giacometti, J. Tinguely u. a. Bed. Architekten: LeCorbusier sowie u. a. M. Botta.

Schwertlilie

LITERATUR. Erste literarische Zeugnisse aus der dt. Schweiz stammen aus dem Kloster St. Gallen (Notker Labeo). Zur Minnedichtung trug u. a. Hadloub bei. Anfang 15. Jh. Bauernparodie »Der Ring« von H. Wittenweiler, im 16. Jh. Reformationsdramen von N. Manuel. Mit J.-J. Rousseau und A. von Haller ging die Entwicklung eines neuen Naturgefühls im 18. Jh. von der Schweiz aus. J. J. Bodmer und J. J. Breitinger bereiteten in der Auseinandersetzung mit Gottsched den Sturm und Drang vor. Wirklichkeitsliebe zeigt sich im 18. Jh. bei U. Bräker, im 19. Jh. bei G. Keller und J. Gotthelf; mehr dem Symbolischen zugewandt war C. F. Meyer. Dichter der Jahrhundertwende: C. Spitteler, R. Walser. Mit M. Frisch und F. Dürrenmatt stellt die Schweiz 2 bed. Vertreter der modernen deutschsprachigen Erzählkunst und Dramatik. Weitere neue Autoren: O. F. Walter, H. Loetscher, A. Muschg, P. Bichsel, W. M. Diggelmann, K. Marti. – Die frz.-sprachige Literatur gelangte im 18. Jh. und frühen 19. Jh. mit J.-J. Rousseau, Mme. de Staël und B. Constant zu europ. Wirkung. Im 19. und 20. Jh. verfaßten krit. Schriften: A. Vinet, H. F. Amiel, E. Rambert, M. Monnier, Ph. Godet u. a., Romane R. Töpffer, Ph. Monnier, V. Cherbuliez, Lyrik: J. Olivier, L. Duchosal. C. F. Ramuz gestaltete den Regionalroman zu weltliter. Bedeutung, ihm folgten Monique Saint-Hélier, G. de Pourtalès, J. Chenevière, B. Cendrars, M. Zermatten, die Essayisten C.-A. Cingria, E. Gilliard. In der ital.-sprachigen Lit. ragte im 20. Jh. der Lyriker und Erzähler F. Chiesa hervor.

Schweizer der, **1)** Bewohner der Schweiz. **2)** päpstl. Leibwache im Vatikan, früher auch **S. Garde** der frz. Könige.

Schwellenländer, Bez. für Entwicklungsländer, die im Begriff sind, sich zum Industriestaat zu entwickeln.

Schwellenwert, ☜ ⊠ Physiologie: kleinster Betrag eines Stoffes, eines Reizes, der ausreicht, um eine erkennbare Wirkung oder einen wahrnehmbaren Vorgang auszulösen.

Schwellkörper, bei Mensch und Säugetieren schwammige Gewebe, die bei Reizung durch Blutzufuhr anschwellen (→ Erektion).

Schwelm, Krst. in NRW, östl. von Wuppertal, 30 000 Ew.; Maschinen-, Textilind.

Schwẹlung die, trockene Destillation zur Entfernung aller flüssigen Bestandteile, z. B. aus Braunkohle.

Schwenckfeld, Kaspar, Gründer der Sekte der **Schwenckfelder** (fand in Pennsylvania eine Freistatt), *1489, †1561; brach mit dem Luthertum.

Schwenkflügel, Flugzeugtragflügel, die im Fluge seitensymmetrisch um die Hochachse und um einen bestimmten Winkel geschwenkt werden können.

Schwer|athletik, Kraftsportübungen: Ringen, Gewichtheben, Boxen usw.

Schwerbehinderte, früher **Schwerbeschädigte,** Personen, die infolge körperl., geist. oder seel. Behinderung in ihrer Erwerbsfähigkeit um wenigstens 50% gemindert sind. Seit 1974 gilt das Gesetz zur Sicherung der Eingliederung S. in Arbeit, Beruf und Gesellschaft.

Schwerelosigkeit, Fehlen von Schwerkraftwirkungen auf Körper, die sich in keinem Schwerkraftfeld befinden oder im Schwerefeld frei fallen, z. B. Raumfahrzeuge nach Abschalten des Triebwerks.

schweres Wasser, Deutẹriumoxid, D_2O, Wasser, in dem die beiden gewöhnl. Wasserstoffatome (Wasserstoffisotope mit der Massenzahl 1) durch Deuterium ersetzt sind. D (bei 20 °C) 1,1059 g/cm^3, Schmelzpunkt 3,82 °C, Siedepunkt 101,42 °C. S. W. ist gesundheitsschädlich; es wird in Kernreaktoren als Bremssubstanz (Moderator) verwendet.

Schwerhörigkeit, ♡ herabgesetztes Hörvermögen, ein Zeichen für die versch. Erkrankungen des Gehörs (→ Ohrenkrankheiten).

Schwerịn, 1) Bez. der Dt. Dem. Rep., 8672 km^2, 593 200 Ew., 1952 aus Teilen der Länder Mecklenburg und Brandenburg gebildet; meist fruchtbares Tiefland mit Anteil an der Mecklenburg. Seenplatte, im W moorig. Landwirtschaft; Nahrungsmittel-, Holz- und Baustoffind. **2)** Hptst. von 1), am **Schweriner See,** 129 000 Ew.; got. Dom (1270-1416), Schloß auf einer Insel; Maschinen-, chem. Ind. 1160 von

Heinrich dem Löwen gegr., seit 1358 mecklenburgisch.

Schwerindustrie, Montanindustrie, Bergbau, Eisen- und Stahlindustrie.

Schwer|ionenbeschleuniger, Gerät zur Beschleunigung ionisierter chem. Elemente und zur Erzeugung energiereicher Strahlung; Anwendung in der Hochenergiephysik, der Medizintechnik u. a., Bauformen: → Linearbeschleuniger, Schwerionensynchrotron.

Schwerkraft, Schwere die, ⊠ Kraft, die alle Körper in Richtung Erdmittelpunkt zieht (Sonderfall der allg. → Massenanziehung). Sie ist in der Nähe der Erdoberfläche um so größer, je näher ein Körper dem Erdmittelpunkt ist. Bei ruhenden Körpern verursacht sie einen Druck oder Zug, bei frei beweglichen eine beschleunigte Bewegung. Man mißt die S. durch die Fallbeschleunigung, die in mittleren geograph. Breiten 9,81 m/s^2 beträgt.

Schwermetalle, ⊃ Metalle mit Dichten von 4,5 g/cm^3 und darüber. Die Salze mancher S. (Quecksilber, Cadmium, Zink, Blei, Kupfer) sind starke Umweltgifte.

Schweröl, entsteht bei der Destillation von Erdöl und Steinkohlenteer; wird in S.-Motoren verwendet, auch Heizöl.

Schwerpunkt, ⊠ Punkt eines Körpers, in dem das gesamte Gewicht vereinigt gedacht werden kann. Wird ein Körper im S. unterstützt, so kann er nicht fallen. Ist ein Körper in allen Teilen gleichartig, so fällt der S. mit dem Mittelpunkt zusammen. (→ Gleichgewicht)

Schwerspat der, **Baryt** der, weißes bis farbiges Mineral, Bariumsulfat, $BaSO_4$; wird in der chem. und Farbenind., in Papier-, Tapeten- und Textilfabrikation angewendet.

Schwert das, -s/-er, **1)** Hieb- und Stoßwaffe mit gerader, breiter, ein- oder zweischneidiger Klinge. **2)** ⛵ eiserne oder hölzerne Platte, die in der Richtung des Kiels von flachbodigen Segelbooten ins Wasser greift, um Kentern oder Abdrift zu verhindern.

Schwertbrüder|orden, dt. Ritterorden, 1202 zur Eroberung Livlands gegr., 1237 mit dem → Deutschen Orden vereinigt.

Schwerte, Stadt in NRW, an der Ruhr, 48 200 Ew.; Metall- u. a. Ind.

Schwertfisch, Knochenfisch aller Weltmeere, mit schwertartigem Fortsatz des Oberkiefers, Raubfisch.

Schwertlili|e, Iris, Gatt. der Irisgewächse, mit schwertförmigen Blättern und fleischigem Wurzelstock: die einheim. gelbblütige **Wasser-S. (Teichlilie),** als Gartenpflanze die dunkelviolette **Dt. S.** (BILD S. 796)

Schwetzingen, Stadt in Bad.-Württ., 18 400 Ew.; Barockschloß mit Park; **Schwetzinger Festspiele;** Tabak-, Spargelanbau.

Schwib|bogen, 🏛 → Strebebogen.

Schwiele die, durch übermäßige mechan. Beanspruchung entstandene Verdickung der Hornschicht der Haut (Hand-S.).

Schwimm-Aufbereitung, → Flotation.

Schwimmblase, mit einem Kohlendioxid-Sauerstoff-Gemisch gefüllte Blase über dem Darm der Fische **(Fischblase);** durch Wechsel des Gasdrucks regelt sie die Anpassung der Dichte des Fischkörpers an die des umgebenden Wassers.

Schwimmen. Ein bewegungsloser Körper schwimmt, wenn seine Dichte geringer ist als die der Flüssigkeit; er taucht so tief ein, daß die verdrängte Flüssigkeitsmenge so viel wiegt wie er selbst. Schwerere Körper bringt man zum S., indem man sie mit einem leichteren verbindet (Schwimmblase, -gürtel, Luftinhalt des Schiffskörpers) oder indem man den statischen Auftrieb des Wassers durch geeignete Bewegungen verstärkt (dynam. Auftrieb, Schwimmen des Menschen, der Landtiere).

Schwimmer der, **1)** beim Wasserflugzeug: gleitbootähnl. Hohlkörper, mit dem sich das Flugzeug auf der Wasseroberfläche abstützt. **2)** schwimmender Hohlkörper zum Regeln des Flüssigkeitsspiegels oder zur selbsttätigen Absperrung einer Leitung (Selbstschlußhahn). **3)** Teil der Angel.

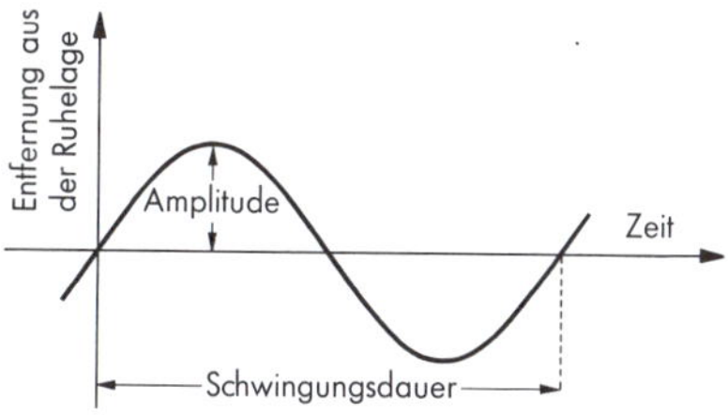

Schwingung

Schwimmkäfer, im Wasser lebende Käfer mit Schwimmbeinen. Der schwarzgrüne, 4 cm lange **Gelbrand** lebt in stehenden Gewässern ganz Europas, ist ein gefürchteter Fischvernichter. Verwandt sind der **Taumel-** oder **Drehkäfer,** der an der Wasseroberfläche schwimmt, und der **Kolbenwasserkäfer,** dessen Eipaket mit einem Fortsatz aus dem Wasser hervorragt.

Schwimmvogel, Wasservögel mit Schwimmhäuten an den Zehen: z. B. Ruderfüßer, Enten, Möwen, Rallen.

Schwimmweste, sich selbsttätig aufblasende im Wasser tragende Rettungsweste.

Schwind, Moritz v., Maler, Zeichner, *1804, †1871; Bilder zu dt. Märchen, Sagen.

Schwindel der, **1)** Gefühl des Schwankens mit kurzdauernder Beeinträchtigung des Bewußtseins; kommt vor bei zu hohem und zu niedrigem Blutdruck, Reizung des Gleichgewichtsorgans (Seekrankheit), Gehirnstörungen u. a. **2)** unredl. Unternehmen, Trug.

Schwindling der, Gatt. kleiner, zäher, als Würze wertvoller Blätterpilze, z. B. **Nelken-S.** und **Knoblauchpilz.**

Schwindsucht die, volkstümlich meist für → Tuberkulose.

Schwingen das, -s, Form des Ringkampfs **(Kleiderringen)** in der Schweiz.

Schwingung die, ⊠ period. Hin- und Herbewegung eines Körpers (Pendel, Saite, Stimmgabel, Luft beim Schall) oder period. Änderung eines Zustandes (elektr. und ma-

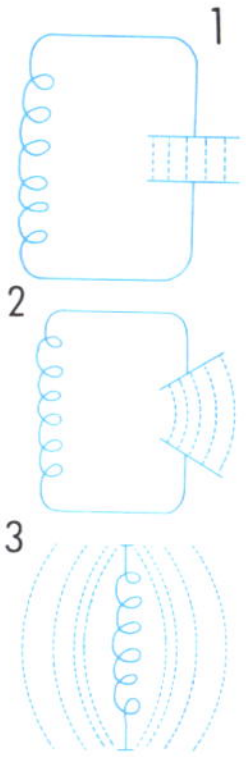

Schwingungskreis: **1** geschlossen, **2** halboffen, **3** offen

Schwind: Rübezahl

Schwyz
Kanton

gnet. Feld). Die Anzahl der S. in einer Zeiteinheit heißt **Frequenz,** der größte Ausschlag **Amplitude** (Schwingungsweite, Scheitelwert). Ohne Energiezufuhr nimmt die Amplitude einer S. z.B. durch Reibungsverluste bis auf Null ab (Schaukel, nichtaufgezogene Uhr; **gedämpfte S.**). Bei dauernder Energiezufuhr (z.B. durch Feder oder Gewicht einer Uhr, bei elektromagnet. S. durch Elektronenröhren, Schwingquarz u.a.) bleibt die Amplitude immer gleich groß **(ungedämpfte S.).** → Welle.

Schwingungskreis, meist eine Parallelschaltung von Spule und Kondensator, die zu elektromagnet. Schwingungen angeregt wird, z.B. zur Abstimmung von Empfängern.

Schwippert, Hans, Architekt, *1899, †1973; baute u.a. das Bundeshaus in Bonn.

Schwirl der, dem Rohrsänger verwandter, bräunl. Singvogel; **Schlag-S., Rohr-S., Feld-S.**

Schwirrfliegen Mz., → Schwebfliegen.

Schwitters, Kurt, Maler, Schriftst., *1887, †1948, begründete Sonderrichtung des Dadaismus. Klebebilder aus zufällig aufgelesenen Materialien.

Schwundeffekt, → Fading.

Schwungrad, ⊙ Rad mit der Hauptmasse im Radkranz auf der Welle von Kolbenmaschinen, mechan. Pressen usw. zum Ausgleich der durch die Arbeitsweise bedingten Ungleichförmigkeit des Gangs.

Schwurgericht, ⚖ in der Bundesrep. Dtl. Strafgericht, das sich aus 3 Berufsrichtern und 2 Schöffen zusammensetzt. Richter und Schöffen entscheiden über die Schuld des Angeklagten und seine Bestrafung gemeinsam. Zuständigkeit: → Gerichtswesen.

Schwyz, 1) einer der Urkantone der Schweiz; 908 km², 105200 Ew.; östlich des Vierwaldstätter Sees. Alpwirtschaft; Möbel-, Textil- u.a. Ind. **2)** Hauptort von 1), 12400 Ew., an der Gotthardbahn; Bundesarchiv mit den ältesten eidgenöss. Urkunden und Fahnen.

Schwyzerdütsch, Schweizerdeutsch, die allg. mündl. Verkehrssprache der deutschsprechenden Schweizer.

Scilla

Schygulla, Hanna, Schauspielerin, *1943; v.a. in Filmen von R. W. Fassbinder (»Lili Marleen« u.a.).

Science Fiction [s'aıəns f'ıkʃən, engl.] die, romanhafte Schilderungen von Abenteuern in einer auf naturwissenschaftlich-techn. Grundlage phantasievoll ausgemalten Zukunftswelt (z.B. mit Raumfahrt, Robotern u.a.).

Scientific Management [saıənt'ıfık m'ænıdʒmənt, engl.] das, »wissenschaftl. Betriebsführung«, von F. W. Taylor begr. Methode zur rationellen Gestaltung des Betriebsablaufs.

Scilla [lat.] die, **Blaustern,** Pflanzen der Fam. Liliengewächse; Zwiebelpflanzen mit lauchähnl. Blättern, meist mit blauen, traubig stehenden Blüten; Zierpflanzen.

Scilly-Inseln [s'ılı-], brit. Inselgruppe am Ausgang des Ärmelkanals, 16 km², 2400 Ew.

R. F. Scott

Scipio, zu den Corneliern gehörige röm. Patrizierfamilie: **1) Publius Cornelius S. Africanus d. Ä.,** *um 235, †183 v.Chr., eroberte im 2. Punischen Krieg Spanien, besiegte Hannibal 202 v.Chr. bei Zama. **2) Publius Cornelius S. Aemilianus Africanus d.J.,** *um 185, †129 v.Chr., zerstörte 146 Karthago, 133 Numantia.

Scoresbysund [sk'ɔ:zbı-], 300 km weit ins Land eindringender Fjord an der O-Küste Grönlands, der größte Fjord der Erde.

Scotland Yard [sk'ɔtlənd jɑ:d], das ehem. Hauptdienstgebäude der Londoner Polizei; auch die Londoner (Kriminal-)Polizei selbst.

W. Scott

Scott, 1) Robert Falcon, engl. Südpolforscher, *1868; fuhr 1901-04 und 1911 nach Victorialand und erreichte 18. 1. 1912 den Südpol, † auf der Rückkehr Ende März 1912. **2)** Sir Walter, schott. Dichter, *1771, †1832; romant. Versepen, Begründer und zugleich Meister des histor. Romans der europ. Romantik (»Ivanhoe«, »Kenilworth«).

Scribe [skri:b], Augustin-Eugène, frz. Dramatiker, *1791, †1861, verfaßte mit zahlreichen Mitarbeitern etwa 400 Theaterstücke (»Das Glas Wasser«) und 60 Operntexte (»Fra Diavolo«).

Scrub [skrʌb, engl.] der, Buschdickicht der Steppen im Inneren Australiens.

Scudéry [skyder'i], Madeleine de, frz. Schriftst., *1607, †1701; Vorreiterin des psycholog. Gesellschaftsromans.

SD, Abk. für **S**icherheits**d**ienst.

SDI, Abk. für → **S**trategic **D**efense **I**nitiative.

SDS, Abk. für **S**ozialistischer **D**eutscher **S**tudentenbund.

Se, chem. Symbol für Selen.

Seal [si:l], **Sealskin** [s'i:lskın] der, Pelz der Bärenrobbe (→ Robbe), auch Pelze, die Seehundfell nachahmen. **Sealbisam,** Pelz der Bisamratte.

Sealsfield [s'i:lzfi:ld], Charles, eigtl. Karl **Postl,** Erzähler, *1793, †1864; Abenteuerromane.

Séance [se'ãs, frz.] die, Sitzung, bes. spiritist.

SEATO, Abk. für **S**outh **E**ast **A**sia **T**reaty **O**rganization, → Südostasiatischer Sicherheitsvertrag.

Seattle [sı'ætl], Stadt im Staat Washington, USA, 1,7 Mio. Ew. (Metropolitan Area 2,2 Mio.); Univ.; größter Handels-, Fischerei- und Kriegshafen an der westpazif. Küste.

Sebaldus, Schutzheiliger von Nürnberg, Einsiedler, Prediger (Tag 19. 8.); **S.-Grab** von Peter Vischer in der **S.-Kirche.** (BILD S. 799)

Sebastian, röm. Märtyrer, Schutzheiliger der Schützen (Tag 20. 1.); nach der Legende von 1000 Pfeilschüssen durchbohrt.

Sebastiano del Piombo, eigtl. S. **Luciani** [lutʃ'a:ni], ital. Maler, *um 1485, †1547, malte in Venedig unter dem Einfluß Giorgiones. In Rom (seit 1511) schloß er sich dem Raffael-Kreis, dann Michelangelo an.

Sebnitz, Krst. im Bez. Dresden, 12800 Ew.; Herstellung künstl. Blumen; Knopfind.

Seborrhöe [lat.-grch.] die, **Talgfluß,** anlagemäßig bedingte, verstärkte und veränderte Absonderung der Hauttalgdrüsen. **Trockene S.**

Sebastiano del Piombo: Pietà

Seeigel

(Kleienflechte) meist am behaarten Kopf; führt zu kleiiger Schuppenbildung (Kopfschuppen, Schinnen). **Fettige S.** (Schmerfluß) zeigt fettigglänzende Gesichtshaut und öliges Haar, Haarausfall.

sec [frz.], bei alkohol. Getränken: trocken.

SECAM, → Fernsehen (Farbfernsehen).

Secchi [s'ekki], Angelo, ital. Astronom, *1818, †1878; Astrophysik, bes. Spektralanalyse.

Seccomalerei, → al secco.

Sechstagerennen, Radsport: auf Hallenbahnen ausgetragenes Dauerrennen über 145 Stunden mit eingelegten Runden- und Punktwertungen. Die Mannschaften (2-3 Fahrer) können sich ablösen.

Secret Service [s'i:krıt s'ə:vıs], innen- und außenpolit. Geheimdienst des Brit. Reichs.

SED, Abk. für → Sozialistische Einheitspartei Deutschlands.

Sedan [səd'ā], Stadt an der Maas (NO-Frankreich), 26400 Ew.; Woll- und Metallind.; 1870 Kapitulation Napoleons III.

Sedativ [lat.] das, -s/-e, auch -s/-a, Beruhigungsmittel, setzen die Erregbarkeit des Nervensystems herab, z. B. Baldrian, Brom.

Sediment [lat.] das, Bodensatz, Ablagerung, bes. von Schichtgesteinen, z. B. Gips.

Sedisvakanz [lat.] die, Freistehen des päpstl. oder eines bischöfl. Stuhls.

Sedow, Leonid Iwanowitsch, sowjet. Physiker, *1907, arbeitete über Strömungstheorie, Gasdynamik, astrophysikal. Fragen.

Sedum das, Pflanzengattung → Fetthenne.

See, 1) der, -s/-n, größeres Binnengewässer. **2)** die, das Meer.

See|alpen, Meer|alpen, frz. **Alpes Maritimes** [alp marit'im], Teil der Westalpen, zw. Golf von Genua und oberer Durance, im Punta Argentera 3297 m hoch.

See|amt, Behörde zur Untersuchung von Seeunfällen in dt. Gewässern.

See|anemone, Seerose, → Korallentiere.

Seebeck-Effekt [nach dem Physiker T. J. Seebeck, *1779, †1831], das Auftreten eines elektr. Stromes (Thermostrom), wenn man die Kontaktstellen zweier zu einem Kreis geschlossenen Stücke aus verschiedenen Metallen auf unterschiedl. Temperatur bringt. (→ Thermoelement)

Seeckt, Hans v., Generaloberst, *1866, †1936; im 1. Weltkrieg Generalstabschef Makkensens, 1920-1926 Chef der Heeresleitung, baute die Reichswehr auf, 1934/35 militär. Berater von Tschiang Kai-schek in China.

See-Elefant, → Seehund.

Seefahrtbuch, Ausweis, in den jede An- und Abmusterung sowie Seereise durch ein Seemannsamt eingetragen wird **(Seepaß).**

Seefahrt-, Schiffahrt-, Navigationsschulen, staatl. Fachhoch- und Fachschulen zur Ausbildung von Schiffsingenieuren, Seesteuermännern, Schiffsoffizieren und Kapitänen für die Handelsmarine.

Seefeld, Sommerfrische und Wintersportplatz in Tirol, Österreich, am 1182 m hohen **Seefelder Sattel,** 2300 Ew.

Seegurke, Stacheltier, → Seewalze.

Seehase, Stachelflosserfisch der nördl. Meere, saugt sich mit den Bauchflossen an Steinen fest.

Seehunde, an das Wasserleben bes. gut angepaßte Fam. der Robben der nördl. Meere. Ihr Körper ist mit kurzen, anliegenden Haaren bedeckt. Die Füße sind ruderähnlich, die Zehen durch Schwimmhäute verbunden. Der Kopf ist hundeähnlich, äußere Ohren fehlen. Wegen ihrer Häute und ihres Trans werden die S. gejagt. Arten: **Grönland. S., Gemeiner S., Sattel-, Mönchs-, Ringelrobbe, See-Elefant.** – Die S. stehen unter Naturschutz.

See|igel, formenreiche Klasse der Stachelhäuter, mit apfel- bis scheibenförmigem, kugeligem Körper. Sie haben einen mit bewegl. Stacheln besetzten Kalkpanzer. Der Mund befindet sich auf der Unterseite. S. leben im Küstenmeer.

Seekarten, nautische Karten, Karten der Meere und Küsten, die alle für die Schiffahrt wichtigen Seezeichen, Riffe, Lotsenstellen, Tiefen usw. angeben.

Seekrankheit, durch die schwankende Bewegung des Schiffs hervorgerufene Reizung des Gleichgewichtsorgans mit Übelkeit, Schwindel, Schweißausbruch, Erbrechen.

Seekuh, Sirene die, den Walen ähnl. Säugetiere in trop. Meeren und Flüssen, bis 5 m lang, Vorderbeine und Schwanz sind flossenförmig; z. B. **Dugong** und **Lamantin.**

Seelachs, Schellfischart der nordeurop. Meere, mit schwarzem Brustflossenfleck.

Seeland, 1) größte Insel Dänemarks, mit der Hptst. Kopenhagen, durch den Sund von Schweden getrennt, 7439 km², rd. 2 Mio. Ew.; fruchtbar; Landwirtschaft. **2)** Prov. der Niederlande (Zeeland), 2745 km² (mit Binnengewässern), 356000 Ew.; Hptst.: Middelburg.

Seele die, **1)** das Innere, bes. des Menschen, als Inbegriff der bewußten und unbewußten Vorgänge, vorgestellt als Lebenskraft oder Träger des Lebens. Nach manchen Glaubenslehren wird die S. im Tod vom Körper getrennt oder geht in andere Lebewesen ein (→ Seelenwanderung). Aristoteles unterschied die vegetative (Wachstums-), die sensitive (wahrnehmende und erinnernde) S. von der denkenden Geistseele. Die wissenschaftl. Erforschung des Seelenlebens ist Aufgabe der → Psychologie. **2)** bei Streichinstrumenten: Stimmstock, das dünne Holzstäbchen zw. Boden und Decke des Resonanzkörpers.

Seelenblindheit, die Unfähigkeit, Gegenstände als solche zu erkennen auf Grund einer Erkrankung der Gehirnrinde; ähnlich **Seelentaubheit.**

Sebaldus, der hl. S. (von Peter Vischer, Sebalduskirche in Nürnberg)

Seelilie

Seepferdchen

Seelenheilkunde, → Psychiatrie, → Psychotherapie.

Seelenwanderung, im Glauben der antiken Orphiker und Pythagoreer (Metempsychose) wie im Buddhismus und Hinduismus der Übergang der Seele eines Menschen im Augenblick seines Todes auf ein neues Wesen (Mensch, Tier, Pflanze); in ihm nimmt die Seele wieder Gestalt an (Reinkarnation).

See|lili|en, festsitzende Stachelhäuter mit meist blumenkelchförmigem Körper und gegliedertem Stiel, z. B. die **Haarsterne.** (BILD S. 799)

seelische Krankheiten, gewöhnl. **Geisteskrankheiten,** auch **Gemütskrankheiten** genannt, i. e. S. **Psychosen** (Schizophrenie, manisch-depressive Erkrankung, Epilepsie u. ä.), i. w. S. auch Schwachsinn versch. Grades. Manchmal rechnet man zu den s. K. auch seel. Störungen, Psychopathien, Neurosen u. a. Ursachen von s. K. können sein: einmalige seel. Erlebnisse (z. B. Schreck), Erlebnisketten, Lebenskonflikte (z. B. Ehekrisen), krankhafte Erbanlagen, Gehirnkrankheiten und -schädigungen, Alterungsvorgänge. – Für **Geisteskranke** besondere Rechtsprechung.

Seelöwe, Säugetier, eine Robbe.

Seelsorge, in den christl. Kirchen die Hinführung der Gläubigen zu Gott.

Seemann, Mz. **Seeleute,** in der See- und Küstenschiffahrt Berufstätige, ausgebildet vom Schiffsjungen, Leichtmatrosen (auf Handels- oder Schulschiffen) zum Matrosen. Nach Fach- oder Fachhochschulreife und Besuch einer Seefahrtschule oder Fachhochschule für Seefahrt ist Aufstieg zum Schiffsoffizier und Kapitän möglich.

Seemanns|amt, staatl. Behörde zur An- und Abmusterung, Schlichtung von Streitigkeiten der Schiffsbesatzung usw.

Seemeile, Einheitenzeichen **sm,** ↘ Längenmaß; 1 S. = 1852 m.

Seenadeln, Rüsselkiemerfische mit rüsselförmiger Schnauze, z. B. das Seepferdchen.

Seenot, für ein Schiff entstandene Gefahr, die fremde Hilfe notwendig macht.

Seepferdchen, Knochenfisch; Büschelkiemer mit pferdeähnl. Körper, Röhrenschnauze und Wickelschwanz; Männchen mit Bruttasche; in südeurop. Meeren, auch in der Nordsee.

Seepocke, Krebstier, ein Rankenfüßer.

Seepolyp, Krake, Kopffüßer mit 8 Armen, bis 3 m groß, ein gefürchteter Räuber in europ. Küstenmeeren, lauert in Felsspalten auf Fische, Krebse und andere Wassertiere. (→ Tintenfische)

Seeräuberei, Gewalthandlungen gegen Schiffe oder Personen auf offener See außerhalb eines staatl. bewaffneten Vorgehens, um Schiff, Ladung oder Passagiere zu erbeuten **(Piraterie).** Die an der S. Beteiligten dürfen von jedem Staat auf hoher See verfolgt und bestraft werden.

Seerecht, für das Seewesen und die Seeschiffahrt geltende Rechtsnormen. Das dt. **private S.** ist enthalten im 4. Buch des HGB und im Seemanns-Ges. v. 1957, zuletzt geändert 1978. Das **öffentl. S.** in der Bundesrep. Dtl. ist in zahlreichen Bundesgesetzen geregelt (z. B. in der Seeschiffahrtsstraßenordnung i. d. F. v. 1977). Das **internat. öffentl. S.** (Seevölkerrecht) beruht auf zahlreichen internat. Vereinbarungen, deren Grundlage die von Hugo Grotius proklamierte »Freiheit der Meere« ist.

Seerose, 1) Teich-, Wasserrose, Mummel, Kannenblume, 2 Gatt. halb schwimmender, staudiger Wasserpflanzen. In Mitteleuropa in Binnengewässern die **Weiße S.** und die plumpere **Gelbe S., Gelbe Teichrose** oder **Nixblume,** in Indien, Ägypten die → Lotosblume. **2) Aktinie,** festsitzendes Meerestier mit Fangarmen, gehört zu den → Korallentieren.

Seerose, oben weiße, unten gelbe S.

Seestern

Seescheiden Mz., meist am Meeresgrund sitzende Manteltiere mit je einer Öffnung für Einfuhr und Ausfuhr des Wassers samt Nahrung und Auswurf, mit dickem, festem Mantel **(Aszidien).**

Seeschlangen Mz., Fam. meeresbewohnender, z. T. lebendgebärender Giftschlangen, bis 2 m lang, im Ind. und Pazif. Ozean.

Seeschwalben Mz., Möwenvögel, schlanke Stoßtaucher, mit sehr kleinen Füßen, gegabeltem Schwanz, hellem Gefieder und schwarzer Kopfplatte; meist Küstenbewohner. **Brand-S., Fluß-S., Küsten-S., Zwerg-S.**

Seesen, Stadt in Ndsachs., am Harz, 21 700 Ew.; Blechwaren-, Konserven-, Geräteind.

Seeskorpion, koppenartiger Raubfisch des Atlantik und seiner nördl. Nebenmeere, mit Kopfstacheln (erzeugen schmerzhafte Verwundungen).

Seesterne Mz., Klasse der Stachelhäuter. Ihr strahlenförmig gebauter Körper hat meist bewegl. Arme. Großes Wiederergänzungs- (Regenerations-)vermögen: abgetrennte Arme ergänzen sich zu vollständigen Tieren. Der Mund liegt auf der Mitte der Unterseite, der After auf der Oberseite. Der **Gemeine S.** lebt in den europ. Meeren, nährt sich von Muscheln u. a.

Seetaucher, Tauchvögel der nördl. kalten Zone, mit spitzem Schnabel, im Winter z. T. auch in Nord- und Ostsee. **Eistaucher, Prachttaucher, Sterntaucher.**

Seeversicherung, Versicherung von Schiff, Ladung, Fracht gegen Seegefahren (Untergang, Strandung, Verschollenheit, Zusammenstoß, Leckage, Seeraub, Brand, Explosion).

Seewalze, Seegurke, Klasse der Stachelhäuter; schlauchförmig, in der Haut Kalkplättchen; asiat. Arten werden getrocknet als **Trepang** gegessen.

Seewarte, Deutsche S., 1875 gegr. Reichsanstalt zur Erforschung der Meere, verwertete die Ergebnisse für die Schiffahrt. Ihre

Seewalze

Aufgaben gingen 1945 auf das **Dt. Hydrograph. Institut** und das **Seewetteramt des Dt. Wetterdienstes** über.

Seewinkel, sumpfige Flachlandschaft im Burgenland, östlich vom Neusiedler See, westlichste Salzsteppe Europas; seltene Fauna und Flora, Naturschutzgebiet; Obst-, Weinbau.

Seewolf, Raubfisch, bis 1,5 m lang, im nördl. Atlant. Ozean und in der westl. Ostsee.

Seezeichen dienen zur Kenntlichmachung des Fahrwassers (Leuchtfeuer, Baken, Tonnen, Feuerschiffe, Bojen usw.). BILD Schiff

Seezunge, Plattfisch, Körper gestreckter als bei der Scholle; in Nordsee und Mittelmeer; geschätzter Speisefisch.

Seferis, Giorgos, eigtl. G. **Seferiades,** ngrch. Lyriker, *1900, †1971; Nobelpreis 1963.

Segal [s'i:gl], Erich, amerikan. Schriftst., *1937; Romane (»Love story« u. a.).

Segantini, Giovanni, ital. Maler, *1858, †1899; Alpenlandschaften.

Segeberg, Bad S., Krst. in Schlesw.-Holst., 13300 Ew.; Solbad; Lehr- und Versuchsanstalt für Bienenzucht; Karl-May-Festspiele.

Segel das, **1)** ⚓ Fläche aus festem Gewebe, die den Wind zur Fortbewegung eines Fahrzeugs ausnutzt (→Segelschiff). **Schrat-S.** stehen in Längsrichtung (Gaffel- und Stag-S.), **Rah-S.** stehen quer zum Schiff. Die S. eines voll getakelten Mastes sind von unten nach oben: **Unter-S. (Fock-, Groß-S.), Unter-, Obermars-S., Unter-, Oberbram-S., Reuel (Royal), Sky-S. 2)** ☆ Sternbild des Südhimmels.

Segelfalter, Tagfalter, dem Schwalbenschwanz verwandt, blaßgelb und schwarz. (BILD S. 802)

Segelflug, Fliegen mit einem motorlosen Flugzeug, dem **Segelflugzeug,** auch mit Hilfsmotor ausgerüstet **(Motorsegler).** Dieses nützt nach oben steigende Luftströmungen aus: Aufwind an Berghängen (Hangsegeln), vertikale Luftströmungen über erwärmtem Boden (Thermiksegeln), vor Gewitterfronten (Gewitter- und Frontsegeln), Aufwinde in größerer Höhe auf der Leeseite von Gebirgen und stationären Luftmassen (Wellensegeln). – Gestartet wird meist an einem von einer Motorwinde gezogenen Schleppseil oder im Schlepp eines Motorflugzeugs. Im S.-Sport gibt es Wettbewerbe für Zielflüge, Höhenflüge, Dreieckflüge bis zu 750 km und Geschwindigkeitsflüge.

Segeln, 1) Fortbewegung eines Schiffes oder Bootes durch Windkraft. Die Segelführung richtet sich nach Windrichtung und gesteuertem Kurs. Bei Rückenwind werden die Segel rechtwinklig zur Windrichtung gestellt. Bei Gegenwind ist das Ziel nur durch Kreuzen (Zickzackkurs) zu erreichen. Bei Seitenwind werden die Segel so gestellt, daß sie den Winkel der Wind- und Kielrichtung etwa halbieren. Kiel oder Schwert wirken dem seitl. Abtreiben des Segelschiffs vom Kurs durch Wind oder Seegang **(Abdrift)** entgegen. **2)** →Segelflug.

Segelschiff, Schiff, das mit Hilfe von Segeln durch den Wind fortbewegt wird. Den Typ eines S. bestimmen die Bauart des Schiffskörpers, die Anzahl der Masten und die Form und Anordnung der Segel. Ein S. mit voll getakelten Masten heißt **Vollschiff.** Zu den S. mit Rahsegeln zählen (Fünf-, Vier-, Dreimast-) Vollschiffe, Briggen (Zweimastvollschiffe); **Barken** sind Dreimaster, deren hinterer Mast keine Rahen hat; **Schoner** haben nur Schratsegel. Ferner gibt es viele S.-Typen mit gemischter Takelung aus Rah- und Schratsegeln.

Segelschlitten, Gestell auf 3 Kufen mit Mast, Segel und Steuer, wird durch den Wind auf dem Eis vorwärts getrieben **(Eisyacht).** (BILD S. 802)

Segelsport wird auf Binnengewässern wie auch auf See ausgeübt, hier unterscheidet man **Küsten-** und **Hochsee-S.,** ferner **Renn-** und **Fahrten-S.** (Renn- und Fahrtenyachten).

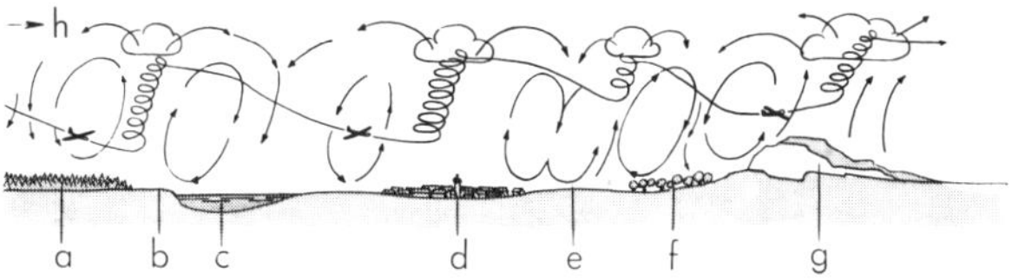

Segelflug, a Wald, b Sandfläche, c See, d Dorf, e Feld, f Wald, g Felsen, h leichter Wind

Segeltuch, festes, wasserabweisendes Gewebe aus Baumwolle, Hanf oder Chemiefasern in Leinwand- oder S.-Bindung.

Segen der, **1)** Gottes Gunst; Glück, Gedeihen. **2)** feierl. Handlung, in der göttl. Hilfe erbeten oder angewünscht wird. Zeitw.: **segnen.**

Segesta, grch. **Egesta,** antike Stadt im NW Siziliens, seit dem 1. Punischen Krieg römisch; dorischer Tempel.

Segestes, römerfreundl. Cheruskerfürst (um Christi Geburt), Vater der Thusnelda, Gegner des Arminius.

Segge die, artenreiche Riedgrasgatt., meist an feuchten Standorten; die **Sand-S.** mit quekkenartigen Ausläufern wird als Flugsandbefestiger angepflanzt.

Seghers, 1) Anna, Deckname der Schriftst. Netty **Radvanyi,** *1900, †1983; emigrierte 1933, lebte seit 1947 in Berlin (Ost). Romane: »Aufstand der Fischer von St. Barbara«, »Das siebte Kreuz«, »Die Toten bleiben jung«. **2)** Herkules, niederländ. Maler, Radierer, *1589 oder 1590, † vor 1639.

Segler Mz., schwalbenähnl. Rakenvögel mit langen schmalen Flügeln, sehr kurzen Beinen und einem gegabelten Schwanz. Zu den S. gehört der →Mauersegler.

Segment [lat.] das, △ von einem Kurvenbogen und einer Geraden begrenztes Flächenstück, z. B. Kreis-S.

Segni [s'ɛɲi], Antonio, ital. Politiker (Christl. Demokrat), *1891, †1972; 1955-57 und 1959/60 MinPräs., 1960-62 Außenmin., 1962-64 Staatspräs.

Segovia [seɣ'oßia], Stadt in Altkastilien, Spanien, 53000 Ew.; röm. Bauten; Bischofssitz; Tonwaren-Ind.

Segovia [seɣ'oßia], Andrés, span. Gitarrenvirtuose, *1896, †1988.

Segre der, Fluß in Spanien, 265 km lang, von den Pyrenäen zum Ebro.

Segrè, Emilio Gino, ital.-amerikan. Physiker, *1905, †1989; wies das Antiproton nach; Nobelpreis 1959 mit O. Chamberlain.

Segregation [lat.] die, gesellschaftl., eigentumsrechtl., häufig auch räuml. Absonderung einer Menschengruppe, die innerhalb einer Gemeinschaft als fremdartig empfunden wird, z. B. die Absonderung der Neger von den Weißen im S der USA, der Unberührbaren in Indien (1950 durch Verf. aufgehoben). In Südafrika war die S. die Vorstufe der Apartheid.

Seguidilla [seɣið'iʎa] die, andalus. Volkstanz im 3/8-Takt, aus Bizets »Carmen« bekannt.

sehen, ♡ ♘ Aufnehmen von Lichtreizen durch die →Augen und Verarbeiten dieser Reize im Gehirn zu Gesichtswahrnehmungen. Bei Mensch und Wirbeltieren werden die Lichtstrahlen durch Hornhaut, Linse und Glaskörper so gebrochen, daß auf der Netzhaut ein umgekehrtes reelles Bild entsteht. Die Iris blendet den Strahlengang durch Zusammenziehen der Pupille ab. Bei Scharfstellung des Auges für versch. Entfernungen ändert sich die Linsenkrümmung. →Akkommodation, →Brechungsfehler des Auges.

Sehne die, **1)** ♡ ♘ aus zugfesten Bindegewebsfasern bestehende Verbindung zw. Muskel und Knochen. **2)** △ Strecke, die 2 Punkte einer gekrümmten Linie oder Fläche verbindet. **3)** der Strang, der den Bogen spannt.

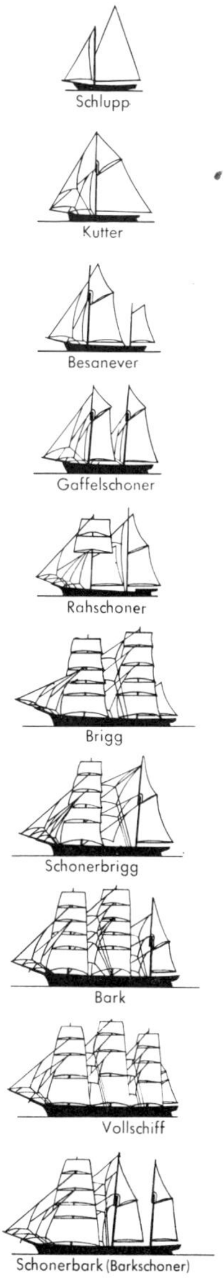

Segelschiff

Segelfalter

Segelschlitten (Eisyacht)

Seifenbaum

Seifenkraut

Sehnenscheide, ♡ ⚕ bindegewebige Hülle, in der die Sehne gleitet. Durch Überanstrengung oder durch Eitererreger kann eine **S.-Entzündung** entstehen.

Sehnerv, der erste der paarigen Gehirnnerven; die Fasern enden in der **Sehrinde** des Hinterhauptlappens.

Sehrohr, Periskop das, ein- und ausfahrbares opt. Gerät zur Überwasserbeobachtung vom getauchten U-Boot aus.

Sehschärfe, Auflösungsvermögen der Netzhaut des Auges; wird geprüft mit Buchstaben, Bildern, Zahlen, die aus bestimmter Entfernung erkannt werden müssen **(Sehproben).**

Seicento [seitʃ'ɛnto, ital. »sechshundert«] das, ital. für das 17. Jh. und seinen Stil.

Seiches [sɛ:ʃ, frz.] Mz., **Schaukelwellen,** period. Schwankungen des Seespiegels infolge unterschiedl. Luftdrucks oder Windstaus.

Seide die, **1)** der glänzende, feine, weiche, feste Faden, womit sich die Raupe der →Seidenspinner umspinnt (Kokon). Der Faden wird von der durch Erhitzen getöteten Puppe abgehaspelt **(Roh-S., Grège).** Der mittlere Teil eines Kokons liefert einen 300-900 m langen Faden. 1 kg Rohseide erfordert 7-9 kg getrocknete Kokons. Für die meisten Verwendungsarten müssen mehrere Fäden durch Zwirnen vereinigt werden. Wichtige Seidengarne: **Organsin,** eine stark gezwirnte S., in der Weberei als Kette verwendet, und **Trama-** (Tramé-) **S.,** schwächer gedreht, als Schuß benutzt (→Japanseide). Die Abfälle bei der Gewinnung der Roh-S. werden zu **Florett-** oder **Schappe-S.,** die bei der Spinnerei ausgekämmten kurzen Fasern zu **Bourrette-S.** versponnen. Rohseidenerzeugung bes. in Japan und China, auch in Italien (Poebene). Durch die Erzeugung von →Kunstseide ist der Verbrauch an S. stark zurückgegangen. **2)** ⚘ **S., Teufelszwirn,** krautige, fädige, blattlose Schmarotzerpflanzen; auf Lein wächst die **Flachs-S.,** auf Klee die **Klee-S.,** auf Hopfen die **Hopfen-S. 3) Pflanzen-S., vegetabil. S.,** Samenhaare (z. B. von einigen Hundsgiftgewächsen), für künstl. Blumen.

Seidel das, Bierglas; altes Maß, ⅓-½ l.

Seidel, 1) Heinrich, Schriftst., *1842, †1906; humorvolle Geschichten aus dem kleinstädt. Bürgerleben: »Leberecht Hühnchen«. **2)** Heinrich Wolfgang, Erzähler, Theologe, Sohn von 1) und Gatte von 3), *1876, †1945; Roman »Krüsemann«. **3)** Ina, Dichterin, Nichte von 1), *1885, †1974; Lyrik; Romane über Fragen des Muttertums, der Reife und Menschwerdung und des evang. Glaubens: »Das Labyrinth«, »Das Wunschkind«, »Lennacker« u. a.

Seidelbast, bis 1,5 m hoher Strauch mit beerenähnl. Steinfrüchten; **Gemeiner S.** hat purpurne, duftreiche Blüten, giftige Früchte; unter Naturschutz. (BILD Giftpflanzen)

Seidenraupe, Raupe des →Seidenspinners.

Seidenschwanz, stargroßer Singvogel N-Europas und N-Asiens, mit gelber Schwanzbinde. (BILD S. 803)

Seidenspinner, Schmetterling, dessen Gespinst um die Puppe (Kokon) →Seide ergibt. Der bekannteste S. ist der gelblichweiße ostasiat. **Maulbeer-S.** Seine Raupe, die weißliche **Seidenraupe (Seidenwurm),** frißt vor allem Blätter des Weißen Maulbeerbaums. Der Spinnstoff tritt aus den Mundspinndrüsen durch feine Öffnungen und erhärtet. Die **Seidenraupenzucht,** in China seit etwa 2600 v. Chr., wurde unter Kaiser Justinian nach Rom gebracht. Außer dem Maulbeer-S. liefern der **Tussah-S.** und **Eichenspinner** S. (»wilde Seide«).

Seidenstraße, alte Karawanenstraße von China durch Innerasien zum Mittelmeer, auf der bes. chines. Seide befördert wurde.

Seidl, Gabriel v., Architekt, *1848, †1913; u. a.: Dt. Museum in München.

Seife die, Waschmittel aus Alkalisalzen höherer Fettsäuren. S. entsteht, wenn Tier- oder Pflanzenfette mit Natron- oder Kalilauge gekocht (verseift) werden; aus dem sich bildenden Seifenleim wird die S. durch Zusatz von Kochsalz ausgeschieden (ausgesalzen), als Nebenprodukt entsteht Glycerin. **Kern-S.** entsteht bei Verseifung mit Natronlauge, **Schmier-S.** ist nicht ausgesalzene Kali-S. **Toiletten-S.** erzeugt man aus besten Fetten mit Riechstoffen. **Flüssige S.** enthält nur geringe Fettsäuremengen.

Seifen Mz., Sand- oder Kiesablagerungen, in denen Erze oder Edelsteine enthalten sind.

Seifenbaum, Chilenischer S., südamerikan. Art der Rosengewächse, dessen saponinhaltige Rinde **(Panama-Quillajarinde)** in Spänen (Seifenspäne) als Waschmittel, in Extraktform als Hustenmittel dient.

Seifenkistenrennen, Wettbewerb für Kinder, die in selbstgefertigten kleinen Wagen ohne Motor eine abschüssige »Rennstrecke« hinabfahren.

Seifenkraut, Saponạria, Gatt. der Nelkengewächse. Das **Gemeine S.** hat rötlichweiße Blüten, enthält Saponin im Wurzelstock.

Seifennußbaum, Gatt. holziger Seifennußgewächse; die stachelbeergroßen Früchte **(Seifenbeeren)** wirken u. a. als Fischgift.

Seifert, Jaroslav, tschechoslowak. Lyriker, *1901, †1986, erhielt 1984 den Nobelpreis für Literatur.

Seigern, bei Metallschmelzen das Ausscheiden von Kristallen beim Erkalten. Der Guß bekommt dadurch ein uneinheitl. Gefüge.

Seignettesalz [sɛɲ'ɛt-], Kalium-Natrium-Salz der Weinsäure; farblose Kristalle.

Seigneur [sɛɲ'œ:r, frz.], in Frankreich bis 1789 der adlige Grundherr.

Seil das, Faser- oder Drahterzeugnis (→Drahtseil), hergestellt durch Verflechten oder Zusammendrehen von Fasern oder Garnen oder Drähten. Faser-S. bestehen aus Hanf, Baumwolle oder Chemiefasern.

Seilbahn, Verkehrs- und Fördermittel für Personen und Güter, bei dem die Wagen durch Seilzug fortbewegt werden. Bei der Draht-S. **(Seilschwebebahn)** mit 2 Seilen hängen die Wagen an einem Laufwerk, werden durch das Tragseil getragen und durch das Zugseil fortbewegt. Als Sicherung dient eine Fangvorrichtung, die die Wagen am Tragseil festklemmt, wenn das Zugseil reißt. Beim **Sessellift** sind die Wagen an das Seil angeklemmt und laufen ständig mit um, können aber auch an der Endstelle abgeklemmt werden. Im Unterschied zu diesen **Hängebahnen** laufen bei der **Standbahn** die Wagen auf Schienen.

Seilkausche, Metallring um das Ende eines Seiles, bildet eine Öse zum Einhängen.

Seim der, eingedickter, zähfließender Saft.

Sein das, die allgemeinste Eigenschaft alles

Seidenspinner, oben links: Weibchen, unten links: Männchen, rechts: Verpuppte Raupe im Kokon

Wirklichen (Ggs.: Nichtsein, Nichts); Gegenstand der Ontologie; es umfaßt sowohl die Tatsache, daß etwas ist (Dasein, Existenz), als auch was etwas ist (Wesen, Essenz).

Seine [sɛ:n] die, Fluß in N-Frankreich, entspringt im Hochland von Langres, durchfließt Paris, mündet bei Le Havre in den Ärmelkanal; 776 km, viele Kanalverbindungen; ab Troyes schiffbar.

Seipel, Ignaz, österr. Staatsmann, *1876, †1932; kath. Priester, 1922-24 und 1926-29 Bundeskanzler, 1930 Außenmin.

Seismologie, Seismik [grch.] die, Wissenschaft von den → Erdbeben. **Seismograph, Seismometer,** Gerät zur automat. Registrierung von Erdstößen, zur Messung ihrer Stärke (nach der → Richter-Skala) und zur Feststellung des Erdbebenherdes. **Seismogramme** heißen die aufgezeichneten Kurven. **Seismophon, Geophon** das, Schallwellenempfänger für die Ermittlung des Aufbaus der oberen Erdrinde.

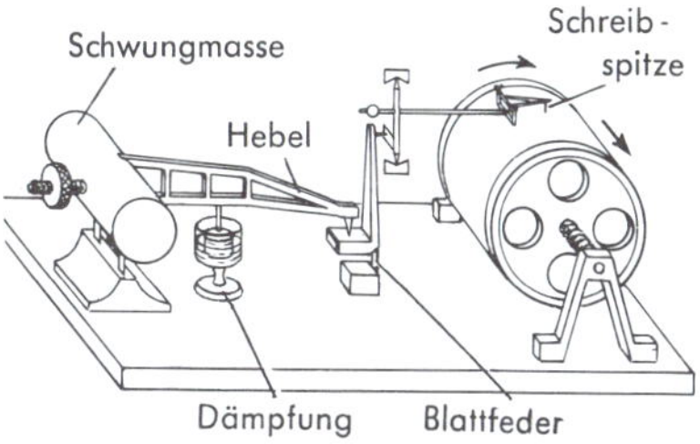

Seismologie: Horizontal-Seismograph

Seitenstechen, stechende Schmerzen in der Rippengegend, bes. bei Jugendlichen, oft nach Anstrengungen, beruht wahrscheinlich auf Gefäßkrämpfen; S. links kann bei Milzschwellung auftreten **(Milzstechen).**

Seiters, Rudolf, Politiker (CDU), *1937; führt seit 1989 als Bundesmin. für besondere Aufgaben das Bundeskanzleramt.

Seitz, Gustav, Bildhauer, *1906, †1969.

Sejm [seim] der, in Polen im alten Kgr., in der VR und in der heutigen Rep. das Parlament, 1919-39 die 2. Kammer.

Sekante [lat.] die, △ Gerade, die eine Kurve oder Fläche in 2 Punkten schneidet (→ Kreis).

Sékou Touré [sək'u tur'e], afrikan. Politiker, → Touré.

Sekret [lat.] das, **1)** ♡ ♘ ⚘ durch **Sekretion** (Absonderung) abgegebene Flüssigkeiten, die, im Ggs. zum → Exkret, bestimmten Aufgaben im Körper dienen. **2)** Geheimnis.

Sekretär [lat.] der, **1)** ✤ (Geheim-)Schreiber. **2)** mittlerer Beamter; auch Geschäftsführer von Gesellschaften. **3) S., Sekretärin,** qualifizierte Angestellte in Privatwirtschaft und Verwaltung. **4)** Schreibschrank. **5)** ♘ storchbeiniger Greifvogel der afrikan. Steppen.

Sekretär 5)

Sekt [ital.] der, → Schaumwein.

Sekte [lat.] die, kleinere Gesinnungsgemeinschaft, bes. relig. **Sektierer,** Anhänger einer S.

Sektion [lat.] die, **1)** Abteilung. **2)** ♡ Leichenöffnung.

Sektor [lat.] der, -s/...toren, **1)** △ von einem Winkel und einem Kurvenbogen begrenztes ebenes Flächenstück (z. B. Kreis-S.) oder ein von einem Kegelmantel und einer krummen Fläche begrenzter Raumteil (Kugel-S.). **2)** Gebietsteil, z. B. die 4 S. von Berlin.

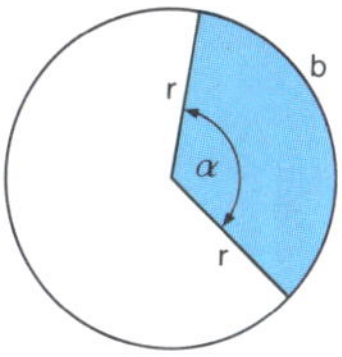

Sektor 1): Kreis-S., α Zentriwinkel, b Kreisbogen, r Radius

Sekunda [lat. »die Zweite«] die, -/...den, 2 Klassen einer höh. Schule: **Unter-S.** 10. Schuljahr, **Ober-S.** 11. Schuljahr. **Sekundaner,** Schüler der S.

Sekundant [lat.] der, Helfer, Zeuge im Zweikampf. **sekundieren,** Beistand leisten.

sekundär [lat.], an zweiter Stelle stehend, nebensächlich, untergeordnet.

Sekundarschule, auf der Primarschule aufbauende Schule. Zum S.-Sektor sind Hauptschule, Realschule und Gymnasium zu rechnen. **Sekundarstufe I:** Klassen 5-10; **Sekundarstufe II:** Klassen 11-13.

Sekunde [lat.] die, **1)** ⊠ SI-Einheit der Zeit, urspr. der 86 400. Teil eines mittleren Sonnentags **(Weltzeit-S.),** seit 1956 durch die Bahnbewegung von Erde, Planeten und Mond **(Ephemeriden-S.),** seit 1967 durch die Frequenz einer bestimmten Spektrallinie des Cäsiumisotops Cs 133 **(Atom-S.)** genauer festgelegt; Abk. s. **2)** △ Einheit des ebenen Winkels, der 60. Teil einer Altminute (**Alt-S.,** Zeichen ″) oder der 100. Teil einer Neuminute (**Neu-S.,** Zeichen ^{cc}). $1^{cc} = 10^{-4}$ gon = 0,1 mgon. **3)** ♩ 2. Stufe der diaton. Tonleiter.

Sekundogenitur [lat.] die, -/-en, in fürstl. Häusern eine den Zweitgeborenen zustehende Erb- oder Vermögensfolge sowie deren Anwartschaft auf best. Herrschafts- oder Amtsstellungen (→ Primogenitur). Die Anwartschaft der Drittgeborenen heißt **Tertiogenitur.**

Selaginella die, **Moosfarn,** moosähnl. Gatt. der Bärlappgewächse, in Europa selten wild, z. T. Topfpflanzen oder in Rasenform in Gewächshäusern. Viele Arten in den Tropen.

Selam, → Salam.

Selbstbedienungsläden, Einzelhandelsgeschäfte, in denen die Kunden die Waren selbst auswählen und zur Kasse bringen.

Selbstbefruchtung, Autogamie die, engste Form der → Inzucht, bei der sich die Geschlechtszellen einer Mutterzelle miteinander paaren; auch → Selbstbestäubung.

Selbstbehalt der, -(e)s, Rückversicherung: der Teil der Versicherungssumme, den der Erstversicherer nicht in Rückversicherung weitergibt.

Selbstbestäubung, Übertragung von Pollen auf die Narbe der gleichen Blüte.

Selbstbestimmungsrecht, Recht der Völker oder gebietlich zusammenhängender Volksgruppen, über ihre staatl. Organisation, bes. über ihre Zugehörigkeit zu einem bestimmten Staat, selbst zu entscheiden. Die Forderung des S. lag bereits der Unabhängigkeitserklärung der USA von 1776 zugrunde. In neuester Zeit wurde das S. in die Satzung der UNO aufgenommen.

Selbstbeteiligung, Versicherung: Anteil des Versicherten am Schaden; die Versicherung setzt bei jedem Schaden erst nach Überschreiten des vereinbarten Betrages ein, um die Versicherer von den für sie unwirtschaftl. Bagatellschäden zu entlasten (z. B. bei der Auto-Kaskoversicherung).

Seidenschwanz

Selbstbewußtsein, 1) Überzeugung vom Wert der eignen Person. **2)** PHILOSOPHIE: Wis-

Selene (röm. Kopie einer grch. Statue aus dem 4. Jh.)

sen des Ichs von sich selbst als dem beharrenden Träger der wechselnden Erlebnisse.

Selbstbildnis, Selbstdarstellung eines Künstlers, kam im Spät-MA. auf, wurde rasch, bes. im Norden (Dürer), zu einem aufschlußreichen Mittel der Selbstdeutung des Künstlers, am umfassendsten bei Rembrandt.

Selbstbiographie, → Autobiographie.

Selbsterhaltungstrieb, zusammenfassend für Lebensdrang, Daseinswille, Nahrungs- und Verteidigungstrieb.

Selbstfinanzierung, Finanzierung von Anlagen durch Bildung von Eigenkapital im Betrieb, meist durch Nichtentnahme von Gewinnen.

Selbsthilfe, ⚖ im bürgerl. Recht (§§ 229 ff. BGB) eigenmächtiger Eingriff in einen fremden Rechtsbereich, z. B. Wegnahme einer Sache, Festnahme eines fluchtverdächtigen Schuldners. Die S. ist nicht widerrechtlich, wenn obrigkeitl. Hilfe nicht rechtzeitig zu erlangen ist und ohne sofortiges Eingreifen die Gefahr besteht, daß die Verwirklichung des Anspruchs vereitelt oder wesentlich erschwert wird. Rechtmäßig handelt auch der Besitzer, der sich verbotener Eingriffe in seinen Besitz mit Gewalt erwehrt (§ 859 BGB). Über S. im Strafrecht → Notstand, → Notwehr.

Selbsthilfeverkauf, ⚖ Verkauf geschuldeter bewegl. Sachen für Rechnung des Gläubigers durch öffentl. Versteigerung; zulässig für den Schuldner beim Gläubigerverzug, wenn die geschuldete Sache für Hinterlegung nicht geeignet ist **(freihändiger Verkauf).**

Selbstinduktion, → Induktion.

Selbstlaute, Vokale [lat.], Klanglaute, im Deutschen: a, e, i, o, u.

Selbstmord, Freitod, Suizid, Selbsttötung, gewaltsame und überlegte Vernichtung des eigenen Lebens, oft auf Grund von Normen- oder Orientierungskonflikten des Individuums. Nach dem StGB der Bundesrep. Dt. und der Dt. Dem. Rep. werden S., S.-Versuch, Anstiftung und Beihilfe zum S. nicht bestraft. In Österreich wird die Mitwirkung am S. als Verbrechen bestraft. Das schweizer. StGB bestraft die Anstiftung und Beihilfe aus selbstsüchtigen Gründen.

Selbstschuldner, ⚖ Bürge, der darauf verzichtet hat, daß sich der Gläubiger zunächst an den Schuldner hält, und den der Gläubiger daher bei Fälligkeit der Schuld ohne weiteres in Anspruch nehmen kann (§ 773 BGB).

Selbstschußanlage, Sicherungsmittel für Grundstücke; das Berühren eines fallenartig ausgelegten Drahtes löst den Schuß aus.

Selbstverstümmelung, 1) ⚖ Beschädigung des eigenen Körpers, grundsätzlich straflos, außer der Täter wollte einen Betrug begehen oder sich zum Wehrdienst untauglich machen. **2)** **Autotomie,** Schutzeinrichtung vieler Tiere (Spinnen, Stachelhäuter, Eidechsen), besteht im Abwerfen von Körperteilen, die meist regeneriert werden.

Selbstverwaltung, Regelung öffentl. Angelegenheiten durch jurist. Personen des öffentl. Rechts (Gemeinden, Verbände, Körperschaften) unter eigener Verantwortung. Sie erfüllen ihre Aufgaben auf Grund staatl. Ermächtigung und unter staatl. Aufsicht. Wichtigste Form: **kommunale S.** der Gemeinden. Ferner gibt es die **kulturelle S.** (z. B. Univ.), die **wirtschaftl. S.** (z. B. Industrie- und Handelskammer), **soziale S.** (z. B. Sozialversicherungsträger) und die **berufsständ. S.** (z. B. Ärzte-, Anwaltskammern).

selchen [süddt.], räuchern.

Seldschuken, türk. Volksstamm und Dynastie (11./12. Jh.).

Selektion [lat.] die, Auslese (→ Zuchtwahl, → Darwinismus).

Selektivität [lat.] die, Trennschärfe beim Empfang versch. Trägerfrequenzen.

Selen das, **Se,** chem. Element, Nichtmetall mit einer metallähnl. Erscheinungsform; Ordnungszahl 34, D 4,8 g/cm³ (graues S.). S. kommt in Schwefelkiesen vor und wird zur Herstellung von Photozellen (lichtelektr. Zellen, S.-Zellen), Gleichrichtern und zum Rotfärben von Glas verwendet.

Selene [grch.], grch. Mondgöttin.

Selenga die, Zufluß des Baikalsees, aus der Mongolei, rd. 1000 km lang.

Selentschuk, ☆ astrophysikal. Observatorium der UdSSR im Nord-Kaukasus mit dem größten opt. Teleskop der Erde (Spiegeldurchmesser 6 m) und einem ringförmigen Radioteleskop (∅ 600 m).

Seleukia, mehrere von den → Seleukiden gegr. Städte des Altertums, darunter **S. am Tigris,** einst Hptst. des Reichs der Seleukiden; **S. in Syrien,** Hafenstadt Antiochiens.

Seleukiden Mz., grch. Herrschergeschlecht, Nachkommen des **Seleukos,** eines der Diadochen; beherrschten Syrien bis 64 v. Chr.

Selfmademan [s'elfmeɪdmæn, engl.] der, wer durch eigene Kraft emporgekommen ist.

Selige, nach kath. Lehre verstorbene Gläubige, die sich wegen ihrer Tugenden der ewigen Seligkeit erfreuen. **Seligsprechung,** Verleihung des Titels eines »Seligen« durch den Papst; Vorstufe der Heiligsprechung.

Seligenstadt, Stadt in Hessen, am Main, 17 000 Ew.; Schuh-, Leder-, Kleider-Industrie; 828 gegr. Abtei (bis 1803), Einhardsbasilika.

Seligkeit, kath. Theologie: Zustand der Gerechten im Jenseits, die frei von Sünden gestorben sind oder sie abgebüßt haben.

Selim I., türk. Sultan (1512-20), unterwarf Mesopotamien, Syrien, Palästina, Ägypten.

Selinunt, Selinus, westlichste altgrch. Stadt auf Sizilien, von Dorern 628 v. Chr. gegr.; Reste von acht Tempeln.

Sellafield ['seləfi:ld], engl. Kernforschungszentrum an der NW-Küste mit Wiederaufbereitungsanlage für Kernbrennstoffabfälle.

Sellerie der oder die, Doldenblütler; als Gemüse, Salat und Gewürz verwendet. Es gibt **Knollen-S., Stengel-** oder **Bleich-S.** und **Blatt-S.**

Sellner, Gustav, Rudolf, Regisseur und Theaterleiter, *1905, †1990, trat für die grch. Tagödie und bes. für das »absurde Theater« von Ionesco ein.

Selm, Stadt im Kr. Unna, NRW, 23 000 Ew., Elektro- u. a. Ind. Im Ortsteil Cappenberg Schloß.

Seltene Erden, ⚗ **1)** historisch begründete, aber irreführende Bez. für die Seltenerdmetalle. **2)** i. e. S. Oxide der Seltenerdmetalle.

Seltenerdmetalle, ⚗ Bez. für die chem. Elemente Scandium (Ordnungszahl 21), Yttrium (39) und Lanthan (57) sowie 14 weitere Elemente (58-71).

Selterswasser [aus Niederselters, Kr. Limburg], kohlensäurehaltiges Mineralwasser; auch oft Bez. künstl. Mineralwässer.

Selvas Mz., trop. Regenwälder im Amazonasbecken, S-Amerika.

Selye [z'ɛljə], Hans, kanad. Arzt, *1907, †1982; Hormonforscher, begründete die Lehre vom → Stress.

Sem, im A. T. der älteste Sohn Noahs, gilt als Stammvater der → Semiten.

Semantik [grch.] die, Lehre von den Wortbedeutungen.

Semarang, Hafenstadt an der N-Küste Javas, Indonesien, 1,03 Mio. Ew.; Ausfuhr von Tabak, Kopra, Zucker, Kaffee, Kakao, Gummi, Teakholz; Schiffswerften, Flughafen.

Semele, grch. Sage: Tochter des Kadmos, Geliebte des Zeus, Mutter des Dionysos.

Semester [lat.] das, Halbjahr, bes. Studienhalbjahr an Hochschulen.

semi... [lat.], in Zusammensetzungen: halb...

Semifinale das, ↗ auch Halbfinale oder Vorschlußrunde, letzte Ausscheidung vor dem Endspiel.

Semikolon [lat.-grch.] das, der Strichpunkt.

Seminar [lat. »Pflanzschule«] das, **1)** Bildungsanstalt für Geistliche. **2)** an Hochschulen: Institut für wissenschaftl. Übungen, auch diese Übungen selbst. **3)** Lehrerbildungsanstalt.

Semiotik [zu grch. sema »Zeichen«] die, Lehre von den Zeichen. Zur S. zählen u.a. die Lehre vom Satzbau (Syntax) und die → Semantik.

Semipalatinsk, Stadt in der Kasach. SSR, am Irtysch und an der Turkestan-Sibir. Eisenbahn, 324000 Ew.; Handelsplatz; Nahrungsmittel-, Leder-Ind.

semipermeabel [lat.], halbdurchlässig.

Semiramis, sagenumwobene assyr. Königin des 9. Jh. (→ hängende Gärten).

Semiten [nach Sem], sprachverwandte Völkergruppe in Vorderasien und Nordafrika; von geschichtl. Bedeutung die Akkader, Babylonier, Assyrer, Phöniker, Karthager, Aramäer, Chaldäer; heute im wesentl. die Araber, Juden, Äthiopier.

semitische Sprachen, → Sprachen, ÜBERSICHT.

Semjonow, Nikolaj Nikolajewitsch, sowjet. Chemiker, *1896, †1986; Nobelpreis (mit C. N. Hinshelwood) 1956.

Semmel die, Weißbrötchen.

Semmelpilz, eßbarer, gelblich-brauner Stachelpilz in Laub- und Nadelwäldern.

Semmelweis, Ignaz, ungar. Geburtshelfer, *1818, †1865; wies nach, daß das Kindbettfieber durch Infektion übertragen wird.

Semmering der, Gebirgspaß (985 m hoch) zw. NÖ und Steiermark.

Semnonen Mz., german. Stamm zw. mittlerer Elbe und Oder, das Hauptvolk des Bundes der Sweben, zog nach Süddtl., wo aus ihm die Alemannen hervorgingen.

Sempach, Stadt im schweizer. Kt. Luzern, am **S.er See,** 1600 Ew.; Nationaldenkmal. 1386 Sieg der Eidgenossen über Leopold III. von Österreich.

Semper, Gottfried, Baumeister, *1803, †1879; Opernhaus, Gemäldegalerie in Dresden, Burgtheater in Wien in Renaissanceformen.

semper idem [lat.], immer derselbe.

sen., Abk. für lat. **sen**ior, der Ältere.

Senancour [sən'ãku:r], Étienne Pivert de, frz. Schriftsteller, *1770, †1846; Briefroman »Obermann«.

Senat [lat. »Rat der Alten«] der, **1)** im alten Rom: Staatsrat, bei dem wichtige polit. Entscheidungen lagen; verlor in der Kaiserzeit an Bedeutung. **2)** in Berlin, Hamburg und Bremen: oberste Landes- und Stadtbehörde (Regierung). **3)** Hochschulwesen: Selbstverwaltungskörper der Hochschule, bestehend aus Dekanen der Fachbereiche, Assistenten, Studenten. **4)** Gerichtsverfassung: die Richterkollegien bei hohen Gerichten (→ Gerichtswesen). **5)** in einigen Staaten: die Erste Kammer der Volksvertretung, z. B. in den USA, Frankreich. **Senator** der, Angehöriger des Senats.

Senckenbergische Naturforschende Gesellschaft, gegründet 1817 von Bürgern Frankfurts a. M., um ein naturkundl. Museum zu errichten, benannt nach dem Arzt J. C. Senckenberg (*1707, †1772), der 1763 sein Vermögen für die Forschung stiftete.

Send der, im MA. kirchl. Gericht für die Aburteilung kirchl. Vergehen von Laien.

Sendai, japan. Stadt im N von Honshu, 703500 Ew.; Univ.; Lack-, Seiden-, chem. Ind., Kunsthandwerk.

Sender der, -s/-, ⌿ Gerät oder Anlage zur Erzeugung und Aussendung von Schallwellen, elektromagnet. oder Lichtwellen zur Nachrichtenübermittlung oder Richtungsbestimmung.

Seneca, röm. Dichter und Philosoph, *um 4 v. Chr., †65 n. Chr. (von Nero erzwungener Selbstmord); vertrat die stoische Sittenlehre; schrieb Tragödien.

Senefelder, Alois, der Erfinder des Steindrucks, *1771, †1834.

Senegal, Strom in W-Afrika, 1430 km, mündet bei Saint-Louis in den Atlant. Ozean.

Senegal, Rep. in W-Afrika, 196192 km², 7,11 Mio. Ew. (überw. Sudanvölker); Hptst.: Dakar; Amtssprachen: Französisch und Wolof. S. liegt südlich des Unterlaufs von 1), ist Küstentiefland mit Baum-, Grassteppen. Anbau von Erdnüssen, Hirse, Baumwolle u. a.; Fischerei. ⚒ auf Phosphate, Titanerz; Nahrungsmittel-, Zement- u. a. Ind. Ausfuhr: Erdnüsse, Phosphate, Erdöl. Haupthafen und internat. Flughafen: Dakar. – S. war Gebiet von Frz. Westafrika, wurde 1960 unabhängig. Staatspräs.: A. Diouf (seit 1981). ⊕ S. 482.

Seneschall der, Hofbeamter im Fränk. Reich, entsprechend dem dt. Truchseß.

Senf der, **1) Weißer S.,** Kreuzblütler mit hellgelben, violettadrigen, vanilleduftenden Blüten, wild am Mittelmeer. **2) Schwarzer S.,** Kreuzblütler mit bläul. Stengel, fiederspaltigen Blättern, gelben Blüten. – Die Samen beider Arten **(S.-Körner)** dienen als Gewürz, zur Herstellung von Speise- und techn. Öl, Mostrich, S.-Pflaster u. a. **3) Acker-S.,** Wildkraut, auch als Gründünger verwendet.

Senfl, Ludwig, Komponist, *um 1486, †um 1543; Messen, latein. Motetten, deutschsprachige Lieder.

Senftenberg, Krst. im Bez. Cottbus, 32100 Ew.; Braunkohlen ⚒, Eisen-, Glas-Ind.

Senghor [sãg'ɔ:r], Léopold Sédar, afrikan. Politiker, Schriftst. in frz. Sprache, *1906; 1960-80 Präs. von Senegal, Mitbegründer und einer der bedeutendsten Vertreter der Négritude. 1968 Friedenspreis des Dt. Buchhandels; 1983 als erster Farbiger in die Académie Française gewählt.

Seni, Giovanni Battista, ital. Sterndeuter, *1600, †1656; 1629-34 im Dienst Wallensteins.

senil [lat.], greisenhaft.

senior [lat.], Abk. **sen.,** der Ältere; Ggs.: junior. **Senior** der, -s/...ioren, der Älteste einer Fam., Vereinigung. **Senioren-Convent, S. C.,** student.: Vertretervereinigung der Verbindungen.

Senkblei, durch ein Bleistück gespannter Faden zur Bestimmung der Senkrechten (→ Lot).

Senkfuß, leichte Form des → Plattfußes.

Senkgrube, abflußlose Grube zur Aufnahme der menschl. Fäkalien aus Aborten.

senkrecht, △ 2 Geraden stehen aufeinander s., wenn sie einen Winkel von 90° bilden. Eine Gerade steht auf einer Ebene s., wenn sie auf mindestens 2 versch. Geraden der Ebene, die durch den Schnittpunkt gehen, s. steht. (BILD S. 806)

Senkrechtstarter, der → Vertikalstarter.

Senkwaage, das → Aräometer.

Senne, Senner Heide, Heidegebiet am SW-Rand des Teutoburger Waldes; Truppenübungsplatz Sennelager.

Sennerei die, Milchwirtschaft, bes. die sommerl. Almwirtschaft.

Sennesblätter, die getrockneten Blätter einer Art Kassie; Abführmittel (Tee).

Señor [sɛɲ'ɔr, span.], Herr. **Señora,** Frau, Herrin. **Señorita,** Fräulein.

Sensation [lat.] die, Aufsehen erregender Vorgang. Eigw.: **sensationell.**

Sense die, Handgerät zum Mähen von Gras, Getreide, besteht aus Stahlschneide und Holz- oder Stahlrohrstiel (Wurf). (BILD S. 806)

Semmelweis

Senegal

Senf 2)

Senghor

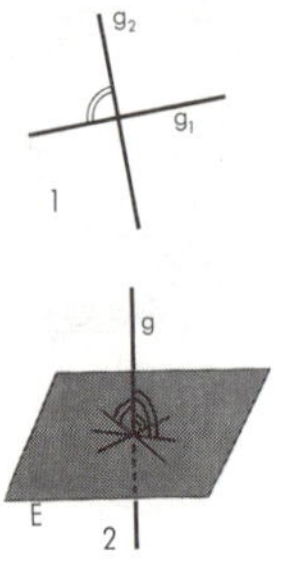

senkrecht: 1 die Geraden g_1 und g_2 stehen s. aufeinander, **2** die Gerade g steht s. auf der Ebene E

sensibilisieren [lat.], **1)** photograph. Schichten mit bestimmten Chemikalien **(Sensibilisatoren)** für einzelne Wellenlängenbereiche empfindlich machen. **2)** ♡ Überempfindlichkeit gegen einverleibte Stoffe auslösen **(Sensibilisierung),** z. B. Allergie durch manche Nahrungsmittel.

Sensibilität [lat.] die, Empfindlichkeit für Sinnesreize und die Fähigkeit, seelisch darauf zu reagieren. **sensibel,** empfindlich; zartfühlend.

sensitiv [frz.], überempfindsam.

Sensoren [lat.], Ez. der **Sensor,** -s, **Meßfühler,** Geräte zur Messung physikal. Größen, z. B. Temperatur, Druck und Dichte von Gasen, Lage und Bewegungen eines Körpers im Raum, elektromagnet. Erscheinungen in der Atmosphäre und im Weltraum.

Sensualismus [lat.] der, Ⓟ Lehre, nach der alle Vorstellungsinhalte aus der Sinneswahrnehmung stammen (z. B. Berkeley, Hume, Locke, Condillac).

Sentenz [lat. »Meinung«] die, Sinnspruch.

Sentiment [sãtim'ã, frz.] das, Empfindung, **sentimental,** empfindsam, gefühlsselig. **Sentimentalität** die, Rührseligkeit.

Senussi, muslim. Orden in N-Afrika, gegr. 1833; bes. anfangs europäer- und christenfeindl.

Seoul [su:l, sɛɔ'u:l, korean. sœ'ul], **Soul, Söul,** Hptst. von S-Korea, 9,6 Mio. Ew.; Erzbischofssitz, Univ., Wirtschafts- und Verkehrszentrum des Landes; Textil-, Metallwaren-, Nahrungsmittel- u. a. Ind.; Paläste.

separat [lat.], abgesondert, getrennt.

Separation [lat.] die, Absonderung.

Separatismus [lat.] der, abwertende Bez. für Loslösungsbestrebungen, bes. nationaler Sondergruppen.

separieren [lat.], absondern, trennen.

Sepia [grch.] die, -/...pien, Gemeiner Tintenfisch. Aus der Flüssigkeit des Tintenbeutels wird die v. a. von den Romantikern und Klassizisten benutzte braune Malerfarbe S. hergestellt. Das kalkige Rückenskelett (Schulp) liefert Ergänzungsfutter für Stubenvögel.

Sepsis [grch.] die, ♡ → Blutvergiftung.

September [von lat. septem »sieben«] der, 9. Monat des Jahres; 30 Tage.

Septennat, Septennium [lat.] das, ✤ Zeitraum von 7 Jahren.

septentrional [lat.], ⊕ nördlich.

Septett das, Tonstück für 7 Stimmen.

Septimani|en, seit spätröm. Zeit das Land zw. Ostpyrenäen und unterer Rhône, Hptst. Narbonne; 759 zum Fränk. Reich.

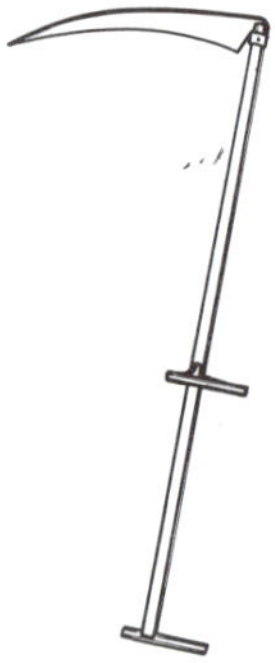

Sense

Septime [lat. septima] die, 7. Stufe der diaton. Tonleiter. **Septimenakkord, Septakkord,** Zusammenklang von Grundton, Terz, Quinte und S.

Septuaginta [lat. »die Siebzig«] die, älteste grch. Übersetzung des A. T., die im 3. Jh. v. Chr. auf der Insel Pharos 72 Schriftgelehrte herstellten.

sequens [lat.], Abk. **seq.,** der oder das Folgende.

Sequenz [lat. »Folge, Reihe«] die, **1)** im MA. in die Meßliturgie eingefügte Dichtung. **2)** ♩ Wiederholung eines Motivs auf höherer oder tieferer Tonstufe. **3)** beim Kartenspiel: mehrere aufeinanderfolgende Karten der gleichen Farbe. **4)** Folge der Bausteine in kettenförmigen Makromolekülen (z. B. Aminosäuren in Eiweißen).

Sequester [lat.] der, **1)** abgestorbenes Gewebestück, bes. am Knochen. **2)** ⚖ Zwangsverwalter, → Zwangsverwaltung. **Sequestration** die, gerichtl. Übergabe einer streitigen Sache an einen Sequester zur vorläufigen Verwaltung.

Sequoia, die Nadelholzgatt. Mammutbaum.

Seradella die, Art des → Vogelfußklees.

Sepia

Serail [ser'a:j] das, Palastanlage in Istanbul, bis 1922 Residenz des türk. Sultans.

Seraing [sər'ɛ̃], Stadt in Belgien, an der Maas, 62 600 Ew.; Hochöfen; Eisen-, Glasind.

Seram, Ceram, größte der Molukkeninseln Indonesiens, mit Nebeninseln 18 600 km², bis 3055 m hohe Gebirgskette; Sago, Kokosnüsse, Gewürznelken, Reis, Tabak, Kakao, Erdöl. Hauptort ist Sawai.

Seraph [hebr.] der, -s/-e oder -im, schlangenförmige geflügelte Gestalten des hebr. Volksglaubens; seit Jesaia Engel mit 3 Flügelpaaren. **seraphisch,** engelgleich, erhaben.

Serapis, Sarapis, ägypt. Gott, in hellenist. Zeit hoch verehrt, zeusähnlich dargestellt.

Serben, südslaw. Volk auf der Balkanhalbinsel, meist der grch.-orthodoxen Kirche angehörig, haben kyrillische Schrift.

Serbi|en, serbokroat. **Srbija,** Landschaft in Jugoslawien; umfaßt als Rep. einschl. der autonomen Provinzen Kosovo und Wojwodina 88 361 km² mit 9,71 Mio. Ew.; Hptst.: Belgrad. Die Landschaft am Zusammenfluß von Donau, Theiß, Save und Morava bildet den fruchtbaren, dichtbesiedelten Kernraum. Im S beckenreiches Gebirgsland. ⚒ auf Erdöl (Banat), Kupfer u. a. – Im 7. Jh. wanderten die südslaw. Serben ein, die sich im 12. Jh. aus der Abhängigkeit von Byzanz lösten. Seit der Schlacht auf dem Amselfeld 1389 gerieten sie unter türk. Oberherrschaft (seit 1459 türk. Prov.), erkämpften sich erst 1804-16 die Selbständigkeit unter eigenen Fürsten aus den Häusern Obrenović und Karadjorjević. 1878 volle Unabhängigkeit, 1882 Kgr. Durch die Balkankriege gewann S. 1913 einen großen Teil Makedoniens. Die gegen Österreich-Ungarn gerichteten großserb. Bestrebungen waren eine der Ursachen des 1. Weltkriegs (28. 6. 1914 Ermordung des österr. Thronfolgers Franz Ferdinand in Sarajevo). 1918 wurde S. Teilgebiet des neugegründeten → Jugoslawien.

serbokroatische Sprache gehört zum südslaw. Zweig der slaw. Sprachen; nur durch die Schrift in Serbisch und Kroatisch geschieden: Serben kyrillische, Kroaten lat. Schrift.

Serenade [span. serenada] die, **1)** Abendmusik, Ständchen. **2)** mehrsätziges Tonstück leichter Art für Kammermusik oder kleines Orchester.

Serengeti-Steppe, Landschaft in N-Tansania; Wildreservate, Nationalpark.

Serenissimus [lat. »der Allergnädigste«], früher Titel und Anrede regierender Fürsten.

Sereth der, linker Nebenfluß der Donau, 686 km lang, mündet bei Galatz.

Serge [sɛrʒ, frz.] die, Köpergewebe aus Wolle, Baumwolle oder Seide; Futterstoff.

Sergeant [sɛrʒ'ant, aus frz.], im dt. Heer bis 1919 der Unterfeldwebel; **Sergeant** [engl. s'a:dʒənt] Unteroffiziersdienstgrad in den USA, Großbritannien; in Frankreich **Sergent** [sɛrʒ'ã].

Seri|e [lat.] die, Reihe, Folge. **Serienherstellung,** → Reihenfertigung.

serielle Musik, auf dem Prinzip der Ordnung aller Toneigenschaften in Reihen aufgebaute Musik, die u. a. die Beziehungen zw. Tonhöhe, -dauer, Klangfarbe und Lautstärke regelt; um 1950, angeregt durch A. v. Webern, entstanden; ist eine Weiterentwicklung der → Zwölftonmusik. Hauptvertreter: P. Boulez, M. Kagel, G. Ligeti, L. Nono, K. Stockhausen, Y. Xenakis.

Seri|enschaltung die, → Reihenschaltung.

Serkin, Rudolf, amerikan. Pianist russ. Herkunft, *1903.

Sermon [lat.] der, Predigt, Strafrede.

Serocki [-tski], Kazimierz, poln. Komponist, *1922, †1981; bed. Vertreter der poln. Avantgarde.

Serologie [lat.-grch.] die, Lehre vom → Serum, bes. von seinen Antikörpern.

Serpentin [von lat. serpens »Schlange«] der, dichtes, meist grünes, schlangenartig gefärbtes Mineral, Magnesiumsilicat; als S.-Gestein abgebaut, zu Reibschalen, Vasen u.a. verarbeitet. (→ Asbest)

Serpentine [lat.] die, Straße in Schlangenlinien.

Serpuchow, russ. Stadt südl. von Moskau, 142000 Ew.; Metall-, Baumwoll-, Kunstfaser-, Farben-Industrie; Kernkraftwerk.

Serra [portugies. »Säge«] die, Kammgebirge.

Sertürner, Friedrich, Apotheker, *1783, †1841; Entdecker des Morphiums.

Serum [lat.] das, -s/...ren oder ...ra, wäßriger, ungerinnbarer Bestandteil von Körperflüssigkeiten, bes. als Blutserum. **S.-Behandlung,** Behandlung ansteckender Krankheiten mit Heilserum (→ Heilimpfung). – **S.-Krankheit,** eine Überempfindlichkeitsreaktion gegen artfremdes Eiweiß (→ Allergie).

Servatius, legendärer Bischof von Tongern, einer der Eisheiligen (Tag 13. 5.).

Servet, Michael, span. Theologe, Arzt, *1511, entdeckte den kleinen Blutkreislauf; wegen Bekämpfung der Dreieinigkeitslehre 1553 in Genf verbrannt.

Service, 1) [sɛrv'is, frz.] das, zusammengehörendes Tafelgeschirr. **2)** [s'ə:vɪs, engl.] der, Kundendienst. **3)** [s'ɛrvis] der, in Österreich und der Schweiz: Bedienung; Trinkgeld. **4)** [s'ə:vɪs, engl.] der, TENNIS: Aufschlag.

servieren [frz.], bei Tisch bedienen.

Serviette [frz.] die, Mundtuch.

servil [lat.], knechtisch, kriechend. **Servilität** die, Unterwürfigkeit, Kriecherei.

Serviten, Orden der Diener Mariens, 1233 gestifteter kath. Bettelorden.

Servitut [lat.] die, das, ⚖ die → Dienstbarkeit.

Servius Tullius, der Sage nach der 6. röm. König (578-534 v. Chr.), soll mit der Servian. Verfassung die Bürger nach dem Vermögen eingeteilt haben.

Servomechanismen, mechan., elektr., pneumat. oder hydraul. Kraftverstärker als Hilfsgeräte, bes. bei der Betätigung von Bremsen **(Servobremse),** Lenkungen **(Servolenkung)** und Steuerungen **(Servomotor).**

Servus [lat.], Diener, Knecht; in Bayern, Österreich ein Gruß.

Sesam der, krautige, dem Fingerhut ähnl. Ölpflanze Vorderasiens, mit weißen oder rötl. Blüten; das Öl aus den Samen dient zur Herstellung von türk. Honig, von Margarine, Speiseöl u.a. Angebaut in Indien, China, Afrika.

Sessellift, → Seilbahn.

Sesshu [sɛʃu:], japan. Maler, *1420, †1506; bedeutendster Meister der altjapan. Tuschmalerei (Landschaften, Tiere).

Session [lat.] die, Sitzung, auch Sitzungsperiode.

Sesterz, Sestertius [lat.] der, altröm. Silbermünze der Republik zu 2½ As, in der Kaiserzeit Bronzemünze zu 4 As.

Set der, das, zusammengehörige Gebrauchsgegenstände, meist Mz., Gedeckunterlagen.

Sète [sɛ:t], Stadt und Hafen in Südfrankreich, Badeort, 39500 Ew.

Seth, 1) ägypt. Gott, Gegner des Horus und Osiris. **2)** 3. Sohn Adams, Stammvater der **Sethiten.**

Settecento [-tʃ'ɛnto, ital. »siebenhundert«] das, ital. für das 18. Jh. und seinen Stil.

Setter [engl.] der, **engl. S.,** langhaariger Vorstehhund (→ Hunde).

Setúbal, Hafenstadt in Portugal, an der Mündung des Sado, 76800 Ew.; Fischkonserven-, Zementfabriken.

setzen, 1) ⚱ Lettern zum Satz zusammenfügen (durch Hand- oder Maschinensatz). **2)** 🦌 Gebären beim Haarwild.

Setzmaschinen stellen einen Schriftsatz maschinell her. **Zeilengießmaschinen** (z.B. Linotype) liefern fertiggesetzte und gegossene Zeilen, **Einzelbuchstaben-S.** (z.B. Monotype) liefern einzeln gegossene Buchstaben, die zu Zeilen zusammengesetzt werden. Bei der **Licht-** oder **Photo-S.** wird der Satz photomechanisch oder mit Hilfe von Kathodenstrahlen, die einen Film belichten, hergestellt. Der Text wird mit Loch- oder Magnetbändern oder von Satzrechnern **(Computer-Satz)** eingegeben. Ohne Metall und Gießvorgang arbeiten auch **Schreib-S.,** die ein Schriftbild oder einen Lochstreifen herstellen, der das automat. Schreiben des endgültigen Klartextes steuert.

Setzwaage, die → Wasserwaage.

Seuche die, ♡ die → Epidemie.

Seulingswald, Teil des Hess. Berglands, Sandsteingebirge zw. Werra und Fulda, 483 m.

Seume, Johann Gottfried, Schriftst., *1763, †1810; »Spaziergang nach Syrakus«.

Seurat [sœr'a], Georges, frz. Maler, *1859, †1891, begründete den Pointillismus.

Seuse, Suso, Heinrich, Mystiker, *1295, †1366; Schüler Meister Eckharts. Mystisch-relig. Schriften; »Büchlein der ewigen Weisheit«. (BILD S. 808)

Severing, Carl, Politiker (SPD), *1875, †1952; mehrfach preuß., 1928-30 Reichsinnenmin.

Severini, Gino, ital. Maler, *1883, †1966; wurde von der neuklassizist. Richtung Picassos beeinflußt; Mosaiken und relig. Wandmalereien.

Severinus, Apostel der Noriker, †482; Schutzheiliger von Bayern (Tag 19. 1.).

Severn [s'evən], Fluß im SW Englands, mündet in den Bristolkanal, 340 km lang.

Severus, Lucius **Septimius S.,** röm. Kaiser (193-211 n. Chr.), *146, †211; machte das Heer zur entscheidenden Staatsmacht.

Seveso-Gift, das → Dioxin.

Sévigné [seviɲ'e], Marie de, *1626, †1696; schrieb ihrer Tochter Briefe über das höfische Leben ihrer Zeit, die zu den klass. literar. Werken des 17. Jh. in Frankreich zählen.

Sevilla [zɛv'iʎa], Stadt in Spanien, 653500 Ew.; wichtigste Handels- und Industriestadt Andalusiens, Hafen am Guadalquivir, für Seeschiffe zugänglich; Flugplatz; Erzbischofssitz, got. Kathedrale mit Grabmal des Kolumbus, maur. Alcázar, Univ.; vielseit. Ind. Gründung der Phöniker; 1147 Hptst. der maur. Almohaden; vom 16.-18. Jh. der wichtigste Hafen Spaniens; auch ein Mittelpunkt der span. Malerei.

Sèvres [sɛ:vr], Stadt im SW von Paris, Frankreich, 20300 Ew.; Porzellanmanufaktur.

Sèvres-Porzellan [sɛ:vr-], Erzeugnisse

Serpentin: Faser-S.

Sesam: Indischer S.

Seth 1)

Seurat: Die Seine bei Courbevoie

Seuse

der seit 1756 in Sèvres arbeitenden, seit 1759 königl. Manufaktur; Modelle für figürl. Porzellan von E. M. Falconet, J. B. Pigalle u. a.

Seward-Halbinsel [sj'u:əd-, engl.], rund 50000 km² große Halbinsel Alaskas; bedeutendste Siedlung ist Nome.

Sewastopol, Sebastopol, Seefestung und Kriegshafen der UdSSR, an der SW-Küste der Krim, 353000 Ew.; Werften, Getreideausfuhr; Seebad. – Im Krimkrieg und 2. Weltkrieg schwer umkämpft.

Sewernaja Semlja, Nordland, sowjet. Inselgruppe im Eismeer, 37000 km².

Sex [engl.] der, Erotik, Geschlechtstrieb.

Sexagesima [lat. »60. Tag«], der achte Sonntag vor Ostern.

Sex-appeal [s'eksəpi:l] der, erot. Anziehungskraft auf Personen des anderen Geschlechts.

Sexta [lat.] die, unterste Klasse der höheren Schule (5. Schuljahr). **Sextaner,** Schüler der S.

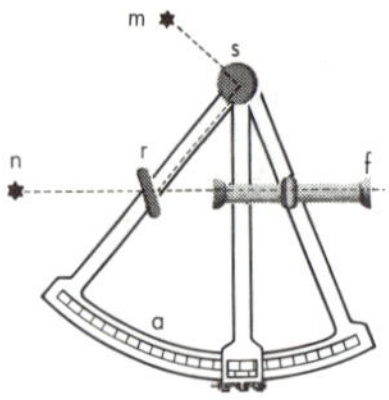

Sextant

Sextant der, **Spiegel-S.,** NAUTIK: Gerät zum Messen der Winkelabstände von Gestirnen. r feststehender, s drehbarer Spiegel, f Fernrohr; s ist an einem Dreharm befestigt, der auf der Winkelteilung a gleitet. Wird der Stern m durch Drehung von s mit dem durch den unbelegten Teil von r hindurch anvisierten Stern n zur Deckung gebracht, so läßt sich der Winkelabstand zw. n und m an a ablesen. Mit dem S. werden Höhe und Abstand von Sternen zum Zweck der geographischen → Ortsbestimmung gemessen.

Sexte [lat.] die, ♩ 6. Stufe der diaton. Tonleiter. **Sextakkord,** Umkehrung des → Dreiklangs, die Terz liegt im Baß.

Sextett [lat.] das, ♩ Tonstück für 6 Stimmen.

sexual [lat.], **sexuell,** geschlechtlich, auf das Geschlechtsleben bezogen. **Sexualität** die, Geschlechtlichkeit. **Sexualhormone,** Geschlechtshormone, die Hormone der Keimdrüsen. Weibl. S. werden in den Eierstöcken gebildet (Follikel- und Gelbkörperhormon), männliche in den Hoden (Testosteron). **Sexualpädagogik,** Lehre von der geschlechtl. Erziehung. **Sexualpathologie,** Lehre von den krankhaften Vorgängen im Geschlechtsleben. **Sexualpsychologie,** befaßt sich mit den seel. Erscheinungsformen der Sexualität.

Sexualwissenschaft, Sexologie, Lehre vom Geschlechtsleben, umfaßt Sexualbiologie und -medizin, Sexualpsychologie und -pathologie, Sexualpädagogik, Sexualhygiene und Teilbereiche der Soziologie, Rechtswissenschaft und Theologie.

Seychellen

Seychellen [sɛʃ-], Inselgruppe und Rep. im Ind. Ozean, mit Nebeninseln 443 km², 67000 Ew., Hptst.: Victoria; an sozialist. Zielen orientierte Verf. (1979); Ausfuhr von Kopra, Guano, äther. Ölen. Die S. waren 1810-1975 brit. Kolonie. Staatspräs.: F.-A. René (seit 1977). ⊕ S. 482.

Seydlitz, Friedrich Wilhelm v., preuß. Reitergeneral Friedrichs d. Gr. im Siebenjährigen Krieg, *1721, †1773.

Seyß-Inquart, Arthur, österr. nat.-soz. Politiker, *1892, † (hingerichtet) 1946; wurde kurz vor dem dt. Einmarsch Bundeskanzler, dann Reichsstatthalter; 1940-45 Reichskommissar für die besetzten Niederlande; 1946 in Nürnberg zum Tode verurteilt.

Shakespeare

Sezession [lat.], **Secession, 1)** Absonderung, Trennung. **2)** Völkerrecht: Abtrennung eines Gebietsteiles eines Staates gegen dessen Willen durch die dort ansässige Bevölkerung mit dem Ziel, einen neuen Staat zu bilden oder sich einem bestehenden Staat anzuschließen. **3)** Kunst: seit Ende des 19. Jh. Name von Künstlervereinigungen, die sich von jeweils älteren getrennt haben, z. B. 1892 Münchener S., 1897 Wiener S. (»Sezessionsstil«, der österr. Jugendstil), 1898 Berliner S.

sezieren [lat.], ♡ **1)** eine Sektion, Leichenöffnung vornehmen. **2)** genau zergliedern.

Sfax, Hafenstadt an der Ostküste Tunesiens, 232000 Ew.; Ausfuhr: Olivenöl, Südfrüchte.

SFB, Abk. für **S**ender **F**reies **B**erlin.

Sforza, Francesco, ital. Kondottiere, *1401, †1466; gelangte 1450 in Mailand zur Regierung und unterwarf 1464 auch Genua.

sforzato, sforzando [ital.], Abk.: **sf., sfz.,** ♩ verstärkt, stark betont.

Sgraffito [ital.] der, Kratzmalerei, wird aus der verschiedenfarbig geputzten, zuletzt weiß getünchten Wand geritzt. (BILD Maltechniken)

's Gravenhage [sxravənh'a:xə], niederländisch für → Den Haag.

sh, Abk. für die engl. Münze → Shilling.

Shaba, bis 1971 **Katanga,** Landschaft und Prov. im S der Rep. Zaire, 496965 km², 3,8 Mio. Ew.; Hptst.: Lubumbashi. S. ist wegen seiner reichen Vorkommen von Kupfer-, Uran-, Zinn-, Kobalterzen, Germanium, Kohlen und Industriediamanten eines der wichtigsten Bergbaugebiete der Erde. – Die Prov. war 1960-63 vom Kongo abgetrennt.

Shackleton [ʃ'ækltn], Sir Ernest H., engl. Südpolforscher, *1874, †1922, unternahm versch. Expeditionen (u. a. 1901-04 mit Scott); 1909 Entdeckung des südl. magnet. Erdpols.

Shaffer [ʃ'ɛfə], Peter, engl. Schriftst., *1926; schrieb die Dramen »Fünffingerübung«, »Schwarze Komödie«, »Equus«.

Shaftesbury [ʃ'ɑ:ftsbərı], Anthony Earl of, engl. Moralphilosoph, *1671, †1713; seine gefühlsbetonte Kunstlehre wirkte stark auf Herder, Goethe, Schiller und die Romantiker.

Shag [ʃæg, engl.] der, kräftiger Tabak für die Stummel-(Shag-)Pfeife.

Shaker [ʃ'eıkə, engl.] der, Mixbecher. **Shake** [ʃeık] der, alkoholfreies Mischgetränk.

Shakers [ʃ'eıkəz], amerikan. Sekte, die sich von den engl. Quäkern abzweigte.

Shakespeare [ʃ'eıkspıə], William, engl. Dramatiker, *Stratford-upon-Avon 1564, †ebd. 1616; heiratete 1582 Ann Hathaway, ging um 1586 nach London, wurde 1592 erstmals als Schauspieler und Dramatiker erwähnt. Als der erfolgreichste Bühnenautor seiner Zeit kam er zu Wohlstand. S.s Drama »will der Tugend ihre eigenen Züge, der Schmach ihr eigenes Bild und der Zeit den Abdruck ihrer Gestalt zeigen«. Der trag. Konflikt liegt bei S. in dem betreffenden Menschen selbst, im Zwiespalt zw. dem, was Hamlet Blut und Verstand nennt. S.s Helden sind überlebensgroß i. S. des Heldenideals seiner Zeit; aber wo sie die Natur vergewaltigen wie Lady Macbeth, stellt der Dichter ihr Menschentum wieder her, indem er die vergewaltigte Natur sich rächen läßt. Auch in den Komödien lauert hinter dem phantast. Spiel und dem funkelnden Witz der trag. Ernst. S. ist unerreicht in der Menschenschilderung; er individualisiert i. Ggs. zum klass. Drama, das typisiert. WERKE. Verserzählungen; tiefsinnig-rätselhafte »Sonette«. Die Chronologie der Dramen ist umstritten. Man unterscheidet vier Schaffensperioden: a) »Heinrich VI.« (Trilogie); »Richard III.«; »Titus Andronicus«; romant. Tragödie »Romeo und Julia«; »Die Komödie der Irrungen«, »Der Widerspenstigen Zähmung«, »Ein Sommernachtstraum« u. a. Komödien. b) die Königsdramen »Richard II.«, »König Johann«, »Heinrich IV.«, »Heinrich V.«; Komödien »Der Kaufmann von Venedig«, »Die Lustigen Weiber von Windsor«, »Viel Lärm um nichts«, »Wie es euch gefällt«, »Was ihr wollt«. c) Die großen Tragödien (»Hamlet«, »Othello«, »Macbeth«, »König Lear«), die Römerdramen (»Julius Caesar«, »Antonius und Cleopatra« u. a.), Komödien (»Maß für Maß« u. a.). d) Drei Romanzen »Cymbeline«, »Das Wintermärchen«, »Der Sturm«. Die erste dichterische S.-Übersetzung stammt von A. W. v. Schlegel, Dorothea und L. Tieck sowie W. v. Baudissin (1825-33).

Shankar, Ravi, ind. Sitarspieler und Komponist, *1920, gründete eine eigene Musikschule; bekannt durch Zusammenspiel mit Y. Menuhin.

Shannon [ʃ'ænən], größter Fluß Irlands, 368 km, im Unterlauf schiffbar, mündet in den Atlant. Ozean. Großkraftwerk bei Limerick; am Nordufer der S.-Mündung internat. Flughafen **S. Airport.**

Shansi [ʃansji], amtl. **Shanxi,** Prov. in N-China, 15800 km², 26,5 Mio. Ew.; Hptst.: Taiyuan; Anbau von Weizen, Hirse, Mais, Reis, Baumwolle, Tabak; im N auch Viehzucht; Kohlen-, Eisenlager.

Shantou, Hafenstadt in der chines. Prov. Guangdong, rd. 746000 Ew., nahe der Mündung des Hankiang in das Südchines. Meer.

Shantung, amtl. **Shandong,** Prov. an der O-Küste Chinas, 155000 km², 78 Mio. Ew.; Hptst.: Jinan; umfaßt die Halbinsel S., das Bergland von S. und Teile der nordchines. Ebene; Anbau von Getreide, Sojabohnen, Baumwolle; Bodenschätze: Kohle, Bauxit.

Shanty [ʃ'æntı, engl.] das, Mz. **Shanties,** Matrosenlied, zu gemeinsamen Arbeiten.

SHAPE [ʃeıp], Abk. für **S**upreme **H**eadquarter of the **A**llied **P**owers in **E**urope, das Oberkommando der Streitkräfte des Nordatlantikpakts in Europa.

Sharaku [ʃ-], japan. Farbholzschnittmeister, um 1795, Schauspielerbildnisse.

Share [ʃɛə, engl.] der, im engl. Sprachbereich die Aktie.

Shaw [ʃɔ:], George Bernard, engl.-irischer Dramatiker, *1856, †1950, Stücke voll Geist, Witz, Ironie und Bosheit im Dienst der Kulturkritik und sozialist. Gesellschaftsreform (»Candida«, »Caesar und Kleopatra«, »Major Barbara«, »Pygmalion«, »Die heilige Johanna«, »Der Kaiser von Amerika«).

Shawnee [ʃ'ɔ:ni:], nordamerikan. Indianerstamm der Algonkin, urspr. im Ohio-Tal, Reste in Oklahoma; bedeutendster Häuptling: Tecumseh (*um 1768, †1813).

Shed|dach [engl.], **Sägedach,** 🏛 Dach mit sägeförmigen Absätzen, Fenstern an den Steilseiten; ergibt gute Beleuchtung für Fabriksäle.

Sheffield [ʃ'efi:ld], Industriestadt in Mittelengland, 477500 Ew.; anglikan. Bischofssitz, Univ.; Bergbau; Eisenverhüttung; Metallindustrie.

Shelley [ʃ'elı], Percy Bysshe, engl. Dichter, *1792, †1822; romant. Gedichte und Schauspiele (»Der entfesselte Prometheus«, »An den Westwind«, »An eine Lerche«).

Shensi, amtl. **Shaanxi,** Prov. in NW-China, 197000 km², rd. 31 Mio. Ew.; Hptst.: Xian; Anbau von Reis, Tee, Hirse, Sojabohnen, Baumwolle; reiche Kohlevorkommen; Erdöl-, Salzgewinnung.

Shenyang [ʃenjaŋ, engl. und amtl. chines.], mandschur. **Mukden,** Hptst. der chines. Prov. Liaoning. 4 Mio. Ew., Mittelpunkt der Mandschurei. Im Alten Palast der ehem. 2. Residenz der Mandschu-Kaiser Mus. und Hochschule. 1621 von den Mandschu erobert, 1625-44 Hptst. Chinas.

Sheridan [ʃ'erıdn], Richard Brinsley, engl. Lustspieldichter, *1751, †1816; »Die Lästerschule«.

Sheriff [ʃ'erıf] der, **1)** England: Verwaltungsbeamter einer Grafschaft; heute nur noch ein Ehrenamt. **2)** USA: Beamter mit richterl. und verwaltungsmäßigen Befugnissen.

Sherlock Holmes [ʃ'ə:lɔk həʊmz], Meisterdetektiv in den Romanen von A. Conan Doyle.

Sherpa, Scherpa, Bergbev. in Nepal, oft Träger bei Expeditionen im Himalaya.

Sherry [ʃ'erı, engl., aus Jerez] der, südspan. Wein aus der Gegend von Jerez de la Frontera.

's Hertogenbosch [shɛrto:xənb'ɔs], niederländ. Name für → Herzogenbusch.

Shetland-Inseln [ʃ'etland-], Inselgruppe nordöstl. von Schottland, 1429 km², 23500 Ew.; milde, feucht. Fischfang, Viehzucht **(Shetlandpony).**

Shihchiachuang, amtl. **Shijiazhuang** [ʃidʒiaʒwaŋ], Hptst. der chines. Prov. Hebei, 1,2 Mio. Ew.; führend in der Textilind.

Shikoku, kleinste der 4 Hauptinseln Japans, 18766 km², 4,22 Mio. Ew.

Shilling [ʃ'ılıŋ, engl.] der, Abk. **sh,** kleine engl. Münzeinheit bis 15. 2. 1971, 1 sh = $\frac{1}{20}$ £ = 12 Pence.

Shimonoseki, wichtige Hafenstadt in Japan, an der SW-Spitze der Insel Honshu; 269000 Ew.; Tunnel nach Kitakyushu.

Shinto|ismus der, früherer Staatskult Japans. Der S. verehrt als Gottheiten Naturkräfte, Berge, Seen, Flüsse, einige Pflanzen und Tiere. Später kam die Verehrung der Ahnen und Helden hinzu. Damit zusammen hängt der Kult des Kaisers, der seine Abstammung von der Himmelsgöttin Amaterasu herleitet. Der S. ist mit dem Buddhismus vermischt.

Shiraz, Hptst. der Landschaft Fars, S-Iran, 426000 Ew.; Moscheen, Wallfahrtsstätten; Rosenöl, Teppiche.

Shire [ʃ'aıə, engl.], Grafschaft. In Zusammensetzungen wird S. dem Eigennamen angehängt und [ʃıə] gesprochen, z. B. Devonshire.

Shiva [ʃ-; Sanskrit »der Gütige«], einer der Hauptgötter des Hinduismus.

Shizuoka, Hptst. der Prov. S., Japan, 468000 Ew., an der SO-Küste von Honshu; Univ.; Mittelpunkt der Erzeugung von Tee, Lack- und Korbwaren, Papier, Textilien.

shocking [ʃ'ɔkıŋ, engl.], anstößig.

Shogun [ʃo-], in Japan urspr. Titel eines kriegführenden kaiserl. Feldherrn, dann erbl. Titel des Kronfeldherrn.

Sholapur [ʃ'əʊla:pʊə], Stadt im ind. Staat Maharashtra, 511100 Ew., Textilzentrum.

Shona [ʃ-], **Schona, Maschona,** sprachlich und kulturell verwandte Bantustämme in Simbabwe und Moçambique.

Shop der, Laden, Geschäft.

Shopping Center [ʃ'ɔpıŋ s'entə, engl.] das, → Einkaufszentrum.

Shorts [ʃɔ:ts, engl.] Mz., kurze Hose, Sportkleidung für Herren und Damen.

Short Story [ʃɔ:t st'ɔ:rı, engl.] die, → Kurzgeschichte.

Short ton [ʃɔ:t tɔn], engl. Gewicht, 1 S.t. = 907 kg.

Shoshone, Shoshoni [ʃəʊʃ'əʊnı], **Schlangenindianer,** Sprachgruppe der nordamerikan. Indianer (Paiuite, Comanchen u.a.) im Großen Becken, in der südl. Prärie und in S-Kalifornien.

Show [ʃəʊ, engl.] die, Schau, bunte Unterhaltungsdarbietung. **Showbusiness** [ʃ'əʊbıznıs], Schaugeschäft, Unterhaltungsind.

Shreveport [ʃr'i:vpɔ:t], Stadt in Louisiana, USA, 206000 Ew.; Erdöl, Erdgas, Eisenwerke.

Shrimps [ʃrımps, engl.], Garnelen.

Shultz [ʃ-], George Pratt, *1920, amerikan. Wirtschaftswissenschaftler und Politiker, 1969-74 mehrfach Minister (u.a. Finanz-Min.), 1982-88 Außen-Min.

Shunt [ʃʌnt, engl.] der, **1)** ♡ angeborene oder operativ hergestellte Verbindung zw. 2 verschiedenen Kreislaufsystemen. **2)** ⚡ ein Nebenschlußwiderstand, bes. in der Meßtechnik.

Shylock [ʃ'aılɔk], rachsüchtiger jüd. Geldverleiher in Shakespeares »Kaufmann von Venedig«.

Si, chem. Symbol für Silicium.

SI, Abk. für → SI-Einheiten, → Internationales Einheitensystem.

Shaw

Shelley

Shiva: S. mit Gattin Durga

Sibelius

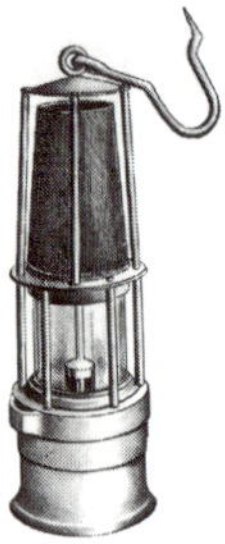
Sicherheitslampe

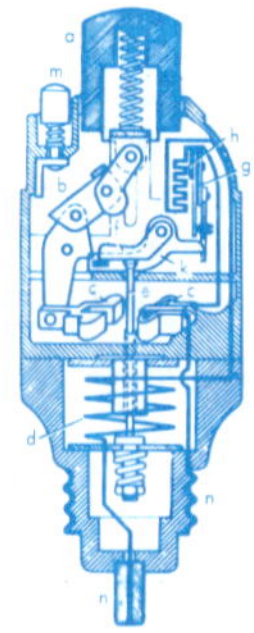
Sicherung: Leitungsschutzautomat, ausgeschaltet, a Druckknopf, b Hebelübertragung zu einem der Kontakte, c, d Magnetspule, die bei Überstrom durch den Stift e den Auslösehebel f betätigt, g Bimetallstreifen, h Widerstand, k Hebel des thermischen Auslösers, m Auslöseknopf, n Netzanschlußkontakt

v. Sickingen

Sial das, granitartige, silicium- und aluminiumhaltige äußerste Schicht der Erdkruste.

Sialkot [sj'a:lkəut, engl.], Stadt im W-Pandschab, Pakistan, 296000 Ew.; Herstellung von Sportgeräten, Gummiwaren, medizin. Instrumenten.

Siam, ehem. Name von → Thailand.

siamesische Zwillinge, miteinander verwachsene Zwillinge; nach einem Zwillingspaar aus Siam (*1811, †1874).

Siamkatzen, exot. Kurzhaarkatzen, mittelgroß, meist hellfarbig. Ohren- und Schwanzspitze sowie Nasenspiegel dunkler. (Bild Katzen)

Sian [sjian], amtl. **Xian,** Hptst. der Prov. Shaanxi in N-China, wichtiger Handelsplatz, 2,2 Mio. Ew.; Baumwoll-, Elektrogeräte-, Nahrungsmittelind. – S. war mehrfach Kaiserresidenz und Hptst. des chines. Reiches.

Siangkiang [sjiaŋ dʒjaŋ], amtl. **Xiang Jiang,** größter re. Nebenfluß des unteren Jangtsekiang.

Siangtan [sjiaŋtan], amtl. **Xiangtan,** Hafenstadt in der Prov. Hunan, China, am Siangkiang, rd. 400000 Ew.; Reis- und Teemarkt, Eisen- und Stahlkombinat.

Sibelius, Jean, finn. Komponist, *1865, †1957; Sinfonien, Kammermusik, Lieder.

Sibiri|en, nördl. Teil Asiens vom Ural bis zu den Wasserscheidengebirgen westl. des Pazifik und vom Nordpolarmeer bis zum Gebirgsrand Hochasiens, rd. 10 Mio. km², rd. 40 Mio. Ew. S. gehört zur UdSSR, innerhalb dieser zur Russ. SFSR. 3 Großlandschaften: Westsibir. Tiefebene zw. Ural und Jenissej, von Ob und Irtysch entwässert; Mittelsibir. Bergland (bis 1701 m) zw. Jenissej und Lena; Ostsibir. Gebirgsland (2500-3500 m). Klima binnenländisch; in Nordost-S. kälteste Gebiete der Erde. Pflanzenwelt von N nach S: Tundra, Taiga (sibir. Nadelwald), Steppe und Ackerland, Gebirgswälder. Waldwirtschaft, Pelztierjagd, Viehzucht u.a. S. ist reich an Bodenschätzen: Kohle, Eisenerze, Gold, Silber und weitere NE-Metalle, Erdöl, Erdgas, Diamanten. Große Kraftwerke. S. wird zunehmend industrialisiert; bes. der SW ist ein Mittelpunkt der Schwer-, chem. Ind., des Maschinenbaus u.a. Verkehr: Transsibir. Bahn von Swerdlowsk über Omsk, Nowosibirsk, Irkutsk, Baikalsee nach Wladiwostok, quer durch S., 7500 km; nördlich davon verläuft die Baikal-Amur-Magistrale (BAM), eine Bahnlinie, deren Bau 1932 begonnen wurde und seit 1974 weitergeführt wird; vollendet voraussichtlich 1985; ferner Südsibir. Bahn und neue Anschlußstrecken. Im Sommer Flußschiffahrt. Ⓖ Seit dem 11. Jh. drangen russ. Kaufleute vor, 1581 wurde das Tatarenreich von Sibir am Irtysch unterworfen; beim weiteren Vordringen erreichten die Russen 1640 den Pazifik. Wirtschaftl. Erschließung im wesentlichen erst im 19. und bes. im 20. Jh. 1918-20 kämpfte Admiral Koltschak in S. gegen die Bolschewiki; seit 1922 gehört ganz S. zur UdSSR.

Sibylle die, weissagende Frau im Altertum.

Sibyllinische Bücher, angeblich von der Sibylle von Cumae, enthielten Kultvorschriften und Weissagungen.

sic! [lat.], so!, wörtlich so!

Sichel die, halbkreisförmige, einwärts scharfe Stahlklinge mit kurzem hölzernem Griff, zum Schneiden von Getreide und Gras.

Sicherheitsgurt, elast. Gurt aus Natur- oder Kunstfasern, z.B. in Kraftfahrzeugen und Flugzeugen, der die Insassen auf dem Sitz festhält und vor Aufprall-Verletzungen schützen soll.

Sicherheitslampe, Grubenlampe, ⚒ eine schlagende Wetter anzeigende, aber nicht zündende Lampe.

Sicherheitsleistung, ⚖ Maßnahme zur Verhinderung künftiger Rechtsverletzungen oder zur Sicherung in Aussicht stehender Ansprüche; i.d.R. Hinterlegung von Geld oder Wertpapieren (§§ 232ff. BGB; Kaution). Im Zivilprozeß spielt die S. hauptsächlich wegen der Prozeßkosten (§§ 108ff. ZPO) und zur Abwendung oder Ermöglichung der Vollstrekkung von vorläufig vollstreckbaren Urteilen eine Rolle (§§ 710, 713 ZPO).

Sicherheitsrat, eines der Hauptorgane der → Vereinten Nationen. Er besteht aus 15 Mitgl., darunter 5 ständigen (Frankreich, Großbritannien, UdSSR, USA, VR China). Die Bundesrep. Dtl. war 1977-78 Mitgl. des S. Der S. handelt im Namen aller Mitgl. der UNO und ist ständig in Funktion. Er bemüht sich um die friedl. Beilegung von Streitfällen; er stellt das Vorliegen einer Friedensbedrohung, eines Friedensbruchs oder einer Angriffshandlung fest und beschließt über kollektive Maßnahmen der Mitgliedsstaaten. Beschlüsse des S., außer in Verfahrensfragen, erfordern die Zustimmung von 9 Mitgl., einschließlich der 5 ständigen, von denen jedes ein Vetorecht hat.

Sicherheitsventil, ⊙ gewichts- oder federbelastete Absperrvorrichtung an Dampfkesseln, die sich selbsttätig öffnet, wenn der Dampfdruck zu groß wird.

Sicherung die, in elektr. Stromkreise eingebaute Schutzvorrichtung: Sie unterbricht einen Stromkreis, wenn die Stromstärke durch Kurzschluß oder Überlastung eine bestimmte Größe überschreitet. Als **Schmelz-S.** ist sie ein Glas- oder Porzellanrohr, in dem in Sand ein Schmelzdraht eingebettet ist, der durch die Stromwärme geschmolzen wird. Bei den immer wieder verwendbaren **Leitungsschutzautomaten** und **Motorschutzschaltern** wird elektromagnetisch oder durch einen Bimetallstreifen der Kontakt unterbrochen.

Sicherungsübereignung, ⚖ Übereignung einzelner bewegl. Sachen oder einer Sachgesamtheit (Warenlager) an einen Gläubiger zur Sicherung seiner Forderung mit der Abrede, daß das Eigentum nur für die Dauer des Bestehens der Forderung übergehen soll. Der Veräußerer behält den Besitz. Die S. ist Ersatz für das ohne Besitzübertragung nicht zulässige Pfandrecht.

Sicherungsverwahrung, ⚖ Maßregel der Sicherung und Besserung, die neben der Strafe zum Schutz der Allgemeinheit angeordnet wird, wenn der Täter wegen vorsätzl. Straftaten schon zweimal jeweils zu einer Freiheitsstrafe von mindestens 1 Jahr verurteilt worden ist (§ 66 StGB).

Sicht die, **1)** Möglichkeit des Sehens, Aussicht. **2) bei S., auf S.,** Vermerk auf Wechseln, daß der Wechsel bei Vorlage fällig ist.

Sichtbeton, Beton, der ohne Verkleidung oder Überzug dem Beschauer sichtbar bleibt und als solcher architekton. Ausdrucksmittel ist.

Sicht|einlagen, täglich fällige Verbindlichkeiten bei Banken.

Sichtgerät, Sicht|anzeigegerät, bei Datenverarbeitungs- und Rechenanlagen ein Anzeigegerät mit Leuchtfeldern oder einem Bildschirm (Kathodenstrahlröhre, Flüssigkristallanzeige), das Ergebnisse als Schriftzeichen, Kurven oder Zeichnungen darbietet.

Sichtvermerk, Visum [lat.] das, in einem Paß eingefügte amtl. Bestätigung eines fremden Staates, daß Einreise **(Einreisevisum),** Aufenthalt oder Durchreise gewährt werden.

Sickingen, Franz v., Reichsritter, *1481, †1523; Söldnerführer unter Maximilian I. und Karl V. Durch Ulrich von Hutten für die Reformation gewonnen, gewährte S. auf der Ebernburg an der Nahe vielen Anhängern der neuen Lehre Zuflucht. Sein Kampf gegen die Fürsten schlug fehl; er wurde bei der Belagerung seiner Burg Landstuhl tödlich verwundet.

Siddhạttha, Siddhartha, Name → Buddhas.

sidẹrisch [von lat. sidus »Gestirn«], die Gestirne betreffend.

sidẹrisches Pendel [von grch. sideros »Eisen«], Pendel aus einem Metallring, das in der Hand mancher Menschen edle Metalle, Wasserstellen und Erdstrahlungen anzeigen soll.

Siderịt der, → Eisenspat.

Sidgwick [s'ɪdʒwɪk], Nevil Vincent, engl. Chemophysiker, *1873, †1952; bahnbrechende Arbeiten zur Molekülstruktur und zur chem. Bindung.

Sidi-Bel-Abbès [sidibɛlab'ɛs], alger. Stadt, 155000 Ew.; Mittelpunkt eines Landwirtschaftsgebietes; 1843-1962 Hauptgarnison der frz. Fremdenlegion.

Sidney [s'ɪdnɪ], Sir Philip, engl. Dichter, *1554, †1586; Sonette; Schäferroman »Arcadia«.

Sịdon, heute **Saịda,** alte Hafenstadt Phönikiens, neben Tyros zeitweise die erste Seemacht Vorderasiens. Zahlreiche Funde, bes. die Sarkophage der Herrscher von S. (Alexandersarkophag).

Sieb|bein, Riechbein, unpaariger Schädelknochen zw. den Augenhöhlen, wie ein Sieb durchlöchert für den Durchtritt der Riechnerven in die Nase.

Siebdruck, Druckverfahren zum Bedrukken von Plakaten, Textilien und Hartmaterial (Glas, Blech, Holz, Pappe). Druckform ist eine Schablone. Über sie wird ein engmaschiges Textil- oder Drahtgewebe gelegt, durch das hindurch die Farbe aufgetragen wird.

Siebenbürgen, rumän. **Transilvania** oder **Ardeạl,** hügeliges Hochland in Rumänien, zw. Ostkarpaten, Südkarpaten und Siebenbürg. Erzgebirge, etwa 4 Mio. Ew. Flüsse: Szamos, Maros, Alt. BEVÖLKERUNG etwa 65% Rumänen, rd. 30% Ungarn, Deutsche (Siebenbürger Sachsen) u.a. Erwerbszweige: Ackerbau (Mais, Weizen, Wein), Schaf- und Rinderzucht, Waldwirtschaft, Gold-, Salz-, Eisen⚒. In den Städten Gewerbe und Industrie. Hptst.: Klausenburg. Ⓖ S., im Altertum zum Reich der Daker gehörend, wurde im 9. Jh. von Ungarn unterworfen. Die ungar. Könige riefen im 12. Jh. Deutsche (**Siebenbürger Sachsen)** ins Land. Seit 1541 war S. selbständig unter ungar. Fürsten (türk. Oberherrschaft), kam 1691 mit Ungarn unter habsburg. Herrschaft; 1918 mit Rumänien vereinigt; durch den Wiener Schiedsspruch 1940 kam der nördl. und östl. Teil S.s an Ungarn, durch den Pariser Frieden (1947) ganz S. wieder an Rumänien.

Siebengebirge, vulkan. Gebirge rechts am Rhein, oberhalb Bonns, im Großen Ölberg 460 m hoch.

Sieben Gemeinden, ehem. dt. Sprachinsel am S-Rand der Alpen, in der ital. Prov. Vicenza.

Siebengestirn, Plejaden, Sterngruppe im Stier.

Siebenjähriger Krieg (3. Schles. Krieg), 1756-63. Um das von Friedrich d. Gr. im 1. und 2. → Schlesischen Krieg eroberte Schlesien zurückzugewinnen, verbündete sich Österreich mit Rußland, Frankreich und Sachsen-Polen; später noch mit Spanien, Schweden und der Reichsarmee. Preußen, nur im Bunde mit Großbritannien-Hannover, kam der Einkreisung zuvor. Friedrich siegte u.a. bei Prag, Roßbach, Leuthen, Zorndorf, Liegnitz, Torgau, Krefeld, Minden; verlor bei Kolin, Hochkirch, Kunersdorf. Aus arger Bedrängnis rettete ihn 1762 das Ausscheiden Rußlands. Im Frieden von Hubertusburg behauptete Friedrich Schlesien und die Großmachtstellung Preußens. Mit dem S. K. war ein frz.-engl. Kolonialkrieg verflochten. Im Frieden von Fontainebleau trat Frankreich sein Kolonialreich in N-Amerika an Großbritannien ab.

Siebenkampf, Leichtathletik: Mehrkampfwettbewerb für Frauen (seit 1979), besteht aus 100-m-Hürden-Lauf, Kugelstoßen, Hochsprung, 200-m-Lauf (1. Tag), Weitsprung, Speerwurf, 800-m-Lauf (2. Tag).

Siebenschläfer. 1) der 27. 6.; das Wetter um den S.-Tag ist im Volksglauben bestimmend für das der 7 nächsten Wochen. **2)** ♘ → Schlafmäuse.

Sieben Schwaben, Helden eines Schwanks aus dem 15. Jh., die, mit einem großen Spieß bewaffnet, vor einem Hasen davonlaufen.

Siebenstromland, Landschaft im sowjet. West-Turkestan, südlich vom Balchaschsee, benannt nach den 7 Mündungsarmen des Ili.

Sieben Weise, grch. Philosophen und Staatsmänner des 7. und 6. Jh. v. Chr., Vorbilder der Weisheit: Thales, Bias, Pittakos, Solon, Kleobulos, Myson, Chilon.

Sieben Weltwunder, im Altertum: 7 berühmte Bau- und Kunstwerke: die ägypt. Pyramiden, die hängenden Gärten der Semiramis in Babylon, der Artemistempel in Ephesos, die Zeusstatue des Phidias in Olympia, das Mausoleum in Halikarnassos, der Koloß zu Rhodos, der Leuchtturm von Pharos bei Alexandria.

Siebkette, ⚡ Kettenschaltung aus mehreren, meist gleichen Filtern, zur Unterdrückung von Störfrequenzen.

Sieburg, Friedrich, Schriftst., Kritiker, *1893, †1964; »Napoleon« u.a.

Siebzehnter Juni, Tag der deutschen Einheit, nationaler Feiertag in der Bundesrep. Dtl. zum Gedenken an den Volksaufstand in Ost-Berlin und der Dt. Dem. Rep. am 17. 6. 1953.

siech, kränklich, langdauernd krank.

sieden, Übergang einer Flüssigkeit in den gasförmigen Aggregatzustand bei einer bestimmten Temperatur, dem **Siedepunkt** (→ Gefrierpunkt, ÜBERSICHT). Ggs.: kondensieren. Der Siedepunkt steigt mit wachsendem Druck. Flüssigkeiten mit gelösten Stoffen erfahren eine Siedepunktserhöhung.

Siedewasser|reaktor, Abk. **SWR,** ein Kernreaktor mit Wasserkühlung; neben dem Druckwasserreaktor der am meisten verbreitete Leistungsreaktortyp.

Siedlung die, allg. jede feste menschl. Niederlassung, vom neuen Wohnplatz in bisher unbesiedeltem Gebiet bis zum planmäßig angelegten Ortsteil (z. B. Stadtrand-S.).

Sieg die, rechter Nebenfluß des Rheins, entspringt im Rothaargebirge, mündet unterhalb Beuel, 130 km lang.

Siegbahn, 1) Kai Manne, schwed. Physiker, *1918, erhielt für seine Forschungen auf dem Gebiet der Elektronenspektroskopie 1981 zus. mit N. Bloembergen und A. L. Schawlow den Nobelpreis für Physik. **2)** Karl Manne Georg, schwed. Physiker, *1886, †1978; entdeckte die »M-Serie« der Röntgenspektren, wies die prismat. Brechung der Röntgenstrahlen nach; Nobelpreis für Physik 1924.

Siegburg, Krst. in NRW, an der Sieg, 34100 Ew.; Eisen-, Holz-, chem. Ind.

Siegel [lat. sigillum] das, Abdruck eines Stempels in einer weichen Masse, früher in Gold, Silber, Blei oder Wachs gedrückt, später benutzte man S.-Lack. Eine Weiterbildung des S. ist der Gummi- oder Stahlstempel, der von den Behörden als Amts-S. zur Beglaubigung ihrer Schriftstücke verwendet wird.

Siegelbewahrer, Hüter der großen Staatssiegel; im alten Dt. Reich der Kurfürst von Mainz, in England der Lordkanzler.

Siegelbruch, ⚖ das vorsätzl. unbefugte Erbrechen, Ablösen oder Beschädigen eines amtl. Siegels, das angelegt ist, um Sachen zu

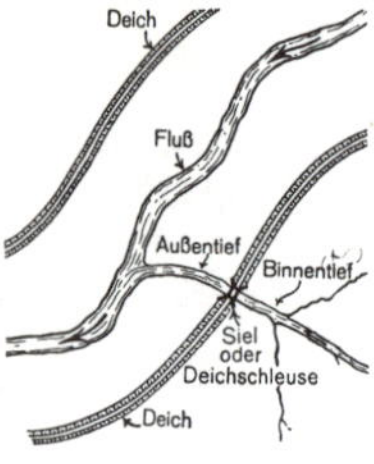

Siel: Deichanlage mit S.

verschließen, zu bezeichnen oder zu beschlagnahmen. Freiheitsstrafe oder Geldstrafe (§ 136 StGB).

Siegelkunde, grch. **Sphragistik,** histor. Hilfswissenschaft, befaßt sich mit dem Vorkommen, der Echtheit, den Formen und der rechtl. Bedeutung von → Siegeln.

Siegellack, gefärbtes, leicht schmelzbares Harzgemenge in Stangenform, aus Schellack und Kolophonium, zum Verschließen von Briefen.

Siegen, Industriestadt in NRW, an der Sieg, 107 500 Ew.; bis 1806 nassauisch.

Siegfried, Sigfrid, jüng. Form **Seyfried,** nord. **Sigurd,** Gestalt der german. Heldensage. Im Nibelungenlied besteht S. in seiner Jugend zahlreiche Abenteuer (Drachenkampf, Gewinnung des Nibelungenhorts), überwindet für den Burgunderkönig Gunther mit Hilfe der Tarnkappe Brunhilde, erhält Gunthers Schwester Kriemhild zur Frau. Als Brunhilde erfährt, daß S., nicht Gunther, sie besiegt hat, läßt sie S. durch Hagen töten.

v. Siemens

Siegfried, Hermann, schweizer. Topograph, *1819, †1879, bekannt durch die »S.-Karte« (»Topograph. Atlas der Schweiz«, 1:25 000).

SI-Einheiten, Abk. für **S**ystème **I**nternational d'Unités [sist'ɛm ɛ̃tɛrnasjɔn'al dynit'e, frz.], im amtl. und geschäftl. Verkehr verbindl. Basiseinheiten des → Internationalen Einheitensystems.

Siel [niederländ.] der oder das, Deichschleuse zur Entwässerung der eingedeichten Niederungen an der See oder in Flußgebieten.

Siele die, -/-n, Brustblatt, Geschirr der Zugtiere; **in den Sielen sterben,** aus der Arbeit heraus sterben.

Siemens, Werner v., Ingenieur, Begründer der Starkstromtechnik, *1816, †1892; verbesserte den elektr. Zeigertelegraphen, gründete 1847 zus. mit J. G. Halske eine Telegraphenbauanstalt, die 1848/49 die erste große unterird. Telegraphenleitung (Berlin-Frankfurt a. M.) legte. 1866 erfand er die Dynamomaschine.

Sierra Leone

Siemens AG, Berlin und München, größtes westdt. Unternehmen der elektrotechn. Ind., entstand aus der 1847 gegr. Siemens & Halske OHG.

Siena, Stadt im mittl. Italien, 58 500 Ew.; zahlreiche Bauwerke des späteren MA. (Gotik) und der Renaissance; Univ. (gegr. im 12. Jh.), zweite Univ. seit 1979; seit dem 12. Jh. Freistaat, 1559 von Florenz besiegt.

Sienkiewicz [sjɛnkj'ɛvitʃ], Henryk, poln. Romanschriftst., *1846, †1916; »Quo vadis«. Nobelpreis 1905.

Sierra [span. »Säge«] die, Gebirgszug.

Sierra Leone, Rep. (seit 1971), in W-Afrika, an der Oberguineaküste, 71 740 km², 3,95 Mio. Ew.; Hptst.: Freetown. Nach der Verf. von 1978 ist S. L. ein Einheitsparteistaat. Im W. Flachland (Mangrovenküste), im O Plateaulandschaft. Erzeugnisse: Palmkerne und -öl, Kaffee, Ingwer; Eisenerz, Diamanten, Bauxit, Chrom-, Titanerze. – Seit 1808 brit. Kolonie, seit 1896 Protektorat; seit 1961 unabhängig. Staatspräs. (zugleich Reg.-Chef und Vors. der Einheitspartei): J. Saidu Momoh (seit 1985). ⊕ S. 482.

Sierra Morena, Südabfall des Kastilischen Hochlands in Spanien, Bodenschätze.

Sierra Nevada [span. »Schneegebirge«], **1)** höchstes Gebirge Spaniens, in Andalusien, bis 3481 m hoch. **2)** Gebirgskette in Kalifornien (USA), bis 4418 m hoch. **3) S. N. de Mérida,** Teil der Kordilleren in Venezuela, bis 5002 m.

Siesta [span.] die, Mittagsruhe.

Sieveking, Amalie, *1794, †1859, gründete 1832 in Hamburg den weibl. Verein für Armen- und Krankenpflege.

Silberwurz

Sieyès [sjɛj'ɛs], Emanuel Joseph Graf, kath. Geistlicher, *1748, †1836; am Anfang der Frz. Revolution Wortführer des 3. Standes.

Sigel [lat. sigillum »kleines Siegel«] das, Wortkürzung, bes. in der Kurzschrift.

Sigismund, 1) röm.-dt. Kaiser (1410 bis 1437), der letzte Luxemburger, war seit 1378 Kurfürst von Brandenburg, seit 1387 auch König von Ungarn, gab Brandenburg 1415/17 an die Hohenzollern; veranlaßte die Einberufung des Konstanzer Reformkonzils 1414-18, erst nach Führung der Hussitenkriege (1420-36, → Hussiten) als König von Böhmen anerkannt. **2) S. II. August,** König von Polen (1548 bis 1572), gewann 1561 Livland und Lehnsoberhoheit über Kurland, vereinigte Litauen mit Polen. **3) S. III. Wasa,** König von Polen (1587-1632) und Schweden (1592-1604), dessen Krone er als Förderer der Gegenreformation verlor.

Signac [siɲ'ak], Paul, frz. Maler, *1863, †1935; Vertreter des Pointillismus: Landschaften.

Signal [frz., von lat. signum »Zeichen«] das, verabredetes oder durch Vorschrift bestimmtes Zeichen zur Nachrichtenübermittlung: **hörbare** (akustische) **S.,** z. B. durch Trompete, Trommel, Pfeife, Sirene usw.; **sichtbare** (optische) **S.,** z. B. **Licht-** und **Flaggen-S.** (→ Eisenbahnsignale). Flaggen-S. für die Seeschiffahrt sind im Internat. **S.-Buch** zusammengestellt. (BILD S. 813)

Signalement [siɲalm'ã, frz.] das, Personalbeschreibung (im Paß, Steckbrief o. ä.).

Signatarmacht [lat.], Staat, der einen zwischenstaatl. Vertrag unterzeichnet oder ihm nachträglich beitritt.

Signatur [lat.] die, **1)** Kennzeichen, Bezeichnung. **2)** ⚭ die Bezifferung der Bogen am Fuße der 1. Seite. **3)** Namensunterschrift. **4)** auf Landkarten: Zeichen für best. Gegenstände, Bodenbedeckungen usw.

Signet [lat.] das, Drucker- oder Verlegerzeichen. (BILD Druckerzeichen)

Signifikanz die, Bedeutsamkeit, Wesentlichkeit. **signifikant,** bezeichnend, bemerkenswert.

Signifikanztest, statist. Prüfverfahren, bei dem an Hand einer Prüfgröße entschieden wird, ob ein festgestellter Unterschied wesentlich (signifikant) ist.

Signore [siɲ'o:rɛ, ital.], Mz. **Signori,** Herr; **Signora** [siɲ'o:ra], Mz. **Signore,** Frau; **Signorina** [siɲor'i:na], Fräulein.

Signorelli [siɲor'ɛli], Luca, ital. Maler, *um 1445/50, †1523; Fresken und Tafelbilder.

Signoria [siɲor'i:a, ital.] die, im mittelalterl. Italien Herrschaft über ein Stadtgebiet.

Signum [lat.] das, Zeichen, Künstlerzeichen.

Sigrist [lat.] der, Kirchendiener, Küster.

Sigurd [altnord.], Name von → Siegfried.

Sikhs [von Sanskrit »Schüler«] Mz., um 1500 gegr. hinduist.-muslim. Mischsekte im Pandschab. Bei dessen Teilung 1947 schlugen sie sich größtenteils zu Indien.

Sikiang [sjidʒjan, »Westfluß«] der, amtl. **Xijiang,** drittgrößter Fluß Chinas, entspringt in Yünnan, mündet bei Macao ins Südchinesische Meer, 2129 km lang.

Sikkativ [lat.] das, → Trockenstoffe.

Sikkim, Bundesstaat Indiens im Himalaya, 7107 km², 315 000 Ew. (Nepalesen u. a.); Hptst.: Gangtok. Reis, Obst u. a.; Viehzucht. Das Kgr. kam 1890 zu Britisch-Indien; seit 1950 ind. Protektorat; 1974 wurde der König entmachtet; seit 1975 ist S. Bundesstaat der Ind. Union. ⊕ S. 483.

Sikorski, Igor Iwanowitsch, Flugzeugbauer, *1889, †1972; baute 1913 in Rußland das erste viermotorige Flugzeug, seit 1919 in den USA, entwickelte viermotorige Flugboote, Hubschrauber.

Silbe [von lat.-grch. syllaba] die, zusammengehörige Lautgruppe innerhalb eines Wortes; kleinste Sprecheinheit.

Silber das, lat. **Argẹntum,** Symbol **Ag,** chem. Element, Edelmetall mit dem Schmelzpunkt 960,8 °C; Ordnungszahl 47, D 10,5 g/cm^3; glänzend weiß, sehr polierfähig, weicher als Kupfer, härter als Gold; von allen Metallen leitet es die Wärme und Elektrizität am besten. An der Luft ist S. ziemlich beständig, von Schwefelwasserstoff wird es unter Bildung von **S.-Sulfid,** Ag_2S, geschwärzt (Anlaufen von S.-Gegenständen). In Salpetersäure löst es sich zu **S.-Nitrat,** $AgNO_3$ (Höllenstein). Mit Gold, Kupfer, Blei, Quecksilber, Zink legiert es sich sehr leicht. In der Natur findet sich S. in gediegener Form, in kleinen Mengen auch in den S.-Erzen **Rotgültigerz, Fahlerz** sowie im **Horn-S.** und **S.-Glanz,** Ag_2S; meist aber als S.-Sulfid im **Bleiglanz** und **Kupferkies.** S. wird in Legierungen für Münzen, Schmuck, Geräte, in der Hauptsache jedoch von der photograph. Ind. als **S.-Bromid,** AgBr (→ Brom), verarbeitet. **Versilbern** von Metallgegenständen geschieht bei Feuerversilberung durch Anreiben eines silberhaltigen Amalgams, aus dem durch Hitze Quecksilber herausgelöst wird, bei der galvan. Versilberung durch Elektrolyse einer S.-Nitratlösung.

Silberblatt, Kreuzblütlerstaude mit silbriger Schotenscheidewand, im Felsgebüsch; Zierpflanze.

Silberdistel, eine → Eberwurz.

Silberfischchen, ⚲ silberweißes, 1 cm großes, ungeflügeltes Insekt, in feuchten Wohnungen.

Silbergras, Pampa(s)gras, bis 3 m hohe Grasart S-Amerikas; als Hutflecht-, Papierrohstoff, für Trockensträuße; Parkzierpflanze.

Silberlegierungen werden für Schmuck, Bestecke u. a. verwendet. **Juwelier-S.** enthalten 8-20% Kupfer zur Erhöhung der Härte. Der Stempel »800« bedeutet 800 Teile Silber auf 1000 Teile Legierung. **Münzsilber** hat 5-50% Kupfer und bis zu 20% Zink.

Silberlöwe, → Puma.

Silbermann, Gottfried, Orgel-, Klavierbauer, *1683, †1753; Orgeln in Freiberg, Straßburg u. a.

Silbernes Lorbeerblatt, ↗ 1950 gestiftete höchste Auszeichnung für sportl. Leistungen in der Bundesrep. Dtl.

Silberstift, Zeichengriffel mit Silberspitze, zeigt auf speziell vorbehandeltem Papier einen zartgrauen, bald bräunlich oxidierenden Strich.

Silberwurz, Drỵas, weißblütiger Polsterstrauch der Hochalpen und der Arktis mit unterseits silberfilzigem Laub. (BILD S. 812)

Silcher, Friedrich, Liederkomponist, *1789, †1860; »Ännchen von Tharau«, »Ich weiß nicht, was soll es bedeuten«.

Sild [sil, dän.] der, ⚲ Hering. **Delikateß-S.,** entgräteter, in Kräuter eingelegter Hering.

Silẹn der, grch. Sage: Mischwesen aus Pferd und Mensch.

Silhouette [ṣilu'ɛtə, frz., nach dem frz. Finanzminister É. de Silhouette, †1767] die, Schattenbild, Scherenschnitt.

Silịcium, Silizium das, **Si,** chem. Element, Halbmetall; Ordnungszahl 14, D 2,33 g/cm^3, Schmelzpunkt 1410 °C; bildet schwarzgraue, glänzende Kristalle, ist an der Luft und gegen Säuren (außer Flußsäure) beständig, löst sich in Laugen unter Bildung von **Silikaten;** mit Metallen bildet es Verbindungen **(Silikide)** oder Legierungen, mit Kohlenstoff das **S.-Carbid.** S. wird in der Halbleitertechnik zur Herstellung von Chips und für die Synthese von → Siliconen verwendet. Etwa 25% der äußeren Erdrinde bestehen aus S., das aber nur in Form von Silikaten oder als **S.-Dioxid,** SiO_2 und zwar in grobkristalliner Form als **Quarz** (Sand), bei Färbung durch Spuren von Schwermetalloxiden als **Rauchquarz, Rosenquarz, Amethyst, Chrysopras** usw., bei wasserklarem Aussehen als Bleikristall, in poröser Form als wasserhaltiger **Kieselgur.** Mit den Oxiden zahlreicher Metalle verbindet sich das S.-Dioxid zu den Silikaten, zu deren natürl. Vertretern die **Feldspäte, Glimmer, Asbest, Talk** und andere Mineralien gehören. Weitere Anwendungen: für Legierungen, Heizleiter, elektr. Isolierstoffe.

Silicọne Mz., Kunststoffe aus Silicium-Sauerstoff-Ketten mit Acryl- und Alkylgruppen, je nach Aufbau flüssig **(S.-Öle),** fest **(S.-Harze)** oder kautschukartig **(S.-Kautschuk).**

Silika|gẹl, ☜ Adsorptions- und Trockenmittel, aktive Kieselsäure.

Silikạte Mz., ☜ Salze der Kieselsäure.

Silikọse die, → Staubinhalationskrankheiten.

Silja, Anja, Sängerin (Sopran), *1940.

Sillanpää, Frans Eemil, finn. Schriftst., *1888, †1964; Romane: »Silja, die Magd« (1931), »Schönheit und Elend des Lebens« (1945). Nobelpreis für Literatur 1939.

Sịlo [span.] der, Schachtspeicher für Getreide.

Silọne, Ignazio, eigtl. Secondo **Tranquilli,** ital. Schriftst., *1900, †1978, schildert in sozialreformer. Romanen das südital. Bauerntum. – »Fontamara«, »Brot und Wein.«.

Sils im Engadin, rätoromanisch **Segl,** Kurort im Kt. Graubünden, Schweiz, 400 Ew., besteht aus **S.-Baselgia** (1802 m) und **S.-Maria** (1817 m ü. M.), zw. Silvaplaner und Silser See. S.-Maria war 1881-88 Sommeraufenthalt Nietzsches.

Silụr das, **Silurische Formation,** Zeitabschnitt der → Erdgeschichte, ÜBERSICHT.

Silvạner, Sylvạner, weiße Rebsorte.

Silvẹster, Sylvẹster, Name mehrerer Päpste. **S. I.** (†335) wurde heiliggesprochen; Tag: 31. 12., daher heißt der letzte Tag des Jahres auch S. oder **S.-Tag (S.-Abend).**

Silvrẹtta die, Gebirgsstock auf der Grenze von Vorarlberg, Tirol und Graubünden, 3411 m.

Sịma, Zone der Erdkruste, die hauptsächl. aus Silicium und Magnesium aufgebaut ist.

Simbạbwe, engl. **Zimbabwe** [zɪmbɑ:-bwɪ], Binnenstaat im südl. Afrika, 390 580 km^2, 8,88 Mio. Ew.; Hptst.: Harare (Salisbury); Amtssprache: Englisch; Religion: überwiegend Naturreligionen. Nach der Verf. v. 1980 ist Staatsoberhaupt der Präs., umfaßt die Nationalversammlung 100 Abg.; Mandatsprivileg für Weiße (20 Sitze) durch Verf.-Änderung 1987 aufgehoben. ⊕ S. 482.

S. ist ein Hochland (bis 800 m »Niederveld«; bis 1200 m »Hochveld«) zw. Sambesi und Limpopo, im O von einer Gebirgsschwelle (bis 2596 m) begrenzt. Trop. Klima, durch die Höhenlage gemäßigt. Von der Bev. sind rd. 95% Afrikaner (Bantuvölker), 4,5% Weiße, 0,5% Mischlinge und Asiaten. Allg. Schulpflicht, Univ. in Harare; Hauptanbauerzeugnisse: Tabak, Mais, Erdnüsse, Weizen, Baumwolle, Zuckerrohr, Citrusfrüchte. Bedeutende Viehwirtschaft. Abbau der reichen Bodenschätze: Chrom (4. Stelle der Welterzeugung), Asbest, Gold, Eisen, Steinkohle, Phosphat, Nickel. S. gehört zu den am stärksten industrialisierten Ländern Afrikas: Metall-, Nahrungsmittel-, Tabak-, Textil-, chem. u. a. Ind. Das Land ist verkehrsmäßig gut erschlossen, durch Bahnlinien mit Sambia, Botswana, Moçambique (Häfen Beira und Maputo) und Rep. Südafrika (Durban) verbunden; 75 000 km Straßen; internat. Flughafen: Harare.

Ⓖ Zur die Entwicklung von S., 1979-80 »Simbabwe-Rhodesien« genannt, → Rhodesien. Die Londoner Rhodesien-Konferenz (Sept.-Dez. 1979; Teilnehmer: Großbritan-

Signal: Signalflaggenalphabet der internat. Seeschiffahrt

Simbabwe

Simson (Relief von Ghiberti am Baptisterium in Florenz)

nien, → Patriotische Front, Reg. A. Muzorewa) beschloß eine Verf. für »Simbabwe«, allg. Wahlen dort und einen Waffenstillstand zw. den Guerilla-Streitkräften und der offiziellen Armee von S.-Rhodesien. Bei den Wahlen 1980 errang die »Zimbabwe African National Union« (ZANU; R. Mugabe) die absolute Mehrheit. Nach der Entlassung des Landes in die Unabhängigkeit (18. 4. 1980) bildete Mugabe eine Koalitions-Reg.

Simenon [simən'ɔ̃], Georges, eigtl. **Sim,** frz.-belg. Schriftst., *1903, †1989; Kriminal- und Zeitromane.

Simeon, Fürst der Bulgaren (893-927), *um 865, †927, eroberte große Teile der Balkanhalbinsel und nahm 919 den Titel »Kaiser (Zar) der Bulgaren und Griechen« an.

Simferopol, Stadt auf der Krim, UdSSR, 302 000 Ew.; Univ., Ind.

Simili, das oder der, Edelsteinnachahmung aus Glas; → Straß.

Simmel, 1) Georg, Philosoph, Soziologe, *1858, †1918, einer der Begründer der formalen Soziologie. **2)** Johannes Mario, Schriftst., *1924, Romane: »Es muß nicht immer Kaviar sein«, »Und Jimmy ging zum Regenbogen«, »Der Stoff aus dem die Träume sind«, »Im Frühling singt zum letztenmal die Lerche« u. a.

Simon, im N. T.: **1) S. Petrus,** Apostel, → Petrus. **2) S. von Kyrene,** wurde gezwungen, das Kreuz Christi zu tragen (Mark. 15). **3) S. Magus,** → Simonie.

Simon [sim'ɔ̃], Claude, frz. Schriftsteller, *1913; Vertreter des Nouveau roman, 1986 Nobelpreis.

Simone Martini, ital. Maler, *1284, †1344; Fresken im Rathaus zu Siena, Tafelbilder.

Simonides von Keos, grch. Lyriker, *um 556, †467 v. Chr.; Epigramme auf die Helden der Perserkriege u. a.

Simonie [nach Simon Magus, der den Hl. Geist erkaufen wollte, Apg. 8] die, Erwerbung geistl. Ämter durch Kauf; strafbar.

Simonow, Konstantin Michajlowitsch, sowjet. Schriftst., *1915, †1979; Lyrik (»Wart auf mich«), Kriegsromane (»Die Lebenden und die Toten« u. a.), Dramen.

Simplicissimus, 1) Held eines Romans von Grimmelshausen: »Der abenteuerliche S.«. **2)** politisch-satir. Wochenschrift, erschien 1896-1944 und 1954-67 in München.

Simplon der, ital. **Passo del Sempione,** Paß in der Schweiz (2005 m), zw. Walliser und Tessiner Alpen, Bahntunnel, Straße.

Simpson Desert [-d'ezət], Wüste im Inneren Australiens, bes. im Nordterritorium.

Simrock, Karl, Germanist, *1802, †1876, übertrug ahd. Dichtungen ins Nhd. (»Nibelungenlied«).

Sims der oder das, **Gesims** das, ⌂ waagerechter, vorspringender Streifen als Abschluß oder Gliederung einer Wand.

Simse die, ♣ grasähnl. Sumpfpflanzen, z. B. die bis 2,5 m hohe **See-Simse.**

Simson, Samson, im A. T. israelit. Volksheld von großer Körperkraft, besiegte die Philister; doch durch Delila seiner Kraft beraubt, wurde er von den Philistern geblendet; nahm sterbend Rache (Richter 13f.).

Singapur

Simson, Eduard v., liberaler Politiker, *1810, †1899, führte 1849 als Präsident der Frankfurter Nationalversammlung die Abordnung, die Friedrich Wilhelm IV. die Kaiserkrone anbot.

Simulation [lat.] die, **1)** Verstellung, Erheucheln. **2)** bewußte Vortäuschung von Krankheit. **3)** Darstellung physikal., techn., biolog., psycholog. oder ökonom. Prozesse oder Systeme durch mathemat. oder physikal. Modelle. **Simulant** der, Scheinkranker.

Simulator [lat.], **1)** Echtzeitdatenverarbeitungsanlage (digitaler oder analoger Prozeßrechner) zur Nachbildung physikal. Vorgänge; z. B. werden mit einem **Flug-S.** durch Vortäuschen eines wirklichen Fluges und/ oder von Gefahrensituationen Flugzeugführer für bestimmte Flugzeugmuster ausgebildet, ohne Flüge zu unternehmen. **2)** Programm für eine digitale Rechenanlage, das die zu bearbeitenden Vorgänge so nachbildet, daß die Anlage als Modell dienen kann.

simultan [lat.], gemeinschaftlich, gleichzeitig. **Simultankirche,** Kirche, die von mehreren Konfessionen benutzt wird. **Simultanschule,** die → Gemeinschaftsschule. **Simultan-Übersetzungsanlage,** Anlage zur gleichzeitigen Übertragung einer Rede in versch. Sprachen.

sin, △ Abk. für **Sin**us, → Winkelfunktionen.

Sinai der, Gebirgsstock auf der **S.-Halbinsel,** die das Rote Meer vom Mittelmeer trennt. Welcher von den Gipfeln der bibl. Berg Horeb, der Berg der Gesetzgebung, war, ist umstritten; am Fuß des Djebel Musa: Katharinenkloster.

Sinan, größter Baumeister der Osmanen, *1489 (?), †1588; Moscheen.

Sinanthropus der, **Peking-Mensch,** fossiler Urmensch, dessen Knochenreste 1927 in einer Höhle bei Peking gefunden wurden.

Sinatra, Frank, amerikan. Sänger, Filmschauspieler, *1915; »Verdammt in alle Ewigkeit« u. a.

Sinclair [s'ɪŋklɛə], Upton, nordamerikan. sozialist. Erzähler, *1878, †1968. Sozialkrit. Romane: »Der Sumpf«, »König Kohle«, »Petroleum«, »Drachenzähne«.

Sindelfingen, Stadt in Bad.-Württ., 56 000 Ew.; Kraftfahrzeug-, Uhren- u. a. Ind.

Sindermann, Horst, kommunist. Politiker (SED), *1915, †1990; 1973-76 MinPräs. der Dt. Dem. Rep., 1976-89 Volkskammer-Präs.

Sinding, 1) Christian, norweg. Komponist, *1856, †1941; Spätromantiker. **2)** Stephan, Bruder von 1), *1846, †1922, Bildhauer.

sine ira et studio [lat. »ohne Zorn und Vorliebe«], unvoreingenommen.

Sinekure [von lat. sine cura »ohne Sorge«] die, **1)** urspr. Pfründe ohne Amtsgeschäfte. **2)** Ü einträgliche, aber mühelose Stellung.

Sinfonie, Symphonie die, Orchesterwerk von 3 oder 4 Sätzen: schnell, langsam, schnell (Menuett oder Scherzo), schnell (Finale). Der erste Satz hat in der Regel Sonatenform. Die zur S. hinführende ältere Entwicklung gipfelte in den S. von Haydn, Mozart, Beethoven; bed. spätere **Sinfoniker:** Schubert, Schumann, Brahms, Bruckner, R. Strauss, Mahler, Smetana, Sibelius, Dvořák; neuere: Strawinsky, Prokofieff, Schostakowitsch, Hartmann, Hindemith.

sinfonisch, symphonisch, nach Art der Sinfonie. **sinfonische Dichtung,** meist einsätziges Orchesterwerk, wichtigste Gatt. innerhalb der Programm-Musik. Beispiel: R. Strauss, »Till Eulenspiegel«.

Singapur [»Löwenstadt«], engl. **Singapore** [sɪŋgə'pɔ:], Rep. im Brit. Commonwealth, auf der Insel S. an der S-Spitze von Malakka, 581 km², 2,6 Mio. Ew. (rd. 75% Chinesen, daneben Malaien, Inder u. a.); Hptst.: S.; Amtssprachen: Englisch, Malaiisch, Chinesisch, Tamil. Die Stadt S. ist nach Tokio der zweitgrößte Verkehrs- und Handelshafen Asiens. Internat. Flughafen. Veredelungsind. – S. stand 1819-1963 unter brit. Oberhoheit, seit 1959 als autonomer Staat. 1963-1965 gehörte es der Föderation → Malaysia an; seit 1965 unabhängige Rep. Präs.: Wee Kim Wee (seit 1985), MinPräs.: Lee Kuan Yew (seit 1959). ⊕ S. 483.

Singen (Hohentwiel), Stadt in Bad.-Württ., im Hegau; 41 600 Ew.; Nahrungsmittel- (Maggi), Eisen-, Stahl- und Aluminium-Ind.

Singer [s'ɪŋə], Isaac Bashevis, amerikan.

Schriftst., *1904; Romane, Erz. über das poln. Judentum in jidd. Sprache; Nobelpreis 1978.

Singhalesen Mz., Bauernvolk auf Ceylon (Sri Lanka), rd. 11 Mio., dessen herrschende indoar. Schicht im 5. Jh. v. Chr. aus NW-Indien einwanderte; Buddhisten.

Single [s'ɪŋgl, engl. »allein«], **1)** die, Schallplatte mit nur einem Titel pro Seite. **2)** Bez. für alleinlebende Person.

Sing Sing, Staatsgefängnis des Staates New York, in der Nähe von Ossining.

Singspiel, Bühnenstück, bei dem i. Ggs. zur Oper Gesang und gesprochener Dialog wechseln.

Singular [lat.] der, Ⓢ Einzahl. **singulär,** vereinzelt.

Singvögel, Unterordn. der Sperlingsvögel mit rd. 4000 Arten. Sie haben einen bes. gestalteten unteren Kehlkopf, der sie zu einem wohltönenden Gesang befähigt. Alle S. sind Nesthocker. Wichtigste Fam.: Finken, Meisen, Stare, Würger, Raben, Paradiesvögel, Drosseln, Sänger (Grasmücken, Nachtigall, Zaunkönig), Stelzen, Lerchen, Schwalben.

Sinide, den Mongoliden zugehörige Menschenrasse (→ Rassen der Menschheit).

Sining [sji-], **Xining,** Hptst. der Prov. Qianghai, China, 576 000 Ew.; wichtiger Handelsplatz.

Singkiang [sjindʒjaŋ], amtl. **Xinjiang Uygur Zizhiqu** [-dzidʒitʃy], Autonome Region Chinas in Innerasien, 1,66 Mio. km² (1/6 der Fläche Chinas), rd. 14 Mio. Ew. (Uiguren, Kasachen, Kirgisen u. a., überwiegend Muslime); Hptst.: Urumchi; umfaßt die Dsungarei und das Tarim-Becken. Wüste, Hochgebirge. Anbau in Oasen, Viehzucht; Leder-, Metallind.; ⚒ auf Kohle, Eisenerz, NE-Metalle, Uran, Erdöl.

Sinkkasten, → Stadtentwässerung.

Sinnbild, → Symbol.

Sinne Mz., Gesamtheit aller Fähigkeiten, Vorgänge der Außenwelt und Zustände des eigenen Körpers wahrzunehmen. Hierzu dienen **Sinnesorgane. Sinnesreize** werden durch **Sinnesnerven** dem Gehirn zugeleitet, wo sie durch Erregung best. **Sinneszentren** zum Bewußtsein gelangen. Außer Elementar-S. (Sehen, Hören, Riechen, Schmecken, Tasten) gibt es zusammengesetzte (komplexe) Sinneswahrnehmungen wie Schmerz, Lustgefühle u. a. körperl. Empfindungen, die das Gefühlsleben beeinflussen. Im Tierreich gibt es indifferente Geruchs-, Geschmacks-, Licht-, Temperatur-, Tast-, Strömungs-, Gleichgewichts-S. Auch bei Pflanzen gibt es anatom. Einrichtungen für die Reizaufnahme (z. B. Fühlborsten). – **Sinnestäuschungen,** → Illusion, → Halluzination.

Sinn Féin [ʃ'ɪn feɪn, irisch], nationalist. irische Partei, gegr. 1905, strebte die Befreiung Irlands von der engl. Herrschaft an. Nach Errichtung des Irischen Freistaats (Eire) spaltete sie sich 1922.

Sinngedicht, → Epigramm.

Sinologie [grch.] die, Wiss. von der chines. Sprache, Kultur, Geschichte und Politik.

Sinop, kleinasiat. Hafenstadt am Schwarzen Meer. – S., das antike **Sinope,** war 183-70 v. Chr. Hptst. des Pont. Reiches.

Sinowatz, Fred, österr. Politiker (SPÖ), *1929; war seit 1971 Bundesmin. für Unterricht und Kunst, seit 1981 auch Vizekanzler, 1983-86 Bundeskanzler, 1983-88 SPÖ-Vors.

Sinowjew, Aleksandr Aleksandrowitsch, russ. Philosoph und Schriftsteller, *1922; gesellschaftskrit. Satiren.

Sinsheim, Stadt in Bad.-Württ., 26 700 Ew.; Maschinen-, Apparate-, Metallind.

Sinter der, Mineralabsatz (bes. Kalk und Kieselsäure) aus Quellen, bildet Rinden, traubige, zapfenförmige Formen usw. **S.-Terrassen,** treppenförmige Bildungen von S., bes. von heißen Quellen und Geisern.

sintern, pulverförmige oder kleinstückige Stoffe so weit erhitzen, daß sie oberflächlich schmelzen und dann zusammenbacken, z. B. in der Pulvermetallurgie.

Sintflut [ahd. sinfluot »große Flut«], **Sündflut,** in der Bibel: Überflutung der Erde als göttl. Strafe für die Sünden der Menschheit, die nur Noah mit seiner Familie überlebte; in ähnl. Form in Sagen vieler Völker.

Sinti, eigene Bez. der in Dtl. lebenden → Roma mit dt. Staatsbürgerschaft.

Sinus [lat.] der, △ → Winkelfunktionen.

Sioux [engl. su:(z)] Mz., Indianerstamm am Mississippi, rd. 70 000; leben in Reservationen.

Siphon [grch.] der, **1)** der → Geruchsverschluß. **2)** tragbares Schankgefäß mit Kohlendioxid-Patrone, die das Getränk schaumig austreibt.

Sippe die, Blutsverwandtschaft, Großfamilie; auf frühen Kulturstufen Religions-, Wirtschafts- und Siedlungsgemeinschaft.

Sippenhaftung, Bestrafung oder sonstige Benachteiligung von Familienangehörigen polit. Gegner; widerspricht der rechtsstaatl. Ordnung.

Sir [sə:, engl.], **1)** Titel des niederen Adels, stets dem Vornamen vorangestellt. **2)** ohne Zusetzung eines Namens höfl. Anrede.

Sirach, Buch Jesus S., apokryphe Samml. hebräischer Weisheitssprüche (um 190 v. Chr.) von Jeshua Ben Eleazar Ben Sira.

Sire [si:r, frz.], Anrede an Kaiser, Könige.

Sirene [grch.] die, lautstarkes Schallsignalgerät. Druckluft oder Dampf, die durch eine feststehende und eine rasch umlaufende Scheibe mit jeweils gleich vielen Löchern strömen, erzeugen den Ton durch period. Unterbrechung des Luftstroms. **Ultraschall-S.** dienen zur Entnebelung und Entstäubung.

Sirenen [grch.] Mz., **1)** grch. Sage: Göttinnen auf einer Insel, die Vorüberfahrende durch betörenden Gesang anlockten und dann töteten. **2)** ♘ → Seekuh.

Sirius der, **Hundsstern,** ☆ Stern im Sternbild Großer Hund, hellster Fixstern.

Sirmien, Syrmien, Landschaft in Kroatien, zw. Donau und Save; Landwirtschaft.

Sirup [lat.] der, konzentrierte Zuckerlösung, Rückstand bei der Zuckerherstellung.

SIS, Abk. für das 1990 in Betrieb genommene Schwerionen-Synchrotron, ein ringförmiger → Schwerionenbeschleuniger.

Sisal, Faser aus Agaveblättern.

Sisley [sisl'ɛ], Alfred, frz.-engl. Maler, *1839, †1899; lichte impressionist. Landschaften.

Sismondi [sismɔ̃d'i], Jean Charles Léonard Simonde de, schweizer. Volkswirtschaftler, *1773, †1842; übte Kritik am wirtschaftl. Liberalismus.

sistieren [lat.], **1)** (Verfahren) unterbrechen. **2)** festnehmen.

Sinowatz

Sirenen 1): Grabmal vom Friedhof am Kerameikos, um 370 v. Chr.

Sinter: S.-Terrassen im Yellowstone-Nationalpark, Wyoming

Skalp

Sịsyphos, lat. **Sisyphus,** grch. Sage: König von Korinth, mußte in der Unterwelt zur Strafe ein Felsstück auf einen steilen Berg wälzen, von dem es immer wieder herabrollte.

Sit-in [engl.] das, aus den USA stammende Form der (meist polit.) Demonstration; urspr. gewaltlose Besetzung von Lokalen, in denen Rassentrennung bestand.

Sitte die, Art des Verhaltens und Handelns, die auf Grund langer Gewohnheit befolgt wird; sie kann innerhalb einer Gemeinschaft verbindlich sein. **Gute Sitten,** ⚖ Handlungsweise, die dem Anstandsgefühl und sittl. Empfinden aller billig und gerecht Denkenden entspricht. Rechtsgeschäfte, die gegen die guten S. verstoßen, sind ungültig.

Sitten, frz. **Sion** [si'ɔ̃], Hptst. des Kt. Wallis, Schweiz, im Rhonetal, 23 500 Ew.; Bischofssitz; Obst-, Weinbau, Tabakind.

Sịttich [von grch. psittakos »Papagei«] der, langschwänziger Papagei.

Sịttlichkeit die, → Moral.

Sịttlichkeitsverbrechen, ⚖ strafbare unsittl. Handlungen, wie Blutschande, Vergewaltigung, Päderastie, Kuppelei, Zuhälterei, Verführung von Mädchen unter 16 Jahren, Exhibitionismus, Verbreitung unzüchtiger Schriften, sexueller Mißbrauch von Schutzbefohlenen.

Situatiọn [frz.] die, Lage, Zustand.

Situatiọnskomik, unfreiwillige Komik, durch lächerl. Umstände herbeigeführt.

situiẹren [frz.], unterbringen; **gut situiẹrt,** gut gestellt; in gesicherter Position.

sit vẹnia vẹrbo [lat.], mit Verlaub zu sagen.

Sivas, Siwas, Stadt in der Türkei, am oberen Kizilirmak, 197 200 Ew.; Baumwollwarenind.

Sịwa, ägypt. Oasengruppe in der Libyschen Wüste, 50 km lang, 4-6 km breit; Anbau von Datteln, Oliven, Orangen, Wein, Weizen.

Skalpell

Sixtịnische Kapelle, 1) auch **Sixtina,** unter Papst Sixtus IV. 1473-81 erbaute Kapelle im Vatikan, mit Fresken von Pinturicchio, Botticelli, Ghirlandaio u. a., bes. Michelangelo. **2)** ♩ nach der Kapelle benannter päpstl. Sängerchor.

Sixtịnische Madonna, Altarbild von Raffael, genannt nach dem auf ihm dargestellten Papst Sixtus II. (Dresden, Galerie).

Sixtus, Päpste. **1) S. IV.,** (1471-84), *1414, †1484, baute die Sixtin. Kapelle. **2) S. V.,** (1585-90), *1521, †1590, errichtete Prachtbauten in Rom, wie die Vatikan. Bibliothek.

Sixtus, Prinz von Bourbon-Parma, Bruder der österr. Kaiserin Zita, *1886, †1934, versuchte 1917 eine geheime Friedensvermittlung zw. Österreich-Ungarn und der Entente.

Sixtinische Kapelle 1)

Siziliạnische Vesper, Volksaufstand in Palermo zur Vesperstunde am 30. 3. 1282 gegen die Franzosen Karls von Anjou, die aus Sizilien vertrieben wurden.

Siziḷi|en, größte Insel des Mittelmeers, gehört zu Italien, durch die Straße von Messina vom Festland getrennt, 25 426 km², 5,16 Mio. Ew.; Hptst.: Palermo; hafenreiche Nord- und Ostküste, gebirgig, im O der tätige Vulkan Ätna (3263 m). Klima: im Sommer trocken-heiß, im Winter mild-feucht. Anbau von Südfrüchten, Weizen, Wein, Ölbäumen; Fischfang, Gewinnung von Seesalz; ⚒ auf Schwefel, Asphalt, Erdgas u. a. Ⓖ S. wurde im Altertum von Phönikern und bes. von Griechen besiedelt, kam zum Teil unter karthag., 241 v. Chr. unter röm. Herrschaft. Es wurde im 9. Jh. von den Arabern, 1061-91 von den unterital. Normannen erobert und gehörte dann zum Kgr. Neapel-S., dem späteren (seit 1815) Kgr. beider S.; von ihm war es jedoch unter den Königen von Aragonien infolge der → Sizilianischen Vesper 1282-1442 getrennt. 1713-20 bildete S. ein Kgr. von Savoyen-Piemont. 1720-35 war S. österr., danach regierte eine Linie der span. Bourbonen. Garibaldi stürzte 1860 die Bourbonen, seit 1861 gehört S. zu Italien.

Skabiọse die, **Knopfblume,** Gatt. staudiger Kardengewächse, mit korbblütlerähnl. Blütenstand. Zierpflanzen sind die südeurop. verschiedenfarbige **Witwenblume** und die blau oder weißblühende **Kaukas. S.**

Skạgerrak das, Teil der Nordsee zw. Jütland, Norwegen und Schweden, stellt mit dem Kattegat die Verbindung zw. Nord- und Ostsee her. Die **Seeschlacht vor dem S.** zw. Dtl. und England (31. 5./1. 6. 1916) war die größte Seeschlacht des 1. Weltkrieges.

skål [skɔ:l], entspricht unserem »Prosit« in den skandinav. Sprachen.

Skạla [ital. »Treppe«] die, -/...len, **1)** ♩ Tonleiter. **2)** Gradeinteilung, Stufenleiter.

Skalạr der, durch eine einzige Zahl charakterisierte, richtungsunabhängige geometr. Größe.

Skalde der, norweg. und isländ. Hofdichter des 9.-13. Jh., die in kunstvoll gestalteten Preisliedern **(Skaldendichtung)** die Heldentaten nord. Könige besangen (z. B. → Bragi). **Skaldenlehrbuch** (→ Edda) von Snorri Sturluson.

Skalp [engl.] der, -s/-e, bei nordamerikan. Indianern ein Stück dem besiegten Feind als Siegeszeichen und Tapferkeitstrophäe abgezogener Kopfhaut samt den Haaren.

Skalpẹll [lat.] das, kleines chirurg. Messer.

Skandạl [lat.] der, **1)** Anstoß erregender Vorgang. **skandalọ̈s,** anstößig. **2)** Lärm.

Skanderbẹg, Iskendẹr-Beg, eigtl. Gjergj **Kastriota,** *um 1405, †1468; alban. Volksheld und Freiheitskämpfer gegen die Türken im 15. Jh.

skandiẹren [lat.], Verse nach Versfüßen sprechen.

Skandinạvi|en, Halbinsel im N Europas, zw. dem Atlant. Ozean, Nord- und Ostsee, vom **Skandinavischen Gebirge** (im Glittertind 2472 m hoch) durchzogen, 1800 km lang, 300-700 km breit, umfaßt rd. 750 000 km²; im W fjordreich, im O flach und seenreich; polit. aufgeteilt zw. → Schweden im O, → Norwegen im W und einem kleinen finn. Anteil im N.

skandinạvische Kunst, → dänische Kunst, → norwegische Kunst, → schwedische Kunst.

skandinạvische Sprachen, → Sprachen der Erde, ÜBERSICHT.

Skapuliẹr [lat. scapula »Schulterblatt«] das, Mönchskleidung: 2 über Brust und Rükken getragene Tuchstreifen.

Skarabäus [lat.] der, -/...bäen, Mistkäfer, →Pillendreher, den alten Ägyptern heilig. (BILD ägyptische Kunst)

Skat der, dt. Kartenspiel mit 32 dt. oder frz. Karten zw. 3 Spielern; jeder erhält 10 Karten, 2 bleiben als S. verdeckt. Man unterscheidet **Großspiel (Grand), Farben-** und **Nullspiel.**

Skateboard [sk'eɪtbɔ:d, engl.] das, 50-90 cm langes Fiberglasbrett, an dessen Unterseite Räder befestigt sind, gesteuert durch Körpergewichtsverlagerung.

SKE, Abk. für →Steinkohleneinheit.

Skeetschießen [ski:t-, engl.], Wettbewerb des Wurftaubenschießens, wobei die Schützen halbkreisförmig, immer den Standplatz wechselnd, um die Wurfmaschinen stehen und die Flinte dann anschlagen, wenn die Taube (Asphaltscheibe) erscheint.

Skeleton [sk'ɛlətən, engl.] der, -s/-s, kurzer Sportschlitten aus Stahl; wird nur auf vollständig vereisten Bahnen gefahren.

Skelett [grch.] das, Körpergerüst, das durch seine harte Beschaffenheit als Schutz- oder Stützorgan geeignet ist. Man unterscheidet **äußeres S.** (Hautskelett, Schalen) und **inneres S.,** beide entweder ungegliedert oder gegliedert. S. finden sich in vielfältigen Formen schon bei niederen Tieren, z.B. bei Radiolarien, Foraminiferen, Schwämmen, Korallen, Stachelhäutern, Weichtieren. Gliederfüßer (z.B. Insekten, Krebse) haben ein gegliedertes **Haut-S.,** das aus Chitin besteht und Schutz- und Stützorgan zugleich ist. Wirbeltiere und der Mensch haben ein inneres, aus Knochengewebe bestehendes **Stütz-S.,** das nach einem einheitl. Bauplan gestaltet ist. Es besteht aus Wirbelsäule, Schädel, Rippen, Schultergürtel mit Vordergliedmaßen, Beckengürtel mit Hintergliedmaßen. Das S. des Menschen besteht aus 210 Knochen.

Skepsis [grch.] die, Zweifel, krit., vorbehaltsreiche Betrachtungsweise.

Skeptizismus der, ⓟ Standpunkt grundsätzl. Zweifels. Anhänger: **Skeptiker.**

Sketch [engl. »Skizze«] der, dramat. Kurzszene, meist witzig-iron. Inhalts.

Ski [ʃi:, norweg. »Scheit«] der, -s/-er, **Schi,** Schneeschuh, besteht aus einem Brett aus Holz, Metall oder Kunststoff, das vorn etwas aufgebogen ist; Länge, Breite und Gewicht des S. richten sich u.a. nach der Körpergröße des Skiläufers und der jeweiligen Verwendungsart. Die S. werden mit der **Bindung** an die Schuhe geschnallt. Bei der Abfahrt bedient man sich je nach der Geländebeschaffenheit des Schußfahrens, der **Stemmbogen,** versch. **Schwünge** oder des Geländesprungs, heute immer mehr des Temposchwunges. Das **Skispringen** von der Sprungschanze ist ein Sondergebiet des Skisports (bei bes. hohen Schanzen spricht man von **Skifliegen**). **Skikjöring** [ʃi:jøriŋ, norweg.], Skifahren hinter vorgespanntem Pferd oder Motorrad. (BILD S. 818)

Skibob [ʃ'i:-], Wintersportgerät, besteht aus einem fahrradähnl. Rahmen (mit Sitz), auf 2 Skier montiert, der vordere lenkbar.

Skiff [engl.] das, leichtes Ruderboot.

Skikda, früher **Philippeville,** Hafenstadt im östl. Algerien, 141 000 Ew.; Erdgasverflüssigungsanlage.

Skin-Effekt, →Hautwirkung.

Skinheads [sk'inhɛds], meist in Gruppen auftretende, zu aggressivem Verhalten neigende Jugendliche, gekennzeichnet durch Kurzhaarschnitt oder Glatze.

Skink der, ♁ Wühlechse N-Afrikas und Arabiens. Arzneimittel der Eingeborenen.

Skipetaren, eigener Name der →Albaner.

Skizze [ital.] die, **1)** zeichner. Entwurf. **2)** kurze, knappe Erzählung.

Sklavenfluß, Großer S., der Athabasca in Kanada, zw. Athabasca-See und **Großem Sklavensee** (8081 km² groß).

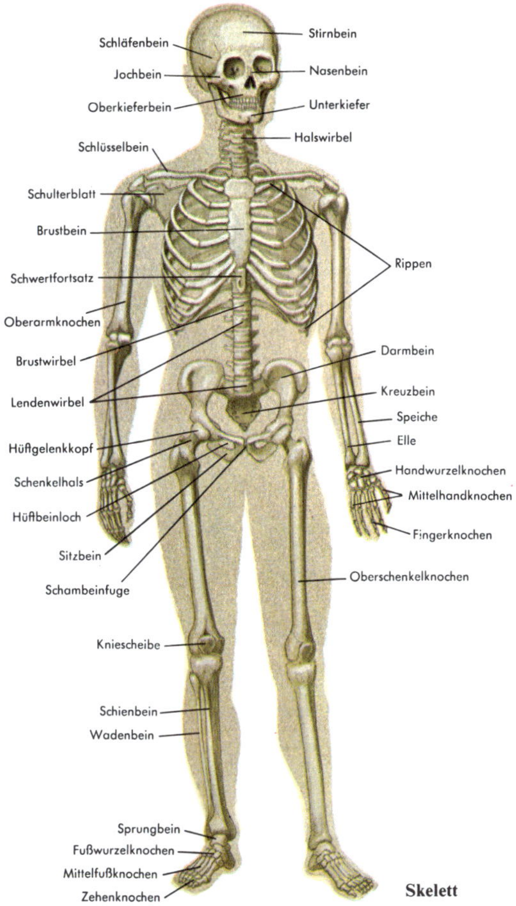

Skelett

Sklavenküste, Teil der Guineaküste (W-Afrika), zw. Volta- und Nigermündung.

Sklaverei die, vollständige Entrechtung, Abhängigkeit und Dienstuntertänigkeit von Menschen **(Sklaven).** Die S. war früher über die ganze Erde verbreitet, vielfach begründet durch Kriegsgefangenschaft und Kolonisation. Im christl. Europa hörte sie im 13. Jh. auf (in Spanien und Portugal im 16. Jh.). Nach der Entdeckung Amerikas nahm der **Sklavenhandel** neuen Aufschwung. Sehr viele afrikan. Neger wurden nach Amerika in die S. verkauft. Erst im 19. Jh. wurde der Sklavenhandel von allen Kolonialmächten verboten. In den USA führte die Sklavenfrage zum Sezessionskrieg.

Skler|enchym [grch.] das, ♧ Festigungsgewebe aus abgestorbenen Zellen mit verdickten Wänden, so die Fasern von Bast, Holz oder Steinzellen (z.B im Fruchtfleisch von Birnen).

Sklerodermie [grch.] die, **Darrsucht,** Verhärtung der Haut, so daß z.B. der Gesichtsausdruck maskenartig wird.

Sklerose [grch.] die, Verkalkung. **Arterio-S.,** →Arterienverkalkung.

Sklerotium [grch.] das, knolliges, dauerhaftes Pilzgebilde aus verflochtenen Pilzfäden, z.B. bei einigen Pflanzenkrankheiten **(Sklerotienkrankheiten),** Stengelfäule bei Zierpflanzen, Hülsenfrüchten, Gurke, Tomate u.a.

Škodawerke [ʃk-], seit 1952 **V. I. Leninwerke,** größtes Ind.- und Rüstungsunternehmen der ČSFR, Sitz: Pilsen, Prag; gegr. 1859.

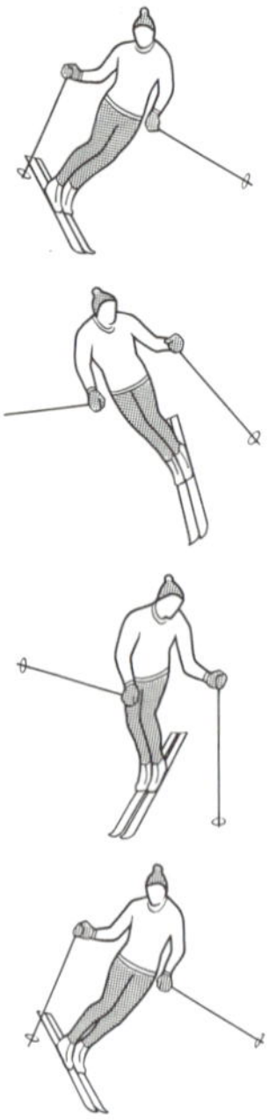

Skisport: Wedeln

Skopas von Paros: Kopf vom Giebel des Athena-Tempels in Tegea

Skolion das, -/...lien, bei den alten Griechen kurzes Trinklied.

Skoliose [grch.] die, seitl. Verbiegung der Wirbelsäule.

Skolopender der, →Tausendfüßer.

Skonto [ital.] der, das, -s/-s oder ...ti, Abzug vom Rechnungsbetrag, z.B. bei Barzahlung.

Skontro [ital.] das, Hilfsbuch in der Betriebsbuchführung, in dem der Ein- und Ausgang von Waren, Wechseln u.a. verbucht wird.

Skopas von Paros, grch. Bildhauer, um 350 v.Chr., arbeitete am Mausoleum in Halikarnassos.

Skopje, serb. **Skoplje,** Hptst. der Rep. Makedonien, Jugoslawien, 406000 Ew.; oriental. Altstadt; Kultur- und Wirtschaftsmittelpunkt; 1963 durch ein Erdbeben großenteils zerstört, seither wiederaufgebaut.

Skopolamin das, Gift (Alkaloid) in Nachtschattengewächsen wie Tollkirsche, Stechapfel. Medizin. Anwendung zur Dämpfung bei Erregungszuständen.

Skorbut der, Erkrankung durch Mangel an Vitamin C; Zahnfleisch-, Schleimhautblutungen, Zahnausfall, Anämie, Kräfteverfall. Heute nur noch selten.

Skorpion [lat.] der, **1)** Ordn. der Spinnentiere mit Giftstachel am Ende des Hinterleibs und mächtigen Scheren. Der Stich trop. Arten, die bis 15 cm lang werden können, kann für den Menschen tödlich sein. Im Mittelmeerraum leben harmlosere Arten. **2)** ☆ südl. Sternbild mit Antares; das 8. Zeichen des Tierkreises.

Skoten Mz., kelt. Volksstamm in Irland, kam seit dem 5. Jh. nach →Schottland.

Skribent [lat.] der, Schreiber, Vielschreiber.

Skriptum [lat.] das, -s/-ten oder -ta, Geschriebenes, Aufsatz.

Skrjabin, Aleksandr Nikolajewitsch, russ. Komponist, *1872, †1915; erstrebte ein neues »Gesamtkunstwerk« auf kult. Grundlage.

Skrofulose die, seltene Kinderkrankheit mit Lymphknotenschwellungen, Schnupfen, Ekzem des Gesichts und Bindehautkatarrh. Behandlung: klimat. Kuren, Solbäder, Heimsonnenbestrahlung. **skrofulös,** an S. leidend.

Skrupel [lat.] der, -s/-, Gewissensbisse, Bedenken. **skrupellos,** gewissenlos.

Skullboot, →Rudern.

Skulptur [lat.] die, **1)** die →Bildhauerkunst. **2)** einzelnes Bildhauerwerk.

Skunk der, -s/-s, das →Stinktier.

Skupschtina [serbokroat.] die, in Jugoslawien die Volksvertretung.

Skutari, alban. **Shkodër** [ʃk'odər], Stadt in Albanien, am **S.-See,** 70000 Ew.; Bischofssitz; bed. Handelsplatz.

Skye [skaɪ], größte Insel der Inneren Hebriden, 1735 km, 7500 Ew.; Schafzucht, Fischerei. Hauptort: Portree.

Skylight [sk'aɪlaɪt, engl.], Oberlicht auf Schiffen.

Skylightfilter [sk'aɪlaɪt-], photograph. Filter zur Minderung des ultravioletten und blauen Beleuchtungsanteils.

Skylla die, bei Homer: menschenverschlingendes Ungeheuer in einer Höhle gegenüber der →Charybdis; daher: **zw. S. und Charybdis,** zw. 2 Gefahren oder Übeln.

Skyros, größte Insel der Nördl. Sporaden (Griechenland), 209 km^2 groß.

Skythen, Scythen Mz., antiker Name für Reitervölker Südrußlands.

Slalom [norw.] der, Skiwettbewerb über eine durch Tore bezeichnete abschüssige Bahn.

Slang [slæŋ] der, z.T. stark von der Hochsprache abweichende engl. und amerikan. Umgangssprache.

Slapstick-Komödie [sl'æpstɪk-, engl.], Harlekinade, bes. die groteske Filmkomödie (im Stummfilm).

Slatin Pascha, Rudolf v., österr. Afrikaforscher, *1857, †1932; nahm an der Wiedereroberung des Sudans durch H. H. Kitchener teil, war 1900-14 Generalinspekteur des angloägypt. Sudans.

Slatoust, Industriestadt in der Russ. SFSR, im südl. Ural, 205000 Ew.; Stahlwerke.

Slawen Mz., indogerman. Völkergruppe in O- und SO-Europa, durch Kolonisation auch in Sibirien, gegliedert in **Ost-S.** (Russen, Ukrainer, Weißrussen), **West-S.** (Polen, Slowaken, Tschechen, Kaschuben, Sorben), **Süd-S.** (Slowenen, Kroaten, Serben, Bulgaren, Makedonen).

slawische Sprachen, Sprachfam. der indogerman. Sprachen. Man unterscheidet: **1) Ostslawisch** mit Russisch, Ukrainisch, Weißrussisch. **2) Westslawisch** mit Tschechisch, Slowakisch, Sorbisch, Polnisch, Kaschubisch und den ausgestorbenen Sprachen Slowinzisch und Polabisch. **3) Südslawisch** mit Slowenisch, Serbokroatisch, Bulgarisch und Makedonisch.

Slawistik, slawische Philologie, die philolog. Forschung im Bereich der slaw. Sprachen (Begründer J. Dobrovský, J. Kopitar und A. Wostokow); seit dem 1. Weltkrieg zu einer Wiss. vom geistigen Leben der slaw. Völker ausgebaut.

Slawjansk, Stadt in der Ukrain. SSR, 143000 Ew.; chem. Ind.; Sol-, Moorbäder.

Slawonien, Landschaft in Jugoslawien, zw. Save und Drau.

SLC, Abk. für **S**tanford **L**inear **C**ollider, amerikan. →Linearbeschleuniger, der erste, der Elektronen und Positronen zur Kollision bringt (→LEP).

Sleipnir, altnord. Mythos: das achtfüßige Roß Odins.

Slevogt, Max, Maler und Graphiker, *1868, †1932; neben M. Liebermann und L. Corinth der Hauptvertreter des dt. Impressionismus; schuf in leuchtkräftigen Farben Figurenbilder, Landschaften, Buchillustrationen.

Slevogt: Selbstbildnis

Slibowitz, Sliwowitz [slaw.] der, Zwetschenschnaps.

Slip [engl.] der, beinlose Unterhose.

Slipper [engl.] der, Schlupfschuh mit flachem Absatz.

Slogan [sl'əʊgən, engl.] der, Werbeschlagwort.

Słowacki [słov'atski], Juliusz, poln. Dichter, *1809, †1849; neben Mickiewicz und Krasinski der bedeutendste poln. Romantiker.

Slowakei die, Landschaft im O der ČSFR, als **Slowak. Republik** Teilrep. der ČSFR, östl. der March, 49014 km², 5,2 Mio. Ew. (Slowaken; daneben Tschechen, Ungarn, Ukrainer); Hptst.: Bratislava (Preßburg). Überwiegend gebirgig (West-, Waldkarpaten, Beskiden, Tatra, Slowak. Erzgebirge); Hauptfluß: die Waag. – Ackerbau in den tieferen Gebieten, Viehzucht und Waldwirtschaft in den Gebirgen, ⚒ auf Bauxit, Braunkohle; Hütten-, Metall-, chem. Ind., Maschinenbau. Ⓖ Die S. gehörte 1000 Jahre lang zu Ungarn, seit 1918 zur Tschechoslowakei. Nach dem Münchener Abkommen 1938 erhielt die S. Autonomie; im März 1939 wurde sie zum unabhängigen Staat unter Führung des kath. Geistlichen Tiso erklärt. 1945 wurde sie Teil der wiederhergestellten Tschechoslowakei. 1969 erhielt sie den Status einer autonomen Rep. mit eigener Regierung und Volksvertretung.

Slowaken Mz., westslaw. Volk in der Slowakei und SO-Mähren, rd. 4,5 Mio., mit eigener Schriftsprache.

Slowenen Mz., südslaw. Volk, in NW-Jugoslawien (Slowenien), Randgebieten NO-Italiens und Teilen Südkärntens; rd. 1,9 Mio., meist Bauern; Kultur stark deutsch beeinflußt.

Slowenien, Rep. im NW Jugoslawiens, 20251 km², 1,93 Mio. Ew.; Hptst.: Laibach. Waldreich; ⚒ auf Braunkohle, Eisenerz u.a.; Papier-, chem., Metall- u.a. Ind. – Die Slowenen wanderten in der 2. Hälfte des 6. Jh. in ihr Siedlungsgebiet ein. Der Kernraum wurde das Hzgt. Krain, das seit dem 13./14. Jh. zu Habsburg gehörte. 1918 schlossen sich die Slowenen mit den Serben und Kroaten zusammen (seit 1929 Jugoslawien genannt).

Slum [slʌm, engl.] der, meist Mz., Elendsviertel.

Slump [slʌmp, engl.] der, plötzlicher Kurs- und Preisverfall. Ggs.: Boom.

Sluter [sl'y-], Claus, niederländ. Bildhauer, †1405; Mosesbrunnen, Portalplastik in Dijon.

Sm, chem. Symbol für Samarium.

sm, Abk. für Seemeile.

Småland [sm'o:-], Landschaft in S-Schweden, wald-, fluß-, seenreich (bis 377 m hoch).

Smaragd [grch.] der, Edelstein, grüne, durchsichtige Abart des → Beryll.

smart [engl.], elegant; gewandt, gerissen.

SMD-Technik [Abk. für engl. Surface Mounted Devices »oberflächenmontierbare Bauelemente«], Montageverfahren, bei dem elektron. Bauteile mit ihren Anschlüssen flach auf Leiterplatten aufgelötet werden; kommt ohne Leiterplattenlöcher aus.

Smetana, Bedřich (Friedrich), tschech. Komponist, *1824, †1884; Schöpfer der nationaltschech. Kunstmusik; Opern (»Die verkaufte Braut«), Kammermusik, sinfon. Dichtungen (»Mein Vaterland«), Lieder.

Smith [smiθ], Adam, engl. Moralphilosoph und Begründer der klass. Volkswirtschaftslehre, *1723, †1790. S. sah nicht in Geld und Bodenertrag allein, sondern in Arbeit und Arbeitsteilung die Ursache des Volkswohlstandes.

Smog [engl.] der, gefährl. Anreicherung von Verbrennungsprodukten (Kohlenwasserstoffe, Kohlenmonoxid, Schwefeldioxid, Stickoxide, Ruß, Flugasche) in der Luft, bes. bei Nebel. In gefährdeten Gebieten gibt es einen S.-Warndienst, der bei hoher Schadstoffkonzentration in der Luft **S.-Alarm** gibt.

Smoking [sm'əʊkɪŋ, engl.] der, ein- oder zweireihiges Jackett mit seidenen Aufschlägen als Abendanzug.

Smolensk, Stadt in der Russ. SFSR, am Dnjepr, 335000 Ew.; Hoch- und Fachschulen; Flugzeugwerke, Leicht-Ind. S. ist eine der ältesten Städte Rußlands.

Smutje der, Spitzname des Schiffskochs.

Smuts [afrikaans smyts, engl. smʌts], Jan, südafrikan. Staatsmann, brit. Feldmarschall, *1870, †1950; kämpfte im Burenkrieg gegen die Engländer, wirkte dann für die Versöhnung. S. war 1910 Mitbegründer der Südafrikan. Union, 1919-24 und 1939-48 MinPräs.

Smyrna, grch. Name von → Izmir.

Sn, chem. Symbol für Zinn.

Snack-Bar [snæk-, engl.] die, Imbißstube.

Snake River [sneɪk r'ɪvə, »Schlangenfluß«] der, Fluß im W der USA, Nebenfluß des Columbia, 1670 km lang.

Snell, George David, amerikan. Genetiker, *1903, erhielt 1980 mit B. Benacerraf und J. Dausset für seine Arbeiten über Transplantations-Immunologie den Nobelpreis für Physiologie und Medizin.

Snellius [sn'ɛliys], **Snell van Rojen** [- van r'o:jə], Willebrord, niederländ. Naturforscher, *1580, †1626; entdeckte das Gesetz der Lichtbrechung.

Snob [engl.] der, -s/-s, Geck, Vornehmtuer. **Snobismus** der, -/...men, Vornehmtuerei.

Snorri Sturluson, isländ. Dichter, Geschichtsschreiber, Staatsmann, *1179 (?), †1241; gab die jüngere → Edda und die »Heimskringla« (Geschichte der norweg. Könige bis 1177) heraus.

Snowdon [sn'əʊdn] der, höchster Berg in Wales, 1085 m.

Snyders [sn'ɛj-], Frans, niederländ. Tier- und Stillebenmaler, *1579, †1657.

Soares [sʊ'arɪʃ], Mario, portug. Politiker (Sozialist), *1924, Rechtsanwalt, seit 1973 Gen.-Sekr. der Sozialist. Partei, 1976-78 und 1983-85 MinPräs., seit 1986 Präsident.

Sobieski, Jan, poln. Feldherr, → Johann 6).

Sobranje die, bulgar. Volksvertretung.

Soccer [s'ɔkə], amerikan. Name für das Fußballspiel der europ. Art, im Unterschied zum American → Football in den USA verhältnismäßig gering verbreitet.

Société Anonyme [sosjet'e anon'im, frz.] die, Abk. **S. A.**, frz. Bez. für Aktiengesellschaft.

Sockel der, -s/-, 🏛 Unterbau eines Gebäudes, Untersatz für Säulen, Standbilder; Postament.

Soda die, das, **Natriumcarbonat**, Na_2CO_3, farblose, in Wasser leicht lösl. Kristalle. S. findet sich in der Natur gelöst in Sodaseen (Ägypten, China, Ungarn, Armenien, O-Afrika, N- und S-Amerika). I.a. wird es aber nach dem **Solvay-Verfahren** (E. Solvay, *1838, †1922) gewonnen: In Kochsalzlösung wird Ammoniak und durch Brennen aus Kalk gewonnenes Kohlendioxid eingeleitet; es fällt Natriumhydrogencarbonat aus, das durch Erhitzen in S. übergeführt wird. Verwendung für Waschmittel, Glas, Seife, zur Wasserenthärtung und in der Zellstoffindustrie.

Sluter: Mönch am Grabmal Philipps des Kühnen (Paris)

Smaragd

Smetana

Soda: S.-See

Sodawässer, alkal. Säuerlinge, → Heilquellen, ÜBERSICHT.

Sodbrennen, Brennen oder Kratzen in der Speiseröhre, oft mit Aufstoßen des Mageninhalts. Gegenmittel: schluckweise verdünnte Milch, Zwieback oder Weißbrot.

Soddy [s'ɔdı], Frederick, engl. Chemiker, *1877, †1956; machte grundlegende Entdekkungen über Radioaktivität, Isotope und ihre Entstehungsgesetze; 1921 Nobelpreis.

Soden am Taunus, Bad S. a. T., Stadt in Hessen, am S-Fuß des Taunus, 18500 Ew.; Heilbad (Herz, Kreislauf, Atmungsorgane) mit warmen kohlensäure- und kochsalzhaltigen Quellen.

Söderblom

Soden-Salmünster, Bad S.-S., Stadt in Hessen, 1974 durch Zusammenschluß entstanden, 11400 Ew.; Heilbad (Herz, Kreislauf, Rheumakrankheiten, Katarrhe); Elektro-, Kunststoff- u.a. Ind.

Söderblom [-blum], Nathan, schwed. evang. Religionsforscher, *1866, †1931; Erzbischof von Uppsala, Führer der ökumen. Bewegung; 1930 Friedensnobelpreis.

Södermanland, Prov. in Mittelschweden, im SW von Stockholm, seen- und waldreich.

Södertälje, Stadt in Schweden, südwestlich von Stockholm, 77800 Ew.; versch. Ind.

Sodoma, eigtl. Giovanni **Bazzi,** ital. Maler, *1477, †1549; Fresken, Tafelbilder.

Soest: Osthoventor

Sodomie die, sexuelle Handlungen von Menschen mit Tieren; Strafbarkeit 1969 aufgehoben.

Sodom und Gomorrha, Städte in Palästina, nach 1. Mos. 19 wegen Gottlosigkeit durch Jahwe vernichtet.

Soest [zo:st], altertüml. Stadt in NRW, in der Soester Börde, 41800 Ew.; mit roman. und got. Kirchen; vielseitige Ind. S. ist Handelsstadt und gehörte zur Hanse.

Sofala, Hafenstadt in Moçambique, → Beira.

Soffitten [ital.] Mz., **1)** oberer Abschluß des Bühnenbildes. **2) S.-Lampe,** röhrenförmige → Glühlampe.

Sofia, Hptst. von Bulgarien, am Isker, 1,129 Mio. Ew.; Verkehrsknoten; Sitz eines Patriarchen; Univ. u.a. Hochschulen; Maschinenbau, Elektro-, chem., graph. Ind. – 809 von den Bulgaren, 1382 von den Türken erobert, seit 1879 Hptst.

Sokrates

Sofortbildphotographie, erstmals 1947 vorgestelltes photograph. Verfahren, das mit Hilfe spezieller Kameras **(Sofortbildkamera)** und Sofortbildmaterialien minuten- oder auch sekundenschnell fertige Photographien liefert. Schwarzweiße Bilder entstehen nach dem Prinzip des **Diffusionsverfahrens,** bei dem unbelichtetes Silberhalogenid aus der Negativschicht des Aufnahmematerials in eine Bildempfangsschicht diffundiert, in der ein positives Bild entsteht. Entsprechend, nur mit 3 Silberhalogenidschichten, die für rotes, grünes und blaues Licht sensibilisiert sind, arbeitet das **Farbdiffusionsverfahren.** Neuere Verfahren benützen Materialien nach dem Direktumkehrverfahren.

Sofia: Moschee

Softball [s'ɔftbɔ:l, engl.], Form des Baseballs, vorwiegend von Jugendl. und Frauen gespielt, daher auch »Ladies Baseball«.

Soft Drinks [s'ɔft drıŋks, engl. »weiche Getränke«], alkoholfreie Getränke.

Soft-Eis [s'ɔft-, engl.], mit Luft versetztes, weiches Milchspeiseeis.

Software [s'ɔftweə, engl.] die, bei der elektron. Datenverarbeitung Sammelbegriff für alle nichtapparativen Funktionsbestandteile, z.B. Betriebssysteme und Anwenderprogramme, die zur Betriebsabwicklung und zur Bearbeitung von Einzelaufgaben wie Berechnungen, Textverarbeitung, Erstellen von Graphiken u.a. dienen (→ Hardware).

Sog der, **1)** von Wirbeln durchsetzter, saugender Teil der Strömung hinter bewegten Fahrzeugen (Schiff, Flugzeug, Kraftwagen usw.), Lawinen oder Feuer. **2)** über dem Grund seewärts abströmendes Wasser der Brandungswellen.

Sognefjord [s'ɔŋnəfju:r], Fjord an der Südwestküste Norwegens, 204 km lang.

Sohar der, HW der → Kabbala, aus dem 13. Jh.

Sohle die, **1)** die Lauffläche des Schuhs. **2)** ⚒ untere Begrenzung eines Grubenbaues, auch einzelne, untereinanderliegende Abteilungen einer Lagerstätte. **3)** Boden von Tälern, Gräben, Flüssen, Docks.

Sohlengänger, Säugetiere, die mit ganzer Fußsohle auftreten, z.B. Bären.

Soho [s'əuhəu], Vergnügungsviertel in London.

Soirée [swar'e, frz.] die, Abendgesellschaft, Abendvorstellung.

Soissons [swas'ɔ̃], Stadt an der Aisne, Frankreich, 30000 Ew.; Maschinen-, Nahrungsmittel-, landwirtschaftl. Ind. Hier besiegte 486 Chlodwig den röm. Statthalter in Gallien, Syagrius.

Soja|bohne, Soja [niederländ. aus japan.], Hülsenfrucht; die Samen enthalten rd. 35% Eiweiß, 17% Fett und halbtrockenes Öl, Lecithin, etwas Vitamin B u.a. Die S. ist in Ostasien seit Jahrtausenden eine wichtige Kulturpflanze; sie liefert vor allem **S.-Öl.** Der Anbau ist in warmen Ländern (auch Südeuropa) verbreitet. Klimafest gezüchtete Rassen werden auch in Deutschland angebaut. Die Bohne, ihr Öl und Eiweiß sind in steigendem Maße Rohstoff für Nahrungsmittel (z.B. **Sojamehl** für fleischähnl. Zubereitungen) und techn. Produkte. Der Rückstand der Ölbereitung **(Sojaschrot, Bohnenkuchen)** gibt Kraftfutter. (BILD S. 821)

Sojus [sa'jus, russ. »Bündnis«], Name einer Serie bemannter sowjet. Raumflugkörper (seit 1967); v.a. als Zubringer von Kosmonauten zuerst für die Saljut-Raumstationen, heute als Version **Sojus-TM** für die Raumstation Mir verwendet.

Sokotra, Insel vor der O-Spitze Afrikas, zur Demokrat. VR Jemen gehörig; 3580 km², rd. 15000 Ew.

Sokrates, grch. Philosoph und Lehrer, *um 470, †399 v.Chr. in Athen. Durch eindringl. Fragen **(sokrat. Methode, Maieutik)** suchte er vermeintl. Wissen zu zerstören und zum »Wissen des Nichtwissens« hinzuführen; von Einzelfällen ausgehend, suchte er zum Allgemeinen, Gesetzmäßigen aufzusteigen (Induktion). S. widmete sein Denken vor allem dem sittl. Handeln: aus einsichtigem Denken folgt notwendig richtiges Handeln, Tugend ist Wissen; eine innere Stimme (Daimonion) warnt den Menschen vor Irrwegen. S. wurde auf Grund von Verleumdungen zum Tod durch den Giftbecher verurteilt. Seine Wirkung beruht auf den Berichten seiner Schüler, vor allem Platos.

Sokratiker, Schüler des Sokrates, die seine Lehre selbständig fortsetzten, bes. Plato, Anthistenes, Aristippos, Xenophon.

Sol das, kolloidale Lösung; → Kolloide.

Sol [lat. »Sonne«], Sonnengott der Römer.

Solanum [lat.], Pflanzengatt. Nachtschatten, enthält Solanumalkaloide.

solar [lat.], die Sonne betreffend.

Solarenergie, Sonnenenergie, die neben anderen Energieformen zur Deckung des Energiebedarfs dienende, in → Sonnenkraftwerken genutzte Strahlungsenergie der Sonne.

Solarheizung, Heizung mit Sonnenenergie. Die einfallende Strahlungsenergie wird von → Sonnenkollektoren absorbiert und in Wärme umgewandelt.

Solarisation [lat.] die, bei photograph. Negativen die Erscheinung, daß bei starker Überbelichtung Umkehrung eintritt, d. h. weiße Gegenstände im Positiv schwarz erscheinen.

Solarium das, -s/... rien, Einrichtung zur Körperbestrahlung mit ultraviolettem Licht durch Quecksilberdampflampen, bes. zur Hautbräunung.

Solarkonstante, Energiemenge, die der Erde an der Grenze der Erdatmosphäre von der Sonne in 1 min je cm^2 Fläche zugestrahlt wird. Der Mittelwert beträgt 8,12 $J/cm^2 \cdot min$.

Solarzelle, Sonnenzelle, → Sonnenbatterie.

Solbad, ♡ Bad in natürl. Kochsalzquellen.

Soldanelle die, → Alpenglöckchen. (BILD Alpenpflanzen)

Soldat der, **1)** jeder im Waffendienst stehende Angehörige der Streitkräfte eines Staates. **2)** ✿ Ameisen- oder Termitenkrieger. **Soldateska** [ital.] die, zügelloses Kriegervolk.

Sole die, **1)** kochsalzhaltiges Wasser; dient als Heilmittel **(Solbäder)** oder zur Gewinnung von Speisesalz durch Eindampfen. **2)** i. w. S. die Lösung irgendeines Salzes.

solenn [lat.], feierlich. Hptw. die **Solennität.**

Solenoid [grch.] das, ⊠ → Spule, deren Länge groß gegen ihren Durchmesser ist.

Solfataren [von ital. solfo »Schwefel«] Mz., Ausströmungen von Schwefelwasserstoff bei ruhender Vulkantätigkeit. (→ Fumarole)

Solferino, Dorf in Norditalien, im NW von Mantua; Franzosen und Piemontesen besiegten 1859 bei S. die Österreicher.

solide [lat.], **1)** fest, gediegen, zuverlässig. **2)** häuslich, anständig.

Solidarhaftung, gesamtschuldner. Haftung.

solidarisch [lat.], **1)** gemeinsam, geschlossen. **2)** gesamthaftend. **Solidarität** die, Zusammengehörigkeitsgefühl, Gemeinsinn. **Solidarismus** der, sozialreformer. Richtung, die die Verbindung individueller Freiheit und sozialer Einordnung als Grundlagen echter Gemeinschaft erstrebt.

Solidarität, poln. **Solidarność** [-nɔsjtsj], unabhängige Gewerkschaft in Polen, gegr. 1980; nach Unterdrückung ihrer Tätigkeit (Dez. 1981) wurde sie im Okt. 1982 aufgelöst, im April 1989 auf massiven Druck der Bev. hin wieder zugelassen; etablierte sich als Partei (»Bürgerkomitee S.«) und errang bei Wahlen zum Parlament (Juni 1989) 99 von 100 Mandaten im neugeschaffenen Senat und 161 Sitze im Sejm.

Solidus der, altröm. Goldmünze.

Soliman, Name türk. Sultane, → Suleiman.

Solingen, Stadt in NRW, im Berg. Land, 158 000 Ew.; Klingen-, Schneidewarenzentrum, Maschinenbau.

Solipsismus [lat. solus »allein«, ipse »selbst«] der, Lehre, daß die Welt nur eine Vorstellung des denkenden Ichs und dieses allein wirklich sei.

Schloß Solitude

Solist [ital.] der, Einzelsänger oder -spieler.

solitär [lat.], einzeln, einsam. **Solitär** der, einzeln gefaßter Diamant.

Solitude [frz. »Einsamkeit«], Lustschloß bei Stuttgart, 1764-69 im Rokokostil erbaut. In der Nähe ehemalige Rennstrecke.

Soll das, **1)** Buchführung: linke Seite des Kontos, Belastung. **2)** kameralist. Rechnungswesen: Summe der im Rechnungsjahr erwarteten Einnahmen und Ausgaben. **3)** Planwirtschaft: Bez. für die dem Einzelnen vorgeschriebene Leistung, für die termingerecht hergestellte Menge von Produktionsgütern.

Sölle, Dorothee, evang. Theologin, *1929, vertritt eine kirchenkrit. »Gott-ist-tot-Theologie«, die die christl. Überlieferung als Forderung nach innerweltlicher Humanität begreift.

Söller der, Altan, offener Umgang oder Saal.

Solling der, Gebirge zw. oberer Leine und Weser, 528 m hoch, Sandsteinbrüche.

Solmisation [ital.] die, ♩ Bez. der Tonstufen durch Silben.

Solna, Stadt in Schweden, nordwestlich von Stockholm, 50 500 Ew.

Solnhofen, Gem. in Bayern, Fränk. Alb, 1600 Ew.; Gewinnung von fossilhaltigen Plattenkalken **(Solnhofener Schiefer).**

Solo [ital. »allein«] das, -s/... li, ♩ Einzelstimme mit oder ohne Begleitung i. Ggs. zum mehrfach besetzten Chor oder Orchester; auch Tonstück für ein Instrument.

Sologub, Fjodor, eigtl. F. Kusmitsch **Teternikow,** russ. Dichter, *1863, †1927; Novellen, Romane (»Der kleine Dämon«), Übersetzungen.

Sojabohne

Solomos, Dionysios, ngrch. Dichter, *1798, †1857, schloß sich dem grch. Freiheitskampf an; »Hymne an die Freiheit« (grch. Nationalhymne).

Solon, athen. Staatsmann und Dichter (etwa 640-560 v. Chr.), einer der → Sieben Weisen; beauftragt, die soziale Neuordnung Athens durchzuführen, schuf er die **Solonischen Gesetze** und damit die Grundlage der att. Demokratie (Aufhebung der Schulden, Verbot der Schuldknechtschaft; Ausbau der Wirtschaft, bes. des Handels; Aufzeichnung des geltenden Privatrechts; Gliederung der Bürgerschaft in 4 Klassen nach der Besitzgröße, → Timokratie).

Solothurn, 1) Kanton der NW-Schweiz, 791 km^2, 221 000 deutschsprachige Ew.; Ind. **2)** Hptst. von 1), 15 400 Ew., an der Aare. Seit 1218 Reichsstadt; 1481 in die Eidgenossenschaft aufgenommen. (Weiteres BILD S. 822)

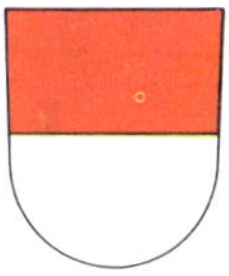

Solothurn
Kanton

Solow [sɔl'əʊ], Robert Merton, amerikan. Wirtschaftswissenschaftler, *1924; Nobelpreis 1987 für wirtschaftl. Wachstumstheorien.

Solowjew [-j'ɔf], Wladimir Sergejewitsch, russ. Philosoph, Dichter, *1853, †1900; erstrebte eine Verbindung der orthodoxen Glaubenslehren mit westl. Philosophie und eine Wiedervereinigung der christl. Kirchen.

Solschenizyn, Aleksandr, russ. Schriftst.,

Solothurn: Kathedrale St. Ursus

*1918; Romane (»Krebsstation«, »Archipel GULag«, »Oktober 16«), Nobelpreis 1970; lebt in den USA.

Solstịtium [lat.] das, → Sonnenwende.

Solti [ʃ'olti], Sir Georg, brit. Dirigent ungar. Herkunft, *1912.

Solutréen [sɔlytre'ɛ̃] das, Kulturstufe der Altsteinzeit.

Solvay-Verfahren [sɔlv'ɛ-], → Soda.

Somalia

Somal, Ez. der **Somạli,** Volksstamm in Afrika, ẹtwa 3,5 Mio., in Somalia, Djibouti und SO-Äthiopien.

Somạlia, Rep. in O-Afrika, 637657 km², 7,1 Mio. Ew.; Hptst.: Mogadischu. S. umfaßt das Küstenland der Somali-Halbinsel; im N Hochland, im S flache Küstenebene; Baum- und Buschsavanne. BEVÖLKERUNG. Überwiegend Somal, meist Hirtennomaden, mit hamit. Sprache; Staatsreligion: Islam. Anbau (bes. im S) von Hirse, Mais, Bananen, Zuckerrohr u. a.; Viehhaltung; Küstenfischerei; Nahrungsmittelverarbeitung. Ausfuhr: Vieh, Fleisch, Häute und Felle, Bananen u. a.; Haupthandelspartner: Italien. ✆ wenig entwickelt; Haupthafen und internat. Flughafen: Mogadischu. – Das frühere Brit.- und Ital.-Somaliland wurde am 1. 7. 1960 als S. unabhängig. Staatspräs.: M. Siad Barre (seit 1969). ⊕ S. 482.

somạtisch [grch.], auf den Körper bezüglich. **Somatologịe** die, Teilgebiet der biolog. Anthropologie, erforscht Merkmale am Körper des lebenden Menschen.

Sọmbart, Werner, Volkswirtschaftler, Soziologe, *1863, †1941; baute auf histor.-soziolog. Grundlagen eine »verstehende Nationalökonomie« auf, untersuchte Sozialismus und Kapitalismus.

Sombrẹro [span.] der, mexikan. breitkrempiger Hut.

Somme [sɔm] die, Fluß in N-Frankreich, 245 km lang, mündet in den Kanal. 1914 und 1916 fanden an der S. schwere Kämpfe statt.

Sommer, auf der nördl. Halbkugel die Zeit vom 21.6.-23.9.; auf der südl. vom 21.12.-21.3.

Sommerfeld, Arnold, Physiker, *1868, †1951, förderte die Quantentheorie, bes. in der Anwendung auf den Atombau.

Sommerschlaf, dem Winterschlaf entsprechender Zustand herabgesetzter Lebenstätigkeiten bei Tieren trop. und subtrop. Gegenden während der heißen, trockenen Jahreszeit.

Sommersprossen, bes. im Sommer hervortretende braune, auf zu starker Farbstoff-(Pigment-)Bildung beruhende Hautflecke.

Sommerwurz

Sommerwurz die, **Würger,** Gatt. krautiger Pflanzen, ohne Blattgrün; sie leben auf Wurzeln anderer Pflanzen als Schmarotzer, z. B. auf Klee **(Kleeteufel)**, Hanf **(Hanfwürger)** und Quendel **(Quendel-S.)**.

Sommerzeit, Stundenzählung während der Sommermonate, die um eine Stunde vorverlegt ist, zur besseren Ausnutzung des Tageslichtes, z. B. in Deutschland vom letzten Sonntag im März bis zum letzten Sonntag im September.

Somnambulịsmus [von lat. somnus »Schlaf« und ambulare »wandeln«] der, das Ausführen teils komplexer Handlungen (Aufstehen, Umherlaufen) während des Schlafs; kann auch durch Hypnose **(Trance)** entstehen.

Sonạrgerät, Abk. für engl. **Sound navigation and ranging** [saʊnd nævɪg'eɪʃn ənd r'eɪndʒɪŋ], Navigations- und Entfernungsmeßgerät zur akust. Peilung und Ortung bes. von Unterwasserobjekten (z.B. Eisberge, U-Boote).

Sonạte [ital.] die, Instrumentalstück, bes. für Klavier, aus mehreren Sätzen, von denen wenigstens einer (gewöhnlich der erste) in der **S.-Form** gehalten ist. Diese ist durch die Aufstellung zweier Themen und eines Durchführungsteils bestimmt, der die Themen frei verarbeitet. **Sonatịne** die, kleine S.

Sọnde [frz.] die, **1)** ♡ dünnes Stäbchen zum Untersuchen von Körperhöhlen. **2)** ⚒ Probebohrung, bes. nach Erdöl. **3)** → Raumsonde.

Sonder|abfälle, Sondermüll, Müll, der auf Grund seiner Art und Menge nicht mit dem Hausmüll beseitigt werden kann.

Sonder|abschreibungen, Abschreibungen, die gesetzlich aus wirtschafts- und sozialpolit. Gründen zugelassen sind.

Sonderausgaben, im Einkommensteuerges. aufgezählte Ausgaben des Steuerpflichtigen (z. B. Lebensversicherungsbeiträge), werden auf Antrag vom Gesamtbetrag der Einkünfte abgezogen.

Sonderbundskrieg, Krieg der schweizer. liberalen Kantone gegen die 1845 im »Sonderbund« zusammengeschlossenen kath. Urkantone, der 1847 zur Auflösung des »Sonderbunds« führte.

Sọnderburg, dän. **Sønderburg,** Hafenstadt auf der Insel Alsen, Dänemark, 27500 Ew.; Maschinen-, Gewebeind.; bis 1919 preußisch.

Sondergerichte, Gerichte, die i. Ggs. zu den ordentl. Gerichten beschränkte Zuständigkeit besitzen (z. B. Finanzgerichte). Vom Nat.-Soz. wurden für best. Strafsachen (bes. polit. Vergehen) S. eingerichtet, die unter Ausschluß von Rechtsmitteln entschieden.

Sonderschulen, eigenständige Unterrichts- und Erziehungseinrichtungen für schulpflichtige Kinder und Jugendliche, die sich wegen körperl., seel. oder geistiger Behinderung in den allg. Schulen nicht entfalten können; hauptsächlich S. für Lernbehinderte (früher Hilfsschule), für Geistigbehinderte, für Körper- und Sinnesgeschädigte (Blinde, Sehschwache, Gehörlose, Schwerhörige, Körperbehinderte), für Erziehungsschwierige, für Sprachbehinderte und als Krankenhausschulen (langfristig Erkrankte). **Sonderschullehrer** absolvieren entweder nach der allg. Ausbildung ein Zusatzstudium oder auf direktem Wege ein 8semestriges Studium.

Sọndershausen, Stadt im Bez. Erfurt, 24400 Ew.; versch. Ind.; bis 1918 Hptst. des Fürstentums Schwarzburg-S.

Sonderzeichen, Datenverarbeitung: alle Zeichen, die nicht Buchstaben oder Ziffern sind, z. B. +, §.

Sọnderziehungsrechte, Abk. **SZR,** 1969 geschaffene neue Form der internat. Liquidität. S. stellen einen Anspruch auf Überlassung konvertierbarer Währung gegenüber allen anderen Teilnehmern eines Sonderziehungskontos beim Internat. Währungsfonds dar. S. stellen eine Art Buchgeld dar, das nur im Verrechnungsweg umläuft.

sondịeren [frz.], **1)** mit der Sonde untersuchen. **2)** vorsichtig zu erkunden suchen.

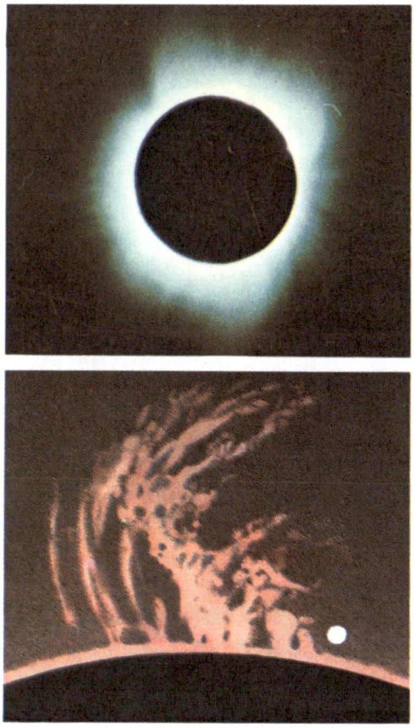

Sonne: oben mittlere Sonnenkorona (2. 10. 1959); unten Sonnenprotuberanz; zum Größenvergleich ist die Erde als weiße Scheibe eingezeichnet

Sonẹtt [ital.] das, Gedicht aus 14 Zeilen, gegliedert in 2 Vierzeiler und 2 Dreizeiler. Reimschema meist: abba abba cde cde.

Song [engl.] der, Lied, Schlager; auch mit sozialkrit. Inhalt (Protestsong).

Songkoi, Songka, Fluß in Südostasien, rd. 800 km, mündet in den Golf von Tongking.

Sọnnabend, Samstag, 6. Tag der Woche.

Sonnblick, Hoher S., Gipfel der Hohen Tauern; 3105 m hoch, Wetterdienststelle.

Sonne die, Fixstern, um den sich unsere Planeten bewegen und von dem sie Licht und Wärme erhalten. Die S. hat Kugelgestalt (Durchmesser 1 392 000 km) und erscheint uns in einer mittleren Entfernung von 149,6 Mio. km als eine Scheibe. Ihre Masse entspricht 333 000 Erdmassen, ihre D 0,26 der mittleren Erddichte; die Temperatur an ihrer Oberfläche, der **Photosphäre,** beträgt rd. 6000 K, im Inneren 15-20 Mio. K. Die S. besteht zu etwa $^4/_5$ aus Wasserstoff, $^1/_5$ aus Helium, rd. 2% übrige Elemente (Fraunhofersche Linien im Spektrum der S.). Die Temperatur wird durch Fusion von Wasserstoff- zu Heliumkernen (→ Kernverschmelzung) aufrechterhalten; der Wasserstoffvorrat reicht für etwa 10 Milliarden Jahre. Die Photosphäre ist umgeben von der sehr dünnen, selbstleuchtenden **Chromosphäre. Sonnenflecken** sind mit einer mittleren Periode von 11,2 Jahren zeitweilig erscheinende dunkle Flecken, aus denen die Umdrehungszeit der S. zu etwa 27 Tagen bestimmt worden ist (synod. Rotationsdauer). Bei → Sonnenfinsternissen werden die Korona und rosafarbene, wolkenähnl. Gebilde, **Protuberanzen,** sichtbar. Außer Licht sendet die Sonne, meist aus begrenzten Bereichen eruptiver Tätigkeit, Radio-, Ultraviolett-, Röntgen- und energiereiche Teilchenstrahlen aus.

Sonneberg, Stadt im Bez. Suhl, am Thüringer Wald, 28 500 Ew.; bed. Spielwaren-Ind.

Sonnenbatterie, Solạrgenerator, Stromquelle aus vielen hintereinandergeschalteten **Solarzellen,** meist dünnen Silicium-, Cadmiumsulfid- oder Galliumarsenid-Photoelementen, zur Energielieferung für Raumflugkörper.

Sonnenblume, 2-3 m hohe amerikan. Korbblütlergatt.; Kräuter mit großem Blütenstand mit leuchtendgelben Randblüten. Aus den Früchten der **Gemeinen S.** wird Öl gewonnen; sie dienen auch als Vogelfutter. Die **Knollen-S., Erdbirne** oder **Topinambur** dient als Futterpflanze, die eßbare Knolle als Gemüse **(Erdartischocke).**

Sonnenblume

Sonnenbrand, ♡ entzündl. Rötung der Haut durch zu lange Einwirkung ultravioletter Sonnenstrahlung, kann zu Blasenbildung und Hautschälung führen.

Sonnenferne, Ap|hẹl, ☆ → Apsiden.

Sonnenfinsternis, entsteht dadurch, daß der Mond zw. Erde und Sonne tritt. Erdorte, die vom Kernschatten (→ Schatten) des Mondes getroffen sind, haben **totale S.,** Orte, die im Halbschatten liegen, **partielle S.,** Orte, die im Gegenkegel des Mondkernschattens liegen, **ringförmige S.**

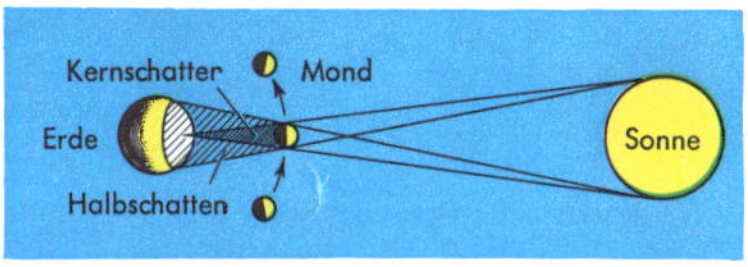

Sonnenfinsternis

Sonnengeflecht, Plẹxus solạris, großes Geflecht von Nervenknoten des vegetativen Nervensystems dicht unterhalb des Zwerchfells auf der Vorderseite der Hauptschlagader, steht mit den Nerven aller Bauchorgane in Verbindung.

Sonnenkollektor, Bez. für bitumenbeschichtete Aluminiumbleche oder für Spiegel- und wasserdurchströmte Rohranordnungen, die z. B. in Sonnenöfen die Sonnenenergie absorbieren und an Wärmespeicher weiterleiten. Der Einsatz von S. für Heizung und Kühlung von Wohnhäusern sowie zur Stromerzeugung befindet sich in einem fortgeschrittenen Erprobungsstadium.

Sonnenkompaß, Verhaltensforschung: das bei der Honigbiene und bei Zugvögeln entdeckte Vermögen, nach dem Sonnenazimut unter Einrechnung der Tageszeit Himmelsrichtungen festzulegen. S. wurde noch nachgewiesen u. a. bei Krebsen, Spinnen, Fischen.

Sonnenkönig, Beiname → Ludwigs XIV.

Sonnenkraftwerk, Solarkraftwerk, Anlage zur Nutzung der Sonnenstrahlung in sonnenreichen Gegenden durch Verdampfen von Wasser oder Natrium in → Sonnenkollektoren (weitere Nutzung wie im Dampfkraftwerk) oder durch Erzeugung von elektrischer Energie mittels → Solarzellen (auch Anwendung in der → Wasserstofftechnologie). Bisher mehr der Forschung dienen die → Sonnenöfen.

Sonnenkult, relig. Verehrung der Sonne; schon in vorgeschichtl. Zeit bekannt; bei Natur- und Kulturvölkern verbreitet.

Sonnenlichtbestrahlung, Sonnenbad, steigert u. a. Wohlbefinden und Durchblutung, wirkt günstig auf das vegetative Nervensystem. Biolog. wertvoll ist der ultraviolette Teil des Sonnenlichtes.

Sonnennähe, Perihẹl, ☆ → Apsiden.

Sonnen|ofen, Spiegelanordnungen zur Erzeugung punktweise sehr hoher Temperaturen (bis über 3000 °C), die die von der Sonne auf die Erde gestrahlte Energie (Mittelwert etwa 1 kW/m^2) verwerten; v. a. zur Hochtemperaturforschung, für metallurg. Zwecke, zur Salzwasserdestillation, zur Raumheizung.

Sonnenröschen, Gartenpflanze für sonnige Standorte mit durchlässigem Boden.

Sonnenstich, der → Hitzschlag.

Sonnenröschen

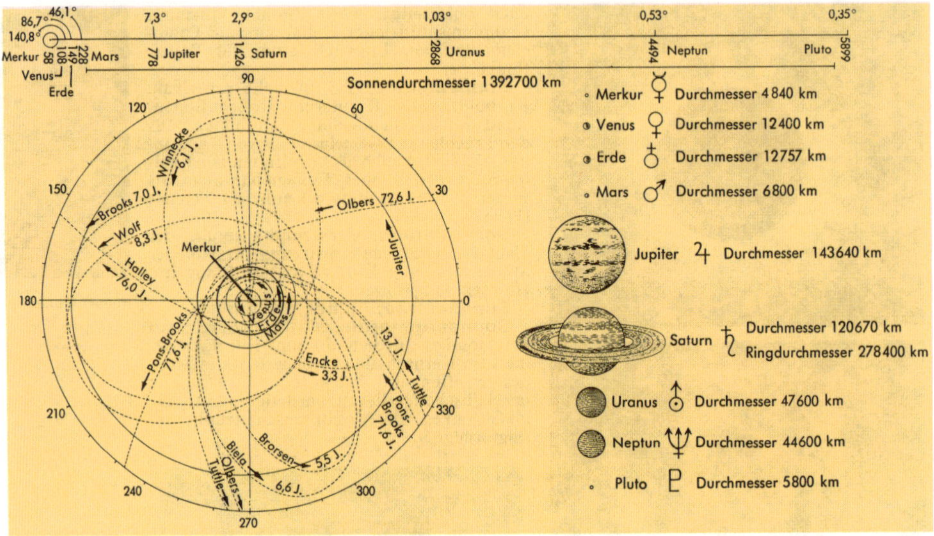

Sonnensystem, oben: Entfernung der Planeten von der Sonne (in Mio. km) und zurückgelegter Bogen in einem Merkurjahr (88 Tage), rechts: Größenverhältnisse der Planeten im Vergleich zum Sonnendurchmesser, links: das Sonnensystem mit den Bahnen der Planeten und der wichtigsten Kometen (mit Umlaufzeit)

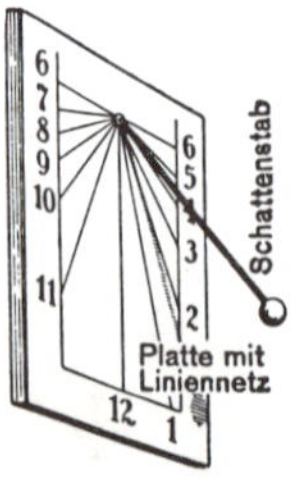

Sonnenuhr

Sophokles

Sonnensystem, umfaßt alle Himmelskörper, die sich im Anziehungsbereich unserer Sonne befinden und sich in Bahnen, die den Keplerschen Gesetzen folgen, um diese bewegen. Es sind dies die 9 großen →Planeten mit ihren Monden, die über 50000 Planetoiden, die Kometen und Sternschnuppenschwärme. Das S. bewegt sich im Vergleich zu den umgebenden Fixsternen mit 20 km/s in Richtung auf das Sternbild des Herkules; mit seiner näheren Umgebung kreist es um den Mittelpunkt des Milchstraßensystems mit einer Geschwindigkeit von 200-275 km/s.

Sonnentag, →Sonnenzeit.

Sonnentau, Drosera die, tierfangende Pflanzen, mit weißen Blütchen; auf Moorboden. Setzt sich ein Kerbtier auf eines der löffelförmigen Blätter, so krümmen sich klebrige rote Drüsenhaare, die Verdauungssaft ausscheiden, auf das Tier und verdauen es. (BILD tierfangende Pflanzen)

Sonnentierchen, kugelige Einzeller der Klasse Wurzelfüßer, meist als Plankton in stehenden Gewässern; der Körper hat zahlreiche Fortsätze (Pseudopodien). (BILD Urtiere)

Sonnen|uhr, Zeitmesser. Die S. mißt Länge oder Richtung des Schattens, den ein Stab bei wechselndem Sonnenstand auf eine waagerechte oder senkrechte Fläche wirft.

Sonnenwende, Solstitium, ☆ Umkehr der Sonne von ihrer größten nördl. oder südl. Abweichung nach dem Äquator zu. Der nördl. Punkt, die **Sommer-S.,** wird am 22. 6. erreicht. Durch diesen Punkt hat man den nördl. Wendekreis gelegt. Die **Winter-S.** wird am 21. 12. erreicht. Durch diesen Punkt läuft der südl. Wendekreis.

Sonnenzeit, durch die Stellung der Sonne bestimmte Zeit: Der zw. 2 aufeinanderfolgenden höchsten Sonnenständen (→Mittag) liegende Zeitraum ist ein **wahrer Sonnentag.** Da dieser im Laufe des Jahres ungleich lang ist, wählt man das Mittel aller Sonnentage als **mittleren Sonnentag.** Der Unterschied zw. wahrer und mittlerer S. heißt **Zeitgleichung** (höchstens +16 min 21 s am 3. 11. und −14 min 24 s am 12. 2. →Sterntag).

Sonnenzyklus, Sonnenzirkel, Zeitraum von 28 Jahren, nach dessen Ablauf die Wochentage wieder auf die gleichen Monatsdaten fallen (Beginn i. J. 9 v. Chr.).

Sonntag [Tag der Sonne], der 7. Tag der Woche, wird in der christl. Kirche als Ruhetag gefeiert. Die Sonntagsruhe ist gesetzlich geschützt.

Sonnwendfeier, bei vielen Völkern Fest zur sommerl. Sonnenwende, in christl. Zeit mit dem Fest Johannis d. T. (24. 6.) zusammengelegt. Dt. Volksbräuche: Johannisfeuer, Feuerrad u. a.

Sonographie die, →Ultraschalldiagnostik.

sonor [lat.], klangvoll.

Sontheimer, Kurt, Politologe, *1928; »Antidemokrat. Denken in der Weimarer Rep.«, »Das Elend der Intellektuellen«.

Sonthofen, Kurort in Bayern, im Allgäu, 20800 Ew.; Hütten-, Textil-, Käse-, Holz-Ind.

Sooden-Allendorf, Bad S.-A., Stadt in Hessen, an der Werra, 10000 Ew.; brom- und jodhaltige Solquellen (Asthma, Rheuma).

Soonwald, Teil des Hunsrück.

Soor der, eine →Hautpilzerkrankung.

Sophie [grch. »Weisheit«], weibl. Vorname.

Sophist [grch.] der, **1)** im antiken Griechenland Lehrer der Allgemeinbildung, bes. der Redekunst, seit etwa 430 v. Chr.; die S. übten Kritik an Sitte und Überlieferung. **2)** übertragen: spitzfindiger Mensch. **Sophistik** die, Lehre der S.; abwertend: die Kunst der Scheinbeweise und -schlüsse. **Sophisma** das, der →Trugschluß.

Sophokles, grch. Dichter, *um 496, †406 v. Chr., einer der 3 großen grch. Tragödiendichter, zeigte den Menschen als sittl. Wesen in der Hand der Götter. Von 130 Dramen sind 7 erhalten: Ödipus, Antigone, Elektra u. a.

Sopran [ital.] der, **Diskant,** ♩ höchste Frauen-, Knabenstimme; man unterscheidet **hohen S.** und **Mezzo-S.** Normalumfang c^1-a^2.

Sorau, poln. **Żary** [ʒ'ari], Stadt in der poln. Wwschaft Zielona Góra, ehem. Stadt in Brandenburg, 34000 Ew.; Altes Schloß (Wasserburg), Neues Schloß.

Sorben, Wenden, die seit dem frühen MA. zw. Saale und Oder wohnenden Slawen.

Sorbet [türk.-pers.] der, **Scherbet** [arab.] der, Halbgefrorenes aus Fruchtsaft.

Sorbinsäure, organ. Verbindung, Fettsäure; Konservierungsmittel gegen Bakterien, Schimmelpilze, Hefen.

Sorbonne [sɔrb'ɔn] die, die Univ. in Paris, der Mittelpunkt des Quartier Latin, gegr. 1253 von R. v. Sorbon als Internat für arme Theologiestudenten, 1968 in 13 Univ. aufgegliedert.

Sordino [ital.] der, Dämpfer; bei Musikinstrumenten Vorrichtung zur Abschwächung der Tonstärke.

Sorel [sor'ɛl], Georges, frz. Sozialist, *1847, †1922; Mitbegründer der Lehre des revolutionären → Syndikalismus.

Sorghum das, **Mohrenhirse,** → Hirse.

Sorocaba, Stadt in Brasilien, 270000 Ew.; Leder-, Textil-, Maschinenind.

Sorrent, ital. **Sorrento,** Stadt und Seebad in S-Italien, am Golf von Neapel, 17600 Ew.; Erzbischofssitz; Intarsien-, Seidengewerbe; Wein- und Obstbau.

Sorten Mz., im Bankwesen ausländ. Münzen, Banknoten, Zinsscheine.

Sortiment [lat.] das, **1)** Zusammenstellung von verschiedenartigen Waren derselben Gattung. **2) S., S.s-Buchhandlung,** Laden-Buchhandlung; ihr Inhaber heißt **Sortimenter.**

SOS, Abk. für engl. **Save our souls** [seɪv aʊə səʊlz], »rettet unsere Seelen!«, international festgelegtes auffallendes Notsignal, → Morsezeichen.

Soschtschenko, Michail Michailowitsch, russ. Humorist und Satiriker, *1895, †1958.

Sosnowitz, poln. **Sosnowiec** [-vjɛts], Stadt in Polen, im Dombrowaer Kohlengebiet, 255000 Ew.; Steinkohlengruben, Schwerind.

Soße [frz. sauce] die, Tunke, Brühe.

sostenuto [ital.], ♩ gehalten, getragen.

Soter [grch. »Erretter«, »Heiland«], **1)** bei den Griechen Beiname von Göttern (Zeus, Dioskuren u.a.), im Hellenismus auch von Herrschern. **2)** im N. T. Jesus.

Sotho, Gruppe engverwandter Bantustämme im südl. Afrika.

Sotschi, Stadt im Gau Krasnodar, Russ. SFSR, am Schwarzen Meer, 313000 Ew.; Hafen, Seebad, Kurort im Kaukasus-Vorland.

Sottens [sɔtã], Dorf im Kt. Waadt, Schweiz; Rundfunksender für die frz. Schweiz.

Sottise [frz.] die, ✤ Albernheit, freche Bemerkung, Beleidigung.

Sou [su] der, frz. 5-Centimes-Stück.

Soubrette [subr'ɛtə, frz.] die, Sopranistin in jugendl., bes. schelm. Rollen.

Souffleur [sufl'øːr, frz.] der, **Souffleuse** [sufl'øːzə] die, Vorsager(in), Einhelfer(in) im **S.-Kasten** dicht vor der Bühne. Zeitw.: **soufflieren.**

Soul [səʊl, engl. »Seele«] der, ein aus dem Jazz und bes. der Beatmusik entwickelter neuer Klang und Rhythmus der amerikan. Neger **(soul-sound).**

Sound [saʊnd, engl. »Klang«] der, beim Jazz der einem Solisten, einer Band oder einem Jazzstil eigene typische Klang.

Souper [sup'e, frz.] das, Abendessen.

Sousaphon [s'u-] das, Blechblasinstrument, benannt nach dem nordamerikan. Komponisten J. P. Sousa, *1854, †1932. (BILD Blasinstrumente II)

Soutane [su-, frz.] die, langes Untergewand unter den liturg. Gewändern der kath. Geistlichen (→ Talar).

Souterrain [sutɛr'ɛ̃, frz.] das, bewohnbares, teilweise unter der Erdoberfläche liegendes Geschoß.

South [saʊθ, engl.], Süden, Süd-...

Southampton [saʊθ'æmptən], Stadt in England, an der Südküste, am **S. Water,** einer 15 km langen Bucht, 204000 Ew.; wichtiger Hafen mit großen Dockanlagen; umfangreiche Ind.; Univ., mittelalterl. Bauten.

South Carolina [saʊθ kærəl'aɪnə], Abk. **S. C.,** Staat im SO der USA, reicht vom Atlant. Ozean an die Appalachen (Blaue Kette), 80432 km², 3,4 Mio. Ew. (30,5% Schwarze); Hptst.: Columbia (mit Staatsuniv.). Tabak, Baumwolle, Sojabohnen; Viehzucht; Forstwirtschaft. Ind. ⊕ S. 494.

South Dakota [saʊθ dək'əʊtə], Abk. **S. D.,** Staat der USA, beiderseits des mittleren Missouri, 199551 km², 708000 Ew.; Hptst.: Pierre; größte Stadt: Sioux Falls. Präriegebiet; Getreidebau, Viehwirtschaft. ⊕ S. 494.

Southend-on-Sea [s'aʊθend ɔn siː], Seebad in SO-England, 156300 Ew.; Fahrradind.

Southport [s'aʊθpɔːt], Hafenstadt und Seebad in NW-England, an der Irischen See, 90000 Ew.

South Shields [s'aʊθ ʃiːldz], Hafenstadt in NO-England, Vorhafen von Newcastle, 100500 Ew.; Schiffbau, Eisen-, chem. Ind.

South West African People's Organization, → SWAPO.

Souvenir [suvən'iːr, frz.] das, Andenken.

souverän, 1) herrschaftsberechtigt, unbeschränkt. **2)** überlegen. **Souverän** der, Herrscher, Inhaber der höchsten Staatsgewalt. **Souveränität** die, die nicht abgeleitete, nach innen und außen unbeschränkte Hoheitsgewalt eines Staates. Träger der S. ist in absoluten und konstitutionellen Monarchien das Staatsoberhaupt, in parlamentar. Monarchien und Demokratien das Volk (Volkssouveränität). Die modernen Staatengemeinschaften (z.B. UNO) führen zur Einschränkung der staatl. Souveränität. L. Breschnew stellte die These von der beschränkten Souveränität aller sozialist. Staaten auf **(Breschnew-Doktrin)** als Umschreibung des sowjet. Anspruchs auf Vorherrschaft im kommunist. Staatensystem zur Rechtfertigung des Einmarsches in die ČSSR 1968.

Sovereign [s'ɔvrɪn] der, engl. Goldmünze, urspr. gleich dem Pfund Sterling.

Sovereign (Vorderseite)

Sovereign (Rückseite)

Sowchos der, **Sowchose** die, staatl. landwirtschaftl. Großbetrieb in der UdSSR.

Sowjet [russ.] der, urspr. Arbeiterrat, jetzt Name der Behörden und Organe der Selbstverwaltung in der → Sowjetunion. **Sowjets** (Mz.), volkstüml. für Regierung, Armee und Bevölkerung der UdSSR.

Sowjetunion, Union der Sozialistischen Sowjetrepubliken, Abk. **UdSSR,** der räumlich größte Staat der Erde, in O-Europa und Asien, einschl. Wasserflächen 22,4 Mio. km², 284,4 Mio. Ew.; Hptst.: Moskau. Staatssprache ist Russisch, daneben in den Unionsrep., Autonomen Rep., Autonomen Gebieten und Bezirken die jeweiligen Volkssprachen als Amtssprachen. ⊕ S. 495.

Nach der **Verfassung** vom 7. 10. 1977, geändert 1. 12. 1988 und 13. 3. 1990, ist die S. ein föderativ organisierter Staat. Staatsoberhaupt ist der für 5 Jahre vom Volk direkt gewählte **Präsident** mit weitgehend exekutiven Vollmachten. Höchstes Staatsorgan ist der meist einmal jährlich zusammentretende, auf 5 Jahre in geheimer, gleicher, direkter und allg. Wahl ermittelte **Kongreß der Volksdeputierten** mit 2250 Mitgliedern. Ihm obliegen u.a. Verf.-Änderungen, die Wahl des Obersten Sowjet, dessen Präsidiums und der Stellvertreter. Als ständig handelndes Gesetzgebungs- und Kontrollorgan fungiert der **Oberste Sowjet.** Er besteht aus 2 gleichberechtigten und mit gleichviel Abg. (je 750) besetzten Kammern, dem Unionssowjet und dem Nationalitätensowjet. In seinen Aufgabenbereich fallen neben der Gesetzgebung auch die Ernennung des Vors. des Ministerrats, des Gen.-Staatsanwalts, die Überwachung der Einheit der Gesetzgebung. Geleitet wird der Oberste Sowjet von einem ihm rechenschaftspflichtigen Präsidium, das der Kongreß der Volksdeputierten bestimmt. Der **Ministerrat,** geleitet vom MinPräs., dem neben dem Ersten stellvertretenden acht weitere Stellvertreter zu Seite stehen, führt die Regierungsgeschäfte. Der Ministerrat ist dem Obersten Sowjet verantwortlich. Die führende Rolle der KPdSU (Machtmonopol) als einzig zugelassene Partei wurde 1990 aus der Verfassung gestrichen. Seither sind weitere Parteien, Organi-

Sowjetunion

sationen und Bewegungen, soweit sie sich im Rahmen der Verfassung bewegen, zugelassen. Nach eigenen Angaben zählte die KPdSU 1981 rd. 17,5 Mio. Mitglieder und Kandidaten, davon waren 43,4% Arbeiter, 44% Angestellte und 12,6% Bauern.

LANDESNATUR. Die S. erstreckt sich von der Ostsee, den Karpaten und dem Schwarzen Meer nach O bis zum Pazifik und zur Beringstraße, von den innerasiat. Hochländern nach N bis zum Nordpolarmeer. Tiefländer herrschen vor: das Osteurop. Tiefland westl. des Urals, östl. davon das Sibir. Tiefland und im S das Tiefland von Turan. Das Mittelsibir. Hügelland geht im O in Küstengebirge über (Kamtschatka 4850 m). Den Südrand der S. bilden hohe Faltengebirge: Kaukasus, Hochland von Armenien, Pamir (Pik des Kommunismus 7482 m), westlicher Tien shan, Altai. Große Ströme: im europ. Teil die Wolga, in Sibirien Ob, Jenissej, Lena, in Ostasien Anteil am Amur. Die Flüsse sind, bes. im europ. Teil, durch Kanäle verbunden. Das Kasp. Meer ist der größte, der Baikalsee der tiefste Binnensee der Erde. KLIMA: scharfe jahreszeitl. Gegensätze; im N und NO lange und kalte Winter (tiefste Temperaturen in NO-Sibirien), im S heiße und sehr trockene Sommer. Über Pflanzen- und Tierwelt → Asien, → Europa.

Die BEVÖLKERUNG setzt sich aus etwa 180 Völkerschaften versch. Rasse, Sprache und Kultur zusammen: etwa ¾ Ostslawen (Russen, Ukrainer, Weißrussen), ferner Usbeken, Tataren, Kasachen, kaukas. u. a. Türkvölker, Iraner, finn. Völker, Wolga-Deutsche, Polen u. a. 1979 lebten 62% der Bev. in Städten; 1990 gab es 42 Großstädte mit mehr als 500 000 Ew., 18 davon über 1 Mio. Ew. KIRCHE. Staat und Kirche sind getrennt. Die Verfassung garantiert formal allen Bürgern die Freiheit des relig. Bekenntnisses und der antirelig. Propaganda. An der Spitze der → russischen Kirche steht der Patriarch von Moskau. Andere Ostkirchen sind die Georg., die Armen. Kirche und die Altgläubigen (→ Raskolniki). Röm. Katholiken in Litauen und den früher poln. Teilen der S., Protestanten (Baptisten, Lutheraner) bes. in Estland, Lettland. Es gibt etwa 43 Mio. Muslime und etwa 2,5 Mio. Juden. BILDUNG. Alle Schulen sind staatlich; der Schulunterricht einschl. Studium ist kostenlos. Schulpflicht besteht vom 7. bis zum 15. Lebensjahr. Hauptglied des Schulsystems ist die 10klassige allgemeinbildende Mittelschule. Die prakt. Betriebsarbeit neben Schule und Studium spielt eine große Rolle (polytechn. Erziehung). 1978 gab es 861 Hochschulen aller Art mit 4,95 Mio. Studenten.

WIRTSCHAFT. Seit dem Beginn der Fünfjahrespläne (1928) nimmt die Industrialisierung rasch zu. Wirtschaftsgrundlage ist das sozialist. Eigentum an Boden und Bodenschätzen sowie an den übrigen Produktionsmitteln, die der staatl. Planwirtschaft unterliegen. Die Landwirtschaft wird überwiegend in Kolchosen und Staatsgütern (Sowchosen) betrieben. Die Anbauflächen wurden erweitert. Von rd. 550 Mio. ha landwirtschaftl. Nutzfläche entfielen im Durschschnitt der letzten Jahre 58% auf Ackerland. Haupterzeugnisse sind Getreide, Zuckerrüben, Kartoffeln, Sonnenblumenkerne, Baumwolle. Bedeutende Viehzucht (Rinder, Schweine, Pferde, Schafe, Ziegen) und Forstwirtschaft (etwa ⅓ des Waldbestandes der Erde), Fischerei in den Randmeeren der S., Pelztierfang bes. in O-Sibirien. Die S. ist reich an Bodenschätzen: Eisenerz, Mangan, Chrom, Erdöl (Kaukasus, Wolga-Ural-Gebiet), Erdgas (Sibirien, Kasachstan), Kohle (Kusnezker Kohlenbecken), Gold; ferner ⚒ auf Zink, Kupfer, Silber, Uran u. a. Die Industrialisierung nahm bes. seit dem 2. Weltkrieg stark zu und bezieht die asiat. Teile der S. ein. Schwerpunkte: zw. Dnjepr und Donez, um Moskau, am Ural (Swerdlowsk, Tscheljabinsk, Magnitogorsk), W- und Mittelsibirien (Omsk, Nowosibirsk, Nowokusnezk, Irkutsk), Mittelasien (Taschkent), Ferner Osten (Amurtal). Neben der Schwer-, Maschinen-, Raketen- und Raumfahrt-, chem. Ind. wird auch die Verbrauchsgüter-Ind. verstärkt ausgebaut. Ausfuhr (bes. nach Ostblockstaaten): Textilwaren, Bergbauerzeugnisse, Schnittholz u. a. VERKEHR. Rd. 1,5 Mio. km Straßen, rd. 141 000 km Eisenbahn. Der Bau der Baikal-Amur-Magistrale (BAM; 3145 km) soll erheblich zur wirtschaftl. Erschließung O-Sibiriens beitragen. Wichtige Binnenschiffahrt auf Flüssen und Kanälen (Marienkanalsystem, Moskau-Kanal, Ostsee-Weißmeer-Kanal, Dnjepr-Bug-Kanal, Wolga-Don-Kanal). Bedeutende Seeschiffahrt; Haupthäfen: Leningrad, Murmansk (einziger eisfreier Hafen), Archangelsk, Odessa, Rostow, Wladiwostok. Mittelpunkt des Flugnetzes ist Moskau.

❻ Nach dem Ausbruch der »Februarrevolution« (im März) 1917, die den Zaren zur Abdankung zwang (→ russische Geschichte), riß

Verwaltungsgliederung der Sowjetunion (1990)

Russische SFSR (17,075 Mio. km², 146,45 Mio. Ew., Hptst.: Moskau). Zu ihr gehören:
a) 16 Autonome SSR: Baschkir., Burjat., Dagestan., Kabardino-Balkar., Kalmyk., Karel. ASSR, ASSR der Komi, ASSR der Mari, Mordwin. Nordosset., Tatar., Tuwin., Udmurt., Tschetscheno-Ingusch., Tschuwasch., Jakut. ASSR.
b) 5 Autonome Gebiete: Gorno-Altaiisches, Adygeisches, Chakass., Karatschaiisch-Tscherkess., Jüd. Autonomes Gebiet.
c) 10 Autonome Bezirke (bis zur Verf. von 1977 »Nationalbezirke«): die Autonomen Bezirke der Nenzen, Burjaten von Ust-Ordinsk, Korjaken, Dolgano-Nenzen, Ewenken, Tschuktschen, Komi-Permjaken, Chanten und Mansen, Jamalo-Nenzen, Aginsker Burjaten.
d) 6 Gaue: Altai, Krasnodar, Krasnojarsk, Primorje, Stawropol, Chabarowsk.
e) 49 Gebiete.
Ukrainische SSR (603 700 km², 51,37 Mio. Ew., Hptst.: Kiew). Zu ihr gehören 25 Gebiete.
Weißrussische SSR (207 600 km², 10,14 Mio. Ew., Hptst.: Minsk). Zu ihr gehören 6 Gebiete.
Usbekische SSR (447 400 km², 19,56 Mio. Ew., Hptst.: Taschkent). Zu ihr gehören:
a) die Karakalpakische ASSR.
b) 11 Gebiete.
Kasachische SSR (2 717 300 km², 16,47 Mio. Ew., Hptst.: Alma-Ata). Zu ihr gehören 19 Gebiete.
Georgische SSR (69 700 km², 5,29 Mio. Ew., Hptst.: Tiflis). Zu ihr gehören:
a) 2 ASSR: Abchas., Adschar. ASSR.
b) das Südosset. Autonome Gebiet.
Aserbaidschan. SSR (86 600 km², 6,92 Mio. Ew., Hptst.: Baku). Zu ihr gehören:
a) die ASSR Nachitschewan.
b) das Autonome Gebiet Berg-Karabach.
Litauische SSR (65 200 km², 3,68 Mio. Ew., Hptst.: Wilna).
Moldauische SSR (33 700 km², 4,24 Mio. Ew., Hptst.: Kischinew).
Lettische SSR (63 700 km², 2,67 Mio. Ew., Hptst.: Riga).
Kirgisische SSR (198 500 km², 4,23 Mio. Ew., Hptst.: Frunse). Zu ihr gehören 3 Gebiete.
Tadschikische SSR (143 100 km², 4,9 Mio. Ew., Hptst.: Duschanbe). Zu ihr gehören das Autonome Gebiet Berg-Badachschan und 2 Gebiete.
Armenische SSR (29 800 km², 3,45 Mio. Ew., Hptst.: Eriwan).
Turkmenische SSR (488 100 km², 3,45 Mio. Ew., Hptst.: Aschchabad). Zu ihr gehören 5 Gebiete.
Estnische SSR (45 100 km², 1,57 Mio. Ew., Hptst.: Reval).

die bolschewist. Partei (→ Bolschewismus) unter → Lenin am 7. Nov. 1917 die Regierungsgewalt an sich. Nach dem Frieden von Brest-Litowsk, der unter Verzicht auf die westl. Grenzländer den Krieg beendete, wurde im März 1918 in Moskau durch den All-russ. Kongreß der Sowjets (Arbeiterräte) die »Russ. Sozialist. Föderative Sowjetrepublik« (RSFSR) gegründet. Im Bürgerkrieg (1918-1921) behauptete sich die Sowjetmacht mit Hilfe der »Roten Armee« unter L. Trotzkij gegen die »Weiße Armee« (Koltschak, Denikin, Judenitsch, Wrangell) und gegen die Intervention der Ententemächte (England, Frankreich, USA, Japan). Nach Intervention der Bolschewiki hatten sich auch in Randgebieten des ehem. Zarenreiches Sowjetrep. (Ukraine, Weißrußland, Transkaukasien) gebildet, die sich Dez. 1922 durch Vertrag mit der RSFSR in der »Union der Sozialist. Sowjetrep.« (UdSSR) zu einem föderativen Bundesstaat vereinigten. Infolge des wirtschaftl. Zusammenbruchs in den Jahren des »Kriegskommunismus« leitete Lenin 1921 die »neue ökonom. Politik« (NEP) ein. Schon vor Lenins Tod (1924) wurde → Stalin der einflußreichste Politiker; er schaltete Trotzkij, Sinowjew und Kamenew, später die Gruppe um Bucharin aus. 1928 begann unter ihm die Periode der totalen Planwirtschaft: Industrialisierung mit weitgehender Technisierung und (1928-32) die »Kollektivierung« der Landwirtschaft. Die innere soziale Revolution, die mit der Verf. v. 1936 abschloß, und die »Große Säuberung« (1936-38) veränderten das innere Gefüge von Partei, Staat und Gesellschaft wesentlich. 1939 entzog sich Stalin der brit. Koalitionspolitik und nutzte nach dem deutsch-sowjet. Pakt vom 23. 8. 1939 den europ. Krieg zu Gebietserweiterungen im W aus: Ostpolen, Baltikum, Bessarabien, nördl. Bukowina, karel. Landenge und Ostkarelien. 1941 ließ Hitler dt. Truppen in die S. einmarschieren (→ Weltkrieg II). Die S. verbündete sich nun mit den angelsächs. Mächten. In Ostasien schaltete sie sich 1945 in die Endphase des Krieges gegen Japan ein.

Aus dem 2. Weltkrieg ging die S. als Weltmacht hervor. Durch die Beschlüsse bes. von → Jalta (1945) und das → Potsdamer Abkommen (1945) gewann sie weitere Gebiete (nördl. Ostpreußen, Karpato-Ukraine) und baute v. a. in ihrem europ. Vorfeld einschl. der Sowjet. Besatzungszone Dtl.s (→ deutsche Geschichte) einen kommunistisch regierten Staatengürtel auf. Im Fernen Osten gewann sie von Japan Süd-Sachalin und die Kurilen; nach dem Sieg der Kommunisten in China schloß sie 1950 einen Freundschafts- und Beistandspakt mit der VR China. Das Vordringen des kommunist. Herrschaftsbereichs in Europa und der Korea-Krieg entfachten seit etwa 1947 den »Kalten Krieg« zw. der S. und den westl. Siegermächten des 2. Weltkrieges.

Nach dem Tod Stalins (5. 3. 1953) wurde G. Malenkow Gen.-Sekr. der KPdSU und MinPräs. Im Sept. 1953 mußte er die Führung der Partei an N. S. Chruschtschow, 1955 die Leitung der Reg. an N. Bulganin abtreten. 1958 übernahm Chruschtschow auch das Amt des MinPräs. Die von ihm 1956 eingeleitete »Entstalinisierung« verurteilte den stalinist. Terror als persönl. Herrschaftsstil Stalins (»Personenkult«). – In der Außenpolitik leitete Chruschtschow nach dem Prinzip der »Friedlichen Koexistenz« eine Entspannungsdiplomatie ein (Ende des Korea-Krieges, Versöhnung mit Tito); zugleich unterdrückte die S. jedoch alle Selbständigkeitsbestrebungen im Ostblock (1953 in der Dt. Dem. Rep., 1956 in Ungarn) und sicherte 1955 ihre Stellung dort durch den → Warschauer Pakt. In ihrer Deutschlandpolitik vertrat sie 1955-89/90 die These von der Existenz zweier dt. Staaten und der Freien Stadt West-Berlin (Berlin-Ultimatum 1958). Nach den polit. Umwälzungen in der Dt. Dem. Rep. erklärte die S. 1989/90 die Wiedervereinigung Dtl.s für möglich.

Nach dem Sturz Chruschtschows (1964) wurde sich L. I. Breschnew (1964-82 Erster Sekr. des ZK der KPdSU, 1977-82 auch Staatsoberhaupt) zur politisch bestimmenden Persönlichkeit in der S. Nach seinem Tod folgten ihm J. W. Andropow (1982-84) und K. U. Tschernenkow (1984/85) in den Ämtern. Nach Tschernenkows Tod wurde M. S. Gorbatschow Erster Sekr. der KPdSU. Er vollzog mit der Auswechslung zahlreicher Spitzenfunktionäre einen Generationenwechsel an der Parteispitze und leitete, seit 1988 Vors. des Präsidiums des Obersten Sowjet, eine Ära der Reformen in Innen-, Außen- und Wirtschaftspolitik ein. Mit einer weitgehenden Transparenz der polit. Entscheidungsprozesse soll u. a. die Wirtschaft zu größerer Effizienz, mehr Produktivität und stärkerer Eigenverantwortung gebracht werden. Die bisherige Außenpolitik zeichnete sich durch eine Dialogaufnahme mit den USA, weitgehende Abrüstungs- und Friedensinitiativen aus. Der Konflikt um Afghanistan konnte mit diplomat. Mitteln beendet werden, die dort stationierten sowjet. Truppen wurden Febr. 1989 abgezogen. Den polit. Umwälzungen 1989/90 in den osteurop. Staaten stand die S. neutral gegenüber. Im Innern wurde mit den Verf.-Änderungen von 1988 und 1990 eine Umgestaltung eingeleitet. Die Streichung der führenden Rolle der KPdSU aus der Verf. ermöglicht die Bildung eines Mehrparteiensystems. Zugleich wurde die S. in eine Präsidialrepublik umgewandelt (erster, noch vom Kongreß der Volksdeputierten gewählter Präs.: M. S. Gorbatschow). Langeschwelende Nationalitätenkonflikte brachen sich seit 1988 in Aserbeidschan, Armenien und Georgien Bahn. Sie konnten bislang nicht gelöst werden. Der einseitigen Unabhängigkeitserklärung Litauens (1990) begegnete die S. mit wirtschaftl. Sanktionen.

Soyinka, Wole, nigerian. Schriftsteller, *1934, v. a. gesellschaftskrit. Romane und Dramen in engl. Sprache, Nobelpreis 1986.

sozial [lat.], **1)** die Gesellschaftsordnung betreffend. **2)** gemeinschaftsfördernd.

Sozialabgaben, i. e. S. die von privaten Haushalten und Unternehmen entrichteten Beiträge zur Sozialversicherung (Renten-, Kranken-, Arbeitslosenversicherung).

Sozialarbeit, alle sozialhelfer. und -pädagogischen Maßnahmen; Ausbildung: in Höheren Fachhochschulen für S., für Jugendhilfe, Sozialpädagogik sowie in besonderen Schulen.

Sozialbeiträge, gesetzl. Arbeitgeber- und Arbeitnehmerbeiträge zur Sozialversicherung.

Sozialdemokratie die, polit. Parteirichtung, die die Grundsätze des Sozialismus und der Demokratie zu verbinden sucht. Der Name S. beschränkt sich seit dem 1. Weltkrieg auf den gemäßigten, evolutionären Flügel (→ Sozialismus, → Kommunismus); er umfaßt nach dem in Dtl. üblichen Sprachgebrauch die nichtkommunist., in der 1919/20 und dann 1951 neugegr. Zweiten → Internationale zusammengefaßten sozialist. Parteien. – Die **Sozialdemokrat. Partei Deutschlands (SPD)** entstand 1875 durch Zusammenschluß der Sozialdemokrat. Arbeiterpartei mit dem Allg. Dt. Arbeiterverein als Partei des entschiedenen Marxismus, zu dem sich das Erfurter Programm von 1891 bekannte. 1912 wurde sie stärkste Partei des Reichstags. Seit 1899 entstand der bes. von E. Bernstein entwickelte reformist. Revisionismus, der sich bis 1919 in der Partei durchsetzte. Die im 1. Weltkrieg abgespaltene **Unabhängige Sozialdemokrat. Partei** ging 1922 wieder in der SPD auf. In der Weimarer Zeit war die SPD mehrfach an Koalitionsregierungen beteiligt und stellte mit F. → Ebert den ersten Reichspräsidenten. Zu den Führern gehörten Bebel, Liebknecht, v. Vollmar, Ebert, Scheidemann, Herm. Müller, in Preußen Braun, Severing. In der nat.-soz. Zeit wurde die SPD, die als einzige Partei gegen das »Ermächtigungsgesetz« gestimmt hatte, 1933 aufgelöst. Nach 1945 wiedergegr., ging sie in der sowjet. Besatzungszone in der → Sozialistischen Einheitspartei Deutschlands (SED) auf, entstand 1989 wieder als eigenständige Partei. In der Bundesrep. Dtl. wurde sie zweitstärkste Partei. Auf dem Parteitag in Bad Godesberg (1959) gab sich die SPD ein neues Grundsatz-Programm. 1966 bildete sie mit der CDU, 1969-82 mit der FDP eine Koalitionsreg., Bundeskanzler: W. Brandt (bis 1974), H. Schmidt (1974-82). Führende Politiker: Schumacher (†1952), Ollenhauer (†1963), Reuter (†1953), Erler (†1967), Schmid (†1979); heute Brandt, H.-J. Vogel, O. Lafontaine, J. Rau. – In ÖSTERREICH bildete sich 1888/89 unter V. Adler die **Sozialdemokrat. Partei Österreich, SPÖ** (1945 als **Sozialist. Partei Österreichs** neugegr.), die 1907 die zweitstärkste Partei des Reichsrats wurde. Nach 1918 wurde sie zunächst die stärkste, 1920 die zweitstärkste Partei. Maßgebend war die radikale Richtung des **Austromarxismus.** Unter der Regierung Dollfuß wurde die SPÖ 1934 aufgelöst. Seit der Neugründung 1945 stellte sie bis 1974 den Bundespräsidenten (K. Renner, T. Körner, A. Schärf, F. Jonas); bis 1966 trat sie in alle Koalitionsregierungen seit 1949 ein; 1970-83 stellte sie die Regierung unter B. Kreisky. Nach den Wahlen 1986 ging sie eine Koalition mit der Österreich. Volkspartei ein. – In der SCHWEIZ wurde die Sozialdemokrat. Partei endgültig 1880 gegründet. Von ihrer anfangs radikalen Haltung wandte sie sich nach dem 1. Weltkrieg, besonders seit 1933 ab. Die Wahl von 1975 brachte ihr erhebl. Stimmen- und Mandatsgewinne. In den SKANDINAVISCHEN STAATEN und in FINNLAND haben die unterschiedlich benannten entsprechenden Parteien die größte Wählerzahl; in den NIEDERLANDEN stellte die Arbeiterpartei 1948-58 und 1973-77 den MinPräs.; in BELGIEN ist sie die zweitstärkste Partei. In FRANKREICH bildete sich 1905 die »Frz. Sektion der Arbeiterinternationale« (Section Française de l'Internationale Ouvrière, S. F. I. O.), die seitdem in der III. und IV. Republik eine einflußreiche Rolle spielte. In der V. Republik wurde sie ein entschiedener Gegner Präs. de Gaulles; 1972 vereinbarte der Parti Socialiste unter F. Mitterrand mit der KPF eine gemeinsame polit. Plattform (1978 zerbrochen). Seit 1981 stellt sie mit F. Mitterrand den Staatspräs. und nach den Wahlen zur Nationalvers. 1988 die Reg. unter M. Rocard. In GROSSBRITANNIEN führten polit.-ideolog. Differenzen in der → Labour Party zum Austritt sozialdemokratisch orientierter Mitgl., die im März 1981 die »Social Democratic Party« gründeten. Diese schloß im Hinblick auf Neuwahlen ein Wahlbündnis mit den Liberalen. – 1892 gegr., 1926 von Mussolini aufgelöst, nach dem 2. Weltkrieg neu gegr., spaltete sich die Sozialist. Partei ITALIENS in die kommunistenfreundl. Nenni-Sozialisten (PSI) und die antikommunistisch eingestellten Saragat-Sozialisten (heute PSDI). Der Wiederzusammenschluß beider 1967 scheiterte 1969 wieder an der Frage der Zusammenarbeit mit den Kommunisten. Seit Ende der 70er Jahre beteiligten sich PSI und PSDI an der Regierung; der PSI stellte 1978-85 den Staatspräs. (S. Pertini). Nach dem Umbruch in PORTUGAL (1974) wurden die Sozialisten unter M. Soares stärkste Partei, verloren aber in den Wahlen 1979/80 erheblich. Bei den Wahlen 1983 und 1987 erlangten sie erneut die Mehrheit der Sitze. In SPANIEN errang die Sozialist. Partei bei den Wahlen 1982 die absolute Mehrheit und stellt den MinPräs. In GRIECHENALND errang die von A. Papandreu geführte »Panhellen. Sozialist. Bewegung« (PASOK) 1982 und 1985 die absolute Mehrheit und stellte bis 1988/89 die Reg. In den VEREIN. STAATEN ist die »Amerikan. Arbeiterpartei« ohne Bedeutung und im Kongreß nicht vertreten. – In den OSTBLOCKSTAATEN sind die sozialdemokrat. Parteien mit den kommunistischen zu Einheitsparteien verschmolzen.

soziale Frage, schlagwortartige Bez. für die Gesamtheit der sozialpolit. Probleme, die sich im Verlauf der Bevölkerungs- und Industrialisierungsentwicklung und der daraus resultierenden Umwälzungen ergaben; i. e. S. für die soziale Lage der europ. Arbeiter im 19. und beginnenden 20. Jh.

soziale Kontrolle, der in allen Gesellschaften herausgebildete Mechanismus gegenseitiger Verhaltenskontrolle.

soziale Marktwirtschaft, → Marktwirtschaft.

sozialer Wohnungsbau, der Bau von Wohnungen für einkommensschwache Bevölkerungsschichten. Der Staat gibt den Trägern zinslose oder -verbilligte Darlehen, Steuervergünstigungen u. a.

soziale Sicherheit, Forderung nach dem Schutz des einzelnen, bes. der Sicherung seines Einkommens bei Krankheit, Unfall, Arbeitsunfähigkeit, Arbeitslosigkeit, Alter (Atlantik-Charta der Verein. Nationen).

Sozialforschung, empirische S., Arbeitsmethode der → Sozialwissenschaften, die sich der Entwicklung oder Überprüfung sozialer Theorien widmet; bedient sich der Techniken von Statistik, Feldforschung, Interview, Meinungsforschung u. a.

Sozialgerichtsbarkeit. Sozialgerichte entscheiden im wesentlichen über öffentl.-rechtl. Streitigkeiten in Angelegenheiten der Sozialversicherung, der Arbeitslosenversicherung und der Kriegsopferversorgung.

Sozialhilfe, früher **öffentl. Fürsorge,** organisierte (materielle, seel., erzieherische) Hilfstätigkeit durch Staat, Kirche, private Wohlfahrtsorganisationen zur Behebung individueller Notlagen und Gefährdungen. Einzelgebiete: Gesundheits-, Jugend-, Wirtschafts-S. Das Bundessozialhilfeges. v. 1961 (Neufassung v. 1976) regelt die staatl. Pflicht zur Gewährung von S. Träger der S. sind auf örtl. Ebene die kreisfreien Städte und Landkreise, auf überörtl. Ebene werden sie durch die Länder bestimmt. Träger der privaten freien Wohlfahrtspflege sind konfessionelle, humanitäre, weltanschaulich-polit. Organisationen, Vereine, Anstalten, Stiftungen.

Sozialisation [lat.] die, -/-en, **Sozialisierung,** Prozeß sowie Ergebnis des Hineinwachsens des Menschen in die Gesellschaft.

Sozialisierung die, Vergesellschaftung der Produktionsmittel, steht nach Marx am Ende der kapitalist. Entwicklung. Hauptformen: 1) **Verstaatlichung** (»Nationalisierung«) oder **Kommunalisierung,** d. h. Überführung privater Unternehmen in Gemeineigentum. 2) **Kollektivierung,** d. h. Übertragung von Eigentum und Betrieb an Vereinigungen der Arbeitnehmer.

Sozialismus [lat.] der, die im 19. Jh. als Folge der Industrialisierung und der damit anfänglich verbundenen Proletarisierung der Arbeitermassen entstandenen Bewegungen und Lehren, die die individualist., liberal-kapitalist. Gesellschafts- und Wirtschaftsordnung durch eine klassenlose, auf Gemeineigentum und Gemeinwirtschaft gegründete Ordnung ersetzen wollen. In dieser allg. Zielsetzung stimmen die beiden auf die Lehre von Marx und Engels zurückgehenden, etwa seit der russ. Revolution von 1917 getrennten Bewegungen des **Kommunismus** (→Marxismus, →Bolschewismus) und des S. überein. Unter S. i.e.S. wird in der westl. Welt heute meist der **evolutionäre S.** (Revisionismus, Reformismus) verstanden (→Sozialdemokratie). Er will den S. schrittweise durch soziale Reformen, nicht durch die Weltrevolution erreichen. Die von der marxist. Lehre der zunehmenden Verelendung des Proletariats abweichende Entwicklung mit ihrer weitgehenden Umschichtung von Besitz und Einkommen läßt den Gedanken des Klassenkampfes zurücktreten; die Forderung nach einer Sozialisierung der Produktionsmittel wird auf den Großgrundbesitz und die Grundindustrien (Kohle, Eisen, Energie) oder auf diese und andere Wirtschaftszweige (Banken, Versicherungen, Verkehr) beschränkt; der Schwerpunkt liegt in dem Streben, die soziale Lage des Arbeitnehmers und seine Stellung im Betrieb (→Mitbestimmung) zu verbessern. Die wirtschaftl. und gesellschaftl. Schäden der Industrialisierung bewirkten, daß das Bestehen der »sozialen Frage« auch in den nichtsozialist. Parteien, oft unter Einfluß christl. Gedanken, erkannt wurde, so daß sich vielfach der Abstand zw. den **sozialistischen** und den **bürgerlich-sozialen** Parteien verringert hat; der in vielen Ländern erfolgte Eintritt der Sozialisten in Koalitionsregierungen drängte ebenso zu einer Annäherung. Die polit. Veränderungen in den osteurop. Staaten 1989/90 stellten die sozialist. Konzeption in Frage. – Nach der marxist.-leninist. Lehre ist dagegen der S. ein Übergangsstadium zum Kommunismus; der S. ist erreicht, wenn die Produktionsmittel und die Produktion vergesellschaftet sind und die klassenlose Gesellschaft hergestellt ist, der Kommunismus, wenn darüber hinaus jeder den gleichen Zugang zu den Verbrauchsgütern hat und die staatl. Zwangsgewalt fortgefallen ist.

Sozialistengesetz, vom Bismarck 1878 zur Bekämpfung der Sozialdemokratie durchgesetztes Ausnahmegesetz. Es ermächtigte u.a. die Polizei zur Auflösung ihrer Vereine und zur Beschlagnahme ihrer Zeitungen und Schriften. Das S. lief 1890 ab.

Sozialistische Einheitspartei Deutschlands, Abk. **SED,** in der Dt. Dem. Rep. bis 1990 herrschende Staatspartei, 1946 in der Sowjetzone unter Druck der Sowjet. Militär-Administration durch Zusammenschluß der KPD und SPD entstanden; oberstes Parteiorgan: das Zentralkomitee (ZK), an seiner Spitze der Gen.-Sekr. Die SED beherrschte bis Ende 1989 die Nationale Front, in der die Parteien und Massenorganisationen der Dt. Dem. Rep. zusammengeschlossen waren. Im Staat übte sie die entscheidende Macht aus. Im Zug der revolutionären Veränderungen benannte sich die SED in →Partei des Demokratischen Sozialismus (PDS) um. Bei den Volkskammerwahlen (18. 3. 1990) erreichte sie keine regierungsfähige Mehrheit.

Sozialistischer Realismus, →Realismus.

Sozialplan, Vereinbarung zw. Betriebsleitung und Betriebsrat über Ausgleich oder Milderung wirtschaftl. Nachteile, die Arbeitnehmern durch Betriebsänderungen (Stillegung, Verlegung) entstehen; können einmalige oder dauernde finanzielle wie auch nicht finanzielle Leistungen beinhalten.

Sozialpolitik, Maßnahmen zur Verbesserung der Arbeits- und Lebensbedingungen der arbeitenden (auch der nichtarbeitsfähigen) Menschen, bes. der Schutz vor Not durch Krankheit, Alter, Erwerbslosigkeit, umfaßt Arbeitsschutz und -verfassung, Entlohnung, Sozialversicherung u.a. Es gibt staatl. und betriebl. S.

Sozialprodukt, Geldwert aller in der Volkswirtschaft jährl. gewerbsmäßig hergestellten Güter und in Anspruch genommenen Dienste; Bundesrep. Dtl. 1960: 302; 1988: 2020,1 Mrd. DM.

Sozialrente, die von der sozialen Rentenversicherung, Unfallversicherung, Kriegsopferversorgung gezahlte Rente.

Sozialstaat, ein Staat, der die Überwindung sozialer Schäden, die Befriedung sozialer Gegensätze und die Förderung der sozialen Wohlfahrt durch →Sozialpolitik in sein Aufgabengebiet einbezieht (im Ggs. zum →Wohlfahrtsstaat). Das GG der Bundesrep. Dtl. bekennt sich zum **sozialen Rechtsstaat,** einer Verbindung von S. und →Rechtsstaat.

Sozialstatistik, i.w.S. die Statistik der gesellschaftlichen, kulturellen und wirtschaftl. Vorgänge und Einrichtungen; sie schließt die ganze Wirtschaftsstatistik ein; i.e.S. nur die Statistik der sozialen Vorgänge und Einrichtungen, bes. die der öffentl. Sozialleistungen.

Sozialstruktur, Gliederung einer Bev. in soziale Schichten nach Stellung im Beruf, Einkommenshöhe, Konsumgewohnheiten u.a.

Sozialtarife, nicht kostendeckende Preise für Verkehrsleistungen, die von den Verkehrsunternehmen aus gemeinwirtschaftl. (insbes. sozialen) Rücksichten erbracht werden müssen.

Sozialversicherung, staatl. Pflichtversicherung zum Schutz der Arbeitnehmer vor den Folgen von Krankheit, Unfall, Arbeitslosigkeit und Alter, umfaßt die soziale →Rentenversicherung, →Krankenversicherung, →Unfallversicherung und →Arbeitslosenversicherung. Versicherungspflichtig sind in der Bundesrep. Dtl. alle gewerbl. Arbeitnehmer, ein großer Teil der Angestellten (Einkommensgrenzen) sowie einzelne Gruppen von Selbständigen. – Die dt. S. wurde von Bismarck geschaffen **(Sozialgesetzgebung):** 1883 Kranken-, 1884 Unfall-, 1889 Invaliden- und Altersversicherung; 1911 folgte die Angestellten-, 1927 die Arbeitslosenversicherung. Nach 1945 wurde die gesetzl. Grundlage der S. in der Bundesrep. Dtl. ständig ergänzt und neu geregelt.

Sozialwissenschaften, Gesellschaftswissenschaften, befassen sich mit den Erscheinungen des gesellschaftl. Lebens. I.e.S. zählen zu den S. v.a. Soziologie, Politologie, Ethnologie, Anthropologie, Sozialpsychologie, in einem weiteren Verständnis zunehmend auch Volkswirtschaftslehre, Geographie, Psychologie, Pädagogik und Geschichtswissenschaft.

Sozietät [lat.] die, Gesellschaft, Genossenschaft, Verband.

Sozinianer Mz., Religionsgemeinschaft, die auf die Italiener L. und F. Sozzini (16. Jh.) zurückgeht; sie lehrten statt der Dreieinigkeit die Einheit Gottes **(Unitarier).**

Soziologie die, **Gesellschaftslehre,** Wissenschaft von der Gesellschaft, ihren Formen, Gesetzlichkeiten und ihrer Entwicklung. Die **allg. S.** sucht soziolog. Grundbegriffe zu gewinnen und zum System zu ordnen, die **spezielle S.** wendet die soziolog. Fragestellung auf einzelne Kulturbereiche (Religions-, Rechts-, Wissens-S.) oder auf bestimmte Teilerscheinungen an (S. des Dorfes, der Großstadt, des Berufs, des Betriebs usw.). Die **empirische Sozialforschung** versucht, Forschungshypothesen durch Ansammeln von Tatsachenmaterial (Erhebungen, Gruppenexperimente) zu untermauern.

Spaak

Sozius [lat.] der, Teilhaber.

Spaak, Paul-Henri, belg. Politiker (Sozialist), *1899, †1972; 1938-66 mehrfach Außenmin. und MinPräs. (1940-45 im Exil).

Space Art [speɪs ɑ:t, engl. »Weltraumkunst«], Kunstform, die sich mit der Darstellung des Weltraums im Bild beschäftigt.

Spacelab [sp'eɪslæb, engl. »Weltraumlabor«], europ. Raumfahrtprojekt als Beitrag zum Apollo-Nachfolgeprogramm, ausgeführt als amerikanisch(NASA)-europ. (ESRO/ESA) Gemeinschaftsprojekt. S. ist ein wiederverwendbares Weltraumlabor (Durchmesser 4,20 m, Länge 14,20 m, Gewicht 8050 kg), das bis zu 4 Personen aufnehmen kann. Es wird mit dem amerikan. Raumtransporter (→ Space shuttle) auf eine Erdumlaufbahn transportiert und bleibt während der ganzen Mission an dessen Oberstufe, den »Orbiter«, gekoppelt; in ihm befinden sich auch die Wirtschafts- und Schlafräume für die Besatzung. Im S. können wissenschaftl. Experimente ausgeführt werden. Erstflug: 1983 (D1-Mission), D2-Mission für 1992 geplant.

Space Shuttle [spˈeɪsʃʌtl, engl. »Weltraumpendler«] das, -, engl. Bez. für den wiederverwendbaren amerikan. → Raumtransporter.

Spagat [ital.] der, **1)** süddt.: Bindfaden. **2)** Turnen: Spreizen der Beine im Seitgrätsch- oder Quersitz bis in Waagerechtstellung.

Spalatin, Georg, Theologe, *1484, †1545; Freund Luthers, Hofkaplan Friedr. d. Weisen.

Spalier [frz.] das, **1)** Gestell für Spalierbäume. **2)** Ehrenaufstellung, in Reihen zu beiden Seiten eines Weges.

Spaltfrucht, ⚘ Trockenfrucht, die in einsamige Teilfrüchte längsgeteilt ist, z. B. beim Ahorn.

Spaltöffnungen, Stomata, mikroskop. kleine, spaltförmige Öffnungen an oberird. Pflanzenteilen, bes. in der Haut der Unterseite der Blätter; zur Atmung, Verdunstung, Assimilation.

Spanien

Spaltpilze, ✿ für → Bakterien.

Spaltprodukte, die bei der → Kernspaltung als Bruchstücke auftretenden (radioaktiven) Atomkerne und ihre Folgekerne, z. B. die Isotope Strontium 90, Iod 131 und Cäsium 137.

Spaltstoff, der für → Kernspaltung im Reaktor verwendete Stoff. **S.-Element,** → Brennstoffelement.

spanabhebende Formung, Bearbeitungsverfahren, wie Drehen, Fräsen, Hobeln, Räumen, Schleifen, bei denen ein Werkstück durch Abnehmen von Spänen geformt wird.

Spandau, VerwBez. W-Berlins. Das Gefängnis wurde 1946 Haftort für die in Nürnberg wegen Kriegsverbrechen verurteilten nat.-soz. Führer. 1966-87 war R. Heß der einzige Insasse.

Spaniel [engl.] der, Jagdhundrasse.

Spanien, span. **España,** Staat auf der Pyrenäenhalbinsel, 504 750 km² (einschl. Kanar. Inseln, Balearen sowie Ceuta und Melilla), 38,9 Mio. Ew.; Hptst.: Madrid. ⊕ S. 490.

STAAT. Nach der am 29. 12. 1978 in Kraft getretenen Verf. ist S. eine parlamentar. Erbmonarchie; Staatsoberhaupt ist der König. Volksvertretung und gesetzgebendes Organ ist das Parlament (Cortes Generales), bestehend aus dem Abgeordnetenhaus und dem Senat, der die Provinzen vertritt. An der Spitze der Reg. steht der auf Vorschlag der Cortes vom König ernannte MinPräs. Gliederung in 50 Prov. 1977/78 erhielten die Regionen Baskenland, Katalonien, Valencia, Kanar. Inseln, Galicien und Aragon eine beschränkte Selbstverwaltung (für weitere Regionen geplant).

LANDESNATUR. S. umfaßt das innere Hochland (Alt- und Neukastilien, getrennt durch das Kastil. Scheidegebirge), die nordwestl. Küstengebirgslandschaften Galicien, Asturien und Baskenland, im NO das Ebro-Becken bis zum Kamm der Pyrenäen, die östl. Küstenlandschaften Katalonien, Valencia und Murcia, im S das Tiefland Andalusien mit der Sierra Nevada (Hochandalusien), ferner die Inselgruppen der Balearen und der Kanar. Inseln. Hauptflüsse: Duero, Tajo, Guadiana und Guadalquivir zum Atlant. Ozean, Ebro und Júcar zum Mittelmeer. Klima: im inneren Hochland und Ebro-Becken im Sommer heiß, im Winter kalt, vorwiegend trocken; im NW mild und feucht (Bergwälder), an der südl. Mittelmeerküste sehr heiß (subtrop. Pflanzenwelt). BEVÖLKERUNG. → Spanier, Katalanen, Galicier, Basken. 42 Großstädte. Staatsreligion: römisch-katholisch.

WIRTSCHAFT. Anbau von Weizen, Gerste, Mais, Kartoffeln, Wein, Oliven, Südfrüchten, im S Zuckerrohr und Baumwolle (vielfach künstl. Bewässerung). Viehzucht (Schafe u. a.), Fischerei. ⚒ auf Kohle, Eisenerz, Schwefelkies, Kupfer, Blei u. a.; Hütten-, Fahrzeug- und Maschinen-, Textil-, chem. u. a. Ind. Fremdenverkehr. Ausfuhr: Citrusfrüchte, Oliven, Nüsse, Wein, Fahrzeuge, Bergbauerzeugnisse. Haupthandelspartner: USA, Bundesrep. Dtl., Frankreich. Haupthäfen: Barcelona, Valencia, Málaga, Cádiz, Bilbao.

Ⓖ Iberer und Ligurer, dann auch Kelten waren die ältesten Bewohner des Landes; es kam im 3. Jh. v. Chr. großenteils unter karthag., seit dem 1. Pun. Krieg unter röm. Herrschaft und wurde ganz romanisiert. Im 5. Jh. n. Chr. machten sich die german. Westgoten zu Herren S.s. Ihr Reich erlag 711 den Arabern, die hier das Kalifat von Córdoba gründeten. Allmählich entstanden im N mehrere kleine christl. Staaten: León, Navarra, Katalonien, Aragonien, Kastilien, im W Portugal. Wäh-

1

2

3

spanische Kunst: 1 Beatus-Apokalypse; 926. **2** L. Borrassà: Christus und hl. Petrus; 411. **3** Maiestas Domini, Wandmalerei aus S. Clemente in Tahull; 12. Jh.

rend Portugal sich seit dem 12. Jh. ganz selbständig entwickelte, dehnten sich auf der übrigen Pyrenäenhalbinsel die Königreiche Aragonien und Kastilien immer mehr aus, unter ständigen Kämpfen gegen die Mauren; der christl. Kreuzzugsgeist verkörperte sich in dem Nationalhelden → Cid. Durch die Heirat Isabellas von Kastilien und Ferdinands von Aragonien 1469 wurden beide Reiche zum span. Gesamtstaat vereinigt. 1481 Einführung der Inquisition; Austreibung der Mauren und Juden. Unter Karl I. (1516-1556), als Dt. Kaiser Karl V., der auch die Niederlande besaß, schufen span. »Konquistadoren« das Kolonialreich in Amerika. Unter Karls Sohn Philipp II. (1556-98) war das streng kath. S., die Heimat des Jesuitenordens, für ganz Europa die Vormacht der Gegenreformation. Die nördl. Niederlande erkämpften ihre Unabhängigkeit (→ Niederlande, Geschichte); im Kampf gegen England wurde 1588 die span. → Armada vernichtet. Die span. Habsburger starben 1700 aus. Ihnen folgte ein Zweig der frz. Bourbonen. Durch den → Spanischen Erbfolgekrieg wurden Belgien, Gibraltar und die bisherigen span. Nebenlande in Italien abgetrennt. König Karl III. vertrieb 1767 die Jesuiten. 1808 setzte Napoleon I. seinen Bruder Joseph Bonaparte auf den span. Thron (bis 1813). Die span. Kolonien in Amerika fielen 1810-24 ab (Lateinamerika). Das Streben nach einer liberalen Verfassung führte in der Folgezeit zu häufigen inneren Wirren; Bürgerkriege von 1834-1840 und 1873-76. Für kurze Zeit (1875/76) war S. Republik. 1898 verlor es Kuba, Puerto Rico und die Philippinen an die USA; seit 1904 nahm es unter schweren Kämpfen gegen die Rifkabylen das nördl. Marokko in Besitz. Im 1. Weltkrieg blieb es neutral. 1923-30 Militärdiktatur des Generals Primo de Rivera. 1931 dankte König Alfons XIII. nach einem Wahlsieg der Linksparteien ab; S. wurde demokrat. Republik. Der → Spanische Bürgerkrieg (1936-39) führte zur Bildung der autoritär-zentralist. Regierung unter General Franco. Trotz enger Verbindung zu den Achsenmächten blieb S. dem 2. Weltkrieg fern. Im Innern kam Franco den Monarchisten entgegen (1947 Nachfolge-Ges.). Die außenpolit. Isolation nach dem 2. Weltkrieg konnte 1953 durch den Abschluß eines militär. Beistandsabkommens mit den USA weitgehend überwunden werden. Seit 1954 gab Spanien seinen afrikan. Kolonien die Unabhängigkeit. Der sehr harte innenpolit. Kurs wurde seit Beginn der 60er Jahre durch begrenzte Reformen gelockert. Zu einem wirtschaftl. Aufschwung trug der steigende Tourismus bei. 1969 setzte Gen. F. Franco Prinz Juan Carlos zu seinem Nachfolger ein. Nach dem Tod Francos führten König Juan Carlos (seit 1975) und MinPräs. A. Suárez González (1976 bis 81; Nachfolger: L. Calvo Sotelo, 1981-82) Spanien zur Demokratie. Prov. mit histor. Gemeinschaftsstatus (v. a. Katalonien, Baskenland) erhielten Autonomie. Im Baskenland suchten radikale Gruppen (→ ETA) weitergehende Forderungen mit terrorist. Mitteln (1989 Wiederaufnahme gewalttätiger Aktionen) durchzusetzen. 1982 wurde F. González Marques (Sozialist. Arbeiterpartei; wiedergewählt 1989) MinPräs. – Seit Anfang der 60er Jahre bemühte Spanien sich verstärkt um die Rückgabe Gibraltars. 1982 trat es der NATO, 1986 der EG bei.

Spani|er Mz., roman. Volk auf der Pyrenäenhalbinsel, hervorgegangen aus der iber. Urbevölkerung durch vielfältige Überschichtung mit Kelten, Karthagern u. a. (→ Spanien, Geschichte). Zum span. Sprach- und Kulturbereich gehört auch Mittel- und Südamerika (außer Brasilien).

Spaniolen Mz., Nachkommen der 1492 aus Spanien und Portugal vertriebenen Juden.

1

2

3

4

spanische Kunst:

1 D. Velazquez: Venus mit Cupido.

2 El Greco: Mater Dolorosa; um 1585.

3 B. Murillo: Bettelbube.

4 J. Miró: Rhythmische Figuren, Entwurf für einen Wandteppich; 1934

Spanische Fliege, goldgrüner, langgestreckter Käfer, aus der Fam. der → Kanthariden.

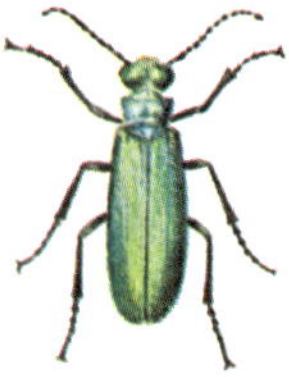

Spanische Fliege

spanische Kunst. Aus dem 9. und 10. Jh. sind westgot. Bauten in Asturien erhalten; seit dem 11. Jh. setzt sich der roman. Stil mit eigentüml. Schöpfungen in Baukunst, Plastik, Fresko- und Buchmalerei bes. in Katalonien durch. Die im 13. Jh. von Frankreich eingedrungene Gotik brachte große Kathedralen hervor, die in den Schmuckformen manche Besonderheiten zeigen (León, Burgos). Bis zum 16. Jh. gingen maur. und abendländ. Stilelemente immer wieder Verbindungen miteinander ein (Mudejarstil). Baukunst und Bildnerei der Renaissance sind stark von Italien abhängig (Escorial); Hauptmeister des Manierismus ist der Maler Greco. Im Barock tritt Eigenes deutlicher hervor und äußert sich v.a. in üppiger Fülle der Formen. Im 17. Jh. erlangte die span. Malerei durch Velazquez und Murillo europ. Bedeutung, im 19. Jh. wirkte der große künstler. Revolutionär Goya; an der Entstehung der modernen Kunst haben Spanier (Gaudi, Picasso, Mirò, Dali, Gargollo, Gonzalez) bedeutenden Anteil. (Weitere BILDER S. 830)

spanische Literatur. Ihr ältestes Denkmal ist das Heldengedicht vom Cid (um 1140). Nach den frz. beeinflußten Ritterromanen des 13. und 14. Jh. und der ital. beeinflußten Kunstlyrik des 15. Jh., die neben die volkstüml. Romanzendichtung trat, erreichte mit der polit. Entfaltung Spaniens im 16. und 17. Jh. auch die Literatur ihren Höhepunkt (»Goldenes Zeitalter«) mit dem Erzähler Cervantes (»Don Quijote«), den Dramatikern Lope de Vega, Tirso de Molina, Calderón, Moreto, den Mystikern Teresa de Jesús, Juan de la Cruz, Luis de León. Im stilist. überladenen Barockstil dichteten Góngora und Quevedo. Das aufgeklärte 18. Jh. stand unter frz. Einfluß. Im 19. Jh. wurde die nationale Romantik um 1860 von einer der Wirklichkeit zugewandten Dichtung abgelöst (Blasco Ibáñez, Pérez Galdós, Valera). Seit der Jahrhundertwende ist auch die Dichtung um eine Erneuerung Spaniens bemüht. Als Dramatiker erlangten Benavente, als Lyriker und Dramatiker García Lorca, als Kritiker und Essayisten J. Martínez Ruiz, M. de Unamuno, Ortega y Gasset Weltruf; Lyriker: J. R. Jiménez (Nobelpreis), P. Salinas, J. Guillén, L. Cernuda, V. Aleixandre (Nobelpreis), R. Alberti u.a., Erzähler: Baroja Valle Inclán, Pérez de Ayala, Jarnés, Cela, Aub, Goytisolo, Marsé, Barral, Grosso, Sender, Carmen Laforet, Ana María Matute. **Spanisch-amerikan. Literatur,** → lateinamerikanische Literatur.

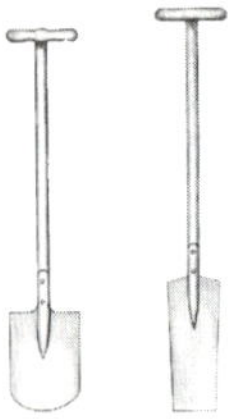

Spaten, links Umgrabe-, rechts Dränagespaten

Spanischer Bürgerkrieg, der von Juli 1936 bis April 1939 geführte Kampf der revoltierenden Truppen General Francos, der von der Falange und den klerikal-traditionalist. Karlisten unterstützt wurde, gegen die republikan. Madrider Regierung, die sich bes. auf sozialist. Gruppen stützte. Auf seiten Francos griffen Truppen des faschist. Italien und des nationalsozialist. Dtl. (Legion Condor) ein, auf seiten der Republikaner, die militärtechn. Hilfe der UdSSR erhielten, Freiwillige aus vielen Nationen (Internat. Brigaden). Die Eroberung Kataloniens durch Franco (Jan./Febr. 1939) entschied den S. B.; Madrid wurde am 28. 3. 1939 kampflos besetzt.

Spanische Reitschule Wien, 1572 in Wien gegr. Reitschule, Pflegestätte der Hohen Schule.

Spanischer Erbfolgekrieg 1701-14, veranlaßt durch das Erbe des letzten span. Habsburgers Karl II. Als der Bourbone Philipp V., ein Enkel Ludwigs XIV., den Thron bestieg, verbanden sich England, Holland und Österreich und stellten ihm den österr. Habsburger Karl (später Kaiser Karl VI.) entgegen. Eugen von Savoyen und Marlborough erfochten 1704-09 die Siege von Höchstädt, Turin, Ramillies, Oudenaarde, Malplaquet. Dann erfolgte ein Umschwung: Marlborough wurde gestürzt, England schloß den Utrechter Frieden 1713, dem Österreich im Rastatter Frieden 1714 beitreten mußte. Philipp V. blieb König von Spanien, während die span. Nebenlande (Neapel, Mailand, südl. Niederlande) an Österreich fielen; England gewann Gibraltar und Neufundland.

Spargel

Spanischer Pfeffer, der Paprika.

Spanischer Reiter, bewegl. Drahthindernis.

spanische Sprache, roman. Sprache, die auf dem größten Teil der Pyrenäenhalbinsel, auf den Kanar. Inseln, in Südamerika (außer Brasilien), Mittelamerika, Mexiko sowie auf den Philippinen gesprochen wird. Die Schriftsprache ist aus der kastil. Mundart hervorgegangen. Die **katalan. Sprache** entwickelte sich selbständig; sie steht zw. dem Spanischen und Provenzalischen.

Spanische Reitschule Wien: Levade

Spanische Wand, der → Paravent.

Spanisch-Guinea, ehem. span. Überseeprovinz, → Äquatorial-Guinea.

Spanisch-Sahara, früherer Name von → Westsahara.

Spann, Othmar, österr. Nationalökonom, Philosoph, *1878, †1950; forderte einen christl. Ständestaat.

Spanner Mz., Fam. von Nachtfaltern, deren Raupen sich »spannend« fortbewegen, indem sie ihren Körper stark krümmen und wieder ausstrecken. **Stachelbeer-S. (Harlekin),** an Beerensträuchern; **Frost-S.,** Obstbaumschädling; **Kiefern-S.,** Waldschädling.

Spannung die, ⊠ **1)** Zustand, den ein elast. Körper einnimmt, wenn äußere Kräfte auf ihn einwirken. **2) elektrische S.,** → Elektrizität.

Spannungskonstanthalter, Stabilisator, elektr. Schaltung, die bei schwankender Versorgungsspannung einen nachgeschalteten Verbraucher mit einer konstanten Spannung beliefert.

Spannungsreihe, 1) thermoelektr. S., Reihenfolge der Metalle und Legierungen nach abnehmender Thermospannung gegen ein Bezugsmetall, z. B. Kupfer: Sb, CrNi, Fe, Sn, Au, Cu, Ag, Rh, Pb, Al, Pt, Hg, Ni, Konstantan, Bi. **2) elektrochem. S. (Voltasche S.),** Reihenfolge der Elemente nach steigendem Potential gegenüber der Normalwasserstoffelektrode: (unedel, negativ) K, Ca, Na, Mg, Al, Mn, Zn, Cr, Fe, Cd, Ni, Sn, Pb, H, Sb, As, Cu, C, Hg, Ag, Au, Pt (edel, positiv).

Spannweite, ⊙ **1)** bei Brücken der Abstand benachbarter Stützen voneinander. **2)** Vögel, Flugzeuge: Entfernung zw. den äußersten Enden der Flügel.

Spanten Mz., Flugzeug- und Schiffbau: gebogene Träger aus Holz oder Metallprofilen zur Querversteifung und Formhaltung.

Spargel der, Liliengewächs, bis 2 m hohe Staude mit hellgrünen Schein-Nadeln, grünlich-gelben Blüten und roten Beeren; die unterird. dicken, weißen Sprosse **(Pfeifen, Stangen)** geben geschätztes Gemüse. S.-Zucht auf sonnigem, feinkörnigem Sandboden.

Spark [sp'a:k], Muriel, engl. Schriftstellerin, 1918; Romane (»Das Mandelbaumtor« u.a.).

Sparkasse, Kreditanstalt, die Spareinlagen verwaltet und verzinst. Jeder Inhaber eines **Sparkontos** erhält ein **Sparbuch,** in dem alle Kontoänderungen eingetragen und quittiert werden. Die S. führen auch Depositen- und Kontokorrent-Konten; sie geben Kommunal-, Hypotheken- und kurzfristige Kredite.

Sparren der, die schrägliegenden Hölzer des Dachgerüsts, Träger der → Dachdeckung.

Sparringskampf [engl.], Boxen: Trainingskampf mit Gesichts- und Kopfschutz.

Sparta, im Altertum auch **Lakedämon,** Hptst. der Landschaft Lakonien, am Eurotas, neben Athen die bedeutendste Stadt Altgriechenlands. Die **Spartaner** führten ein auf Krieg und Dienst am Staat eingestelltes Leben; **spartanisch,** streng.

Spartacus, röm. Sklave, Thraker, Führer im 3. Sklavenkrieg, schlug mehrere röm. Heere, fiel 71 v. Chr.

Spartakusbund, 1) linksradikale Vereinigung unter Führung von Karl Liebknecht und Rosa Luxemburg, gegr. 1917; aus ihr ging 1918/19 die Kommunist. Partei Dtl.s hervor. **2) Marxistischer Studentenbund Spartakus,** Abk. **MSB,** 1971 gegr. kommunist. Studentenverband, ideologisch an der DKP orientiert.

Sparte [lat.] die, Abteilung, Fach.

Spar- und Darlehnskasse, Darlehnskassenverein, ländl. Kreditgenossenschaft.

spasmisch, spasmodisch [grch.], krampfartig. **spasmogen,** krampferzeugend.

Spasmophilie [grch.] die, durch Kalkverarmung des Blutes bedingte Neigung zu Muskelkrämpfen bei Kindern mit Rachitis.

Spasmus [grch.] der, Krampf, bes. Starrezustand der Muskeln nach Erkrankung einer zu den Muskeln gehenden Nervenbahn im Rückenmark. Eigw.: **spastisch.** Hptw.: **Spastiker,** der.

Spat der, Entzündung der Knochenhaut am Sprunggelenk des Pferdes, führt oft zu Knochenauflagerungen, stets zu Lahmgehen.

Spat|eisenstein, → Eisenspat.

Spaten der, Gerät zum Umgraben, mit flachem eisernem Blatt.

Späth, Lothar, Politiker (CDU), *1937, seit 1978 MinPräs. von Bad.-Württ.

Spatium [lat.] das, Mz. ...tien, Zwischenraum.

Spätlese, Gütebez. für Qualitätsweine mit Prädikat, zw. Kabinett und Auslese; aus vollreifen, nach der allg. Lese geernteten Trauben.

SPD, Abk. für **S**ozialdemokratische **P**artei **D**eutschlands (→ Sozialdemokratie).

Speaker [sp'i:kə, engl.] der, im brit. Unterhaus und im Repräsentantenhaus der USA der Leiter der Sitzungen.

Spechte, Klettervögel mit starkem, meißelartigem Schnabel, Kletterfuß und steifen, aufstemmbaren Schwanzfedern. Sie hacken Insekten aus Rinde und Holz frei und erbeuten sie mit Hilfe ihrer langen, widerhakigen, klebrigen Zunge. Ihre Nisthöhlen meißeln sie meist in morsche oder kernfaule Bäume. Mitteleurop. Arten: **Schwarz-S.** 50 cm, mit rotem Kopf; **Großer, Mittlerer** und **Kleiner Bunt-S.,** kleiner, schwarz, weiß und rot; **Grün-S.,** grünlich, am Kopf und Nacken rot.

Spechtmeise, Vogel, → Kleiber.

Speci|es, Spezi|es [lat.] die, -/-, **1)** in der Biologie nur Ez., die → Art. **2)** bei Arzneiverordnungen nur Mz., Teegemische.

Speckbacher, Joseph, Tiroler Freiheitskämpfer, *1767, †1820; gehörte 1809 zu den Führern um Andreas Hofer; entkam nach Wien.

Speck|käfer, kleiner brauner Käfer mit heller Binde, Schädling an Fleisch, Speck, Pelzen.

Speckstein, Steatit, dichter → Talk; dient zur Herstellung säurefester Gefäße, Schmelztiegel, Ofensteine, als Schmier- und Dichtungsmittel, verwendet im Kunstgewerbe.

Spediteur [-t'ø:r, frz.] der, gewerbsmäßiger Beförderer von Gütern.

Spee, Friedrich **S. von Langenfeld,** Dichter, *1591, †1635, Jesuit; religiöse Lieder »Trutz-Nachtigall«; gegen die Hexenprozesse.

Speedwayrennen [sp'i:dweɪ-, engl. »Rennbahn«], Motorradrennen auf Aschen- und Eisbahnen.

Speer der, **1)** die → Lanze. **2)** Sportgerät für Wurfübungen (Männer 2,60 m lang, 800 g schwer; Frauen 2,20 m, 600 g).

Speer, Albert, Politiker (Nationalsozialist), *1905, †1981, Architekt, 1937 Generalbauinspektor für Berlin, plante u.a. gigant. Repräsentationsbauten, 1942-45 Reichsmin. für Bewaffnung; 1946 in Nürnberg zu 20 Jahren Gefängnis verurteilt (Spandau). Werke: Erinnerungen; Spandauer Tagebücher u.a.

Speiche die, **1)** Verbindungsstück zw. Radkranz und Nabe. **2) Radius,** ♡ Röhrenknochen an der Daumenseite des Unterarms.

Speichel der, dünn- oder zähflüssige Absonderung der Mundspeicheldrüsen (Ohrspeichel-, Unterkiefer-, Unterzungendrüse u.a.); besteht aus Wasser, Salzen, Schleimstoffen und enthält das stärkespaltende Enzym Ptyalin. Er dient zur leichteren Verdauung der Nahrung. Die tägl. abgesonderte Menge beträgt etwa 0,5-2 l.

Speicher der, wichtige, datenspeichernde Funktionsgruppe eines Computers. Als Intern-S. fungieren **Halbleiter-S.** (ROM, Abk. für Read Only Memory: nichtflüchtiger Nur-Lese-S.; RAM, Abk. für Random Access Memory: flüchtiger Schreib-Lese-S. als Haupt- oder Arbeits-S.), als Extern-S., nichtflüchtige **magnetische** (Magnet- oder Festplatte, Diskette, Magnetband) oder **optische S.**

Speicherkraftwerk, Wasserkraftwerk, bei dem Wasser in einem Staubecken gesammelt wird. Das S. wird nur bei Spitzenbedarf genutzt.

Speidel, Hans, General, *1897, †1984; 1940-44 in Generalstabsstellungen, 1944/45 als Angehöriger der Widerstandsbewegung in Haft; seit 1951 im Amt Blank, dann in der Bundeswehr, 1957-63 Oberbefehlshaber der NATO-Landstreitkräfte in Mitteleuropa.

Speierling, eine Art der Eberesche.

Speik der, duftreiche Pflanzen wie Lavendel, Primel, Nelkenwurz, Kreuzkraut, Garbe.

Speisefette, die zur menschl. Ernährung geeigneten festen Fette, z.B. Butter, Margarine, Schweine-, Rinds-, Hammelfett. Gehärtete S. müssen als **Kunst-S.** bezeichnet werden.

Speiseöle, die bei Zimmertemperatur flüssigen Speisefette.

Speise|röhre, Ösophagus, Teil des Nahrungskanals, zw. Schlundkopf und Magen, ein 25 cm langes, 1-1,5 cm breites muskulöses Rohr, innen von Schleimhaut überzogen. Verengungen entstehen durch Geschwürbildung (Krebs) oder Narbenbildung infolge Verätzungen usw.

Speise|wasser, Wasser, das einem Dampfkessel zur Ergänzung des verdampften Wassers zugeführt wird.

Speiskobalt, ein Kobaltmineral.

Spektakel [lat.], **1)** der, Lärm, Aufruhr. **2)** das, Schauspiel.

Spektral|analyse [lat.-grch.], Verfahren zum Nachweis und zur Mengenbestimmung chem. Elemente und Verbindungen aus ihrem → Spektrum.

Spektralapparate [lat.], opt. Geräte zum Erzeugen und Messen von Spektren und zum Bestimmen der Wellenlänge.

Spektralfarben, Farben des → Spektrums.

Spektralklassen, Spektraltypen, Klassen von Sternen, die auf Grund ihrer Spektren gebildet werden.

Spektral|lampe, Gasentladungslampe zum Erzeugen des Linienspektrums eines Gases oder Metalles und von monochromat. Licht.

Spektroskopie [lat.-grch.], ⊠ Lehre von der Erzeugung, Beobachtung, Registrierung

1

2

3

4

Spechte: 1 Dreizehenspecht, **2** Grünspecht, **3** Buntspecht, **4** Schwarzspecht

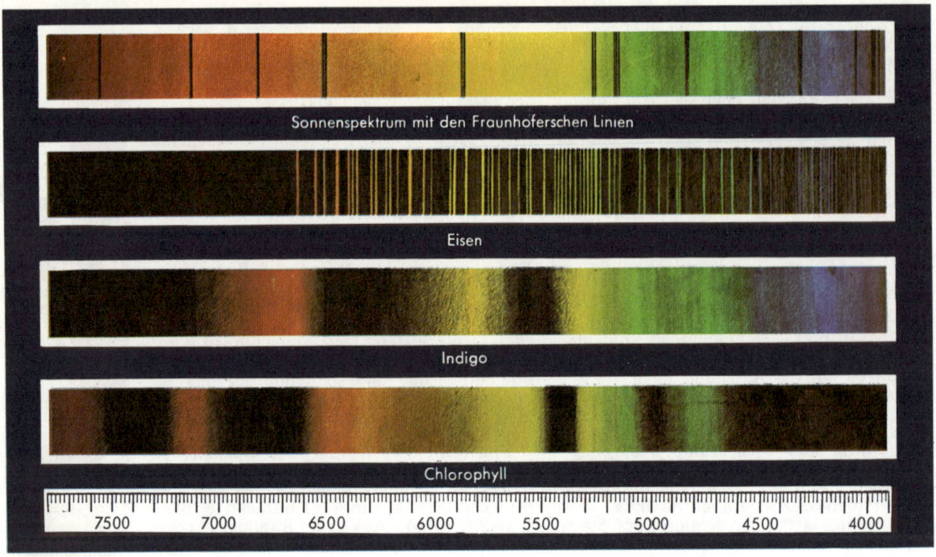

Spektrum: Charakteristische Spektren von Elementen und Verbindungen. Zahlen = Wellenlängen in Angström

und Deutung der Spektren (Atom-, Hochfrequenz-, Kern- und Molekül-S.) sowie ihrer Ausmessung (**Spektrometrie;** Massenspektrometrie). Die S. dient v.a. dem Nachweis und der Bestimmung der Eigenschaften der Atome und Moleküle, wobei mit den Mitteln der Quantentheorie und der theoret. Chemie Einblicke in die Struktur der Materie möglich sind.

Spektrum [lat.] das, Mz. ...tren, Lichtband, das entsteht, wenn man das durch einen Spalt hindurchtretende Licht entsprechend seinen versch. Wellenlängen verschieden stark seitlich ablenkt und auf einen Schirm wirft. Stammt das Licht von einem glühenden Gas, so entsteht eine Folge von Spaltbildern (**Linien-S.**); jedes Bild (**Spektrallinie**) hat eine der Wellenlänge entsprechende Farbe. Sehr viele dicht benachbarte Linien bilden ein **Banden-S.** Beim Sonnenlicht entsteht ein zusammenhängendes farbiges Band von Blauviolett über Blau, Grün, Gelb, Orange bis Gelblichrot. Das sichtbare S. läßt sich durch photograph. u.a. Hilfsmittel in Richtung auf kürzere (**Ultraviolett-S.**) und längere (**Infrarot-S.**) Wellenlängen fortsetzen; →elektromagnetische Schwingungen. Auch andere Wellengemische besitzen ihre S., z.B. **Schall-S.**

Spencer

Spekulation [lat.] die, **1)** Betrachtung; das Denken, das versucht, durch Überlegungen den Bereich der Erfahrung zu überschreiten. **2)** Käufe und Verkäufe unter Ausnutzung von (erwarteten) Preisveränderungen, bes. auf Wertpapier-, Waren- und Grundstücksmärkten und im Börsenhandel. **Spekulant** der, wer unsichere Geschäfte wagt. **spekulativ, 1)** unternehmungslustig, um Gewinn vieles wagend. **2)** die Erfahrung überschreitend, nur erdacht.

Spekulatius [lat.] der, Gewürzgebäck.

Spelunke [lat.] die, verrufene Kneipe.

Spener

Spelz, Spelt der, →Dinkel.

Spelze die, Hochblatt (Deck-, Füllspelze) in Blütenständen der Gräser, oft begrannt.

Spemann, Hans, Zoologe, *1869, †1941; Entwicklungsphysiologe; Nobelpreis für Physiologie und Medizin 1935.

Spencer [sp'ensə], Herbert, engl. Philosoph, *1820, †1903; machte den Entwicklungsgedanken zum Grundgedanken seiner Philosophie.

Spenser

Spender [sp'endə], Stephen, engl. Dichter, *1909; Gedichte, Essays, Autobiographie »Welt zw. Welten«.

Spener, Philipp Jacob, luth. Geistlicher, *1635, †1705; Wegbereiter des →Pietismus; schuf Armen- und Waisenhäuser.

Spengler, Oswald, Geschichtsphilosoph, *1880, †1936. Entstehung, Blüte und Verfall der Kulturen haben nach S. eine vergleichbare Gesetzlichkeit; die gegenwärtige westl. (»faustische«) Kultur hielt S. für dekadent. Werke: »Der Untergang des Abendlandes«, »Preußentum und Sozialismus«.

Spenser [sp'ensə], Edmund, engl. Dichter, *1552, †1599; neben Shakespeare der bedeutendste Dichter der engl. Renaissance; Sonette, allegorisch-lehrhaftes Epos »Feenkönigin«.

Spenzer (nach Earl G. J. Spencer, *1758, †1834), kurze Überjacke (18. Jh.); Bestandteil der österr. und bayer. Volkstracht.

Sperber der, taubengroßer Greifvogel, braunweiß gebändert. (BILD S. 835)

Sperber, Manès, Schriftst., *1905, †1984; Romantrilogie »Wie eine Träne im Ozean«, Erinnerungen: »All das Vergangene«, 3 Bde.; 1983 Friedenspreis des Dt. Buchhandels.

Sperling, Spatz der, Finkenvogel mit schlichtem braunem Gefieder und schilpender Stimme. Arten: **Haus-S., Feld-S.**

Sperma [grch.] das, ♘ ♡→Samen.

Sperrfrist, ⚖ Schutzfrist, innerhalb derer bestimmte Rechtshandlungen nicht vorgenommen werden dürfen oder nicht wirksam werden können.

Sperrgebiet, 1) als Kriegsgebiet erklärtes Seegebiet, in dem Schiffe ohne Warnung angegriffen werden können. **2)** Orte, die nur mit Sonderausweis zugänglich sind.

Sperrgetriebe, Getriebe, bei denen mit einem Sperrglied die Beweglichkeit einzelner Glieder gesperrt werden kann.

Sperrholz, Lagenholz, bei dem Holzplatten in gekreuzter Faserrichtung miteinander verleimt werden. Das Schrumpfen oder Quellen der einen Platte wird durch die andere Platte »gesperrt«. (BILD S. 835)

Sperry [sp'eri], Roger, amerikan. Neurophysiologe, *1913, erhielt 1981 mit D. Hubel und Torsten N. Wiesel für seine Entdeckungen in bezug auf die funktionelle Spezialisierung der Gehirnhemisphären den Nobelpreis für Physiologie und Medizin.

Spesen [ital.] Mz., Aufwendungen und Auslagen, die bei einer Geschäftsbesorgung entstehen; sie sind in der Regel durch den Auftraggeber zu ersetzen.

Spessart [german. »Spechtswald«] der, Waldgebirge in Mainfranken, rechts vom Main, im Geiersberg 586 m; Buchenwälder.

Speyer, Stadt in Rheinl.-Pf., am Rhein, 42700 Ew.; Kaiserdom mit Gräbern dt. Kaiser, der größte roman. Kirchenbau in Dtl.; Bischofssitz; Metall-, Holz-, Tabakverarbeitung, Erdölraffinerien u. a. Ind. – S., in röm. Zeit **Civitas Nemetum,** ist alter Bischofssitz, wurde 1294 Reichsstadt, 1526-1689 Sitz des Reichskammergerichts und 1816-1936 Hptst. der bayer. Pfalz; die Reichstage in S. 1526 und 1529 waren von großer Bedeutung für die dt. Reformation.

Spezerei [ital.] die, **S.-Waren,** Gewürze, Gewürzwaren.

Spezialbanken, Banken, die sich einem best. Kundenkreis oder einem besonderen Zweig des Bankgeschäfts widmen, z. B. Realkreditbanken.

Spezi|es [lat.] die, ♧ ♘ → Art.

Spezifikation [lat.] die, Darstellung oder Aufzählung im einzelnen.

spezifisch [lat.], wesentlich, kennzeichnend; etwas, was zum Wesen einer Person, Sache oder eines Stoffes gehört und diesen allein eigen ist. In Physik und Technik gibt es für s. Größen auch eigene Namen, z. B. → Dichte an Stelle von s. Gewicht.

spezifische Masse, die → Dichte eines Stoffes, gemessen in g/cm^3.

spezifischer Widerstand, elektr. Widerstand eines Leiters, bezogen auf die Längen- und Querschnittseinheit; Materialkonstante, gemessen in Ω cm.

spezifisches Gewicht, die → Wichte eines Stoffes, gemessen in N/cm^3.

spezifische Wärme, spezifische Wärmekapazität die, die Wärmemenge, die nötig ist, um 1 g eines Stoffes um 1 °C zu erwärmen.

Sphäre [grch.] die, **1)** Kugel. **2)** Himmelsgewölbe. **3)** Wirkungskreis. In **höheren S.** schweben, nicht in der Wirklichkeit stehen. **sphärisch,** kugelig; himmlisch. Die **sphärische Trigonometrie** ist die Lehre von den Dreiecken, die auf einer Kugeloberfläche durch größte Kugelkreise gebildet werden.

Sphäroid [grch., »kugelförmig«] das, △ Bez. für einen kugelähnl. Körper oder eine von einer Kugel wenig versch. Fläche; i. e. S. Bez. für ein Rotationsellipsoid.

Sphinx [grch.-ägypt.] der oder die, **1)** antikes Mischwesen aus Löwenleib und Menschenkopf, so der S. von Giseh. (BILD Fabeltiere). **2)** griech. Sage: Die S. bei Theben verschlang jeden, der das ihm aufgegebene Rätsel nicht lösen konnte; Ödipus erriet es, worauf die S. sich vom Felsen herabstürzte.

Sphinx von Memphis

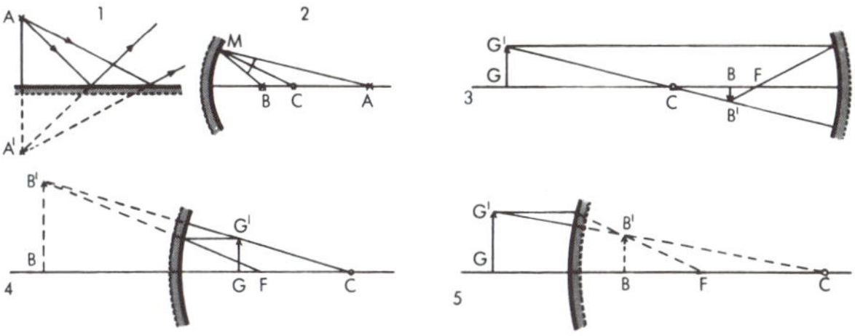

Spiegel 1): 1 Spiegelbild A' eines leuchtenden Punktes A durch Reflexion am ebenen Spiegel. **2** Bild B eines leuchtenden Punktes A durch Reflexion am Hohlspiegel; MC Flächenlot. **3** Konstruktion des Bildes BB' eines außerhalb der Brennweite gelegenen Gegenstandes GG' am sphärischen Hohlspiegel, C Krümmungsmittelpunkt, F Brennpunkt. **4** Konstruktion des Bildes BB' eines innerhalb der Brennweite gelegenen Gegenstandes GG' am sphärischen Hohlspiegel. **5** Konstruktion des Bildes BB' eines Gegenstandes GG' am sphärischen Konvexspiegel

Spiegel der, **1)** glatte Fläche, die Lichtstrahlen zurückwirft (spiegelt). Der **Glas-S.** besteht aus einer Glasplatte, die auf der Rückseite mit einer sehr dünnen Silber- oder Aluminiumschicht versehen ist; **Metall-S.** bestehen aus einer auf Hochglanz polierten Metallplatte. Die zurückgeworfenen Strahlen bilden mit dem Einfallslot den gleichen Winkel wie die einfallenden Strahlen. Das erzeugte Bild ist ein virtuelles (scheinbares) Bild. **Hohl-** oder **Konkav-S.** erzeugen ein virtuelles, aufrechtstehendes, vergrößertes Bild, wenn der Gegenstand sich innerhalb der Brennweite befindet; befindet er sich außerhalb der Brennweite, so entsteht ein reelles, umgekehrtes Bild. **Parabol-S.,** → Reflektor. **Konvex-S.,** d. h. nach außen gekrümmte S., erzeugen stets ein virtuelles, aufrechtes und verkleinertes Bild. – In Mitteleuropa ist der S. seit der Latènezeit belegt. Im MA. wurden neben Metall- auch Glas-S. verwendet. Ludwig XIV. ließ in seinen Schlössern Säle verspiegeln. Im Rokoko waren S.-Kabinette beliebt. **2)** das abgeflachte Heckstück einer Jacht. **3) Satz-S.,** der bedruckte Teil einer Buchseite. **4)** ♆ der weiße Fleck am Hinterteil der Hirsche und Rehe; farbiger Flügelfleck bei Enten. **5)** Titel von Büchern, die Regeln enthalten, z. B. **Fürsten-S. 6)** Tuchbesatz auf den vorderen Kragenenden der Uniform.

Spiegelteleskop, ein → Fernrohr.

Spieker|oog, ostfries. Insel, 17,4 km²; Seebad mit breitem, feinsandigem Strand.

Spiel das, **1)** jede Tätigkeit, die aus Freude an dieser selbst geschieht, i. Ggs. zur zweckbestimmten Arbeit. **2)** Bühnen- oder Filmdarbietung. **3)** ⚔, z. B. Fußball-, Handball-S. **4)** → Glücksspiel. **5)** ⊙ Maßunterschied von 2 zueinander gehörenden Maschinenteilen. **6)** Anzahl zusammengehöriger Gegenstände, z. B. ein S. Karten.

Spiel|art, Ab|art, Biologie: Lebewesen, die durch geringfügige erbl. Merkmale von ihrer Art abweichen.

Spiel|automat, Spielgerät, mechanische Spieleinrichtung mit Gewinnmöglichkeit.

Spielbank, → Glücksspiel.

Spielbein, → Kontrapost.

Spielberg [spɪ:lbʼə:g], Steven, amerikan. Filmregisseur, *1947; »Der weiße Hai«, »E. T. – Der Außerirdische« u. a.

Spielhagen, Friedrich, Erzähler, *1829, †1911; Romane »Problemat. Naturen« u. a.

Spielhahn, der Birkhahn (→ Birkhuhn).

Spielkarten, Karten für Unterhaltungsspiele. Die **dt. Karte** hat 32 Blatt, die **frz.** 52, die **Tarockkarte** 78. Die S. sind in 4 Gruppen, **Farben,** eingeteilt: Eiche, Treff oder Kreuz; Grün, Schippen oder Pique; Rot, Herz oder Cœur; Schellen, Eckstein oder Karo. Werte in der dt. und frz. Karte: Daus oder As, König, Ober oder Dame, Unter oder Bube, Zehn, Neun, Acht, Sieben, Sechs; in der frz. bis Zwei. **Kartenspiele:** → Skat, → Whist, → Tarock, → Bridge, → Rommé, → Schafkopf, → Patience, → Sechsundsechzig, → Canasta. – Die S. stammen aus Korea und China (12. Jh.) und kamen im 13. Jh. nach Europa. (BILD S. 836)

Sperber

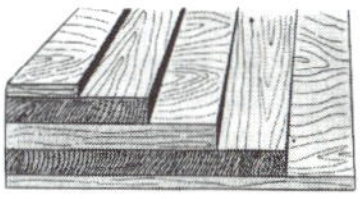

Sperrholz, fünffach verleimte Möbelplatte

36*

1

2

3

4

5

Spielmannsdichtung, im MA. die Dichtung der fahrenden Sänger und Kleriker, vor und neben der ritterlich-höfischen Kunstdichtung, z. B. »Herzog Ernst«, »König Rother«.

Spielzeug, Dinge, die den Spieltrieb der Kinder, z.B. ihren Nachahmungs- (Puppen), Gestaltungs- (Bauen, Malen), körperl. Betätigungstrieb (Ball, Kreisel), fördern und weiterentwickeln.

Spieß der, **1)** die → Lanze. **2)** ♆ Geweih mit einfachen Stangen ohne Sprossen; der junge Rehbock oder Hirsch, der 2 S. trägt, heißt daher **Spießer** oder **S.-Bock. 3)** ⌀ schwarze Stellen zw. Zeilen oder Wörtern; entstehen, wenn nichtdruckendes Satzmaterial steigt und mitdruckt: ■. **4)** Name vieler spitzer Gegenstände, z. B. **Brat-S.**

Spießbürger, 1) im MA.: die ärmeren, nur mit Spießen bewaffneten Bürger einer Stadt. **2)** jetzt: engherziger, pedant. Mensch.

Spießgeselle der, **1)** ⚘ Waffengefährte. **2)** Ü Mittäter, Kumpan.

Spießruten-, Gassenlaufen, Militärstrafe im 17./18. Jh. für Fahnenflucht u. a.: der Verurteilte mußte, bis zum Gürtel entkleidet, eine Gasse von rd. 100 Mann durchlaufen und erhielt von jedem mit einer Rute einen Hieb auf den Rücken.

Spikes [spaıks, engl.] Mz., ⚑ Laufschuhe mit biegsamer Stahleinlage, an der Dornen sitzen. **S.-Reifen:** Autoreifen mit einvulkanisierten Stahlstiften als Gleitschutz im Winter; in der Bundesrep. Dtl. seit 1975 verboten.

Spill [ndt.] das, ⚓ Winde zum Bewegen der Ankerkette und Taue.

Spin [engl.] der, → Elementarteilchen.

spinạl [lat.], ♡ die Wirbelsäule (spina dorsi), das Rückenmark betreffend.

Spinạt [lat., aus pers.-arab.] der, kraut. Gemüsepflanze, Meldengewächs, 1-2jährig.

Spindel [zu spinnen] die, **1)** der zur Aufnahme des fertigen Fadens bestimmte Teil des Spinnrades und der Spinnmaschine (→ Spinnerei). **2)** ⊙ Hauptarbeitswelle, die das Werkzeug oder Arbeitsstück dreht.

Spindelbaum, Spindelstrauch, Gatt. von Sträuchern oder Bäumchen mit grünl. Blüten und Kapselfrüchten. Die Art **Pfaffenhütchen** hat vierkantige rosenrote Kapseln mit orangefarbenen Samen, das Holz gibt Schuhstifte, Zahnstocher, Spindeln. (BILD S. 837)

Spinẹll der, das Mineral $MgAl_2O_4$; namengebend für eine Gruppe von isomorphen Mineralien, die aus Aluminium- und Magnesium-, Zink-, Eisen- oder Chromoxid bestehen; wegen ihres Glanzes und ihrer Farben als Schmucksteine verwendet.

Spinẹtt [ital.] das, → Klavier.

Spịnnaker [engl.] der, -s/-, auf Segelbooten ein großes dreieckiges Vorsegel.

Spinnentiere, Klasse der Gliederfüßer. Ihr Körper besteht aus Hinterleib und einem einheitl. Kopfbruststück, das 2 Paar Mundwerkzeuge, 4 Paar Gangbeine und Punktaugen hat. Die S. atmen durch Tracheen oder Tracheenlungen. Sie pflanzen sich außer einigen Milben und Skorpionen durch Eier fort. Zu den S. gehören die **Spinnen, Weberknechte, Skorpione, Milben.** Die Spinnen besitzen bis zu 4 Paar Spinnwarzen und sind mit Haken, Kämmen und Bürsten zum Glätten des Spinnfadens ausgestattet. Sie ernähren sich von Kleingetier, das sie mit Hilfe ihres Netzes fangen oder im Sprung erjagen und mit Giftklauen töten. Das Fangnetz ist durch einen Signalfaden meist mit dem Wohnnetz verbunden. Spinnenarten: **Kreuz-, Haus-, Wolfs-, Krabben-, Wasser-, Vogelspinne.**

Spinner der, Schmetterlingsfam. mit plumpem, behaartem Körper. Die S. sind meist Nachttiere, die Raupen haben kräftige Spinndrüsen, mit denen sie sich vor dem Verpuppen einspinnen. Schädlich sind **Ringel-S., Prozessions-S., Goldafter, Schwamm-S., Nonne, Kiefern-S.** Nützlich ist der → Seidenspinner.

Spinnerei, Spinnen, Technik der Herstellung von Garnen aus tier., pflanzl. oder künstl. Fasern, wobei mehrere Fasern zu einem Faden von beliebiger Länge zusammengedreht werden. Dazu benutzte man früher das Spinnrad, heute mechan. Spinnmaschinen, von denen die Faserballen aufgelockert, ausgebreitet (Flor), gekämmt, vorgesponnen, grob- und schließlich feinversponnen und aufgewickelt werden. – Bereits in der Steinzeit verstand man, Schafwolle und Flachs zu verspinnen. Das Spinnrad findet sich zum erstenmal 1480 abgebildet. 1767 erfand der engl. Weber J. Hargraves den Wagenspinner, 1830 der Amerikaner Jenks die Ringspinnmaschine.

Spinnstoffe, die → Faserstoffe.

Spinn-offs [engl.] Mz., aus oft auf andere Ziele ausgerichteter Forschung stammende Nebenprodukte oder Kenntnisse, die v. a. in der Industrie Anwendung finden; z. B. neue Werkstoffe aus der Luft- und Raumfahrttechnik u. a.

Spinọza, Baruch (Benedictus) de, Philosoph, *1632, †1677; entwickelte in seiner »Ethik« einen → Pantheismus: Gott ist die alles umfassende Natur, alle endl. Wesen sind Ausprägungen (Modi) dieser ewigen Substanz. (BILD S. 837)

Spionage [spion'a:ʒə, frz.] die, Ausspähen und Verrat von Staatsgeheimnissen zugunsten eines fremden Staates, auch vorbereitende Handlungen hierzu. Die S. ist als Landesverrat strafbar (§ 96 StGB). Unter besonderen Voraussetzungen ist schon das Sammeln von Nachrichten nicht geheimer Art strafbar. Nach der → Haager Landkriegsordnung ist **Spion,** wer heimlich oder unter einem Vorwand im militär. Operationsgebiet Nachrichten einzieht oder einzuziehen versucht, um sie der Gegenseite mitzuteilen.

Spirä̤e die, **Spierstrauch,** staudige bis baumförmige Rosenblütler. Die **Weidenblättrige S.** mit rosenroten bis weißen Blütenrispen ist Zierpflanze, oft verwildert.

Spirạle [lat.] die, **1) Schneckenlinie,** ebene Kurve mit unendlich vielen Umläufen um einen Punkt. **2)** umgangssprachlich für → Intrauterinpessar.

Spirạlnebel, ☆ Sternsystem, bestehend aus einer zentralen Sternanhäufung und Spiralarmen, z. B. Andromedanebel, Milchstraße.

Spirạnt [lat.] der, Ⓢ Reibelaut.

Spirdingsee, poln. **Śniardwy** [sjnj'ardvi], der größte der Masur. Seen in Ostpreußen, 113 km², bis 25 m tief, fischreich.

Spiritịsmus [lat.] der, Lehre, daß die Geister Verstorbener in unsere Wirklichkeit einzugreifen vermögen. (→ Okkultismus)

spirituạl [lat.], geistig; geistlich; übersinnlich. **Spiritualien,** geistl. Sachen und Einrichtungen der kath. Kirche, z. B. Sakramente, Ämter. **Spiritualịsmus** der, Lehre, daß alles Bestehende im Grunde Geist sei. Ggs.: Materialismus.

Spirituals [sp'ırıtjuəlz, engl.], Ez. **Spiritual,** geistl. Gesänge der Schwarzamerikaner; sie wurden um 1900 zu einer Hauptquelle des Jazz.

Spịritus [lat.] der, Geist, Seele, **S. sạnctus,** der Hl. Geist. **S. rẹctor,** lenkender Geist.

Spịritus [lat.] der, gewerbsmäßig hergestellter Alkohol; wird meist durch Vergärung (→ Hefe) des mittels Malz aus der Stärke gewonnenen Zuckers von Kartoffeln »ge-

Spielkarten: 1 Frz. Holzschnittkarte aus Lyon, um 1490; **2** Eichelkönig von P. Flötner aus Nürnberg, um 1540; **3** Dt. Einheitskarte von J. Schulze in Leipzig, Lithographie, um 1860; **4** Chines. Domino-Karte, Holzschnitt, um 1850; **5** Indisch-bengal. Rundkarte, handgemalter und lackierter Karton, um 1820 brannt«, auch aus Getreide, durch Vergären zuckerhaltiger Früchte (Weintrauben, Obst), aus Holz und synthetisch hergestellt. Verwendung für Trinkbranntwein, als Treibstoff, in der kosmet. und chem. Ind.

Spirochäten [grch.] Mz., korkzieherförmig geschlängelte Urtiere (Protozoen), z. T. Krankheitserreger (Syphilis, Rückfallfieber u. a.).

Spitạl [lat.] das, Mz. **Spitäler, 1)** Hospital, Krankenhaus. **2)** Altersheim.

Spịttal an der Drau, Stadt in Kärnten, Österreich, 14500 Ew.; Schloß Porcia (1527 bis 1597), Renaissance-Rathaus.

Spịtteler, Carl, schweizer. Dichter, *1845, †1924; suchte aus pessimist. Welterleben Schopenhauerscher Prägung einen neuen Mythus aufzubauen. Epen: »Prometheus und Epimetheus«, »Olymp. Frühling«. Nobelpreis 1919.

Spitz der, spitzohriger, langhaariger Haushund mit aufwärts gebogenem Schwanz; Wachhund.

Spitzbergen, norweg. Inselgruppe im Nordpolarmeer, 61 872 km², bildet mit der Bäreninsel (178 km²) das norweg. Nebenland Svalbard; Hauptort: Longyearbyen. Gebirgig, z. T. vergletschert. ⚒ Steinkohle in norweg. und sowjet. Gruben. Die Bevölkerungszahl hängt von der der Bergarbeiter ab (rd. 4000). – S., wohl schon den Wikingern bekannt, wurde 1596 durch Barents entdeckt; seit 1920 norwegisch.

Spitzbogen, → Bogen.

Spitzen Mz., zarte, durchbrochene, gemusterte Gewebe, hergestellt durch Klöppeln, Nähen, Häkeln, Stricken, Knüpfen; auch maschinell. Bes. wertvoll sind die handgefertigten **Brüsseler S.**

Spitzentanz, Kunsttanz auf Zehenspitzen.

Spitzfuß, krankhafte Fußstellung, bei der nur auf Fußballen und Zehen gegangen wird.

Spitzmäuse, sehr kleine mausähnl. Insektenfresser mit rüsselartiger Schnauze. **Wald-S., Haus-S., Feld-S., Wasser-S.** (Fischereischädling); **Zwerg-S.,** kleinstes mitteleurop. Säugetier.

Spitzmorchel, eine Art der Morcheln.

Spitzpocken, → Windpocken.

Spitzweg, Carl, Maler, *1808, †1885; humorvoller Schilderer kleinbürgerl. Lebens; meisterhafte Landschaften.

Spitzwegerich, Wiesenunkraut mit schmalen Blättern und dichter Ähre von unscheinbaren Blüten. Blätter geben Tee gegen Erkältung.

Spleen [spli:n, engl.] der, Verschrobenheit. **spleenig,** verschroben, überspannt.

spleißen, ⚓ Verflechten zweier Tauenden.

Spitzweg: Der Kaktusfreund

Spitzbergen: Dillefjord

Splint der, **1)** weiche Holzschicht direkt unter der Rinde. **2)** zweischenkeliger Drahtstift.

Split, ital. **Spạlato,** jugoslaw. Stadt, 169000 Ew.; wichtigster Hafen Dalmatiens; Karbid-, Zement-, Kunststoffind., Weinbau; Stadtkern innerhalb der Mauern des Palastes Diokletians.

Splitting [engl.] das, Verfahren der Einkommenbesteuerung bei Ehegatten: beide Einkommen werden zusammengerechnet, zur Hälfte der Einkommensteuer unterworfen; die so errechnete Steuerschuld wird verdoppelt.

Splügen der, Alpenpaß zw. Graubünden und Italien, 2117 m hoch, mit Straße.

SPÖ, Abk. für Sozialistische Partei Österreichs, → Sozialdemokratie.

Spoerl, Heinrich, Schriftst., *1887, †1955; »Die Feuerzangenbowle«, »Der Maulkorb« u. a.

Spohr, Louis, Komponist, Dirigent, Geigenvirtuose, *1784, †1859; Opern (»Jessonda«), Sinfonien, Violinkonzerte u. a.

Spoiler [sp'ɔɪlə, engl.], **1)** bei Rennwagen: waagerechte Flächen, die einen Abtrieb erzeugen. **2) S., Störklappe,** bei Flugzeugen: ausfahrbare kleine Klappe zur Verminderung der Geschwindigkeit.

Spokane [spɔk'æn], Stadt in Washington, USA, 171500 Ew.; Univ.; Erdöl-, Schwer-, Holz- u. a. Ind.

Spolẹto, Stadt im mittleren Italien, 37300 Ew.; röm. Baureste; Braunkohlenbergbau. S. gehörte bis 1860 zum Kirchenstaat.

Spọli|en [lat.] Mz., **1)** bei den Römern die Waffenbeute. **2)** im MA. der Nachlaß der Geistlichen. **S.-Recht,** das Recht des Königs (später des Landesherrn) auf diesen Nachlaß.

Spondẹ|us [grch.] der, Versfuß aus 2 langen Silben.

Spọndylus [grch.] der, ♡ Wirbel. **Spondylịtis** die, Wirbelentzündung. **Spondylọse** die, nichtentzündl. Altersveränderung der Wirbel.

Sponsạli|en [lat.] Mz., ♣ Verlöbnis, Verlobungsgeschenke.

Sponsor [sp'ɔnsə(r), engl.] der, -s/-s, **1)** Gönner, Geldgeber. **2)** Auftraggeber, bes. für Werbesendungen im Hörfunk und Fernsehen.

spontạn [lat.], aus eignem Antrieb, rasch einer Eingebung folgend. Hptw.: **Spontaneität** die.

Spọntis, v. a. Studentengruppen, meist undogmatisch sozialistisch, auf lokaler Basis organisiert, suchen durch unmittelbar in Gang gesetzte (spontane) Aktionen die polit. und gesellschaftl. Wirklichkeit in Frage zu stellen.

Sporạden [grch.], grch. Inseln in der Ägäis. Die **Südl. S.** bilden den Dodekanes.

Spọre [grch.] die, **1)** ♤ einzellige, ungeschlechtl. Fortpflanzungskörper der Sporenpflanzen; entstehen meist in einem **S.-Behälter** (Sporangium). **Schwärm-S.** (Zoosporen) sind im Wasser frei beweglich. (BILD S. 838) **2)** Fortpflanzungskörper der → Sporentierchen.

Spindelbaum: Früchte

Spinoza

spleißen: gesplissenes Tau

Spore 1): Sporenbehälter des Farns

Sporenpflanzen, grch. **Kryptogamen,** Pflanzen, die sich durch Sporen vermehren: Algen, Pilze, Flechten, Moose, Farne.

Sporentierchen, Klasse der Urtiere, Innenschmarotzer, die sich durch Sporen fortpflanzen. Ein S. ist der Erreger der → Malaria.

Sport [engl.] der, Pflege der körperl. Fähigkeiten, ihre Erprobung und Steigerung im Wettkampf. Arten: 1) Durchbildung der Atem- und Muskeltätigkeit (Gymnastik). 2) Schulung im Laufen, Werfen, Springen (leichtathlet. Vorschulen). 3) Wettkampf: Leicht-, Schwerathletik, Schwimmen (mit Springen, Tauchen, Wasserball), Kampfspiele (Fußball, Handball, Rugby, Hockey, Tennis), Golf, Zweikampf (Boxen, Ringen, Fechten), Bergsteigen, Reiten, Radfahren, Rudern, Segeln, Flug-, Winter-, Motor-S.

Sportabzeichen, Auszeichnung für sportl. Leistungs- und Vielseitigkeitsprüfungen, in der Bundesrep. Dtl. das **Dt. S.,** verliehen in 3 Stufen: Abzeichen in Bronze, in Silber und in Gold. Außerdem werden das **Dt. Jugend-S.,** das **Dt. Schüler-S.,** das **Dt. S. unter Behindertenbedingungen** und das **Dt. Jugend-S. unter Behindertenbedingungen** verliehen. In der Dt. Dem. Rep. gibt es das **S. der Dt. Dem. Rep.** In Österreich bestehen das **Österreich. Sport- und Turnabzeichen** und das **Österr. Jugend-Sport- und Turnabzeichen.**

Sportarzt, Arzt mit sportmedizin. Ausbildung; in der Bundesrep. Dtl.: Diplom des Dt. Sportärztebundes, in der Dt. Dem. Rep.: Facharzt für Sportmedizin. Aufgaben: Betreuung von Sporttreibenden, Verhütung und Behandlung von Sportverletzungen und -schäden u. a.

Sportel [lat.] die, früher: Gebühr, die der einziehende Beamte selbst erhielt.

Sporthochschule, Hochschule für Lehre, Forschung und Praxis der Sportwissenschaft, die Diplom-Sportlehrer, Sportphilologen und Trainer ausbildet; in der Bundesrep. Dtl. gibt es die Dt. S. in Köln.

Sportmedizin, Bereich der Sportwissenschaft, der die Bedeutung des Sports für den Körper untersucht und die Erkenntnisse der Vorbeugung, Therapie und Rehabilitation dienlich macht.

Spot [spɔt, engl.] der, -s/-s, kurze Szene in Werbesendungen des Rundfunks oder Fernsehens **(Werbespot).**

Spotgeschäft, sofortige Lieferung gegen Kasse an internat. Warenbörsen.

Spotlight [sp'ɔtlaɪt, engl.] das, -s/-s, Lichtquelle mit stark gebündeltem Strahl, z. B. für Effektbeleuchtung im Theater.

S.P.Q.R., Abk. für Senatus **P**opulus**q**ue **R**omanus, »Senat und Volk von Rom«.

Sprache, Ausdruck und Darstellung von Gedanken, Gefühlen, Willensregungen durch Zeichen **(Zeichensprache),** Gebärden **(Gebärdensprache),** bes. durch Laute. Die **Lautsprache** ist die vollendetste aller Formen menschl. und tier. Kommunikation.

Die in ununterbrochener Tradition überkommenen S. sind lebende, natürliche S. **Künstl. S.** (→ Welthilfssprachen) sind Vereinfachungen von S. zur Erleichterung der internat. sprachl. Verständigung. Die auch zu den künstl. S. gehörenden **formalisierten S.** sollen für exakt definierte Zwecke Aussagen präzisieren und Mißverständnisse und Mehrdeutigkeiten ausschalten, so die → Programmiersprachen und die elektroakust. Nachbildungen der natürl. S. Die Gesamtheit der einer Menschengruppe gemeinsamen sprachl. Möglichkeiten heißt **Sprachbesitz (Mutter-S.).** Eine Menschengruppe mit wesentlich gleichem Sprachbesitz heißt **Sprachgemeinschaft.** Sie ist vielfach gegliedert nach Mundarten oder Dialekten, nach dem Bildungsgrad, nach Berufs- oder Lebensgemeinschaft. Diesen Besonderheiten steht die **Gemein-S.** als gemeinsamer Besitz gegenüber. Nach dem Zweck des Sprechens unterscheidet man die situationsgebundene **Umgangs-S.** des tägl. Lebens von der selbständigen **Hoch-S.** der Literatur, der Wissenschaft, der Verwaltung, der feierl. Rede.

Die **Sprachwissenschaft** erforscht Bau und Verwandtschaft der S. **(Sprachfamilien, Sprachstämme)** und die geschichtl. Entwicklung der Einzelsprachen.

Sprach|eingabe, Datenverarbeitung: Eingabe gesprochener Information in eine Datenverarbeitungsanlage, auch zur akust. Personenidentifizierung verwendet.

Sprachgeographie, Dialektgeogra-

Sprachen der Erde (Auswahl)

Indogermanisch (alle Erdteile): **1)** Germanisch: Englisch, Friesisch, Niederländisch, Flämisch, Deutsch; Dänisch, Norwegisch, Isländisch, Färöisch, Schwedisch; Jiddisch; Afrikaans. **2)** Romanisch: Italienisch, Spanisch, Katalanisch, Portugiesisch, Französisch, Provenzalisch, Rätoromanisch, Rumänisch, Sardisch. **3)** Slawisch: Russisch, Ukrainisch, Weißrussisch; Polnisch, Tschechisch, Slowakisch, Sorbisch, Kaschubisch; Bulgarisch, Makedonisch, Serbokroatisch, Slowenisch. **4)** Keltisch: Irisch, Schottisch-Gälisch, Kymrisch (Walisisch), Bretonisch u. a. **5)** Baltisch: Litauisch, Lettisch. **6)** Griechisch. **7)** Albanisch. **8)** Indoarisch: Assami, Bengali, Bihari, Gujarati, Hindi, Hindustani, Marathi, Oriya, Pandschabi, Rajasthani, Sindhi, Singhalesisch, Urdu, Zigeunersprachen u. a. **9)** Iranisch: Persisch, Paschto, Belutschi, Kurdisch, Ossetisch, Tadschikisch u. a. **10)** Armenisch.

Isolierte europ. Sprache: Baskisch.

Uralisch (Europa-Asien): **1)** Finno-ugrisch: Lappisch, Finnisch, Karelisch, Wepsisch, Wotisch, Estnisch, Livisch; Mordwinisch, Tscheremissisch; Syrjänisch, Wotjakisch, Ostjakisch, Ungarisch, Wogulisch. **2)** Samojedisch.

Altaisch (Asien-Europa): **1)** Türksprachen: (Türkei)Türkisch, Usbekisch, Aserbaidschanisch, Kasachisch, Uigurisch, Kirgisisch, Tatarisch u. a. **2)** Mongolisch. **3)** Tungusisch. **4)** Japanisch[1]). **5)** Koreanisch.

Kaukasisch (Asien, Europa): **1)** Südkaukasisch: Georgisch u. a. **2)** Nordwestkaukasisch: Abchasisch, Tscherkessisch u. a. **3)** Ostkaukasisch: Awarisch u. a.

Semitisch (Asien, Afrika[2])): **1)** Nordwestsemitisch: Akkadisch, Aramäisch, Syrisch, Kanaanäisch (Phönikisch, Punisch, Ugaritisch, Hebräisch, Moabitisch). **2)** Südwestsemitisch: Nord- und Südarabisch (einschl. semit. Sprachen Äthiopiens: Amharisch, Ge'ez, Tigre, Tigriña).

Dravidisch (Asien): Telugu, Tamil, Malayalam, u. a.

Austrisch: 1) Austroasiatisch (Asien, Melanesien, Polynesien): Munda-Sprachen (Santali, Mundari u. a.); Mon-Khmer-Sprachen (Kambodschanisch u. a.). **2)** Austronesisch (Asien, Ozeanien, Madagaskar): 1) Indonesisch: Javanisch, Sundanesisch, Malaiisch (mit Bahasa Indonesia), Maduresisch, Malagasy, Tagalog u. a. 2) Polynesisch. 3) Melanesisch.

Sinotibetisch (Ost- und Südost-Asien)[3]): Chinesisch, Thai (Siamesisch); Tibetisch, Birmanisch; Laotisch u. a.

Paläosibirische Sprachen (NO-Asien).

Papuasprachen (Asien, Melanesien, Neuguinea). **Australische Sprachen** (Australien).

Afrikanische Sprachen (Afrika): **1)** Nilo-Saharanische Sprachen: Songhai, Fur, Kanuri u. a. Kordofan-Sprachen. **2)** Niger-Kongo-Sprachen: Yoruba, I(g)bo, Suaheli, Zulu, Xhosa, Bambara, Ewe, Wolof, Akan, Ful u. a. **3)** Khoisan-Sprachen: Hottentottensprachen, Buschmannsprachen u. a. **4)** Hamitosemitische (Afroasiatische) Sprachen: 1) Semitisch (vgl. oben). 2) Berbersprachen; 3) Altägyptisch; 4) Kuschitensprachen: Galla, Somali u. a. 5) Tschadohamitische Sprachen: Hausa u. a.

Eskimoisch (Nordamerika, Grönland).

Indianersprachen: Nordamerika: Cherokee, Cree, Dakota, Navajo u. a. Mittelamerika mit Mexiko: Maya, Mixtekisch u. a. Südamerika: Chibcha, Gê, Guaraní, Jivaro, Ketschua, Tupí u. a.

[1]) mit austrischen Einflüssen. [2]) das Maltesische, ein arab. Dialekt, in Europa. [3]) die Zugehörigkeit des Vietnamesischen zu einer der Sprachgruppen SO-Asiens ist noch nicht endgültig geklärt.

phie, Teilgebiet der Sprachwissenschaft, das die geograph. Verbreitung gegenwärtiger und histor. Spracherscheinungen erforscht.

Sprachgesellschaften, Vereinigungen im 17./18. Jh. zur Pflege der dt. Sprache (z. B. »Fruchtbringende Gesellschaft«, »Aufrichtige Tannengesellschaft«).

Sprachlabor, Hilfsmittel des Sprachunterrichts: an programmierten opt. und akust. Darbietungen kann der Schüler seinen Fortschritt selbst überprüfen.

Sprachlehre, Grammatik die, enthält die Regeln für den richtigen Gebrauch einer Sprache.

Sprachregelung, Anordnung oder Empfehlung über die erwünschte publizist. Darstellung von Ereignissen und Entwicklungen in autoritären und totalitären Staaten.

Sprachstörungen, Beeinträchtigung der Sprechfähigkeit verschiedenster Art. Bei Kindern, die i. a. nach 18 Monaten sprechen sollten, bedeutet Stummheit nach diesem Termin eine **verzögerte Sprachentwicklung,** sofern Taubheit oder Idiotie ausgeschlossen sind. – **Lispeln** ist ein Sprachentwicklungsfehler, häufig bedingt durch Zahnlücken oder Kieferanomalien, wobei S, Sch, Z falsch gesprochen werden. – Überstürztes Sprechen bei kleinen Kindern mit Verschlucken von Silben und ganzen Wörtern heißt **Poltern. – Stottern** tritt vorwiegend beim männl. Geschlecht als Neurose auf. – **Stimmlosigkeit** (Heiserkeit) kann auf einer Stimmbandschwäche beruhen.

Spranger, 1) Bartholomäus, fläm. Hofmaler in Wien und Prag, *1546, †1611; allegorisch-mytholog. Bilder manierist. Stils. **2)** Eduard, Philosoph, Pädagoge, *1882, †1963, begründete eine geisteswissenschaftl. Psychologie, trat mit geistesgeschichtl. und bes. jugendpsycholog. Arbeiten hervor (»Psychologie des Jugendalters«).

Spray [spreɪ, engl.] der, Zerstäuber, auch Sprühstrahl. Die in S.-Dosen enthaltenen, die Ozonschicht der Atmosphäre zerstörenden und zum Treibhauseffekt beitragenden Fluorchlorkohlenwasserstoffe (FCKW) sollen durch andere Treibmittel oder durch Pumpmechanismen ersetzt werden.

Sprecher der, **1)** → Speaker. **2)** Vorsitzender von Gesellschaften, Vereinen.

Spree die, linker Nebenfluß der Havel, aus der Oberlausitz, durchfließt den Spreewald, Schwieloch- und Müggelsee, Berlin und mündet bei Spandau; 403 km lang, 180 km schiffbar; Teil der Oder-S.-Wasserstraße. **Spreewald,** Urstromtallandschaft in der Niederlausitz, von der S. vielarmig durchschnitten; viel Wald (Erlen). Ein Teil des Bodens ist entwässert: Felder und Wiesen.

Spreizfuß, entsteht durch Einsinken des vorderen Quergewölbes des Fußes.

Spremberg (Lausitz), Krst. im Bez. Cottbus, 24 800 Ew.; Tuch- u. a. Ind.

Sprengel der, Amtsbezirk eines Geistlichen, einer Behörde.

Spreng|gelatine [-ʒelat'i:nə], → Dynamit.

Sprengstoffe, brisante Explosivstoffe, bei denen der plötzliche Gas- und Hitzestoß zerreißend wirkt. **Plastik-S.** sind knetbare S., die meist durch Zeitzünder (Säureeinwirkung auf eine Sperrvorrichtung, Uhrwerk o. dgl.) gezündet werden **(Plastikbombe);** → Dynamit.

Sprengwerk, ⌂ Tragkonstruktion, die den eine Öffnung überspannenden Balken von unten her durch ein System von Streben und Riegel stützt. Ggs.: → Hängewerk.

Sprichwort das, bündige, bildhafte, oft witzige Formulierung einer Lebensweisheit im Volksmund (z. B. Morgenstunde hat Gold im Munde).

Spriet [ndt.] das, auch **Sprett,** ⚓ Stange, die ein viereckiges Segel diagonal spreizt, z. B. **Bug-S.**

Springe, Stadt in Ndsachs., 29 000 Ew.; Möbel- u. a. Ind.; bei S. Naturschutzpark.

Springer der, → Rössel.

Springer, 1) Axel, Zeitungs- und Zeitschriftenverleger, *1912, †1985, baute seit 1946 im Verlagshaus A. S. & Sohn, Hamburg, den größten dt. Zeitungs- und Zeitschriftenverlag auf (z. B. »Bild-Zeitung«, »Die Welt«, »Hör zu«). **2)** Julius, Verleger, *1817, †1877, Gründer des heute wissenschaftl. S.-Verlags.

Springfield [spr'ɪŋfi:ld], **1)** Hptst. von Illinois, USA, 99 600 Ew.; Nahrungsmittel-, chem. Ind. **2)** Stadt in Massachusetts, USA, 170 800 Ew.; College; Ind.

Springflut die, → Gezeiten.

Springkraut, eine → Balsamine.

Springmäuse, Nagetiere mit verlängerten Hinterbeinen und langem Stützschwanz; sie bewegen sich springend sehr schnell fort; leben in Wüsten und Steppen.

Springmäuse: Wüsten-S.

Springs [spr'ɪŋz], Stadt in Transvaal, Rep. Südafrika, 154 000 Ew.; vielseitige Ind., Goldbergbau.

Springschwänze, flügellose Urinsekten mit Springgabel am Hinterleib, z. B. **Schneefloh, Gletscherfloh** (auf alpinen Gletschern).

Springwurzel, Name versch. Pflanzen, deren reifer Same aus den Hülsen springt.

Sprinkler [engl.] der, Vorrichtung zum Besprengen großer Flächen; Feuerlöschanlagen, bei Ausbruch des Feuers selbsttätig eingeschaltet.

Sprinter [engl.] der, ↗ Kurzstreckenläufer, -schwimmer, -fahrer.

Sprit der, **1)** Kw. für Spiritus. **2)** U Benzin.

Spritzgurke, Springgurke, Mittelmeerpflanze, Kürbisgewächs mit taubeneigroßer Frucht, die bei der Reife abspringt und Fruchtsaft mit Samen zur Aussaat verspritzt.

Spritzguß, Formungsverfahren für Kunststoffe, die in flüssiger oder plast. Form in eine Stahlform gespritzt werden.

Spritzpistole, Gerät mit pistolenartiger Form zum Aufspritzen von Farbe, Lack oder auch Beton mit Hilfe von Druckluft.

Sprockhövel, Stadt in NRW, 24 200 Ew., Eisen-, Glas-, Elektroind.

Sproß der, Pflanzentrieb, bes. die Achse mit den Blättern bei den S.-Pflanzen; entwickelt die der Assimilation dienende Blattfläche. Im trockenen Klima kann das Laub rückgebildet sein und die Achse die Assimilation übernehmen; manche S. bilden Dornen. S., die Reservestoffe speichern, sind Wurzelstock, Knolle, Zwiebel.

Sprossenwand, Turngerät für Kletter-, Hang- und Streckübungen.

Sprotte die, Heringsfisch; bis 15 cm lang, wird gesalzen und geräuchert **(Kieler S.).**

Sprüche Salomọnis, Buch im A. T.; Samml. von Weisheitssprüchen; zu Unrecht Salomo zugeschrieben.

Spruchkammer, → Entnazifizierung.

Sprung der, **1)** ↗ Hauptgruppe der Wettkampfübungen, umfaßt den Weit-, Hoch-, Drei- und Stabhoch-S. mit Anlauf. Es gibt ferner S.-Übungen an Geräten wie Bock, Pferd, Kasten; das Skispringen (Sprunglauf), das Wasserkunstspringen u. a. **2)** Lebensgemeinschaft der Rehe. **3)** Begattung der Tiere. **S.-Geld,** Gebühr für die Benutzung der männl. Zuchttiere.

Sprungbein, der oberste der Fußwurzel-Knochen. (BILD Skelett)

Sprungrevision, ⚖ die in bestimmten Fällen zulässige Anrufung des Revisionsgerichtes unter Auslassung der 2. (Berufungs-)Instanz.

Sprungschanze, Anlage zur Ausführung des Skisprunges; besteht aus der stark geneigten Anlaufbahn, dem fast waagerechten Absprungtisch, dem geneigten Auslauf.

Sprungtuch, Rettungsgerät der Feuer-

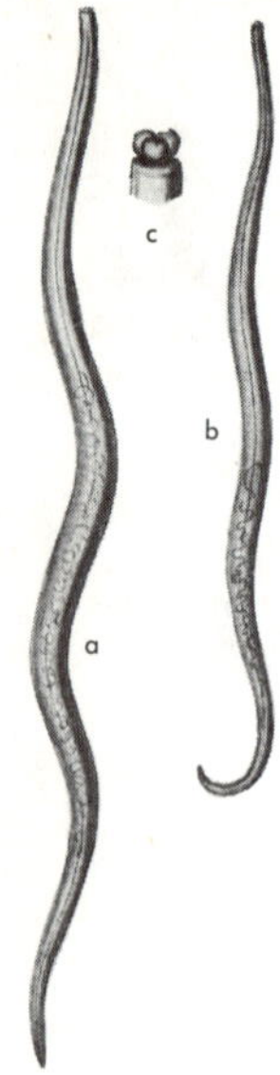

Spulwurm des Menschen: a Weibchen, b Männchen, c Vorderende (a und b ¼ nat. Gr., c nat. Gr.)

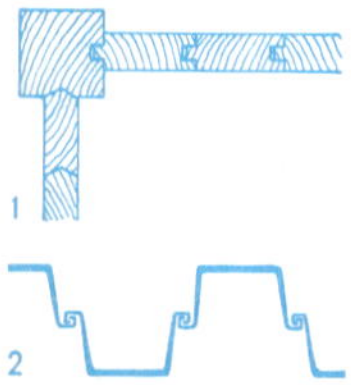

Spundwand

Sri Lanka

wehr zum Auffangen von aus oberen Stockwerken Abspringenden: ein großes, gespanntes Segeltuch oder ein aufblasbarer Sack.

Sprungwelle, in Flußmündungen eindringende Flutwelle mit wallartiger Stirn.

Spule die, **1)** zylindr. oder kegeliger Körper, auf den Garn gewickelt wird. **2)** Wicklung aus mehreren Windungen isolierten Drahtes zur Verstärkung des Magnetfeldes, Vergrößerung der Induktivität.

Spulwürmer, regenwurmgroße Fadenwürmer, Darmschmarotzer bei Mensch und Tier; Arten der Gatt. **Ascaris** verursachen Gesundheitsstörungen **(Ascaridiasis).**

Spund der, **1)** Fülloch des Fasses. **2)** der dazugehörige Zapfen zum Verschließen.

Spundwand, wasserdichte Wand aus Holzbohlen (BILD, 1), die miteinander verspundet sind, oder aus bes. geformten Stahlprofilen (BILD, 2).

Spur die, ♆ → Fährte.

Spuren|elemente, ⊸ Stoffe, die nur in winzigen Mengen im menschl., tier. und pflanzl. Körper vorkommen, jedoch für den Organismus große Bedeutung besitzen, u. a. Mangan, Aluminium, Selen, Zink, Kobalt, Kupfer, Bor, Eisen, Fluor, Iod, Chrom, Lithium, Magnesium, Molybdän, Nickel, Zinn.

Spurensicherung, Richtung zeitgenöss. Kunst, aus Relikten der Vergangenheit (Photos, Gebrauchsgegenständen u. a.) wird eine willkürliche Interpretation der eigenen Kindheit, der Vergangenheit gegeben.

Spurkranz, bei Rädern von Schienenfahrzeugen der Wulst an der Innenseite des Radreifens, dient zur Führung des Rades.

Spurweite, 1) Abstand zweier Räder derselben Achse. **2)** Abstand zw. den Innenkanten der Schienenköpfe. Die **Normalspur** der öffentl. Bahnen beträgt 1,435 m; andere S. haben z. B. Spanien und Portugal (1,676 m), die UdSSR (1,524 m). Die **Schmalspur** der öffentl. Kleinbahnen in Dtl. beträgt 1 m, 0,75 m, 0,60 m.

Sputter-Technik ['spʌtə-, engl. »Sprühen«], nach dem Prinzip der Kathodenzerstäubung arbeitendes Beschichtungsverfahren u. a. in der Halbleitertechnik (Dünnschichttechnik).

Sputum [lat.] das, ♡ der → Auswurf.

Spyri, Johanna, schweizer. Erzählerin, *1827, †1901; Kindergeschichten (»Heidi«).

Square [skweə, engl.] der, Quadrat, viereckiger Platz. **square foot,** engl. Quadratfuß (→ Maßeinheiten).

Square dance [skw'eə dæns, engl., von square »Viereck«], amerikan. Volkstanz, getanzt von 4 Paaren nach Weisung eines Ansagers im Viereck mit meist 4 Figuren. Begleitinstrumente: Akkordeon, Violine, Gitarre, Banjo.

Squash [skwɔʃ, engl. »weicher Körper«], ↗ Rückschlagspiel gegen eine Wand mit Weichgummiball und einer Art Tennisschläger.

Squatter [skw'ɔtə, engl.], in den USA Ansiedler, die sich ohne Rechtstitel auf unbebautem Land niederlassen; in Großbritannien und den USA auch Besetzer leerstehender, oft zum Abbruch vorgesehener Häuser.

Squaw [skwɔ:, indian.] die, Frau.

Squire [skwaɪə, engl.] der, Abk. für → Esquire.

Sr, chem. Symbol für Strontium.

Srbik [z'ɪrbɪk], Heinrich Ritter v., Historiker, *1878, †1951, »Wallensteins Ende«, »Metternich«.

Sri Lanka, bis 1972 **Ceylon,** Insel vor der S-Spitze Vorderindiens, Demokrat. Sozialist. Rep. mit Präsidialsystem, Mitgl. des Commonwealth, 65 610 km², 16,59 Mio. Ew.; Hptst.: Colombo. – Im S des Inneren Gebirge (bis 2525 m), allseitig von Tiefland (⅗ von S. R.) umgeben. Im N und O kommt Monsunwald, sonst Regenwald vor. Bevölkerung: Singhalesen (meist Buddhisten), Tamilen (meist Hindus), Mischlinge. Erzeugung: Reis, Kopra, in Plantagenwirtschaft Tee, Kautschuk. Bodenschätze: Edelsteine, Graphit, Kaolin. – C. war seit 1505/18 portugies., 1636/58 niederländisch; 1802-1948 brit. Kolonie. Staatspräsident: Ranasinghe Premadasa (seit 1988); Min-Präs.: Dingiri Banda Wijetunge (seit 1989). ⊕ S. 483.

Srinagar, Hauptstadt von Kaschmir, 588 000 Ew.; Teppichweberei.

SS, Schutzstaffel, nationalsozialist. Gliederung, 1925 aus der SA abgesondert, seit 1929 unter H. → Himmler zu einem innenpolit. und militär. Kampfverband entwickelt. Die **SS-Totenkopfverbände** waren für die → Konzentrationslager verantwortlich. Die **SS-Verfügungstruppe** trat als **Waffen-SS** neben die Wehrmacht. Im Nürnberger Prozeß wurde die SS zur »verbrecher. Organisation« erklärt.

SSD, Abk. für → **S**taats**s**icherheits**d**ienst.

SSR, russ. Abk. für **S**owjetskaja **S**ozialistitscheskaja **R**espublika, Sozialistische Sowjetrepublik.

SSSR, russ. Abk. für **S**ojus **S**owjetskich **S**ozialistitscheskich **R**espublik, → Sowjetunion.

s.t., Abk. für **sine tempore** [lat.], ohne Zeit (-Zugabe), pünktlich. Ggs.: → c. t.

Staat [lat.] der, dauernde, organisierte Vereinigung von Menschen auf einem bestimmten Gebiet unter einer höchsten Gewalt. – Die **S.-Gewalt** ist die hoheitl. Befehls- und Zwangsgewalt (→ souverän); sie steht im Obrigkeits-S. einem einzelnen oder einer kleinen Führungsschicht zu, im Volks-S. der Gesamtheit der gleichberechtigten Staatsbürger. – Das **S.-Gebiet** ist der Raum, auf den sich die Gebietshoheit erstreckt u. a. samt dem Luftraum darüber und den Eigen- und Küstengewässern. – Das **S.-Volk** ist die Gesamtheit der durch die Herrschaftsordnung vereinigten Menschen. Es kann in Gruppen mit unterschiedl. Rechtsstellung gegliedert sein (früher z. B. Adel, Freie, Leibeigene); im modernen Volks-S. ist es i. d. R. eine Nation (→ Nationalstaat). Bisweilen umfaßt ein S. auch mehrere Nationen (→ Nationalitätenstaat; → Bundesstaat). Es besteht ein → Selbstbestimmungsrecht der Völker. – **S.-Organe** sind alle Personen, Körperschaften und Behörden, die im Namen und in Vollmacht des S. kraft Zuständigkeit an der Ausübung der S.-Gewalt teilnehmen. **S.-Formen** sind die versch. Systeme, in denen die staatl. Herrschaft organisiert (Herrschaftsform) und die S.-Gewalt ausgeübt wird (Regierungsform). – Bei den Herrschaftsformen ist seit dem grch. Altertum die Einteilung in → Monarchie, → Aristokratie und → Demokratie üblich. Regierungsformen sind die durch Herkommen, S.-Praxis oder Verfassung festgelegten Methoden, in denen die S.-Gewalt durch die S.-Organe ausgeübt wird. Man unterscheidet als Hauptformen u. a. den → Absolutismus, den → Feudalismus, den → Ständestaat, den Klassenstaat (→ Klasse), die → Volksdemokratien, das → Präsidialsystem und den → Parlamentarismus. – Die Entstehung eines S. kann zurückgeführt werden auf Vertrag, Herrschaftsakt oder organ. Wachstum. Eine S.-Umwälzung ist die gewaltsame Änderung der S.-Form. Der S.-Untergang tritt ein bei der S.-Auflösung, der Staatenverbindung, der Annexion oder beim Anschluß.

Staatenbund, Bund selbständiger Staaten, im Unterschied zum → Bundesstaat.

Staatenlose, → Staatsangehörigkeit.

Staatsaktion, → Haupt- und Staatsaktionen.

Staatsangehörigkeit, Zugehörigkeit zu einem best. Staat, völkerrechtl. das Unterscheidungsmerkmal gegenüber Ausländern (Mitgl. anderer Staaten) und Staatenlosen, staatsrechtl. die Eingliederung in den Schutzverband des Staates, aus der Rechte und Pflichten erwachsen. In der Bundesrep. Dtl. gilt das Reichs- und S.-Ges. v. 22. 7. 1913 i. d. F. v. 20. 12. 1974. Danach wird die dt. S. erworben durch Geburt, Legitimation, Einbürgerung u. a., sie wird verloren durch Entlassung, Erwerb einer ausländ. S. (davon zahlreiche Ausnahmen). Gegen seinen Willen kann ein dt. Staatsangehöriger die S. nicht verlieren, wenn er dadurch staatenlos würde. – In der Dt. Dem. Rep., wo dieses Gesetz bis 1967 ebenfalls galt, erging am 20. 2. 1967 ein eigenes Staatsbürgerschafts-Gesetz, das mit den revolutionären Veränderungen Ende 1989 seine abgrenzende Wirkung einbüßte.

Staats|anleihe, → Staatsschulden.

Staats|anwaltschaft, ⚖ staatl. Untersuchungs- und Anklagebehörde bei den Gerichten mit der Aufgabe, strafbare Handlungen zu ermitteln, die öffentl. Anklage zu erheben und in der Hauptverhandlung zu vertreten sowie die Strafe zu vollstrecken. Auch bei Entmündigungs- und bestimmten Ehesachen wirkt die S. mit. Die Beamten der S. in der Bundesrep. Dtl. sind **Amtsanwalt** (Amtsgericht), **Staatsanwalt, Erster Staatsanwalt, Oberstaatsanwalt** (Landgericht), **Generalstaatsanwalt** (Oberlandesgericht), **Bundesanwalt, Generalbundesanwalt** (Bundesgerichtshof).

Staats|aufsicht, Aufsicht des Staates über rechtsfähige Verwaltungseinheiten, bes. über Körperschaften, Anstalten und Stiftungen des öffentl. Rechts. Hauptbeispiel: Kommunalaufsicht, die sich grundsätzlich auf die Gesetzmäßigkeitskontrolle (Rechtsaufsicht) beschränkt.

Staatsbanken, aus Staatsmitteln gegr., unter Staatsaufsicht und für Rechnung des Staates arbeitende Kreditinstitute; auch Aktienbanken mit Staatsbeteiligung.

Staatsbankrott, Einstellung der Zahlungen aus Staatsverbindlichkeiten, bes. die einseitige Kraftloserklärung der Staatsschulden **(totaler S.)** oder die Herabsetzung ihres Nennbetrags **(partieller S.).**

Staatsbibliothek die, **1) Bayerische S.,** in München, 3,7 Mio. Bde. **2) Preußische S.,** in Berlin, gegr. 1661, heißt »Staatsbibliothek preuß. Kulturbesitz« (2,6 Mio. Bde.).

Staatsexamen, staatl. Prüfung für akadem. Berufe mit vorgeschriebenem Ausbildungsgang (Richter, Arzt, Lehrer u. a.).

Staatsgeheimnis, → Landesverrat.

Staatsgerichtshof, → Verfassungsgerichtsbarkeit.

Staatshaushalt, → Haushaltsplan.

Staatskirche, vom Staat mit besonderen Vorrechten ausgestattete und ihm mehr oder weniger untergeordnete Kirchengemeinschaft; in ausgeprägter Form nicht mehr vorhanden; doch gilt das evang.-luther. Bekenntnis in Dänemark Norwegen, Schweden als **Staatsreligion;** dort wie in der Anglikan. Kirche in England ernennt der König bzw. die Königin die Bischöfe.

Staatslehre, Wissenschaftszweig, der das Wesen des Staates erforscht; er beschäftigt sich u. a. mit Staatsphilosophie, -soziologie und Verfassungslehre.

Staatsmonopolistischer Kapitalismus, Abk. oft **Stamokap,** marxist. Begriff, besagt, daß im Zuge der Konzentration des Kapitals Wirtschaftsmonopole entstünden, die mit dem Staat um so stärker verschmelzen würden, je stärker der Konzentrationsprozeß fortgeschritten sei. Die Monopole würden dabei den Staat in den Prozeß der Profitaneignung einschalten.

Staatspräsident, Oberhaupt einer Republik.

Staatsquallen, Röhrenquallen, Ordn. der Hydrozoen; in warmen Meeren schwimmende Tierstöcke.

Staatsräson die, Lehre, wonach die staatl. Sicherheit, Wohlfahrt und Macht den Vorrang vor relig., sittl. und rechtl. Ansprüchen habe, und wonach Leben, Freiheit, Eigentum des Einzelnen um des Staatswohls willen beschränkt, im Notfall aufgeopfert werden müssen.

Staatsrat, 1) Kollegium zur Begutachtung von Gesetzentwürfen und Verwaltungsmaßnahmen; auch Bezeichnung seiner Mitgl.; schließlich bloßer Titel. **2)** in Preußen 1920-33: die Vertretung der Provinzen bei der Gesetzgebung und Verwaltung, 1933-45 nur als beratendes Organ. **3)** Schweiz: Bez. für die Reg. einzelner Kantone. **4)** Dt. Dem. Rep.: Staatsorgan, das bis zur polit. Wende 1989 die Aufgaben des Staatsoberhauptes wahrnahm.

Staatsrecht, Teil des öffentl. Rechts, i. w. S.: Allg. Staatslehre, Verfassungs- und Verwaltungsrecht.

Staats|schulden, Schuldverpflichtungen eines Staates, dienen meist der Deckung eines Haushaltsfehlbetrages, wenn die ordentl. Einnahmen nicht die ordentl. Ausgaben decken oder wenn außerordentl. Ausgaben anfallen. Zur Deckung der S. werden kurzfristige Schatzanweisungen oder langfristige Staatsanleihen ausgegeben. Man unterscheidet: Inlands- und Auslands-, verzinsl. und unverzinsl. Schulden; auf den Inhaber oder Namen lautende Brief- und im Staatsschuldbuch verzeichnete Buchschulden u. a. Verzinsung und Tilgung der S. und die Führung des **Staatsschuldbuches** obliegen der **S.-Verwaltung** (Bundesrep. Dtl.: **Bundesschuldenverwaltung**).

Staats|sekretär, 1) Vertreter des Ministers; neben den beamteten S. können auch MdB als **parlamentar. S.** eingesetzt werden. **2)** im Dt. Reich 1871-1918 die dem Reichskanzler unterstellten Chefs der Reichsämter (Ministerien). **3)** in den USA der Außenmin. (Secretary of State). **4)** in Großbritannien Amtsbezeichnung einiger Minister. **5) Kardinal-S.,** an der röm. Kurie der Leiter der Auswärtigen Angelegenheiten.

Staats|sicherheitsdienst, Abk. **SSD,** in der Dt. Dem. Rep. nach sowjet. Vorbild 1950 eingerichtete polit. Polizei, 1989 aufgelöst.

Staats|streich, gegen die Verfassung gerichteter Umsturz durch den Inhaber der Regierungsgewalt oder einen anderen Träger oberster Staatsfunktionen (z. B. Militärbefehlshaber).

Staatsvermögen, Wirtschaftsgüter in staatl. Besitz: a) das nach privatwirtschaftl. Grundsätzen verwendete **Finanzvermögen** (Domänen, Forste, Bergwerke, Kassenbestände usw.); b) das bestimmten Verwaltungszwecken dienende **Verwaltungsvermögen** (öffentl. Gebäude, militär. Anlagen usw.); c) das dem allg. Gebrauch überlassene **öffentl. Vermögen** (Straßen, Kanäle, Brücken usw.).

Staatsvertrag, völkerrechtl. Vereinbarung eines Staates mit einem andern oder einer Staatenverbindung **(Internationaler Vertrag).**

Staatswappen, Wappen eines Landes; genießt in fast allen Ländern einen erhöhten Rechtsschutz.

Staatswissenschaften, Zweig der Wissenschaften, der sich mit der Erscheinung, Entwicklung und Tätigkeit des Staates i. w. S. befaßt. Dazu gehören u. a.: Verfassungs-, Verwaltungs- und Völkerrechtswissenschaft, Völker- und Staatenkunde, polit. Soziologie, Staatslehre, Wirtschafts- und Sozialwissenschaften.

Stab der, **1)** ⚔ Führung eines Truppenverbandes, bes. die dem Kommandeur zugeteilten **Stabsoffiziere. 2)** Stock, Stange.

Stäbchen, stabförmige → Bakterien.

Stabheuschrecke, eine Gespenstheuschrecke.

Stabhochsprung, leichtathlet. Wettkampfübung: Hochsprung mit Hilfe eines beliebig langen Stabes (Bambus- oder Kunststoffrohr).

stabil [lat.], dauerhaft, standhaft, unveränderlich. **stabilisieren,** befestigen, fest begründen (bei der Währung die Festigung des Geldwertes, bei der Wirtschaftslage die Vermeidung von Preis- und Beschäftigungsschwankungen).

Stabilisator der, **1)** ⚡ →Spannungskonstanthalter. **2)** 🚗 Torsionsstäbe zum Verringern der Neigung der Karosserie beim Kurvenfahren. **3)** ✈ ⚓ an Luftfahrzeugen Flossen, an Wasserfahrzeugen Flossen oder Tanks zur Vermeidung von Dreh- und Rollbewegungen. **4)** ⚗ Zusatzstoff zur Verzögerung unerwünschter chem. Umsetzungen.

Stabkirche, norweg. Holzkirche mit Wänden aus senkrechten Pfosten: beherrschender Hauptraum, steile übereinandergeschichtete Dächer, oft reiches Schnitzwerk; früheste S. 11./12. Jh.

Stabreim, Alliteration die, Gleichklang des Anlauts betonter Silben in mehreren Wörtern, die Reimform der german. Dichtung (z. B. »Nicht war **S**and noch **S**ee, noch **S**alzwogen«), lebt noch in zweigliedrigen Redewendungen (Land und Leute, Haus und Hof); in neuerer Zeit wieder aufgenommen von R. Wagner.

staccato [ital.], ♩ abgestoßen zu spielen; Ggs.: **legato,** gebunden.

Stachanow, bis 1978 **Kadijewka,** Stadt im Donezbecken, Ukrain. SSR, 110000 Ew.; Bergakademie, Ind.

Stachanow-System [nach dem Bergarbeiter A. Stachanow, *1906, †1977], in der UdSSR Methode zur Steigerung der Arbeitsleistung über die »Norm«; in der Dt. Dem. Rep. bis 1989 **Hennecke-Bewegung.**

Stachel der, **1)** ⚘ →Dorn. **2)** ⚘ starke Haare (Igel) oder Schuppen (viele Fische), Hautzähne (Knochenfische), gelenkige Anhänge eines Hautskeletts bei vielen Stachelhäutern, die Stechwaffe vieler Hautflügler (Biene).

Stachelbeere

Stachelbeere, Beerenobststrauch; Zuchtformen mit grünl., gelben, roten Früchten.

Stachelflosser, Knochenfische mit stachelähnl. Flossenstrahlen; Barsch, Stichling.

Stachelhäuter, Echinodermen, wirbellose, meist fünfstrahlig gebaute Meerestiere mit einem Skelett aus Kalkplatten oder Kalkstacheln. Ein Wassergefäßsystem dient der Fortbewegung und dem Austausch der Atemgase. Die S. haben frei bewegl., zweiseitig symmetr. Larven. Klassen: Seesterne, Seeigel, Seelilien, Seewalzen.

Stabkirche in Borgund, um 1150

Stachelpilze, Hutpilzgatt., deren Fruchtkörper auf der Unterseite an Stacheln die Sporenschicht tragen. Speisepilze sind **Habichtsschwamm** und **Stoppelschwamm.**

Stachelschweine, Fam. der Nagetiere mit Rückenstacheln, die bei Gefahr gespreizt werden. Das **Gemeine S.** ist dachsgroß und lebt in den Mittelmeerländern; das amerikan. S. lebt auf Bäumen.

Stade, Krst. in Ndsachs., an der Elbe, 43000 Ew.; Hafen; Verwaltungsakad., Kernkraftwerk.

Städelsches Kunstinstitut, Gemäldegalerie, Kunstschule in Frankfurt a. M., Vermächtnis des Bankiers J. F. Städel (*1728, †1816).

Stadion das, **1)** altgrch. Rennbahn für Wettkämpfe; heute eine große Sportanlage, die eine dem altgrch. S. ähnl. Kampfbahn enthält. **2)** altgrch. Wegmaß, 160 m, später 192 m (olymp. S.).

Stadion, Johann Philipp Graf v., österr. Staatsmann, *1763, †1824; leitete als Außenmin. (seit 1805) eine innere Reform ein, bereitete eine neue Erhebung gegen Napoleon vor; 1809 durch Metternich ersetzt.

Stadium [lat.] das, -s/...dien, Abschnitt einer Begebenheit, Entwicklungsstufe.

Stadler, Ernst, Lyriker, Literaturhistoriker, *1883, †(gefallen) 1914; ein Wegbereiter des →Expressionismus (»Der Aufbruch«).

Stadt die, Siedlung, die Mittelpunkt von Gewerbe, Handel und Verkehr ist und oft zentrale Aufgaben (Markt, Regierung) hat. Man unterscheidet: Klein- (bis 20000 Ew.), Mittel- (20000-100000 Ew.), Groß- (100000-1 Mio. Ew.), Welt- (über 1 Mio. Ew.) S. (ÜBERSICHT S. 843)

Die dt. S. entstanden im Anschluß an röm. Gründungen (z. B. Köln, Mainz, Regensburg, Trier), an Marktorte, Bischofssitze, neben Pfalzen und Burgen. Die S. hatten im MA. meist eigene Verwaltung, Gerichtsbarkeit, Marktrecht. Das →Stadtrecht einiger dt. S. breitete sich bes. in Osteuropa weit aus. Im 13. Jh. entstanden mächtige **S.-Bünde,** deren größter die →Hanse war. Später verloren die meisten S. ihre Selbständigkeit an die Landesherren. Seit der **S.-Ordnung** des Freiherrn vom Stein (1808) erhielten die S. wieder größere Selbstverwaltung. Einen großen Aufschwung erlebten die S. im 19. Jh.

Stadtbahn, Verkehrsmittel des Schienennahverkehrs in Großstädten, wozu auch S- und U-Bahnen rechnen.

Stadtbücher, im MA. in den Städten geführte rechtserhebliche Aufzeichnungen in Buchform, z. B. Satzungen, Gerichtsakten (Grund-, Pfandbücher u. a.), Verwaltungsakten.

Stadtdirektor, in NRW und Ndsachs. der ausführende Leiter der Verwaltung in den Städten.

Städtebau, Teilgebiet aus der Wissenschaft des Städtewesens mit der Aufgabe, die räuml., bes. die baul. Entwicklung im gemeindl. Bereich zu lenken; dazu gehört v. a. die **Städteplanung** (»Bauleitplanung«, auch »Ortsplanung«), die die gesamte Bebauung in den Städten und Dörfern, die zu ihr gehörenden Anlagen und Einrichtungen sowie die mit der Bebauung in Verbindung stehende Nutzung des Bodens unter dem Gesichtspunkt der Wirtschaftlichkeit, Zweckmäßigkeit, sozialer, gesundheitlicher und kultureller Erfordernisse vorbereiten und leiten muß.

Stadtentwässerung, Maßnahmen zur Beseitigung der Abwässer. Die **Grundstücksentwässerungsanlage** besteht aus Fallrohren, die das aus Ausgüssen, Aborten, Badeeinrichtungen, Dachrinnen kommende Wasser aufnehmen. Sie münden in Kanäle, diese in einem Klärwerk. Das Niederschlagswasser fließt

Millionenstädte der Erde (1988, Einw. in 1000)[1])
– in Auswahl –

Stadt	Stadtgebiet[2])	Städt. Agglomeration[3])
Europa		
Athen	885	3 027
Barcelona	1 704	
Belgrad	1 145	1 580
Berlin (West)	2 016	·
Berlin (Ost)	1 261	·
Birmingham		5 189
Budapest	2 094	·
Bukarest	·	2 298
Charkow	1 604	·
Djnepropetrowsk	1 114	·
Donez	1 047	·
Glasgow	762	1 713
Gorkij	1 438	·
Hamburg	1 594	·
Istanbul	4 742	8 500
Kiew	2 577	·
Kopenhagen	487	1 377[4])
Kujbyschew	1 243	·
Leningrad	4 434	4 995
Lissabon	818	2 062
Liverpool	510	1 511
London	·	6 770
Lyon	413	1 154
Madrid	3 101	
Mailand	1 474	3 986
Manchester		2 580
Marseille	874	1 111
Minsk	1 583	·
Moskau	8 675	8 879
München	1 189	·
Neapel	1 200	3 123
Odessa	1 097	·
Paris	2 079	10 259
Porto	336	1 556
Prag	1 206	·
Rom	2 820	3 767
Rotterdam	568	1 026
Sheffield	546	1 313
Sofia	1 082	·
Stockholm	650	1 402
Swerdlowsk	1 269	·
Tiflis	1 125	·
Turin	1 136	
Ufa	1 034	·
Warschau	1 671	2 152
Wien	1 483	·
Afrika		
Abidjan	1 805	·
Accra	1 176	1 575
Addis Abeba	1 465	·
Alexandria	2 893	·
Algier	1 507	2 164
Casablanca	·	2 500
Dakar	·	1 048
Giseh	1 230	·
Johannesburg	1 536	·
Kairo	6 053	8 762
Kapstadt	1 214	
Khartum	334	1 620
Kinshasa	2 654	·
Lagos	1 061	4 100
Tripolis	1 000	
Tunis	874	1 147
Amerika		
Anaheim	222	1 932
Atlanta	425	2 030
Baltimore	787	2 174
Belém	934	1 000
Belo Horizonte	1 775	2 535
Bogotá	3 968	4 208

Stadt	Stadtgebiet[2])	Städt. Agglomeration[3])
Boston	2 824	4 056
Brasilia	411	1 177
Buenos Aires	·	10 728
Buffalo	358	1 241
Cali	1 398	1 654
Caracas	·	4 000
Chicago	6 188	8 116
Cincinnati	385	1 401
Cleveland	1 850	2 766
Columbus	565	1 093
Curitiba	1 026	1 441
Dallas	2 401	3 655
Denver	1 633	1 847
Detroit	4 335	4 801
Fortaleza	1 309	1 581
Guadalajara	·	3 256
Guatemala	·	1 300
Guayaquil	1 573	·
Havanna	2 015	·
Houston	3 231	3 634
Indianapolis	701	1 167
Kansas City	488	1 327
Lima	3 969	4 601
Los Angeles	8 296	13 075
Medellín	1 519	
Mexiko	·	19 400
Miami	1 770	2 912
Milwaukee	636	1 397
Minneapolis	371	2 114
Monterrey	1 100	2 052
Montevideo	1 296	·
Montreal	1 016	2 921
Newark	329	1 965
New Orleans	557	1 187
New York	8 473	17 968
Philadelphia	4 825	5 833
Phoenix	765	1 508
Pittsburgh	2 123	2 316
Portland	366	1 242
Porto Alegre	1 126	2 232
Recife	1 205	2 346
Rio de Janeiro	5 615	10 217
Sacramento	276	1 014
Saint Louis	453	2 355
Salvador	1 501	1 766
San Antonio	785	1 072
San Diego	876	1 862
San Francisco	1 588	5 878
San Jose	637	1 295
San Juan	425	1 087
Santiago de Chile	·	4 039
Santo Domingo	1 318	1 556
São Paulo	10 099	15 280
Seattle	494	1 607
Tampa	272	1 569
Toronto	599	2 999
Vancouver	414	1 268
Washington	638	3 060
Asien		
Ahmedabad	2 025	2 515
Alma Ata	1 001	·
Ankara	2 846	
Bagdad	·	3 845
Baku	1 071	1 638
Bandung	1 463	
Bangalore	2 483	2 914
Bangkok	5 447	
Basra	·	1 250
Beirut	702	1 200
Bombay	8 243	
Changchun	1 392	·
Chengtu	1 401	

Stadt	Stadtgebiet[2])	Städt. Agglomeration[3])
Chittagong	·	1 388
Chungking	6 000	
Colombo	585	1 412
Dacca	1 850	3 459
Damaskus	1 251	·
Delhi[6])	·	6 220
Djidda	1 400	·
Eriwan	1 095	·
Fukuoka	1 138	
Fushun	1 196	
Haiphong	1 279	
Hanoi	2 571	
Harbin	2 100	
Ho-Chi-minh-Stadt[7])	3 500	
Hongkong	5 610	
Hyderabad	2 142	2 528
Inchon	1 085	·
Jaipur	967	1 005
Jakarta	7 829	
Kalkutta	·	9 194
Kanpur	1 531	1 685
Kanton	2 720	3 420
Kaohsiung	1 259	
Karachi	3 515	5 103
Kawasaki	1 058	
Kioto	1 484	
Kitakyushu	1 64	
Kobe	1 394	
Kuala-Lumpur	·	1 081
Lahore	2 165	2 922
Lucknow	876	1 007
Lüta[8])	4 200	
Madras	3 266	4 277
Manila	1 630	5 926
Medan	1 379	
Mosul	·	1 500
Nagoya	2 143	
Nagpur	1 215	1 298
Nanking	1 970	2 390
Nowosibirsk	1 440	·
Omsk	1 080	·
Osaka	2 649	
Peking	3 630	9 230
Perm	1 037	·
Poona	5 470	6 710
Pusan	3 160	
Pyöngyang	1 283	1 700
Rangun	2 459	
Riad	1 000	
Sapporo	1 496	
Schanghai	7 110	7 220
Semarang	1 027	
Seoul	9 646	
Shenyang	4 370	3 410
Sian	1 850	
Singapur	2 610	
Surabaya	2 028	
Taegu	1 607	·
Taipei	2 609	
Taschkent	2 210	
Teheran	·	6 000
Tientsin	4 310	5 540
Tokio	8 354	
Tscheljabinsk	1 077	·
Tsingtau	1 473	
Wuhan	3 110	3 570
Yokohama	2 893	
Australien und Ozeanien		
Brisbane	1 215	
Melbourne	2 965	
Sydney	3 526	

[1]) Volkszählung, Fortschreibung, Schätzung. [2]) Innerhalb der Gemeindegrenzen. [3]) Stadtgebiet einschl. Umlandgemeinden. [4]) Einschl. Frederiksberg und Gentofte. [5]) Région parisienne. [6]) Städt. Bev. des Unionsterritoriums Delhi. [7]) Früher Saigon. [8]) Doppelstadt Lüschun (Port Arthur), Talien (Dairen).

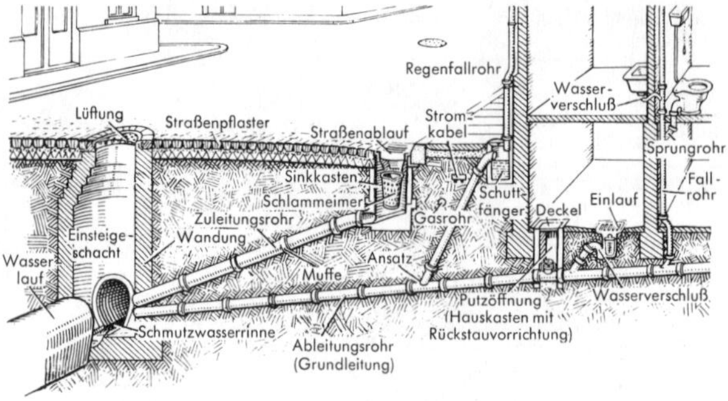

Stadtentwässerung (schemat. Darstellung)

dem Leitungsnetz durch Straßenabläufe **(Gully)** zu, die durch **Sinkkästen** den Straßenschmutz fernhalten.

Städtetag, Deutscher S., kommunaler Spitzenverband, freiwilliger Zusammenschluß der Städte und Stadtverbände, vertritt die Interessen seiner Mitgl. durch Beratung und Erfahrungsaustausch. Sitz: Köln.

Stadtgas, das aus Kohle gewonnene Gas für Heizung und Beleuchtung **(Leuchtgas).** Zur Herstellung werden Steinkohlen in Retorten- oder Kammeröfen 6-24 Stunden unter Luftabschluß auf 1000-1200 °C erhitzt. Der zurückbleibende glühende Koks wird abgelöscht, zerkleinert und als »Gaskoks« verwendet. Das Gas wird von Teer gereinigt, gekühlt und, oft unter Beimischung von Generatorgas oder Wassergas, im Gasbehälter gespeichert und auf den nötigen Druck gebracht (Mindestleistungsdruck 60 mm WS). S. enthält etwa 50% Wasserstoff, 32,5% Methan, 7% Kohlenmonoxid, 3,5% Kohlenwasserstoffe, ferner Stickstoff und Kohlendioxid; Heizwert 15900 bis 19250 kJ/Nm^3. Die **S.-Vergiftung** ist eine Vergiftung mit Kohlenmonoxid. S. wird zunehmend vom ungiftigen Erdgas verdrängt, dessen höherer Sauerstoffbedarf bei der Verbrennung andere Brenner erfordert.

Stadtkämmerer, Leiter einer städt. Finanzverwaltung.

Stadtkreis, in Bad.-Württ. Bez. für die kreisfreie Stadt.

Stadtmission, sozialer Hilfsdienst der evang. Kirche in Großstädten.

Stadtpräsident, 1) in den kreisfreien Städten Schlesw.-Holst. der Vors. der Gemeindevertretung. **2)** in der Schweiz in Städten der Vors. des Stadtrats.

Stadtrat, in einigen Ländern der Bundesrep. Dtl. (z.B. NRW) ein Stadtverordneter, in anderen (z.B. Hessen) ein Mitglied des Magistrats.

Stadtrecht, im MA. die Verfassungen der dt. Städte, deren Hauptbestandteile die Freibriefe der Stadtherrn, Ratsordnungen, Schöffensatzungen und Schöffenspruchsammlungen waren.

Stadtschaft, genossenschaftlich aufgebaute öffentl.-rechtl. Bodenkreditanstalt zur Beleihung städt. Grundeigentums. (→Landschaften 2)

Stadtstaat, Stadt als selbständiges Staatswesen mit einem beschränkten Herrschaftsbereich, z.B. die grch. Polis, das mittelalterl. Venedig, im alten Dt. Reich die Reichsstädte, in der Bundesrep. Dtl. Hamburg, Bremen, auch Berlin.

Stadtverordneter, gewählter Vertreter der Bürgerschaft einer Stadt; er hat in der **S.-Versammlung** Sitz und Stimme.

Staeck, Klaus, Graphiker, *1938, entwickelte v.a. Plakate und Postkarten zu massenwirksamen Medien der polit. Satire.

G. de Staël

Staël [sta:l], **1)** Germaine Baronne de, frz. Schriftst., *1766, †1817; Tochter des Finanzmin. Necker, wurde von Napoleon I. verbannt, bereiste Europa. Ihr Buch »Deutschland« (1810/1813) verherrlicht das Dtl. der Dichter und Denker. **2)** Nicolas de, russisch-frz. Maler, *1914, †1955; Bilder abstrakter, später wieder mehr gegenständl. Art.

Stafette [frz. estafette] die, früher: reitender Eilbote. **Stafettenlauf,** →Staffellauf.

Staffa [st'æfə], eine der Inneren Hebriden, mit der Fingalshöhle (→Fingal).

Staffel die, Stufe, Grad, Abteilung.

Staffelei die, Holzgerüst zur Befestigung eines in Arbeit befindl. Gemäldes.

Staffellauf, Stafettenlauf, ↗ Wettlauf mit Weitergeben eines Stabes an den nächsten Läufer der Teilstrecke.

Staffelsee, in Oberbayern, bei Murnau, Abfluß zur Ammer; Insel Wörth mit Bischofsschloß.

Stag [ndt.] das, ↘ Tau zum Befestigen von Masten. **über S. gehen,** wenden. **S.-Segel,** an einem S. angebrachtes Segel.

Stagflation [aus **Stag**nation und In**flation**] die, Zustand einer nicht wachsenden Volkswirtschaft (Wachstumsrate des realen Sozialprodukts gleich Null) bei steigenden Preisen.

Stagira, altgrch. Stadt auf der Chalkidike, Heimat des Aristoteles (daher der **Stagirit**).

Stagnation [lat.] die, Stillstand, Stockung.

Stahl der, jedes schmiedbare Eisen mit einem Kohlenstoffgehalt bis 1,7%. Durch Legieren mit Nickel, Chrom, Vanadium, Kobalt, Mangan, Molybdän, Wolfram usw. werden die Eigenschaften verbessert; qualitätsmindernd wirken sich u.a. Phosphor und Schwefel aus. S. wird aus flüssigem Roheisen durch **Frischen** hergestellt; dabei wird der zu hohe Gehalt an Kohlenstoff und übrige Beimengungen durch Zufuhr von Luft und Sauerstoff verbrannt, wobei der Kohlenstoff als Kohlenoxid entweicht und Phosphor und Schwefel in die Schlacke gehen. Die Temperatur wird so weit gesteigert, daß der S. flüssig als Fluß-S. gewonnen wird. Beim **Bessemer-Verfahren** wird in einem birnenförmigen kippbaren Gefäß mit saurer Ausmauerung phosphor- und schwefelarmes Roheisen durch Durchblasen von Luft unter Zusatz von Sauerstoff gefrischt, das benutzte Roheisen ist siliciumreich; in der **Thomasbirne** mit basischer Ausmauerung wird phosphorhaltiges, siliciumarmes Roheisen unter Zusatz von Kalk gefrischt. Bei den **Aufblasverfahren** (LD- bzw. LD-AC-Verfahren) wird Sauerstoff, dem bei phosphorreichem Roheisen Kalkstaub zugegeben wird, von oben auf das Roheisen geblasen. Dieses Verfahren findet wegen seiner Wirtschaftlichkeit zunehmende Verbreitung. Nach dem **Siemens-Martin-Verfahren** wird in einem mit vorgewärmtem Gas und Luft beheizten Flammofen Roheisen und Schrott zusammengeschmolzen, gefrischt und eventuell mit Chrom, Nikkel usw. legiert. Beim **Elektrostahlverfahren** wird aus Schrott bes. reiner, meist legierter S. in Lichtbogen- oder Induktionsöfen gewonnen. Beim **Rotorverfahren** ist das Eisen in einem trommelartigen, rotierenden Konverter. Ein realisierbares Forschungsprojekt ist die S.-Gewinnung mit Hilfe von durch Kernenergie hocherhitztem Wasserstoff. Das Eisenerz wird nicht mit Kohlenstoff (Koks) reduziert, sondern mit Wasserstoff (Reduktionstemperatur bei 900 °C).

Stahl, Friedrich Julius, Rechtsphilosoph, *1802, †1861; Schöpfer der christlich-konservativen Staatslehre.

Stahlbeton, Beton mit Stahleinlagen **(bewehrter Beton).** Beton nimmt nur Druckspannungen, die eingelegten Stahldrähte oder -stäbe die Zug- und Scherspannungen auf.

Stahlflachstraße, Stahlplattenkonstruktion, die im Bereich von Baustellen (Autobahnen, Bundesfernstraßen) aufgelegt wird, um zusätzl. Fahrraum zu schaffen; ggf. werden auch Stahlbrücken **(Stahlhochstraße)** verwendet.

Stahlhelm, 1) → Helm. **2) Bund der Frontsoldaten,** 1918 in Magdeburg von F. Seldte gegr., 1935 aufgelöst, 1951 neu gegr.

Stählin, 1) Karl, Historiker, *1865, †1939, Hauptwerk: »Geschichte Rußlands«. **2)** Wilhelm, *1883, †1975; evang. Bischof von Oldenburg (1946-52); führend im → Berneuchener Kreis.

Stahlkammer, der Tresor.

Stahlquelle, ⚘ eisenhaltige → Heilquelle.

Stahlstich, Tiefdruckplatte, bei der die Zeichnung in Stahl eingearbeitet wird; ergibt scharfe Drucke und wird zum Drucken von Banknoten, Aktien, Briefmarken benutzt.

Staiger, Emil, schweizer. Literarhistoriker, *1908, †1987; »Grundbegriffe der Poetik«, »Goethe« u.a.

Stainer, Jakob, Tiroler Geigenbauer, * vor 1617, †1683.

staken, ⚓ ein Boot oder einen Kahn mit einer langen Stange vorwärts stoßen.

Staket [ital.] das, Lattenzaun.

Stalaktit, Stalagmit der, → Tropfstein.

Stalhof [von mnd. stal »Tuch«], fälschlich **Stahlhof,** Niederlassung (Kontor) der Kaufleute der Hanse in London, 1603 geschlossen, wurde erst 1853 verkauft.

Stalin, Jossif Wissarionowitsch, eigtl. **Dschugaschwili,** revolutionärer Staatsmann der UdSSR, *1879, †1953; Georgier, schloß sich 1903 den Bolschewiki an, wurde mehrmals verhaftet und nach Sibirien verbannt. Seit 1917 in hohen Staats- und Parteiämtern, wurde S. 1922 Generalsekretär der KPdSU. Nach Lenins Tod (1924) paßte er dessen Lehre den Zeitumständen an. In zähem Kampf baute er seine Stellung als unumschränkte Autorität des Bolschewismus und als Diktator des Staates aus; er isolierte Trotzkij und entmachtete 1927 den linken, 1929 den rechten Flügel der Partei. Seine möglichen Gegner ließ er 1936-38 nach großen Schauprozessen hinrichten. Im 2. Weltkrieg übernahm S. auch formal die Staatsführung, außerdem den militär. Oberbefehl. – Nach der Ablösung des Stalinismus durch das System der »kollektiven Führung« wurde S. von Chruschtschow zunehmend kritisiert, auf dem 20. Parteitag 1956 verurteilt.

Stalin

Stalingrad, 1925-61 Name von → Wolgograd.

Stalinstadt, 1961 mit Fürstenberg a. d. O. zu → Eisenhüttenstadt vereinigt.

Stambul, Stadtteil von → Istanbul.

Stamitz, Johann, Komponist, *1717, †1757; Schöpfer des zur Wiener Klassik führenden Instrumentalstils.

Stamm der, Völkerkunde: Gruppierung von Familien, Sippen oder Klanen auf Grund kultureller (bes. sprachl.) Gemeinsamkeiten.

Stamm|akti|e, Aktie ohne Vorrechte. Ggs.: Vorzugsaktie.

Stammbaum, 1) Familienkunde: bildl. Darstellung einer Stammtafel in Baumform. **2)** → Stammesgeschichte.

Stammbuch, urspr. Verzeichnis von Familienangehörigen, seit der 2. Hälfte des 16. Jh. ein Freundschafts- oder Erinnerungsbuch. (→ Familienbuch)

Stammeinlage, Stammkapital, → Gesellschaft mit beschränkter Haftung.

Stammesgeschichte, grch. **Phylogenie** die, Lehre von der Stammesentwicklung der Tiere und Pflanzen (→ Abstammungslehre). Die **Ontogenie** (Entwicklung der Einzelwesen), die vergleichende Anatomie und die **Paläontologie** (Versteinerungskunde) liefern die Tatsachen, aus denen sich die Entwicklung des Tier- oder Pflanzenreichs in Form von Stammbäumen darstellen läßt. Solche Stammbäume lassen sich bes. aufstellen innerhalb einzelner Tiergruppen (so z. B. Unpaarhufer, Chordaten). Für kleinere Gruppen läßt sich die stammesgeschichtl. Entwicklung **(Evolution)** fast lückenlos belegen, z. B. für die Pferde.

Stammler, 1) Rudolf, Rechtsphilosoph, *1856, †1938; »Die Lehre vom richtigen Recht«. **2)** Wolfgang, Sohn von 1), Germanist, *1886, †1965. Begründer und Mithg. des »Reallex. der dt. Lit.«, des Verfasserlex. »Dt. Lit. des MA.«.

Stammrolle, bei Heer und Luftwaffe Liste der Soldaten eines Truppenteils oder einer Dienststelle mit Personalangaben.

Stammtafel, Tafel für die Nachkommen einer Person, im Unterschied zur Ahnentafel.

Stammwürze, Bierbrauerei: der Prozentgehalt an gelösten Stoffen (Extrakt) in der flüssigen »Würze«, dem noch unvergorenen, aus gemälzter Gerste und Wasser durch den Siedevorgang bereiteten Grundstoff des Bieres.

Stamokap, Abk. für → **Sta**ats**mo**nopolistischer **Kap**italismus.

stampfen, Pendelbewegung eines Schiffes um seine Querachse.

Stand der, Gesellschaftsgruppe, die durch Abstammung, Besitz, Beruf, Bildung oder polit. Verdienste zusammengehört. Die **ständ. Ordnung** im MA. unterschied Adel, Geistlichkeit und stadtbürgerl. Patriziat; S. niederen Ranges waren das einfache Bürgertum und das (freie) Bauerntum. Die Frz. Revolution beseitigte Adel und Geistlichkeit als S., der »Dritte S.« setzte sich mit der Nation gleich. An die Stelle der Stände traten im 19. Jh. die wirtschaftl. bestimmten Klassen (→ Ständestaat).

Standard [engl.] der, **1)** Richtmaß, Richtschnur. **S.-Werk,** das führende Buch eines Fachgebiets. **2)** Stand der Lebenshaltung, → Lebensstandard. **3)** durch Vereinheitlichung geschaffener fester Maßstab für best. Waren gleicher Qualität. Die **Standardisierung** soll eine Norm schaffen, bes. für Welthandelsgüter im Börsenverkehr. **4)** bei Münzen der gesetzl. Feingehalt. **5) Gold-S.,** Wertberechnung auf Grund des Goldwertes.

Standardtänze, Tanzsport: langsamer Walzer, Tango, langsamer Foxtrott (Slowfoxtrott), Wiener Walzer und Quickstep.

Standarte [frz.] die, **1)** früher Fahne der Reiterei. **2)** Flagge bes. von Staatsoberhäuptern.

Standarte des Bundespräs.

Standbein, → Kontrapost.

Stander der, ausgezackte oder dreieckige Signalflagge; Kommandozeichen.

Stände|rat, eine der beiden Kammern der Bundesversammlung in der Schweiz.

Ständerpilze, Gruppe der Pilze, deren Sporen auf keulenförmigen Zellen, den Ständerzellen, stehen. Nach der Anordnung der Sporenschicht unterscheidet man 5 Untergruppen: Blätterpilze, Röhren- oder Löcherpilze, Stachelpilze, Keulenpilze, Bauchpilze.

Standes|amt, Behörde (i. d. R. bei den Gemeinden) zur Beurkundung von Geburten, Eheschließungen, Todesfällen; diese werden durch den **Standesbeamten** in **Personenstandsbücher** eingetragen.

Standesherren, Angehörige der mediatisierten Fürsten- und Grafengeschlechter.

Stände|staat, Staat, in dem bestimmte Stände durch ihre Vertretungen bei Gesetzgebung und Verwaltung mitwirken; bis ins 18. Jh. herrschende Staatsform in den meisten europ. Ländern. Mussolini führte im faschist. Italien einen berufsständ. Staatsaufbau ein, in Portugal bestand z. T. bis 1974 ein S.

Standgericht, → Standrecht.

Ständiger Internationaler Gerichtshof, → Internationaler Gerichtshof.

Ständiger Schiedshof, Haager Schiedshof, Schiedsgerichtshof zur friedl. Erledigung internat. Streitfälle, errichtet auf

Stapelie

Star

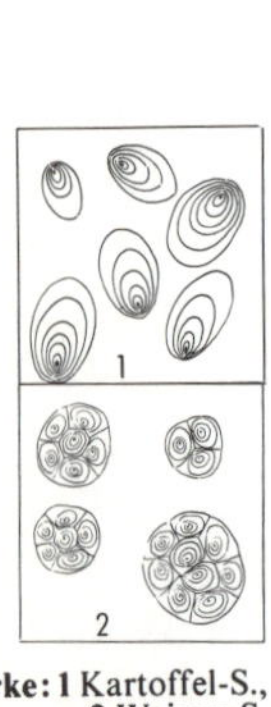

Stärke: 1 Kartoffel-S., **2** Weizen-S.

Grund des → Haager Abkommens von 1899, Sitz: Den Haag. Der S. S. besteht neben dem → Internationalen Gerichtshof weiter.

Ständige Vertretung, botschaftsähnl., 1974 nach dem → Grundvertrag geschaffene Einrichtung, die die Interessen der Bundesrep. Dtl. und der Dt. Dem. Rep. im jeweils anderen Staat wahrnehmen soll und mit konsular. u. a. Aufgaben betraut ist.

Standort, 1) ⚘ Umwelt, der eine Pflanze oder ein Pflanzenbestand in der Natur ausgesetzt ist. **2)** Unterkunftsort einer Truppe. **3)** örtl. Lage von Wirtschaftsbetrieben. Die **S.-Lehre** befaßt sich mit der räuml. Verteilung der Gütererzeugung.

Standrecht, ⚔ im Ausnahmezustand bestehendes Recht, über Verbrechen im abgekürzten gerichtl. Verfahren durch **Standgerichte** zu entscheiden.

Standvögel, Vögel, die ganzjährig an ihrem Nistort bleiben.

Stanislaus, 1) poln. Nationalheiliger, *1030, bannte als Bischof von Krakau (seit 1071) König Bolesław II., der ihn 1079 ermorden ließ (Tag 7. 5., in Polen 8. 5.). **2) S. I. Leszczyński** [-lɛʃtʃ'iĩskj], *1677, †1766, König von Polen (1704-09) an Stelle Augusts des Starken; 1735 mit dem Hzgt. Lothringen abgefunden. **3) S. II. August Poniatowski,** *1732, †1798, König von Polen (1764-95); unter ihm die 3 poln. Teilungen.

Stanislawskij, Konstantin, eigtl. K. **Alekssejew,** russ. Schauspieler, Regisseur, Theaterleiter, *1863, †1938; erstrebte einen künstlerisch vertieften Naturalismus.

Stanley [st'ænlı], Sir Henry Morton, engl. Afrikaforscher, *1841, †1904; fand 1871 den verschollenen Livingstone auf; entdeckte den Edward-See und erforschte den Kongo, unternahm 1887-89 eine Expedition zur Befreiung Emin Paschas.

Stanley-Fälle [st'ænlı-], Wasserfälle des → Kongo.

Stanniol [lat.] das, sehr dünn ausgewalztes Zinn; durch Aluminium- u. a. Folien ersetzt.

Stanowoigebirge, Gebirgszug in Ostsibirien, bis 2412 m hoch, bewaldet, reich an Gold.

stante pede [lat. »stehenden Fußes«], sogleich.

Stanze [ital.] die, **1) Stanzen Raffaels,** die von Raffael ausgemalten Räume des Vatikans. **2) Ottave rime,** aus der ital. Dichtung übernommene achtzeilige Strophenform aus gereimten Elffüßern.

stanzen, 1) Metallbleche und -stangen durch Biegen, Prägen, Rollen formen. **2)** mit Formmessern aus Blech, Leder u. a. Stücke ausschneiden.

Stapel [mnd.] der, **1)** geschichteter Haufen. **2)** Warenlager. **3)** ⚓ Unterlage (Klötze) des Kiels beim Schiffbau. **4)** Länge einer Baumwollfaser.

Stapeli|e die, kaktusförmige, dürregewohnte Pflanze mit Sternblüten, die nach Aas riechen **(Aasblume);** z. T. Zimmerblumen.

Stapel|lauf, Hinabgleiten des Schiffsrohbaus vom Stapel ins Wasser.

Staphylokokken Mz., traubenförmig zusammenliegende Bakterien **(Traubenkokken);** Eitererreger.

Star der, ♡ Augenkrankheiten mit Veränderung der Farbe des Sehlochs: **1) grauer S. (Katarakt),** Trübung der Augenlinse, wobei das Sehloch grau erscheint, tritt auf als **Wund-S.** bei Verletzungen, als Folge von Augen- und Stoffwechselkrankheiten sowie als **Alters-S.** Behandlung: operatives Entfernen der Linse, später S.-Brille als Ersatz für die Linse. **2) grüner S. (Glaukom),** Schädigung der Netzhaut und des Sehnerven durch krankhafte Drucksteigerung des Augeninnern; kann zur Erblindung führen. Behandlung: Senken des Augeninnendrucks durch Einträufeln von Medikamenten oder durch chirurg. Behandlung. **3) schwarzer S.,** früher Ausdruck für Blindheit infolge Erkrankung der tieferen Teile des Auges oder der Sehbahn; die Pupille bleibt dabei schwarz.

Star der, drosselgroßer, schwarzweiß gesprenkelter Singvogel, geselliges, lebhaftes Tier, das andere Stimmen nachahmen kann; Höhlenbrüter.

Star [engl. »Stern«] der, Bühnenberühmtheit, Film-, Sportgröße.

Stara Zagora [- zag'ɔra], Stadt in Bulgarien, 142000 Ew.; Textil-, Rosenöl-, Tabakind.

Stargard, poln. **Stargard Szczeciński** [- ʃtʃɛtsj'iĩski], Stadt in der poln. Wwschaft Szczecin, ehem. Stadt in Pommern, 59000 Ew.

Starhemberg, 1) Ernst Rüdiger Graf v., *1638, †1701, verteidigte 1683 erfolgreich das von den Türken belagerte Wien. **2)** Ernst Rüdiger Fürst v., *1899, †1956, Bundesführer der österr. Heimwehren, 1934-36 Vizekanzler.

Stark, Johannes, Physiker, *1874, †1957, Entdecker des **S.-Effekts** (Aufspaltung von Spektrallinien durch ein elektr. Feld); Nobelpreis 1919.

Stärke die, pflanzl. Vorratsstoff, der chemisch zu den Polysacchariden gehört und durch Kohlenstoffassimilation entsteht. Die S. wird im Zellinnern in Form von Körnchen aufgebaut. Technisch gewinnt man sie aus Kartoffeln, Weizen-, Reis- und Maiskörnern. Verwendung als Nährstoff, Rohstoff für die Spiritusbrennerei, zum Steifen, Kleben u. a.

Starkstromtechnik, ⚡ Technik der Erzeugung und Verteilung elektr. Energie sowie ihre Umsetzung in andere Energieformen (Wärme, Licht, mechan. Energie).

Starnberg, Krst. in Oberbayern, 17500 Ew.; Schloß; Kurort am Starnberger See.

Starnberger See, Würmsee, See im bayer. Alpenvorland, 584 m ü. M., bis 127 m tief, 57 km² groß; Abfluß: Würm.

Starost, 1) im Kgr. Polen königl. Statthalter, Beamter, auch Inhaber von Königsgut. **2)** im zarist. Rußland Funktionär der niederen Lokalverwaltung.

Starre|zustand, meist vorübergehende Aufhebung versch. Lebensäußerungen bei ungünstigen Umweltbedingungen, z. B. Kälte-, Licht-, Trocken-, Wärmestarre; auch aktives Sichtotstellen z. B. von Insekten zum Schutz vor Feinden.

Starrkrampf, → Wundstarrkrampf.

Stars and stripes [sta:z ænd straıps, engl.], Sternenbanner, die Flagge der USA.

Star-Spangled Banner [st'a:spæŋgld b'ænə, engl. »Sternenbesätes Banner«], Nationalhymne der USA, amtlich seit 1931.

START, Abk. für **S**trategic **A**rms **R**eduction **T**alks, sowjet.-amerikan. Gespräche (1982-89) über die Verminderung der Interkontinentalraketen; als Fortsetzung von → SALT; seit 1982 in Genf.

Start [engl.] der, Ablauf, Absprung, Abflug, bei sportl. Wettbewerben auf ein best. **Startsignal** (z. B. Pistolenschuß).

Starter, 1) früher **Anlasser,** Durchdrehvorrichtung zum Anwerfen von Verbrennungsmotoren, meist ein batteriegespeister Hauptstrommotor, der das Drehmoment durch ein Ritzel auf das Schwungrad überträgt. – Bei kleineren Verbrennungsmotoren Anlassen durch Handstartvorrichtung oder Fuß beim Motorrad **(Kickstarter). 2)** Kampfrichter, der das Zeichen zum Rennbeginn gibt.

Startfenster, der günstigste Zeitpunkt oder Zeitraum für den Start eines Raumflugkörpers (bei einem Start zum Mond **Mondfenster**).

Staßfurt, Krst. im Bez. Magdeburg, an der Bode, 27500 Ew.; Kalibergbau, chem. Ind.

State Department [st'eıt dıp'a:tmənt], das Außenministerium der USA.

Statement [st'eɪtmənt, engl.] das, -s/-s, Behauptung, Darlegung.
Staten Island [st'eɪtn 'aɪlənd], Insel rechts an der Hudsonmündung (der SW New Yorks).
Stater, antike Gold- und Silbermünze.
Statik [lat.] die, Lehre vom Gleichgewicht der Kräfte, ein Teil der Mechanik.
Station [lat.] die, **1)** Bahnhof; Haltepunkt. **2)** Abteilung (Krankenhaus). **3)** Standort, Aufenthalt. **4)** Ort für wissenschaftl. Beobachtungen. **stationär,** bleibend, ortsfest.
statisch, im Gleichgewicht, fest stehend.
Statist [lat.] der, in Nebenrollen beschäftigter Schauspieler, meist stumme Rolle.
Statistik [frz.] die, **1)** Verfahren, Massenerscheinungen zu erfassen, nach Merkmalen auszuzählen, zu gruppieren und die Ergebnisse auszuwerten. **2)** Gesamtheit von Regeln über das Verhalten einer Anzahl gleichartiger Dinge oder Vorgänge (z. B. Atome, Moleküle; auch menschl. Handlungen), das im Einzelfall regellos verläuft.
Statistisches Bundesamt, die statist. Zentralbehörde der Bundesrep. Dtl., selbständige Bundesoberbehörde unter einem Präs. im Bereich des Innenministeriums; 1953 errichtet, Sitz: Wiesbaden. Daneben bestehen Statist. Landesämter.
Stativ [lat.] das, meist dreibeiniges Gestell zum Festhalten und Aufstellen eines Geräts, z. B. eines photograph. Apparates.
Statthalter, Vertreter der Staatsobrigkeit in einer Provinz oder einem Gebietsteil.
Statue [lat.] die, Bildhauerei: stehende, vollplastisch gebildete Einzelfigur (Standbild). **Statuette,** kleine S.
statuieren [lat.], aufstellen, festsetzen; ein **Exempel s.,** ein warnendes Beispiel aufstellen.
Statur [lat.] die, Gestalt, Wuchs.
Status [lat.] der, Stand, Zustand; Vermögensstand. **Status quo (ante),** der, Zustand, in dem sich etwas befindet (befand).
Statut [lat.] das, -s/-en, die Satzung.
Staubblätter, Staubgefäße, → Blüte.
Stau|becken, Staumauer, → Talsperre.
Staub|inhalationskrankheiten, Erkrankungen der Atmungsorgane durch Staub, z. B. **Kohlenlunge** (Anthrakose), **Eisenlunge** (Siderosis). Melde- und entschädigungspflichtige Berufskrankheiten, z. B.: **Asbestose** der Asbestarbeiter; **Staublunge (Kiesellunge)** bei Gesteinshauern. Vorbeugung: Absaugen des Staubes, Atemschutzgeräte.
Staubsauger, trag- oder fahrbares Entstaubungsgerät, oft mit Zusatzgeräten zum Bürsten, Bohnern, Klopfen, Zerstäuben u. a. Ein durch Elektromotor getriebener Ventilator saugt durch eine Düse die staubhaltige Luft an und treibt sie durch einen Luftfilter.
Staude die, mehrjährige Blütenpflanzen.
Staudruckmesser, in Flugzeugen Gerät zum Messen der Fluggeschwindigkeit.
Staudte, Wolfgang G., Filmregisseur, *1906, †1984; »Rosen für den Staatsanwalt«, »Dreigroschenoper«; Fernsehfilme.
Staufer, Hohenstaufen, dt. Herrschergeschlecht, nach der schwäb. Stammburg → Hohenstaufen genannt. Die S. wurden 1079 Herzöge von Schwaben, erbten 1125 die Hausgüter des salischen Kaiserhauses und saßen 1138-1254 auf dem dt. Königs- und Kaiserthron; 1194 erwarben sie auch das normann. Königreich Neapel-Sizilien. Die bedeutendsten S. waren Friedrich I. Barbarossa, Heinrich VI., Friedrich II. Mit Konradin (enthauptet 1268) erlosch das Geschlecht.
Stauffenberg, → Schenk von Stauffenberg.
Stauffer-Bern, Karl, schweizer. Maler, Radierer, *1857, †(Selbstmord) 1891; schuf bes. Porträts.
Staupe die, **Hundeseuche,** ♡ fieberhafte, ansteckende Krankheit junger Hunde: Erbrechen, Husten, Ausfluß aus Nase und Ohren oder Krämpfe und Lähmungen.
Staupitz, Johann v., *um 1465, †1524; Theologe in Wittenberg, Beichtvater des jungen Luther, distanzierte sich später von den Lutheranern.
Stäupung die, **Staupenschlag,** öffentl. Auspeitschung mit Ruten (mittelalterl. Strafe).
Staustrahltriebwerk, Rückstoßantrieb für Raketen: der bei hoher Geschwindigkeit große Staudruck preßt Außenluft in die Brennkammer der Düse; die Verbrennung des hier eintretenden Kraftstoffs schiebt die Gase mit hoher Geschwindigkeit aus der Düse und erzeugt den Vortrieb.
Stavanger, Hafen in SW-Norwegen, am Bukkenfjord **(Stavangerfjord),** 94000 Ew.; Dom; Schiffbau; Fischfang, Fischkonservenind.
Stavenhagen, Fritz, Dichter, *1876, †1906; plattdt. Schauspiele (»Mudder Mews«).
Stawropol, Stadt in der UdSSR, im Kaukasusvorland, 299000 Ew.; Maschinen- u. a. Ind.
Steak [steɪk] das, kurzgebratenes Fleischstück aus Keule, Rücken, Filetkopf.
Stealth [st'elθ, engl. »Heimlichkeit«], ⁘ ⊙ Eigenschaft von Kampfflugzeugen, mittels konstruktioneller Maßnahmen (Bauweise ohne scharfe Kanten und vertikale Flächen; radarstrahlabsorbierende Materialien u. a.) für gegner. Radar fast unsichtbar zu sein.
Steamer [st'i:mə, engl.] der, Dampfschiff.
Stearin das, **1)** Triglycerid der S.-Säure, einer Fettsäure, Hauptbestandteil der Fette. **2)** Gemisch von S.- und Palmitinsäure, Rohstoff der Kerzenherstellung, der Seifen-, Lederind. u. a.
Steatit [grch.] der, → Speckstein.
Steben, Bad S., Markt in Oberfranken, Bayern, 3900 Ew.; Stahl-, Moor-, Radiumheilbad.
Stech|apfel, krautiges, weißblühendes Nachtschattengewächs, Schuttpflanze, sehr giftig (BILD Giftpflanzen).
Stechfliege, Stallfliege, Fliege mit Stechrüssel, Blutsauger an Mensch und Vieh, Krankheitsüberträger.
Stechmücken, Familie der → Mücken.
Stechpalme, Ilex, Strauch mit immergrünen, dornig gezähnten Blättern, in Wäldern; mit weißen Blüten und kugeligen Steinfrüchten; unter Naturschutz. Die Blätter südamerikan. Arten dienen zu Tee (Mate).

Stechpalme mit Früchten

Steckbrief [urspr. Vorladung vor ein Femegericht; sie wurde dem Beklagten in den Torriegel gesteckt], ⚖ das schriftl., vom Richter oder Staatsanwalt erlassene öffentl. Ersuchen an alle Behörden, einen Flüchtigen oder sich verborgen Haltenden festzunehmen.
Steckling der, in die Erde gestecktes Pflanzenstück, das zur Pflanze auswächst.
Stedinger, freie friesisch-niedersächs. Bauern des MA. an der Unterweser, 1229-34 von dem Bremer Erzbischof Gerhard II. unterworfen.
Steele [sti:l], Sir Richard, engl. Schriftst., *1672, †1729; gab mit Addison die ersten Moral. Wochenschriften (z. B. »The Spectator«) heraus.
Steen, Jan, niederländ. Maler, *um 1626, †1679; Bilder aus dem Volksleben, daneben bibl. und mytholog. Darstellungen.
Steeplechase [st'i:pltʃeɪs, engl.] die, ein Hindernisrennen (→ Hindernis).
Stefano, Giuseppe **Di S.,** ital. Sänger (Tenor), *1921.
Stefánsson, David, isländ. Dichter, *1895, †1964; Lyrik; Romane.
Steffen, Albert, schweizer. Schriftst., *1884, †1963; Romane, Dramen, Essays.
Steffens, Henrik, Philosoph, Naturfor-

scher, Dichter, *1773, †1845, Naturphilosoph; Selbstbiographie »Was ich erlebte«.

Steg der, **1)** Fußgängerbrücke. **2)** ♩ Stützbrettchen der Saiten bei Streichinstrumenten.

Steher, ⚘ **1)** bes. ausdauerndes Rennpferd. **2)** Radfahrer (Dauerfahrer) hinter einem → Schrittmacher.

Stehr, Hermann, Dichter, *1864, †1940; grübler. Erzählungen und Romane (»Der Heiligenhof«, »Peter Brindeisener«).

Steiermark

Steiermark, Bundesland Österreichs, 16387 km², 1,18 Mio. Ew.; Hptst.: Graz. S. reicht vom Dachstein über das obere Ennstal, die Niederen Tauern und Eisenerzer Alpen, das obere Mur- und Mürztal bis ins südöstl. Alpenvorland (Oststeir. Hügelland). Ackerbau, Viehwirtschaft; Eisenerzabbau (Erzberg), ferner ⚒ auf Magnesit, Braunkohlen; Hütten- und Eisenindustrie bes. um Leoben und Bruck a. d. Mur; Holz-, Papierind., Wasserkraftwerke, Fremdenverkehr. ⓖ Im Altertum keltisch, dann Teil des Röm. Reichs (Noricum-Pannonien). 1180 wurde die S. Hzgt., 1192 fiel sie an die österr. Babenberger, 1282 an Habsburg. Die Süd-S. kam 1919 an Jugoslawien.

Steig|eisen, 1) an die Schuhe anschnallbare Stahlhaken zum Erklettern von Holzmasten. **2)** eingemauerte Bügel an Wänden, Schornsteinen, zum Aufsteigen. **3)** Hilfsmittel des Bergsteigers beim Eisgehen.

Steiger der, ingenieurmäßig ausgebildete Aufsichtsperson im Bergbau.

Steigerung, ⓢ Veränderung des Eigenschaftsworts zur Mehr- **(Komparativ)** und Meiststufe **(Superlativ).**

K. vom Stein

Steigerwald, Waldgebirge in Franken, westlich von Bamberg, bis 489 m.

Steig|leitung, vom Hausanschluß senkrecht nach oben führende Leitung für Elektrizität, Gas, Wasser.

Stein, 1) Charlotte v., Freundin Goethes, *1742, †1827, ⚭ mit dem herzogl. Stallmeister Friedrich v. S. **2)** Edith, Philosophin, *1891, †im KZ 1942, suchte die Lehre T. v. Aquinos mit der Phänomenologie neu zu begründen. **3)** [staın], Gertrude, amerikan. Schriftst., *1874, †1946; in Paris von großem Einfluß auf die »verlorene Generation« (Hemingway u. a.). **4)** Horst, Dirigent, *1928, leitet seit 1977 das »Orchestre de la Suisse Romande«. **5)** Karl Reichsfreiherr **vom und zum S.,** preuß. Staatsmann, *1757, †1831, wurde 1807 leitender Minister in Preußen, das er durch innere Reformen erneuerte: Aufhebung der bäuerl. Erbuntertänigkeit, Städteordnung, einheitl. Verwaltung. Als Gegner Napoleons I. mußte er Ende 1808 zurücktreten. 1812/13 war er Berater des russ. Zars Alexander I. 1819 regte er die Gründung der »Gesellschaft für Dtl.s ältere Geschichtskunde« an (→ Monument). **6)** Lorenz v., Staatsrechtslehrer, *1815, †1890, erkannte vor Marx die Bedeutung der sozialen Frage; schrieb »Verwaltungslehre«. **7)** Peter, Regisseur, *1937; politisch engagierte Inszenierungen.

Steinbeck

Steinamanger, ungar. **Szombathely** [s'ombɔthɛj], Stadt in Westungarn, 86000 Ew.; Textil-, Maschinenind.

Stein am Rhein, Stadt im schweizer. Kt. Schaffhausen, 2800 Ew.; ehem. Benediktinerabtei, Rathaus (1539), bemalte Hausfassaden.

Steinbeck [st'aınbek], John Ernst, amerikan. Erzähler, *1902, †1968; sozialkrit. Romane (»Straße der Ölsardinen« u. a.); Nobelpreis 1962.

Steinbeißer der, eine Schmerle.

Steinberg [st'aınbə:g], Saul, rumän.-amerikan. Karikaturenzeichner, *1914, seit 1941 in den USA.

Steinberg: Zeichnung

Steinberger [st'aınbə:gə], Jack, amerikan. Physiker dt. Herkunft, *1921; bed. Arbeiten zur Elementarteilchenphysik, mit L. M. Lederman und M. Schwartz Nobelpreis 1988.

Steinbock 1)

Steinbock, 1) ⚘ Horntier, den Ziegen zugehörig. Der **Alpen-S.** wird bis 1,60 m lang, die Hörner bis 1,40 m. **2)** ☆ Sternbild des Südhimmels, 10. Zeichen des Tierkreises.

Steinbrech der, Gatt. **Saxifraga;** z. B. **Körniger S.,** weißblühende Wiesenpflanze mit Brutknöllchen. Gebirgspflanze ist der weißblütige **Traubige S.,** Zierpflanze der weiß-rotpunktig blühende **Porzellan-S.** (das **Jehovablümchen**).

Steinbuch, Karl W., Informationstheoretiker, *1917. »Automat und Mensch«; »Die informierte Gesellschaft«; »Falsch programmiert«; »Kurskorrektur«; »Maßlos informiert«.

Steinbüchel, Theodor, kath. Theologe, *1888, †1949; bearbeitete die philosoph. und sozialen Grundlagen der Moraltheologie.

Steinbutt, ein Plattfisch.

Steindruck der, **Lithographie** die, Flachdruckverfahren, bei dem als Druckform eine Schieferplatte diente, später ersetzt durch Zinkplatten, heute auf photograph. Grundlage umgestellt. 1796-98 von Senefelder erfunden.

Steiner, Rudolf, *1861, †1925; Begründer der Anthroposophie, einer Weltanschauungslehre, die die im Menschen schlummernde Seelenkraft durch geistige Schulung entwikkeln will. S. gründete 1913 die Allg. Anthroposoph. Gesellschaft, 1919 die **Waldorfschule** in Stuttgart, 1913 (nach Brand wiederaufgebaut 1924) das **Goetheanum** in Dornach.

Steinernes Meer, verkarstete Hochfläche der Salzburger Kalkalpen, im Selbhorn 2655 m.

Steinfurt, Krst. in NRW, 31500 Ew., Textil-, Maschinenind.

Steingarten, Garten mit Steinen, Felsen, bepflanzt mit Gebirgs- oder Alpenpflanzen.

Steingut, Tonwaren mit nicht verglastem, porösem, nicht durchscheinendem Scherben und durchsichtiger Glasur; für Küchen-, Eßgeschirre, Waschbecken, Badewannen u. a.

Steinhäger [nach dem Ort Steinhagen] der, westfäl. Wacholderbranntwein.

Steinhoff, Johannes, General, *1913, Jagdflieger im 2. Weltkrieg, 1966-70 Inspekteur der Bundesluftwaffe, 1971-74 Vorsitzender des NATO-Militärausschusses.

Steinholz, Fußbodenbelag aus gebrannter und gemahlener Magnesia als Grundstoff, Holzmehl oder Sägespänen als Füllstoff, Magnesiumchloridlösung als Bindemittel und anorgan. Farbstoffen. Warm, schalldämpfend, nicht brennbar.

Steinhuder Meer, See nordwestl. Hannover, 30 km², bis 3 m tief, mit Abfluß zur Weser.

Steinhuhn, Berghuhn, rebhuhngroßes Wildhuhn der Gebirgsgegenden S-Europas.

Steinkauz, → Eulen.

Steinklee, 1) Weißklee. **2)** → Honigklee.

Steinkohle, → Kohle.

Stẹinkohlen|einheit, Abk. **SKE,** nicht gesetzl. Maßeinheit der Energie, 1 SKE = 7000 kcal = 29 308 kJ (mittlerer Energiegehalt von 1 kg Steinkohle).

Steinkreuze, etwa 5 m hohe Obelisken, die um 600 als Missionsdenkmäler im Gebiet des Hadrianswalls und in Mittelengland errichtet wurden. In Dtl. wurden im hohen und späten MA. niedrige S. v. a. als Mahn- und Sühnezeichen für Morde errichtet.

Steinle, Edward v., Maler, *1810, †1886; relig. Bilder, Zeichnungen u. a.

Steinmetz der, Handwerker, der Natursteine für Bauten, Denkmäler u. dgl. bearbeitet. **S.-Zeichen,** monogrammartige Erkennungszeichen auf bearbeiteten Steinen.

Stein|nuß, Elfenbein|nuß, der Samen versch. Palmen, bes. von der **Elfenbeinnuß-** oder **S.-Palme,** dient zu Elfenbeinersatz, Knöpfen u. a.

Stein|obst das, Obstarten, bei denen die Innenschicht der Fruchtschale steinhart ist, z. B. Pflaume, Kirsche, Pfirsich.

Steinpilz, Herrenpilz, eßbarer Röhrenpilz mit zuerst weißen, dann gelbgrünl. Röhren und engmaschigem Stielgeäder; in Wäldern. (BILD Pilze)

Steinsalz, als Mineral vorkommendes → Salz, durch Abbau unterirdischer Lager gewonnen.

Steinschneidekunst, Glỵptik, Kunst, in Edel- und Schmucksteine Bilder zu schneiden (→ Gemme).

Steinzeit, Zeitstufe der menschl. → Vorgeschichte, in der Metalle noch unbekannt waren und Waffen und Werkzeuge meist aus Stein, Knochen oder Holz gefertigt wurden (→ Altsteinzeit, → Mittelsteinzeit, → Jungsteinzeit).

Steinzeug, Tonwaren aus dichtem, verglastem Scherben, unglasiert oder mit Salz glasiert und mit Metalloxiden bemalt; eignet sich nicht zu Kochgeschirr, da es Temperaturunterschiede nicht verträgt, aber gut zu Krügen u. a.

Steißbein das, beim Menschen der unterste, aus 5 Wirbeln verwachsene Teil der → Wirbelsäule.

Steißfüße, Ordnung der → Tauchvögel.

Steißgeburt, Geburt, bei der zuerst der Steiß des Kindes hervortritt **(Steißlage, Bekkenendlage).**

Stẹle [grch.] die, als frei stehender Pfeiler errichteter Grenz- oder Inschriftstein oder ein Grabmal, an der Vorderseite mit einem Relief des Toten, auch seiner Angehörigen, oben mit einem Giebel, auch einer Palmette.

Stẹlla [lat. »Stern«], weibl. Vorname.

Stellage [ʃtelˈaːʒə, dt.-frz.] die, **1)** Gestell. **2)** Art des Börsentermingeschäfts.

stellạr [lat.], auf die Sterne bezüglich.

Stellạr|astronomie, der Teil der Astronomie, der sich mit den Fixsternen, Sternhaufen und Sternsystemen befaßt.

Stellwerk das, Anlage, von der aus Weichen und Signale bedient werden, auf großen Bahnhöfen als Gleisbild- oder Spurplan-S., betrieben als mechan., elektromechan. oder Drucktasten-S.

Stelzvögel, Vögel mit hohen Watbeinen: Störche, Reiher, Rohrdommeln, Ibisse, Stelzenläufer.

Stemm|eisen, meißelartiges Werkzeug zum Herstellen von Löchern, Nuten in Holz.

Stempel der, **1)** Handdruckgerät mit Gummi- oder Stahltypen, auch durch eine Uhr automatisch verstellbar **(S.-Uhr). 2)** der Abdruck selbst, z. B. als Merkmal für Güte, Beglaubigungszeichen. **3)** ⚘ der Fruchtknoten mit Griffel und Narbe (→ Blüte).

Stempelsteuer, durch Abstemplung einer Steuermarke auf einer Urkunde entrichtete Steuer.

Stẹndal, Krst. im Bez. Magdeburg, in der Altmark, 48 000 Ew.; got. Backsteinbauten; Nahrungsmittel- u. a. Ind. Im MA. Hansestadt.

Stendhal [stɛ̃dˈal], eigtl. Marie Henri **Beyle,** frz. Schriftst., *1783, †1842; in seinen Romanen trotz betonter Nüchternheit ein mitreißender Gestalter der verborgenen Beweggründe des menschl. Handelns; schrieb »Rot und Schwarz«, »Die Kartause von Parma«. (BILD S. 850)

Stenographịe [grch.] die, → Kurzschrift.

Stenotypịst der, Kurzschrift- und Maschinenschreiber; weiblich: **Stenotypịstin.**

Stẹntor, grch. Sage: ein Grieche vor Troja; er schrie so laut wie 50 Männer **(S.-Stimme).**

Stẹphan [grch. »Kranz«, »Krone«], **Stefan,** männl. Vorname; weiblich: **Stẹphanie.**

Stẹphan I., der Heilịge, König von Ungarn (997-1038), * um 975, führte das Christentum in Ungarn ein; 1000 mit einer vom Papst geschenkten Krone als Apostol. König gekrönt. Schutzheiliger Ungarns (Tag 16. 8., in Ungarn 20. 8.).

Stephan, Heinrich v., Organisator der dt. Reichspost, Gründer des Weltpostvereins (1874), *1831, †1897; 1870 Generalpostdirektor, später Generalpostmeister und Staatssekr. des Reichspostamts. (BILD S. 851)

Stephanskrone, ungar. Königskrone, entstanden nach 1000 aus versch. Teilen; gelangte 1945 in die USA, wurde 1978 an Ungarn zurückgegeben.

Stẹphanus, der erste Märtyrer, Armenpfleger in der christl. Urgemeinde; wurde von den Juden gesteinigt; Heiliger (Tag 26. 12.).

Stephenson [stˈiːvnsn], George, engl. Ingenieur, *1781, †1848; baute 1814 die erste brauchbare Lokomotive, 1825 in England die erste öffentl. Eisenbahn.

Steppe die, baumlose und trockene Ebene mit Gräsern und Kräutern, der Trockenheit angepaßt, in den Subtropen verbreitet. Typen: **Gras-S.** (z. B. → Prärie, → Pampa), **Busch-** und **Dornbusch-S., Salz-S.**

steppen, 1) bes. Stichart (Steppstiche). **2)** [von engl. to step »schreiten«] einen **Steptanz** ausführen, wobei der Rhythmus durch klappernde Bewegungen der an Fußspitzen und Hacken mit Eisenplättchen verstärkten Schuhe hörbar wird.

Stepụn, Fjodor, Kulturphilosoph, *1884, †1965; philosoph., literarhistor. Werke.

Ster [frz.] der, Abk. **st.,** → Raummeter.

Sterbefall|anzeige, Anzeige eines Todesfalls, dem zuständigen Standesbeamten spätestens am folgenden Werktag zu machen.

Sterbehilfe, ursprüngl. Hilfe beim Sterben ohne Lebensverkürzung; neuerdings auch mit in Kauf genommener Lebensverkürzung, moralisch und rechtlich umstritten.

Sterbekasse, Begräbniskasse, kleinerer Versicherungsverein auf Gegenseitigkeit, der den Hinterbliebenen ein **Sterbegeld** (Begräbniskosten) gewährt.

Sterbesakramente Mz., kath. Kirche: Buße, Eucharistie und Krankensalbung.

Sterblichkeit, Zahlenverhältnis der in einem best. Zeitraum Gestorbenen zur Gesamtbevölkerung. Die S., v. a. die → Säuglingssterblichkeit, ist in allen Kulturländern durch die Gesundheitsfürsorge zurückgegangen.

stẹreo... [von grch. »fest«], in Fremdwörtern: körperlich, raum...

Stereochemịe die, Lehre von der räuml. Anordnung der Atome im Molekül.

Stẹreofilm, mit einer **Stereokamera** aufgenommener Film mit Raumwirkung, dessen Teilbilder je für ein Auge bestimmt sind. Die Bilder können neben-, übereinander- oder aufeinanderliegen.

Stereokomparạtor, Doppelmikroskop, zum Ausmessen zweier zusammengehöriger Meßbilder.

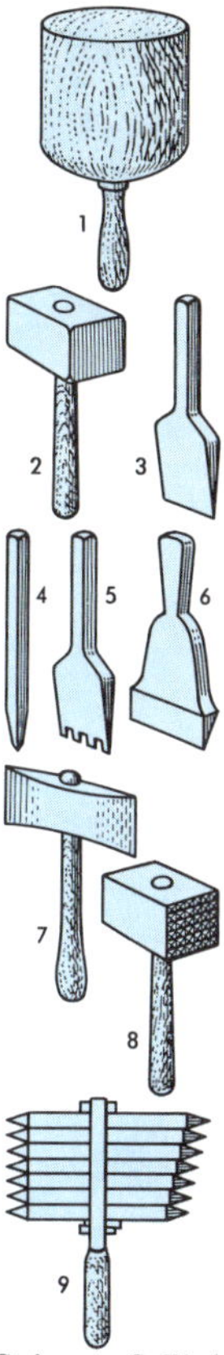

Steinmetz: S.-Werkzeuge: **1** Klöpfel, **2** Handfäustel, **3** Preller, **4** Spitzeisen, **5** Zahneisen, **6** Scharriereisen, **7** Flachhammer, **8** Stockhammer, **9** Kröneleisen

Steinsalz

Steinzeug

Stendhal

Stereometrie die, Geometrie der räuml. Gebilde, bes. der Körper.

Stereophonie die, allg.: räuml. Hören, ermöglicht bes. durch die Zweiohrigkeit; auch die Aufnahme und Wiedergabe von Sprache und Musik so, daß der räuml. Eindruck erhalten bleibt. Die von mehreren im Raum verteilten Mikrophonen aufgenommenen Töne werden über je einen Übertragungskanal je einem Lautsprecher zugeführt, deren Aufstellung das urspr. Schallfeld wiedergibt. Am wirklichkeitsnächsten wirken die Aufnahme mit Mikrophonen in einer Kopfnachbildung **(Kunstkopf-S.)** und die Wiedergabe über Kopfhörer. Aus der zweikanaligen S. wurde die **Vierkanal-S.** oder Quadrophonie entwickelt.

Stereoskop das, Gerät zum Betrachten von mit Stereokameras aufgenommenen Bildern.

Stereoskopie die, das räuml. Sehen, ermöglicht durch die Zweiäugigkeit, durch die Veränderlichkeit der Augenlinse u.a.; bildl. Erzeugung des räuml. Eindrucks durch Stereokamera und Stereoskop, Anaglyphen, Stereofilm u.a.

stereotyp [grch.], feststehend, unabänderlich.

Stereotypie [grch.] die, ⌀ Verfahren zur Vervielfältigung von Schriftsätzen in Hochdruckformen. Auf diese wird angefeuchtete Matrizenpappe aufgedrückt, in die nach dem Trocknen Hartblei eingegossen wird. Durch wiederholten Abguß erhält man beliebig viele Druckplatten.

steril [lat.], **1)** unfruchtbar. **2)** keimfrei. **Sterilisation** die, **1)** → Desinfektion. **2)** Unfruchtbarmachung, → Unfruchtbarkeit. **Sterilität** die, **1)** Keimfreiheit (→ Asepsis). **2)** → Unfruchtbarkeit.

Sterlet [russ.] der, Fisch, ein bis 1 m langer → Stör des Schwarzen Meeres.

Sterling [st'ə:lıŋ, engl.], → Pfund.

Sterlitamak, Stadt in der Baschkir. ASSR, 245 000 Ew.; Stahl-, Maschinen-, Erdölind.

Stern der, ☆ → Fixstern, → Planeten. Mit bloßem Auge erkennbar sind etwa 5500 Fix-S. mit den größten Fernrohren mehrere Mrd. Sie werden nach ihrer scheinbaren Helligkeit in Größenklassen eingeteilt, wobei die hellsten S. zur 1., die eben noch dem freien Auge erkennbaren zur 6. Klasse gehören. Zur Differenz von einer Größenklasse gehört ein Intensitätsverhältnis von 1:2,512. Alle dem freien Auge sichtbaren S. zählen zum → Sternsystem der Milchstraße. Die Sonne ist ebenfalls ein S. Während die Sonne nur 8⅓ Lichtmin. von der Erde entfernt ist, beträgt die Entfernung zum nächsten Fix-S. 4 Lichtjahre. Die Geschwin-

Sternkarten: Nördlicher Sternhimmel

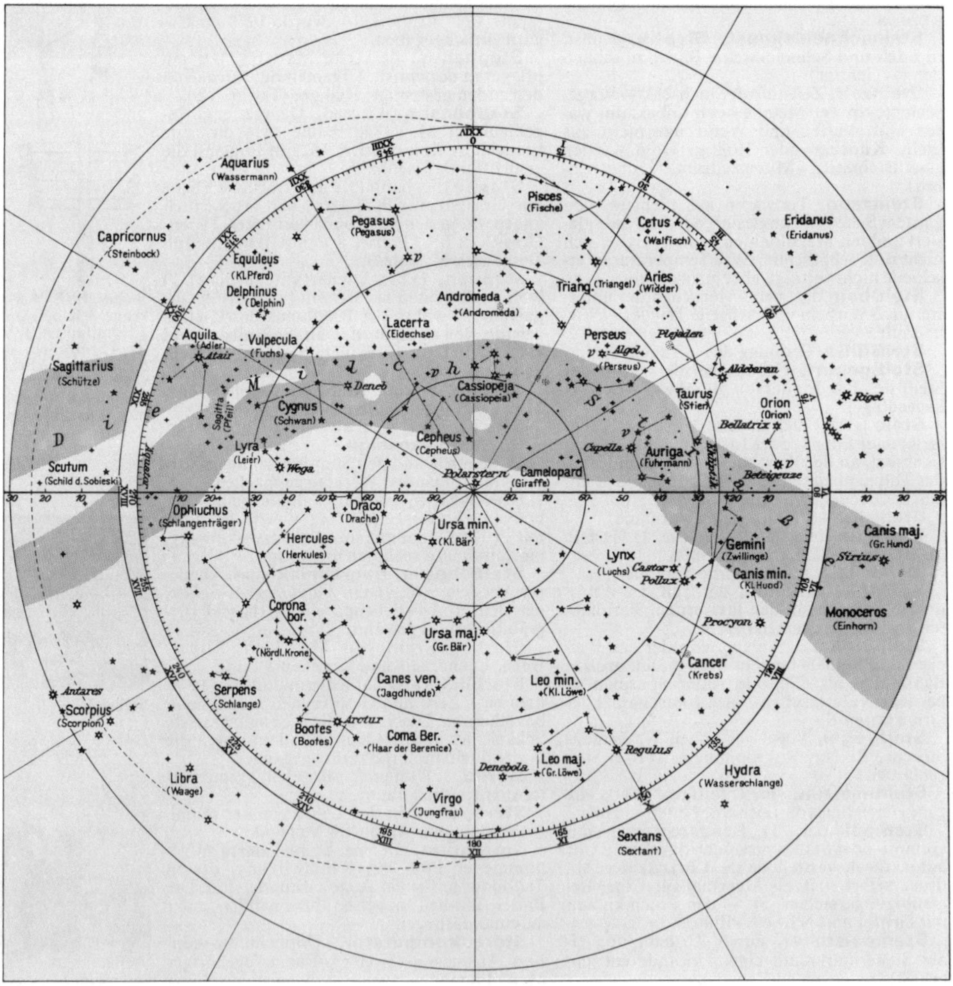

digkeiten von S. gegeneinander sind i.a. kleiner als 100 km/s, so daß sich ihre Anordnung in S.-Bildern für den irdischen Betrachter erst in Jahrtausenden merklich ändert. Die wahren Helligkeiten der S. schwanken stark, sie hängen von der Temperatur der Oberfläche (von 700-100000 K) und von deren Größe (also vom Durchmesser) ab. Die Strahlung wird durch die Umwandlung von Atomkernen im S.-Inneren aufrechterhalten. Für die Sonne und ähnl. S. ist die Temperatur im Mittelpunkt $20 \cdot 10^6$ (bis $35 \cdot 10^6$) K; dabei wird Wasserstoff in Helium umgewandelt. Die Hauptmenge der S. gehört 2 Klassen an, den **Riesen** und den – viel häufigeren – **Zwergen.** Ein typischer Zwerg-S. wie die Sonne kann mit seinem Wasserstoffvorrat viele Mrd. Jahre strahlen. Erst nach Erschöpfung des Wasserstoffs setzen andere Prozesse ein, die zu einem Übergang in das Riesenstadium führen und schließlich bei dem Stadium eines **Weißen Zwergs** enden, einem S.-Typus, bei dem Atomkerne und Elektronen zu einer engen Packung entarten, deren Dichte bis etwa 1 t/cm³ anwächst. Im Lebenslauf eines S. kann es zu Pulsationen kommen, wobei der S. durch Instabilitäten im Inneren zu period. Ausdehnung mit nachfolgender Kontraktion angeregt wird. Die entsprechenden Oberflächen- und Temperaturschwankungen werden als rhythm. Veränderlichkeit der Helligkeit erkennbar. Einzelne S. werden im Inneren so instabil, daß sie explodieren. Bei solchen **Neuen S.** oder **Novae** (Ez. Nova) nimmt die Ausstrahlung zunächst rasch, später unter Schwankungen langsam zu und kehrt im Lauf von Jahren zum urspr. Zustand zurück. Bes. heftige Explosionen zeigen **Supernovae,** deren Endstadium vermutl. ein überdichter Reststern **(Neutronen-S.)** ist. Solche Reststerne wurden in den → Pulsaren gefunden.

Mit der Bildung lokaler Zusammenballungen in der interstellaren Materie, in denen die Schwerkraft die auflösenden Kräfte überwiegt, beginnt die S.-Entwicklung und verursacht dadurch Aufheizung. Die meisten S. haben Massen zw. dem 0,3- und 3fachen der Sonne. Der Durchmesser der Weißen Zwerge ist durchschnittl. 1-2% des Sonnendurchmessers, also rd. 10000 km. Für Riesensterne sind Werte bis zum Mehrhundertfachen des Sonnendurchmessers bestimmt worden. Mit dem Spektroskop (meist photograph. an großen Spiegelteleskopen) werden die Vorgänge in den Atmosphären der S. und die chem. Zusammensetzung bestimmt. Durch Messungen der Strahlungsintensität in Gebieten außerhalb des sichtbaren Lichts (bes. mit Ballons und Satelliten) ist die Kenntnis von den Vorgängen in

v. Stephan

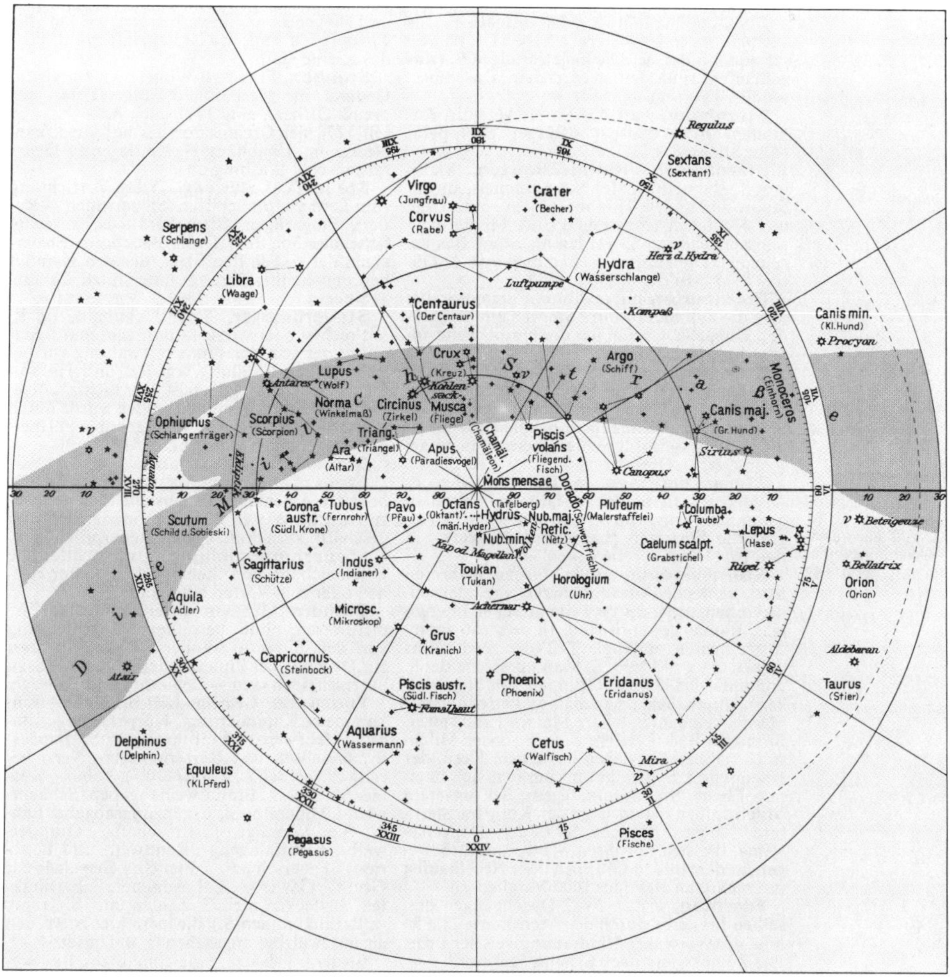

Sternkarten: Südlicher Sternhimmel

den leuchtenden Atmosphären der S. bed. erweitert worden. Mit Radioteleskopen wird die Radiostrahlung, mit Detektoren auf Satelliten die Röntgenstrahlung der S. gemessen.

Stern, 1) [stə:n], Isaak, amerikan. Violinist russ. Herkunft, *1908. **2)** Otto, dt.-amerikan. Physiker, *1888, †1969, bestimmte 1921 zus. mit W. Gerlach die Richtungsquantelung des Kernspins beim Silberatom und 1933 das magnet. Moment des Protons; Nobelpreis 1943. **3)** William, Kinder-, Jugendpsychologe, *1871, †1938; vertrat philosoph. einen Personalismus.

Sternberger, Dolf, Essayist und Publizist, Politologe; *1907, †1989.

Sternbilder, zu Figuren zusammengefaßte Fixsterngruppen mit größtenteils antiken, teils auch neueren Namen. In der heutigen Astronomie verwendet man eine nach den S. benannte schemat. Aufgliederung des Himmels.

Sterne

Sterndeutung, Astrologie, Versuch, aus der Stellung der Gestirne das Schicksal der Menschen vorherzusagen. (→ Horoskop)

Sterne [stə:n], Laurence, engl. Erzähler, *1713, †1768, im 18. Jh. Hauptvertreter des engl. humorist., empfindsamen Romans.

Sternenbanner, → Stars and stripes.

Sternfahrt, ↗ Fahrt mit Motorfahrzeugen aus versch. Richtungen zu einem Ziel (→ Rallye).

Sternhaufen, Anhäufungen von Sternen auf beschränktem Raum. Die **offenen S.** aus 100 bis einigen 1000 Sternen haben Durchmesser von 4-6 Parsec. Die **kugelförmigen S. (Kugelhaufen)** sind weit sternreicher (Durchmesser 50-70 Parsec).

Sternheim, Carl, *1878, †1942; satir. Komödien »Die Hose«, »Bürger Schippel«, »Der Snob« u. a.

Sternkarten, Himmelskarten, kartograph. Darstellung des Sternhimmels, in der Sterne und andere Himmelsobjekte nach Lage und Helligkeit eingetragen sind. Mehrere zusammengehörige S. werden als **Sternatlas** bezeichnet. Die ältesten S. stammen von A. Dürer (1515). (Bilder S. 850 u. 851)

Sternmotor, luftgekühlter Flugmotor, bei dem die Zylinder (oft in 2 Sternen hintereinander, **Doppel-S.**) radial um die Kurbelwelle angeordnet sind.

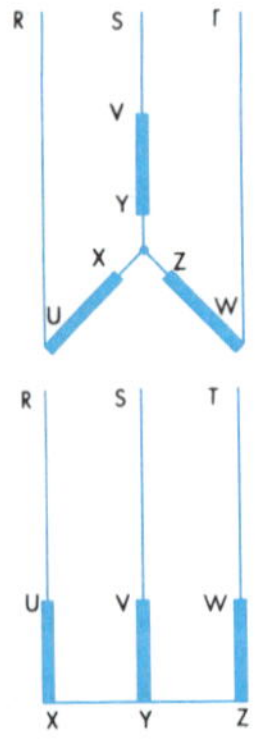

Sternschaltung: R, S, T Drehstromaußenleiter, U, V, W, X, Y, Z Klemmenbezeichnungen der 3 Stränge

Sternschaltung, Schaltung zur Verkettung der 3 Wicklungen von Drehstrommaschinen: die einen Enden der Wicklungen sind im Sternpunkt zusammengeführt, die anderen an die 3 spannungsführenden Leitungen angeschlossen. (→ Drehstrom)

Sternschnuppen, ☆ Bez. für Meteore (→ Meteor). In manchen Jahreszeiten fallen ganze Schwärme von S., z. B. vom 9. bis 13. August die **Perseiden (Laurentiusschwarm),** um den 16. November die **Leoniden.**

Sternsysteme, große, bis zu mehreren Mrd. zählende Ansammlungen von Sternen, die voneinander durch weite Strecken intergalakt. Raums getrennt sind. In dem astronom. Instrumenten zugängl. Teil des Weltraums gibt es etwa 500 Mio. S. Man unterscheidet S. von **unregelmäßigem** (Gruppen von Sternwolken), **elliptischem** (regelmäßige Verteilung der Sterne, keine interstellare Materie) und **spiralförmigem** Bau. Letztere S. (z. B. unser Milchstraßensystem) bestehen aus einem Kern, der einem ellipt. S. gleicht und um den sich in einer Ebene Spiralarme legen. Bei unserem Milchstraßensystem liegt der Kern im Sternbild Schütze. Manche S. bilden **Doppelsysteme,** die sich um ihren Schwerpunkt bewegen, andere bilden Gruppen oder **Nebelhaufen** mit mehreren 100 oder 1000 Mitgliedern.

Sterntag, ☆ Zeit zw. 2 Durchgängen desselben Fixsterns durch den Meridian = 23 h 56 min. 4,09 s = wahre Umdrehungszeit der Erde. Die Zeitmessung nach S. heißt **Sternzeit.**

Sternwarte, Gebäude für Himmelsbeobachtungen mit astronom. Instrumenten (Teleskope, Refraktoren u. a.), in freier Lage; meist mit drehbarem Kuppeldach, das einen Spalt aufweist.

Steroide Mz., umfangreiche Gruppe natürl. und künstl. organischer Verbindungen (mehr als 100 000) mit mannigfacher Wirkung, darunter Sexual-, Nebennierenhormone, Vitamin D, Gallensäure, Saponine, Herzgifte.

Stethoskop [grch.] das, Hörrohr, ärztl. Gerät zum Abhören von Herztönen, Atmungsgeräuschen; meist ein **Schlauch-S.** (zum Hören mit beiden Ohren).

stetig, fest, nicht schwankend, gleichmäßig dauernd. Eine mathemat. Funktion y = f(x) heißt s., wenn einer beliebig kleinen Änderung des Arguments x auch eine beliebig kleine Änderung des Funktionswertes y entspricht.

Stettin, poln. **Szczecin** [ʃtʃ'ɛtsjin], Hptst. der poln. Wwschaft Szczecin, ehem. Haupt- und wichtigste Industriestadt Pommerns, 397 000 Ew.; ehem. neben Danzig der größte dt. Ostseehafen, heute der größte poln. Seehafen; starke Zerstörungen im 2. Weltkrieg (Mühlen, Werften, Speicher). – S. war im MA. Hansestadt und pommerscher Herzogssitz, wurde 1648 schwed., 1720 preußisch.

Stettiner Haff, Pommersches Haff, Bodden, durch die Inseln Usedom und Wollin von der Ostsee getrennt, durch Peene, Swine und Dievenow mit ihr verbunden, 903 km², bis 4 m tief; östl. Teil: das Große Haff, westl. Teil: das Kleine Haff.

Steuben, Friedrich Wilhelm v., amerikan. General dt. Herkunft, *1730, †1794, war preuß. Offizier, ging 1777 nach Amerika, war seit 1778 der Organisator des nordamerikan. Heeres im Unabhängigkeitskrieg und Generalstabschef Washingtons.

Steuer [ahd. Stützung], **1)** das, Vorrichtung zum Lenken von Schiffen (Steuerruder, → Ruder), Flugzeugen. **Steuerbord** das, ⚓ rechte Seite des Schiffes; Ggs.: Backbord. **Steuermann** der, ⚓ Schiffsoffizier, der den Kapitän bei der Schiffsführung unterstützt. **2)** die, → Steuern.

Steuerberater, Steuerfachmann, i. d. R. mit rechts- oder wirtschaftswissenschaftl. Studium, der von der Finanzverwaltung zur berufsmäßigen Erteilung von Rat und Hilfe in Steuersachen zugelassen ist. Der nichtakadem. Beruf des **Steuerbevollmächtigten** wurde durch gesetzl. Regelung 1975 aufgehoben, Übergangsregelungen galten bis 1981.

Steuerfuß, → Steuersatz.

Steuergeheimnis, das von einem Steuerbeamten gegenüber Außenstehenden geheimzuhaltende Wissen über die finanziellen und geschäftl. Verhältnisse eines Steuerpflichtigen.

Steuerhinterziehung, ungerechtfertigte Erschleichung von Steuervorteilen zum eigenen oder zum Vorteil eines anderen.

Steuern Mz., von öffentlich-rechtl. Gemeinwesen ohne besondere Gegenleistung von den Bürgern erhobene Zwangsabgaben zur Deckung des Finanzbedarfs; von den S. zu unterscheiden sind → Gebühren und Beiträge.

EINTEILUNG. **Gemeinschaft-S.:** Lohn-, Einkommen-, Kapitalertrag-, Körperschaft-, Umsatz-(Mehrwert-), Einfuhrumsatz-S. **Bundes-S.:** Gesellschafts-, Börsenumsatz-, Versicherung-, Wechsel-S., Zölle (100%), Tabak-, Kaffee-, Zucker-S., Branntweinabgaben, Schaumwein-, Mineralöl-S., Ergänzungsabgabe. **Landes-S.:** Vermögen-, Erbschaft-, Grunderwerb-, Kraftfahrzeug-, Rennwett- und Lotterie-, Feuerschutz-, Bier-S. **Gemeinde-S.:** Grund-, Gewerbe-, Lohnsummen-S. Bei **direkten S.** decken sich S.-Zahler und S.-Träger (z. B. Einkommen-S.), die **indirekten S.** werden als überwälzbar angesehen (z. B. Umsatz-S.).

Steuergrundsätze: gleichmäßige Besteuerung nach Leistungsfähigkeit, klar festgelegte S.-Forderungen, für den S.-Pflichtigen günstige Erhebungszeit und -art, Billigkeit oder geringe Erhebungskosten.

Steuerrecht, für die Bundesrep. Dtl. bes. in der Abgabenordnung (AO) i. d. F. v. 16. 3. 1976 geregelt. Sie enthält auch z. gr. T. das **Steuerstrafrecht,** das in Erweiterung des allg. Strafrechts die Gesamtheit der gegen **Steuervergehen** erlassenen Strafbestimmungen enthält. Steuervergehen sind u. a. → Steuerhinterziehung, Steuerhehlerei und Steuergefährdung. **Steuerhehlerei** begeht, wer seines Vorteils wegen Gegenstände, von denen er weiß, daß sie der Steuer hinterzogen sind, kauft, oder sonst an sich bringt, verheimlicht u. a.; **Steuergefährdung** begeht, wer in der Absicht, eine Verkürzung der Steuereinnahmen zu ermöglichen, unrichtige Belege ausstellt u. a. Die Selbstanzeige führt u. U. zu Straffreiheit.

Steuersatz, auf die Steuereinheit entfallender Steuerbetrag, z. B. 10 DM auf 100 kg oder als Prozent-(Promille-)Satz ausgedrückt **(Steuerfuß).**

Steuerung die, Beeinflussung eines Vorganges, um die richtige Arbeitsweise einer Anlage sicherzustellen; unterschieden von der → Regelung. Man teilt die Steuersysteme ein 1) in elektr., mechan., hydraul., pneumat. S.; 2) in **Einzel-S.,** bei der eine Eingangsgröße eine Ausgangsgröße bewirkt, und **Programm-S.**

Steven [nd.] der, ⚓ hölzerner oder stählerner Balken, der auf dem Schiffskiel steht und den Schiffsrumpf vorn **(Vorder-S.)** und hinten **(Hinter-S.)** begrenzt. (→ Schiff)

Stevenson [st'i:vnsən], Robert Louis, engl. Erzähler, *1850, †1894; Abenteuergeschichten aus der Welt der Südsee (»Die Schatzinsel«).

Steward [stj'ʊəd, engl.] der, **Stewardeß** [stj'ʊədəs] die, Betreuer(in) der Fahrgäste, bes. auf Schiffen und in Flugzeugen.

Steyr, Stadt in OÖ, an der Enns, 39 000 Ew.; got. und barocke Gebäude; Kraftfahrzeug-, Stahl-, Maschinen- u. a. Ind.

StGB, ⚖ Abk. für **S**traf**g**esetz**b**uch.

Stichblatt, scheiben- oder glockenförmiger Handschutz zw. Griff und Klinge von Stichwaffen.

Stichel der, spitzes Werkzeug des Holzschneiders, Stahl- und Kupferstechers.

Stichflamme, lange, spitze Flamme, die entstẹht, wenn Gase unter Druck aus einer engen Öffnung ausströmen.

Stichling, Knochenfisch mit Stachelflossen, lebt in Süß- und Brackwasser. Das Männchen baut aus Wasserpflanzen ein Nest für Eier und Junge und bewacht sie.

Stichling: Dreistacheliger S.

Stichmaß, genaues Meßgerät zum Messen von Bohrungen und Innenmaßen.

Stichtag, für eine Erhebung oder eine sonstige Handlung festgesetzter Tag.

Stichwahl, → Wahlrecht.

Stichwort das, -es/-e und ...wörter, **1)** in Nachschlagewerken: das Wort am Anfang des Artikels, der das betreffende Gebiet behandelt. **2)** Theater: Wort eines Schauspielers, an das sich der Text eines anderen anschließt.

Stịckelberger, Emanuel, schweizer. Schriftsteller, *1884, †1962; geschichtl. Novellen aus protestant. Weltschau (»Holbein-Trilogie«).

Stickoxịde Mz., → Stickstoff.

Stickstoff der, **N,** chem. Element, farb-, geruch- und geschmackloses Gas, das sich nur sehr schwer mit andern Stoffen verbindet; Ordnungszahl 7, D 1,25 g/l, Siedepunkt −195,8 °C. Die atmosphär. Luft besteht zu etwa 78 Vol.-% aus S., der an der Atmung und Verbrennung nicht teilnimmt. Gebunden kommt S. in der Natur in allen Eiweißstoffen und deren Zersetzungsprodukten, z. B. Steinkohle, Harnstoff, und im Salpeter vor. Mit Hilfe von Bodenbakterien (Knöllchenbakterien) wird der S. der Luft von manchen Pflanzen aufgenommen (Hülsenfrüchte). In reiner Form wird S. aus flüssiger Luft oder durch Zersetzung von S.-Verbindungen dargestellt und als Füllgas für Glühlampen verwendet. Mit Hilfe elektr. Entladungen kann man S. und Sauerstoff der Luft zu **S.-Monoxid,** NO, vereinigen, aus dem sich an der Luft sofort braunes **S.-Dioxid,** NO_2, bildet, das sich mit Wasser zu Salpetersäure umsetzt (Verwendung für Düngemittel, Explosivstoffe u. a.). Beide Oxide entstehen auch bei höherer Temperatur, z. B. in Verbrennungsprozessen (Autoabgase, Müllverbrennung); das umweltschädliche Gemisch wird als NO_x bezeichnet. Mit geeigneten Katalysatoren läßt sich S. mit Wasserstoff zu Ammoniak (Haber-Bosch-Verfahren) vereinigen. Ein stickstoffhaltiges Gas ist das → Lachgas.

Stiefmütterchen, ✿ Art von Veilchen, meist saftig-weichkrautige Stauden mit spatelförm. Blättern, z. B. das **Wilde Acker-S.** mit kleinen weißgelben Blüten und großblütigen Zuchtformen (Gartenpflanzen). (BILD S. 854)

Stieglitz, Distelfink, bunter Finkenvogel, frißt Distelsamen. (BILD S. 854)

Stieler, 1) Adolf, Kartograph, *1775, †1836; »Handatlas« (1817-22). **2)** Karl Joseph, Maler, *1781, †1858; Bildnisse (Goethe). **3)** Kaspar v., Schriftst., *1632, †1707; Liebeslieder, geistl. Lieder, Schauspiele.

Stier der, **1)** 🐄 Bulle, das unkastrierte männl. Rind. **2)** ☆ nördl. Sternbild mit Aldebaran, Hyaden und Siebengestirn; Tierkreiszeichen.

Stierkampf, span. **Corrịda de tọros** [kor'iða ðə -], Volksbelustigung in Spanien und den spanischsprechenden Staaten Amerikas, bei der Stiere von berufsmäßigen Stierkämpfern **(Torẹro, Matadọr)** bekämpft und getötet werden; heute auch in Portugal und Südfrankreich, hier auch unblutiger S.

Stift das, -s/Stifte und Stifter, **1)** mit Vermögen ausgestattete selbständige Anstalten zu karitativen und erzieher. Zwecken. **2) Dom-** und **Kollegiat-S.,** mit Grundbesitz dotierte Kirchen. **3) freie weltadlige Damen-S.,** die ledige adlige Damen versorgen. **4)** in Donau- und Alpenländern Name für best. Klöster. **5)** bis 1803 der Territorialbesitz der Bistümer und Erzbistümer als **Hoch-S.** oder **Erz-S.**

Stifter, Adalbert, Dichter und Maler, *1805, †1868; strebte in seinen Werken nach Humanität, Maß und Ordnung; schilderte die Natur im Sinne eines »poet. Realismus«. »Bunte Steine«, »Nachsommer«, »Witiko«.

Stifterverband für die deutsche Wissenschaft e. V., Sitz: Essen-Bredeney, gegr. 1920, wiedergegr. 1949; Stiftung zur Förderung der Wiss. und Technik in Forschung und Lehre.

Stiftshütte, Bundeshütte, das heilige Zelt der alten Israeliten mit der Bundeslade.

Stiftung die, ⚖ mit eigener Rechtspersönlichkeit (→ juristische Person) ausgestattete Vermögensmasse, die einem bestimmten Zweck dauernd gewidmet ist (§§ 80 ff. BGB).

Stiftung Deutsche Sporthilfe, 1967 gegr. Sozialwerk des Sports in der Bundesrep. Dtl. mit Sitz in Frankfurt a. M., um Spitzensportler zum Ausgleich für die Belastung durch den Sport zu fördern.

Steven

Stevenson

Stifter

Stiefmütterchen (Gartenform)

Stieglitz

Stinkmorchel

Stiftung Preußischer Kulturbesitz, 1957 durch Bundesgesetz geschaffene Körperschaft zur Pflege der ehem. dem preuß. Staat gehörenden Kunstgegenstände und wissenschaftl. Objekte.

Stiftung Volkswagenwerk, seit 1989 **Volkswagen-Stiftung,** 1961 von der Bundesrep. Dtl. und Ndsachs. gebildete Stiftung des bürgerl. Rechts, Sitz: Hannover; Förderung von Wissenschaft und Technik aus den Erträgen der Vermögenswerte.

Stigler, George Joseph, amerikan. Wirtschaftswissenschaftler, *1911; erhielt für seine Studien zur Funktionsweise und Struktur von Märkten 1982 den Nobelpreis für Wirtschaftswissenschaften.

Stigma [grch.] das, -s/...men, -ta, **1)** Wund-, Brandmal. **2)** Atemöffnung der Gliederfüßer. **Stigmatisierte,** Personen, die die Wundmale Christi am Leib tragen. Aus Geschichte (Franz von Assisi) und Gegenwart sind zahlreiche Fälle bekannt. Ob die **Stigmatisation** neben suggestiver Entstehung auch auf übernatürl. Grundlage beruht, ist in der kath. Kirche umstritten.

Stijl [stɛjl], **De S.,** 1917 gegr. niederländ. Künstlergruppe; erstrebte geometr. Klarheit.

Stil [von lat. stilus »Griffel«] der, -s/-e, **1)** Schreibart, Eigenart des sprachl. Ausdrucks. **2)** eigentüml. künstler. Gestaltungsweise eines Meisters, einer Schule, einer Epoche. **3)** Zeitrechnung: **Alter S.,** nach Julianischem, **Neuer S.,** nach Gregorianischem → Kalender. **4)** innere und äußere Lebensform. **Stilistik** die, Lehre von den Gesetzen eines guten Schreib- und Sprachstil.

Stilb das, → Lichttechnik.

Stilett [ital.] das, Dolch mit kurzer Klinge.

Stilfser Joch, ital. **Passo dello Stelvio,** Paß im NW der Ortlergruppe, 2757 m hoch.

Stilicho, Flavius, röm. Feldherr wandal. Abkunft, * um 365 n. Chr., † (enthauptet) 408; leitete 395-408 das Weström. Reich für den unmündigen Kaiser Honorius.

stilisieren, eine künstler. Darstellung nicht gegenstandsgetreu, sondern einer best. Formvorstellung entsprechend gestalten; einen Text sprachl. durcharbeiten.

Stilleben [stilles Leben], Malerei: Darstellung von Dingen des tägl. Lebens: Blumen, Früchte usw. (BILDER Cézanne, Chardin)

Stille Gesellschaft, die nach außen nicht hervortretende Beteiligung an dem Handelsgewerbe eines andern mit einer Vermögenseinlage.

Stillen das, die natürl. Ernährung des Säuglings mit Muttermilch.

Stiller Ozean, → Pazifischer Ozean.

Stillhaltung, 1) zeitweiliger Verzicht von Gläubigern auf Zahlungen ihrer Schuldner. **2)** organisierte Stundung kurzfristiger Kredite, die von einer Gläubigergruppe **(Stillhaltekonsortium)** einem Schuldnerland gewährt wird. Durch das **Stillhalteabkommen** v. 19. 8. 1931 wurden die dt. Banken und Firmen gewährten kurzfristigen Kredite **(Stillhaltekredite)** gestundet; endgültige Regelung: → Londoner Schuldenabkommen.

Still Video [engl. »Stehbildvideo«] das, Photoapparat, bei dem der Film durch CCD-Lichtsensoren und eine die Bildinformationen speichernde Magnetdiskette ersetzt ist.

Stimme die, **1)** Klänge, die im Kehlkopf durch den Luftstrom beim Ausatmen entstehen, indem die angeblasenen beiden **Stimmbänder** schwingen; die Tonhöhe wird durch Länge und Spannung der Bänder bestimmt, die Klangfarbe durch Mitschwingen der Mund- und Nasenhöhle. Der Übergang der hohen Kinder-S. in die tiefere des Erwachsenen **(Stimmwechsel, Stimmbruch)** vollzieht sich während der Reifezeit. **2)** ♩ nach Höhe oder Tiefe des Umfangs: Sopran (Diskant), Mezzosopran, Alt; Tenor, Bariton, Baß. Innerhalb einer S. unterscheidet man 2 **Stimmregister: Brust-S.** und **Kopf-S.** (→ Falsett).

Stimme der DDR, 1971-90 in der Dt. Dem. Rep. Bez. für den **Deutschlandsender,** gegr. 1948, Sitz: Berlin (Ost).

Stimmer, Tobias, schweizer. Maler, Graphiker, Komödiendichter, *1539, †1584; Bildnisse, Fassadenmalereien.

Stimmgabel, gabelförmig gebogener Stahlstab, der zum **Stimmen** angeschlagen wird und in der Frequenz des Stimmtons (→ Kammerton) tönend schwingt.

Stimmrecht, → Wahlrecht.

Stimmritze, → Kehlkopf. **S.-Krampf,** krampfhafter Verschluß der S.; Anzeichen von Nervosität oder bei Kindern von → Spasmophilie.

Stimmung die, **1)** vorwiegende Färbung der Gefühlslage eines Menschen. **2)** ♩ Festlegung der absoluten Tonhöhe des Grundtons (→ Kammerton), nach dem ein Instrument eingestimmt ist. **3)** ♩ Ordnung der Tonabstände, d. h. die Schwingungszahlenverhältnisse für die Töne untereinander. In der heute übl. **gleichschwebend temperierten S.** ist die Oktave in 12 gleiche Tonabstände geteilt.

stimulieren [lat.], anreizen. **Stimulans** das, -/...lanzien, Anregungsmittel.

Stinde, Julius, Schriftst., *1841, †1905; humorist. Schilderungen des Berliner Bürgertums (»Die Familie Buchholz«).

Stinkmorchel die, morchelähnl. ungiftiger Bauchpilz mit Aasgeruch; dieser geht von dem Sporenschleim aus, der den Hut bedeckt; die S. schwillt aus einem eiförmigen weißen Körper hervor, z. B. **Hexen-, Teufelsei.**

Stinktier, Skunk der, nordamerikan. Mardertier, schwarz mit weißem Längsstreifen, mit stinkendem Afterdrüsensaft, gutem Pelz.

Stinnes, Hugo, Großindustrieller, *1870, †1924, erweiterte das von Matthias Stinnes (*1790, †1845) gegr. Familienunternehmen (Kohlenhandel, Bergbau, Reederei) zum **Stinnes-Konzern.**

Stint der, Lachsfisch der Nord- und Ostsee; riecht unangenehm.

Stipendium [lat.] das, -s/...dien, Geldunterstützung, bes. für Studierende **(Stipendiaten)** auf best. Zeit oder für best. Zwecke (z. B. Auslandsstudium).

Stipulation [lat.] die, vertragl. Abmachung. **stipulieren,** festsetzen.

Stirling [st'ə:liŋ], Hptst. der schott. Central Region, am Forth, 39 000 Ew.; im 16. Jh. Residenz der schott. Könige.

Stirn die, der durch das breite, gewölbte **S.-Bein** gebildete oberste Teil des Gesichts. An die Nasenhöhlen schließen sich im S.-Bein die **S.-Höhlen** an, auf die ein Katarrh von der Nase her übergehen kann **(S.-Höhlenkatarrh).**

Stinktier

Stirner, Max, eigtl. Kaspar **Schmidt,** Philosoph, *1806, †1856; Vertreter eines konsequenten Egoismus (→Solipsismus); schrieb: »Der Einzige und sein Eigentum«.

Stoa [grch.] die, Halle in Athen, in der der Philosoph Zenon (†264 v. Chr.) lehrte, danach die Philosophenschule in der Nachfolge Zenons, die bis ins 3. Jh. n. Chr. bestand (Seneca, Epiktet, Mark Aurel). Der **Stoizismus** ist eine Sitten- und Lebensweisheitslehre. Allein die Tugend, die sich in Selbstüberwindung und sittl. Stolz gegenüber jedem Schicksal bewährt (stoische Ruhe), vermittelt Glückseligkeit. Die S. beeinflußte die Philosophie von MA., Renaissance, Aufklärung.

Stobbe, Dietrich, Politiker (SPD), *1938; 1977-81 Regierender Bürgermeister von Berlin.

Stöchiometrie [grch.] die, ⊃ Lehre von der mengenmäßigen Zusammensetzung chem. Verbindungen und von den Mengenverhältnissen bei chem. Umsetzungen.

Stock [stɔk, engl.] der, Bestand, Vorrat, Warenlager; Grundkapital einer Gesellschaft; Wertpapier. **S.-Exchange,** Effektenbörse.

Stock Car [stɔk kɑ:, engl.], Motorsport: Wettbewerbsfahrzeug (serienmäßiger Personenwagen) für geschlossene Rennstrecken mit bes. starkem Motor (über 550 PS); auch Bez. für umgebaute, bei Geländerennen gebrauchte Fahrzeuge.

Stockfisch, getrockneter Dorsch.

Stockhausen, Karlheinz, Komponist, *1928; serielle, elektron. Musik, dann improvisierte, »intuitive« Musik.

Stockholm [schwed. »Pfahlinsel«], Haupt- und Residenzstadt Schwedens, am Abfluß des Mälarsees zur Ostsee, auf mehreren Inseln, 670000 Ew., mit Vororten 1,47 Mio. Ew.; wichtigste Industriestadt des Landes: Metall-, Papier-, Lebensmittel-, Bekleidungs-, chem. und graph. Ind., Schiffbau; Univ., zahlreiche Hoch- und Fachschulen, Akademien, Nobel-Institut, mehrere Museen; Rundfunksender. Bauwerke: Königl. Schloß, Ritterhaus, Reichstagsgebäude, Opernhaus u.a.; landschaftl. reizvolle Umgebung, reich an Schlössern. S. wurde im 13. Jh. gegr.; im MA. Hansestadt. Mit der **Stockholmer Weltkirchenkonferenz** 1925 begann die ökumen. Bewegung.

Stockport [st'ɔkpɔ:t], Stadt in NW-England, 136500 Ew.; Baumwoll-, Maschinenind.

Stockrose, Stockmalve, zur Gattung Althee gehörende schlanke Zierpflanze.

Stockschwämmchen, in Büscheln wachsender brauner Speisepilz.

Stockwerkseigentum, →Wohnungseigentum.

Stoecker, Adolf, evang. Hofprediger in Berlin, *1835, †1909; gründete 1878 die »Christlich-Soziale Partei«; Antisemit.

Stoff, 1) →Materie. **2)** →Gewebe.

Stoffwechsel, im Körper der Lebewesen die Vorgänge bei der Aufnahme, Umsetzung, Verwertung der Nährstoffe und Ausstoßung der Abgänge (→Assimilation, →Ernährung, →Verdauung).

Stoffwechselkrankheiten, Krankheiten, die auf einer Regulationsstörung des Stoffwechsels beruhen, wobei es sich sowohl um funktionelle als auch um morpholog. Störungen mit gesteigerter oder gehemmter Enzymwirkung handeln kann. Typische S. sind z. B. die Zuckerkrankheit und die Gicht.

Stoizismus, →Stoa.

Stoke-on-Trent [stəʊk-], Industriestadt im mittl. England, 252000 Ew.; Mittelpunkt der →Potteries, Tonwaren-, Stahl-, chem. Ind.

Stokes [stəʊks], Sir George Gabriel, brit. Mathematiker, Physiker, *1819, †1903; stellte die **Stokessche Regel** auf: Fluoreszenzlicht hat stets größere Wellenlänge als das die Fluoreszenz erregende Licht.

Stola [grch.] die, -/...len, **1)** im alten Rom: das mit Ärmeln versehene faltige Obergewand der Frau. **2)** schärpenart. Kleidungsstück der kath., morgenländ. und anglikan. Geistlichen. **3)** schalartiger Umhang für Frauen.

Stockholm: Blick auf die Altstadt

Stolberg, 1) S. am Harz, Luftkurort am Südharz, Bez. Halle, 2100 Ew.; alte Bauwerke, Schloß der Fürsten zu S.-S. **2) S. (Rhld.),** Stadt in NRW, 56600 Ew.; Metall-, Glas- u.a. Ind.

STOL-Flugzeug [Abk. für engl. Short Take-Off and Landing], Kurzstartflugzeug, benötigt für Start und Landung sehr kurze Strecken (150-300 m).

Stollberg/Erzgebirge, Krst. im Bez. Karl-Marx-Stadt, am Rand des Erzgebirges, 12600 Ew.; Strumpf- u.a. Ind.

Stollen der, **1)** ⚒ waagerecht in das Gebirge getriebener Gang. **2)** Teil des Hufeisens. **3)** bei den Minne- und Meistersingern die 2 ersten, gleichgebauten Glieder einer Strophe.

Stolp, poln. **Słupsk,** Hptst. der Wwschaft S., ehem. Stadt in Ostpommern, 92000 Ew.

Stoltenberg, Gerhard, Politiker (CDU), *1928; 1965-69 Bundesmin. für Wissenschaft und Forschung; 1971-82 MinPräs. von Schleswig-Holstein, 1982-89 Bundesfinanz-Min., seither Verteidigungs-Min.

Stockholm

Stolypin, Pjotr Arkadjewitsch, russ. Staatsmann, *1862, †(Attentat) 1911; 1906-11 MinPräs.

Stolz, Robert, österr. Operettenkomponist, *1880, †1975; »Zwei Herzen im Dreivierteltakt«, u.a.

Stolze, Wilhelm, Erfinder einer Kurzschrift, *1798, †1867; sein System wurde 1897 mit demjenigen von F. →Schrey vereinigt.

Stolzenfels, Schloß links des Rheins, der Lahnmündung gegenüber; 1689 von den Franzosen zerstört, nach 1825 wiederhergestellt.

Stomata, die →Spaltöffnungen.

Stone [stəʊn], Richard, brit. Wirtschaftswissenschaftler, *1913; erhielt 1984 für seine Leistungen bei der Entwicklung von Systemen der volkswirtschaftl. Gesamtrechnung den Nobelpreis für Wirtschaftswissenschaften.

Stonehenge [st'əʊnhendʒ, engl.], Steinkreis, vorgeschichtl. Kultstätte in Südengland.

Stopfbüchse, ⊙ Vorrichtung an Maschinen, um Öffnungen luft-, wasser- und dampfdicht zu machen, während ein bewegl. Teil hindurchgeht.

Stoph, Willy, kommunist. Politiker (SED), *1914; 1952-55 Innen-, 1956-60 Verteidigungsmin., seit 1961 auch stellvertr. MinPräs. der Dt. Dem. Rep., 1964-73 MinPräs., 1973-76 Staatsratsvorsitzender, 1976-89 wieder MinPräs.

Stoppard [stɔpəd], Tom, engl. Dramatiker, *1937; Theaterstücke, Fernsehspiele.

Stoppelschwamm, →Stachelpilze.

Stopp|uhr, Uhr mit Sekundenzeiger und einer nach $^1/_{10}$-s geeichten Skala zur Kurzzeitmessung.

Stör der, Fisch mit Knochenplatten, Schnauzenfortsatz und Bartfäden. S. sind wegen ihres Fleisches, ihrer Eier (Kaviar), ihrer

Stoph

Störche: Schwarz-Storch

Schwimmblase (Hausenblase) sehr nützlich: der **Gemeine S.** (wandert vom Meer in den Flüssen aufwärts), **Hausen, Sterlet.**

Störche Mz., langbeinige, wasserliebende Stelzvögel mit langem Schnabel, Zugvögel: der **Weiß-S.** (weißschwarz, Schnabel und Beine rot), nistet auf Bäumen oder Gebäuden, **Schwarz-S.** (seltener Waldvogel), **Marabu.**

Storchschnabel 1)

Storchschnabel, 1) ⚘ **Geranium,** Pflanzengatt., krautige Wiesenpflanzen mit schnabelförmiger Frucht, z. B. **Wiesen-S., Ruprechtskraut,** → Pelargonie. **2) Pantograph,** Gerät zum Übertragen von Bildern, Zeichnungen in verändertem Maßstab.

Store der, **1)** [sto:r, frz.], Fenstervorhang. **2)** [stɔ:, engl.], Vorrat, Lager, (Verkaufs-)Laden.

Störfallverordnung, VO in der Bundesrep. Dtl. (Fassung von 1988), die Chemiefirmen verpflichtet, schon die Gefahr der Freisetzung gefährl. Chemikalien als Störfall zu melden (früher nur die Freisetzung selbst).

Storm, Theodor, Dichter, *1817, †1888, schrieb Gedichte, melancholisch und dramatisch gespannte Novellen: »Immensee«, »Pole Poppenspäler«, »Der Schimmelreiter« u. a.

Storno [ital.] der, Aufhebung einer falschen Buchung durch Gegenbuchung. **stornieren,** rückgängig machen, tilgen, z. B. einen Auftrag.

Störstelle, die elektr. Leitfähigkeit von Halbleitern beeinflussende, lokale Abweichung vom idealen Bau eines Kristallgitters, hervorgerufen durch den Einbau von Fremdatomen (→ Dotieren).

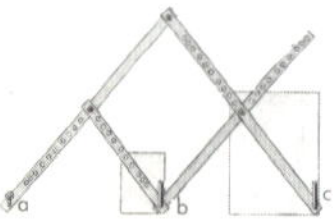

Storchschnabel 2)

Störtebeker, Klaus, hingerichtet 1402, Führer der → Vitalienbrüder.

Storting [st'u:rtiŋ, »großes Thing«] das, Volksvertretung in Norwegen.

Stoß, Veit, Nürnberger Bildhauer, Kupferstecher, Maler, *1440/50, †1533, bed., ausdrucksmächtiger Bildschnitzer der Spätgotik (Marienaltar, Krakau, St. Marien; Englischer Gruß, Nürnberg, St. Lorenz).

Stoßdämpfer, bei Räderfahrzeugen eine Vorrichtung zw. Rädern (oder Laufwerk) und Aufbau, zur Dämpfung der durch Fahrbahnunebenheiten verursachten Federschwingungen: **mechan. S., hydraul. S.** und **Teleskop-S.**

Stoßtherapie, ♡ Behandlung, bei der in wenigen Tagen sehr große Arzneimengen verabreicht werden, z. B. Sulfonamidstoß.

Stottern, → Sprachstörungen.

Stout [staʊt, engl.] der, engl. obergäriges dunkles Bier.

StPO, Abk. für **Straf**prozeß**o**rdnung.

Strabon, grch. Geograph, * um 63 v. Chr., † nach 26 n. Chr.; unternahm große Reisen, verfaßte eine für die Kenntnis der antiken Geographie wichtige Erdbeschreibung.

Storm

Strachey [str'eɪtʃɪ], Giles Lytton, engl. Schriftst., *1880, †1932; geistreich iron. Biographien, »Queen Victoria«.

Strachwitz, Moritz Graf v., *1822, †1847; romant. Lyriker, Balladen aus dem nord. Sagen- und Geschichtskreis.

Stradella, Alessandro, ital. Sänger, Komponist, *1642, †1682; Opern, Oratorien, Kantaten u. a. – Oper »Alessandro S.« von Flotow (1844).

Stradivari, Antonio, ital. Geigenbauer in Cremona, *1644, †1737; Schüler von N. Amati, baute Steichinstrumente von Weltruf.

Strafanstalt, seit 1977 **Justizvollzugsanstalt** (JVA), staatl. Anstalt für den Vollzug von Freiheitsstrafen.

Strafantrag, ⚖ Antrag des Verletzten oder sonst Berechtigten auf Verfolgung einer strafbaren Handlung; bei bestimmten leichteren Straftaten **(Antragsdelikten)** notwendig. Der S. ist bei Gericht oder der Staatsanwaltschaft schriftl. oder zu Protokoll anzubringen (§ 77 StGB).

Strafaufhebungsgründe, → Strafausschließungsgründe.

Strafaufschub, ⚖ Aufschub der Vollstreckung rechtskräftiger Strafurteile; z. B. bei schwerer Krankheit des Verurteilten oder Beantragung der Wiederaufnahme des Verfahrens (§§ 455, 360 StPO).

Strafausschließungsgründe, Strafaufhebungsgründe, Umstände, die bei dem Täter die Bestrafung trotz strafbarer Handlungen ausschließen. Strafausschließungsgründe sind z. B. Verwandtschaftsverhältnisse bei bestimmten Straftaten, Strafaufhebungsgründe z. B. der Rücktritt von dem → Versuch, eine Straftat zu begehen oder die Begnadigung.

Strafaussetzung, ⚖ → Bewährungsfrist.

Strafbefehl, ⚖ schriftl. Festsetzung einer Strafe für Übertretungen und Vergehen durch den Amtsrichter auf Antrag der Staatsanwaltschaft ohne mündl. Verhandlung; nur zulässig für Freiheitsstrafen bis zu 3 Monaten, Geldstrafen, Fahrverbot und → Einziehung (§§ 407 ff. StPO). Durch Einspruch, der binnen 1 Woche nach Zustellung des S. möglich ist, kann der Beschuldigte die Hauptverhandlung vor dem Amtsgericht erwirken.

Strafe die, ⚖ i. e. S.: die durch richterl. Urteil verhängte **Kriminal-S.** als Folge einer strafbaren Handlung (→ Strafrecht); i. w. S.: die Dienststrafe (→ Disziplinarrecht), → Ordnungsstrafe, → Vertragsstrafe. Nach den Straf-

Stoß: Englischer Gruß

mitteln unterscheidet man **Hauptstrafen** (→ Todesstrafe – in der Bundesrep. Dtl. abgeschafft –, → Freiheitsstrafe, → Geldstrafe) und **Nebenstrafen,** auf die nur neben einer gleichzeitig verhängten Hauptstrafe erkannt werden kann (→ Einziehung und Unbrauchbarmachung der Gegenstände, mit denen das Verbrechen verübt wurde, Fahrverbot, Unfähigkeit zur Bekleidung öffentl. Ämter u. a.). Keine S. sind die → Maßregeln der Sicherung und Besserung.

Straf|freiheitsgesetz. Gesetz, das allg. Straferlaß für bestimmte, noch nicht abgeurteilte Delikte vorsieht; in der Bundesrep. Dtl. Gesetz i. d. F. vom 20. 5. 1970.

Strafgesetzbuch, → Strafrecht.

Strafkammer, → Gerichtswesen.

Strafkolonien, entlegene, oft überseeische Gebiete, in die politisch gefährl. Personen oder schwere Verbrecher verschickt wurden.

Strafmündigkeit, ⚖ das zur Bestrafung notwendige Lebensalter des Täters. Bis zum vollendeten 14. Lebensjahr ist er strafunmündig, zw. dem vollendeten 14. und 18. bedingt strafmündig. (→ Jugendstrafrecht)

Strafprozeß, ⚖ gerichtl. Verfahren zur Sühne strafbarer Handlungen (→ Strafrecht). Den S. regelt die Strafprozeßordnung (StPO) von 1877, in der Bundesrep. Dtl. in der Neufassung v. 1. 1. 1975. Das Verfahren gliedert sich in die **Vorbereitung der öffentl. Klage,** das **Zwischenverfahren,** das mit dem Einreichen der Anklageschrift beginnt und in dem das Gericht über die Eröffnung des **Hauptverfahrens** entscheidet. Wesentlicher Teil des Hauptverfahrens ist die i. a. öffentl. **Hauptverhandlung.** Diese verlangt die ununterbrochene Gegenwart der Richter, des Staatsanwalts, Protokollführers und i. a. des Angeklagten, der durch einen Verteidiger unterstützt werden kann, und endet mit der Verkündung des Urteils. Gegen das Urteil sind in der Regel → Rechtsmittel zulässig. Besonders geregelt sind die → Privatklage, der → Strafbefehl und das **beschleunigte Verfahren** (Verfahren vor dem Amtsrichter und Schöffengericht bei einfachem Sachverhalt; §§ 212ff. StPO). – In der Dt. Dem. Rep. wurde am 12. 1. 1968 eine StPO erlassen, die noch in Kraft ist.

Strafraum, bei Fußball, Handball, Radball, Wasserball der Spielraum in der Nähe der Tore mit verschärften Strafbestimmungen.

Strafrecht, ⚖ Gesamtheit der Rechtssätze, die bestimmte Handlungen und Unterlassungen verbieten und für strafbar erklären. Das S. dient dem Schutz bestimmter **Rechtsgüter** (Staatssicherheit, Persönlichkeit, Eigentum u. a.). Die neuere S.-Theorie sieht nicht so sehr den rechtsverletzenden Erfolg der Tat als vielmehr den verbrecherischen Willen des Täters als strafwürdig an (Willens-, Täterstrafrecht). Grundlage des geltenden S. ist das Strafgesetzbuch von 1871 i. d. F. v. 2. 1. 1975, seit 1871 durch über 100 Novellen einschneidend geändert und ergänzt (zuletzt am 8. 12. 1981). Die jahrzehntelangen Bemühungen um eine Gesamtreform des StGB haben v. a. durch die Ges. zur Reform des Strafrechts (bisher 5) das S. stark verändert. Es wurde die sog. Einheitsstrafe eingeführt, d. h. die früher unterschiedenen Formen der Freiheitsentziehung (Zuchthaus, Gefängnis, Haft) sind durch eine einheitl. »Freiheitsstrafe« ersetzt worden; Freiheitsstrafen unter 6 Monaten sollen wegen der oft schädl. Wirkungen nur noch ausnahmsweise verhängt werden (§ 47 StGB); die Möglichkeiten, eine Strafaussetzung zur Bewährung zu gewähren und Freiheits- in Geldstrafen umzuwandeln, wurden erweitert. Die Maßregel der Unterbringung in einem Arbeitshaus und die Strafbarkeit des Ehebruchs, der einfachen Homosexualität, der Unzucht mit Tieren und des Zweikampfes sind abgeschafft, die Fälschung techn. Aufzeichnungen ist erstmals unter Strafe gestellt worden. In der Dt. Dem. Rep. gilt das StGB v. 12. 1. 1968, in der Schweiz seit 1. 1. 1942 das Strafgesetzbuch vom 21. 12. 1937, in Österreich ein völlig erneuertes StGB seit 1. 1. 1975.

Strafregister, ⚖ amtl. Verzeichnis gerichtl. vorbestrafter Personen, das zentral geführt wird. Eingetragen in das S. werden alle gerichtl. Strafen mit Ausnahme der Geldstrafen wegen Übertretungen. Aus dem S. ist nur gerichtl. u. a. öffentl. Behörden Auskunft zu erteilen. Nach Ablauf von 3-5 Jahren wird nur noch beschränkt Auskunft erteilt und nach 5, 10, 15 Jahren (je nach Schwere der Verurteilung) der Strafvermerk getilgt. Nach Tilgung des Strafvermerkes gilt der Verurteilte nicht mehr als vorbestraft.

Strafvollstreckung. Nur rechtskräftige Strafentscheidungen (Urteile, Strafbefehle usw.) sind zu vollstrecken. Geldstrafen werden nach der ZPO vollstreckt; können sie nicht beigetrieben werden, so werden sie in Freiheitsstrafen umgewandelt. Freiheitsstrafen werden in den **Strafvollzugsanstalten** vollstreckt **(Strafvollzug).** Vollstreckungsbehörde ist in der Bundesrep. Dtl. grundsätzlich die Staatsanwaltschaft, in amtsgerichtl. Strafsachen der Amtsrichter, in Jugendsachen der Jugendrichter, in Steuerstrafsachen die Verwaltungsbehörde.

Stragel der, ⚘ → Tragant.

Strahl der, **1)** △ von einem Punkt ausgehende Gerade. **2)** strahlförm. Wulst der Hufsohle. **3)** → Strahlen.

Strahlen Mz., ⊠ scharf gebündelte Energie- oder Teilchenströme. **Korpuskular-S.** (Teilchen-S.) sind z. B. Elektronen- und Ionen-S., die aus dem Weltraum kommende Ultrastrahlung (→ kosmische Strahlung) u. dgl. **Wellen-S.** sind z. B. Schall-S. (bes. im Gebiet des Ultraschalls) und elektromagnet. S. wie Licht-S., Röntgen-S., Gamma-S., u. a. Seit der Entdeckung der Wellennatur der Materie (→ Wellenmechanik) und der Quantennatur des Lichts (→ Quantentheorie) ist die Unterscheidung zw. Korpuskular- und Wellen-S. mehr praktischer Natur.

Strahlenbehandlung, ♡ Heilmaßnahmen durch Bestrahlung des Körpers oder einzelner Körperteile: 1) S. mit hochbeschleunigten Elektronen (Tiefentherapie). 2) S. mit Radium oder Kobalt. 3) S. mit in den Körper eingebrachten Radionukliden bei bösartigen Geschwülsten. 4) S. mit Röntgenstrahlen. 5) S. mit Ultraviolettstrahlen zur Bräunung der Haut und zur Keimtötung. 6) Sonnenlichtbestrahlung. 7) S. mit Infrarotstrahlen (Rotlichtbehandlung) zur Erwärmung oberflächl. Gewebsschichten. 8) S. mit Kurzwellen. 9) S. mit Mikrowellen.

Strahlenpilze, Gruppe von Bodenbakterien, die verzweigte Fäden bilden. Manche Arten binden als Knöllchenbakterien freien Stickstoff (z. B. **Actinomycesalni** in Wurzelknöllchen von Erlen); andere rufen Krankheiten bei Mensch und Tier hervor, z. B. Strahlenpilzkrankheit, oder bilden antibiot. Stoffe (Streptomycin).

Strahlenschädigungen, Strahlenschäden, Folgen von Ganz- oder Teilkörperbestrahlungen mit energiereicher Strahlung (z. B. Röntgen- oder Gammastrahlung, Elektronen, Protonen, Neutronen, α-Teilchen) so großer Dosis, daß sichtbare oder spürbare Wirkungen auftreten; bei Strahlenunfällen (z. B. Reaktorunfällen) oder Atombombenangriffen zu befürchten.

Strahlenschutz, Maßnahmen zum Schutz gegen Schädigungen durch Strahlungen aller Art, z. B. Abschirmung durch Absorptionsmaterial, Beschränkungen im Umgang mit radioaktiven Stoffen (S.-Verordnung) u. a. Für jede

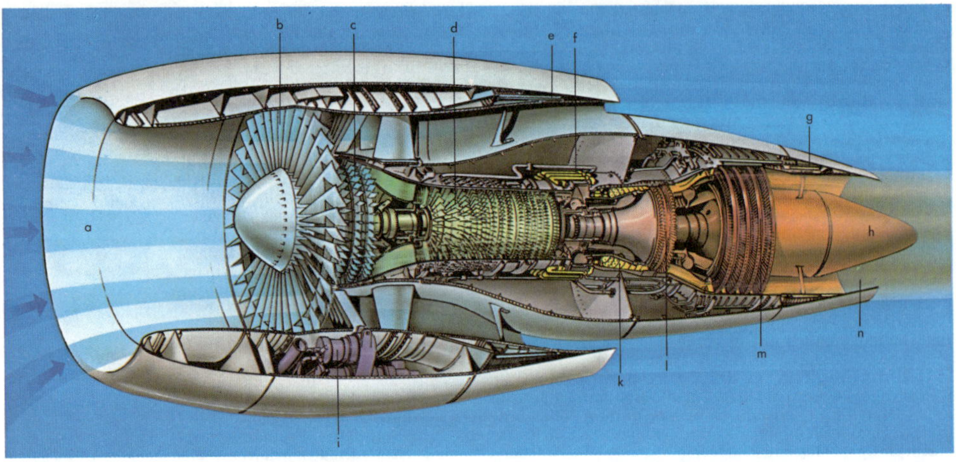

Strahltriebwerk: **a** Lufteinlaß, **b** Gebläse (Fan), **c** 3stufiger Niederdruck-Verdichter, **d** 14stufiger Hochdruck-Verdichter, **e** Bläserstrom-Umkehranlage, **f** Brennstoffzuleitungen, **g** Turbinenschubumkehr-Anlage, **h** Düsenkonus, **i** Regelungs- und Hilfsgeräte, **k** Ringbrennkammer, **l** 2stufige Hochdruck-Turbine, **m** 4stufige Niederdruck-Turbine, **n** Schubdüse

Strahlungsart besteht eine äußerste zulässige Strahlendosis **(Toleranzdosis)**, die bei dauernder Bestrahlung nicht überschritten werden darf.

Strahlentherapie die, → Strahlenbehandlung.

Strahlentierchen, → Radiolarien.

Strahltriebwerk, Düsentriebwerk, ein auf dem Rückstoß beruhendes Triebwerk für Fahrzeuge und Flugkörper. Das S. ist eine Gasturbine. Einem von vorn eintretenden Luftstrom wird bei höherem Druck als dem Außendruck Wärme zugeführt, und der Luftstrom wird mit größerer Geschwindigkeit als der Fluggeschwindigkeit aus einer Düse nach hinten ausgestoßen. S. werden gebaut als Propeller-Turbinen-Luft-S., Stau-S. (Ram-Jet), Turbinen-Luft-S., Verpuffungs-S. (Schmidtrohr). Einen sehr viel größeren spezif. Schub als bei den z. Z. verwendeten S. würde man erhalten, wenn es gelänge, Kernreaktionen zur Erzeugung eines gerichteten Massenstrahls heranzuziehen **(Atom-S., Atomrakete).**

Strandhafer

Strahlung die, ⚛ Ausbreitung von → Strahlen. **Strahlungsdruck,** Lichtdruck, Kraft, die Licht beim Auffallen auf eine Fläche ausübt; Nachweis an leichten, drehbaren Körpern.

Strahlungsgürtel, Van-Allen-Gürtel [væn'ælən-, engl.], ringförmige Bereiche hoher Strahlungsintensität, die die Erde in der Ebene ihres Äquators zw. 700 und etwa 60 000 km Entfernung umgeben.

Straits Settlements [streɪts s'etlmənts], 1867-1946 brit. Kolonie, umfaßte Malakka, Singapur, Penang.

Stralsund, Krst. im Bez. Rostock, 76 000 Ew., Hafenstadt am Strelasund der Ostsee, mit Rügendamm zur Insel Rügen; spätgot. Rathaus, got. Backsteinkirchen; Brennereien, Fischräucherei u. a. Ind. – S., früher Hansestadt, wurde 1627 von Wallenstein vergeblich belagert; 1648 schwedisch, 1815 preußisch.

Stramin [frz.] der, -s/-e, gitterartiges Gewebe in Leinwandbindung, als Stickereigrundstoff.

Strand der, sandiges, flaches Meeres- oder Flußufer. **S.-Behörde, S.-Amt,** Behörde zur Verwaltung von Strandungsangelegenheiten, bes. für Bergung und Hilfeleistung in Seenot. **stranden,** ⚓ auf den S. laufen. **S.-Terrassen,** von der Brandung geschaffene Verebnungen an Steilküsten, begrenzt von der **Brandungskehle,** überragt vom **Kliff.**

Strandläufer

Stranddistel, → Mannstreu.

Strandhafer, Strandgerste, hohe Gräser auf Dünen, ohne Grannen, stellenweise zur Bodenbefestigung angepflanzt.

Strandläufer, schnepfenartige Regenpfeifervögel, z. B. **Alpen-S.**

Strandrecht, Bergerecht, bei Flüssen **Grundruhrrecht,** regelt die Hilfeleistung bei Strandung und die Bergung von Strandgut.

Strandsegeln, sportl. Wettbewerb mit drei- oder vierrädrigen Segelwagen auf Sandküsten.

Strandung die, das Auflaufen eines Schiffes auf den Grund.

Strangulation [lat.] die, Erhängen, Erdrosseln.

Strapaze [ital.] die, -/-n, Anstrengung. **strapazieren,** überanstrengen, beanspruchen.

Straß [n. dem Erfinder J. Strasser, 1772] der, -sses/-sse, bes. bleireiches Glas; Verwendung zu Edelsteinimitationen.

Straßburg, frz. **Strasbourg** [strasb'u:r], Stadt im Elsaß, Frankreich, an der Mündung der Ill, des Rhein-Marne- und Rhein-Rhône-Kanals in den Rhein, 248 500 Ew.; bed. Umschlagplatz, 2 Flughäfen; geistiger und wirtschaftl. Mittelpunkt des Elsaß; Univ. u. a. Hochschulen, Bibliotheken, Museen, Rundfunksender; Bischofssitz, Sitz des Europarates, des Europ. Parlaments. Die Altstadt wird überragt vom **Straßburger Münster,** einem Hauptwerk der Gotik; viele maler. Fachwerkhäuser und Renaissancebauten. Elektrotechn., Metall-, Holz-, Textil-, Leder-, Nahrungs- und Genußmittelind.; Brauereien, Verlage. – S. wurde 1262 Freie Stadt, war im 15./16. Jh. ein Mittelpunkt des dt. Humanismus und der Reformation. Im 17. Jh. erzwang Frankreich die Eingliederung der Stadt und verstärkte seinen Einfluß im 18./19. Jh. 1870-1918 war S. Hptst.

Strahlungsgürtel: Orte gleicher Strahlungsintensität sind durch Flächen verbunden; die Zahlen innerhalb der Bereiche bedeuten Treffer je Sekunde

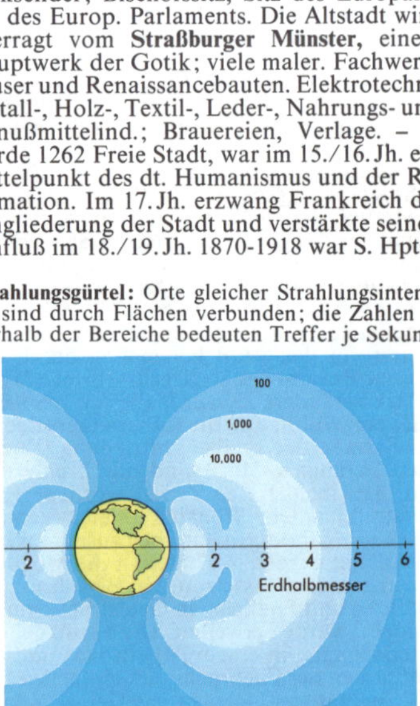

des Reichslandes Elsaß-Lothringen; 1919 kam es wieder zu Frankreich.

Straßburger Eide, Bündnisschwur Ludwigs des Deutschen und Karls des Kahlen gegen Lothar I. (842). Ludwig leistete den Eid in altfrz., Karl in ahd. Sprache.

Straße die, planmäßig angelegter und befestigter Verkehrsweg. – Rechtliches: S.-Recht i.e.S. ist das → Wegerecht, i.w.S. auch das S.-Verkehrsrecht (→ Verkehrsvorschriften). In der Bundesrep. Dtl. unterscheidet man nach dem Träger der S.-Baulast 1) Bundesfern-S.: Bundesautobahnen und Bundes-S. (Bund), 2) Land-S. I. Ordnung (Länder), 3) Land-S. II. Ordnung (Landkreise und kreisfreie Städte), 4) Gemeinde-S. und -wege (Gemeinden). Sowohl der Bund als auch die Landkreise und die kreisfreien Städte haben ihre Verwaltungsaufgaben den Ländern übertragen. – Planmäßig angelegte S. hatten Ägypter, Babylonier, bes. die Perser. Meister des S.-Baus waren die Römer. Ein planmäßiger Wegebau begann wieder im 17. Jh., zuerst in Frankreich. Neue Entwicklung mit neuen Befestigungsarten im 20. Jh. durch den Kraftwagenverkehr.

Straßenbahn, Schienenbahn, deren Gleise auf Straßen verlegt sind (häufig auf eigenem Bahnkörper), mit elektr. Antrieb und Stromzuführung durch Oberleitung.

Straßenbau, planmäßige Herstellung befestigter Verkehrswege für Straßenfahrzeuge. Der Straßenkörper besteht aus Unterbau und Fahrbahndecke. Der Unterbau ist meist die Packlage, für den schweren Verkehr ein 17-22 cm hoher Betonkörper mit Längs- und Querfugen, um Risse zu verhüten. Die älteste Fahrbahndecke ist die Pflasterdecke. Bei Schotter- oder Makadamdecken wird auf die Packlage Schotter aufgewalzt, im einfachsten Fall wird er mit Sand eingeschlämmt (wassergebundene Decke), sonst mit Bitumen umhüllt (Mischdecke), oder das Bitumen wird nach dem Einbau zw. die Steine gegossen (Tränkdecke), oder es wird mit Bitumen umhüllter Splitt eingestreut und gewalzt (Streudecke). Bei Traß- und Zement-Schotterdecken wird der Schotter mit Traßkalkmörtel oder Zement gebunden. Asphaltbeton und Sandasphalt sind Gemische aus abgestuften Körnungen, denen im heißen Zustand ein Bindemittel zugemischt wird und die heiß (80-180 °C) auf der Straße eingebaut und durch Walzen verdichtet werden.

Straßentheater, Theaterspiel auf Straßen, ist heute sowohl sozialkritischer, politisch-agitatorischer wie rein unterhaltender Art und wird von zahlreichen Gruppen aufgeführt, denen das konventionelle, institutionalisierte Theater als veraltet erscheint.

Straßmann, Fritz, Chemiker, *1902, †1980; Mitentdecker der Uranspaltung (→ Kernspaltung).

Strategic Defense Initiative [strət'i:dʒɪk dɪf'ens ɪn'ɪʃɪətɪv], Abk. **SDI,** von den USA geplantes Verteidigungssystem, soll im Weltraum stationiert werden.

Strategie [grch.] die, ∴ höhere Kriegskunst; die Lehre von der Kriegführung, im Unterschied zur operativen Führung und zur Taktik.

strategische Waffen, Angriffswaffen zur Zerstörung des gegner. Kriegspotentials und die zur Abwehr solcher Waffen geeigneten Systeme sowie die beiden dienenden Aufklärungssysteme. I. a. versteht man unter s. W. Waffen und Waffenträger großer Reichweite und atomarer Sprengkraft.

Stratford-upon-Avon [str'ætfəd əpon 'eɪvən], Stadt in Mittelengland, am Avon, 21 000 Ew.; Geburts- und Sterbeort Shakespeares; jährliche Festspiele.

Stratoskop das, astronom. Fernrohr, durch Ballons in große Höhen (25-30 km) getragen, von der Erde aus gesteuert.

Straßburg

Stratosphäre [grch.] die, Schicht der → Atmosphäre.

Stratus [lat.] der, **Stratuswolke, Schichtwolke,** Wetterkunde: langgestreckte Wolke mit waagerechten Grenzflächen, in höheren Luftschichten.

Straub, Johann Baptist, Bildhauer, *1704, †1784; phantasievolle Rokokoaltäre.

Straube, Karl, protestant. Kirchenmusiker, *1873, †1950; Thomaskantor in Leipzig.

Straubing, Stadt in Niederbayern, an der Donau; 42 900 Ew.; in fruchtbarer Ebene; altes Stadtbild; Brauereien, Tonwaren.

Strauss

Straus, Oscar, österr. Operettenkomponist, *1870, †1954; »Ein Walzertraum« u.a., daneben Filmmusik.

Strauss, Richard, Komponist, *1864, †1949; sinfon. Dichtungen (»Don Juan«, »Tod und Verklärung«, »Ein Heldenleben«), Opern (»Salome«, »Elektra«, »Der Rosenkavalier«, »Ariadne auf Naxos«, »Arabella«), Lieder, Kammermusik u.a.

Strauß

Strauß der, -es/-e, zu den Straußvögeln gehörender größter lebender Vogel (bis 2,60 m), mit langem Hals, hohen, kräftigen Beinen und ziemlich großen, fluguntaugl. Flügeln. Der S. bewohnt die Steppen Afrikas und Südostasiens und läuft sehr schnell (50 km/h). Wegen seiner schönen Flügel- und Schwanzfedern wird er in Farmen gezüchtet. Zu den Straußenarten gehören der in Amerika heimische **Nandu** sowie der **Emu** in Australien.

Strauß, 1) Botho, Schriftst., *1944, Dramaturg; zeitkrit. Stücke (»Die Hypochonder«), Erzählungen. **2)** David Friedrich, theolog.-polit. Schriftst., *1808, †1874; Kritiker der geschichtl. Grundlagen des Christentums (»Leben Jesu«). **3)** Emil, Erzähler, *1866, †1960; Romane: »Freund Hein«, »Das Riesenspielzeug«, Novellen: »Der Schleier«. **4)** Franz Josef, Politiker, *1915, †1988; 1945 Mitgründer der CSU, 1952 stellvertr., 1961 Parteivorsitzender, mehrfach Bundesmin. (1956-1963 für Verteidigung, 1966-69 für Finanzen), 1978-88 MinPräs. von Bayern. **5)** Johann, österr. Komponist, *1804, †1849; Tänze (Walzer), Märsche (»Radetzky-Marsch«). **6)** Johann, Sohn von 5), österr. Komponist, *1825, †1899; Walzer (»An der schönen blauen Donau«, »G'schichten aus dem Wiener Wald«, »Wiener Blut«), Operetten (»Fledermaus«, »Zigeunerbaron« u.a.). (BILD S. 860)

Straußfarn, hohes Farnkraut; fruchtbare Wedel sind wie Straußenfedern gekräuselt.

F. J. Strauß

Johann Strauß (Sohn)

Strawinsky

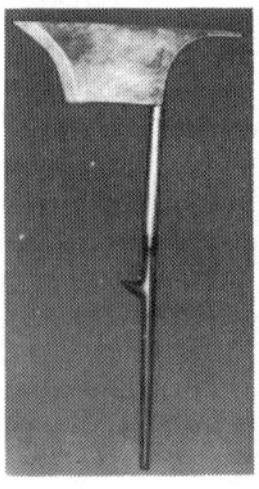

Streitaxt: Kampfbeil aus N-Luzon, 67 cm lang

Stresemann

Straußgras, Grasgatt., **Rotes S.** und **Weißes S.** oder **Fioringras** sind Futtergräser.

Strauß und Torney, Lulu v., Dichterin, *1873, †1956; Balladen, Romane.

Straußvögel, Flachbrustvögel, Ratitae, Ordn. größerer flugunfähiger Laufvögel: Strauß, Emu, Kasuar, Nandu und die Schnepfenstrauße (Kiwi, Moas).

Straußwirtschaft, Kranzwirtschaft, in Österreich **Buschen-, Heurigenschank,** der Ausschank selbstgebauten Weines oder Apfelweins durch den Erzeuger (meist behördlich begrenzt), angezeigt durch Aushang eines Straußes oder Kranzes.

Strawinsky, Igor Fjodorowitsch, russ. Komponist, *1882, †1971; lebte in Paris, dann in den USA; einer der führenden Vertreter der neuen Musik: Ballette (»Der Feuervogel«), Opern, Orchester-, Chorwerke, Kammermusik.

Strebebogen, Schwibbogen, 🏛 frei schwebender Bogen zw. → Strebepfeiler und Hochschiffwand einer got. Kirche, leitet Druck der Gewölbe auf den Strebepfeiler ab.

Strebepfeiler, 🏛 Pfeiler zur Verstärkung von Mauern, die seitlichem Druck (Seitenschub) zu widerstehen haben.

Strecke die, **1)** ⚒ waagerechter Stollen größerer Länge. **2)** 🚂 Gleisabschnitt zw. Haltestellen. **3)** △ begrenzte gerade Linie.

Streckgrenze, diejenige mechan. Spannung, bei der die elast. Verformung eines Probekörpers in eine plast. (bleibende) Verformung übergeht.

Streckverband, ♡ Verband bes. zur Behandlung von Knochenbrüchen, meist in Form der **Drahtextension,** bei der der Zug am Spannbügel eines durch den Knochen gebohrten Stahldrahts angreift, damit das Zusammenheilen ohne Verkürzung erfolgt.

Strehlen, poln. **Strzelin** [stʃ'ɛlin], Stadt in der poln. Wwschaft Wrocław in Niederschlesien, an der Ohle, 12000 Ew.; Granitbrüche.

Strehler, Giorgio, ital. Regisseur, *1921, bed. Goldoni-Inszenierungen, führte Brecht am ital. Theater ein.

Streibl, Max, Politiker (CSU), *1932, seit 1988 MinPräs. von Bayern.

streichen, ⚓ **1)** die Flagge streichen, Flagge einziehen zum Zeichen der Ergebung.

Streichgarn, Garn aus kurzen Fasern (Streich-Reißwolle); Ggs.: → Kammgarn.

Streichholz, → Zündholz.

Streichinstrumente, Musikinstrumente wie Geige (Violine), Bratsche (Viola), Violoncello, Kontrabaß, Gambe, Fiedel u.a. Die Töne entstehen durch Streichen der Saiten mit einem Bogen.

Streik [engl.] der, **Ausstand,** gemeinsame, planmäßige Arbeitsniederlegung durch eine größere Zahl von Arbeitnehmern mit dem Ziel, Arbeitsbedingungen und Arbeitsentgelt zu verbessern **(sozialer S.)** oder polit. Forderungen durchzusetzen **(polit. S.).** Der **organisierte S.** wird von einer Gewerkschaft, der **wilde S.** unabhängig von den Gewerkschaften, meist gegen ihren Willen, durchgeführt. Beim **Sympathie-S.** wird zugunsten der Arbeitnehmer eines anderen Betriebes gestreikt. **Demonstrations-S.** und **Protest-S.** bezwecken häufig die Bekundung polit. Kampfbereitschaft. Beim **Sitz-S.** bleiben die Arbeitnehmer an ihren Arbeitsplätzen, verweigern aber die Arbeit, in abgeschwächter Form beim **Bummel-S.** Beim **Dienst nach Vorschrift** (im angelsächs. Sprachbereich **go slow** [gəʊsl'əʊ]) wird durch genaueste Beachtung der Dienstvorschriften der Arbeitsablauf verzögert oder lahmgelegt, mit dem Ziel, Gehalts- oder Lohnerhöhungen durchzusetzen. Beim **General-S.** stellen alle oder die meisten Arbeitnehmer eines Landes die Arbeit ein. – Das **S.-Recht** ist in vielen Staaten, so in einigen Länderverfassungen der Bundesrep. Dtl., anerkannt; das GG gewährleistet die Koalitionsfreiheit, aus der das S.-Recht für Arbeiter und Angestellte abgeleitet wird. Gegenmaßnahme der Arbeitgeber ist die → Aussperrung (→ Schlichtungswesen).

Streisand [-sənd], Barbra, amerikan. Filmschauspielerin, -regisseurin und Sängerin, *1942; »Yentl« u.a.

Streit|axt, beilartige Wurf-, Hiebwaffe.

Streitgenossenschaft, mehrere Kläger oder Beklagte in einem Zivilprozeß, die den Rechtsstreit gemeinsam führen. Man unterscheidet **einfache** und **notwendige S.**

Streitverkündung, im Zivilprozeß die schriftl. Aufforderung einer Prozeßpartei an einen Dritten, gegen den sie im Falle des Unterliegens im Prozeß einen Anspruch auf Gewährleistung zu haben glaubt oder von dem sie einen derartigen Anspruch befürchtet, dem Rechtsstreit (als Nebenintervenient) beizutreten (§§ 68, 74 ZPO).

Streitwagen, zweirädriger pferdebespannter Kriegswagen der Ägypter, Assyrer, Perser, Griechen; z.T. mit Sicheln an den Rädern **(Sichelwagen).**

Streitwert, im Zivilprozeß der Wert des Streitgegenstandes **(Gegenstandswert).**

Strelitzen [russ.] Mz., Leibwache der russ. Zaren im 16. und 17. Jh.

Streptokokken [grch.] Mz., Rundbakterien, die sich in Ketten vermehren, Eitererreger; nützlich als Milchsäurebakterien.

Streptomycin, ein → Antibiotikum.

Stresemann, Gustav, Staatsmann, *1878, †1929. Nach dem 1. Weltkrieg Gründer und Führer der Dt. Volkspartei, 1923 Reichskanzler, 1923-1929 Reichsaußenmin.; beendete den passiven Widerstand im Ruhrkampf (→ Ruhrgebiet), suchte Verständigung mit Frankreich. Schuf durch Annahme des → Dawesplans 1924 und durch die Locarno-Verträge 1925 die Basis einer Verständigungspolitik; erreichte den Eintritt in den Völkerbund 1926 und die vorzeitige Räumung des Rheinlandes. Friedensnobelpreis (mit A. Briand) 1926.

Stress [stres, engl.] der, Überbelastung körperl. oder seel. Art; ruft nach H. Selye »Alarmreaktionen« des Körpers hervor.

Stretch [stretʃ, engl.] der, sehr dehnfähige, hochelast. Web- und Wirkwaren.

Streupflicht, ⚖ Verpflichtung, bei Schneefall und Glatteis Gehweg und Fahrbahn zu streuen. Die S. obliegt dem Bund, den Ländern und Gemeinden für die von ihnen unterhaltenen Straßen, den Straßenanliegern für den Gehweg vor dem Grundstück.

Streuung die, Abweichung der einzelnen Werte vom Durchschnitt.

Streuvels [str'øvəls], Stijn, eigtl. Frank **Lateur,** fläm. Erzähler, *1871, †1969; schildert flandr. Bauerntum: »Knecht Jan« u.a.

Strich der, **1)** Linie. **2)** $\frac{1}{32}$ des Kompaßumfangs = $11\frac{1}{4}°$. **3)** Flug der Vögel beim Zug und bei ihren Paarungsflügen.

Strichätzung, Reproduktion von Zeichnungen und Bildern, die nur aus Punkten, Linien, Flächen ohne Halbtöne bestehen. Die Zeichnung wird auf die lichtempfindlich gemachte Oberfläche einer Zinkplatte kopiert. Durch mehrfache Ätzung werden die beim Druck weiß bleibenden Stellen so weit vertieft, daß sie nicht mehr mitdrucken.

Strichcode [...ko:t], aus unterschiedlich dicken, parallelen Strichen bestehendes, maschinelles Lesen ermöglichendes Verschlüsselungssystem für numer. Daten, z.B. Kennnummern von Warenartikeln.

Strichvögel, Vögel, die in weitem Umkreis um ihr Brutgebiet auf Nahrungssuche umherschweifen.

Stricker, Der S., mittelhochdt. Dichter aus der 1. Hälfte des 13. Jh., aus Franken, lebte v.a. in Österreich; schrieb das Epos »Karl der Große« (um 1220).

Strigel, Bernhard, Maler, *1460/61, †1528; Altartafeln und Bildnisse.

Strindberg [str'indbɛrj], August, schwed. Dichter, *1849, †1912; nahm den Weg vom Naturalismus über den Individualismus (Einfluß Nietzsches) zur Mystik; gestaltete den Kampf der Geschlechter und die seel. Zerrissenheit. Romane: »Der Sohn der Magd«, »Das rote Zimmer«. Schauspiele: »Der Vater«, »Karl XII.«, »Königin Christine«, »Rausch«, »Totentanz«, »Traumspiel«, »Die Brandstätte«, »Gespenstersonate«.

Strip-tease [-ti:z, engl.] der, Entkleidungsszene in Nachtclub, Bar, Revue.

Strittmatter, Erwin, Schriftsteller, *1912; Vertreter des sozialist. Realismus.

Strohblumen, die → Immortellen.

Strohmann, ⚖ Person, die an Stelle einer andern vorgeschoben wird, z. B. als Käufer.

Stromboli, eine der → Liparischen Inseln.

Stromkreis, in sich geschlossene elektr. Verbindung, besteht aus Stromquelle (z. B. Batterie), Stromverbraucher (z. B. Glühlampe, Meßgeräte) und der elektr. Leitung (Drähten).

Stromlinienform, Formgebung von Fahrzeugen, Flugzeugen, Schiffen, verhindert Wirbelbildung, verringert Luftwiderstand.

Strom|messer, Amperemeter, Gerät zum Messen der elektr. Stromstärke.

Strømø [sdr'œmø:], Hauptinsel der Färöer, 390 km², rd. 19500 Ew.

Stromrichter, ⚡ Sammelbez. für Gleich- und Wechselrichter.

Stromschnelle, Flußstrecke mit starkem Gefälle, großer Strömungsgeschwindigkeit und geringer Wassertiefe, meist durch Felsgestein.

Stromstärke, ⚡ die Elektrizitätsmenge, die in 1 Sekunde durch den Leiterquerschnitt fließt; Maßeinheit ist das **Ampere.**

Strom- und Schiffahrtspolizei, Behörden zur Wahrnehmung der polizeil. Aufgaben des Staates in bezug auf die Wasserstraßen und die Schiffahrt.

Strömungslehre, Wissenschaft von den Bewegungsformen der Gase und Flüssigkeiten **(Aerodynamik, Hydrodynamik).** Die Bahnen, auf denen sich die Teilchen eines strömenden Mediums bewegen, heißen **Strömungslinien.**

Stromversorgung, ⚡ → Kraftwerk.

Stromwender, ein → Kommutator.

Strontium [lat.] das, **Sr,** chem. Element, Erdalkalimetall; Ordnungszahl 38, D 2,67 g/cm³, Schmelzpunkt 768 °C; seltenes, silberweißes, weiches Metall, das sich in der Natur in Form seiner Verbindungen **Strontianit,** S.-Carbonat, $SrCO_3$ und **Zölestin,** S.-Sulfat, $SrSO_4$, findet. S.-Salze färben die Flamme karminrot; Verwendung in der Pyrotechnik und der Stahlindustrie, das radioaktive Isotop Sr 90 in der Nuklearmedizin. Es trägt als Folgeprodukt von Kernspaltungen (Atombombe, Reaktorunfall) durch Einbau in Knochen zur Strahlenbelastung bei.

Strophanthin [lat.] das, ein aus den Samen verschiedener Strophanthus-Gewächse, giftiger trop. Kettersträucher, gewonnenes Glykosid (Mittel gegen Herzmuskelschwäche).

Strophe [grch.] die, in der Verslehre (→ Vers) ein in sich geschlossenes metrisches Gebilde, das aus der Verbindung mehrerer Verszeilen besteht. S.-Formen werden nach äußerl. Kennzeichen unterschieden: Verszahl, Reimart, Versfuß u. a. (→ Stollen, → Sonett, → Stanze).

Strudel der, Wasserwirbel mit trichterförmig abwärtssaugender Spiraldrehung.

Strudelwürmer Mz., meist im Wasser lebende Plattwürmer, Körper mit Flimmerhaaren besetzt; z. B. **Planarien,** bis 11 mm lang.

Struensee, Johann Friedrich Graf v., dän. Staatsmann, *1737, wurde 1769 Leibarzt Christians VII., 1770 leitender Minister, begann große Reformen im Geist der Aufklärung; 1772 gestürzt und hingerichtet.

Struktur [lat.] die, Gefüge, innerer Aufbau, gegliederter Zusammenhang eines wirkl. oder gedachten Gegenstandes, z. B. eines Kristalls, dessen innere Gliederung mit Röntgenstrahlen erforscht wird **(S.-Analyse). S.-Formel,** → chemische Zeichen. In der SOZIOLOGIE wird unter S. die Sozialstruktur als relativ stabiles Ordnungsgefüge eines sozialen Systems verstanden. Die S. in der WIRTSCHAFTSWISSENSCHAFT als das Verhältnis der Teile einer Volkswirtschaft zueinander und zur Gesamtwirtschaft wird bestimmt durch die Gliederung der Bevölkerung (Altersgliederung, Erwerbsintensität), die natürl. Ausstattung des Gebiets, Stand der Entwicklung von Technik und Wissenschaft, rechtl. Ordnung u. a. Die **S.-Psychologie** untersucht den Sinnzusammenhang von Erlebnissen in der Ganzheit einer seel. S. Sie wurde von W. Dilthey, F. Krueger ausgebildet.

Strukturalismus, wissenschaftl. Denkweise, die Tatbestände in erster Linie aus ihrer Einbettung in einen Gesamtzusammenhang zu erklären sucht. Strukturen werden hierbei als überzeitl. Größen verstanden; histor. Wandel erscheint als bloße Veränderung der Grundstrukturen. Strukturalist. Methoden wurden z. B. in Psychologie, Sprachwissenschaft und Völkerkunde angewendet.

Struma [lat.] die, lat. Bez. für → Kropf.

Struma die, Fluß auf der Balkanhalbinsel, mündet ins Ägäische Meer, 350 km lang.

Struwwelpeter [von strubbelig], Kinderbuch mit Versen und Bildern von H. Hoffmann (1847).

Strychnin [grch.] das, sehr giftiges Alkaloid im Samen zweier Arten von trop. **Strychnos-Gewächsen** (Brechnußbäume); wirkt erregend auf das Zentralnervensystem und fand deswegen häufig in der Heilkunde Anwendung bei Lähmungen, bei Herz- und Kreislaufschwäche u. a. **S.-Vergiftung** zeigt sich an durch Steigerung sämtl. Reflexe mit folgenden Starrkrämpfen.

Stuart [stj'uət], schott. Geschlecht, kam 1371 auf den schott., 1603 auch auf den engl. Thron. Die 1688 (Jakob II.) gestürzte kath. Hauptlinie starb 1807 aus.

Stubaital, Hochtal der **Stubaier Alpen** in Tirol; **S.-Bahn** von Innsbruck nach Fulpmes.

Stubbenkammer, Kreidefelsen an der NO-Küste Rügens, mit altem Buchenbestand.

Stubenfliege, über die ganze Erde verbreitete Art der Vollfliegen (→ Fliegen); frißt an Nahrungs- und Genußmitteln, schadet durch Übertragen von Krankheits-, auch Fäulniserregern und Schimmelpilzsporen.

Stubenvögel, Zimmervögel, meist kleinere Vögel, die sich zur Haltung im Käfig eignen wie Kanarienvögel, Grasmücken, Hänfling, Edelfink, Gimpel, Stare, Stein- und Blaudrosseln, Papageien (Sittiche), Stare.

Stuck [ital.] der, Gemisch aus Gips, Farbe, Leim, Kalk; dient als Decken- und Wandverkleidung und zur Herstellung von Verzierungen an Decken, Wänden und Fassaden, auch zur Herstellung von Bildwerken.

Stuck, Franz v., Maler, Bildhauer, Radierer, *1863, †1928. Stuckvilla (München): Versuch eines Gesamtkunstwerks im Jugendstil.

Stückgüter, Frachtgüter, die in einzelnen Stücken befördert werden.

Stücklen, Richard, Politiker (CSU), *1916; Ingenieur, 1957-66 Bundespost-Min., 1979-83 Bundestagspräsident, seitdem Bundestagsvizepräs.

Stückzinsen, Zinsen, die beim Kauf festverzinsl. Wertpapiere mit laufendem Zinsschein vom letzten Zinstermin bis zum Kauftag berechnet und zum Kurswert zugeschlagen werden.

Strigel: Kaiser Maximilian I.

Strindberg

Stupa

stud., Abk. für: lat. **studiosus,** Studierender, Student, z. B. stud. med., Student der Medizin.

Student [lat.] der, -en/-en, Hochschüler. Alle S. einer Hochschule bilden die **Studentenschaft,** die durch die Allg. Studentenversammlung und den Allg. Studentenausschuß **(AstA)** vertreten ist. Im MA. schlossen sich die S. zu Landsmannschaften zusammen, im 18. Jh. kam es zuerst zu student. Korporationen. (→ Verbindung 3)

Studentenwerk, student. Selbsthilfeorganisation an den Hochschulen zur wirtschaftl., gesundheitl. und kulturellen Betreuung, auch zur fachl. Beratung der Studierenden. Dachverband: Deutsches S. e. V., Bonn.

studentische Verbindungen, studentische Korporationen, Form des student. Gemeinschaftslebens an den Hochschulen des dt. Sprachgebiets. (→ Verbindung 3)

studentische Vereinigungen, nach 1945 an den westdt. Hochschulen neben den student. Verbindungen gebildete, urspr. eng mit den polit. Parteien verbundene polit. Studentengruppen.

Studi|e die, **1)** wissenschaftl. Untersuchung. **2)** Übungsarbeit, Vorarbeit, bes. für ein Kunstwerk.

Studi|enrat, festangestellter akademisch gebildeter Lehrer an höheren Schulen. Der Anwärter des höheren Schuldienstes heißt nach der 1. (wissenschaftl.) Staatsprüfung **Studienreferendar,** nach der 2. (pädagog.) **Studienassessor.**

Studi|enstiftung des deutschen Volkes e. V., gegr. 1925, wiedergegr. 1948, fördert den künstlerisch oder wissenschaftlich hochbegabten Nachwuchs; Sitz: Bonn-Bad Godesberg.

Stürmer 2)

Studio [ital.] das, **1)** Arbeitsraum eines Künstlers. **2)** Aufnahmeräume bei Rundfunk, Fernsehen, Film-, Schallplattenherstellung.

Studium [lat.] das, -s/...dien, **1)** Hochschulbesuch, -ausbildung. **2)** systemat. Lernarbeit.

Studium generale [lat.] das, **1)** mittelalterl. Name der Universitäten. **2)** Vorlesungen in allgemeinbildenden Fächern für Studenten aller Fakultäten.

Stufe, 1) Absatz, bes. in der Treppe. **2)** ⊙ Arbeits- oder Antriebseinheit, z. B. bei mehrstufigen Turbinen, Pumpen, Mehrstufenraketen u. a. **3)** Geologie: Zeitraum, der der Lebensdauer jener Tier- und Pflanzengatt. entspricht, der die Zonenfossilien zugehören.

Stufen|abitur, stufenweise Ablegung der Reifeprüfung, bei der ein Fach (oder mehrere) vor dem eigtl. Abitur geprüft werden konnten (**Teilreifeprüfung;** bis 1972 möglich).

Sturmvögel: Sturmschwalbe

Stufen|ausbildung, Form der Berufsausbildung im Baukastensystem mit selbständigen Zwischenabschlüssen; gegliedert in berufl. Grund- sowie allg. und spezialisierte Fachausbildung.

Stufenbarren, Gerät des Kunstturnens aus einem hohen (230 cm hoch) und einem niedrigen (150 cm hoch) Holm.

Stufenlehrer, Konzept einer der → Stufenschule entsprechenden Organisationsform der Lehrerausbildung, wonach die Fachlehrer nicht nach Schulformen, sondern für Schulstufen ausgebildet werden.

Stufenpsalmen, die Psalmen 120/119 bis 134/133.

Stufenschule, Organisationsmodell im Schulwesen, das sich nicht primär nach Schulformen oder -zweigen, sondern nach Alters- oder Bildungsstufen orientiert, z. B. die → Gesamtschulen.

Stuhlgang, Stuhl, Darmentleerung, Darmexkrement.

Stuhlweißenburg, ungar. **Székesfehérvár** [s'e:kɛʃfɛhe:rva:r], Stadt in Ungarn, 110000 Ew.; Weinhandel, Ind. Im MA. Krönungsstadt und Begräbnisort der ungar. Könige.

Stüler, Friedrich August, klassizist. Baumeister, *1800, †1865; Berlin: Neues Museum.

Stülpnagel, Karl-Heinrich von, General, *1886, †(hingerichtet) 1944, Militärbefehlshaber in Frankreich, Mitgl. der Widerstandsbewegung gegen Hitler.

Stummabstimmung, das → Muting während des Sendersuchlaufs bei Radiogeräten.

Stummfilm, Film, der die Handlung ohne Ton, nur durch das Bild wiedergibt (bis etwa 1929).

Stummheit, → Sprachstörungen, → Taubstummheit.

Stumpen der, **1)** Kegel aus Filz oder Stroh, aus dem der Hut geformt wird. **2)** nicht zugespitzte Zigarre ohne Deckblatt.

Stumpf, Carl, Philosoph, Psychologe, Musikforscher, *1848, †1936; Vorbereiter der Gestaltpsychologie.

Stundenbuch, enthält die Laiengebete für die einzelnen Tageszeiten.

Stundenkilometer, km/h, Geschwindigkeitsmaß für Verkehrsmittel; die bei einer best. Geschwindigkeit in einer Stunde zurückgelegten Kilometer.

Stundung die, ⚖ vertragl. Hinausschieben der Fälligkeit eines Anspruchs.

Stuntman [st'ʌntmən, engl. stunt »Kunststück« und man »Mann«] der, -s/...men, Schauspielerdouble für gefährl. Szenen und akrobat. Leistungen.

Stupa der, buddhist. Sakralbau in Indien.

stupend [lat.], erstaunlich.

stupid [lat.], stumpfsinnig, dumm.

Stupor [lat.] der, ♡ Betäubung, Erstarrung, Reaktionslosigkeit.

Sturlunga saga, Samml. isländ. Erzählungen (12.-13. Jh.), die Islands Geschichte bis zur Einverleibung durch Norwegen (1262) darstellen.

Sturm der, Wind von mindestens Stärke 9 (18 und mehr m/s). An der Küste werden als **S.-Warnungszeichen** schwarze Bälle oder Kegel, bei Nacht rote und weiße Lichter gezeigt. **S.-Flut,** ungewöhnlich hoher, durch ständig gegen die Küste wehenden S. erzeugter Wasserstand des Meeres.

Stürmer der, **1)** Angriffsspieler beim Fußball u. a. **2)** eine Studentenmütze.

Sturm und Drang, Geniezeit, die nach einem Drama F. M. Klingers benannte Umbruchsphase der dt. Literatur Mitte der 1770iger Jahre, schuf, ausgehend von Herders ästhet. Ideen einen neuen Typus des Dramas (Ablehnung der Einheit von Zeit, Raum und Handlung, ausdrucksstarke Prosasprache). Vertreter: J. M. R. Lenz, Klinger, der junge Goethe. Auch Schillers Räuber (1782) werden zur S. u. D.-Literatur gezählt.

Sturmvögel, flugtüchtige Meeresvögel, mit langen Flügeln und Schwimmfüßen, kommen nur zum Brüten ans Land; z. B. **Albatros, Sturmschwalbe.**

Sturzo, Don S., eigtl. Luigi **Boscarelli,** kath. Priester, *1871, †1959; gründete 1919 den Partito Popolare Italiano (christlich-demokratische Partei).

Stute die, weibliches Pferd oder Kamel.

Stuttgart, 1) RegBez. in Bad.-Württ., 10558 km², 3,49 Mio. Ew.; Hptst.: Stuttgart. **2)** Hptst. des Landes Bad.-Württ., am Neckar, 565000 Ew. Um den alten Stadtkern im Talkessel entstanden an den Hängen und auf den umliegenden Höhen neuere Wohnviertel und Industrievororte. Bauwerke: u. a. Stiftskirche, Altes und Neues Schloß; Hauptbahnhof von P. Bonatz (1911-27). Univ. S. und Hohenheim, Fachhochschulen, Fachschulen; Museen, Theater und Rundfunksender. Industriezentrum mit Textil-, feinmechan., Maschinen-,

Stuttgart: Neues und Altes Schloß, dahinter Stiftskirche

Werkzeug-, Elektro- (Bosch), Kraftwagen- (Daimler-Benz), Kartonagen-, Möbel-, chem., Nahrungsmittel-, Leder-, Musikinstrumenten-Ind.; Buchverlage und graph. Gewerbe; Obst- und Weinbau. Neckarhafen, Flughafen. Mineralquellen in den Vororten Bad Cannstatt und Berg. – S. ist seit 1250 Stadt.

Stutzen der, **1)** ♈ kurzes Jagdgewehr. **2)** Strumpfgamasche ohne Fuß.

Stützgewebe, Bindegewebe, Knorpel, Knochen.

Styling [st'aılıŋ, engl.] das, industrielle Formgestaltung.

Stymphalos, antike Stadt in NO-Arkadien, in der Sage berühmt durch die **Stymphalischen Vögel,** die mit ihren Federn Menschen erschossen; Herakles erlegte sie.

Styrax der, ⚘ Ebenholzgewächse, die wohlriechende Harze liefern.

Styrol das, ⚗ Derivat des Benzols; Ausgangsstoff des Polystyrols (Kunststoff).

Styx die, dt. fälschlich der, grch. Sage: Fluß der Unterwelt; bei ihm schwören die Götter unverbrüchl. Eide.

Suada, Suade [lat.] die, Redefluß.

Suaheli, Swahili, islamisierte Mischbevölkerung aus Arabern und negriden Stämmen in Ostafrika, zw. Somalia und Moçambique; hochentwickelte Kultur. Ihre Sprache, das S. (auch **Kisuaheli, Kiswahili**), gehört zu den Bantu-Sprachen und ist bes. mit arab. und engl. Fremdwörtern durchsetzt; sie ist Handels- und Verkehrssprache in Ostafrika, Amtssprache in Tansania, Kenia und Uganda.

Suarez [sʊ'arɛð], **1) S. González** [gonθ'alɛθ], Adolfo, span. Politiker (Demokrat), *1932; 1976-81 MinPräs. **2)** Francisco, span. Jesuit, *1548, †1617, Spätscholastiker; Werke über die Gnaden- und Rechtslehre.

sub... [lat.], in Fremdwörtern: unter ... **subaltern** [lat.], untergeordnet.

subarktisch (auf der nördl. Halbkugel), **subantarktisch** (auf der südl. Halbkugel), Übergangszonen vom polaren zum gemäßigten Klima.

Subdiakon [lat.-grch.], **1)** kath. Kirche: Gehilfe des Diakons. **2)** evang. Kirche: Hilfsprediger.

Subhastation die, → Zwangsversteigerung.

Subjekt [lat. »das Untergelegte«] das, **1)** Ⓢ Satzgegenstand. **2)** verächtlich: verkommener Mensch. **3)** PHILOSOPHIE: das Ich, sofern es sich erkennend, wahrnehmend, wollend einem Nicht-Ich, einem Gegenstand (→ Objekt), gegenüberfindet. Der **Subjektivismus** leugnet allgemeingültige Werte sowie die Möglichkeit objektiver Erkenntnis. **subjektiv,** persönlich; unsachlich, voreingenommen. Ggs.: objektiv. **Subjektivität** die, persönl. Auffassung; Vorherrschen persönlich gefärbter Urteile.

Subkultur [engl. subculture], eine relativ eigenständige Kultureinheit innerhalb eines größeren Kulturganzen (z. B. bestimmte ethn., auch schicht- oder altersspezif. Gruppen), die Teile der Gesamtkultur enthält, dazu aber neue oder überbetont entlehnte Elemente entwickelt. Weitere Verbreitung fand S. als Name für die Jugend-S. S. ist manchmal gleichbedeutend mit »Underground« oder Protesthaltung, deshalb auch Gegen- oder Alternativkultur.

subkutan [lat.], ♡ unter der Haut befindlich.

sublim [lat.], erhaben, fein.

Sublimat [lat.] das, ⚗ **1)** Erzeugnis einer Sublimation. **2)** das Quecksilberchlorid, $HgCl_2$; zur Desinfektion. **Sublimation** die, direkter Übergang eines festen Stoffes in den gasförmigen Zustand.

Sublimierung [lat.] die, Verwandlung in Höheres, Veredlung, z. B. von sinnl. Begehren in Verehrung.

Submission [lat.] die, **1)** Unterwerfung, Unterwürfigkeit. **2)** Vergebung bes. öffentl. Arbeiten durch Ausschreibung **(Verdingung).**

Subordination [lat.] die, Unterordnung.

Subotica [-tsa], früher **Maria-Theresiopel,** Stadt in Jugoslawien, in der Batschka, rd. 100000 Ew.; Metall-, Leder-, Leinen-Ind., Handel.

subpolar, svw. → subarktisch, subantarktisch.

subsidiär [lat.], aushilfsweise.

Subsidiaritätsprinzip [lat.], Grundsatz, wonach im Gemeinschaftsleben die jeweils übergeordnete Gemeinschaft die Wirkungsmöglichkeiten der untergeordneten anerkennen muß und nur die Aufgaben an sich ziehen soll, die von dieser nicht erfüllt werden können.

Subsidi|en [lat.] Mz., **1)** bei den Römern: Reserve-, Hilfstruppen. **2)** Hilfsgelder oder -mittel (Truppen, Kriegsmaterial), die ein Staat einem anderen zur Verfügung stellt.

Subsistenz [lat.] die, Lebensunterhalt.

Subskription [lat.] die, Übernahme der Verpflichtung zur Abnahme neuer Wertpapiere oder zum Kauf eines Buches, das erst erscheinen soll.

Substantiv, Substantivum [lat.] das, -s/ ...va, Ⓢ das → Hauptwort.

Substanz [lat.] die, **1)** Stoff, Masse. **2)** das Wesentliche, Wichtige einer Sache; PHILOSOPHIE: was Träger von Eigenschaften ist und im Wechsel beharrt; das Wesentliche i. Ggs. zu den Akzidentien (→ Akzidens); auch das Selbständige. **substantiell, 1)** stofflich. **2)** wesentlich.

substituieren [lat.], an die Stelle eines andern setzen.

Substitut [lat.] der, Stellvertreter, Verkaufsleiter.

Substitution [lat.], **1)** Volkswirtschaft: die Ersetzbarkeit eines wirtschaftl. Gutes durch andere. Bei Preissteigerungen verlagert sich ein Teil der Nachfrage auf andere, meist billigere Güter **(S.-Güter),** z. B. von Brot auf Kartoffeln. **2)** ⚗ wechselseitiger Austausch von Atomen oder Atomgruppen eines Moleküls. **3)** △ Einsetzen einer Größe oder Reihe von Größen für eine andere Größe oder Reihe anderer Größen, um eine gestellte Aufgabe zu vereinfachen oder die Gleichwertigkeit verschiedener mathemat. Gegenstände zu zeigen. **4)** ♡ **Substitutionstherapie,** der arzneiliche Ersatz eines vom Körper selbst nicht mehr ausreichend gebildeten Stoffes, z. B. eines Hormons oder eines Enzyms. **5)** ⚖ **Substitutionsrecht,** das Recht zur Erteilung einer Untervollmacht.

Substrat [lat.] das, -s/-e, Grundlage, Unterschicht, Keimboden.

subsumieren [lat.], einbegreifen, ein-, unterordnen. **Subsumtion,** Unterordnung von Begriffen unter einen Oberbegriff. Eigw. **subsumtiv.**

subtil [lat.], zart, fein.

Subtraktion [lat.] die, Abziehen. **subtrahieren,** abziehen, → Grundrechnungsarten.

Subtropen [lat.-grch.] Mz., Übergangsgebiete vom heißen zum gemäßigten → Klima.

Subvention [lat.] die, aus öffentl. Mitteln gezahlte Beihilfe an Privatunternehmen oder Wirtschaftszweige (z. B. Landwirtschaft).

subversiv [lat.], umstürzlerisch.

Suchdienst des Deutschen Roten Kreuzes, Organisation zur Nachforschung nach dem Schicksal vermißter Wehrmachtsangehöriger, Kriegsgefangener, Zivilpersonen. Zentralstellen und Gesamtarchive in Hamburg und München.

Sucht, Zustand, der durch wiederholten Gebrauch von Drogen (Rauschgifte, Arzneimitteln) oder Alkohol hervorgerufen werden kann; gekennzeichnet durch seel. und körperl. Abhängigkeit vom Stoff sowie die Notwendigkeit, die Dosis ständig zu steigern, um die Wirkung zu erhalten. Da nicht alle S.-Arten diese Kennzeichen aufweisen, spricht man laut Weltgesundheitsorganisation statt von Drogen-S. besser von **Drogenabhängigkeit.** Behandlung: Entziehungskuren, Psychotherapie.

Suchtkrankenhilfe, Betreuung Süchtiger (→ Sucht) im Zusammenwirken von öffentl. Einrichtungen und privaten Selbsthilfegemeinschaften (Anonyme Alkoholiker, Guttemplerorden, Release Centers, d. h. Drogenberatungsstellen u. a.). Ziel: Erfassung, Beratung, Heilung und Wiedereingliederung. Dachverband in der Bundesrep. Dtl. ist die Deutsche Hauptstelle gegen Suchtgefahren (DHS), Hamm, NRW.

Sucre, formelle Hptst. Boliviens (Regierungssitz: La Paz), 80 000 Ew., Univ.

Südafrika

Südafrika, Rep. im S. Afrikas, 1,146 Mio. km^2, 33,7 Mio. Ew.; Hptst.: Pretoria, Sitz des Parlaments: Kapstadt; Amtssprachen: Afrikaans, Englisch. ⊕ S. 482.

STAAT. Seit 1961 Republik mit 4 Provinzen: Kapprovinz, Natal, Oranje-Freistaat und Transvaal. Die vollziehende Gewalt übt der vom Parlament gewählte Staatspräs. nach Weisung des Ministerrats (Kabinetts) aus. Er beruft das Parlament (Senat und Volksrat) ein. Sämtl. Mitglieder beider Häuser müssen Weiße sein. Die Provinzen haben eigene Parlamente. Für die Bantu wurden im Rahmen der Apartheid-Politik eigene »Bantustans« (»Bantu-Heimatländer«, → Homelands) errichtet.

LANDESNATUR. Das Innere von S. ist eine muldenförmige Hochfläche (900-1200 m), deren hochgebirgsartige Randstufe (Drakensberge 3482 m) steil zur Küstenebene abfällt. Im S die Trockensteppe der Karru und die Faltenzüge des Kaplandes. Hauptflüsse: Oranje, Vaal, Limpopo. Klima subtropisch, warme Sommer, milde Winter, BEVÖLKERUNG. 67,2% Bantu, 18,7% Weiße, 10,7% Mischlinge, 3,3% Asiaten. 14 Großstädte. Religion: Rd. 62% Christen, 33% Naturreligionen, 5% Hindus, Muslime, Juden u. a.

Die WIRTSCHAFT S.s ist gut entwickelt. Anbau von Mais, Citrusfrüchten, Zuckerrohr, Baumwolle, Tabak, Wein u. a.; Viehzucht (bes. Schafe); Fischerei, auch Walfang. Reiche Bodenschätze: Gold (1. Stelle der Welterzeugung), Diamanten, Uran, Platin, NE-Metalle, Kohle, Eisen. Bedeutende Industrie, in der alle Zweige vertreten sind. Ausfuhr: Bergbau- und Industrieerzeugnisse, Wolle, Nahrungsmittel. Haupthandelspartner: Großbritannien, USA, Bundesrep. Dtl., Japan. Leistungsfähiges Eisenbahn- und Straßennetz, bedeutende Handelsflotte. Haupthäfen: Durban, Kapstadt, Port Elizabeth, East London; internat. Flughafen: Johannesburg.

Ⓖ Kernland ist die 1652 als niederländ. Siedlung entstandene Kapprovinz, die 1806 von den Engländern erobert wurde. 1910 wurde sie mit Natal, dem Oranje-Freistaat und Transvaal zur Südafrikan. Union vereinigt (Dominionrang). 1920 erhielt diese das ehemal. Dt.-Südwestafrika als Mandatsgebiet. Die englandfreundl. Südafrikan. Partei (L. Botha, J. C. Smuts) regierte (mit Unterbrechung 1924 bis 1939) bis 1948, seitdem die Nationale Partei unter D. Malan, J. E. Strijdom, H. F. Verwoerd, B. J. Vorster, deren konsequent verfolgte Politik der Apartheid zu innen- und außenpolit. Konflikten führte. Die Reg. unter P. W. Botha (1978-89) bemühte sich vergebens, die Apartheidspolitik aus ihren dogmat. Formen zu lösen. Den von ihr in Gang gebrachten Prozeß führt F. de Klerk als Präs. fort. Er setzte die Wiederzulassung des schwarzafrikan. »African National Congress« und die Freilassung des schwarzafrikan. Widerstand symbolisierenden N. Mandela durch. Nach langwierigen Verhandlungen stimmte S. der Unabhängigkeit Dt.-Südwestafrikas als Namibia (1990) zu. Staatspräs.: F. de Klerk (seit 1989).

Südafrikanische Union, bis 1961 Name der Republik → Südafrika.

Südamerika, südl. Teil von → Amerika, südlich der Landenge von Panama; rd. 18 Mio. km^2, 285 Mio. Ew. ⊕ S. 485.

LANDESNATUR. Auf der W-Seite wird S. von den Kordilleren (Aconcagua 6959 m) durchzogen. Auf der O-Seite finden sich Mittelgebirge und Tafelländer; dazwischen große Tiefländer (am Amazonas, Paraguay-Paraná, Orinoco, den bedeutendsten Strömen S.s). S. gehört großenteils der trop. Klimazone an (im Amazonasgebiet feuchtheiß, nördl. und südl. davon Savanne und Steppe); im S reicht es weit an das Südpolargebiet heran. Im Hochgebirge kühl. Das Argentin. Tiefland hat Grassteppe (»Pampa«); Trockengebiete an der W-Küste (Atacama-Wüste) und im SO. Tierwelt reich an einheim. Arten (Lama, Alpaka, Tapir, Jaguar, Puma u. a.).

STAATLICHE GLIEDERUNG

	$1000 km^2$	Mio. Ew.
Argentinien	2777	31,9
Bolivien	1099	6,9
Brasilien	8512	144,4
Chile	757	12,7
Ecuador	284	10,2
Guayana	215	0,9
Kolumbien	1139	30,2
Paraguay	407	4,0
Peru	1285	21,2
Surinam	163	0,4
Uruguay	177	3,0
Venezuela	912	18,7
Britisch: Falkland-Inseln	12	0,002
Französisch: Frz.-Guayana	91	0,086

BEVÖLKERUNG. Indianer noch großenteils in den Kordillerenstaaten, Reste im Amazonasgebiet und im Gran Chaco. Viele Weiße in Argentinien, Uruguay, S-Brasilien; Neger in NO-Brasilien, Asiaten in Guayana; sonst überwiegend Mischlinge. Religion: überwiegend röm.-kath.

WIRTSCHAFT. S. ist Großerzeuger von landwirtschaftl. Rohstoffen und Nahrungsmitteln (Kaffee, Getreide, Zuckerrohr, Fleisch, Wolle) und hat bed. Bodenschätze: Erdöl, Kupfer, Zinn, Wolfram, Antimon, Bauxit, Eisen, Mangan, Blei, Salpeter. Viele südamerikan. Länder entwickeln zunehmend eigene Industrie.

Sudan, Sudanzone, Großlandschaft im Übergangsgebiet zw. der Sahara und dem trop. Regenwald Innerafrikas, im W vom Atlant. Ozean, im O vom Äthiop. Hochland begrenzt; Steppe, Trocken- und Feuchtsavanne mit hohen Temperaturen und Sommerregen. Im N überwiegt Viehzucht, im S Ackerbau.

Sudan, Rep. beiderseits des oberen Nils, 2,5 Mio. km², 23,8 Mio. Ew.; Hptst.: Khartum; Amtssprache: Arabisch. Nach der Verf. von 1973 ist S. eine »Demokrat. Rep.«. Staatsoberhaupt ist der vom Volk auf 6 Jahre gewählte Präs. Die Legislative liegt beim auf 4 Jahre gewählten Parlament und dem Präs. – Überwiegend Hochland; meist Savanne, im N Wüste (Nubien), im S Waldgebiete. BEVÖLKERUNG. Im N Muslime (Araber, Nubier, Bedja u.a.), im S Anhänger von Naturreligionen (Dinka, Nuer u.a.), z.T. christianisiert. Anbau (z.T. Bewässerung): Baumwolle, Hirse, Erdnüsse, Sesam, Zuckerrohr; Gewinnung von Gummi arabicum (80% der Welterzeugung). Viehhaltung (z.T. nomadisch); Nahrungsmittelind. Haupthandelspartner: Großbritannien, Indien, Italien. Seehafen: Port Sudan; internat. Flughafen: Khartum. – S. war 1899-1955 brit.-ägypt. Kondominat. Es wurde am 1. 1. 1956 unabhängig. Kulturelle und relig. Gegensätze zw. Nord- und Süd-S. führten zu blutigen Auseinandersetzungen. Staatspräs. (nach Militärputsch 1989): O. H. Ahmad al Baschir. ⊕ S. 482.

Sudanvölker, zusammenfassender Name für die rassisch und sprachlich vielfältigen Völker des Sudans. Die wichtigsten sind: Hausa, Fulbe, Mandingo, Mosi, Kanuri.

Südarabische Föderation, → Jemen 2).

Sudbury [s'ʌdbəri], Stadt in Kanada, 91000 Ew.; Univ.; Mittelpunkt eines großen Nickelminengebietes, in dem auch Kupfer, Gold, Silber und Platin gewonnen wird.

Südchinesisches Meer, Randmeer des Pazifik, zw. S-China, Hinterindien, Borneo und den Philippinen; Haupthäfen: Kanton, Hongkong.

Süddeutschland, Gebiete südlich der mitteldt. Gebirgsschwelle: die Oberrhein. Tiefebene und die schwäb.-fränk. Stufenlandschaften, die Oberdeutsche Hochebene (südl. der Donau) und die dt. Alpen.

Süden der, **Mittag,** Himmelsgegend des höchsten Sonnenstands. **Südpunkt** oder **Mittagspunkt** heißt der Schnittpunkt des Mittagskreises mit dem südl. Gesichtskreis.

Sudermann, Hermann, Dichter, *1857, †1928; gesellschaftskrit. Schauspiele: »Ehre«, »Heimat«, »Johannisfeuer«; Prosa: »Frau Sorge«, »Litauische Geschichten«.

Sudeten Mz., Gebirgszug zw. Schlesien und Böhmen, 300 km lang, 30-60 km breit. Teile: **West-S.** mit Iser-, Riesen-, Bober-Katzbach-Gebirge; **Innersudet. Mulde** mit Waldenburger Bergland, Eulen-, Heuscheuer-, Adler-, Glatzer, Reichensteiner Gebirge; **Ost-S.** mit Altvatergebirge, Mähr. Gesenke. Viele Heilquellen.

Sudetendeutsche, 1902 geprägter Name für die Deutschen in Böhmen und Mähren, 1935: 3,1 Mio. Die S. waren im 12./13. Jh. aus Bayern, Franken, Sachsen, Schlesien eingewandert, gehörten 1526-1918 zu Österreich, dann zur Tschechoslowakei, seit dem Münchener Abkommen 1938 zum Dt. Reich (→ Sudetenland). 1945 wurden die S. verfolgt und vertrieben; viele kamen dabei um. Etwa 2,6 Mio. wurden in Dtl. aufgenommen, davon 1,9 Mio. in der Bundesrep. Dtl.

Sudetenland, ehem. dt. Reichsgau, 1938 gebildet aus den von der Tschechoslowakei abgetretenen sudetendt. Gebieten; 1945 an die Tschechoslowakei zurückgefallen.

Südholland, mittlere der westl. Küstenprov. der Niederlande, 3326 km², 3,18 Mio. Ew.; Hptst.: Den Haag.

Südjemen, bis 1970 Name der Demokratischen Volksrep. → Jemen.

Südliches Kreuz, Kreuz des Südens, Sternbild der südl. Halbkugel, in der Milchstraße.

Südostasiatischer Sicherheitsvertrag, engl. **South-East Asia Treaty Organization** [saʊθ 'i:st 'eɪʃə tr'i:tɪ ɔ:gənaɪz'eɪʃn], Abk. **SEATO,** Verteidigungsbündnis, abgeschlossen in Manila (1954) von den USA, Frankreich, Großbritannien, Australien, Neuseeland, Pakistan, den Philippinen und Thailand. 1977 aufgelöst.

Südosteuropa umfaßt etwa das Gebiet der heutigen Staaten Jugoslawien, Ungarn, Rumänien, Bulgarien, Albanien, Griechenland, der europ. Türkei; somit die → Balkanhalbinsel und das Gebiet von der mittl. Donau bis zum Schwarzen Meer.

Ⓖ Von der Hallstattzeit an lassen sich Thraker, Skythen und Illyrer in S. nachweisen. Im 2. Jahrtsd. v. Chr. wanderten Ionier, Achaier und Dorer ein (→ griechische Geschichte). In der Latènezeit führte eine Wanderung der Kelten (Galater) über Thrakien und Makedonien bis nach Kleinasien. Im 2. und 3. Jh. n. Chr. gehörte S. zum Röm. Reich (→ römische Geschichte) und war in Provinzen aufgeteilt. Von Rom ging die Herrschaft auf Byzanz über (→ Byzantinisches Reich). Seit dem 5. Jh. n. Chr. drangen osteurop. Völker (Slawen, Magyaren u.a.) ein; Byzantiner, Bulgaren und Serben kämpften im MA. um die Vormacht. Seit Ende des 14. Jh. eroberten die Türken S. (→ Türkei, Geschichte); im 18. und 19. Jh. drangen Österreich von NW, Rußland von NO in S. vor (→ Österreich, Geschichte; → russische Geschichte). Im 19. und 20. Jh. entstanden unabhängige Staaten (Griechenland, Rumänien, Serbien, Montenegro, Bulgarien, Albanien, Ungarn, Jugoslawien); seit den → Balkankriegen (1912/13) ist die Türkei fast ganz vom Balkan verdrängt. 1945 gelangte S. mit Ausnahme Griechenlands in den Machtbereich der UdSSR. Das kommunist. Jugoslawien entzog sich 1948, Albanien 1961 dem sowjet. Einfluß. Die polit. Veränderungen 1989 in Rumänien, Ungarn und Bulgarien gestalteten die polit. Strukturen S. neu.

Südpol, ⊕ südlichster Punkt der Erdachse, → Pol. **magnetischer S.,** → Erdmagnetismus.

Südpolargebiet, Antarktis, Gebiet um den Südpol der Erde, begrenzt durch den südl. Polarkreis (66° 33′ s. Br.). Das **Südpolar-Festland** (Antarktika) umfaßt etwa 13 Mio. km². Einschnitte zw. W- und O-Antarktika bilden das Roßmeer und die Weddellsee. Höchste Erhebung 5139 m; tätiger Vulkan der Mt. Erebus im Roßmeer (3795 m). Das Inlandeis bildet um den Pol eine Hochfläche von über 3500 m Höhe und ist bis 3000 m dick. Das S. hat das kälteste Klima der Erde (Jahresmittel −50,3 °C), sehr geringes Pflanzen-, jedoch reiches Tierleben an den Küsten (Robben, Pinguine). Bodenschätze: Kohle, Kupfer, Eisen, Schwefelkies, Mangan, Molybdän, Uran. Die Erforschung des S. ist durch das Internat. Geophysikal. Jahr (1957/58) gefördert worden. Ein 1959 von 12 Nationen auf 30 Jahre geschlossener Vertrag soll die friedl. Nutzung des S. sichern; militär. Stützpunkte und Kernwaffenversuche sind untersagt. Über Südpolarexpeditionen → Entdeckungsreisen, ZEITTAFEL. Über die Besitzansprüche ⊕ S. 496.

Südpolarmeer, Südliches Eismeer, antarkt. Teile des Atlant., Ind., Pazif. Ozeans.

Südsee, südwestl. Teil des Pazifik.

Südtirol, Landschaft in N-Italien, urspr. Tirol, südlich des Brenners, heute der N-Teil der Region **Trentino-Alto-Adige** [-'a:didʒe] (dt. **Trentino-Tiroler Etschland,** seit 1972 **Trentino-Südtirol**), das Gebiet der heutigen Prov. Bozen, 7400 km², 438400 Ew. Ⓖ S. wurde im frühen MA. vom baier. Stamm besiedelt. Im 19. Jh. wurde der Name S. auch auf die heutige Prov. Trient ausgedehnt. 1919, als das Gebiet an Italien kam, gebrauchte man S. nur noch für das urspr. deutsch besiedelte Gebiet, heute die Prov. Bozen. Nach 1945 blieb S. bei Italien

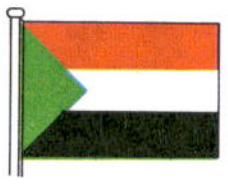

Sudan

Sudermann

Südwester

und wurde ein Teil der Region Trentino-Südtirol, die eine gewisse Autonomie zugestanden bekam (Zweisprachigkeit u.a.). Erneute Verhandlungen zw. Italien und Österreich erreichten 1969 für die Prov. Bozen die Gesetzgebungskompetenz auf personal-, wirtschafts- und sozialpolit. Gebiet. 1971 wurden hierzu weitere Abkommen geschlossen.

Süd-Victoria-Land, Teil von O-Antarktika (Südpolargebiet), von Australien beansprucht.

Südwestafrika, → Namibia.

Südwester der, Seemannshut aus geölter Leinwand.

Sue [sy], Eugène, frz. Schriftst., *1804, †1857; Schöpfer des Feuilletonromans.

Sueben, die → Sweben.

Sueton, Gaius **Suetonius** Tranquillus, röm. Schriftst., *um 70 n. Chr., †nach 140; verfaßte Lebensbeschreibungen röm. Kaiser und bed. röm. Persönlichkeiten.

Suez, arab. **As-Suwais,** Hafenstadt in Ägypten, am südl. Ausgang des Suezkanals, 194000 Ew.

Suezkanal, 1859-69 nach Plänen des Österreichers A. von Negrelli durch F. de Lesseps erbaute schleusenlose Großschiffahrtsstraße durch die Landenge von Suez zw. Mittelmeer (Port Said) und Rotem Meer (Suez), 162,5 km lang, 15 m tief. Der S. kürzt den Seeweg von Europa nach Vorderindien und Ostasien ab (London-Bombay um 8800 km). Eigentümerin des S. war, befristet bis 1968, die **S.-Gesellschaft,** eine 1859 gegr. Gesellschaft ägypt. Rechts mit Sitz in Paris; das Aktienkapital war zu 37,5% im Besitz der brit. Regierung. 1956 wurde die S.-Gesellschaft, die die Kanalgebühren erhob, von Ägypten verstaatlicht. Dies führte 1956 zu anglo-frz. militär. Operationen im Gebiet des S. und zum israel. Sinaifeldzug. 1967-75 war der Kanal als Folge des »Sechstagekrieges« vom Juni 1967 gesperrt.

Suffisance [syfiz'ãs, frz.] die, Selbstgefälligkeit, Dünkel. Eigw.: **süffisant.**

Suffix [lat.] das, Nachsilbe.

suffizient, ausreichend, tüchtig.

Suffragan [lat.], der einem Metropoliten unterstellte Diözesanbischof.

Suffragette [engl.] die, Kämpferin für die polit. Gleichberechtigung der Frau in Großbritannien und den USA.

Sufismus [arab.] der, myst. Richtung im Islam, die sich seit dem 9. Jh. durchsetzte und Ausdruck in der islam. Dichtung fand.

Sugambrer Mz., german. Volk am rechten Ufer des Mittelrheins im 1. Jh. v. Chr.; unter Augustus besiegt, wurden sie teilweise am linken Rheinufer angesiedelt.

Suggestion [lat.] die, gezielte Beeinflussung von Gefühlen, Urteilen, Willensentschlüssen bei andern **(Fremd-S.)** oder bei sich selbst **(Auto-S.).** Die Beeinflußbarkeit, **Suggestibilität,** ist bei Kindern größer als bei Erwachsenen. Der **Massen-S.** bedient sich die polit. Propaganda und die Werbung. In der Medizin wird die S. als Heilmittel angewendet (→ Hypnose). **Suggestivfragen** legen eine bestimmte Antwort nahe (vor Gericht nicht erlaubt). **suggerieren,** beeinflussen. **suggestibel,** beeinflußbar.

Suharto, indones. General, *1921; übernahm 1966 die Regierungsgewalt, 1967 die Funktion des Präs. in Indonesien, wurde 1968 zum Staatspräs. gewählt.

Suhl, 1) Bez. der Dt. Dem. Rep., 3856 km², 549600 Ew., 1952 aus dem SW-Teil, Thüringens gebildet; wird vom Thüringer Wald durchzogen, greift nach W über das Werratal hinweg bis zur Rhön; Land-, Forstwirtschaft; Glas-, keram., Metall- u.a. Ind. **2)** Hptst. von 1), 55500 Ew.; Eisenerzbergbau, Feinmechanik, Spielwaren.

Sumach: Essigbaum; oben Zweig mit Blüten-, unten mit Fruchtstand

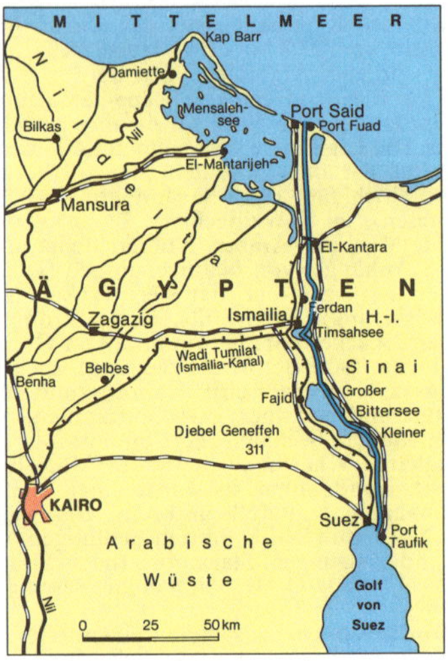

Suezkanal

Sühneversuch, Güteversuch, ⚖ Versuch, einen Rechtsstreit gütlich beizulegen: im Zivilprozeß soll das Gericht in jeder Lage des Verfahrens auf einen S. bedacht sein. – Im Strafprozeß ist Erhebung der Privatklage erst nach erfolglosem S. statthaft.

Suhrkamp Verlag KG, Frankfurt a. M.; Welt- und zeitgenöss. Literatur, Philosophie, Gesamt- und Werkausgaben; Reihen und Zeitschriften.

Suisse [sɥis], **La S.,** frz. für Schweiz.

Suite [sɥ'it, frz.] die, **1)** Folge, Reihe. **2)** Gefolge. **3)** ♩ ital. **Partita,** Instrumentalstück: Folge von Einzelstücken versch. Art (meist Tänze) und Bewegung.

Suizid [lat.] der oder das, der Selbstmord.

Sujet [syʒ'ɛ, frz.] das, Gegenstand, Stoff.

Sukarno, Achmed, indones. Politiker, *1901, †1970; rief 1945 die Rep. Indonesien aus und erreichte die Anerkennung der Unabhängigkeit; 1949-67 Präs. von Indonesien.

Sukkulenten [lat.] Mz., **Saft-, Fettpflanzen,** sind ihrem trockenen Standort durch fleischig-saftige, wasserspeichernde Beschaffenheit angepaßt. Die **Stamm-S.** (z. B. die → Kakteen) haben keine oder zurückgebildete Laubblätter, aber eine blattgrünhaltige Achse, die zur Kugelform neigt. Die **Blatt-S.** (Dickblattgewächse) benutzen die Blätter als Wasserspeicher, die daher fleischig-plump sind (Fetthenne, Mittagsblume).

Sukzession [lat.] die, Aufeinanderfolge, Nachfolge, Thronfolge. **sukzessiv,** allmählich, aufeinanderfolgend, nach und nach.

Sulawesi, indonesisch für Celebes.

Suleika, Name für M. v. Willemer in Goethes »Westöstl. Diwan«.

Süleiman, türk. **Sulaiman,** mehrere türk. Sultane. Unter **S. II., dem Prächtigen** (1520 bis 66), erreichte das Türk. Reich den Höhepunkt seiner Macht; er eroberte 1526 und 1541 den Hauptteil Ungarns, belagerte vergeblich 1529 Wien, kämpfte siegreich gegen Persien und beherrschte mit seiner Flotte das Mittelmeer.

Sulfate [lat.] Mz., Salze und Ester der Schwefelsäure.

Sulfide [lat.] Mz., Salze und Ester der Schwefelwasserstoffsäure, Verbindungen des Schwefels mit einem anderen Element.

Sulfite [lat.] Mz., Salze und Ester der → Schwefligen Säure.

Sulfonamide [lat.] Mz., synthet., schwefel- und stickstoffhaltige organ. Verbindungen, die als Heilmittel bei Infektionen dienen.

Sulky [s'ʌlkı, engl.] der, zweirädriger Einspänner, bes. für Trabrennen.

Sulla, Lucius Cornelius, röm. Staatsmann, Feldherr, *138, †78 v. Chr.; besiegte Mithridates, brach die Herrschaft des Marius (82) und regierte als Diktator bis 79.

Sullivan [s'ʌlıvən], Sir Arthur Seymour, engl. Komponist, *1842, †1900; Operetten (»Der Mikado« u. a.), Kammer-, Orchestermusik u. a.

Sully-Prudhomme [syli pryd'ɔm], René-François-Armand, frz. Dichter, *1839, †1907; einer der Hauptvertreter der → Parnassiens. Nobelpreis für Literatur 1901.

Sultan [arab.] der, islam. Herrschertitel. **Sultanat** das, Herrschaftsgebiet eines Sultans.

Sultanine die, gelbe, kernlose Rosine.

Sulu Mz., Bantuvolk, → Zulu.

Sulu-Inseln, vulkan. Inselgruppe der Philippinen.

Sülze [ahd. »Salzwasser«] die, Fleisch- oder Fischstücke in einer Gallertmasse.

Sumach der, Gatt. der S.-Gewächse, Bäume und Sträucher; Arten: als Zierpflanzen der fiederblättrige **Hirschkolben-S.** oder **Essigbaum** aus N-Amerika und der rundblättrige **Perücken-S.** S-Europas; als Nutzpflanzen die Gerbstoff, Pflanzenwachs und Firnis liefernden Arten der Mittelmeerländer **(Gerber-S.)** und O-Asiens **(Gallen-S.** und **Lack-S.).** (BILD S. 866)

Sumatra, Insel des Malaiischen Archipels, 425 000 km²; von NW nach SO von einer vulkanreichen Gebirgskette durchzogen, die nach NO zu einer flachen Küstenebene mit wasserreichen Flüssen abfällt. Klima tropisch heiß und feucht; Urwald, Mangrovensümpfe. S. hat etwa 32,6 Mio. Ew. (Malaien, außerdem Chinesen, Weiße). Erzeugnisse: Tabak, Kautschuk, Kaffee, Tee, Pfeffer, Reis, Kopra, Edelhölzer; Kohle, Erdöl. – Im 13. Jh. von den Arabern, seit Ende des 16. Jh. von den Niederländern erobert, gehört S. seit 1945 zu Indonesien.

Sumba, Sandelholzinsel, eine der Kleinen Sunda-Inseln, 11 145 km², 251 000 Ew.

Sumerer, die ältesten Bewohner Südbabyloniens, des Landes **Sumer,** Volk unbekannter Rasse, seit Beginn des 3. Jahrtsd. v. Chr. nachweisbar. Ihre relig. Vorstellungen und ihre Kunst haben die spätere babylon. Kultur bestimmt. Die S. sind die Erfinder der → Keilschrift.

Summa [lat.] die, **1)** ✍ Summe. **2)** zusammenfassende Darstellung eines Wissenszweiges, z. B. die »S. theologiae« von Th. von Aquino. **summarisch,** abgekürzt, den Hauptinhalt zusammenfassend. **summa summarum,** alles in allem; Endbetrag.

Summa cum laude [lat.], »mit höchstem Lob«, das höchste Prädikat bei akadem. Prüfungen.

Summand [lat.] der, Zahl, die einer anderen zugezählt werden soll.

Summe [lat.] die, **1)** Gesamtzahl, Ergebnis der Addition. **2)** Geldbetrag, **summieren,** zusammenzählen. **es summiert sich,** wird immer mehr.

Summ|episkopat [lat.-grch.] der, in den dt. evang. Landeskirchen bis 1918 das oberste Kirchenregiment der Landesherren (summus episcopus, »oberster Bischof«).

Summer der, Signalgerät zur Erzeugung von Summtönen: ein Gleichstrom niedriger Spannung wird durch einen Selbstunterbrecher, der auch den Ton gibt, zerhackt.

Summerhill [s'ʌməhıl], Internatsschule bei Leiston (Cty. Suffolk), 1921 von A. S. Neill gegr. Dieser versuchte, dort im Anschluß an S. Freud und W. Reich den Gedanken einer »repressionsfreien« Erziehung zu verwirklichen, indem er auf Autorität und Zwang verzichtete.

Sumo [von japan. sumafu »sich wehren«], japan. Ringsport, bei dem der Gegner aus einem Kreis mit Erde gefüllter Säcke gedrängt werden muß. Die Ringer wiegen bis 140 kg.

Sumpfdotterblume, → Dotterblume.

Sumpffieber, ♡ die → Malaria.

Sumpfgas, das → Methan.

Sumpfhühner, Sumpfrallen, Rallen in Mooren, Sümpfen. **Tüpfel-S., Zwerg-S., Kleines S.**

Sumpfschnepfe, → Bekassine.

Sumy [s'u:mi], Gebiets-Hptst. in der Ukrain. SSR, nordwestl. von Charkow, 262 000 Ew.; landwirtschaftl. Verarbeitungsind., Maschinenbau, Leder- und Textilind.

Sund der, Meerenge, Meeresstraße.

Sunda-Inseln, Inselgruppe in der **Sundasee,** die **Großen S.-I.** (Sumatra, Java, Borneo, Celebes) und die **Kleinen S.-I.** (Bali, Lombok, Flores, Timor u. a.). Die S. gehören zum größten Teil zu Indonesien, Teile Borneos zu Malaysia; daneben brit. (Brunei).

Sünde die, Abweichen vom göttl. Gebot, nach Paulus, Augustin und den Reformatoren dem Menschen nach dem **S.-Fall** angeboren **(Erb-S.);** nach kath. Auffassung geschieden in S. der Gedanken, Worte, Werke, der Begehung und Unterlassung, läßl. S., **Tod-S.** (mit Verlust des Gnadenstandes). Die einzige unvergebbare S. ist die **S. wider den Heiligen Geist,** d. h. die hartnäckige Zurückweisung der göttl. Wahrheit.

Sunderland [s'ʌndələnd], Hafenstadt in NO-England, 196 000 Ew.; Schiff- und Maschinenbau.

Sundern (Sauerland), Stadt in NRW, 26 000 Ew.; Metall-, Elektro-, Holzind.

Sündflut, Volksdeutung von → Sintflut.

Sundgau, Hügellandschaft des Oberelsaß, zw. Schweizer Jura und Vogesen.

Sundsvall, schwed. Hafenstadt am Bottn. Meerbusen, 94 000 Ew.; wichtigste Handelsstadt N-Schwedens; Holzausfuhr.

Sung, chines. Dynastie; die Kaiser der **nördl. S.** regierten 961-1127, die der **südl. S.** 1127-1278.

Sungari, amtl. **Songhua Jiang** [- dʒjaŋ], rechter Nebenfluß des Amur, in der Mandschurei, 1927 km lang.

Sunn der, **Bengalischer Hanf,** ind. Schmetterlingsblütler, liefert sehr feine Gespinstfasern für Gewebe, Seile, Papier u. a.

Sunna [arab. »Gebrauch«, »Herkommen«] die, Überlieferung des → Islams. Ihre Anhänger, die **Sunniten,** erkennen die 4 ersten Kalifen als rechtmäßige Nachfolger Mohammeds an; i. Ggs. zu den → Schiiten; die meisten Muslime sind Sunniten.

Süntel der, Bergrücken rechts der Weser, bei Hameln, 437 m hoch.

Sun Yat-sen, eigtl. **Sun Wen,** chines. Staatsmann, *1866, †1925; trat seit 1894 für die Erneuerung Chinas auf republikan. Grundlage ein, gründete die Kuo-min-tang; 1912 nach dem Sturz der Mandschu-Dynastie vorübergehend Präs. der Republik.

Suomi, finn. Name für Finnland.

super... [lat.], über..., ober..., äußerst.

Supercomputer [... pju:tə], ein Höchstleistungsrechner mit hoher Rechenleistung, Datenspeicherkapazität und Übertragungsgeschwindigkeit, erreichbar durch neueste Entwicklungen wie Vektorprozessor (oft mehrere in Parallelschaltung), 16-Megabit-Chip, 64-Bit-Datenbus u. a.

Super|intendent [lat.], evang. Geistlicher, der einen Kirchenkreis verwaltet.

Superior [lat. »der Höhere«] der, Oberer, Vorgesetzter, bes. der Klosterobere.

Superlativ [lat.] der, Meiststufe bei der Steigerung des Eigenschaftsworts.

Supermarkt der, Selbstbedienungskaufhaus, bes. für Lebensmittel, die hochrationalisierte Form des Einzelhandels.

Superphosphat das, → Phosphorit.

Sumerer: Ziegenbock an Blütenstrauch vom Königsfriedhof in Ur

Sumpfhuhn

Sun Yat-sen

Surrealismus: F. Castellon: »La figura scura«

Superstition [lat.] die, Aberglaube.

Suppé, Franz v., Komponist, *1819, †1895; Operetten: »Leichte Kavallerie«, »Fatinitza«, »Boccaccio« u. a.

Supplement [lat.] das, **1)** Ergänzung. **2)** △ Winkel, der einen andern zu 180° ergänzt.

Supplik [lat.] die, ❀ Bittschrift.

supponieren [lat.], unterstellen, voraussetzen.

Suppositorium [lat.] das, -s/...rien, → Zäpfchen.

supra... [lat.], über..., oberhalb.

Supra|leitung, Eigenschaft von etwa 25 Metallen (z. B. Blei, Zinn, Niob) und über 1000 Legierungen (z. B. Niob mit Zirkon, Titan oder Zinn), bei tiefen Temperaturen von etwa 1 bis 20 K ihren elektr. Widerstand zu verlieren. Ein Strom fließt auch nach Entfernung des induzierenden Magnetfelds weiter. Anwendungen bei Heliumkühlung: Magnete für Plasma- und Hochenergiephysik, Verstärker für Nachrichtenübertragung über Satelliten und Radioastronomie. Die seit 1986 bekannten keram. Hochtemperatursupraleiter mit Sprungtemperaturen über 77 K ermöglichen den Einsatz von flüssigem Stickstoff als Kühlmittel, z. B. Anwendung in der Datenverarbeitung.

supra|national, überstaatlich.

Supra|naturalismus [nlat.], Glaube an das Übernatürliche, bes. an die Offenbarung Gottes.

Supremat [lat.] der oder das, Obergewalt, bes. die des Papstes über die Bischöfe.

Suprenum, ein 1989 in der Bundesrep. Dtl. für numer. Anwendungen entwickelter → Parallelcomputer mit hoher Rechenleistung (→ Supercomputer).

Surabaya, zweitgrößte Stadt Javas, 2,3 Mio. Ew.; bed. Hafen, Zuckerausfuhr; Metallind.

Surakarta, Stadt in Mitteljava, 414000 Ew.; Herstellung von Gold-, Kupfer-, Lederwaren.

Surat, Stadt in Gujarat, Indien, an der Tapti, 470000 Ew.; Gewebe-, Papierind.

Sure [arab.] die, Kapitel des Korans, in Verse unterteilt.

Sûreté [syrt'e, frz.] die, Sicherheit; **S. Nationale** [-nasjɔn'al], die polit. Polizei Frankreichs.

Surfing [s'ə:fıŋ, engl.] das, → Wellenreiten.

Surinam

Surinam, Rep. im NO Südamerikas, 163265 km², 386000 Ew.; Hptst. und -hafen: Paramaribo. Ausfuhr: Bauxit (2. Stelle der Welterzeugung), daneben Holz, Reis. ⓖ Seit 1667 niederländ. Kolonie (Niederländisch-Guayana), seit 1954 autonomer Teil der Niederlande, wurde 1975 unabhängig. Staatspräs.: Ramsewak Shankar (seit 1988); Min-Präs.: H. Arron (seit 1988).

Süßholz

Surrealismus [frz.] der, literar. Richtung, die das »Überwirkliche« erstrebt. Die von A. Breton seit 1921 in Paris geführte Bewegung suchte die eigtl. Wirklichkeit des Menschen im Unbewußten, verwertete Traum- und Rauscherlebnisse und hob die Grenzen zw. Ding- und Traumwelt auf. Zum S. zählten, meist nur in einer Periode ihrer Entwicklung, L. Aragon, P. Eluard, J. Prévert, R. Char u. a. Neuerdings neigt man dazu, über die Gruppe der frz. Surrealisten hinaus jeden Stil als surrealistisch zu bezeichnen, der Reales mit Traumhaftem oder Mythischem in der Weise durchdringt, daß auch das Irreale oder der »sinnlose«, ungewohnte, bestürzende Zusammenhang den gleichen selbstverständl. Realitätscharakter beansprucht wie die alltägl. Wirklichkeit. Surrealist. Züge solcher Art zeigt die neueste Dichtung seit Kafka. – Mit den Malern G. de Chirico und M. Ernst drang der S. auch in die Malerei ein. 1925 fand in Paris die erste Ausstellung surrealist. Maler statt, auf der auch H. Arp, P. Picasso, P. Klee vertreten waren. Y. Tanguy und S. Dali stellten unvereinbare, sich zu traumhaft absurden Erscheinungen verbindende Dinge und Formen im perspekt. Raum naturalistisch dar, J. Miró u. a. malten abstrakte, auch in Gegenständliches übergehende Bilder. Unter den dt. Malern des S. ragt M. Zimmermann hervor.

Surrogat [lat.] das, Ersatz.

Susa, im Altertum: Hptst. von Elam, später eine der pers. Residenzen; reiche Funde.

Süskind, Patrick, Schriftsteller, *1949; Romane »Das Parfum«, »Die Taube« sowie Einpersonenstück »Der Kontrabaß«.

Suso, Heinrich, → Seuse.

suspekt [lat.], verdächtig.

suspendieren [lat.], **1)** in Flüssigkeit fein verteilen. **2)** einen Beamten zeitweise des Amts entsetzen. **3)** aufschieben. Hptw.: **Suspension** die.

Suspensorium [lat.] das, ♡ Tragbeutel, z. B. für den Hodensack.

Susquehanna [sʌskwih'ænə], Fluß in Pennsylvania, USA, 715 km lang.

Sussex [s'ʌsıks, »Südsachsen«], ehem. Cty. an der Südküste Englands, geteilt in **East S.** und **West S.** mit den Hauptstädten Lewes und Chichester. S. war eines der kleinen angelsächs. Kgr.

Süßholz, südeurop.-mittelasiat. Schmetterlingsblütlerstaude; die süße Wurzel wird zu Hustentee und zum Süßen verwendet, der zu schwarzen Stangen eingedickte Saft heißt **Lakritze.**

Süßmost, alkoholfreier Saft aus frischem Obst.

Süssmuth, Rita, Politikerin (CDU), *1937; 1985-88 Bundesmin. für Jugend, Familie, Frauen und Gesundheit, seither Präs. des Bundestags.

Süß-Oppenheimer, Joseph, gen. **Jud Süß,** *1698/99, †(hingerichtet) 1738; jüd. Geldvermittler, Finanzmin. des Herzogs Karl Alexander von Württemberg.

Süßstoffe, nährwertlose, künstlich gewonnene Süßmittel, die an Süßkraft die natürl. Zucker weit übertreffen, z. B. Saccharin, Cyclamat. Wichtig als Süßmittel für Zuckerkranke.

Süßwasserpolyp, ein Hydratier des Süßwassers, festsitzend mit Fangarmen, sehr regenerationsfähig. → Hydrozoen.

Sustenpaß, Paß in den östl. Berner Alpen, 2224 m hoch.

Sutermeister, Heinrich, schweizer. Komponist, *1910; Opern: »Romeo und Julia«, »Niobe« u. a.

Sutherland [s'ʌðələnd], **1)** Graham, engl. Maler, *1903, †1980; Bild des gekreuzigten Christus (Northampton); Kompositionen aus pflanzl. und mineral. Formen; Bildnisse (W. Churchill, K. Adenauer u. a.). (BILD S. 869)

2) Joan, austral. Sopranistin (Koloratursopran), *1926.

Sutlej [s'ʌtlɪdʒ] der, **Satledsch,** der östlichste der 5 Ströme des Pandschab, größter Nebenfluß des Indus (Längenangaben zw. 1368 km und 1850 km), entspringt in Tibet, mündet bei Mitankhot.

Sutra [Sanskrit] das, in der ind. Literatur kurzer, einprägsamer Lehrsatz; auch Name best. Abschnitte der kanon. Schriften.

Sutri, Gem. in der Prov. Viterbo, Italien; auf der **Synode von S.** 1046 setzte Kaiser Heinrich III. von den 3 gleichzeitig regierenden Päpsten 2, den dritten im gleichen Jahr in Rom ab.

Sutschou, amtl. **Suzhou,** Stadt in der chines. Prov. Jiangsu, 650000 Ew., am Kaiserkanal; Seidenind.

Sütterlinschrift, von dem Berliner Graphiker L. Sütterlin (*1865, †1917) geschaffene Schreibschrift; seit 1913 an Schulen mehrerer dt. Länder eingeführt. Die heute gelehrte lat. und dt. Schreibschrift lehnt sich an die S. an.

Suttner, Bertha v., geb. Gräfin **Kinsky,** Schriftst., *1843, †1914; Roman »Die Waffen nieder!«; gründete die »Österr. Gesellschaft der Friedensfreunde«; Friedensnobelpreis 1905.

suum cuique [lat.], jedem das Seine.

Süverkrüp, Dieter, Liedermacher, *1934.

Suzeränität [frz.] die, im älteren Völkerrecht die Oberhoheit eines Staates oder seines Herrschers über einen abhäng. Staat (Vasallenstaat).

Svalbard, arkt. Verwaltungsgebiet Norwegens, besteht aus Spitzbergen, Bäreninsel und kleineren Inseln; 62049 km², 3000 Ew.

Svealand, der mittlere der 3 Landesteile Schwedens, zw. Götaland und Norrland.

Svedberg, Theodor, schwed. Chemiker, *1884, †1971; untersuchte Kolloide; Nobelpreis 1926.

Sverdrup-Archipel [nach dem norweg. Polarforscher Otto Sverdrup, *1854, †1930], unbewohnte arkt. Inselgruppe im Nordpolarmeer, etwa 75000 km².

Sverige [sv'ɛrje], schwed. Name für Schweden.

Svoboda, Ludvik, tschechoslowak. General und Politiker, *1895, †1979; 1968-75 Staatspräs.

svw., Abk. für soviel wie.

SW, Abk. für Südwest.

Swakop, Trockenfluß in SW-Afrika, 315 km, mündet bei **Swakopmund.**

Swansea [sw'ɔnzɪ], Hafenstadt in Wales, England, 167500 Ew.; an der **S.-Bai,** einer Bucht des Bristolkanals; Univ.-College; Metallind.

Swap-Geschäft [swɔp-, engl. »Tausch«], Devisenhandel: Verbindung von Kassakauf (-verkauf) und gleichzeitigem Verkauf (Rückkauf) von Devisen zu einem späteren Termin.

SWAPO, Abk. für **South West African People's Organization** [saʊθ w'est 'æfrɪkən pi:plz ɔ:gənaɪz'eɪʃn], Befreiungsbewegung in Namibia, 1968 gegr.; nach der Unabhängigkeit Namibias (1990) größte polit. Kraft.

Swasiland, eigener Name **Ngwane,** Kgr. im östl. S-Afrika, 17363 km², 585000 Ew. (Swasi); Hptst.: Mbabane. Viehzucht (bes. Schafe), Anbau von Mais, Zuckerrohr, Reis, Hirse, Baumwolle, Südfrüchten u.a.; Forstwirtschaft. ⚒ auf Asbest, Eisen, Kohle. Haupthandelspartner: Südafrika. – 1906 als brit. Protektorat von Transvaal abgetrennt, seit 1968 unabhängig. ⊕ S. 482.

Swastika, Svastika [von Sanskrit »Glück«] die, → Hakenkreuz.

Sweben, Sueben Mz., Gruppe german. Stämme in Mitteldtl., die im 1. Jahrh. v. Chr. nach SW-Dtl. vordrangen; traten zuerst unter → Ariovist hervor. Hauptstämme: Semnonen, Markomannen, Hermunduren.

Swedenborg [-bɔrj], Emanuel v., schwed. Naturforscher, Theosoph, *1688, †1772; aus seinen visionären Erlebnissen entstand seine Deutung des Universums. Seine Anhänger, die **Swedenborgianer,** Sekte bes. in den USA.

Swerdlowsk, bis 1924 **Jekaterinburg,** Gebiets-Hptst. in der Russ. SFSR, am O-Abhang des Urals, 1,3 Mio. Ew.; Univ. u.a. Hochschulen, Kernforschungszentrum; Eisen-, Kupferhütten. – In S. wurde 1918 die Zarenfamilie ermordet.

Swift, Jonathan, engl. Schriftst., *1667, †1745; satir. Hauptwerk: »Gullivers Reisen«.

Swinburne [sw'ɪnbə:n], Algernon Charles, engl. Dichter, *1837, †1909; Formkünstler, »Gedichte und Balladen«, histor. Dramen.

Swindon [sw'ɪndn], Stadt in Südengland, 91000 Ew.; Eisenbahnwerkstätten.

Swine die, Hauptmündungsarm der Oder, zw. Usedom und Wollin.

Swinemünde, poln **Świnoujście** [sjfinɔ'ujsjtsjɛ], Stadt in der poln. Wwschaft Szczecin, Vorhafen Stettins, auf Usedom, 47000 Ew.; Ostseebad.

Swing [engl. »Schwung«, »Spielraum«] der, -(s)/-s, **1)** die von 2 Ländern in einem bilateralen Verrechnungsabkommen gegenseitig eingeräumte höchste Kreditlinie (»Swinggrenze«). **2)** → Jazz.

Swissair [sv'isɛ:r], **Schweizerische Luftverkehr AG.,** Zürich, gegr. 1931.

Switch-Geschäft [switʃ-, engl.], internat. Warengeschäft, das unter Ausnutzung der Kursrelationen über ein drittes Land abgewickelt wird.

Syagrius, letzter röm. Machthaber in Gallien, 486 von Chlodwig besiegt.

Sybarit der, Genießer, nach der Stadt **Sybaris** in Unteritalien.

Sybel, Heinrich v., Historiker, Politiker, *1817, †1895, gründete 1859 die »Histor. Ztschr.«; HW.: »Die Begründung des Dt. Reiches«.

Sydney [s'ɪdnɪ], Hptst. von New South Wales, Australien, mit Vororten 3,09 Mio. Ew., zu beiden Seiten der fjordähnl. Jackson Bay, die von einer 1150 m langen Brücke überspannt wird; wichtigster Hafen und bedeutendster Handelsort Australiens; anglikan. und kath. Erzbischofssitz; 3 Univ., Museen, Sternwarte; vielseitige Ind., Schiffbau. – S. ist aus der 1788 gegr. Strafkolonie Port Jackson hervorgegangen.

Syenit der, granitähnl. dunkelgraues oder graurotes Erstarrungsgestein, besteht hauptsächlich aus Alkalifeldspat, Hornblende und

Swasiland

Swift

G. Sutherland: Wiesenweg

Glimmer, polierfähig; Mauer-, Zier-, Pflasterstein.

Sykomọre die, afrikan. Feigenbaumart; ihre Früchte **(Eselsfeigen)** sind kleiner und weniger schmackhaft als echte Feigen.

Syktywkạr, Hptst. der ASSR der Komi, Russ. SFSR, an der Wytschegda, 218 000 Ew.; Holzind., Flußhafen.

Syllabus [grch.] der, Verzeichnis aller Lehren, die vom Papst verdammt sind (1864; 1950).

Syllogịsmus [grch.] der, → Schluß.

Sylphe [grch.] der oder die, Elementargeist der Luft. **Sylphịde** die, weibl. Luftgeist.

Sylt, nordfries. Insel, 99,1 km², durch den → Hindenburgdamm mit dem Festland (Schlesw.-Holst.) verbunden; Seebäder: Westerland, Wenningstedt, List, Hörnum u. a.

Sylvẹster, → Silvester.

Sylvịn der, KCl, ein Kalisalz (→ Kali).

sym... oder **syn...** [grch.], mit..., zusammen...

Symbiọse [grch. »Zusammenleben«] die, ⚘ ♘ dauerndes, enges Zusammenleben zweier Lebewesen versch. Art, bei dem jedes von dem Partner Nutzen hat. Es gibt S. zw. Tier und Tier (Einsiedlerkrebs und Seerose), Tier und Pflanze (einzellige Grünalgen in Hohl- bzw. Weichtieren), Pflanze und Pflanze (Alge und Pilz: Flechte).

Symbọl [grch.] das, Sinnbild, der sinnl. Träger einer Bedeutung oder Meinung, so Wort, Form, Gegenstand oder Vorgang, der etwas, was in einem anderen, verborgenen oder höheren Bereich liegt, ausdrückt oder auch nur ahnen läßt; Ausdrucksmittel in Literatur, Kunst, Recht, Religion. **Symbọlik** die, **1)** sinnbildl. Darstellung; Lehre von den S. **2)** Konfessionskunde. **symbọlisch,** sinnbildlich. **symbolisiẹren,** etwas sinnbildlich ausdrücken. **symbol. Bücher,** Bekenntnisschriften (→ Konkordienbuch).

Symbolịsmus der, Ende des 19. Jh. von Frankreich ausgehende literar. Richtung, die dem → Naturalismus absagte und in Sinnbildern (Symbolen) und Wortklängen seel. Kräfte und Werte auszudrücken suchte. Der S. prägte vor allem die Lyrik. Vertreter des S. **(Symbolịsten)** sind in Frankreich Rimbaud, Verlaine, Mallarmé, in Dtl. George, Hofmannsthal, Rilke; der Ire Yeats.

Symmetrịe [grch.] die, **1)** Ebenmaß, Gleichmaß. **2)** △ eine Figur hat **Achsen-S.,** wenn man sie durch Umklappen um eine Gerade **(S.-Achse)** zur Deckung bringen kann. **Zentral-S.** liegt vor, wenn eine Figur durch eine halbe Drehung um einen Punkt **(S.-Zentrum)** in sich übergeht. Bei **Radial-S.** kann man eine Figur durch Drehen um einen best. Winkel und alle Vielfachen davon in sich überführen.

sympathẹtisch [grch.], **1)** auf Sympathie beruhend; mitfühlend. **2)** geheim, heilkräftig.

Sympạthicus [grch.] der, **Sympathikus,** Teil des vegetativen → Nervensystems.

Sympathịe [grch.] die, Mitgefühl, Wohlwollen, Neigung. **sympạthisch,** angenehm, zusagend.

Symphonịe [grch.] die, ♩ → Sinfonie.

Sympọsion [grch.] das, **1)** bei Griechen und Römern: Trinkgelage. **2)** Dialog von Platon.

Symptọm [grch.] das, Anzeichen, bes. Krankheitszeichen. Eigw.: **symptomạtisch.**

Synagọge [grch.] die, der gottesdienstl. Versammlungsort der jüd. Gemeinde.

Syn|apse [grch.] die, ♡ Kontaktverbindung zum Überspringen einer Erregung von einem Neuron auf ein anderes oder auf ein Organ.

Syn|ästhesịe [grch.] die, das Hinüberspielen eines Sinneseindrucks in ein anderes Sinnesgebiet.

synchrọn [grch.], gleichzeitig, zeitlich

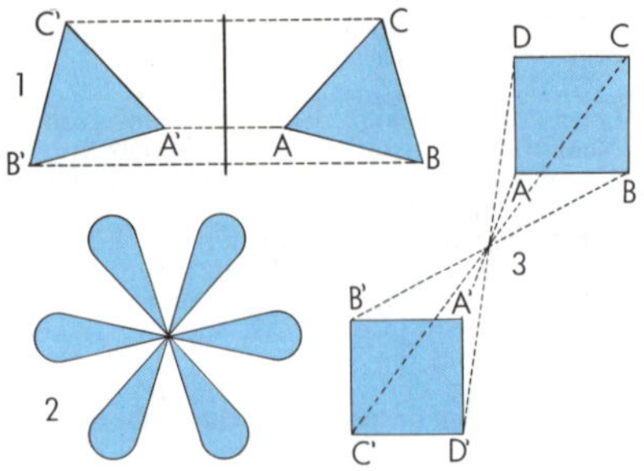

Symmetrie 2): 1 Achsen-, **2** Radial-, **3** Zentral-S.

gleichgerichtet. **synchronisiẹren,** Vorgänge zeitl. abstimmen: 1) Film: Ton- und Bildablauf aufeinander abstimmen bei der Übertragung in andere Sprachen oder beim nachträgl. Vertonen. 2) Fernsehen: Elektronenstrahlen in der Empfängerbildröhre und der Aufnahmeröhre im Gleichlauf halten. 3) Kraftwagengetriebe: die zu verbindenden Zahnräder vor dem Schalten auf die gleiche Drehzahl bringen. Hptw.: **Synchronisiẹrung** die, **Synchronisatiọn** die. **Synchronịsmus** der, Gleichzeitigkeit. Eigw.: **synchronịstisch.**

Synchrọnschwimmen, Wassersportart; mit Musik synchrone, formvollendete Bewegungen, Tanz und Gymnastik im Wasser.

Synchrotron das, Anlage zur Beschleunigung von Elektronen **(Elektronen-S.)** und Protonen **(Protonen-S.)**; sie werden magnet. in einer ringförm. Vakuumröhre gehalten und durch Spannungsstöße bis fast auf Lichtgeschwindigkeit beschleunigt. Im S. erfolgt die künstl. Umwandlung von Elementarteilchen durch Stöße höchster Energie (→ Deutsches Elektronen-Synchrotron).

Synchrotronstrahlung, zuerst im Elektronensynchrotron festgestellte elektromagnet. polarisierte Strahlung großer Intensität (auch im extremen Ultraviolettbereich), die bei Ablenkung rascher Elektronen im Magnetfeld erzeugt wird.

Synchrozyklotron [grch.], → Zyklotron.

Syndikalịsmus [grch. Kw.] der, Lehre einer revolutionären gewerkschaftl. Arbeiterbewegung, wonach die Gewerkschaften die Urzelle der neuen Wirtschaftsgesellschaft sein sollen; der Staat wird abgelehnt. Der S. breitete sich von Frankreich (P. J. Proudhon, H. Lagardelle) her bes. in den roman. Ländern Europas und S-Amerikas aus, blieb in Dtl. fast völlig ohne Einfluß.

Syndikạt [grch.] das, **1)** Verein, Gesellschaft, Gewerkschaft. **2)** Absatzorganisation eines → Kartells.

Syndikus [grch.] der, -/...dizi, rechtskundiger Geschäftsführer einer Körperschaft (Wirtschaftsverband, Berufsvertretung usw.); Bearbeiter der Rechtssachen eines wirtschaftl. Unternehmens **(Justitiar).**

Syndrọm [grch.] das, ♡ Symptomenkomplex, Gesamtbild mehrerer → Symptome.

Syn|ẹdrium [grch.] das, im Altertum: oberste jüd. Gerichtsbehörde in Jerusalem unter dem Hohepriester.

Syn|ẹktik [grch. »Zusammenwirken«] die, bes. im Management eingesetzte Methode der Gruppentechnik, die systemat. Voraussetzungen zur Ideenfindung zu schaffen sucht.

Syn|ergịe [grch.] die, das Zusammenwirken mehrerer Kräfte (Organe, Medikamente u. a.) zu einer Leistung. **Synergịsmus** der, die Lehre, daß menschl. Wille beim Erlangen der göttl. Gnade mitwirken müsse; von Melanchthon vertreten.

Synge [siŋ], John M., irischer Dramatiker, *1871, †1909; Tragödien, Komödien.

Synkope [grch.] die, **1)** ♩ rhythm. Verschiebung: Betonung eines sonst unbetonten Taktwertes in Verbindung mit der Notierung eines Bindebogens. **2)** Ⓢ Ausstoßung eines Vokals im Wortinneren.

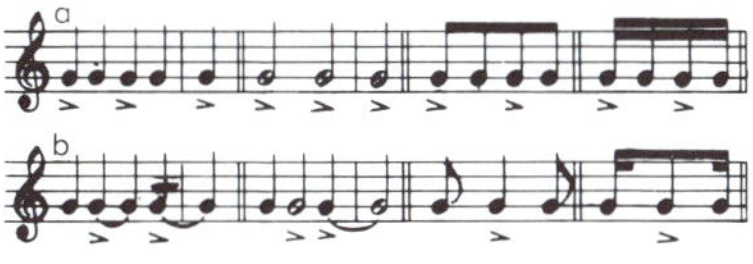

Synkope 1), a regelmäßige Bildungen, b S.

Synkretismus [grch.] der, Verschmelzung von philosoph. Lehren, Kulturen, Religionen.

Synod [grch.] der, der **Heilige S.,** 1721-1917 oberste Behörde der russ. Ostkirche.

Synodalverfassung, evang. Kirche: Wahrnehmung kirchl. Gesetzgebung und Verwaltung in den kirchl. Selbstverwaltungskörpern (Gemeinden, Kreisen usw.) durch gewählte Vereinigungen von Geistlichen und Laien **(Synodale).** Aufbau: Gemeindevorstand und Gemeindekirchenrat, Kreis- (Dekanats-), Landessynode; die Synoden der einzelnen Landeskirchen entsenden Vertreter in die Synode der EKD. Die S. hat die frühere Konsistorialverfassung abgelöst.

Synode [grch.] die, kath. Kirche: Versammlung von Geistlichen, → Konzil; evang. Kirche: → Synodalverfassung.

synonym [grch.], sinnverwandt. **Synonyme, Synonyma,** Ez. Synonym, sinnverwandte Wörter, bezeichnen dieselbe Sache.

Syn|opsis [grch.] die, Zusammenschau, bes. die vergleichende Nebeneinanderstellung der Evangelien des Matthäus, Markus, Lukas (der **Synoptiker**).

Syntax [grch.] die, Ⓢ Satzlehre.

Synthese [grch.] die, **1)** Verknüpfung zur Einheit, Zusammenschau. **2)** Logik: synthet. Urteil, in dem vom Gegenstand etwas ausgesagt wird, was nicht schon aus seinem Begriff folgt (→ Dialektik). **3)** ⚗ Aufbau von Verbindungen aus Elementen oder einfacheren Verbindungen.

Synthesizer [s'ɪnθəsaɪzə, engl., aus grch.] der, -s/-, Gerät zur elektron. Musik- und Geräuscherzeugung.

Synthetics, Bez. für synthetisch hergestellte Kunstfasern und die daraus gefertigten Artikel.

synthetisch [grch.], **1)** zur Einheit verknüpfend. **2)** auf chem. Wege dargestellt.

Syphilis, Lues die, die wegen ihrer Spätfolgen gefährlichste Geschlechtskrankheit. Der Erreger **(S.-Spirochäte)** dringt durch feinste Hautabschürfungen, Risse usw. in den Körper ein. Die Übertragung erfolgt meist durch Geschlechtsverkehr (ist auch durch Kuß möglich). Etwa 3-4 Wochen nach der Ansteckung entwickelt sich an der Infektionsstelle der **syphilit. Primäraffekt,** eine kleine Abschürfung oder ein Knötchen, das sich in ein scharfrandiges, feuchtes, fast schmerzloses Geschwür umwandelt **(harter Schanker).** Die Lymphknoten in der Nähe des Primäraffekts schwellen an **(primäre S.).** Nach 6-8 Wochen entwickeln sich zahlreiche fleck- oder knötchenförmige Krankheitsherde oder nässende Papeln an der Haut des ganzen Körpers **(sekundäre S.).** Die sekundäre S. dauert etwa 5 Jahre an. Die **tertiäre S.** tritt oft erst nach jahrelanger, völlig erscheinungsfreier Pause **(Latenzperiode)** an Haut, Knochen und inneren Organen auf, meist als Geschwüre **(Gummigeschwulst, Gumma).** Schließlich können S.-Erreger progressive Paralyse im Gehirn hervorrufen, im Rückenmark die → Tabes dorsalis. – Die S. ist nicht vererbbar, jedoch kann eine syphilit. Mutter durch Spirochätenübertragung auf die Frucht ein syphilit. Kind gebären **(kongenitale S.).** – Zur Erkennung der S. dienen der Erregernachweis unter einem Dunkelfeldmikroskop, die Wassermannsche Reaktion und der Nelson-Test (Serumreaktion), v. a. jedoch schnell reagierende serolog. Untersuchungen. Die Behandlung erfolgte früher hauptsächl. mit Quecksilber, heute mit Penicillin-Präparaten, u. a. Antibiotika. – Die S. erschien in Europa in größerer Verbreitung zuerst Ende des 15. Jh.

Syracuse [s'ɪrəkju:z], Stadt im Staat New York, 170 000 Ew.; Univ., Akademie der Wissenschaften; Edelstahlwerk, Ind.

Syrakus, Hafenstadt an der Ostküste Siziliens, 124 500 Ew., Erzbischofssitz; Dom, grch. und röm. Baureste; Weinbau, Fischerei. – Im 5.-3. Jh. v. Chr. war es die mächtigste Stadt Siziliens; 212 v. Chr. von den Römern erobert.

Syr-Darja, Fluß in Innerasien, mit Naryn 3078 km lang, schiffbar, mündet in den Aralsee.

Syrien, Rep. in Vorderasien, 185 180 km², 11,3 Mio. Ew.; Hptst.: Damaskus; Amtssprache: Arabisch. – Das Innere S.s ist Wüstensteppe und Wüste. Auf den fruchtbaren Küstenstreifen im NW folgt eine Gebirgszone, die zum Syr. Graben abfällt. Im SW schließen sich der Antilibanon und das Hermongebirge an. An der Küste Mittelmeerklima. BEVÖLKERUNG. Arab. Syrer, Kurden, Armenier, Juden u. a. Rd. 80% Sunniten, daneben Christen, Drusen. – WIRTSCHAFT. Anbau an der Küste, in Flußtälern und Bewässerungsgebieten: Weizen, Baumwolle, Obst, Wein u. a.; Viehhaltung (Schafe, Ziegen u. a.). Erdöl- und Erdgasvorkommen. Textil-, Nahrungsmittel- u. a. Ind. Haupthandelspartner: UdSSR, VR China, Bundesrep. Dtl.; Haupthäfen: Latakia, Banias; internat. Flughafen: Damaskus. ⊕ S. 482.

Syrien

Ⓖ Im Altertum Schauplatz der Auseinandersetzungen der Großmächte Vorderasiens und N-Afrikas (Hethiter, Ägypter, Assyrer, Perser). Seit 301 v. Chr. Mittelpunkt des grch. Seleukidenreichs, 64 röm. Provinz, seit 636 n. Chr. von den Arabern erobert. 1516-1918 war es türkisch, dann frz. Völkerbundsmandat. 1926 wurde Libanon herausgelöst; 1946 wurde S. unabhängige Rep. 1958-61 Zusammenschluß mit Ägypten zur Vereinigten Arab. Rep. Im arab.-israel. Sechstagekrieg (1967) verlor S. die → Golanhöhen. Nach inneren Machtkämpfen setzte sich Gen. H. al-Assad (Putsch 1970) durch. Unter seiner Präsidentschaft wurden panarab. Pläne wiederaufgenommen. 1976 griff S. in den libanes. Bürgerkrieg ein und besetzte große Teile des Landes. Die seitdem dort stationierten Truppen (1982 beim israel. Vorstoß nach Beirut verlustreiche Kämpfe) sollten einer der dortigen stabilisierenden Faktoren sein. – Staatspräs.: H. Assad (seit 1971), MinPräs. M. as-Zuhli (seit 1987).

Syringe, Syringa die, → Flieder.

syrische Kirchen, die Zweige der Ostkirche, die zum ost- oder westsyr. Ritus gehören.

syrische Sprache, alte semit. Sprache, heute noch die Kirchensprache der syr. Christen. **Neusyrisch** wird in Mesopotamien gesprochen.

Syrjänen, Komi Mz., ostfinn. Volk in der nördl. UdSSR, rd. 475 000; bewohnen vorwiegend die ASSR der → Komi.

Syrlin, Jörg, d. Ä., Bildhauer und -schnitzer, *um 1425, †1491; Chorgestühl (Ulmer Münster).

Syrlin: Vergil (Ulm, Münster)

Syrmi|en, → Sirmien.

Syrten Mz., 2 Buchten des Mittelmeeres an der N-Küste Afrikas; die **Kleine S.** (Golf von Gabès) im S Tunesiens; die **Große S.** (Golf von Sydra), zw. Bengasi und Misurata in Libyen.

Sysran, Industriestadt im Gebiet Kujbyschew, Russ. SFSR, 173 000 Ew.; Erdölfelder.

System [grch. »Zusammenstellung«] das,

1) allg.: ganzheitl. Zusammenhang von Dingen, Vorgängen, Teilen. 2) auf allg. Grundsätze zurückgeführtes Lehrgebäude einer Wissenschaft. 3) Plan, Ordnung, Aufbau. 4) ⟲ → Periodensystem. 5) ⊠ aus Teilen bestehendes zusammenhängendes Ganzes, z. B. atomares S., Planeten-S. Eigw.: **systematisch.** Zeitw.: **systematisieren.**

Systematik [zu System] die, 1) allg.: Kunst, nach allg. Grundsätzen planmäßig und ganzheitl. zu ordnen und darzustellen. 2) ♧ ♤ **Klassifikation,** Ordnung **(System)** der Lebewesen in einander über- oder untergeordnete Gruppen. Als einander übergeordnete **system. Einheiten** von Individuen folgen aufeinander: **Art (Species), Gattung (Genus), Familie (Familia), Ordnung (Ordo), Klasse (Classis), Stamm (Phylum),** das gesamte **Tier-** oder **Pflanzenreich (Regnum).** Systemat. Gruppen sind auch **Abteilung** (**Divisio** oder **Plylum**), **Reihe (Ordo)** u. a. Alle diese Einheiten können noch in Untergruppen gegliedert werden, so die Art in **Unterarten (Subspecies)** oder **Rassen.**

Systole [grch.] die, ♡ Zusammenziehung der Herzteile. Ggs.: → Diastole.

Szechwan, Szetschuan, amtl. **Sichuan** [sitʃwan], Prov. in China, am oberen Jangtsekiang, 570000 km^2, rd. 103 Mio. Ew. Im W Hochgebirgslandschaften, im O das fruchtbare, dichtbesiedelte Rote Becken. Ausfuhr von Seide, Tee, Holzöl, Salz. Hptst.: Chengtu.

Szeged, Stadt in Ungarn, zu beiden Seiten der Theiß, 173300 Ew.; Univ.; bedeutender Industriemittelpunkt.

Szekler, Sekler, magyar. Volksstamm in Siebenbürgen, etwa 700000; Bauern, Viehzüchter.

Szene [grch. skene] die, 1) Bühne; Schauplatz, auf dem das Stück spielt. 2) Unterteilung des Aktes, Auftritt. 3) allg.: erregter Vorgang, Wortwechsel. **Szenarium** das, Szenenfolge im Drama; im 18. und 19. Jh. Verzeichnis des szen. Beiwerks einer Aufführung. **Szenerie** die, 1) Bühnenbild. 2) Landschaftsbild.

Szintillation [lat.] die, Funkeln, Glitzern. **S.-Zähler,** Gerät zum Nachweis von Teilchen (α-, β-Teilchen, Protonen) durch S. beim Durchgang durch bestimmte Leuchtstoffe **(Szintillatoren).**

Szymanowski [ʃyman'ɔvski], Karol, poln. Komponist, *1882, †1937; Opern, Lieder u. a.

Szymonowic [ʃyɔn'ɔvits], Szymon, latinisiert Simon **Simonides,** poln. und nlat. Dichter, *1558, †1629; Dramen, relig. Gedichte.

Tabak

T

t, T, 1) 20. Buchstabe im dt. Abc. 2) **T,** Abk. für Tara, Abk. für Tesla, chem. Symbol für Tritium. 3) **t,** Abk. für Tonne (Masse).

Ta, chem. Symbol für Tantal.

Tabak der, Gatt. hochkrautiger Nachtschattengewächse. Genußmittel: **Virgin. T.,** rotblühend; **Großblättriger T.** und **Bauern-T.** (Veilchen-T.), gelbblühend, stammt aus Amerika; angebaut wird er bes. in Nord-, Mittel-, Südamerika, Asien (China, Türkei), Afrika und auf dem Balkan. Seine Blätter werden zu **Rauch-, Schnupf-, Kau-T.,** verarbeitet. Sie werden gepflückt, getrocknet, wieder befeuchtet und machen eine »Fermentation« durch (Selbsterhitzung durch Tätigkeit von Bakterien). Dann folgt das Entfernen der Blattrippen, Rösten und manchmal Behandeln mit **T.-Beize** (aus Zucker, Salzen, Gewürzen usw.). Wichtigster Bestandteil des T. ist das Nikotin. – Der T. kam um 1550 nach Spanien, 1560 durch J. Nicot nach Frankreich. Das Tabakrauchen fand Kolumbus zuerst bei den Indianern Mittelamerikas vor.

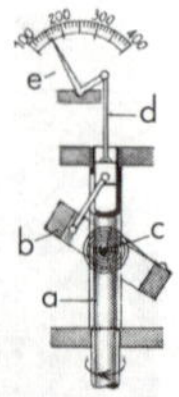

Tachometer, a T.-Welle, b Pendelring, c Rückstellfeder, d Gestänge, e Zeiger

Tabakernte (1988, in 1000 t)			
VR China	2353	Indien[1])	320
USA	604	Türkei	212
Brasilien	439	Italien	161
UdSSR	340	**Welt**	**92333**

[1]) einschl. Angaben für Dschammu und Kaschmir sowie Sikkim.

Tabatière [-tj'ɛ:rə, frz.] die, Tabaksdose.

Tabelle [lat.] die, Tafel; Darstellung statist. Ergebnisse in anschaul. in Spalten gegliederter Form.

Tabernakel [lat.] der, das, 1) turmbekröntes Ziergehäuse, bes. in der got. Architektur. 2) Sakramentshäuschen.

Taberne, Taverne [lat.] die, Schenke.

Tabes dorsalis [lat.] die, **Rückenmarksschwindsucht,** Folge einer unbehandelten → Syphilis. Zerstörung der Nervenbahnen des Rückenmarks; dementsprechende Ausfallserscheinungen (unsicherer Gang, Reflexlosigkeit, Sehstörungen, Empfindungsstörungen).

Tableau [tabl'o:] das, Gemälde, Gruppenbild.

Table d'hôte [tabl do:t, frz.] die, gemeinsames Essen mit fester Speisenfolge in einer Gaststätte.

Tabor, Berg in Palästina, 588 m hoch, gilt als Ort der Verklärung Christi (Mk. 9,2-13).

Taboriten, die radikale Richtung der → Hussiten.

Täbris, Hptst. der Prov. O-Aserbaidschan, Iran, rd. 850000 Ew.; Univ.; Herstellung von Teppichen, Silber-, Lederwaren, Seiden- und Baumwollstoffen.

Tabu [polynes. tapu, das »stark Gezeichnete«] das, Gebote und Verbote bei Naturvölkern. T. können Handlungen, Gegenstände, Personen sein; Kontakt mit diesen ist gefährlich. Bei vielen Naturvölkern dient das T. zur rechtl. Sicherung von Eigentum, wobei man Dinge **tabuisieren** kann. Die T.-Vorschriften bilden für diese Völker oft die Grundlage der sozialen Ordnung.

tabula rasa machen [lat. »abgeschabte Schreibtafel«], vollständig aufräumen mit etwas.

Tabulatur [lat.] die, 1) ♩ alte Notenschrift aus Buchstaben, Zahlen und Notenzeichen. 2) Dichtkunst: Kunstregeln für Dichtung und Melodie bei den Meistersingern.

Tachismus [taʃ-] der, eine nach dem 2. Weltkrieg aufgekommene Richtung der informellen Kunst, die seel. Regungen unmittelbar, unter Ablehnung jeder bewußten Formgestaltung, in Farbflecken (»taches«) ausdrückt.

Tachistoskop [grch.] das, Gerät zur Kurzdarbietung von Buchstaben, Bildern usw.; für psycholog. Prüfungen.

Tachometer [grch.] das, Geschwindigkeitsmesser für Fahrzeuge durch Messen der Drehzahl von Wellen u. a. Maschinenteilen.

Tachykardie [grch.] die, Pulsbeschleunigung. **Paroxysmale T.,** anfallsweises Herzjagen.

Tachymeter [grch.] das, Schnellmesser, ein zu Geländeaufnahmen benutzter Theodolit.

Tacitus, Cornelius, röm. Geschichtsschreiber, * um 55 n. Chr., † nach 116; stellte in den nur teilweise erhaltenen »Annalen« und »Historien« die Zeit von 14-96 n. Chr., in der »Germania« die german. Frühzeit dar.

Tackling [t'æklıŋ, aus engl. to tackle »angreifen«] das, -s/-s, Fußball: harte, aber erlaubte Spielweise eines Abwehrspielers, bei der er einen gegner. Spieler durch Hineingrätschen in dessen Ballführung vom Ball trennt.

Tacoma [tək'əumə], Hafenstadt im Staate Washington, USA, 158500 Ew.; 2 Univ., Ind.

Tadschiken Mz., iran. Volk in Mittelasien.

Tadschikische SSR, Unionsrep. (seit 1929) der

UdSSR, an der W-Abdachung des Hochlands von Pamir, 143 100 km², 4,6 Mio. Ew. (53% T., daneben Usbeken, Russen, Tataren u.a.); Hptst.: Duschanbe.

Tadsch Mahal, → Taj Mahal.

Taegu, Stadt in S-Korea, 1,4 Mio. Ew.

Taekwondo [korean., japan. tae »springen«, »stoßen«, »schlagen«, kwon »Faust«, do »Weg«] das, -, korean., dem → Karate ähnl. Kunst der waffenlosen Selbstverteidigung durch Faust- und Fußstöße, Sprünge, Wendungen und blitzschnelles Zustoßen.

Tafelbai, der geräumige Hafen von Kapstadt, vom **Tafelberg** (1092 m) überragt.

Tafel|land, Flachland aus waagerecht geschichtetem Gestein.

Tafelmalerei, im MA. Malerei auf Holztafeln.

Täfelung die, Verkleidung der Wände und Decken mit Holztafeln.

Taft, Taffet der, leinwandbindiges Gewebe aus Seide, Halbseide oder Chemiefäden.

Taft [tæft], **1)** Robert Alphonso, amerikan. Politiker, *1889, †1953; führender Politiker der republikan. Opposition gegen Roosevelt und Truman. **2)** William Howard, Republikaner, 27. Präs. der USA (1909-13), *1857, †1930.

Tag der, **1)** helle Tageszeit, i.Ggs. zur Nacht. Die Länge des T. hängt (außer am Äquator) von der geograph. Breite und der Jahreszeit ab. Von 66½° Breite an geht die Sonne nicht mehr an jedem Tag unter den Horizont und kommt auch nicht an jedem T. des Jahres über denselben. **2)** die stets gleich lange Zeit (24 Stunden) einer ganzen Erdumdrehung, zw. 2 Höchstständen eines Sternes **(Stern-Tag),** oder der Sonne.

Taganrog, Hafen an der N-Küste des Asowschen Meeres, Russ. SFSR, 291 000 Ew.

Tagebau, ⚒ Abbau von Mineralien (Braunkohlen, Erzen) in offenen Gruben.

Tagegelder, → Diäten.

Tagesordnung, Aufeinanderfolge der in einer Versammlung zu erledigenden Gegenstände.

Tagfalter Mz., Tagschmetterlinge.

Tagliamento [taʎa-] der, Fluß in Oberitalien, 172 km lang, entspringt in den Karn. Alpen und mündet ins Adriat. Meer.

tägliches Geld, unbefristetes Gelddarlehen mit tägl. Kündigung.

Tagore, Rabindranath, ind. Dichter, Philosoph, *1861, †1941. Hauptwerke: »Gitanjali« (relig. Gesänge), »Sadhana, der Weg zur Vollendung«. Nobelpreis 1913.

Tagpfauenauge, ein Tagfalter; Raupe auf Brennesseln. (BILD Schmetterlinge)

Tagsatzung, 1) in der Schweiz bis 1848 die Versammlung der Gesandten der Kantone. **2)** in Österreich der Gerichtstermin im Zivilprozeß.

Tagundnachtgleiche, die beiden Tage im Jahr, an denen Tag und Nacht je 12 Stunden betragen: der 21. März und der 23. Sept.; die Sonne steht über dem Äquator.

Tagwerk, älteres Feldmaß, 34-47 ar.

Tahiti, größte der Gesellschafts-Inseln, Mittelpunkt Französisch-Polynesiens, 1042 km², 116 000 Ew., Hauptort: Papeete; Ausfuhr: Kopra, Vanille u.a. – 1606 entdeckt, seit 1842 französisch.

Tai, Volk vorwiegend palämongolider Rasse in Hinterindien und S-China; in Birma **Shan,** in Thailand **Thai,** in Indochina **Lao** und in Yünnan **Lü** genannt. Die T. sind Talbewohner, sie betreiben Reisbau, Viehzucht, Handwerk.

Taichung, Stadt auf Taiwan, 1,1 Mio. Ew.; Textil-, Düngemittel-, chem. Ind.

Taifun [chines.] der, orkanartiger Wirbelsturm in Küstengebieten Ostasiens.

Taiga die, russ.-sibir. Wald- und Sumpfland.

Taille [ta:jə, frz., meist t'aljə] die, **1)** Leibesmitte, Gürtelgegend. **2)** der entsprechende Abschnitt an Kleidern. **3)** Leibchen, Mieder.

Tailleur [taj'ø:r, frz.], **1)** der, Schneider. **2)** das, Damenkostüm engl. Stils.

Taimyr, tundrabedeckte Halbinsel in N-Sibirien, mit Kap Tscheljuskin (77° 37′ n. Br.).

Tainan, Stadt auf Taiwan, 1,06 Mio. Ew.; Techn. Hochschule; Flughafen.

Taine [tɛ:n], Hippolyte, frz. Historiker, *1828, †1893; Anhänger der Milieutheorie; »Entstehung des modernen Frankreichs«.

Taipei, Taipeh, Hptst. Taiwans, 2,60 Mio. Ew.; Sitz der nationalchines. Regierung; Univ.; chem., Maschinenind.

Tairow [-of], Aleksandr, russ. Regisseur, *1885, †1950; gründete 1914 das Moskauer Kammertheater (expressiv-bewegter, komödiant., mimisch-dekorativer Theaterstil).

Taishan [-ʃ-], heiliger Berg Chinas, in der Prov. Shantung, 1532 m hoch.

Taiwan (portugies. **Formosa**), chines. Insel vor der SO-Küste Chinas, mit Penghu-Inseln 35 981 km², 19,78 Mio. Ew., meist Chinesen. Der W ist flach bis hügelig, der O Hochgebirge; trop. Monsunklima. T. ist Staatsgebiet der **Nationalen Republik China,** Hptst.: Taipei. Die Nationalversammlung (letzte Wahl 1947, Zusatzwahlen 1972 und 1978) tritt alle 6 Jahre zur Präsidentenwahl zusammen. Gesetzgebendes Organ ist der Legislativ-Yüan. Ihm ist die Regierung (Exekutiv-Yüan) verantwortlich. Erzeugnisse: Reis, Zucker, Ananas, Südfrüchte; Kohle, Erdgas, Marmor, Salz. Nahrungsmittel-, Gummi-, Zement-, Papier-, Textil-, Stahl-, Maschinen-, Motoren- u.a. Industrie. Haupthandelspartner: Japan, USA. Haupthafen: Keelung. ⊕ S. 483.

Ⓖ T. war 1624-62 niederländ., seit 1683 chines.; 1895-1945 an Japan abgetreten. 1949 zog sich die Kuo-min-tang-Regierung (Tschiang Kai-schek) mit dem Rest ihrer Truppen nach T. zurück und rief 1950 die Nationale Rep. China aus. Sie war Mitgl. der UNO; 1971 wurde ihr die Mitgliedschaft aberkannt und an die VR China vergeben. Mit der Aufnahme diplomat. Beziehungen zw. USA und China 1978 beendeten die USA ihre diplomat. Beziehungen zu T. Nach dem Tode Tschiang Kaischeks wurde dessen Sohn Tschiang Tschingkuo MinPräs. (1972-78) und Staatspräsident (1978-88); Staatspräs.: Li Teng Hui (seit 1988), MinPräs.: Li Huan (seit 1989).

Taiyüan, amtl. **Taiyuan,** Hptst. der Prov. Shanxi, N-China, 1,83 Mio. Ew.; Univ.; Stahlind., Schwermaschinenbau, chem. Ind.

Taj Mahal, Tadsch Mahal, Grabgebäude der Frau des Schah Dschahan, bei Agra, erbaut 1631-48.

Tajo [t'axo], → Tejo.

Tagore

Taine

Taiwan

Taj Mahal

Talsperre des Assuan-Stausees

Takamatsu, Prov.-Hptst. auf Shikoku, Japan, 327 000 Ew.; Fährverkehr nach der Insel Honshu; Kunstseidenind.

Takaoka, Stadt auf Honshu, Japan, 176 000 Ew.; kunstgewerbl. und chem. Ind.

Takasaki, Stadt auf Honshu, Japan, 232 000 Ew.; Seidenspinnerei und -weberei.

Tạkelung, Takelage [takəl'a:ʒə] die, ⚓ gesamte Segeleinrichtung eines Segelschiffes.

Takla-Makạn die, Wüste in Zentralasien, umfaßt den größten Teil des Tarimbeckens.

Takorạdi, Hafen in W-Ghana, hat zusammen mit dem benachbarten **Sekondi** rd. 125 000 Ew.

Takt [lat.] der, **1)** Feingefühl, rücksichtsvolles Verhalten. **2)** ♩ Einleitung eines Töneablaufs in eine regelmäßig wechselnde Folge betonter (schwerer) und unbetonter (leichter) gleich langer Zeiteinheiten und ihre Zusammenfassung in Gruppen von gleich langer Dauer. Begrenzt wird jeder T. durch den **T.-Strich.** Die T.-Art wird durch die **T.-Vorzeichnung** angegeben. **T. schlagen,** den T. mit dem **T.-Stock** durch **T.-Figuren** angeben. **T.-Messer,** das → Metronom. **3)** bei Kraftfahrzeugen → Viertakt-, → Zweitaktverfahren.

Tạktik [grch.] die, **1)** ⁖ Lehre von der Führung von Truppen versch. Waffengattungen im Gefecht. **2)** Kampfweise. **3)** Berechnung.

Tal das, -s/Täler, ⊕ Einsenkung oder Einkerbung im Gelände. Der Entstehung nach gibt es **Erosions-T.** (vom fließenden Wasser ausgewaschen), **tekton. T.** (in Brüchen und Spalten der Erdoberfläche), **Einbruchs-T.** (Einsturz unterird. Hohlräume). Formen (nach Gestalt des Querschnitts): **Schlucht** (Klamm), **Cañon** (steile Wände), **Kerb-T.** (V-förmig), **Trog-T.** (U-förmig, von Gletschern überformt), **Sohlen-T.** (flach) u.a. Nach der Richtung des T. zum Gebirgsverlauf unterscheidet man **Längs-** und **Quer-T.**

Talar, oben Pfarrer, Mitte Richter, unten Rektor

Talạr [lat.] der, langes Obergewand, bes. Amtskleid von Gerichtspersonen und Geistlichen.

Talbot [t'ɔ:lbət], William Henry Fox, engl. Physiker, Chemiker, *1800, †1877; entwickelte das erste photograph. Negativ-Positiv-Verfahren **(Talbotypie),** war maßgeblich an der Entzifferung der Keilschrift beteiligt.

Talcahuano [talkaw'ano], Hafen in Chile, an der Bucht von Concepción, 231 100 Ew.; nahe T. das Stahlwerk Huachipato.

Talẹnt [grch.] das, **1)** angeborene Anlage zu guten Leistungen auf einem bestimmten Gebiet. **2)** altgrch. Gewichtseinheit.

Talleyrand

Taler [nach dem böhm. Bergwerksort Joachimsthal] der, dt. Bez. für eine erstmals 1486 geprägte Großsilbermünze, die v.a. nach 1566 als **Reichs-T.** in Dtl. zur Hauptwährungsmünze wurde (in Skandinavien **Daler,** in den Niederlanden **Daalder,** in den USA **Dollar**). Nach dem Silbergehalt wurden versch. T.-Sorten unterschieden, z.B. **Konventions-, Kronen-, Vereins-T.;** letzterer kursierte als 3-Mark-Stück noch bis 1908 im Dt. Reich.

Talg der, **1) Unschlitt,** tier. Fett, bes. von Rind und Hammel. Der flüssige Teil dient als Küchenfett, der Preßrückstand wird für Kerzen, Seife verwendet. **2) Pflanzen-T.** ist eine aus versch. Talgbäumen (Sumach, Msambo, Butterbaum) gewonnen, wachsähnl. Masse.

Talgdrüsen Mz., Hautdrüsen an Haarbälgen in der Lederhaut; sie liefern den Hauttalg zur Einfettung der Haare; durch Talgeindikkung oder Schmutz verstopfte und erweiterte T. sind die **Mitesser.**

Tali|en, japan. **Dairen,** Hafen in der Mandschurei, am Gelben Meer, Ende der ostchines. Bahn; mit Port Arthur Teil von → Lüta.

Taliọn [lat.] die, Vergeltung von Gleichem mit Gleichem; als Strafrechtsgrundsatz in vielen älteren Rechten enthalten.

Tạlisman [arab.] der, -s/-e, Zaubermittel; schützender, glückbringender Gegenstand.

Talk der, offiziell **Talkum,** weiches, hellfarbiges, sich fettig anfühlendes, wasserhaltiges Magnesiumsilicat; zu Maschinenschmiere, Streupulver, für Schminke (→ Speckstein).

Talkshow [t'ɔ:k ʃəu, engl.], unterhaltsame Rundfunk- und Fernsehveranstaltung, in der ein Moderator **(Talkmaster)** seine meist prominenten Gäste u.a. zu Themen ihres berufl. oder privaten Werdeganges befragt.

Talleyrand [talər'ã, talɛr'ã], Charles Maurice Herzog v., frz. Staatsmann, *1754, †1838, aus dem altfrz. Adelsgeschlecht **T.-Périgord;** war Bischof von Autun, schloß sich der Revolution von 1789 an, war 1797-1807 Außenmin., lehnte die Eroberungspolitik Napoleons I. ab, betrieb 1814 die Wiedereinsetzung der Bourbonen, vertrat Frankreich erfolgreich auf dem Wiener Kongreß.

Tạllinn, estn. Name der Stadt → Reval.

TA Luft die, Abk. für **T**echn. **A**nleitung zur Reinhaltung der Luft; → Immission.

Tạlmi das, vergoldetes Messing für Schmuckgegenstände; Sinnbild für Unechtheit.

Tạlmud [hebr. »Belehrung«] der, nachbibl. jüd. Samml. von Religionsgesetzen; besteht aus **Mischna** und **Gemara.**

Talon [tal'ɔ̃, frz.] der, -s/-s, **1)** → Erneuerungsschein. **2)** im Kartenspiel: nach dem Geben übrigbleibende Spielkarten.

Talsperre, Stauwerk, das die ganze Talbreite abschließt, das Gewässer aufstaut und so Wasser speichert. T. dienen zum Hochwasserschutz, zur Wasserversorgung, für Wasserkraftanlagen, zur Speisung von Kanälen usw.

Tamarịnde [arab.] die, Bäume des trop. Afrikas, in vielen Tropenländern eingeführt; Hülsenfrüchtler. Das schwarzbraune Fruchtmark dient als Abführmittel **(T.-Mus),** die Rinde zum Gerben.

Tamarịske die, Strauch- und Baumgatt. in Asien, Afrika, Europa; immergrüne Schuppenblättchen, rosa Blütenrispen.

Tamatạve, wichtigster Hafen Madagaskars, an der O-Küste, 100 000 Ew.; Flugplatz.

Tambour [tamb'u:r, frz.] der, **1)** Trommler, Trommel. (BILD S. 876)
2) zylindr. Unterbau einer Kuppel.

Tambọw, Gebiets-Hptst. in der Russ. SFSR, 300 000 Ew.; Kathedrale (17. Jh.); Metallind.

Tamburịn [frz.] das, flache schellenbesetzte Handtrommel zum Tanz. (BILD S. 875)

Tạmerlan, → Timur-i-Läng.

Tamịlen Mz., Volk mit Drawida-Sprache im SO Vorderindiens und im N Sri Lankas (dort Unabhängigkeitsbestrebungen); rd. 35 Mio.

Tampa [t'æmpə], Hafenstadt in Florida, USA, 271 500 (in der Agglomeration 1,8 Mio.) Ew.; Winterkurort; Univ.; Flughafen.

Tạmpere, schwed. **Tammerfors,** Industriestadt in S-Finnland, 167 800 Ew.

Tampịco, Hafenstadt an der Ostküste Mexikos, 268 000 Ew.; Erdölausfuhr, Flughafen.

Tampon [tãp'ɔ̃, frz.] der, ♡ Pfropf oder Bausch von Mull, Watte usw. zum Hemmen von Blutungen oder Ausstopfen **(Tamponade, Tamponieren)** von Wundhöhlen.

Tamtam [ind.] das, großes Gonginstrument (→ Gong).

tan, Abk. für **Tan**gens (→ Winkelfunktionen).

Tanagra, altgrch. Stadt in Böotien, Fundstätte vieler bemalter Tonfigürchen des 4./3. Jh. v. Chr., der **T.-Figuren.**

Tananarive, ehem. Name der Hptst. Madagaskars, → Antananarivo.

Tanasee, See in Äthiopien, 3630 km²; sein Abfluß ist der Blaue Nil.

Tandem das, **1)** Fahrrad für 2 Personen, die hintereinander sitzen. **2) T.-Maschine,** ⊙ 2 hintereinandergeschaltete Antriebe bei Maschinen. **3)** Gespann von 2 hintereinandergehenden Pferden.

Tang der, Algenpflanzen, bes. → Blasentang.

Tanganjika, Gliedstaat der Rep. → Tansania.

Tanganjikasee, See in O-Afrika, 34 000 km², bis 1435 m tief, 22-80 km breit.

Tangaren [Tupisprache], Ez. die Tangare, den Ammern verwandte Singvogelfam. Mittel- und Südamerikas; farbenprächtige Arten wie Schiller-T., Vielfarben-T. und Organist.

Tangchan, amtl. **Tangshan,** Stadt in der chines. Prov. Hopeh, 1,29 Mio. Ew.; Schwer- und Maschinenind. Erdbeben am 28. 7. 1978 mit (nach chines. Angaben) 242 000 Toten.

Tange Kenzo, japan. Architekt, *1913; u. a. Planung des Friedenszentrums in Hiroshima, Weltausstellung in Osaka.

Tangens [lat.] der, → Winkelfunktionen.

Tangente [lat.] die, △ Gerade, die eine Kurve in nur einem Punkt berührt, z. B. Kreis-T. (→ Kreis).

Tanger, Hafenstadt in Marokko, am westl. Eingang der Straße von Gibraltar, 304 000 Ew.; Handelsplatz mit regem Gewerbe, Schiffbau, Konserven-, Textil- u. a. Ind. Über das ehem. **internat. Gebiet T.** → Marokko, Geschichte.

Tangermünde, Stadt im Bez. Magdeburg, an der Elbe 12 000 Ew.; war Hansestadt; got. Backsteinbauten; Ind.

tangieren [lat.], berühren, streifen.

Tango [span.] der, westind. Volkstanz, seit 1911 auch Gesellschaftstanz, im 2/4- oder 4/8-Takt.

Tanguy [tãg'i], Yves, frz. Maler, *1900, †1955; malte traumhaft surrealist. Bilder.

Tank [engl.] der, -s/-s und -e, **1)** Behälter für Flüssigkeiten. **2)** .•. Panzerkampfwagen.

Tanker der, **Tankschiff,** Schiff zum Transport flüssiger Ladung (meist Mineralöl). Die Laderäume, mit Entlüftungs- und Feuerschutzeinrichtungen, sind so unterteilt, daß die Stabilität nicht gefährdet ist.

Tankred, 1) T., Tancred, normann. Fürst aus Süditalien, ein Führer des 1. Kreuzzuges, †1112. **2) T. von Lecce** [l'ɛtʃɛ], Enkel Rogers II. von Sizilien, †1194; wurde 1189 in Sizilien zum König erhoben, verteidigte dieses erfolgreich gegen den Staufer Heinrich VI.

Tann [mhd.] der, in der Dichtung Wald, bes. dichter Nadelwald.

Tanne die, Nadelbaumgatt. mit flachen, vorn stumpfen oder eingekerbten Nadeln und aufrechten Zapfen, die auf dem Baum zerfallen. Die **Weiß-T. (Edel-T.),** mit weißl. Rinde, Nadelunterseite mit 2 weißen Streifen, ist in Gebirgen Süddtl.s häufig, liefert Bau-, Nutzholz und (Straßburger) Terpentin. Versch. fremdländ. T. sind bei uns als Zierbäume eingeführt. Als **Rot-T.** wird die Gemeine → Fichte bezeichnet. Die **Zimmer-T.** ist eine Araukarie.

Tännel der, verbreitete Wasserpflanzengatt., erinnert an junge Tannen.

Tannenberg, Gem. in Ostpreußen, (1939) 660 Ew. – 1410 erlitt hier das Heer des Dt. Ritterordens durch die Polen und Litauer eine vernichtende Niederlage. 1914 siegte hier Hindenburg über die russ. Narew-Armee. Das 1927 erbaute Tannenbergdenkmal war 1934-44 Grabstätte Hindenburgs; 1945 von den Deutschen gesprengt.

Tannenhäher, etwa 30 cm langer, dunkelbrauner, weißgetupfter Rabenvogel der Nadelwälder, in den Alpen und einigen Mittelgebirgen.

Tannhäuser, süddt. Minnesänger (etwa 1205-1270). Die T.-Sage versetzt ihn in den Venusberg. Oper von R. Wagner.

Tannin das, eine Gerbsäure.

Tansania, Rep. in O-Afrika, am Ind. Ozean, 945 087 km², 24,0 Mio. Ew., umfaßt Tanganjika und die Inseln Sansibar und Pemba; Hptst.: Daressalam. Amtssprache: Suaheli. Religion: Rd. 40% der Ew. sind Anhänger von Naturreligionen, 30% Muslime, 20% kath., 10% prot. Christen. Nach der Verf. von 1977 ist T. eine föderative Präsidialrep., wobei Präs. und Vizepräs. aus versch. Landesteilen (Festland/Sansibar) stammen sollen. T. umfaßt die der Küste vorgelagerten Inseln Sansibar und Pemba sowie das Gebiet Tanganjika, das sich von der mittleren Ostküste Afrikas landeinwärts über ein Küstenhügelland und weite Hochflächen bis zum Zentralafrikan. Graben erstreckt, von Inselbergen, gehobenen Schollen und vulkan. Ergüssen überragt (Kilimandjaro 5895 m); es hat im W Anteil am Tanganjikasee, im N am Victoriasee. Das trop. Klima ist an der Küste und auf den Inseln heiß, im Hochland sind Temperaturen und Niederschläge geringer. In der Bevölkerung überwiegen die Bantu mit über 100 Stämmen; rd. 2% Asiaten, Araber, Europäer.

In der Landwirtschaft werden für den Eigenbedarf Hirse, Mais, Reis, Hülsenfrüchte angebaut, für den Markt Kaffee, Baumwolle, Ölsaaten, Cashewnüsse, in Plantagen Sisal (2. Stelle der Welterzeugung), Tee, Zuckerrohr und Kokospalmen. Die Inseln liefern bes. Gewürznelken (1. Stelle der Welterzeugung), daneben Kopra. Viehhaltung, Bergbau und Industrie sind unbedeutend. Fremdenverkehr (z. B. zum Serengeti-Nationalpark). Ausfuhr: Kaffee, Baumwolle, Gewürznelken, Sisal. Haupthandelspartner: Großbritannien, USA. Haupthäfen: Daressalam und Sansibar, internat. Flughafen: Daressalam. Binnenschiffahrt auf Tanganjika- und Victoriasee.

❻ Die portugies. Herrschaft (1500-1650) wurde von islam. Arabern abgelöst. Im Gebiet des heutigen T. errichtete die dt. Reg. 1890 das Schutzgebiet **Deutsch-Ostafrika,** dessen Hauptteil 1920 als Völkerbundsmandat **Tanganjika,** 1946 als Treuhandgebiet der UNO von Großbritannien verwaltet wurde. 1961 erhielt Tanganjika die Unabhängigkeit. 1964 schloß es sich mit Sansibar und Pemba zur »Vereinigten Rep. von T.« zusammen, die sich seit 1967 zu den Grundsätzen sozialist. Politik bekennt. Staatspräs.: A. Hassan Mwinyi (seit 1985); MinPräs.: J. S. Warioba (seit 1985). ⊕ S. 482.

Tanta, Stadt in Unterägypten, im Nildelta, 283 000 Ew.; Wallfahrtsort mit Moschee; islam. Hochschule, Univ.

Tantal das, **Ta,** chem. Element, seltenes, chem. sehr widerstandsfähiges Metall, in allen Säuren unlöslich; Ordnungszahl 73, D 16,6 g/cm³, Schmelzpunkt 3000-3030 °C; kommt in der Natur meist zusammen mit dem verwandten Niob vor. Verwendung zu chem. Geräten, chirurg. Instrumenten, Uhrfedern, Elektroden, Supraleitern u. a., in der Hochtemperaturphysik, zur Herstellung von Hartmetallen.

Tantalos, Tantalus, grch. Sage: frevelhafter König, der den Göttern den eigenen

Tamburin

Tansania

Tasso

Tambour 1), Frankreich 1809

Taster 1): a Außentaster, b Innentaster

Tatarin (Volkstracht)

Sohn zum Mahle vorsetzte. Zur Strafe mußte er in der Unterwelt im Wasser und unter einem Obstbaum stehen, ohne trinken und essen zu dürfen **(T.-Qualen).** Seine Nachkommen sind die **Tantaliden.**

Tantieme [frz.] die, Anteil am Reingewinn, als Vergütung für Aufsichtsrats- und Vorstandsmitgl. sowie für leitende Angestellte, auch Vergütung für Autoren und Komponisten.

Tantra [Sanskrit] das, Gatt. relig. Schriften der ind. Literatur, die sich bes. mit Magie und Mystik beschäftigen.

Tanz der, rhythm. Körperbewegungen, meist von Musik begleitet; urspr. religiös bedingter **Kult-T.** Aus diesem entwickelte sich der **Volks-, Gesellschafts-** und **Kunst-T.** Die bekanntesten Gesellschaftstänze des 16. Jh. sind Pavane und Gaillarde, des 17.: Courante, Sarabande, Gigue, des 18.: Bourrée, Menuett, Allemande, des 19.: Walzer, Polka, des 20.: Tango, Foxtrott, Slowfox, langsamer Walzer, Charleston, Rumba, Boogie-Woogie, Rock 'n' Roll, Samba, Twist, Beat.

Tao [chines. »Bahn«, »Weg«] das, Schlüsselwort der chines. Religion. Bei Lao-tse ist T. eine stille Kraft, ewig ohne Tun; der Mensch soll dem T. ähnlich werden, nicht handeln. Der religiöse **Taoismus** ist eine weit in die vorchristl. Zeit zurückreichende Religionsform mit Göttern und Geistern, Exorzismus und Wahrsagerei. Der heutige Vulgär-**Taoismus** ist ein synkretist. Volksglaube, in dem noch einige alte Götter und Heilige fortleben.

Taormina, Stadt, Seebad an der Ostküste Siziliens, 10000 Ew.; grch. Baureste.

Tapajós [tapaʒ'ɔs] der, Fluß in Brasilien, 2200 km lang, z. T. schiffbar, mündet in den Amazonas.

Tapet [frz.] das, eigtl. die Tischdecke in behördl. Sitzungsräumen, daher: **etwas aufs T. bringen,** zur Sprache bringen.

Tapete [lat.] die, Wandbekleidung, urspr. aus Gewebe, Leder, jetzt meist aus Papier.

Tapioka die, → Maniok.

Tapir der, Fam. der Unpaarzeher, mit schwartiger Haut und Rüsselnase. Hinterfüße mit 3, Vorderfüße mit 4 Zehen; sie leben in trop. Urwäldern S-Amerikas und S-Asiens.

Tapisserie [frz.] die, urspr. die Wandteppich- und Tapetenherstellung; jetzt Weiß- und Buntstickerei.

Tara [ital.] die, Gewicht der Verpackung.

Tarantel [nach der Stadt Tarent] die, hellbraune, bis 5 cm lange Wolfsspinne Südeuropas. Ihr Biß verursacht schmerzhafte Entzündungen.

Tarantella [ital.] die, neapolitan., zunehmend rascher werdender Tanz im $^6/_8$-Takt.

Tarasp, Heilbad im Unterengadin (Schweiz).

Tarbes [tarb], Stadt in SW-Frankreich, am Fuß der Pyrenäen, 57800 Ew.; Kathedrale (12.-14. Jh.).

Tarbusch der, arab. für → Fes.

Tarent, ital. **Taranto,** Kriegs- und Handelshafen in Süditalien, am **Golf von T.,** 245000 Ew.; Erzbischofssitz, Dom; Maschinen-, Schiffbau, Eisen-, Stahlwerke; Austernzucht. – T. wurde um 750 v. Chr. von Griechen gegr., war führende Handelsstadt Italiens; kam 272 v. Chr. unter röm., 675 unter langobard., 1063 unter normann. Herrschaft.

Target [engl.] das, Auffangfolie oder Auffangkörper für energiereiche Strahlen von Teilchenbeschleunigern; zur Auslösung von Kernreaktionen u. dgl.

Tarif [frz. aus arab.] der, einheitlich festgelegter Preis (Entgelt) für best. Waren, Lieferungen und Leistungen, bes. für solche öffentlichrechtl. Art, z. B. Zoll-, Steuer-, Post-, Bahn-T.

Tariflohn, nach Tarifvertrag vereinbarter Lohn.

Tapir: Schabracken-T.

Tarifvertrag, ⚖ Vertrag zw. einer Gewerkschaft und einem Arbeitgeber oder Arbeitgeberverband zur Regelung der beiderseitigen Rechte und Pflichten **(schuldrechtl. Teil)** und zur Festsetzung arbeitsrechtl. Normen **(normativer Teil).**

Tarim der, größter Fluß im abflußlosen Innerasien, entspringt im Karakorum, endet im Lopnor, durchfließt das **Tarimbecken.**

Tarkowski, Andrej Arsenjewitsch, sowjet. Filmregisseur, *1932, †1986; 1986 außerhalb der UdSSR tätig; »Andrej Rubljow«, »Nostalghia« u. a.

Tarn der, rechter Nebenfluß der Garonne in S-Frankreich, 375 km lang.

tarnen, verbergen, unsichtbar machen; Sagen erwähnen eine **Tarnkappe. Tarnung** die, Verbergen, z. B. mit Tarnanstrichen, Zweigen, Nebel; bei Tieren durch besondere **Tarn-** oder **Schutztrachten** (Umgebungstracht, → Mimese, → Mimikry; → BILD Farbwechsel).

Tarnów [t'arnuf], Stadt in Polen, am Fuß der Beskiden, 113500 Ew.; Stickstoff-, Metall-, Holz-Ind.

Taro der, das, eßbare, stärkehaltige Knollenfrucht der asiat., austral., afrikan. Tropen.

Tarock das, skatähnl. Kartenspiel, gewöhnlich 3 Spieler mit 78, 54 oder 36 Blatt.

Tarpan der, Wildpferd der südruss. Steppen, im 19. Jh. ausgerottet.

Tarpejischer Fels, Felsen am Westabhang des Kapitols in Rom, von dem im Altertum Staatsverbrecher hinabgestürzt wurden.

Tarquinia, Stadt in der ital. Prov. Viterbo, 13100 Ew.; im O lag das antike **Tarquinii.** Die in Felsengrabkammern erhaltenen Fresken sind Hauptwerke der etrusk. Malerei.

Tarquinius, der Sage nach 2 etrusk. Könige Roms: **T. Priscus** (»der Alte«), König 616-579 v. Chr. und **T. Superbus** (»der Stolze«), Roms letzter König (534-510 v. Chr.).

Tarragona, Hafenstadt im NO Spaniens, am Mittelmeer, 113000 Ew.; Erzbischofssitz mit roman.-got. Kathedrale (12./13. Jh.); Likör-, Tabakind.; Werften; Wein, Olivenöl.

Tarrasa, katalan. **Terrassa,** Stadt in Spanien, 161000 Ew.; Polytechnikum.

Tarski, Alfred, poln. Philosoph, *1901; lebt seit 1942 in Berkeley (Calif., USA); befaßt sich mit Mathematik, Logik und Semantik.

Tarragona: römischer Aquädukt

Tarsus, Tarsos, Stadt in der kleinasiat. Türkei, 160500 Ew.; im Altertum die Hptst. Kilikiens. Geburtsort des Apostels Paulus.

Tartaros, lat. **Tartarus** der, grch. Sage: der tiefste Abgrund der Unterwelt, → Hades.

Tartrate Mz., ⚗ die Salze der Weinsäure.

Tartsche [frz.] die, mittelalterl. Schild.

Tartuffe [tart'yf], Titelheld einer Komödie von Molière, ein scheinheiliger Betrüger.

Taschenbuch, 1) auch **Taschenkalender,** kleines Vormerkbuch. **2)** engl. **pocket-book,** Buch, meist im Taschenformat.

Taschenkrebs der, → Krabben.

Taschenrechner, elektron. Rechengerät in Taschenformat, besteht i. d. R. aus einer Eingabetastatur, einer Anzeigeeinheit und dem elektron. Rechenwerk aus Mikroprozessor und Speicher. Manche T. besitzen adressierbare Speicher, eine Schnittstelle für Drukker u. a., oft sind sie programmierbar.

Taschkent, Hptst. der Usbek. SSR, in einer Oase, 2,21 Mio. Ew.; Univ.; Ind.: Baumwolle, Metall, Kohle.

Tasman, Abel, niederländ. Seefahrer, *1603, †1659; entdeckte 1642/43 Tasmanien, Neuseeland, die Tonga- und Fidschi-Inseln.

Tasmani|en, Insel südlich von Australien, Staat des Austral. Bundes, mit Nebeninseln 67800 km², 448700 Ew.; Hptst.: Hobart. ⚒ auf Silber u. a. Erze.

TASS, Abk. für **Telegrafnoje Agenstwo Sowjetskowo Sojusa,** staatl. sowjet. Nachrichtenagentur, Sitz: Moskau.

Tasso, Torquato, einer der größten ital. Dichter, *1544, †1595; schrieb das kunstvolle, christl.-romant. Epos »Das befreite Jerusalem«. Schauspiel »Torquato Tasso« von Goethe. (BILD S. 875)

Tastatur [lat.] die, **1)** Tastenwerk, Griffbrett. **2)** aus Tasten für die manuelle Eingabe von Zeichen und Befehlen bestehendes Bauteil eines Computers.

Taster der, **1)** Meßgerät zum Übertragen von Abmessungen, z. B. vom Maßstab auf das Werkstück oder umgekehrt. Arten: **Außentaster** (Greifzirkel), **Innentaster.** (BILD S. 876) **2)** ⚡ Schalter für Momentkontakt.

Tastsinn, Druck- und Berührungssinn, Fähigkeit zu Tastempfindungen, vermittelt durch Tastpunkte auf der Haut.

Tataren, fälschl. **Tartaren,** urspr. ein mongol. Stamm, der seit dem 13. Jh. viele Türkvölker in sich aufgenommen hat. (BILD S. 876)

Tatarische ASSR, Teilrep. (seit 1920) der Russ. SFSR, an der mittl. Wolga, 68000 km², 3,5 Mio. Ew. (T., Russen, Baschkiren u. a.); Hptst.: Kasan. Erdölförderung, -verarbeitung.

Tatauieren, Tätowieren [tahit.], Einbringen von Farbstoffen unter die menschl. Haut in Mustern oder Zeichnungen.

Tateinheit, ⚖ → Idealkonkurrenz.

Tatian, altchristl. Theologe aus Mesopotamien, im 2. Jh.; → Evangelienharmonie.

tätige Reue, ⚖ Abwendung des Erfolges einer Straftat durch den Täter vor deren Entdeckung. Sie wirkt beim beendeten → Versuch und bei einigen vollendeten Straftaten strafbefreiend, beim → Meineid strafmildernd.

Tätigkeitswort das, → Zeitwort.

Tatmehrheit, ⚖ → Realkonkurrenz.

Tatra die, 2 Gebirgszüge der W-Karpaten. **1)** Die **Hohe T.,** bis 2655 m hoch, wild und zerklüftet, hat Hochseen (Meeraugen), keine Gletscher. **2) Niedere T.,** Gebirgszug südl. der Hohen T., bis 2045 m hoch.

Tattersall [engl. t'ætəsɔ:l, nach dem engl. Trainer T., *1724, †1795] der, Reitschule.

Tau, 1) der, an der Erdoberfläche und an festen Gegenständen während der Nacht entstehender wäßriger Niederschlag aus dem Wasserdampf der Luft und der Bodenfeuchtigkeit. **2)** das, → Tauwerk.

Tau, Max, Schriftst., *1897, †1976; emigrierte nach Norwegen, schrieb Romane; Friedenspreis des Dt. Buchhandels 1950.

Taube, Henry, amerikan. Chemiker kanad. Herkunft, *1915; erhielt 1983 Nobelpreis für Chemie für die Untersuchungen über die Mechanismen anorgan. Reaktionen in Lösungen v. a. von Metallkomplexen.

Tauben Mz., mittelgroße Vögel, über die ganze Erde verbreitet, nähren sich von Samen und Früchten; die Jungen sind Nesthocker. Wildlebende T.: **Ringel-, Hohl-, Turtel-T., Türken-T.** Die **Felsen-T.** ist die Stammform der **Haus-T.,** die in vielen Rassen gezüchtet wird: **Farben-T., Pfauen-T., Perücken-T., Brief-T.**

Tauber die, linker Nebenfluß des Mains, mündet bei Wertheim, 120 km.

Tauber, Richard, lyr. Tenor, *1891, †1948.

Taubheit die, Unfähigkeit zu hören, infolge Funktionsuntüchtigkeit wichtiger Teile des Innenohrs, des Hörnervs, der Hirnrinde.

Täubling der, Gatt. der Blätterpilze mit eßbarem **Speise-T.** und giftigem **Spei-T.**

Taubnessel, krautige Lippenblütler mit vierkantigem Stengel und nesselähnl. Blättern, behaart, nicht brennend (Bienensaug): **Rote T. (Acker-T.), Gelbe T. (Goldnessel), Weiße T.**

Taubstummheit, Fehlen der Sprechfähigkeit infolge Taubheit. Eine ursächl. Behandlung ist nicht möglich, ein Taubstummer kann aber in **Taubstummenanstalten** und **-schulen** das Sprechen lernen (Gebärdensprache).

Tauchen, sportl. Wettbewerbe unter Wasser, als Strecken-, Geräte- und Orientierungs-T.

Taucher, im Tauchen ausgebildete Person, kann mit Hilfe eines **T.-Apparats** in größeren Wassertiefen Arbeiten verrichten. Die **T.-Anzüge** bestehen aus Gummistoff, der anschraubbare Helm hat Luftschlauch oder Sauerstoffflaschen und Fernsprechanlage und gestattet, in Tiefen bis zu 40 m zu arbeiten. Der **Tauchpanzer** aus Stahlpanzerringen ermöglicht ein Arbeiten in Tiefen bis 200 m. Die **T.-Glocke** wird durch Druckluft wasserfrei gehalten. **Unterwasser-Laboratorien** werden auf den Meeresboden abgesenkt. (BILD S. 878)

Tauchsieder, elektr. Heizgerät für Wasser.

Tauchvögel, Taucher, Wasservögel, deren Schwimmbeine weit hinten sitzen, z. B. **Haubentaucher.**

Tauern Mz., **1) Hohe T.,** Gruppe der O-Alpen mit Großglockner-, Venediger-, Ankogelgruppe. **2) Niedere T.,** östl. Fortsetzung der Hohen T. in Salzburg und der Steiermark, im Hochgolling 2863 m hoch. T.-Bahn durch den T.-Tunnel (8,6 km lang). Ein Autobahntunnel ist 1975 eröffnet worden. **3)** Pässe der T.-Kette: Krimmler (2634 m), Felber (2545 m), Radstädter T. (1739 m) u. a.

Taufe [von tauchen] die, christl. Sakrament, durch das der **Täufling** in die Kirche aufgenommen wird. Wirkung der T.: Vergebung der Sünden, bes. der Erbsünde. Hauptstück der **Taufhandlung:** Übergießung oder Besprengung mit Wasser. Seit dem 2. Jh. trat die Kinder-T. an die Stelle der Erwachsenen-T.; bei versch. Sekten, gen. **Täufer** (Baptisten, Mennoniten, Wiedertäufer), Erwachsenen-T.

Tau|fliegen, lat. **Drosophila,** kleine Fliegen, die von Essig, Wein, Bier, Fruchtsaft leben **(Essig-, Fruchtfliege);** Versuchstiere der Vererbungsforschung.

Tauglichkeit die, körperl. Eignung für den Militärdienst; für die Bundeswehr nach Tauglichkeitsstufen abgestuft.

Tauler, Johannes, Mystiker, *um 1300, †1361; Dominikanermönch, Volksprediger.

Taumelkäfer, → Schwimmkäfer.

Taunus der, südöstl. Teil des Rhein. Schiefergebirges, im Großen Feldberg 880 m hoch. Am Rand viele Heilquellen (Wiesbaden, Nauheim, Homburg v. d. Höhe, Schwalbach, Schlangenbad u. a.).

Tauben

Taubnessel

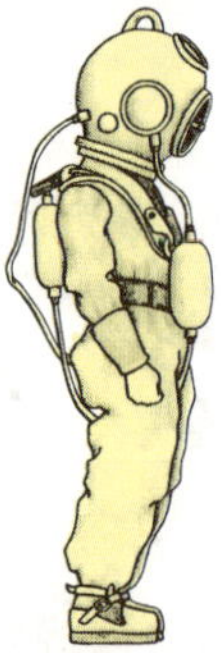
Taucher

Taunusstein, Stadt (seit 1971) im Rheingau-Taunus-Kr., Hessen, 25900 Ew., Zusammenschluß mehrerer Gem.; Plastik-, Textilind.

Taupunkt, die Temperatur, bei der der Wasserdampfgehalt der Luft gerade zur Sättigung ausreicht und bei deren Unterschreitung sich Niederschlag, Nebel oder Tau bildet.

Tauroggen, Stadt in der Litauischen SSR, nordöstl. von Tilsit, 22000 Ew.; 30. 12. 1812 **Konvention von T.** (→Yorck von Wartenburg), wurde der Auftakt zur preuß. Erhebung gegen Napoleon I.

Taurus der, südl., bewaldetes Randgebirge Kleinasiens, bis 4168 m hoch; östl. davon der **Anti-T.** Durch den T. führt die Bagdadbahn.

Tausch der, Hingabe eines wirtschaftl. Gutes gegen Überlassung eines anderen. Auf den T. werden die Vorschriften über den Kauf entsprechend angewendet (§ 515 BGB).

Tauschierarbeit [ital. aus arab.], mit Gold- und Silberdrähten, kleinen Blechstükken u. ä. kunstvoll eingelegte Metallarbeit.

Täuschung die, ⚖ →Anfechtung.

Tauschwert, im Tauschverkehr erzielter Wert eines Gutes, in Geld ausgedrückt der Preis.

Tauschwirtschaft, Wirtschaftsform, in der die Wirtschaftseinheiten durch den Austausch von Gütern und Leistungen miteinander verbunden sind **(Verkehrswirtschaft).** Aus der nationalen T. entsteht im Verlauf der wirtschaftl. Entwicklung die Geldwirtschaft, bei der regelmäßig Geld gegen andere Güter getauscht wird.

Tausendblatt, ausdauernde Wasserpflanzen mit fein zerteilten Blättchen; Aquarienpflanze.

Tausendfüßer, Gruppe der Gliederfüßer, deren langgestreckter Körper aus vielen Leibesringen besteht. Sie atmen durch Tracheen. Die Zahl der Beinpaare reicht bis 300. **Steinkriecher, Skolopender, Gemeiner Tausendfüßer.**

Tausendgüldenkraut, Enziangewächse mit rosafarbenen Blüten. Das Kraut wird wie Enzian arzneilich gebraucht.

Tausendjähriges Reich, 1) das Reich nach Christi Wiederkunft (→Chiliasmus). **2)** programmatisch-propagandist. Bez. für das nationalsozialist. Dtl.

Tausendundeine Nacht, arab. Samml. von Märchen, Romanen, Novellen, Liebes-, Schelmen-, Seefahrergeschichten verschiedensten Ursprungs, durch eine Rahmenerzählung zusammengefaßt; die Erzählerin ist **Scheherezade.**

Taut, 1) Bruno, Architekt, *1880, †1938; Fabrik- und Siedlungsbauten. **2)** Max, Bruder von 1), Architekt, Schriftsteller, *1884, †1967; Zweckbauten, Schulen.

Tautologie [grch.] die, Bez. einer Sache durch 2 gleichbedeutende Ausdrücke, z. B. kleiner Zwerg.

Tauwerk das, die zum Schiff gehörigen **Taue,** aus Hanf oder Stahldraht zusammengedreht (seemännisch heißen sie **Enden**).

Taverne die, →Taberne.

Taxameter [lat.-grch.] der, **1)** Fahrpreisanzeiger. **2)** ✤ **Taxe** die, **Taxi** das, Mietwagen.

Taxe, Taxation [lat.] die, **1)** Bestimmung des Wertes einer Sache; meist durch einen Schätzer oder **Taxator. 2)** Preisfestsetzung für Waren und Leistungen (Gebühr).

Taxis [grch.] die, -/...xien, ⚘ ♘ durch Außenreize bewirkte und gerichtete Ortsbewegung frei bewegl. Lebewesen. Nach Art des Reizes (Wärme, Licht, chem. Reiz) unterscheidet man Thermo-, Photo-, Chemo-T. (→Tropismus)

Taxus der, die →Eibe.

Tay [tei] der, Fluß im östl. Schottland. Die **T.-Brücke** bei Dundee ist 3214 m lang.

Taygetos der, Hochgebirge in Griechenland, Peloponnes, im Hagios Elias 2407 m hoch.

Taylor [t'eılə], **1)** Elizabeth, angloamerikan. Filmschauspielerin, *1932. **2)** Frederick Winslow, Ingenieur, *1856, †1915; Begr. des →Scientific Management.

Tazzelwurm, Tatzelwurm, im Volksglauben der Alpenländer ein riesiger Vierfüßer, der bes. bei Wetterwechsel erscheinen soll.

Tb, chem. Symbol für Terbium.

Tb(c), Abk. für →Tuberkulose.

Tc, chem. Symbol für Technetium.

tdw, tons deadweight [tʌnz d'edweıt, engl. »Tonnen totes Gewicht«], Tragfähigkeit eines Schiffes in t (Gesamtzuladungsgewicht).

Te, chem. Symbol für Tellur.

Teach-in [ti:tʃ 'ın, engl.] das, Form der polit. Demonstration (bes. durch Studenten), bezweckt Aufklärung durch Vortrag und Diskussion.

Teakholz [t'i:k-, engl.], hochwertiges, hellbraunes, hartes, wenig schwindendes, termitenfestes Nutzholz S- und SO-Asiens.

Team [ti:m, engl.] das, **1)** Mannschaft. **2)** Arbeitsgemeinschaft. **Teamwork** [-wə:k], **Teamarbeit,** Gemeinschaftsarbeit einer Gruppe.

Tea-room [ti: ru:m, engl.] der, Teestube.

Tebaldi, Renata, ital. Sopranistin, *1922.

Technetium das, **Tc,** künstlich hergestelltes radioaktives Element, ein dem Rhenium ähnl. Metall, Ordnungszahl 43, D 11,49 g/cm³. Verwendung als Katalysator; in der Nuklearmedizin, in der Supraleitungstechnik.

Technik [grch.] die, **1)** Erkenntnis und Beherrschung der Mittel, um ein Ziel zu erreichen (T. der Malerei, des Fliegens u. a.). **2)** alle Maßnahmen, Verfahren und Einrichtungen zur Beherrschung und zweckmäßigen Nutzung der Naturgesetze und der von der Natur gebotenen Energien und Rohstoffe. **Techniker,** jeder, der in der T. tätig ist, bes. der auf einer techn. Fachschule Vorgebildete.

Technische Hochschule, Abk. **TH, Technische Universität,** Abk. **TU,** Ausbildungs- und Forschungsstätte für Ingenieur- und Naturwissenschaften mit Promotionsrecht. Das Studium schließt in der Regel mit einer Diplomprüfung ab.

technisches Bildungswesen, zusammenfassende Bez. für alle Schulen, die eine Ausbildung für techn. Berufe vermitteln: Berufsschule, Berufsaufbauschule, Berufsfachschule, Berufsoberschule, Fachschule, Meisterschule, Fachoberschule, Fachhochschulen und die Technische Hochschule.

Technisches Hilfswerk, Abk. **THW,** 1953 gegr. freiwillige Organisation zur Beseitigung öffentl. Notstände in lebenswichtigen Betrieben und zur Hilfeleistung bei Katastrophen; Bundesanstalt; Vorläufer war die **Technische Nothilfe.**

technisches Zeichnen, die Anfertigung exakter maßstäbl. Zeichnungen von techn. Objekten, meist in Auf-, Grund-, Seitenriß und Schnitten in Strichzeichnungen nach DIN-Normen. **Technische Zeichner** haben 3½ Jahre Ausbildungszeit.

technische Truppe, Truppengatt. des Heeres der Bundeswehr für Nachschub, Transport, Instandsetzung.

technische Überwachung, Überprüfen von Industrieanlagen u. ä. zum Schutz der Beschäftigten und der Umgebung, Aufgabe der **Techn. Überwachungsvereine (TÜV).** Kraftfahrzeuge werden in regelmäßigen Abständen von den TÜV oder (in Hamburg) von **Techn. Überwachungsämtern (TÜA)** geprüft, in Hessen (seit 1977) von der **Staatl. Techn. Überwachung Hessen (TÜH).**

Technokratie [grch.] die, Herrschaft der Technik (über Politik, Wirtschaft u. dgl.).

Technologie [grch.] die, Herstellungs- und Verarbeitungskunde, z. B. chem. Technologie.

Technologietransfer der, Austausch von Forschungsergebnissen zwischen Forschungsinstituten und Industrieunternehmen, deren internationale Weitergabe.

Techtelmechtel das, Liebelei.

Teckel der, Dackel.

Te Deum das, christl. Dankgottesdienst, nach dem Anfang des Lobgesangs »**Te Deum laudamus**« [lat.], »Herr Gott, dich loben wir«.

Tee der, **Teestrauch,** Baum der Tropen und Subtropen mit weißer bis rötl. jasminduftender Blüte und dreisamiger Kapselfrucht. Er wird als Genußmittelpflanze strauchig gezogen. In den Blättern ist Coffein enthalten. Seit dem 4. Jh. ist der T. als Getränk in China üblich, seit dem 17. Jh. auch in Europa. Er wird außer in China und Japan bes. in Vorderindien, auf Sri Lanka, in O-Afrika, Indonesien und der UdSSR angebaut. **Grüner T.** sind unvergorene, getrocknete Blätter; **Ziegel-** oder **Backstein-T.,** gepreßter Abfall; **Pekoe-T.,** feine Sorte aus den jüngsten Blättern.

Teenager [t'i:neɪdʒə, engl.] der, Jugendliche im Alter von 13-19 Jahren.

Teer der, ⚗ bei der Destillation von Kohle, Holz u.a. gewonnene zähflüssige dunkelbraune Masse. **Braunkohlen-T.** wird vorwiegend zu Treibstoffen verarbeitet. Durch Destillation gewinnt man Gas- oder Paraffinöl, Paraffin, Benzin, Solaröl, Pech. **Steinkohlen-T.** ist Ausgangsstoff für die Herstellung von künstl. Farbstoffen, Riechstoffen, Kunstharzen, Lacken, Heilmitteln, Treibstoffen u.a. T. wird auch im Straßenbau verwendet.

Teerfarben, histor. Bez. für organ. Farbstoffe, da sie aus Bestandteilen des Steinkohlenteers gewonnen wurden.

Tegel, Berlin-T., Teil des 20. VerwBez. Reinickendorf, an der Havel **(Tegeler See);** Schloß (1822-24) von K. F. Schinkel für W. v. Humboldt; Großflughafen.

Tegernsee, Stadt in Oberbayern, 5000 Ew., Luftkurort am T. (9 km²); Heilquellen.

Tegnér [tɛŋn'e:r], Esaias, schwed. Dichter, *1782, †1846, seit 1824 Bischof von Växjö; vom dt. Idealismus (Schiller) und vom Nationalgefühl der nord. Romantik bestimmt; Epos »Frithiofs saga«.

Tegucigalpa [teɣusiɣ'alpa], Hptst. von Honduras, 533700 Ew.; Kathedrale; Univ.; Ind.

Teheran, Hptst. Irans, 6,02 Mio. Ew.; bedeutendstes Verwaltungs-, Finanz-, Handelszentrum Irans. Moscheen, Univ., Flughafen; Teppich-, Seiden-, Baumwollweberei; Leder- u.a. Ind.

Teheran-Konferenz, Konferenz 1943 in Teheran zw. Churchill, Roosevelt und Stalin über militär. Zusammenarbeit, die Besetzung Dtl.s, Friedensbedingungen u.a.

Tehuantepec [teʊantep'ɛk], Stadt in Mexiko, rd. 14000 Ew.; **Isthmus von T.:** Landenge zw. Atlant. und Pazif. Ozean, 216 km breit.

Teichralle, auch **Grünfüßiges Teichhuhn,** eine Rallenart, lebt an Teichen.

Teichwirtschaft, Fischzucht in Teichen.

Teilchen, kleinste Bestandteile der Materie: → Atom, → Molekül, → Elementarteilchen.

Teilchenbeschleuniger, Geräte zur Beschleunigung von geladenen Elementarteilchen und Ionen auf sehr hohe Geschwindigkeiten für die Untersuchung von Atomkernen und Elementarteilchen sowie für die Herstellung von radioaktiven Isotopen und für Bestrahlungen. T. sind Hochspannungsanlagen. Zu den T. gehören u.a. → Betatron, → Linearbeschleuniger, → Synchrotron, → Zyklotron.

Teiler der, △ eine ganze Zahl, die in einer andern bei der Teilung ohne Rest aufgeht.

Teilhaber der, Gesellschafter einer Handelsgesellschaft.

Teilhard de Chardin [tɛja:r də ʃard'ɛ̃], Pierre, frz. Jesuit, *1881, †1955, Vorgeschichtsforscher, Anthropologe, zugleich um Einfügung der modernen Entwicklungslehre in die kirchl. Philosophie und Theologie bemüht. »Der Mensch im Kosmos«.

Teilung die, **1) Division,** △ → Grundrechnungsarten. **2)** ⚘ Form der ungeschlechtl. → Fortpflanzung und der → Kernteilung.

Teilzahlung, → Abzahlungsgeschäft.

Teint [tɛ̃, frz.] der, **1)** Hautfarbe. **2)** Beschaffenheit der Gesichtshaut.

Teja, letzter König der Ostgoten, fiel 553 am Vesuv im Kampf gegen die Byzantiner unter Narses.

Tejo [t'ɛʒo] der, der längste Strom der Iber. Halbinsel. 1008 km lang; mündet bei Lissabon in den Atlant. Ozean; versch. Stauwerke.

tektonisch [grch.], **1)** von Kunstwerken: klar aufgebaut, wie in der Baukunst gefügt. **2)** 🌐 den Bau der Erdkruste betreffend.

Tel Aviv, Hafenstadt in Israel, bildet mit → Jaffa eine Doppelstadt von 327500 Ew.; Textil-, chem. Ind.; 1909 gegründet.

tele... [grch.], in Fremdwörtern: fern...

Telefax, Telefaxdienst, Dienst der Dt. Bundespost; Übertragung geeigneter Vorlagen mittels Fernsprechanschluß über Fernkopierer.

Telefon [grch.] das, → Fernsprecher.

Telefonseelsorge, Angebot der christl. Kirchen zu anonymer Beratung durch Telefongespräch bei Notsituationen.

telegen, für das Fernsehen geeignet.

Telegramm [grch.] das, -s/-e, eine durch Telegraphen oder Fernschreiber übermittelte Nachricht. Neben der T.-Gebühr werden für Funk-T. an Schiffe Küsten- und Bordgebühren erhoben.

Telegraphenagentur, ✤ Nachrichtenagentur.

Telegraphie [grch.] die, elektr. Nachrichtenübermittlung auf drahtgebundenen (Kabel, Freileitung) oder drahtlosen (Funk) Übertragungswegen mit Hilfe besonderer T.-Zeichen, die am Empfangsort entweder aufgezeichnet (Zeichenschrift oder gewöhnl. Buchstaben) oder akustisch wahrgenommen werden. Von den älteren Telegraphenapparaten wurde der → Morseapparat in Form des Farbschreibers lange benutzt. Daraus weiterentwickelt wurde der heute vorherrschende → Fernschreiber, der ähnlich wie eine Schreibmaschine bedient wird und auch Dialogverkehr ermöglicht. Für Funkverbindungen hat sich der → Hell-Schreiber bewährt. Die → Bildtelegraphie ermöglicht die Übertragung von Bildern, auch ganzer Seiten gedruckter Texte. Mit Mitteln der Trägerfrequenztechnik können heute gleichzeitig mehrere Signale in einer oder beiden Richtungen übermittelt werden (Wechselstrom-T.). Die Unterlagerungs- und Überlagerungs-T. ermöglicht gleichzeitiges Fernsprechen und Telegraphieren auf derselben Leitung. – In der Bundesrep. Dtl. und den meisten Ländern betreibt die Post die T. Die dt. **Telegraphenämter** sind selbständige Ämter innerhalb der Post. – Vor der Erfindung der elektr. T. zu Beginn des 19. Jh. (P. L. Schilling von Canstadt, C. F. Gauß, W. Weber, S. Morse u.a.) ist T. i.w.S. schon seit frühgeschichtl. Zeit durch Schall, Rauch, Feuer, Licht, Flaggen, z.T. über riesige Entfernungen, geübt worden. Nach Erfindung des Fernrohrs war die »opt. T.« mit Flügeltelegraphen (an einem Mast befestigte bewegl. Flügel) im 18. Jh. und unter Napoleon von Bedeutung.

Telekolleg, Einrichtung des Bildungsfernsehens im Rahmen der Erwachsenenbildung.

Telekom, auch **D.B.-Telekom,** seit 1989 unternehmerisch eigenständig geführter Bereich der Dt. Bundespost, umfaßt den Fernsprech- und Textübermittlungsbereich.

Telekommunikation, Fernmeldewesen, Nachrichtenwesen: Sammelbez. für alle theo-

Tẹmpel: a Anten-T., b Doppelanten-T., c Prostylos, d Amphiprostylos, e Tholos (Epidauros, 330 v. Chr.), f Peripteros (Paestum, 510 v. Chr.), g Dipteros (Didymaion bei Milet, 4. Jh. v. Chr.)

ret. und prakt. Aspekte der Nachrichtenübertragung mit Mitteln der elektr. Nachrichtentechnik. Man unterscheidet a) konventionelle Formen der T.: → Bildtelegraphie, → Fernschreiber, → Fernsehen, → Fernsprecher, → Rundfunk, b) neue Formen der T. in bestehenden Netzen: → Bildschirmtext, Bildschirmzeitung (→ Videotext), Datenfernverarbeitung, → Fernkopierer, Konferenzschaltung, c) Formen der T. in Breitbandverteilnetzen: z. B. → Kabelfernsehen und d) in Breitbandvermittlungsnetzen: z. B. Bildfernsprechen, Videokonferenz; → ISDN.

Tẹlemach [grch.], bei Homer: Sohn des Odysseus und der Penelope.

Tẹlemann, Georg Philipp, Komponist, *1681, †1767; Opern, Orchester-, Kammermusik u. a.

Tẹlemark(en), schnee- und waldreiche Gebirgslandschaft im S Norwegens (Skilauf).

Telemetrịe [grch. »Fernmessung«] die, -, Übertragung von Daten oder elektr. Meßwerten auf drahtgebundenem oder auf drahtlosem Wege. Anwendung z. B. in Raumfahrt und Medizin **(Bịotelemetrie).**

Tẹle|objektiv [grch.-lat.] das, photograph. Linsensystem großer Brennweite, zur Aufnahme weit entfernter Gegenstände.

Teleologịe [grch. aus telos »Ende«, »Ziel«] die, philosoph. Lehre, daß alles Geschehen durch Zwecke bestimmt und geleitet wird; → Entelechie.

Telepathịe [grch.] die, → Gedankenübertragung.

Teleskọp [grch.] das, → Fernrohr.

Teleskọp|fisch, ein Goldfisch.

Telespiel, Fernsehspiel, Bildschirmspiel, 1) eine dem Spielfilm nah verwandte Sendegattung des Fernsehens. **2)** mit dem Fernsehempfänger gekoppeltes Spielgerät, mit dem auf dem Bildschirm Geschicklichkeitsspiele ausgetragen werden können.

Televisiọn die, → Fernsehen.

Telex-Netz, Fernschreib-Teilnehmernetz in der Bundesrep. Dtl.

Telịnga, → Telugu.

Tell [arab. »Hügel«] der, das, Ruinenhügel aus Siedlungsresten versch. Zeitstufen.

Tell, Wilhelm T., Held der schweizer. Befreiungssage, verkörpert als Tyrannenmörder (des habsburg. Landvogtes Geßler) die Kühnheit und Freiheitsliebe der Schweizer. Die Tellsage, von Ä. Tschudi im 16. Jh. in die landläufige Form gebracht, gestaltete F. Schiller als Drama, G. Rossini als Oper.

Tell el-Amarna, → Amarna.

Teller, Edward, amerikan. Physiker ungar. Herkunft, *1908; war maßgeblich an der Entwicklung der Wasserstoffbombe beteiligt.

Tellereisen, Tritteisen, Raubtierfalle; Platte (Teller), über der bei Berührung 2 Bügel durch Federkraft zusammenschlagen.

Téllez [ˈtɛʎɛθ], Gabriel, auch **Tịrso de Molịna,** span. Dramatiker, *1571, †1648; »Der Spötter von Sevilla« (Urbild der Don-Juan-Dichtung), »Don Gil von den grünen Hosen«.

Tell Halạf, heutiger Name des durch Ausgrabungen berühmt gewordenen Schutthügels der Stadt Gosan in Mesopotamien.

Tellụr das, **Te,** chem. Element, ein dem Selen ähnl. Metall, Halbleiter. Ordnungszahl 52, D 6,2 g/cm³, Schmelzpunkt 452 °C; selten, findet sich gebunden an Erze (Gold, Silber u. a.); wichtiger Legierungsbestandteil.

tellụrisch [von lat. tellus »Erde«], auf die Erde bezüglich; von ihr herrührend.

Tellụrium [lat.] das, Gerät zur Veranschaulichung des Erd- und Mondlaufs um die Sonne.

Telụgu, auch **Telinga,** Volk im östl. Zentral-Indien, rd. 30 Mio. Menschen. Ihre Sprache **(Telugu)** ist eine Dravidasprache.

Tema, wichtigste Hafen- und Industriestadt (Aluminiumwerk) in Ghana, 60 000 Ew.

Tẹmeswar [-ʃ-], rumän. **Timișoara** [-ʃoˈara], Stadt in Rumänien, 303 500 Ew., Univ.; Handel und Ind. – 1989 Ausgangsort der Erhebung gegen Präs. N. Ceaușescu.

Tẹmex [Abk. für engl. **Te**le**m**etry **Ex**change »Meßdatenfernaustausch«], Austausch von Daten über das Telefonnetz (Dienst der Dt. Bundespost Telekom) zur Meßdatenerfassung und Steuerung von Anlagen und Geräten **(Fernwirken).**

Temịrtau, Stadt in der Kasach. SSR, 226 000 Ew.; Hüttenwerk, Ind.

Tempel [lat.] der, allg. ein nichtchristl. Kultbau; bei den Römern zuerst ein abgegrenzter heiliger Bezirk, später der Bau selbst. – Die früheste, aus dem kretisch-myken. Megaron entstandene Form des grch. T. war der anfänglich aus Holz- und Lehmziegeln erbaute Anten-T., bestehend aus einem nur vom Eingang her erhellten Raum, der Cella (grch. Naos), in dem das Götterbild stand, und einer Vorhalle (Pronaos) mit 2 Säulen zw. den vorgezogenen Längswänden. Aus den Weiterbildungen zum Doppelanten-T., zum Prostylos und zum Amphiprostylos entwickelten sich als klass. Formen des Säulen-T. der Peripteros und der Dipteros. Eine Sonderform war der Tholos (Rundtempel). – Die röm. Baukunst hielt lange am etruskisch-italischen Podium-T. fest. Neue Lösungen fand sie im kuppelüberwölbten Rund-T. (→ Pantheon). – Über die T. Asiens → Pagode.

Tempelhof, Berlin-T., 13. VerwBez. von Berlin (West). Auf dem Flughafen T. wurde der zivile Flugverkehr zugunsten des Großflughafens → Tegel eingestellt.

Tẹmpera [aus lat. temperare »mischen«] die, -/-s, **Tẹmperafarben,** Künstlerfarben mit einer Emulsion wäßriger mit nichtwäßrigen Bindemitteln (z. B. Gummiarabicum und Leinölfirnis), z. B. **Ei-T.** aus Ei und einem Öl oder einer Harzlösung; Leinölfirnis.

Tẹmperamalerei, Malerei mit Temperafarben, bis zum Aufkommen der Ölmalerei (15. Jh.) die übliche Malweise.

Temperamẹnt [lat.] das, Ablaufsform der Gefühls- und Willensvorgänge, Ansprechbarkeit, Erregbarkeit und Grundgestimmtheit des Menschen. Die Einteilung in 4 T. geht auf Hippokrates zurück: **sanguịnisch** (lebhaft, sprunghaft), **cholẹrisch** (leicht erregbar, aufbrausend, heftiger Willensmensch), **phlegmạtisch** (gleichgültig, kaltblütig), **melanchọlisch** (schwermütig, schwärmerisch).

Temperatụr [lat.] die, Wärmegrad eines Stoffes, gemessen mit dem → Thermometer, wird durch Bewegung seiner kleinsten Teile (Atome, Moleküle) verursacht. Wenn sie sich in Ruhe befinden, ist die tiefstmögliche T. erreicht. Sie liegt bei −273,15 °C **(Absoluter Nullpunkt).** Die von ihm aus gerechneten Wärmegrade nennt man **absolute (thermodynam.) T.,** → Kelvinskala.

Temperaturregler, → Thermostat.

Temperatursinn, Fähigkeit, Wärme- und Kältereize aufzunehmen und sinngemäß zu beantworten. Der T. ist beim Menschen auf die Haut und bestimmte Schleimhäute (bes. der Mund- und Nasenhöhle) beschränkt, und zwar auf die **Wärme-** und **Kältepunkte.**

Templerorden, geistl. Ritterorden, 1119 in Akkon gegr., 1312 auf Betreiben des frz. Königs Philipp IV. aufgelöst.

temporạl [lat.], **1)** zeitlich. **2)** weltlich. **temporär,** zeitweilig; vorübergehend.

Temporạlien [lat.] Mz., mit einem kirchl. Amt verbundene weltl. Rechte, bes. Einkünfte.

Tẹmpus [lat.] das, -/...pora, Ⓢ die Zeiten, z. B. Gegenwart, Zukunft usw.

Temụco, Prov.-Hptst. Chiles, 218 000 Ew.

Tendẹnzbetriebe, Arbeitsrecht: Betriebe,

die polit., gewerkschaftl., konfessionellen, karitativen, erzieher., wissenschaftl., künstler. u.ä. Bestimmungen dienen, z.B. Privatschulen, Krankenhäuser, Theater, Verlage. Das Betriebsverfassungs-Ges. gilt für T. nur teilweise.

Tender [engl.] der, -s/-, **1)** Vorratswagen für Wasser und Kohle an der Lokomotive. **2)** ⚓ Begleitschiff eines größeren Schiffes.

Tenedos, türk. **Bozcaada** [bɔzdʒaad'a], türk. Insel im Ägäischen Meer, 42 km², rd. 2000 z.T. grch. Ew.

Tendrjakow, Wladimir Fjodorowitsch, russ. Schriftsteller, *1923, †1984; Erz. und Romane aus dem sowjet. Alltag.

Teneriffa, span. **Tenerife,** größte der Kanarischen Inseln, vulkanisch, im **Pico de Teide** 3716 m hoch; 1928 km², 570000 Ew.; mildes Klima. Hptst. und Hafen: Santa Cruz de Tenerife.

Teng Hsiao-ping, → Deng Xiaoping.

Teniers [t'eni:rs], David d. J., niederländ. Maler, *1610, †1690; Bilder aus dem Volksleben.

Tenne die, Teil der Scheune, zum Einfahren der Erntewagen und zum Dreschen.

Tennengebirge, Gruppe der Salzburger Alpen, bis 2431 m hoch; mit Eisriesenwelt.

Tennessee [t'enəsi:], **1)** der, Fluß in den USA, 1049 km lang, schiffbar, mündet in den Ohio. Im T.-Tal (T. Valley) Talsperren, Kraft- und Stickstoffwerke. **2)** Abk. **Tenn.,** südöstl. Mittelstaat der USA, östl. des Mississippi; 109412 km², 4,8 Mio. Ew.; Hptst.: Nashville (-Davidson); größte Stadt: Memphis; fruchtbares Tafelland, vom Mississippi und T. bewässert. Getreide, Tabak, Baumwolle; Forstwirtschaft; Zink, Phosphate. Chem. u.a. Ind.; Energiewirtschaft. ⊕ S. 494.

Tennessee Valley Authority [t'enəsi: v'ælı ɔ:θ'ɔrıtı], Abk. **TVA,** Knoxville, Tenn., Unternehmen zur allg. wirtschaftl. Entwicklung des Tennessee-Tales, zur Energieerzeugung u.a.; 1933 von der amerikan. Regierung errichtet.

Tennis [engl.] das, ⚐ Ballspiel auf einem Platz, der in der Mitte durch ein Netz geteilt ist. Gespielt wird auf Rasenplätzen (Lawn-T.) und Hartplätzen. Der Ball ist mit dem T.-Schläger so zu schlagen, daß ihn der Gegner möglichst schwer zurückschlagen kann.

Tenno [japan. »Himmlischer Herrscher«] der, Titel des Kaisers von Japan.

Tennyson [t'enısn], Alfred Lord, engl. Dichter, *1809, †1892; klangschöne Gedichte, Verserzählung »Enoch Arden«; »Idylls of the King«.

Tenochtitlán, Name der um 1370 gegr. Hptst. des Aztekenreichs, die heutige Stadt Mexiko.

Tenor [lat.] der, ⚖ Wortlaut einer Urkunde, bes. die Urteilsformel mit Prozeßentscheid.

Tenor [ital.] der, -s/Tenöre, ♩ hohe Männerstimme; Umfang etwa c-c².

Tenside Mz., grenzflächenaktive chem. Verbindungen: seifenartige Substanzen, die die Oberflächenspannung des Wassers herabsetzen und Schmutzstoffe lösen.

Tension [lat.] die, Spannung, bes. Gas- oder Dampfdruck.

Tensor [lat.] der, mathemat. Größe, Verallgemeinerung eines → Vektors, z.B. in der Elastizitätstheorie und der Relativitätstheorie.

Tentakel [lat.] das, ⚘ Körperanhänge niederer Tiere zum Tasten (Fühler) oder Greifen (Fangarme).

Tenuis [lat.] die, stimmloser Verschlußlaut: p, t, k.

tenuto [ital.], Abk. **ten.,** ♩ die Noten ihrem vollen Wert nach ausgehalten.

Teotihuacán, Ruinenstätte und Kulturepoche (3.-9. Jh.) eines unbekannten Volkes in Mexiko.

Tepl, Johannes v., *um 1342 oder 1350, †um 1414; war Stadtschreiber in Saaz, schrieb nach dem Tode seiner jungen Frau den »Akkermann aus Böhmen«, ein Streitgespräch mit dem Tod; in seiner Zeit weit verbreitet.

Teplitz, tschech. **Teplice** [t'ɛplitsɛ], Bad in der ČSFR, 1914-45 **T.-Schönau,** 55000 Ew., radioaktive Quellen, vielseitige Industrie.

Teppich, Fußbodenbelag, auch Wandbehang oder Möbelbedeckung aus Wolle u.a. Tierhaaren, Seide, Baumwolle, Hanf, Jute, Kokosfaser, Sisal, Bast, Schilf und Chemiefasern sowie Mischungen davon. Nach den Herstellungstechniken in Hand- und Maschinenarbeit unterscheidet man Knüpf-, Web-, Wirk-, Nadel- (Tufting-), Nadelfilz-, Greifer-, Strick-T. u.a.

Maschinenteppiche werden bes. als schwere Web.-T. und Tufting- oder Nadel-T. hergestellt, daneben Greifer-T. auf der Greifer-Webmaschine und T. vom Röhrchenwebstuhl. Gewebte Maschinen-T. werden als Flachgewebe hergestellt oder als **Flor-T.** mit geschlossenen Florschlingen **(Bouclé-T.)** oder mit aufgeschnittenen Flornoppen **(Velour-** oder **Plüsch-T.).** Jacquard-Maschinen sorgen für die Musterbildung. **Getuftete T.** oder **Nadel-T.** erhalten ihren geschlossenen oder später aufgeschnittenen Flor durch Einziehen von Schlingen mit Hilfe einer Vielnadelmaschine.

Handgefertigte T. sind **Knüpf-T.,** der **Kelim** oder **Karamani** und der **Allgäuer T.** (gewebt), der **Gobelin** und **Sumak** (gewirkt) sowie **Stick-** und **Applikations-T.** Zu den Knüpf-T. zählen **Orient-, Balkan-, Savonnerie-, Spanien-, Berber-T.** und die langflorigen nord. **Rya-T.** Die einzelnen, rd. 2-4 cm langen Fadenenden von Wollknäueln aus Schafwolle, Kamelhaar oder seltener aus Baumwolle oder Seide werden in eine aufgespannte Kette aus Wolle oder Baumwolle eingeknüpft. Man unterscheidet 2 Knotenarten: den **türkischen (Ghordes-** oder **Smyrna-)Knoten,** bei dem jeweils 2 Kettfäden gleichartig umschlungen werden, und den **Perserknoten (Sinneh-Knoten),** bei dem jeweils 2 Kettfäden ungleichförmig umschlungen werden. Die mittlere Knotenzahl beträgt bei Orient-T., 100000-200000 je m², die höchste um eine Mio. je m², bei anderen Knüpf-T. meist weniger.

Die Bez. **Orientteppich** ist Handelsbegriff für ausschließlich handgearbeitete T. aus der Türkei, Iran, Afghanistan, dem Kaukasus, West-Turkestan, Pakistan, Indien, Zentralchina, Ost-Turkestan und Tibet. Neuerdings wird der Begriff »Echte Orient-T.« i.Ggs. zu »Maschinen-Orient-T.« gebraucht. Letztere sind maschinengewebte Flor-T. mit Orientmustern, die nicht im Orient gefertigt werden.

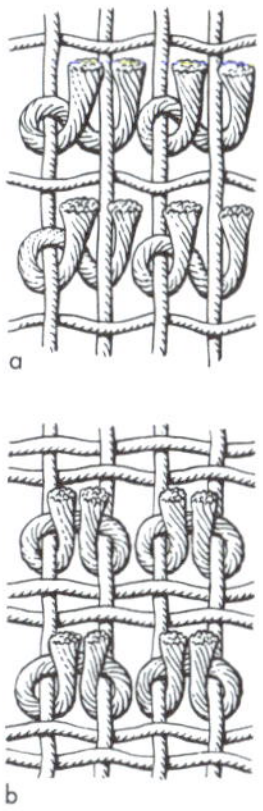

Teppich: a Perserknoten (Sinneh-Knoten), b türkischer (Ghordes-)Knoten

Terborch: Junge floht seinen Hund

Mutter Teresa

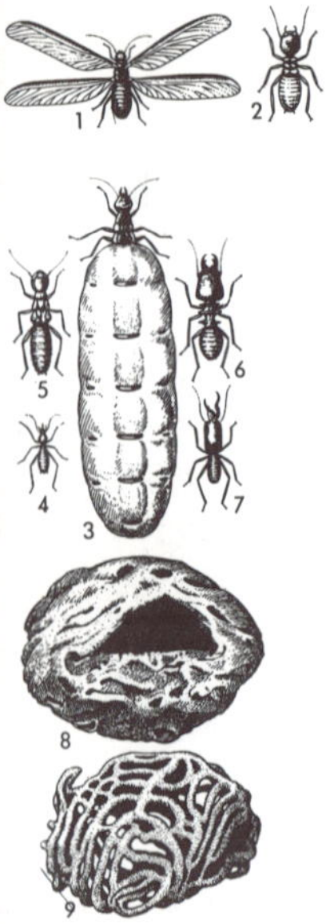

Termiten (Legende vgl. Stichwort)

Termiten: Termitenhügel in der Savanne, Australien

Tequila [tek'i:la], **Pulque** [p'ulke], **Mezcal** [mesk'al], aus Agavensaft gewonnener mexikan. Branntwein.

Terbium das, **Tb,** chem. Element aus der Gruppe der Lanthanoiden.

Terborch, Gerard, niederländ. Maler, *1617, †1681; Bilder mit Figuren der bürgerl. Gesellschaft. (BILD S. 881)

Terek der, schiffbarer Fluß vom Kaukasus ins Kasp. Meer; 591 km lang.

Terenz, Publius **Terentius** Afer, röm. Lustspieldichter, *um 195, †159 v. Chr.; neben Plautus bed. Vertreter der altlat. Komödie.

Teresa, Mutter T., eigtl. Agnes **Gonxha Bojaxhio** [g'ondʒa boj'adʒio], *1910, widmet sich seit 1947 der Armenpflege in Indien, gründete in Kalkutta 1950 den Orden »Missionare der Nächstenliebe«, der weltweit wirkt. Friedensnobelpreis 1979.

Teresina, früher **Therezina,** Stadt in Brasilien, 378 000 Ew.

Term der, **1)** begrenzter Teil einer mathemat. Formel. **2)** Energiestufe eines Atoms oder Moleküls.

Termin [lat.] der, Zeitpunkt; im Prozeß der Verhandlungstag. **Termingeschäft,** Zeitgeschäft; ein Liefergeschäft, bei dem Leistung nicht sofort (Kassageschäft), sondern nach Ablauf einer bestimmten Frist zu erbringen ist.

Terminal [t'ə:mɪnəl, engl.] das, -s/-s, **1)** auch der, Abschluß einer techn. Anlage, z. B. Abfertigungsgebäude eines Flughafens, Empfangsgebäude eines Bahnhofs, Endpunkt einer Verkehrslinie. **2)** Rechenanlagen: **Datenendgerät, Benutzerstation,** Ein- und Ausgabegerät am Ende einer Datenübertragungsleitung. Als T. dienen Tastaturen, meist kombiniert mit einem Sichtbildschirm zur Wiedergabe der Programmtexte und Ergebnisse.

Terminismus [lat.] der, -, ⓟ dem → Nominalismus verwandte Lehre, nach der alles Denken nur ein Rechnen mit Begriffen ist.

Terminologie [lat.-grch.] die, Fachsprache eines Gebietes.

Terminus [lat.] der, -/-mini, **1)** Grenze, Zeitpunkt. **2) t. technicus,** Fachausdruck.

Termiten Mz., Staaten bildende trop. Insekten, äußerl. den Ameisen ähnlich, aber nicht mit ihnen verwandt **(weiße Ameisen),** von bleicher Farbe, lichtscheu. Sie leben in Baumstämmen, Höhlen oder selbsterrichteten kegelförmigen Bauten aus Lehm und Kot. Der T.-Staat beherbergt oft viele Mio. Einzeltiere. Die Königin hat einen durch große Eierstöcke unförmig aufgetriebenen Hinterleib und legt alle 3 s ein Ei. Sie lebt mit dem König zusammen in einer Kammer. Die flügellosen, nicht fortpflanzungsfähigen Arbeiter und Soldaten sorgen für Ernährung und Verteidigung. Die T. richten durch Zerstörung von Holz großen Schaden an. ABBILDUNGEN: **1** Junges Weibchen (Termes spinosus, etwa 25 mm). **2** Arbeiter (Hodotermes ochraceus, etwa 11 mm). **3** Weibchen, Königin (Termes gilvus, etwa 50 mm). **4** Soldat (Eutermes tenuirostris, etwa 3 mm). **5** Entflügeltes Männchen, König (Hodotermes ochraceus, etwa 14 mm). **6** Soldat (Termes spinosus, etwa 17 mm). **7** Soldat (Termes speciosus, etwa 9 mm). **8** Zentralkern mit Königinnenzelle aus dem Nest von Termes redemanni. **9** Pilzgarten aus dem Nest einer Termes-Art (Sri Lanka).

terms of trade [tə:mz ov treɪd, engl.], das Verhältnis von Ausfuhr- zu Einfuhrpreisen.

Terni, Stadt in Mittelitalien, 113 000 Ew.; Dom; Eisen-, Stahlwerk, Kunststoffind.

Ternopol, Gebiets-Hptst. in der Ukrain. SSR, am Sereth, 189 000 Ew.; Maschinenind.

Terpe, Frank, Politiker (SPD), *1929; seit April 1990 Min. für Forschung und Technologie in der Dt. Dem. Rep.

Terpene Mz., ⊙ in äther. Pflanzenölen vorkommende Kohlenwasserstoffe.

Terpentin das, Kiefernbalsam, aus dem das äther. **T.-Öl** gewonnen wird. T.-Öl wird für Farben, Lacke, Schuhcreme, Bohnerwachs verwendet. **T.-Ölersatz** sind meist Schwerbenzine, die als Lacklösungsmittel dienen.

Terpsichore, die Muse der Tanzkunst.

terra [lat.] die, Erde, Land. **t. incognita,** unbekanntes Land.

Terrain [tɛr'ɛ̃, frz.] das, Gebiet, Gelände.

Terrakotta [ital. »gebrannte Erde«] die, Kunstgegenstand aus gebranntem, unglasiertem Ton.

Terramaren [ital.] Mz., bronzezeitl. Ansiedlungen in der mittleren Po-Ebene.

Terrarium [lat.] das, -s/...rien, Glasbehälter zur Beobachtung von Reptilien, Lurchen.

Terra sigillata die, röm., glänzendrote Töpferware, bes. aus Arezzo; Gebrauchsgeschirr.

Terrasse [frz.] die, **1)** ⊕ Erdstufe, Absatz an einem Berghang. **2)** offener Balkon, Plattform.

Terrazzo [ital.] der, Estrich aus Zement und farbigen Natursteinkörnungen und -mehlen.

Terre des Hommes [tɛ:rdɛz'ɔm, frz.], übernationale Hilfsorganisation für verwaiste, vom Hunger bedrohte oder unter Kriegen leidende Kinder.

terrestrisch [lat.], das Land, die Erde betreffend, irdisch; auf dem Land entstanden, abgelagert.

Terri|er [engl.] der, engl. Hunderassen, urspr. zur Jagd auf Tiere in Erdhöhlen verwendet: Airedale-, Bull-, Fox-, Scotch-, Zwerg-T.

Terrine [frz.] die, Suppenschüssel.

territorial [lat.], zu einem Territorium gehörig, inländisch.

Territorialprinzip, 1) im Staatsrecht der Grundsatz, daß der Erwerb eines Staatsgebietes ohne weiteres die Staatsgewalt über die Insassen nach sich zieht **(Gebietsgrundsatz);** die gesamte Staatsgewalt erstreckt sich auf jeden, der sich in dem Staatsgebiet aufhält, mit Ausnahme der Exterritorialen. Früher galt das Personalitätsprinzip. **2)** im Strafrecht der Grundsatz, daß Straftaten ohne Rücksicht auf die Staatsangehörigkeit des Täters nach den Gesetzen und von den Gerichten des Staates abgeurteilt werden, in dem sie begangen sind.

Territorium [lat.] das, -s/....rien, Gebiet, Staatsgebiet; im Dt. Reich bis 1806 das Herrschaftsgebiet der reichsunmittelbaren Landesherren.

Terror [lat.] der, Schrecken.

Terrorismus [lat.] der, -, planmäßige Anwendung von Terror zur Erreichung polit., sozialer oder militär. Ziele. I. a. Sprachgebrauch werden die Begriffe Terror und T. jedoch oft gleichgesetzt. In den letzten Jahrzehnten griffen immer zahlreicher radikale Gruppen zum Mittel des planmäßigen Terrors. Dabei nahmen Attentate, Sabotagen, Überfälle sowie die Entführung von Personen zu Lande und in der Luft (Luftpiraterie) ständig zu.

Terschelling [tɛrsx'ɛlɪŋ], niederländ. Insel im westfries. Wattenmeer, 108 km², 5000 Ew.

Tersteegen, Gerhard, Pietist, Prediger, geistl. Liederdichter, *1697, †1769; »Ich bete an die Macht der Liebe«.

Tertia [lat. »die Dritte«] die, -/...tien, 2 Klassen einer höheren Schule: **Unter-T.,** das 8. Schuljahr, **Ober-T.,** das 9. Schuljahr.

Tertiär [lat.] das, **Braunkohlenzeit,** Zeitabschnitt der → Erdgeschichte, ÜBERSICHT.

Tertiarier Mz., Laienmitgl. kath. Orden, leben nach der »3. Regel« (geben Beruf und Familienleben nicht auf).

tertium comparationis [lat. »das Dritte des Vergleichs«] das, gemeinsame Sicht, unter der 2 Dinge miteinander verglichen werden.

tertium non datur [lat. »ein Drittes gibt es nicht«], ⓟ Satz vom ausgeschlossenen Dritten.

tertius gaudens, der sich freuende Dritte (wenn zwei sich streiten, freut sich der Dritte).

Tertullian, Quintus Septimius Florens, lat. Kirchenschriftst., *um 160, †um 225; war theologisch ein Vorläufer der abendländ. Lehre von der Dreieinigkeit und den 2 Naturen Christi.

Terz [lat.] die, **1)** Fechten: Hieb oder Stich gegen die innere Blöße des Gegners. **2)** ♩ Stufe der diaton. Tonleiter, ferner der Zusammenklang von Grundton und 3. Stufe; die **große T.** kennzeichnet das Dur-, die **kleine T.** das Mollgeschlecht. **3)** auf 9 Uhr angesetzte Gebetsstunde des Breviers.

Terzerol [ital.] das, kleine Pistole.

Terzerone [span.] der, Nachkomme eines Weißen und einer Mulattin.

Terzett [ital.] das, ♩ Gesangstück für 3 Einzelstimmen.

Terzine [ital.] die, Strophenform aus je 3 Versen, bei denen der 2. Vers den Reim für den 1. und 3. Vers der folgenden T. anschlägt (aba bcb cdc usw.).

Terzky, tschech. **Trčka** [t'rtʃka], Adam Erdmann, *um 1599, †1634; kaiserl. General im Dreißigjährigen Krieg, Schwager und Vertrauter Wallensteins, mit diesem ermordet.

Teschen, poln. **Cieszyn** [tsj'ɛʃin], Stadt in Polen, Oberschlesien, 32000 Ew.; vielseitige Ind. – T. war 1290-1625 schles. Herzogssitz. 1920 wurde das Teschener Land zw. Polen und der Tschechoslowakei geteilt.

Tesching das, ein Kleinkalibergewehr.

Tesla, Zeichen **T,** SI-Einheit der magnet. Flußdichte. $1\ T = 1\ Wb/m^2 = 1\ V \cdot s/m^2$.

Tesla-Ströme [nach dem Physiker Nicola Tesla, *in Kroatien 1856, †1943], Wechselströme sehr hoher Spannung und Frequenz.

Tessin, ital. **Ticino** [titʃ'inɔ], **1)** linker Nebenfluß des Po, entspringt südwestlich des Sankt Gotthards, durchfließt den Lago Maggiore, 248 km lang. **2)** der südlichste Kt. der Schweiz, umfaßt die Tessiner Alpen und fruchtbares Alpenvorland, 2811 km², 282500 Ew.; Hptst.: Bellinzona; ital. Sprachgebiet. Acker-, Wein-, Obstbau, Alpwirtschaft, etwas Ind.; Fremdenverkehr. Ⓖ Die Schweizer eroberten 1403-1516 das vorher mailänd. T. und verwalteten es bis 1798 als Untertanenland; 1803 entstand der selbständige Kanton.

Tessin, Nicodemus d. Ä., Baumeister, *1615, †1681; seit 1639 in Schweden tätig. Sein Sohn Nicodemus d. J., *1654, †1728; führte den ital. Barock in Schweden ein (Schloß in Stockholm).

Test [engl.] der, einfaches Prüfverfahren, Stichprobe, Experiment, bes. in der Psychologie, zur Begabtenauslese, in der Berufsberatung zur Feststellung von Kenntnissen, Fähigkeiten usw., medizin. T.

Test|akte, engl. Gesetz von 1673, das die Katholiken praktisch vom Staatsdienst ausschloß; aufgehoben 1829.

Testament [lat.] das, **1)** ⚖ i. Ggs. zum Erbvertrag einseitige, frei widerrufl., schriftlich festgelegte Anordnung des Erblassers (Testators) für die Zeit nach seinem Tode **(letztwillige Verfügung von Todes wegen).** Der Erblasser kann durch T. den Erben bestimmen (Erbeinsetzung), einen Verwandten oder Ehegatten von der gesetzl. Erbfolge ausschließen, einen Vermögensvorteil zuwenden (Vermächtnis), Auflagen machen und einen T.-Vollstrecker ernennen. Das T. wird errichtet entweder durch Erklärung vor einem Richter oder Notar **(öffentl. T.)** oder durch eine eigenhändig geschriebene und unterschriebene Erklärung des Erblassers **(eigenhändiges** oder **privates T.).** Ein **gemeinschaftl. T.** können nur Ehegatten errichten. Ferner → Nottestament. **2)** das **Alte T.** und das **Neue T.,** die beiden Hauptteile der → Bibel.

Testat [lat.] das, Zeugnis, Bestätigung.

Testikel [lat.] der, ♡ 🙰 auch **Testis** der, → Hoden.

Testimonium [lat.] das, Zeugnis.

Testosteron das, Hormon der männl. Keimdrüse.

Tetanie [grch.] die, Krankheit mit Muskelkrämpfen (bes. in Armen, Beinen), beruht auf Kalkmangel infolge Versagens der Nebenschilddrüsen. Behandlung: Hormon- und Kalkpräparate. **Kindl. T.** → Spasmophilie.

Tetanus [grch.] der, ♡ → Wundstarrkrampf.

Tête [tɛ:t, frz. »Kopf«] die, ⁂ Spitze; Anfang (einer Reiterabteilung).

Tête-à-tête [tɛ:tatɛ:t, frz.] das, Gespräch unter 4 Augen, Schäferstündchen.

Tethys, grch. Sage: Frau des Okeanos.

Tetley [t'etlɪ], Glen, amerikan. Choreograph und Ballettdirektor, *1926, vertritt einen von der klass. Ballettechnik geprägten Stil.

Tétouan [tetu'ã, frz.], **Tetuán** [span.], Prov.-Hptst. in Marokko, 200000 Ew., Fakultät der Univ. Fes, maler. Altstadt; elektrotechn. Ind.

tetra... [grch.], in Fremdwörtern: vier...

Tetrachlorkohlenstoff, CCl_4, farblose, giftige Flüssigkeit; Lösungsmittel.

Tetracycline Mz., wichtige Gruppe von Antibiotika.

Tetraeder das, Vierflächner, ein von 4 Dreiecken begrenzter Körper.

Tertrafluoräthylen das, geruchloses Gas, wichtiger Ausgangsstoff zur Synthese temperaturbeständiger Kunststoffe.

Tetralin das, **Tetrahydronaphthalin,** farbloses Öl, Lösungsmittel.

Tetralogie [grch.] die, altgrch. Folge von 4 Schauspielen, 3 Tragödien (Trilogie) und einem Satyrspiel.

Tetrarchie [grch.], »Vierherrschaft«, im Altertum ein von 4 Fürsten **(Tetrarchen)** beherrschtes Gebiet.

Tetschen, tschech. **Děčín** [dj'ɛtʃi:n], Stadt in Nordböhmen, 46800 Ew., Schloß; Ind., Elbhafen.

Tetzel, Johann, Dominikanermönch, *um 1465, †1519; veranlaßte 1517 durch seine Ablaßpredigten Luther zum Thesenanschlag.

T(h)euerdank, allegor. Gedicht über die Brautfahrt Maximilians I. zu Maria v. Burgund; Stoff und Anlage von Maximilian. Erstausgabe 1517 mit Holzschnitten von H. Schäufelein u. a.

Teufe die, ⚒ Tiefe.

Teufel [grch. diabolos »Entzweier«] der, in vielen Religionen die Verkörperung des Bösen, der Widersacher Gottes; im A. T. und N. T. erscheint er als gefallener Engel **(Luzifer)** und unter versch. Namen **(Beelzebub, Belial).**

Teufels-Inseln, frz. Inselgruppe vor der Küste von Französisch-Guayana; 1852-1945 frz. Sträflingskolonie.

Teufelskralle, Glockenblumengewächs mit ähren- oder köpfchenförmigem Blütenstand und röhriger Blumenkrone mit sehr schmalen, an der Spitze vereinigten Zipfeln.

Teufelszwirn der, versch. Pflanzen, wie → Seide 2), → Bocksdorn.

Teutoburger Wald, 110 km langer Bergzug des Weserberglandes zw. der Diemel und der Ems, in der Völmerstod 468 m hoch. Teile: Egge, Lipp. Wald, Osning, Ravensburger, Osnabrücker, Tecklenburger Berge. Die Cherusker unter Arminius vernichteten in der Schlacht am T. W. (9 n. Chr.) das röm. Heer des Varus (Hermannsdenkmal).

Teutonen Mz., german. Volk, nahm am Zug der → Kimbern teil, wurde 102 v. Chr. bei Aquae Sextiae (Aix-en-Provence) von Marius vernichtet.

Texas, Abk. **Tex.,** Staat der USA, am Golf von Mexiko, 692405 km², 16,68 Mio. Ew. (12% Schwarze); Hptst.: Austin; größte Städte: Houston, Dallas. Bed. Landwirtschaft

Tessin
Kanton

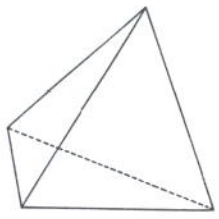

Tetraeder

Teufelskralle

(Baumwolle, Getreide, Gemüse, Obst; im trokkeneren W Viehzucht). ⚒ auf Erdöl, Erdgas, Kohle, Helium u. a. Chem., Eisen- und Stahl-, Nahrungsmittel- u. a. Ind. – T., früher span. Kolonie, gehörte seit 1821 zu Mexiko, wurde 1836 unabhängig, ist seit 1845 Staat der USA. ⊕ S. 494.

Texasfieber, Rindermalaria, von Sporentierchen verursachte Rinderkrankheit trop. und subtrop. Gegenden; durch Zecken übertragen.

Texel [t'esəl], westlichste und größte der Westfries. Inseln (Niederlande), 184 km^2, 12200 Ew.

Thälmann

Text [lat. »Gewebe«] der, Wortlaut eines Schriftwerks. **Textkritik,** wissenschaftl. Prüfung der schriftl. Überlieferung eines Werkes.

Texter der, Verfasser von Werbetexten.

Textildruck, Erzeugung farbiger Muster durch Aufbringen von Druckfarben auf Gewebe, Gewirke und Bänder aus Textilfasern.

Textilien [lat.] Mz., von der Textilind. aus Faserstoffen durch Spinnen, Weben, Wirken, Stricken, Klöppeln hergestellte Waren.

Textur [lat.] die, Gefüge, Gewebe.

Textverarbeitung, Aufbereitung, Fixierung und Verfügbarmachen von Texten aller Art zu ihrer opt. Erfassung, z. B. mit Hilfe der Schreibmaschine, des Kopierens und Vervielfältigens u. a.; neuerdings betrieben mit elektronisch gesteuerten Büromaschinenanlagen. Der Text wird über eine Tastatur eingegeben, erscheint dabei meist auf einem Bildschirm und wird gleichzeitig in einen Speicher eingegeben. Von dort kann er nach Korrektur über ein angeschlossenes Druckwerk (z. B. Schreibmaschine) fehlerlos und mit hoher Geschwindigkeit auf Einzelblätter oder Endlosformulare ausgeschrieben werden.

U Thant

TGV, Abk. für **Train à Grande Vitesse** [trɛ̃ a grɑ̃d vit'ɛs, frz.] elektr. Schnelltriebzug der frz. Eisenbahn von Paris nach Lyon, stellte 1990 mit 515,3 km/h einen Geschwindigkeitsweltrekord für Eisenbahnen auf.

Th, chem. Symbol für Thorium.

TH, Abk. für **T**echnische **H**ochschule.

Thackeray [θ'ækərɪ], William Makepeace, engl. Erzähler, *1811, †1863; spöttisch-nachdenkl. Romane (»Jahrmarkt der Eitelkeit«), histor. Roman »Henry Esmond«.

M. Thatcher

Thaddäus, Judas T., Jünger Jesu, Apostel.

Thadden-Trieglaff, Reinold v., Jurist, *1891, †1976, führend in der Bekennenden Kirche; begr. 1949 den Dt. Evang. Kirchentag.

Thaer, Albrecht, *1752, †1828, begr. die wissenschaftl. Landwirtschaftslehre.

Thai, zu den Tai gehörenden Bewohner von Thailand, auch ihre Sprache.

Thailand, bis 1939 **Siam,** Kgr. in Hinterindien, am Golf von T., 514000 km^2, 54,54 Mio. Ew. (meist Thai-Stämme, ferner Chinesen, Malaien u. a.; rd. 94% Buddhisten); Hptst.: Bangkok; Amtssprache: Thai.

Den Kern bildet die Aufschüttungsebene des Menam; im SO das Korat-Plateau. Den N und W durchziehen Gebirgsketten. Im S hat T. Anteil an der Halbinsel Malakka. Hauptflüsse: Menam, Menkong. Trop. Monsunklima. Erzeugnisse: Reis, Mais, Maniok, Zukkerrohr, Bananen, Kautschuk, Jute, Kokosnüsse, Holz. Viehzucht (Rinder, Büffel u. a.). ⚒ auf Zinn, Wolfram, Antimon u. a.; geringe Ind. Fremdenverkehr. Ausfuhr: Reis, Kautschuk, Jute, Zinn; Haupthandelspartner: Japan, USA. Haupthafen und internat. Flughafen: Bangkok. ⊕ S. 483.

Thailand

❶ T. wurde im 13. Jh. von Thai-Stämmen aus S-China besetzt. Im 19. Jh. kam es unter europ. Einfluß, konnte jedoch trotz großer Gebietsverluste an benachbarte unter frz. und brit. Herrschaft stehende Territorien seine polit. Unabhängigkeit behaupten. 1932 wurde die absolute in eine konstitutionelle Monarchie umgewandelt. Staatsoberhaupt: König Bhumibol (seit 1950); MinPräs.: Chatichai Choonhavan (seit 1988).

Thales von Milet, grch. Naturphilosoph, einer der →Sieben Weisen, um 650 v. Chr. Er hielt das Wasser für den Urstoff aller Dinge.

Thalia, Muse des Lustspiels.

Thalidomid, Schlaf- und Beruhigungsmittel (war in der Bundesrep. Dtl. als **Contergan** im Handel), das, während der ersten Schwangerschaftsmonate eingenommen, Schädigungen der Frucht hervorrufen kann. T. wurde aus dem Handel gezogen.

Thallium das, **Tl,** chem. Element, dem Blei ähnl., seltenes Metall; Ordnungszahl 81, D 11,85 g/cm^3, Schmelzpunkt 303,5 °C. Verwendung in Kältethermometern, als Szintillatoren u. a., seine Verbindungen sind giftig.

Thallophyten [grch.] Mz., **Lagerpflanzen,** Pflanzen, deren Körper sich nicht deutlich in Wurzel und Sproß gliedert, sondern ein fädiges oder blattartiges flaches Lager **(Thallus)** ist: Algen, Pilze, Flechten, Moose.

Thälmann, Ernst, kommunist. Politiker, *1886, †(erschossen) 1944; 1924-33 MdR, seit 1920 Mitglied der KPD, die er seit 1925 leitete; seit 1933 im Konzentrationslager.

Thalysia [grch.], altgrch. Erntefest zu Ehren der Göttin Demeter.

Thanatos [grch.] der, grch. Sage: Tod, Zwillingsbruder des Schlafs.

Thant, U Thant, birman. Diplomat, *1909, †1974; 1961-71 Gen.-Sekr. der Vereinten Nationen.

Thasos, Thassos, grch. Insel im nördl. Ägäischen Meer, 379 km^2, gebirgig, waldreich.

Thatcher [θætʃə], Margaret, *1925, seit 1975 Führerin der Konservativen Partei Großbritanniens, seit 1979 Premier-Min.

Thaya die, rechter Nebenfluß der March, 311 km lang.

Thea, weibl. Vorname.

Theater [grch.] das, Kunststätte zur Aufführung von Schauspielen, Opern, Operetten. Der **Zuschauerraum** ist gegen die Bühne durch eisernen Vorhang und Stoffvorhänge abgetrennt. Bühne und Nebenräume bilden das **Bühnenhaus.** Heute bedient man sich auf der Bühne meist statt der hintereinander angeordneten Kulissen geschlossener Seitenwände oder des Rundhorizonts, einer U-förmig um die Bühne gespannten Leinwand, die eine freie Verwendung der Setzstücke erlaubt. Das Auswechseln der Bühnenbilder wird beschleunigt durch Dreh- und Wagenbühnen. Die gesamten techn. Vorrichtungen, wie Schnürboden und Versenkungen, liegen über und unter der Bühne. Zw. Bühne und Zuschauerraum liegt das Orchester. – Zu den Vorläufern des modernen T. gehören 1) das **altgrch. T.,** das den Schauplatz der Vorführungen zuerst architektonisch ausgestaltete: Zuschauersitze, ihnen gegenüber ein Holzbau – die Skene – für den Zu- und Abgang der Schauspieler und als Hintergrundkulisse, die seit dem 4. Jh. aus Stein gebaut, später von den Römern bes.

Theater: Griech. T., a Orchestra, b Skene, c Proskenion

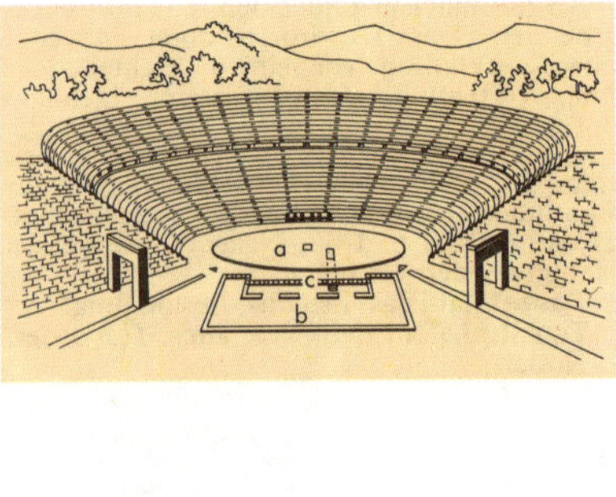

reich ausgestaltet wurde. 2) **T. des MA.,** das urspr. als reines Oster- und Weihnachtsspiel den Chor der Kirche zum Schauplatz hatte, dann aber, als es verweltlichte, auf freie Plätze verlegt wurde. Es entstand die **Simultanbühne,** die alle Schauplätze der Handlung nebeneinander zeigte. 3) das im Anschluß an die Antike von der Renaissance geschaffene **Humanisten-T. (Terenzbühne),** in dem es zur perspektivisch ausgestalteten Bühne kam. 4) das aus ihm entwickelte, in den Palast eingebaute **Schloß-T.** (1618 Teatro Farnese in Florenz). 5) Die für das **moderne T.** charakterist. Verselbständigung des T.-Baus begann im 17. Jh. (1669 Opernhaus in Paris, 1678 in Hamburg). Kennzeichnend für das T. der neuesten Zeit ist die stark intellektuelle Ausdeutung, daneben die Neigung zum Stilisierten, »Verfremdeten«, auch im Bühnenbild.

Theaterwissenschaft, Wiss. vom Theater, dessen Wesen, Geschichte und Beziehung zur Umwelt.

Theatiner, Orden regulierter Chorherren, 1524 vom hl. Cajetan und vom späteren Papst Paul IV. in Rom gestiftet.

Thebäische Legion, legendäre römisch-christl. Truppe; verweigerte 285 mit ihrem Anführer **Mauritius** die Christenverfolgung, wurde deshalb niedergemetzelt.

Theben, 2 Städte des Altertums: **1)** Hptst. von Böotien, der Sage nach von Kadmos gegr., später von Ödipus beherrscht, unter Epaminondas 371-362 v. Chr. mächtigste grch. Stadt. **2)** Stadt im alten Oberägypten, das »hunderttorige« T. genannt, lange Zeit Hptst. und relig. Mittelpunkt des Pharaonenreiches. Reste sind in Luxor und Karnak erhalten (BILD Karnak).

Theismus [grch.] der, relig. oder philosoph. Überzeugung von dem Dasein eines höchsten, überweltl., persönl. Gottes, der die Welt erschaffen hat, erhält und regiert. Ggs.: Atheismus, Pantheismus, Deismus.

Theiß die, größter Nebenfluß der Donau, 977 km, aus dem Waldkarpaten, durchfließt das Ungar. Tiefland, mündet unterhalb Neusatz; schiffbar.

Thekla, weibl. Vorname.

Thema [grch. »das Hingestellte«] das, -s/ -ta oder ...men, **1)** Hauptgedanke, Gegenstand einer Rede oder Abhandlung. **2)** ♩ in sich geschlossene Tonfolge, die Inhalt und Aufbau eines Musikstücks bestimmt.

Themis, grch. Göttin der Sitte und Ordnung, Hüterin des göttl. Rechts.

Themistokles, athen. Staatsmann, * um 525, † nach 460 v. Chr., schuf eine Flotte, mit deren Hilfe er 480 die Perser bei Salamis schlug, baute Athen zur Festung aus, wurde 471 verbannt.

Themse die, engl. **Thames** [temz], wichtigster Fluß Englands, fließt durch London, mündet in breitem Trichter bei Sheerness in die Nordsee; 346 km lang, 311 km schiffbar.

theo... [grch.], in Fremdwörtern: gott...

Theobald [grch. aus ahd. Dietbald »der Volkskühne«], männl. Vorname.

Theobromin das, Alkaloid aus Kakaobohnen, wirkt harntreibend, herzkranzgefäßerweiternd.

Theoderich, Nebenform von Dietrich.

Theoderich der Große, König der Ostgoten (seit 471), * um 456, † 526, besiegte und tötete seinen Rivalen Odoaker, wurde 493 Herr in Italien, das sich unter seiner Regierung zu hoher Blüte entwickelte. Er residierte in Ravenna (Raven) und Verona (Bern); Grabmal in → Ravenna. Die dt. Heldensage nennt ihn **Dietrich von Bern.**

Theodizee [grch. »Rechtfertigung Gottes«] die, Versuch, den Glauben an göttl. Güte und Gerechtigkeit mit dem Vorhandensein des Übels in der Welt in Einklang zu bringen.

Theodolit [engl. aus arab.] der, Winkelmeßgerät, in der Feldmeßkunst und zur geograph. Ortsbestimmung gebraucht. Durch Drehung eines Fernrohrs auf einem waagerechten Kreis mißt man seitlich die Winkel, durch Drehung an einem senkrechten Kreis Höhen- und Tiefenwinkel.

Theodor [grch. »Gottesgeschenk«], männl. Vorname.

Theodora, Gemahlin des byzantin. Kaisers Justinian I., * um 497, † 548.

Theodorakis, Mikis, grch. Komponist, * 1925, verwendet Elemente grch. Volksmusik.

Theodosius I., der Große, Flavius, röm. Kaiser (379-395), 394 Alleinherrscher; verbot das Heidentum und den Arianismus (→ Arianer), teilte das Reich unter seine Söhne Arkadius und Honorius.

Theogonie [grch.] die, bei den alten Griechen Abstammungsgeschichte der Götter; Gedicht von → Hesiod.

Theokratie [grch. »Gottesherrschaft«] die, Herrschaftsform, in der religiöse und staatl. Ordnung eine Einheit bilden. Die Staatsgewalt wird von Priestern oder als gottähnlich angesehenen Monarchen ausgeübt (»Gottesstaat«).

Theokrit, grch. Dichter, aus Syrakus, etwa 300-260 v. Chr., begr. die bukol. Dichtung (→ Schäferdichtung).

Theologie [grch. »Lehre von Gott«] die, wissenschaftl. Lehre von den Glaubensinhalten des Christentums. Die **kath. T.** betrachtet sich als Wiss. vom geoffenbarten Glaubensinhalt, dessen Wahrheit feststeht und der aus der Hl. Schrift und der Tradition entnommen und im Sinne des kirchl. Lehramts ausgelegt wird. Auch die **evang. T.** ist Wiss. von den Glaubensinhalten, die sich aber ohne Bindung an Tradition und kirchl. Lehramt allein auf die Bibel stützt. Die **T. der Ostkirche** schöpft wie die kath. aus 2 Erkenntnisquellen: Hl. Schrift und Tradition; doch ist die Tradition im wesentl. auf die Lehre der anerkannten Ökumen. Konzilien, die Schriften der Kirchenväter und den dogmat. Gehalt der liturg. Bücher beschränkt.

Theologie der Befreiung, umstrittene theolog. Richtung aus S-Amerika, sucht dort aus dem Verständnis des Evangeliums die Armen in die Lage zu versetzen, gegen die sozialen Ungerechtigkeiten anzugehen.

Theophano, byzantin. Kaisertocher, * um 950, seit 972 Gemahlin des dt. Kaisers Otto II.; führte von 983 bis zu ihrem Tod (991) die Regentschaft für den unmündigen Otto III.

Theophrast, eigtl. **Tyrtamos,** grch. Philosoph, * 371, † 287 v. Chr., Schüler des Aristoteles, bekannt durch seine »Charaktere«. Seine »Pflanzengeschichte« wirkte bis ins MA.

Theorbe [ital.] die, ♩ eine Baßlaute.

Theorem [grch.] das, Lehrsatz.

Theorie [grch. »Anschauen«] die, wissenschaftl. Lehre, die alle Erscheinungen ihres Gebiets erklärt; sie wird gewonnen auf Grund von **Hypothesen** (Annahmen). Volkstümlich wird die T. oft in Ggs. zur Praxis gesetzt.

Theosophie [grch. »Gottesweisheit«] die, myst. Richtung, höheres Wissen um Gott und seine Geheimnisse durch unmittelbares inneres Schauen; bes. die von der Russin H. P. Blavatsky begr. Lehre vom Übersinnlichen, in der sich ind. und christl. Vorstellungen verbinden (Weltentwicklung in 7 Perioden, Wiederverkörperung des Menschen, schließlich Einswerden mit Gott). **Theosoph. Gesellschaft,** gegr. 1875 in New York, zur Pflege der T.

Therapeut [grch.] der, behandelnder Arzt.

Therapeutik die, Lehre von der Therapie.

Therapie [grch.] die, ♡ Behandlung der Krankheiten. **Symptomat. T.** erstrebt eine Linderung der Krankheitserscheinungen. **Kausale T.** sucht die Krankheitsursache zu beseitigen; sie kann **spezifisch** (d. h. auf den Krankheitser-

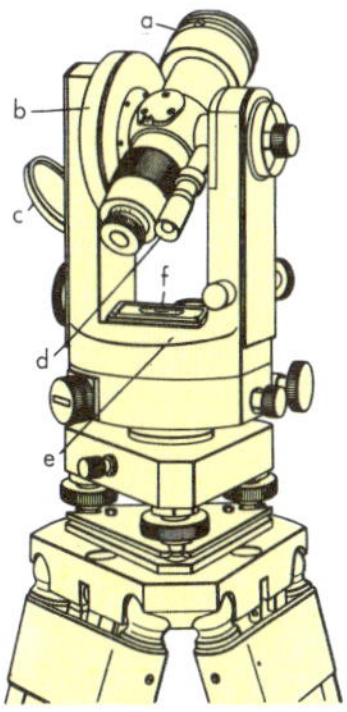

Theodolit, a Fernrohr (25fache Vergr.), b Vertikalkreis, c Beleuchtungsspiegel, d Ablesemikroskop für Horizontal- und Vertikalkreis, e Horizontalkreis, f Libelle

Theodosius I.

reger abgestimmt) oder **unspezifisch** sein, d.h. die Heilkräfte des Körpers unterstützen. Zur **physikal. T.** gehören viele Naturheilverfahren.

Theresia, 1) T. von Jesus, *1515, †1582, span. Mystikerin, reformierte den Karmeliterorden; Heilige (Tag: 15. 10.). **2) T. vom Kinde Jesus,** *1873, †1897; als **T. von Lisieux** durch ihre Wunder berühmt. Heilige (Tag: 1. 10.).

Theresi|enstadt, tschech. **Terezín** [t'ɛrɛzi:n], Stadt in der ČSFR, an der Eger, etwa 3000 Ew., 1780 als Festung gegr.; 1941-45 nat.-soz. Konzentrationslager.

Theriak [grch.] der, im Altertum berühmtes Gegengift gegen Schlangenbiß. **T.-Wurzel,** die Angelikawurzel, → Engelwurz.

Therme [grch. thermos »warm«] die, **1)** heiße Quelle. **2)** öffentl., meist prächtig ausgestattete Badeanstalt der Römer.

Thermidor [frz.], 11. Monat im frz. Revolutionskalender.

Thermik [grch.] die, Bildung von Luftströmungen durch Sonnenwärme. (→ Segelflug)

therm|ionischer Umwandler, Gerät zur direkten Umwandlung von Wärme in elektr. Energie; gas- oder dampfgefülltes Vakuumgefäß mit 2 metall. Elektroden mit unterschiedl. Austrittsarbeit, von denen diejenige mit der höheren Austrittsarbeit bis zur Elektronenemission erhitzt wird. Die Elektronen wandern zur anderen Elektrode und halten einen Strom in einem äußeren elektr. Kreis aufrecht.

Thermit [grch.] das, Mischung aus Aluminiumpulver und Eisenoxid; zum Schweißen.

thermo... [grch.], wärme...

Thermochemie, Lehre von den Wärmeerscheinungen bei chem. Vorgängen.

Thermodynamik, Teil der Wärmelehre, der die Beziehungen zw. der → Wärme und anderen Energieformen untersucht, ohne dabei auf die atomist. Struktur der Materie näher einzugehen (→ kinetische Wärmetheorie). 3 **Hauptsätze:** 1) Alle Energiearten können ineinander umgewandelt werden; Energie kann jedoch weder vernichtet noch aus dem Nichts erzeugt werden (Energieerhaltungssatz). 2) Verwandlung von Wärmeenergie in mechan. Energie ist nur dann möglich, wenn ein Temperaturgefälle vorhanden ist (Entropiesatz). 3) Der absolute Nullpunkt (−273,15 °C) ist unerreichbar.

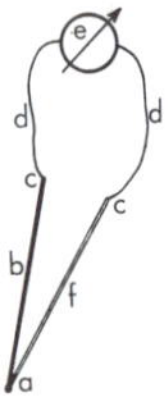

Thermoelement: a heiße Lötstelle, b Konstantan, c kalte Lötstellen, d Zuleitungen, e Meßinstrument, f Eisen

Thermoelektrizität [grch.], Elektrizität, die durch Wärme erzeugt wird.

Thermoelement, 2 Drähte aus versch. Metallen oder Legierungen, die an einem Ende (Meßstelle) miteinander hartgelötet oder verschweißt und deren beide anderen Enden über Ausgleichs- und Fernleitungen an ein Meßgerät angeschlossen werden. Wird die Meßstelle erwärmt, entsteht eine elektr. Spannung, die ein Maß für die Temperatur der Meßstelle ist; Meßbereich −200 bis +1600 °C. **Halbleiter-T.** dienen zur Energieerzeugung in Raumflugkörpern.

Thermograph [grch.] der, ♡ selbsttätiger Temperaturschreiber.

Thermometer

Thermometer [grch.] das, Instrument zum Messen der Temperatur. Die gewöhnl. T. sind Ausdehnungs-T., bei denen die Volumenänderung von Flüssigkeiten oder Gasen sichtbar gemacht wird (z.B. das **Quecksilber-T.,** −38 bis +400 °C, **Alkohol-T.** bis −110 °C). Die Ausdehnung oder Zusammenziehung wird an einer Skala gemessen, die nach Celsius in 100, nach Réaumur in 80, nach Fahrenheit in 180 Teile unterteilt ist, bezogen auf den Gefrierpunkt (0 °C, 0 °R, 32 °F) und Siedepunkt (100 °C, 80 °R, 212 °F) des Wassers bei einem Luftdruck von 1 atm. Beim **Maximum-T.** schiebt die Quecksilbersäule bei ihrem Steigen ein Eisenstäbchen vor sich her, das bei ihrem Zurückgehen liegenbleibt, oder aber der Quecksilberfaden selbst behält seinen höchsten Stand so lange bei, bis er durch Schütteln

Theseus

°C	°R	°F	K
100	80	212	373,15
90	72	194	363,15
80	64	176	353,15
70	56	158	343,15
60	48	140	333,15
50	40	122	323,15
40	32	104	313,15
30	24	86	303,15
20	16	68	293,15
10	8	50	283,15
0	0	32	273,15

Thermometer: Vergleich der Temperaturskalen von Celsius, Réaumur, Fahrenheit und Kelvin

zurückgeschlagen wird **(Fieber-T.). Minimum-T.** sind **Alkohol-T.** Sie enthalten in der Glasröhre einen Glasstift, der bei sinkender Temperatur mitgezogen wird, während bei steigender Temperatur der Alkohol über ihn hinwegfließt. **Maximum-Minimum-T.** sind Alkohol-T. mit einem Quecksilberfaden und 2 Eisenstäbchen. Zur Messung von Temperaturen an entfernter Stelle dient das **elektr. Widerstands-T.** (−200 bis +850 °C), das durch Wärmeunterschiede hervorgerufene Widerstandsänderungen mit einem Meßgerät anzeigt, und das → Thermoelement.

thermonuklear, durch Wärme angeregte Kernreaktionen, z.B. Kernfusion.

Thermoplaste Mz., feste Kunstharze, die sich durch wiederholtes Erwärmen immer wieder erweichen und verformen lassen.

Thermopylen [grch. »warme Pforten«] Mz., Engpaß mit Schwefelquellen in Mittelgriechenland. 480 v. Chr. fiel dort → Leonidas.

Thermosflasche, ein doppelwandiges Glasgefäß mit luftleerem Zwischenraum in einem Schutzmantel zum Warm- oder Kühlhalten von Flüssigkeiten (→ Weinhold).

Thermostat [grch.] der, Vereinigung eines Temperaturreglers mit einem Wärmegerät. Als Temperaturregler werden verwendet: **Bimetall-** (Bügeleisen), **Dehnrohr-** (Warmwassergeräte), **Flüssigkeitsdehn-Temperaturregler** (Waschmaschine); für größere Leistungen **Temperaturfühler** (z.B. Thermoelement), der mit Hilfsenergie auf elektr. Schalter, Gas- oder Dampfventil einwirkt.

Thersites, bei Homer der häßlichste Mann im grch. Heer von Troja, ein Lästermaul.

Thesaurierung [grch.] die, Ansammeln von Geld, das damit dem Umlauf entzogen wird. **Thesaurierungspolitik,** Schaffen finanzieller Reserven durch den Staat.

Thesaurus [grch. »Schatz«] der, Sammelwerk, umfassendes Wörterbuch.

These, Thesis [grch.] die, Satz, der eine Behauptung enthält, die erst bewiesen werden muß. **Antithese,** zur T. in Widerspruch stehende Behauptung.

Theseus, sagenhafter grch. König von Athen, bestand in seiner Jugend viele Abenteuer, tötete den Minotaurus (→ Minos).

Thespis, grch. Dichter; soll 534 v. Chr. in Athen die erste Tragödie aufgeführt haben; zog mit einem Wagen umher, daher: **T.-Karren,** Wanderbühne.

Thessalien, fruchtbare Beckenlandschaft im östl. Mittelgriechenland, Kornkammer des Landes; Hauptort: Larissa.

Thessalonicherbriefe, N. T.: 2 Briefe des Apostels Paulus an die Christen in Thessalonike.

Thessalonike, amtl. Name von → Saloniki.

Thetis, grch. Meeresgöttin, Gemahlin des Peleus, Mutter des Achill.

The|urgie [grch.] die, Beschwörung von Gottheiten.

Thiamin, das Vitamin B_1.

Thidrekssaga, altnord. Zusammenfassung der Dietrich-, Nibelungen- und Wielandsage, im 13. Jh. in Bergen entstanden.

Thielicke, Helmut, evang. Theologe, *1908, †1986; »Fragen des Christentums an die moderne Welt«.

Thiers [tj'ɛ:r], Adolphe, frz. Historiker, *1797, †1877; erster Präs. der Frz. Rep. (1871-73); »Histoire de la Révolution française«.

Thiess, Frank, Schriftst., *1890, †1977; »Tsushima«, »Caruso«, »Die grch. Kaiser« u.a.

Thietmar, Bischof von Merseburg, *975, †1018; Chronist des sächs. Kaiserhauses.

Thimig, Schauspielerfamilie. Hugo T., *1854, †1944. Tochter Helene T., *1889, †1974, 1933-46 mit ihrem Gatten Max Reinhard (†1943) in Amerika; Söhne von Hugo T.: Hermann T., *1890, Hans T., *1900.

Thing das, nord. Form von → Ding.

Thionville [tjɔ̃v'il], → Diedenhofen.

Thioplaste Mz., kautschukähnl. Kunststoffe, die durch Polykondensation z. B. aus Äthylenchlorid und Natriumpolysulfiden hergestellt werden.

Thisbe und **Pyramus,** babylon. Liebespaar in Ovids »Metamorphosen«, auch in Shakespeares »Sommernachtstraum«.

Thixotropie [grch.] die, Eigenschaft best. Gallerte oder Gele, ohne Temperaturerhöhung durch Schütteln oder Ultraschall verflüssigt zu werden und nach gewisser Zeit wieder zu gelieren.

Tholos die, grch. runder → Tempel.

Thoma, 1) Hans, Maler und Graphiker, *1839, †1924; Landschaften, beseelte, oft poetisierende Figurenbilder, Bildnisse; eindrucksvolle Lebenserinnerungen. **2)** Ludwig, Schriftst., *1867, †1921, schilderte in Erz. und Komödien die oberbayer. Menschen mit kernigem Humor.

Thomanerchor, Knaben- und Männerchor, gebildet aus den Schülern der Thomasschule (Gymnasium) zu Leipzig, deren Geschichte bis 1212 zurückreicht. **Thomaskantoren** waren u.a. 1701-22 J. Kuhnau, 1723-50 J. S. Bach, 1939-56 G. Ramin, 1961-72 E. Mauersberger, seit 1972 H. J. Rotzsch.

Thomas [hebr. »Zwilling«], männl. Vorname.

Thomas, 1) einer der Apostel, soll in Parthien und Indien gewirkt haben und um seines Glaubens willen gestorben sein (Tag 21. 12.). Die dortigen Christen werden deshalb **T.-Christen** genannt. **2) T. von Aquino,** *1225 oder 1226, †1274; Dominikaner, größter Vertreter der Scholastik; Heiliger (Tag 7. 3.). Er suchte die Lehre des Aristoteles mit der christl. Lehre

H. Thoma: Mädchen mit Strohhut

zu verschmelzen. Hiernach gibt es natürl. und übernatürl. Gotteserkenntnis. Natur und Gnade sind keine Gegensätze; die Gnade vollendet die Natur. Seine Anhänger heißen **Thomisten. 3) T. von Canterbury,** T. Becket, *um 1118, †1170; machte als Erzbischof von Canterbury die Rechte der Kirche gegenüber König Heinrich II. von England geltend; von dessen Anhängern ermordet. Heiliger (Tag 29. 12.). Novelle von C. F. Meyer »Der Heilige«, Schauspiele von T. S. Eliot, J. Anouilh. **4) T. a Kempis, T. von Kempen,** Mönch, *um 1380, †1471; lat. Erbauungsschrift »Nachfolge Christi«.

Thomas, 1) [tom'a], Ambroise, frz. Komponist, *1811, †1896; Oper »Mignon« u.a. **2)** [t'ɔməs], Dylan, engl. Schriftst., *1914, †1953.

Thomasius, Christian, Rechtslehrer, *1655, †1728; hielt seit 1687 Vorlesungen in dt. Sprache (an der Univ. Leipzig), bekämpfte die Hexenprozesse; einer der Führer der dt. Aufklärung.

Thomasmehl, gemahlene Thomasschlacke (Rückstand bei der Gewinnung von → Stahl nach dem Thomasverfahren); Phosphorsäuredünger.

Thomismus, Lehrrichtung innerhalb der kath. Theologie, die sich eng an Thomas von Aquino anschließt.

Thompson [tɔmpsn], Francis, engl. Dichter, *1859, †1907; symbol. Gedichte, Essays.

Thomson, 1) Sir Joseph John, engl. Physiker, *1856, †1940; entdeckte die atomist. Struktur der Elektrizität und das freie Elektron; Nobelpreis 1906. **2)** Sir William, seit 1892 **Lord Kelvin of Largs,** engl. Physiker, *1824, †1907; Mitbegründer der Thermodynamik, schuf die absolute Temperaturskala (→ Kelvinskala).

Thor, altnord. Gott, → Donar.

Thora [hebr. »Lehre«] die, → Pentateuch. **T.-Rolle,** Gesetzesrolle.

Thorax [grch.] der, **1)** ♡ Brustkorb (→ Brust). **2)** 🐝 Bruststück der Insekten.

Thoreau [θ'ɔ:rəʊ], Henry David, amerikan. Schriftst., *1817, †1862; naturphilosoph. Tagebücher (»Walden«); Sozialkritiker, Essayist.

Thorium das, **Th,** radioaktives chem. Element, silbergraues Metall, Ordnungszahl 90, D 11,7 g/cm³, Schmelzpunkt 1750 °C; findet sich in chemisch gebundener Form im Monazit. T. ist das Anfangsglied einer radioaktiven Zerfallsreihe (→ Radioaktivität), es geht unter Aussendung von Alphastrahlen in Mesothorium über. Verwendung als Legierungszusatz in der Elektronik, in Kernbrennstoffen.

Thorn, poln. **Toruń** [t'ɔrujn], Stadt in Polen, an der Weichsel, 191 000 Ew.; mittelalterl. Bauwerke; lebhafter Handel, Ind. – T., 1231 vom Deutschen Orden gegr., war Mitgl. der Hanse; seit dem **Thorner Frieden** (1411 und 1466) unter poln. Oberhoheit; 1793-1807, 1815-1919 preußisch.

Thorvaldsen, Bertel, dän. Bildhauer, *1770, †1844; Meister des Klassizismus.

Thot, altägypt. Gott des Mondes, der Schreibkunst und Wiss., mit Ibiskopf dargestellt.

Thraker, indogerman. Bewohner Thrakiens.

Thrakien, südöstl. Teil der Balkanhalbinsel, zw. Rhodope-Gebirge und Marmarameer; im O fruchtbares Hügelland. Anbau von Tabak, Obst; Schafzucht. – T. war seit 46 n. Chr. röm. Provinz (reichte bis zum Balkangebirge); gehört zu Griechenland und der Türkei.

Thriller [θr'ılə, engl.] der, Schauerroman, Reißer, Schlager.

Thrombose [grch.] die, Bildung fester Pfröpfe (**Thromben,** Ez. der **Thrombus**) in einem Blutgefäß, bewirkt Blutgefäßverstopfung (→ Embolie) und damit Kreislaufstörung. Meist entsteht T. durch Ablagerung der im

Thurgau Kanton

Blut schwimmenden Körperchen und durch Gerinnung.

Thrombozyten [grch.], Blutplättchen, → Blut.

Thronfolge, Regierungsnachfolge in der Monarchie.

Thronrede, Ansprache eines Herrschers bei Eröffnung der Parlamentssitzungen.

Thuja die, Pflanzengattung → Lebensbaum.

Thukydides, grch. Geschichtsschreiber, *um 460, †nach 400 v. Chr.; suchte in seiner »Geschichte des Peloponnes. Krieges« das Geschehen in seiner Tatsächlichkeit darzustellen.

Thule, 1) im Altertum sagenhaftes Land im hohen N; später sprichwörtlich als äußerstes Land am Nordrand der Welt **(ultima Thule). 2)** neuerdings **Dundas** [d'ʌndæs], Flugstützpunkt der USA in NW-Grönland.

Thüringen (1921-33)

Thulium das, **Tm,** chem. Element aus der Gruppe der → Lanthanoiden.

Thumb, Baumeisterfamilie, gehörte zur Vorarlberger Bauschule; 1) Michael, †1690; 2) Peter, *1681, †1766, Sohn von 1), baute die Wallfahrtskirche Neubirnau, die Stiftsbibliothek St. Gallen.

Thun, Bez.-Hptst. im Kt. Bern, Schweiz, 37400 Ew., am Ausfluß der Aare aus dem **Thuner See;** altertüml. Stadtbild, Fremdenverkehr; Ind.

Thunder Bay [θ'ʌndə beɪ], Hafenstadt in der kanad. Prov. Ontario, 111500 Ew.

Thünen, Johann Heinrich v., *1783, †1850; entwickelte eine Standortlehre der Landwirtschaft: Art und Intensität der Bodennutzung hängen von der Entfernung zum Markt ab **(Thünensche Kreise);** Begr. der Produktivitätstheorie.

Thunfisch, Makrelenfisch des Mittelmeeres und westl. Atlantiks, wertvoller Nutzfisch, bis 5 m lang, 600 kg schwer.

Thurber [θ'ə:bə], James, amerikan. Schriftst., Karikaturist, *1894, †1961; Humoresken, Satiren, Tiergeschichten (»75 Fabeln für Zeitgenossen« u. a.).

Thymian: Garten-T.

Thurgau, Kt. der Schweiz, 1013 km², 195500 Ew.; Hptst.: Frauenfeld. Hügelland im SW des Bodensees, beiderseits der zum Rhein fließenden Thur. Viehzucht, Obstbau, Textilind. – Der T. wurde 1460 von den Schweizern erobert; seit 1803 selbständiger Kanton.

Thüringen, ehem. Land des Dt. Reichs, (1939) 11760 km², 1,7 Mio. Ew., umfaßte Thüringer Wald, Frankenwald und das vorgelagerte Thüringer Becken. – Das Kgr. T. der → Hermunduren wurde 531 von den Franken und Sachsen erobert. Von Mitte des 11. Jh. bis 1247 herrschten die fränk. Ludowinger (seit 1130 Landgrafen). Nach ihrem Aussterben wurde T. 1263 wettinisch. Bei der wettin. Landesteilung 1485 fiel es größtenteils der ernestin. Linie zu (→ Sachsen). Daneben gab es das albertin. T., das 1815 preußisch wurde, sowie die selbständigen Fstt. Reuß ältere und jüngere Linie, Schwarzburg-Rudolstadt und -Sondershausen. 1918 wurden sämtl. thüring. Länder Freistaaten; 1920 vereinigten sie sich, mit Ausnahme von Coburg, das an Bayern kam, zum Freistaat T. Das 1946 gebildete Land T. der Dt. Dem. Rep. wurde 1952 durch die Aufteilung in die Bez. Erfurt, Suhl, Gera aufgelöst.

Tiahuanaco: Bennett-Stele

Thüringer, dt. Stamm zw. Harz, Eichsfeld und Pleiße, in der Völkerwanderungszeit durch die Verschmelzung von Hermunduren, Angeln und Warnen entstanden.

Thüringer Wald, waldreiches Mittelgebirge in Mittel-Dtl., zw. der Werre im W von Eisenach und dem Frankenwald. Höchste Gipfel: Großer Beerberg 984 m, Schneekopf 978 m, Inselsberg 916 m. (→ Rennstieg)

Thurn, Heinrich Matthias, *1567, †1640; Burggraf von Karlstein in Böhmen, veranlaßte 1618 den Aufstand der Protestanten in Prag (Beginn des Dreißigjährigen Kriegs).

Thurn und Taxis, fürstl., aus der ital. Familie Taxis hervorgegangenes Geschlecht, das im 16.-19. Jh. das Generalpostmeisteramt im Dt. Reich und den südl. Niederlanden besaß; seit 1695 Reichsfürsten.

Thusnelda, Gattin des → Arminius.

Thutmosis, 4 ägypt. Könige der 18. Dynastie, darunter **T. I.** (1530-20 v. Chr.) und **T. III.** (1504-1450), der Ägypten zum Weltreich machte.

Thymian [grch.] der, **Quendel,** krautige bis halbstrauchige, purpurblütige Lippenblütlergatt. mit würzigen Blättern: **Feld-T.** und der angebaute **Garten-T.** aus S-Europa, der als Gewürz und für Hustenmittel verwendet wird.

Thymin das, Pyrimidinbase der Nucleinsäure, eine der 4 Basen des genet. Codes.

Thymol das, im Thymianöl enthaltene Verbindung; wirkt keimtötend, für Mundwässer.

Thymus [grch.] der, -/...mi, **Thymusdrüse, Bries,** Immunorgan und endokrine Drüse bei Mensch und Wirbeltieren. Der T. ist bes. in der Jugend während des Wachstums tätig und bildet sich später zurück. Beim Menschen liegt der T. vor dem Herzbeutel, hinter dem Brustbein. Der T. hat eine entscheidende Funktion für die Ausreifung und Differenzierung der für die immunolog. Abwehr wesentl. Lymphozyten (Träger der zellvermittelten Immunität). Neuerdings wird der T. auch wieder als hormonproduzierendes Organ angesehen (→ innere Sekretion).

Thyratron [grch.] das, steuerbarer Quecksilberdampfgleichrichter, für automat. Steuerungen, zur Erzeugung von Kippschwingungen, zur Gleichrichtung; heute weitgehend durch den → Thyristor verdrängt.

Thyristor [Kw.] der, steuerbares, gleichrichtendes Halbleiterventil, hat 4 Schichten mit abwechselnder p- und n-Leitfähigkeit (→ Halbleiter), 3 Sperrschichten, 3 Elektroden: Anode, Kathode, Steuerelektrode.

Thyroxin [grch.] das, Hormon der Schilddrüse.

Thyrsus [grch.] der, Stab der Bacchanten.

Thyssen, August, *1842, †1926; das von ihm 1867 gegr. Eisenwerk in Mülheim a. d. Ruhr wurde einer der größten dt. Montankonzerne.

Ti, chem. Symbol für Titan.

Tiahuanaco, indian. Ruinenstätte am Titicacasee in Bolivien. Die **T.-Kultur** hatte ihre Blütezeit um 300-600 n. Chr.

Tiara [grch.] die, **1)** Kopfbedeckung der altpers. Könige. **2)** mit 3 Kronen geschmückte, außerliturg. Kopfbedeckung des Papstes; seit 1963 außer Gebrauch.

Tiber der, ital. **Tevere,** drittlängster, beschränkt schiffbarer ital. Fluß, durchfließt Rom, mündet in das Tyrrhen. Meer, 405 km lang.

Tiberias, Stadt in Israel, am Westufer des Sees Genezareth, 28000 Ew.; seit etwa 135 n. Chr. Hauptsitz der jüd. Gelehrsamkeit.

Tiberius, T. Julius Caesar Augustus, vor der Adoption **T. Claudius Nero,** röm. Kaiser (14-37 n. Chr.), *42 v. Chr., †37 n. Chr., Stief- und Adoptivsohn des Augustus, siegreicher Feldherr in Germanien und Pannonien.

Tibesti, Gebirgsland in der mittleren Sahara, im Emi Kussi 3415 m hoch; Oasen mit Dattelpalmen.

Tibet, amtl. **Xizang Zizhiqu** [hsjidzaŋ dzidʒitʃy], Autonome Region der VR China, in Innerasien, 1,217 Mio. km², 2 Mio. Ew. (lamaist. Tibeter); Hptst.: Lhasa. Gliederung: 1) Hochebene von Nord-T. (rd. 5000 m hoch) mit Wüstenstrichen und zahlreichen Salzseen zw. Kun-lun und Tangla-Gebirge im N und Transhimalaya im S; 2) Tal von Süd-T. zw. Transhimalaya und Himalaya (Hauptanbaugebiet);

3) zerklüftetes Bergland im O. Binnenklima, starke Temperaturunterschiede. Anbau (in den Tälern): Gerste, Mais, Tee; wichtige Viehzucht (Jaks, Schafe, Pferde). Die Bodenschätze (Salz, Borax, Gold) sind wenig erschlossen. Teppichherstellung; Ind. (Textilien, Leder u.a.) im Aufbau. Ⓖ Zugleich mit der Einigung der tibet. Stämme und der Gründung Lhasas im 7. Jh. drang der Buddhismus ein, hier zum → Lamaismus umgeformt. Seit dem 13. Jh. erkannte der Dalai Lama die Oberhoheit des chines. Kaisers an, doch blieb die Verbindung locker, bis sie sich nach dem Sturz der chines. Monarchie (1911) fast vollständig löste. T. wurde 1951 v. China eingegliedert. 1959/60 kam es zu Aufständen gegen die chines. Herrschaft; 1959 Flucht des Dalai Lama nach Indien. 1965 wurde T. zur Autonomen Region erklärt. ⊕ S. 483.

Tibull, Albius **Tibullus,** röm. Elegiendichter, †19 v. Chr.

Ticino [tiʃ'i:no], ital. Name des Tessin.

Tick [frz.] der, Gesichtszucken; Ü Schrulle, lächerl. Gewohnheit.

Ticket [engl.] das, Fahrschein, Einlaßkarte.

Tide [nd.] die, Flut. **Tiden,** Gezeiten.

Tieck, Ludwig, *1773, †1853, Dichter der → Romantik, schrieb Märchen, Schauspiele, Gedichte, Novellen, Romane; Hg. der von T.s Tochter Dorothea und dem Grafen W. Baudissin fortgeführten Schlegelschen Übersetzung Shakespeares.

Tief das, **Tiefdruckgebiet, Barometrisches Minimum, Depression,** Gebiet niedrigen Luftdruckes, bringt feuchtkühles Wetter.

Tiefbau, Bauarbeiten zu ebener Erde, in und unter der Erde, wie Straßen-, Eisenbahn-, Wasser-, Bergbau, Kanalisation.

Tiefbohrungen, drehende oder stoßende Erdbohrungen zum Aufsuchen von Lagerstätten und Fördern von Bodenschätzen. Der Bohrer hängt in einem Gerüst, dem Bohrturm, und wird maschinell angetrieben.

Tiefdruck, 1) alle Druckverfahren, bei denen eine in die Platte vertieft eingearbeitete Zeichnung eingefärbt und durch scharfen Druck herausgehoben wird. **2)** bes. der **Rakel-T.** von geätzten Kupferplatten oder -walzen zur Herstellung illustrierter Zeitungen, Werbeschriften usw. im Ein- und Mehrfarbendruck. Auf lichtempfindl. Gelatinepapier (Pigmentpapier) wird ein Tiefdruckraster und die als Diapositiv vorbereitete Bildvorlage kopiert. Die Kopie wird feucht auf die Kupferwalze aufgequetscht und diese stufenweise mit Eisenchlorid geätzt. Zum Druck wird die Oberfläche der Walze mit dünner Farbe eingefärbt und der Überschuß von einem Stahlband, der Rakel, abgestreift.

Tiefengesteine, → Gesteine.

Tiepolo: Selbstbildnis mit seinem Sohn

Tiefenpsychologie, Denk- und Forschungsrichtung der neueren Psychologie, die das Unbewußte und seine Einwirkungen auf das Seelenleben in den Mittelpunkt rückt.

Tiefenschärfe, → Schärfentiefe.

Tiefgang, ⚓ Abstand von der Wasseroberfläche bis zur Unterkante des Kiels.

Tiefkühlung, Einfrieren und Lagern von Lebensmitteln unter −18 °C in **Tiefkühlräumen** (Gewerbe) und **Tiefkühltruhen** (Haushalt).

Tiefsee, ⊕ über 4000 m tiefe Meeresgebiete. Die Wärme erreicht selbst in den heißen Gegenden nur wenig Grad über Null, Pflanzen leben nur bis zu 400 m Tiefe, außer best. Bakterien auch noch Tiere in den größten Tiefen. Die **T.-Forschung** untersucht Gestalt und Beschaffenheit des Meeresbodens, Temperatur, Strömung, Salz- und Gasgehalt des Wassers und die Tierwelt. **T.-Gräben,** lange, schmale Einsenkung des Meeresbodens, die z. T. bis über 10 000 m tief sind, bes. am Rande des Stillen Ozeans (11 022 m). Im Sinne der Plattentektonik werden die T.-Gräben als Verschluckungszonen, die untermeer. Rücken als Dehnungszonen der Erdkruste gedeutet, die durch Eindringen vulkan. Schmelzen erweitert werden. **T.-Tiere** sind an Finsternis und Nahrungsarmut ihres Lebensraumes angepaßt. Sie leben von organ. Stoffen, die aus den oberen Meeresschichten absinken, oder sind Räuber. Viele T.-Tiere haben Leuchtorgane, einige große, leistungsfähige Augen (z. B. Teleskopfische), andere verkümmerte Lichtsinnesorgane. (BILD S. 890)

Tieftemperaturphysik die, Spezialgebiet der Physik, das sich mit der Erzeugung und Messung extrem tiefer Temperaturen (unter 80 K) sowie mit den bei solchen Temperaturen auftretenden Prozessen und Materialeigenschaften beschäftigt (→ Supraleitung, → Kryotechnik).

Tiegel der, → chemische Geräte (BILD).

Tiegeldruckpresse, Buchdruckpresse mit feststehender Druckform und bewegl., druckendem Eisenfundament (Tiegel).

Tiegelstahl, in feuerfesten Tontiegeln mit Graphitzusatz aus Eisen erschmolzener Stahl.

Ti|en shan [-ʃan], stark vergletschertes Gebirge in Innerasien, an der Grenze zw. UdSSR und Sinkiang, im Pik Pobedy 7439 m hoch.

Ti|entsin, amtl. **Tianjin** [tjandʒin], Hafenstadt in der Prov. Hebei, China, im SO von Peking, eigene Verwaltungsregion, 8,1 Mio. Ew.; wichtigster Handelsplatz N-Chinas am schiffbaren Paiho und Kaiserkanal. Bahnknoten, Flughafen; Univ. u. a. Hochschulen; Schwer-, Maschinen-, Textilind.

Tiepolo, Giovanni Battista, ital. Maler, *1696, †1770; Meister des venezian. Rokokos, tätig auch in Würzburg und Madrid.

Tiere, Lebewesen, bei denen i. Ggs. zu den Pflanzen die Gewebezellen nicht von einer Zellwand umgeben sind, Bewegungsvermögen und Empfindungsleben hervortreten und vor allem im Stoffwechsel Zerfall organ. Stoffe vorherrscht; dieser führt zu reichl. Ausscheidung von stickstoffhaltigen Stoffen und Kohlensäure und bedingt, daß die T. von Pflanzen oder anderen T. als Quellen organ. Nahrung abhängig sind (Heterotrophie). Das Bewegungsvermögen tritt bei gewissen T. so zurück, daß diese lange als Pflanzen gegolten haben; Seerosen, Korallen, Schwämme. Der Körper der T. besteht aus einer einzigen Zelle (Einzeller) oder aus vielen (Vielzeller), die infolge Arbeitsteilung versch. Gewebe und Organe bilden. Die Größe der T. beträgt von einigen Tausendstel Millimeter (Protozoen) bis über 30 m (Blauwal). Die Zahl der festgestellten lebenden T.-Arten wird mit über 1 Mio. angegeben. (ÜBERSICHT S. 891)

tierfangende Pflanzen, ✿ **insektenfressende** oder **fleischfressende Pflanzen,** Pflanzen,

Tieck

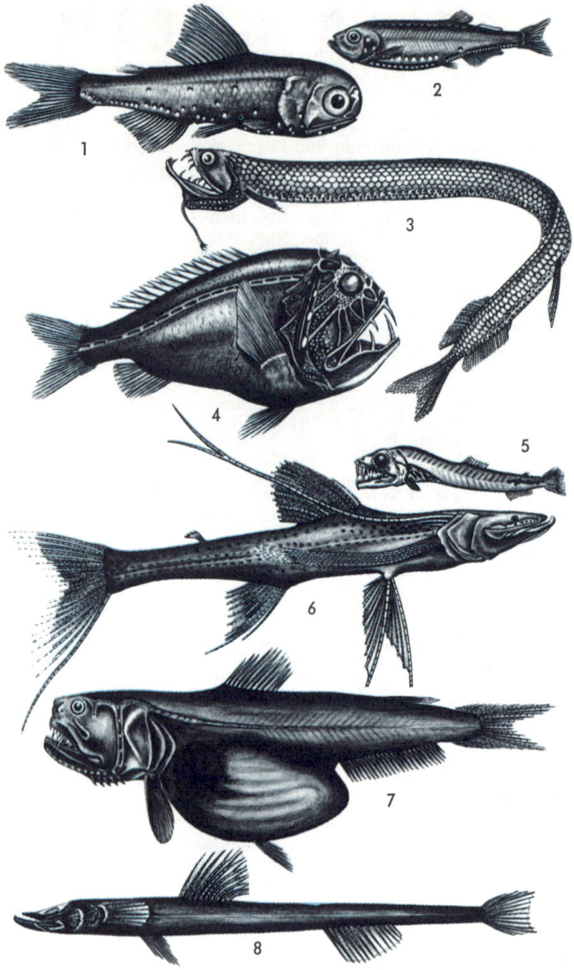

Tiefsee: T.-Fische: **1** Laternenfisch, bis 10 cm, steigt bis zur Oberfläche auf. **2** Leuchtsardine, bis 5 cm, mittlere Meerestiefe. **3** Schlangenfisch, etwa 20 cm, 2000 m Tiefe. **4** Panzerkopf, etwa 10 cm, 1500-3000 m Tiefe. **5** Zwerglaternenfisch, etwa 2 cm, 2000 m Tiefe. **6** Spinnenfisch, bis 25 cm, Bodenbewohner, 5000 m Tiefe. **7** Säbelzahnfisch, 14 cm, 2000 m Tiefe. **8** Blinder Spinnenfisch, etwa 15 cm, Tiefseeboden

die neben der gewöhnl. pflanzl. Ernährungsweise Kleintiere (Insekten, Spinnen u. a.) festhalten und verdauen, meist mit Hilfe eines pepsinhaltigen Saftes. Von den fast 500 bekannten t. P. leben in Mitteleuropa hauptsächlich: Sonnentau, Fettkraut, Wasserschlauch. Außerdem gehören dazu: Venusfliegenfalle, Kannenpflanzen u. a. (BILD S. 892)

Tiergarten, → Zoologischer Garten.

Tierhalterhaftung, ⚖ → Gefährdungshaftung des Halters eines Tieres für jeden Schaden, den das Tier anrichtet (§ 833 BGB).

Tierheilkunde, Veterinärmedizin, beschäftigt sich mit den Krankheiten der Tiere, umfaßt auch Einrichtung zur Bekämpfung von Tierseuchen und zum Schutz des Menschen gegen die von Haustieren auf den Menschen übertragbaren Krankheiten (Fleischbeschau, tierärztl. Milchkontrolle). Die **Tierärzte** haben Hochschulausbildung und sind bestallt (approbiert).

Tigerauge

Tierkohle, Knochenkohle, → Kohlenstoff.

Tierkreis, Zodiakus, Ekliptik mit den 12 Sternbildern, den **T.-Zeichen** Widder, Stier, Zwillinge, Krebs, Löwe, Jungfrau, Waage, Skorpion, Schütze, Steinbock, Wassermann, Fische. Um Christi Geburt lag der Anfang des T., der Frühlingspunkt, im Widder; heute fällt er wegen der Präzession in das Sternbild der Fische. Für astrolog. Zwecke wurden die »Zeichen« in ihrer alten Folge beibehalten, so daß heute das Zeichen des Widders in die Fische, das Zeichen des Stiers in den Widder usw. fällt.

Tierkreislicht, → Zodiakallicht.

Tierkult, relig. Verehrung best. Tiere bei Naturvölkern, auch bei den Ägyptern, → Totemismus.

Tierkunde, Zoologie [grch.] die, Wiss. von den Tieren, Teilgebiet der Biologie; sie erforscht Gestalt und Körperbau (Morphologie, Anatomie), Lebenstätigkeiten (Physiologie), Entwicklungs- und Stammesgeschichte (einschließlich Paläontologie), Erbgeschehen (Genetik), Umweltbeziehungen (Ökologie), Verbreitung (Tiergeographie), Verhalten (Tierpsychologie).

Tierpsychologie, Wiss. vom Seelenleben der Tiere. Vorläufer der → Verhaltensforschung.

Tierra [span. »Land«] die, in den trop. Gebirgsländern Lateinamerikas (Mexiko bis Bolivien) Bez. für die klimat. Höhenstufen.

Tierra del Fuego [-fu'eγo], span. für → Feuerland.

Tierschutz kämpft gegen Mißhandlung, Vernachlässigung und Quälerei von Tieren und setzt sich für die Erhaltung der freilebenden Tiere ein (→ Naturschutz; → Schonzeit).

Tiers état [tjɛ:rzet'a], → Dritter Stand.

Tiersoziologie, Lehre von der Vergesellschaftung der Tiere **(Tiergesellschaften).**

Tiersprache, Kommunikationsform der Tiere; die Bedeutung der Signalzeichen ist meist angeboren, braucht nicht erlernt zu werden. Lock-, Warn-, Drohrufe der Vögel; Tanz der Bienen; Lautäußerungen und Gebärden der Affen.

Tierstöcke, Tierkoloni|en, Ansammlungen von Tieren, die durch Knospung oder Teilung aus einem Einzelwesen hervorgehen und körperlich verbunden sind; z. B. bei Schwämmen.

Tierversicherung versichert Zucht- und Nutztiere gegen Tod, Nottötung, Seuchen, Diebstahl u. a.

Tierversuche, i. w. S.: Experimente zur Erforschung der Tiere, i. e. S.: Eingriffe an lebenden Tieren, irrtümlich oft **Vivisektionen** genannt. Diese sind nach § 5 des Tierschutzges. verboten, jedoch können sie wissenschaftlichen Instituten und Laboratorien unter bestimmten Voraussetzungen genehmigt werden.

Tiflis, georg. **Tbilissi,** Hptst. der Grusin. SSR, an der Kura, 1,21 Mio. Ew.: Kulturzentrum Transkaukasiens; Univ. u. a. Hochschulen; Verkehrsknoten; bed. Ind.; Mineral-, Schwefelquellen. Patriarchat (georgisch-orthodox).

Tiger der, asiat. Großkatze, gelbbraunweiß mit schwarzen Querstreifen; lebt in dichtbewachsenen Gebieten. Der T. schlägt große Säugetiere und greift auch den Menschen an. **Bengal. T.** (Königs-T.) im ind. Dschungel; **Sibir. T.** (BILD S. 891)

Tiger|auge, braun und gelb schillernder Quarz, Schmuckstein.

Tigerschlange, ind. Riesenschlange.

Tiglatpileser, mehrere assyr. Könige, darunter **T. I.** (1115-1077 v. Chr.) und **T. III.** (744 bis 727 v. Chr.), der Gründer der neuassyr. Großmacht.

Tigris der, Strom in Vorderasien, Mesopotamien, 1950 km lang, vereinigt sich mit dem

Natürliches System der Tiere

Insgesamt über 1 Mio. heute noch lebende Arten. Über die systemat. Zuordnung bestehen z. T. unterschiedl. Auffassungen; zugrunde gelegt ist die Systematik in »Lb. der Speziellen Zoologie von A. Kaestner (1965 ff.)

	Ungefähre Zahl der Arten
Unterreich Protozoa (Protozoen, Urtiere, Einzeller)	20 000
Stamm Rhizopoda (Wurzelfüßer)	
Klasse Amoebina (Amöben, Wechseltierchen)	
Klasse Foraminifera (Foraminiferen, Kammerlinge)	
Klasse Heliozoa (Sonnentierchen)	
Klasse Radiolaria (Radiolarien, Strahlentierchen)	
Stamm Flagellata (Geißeltierchen)	
Stamm Sporozoa (Sporentierchen)	
Stamm Ciliata (Wimperinfusorien)	
Unterreich Metazoa (Vielzeller)	1 049 000
Stamm Mesozoa (Mesozoen)	50
Stamm Porifera (Schwämme)	5 000
Stamm Coelenterata (Zölenteraten, Hohltiere)	9 000
Stamm Plathelminthes (Plattwürmer, Plathelminthen)	12 400
Klasse Cestodes (Bandwürmer)	3 400
Klasse Trematodes (Saugwürmer)	6 000
Klasse Turbellaria (Strudelwürmer)	3 000
Stamm Nemertini (Schnurwürmer)	800
Stamm Kamptozoa (Kelchwürmer)	60
Stamm Nemathelminthes (Rundwürmer oder Schlauchwürmer)	12 500
Klasse Nematodes (Fadenwürmer)	10 000
Klasse Gastrotricha (Bauchhaarlinge)	150
Klasse Acanthocephala (Kratzer)	500
Klasse Rotatoria (Rädertierchen)	1 500
Klasse Nematomorpha (Saitenwürmer)	230
Klasse Kinorhyncha	100
Stamm Priapulida (Priapswürmer)	4
Stamm Mollusca (Weichtiere)	128 000
Klasse Solenogastres (Wurmschnecken)	150
Klasse Polyplacophora (Käferschnecken)	1 000
Klasse Monoplacophora	2
Klasse Gastropoda (Schnecken)	105 000
Klasse Scaphopoda (Grabfüßer, Zahnschnecken)	350
Klasse Bivalvia oder Lamellibranchiata (Muscheln)	20 000
Klasse Cephalopoda (Kopffüßer oder Tintenfische)	730
Stamm Sipunculida (Spritzwürmer)	250
Stamm Echiurida (Igelwürmer)	150
Stamm Annelida (Ringelwürmer)	8 700
Stamm Onychophora (Stummelfüßer)	70
Stamm Tardigrada (Bärtierchen)	180
Stamm Pentastomida oder Linguatulida (Zungenwürmer)	60
Stamm Arthropoda (Gliederfüßer)	816 000
Klasse Crustacea (Krebstiere)	35 000
Klasse Arachnida (Spinnentiere)	36 000
Klasse Pantopoda (Asselspinnen)	500
Klasse Insecta (Insekten)	700 000–800 000
Klasse Myriapoda (Tausendfüßer)	1 700
Stamm Tentaculata (Kranzfühler)	8 300
Klasse Phoronidea (Hufeisenwürmer)	2 040
Klasse Bryozoa (Moostierchen)	6 000
Klasse Brachiopoda (Armfüßer)	260
Stamm Branchiotremata (Kragentiere)	100
Klasse Enteropneusta (Eichelwürmer)	70
Klasse Pterobranchia (Flügelkiemer)	30
Stamm Echinodermata (Stachelhäuter)	7 500
Klasse Crinoidea (Haarsterne)	550
Klasse Holothuroidea (Seewalzen, Seegurken)	600
Klasse Echinoidea (Seeigel)	750
Klasse Asteroidea (Seesterne)	2 000
Klasse Ophiuroidea (Schlangensterne)	1 600
Stamm Pogonophora (Bartträger)	24
Stamm Chaetognatha (Pfeilwürmer, Borstenkiefer)	30
Stamm Chordata (Chordatiere)	47 630
Unterstamm Tunicata (Manteltiere)	1 600
Unterstamm Acrania (Schädellose)	30
Unterstamm Vertebrata (Wirbeltiere)	46 000
Überklasse Pisces (Fische)	25 000
Klasse Cyclostomata (Rundmäuler)	45
Klasse Chondrichthyes (Knorpelfische)	600
Klasse Osteichthyes (Knochenfische)	24 000
Überklasse Tetrapoda (Vierfüßer)	21 000
Klasse Amphibia (Lurche)	3 000
Klasse Reptilia (Kriechtiere)	5 000
Klasse Aves (Vögel)	9 000
Klasse Mammalia (Säuger)	4 000

Euphrat zum Schatt el-Arab; Flußschiffahrt im Ausbau.

Tijuana [tixu'ana], Stadt in NW-Mexiko, nahe der Grenze zu den USA, 461 500 Ew.

Tikạl, vermutl. älteste Stadt (rd. 16 km^2 große, z. T. rekonstruierte Anlagen) der Maya im nördl. Guatemala, mit Tempelpyramide (70 m hoch).

Tilburg [t'ilbyrx], Industriestadt in der Prov. Nordbrabant, Niederlande, 154 000 Ew.; Textil- und Metall-Ind., kultureller Mittelpunkt des niederländ. Katholizismus.

Tiger: Königs-T.

Tilbury [t'ɪlbərɪ] der, leichter, zweirädriger, einspänniger Wagen.

Tilbury

Tilde [span.] die, **1)** Lautzeichen über dem span. n (ñ) bedeutet die Aussprache ɲ, z. B. señor [sɛɲ'or]. **2)** in Wörterbüchern Wiederholungszeichen ausgelassener Buchstaben oder Silben, z. B. Kopf, ~haut, ~schmuck, ~tuch.

Tilgung die, ⚖ **1)** Rückzahlung einer Schuld (in einem Betrag oder in Raten). **2)** Löschung einer Eintragung im Strafregister **(Straf-T.).**

Tillich, Paul, evang. Theologe, *1886, †1965; Prof., seit 1933 in den USA. »Systemat. Theologie«.

Tillier [tilj'e], Claude, frz. Schriftst., *1801, †1844; humorist. Kleinstadtroman »Mein Onkel Benjamin«; philosoph., polit. Streitschriften.

Tilly, Johann **Tserclaes** Graf v., *1559, †1632, Heerführer der kath. Liga im Dreißigjährigen Krieg; besiegte 1620 am Weißen Berge bei Prag die protestant. Böhmen, 1626 bei Lutter am Barenberge den Dänenkönig Christian IV., erstürmte 1631 Magdeburg, wurde aber von Gustav Adolf bei Breitenfeld (1631) und bei Rain am Lech (1632) besiegt und hierbei tödlich verwundet. (BILD S. 893)

Tilly

Tilsit, russ. **Sowjetsk,** ehem. Stadt in Ostpreußen, 41 000 Ew.; Hafen an der Memel; Nahrungsmittel-, Möbel-, Maschinenind. – Im **Tilsiter Frieden** von 1807 verlor das von Napoleon I. besiegte Preußen alle Gebiete westlich der Elbe.

Timbre [t'ɛ̃br, frz.] der, das, Klangfarbe.

Tirol

Timbuktu, Stadt in Mali, 20000 Ew.; 6 km nördlich vom Niger; Schnittpunkt alter Karawanenstraßen; bis zum 17. Jh. Handels- und Kulturmittelpunkt der islam. Welt; Flugplatz.

time-sharing [t'aɪmʃeərɪŋ, engl.] das, Verfahren, das eine zentrale Datenverarbeitungsanlage mehreren Benutzern gleichzeitig zur Verfügung stellt.

timid [lat.], furchtsam, zaghaft. **Timidität** die, Schüchternheit.

Timing [t'aɪmɪŋ, engl.] das, zeitl. Abstimmung und Einteilung im Ablauf von Tätigkeiten.

Timmendorfer Strand, Ostseebad an der Lübecker Bucht, Schlesw.-Holst., 11500 Ew.

Timmermans, Felix, fläm. Dichter und Maler, *1886, †1947; Erz. voll Naturliebe und Frömmigkeit.

Timokratie [grch.] die, Staatsverf., in der polit. Rechte nach Vermögen abgestuft sind.

Timor, größte der Kleinen Sundainseln, 34000 km², rd. 3,1 Mio. Ew.; gebirgig; Ausfuhr: Kaffee, Kopra, Wachs, Sandelholz. – Die niederländ.-portugies. Rivalität auf T. führte seit dem 17. Jh. zur Teilung der Insel; der niederländ. Teil (W-T.; Hauptort: Kupang) wurde 1949 indonesisch. 1975 besetzten indones. Truppen Portugiesisch-T., das 1976 offiziell dem indones. Staat eingegliedert wurde.

Timoschenko, Semjon, sowjet. Marschall, *1895, †1970; bis 1941 an der Westfront, dann an der Südfront, koordinierte 1943-45 die sowjet. Aktionen in SO-Europa.

Timothe|us, Begleiter des Paulus; Märtyrer; Heiliger (Tag 26. 1.).

Timur-i-Läng [»T. der Lahme«], daraus **Tamerlan,** mongol. Eroberer, *1336, †1405, unterwarf Mittelasien, Nordindien, Persien und Teile Vorderasiens; sein Herrschersitz war Samarkand.

Tinktur [lat.] die, Arzneikunde: dünnflüssiger Auszug aus pflanzl. oder tier. Stoffen.

Tinnef, Tinef [jidd.] der oder das, Schund, Schwindelware.

Tinte die, Schreibflüssigkeit. Die heute vorwiegend als **Schreib-T.** verwendeten blau- und andersfarbigen T. sind wäßrige Lösungen von lichtbeständigen Teerfarbstoffen mit Zusätzen. **Sympathet. T. (Geheim-T.)** werden erst durch best. Behandlung (Erwärmen oder chem. Einwirkung) sichtbar.

Tintenfische, zweikiemige → Kopffüßer, eingeteilt in Achtfüßer **(Kraken)** und Zehnfüßer **(Kalmare).**

Tintenstrahldrucker, ein → Matrixdrukker.

Tintoretto, eigtl. Jacopo **Robusti,** ital. Maler, *1518, †1594, schuf v. a. religiöse Gemälde von ausdrucksstarker, leidenschaftlich bewegter Gestaltung. In den frühen Werken sind die Farben zu höchster Leuchtkraft gesteigert, in der Spätzeit wurde die Farbe zu einer oft fahlbleichen Lichterscheinung, die das dramat. Geschehen ins Unwirkliche hebt. Tafel- und Wandbilder in Venedig. (BILD S. 893; weiteres BILD italienische Kunst)

Tip [engl.] der, Wink, Hinweis auf Erfolgsaussichten, Vorhersage.

Tipi das, kegelförmiges Stangenzelt nordamerikan. Indianer, mit gegerbten Bisonfellen bespannt.

Tipperary [tɪpər'eərɪ], Cty. im Süden Irlands, 4254 km², 136500 Ew.; bekannt durch das engl. Soldatenlied: »It's a long way to T.«.

T.I.R., Abk. für Transport International de Marchandises par la Route [trãspɔ:r ɛ̃tɛrnasjɔnal də marʃãdi:z par la rut], von Zollbehörden vergebenes Kennzeichen für Lkw, berechtigt zu beschleunigter Abfertigung an der Grenze.

Tirade [frz.] die, Wortschwall.

Tirana, Hptst. Albaniens, 216000 (meist muslim.) Ew.; Seiden-, Teppichweberei; in der Umgebung Wein-, Tabak-, Reisanbau.

Tiresias, Teiresias, altgrch. blinder Seher aus Theben, selbst in der Unterwelt begnadet.

Tirol, österr. Bundesland, 12648 km², 609700 Ew.; Hptst.: Innsbruck. T. umfaßt im N die höchsten Teile der Nördl. Kalkalpen: Lechtaler Alpen, Wetterstein-, Karwendel-, Kaisergebirge, im S des Inntals die östl. Rät. Alpen, die Ötztaler, Stubaier, Zillertaler Alpen. Durch die Abtretung S-T.s an Italien nach dem 1. Weltkrieg ist O-T. (Bez. Lienz) vom übrigen österr. T. getrennt. Hauptsiedlungsgebiet ist das mittlere Inntal. Viehzucht, Waldnutzung, im Inntal Ackerbau; Bergbau (Magnesit, Salz, Braunkohlen), Wasserkraftwerke; Holz-, Textil-, metallurg. u. a. Ind. Fremdenverkehr. Ⓖ Das urspr. von Kelten besiedelte, seit 15 v. Chr. röm. T. wurde im 6. Jh. von den Baiern in Besitz genommen. Seit dem 11. Jh. kam es als Lehen des Bischofs von Brixen an die Grafen von T.; die Gräfin Margarete Maultasch vererbte T. 1363 an Österreich. (→ Österreich, Geschichte; → Südtirol)

Tironische Noten, eine Art Kurzschrift der röm. Antike, Abk. von Wörtern, Endungen, Vorsilben, benannt nach Marcus Tullius Tiro (1. Jh. v. Chr.).

Tirpitz, Alfred von, Großadmiral, *1849, †1930; 1897-1916 Staatssekretär des Reichsmarineamts, Schöpfer der kaiserl. Kriegsmarine, Verfechter des uneingeschränkten U-Boot-Kriegs; 1924-28 MdR. (deutschnational).

Tirso de Molina, → Téllez.

Tiruchirapalli [-tʃi-], Stadt in S-Indien, 361000 Ew.; Tempel; Seidenweberei.

Tiryns, sehr alter Ort in der grch. Argolis; die Burg ist ein Hauptwerk der myken. Kultur.

Tisch, Möbelstück aus einer waagerechten Platte mit Untergestell.

Tischbein, Malerfamilie. **1)** Johann Heinrich d. Ä. (»Kasseler T.«), *1722, †1789; relig. und mytholog. Bilder, Rokokobildnisse. **2)** Johann Friedrich August (»Leipziger T.«), *1750, †1812, Neffe von 1); Bildnisse. **3)** Johann Heinrich Wilhelm (»Goethe-T.«), *1751, †1829, Neffe von 1); Bildnis Goethes in der Campagna. (BILD S. 893)

Tischrechner, kleine elektron. → Rechenanlage. Befehle und Daten werden über eine Tastatur eingegeben, die Ergebnisse können entweder auf einem Anzeigenfeld oder einem Bildschirm abgelesen werden. Die Rechenoperationen werden als schnelle Folge einfacher Teiloperationen ausgeführt, den Programmablauf bestimmt der Benutzer durch Drücken der Rechenoperationstasten. Programmierbare T. lassen sich durch zusätzl. Speicher und ggf. durch den Anschluß eines Druckers zu leistungsfähigen Kleinrechenanlagen ausbauen.

Tischrücken, spiritist. Praktik, um angebl. Geistermitteilungen zu erzielen: Ein leicht bewegl. Tisch wird durch Auflegen der Hände in einer Kette unbewußt bewegt, wodurch Klopfzeichen entstehen.

Tischtennis, dem Tennis ähnl. Spiel mit Bällen aus Zelluloid auf einer Holzplatte von 274 × 152,5 cm in 76 cm Höhe.

Tiso, Jozef, slowak. Politiker, *1887, † (hingerichtet) 1947; kath. Geistlicher, 1939-45 Präs. der an Dtl. angelehnten Slowak. Rep.

Titan das, **Ti,** chem. Element, silberweißes Metall; Ordnungszahl 22, D 4,51 g/cm³, Schmelzpunkt 1668 °C. T. ist in der Natur weit verbreitet, es findet sich bes. in eisenhaltigen Erzen und wird v. a. zur Veredelung von Stahl sowie als wärmefestes Leichtmetall verwendet. **T.-Dioxid,** TiO_2, ist ein wichtiges Pigment für

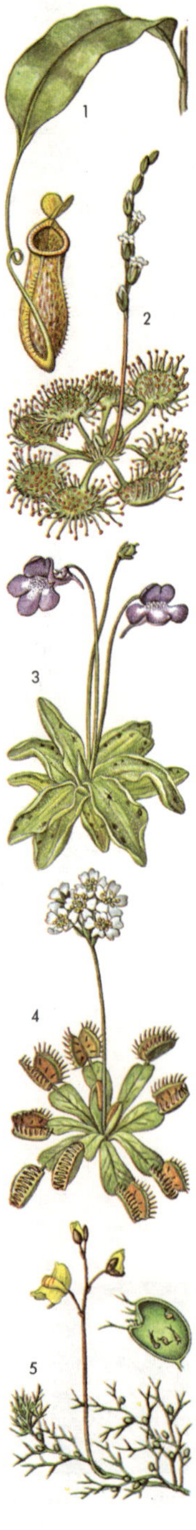

tierfangende Pflanzen: 1 Kannenpflanze; **2** Sonnentau; **3** Fettkraut; **4** Venusfliegenfalle; **5** Wasserschlauch, Blätter mit Fangblasen unter Wasser, rechts Fangblase mit Beute (Längsschnitt)

J. H. W. Tischbein: Goethe in der Campagna

Farben und Lacke (T.-Weiß); wegen seiner hohen Dielektrizitätskonstante für Kondensatoren verwendet.

Titan, mit ca. 5000 km Durchmesser der größte Mond des Planeten Saturn; 1980 Vorbeiflug der Raumsonde Voyager 2.

Titanen, grch. Göttergeschlecht, von Uranos und Gaia abstammend, von Zeus in den Tartaros gestürzt. **titanisch,** übermenschlich, von gewaltiger Kraft.

Titanic [taɪ'tænɪk] die, engl. Luxusschiff, stieß 1912 mit einem Eisberg zusammen und sank; Wrack 1985 geortet und danach photographisch dokumentiert.

Titel [von lat. titulus] der, **1)** akadem. Grade, Amts- oder Berufsbezeichnungen, sowie Ehrenbezeichnungen für besondere Verdienste. **2)** ✎ Aufschrift eines Schrift- oder Kunstwerks. **3)** ⚖ **Rechts-T.,** der Grund, auf den ein Recht gestützt wird.

Titicacasee, größter Hochlandsee der Erde und größter See S-Amerikas, zw. Peru und Bolivien, liegt 3812 m ü. M., 8300 km^2.

Titisee-Neustadt, Luftkurort am Feldberg im Schwarzwald, 11 000 Ew., in der Nähe der **Titisee,** 848 m ü. M., 1,1 km^2.

Tito, eigtl. Josip **Broz,** jugoslaw. Politiker, Marschall, *1892, †1980; im 2. Weltkrieg organisierte er in Jugoslawien eine kommunist. Partisanenbewegung, die die des Nationalisten Mihailowitsch überflügelte. Nach der Errichtung der VR wurde T. 1945 MinPräs.; 1953 Präs. (seit 1963 auf Lebenszeit). 1948 kam es zum Bruch mit dem Kominform und der sowjet. Politik **(Titoismus).** T. betrieb eine Politik der »blockfreien« Staaten.

Titograd, Hptst. von Montenegro, Jugoslawien, 95 500 Ew.

titrieren [frz.], ⚗ Menge eines gelösten Stoffes durch Maßanalyse bestimmen.

Titularbischof, auf ein erloschenes (Erz-)Bistum geweihter (Erz-)Bischof.

Titurel, der erste Gralskönig. Unvollendeter Versroman von Wolfram v. Eschenbach.

Titus, 1) T. **Flavius Vespasianus,** röm. Kaiser (79-81 n. Chr.), *39, †81, zerstörte 70 Jerusalem. **2)** Begleiter des Apostels Paulus.

Tivoli, Stadt östl. von Rom, 54 000 Ew.; Wasserfälle, röm. Baureste. Villa d'Este, einer der schönsten Bauten der ital. Renaissance.

Tizian, eigtl. Tiziano **Vecelli(o),** ital. Maler, *1476/77, †1576, Hauptmeister der Renaissance Venedigs; relig. und mytholog. Darstellungen voll sinnl. Lebensfreude, durchgeistigte Bildnisse. Seine Farbgebung, teils leuchtend, teils tief glühend, wirkt im Spätwerk gedämpft und vergeistigt. HW: Himml. und irdische Liebe, Venusfest, Ruhende Venus, Kaiser Karl V., Dornenkrönung.

Tizian: Der Zinsgroschen

tizianrot [nach Tizian], goldrot (Haarfarbe).

Tjost [aus altfrz.], **Tjoste** der oder die, im MA. ritterl. Turnier-Zweikampf zu Pferd mit stumpfer Lanze.

Tjumen, Gebiets-Hptst. in W-Sibirien, UdSSR, 440 000 Ew.; Eisen-, chem. u. a. Ind.

Tjuttschew, Fjodor I., russ. Lyriker, *1803, †1873; feinfühlige Nachdichtungen (z. B. Goethe).

tkm, Abk. für → Tonnenkilometer.

Tl, chem. Symbol für Thallium.

Tm, chem. Symbol für Thulium.

TNT, Abk. für → Trinitrotoluol.

Toast [təʊst, engl.] der, **1)** geröstete Brotschnitte. **2)** Trinkspruch.

Tobago, → Trinidad und Tobago.

Tobias, im A. T. die beiden Helden, Vater und Sohn, des apokryphen Buches T. oder **Tobit.**

Tobin [t'əʊbɪn], James, amerikan. Volkswirtschaftler, *1918, erhielt für seine Analyse finanzieller Märkte 1981 den Nobelpreis für Wirtschaftwissenschaften.

Toboggan [təb'ɔgən, engl.-indian.] der, kanad. Schlitten.

Tobol der, linker Nebenfluß des Irtysch in W-Sibirien, 1591 km lang, schiffbar; entspringt am Ural, mündet bei **Tobolsk.**

Tobruk, Hafenstadt in der Cyrenaika, Libyen, 28 000 Ew. – Im 2. Weltkrieg hart umkämpft.

Tocantins [tokant'ĩs] der, Fluß in Brasilien, 2640 km lang, mit Mündungstrichter Rio Pará.

Toccata [ital.] die, phantasie- und präludienartiges Musikstück für Orgel oder Klavier.

Tocharer, wohl indogerman. Volk, das um 165 v. Chr. in Sogdiana (Landschaft im NO Irans) eindrang.

Tochtergeschwulst, die, → Metastase.

Tochtergesellschaft, Kapitalges., die von einer anderen abhängig ist.

Tocqueville [tɔkv'il], Alexis **Clérel de,** frz. Historiker, Politiker, *1805, †1859; »Die Demokratie in Amerika«.

Tod der, völliges Aufhören aller Lebensvorgänge eines Lebewesens **(allg. T.)** oder einzelner Teile **(örtl. T.,** → Brand; → Leiche).

Todes|erklärung, ⚖ gerichtl. Feststellung des Todes eines Verschollenen auf Grund eines → Aufgebotes (Verschollenheitsges. vom 15. 1. 1951). Die T. ist i. a. zulässig, wenn binnen 10 Jahren keine Nachricht von dem Leben eines Verschollenen eingegangen ist; sie darf nicht vor Ablauf des Jahres erfolgen, in dem der Verschollene das 25. Lebensjahr vollendet

Tintoretto: Selbstbildnis

Tito

Toga

hätte. Bei Kriegs-, See- und Luftverschollenen gelten besondere Vorschriften.

Todes|spirale, Eis- und Rollkunstlauf: eine Figur der Kür und Pflichtkür des Paarlaufens. Die Partnerin wird fast horizontal zur Lauffläche auf einem Bein um die Achse des Partners gezogen.

Todes|strafe, die schwerste der Kriminalstrafen. Ihre Berechtigung und Zweckmäßigkeit ist seit der Aufklärung sehr umstritten. In der Bundesrep. Dtl. wurde die T. 1949 durch Art. 102 GG abgeschafft; in der Dt. Dem. Rep. ist sie noch zulässig. In Österreich ist die T. heute ebenfalls beseitigt, in der Schweiz nur noch im Militärstrafrecht für Kriegszeiten vorgesehen. In Frankreich wurde die T. 1981 abgeschafft. In den USA ist die 1972 beseitigte T. seit 1976 in einigen Bundesstaaten wieder zulässig.

Tọdi, Gebirgsstock der Glarner Alpen, im Piz Rusein 3614 m hoch.

Todsünde, →Sünde.

Todt, Fritz, Politiker (NSDAP), *1891, †(Flugzeugunfall) 1942, Ingenieur, wurde u. a. 1933 Gen.-Inspekteur für das dt. Straßenwesen, organisierte 1938 den Bau des Westwalls und gründete die Organisation Todt (O. T.), seit 1940 Reichs-Min. für Bewaffnung und Munition.

Toffee [t'ɔfɪ, engl.] das, Sahnekaramelbonbon.

Toga die, -/... gen, altes röm. Obergewand.

Toggenburg, Landschaft im schweizer. Kt. Sankt Gallen; Obstbau, Viehzucht.

Togo

Togliatti [tɔʎ'atti], Palmiro, ital. Politiker, *1893, †1964; 1921 Mitgründer der Kommunist. Partei Italiens, seit 1944 ihr Vors.

Togo, Rep. in W-Afrika, am Golf von Guinea, 56000 km², 3,2 Mio. Ew. (Sudanvölker); Hptst.: Lome; Amtssprache: Französisch. Verf. von 1980; es herrscht die Einheitspartei »Samml. des togoles. Volkes« des Präs. G. Eyadema. Gebirgiges Binnenland, schmale, brandungsreiche Küste; tropisch-heißes Klima. Erzeugnisse: Kaffee, Kakao, Palmkerne, Erdnüsse, Baumwolle, Kopra. ⚒ auf Phosphat. Haupthandelspartner: Frankreich u. a. EG-Länder. Ein Seehafen ist im Bau; internat. Flughafen: Lome. – Das ehem. dt. Schutzgebiet T. wurde 1919 Völkerbundsmandat. 1946 Treuhandgebiet; der brit. Anteil kam 1957 zu Ghana, der frz. wurde 1960 als T. unabhängig. Seit 1967 ist G. Eyadema Staatspräs. ⊕ S. 482.

Tollkirsche: Fruchtzweig

Tọhuwabọhu [hebr. »wüst und leer«] das, Wirrwarr, Durcheinander.

Toilette [twal'etə, frz.] die, **1)** Gesellschaftskleid: in großer T. **2)** das Ankleiden, Frisieren. **3)** Abort.

Tojo Hideki [todʒo -], japan. General und Politiker, *1884, †(hingerichtet) 1948, 1940 Kriegs-Min., 1941 MinPräs., am Kriegseintritt Japans führend beteiligt. 1944/45 Generalstabschef; als Kriegsverbrecher zum Tode verurteilt.

Tokaj [t'okɔj], Gem. in Ungarn, an der Theiß, 5000 Ew.; in der Umgebung **Tokajer Wein.**

Tokelạu-Inseln, Union Islands [j'u:njən 'aɪləndz], Koralleninseln im Pazifik, 10 km², rd. 2000 Ew.; zu Neuseeland.

Tọkio, amtl. **Tokyo,** Hptst. und Kaiserresidenz von Japan, auf Honshu, 8,32 Mio. Ew.; wirtschaftl. und kultureller Mittelpunkt; Univ. u. a. Hochschulen; Ind.: Lebens- und Genußmittel, Baumwolle, Seidenwaren, Porzellan, Flugzeug-, Schiffs- und Kraftfahrzeugbau u. a. Der Hafen von T. ist seit 1941 mit dem von Yokohama zusammengewachsen (Keihin-Hafen). T. ist größter Bahnknoten Japans; Flughafen Narita. – Erdbeben zerstörten T. 1703 und 1923 völlig.

L. N. Tolstoj

Tokkạta, →Toccata.

Tokushima, Hafenstadt in Japan, auf Shikoku, 256000 Ew.; Baumwollind.

Tolẹdo, 1) Stadt in Spanien, am Tajo, 58000 Ew.; Sitz des Primas von Spanien; maur. und got. Bauwerke; Herstellung der **Toledaner Klingen.** – T. war 534-712 Hptst. des Westgotenreichs, 1085-1559 des Kgr. Kastilien. 1936 Verteidigung des Alcázar durch span. Nationalisten. **2)** [təl'i:dəʊ], Stadt im Staat Ohio, USA, an der W-Spitze des Eriesees, 354500 Ew.; Univ., Hochofenwerk, Automobilind.; Erdölraffinerien.

Tolerạnz [lat.] die, **1)** Duldsamkeit, bes. in relig. Fragen (→Glaubensfreiheit); **tolerạnt,** duldsam. **2)** ⊙ zulässige Abweichung vom genauen Maß oder Gewicht. **T.-Dosis,** bei Giften, im Strahlensschutz: noch zulässige Menge.

Toljạtti, Stadt in der Russ. SFSR, 610000 Ew.; Bahnknoten; versch. Ind.; Zentrum des sowjet. Kraftfahrzeugbaus.

Tolkien [t'ɔlki:n], John Ronald Reuel, engl. Schriftst. und Philologe, *1892, †1973, mytholog. und phantast. Zauber- und Märchendichtung (Trilogie »Der Herr der Ringe«).

Tollẹnse die, Nebenfluß der Peene in Mecklenburg, 75 km lang, kommt aus dem **T.-See.**

Toller, Ernst, Politiker, Schriftst.; *1893, †(Selbstmord) 1939; 1919 Mitgl. der Münchener Räteregierung, emigrierte 1933 in die USA; Dramen: »Die Maschinenstürmer«, »Hinkemann« u. a.

Tọllkirsche, Atropa Belladonna, staudiges Nachtschattengewächs mit braunen Blüten; alle Pflanzenteile sind giftig, die schwarzglänzenden Beeren durch →Atropin; wächst in Bergwäldern.

Tọllwut, Hundswut, lat. **Rabi|es,** ansteckende Viruskrankheit der Tiere, bes. bei Hund, Wolf, Fuchs, selten auch bei Katze, Rind, Pferd; kann durch Biß tollwütiger Tiere auf den Menschen übertragen werden; beginnt mit Angstzuständen; dann folgen Schlingbeschwerden, Unruhe und Krämpfe beim Anblick von Wasser (Wasserscheu), Fieber, Tobsucht. Behandlung durch Tollwutimpfung.

Tölpel der, **1)** ♘ Schwimmvogel von etwa 1 m Körperlänge, stoßtauchender Küstenvogel. **Baß-T.** im N Europas und Amerikas. **2)** plumper, ungeschickter Mensch.

Tolstọj, russ. Schriftst.: **1)** Aleksej Konstantinowitsch Graf, *1817, †1875; histor. Roman »Fürst Serebrjanyj«. **2)** Aleksej Nikolajewitsch Graf, *1883, †1945, emigrierte nach der Revolution, kehrte 1923 zurück, »Der Leidensweg«, »Peter I.«. **3)** Leo Nikolajewitsch Graf, einer der größten russ. Dichter, *1828, †1910; Romane: »Krieg und Frieden«, »Anna Karenina«, »Auferstehung«; Schauspiele: »Die Macht der Finsternis«, »Der lebende Leichnam«. Im Alter forderte er, Staat, Kirche, Eigentum, Kunst und Zivilisation verneinend, ein »Urchristentum«.

Toltẹken, altmexikan. Kulturvolk, Bewohner der Stadt Tula, gehörten zu den Nahua-Völkern mit einer dem Aztekischen verwandten, aber altertümlicheren Sprache. (BILD S. 895)

Tọlu|balsam, wohlriechender Balsam eines südamerikan. Schmetterlingsblütlers; in der Parfümerie verwendet.

Tolụca, Hptst. des mexikan. Staates Mexiko, 357000 Ew.; Textilind., Brauerei.

Toluọl das, ⊖ **Methylbenzol,** $C_6H_5CH_3$, wasserhelle, stark lichtbrechende Flüssigkeit, aus Steinkohlenteer gewonnen; dient zur Herstellung des Sprengstoffs **Trinitrotoluol,** des Saccharins, der Benzoesäure u. a.

Tölz, Bad T., Krst. in Oberbayern, an der Isar, 13000 Ew.; Jodbad; Fremdenverkehr.

Tomahawk [t'ɔməhɔ:k engl., aus Algonkin] der, -s/-e, Kugelkopfkeule oder Kriegsbeil der nordamerikan. Indianer.

Tomasi di Lampedusa, Giuseppe, ital. Schriftst., *1896, †1957; »Der Leopard«.

Tomaszów Mazowiecki [-'aʃuf mazɔvj'ɛtski], Stadt in der Wwschaft Piotrków (Petrikau), Polen, 56000 Ew.; Textil-, Maschinenindustrie, Ziegeleien.

Tomate die, **Liebes-, Paradies|apfel,** einjähriges Nachtschattengewächs mit gelben Blüten. Die roten Beerenfrüchte erreichen Apfelgröße. Aus Südamerika Ende des 16. Jh. als Zierfrucht, seit Ende des 19. Jh. Gemüsepflanze.

Tombak [malaiisch] der, → Messing.

Tombola [ital.] die, -/...len, Verlosung von Gegenständen, z. B. auf Jahrmärkten.

Tommy, 1) engl. Koseform für Thomas. **2) T.,** Mz. **Tommies,** Spitzname des engl. Soldaten.

Tomographie [grch.], Röntgenschichtaufnahme, Verfahren der → Röntgendiagnostik.

Tomometrie [grch.], die → Computertomographie.

Tomsk, Stadt in W-Sibirien, UdSSR, am Tom, 483000 Ew.; Kernforschungszentrum, Univ.; Holz- und Maschinenind.

Ton der, -s/Töne, ⊠ durch das Ohr wahrgenommene regelmäßige Schallschwingung (→ Schall). Je größer die Anzahl der Schwingungen in einer Sekunde, desto höher der T.

Ton der, -s/-e, erdige Stoffe, die durch Verwitterung tonerdehaltiger Silicate, bes. der Feldspate entstehen. T. ist feucht, leicht knetbar; trocken bricht er; beim Brennen wird er hart und behält seine Form bei. Kaolinitreicher T. heißt **Kaolin** und dient zur Herstellung von Porzellan; die weniger reinen Sorten werden für grobkeram. Erzeugnisse (Steinzeug, Steingut, Schamotte, Ziegelsteine u. a., daneben in der Papier-, Gummiind.) verwendet. – **T.-Lager** sind wasserundurchlässig und stauen das Grundwasser.

ton [tʌn, engl. »Tonne«] Abk. **t,** engl. und amerikan. Gewicht = 907 kg; als Raummaß: 1 t = 1,19 m³.

Ton|abnehmer, → Plattenspieler.

Tonalität die, ♩ Bezogenheit des harmon. Ablaufs (→ Harmonie 3) eines Musikstücks auf eine Grundtonart. Ggs.: Atonalität.

Ton|art, Beziehung eines der beiden **Tongeschlechter** Dur und Moll auf einen best. Grundton, d. h. auf eine der 12 Tonstufen. Innerhalb dieser bauen sich die T. entsprechend der C-Dur- und der a-Moll-Leiter, durch Erhöhung (#) oder Erniedrigung (b) einzelner Töne, auf; Kreuztonarten: G-Dur (e-Moll) 1, D (h) 2, A (fis) 3, E (cis) 4, H (gis) 5, Fis (dis) 6, Cis (ais) 7 Kreuze; B-Tonarten: F (d) 1, B (g) 2, Es (c) 3, As (f) 4, Des (b) 5, Ges (es) 6, Ces (as) 7 B. (→ Quintenzirkel)

Tonart: 1 C-Dur, **2** a-Moll, **1a** C-Dur-Dreiklang, **2a** a-Moll-Dreiklang

Tonbandgerät, Schallaufzeichnungs- und Wiedergabegerät mit einem Tonband für → magnetische Aufzeichnung. **Stereo-T.** haben je 2 Tonköpfe, Verstärker, Mikrophone und Lautsprecher, um je 2 Spuren gleichzeitig aufzuzeichnen und wiederzugeben. Nach der Anzahl der Tonspuren unterscheidet man T. für **Doppelspuraufzeichnung (Halbspurverfahren)** und T. für **Vierspuraufzeichnung (Viertelspurverfahren),** beide in Mono- und Stereoausführung. **Synchron-T.** liefern Bänder mit Synchronisierungskennzeichen (Perforierung oder besondere Spur). Am einfachsten zu bedienen sind **Kassetten-T.** (→ Kassettenrecorder). Neueste Entwicklung sind in Digitaltechnik arbeitende T. für Digitaltonbänder.

Tonegawa Susumu, japan. Molekularbiologe, *1939; für die Entdeckung der genet. Grundlage für das Entstehen des Variationsreichtums der Antikörper erhielt T. den Nobelpreis für Medizin und Physiologie 1987.

Tonerde, ⚗ Aluminiumoxid.

Tonfilm, → Film.

Tonga, Königreich (Mitgl. des Brit. Commonwealth) im südwestl. Pazifik, auf den **Tonga-Inseln,** auch **Freundschaftsinseln,** 699 km², 114000 meist polynes. Ew.; Hptst.: Nukualofa; Amtssprache: Tonga; T. umfaßt etwa 150 meist waldbedeckte vulkan. Inseln und Koralleninseln westlich des **Tongagrabens** (10882 m tief). Ausfuhr von Kopra und Bananen. – 1845 Kgr., wurde T. 1900 brit. Protektorat, 1970 unabhängig. König (seit 1965): Taufa ahau Tupou IV.

Tonic [t'ɔnɪk, engl.] das, -(s)/-s, **1) T.-water** [-w'ɔtə] das, --s/--, mit Chinarinde aromatisiertes, bitter-süßes und stark kohlensäurehaltiges Wasser; bes. als Zusatz zu Gin (Gin Tonic). **2)** Gesichts-, Haarwasser.

Tonicum [grch.] das, -s/-ca, kräftigendes Heilmittel, das den Spannungszustand der Gewebe erhöht. **tonisch,** stärkend.

Tonika [ital.] die, -/...ken, ♩ Grundton und Dreiklang einer Tonart.

Tonka|bohne, Cumarunanuß, Schmetterlingsblütlerbaum S-Amerikas mit pflaumenähnl. Früchten, zur Parfümherstellung gebraucht.

Tonleiter, ♩ stufenweise Folge der Töne innerhalb einer Oktave. Die **diaton. T.** hat 5 Ganz- und 2 Halbtöne, die **chromat. T.** nur Halbtöne.

Tonmalerei, ♩ Nachahmung von Naturlauten (Sturm, Donner) und Stimmungen mit musikal. Mitteln.

Tonnage [tɔn'a:ʒə, frz.] die, ⚓ Schiffsraumgehalt (→ Registertonne).

Tonne die, **1)** größeres Faß. **2)** Zeichen **t,** gesetzl. Einheit der Masse, besonderer Name für das Megagramm: 1 t = 1 Mg = 1000 kg. **3)** Raummaß für Schiffe → Registertonne.

Tonnengewölbe, ⌂ Raumdecke, die in der Form einer halben Tonne gewölbt ist.

Tonnenkilometer, tkm, Produkt aus beförderter Last in t und Beförderungsweg in km, Leistungsmaßstab für Güterverkehrsmittel.

Tönni|es, Ferdinand, Soziologe, Philosoph, *1855, †1936; »Gemeinschaft und Gesellschaft«.

Tonschiefer, schiefriges Gestein, ehem. im Wasser abgesetzter Schlamm, besteht aus verhärtetem Ton mit Glimmerblättchen, Quarzkörnchen, Kalk. Verwendung als Dach-, Tafel-, Griffel-, Zeichen-, Wetzschiefer.

Tonsillen [lat.] Mz., ♡ → Mandel 2).

Tonsur [lat.] die, kleiner runder Haarausschnitt der kath. Geistlichen, Mönche.

Tonus [grch.] der, normaler Spannungszustand von menschl. und tier. Gewebe und Organen.

Tonwaren, aus Ton oder Kaolin und Zusätzen hergestellte, gebrannte keram. Gegenstände: Geschirr, Kacheln, Porzellan, Steingut, Steinzeug, Schamotte-, Ziegelsteine u. a.

top... [engl.], best..., spitzen...: **topfit,** in Höchstform; **top-management** [-m'ænidʒmənt], Spitze der Unternehmensleitung.

Topas der, -ases/-ase, Mineral; gelbe, durchsichtige Kristalle, fluorhaltiges Aluminiumsilicat; Schmuckstein. **Rauch-T.** ist brauner Bergkristall, **Gold-T.** geglühter Amethyst oder Rauchquarz.

Tolteken: Monumentalfigur (4,50 m) von der Pyramide von Tula

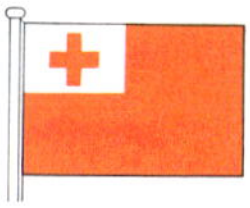

Tonga

Topas

Topinambur mit Wurzelknollen

Toscanini

Torso (von Lehmbruck)

Topeka [tɔp'i:kə], Hptst. von Kansas, USA, 115200 Ew.; Nahrungsmittelind.

Topfen der, bair., österr.: Quark.

Töpfer, Klaus, Politiker (CDU), *1938; seit 1987 Bundesmin. für Umwelt, Naturschutz und Reaktorsicherheit.

Töpferei die, Handwerksbetrieb, der Tonwaren herstellt; runde Gegenstände werden auf der **Töpferscheibe** geformt, andere in Formen gegossen. Die T. gehört zu den ältesten Gewerben.

Topinambur [indian.] die, Art der →Sonnenblume. Viehfutter, Gemüse.

Topitsch, Ernst, österr. Philosoph, *1919; Neopositivist.

Topographie [grch.] die, ⊕ Ortsbeschreibung mit genauer Angabe der Geländeverhältnisse. **Topograph. Karte,** →Landkarte.

Topologie [grch.] die, Teilgebiet der Mathematik, das diejenigen Eigenschaften geometr. Gebilde behandelt, die bei »stetigen Veränderungen« erhalten bleiben, z. B. die Nachbarschaftsbeziehungen zw. Punkten.

Topp, Top [engl.] der, -s/-e, ⚓ Spitze des Mastes. **T.-Flaggen,** bei feierl. Gelegenheiten im T. gehißte Flaggen.

Toque [tɔk, frz.] die, **1)** steifes Barett mit Falten, im 16. Jh. von Männern und Frauen getragen. **2)** nach 1900: krempenloser Damenhut. (BILD Kleidung)

Torbay [t'ɔ:beɪ], Stadt in der engl. Cty. Devon, 115000 Ew.; 1968 aus den Städten Brixham, Paignton und Torquay gebildet; Seebad.

Torelli, Giuseppe, ital. Geiger und Komponist, *1658, †1709.

Torero [span.] der, Stierkämpfer.

Torf der, entsteht durch Vermodern von Pflanzenresten bei Sauerstoffabschluß (→Moor). Der T. wird mit dem Spaten gestochen oder auch gebaggert, dann getrocknet; Verwendung als Brennstoff, Heizwert 12600-16800 kJ, Wärmeschutz und zur Schalldämpfung, für Stallungen als **T.-Streu,** zur Düngung als **T.-Mull.** Bei der Vergasung oder Schwelung fallen **T.-Teer** und **T.-Koks** an.

Torfmoos, Sumpfmoos, Sphagnum, Laubmoosgatt., weit verbreitet, auf Moorboden; hellgrün, nach Austrocknung weißlich; bildet schwammähnl. Polster, die oben weiterwachsen, während die unteren Teile absterben und zu Torf werden. T. bauen alle Hochmoore auf.

Torgau, Krst. im Bez. Leipzig, ehem. Festung an der Elbe, 22700 Ew.; Glas- u. a. Industrie.

Tories, Ez. **Tory** [tɔ:rɪ], in England seit 1679 die königstreue Hofpartei, im Ggs. zu den →Whigs; seit etwa 1832 entstand aus den T. die Konservative Partei.

Torii [japan. »Vogelsitz«], in Japan ein vor einem schintoist. Tempelbezirk errichtetes Holztor aus 2 Pfosten und 2 waagerechten Balken.

Torkretverfahren, Verfahren zur Herstellung von Spritzbeton.

Tornado [span.] der, **1)** →Wirbelsturm. **2)** allwetterfähiges, zweisitziges Mehrzweckkampfflugzeug mit Schwenkflügeln; gemeinsam entwickelt von Großbritannien, Italien und der Bundesrep. Dtl.; eingeführt in deren Luft- und Seeluftstreitkräfte in der 1. Hälfte der 80er Jahre.

Torneälv [t'ɔrnəɛlv] die, nördlichster Fluß Schwedens, 375 km lang, bildet im Unterlauf die finnisch-schwed. Grenze, mündet in die Ostsee.

Tornister [slaw.] der, -s/-, Ranzen aus Fell, Segeltuch u. a., bes. des Soldaten.

Toronto, zweitgrößte Stadt Kanadas, am Ontariosee, 615000 Ew. (Agglomeration 3,42 Mio.), Industriemetropole (Nahrungsmittel-, Gummi-, Bekleidungs-, Elektro-Ind., Schiff- und Maschinenbau); Univ.

Torpedo [span.] der, zigarrenförmiges Unterwassergeschoß mit eigener Antriebsanlage und Steuerung, aus T.-Rohren über oder unter Wasser ausgestoßen. Vorne im Kopf Sprengladung und Zündeinrichtung. T.-Träger: Über- und Unterwasserfahrzeuge, Flugzeuge, Hubschrauber.

Torpedoboot, kleines, schnelles, wendiges Kriegsschiff, dessen Hauptwaffe der Torpedo war.

Torquemada [tɔrkem'aða], Thomás de, span. Generalinquisitor, *1420, †1498; Dominikaner.

Torr [nach →Torricelli] das, nicht mehr gesetzl. Einheit des Drucks; 1 T. ist der Druck von 1 mm Quecksilbersäule. 750 T. = 1000 Millibar (→Bar) = 1000 hPa (→Pascal).

Torre Annunziata, Stadt in S-Italien, am Golf von Neapel, 58400 Ew.; Teigwaren- und Waffenfabriken, Mineralquellen.

Torre del Greco, Seebad in S-Italien, am Golf von Neapel, 105500 Ew.; Kameenherstellung.

Torreón, Stadt im mexikan. Staat Coahuila, 364000 Ew.; Hüttenwerk, Eisenbahnwerkstätten, Mühlen-, Öl-, Baumwollind.

Torresstraße, Meerenge zw. Australien und Neuguinea, 185 km breit; 1606 von dem Spanier **L. V. de Torres** entdeckt.

Torricelli [toritʃ'ɛlli], Evangelista, ital. Naturforscher, *1608, †1647, erfand das Quecksilberbarometer. (→Torr)

Torsion [lat.] die, **1)** ⊙ **Drilling,** Drehung eines Stabes oder Drahtes um seine Längsachse. **2)** ♡ Achsendrehung eines Hohlorgans.

Torsions|stab, Drehstab, eine auf Torsion beanspruchte Stabfeder, z. B. bei Kraftfahrzeugen zur Abfederung und als Stabilisator zur Verminderung der Kurvenneigung.

Torsionswaage, die →Drehwaage.

Torso [ital.] der, -s/-s, **1)** Kunst: unvollständig erhaltene oder unvollendete Figur. **2)** Bruchstück.

Torstenson, Lennart, Graf von **Ortala,** schwed. Feldherr, *1603, †1651, befehligte 1641-46 das schwed. Heer in Dtl., besiegte die Kaiserlichen bei Breitenfeld (1642) und Jankau (1645).

Tortilla [-t'iʎa, span.] die, in spanisch sprechenden Staaten Amerikas und Spanien Fladenbrot aus Maismehl und Wasser.

Tortosa, Stadt in Katalonien, Spanien, am Ebro, 47200 Ew.; Öl-, Wein-, Reishandel.

Tortur [lat.] die, -/-en, die Folter, Qual.

Toscanini, Arturo, ital. Dirigent, *1867, †1957; Leiter der Mailänder →Scala, des NBC-Sinfonieorchesters New York.

Toskana, histor. Landschaft und Region an der Westküste und im Inneren Mittelitaliens; Hptst.: Florenz. Die T., das →Etrurien des Altertums, bildete im frühen MA. die Mark-Gfsch. **Tuscien** und zerfiel dann in selbständige Stadtstaaten, von denen Florenz die Vorherrschaft erlangte. Die →Medici wurden 1569 Großherzöge der T.; nach ihrem Aussterben 1737 folgte eine habsburg. Nebenlinie. 1859/60 ging die T. im geeinigten Italien auf.

Totalisator [neulat.] der, -s/...toren, bei Pferderennen: eine Einrichtung, bei der die Wetten gebucht und die Wetteinsätze verteilt werden. Man kann auf »Sieg« wetten (das Pferd soll Erstes werden) oder auf »Platz« (das Pferd soll nach dem Siegpferd eines von den 4 folgenden bei 12 gestarteten Pferden sein). Feste Sätze für die Wetten bietet der **Buchmacher** öffentlich aus, z. T. mit elektron. Auswertung.

Totalitarismus [lat.] der, Prinzip derjenigen polit. Herrschaft, die einen uneingeschränkten Verfügungsanspruch über die von ihr Beherrschten stellt. Zuerst von B. Mussolini für das faschist. Regime in Italien und dessen revolutionäre Dynamik verwendet, dient der Begriff seit den dreißiger Jahren auch zur

Bez. des sowjetruss. und des nat.-soz. Regimes **(totaler Staat, totalitärer Staat).** Getragen wird der T. jeweils von einer herrschenden Partei oder einem Machthaber. Merkmale sind u.a. polit. Diktatur, geistige Manipulation der Bev. durch Propaganda, Terror gegen einzelne und Gruppen, die sich nicht fügen.

Totalität [von lat. totus »ganz«] die, Gesamtheit, Vollständigkeit. **total,** gänzlich, vollständig.

Totalreflexion, Erscheinung, daß Licht beim Übergang vom optisch dichteren Medium (z.B. Glas, Wasser) in ein optisch dünneres (z.B. Luft) an der Grenzfläche vollkommen reflektiert und nicht in das dünnere Medium gebrochen wird (→Brechung); tritt nur ein, wenn der Lichtstrahl unter einem Einfallswinkel auftritt, der größer ist als der Grenzwinkel.

Tote Hand, ⚖ öffentl. Körperschaften oder Stiftungen von unbegrenzter Dauer, bes. Kirchen und Klöster, deren Vermögen sich nicht vererbt und nicht in andere Hände übergeht.

Totemismus der, Glaube bei Naturvölkern, mit einem **Totem** (bildl. oder symbol. Darstellung eines Schutztieres; auch Pflanze u.a.) in myst. Beziehung zu stehen.

Totenbestattung, im europ. Kulturkreis meist Beerdigung oder →Feuerbestattung, seltener sind Versenken ins Meer oder Moor, Einbalsamieren, Beisetzen in bes. Bauten (Grüften). Zu ihren Bräuchen gehören: Aufbahren, Leichenwache, Leichenrede, Totenklage, Totenmahl. Die T. war immer mit einem Kult verbunden. Der Gedanke an ein Fortleben nach dem Erlöschen der Lebensfunktionen führte seit vorgeschichtl. Zeit dazu, das Grab als eine Art Behausung zu gestalten.

Totenfest, Gedächtnistag der Toten; in der kath. Kirche: →Allerseelen, in der evang.: **Totensonntag,** der letzte Sonntag vor dem 1. Advent. **Volkstrauertag** am 2. Sonntag vor dem 1. Advent als Gedenkfeier für die Opfer des Faschismus und die Toten der beiden Weltkriege.

Totengräber, Aaskäfer, vergräbt Tierleichen als Nahrung für die Brut.

Totenkopf, ♤ schwarz-gelber zu den Schwärmern gehörender Schmetterling mit totenkopfähnl. Zeichnung auf dem Rücken. Die bis 15 cm große Raupe lebt bes. auf Kartoffelpflanzen. (BILD Schmetterlinge)

Totenkult, kult. Bräuche, die sich mit dem als weiterlebend gedachten Toten befassen, im Glauben an die unheiml. Macht, die von ihm ausgeht.

Totenmaske, der von Verstorbenen genommene Gesichtsabdruck in Gips oder Wachs.

Totenmesse, →Requiem.

Totensonntag, in den dt. evang. Kirchen letzter Sonntag des Kirchenjahrs; Gedenktag für die Toten.

Totenstarre, →Leiche.

Totentanz, seit dem 15. Jh. in Malerei und Graphik Darstellungen des (manchmal tanzenden) Todes, der alt und jung, hoch und niedrig ergreift (Holbein d.J. u.a.).

Totenuhr, ♤ volkstüml. für den →Klopfkäfer.

Totenvogel, nach Vorstellung mancher Völker ein Vogel, in dessen Gestalt die Seele entflieht und weiterlebt.

toter Briefkasten, getarnter Ablageplatz für geheime Nachrichten (Spionage).

toter Punkt, 1) ⊙ bei Getrieben die Stellung, in der die Bewegung Null ist oder umgekehrt; beim Kurbeltrieb Anfang und Ende des Hubes. **2)** Stillstand, Zustand der Unlust.

toter Winkel, 1) ∴ Geländeraum hinter einer Deckung, den das gegner. Feuer nicht erfaßt. **2)** durch Rückspiegel nicht einzusehender Sektor hinter einem Kraftfahrzeug.

Totes Gebirge, Gebirgsstock der Salzburger Kalkalpen; bis 2514 m hoch.

Totes Meer, abflußloser See an der israel.-jordan. Grenze, 1020 km², bis 398 m tief, Seespiegel 396 m unter dem Meeresspiegel. Er bildet die tiefste Einsenkung des Jordangrabens. Wegen des hohen Salzgehaltes können weder Tiere noch Pflanzen in ihm leben.

totes Rennen, unentschiedener Ausgang eines Lauf- oder Rennwettbewerbs.

Totila, König der Ostgoten (541-552), eroberte 546 Rom zurück, fiel 552 gegen Narses.

Totmanneinrichtung, Sicherheitsfahrschaltung, bei elektr. und Dieselschienentriebfahrzeugen eine Vorrichtung, die die Antriebskraft selbsttätig abschaltet und die Bremse betätigt, wenn der Führer plötzlich ausfällt: ein Knopf, der in bestimmten Zeitabständen losgelassen und wieder heruntergedrückt werden muß.

Toto das, →Wette.

Totschlag, ⚖ vorsätzl. Tötung eines Menschen, die nicht die bes. Merkmale des →Mordes oder die Sonderfälle der Tötung auf Verlangen oder Kindestötung aufweist. Strafe: Freiheitsstrafe nicht unter 5 Jahren, bei mildernden Umständen Freiheitsstrafe nicht unter 6 Monaten (§§ 212f. StGB).

Tötung auf Verlangen, ⚖ Tötung auf Grund ausdrückl. und ernsthaften Verlangens des Getöteten; Freiheitsstrafe von 6 Monaten bis zu 5 Jahren (§ 216 StGB).

Tötungsdelikte, ⚖ Straftaten, durch die vorsätzlich oder fahrlässig der Tod eines Menschen verursacht wird. Das StGB unterscheidet bei den vorsätzl. T. zw. Mord, Totschlag, Kindestötung und Tötung auf Verlangen. Bei fahrlässiger Tötung Freiheitsstrafe bis zu 5 Jahren (§ 222 StGB).

Toul [tu:l], Stadt im östl. Frankreich, an der Mosel 17400 Ew.; Herstellung von Stickereien und Fayencen; kam 879/80, wieder 925 zum Dt. Reich, wurde im 13. Jh. dt. Reichsstadt, kam 1552 zu Frankreich.

Toulon [tul'ɔ̃], Stadt in S-Frankreich, 179500 Ew.; Kriegs- und Handelshafen; Schiffbau.

Toulouse [tul'u:z], Stadt in S-Frankreich, an der Garonne, 384000 Ew.; schöne mittelalterl. Bauten; roman. Kirche St.-Sernin; 2 Univ.; Erzbischofssitz. Handelszentrum; Flugzeug-, Textil-, chem. u.a. Ind. – T. war im 5. Jh. die Hptst. des Westgotenreichs. Die frz. Grafen von T. beherrschten bis ins 13. Jh. die ganze Languedoc.

Toulouse-Lautrec [-lotr'ɛk], Henri de, frz. Maler, Graphiker, *1864, †1901; geistvolle

Totengräber

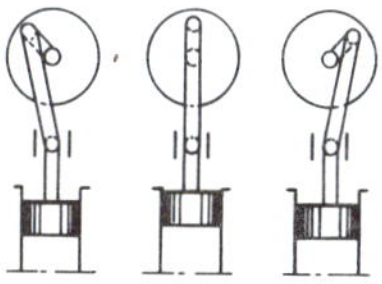

toter Punkt 1): Totpunkt bei einem Kurbelgetriebe (mittlere Figur)

Toulouse-Lautrec: Die Tänzerin Cha-U-Kao

Darstellungen des Pariser Lebens mit plakativer Wirkung.

Toupet [tup'e, frz.] das, -s/-s, Haarersatzstück. **toupieren,** die Haare aufbauschen.

Touraine [tur'ɛ:n] die, Landschaft um →Tours.

Tourcoing [turkw'ɛ̃], Industriestadt in NO-Frankreich, 97000 Ew.; Textilind.

Tour de France [tu:r də frɑ̃s], jährlich stattfindendes internat. Straßenradrennen durch Frankreich (rund 4500 km).

Touré [tur'e], Ahmed Sékou, Präs. von Guinea (seit 1958), *1922, †1984; Vorkämpfer für die Unabhängigkeit Guineas.

Tourismus [tu-], heute allg. für →Fremdenverkehr.

Touristenklasse, bei Fahrgastschiffen und Verkehrsflugzeugen preisgünstige Klasse.

Touristik die, das organisierte Reisewesen.

Touristikluftverkehr, Luftverkehr im Dienste des Tourismus, bei dem Flug und Unterkunft zusammen gebucht werden.

Touristik Union International GmbH KG, →TUI.

Tournai [turn'ɛ], fläm. **Doornik,** altertüml. Stadt in Belgien, an der Schelde, 67000 Ew.; Teppich-, Textil-, Nahrungsmittel-, Eisen-Ind. Im 5./6. Jh. Sitz der Merowinger.

Tournée [turn'e, frz.] die, Rundreise.

Tournier [turnj'e], Michel, frz. Schriftst., *1924; Romane (Der Erlkönig, Zwillingssterne).

Touropa [tu-], Reiseunternehmen, 1948 gegr., seit 1968 Teil der →TUI.

Tours [tu:r], Stadt in W-Frankreich, an der Loire, 132500 Ew.; got. Kathedrale, Kirche St.-Martin (mit dem Grab des hl. Martin von T.); Verkehrs- und Handelszentrum; chem., pharmazeut., Maschinen-, Kraftwagen-Ind. – T., das röm. Caesarodunum, kam mit der umliegenden Landschaft, der **Touraine,** 1205 an die frz. Krone.

Tower [t'aʊə, engl. »Turm«] der, ehem. Festung, in London, am nördl. Themseufer, oberhalb der **T.-Brücke;** im 11.-13. Jh. gebaut; war urspr. kgl. Residenz, später Staatsgefängnis; heute hauptsächlich Arsenal und Kaserne.

Toxikologie [grch.] die, Lehre von den Giften. **toxisch,** giftig. **Toxine** Mz., von Bakterien, Pflanzen und Tieren (Kröten, Schlangen, Spinnen) gebildete Giftstoffe, wirken schon in sehr geringer Menge stark giftig, lösen im Körper die Bildung von Gegengiften **(Antitoxinen)** aus. **Toxikose,** durch Gift erzeugte Krankheit.

Toxoplasmose [grch.] die, Protozoenkrankheit vieler Tiere, seltener des Menschen; Erreger ist ein Sporentierchen. T. kann beim Menschen zu langwierigem Fieber, zur Schädigung des Nervensystems, der Leibesfrucht führen.

A. J. Toynbee

Toynbee [t'ɔɪnbɪ], **1)** Arnold, brit. Sozialreformer, *1852, †1883; Vorläufer der Settlement-Bewegung. **2)** Arnold Joseph, engl. Geschichtsphilosoph, Neffe von 1), *1889, †1975; untersuchte den Ablauf von 21 Kulturen der Weltgeschichte.

Toyohashi, japan. Stadt auf Honshu, 322100 Ew., an der Mikawa-Bucht; bed. Textilind.

Trab der, laufende Gangart, bes. des Pferdes, bei der ein Vorderfuß und der entgegengesetzte Hinterfuß zugleich aufgesetzt werden. **Trabrennen,** Wettfahren im T., finden auf bes. Rennbahnen statt. **Traber** der, Rennpferd mit vorherrschender Trabgangart.

Trabant [tschech.] der, **1)** Leibwächter, Diener. **2)** ☆ Satellit.

Trabantenstadt, Satellitenstadt, baulich in sich abgeschlossene und selbständige Nebenstadt einer Großstadt.

Traber der, **1)** →Trab. **2)** Drehkrankheit der Schafe, äußert sich in Bewegungsstörungen.

Trabzon, früher **Trapezunt,** Hafenstadt der Türkei am Schwarzen Meer, 156000 Ew.; Ausfuhr von Haselnüssen und Tabak.

Trachea [grch.] die, →Luftröhre.

Tracheen [grch.] Mz., **1)** Atmungsorgane der Insekten, Tausendfüßer und Spinnentiere; durchziehen als verzweigtes Röhrensystem den Körper, umspinnen die inneren Organe und münden in Atemlöchern in der Haut. **2)** röhrige Zellen im →Gefäßbündel.

Trachom [grch.] das, →Körnerkrankheit.

Tracht [von tragen, eigentl. »Traglast«] die, Kleidung einer bestimmten Gruppe, Gemeinschaft, auch eines bestimmten Zeitabschnitts. In Mitteleuropa war die ländl. T. jahrhundertelang nach Landschaften, oft bis auf die Dörfer hinab, verschieden. Von der Mode unterscheiden sich die →Volkstrachten. Eine bes. Rolle spielt die Gewandung für bestimmte Anlässe (Heirat, Trauer). Man spricht auch von **Haar-, Bart-T.**

trächtig, bei Tieren: tragend, schwanger.

Trachyt der, junges porphyr. Ergußgestein.

Tracking-Stationen [træk-] zur Beobachtung und Verfolgung der Bahn von Satelliten u. a. Raumflugkörpern.

Trade [treɪd, engl.] der, Handel. **T.-mark** die, Handelsmarke, Fabrikzeichen.

Tradescantia die, Gatt. amerikan. Staudenpflanzen, darunter Zierpflanzen.

Trade Unions [treɪd j'u:njənz] Mz., engl. Gewerkschaften, seit Anfang des 19. Jh.

Tradition [lat.] die, **1)** Überlieferung, das Weitergeben von Kulturbesitz auf folgende Generationen durch mündl. oder schriftl. Überlieferung. **Traditionalist. Kulturen** (Naturvölker, China bis 1949) sind auf das Altgewohnte als unverbrüchl. Norm des Handelns eingestellt; oft ist der **Traditionalismus** mit Autoritätsglauben verbunden. **2)** Theologie: mündl. Überlieferung i. Ggs. zur schriftl. **traditionell,** herkömmlich, überliefert.

Trafalgar, Kap an der S-Küste Spaniens. 1805 Seesieg der engl. Flotte unter →Nelson über die frz.-span. Flotte.

Trafik [ital. aus arab.] der, die, in Österreich Handel, Laden. Tabak-T., staatl. Tabakverkaufsstelle.

Tragant [lat. aus grch.] der, **Stragel,** Gatt. staudiger bis strauchiger Schmetterlingsblütler. Einige Arten liefern den Klebstoff T., Zusatz zu Appreturen und Klebstoffen.

Trägerflugzeug, für den Einsatz auf Flugzeugträgern bestimmtes Flugzeug.

Trägerfrequenztechnik, in der elektr. Nachrichtentechnik die Mehrfachausnützung eines Übertragungsweges.

Trägerrakete die, meist mehrstufige Rakete zum Transport von bemannten (Raumkapseln, -transporter) und unbemannten Raumflugkörpern (Satelliten, Raumsonden) ins All, z. B. Sojus, Proton, Energija (sowjet.); Delta, Saturn, Titan (amerikan.); Ariane (europäisch).

Tragfähigkeit, 1) der Widerstand eines Baugliedes oder einer Konstruktion gegen Bruch und das Vermögen, die Lasten einschließlich des Eigengewichts unter Berücksichtigung eines Sicherheitszuschlages zu tragen. **2)** bei Schiffen das →Deadweight. **3)** Bevölkerungslehre: die wirtschaftl. Aufnahmefähigkeit eines Gebietes für eine bestimmte Anzahl von Bewohnern.

Tragflügel, Tragfläche, der Flugzeugbauteil, an dem der dynamische →Auftrieb erzeugt wird.

Tragflügelboot, Tragflächenboot, Motorboot, bei dem schmale Tragflächen an Stielen so unter dem Bootskörper angebracht sind, daß deren dynam. Auftrieb den Bootskörper (außer dem Heck) aus dem Wasser hebt und so hohe Geschwindigkeiten ermöglicht.

Trägheit die, Beharrungsvermögen, die Eigenschaft jedes Körpers, einer Änderung der Größe oder Richtung seiner Geschwindigkeit zu widerstehen. Die T. eines Körpers ist proportional seiner Masse. Das **T.-Gesetz** von Galilei (1609) lautet: Jeder Körper verharrt in seinem Zustand der Ruhe oder der gleichförmigen Bewegung, solange er nicht durch einwirkende Kräfte gezwungen wird, diesen Zustand zu ändern.

Trägheitsmoment, bei der Drehung starrer Körper auftretende Größe, die der Masse bei der geradlinigen Bewegung von Massenpunkten entspricht. Das T. eines Massenteilchens ist das Produkt aus seiner Masse und dem Quadrat seines Abstandes von der Drehachse.

Trägheitsnavigation, Inertialnavigation, Navigationsverfahren für Flugkörper und Militärflugzeuge, unabhängig von Bodenstellen, vergleicht die bei der Beschleunigung auftretenden Trägheitskräfte mit der zugehörigen Zeit, ermöglicht damit Korrekturen nach der Sollflugbahn.

Traghimmel, → Baldachin.

Tragik [grch.] die, erschütterndes Geschehen, schicksalsschweres Zusammentreffen, → Tragödie.

Tragikomödie [grch.], meist gut endendes Schauspiel, in dem das Tragische und Komische verschmolzen sind **(Tragikomik),** z.B. Molières »Misanthrop«.

Tragödi|e [grch.] die, **Trauerspiel,** früheste Gattung des Dramas, gestaltet einen unvermeidl. und unausgleichbaren Ggs. (Konflikt), der zum Untergang des Helden führt. Nach den großen grch. Tragikern (Aischylos, Sophokles, Euripides) hat erst wieder die Renaissance den Boden für eine europ. T.-Kunst bereitet, deren Höhepunkt in England Shakespeare, in Frankreich Corneille und Racine, in Spanien Lope de Vega und Calderón, in Dtl. Schiller, Kleist, Grillparzer, Büchner, Grabbe, Hebbel bezeichnen. – Die tieferen Gründe für den Untergang des Helden, für seine **Tragik,** sind je nach den relig. und philosoph. Anschauungen der Zeitalter verschieden. Sie können ebenso geprägt sein vom Glauben an das Unterworfensein alles Menschlichen unter ein verhängtes Schicksal wie von der Vorstellung, daß der Mensch notwendig in Konflikt gerät mit der Unbedingtheit sittl. Forderungen oder daß er aus innerer Widersprüchlichkeit dem Untergang verfallen ist.

Train [trɛ̃, frz.] der, .•. ✿ der Troß.

Training [tr'eɪnɪŋ, engl.] das, **1)** zielbewußte Vorbereitung auf einen sportl. Wettkampf unter Leitung eines **Trainers** (Sportlehrers). **2)** → autogenes Training.

Trajan, Marcus **Ulpius Traianus,** *53, †117, röm. Kaiser 98-117 n.Chr., gab dem Röm. Reich durch siegreiche Kriege seine größte Ausdehnung.

Trajekt [lat.] der, das, Fähre, Fährschiff.

Trakehnen, Dorf in Ostpreußen, ehem. preußisches Gestüt. **Trakehner,** → Pferde 3).

Trakl, Georg, Dichter, *1887, †(Selbstmord?) 1914; Lyrik von düsterer Schönheit und assoziativer Bildhaftigkeit.

Trakt [lat.] der, **1)** Zug, Strecke, Länge. **2)** Straßenzug, Gebäudeteil.

traktabel [lat.], ✿ fügsam, leicht zu behandeln. **Traktament** das, ✿ Bewirtung, Verpflegung; Löhnung (des Soldaten).

Traktat [lat.] der, das, **1)** Abhandlung. **2)** bes. relig. Flugschrift, dafür auch (abschätzig) **Traktätchen. 3)** ✿ Staatsvertrag.

traktieren, 1) behandeln. **2)** bewirten.

Traktor [lat.] der, → Zugmaschine.

Traktus [lat.] der, Gesang in der kath. Messe.

Trälleborg, schwed. Stadt, → Trelleborg.

Tram [von engl. tramway »Schienenbahn«] die, Schweiz: das, **Trambahn,** Straßenbahn.

Tramp [træmp, engl.] der, Landstreicher, wandernder Gelegenheitsarbeiter. **trampen,** per Anhalter reisen.

Trampeltier das, zweihöckriges → Kamel.

Trampolin [ital.] das, etwa 3 × 4 m großes, elastisches Sprungtuch, das in einem Gestell hängt; für Sprungübungen. Auch ein Federsprungbrett.

Trampschiffahrt [træmp-], die nicht an feste Linien gebundene, sondern am Transportbedarf ausgerichtete Frachtschiffahrt.

Tran der, öliges Fett aus Meeressäugetieren (Wal-T., Walöl) und Fischen gewonnen; Verwendung als Margarinerohstoff, zum Fetten von Leder, in der Textilind., in der Medizin (→ Lebertran).

Trance [trãs, frz.] die, Entrückung; der Zustand eines spiritist. Mediums.

Tranche [trãs, frz.] die, **1)** Scheibe, Schnitte. **2)** Teil einer Anleihe. **tranchieren** [trãʃ'irən], einen Braten, auch Fisch, Geflügel, Wild zerteilen.

Tränen Mz., von den **T.-Drüsen** abgesonderte klare Flüssigkeit, dient zur Befeuchtung der vorderen Augenfläche und zum Wegschwemmen kleiner Fremdkörper. Die T. fließen durch den **T.-Nasenkanal** in die Nase ab.

Tränendes Herz, Gartenzierstaude mit rotweißen Blüten; Erdrauchgewächs.

Tränengas, starken Tränenreiz verursachende, leicht verdampfende Flüssigkeiten, wie Bromaceton, Chloracetophenon u.a.

Trani, Seebad und Hafen in Apulien, an der Adria, 46500 Ew.; Kathedrale, Kastell.

Tranquillantien [ital.], **Tranquilizer** [tr'æŋkwɪlaɪzə, engl.], Arzneimittel, die Angst- und Erregungszustände bei Erhaltenbleiben der Denk- und Urteilsfähigkeit beseitigen sollen.

trans..., Vorsilbe in Fremdwörtern: jenseits, über; z.B. **transalpin,** jenseits der Alpen.

Trans|aktion [lat.] die, Übertragung, bes. geschäftl. Art.

Trans|amazonica [-z'onika], Straße, die N-Brasilien (Amazonien) von João Pessõa und Recife bis Bõa Esperança an der Grenze Perus (rd. 5500 km) durchqueren und dort an die **Transandina** nach Lima anschließen soll; 1970 begonnen.

Trans|aminasen [lat.], Ez. die **Transaminase,** bei der Biosynthese von Aminosäuren wichtige Enzyme; treten bei best. Erkrankungen (Herzinfarkt, Leberentzündung) vermehrt im Blutserum auf.

Trans|andenbahnen, Eisenbahnlinien, die die Anden überqueren. Argentinien und Chile verbinden bes. die **Andenbahn** von Buenos Aires nach Valparaíso (Tunnel in 3190 m Höhe) und die Linie von Salta nach Antofagasta u.a.

Transcanadian Highway [trænskən'eɪdjən h'aɪweɪ], Autostraße (8000 km) im S Kanadas, verbindet St. Johns am Atlantik mit Vancouver am Pazifik.

Transceiver [træns'i:və, engl. aus transmitter und receiver], Sende-Empfangs-Gerät.

Transcoder [aus engl.] Farbfernsehen: Gerät zur Umsetzung (Umcodierung) der Farbinformation eines Systems (z.B. PAL) in die eines anderen (z.B. SECAM).

Transduktion [lat.] die, **1)** die Übertragung genet. Bruchstücke von einer Bakterienzelle auf eine andere durch best. → Bakteriophagen. **2)** primitive Logik: das Schließen von einem Einzelfall auf andere Einzelfälle.

Transduktor [lat.] der, eine Drosselspule, deren Eisenkern durch einen in bes. Wicklung fließenden Gleichstrom vormagnetisiert ist.

Transfer [engl.] der, Übertragung, bes. die Durchführung von Zahlungen in das Ausland.

Transferasen [lat.] Mz., Gruppe von Enzymen, die Molekülteile von einem Molekül auf ein anderes übertragen.

Transferstraße, → Maschinenstraße.

Trakl

Tränendes Herz

Trajan

Transfiguration [lat.] die, Verklärung Christi.

Transfluxor [lat.] der, -s/...xoren, magnet. Schalt- und Speicherelement, z. B. bei Zähleinrichtungen, Rechenanlagen.

Transfokator der, photograph. Objektiv mit stetig veränderl. Brennweite; ermöglicht »Fahraufnahmen« bei stehender Kamera.

Transformation [lat.] die, **1)** Umwandlung. **2)** Übertragung fremder Gene auf Empfängerzellen mit den Methoden der Gentechnologie. Bei Verwendung von Keimzellen können sich dann sogenannte **transgene Organismen** mit veränderten Merkmalen entwikkeln (z. B. transgene Mäuse u. a.).

Transformator [lat.] der, ⚡ Umspanner, ruhendes Gerät zur Umwandlung hoher Wechselspannungen in niedere und umgekehrt. Auf einem Eisenkern befinden sich 2 Wicklungen, die Oberspannungswicklung hat viele Windungen mit kleinem Querschnitt, die Unterspannungswicklung hat wenige Windungen mit großem Querschnitt. Die Spannungen verhalten sich wie die Windungszahlen, die Ströme umgekehrt. Kleine T. sind Trocken-T., große Öl-T. T. für Meßzwecke heißen **Spannungs-** oder **Stromwandler.**

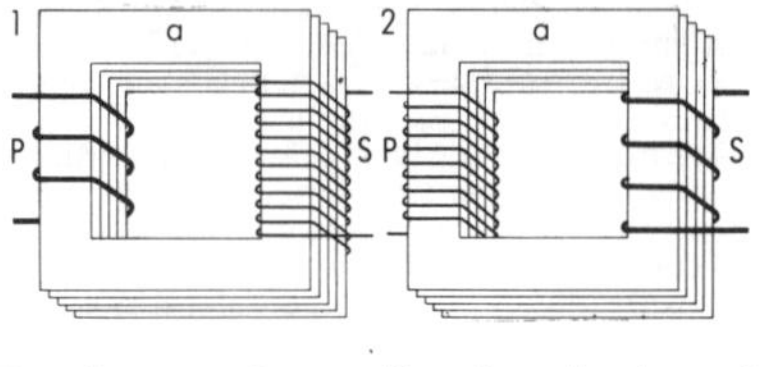

Transformator: 1 zum Herauftransformieren, **2** zum Herabtransformieren einer Wechselspannung (P Primär-, S Sekundärwicklung, a Eisenkern)

Transfusion die, Übertragung (von Blut).

Transgression [lat.] die, ⊕ Vordringen eines Meeres über Festland. Ggs.: Regression.

Transhimalaya der, Gebirgszug in Tibet, mit dem Himalaya gleichlaufend, bis 7660 m hoch; 1906-08 von Sven Hedin entdeckt.

Transistor der, Halbleiter-Bauelement der Elektronik zur Verstärkung, zur Schwingungserzeugung und für Regel- und Schaltzwecke, besteht aus Silicium-, Galliunmarsenid- oder Germanium-Einkristallen mit 2 Arten von Ladungsträgern: Elektronen (Überschuß-n-Leitung) und Löcher (Defektelektronen, d. h. unbesetzte Kristallgitterstellen, Mangel-, p-Leitung). Der meist gebräuchliche **bipolare** oder **Flächen-T.** hat 3 Schichten verschiedenartiger Leitfähigkeit, die die Elektroden des T. bilden, in pnp- oder npn-Anordnung; die beiden Grenzflächen dazwischen sind Sperrschichten. Die 3 Schichten heißen Emitter (emittiert Ladungsträger), Basis (steuert Emission der Ladungsträger), Kollektor (sammelt Ladungsträger). Emitter-Basis-Strecke wird in Durchlaßrichtung, Basis-Kollektor-Strecke in Sperrrichtung betrieben. Unterschieden wird Emitter-, Basis- und Kollektorschaltung, je nachdem, welcher Pol für Ein- und Ausgang gemeinsam ist. Für universelle Anwendung als Verstärker wird die Emitterschaltung bevorzugt. Besondere Ausführungsformen sind der Legierungs-T., Drift-T., Mesa- und Planar-T. Der **unipolare** oder **Feldeffekt-T. (FET)** hat 2 nichtsperrende Schichten und eine davon isolierte Steuerelektrode, die den wirksamen Querschnitt des Stromweges (Kanal) beeinflußt. Der Stromfluß besteht beim Feldeffekt-T. i. Ggs. zum bipolaren T. aus nur einer Ladungsträgerart. Je nach Art der Isolierung zw. Steuerelektrode und Halbleiterkanal unterscheidet man Sperrschicht-Feldeffekt-T. und Metalloxid-Feldeffekt-T. (MOSFET), die als Isolation eine dünne Schicht aus Siliciumdioxid besitzen. Die Vorteile gegenüber den bipolaren T. liegen in dem bes. hohen Eingangswiderstand und der damit verbundenen leistungslosen Steuerung. – T. ersetzen weitgehend Elektronenröhren, brauchen keine Heizung und Anheizzeit, sind kleiner, preiswerter und betriebssicherer.

Transistor: 1 Schaltschema und Schaltzeichen eines Flächen-T., **2** Schnitt durch einen Flächen-T., **3** Schaltschema eines Spitzen-T.

Transit [ital.] der, → Durchfuhr.

transitiv [lat.], Ⓢ überleitendes, zielendes Zeitwort **(Transitivum).**

transitorisch [lat.], vorübergehend.

Transjordani|en, → Jordanien.

Transkaukasi|en umfaßt die Grusinische, Aserbaidschanische und Armenische SSR.

Transkei, Staat in S-Afrika, besteht aus 3 Landstücken zw. Ind. Ozean, Kapprovinz und Lesotho, 44 630 km², 2,7 Mio. Ew., Hptst.: Umtata; Bevölkerung: Bantu (Xhosa-Stamm); 1910 Teil der Südafrikan. Union, erhielt 1976 von Südafrika die Unabhängigkeit (internat. nicht anerkannt). Staatsoberhaupt: T. Nyangelizwe Vulinolela Ndamase (seit 1986).

Transkription [lat.] die, **1)** Übertragung in Lautschrift. **2)** ♩ Bearbeitung eines Musikstücks für eine andere als die urspr. vorgesehene Wiedergabe. **3)** der erste Schritt bei der Biosynthese von Proteinen, bei dem die in der DNS genetisch codierte Information auf eine Überträger-RNS umgeschrieben wird (→ Nucleinsäuren, → Translation 3).

Translation [lat.] die, **1)** Übertragung; Übersetzung aus einer Fremdsprache. **2)** ⊠ geradlinige Bewegung von Körpern. **3)** der zweite Schritt bei der Biosynthese von Proteinen, bei dem die von der Überträger-RNS gespeicherte Erbinformation in eine Abfolge von Aminosäuren des zu synthetisierenden Proteins umgeschrieben wird (→ Transkription 3).

Transleithani|en, in Österreich-Ungarn (1867-1918) die Länder der ungar. Krone.

Transliteration [lat.] die, -/-en, buchstabentreue Umsetzung fremder Schriftzeichen.

Transmission [lat.] die, ⊙ Anlage, bestehend aus Wellen, Riementrieben, Kupplungen und Lagern, zur Kraftübertragung.

Transmitter [lat.] der, ♡ ⚕ → Überträgersubstanzen.

Transmongolische Eisenbahn, 1955 fertiggestellte Strecke von Ulan-Bator durch die Wüste Gobi nach Chankchiakou.

transparent [lat.], durchscheinend. **Transparent** das, durchscheinendes Bild, das von hinten beleuchtet wird; Spruchband.

Transpiration [lat.], **1)** ♡ ⚕ das Schwitzen (→ Schweiß). **2)** ⚘ die Wasserdampfabgabe, bes. durch die Spaltöffnungen der Laubblätter. **transpirieren,** schwitzen.

Transplantation [lat.], ♡ ⚕ Überpflanzung eines menschl. oder tier. Gewebe- oder Körperteils an eine andere Stelle des gleichen oder eines anderen Lebewesens. In der Medizin werden verlorene Gewebestücke (z. B. Haut bei Dermatoplastik, Knochen bei Osteoplastik) durch T. entsprechender Teilstücke auf die Wunde ersetzt; in der kosmet. Chirurgie werden entstellende Schönheitsfehler durch T. beseitigt. **Organtransplantation,** Verpflanzung eines Organs (mit Ausnahme des Gehirns) von einem Spender auf einen Empfänger. Die erste erfolgreiche Herz-T. wurde 1967 von C. N. Barnard durchgeführt. – ⚘ In der Gärtnerei wird T. beim Pfropfen und bei anderen Verfahren der Veredelung angewendet. Zeitw. **transplantieren.**

Transponder, automat. Antwortgerät in Ortungs-, Navigations- und Nachrichtensystemen, das auf empfangene Abfragesignale Antwortsignale aussendet; für Radarortungsverfahren mit Laufzeitmessung.

transponieren [lat.], ♩ in eine andere Tonart versetzen.

transponierende Instrumente, Blasinstrumente, die ihren Part tiefer oder höher als notiert **(transponiert)** wiedergeben, z. B. Klarinette, Hörner, Trompete.

Transportbeton, Beton, der vom Frischbetonwerk in den gewünschten Konsistenzgraden in Spezialfahrzeugen an die Baustelle in einbaufertigem Zustand geliefert wird.

Transportgefährdung, ⚖ Gefährdung der Sicherheit des Betriebes einer Eisen- oder Schwebebahn, der Schiffahrt oder Luftfahrt oder überhaupt die Gefährdung des Straßenverkehrs durch Zerstörung verkehrsnotwendiger Anlagen oder Bereitung von Hindernissen o. ä.; Strafe für **vorsätzl. T.:** Freiheitsstrafe bis zu 5 Jahren, für **fahrlässige T.:** geringe Freiheitsstrafe (§§ 315 ff StGB).

Transportsteuerung, Regelung und Steuerung des Verkehrs durch Automatisierung, bes. bei der Eisenbahn.

Transportversicherung bezweckt den Ersatz von Schäden an versicherten Beförderungsmitteln **(Kaskoversicherung)** und beförderten Gütern (T. von Waren, **Kargoversicherung;** T. von Schmuck- und Wertsachen, **Valorenversicherung**) während einer Reise.

Transputer [-pju:t:e, engl.] der, für parallele Datenverarbeitung ausgelegter Mikroprozessor mit eigenem Arbeitsspeicher; mehrere T. können durch spezielle Kanäle miteinander kommunizieren (T.-Netzwerk).

Transrapid, in der Bundesrep. Dtl. entwickelte, für Geschwindigkeiten bis 500 km/h ausgelegte Magnetschwebebahn. Die Referenzstrecke Düsseldorf-Köln soll bis 1996/97 fertiggestellt werden.

Trans|sexualität, Trans|sexualismus, ⓟ psychisch bedingtes, dominierendes Gefühl der Zugehörigkeit zum anderen Geschlecht (v. a. bei Männern); durch Hormonbehandlung und plast. Chirurgie ist eine Geschlechtsumwandlung möglich.

Trans|sibirische Bahn, → Sibirien.

Trans|silvanische Alpen, die Südkarpaten.

trans|sonisch, im Schallgrenzbereich liegend (Geschwindigkeit u. a.).

Trans|substantiation [lat.] die, nach der kath. Lehre vom Altarsakrament die Verwandlung von Brot und Wein in Leib und Blut Christi.

Trans|sudat [lat.] das, ♡ Flüssigkeit, die bei Blutstauung aus einem Blutgefäß austritt.

Trans|urane, chem. Elemente mit höherer Ordnungszahl als Uran, die in der Natur nicht oder nur in äußerst geringen Mengen (Neptunium, Plutonium) vorkommen und alle radioaktiv sind. T. lassen sich über Neutroneneinfang-Reaktionen oder über Kernverschmelzungsreaktionen bei Stoßprozessen aufbauen. Bisher (1990) wurden 18 T. künstlich hergestellt: Neptunium, Plutonium, Americium, Curium, Berkelium, Californium, Einsteinium, Fermium, Mendelevium, Nobelium, Lawrencium sowie die Elemente 104-110 (noch ohne international anerkannte Namen). Wirtschaftlich genutzt werden u. a. Plutonium als Kernbrennstoff, zur Energieerzeugung in nuklearen Herzschrittmachern, Californium z. B. als Neutronenquelle für die Krebstherapie.

Transvaal [-v'a:l], Prov. der Rep. Südafrika, 237 108 km², rd. 11 Mio. Ew. (vorwiegend Bantu); Hptst.: Pretoria, Wirtschaftsmittelpunkt: Johannesburg. T. wurde 1856 als Freistaat der Buren gegründet. Es kämpfte nach einem Annexionsversuch durch die Engländer 1881 und 1896 unter Ohm Krüger erfolgreich gegen diese, wurde aber im Burenkrieg 1899-1902 unterworfen. Seit 1910 Teil der Südafrikan. Union.

Transversale die, Gerade, die ein Dreieck oder Vieleck durchschneidet.

Transvestitismus [lat.] der, **Transvestismus,** Trieb, die Kleidung des anderen Geschlechts zu tragen.

Transvestitenshow [-ʃəʊ], von Transvestiten (meist Männern) ausgeführte Show, häufig Parodie oder Imitation von bekannten Künstlern und Künstlergruppen.

transzendent [lat. »überschreitend«], die Grenzen der Erfahrung und der Vorstellungsmöglichkeiten überschreitend; **Transzendenz Gottes:** Überweltlichkeit, Jenseitigkeit Gottes. **transzendental,** nach Kant eine Betrachtungsart mit den Bedingungen der Möglichkeit der Erkenntnis.

Trapani, Hafenstadt an der NW-Küste von Sizilien, 73 000 Ew.; Kathedrale (17. Jh.); Ausfuhr von Marsala-Wein, Salz; Fischerei.

Trapez [grch.] das, **1)** △ Viereck mit 2 parallelen, aber ungleich langen Seiten.

2) Turnen, Artistik: Schaukelreck, kurze Holzstangen zw. 2 verstellbaren Seilen.

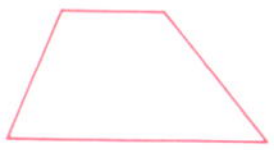

Trapez 1)

Trappen, lauftüchtige Kranichvögel in steppenartigen Landschaften. Die **Groß-T.,** der größte europ. Landvogel; **Zwerg-T.** ist selten.

Trappen: Groß-T.

Trapper [engl. »Fallensteller«] der, -s/-, nordamerikan. Pelzjäger.

Trappisten Mz., kath. Orden, aus einem reformierten Zweig der Zisterzienser hervorgegangen; nach der Abtei La Trappe in der Normandie. Die T. verpflichten sich zu ständigem Schweigen. Viele Abteien sind landwirtschaftl. Musterbetriebe. Tracht: weiße Kutte, schwarzes Skapulier.

Trasimenischer See, ital. **Lago Trasimeno,** größter See Mittelitaliens, 128 km². – Am T. S. vernichtete 217 v. Chr. Hannibal das röm. Heer des Flaminius.

Traß [niederl., aus ital.] der, Bimssteintuff, graugelbes, erdiges Gestein; dient mit Kalk und Sand als **T.-Mörtel.**

Trasse [frz.] die, im Gelände kenntlich gemachte Linie für einen Verkehrsweg.

Tratte [ital.] die, der gezogene → Wechsel; der Aussteller ist der **Trassant,** der Bezogene der **Trassat.**

Traube die, ♧ Blüten- und Fruchtstand, → Blüte; im besonderen: der Fruchtstand des Weinstocks.

Träubel das, **Perlblümchen, Traubenhyazinthe,** Gatt. der Liliengewächse, Zwiebelgewächse. Arten in Dtl. sind z. B. Weinberghyazinthe, Schopfblütiges T.; Zierpflanzen.

Träubel

Traubenkirsche, Ahlkirsche, Rosengewächs mit hängenden, weißen, duftenden Blütentrauben und schwarzen, ungenießbaren Steinfrüchtchen; wächst in feuchten Wäldern.

Traubenwickler, zwei in ihrer Lebensweise ähnl. Schmetterlingsarten. Die Raupen sind Weinstockschädlinge: als **Heuwurm** in den Blüten, als **Sauerwurm** in den Beeren.

Traubenwickler: Raupe

Traubenzucker, D-Glucose, in süßen Früchten, im Honig und im Harn von Zuckerkranken vorkommende Zuckerart; weniger süß als Rohrzucker. Techn. Darstellung durch Hydrolyse von Stärke, Verwendung in Kellerei, Brauerei, Nahrungs- und Genußmittelherstellung, zur künstl. Ernährung.

Trauermantel der, Art der Fleckenfalter, dunkelbraun mit hellen Flügelrändern. (BILD Schmetterlinge).

Trauerspiel, → Tragödie.

Traum, im Schlaf erlebte Phantasiebilder. Der T.-Inhalt stammt aus umgedeuteten Wahrnehmungen der trotz des Schlafes tätigen Sinnensorgane, ferner aus Erinnerungen; den wesentlichsten Anteil haben sinnbildl. Darstellungen von Gefühlszuständen, Wünschen, Ängsten. Schon die ältesten Völker bemühten sich um die **Traumdeutung.** Die Tiefenpsychologie (Psychoanalyse, C. G. Jung) bedient sich der T. als Hilfsmittel der Diagnose.

Trauma [grch.] das, -s/-ta, schädigende Gewalteinwirkung körperl. oder seel. Art. **trau-**

v. Treitschke

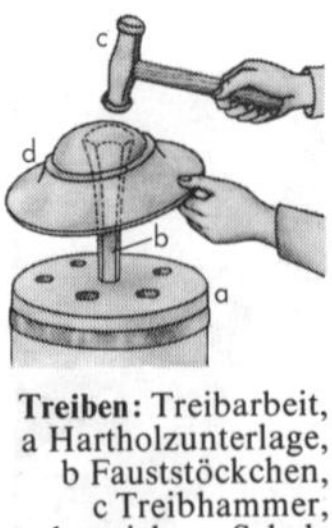

Treiben: Treibarbeit, a Hartholzunterlage, b Fauststöckchen, c Treibhammer, d getriebene Schale

matisch, durch T. entstanden; **traumat. Neurose (Unfallneurose),** hyster. Erscheinungen im Anschluß an einen Unfall.

Traun, 1) die, rechter Nebenfluß der Donau, entspringt im Salzkammergut, durchfließt den **Traunsee** (25 km²), mündet unterhalb Linz, 180 km. **2)** Stadt in OÖ, 22400 Ew., Schloß (17. Jh.), Ind.

Traunstein, Gr. Krst. in Oberbayern, 17200 Ew.; Luftkurort östlich vom Chiemsee.

Trauung die, Eheschließung vor einem Standesbeamten oder Geistlichen. Die **kirchl. T.** darf erst nach der **standesamtl. T.** stattfinden.

Trave die, Fluß, mündet bei Travemünde in die Ostsee, 118 km lang.

Traveller's Cheque [tr'ævləz tʃek], → Reisescheck.

Travemünde, Ortsteil und Vorhafen von Lübeck; Seebad, Spielkasino; Werftind.

Traven, B., eigtl. **Traven-Torsvan,** Erzähler, *1890, †1969, lebte in Mexiko; »Das Totenschiff«, »Der Schatz der Sierra Madre« u. a.

Traverse [frz.] die, **1)** Querstück. **2)** Querdamm (Flußbau).

Travertin [ital.] der, -s/-e, gelbl. Kiesel oder Kalktuffe (→ Tuff) der Abruzzen, durchzogen von zahlreichen Röhrchen, den Abdrükken ehemaliger Pflanzenstengel.

Travestie [ital.] die, satir. Dichtart, die dem ernsten Inhalt einer Dichtung eine ihm widersprechende Form gibt. Ggs.: Parodie.

Trawler [tr'ɔ:lə, engl.], mit Grundschleppnetz fischendes Hochseefischerfahrzeug.

Trebbia die, rechter Nebenfluß des Po. An der T. schlug Hannibal 218 v. Chr. die Römer.

Treber Mz., Bierbrauerei: Rückstände der Maischebereitung, wertvolles Viehfutter.

Treblinka, Gem. südöstl. von Warschau, Polen, 1942-44 nationalsozialist. Vernichtungslager.

Trebnitz, poln. **Trzebnica** [tʃɛbn'itsa], Wallfahrtsort in Niederschlesien; ehem. Zisterzienserinnenkloster, 1203 gestiftet (Freigrab der Hl. Hedwig).

Trebur, Gem. im Kr. Groß-Gerau, Hessen, 10700 Ew. In T. **(Tribur)** war eine Kaiserpfalz, in der zw. 822 und 1119 mehrere Reichstage und Synoden stattfanden.

Trecento [tretʃ'ɛnto, ital. »dreihundert«, Abk. für 1300] das, -s, Bez. für das 14. Jh.

Treck [ndt.] der, **1)** Zug mit der gesamten Habe, z. B. von Flüchtlingen. **2)** Netz.

Trecker, Trekker [niederl.] der, → Zugmaschine.

Treff [von trèfle, frz. »Kleeblatt«] das, dt. **Kreuz,** schwarzes Dreiblatt der frz. Spielkarte, entspricht Eichel der dt. Spielkarte.

Treibeis, im offenen Meer treibende Eismassen, entweder → Packeis oder → Eisberge.

Treibel Mz., Pelzwerk, tatarische Lammfelle.

Treiben, Treib|arbeit, Herstellen und Verzieren von Metallgegenständen in kaltem Zustand mit Treibhammer und Punze.

Treibhaus, → Gewächshaus.

Treibhauseffekt der, Bez. für die Erscheinung, daß sich die Atmosphäre erwärmt, da Wasserdampf und die »Treibhausgase« (CO_2, Methan, Ozon, FCKW u. a.) sichtbares Licht der Sonne zwar durchlassen, die von der Erdoberfläche emittierte Wärmestrahlung jedoch absorbieren.

Treibnetz, wandförmiges, im Wasser hängendes Fischereinetz.

Treibstoffe, brennbare flüssige oder gasförmige Gemische, meist Kohlenwasserstoffe, zum Betrieb von Verbrennungsmotoren. Die wichtigsten **flüssigen T.:** Benzin, Benzol, Alkohol, Gasöl. Benzin findet im Ottomotor (Vergasermotor) Verwendung. Benzol wird wegen seiner höheren Klopffestigkeit dem Benzin beigemischt, ebenso Alkohol. Als T. für Dieselmotoren dienen **Gas-, Mittel-** und **Schweröl.** Sie sind nicht vergasbar und müssen in feinsten Tröpfchen in den Brennraum eingespritzt werden. Die **gasförmigen T. (Treibgase)** werden als Flüssiggase (Propan, Butan) für die Verbrennung in Ottomotoren, die Speichergase (Erdgas, Stadtgas) vorwiegend als T. ortsgebundener Verbrennungsmaschinen verwendet.

treideln, ein Schiff auf Flüssen oder Kanälen vom Ufer aus schleppen.

Treitschke, Heinrich v., Historiker, *1834, †1896, geistiger Wegbereiter des Bismarckreichs, trat für einen dt. Einheitsstaat ein. »Dt. Geschichte im 19. Jh.«.

Trelleborg [-b'ɔrj], 1913-37 **Trälleborg,** Hafenstadt an der S-Spitze Schwedens, 34500 Ew., Eisenbahnfähre.

Trema [grch.] das, Rechtschreibung: Trennungszeichen für Selbstlaute: z. B. Sinaï.

Tremolo [ital. »Zittern«] das, Abk. **trem,** 𝅘𝅥 schnelle Wiederholung eines Tons, Akkords.

Tremor [lat.] der, das → Zittern.

Trenchcoat [tr'entʃkəʊt, engl. »Schützengrabenmantel«] der, imprägnierter Wettermantel.

Trenck, 1) Franz Frh. von der, österr. Pandurenoberst, *1711, †1749. **2)** Friedrich Frh. von der, Abenteurer, Schriftst., Vetter von 1), *1726, †(hingerichtet) Paris 1794; Offizier Friedrichs d. Gr., wurde 1745 angeblich wegen eines Liebesverhältnisses mit des Königs Schwester Amalie gefangengesetzt. Nach einem Abenteuerleben wurde er auf Befehl Robespierres hingerichtet.

Trend [engl.] der, Richtung, Tendenz.

Trenker, Luis, Filmschauspieler, -regisseur, Schriftst., *1892, †1990.

Trennrohr, Gerät zur Trennung der Isotope eines Gases (von K. Clusius und G. Dikkel, 1938).

Trennschärfe, Selektivität, ⍑ Eigenschaft eines Empfängers, die Frequenz des gewünschten Senders von den Frequenzen der benachbarten Sender zu trennen, so daß diese nicht stören.

Trennung von Kirche und Staat, Unabhängigkeit der staatl. und kirchl. Einrichtungen voneinander; der Staat überläßt das relig. Leben den relig. Gemeinschaften, gewährt ihnen aber auch keine Geldunterstützung; durchgeführt z. B. in Frankreich, den USA, vielen lateinamerikan. sowie den Ostblockstaaten.

Trennung von Tisch und Bett, Aufhebung der ehel. Gemeinschaft bei rechtl. Fortbestand der Ehe; von der kath. Kirche manchmal erlaubt.

Trense die, -/-n, Gebißteil bei der Pferdezäumung, 2 durch ein Gelenk verbundene Eisenstangen mit Ringen für die Zügel.

Trent der, Fluß in England, 275 km lang; bildet mit dem Ouse den Mündungstrichter des Humber.

Trentino-Südtirol, ital. **Trentino-Alto Adige** [-'a:didʒe], Region in Italien, die Prov. Bozen und Trient (→ Südtirol).

Trenton [tr'entn], Hptst. von New Jersey (USA), 92000 Ew.; Maschinen-Elektroind.

Trepanation [lat.] die, ♡ operative Eröffnung des Schädels u. a. von Knochen umgebenen Höhlen, z. B. der Knochenmarkhöhle.

Trepang [malaiisch] der, eßbare Seewalzen.

Treptow [tr'ɛpto:], **Berlin-T.,** 15. VerwBez. von Berlin.

Tresen der, Ladentisch, Schanktisch.

Tresor [frz.] der, **1)** Schatz. **2)** Geldschrank. **3)** Stahlkammer einer Bank.

Trespe die, Rispengräser: Weiche T., Dach-T. und Taube T. sind Unkräuter.

Trester Mz., ausgepreßte Rückstände bei Wein- und Obstweinkelterei, dient zur Herstellung von **T.-Wein** (Nachwein). **T.-Branntwein,** aus Wein- und Obst-T. mindestens 38 Vol.-% Alkohol.

Treuen, Stadt im Bez. Karl-Marx-Stadt, 9300 Ew.; bed. Textil-, Kunstlederindustrie.

Treuepflicht, ⚖ Pflicht des Arbeitnehmers, auf die berechtigten Interessen des Arbeitgebers Rücksicht zu nehmen, z. B. Geschäftsgeheimnisse zu haben, Konkurrenzverbote einzuhalten usw.; entsprechend → Fürsorgepflicht des Arbeitgebers.

Treuhand, Treuhandschaft, lat. **fiducia,** ⚖ Verwaltung fremder Interessen oder Vermögenswerte durch einen Einzelnen, eine jurist. Person, einen Staat oder eine internat. Organisation **(Treuhänder, Trustee).**

Treuhandbanken, Banken, die die Vermögen ihrer Kunden verwalten.

Treuhandgebiete, in die Treuhandschaft der Vereinten Nationen übernommene Mandatsgebiete. (→ Mandat, → Schutzgebiet)

Treuhandgesellschaft, i. w. S. ein Unternehmen, das Treuhandtätigkeiten wie bes. die Verwaltung von Vermögen Dritter im eigenen Namen betreibt; i. e. S. die Wirtschaftsprüfungsgesellschaften (z. B. die »Deutsche Treuhandgesellschaft« oder die »Treuarbeit«).

Treu und Glauben, ⚖ Rechtsgrundsatz, nach dem von jedem ein redliches, das Vertrauen des Partners nicht mißbrauchendes Verhalten gefordert wird (§§ 157, 242 BGB).

Treverer, keltisch-german. Volk an der Mosel, 54 und 52 v. Chr. von Caesar unterworfen; Hauptort zur Römerzeit: Augusta Treverorum (Trier).

Treviso, Stadt in N-Italien, 84 500 Ew., roman. Dom (mit Werken von Tizian); Ind. (Metalle, Maschinen, chem., Papier).

tri... [von grch. tris »dreimal«], drei...

Trialsport [tr'aɪəl-, engl. »Versuch«], fahrtechn. Geschicklichkeitsprüfung auf Motorrädern, an Steilhängen, in Wasserdurchfahrten, auf steinigem Gelände u. dgl.

Triangel [lat.] der, **1)** Dreieck. **2)** ♩ dreieckig gebogenes Schlaginstrument, an einem Riemen zu halten, mit Stahlstab zu schlagen.

Triangulation [lat.] die, **Dreiecksaufnahme,** die im wesentl. aus Winkelmessungen bestehenden Vermessungsarbeiten zur Bestimmung von Punkten der Erdoberfläche nach geograph. Länge und Breite sowie Höhe. Die T. liefert so die Grundlage für die Kartierung eines Landes durch ein Netz meßbarer Dreiecke, deren Ecken die **trigonometr. Punkte** sind.

Trianon [trian'ɔ̃], Name zweier Schlösser im Park von Versailles. **Vertrag von T.,** der nach dem 1. Weltkrieg 1920 zw. Ungarn und den Alliierten abgeschlossene Friedensvertrag. Ungarn verlor zwei Drittel seines Gebiets.

Triarier [lat.] Mz., im röm. Heer die altgedienten Kerntruppen der Legion.

Trias [grch.] die, ⊕ ältester Abschnitt des Erdmittelalters; → Erdgeschichte, ÜBERSICHT.

Triathlon [grch.] das, ⚐ in unmittelbarer Aufeinanderfolge der Disziplinen Schwimmen, Radfahren und Laufen ausgetragener Ausdauermehrkampf.

Tribadie [grch.] die, die → lesbische Liebe.

Tribalismus [engl. tribe »Stamm«] der, Bez. für die stammesgebundene Politik in vielen afrikan. Staaten.

Triberg im Schwarzwald, Stadt in Bad.-Württ., 6600 Ew.; Fremdenverkehr; Uhren-, Metall-, Holz-Ind. **Triberger Wasserfälle** der Gutach, 163 m hoch.

Tribun [lat.] der, im alten Rom: **1) Volks-T.,** konnte, persönlich unverletzlich, gegen Anordnungen der Beamten und Beschlüsse des Senats Einspruch (→ Veto) erheben. **2) Militär-T.,** die höchsten Offiziere in einer Legion.

Tribunal das, **1)** im alten Rom erhöhter Sitz der Magistrate, bes. bei Rechtsprechung. **2)** Gericht.

Tribüne [frz.] die, Rednerbühne, Schaubühne; Zuschauerraum.

Tribus die, Stamm, Bezirk. Im alten Rom Untergliederung der Bürgerschaft für Truppenaushebung, Zensus und polit. Ordnung.

Tribut [lat.] der, -s/-e, Abgaben, bes. der besiegten Völker an den Sieger.

Trichine die, -/-n, Fadenwurm, Schmarotzer in Schweinen, Hunden, Katzen, Ratten, Menschen. Die sehr zahlreichen, lebendig geborenen Jungen der Darm-T. dringen mit dem Blutstrom in die Muskeln ein. Diese Muskel-T. rollen sich spiralförmig ein, werden eingekapselt und bleiben viele Jahre lebensfähig. Wenn trichinenhaltiges Schweinefleisch genossen wird, so lösen sich die Kapseln auf, und die T. wachsen wieder zu **Darm-T.** heran. Die T.-Krankheit **(Trichinose)** äußert sich erst in ruhrähnl. Darmkatarrh, dann Fieber, Schwellen, Schmerzen und Versteifen der Muskeln. Sie führt oft durch allg. Erschöpfung oder Lähmung der Atemmuskeln zum Tode. Schutz: Verwendung von durchgekochtem oder durchgebratenem Schweinefleisch, behördlich vorgeschriebene **T.-Schau.**

Trichloräthylen das, ein Chlorkohlenwasserstoff; farblose Flüssigkeit; wichtiges Lösungsmittel; Reinigungsmittel für die chem. Reinigung und in der Metallindustrie.

Tricho|phytie, Haarpilzflechte, eine → Hautpilzerkrankung.

Trichterbecher, Gefäßform mit hohem, trichterartig nach oben ausladendem Hals, Leitform der europ. **Trichterbecherkultur** (Beginn: 3. Jahrtsd. v. Chr.) während der Jungsteinzeit.

Trichterling der, Blätterpilz mit im Alter trichterförmigem Hut, z. T. eßbar.

Trick [engl.] der, Kniff, Kunstgriff.

Trickfilm, film. Darstellung mit Mitteln der Tricktechnik, z. B. Mehrfachbelichtung, Zeichentricks, Computergrafik u. a. mehr; bes. als Puppen-, Zeichen- und Werbefilm.

Trickskilaufen, Ski-Akrobatik, artist. Fahren und Springen auf Skiern.

Tridentinisches Glaubensbekenntnis, von Pius IV. 1564 erlassene, 1877 durch das Vatikanum ergänzte bis 1967 übl. Formel für den Glaubenseid der Geistlichen.

Tridentinisches Konzil, Tridentinum das, 19. allg. Kirchenversammlung in Trient zur Erneuerung der kath. Kirche: 1545-47, 1551/52, 1562/63; es legte die Glaubenssätze der Kirche in ihrem Unterschied zur reformator. Lehre fest, stellte Mißbräuche ab, sicherte den Vorrang des Papsttums.

Trieb der, **1)** Antrieb, sinnl. Verlangen; bei Tieren ein zielgerichtetes Verhalten, z. B. **Nahrungs-T., Selbsterhaltungs-T., Geschlechts-T. (Begattungs-T.).** Beim Menschen besteht die Möglichkeit einer bewußten Lenkung und Hemmung der T., ihrer Ablenkung auf vorgestellte Ziele und ihrer Vergeistigung (Sublimierung). **2)** ⚘ Schößling, Pflanzenwuchs.

Triebwagen, Schienenfahrzeug mit Eigenantrieb.

Triebwerk, bei Fahrzeugen alle zum Antrieb dienenden Teile.

Triel der, **Dickfuß,** taubengroßer, grauer, seltener Regenpfeifervogel, im norddt. Flachland.

Triennium [lat.] das, -s/...nien, Zeitraum von drei Jahren.

Trient, ital. **Trento,** Stadt in Oberitalien, an der Etsch, 100 500 Ew.; Dom, altes Kastell; Seiden-, Lebensmittelind. – T. ist ein alter Bischofssitz. Hier tagte das → Tridentinische Konzil.

Trier, 1) RegBez. in Rheinl.-Pf., 4758 km², 472 000 Ew. **2)** VerwSitz des RegBez. T. in Rheinl.-Pf., an der Mosel, 93 200 Ew.; Römer-

Treverer: Die Quellgöttin Sirona aus dem Heiligtum bei Hochscheid

Trichine, a weibl. Darm-T., b Muskel-T. (vergr.)

Trier: Porta Nigra

bauten (Amphitheater, Porta Nigra, Bäderanlagen, Basilika), roman. Dom (Hl. Rock), frühgot. Liebfrauenkirche, Bischofssitz; Univ.; Handelsplatz für Wein. Zigaretten-, Lederwaren-, Nahrungsmittel-, Textil- u.a. Ind. – T. wurde um 15 v. Chr. von Augustus im Gebiet der Treverer gegründet, war 293-395 Sitz der röm. Kaiser für die westl. Reichshälfte. Mit Lothringen kam es 925 an das Dt. Reich. Die Erzbischöfe von T. wurden auch Kurfürsten und beherrschten bis 1797 die untere Mosel.

Triere [grch.] die, antikes Schiff mit drei Ruderbänken übereinander.

Triest, ital. **Trieste,** ital. Hafenstadt in Istrien, am Golf von T., Adria, 235 000 Ew.; Bischofssitz mit Dom San Giusto (11.-14. Jh.); röm. Baureste; Univ., Nautisches Institut; Schiffbau, Eisen-, Stahlwerke, Erdölraffinerie u.a. Ind. – T., das röm. **Tergeste,** stand im 10.-13. Jh. unter der Herrschaft seiner Bischöfe. Seit 1382 gehörte es zu Österreich und war seitdem der wichtigste Hafen des mittleren Donauraums. 1918/19 kam es an Italien. Nach dem 2. Weltkrieg zw. Italien und Jugoslawien umstritten, wurde T. mit Umgebung 1947 Freistaat unter internat. Kontrolle, der 1954 zw. Italien und Jugoslawien aufgeteilt wurde; die Stadt fiel an Italien.

Trifels, teilweise ausgebaute Burgruine im S von Rheinl.-Pf., war bis ins 14. Jh. Kaiserpfalz; hier saß Richard Löwenherz 1193/94 gefangen; 1125-1273 Aufbewahrungsort der Reichskleinodien.

Trinidad und Tobago

Trifonow, Jurij Walentinowitsch, russ. Schriftsteller, *1925, †1981; Romane aus dem sowjet. Alltag.

Triforium [lat.] das, in Bogenstellungen geöffneter, schmaler Laufgang unter den Fenstern im Inneren roman. und got. Kirchen.

Trift die, **1)** ⊕ die → Drift 1). **2)** der Weg, auf dem das Vieh zur Weide getrieben wird.

Trigeminus [lat.] der, **dreigeteilter Nerv,** ♡ der 5. Gehirnnerv; der Bewegung vermittelnde Teil verläuft bes. zu den Kaumuskeln, der Empfindungen aufnehmende Teil enthält Nerven für die Kopf- und Gesichtshaut, Mund- und Nasenhöhle, Zähne und Zahnfleisch; außerdem führt der Nerv noch Fasern für die Tränen- und Speicheldrüsen. **T.-Neuralgien,** heftigste Anfälle von Gesichtsschmerzen, meist nur einer Hälfte.

Trigger [engl. »Gewehrabzug«] der, -s/-, monostabile oder bistabile Kippschaltung, die durch äußere Impulse von einem stabilen Zustand in den anderen stabilen Zustand umgeschaltet wird (triggern).

Triggerdiode, ⚡ Schaltkreis mit 2 Dioden in Gegeneinanderschaltung mit niedriger Durchlaßspannung in beiden Richtungen.

Triglav der, **1)** slaw. Gottheit, wurde mit 3 Köpfen dargestellt. **2)** höchster Berg der Julischen Alpen, 2863 m hoch, in Jugoslawien.

Triglyph [grch.] der, -s/-en, 🏛 Block mit 3 durch Stege voneinander getrennten senkrechten Rinnen am Gebälk des grch. Tempels.

Trigonometrie [grch.] die, △ Berechnung der Seiten, des Winkels und Inhalts eines Dreiecks aus 3 gegebenen Stücken. **Sphärische T.,** Berechnung von Kugeldreiecken.

trigonometrischer Punkt, ein nach Lage und Höhe festgelegter Ausgangspunkt für Vermessungszwecke.

Tri|iodthyronin das, ein Schilddrüsenhormon.

triklines System, → Kristall.

Trikolore [frz.] die, dreifarbige Flagge, bes. die 1789 eingeführte blauweißrote frz. Nationalflagge (FARBTAFEL Flaggen).

Trikot [-k'o, frz.] der, gewirkte, sehr dehnbare, elast., schmiegsame Maschenware **(Trikotage)** für Unterwäsche und Sportkleidung.

Trilateration [lat.] die, -, neueres Verfahren zur Bestimmung eines trigonometr. oder Dreiecksnetzes, bei dem, i. Ggs. zur → Triangulation, die Dreiecksseiten durch Laufzeitmessungen mit Hilfe von Licht- oder Hochfrequenzsignalen bestimmt werden.

Triller [ital.] der, -s/-, 𝅗𝅥 wiederholter, sehr schneller Wechsel des Haupttons mit seiner kleinen oder großen Obersekunde mit oder ohne Nachschlag.

Trillion die, 1 Million Billionen, 10^{18}.

Trilobiten Mz., ausgestorbene Meereskrebse des Erdaltertums. Wichtige Leitfossilien.

Trilogie [grch.] die, aus 3 Teilen bestehendes Dichtwerk, z. B. 3 zusammengehörende Tragödien oder Romane.

Trimester [lat. »Zeitraum von 3 Monaten«] das, -s/-, 3. Teil des Studienjahres.

trimmen, 1) ⚓ Schwimmlage eines Schiffes in der Längsrichtung ändern. **2)** ⚡ einen Schwingungskreis mit Hilfe eines Kondensators **(Trimmer)** abstimmen. **3)** bei Kernreaktoren kleine Abweichungen vom kritischen Zustand ausgleichen. **4)** Ausgleichssport treiben.

Trimurti [Sanskrit], im späteren Brahmanismus die Einheit der Götter Brahma, Vishnu und Shiva.

Trinidad und Tobago, Rep. in Westindien, 2 Inseln vor der NO-Küste Venezuelas, zus. 5128 km², 1,2 Mio. Ew. (Neger, Inder, Mischlinge, Weiße, Chinesen); Hptst.: Port of Spain auf Trinidad; Amtssprache: Englisch. Nach der Verf. von 1976 ist T. und T. eine präsidiale Republik. Trinidad (4827 km²) ist im N gebirgig, fruchtbar. Ausfuhr: Erdöl, Erdgas, Asphalt; Zucker, Kakao, Citrusfrüchte u.a.; Erdölraffinerien. Haupthafen und internat. Flughafen: Port of Spain. – Die Inseln wurden 1498 von Kolumbus entdeckt, Trinidad 1797, Tobago 1814 britisch; 1962 unabhängig. Staatspräs.: Noor Mohammed Hassanali (seit 1987). ⊕ S. 485.

Trinität [lat.] die, **Dreieinigkeit, Dreifaltigkeit,** Auffassung von den 3 Seinsweisen Gottes als Vater, Sohn, Hl. Geist; wurde auf den Kirchenversammlungen von Nicaia (325) und Konstantinopel (381) verkündet. **Trinitatisfest,** Fest der Hl. Dreifaltigkeit (Sonntag nach Pfingsten).

Trinitrophenol das, ⚗ → Pikrinsäure.

Trinitrotoluol [grch.], **TNT,** ⚗ Derivat des Toluols, hochbrisanter Sprengstoff.

Trinkwasserfluoridierung, Zusatz von Salzen der Fluorwasserstoffsäure (Fluoride) zum Trinkwasser, in versch. Ländern (z. B. USA) zur Vorbeugung gegen Zahnfäule durchgeführt; aus zahnmedizin. Sicht umstritten, in der Bundesrep. Dtl. nicht zulässig.

Trinkwasserverordnung, EG-weite Festlegung von Grenzwerten für Pflanzenschutzmittel u.a. Stoffe (1986, seit 1. 10. 89 in Kraft): 0,1 oder 0,5 Mikrogramm pro Liter für einzelne Stoffe oder deren Gemische.

Trio [ital.] das, 𝅗𝅥 **1)** Tonstück für 3 Instrumente. **2)** ruhigerer Zwischensatz in Märschen, Tänzen.

Tripolis: Königspalast

Triọde, Elektronenröhre mit 3 Elektroden.
Triọle [ital.] die, ♩ Figur von 3 Tönen mit dem Zeitwert von 2 Noten der gleichen Art.
Trip [engl.] der, Ausflug, Reise.
tripel [lat.], dreifach..., drei...
Tripoli, Hafenstadt der Rep. Libanon, 175 000 Ew.; Endpunkt der Erdölleitung von Kirkuk (Irak); Internat. Messe.
Trịpolis, Hptst. und -hafen von Libyen, an der Kleinen Syrte, 550 500 Mio. Ew.; Ölpressen, Tabakverarbeitung, Herstellung von Leder-, Gold-, Silberwaren. Fremdenverkehr; Flughafen. Phönik. Gründung; der altgrch. Name T. (= Dreistadt) galt urspr. dem ganzen Landstrich (heute **Tripolitanien**).
Trịpper der, **Gonorrhọe** die, häufigste, durch Übertragung des Gonokokkus hervorgerufene Geschlechtskrankheit; beginnt 2-4 Tage nach Ansteckung mit Brennen in der vorderen Harnröhre und eitrigem Ausfluß; kann zu schmerzhaften Nebenhoden- oder Eierstockentzündungen und Sterilität führen. Behandlung: Antibiotika.
Trịptik [frz.], **Triptyk** das, Grenzdurchlaßschein für Kraft- und Wasserfahrzeuge für den zollfreien Grenzübertritt; heute für viele Länder nicht mehr nötig.
Trịptychon [grch.] das, dreiteil. Tafelbild.
Trịpura, Unionsgebiet im NO Indiens, 10 477 km², 2,1 Mio. Ew.; Hptst.: Agartala.
trist [frz.], düster, unerfreulich, freudlos.
Trịstan, Sagengestalt des MA. T. wirbt für König Marke um Isolde von Irland; infolge eines Zaubertrankes verliebt er sich in sie.
Tristan da Cunha [-də k'u:ŋə], brit. Vulkaninsel im südl. Atlant. Ozean, 104 km², rd. 350 Ew.; 1961 Vulkanausbruch.
Trịtium [grch.], **T,** künstlich hergestelltes, radioaktives Isotop des Wasserstoffs mit dem Atomgewicht 3 (1 Proton, 2 Neutronen).
Trịton, 1) das, Atomkern des → Tritiums. **2)** der, grch. Meergott. **3)** Mond des Planeten Neptun; 1989 Vorbeiflug der Raumsonde Voyager 2.
Trịtonshorn, Trompetenschnecke, Kiemenschnecke der wärmeren Meere.
Trịtonus [lat.] der, Intervall von 3 Ganztönen: übermäßige Quarte, verminderte Quinte.
Triụmph der, im alten Rom der feierl. Einzug eines siegreichen Feldherrn; daher: glänzender Erfolg, Siegesfreude. **T.-Bogen,** zur Erinnerung an Siege errichteter Torbogen.
Triumvirạt das, »Dreimännerherrschaft« im alten Rom. **1. T.** (60 v. Chr.): Caesar, Pompeius, Crassus; **2. T.** (43 v. Chr.): Antonius, Octavian, Lepidus.
Trivạndrum, Hptst. des Staates Kerala, Indien, 499 500 Ew.; Univ. Baumwoll-, Seidenind.
triviạl [lat.], alltäglich, abgedroschen.
Trivial|literatur, »schöne Literatur« (Lyrik, Erzählung, Roman), die in Motivwahl, Sprache, Handlungsführung »trivial« (gewöhnlich, schematisch) ist. Die T. zählt zur Unterhaltungsliteratur, wird aber als deren niederste Stufe verstanden; Formen: Ritter- und Räuberromane, Abenteuer-, Kriminal-, Liebes-, Heimatromane.
Trịvium das, → Freie Künste.
Trọas, antike Landschaft im nordwestl. Kleinasien, Hptst.: → Troja.
Trochạ̈us [grch.] der, Versfuß aus einer langen und einer kurzen Silbe (– ◡).
trocken, ohne Feuchtigkeit. Wein: herb.
Trockeneis, Kältemittel aus gepreßtem Kohlensäureschnee, verwendet beim Versand von Gefriergut u. dgl.
Trockenelement, → galvanische Elemente.
Trockenfäule, morscher Zerfall von Pflanzenteilen, z. B. manche Holzfäulen und Kartoffelknollenfäulen.
Trockenlöscher, ein → Feuerlöscher.
Trockenmaß, Raummaß zur Abmessung trockener, schüttbarer Gegenstände.
Trockenmilch, Milchpulver, pulverig eingetrocknete Milch, hergestellt auf von innen geheizten sich drehenden Blechtrommeln oder durch Versprühen in heißer Luft.
Trockenpflanzen, Xerophyten, Pflanzen, die trockene Standorte (z. B. Wüsten, Steppen, Felsen) besiedeln; können z. T. vollständig austrocknen (Flechten, Moose).
Trockenstoffe, Sikkatịve, Metalloxide, Metallsalze, Oleate, Resinate, Naphthenate, die dem Leinölfirnis oder Ölfarben beigegeben werden, um das Trocknen zu beschleunigen.
Trockental, das → Wadi.
Trockenübungen, ⚡ Vorübungen für sportl. Fertigkeiten, z. B. außerhalb des Wassers für Schwimmen und Rudern.
Trockenzeit, Jahreszeit ohne oder mit nur geringem Regenfall, in den Tropen meist der Winter, im Mittelmeergebiet und den Subtropen der Sommer.
Trockenzelltherapie, ♡ Behandlung mit Aufschwemmungen von Zellen, die durch ein Gefriertrocknungsverfahren **(Trockenzellen)** haltbar gemacht wurden.
Trocknung die, Entzug von Feuchtigkeit, z. B. um Stoffe haltbar zu machen oder in einen für Transport oder Weiterverarbeitung geeigneten Zustand zu bringen. Am einfachsten ist die **Luft-T.** unter Ausnutzung der Sonnenwärme. Bei der **T. unter Wärmezufuhr** wird das Trockengut unmittelbar den heißen Feuergasen von 900 bis 1000 °C ausgesetzt oder (für empfindl. Trockengut) mit erhitzter Luft oder dgl. getrocknet. In **Vakuumtrocknern** wird das Wasser in einem Raum mit Unterdruck entzogen. **Mechanische T.** geschieht durch Auswringen, Pressen, Schleudern, **chemische T.** z. B. durch Kieselgel (SiO_2), zum Trocknen und Reinigen von Industriegasen, Raumlufttrocknung in Klimaanlagen u. a., außerdem durch Molekülvergrößerung (beim Härten von Kunststoffen), durch → Trockenstoffe.
Troddel die, Quaste.
Troddelblume, → Alpenglöckchen.
Trödel der, alter Kram, Altwaren; auch der Handel damit. **Trödler,** Altwarenhändler.
Troeltsch, Ernst, evang. Theologe, Geschichtsphilosoph, *1865, †1923; bedeutender Religionssoziologe und Kritiker des Historismus.
Troger, Paul, österr. Maler, *1698, †1762; Altarbilder, Deckenfresken.
Troglodỵt [grch.] der, Höhlenbewohner.
Trọika [russ.] die, -/-s, russ. Dreigespann.
Trọilos, grch. Sage: von Achill getöteter Sohn des Priamos.
Troisdorf [tr'o:s-], Stadt in NRW, 61 500 Ew.; chem., Kunststoff-, Eisenind.
Troja, Ilios, Ilion, Hauptort von Troas in Kleinasien. In der grch. Sage ist T. Schauplatz des **Trojạn. Kriegs,** in dem die Griechen unter Agamemnon 10 Jahre lang um die von Paris

Trollblume

geraubte Helena kämpften. Einen Teil der Kämpfe schildert die → Ilias. Die Griechen eroberten die Stadt mit Hilfe des **Trojan.** oder **Hölzernen Pferdes,** in dessen hohlem Bauch sie die tüchtigsten Helden verbargen, die dann von den ahnungslosen Trojanern mit dem Pferd in die Stadt geführt wurden (→ Danaer). Als die Stätte T.s ermittelte H. → Schliemann den von ihm seit 1870 ausgegrabenen Ruinenhügel Hissarlik. Fortgesetzt wurden die Grabungen von W. Dörpfeld und C. W. Blegen.

Trokar [frz.] der, ♡ starke Hohlnadel zur Ausführung einer → Punktion.

Trökes, Heinz, Maler und Graphiker, *1913; abstrakte und gegenständl. Motive.

Troll der, -s/-e, gespenst. Unhold.

Trollblume, gelbblütiges, staudiges Hahnenfußgewächs.

Trolleybus [trɔlɪ-, engl.], schweizer. der Oberleitungs-Omnibus.

Trollhättan, Stadt im südwestl. Schweden, an der Götaälv, 50800 Ew.; großes Kraftwerk an den **Trollhätte-Fällen,** die durch den **Trollhätte-Kanal** umgangen werden.

Trombe

Trombe [ital.] die, Luftwirbel um eine fast senkrechte Achse; die kleinsten sind **Sand-** oder **Staubwirbel;** größere heißen **Wind-, Sandhosen,** über dem Wasser **Wasserhosen.**

Trommel die, **1)** ♩ Schlaginstrument, ein Hohlkörper, dessen beide offenen Seiten mit Kalbfell überspannt sind; von unbestimmter Tonhöhe. Die **kleine T. (Militär-T.)** wird mit 2 hölzernen Schlegeln geschlagen, die **große T.** mit einem Schlegel mit Lederkopf. Die **Wirbel-, Rühr-** oder **Landsknechts-T.** mit hohem hölzernem Körper hat tiefen, dumpfen Ton. **2)** ⊙ Hohlzylinder; auch zum Aufwinden von Seilen usw.

Trommelfell, Teil des → Ohrs.

Trommelsucht, Blähsucht, bei Wiederkäuern Auftreibung des Bauches nach Kleefütterung.

Trompe in Notre-Dame-du-Port in Clermont-Ferrand

Trompe [frz.] die, 🏛 nischenartige Wölbung an einer Mauerecke.

Trompete die, **1)** Blasinstrument aus Messingblech mit langgestreckt gebogener Schallröhre, halbkugeligem Kesselmundstück und 3 Ventilen für chromat. Töne zw. den nur durch Verschiedenheit der Lippenstellung und des Anblasens hervorgebrachten Naturtönen. Die **Natur-T.** hat keine Ventile. (BILD Blasinstrumente) **2) Tube,** ein Teil des Ohres.

Trompetenbaum, → Katalpe.

Trompetenschnecke, → Tritonshorn.

Tromsø [tr'umsø], Hafenstadt in N-Norwegen, auf einer Insel im **T.-Sund,** 49500 Ew.; Schiffbau, Fisch-, Walfang.

Trondheim [tr'ɔnhɛjm], **Drontheim,** Stadt in Norwegen, 135000 Ew. am eisfreien T.-Fjord; Bischofssitz; Dom (größte Kirche Skandinaviens), TH; Mus., Schiffbau, Fischerei.

Tropfstein: Stalagmiten und Stalaktiten

Trope [grch.] die, → Tropus.

Tropen [grch.] Mz., ⊕ urspr. die Wendekreise, dann die zw. ihnen gelegene Zone **(T.-Zone);** i. w. S. alle Länder mit **T.-Klima** (hohe Lufttemperatur, hohe relative Luftfeuchtigkeit); in den inneren T. Regenwald, in den äußeren T. Savanne.

Tropenkrankheiten sind teils durch bes. in den T. verbreitete Erreger bewirkt (z. B. Malaria, Gelbfieber, Schlafkrankheit), teils durch ungünstige trop. Lebensbedingungen (z. B. Vitaminmangelkrankheiten wie Beriberi).

Tröpfcheninfektion, Übertragung von Krankheitserregern (z. B. des Influenzavirus bei Grippe) durch die von einem Infektionsträger beim Sprechen, Niesen, Husten versprühten feinsten Tröpfchen aus Mund und Atemwegen.

Tropfstein, Kalkstein, der sich aus herabträufelndem Wasser ausscheidet; besteht aus Kalkspat oder Aragonit; häufig in Höhlen der Kalkgebirge als Zapfen an den Decken **(Stalaktiten)** und als Säulen auf dem Boden **(Stalagmiten).**

Trophäe [grch.] die, Siegeszeichen.

Tropismus [grch.-lat.] der, ⚘ ⚘ Krümmungsbewegung bei Pflanzen oder festsitzenden Tieren, womit sich diese in eine bestimmte Lage zur Richtung eines Reizes einstellen; z. B. **Helio-T., Photo-T.** durch Lichtreize, **Geo-T., Gravi-T.** durch die Schwerkraft, **Thermo-T.** durch Wärme.

Troposphäre [grch.] die, Schicht der → Atmosphäre.

Troppau, tschech. **Opava,** Stadt in der ČSFR, an der Oppa, 63000 Ew.; Zucker-, Textil-, Maschinenind. Alte Bauten; im MA. schles. Herzogsitz, 1849-1918 Hptst. von Österreichisch-Schlesien.

Tropsch, Hans, Chemiker, *1889, †1935, entwickelte das → Fischer-Tropsch-Verfahren.

Tropus [grch.] der, **Trope** die, **1)** Rhetorik: die Vertauschung des eigtl. Ausdrucks mit einem verwandten bildlichen, z. B. »fliegen« statt »eilen«. **2)** ♩ Melodieformel im Gregorian. Choral.

Trotta, Margarethe von, Schauspielerin, Regisseurin und Drehbuchautorin, *1942; »Die bleierne Zeit«, »Rosa Luxemburg«.

Trottoir [trɔtw'a:r, frz.] das, Bürgersteig.

Trott zu Solz, Hans Adam von, Diplomat, *1909, †(hingerichtet) 1944; gehörte der dt. Widerstandsbewegung an.

Trotzalter, Übergangsabschnitt der Entwicklung des Kindes (etwa vom 3. Jahr ab), in dem der Selbstbehauptungswille sich geltend macht; tritt als 2. T. auch in der Pubertät auf.

Trotzkij, Leo D., eigtl. Lejb **Bronstein,** *1879, †(ermordet) 1940; 1917 am bolschewist. Umsturz in Rußland beteiligt, 1918-25 Volkskommissar für Heer und Marine. Nach Lenins Tod geriet er in scharfen Gegensatz zu Stalin und wurde 1929 verbannt; suchte vergeblich von Mexiko aus, Stalin zu bekämpfen.

Troubadour [trubad'u:r, frz.; von provenzal. trobar »dichten«] der, höf. Dichter und Minnesänger des 12. und 13. Jh. in S-Frankreich. In N-Frankreich **Trouvère** [truv'ɛ:r].

Troy [trɔi], Stadt in New York, USA, am Hudson, 69500 Ew.; Ind. Ausgangspunkt des New York State Barge Canal.

Troyat [frz. trwaj'a], Henri, eigtl. Lew **Tarassow,** frz. Schriftst. russ. Herkunft, *1911.

Troyes [trwa], Stadt in der Champagne, Frankreich, an der Seine, 65500 Ew.; Kathedrale; Textil- u. a. Ind., Weinhandel.

Troygewicht [trɔɪ-, engl.], amerikan. Gewicht für Edelmetalle, -steine u. a.

Trübner, Wilhelm, Maler, *1851, †1917, malte, ausgehend von Leibl, schlichte, tonig gehaltene Bildnisse, Stilleben, Landschaften.

Truchseß der, mittelalterl. Hofbeamter, Oberaufseher über Küche und Tafel.

Truck-System [trʌk-, engl.], früher Entlohnung der Arbeitnehmer in Waren an Stelle des Barlohns; für gewerbl. Arbeitnehmer verboten **(Truckverbot)**.

Trudpert, Einsiedler im Breisgau, †um 643; Heiliger (26. 4.).

Truffaut [tryf'o], François, frz. Filmregisseur, *1932, †1984; zur »Nouvelle Vague« gehörig; Filme: »Sie küßten und sie schlugen ihn«; »Schießen Sie auf den Pianisten«; »Der Wolfsjunge«; »Liebe auf der Flucht«; »Die letzte Metro«, »Auf Liebe und Tod« u. a.

Trüffel die, Gatt. der Schlauchpilze mit unterird. Fruchtkörpern, die Kartoffeln ähnlich sind. Als Gewürz dienen die **schwarze T.,** die Périgord-T. und die **Mai-T.** Hauptverbreitungsgebiete: Frankreich (um Périgord), Italien.

Trugdolde die, ⚘ Form des Blütenstandes, z. B. bei Holunder (BILD Blüte).

Trugnattern, giftige Nattern, z. B. in Afrika.

Trugratten, rattenähnl. Nagetiere Südamerikas und Afrikas, z. B. Nutria.

Trugschluß, Sophịsma, falscher Beweisgang von scheinbarer Richtigkeit: beruht auf doppelsinnigen Begriffen oder Denkfehlern.

Truhe, Kastenmöbel mit Klappdeckel.

Truman [tr'u:mən], Harry S., 1945-1953 der 33. Präs. der USA, *1884, †1972; war als Mitgl. der Demokrat. Partei 1934-44 Senator, 1944 Vizepräs., wurde nach dem Tod Roosevelts 1945 Präs.; wiedergewählt 1948. Mit der **T.-Doktrin** (1947) begann die aktive Unterstützung der »in ihrer Freiheit bedrohten freien Völker«. Innenpolitisch entwickelte T. 1949 ein Sozialprogramm (→ Fair Deal).

Trumeau [trym'o:, frz.] der, Spiegel auf dem Wandpfeiler zw. 2 Fenstern.

Trumpf der, Farbe im Kartenspiel, die alle anderen sticht; Vorteil.

Trunkenheit am Steuer, ⚖ Führen eines Fahrzeuges, obwohl der Fahrzeugführer infolge Alkoholgenusses dazu nicht in der Lage ist. Strafe: Geldstrafe oder Freiheitsstrafe, auch wenn kein Unfall verursacht wurde.

Trunksucht die, ♡ → Alkoholvergiftung.

Truppe die, -/n, Gesamtheit der militär. Verbände und Einheiten aller Waffengattungen; besteht aus **T.-Teilen.**

Trust [trʌst, engl.] der, Kapitalgesellschaft, die durch Zusammenschluß ehemals rechtl. selbständiger Unternehmen entsteht mit dem Ziel ausschließl. Marktbeherrschung; eine strengere Form des Konzerns. Der **Investment-T.** ist hingegen eine Kapitalanlagegesellschaft.

Truthühner, Puten, schöngefärbte Hühnervögel aus Nordamerika, mit nacktem Kopf und Vorderhals. Bei Erregung breitet der Hahn **(Puter)** den Schwanz fächerförmig aus. Die T. werden als schmackhaftes Geflügel gezüchtet.

Trypanosọmen [grch.] Mz., im Blut der Wirbeltiere und des Menschen schmarotzende Geißeltierchen, z. T. Krankheitserreger. Als **T.-Krankheit** (Trypanosomiasis) treten beim Menschen Chagas-Krankheit und → Schlafkrankheit auf, bei Tieren z. B. Beschälseuche und Tsetsekrankheit.

Trypsịn das, eiweißspaltendes Enzym der Bauchspeicheldrüse.

Tsạidam-Becken, Erdölgebiet in der chines. Prov. Tsinghai.

Tsạngpo der, Oberlauf des Brahmaputra.

Tsatsos, Konstantin, grch. Politiker, *1889, †1987; 1975-80 Staatspräs.

Tsavo-Nationalpark, größter Nationalpark O-Afrikas (Großwild), in Kenia, 20800 km^2.

Tschad, Rep. im Innern N-Afrikas, 1,284 Mio. km^2, 5,4 Mio. Ew.; Hptst.: N'Djamena; Amtssprache: Französisch. – T. umfaßt das Tschadseebecken und reicht im N bis zum Tibesti-Gebirge (Sahara). BEVÖLKERUNG. Neger, Araber, Kanuri u. a.; Religion: rd. 50% Muslime, 20% kath., 10% evang. Christen. Im S Anbau von Hirse, Maniok, Reis, für die Ausfuhr: Baumwolle, Erdnüsse. Viehzucht (z. T. nomadisch). Fischfang im Tschadsee und den Flüssen. Haupthandelspartner: Frankreich, Nigeria. Internat. Flughafen: N'Djamena. – T., ehem. Gebiet von Frz.-Äquatorialafrika, ist seit 1960 Rep. Religiös-polit. Differenzen zw. christl. Süden und muslim. Norden führten seit Mitte der 70er Jahre zu einem Bürgerkrieg, in den zeitweilig libysche Truppen eingriffen. 1982 setzte sich H. Habré zunächst als Vors. eines »Provisorischen Staatsrats«, später als Präs. durch. ⊕ S. 482.

Tschadsee, flacher, teilweise versumpfter See im mittl. Sudan, Afrika; Oberfläche in der Trockenzeit rd. 10000 km^2, in der Regenzeit rd. 25000 km^2. Fischfang.

Tschaikọwskij, Peter Iljitsch, Komponist der westlich orientierten russ. Schule, *1840, †1893; Opern (»Eugen Onegin«), Sinfonien, Kammer- und Klaviermusik, Lieder.

Tschạko [ungar.] der, ∴ Kopfbedeckung aus Filz oder Leder mit flachem Runddeckel.

Tschạpka [poln. »Mütze«], ∴ Lederhelm der Ulanen mit viereckigem Deckel.

Tscharschạf [pers., türk.] der, das Straßenkleid muslim. Frauen.

Tscheboksạry, Hptst. der Tschuwasch. ASSR, Hafen an der Wolga (Kraftwerk), 402000 Ew.; Troizkij-Kloster (1566).

Tschechen Mz., westslaw. Völkerschaft in Böhmen und Mähren.

tschechische Literatur. Die alttschech. Literatur, beginnend mit einem Denkmal aus dem 11. Jh., behandelte geistl. und weltl.-ritterl. Stoffe. Jan Hus (*um 1370, †1415) begründete ein nationales, reformator.-revolutionäres Schrifttum, das die Böhm. Brüdergemeine (Comenius) fortführte. Nach 1620 kam das literar. Schaffen vorübergehend zum Stillstand. Im Zuge der von Kaiser Joseph II. geförderten Aufklärung erlebte es eine Wiedergeburt (J. Jungmann). Die Dichtung vor 1848 enthält Ideen der westeurop. Romantik, bes. von J. G. Herder (F. L. Čelakovský, K. J. Erben, K. H. Mácha). Die Romantik wurde vom Realismus abgelöst, der zunächst soziale (Božena Němcová, J. Neruda), dann immer stärker polit. Themen bevorzugte. J. Vrchlický vertrat um 1870 eine weltbürgerl. Richtung. Die Dichtung nach Gründung des tschech. Staates (1918) folgte den Strömungen der westeurop. Literaturen (O. Březina, A. Sova). Internat. Geltung erlangten hier K. Čapek, J. Hašek mit dem grotesken Epos vom »braven Soldaten Schwejk«, der Dramatiker F. Langer, der Formkünstler V. Nezval sowie die Lyriker J. Wolker und J. Hora. Nach Wiedererrichtung des Staates (1945) wurde die freie Entwicklung der t. L. bald durch die Einschaltung in die kommunist. Ideologie zunichte gemacht; doch gingen in neuerer Zeit von den tschech. Schriftst. entscheidende Impulse zum Versuch der Umgestaltung des dogmat. Kommunismus in einen demokrat. und humanen Sozialismus aus (1968). Neuere Schriftsteller sind der Lyriker V. Holan, die Erzähler B. Hrabal, L. Mňačko, die Dramatiker V. Havel, P. Kohout. Viele Schriftsteller gingen ins Ausland, in der Tschechoslowakei erhielten viele Schreibverbot, im Zug der polit. Reformen 1989 aufgehoben.

tschechische Musik. Die rhythmisch und klanglich sehr charakterist. Volksmusik wurde durch B. Smetana und A. Dvořák zur Kunstmusik erhoben. Neben ihnen wirkten

Sommer-Trüffel

Truthühner: Truthahn, etwa 110 cm lang

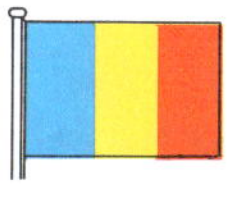
Tschad

Tschaikowskij

J. B. Foerster, N. Novák, O. Ostrčil. Unter den Neueren ragt als Opernkomponist (»Jenufa«) L. Janáček hervor. Nach ihm sind A. Habá, E. Schulhoff, B. Martinu zu nennen.

Tschechische Republik, Teilrep. (seit Anfang 1969) der →Tschechoslowakei, umfaßt →Böhmen, →Mähren und Randgebiete Schlesiens, 78 862 km², 10,32 Mio. Ew. (überwiegend Tschechen); Hptst.: Prag; 1969-90 Tschechische Sozialist. Rep.

tschechische Sprache, vornehml. in Böhmen und Mähren gesprochene westslaw. Sprache.

Tschechoslowakei die, seit 1990 Abk. **ČSFR** für tschechisch **Č**eská a **S**lowenská **F**ederativni **R**epublika, 1960-90 **ČSSR,** Abk. für **Č**eskoslowenská **S**ocialistická **R**epublika, Rep. im östl. Mitteleuropa, 127 877 km², 15,41 Mio. Ew.; Hptst.: Prag; Amtssprachen: Tschechisch, Slowakisch. ⊕ S. 489.

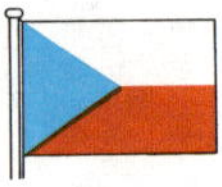

Tschechoslowakei

Nach dem Föderations- und Nationalitätenges. v. 27. 10. 1968 (geändert 1989) ist die T. seit 1. 1. 1969 eine Föderative Republik mit der Tschech. und der Slowak. Republik als Einzelrepubliken mit eigenen Parlamenten. Dem Bund obliegen Außenpolitik, Verteidigung, Bundesgesetzgebung. Staatsoberhaupt ist der in direkter Wahl gewählte Präs.

LANDESNATUR. →Böhmen, →Mähren, →Slowakei. BEVÖLKERUNG. Rd. 65% Tschechen, 30% Slowaken, 4% Magyaren, 0,8% Deutsche, daneben Polen u.a. 6 Großstädte. Religion: überwiegend katholisch.

WIRTSCHAFT. Landwirtschaft überwiegend verstaatlicht oder kollektiviert. Bedeutende Forstwirtschaft. ⚒ auf Stein- und Braunkohle, Eisen u.a.; Uranlager. Eisen- und Stahl-, Maschinen-, chem., Zement-, Textil-, kohleverarbeitende u.a. Ind.; Energiewirtschaft. Fremdenverkehr. Ausfuhr: Fertigwaren. Hauptflughafen: Prag.

Tschechow

Ⓖ Im 19. Jh. hatte sich eine Nationalbewegung der Tschechen und zugleich eine gegen die ungar. Herrschaft gerichtete Nationalbewegung der Slowaken entwickelt. Nach dem Zerfall der Donaumonarchie wurde 1918 in Prag die Unabhängigkeit der T. ausgerufen, die sich aus Böhmen und Mähren, dem Hultschiner Ländchen, Teilen des österr. Schlesien und Teilen von Ungarn (Slowakei, Karpaten-Ukraine) zusammensetzte. T. G. Masaryk wurde Staatspräs. Die Tschechen besetzten die sudetendt. Gebiete und vertrieben die dort gebildeten Regierungen. Den Slowaken blieb die versprochene Autonomie versagt. Die Außenpolitik war bestimmt durch eine enge Anlehnung an Frankreich (1919), die Abwehr des ungar. Revisionismus, die Bildung der Kleinen Entente (mit Jugoslawien und Rumänien) und ein Bündnis mit der UdSSR (1935). Ende 1935-1938 war E. Benesch Staatspräs. Durch das Münchener Abkommen (1938) wurden die sudetendt. Gebiete (30 000 km², 3,4 Mio. Ew.) mit dem Dt. Reich vereinigt. Die Tschechen mußten der Slowakei Autonomie gewähren, Grenzgebiete an Polen und Ungarn abtreten; die Karpaten-Ukraine fiel 1939 an Ungarn. 1939 zwang A. Hitler den Staatspräs. E. Hácha, der Errichtung eines »Protektorates Böhmen und Mähren« zuzustimmen. Nach dem dt. Zusammenbruch wurde E. Benesch 1945 wieder Staatspräs. Unter Regierungen der Nationalen Front (seit 1946 K. Gottwald) bereitete die KP ihre Machtübernahme vor. Nach dem kommunist. Staatsstreich (1948) wurde K. Gottwald Staatspräs. Innenpolit. Gegner wurden ausgeschaltet (bes. R. Slánský). Auch unter den Staatspräs. A. Zápotocký und A. Novotný lehnte sich die T. eng an die UdSSR an. Kritik von reformbemühten Kräften an Partei und Staatsführung führte im Jan. 1968 zum Rücktritt von A. Novotný; Parteichef wurde A. Dubček. Staatspräs. L. Svoboda (1968-75), MinPräs. (April 1968) O. Černik. Die Spannungen zur UdSSR führten zur Besetzung der T. durch Truppen des Warschauer Pakts (außer Rumänien) am 21. 8. 1968. Mit der Ablösung A. Dubčeks durch G. Husák als Parteiführer (April 1969) wurde ein auf Konzessionen gegenüber Moskau abzielender Kurs eingeschlagen. Die seit 1968 nie ganz zu unterdrückende Bürgerrechtsbewegung erstarkte v.a. nach der in der UdSSR eingeschlagenen Reformpolitik. In einer Welle von Bürgerprotesten wurde Ende 1989 die Ablösung der bisherigen kommunist. Regierung erreicht. Zum Präs. wurde der Sprecher der Bürgerrechtsbewegung V. Havel gewählt. In den ersten freien Wahlen 1990 wurden Havel und das von ihm geführte Bürgerforum bestätigt.

Tschenstochau: »Schwarze Mutter Gottes von T.«

Tschechow, Anton P., russ. Dichter, *1860, †1904, schrieb humorist. Skizzen, schwermütige, z.T. gesellschaftskrit. Kurzgeschichten; entwickelte einen neuen Typus des impressionist. Stimmungsdramas, das seine Wirkung aus dem Neben- und Gegeneinander von Seelenzuständen erhielt, Schauspiele (»Die Möwe«, »Der Kirschgarten«).

Tscheka [russ. Abk.], 1917-22 die bolschewist. polit. Polizei, →GPU.

Tscheljabinsk, Stadt in der Russ. SFSR, im O-Ural, 1,61 Mio. Ew.; Mittelpunkt eines Golddistrikts; Braunkohle; Hütten-, Maschinen- u.a. Ind.

Tscheljuskin, Kap, nördlichstes Kap Asiens, auf der Taimyr-Halbinsel, 77° 44′ n. Br.

Tschenstochau, poln. **Częstochowa** [tʃɛ̃stɔx'ɔva], Stadt in Polen, an der Warthe, 246 000 Ew.; Textil-, Metallind.; Wallfahrtsort mit wundertätigem Marienbild »Schwarze Mutter Gottes von T.«.

Tscheremchowo, Stadt in Ostsibirien, UdSSR, an der Transsibir. Bahn, 75 000 Ew.; bedeutende Kohlenlager.

Tscheremissen, Mari, ostfinn. Volk zw. der mittl. Wolga und Wjatka und an der Belaja in der ASSR der →Mari.

Tscherenkow, Pawel Aleksejewitsch, sowjet. Physiker, *1904, entdeckte 1934 den **T.-Effekt,** das Aussenden elektromagnet. Strahlung **(T.-Strahlung)** durch sehr schnelle Elektronen in einem opt. dichten Mittel. Nobelpreis 1958. – **T.-Zähler,** Teilchennachweisgerät mittels T.-Effekt.

Tscherepnin, Aleksandr, russ. Komponist, *1899, †1977; Opern, Klavier-, Kammermusik.

Tscherkassy, Stadt in der Ukrain. SSR, Flußhafen am Dnjepr, 280 000 Ew.; Maschinen-, Metall-, Tabakindustrie.

Tscherkessen, Völkergruppe im Kaukasus: T. (190 000), Kabardiner (215 000) und 6 kleinere Stämme; 1864 von den Russen unterworfen, teils in die Türkei ausgewandert; Muslime.

Tschermak, Erich Edler v. **Seysenegg,** Botaniker, *1871, †1962; entdeckte neben K. E. Correns und H. de Vries die von G. Mendel gefundenen Vererbungsgesetze.

Tschernigow, Stadt in der Ukrain. SSR, Flußhafen an der Desna, 285 000 Ew.; Metall-, Textil-, Kunstkautschukind.; eine der ältesten russ. Städte.

Tschernobyl, Stadt in der ukrain. SSR, am Pripjet; im Kernkraftwerk T. bislang folgenschwerster atomarer Unfall (26. 4. 1986).

Tschernosjom [-sj'ɔm] der, →Schwarzerde.

Tschernowitz, →Czernowitz.

Tscheroki, auch **Cherokee, Tscherokesen,** Indianerstamm der irokes. Sprachgruppe, erfanden eine Silbenschrift (um 1820).

Tscherrapundschi, regenreichster Ort der Erde, in den Khasi-Bergen in Assam, Indien, im Mittel jährlich 11 000 mm.

Tscherwonetz [russ.] der, -/...wonzen,

urspr. russ. für ausländ., bes. holländ. Goldstücke, in Rußland bis 1868 getreu (verwechslungsähnlich) nachgeprägt, seitdem die goldenen russ. Dreirubelstücke. Die UdSSR gab seit 1922 einige Jahre T. als Banknoten, 1923 auch als Goldmünze zu 10 Rubel aus.

Tschetniks, nationalserb. Organisation unter D. → Mihajlović; führte im 2. Weltkrieg im besetzten Jugoslawien den Partisanenkrieg, geriet gegen Kriegsende i. Ggs. zu Titos Partisanen.

Tschetschenen Mz., Volk im NO-Kaukasus, mit den verwandten Inguschen etwa 613000; Muslime, Viehzüchter. **Tschetscheno-Inguschische ASSR,** Autonome Sowjetrep. (seit 1957) in der Russ. SFSR, 19300 km², 1,2 Mio. Ew. (T., Inguschen, Russen); Hptst.: Grosnyj. Erdöl, Erdgas; Landwirtschaft, Ind.

Tschiang Kai-schek, chines. General, Politiker, *1887, †1975; war seit 1911 an der Revolution Sun Yat-sens und später an dessen Regierung beteiligt. Seit 1925 führender Politiker der Kuo-min-tang-Reg., eroberte er 1926 ganz China und brach 1927 mit den Kommunisten; 1928-31 Präs. der Regierung in Nanking, seit 1932 Oberbefehlshaber der chines. Armee. 1948 wurde er Staatspräs., unterlag 1949 den Kommunisten und errichtete auf Taiwan die chines. Nationalregierung.

Tschiatura, Stadt am Südabhang des Kaukasus, 25000 Ew.; bei T. reiche Manganerzlager.

Tschibuk [türk.] der, Tabakspfeife.

Tschimkent, Oasenstadt in der Kasach. SSR, 379000 Ew.; an der Turkestan-Sibir. Bahn; Bleihütte, Textil-, chem. u.a. Ind.

Tschingis Chan, → Dschingis Chan.

Tschirnhaus, Ehrenfried Walter v., Mathematiker, *1651, † Dresden 1708, stellte als erster Porzellan in Europa her.

Tschita, Stadt in O-Sibirien, UdSSR, 342000 Ew.; Maschinenbau.

Tschou En-lai, amtl. **Zhou Enlai** [dʒɔu-], chines. Politiker (Kommunist), *1898, †1976; Mitgründer der chines. Kommunist. Partei (1921); seit 1949 MinPräs. bis zu seinem Tode und (bis 1958) Außenmin. der VR China.

Tschudi, Ägidius v., schweizer. Historiker, *1505, †1572; »Helvet. Chronik« (Tellsage).

Tschujkow, Wassilij Iwanowitsch, Marschall der UdSSR, *1900, †1982; 1948-53 Oberbefehlshaber der sowjet. Besatzungsstreitkräfte in Dtl. 1963-64 Oberbefehlshaber des Heeres.

Tschuktschen Mz., Volk an der NO-Spitze Sibiriens **(T.-Halbinsel),** etwa 14000; Rentierzüchter, Küstenfischer.

Tschu Teh, amtl. **Zhu Deh** [dʒu-], chines. General (seit 1955 Marschall), *1886, †1976, Armeeoberbefehlshaber 1925-54, 1954-59 Vizepräs. der VR China.

Tschuwaschen Mz., tatarisch-finn. Volk beiderseits der mittleren Wolga. **Tschuwasch. ASSR,** Autonome Sowjetrep. (seit 1925) in der Russ. SFSR, 18300 km², 1,32 Mio. Ew. (T., Russen, Tataren u.a.); Hptst.: Tscheboksary. Landwirtschaft, Industrie.

Tsetsefliegen die, Stechfliegen Mittelafrikas; sie übertragen → Trypanosomen und damit die Schlafkrankheit des Menschen und die Tsetsekrankheit (Nagana) der Haustiere. (BILD Fliegen)

Tshombé, Tschombé, Moise, kongoles. Politiker, *1919, †1969, erklärte Juli 1960 die Kongo-Provinz Katanga für unabhängig und wurde deren Präs. (bis Jan. 1963), 1964-65 MinPräs. der Rep. Kongo/Katanga (Zaire).

Tsinan, amtl. **Jinan** [dʒi-], Hptst. der chines. Prov. Shantung, 1,5 Mio. Ew.; Univ.; Textilind., Ölmühlen.

Tsinghai, amtl. **Qinghai** [tʃıŋ-], chines. Prov. in Innerasien, 721000 km², über 4 Mio. Ew.; Hptst.: Xining.

Tsingtao, amtl. **Qingdao** [tʃıŋ-], chines. Hafenstadt in → Kiautschou, 1,2 Mio. Ew., auf der Halbinsel T.; Univ.; Textilind., Ölmühlen, Außenhandel.

Tsining, amtl. **Jining** [dʒi-], Handelsstadt in der chines. Prov. Shantung, am Kaiserkanal, über 200000 Ew.

Tsinlingshan, amtl. **Qinlingshan** [tʃıŋ-], Gebirge in China, bis 4107 m hoch, trennt Nord- und Südchina.

Tsitsikar, amtl. **Qiqihar** [tʃitʃi-], Stadt in der Mandschurei, 1,2 Mio. Ew.; 1681 als Festung gegr.

Tsushima, japan. Insel in der Korea-Straße. Seeschlacht 1905 (Japaner besiegten Russen).

TTL, T²L, 1) Abk. für Transistor-Transistor-Logik, Gruppe digitaler logischer Halbleiterschaltungen, bei der zur Verknüpfung und Verstärkung von Signalen Transistoren verwendet werden; sehr kurze Schaltzeiten (um 10 ns). **TTL 2)** in der Photographie Abk. für engl. **t**hrough **t**he **l**ens [θru: ðə lens, engl.], die Belichtungsmessung durch das Objektiv.

Tschiang Kai-schek

TÜA, Abk. für Technisches Überwachungsamt, → technische Überwachung.

Tuamotu-, Paumotu-Inseln, Inselgruppe im Pazif. Ozean, Französisch-Polynesien, etwa 80 kleine Atolle, Kernwaffentestgebiet.

Tuareg Mz., nomad. Berberstamm der westl. Sahara, Muslime, Viehzüchter, mit ausgeprägter sozialer Schichtung und eigener vorarab. Schrift.

Tuba [lat.] die, tief tönendes Blechblasinstrument mit mehrfach gewundener Schallröhre, Kesselmundstück und 3-5 Ventilen. Die T. wird in mehreren Größen **(Baß-T., Kontrabaß-T.)** gebaut. **Röm. T.,** eine gerade Trompete. (BILD Blasinstrumente)

Tuberkulose die, **Tb,** die in der gemäßigten Zone verbreitetste ansteckende Krankheit des Menschen und der Wirbeltiere. Erreger ist der 1882 von R. Koch entdeckte **Tuberkelbazillus;** Übertragung durch Einatmen der Bazillen oder durch verseuchte Nahrungsmittel (Milch, Fleisch). Die T. verläuft meist in Form einer schleichenden Entzündung, wobei sich hirsekorngroße Gewebsknötchen **(Tuberkel)** bilden. Da alle Organe befallen werden können, ist das Erscheinungsbild entsprechend vielgestaltig. Am häufigsten ist die **Lungen-T.,** bei der man zw. der offenen (mit Aushusten von Tuberkelbazillen; Ansteckungsgefahr) und der geschlossenen unterscheidet. Allg. Anzeichen sind Abmagerung, ständiges leichtes Fieber, Nachtschweiß, langwieriger Husten. Die Veränderung der Lungen zeigen bestimmte Stadien (Primärherd, Frühinfiltrat, Kaverne). Der Verlauf ist ein wechselhafter, je nach Empfänglichkeit und Abwehrlage mehr oder weniger schwer; in Krisenzeiten häufig Rückfälle. Weitere Formen sind die **Kehlkopf-, Darm-, Nieren-, Hirnhaut-, Knochen-, Gelenk-, Lymphknoten-, Haut-T.** u.a. Frühzeitige Erkennung der T. ist in allen Fällen für die Heilungsaussichten sehr wichtig (T.-Beratungsstellen, bei bes. Gefährdung auch noch Röntgen-Reihenuntersuchungen).

Behandlung. Wichtig für den Behandlungserfolg sind die gegen T.-Erreger wirksamen Chemotherapeutika **(Tuberkulostatika)** sowie die Behandlung von Zweitkrankheiten. Bettruhe, Liege- und Klimakuren sind zweitrangig. Bes. durch Kombination mehrerer Tuberkulostatika lassen sich bessere Behandlungsergebnisse erzielen und Resistenzbildung vermeiden. Die T.-Behandlung muß über lange Zeit (18-24 Monate) durchgeführt werden. Der Kampf gegen die **Rinder-T.** hat Fortschritte erzielt.

Tuberose die, Narzissengewächs aus Mittelamerika mit weißen Blütenrispen.

Tucholsky

Tulpe: Garten-T.

Tunesien

Tunika

Tübingen, 1) RegBez. in Bad.-Württ., 8916 km², 1,53 Mio. Ew.; Hptst.: Tübingen. **2)** Universitätsstadt (1477) in Bad.-Württ., am Neckar, 75500 Ew.; Schloß Hohen-T., Hochschulen und Forschungsinstitute; Maschinen-, Metall-, Elektro- u.a. Ind. T., 1078 zuerst erwähnt, kam 1342 an Württemberg.

Tubus [lat.] der, Röhre, Rohrstück.

Tucholsky, Kurt, Schriftst., Decknamen Theobald **Tiger,** Peter **Panter,** Kaspar **Hauser,** Ignaz **Wrobel,** *1890, †(Selbstmord) Schweden 1935; iron., zeitkrit. Aufsätze, Gedichte, Erzählungen: »Schloß Gripsholm«.

Tucson [t'u:sɔn], Stadt in Arizona, USA, 359000 Ew.; Univ., botan. Laboratorium des Carnegie Institut, Sonnenobservatorium.

Tucumán, San Miguel de T., Stadt in Argentinien, 459000 Ew.; Univ., rege Ind.; Handel. 1816 wurde hier die Unabhängigkeit Argentiniens verkündet.

Tudor [tj'u:də], engl. Königshaus, regierte 1485-1603 (→Großbritannien, Geschichte).

Tuff der, **1)** mürbe, meist poröse Absätze von Kalk oder Kieselsäure. **2)** Gesteine aus verfestigten vulkanischen Aschen u.dgl.

Tu Fu, chines. Dichter, *712, †770; neben Li T'ai-po der bedeutendste Lyriker Chinas.

Tugend [von taugen], Inbegriff sittl. Charaktereigenschaften. Im Altertum galten als Haupt-T. **(Kardinal-T.):** Weisheit, Gerechtigkeit, Besonnenheit und Tapferkeit (Willensstärke); im Christentum noch 3 weitere: Glaube, Liebe, Hoffnung.

Tugendrose die, →Goldene Rose.

TUI, Abk. für **Touristik Union International GmbH KG,** Hannover; größte dt. Reiseveranstalter-Gruppe mit Touropa, Scharnow-Reisen, Transeuropa, Hummel-Reisen, Dr. Tigges-Reisen und Twen Tours, gegr. 1968.

Tuilerien [tɥilər'i:ən, »Ziegelbrennereien«], ehem. Schloß der frz. Könige in Paris, 1871 während des Aufstandes der →Kommune in Brand gesteckt, 1883 bis auf 2 Eckflügel abgetragen.

Tuisto [nach Tacitus »Germania«], bei den Germanen der erdentsprossene Gott (wohl als Zwitter gedacht). Sein Sohn heißt mannus (»der Mensch«) und ist der Stammvater der Germanen.

Tukan der, →Pfefferfresser.

Tula, Stadt in der UdSSR, im S des Moskauer Braunkohlengebietes; 541000 Ew.; Metall-Ind. **T.-Arbeiten,** Einlegearbeiten eines dunklen Metalls in Silber oder Gold.

Tula, Tollan, Hptst. der Tolteken, im mexikan. Hochland; wurde im 9.Jh. gegr., 1168 zerstört und verlassen; ausgegraben wurde bes. der »Tempel des Morgensterns« auf einer fünfstufigen Pyramide.

Tularämie, Pasteurellenkrankheit der wildlebenden Nagetiere **(Hasenpest),** mit Lymphknotenschwellung; auf Haussäugetiere und den Menschen übertragbar.

Tüll [nach der frz. Stadt Tulle] der, leichtes, netzartiges Gewebe.

Tulla, Johann Gottfried, Wasserbauingenieur, *1770, †1828; Regulierung des Oberrheins.

Tulpe die, **Tulipa,** mit Zwiebeln überwinternde Liliengewächse. Die geruchlose **Garten-T.** stammt wohl von rotblühenden T. des Orients ab, wird in vielerlei Formen und Farben gezüchtet; bes. in Holland (Haarlem).

Tulpenbaum, bis 30 m hohes Magnoliengewächs, gelbl., tulpenähnl. Blüten und ahornähnl. Blätter; Nutzholz; Parkbaum.

Tulsa [t'ʌlsə], Stadt in Oklahoma, USA, am Arkansas River, 374000 Ew.; reiche Erdöl-, Kohlen- und Naturgasfelder; 2 Univ.; Flughafen.

Tumba [lat.] die, sarkophagähnl. Aufbau über einem Bodengrab.

Tumbler [t'ʌmblə, engl.], **1)** →Wäschetrockner. **2)** Whiskyglas.

Tumler, Franz, österr. Schriftst., *1912; Romane: »Ein Schloß in Österreich«, »Der Schritt hinüber« u.a. Erzählungen, Essays.

Tümmler der, →Delphin.

Tumor [lat.] der, ♡ Schwellung, Geschwulst.

Tumulus [lat.] der, vorgeschichtl. Hügelgrab.

Tundra [russ.-finn.] die, -/...dren, ⊕ moorähnl. Pflanzenbestände aus Moosen, Flechten und Zwergsträuchern jenseits der Waldgrenze im kalten Klima aller Polargebiete.

Tuner [tj'u:nə, engl.] der, -s/-, Abstimmeinrichtung von Rundfunk- und Fernsehempfänger, i.w.S. bei Rundfunkempfängern der Empfangsteil bis zum Ausgang des Demodulators; bei Hi-Fi-Anlagen als separater Bauteil.

Tunesilen, Rep. in N-Afrika, am Mittelmeer, 164150 km², 7,81 Mio. Ew.; Hptst.: Tunis; Amtssprache: Arabisch. Präsidialverfassung. ⊕ S. 482.

LANDESNATUR. T. ist im N gebirgig, hat im O buchtenreiche Küste mit fruchtbaren Küstenebenen; im Innern Steppen (Halfagras), im S große Salzsümpfe (Schott el-Djerid) und Wüste. Im N Mittelmeerklima. BEVÖLKERUNG. Überwiegend Araber, daneben Berber, Europäer, Juden. Staatsreligion: Islam. WIRTSCHAFT. Anbau von Getreide, Wein, Oliven, Südfrüchten; im S Datteln (in Oasen); Viehzucht (Schafe u.a.); Küstenfischerei. ⚒ bes. auf Phosphate und Eisen; Wollspinnerei, Teppichweberei; Nahrungsmittel-, Eisen- und Stahl-, Zement- u.a. Ind.; Fremdenverkehr. Ausfuhr: Tierische Erzeugnisse, Olivenöl, Südfrüchte, Wein, Phosphate. Haupthandelspartner: Frankreich, Italien. Haupthäfen: Tunis, Biserta, Sousse, Sfax; internationaler Flughafen: Tunis.

Ⓖ T. war im Altertum vor der Eroberung durch die Römer (→Punische Kriege) das Kerngebiet des karthag., im 5./6.Jh.n.Chr. des Wandalenreichs. 533 eroberten es die Byzantiner, 665-698 die Araber, 1574 die Türken. 1881 wurde T. frz. Protektorat. Im 2. Weltkrieg war es 1942/43 Kriegsschauplatz. 1956 wurde T. unabhängig; MinPräs. wurde Habib Bourguiba, nach der Absetzung des Beis Sidi Mohammed III. und Ausrufung der Rep. (1957) auch Staatspräs. 1987 wurde Bourguiba aller Ämter enthoben. Staatspräs.: Zine al Abidin ben Ali (seit 1987), MinPräs.: Hédi Baccouche (seit 1987).

Tungbaum, Baum im mittleren China, Wolfsmilchgewächs. Das Samenöl **(Tungöl)** gibt Farbe, Firnis, Linoleum.

Tungusen, Ewenkij, Gruppe mongol. Stämme in NO-Asien, Jäger, Fischer, Viehzüchter; von China nach N ausgebreitet.

Tunguska die, drei rechte Nebenflüsse des Jenissej, Sibirien: Obere T. oder Angara, Mittlere oder Steinige T. und Untere T.

Tunika die, altröm. hemdartiges Unterkleid.

Tuning [tj'u:nɪŋ, engl.] das, U **Frisieren,** Verändern eines serienmäßig hergestellten Kraftwagens, auch eines Serienmotors, zur Leistungssteigerung.

Tunis, Hptst. von Tunesien, am Golf von T., in der Agglomeration 1,1 Mio. Ew.; wichtiger Handelshafen; Flugplatz; Univ.; Metall-, Textil-, Juwelierarbeiten. Bei T. Reste des alten Karthago.

Tunnel der, unterirdisch geführte Strecke eines Verkehrsweges. Bei **Gebirgs-T.** wird meist von beiden Seiten ein Richtstollen von 5-10 m² Querschnitt vorgetrieben. Von ihm aus wird der Vollausbruch an mehreren Stellen gleichzeitig vorgenommen. **Unterwasser-T.** werden meist mit Schildvortrieb gebaut: In Richtung der T.-Achse wird mit hydraul. Pressen ein Stahlrohr von der Größe des T. und mit einer vorderen Schneide, dem Brustschild, in das Gebirge gedrückt. Unter dem Schutz des Schildes wird das Gebirge abgetragen. **Nichtmechanische,** nur in Sonderfällen angewendete Bauweisen sind das **Gefrierverfahren,** bei dem durch Bohrrohre rings um das spätere T.-Profil Kältelösungen eingepreßt werden, und das **Versteinungsverfahren,** bei dem das Gestein durch chem. Lösungen verfestigt wird. Die längsten **Eisenbahn-T.:** Seikan-T. (Japan) 53,8 km, Ärmelkanal-T. (Frankr.-Großbrit.) ~50 km (im Bau), Daishimizu-T. (Japan) 22,2 km, Simplon-T. (Schweiz-Italien) 19,8 km, Apennin-T. (Italien) 18,5 km, Rokko-T. (Japan) 16,2 km, Gotthard-T. (Schweiz) 14,9 km, Lötschberg-T. (Schweiz) 14,6 km, Mont-Cenis-T. (Frankreich-Italien) 13,6 km, Cascade-T. (USA) 12,5 km, Arlberg-T. (Österreich) 10,2 km, Zugspitzbahn-T. (Bundesrep. Dtl.) 4,4 km, Kaiser-Wilh.-T. (Bundesrep. Dtl., bei Cochem) 4,2 km. **Schiffahrts-T.:** Rove-T. (Frankreich) 7,1 km. **Straßentunnel:** Gotthard-T. (Schweiz) 16,3 km, Arlberg-T. (Österreich) 14,0 km, Fréjus-T. (Frankreich-Italien) 12,7 km, Montblanc-T. (Frankreich-Italien) 11,6 km, San-Bernardino-T. (Schweiz) 6,5 km, Tauern-T. (Österreich) 6,4 km, Großer-Sankt-Bernhard-T. (Italien-Schweiz) 5,8 km, Elb-T. (Bundesrep. Dtl., Hamburg) 2,6 km.

Tunneldiode, Esaki-Diode [nach dem japan. Physiker L. Esaki], Halbleiterdiode, die in einem Teil des Durchlaßbereiches infolge des Tunneleffektes einen negativen Widerstand hat. Sie wird als Verstärker ohne Rückkopplung und als schnell arbeitender elektron. Schalter benutzt.

Tunneleffekt, in der Quantenmechanik die Überwindung rücktreibender Kräfte ohne den nach klass. Gesetzen notwendigen Energieaufwand; ist nach statist. Gesetzen dann möglich, wenn dem Bereich des Energieverlusts ein Bereich des Energiegewinns folgt. In anschaul. Darstellung unterfährt ein Teilchen beide Bereiche wie in einem Tunnel.

Tüpfelfarn, Farnkrautgatt.; der **Gemeine T. (Engelsüß)** lieferte mit seinem zuckerreichen Wurzelstock Volksarznei.

Tupí-Guaraní, indian. Sprachgruppe (rd. 2 Mio.), bes. in Paraguay, Argentinien, Brasilien.

Tupolew, Andrej Nikolajewitsch, sowjet. Flugzeugkonstrukteur, *1888, †1972, baute Militär-, Groß- und Langstreckenflugzeuge und das Überschall-Verkehrsflugzeug Tu 144; auch Hubschrauber.

Tura, Cosimo, ital. Maler, *1429/30, †1495, ein Hauptmeister der ferraresischen Schule.

Turan, Tiefland zw. den Gebirgen Innerasiens und dem Kasp. Meer (→ Turkestan).

Turandot [pers.], Prinzessin einer Erzählung in »1001 Tag«; gibt ihren Freiern Rätsel auf und läßt sie töten, wenn sie keine Lösung finden; schließlich erhört sie einen Bewerber, der die Rätsel lösen kann.

Turban [pers.] der, Kopfbedeckung in Vorderasien und Indien, eine mit Streifen aus Musselin umwundene Kappe.

Turbine [von lat. turbo »Kreisel«] die, Strömungsmaschine, bei der das Betriebsmittel mit hoher Geschwindigkeit auf die Schaufeln des Laufrades trifft und dieses in Drehung setzt (→ Wasserturbine, → Dampfturbine, → Gasturbine, Strahl-T.). Strömt das Betriebsmittel in Achsrichtung durch die T., so hat man die **Axial-T.,** wenn es von innen nach außen oder umgekehrt strömt, die **Radial-T.**

Turbinen-Luftstrahl-Triebwerk, ein Strahltriebwerk, bei dem die zur Verbrennung des Treibstoffs nötige Luft durch einen Verdichter auf etwa 2 MPa (= 20 bar) verdichtet wird. In diese verdichtete Luft wird der Kraftstoff kontinuierlich eingespritzt und verbrannt. Die Verbrennungsgase treiben die Turbine zum Betrieb des Verdichters an; hinter der Turbine treten sie mit hoher Geschwindigkeit aus einer Düse ins Freie und erzeugen dabei den Schub.

Turbinen-Propeller-Strahltriebwerk, Turbo-Prop-Triebwerk, Flugzeugantrieb, → Propeller-Turbinen-Luftstrahltriebwerk.

Turbogenerator, durch eine Dampf- oder Gasturbine angetriebener Generator.

Turbolader, Vorrichtung bei Verbrennungsmotoren, bläst Frischluft unter Druck in die Brennkammer (Zylinder), steigert damit die Motorleistung um 40-70%. Beim **Abgas-T.** treiben die Abgase eine Turbine an, die ihrerseits den Lader treibt.

Turenne [tyr'ɛn], Henri de **Latour d'Auvergne,** Vicomte de, *1611, †1675, frz. Marschall im Dreißigjährig. Krieg und in den Feldzügen Ludwigs XIV.

Turf [tə:f, engl. »Rasen«] der, Rennbahn, Pferderennsport.

Turfan, amtl. **Turpan,** Oasenstadt in Sinkiang, China; Steinkohle, Baumwollanbau in der Umgebung. Bei T. u.a. Orten O-Turkestans Altertümer aus dem 4.-12. Jh.

Turgenjew, Iwan Sergejewitsch, russ. Dichter, *1818, †1883; Darstellungen der russ. Gesellschaft (»Väter und Söhne«).

Turgor [lat.] der, **Turgeszenz** die, Innendruck pflanzl. Zellen, bewirkt durch genügenden osmot. Druck (→ Osmose) der Zellflüssigkeit, der die Zellen prall erhält. Der T. schwindet im Welken durch Wasserverdunstung.

Turgot [tyrg'o:], Anne Robert, Baron de **l'Aulne,** frz. Staatsmann, Anhänger des → Physiokratismus, *1727, †1781. Als Finanzmin. Ludwigs XVI. entwarf er den Plan einer inneren Reform (Ablösung der Frondienste, Gewerbefreiheit u.a.), scheiterte am Widerstand der bevorrechteten Stände.

Turin, ital. **Torino,** Stadt in N-Italien, am oberen Po, 1,01 Mio. Ew.; Kirchen und Paläste, Univ. (gegr. 1404); Kraftwagen-, Textil-, Leder-, chem. u.a. Ind., Wermutherstellung. – T. war als Mittelpunkt Piemonts seit 1482 Sitz des Hauses Savoyen, 1861-65 Hptst. des Kgr. Italien. In der **Schlacht bei T.** 1706 besiegten Kaiserliche unter Prinz Eugen die Franzosen.

Türkei die, Rep. in Kleinasien und Südosteuropa, 780 576 km², 52,42 Mio. Ew.; Hptst.: Ankara; Amtssprache: Türkisch. ⊕ S. 487.

VERFASSUNG. Der Staatspräs. ernennt den Ministerrat, dem der MinPräs. vorsteht. Gesetzgebung durch das Parlament (2 Kammern). Verwaltungseinteilung in 67 Provinzen.

LANDESNATUR. Kleinasien (Anatolien) ist ein 900-1200 m hohes steppenhaftes Hochland, von Bergzügen durchsetzt und von Gebirgen umrahmt (Pontisches Geb., Taurus). Im O Ararat-Hochland (5165 m). In O-Thrakien Steppentafel. BEVÖLKERUNG. 91% Türken, 7% Kurden, daneben Araber, Armenier u.a. 22 Großstädte. Religion: 98% Muslime.

WIRTSCHAFT. Anbau von Getreide, Zuckerrüben; für die Ausfuhr: Trauben, Südfrüchte, Baumwolle, Tabak u.a.; Viehzucht (Schafe, Ziegen). ⚒ auf Kohle, Erdöl, Chrom- u.a. Erze. Nahrungsmittel-, Eisen- u. Stahl-, Textil-, chem. u.a. Ind. (bes. im S und W). Ausfuhr: Landwirtschaftl. und Bergbauerzeugnisse. Haupthandelspartner: USA, Bundesrep. Dtl. Die T. ist assoziierter Staat der EG. Haupthäfen: Mersin, Istanbul, Izmir; internat. Flughäfen: Istanbul, Ankara, Izmir.

G Unter Osman I. (1288-1326) befreiten sich die aus Turkestan eingewanderten Türken von den Seldschuken und gründeten das alte Türk. oder **Osman. Reich,** das sich im 14./15. Jh. über die ganze Balkanhalbinsel ausdehnte. Sultan Mohammed II. eroberte 1453 Konstantinopel, das er zur Hptst. erhob. Selim I. nahm

Turban

Turgenjew

Türkei

nach der Eroberung Syriens und Ägyptens 1517 die Kalifenwürde an. Höhepunkt der türk. Macht unter Suleiman II. (1520-66), der 1526 und 1541 den Hauptteil Ungarns eroberte und 1529 erstmals Wien belagerte. Auch das Nordufer des Schwarzen Meers, Armenien, Mesopotamien, Arabien, Tripolitanien, Tunesien, Algerien kamen unter türk. Herrschaft oder Oberhoheit. Seit 1683 wurde das türk. Großreich in Europa durch die →Türkenkriege Österreichs und Rußlands zurückgedrängt; gleichzeitig verfiel es im Innern. Die christl. Balkanvölker (Griechen, Serben, Rumänen, Bulgaren) erkämpften sich im 19. Jh. ihre Selbständigkeit; Österreich-Ungarn nahm 1878 Bosnien in Besitz; in Ägypten ging der türk. Einfluß im 19. Jh. immer mehr zurück; Italien eroberte 1911/12 Tripolitanien, und die →Balkankriege 1912/13 beschränkten die europ. T. auf O-Thrakien. Die Reformpartei der Jungtürken riß 1908 die Herrschaft an sich. Im 1. Weltkrieg auf der Seite der Mittelmächte, wurde die T. im Vertrag von Sèvres (1920) auf Anatolien beschränkt und mußte die grch. Herrschaft in Smyrna anerkennen. Aber Mustafa Kemal Pascha (später →Atatürk) vertrieb 1921/22 an der Spitze der Nationaltürken die Griechen und Alliierten aus Kleinasien und erreichte im Frieden von Lausanne (1923), daß die T. im wesentlichen ihre heutigen Grenzen erhielt. 1922 wurde Sultan Mohammed VI. entthront, 1924 das Kalifat abgeschafft. Atatürk wurde 1923 Präsident; er führte viele Reformen nach europ. Vorbild durch. Sein Nachfolger Ismet Inönü (1938-50) schloß 1939 mit England und Frankreich einen Beistandspakt für das Mittelmeer- und Balkangebiet ab. Erst 1945 erklärte die T. Dtl. den Krieg. 1952 trat die T. dem Nordatlantikpakt bei, 1955 schloß sie den Bagdadpakt mit Großbritannien, Irak, Iran und Pakistan, im März 1959 ein zweiseitiges Sicherheitsabkommen mit den USA. Nach Ausscheiden des Iraks trat 1959 an die Stelle des Bagdadpaktes die →CENTO. Wirtschaftl. und soziale Schwierigkeiten führten 1960 zu einem Militärputsch. Die nach Verabschiedung einer neuen Verf. (1961) installierte Reg. von S. Demirel sah sich wachsenden wirtschaftl. Schwierigkeiten und v. a. einer zunehmenden Radikalisierung gegenüber. Unter dem Eindruck rechts- und linksradikaler Aktionen zwang die militär. Führung MinPräs. Demirel 1971 zum Rücktritt. Unter ihrem Druck leiteten die nachfolgenden Reg. Reformen ein (u. a. Landreformgesetz). Nach der Abhaltung von Wahlen und der Lockerung des Ausnahmezustandes übernahm 1974 zunächst B. Ecevit, dann S. Demirel die Reg. 1980 kam es zu einem erneuten Militärputsch. Gen. K. Evren übernahm das Amt des Präs. 1982 billigte die Bev. eine neue Verf. Nach Wahlen (1983, Wiederwahl 1987) wurde T. Özal MinPräs.

Türkis

Im Verlauf der Krise um Zypern (1974) besetzten türk. Truppen den nördl. Teil der Insel. Die Frage der Nutzung von Bodenschätzen in der Ägäis verschärfte zusätzlich (seit 1975) die griechisch-türk. Spannungen.

Türken Mz., **1)** zusammenfassende Bez. für alle eine Türksprache (→Sprachen) sprechenden Völker. Meist gelten die Hunnen als Vorfahren der T. **2)** staatsbildendes Volk der Türkei, bis zum Ende des Osman. Reiches nach der herrschenden Dynastie **Osmanen** genannt. Muslime.

Türkenbund, →Lilie.

Türkenkriege. 1) Die T. Österreichs. Seit dem Sieg bei Mohács 1526 eroberten die Türken den Hauptteil Ungarns und belagerten 1529 sogar Wien. Die entscheidende Wendung brachte erst der große T. von 1683-99. Die Türken belagerten 1683 abermals Wien, das jedoch durch den Sieg am Kahlenberg befreit wurde; dann gingen die Österreicher zum Gegenangriff über: Herzog Karl von Lothringen erstürmte 1686 Ofen und siegte 1687 bei Mohács, Markgraf Ludwig Wilhelm von Baden 1691 bei Slankamen, Prinz Eugen von Savoyen 1697 bei Senta; im Frieden von Karlowitz 1699 mußte die Türkei auf Ungarn und Siebenbürgen verzichten. Als Prinz Eugen in einem neuen T. bei Peterwardein 1716 und bei Belgrad 1717 siegte, kamen durch den Frieden von Passarowitz 1718 auch das Banat und Belgrad an Österreich; aber 1737-39 kämpfte es unglücklich und verlor Belgrad. Sein letzter T. von 1787-91 endete ergebnislos. **2) Die T. Rußlands.** Kaiserin Katharina II. gewann durch ihre siegreichen T. von 1768-74 und 1787-92 das ganze Nordufer des Schwarzen Meers; das große Ziel der russ. Eroberungspolitik war seitdem die Befreiung der christl. Balkanvölker und die Herrschaft über Konstantinopel und die Dardanellen. Durch den T. von 1806-12 wurde Bessarabien russisch. Der T. von 1828/29 sicherte die Unabhängigkeit Griechenlands und die russ. Schutzherrschaft über die Walachei und die Moldau. Im →Krimkrieg 1853-56 unterlag Rußland, siegte aber im T. von 1877/78, wo es den zähen Widerstand der Türken bei Plewna überwand; die Bedingungen des Vorfriedens von San Stefano wurden freilich durch den →Berliner Kongreß stark eingeschränkt. Danach erhielt Rußland ein kaukas. Grenzgebiet, Rumänien und Serbien erlangten die volle Unabhängigkeit, und ein neues Fstt. Bulgarien wurde geschaffen. Der letzte russ.-türk. Krieg war ein Teil des 1. Weltkriegs.

Turkestan, Turkistan, historisch-geograph. Name für die von Türkvölkern bewohnten Landschaften Mittelasiens mit der Gliederung in **West-** oder **Russisch-T.** (heute Usbek. SSR, Turkmen. SSR, Tadschik. SSR, Kasach. SSR, Kirgis. SSR) und **Ost-** oder **Chinesisch-T.** (Tarimbecken).

Türkis der, undurchsichtiges, blaues bis grünes Mineral aus wasserhaltigem Aluminiumphosphat; Schmuckstein.

Türkischer Honig, Süßwaren aus Zucker, Honig, Eiweiß-Schaum, Gelatine u. a.

Türkisches Bad, Heißluftbad in Verbindung mit einem Dampfbad.

türkische Sprache, osmanische Sprache, wichtigste Schriftsprache der Türksprachen, ist die Amtssprache der Türkei. 1928 wurde das latein. Alphabet amtlich eingeführt.

Türkischrot, ⊸ aus Alizarin hergestellter roter Baumwollfarbstoff.

Türkmenen, Turkmenen Mz., Türkvolk im Tiefland von Turan, teils auch in Afghanistan und in Iran; Sunniten.

Turkmenische Sozialistische Sowjetrepublik, Unionsrep. (seit 1924) der UdSSR, im westl. Mittelasien, zw. dem Kasp. Meer und der afghan. Grenze, 488 100 km², 3,27 Mio. Ew. (T., Russen, Usbeken u. a.); Hptst.: Aschchabad. Rd. 80% Steppe und Wüste. Erdöl, Erdgas, Kohle, Erze. Baumwollanbau; Seiden-, Teppichherstellung u. a.

Turksib, Abk. für **Turk**estan-**Sib**irische Eisenbahn, 1927-31 erbaute Bahnlinie von Lugowoj nach Semipalatinsk (1452 km).

Türksprachen, →Sprachen.

Turks- und Caicos-Inseln, brit. Kolonie in Westindien, 430 km², 5700 Ew., Koralleninseln.

Turku, schwed. **Åbo** ['o:bu:], Stadt an der Südwestküste Finnlands, 161 000 Ew.; Erzbischofssitz; finn. und schwed. Univ.; Winterhafen, Schiffbau. Der Dom (1290) ist Finnlands älteste Kirche, das Schloß (13. Jh.) seine älteste Festung.

Turkvölker →Türken.

Turmair, Johannes, *1477, †1534; »Bayer. Chronik«, Geschichtswerk in dt. Sprache.

Turmalin [frz.] der, säulenförmig kristallisierendes Mineral, meist schwarz, auch farbig, selten farblos, ein Magnesium-Aluminium-Borsilicat; Schmuckstein.

Türme des Schweigens, niedrige Rundtürme, auf denen die Parsen ihre Toten den Geiern zum Fraß aussetzen.

Turmspringen, → Wasserkunstspringen.

Turnen, durch F. L. Jahn 1811 begründete Form der Leibesübungen, umfaßt alle natürl. Übungen wie Laufen, Werfen, Springen, Klettern, Ringen, Schwimmen, Fechten und Kampfspiele. – Durch E. W. B. Eiselen wurde T. zum **Geräte-T.** in der Halle. A. Spieß gab dem T. die Form eines Schul- und Lehrfaches (mit **Freiübungen** und **Gemeinschafts-T.**). – Das T. erstrebt allseitige körperl. Ertüchtigung (Gewandtheit, Kraft) und charakterl. Erziehung (Mut, Ausdauer). Die **Schwed. Turnschule** entwickelte Bewegungs- und Haltungsschulung (Sprossenwand). – Die dt. Turnvereine entstanden vereinzelt seit etwa 1816 (Hamburger Turnerschaft), in der Mehrzahl Mitte des 19. Jh. 1860 wurde die **Dt. Turnerschaft** gegründet. In der Schweiz wurde der erste Turnverein 1819 gegr.; 1832 entstand der Eidgenöss. Turnverein.

Turner [t'ə:nə], William, engl. Maler, *1775, †1851; Landschaften und Seebilder, oft mit mytholog. Figuren.

Turnerschaften, farbentragende, schlagende student. Verbindungen, wollen sportl. Leibesübungen in akadem. Kreisen fördern.

Turnhalle, eine → Sporthalle.

Turnhallenkonferenz, 1975-77 tagende Versammlung von Vertretern der farbigen Volksgruppen Namibias sowie dessen weißem Bev.-Teil, benannt nach ihrem Tagungsort, einer Turnhalle in Windhuk. Die T. verabschiedete 1977 einen Verfassungsentwurf für ein unabhängiges Namibia.

Turnhout [t'yrnaut], Gem. in Belgien, 37 500 Ew.; Schloß (15. Jh.); verschiedene Ind.

Turnier [frz.] das, **1)** im MA. ritterl. Kampfspiel. **2)** übertragen: Wettkampf, z. B. Schach-, Reitturnier.

Turn-over [t'ə:nəuvə, engl. »Umwandlung«] das, -(s), Biologie: neuer wissenschaftl. Begriff für den dauernden Auf- und Abbau der Stoffe eines Organismus, z. B. Leberproteine (Halbwertszeit: 10 Tage).

Turnüre [frz.] die, ✤ Wulst zum Aufbauschen am Rückenteil des Frauenkleids. (BILD Kleidung)

Turnus [lat.] der, regelmäßige Wiederkehr, festgelegte Reihenfolge.

Tusch [wohl slaw.] der, festl. Begrüßung durch Musik, kurze Akkordfanfare.

Tusche [frz.] die, -/-n, in der Malerei wäßrige Lasurfarbe. Die heute bes. für techn. Zeichnen verwendete **Auszieh-T.** bindet infolge ihres Gehalts an Schellackseife wasserlöslich ab. **Chines. T.** besteht aus Kiefernruß, der mit Knochenleim gebunden und in feste Tuschsteine gepreßt wird; sie wird mit Wasser angerieben.

Tuschmalerei, Maltechnik mit Tusche und Pinsel, bes. in O-Asien verbreitet; erfordert überlegene Beherrschung des Pinsels, da die verwendeten Seiden und Papiere kein Radieren oder Übermalen gestatten.

Tusculum, antike Stadt im Albanergebirge, beim heutigen Frascati, einst Lieblingsaufenthalt vornehmer Römer, bes. Ciceros.

Tut-ench-Amun, ägypt. König (etwa 1347-1339 v. Chr.), 1922 wurde im Tal der Könige bei Theben sein wohlerhaltenes Grab mit reichen Schätzen entdeckt (Kairo, Museum).

Tuticorin, Hafenstadt an der SO-Küste Indiens, 154 800 Ew.; Baumwollind., Salzgärten.

Tutor [lat.] der, Betreuer, Vormund.

tutti [ital.] ♩ alle Stimmen des Chors oder Orchesters, Gegensatz: solo (→ Solo).

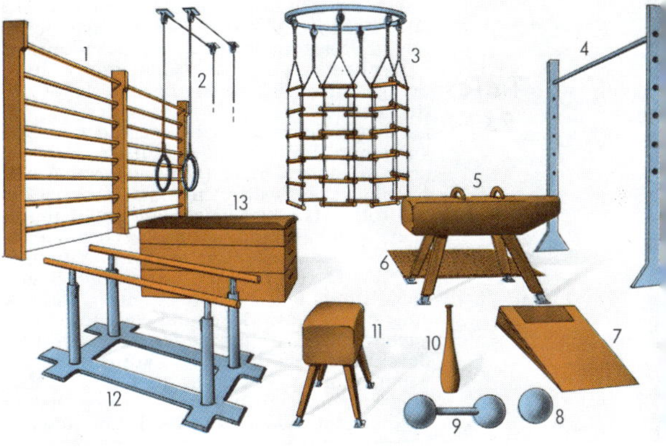

Turnen: Turngeräte: **1** Sprossenwand, **2** Ringe, **3** Rundlauf, **4** Reck, **5** Pferd, **6** Matte, **7** Sprungbrett, **8** Kugel, **9** Hantel, **10** Keule, **11** Bock, **12** Barren, **13** Kasten

Tuttlingen, Stadt in Bad.-Württ., große Krst. an der Donau, 310 800 Ew.; chirurg. Instrumente, Schuhe, Trikotagen.

Tutu, Desmond, südafrikan. Bischof der anglikan. Kirche, *1931, erhielt 1984 den Friedensnobelspreis für seine Bemühungen um eine friedliche Lösung des Apartheidproblems.

Tutzing, Gem. in Oberbayern, am Starnberger See; 9200 Ew.; Evang. Akademie.

TÜV, → technische Überwachung.

Tuvalu, Republik (seit 1. 10. 78) im Südpazifik, umfaßt die Ellice-Inseln, 24,6 km², rd. 8000 Ew.; Hptst.: Funafuti; Amtssprache: Tuvalu (Polynesisch), Englisch. ⊕ S. 486.

Die Inselgruppe besteht aus Korallenatollen, Bev.: Polynesier; überwiegend protestantisch. – Kopraerzeugung, Fischfang.

Tuvalu

Tuwinen, Tuwaner Mz., Volk mit Türksprache in Südsibirien (UdSSR) und in der Mongol. VR. **Tuwin. ASSR,** Autonome Sowjetrep. in der Russ. SFSR, 170 500 km², 284 000 Ew. (T., Russen); Hptst.: Kysyl. Viehzucht, Getreidebau. ⚒ auf Kohle, Asbest.

TV, internat. Abk. für Television, → Fernsehen.

TV-Sat, Bez. für 2 direktstrahlende Rundfunksatelliten der Bundesrep. Dtl.; TV-Sat 1 1988 wegen Defekten aufgegeben; TV-Sat 2 1989 in Betrieb genommen.

Twain [twein], **Mark,** → Mark Twain.

Twardowskij, Aleksandr Trifonowitsch, russ. Lyriker, *1910, †1971; Vertreter der Tauwetterperiode.

Tweed [twi:d] der, Grenzfluß zw. Schottland und England, mündet in die Nordsee.

Tweed [twi:d, engl.] der, Wollgewebe aus Streichgarnen in Köperbindung.

Twen [von engl. twenty »zwanzig«] der, junger Mensch im Alter von 20-29 Jahren.

Twinset [engl.] das, Strick- oder Wirkwarenkombination (Pullover, Jäckchen).

Turmalin

Twist der, aus Amerika stammender Gesellschaftstanz im $^4/_4$-Takt.

Twist [engl.] der, Baumwollgarn.

Tyche die, grch. Göttin des Glücks und Zufalls. Von Römern der Fortuna gleichgesetzt.

Tympanon [grch.] das, **1)** 🏛 geschmücktes Bogenfeld von Kirchenportalen. **2)** ♩ Pauke.

Tyndale [t'indl], William, engl. Bibelübersetzer und Reformator, *1490, †1536, als Ketzer hingerichtet.

Tyndall-Effekt [nach dem irischen Physiker J. Tyndall, *1820, †1893], die Streuung des Lichts an kleinsten Teilchen, z. B. den Teilchen in kolloidalen Lösungen.

Tyne [tain] der, Fluß im N Englands, fließt zur Nordsee, 129 km lang.

Tynemouth [t'ainmauθ], Hafenstadt, Seebad im nordöstl. England, 60 000 Ew.; Kohlenausfuhr, Schiffbau.

Tut-ench-Amun

Type die, Druckbuchstabe (Letter) aus Metall im Buchdruck oder bei der Schreibmaschine. **Typographie** die, Buchdruckerkunst.

Typhus [grch. »Dunst«, »Umnebelung«] der, gefährl., oft seuchenartig auftretende, ansteckende Krankheit. Erreger ist der **T.-Bazillus.** Beginn etwa 3 Wochen nach der Ansteckung mit Kopfschmerzen, Fieber, Darmkatarrh, Benommenheit **(Nervenfieber).** Am 9. Krankheitstag Auftreten eines kleinfleckig-blaßroten Hautausschlages am Unterleib, danach meist Bildung von Geschwüren im Dünn- oder Dickdarm, die Darmblutungen und, bei Durchbruch der Darmwand, Bauchfellentzündung hervorrufen können. Übertragung durch Trinkwasser und Nahrungsmittel, auch durch Berührung des Kranken oder durch Bazillenträger. Zur Vorbeugung T.-Schutzimpfung, Isolierung der Kranken, ständige Entseuchung von Wäsche, Exkrementen. Erfolgreiche Behandlung durch Antibiotika.

typographischer Punkt, Maßeinheit des Buchdruckers; 1 t.P. = 0,376 mm.

Typotron [grch.] das, -s/-s oder ...trone, Elektronenstrahlröhre, deren Strahl durch eine Schriftzeichenauswahlplatte in der Art einer Schablone geformt wird und auf dem Leuchtschirm das entsprechende Zeichen abbildet.

Typus, Typ [grch.] der, -/...pen, die einer Gruppe von Dingen oder Individuen gemeinsame Grundgestalt, dann auch das vorbildl. Muster solcher Grundformen. Die **Typenlehre** beschäftigt sich mit den Merkmalen solcher Grundformen. **typisch,** kennzeichnend. **Typisierung,** Normung.

Týr [altnord.], **Ziu, Tiu** [ahd.], german. Kriegsgott. Nach ihm ist der Dienstag benannt.

Tyrann [grch.] der, Gewaltherrscher. **Tyrannis** die, **Tyrannei** die, Gewaltherrschaft.

Tyros, antike Stadt Phönikiens am Mittelmeer; schon im 2. Jahrtsd. v. Chr. reich und mächtig; heute **Sur,** bedeutungslos.

Tyrosin das, eine Aminosäure.

Tyrrhenisches Meer, ital. **Mare Tirreno,** Teil des Mittelmeers, zw. Italien, Korsika, Sardinien und Sizilien.

Tzara, Tristan, frz. Schriftst. rumänischer Herkunft, *1896, †1963, gründete mit H. Arp u. a. die Zürcher Gruppe des Dadaismus, 1919 mit A. Breton u. a. die Pariser Gruppe.

U

u, U, 1) Selbstlaut, der 21. Buchstabe des dt. Alphabets. **2)** U chem. Symbol für Uran. **3)** U birman.: Herr.

U-Bahn, Abk. für Untergrund**bahn.**

Ubangi der, längster Nebenfluß des Kongos, etwa 1000 km, entspringt als Quelle nahe dem Albertsee, mündet bei Irebu; ab Bangui schiffbar.

Ubangi-Schari, → Zentralafrikanische Republik.

Überbau, 1) bei Brücken die sich auf die Pfeiler und Fundamente stützenden Teile (Fahrbahn, Tragwerk, Lager). **2)** bei Gebäuden ein über die Mauerflucht hinausragender Teil eines Obergeschosses. **3)** ⚖ Errichtung eines Gebäudes zum Teil jenseits der Grundstücksgrenze. Für die Duldung ist der Nachbar durch eine Geldrente zu entschädigen (§§ 912ff. BGB). **4)** Marxismus: **ideologischer Ü.,** ein zentraler Begriff in der Lehre von K. Marx: Ideologien und Kultursysteme, die sich aus gesellschaftlich-ökonom. Verhältnissen (Basis) ergeben.

Überbein, Ganglion das, ♡ pralle, kugelige Geschwulst mit gallertigem Inhalt, meist auf dem Handgelenksrücken, von Gelenkkapsel oder Sehne ausgehend; beseitigt durch Operation.

Überbeschäftigung besteht, wenn es mehr offene Stellen als Arbeitslose gibt.

Überbrückungskredit, kurzfristiger Kredit zur Überwindung vorübergehender Geldbedarfs; auch langfristiger Kredit für Sanierungen.

Übereignung, ⚖ rechtsgeschäftl. Eigentumsübertragung. Sie erfordert: bei bewegl. Sachen i. a. deren Übergabe an den Erwerber sowie Einigung zw. Veräußerer und Erwerber über den Eigentumsübergang, bei Grundstükken → Auflassung und Eintragung in das Grundbuch (§§ 873, 925, 929ff. BGB).

Überempfindlichkeit, die, → Allergie.

Überfall, ⚖ Hinüberfallen von Früchten eines Baumes oder Strauches auf ein Nachbargrundstück. Der Nachbar kann die Frucht behalten (§ 911 BGB), darf sie jedoch nicht abpflücken (→ Überhang).

Überfremdung die, **1)** ⚒ übermäßiges Eindringen ausländ. Kapitals in inländ. Unternehmen. **2)** soziologisch: übermäßiger Zustrom von Ausländern in ein Land.

Überhang, ⚖ Hinüberwachsen von Zweigen und Wurzeln auf ein Nachbargrundstück. Soweit der Nachbar dadurch gestört wird, kann er die Zweige und Wurzeln, wenn er zur Beseitigung vorher eine Frist gesetzt hatte, abschneiden und behalten (§ 910 BGB).

Überhangmandate, Bundesrep. Dtl.: Direktmandate, die eine Partei über die ihr nach dem Verhältniswahlrecht zustehenden Sitze erlangt.

Überhitzer, bei → Dampfkesseln ein System von beheizten Rohrschlangen, in denen der vom Kessel kommende feuchte Sattdampf weiter erhitzt und in trockenen Heißdampf verwandelt wird.

Über-Ich, nach S. Freud eine Kontrollinstanz der Persönlichkeit (»Gewissen«), die die triebhaften Impulse des »Es« einer normativen Zensur unterzieht.

Überkompensation, über das Maß gehendes Ausgleichen (Kompensation) eines Fehlers oder Mangels, z. B. Ü. von Minderwertigkeitsgefühlen durch Überheblichkeit.

überkritische Lösungen, Stoffgemische unbestimmten Aggregatzustands (weder Gas noch Flüssigkeit), den man erhält, wenn Temperatur und Druck über den Werten des kritischen Punktes liegen; Anwendung bei Prozessen wie Entkoffeinierung, Extraktion von Aromastoffen, von Nikotin aus Tabak u. a.

Überlagerungsempfang, Überlagerung einer im Empfänger erzeugten Frequenz mit der Empfangsfrequenz; im Superhet (→ Rundfunk) und vor allem zum Hörbarmachen der ungedämpften Schwingungen von Telegraphiesendern.

Überlingen, Stadt in Bad.-Württ., Kurort am **Überlinger See,** dem nordwestl. Ausläufer des Bodensees, 18300 Ew.; got. Münster, alte Tore und Bauten, Kunstgewerbe, Weinbau. – Ü. war 1268 bis 1803 Reichsstadt.

Übermensch, neuer Typus Mensch, der über sein bisheriges Wesen hinausgewachsen ist. Der Begriff wurde von Henricus Müller geprägt und von J. G. Herder und Goethe verwendet. Bei F. Nietzsche war der Ü. das Zukunftsideal des Menschen.

übersättigt heißt eine Lösung, die mehr gelösten Stoff enthält, als sie im therm. Gleichgewicht enthalten kann.

Überschallflug, Bewegung von Flugkörpern mit **Überschallgeschwindigkeit** (über 1200 km/h). Da der Wirkungsgrad von Propeller-Triebwerken bei Annäherung an die Schallgeschwindigkeit stark absinkt, haben Flugzeuge für Ü. Strahl- oder Raketentriebwerke. Der

Übergang vom Unterschallflug zum Ü. wird als Durchbrechen der **Schallmauer** bezeichnet.

Überschuldung, Vermögenslage, bei der die Schulden größer sind als das Vermögen. Bei Ü. müssen u. a. Kapitalgesellschaften ein Vergleichs- oder Konkursverfahren beantragen.

Übersee-Départements, frz. **Départements d'Outre-Mer** [departm'ã dutrəm'ɛ:r], die 1946 zu Départements erhobenen früheren frz. Kolonien Guadeloupe, Martinique, Réunion, ferner Frz.-Guayana und Saint-Pierre-et-Miquelon.

Übersetzung die, ⊙ bei Hebelübertragung das Verhältnis der Hebelarme der wirkenden Kräfte, bei Riemen- oder Zahnradgetrieben das Verhältnis der Drehzahlen.

Übersetzungsmaschine, für automat. Sprachübersetzung ausgerüstete und programmierte Datenverarbeitungsanlage; wegen der Vielschichtigkeit der Sprachen bisher nur begrenzt anwendbar.

Übersichtigkeit, Hyperopie, die, ♡ Brechungsfehler des Auges: der Vereinigungspunkt paralleler Strahlen liegt hinter der Netzhaut.

Übersinnliches, das über die Sinnenwelt Hinausgreifende, die Sinne jedoch anregend und damit verstehbar, i. Ggs. zum »Außersinnlichen« (→ Okkultismus, → Parapsychologie).

überstaatlich, supra|national, über den Staaten stehend. Ü. Gemeinschaften sind im Gegensatz zu den zwischenstaatl. Gemeinschaften mit eigenen Hoheitsrechten ausgestattet (z. B. die Europ. Gemeinschaften).

Übersteuern, 🚗 Kurvenverhalten eines Fahrzeugs, bei dem die Neigung besteht, über den Steuereinschlag hinaus in die Kurve zu ziehen, verlangt Gegenlenken. Ggs.: Untersteuern.

Überstunden Mz., ⚖ die über die vereinbarte Arbeitszeit hinaus geleistete Arbeit. Soweit die Ü. zugleich die gesetzl. Arbeitszeit übersteigen, liegt **Mehrarbeit** vor.

Überträgersubstanzen, Transmitter, ♡ chem. Vermittlerstoffe an den Nervenenden, die die Nervenerregung auf andere Nerven oder Organe (Muskeln, Drüsen) übertragen oder innerhalb des Gehirns weiterleiten. Zu den Ü. zählen bes. Acetylcholin, Adrenalin, Dopamin, Noradrenalin, Serotonin.

Übertragung, ♡ **1)** die Spätgeburt. **2)** positive oder negative Gefühlsbindung des Patienten an den Psychoanalytiker als Ersatzperson. **3)** ⚡ Weitergabe von vermittlungstechn. Steuerzeichen, Daten und Nachrichten mittels elektr. Spannungen und Ströme.

Übertragungsgeschwindigkeit, Datenverarbeitung: Gesamtzahl der pro Sekunde übermittelten Informationseinheiten (Binärzeichen); Einheit: bit/s. Die höchsten Ü. von Chips liegen im Bereich Gbit/s = Mrd. bit/s.

Übertragungstechnik, Bindeglied zw. Sende- und Empfangstechnik, hat die Aufgabe, die vom Sender in elektr. Schwingungen verwandelte Nachricht möglichst unverzerrt über Draht oder drahtlos zum Empfänger zu transportieren.

Übertragungswagen, ⚡ Wagen mit Aufnahme- und Sendeanlagen zur Rundfunk- und Fernsehübertragung von Vorgängen außerhalb des Senderaumes.

Übertretung die, früher eine Straftat, die mit Haft oder mit Geldstrafe bedroht war. Seit dem 1. 1. 1975 teils als Ordnungswidrigkeit, teils als Vergehen geahndet.

Überversicherung liegt vor, wenn die Versicherungssumme den Versicherungswert übersteigt. Im Schadensfalle wird nur der Versicherungswert ersetzt.

Übervölkerung, Mißverhältnis zw. den wirtschaftl. Existenzmöglichkeiten in einem Raum und der Größe seiner Bev., gemessen am Lebensstandard in einem vergleichbaren Raum; auch die Entwicklung zu einem solchen Mißverhältnis.

Uccello: Ausschnitt aus einem Jagdbild

Überweisung die, **1)** bargeldlose Zahlung durch Umschreibung des Betrages vom Konto des Zahlenden auf das des Zahlungsempfängers auf Grund eines Auftrages (**Ü.-Scheck). 2)** in der Zwangsvollstreckung die Übertragung einer gepfändeten Forderung zur Verwertung an den Gläubiger.

Überziehungskredit, 🏦 der von einer Bank individuell verschieden eingeräumte Kredit zur gelegentlichen Inanspruchnahme.

ubi bene, ibi patria [lat.], wo es mir wohlgeht, da ist mein Vaterland.

Ubier Mz., german. Volk, urspr. auf dem rechten, seit 38 v. Chr. unter röm. Schutz auf dem linken Rheinufer.

üble Nachrede, ⚖ → Beleidigung.

U-Boot, → Unterseeboot.

Ucayali der, Nebenfluß des Amazonas in Peru, 1960 km lang.

Uccello [utʃ'ɛllo], Paolo, ital. Maler, *1397, †1475; um die Perspektive bemühter Meister der Florentiner Frührenaissance.

Üchtland, Landschaft in den schweizer. Kt. Freiburg und Bern, zw. Aare und Saane.

Uckelei [poln.] der, **Ukelei,** ein Weißfisch.

Uckermark, der nördlichste Teil der Mark Brandenburg, westlich der unteren Oder.

Udaipur, Stadt in Indien, 162900 Ew.; viele marmorne Paläste.

Uddevalla [-vala], Hafenstadt in W-Schweden, 45700 Ew.; Schiffbau, Textil- u. a. Ind.

Udet, Ernst, *1896 †(Selbstmord) 1941; 1914-18 Jagdflieger, 1938 Gen.-Luftzeugmeister.

Udine, Stadt im nordöstl. Italien, 99600 Ew.; Erzbischofssitz; Seiden-, Maschinenind.

Udmurten Mz., Volk mit finno-ugrischer Sprache in der UdSSR. **Udmurt. ASSR,** Autonome Sowjetrep. in der Russ. SFSR, 42100 km², 1,57 Mio. Ew. (U., Russen u. a.); Hptst.: Ischewsk. Ackerbau, Maschinenind.

UdSSR, Abk. für **U**nion **d**er **S**ozialist. **S**owjet-**R**epubliken (→ Sowjetunion).

Ueberweg, Friedrich, Philosoph, *1826, †1871; »Grundriß der Geschichte der Philosophie«.

Uecker, Günther, Maler und Objektkünstler, *1930, schuf benagelte Reliefs, auch Filme, Happenings (→ Zero).

Ueckermünde, Krst. im Bez. Neubrandenburg, Dt. Dem. Rep., nahe der Mündung der Uecker in das Stettiner Haff, 12500 Ew., Ziegeleien, Betonwerk, Eisengießereien.

UEFA, Abk. für **Union Européenne de**

Football Association [ynj'ɔɔrope'ɛn de futb'ol asɔsjasj'ɔ̃], 1954 gegr. internat. Fußballbund, Sitz Bern. **UEFA-Pokal,** seit 1957 europ. Pokalwettbewerb.

Uelzen, Krst. in Ndsachs., 35500 Ew., Zukker-Ind., Milch-, Fleischverarbeitung, Süßwaren-, Landmaschinen-, Bekleidungs-, Blechwarenherstellung; Blumen- und Samenzucht.

Uetersen, Stadt im Kr. Pinneberg, Schlesw.-Holst., 16400 Ew.; Rosenzucht; pharmazeut., chem., Papier-, Futtermittelind., Maschinenbau, Eisenwerk.

Üetliberg, Uetliberg, Uto, Aussichtsberg bei Zürich, mit Bergbahn, 871 m hoch.

Uexküll, Jakob Johann Baron von, baltischer Biologe, *1864, †1944; Schöpfer der Umweltforschung, Mitbegründer der vergleichenden Physiologie.

UFA, die **U**niversum **F**ilm **A**G, gegr. 1917.

Ufa, Hptst. der Baschkir. ASSR, 986000 Ew.; Univ.; Metall-, chem., Textil-Ind., Maschinenbau; Erdölraffinerien.

Uffizi|en Mz., Palast in Florenz, 1560-74 von G. Vasari erbaut; heute Gemäldegalerie.

Ufo, Abk. für engl. **u**nidentified **f**lying **o**bject, → Fliegende Untertassen.

Uganda

Uganda, Rep. in O-Afrika, nördl. des Victoriasees, 236036 km², 17,18 Mio. Ew. (meist Bantu); Hptst.: Kampala; Amtssprache: Englisch und Suaheli. Präsidialverfassung (1967). Größtenteils Hochland mit trop. Höhenklima. Anbau von Hirse, Mais, Bananen, für die Ausfuhr: Kaffee, Baumwolle, Tee, Zuckerrohr; Fischerei; ⚒ auf Kupfer (Ausfuhr); Stahl-, Walzwerke, Textil-, Nahrungsmittelind. Haupthandelspartner: Großbritannien, USA. Gutes Verkehrsnetz; Eisenbahnlinie nach Mombasa. Binnenschiffahrt bes. auf dem Victoriasee; internat. Flughafen: Entebbe. – Seit 1894 war U. brit. Protektorat. Seit 1962 unabhängiger Staat und Mitgl. des Commonwealth, wurde U. 1963 eine Rep., deren Staatspräs. König Mutesa II. von Buganda wurde. 1966 stürzte MinPräs. M. Obote Mutesa II. und machte sich zum Staatsoberhaupt. Nach einem Staatsstreich der Armee (1971) übernahm Idi Amin die Macht und errichtete ein diktator. Herrschaftssystem. 1979 wurde er mit militär. Hilfe Tansanias gestürzt. Mit Wahlen v. Dez. 1980 kehrte U. zur parlamentar. Regierungsform zurück. Staatspräs.: Y. Museveni (seit 1986); MinPräs.: S. Babikisseka (seit 1986). ⊕ S. 482.

Ugri|er, Untergruppe der finn.-ugrischen Völker: Ostjaken, Wogulen, Magyaren.

Uhać [-ʃ], Josip, kath. Priester, *1924; seit 1984 Apostol. Nuntius in Dtl.

Uhde, Fritz von, Maler, *1848, †1911, malte christl. Themen mit impressionist. Mitteln.

UHF, Abk. für **U**ltra**h**och**f**requenz, Bereich der Dezimeterwellen.

Uhland

Uhland, Ludwig, Dichter, Germanist, *1787, †1862, gehörte zum spätromant. schwäb. Dichterkreis; Meister des schlichten Liedes (»Der gute Kamerad«, »Der Wirtin Töchterlein«) und volkstüml. Balladen (»Des Sängers Fluch« u.a.), widmete sich später hauptsächlich germanist. Studien, war 1848 Mitgl. der Frankfurter Nationalversammlung (liberal-großdeutsch).

Uhlenhuth, Paul, Bakteriologe, *1870, †1957; entdeckte eine Reaktion zur Unterscheidung von Menschen- und Tierblut.

Uhr die, Zeitmeßgerät. **Mechan. U.** (Räder-U.) werden durch ein gehobenes Gewicht oder eine gespannte Zugfeder angetrieben. Das Räderwerk setzt sich aus Zahnrädern zusammen, die den Antrieb in versch. Übersetzung auf die Zeiger übertragen. Als Gangregler dient bei ortsfesten U. das **Pendel,** bei tragbaren U. (Taschen-, Armband-U.) die **Unruh,** ein radförmiger Ring mit feiner Spiralfeder, der hin und her schwingt. Die **Hemmung** bewirkt, daß das Räderwerk im Takt der Schwingungen freigelassen und gesperrt wird, so daß die Zeiger sich langsam vorwärts drehen. **Elektr. U.** sind mechan. Räderuhren mit elektr. Aufzug, bei Zentraluhrenanlagen werden viele Neben-U. von einer Mutter-U. gesteuert. **Synchron-U.** werden durch einen aus dem Lichtnetz gespeisten Synchronmotor getrieben. Bei der **Atom-U.** werden die Eigenschwingungen von Gasatomen und -molekülen zur Stabilisierung der Frequenz eines Quarzoszillators benutzt (→ Quarzuhr). Ⓖ Die ältesten U. waren Sonnen-, Wasser- und Sand-U. Die erste Nachricht über Räder-U. stammt von Dante (um 1300); die ersten tragbaren U. (»Nürnberger Eier«) fertigte P. Henlein (1480-1542).

Uhu der, bis 70 cm langer Eulenvogel, lebt in ausgedehnten Waldungen, in Dtl. fast ausgerottet, steht unter Naturschutz; hat bräunl. Gefieder und an den Ohren aufrichtbare Federbüschel; jagt Wirbeltiere (BILD Eulen)

Uiguren Mz., innerasiat. Türkvolk, herrschte 745-840 in der Mongolei, vom 10.-13. Jh. in Ostturkestan. Bevölkerungsreste in der chines. Provinz Kansu (Gelbe Uiguren), in Sinkiang (rd. 3,7 Mio.) und in der UdSSR (rd. 150000, bes. in der Kasach., Kirgis. und Usbek. SSR).

Ujjain, Stadt in Indien, 207500 Ew.; eine der 7 hl. Städte der Hindu mit Tempeln und Palästen; Univ. In der Sanskrit-Geographie wird U. als Zentrum der Welt betrachtet.

Ujung Pandang, Prov.-Hptst. und Hafen auf Celebes, Indonesien, 709000 Ew.; Erzbischofssitz; Textil-, Papierind., Ausfuhr bes. von Kopra und Pflanzenöl.

Ukas [russ.] der, Erlaß (des Zaren).

Ukraine [«Grenzland«] die, der südl. Teil des europ. Rußland. Ⓖ Als Kerngebiet ostslaw. Stämme bildete die U. seit dem 10. Jh. die Mitte des von Byzanz aus christianisierten Kiewer Reiches (→ russische Geschichte). Nach der Verwüstung durch den Mongoleneinfall (1240) kam sie im 14. Jh. an Litauen, 1569 an Polen. Die Kosaken der U. stellten sich 1654 nach einer Empörung gegen die poln. Herrschaft unter den russ. Zaren. Nach vergebl. Kämpfen der ukrain. Nationalbewegung 1917-21 kam die U. größtenteils zur UdSSR und wurde 1922 Unionsrep. (→ Ukrainische Sozialistische Sowjetrepublik). Der westl. Teil fiel 1921 unter poln. Herrschaft; er wurde 1939 mit der UdSSR vereinigt, ebenso 1945 die Karpaten-U. Zur Ukrain. SSR kam 1945 auch die Nord-Bukowina (bisher Rumänien). 1990 Autonomie-Erklärung.

Ukrainer Mz., ostslaw. Volk, bes. in der Ukraine und in Bessarabien, kleinere Gruppen an der mittl. Wolga, in N-Kaukasien und Sibirien; rd. 40,75 Mio. Menschen, davon in der Ukrain. SSR 35,28 Mio.; meist Ackerbauern. Die U. haben eigene Sprache und bedeutende Literatur. Größter ukrain. Dichter war T. Schewtschenko (†1861).

Ukrainische Sozialistische Sowjetrepublik, Abk. **USSR,** Unionsrep. der UdSSR, 603700 km², 50,99 Mio. Ew. (72% Ukrainer, 19,4% Russen, ferner Polen, Weißrussen u.a.); Hptst.: Kiew. Die USSR liegt nördl. des Schwarzen Meeres, reicht im W über die Karpaten bis zur oberen Theiß. Im N noch Waldland, sonst Grassteppe auf fruchtbarer Schwarzerde und Löß. Flüsse: Dnjepr, Dnjestr, Donez, Bug. Warmes Binnenklima, im SO ziemlich trocken. Die USSR ist ein Hauptlandwirtschaftsgebiet der UdSSR; Anbau von Getreide (Weizen, Mais), Zuckerrüben, Tabak, Sonnenblumen, Obst; Viehwirtschaft. ⚒ auf Kohle, Eisen- u.a. Erze, Erdöl (Galizien). Eisen- und Stahl-, Maschinen-, elektrotechn., chem. u.a. Ind., Kraftwerke. Ⓖ → Ukraine.

Ukulẹle die, mandolinenart. Zupfinstrument.

UKW, Abk. für → Ultrakurzwellen.

Ulạn [poln. aus türk.] der, mit Lanze bewaffneter Reiter; zuerst (16. Jh.) in Polen, seit 1807 in Preußen aufgestellt.

Ulạn-Bạtor, früher **Urga,** Hptst. der Mongol. VR, 480 000 Ew.; Univ.; Kreuzungspunkt wichtiger Karawanenstraßen.

Ulạn-Udẹ, Hptst. der Burjat. ASSR, 342 000 Ew.; Univ., Lokomotivwerk.

Ulbricht, Walter, kommunist. Politiker, *1893, †1973; Tischler, Mitbegründer der KPD, seit 1928 MdR, 1938-45 in der UdSSR. U. war einer der Hauptbeteiligten bei der zwangsweisen Verschmelzung der SPD und KPD zur SED. 1949-60 war er stellvertr. Min-Präs. der Dt. Dem. Rep., 1950 wurde er Generalsekr. (1953-71 Erster Sekr.) des ZK der SED und Mitgl. des Politbüros. 1960-71 war er Vors. des »Nationalen Verteidigungsrates«, seit Sept. 1960 dazu Vors. des Staatsrates und damit Staatsoberhaupt. Er hatte entscheidenden Anteil am Aufbau des kommunist. Gesellschaftssystems in der Dt. Dem. Rep. und deren Einbeziehung in den Ostblock. Im Einklang mit der sowjet. Außenpolitik forderte er die internat. Anerkennung der Dt. Dem. Rep.

Ulcus [lat.] das, Geschwür.

Uleåborg [yːləoːb'ɔrj], schwed. Name von → Oulu.

Ulemạ [arab.] der, im Islam Vertreter der theolog. Gelehrsamkeit und des Rechts.

Ụlfilas, grch. für → Wulfila.

Ulịxes, lat. für → Odysseus.

Uljạnowsk, Stadt in der Russ. SFSR, an der Wolga, 613 000 Ew., versch. Ind.

Ullmann, Regina, schweizer. Schriftst., *1884, †1961; Gedichte, Erzählungen.

Ullrich, Luise, Filmschauspielerin, *1911, †1985.

Ulm, Industrie- und Handelsstadt in Bad.-Württ., an der Donau, 100 500 Ew.; got. Münster (14./15. Jh.), mit 161 m hohem Turm, Univ., Kraftfahrzeug-, Maschinen-, Textil-, Nahrungsmittel- u.a. Ind. U. war bis 1803 schwäb. Reichsstadt, kam dann an Bayern, 1810 an Württ.

Ulme [lat.] die, **Rüster,** Bäume des gemäßigten und warmen Klimas, haben lilabraune Blütchen in Büscheln, die vor den Blättern erscheinen, und geflügelte Früchte. Einheim. Arten: **Feld-U., Berg-U.** und **Flatter-U.** Die U. liefern wertvolles Nutzholz. **U.-Sterben,** Erkrankung der U. durch den Pilz Ophiostoma ulmi, der durch den Großen Ulmensplintkäfer verbreitet wird.

Ulrich [ahd. »Herr im Erbgut«], männl. Vorname; weibl. Form **Ulrịke.**

Ulrich, Herzog von Württ., *1487, †1550, warf 1514 den Bauernaufstand des »Armen Konrad« nieder; 1519 durch den Schwäb. Bund vertrieben, 1534 durch Philipp von Hessen zurückgeführt; wandte sich der Reformation zu.

Ulrich von Li(e)chtenstein, Minnesänger, *um 1200, †um 1275; Versroman »Frauendienst«.

Ulster [engl.] der, zweireihiger Herrenmantel aus flauschartigem Stoff.

Ulster ['ʌlstə], ehemals die nördlichste Provinz Irlands; seit 1921 geteilt in das bei Großbritannien verbliebene → Nordirland und die Counties Cavan, Donegal, Monaghan der Rep. Irland.

ụltima rạtio [lat.] die, letztes Mittel.

Ultimạtum [lat.] das, Forderung an den Verhandlungspartner mit der Ankündigung der Folgen der Nichtannahme: z.B. Abbruch der Beziehungen.

Ụltimo [von lat. ultimo die »am letzten Tag«] der, Geld- und Börsenverkehr: übl. Bez. für den letzten Geschäftstag des Monats.

Ulm: Blick zum Münster

ụltra... [lat.], jenseits, darüber hinaus.

Ụltrafilter, Filter aus Celluloseacetat oder Polyamid, der kleinste Teilchen (1 nm-10 μm) zurückhalten kann.

Ụltrahochvakuum, Abk. **UHV,** Vakuumzustände mit Drücken $p < 10^{-5}$ Pa (10^{-10} bar). UHV wird benötigt in Anlagen zum Aufdampfen hochwertiger opt. Spiegel, zur Herstellung integrierter Schaltungen in der Mikroelektronik, bei speziellen Materialprüfungs- und Analyseverfahren sowie in der Grundlagenforschung. Die größten UHV-Anlagen sind die Speicherringe für hochenergetische Teilchen, z.B. bei DESY in Hamburg oder CERN in Genf.

Ulbricht

Ultrakụrzwellen, UKW, elektromagnet. Wellen zw. 10 und 1 m Wellenlänge, die sich geradlinig (wie Licht) fortpflanzen und mit besonderen Sendeantennen leicht zu bündeln sind. Ihr Empfang ist nur im Bereich der opt. Sicht möglich. Die U. werden bes. für Fernsehen, Rundfunk, auch in der Funkmeßtechnik und zur U.-Behandlung verwendet.

Ultramarịn das, blauer Mineralfarbstoff; früher aus Lasurstein, heute künstl. gewonnen.

Ụltramikroskop, → Mikroskop.

Ụltrarot, → Infrarot.

Ụltrarotbeobachtungsgeräte, Ịnfrarotbeobachtungsgeräte, Geräte zur Nachtbeobachtung von Gegenständen, die mit Infrarotlicht angestrahlt werden oder selbst Infrarotstrahlung aussenden. Das Infrarotbild wird durch einen Bildwandler in ein sichtbares Bild umgewandelt.

Ụltraschall, Schallwellen mit Schwingungszahlen oberhalb der menschl. Hörgrenze (20 kHz). Sie werden heute meist mit Hilfe magnet. oder elektr. Schwingungen (Quarzkristalle) erzeugt. In den dem U. ausgesetzten Stoffen können sehr heftige mechan. Wirkungen erzielt werden. U. wird verwendet zur Erzeugung sehr feiner Emulsionen, zur Prüfung von Werkstücken, in der Medizin zur Tiefenmassage, bei Schiffen als Echolot u.a. Einige Tiere bedienen sich des U. zur Orientierung (z.B. Fledermäuse).

Ulme: Feld-U., oben links blühender Zweig, Mitte Laubzweig, unten Frucht

Ultraschalldiagnọstik die, ♡ Untersuchungsverfahren, das durch Ultraschallechos Bilder aus dem Körperinneren gewinnt, u.a. zur Beobachtung der Fetusentwicklung während der Schwangerschaft (Mißbildungen, Geschlechtsbestimmung u.a.).

Ụltrastrahlung, → kosmische Strahlung.

Ụltraviolett, Abk. **UV,** der auf Violett folgende unsichtbare, kurzwellige Teil des Spektrums (Wellenlänge 380-10 nm), der sich bis zu den Röntgenstrahlen erstreckt. Das U. vermag die Pigmentbildung in der Haut anzuregen, chem. Reaktionen auszulösen, photograph. Platten zu schwärzen u.a. Das gebräuchlichste

Unamuno

Undset

Umweltzeichen

Gerät zur Erzeugung von U. ist die →Quarzlampe.

Ultrazentrifuge, Gerät zur Sedimentation von Teilchen in Schwerefeldern bis zum mehr als 1000000fachen der Erdbeschleunigung (1000000 g). U. werden verwendet zur Isolierung von Viren aus Nährlösung u.a.

Ulysses [ju:ˈlɪsi:z, engl. »Odysseus«], Bez. für eine von der NASA und ESA gemeinsam entwickelte Raumsonde, die den Planeten Jupiter und die beiden Pole der Sonne überfliegen soll (Start für Okt. 1990 geplant).

u. M., Abk. für unter dem Meeresspiegel.

ü. M., Abk. für über dem Meeresspiegel.

Umbelliferen, die →Doldenblütler.

Umbra [lat.] die, **1)** ☆ der dunkle Kern der Sonnenflecken. **2)** braune Erdfarbe; aus verwitterten manganhaltigen Eisenerzen.

umbrechen, ⌀ einen Schriftsatz zu ganzen Buchseiten formen. Dazu: **Umbruch** der.

Umbrer, altitalisches Volk am Ostabhang des Apennins. Nach ihm ist die Landschaft **Umbrien** in Mittelitalien, um die Stadt Perugia, benannt.

Umdruck, Verfahren im Stein- oder Offsetdruck, bei dem zum Übertragen der Druckvorlage auf die Druckform ein Zwischenabdruck auf U.-Papier gemacht wird.

Umeå [ˈymɛo:], Stadt in Schweden, am Umeälv, 84200 Ew.; Univ.; Hafen, Holzhandel.

Umformer, ⚡ Gerät zur Umwandlung von Wechsel- in Gleichstrom und umgekehrt.

Umkehrfilm ergibt durch besonderes Entwicklungsverfahren unmittelbar ein Positiv.

Umkehrung die, ♩ **1) der Akkorde:** nicht der Grundton, sondern die Terz, Quint usw. bilden den Baßton. **2) des Themas:** alle Intervallschritte werden in umgekehrter Richtung gemacht.

Umkippen eines Gewässers →Eutrophierung.

Umlauf der, ♡ die →Fingerentzündung.

Umlaufaufzug, Paternosteraufzug, Personenaufzug mit ständig umlaufenden Kabinen.

Umlaufrädergetriebe, Planetengetriebe, ⊙ Zahnradgetriebe, bei dem auf einem Zentralrad (Sonnenrad) die in einem Steg gelagerten Planetenräder abrollen und gleichzeitig mit einem Hohlrad kämmen.

Umlaut, die Umfärbung der Selbstlaute a, o, u zu ä, ö, ü.

Umlegung die, →Flurbereinigung.

Umrichter, Stromrichter zur Änderung der Frequenz bei Wechselstrom oder der Spannung bei Gleichstrom.

Umsatz der, Wert der abgesetzten Waren in einer Zeiteinheit. **U.-Beteiligung, U.-Provision,** die nach dem U. berechnete Provision. **U.-Bonifikation,** dem Großabnehmer auf seinen U. nachträglich gewährter Preisnachlaß.

Umsatzsteuer, allg. Verbrauchssteuer, die an den Umsatz anknüpft; ab 1. 1. 1968 durch die →Mehrwertsteuer ersetzt.

Umschichtung, Soziologie: Veränderung des Gesellschaftsaufbaus durch Wandel der volkswirtschaftl. oder polit. Bedingungen, durch soziale Mobilität u.ä.

Umschlag der, **1)** Umladen von Gütern von einem Beförderungsmittel auf ein anderes, bes. vom Schiff auf die Eisenbahn. **2)** Anwendung feuchter Tücher zu Heilzwecken.

Umschulung, Ausbildung für einen anderen als den erlernten Beruf.

Umsetzer, Frequenzumsetzer, Kleinsender (bis 50 W) zur Fernsehversorgung von Tälern, in denen der Empfang des Hauptsenders zu schwach ist.

Umsiedlung, Versetzung ganzer Bevölkerungsgruppen (häufig zwangsweise): aus außenpolit. Gründen, um sie mit dem Mutterland zu vereinigen und Grenzen im Wege des Minderheitenaustausches zu bereinigen (Griechenland/Türkei, Indien/Pakistan u.a.); →Deutsche, →Vertriebene; aus innenpolit. Gründen zum Ausgleich zw. übervölkerten und dünn besiedelten Landesteilen (z.B. Industrieverlagerung: Sibirien, Mittelasien).

Umspanner, der →Transformator.

Umstandswort, Adverb, Ⓢ unbeugbare Wortart, durch die ein Zeitwort, ein Eigenschaftswort oder U. genauer bestimmt wird; z.B.: er liest gern; sehr schön.

Umtata, Hptst. der Transkei, rd. 60000 Ew.; Textil-, Möbelind. Flugplatz.

Umwelt, Milieu, 1) soziale Umgebung des Menschen. **2)** ♤ Gesamtheit aller auf einen Organismus einwirkenden Faktoren.

Umweltbundesamt, durch Ges. v. 22. 7. 1974 in Berlin errichtete Bundesoberbehörde im Bereich des Bundesmin. des Innern, nimmt Planungs-, Forschungs-, Aufklärungs-, Verwaltungsaufgaben zum Umweltschutz wahr.

Umweltkriminalität, Bez. für Zuwiderhandlungen gegen Bestimmungen des Umweltschutzes, werden nach dem Ges. zur Bekämpfung der U. (v. 28. 3. 1980) geahndet.

Umweltprobenbank, Sammelstelle von organ. Material sowie von tierischem und pflanzl. Gewebe zur Langzeitkonservierung; erlaubt Vergleichsanalysen mit später gezogenen Proben.

Umweltschäden, nachteilige Beeinflussung der belebten und unbelebten Welt innerhalb der Großräume Luft (Abgase und Rauch von Industrie, Verkehrsmitteln), Wasser (häusl. und industrielle Abwässer) und Boden (Verseuchung durch chem. Stoffe), bewirkt v.a. durch den chemisch-physikalisch-techn. Zivilisationsfortschritt. Durch die U. können beim Menschen zusammen mit anderen Faktoren (z.B. Lärmbelastung, psychischer Streßwirkungen) Zivilisationsschäden und -krankheiten verursacht werden.

Umweltschutz, Sammelbegriff für alle Maßnahmen zur Erhaltung und Schaffung lebensgerechter Umweltbedingungen. Zum U. zählen bes. Luft- und Wasserreinhaltung, geordnete und sachgerechte Abfallbeseitigung, Recycling, Lärmbekämpfung, Einschränkung von Pestiziden und Herbiziden.

Umwelt|technik, Umwelt|technologie, die Bereiche der Technik und Technologie, die für Maßnahmen des Umweltschutzes von Bedeutung sind, z.B. Abwasserreinigung, Vorrichtungen zur Wasserreinhaltung, zur Beseitigung von Luftverschmutzung.

Umwelt-Toxikologie, Lehre von der Wirkungsweise der Gifte auf die belebte und unbelebte Umwelt; untersucht die zivilisationsbedingten Giftstoffe.

Umweltverträglichkeitsprüfung, nach den EG-Richtlinien von 1985 angestrebtes Verfahren zur Prüfung von Bauvorhaben wie Kraftwerke, Müllverbrennungsanlagen, Autobahnen u.a. auf ihre negativen Auswirkungen auf die Umwelt.

Umweltzeichen, Bildsymbol zur Kennzeichnung umweltfreundl. Produkte, besteht aus dem Umweltzeichen der Vereinten Nationen (blauer Engel) und der Umschrift »umweltfreundlich weil ...«; in der Bundesrep. Dtl. verliehen von der Jury Umweltzeichen.

UN, Abk. für United Nations, →Vereinte Nationen.

Unabhängigkeitserklärung, engl. **Declaration of Independence** [deklərˈeɪʃən ɔv ɪndɪpˈendəns], das von Jefferson entworfene, am 4. 7. 1776 von den 13 aufständ. engl. Kolonien in Nordamerika (von da an »Staaten«) angenommene Dokument, das deren Loslösung von England verkündete.

Unam sanctam [lat.], Anfangsworte der 1302 von Bonifatius VIII. gegen Philipp den Schönen erlassenen Bulle, die Unterordnung des Staates unter die Kirche forderte.

Unamuno, Miguel de, span. Schriftst., Philosoph, *1864, †1936; »Das tragische Lebensgefühl«. (BILD S. 918)

Una Sancta [lat. »eine, Heilige (Kirche)«], Sammelbez. für kath. Bemühungen um Glaubenseinheit, die nach dem Zweiten Vatikan. Konzil im → Ökumenismus aufgegangen sind.

Unbefleckte Empfängnis Mariä, kath. Glaubenssatz, besagt, daß Maria als die Mutter Jesu ohne Erbsünde war.

Unbekannter Soldat, ein namenloser Gefallener, der symbolhaft für alle Gefallenen geehrt wird.

Unbescholtenheit, Unversehrtheit der persönl. Ehre, insbes. der Geschlechtsehre; rechtlich nicht gleichbedeutend mit Unberührtheit.

unbestellte Zusendung von Waren. Der Empfänger solcher Ware hat keine Pflicht zur Erklärung oder Rücksendung. Seine Haftung beschränkt sich auf vorsätzl. oder grob fahrlässige Verschlechterung oder Vernichtung der Ware.

Unbewußtes, seel. Vorgänge, die nicht unmittelbar der Selbstbeobachtung zugänglich sind oder an ihren Wirkungen erkannt werden; sie bilden die Voraussetzung für das bewußt erfahrbare Seelenleben. Viele Verhaltensweisen des Menschen sind unbewußt gesteuert. Einstellungen, Gewohnheiten, Neigungen wirken unabhängig vom wachen Bewußtsein.

Uncle Sam [ʌŋkl sæm, engl.], scherzhafte Bezeichnung der Nordamerikaner, nach der Abkürzung U. S. Am. (United States of America).

Underground ['ʌndəgraund, engl. »Untergrund«] der, zeitgenössische polit., literar. und künstler. Bewegung, die sich außerhalb des »etablierten Kulturbetriebes« stellt und die herrschenden Auffassungen kritisiert.

Understatement [ʌndəst'eitmənt, engl.] das, Untertreibung.

Undine [von lat. unda »Welle«], weibl. Wassergeist; Märchennovelle von F. de la Motte Fouqué.

Undset, Sigrid, norweg. Dichterin, *1882, †1949; schrieb soziale und histor. Romane, getragen von kath. Religiosität (»Kristin Lavranstochter«). Nobelpreis 1928. (BILD S. 918)

uneheliche Kinder, → nichteheliche Kinder.

unehrliches Gewerbe, im MA. bestimmte Berufe (z. B. Henker, Abdecker, seit dem 15. Jh. auch Schäfer, Müller, Zöllner), die von Zunft, Gericht und Rat und kirchlichem Begräbnis ausgeschlossen waren.

Unempfindlichkeit, Anästhesie, → Betäubung.

Unendlichkeit, △ das Überschreiten aller endlichen Zahlen und Maße. So gibt es z. B. unendlich viele ganze Zahlen oder unendlich viele Punkte auf einer Strecke.

unerlaubte Handlung, → Delikt 2).

UNESCO die, Abk. für United Nations Educational, Scientific and Cultural Organization [ju:n'aitid n'eiʃnz edjuk'eiʃnl saiənt'ifik ənd k'ʌltʃərəl ɔgənaiz'eiʃn, engl.], Organisation der UNO für Erziehung, Wissenschaft und Kultur, gegr. 1946, Sitz in Paris. Der U. gehören die meisten Mitgliedstaaten der UNO an. In den Mitgliedstaaten bestehen nationale Kommissionen, in der Bundesrep. die »Dt. U.-Kommission« mit Sitz in Köln.

unfair [-fɛə, engl.], unbillig, unehrlich.

Unfall der, durch plötzl., schnell vorübergehende Einwirkung von außen verursachte Schädigung eines Menschen, z. B. durch Stoß, Fall, Verschüttung, Verbrennung, Explosion, elektr. Strom. Die häufigsten U.-Ursachen sind menschl. Versagen oder menschl. Fehlhandlungen.

Unfallflucht, → Fahrerflucht.

Unfallschutz, Teil des → Arbeitsschutzes.

Unfallverhütung, Maßnahmen zur Verhütung von Unfällen und Berufskrankheiten in Betrieben (Schutzvorrichtungen an Maschinen, Aufklärung der Arbeiter u. a.).

Unfallversicherung, Versicherung von Personen gegen die wirtschaftl. Folgen von Unfällen. **1)** die **gesetzl. U.** ist ein Zweig der Sozialversicherung (Ges. zur Neuregelung der U. v. 30. 4. 1963). Träger sind die gewerbl. und landwirtschaftl. Berufsgenossenschaften. Leistungen: Krankenbehandlung, Berufsfürsorge, Ausbildung für einen neuen Beruf, Rente (bei Erwerbsunfähigkeit. **2)** die **private U.** schützt gegen wirtschaftl. Folgen von Unfällen, die Arbeitsunfähgikeit, Invalidität oder Tod herbeiführen.

Unfehlbarkeit, kath. Dogma; die Irrtumslosigkeit, die der kirchl. Lehrverkündigung zukommt, wenn sie die ganze Kirche verpflichtet. Träger der U.: der Papst persönlich, wenn er ex cathedra, d. h. als oberster Lehrer, spricht; Papst und Bischöfe in ihrer Gesamtheit; das ökumen. Konzil.

Unfruchtbarkeit, Sterilität, Unvermögen des Mannes, Kinder zu zeugen (→ Impotenz), und das der Frau, schwanger zu werden. Die U. der Frau kann durch Mißbildungen oder Krankheiten der Geschlechtsorgane verursacht, aber auch seelisch bedingt sein.

Unfruchtbarmachung, Sterilisation, das Herbeiführen von Unfruchtbarkeit durch Unterbinden der Ausführungsgänge der Geschlechtsdrüsen (im Unterschied zur → Kastration). Die U. dient entweder zu Heilzwekken oder soll das Entstehen von Nachkommen verhindern. Eine Einwilligung des Betroffenen in die U. schließt den Tatbestand der schweren Körperverletzung aus, wenn der Eingriff nicht sittenwidrig ist.

Unfug, → grober Unfug.

Ungaretti, Giuseppe, ital. Schriftst. *1888, †1970; Gedichte von hoher Musikalität.

ungarische Literatur. Als Nationaldichter gilt der romant. Lyriker und Freiheitsheld S. Petöfi (1823-49). Etwa gleichzeitig wirkten der Balladen- und Ependichter J. Arany (1817 bis 82), der Dramatiker und Schöpfer des ungar. Nationalliedes M. Vörösmarty (1800-55). »Die Tragödie des Menschen«, den ungar. Faust, schrieb I. Madách (1823-64). Symbolist. Lyriker war E. Ady (†1919). Neuere Erzähler sind M. Jókai (†1904), K. Mikszáth (†1910), Z. Móricz (†1942), F. Herczeg (†1954), Zsolt von Harsányi (†1943), L. Németh (†1975), T. Déry (†1977), Magda Szabó (*1917), G. Illyés (†1983).

ungarische Musik, alte reiche Volksmusik, urspr. auf der Fünftonleiter aufgebaut; die charakterist. Melodik und Rhythmik tritt erst im 18. Jh. hervor. Die Tanzformen (Tschardasch u. a.) gingen in die europ. Kunstmusik ein (Brahms). Bedeutende ungar. Komponisten: F. Liszt, F. Erkel, neuere: E. v. Dohnányi, B. Bartók, Z. Kodály, M. Seiber, A. Jemnitz, G. Ligeti, R. Wittinger.

ungarische Sprache, magyarische Sprache, gehört zur ugr. Gruppe der finnisch-ugr. Sprachen. Im 19. Jh. wurde die Schriftsprache von türk., slaw., dt. und lat. Lehn- und Fremdwörtern gereinigt, die durch künstlich geprägte magyar. Ausdrücke ersetzt wurden.

Ungarn, Rep. in Mitteleuropa, 93 032 km², 10,60 Mio. Ew.; Hptst.: Budapest. ⊕ S. 488/89.

VERFASSUNG von 1949, zuletzt geändert 1990. U. ist eine Rep. An ihrer Spitze steht der vom Volk direkt gewählte Präs. Die Regierungsgeschäfte führt der dem Parlament verantwortliche MinPräs. Die führende Rolle der kommunist. Partei wurde aus der Verf. gestrichen.

LANDESNATUR. Zum größten Teil Tiefland. Einzige Gebirge im N das Ungar. Mittelge-

Unfallverhütung (Warnschilder)

Atemschutz tragen

Wassertrinken verboten

Rauchen verboten

Feuer, offenes Licht und Rauchen verboten

Warnung vor giftigen Stoffen

Fluchtweg-Richtung

Ungarn

birge (Kékes 1010 m), der Bakonywald, im S das Fünfkirchener Bergland. Hauptflüsse: Donau, Theiß; größter See: Plattensee. Klima: binnenländisch, heiß, trocken. BEVÖLKERUNG. Überwiegend Magyaren, Minderheiten von Rumänen, Slowaken, Deutschen. Religion: kath., daneben protestant., orthodox, jüdisch.

WIRTSCHAFT (fast ganz verstaatlicht oder kollektiviert): Vielseitiger Ackerbau, Viehzucht. ⚒ auf Braun-, Steinkohle, Bauxit, etwas Erdöl und Erdgas; Industrie seit 1945 ausgebaut (Maschinen-, Metall-, chem. u.a. Ind.). Ausfuhr: Maschinen, Rohstoffe, Nahrungsmittel; Haupthandelspartner: UdSSR, osteurop. Länder, EG-Länder. U. ist Mitgl. des Comecon. Hauptbinnenhafen und internat. Flughafen: Budapest.

Ⓖ Um 896 drangen die Magyaren unter dem Großfürsten Árpád von Südrußland her in U. ein. Ihre verheerenden Einfälle in die westl. Nachbarländer endeten erst 955 mit dem Sieg Kaiser Ottos d. Gr. auf dem Lechfeld. 975 begann die Christianisierung, die Stephan der Heilige, der 1001 den Titel eines »apostol.« Königs erhielt, abschloß (Stephanskrone). Im 12. Jh. Ansiedlung von Deutschen (Siebenbürger und Zipser Sachsen). 1241 Einfall der Mongolen. Als das Haus der Árpáden 1301 ausstarb, folgten Könige aus versch. Häusern, von denen Matthias I. Corvinus (1458-90) der erfolgreichste war. Der Jagiellone Ludwig II. fiel 1526 bei Mohács im Kampf gegen die Türken. Darauf geriet der Hauptteil U. mit Budapest unter **türk. Herrschaft,** während der Westen an die Habsburger kam und Siebenbürgen ein eigenes magyar. Fstt. bildete. Erst durch den großen Krieg von 1683-99 (→Türkenkriege) wurde ganz U. von den Türken befreit und mit den übrigen Ländern der österr. **Habsburger** vereinigt; doch behauptete der magyar. Adel seine alten ständ. Sonderrechte und die kalvinist. Minderheit der Magyaren ihren Glauben. Im 18. Jh. wurden die Donauschwaben (u.a. im Banat) angesiedelt. Eine starke liberale und nationale Bewegung entwickelte sich in der Revolution von 1848/49 unter Führung Kossuths zum offenen Abfall von den Habsburgern; doch warfen die Österreicher mit russ. Hilfe diese Erhebung nieder. Dann kam es zum Ausgleich von 1867, der die Sonderverfassung U.s wiederherstellte und dem magyar. Adel die Vorherrschaft in der transleithan. Reichshälfte sicherte **(österr.-ungar. Monarchie).** Nach dem 1. Weltkrieg bildeten die Kommunisten unter Béla Kun 1919 vorübergehend eine Räterepublik. Im Vertrag von Trianon (1920) verlor U. ⅔ seines Gebiets und mehr als die Hälfte seiner Ew. N. Horthy wurde 1920 Reichsverweser, die Monarchie wurde grundsätzlich aufrechterhalten. Auf Grund der dt.-ital. Wiener Schiedssprüche von 1938 und 1940 erhielt U. 1920 abgetretene Gebiete zurück. 1940 trat es dem →Dreimächtepakt bei und nahm seit 1941 auf dt. Seite am 2. Weltkrieg teil. 1946 mußte U. alle zurückgewonnenen Gebiete wieder abtreten. Nach der Proklamation der **Republik** (1946) wurde U. 1949 eine Volksdemokratie in enger Anlehnung an die UdSSR. Ein am 23. 10. 1956 in Budapest und anderen Orten ausgebrochener Volksaufstand mit dem Ziel größerer außen- und innenpolit. Freiheit wurde durch sowjet. Truppen niedergeschlagen. Der danach eingeschlagene Kurs wirtschaftl. Eigeninitiative verschaffte U. eine zunächst wirtschaftl., seit Mitte der 1970er Jahre auch eine polit. Sonderstellung in O-Europa. Als erster Staat des östl. Bündnisses ersetzte U. 1989 in friedl. Reformprozeß das sozialist. Reg.-System durch ein demokratisches. In den Wahlen 1990 setzten sich »Demokrat. Forum« und »Bund der Freien Demokraten« durch. Präs.: A. Göncz (seit 1990); MinPräs.: J. Antall (seit 1990).

ungerechtfertigte Bereicherung, →Bereicherung.

Ungeziefer das, tier. Schädlinge und Schmarotzer, die den Menschen, Nutz- und Haustiere, Kulturpflanzen und Vorräte angreifen.

Ungu|entum [lat.] das, Salbe.

uni [yn'i, frz.], einfarbig, ungemustert.

UNICEF, Abk. für United Nations International Children's Emergency Fund [ju:n'aɪtɪd n'eɪʃnz ɪntən'æʃnl tʃ'ɪldrənz ɪm'ə:dʒənsɪ fʌnd, engl.], der **Internationale Kinderhilfsfonds,** ein Hilfswerk der UNO (New York).

Unierte Kirchen, 1) kath. Kirche: →Ostkirche. **2)** evang. Kirchen: →Union, →Evangelische Kirche in Deutschland.

unifizieren [lat.], vereinheitlichen; mehrere Anleihen vereinigen (konsolidieren).

Uniform [lat.] die, einheitl., vorschriftsmäß. Bekleidung, bes. bei Soldaten, Polizisten. **uniform,** gleichförmig. Hptw.: **Uniformität** die.

Unikum [lat.] das, -s/...ka, **1)** etwas in seiner Art Einziges, Besonderes. **2)** U ein Sonderling.

unilateral [lat.], einseitig.

Unilever-Konzern, führender Welt-Produzent von Speisefetten, Ölen, Reinigungsmitteln, entstand 1930 aus der Fusion der N. V. Margarine Unie, Rotterdam, und der Lever Brothers Ltd., Margarine Union Ltd., London.

Union [lat.] die, Verbindung, Vereinigung, bes. zw. Staaten: **1)** polit. Staatenverbindungen in versch. Form, so als →Bundesstaat (z. B. UdSSR, Brasilien, USA), als →Personalunion, als →Realunion, oder in loserer Form, wie bei der Panamerikan. Union (→panamerikanische Bewegung). **2)** unpolit., meist auf Staatsvertrag beruhende Vereinigungen von Staaten zur Erledigung bestimmter Verwaltungsaufgaben, mit gemeinsamen Organen, z. B. der Weltpostverein, die U. zum Schutz von Werken der Literatur und Kunst. **3)** kirchlich: Vereinigung getrennter Kirchen. **Union von 1817,** die 1817 durch Aufruf von Friedrich Wilhelm III. v. Preußen geschaffene **unierte evang. Kirche. Unionsbestrebungen,** →Ökumenische Bewegung.

Union der Sozialistischen Sowjetrepubliken, Abk. **UdSSR,** die →Sowjetunion.

Union Jack [j'u:njən dʒæk, engl.] der, volkstüml. Bez. der brit. Flagge.

unisono [ital.], einstimmig. **Unisono** das, ♩ 2 und mehr Stimmen im Einklang.

Unitari|er, Angehörige protestant. Gruppen, die die Einheit Gottes betonen und die Trinitätslehre ablehnen (→Antitrinitarier).

Unitarismus [lat.] der, Form eines Bundesstaats oder Staatenbundes, die die Selbständigkeit der Gliedstaaten zurückdrängt. Ggs. →Föderalismus, →Partikularismus.

United Kingdom of Great Britain and Northern Ireland [ju:n'aɪtɪd k'ɪŋgdəm ɔv greɪt brɪtn ænd n'ɔ:ðən 'aɪələnd], →Großbritannien.

United Nations [ju:n'aɪtɪd n'eɪʃnz, engl.], abgek. **UN,** die →Vereinten Nationen.

United Press International [ju:n'aɪtɪd pres ɪntən'æʃnl], **UPI,** nordamerikan. Nachrichtenagentur, gegründet 1958.

United States of America [ju:n'aɪtɪd steɪts ɔv əm'erɪkə], Abk. **USA,** die →Vereinigten Staaten von Amerika.

universal [lat.], **universell** [frz.], **1)** allgemein. **2)** allumfassend. **Universalerbe,** Alleinerbe, Erbe des gesamten Nachlasses. **Universalismus** der, Ⓟ Ganzheitslehre; das Ganze ist den Teilen übergeordnet, nicht aus diesen zusammengesetzt; der Teil ist nur aus dem Ganzen zu verstehen. Nach der **universalist. Gesellschaftslehre** (O. Spann) sind Staat und Gesellschaft übergeordnete Ganzheiten. Ggs.: Individualismus. **Universalität** die, allseitiges Wissen.

Universale Transversale Mercatorprojektion, Abk. **UTM,** eine für die NATO eingeführte Zylinderabbildung des Erdellipsoids in 60 Meridianstreifensysteme (→Kartennetzentwurf) von je 6° Ost-West-Ausdehnung, bei der Mittelmeridian nicht längentreu, sondern mit dem Verjüngungsfaktor 0,9996 abgebildet wird. Mit der durchlaufenden Zählung der Zonen und deren Teilung in Felder entsteht ein universelles Meldegitter (UTM-Gitter) zur Lageangabe von Punkten auf Karten.

Universalien [lat. »Allgemeinheiten«], Allgemein-, Gattungsbegriffe. Im MA. entbrannte unter den Scholastikern ein Streit um die Realität der U. **(U.-Streit);** Gegner waren vor allem die Vertreter von Realismus, Konzeptualismus und Nominalismus. In der modernen Philosophie erlangte die U.-Frage erneut Bedeutung.

Universität [lat.] die, -/-en, Körperschaft des öffentl. Rechts für Forschung, Lehre und Studium in allen Wissenschaften. Die moderne U. ist in Fakultäten und Fachbereiche gegliedert und wird von ihren ausgewählten Vertretern der Hochschullehrer, der wissenschaftl. Mitarbeiter, der Studenten und der nichtwissenschaftl. Mitarbeiter gebildeten Organen geleitet: dem satzungsgebenden und die U.-Spitze wählenden **Konzil (Konvent),** dem **Senat** und dem **Rektor (Präsidenten).** Im Rahmen der institutionalisierten Reformbestrebungen wurde 1971 die erste Gesamthochschule (Kassel) errichtet, der zahlreiche weitere (auch kirchl.) folgten. In größerem Umfang wurde auch die Neuorganisation der U., die Neugliederung in Fachbereiche und die Einführung der Mitbestimmung für einen verschieden großen Kreis von U.-Angehörigen verwirklicht. Die 1. U. wurde 1119 in Bologna, die 1. dt. U. in Prag gegründet.

Universum [lat.] das, Weltall.

UNIX ['ju:nıks], ein weitverbreitetes Betriebssystem für Computer (Mikrocomputer bis Großrechner); geeignet für mehrere Benutzer und Mehrprogrammbetrieb.

Unke die, **Feuerkröte,** am Wasser lebende Froschlurche mit tönender Stimme. **Berg-U., Tiefland-U.**

unlauterer Wettbewerb, das Streben nach geschäftl. Vorteilen mit unlauteren Mitteln. Das Ges. gegen den u. W. vom 7. 6. 1909 i. d. F. v. 23. 6. 1970 bestimmt in § 1 (Generalklausel), daß derjenige, der im geschäftl. Verkehr u. W. begeht, auf Unterlassung und Schadensersatz in Anspruch genommen werden kann. Sondervorschriften gelten für →Ausverkauf, Preisnachlässe (→Rabatt) u. a. In bestimmten Fällen ist u. W. auch strafbar.

unmögliche Leistung, ⚖ im bürgerl. Recht eine Art der Leistungsstörung neben Schuldnerverzug und positiver Vertragsverletzung; berechtigt zum Schadensersatz – bei gegenseitigen Verträgen auch zum Rücktritt –, wenn vom Vertragspartner vorsätzlich oder fahrlässig herbeigeführt (§§ 280, 325 BGB).

Unmündigkeit, →Volljährigkeit; Strafmündigkeit, →Jugendstrafrecht.

Unna, Stadt in NRW, am Hellweg, 59 000 Ew.; got. Hallenkirche, Hellweg-Museum: Maschinen-, Leichtmetall-, Kondensatoren- u. a. Ind. U. gehörte im 15. Jh. zur Hanse.

UNO, Abk. für United Nations Organization, die →Vereinten Nationen.

Unpaarhufer, Unpaarzeher, huftragende Säugetiere mit stark entwickelter Mittelzehe; Pferde, Nashörner, Tapire.

unpfändbare Sachen, ⚖ bestimmte Sachen, die dem persönl. Gebrauch oder der Erwerbstätigkeit des Schuldners dienen und von dem Gläubiger nicht gepfändet werden können. (→Zwangsvollstreckung)

UNRRA, Abk. für United Nations Relief and Rehabilitation Administration [ju:n'aıtıd n'eıʃnz rıl'i:f ænd ri:əbılıt'eıʃən ədmınıstr'eıʃən, engl.], 1943-47 Hilfsorganisation der UNO für Flüchtlinge und Verschleppte.

Unruh die, Teil der →Uhr.

Unruh, Fritz v., Dichter, *1885, †1970; leidenschaftl. Pazifist; Dramen: »Offiziere«, »Bonaparte«; Reisebuch »Flügel der Nike«.

Unschärfebeziehung, Unschärferelation, Unbestimmtheitsrelation, ⊠ Ort (Zeit) und Impuls (Energie) eines Teilchens können nicht zugleich beliebig genau gemessen werden (W. Heisenberg).

Unschlitt das, →Talg.

Unsere Liebe Frau, →Maria.

Unsöld, Albrecht, Astrophysiker, *1905; Forscher auf dem Gebiet der Sternatmosphären.

Unsterbliche, die 40 Mitgl. der Académie française.

Unsterblichkeit, 1) im eigtl. Sinne das Freibleiben vom biolog. Tod. Auf dem Selbstbehauptungstrieb gegenüber der äußeren Naturgewalt beruht die Überzeugung des Menschen, daß er als Person, als bewußtes und handelndes Subjekt, der Vergänglichkeit nicht endgültig unterworfen sein könne. Kern dieser Überzeugung ist der Glaube an die U. der Seele, d. h. ein persönl. Fortleben der menschl. Seele nach dem biolog. Tod (»ewiges Leben«). **2)** Ü das Überdauern der Leistungen und Wirkungen eines Menschen in der Erinnerung der Nachfahren oder in der Wirklichkeit (Bauten, Kunstwerke, Erfindungen u. a.).

Unstrut die, linker Nebenfluß der Sächs. Saale, entspringt im Eichsfeld, mündet bei Naumburg, 188 km lang.

Unterbewußtsein, seel. Vorgänge unterhalb der Bewußtseinsschwelle; sie treten als Traum oder andere Äußerungen hervor, die vom Wachbewußtsein nicht gesteuert werden.

Unterbrecher, Gerät, das einen Stromkreis in schneller Folge unterbricht und so Stromstöße hervorruft, z. B. der **Wagnersche Hammer** bei der elektr. Klingel.

Unterfranken, RegBez. in Bayern, 8531 km^2, 1,202 Mio. Ew.; Verw.-Sitz: Würzburg.

Untergrundbahn, U-Bahn, elektr. Schnellbahn für den Nahverkehr in Großstädten, in dicht bebauten Gebieten unter der Erde in Tunneln.

Unterhaltshilfe, Ausgleichsleistung des Lastenausgleichs an dauernd Erwerbsunfähige, deren Einkommen oder Vermögen den Lebensunterhalt nicht deckt.

Unterhaltsklage, Klage beim Amtsgericht auf Erfüllung der Unterhaltspflicht.

Unterhaltspflicht, die auf Gesetz oder Vertrag beruhende Pflicht zur Gewährung von Unterhalt; sie besteht gegenüber Verwandten in gerader Linie, dem nichtehelichen Kind, dem Ehegatten (u. U. auch nach der Scheidung). Zum Unterhalt zählen die Kosten des Lebensbedarfs, einschl. Erziehung und Ausbildung. Wer sich seiner gesetzl. U. vorsätzlich entzieht, kann mit Freiheitsstrafe belegt werden (§ 170b StGB).

Unterhaltungselektronik die, U Bez. für die Gesamtheit aller Verfahren und Geräte zur Aufzeichnung und Wiedergabe von Bild und Ton auf elektron. Wege (Schallplatten- und CD-Spieler, Video- und Fernsehgeräte u. a.).

Unterhaltungsliteratur, Bereich der schönen Lit., der hauptsächlich unterhalten will; schließt dichter. Qualitäten nicht aus, ein großer Teil der U. gilt jedoch als →Trivialliteratur.

Unterhaltungsmusik, kurz **U-Musik,** der Unterhaltung dienende Musik (im Ggs. zur »ernsten Musik«, kurz E-Musik). Zw. U. und Kunstmusik zu vermitteln suchten J. Brahms, F. Liszt, G. Mahler, P. Hindemith, K. Weill, H. Eisler u. a.; der Jazz näherte sich der

Unke: Rotbauchunke

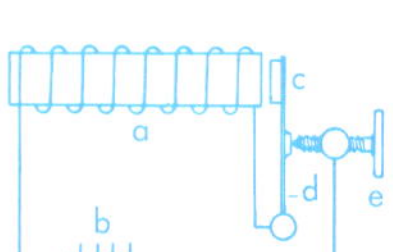

Unterbrecher: Hammer-U., a Elektromagnet, b Batterie, c Anker, d Feder, e Kontaktschraube

U. bes. in der Swing-Ära; in neuester Zeit Annäherungsversuche zw. U. und der Musik der Avantgarde (M. Kagel, L. Berio).

Unterhändler, Beauftragter einer vertragsuchenden Partei, bes. bei Ergebung von Truppen; Parlamentär.

Unterhaus, engl. **House of Commons** [haus ɔv k'ɔmənz], das Abgeordnetenhaus des brit. Parlaments (→Großbritannien, Verfassung).

Unterholz, Niedergehölz im Wald.

Unterkühlung, 1) ♡ **Auskühlung, Hypothermie,** Senkung der Körpertemperatur durch Wärmeverlust, z. B. bei →Erfrierung. **2)** Abkühlung einer Flüssigkeit unter ihren Gleichgewichts-Erstarrungspunkt.

Unterlage, ⚘ Pflanze, auf die man bei der Veredelung das Edelreis setzt.

Unterleibskrankheiten, Krankheiten der Unterleibsorgane, z. B. des Darmes, der Harnblase, bei Frauen der inneren Geschlechtsorgane.

Untermiete, Rechtsverhältnis, das dadurch entsteht, daß der Mieter **(Hauptmieter)** die gemietete Sache, bes. einen Teil einer Mietwohnung, an einen Dritten **(Untermieter)** weitervermietet. Auf die U. finden die Vorschriften über →Miete entsprechende Anwendung.

Unternehmen das, **Unternehmung** die, wirtschaftl. Einheit von Arbeit und Kapital zum Zweck der Gewinnerzielung, i. Ggs. zum Betrieb. Ein U. kann mehrere Betriebe umfassen. Man unterscheidet **Privat-U.,** die sich in Privateigentum befinden, **öffentl. U.** und **gemischtwirtschaftl. U.; Einzel-U.,** deren Kapital einem Unternehmer gehört, und **Gesellschafts-U.** (Personal- oder Kapitalgesellschaften), an denen mehrere Personen beteiligt sind.

Unternehmensberater, Betriebsberater, freiberuflich tätiger Fachmann, berät bes. kleinere und mittlere Unternehmen in Fragen der Organisation, Buchführung, Werbung u. ä.

Unternehmensforschung, Operations Research, Anwendung formaler Methoden bei der Ermittlung bestmöglicher Unternehmerentscheidungen, die Beschreibung der möglichen Entscheidungen und die Erfassung von Präferenzvorstellungen in der Form mathemat. Modelle.

Unternehmensspiele, engl. **management games** [m'ænɪdʃmənt geɪmz], **business games** [b'ɪznɪs geɪmz], Ausbildungsmethode in der Betriebswirtschaftslehre, ähnlich den Planspielen an Militärakademien. Anhand eines der Wirklichkeit angenäherten Modells werden betriebswirtschaftl. Entscheidungen getroffen.

Unternehmer derjenige, der ein wirtschaftl. Unternehmen auf eigene Rechnung und Gefahr leitet und hierfür Arbeiter und Angestellte beschäftigt. Die Leistung des U. liegt auf techn. und kaufmänn. Gebiet, er muß u. a. die künftige Marktlage abschätzen, um danach seine Entscheidungen zu treffen. Er trägt das Risiko des Kapitalverlustes **(U.-Risiko).** Der freie U. ist Eigentümer des von ihm geleiteten Unternehmens; in Kapitalgesellschaften üben Geschäftsführer (Manager) die U.-Funktionen aus. Interessengemeinschaft der freien U. sind die **U.-Vereinigungen. – U.-Gewinn,** das Einkommen des U., bes. der Teil, der nach Abzug des Entgelts für seine Arbeit **(U.-Lohn)** und nach Verzinsung des Eigenkapitals als Gewinn übrigbleibt.

Unteroffizier, militär. Unterführer, zw. Offizieren und Mannschaften.

Unterpflasterbahn, eine →Untergrundbahn.

Unterprogramm, ein eigenständiges, kleinere Teilaufgaben bearbeitendes Computerprogramm, das vom Hauptprogramm aus über eine Startadresse aufgerufen werden kann, nach Rücksprunganweisung wird die Bearbeitung im Hauptprogramm fortgesetzt.

Unterricht der, planmäßiges, regelmäßiges Lehren. Im Schul-U. herrschen je nach Schulart und Schulalter besondere unterrichtl. Aufgaben vor: die Hinleitung des Kindes vom Spiel zur geregelten Arbeit (Grundschule), die Vorbereitung auf die Anforderungen der Arbeits- und Wirtschaftswelt (Haupt-, Realschule, Berufsfachschulen) und wissenschaftl. Schulung, die zu wissenschaftl. Arbeit vorbereitet (Gymnasium); Fach-, Berufs- und Sonder-U. betonen besondere Zwecke.

Untersberg, Berg der Berchtesgadener Alpen bei Salzburg, 1972 m hoch; Marmor- und Kalksteinbrüche, Höhlen.

Unterschlagung die, ⚖ Aneignung fremden Geldes oder anderer Güter, die der Täter (z. B. als Verwalter oder Finder) im Besitz hat; Strafe: Freiheitsstrafe (§ 246 StGB).

Unterschrift, Unterzeichnung, der unter eine Urkunde eigenhändig geschriebene Name zum Zeichen der Vollziehung.

Untersee, Teil des →Bodensees.

Unterseeboot, U-Boot, zum Tauchen und zur Unterwasserfahrt geeignetes Kriegsschiff; dient dem Unterwassertorpedoangriff und dem Legen von Minen. U. werden auch mit Raketen ausgerüstet. Das U. besteht aus einem starkwandigen, zylindr. Druckkörper, der alle Einrichtungen zur Über- und Unterwasserfahrt und Unterbringung der Besatzung enthält, und der darumliegenden Hülle mit den Tauchtanks. Angetrieben wird das U. bei Überwasserfahrt durch Diesel-, bei Unterwasserfahrt durch Elektromotoren. Mit Kernenergie angetriebene **Atom-U.** haben Einheitsantrieb für Über- und Unterwasserfahrt. Getaucht wird durch Fluten der Tauchtanks und gleichzeitige Schräglage der am Bug und Heck angebrachten Horizontalruder. Zum Auftauchen wird unter Umlegung der Horizontalruder das Wasser durch Preßluft aus den Tauchtanks wieder herausgedrückt. Bei der Unterwasserfahrt in geringer Tiefe erfolgt die Beobachtung durch Sehrohre, die Belüftung durch →Schnorchel. – Der Bau von U. wurde 1801 von Fulton und 1851 von W. Bauer versucht. Das erste brauchbare U. entwickelte 1898 der Ire J. P. Holland.

Unterstützungskasse, in Betrieben Kasse zur Altersversorgung der Betriebsangehörigen und zur Hilfe in Notfällen; ohne Rechtsanspruch.

Untersuchung die, ⚖ im Strafprozeß auf Entdeckung und Überführung des Täters gerichtete Maßnahmen.

Unterseeboot mit Kernenergie-Antrieb (Nautilustyp, schematisch), 3000 t, 90 Mann Besatzung

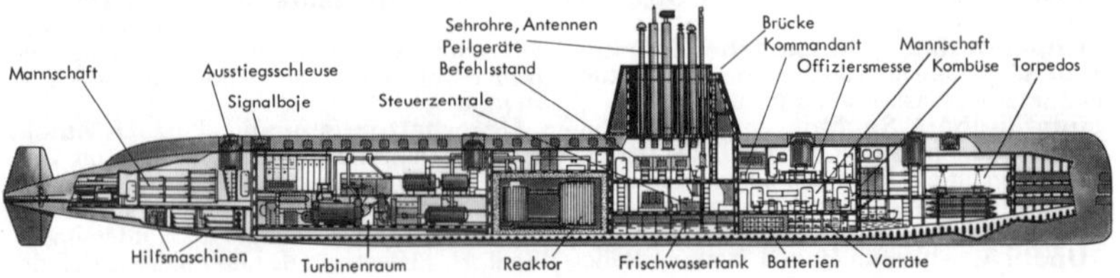

Untersuchungsausschuß, in der Bundesrep. Dtl. ein Ausschuß des Bundestags (Art. 44 GG), der Feststellungen treffen und darüber dem Bundestag berichten soll.

Untersuchungshaft, Festnahme und Festsetzung eines dringend Verdächtigen auf Grund eines Haftbefehls (→Haft), sofern Fluchtverdacht oder Verdunklungsgefahr vorliegt. Der Verhaftete muß spätestens am Tage nach der Festnahme vom Richter vernommen werden. Gegen den Haftbefehl kann er **Haftbeschwerde** einlegen. Bei späterer Verurteilung zur Freiheitsstrafe kann die U.-Haft ganz oder teilweise auf die Strafe angerechnet werden.

Unterversicherung besteht, wenn die Versicherungssumme niedriger ist als der Versicherungswert. Im Schadensfalle wird im Verhältnis beider zueinander gedeckt.

Untervölkerung, Mißverhältnis zw. der Bevölkerung und dem Raum, in dem sie lebt: zu geringe Bevölkerungsdichte.

Unterwalden, Kt. der Schweiz, besteht aus den selbständigen Halbkantonen Obwalden und Nidwalden; **Obwalden** (U. ob dem Wald), 491 km², 28500 Ew., Hauptort: Sarnen, umfaßt das Gebiet der Sarner Aa mit den Hochtälern von Lungern und Engelberg. **Nidwalden** (U. nid dem Wald), 276 km², 31700 Ew., Hauptort: Stans, umfaßt das untere Engelberger Tal und das Ufergelände des Vierwaldstätter Sees. Haupterwerbszweige in U.: Alpwirtschaft, Viehzucht, Obstbau; Industrie und Handel. – U. ist einer der Urkantone (→Schweiz, Geschichte).

Unterwassergymnastik, Form der Krankengymnastik, bei der sich der Kranke im Wasser eines Schwimmbeckens oder einer großen Spezialwanne bewegt; z.B. bei Lähmungen, Gelenkversteifung.

Unterwasserlabor, Aufenthaltsraum, der als Arbeitsbasis in Wassertiefen von mehr als 100 m betrieben wird; dient der Erforschung und Nutzung des →Schelfes.

Unterwassermassage [-ʒə], im Wasser durchgeführte Massage.

Unterwasser-Schall|anlagen, Anlagen auf Schiffen zur Nachrichtenübermittlung zu und zw. getauchten U-Booten und, wie das →Echolot, zur Feststellung der Standorte von Schiffen und Hindernissen und zur Ermittlung von Meerestiefen.

Unterwelt, 1) grch. und röm. Göttersage: Aufenthaltsort der Toten. →Hades, →Tartaros. **2)** Ü Verbrecherkreise.

Untiefe, für die Schiffahrt gefährl. seichte Stelle.

Untreue ⚖ Mißbrauch der Befugnis, über fremdes Vermögen zu verfügen; Verletzung der Pflicht, fremde Vermögensinteressen wahrzunehmen; wird mit Freiheitsstrafe und Geldstrafe, in bes. schweren Fällen mit Freiheitsstrafe bis zu 10 Jahren bestraft (§ 266 StGB).

Unze [lat.] die, früher weitverbreitetes Maß, Gewicht und Geldgröße; heute noch Handelsgewicht in England und den USA (→Ounce).

Unzialschrift, abgerundete röm. Schrift.

Unzucht, ⚖ alle Handlungen, die das allg. Scham- und Sittlichkeitsgefühl verletzen, →Sittlichkeitsverbrechen.

Unzurechnungsfähigkeit, →Zurechnungsfähigkeit.

Upanishaden Mz., altind. theolog.-philosoph. Texte; die ältesten stammen noch aus vorbuddhist. Zeit.

Upasbaum, Antjar, maulbeerart. Baum Indonesiens, aus dessen Milchsaft das Pfeilgift **Upas** gewonnen wird.

Updike [əpd'aɪk], John, amerikan. Schriftsteller, *1932; gesellschaftskrit., z.T. satir. Romane (»Die Hexen von Eastwick«) und Erz.

UPI, Abk. für →United Press International.

Upolu, eine Insel Samoas, Hptst.: Apia.

Uppercut ['ʌpəkʌt, engl.] der, Boxsport: Aufwärtshaken.

Uppsala, Stadt in Schweden, 155000 Ew.; Sitz des evang. Erzbischofs von U., Univ. (gegr. 1477; Handschriften, u.a. Codex argenteus von Wulfila), got. Dom mit Grab Gustav Wasas, Schloß (16. Jh.).

up to date [ʌptud'eɪt, engl.], **1)** modisch, zeitgemäß. **2)** auf dem laufenden.

Ur der, →Auerochs.

Ur, heute **Mugajjar,** im Irak, im 3. Jahrtsd. v. Chr. Hptst. Babyloniens; Heimat Abrahams; Ausgrabungen.

Ural der, **1)** Gebirge in der UdSSR, gilt als Teil der Grenze zw. Europa und Asien, 3000 km lang, bis 1894 m (Narodnaja) hoch, reich an Wild, Pelztieren Erzen (auch Platin), Salz, Kohle, Edel- und Halbedelsteinen; Schwerind. um Perm, Swerdlowsk, Magnitogorsk, der aber Kohle bes. aus dem Kusnezker Kohlenbecken zugeführt wird. **2)** Fluß in der UdSSR, entspringt im U. 1), mündet ins Kasp. Meer, 2534 km lang.

ural|altaische Sprachen, zusammenfassend für ural., türk., mongol. und tungus. Sprachen.

Ural-Kusnezk-Kombinat, Zusammenschluß der Eisenerzgruben von Magnitogorsk und der Kohlengruben des →Kusnezker Kohlenbeckens.

Uralsk, Gebiets-Hptst. in der Kasach. SSR, am Uralfluß, 197000 Ew.; Industrie.

Urämie [grch.] die, →Harnvergiftung.

Uran das, **U,** radioaktives chem. Element, stahlgraues Schwermetall; Ordnungszahl 92, D 19,0 g/cm³, Schmelzpunkt 1132 °C. U. findet sich, hauptsächlich als U.-Oxid **(Pechblende),** in Kanada, Rep. Südafrika, USA, Zaire, Frankreich, Australien, UdSSR. Natürl. U. besteht im wesentl. aus U.-Atomen mit den Massenzahlen 238 und 235, den Anfangsgliedern zweier radioaktiver Zerfallsreihen (→Radioaktivität). U 235 dient in angereicherter Form als Kernbrennstoff, U 238 wird in Brutreaktoren zur Gewinnung von Plutonium verwendet (→Atomenergie, →Kernspaltung, →Reaktor).

Urania [grch.] die, die →Muse der Sternkunde.

Uraniden, die 3 chemisch verwandten Elemente Uran, Neptunium, Plutonium.

Uranos [grch.], grch. Himmelsgott, Sohn und Gemahl der Gaia, der Vater der Titanen, wurde von Kronos gestürzt.

Uranus, ☆ 7. Planet, von W. Herschel 1781 entdeckt; von den 15 Monden wurden allein 10 von der Raumsonde Voyager 2 (1985/86) entdeckt; Ringsystem mit 11 sehr lichtschwachen Ringen (→Planetensystem).

Uräusschlange, Hutschlange, die in Afrika und in Asien vorkommt und von »Schlangenbeschwörern« verwendet wird; im alten Ägypten Herrschersymbol.

urban [von lat. urbs »Stadt«], städtisch; fein, gebildet. **Urbanität** die, eine Lebensart.

Urban, Päpste, **1) U. II.** (1088-99), leitete die Kreuzzugsbewegung ein. **2) U. VIII.** (1623 bis 44), ließ Galilei die kopernikan. Lehre abschwören.

Urbanistik [lat.] die, -, alle sich mit der Stadt befassenden Wissensgebiete und Praktiken.

urbi et orbi [lat.], der Stadt (Rom) und der Welt (den päpstl. Segen erteilen).

Urbino, Stadt in Mittelitalien, 16600 Ew.; Erzbischofssitz; Univ.; Palazzo Ducale, Dom, Geburtshaus Raffaels.

Urchristentum, Urkirche, Christentum z.Z. der Apostel, bis etwa 150 n. Chr.

Urd, eine der 3 →Nornen.

Urdu, (neuind.) Amtssprache in Pakistan.

Ureter [grch.] der, Harnleiter. **Urethra** die, Harnröhre. **Urethritis** die, Harnröhrenkatarrh.

Unterwalden: Obwalden

Unterwalden: Nidwalden

Uran: U.-Glimmer auf rötlichem Quarz

Urethane Mz., ⚗ Ester der Carbamidsäure $H_2N-COOH$; Schlafmittel; für die Synthese wichtiger Schaumkunststoffe **(Polyurethane).**

Urey [j'u:rı], Harold Clayton, amerikan. Chemiker, *1893, †1981; Entdecker des schweren Wasserstoffs (→Deuterium); Nobelpreis 1934.

Urfa, Stadt der Türkei, 206000 Ew.; Handel mit Weizen, Fellen, Baumwolle u. a.

Urfehde [mhd. »Ende der Fehde«], ⚖ im MA.: eidl. Versprechen, wegen einer erlittenen Verletzung oder Strafe keine Wiedervergeltung zu üben, auch ein Land, aus dem man verwiesen wurde, nicht wieder zu betreten.

Urft die, rechter Nebenfluß der Rur in der Eifel, mit großer Talsperre (45,5 Mio. m^3).

Urgebirge, Grundgebirge, die ältesten, archäischen Bildungen der Erdrinde.

Urgemeinde, erste christl. Gemeinde, in Jerusalem; an ihrer Spitze standen die 12 Apostel.

urgent [lat.], dringlich. **Urgenz** die, Mahnung. **urgieren,** mahnen.

Urgeschichte, die →Vorgeschichte.

Urheberrecht, ⚖ persönl. Verfügungsrecht **(Autorrecht)** des Schöpfers eines Werkes der Literatur, Musik, Kunst oder Photographie (geistiges Eigentum). Das U. der Bundesrep. Dtl. ist geregelt im Ges. vom 9. 9. 1965. Träger des U. an einem Werk ist der **Urheber** (Autor, Verfasser, Bearbeiter, Übersetzer). Bei Sammelwerken besteht neben dem U. an den Einzelbeiträgen ein U. des Herausgebers am Gesamtwerk. Inhalt des U. sind das Persönlichkeitsrecht und das Werknutzungsrecht. Die Schutzfrist beträgt für Werke der Literatur und der bildenden Kunst 70 Jahre nach dem Tod des Urhebers (in den meisten anderen Staaten 50 Jahre), bei Photographien 25 Jahre seit Erscheinen. Nach Gesetzesnovelle von 1972 geändert: § 26 (Folgerecht), § 27 (Bibliotheksabgabe), § 46 (Vergütungspflicht bei Entnahme für Unterrichtsgebrauch). – Internat. Regelungen enthalten u. a. die →Berner Übereinkunft und das →Welturheberrechtsabkommen vom 6. 9. 1952. (→Copyright)

Urheberrechtsgesellschaften, Autorengesellschaften, →Verwertungsgesellschaften.

Urheber|rolle, Register, in das sich anonyme und pseudonyme Urheber von Werken eintragen lassen können. Die U. wird vom Dt. Patentamt geführt.

Uri

Uri, einer der 3 schweizer. Urkantone (→Schweiz, Geschichte), 1077 km^2, 33800 deutschsprachige Ew.; Hauptort: Altdorf; Hochalpenland (Urner Alpen) südlich des Vierwaldstätter Sees. Alpwirtschaft, Granitgewinnung im Reußtal, Fremdenverkehr.

Uria, Urias, A. T.: ein Heerführer König Davids, Gatte der von David verführten Bathseba; auf Befehl Davids (in einem Brief, den U. selbst überbrachte) im Kampf an die gefährlichste Stelle gestellt, wo er umkam.

Uri|el [hebr. »Licht Gottes«], ein Erzengel.

Urin [lat.] der, →Harn.

Uris [j'ʊərıs], Leon, amerikan. Schriftst., *1924; zeitgeschichtl. Romane, u. a. Schilderungen der Leiden der Juden. – HW: »Exodus«, »QB VII«.

Urkirche, die christl. Kirche bis ins erste Drittel des 2. Jh. Anfänglich die judenchristl. Urgemeinde in Jerusalem, die Paulus mit den heidenchristl. Gemeinden vereinte.

Urknall, kosmolog. Modell, ausgehend von einem Anfangszustand vor 15-20 Mrd. Jahren, an dem alle Materie des Weltalls **(Ylem** ['aılәm]**)** mit unendl. Dichte auf engstem Raum **(Uratom)** zusammengepreßt, durch den U. **(Big-Bang** [-bæŋ]**)** explosionsartig auseinandergetrieben wurde. An Atomen existierten anfangs nur Wasserstoff und Helium. Galaxien und Sterne entstanden 1 Mrd. Jahre nach dem Urknall, das Sonnensystem vor etwa 4-5 Mrd. Jahren. Die Vorstellung vom U. geht auf F. Alpher, H. A. Bethe und G. Gamow zurück.

Urkunde, i. w. S. jeder eine Gedankenerklärung verkörpernde Gegenstand (z. B. Grenzstein), der allg. oder für Eingeweihte verständlich ist, den Aussteller erkennen läßt und zum Beweis einer rechtlich erhebl. Tatsache bestimmt und geeignet ist, i. e. S. nur das einen solchen Gedanken verkörpernde **Dokument** aus Schriftzeichen. **Öffentl. U.,** von einer öffentl. Behörde oder einer Person mit öffentl. Glauben ausgestellte U.

Urkundenfälschung, Herstellung einer unechten, die Verfälschung einer echten oder der Gebrauch einer unechten oder verfälschten Urkunde zum Zweck der Täuschung im Rechtsverkehr; ferner das unbefugte Ausfüllen eines mit der Unterschrift eines anderen versehenen Papiers, z. B. eines Wechselformulars **(Blankettfälschung)** sowie die **Urkundenvernichtung.** Freiheitsstrafe bis zu 5 Jahren, in schweren Fällen nicht unter 1 Jahr (§§ 267-279 StGB). Ähnl. Bestimmungen enthält das StGB der Dt. Dem. Rep., von Österreich und der Schweiz.

Urkundenlehre, Diplomatik, geschichtl. Hilfswissenschaft, behandelt Arten, Überlieferung, Entstehung, Datierung, Siegel, Echtheit geschichtl. Urkunden.

Urlaub der, bezahlte arbeitsfreie Tage. In der Bundesrep. Dtl. durch das Bundes-U.-Ges. v. 8. 1. 1963 i. d. F. v. 27. 7. 1969 geregelt. Danach beträgt der Mindest-U. jährl. 15, nach Vollendung des 35. Lebensjahres 18 Werktage. Jugendliche haben nach dem Jugendarbeitsschutzges. mindestens 24 (im Bergbau 28) Werktage Urlaub.

Urne die, **1)** Gefäß aus Ton oder Metall für die Asche verbrannter Leichen. **2)** Kasten zum Einwerfen von Stimmzetteln oder Losen.

Urogenitalsystem [grch.-lat.], Gesamtheit der Harn- und Fortpflanzungsorgane.

Urologie [grch.] die, Lehre von den Erkrankungen der Nieren und der ableitenden Harnwege, sowie der männl. Geschlechtsorgane. Auch eine spezielle Fachrichtung der Chirurgie, die besondere diagnost. Verfahren und Operationsmethoden entwickelt hat.

Urproduktion, Rohstoffgewinnung.

Ursache die, →kausal.

Urstromtäler, große, in O-W-Richtung verlaufende Täler in N-Dtl., die beim Rückzug des diluvialen Inlandeises entstanden.

Ursula [wohl von lat. ursula »kleine Bärin«], **1)** weibl. Vorname. **2)** legendäre Heilige; nach der Legende brit. Königstochter, die mit 11000 Jungfrauen bei Köln von den Hunnen getötet wurde; nach ihr heißen die **Ursulinen,** kath. Genossenschaft für weibl. Erziehung.

Urteil das, **1)** ⚖ förml. richterl. Entscheidung, Richterspruch. **2)** sichere Meinung. **3)** Logik: Aussage über einen Gegenstand oder Sachverhalt in Form eines Satzes (der Vogel singt).

Urtica [lat.], die Pflanzengatt. Brennessel (→Nessel). **Urticaria,** der →Nesselausschlag.

Ur|tiere, Protozoen Mz., mikroskopisch kleine Tier. Einzeller. Ihr Körper besteht aus einer einzigen Zelle, die Zellkern und Zytoplasma enthält. Innerhalb der Zelle treten vielfach bes. Bildungen (Organellen) auf, die eine best. Aufgabe zu erfüllen haben, z. B. Nahrungsaufnahme, Fortbewegung, Reizleitung. Einige U. (Geißeltierchen) stellen Übergangsformen zw. Tier und Pflanze dar. Fortpflanzung durch Teilung, Sporenbildung oder geschlechtlich durch Verschmelzung. Die U. sind die ältesten und einfachsten Tierformen, aus denen sich die Vielzeller entwickelt haben. Zu den U. gehören die **Wurzelfüßer, Sporentierchen, Geißeltierchen, Wimpertierchen.** (BILD S. 925)

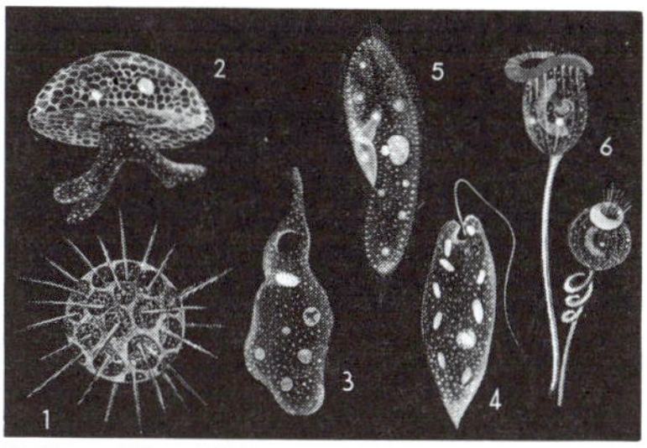

Urtiere: Wurzelfüßer, **1** Sonnentierchen, **2** Beschalte Amöbe (Uhrgläschen), **3** Schnecken-Amöbe; Geißeltierchen, **4** Augentierchen; Wimpertierchen, **5** Pantoffeltierchen, **6** Glockentierchen

Uruguay, Río U., der, Strom in S-Amerika, 1600 km lang entspringt in S-Brasilien, bildet mit dem Paraná den Rio de la Plata.

Uruguay, Rep. an der O-Küste von S-Amerika, nördl. des Río de la Plata, 177 508 km², 3,06 Mio. Ew. (Nachkommen weißer Einwanderer); Hptst.: Montevideo; Amtssprache: Spanisch. Verf. von 1967 seit dem Militärputsch von 1973 außer Kraft. Flachwelliges Hügelland, warm gemäßigtes Klima. WIRTSCHAFT. Vorherrschend Rinder-, Schafzucht; Anbau von Weizen, Mais, Reis, Leinsaat, Sonnenblumen, Obst u. a.; Nahrungsmittelind. (bes. Fleischverarbeitung), Textil-, chem. u. a. Ind. Fremdenverkehr. Ausfuhr: Wolle, Rindfleisch, Häute, Felle, Textilien. Haupthafen und internat. Flughafen: Montevideo. – Ⓖ U., 1515 entdeckt, im 17. Jh. von Spaniern und Portugiesen besiedelt, war bis 1811 span. Kolonie, wurde 1826 als unabhängige Rep. anerkannt. Seit 1919 wechselte die Verf. wiederholt zw. Präsidial- und Kollegialsystem. Nach den Staatsstreichen von 1973 und 1976 bestimmte das Militär die Politik. Nach Wahlen (1984) übernahm 1985 wieder ein Zivilist das Amt des Präs. Staatspräs.: L. A. Lacalle (seit 1990). ⊕ S. 485.

Uruk, heute **Warka,** ehem. Stadtstaat in Südbabylonien, im 3. Jahrtsd. v. Chr. Königssitz u. a. des sagenhaften Königs Gilgamesch; Fundstätte von Kunst- und Schriftdenkmälern.

Urumchi, Hptst. von Sinkiang, VR China, am Tien-shan, 1,15 Mio. Ew., Univ.; vielseitige Ind.

Urundi, → Burundi.

Urwald, von Forstkultur und geregelter Nutzung unberührter Wald. Riesige U. gibt es noch in Sibirien, Kanada (Nadelwald), bes. in den immerfeuchten Tropengebieten Brasiliens, des Kongos, Sumatras, Borneos, Neuguineas.

Urzeugung, Annahme der elternlosen Entstehung von Lebewesen aus anorganischen und organischen Stoffen. Die Annahme einer U. war im Altertum und MA. allg. verbreitet. Erst L. Pasteur bewies, daß selbst Bakterien nicht aus leblosem Stoff, sondern durch Sporen entstehen. Die Möglichkeit einer U. unter Bedingungen der Erdfrühzeit wird von der Molekularbiologie erforscht.

USA, → Vereinigte Staaten von Amerika.

Usambara, Bergland in NO-Tansania, Ostafrika, eine im W bis 2230 m ansteigende Gebirgsscholle. Der niederschlagsreiche O trägt dichten Wald, in Rodungen bes. Kaffeepflanzungen, der W Hochweiden.

Usambaraveilchen, Zierpflanze aus Usambara, mit eiförmigen Blättern und veilchenähnl. Blüten.

Usance [yz'ãs, frz.] die, Handelsbrauch.

Usbeken Mz., Mischvolk aus Türken, Iraniern und Mongolen, in W-Turkestan. **Usbek. SSR,** Unionsrep. (seit 1925) der UdSSR reicht vom Aralsee nach SO bis zur afghan. Grenze, 447 400 km², 18,48 Mio. Ew. (U., Russen, Tataren u. a.); Hptst.: Taschkent. Wichtigstes Baumwollgebiet der UdSSR; Schafzucht. ⚒ (Erdöl, Erdgas); chem., Maschinen- u. a. Ind.

Usedom, pommersche Insel, zw. Peene und Swine (Odermündungen), 445 km² groß, hat zahlreiche Seebäder (Swinemünde, Ahlbeck, Heringsdorf, Zinnowitz u. a.). Der östlichste Teil mit Swinemünde steht seit 1945 unter poln. Verwaltung.

Ushuaia [usw'a:ja], Hauptort der Prov. Feuerland, Argentinien, 5400 Ew.

Ussuri der, rechter Nebenfluß des Amur in Ostasien, 909 km lang, bildet die Grenze zw. der UdSSR und der VR China; 750 km schiffbar.

Ussurijsk, Stadt in der Russ. SFSR, an der Vereinigung der Transsibir. mit der Ostchines. Bahn, 157 000 Ew.

Ustascha die, 1929 gegr. radikale Organisation kroat. Nationalisten; herrschte 1941-45 unter A. Pavelić in Kroatien.

Uster, Bezirksort im Kt. Zürich, Schweiz, 24 500 Ew.; Schloß; Baumwoll-, Maschinenind.

Ustinov, Peter Alexander, engl. Schauspieler, Dramatiker, Theater- und Filmregisseur, *1921; Romane (»Der Verlierer«), Dramen, Kurzgeschichten; Filme.

Ustinow, Dmitrij Fjodorowitsch, *1908, †1984; 1976-84 Verteidigungsmin. der UdSSR.

Ust-Kamenogorsk, Gebietshauptstadt in der Kasach. SSR, am Irtysch, 313 000 Ew.; Ind.; Technikum u. a. wissenschaftl. Institute.

Usurpator [lat.] der, unrechtmäßiger Besitznehmer, Thronräuber. **usurpieren,** unrechtmäßig in Besitz nehmen.

Usus [lat.] der, Brauch, Gewohnheit.

usw., Abk. für **u**nd **s**o **w**eiter.

Utah [j'u:tɑ:], Abk. **Ut.,** Staat der USA, im Felsengebirge, 219 932 km², 1,66 Mio. Ew. (70% → Mormonen); Hptst.: Salt Lake City. U. ist meist Wüste; Seen sind der Große Salzsee und der Utahsee (Süßwassersee). Anbau (künstl. Bewässerung) von Getreide, Kartoffeln, Zuckerrüben, Obst. ⚒ auf Uran, Kupfer, Gold u. a.; Stahlwerke. – ⊕ S. 494.

Utamaro, Familienname **Kitagawa,** japan. Holzschnittmeister, *1753, †1806; Farbenholzschnitte (Muschel-, Insekten-, Vogelbuch).

Ute, in der dt. Heldensage Mutter der Kriemhild und ihrer Brüder.

Utensilien [lat.] Mz., Geräte, Werkzeuge.

Uterus [lat.] der, die → Gebärmutter.

U Thant, → Thant.

Utica [j'u:tikə], Stadt im Staat New York, USA, am Mohawkfluß, 91 600 Ew.; Textilind.

Utika, von Phönikern gegr. Stadt in N-Afrika, nordwestlich Karthago.

utilisieren [lat.], brauchen, Nutzen ziehen.

Utilität die, Nützlichkeit.

Utilitarismus [lat.] der, philosoph. Richtung, die das menschl. Handeln nach dem Nutzen für den einzelnen wie für die Gesamtheit bewertet. Von Bentham und J. S. Mill vertreten; auch → Pragmatismus.

Utopie [grch. »Nirgendheim«] die, **1)** Schilderung eines erdachten (erhofften oder befürchteten) Gesellschaftszustandes; urspr. ein Idealzustand, so in dem namengebenden Roman von T. More »Utopia« (1516). **2)** Ü Hirngespinst.

Utraquisten Mz., gemäßigte → Hussiten.

Utrecht ['ytrɛxt], Stadt in den Niederlanden, an einem Arm des Rheindeltas, 230 000 Ew.; alte Patrizierhäuser; got. Dom; Univ.; Eisen-, Metall-, Elektro- und papierverarbeitende, chem. u. a. Ind. – U. ist Römerstadt und alter kath. Bischofssitz (seit 1559 Erzbistum). Die Bischöfe traten ihr großes weltl. Herrschaftsgebiet 1527/28 an Kaiser Karl V. ab. In der **Utrechter Union** 1579 schlossen sich die

Uruguay

Utamaro: Farbholzschnitt

Usambaraveilchen

Utrillo: Straße in Paris (1915)

nördl. Niederlande gegen Spanien zusammen. Der **Utrechter Friede** 1713 beendete den Span. Erbfolgekrieg.

Utrera, Stadt in Spanien, 34600 Ew.; maur. Burgruine.

Utrillo [utr'iʎo], Maurice, frz. Maler, *1883, †1955; farbenkräftige, klar gebaute Bilder von Straßen, bes. des Montmartre, dörfl. Vorstädten und Kathedralen.

Utriusque iuris [lat.], beider Rechte (kirchl. und weltl.), z. B. **u. i. doctor.**

Utsunomiya, Prov.-Hptst. in Japan, auf der Insel Honshu, 406000 Ew.

UV, Abk. für Ultraviolett.

Uxmal [uʃm'al], Kultstätte der Maya in Yucatán, Mexiko; Blütezeit Ende des 10. Jh.

V

v, V, 1) 22. Buchstabe des dt. Alphabets. **2)** röm. Zahlzeichen: V = 5. **3)** ⊠ v Geschwindigkeit; V Volumen (Inhalt). **4)** ⚡ V Volt. **5)** V chem. Symbol für Vanadium.

V 1, V 2, → V-Waffen.

VA, Abk. für Voltampere (→ Watt).

Vaal der, rechter Nebenfluß des Oranje in Südafrika, 680 km lang, bildet die Grenze zw. Transvaal und dem Oranje-Freistaat.

Vaasa, schwed. **Vasa,** Hafenstadt in Finnland, am Bottn. Meerbusen, 54000 Ew.; Holz-, Getreideausfuhr, Ind.

vabanque [vab'ãk, frz. »es gilt die ganze Bank«], **1)** beim Glücksspiel: um den ganzen Bankeinsatz spielen. **2** Ü alles auf eine Karte setzen.

Vaduz

Vademekum [lat. »geh mit mir«] das, Taschenbuch, das als Reisebegleiter oder Ratgeber dienen soll.

Vadim [vad'ɛ̃], Roger, frz. Filmregisseur, *1928; »Gefährliche Liebschaften«.

Vaduz, Hptst. des Fstt. Liechtenstein, am Rhein, 4900 Ew.; Schloß. (Bild Liechtenstein)

vag, vage [lat.], unbestimmt, unklar.

Vagabund [lat.] der, Landstreicher.

Vaganten [lat. »Umherschweifende«], im MA.: Vertreter der weltl. lat. Lyrik, fahrende Geistliche oder Schüler (→ Carmina Burana).

Vagina [lat.] die, Scheide, weibl. → Geschlechtsorgan.

Vagus [lat.] der, zehnter Gehirnnerv, in funktioneller Hinsicht Gegenspieler des Sympathikus; im oberen Teil gekoppelt mit dem **Parasympathikus** (→ Nervensystem).

Valéry

Vaihinger, Hans, Philosoph, *1852, †1933; schrieb »Die Philosophie des Als-ob«.

vakant [lat.], frei, unbesetzt. **Vakanz** die, **1)** unbesetzte Stelle. **2)** Ferien, Urlaub.

Vakuole [lat.] die, mit Flüssigkeit gefüllter Hohlraum im Protoplasma der → Zelle. Die meisten Einzeller des Süßwassers haben **pulsierende V.,** die überschüssiges Wasser sowie Stoffwechselabfälle rhythmisch nach außen entleeren.

Vakuum [lat.] das, -s/...kua, annähernd luftleerer Raum, z. B. in Glühlampen. (→ Luftpumpe). **Vakuumtechnik,** → Hochvakuumtechnik.

Vakuum-Extraktion, Saugglockenentbindung, geburtshilfl. Verfahren: eine Saugglocke wird an den Kopf des Kindes angesetzt.

Vakzine [lat.] die, ♡ Impfstoff aus Bakterien oder Bakteriengiften zur → Schutzimpfung.

Val d'Isère [valdiz'ɛ:r], Wintersportort in den frz. Alpen, 1840 m ü. M.

Valdivia [βalð'iβia], Prov.-Hptst. in Mittelchile, 116000 Ew., darunter viele dt. Abstammung; Handel, Ind.

vale! [lat.], lebe wohl!

Valencia [βal'ɛnθia], **1)** im MA. maur. Königreich in Spanien, am Mittelmeer; wurde 1094 von El Cid, endgültig 1238 von Aragonien erobert. **2)** Hafenstadt an der Ostküste Spaniens, 785000 Ew.; Erzbischofssitz, got. Kathedrale, Univ. (gegr. 1500); Gewebe-, Metall-, Tonwaren-, Tabakherstellung; Ausfuhr von Wein, Südfrüchten. **3)** Stadt in Venezuela, 224800 Ew.; Baumwollspinnereien, Gerbereien u. a. Ind.

Valenciennes [valãsj'ɛn], Stadt in NO-Frankreich, 40000 Ew.; Kirche St. Géry (13. Jh.); versch. Ind. Früher weltberühmte Spitzenherstellung **(V.-Spitzen).**

Valens, Flavius V., oström. Kaiser (364-78), fiel 378 im Kampf gegen die Westgoten.

Valentia [vəl'enʃıə], Insel an der Südküste Irlands; Ausgangspunkt wichtiger Amerikakabel.

Valentin, Märtyrer des 3. Jh., Schutzheiliger gegen Gicht und Fallsucht (Tag 14. 2.).

Valentin, Karl, eigtl. **Fey,** Münchner Komiker, *1882, †1948.

Valentinian, weström. Kaiser. **1) V. I.,** Flavius **Valentianus** (364-375), gab den Osten an Valens. **2) V. III.** Flavius **Placidus Valentianus** (425-55), ließ 454 des Reiches besten Feldherrn Aëtius ermorden.

Valenz [lat.] die, ⊸ die → Wertigkeit.

Valeriana, die Pflanzengatt. → Baldrian.

Valéry [valer'i], Paul, frz. Dichter, *1871, †1945; Vertreter der intellektuellen Lyrik.

Valet [von → vale] das, Abschiedsgruß.

Valeurs [val'œrs, frz.] Mz., Malerei: Tonabstufungen der Farben.

Valladolid [βaʎaðɔl'iθ], Stadt in N-Spanien, 330000 Ew.; Erzbischofssitz, Kathedrale, Univ. (gegr. 1346); Textil- u. a. Ind.

Valletta, amtl. **il-Belt Valetta,** früher **La Valetta,** Hptst. der Insel Malta, 10000 Ew.; Univ. (gegr. 1769), Kathedrale, ehem. Großmeisterpalast des Johanniterordens.

Vallotton [valot'ɔ̃], Félix, schweizer. Maler, Graphiker, *1865, †1925; Gemälde, Holzschnitte.

Valmy, Gem. im frz. Dép. Marne; die von Goethe beschriebene ergebnislose **Kanonade von V.** (1792) bewahrte die frz. Revolutionsarmee vor Vernichtung durch die preuß. Armee.

Valois [valw'a], alte Grafschaft in N-Frankreich, nördl. von Paris. Das **Haus V.** regierte 1328-1589 (→ französische Geschichte).

Valorisation [lat. »Aufwertung«] die, handelspolit. Maßnahme, den Preis einer Ware durch Erzeugungs- oder Vorratsbeschränkungen künstlich zu stützen oder zu steigern.

Varanasi: Pilger am Ganges

Valparaíso [β-], Stadt in Chile, am Pazif. Ozean, 270000 Ew.; bedeutendster Einfuhrhafen Chiles.

Valpolicella [valpolitʃ'ella], rubinroter, herber Wein aus dem gleichnamigen Tal nördlich von Verona.

Valuta [ital.] die, -/...ten, **1)** Wert, Gegenwert. **2)** im Kontokorrentverkehr Wertstellung (Datum der Wirksamkeit) von Gutschriften und Belastungen. **3)** fremde Währung.

Vamp [væmp, amerikan. Abk. von Vampir] der, -s/-s, berechnender Frauentyp mit sexueller Ausstrahlung.

Vampir [serb., 18. Jh.], im slaw. Volksglauben Verstorbener, der nachts seinem Grab entsteigt, um Lebenden das Blut auszusaugen.

van [fan] niederdt., niederländ. von (keine Adelsbezeichnung).

Vanadium das, **Vanadin, V,** chem. Element, stahlgraues luftbeständiges Metall von großer Härte. Ordnungszahl 23, D 6,11 g/cm³, Schmelzpunkt 1910 °C. V. ist in geringen Mengen in Eisenerzen weit verbreitet. Durch V.-Zusatz werden Härte, Zähigkeit und Hitzefestigkeit von Metallen gesteigert; eine Legierung aus V. und Eisen heißt **Ferrovanadin.**

Van-Allen-Gürtel, → Strahlungsgürtel.

Vancouver [vænk'u:və], **1)** Insel vor der Westküste von Kanada, im Pazif. Ozean, 31200 km², gebirgig (bis 2280 m); 372000 Ew.; Fischfang; Landbau, Steinkohlenbergbau. Hauptort: Victoria. **2)** größte Hafenstadt Kanadas, an der Westküste, 1,38 Mio. Ew.; Ind.: Metall, Holz, Zucker, Erdöl, Fischkonserven, Schiffe u.a.; bed. Handel: Holz, Getreide, Tee, Seide, Pelze; Univ.

Vandalen, → Wandalen.

Van-de-Graaff-Generator, → Bandgenerator.

Vanderbilt [v'æn-], Cornelius, nordamerikan. Unternehmer, *1794, †1877, gewann (bes. mit Eisenbahnen) ein großes Vermögen, stiftete die V.-Universität in Nashville (Tenn.).

Vane [veɪn], John, brit. Chemiker und Pharmakologe, erhielt zus. mit S. Bergström und B. Samuelsson für Forschungen über Prostaglandine den Nobelpreis für Physiologie und Medizin 1982.

Vänersee, schwed. **Vänern,** größter See Skandinaviens, in Mittelschweden, 5546 km², bis 100 m tief; fließt nach dem Skagerrak ab.

Vanille [van'iljə, span.] die, Gatt. trop. Orchideen, Schlinggewächse mit grünl., innen weißen Blüten. Die gelblichgrünen schotenförmigen Kapselfrüchte werden durch Gärung unter Einfetten zu schwarzem, glänzendem Gewürz **(V.-Stangen).** Anbaugebiete: Westindien, Sri Lanka, Java. **Vanillin** ist der würzige Riechstoff der V.-Frucht; auch Bez. für den synthetisch hergestellten V.-Ersatz.

Vanille: Blütenstand, rechts: Frucht (stärker verkleinert)

Vanuatu, Rep. in Ozeanien, umfaßt die Neuen Hebriden, 14763 km², 146000 Ew., Hptst.: Vila auf Efate; größte Insel: Espiritu Santo; Ackerbau, Viehzucht, Holzeinschlag, Abbau von Mangan; Ausfuhr von Kakao, Kaffee, Gefrierfleisch, Mangan. – Die Neuen Hebriden wurden 1606 von Portugiesen entdeckt; seit 1906 britisch-frz. Kondominium, seit 1980 als V. unabhängig. ⊕ S. 486.

VAR, → Vereinigte Arabische Republik.

Var [va:r] der, Fluß in SO-Frankreich, entspringt in den Seealpen, mündet westlich von Nizza ins Mittelmeer, 135 km lang.

Varanasi, früher **Benares,** Stadt in Uttar Pradesh, Indien, 708000 Ew., hl. Stadt am Ganges.

Varangerfjord [v'araŋgerfju:r] der, nördlichster Fjord Norwegens, 110 km lang.

Varel [f-], Stadt in Ndsachs., am Jadebusen, 24200 Ew.; Maschinenind., Ziegeleien u.a. Nordwestlich das Nordseebad **Dangast.**

Varese, Stadt in Italien, im O des Lago Maggiore, 88500 Ew.; Basilica di San Vittore.

Vargas Llosa [bárya jósa], Mario, peruan. Schriftsteller, *1936; harte realist. Romane mit lyr. bizarren Elementen.

Varia [lat.] Mz., Verschiedenes, Allerlei. **variabel,** veränderlich, schwankend. **Varietät** die, **1)** Abart; Spielart. **2)** Verschiedenheit, Buntheit. **variieren,** verändern, abwechseln.

Variabilität [lat.] die, Veränderlichkeit; Fähigkeit der Lebewesen zur → Variation.

Variable [lat.] die, △ veränderl. Größe.

Variante [lat.] die, **1)** abweichende Lesart. **2)** ♣ ♠ Abweichung vom Typus (Abweicher).

Variation [lat.] die, **1)** Abwechslung, Schwankung, Ungleichheit. **2)** ♩ die Abwandlung eines Themas in Melodie, Harmonie, Rhythmus. **3)** ♠ ♣ Verschiedenheiten bei Einzelwesen einer Art oder Rasse.

Variationsrechnung, Gebiet der höheren Mathematik, das sich mit der Ermittlung von Höchstwerten oder Tiefstwerten befaßt.

Vari|eté [frz. »Mannigfaltigkeit«] das, Theater, in dem Artisten, Tänzerinnen, Komiker auftreten.

Variometer [lat.] das, Gerät zur Beobachtung von Meßwertänderungen. Funkmeßtechnik: Spule mit einstellbarer Induktivität.

Vario-Objektiv, Zoom|objektiv [z'u:m-], **Gummilinse,** Photographie: Objektiv mit stufenlos veränderl. Brennweite.

Variskisches Gebirge, das im Karbon gebildete, zu Rümpfen abgetragene Faltengebirge Mitteleuropas.

Varistor [Abk. für engl. **Var**iable Res**istor** »variabler Widerstand«] der, nichtlineares elektr. Bauelement aus Metalloxiden, dessen elektr. Widerstand mit zunehmender Spannung stark abnimmt und der so bei Überspannungen den Strom schnell abfließen läßt.

Varizellen [lat.] Mz., ♡ die → Windpocken.

Varizen [lat.] Mz., die → Krampfadern.

Variation 2): Thema von Beethoven op. 34

Vatikanstadt

Vatermörder

Vega

Värmland, Landschaft in Mittelschweden, nördlich vom Vänersee.

Varmus ['va:məs], Harold Eliot, amerikan. Mediziner, *1939; erhielt mit J. M. Bishop für die Entdeckung des zellulären Ursprungs retrovitaler Onkogene (Krebsgene) den Nobelpreis für Physiologie oder Medizin 1989.

Varnhagen von Ense [f'arn-], **1)** Karl August, Diplomat, Schriftst., *1785, †1858; vertrat liberaldemokrat. Ansichten; Biographien. **2)** Rahel, geb. Levin, Gattin von 1), *1771, †1833; das Haupt eines literar. Salons der Romantiker und des »Jungen Deutschland«.

Varro, Marcus **Terentius V.,** *116, †27 v. Chr., röm. Gelehrter, Anhänger Pompeius', von Caesar hoch geschätzt.

Varuna, ind. Gott, im Veda Hüter der sittl. Weltordnung; in nachved. Zeit Gott des Wassers.

Varus, Publius **Quinctilius,** röm. Feldherr, 9 n. Chr. von →Arminius im Teutoburger Wald vernichtend geschlagen **(V.-Schlacht).**

Vasall [lat.] der, der Lehnsmann.

Vasallenstaat, trotz formeller Selbständigkeit von einem Oberstaat abhängiger Staat. Heute wird der Begriff vielfach durch die Bez. Hegemonie oder Satellitenstaat ersetzt.

Vasarély [frz. vazarel'i], Victor de, ungar. Maler, *1908, seit 1930 in Paris, führender Vertreter der auf reine Geometrisierung des Bildraums gerichteten Gruppe **Espace** [ɛsp'as]; trug bes. zur Entwicklung der Op-Art bei.

Vasari, Giorgio, ital. Maler, Baumeister, Kunstschriftst., *1511, †1574; mit seinen Lebensbeschreibungen ital. Künstler der »Vater der Kunstgeschichte«.

Vasco da Gama, →Gama.

Vaseline die, Erzeugnis der Destillation des Erdöls, Teers und bes. des Ozokerits, Kohlenwasserstoffgemisch; dient als Schmiermittel, gereinigt zu Salben.

vasomotorische Nerven, Gefäßnerven, regeln bei Mensch und Wirbeltieren als Vasokonstriktoren und -dilatatoren die Blutverteilung in den einzelnen Körperteilen.

Vasoneurosen, Angioneurosen, Gefäßneurosen, Krankheitserscheinungen, die auf Übererregbarkeit der die Weite der Blutgefäße regulierenden sympath. Nerven beruhen.

Vasopressin [lat.] das, **Adiuretin** das, ein die Harnbildung hemmendes Hormon des Hypophysenhinterlappens.

Västerås [v'ɛstɛro:s], Stadt in Mittelschweden, am Mälarsee, 118 000 Ew.; Domkirche, Schloß.

Västerbotten, Landschaft und VerwBez. (Län) in N-Schweden; Hptst.: Umeå.

Väster|norrland, Landschaft und VerwBez. (Län) in N-Schweden; Hauptort: Härnösand.

Västmanland, Landschaft und VerwBez. (Län) in Mittelschweden; Land-, Forstwirtschaft, Bergbau, Eisenind. Hptst.: Västerås.

Vászáry [v'ɔsɔri], Gábor von, ungar. Schriftst., *1908, †1985; lebte im Exil; »Monpti«, »Sie«.

Vaterländische Front, in Österreich 1933-38 polit. Organisation, auf die sich Bundeskanzler E. Dollfuß und K. v. Schuschnigg stützten.

Vatermörder, Herrenhemdkragen mit steif emporstehenden Spitzen.

Vater|recht, Rechtsordnung, in der die väterl. Abstammung maßgebend ist.

Vaterschaft die, Rechtsverhältnis des Vaters zum Kinde. Zur Feststellung der V. bei einer **Vaterschaftsklage** ist das anthropolog. **Vaterschaftsgutachten** ein wichtiges Hilfsmittel.

Vaterunser das, im N. T. das mit diesen Worten beginnende »Gebet des Herrn«.

Vatikan der, Palast des Papstes in Rom, an die Peterskirche angegliedert; enthält etwa 1000 Säle, Zimmer und Kapellen, darunter die →Sixtinische Kapelle, die von Raffael ausgemalten Stanzen, ferner Archiv, wertvolle Bücher- und Kunstsammlungen.

Vatikanisches Konzil, Vatikanum, allg. Kirchenversammlung im Vatikan; das **Erste V. K.** tagte 1869/70, verkündete die Lehre von der →Unfehlbarkeit des Papstes; das **Zweite V. K.** tagte 1962-1965 und ordnete in 16 Dokumenten Liturgie, Lehre von der Offenbarung, Kirchenverf. (Einführung eines Bischofskollegiums, stärkere Heranziehung der Laien), die ökumen. Verpflichtung der Kath. Kirche und ihre Stellung zu den nichtchristl. Religionen sowie ihr Verhältnis zur modernen Welt (einschließlich der Anerkennung und Forderung der Religionsfreiheit).

Vatikanstadt, selbständiger Stadtstaat im NW Roms, 0,44 km^2, 1000 Ew. Staatsoberhaupt ist der Papst, der die oberste gesetzgebende, vollziehende und richterl. Gewalt ausübt. Amtssprache: Italienisch. Bildungseinrichtungen: Päpstl. Univ. (nicht in der V.), Päpstl. Akademie der Wissenschaften, Vatikan. Bibliothek u. a. Die V. umfaßt den Vatikan, die Peterskirche, die päpstl. Gärten und den Petersplatz. Außerdem besitzt der Heilige Stuhl als freies Eigentum mit dem Recht der Exterritorialität mehrere Kirchen und Gebäude in Rom und den päpstl. Sommerpalast in Castel Gandolfo. Die V. hat eigenen Bahnhof, Rundfunksender, Münz- und Posthoheit. Durch die Lateranverträge von 1929 hat Italien die volle Souveränität der V. anerkannt.

Vatnajökull, größter Gletscher Islands, im SO der Insel, 8456 km^2.

Vättersee, schwed. **Vättern,** zweitgrößter See Schwedens, 1900 km^2, durch den Götakanal mit Ost- und Nordsee verbunden.

Vauban [vob'ã], Sébastien **le Prestre de,** frz. Marschall, *1633, †1707; Festungsbaumeister Ludwigs XIV.

Vaudeville [vodv'il, frz.] das, heiteres Bühnenstück mit eingefügten Liedern.

Vaughan Williams [vɔ:n w'ɪljəmz], Ralph, engl. Komponist, *1872, †1958; Sinfonien, Film-, Chor-, Kammermusik, Lieder, Opern.

v. Chr., vor Christus (vor Christi Geburt).

VDE, Abk. für Verband Deutscher Elektrotechniker. **VDE-Vorschriften** sind behördlich anerkannte Bestimmungen für Bau, Errichtung und Betrieb elektr. Geräte und Anlagen.

VDI, Abk. für Verein Deutscher Ingenieure.

VEB, Volkseigener Betrieb, in der Dt. Dem. Rep. bis Juli 1990 (Wirtschafts-, Währungs- und Sozialunion mit der Bundesrep. Dtl.) vorherrschende Organisationsform der Betriebe.

Veda [altind. »Wissen«] der, -(s)/... den oder -s, Name der ältesten heiligen Schriften der Inder, deren früheste aus der Zeit vor dem 1. Jahrtsd. v. Chr. stammen. Man unterscheidet den **Rigveda** (Hymnen an die Götter), den **Samaveda** (Opfergesänge), den **Yajurveda** [jadʒ-] (Opfersprüche) und den **Atharvaveda** (Zauberlieder). An die 4 Grundwerke schließen sich die Brahmana und die Upanishaden an. Die V. gelten als Offenbarung.

Vedute [ital.] die, **1)** Aussicht. **2)** Stadt- oder Landschaftsgemälde in getreuer Wiedergabe.

Vega [β'eγa], Félix **Lope de V. Carpio,** span. Dichter, *1562, †1635. Erhalten sind 470 dramat. Werke, lebensvolle Komödien, aber auch kirchl. Spiele; weitere 770 Dramen sind dem Titel nach bekannt; schrieb auch Epen, Romane, geistl. und weltl. Lyrik.

Vegesack, Siegfried von, Schriftst., *1888, †1974; Romantrilogie »Baltische Tragödie«.

Vegetabilien [lat.] Mz., Pflanzen, Pflanzenstoffe.

Vegetarier der, **Vegetarianer** der, Pflanzenköstler. **vegetarisch,** aus Pflanzenkost bestehend.

Vegetation [lat.] die, Pflanzenwelt, Pflanzenbestand eines Gebietes in seiner Gesamterscheinung. **vegetativ, 1)** pflanzlich. **2)** unbewußt (wie Pflanzen). **Vegetatives Nervensystem** → Nervensystem. **Vegetationspunkt,** Stellen der Pflanze, an denen sich ständig neue Zellen bilden, sie also wächst; Spitzen von Wurzel und Sproß. **vegetieren,** kümmerlich dahinleben.

vehement [lat.], heftig. Hptw.: **Vehemenz** die.

Vehikel [lat.] das, Fahrzeug.

Veil [vɛj], Simone, frz. Politikerin, *1927, 1974 Gesundheitsmin., 1979-82 Präs. des ersten direkt gewählten Europ. Parlaments.

Veilchen, Viola, Gatt. krautiger und kleinstaudiger Pflanzen mit kriechendem Wurzelstock und gespornten Blüten. Das **März-V.** hat dunkelviolette, wohlriechende Blüten; auf Niederungswiesen, angepflanzt in Gärten. Das blaublütige **Hunds-V.** wächst in Wäldern, duftet nicht. Das **Wilde Stiefmütterchen,** auf Äckern, Wiesen, blüht gelb und violett. Das **Gartenstiefmütterchen** mit großen farbenreichen Blüten ist eine Züchtung. Nicht verwandt: Alpenveilchen und → Usambaraveilchen.

Veilchenwurzel, getrockneter Wurzelstock einiger Schwertlilienarten.

Veit [lat. Sanctus Vitus], Nothelfer, Schutzheiliger gegen den → Veitstanz (Tag 15. 6.).

Veitshöchheim, Gem. in Unterfranken, Bayern, am Main; Lustschloß, Rokokopark.

Veits|tanz, grch. **Chorea,** ♡ bei Kindern meist günstig verlaufende Krankheit mit unwillkürl. ruckartigen Muskelzuckungen, bei Erwachsenen eine unter Muskelunruhe, Sprachstörung bis zur Verblödung führende Erbkrankheit.

Vejle [v'ajlə], Handels- und Industriestadt am V.-Fjord, Ostjütland, Dänemark, 49300 Ew.

Vektor [lat.] der, Größe, die durch Betrag (Maßzahl) und Richtung bestimmt ist und daher durch eine gerichtete Strecke (Pfeil) dargestellt wird. V. werden nach best. Regeln addiert und subtrahiert. Viele physikal. Größen (Kräfte, Geschwindigkeiten, Feldstärken) lassen sich wie V. behandeln.

Vektorrechner, Spezialrechner mit mehreren Rechenwerken, der einfache Operationen z. B. bei der Multiplikation von Vektoren oder Matrizen parallel ausführen kann.

Velazquez [βel'aθkεθ], Diego de Silva y V., span. Maler, getauft 1599, †1660; seit 1623 Hofmaler in Madrid. Seine Italienreisen hinterließen deutl. Spuren in seinem Werk. Am Anfang malte er in Helldunkelmanier (»Das Frühstück«), das Hauptwerk der 2. Epoche ist die »Übergabe von Breda«, sein Spätwerk nimmt impressionist. Wirkungen voraus. (BILD spanische Kunst)

Velbert [f-], Stadt in NRW, 88500 Ew.; Eisenind.

Velde, van de, **1)** Adriaen, niederländ. Landschaftsmaler, getauft 1636, †1672. **2)** Henry, belg. Architekt, *1863, †1957; seit dem Jugendstil führend in Architektur, Kunsthandwerk. **3)** Theodor Hendrik, holländ. Frauenarzt und Sexualforscher, *1873, †1937; »Die vollkommene Ehe«.

Velden [f'ɛl-] **am Wörther See,** Kurort und Sommerfrische in Kärnten, am Westufer des Sees, 470 m ü. M., 7300 Ew.; Spielkasino.

VELKD, Abk. für → **V**ereinigte **E**vangelisch-**L**utherische **K**irche **D**eutschlands.

Veloziped [lat.-frz.], **Velo** [schweizer.] das, Fahrrad. **Velodrom** das, Radrennbahn.

Velours [vəl'u:r, frz.] der, Samt.

Velsen [fɛlsə], Stadt in Holland, am Nordseekanal, 58000 Ew.; Stahl-, Stickstoff-Ind.

Velten, Stadt im Bez. Potsdam, im NW von Berlin, 9500 Ew.; keram. Ind.

Veltlin das, ital. **Valtellina,** Alpental der oberen Adda, zw. Ortlergruppe und Comer See; Obst-, Weinbau (Rotwein, der **Veltliner**). Hauptort: Sondrio. – Das V. war 1512-1797 schweizerisch als Graubündener Untertanenland, 1797 der Zisalpin. Rep. einverleibt, 1814 österr., 1859 ital.

Velum [lat.] das, kath. Kirche: Seidentuch zur Verhüllung von → Ziborium und Kelch; Schultertuch des Priesters bei Erteilung des Segens.

Velvet [v'elvıt, engl.] der, Baumwollsamt.

Venda, Staat in S-Afrika, umfaßt 2 Landstücke im NO der Prov. Transvaal, insgesamt 6500 km², rd. 450000 Ew.; Hptst.: Thohoyandou. Seit 1979 unabhängig; international nicht anerkannt.

Vendée [vãd'e, frz.] die, Landschaft in W-Frankreich, südl. der Loiremündung; 1793 bis 96 blutige royalist. Erhebung gegen die Revolution.

Vendetta [ital.] die, → Blutrache.

Vene [lat.] die, → Blutadern. **V.-Entzündung, Phlebitis,** entsteht durch Verletzung, durch die Nähe eines Entzündungsherdes (z. B. Furunkel) oder durch im Blut kreisende Erreger; führt häufig zu → Thrombose, mitunter zu → Embolie. **V.-Erweiterung** → Krampfadern, → Hämorrhoiden.

Venedig, ital. **Venezia,** Stadt in N-Italien, am Adriat. Meer, 331500 Ew., auf 118 Inseln in einer Lagune auf Pfahlrosten erbaut, durch eine 3601 m lange Eisenbahnbrücke und eine Autostraße mit dem Festland verbunden und von zahlreichen Kanälen durchschnitten (Canal Grande mit der Rialtobrücke). Bekannt sind: Markusplatz mit der Sankt-Markus-Kirche und Palästen, z. B. dem Dogenpalast sowie dem viereckigen Glockenturm (Campanile), got. Kirche Santa Maria dei Frari (1338 begonnen) mit Grabmal Tizians, Kirche S. Maria della Salute. V. hat Hochschulen für Handel, Musik, Akademie der schönen Künste, Mus. und Galerien, Musik- und Filmfestspiele, ist einer der wichtigsten Handelshäfen Italiens mit Werften, Docks und Ind.; Fremdenverkehr. Auf der Lagune das Seebad Lido. – ⊕ V., nach der röm. Verwaltungseinheit »Venetien« benannt, entstand nach bisherigem Wissen 452 n. Chr., nach neuesten Forschungen vielleicht schon im 1. Jh. n. Chr. und wurde ein Adelsfreistaat, an dessen Spitze seit 697 ein Doge stand. Es errang neben Genua die Seeherrschaft im östl. Mittelmeer (Istrien, Dalmatien, Peloponnes, Kreta, Zypern). Durch die Entdeckung des Seewegs nach Ostindien und Amerika wurde die Handelsmacht zurückgedrängt. Dazu verlor V. nach und nach seine grch. Besitzungen an die Türken. 1797 machte Napoleon dem Adelsfreistaat ein Ende; V. mit Istrien und Dalmatien kam an Österreich. 1848/49 erhob sich V. vergeblich gegen die Fremdherrschaft, doch kam 1866 Venetien – ohne Istrien und Dalmatien – an das neue Kgr. Italien.

Veilchen

Hl. Veit (aus einem got. Flügelaltar aus Katnig bei Lind ob Velden)

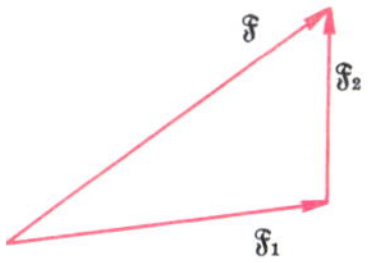

Vektor: Addition zweier V.: $\mathfrak{F}_1 + \mathfrak{F}_2 = \mathfrak{F}$

Venedig: Canal Grande

Venẹdiger der, **Großvenediger,** Gipfel der Hohen Tauern, 3674 m hoch.

Venerạbile [lat. »das Hochwürdige«] das, geweihte → Hostie.

venẹrisch [von Venus], ♡ eine Geschlechtskrankheit betreffend. **Venerische Krankheiten,** die Geschlechtskrankheiten.

Venẹtien, ital. **Venezia,** geschichtl. Landschaft im NO Italiens, ehem. Gebiet der Rep. Venedig. Als die Drei V. bezeichnete man 1919-45 die 3 Regionen Venezia Tridentina (heute die Region Trentino-Südtirol), Venezia Giulia, heute meist jugoslaw. Staatsgebiet (Triest, nach dem 2. Weltkrieg Freistaat, fiel 1954 an Italien zurück), und Venezia Euganea, das eigentl. V., heute die Region **Vẹneto.**

Veneziạno, Domenico, ital. Maler, †1461; »Madonna mit Heiligen« (Florenz, Uffizien).

Venezuela

Venezuẹla, Rep. im nördl. Südamerika, am Karib. Meer, 916050 km², 18,75 Mio. Ew.; Hptst.: Caracas; Amtssprache: Spanisch. Nach der Verf. von 1961 ist V. eine föderative Rep.; Staatsoberhaupt der Präs. – V. umfaßt das Orinoco-Tiefland (Llanos), im W Ausläufer der Kordilleren (Kordillere von Mérida, 5002 m) und das Tiefland von Maracaibo, hat im SO Anteil am Bergland von Guayana. Hauptfluß: der Orinoco. Klima: tropisch, im Gebirge gemäßigt bis kühl. BEVÖLKERUNG. Überwiegend Mischlinge, rd. 20% Weiße, ferner Neger, Indianer; Religion: meist kath. – WIRTSCHAFT. Die wegen des Erdöls vernachlässigte Landwirtschaft soll entwickelt werden (Mais, Reis; für die Ausfuhr: Zuckerrohr, Kaffee, Kakao, Baumwolle); Fischerei. ⚒ auf Erdöl, Eisenerz, Diamanten u.a.; Erdölraffinerien, Eisen- und Stahl-, Nahrungsmittel-, Textil- u.a. Ind. Ausfuhr: Erdöl und -erzeugnisse, Eisenerz, Kaffee, Kakao. Haupthandelspartner: USA, Kanada, Großbritannien. Haupthäfen: La Guaira (Caracas), Maracaibo, Puerto Cabello; internationale Flughäfen: Caracas, Maracaibo. ⊕ S. 485.

Ⓖ V., nach einem Pfahldorf der Eingeborenen »Klein-Venedig« genannt, wurde 1498/99 entdeckt, 1528 von Kaiser Karl V. den Augsburger → Welsern verpfändet. 1546 fiel es an die span. Krone zurück, von der es 1810-21 durch S. Bolivar befreit wurde (Teil Groß-Kolumbiens). Seit 1830 selbständige Rep., seit 1864 Bundesstaat. Staatspräs.: C. Andrés Pérez (seit 1989).

vẹnia legẹndi [lat.] die, Erlaubnis, Vorlesungen an Hochschulen zu halten.

vẹni, vịdi, vịci [lat.], »ich kam, sah, siegte«, schrieb Caesar nach dem Sieg bei Zela 47 v. Chr.

Venizelos [vɛniz'elɔs], Eleftherios, grch. Politiker, *1864, †1936; erreichte die Vereinigung seiner Heimat Kreta mit Griechenland (endgültig 1913), war 1910-33 mehrfach Min.-Präs.

Venlo [f-], Stadt in den Niederlanden, an der Maas, 63600 Ew.; versch. Ind.

venọ̈s [lat.], eine Vene (Blutader) betreffend; **v. Blut,** kohlensäurereiches, sauerstoffarmes Blut.

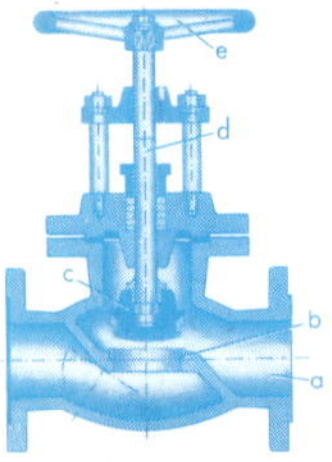

Ventil, a Ventilgehäuse, b Ventilsitz, c Ventilkegel, d Ventilspindel, e Handrad

Ventịl [lat.] das, **1)** Absperrvorrichtung für Flüssigkeiten und Gase mit Schließbewegung des Absperrorgans gegen Flüssigkeits- oder Gasstrom. Sonderbauarten: **Reduzier-, Selbstschluß-, Sicherheits-V. 2)** ♩ bei Blasinstrumenten mit Kesselmundstück Vorrichtung zur Verlängerung oder Verkürzung der Schallröhre, um chromat. Zwischentöne zw. den Naturtönen hervorbringen zu können. **3)** elektr. V., Bauelement, das den Strom in einer Richtung durchläßt, in der anderen sperrt: Hochvakuum-V. (Elektronenröhre), Gas- und Dampfentladungs-V. (Quecksilberdampfgleichrichter, Thyratron).

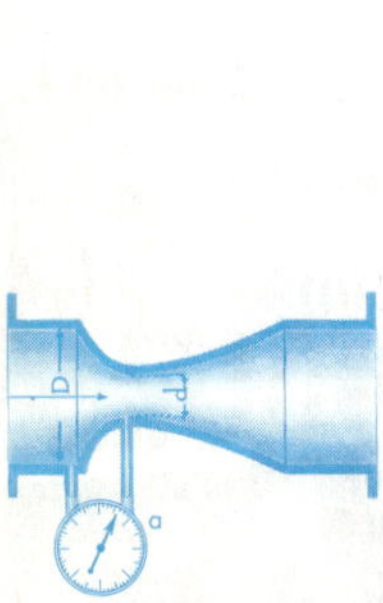

Venturirohr, a Differentialdruckmesser

Ventilạtor [lat.] der, **Lüfter,** Gerät zur Erzeugung eines Luftstromes (zur Kühlung), zur Be- oder Entlüftung von Räumen (Tunnel, Schächte); einfachste Form **Schraubenlüfter** ohne Gehäuse. **Schleuderradlüfter** mit Spiralgehäuse, eigtl. V. für höhere Leistungen, z.B. **Gruben-** und **Schmiede-V.,** saugen Luft axial an und drücken sie radial in den Windkanal oder ins Freie (bei Sauganlagen).

ventilịeren, 1) durchlüften. **2)** erwägen.

Ventimiglia [vɛntim'i:ʎa], Seebad an der ital. Riviera (frz. Grenze), 27100 Ew.

ventrạl [lat.], bauchseitig.

Ventrịculus [lat.] der, Magen. **Ventrikel** der, **1)** Herzkammer. **2)** Hirnkammer.

Ventụrirohr, Gerät zur Mengenmessung strömender Flüssigkeiten und Gase durch eine in die Rohrleitung eingebaute **V.-Düse.** Druckunterschiede vor und im engsten Querschnitt der Düse zeigt ein Differenzmanometer an.

Vẹnus, 1) röm. Göttin der Liebe, urspr. altital. Gartengöttin, später der Aphrodite gleichgesetzt. **2)** zweiter → Planet. Steht die V. östl. von der Sonne, so ist sie als **Abendstern** sichtbar, bei westl. Stand von der Sonne als **Morgenstern.** Die Atmosphäre des Planeten ist undurchsichtig und enthält 96% Kohlendioxid und 3,5% Stickstoff, die Oberflächentemperatur beträgt um +460 °C, der Druck 9,5 MPa (=95 bar). August 1990 wird die im Mai 1989 gestartete amerikan. Raumsonde Magellan Daten von der V. zur Erde funken.

Venusberg, Name mehrerer Berge in Dtl., bes. in Thüringen (→ Tannhäuser).

Venusfliegenfalle, Fliegenklappe, nordamerikan. tierfangende Sumpfpflanze. Die empfindl. Blätter klappen bei Berührung durch Insekten zusammen, fangen und verdauen sie.

Venushaar, Frauenhaar, → Adiantum.

Veracruz [βerakr'u:s], wichtigste Hafenstadt der Ostküste Mexikos, 319300 Ew., Flughafen. – V. wurde 1519 von H. Cortez als erste span. Stadt Mexikos gegründet.

Verạnda [engl. aus ind.] die, überdachter Freisitzplatz an einem Haus.

Veränderliche die, △ Größe, die in best. Grenzen beliebige Werte annehmen kann.

Veränderliche Sterne, Veränderliche, Sterne, deren Zustandsgrößen (bes. Helligkeit, aber auch Temperatur, D, Durchmesser u.a.) schwanken; bis jetzt sind rd. 23000 bekannt.

Ver|ätzung, Hautver|ätzung, Verletzung von Haut und Schleimhäuten durch Ätzgifte (Säuren, Alkalien, Metallsalze).

Ver|äußerung die, ⚖ Übertragung eines Rechts, bes. des Eigentums, auf eine andere Person; Art der → Verfügung.

Verb das, -s/-en, **Verbum** [lat.] das, -s/...ba, das → Zeitwort.

verbạl [von Verbum], **1)** mündlich. **2)** zeitwörtlich. **Verbạlinjurie** die, ⚖ die → Beleidigung durch Worte. **Verbạlinspiration** die, wörtl. Eingebung durch den Heiligen Geist. **Verbalnomen** das, vom Zeitwort gebildetes Hptw. oder Eigw.

verballhornen, nach dem Buchdrucker Johann Ballhorn (Balhorn), der 1586 eine schlechte, »verbesserte« Ausgabe des lübeck. Stadtrechts lieferte; svw. verschlechtern.

Verbạlnote, diplomat. → Note ohne Unterschrift.

Verband der, **1)** ♡ Bedeckung kranker oder verletzter Körperteile mit Verbandstoffen (**Schutz-** oder **Wund-V.**). Der **Stütz-V.** dient zum Festlegen gebrochener Gliedmaßen (→ Streckverband). **Verbandpäckchen,** keimfrei verpacktes, handl. Verbandzeug. **2)** ⚖ Personenvereinigung zu einem best. Zweck, die eine Satzung hat, einen gemeinschaftl. Willen bilden kann und zumeist rechtsfähig ist. Es gibt privatrechtl. und öffentlich-rechtl. V.

Verbannung [ahd.] die, Verbot des Aufenthalts in einem Gebiet, auf Zeit oder Lebenszeit.

Verbene, Verbena die, → Eisenkraut.

Verbindlichkeit die, ⚖ Verpflichtung des Schuldners zu einer Leistung; sie entspricht der → Forderung auf der Gläubigerseite.

Verbindung die, **1)** alles Einigende, Zusammenschließende, Verknüpfende. **2)** ⟲ → chemische Verbindung. **3)** Form des student. Gemeinschaftslebens. Bes. Kennzeichen: Tragen von Verbindungsfarben in Band und Mütze (»Couleur«); versch. Verbände bejahen die Mensur; Mitgl.: vollberechtigte »Burschen«, junge »Füchse«, dauernder Zusammenhang mit den »Alten Herren«. Zu den V. gehören u. a.: **Landsmannschaften** (im 17. Jh. entstanden), **Corps, Burschenschaften** (seit 1815, nat. und liberal), **Turnerschaften** u. a.

verblenden [mhd.], Bauteile mit anderem, meist besserem Material verkleiden.

Verblutung, Tod durch Blutverlust infolge äußerer oder innerer Blutung.

Verbrannte Erde, ⁖ takt. Prinzip beim Rückzug, durch Zerstörung des geräumten Gebietes dem nachrückenden Gegner Durchzug, Besetzung und Versorgung zu erschweren.

Verbraucher, Käufer von Waren zur eigenen Bedürfnisbefriedigung (End-, Letzt-V.). **V.-Forschung** stellt Bedarf und Wünsche der V. fest; über günstigen Einkauf klären **V.-Verbände** auf.

Verbrauchergenossenschaften, → Konsumgenossenschaften.

Verbraucherschutz, Maßnahmen zum Schutz des Verbrauchers vor einer Gefährdung seiner Sicherheit und Gesundheit sowie vor Täuschung und Übervorteilung.

Verbrauchsgüter, Konsumgüter, die sich bei einmaliger Nutzung verbrauchen; dagegen → Gebrauchsgüter.

Verbrauchsteuer, Aufwandsteuer auf den Verbrauch von Gütern (Tabak, Salz, Bier u. a.); eine allg. V. ist die Mehrwertsteuer.

Verbrechen, Delikt das, i. e. S. gemäß der Dreiteilung der strafbaren Handlungen im StGB (§ 1) mit Freiheitsstrafe nicht unter 1 Jahr bedrohte Straftat. Versuch eines V. ist stets strafbar. V. i. w. S. ist jede strafbare Handlung, i. Ggs. zu den → Ordnungswidrigkeiten. **V. gegen die Menschlichkeit,** → Humanitätsverbrechen.

Verbrennung die, **1)** ⟲ Verbindung brennbarer Stoffe mit Sauerstoff unter Flammenbildung, eine → Oxidation. **2)** ♡ durch Hitze entstandene Verletzung in 3 Graden: Rötung, Blasenbildung, Verkohlung. Behandlung: Kühlung und keimfreie Abdeckung der verbrannten Hautflächen, Flüssigkeits- und Eiweißzufuhr, Kreislaufmittel; bei ausgedehnter V. den Verletzten sofort ins Krankenhaus bringen!

Verbrennungsmotor, Verbrennungskraftmaschine, Maschine, in der durch unmittelbare Verbrennung eines Kraftstoff-Luft-Gemisches (→ Treibstoffe) eine Antriebskraft erzeugt wird. Einteilung der V.: Kolbenmaschinen (→ Diesel-, → Otto-, → Glühkopf-, → Kreiskolbenmotoren) und Strömungsmaschinen (→ Gasturbinen, → Strahltriebwerk). (FARBTAFEL S. 932)

Verbrennungswärme, → Heizwert.

Verbundglas, Sicherheitsglas, aus 2 oder mehr normalen Glastafeln mit Kunststofffolien als Zwischenlage zusammengepreßt.

Verbundmaschine, → Dampfmaschine.

Verbundwerkstoffe, Werkstoffe aus verschiedenartigen, miteinander fest verbundenen Materialien, bei denen die wesentl. Eigenschaften der Komponenten vorteilhaft kombiniert sind. Je nach Art der Verbindung unterscheidet man **Teilchen-V., Faser-V.** und **Schicht-V.**

Verbundwirtschaft, Zusammenarbeit von Betrieben, bes. in der Elektrizitätsversorgung.

Vercelli [vɛrtʃ'ɛli], Stadt in der Po-Ebene, Italien, 51 000 Ew.; Erzbischofssitz; Kastell (13. Jh.), Dom, Basilica di Sant' Andrea; Reisanbau und -handel.

Vercingetorix, Keltenfürst, Führer des gall. Aufstandes gegen Caesar, 52 v. Chr. in Alesia überwältigt, 46 in Rom hingerichtet.

Vercingetorix

Vercors [vɛrk'ɔ:r], eigtl. Jean **Bruller,** frz. Schriftst., *1902; Mitgründer des frz. Widerstands-Verlags »Les Éditions de Minuit«; Novellen u. a.

Verdächtigung, politische V. Wer einen anderen durch Anzeige oder V. der Gefahr aussetzt, aus polit. Gründen verfolgt zu werden, wird nach § 241 a StGB mit Gefängnis bestraft.

Verdampfungswärme, Wärmemenge, die von 1 kg eines Stoffes beim Verdampfen (bei konstanter Temperatur) aufgenommen wird; → Dampf.

Verdandi die, **Werdandi,** eine → Norne.

Verdauung die, Sammelbegriff für die Vorgänge im V.-Kanal (Mundhöhle, Magen, Darm), durch die die Nahrung zur Aufnahme (Resorption) in die Körpersäfte geeignet gemacht wird. Nach Zerkleinerung durch Kauen werden die Nahrungsstoffe mit Hilfe der V.-Säfte (Speichel, Magensaft, Galle, Bauchspeichel, Darmsaft) und der in ihnen enthaltenen Enzyme in ihre Grundbestandteile abgebaut: Kohlenhydrate durch Ptyalin (Speichel) und Diastase (Bauchspeicheldrüse) in Traubenzukker; die Eiweißkörper durch Pepsin (Magensaft), Trypsin und Erepsin (Darmsaft) in Aminosäuren; die Fette durch Lipase (Bauchspeichel) in Glycerin und Fettsäuren, nach vorheriger Emulgierung in feinste Teilchen durch die Galle. Traubenzucker und Aminosäuren können von den Darmzotten direkt ins Blut aufgesaugt werden. Wasserunlösl. Fettsäuren werden durch Gallensäuren und Alkali wasserlöslich gemacht. Anfang (Schlucken) und Ende (Stuhlentleerung) der V. sind dem Willen unterworfen. Alle anderen Vorgänge, wie Absonderung der V.-Säfte (insgesamt etwa 9 l in 24 Std.), Magen-Darm-Bewegungen (Peristaltik) zur Durchmischung und Vorwärtsbewegung des Speisebreies, werden vom vegetativen Nervensystem gesteuert. Über **Verdauungsstörung** → Darmkrankheiten, → Magenkrankheiten.

Verden an der Aller, Stadt in Ndsachs., 24 300 Ew.; Dom, got. Hallenkirche; versch. Ind. Pferderennbahn, Reitturniere, Stadion, Reitpferdeauktionen.

Verdi

Verdi, Giuseppe, ital. Komponist, *1813, †1901; bed. Opernkomponist. Reiche, sinnfällige Melodik, dramat. Spannung. »Rigoletto«, »Troubadour«, »La Traviata«, »Ein Maskenball«, »Macht des Schicksals«, »Don Carlos«, »Aida«, »Othello«, »Falstaff«.

Verdichter, Kompressor, ⊙ Maschine zum Verdichten (Komprimieren) von Gasen und Dämpfen, z. B. zur Erzeugung von Druck-

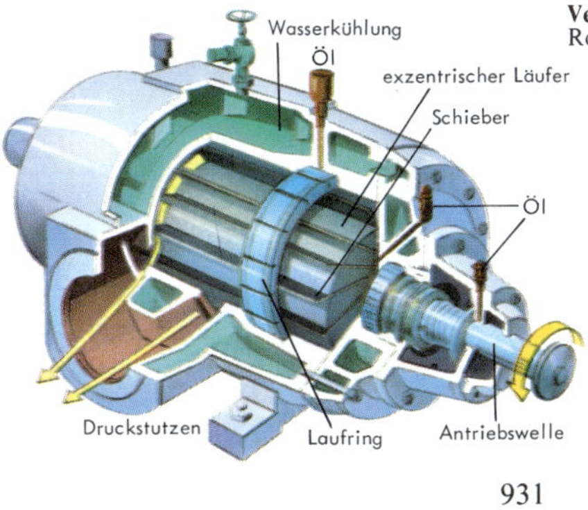

Verdichter: 1stufiger Rotationsverdichter

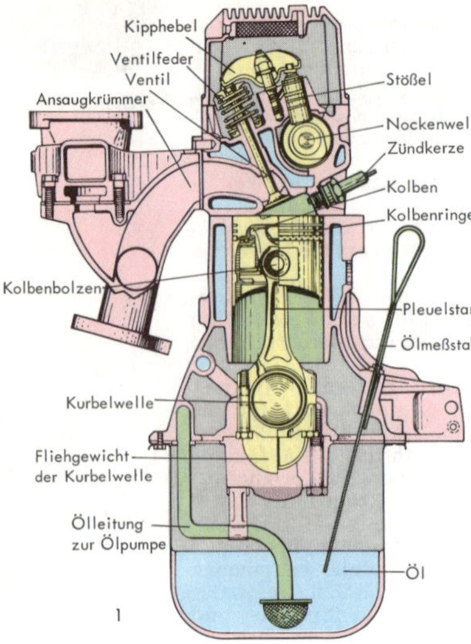

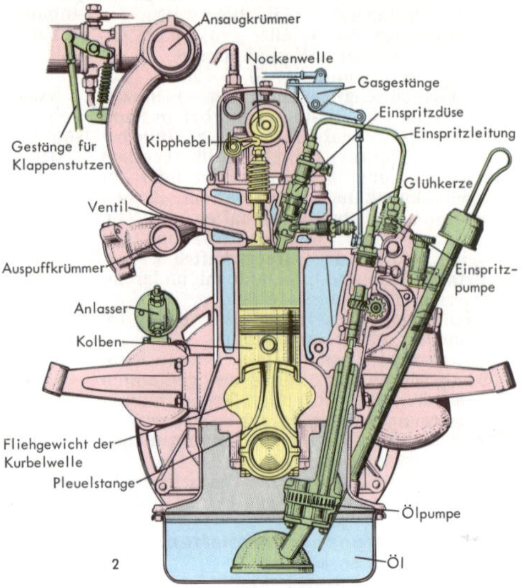

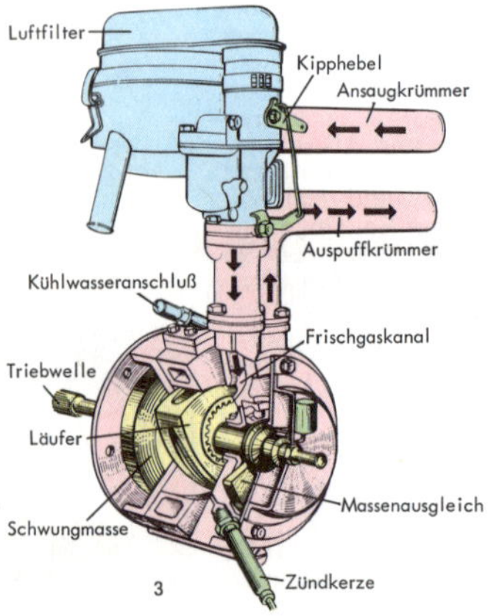

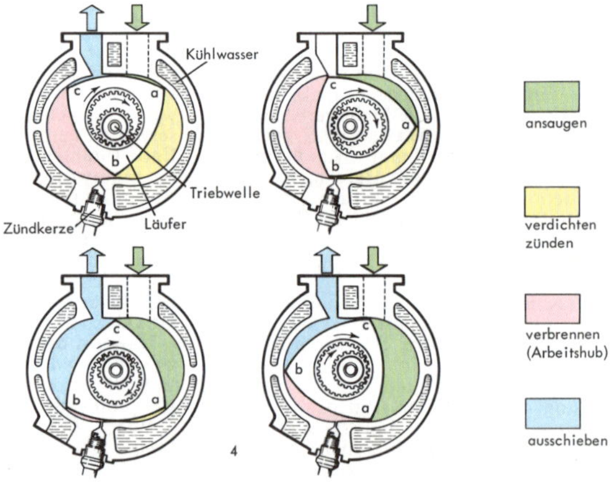

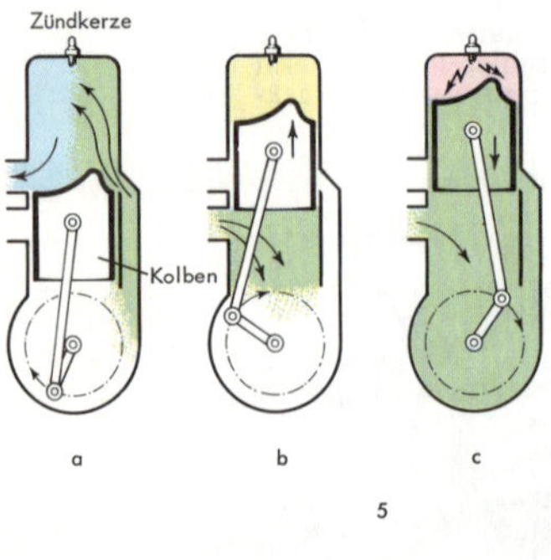

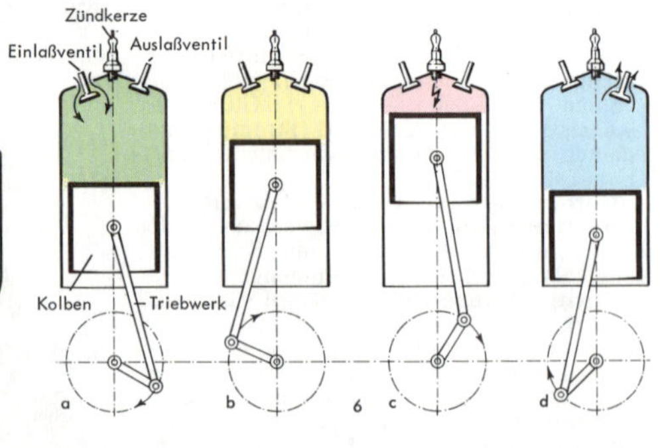

1 6-Zylinder-Otto-Motor. **2** 4-Zylinder-Diesel-Motor. **3** Kreiskolbenmotor (F. Wankel). **4** Arbeitsfolge des Kreiskolben-Motors. **5** Zweitaktverfahren (Otto-Motor): a Überströmen des Kraftstoffgemisches, b Verdichten über und Ansaugen unter dem Kolben, c Verbrennen des Gemisches (Arbeitstakt), d Ausschieben und Beginn des Überströmens. **6** Viertaktverfahren: a Ansaugen, b Verdichten, c Zünden und Arbeiten, d Ausschieben luft, für Kälteanlagen, Ferngasversorgung, Luftverflüssigung, Drucksynthesen, **Kolben-V.** haben wie die Dampfmaschine Zylinder, **Turbo-V.** arbeiten ähnlich der Dampfturbine.

Verdienstorden der Bundesrepublik Deutschland, 1951 vom Bundespräs. gestifteter Orden für Leistungen, die zum Wiederaufbau Dtl.s beitragen. Der V. wird verliehen als Großkreuz, Großes Verdienstkreuz, Verdienstkreuz, alle 3 wieder in 3 versch. Ausführungen, sowie als Verdienstmedaille.

Verdịkt [von lat. vere dictum »Wahrspruch«] das, Urteil, Entscheidung.

Verdingung die, **1)** Abschluß eines → Dienstvertrags. **2)** → Submission.

Verdrängung die, von S. Freud geprägter Ausdruck für das Vergessen unangenehmer Erlebnisse, die im Unbewußten verschwinden, dort nicht verarbeitet, sondern in Krankheitssymptome umgesetzt werden (→ Psychoanalyse).

Verdrehfestigkeit, → Festigkeit.

Verdun [verd'œ̃], Stadt und Festung in NO-Frankreich, an der Maas, 21 500 Ew.; Kathedrale (11.-12. Jh.). – V. ist eine kelt. Gründung und alter Bischofssitz. Im **Vertrag von V.** wurde 843 das → Fränkische Reich der Karolinger geteilt. V. war seit dem 13. Jh. Reichsstadt, fiel 1552, endgültig 1648, an Frankreich. 1916/17 lange und schwere Kämpfe um V.

Verdunkelungsgefahr, ⚖ Gefahr, daß der einer Straftat Verdächtige die Spuren der Tat beseitigt oder Zeugen beeinflußt; bei V. kann der Richter Untersuchungshaft anordnen.

Verdunstung die, langsamer Übergang einer Flüssigkeit in den gasförm. Zustand, unterhalb des Siedepunktes. Die dazu nötige Wärme wird der Flüssigkeit und ihrer Umgebung entzogen **(Verdunstungskälte).**

Veredelung die, Verpflanzung einer Knospe (Auge) oder eines Zweiges (Edelreis) einer wertvollen Pflanze, die bei der Fortpflanzung durch Samen entarten würde, auf eine verwandte Pflanze, die als Ernährungsgrundlage geeignet ist (Wildling, Unterlage). (BILD S. 934)

Veredelungsverkehr, zollbegünstigte Einfuhr ausländ. Waren, um sie bearbeitet (veredelt) wieder zurückzuführen **(aktiver V.),** auch die Ausfuhr inländ. Waren, die im Ausland für die Wiedereinfuhr bearbeitet werden **(passiver V.).**

Verein der, vom Mitgliederwechsel unabhängige, dauernde Verbindung von Personen mit einer Satzung, die Zweck, Organisation und Namen regelt. In der Bundesrep. Dtl. besteht Vereinigungsfreiheit. Man unterscheidet rechtsfähige und nicht rechtsfähige V., je nachdem, ob sie → juristische Personen sind oder nicht. Wirtschaftl. V. erlangen die Rechtsfähigkeit gewöhnlich durch staatl. Verleihung, soweit nicht besondere Ges. bestehen (z. B. für Aktiengesellschaften, GmbH. und andere), nicht-wirtschaftl. V. durch Eintragung in das **Vereinsregister** beim Amtsgericht (»eingetragener V.«, Abk.: e.V.). Organe des V.: Vorstand und Mitgliederversammlung. Handelt jemand im Namen eines nicht rechtsfähigen V., dann haftet er persönlich.

Vereinigte Arabische Emirate, früher **Vertragsstaaten,** auch **Piratenküste,** 7 kleine arab. Scheichtümer am Pers. Golf, zus. 83 600 km², 1,45 Mio. Ew.: Abu Dhabi, Dubai, Shardjah, Ras al-Khaimah, Fujaira, Umm al-Kaiwain, Ajman; Hptst.: Abu Dhabi-Stadt; Erdölvorkommen werden seit 1962 gefördert. ⊕ S. 482.

Vereinigte Arabische Republik, Abk. **VAR,** 1958-61 der staatl. Zusammenschluß Ägyptens und Syriens (Jemen war assoziiert). Seit der Loslösung Syriens im Sept. 1961 führte Ägypten den Namen VAR bis 1971 allein.

Vereinigte Evangelische Kirche in der Deutschen Demokratischen Republik, Name für den geplanten, bis 1981 vollzogenen Zusammenschluß des Bundes Evang. Kirchen in der Dt. Dem. Rep. mit der Evang. Kirche der Union und der Vereinigten Evangelisch-Lutherischen Kirche in der Dt. Dem. Rep. zu einer Gesamtkirche.

Vereinigte Evangelisch-Lutherische Kirche Deutschlands, VELKD, Zusammenschluß (seit 1948) von 8 evang.-luther. Landeskirchen. (→ Evangelische Kirche in Deutschland)

Vereinigte Staaten von Amerika, engl. **United States of America** [ju:n'aɪtɪd steɪts ɔv əm'erɪkə], Abk. **USA,** Bundesstaat in Nordamerika, 9,36 Mio. km², 241,07 Mio. Ew.; Hptst.: Washington; Amtssprache: Englisch. ⊕ S. 494.

VERFASSUNG von 1787 (seither zahlreiche Zusätze). Bundesrep. aus 50 Staaten mit eigener Verf. und Volksvertretung, einem dem Bundeskongreß unterstellten Bundesdistrikt und Außengebieten. Die Gesetzgebung liegt beim Kongreß, bestehend aus Repräsentantenhaus (435 Mitgl.) und Senat (100 Mitgl. je 2 für jeden Staat); der Kongreß entscheidet auch über Krieg und Frieden und bewilligt den Haushalt. Staatsoberhaupt ist der Präs.; er wird auf 4 Jahre von unmittelbar gewählten Wahlmännern gewählt. Er ist zugleich Regierungschef und Oberbefehlshaber der Streitkräfte. Die Reg. ist nicht vom Vertrauen des Kongresses abhängig. Der Oberste Gerichtshof in Washington überprüft die Verfassungsmäßigkeit der Ges.

LANDESNATUR. → Nordamerika.

BEVÖLKERUNG. Rd. 84% Weiße, 12% Schwarze (bes. in den Südstaaten, den atlant. Küstenstaaten bis New Jersey und in den Industriegebieten an den Kanad. Seen), daneben Indianer (z. T. in Reservaten), Ostasiaten, Mexikaner, Lateinamerikaner u. a. In Sprache und Kultur haben die Angelsachsen dem Land sein Gepräge gegeben. Seit 1921 wurde die Einwanderung gesetzlich beschränkt. Etwa 31% der Bevölkerung leben in Großstädten, 34% in Randgebieten der Ballungsräume. (1979) 36 Millionenstädte, rd. 160 weitere Großstädte. – RELIGION. Keine Staatskirche. Hauptbekenntnisse: 40% Protestanten (Baptisten, Methodisten, Lutheraner, Presbyterianer, etwa 200 Sekten); Katholiken, Orthodoxe, Juden u. a. – BILDUNGSWESEN. Das Schulwesen liegt in der Hand der Einzelstaaten. Meist besteht Schulpflicht bis zum 16. Lebensjahr. Schulaufbau: Auf den Kindergarten (3.-6. Lebensjahr) folgen: Elementary School (6.-14., neuerdings meist 6.-12. Lebensjahr), High School (14.-18., jetzt meist 12.-18. Lebensjahr) und College (18.-22. Lebensjahr). Wissenschaftl. Ausbildung geschieht in den »graduate studies« an College oder Univ. Viele Privatschulen.

WIRTSCHAFT. Die Landwirtschaft ist vielfältig und hoch entwickelt. In meist vollmechanisierten Betrieben werden fast alle wichtigen Nahrungsmittel erzeugt. Schwerpunktgebiete der Landwirtschaft: Milchwirtschaft im Gebiet der Kanad. Seen bis zur Atlantikküste; Mais um den oberen Mississippi; Baumwolle in den Südstaaten; Weizen im Mittelwesten; Weidewirtschaft bes. in den Gebirgsstaaten, Sonderkulturen (Südfrüchte) in Kalifornien. Forstwirtschaft bes. im NW. Erdöl, Erdgas, Kohle, Eisenerz, NE-Metalle, Phosphate, Salze u. a. werden in großem Umfang gefördert. Die V. S. sind ein hochindustrialisiertes Land; alle Industriezweige sind stark vertreten. Wachstumsind. sind bes. die Luft- und Raumfahrt- und die chem. Ind. Daneben hat auch der Dienstleistungssektor große Bedeutung erlangt; er beschäftigt etwa ebenso viele

Verdienstorden der Bundesrep. Dtl.: oben Stern zur Sonderstufe des Großkreuzes; unten Verdienstkreuz am Bande

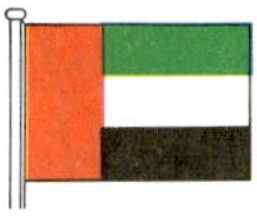

Vereinigte Arabische Emirate

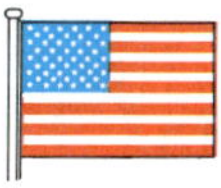

Vereinigte Staaten

Erwerbstätige wie Bergbau und Ind. – Die V. S. sind eines der wichtigsten Welthandelsländer. Sie liefern Nahrungsmittel, Rohstoffe, Fertigwaren. Haupthandelspartner: Kanada, Japan, EG-Länder. – Das VERKEHRSNETZ ist sehr gut ausgebaut; rd. 235 000 km Eisenbahn (dabei mehrere den ganzen Erdteil durchquerende Linien); dazu ein sehr dichtes Straßennetz (rd. 6 Mio. km) mit durchgehenden O-W- und N-S-Verbindungen. Bestand an Personenkraftwagen: (1986) rd. 135 Mio. Wichtigste Binnenwasserstraßen: Ohio-Mississippi, Sankt-Lorenz-Seeweg (gemeinsam mit Kanada). Hauptseehäfen: New York, Baltimore, Philadelphia, New Orleans, Houston, Los Angeles, San Francisco; Binnenhäfen: Chicago, Detroit, Buffalo, Duluth, Toledo; Flughäfen: Chicago, New York, Los Angeles.

Ⓖ Der Kern der V. S. sind die 13 engl. Kolonien an der atlant. Küste. Als älteste Kolonie wurde 1584, endgültig 1607 Virginia gegründet; durch Puritaner entstanden seit 1620 die Kolonien → Neuenglands; 1664 wurde das bisher holländ. New York englisch; südlich von Virginia entstanden die Kolonien Carolina und Georgia, nördl. Pennsylvania. Aus dem Widerstand gegen die Besteuerung entwikkelte sich der **Unabhängigkeitskrieg** 1775-83. Die 13 Kolonien erklärten am 4. 7. 1776 ihre Unabhängigkeit. 1783 erkannte England diese Unabhängigkeit an und überließ ihnen auch das Hinterland bis zum Mississippi. Auf Grund der Bundesverfassung vom 17. 9. 1787 wurde G. Washington 1789 der erste Präsident der V. S. Durch Kauf wurde 1803 das ganze Gebiet zw. dem Mississippi und dem Felsengebirge, 1819 das bisher span. Florida, durch einen siegreichen Krieg gegen Mexiko 1848 Texas, Arizona, New Mexico und Kalifornien erworben, 1867 noch den Russen Alaska abgekauft. Wichtig für die Außenpolitik der V. S. wurde die 1823 aufgestellte → Monroe-Doktrin. Die Besiedlung des »wilden Westens« bis zum Pazif. Ozean hin vollzog sich infolge der Masseneinwanderung aus Europa, die auch viele Deutsche ins Land brachte, sehr rasch. Inzwischen entstand ein heftiger Ggs. der Nordstaaten zu den Südstaaten, deren reiche Baumwollpflanzer mit Negersklaven arbeiteten. »Demokraten« und »Republikaner« traten sich als die beiden großen Parteien entgegen. Während der Präsidentschaft des Republikaners Lincoln bildeten die Südstaaten von Virginia bis Texas 1860/61 einen Sonderbund (Sezession), unterlagen aber in dem blutigen **Bürgerkrieg** 1861-65; die Sklaverei wurde abgeschafft, während die Negerfrage als die schwierigste Rassenfrage des Landes sich eher noch verschärfte. In der Folgezeit nahm die Ind., durch hohe Schutzzölle begünstigt, einen großen Aufschwung. 1897 wurden die Hawaii-Inseln besetzt, 1898 den Spaniern die Philippinen und Puerto Rico entrissen; damit erlangten die V. S. auch die allg. Anerkennung als Großmacht. Sie gewannen die Vorherrschaft in Mittelamerika, wo sie 1903-14 den Panamakanal bauten. Präsident Wilson (Demokrat) erklärte im 1. Weltkrieg nach anfängl. Neutralität dem Dt. Reich 1917 den Krieg. Der → Versailler Vertrag, vor allem der von Wilson selbst geschaffene Völkerbund, wurde 1920 von den V. S. abgelehnt. Die Konferenz von Washington 1921/22 bestimmte die Gleichstellung der amerikan. mit der brit. Seemacht. Präsident Franklin D. Roosevelt (1933-45) leitete eine neue Wirtschafts- und Sozialpolitik ein, in der der Wirtschaftsliberalismus einer staatl. Wirtschaftsplanung weichen mußte (→ New Deal). Außenpolitisch versuchten die V. S., ihre panamerikan. Politik zu beleben (Politik der »Guten Nachbarschaft« in Lateinamerika). Mit Rücksicht auf die Isolationisten (→ Isolationismus) traten die V. S. nicht sofort in den 2. Weltkrieg ein, unterstützten jedoch die gegen die Achsenmächte Krieg führenden Länder durch Hilfeleistungen, ganz bes. nach dem

Größe und Bevölkerung (1989)

Region Staat (postal. Abkürzung)	Fläche in km²	Ew.
New England	172 514	12 737 000
Maine (ME)	86 027	1 173 000
New Hampshire (NH)	24 097	1 027 000
Vermont (VT)	24 887	541 000
Massachusetts (MA)	21 386	5 832 000
Rhode Island (RI)	3 144	975 000
Connecticut (CT)	12 973	3 189 000
Middle Atlantic	266 108	37 279 000
New York (NY)	128 401	17 772 000
New Jersey (NJ)	20 295	7 619 000
Pennsylvania (PA)	117 412	11 888 000
East North Central	643 050	41 738 000
Ohio (OH)	106 765	10 752 000
Indiana (IN)	93 993	5 504 000
Illinois (IL)	146 075	11 552 000
Michigan (MI)	150 779	9 145 000
Wisconsin (WI)	145 438	4 785 000
West North Central	1 339 665	17 576 000
Minnesota (MN)	217 735	4 214 000
Iowa (IA)	145 791	2 851 000
Missouri (MO)	180 486	5 066 000
North Dakota (ND)	183 022	679 000
South Dakota (SD)	199 551	708 000
Nebraska (NE)	200 017	1 598 000
Kansas (KS)	213 063	2 460 000
South Atlantic	722 028	40 916 000
Delaware (DE)	5 328	633 000
Maryland (MD)	27 394	4 463 000
District of Columbia (DC)	174	626 000
Virginia (VA)	105 716	5 787 000
West Virginia (WV)	62 629	1 918 000
North Carolina (NC)	136 197	6 333 000
South Carolina (SC)	80 432	3 377 000
Georgia (GA)	152 488	6 104 000
Florida (FL)	151 670	11 675 000
East South Central	471 286	15 209 000
Kentucky (KY)	104 623	3 729 000
Tennessee (TN)	109 412	4 803 000
Alabama (AL)	133 666	4 052 000
Mississippi (MS)	123 584	2 625 000
West South Central	1 136 706	26 863 000
Arkansas (AR)	137 538	2 372 000
Louisiana (LA)	125 674	4 501 000
Oklahoma (OK)	181 090	3 305 000
Texas (TX)	692 403	16 685 000
Mountain	2 237 454	13 021 000
Montana (MT)	381 084	819 000
Idaho (ID)	216 412	1 002 000
Wyoming (WY)	253 597	507 000
Colorado (CO)	269 998	3 267 000
New Mexico (NM)	315 113	1 479 000
Arizona (AZ)	295 022	3 319 000
Utah (UT)	219 932	1 665 000
Nevada (NV)	286 296	963 000
Pacific	2 374 314	35 737 000
Washington (WA)	176 617	4 462 000
Oregon (OR)	251 180	2 698 000
Kalifornien (CA)	411 012	26 981 000
Alaska (AK)	1 518 800	534 000
Hawaii (HI)	16 705	1 062 000
Verein. Staaten	**9 363 125¹)**	**241 078 000²)**

¹) Differenzen durch Abrundung, mit Binnengewässern ohne die Großen Seen; ²) ohne überseeische Streitkräfte

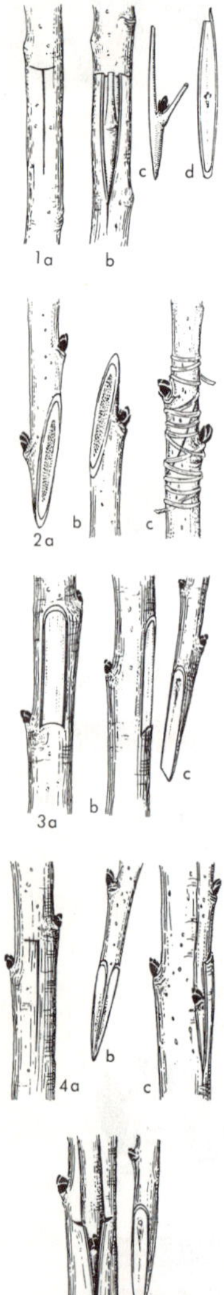

Veredelung: 1 Okulation: a T-Schnitt, b eingesetztes Auge vor dem Verbinden, c Schildchen von der Seite, d von hinten. **2** Kopulation: a Edelreis, b Unterlage, c fertige Veredelung. **3** Seitl. Anplatten: a Schnitt von vorn, b von der Seite, c zugeschnittenes Edelreis. **4** Seitl. Einspritzen mit ½ T-Schnitt: a Schnitt von vorn, b zugeschnittenes Edelreis, c eingesetztes Edelreis vor dem Verbinden. **5** Seitl. Pfropfen hinter die Rinde: a eingesetztes Edelreis vor dem Verbinden, b zugeschnittenes Edelreis

1941 eingeführten → Leih-Pacht-System. Der japan. Überfall auf Pearl Harbor (7. 12. 1941) löste die amerikan. Kriegserklärung aus (→ Weltkrieg). Mit dem Abwurf der ersten Atombombe über Hiroshima wurden die V. S. zur ersten Atommacht. Im wesentl. durch amerikan. Initiative wurden die → Vereinten Nationen (26. 6. 1945) ins Leben gerufen. Als größte wirtschaftl. und militär. Weltmacht förderten die V. S. unter Präs. Truman (1945-53) mit dem → Marshall-Plan die europ. Wirtschaft, wehrten mit der »Truman-Doktrin« das kommunist. Vordringen bes. in Europa ab, sicherten den Bestand freiheitl., selbständiger Staaten vor der sowjet. Machtpolitik durch den → Nordatlantik-Pakt (1949) und den → Pazifik-Pakt (1951), der 1954 unter Präs. Eisenhower (1953-61) zum → Südostasiatischen Sicherheitsvertrag erweitert wurde (1977 aufgelöst). Die kommunist. Aggression in → Korea wurde 1950-53 unter Führung der V. S. abgewehrt. Präs. J. F. → Kennedy (1961-63) gelang es während der internat. Krise um Kuba (Okt./Nov.1962), die UdSSR zum Verzicht auf militär. Unterstützung Kubas zu zwingen und damit die Krise beizulegen. In der Innenpolitik trat Kennedy für polit. und wirtschaftl. Reformen und für die volle Gleichberechtigung der Neger ein. Im Nov. 1963 wurde er in Dallas (Texas) ermordet. Unter Präs. Johnson (1963-69) weitete sich die Abwehr kommunist. Rebellen in Vietnam zum größten Krieg (→ Vietnam-Krieg) seit dem 2. Weltkrieg aus. Durch das Bürgerrechtsges. (1964) suchte Johnson die volle Gleichberechtigung der Neger zu erreichen. Der Führer der Bürgerrechtsbewegung, Martin Luther King, wurde 1968 ermordet. 1969-74 war der Republikaner R. Nixon Präsident, der die Beteiligung der V. S. am Vietnamkrieg einschränkte und die »Vietnamisierung« des Konflikts einleitete. Am 28. 1. 1973 trat ein Waffenstillstandsabkommen in Kraft (weitere Entwicklung → Vietnam-Krieg). Nixon mußte 1974 wegen des → Watergate-Skandals zurücktreten. Am 1. 1. 1979 nahmen die USA diplomat. Beziehungen zu China auf und brachen die mit Taiwan ab. Präs. war 1977-81 J. Carter, 1981-89 R. Reagan, seither G. Bush. Das v.a. durch die Krise in → Afghanistan beeinträchtigte Verhältnis zur UdSSR entspannte sich nach dem Amtsantritt von M. Gorbatschow.

Vereinigtes Wirtschaftsgebiet, VWG, 1946-1949 Vereinigung der amerikanischen und britischen Besatzungszonen in Dtl. **(Bizone,** auch **Doppelzone).**

Vereinte Nationen, engl. **United Nations Organization,** [juːn'aɪtɪd n'eɪʃənz ɔːgənaɪz'eɪʃn], **UN(O),** Vereinigung von Staaten, an Stelle des → Völkerbundes geschaffen durch die Charta (Satzung) von San Francisco vom 26. 6. 1945; Sitz: New York, Genf, Wien. Zweck der V. N. ist: **1)** Wahrung des Weltfriedens durch kollektive Maßnahmen gegen Friedensbedrohungen und Angriffshandlungen sowie durch Schlichtung internat. Streitigkeiten; **2)** Förderung freundschaftl. Beziehungen zw. den Nationen auf Grund der Gleichberechtigung und Selbstbestimmung; **3)** Internat. Zusammenarbeit zur Lösung wirtschaftl., sozialer, kultureller und humanitärer Probleme und Förderung der → Menschenrechte ohne Unterschied von Rasse, Geschlecht, Sprache oder Religion. – Die Mitgl. der V. N. sind u. a. verpflichtet, ihre Streitigkeiten friedlich zu regeln, sich der Drohung mit Gewalt und der Gewaltanwendung zu enthalten, einen Angreifer nicht zu unterstützen und an Kollektivmaßnahmen teilzunehmen. – **Hauptorgane** sind: Vollversammlung, → Sicherheitsrat, Treuhänderrat (für die Treuhandgebiete), Wirtschafts- und Sozialrat, → Internationaler Gerichtshof und das Sekretariat mit dem Generalsekretär (1946-53 T. Lie, 1953-61 D. Hammarskjöld, 1961-71 U Thant, 1972-81 K. Waldheim, seit 1982 Pérez de Cuéllar). – Daneben bestehen Sonderorganisationen (in denen auch Nichtmitglieder vertreten sind), wie die → Internationale Arbeitsorganisation, die Internat. Ernährungs- und Landwirtschaftsorganisation (→ FAO), die → UNESCO, die → Weltgesundheitsorganisation, der → Internationale Währungsfonds, die → Internationale Bank für Wiederaufbau und Entwicklung (Weltbank), die Internat. Organisation für Zivilluftfahrt, der → Weltpostverein, der Weltnachrichtenverein, der Weltverein für Wetterkunde u. a. – Den V. N. gehören (1990) 160 Staaten an. Die Bundesrep. Dtl. und die Dt. Dem. Rep. sind am 19. 9. 1973 Mitglieder der V. N. geworden. Nichtmitglied ist u. a. die Schweiz. - Die UN-Friedenstruppe erhielt 1988 den Friedensnobelpreis.

Vereinte Nationen

Vererbung, Übertragung der elterl. Merkmale auf die Nachkommen durch Geschlechtszellen bei Mensch, Tier und Pflanze. Die Erbanlagen **(Gene)** sind in den Chromosomen des Zellkerns verankert, doch kommt nach neueren Forschungen auch dem Zytoplasma bei der V. eine Bedeutung zu. Die Gene sind Nucleoproteidmoleküle (→ Nucleinsäuren). Im Erbgang lassen sich Gesetzmäßigkeiten beobachten, die zuerst von Mendel (1865) durch planmäßige Kreuzungen an Erbsen entdeckt wurden. **1) Uniformitätsgesetz.** Kreuzt man 2 versch. reinerbige Rassen miteinander, so sind die Nachkommen der 1. Tochtergeneration **(1. Filialgeneration, F_1)** untereinander gleich (uniform). Kommt in der F_1 nur das Merkmal des einen Elternteils zum Vorschein, so spricht man von **dominantem,** i. Ggs. zum **rezessiven** Erbgang bei dem jeweils nicht ausgebildeten Merkmal. Beim **intermediären** (zwischenelterl.) Erbgang liegt Merkmal der F_1 zw. denen der Eltern. **2) Spaltungsgesetz.** Kreuzt man die Individuen der F_1 untereinander, so spaltet die F_2 auf in best. Zahlenverhältnissen. Dabei treten auch stets die gegensätzl. Merkmale der ursprüngl. Elterngeneration wieder hervor. **3) Unabhängigkeitsgesetz.** Kreuzt man Rassen, die sich in mehreren Merkmalen unterscheiden, so vererben sich die einzelnen Merkmale unabhängig voneinander.

Die **Mendelschen Gesetze** erklären sich aus den Zellvorgängen bei der Keimzellenreifung. Die Ausbildung eines Merkmals wird durch Erbanlagen bewirkt, die in den Körperzellen paarweise, also doppelt vorhanden sind. Bei der Reifeteilung der Keimzellen tritt eine Halbierung des Chromosomensatzes (→ Kernteilung) und damit der **Erbmasse** ein **(Reduktionsteilung).** Mischerbige **(heterozygote)** Individuen spalten in der nächsten Generation auf, reinerbige **(homozygote)** nicht. Im dominanten Erbgang tauchen in der F_2 Individuen auf, die in ihrem Erscheinungsbild **(Phaenotypus)** übereinstimmen, im Erbbild **(Genotypus)** voneinander abweichen. Mischerbigkeit kann nur durch Weiterzucht nachgewiesen werden.

Auch die Ausbildung des Geschlechts unterliegt den Gesetzen der V. und wird bestimmt durch das **Geschlechtschromosom.** Dieses X-Chromosom ist beim weibl. Individuum meist paarig (XX), beim männl. unpaarig. (XY). Geschlechtsgebundene Merkmale (z. B. Bluterkrankheit, Rotgrünblindheit) sind durch bes. Gene im X-Chromosom bedingt. Die Gültigkeit der V.-Gesetze beim Menschen wird mit Hilfe der sippenkundl., der statist. und der Zwillingsmethode erforscht. Erblich bedingt sind körperl. und geistig-seel. Eigenschaften, zahlreiche Krankheiten (z. B. Taubstummheit, Schwachsinn).

Verfahren das, ⚖ Folge von Rechtshandlungen vor Gerichten oder Verwaltungsbehörden zur Erledigung einer Einzelsache.

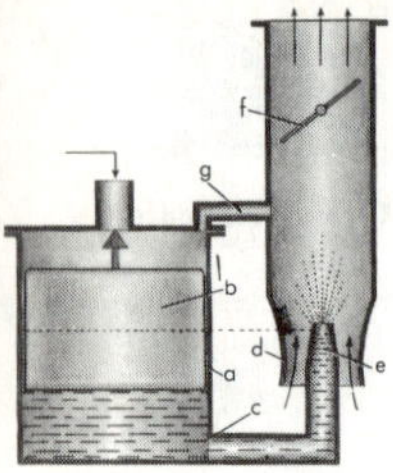

Vergaser, a Schwimmergehäuse, b Schwimmer, c Hauptdüse, d Lufttrichter, e Kraftstoffaustritt, f Drosselklappe, g Belüftung

Vergil (aus einem röm. Mosaik, 1. Jh. n. Chr.)

Vergißmeinnicht: Sumpf-V.

Verfahrens|technik, wissenschaftlich-techn. Erforschung der Verfahren für stoffl. Änderungen: Reaktionstechnik (chem. Reaktionen), mechan. V. (Zerkleinern, Filtern u. a.) und therm. V. (Destillation u. a.).

Verfassung die, **1)** geschriebene oder ungeschriebene Grundsätze über Aufbau und Tätigkeit, bes. über die Form und Willensbildung des Staates, die Rechtsstellung der Regierung und der Staatsbürger; auch die diese Grundsätze enthaltende Urkunde (V.-Urkunde, Staatsgrundgesetz). Der Inhalt der V. ist nach der Staatsform verschieden. Geschaffen wird die V. vom Träger der V.-Gewalt, in der Demokratie durch ein von Volksvertretern beschlossenes Gesetz, oft bestätigt durch eine Volksabstimmung. **2)** grundlegende Satzung einer Vereinigung oder Körperschaft.

Verfassungs|änderung, Änderung des geltenden Verfassungsrechts; sie ist i. a. von einer qualifizierten Mehrheit (z. B. ⅔-Mehrheit) der an der Gesetzgebung beteiligten Körperschaften abhängig.

Verfassungsbeschwerde, Bundesrep. Dtl.: Rechtsschutzmittel des einzelnen zur prozessualen Durchsetzung der Grundrechte und gegen verfassungswidrige Eingriffe der Staatsgewalt.

Verfassungsgerichtsbarkeit, das einem höchsten Gericht übertragene Verfahren zur Entscheidung bestimmter verfassungsrechtl. Streitigkeiten; in der Bundesrep. Dtl. das Bundesverfassungsgericht und für die einzelnen Länder Staats- oder Verfassungsgerichtshöfe.

Verfassungskonflikt, Streit zw. Staatsorganen (z. B. Parlament und Regierung) um ihre verfassungsmäßigen Rechte.

Verfassungsschutz, alle Maßnahmen zum Schutz der Verfassung; in der Bundesrep. Dtl. von **V.-Ämtern** der Länder und des Bundes wahrgenommen; polizeil. Exekutiv- und Aufsichtsbefugnisse stehen ihnen nicht zu.

Verflüssigung die, Überführung von Gasen in den flüssigen Zustand durch Abkühlung unter die Siedetemperatur.

Verfolgungswahn, volkstüml. Bez. für eine Krankheitserscheinung bei versch. seelischen Krankheiten.

Verfremdung, in der Literatur: das Verändern gewohnter Erscheinungen ins Ungewöhnliche, ein Kennzeichen jeder stark stilisierenden Kunst. Für das Drama wurde der V.-Effekt bes. von B. Brecht gefordert, um im Dargestellten den Charakter des »Gezeigten« zu wahren.

Verfügung die, ⚖ i. Ggs. zu Urteilen und Beschlüssen eine prozeßleitende Anordnung des Richters. – Bürgerl. Recht: Rechtshandlung, durch die unmittelbar ein Recht aufgehoben, übertragen, belastet oder inhaltl. verändert wird. – Verwaltungsrecht: ein Verwaltungsakt, der ein Ge- oder Verbot enthält (z. B. Polizei-V.).

Verführung eines Mädchens unter 16 Jahren zum Beischlaf wird auf Antrag der Eltern oder des Vormundes mit einer Freiheitsstrafe bis zu 1 Jahr bestraft (§ 182 StGB).

Verga, Giovanni, ital. Schriftst., *1840, †1922, schilderte in naturalist. (veristischem) Stil sizilian. Bauern (»Die Familie Malavoglia«).

vergällen, denaturieren, Stoffe für den menschl. Genuß unbrauchbar machen.

Vergangenheit die, Ⓢ Abwandlungsform des Zeitworts im → Präteritum: → Imperfekt, → Perfekt und → Plusquamperfekt.

Vergaser der, ⊙ Teil des Ottomotors, der den flüssigen Brennstoff zerstäubt und das für die Verbrennung notwendige Kraftstoff-Luft-Gemisch herstellt. Der Kraftstoff fließt vom Tank über das Schwimmergehäuse zur Zerstäuberdüse; ein Schwimmer mit Nadelventil regelt die Kraftstoffzufuhr. An der Zerstäuberdüse wird der Kraftstoff von der in die Zylinder gesaugten Luft erfaßt und fein zerstäubt, so daß er anschließend teilweise verdampft. Bei **schwimmerlosen V.** regelt ein System von Membranen die Kraftstoffzufuhr. Beim **Fallstrom-V.** geht der Gemischstrom von oben nach unten, beim **Schrägstrom-V.** schräg nach unten, beim **Flachstrom-V.** waagerecht, beim **Steigstrom-V.** (heute selten) ist er aufsteigend. **Doppel-V.** werden für getrennte Ansaugrohre verwendet. Alternative: → Einspritzmotor.

Vergasung die, ⚗ Umwandlung eines festen Brennstoffs in Gas, z. B. durch Erhitzen unter unzureichender Luftzufuhr und Zusatz von Wasserstoff, Wasserdampf u. a.

Vergehen das, ⚖ rechtswidrige Tat, die mit Freiheitsstrafe im Mindestmaß von weniger als einem Jahr oder mit Geldstrafe bedroht ist.

Vergesellschaftung die, **1)** Ökologie: Zusammenleben versch. Arten (Pflanzen, Tiere). **2)** Überführung privater wirtschaftl. Unternehmen in Gemeineigentum.

Vergewaltigung die, → Notzucht.

Vergiftung die, **1)** ♡ Erkrankung durch Giftwirkung; kann durch innerl. Aufnahme, durch Einspritzung unter die Haut oder durch Einatmen von Giften eintreten. **2)** ⚖ absichtl. Beibringen von Gift, um die Gesundheit eines anderen zu schädigen; Freiheitsstrafe bis zu 10 Jahren, bei Todesfolge nicht unter 10 Jahren. (§ 229 StGB).

Vergil, Publius **Vergilius Maro,** röm. Dichter, *70 v. Chr., †19 v. Chr., schrieb 10 Hirtengedichte (»Eclogae« oder »Bucolica«), pries in den »Georgica« den Landbau und unternahm in der »Aeneis« eine Deutung der weltgeschichtl. und sittlichen Sendung Roms von der Augusteischen Ordnung her, in der V. die Vollendung der Geschichte Roms sah. In der roman. Welt gilt V. bis heute als »Vater des Abendlandes«.

Vergißmeinnicht das, krautige Boretschgewächse mit meist blauen Blüten.

Vergleich der, ⚖ Vertrag, durch den ein Streit oder die Ungewißheit der V.-Partner über ein Rechtsverhältnis durch gegenseitiges Nachgeben beseitigt wird (§ 779 BGB). Vor Gericht zur Beilegung eines Rechtsstreites geschlossener V. (Prozeß-V.) ist ein vollstreckbarer Schuldtitel. **V.-Verfahren,** gerichtl. Verfahren, das auf Antrag eines zahlungsunfähigen Schuldners (V.-Schuldners) vom Amtsgericht zur Abwendung des Konkurses durchgeführt werden kann. Ziel: Entschuldung durch Stundung oder Erlaß eines Teils der Verbindlichkeiten unter Aufrechterhaltung des Geschäftsbetriebes.

Vergnügungssteuer, früher **Lustbarkeitsteuer,** Verbrauchsteuer, die die Gemeinden auf Grund der Landes-V.-Gesetze und der Gemeindesteuerverordnungen von Veranstaltern von Vergnügungen (z. B. Tanz-, Theater-, Kino-, Sportveranstaltungen) erheben.

vergolden, Gold auf andere Gegenstände bringen durch Kathodenzerstäubung, galvanisch, als Blattgold, als Goldbronze.

Vergrößerungs|apparat, Gerät zum Herstellen vergrößerter Positive von photograph. Negativen.

Vergrößerungsglas, die Lupe.

vergüten, 1) ⊙ Stähle durch Härten und Anlassen verbessern. **2)** Oberfläche opt. Linsen mit einer dünnen Schicht von Magnesium- oder Lithiumfluorid überziehen zur Verminderung der Reflexionsverluste oft mehrschichtig (Multicoating).

Verhaeren [vɛrar'ɛn], Émile, belg. Dichter, *1855, †1916; Gedichte über die von der Technik bestimmte Welt; Bühnenwerke.

Verhaftung die, ⚖ Festnahme einer Person: **1)** bei Verfolgung einer Straftat (→ Untersuchungshaft); **2)** aus polizeil. Gründen (→ Schutzhaft); **3)** zur Erzwingung der eidesstattlichen Versicherung.

Verhaltensforschung, Verhaltensphysiologie, Ethologie, die Untersuchung des Verhaltens von Mensch und Tier, als Forschungsrichtung von K. Lorenz begründet.

Verhältnis das, meßbare vergleichbare Beziehung.

Verhältniswort, Präposition [lat.] die, Ⓢ Wortart, die Hauptwörter in besondere Beziehung setzt, z. B. hinsichtlich, mittels, oberhalb, außer, entsprechend, seit, ohne, an, auf, für.

Verhör das, ⚖ Vernehmung, Befragung durch den Richter oder die Polizei.

verhütten, ⊙ Erze auf technisch wichtige Bestandteile verarbeiten.

verifizieren [lat.], beglaubigen, die Richtigkeit dartun. Hptw.: die **Verifikation.**

Verismus der, in Italien eine vom frz. Naturalismus angeregte literar. Strömung, die sich um Zeitprobleme bemühte. Hauptvertreter G. Verga. Auch die ital. Oper (P. Mascagni, R. Leoncavallo) schloß sich dem V. an.

veritabel [frz.], wahrhaft.

Verjährung die, **1)** im bürgerl. Recht der Verlust eines Anspruchs durch Zeitablauf. Der Schuldner kann Leistung verweigern, das trotz V. Geleistete aber nicht zurückfordern. Die V.-Frist beträgt 30 Jahre; teilweise auch kürzere Fristen. Die V. wird u. a. durch Klageerhebung unterbrochen. **2)** im Strafrecht unterscheidet man V. der Strafverfolgung (abgestuft nach der angedrohten Strafe) und V. der Strafvollstreckung (abgestuft nach der Höhe der verhängten Strafe). Verbrechen des Völkermordes sowie des Mordes verjähren nicht (Ges. v. 16. 7. 1979). **3)** im Steuerrecht verjähren die Ansprüche auf Zölle und Verbrauchsteuern in 1 Jahr, auf die übrigen Steuern in 5 Jahren, auf hinterzogene Steuern in 10 Jahren.

Verjüngung die, **1)** ♡ ⚘ erstrebte Verzögerung des Alterns; hierzu dienen zunächst gesundheitsfördernde Lebensweise und Vermeiden schädl. Umwelteinflüsse. Am häufigsten werden zu einer vermeintl. V. verwendet: männl. und weibl. Geschlechtshormone, Vitamin- und Aufbaupräparate, Zelltherapie (z.B. mit Frischzellen). **2)** ‡ Gründung eines jungen Bestandes als Nachfolger eines Vorbestandes. **3)** Gartenbau: bei Holzgewächsen das Entfernen alten Holzes oder starker Rückschnitt.

Verkabelung, U für den Aufbau von Breitbandkabelnetzen in der Bundesrep. Dtl.; dienen der Nutzung neuer Informationstechniken (→ ISDN).

Verkalkung, Sklerose [grch.] die, ♡ krankhafte Verhärtung von Geweben und Organen durch Ablagerung von Calciumsalzen (→ Arterienverkalkung).

Verkehr der, Beförderung von Personen, Gütern und Nachrichten unter Benutzung der V.-Mittel (Kraftfahr-, Flugzeug, Eisenbahn, Schiff), V.-Anlagen (Post, Draht, Funk) und der V.-Wege (Straßen, Schienen, Kanäle). Man unterscheidet: **Personenverkehr** (Berufs-, Reise-, Fremden-V.), **Güterverkehr** (wirtschaftl. bes. bedeutungsvoll) und **Nachrichtenverkehr** (Postdienste, Telekommunikation). Die Träger sind teils verstaatlicht, teils in privater Hand.

Verkehrs|erziehung, Gesamtheit der erzieher. Maßnahmen zur Hinführung zu einem verantwortungsbewußten, verkehrsgerechten Verhalten (vorschulische V., Jugend-V., Erwachsenen- und Alten-V.).

Verkehrsfunk, im Normalfall vom Rundfunk gesendete Durchsagen, die den Autofahrer am Steuer über die Verkehrslage informieren sollen. In der Bundesrep. Dtl. ist seit 1974 das UKW-Kennsignal-System, auch ARI (Autofahrer-Rundfunk-Information)genannt,eingeführt. **(Autofahrerwelle** oder **Servicewelle).**

Verkehrsgefährdung, Beeinträchtigung der Sicherheit des Straßenverkehrs, bes. dadurch, daß jemand Anlagen oder Beförderungsmittel beschädigt, trotz Trunkenheit, geistiger oder körperl. Mängel ein Fahrzeug führt, in grob verkehrswidriger und rücksichtsloser Weise die Vorfahrt nicht beachtet, falsch überholt usw. und dadurch eine Gemeingefahr herbeiführt. Strafe: Freiheitsentzug bis zu 5 Jahren (§§ 315b, c, 316 StGB).

Verkehrs|insel, inmitten der Fahrbahn angelegte erhöhte Stelle, die Fußgängern das Überqueren erleichtern soll.

Verkehrspolizei, uniformierte Polizei zur Regelung und Überwachung des Straßenverkehrs.

Verkehrs|sünderkartei, U für → Verkehrszentralregister.

Verkehrsverbund, im öffentl. Personenverkehr die koordinierte Verkehrsbedienung eines zusammengehörigen Gebietes. Versch. Verkehrsunternehmen arbeiten zusammen in Linienführung, Netz- und Fahrplangestaltung und Fahrscheinanerkennung.

Verkehrsvertrag, Vertrag zw. der Bundesrep. Dtl. und der Dt. Dem. Rep. über Fragen des Verkehrs; regelte 1972-90 den Verkehr zw. beiden Staaten.

Verkehrsvorschriften (hierzu FARBTAFEL Verkehrszeichen), Gesamtheit der Vorschriften, die den Luft-, Binnenschiffahrts-, See-, Eisenbahn- und bes. den Straßenverkehr regeln. Für den letzteren gelten in der Bundesrep. Dtl. bes. das **Straßenverkehrsges. (StVG)** v. 19. 12. 1952 zuletzt geändert am 28. 12. 1982, die **Straßenverkehrsordnung (StVO)** i. d. F. v. 16. 11. 1970 und die **Straßenverkehrs-Zulassungsordnung (StVZO)** i. d. F. v. 15. 11. 1974. Verstöße gegen die Verkehrsvorschriften können mit der gebührenpflichtigen Verwarnung oder durch Bußgeld geahndet werden. Durch das Zweite Ges. zur Sicherung des Straßenverkehrs (in Kraft seit dem 2. 1. 1965) sind die Strafen für Verkehrsdelikte verschärft worden. Höchststrafe für Trunkenheit am Steuer, auch wenn kein Unfall verursacht worden ist, bis zu einem Jahr Freiheitsentzug (§ 316 StGB); für Fahren ohne Fahrerlaubnis: ein Jahr Freiheitsentzug und Einziehung des Fahrzeugs (§ 21 StVG), für Ordnungswidrigkeiten 1000 DM Geldbuße. Der Entzug der Fahrerlaubnis kann schon durch Strafbefehl erfolgen.

Verkehrswacht, gemeinnützige Selbsthilfeorganisationen, die zur Unfallverhütung, Verkehrssicherheit und Hebung des Verantwortungsbewußtseins im Straßenverkehr beitragen wollen; organisiert in Vereinen auf Orts-, Landes-, Bundesebene. Verkehrserziehungswochen, Kurse u. a.

Verkehrszeichen, Zeichen zur Verkehrsregelung: Gefahr-, Vorschrift- (Gebots-, Verbotszeichen) und Richtzeichen (FARBTAFEL S. 938).

Verkehrseinrichtungen heißen die durch Hand gesteuerten Farbzeichen, die selbsttätigen Lichtzeichen, ferner die Schranken, Seil- und Ketten- u.a. Absperrungen, Leiteinrichtungen, Parkuhren.

Verkehrszentralregister, 🚗 beim Kraftfahrt-Bundesamt in Flensburg für die Bundesrep. Dtl. zentral geführte Kartei (»Verkehrssünderkartei«) zur Registrierung von Entscheidungen der Verwaltungsbehörden über Versagung und Entziehung der Fahrerlaubnis, Fahrlehrererlaubnis und von Verurteilungen u. a. wegen eines Verkehrsdelikts.

Verklappen, Verklappung, das Versenken von z. T. giftigen Abfallstoffen (Dünnsäure, Klärschlamm) durch Schiffe auf See.

Verkleinerungswort, → Diminutivum.

Verkohlung die, Umwandlung organ. Stoffe in Kohle durch trockene Destillation oder Erhitzen unter Luftabschluß.

1-24 Gefahrzeichen. **1** Gefahrstelle. **2** Kreuzung oder Einmündung mit Vorfahrt von rechts. **3** Kurve. **4** Doppelkurve. **5** Gefälle. **6** Unebene Fahrbahn. **7** Schleudergefahr. **8** Steinschlag. **9** Seitenwind. **10** Verengte Fahrbahn. **11** Baustelle. **12** Gegenverkehr. **13** Bewegliche Brücke. **14** Ufer. **15** Lichtsignalanlage. **16** Fußgängerüberweg. **17** Kinder. **18** Radfahrer kreuzen. **19** Wildwechsel. **20** Bahnübergang mit Schranken oder Halbschranken. **21** Unbeschrankter Bahnübergang. **22** Dreistreifige Bake (rechts, 240 m); **23** zweistreifige Bake (links, 160 m); **24** einstreifige Bake (rechts, 80 m vor dem Bahnübergang). **25-47 Vorschriftzeichen.** **25** Andreaskreuz, Haltegebot an Bahnübergängen. **26** Vorfahrt gewähren. **27** Halt! Vorfahrt gewähren! **28** Zusatzschild, das den Verlauf der Vorfahrtstraße bekanntgibt. **29** Dem Gegenverkehr Vorrang gewähren! **30** Vorgeschriebene Fahrtrichtung. **31** Vorgeschriebene Vorbeifahrt. **32** Sonderweg für Radfahrer. **33** Sonderweg für Fußgänger. **34** Verkehrsverbot für Fahrzeuge aller Art. **35** Verbot für Kraftwagen. **36** Verbot für Lkw über ein zulässiges Gesamtgewicht. **37** Verbot der Einfahrt. **38** Schneeketten sind vorgeschrieben. **39** Einbahnstraße. **40** Zulässige Höchstgeschwindigkeit. **41** Vorgeschriebene Mindestgeschwindigkeit. **42** Überholverbot. **43** Ende der Mindestgeschwindigkeit. **44** Ende sämtlicher Streckenverbote. **45** Halteverbot. **46** Eingeschränktes Halteverbot. **47** Taxenstand. **48-72 Richtzeichen.** **48** Vorfahrt. **49** Vorfahrtstraße. **50** Ende der Vorfahrtstraße. **51** Vorrang vor dem Gegenverkehr. **52** Fußgängerüberweg. **53** Einbahnstraße. **54** Zollstelle. **55** Bedarfsumleitung für den Autobahnverkehr. **56** Kraftfahrstraße. **57** Parkplatz. **58** Parken auf Gehwegen. **59** Autobahn. **60** Ende der Autobahn. **61** Sackgasse. **62** Pannenhilfe. **63** Richtgeschwindigkeit. **64** Ortstafel, Vorderseite. **65** Ortstafel, Rückseite. **66** Nummernschild für Bundesstraßen. **67** Nummernschild für Europastraßen. **68** Tafel für Orts- und Flußnamen. **69** Vorwegweiser an Bundesstraßen. **70** Wegweiser für den Lkw-Verkehr. **71** Wegweiser für Straßen außer Bundesstraßen. **72** Wegweisertafel

Verkröpfung die, 🏛 Führung eines Gesimses um Mauervorsprünge, Säulen, Pfeiler.

Verkündung die, ⚖ mündl. Bekanntmachung gerichtl. Entscheidungen sowie die Veröffentlichung gesetzl. Vorschriften.

Verlag der, **1) V.-System,** gewerbl. Organisation, → Heimarbeit. **2)** Zwischenhandelsgeschäft, z. B. Bier-V. **3) V., V.-Buchhandel,** Zweig des → Buchhandels, der sich auf Grund eines V.-Vertrags (V.-Ges. von 1901, → Urheberrecht), bei urheberrechtl. freien Werken ohne diesen, der Vervielfältigung und Verbreitung von Werken des Schrifttums, der Kunst und Musik widmet, die oft erst auf seine Anregung entstehen (dann auch auf Grund von Werkverträgen). Der Besitzer eines V. heißt **Verleger** (etwa seit 1550). Bes. die Literaturblüte der Klassik brachte in Dtl. die Entwicklung der großen V. wie Cotta, Göschen, Brockhaus, Vieweg. Die größten dt. V.-Orte waren 1927: Berlin, Leipzig, München, Stuttgart, Frankfurt a. M., Dresden; 1979: Berlin (-W und -O), München, Stuttgart, Frankfurt a. M., Hamburg, Köln, Wiesbaden; Leipzig hat die alte Vorrangstellung nicht wieder erreicht. **V.-Recht,** ⚖ Rechtsbeziehungen zw. dem Verfasser eines Literatur- oder Musikwerkes und einem Verleger; sie betreffen bes. die Herstellung, Vervielfältigung und Verbreitung des Werkes sowie die Vergütung des Verfassers.

Verlaine [vɛrl'ɛːn], Paul, frz. Dichter, *1844, †1896; Hauptvertreter des Symbolismus.

Verleumdung die, → Beleidigung.

Verlöbnis das, **Verlobung** die, ⚖ gegenseitiges Versprechen, die Ehe miteinander einzugehen. Aus dem V. kann nicht auf Eingehung der Ehe geklagt werden. Ungerechtfertigter Rücktritt vom V. verpflichtet zum Schadensersatz (→ Defloration).

Verlust der, 𝒶 Differenz zw. höherem Aufwand und niedrigerem Ertrag im Geschäftsjahr.

Vermächtnis, Legạt das, Zuwendung eines Vermögensvorteils durch eine Verfügung von Todes wegen an eine Person, die nicht als Erbe eingesetzt wird (§ 1939 BGB). Der V.-Nehmer erwirbt mit dem Erbfall einen schuldrechtl. Anspruch gegen den Erben auf Gewährung des Vermachten.

Vermeer van Delft, Jan, niederländ. Maler, *1632, †1675, Meister der im Licht leuchtenden Farbe, bes. Innenraumbilder. (BILD niederländische Kunst)

Vermessungs|ingenieur, Geometer, Landmesser, Feldmesser, nimmt Längen-, Flächen- und Höhenmessungen und Kartierungen vor.

Vermessungskunde, Geodäsịe die, Lehre von der Bestimmung der gegenseitigen Lage von Punkten auf der Erde durch Messen, trigonometr. Rechnungen und zeichner. Darstellung.

Vermeylen [fərm'ɛjlə], August, fläm. Schriftst., Kunsthistoriker, *1872, †1945; symbol. Erz. »Der ewige Jude«, autobiograph. Roman »Zwei Freunde«.

Vermietung, ⚖ → Miete.

Vermißte, → Todeserklärung.

Vermittlungsausschuß, in der Bundesrep. Dtl. ein Ausschuß aus Mitgl. des Bundestags und Bundesrats, der bei Meinungsverschiedenheiten zw. beiden Körperschaften in nicht-öffentlicher Sitzung über Gesetzesvorlagen nochmals berät.

Vermittlungstechnik, Teil der Nachrichtentechnik, stellt eine gewünschte Verbindung zw. 2 oder mehreren Teilnehmern eines Fernmeldedienstes her, urspr. durch Handvermittlung, heute durch weltweiten Selbstwählverkehr. Als wirtschaftlichster Ersatz der derzeitigen Analog-Systeme gilt ein digitales Telephonie-Netz mit Analog-Digital-Wandlung direkt beim Teilnehmer; Einführung in der Bundesrep. Dtl. vorgesehen (→ ISDN).

Vermögensbildungsgesetz, das Ges. zur Förderung der Vermögensbildung der Arbeitnehmer v. 12. 7. 1961, v. 1. 7. 1965 und von 1969 i. d. F. v. 15. 1. 1975, begünstigt vermögenswirksame Leistungen der Arbeitgeber.

Vermögensteuer, Besitzsteuer, deren Bemessungsgrundlage das Vermögen ist, in der Bundesrep. Dtl. geregelt durch das V.-Ges. v. 17. 4. 1974 (samt Änderungen) sowie das Bewertungsges. – Der Ertrag der V. fließt den Ländern zu.

Vermont [vəm'ɔnt], Abk. **Vt.,** einer der Neuenglandstaaten der USA, in den nördl. Appalachen; 24 887 km², 541 500 Ew.; Hptst. Montpelier. Viehzucht; Marmor-, Granit-, Asbestgewinnung; Maschinen- u. a. Ind. ⊕ S. 494.

Verne [vɛrn], Jules, frz. Erzähler, *1828, †1905; phantastisch-abenteuerl. Zukunftsromane. »20 000 Meilen unter dem Meer« u. a.

Vernetzung, ⚗ Bildung molekularer Kunststoffnetzwerke durch dreidimensionale Verknüpfung von Kettenmolekülen, z. B. zur Härtung von Duroplasten.

Vernissage [verniːs'aʒ], Besichtigung einer (Kunst-)Ausstellung am Vortag der Eröffnung durch geladene Gäste, Freunde und Förderer des Künstlers.

Vernunft die, → Verstand.

Verọna, befestigte Stadt in Norditalien, an der Etsch, 259 000 Ew., hat röm. Bauten (Amphitheater), Dom, alte Paläste; Handel und Ind. – V. war Herrschersitz des Ostgotenkönigs Theọderich d. Gr., kam 1405 an Venedig, 1797 an Österreich, 1866 an Italien.

Veronẹse, Paolo, eigtl. **Caliari,** ital. Maler, *1528, †1588; glanzvolle, weltzugewandte Tafel- und Wandbilder.

Verọnika [grch.-lat. »Siegbringerin«], Heilige (Tag 4. 2.), reichte nach der Legende dem kreuztragenden Christus ihren Schleier, auf dem sich sein Gesicht abdrückte **(Schweißtuch der V.).**

Verordnung, Abk. **VO,** von einer Verwaltungsbehörde erlassene allg. Anordnung.

Verpfändung die, → Pfandrecht.

Verpuffungs-Strahltriebwerk, → Strahltriebwerk.

Verrat der, pflichtwidrige Preisgabe von Geheimnissen (→ Hochverrat, → Landesverrat).

Verrechnung die, Ausgleich von Forderungen und Verbindlichkeiten zw. 2 oder mehreren Personen, im Außenhandel zw. Staaten. **V.-Einheit,** Währungseinheit, zu der die an einem Zahlungsabkommen beteiligten Länder abrechnen. **V.-Preise,** Preise oder Rechnungsziffern für die innerbetriebl. Abrechnung zw. einzelnen Abteilungen. **V.-Scheck,** Scheck, der nicht bar ausgezahlt, sondern dem Konto des Vorlegers gutgeschrieben wird.

Verrẹnkung, Luxatiọn [lat.] die, ♡ krankhafter Zustand, bei dem das Gelenkende des einen Knochens das Gelenklager des anderen teilweise oder völlig verlassen hat.

Verrichtungsgehilfe, ⚖ Person, die von einer anderen, dem Geschäftsherrn, zu einer Verrichtung bestellt ist. Der V. verpflichtet den Geschäftsherrn nach § 831 BGB zum Schadenersatz, wenn er in Ausübung der Verrichtung einem Dritten widerrechtl. Schaden zufügt.

Verrocchio [verr'ɔkkio], Andrea del, eigtl. **del Cione,** ital. Bildhauer, Maler, *1436, †1488, Lehrer Leonardos; Reiterdenkmal des Colleoni in Venedig.

Vers [lat.] der, rhythm. Glied einer Dichtung in gebundener Rede (Gedicht, V.-Novelle, -erzählung, -roman); wird durch Zeilenende, bei Dichtungen mit Endreim auch durch den Reim abgeschlossen. Die Lehre vom **V.-Maß (Metrum),** der einem V. eigentüml. Form, heißt **V.-Lehre** oder **Metrik.** Es gibt im V. 3

Verlaine

Verne

Hl. Veronika (Nürnberg, St. Lorenz)

Verrocchio: Der ungläubige Thomas

Möglichkeiten der Sprachbehandlung: 1) quantitierende (messende), 2) akzentuierende, 3) alternierende. Beim quantitierenden V.-Bau der altgrch. und altröm. V.-Kunst entsteht der V.-Rhythmus durch die Quantitäten (Dauerzeiten der Silben: lang, kurz). Beim akzentuierenden V.-Bau der deutschen V.-Kunst fallen Hebungen und Senkungen des V.-Rhythmus grundsätzlich mit den Hebungen und Senkungen des natürl. Sprachrhythmus zusammen. V.- und Sprachbetonung stimmen überein. Beim alternierenden V. herrscht regelmäßiger Wechsel von einsilbiger Hebung und Senkung. Die kleinste rhythm. Einheit des V. ist der **V.-Fuß** (→Anapäst, →Iambus, →Trochäus, →Daktylus). Als V.-Schmuck kommen vor: der →Stabreim, der →Reim, die →Assonanz. Die einzelnen V. werden zur Strophe gebunden. In neuerer Zeit verwendet man vielfach freie Rhythmen.

Ver sacrum [lat.] das, altitalischer Brauch, nach dem man in Notzeiten die im Frühling geborenen Tiere und Menschen, auch den Feldertrag eines Jahres den Göttern weihte.

Versailler Schloß [vɛrs'ajər-], unter Ludwig XIV. seit 1661 erbaut, anfangs unter Leitung von L. Le Vau, seit 1678 von J. Hardouin-Mansart. Der in klass. gemäßigtem Barock errichtete Bau umfaßt außer den königl. Wohnräumen die Spiegelgalerie, die Schloßkapelle und ein Theater. Der riesige Park mit Wasserbecken, Wasserspielen, Bildwerken wurde seit 1661 von A. Le Nôtre angelegt. In seinem südl. Teil 2 kleinere Schlösser (→Trianon). Das V. S. ist heute Nationalmuseum.

Versailler Vertrag, der am 28. 6. 1919 in Versailles von den Alliierten und Assoziierten Mächten und dem Dt. Reich zur Beendigung des 1. Weltkrieges unterzeichnete Vertrag, am 10. 1. 1920 in Kraft getreten.

INHALT. Die Kreise Eupen und Malmédy fielen an Belgien, an Frankreich Elsaß-Lothringen und die Saarkohlengruben. Das Saargebiet wurde für 15 Jahre dem Völkerbund unterstellt (Abstimmung 1935). An Polen fiel der Hauptteil der Provinzen Posen und Westpreußen. Volksabstimmungen wurden vorgesehen für die west- und ostpreuß. Bezirke Allenstein und Marienwerder sowie für Oberschlesien. Danzig wurde durch den Einfluß L. Georges als Freistaat unter den Schutz des Völkerbundes gestellt. An die Tschechoslowakei fiel das zu Schlesien gehörende Hultschiner Ländchen. An Dänemark fiel Nordschleswig nördl. der »Clausenlinie« durch Volksabstimmungen. Das zunächst an die Alliierten abgetretene Memelland wurde 1923 Litauen zugesprochen. Der vom österr. Parlament beschlossene Anschluß der neugebildeten Rep. Österreich an das Reich wurde verboten. Das Reich mußte auf Kolonien verzichten. Die dt. Ströme wurden internationalisiert, das linke Rheinufer mit den Brückenköpfen Kehl, Mainz, Koblenz und Köln 15 Jahre besetzt; das Rheinland entmilitarisiert. Die Entwaffnungsbestimmungen sollten den »Anfang einer allg. Rüstungsbeschränkung aller Nationen« ermöglichen. Das dt. Heer wurde auf ein Berufsheer beschränkt (→Reichswehr), dem Reich der Besitz größerer Schiffseinheiten, der Bau von Unterseebooten, Flugzeugen, modernen und schweren Waffen verboten, der Generalstab aufgelöst. Zur Überwachung wurde eine Militärkontrolle eingesetzt. Zur Rechtfertigung der →Reparationen diente der Art. 231, der Dtl. die Schuld am Ausbruch des Krieges zuwies. Der größte Teil der dt. Handelsflotte wurde ausgeliefert, das dt. Privateigentum im feindl. Ausland enteignet. Gefordert, jedoch nicht durchgesetzt, wurde die Auslieferung des Kaisers sowie die von 895 als »Kriegsverbrecher« bezeichneten Deutschen.

ENTWICKLUNG NACH 1920 (→Weimarer Republik). Der Vertrag wurde von den USA nicht ratifiziert (Sonderfriede 1921). Der V. V. ist auch im Lager der Sieger oft Gegenstand der Kritik gewesen. Ein Teil der wirtschaftl. Auswirkungen wurde durch die Verständigungspolitik G. Stresemanns gemildert. Der Kampf gegen den V. V. war ein Kernstück der nat.-soz. Propaganda.

Versailler Schloß

Versailles [vɛrs'aj], Stadt im SW von Paris, 91 500 Ew.; Schloß (→Versailler Schloß), mit Park. – 1672-1789 Residenz der frz. Könige. Dem nordamerikan. Unabhängigkeitskrieg machte der **Friede von V.** 1783 zw. Frankreich, Spanien, den USA und England ein Ende. Durch die Novemberverträge von V. traten die süddt. Staaten 1870 dem Norddt. Bund bei; am 18. 1. 1871 wurde Wilhelm I. zum Dt. Kaiser ausgerufen; am 26. 2. 1871 **Vorfriede von V.** (→Deutsch-Französischer Krieg von 1870/71). 1871-79 tagte die frz. Nationalversammlung in V. →Versailler Vertrag.

Versali|en [lat.] Mz., die großen Buchstaben.

Versammlung die, 1) zu bestimmtem Zweck zusammengekommene Menschen. 2) Reiten: Haltung des zugerittenen Pferdes, bei der sein Schwerpunkt durch stärkeres Biegen der Hinterhand und Aufrichten der Vorderhand nach rückwärts verschoben ist.

Versammlungsfreiheit, Recht der Bürger, sich friedlich und unbewaffnet zu versammeln; ein wesentliches, nur für Versammlungen unter freiem Himmel eingeschränktes Grundrecht jedes freiheitl. Staates, in der Bundesrep. Dtl. in Art. 8 GG garantiert.

Versandhandel, Betriebsform des Einzelhandels: Waren werden über Kataloge, Prospekte, Preislisten oder Vertreter an den Verbraucher abgesetzt; Bar- oder Teilzahlung.

Versäumnisverfahren, Zivilprozeß: Verfahren bei Nichterscheinen einer Partei zur mündl. Verhandlung. Auf Antrag der erschienenen Partei ergeht **Versäumnisurteil** gegen die nicht erschienene Partei. Gegen dieses Urteil kann innerhalb 2 Wochen (im Amtsgerichtsprozeß innerhalb einer Woche) Einspruch eingelegt werden.

Verschleppung die, -/-en, Strafrecht: V. begeht, wer einen anderen durch List, Drohung oder Gewalt in ein Gebiet außerhalb der Bundesrep. Dtl. verbringt.

Verschlußlaute, lat. **Mutae** Mz., Laute, die durch Lösung oder Sprengung des Verschlusses der Mundhöhe entstehen (p, t, k, b, d, g).

verschneiden, 1) →Kastration. 2) Mischen versch. Wein-, Rum- oder Essigsorten untereinander; das Ergebnis heißt **Verschnitt,** z. B. Rum-Verschnitt. Weinarten dürfen in der EG nicht verschnitten werden; dagegen ist das Verschneiden von Weinen gleicher Art mit Einschränkungen gestattet: Qualitätsweine müssen ausschließlich einem Anbaugebiet, solche mit Prädikat einem Bereich entstammen.

Verschollenheit die, → Todeserklärung.

Verschulden das, → Schuld.

Verschwörung die, geheime Verbindung mehrerer Personen, bes. gegen den Staat oder seine Einrichtungen; wird als Komplott (§ 30 StGB) bestraft.

Versehrte, bes. **Kriegsbeschädigte, Kriegsversehrte,** haben Anspruch auf → Versorgung.

Verseifung die, ⌬ hydrolyt. Zerlegung von Estern in Alkohole und Säuren (oder deren Salze); z.B. Spaltung der Fette in Seifen und Glycerin durch Kochen mit Alkalien.

Versetzungszeichen, ♩ das Zeichen für die Erhöhung (♯; Kreuz) oder Erniedrigung (♭; b) eines Tons um einen Halbton, doppelt geschrieben (♯♯ oder ♭♭) um 2 Halbtöne; wird durch → Auflösung aufgehoben.

Verseuchung, **1)** Durchdringung von Luft, Wasser und Festkörpern mit Schadstoffen, Krankheitserregern oder gefährl. Strahlen. Bei der **radioaktiven V.** sind Umwelt und Lebewesen durch radioaktive Isotope verunreinigt, von denen eine ständige Strahlenbelastung ausgeht. **2)** ✤ Wirkung des Einsatzes biolog. Kampfmittel.

Versicherung die, Deckung eines durch bestimmte Ereignisse hervorgerufenen Vermögensbedarfs durch Verteilung auf eine größere Anzahl Personen. Durch Zahlung eines Beitrags **(Prämie)** an den Versicherer deckt sich der Versicherte gegen die Wechselfälle des Lebens. Über den V.-Vertrag wird ein **V.-Schein (Police)** ausgestellt. – Man unterscheidet: 1) **Schaden-V.**, um einen Vermögensschaden zu ersetzen: **Sach-V.** (z.B. Feuer-V.), **Vermögens-V.** (z.B. Haftpflicht); 2) **Personen-(Summen-)V.**: z.B. Lebens-, Kranken-, Unfall-V. Die V. wird betrieben als private V. (Individual-V.) oder als öffentl. V. (→ Sozialversicherung). Die V. stehen unter staatl. Aufsicht. **V.-Amt,** Behörde, die die Geschäfte der Sozialversicherung wahrnimmt.

versiert [lat.], in einer Sache bewandert.

versilbern, eine Silberschicht auf Gegenstände aufbringen, meist galvanisch.

Version [lat.] die, Wendung, Fassung.

Versöhnungstag, hebr. **Jom Kippur,** hohes jüd. Fest am 10. des 7. Monats (Sept./Oktober), an dem der Hohepriester im alten Israel das Heiligtum, das Volk und sich selbst entsühnte.

Versorgung die, Sicherung des Lebensunterhaltes für Arbeitsunfähige, Ruheständler, Hinterbliebene. In der Bundesrep. Dtl. ist die V. nach der Erwerbstätigkeit geregelt: 1) **Beamten-V.** umfaßt Ruhegehalt, Unterhaltsbeitrag, Hinterbliebenen-V., Unfallfürsorge, Abfindung, Übergangsgeld; Regelung durch Bundes- und Ländergesetze. 2) Die **V. der Angestellten und Arbeiter des öffentl. Dienstes** regeln die soziale Rentenversicherung und eine V.-Anstalt. 3) Auf die **V. der verdrängten Angehörigen des öffentl. Dienstes** findet das BGB Anwendung. 4) Für die **V. der Opfer des Krieges** gelten das Bundes-V.-Ges. i.d.F. v. 22. 6. 1976 und andere Gesetze, das Schwerbehindertenges. v. 29. 4. 1974, das Wiedergutmachungsges. i.d.F. v. 15. 12. 1965, das Heimkehrerges. v. 19. 6. 1950, das Kriegsgefangenen-Entschädigungsges. i.d.F. v. 2. 9. 1971 sowie das Ges. über die Unterhaltsbeihilfe für Angehörige von Kriegsgefangenen i.d.F. v. 18. 3. 1964. 5) Die **V. der Soldaten** der Bundeswehr unterliegt dem Soldaten-V.-Ges. v. 26. 7. 1957 i.d.F. v. 1. 9. 1971. 6) Über die **V. der freien Berufe,** der Arbeiter und Angestellten der Wirtschaft → Lebensversicherung, → Rentenversicherung, → Altersversorgung.

Versorgungsbetrieb, Unternehmen zur Versorgung mit Wasser, Gas oder Elektrizität.

Verstaatlichung, → Sozialisierung.

Verstädterung die, **1)** Anwachsen der städt., bes. der großstädt. Bev. innerhalb der Gesamtbev. eines Landes. **2)** Vorherrschen städt. Lebensformen in urspr. ländl. Gebieten.

Verstand der, Fähigkeit des richtigen Erkennens und Beurteilens; bildet Begriffe, urteilt, schließt. Dagegen richtet sich die Vernunft auf die großen ganzheitl. Zusammenhänge; bei Kant: das höhere Erkenntnisvermögen.

Verstärker der, **1)** engl. **Amplifier** ['æmplıfaıə], Elektronik: Schaltung oder Gerät zur Verstärkung schwacher elektr. Spannungen und Ströme. Die Verstärkung geschieht mit Hilfe von Strömen elektr. Ladungsträger, deren Größe durch das zu verstärkende Signal gesteuert wird. Als Bauelemente werden Transistoren oder integrierte Schaltkreise **(Operationsverstärker)** verwendet (früher Elektronenröhren), die in mehreren Stufen hintereinander geschaltet sein können. Bes. rauscharm ist der **Reaktanz-V.** und der **Molekular-V.** (→ Maser). Als Licht-V. hat der → Laser große Bedeutung erlangt. **2)** photograph. Bäder, in denen das fertige, aber ungenügend belichtete Bild durch Anlagerung von Metallen oder Farbstoffen eine stärkere Deckung erhält.

Verstärkerröhren, ⚡ Elektronenröhren mit mindestens einem Gitter zur Verstärkung elektr. Spannungs- und Stromschwankungen.

Verstauchung, Distorsion [lat.] die, ♡ Dehnung oder Zerreißung von Gelenkbändern oder -kapseln, meist mit Bluterguß.

Versteigerung, Auktion [lat.] die, ⚖ öffentl. Verkauf von Sachen an den Meistbietenden. Jedes Gebot erlischt durch ein höheres; der Abschluß erfolgt durch den Zuschlag. **Freiwillige V.** werden durch staatlich zugelassene Versteigerer, → Zwangsversteigerungen durch Gerichtsvollzieher durchgeführt.

Versteinerung die, → fossil. **Versteinerungskunde,** Paläontologie.

Versteppung die, durch Eingriffe in den Wasserhaushalt der Natur (unsachgemäße Flußregulierung, übermäßige Rodung, Raubbau) bewirktes Absinken des Grundwasserspiegels. Es führt zur Austrocknung, Abspülung und Ausblasung des Oberbodens.

Verstopfung die, ♡ Störung der Darmtätigkeit mit ungenügender Stuhlentleerung **(Obstipation). Chronische V.** wird häufig verursacht durch Mangel an natürl. Kost und durch sitzende Lebensweise. Günstig wirken Obst, Gemüse, Schwarzbrot; sonst Massage, Einlauf, notfalls Abführmittel.

Versuch der, **1)** ⚖ im Strafrecht der Beginn der Ausführung einer Straftat mit dem Willen, diese zu begehen. Der V. eines Verbrechens ist stets, der V. eines Vergehens nur dann strafbar, wenn das Gesetz es ausdrücklich vorschreibt. Der V. wird milder bestraft als die vollendete Tat (§§ 23 StGB). **2)** wissenschaftl. Experimente.

Versuchs|schulen, Lehranstalten, an denen neue Organisations- und Unterrichtsformen sowie neue Inhalte und Methoden erprobt werden.

Vertebraten [lat.] Mz., die → Wirbeltiere.

Verteidigung die, **1)** ⚖ im Strafprozeß die Wahrnehmung der Interessen des Beschuldigten durch ihn selbst oder durch einen **Verteidiger.** Zum Verteidiger kann vom Beschuldigten jeder bei einem dt. Gericht zugelassene Rechtsanwalt und jeder Rechtslehrer einer dt. Hochschule gewählt werden **(Wahlverteidiger),** andere Personen nur mit Genehmigung des Gerichts. In den Fällen **notwendiger V.** ist die Mitwirkung eines Verteidigers (gegebenenfalls eines vom Gericht zu bestellenden **Pflicht-** oder **Offizialverteidigers**) notwendig. **2)** ⁂ Kriegs- oder Kampfführung zur Abwehr eines Angreifers.

Vertikutieren: OBEN und MITTE Vertikutiergerät mit pendelnden Messern; UNTEN Vertikutierstift

vertikal [lat.], senkrecht.

Vertikalstarter, Vertikalstartflugzeug, Senkrechtstarter, jedes Flugzeug einschließl. des Hubschraubers, das ohne An- und Ausrollen in annähernd vertikaler Richtung starten und landen kann. Starrflügelflugzeuge mit dieser Fähigkeit bilden i. e. S. die Gatt. der **Senkrechtstarter,** die ohne An- und Ausrollen senkrecht starten, auf der Stelle schweben, in den Waagerechtflug übergehen (Transition) und entsprechend wieder senkrecht landen können.

Vertiko das, Zierschrank mit kleinem Überbau.

Vertikutieren, Lockerung und Belüftung der Grasnarbe eines Rasens, die mit dem **Vertikutierer,** einem dem Handrechen oder Motorrasenmäher ähnlichen Gerät mit Messern, aufgerissen und vom Rasenfilz befreit wird.

Vertrag der, ⚖ Rechtsgeschäft, das durch Angebot und Annahme zustande kommt. Man unterscheidet öffentlich-rechtl. (z. B. Staats-V., Konkordate) und privatrechtl.; unter letzteren u. a. schuldrechtl. (obligator., z. B. Kauf, Miete), dingl. (Auflassung), familienrechtl. (Ehe) und erbrechtl. (Erb-V.), ferner entgeltl. und unentgeltl. V., je nachdem, ob für die Leistung des einen Teils eine Gegenleistung des andern vereinbart ist oder nicht.

Vertragsfreiheit, Grundsatz im bürgerl. Recht, nach dem Verträge frei gestaltet werden können, sofern sie nicht gegen gesetzl. Verbote oder gegen die guten Sitten verstoßen. Ferner gilt sie nur im Schuldrecht, während im Sachenrecht und im Erbrecht Bindung an vorgesehene Vertragstypen herrscht **(Typenzwang).**

Vertragslehre, staatsphilosoph. Lehre, nach der das Entstehen und Bestehen des Staates auf eine freie Vereinbarung der Einzelnen zurückgeht und dadurch gerechtfertigt wird **(Vertragstheorie).** Ihre letzte Ausprägung fand die V. durch Rousseaus Schrift über den Gesellschaftsvertrag.

Vertrags|strafe, vom Schuldner versprochene Leistung für den Fall, daß er seine Verbindlichkeit nicht oder nicht richtig erfüllt **(Konventionalstrafe).**

Vertrags|system, in der Dt. Dem. Rep. das System, durch das Privatbetriebe zur Erfüllung der Volkswirtschaftspläne herangezogen werden. Sie müssen mit Lieferanten und Abnehmern besondere Verträge abschließen.

Vertrauensarzt, Arzt, der im Rahmen eines Betriebes oder der → Sozialversicherung Krankheitsfälle zu überprüfen hat.

Vertrauensfrage, bei Meinungsverschiedenheiten zw. Regierung und Parlament die Entscheidung des Parlaments über das Verbleiben oder den Rücktritt der Regierung **(Kabinettsfrage).** → Mißtrauensvotum.

vertretbare Sachen, ⚖ bewegl. Sachen, die nach Zahl, Maß oder Gewicht bestimmt zu werden pflegen; z. B. Geld, Getreide.

Vertreter der, ⚖ wer ermächtigt ist, Rechtsgeschäfte für einen andern abzuschließen, bes. im kaufmänn. Verkehr (z. B. Handlungsbevollmächtigter, -reisender, Kommissionär), oder ihn im Zivilprozeß zu vertreten; er ist **bevollmächtigter V.,** wenn er durch rechtsgeschäftl. Vollmacht, **gesetzl. V.,** wenn er durch Gesetz ermächtigt ist.

Vertriebene, allg.: alle aus ihren Wohn- und Heimatgebieten zwangsweise vertriebenen Personen, i. e. S.: die dt. Staats- oder Volksangehörigen, die ihren außerhalb der Bundesrep. Dtl., der Dt. Dem. Rep. und Berlins gelegenen Wohnsitz infolge der Ereignisse des 2. Weltkrieges verloren haben. Das Bundes-V.-Ges. (i. d. F. v. 3. 9. 1971) unterscheidet zw. Heimat-V. (Personen, die am 23. 12. 1937 oder vorher einmal ihren Wohnsitz in dem Staate hatten, aus dem sie vertrieben wurden) und V., zu denen nach dem Lastenausgleichs-Ges. auch solche Personen gehören, die nach Abschluß der allg. Vertreibungsmaßnahmen ihre Heimat verloren haben (Aussiedler).

Verve [vɛrv, frz.] die, Schwung, Begeisterung.

Verviers [vɛrvj'e], Stadt im östl. Belgien, 54 500 Ew.; Hauptsitz der belg. Wollind.

Verwahrungsvertrag, ⚖ Vertrag, durch den sich der **Verwahrer** verpflichtet, eine ihm von einem anderen (dem **Hinterleger**) übergebene bewegliche Sache aufzubewahren (§§ 688 ff. BGB); z. B. Gepäckaufbewahrung, Theatergarderobe. Die Verwahrung von Wertpapieren geschieht im → Depot.

Verwaltung die, planmäßige Tätigkeit zur Erreichung bestimmter Zwecke (der V.-Zwecke) innerhalb öffentl. oder privater Organisationen. – Die **Staats-V.** umfaßt die gesamte Staatstätigkeit außer der polit. Staatsleitung (»Regierung«), der Gesetzgebung, der Rechtsprechung und der Ausübung der militär. Kommandogewalt; Zweige sind Auswärtige V., Innere V. (einschl. Polizei), Militär-, Finanz-, Wirtschafts-, Verkehrs-, Arbeits-, Kultur-, Justiz-V. – In den Bundesstaaten verteilt die Verfassung die V.-Aufgaben zw. dem Bund und den Gliedstaaten (→ Bundesrepublik Deutschland, Verfassung). Neben der Staats-V. besteht die → Selbstverwaltung der Gemeinden und Gemeindeverbände (→ Gemeinde) und anderer Organisationen (→ Körperschaft, öffentliche → Anstalt).

Verwaltungs|akt, ⚖ behördl. Akt zur Regelung eines Einzelfalls des öffentl. Rechts mit unmittelbarer rechtl. Wirkung. Der V. darf nur auf gesetzl. Grundlage ergehen. Ist der V. rechtswidrig, dann ist er fehlerhaft; bei schweren Fehlern ist er nichtig, bei leichteren ist er mit der Maßgabe wirksam, daß er durch Rechtsmittel (→ Verwaltungsgerichtsbarkeit) angefochten werden kann.

Verwaltungsgebühr, öffentlich-rechtl. Entgelt für bestimmte Amtshandlungen (z. B. Ausstellung eines Passes).

Verwaltungsgerichtsbarkeit wird durch unabhängige, von den Verwaltungsbehörden getrennte Verwaltungsgerichte ausgeübt. Sie kann auf die gesetzl. aufgeführten Fälle beschränkt sein oder sich auf alle verwaltungsrechtl. Streitigkeiten erstrecken **(Generalklausel),** die nicht gesetzlich den ordentl. Gerichten zugewiesen sind, so in der Bundesrep. Dtl. **(Verwaltungsprozeß).** Wer sich hier durch einen Verwaltungsakt oder eine Unterlassung der Verwaltungsbehörde beeinträchtigt fühlt, kann vor dem Verwaltungsgericht klagen, doch muß er i. d. R. zunächst eine Änderung der Entscheidung durch Widerspruch, Einspruch oder Beschwerde bei der Behörde selbst versucht haben. – Verwaltungsgerichte des Bundes sind das → Bundesverwaltungsgericht und, als besondere Verwaltungsgerichte, der → Bundesfinanzhof und das → Bundessozialgericht. – Zur V. werden auch die Disziplinargerichte gerechnet (→ Disziplinarrecht).

Verwandtenehe, Ehe zw. nahen Blutsverwandten. Sie ist verboten zw. Verwandten in gerader Linie und voll- oder halbbürtigen Geschwistern.

Verwandtschaft die, **1)** ⚖ Verhältnis zw. mehreren Personen, die voneinander (V. in gerader Linie) oder von derselben dritten Person (V. in der Seitenlinie) abstammen. Der **V.-Grad** richtet sich nach der Zahl der die V. vermittelnden Geburten (§ 1589 BGB). Eltern und Kinder sind also im 1. Grad in gerader Linie, Geschwister im 2. Grad in der Seitenlinie verwandt. (→ Schwägerschaft) **2)** nach der Abstammungslehre nimmt man in der Tier- und Pflanzenwelt engere oder weitere V. an, darauf gründet sich das System der Pflanzen und der Tiere. **3)** ☞ → Affinität.

Verwarnung die, **1)** Zuchtmittel im → Jugendstrafrecht. **2)** ⚡ Androhung des Schieds- oder Kampfrichters, einen Sportler bei weiterhin regelwidrigem Verhalten zu disqualifizieren; z. B. im Fußball Zeigen einer gelben Karte. **3) gebührenpflichtige V.,** Ahndung von Ordnungswidrigkeiten, bes. im Straßenverkehr.

Verweis der, ⚖ **1)** Tadel, Rüge. **2)** im Beamtenrecht: Disziplinarstrafe (→ Disziplinarrecht).

Verwerfen, 1) bei Haustieren eine Früh- oder Fehlgeburt. **2)** beim Holz das Verziehen und Krummwerden infolge von Feuchtigkeit oder Austrocknen.

Verwerfung die, **Bruch, Sprung,** ⊕ Spalte in der Erdrinde, an der sich Erdschichten gegeneinander verschoben haben.

Verwesung die, Zersetzung von Stoffen, bes. von Eiweiß unter Luftzutritt durch Bakterien.

Verwirkung die, ⚖ **1)** Verlust von Grundrechten bei denjenigen, die sie zum Kampf gegen die demokrat. Grundordnung mißbrauchen. **2)** Verlust eines Rechts wegen verspäteter Geltendmachung.

Verwitterung [von Wetter] die, Zersetzung von Gesteinen durch mechan. und chem. Witterungseinflüsse. Durch V. entsteht der Boden.

Verzerrung, ⚡ übertragungsbedingte Verfälschung des zeitl. Verlaufs und des Frequenzspektrums analoger elektr. Signale. Gewollte V. dienen zur Signalformung, Filterung, Modulation u. a.

Verzicht der, ⚖ Aufgabe eines Rechts; nur bei übertragbarem Recht wirksam.

Verzweigung, Stelle in einem Computerprogramm, von der aus in Abhängigkeit von einem bedingten Sprungbefehl oder einer bedingten Anweisung mindestens zwei andere Programmstellen erreichbar sind.

Vesal(ius), Andreas, Anatom, *1514/15, †1564, Leibarzt Karls V. und Philipps II.; Begründer der neuzeitl. Anatomie.

Vespasian, Titus **Flavius Vespasianus,** röm. Kaiser (69-79), *9 n. Chr., †79; 69 von seinen Legionen ausgerufen, stellte die in den Bürgerkriegen zerrüttete Ordnung wieder her, ließ das → Kolosseum errichten.

Vespucci [vesp'uttʃi], Amerigo, ital. Seefahrer, *1451, †1512; nahm 1497-1504 an Entdeckungsfahrten längs der Küste S-Amerikas teil und gab die erste Beschreibung der entdeckten Länder. Nach ihm wurde Amerika benannt.

Vesta, altitalische Göttin des Herdfeuers, der grch. Hestia verwandt. Ihre Priesterinnen, die **Vestalinnen,** hüteten das ewige Feuer in einem Rundtempel auf dem Forum.

Vestibül [lat.] das, Vorhalle, Eintrittshalle.

Vesuv der, Vulkan am Golf von Neapel, 1277 m (1978) hoch, mit Beobachtungsstelle, Zahnradbahn; Weinbau. Heftige Ausbrüche: 79 n. Chr. (Zerstörung von → Pompeji, Herculaneum und Stabiae), 1631, 1794, 1822, 1872, 1906, 1929, 1944.

Veteran [lat.] der, alter Soldat, bes. Kriegsteilnehmer.

Veterinärmedizin, → Tierheilkunde.

Veto [lat. »ich verbiete«] das, **V.-Recht,** Recht, einen Beschluß durch Stimmabgabe innerhalb des beschließenden Organs zu verhindern oder den Beschluß eines anderen Organs durch Einspruch unwirksam zu machen oder aufzuschieben.

Vetter, Heinz-Oskar, Gewerkschaftler, *1917, seit 1964 2. Vors. der IG Bergbau und Energie; 1969-82 Vors. des DGB.

Vevey [vəv'ɛ], Stadt im Kt. Waadt, Schweiz, am Genfer See, 15000 Ew.; Nahrungsmittel-, pharmazeut. und Metall-Ind., Weinhandel; Fremdenverkehr.

vexieren [lat.], zum besten haben, narren. **Vexierbild,** Scherzbild, Suchbild. **Vexierrätsel,** Scherzrätsel.

Vézère [vez'ɛ:r] die, rechter Nebenfluß der Dordogne in SW-Frankreich, 192 km lang; in ihrem Tal die vorgeschichtl. Fundstätten Les Eyzies, Cro-Magnon, La Madeleine, Le Moustier, Lascaux.

v. Gr., bei geograph. Längengraden: Abk. für **v**on **Gr**eenwich (→ Länge).

v. H., Abk. für **v**om **H**undert (→ Prozent).

VHF, Abk. für engl. **V**ery **H**igh **F**requency [v'erı haı fr'i:kwənsı], Ultrakurzwellen.

VHS, Abk. für engl. **V**ideo **H**ome **S**ystem [v'ıdıəʊ həʊm s'ıstım], ein Videoaufzeichnungsverfahren.

Via [lat.] die, Straße, Weg; **V. dolorosa,** Weg der Schmerzen, der Kreuzweg. **via,** über, z. B.: Paris v. Köln.

Viadukt [lat.] der, Überführung.

Via Mala [ital. »Böser Weg«], Schlucht des Hinterrheins in Graubünden, Schweiz, bei Thusis, mit 1822 erbauter Straße.

Viareggio [viar'eddʒo], Seebad in Mittelitalien, am Ligurischen Meer, 58500 Ew.

Viatikum [lat.] das, kath. Kirche: die einem Sterbenden in der Kommunion gereichte Wegzehrung.

Viborg, 1) [v'ibɔr], Stadt in N-Jütland, Dänemark, 39200 Ew., Domkirche (12. Jh.), bis 1340 Wahlstätte der dän. Könige. **2)** [v'i:bɔrj], schwed. für → Wiborg.

Vibration [lat.] die, Schwingung.

Vibrionen Mz., kommaähnl. Bakterien mit Geißelbewegungen, z. B. die Choleraerreger.

Vicenza [vitʃ'ɛntsa], Stadt in NO-Italien, 110600 Ew.; Bischofssitz, viele Kirchen, Paläste; Stahl-, Maschinen-, Fahrzeug-Ind.

vice versa [lat.], umgekehrt.

Vichy [viʃ'i], Stadt und Badeort in Frankreich (Auvergne), am Allier, 30500 Ew.; alkal. Quellen. – 1940-44 Sitz der Regierung Pétain.

Vico, Giovanni Battista, ital. Geschichtsphilosoph, *1668, †1744; begründete die Völkerpsychologie und Geschichtsphilosophie.

Vicomte [vik'ɔ̃t, frz.], **Viscount** [v'aıkaʊnt, engl.], **Visconte** [ital.] der, in roman. Ländern und England Adelstitel zw. Graf und Baron.

Victoria, 1) Hptst. der kanad. Prov. British Columbia, auf der Insel Vancouver, 64000 Ew.; Wetterwarte; Holz-, Kohlen-, Lachsausfuhr. **2)** Hptst. der Rep. Seychellen auf der Insel Mahé, 23000 Ew. **3)** Hptst. von Hongkong, 1 Mio. Ew.

Victoria, Königin von Großbritannien (1837-1901), Kaiserin von Indien (seit 1876), *1819, †1901, verheiratet seit 1840 mit ihrem Vetter Prinz Albert von Sachsen-Coburg-Gotha (†1861). Nach ihr wird die Blütezeit des engl. Bürgertums im 19. Jh. als »Viktorian. Ära« bezeichnet.

Victoria amazonica die, Seerose südamerikan. Flüsse; pfannenförmige Blätter, bis 2 m Durchmesser, weiße bis rötliche, etwa 40 cm große Blüten, faustgroße, stachlige Früchte, schwarze, eßbare Samen **(Wassermais).**

Victoria amazonica

Vespasian

Via Mala

Victoria von Großbritannien

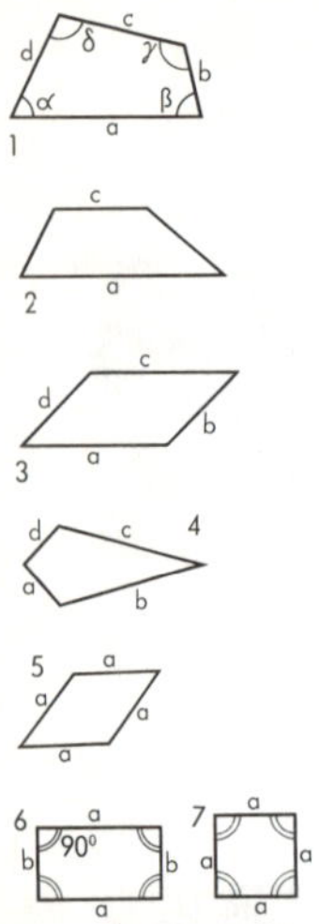

Viereck: 1 allgem. V., **2** Trapez a ∥ c, **3** Parallelogramm a ∥ c; b ∥ d, **4** Drachen-V. a = d; b = c, **5** Rhombus, **6** Rechteck $F = a \cdot b$, **7** Quadrat $F = a^2$

Vierpaß

Vierfarbendruck: a Gelb-Platte; b Blau-Platte; c Rot-Platte; d Zusammendruck Gelb und Blau, e Zusammendruck Gelb, Blau und Rot, f Zusammendruck der 3 Farb-Platten mit der Schwarz-Platte

Victoriafälle, Wasserfälle (110 m) des Sambesi, bei Livingstone. (BILD Sambesi)

Victoria-Insel, Insel im kanad.-arkt. Archipel; von Eskimos bewohnt.

Victoriasee, Victoria Nyanza, größter See Afrikas, in Ostafrika, 68 800 km^2.

Vidal, Gore, amerikan. Schriftst., *1925, Essays, Detektivgeschichten, Romane mit gesellschaftskrit. Akzent. »Washington D. C.«.

Video 2000, ein Videoaufzeichnungsverfahren.

Videokamera, elektron. Fernsehkamera zur magnet. Aufzeichnung von Bildinformationen. **Kamera-Recorder** (Camcorder) für den Amateurgebrauch vereinen neuerdings in einem Gehäuse eine V. und einen Videorecorder.

Videokonferenz die, Form der Telekommunikation über Breitbandverbindungen (→ ISDN), bei der zwischen allen Konferenzteilnehmern Hör- und Sichtverbindung besteht.

Videokunst, elektron. Bildaufzeichnung mit der Möglichkeit der zeitgleichen Wiederabspielung, wird seit der Mitte der sechziger Jahre von Künstlern als neues Medium genutzt (N. J. Paik, W. Vostell, P. Campus u. a.).

Videorecorder, Gerät zur Speicherung von Fernsehbildern (Videosignalen) durch Aufzeichnung der Bildpunkte 1) magnetisch auf einem Band (Videobandgerät) oder 2) auf einer → Bildplatte oder 3) optisch auf Film.

Videotext, Form der Telekommunikation zur Übertragung von Textnachrichten innerhalb eines Fernsehsignals und ihre Darstellung auf dem Bildschirm.

Vidikon das, eine mit einer Halbleiterplatte als lichtempfindl. Schicht ausgestattete Fernseh-Bildaufnahmeröhre, die das Bild bis zur Abtastung mit einem Elektronenstrahl speichern kann.

Viehseuchen, Tierseuchen, ansteckende Krankheiten der Haus- und Wildtiere, wie Rinderpest, Maul- und Klauenseuche, Tollwut u. a. Die Bekämpfung ist gesetzlich geregelt; Anzeigepflicht.

Viehweger, Axel, Politiker (BFD), *1952; seit April 1990 Min. für Bauwesen, Städtebau und Wohnungswirtschaft in der Dt. Dem. Rep.

Vielehe, → Polygamie.

Vielfraß, Jerf der, braunschwarzes marderartiges Raubtier mit wertvollem Pelz.

Vielseitigkeit, Wettbewerb im Reitsport: Dressur, Geländeprüfung, Springen.

Vienne [vjɛn], **1)** die, linker Nebenfluß der Loire in W-Frankreich, 372 km lang. **2)** Stadt in SO-Frankreich, an der Rhône, 27 800 Ew.; röm. Baureste, Kirchen (5. und 12.–16. Jh.).

Vientiane [vjɛntj'an], Hptst. von Laos, am Mekong, 380 000 Ew.

Viereck, △ geometr. Figur mit 4 geradlinigen Seiten. Beim allg. ebenen V. sind die Seiten und die Winkel ungleich. Besondere Vierecke: Trapez, Parallelogramm, Drachenviereck, Rhombus, Rechteck, Quadrat.

Vierfarbendruck, der Übereinanderdruck der Grundfarben des → Dreifarbendrucks mit einer Schwarzplatte zur Vertiefung der Konturen und Schattenpartien.

Vierkandt, Alfred, Philosoph und Soziologe, *1867, †1953; Hauptwerk: »Gesellschaftslehre«.

Vierlande Mz., zu Hamburg gehörende Marschlandschaft zw. Bille und Elbe; Gemüse-, Obstbau.

Viermächtepakt, ein 1933 vom Dt. Reich, Frankreich, Großbritannien und Italien geschlossener Vertrag, der die Zusammenarbeit der 4 Mächte in Fortführung des Locarno- und Kellogg-Paktes vorsah, aber nicht wirksam wurde.

Viernheim, Stadt in Hessen, in der Rheinebene, 29 600 Ew.; Zigarren-, Textilind.

Vierpaß der, ⛫ got. Maßwerkform.

Viersen, Krst. in NRW, 78 300 Ew.; Textil-, Maschinen-, Möbelind.

Viertaktverfahren, Arbeitsweise der Verbrennungs-(Otto- und Diesel-)Motoren mit Hubkolben, bei der sich das Arbeitsspiel in 4 Takten gleich 2 Kurbelwellenumdrehungen vollzieht. Beim Ottomotor saugt im 1. Takt der Kolben das vom Vergaser oder durch Einspritzung gebildete Kraftstoff-Luft-Gemisch in den Zylinder. Im 2. Takt wird das Gemisch durch den rückwärts gehenden Kolben verdichtet und kurz vor Erreichen des oberen Totpunktes durch einen elektr. Funken entzündet, so daß in dem folgenden 3. Takt die sich ausdehnenden Gase den Kolben vor sich her treiben und Arbeit leisten. Im 4. Takt schiebt der rückkehrende Kolben die verbrannten Gase ins Freie. Auf 4 Takte kommt ein Arbeitstakt. Beim Dieselverfahren wird im 1. Takt statt des Gemisches reine Luft angesaugt und am Ende des 2. Taktes der Kraftstoff durch eine Pumpe in die hochverdichtete Luft eingespritzt, worauf die Verbrennung selbsttätig einsetzt. Beim Kreiskolbenmotor kommt auf jede Exzenterwellenumdrehung ein Arbeitstakt, auf jedes Arbeitsspiel eine Kolbenumdrehung.

vierte Dimension. Neben die 3 Dimensionen des Raumes hat A. Einstein 1905 in der speziellen Relativitätstheorie die Zeit als v. D. gestellt und so eine einfachere mathemat. Gestalt vieler Naturgesetze erhalten.

a, b, c

d, e, f

vierter Stand, die Arbeiterschaft im 19. Jh., neben Adel, Geistlichkeit und Bürgertum.

Vierte Welt, schlagwortartige Bez. für rohstoff- und industriearme Staaten der → Dritten Welt.

Vierung die, 🏛 in Kirchenbauten der viereckige Raumteil, in dem sich Lang- und Querhaus durchdringen, oft durch einen Vierungsturm oder eine Kuppel betont.

Vierwaldstätter See, vielverzweigter Alpensee in der Schweiz, zw. den Kt. Uri, Schwyz, Unterwalden, Luzern, 114 km² groß, von der Reuß durchflossen.

Vierzehn Heilige, die → Nothelfer.

Vierzehnheiligen, Wallfahrtskirche in Oberfranken, bedeutender Barockbau von B. Neumann (1743-72).

Vierzehn Punkte, die vom amerikan. Präsidenten W. Wilson in seiner Botschaft an den Kongreß vom 8. 1. 1918 aufgestellten Grundsätze für einen allg. Weltfrieden: 1) Ende der Geheimdiplomatie, 2) Freiheit der Meere, 3) Freiheit des Handels, 4) Abrüstung, 5) Ausgleich aller kolonialen Ansprüche, 6-8) und 11) Räumung der von den Mittelmächten besetzten Gebiete, Rückgabe Elsaß-Lothringens an Frankreich, 9) Berichtigung der ital. Grenzen nach den Volksgrenzen, 10) und 12) autonome Entwicklung der Völker Österreich-Ungarns und des Türk. Reichs, 13) Errichtung eines unabhängigen Polens mit Zugang zur See. 14) Gründung eines Völkerbundes. – Außerdem stellte Wilson als Grundlage für die Friedensverhandlungen der Alliierten mit Dtl. weitere, im Versailler Vertrag nicht berücksichtigte Grundsätze auf: keine Annexionen, keine Kriegsentschädigungen u. a.

Vierzellenbad, hydroelektr. Teilbad, mit je 2 Porzellanwannen für Arme und Beine.

Vierzigstundenwoche, die Arbeitswoche zu 40 Stunden Normalarbeitszeit, meist als Fünftagewoche mit arbeitsfreiem Samstag.

Vi|etcong, Abk. für **Viet**-nam **cong** San, »Kommunisten von Vietnam«, die südvietnames. Kommunisten.

Vi|etmin, auch **Vietminh,** »Liga der Verbände für die Unabhängigkeit Vietnams«, seit 1941 von Ho Chi-minh geführte kommunist. Bewegung in Vietnam; sie stellte seit der Teilung Vietnams in Nord-Vietnam die Regierung.

Vi|etnam [vjɛtn'am, »Land im Süden«], Sozialist. Rep. an der O- und SO-Küste Hinterindiens, vom Flußgebiet und Delta des Roten Flusses im N bis zum Mekongdelta im S; dazwischen überwiegend Gebirgsland. 329 559 km², 64,2 Mio. Ew., überwiegend → Vietnamesen; Hptst.: Hanoi; Amtssprache: Annamitisch. VERFASSUNG. Nach der Verf. von 1976 gilt die aus einer Kammer bestehende Nationalversammlung als nat. Volksvertretung und oberstes Organ der Staatsgewalt. Wahl mit Einheitsliste alle 4 Jahre. Sie wählt ein ständiges Komitee, das die eigtl. Macht ausübt. Staatsoberhaupt ist der von der Nationalversammlung gewählte Staatspräs., zugleich Vors. des Präsidiums des ZK. WIRTSCHAFT. Die Landwirtschaft ist kollektiviert, die Industrie weitgehend verstaatlicht. Anbau von Reis, daneben Zuckerrohr, Mais, Baumwolle, Tee, Kaffee, Tabak; Seidenraupenzucht; Viehzucht, Waldnutzung; Fischerei. ⚒ auf Kohle, Apatit, Chrom, Eisen, Phosphate, Bauxit. Nahrungsmittel-, Textil-, Eisen- und Stahl-, Maschinen-, chem. u. a. Ind. Ausfuhr: Erze, Apatit, Tabak, Kautschuk, Tee, Fische u. a. Haupthandelspartner: UdSSR, Dt. Dem. Rep. Haupthafen: Haiphong; internat. Flughafen: Hanoi. Nach Beendigung des V.-Krieges begann im ganzen Land der Wiederaufbau.

Ⓖ 207 v. Chr. eroberten die Lakviets, ein südchines. Volksstamm, das Reich Au Lac und nannten es Nam-Viet, was »südl. Land der Viet« bedeutet. 111 v. Chr. annektierte die chines. Han-Dynastie das Reich Nam-Viet, das spätere Annam (chines. »befriedigter Süden«). In der Mitte des 10. Jh. beseitigten die rebell. Vietnamesen die chines. Oberhoheit und gründeten 968 das Reich Daiviet, das 1471 auch das Reich der Cham unterwarf. Erst mit frz. Hilfe gelang es dem vietnames. Kaiser Gia-Long 1802, V. zu vereinigen. 1883 wurde V. von Frankreich zum Protektoratsgebiet erklärt. Im 20. Jh. entstand eine Unabhängigkeitsbewegung, deren Führung nach einem gescheiterten Aufstand (1930) an die von Ho Chi-minh geführten Kommunisten überging. Im 2. Weltkrieg verdrängten die Japaner die Franzosen. Nach der militär. Niederlage Japans geriet V. wieder unter die Herrschaft Frankreichs; nach einem langjährigen Krieg (Indochinakrieg, 1946-54) mit den kommunist. → Vietminh mußte es sich jedoch aus V. zurückziehen. Nach der Genfer Indochinakonferenz (1954) bildeten sich in V. zwei Republiken: die kommunistisch geführte Demokrat. Rep. (Nord-)Vietnam und die nichtkommunist. Rep. (Süd-)Vietnam.

In N-V. übte die kommunist. Partei (Vors. Ho Chi-minh, nach dessen Tod 1969 Le Duan) nach dem Muster der Volksdemokratie die Herrschaft aus. Während die vietnames. Kommunisten in N-V. mit rigorosen Mitteln eine Bodenreform durchführten und eine Industrialisierung einleiteten, suchten sie seit 1957/58 mit Hilfe des → Vietcong in S-V. Fuß zu fassen. Mit diplomat. und wirtschaftl. Unterstützung der USA baute in S-V. Präs. Ngo Dinh Diem einen nichtkommunist. Staat auf. Nach schweren innenpolit. Spannungen wurde er 1963 vom Militär gestürzt. 1965 wurde Gen. Nguyen Van Thieu Präs.

Seit 1957/58 hatte sich zw. der Rep. (Süd-)V. und den von N-V. unterstützten Vietcong ein Bürgerkrieg entwickelt, der sich seit 1964 zu einem internat. Konflikt ausweitete, zum → Vietnam-Krieg. Nach dem Waffenstillstand (1973) gelang es den Kommunisten 1975, S-V. zu erobern. Nach einer kurzfristigen Tätigkeit der »Provisor. Revolutionsreg. Süd-Vietnams« (1969 als Gegenreg. gebildet) wurde S-V. 1976 mit N-V. zur Sozialist. Rep. V. vereinigt. Hegemoniale Bestrebungen V.s in Indochina (Einmarsch in Kambodscha, Jan. 1979) führten zum Krieg mit der VR China (Febr.-März 1979). Zahlreiche Südvietnamesen verließen das Land. Staatsoberhaupt: Vo Chi Cong (seit 1987). ⊕ S. 483.

Vi|etnamesen Mz., Volk in Hinterindien, bes. in Vietnam, etwa 35 Mio.; überwiegend Sinide. Viele Elemente ihrer Kultur und Religion haben sie von den Chinesen übernommen, unter deren Herrschaft sie vom 2. Jh. v. Chr. bis zum 10. Jh. n. Chr. standen.

Vi|etnam-Krieg, der Krieg in S-Vietnam, der sich im Anschluß an den seit 1957/58 aus den Kämpfen zw. südvietnames. Reg.-Truppen und den kommunist. → Vietcong entwikkelte (Indochinakrieg 1946-54, → Indochina). Auf der Seite der Rep. (Süd-)Vietnam griffen die USA und die Mehrheit der Staaten der SEATO in den Krieg ein. Den Vietcong (1960-69 unter der Führung der Nationalen Befreiungsfront Süd-Vietnams; 1969-76 der Provisor. Revolutionsreg. Süd-Vietnams) traten Truppen der Demokrat. Rep. (Nord-)Vietnam zur Seite; beide wurden mit Waffen und Material von der UdSSR, der VR China und anderen kommunist. Staaten unterstützt. Über den **Ho-Chi-minh-Pfad** (weitverzweigtes Netz von Dschungelpfaden von N-Vietnam über Laos, Kambodscha nach S-Vietnam) kamen zunächst Waffen, dann auch nordvietnames. Truppen zur Unterstützung des Vietcong nach S-Vietnam. Die USA sandten der südvietna-

Vietnam

Vigny

Vinzenz von Paul

Viola da gamba
von J. Thielke, 1691

Viola d'amore

mes. Reg. zunächst Militärberater, seit 1965 Truppen zur Hilfe. Mit punktuellen Bombardierungen hatten die USA schon 1964 einen Luftkrieg gegen N-Vietnam begonnen. Ende 1968 standen 543000 amerikan. Soldaten in S-Vietnam. Den kommunist. Truppen (1969 etwa 240000 Mann) gelang es unter Führung von → Vo Nguyen Giap immer wieder, gegenüber der amerikan.-südvietnames. Überlegenheit an Truppen und Material das strategische Gleichgewicht herzustellen. 1968 Waffenstillstandsverhandlungen in Paris. Die Kämpfe gingen jedoch weiter. 1969 stellte der amerikan. Präs. R. Nixon das Programm einer »Vietnamisierung« des Krieges auf: stufenweiser Rückzug der amerikan. Truppen und Übertragung der Führung des Krieges an die Armee S-Vietnams. Nach – politisch umstrittenen – Entlastungsvorstößen amerikan. und südvietnames. Truppen nach Kambodscha (1970) und Laos (1971) zogen sich die amerikan. Truppen und die SEATO bis 1972 aus S-Vietnam zurück. In langwierigen Geheimverhandlungen – parallel zur Pariser Konferenz – vereinbarten der amerikan. Sonderbeauftragte H. A. → Kissinger und sein nordvietnames. Verhandlungspartner Le Duc Tho im Okt. 1972 einen Waffenstillstand (in Kraft seit Jan. 1973). Der Waffenstillstand brachte aber keine Befriedung des Landes; eine Offensive der Kommunisten führte 1975 zur Eroberung S-Vietnams.

vif, viv [frz.], lebhaft, aufgeweckt.

Vigée-Lebrun [viʒ'eləbr'œ̃], Elisabeth-Louise, frz. Bildnismalerin, *1755, †1842.

Vigeland, Gustaf, norweg. Bildhauer, *1869, †1943; Skulpturenanlage im Frogner-Park in Oslo.

Vigilie [lat. »Nachtwache«], **Vigil** die, in der kath. Kirche: Vorfeier eines Festes am Vortage, anfänglich nachts, seit dem 6. Jh. abends, seit dem 14. Jh. morgens.

Vignette [vinj'ɛtə, frz.] die, **1)** graphischer Buchschmuck, meist auf der Titelseite, am Anfang und Ende eines Kapitels. **2)** Aufkleber (z. B. zum Nachweis bezahlter Gebühren).

Vignola [viŋ'ɔ:la], Giacomo Barozzi da, *1507, †1573, bedeutendster ital. Baumeister der Gegenreformation: Kirche Il Gesù in Rom.

Vigny [viɲ'i], Alfred Comte de, frz. Romantiker, *1797, †1863; schrieb gedankentiefe und formstrenge Gedichte.

Vigo, Hafenstadt in NW-Spanien, 230200 Ew.; Sardinenfang, Schiffbau.

Vikar [lat.] der, Stellvertreter, bes. bei geistl. Ämtern. **Vikariat** das, Amt des V.

Viktor Emanuel, 1) V. E. II., der erste König von Italien 1861-78, *1820, †1878; König von Sardinien (Piemont) 1849-61, führte mit C. Cavour die nationale Einigung Italiens durch. **2) V. E. III.,** *1869, †1947, König von Italien (1900-1946) und Albanien (seit 1939), Kaiser von Äthiopien (seit 1936), berief 1922 B. Mussolini an die Reg.

Viktoria [lat. »Sieg«], weibl. Vorname.

Viktoria, Dt. Kaiserin, Tochter der Königin Victoria von Großbritannien, *1840, †1901, verheiratet seit 1858 mit dem späteren Kaiser Friedrich III.; liberale Gegnerin Bismarcks.

Viktualien [lat.] Mz., Lebensmittel.

Vilbel, Bad V., Stadt in Hessen, nördl. von Frankfurt, 25500 Ew., Heilbad; Mineralwasser.

Villa [lat. und ital.] die, -/...llen, Landhaus, größeres Einfamilienhaus.

Villach [f-], Stadt in Österreich, Kärnten, an der Drau, 53000 Ew.; Eisen-, Holz-, chem. Ind. Südlich von V. das **Warmbad V.** mit radonhaltigen Thermalquellen.

Villiers de l'Isle-Adam [vilj'e dəli:l ad'ã], Auguste Comte de, frz. Dichter, *1838, †1889, verbindet in seinen phantast. Novellen satir. Gesellschaftskritik und romant. Mystik.

Villingen-Schwenningen, Gr. Krst. in Bad.-Württ., 76100 Ew.; altes Stadtbild; Ind.

Villon [vij'ɔ̃], **1)** François, frz. Dichter, *1431, †nach 1463, führte ein unstetes Vagantenleben. Er schrieb bald witzig-freche, bald erschütternd-ernste Gedichte und Balladen. (BILD S. 947)

2) Jacques, eigtl. Gaston **Duchamp,** frz. Maler, *1875, †1963, ging vom Kubismus aus und gelangte zu einer Synthese geometr. und farbl. Tendenzen.

J. Villon: Der Schreiber

Viña del Mar [β'iɲa], Seebad und Villenvorstadt von Valparaíso, Chile, 298500 Ew.

Vincennes [vɛ̃s'ɛn], östl. Vorort von Paris, 43000 Ew.; Schloß (14. Jh.), heute Weltkriegs-, Kolonial-, Sportmuseum, Univ.

Vinci [v'intʃi], → Leonardo da Vinci.

Vindelizien, Land der kelt. **Vindeliker** oder **Vindelizier,** zw. Bodensee, Inn, Alpen und Donau, wurde 15 v. Chr. römisch. Hauptort: Augusta Vindelicorum (Augsburg).

Vindikation [lat.] die, **Vindikationsklage,** Klage des Eigentümers einer Sache gegen deren Besitzer auf Herausgabe (§ 985 BGB).

Vineta, nach der Sage vom Meer verschlungene Stadt auf Wollin.

vinkulieren [lat.], verpflichten, binden, festlegen; bes. die Bindung von Wertpapieren, so daß sie ohne Zustimmung des Emittenten nicht übertragen werden können **(vinkulierte Aktien).**

Vinland, normann. Name für einen Teil der O-Küste Amerikas, um 1000 von dem Wikinger Leif Eriksson entdeckt, wahrscheinlich Nova Scotia (Neuschottland).

Vintschgau [f-], **Vinschgau,** ital. **Val Venosta,** das Etschtal oberhalb von Meran.

Vinyl das, einwertige ungesättigte Atomgruppe $CH_2=CH-$. **V.-Chlorid,** $CH_2=CHCl$.

Vinzenz von Paul, Begründer der kath. Caritas, *1581, †1660; Stifter der Lazaristen und der Barmherzigen Schwestern **(Vinzentinerinnen);** Heiliger (Tag: 27. 9.). Nach ihm benannt sind die **Vinzenz-Vereine** für innere Mission, Armenpflege.

Viola, Pflanzengatt. → Veilchen.

Viola [ital.] die, -/...len, ♩ **1)** → Bratsche. **2)** Sammelname für Streichinstrumente: a) **V. da braccio** (Armgeige) → Geige. b) **V. da gamba** (Kniegeige) → Gambe. **V. d'amore:** Sonderform der Altgambe mit 5-7 Spielsaiten und 5-14 mitschwingenden Resonanzsaiten.

violett [frz.], veilchenblau, Mischung von Blau und Rot.

Violine [ital.] die, → Geige.
Violinschlüssel, 𝅘 Notenschlüssel mit der Kennote g¹ auf der 2. Linie.
Violoncello [-tʃ'ɛllo, ital.] das, **Cello, Kniegeige,** Streichinstrument, das zw. den Knien gehalten wird, mit 4 Saiten: C-G-d-a.
VIP, Abk. für engl. **very important person** [v'erı ımp'ɔ:tənt p'ə:sn, »sehr wichtige Person«] der, -/-s, U jemand, der wegen seiner gesellschaftl. oder berufl. Stellung wichtig ist.
Viper [lat.] die, Gatt. meist lebendgebärender Giftschlangen. **Aspis-V.,** grau, plump, im Mittelmeer- und Alpengebiet. **Horn-V.** in der Steiermark und Ungarn, hierzu zählen auch **Kreuz-** und **Puffotter.**
Virchow [f'irço], Rudolf, Arzt, *1821, †1902; begründete die → Zellularpathologie, verdient um die öffentl. Gesundheitspflege.
Viren [lat.], → Virus.
Virginal das, engl. für Spinett (→ Klavier), das Hauptinstrument der engl. Musik des 16./17. Jh. **(V.-Musik).**
Virginia [lat. »die Jungfräuliche«], in der röm. Sage eine Jungfrau, die von ihrem Vater getötet wurde, als der Dezemvir Appius Claudius (449 v. Chr.) sie entehren wollte.
Virginia [vədʒ'ınjə], Abk. **Va.,** einer der südl. atlant. Staaten der USA, 105716 km², 5,8 Mio. Ew.; Hptst.: Richmond. Staatsuniv. Charlottesville. Die Küste ist eben, das Innere gebirgig (Appalachen). Tabak-, Mais-, Weizen-, Haferanbau; Viehzucht; ⚒ auf Kohle, Zink u. a. Tabak-, Textil-, Holzind., Schiffbau. – V., die älteste engl. Kolonie in Nordamerika, wurde 1584/85 von Sir W. Raleigh, endgültig 1607 gegründet. ⊕ S. 494.
Virginia, 1) [-dʒ-] der, Tabaksorte. **2)** die, lange, dünne Zigarre mit Halm darin.
Virgin Islands [v'ə:dʒın 'aıləndz], die → Jungferninseln.
Virginität die, Jungfräulichkeit.
viril [lat.], männlich, mannhaft.
virtuell [lat.], der Kraft, Möglichkeit nach vorhanden, fähig zu wirken.
virtueller Zustand, quantenmechan. Zustand, der auf Grund der Unschärferelationen möglich ist, dessen Existenz aber dem Energiesatz widerspricht. V. Z. sind nicht beobachtbar, spielen aber in der Quantenmechanik eine wichtige Rolle.
virtuelles Bild, Optik: ein durch Linse oder Spiegel entworfenes, scheinbares Bild, das man nicht auf einem Schirm auffangen kann. Ggs.: reelles (wirkl.) Bild.
virtuos [ital.], **1)** meisterhaft. **2)** durch bloße Kunstfertigkeit bestechend. **Virtuose** der, Meister in einer Kunst, bes. in der Musik.
Virtus [lat.] die, Tüchtigkeit, Tapferkeit, Inbegriff altröm. Mannestugend.
virulent [lat.], ansteckungsfähig; die **Virulenz,** der Grad der krankmachenden Eigenschaften eines Krankheitserregers.
Virunga-Vulkane, Kirunga-Vulkane, Gruppe von Vulkankegeln in Zaire, Uganda und Ruanda, bildet im Zentralafrikan. Graben zw. Edward- und Kiwusee die Wasserscheide zw. Kongo und Nil; höchste Erhebung: Karisimbi (4507 m).
Virus [lat. »Gift«] das, Mz. **Viren,** ♡ aus Nucleoproteiden und Proteinen bestehende Krankheitserrreger, die keinen eigenen Stoffwechsel besitzen und sich nur in lebenden Zellen vermehren können; nachweisbar nur mit Elektronenmikroskop, Ultrazentrifuge, serolog. Verfahren. Erreger z. B. von Pocken, Masern, Windpocken, Kinderlähmung, Mumps, Grippe, Schnupfen, Staupe, Maul- und Klauenseuche.
Vis, ital. **Lissa,** jugoslaw. Insel in Dalmatien, 95 km², etwa 9000 Ew. Hauptort ist V.
Visage [viz'a:ʒə, frz.] die, vulgär für Gesicht.
vis-à-vis [vizav'i, frz.], gegenüber.
Visby [v'i:sby:], Hptst. der schwed. Insel Gotland, Handelshafen, 21000 Ew.; im MA. Hansestadt.
Vischer [f-], **1)** Friedrich Theodor, Dichter, *1807, †1887; Roman »Auch Einer«. **2)** Peter d. Ä., Bildhauer, Erzgießer, * um 1460, †1529; seine und seiner Söhne (Hans, Hermann, Peter) Gießhütte in Nürnberg war die bedeutendste in Dtl.: Sebaldusgrab in Nürnberg, Figuren für das Maximiliansgrab in Innsbruck.
Visconti, lombard. Adelsgeschlecht, besaß 1277-1447 die Herrschaft über Mailand.
Visconti, Luchino, eigtl. **V. di Modrone,** ital. Film- und Theaterregisseur, *1906, †1976; »Der Leopard« (nach G. T. Di Lampedusa), »Gewalt und Leidenschaft« u. a.
Viscount [v'aıkaunt] der, → Vicomte.
Vishakhapatnam [-ʃ-], **Wisagapatnam,** Hafenstadt im Staat Andhra Pradesh, Indien, 352500 Ew.; bed. Werften, Erdölraffinerie, Kunstdüngerind.; Ausfuhr von Mangan, Eisenerz u. a.
Vishnu, Wischnu [Sanskrit »der Durchdringer«], einer der Hauptgötter des → Hinduismus, schon im → Veda erwähnt. Neunmal soll sich V. auf Erden verkörpert haben, vor allem als Rama und Krishna. Eine zehnte Wiederverkörperung wird erwartet.
Visier [lat.] das, der hintere, mit einem Einschnitt versehene Teil der **V.-Einrichtung** (Zielvorrichtung) von Handfeuerwaffen.
Vision [lat.] die, Gesichts-, Sinnestäuschung; Erscheinung. **visionär,** seherisch.
Visitation [lat.] die, Besichtigung; Durchsuchung.
Visite [frz.] die, Besuch (bes. des Arztes).
Viskose [lat.] die, ↄ aus Cellulose bestehendes Zwischenerzeugnis bei der Herstellung von Kunstseide.
Viskosität [lat.] die, Zähflüssigkeit, die den Gasen und Flüssigkeiten eigentüml. innere Reibung; sie nimmt mit steigender Temperatur ab. Die V. von Flüssigkeiten wird mit dem **Viskosimeter** bestimmt, das die Ausflußzeit einer bestimmten Menge durch ein Rohr bestimmter Weite ermittelt. Die V. von Schmierölen wird in Englergraden angegeben.
Visser't Hooft [fisərt h'o:ft], Willem Adolf, niederländ. evang. Theologe, *1900, †1985; 1948-66 Generalsekr. des Ökumen. Rates der Kirchen; 1966 Friedenspreis des Dt. Buchhandels (zus. mit Kardinal Bea).
visuell [lat.], das Sehen betreffend.
Visum [lat.] das, → Sichtvermerk.
Vita [lat.] die, **1)** Leben. **2)** Lebensbeschreibung.
vital [lat.], lebenswichtig, lebenskräftig. **Vitalität** die, Lebenskraft, Lebhaftigkeit. **Vitalismus** der, ℗ Annahme einer besonderen Lebenskraft für das organ. Leben; er verwirft die ausschließl. mechan.-chem. Erklärung des Lebens.
Vitalienbrüder, auch **Likedeeler** [nd. »Gleichteiler«], mittelalterl. Seeräuber, suchten gegen Ende des 14. Jh. die Ostsee, dann die Nordsee heim; 1401 von der Hanse bei Helgoland besiegt. Ihr bekanntester Führer war Klaus Störtebeker.
Vitamin [lat.] das, Mz. **Vitamine,** essentielle, mit der Nahrung zuzuführende Stoffe, die zur Erhaltung und für das Wachstum des Körpers notwendig sind. Sie gehören sehr versch. chem. Verbindungsklassen an und kommen in sehr geringer Menge in den meisten Nahrungsmitteln, in Pflanzen, frischen Früchten und Samen, in der Hefe, in frischem Fleisch, Eidotter, Milch usw. vor. Die meisten V. werden im Körper in Coenzyme (→ Enzyme) eingebaut. Ihr dauerndes Fehlen verursacht Krankheiten **(Avitaminosen).** Die V. bezeichnet man durch Buchstaben: **V. A** (Retinol, Axerophthol) wird in der Leber aus dem pflanzl. Farbstoff Carotin gebildet, der sich in

F. Villon (Holzschnitt aus der Erstausgabe von 1489)

Virchow

F. T. Vischer

Vishnu

Vögel

Vögel: Eier von V.; **1** Eisvogel, **2** Elster, **3** Singdrossel, **4** Nachtigall, **5** Pirol, **6** Gimpel, **7** Goldammer, **8** Gartenbaumläufer, **9** Kuckuck, **10** Flußseeschwalbe

Spinat, Salat, Kohl, Tomaten, Erdbeeren, Kirschen, Milch, Butter, Eigelb, Lebertran findet. Sein Fehlen führt zu einer Augenkrankheit und Nachtblindheit sowie zu Wachstumsstillstand und setzt die Widerstandsfähigkeit gegen ansteckende Krankheiten herab. **V. B_1** (Thiamin, Aneurin) spielt eine wesentl. Rolle beim Kohlenhydratabbau. Sein Fehlen führt zu Beriberi. Der **V.-B_2-Komplex** umfaßt die V. Riboflavin, Nicotinsäureamid (Niacinamid), Folsäure und Pantothensäure; die entsprechenden Avitaminosen sind Pellagra und andere Haut- und Blutkrankheiten. B_2-V. finden sich v.a. in Hefe, Keimen, Leber, Eigelb, grünen Gemüsen. Die gleichen Nahrungsmittel enthalten auch **V. B_6** (Pyridoxin). In Leber, Eigelb, Fleisch, Käse kommt das **V. B_{12}** (Cobalamin) vor, dessen Fehlen zu perniziöser Anämie führt. **V. C** (Ascorbinsäure) findet sich in Paprikaschoten, Apfelsinen, Zitronen, Hagebutten, schwarzen Johannisbeeren, rohen Gemüsen; es verhütet den Skorbut. **V. D** (Calciferol) entsteht aus Ergosterin; es findet sich im Lebertran, in bestrahlter Milch, in Brot aus bestrahltem Mehl, in Eiern. Sein Fehlen führt zu Rachitis. **V. E** (Tocopherol) findet sich in Mais-, Weizen- und Reiskeimen. Sein Fehlen hat keine nachweisbaren Mangelerscheinungen zur Folge. Das in Leber, Niere, Kuhmilch, Hefe, Bananen und Kartoffelmehl enthaltene **V. H** (Biotin) verhütet Hautkrankheiten. **V. K** (Phyllochinon), das in der blauen Luzerne, im Leberfett und Eidotter gefunden wird, beschleunigt die Blutgerinnung. Bei Gemüsen soll man das Kochwasser nicht weggießen und auch häufig rohes Obst oder Obstsäfte genießen. (FARBTAFEL Nahrungsmittel)

Vitellius, Aulus, röm. Kaiser (69 n. Chr.), *15 n. Chr., †69 (von Vespasian beseitigt).

Viterbo, Stadt in Mittelitalien, 59500 Ew.; Bischofssitz, mittelalterl. Bauten; Tuch-, Leder-, Papierind.

Vitoria, Stadt in N-Spanien, 199000 Ew.; Bischofssitz; Leder-, Tonwaren-, Möbel-Ind.

Vitriol [lat.] das, ⚗ die in Wasser lösl. Sulfate der zweiwertigen Schwermetalle, z. B. **Kupfer-V.**

Vitruv, röm. Architekt z. Z. des Augustus; Buch über die Baukunst.

Vitzliputzli, verfälschter Name des aztek. Kriegsgottes Huitzilopochtli.

vivace [viv'atʃə, ital.], ♩ lebhaft; **vivacissimo, molto vivace,** sehr lebhaft.

Vivaldi, Antonio, ital. Geiger, Komponist, *um 1678, †1741; Violinkonzerte, Concerti grossi.

Vivarium [lat.] das, Behälter für Kleintiere.

vivat [lat.], Hochruf: er (sie, es) lebe!

Vives, Juan Luis, span. Humanist, Erzieher, *1492, †1540; Gegner der Scholastik.

vivipar [lat.], lebendgebärend.

Vivisektion [lat.] die, ⚖ Operation am lebenden Tier. Nach dem Tierschutzgesetz dürfen V. zu Versuchszwecken nur an wissenschaftl. Instituten vorgenommen werden.

vize . . . [lat.], stellvertretend; bes. vor Amtstiteln, z. B. **Vizekönig,** Vertreter des Herrschers.

VKSE, Abk. für **V**erhandlungen über **k**onventionelle **S**treitkräfte in **E**uropa, die MBFR fortführenden Abrüstungsgespräche, seit 1989 in Wien.

Vlaardingen [fl'a:rdiŋə], Hafenstadt in der Prov. Südholland, Niederlande, 75500 Ew.; Heringsfischerei.

Vlaminck [vlam'ɛk], Maurice de, frz. Maler, *1876, †1958, gehörte zur Gruppe der → Fauves; Landschaften, Stilleben.

VLF, Abk. für engl. **V**ery **L**ow **F**requency, der zur Funknavigation verwendete Frequenzbereich von 3 bis 30 kHz; entspricht Radiowellen von 10 bis 100 km Wellenlänge.

Vlies das, **1)** das abgeschorene Wollkleid der Schafe. **2)** SPINNEREI: Faserflor auf der → Krempel. **3)** → Goldenes Vlies.

Vlissingen [fl'ısıŋə], Stadt in den Niederlanden, an der Mündung der Westerschelde; 45700 Ew.; Ausgangspunkt der Überfahrt nach England (Harwich), Schiffswerft. Westlich von V. das **Seebad V.**

VMOS-Technik, Abk. für **V**ertical **M**etal **O**xide **S**emiconductor, MOS-Technik, bei der die Halbleiterschichten untereinander angeordnet werden, so daß der Stromfluß vertikal verläuft. VMOS-Transistoren sind für stromlose, schnelle Schaltvorgänge geeignet, z. B. in verzerrungsarmen Niederfrequenz-Leistungsverstärkern in Hi-Fi-Anlagen.

Vocoder [vəʊk'əʊdə] der, -s/-, Abk. von engl. **voice coder** [vɔıs k'əʊdə], Gerät zur digitalen Übertragung von Sprache mit verminderter Frequenz (Frequenzkompression); wichtig für Datenfernübertragung.

Voder [v'əʊdə] der, -s/-, Abk. von engl. **voice operation demonstrator** [vɔıs ɔpər'eıʃn d'emənstreıtə], Gerät zur künstl. Laut- und Spracherzeugung.

Voerde (Niederrhein) [f'ø:rdə], Stadt im Kr. Wesel, NRW, an der Mündung des Lippe-Seitenkanals in den Niederrhein, 31700 Ew.; Schwerind.; Steinkohlenkraftwerk.

Vogel, 1) Bernhard, Politiker (CDU), *1932, 1967-76 Kultusmin., 1976-88 MinPräs. von Rheinland-Pfalz. **2)** Hans-Jochen, Jurist, *1926, Bruder von 1), Politiker (SPD), 1960-72 Oberbürgermeister von München, 1972-74 Bundesmin. für Raumordnung, Bauwesen und Städtebau, 1974-81 Bundesjustizminister, 1981 Reg. Bürgermeister von Berlin, seit 1983 Vors. der SPD-Bundestagsfraktion, seit 1987 Parteivors. der SPD.

Vögel Mz., Klasse der Wirbeltiere; Warmblüter mit Federn, Hornschnabel, Flügeln als Vordergliedmaßen. Die Knochen sind leicht und werden z. T. von Luftsäcken durchzogen. Die Speiseröhre ist öfters zum Kropf erweitert. Auge und Gehör sind gut entwickelt, der Geruchssinn ist verkümmert. Die Männchen zeichnen sich oft durch bes. Färbung, Schmuckfedern und schöne Stimme aus. Die Eier werden in einem Nest ausgebrütet, die Jungen vielfach von den Eltern betreut (Brutpflege). Stammesgeschichtlich werden die V. von Reptilien hergeleitet (Archäopteryx); noch zur Kreidezeit gab es Zahn-V. Die Lebensgewohnheiten der V. und der Vogelzug werden vor allem an → Vogelwarten und → Vogelschutzwarten erforscht.

Vogelbeerbaum, die → Eberesche.

Vogelfluglinie, kürzeste, dem Zugvogelflug folgende Eisenbahn- und Autofährverbindung Kopenhagen–Hamburg über die Inseln Fehmarn, Lolland und Falster.

vogelfrei, rechtlos, friedlos, geächtet.

Vogelfußklee, Klauenschote, Gatt. der Schmetterlingsblütler mit vogelfußähnl. Fruchtständen; die **Seradella** ist Futterpflanze.

Vogelherd, Finkenherd, Platz zum Vogelfang, mit Schlagnetz, Lockspeise, Lockvogel.

Vogelkirsche, wilde Süßkirsche u. a. Früchte.

Vogelkunde, Ornithologie [grch.] die, Wissenschaft von den Vögeln.

Vogelmilbe, rote Milbe, die an Vögeln Blut saugt; befällt auch Pferde und Menschen.

Vogelsberg, Gebirge in Hessen, zw. Rhön und Taunus, ehem. Vulkan, besteht aus Basalt, im Taufstein 773 m hoch.

Vogelschutz, Maßnahmen zur Erhaltung der Vogelwelt, umfassen Biotopschutz (See-Vogelfreistätten), Schaffung von Nistgelegenheiten, Vogeltränken, Schutz gegen Unfälle, Winterfütterung, Unterstützung der Arbeiten der Vogelschutz- und Vogelwarten.

Vogelschutzwarte, wissenschaftl. gelei-

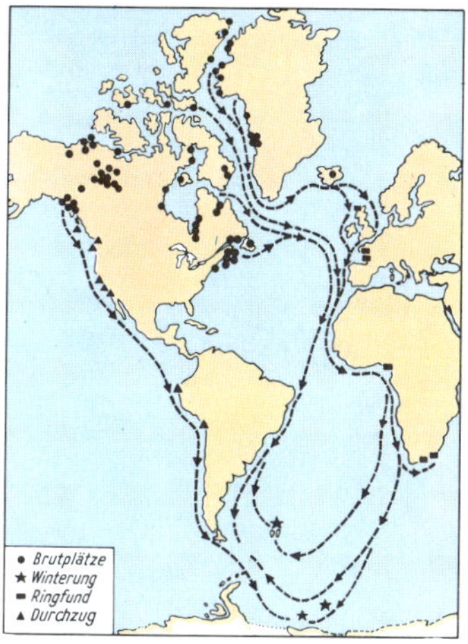

Vogelzug: Zugbahnen der Küsten-Seeschwalbe (18000 km)

tetes Institut für angewandte Vogelkunde; in Essen, Frankfurt a. M., Garmisch-Partenkirchen, Kiel, Ludwigsburg, Essen-Bredeney, Seebach/Thür., Steinkrug/Deister u.a. Außenstellen einer V. oder kleinere Institutionen heißen **Vogelschutzstation.**

Vogelspinnen, große, stark behaarte, meist tropische Spinnen, bis 10 cm lang; nähren sich von Insekten und kleinen Wirbeltieren.

Vogelwarte, Institut zur Erforschung des Vogellebens, bes. des Vogelzugs. Die V. in Radolfzell (früher Rossitten), Helgoland (Hauptsitz: Wilhelmshaven) und Hiddensee sind amtl. Zentralen für die wissenschaftl. Vogelberingung.

Vogelzug, der regelmäßige Herbstflug der Zugvögel aus ihren Brutgebieten nach S in wärmere Länder und Rückflug im Frühjahr. Manche Vögel ziehen einzeln, andere in großen Scharen, oft in bestimmter Gruppierung. Die **Zugvögel** folgen einem durch Hormone gesteuerten Zugtrieb. Flugleistungen: Storch 10000 km, Küstenseeschwalbe von der Arktis zur Antarktis 18000 km. Tagesleistungen: 50 bis über 1000 km (amerikan. Goldregenpfeifer). Geschwindigkeit: 65-145 km/h.

Vogesen Mz., **Wasgau, Wasgenwald,** frz. **Vosges** [vo:ʒ], stark bewaldeter Gebirgszug am Südwestrand der Oberrhein. Tiefebene, NO-Frankreich. Sie fallen nach dem Rhein zu steil ab, nach W allmählich. Höchster Gipfel: Großer oder Sulzer Belchen (1424 m). Im Ostabhang schöne Täler (Masmünster-, Lauch-, Steintal) mit Textil- und Glasind.; auf den Höhen Viehzucht, auf den Vorbergen Weinbau.

Vogt [lat.] der, ✤ Verwaltungsbeamter, z. B. Deich-, Land-V.; Aufseher (Fron-V.); Schirmherr. **Vogtei** die, Bezirk eines V.

Vogtland, Landschaft an der oberen Elster und Saale; Textil-, Musikinstrumentenind., Heilquellen; im MA. durch Vögte verwaltetes reichsunmittelbares Gebiet.

Vogue [vɔ:g, frz.] die, Beliebtheit, Mode.

Voigt-Diederichs, Helene, Erzählerin, *1875, †1961; schrieb schleswig-holstein. Romane.

voilà [vwal'a, frz.], da ist..., sieh da!

Voile [vwal, frz.] der, Schleierstoff, halbdurchsichtiges Gewebe in Leinenbindung.

Voith-Schneider-Propeller, Vortriebs- und Steuergerät für Wasserfahrzeuge.

Vokabel [lat.] die, das (einzelne) Wort, bes. aus einer fremden Sprache. **Vokabular** das, Wörterverzeichnis, Wortschatz.

Vokal [lat.] der, Selbstlaut. **Vokalisation** die, Aussprache der V. beim Gesang. **V.-Musik,** Gesang mit oder ohne Instrumentalbegleitung.

Vokation [lat.] die, Berufung.

Vokativ [lat. »Ruffall«] der, Beugefall, dient der Anrede, z. B. im Lateinischen.

vol., Abk. für Volumen.

Vol.-%, Abk. für Volumenprozent.

Volant [vol'ã, frz.] der oder das, **1)** Faltenbesatz. **2)** ✤ Lenkrad des Kraftwagens.

Volapük das, eine → Welthilfssprache, 1880 erstmals veröffentlicht.

Volière [volj'ɛ:rə], die, Flugkäfig für Vögel.

Volk [ahd.] das, -(e)s/-er, **1)** durch gemeinsame Herkunft, Geschichte, Kultur und meist auch Sprache verbundene Gesamtheit von Menschen; urspr. die Kriegsschar, auch eine bestimmte Menschengruppe, dann die Hauptmasse einer Bevölkerung, im Unterschied zur Oberschicht, zur polit. Führung, zur Regierung, überhaupt zu den öffentl. Gewalten und Berufen. Politisch und historisch ist V. im wesentlichen gleichbedeutend mit Nation. Während »Nation« mehr das Staatlich-Politische betont, bezieht sich »V.« hingegen mehr auf das Sprachlich-Kulturelle einer Gemeinschaft. **2)** zusammengehörige Gruppe von Tieren, z. B. Bienen-V.

Volker [aus ahd. folk »Volk« und heri »Heer«], männl. Vorname, Gestalt im Nibelungenlied.

Völkerball, Ballspiel, bei dem sich 2 Mannschaften innerhalb eines Spielfeldes gegenseitig mit dem Ball abzuwerfen suchen.

Völkerbund, 1919 gegründete Staatenvereinigung zur Sicherung des Weltfriedens und zur Förderung der Zusammenarbeit unter den Nationen, Sitz Genf. Dem V. gehörten zeitweilig 59 Staaten an. Die USA traten nicht bei. Dtl. war 1926-33 Mitgl. Nach Gründung der UNO löste sich der V. 1946 auf.

Völkerkunde, Wissenschaft von den Kulturen der Völker, bes. der Naturvölker.

Völkermord, Genocid begeht, wer in der Absicht, eine nationale, rassische, relig. oder durch ihr Volkstum bestimmte Gruppe **(Gruppenmord)** ganz oder teilweise zu zerstören, vorsätzlich Angehörige der Gruppe tötet, ihnen schwere körperl. oder seel. Schäden zufügt u.a.; lebenslange Freiheitsstrafe (§ 220a StGB).

Völkerrecht, Rechtsnormen, die die Beziehungen zw. den Staaten sowie zw. Staaten und einigen anderen Rechtsträgern regeln. Das V. beruht auf Vereinbarung, Gewohnheit und allg., von den Kulturstaaten anerkannten Rechtsgrundsätzen; Entscheidungen der internat. Gerichte und die Lehren der V.-Wissenschaft dienen als Hilfsmittel. Das V. wird eingeteilt in **Friedensrecht, Kriegsrecht** und **Neutralitätsrecht.** Wichtige Einzelgebiete sind das Vertragsrecht, das Recht der internat. Zusammenarbeit und Organisation, das Gesandtschafts- und Konsularrecht, der Minderheitenschutz, das Seerecht und das Recht der internat. Gerichtsbarkeit.

Völkerwanderung, 1) i. w. S. die seit Ende des 3. Jahrtsd. v. Chr. aufgetretenen Wanderungen ganzer Völker oder Stämme, durch Landnot, Klimawechsel oder Druck anderer Völker hervorgerufen (Dorische Wanderung im 12. Jh. v. Chr., Kelt. Wanderungen im 7. und 4./3. Jh. v. Chr., Kimbern-Wanderung im 2. Jh. v. Chr.). **2)** i. e. S.: Wanderzüge der german. Völker nach S- und W-Europa im 2.-8. Jh. (→ Germanen), der Übergang vom Altertum zum MA; treibende Kraft dieser Wanderzüge war wahrscheinlich Landnot, unaufhaltsam wurde die Bewegung aber durch den Einbruch der → Hunnen in Europa ab 375. Die

Völkerwanderung: Westgot. Adlerfibel, 5./6. Jh.

Völkerwanderung V. führte zum Untergang des Röm. Reiches und schuf in ihren Reichsbildungen die Grundlagen der abendländ. Staatenwelt.

Völklingen, Industriestadt im Saarland, 43 500 Ew.; Röchlingsche Eisen- und Stahlwerke, Kraftwerke, Werkzeug-, Metallwaren-Ind.

Volkmann, Richard v., *1830, †1889, schrieb unter dem Decknamen **Leander** die Märchen »Träumereien an frz. Kaminen«.

Volksabstimmung, → Volksentscheid.

Volksakti|en Mz., bei der Privatisierung von Unternehmen der öffentl. Hand zu niedrig angesetztem Kurs ausgegebene Aktien (in der Bundesrep. Dtl. erstmals 1959, in Österreich 1957).

Volksarmee, Nationale V., Abk. **NVA,** die Streitkräfte der Dt. Dem. Rep.

Volksbegehren, → Volksentscheid.

Volksbücher, volkstüml. Erzählprosa des 15. und 16. Jh., für eine breite Leserschicht berechnete Nacherzählungen der mhd. höf. Dichtungen (Tristan, Herzog Ernst, Wigalois), Aufzeichnungen des mündl. verbreiteten Erzählgutes (Eulenspiegel, Faust, Lale- oder Schildbürgerbuch), Übersetzungen lat. Überlieferung (Kaiser Octavian), Liebesromane roman. Herkunft (Melusine, Magelone, Genovefa) und Abenteuerromane (Apollonius, Fortunatus). Samml. und Erneuerung durch die Romantiker (J. Görres).

Volksbücherei, meist von den Gemeinden unterhaltene **öffentl. Bücherei** für jedermann; i. Ggs. zur wissenschaftl. Bibliothek.

Volksbühnen, Vereine, die ihren Mitgl. verbilligte Theaterbesuche ermöglichen. Die erste Freie V. erwuchs 1890 aus der Arbeiterbewegung in Berlin. Die V. in der Bundesrep. Dtl. und in West-Berlin sind im **Verband der V.-Vereine** zusammengeschlossen, auf christl. Grundlage im **Bund der Theatergemeinden.**

Volksdemokratie, nach marxistisch-leninist. Lehre die Regierungsform eines bereits unter der »revolutionär-demokrat. Diktatur der Arbeiter und Bauern« stehenden, klassenmäßig aber noch uneinheitl. Staates. Sie ist eine Vorform des Sozialismus sowjet. Prägung und Variante der »Diktatur des Proletariats«. Von ihr her soll bei zeitweiligem nominellem Festhalten an einigen Institutionen und Spielregeln der parlamentar. Demokratie der Aufbau dieses Sozialismus etappenweise verwirklicht werden. Der Begriff »V«. wurde u. a. zur Kennzeichnung der kommunist. Regime, die nach 1945 in den in die sowjet. Machtsphäre geratenen Ländern Mittel-, Ost- und Südosteuropas entstanden sind, geschaffen, dort nach den polit. Umwälzungen 1989/90 aufgegeben. Die Bez. wurde vielfach durch → Volksrepublik ersetzt.

Volksdeutsche, die in Ländern außerhalb der Grenzen des Dt. Reichs von 1937 und Österreichs ansässigen Bewohner dt. Herkunft.

Volkseigene Betriebe, Abk. **VEB,** in der Dt. Dem. Rep. die entschädigungslos enteigneten und in »Volkseigentum« übergeführten sowie die als VEB gegründeten Betriebe, bis zur Wirtschafts-, Währungs- und Sozialunion mit der Bundesrep. Dtl. (1990) die vorherrschende Wirtschaftsform. Neben der Volkseigenen Industrie (VEI) gab es Volkseigene Güter (VEG), Verkehrsbetriebe, Maschinen- und Traktorenstationen (MTS) für die Landwirtschaft, Erfassungs- und Ankaufsbetriebe (VEAB), die Staatl. Handelsorganisation (HO) und die Dt. Handelszentralen (DHZ). Die Gewinne der VEB flossen in die Staatskasse.

Volkseinkommen, Gesamtheit der Einkommen in einem Staatsgebiet; errechnet aus dem Sozialprodukt, von dem man Abschreibungen und indirekte Steuern abzieht, Subventionen zuzählt **(Nettosozialprodukt zu Faktorkosten).**

Volksentscheid, Referendum, Entscheidung der Staatsbürger über eine polit. Maßnahme oder ein Gesetz. In den dt. Länderverfassungen nach 1945 sind Volksbegehren und V. vorgesehen; nicht dagegen im GG außer bei Neugliederung des Bundesgebiets.

Volksfront, Zusammenschluß der kommunist., sozialist. und anderer linksgerichteter Parteien, bes. in Frankreich 1935-37.

Volksfront für die Befreiung Palästinas, engl. Abk. **PFLP,** marxist. Guerilla-Gruppe der palästinens. Araber unter G. Habasch, radikale Gegner Israels.

Volksgerichtshof, seit 1934 das höchste nat.-soz. Gericht zur Aburteilung von Hoch- und Landesverrat, ein Sondergericht, das mit seinen drakon. Urteilen und den unwürdigen Verhandlungsformen seines Präs. R. Freisler ein Instrument des nat.-soz. Terrors wurde.

Volkshochschule, Bildungsstätte für Erwachsene, die durch Abendkurse (Abend-V.) oder in geschlossenen Lehrgängen (Heim-V.) die Bildung ihrer Hörer vertiefen und ihrer Fortbildung dienen will.

Volkskammer, Dt. Dem. Rep.: bis 1990 die Volksvertretung, 500 Abg.; gewählt nach Einheitsliste auf 4 Jahre; März-Oktober 1990 das frei gewählte Parlament.

Volkskommune, seit 1958 Form der Produktionsgemeinschaft in der VR China. Die V. faßt alle Mitgl. einer Gemeinde zu einem Kollektiv zusammen und übernimmt die gesamte Planung und Organisation der Bodenbewirtschaftung und des Zusammenlebens.

Volkskunde, Folklore, Wissenschaft von den Lebensformen des Volkes: 1) Volksglaube, Aberglaube, Volksrecht, Brauchtum, Sitte; 2) Volksdichtung (Märchen, Sage, Lied, Reim); 3) Siedlung, Haus, Gerät, Nahrung, Tracht, Volkskunst.

Volkskunst, die an die Überlieferungsgesetze von Landschaft, Stamm und Stand, Volksglauben und Volksbrauch gebundenen Formen v.a. der bildenden Kunst (Ausgestaltung von Haus, Hof, Gerät, Tracht).

Volkslied, von J. G. Herder geprägter Ausdruck für ein im Volke gesungenes, in Wort und Weise dem Fühlen und Denken breiter Kreise entsprechendes Lied von meist unbekanntem Verfasser. Es wird mündlich weitergegeben und dabei umgeschaffen (»zersungen«). Die Blüte des V. fällt in das 14.-16. Jh. Humanismus und Aufklärung verachteten das V. Herder, der Sturm und Drang (Goethe in Straßburg) und die Romantik (»Des Knaben Wunderhorn«) sammelten V., die auch auf die Kunstlyrik wirkten. Der **Schlager** wird als V. der Gegenwart bezeichnet.

Volksmission, kirchl. Volksseelsorge.

Volksmusik, nach dem Gedächtnis überlieferte Gebrauchs- und Unterhaltungsmusik des Volkes, deren Schöpfer meist unbekannt sind. Wie das Volkslied steht die instrumentale V. in enger Beziehung zum Tanz. Ihre Kennzeichen sind die bündige Form, der schlichte Bau und die in der Kunstmusik wenig gebrauchten Instrumente (Zither, Gitarre, Dudelsack, Mandoline, Balalaika, Schalmei).

Volkspolizei, Abk. **VP,** Kw. U **Vopo,** Polizei, Grenz- und Transportpolizei der ehemaligen Dt. Dem. Rep.

Volksrepublik, Abk. **VR,** nach der russ. Oktoberrevolution Vorstufe von sozialist. Sowjetrep. (z. B. Buchara), nach dem 2. Weltkrieg Bez. für Volksdemokratien innerhalb des kommunist. Staatensystems. Auch Eigenbez. sozialistisch orientierter Staaten in Asien und Afrika.

Volksschule, allg. unentgeltliche Pflichtschule, in der Bundesrep. Dtl. gegliedert in Grund- und Hauptschule (→ Schule).

Volkssouveränität, demokrat. Grundsatz, daß die Staatsgewalt vom Volke ausgeht, und die Verwirklichung dieses Grundsatzes in der Staatsverfassung. (→ souverän)

Volkssturm, gegen Ende des 2. Weltkriegs in Dtl. aufgebotene, unausgebildete militär. Einheiten, meist unter Befehl von Parteifunktionären.

Volkstanz, an Landschaft, Stand, Brauchtum und Tracht gebundene Tänze, zumal der Bauern. Ein Nationaltanz ist z. B. der ungar. Tschardasch, ein Heimattanz der Schuhplattler, ein Zunfttanz der Schäfflertanz. Der V. wurde in Dtl. von der Jugendbewegung neu belebt.

Volkstracht, regional gebundene, traditionelle Kleidung der bäuerl. Bevölkerung. (FARBTAFEL S. 952)

Volkstrauertag, in der Bundesrep. Dtl. seit 1952 nationaler Trauertag für die Opfer des Nationalsozialismus und die Gefallenen beider Weltkriege: 2. Sonntag vor dem 1. Advent.

Volksvertretung, → Parlament.

Volkswagen-Stiftung, neuer Name für → Stiftung Volkswagenwerk.

Volkswagenwerk AG, Wolfsburg, 1937 gegr. dt. Automobilkonzern; eines der größten westdt. und europ. Unternehmen der Kraftwagenind.

Volkswirt, wissenschaftl. ausgebildeter Fachmann der Volkswirtschaft; 8semestr. Studium, Diplom (Diplom-V.), auch Doktorprüfung (Dr. rer. pol.).

Volkswirtschaftslehre, Nationalökonomie, politische Ökonomie, Zweig der Wirtschaftswissenschaften, der die gesamtwirtschaftl. Zusammenhänge erforscht. Im Mittelpunkt der V. steht die **Wirtschaftstheorie;** Gegenstände: wirtschaftl. Kreislauf, Produktion, Marktformen, Preis- und Wertlehre, Geld-, Kredit-, Konjunktur- und Außenwirtschaftstheorie, Standortlehre, Fragen der Wirtschaftsordnung. Die **Volkswirtschaftspolitik** untersucht die Mittel zur Erreichung überwirtschaftl. (polit.) Ziele sowie die Wirkung wirtschaftspolit. Maßnahmen. Zur V. gehört auch die → Finanzwissenschaft.

Volkszählung, amtl. Erhebung zur Feststellung der Bev. in einem Staate nach Zahl, Beruf usw.; Bundesrep. Dtl.: 1950, 1961, 1970, 1987; in der Dt. Dem. Rep. 1950, 1964, 1971.

Vollbeschäftigung, 1) volkswirtschaftlich: Zustand, bei dem die Zahl der offenen Arbeitsplätze der Zahl der Arbeitsfähigen und -willigen entspricht oder sie übertrifft. V.-Politik gehört zu den wichtigsten Aufgaben der staatl. Wirtschaftspolitik. **2)** betriebswirtschaftlich: volle Ausnutzung der Kapazität eines Unternehmens.

Vollblut, hochgezüchtetes Pferd.

Volleyball [v'ɔlɪ-, engl.], Ballspiel: der Ball soll, ohne vorher den Boden zu berühren, mit der Hand über ein Netz in das Spielfeld der Gegenpartei geschlagen werden.

Volljährigkeit, Mündigkeit, Großjährigkeit, Altersstufe, mit der der Mensch das Recht erlangt, seine rechtl. Angelegenheiten ohne gesetzl. Stellvertreter (elterl. Gewalt oder Vormund) selbst zu regeln; damit beginnt die Geschäftsfähigkeit; in der Bundesrep. Dtl. und in der Dt. Dem. Rep. mit Vollendung des 18., in Österreich des 19. und in der Schweiz des 20. Lebensjahres.

Vollkornbrot enthält den Keim und die Randschichten des Korns, viel Eiweiß, Mineralsalze, Vitamine.

Vollmacht, ⚖ durch Rechtsgeschäft er-

Volkskunst: oben irdene Schüssel; Schwarzwald, 19. Jh.; Mitte verzierte Gläser; Süd-Dtl., 19. Jh.; unten »Türk«-Figur für ein Wurfspiel; Oberammergau, 19. Jh.

VOLKSTRACHTEN

1 Hamburg/Vierlande. **2** Pommern/Rügen (Mönchsgut). **3** Lausitz/Spreewald. **4** Braunschweig. **5** Hessen/Schwalm. **6** Baden/Schwarzwald (Gutachtal). **7** Schwaben/Ries. **8** Franken/Ochsenfurt. **9** Bayern/Oberbayern (Miesbach). **10** Österreich/Zillertal. **11** Österreich/Montafon. **12** Schweiz/Appenzell. **13** Schweiz/Kanton Uri teilte Ermächtigung, den V.-Geber zu vertreten (§§ 166 ff. BGB). **General-V.** ermächtigt zur Vornahme aller Rechtsgeschäfte für eine Person.

Vollschiff, drei-, vier- oder fünfmastiges → Segelschiff, an allen Masten mit Rahsegeln getakelt.

Vollstreckung die, ⚖ → Zwangsvollstreckung, → Strafvollstreckung. **V.-Beamter,** der → Gerichtsvollzieher. **V.-Bescheid,** → Mahnverfahren. **V.-Schutz,** gesetzl. Schutz des Schuldners gegen außergewöhnl. Härten der Zwangsvollstreckung (§ 811 ZPO), auch die Beschränkung der → Lohnpfändung. **V.-Titel,** bestimmte Urkunden, auf Grund deren die Zwangsvollstreckung gegen den Schuldner betrieben werden kann, z. B. Urteile, gerichtl. Vergleiche, V.-Befehle, für vollstreckbar erklärte Schiedssprüche; sie müssen mit der **V.-Klausel** (»Vorstehende Ausfertigung wird dem ... [Gläubiger] zum Zwecke der Zwangsvollstreckung erteilt«) versehen und dem Schuldner zugestellt worden sein.

vollziehende Gewalt, die → Exekutive.

Volontär [frz.] der, wer, ohne Auszubildender (Lehrling) zu sein, unentgeltlich oder gegen geringes Entgelt zu seiner Ausbildung in einem Betrieb arbeitet.

Volos, Wolos, Stadt in Griechenland, Thessalien, 71 300 Ew.; orthodoxer Bischofssitz, Hafen.

Volsker Mz., altitalischer Volksstamm, 338 v. Chr. von den Römern unterworfen.

Volt das, Abk. **V,** die nach dem Physiker A. Graf → Volta benannte Einheit der elektr. Spannung (→ Elektrizität). Das Meßgerät ist das **V.-Meter;** es wird an die beiden Punkte einer Stromleitung angeschlossen, zw. denen die Spannung bestimmt werden soll.

Volta der, Fluß in W-Afrika, mündet in den Golf von Guinea, 1600 km lang; durch den Akosombo-Damm aufgestaut (See von 8500 km^2).

Volta, Alessandro Graf, ital. Physiker, *1745, †1827, konstruierte die ersten galvan. Elemente **(Voltasche Säule).** Nach ihm benannt das → Volt.

Voltaire [vɔlt'ɛ:r], eigtl. François-Marie **Arouet,** frz. Philosoph, Schriftst., *1694, †1778; lebte 1750-53 am Hofe Friedrichs d. Gr. V. war das Haupt der frz. Aufklärung, scharfer Gegner überlieferter Gedanken und Ordnungen (Adel, Kirche). Streitschriften, histor. Werke, Epen, Romane (»Zadig«, »Candide«), Dramen.

Voltaire

Volte [frz.] die, **1)** REITKUNST: Reiten eines Kreises von 6 m Durchmesser. **2)** ein Kartenspiel so mischen, daß eine gewisse Karte an einen bestimmten Platz kommt (die **V. schlagen**).

voltigieren [vɔltiʒ'i:rən, frz.], Gewandtheitsübungen auf galoppierendem Pferd.

Volturno, Fluß in S-Italien, 175 km lang, entspringt in den südl. Abruzzen, mündet in den Golf von Gaeta.

Volumen [lat.] das, -s/- und ...mina, **1)** Band, Teil einer Schrift. **voluminös,** umfangreich. **2)** ⊠ Rauminhalt.

Volumenometer [lat.], **Stereometer,** Gerät zur Bestimmung des Rauminhalts und der Dichte von Körpern, die nicht mit einer Flüssigkeit in Berührung kommen sollen.

Voluntarismus [lat.] der, Lehre, die im Willen den Urgrund des Daseins erblickt.

Völuspa [Weissagung der Völva] die, Eröffnungsgedicht der Edda, behandelt Ursprung, Untergang und Erneuerung der Welt.

Volute [lat.] die, **Schnecke,** 🏛 spiralförmige Einrollung, z. B. am ionischen Kapitell.

Volute

Vondel [f-], Joost van den, niederländ. Renaissancedichter, *1587, †1679; Gedichte, Dramen.

Vo Nguyen Giap, vietnames. Gen. und Politiker (Kommunist), *1912; Mitbegr. der → Vietminh, 1945-76 war er Verteidigungs-Min. der Demokratischen Rep. (Nord-)Vietnam, gilt als maßgebl. Stratege des Indochinakrieges (1946-54), befehligte im → Vietnam-Krieg die nordvietnames. Truppen und den Vietcong. 1976-80 Verteidigungs-Min. des wiedervereinigten Vietnam.

Vorarlberg, Bundesland Österreichs, 2601 km^2, 313 500 Ew., Hptst.: Bregenz; erstreckt sich vom Bodensee und Rhein bis auf den Arlbergpaß, den Kamm des Rätikons und der Silvretta. Alpwirtschaft, Textil-Ind., Energiegewinnung, Fremdenverkehr. – Von den Grafen von Montfort erwarben die Habsburger durch Kauf 1376 den größten Teil der Herrschaft Feldkirch, 1394 Bludenz, 1451 und 1523 Bregenz.

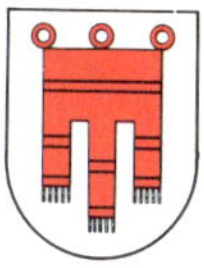

Vorarlberg

Vorausklage, ⚖ die vor Inanspruchnahme des Bürgen gegen den Hauptschuldner durchzuführende Klage. Solange der Gläubiger nicht (erfolglos) gegen den Hauptschuldner vorgegangen ist, kann der Bürge i. d. R. die Zahlung an den Gläubiger mit der **Einrede der V.** verweigern.

Vorbehalt der, ⚖ Einschränkung, Bedingung; → Eigentumsvorbehalt. **V.-Gut,** das bei Gütergemeinschaft von der gemeinsamen Verwaltung ausgenommene Gut.

Vorbereitungsdienst, prakt. Ausbildung des Referendars zw. der 1. und 2. Staatsprüfung, ferner der Beamten des mittleren und gehobenen Dienstes vor der Anstellungsprüfung.

Vorderasi|en, Südwestteil Asiens, von Kleinasien bis zum Indus, vom Kaukasusgebiet bis zum Roten Meer.

Vorderhand, beim Pferd: Vordergliedmaßen und Vorderkörper.

Vorderindi|en, Halbinsel in S-Asien zw. dem Arab. Meer und dem Golf von Bengalen. Im W, N und O von Gebirgsketten (Himalaya, Ost- und Westghats u. a.) umrahmt, gliedert sich V. in das Indus- und das Ganges-Brahmaputra-Tiefland, das gebirgige Mittelindien, das Hochland von Dekkan und die Insel Ceylon. Die Küsten sind wenig gegliedert. V. ist politisch gegliedert in → Bangladesh, → Bhutan, → Indien, → Nepal, → Pakistan, → Sri Lanka. 🌐 S. 483.

LANDESNATUR, → Indien, → Pakistan.

Die BEVÖLKERUNG ist nach ethn. sprachl. Gesichtspunkten stark unterschieden. Die soziale Gliederung wird nicht durch Volkstums- oder Sprachzugehörigkeit gebildet, sondern durch das relig. Bekenntnis oder bei den Hindus durch das Kastensystem. Es werden indoarische, daneben im NW iranische, im NO austro-asiat. und tibeto-birman., im S drawid. Sprachen gesprochen. Religion: in Indien überwiegend Hindus, in Pakistan und Bangladesh überwiegend Muslime.

❻ Im 2. Jahrtsd. v. Chr. wanderten indogerman. Stämme von NW her ein und unterwarfen z.T. die Ureinwohner. Seit dem Zuge Alexanders d. Gr. nach Indien (327-325) traten sie mit den Griechen in Verbindung. Im 3. Jh. v. Chr. bestand das ind. Großreich des Buddhistenfreundes Aschoka. Der Buddhismus wurde aber später fast ganz aus seinem ind. Mutterland verdrängt. Seit dem 11. Jh. setzten sich mohammedan. Eroberer in Indien fest, denen nach 1398 die Mongolen folgten. 1526 gründete Babur das Reich der Großmogule in Delhi, das unter Akbar (1556-1605) seinen Höhepunkt erreichte, aber im 18. Jh. ganz verfiel. Die Portugiesen beherrschten im 16. Jh. den Handel mit Indien, wurden dann durch die Niederländer und Engländer verdrängt. Auch die Franzosen erwarben Besitzungen in V., unterlagen aber in den Kriegen des 18. Jh. gegen die Engländer, die die unbestrittene Vorherrschaft über Indien gewannen. Nach der Niederwerfung eines großen Aufstandes 1857/58 wurde die Britisch-Ostind. Kompanie, die seit

1600 die brit. Macht in Indien vertreten hatte, aufgelöst und die Herrschaft an die brit. Krone übertragen. 1877 nahm Königin Victoria den ind. Kaisertitel an. Eine starke ind. Nationalbewegung trat seit 1880 für die Selbstregierung ein. Während des 2. Weltkrieges erreichte die polit. Revolution unter Führung von M. Gandhi und J. Nehru ihren Höhepunkt. 1947 gewährte Großbritannien den ind. Völkern die Selbständigkeit unter Teilung in → Indien und → Pakistan. 1971 machte sich O-Pakistan als → Bangladesh selbständig. Die hinduist. Minderheit der Tamilen in Sri Lanka suchte seit 1983 ihre Autonomie durchzusetzen.

Vorderösterreich, ehem. südwestdt. Lande der Habsburger (im Elsaß, Breisgau, Ortenau, Hohenberg, Nellenburg, oberschwäb. Landvogtei, Burgau, Vorarlberg); 1648 mußten die elsäss. Besitzungen an Frankreich, 1805 das übrige V. an Baden, Württemberg und Bayern abgetreten werden.

Vorerbe, → Nacherbfolge.

Vorfahrt, 🚗 das Recht eines Fahrzeugführers, eine Kreuzung als erster zu befahren, soweit keine Regelung durch Signalanlagen oder Polizeibeamte getroffen wird; in den meisten Ländern hat der von rechts kommende V., außer eine der anderen Straßen ist als **V.-Straße** ausgewiesen.

Vorfall, lat. **Prolaps** der, ♡ Hervortreten eines inneren Organs durch eine natürl. oder künstl. Öffnung; z. B. Mastdarm-V.

Vorgabe, ⚐ Ausgleichsverfahren, um allen Teilnehmern gleiche Siegesaussichten zu geben (Raum-, Zeit-, Punktvergütungen).

Vorgebirge, Ville, Höhenzug im SW von Köln, zw. Erft und Rhein; Braunkohlen ⚒.

Vorgelege das, Verbindung von Wellen mit Riemen- oder Rädertrieben an Maschinen zur Erzielung bestimmter Drehzahlen und zum Schalten auf Leer- und Vollauf.

Vorgeschichte, Prähistorie, Urgeschichte, der Zeitraum von den ersten Anfängen der Menschheit bis zu der Zeit, aus der schriftl. Überlieferungen vorliegen. Die **V.-Forschung** wertet bes. die Bodenaltertümer aus. Wesentlich für ihre Forschungsweise sind: 1) das von Thomsen, Danneil, Lisch aufgestellte Drei-Perioden-System: → Stein-, → Bronze-, → Eisenzeit; 2) die von O. Montelius geschaffene typolog.-chronolog. Methode (zeitl. Bestimmung eines Fundes durch Einordnung in die passende Typenreihe auf Grund von Form und Ausbildungsgrad); 3) die von G. Kossinna angebahnte siedlungsarchäolog. Methode (Erschließen von Heimat, Kulturstufe, Wanderwegen auf Grund von Siedlungsresten, Grabanlagen usw.; hierzu ÜBERSICHT).

Vorhalt der, ♩ Verbleiben einer Stimme im alten Akkord, während die anderen Stimmen schon den nächsten bilden.

Vorhand, 1) Kartenspiel: das Recht, das erste Blatt auszuspielen. **2)** einer der Grundschläge beim Tennis. **3)** → Vorderhand.

Vorhaut, ♡ Hautfalte über der Eichel, dem

Vorgeschichtliche Zeiträume Mitteleuropas

Hauptstufen		Unterstufen	Zeit v. Chr.	Kennzeichnende Klimazüge	Grabformen	Bevölkerung
Eisenzeit		Latènezeit	0 500	kühl-gemäßigt-feucht (subatlantisch)	Skelettgräber und Urnengräber	Germanen und Kelten
		Hallstattzeit	800			
Bronzezeit		Jüng. Bronzezeit (Periode IV-V)	1100	z. T. wärmer als jetzt; anfangs noch mild-feucht (atlantisch), später mild-trocken (subboreal)	Urnengräber unter Hügeln oder in der Erde, am Anfang und Ende auch Skelettgräber	In Norddeutschland Germanen, in Nordostdeutschland baltische Völker, in Ost- und Mitteldeutschland Illyrer (?), in Süd- und Westdeutschland Kelten (?)
		Mittl. Bronzezeit (Periode II-III)	1600			
		Frühe Bronzezeit (Periode I)	2000		Skelettgräber unter Hügeln oder in der Erde	
Steinzeit		Jungsteinzeit (Neolithikum)	5000		Leichenbestattung; im Norden Riesensteingräber, Mitte und Süden Hügel- und Flachgräber	Indogermanen und nichtindogermanische Völker
		Mittelsteinzeit (Mesolithikum)	8000	wärmer als jetzt; anfangs warm-trocken, später mild-feucht	Bestattung, z. T. in Höhlen	Homo sapiens (Cro-Magnon- und Aurignac-Mensch)
	Ältere Steinzeit (Paläolithikum)	Würm-Kaltzeit	60 000	sehr kalt - gemäßigt kalt kälter als heute		
		Eem-Warmzeit	100 000	etwa heutiges Klima		Neandertal-Mensch
		Riß-Kaltzeit	200 000	wesentlich kälter als heute		Präsapiensmensch
		Holstein-Warmzeit	400 000	z. T. wärmer als heute		
		Mindel-Kaltzeit	600 000	wesentlich kälter als heute		
		Cromer-Warmzeit	800 000	etwa heutiges Klima, z. T. wärmer		Heildelbergmensch
		Günz-Kaltzeit	1 Mio.	wesentlich kälter als heute		

vordersten Teil des männl. Gliedes. **V.-Verengung (Phimose)** erschwert Harn- und Samenentleerung und verursacht **V.-Entzündung.**

Vorherbestimmung, die →Prädestination.

Vorhof, ♡ Teil des →Herzens.

Vorkaufsrecht, ⚖ Recht, durch einseitige Erklärung in einen vom Eigentümer mit einem Dritten über einen bestimmten Gegenstand geschlossenen Kaufvertrag an Stelle des Dritten einzutreten (§§ 504 ff. BGB).

Vormärz, Zeit vor der dt. Märzrevolution 1848, das Zeitalter des Biedermeier.

Vormund, ⚖ Fürsorger und Vertreter für Minderjährige oder entmündigte Volljährige (Mündel). Der V., neben dem bei erhebl. Mündelvermögen ein **Gegen-V.** bestellt werden kann, wird vom **Vormundschaftsgericht** (Amtsgericht) eingesetzt und beaufsichtigt. Bestimmte Geschäfte darf der V. nur mit Genehmigung des Vormundschaftsgerichtes durchführen (§§ 1773 ff. BGB).

Vorsatz, Dolus [lat.] der, **1)** bürgerl. Recht: das Wollen eines rechtswidrigen Erfolges. **2)** Strafrecht: der mit Wissen und Willen verwirklichte Straftatbestand **(direkter V.).** V. liegt auch vor, wenn der Täter den Erfolg zwar nicht erstrebte, aber doch als mögl. Folge der Tat voraussah und ihn für den Fall des Eintritts in Kauf nahm **(bedingter V.).**

Vorschlag, ♩ betonter Zierton vor einem Hauptton.

Vorschub, Datentechnik: der von **V.-Befehlen** als Teil eines Computerprogramms gesteuerte Papiertransport bei Ausgabegeräten (z. B. Drucker).

Vorschulerziehung, i. e. S. Bildungseinrichtungen für Kinder im Vorschulalter, bereiten auf Schuleintritt vor (Vorklassen für 5jährige u. a.), i. w. S. auch die Kindergärten.

Vorsehung, Providenz [lat.] die, christl. Glaubenslehre: die göttl. Leitung von Weltentwicklung und menschl. Schicksal.

Vorsilbe, vorangestellte Ableitungssilbe, wie ge..., ver...

Vorsokratiker, Präsokratiker, grch. Philosophen vor Sokrates, →griechische Philosophie.

Vorsorgeuntersuchungen, ärztl. Untersuchungen, die gezielt zur Früherfassung von Krankheiten eingesetzt werden; neben **Krebs-V.** v. a. **Schwangerschafts-V.**

Vorstand der, ⚖ das leitende Organ (1 Person oder mehrere), der gesetzl. Vertreter einer Aktiengesellschaft, einer Genossenschaft, eines rechtsfähigen Vereins, einer Stiftung.

Vorsteherdrüse, Prostata [lat.] die, Drüse, die beim Mann den Anfangsteil der Harnröhre unterhalb der Harnblase umgreift; liefert einen Teil der Samenflüssigkeit. (BILD Geschlechtsorgane)

Vorstehhund, Hühnerhund zur Jagd auf Rebhühner und Hasen, bleibt vor dem Wild stehen, z. B. Dt. Drahthaar, Dt. Kurzhaar.

Vorstrafe, ⚖ eine im Strafregister noch nicht gelöschte gerichtl. Strafe.

Vortrieb, die Kraft an der Luftschraube von Luftfahrzeugen oder an der Schiffsschraube von Wasserfahrzeugen, die die Vorwärtsbewegung hervorruft; bei Verwendung von Strahl- und Raketentriebwerken der **Schub.**

Vorzeichen, 1) Anzeichen künftigen Geschehens. **2)** ♩ die am Anfang des Liniensystems angegebenen Versetzungszeichen. **3)** △ die Zeichen + und −.

Vorzugsaktie, Prioritätsaktie, wird gegenüber der Stammaktie bes. bei der Gewinnverteilung bevorzugt.

Voscherau, Henning, Politiker (SPD), *1941; seit 1988 Erster Bürgermeister von Hamburg.

Voß, 1) Johann Heinrich, *1751, †1826, Mitgl. des Göttinger Dichterbundes, übersetzte Homer, Ovid, Vergil u. a.; schrieb die Idylle »Luise«. **2)** Richard, Schriftst., *1851, †1918, Romane (»Zwei Menschen«).

Votiv... [lat.], in Zusammensetzungen: Weih..., Gedenk..., z. B. Votivtafel.

Votum [lat.] das, -s/...ten und ...ta, **1)** Gelübde. **2)** Stimme, Stimmabgabe.

Voyager [v'ɔɪədʒə], Name zweier amerikan. Raumsonden zur Erforschung der äußeren Planeten, gestartet 1977. V. 1 näherte sich Jupiter im März 1979 bis auf 278000 km, V. 2 im Juli 1979 bis auf 647000 km. Ergebnisse der rd. 33000 Photos: Entdeckung eines Ringsystems sowie zweier neuer Jupitermonde. 2. Ziel war der Planet Saturn, dem sich V. 1 im Nov. 1980 bis auf 124000 km, V. 2 im Aug. 1981 bis auf 102000 km näherte; Nachweis weiterer Saturnringe und weiterer sechs Monde. V. 2 erreichte im Jan. 1986 den Planeten Uranus (Abstand 81500 km; Entdeckung weiterer 10 Monde) und im Aug. 1989 den Planeten Neptun (Abstand: 5000 km; Entdekkung weiterer sechs Monde).

VPS [Abk. für **V**ideo**p**rogramm**s**ystem], Codesystem zum automat. Ein- und Ausschalten von Videorecordern für Aufzeichnungen von Fernsehsendungen.

VR, Abk. für **V**olks**r**epublik.

Vranitzky, Franz, österreich. Politiker (SPÖ), *1937; seit 1986 Bundeskanzler, seit 1988 auch Parteivorsitzender.

Vreneli das, in der Schweiz das 20-Franken-Goldstück.

Vries, 1) Adrian de, niederländ. Bildhauer, *um 1560, †1626; Bronzeplastiken. **2)** Hugo de, niederländ. Botaniker, *1848, †1935, stellte die Lehre von den Mutationen auf.

Vring, Georg von der, Dichter, *1889, †1968; Gedichte, Geschichtsromane.

VSBM, Abk. für **V**erhandlungen über **s**icherheits**b**ildende **M**aßnahmen in Europa, in der Nachfolge von KVAE tagende Abrüstungskonferenz, seit 1989 in Wien.

VTOL-Flugzeug, kurz für engl. **V**ertical **T**ake-**O**ff and **L**anding, [v'ə:tɪklteɪkʌfənd l'ændɪŋ], der →Vertikalstarter.

Vuillard [vyij'a:r], Edouard, frz. Maler, *1868, †1940; Interieurs, Wandbilder.

Vulcano, eine der Liparischen Inseln.

Vulcanus, altitalischer Gott des Feuers.

Vulgärlatein, →lateinische Sprache.

Vulgata [lat. »die allg. verbreitete«] die, lat. Bibelübersetzung des →Hieronymus (um 405), in der kath. Kirche gebraucht; vom Trienter Konzil 1546 für authentisch erklärt.

Vulkan der, Stelle, an der →Magma aus der Erdtiefe zutage tritt, i. e. S. feuerspeiender Berg. Bei einem vulkan. Ausbruch (Eruption) steigen Magma und Gase durch einen die Erdrinde durchstoßenden **Schlot** auf, der eine trichter- oder kesselförmige Mündung, den **Krater,** hat. Aus dem Krater, häufig auch aus Nebenkratern, werden Gase und flüssige →Lava oder auch Lockermassen (vulkan. Bomben, Schlacken, Lapilli, Sande und Aschen) gefördert. Der Auswurf beruht auf gewaltigen Gasspannungen tief in der Erde. Die Lockerprodukte bilden um den Krater einen Wall (Aschen-, Schlacken-, Tuffkegel). Die Temperatur der Lava beträgt um 1100 °C. Kieselsäurereiche Lava **(Blocklava)** ist zähflüssig und kann im Schlot erstarren (Quellkuppe). Dünnflüssig sind bas. Schmelzen **(Stricklava),** die häufig aus Spalten austreten und flachgeböschte **Schild-V.** (Hawaii) oder ausgedehnte **Plateaubasalte** (-to:-; Island, Deccan) bilden. Häufiger als diese **Lavavulkane** sind die aus Lagen von Lava und Tuff aufgebauten **Schicht-V.** (Vesuv). Die Schlote der Gasvulkane, die oft gesellig vorkommen (Maare in der Eifel), enthalten Trümmer vulkan. Festgesteine und solche des Nebengesteins. Die südafrikan. **pipes** führen Diamanten. Postvulka-

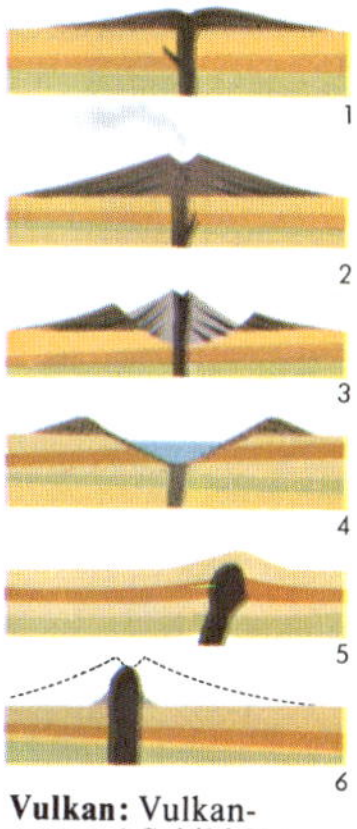

Vulkan: Vulkantypen: **1** Schild-V.; **2** Strato-V.; **3** Strato-V. mit Explosionstrichter; **4** Explosionstrichter mit Maar; **5** Stau-, Quellkuppe; **6** Herausgewitterte Schlotfüllung

Christiane Vulpius mit August v. Goethe (Aquarell von J. H. Meyer, 1793)

nisch treten Fumarolen, Solfataren und Mofetten auf. Man unterscheidet **erloschene V.**, deren Wiederausbruch nicht anzunehmen ist (z.B. Vogelsberg in Hessen), **untätige V.**, die sich in einem vorübergehenden Zustand der Ruhe befinden, und **tätige V.** Begleiterscheinungen der Ausbrüche sind: Erdbeben, Gewitter, Wirbelwinde, Flutwellen u.a. Vermutlich gibt es viele untermeer. V. **Vulkan. (Erguß-) Gesteine:** Lava, Trachyt, Basalt, Porphyr, Diabas u.a. Wirtschaftl. Nutzung des fruchtbaren Bodens, der Erzlagerstätten und der Erdwärme. Einige tätige Vulkane: Europa: Hekla (Island), Ätna (Sizilien), Vesuv (Italien), Stromboli (Italien). Afrika: Ol Doinyo Lengai (Ostafrika), Kamerunberg (Westafrika), Piton de la Fournaise (Réunion). Amerika: Montagne Pelée (Martinique), Cotopaxi (Ecuador), Popocatepetl (Mexiko), Lassen Peak und Mount St. Helens (USA). Asien: Kljutschewskaja Sopka (Kamtschatka), Fujisan (Japan, Seméru (Java), Krakatau, Tambora (Sunda-Straße). Ozeanien: Mauna Loa (Hawaii), Kilauea (Hawaii), Ngauruhoe (Neuseeland).

Vulkanfiber, harter, hornartiger Kunststoff aus Cellulose, der durch Zinkchloridlösung pergamentiert, dann gewässert und hydraulisch zu Platten gepreßt wird.

Vulkan-Inseln, japan. Inselgruppe südlich der Bonin-Inseln; 1951-68 unter amerikan. Verwaltung.

Vulkanisation [lat.] die, das Mischen von Rohkautschuk mit Schwefel. → Kautschuk.

Vulpius, 1) Christian August, Schriftst., *1762, †1827, Goethes Schwager; Räuberroman »Rinaldo Rinaldini«. **2)** Christiane, Schwester von 1), Goethes Gattin, *1765, †1816.

Vulva [lat.] die, die äußeren weibl. Geschlechtsteile (→ Geschlechtsorgane).

V-Waffen, Abk. für »Vergeltungswaffen«, von der dt. Wehrmacht gegen Ende des 2. Weltkriegs entwickelte, bes. gegen London eingesetzte Waffen (**V1** und **V2**).

Waadt

W

w, W, 1) der 23. Buchstabe des dt. Abc. **2) W** Abk. für Westen. **3) W** Abk. für Watt. **4) W** chem. Symbol für Wolfram.

Waadt die, **Waadtland,** frz. **Pays de Vaud** [pɛ'i də vo:], Kt. der Schweiz, 3219 km², 562000 meist französischsprachige Ew.; Hptst.: Lausanne. W. umfaßt die SW-Ecke des Schweizer Mittellandes auf der N-Seite des Genfer Sees. Getreide-, Wein-, Tabakanbau, Viehzucht; Ind.: Uhren, Eisenwaren, Schokolade, Zigarren. 1803 selbständiger Kt.

Waag die, Nebenfluß der Donau, kommt von der Tatra, mündet in die kleine Donau (Waagdonau); 390 km lang.

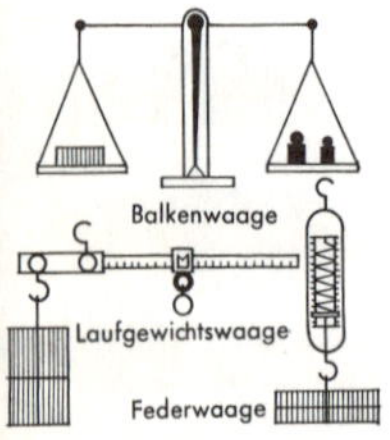

Waage

Waage die, **1)** Gerät zur Gewichtsbestimmung. Zur Gruppe der **Hebel-W.** gehören die **Balken-W.** mit gleicharmigen Hebeln, die **Brücken-W.,** bei der die Last auf einer Plattform (Brücke) ruht, und die W., die je nach dem Hebelverhältnis als Dezimal- oder Zentesimal-W. bezeichnet wird, ferner die ungleicharmige **Laufgewichts-W.** (röm. W., Besemer) mit verschiebbarem Gewicht. Bei der **Neigungs-W.** wird durch die Last ein unveränderl. Gewicht aus seiner Ruhelage ausgeschlagen und das Gewicht an dem Skalenbogen abgelesen. Bei **Schalt-W.** werden mit einem Schalthebel nacheinander Gewichte eingeschaltet, die in einer Kassette ruhen und auf einen Hebel wirken. Die 2. Gruppe der W. umfaßt die **Feder-W.,** bei denen die durch die Belastung verursachte Veränderung der Federlänge (Zug- oder Druckfeder) ein Maß für das Gewicht ist. **Hydraulische W.** dienen zum Wägen sehr großer Lasten. Bei **Fein-W.** (Skalenwert 1 mg oder 0,1 mg) kann durch opt. Einrichtungen die Ablesegenauigkeit wesentlich erhöht werden. **2)** südl. Sternbild; das 7. Zeichen des Tierkreises.

Wachtel

Waal die, Mündungsarm des → Rheins.

Waals, Johannes Diderik van der, niederländ. Physiker, *1837, †1923; arbeitete über die Zustandsgleichung von Gasen, Dämpfen, Flüssigkeiten. Nobelpreis 1910.

Wabenkröte, Pipa, südamerikan. Froschlurch; die Eier entwickeln sich in wabenartigen Bruttaschen der Rückenhaut.

Waberlohe die, Flammenwall, mit dem Odin die schlafende Brunhilde umgab.

Wachau die, das landschaftl. schöne Donautal zw. Melk und Krems, NÖ.

Wacholder der, Gatt. der Nadelhölzer mit beerenähnl. kleinen Zapfen. Der **Gemeine W. (Machandelbaum)** ist meist ein 1-2 m hoher Strauch, seltener ein Baum, zweihäusig; wächst im Heideland. Die Beeren, **Krammetsbeeren,** sind blauschwarz. Durch das flüchtige **W.-Öl** schmecken sie streng; sie geben Gewürz, W.-Branntwein, harntreibenden Tee, Räucherwerk. Schwesterarten: **Span.** oder **Zeder-W.,** mit braunroten Früchten; der **Virgin. W.** oder die **Rote Zeder** liefert Holz (»Zedernholz«) für Bleistifte, Zigarrenkisten.

Wachs das, knetbare, fettartige Absonderung der Honigbiene, ihr Baustoff für Zellen und Waben; dient zu Kerzen, Pflaster, Salbe, Appretur. **Pflanzen-W.** wird als Ausscheidungen trop. Pflanzen gewonnen, z.B. von den Stämmen der südamerikan. Wachspalme; Verwendung zu Bohner- und Schuhputzmitteln (→ Erdwachs). **Synthet. W.** sind z.T. Ester, z.T. leiten sie sich von Polyäthylen, chlorierten Kohlenwasserstoffen u.a. Kunststoffen ab. Synthetische W. können in versch. Härtegraden erzeugt werden.

Wachsbildnerei, Herstellung von Modellen aus Wachs, bes. Totenmasken, Büsten und Weihegaben. Seit Ende des 17. Jh. wurden lebensgroße Nachbildungen hoher Persönlichkeiten gefertigt **(Wachsfigurenkabinett).**

Wachsblume, südasiat. dickblättriger Kletterstrauch mit rötl., wachsähnl., duft- und honigreicher Blüte; teilweise Zimmerpflanze. (BILD S.957)

Wachsmalerei, → Enkaustik.

Wachsmotte, die → Bienenmotte.

Wachspalme, 1) Fächerpalme in Brasilien, Argentinien. **2)** Fiederpalme im tropisch-südamerikan. Gebirge; beide liefern Palmwachs.

Wachstuch, urspr. köper- oder leinwandbindiges Baum- oder Zellwollgewebe mit einseitigem, glattem Leinölfirnisüberzug; durch kunststoffbeschichtete Gewebe ersetzt.

Wächte die, **Schneewächte,** überhängende Schneewehe auf Gebirgsgipfeln und -graten.

Wachtel die, kleines Feldhuhn, lebt am liebsten im Getreide; brütet in Mitteleuropa und zieht im Herbst nach Afrika.

Wachtelhund, Stöberhundrasse.

Wachtelkönig, Wiesenknarrer, Wiesenralle, Zugvogel mit schnarrender Stimme.

Wachtelweizen, Rachenblütler, krautige Halbschmarotzer auf Wurzeln, mit schwarzem, weizenförmigem Samen; **Hain-W.** hat gelb-rostrote Blütenähre, blaue Blütentragblätter. (BILDER S.957)

Wachtmeister, 1) Dienstgrad des mittleren Dienstes bei der Polizei, des einfachen Dienstes bei Justizbeamten. **2)** ✤ militär. Dienstgrad; entsprach dem Feldwebel.

Wach- und Schließgesellschaften, private Unternehmungen, die gewerbsmäßig der öffentl. Sicherheit dienen, bes. durch Bewachung von Häusern, Parkplätzen u.a.

Wackenroder, Wilhelm Heinrich, Schriftst., *1773, †1798, beeinflußte mit den »Herzensergießungen eines kunstliebenden Klosterbruders« und den »Phantasien über die Kunst« die romant. Kunstauffassung.

Wadai, Ouadai, Steppenlandschaft im O der Rep. Tschad, Afrika; ehem. arab. Sultanat, kam zw. 1900 und 1902 zum frz. Kolonialreich.

Wade die, Hinterfläche des Unterschenkels, deren Wölbung von dem **W.-Muskel** gebildet wird. Dieser entspringt am Oberschenkel- und **W.-Bein** und setzt mit der Achillessehne am Fersenbein an. **W.-Krampf** entsteht oft nach großen Anstrengungen, Kälte usw.; Gegenmittel: warme Umschläge, Massage.

Wädenswil, Ort im schweizer. Kt. Zürich, am Zürichsee, 17800 Ew.; Eidgenöss. Versuchsanstalt für Obst-, Wein- und Gartenbau, schweizer. Obst- und Weinfachschule; Textil- u. a. Ind.

Wader, Hannes, Liedermacher, *1942, interpretiert Volks- und Arbeiterlieder sowie plattdt. Lieder.

Wadi [arab.] das, **Trockental,** wasserloses Flußbett in der Wüste.

Wafer [w'eɪfə, engl.] der, dünne Halbleiterscheibe als Träger integrierter Schaltkreise; wird nach der Funktionsprüfung in Chips zerteilt.

Waffe die, Kampfgerät; **Angriffs-** und **Trutz-W.** sind Geräte zur unmittelbaren Einwirkung oder Vorrichtungen zum Abschießen von Munition (Hieb-, Stich-, Wurf-, Feuer-W.). **Schutz-W.** dienen der Verteidigung (z. B. Schild, Helm).

Waffenleitsystem, Feuerleitsystem, Einrichtungen und Anlagen zum optimalen Einsatz von Waffen, i. e. S. auch zur Führung von gelenkten Waffen.

Waffenrecht, regelt Herstellung, Vertrieb, Besitz, Tragen und Gebrauch von Waffen. In der Bundesrep. Dtl. (Waffenges. v. 19. 9. 1972 i. d. F. v. 8. 3. 1976) ist der Erwerb von Faustfeuerwaffen nur zulässig, wenn der Erwerber eine behördl. ausgestellte **Waffenbesitzkarte, Waffenschein,** oder einen gültigen **Jahresjagdschein** besitzt. Zum Führen einer Faustfeuerwaffe außerhalb der Wohnung, der Geschäftsräume oder des umfriedeten Besitztums ist ein Waffenschein erforderlich, der stets mitzuführen ist. – Der Waffengebrauch bei Polizei und Bundesbehörden ist erst erlaubt, wenn alle anderen Mittel versagen.

Waffenstillstand, ∴ zeitweilige Kampfeinstellung zw. kriegführenden Parteien; oft Einleitung zu Friedensverhandlungen.

Wagen der, **1)** ⊙ Maschinenteil zur Führung eines Gegenstandes, z. B. von Papier an der Schreibmaschine. **2)** ☆ **Großer** und **Kleiner W.,** die Sternbilder Großer und Kleiner Bär.

Wagenburg, Verschanzung aus ringsum zusammengefahrenen Troßwagen, diente bis ins MA. als Verteidigungsstellung oder Stützpunkt.

Waggerl, Karl Heinrich, Erzähler, *1897, †1973; heiter-besinnl. Bauernromane.

Waggon [vag'ɔ̃, engl. mit frz. Aussprache] der, -s/-s, Eisenbahnwagen.

Wagner, 1) Adolph, Volkswirt, *1835, †1917; führender Vertreter des → Kathedersozialismus sowie der Finanzwissenschaft. **2)** Carl-Ludwig, Politiker (CDU), *1930; seit 1988 MinPräs. von Rheinland-Pfalz. **3)** Heinrich Leopold, Dramatiker des Sturm und Drang, *1747, †1779; Jugendfreund Goethes; Drama: »Die Kindermörderin«. **4)** Hermann, Geograph, *1840, †1929; verdient um den geograph. Schulunterricht. **5)** Richard, Komponist, *1813, †1883; war Kapellmeister in Magdeburg, Riga, Dresden, floh nach dem Maiaufstand 1849 nach Zürich. 1864 berief ihn König Ludwig II. nach München, das W. bald wieder verließ. 1872 übersiedelte er nach Bayreuth, wo er 1872 den Grundstein zum Bayreuther Festspielhaus legte, das seiner Idee des »Gesamtkunstwerks« dienen sollte. Dieses beruht auf dem Musikdrama, das W. in dichter. und musikal. Umwandlung der alten Oper schuf. WERKE: »Rienzi«, »Der Fliegende Holländer«, »Tannhäuser«, »Lohengrin«, »Tristan und Isolde«, »Die Meistersinger von Nürnberg«, »Der Ring des Nibelungen« (»Rheingold«, »Walküre«, »Siegfried«, »Götterdämmerung«), Bühnenweihspiel »Parsifal«. Kulturpolit. Schriften. W.s Gattin in 2. Ehe war Cosima, die Tochter Franz Liszts, *1837, †1930. Beider Sohn Siegfried, Komponist, Dirigent, *1868, †1930, leitete zeitweilig die Bayreuther Festspiele; ebenso dessen Söhne: Wieland (*1917, †1966) und Wolfgang (*1919).

Wagner-Régeny, Rudolf, Komponist, *1903, †1969; neoklassizist. Opern.

Wagnerscher Hammer, → Unterbrecher.

Wagner von Jauregg, Julius, österr. Psychiater, *1857, †1940, führte die Impfmalaria als Mittel gegen progressive → Paralyse ein. 1927 Nobelpreis für Medizin.

Wagram, Gem. in NÖ, 1809 Sieg Napoleons I. über die Österreicher unter Erzherzog Karl.

Wagri|en, das südöstliche Holstein an der Lübecker Bucht; seit dem 9. Jh. von Slawen besetzt, 1138-39 durch die Grafen von Holstein der dt. Herrschaft unterworfen.

Wahhabiten, Anhänger einer strenggläubigen islam. Sektenbewegung, die Mitte des 18. Jh. von Inner-Arabien ausging; zugleich Träger polit.-nationaler Ideen (→ Ibn Saʿud).

wahlfreier Unterricht, Unterrichtsfächer, deren Besuch freiwillig (fakultativ) ist.

Wahlgeheimnis, Grundsatz der »geheimen Wahl«. Seine Verletzung wird mit Freiheitsstrafe bis zu 2 Jahren bestraft.

Wahlkreis, Unterteilung des Staatsgebietes zur Vornahme der Wahl für die Volksvertretung. Die Bundesrep. Dtl. ist in 248 W. (ohne Berlin-West) eingeteilt.

Wahlmonarchie, Monarchie, in der der neue Herrscher durch Wahl berufen wird. Ggs.: Erbmonarchie.

Wahlperiode, Legislaturperiode.

Wahlrecht, 1) das Recht zu wählen **(aktives W.)** und die Fähigkeit, gewählt zu werden **(passives W.). 2)** Gesamtheit der Vorschriften über die Wahl; sie sind meist in den Verfassungen enthalten, die Einzelheiten werden in Wahlgesetzen geregelt. – ARTEN: 1) **allg. W.:** alle Staatsbürger, die bestimmte, unerläßl. Voraussetzungen erfüllen (Mindestalter, bürgerl. Ehrenrechte u. a.; → Alter), sind wahlberechtigt. Das volle allg. W. schließt das **Frauen-W.** ein. 2) **unmittelbares (direktes) W.:** der Wähler wählt den Bewerber unmittelbar, nicht über dazwischenstehende Wahlmänner (Urwahl). 3) **gleiches W.:** jede abgegebene Stimme wird gleich bewertet i. Ggs. z. B. zum Dreiklassen-W. (in Preußen bis 1918). 4) **geheimes W.:** Wahl durch verdeckte Wahlzettel (→ Wahlgeheimnis). Ggs.: öffentl. Wahl. – WAHLSYSTEME: Erhält bei absoluter **Mehrheitswahl** kein Bewerber im ersten Wahlgang die absolute → Mehrheit, so entscheidet entweder eine **Stichwahl** zw. den beiden Bewerbern mit der höchsten Stimmenzahl, oder es findet eine **Nachwahl** statt, bei der die relative Mehrheit entscheidet. Die **Verhältniswahl** soll auch den in der Minderheit gebliebenen eine Vertretung im Parlament sichern: die Sitze werden auf die Parteien nach dem Verhältnis der abgegebenen Stimmen verteilt; sie ist immer Listenwahl i. Ggs. zur Persönlichkeitswahl. In der Bundesrep. Dtl. gilt für die Wahl zum Bundestag das Bundeswahlges. i. d. F. v. 1. 9. 1975 und die Bundeswahlordnung i. d. F. v. 3. 9. 1975. – In

Wachsblume mit Blütendolde

Wachtelweizen: oben Hain-W., unten Acker-W.

R. Wagner

den totalitären Einparteienstaaten kann nur eine **Einheitsliste** gewählt werden.

Wahlschein, in der Schweiz **Stimmkarte,** Bescheinigung, auf Grund derer ein Wahlberechtigter sein Wahlrecht außerhalb seines Wahlbezirks ausüben darf.

Wahlstatt, poln. **Legnickie Pole** [lɛgn'itskjɛ p'ɔlɛ], Gem. südöstl. von Liegnitz, Schlesien. – 9. 4. 1241 Abwehrschlacht des schles. Heerbanns unter Herzog Heinrich II. gegen die Mongolen. – Fürstentitel Blüchers nach der nahebei stattgefundenen Schlacht an der Katzbach (26. 8. 1813).

Wahlverwandtschaft, die chem. → Affinität, von Goethe auf die menschl. Beziehungen übertragen (Roman »Die Wahlverwandtschaften«).

Wahn, Stadtteil von Köln (1929-75 von Porz am Rhein), Flughafen für Köln-Bonn.

Wahnverbrechen, → Putativ-Delikt.

Wahrheitsbeweis, ⚖ bei übler Nachrede der Beweis der Wahrheit der ehrenrührigen Behauptung. Der W. schließt eine Bestrafung wegen übler Nachrede aus, nicht aber wegen einfacher Beleidigung, wenn die Behauptung nach Form oder Umständen unangemessen war.

Wahrheitspflicht, ⚖ Pflicht der Parteien im Prozeß, ihre Erklärungen der Wahrheit gemäß abzugeben (§ 138 ZPO).

Wahrnehmung berechtigter Interessen bewirkt Straffreiheit einer → Beleidigung, wenn nicht aus der Form oder den näheren Umständen eine Beleidigung hervorgeht (§ 193 StGB).

Wahrsagen, angebl. Fähigkeit zur Voraussicht des Zukünftigen durch Hellsehen, Kartenlegen, Sterndeutung.

Wahrscheinlichkeit die, **1)** Erkenntnislehre: Eigenschaft von Aussagen, für deren Geltung einleuchtende, doch nicht hinreichende Gründe bestehen. **2)** △ zahlenmäßiger Ausdruck für das Eintreffen oder Nichteintreffen zufälliger Ereignisse. Man teilt die Anzahl der günstigen Fälle durch die Anzahl der möglichen Fälle und erhält so die W. als Zahl zw. 0 (Ereignis unmöglich) und 1 (Ereignis sicher).

Währung die, allg. die gesetzl. Ordnung der Geldverfassung eines Landes: Bestimmung der gesetzl. Zahlungsmittel und Festlegung ihres Austauschverhältnisses gegenüber den ausländ. W. **(W.-Parität)** und dem Gold **(Goldparität);** i. e. S. das gesetzl. Zahlungsmittel selbst **(W.-Geld).** Im internat. Verkehr unterscheidet man die einzelnen nationalen W. **(Valuten)** nach der Geldeinheit, z. B. Mark-, Pfund-W., und nach dem Geltungsbereich, z. B. engl. Pfund, kanad. Dollar. Nach dem Geldstoff unterscheidet man die **Metall-W.** von der **Papier-W.** Metall-W. können sich auf ein W.-Metall (Gold oder Silber) beschränken (Monometallismus) oder 2 Metalle gleichberechtigt nebeneinander anerkennen (Bimetallismus). Die automat. W. erhält ihre Stabilität durch Bindung an ein wertbeständiges Gut (→ Goldwährung), bei der manipulierten W. regelt die Zentralbank Geldmenge und Zahlungsverkehr. – Die Bundesrep. Dtl. hat eine reine Papier-W., die Geldmenge wird durch die Dt. Bundesbank reguliert.

Währungsreform, Wiederherstellung der durch Inflation zerrütteten Währungsstabilität. Die W. von 1923 beendete eine offene Inflation, die W. vom 20. 6. 1948 eine zurückgestaute. Die am 21. 6. 1948 bestehenden privaten Sparguthaben und RM-Verbindlichkeiten aus Schuldverhältnissen wurden in der Bundesrep. Dtl. i. a. 10:1 umgestellt. In der Dt. Dem. Rep. wurde die Währung durch VO v. 21. 6. 1948 grundsätzlich 1:1 umgestellt, Bargeld und Bankguthaben jedoch gleichzeitig im Verhältnis 10:1 abgewertet.

Währungsreserven, Gold- und Devisenbestände der Zentralbanken zum Ausgleich des Devisensaldos, der sich aus den wirtschaftl. Transaktionen von In- und Ausländern ergibt.

Währungsschlange, Bez. für die Gruppe europ. Länder, deren Währungen gemeinsam gegenüber dem US-$ schwankten. Die W. wurde 1979 durch das → Europäische Währungssystem abgelöst.

Waiblingen, Krst. in Bad.-Württ., an der Rems, 44700 Ew.; Maschinen-, Metall-, Textil- u. a. Ind. Nach der ehemals stauf. Burg W. nannten sich die ital. Ghibellinen.

Waiblinger, Wilhelm Friedrich, Dichter, *1804, †1830, Freund Mörikes; schrieb »Lieder der Griechen«.

Waid der, **Färberwaid,** gelbblütiger Kreuzblütler. Er wurde wegen des in den Blättern enthaltenen blauen Farbstoffs vor dem Aufkommen des Indigos viel angebaut.

Waidmann, ♆ → Weidmann.

Waigel, Theodor, Politiker (CSU), *1939; seit 1988 Vors. der CSU, seit 1989 Bundesmin. für Finanzen.

Waisenhaus, früher öffentl. Anstalt, in der elternlose Kinder (Waisen) untergebracht und erzogen wurden; heute meist in Kinderdörfern, Kinder- und Jugendheimen.

Waisenrente, von der sozialen Rentenversicherung und der Unfallversicherung an Waisen der Versicherten und der Rentenempfänger gezahlte Rente.

Wajda, Andrzej, poln. Filmregisseur, *1926. Filme: »Asche und Diamant« u. a.

Wakayama, Hafenstadt auf der japan. Insel Honshu, 400000 Ew.; Schwer-, Textilind.

Wake [weɪk], Insel zw. Hawaii und den Marianen; Marine- und Flugstützpunkt der USA.

Wakefield [w'eɪkfi:ld], Industriestadt in Mittelengland, 59700 Ew.; got. Kathedrale; Kohlenbergbau, Woll-, chem. Ind.

Walachei, geschichtl. Landschaft Rumäniens, zw. Südkarpaten und Donau. Durch

Währungseinheiten (WE), Mai 1990

Land	Währung	in DM¹)
Ägypten	Ägypt. Pfund	1,5494
Argentinien	Argentin. Peso	2750,9400
Austral. Bund	Austral. Dollar	0,7810
Belgien	Belg. Franc	20,6415
Brasilien	Cruzeiro	27,1500
Bulgarien	Lew	0,4727
Chile	Chilen. Peso	171,2900
China (VR)	Renminbi ¥uan	2,7594
Dänemark	Dän. Krone	3,8175
Finnland	Finnmark	2,3602
Frankreich	Frz. Franc	3,3608
Griechenland	Drachme	96,0630
Großbritannien	Pfund Sterling	0,3594
Indien	Ind. Rupie	10,1361
Indonesien	Rupiah	1073,7500
Iran	Rial	41,1690
Irland	Irisches Pfund	0,3743
Israel	Neuer Schekel	1,1705
Italien	Ital. Lira	736,9950
Japan	Yen	92,6000
Jugoslawien	Jugoslaw. Dinar	6,9790
Kanada	Kanad. Dollar	0,6905
Mexiko	Mexikan. Peso	1601,3000
Niederlande	Holländ. Gulden	1,1262
Norwegen	Norweg. Krone	3,8685
Österreich	Schilling	7,0180
Polen	Zloty	5618,0000
Portugal	Escudo	88,2160
Rumänien	Leu	12,4600
Schweden	Schwed. Krone	3,6160
Schweiz	Schweizer Franken	0,8790
Sowjetunion	Rubel	0,3571
Spanien	Peseta	64,0000
Tschechoslowakei	Tschech. Krone	9,7200
Ungarn	Forint	38,5687
USA	US-Dollar	0,5909

¹) WE für 1 DM.

den Alt geteilt in die **Große W.** (Muntenien) im O und die **Kleine W.** (Oltenien) im W. – Im 14. Jh. selbständiges Fstt., 1460 unter türk. Oberhoheit, 1829-56 unter russ. Schutz, 1859 mit der Moldau zu Rumänien vereinigt.

Walachen, alter slaw. Name der romanisierten Wanderhirten SO-Europas, i.e.S. die Bewohner der Walachei.

Walchensee, Alpensee in Obb., 16,2 km^2 groß, 802 m ü. M., 192 m tief. Das **W.-Kraftwerk** nutzt das Gefälle zw. W. und Kochelsee.

Walcheren [w'alxərə], ehem. niederländ. Insel vor der Scheldemündung, Hauptort: Middelburg.

Wald der, umfaßt den Baumbestand, der sich ohne menschl. Eingreifen entwickelt **(Ur-W.),** und den planmäßig genutzten, gepflegten W. **(Wirtschafts-W., Forst),** besteht auch als **Schutz-W.** gegen Windbruch, Lawinen u.a. **W.-Formen** sind: Nadel-, Laub-, Misch-W. Wichtige W.-Bäume in Dtl. sind: Kiefer, Fichte, Tanne, Lärche, Rotbuche, Eiche, Birke, Erle. Andere, wie Douglastanne, Weymouthskiefer, Esche, Ahorn, Weißbuche, Ulme, Hasel, Eberesche, Weide, Pappel, finden sich meist als Nebenholzarten in gemischten Beständen. Die Bundesrep. Dtl. hat 7,36 Mio. ha W.-Fläche (rd. 30,1%). Nadelholz ist wirtschaftlicher als Laubholz. Der W. ist wichtig wegen seines Holzes und seines Einflusses auf Klima, Wasserführung der Bäche und Flüsse u.a.

Waldaihöhen, Hügelland in der UdSSR, zw. Leningrad und Moskau, bis 343 m hoch; Quellgebiet von Wolga, Düna und Dnjepr.

Waldeck, ehemal. Fstt. (seit 1712) des Dt. Reiches, im Flußgebiet von Eder und Diemel; seit 1867 unter preuß. Verwaltung, 1918 Freistaat, 1929 zur preuß. Prov. Hessen-Nassau; seit 1945 gehört W. zu Hessen.

Waldemar [ahd. walt »Gebieter« und mari »berühmt«], männl. Vorname.

Waldemar, Fürsten: **Brandenburg: 1) W.,** Markgraf (1308-19), *1281, †1319. Mit dem Tode W.s und eines Vetters Heinrich d.J. (1320) starben die brandenburg. Askanier aus. 1347 trat der **falsche W.** gegen die Wittelsbacher Markgrafen auf (angeblich ein Müllerbursche); er wurde bis 1350 von Kaiser Karl IV. unterstützt; †1356. – **Dänemark,** Könige: **2) W. I. d. Gr.** (1157-1182, *1131, †1182, eroberte 1168/69 Rügen im Kampf gegen die Wenden. **3) W. II.** (1202-41), *1170, †1241, erstrebte die Herrschaft über alle Ostseeländer, unterwarf Holstein und Estland, wurde aber 1227 bei Bornhöved von den norddt. Fürsten besiegt. **4) W. IV. Atterdag** (1340-75), *um 1320, †1375, verkaufte 1346 Estland an den Dt. Orden, unterlag im Krieg gegen die Hanse (Stralsunder Friede 1370).

Waldenburg, poln. **Wałbrzych** [v'ałbʒix], ehem. Industriestadt in Ndschles., 141000 Ew.; Mittelpunkt des **Waldenburger Berglands;** Steinkohlen⚒; Porzellan-, Keramik-, Eisenind.

Waldenser Mz., relig. Laienbewegung in S-Frankreich, um 1200 durch Petrus Waldus († um 1206) gestiftet. Die W. forderten Rückkehr zu apostol. Armut und Einfachheit. Sie wurden seit dem 13. Jh. von der Inquisition verfolgt. Nur in Italien, Frankreich und S-Amerika haben sich W.-Gemeinden erhalten. In Rom befindet sich eine theolog. Fakultät.

Waldersee, Alfred Graf v., preuß. Generalfeldmarschall, *1832, †1904; Führer der europ. Truppen gegen die → Boxer in China.

Waldheim, Kurt, österr. Politiker, Jurist, *1918, 1972-81 Generalsekr. der UNO, seit 1986 Bundespräsident.

Waldhufendorf, Dorfform der dt. Kolonisationszeit des MA. in und an den Mittelgebirgen. Die Höfe liegen in lockerer Reihe ein oder beidseitig des Weges und Wasserlaufs im Tal; hinter jedem Hof geschlossen die Hufe (Feld, Wiese, Wald).

Waldis, Burkard, Satiriker, *um 1495, †1556; Fabeln, niederdt. geistl. Fastnachtsspiel »Die Parabel vom verlorenen Sohn«.

Waldkirch, Luftkurort im Breisgau, Bad.-Württ., 18900 Ew.; Edelsteinschleiferei; graph., elektron. Ind.; Orgelbau.

Waldmeister, Labkrautgewächs, bes. in Buchenwäldern, weißblühend; (→ Maibowle).

Waldmüller, Ferdinand, Maler, *1793, †1865, Landschaften, Genrebilder, Porträts.

Waldorfschulen, Freie W., auf den Grundsätzen der Anthroposophie R. → Steiners aufgebaute einheitl. Gesamtschule. Die W. gehen zurück auf die Freie W. der Waldorf-Astoria-Zigarettenfabrik in Stuttgart.

Waldrebe, Clematis die, Gatt. der Hahnenfußgewächse, meist Klettersträucher: **Gemeine W.,** mit weißen, duftenden Blüten; blaublühende **Alpenrebe.** Schönblütige ausländ. Arten sind in Mitteleuropa Zierpflanzen.

Waldsee, Bad W., Stadt in Bad.-Württ., 14200 Ew., auf der oberschwäb. Hochebene; Moorheilbad, Kneipp-Kurort; Holz-, Maschinen-, Kunststoff- u.a. Ind.; Schloß (um 1550) Sitz der Fürsten Waldburg-Wolfegg-W.

Waldstädte, die 4 bis 1805 vorderösterr. Städte Rheinfelden, Säckingen, Laufenburg, Waldshut.

Waldstätte, die um den Vierwaldstätter See gelegenen schweizer. Urkt. Uri, Schwyz und Unterwalden.

Waldsterben, in Europa bes. in den Hoch- und Mittelgebirgen auftretendes Kränkeln und Absterben von Laub- und Nadelbäumen; vermutlich durch hohe Schadstoffbelastung der Luft verursacht.

Waldviertel, waldreiche 500-800 m hohe Landschaft im NW NÖ.

Wale Mz., völlig dem Wasserleben angepaßte **(Walfische),** aber lungenatmende Säugetiere. Die Schwanzflosse der W. liegt waagerecht, die Vordergliedmaßen sind als Brustflossen ausgebildet; Hintergliedmaßen und Becken sind fast völlig rückgebildet. Die **Barten-W.,** zu denen Glatt- und Finn-W. gehören, tragen bis zu 4 m lange Hornplatten **(Barten),** die beim Schließen des Rachens wie ein Sieb die als Nahrung dienenden kleinen Meerestiere zurückhalten. Die **Zahn-W.** mit den Gründel-, Schweins-, Pott-W. sowie den Delphinen und Flußdelphinen Indiens und Südamerikas haben oft über 200 Zähne.

Walensee, See in der Schweiz, 24 km^2, 145 m tief, zw. Churfirsten und Glarner Alpen.

Wales [weɪlz], walis. **Cymru** [k'œmru], Halbinsel und mit England vereinigtes Fstt. im SW Großbritanniens, 20761 km^2, 2,8 Mio. Ew., gebirgig, rauh, meist von Wiesen und Weiden bedeckt (Viehzucht); wichtiger Bergbau (Kohle, Eisenerz). Die im Grundstock kelt. Bev. **(Waliser)** ist stark mit Engländern

Waldheim

Waldrebe, Zierform

Wale: 1 Finnwal, **2** Delphine, **3** Pott-, **4** Schwertwal

Wallenstein

vermischt; sie spricht nur z. T. eine kelt. Sprache, das Kymrische. Großstädte: Cardiff, Swansea, Newport. – Das kelt. Fstt. W. wurde 1282 vom engl. König Eduard I. erobert, aber erst 1536 ganz England einverleibt. Seit 1301 führt der jeweilige engl. Kronprinz den Titel **Prince** (Fürst) **of W.**

Wałęsa [vał'ɛ̃sa], Lech, poln. Gewerkschaftler, *1943, im Aug. 1980 Sprecher der streikenden Werftarbeiter in Danzig, Mitbegründer (Sept. 1980) und Vors. der Gewerkschaft »Solidarität«; seit Verhängung des Kriegsrechts (Dez. 1981; → Polen, Geschichte) interniert (bis Nov. 1982); erhielt 1983 den Friedensnobelpreis; war 1989 führend an der Umgestaltung Polens beteiligt, u. a. bei der Zulassung von Parteien sowie der Ausrichtung von Wahlen, schlug auch T. Mazowiecki als MinPräs. vor.

Walhall, altnord. **Valhöll,** Totenhalle der altnord. Mythologie, in die Odin die gefallenen Krieger beruft.

Walhalla die, Ruhmeshalle bei Regensburg, 1830-42 von L. v. Klenze erbaut, mit Büsten großer Deutscher.

Wali [arab.] der, oberster Verwaltungsbeamter einer türk. Provinz.

walken, 1) Hüttentechnik: Bleche wechselnden starken Durchbiegungen unterwerfen zur Beeinflussung des Gefüges. **2)** Textiltechnik: Fasern in feuchtwarmem Zustand verfilzen durch Stoßen, Stauchen, Pressen.

Walküren Mz., in der nord. Dichtung: göttl. Jungfrauen, die auf Odins Befehl die im Kampf Erschlagenen nach Walhall bringen.

Walnußbaum: Frucht; a Längsschnitt, b eßbarer Kern (Samen)

Wallace [w'ɔlıs], **1)** Alfred Russel, brit. Zoologe, *1823, †1913, teilte die Erde in tiergeograph. Regionen ein, stellte 1858 eine Lehre der natürl. Zuchtwahl auf, was Darwin veranlaßte, seine ähnl., ältere Lehre zu veröffentlichen. **2)** Edgar, engl. Schriftst., *1875, †1932; Detektivromane (»Der Hexer«). **3)** Lewis, nordamerikan. Erzähler, *1827, †1905; geschichtl. Roman »Ben Hur«.

Wallach der, kastrierter Hengst.

Wallach, Otto, Chemiker, *1847, †1931, arbeitete bes. über den Aufbau cycl. organ. Verbindungen; Nobelpreis 1910.

Wallasey [w'ɔləsı], Industriestadt in NW-England, 97 000 Ew.; an der Merseymündung.

Walldürn, Stadt im östl. Odenwald, Bad.-Württ., 10 700 Ew.; Barock-Wallfahrtskirche (1698-1714); Kunstblumen- u. a. Ind.

Wallenstein, Wald(en)stein, Albrecht v., Herzog von Friedland (1625), *1583, †(ermordet) Eger 1634; warb im Dreißigjährigen Krieg 1625 auf seine Kosten ein Heer für Kaiser Ferdinand II., wurde nach mehreren Siegen und der Eroberung Holsteins (mit → Tilly), Schleswigs und Jütlands 1629 Herzog von Mecklenburg. 1630 entließ ihn der Kaiser auf Wunsch der kath. Liga (Bayern); aber 1632 wurde er zurückgeholt, um das Vordringen Gustav Adolfs aufzuhalten. Nach dessen Tod in der Schlacht bei Lützen führte W. eigenmächtig Friedensverhandlungen mit den Schweden und dt. Protestanten (→ Terzky); darauf setzte ihn der Kaiser als Hochverräter ab; kaiserl. Offiziere ermordeten ihn.

Wallfahrt [wallen = pilgern], Wanderung oder Reise nach durch Reliquien oder Gnadenbilder ausgezeichneten heiligen Stätten.

Wallis

Wallis [lat. vallis »Tal«] das, frz. **Le Valais** [val'ɛ], Kt. der Schweiz, Hochalpenland um das obere Rhônetal, 5226 km², 218 700 Ew.; Hptst.: Sitten. Die Bewohner **(Walliser)** sprechen in Ober-W. deutsch, in Unter-W. französisch. Erwerbszweige: Almwirtschaft, in den Tälern Wein-, Obstbau; Kraftwerke. Fremdenverkehr. – Ober-W., seit 1416/17 mit den Schweizern verbündet, eroberte 1475 das savoyische Unter-W.; seit 1814 Kanton.

Wallis-Inseln, Inselgruppe des frz. Überseedépartements Wallis und Futuna, 96 km², 6000 Ew. Ausfuhr von Orangen, Zitronen.

Wallmann, Walter, Politiker (CDU), *1932; seit 1987 MinPräs. von Hessen.

Wallonen, Bewohner Südbelgiens und des angrenzenden Frankreichs, etwa 4 Mio.; romanisierte Kelten mit german. Einschlag.

Wallraff, (Hans) Günter, Schriftst., *1942, krit. Industriereportagen aus seinem Erleben als Arbeiter, in ähnlicher Weise (nach Mitarbeit unter falschem Namen) u. a. über die »Bild-Zeitung«.

Wallraf-Richartz-Museum und Museum Ludwig, seit 1986 in Köln bestehendes Museum; das Wallraf-Richartz-Museum, eröffnet 1861 mit Werken der → Kölner Malerschule, niederländ. Meister; Museum Ludwig Maler des 19. und 20. Jh.

Wall Street [wɔ:lstri:t, engl.], Banken- und Börsenstraße in New York.

Walmdach, Satteldach, bei dem an Stelle der Giebel Dachflächen, die **Walme,** angeordnet sind. (BILD Dach)

Walnußbaum, Gatt. der Walnußgewächse, bis 25 m hoher Baum mit hellgrauer Rinde, großen Fiederblättern. Die Früchte sind reich an äther. Ölen. Das harte Holz gibt Möbel, Furniere. Der W. wächst in Europa, Asien, Schwesterarten in N-Amerika.

Walpole [w'ɔ:lpəʊl], **1)** Hugh S., engl. Erzähler, *1884, †1941; schrieb den vierteiligen Generationsroman »Herries, der Vagant« u. a. **2)** Sir Robert, seit 1742 Earl of Oxford, engl. Staatsmann, *1676, †1745; war 1721-42 Premierminister, Führer der Whigs.

Walpurga, Walpurgis, engl. Benediktinerin, *um 710, †779, wirkte in Dtl. als Äbtissin; Heilige (Tag 25. 2. und 1. 5.). **Walpurgisnacht,** Nacht zum 1. Mai, in der nach der Sage die Hexen zum Blocksberg reiten.

Walroß das, große Robbe der nördl. Meere, 4,5 m lang, bis 1000 kg schwer, mit dicker Haut. Die oberen Eckzähne der männl. Tiere, bis 75 cm lang.

Walser, 1) Martin, Schriftst., *1927; Romane (»Halbzeit«, »Seelenarbeit«), Dramen. **2)** Robert, schweizer. Schriftst., *1878, †1956; Romane (»Geschwister Tanner«).

Walsertal, 2 Alpentäler in Österreich: **1) Großes W.,** rechtes Seitental der Ill in Vorarlberg. **2) Kleines W.,** wirtschaftlich an das bayer. Allgäu angeschlossen, entwässert zur Iller.

Waltari, Mika, finn. Schriftst., *1908, †1979; Romane (»Sinuhe der Ägypter«).

Walter, 1) Fritz, Fußballspieler, *1920; Spielführer der dt. Weltmeisterschaftself von 1954, jetzt Ehrenspielführer. **2)** Otto F., Schriftst., *1928; »Der Stumme«, »Die Verwilderung«.

Walthari-Lied, Waltharius, lat. Epos, um 930, entnimmt seinen Stoff der westgot. Heldensage (Kampf Walthers von Aquitanien mit Gunther und Hagen).

Walther von der Vogelweide, der bedeutendste Lyriker des dt. MA., *um 1170 in Österreich, †um 1230 wahrscheinl. auf seinem Lehen nahe Würzburg, gab dem höf. Minnelied Gefühlsgehalt und kündete in formvollendeten Sprüchen den mittelalterl. Reichsgedanken.

Walton [w'ɔ:ltən], Ernest T. S., *1903; irischer Physiker, erhielt 1951 den Nobelpreis für Physik für die Entwicklung eines Protonenbeschleunigers.

Waltrop, Stadt in NRW, 21 800 Ew.; Steinkohlenbergbau, Ziegeleien, Fahrzeugbau.

Walze die, zylindr. Körper: **1)** zum Fortrollen schwerer Körper (Transport-W.), **2)** Druck- und Farbkörper bei den Druckmaschinen (Druck-W.) u. a., **3)** Straßen-W., **4)** Gerät zur Bodenbearbeitung (Acker-W.).

Walzenmühle, Walzenstuhl, Müllereimaschine: zw. geriffelten und glatten Walzen aus Hartguß, seltener aus Porzellan, wird das Getreide gemahlen.

Walzer der, Rundtanz im ¾-Takt; Blütezeit als **Wiener W.** durch die Komponisten J. Lanner, J. Strauß Vater und Sohn.

Walzstahl, aus glühenden Stahlblöcken gewalzte Gegenstände, z. B. Eisenbahnschienen.

Walzwerk, Anlage zur Formung von Metallen durch Walzen. Bleche werden auf zylindr. Walzen ohne Profil, Form- und Stabmaterial mit profilierten Walzen geformt. Abstand und Druck der Walzen gegeneinander (ihre Anstellung) sind regelbar. Nach Anzahl der Walzen und Art des Walzvorganges unterscheidet man: **Zweiwalzen-(Duo-), Dreiwalzen-(Trio-), Vierwalzen-(Quarto-), Vielwalzen-W., Schräg-, Pilgerschritt-W.** u. a. Beim **Umkehr-(Reversier-)W.** wird das Walzgut in demselben Walzgerüst hin- und hergewalzt. Beim **kontinuierl. W.** durchläuft das Walzgut mehrere Walzgerüste.

Wamme die, bei Säugetieren: herabhängende Hautfalte zw. Kehle und Brust.

Wampum das, Perlen aus weißen und violetten Muschelschalen, auf Schnüren aufgereiht, zu Ketten oder Gürteln verarbeitet; diente den Indianern des östl. Nordamerika als Geld, auch als Urkunde bei Verträgen.

Wams [ahd.] das, ...ses/″-er, kurze, enge Jacke; später die Weste.

Wandalen, Vandalen, german. Volk, seit dem 1. Jh. v. Chr. im heutigen Schlesien und Polen ansässig, wanderte im 5. Jh. nach Spanien und Nordafrika und gründete dort ein mächtiges Reich (König → Geiserich), das 533 von den Byzantinern zerstört wurde. **Wandalismus, Vandalismus,** rohe Zerstörungswut; fälschl. Bezeichnung nach den angebl. Verwüstungen Roms (455) durch die W.

Wandelndes Blatt, trop. Gespenstheuschrecke, die einem Blatt täuschend ähnlich sieht.

Wandelschuldverschreibung, von einer Aktiengesellschaft ausgegebene → Schuldverschreibung, die auf Wunsch des Inhabers in eine Aktie umgetauscht werden kann.

Wandelsterne, die → Planeten.

Wanderfeldröhre, svw. → Lauffeldröhre.

Wanderheuschrecke, Feldheuschrecke der Steppengebiete, tritt in großen Wanderflügen auf und vernichtet den Pflanzenwuchs. Bekämpfung: Feuer, Rauch, Giftgase.

Wanderniere, Senkung einer Niere, oft als Teil einer allg. Eingeweidesenkung.

Wanderpreis, Preis, der jedes Jahr umkämpft, aber erst nach mehrmaligem Sieg endgültig Eigentum des Siegers wird.

Wandertrieb, manchen Tieren eigener Drang, sich unter bestimmten Umständen mit Artgenossen in bestimmter Richtung weit fortzubewegen und auszubreiten, z. B. Heringe, Lachse, Aale, Wanderheuschrecken, Zugvögel.

Wanderversicherung, Wechsel von Versicherten zw. den versch. Zweigen der sozialen Rentenversicherung (z. B. zw. Arbeiter- und Angestellten-Rentenversicherung); die Versicherungszeiten werden angerechnet.

Wandervogel, 1896 gegr. Vereinigung Jugendlicher zur Pflege des Wanderns bei natürl. Lebensweise, Ursprung der → Jugendbewegung.

Wandlung die, **1)** kath. Kirche: Mittelpunkt des Meßopfers, → Transsubstantiation. **2)** rückwirkende Aufhebung eines Kauf- oder Werkvertrages bei Mängeln der gelieferten Ware. → Mängelhaftung.

Wandmalerei, Bemalung von Wänden, Decken und Gewölben i. Ggs. zur Tafelmalerei. Gemalt wird auf den noch feuchten Putz (al fresco, → Freskomalerei) oder auf die trockene Wand (al secco). Die W. kann das Flächige der Wand zu wahren suchen (strenge W.) oder die Illusion von räuml. Tiefe erstreben (illusionist. W.). Da sie auf Fernwirkung ausgehen muß, ist ihr meist ein monumentaler Zug zu eigen.

Wanzen: links Raubwanze mit Eiern, rechts Bettwanze

Wandzeitung, an die Wand geschlagene, meist gedruckte, oft bebilderte Mitteilungen einer Organisation; besondere Art der Presse, z. B. in der UdSSR, in asiat. Ländern.

Wanen, Vanen Mz., nord. Sage: Göttergeschlecht, das die Asen bekämpfte.

Wange die, Backe. **W.-Bein,** Backenknochen, Jochbein, paariger dicker Knochen, bildet den oberen äußeren Teil des Gesichtsschädels.

Wangenbrand, Wasserbrand, Wangenentzündung bei durch Krankheit oder Mangelernährung geschwächten Menschen, die zu brandig-jauchigem Zerfall führt.

Wams

Wangen im Allgäu, Krst. in Bad.-Württ., 23 100 Ew., Lehr- und Forschungsanstalt für Milchwirtschaft; Textil- u. a. Ind.

Wangeroog(e), ostfries. Insel, Ndsachs., 4,7 km², 2000 Ew.; Leuchtturm, Seebad W.

Wankelmotor, ein von F. Wankel (*1902) entwickelter → Kreiskolbenmotor.

Wannsee, von der Havel gebildeter See im VerwBez. Zehlendorf, Berlin.

Wanst der, **1)** Magenteil Pansen der Wiederkäuer. **2)** Schmerbauch.

Want die, -/-en, starkes Tau zum seitl. Abstützen des Mastes auf Schiffen.

Wanze, U an verborgene Stelle verstecktes Abhörmikrophon.

Wanzen Mz., Schnabelkerfe, Insekten mit Saugrüssel und Stinkdrüsen, ohne Verwandlung, nähren sich von Pflanzensäften oder sind Blutsauger. **Land-W.** (Baum-, Feuer-, Ufer-, Bett-W.). **Wasser-W.** (Rückenschwimmer, Wasserskorpion, Wasserläufer).

Wapiti der, großer Hirsch in N-Asien, Amerika.

Wappen das, farbiges Abzeichen von Personen und Personengemeinschaften: **Geschlechter-** und **Familien-W., Staats-** und **Stadt-W.** Die W. sind aus der Kennzeichnung der Waffenträger in der Zeit der Kreuzzüge entstanden. Für die Darstellung wurden strenge Regeln entwickelt, über die die **W.-Kunde (Heraldik)** Auskunft gibt. Moderne Staats- und Stadt-W. haben sich von manchen dieser Überlieferungen befreit. Die Staats-W. gehören mit den Farben, Flaggen und Siegeln zu den nationalen Symbolen. (BILDER S. 962)

Waräger, im MA. russ. Bez. für → Normannen.

Waran [arab.] der, große, räuberisch lebende Eidechse in Afrika, Südasien, Australien. Fleisch und Eier sind schmackhaft. **Nil-**

W., bis 2 m lang, **Binden-W., Komodo-W.** bis 3 m.

Warburg, 1) Aby, Kunst- und Kulturhistoriker, *1866, †1929; Gründer der Bibliothek W., aus der das kunstwissenschaftl. W. Institut, London, hervorgegangen ist. **2)** Otto Heinrich, Physiologe, *1883, †1970, grundlegende Forschungen über den Zellstoffwechsel. Nobelpreis für Physiologie oder Medizin 1931.

Wardar der, **Vardar,** Hauptfluß Makedoniens, 420 km, mündet in den Golf von Saloniki.

Wardein der, im MA. der Münzprüfer, oft zugleich Bergbeamter **(Hütten-W.).**

Warendorf, Krst. in NRW, an der Ems, 33 100 Ew.; Industrie; Westf. Landgestüt, Dt. Reitschule, Dt. Olympiakomitee für Reiterei.

Warenprobe, Muster, Teil einer Ware oder Warengattung, dient zur Kenntlichmachung der Beschaffenheit bei größeren Lieferungen.

Warensendung, zu ermäßigter Gebühr zugelassene Postsendung mit Mustern.

Warentest, Untersuchung von Handelsprodukten nach Güte und Preis.

Warenzeichen, Handelszeichen, auch **Handels-, Fabrik-** und **Schutzmarke,** Zeichen, durch das ein Gewerbetreibender eine Ware als von ihm hergestellt oder vertrieben kennzeichnet, um deren Echtheit zu gewährleisten. Es erlangt durch Eintragung in die beim Patentamt geführte Warenzeichenrolle Zeichenschutz.

Warf(t) die, **Wurt** die, **Warp** das, **Werft** die, Wohnhügel auf einer Hallig.

Warhol [w'ɔ:hɔl], Andy, eigtl. Andrew **Warhola,** amerikan. Popkünstler, Filmregisseur, Photograph, *1928, †1987; einer der Begründer amerikan. → Pop Art, schuf eine neue Ästhetik (»all is pretty«).

Warmblut, Pferderassen mit lebhaftem Temperament; Reit- und Rennpferde.

Warmblüter, Vögel und Säugetiere, auch der Mensch, die, i. Ggs. zu den → Kaltblütern, eine von der Außentemperatur unabhängige, gleichbleibende Körperwärme haben.

Warmbrunn, Bad W., poln. **Cieplice Śląskie Zdrój** [tsjɛpl'itsɛ sjl'ɔ̃skjɛ zdruj], Stadt und Kurort in der poln. Wwschaft Jelenia Góra, Heilbad im ehem. Niederschlesien, rd. 15 000 Ew.

Wärme die, physikal. Erscheinung, die der **W.-Empfindung** zugrunde liegt; die Bewegungsenergie der ungeordnet durcheinanderfliegenden (in Gasen) oder um feste Mittellagen schwingenden (im festen Körper) Moleküle, Einheit der **W.-Menge** ist das **Joule** (früher die Kalorie). 4186,8 Joule (1 kcal) entsprechen dem **mechan. W.-Äquivalent** oder $1{,}16310^{-3}$ kWh **(elektr. W.-Äquivalent). W.-Leitung** liegt vor, wenn sich die W. von Teilchen zu Teilchen fortpflanzt. Die **W.-Leitzahl (W.-Leitfähigkeit)** gibt an, welche W.-Menge in der Zeiteinheit durch die Flächeneinheit einer Stoffschicht von 1 cm Dicke hindurchgeht, wenn die Temperaturdifferenz zw. beiden Oberflächen 1 Grad beträgt. Gute W.-Leiter sind alle Metalle, schlechte z. B. Luft, Glaswolle. Erhitzte Körper können W. auch durch **W.-Strahlung** übertragen, das sind elektromagnet. Wellen, die unterhalb 2800 °C vorwiegend im Bereich des Ultrarot liegen. Wahrgenommen wird W. mittels besonderer **W.-Punkte** in der Haut.

Wärme|austauscher, Vorrichtung zur Übertragung von Wärme von einem heißen Körper auf einen kälteren.

Wärmebildkamera, eine im Infrarotbereich arbeitende Kamera, bei der die Bildpunkte gemäß ihrer Intensitätsunterschiede zu einem Falschfarbenbild zusammengesetzt werden; Anwendung in Medizin, Raumfahrt, Bautechnik u. a.

1

2

3

4

Wappen: 1 Wappen von Böhmen (1380); **2** englisches W. eines Hosenbandritters (1390); **3** italienisches W. (1470); **4** Päpstliches Wappen (Pius II., 1458-64)

Wartburg (Ostseite)

Wärmedämmung, Verhinderung der Wärmeleitung durch → Dämmstoffe, Reflexion der Wärmestrahlung an spiegelnden Flächen oder Verminderung der → Konvektion der Wärme.

Wärmekraftwerk, thermisches Kraftwerk, ein → Kraftwerk, in dem die chem. Energie von Brennstoffen oder die Kernenergie spaltbaren Materials zunächst in Wärme und dann in Wärmekraftmaschinen in mechan. Energie zum Antrieb der Generatoren umgewandelt wird. Die häufigsten W. sind **Dampfkraftwerke:** der Dampf zum Antrieb der Turbinen wird durch Verbrennen von Kohle, Gas, Öl oder durch Kernspaltung **(Kernkraftwerke)** erzeugt. In besonderen vereinzelten W. werden die Erdwärme **(geothermische Kraftwerke)** und die Sonnenwärme **(Sonnenkraftwerke)** ausgenutzt.

Wärmelehre, → Thermodynamik.

Wärmemauer, bildhafter Name der Schwierigkeiten, die beim Überschallflug in der Atmosphäre oder beim Eintauchen aus dem Weltraum in die Atmosphäre durch die große Reibungshitze entstehen.

Wärmepumpe, Anlage, die einem wärmeren Körper (Erdreich, Flußwasser, Luft) mit Hilfe eines Arbeitsmittels (Gas, Flüssigkeit) Wärme entzieht und einem kälteren zu Heizzwecken zuführt, z. B. bei der Raumheizung.

Wärmespeicher, bei Kraft- und Heizanlagen: gut isolierter Kessel, in dem überschüssiger Dampf (z. B. nachts) in Wasser gespeichert wird.

Wärmetod, hypothet. Endzustand der Welt, in dem sich alle Energien in Wärme umgesetzt haben und alle Temperaturunterschiede verschwunden sind. Der W. folgt aus

Wappen: Farben: Metalle: a Gold = Gelb, b Silber = Weiß; Farben im eigtl. Sinn: c Rot, d Blau, e Schwarz, f Grün, g Purpur, h Orange, i Braun, k Grau. Pelzwerk: l Feh (Eisenhutfeh), m Wolkenfeh, n (golden-rot) gefeht, o Kürsch, p natürl. Hermelin, q Hermelin, r Gegenhermelin

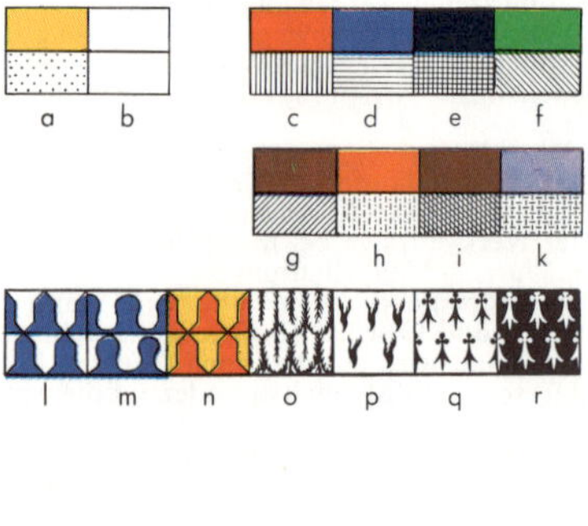

der Gültigkeit des Entropiesatzes, sofern man die Welt als abgeschlossenes System betrachten darf.

Wärmewirtschaft, wirtschaftl. Ausnutzung der in den Brennstoffen enthaltenen Wärmeenergie durch deren möglichst vollkommene Freisetzung, durch Vermeidung von Verlusten bei der Übertragung an andere Wärmeträger sowie bei der Verteilung, Fortleitung und Umsetzung der Wärme in andere Energieformen. (→ Abwärme)

Wärmezähler, Gerät zum Messen der von einem Heizkörper abgegebenen Wärmemengen.

Warmhaus, eine Art von → Gewächshaus.

Warna, Varna, Stadt in Bulgarien, 295 000 Ew.; Seehafen und -bad; Werft; Flugplatz.

Warndt der, Waldgebiet westl. von Saarbrücken, mit sehr tief liegenden Steinkohlenflözen.

Warnemünde, Seehafen von Rostock, an der Warnow-Mündung in die Ostsee; Werft; Badeort.

Warnke, Jürgen, Politiker (CSU), *1932; 1982-87, wiederum seit 1989 Bundesmin. für Wirtschaftl. Zusammenarbeit, 1987-89 Bundesmin. für Verkehr.

Warntracht, Warnfärbung, grelle, auffallende Färbung vieler Tiere (Wespen, Marienkäfer, Feuersalamander) in Verbindung mit Wehrhaftigkeit (Stachel) oder Ungenießbarkeit; dient als Schutz gegen Verfolger. **Schein-W.,** nur auffallende Färbung.

Warschau, poln. **Warszawa** [varʃ'ava], Hptst. von Polen, 1,67 Mio. Ew.; an der Weichsel, auf dem Ostufer die Industriesiedlung Praga; schöne barocke und klassizist. Gebäude und Kirchen; Univ., TH u. a. Hochschulen; Maschinenbau, Textil-, Metall-, Elektro-, Nahrungsmittel- u. a. Ind. – W., 1224 zuerst erwähnt, war seit 1550 Residenz der Könige von Polen, 1919 Hptst. der Rep. Polen. Im 2. Weltkrieg wurde W. erheblich zerstört und großenteils historisch wieder aufgebaut.

Warschauer Pakt, der am 14. 5. 1955 unter den Staaten des Ostblocks abgeschlossene Freundschafts- und Beistandsvertrag; bildet die Rechtsgrundlage für die Stationierung von Sowjettruppen in diesen Staaten. Mitgl. des W. P. sind: Bulgarien, Polen, Rumänien, ČSFR, UdSSR, Ungarn, Dt. Dem. Rep. Albanien trat 1968 nach der Besetzung der Tschechoslowakei aus dem W. P. aus. Nach den revolutionären Veränderungen in den Mitgliedsstaaten des W. P. seit 1989 beginnt sich eine Auflösung des W. P. abzuzeichnen (1990 Absichtserklärung Ungarns und der Dt. Dem. Rep., Mitarbeit einzustellen).

Warschauer Vertrag, Vertrag zw. der Bundesrep. Dtl. und der VR Polen, am 7. 12. 1970 in Warschau unterzeichnet, am 3. 6. 1972 in Kraft getreten, machte die Anerkennung der → Oder-Neiße-Linie als poln. Westgrenze (unter Friedensvertragsvorbehalt) seitens der Bundesrep. Dtl. zur Grundlage einer Normalisierung des dt.-poln. Verhältnisses.

Warzenschwein

Warstein, Stadt in NRW, 27 500 Ew.; Metall-, Textil- u. a. Ind.; Tropfsteinhöhle.

Wartburg, Bergschloß bei Eisenach, am Thüringer Wald, nach 1067 von Ludwig dem Springer gegr., 1838-90 erneuert, Sitz der alten thüring. Landgrafen. Unter Landgraf Hermann (1190-1217) war sie eine der Hauptpflegestätten ritterl. Dichtkunst (**Sänger-** oder **W.-Krieg**). Sie ist weiter bekannt durch die hl. Elisabeth von Thüringen (1211-27), den Aufenthalt Luthers 1521/22 und durch das **W.-Fest** der Burschenschaft (1817). BILD S. 962

Wartezeit, Karenz|zeit, ⚖ Versicherung: begrenzter Zeitraum nach Abschluß des Vertrages, während dem bestimmte Rechte (z. B. Versicherungsrechte) noch nicht geltend gemacht werden können.

Warthe die, größter rechter Zufluß der Oder, entspringt südlich von Tschenstochau, mündet bei Küstrin; 808 km lang; durch den Netze-Brahe-Kanal mit der Weichsel verbunden. Zw. Landsberg und Küstrin das **W.-Bruch,** durch Friedrich d. Gr. 1767-82 urbar gemacht.

Waruna, Varuna, höchster Gott in der altind. Religion, Hüter der Weltordnung.

Warze die, meist gutartige, glatte oder hökkerige Wucherung von Hautpapillen unter einer stark verdickten Hornschicht; Beseitigung: Ätzen, mit Schälsalben, chirurgisch.

Warzenfortsatz, ♡ Teil des Schläfenbeins hinter der Ohrmuschel.

Warzenschwein, afrikan. Wildschwein mit großen Hauern und Rückenmähne.

Wasa, schwed. Adelsgeschlecht, das durch → Gustav I. W. 1523 auf den schwed. Königsthron kam und bis 1654 herrschte.

Wasa-Lauf, ⛷ Ski-Langlauf-Wettbewerb auf nicht vorbereiteter Piste zw. Mora und Sälen, Schweden (84-90 km); jährlich seit 1921.

Wäschetrockner, engl. **Tumbler** [t'ʌmblə], bestehen aus einer horizontal gelagerten Trockentrommel, die sich im ständigen Wechsel rechts und links dreht, wobei von einem Gebläse ein kräftiger Warmluftstrom durch die aufgelockerte, vorher gut ausgeschleuderte Wäsche geblasen wird. Eine Kombination von W. und Waschmaschine ist der **Wasch-Trocken-Automat.**

Waschflasche, ⚗ Glasflasche zum Trocknen oder Absorbieren von Gasen mit Flüssigkeiten.

Waschmaschine, Gerät zur Reinigung von Textilien in einer wäßrigen Lösung waschaktiver Substanzen. In der erwärmten Waschlauge wird die Wäsche durch ein Rührwerk oder eine Trommel bewegt, wobei auch noch die Waschlauge durch eine Pumpe umgewälzt werden kann. In selbsttätigen W. (**Waschautomaten**) wird die Wäsche auch gespült und geschleudert.

Waschmittel, meist pulverförmige Erzeugnisse zum Waschen von Wäsche. Je nach Art der Fasern verwendet man **Universal-, Fein-** oder **Spezial-W.**

Waschphosphate, bevorzugt Natriumpolyphosphate, die die Waschwirkung der waschaktiven Substanzen durch Komplexierung von Calciumionen maßgeblich unterstützen. W. tragen zur Eutrophierung der Gewässer bei, daher werden phosphatarme Waschmittel angestrebt (Phosphat-Höchstmengen-VO vom 4. 6. 1980). Diese enthalten Phosphatersatzstoffe wie Zeolithe, Polycarbonsäuren, Nitrilotriessigsäure (NTA) u. a.

Waschzettel, 🕮 kurze Darstellung von Inhalt und Zweck eines Buches, als Zettel den Besprechungsstücken beigelegt, oft auch auf dem Schutzumschlag abgedruckt.

Wasgau, Wasgenwald, → Vogesen.

wash-and-wear [wɔʃænd w'ɛə, engl. »Waschen und Tragen«], Bez. für → pflegeleichte Textilien.

Washington 2): Kapitol

G. Washington

Washington 2)

Wasserskorpion

Washington [w'ɔʃɪŋtən], George, nordamerikan. Feldherr, Staatsmann, *1732, †1799; im Unabhängigkeitskrieg gegen England 1775-83 zum Oberbefehlshaber gewählt, leitete 1787 den Verfassungskonvent, wurde 1789 zum 1. Präs. der USA gewählt, 1792 wiedergewählt. Auf eine 3. Wahl verzichtete er (1796).

Washington [w'ɔʃɪŋtən], **1)** Abk. **Wash.**, Staat im NW der USA, am Pazif. Ozean, 176617 km², 4,46 Mio. Ew.; Hptst.: Olympia; größte Stadt: Seattle. Weizen, Obst, Viehzucht; Waldwirtschaft; Fischerei. ⚒ auf Zink, Kohle u.a. Wasserkraftwerke. Aluminiumerzeugung, Schiff-, Flugzeugbau u.a. **2) W., D.C.** [-di:s'i:], Bundes-Hptst. der USA, im Bundesdistrikt Columbia, 626200 Ew.; viele öffentl. Bauten: Kapitol, Weißes Haus, 5 Univ., Sternwarte. 1790 gegr., benannt nach Präs. W., seit 1800 Sitz der Bundesregierung.

Wạsow, Iwan, bulgar. Dichter, *1850, †1921; Roman »Unter dem Joch«.

Wasser das, H_2O, chem. Verbindung von Wasserstoff mit Sauerstoff. Reines W. siedet unter Normaldruck (1013,25 hPa) bei 100 °C, es erstarrt bei 0 °C und hat bei 4 °C seine größte D von 1 g/cm³. W. ist das wichtigste Lösungsmittel, in ihm spalten sich bes. die anorgan. Stoffe in Ionen (→Dissoziation). Das in der Natur verbreitete W. enthält Staub, Bakterien, organ. Bestandteile, Luft, Kohlendioxid, Salze (→Heilquellen, ÜBERSICHT). Verhältnismäßig rein sind Regen und Schnee. Die Pflanzen bestehen bis zu 95%, die höheren Tiere und der Mensch zu 60-70% aus W. In der Natur ist das W. in einem ewigen Kreislauf, in den auch alles organ. Leben durch die Aufnahme und Ausscheidung von W. einbegriffen ist. (→schweres Wasser)

Wasser|amsel, Singvogel mit weißer Kehle, der nach Kleingetier taucht.

Wasser|aufbereitung, die fast stets erforderl. Behandlung des natürlich vorkommenden Wassers, die seine Beschaffenheit dem jeweiligen Verwendungszweck, bes. als Trinkwasser, anpassen soll. W. beschränkt sich nicht nur auf **Wasserreinigung,** d.h. die Entfernung von Verunreinigungen.

Die höchsten Anforderungen werden an die Reinheit des **Trinkwassers** gestellt. Oberflächenwasser aus fließenden und stehenden Gewässern wird zunächst in großen Becken von gröberen Sink- und Schwebstoffen befreit **(mechan. W.),** oft unter Zusatz von Fällungsmitteln (Kalk, Soda, Eisen- und Aluminiumsalze) und durch Schnellfiltration **(chem. W.).** Durch Langsam- oder Uferfiltration, mitunter durch Grundwasseranreicherung und längere Verweildauer im Boden, wird ein biolog. Abbau der organ. Stoffe erreicht **(biolog. W.).** Dabei erfährt Oberflächenwasser eine **Temperaturerniedrigung.** Durch **Belüftung** (Verdüsung) wird das Wasser mit Sauerstoff angereichert und werden flüchtige Stoffe (CO_2, H_2S u.a.) entfernt. Diese Maßnahmen dienen zugleich zur **Schönung** (Verbesserung von Färbung, Klarheit, Geruch, Geschmack), die auch durch Filterung über Aktivkohle erzielt wird.

Enthärtung des Wassers mildert unerwünschte →Härte, zu hoher Salzgehalt wird durch **Entsalzung** herabgesetzt, beide Verfahren erfolgen z.B. durch Ionenaustauscher. Wasser, das mehr freies Kohlendioxid enthält als der Carbonathärte entspricht, zerstört Beton, Mörtel, Metalle und muß entsäuert werden **(mechan.** und **chem. Entsäuerung),** die oft gleichzeitig eine **Enteisenung** und **Entmanganung** bewirkt. Die **Entkeimung** wird außer durch Bodenpassage und Langsamfilter vorgenommen durch Zusatz von Chlorgas, Chlorkalk, Chloramin u.dgl., durch Einblasen ozonhaltiger Luft, durch Silberung oder Ultraviolettbestrahlung. Kolibakterien als Fäkalindikator dürfen in 100 ml Wasser nicht nachweisbar sein. Kleinere Wassermengen können auch durch Filter aus Asbestplatten, Kieselgur, Aktivkohle, Flockungs- und Desinfektionsmitteln entkeimt werden. An Bedeutung für die Trinkwasserbereitung gewinnt die Meerwasserentsalzung durch Verfahren wie Destillation, Gefrierverfahren u.a.

Die Ansprüche an **Brauchwasser** für Gewerbe und Industrie sind oft weniger hoch als an Trinkwasser, z.T. sind andere Verfahren notwendig.

Wasserball, ↗ Ballspiel im Wasser zw. 2 Mannschaften zu je 7 Spielern.

Wasserbau, alle baul. Maßnahmen, die die Nutzung des Wassers ermöglichen und gegen Wasserschäden schützen.

Wasserblüte, ⚘ grünl. oder rötl. Verfärbung der Wasseroberfläche durch Algen.

Wasserbock, →Riedbock.

Wasserbruch, ♡ Abscheidung von Flüssigkeit zw. die Hodenhüllen **(Hodenwassersucht).**

Wasserburg am Inn, Stadt in Oberbayern, 11000 Ew.; Kirchen aus dem 14.-16. Jh., Schloß (16. Jh.).

Wasserdost der, →Kunigundenkraut.

Wasserfall, Absturz fließenden Wassers, oft in Stufen **(Kaskaden);** oft zur Energieerzeugung genutzt. W. (mit Fallhöhe in m):

Angel Fall, Venezuela	978
Yosemite-Fall, Kalifornien, 3 Stufen	739
Sutherland-Fälle, Neuseeland, 3 Stufen	571
Gavarnie-Fälle, Frankreich	420
Krimmler-Fälle, Österreich, 3 Stufen	380
Staubbachfall, Lauterbrunnental, Schweiz	298
Vettisfoss, Norwegen	275
Triberger Fälle, Schwarzwald, 7 Stufen	163
Tosa-(Toce-)Fall, Italien	160
Badgasteiner Fälle, Österreich, 2 Stufen	148
Vøringfoss, Norwegen	145
Yellowstone-Fälle, USA, 2 Stufen	129
Victoriafälle (Sambesi), Südafrika	110
Iguaçú-Fälle, Argentinien, 2 Stufen	60-82
Niagarafälle, Amerikanischer Fall	60
Niagarafälle, Kanadischer Fall	51
Stanley-Fälle, Zaire, 7 Stufen	45
Rheinfall bei Schaffhausen, Schweiz	24

Wasserfarbenmalerei. Man unterscheidet lasierende **Aquarellmalerei** von deckender **Guaschmalerei.** Beim Aquarell legt man das Bild meist erst in leichten Farbtönen an und übermalt diese, sobald sie getrocknet sind, mit stärkeren Farben. Weiß wird durch Aussparen des Papiergrunds erzielt oder mit Deckweiß. In neuerer Zeit wird auch ohne Untertuschung mit naß ineinander verfließenden Farben gemalt. – Mit Wasserfarben malten schon die alten Ägypter. Die Buchmaler des MA. bevorzugten Deckfarben, die auch im 16. Jh. neben Aquarellfarben verwendet wurden. (FARBTAFEL Maltechniken)

Wasserfarne Mz., Farnpflanzen, die auf Wasser oder Sumpf wachsen; z. B. das als Aquariumpflanze verwendete **Schwimmblatt (Salvinie).**

Wasserflöhe Mz., flohförmige niedere Krebstiere (Blattfüßer) des Süßwassers; Fischfutter.

Wassergas, Heizgas aus Kohlenoxid und Wasserstoff, bildet sich, wenn Wasserdampf über eine glühende Koksschicht geblasen wird.

Wasserglas, Kalium- **(Kali-W.)** oder Natriumsilicat **(Natron-W.),** glasige, in Wasser lösl. Massen, die zur Herstellung von Kunststeinen, Aerogelen und Kitt, als Seifenzusatz u. a. verwendet werden.

Wasserharnruhr, Diabetes insipidus, Krankheit, bei der große Mengen dünnen, wasserhellen, zuckerfreien Harns ausgeschieden werden.

Wasserhaushalt, Wasserwechsel in Lebewesen mit ausgeglichener Wassereinfuhr.

Wasserheilverfahren, grch. **Hydrotherapie,** Anwenden kalten oder warmen Wassers zur Abhärtung, besseren Durchblutung, Stoffwechselanregung, in Form von (Wechsel-)Bädern, Duschen, Güssen, Abreibungen, Packungen **(Prießnitz-Umschlag), Wassertreten** (Waten in kaltem, möglichst strömendem Wasser) u. a. Ein besonderes W. ist die **Kneipp-Kur** (→ Kneipp).

Wasserhose, → Trombe.

Wasserhuhn, → Bleßhuhn.

Wasserjungfern, → Libellen.

Wasserkäfer, → Schwimmkäfer.

Wasserkopf, Hydrozephalus, krankhafte Stauung der Gehirn-Rückenmark-Flüssigkeit; kann zu schweren Gehirnschäden führen.

Wasserkraftmaschinen, → Kraftwerk, → Pumpspeicherwerk, → Wasserrad, → Wasserturbine.

Wasserkultur, Hydrokultur, Hydroponik, Anbau von Kulturpflanzen in Nährlösungen.

Wasserkunstspringen, Springen vom federnden Sprungbrett oder vom Sprungturm. Man unterscheidet: Fuß- und Kopfsprung, je nachdem, ob Kopf oder Fuß zuerst das Wasser berühren.

Wasserkuppe, höchster Berg der Rhön (950 m), Segelflugsport.

Wasserläufer, 1) Schnepfen. **2)** Wasserwanzen mit langen Beinen, mit denen sie auf dem Wasser hin und her laufen.

Wasserliesch das, → Schwanenblume.

Wasserlili|e, gelbe Schwertlilie, weiße Seerose.

Wasserlinse, winzige schwimmende ausdauernde Wassergewächse, mit grünen, z. T. linsenförmigen, blattähnl. Sproßgliedern **(Entenflott).**

Wassermann, lat. **Aquarius,** ☆ südl. Sternbild; 11. Zeichen des Tierkreises.

Wassermann, Jakob, Schriftst., *1873, †1934; Romane: »Caspar Hauser« u. a.

Wassermannsche Reaktion, Abk. **WaR,** Serumreaktion zum Nachweis von Antikörpern, Blutuntersuchung auf → Syphilis; 1906 von A. von Wassermann angegeben.

Wassernuß, Schwimmpflanze stehender Gewässer; harte bestachelte Früchte, eßbare Samen.

Wasserpest, südamerikan. Süßwasserpflanze mit flutendem, bis 3 m langem, kurzgliedrigem Stengel; Aquarienpflanze.

Wasserpfeife, türk. **Nargile,** Tabakspfeife, bei der der Rauch durch ein Wasserbad geleitet und dadurch gefiltert wird.

Wasserpflanzen, Hydalophyten, Hydrophyten, im Wasser heim. Pflanzen; urspr. Algen. Im Wasser lebende Farne, Moose usw. haben sich aus Landpflanzen zu W. entwickelt. Zu den W. zählen auch die Sumpfpflanzen **(Helophyten).**

Wasserpocken, die → Windpocken.

Wasserrad, Rad, am Umfang mit Schaufeln (Zellen) besetzt. Das in die Zellen fallende Wasser versetzt das Rad teils durch das Wassergewicht, teils durch den Strömungsdruck in Umdrehung. W. wurden durch die mehr Leistung bringenden Turbinen ersetzt.

Wasserratte, Art der → Wühlmäuse.

Wasserrecht, Vorschriften über Benutzung und Schutz des Wassers. Die Wasserläufe sind in 1., 2. und 3. Ordn. eingeteilt.

Wasserrose, die → Seerose.

Wasserscheide, Trennungslinie der Einzugsgebiete von Flußsystemen, meist Höhenzüge oder Gebirgskämme.

Wasserschlauch, fleischfressende Schwimmpflanzen in Teichen; gelbblütig, unter Wasser mit reusenähnlichen Schlauchanhängen. (BILD Tierfangende Pflanzen)

Wasserschutzgebiet, Teil des Einzugsgebietes einer Wassergewinnungsanlage, das zum Schutz des Wassers Nutzungsbeschränkungen unterliegt.

Wasserschwein, Nagetier, bis 1,30 m lang, lebt in Flüssen Brasiliens.

Wasserski [-ʃiː], kurze, breite Skier, mit denen man, von Motorbooten gezogen, auf dem Wasser gleiten kann.

Wasserskorpion, Wasserwanze mit langem Atemrohr am Hinterkörper. (BILD S. 964)

Wasserspeier, vom Dach vorspringendes Rohr zum Ableiten des Regenwassers.

Wasserspinne, Spinne, die am Hinterleib eine Luftschicht trägt.

Wasserstand, Wasserspiegelhöhe eines Gewässers.

Wasserstoff der, **H,** chem. Element, farb- und geruchloses Gas, leichtestes aller Elemente; D 0,08 g/l, Siedepunkt −252,8 °C. Schwere Isotope des W. sind das Deuterium und Tritium. W. kommt im Wasser und in den meisten organ. Verbindungen vor und wird dargestellt durch Elektrolyse des Wassers; im Laboratorium am einfachsten durch Einwirkung von Säuren auf unedle Metalle. W. wird in der Technik vielseitig verwendet, v. a. zur Hydrierung, zur Fetthärtung, zu Reduktionen, als Füllgas für Ballons und als Brennstoff für das Knallgasgebläse (→ Knallgas). → Haber, → Kohlehydrierung, → Wasserstofftechnologie.

Wasserstoffbombe, thermonukleare Waffe, deren Energie aus der Verschmelzung von Deuterium zu Helium stammt (Kernfusion). Um eine W. zu zünden, muß eine Temperatur von etwa 35 000 000 °C erzeugt werden, gegenwärtig nur mit Hilfe einer → Atombombe möglich ist.

Wasserstoffionenkonzentration, Anzahl der Mole aktiver Wasserstoffionen H^+, die in 1 l Lösung enthalten sind; meist angegeben durch deren negativen dekad. Logarithmus pH **(pH-Wert),** z. B. statt $W. = 10^{-3}$ einfacher pH = 3. Für Säuren liegt pH zw. 0 und 7, für Basen zw. 7 und 14.

Wasserstoffperoxid, H_2O_2, wasserklare, leicht zersetzl. Flüssigkeit; kräftiges Oxidationsmittel, Raketentreibstoff; dient verdünnt zum Desinfizieren und Bleichen.

Wasserstofftechnologie die, Gesamtheit aller techn. Verfahren, die Wasserstoff herstellen und ihn als Sekundärenergieträger nutzen, z. B. Elektrolyse von Wasser mittels Strom aus Solarzellen oder Sonnenöfen, Speicherung des Wasserstoffs als Metallhydrid und Nutzung als Treibstoff durch Verbrennung mit Sauerstoff.

Wasserstrahlpumpe, in Laboratorien verwendete Pumpe: Das aus einer Düse strömende Wasser reißt Luft mit und erzeugt einen luftverdünnten Raum. (BILD S. 966)

Wasserhaushalt beim Menschen

Wasserspeier am Freiburger Münster

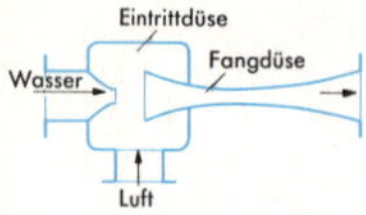

Wasserstrahlpumpe

Watt

Wassersucht, grch. **Ödẹm** oder **Hỵdrops,** ♡ krankhafte Ansammlung von Flüssigkeit in Gewebsspalten oder Körperhöhlen (z. B. **Bauch-W.,** Ascites), bei Entzündungen, bei Störungen des Blutkreislaufes (Herz-, Nieren-, Leberkrankheiten) oder infolge von Ernährungsstörungen.

Wasserturbine, wichtigste Wasserkraftmaschine: Mit einem Wirkungsgrad von über 90% wird die Energie fließenden Wassers durch ein Laufrad in Rotationsenergie umgewandelt. Wird das Wasser dem Laufrad am ganzen Umfang zugeführt, ist die W. vollbeaufschlagt, wird nur an einigen Punkten Wasser auf das Laufrad geleitet, ist sie teilbeaufschlagt. Bei der teilbeaufschlagten **Freistrahl-, Gleichdruck-, Aktionsturbine (Peltonturbine)** für kleine Schluckfähigkeit bei großer Fallhöhe (über 700 m) wird der Wasserdruck vor Eintritt des Wassers ins Laufrad in Bewegungsenergie umgewandelt. Die **Durchströmturbine** ist eine Gleichdruck-W. mit walzenförmigem Laufrad. **Überdruck-, Reaktionsturbinen (Francis-, Kaplan-** und **Propellerturbinen)** sind vollbeaufschlagt. Das Leitrad (mit drehbaren Schaufeln) dient als Regel- und Absperrorgan. Die Turbinenwelle ist mit der Generatorwelle fest gekuppelt. Francisturbinen wurden für Fallhöhen bis über 650 m und für Leistungen bis rd. 500 000 kW, Kaplanturbinen für Fallhöhen bis 80 m und mit Laufraddurchmessern von rd. 10 m ausgeführt.

Wasser|uhr, 1) alte Zeitmeßvorrichtung: aus einem oberen Gefäß tropft Wasser in ein unteres Gefäß. Der steigende Wasserspiegel gibt den Zeitablauf an. **2)** → Wasserzähler.

Wasserverdrängung, von einem Schiff verdrängte Wassermenge; in Tonnen ausgedrückt, entspricht dem Schiffsgewicht.

Wasserversorgung, Versorgung von Wohnsiedlungen mit Trink- und Gebrauchswasser; aus Quellen, Grundwasser, Flüssen und Seen stammendes Wasser muß aufbereitet (gereinigt, enteisent, enthärtet, entsäuert u. dgl.) werden. **Wasserhochbehälter** und **Wassertürme** sichern genügende Wassermenge und Wasserdruck.

Wasserwaage, Setzwaage, Holzstab mit eingesetzten Libellen zum Prüfen senkrechter und waagerechter Flächen.

Wasserzähler, Gerät zur fortlaufenden Zählung der durch eine Rohrleitung fließenden Wassermenge.

Wasserzeichen, durchscheinende Zeichen im Papier, bes. bei Banknoten, entstehen durch dünnere Stellen im Papier.

Waterbury [w'ɔ:təbərı], Stadt in Connecticut, USA, 107 100 Ew.; Messing- u. a. Ind.

Watergate-Affäre [w'ɔ:təgeıt-, engl.], der Einbruch von Beauftragten des republikan. »Komitees für die Wiederwahl des Präsidenten« in das Hauptquartier der Demokraten (Watergate Apartments, Washington, D. C.; Juni 1972) und seine Folgen. Die Mitwisserschaft von Präs. R. Nixon und sein Versuch, sie zu verschleiern (zunächst Zurückhaltung, später zögernde Herausgabe belastender Tonbandaufnahmen), führten zu einer Vertrauenskrise und zu einem Amtsenthebungsverfahren gegen ihn. Unter dem Druck der Öffentlichkeit trat er am 8. 8. 1974 zurück.

C. M. v. Weber

Wạterloo, Stadt südl. von Brüssel, 25 000 Ew.; in der Schlacht bei W. oder **Belle-Alliance** 1815 besiegten Wellington und die Preußen unter Blücher und Gneisenau Napoleon I.

Waterloo, Anthonie, niederländ. Maler, * um 1610, †1690, schuf etwa 150 Radierungen, Zeichnungen, Gemälde, bes. Waldlandschaften.

waterproof [w'ɔ:təpru:f, engl.], wasserdicht.

Max Weber

Waterton Glacier International Peace Park [w'ɔ:tətn gl'eıʃə ıntən'æʃənl pi:s pɑ:k], internat. Naturschutzpark im nordamerikan. Felsengebirge, umfaßt den Waterton Lakes National Park (Kanada, 526 km²) und den Glacier National Park (USA, 4100 km²).

Watson [w'ɔtsən], **1)** James Dewey, amerikan. Biochemiker, *1928, entwickelte mit F. H. Crick das Modell der DNS (→ Nucleinsäuren). Nobelpreis 1962. **2)** John Broadus, amerikan. Psychologe, *1878, †1958; → Behaviorismus.

Watt das, Küstenstreifen der Nordsee zw. der dt.-niederländ. Küste und den Fries. Inseln, bei Ebbe fast ganz vom Meer **(Wattenmeer)** frei. **Wattenfischerei** auf Austern, Krebse, Krabben, Aale. Der fette Schlickboden des W. wird durch Eindeichung nutzbar gemacht.

Watt das, Abk. **W,** nach J. → Watt benannte Einheit der elektr. → Leistung. Bei Gleichstrom 1 W = 1 Volt × 1 Ampere, bei Wechselstrom 1 W = 1 Volt × 1 Ampere × cos φ, wobei cos φ der Leistungsfaktor, φ der Phasenverschiebungswinkel zw. dem Spannungs- und Stromvektor ist. **Wattstunde, Wh,** Einheit der Arbeit; 1 Kilowattstunde, kWh = 1000 Wh.

Watt [wɔt], James, engl. Ingenieur, *1736, †1819, erfand die 1. brauchbare Dampfmaschine.

Watteau [wat'o], Jean-Antoine, bed. frz. Maler, *1684, †1721; heitere, dichterisch verklärte Bilder galanter Feste in Parklandschaften, Szenen aus der ital. Komödie: Einschiffung nach Kythera u. a. (BILD französische Kunst)

Watụssi, Volksstamm in Afrika, → Hima.

Watzlik, Hans, Schriftst., *1879, †1948; Geschichten aus dem Böhmerwald.

Watzmann der, Gipfelgruppe der Berchtesgadener Alpen, mit schroffem Absturz zum Königssee, 2713 m hoch.

Waugh [wɔ:], Evelyn, engl. Erzähler, *1903, †1966; gesellschaftskrit. Romane (»Eine Hand voll Staub«, »Tod in Hollywood«).

Wb, Abk. für → Weber.

Webb, 1) Mary Gladys, engl. Erzählerin, *1881, †1927, gestaltet in Romanen ihre Heimatlandschaft Shropshire. **2)** Sidney James, seit 1929 **Lord Passfield,** engl. Sozialpolitiker, *1859, †1947, mehrfach Min.; arbeitete zus. mit seiner Frau Beatrice, geb. Potter (*1858, †1943).

Webber [w'ebə], Andrew Lloyd, brit. Komponist, *1948; Rockoper »Jesus Christ Superstar«, Musicals »Evita«, »Cats« u. a.

Weber [nach Weber 8] das, Zeichen **Wb,** SI-Einheit des magnet. Flusses; 1 Wb = 1 V · s.

Weber, 1) Adolf, Volkswirtschaftler, *1876, †1963; Schriften über Wirtschaftspolitik. **2)** Alfred, Volkswirtschaftler, Soziologe, *1868, †1958; Begründer der industriellen Standortlehre, Arbeiten zur Geschichts- und Kultursoziologie. **3)** Andreas Paul, Graphiker, *1893, †1980; phantastisch-satir. Zeichnungen, auch in Zyklen; Buchillustrationen. **4)** Carl Maria v., Komponist, *1786, †1826; Schöpfer der dt. romant. Oper (Freischütz, Euryanthe, Oberon), Klavier- und Kammermusik, Lieder. **5)** Friedrich Wilhelm, Dichter, *1813, †1894; Epos »Dreizehnlinden«. **6)** Marianne, Vorkämpferin für Frauenrechte, *1870, †1954, Gattin von 7). **7)** Max, Soziologe, Philosoph und Politiker, Bruder von 2), *1864, †1920, trennt die Soziologie als Erfahrungswiss. von den Wertwiss. – »Religionssoziologie«, 3 Bde. **8)** Wilhelm Eduard, Physiker, *1804, †1891, arbeitete über Elektrizität und Telegraphie.

Webere̩i die, **Weben** das, Herstellung von Geweben auf dem **Webstuhl** (Hand-W.) oder in der **Webmaschine** (industrielle W.). In Längsrichtung des Gewebes verlaufende Fäden heißen die **Kette,** kreuzende der **Schuß,** die Art der Verkreuzung **Bindung.** – Webvorgang: In der Webmaschine oder auf dem Webstuhl werden die Kettfäden von einer hinteren Walze (Kettbaum) als parallel nebeneinanderlaufende Fäden nach vorn abgegeben und nach Vereinigung mit den Schußfäden auf einer vorderen Walze (Warenbaum) aufgewikkelt. Zw. beiden Walzen befinden sich die **Schäfte,** Rahmen aus Holz oder Leichtmetall mit senkrechten Hebeschnüren, durch deren Ösen die Kettfäden geführt sind. Durch abwechselndes Gegeneinanderbewegen (Heben und Senken der Schäfte mittels Fußbewegungen oder mechan. Antriebs), werden die Kettfäden voneinander abgehoben. Durch die entstehenden Zwischenräume **(Fache)** wird der **Schütze** mit dem Schußfaden hin- und hergeschlagen. Nach jedem Durchschuß wird der eingetragene Schußfaden durch die pendelnd aufgehängte Lade mit dem **Riet** (Weberkamm), einem Maschinenelement mit feinen Stahlstäbchen, an das Gewebe angedrückt. Bei neuen Maschinen ist der Schütze durch **Düsen** ersetzt. – Größere Möglichkeiten der Musterung bietet die → Jacquardmaschine, bei der die Kettfäden einzeln mittels Platinen (Hebehaken) angehoben werden; Steuerung durch Lochkarte.

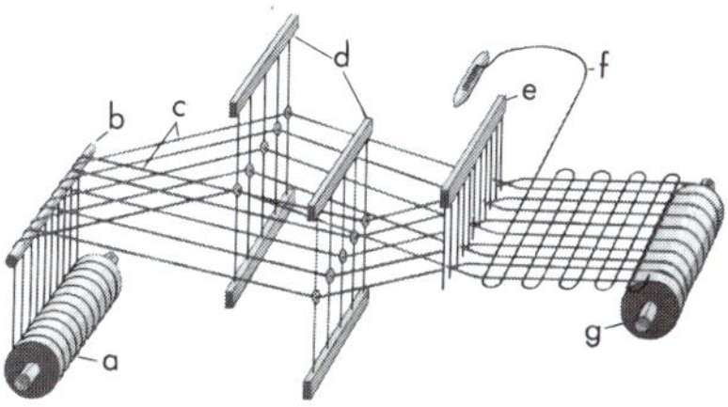

Weberei, a Kettbaum, b Streichbaum, c Kettfäden, d Schäfte, e Riet, f Schußfaden, g Warenbaum

Weberknecht, harmloses Spinnentier mit sehr langen Beinen.

Weberknoten, Kreuzknoten, bes. flachliegender Knoten.

Weberknoten

Webern, Anton von, österr. Komponist, *1883, †1945, wirkte mit der Fortführung der Zwölftonmusik Schönbergs stark auf die junge Komponistengeneration; Orchester-, Kammermusik, Lieder, Chöre, Klavierstücke.

Webervögel, gesellige, farbenprächtige Singvögel, die kunstvolle Nester weben.

Webervögel: Maskenweber beim Nestbau

Webster, Noah, amerikan. Lexikograph, Grammatiker, *1758, †1843.

Wechsel der, ⚖ Urkunde **(W.-Brief),** in der in best. Form die vom Schuldgrund losgelöste Verpflichtung übernommen wird, eine best. Geldsumme an den legitimierten Inhaber der Urkunde zu zahlen. Das geltende W.-Recht ist im W.-Ges. v. 21. 6. 1933 i. d. F. v. 1963 geregelt. Der Aussteller des W. kann sich entweder selbst zur Zahlung der W.-Summe verpflichten (**eigener** oder **trockener** oder **Sola-W.,** → Schuldanerkenntnis) oder einen andern damit beauftragen (**gezogener W.** oder **Tratte,** → Zahlung). Die Tratte ist im Wirtschaftsleben die häufigste Form des W., z. B.: Erst durch die Annahme (das **Akzept**) des Bezogenen – üblicherweise durch »Querschreiben« des Namens auf der Vorderseite des W. – wird der Bezogene, der nunmehr **Annehmer (Akzeptant)** heißt, zum W.-Schuldner. Der Empfänger des W. wird als **W.-Nehmer, Remittent,** bezeichnet. Der W. wird i. a. durch → Indossament übertragen; Ausnahme nur bei ausdrückl. Zusatz »nicht an Order« **(Rekta-W.).** Die Einlösung des W. kann ganz oder teilweise durch **W.-Bürgschaft** gesichert werden. Am Zahlungstag oder einem der beiden folgenden Werktage hat der Inhaber den W. dem Annehmer zur Zahlung vorzulegen. Zahlt der Annehmer nicht, so muß dies durch eine besondere Urkunde **(W.-Protest),** die von einem Notar, Gerichts- oder Postbeamten aufgenommen wird, festgestellt werden. In diesem Fall kann der Inhaber des W. vom Aussteller, von allen früheren Inhabern und von den Wechselbürgen im Wege des **Rückgriffs** (des **Regresses**) Zahlung der W.-Summe nebst Zinsen und Protestkosten verlangen. Die wirtschaftl. Bedeutung des

Köln, den 1. 7. 1990 | Zahlungsort: Bonn

Angenommen: Siegfried Schulz

Gegen diesen Wechsel – erste Ausfertigung – zahlen Sie am 1. Oktober 1990 an Herrn Friedrich Müller 500 DM – fünfhundert Deutsche Mark

Bezogener: Herr S. Schulz Bonn, Markt 7 | Bruno Meyer Köln Wilhelmstr. 18

Zahlbar in Bonn bei der Stadtbank | (Unterschrift und Adresse des Ausstellers)

W. liegt darin, daß er sowohl als Zahlungsmittel im Warenverkehr wie auch als Kreditmittel verwendet werden kann; den Banken dient er als kurzfristige Kapitalanlage (→ Diskont).

Wechselgetriebe, Getriebe der Kraftfahrzeuge, dient zum Einschalten versch. Übersetzungen (→ Kraftwagen).

Wechseljahre, Klimaktẹrium das, etwa die Zeit zw. dem 45. und 52. Lebensjahr der Frau, in der die Tätigkeit der → Eierstöcke erlischt und die → Menstruation aufhört.

Wechselkurs, Preis für Devisen, Devisenkurs.

Wechselrichter, ⚡ Geräte zur Umformung von Gleichstrom in Wechselstrom, z. B. gittergesteuerte Stromrichter, Induktoren mit vorgeschaltetem Unterbrecher u. a.

Wechselstrom, ⚡ elektr. Strom, dessen Richtung periodisch wechselt. Da er sich durch Transformatoren leicht auf hohe Spannungen umformen läßt, eignet er sich bes. zur Übertragung elektr. Energie auf weite Entfernungen. W. mit sehr hoher Schwingungszahl sind **Hochfrequenzströme** (→ Hochfrequenz).

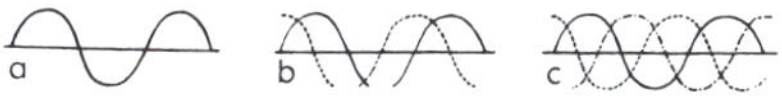

Wechselstrom, a Einphasen-, b Zweiphasen- (¼ Periode gegeneinander verschoben), c Dreiphasen-Strom (Verschiebung = ⅓)

Wechseltierchen, Amöben, → Wurzelfüßer.

wechselwarme Tiere, → Kaltblüter.

Wechselwirkung, ⊠ die gleichzeitige, gegenseitige Einwirkung zweier physikal. Objekte, eigentl. Ursache von Kräften. Man unterscheidet 4 W.: **elektromagnet. W., schwache W.** und **starke W.** (→ Große Vereinigung) sowie **Gravitations-W.** Eine alle W. vereinigende Theorie existiert noch nicht.

Weckamine, chem. Verbindungen, Verwandte des Adrenalins, z. B. Amphetamin, Methamphetamin. Sie wirken als Anregungsmittel (süchtig machende Rauschmittel) und Appetitzügler.

Wecker, Konstantin, Liedermacher, *1947.

Wẹckherlin, Georg Rudolf, Dichter, *1584, †1653; geistl. und weltl. Lyrik.

Wẹda, → Veda.

Wedda Mz., Urbevölkerung Sri Lankas.

Weddel-See die, Bucht des S-Eismeers; 1823 von Weddell entdeckt.

Wedekind, Frank, Dichter, *1864, †1918; satir. Dramatiker, suchte die konventionelle bürgerl. Moral als Unmoral zu enthüllen. »Frühlings Erwachen«, »Erdgeist« u. a.

Wedekind

Wehner

Weidenröschen: Schmalblättriges W.

Weihen: Kornweihe (50 cm lang)

Wedel, Stadt in Schlesw.-Holst., an der Unterelbe, 30500 Ew.; opt., chem. u.a. Ind.

Wedemeier, Klaus, Politiker (SPD), *1944; seit 1985 Erster Bürgermeister in Bremen.

Wedgwood [w'edʒwud], Josiah, engl. Töpfer, *1730, †1795; Erfinder des **W.-Steinguts.**

Wega die, ☆ hellster Stern im Sternbild Leier.

Wegberg, Stadt in NRW, 24400 Ew.; Textil-, Leder-, Eisen- u.a. Ind.

Wegener, Alfred, Geophysiker, *1880, †1930, aus seiner Kontinentalverschiebungstheorie entstand die Theorie der →Plattentektonik.

Wegerecht, Straßenrecht, gesetzl. Bestimmungen über öffentl. Wege, bes. über Anlegung, Unterhaltung, Benutzung und Einziehung; teils Bundes-, teils Landesrecht. Der Bund ist für Bundesautobahnen und Bundesstraßen, die Länder sind für Landstraßen I. Ordnung, die Kreise für Landstraßen II. Ordnung zuständig.

Wegerich der, schleimhaltige Kräuter mit meist ährig geordneten grünl. Blütchen. Großer, Mittlerer und →Spitzwegerich sind Weg- und Wiesenpflanzen.

Wegschnecke, nackte schwarze, braune oder rötl. Landschnecke, auf Waldwegen, bis 15 cm lang. (BILD Schnecken)

Wegwarte, →Zichorie.

Wegzehrung die, →Viatikum 2).

Wehnelt-Zylinder [nach dem Physiker A. R. B. Wehnelt, *1871, †1944], negativ geladene, zylinderförmige Steuerelektrode in Elektronenstrahlröhren, z.B. als Helligkeitsregler in Fernsehbildröhren.

Wehner, Herbert, Politiker (SPD), *1906, †1990; Journalist, seit 1927 Mitgl. der KPD, von der er sich nach 1942 abwandte; 1935-46 in der Emigration (UdSSR, seit 1942 in Schweden), 1949-83 MdB, 1966-69 Bundesmin. für gesamtdt. Fragen, bis 1983 Führer der SPD-Fraktion im Bundestag.

Wehr das, Bauwerk zum Stauen fließenden Wassers und Heben des Wasserspiegels.

Wehrbeauftragter, in der Bundesrep. Dtl. Beauftragter des Bundestags, der die Wahrung der Grundrechte und der Grundsätze des demokrat. Aufbaus der Bundeswehr zu überwachen hat. Jeder Soldat kann sich unmittelbar an ihn wenden; seit 1990 A. Biehle (CSU).

Wehrdienst, Ableistung der Militärdienstzeit bei den Streitkräften; in der Bundeswehr Grund-W., Wehrübungen, Ersatzdienst.

Wehrdienstverweigerer, →Kriegsdienstverweigerer.

Wehrpflicht, gesetzl. Verpflichtung eines jeden waffenfähigen Staatsangehörigen zum Wehrdienst; in der Bundesrep. Dtl. besteht durch das W.-Gesetz i.d.F. v. 6. 5. 1983 allg. W. für alle Männer vom 18.-45. Lebensjahr (15 Monate Grundwehrdienst).

Weibel, Waibel der, **1)** ✠ Feldwebel. **2)** schweizer.: Gerichtsdiener.

Weichbild, im MA. Stadtgerichtsbezirk, später das Stadtgebiet.

Weiche die, **1)** Eisenbahn: Vorrichtung zum Überführen eines Schienenfahrzeugs von einem Gleis auf ein anderes. Üblich sind **Rechts-** oder **Links-W.,** einfache und doppelte **Kreuzungs-W.,** seltener **Doppel-W.** Die W. werden von Hand oder elektrisch vom Stellwerk aus bedient. →Eisenbahnsignale. **2)** Elektronik: Filterschaltung für Lautsprechersysteme **(Frequenzweiche).**

Weicher Stil, Schöner Stil, in der europ. Plastik und Malerei um 1390-1430 vorherrschender Stil: Vorliebe für stoffreiche Gewandung, Sinn für Anmut.

Weichmacher, ⊸ chem. Zusatzstoffe für Kunststoffe, Lacke, Klebstoffe u.a. zur Herabsetzung der Härte und Erhöhung der Elastizität, z.B. Ester der Phthal- und Adipinsäure.

Weichsel die, Hauptstrom Polens, entspringt in den W-Beskiden, fließt durch Polen, an Krakau, Warschau, Thorn vorüber, mündet in einem Delta teils in die Danziger Bucht der Ostsee, teils in das Frische Haff. Sie ist 1047 km lang, durch Kanäle mit Netze (Oder), Memel und Dnjepr verbunden.

Weichselkirsche, Kirschart in Vorderasien und im wärmeren Europa, die als Unterlage bes. für Sauerkirschen verwendet wird.

Weichtiere, Mollusken Mz., Stamm wirbelloser Tiere mit sackähnl. Körper, meist mit Mantel (umhüllender Hautfalte) und mit einem vom Mantel abgesonderten ein- oder zweiteiligen, kalkig-hornigen Panzer (Gehäuse, Haus, Schale), wonach die W. auch **Schaltiere, Konchylien,** heißen, in der Haut mit vielen Schleimdrüsen. Die W. sind Meer-, Süßwasser- und Landbewohner, die sich größtenteils mit Eiern fortpflanzen. Die Gehäuse abgestorbener W. haben wesentlich zur Gesteinsbildung beigetragen (Kalkstein, Kreide). Die W. sind wichtige Leitfossilien. Klassen: **Muscheln, Schnecken, Kopffüßer.**

Weide die, **1)** ♤ Baum- und Strauchgatt. mit kurzstieligen, meist längl. Blättern und zweihäusigen Blütenkätzchen. Sie ist verbreitet auf feuchterem Boden der nördl. gemäßigten und der kalten Zonen. **Weiße W. (Silber-W.),** ihre Blätter haben weiße, seidige Härchen; **Korb-** oder **Band-W.,** mit lanzettförmigen Blättern; **Sal-** oder **Palm-W.,** Kirchenschmuck am Palmsonntag; **Krautige W.,** kriechender Zwergstrauch der Hochalpen, Grönlands usw. **(Polar-W.); Trauer-W.,** mit hängenden Zweigen, aus Vorderasien. Aus W.-Bast werden Matten, aus Rutengezweig Korbwaren hergestellt. **2)** Viehweide, Wiese, die dem Vieh als Futterplatz dient.

Weidegerechtigkeit, früher Recht, Vieh auf dem Grundstück eines andern weiden zu lassen, z.B. auf den Gemeindewiesen (→Allmende).

Weiden i.d. Opf., altertüml. Stadt in der Oberpfalz, Bayern, 42000 Ew.; Porzellan- u.a. Ind.

Weidenröschen, staudige, rötlichblühende Nachtkerzengewächse mit weidenähnl. Blättern und rosafarbenen bis roten Blüten.

Weiderich der, purpurnblühende Sumpfstauden mit weidenähnl. Blättern.

Weidmann, Waidmann, der Jäger, der die Jagd (das Weidwerk) kunstgerecht (weidgerecht) ausübt. **Weidmannsheil!,** Jägergruß.

Weierstraß, Karl, Mathematiker, *1815, †1897; Theorie der analyt. Funktionen.

Weigel, Valentin, protestant. Mystiker, *1553, †1588; Vorbereiter des Dt. Idealismus.

Weihbischof, kath. Kirche: Titularbischof, unterstützt den Diözesanbischof bei den Weihehandlungen.

Weihe die, feierl. Handlung; →Ordination.

Weihen, Greifvögel mit schleierartiger Gesichtsbefiederung, schweben über offenem Gelände. **Korn-, Wiesen-, Rohr-W.** sind Zugvögel.

Weihenstephan, bei Freising, ehem. Benediktinerabtei, Fakultäten für Landwirtschaft und Brauerei der TH München.

Weihgeschenk, Votivgeschenk, Gegenstand, der der Gottheit infolge eines Gelübdes als Dank oder Bitte dargebracht wird.

Weihnachten, Christfest, Christtag, Fest der Geburt Jesu; volkstümlichstes Fest der christl. Kirche, vorher Geburtstag der unbesiegbaren Sonnengottheit (Wintersonnenwende). Viel röm. und german. Brauchtum hat sich mit dem **Heiligen Abend** verbunden. Der

Weihnachts- oder **Christbaum** ist um 1600 zuerst in Dtl. nachweisbar. Seit dem 11. Jh. sind **Weihnachtsspiele, Krippenspiele** – dramat. Darstellungen der Geburt Christi – aus dem Wechselgesang des Weihnachtsgottesdienstes entstanden. Der **Weihnachtsmann** ist Gehilfe des Christkindes.

Weihnachts-Insel, engl. **Christmas Island** [krˈɪsməs aɪlənd], **1)** austral. Insel südlich Java; 135 km², 3400 Ew.; Phosphatlager. **2)** größtes Atoll im Pazif. Ozean, 360 km², 700 Ew.; gehört zu Kiribati.

Weihrauch, arabisch-ostafrikan. Baumharz, das beim Erhitzen einen angenehmen Geruch verbreitet; in der kath. Kirche Räuchermittel; ähnl. das Harz des Wacholders.

Weihwasser, kath. Kirche: vom Priester unter Beimischung von Salz geweihtes Wasser, gilt als Sakramentale. Zur Selbstbesprengung (Kreuzzeichen) sind an den Kirchentüren **Weihwasserbecken** angebracht.

Weil am Rhein, Stadt in Baden-Württ., 26 000 Ew.; Textil- und elektrochem. Ind.

Weill, Kurt, *1900, †1950, komponierte Lehrstücke und Opern, bes. auf Texte B. Brechts (»Dreigroschenoper«; »Mahagonny«).

Weilsche Krankheit [nach dem Arzt A. Weil, *1848, †1916], ansteckende Krankheit: Fieber, Kopf-, Wadenschmerzen, Leber- und Milzschwellung, Gelbsucht; Erreger: eine → Spirochäte. Verbreitung durch Ratten.

Weimar, Krst. im Bez. Erfurt, an der Ilm, 63 700 Ew.; besitzt zahlreiche Erinnerungen an Goethe (Goethehaus am Frauenplan mit Goethe-Nationalmuseum), Herder, Schiller (Schillerhaus mit Schillermuseum), Wieland, Liszt, Nietzsche u. a.; Nationaltheater; mehrere Hoch- und Fachschulen; Maschinen-, opt. u. a. Ind. In nat.-soz. Zeit KZ Buchenwald auf dem Ettersberg. – W. kam 1373 an die Wettiner, wurde Hptst. des ernestin. Groß-Hzgt. Sachsen-W., unter Karl August (1758-1828), dem Freund Goethes, Mittelpunkt des dt. Geisteslebens.

Weimarer Nationalversammlung, das verfassunggebende Parlament der → Weimarer Republik, gewählt am 19. 1. 1919. Nach anfängl. Zögern stimmte sie am 22. 6. 1919 dem → Versailler Vertrag zu. Am 11. 8. 1919 verabschiedete sie die Weimarer Verfassung (→ Reichsverfassung). Am 30. 9. 1919 wurde sie nach Berlin verlegt. Nach der Ausschreibung von Reichstagswahlen löste sie sich nach dem Kapp-Putsch am 21. 5. 1920 auf.

Weimarer Republik, Dt. Reich in seiner durch die Weimarer Verf. vom 11. 8. 1919 bestimmten Staats- und Regierungsform (1919-33). Die W. R. war ein demokratisch-parlamentar. Bundesstaat, der das Bismarcksche Reich fortsetzte. Staatsoberhaupt war der vom Volk gewählte **Reichspräs.** (1919-25 F. Ebert, seit 1925 Hindenburg) mit starker Stellung. Die Gesetzgebung lag bei dem gewählten **Reichstag** unter Mitwirkung des **Reichsrats,** in dem die Länder durch Regierungsmitgl. vertreten waren. Die **Reichsreg.** (Reichskanzler, Reichsminister) war vom Vertrauen des Reichstags abhängig. Die W. R. war durch die Bedingungen des → Versailler Vertrags schwer belastet; damit hing z. T. das Anwachsen der radikalen Flügelparteien (v. a. NSDAP und KPD) zusammen, das sich nach Ausbruch der Weltwirtschaftskrise (1929) und der damit verbundenen Massenarbeitslosigkeit verschärfte, so daß es seit 1930 bei mehrfachen Reichstagsauflösungen nur Minderheitsregierungen gab, die mit Hilfe der Ausnahmegewalt des Reichspräs. regierten. Die Radikalisierung des polit. Lebens und auch die anhaltenden wirtschaftl. Schwierigkeiten führten zu einer Staatskrise, die 1933 den Zusammenbruch der W. R. bewirkte.

1

2

3

4

5

6

Wein: Weintrauben; **1** Silvaner, **2** Riesling, **3** Müller-Thurgau, **4** Traminer, **5** Spätburgunder, **6** Portugieser

Wein der, aus Traubensaft (u. a. Obstsäften, **Obst-W.**) durch alkohol. Gärung hergestelltes Getränk. Trauben werden im Herbst geerntet **(W.-Lese),** in Traubenmühlen zerquetscht (zu **Maische**) und ausgepreßt **(gekeltert).** Den Saft (Most) läßt man durch Hefe in großen Fässern gären. Gärung kann auch durch Reinhefen (Edelhefen) erzeugt werden, die man für jede W.-Sorte bes. züchtet. Sie zersetzt den Zucker des Saftes in Alkohol und Kohlendioxid. Trübstoffe: Traubenfleisch, Hefezellen und Weinstein (→ Weinsäure) setzen sich dann ab, der darüberstehende klare **Jung-W.** wird auf bes. Fässer abgezogen und erreicht nach weiterem Abstich die Reife. Der Alkoholgehalt des W. ist etwa 6-14%. **Rot-W.** entsteht durch Vergärung von Maische der roten Trauben mit Schalen. WEINBAUGEBIETE: Mosel-Saar-Ruwer, Ahr, Mittelrhein, Nahe, Rheingau, Rheinhessen, Rheinpfalz, hess. Bergstraße, Württemberg, Baden, Franken;

Niederösterreich, Untersteiermark; Frankreich, Italien, Ungarn, Spanien, Portugal, Griechenland u. a.

Weinberger, 1) [w'aınbə:gə], Caspar Willard, amerikan. Politiker (Republikan. Partei), 1981-87 Verteidigungs-Min. **2)** Jaromír, tschech. Komponist, *1896, †1967; Volksoper »Schwanda, der Dudelsackpfeifer«, Orchesterwerke u. a.

Weinbrand, ges. gesch. Bez. (seit 1971) für in der Bundesrep. Dtl. hergestellten Qualitätsbranntwein aus Wein; um 1900 zuerst von H. Asbach verwendet.

Weinbrenner, Friedrich, Baumeister, *1766, †1826; klassizist. Bauten (Karlsruhe).

Weingarten, Gr. Krst. in Bad.-Württ., 22000 Ew.; Benediktinerabtei. **Weingartner Liederhandschrift** (Anfang 14. Jh.; jetzt in Stuttgart), Minnesängerhandschrift.

Weingeist der, Alkohol.

Weinheber, Josef, österr. Schriftst., *1892, †1945; Hymnen und Oden (»Adel und Untergang«), Gedichte (»Wien wörtlich«).

Weinheim, Gr. Krst. in Bad.-Württ., an der Bergstraße, 40700 Ew.; Wein-, Obstbau.

Weinhold, Adolf Ferdinand, Physiker, *1841, †1917, erfand die Vakuum-Mantelflasche, ein hochevakuiertes mehrwandiges Glasgefäß (heute noch in **Thermosflaschen**).

Weinsäure, Dioxybernsteinsäure, zweibasige organ. Säure: **Rechts-W.** (optisch aktiv, dreht die Ebene des polarisierten Lichts nach rechts), **Links-W.** (linksdrehend), **Traubensäure** (Verbindung aus Rechts- und Links-W., optisch inaktiv), **Meso-W.** (optisch inaktiv).

Weinstock, Rebe die, Gatt. rankender Klettergewächse, etwa 40 Arten, die meisten in warmen Gebieten der nördl. Halbkugel heimisch, viele in Nordamerika. Wichtigste Art: **Echter Wein** mit zweihäusiger Wildform in Flußwäldern Mitteleuropas und meist zwittrigen Sorten für den Weinbau (Europäertraube). Blätter drei- bis fünflappig, Beeren grün, gelb, rot oder blau. Die Sortenzahl des Echten W. beträgt weit über 1000. Wichtigste **Keltertrauben** sind für Weißweine in Dtl. vor allem Riesling, Silvaner, Ruländer ferner Müller-Thurgau u. a., für Rotweine z. B. Blauer Burgunder und Portugieser. **Tafeltrauben** werden im S im Weinberg, in nördl. Ländern meist am Spalier und unter Glas gezogen. Die amerikan. Wildrebenarten mit kleinen Beeren mit Fuchsgeschmack (Fuchsrebe) dienen z. T. als vor Reblaus sichere Pfropfunterlagen oder als Ziersträucher, so die Südl. Fuchsrebe mit resedaduftenden Blüten. **W.-Schädlinge:** Reblaus, Traubenwickler (→ Wickler); durch Pilze entstehen W.-Krankheiten wie Mehltau, Blattfallkrankheit u. a.

Weinstraßen, Straßen, die durch namengebende Weinbaugebiete führen.

Weinviertel, Hügelland im NO Niederösterreichs; Weinbau, Erdölvorkommen.

Weisel der, Bienen- und Ameisenkönigin.

Weisenborn, Günther, Schriftst., *1902, †1969; gesellschaftskrit., zeitgeschichtl. und histor. Dramen (»Die Illegalen«, »Die Neuberin«), Romane (»Das Mädchen von Fanö«).

Weisheit Salomos, Buch der Weisheit, im A. T. hellenist.-jüd. Weisheitsbuch.

Weisheitszahn, → Zähne.

Weiskirch, Willi, Politiker (CDU), *1923, 1985-90 Wehrbeauftragter des Dt. Bundestags.

Weismann, August, Zoologe, *1834, †1914; arbeitete über das Keimplasma und seine Bedeutung bei der Vererbung.

Weismantel, Leo, Schriftst., Pädagoge, *1888, †1964; Dramen, pädagog. Schriften.

Weiss, Peter, Schriftst., Graphiker, *1916, †1982; Erzählungen, Romane, (»Die Ästhetik des Widerstands« u. a.), Dramen (»Die Verfolgung und Ermordung Jean Paul Marats«, »Hölderlin« u. a.).

weissagen, die Zukunft auf Grund göttl. Erleuchtung verkünden.

Weißbier, obergäriges Bier aus Gerstenmalz und Weizenmalz im Verhältnis 1:3, kohlensäurereich; bes. in Berlin **(Berliner Weiße).**

Weißblech, verzinntes Stahlblech; für Konservendosen.

Weißbuche, Hainbuche, Waldbaum mit Kätzchenblüten, Birkengewächs; die Rinde hat silberige Längsstreifen. Weißes, hartes Nutzholz.

Weißbücher, → Farbbücher.

Weißdorn, Gatt. der Rosengewächse, dornige Holzpflanzen, meist mit weißen Blüten. **Gemeiner W.** oder **Hagedorn,** rote mehlige Scheinfrüchtchen **(Mehlbeeren, Mehlfäßchen),** Holz als Drechslerholz verwendet. Zuchtform des Gemeinen W. ist der rotblühende **Rotdorn,** der vorderasiat.-afrikan. **Azarolbaum** ist ein Zierstrauch.

Weißenburg in Bayern, Gr.Krst., 17500 Ew.; altes Stadtbild; Andreaskirche (1327 begonnen), Karmeliterkirche (14. Jh.).

Weißenfels, Krst. im Bez. Halle, an der Saale, 39000 Ew.; Schuhindustrie.

Weißensee, Gebirgssee in Kärnten, Österreich, 930 m ü. M., 6,6 km², bis 99 m tief.

Weiße Produkte, → No-Name-Produkte.

Weiße Rose, 1942/43 student. Widerstandsgruppe an der Univ. München, → Scholl (Geschwister).

Weißer Sonntag, → Quasi modo geniti.

Weißes Haus, Amtswohnung des Präsidenten der USA, in Washington. (BILD S. 971)

Weinstock: **1** Blütenbau: a Blüte vor dem Erblühen; b Ablösung der Blütenblättchen in sternförmigem Zusammenhang (»Mützchen«); c gewöhnl., vollständig zwittrige Blüte, d weiblich leistungsfähige, e männlich leistungsfähige. **2** Zweig mit Blütenrispe (»Geschein«). **3** Gut verwachsene Pfropfrebe mit ausreichendem Austrieb und kräftiger Wurzelbildung. **4** Gut verwachsene Pfropfstellen: a äußerlich, b im Längsschnitt; die Pfropfrebe hat auf allen Seiten einen geschlossenen Holzzuwachs (punktierte Zone) ausgebildet. **5** Zum Auspflanzen zurechtgeschnittene Pfropfrebe. **6** Drahterziehung rheinländ. Art. **7** Tokajer Erziehung in Kopfschnitt. **8** Obermoseler Erziehung in Bogenrebenschnitt.

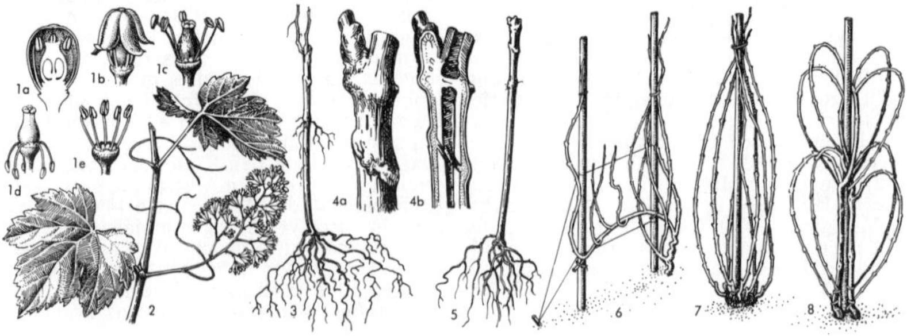

Weißes Meer, Bucht der Barents-See, zw. den Halbinseln Kanin und Kola, rd. 90000 km², rd. ½ Jahr durch Vereisung gesperrt.

Weiße Zwerge, Sterne mit sehr kleinem Durchmesser und geringer absoluter Helligkeit trotz hoher Oberflächentemperatur, die durch einen Gravitationskollaps entstanden sind.

Weißfisch, Karpfenfisch; im Süßwasser der nördl. Erdhälfte, mit silbrig glänzenden Schuppen: **Plötze, Ellritze, Rotfeder, Döbel.**

Weißfluß, ♡ Ausfluß weißer, schleimiger Flüssigkeit aus Scheide und Gebärmutter infolge Reizung durch Fremdkörper, Kreislaufstörung, bes. bei Gebärmutterknickung durch allg. Schwäche, auch bei Infektion.

Weißgerberei, → Leder.

Weißgold, silberglänzende Legierung aus 75% Gold, 15% Silber und 10% Kupfer.

Weißherbst, Klarettwein, farbschwacher Rotwein; in der EG Bez. für aus weißgekelterten Rotweintrauben einer Sorte gewonnene Qualitätsweine best. dt. Anbaugebiete.

Weißling, Tagfalter mit weißen oder gelbl. Flügeln. **Kohl-W., Zitronenfalter, Gelbling, Aurorafalter.**

Weißmacher, ⚗ blaufluoreszierende Waschmittelzusatzstoffe zur Beseitigung eines Gelbstichs bei Textilien (optische Aufheller), z. B. Stilbenderivate.

Weißmetall, ⚗ Lagermetalle, meist Legierungen aus Zinn, Antimon, Kupfer, Blei.

Weißrussen, **1)** Bewohner der Weißruss. SSR. **2)** Bez. für antibolschewist. Armeen während des russ. Bürgerkriegs.

Weißrussische (Bjelorussische) Sozialistische Sowjetrepublik, früher **Weißrußland**, Unionsrep. der UdSSR, 207600 km², 10 Mio. Ew. (rd. 80% Weißrussen, ferner Russen, Ukrainer, Polen u.a.); Hptst.: Minsk. Sumpf- und seenreiches Gebiet am oberen Dnjepr, der oberen Düna und Memel. Ackerbau (Getreide, Kartoffeln, Flachs), Viehzucht und Waldwirtschaft, Nahrungsmittel-, Maschinen-, Textilind.

Weißstickerei, jede in weißem Garn ausgeführte Stickerei; bes. die Lochstickerei.

Weißwasser, Krst. in der Oberlausitz, 36900 Ew.; Glas-, Porzellan-Ind.; Braunkohlentagebau.

Weißwurz, Gatt. staudiger Liliengewächse.

Weiterversicherung, freiwillige Fortsetzung einer Versicherung (soz. Kranken-, Rentenversicherung) nach Wegfall der Versicherungspflicht.

Weitsichtigkeit, die → Übersichtigkeit.

Weizen der, Grasgatt., heimisch am Mittelmeer und in W-Asien, urspr. mit brüchiger Ährenspindel. An Getreidepflanzen gehört dazu außer dem Emmer und → Dinkel, Einkorn und Zweikorn vor allem der **Gemeine W.**, der in vielen Abarten in den gemäßigten Gebieten als **Winter-W.** und als **Sommer-W.** angebaut wird, teils mit unbegrannten Ähren (**Kolben-W.**), teils mit begrannten (**Rauh-W.** oder **Bart-W.**). Verwendung zu Mehl und Weißbrot, Graupen, Grieß, Kleie, Malz, Stärke.

Weizenernte (1988, in 1000 t)

China	87505	Kanada	15655
UdSSR	84500	Australien	14102
USA	49295	Pakistan	12675
Indien	45096	Bundesrep. Dtl.	11922
Frankreich	29677	Rumänien	9000
Türkei	20500	**Welt**	**509952**

Weizmann, Chaijim, Chemiker, zionist. Politiker, *1874, †1952; beeinflußte maßgebend die Balfour-Deklaration von 1917 (→ Balfour), war 1921-35 Präs. der zionist. Bewegung, 1929-45 der Jewish Agency; 1948-52 erster Präs. des Staates Israel.

Weißes Haus

Weizsäcker, **1)** Carl Friedrich Frhr. v., Sohn von 2), Physiker und Philosoph, *1912; arbeitet über das physikal. Weltbild. **2)** Ernst Frhr. v., Diplomat, *1882, †1951; 1938-43 Staatssekretär des Auswärt. Amts, 1943-45 Botschafter beim Vatikan; im Nürnberger »Wilhelmstraßenprozeß« zu Gefängnis verurteilt, 1950 entlassen. **3)** Richard Frhr. v., Politiker (CDU), Sohn von 2), Jurist, *1920, 1964-70 Präs. des Evang. Kirchentages, 1981-84 Regierender Bürgermeister von Berlin, seit 1984 Bundespräs. **4)** Viktor Frhr. v., Bruder von 2), Arzt, *1886, †1957; begründete die allg. anthropolog. Medizin.

C. F. v. Weizsäcker

R. v. Weizsäcker

Welfen, Ez. Welfe, dt. Herrschergeschlecht. Das ältere welf. Haus stammte aus Schwaben; es erlosch 1055 im Mannesstamm. Welf IV. aus dem ital. Geschlecht → Este stiftete das jüngere welf. Haus. Die W. wurden 1070 Herzöge von Bayern, 1137 auch Herzöge von Sachsen, behielten aber nach dem Sturz Heinrichs des Löwen (1180) nur ihren niedersächs. Hausbesitz, der 1235 zum Hzgt. Braunschweig-Lüneburg erhoben wurde. Auf ihren Gegensatz zu den Stauferkaisern (→ Ghibellinen) geht der Parteiname Guelfen zurück. Seit dem 17. Jh. bestanden 2 welf. Hauptlinien: die Herzöge von Braunschweig, die 1884 ausstarben, und die Kurfürsten, seit 1814 Könige von Hannover, die 1714-1837 (im Mannesstamm; Königin Victoria bis 1901) zugleich auf dem engl. Thron saßen (→ Großbritannien).

Wellandkanal [w'elənd-], verbindet Ontario- und Eriesee in Kanada.

Wellblech, Blech mit wellenförmigem Profil.

Welle die, **1)** ⊠ Bewegungszustand eines Stoffes, dessen Teilchen regelmäßige Schwingungen ausführen. Beginnen benachbarte Teilchen in regelmäßigen Abständen nacheinander zu schwingen, so entstehen **fortschreitende W.**; gehen alle Teilchen gleichzeitig durch die Ruhelage, wobei manche (Knotenpunkte) dauernd in Ruhe bleiben, die andern verschieden weit ausschwingen (Bäuche), so spricht man von **stehenden W.** (schwingende Saite). Schwingen die Teilchen senkrecht zur Fortpflanzungsrichtung der W., so entsteht eine **Quer-W.** (Wasser-W.), schwingen sie in der Fortpflanzungsrichtung, eine **Längs-W.** (Schall). Bei Quer-W. bilden sich W.-Berge und -Täler, bei Längs-W. Verdichtungen und Verdünnungen. Als **W.-Länge** bezeichnet man den Abstand zweier aufeinanderfolgender Teilchen von gleichem Schwingungszustand (Phase), als **Schwingungszahl** oder **Frequenz** die Zahl der Hinundherschwingungen, die ein Teilchen in einer Sekunde ausführt. Die **Fortpflanzungsgeschwindigkeit** (W.-Länge mal Schwingungszahl) hängt von dem Stoff ab, der in Schwingungen versetzt wird. Statt der Lage von Teilchen im Raum können sich auch best. Zustände in einem materiefreien Feld (z. B. elektromagnet. Feld) rhythmisch ändern und die Entstehung von W. verursachen (elektromagnet. W., z. B. Radio-W.). → elektromagnetische Schwingungen, → Beugung, → Interferenz, →Polarisation, →Schall. **2)** ⊙ runde Stahlstange zur Kraftübertragung. **3)** MEERESKUNDE: **Meeres-W.** sind meist Quer-W., die über 800 m Länge und 15 m Höhe erreichen können. **Dünung** (lange W. mit runden Kämmen), **Brandungs-W.,** →Brandung. **Seism. W.,** durch Bergrutsch und Vulkanausbrüche am Meeresboden entstehend, haben große Kraft, Länge und Geschwindigkeit.

Wellenmechanik, von E. Schrödinger 1926 begr. Darstellungsform der Quantenmechanik. In ihr wird jedem Teilchen eine Welle zugeordnet, deren Amplitude Maß für die Ortswahrscheinlichkeit des Teilchens ist. Die experimentell nachweisbaren Beugungs-, Brechungs- und Interferenzerscheinungen solcher »Materiewellen« sind danach statistisch zu deuten. Die W. ist das wirksamste Werkzeug der mathemat. Behandlung atomaren Geschehens.

Wellenreiten, Surfing [s'ə:fiŋ, engl.] das, aus Polynesien stammende Sportart, bei der der Wellenreiter sich auf einem flachen Brett über die Brandungswellen dem Strand entgegentreiben läßt.

Wellensittich, austral. sperlingsgroßer Papagei, in vielen Farben gezüchtet; Zimmervogel. (BILD Papageien)

Wellershoff, Dieter, Admiral, *1933; seit 1986 Gen.-Inspekteur der Bundeswehr.

Welles [welz], Orson, amerikan. Filmschauspieler, -regisseur, -autor und -produzent, *1915.

Wellington [w'elıŋtən], Hauptstadt und -hafen Neuseelands, auf der Nordinsel, 137500 Ew.; Univ.; Schiffbau, Eisengießereien.

Wellington: Stadtflagge

Wellington [we'elıŋtən], Arthur **Wellesley,** Herzog von (1814), *1769, †1852, Befehlshaber der brit. Truppen gegen die Franzosen in Portugal und Spanien, Vertreter Großbritanniens auf dem Wiener Kongreß, siegte mit Blücher und Gneisenau 1815 bei →Waterloo über Napoleon; war 1828-1846 wiederholt Min. und MinPräs.

Wells, Herbert George, engl. Schriftst., *1866, †1946; naturwissenschaftl. utop. Romane (»Die Zeitmaschine«).

Welpe der, Junges von Hund, Fuchs, Wolf.

Wels, Stadt in OÖ, an der Traun, 54000 Ew.; Maschinen-, Papier-, Mühlen-, Kunststoffind.; in der Nähe Erdgasquellen.

Wels

Wels, Otto, Politiker (SPD), *1873, †1939; 1912-18, 1920-33 MdR., 1931-33 Vors. der SPD; lehnte 1933 für seine Fraktion im Reichstag das Ermächtigungsgesetz für Hitler ab; leitete die Exil-SPD von Prag und Paris aus.

welsch, wälsch, romanisch, früher bes. für Italiener und Franzosen. **Welschland,** Italien.

Welsch, Maximilian von, Baumeister, *1671, †1745, baute die Orangerie in Fulda, die Abteikirche in Amorbach u.a.

Welschkorn, der Mais.

Welse, Unter-Ordn. der Karpfenartigen; Knochenfische in Flüssen, Seen Osteuropas und Westasiens, große europ. Süßwasserfische, bis 3 m lang, 200 kg schwer, gefürchtete nächtl. Raubfische, verbergen sich tagsüber im Schlamm. Das Fleisch junger W. ist schmackhaft. In heißen Ländern leben der **Zitter-W.** mit elektr. Organen, der kleine **Panzer-W.,** der **Zwerg-** oder **Katzen-W.**

Welser, eines der bedeutendsten Augsburger Handels- und Bankhäuser des 16. Jh., erhielt 1528 von Kaiser Karl V. als Pfand Venezuela (bis 1556).

Welt die, i.e.S. die Erde, i.w.S. alles Seiende, Inbegriff des Bestehenden; astronomisch: Gesamtheit der Himmelskörper. →Weltall.

Welt|all das, **Universum** das, Gesamtheit der Himmelskörper und ihre Ordnung. Die Erde ist einer der 9 größeren →Planeten, die zus. mit über 2000 kleinen und vielen Kometen die Sonne umkreisen und mit ihr unser **Sonnensystem** bilden. Entfernungen werden durch Angabe der Zeit ausgedrückt, die das Licht braucht, um die zu messenden Strecken zurückzulegen (→Lichtjahr). Unsere Sonne bildet mit mehreren Milliarden anderer Sonnen das stark abgeplattete, linsenförmige **Milchstraßensystem.** Diese Sonnen stehen alle in so großer Entfernung von uns, daß ihre Bewegung für uns kaum erkennbar ist, sie heißen daher Fixsterne. Unsere Sonne ist etwa 30000 Lichtjahre vom Mittelpunkt des Milchstraßensystems entfernt, der im Sternbild des Schützen liegt. Der größte Durchmesser des Milchstraßensystems beträgt mindestens 100000 Lichtjahre. Von außen gesehen ist es einem Spiralnebel (→Nebel) ähnlich. Unsere Sonne bewegt sich mit einer Geschwindigkeit von 275 km/sec um den Mittelpunkt des Milchstraßensystems und benötigt zu einem Umlauf rund 100 Mio. Jahre. Das Alter des Milchstraßensystems dürfte einige Milliarden Jahre betragen. Außerhalb unseres Milchstraßensystems zeigt uns das Fernrohr viele nebelartige Gebilde, die zur Hauptsache aus Sternen bestehen und unserem Milchstraßensystem ähnlich sind. Der nächste dieser **Nebel,** der große Andromedanebel, befindet sich in einer Entfernung von etwa 2,5 Mio. Lichtjahren. Mit Spiegel- und Radioteleskopen sind Sternsysteme in 8 Mrd. Lichtjahren, Quasare in 17 Mrd. Lichtjahren Entfernung entdeckt worden. Diese Nebel befinden sich in einer Fluchtbewegung von der Erde weg, woraus sich das Bild eines sich gleichförmig ausdehnenden W. ergibt. Die Erforschung der Entstehung, der Entwicklung, des Alters, der Ausdehnung und der Struktur des W. ist Aufgabe der **Kosmologie.** Die gegenwärtige Theorie nimmt an, daß die Expansion des W. bei einem nahezu punktförm. W. mit einer gewaltigen Urexplosion (Urknall) ihren Ausgang nahm; möglicherweise bildet die Ausdehnung eine Phase eines sich rhythmisch ausdehnenden und sich wieder zusammenziehenden W. Die Beschreibung des Anfangszustands des W. ist mit den Mitteln der Quantentheorie und der Relativitätstheorie allein nicht möglich.

Weltanschauung, i.Ggs. zum wissenschaftl. **Weltbild** eine auf das Ganze des menschl. Lebens abzielende Sinndeutung. Nach ihr richtet sich die Rangordnung der Werte, die das Handeln der Menschen bestimmen. Auch aus den umfassenden Systemen der Philosophie sind W. abgeleitet worden.

Weltausstellung, internat. Ausstellungen, die seit 1851 in Abständen von 1-8 Jahren in versch. Städten (1982 Knoxville, 1984 New Orleans, 1988 Brisbane) stattfinden.

Weltbank, Kurzbez. für →Internationale Bank für Wiederaufbau und Entwicklung.

Weltbürgertum, Kosmopolitismus, Anschauung, daß alle Menschen gleichwertige und gleichberechtigte Mitbürger einer die Menschheit umfassenden Gemeinschaft sind. Der Gedanke des W. wurde in der grch. Philosophie (Stoa, Kyniker) entwickelt, Ansätze finden sich im Christentum; er wurde im Humanismus und später von der Aufklärung übernommen, trat aber dann hinter den aufkommenden Nationalismus zurück.

Weltchroniken, sagenhaft ausgeschmückte, beliebte mittelalterl. Geschichtsdarstellungen, die mit der Schöpfungsgeschichte einsetzen; die älteste dt. W. ist die »Sächsische Weltchronik«.

Weltergewicht, →Gewichtsklassen.

Welt|ernährungsrat, →FAO.

Welt|esche, →Yggdrasill.

Weltfrieden, Zustand, in dem der Krieg

zw. den Staaten und Völkern endgültig beseitigt ist (»ewiger Frieden«) oder der jeweils kriegslose Zustand. Versuche der Sicherung des W., die auf den Haager Friedenskonferenzen, im Völkerbund und im Kellogg-Pakt (→Kellogg) unternommen wurden, blieben ohne wesentl. Erfolg. Heute dient u. a. die Organisation der →Vereinten Nationen der Erhaltung des W.

Weltgeistliche, Weltpriester, kath. Geistliche, die keinem Orden und keiner Kongregation angehören und zum Dienst in ihrer Diözese verpflichtet sind. Ggs.: Ordensgeistliche.

Weltgeschichte, Universalgeschichte, Versuch, die geschichtl. Entwicklung der versch. Völker und Kulturkreise in ihren Beziehungen zueinander und ihrem inneren Zusammenhang zu sehen und darzustellen; so O. Spengler: »Untergang des Abendlandes«, A. Toynbee: »Der Gang der Weltgeschichte«.

Weltgesundheitsorganisation, engl. **World Health Organization** [wəːld helθ ɔːgənaɪzˈeɪʃn], Abk. **WHO,** 1948 gegr. Sonderorganisation der UNO. Sitz: Genf. Zu ihren Aufgaben gehören: Bekämpfung von Seuchen, Krankheiten, Verbesserung der Ernährung und der Gesundheitspflege u. ä.

Welthilfssprachen, Universalsprachen, künstl. Sprachen, die für den zwischenstaatl. Verkehr bestimmt sind, z. B. **Esperanto, Volapük.**

Weltkirchenrat, →Ökumenische Bewegung.

Weltkrieg

Der Erste Weltkrieg 1914-18

Vorgeschichte. Verschiedenartige Ursachen waren für den Kriegsausbruch verantwortlich. Die Expansionspolitik der rivalisierenden europ. Großmächte seit etwa 1860 führte zu Interessenkollisionen in Übersee. Frz. Revanchebestrebungen für die Niederlage von 1870/71, der dt.-engl. Konkurrenzkampf im Welthandel, der forcierte dt. Flottenbau, das Streben Rußlands nach den Meerengen sowie die panslawistische Bewegung (→Panslawismus) auf dem Balkan waren weitere Faktoren, die zu einem übersteigerten Nationalismus führten. Die Ermordung des österr.-ungar. Thronfolgers Erzherzog Franz Ferdinand durch serb. Nationalisten am 28. 6. 1914 in Sarajevo war der äußere Anlaß, der die Katastrophe auslöste. Österreich-Ungarn verlangte am 23. 7. in einem unannehmbaren Ultimatum von Serbien faktisch die Aufgabe seiner polit. Eigenständigkeit. Am 28. 7. folgte die Kriegserklärung. Die Verflechtungen im europ. Bündnissystem veranlaßten Dtl., die Partei Österreich-Ungarns zu ergreifen und nacheinander Rußland (1. 8.) und Frankreich (3. 8.) den Krieg zu erklären. Nach dem dt. Einmarsch in Belgien (4. 8.) trat Großbritannien auf der Seite Rußlands und Frankreichs (Alliierte Mächte) in den Krieg ein.

Das Kriegsjahr 1914. Die dt. OHL (Oberste Heeresleitung, Gen.-Ob. v. Moltke) wollte gemäß dem Schlieffen-Plan vorerst unter Defensive im O mit der Masse des Heeres die Entscheidung im W suchen und hierzu die 1.-5. Armee durch Belgien auf Paris-Verdun vorführen, um das frz. Heer gegen die Schweiz zu drängen. Die 6. und 7. Armee sollten frz. Vorstöße nach Elsaß-Lothringen abwehren. Das geschah bei Mülhausen (9./10. 8.) und in Lothringen (20.-22.8.). Die dt. Hauptkräfte schlugen nach Wegnahme von Lüttich (6.-16. 8.) und Rückzug der Belgier nach Antwerpen die Briten bei Mons, warfen die Franzosen nach S zurück und überschritten Anfang Sept. die Marne. Da erfolgte am 5. aus Paris ein frz. Gegenangriff, der zur Marneschlacht führte. Trotz günstigen Verlaufs wurde sie von der OHL am 9. abgebrochen, die Front hinter die Aisne zurückgenommen. Den erkrankten Gen. v. Moltke ersetzte Gen. v. Falkenhayn. Er vereitelte die nördl. ausholenden feindl. Umfassungsversuche, konnte aber in der Schlacht in Flandern (20. 10.-3. 11.) nicht durchbrechen. Die Front erstarrte im Stellungskrieg.

In Ostpreußen vernichtete die dt. 8. Armee unter Gen. v. Hindenburg (Stabschef Gen. Ludendorff) bei Tannenberg (26.-31. 8.) eine vom Narew vorgegangene russ. Armee und schlug an den Masur. Seen (6.-14. 9.) die vom Njemen vorgerückten Russen. Das in Galizien aufmarschierte österr.-ungar. Heer mußte nach Anfangserfolgen in Südpolen vor der russ. Übermacht im Sept. in die Karpaten zurückgehen. Zu seiner Unterstützung im Okt. von Oberschlesien bis südl. Warschau vorgestoßene dt. Kräfte sahen sich durch drohende Umfassung zum Rückzug genötigt. Eine neue dt. Offensive von NW im Nov. führte zur Einkesselung russ. Korps um Lodz, infolge eines russ. Gegenstoßes aus Warschau aber nicht zu vollem Erfolg. Im Dez. kam es auch an der ganzen Ostfront zum Stellungskrieg. In Serbien eroberten die Österreicher nach wechselvollen Kämpfen am 2. 12. Belgrad, serb. Gegenangriffe nötigten sie aber bald zur Räumung des Landes.

Das Kriegsjahr 1915. In der Champagne und im Artois versuchten die Alliierten im Frühjahr und Herbst vergeblich, die dt. Westfront zu durchbrechen. Ein dt. Angriff bei Ypern (22. 4.-24. 5.) hatte nur anfangs Erfolg. Im O schlug Hindenburg den russ. Nordflügel im Febr. in Masuren. Der zur Entlastung des Verbündeten am 2. 5. begonnene Angriff Makkensens bei Gorlice-Tarnów brachte die russ. Front in Galizien zum Einsturz und führte zu siegreicher Offensive an der Ostfront, die Ende Sept. in der Linie Tarnopol-Dünaburg-Riga eingestellt wurde. Italien, anfangs neutral, erklärte am 23. 5. Österreich-Ungarn den Krieg und suchte vergeblich, die österr.-ungar. Isonzofront zu durchbrechen. Die Türkei, seit Okt. 1914 an der Seite der Verbündeten im Krieg, wehrte seit März an den Dardanellen See- und Landangriffe der Alliierten ab, die um die Jahreswende abzogen. Um Landverbindung mit der Türkei zu bekommen, warfen die Verbündeten mit bulgar. Hilfe Serbien nieder. Am 5. 10. bei Saloniki gelandete, brit.-frz. Kräfte wurden zurückgeworfen, Montenegro und Albanien Anfang 1916 von österr.-ungar. Truppen besetzt.

Das Kriegsjahr 1916. Im W führten der dt. Großangriff auf Verdun (21. 2.) und der brit.-frz. Großangriff an der Somme (24. 6.) zu monatelangem entscheidungslosem, blutigem Ringen um jeden Fußbreit Boden. Ein österr.-ungar. Angriff in Tirol (15. 5.) lief fest. Hingegen erzielte eine russ. Offensive gegen den Südteil der Ostfront (4. 6.) beträchtl. Geländegewinn. Die gespannte Lage und die rumän. Kriegserklärung an Österreich-Ungarn (27. 8.) veranlaßten die Ersetzung Falkenhayns durch Hindenburg und Ludendorff (29. 8.). Sie stellten den Angriff auf Verdun ein und wandten sich gegen die Rumänen. Diese wurden von den Verbündeten in der Dobrudscha und in Siebenbürgen (bei Hermannstadt 26.-28. 9., bei Kronstadt 3.-8. 10.) geschlagen und aus der Walachei (Besetzung Bukarests 6. 12.) bis hinter den Sereth zurückgeworfen. Die Errichtung des Kgr. Polen (5. 11.) brachte den Mittelmächten keinen Gewinn. Ihr Friedensangebot vom 12. 12. wurde von der Entente abgelehnt, auch eine amerikan. Friedensnote vom 18. 12. blieb wirkungslos.

Das Kriegsjahr 1917. Im W wurden nach Zurückverlegung der dt. Front im Sommegebiet in die Siegfriedstellung (März) alliierte Großangriffe an der Aisne, in der Champagne und bei Arras (April/Mai) sowie in Flandern (31. 7. bis 10. 11.) in bewegl. Verteidigung abgewehrt, in der Tankschlacht bei Cambrai (20.-29. 11.) an die Briten verlorenes Gelände zurückerobert. Der Ausbruch der Revolution in Rußland am 12. 3. und Siege der Verbündeten (Eroberung Ostgaliziens im Juli, Rigas 3. 9., der balt. Inseln im Okt.) führten zum Zusammenbruch des russ. Heeres. Die am 7. 11. zur Macht gelangten Bolschewiki schlossen am 15. 12. Waffenstillstand, aber erst nach neuem dt. Vormarsch am 3. 3. 1918 den Frieden von Brest-Litowsk. Ihm folgte am 7. 3. ein Sonderfriede mit Finnland, das mit dt. Hilfe die Bolschewiki vertrieb, und am 7. 5. der Friede mit Rumänien. Ein zur Entlastung der Isonzofront am 24. 10. 1917 bei Flitsch-Tolmein begonnener dt.-österr. Angriff warf die Italiener hinter den Piave zurück. Am Ansturm gegen die dt.-bulgar. Front in Makedonien beteiligte sich seit 27. 6. auch Griechenland. Die Türken verloren am 11. 3. Bagdad, am 9. 12. Jerusalem an die Briten. Der seit 1. 2. uneingeschränkte U-Boot-Krieg führte zur Kriegserklärung der USA am 6. 4.

Das Kriegsjahr 1918. Die dt. Großangriffe (zw. Arras und La Fère 21. 3., bei Armentières 9. 4., zw. Noyon und Reims 27. 5., beiderseits Reims 15. 7.) brachten trotz großer Erfolge nicht den entscheidenden Sieg. Die am 18. 7. einsetzende, auf die ganze Front übergreifende alliierte Gegenoffensive drückte das geschwächte dt. Westheer bis Anfang Nov. in die Antwerpen-Maas-Stellung zurück. Inzwischen hatten Bulgarien in Makedonien, die Türkei in Palästina und Österreich-Ungarn am Piave (28. 10.) schwere Niederlagen erlitten und am 29. 9., 31. 10. und 3. 11. Waffenstillstand mit der Entente geschlossen, die Reichsregierung auf Drängen der OHL schon am 5. 10. den amerikan. Präsidenten um Waffenstillstand und Einleitung von Friedensverhandlungen ersucht. Auf dessen Forderung wurde der U-Boot-Krieg am 20. 10. eingestellt. Aus Meutereien bei der Hochseeflotte entwickelte sich eine Revolution, die am 9. 11. in Berlin zur Ausrufung der Republik führte. Gemäß dem am 11. 11. im Wald von Compiègne mit der Entente geschlossenen Waffenstillstand wurden die besetzten Gebiete und Elsaß-Lothringen binnen 14, das linke Rheinufer mit den Brückenköpfen Köln, Koblenz und Mainz binnen 30 Tagen von den dt. Truppen geräumt, die U-Boote und große Mengen Waffen ausgeliefert, die Flotte in Scapa Flow interniert sowie alle Kriegsgefangenen ohne Gegenleistung ausgeliefert.

Das Ziel der dt. **Seekriegführung** in der Nordsee, den Gegner durch U-Boote und Minen zu schwächen und dann zur Schlacht zu stellen, wurde wegen der Fernblockade der brit. Flotte nicht erreicht. Dt. Vorstöße gegen die engl. Ostküste führten am 24. 1. 1915 zur Schlacht an der Doggerbank, ein Vorstoß der Hochseeflotte am 31. 5. 1916 vor dem Skagerrak zum unentschiedenen Kampf mit der brit. Flotte. Die im Aug. 1914 nach Konstantinopel durchgebrochene dt. Mittelmeerdivision (Kreuzer »Goeben« und »Breslau«) bekämpfte als Kern der türk. Flotte die russ. Seestreitkräfte im Schwarzen Meer. Das dt. Kreuzergeschwader in Ostasien besiegte am 1. 11. 1914 bei Coronel brit. Kreuzer, erlag aber am 8. 12. bei den Falkland-Inseln einem brit. Geschwader. Der am 4. 2. 1915 eröffnete, aber erst seit 1. 2. 1917 uneingeschränkte U-Boot-Krieg gegen die feindl. Handelsschiffahrt brachte Großbritannien in eine gefährl. Lage, wirkte aber nicht kriegsentscheidend.

Die **dt. Kolonien** und Schutzgebiete erlagen der feindl. Übermacht (Togo 27. 8., Tsingtau 7. 11. 1914, Dt.-Südwestafrika 9. 7. 1915, Kamerun 15. 2. 1916). Nur die Schutztruppe von Dt.-Ostafrika unter Gen. v. Lettow-Vorbeck behauptete sich bis Kriegsende.

Der Krieg wurde durch die **Friedensschlüsse** von Versailles (mit dem Dt. Reich 28. 6. 1919), St.-Germain (mit Österreich 10. 9. 1919), Trianon (mit Ungarn 4. 6. 1920), Neuilly (mit Bulgarien 27. 11. 1919) und Sèvres (mit der Türkei 10. 8. 1920) abgeschlossen.

Die im → Versailler Vertrag ausgesprochene dt. Alleinschuld am W. löste eine Kriegsschulddiskussion aus, die bislang keinen Abschluß fand. Weitgehende Übereinstimmung besteht in der wissenschaftl. Forschung darüber, daß 1914 kein verantwortl. Staatsmann den Ausbruch eines großen Krieges vorsätzlich herbeiführen wollte, daß aber die dt. Regierung ein hohes Maß an Mitverantwortung trifft, weil sie den auslösenden Angriff Österreich-Ungarns gegen Serbien nicht verhindert, sondern, um die Großmachtstellung der Donaumonarchie zu erhalten, gefördert hat.

Der Zweite Weltkrieg 1939-45

Vorgeschichte. Der 2. Weltkrieg war in einem weit zutreffenderen Sinn ein globaler Krieg als der erste. Seit die Weltwirtschaftskrise (1929-33) die Schwächen der Mächte USA, Großbritannien und Frankreich, die die 1919/20 errichtete Ordnung faktisch garantierten, offenkundig werden ließ, strebten die im 1. Weltkrieg besiegten oder bei der Friedensregelung benachteiligten Großmächte Deutschland, Italien und Japan verstärkt eine Revision der Ordnung von 1919/20 an. Deutschland unter A. Hitler beabsichtigte über eine schrittweise Ausweitung seiner kontinentaleurop. Position, nach Ausschöpfung aller »friedlichen« Möglichkeiten durch lokalisierte »Feldzüge« (»Blitzkriege«), die militär. Ausschaltung Frankreichs und die Eroberung des europ. Rußland; nach der Errichtung einer kontinentalimperialen Basis, die mit einer rassenideolog. Umgestaltung Europas verbunden werden sollte (→ Nationalsozialismus), war der Ausbau einer Weltmachtstellung mit Kolonien in Afrika, einer starken Flotte und Stützpunkten im Atlantik vorgesehen hinsichtlich einer für später erwarteten Auseinandersetzung mit der Weltmacht USA. Das faschist. Italien strebte auf Kosten Großbritanniens und Frankreichs ein Mittelmeerimperium (mit einem kolonialen Ergänzungsraum in Nordostafrika und im Nahen Osten) an. Japan suchte die Hegemonialmacht in einem China, Südostasien und die westpazif. Inseln umfassenden »Großraum« zu werden. Trotz Abkommen (→ Antikomintern-Pakt und Stahl-Pakt) handelten die drei revisionist. Mächte ohne Absprache. Hitler erwies sich dabei als die forciert vorwärtstreibende Kraft.

Mit der Zerschlagung der Tschechoslowakei verließ die dt. Politik den nationalen Rahmen endgültig. Durch die Garantie der Unabhängigkeit Polens (31. 3. 1939) suchte Großbritannien das europ. Gleichgewicht zu erhalten. Die Bemühungen, die Garantieerklärung durch eine Einbeziehung der UdSSR wirksamer zu gestalten, scheiterten an den sowjet. Forderungen bezüglich der balt. Staaten. Nach parallel hierzu geführten dt.-sowjet. Geheimverhandlungen kam es am 23. 8. 1939 zum Abschluß des dt.-sowjet. Nichtangriffspakts, dessen geheimes Zusatzprotokoll u.a. die balt. Staaten, O-Polen und Finnland der sowjet. Interessensphäre zurechnete. Großbritannien hatte sich am 25. 8. in einem Bündnis gegenüber Polen festgelegt, so daß es nach Hitlers Angriff auf

Polen (1. 9. 1939) zus. mit Frankreich am 3. 9. 1939 Dtl. den Krieg erklärte. Hitler sah sich nun in einen großen Krieg verstrickt, für den das Reich nur unzureichend gerüstet war.

Von der Eroberung Polens bis zur Niederwerfung Frankreichs (Sept. 1939 bis Juni 1940). Infolge der Konzentration der dt. Heeres- und Luftwaffenverbände und der Passivität der Westmächte an der nur schwach geschützten dt.-frz. Grenze gelang die militär. Eroberung Polens in wenigen Wochen (28. 9. 1939 Kapitulation Warschaus). Gemäß den dt.-sowjet. Abmachungen rückte die Rote Armee am 17. 9. in Polen ein und nahm das Gebiet bis zur Weichsel, dann – nach Abschluß eines dt.-sowjet. Grenz- und Freundschaftsvertrages (28. 9. 1939) – das Gebiet bis zum Bug in Besitz. Litauen kam von der dt. in die sowjet. Interessensphäre. Über Danzig sowie die ehem. preuß. Provinzen Westpreußen und Posen hinaus wurde ein breites Gebiet des westl. Polen in das Reichsgebiet eingegliedert; Zentralpolen wurde als »Generalgouvernement« zu einem Nebenland des Dt. Reiches. Im Winter 1939/40 begann von dt. und sowjet. Seite die systemat. Ausrottung der poln. Intelligenz. Die Absicht der Westmächte, in den finnisch-sowjet. **Winterkrieg** (30. 11. 1939 bis 12. 3. 1940) über Norwegen/N-Schweden einzugreifen, veranlaßte dt. Planungen, dem durch eine Besetzung Norwegens zuvorzukommen. Trotz Abschluß des finnisch-sowjet. Friedens (12. 3. 1940), bei dem Finnland unter Gebietsverlusten seine Selbständigkeit wahren konnte, wurde diese Absicht am 9. 4. 1940 mit der Besetzung Dänemarks und (April-Juni 1940) Norwegens verwirklicht.

Am 10. 5. 1940 begann unter Verletzung der Neutralität Belgiens, der Niederlande und Luxemburgs der Feldzug im Westen. Nach Hitlers Plänen sollte die vollständige militär. Niederlage Frankreichs Voraussetzung sein für ein Arrangement mit Großbritannien und für einen Feldzug gegen die UdSSR. Militärisch war der Feldzug erfolgreich: Vorstoß über die Maas zur Kanalküste bei Abbéville; Kapitulation des belg. Heeres, Gefangennahme der frz. Nordarmee; Einnahme von Dünkirchen (4. 6. 1940), aus dem jedoch das brit. Expeditionskorps entkam. Nach Fortsetzung der dt. Offensive nach Innerfrankreich hinein (14. 6. 1940 Einzug in Paris) und nach dem Kriegseintritt Italiens (Kriegserklärungen an Großbritannien und Frankreich am 10. 6. 1940) fand sich die neue frz. Regierung (Marschall P. Pétain) zum Waffenstillstand bereit (22. 6. 1940 in Compiègne), der die dt. Besetzung der gesamten frz. Atlantikküste vorsah, Frankreich jedoch Flotte und Kolonialreich beließ. Von London aus rief General C. de Gaulle (18. 6. 1940) zur Fortsetzung des Krieges durch das »Freie Frankreich« auf. Der von Hitler angestrebte »Ausgleich« mit Großbritannien (»Friedensappell« v. 19. 7. 1940) kam nicht zustande. Mit Hilfszusagen des amerikan. Präs. F. D. Roosevelt setzte Großbritannien den Kampf fort.

Die Kriegshandlungen in der Zeit vom Juni 1940 bis Juni 1941. Dt. Anstrengungen, durch Vorbereitungen einer Landung auf der brit. Insel und durch eine Luftoffensive (»Battle of Britain«) Großbritannien zum Einlenken zu bewegen, scheiterten. Die Zahl der dt. U-Boote war zu gering, um die Zufahrtswege über den Atlantik ernsthaft zu gefährden. Die Unterstützung durch die USA nahm zu. Die Produktion Großbritanniens übertraf bereits die dt. (bes. an Panzern und Flugzeugen). Hitler sah im Herbst 1940 nur zwei Möglichkeiten, den Krieg erfolgreich fortzuführen: 1. durch den Aufbau eines »Kontinentalblocks« von Spanien bis Japan (unter Einschluß der UdSSR) eine so gewaltige Machtstellung zu gewinnen, daß Großbritannien aufgab und die USA sich auf den amerikan. Doppelkontinent zurückzogen; 2. trotz Fortdauer des Krieges im Westen den Eroberungszug nach Osten gegen die UdSSR zu führen und sogleich danach in den Nahen Osten (bis Afghanistan) und über Gibraltar nach NW-Afrika und auf die portugies. Inseln vorzudringen, während Japan nach Singapur vorstieß und Indien von Osten bedrohte, um die gesamte östl. Hemisphäre gegenüber den USA abzusichern. Die weitgespannte polit. Kombination gelang nur zum Teil: mit Japan und Italien wurde am 27. 9. 1940 der »Dreimächtepakt« abgeschlossen. Daher setzte Hitler Ende 1940 endgültig die militär. Ost-Lösung als nächste Etappe seines improvisierten Kriegsplans fest. Das Scheitern des ital. Angriffs auf Griechenland (28. 10. 1940) zwang zur Vorbereitung einer dt. Entlastungsoffensive über Rumänien-Bulgarien. Schon im Sommer 1940 hatten das sowjet. Ultimatum an Rumänien zur Abtretung der N-Bukowina und Bessarabiens und die Revisionsansprüche Ungarns und Bulgariens gegenüber Rumänien zu einem dt. Engagement in SO-Europa geführt (2. Wiener Schiedsspruch 30. 8. 1940: Abtretung N-Siebenbürgens an Ungarn; Garantie Rest-Rumäniens durch Dtl. und Italien). Die Niederlage der ital. Armee in N-Afrika und die brit. See- und Luftüberlegenheit im Mittelmeerraum führten darüber hinaus seit Dez. 1940 zur Entsendung dt. Luftwaffen- und Heeresverbände nach Italien und Libyen (Afrikakorps unter Gen. E. Rommel). Vom 6. 4. 1941 an wurden Griechenland und Jugoslawien, das nach dem Putsch antidt. Kräfte in Belgrad (27. 3. 1941) in die militär. Planung einbezogen worden war, von dt. Truppen besetzt, vom 20. 5. bis 1. 6. 1941 auch die Insel Kreta. Dt. Truppen drangen in N-Afrika vom 27. 3. bis 14. 4. 1941 von der Großen Syrte bis zur libysch-ägypt. Grenze vor, konnten jedoch Tobruk nicht einnehmen.

Hitler verknüpfte bei der Planung des dt. Angriffs auf die UdSSR die militär. Zielsetzung mit seinem rassenideolog. Programm: Er befahl die systemat. Ausrottung der Juden in den eroberten sowjet. Territorien durch »Einsatzgruppen« des Sicherheitsdienstes (SD) und der Sicherheitspolizei (SIPO) und strebte die Vernichtung der kommunist. Führungsschicht (»Kommissarbefehl«) und die Dezimierung der slaw. Bevölkerung an. Ein »Generalplan Ost« sah eine millionenfache Aus- und Umsiedlung mit dem Ziel einer Germanisierung weiter Teile Osteuropas vor. Die sowjet. Kriegsvorbereitungen hielten sich in Grenzen, da J. W. Stalin nicht von einem dt. Angriff vor Abschluß des Krieges im Westen überzeugt werden konnte und sich bis zuletzt um einen Ausgleich mit Hitler bemühte. Japan, das am 13. 4. 1941 einen Neutralitätsvertrag mit der UdSSR geschlossen hatte, setzte die im Sept. 1940 mit der Besetzung N-Indochinas begonnene Südexpansion mit dem Vorstoß nach S-Indochina fort und lehnte eine Mitwirkung am Krieg gegen die UdSSR ab. Die USA vervielfachten mit dem »Leih-Pacht-Gesetz« vom 11. 3. 1941 ihre Unterstützung für Großbritannien.

Die Wende des Krieges (Juni 1941 bis 1942). Dem dt. Angriff auf die UdSSR (22. 6. 1941) schlossen sich Rumänien, Italien, Finnland und Ungarn an. In Grenzschlachten sollte das Gros der Roten Armee ausgeschaltet werden, ehe die sowjet. Führung die auf 10-12 Mio. Mann geschätzten Reserven mobilisieren konnte. Danach sollten die dt. Truppen in die Tiefe des russ. Raumes bis Archangelsk-Astrachan vorstoßen. Dieses Ziel ließ sich nicht erreichen. Es gelang, in mehreren Kesseln, u. a. am Białystok, östl. Kiew und im Raum Wjasma-Brjansk, rd. 3,5 Mio. sowjet. Kriegsgefangene in dt. Gewahrsam zu bringen, doch konnte die sowjet. Führung einen Zusammenbruch der Anfang Dez. 1941 bis auf 40 km vor Moskau zurückgedrängten russ. Front verhindern. Leningrad wurde von allen Landverbindungen abgeschnitten (in 3 Jahren Belagerung mindestens 800000 Hungertote) sowie die Ukraine und die Krim von den Dt. erobert. Die sowjet. Gegenoffensive im Raum Moskau (ab 6. 12. 1941) drängte die dt. Truppen zurück.

Nach Befehl v. 31. 7. 1941 wurden am 20. 1. 1942 während der Wannsee-Konferenz die organisator. Planungen für die Verwirklichung der »Endlösung«, d.h. die systemat. Ausrottung aller Juden im dt. Machtbereich, festgelegt. In den Vernichtungslagern Auschwitz, Treblinka, Maidanek u.a. begann in den folgenden Monaten das Genozid an den Juden (etwa 6 Mio. Opfer). Die brutale dt. Besatzungspolitik verschaffte der Partisanenbewegung im besetzten Teil der UdSSR seit Herbst 1941 wachsenden Zulauf. Auch im übrigen von dt. Truppen besetzten Europa gewannen Widerstandsbewegungen an Bedeutung (u.a. in Jugoslawien, Polen, Frankreich). Am 14. 8. 1941 verkündeten F. D. Roosevelt und W. Churchill die →Atlantik-Charta.

Japanisch-amerikan. Verhandlungen im Sommer 1941 erreichten am 26. 7. 1941 ihren toten Punkt, nachdem die amerikan. Reg. die japan. Besetzung S-Indochinas mit einem Öl-Embargo beantwortet hatte. Japan entschied sich zur Eroberung der südostasiat. Rohstoffgebiete durch Angriff auf den dortigen Kolonialbesitz Großbritanniens, der Niederlande und der USA, verbunden mit einem Überraschungsschlag auf die amerikan. Pazifik-Flotte in Pearl Harbor (7. 12. 1941). Hitler und Mussolini erklärten am 11. 12. 1941 den USA den Krieg. Damit wuchsen der europ. und der japan.-chines. Krieg zusammen. Ziel der Japaner war es, nach der Eroberung von Singapur (15. 2. 1942), der Philippinen, Niederländisch-Indiens und Birmas sowie von Inselgruppen im W-Pazifik zur Defensive überzugehen und die erwarteten Gegenoffensiven der Amerikaner und Briten abzuwehren, um mit ihnen zu einem Remis-Frieden zu kommen. In der See-Luft-Schlacht bei den Midway-Inseln (3.-7. 6. 1942) zeigte sich aber, daß die USA trotz anfängl. Niederlagen ihre Überlegenheit gewahrt hatten. Mit der Landung auf Guadalcanal (7. 8. 1942) ergriffen sie die Initiative (Beginn des »Inselspringens«).

Ohne Absprache mit Japan hatte Hitler als Ziel für 1942 die Eroberung wichtiger sowjet. Rohstoffgebiete und einen Vorstoß über den Kaukasus nach Iran festgelegt. Eine Offensive der Armee Rommel in N-Afrika in Richtung Suezkanal war als Nebenoperation gedacht. Der U-Boot-Krieg gegen die brit. Verbindungen im Atlantik erreichte seinen Höhepunkt. Die Offensive im Südteil der Ostfront begann am 28. 6. 1942 und blieb Anfang Sept. 1942 in Stalingrad sowie am Nordrand des Kaukasus stecken. Die Offensive Rommels (ab 26. 5. 1942) kam nach der Eroberung Tobruks (21. 6.) am 30. 6. 1942 an der El-Alamein-Linie westl. von Alexandria zum Stehen.

Der Krieg in Europa und Afrika vom Herbst 1942 bis Mai 1945. Die Hauptlast des Krieges gegen Dtl. trug die UdSSR. Stalins Forderung nach einer »Zweiten Front« wurde von den Westalliierten unter Hinweis auf das Transportproblem und das globale Ausmaß des Krieges zunächst auf 1943 verwiesen. Statt dessen wurde als Vorbereitung für eine Invasion in W-Europa eine Großoffensive im Mittelmeerraum mit dem Ziel der Ausschaltung Italiens und der Errichtung einer Abnutzungsfront beschlossen. Mit Beginn der brit. Offensive gegen die Armee Rommel bei El-Alamein (23. 10. 1942) und der amerikanisch-brit. Landung in Marokko und Algerien (7./8. 11. 1942) wurde die Wende auf diesem Kriegsschauplatz eingeleitet. Die deutsch-ital. Gegenzüge, Besetzung ganz Frankreichs und Errichtung eines Brückenkopfes in Tunesien (11. 11. 1942) hatten nur aufschiebende Wirkung. Die seit Frühjahr 1942 laufende brit. Bomberoffensive gegen dt. Städte wurde durch den Einsatz amerikan. Bomberverbände ergänzt. Am 24. 1. 1943 verkündeten Roosevelt und Churchill als Kriegsziel die »bedingungslose Kapitulation« Dtl.s, Italiens und Japans. Die Niederlage der 6. dt. Armee im Raum Stalingrad (Winter 1942/43) markierte die äußere Wende auf dem östl. Kriegsschauplatz. Nach Abwehr der letzten dt. Offensive im Raum Kursk (5. 7. 1943) trat die Rote Armee zur Gegenoffensive an und überschritt im Jan. 1944 die Grenze nach Polen, im April 1944 die nach Rumänien. Aus der Kapitulation Italiens (3. 9. 1943) nach der Besetzung Tunesiens durch die Alliierten (13. 5. 1943), der Landung auf Sizilien (10. 7. 1943) und dem Sturz Mussolinis (25. 7. 1943) erwuchsen vorübergehend Spannungen zw. den Alliierten.

Politisch kam es 1943 zur inneren Festigung der Anti-Hitler-Koalition, nachdem es im Zusammenhang mit der Entdeckung von Massengräbern poln. Offiziere bei →Katyn (April 1943) noch einmal zu einer Krise gekommen war: die UdSSR brach die Beziehungen zur poln. Exil-Reg. in London ab (26. 4. 1943) und stellte in Moskau den Kern einer künftigen kommunist. poln. Regierung bereit.

Auf der Konferenz von Teheran (28. 11. bis 1. 12. 1943) einigten sich Roosevelt, Churchill und Stalin über die gemeinsame Niederwerfung Dtl.s (Invasion im Westen im Mai 1944), die Verschiebung Polens nach Westen auf Kosten Dtl.s bis zur Oder (im Osten im wesentl. Curzon-Linie, →Curzon, als poln.-sowjetische Grenze) und die Anerkennung Titos als alliierten Partner in Jugoslawien.

Von Mitte 1944 an engte sich der Raum der von Dtl. beherrschten improvisierten »Festung Europa« schnell ein. Die Proklamation des »totalen Krieges« (Febr. 1943, wiederholt im Aug. 1944) änderte daran nichts. Am 4. 6. 1944 mußten die dt. Truppen Rom aufgeben. Am 6. 6. 1944 begann die alliierte Großinvasion in der Normandie; ab 22. 6. 1944 zerschlug die Rote Armee die dt. Heeresgruppe Mitte und drang bis an die ostpreuß. Grenze und Warschau vor. Sie ließ es zu, daß die dt. Besatzungsmacht den Warschauer Aufstand der nationalpoln. Heimatarmee niederschlug (1. 8.-2. 10. 1944).

Der Versuch der dt. →Widerstandsbewegung (→Schenk von Stauffenberg), durch ein Attentat auf Hitler das nat.-soz. Regierungssystem zu beseitigen und eine schnelle Beendigung des Krieges herbeizuführen, scheiterte am 20. 7. 1944. Am 31. 7. 1944 durchbrachen die Alliierten die Front in der Normandie, befreiten am 25. 8. 1944 Paris (Regierungsübernahme in Frankreich durch de Gaulle) und drangen in wenigen Wochen bis zur dt. Grenze vor. Rumänien, Bulgarien, Finnland wechselten im Aug./Sept. 1944, Ungarn im Dez. 1944 die Fronten.

Hitlers Versuch, durch die Ardennenoffensive (ab 16. 12. 1944) im Westen eine Wende herbeizuführen, scheiterte. Am 12. 1. 1945 begann die Rote Armee zw. der Ostsee und den Karpaten eine Großoffensive, die sie bis zum 30. 1. 1945 an die Oder brachte.

Auf der Konferenz von →Jalta (4.-11. 2. 1945) hatten sich Roosevelt, Churchill und Stalin um eine Einigung über ihre Dtl.- und Polen-Politik bemüht. Gegen polit. und territoriale Zugeständnisse in SO-Asien erklärte sich die UdSSR zu einem Kriegseintritt gegen

Japan nach Beendigung des Krieges in Europa bereit.

Seit dem 8. 2. 1945 drangen die Westalliierten in das Innere Dtl.s vor. Sie hielten Mitte April 1945 an der Linie Elbe-Mulde inne. Am 16. 4. 1945 begann die Rote Armee ihre Endoffensive. Sie nahm am 2. 5. Berlin ein. Hitler hatte am 30. 4. 1945 in Berlin Selbstmord verübt. Zu seinem Nachfolger war Großadmiral K. Dönitz ernannt worden. Dieser ließ am 7. 5. in Reims und am 9. 5. in Berlin-Karlshorst die Kapitulation der dt. Wehrmacht unterzeichnen. Seine Reg. wurde am 23. 5. 1945 in Flensburg verhaftet.

Auf der Potsdamer Konferenz (17. 7.-2. 8. 1945) trafen die Mächte der Anti-Hitler-Koalition in Formelkompromissen Vereinbarungen, die die wirtschaftl. und polit. Einheit eines um die Gebiete östl. von Oder und Görlitzer Neiße verkleinerten Dtl. erhalten sollten. Die Aussiedlung der dt. Bev. aus Polen, der Tschechoslowakei und Ungarn »in humaner Weise« wurde beschlossen. Über 10 Mio. wurden aus ihrer Heimat vertrieben. Ein alliierter Kontrollrat übernahm die höchste Reg.-Gewalt in Dtl.

Der Krieg im Pazifik 1942-45. Die Rückgewinnung der von Japan eroberten Gebiete vollzog sich langsam, obwohl seit 1943 etwa die Hälfte der amerikan. Kräfte im Pazifik konzentriert war. Die Amerikaner drangen im Zuge ihres »Inselspringens« von Ost nach West vor, die Briten von Indien aus nach Birma. Japan änderte seine Besatzungspolitik und förderte seit 1943 die Unabhängigkeitsbewegungen in Indochina, auf den Philippinen, in Birma und Indonesien. Das japan. Heer eroberte in einer Sommeroffensive 1944 weite Teile Chinas und suchte eine dauerhafte Landverbindung nach Indochina herzustellen. Am 4. 5. 1945 kündigte die UdSSR den Neutralitätspakt mit Japan. In Jalta hatte Stalin den Kriegseintritt spätestens drei Monate nach Kriegsende in Europa zugesagt. Am 6. 8. wurde die erste Atombombe auf Hiroshima geworfen (über 90000 Tote), am 9. 8. 1945 die zweite auf Nagasaki.

Am 8. 8. 1945 erklärte die UdSSR Japan den Krieg. Die sowjet. Fernostarmee drang in die Mandschurei und in N-Korea ein. Sie setzte ihren Vormarsch auch fort, als Kaiser Hirohito am 14. 8. 1945 die Kapitulation Japans verkündete (am 2. 9. 1945 unterzeichnet). Amerikan. Truppen besetzten die japan. Hauptinseln sowie S-Korea. Die Kolonialmächte kehrten nach SO-Asien zurück, gerieten jedoch in Konflikt mit den Unabhängigkeitsbewegungen in den Ländern, die im Augenblick der japan. Kapitulation ihre Selbständigkeit proklamiert hatten. Die Reg. Tschiang Kai-schek hatte am 14. 8. 1945 die von Roosevelt und Churchill in Jalta zugestandenen Einschränkungen der chines. Souveränität in einem »Freundschaftsvertrag« mit der UdSSR akzeptieren müssen. Große Teile N-Chinas wurden von den Truppen Mao Tsetungs eingenommen.

Bilanz des 2. Weltkrieges. Dtl., Italien und Japan schieden als Großmächte aus dem Weltmächtesystem aus. In Europa hatten die USA und die zur Weltmacht aufgestiegene UdSSR die Entscheidung herbeigeführt. Ihren Macht- und Einflußsphären gemäß wurde Europa geteilt. In O-Asien dominierten zunächst die USA. Der Abstieg Großbritanniens und Frankreichs zeichnete sich sichtbar ab.

Zu Friedensschlüssen kam es nur mit Italien und den kleineren europ. Verbündeten des nat.-soz. Dtl. (10. 2. 1947). Die USA schlossen 1951 mit Japan Frieden. Österreich erhielt 1955 einen Staatsvertrag. Angesichts der Interessengegensätze zwischen den beiden Weltmächten war ein gemeinsamer Friedensschluß mit Dtl. von Anfang an unwahrscheinlich. Die Westmächte erklärten 1951 (UdSSR 1955) den Kriegszustand mit ganz Dtl. für beendet.

Der 2. Weltkrieg forderte insgesamt über 30 (nach anderen Schätzungen bis zu 55) Mio. Tote. Davon entfielen allein auf die UdSSR etwa 20 Mio., Dtl. 5,25 Mio., Polen 4,5 Mio., Jugoslawien 1,7 Mio., Japan 1,8 Mio. Die USA hatten 259000 Kriegstote, Großbritannien 386000, Frankreich 810000, Italien 330000, Rumänien 378000, Ungarn 420000, Finnland 84000 Kriegstote. Die Zahl der getöteten Zivilisten betrug im Fall der UdSSR 7 Mio., Japans 600000, Dtl.s 500000, Frankreichs 470000, Großbritanniens 62000.

Weltkultur|erbe, Weltkulturgüter, von der UNESCO als erhaltungswürdig erklärte Kunstwerke und Baudenkmäler (z.B. Aachener Münster). Das W. bildet zus. mit schutzwürdigen Landschaftsregionen das **Welterbe** (1988: 288 zu schützende Objekte).

Weltliteratur, Gesamtliteratur der Völker oder Werke, die über ihren nationalen Entstehungsbereich hinaus künstler. Geltung haben.

Weltmarkt, internat. Warenmärkte, auf denen Angebot und Nachfrage der ganzen Erde zusammentreffen und sich die Preise der Welthandelsgüter bilden. W.-Plätze sind u.a. Chicago, New York, London, Paris, Rotterdam, Hamburg.

Weltpostverein, Zusammenschluß der Länder der Erde zur Regelung und Vereinheitlichung zwischenstaatl. Postbeziehungen (**Weltpostvertrag** 1878); auf Anregung H. v. Stephans 1875 gegr., seit 1948 Sonderorganisation der UNO. Sitz: Bern.

Weltraumfahrt, → Raumfahrt.

Weltraumflugzeug, ein wiederverwendbares, im Ggs. zu Raumfähren horizontal startendes und landendes, bemanntes Überschallraumfahrzeug; in Planung: → Sänger (Bundesrep. Dtl.), Orient-Expreß (USA), HOTOL (Großbritannien).

Weltraumnutzung, wirtschaftl. Nutzung der besonderen Bedingungen des Weltraums, z.B. durch Anwendungssatelliten oder zukünftige Herstellung von auf der Erde nicht erzeugbaren Gütern (best. Metallegierungen, Verbundwerkstoffe, hochreine Einkristalle u.a.).

Weltraumrecht, Regeln und Grundsätze des Völkerrechts über die Rechte und Pflichten der Staaten bei der Raumfahrt und der Nutzung des Weltraums und der Himmelskörper. Der **Weltraumvertrag** von 1967 regelt die friedl. Nutzung des Weltraums.

Weltraumteleskop das, → Hubble-Weltraumteleskop.

Weltrekord, sportl. Weltbestleistung, die von der obersten internat. Sportbehörde anerkannt ist.

Weltreligionen, Religionen, die über weite Räume verbreitet sind: Christentum, Judentum, Islam, Hinduismus, Buddhismus.

Weltschmerz, von Jean Paul geprägter Ausdruck für die romant. Schwermut, die schon die Vertreter der Empfindsamkeit kannten (Goethes »Werther«). Dichter des W. waren Lord Byron, dann G. Leopardi, M. Lermontow, H. Heine, N. Lenau, G. Büchner.

Weltsprache, im zwischenstaatl. Verkehr bevorzugte Sprache; auf polit., wirtschaftl. und wissenschaftl. Gebiet vornehml. die engl. und frz., daneben die span. und dt. Sprache. Über künstl. W. → Welthilfssprachen.

Weltstadt, Großstadt mit über 1 Mio. Ew.

Welturheberrechtsabkommen, internat. Abkommen vom 6. 9. 1952 zw. den meisten Kulturstaaten der Welt zum Schutz des → Urheberrechtes an Werken der Literatur. Die → Berner Übereinkunft bleibt daneben für die europ. Staaten verbindlich.

Weltwährungsfonds, → Internationaler Währungsfonds.

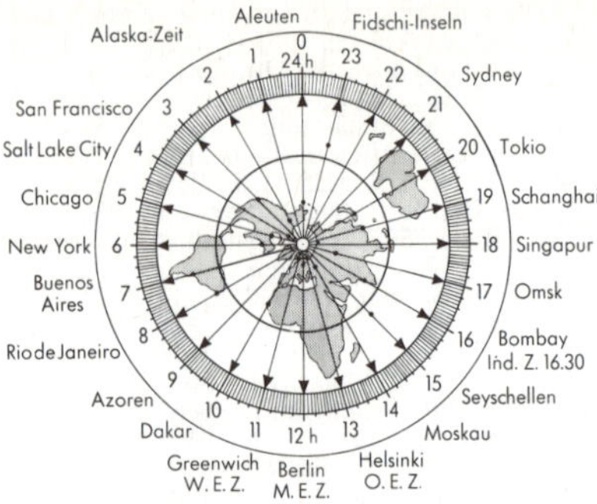

Weltzeit: Weltzeituhr

Weltwirtschaft, Gesamtheit der über die Staaten oder Wirtschaftsräume hinausgreifenden Wirtschaftsvorgänge, bes. der Güteraustausch.

Weltwirtschaftskrise, allg. eine Krise, deren Auswirkungen nicht auf einen Staat oder eine Staatengruppe beschränkt bleiben; bes. die durch den Kurssturz an der New Yorker Börse vom 24. 10. 1929 ausgelöste W. Ursachen waren Störungen im natürl. Ausgleich als Folgen des 1. Weltkrieges, eine nicht rechtzeitig bemerkte Kreditausweitung in den USA und eine gleichzeitige Agrarkrise.

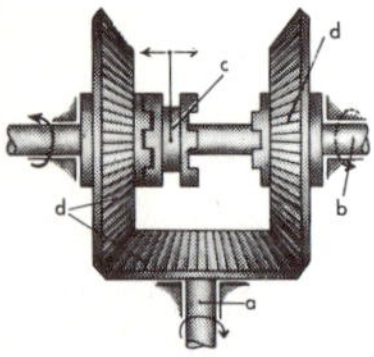

Wendegetriebe, a treibende, b getriebene Welle, c Wendemuffe, d Kegelräder

Weltwunder, die → Sieben Weltwunder.

Weltzeit, die mittlere Zeit von Greenwich, → Zeit. **Weltzeituhr,** gibt gleichzeitig die an verschiedenen Orten der Erde gültige Zeit an.

Wembley [w'emblı], Teil des London Borough Brent; Fußball- und Tennisstadion.

Wemfall, Dativ der, bezeichnet die Person oder Sache, der eine Handlung zugute kommt.

Wenchow [-dʒɔʊ], amtl. **Wenzhou,** Hafenstadt in der Prov. Chekiang, China, 519000 Ew.

Wendegetriebe, Rädergetriebe zur Umkehrung des Drehsinnes des Abtriebsrads bei gleichbleibendem Drehsinn des Antriebsrads.

Wendehals, 1) etwa singdrosselgroßer Spechtvogel, rindenfarbig; Zugvogel. **2)** in der Dt. Dem. Rep. geprägte iron. Bez. für die sich nach den revolutionären Veränderungen unter Hinweis auf ihre schon lange währende Ablehnung des SED-Regimes demokratisch gebenden Politiker, Funktionäre, Wissenschaftler, Künstler u. a.

Wendehals

Wendekreis, ☆ a) Deklinationskreis an der Himmelssphäre, in dem die Sonne zum Zeitpunkt der Sommer- (um den 21. 6.; **W. des Krebses** mit ihrer größten nördl. Deklination von 23°27′) oder Wintersonnenwende (um den 12. 12.; **W. des Steinbocks** mit ihrer größten südl. Deklination von −23°27′) steht. b) Die beiden Parallelkreise auf der Erde, über denen die Sonne (am 21./22. 6. oder 22. 12.) senkrecht steht (23°27′ nördl. oder südl. Breite).

Wendel, Schraubenlinie, bes. ein schraubenförmig aufgewundener Draht (z. B. in Glühlampen).

Wendelin, Feld- und Viehschutzheiliger, lebte um 600 als Einsiedler bei Trier.

Wendelstein, Gipfel der Bayer. Alpen, zw. Inn und Schliersee, 1838 m, Wetterwarte, Funk- und Fernsehsender; Zahnradbahn.

Wenden Mz., **1)** alle nach der Völkerwanderung in Mittel- und Ostdtl. von der Ostsee bis zum Adriat. Meer eingewanderten Slawen. **2)** die → Sorben.

Werfel

Wenders, Wim, Filmregisseur, *1942, »Aguirre, der Zorn Gottes«, »Herz aus Glas«, »Paris, Texas« u. a.

Wenfall, Akkusativ der, bezeichnet die Sache oder die Person, auf die sich eine Tätigkeit richtet.

Wenzel der, dt. Kartenspiel: der Unter (Bube).

Wenzel, Wenzeslaus, 1) W. I., der Heilige, Herzog von Böhmen 921-929, *910, führte das Christentum ein. **2) W. IV.,** *1361, †1419, **König von Böhmen** 1378-1419, Sohn Kaiser Karls IV., zugleich **Dt. König;** wegen Untätigkeit 1400 von den Kurfürsten abgesetzt.

Werbellinsee, See im Bez. Frankfurt a. d. O., 8 km² groß, bis 50 m tief; Pfahlbaureste.

Werbung die, planmäßige Information, die die angesprochene Personengruppe zu einem bestimmten Verhalten anregen will. W. für ideelle Zwecke (z. B. polit. Ideen) nennt man **Propaganda.** Die **Wirtschafts-W. (Reklame)** umfaßt alle Maßnahmen zur Absatzförderung: Anzeigen, Werbebriefe, Prospekte, Flugblätter, Kataloge, Plakate, Schaufenster, Licht-, Film-, Funk- und Fernseh-W., einprägsame Werbesprüche (Slogans) u. a. Ein Unternehmen kann die W. selbst durchführen oder sie einer **Werbeagentur** übertragen. Bei der **Gemeinschafts-W.** werben mehrere Anbieter gemeinsam für den Absatz ihrer Leistungen.

Werbungskosten, Aufwendung des Steuerpflichtigen zur Erzielung und Sicherung seines Einkommens; sie werden vom steuerpflichtigen Einkommen abgezogen.

Werchojansk, Stadt in NO-Sibirien, an der Jana, 2200 Ew.; eine der kältesten Städte der Erde (−67,8 °C).

Werden das, philosoph. Grundbegriff; W. bedeutet entweder Verwirklichung von Anlagen, Möglichkeiten einer Entwicklung, oder allg. die Tatsache, daß alles Seiende sich verändert.

Werdenfels, ehem. Gfsch. in den oberbayer. Alpen (G.-Partenkirchen, Mittenwald).

Werder das, **1)** auch **Werth, Wörth,** Flußinsel, z. B. Nonnenwerth im Rhein. **2)** Land zw. Flüssen oder trockengelegte, urbar gemachte Gegend, z. B. **Danziger W.,** zw. Weichsel und Mottlau.

Werfall, Nominativ der, Grundform der Nennwörter; bezeichnet eine Person und Sache als Gegenstand einer Aussage.

Werfel, Franz, Schriftst., *1890, †1945 als Emigrant in Amerika; expressionist. Gedichte, in denen er dem Bewußtsein der Bruderschaft aller Menschen pathet. Ausdruck verlieh; Dramen, Romane (»Das Lied von Bernadette«).

Werft [niederländ.] die, **1)** ⚒ Industrieunternehmen für Bau, Ausrüstung und Reparatur von Schiffen. **2)** ⊕ → Warft.

Wergeld [ahd. wer »Mann«], **Blutgeld,** im german. Altertum und im MA.: Sühnegeld für einen Totschlag an die Sippe des Erschlagenen.

Werkbund, Deutscher W., Abk. **DWB,** 1907 gegr., 1947 neu gegr., setzt sich für gute Form, materialgerechte Verarbeitung, Zweckmäßigkeit und Preiswürdigkeit aller Waren ein.

Werkschulen, Fortbildungsschulen für Auszubildende in großen Industriebetrieben sowie in Werkstätten von Bundesbahn, Bundespost.

Werkspionage, Auskundschaftung von Geschäfts- oder Betriebsgeheimnissen, als unlauterer Wettbewerb, Diebstahl oder Offenbarung von Geheimnissen strafbar.

Werkstoffprüfung dient der Feststellung der Eigenschaften von techn. nutzbaren Werkstoffen, untersucht z. B. Festigkeit, Härte, Dehnbarkeit, Verhalten bei versch. Belastungsarten, wie Stoß, Schwingungen und Dauerbeanspruchung, Zusammensetzung usw.

Werkvertrag, ⚖ Vertrag, durch den sich der Unternehmer zur Herstellung eines bestimmten Werkes, der Besteller zur Entrichtung der vereinbarten Vergütung verpflichtet

(§§ 631 ff. BGB). Soll der Unternehmer auch das Material liefern, so liegt ein **Werklieferungsvertrag** vor; dieser wird, wenn eine vertretbare Sache herzustellen ist, wie ein Kauf, sonst im wesentlichen wie ein W. behandelt (§ 651 BGB).

Werkzeuge, Geräte zur Bearbeitung und Formgebung, wie Hämmer, Meißel, Bohrer, Sägen, Schleifscheiben, Spaten, Hacken.

Werkzeugmaschinen, Maschinen zur spanenden oder spanlosen Formung von Gegenständen wie Drehbank, Fräs-, Hobel-, Bohr-, Schleifmaschine, Presse, Maschinenhammer (→ numerische Maschinensteuerung).

Werl, Stadt in NRW, am Hellweg, 26 000 Ew.; Wallfahrtskirche; Ind.

Wermelskirchen, Stadt in NRW, im Berg. Land, 33 800 Ew.; Eisen- u. a. Ind.

Wermut der, Korbblütler mit gelben Blütenköpfen, Schwesterart des Beifuß, in ganz Europa, sehr bitter. **W.-Wein,** schwacher Auszug von W.-Kraut mit Wein. **W.-Öl,** ein Duftstoff.

Werne an der Lippe, Stadt in NRW, 28 000 Ew.; Textil-, Möbelind.

Werner [ahd. »Heerschützer«], männl. Vorname.

Werner, 1) Alfred, schweizer. Chemiker, *1866, †1919; arbeitete über Komplexverbindungen; Nobelpreis 1913. **2)** Anton v., Geschichtsmaler, *1843, †1915. **3)** Theodor, *1886, †1969; gegenstandslose Bilder, lebhaft bewegt, in leuchtenden Farben. **4)** Zacharias, Dichter, *1768, †1823; romant. Schicksalstragödie »Der 24. Februar«.

Wernher der Gartenaere [-nɛrə], mhd. satir. Dichter, schrieb nach 1242 die Versnovelle »Meier Helmbrecht«.

Wernigerode, Krst. im Bez. Magdeburg, 36 500 Ew.; Sommerfrische am Nordrand des Harzes; Rathaus (15. Jh.), Schloß der Fürsten zu Stolberg-W.; Holz-, Steinind.

Werra die, rechter Quellfluß der Weser, 292 km lang, entspringt am Thüringer Wald, vereinigt sich bei Münden mit der Fulda zur Weser.

Werre die, **1)** die Maulwurfsgrille. **2)** linker Nebenfluß der Weser, aus dem Teutoburger Wald, 69 km.

Werschetz, serb. **Vršac** [v'rʃats], Stadt im südl. Banat, Jugoslawien, 34 000 Ew.; Weinbau; Ind.

Werst die, russ. Längenmaß = 1066,7 m.

Wert der, **1)** → Wertphilosophie. **2)** ⊿ Bedeutung eines Gutes für die Bedürfnisbefriedigung, nach den Kosten **(objektiver W.)** oder dem Nutzen **(subjektiver W.)** bemessen. Man unterscheidet Gebrauchs- und Tauschwert.

Wertach die, linker Nebenfluß des Lech, aus den Allgäuer Alpen, mündet bei Augsburg, 141 km.

Wertigkeit, Valenz [lat.] die, das gegenseitige Bindungsvermögen der chem. Elemente. Die **stöchiometr. W.** ist die Anzahl von Wasserstoffatomen, die von einem Atom gebunden oder in einer Verbindung ersetzt werden können; demgemäß spricht man von einwertigen, zweiwertigen usw. Elementen. **Ionen-W., Ionenladungszahl,** die Anzahl der mit einem Ion verbundenen freien elektr. Ladungen. **Oxidations-W., Oxidationszahl,** Oxidationsstufe von Elementen und Verbindungen; sie ergibt sich aus Redoxreaktionen. **Bindungs-W., Bindigkeit, Kovalenz,** die W. bei unpolarer Atombindung.

Wertpapier, ∴ Urkunde, in der Vermögensrechte derart verbrieft sind, daß sie ohne Urkunde weder geltend gemacht noch auf andere übertragen werden können; man unterscheidet → Namenspapiere, → Orderpapiere, → Inhaberpapiere.

Wertphilosophie, Wertlehre, Werttheorie, Axiologie [grch.] die, im 19. Jh. entstandener philosoph. Zweig; danach sind Werte Eigenschaften, die Gegenständen dadurch zukommen, daß sie Ziele menschl. Strebens, Begehrens und Meidens sind. In Dtl. wurde die W. v. a. vertreten durch H. Rickert, M. Scheler und N. Hartmann.

Wertsicherungsklausel, vertragl. Vereinbarung zum Schutz gegen Geldentwertung.

Werwolf [ahd. Mannwolf], **1)** im Volksglauben: Mensch, der Wolfgestalt annehmen kann. **2)** im letzten Kriegsjahr vom nat.-soz. Regime befohlene Freischärlerbewegung, gewann keine Bedeutung.

Wesel, Krst. in NRW, am Rhein, 56 700 Ew.; Hafen an Rhein und Lippe; got. Willibrordikirche; Schiffbau u. a. Ind.

Wesel-Datteln-Kanal, Binnenschifffahrtskanal entlang der Lippe, mit dem östl. anschließenden **Datteln-Hamm-Kanal,** 107 km lang.

Wesen das, lat. **essentia,** Ⓟ das Wesentliche, die Eigenart, das Sosein eines Dinges (i. Ggs. zu seinem Dasein, der **existentia**). **Wesensschau,** → Phänomenologie.

Wesendonk, Mathilde, geb. Luckemeyer, Schriftstellerin, *1828, †1902; Freundin R. Wagners, der ihre »Fünf Gedichte« vertonte.

Weser die, einer der Hauptflüsse Dtl.s, entsteht bei Münden aus Fulda und Werra, durchfließt das Weserbergland bis zur Westfäl. Pforte, dann das Norddt. Tiefland, mündet in die Nordsee. Sie ist 477 km lang; schiffbar. Hauptnebenflüsse: rechts Aller; links Diemel, Werre, Hunte. Kanalverbindungen mit Ems, Rhein und Elbe durch den Mittellandkanal.

Weserbergland, Bergzüge zu beiden Seiten der Weser von Münden bis Minden: Bramwald, Solling, Hils, Ith, Süntel, Deister, Bükkeberge, die Weserkette, die in der Westfäl. Pforte von der Weser durchbrochen wird und sich im W in dem Wiehengebirge fortsetzt, und das Lippische Bergland (Teutoburger Wald u. a.).

Weser-Ems, RegBez. (seit 1978) in Ndsachs., 14 948 km², 2,12 Mio. Ew.

Wesfall, Genitiv der, bezeichnet allg. die Beziehung eines Begriffs auf einen andern.

Wesir [arab. »Stütze«] der, leitender Minister in islam. Staaten.

Wesker [w'eskə], Arnold, engl. Schriftst., *1932; schreibt sozialkrit. Stücke: Trilogie »Hühnersuppe mit Graupen« (1958), »Nächstes Jahr in Jerusalem« (1960), »Die Alten« (1972) u. a.

Wesley [w'esli], John, *1703, †1791, Stifter der → Methodisten.

Wespen Mz., Hautflügler mit faltbaren Flügeln. Ihr Körper ist schlank, unbehaart, meist gelb-schwarz, und hat einen Giftstachel am Hinterleib. Die W. sind Räuber und nähren sich von Insekten, daneben auch von Früchten, Honig. Sie leben einzeln oder staatenbildend in Erdhöhlen, Baumlöchern und an Dachbalken. Ihre kunstvollen Nester bestehen aus »Papier«, d. h. zernagtem Holz und Speichel.

Wesseling, Stadt in NRW, 30 500 Ew.; große Hafenanlagen am Rhein für Braunkohlen- und Erdölumschlag, chem. Großindustrie, Raffinerien.

Wessely, Paula, österr. Schauspielerin, *1907; ⚭ mit dem Schauspieler Attila Hörbiger.

Wessenberg, Ignaz Heinrich v., kath. Theologe, *1774, †1860; erstrebte eine romfreie Nationalkirche, Verwendung der dt. Sprache im Gottesdienst.

Wessex [w'esɪks, »Westsachsen«], eines der altangelsächs. Kgr. in England (5.-9. Jh.).

Wessobrunner Gebet, Bruchstück eines ahd. Gedichtes in bair. Mundart, das im oberbayer. Kloster Wessobrunn aufgefunden wurde.

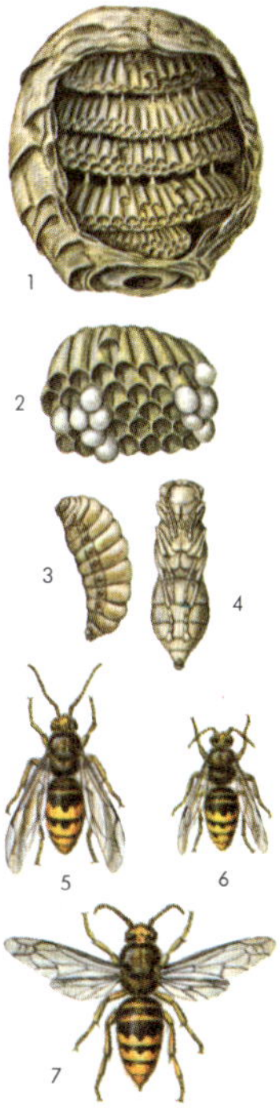

Wespen: Hornisse; **1** Nest, die Waben sind durch senkrechte Pfeiler miteinander verbunden, **2** Stück einer Wabe mit gedeckelten und leeren Zellen, **3** Larve, **4** Puppe, **5** Männchen, **6** Arbeiterin, **7** Weibchen. Nur bei 7 sind die Vorderflügel ganz entfaltet, bei 5 und 6 sind sie einmal längsgefaltet.

West, Rebecca, Schriftstellername von Cecily Isabel **Andrews,** geb. **Fairfield,** engl. Schriftstellerin, Schauspielerin, *1892, †1983; Essays, Biographien, psychoanalyt. Romane (»Die Zwielichtigen« u.a.).

Westbengalen, Bundesstaat der Rep. Indien, am Unterlauf des Ganges, 87853 km², 54,6 Mio. Ew.; Hptst.: Kalkutta. Projekte zur Bewässerung, Energiegewinnung sind z.T. fertiggestellt. Textil-, Maschinen-, chem. Ind.

Westdeutsche Rektorenkonferenz, seit 1949 ständiger Zusammenschluß der Rektoren der westdt. Univ. und Hochschulen; Sekretariat in Bonn-Bad Godesberg.

Westen der, **Abend,** Zeichen **W,** die Himmelsgegend des Sonnenuntergangs.

Westerkappeln, Gem. im Kr. Steinfurt, NRW, 8700 Ew.; Maschinen-, Baukeramikind. In der Nähe 3 Wasserburgen (Haus Cappeln, Haus Langenbrück, Haus Velpe).

Westerland, Stadt und Seebad auf der Insel Sylt (Schlesw.-Holst.), 8900 Ew.

Westermann, Georg, Verleger, *1810, †1879; verlegte Storm, Raabe. »Westermanns Monatshefte« (seit 1856).

Western, 1) Wildwestroman, auf die Kolonialisationszeit im W Nordamerikas bezogene Abenteuerromane. **2)** früher auch **Wildwestfilm,** Filmgatt., die meist legendär verklärt die Eroberung des amerikan. Westens durch die weißen Siedler sowie, neuerdings oft auch kritisch, die damaligen Lebensbedingungen im W. schildert.

Western Australia [w'estən ɔ:str'eɪljə], **West Australien,** Staat des Australischen Bundes; 2525500 km², 1,458 Mio. Ew.; Hptst.: Perth.

Westerwald, Teil des rechtsrhein. Schiefergebirges, wellige Hochfläche zw. Rhein, Lahn, Sieg, bis 657 m hoch.

Westeuropäische Union, Abk. **WEU,** durch die Pariser Verträge von 1954 gegründete, aus dem Brüsseler Vertrag von 1948 hervorgegangene Gemeinschaft Großbritanniens, Frankreichs, Belgiens, der Niederlande, Luxemburgs, der Bundesrep. Dtl. und Italiens; Sitz London. Die Teilnehmer bilden einen Rat der 7 Außenmin. mit einem Ständigen Rat als Unterorgan und sichern sich Beistand im Angriffsfall zu. Die W. U. ist in die NATO eingegliedert.

Westfalen, Teil des Landes NRW. Es umfaßt die Münsterer Tieflandsbucht und die südl. und östl. anschließenden Gebirge (Sauerland, Rothaargeb., Eggegeb., Teutoburger Wald, Wiehengeb., Weserkette); teils fruchtbar, teils von Moor- und Heideflächen bedeckt. Wirtschaft: überwiegend Bergbau und Ind., bes. im Ruhrgebiet; Ackerbau und Viehzucht bes. in der Münsterer Bucht am Hellweg, in der Soester und Warburger Börde und um Minden. ⓖ Urspr. bildete W. den westl. Teil des altsächs. Stammesgebiets. 1180 zerfiel es in eine große Anzahl geistl. und weltl. Herrschaften. Das von Napoleon I. geschaffene **Kgr. W.** (1807-1813) unter →Jérôme umfaßte Kurhessen, Hannover, Braunschweig und die meisten bisher preuß. Besitzungen westl. der Elbe, mit der Hptst. Kassel. 1815 wurde der größte Teil W.s eine preuß. Provinz.

Westfälische Pforte, lat. **Porta Westfalica,** Durchbruchstal der Weser südl. von Minden zw. Wiehen- und Wesergebirge.

Westfälischer Friede, beendete 1648 den →Dreißigjährigen Krieg, wurde in Münster mit Frankreich, in Osnabrück mit Schweden geschlossen: Schweden erhielt Vorpommern mit der Odermündung und Rügen, Wismar, das Hzgt. Bremen mit Verden. Frankreich erhielt die habsburg. Besitzungen im Elsaß; der Besitz von Metz, Toul und Verdun wurde bestätigt. Brandenburg erhielt Hinterpommern, Halberstadt, Minden und die Anwartschaft auf das Hzgt. Magdeburg. Die Niederlande und die Schweiz wurden endgültig als unabhängig vom Dt. Reich anerkannt. Die Reichsstände erhielten das Recht, Bündnisse zu schließen. Der Augsburger Religionsfriede wurde auf die Reformierten ausgedehnt.

Westfriesische Inseln, Gruppe der Fries. Inseln: Texel, Vlieland, Terschelling, Ameland, Schiermonnikoog, Rottum.

Westgoten, →Goten.

Westindien, Inselgruppen Mittelamerikas. Sie umfassen die Großen und Kleinen Antillen, die Bahama-Inseln mit Turks- und Caicos-Inseln, 238414 km², rund 32 Mio. Ew. Sie sind der Rest eines alten Gebirges, das seine heutige Gestalt im Tertiär durch erneute Faltungen, Hebungen und Einbrüche erhielt, begleitet von vulkan. Ausbrüchen, die z.T. bis heute andauern. Vegetation: trop. Regenwälder, Savannen, Trockenbusch.

Westindische Assoziierte Staaten, 1967 gegr. Föderation autonomer, mit Großbritannien verbundener Staaten in Westindien. Außer Anguilla erhielten ihre Mitgl. die Unabhängigkeit, 1974 Grenada, 1978 Dominica, 1979 Saint Lucia und Saint Vincent, 1981 Antigua als Antigua und Barbuda, 1983 Saint Christopher and Nevis.

Westinghouse [w'estɪŋhaʊs], George, amerikan. Ingenieur, *1846, †1914; erfand die Druckluft-Eisenbahnbremse.

West-Irian, Prov. Indonesiens, 421981 km², 1,4 Mio. Ew.; Hptst.: Jayapura. W.-I. ist der ehem. niederländ. Teil von Neuguinea. Kupferabbau (südlich des Gunung Jaya).

Westminster, Greater London Borough mit neugot. Parlamentsgebäude; **W.-Abtei:** engl. Krönungskirche im frühgot. Stil, Grabstätten, Gedenktafeln berühmter Engländer.

Weston-Element [w'estən-, nach dem brit. Elektroingenieur E. Weston, *1850, †1936] das, galvan. Element hoher Spannungskonstanz (Quecksilber-Cadmiumamalgam-Batterie).

Westpreußen, bis 1918 preuß. Prov. beiderseits der unteren Weichsel. W. war aus dem alten Deutschordensstaat hervorgegangen, bes. aus dem 1308/09 eroberten Teil-Hzgt. Pommerellen (→Deutscher Orden). Seit 1466 bildete es mit dem Ermland einen selbständigen Ständestaat unter poln. Schutzherrschaft. 1569 wurde der größte Teil mit Polen vereinigt. 1772 kam W. an Preußen, 1829-78 war es mit Ostpreußen vereinigt. 1919 fiel der größte Teil an Polen. Die westl. Kreise wurden mit der neuen Grenzmark Posen-W., die östl. mit Ostpreußen vereinigt, Danzig zur Freien Stadt erklärt; seit 1945 unter poln. Verwaltung.

Weströmisches Reich, die Westhälfte des Römischen Reiches seit der Teilung durch

WESTINDIEN, STAATL. GLIEDERUNG

I. Selbständige Staaten	Fläche in 1000 km²	Ew. in 1000	II. Abhängige Gebiete	Fläche in 1000 km²	Ew. in 1000
Antigua u. Barbuda	0,4	82	Großbritannien:		
Bahamas	13,9	240	Caymans-Inseln	0,3	23
Barbados	0,4	254	Montserrat	0,1	12
Dominica	0,7	78	Turks- und Caicos-Inseln	0,4	8
Dominikan. Rep.	48,4	6870	Jungferninseln	0,2	13
Grenada	0,3	98	Westind.Assoz. Staaten¹)	0,1	7
Haiti	27,7	5520	Frankreich:		
Jamaika	11,0	2450	Guadeloupe	1,8	337
Kuba	114,5	10400	Martinique	1,1	332
Saint Christopher and Nevis	0,2	48	Niederlande:		
Saint Lucia	0,6	131	Niederländ. Antillen	1,0	186
Saint Vincent	0,4	106	USA:		
Trinidad u. Tobago	5,1	1240	Puerto Rico	8,9	3294
			Jungferninseln	0,3	108

¹) Anguilla

Theodosius d. Gr. 395 n. Chr. Es endete 476 mit Kaiser Romulus Augustulus.

Westsahara, früher **Spanisch-Sahara,** Gebiet an der NW-Küste Afrikas zw. 27°40′ n. Br. und Kap Blanco, 266000 km², 160000 Ew. (meist nomadisierende Berber), Verwaltungssitz El-Aiun. W., ein sehr regenarmes Randgebiet der Sahara, ist im Innern ein 300-350 m hohes Plateau, z. T. von Wadis stark zerschnitten. Im N Anbau von Datteln, Gerste und Weizen in den Oasen; bedeutender Phosphatabbau, Salzgewinnung, Fischfang. – Seit 1901 war dieses Gebiet als Spanisch-Sahara eine eigenständige span. Kolonie, die 1958 zur Provinz erklärt wurde; kam 1976 als W., unter gemeinsame Verwaltung von Marokko und Mauretanien. Die Front POLISARIO, unterstützt von Algerien, tritt dagegen für die Unabhängigkeit von W. ein (»Demokratische Arabische Republik Sahara«, DARS). Mauretanien trat 1979 unter marokkan. Protest seine Zone an die DARS ab; daraufhin besetzte Marokko auch dieses Gebiet.

Westsamoa, West-Samoa, amtl. **Unabhängiger Staat Westsamoa,** engl. **Independent State of Western Samoa** [ɪndɪpˈendənt steɪt ɔv wˈestən səmˈəʊə], Staat auf den →Samoa-Inseln, deren größeren Teil er umfaßt (Savaii, Upolu u. a.), 2842 km², 165000 Ew.; Hptst.: Apia. – 1899 dt. Schutzgebiet, 1920 neuseeländ. Völkerbundsmandat, 1962 unabhängig im Rahmen des Commonwealth. ⊕ S. 486.

Westslawen, die Polen, Tschechen, Slowaken, Sorben, Masuren, Kaschuben.

West Virginia [west vədʒˈɪnjə], Abk. **W. Va.,** Staat im O der USA, durch die Alleghenies von Virginia getrennt; 62629 km², 1,91 Mio. Ew.; Hptst.: Charleston. Gebirgsland; führend in der Kohleförderung. Wichtige Viehzucht. Mais-, Weizenbau, Forstwirtschaft; Eisen-, Glas-, Aluminium-, bes. chem. Ind.

Wetter: W.-Karte

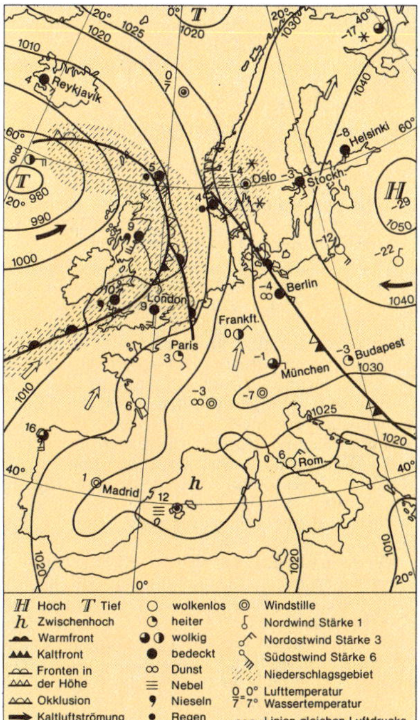

Westwall, Befestigungsgürtel an der dt. Westgrenze 1938-45.

Westwerk, bei frühmittelalterl. Klosterkirchen ein reich durchgebildeter Westbau mit einem über der Eingangshalle liegenden Altarraum, der, von Emporen umgeben, sich zum Mittelschiff öffnet; über ihm Turmaufbau mit 2 Treppentürmen.

Westwinddrift, Meeresströmung in den Südbreiten, die das Südpolarfestland umkreist.

Wettbewerb, Konkurrenz [lat.] die, Wetteifern der Einzelwirtschaften und -betriebe am Markt; freier W. kennzeichnet die freie Marktwirtschaft. **W.-Beschränkungen,** meist auf Grund von Abreden von Unternehmern (Kartelle), werden in der Bundesrep. Dtl. gesetzl. geregelt. **W.-Verbot,** Verpflichtung des Arbeitnehmers, dem Arbeitgeber keine Konkurrenz zu machen (entsteht während der Dauer des Arbeitsverhältnisses aus der Treuepflicht, nach seinem Abschluß nur auf Grund besonderer Vereinbarung).

Wette die, **1)** allg.: Vertrag ohne klagbare Verbindlichkeit (§ 762 BGB), bei dem eine oder (meist) beide Parteien sich zur Bekräftigung widersprechender Behauptungen verpflichten, daß der, dessen Behauptung sich als unrichtig erweist, eine bestimmte Leistung bewirken soll. **2)** Pferderennen: →Totalisator. **3) Sport-W., Toto, Fußball-W.,** die durch ausgefüllte und bei amtl. Wettstellen eingereichte Wettscheine abgeschlossen wird; Gewinnausschüttung gemäß der Anzahl richtiger Voraussagen für den Ausgang der auf dem Wettschein aufgedruckten Spiele. Gespielt wird Elfer-W., Auswahl-W. 6 aus 45.

Wetter das, der jeweilige Zustand der Lufthülle am Beobachtungsort, mitbestimmt durch Tiefdruck- und Hochdruckgebiete (Zyklonen, Antizyklonen), Warm- und Kaltfronten. Die räuml. Zusammenfassung des W. ergibt die **W.-Lage.** Das W. bildet das Forschungsgebiet der **W.-Kunde** oder **Meteorologie.** Die Organe der prakt. W.-Kunde sind die **W.-Dienste:** Beratung der Luft- und Schiffahrt, der Landwirtschaft u. a. Wirtschaftszweige (Frost-, Glatteisgefahr, Sturmwarnungen u. ä.), öffentl. **W.-Berichte** und W.-Vorhersagen. Die **W.-Vorhersage** ist auf rascheste Vereinigung der Beobachtungen in einem ausgedehnten Gebiet angewiesen (Funkwetterdienst). Aus den Meldungen zahlreicher Beobachtungsstationen geht die tägl. **W.-Karte** hervor. Die Genauigkeit der Vorhersagen wird durch **W.-Satelliten** mit Fernsehkameras und Strahlungsmeßgeräten gefördert. **Langfristige W.-Vorhersagen** sind sehr schwierig.

Wetter, Friedrich, Kardinal (seit 1985), *1928; 1968-82 Bischof von Speyer, seit 1982 Erzbischof von München und Freising.

Wetter (Ruhr), Industriestadt in NRW, 29000 Ew.; Maschinen-, Gußstahlind.

Wetterau, fruchtbare Landschaft (Lößboden) in Hessen, zw. Taunus und Vogelsberg.

Wetterleuchten, →Gewitter.

Wettersatelliten, →Wetter.

Wetterscheide, Landschaftsteil (Gebirge, Fluß, See), der Gebiete mit verschieden ausgebildetem Wetter trennt.

Wettersteingebirge, Gruppe der Bayer.-Nordtiroler Kalkalpen mit der →Zugspitze.

Wettiner, dt. Fürstengeschlecht, nach der Burg Wettin (bei Halle) genannt; erwarb 1089 die Mark Meißen, 1264 Thüringen und 1423 auch das Hzgt. Sachsen-Wittenberg mit der Kurwürde. 1485 trennten sie sich in die beiden Hauptlinien der **Ernestiner** (nach Kurfürst Ernst) und der **Albertiner** (→Sachsen).

Wettingen, Gem. im Kt. Aargau, Schweiz, 18200 Ew.; Textil-, Metallverarbeitung; Limmatkraftwerke der Stadt Zürich.

Westwerk der Klosterkirche in Corvey im Jahre 885 (nach H. Busen)

Westsamoa

Wetzlar, Stadt in Hessen, an der Lahn, 50100 Ew.; Dom; Eisen-, opt., Stahl- u. a. Ind. – W. wurde 1180 Reichsstadt. 1693-1806 war es Sitz des Reichskammergerichts.

WEU, Abk. für → Westeuropäische Union.

Weyden [w'εjdə], Rogier van der, niederländ. Maler, *um 1400, †1464; relig. Bilder; Porträts.

Weyrauch, Wolfgang, Schriftst., *1907, †1980; Erzählungen, Lyrik.

WEZ, Abk. für Westeuropäische Zeit.

Wheatstone-Brücke [w'i:tstən-], von dem engl. Physiker Sir Charles Wheatstone (*1802, †1875) erfundenes Gerät zur Messung elektr. Widerstände durch Vergleich mit einem bekannten Widerstand.

Whigs [hwɪgz], in England seit 1679 die Partei der Gegner der kath. Thronfolge, der Stuarts und der → Tories; seit etwa 1832 entstand aus den W. die Liberale Partei.

Whisker [hw'ɪskə, engl. »Schnurrhaare«] Mz., sehr feine, nadelförmige Einkristalle mit großer mechan. Festigkeit; zur Verstärkung von Verbundwerkstoffen.

Whisky [hw'ɪskɪ, in Schottland und Kanada], **Whiskey** [in Irland und USA], ein Getreidebranntwein: **Schottischer W. (Scotch** [skɔtʃ]), aus gedarrtem Gerstenmalz, meist mit Korn-W. vermischt (Blended Scotch), Rye-W., aus Roggen, Bourbon-W., aus Mais.

Whist [engl.] das, Kartenspiel für 4 Spieler, mit frz. Karte (52 Blatt).

Whistler [hwɪslə], James A. MacNeill, nordamerikan. Maler, Radierer, *1834, †1903; bedeutender Impressionist; lebte meist in London.

White [hwaɪt], Patrick Victor Martindale, austral. Schriftst., *1912; breitangelegte, gesellschaftskrit. Romane (»Zur Ruhe kam der Baum des Menschen nie«; »Voss«; »Im Auge des Sturms«). Nobelpreis 1973.

Whitehead [hw'aɪthed], Alfred North, engl. Philosoph, Mathematiker, *1861, †1947; baute die mathemat. Logik auf, schuf eine Kosmologie.

Whitman

Whitman [hw'ɪtmən], Walt, nordamerikan. Dichter, *1819, †1892; »Grashalme«, Gedichte in freien Rhythmen auf die amerikan. Demokratie und die Brüderschaft der Menschen.

WHO, → Weltgesundheitsorganisation.

Who's who [hu:z hu:], engl. biograph. Zeitgenossenlexikon (jährlich seit 1848), seit 1869 auch für die USA, seit 1956 für die Bundesrep. Dtl., seit 1953 für Österreich, seit 1950 für die Schweiz.

Wiborg, finn. **Viipuri,** schwed. **Viborg** [v'i:bɔrj], Hafenstadt am Finn. Meerbusen und dem Saimaakanal, 77000 Ew.; Ind., Holzausfuhr. – W. war zw. der UdSSR und Finnland heftig umstritten; 1946 kam es erneut zur UdSSR.

Wichern

Wichern, Johann Hinrich, evang. Theologe, *1808, †1881; »Vater der Inneren Mission«, gründete das → Rauhe Haus.

Wichita [w'ɪtʃɪtɔ], Stadt in Kansas, USA, 279300 Ew.; 2 Univ.; Flugzeugbau.

Wichte die, Gewichtskraft der Raumeinheit eines Stoffes, meist angegeben in N/cm^3.

Wicke die, **1) Vicia,** Schmetterlingsblütler, Kletterpflanzen mit Blattranken: z. B. die rotviolette **Vogel-W.,** ein Zaun- und Getreideunkraut; die **Futter-W.,** eine purpur-blau-weiß blühende Futterpflanze. **2)** die **Span. W.** ist eine Platterbse, eine wohlriechende Zierpflanze.

Wickelbär, Kinkaju, katzengroßer, klettertüchtiger Kleinbär S-Amerikas mit Greifschwanz.

Wickert, Erwin, Schriftst., Diplomat, *1915; Romane, Hörspiele.

Widderchen

Wicki, Bernhard, Schauspieler, Filmregisseur, *1919.

Wickler der, **Blattwickler, Blattroller,** Kleinschmetterlinge, deren Raupen zw. zusammengewickelten Blättern, in versponnenen Blüten und in Früchten leben; Schädlinge. Apfel-, Pflaumen-, Erbsen-, Trauben-, Eichen-W.

Wickram, Jörg, Dichter, *um 1505, †um 1560; Begründer des dt. Prosaromans, Verf. der Schwanksamml. »Das Rollwagenbüchlein«.

Widder der, **1)** männl. Schaf. **2)** Mauerbrecher, Sturmbock. **3)** ☆ nördl. Sternbild; das erste Zeichen des Tierkreises. **4)** hydraul. Stoßheber, ein Gerät zum Heben von Wasser aus einem Wasserlauf.

Widderchen, eine Schmetterlingsfamilie.

Widerklage, ⚖ Gegenklage, die der Beklagte im Zivilprozeß oder der Beschuldigte im Privatklageverfahren (→ Privatklage) gegen den Kläger erheben kann; sie muß mit der eigtl. Klage in Verbindung stehen und wird mit dieser zusammen verhandelt und entschieden.

Widerlager, Mauerkörper, der den Schub eines Bogens oder Gewölbes aufnimmt.

Widerrist, bei Säugetieren der meist etwas aufgewölbte vorderste Rücken.

Widerruf, ⚖ Zurücknahme einer Willenserklärung; nur in Ausnahmefällen möglich, z. B. bei der → Vollmacht oder beim → Testament.

Widersetzlichkeit, Widerstand gegen die Staatsgewalt, Widerstand durch Gewalt oder Bedrohung mit Gewalt oder tätl. Angriff auf einen Beamten, der Gesetze oder behördl. Anordnungen ordnungsgemäß vollstreckt; Freiheitsstrafe.

Widerspruch, ⚖ a) Vermerk im Grundbuch, durch den auf die Unrichtigkeit einer Eintragung hingewiesen wird (§ 899 BGB). b) Rechtsbehelf im Mahnverfahren, gegen Arrestbefehle und einstweilige Verfügungen. c) Verwaltungsrecht: Rechtsmittel gegen einen Verwaltungsakt.

Widerspruchsklage, Interventionsklage, Klage, mit der geltend gemacht wird, daß der Beklagte durch die von ihm gegen seinen Schuldner betriebene Zwangsvollstrekkung in die Rechte des Klägers (meist: Eigentum an den gepfändeten Sachen) eingegriffen habe (§ 771 ZPO).

Widerstand der, **1)** allg.: Kraft, die einer Bewegung hindernd entgegenwirkt. Der W., den ruhende Luft- und Wassermassen ausüben, ist von der Bewegungsgeschwindigkeit des bewegten Körpers und dessen Form abhängig. Er wird bei stromlinienförm. Körpern am geringsten (Tropfenform). **2) elektr. W.,** W., den ein elektr. Leiter dem Durchgang des Stromes entgegensetzt; aber auch der Leiter selbst, der diesen W. hervorruft. Der W. eines Leiters wächst mit zunehmender Länge und abnehmendem Querschnitt, der W. der Metalle steigt, der aller anderen Leiter sinkt mit steigender Temperatur. Der **spezif. W.** ist der W. eines Drahtes von 1 m Länge und 1 mm^2 Querschnitt. Die Einheit des W. ist das **Ohm.** W. werden verwendet a) zum Messen, Stellen, Steuern, Regeln, Anlassen, Spannungsteilen, z. B. Konstantan (temperaturunabhängig), Heiß- und Kaltleiter, b) zur Erwärmung in Heizgeräten, z. B. Heizleiter mit hohem spezif. Widerstand und hoher Temperaturbeständigkeit.

Widerstandsbewegung, aktive Auflehnung gegen ein als despotisch, unsittlich und verderblich empfundenes Regime oder gegen eine Fremdherrschaft, bes. in einem besetzten oder annektierten Gebiet. Teilnahme an einer W. wird unter Berufung auf das → Widerstandsrecht gerechtfertigt. I. S. des Regimes ist sie Hoch- oder Landesverrat.

Die **dt. W.** entwickelte sich seit 1933 in versch. Gruppen, die nur z. T. untereinander

Fühlung hatten. 1) in den beiden **christl. Kirchen:** auf evang. Seite bes. die Bekennende Kirche; auf kath. Seite sowohl Bischöfe (z.B. Kardinal C. A. Graf v. Galen) als auch Kreise der Arbeiterorganisationen (J. Kaiser). 2) in der **Wehrmacht** (L. Beck, W. Canaris u.a.). 3) Opposition des **Konservativismus** und der **bürgerl. Mitte,** führend C. Goerdeler, in der akadem. Jugend die Geschwister → Scholl und ihr Kreis. 4) in der **Sozialdemokratie** waren führend T. Haubach, J. Leber, W. Leuschner, C. Mierendorff, K. Schumacher; die Gruppe war die wohl an Zahl und an Opfern stärkste, mit aktivem Anhang in der Jugend. 5) → Kreisauer Kreis (H. J. v. Moltke) mit Kräften aus allen genannten Gruppen. 6) **Solf-Kreis.** 7) **kommunist. Opposition** (»Rote Kapelle«). 8) eine Gruppe innerhalb des **Nat.-Soz.** (Graf Helldorf, J. Wagner). Eine Verschwörung zur Beseitigung Hitlers und seiner Umgebung, wie sie seit 1938 mehrfach vergeblich geplant und vorbereitet worden war, scheiterte im Attentat des Claus Schenk Graf v. Stauffenberg (→ Schenk von Stauffenberg) vom 20. 7. 1944. – Die Verfolgung der W., bes. nach dem 20. 7. 1944, durch den Volksgerichtshof war unmenschlich hart. – Die W. im faschist. Italien hatte wesentl. Anteil am Sturz B. Mussolinis. – Gegen die dt. Besetzung gerichtete W. bestanden im 2. Weltkrieg in fast allen besetzten Gebieten als »Untergrundbewegung«, so in Belgien, Frankreich (»Résistance«), Jugoslawien, den Niederlanden, Norwegen, Polen und der UdSSR. Sie ging vom passiven Widerstand bis zum Kampf bewaffneter Verbände.

Widerstandsrecht, Recht zur Auflehnung gegen eine rechtswidrig handelnde Staatsobrigkeit. Das W. wird aus übergesetzl. Grundnormen relig. oder staatseth. Inhalts abgeleitet. Für das W. haben sich M. Luther (nach anfängl. Verwerfung), H. Grotius, J. Milton, J. Locke, J. J. Rousseau, C. Wolff, der junge J. G. Fichte u.a. eingesetzt, während I. Kant das W. ablehnte. Prakt. Bedeutung erlangte das W. zur Rechtfertigung der → Widerstandsbewegungen.

Widerstoß, Limonium oder **Statice,** Grasnelkengewächs, salzliebend, in N-Dtl. unter Naturschutz.

Widertonmoos das, → Frauenhaar.

Widia, fast Diamanthärte erreichende Wolframcarbid-Cobalt-Legierung mit Zusätzen, z.B. Titancarbid; für Werkzeuge.

Widmung die, Zueignung als Zeichen der Verehrung oder Freundschaft.

Widukind, 1) Wittekind, Heerführer der Sachsen gegen Karl d. Gr., unterwarf sich 785 und wurde Christ. **2) W. von Corvey,** * um 925, † nach 973, mittelalterl. Geschichtsschreiber, schrieb eine lat. Sachsengeschichte (967).

Wiechert, Ernst, Schriftst., *1887, †1950; Romane: »Die Majorin«, »Das einfache Leben«, »Missa sine nomine«.

Wied die, rechter Nebenfluß des Rheins, entspringt im Westerwald, mündet im Neuwieder Becken, 140 km lang.

Wiedehopf [ahd. »Waldhüpfer«] der, amselgroßer, langschnäbeliger Zugvogel mit Federschopf; lebt von Kleintieren.

Wiederaufarbeitung, Kerntechnik: Teil des Brennstoffkreislaufs, die Zerlegung abgebrannter Brennelemente in ihre Bestandteile, um daraus noch spaltbares Material zurückzugewinnen. Die W.-Anlage Wackersdorf (Bundesrep. Dtl.) wurde noch in der Bauphase aufgegeben. Die W. von Brennelementen aus dt. Kernreaktoren soll in Sellafield (Großbritannien) oder La Hague (Frankreich) stattfinden (→ Entsorgung).

Wiederaufnahme des Verfahrens, ⚖ außerordentl. Rechtsbehelf gegenüber rechtskräftigen Urteilen. Die W. d. V. kann im Zivilprozeß durch → Nichtigkeitsklage 2) und → Restitutionsklage geltend gemacht werden (§§ 578 ff. ZPO), im Strafprozeß gemäß den §§ 359 ff. StPO.

Wiederbelebungsversuche, Re|animation, Maßnahmen zum Wiederingangbringen von Atmung und Kreislauf durch → künstliche Atmung und **Herzmassage** (regelmäßige Stöße mit dem Daumenballen der geöffneten Hand in die Herzgegend; auch Massage am operativ freigelegten Herzen).

Wiedergeburt, 1) bibl. Ausdruck für die religiös-sittl. Erneuerung des Menschen. **2)** W. i.S. der → Seelenwanderung.

Wiedergutmachung, finanzieller Ausgleich für Schäden, die durch weltanschaulich, politisch, religiös oder rassisch begründete Verfolgungsmaßnahmen des Nat.-Soz. hervorgerufen wurden. Entzogenes Eigentum ist, soweit individualisierbar, durch Restitution zurückzuerstatten; sonstige Schäden sind durch W. zu ersetzen (z.B. Amtsenthebung, Berufsverbot, Inhaftierung, Tötung, Gesundheitsschädigung). In der Bundesrep. Dtl. wurde die W. zunächst durch Landesgesetze, dann nach dem Bundesentschädigungs-Ges. i.d.F. v. 2. 9. 1971 geregelt.

Wiederkäuer, Paarhufer (Horntiere, Hirsche, Kamele, Giraffen), die ihre Nahrung zweimal kauen. Die grobgekaute Nahrung kommt durch die Speiseröhre zunächst in den **Pansen** und wird dort durch Gärungsvorgänge aufgeschlossen. Sie tritt dann in den **Netzmagen** ein und wird von da in kleinen Ballen in das Maul zurückbefördert. Die zum zweitenmal gekaute, eingespeichelte Nahrung kommt dann in den mit Hautfalten ausgestatteten **Blättermagen,** der dem Nahrungsbrei das Wasser entzieht. Im **Labmagen** findet die eigtl. Verdauung durch Einwirken der Verdauungssäfte statt.

Wiederkauf, Rückkauf einer verkauften Sache. Das Recht zum W. kann auf Vertrag oder Gesetz beruhen (§§ 497 ff. BGB).

Wiedertäufer, Anabaptisten, Täufer Mz., schwärmer. Bewegung der Reformationszeit, die die Erwachsenentaufe verfocht. Die Bewegung artete teilweise sittl. und polit. aus (1533/34 in Münster); durch staatl. Gewalt blutig unterdrückt. Die W. entwickelten sich dann mehr und mehr zu stillen Gemeinden, bes. durch die Tätigkeit von Menno Simons (→ Mennoniten).

Wiegand, Theodor, Archäologe, *1864, †1936; Ausgrabungen in Priene, Didyma, Milet u.a.

Wiege die, Schaukelbett für Kinder.

Wiegendrucke, Inkunabeln, die ersten (vor 1500) hergestellten Druckerzeugnisse.

Wiehengebirge, Bergzug westlich der Westfäl. Pforte, 325 m hoch.

Wieland, german.-dt. Sage: Meisterschmied, befreit sich aus der Gefangenschaft mit selbstgeschmiedeten Flügeln.

Wieland, 1) Christoph Martin, Dichter, *1733, †1813; seit 1772 in Weimar, ist mit seinen von heiterer Sinnenfreude getragenen Dichtungen ein Wegbereiter der dt. Klassik. Romane »Agathon«, »Die Abderiten«, romant. Heldengedicht »Oberon«; Prosaübersetzungen von 22 Stücken Shakespeares. **2)** Heinrich, Chemiker, *1877, †1957; erforschte die chem. Vorgänge im Organismus; Nobelpreis 1927.

Wien, Hptst. Österreichs, an der Donau im Wiener Becken, 1,479 Mio. Ew.; Kultur-, Wirtschafts- und Verkehrsmittelpunkt des östl. Mitteleuropa. W. ist eine der histor. reichsten und schönsten europ. Hptst. Bauwerke: Stephansdom (13.-15. Jh., Wahrzeichen von W.), die Hofburg (Gotik bis Barock) und Neue Hofburg, Ballhausplatz mit Bundeskanzleramt; roman., got. und viele barocke Kirchen, Alte Univ., barocke Adelspaläste; neuere Bau-

Wiedehopf

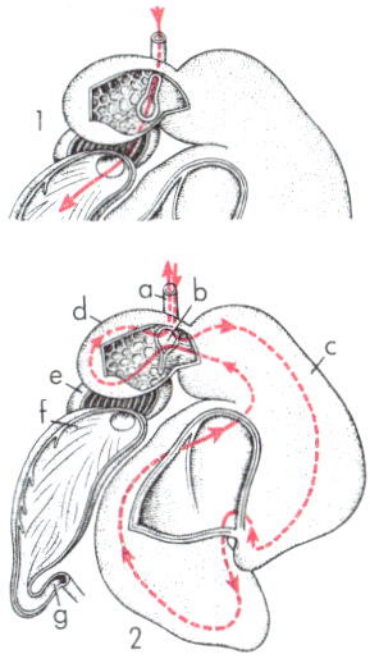

Wiederkäuer: Magen (Rind): **1** Schlundrinne weitgehend geschlossen. **2** Schlundrinne geöffnet (während des Wiederkäuens). a Speiseröhre, b Schlundrinne, c Pansen, d Netzmagen, e Blättermagen, f Labmagen, g Pförtner. Pfeile: Gang der Nahrung

C. M. Wieland

Wien

Wien: Burgtheater am Ring

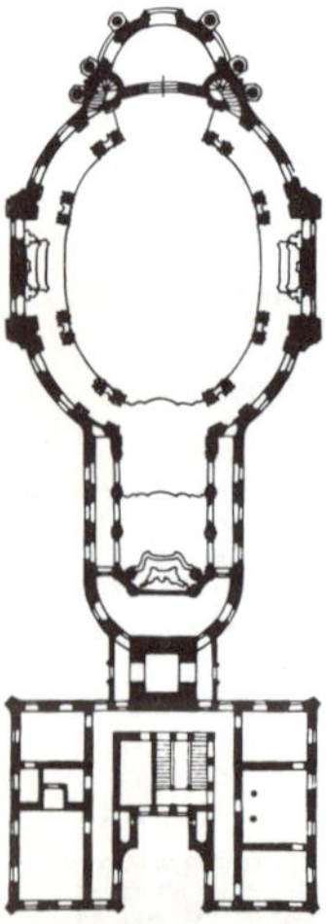

Wies: Grundriß mit Priesterhaus

Wiesen-Champignon

ten: Rathaus, Parlament, Univ., Burgtheater, TH, UNO-City u.a.; Belvedere des Prinzen Eugen, im SW das Lustschloß Schönbrunn; auf einer Donauinsel der Prater, Volkspark mit Riesenrad, Stadion, Rennplätzen. W. ist Sitz eines kath. Fürsterzbischofs, altkath. Bischofs und evang. Bischofs, hat mehrere Hochschulen und Akademien, zahlreiche Bibliotheken, Museen, Theater; Rundfunksender. – Vielseitige Ind., Kunstgewerbe, wichtiger Handelsplatz (Wiener Messe), Fremdenverkehr; Donauschiffahrt, Flughafen in Schwechat. – W. geht auf das röm. **Vindobona** zurück. Im 12. Jh. war es österr. Herzogssitz, seit dem 15. Jh. habsburg. Kaiserstadt. Zweimal wurde W. von den Türken belagert (1529 und 1683) und von Napoleon besetzt (1805 und 1809). 1814/15 tagte hier der → Wiener Kongreß. Die erste Hälfte des 19. Jh. bedeutete eine hohe Blüte der Kunst und Kultur (L. v. Beethoven, F. Schubert, J. Strauß, F. Grillparzer, F. Raimund, J. Nestroy u.a.). In W. kam es 1848 zur Revolution; im **Wiener Frieden** 1864 mußte Dänemark auf Schleswig-Holstein verzichten. 1922 wurde Wien ein eigenes Bundesland Österreichs, 1945-55 war es von den 4 Alliierten besetzt und gemeinsam verwaltet.

Wien, Wilhelm, Physiker, *1864, †1928; arbeitete über Wärmestrahlung; Nobelpreis 1911.

Wiener, Norbert, amerikan. Mathematiker, *1894, †1964; entwickelte die Grundlagen der Kybernetik; Werke zur philosoph. Zeitkritik.

Wiener Becken, Ebene zw. den nordöstl. Alpenausläufern, von der Donau durchflossen, im S mit Kiefernwäldern, Heide bedeckt (Steinfeld).

Wiener Kongreß, Versammlung der europ. Fürsten und Staatsmänner unter Leitung → Metternichs in Wien 1814/15, die nach dem Sturz Napoleons I. über die Neuordnung Europas entschied; die dt. Einzelstaaten wurden zum Deutschen Bund vereinigt. Rußland erhielt den größten Teil des Hzgt. Warschau (»Kongreßpolen«), Preußen die Prov. Posen, das nördl. Sachsen, Neuvorpommern, Westfalen und die Rheinprovinz, Österreich bekam seine Besitzungen zurück, außerdem die Lombardei und Venetien, verlor jedoch die Niederlande und die oberrhein. Gebiete; der Kirchenstaat wurde wiederhergestellt und aus Holland und Belgien das Kgr. der Verein. Niederlande gebildet.

Wiener Neustadt, Stadt in NÖ, im Wiener Becken, 40 500 Ew.; Ind.

Wiener Porzellan, Erzeugnisse der 1718 gegr., seit 1744 kaiserl. Manufaktur in Wien, der nach der Meißner ältesten in Europa; hervorragende Arbeiten bes. in klassizist. Zeit (Modellmeister: A. Grassi).

Wiener Sängerknaben, 1498 gegr. Knabenchor; dem Konvikt der W. S. gehörte u.a. F. Schubert an.

Wiener Schlußakte vom 15. 5. 1820, eine Ergänzung zur Bundesakte des Deutschen Bundes vom 8. 6. 1815.

Wiener Schule des phantastischen Realismus, Gruppe von Malern, die nach 1945 aus dem Schülerkreis A. P. Güterslohs hervorging. Sie üben eine psychologisierend-dekorative, auch surreales Formengut aufnehmende Feinmalerei aus (E. Brauer, E. Fuchs, R. Hausner, W. Hutter, A. Lehmden).

Wienerwald, Ausläufer der O-Alpen, zw. Tullner Feld und Wiener Becken, 893 m hoch.

Wies die, Wallfahrtskirche bei Steingaden (Oberbayern) von D. Zimmermann, 1745 bis 1754; bayerisches Rokoko.

Wiesbaden, Hptst. des Landes Hessen, zw. Taunus und Rhein, 266 500 Ew., Heilbad mit warmen Kochsalzquellen; Sitz der Landesregierung; Bundeskriminalamt, Statist. Bundesamt; Rheinhafen; Ind.: Zement, Chemie, Bekleidung, Maschinen, Schaumwein u.a.; Buch- und Musikverlage; Filmateliers, Spielbank. – W., schon in der Römerzeit ein beliebter Badeort (Aquae Mattiacae), kam im 12. Jh. an die Grafen von Nassau; 1806-66 Hptst. des Hzgt. Nassau; 1866 zu Preußen.

Wiese, 1) von Natur mit Gräsern und mäßige Feuchtigkeit liebenden Kräutern bewachsene Bodenfläche. **2)** eine angesäte oder natürlich entstandene, landwirtschaftlich beeinflußte Fläche dieser Art, von der Heu als Winterfutter gewonnen wird. Je nach Art der Gräser unterscheidet man **süße** und **saure W.,** nach Art der Behandlung **Dauer-** und **Wechsel-W.,** nach dem Ertrag **Fett-** und **Mager-W. Natürliche W.** (Überschwemmungs- und Hochgebirgs-W.) haben hohen Grundwasserstand, **Kunst-W.** (Kunstweiden) werden künstlich feucht gehalten.

Wiese, W. und Kaiserswaldau, 1) Benno von, Literarhistoriker, Sohn von 2), *1903, †1987; »Die dt. Tragödie von Lessing bis Hebbel«, »Friedr. Schiller« u.a. **2)** Leopold von, Soziologe und Volkswirtschaftler, *1876, †1969, entwickelte die Soziologie zu einer Einzelwissenschaft von den zwischenmenschlichen Beziehungen (Beziehungslehre).

Wiesel das, Raubtier, zu den → Mardern gehörig.

Wiesel, Elie, Schriftsteller, *1928; nach Befreiung aus nat.-soz. Konzentrationslager in Paris, seit 1956 in den USA; Romane und Erz. in frz. Sprache über jüd. Schicksale; 1986 Friedensnobelpreis.

Wiesen-Champignon, Pilz der Gatt. Blätterpilze.

Wiesenralle, Wachtelkönig, Rallenart mit schnarrender Stimme, Zugvogel.

Wiesenschaumkraut, ein → Schaumkraut.

Wieser, Friedrich Frh. v., österr. Volkswirtschaftler, *1851, †1926; Vertreter der → Grenznutzenschule.

Wies|see, Bad W., Gem. in Obb., am Tegernsee, 4600 Ew.; stärkste Jod-Schwefel-Quelle Dtl.s.

Wight, Isle of W. [aɪl ɔv waɪt], Insel an der Südküste Englands, 381 km^2, 115 000 Ew.; mildes Klima, Seebäder; Hptst.: Newport.

Wigman, Mary, Tänzerin und Choreographin, *1886, †1973; pflegte in ihrer Leipziger Schule den Ausdruckstanz, schuf Tanzzyklen.

Wigwam das oder der, -s/-s, Zelt der nordamerikan. Indianer.

Wikinger, → Normannen.

Wil, Stadt im Kt. St. Gallen, Schweiz, 15 500 Ew.; Pfarrkirche (15. Jh.); Textilind.

Wilamowitz-Moellendorff, Ulrich v., Altphilologe, *1848, †1931; gab der Textkritik neue method. Gesichtspunkte.

Wild das, Gesamtbez. für Jagdtiere; die Säugetiere heißen **Haar-W.,** die Vögel **Feder-W. W.-Bahn,** Forst, in dem W. gehegt wird; **freie W.-Bahn,** nicht eingezäunter (umgatterter) Forst. **W.-Bret, W.-Pret** das, Fleisch von eßbarem W. **W.-Diebstahl,** das Erlegen von W. an Orten, wo der Täter zu jagen nicht berechtigt ist; wird mit Freiheitsstrafe, unter Umständen nicht unter einem Jahr bestraft. **Wilderer, W.-Schütz** der, jemand, der W.-Diebstahl begeht. **W.-Schaden,** ⚖ durch jagdbares W. an einem Grundstück angerichteter Schaden. Der Jagdberechtigte ist zum Ersatz verpflichtet.

Wildbad im Schwarzwald, Stadt in Bad.-Württ., im nördl. Schwarzwald, im Enztal, 10700 Ew.; Thermalheilbad für Gicht, Rheuma, Ischias, Nervenleiden.

Wilde [waıld], Oscar, engl. Schriftst., *1854, †1900; geistreiche Gesellschaftsstücke (»Lady Windermeres Fächer«, »Ein idealer Gatte«), Roman »Das Bildnis des Dorian Gray«, Märchen, Gedichte. »Salome« wurde von R. Strauss vertont.

Wilde Jagd, Wildes Heer, dt. Sage: nächtl. Geisterheer, das, von Wodan geführt, mit Tosen durch die Luft braust.

Wilde Männer, Wilde Frauen, Waldschrate, im dt. Volksglauben: Waldgeister mit Fell- oder Mooskleid.

Wildenbruch, Ernst v., Schriftst., *1845, †1909; vaterländ. Bühnenwerke (»Die Quitzows«), Balladen, Romane, Kindergeschichten.

Wilder [w'aıldə], **1)** Billy, Filmregisseur, *1906; »Ariane«, »Manche mögen's heiß«. **2)** Thornton, nordamerikan. Schriftst., *1897, †1975; Romane: »Die Brücke von San Luis Rey«, »Die Iden des März«, Drama: »Unsere kleine Stadt« u. a. Friedenspreis des Dt. Buchhandels (1957).

Wilder Wein, 1) Jungfernrebe, Gatt. der Weinstockgewächse mit blauen, ungenießbaren Beeren. **2)** Kletterzierstrauch, nur männl. Blüten.

wildes Fleisch, ♡ → Granulationsgewebe.

Wildgans, Anton, Schriftst., *1881, †1932; Gedichte, Dramen (»Dies irae«).

Wildleder, urspr. Leder von Rehen, Gemsen, Antilopen, auf der Fleischseite samtartig zugerichtet; heute auch gebräuchl. für samtartig zugerichtetes Kalb-, Schaf- u. a. Leder.

Wildling der, ⚘ → Veredelung.

Wildschwein, Gatt. der → Schweine.

Wildspitze, 1) höchster Gipfel der Ötztaler Alpen, 3774 m. **2)** Gipfel in den Stubaier Alpen, 3342 m hoch.

Wildstrubel, Berggruppe im Berner Oberland, Schweiz, 3243 m.

Wildungen, Bad W., Stadt im nördl. Hessen (Waldeck), 14600 Ew.; Staatsbad.

Wilhelm [aus Willjo »Wille« und helm »Schutz«], männl. Vorname.

Wilhelm, Fürsten: Dt. Könige und Kaiser. **1) W. von Holland** (1247-56), *1227, †1256, trat als päpstl. Gegenkönig den Staufern entgegen, fiel im Kampf gegen die Friesen.

2) W. I., Dt. Kaiser (1871-88) und König von Preußen (1861-88), *1797, †1888, wurde 1858 Regent. Um die von A. v. → Roon geplante Heeresreform in Preußen gegen das liberale Abgeordnetenhaus durchzuführen, berief er 1862 O. v. → Bismarck an die Spitze des Kabinetts. Am 18. 1. 1871 wurde W. in Versailles zum Kaiser ausgerufen. Politisch und kirchlich war er streng konservativ ausgerichtet.

3) W. II., Dt. Kaiser und König von Preußen (1888-1918), Enkel von 2), *1859, †1941, erzwang 1890 den Rücktritt Bismarcks. Die außenpolit. Gefahren für Dtl. erkannte W. nicht. Am 9. 11. 1918 wurde in Berlin seine Abdankung verkündet, er ging in die Niederlande und verzichtete am 28. 11. auf den Thron. Seit 1920 lebte er in Haus Doorn. Auch sein Sohn, **Kronprinz W.** (*1882, †1951), verzichtete auf alle Thronrechte.

England. **4) W. I., der Eroberer,** König (1066-87), *1028(?), †1087, Herzog der Normandie, eroberte durch den Sieg bei Hastings das Angelsachsenreich und schuf ein starkes Königtum. **5) W. III. von Oranien,** König (1689-1702), *1650, †1702, seit 1674 Erbstatthalter der Niederlande, stürzte 1688/89 den kath. Stuartkönig Jakob II., dessen protestant. Tochter Maria seine Gemahlin war; der entschiedenste Gegner Ludwigs XIV. und der frz. Vorherrschaft in Europa.

Niederlande. **6) W. I., der Schweiger,** auch **W. von Oranien** genannt, *1533, †(ermordet) 1584, aus dem Hause Nassau-Dillenburg, erbte das Fstt. → Oranien, wurde der bedeutendste Führer des niederländ. Freiheitskampfes gegen die span. Herrschaft; seit 1572 Statthalter von Holland und Seeland.

Wilhelmine, 1) W., Markgräfin von Bayreuth, *1709, †1758, Lieblingsschwester Friedrichs d. Gr., bekannt durch ihre »Denkwürdigkeiten«. **2) W., Königin der Niederlande** (1890-1948), *1880, †1962, dankte 1948 zugunsten ihrer Tochter Juliane ab.

Wilhelm-Pieck-Stadt Guben, → Guben.

Wilhelmshaven, Stadt in Ndsachs., 95200 Ew.; Erdöl-Umschlaghafen; mehrere Hoch- und Fachschulen; versch. Ind.; »Senckenberg«-Forschungsanstalt für Meeresgeologie und Meeresbiologie, Institut für Vogelforschung (Vogelwarte Helgoland); Max-Planck-Institut für Zellbiologie; Seebad.

Wilhelmshöhe, Schloß und Hochwaldpark bei Kassel, mit Oktogon (mit Herkules-Standbild und Kaskaden) und Wasserkünsten.

Wilhelmstraße, Straße in Berlin, in der bis 1945 die Reichskanzlei, das Auswärtige Amt u. a. Behörden lagen; auch Bez. für das Auswärtige Amt bis 1945.

Willaert [v'ila:rt], Adrian, niederländ. Komponist, *zw. 1480 und 1490, †1562; Haupt der venezian. Schule; Messen, Motetten, Fantasien u. a.

Wille der, entfaltet sich in der Verwirklichung bestimmter Ziele. **W.-Kraft** beruht teils auf Anlage, teils auf Erziehung und Übung (W.-Schulung). **W.-Freiheit,** → Indeterminismus.

Wille, Ulrich, schweizer. General, *1848, †1925, leitete 1914-18 die Grenzbesetzung; geistiger Vater der Wehrverfassung (1907).

Willegis, Willigis, Erzbischof von Mainz (975-1011); führte die Regentschaft für Otto III., begann den Neubau des Mainzer Doms. Heiliger (Tag 23. 2.).

Willemer, Marianne v., *1784, †1860; Freundin Goethes, die Suleika des »Westöstl. Diwan«.

Willens|erklärung, ⚖ Äußerung eines bestimmten rechtsgeschäftl. Willens (→ Rechtsgeschäft). Die W. kann ausdrücklich oder stillschweigend (durch konkludente Handlung) abgegeben werden. Eine **empfangsbedürftige W.** wird erst dann wirksam, wenn sie dem Erklärungsempfänger zugegangen ist (z. B. Kündigung; §§ 130ff. BGB).

Williams [w'ıljəmz], Tennessee, nordamerikan. Schriftst., *1911, †1983; Dramen: »Glasmenagerie«, »Endstation Sehnsucht« u. a.

Willibald, engl. Benediktiner, *700, †787; schloß sich Bonifatius an; Heiliger (Tag 7. 7.).

Willibrord, Apostel der Friesen, *658, †739 als Bischof von Utrecht. Heiliger (Tag 7. 11.).

Willich, Stadt in NRW, bei Krefeld, 41000 Ew.; Kunststoff-, Textilind., Apparatebau.

Willmann, Michael, Maler, *1630, †1706; Altarbilder, Landschaften, Fresken.

Wilde

T. Wilder

Kaiser Wilhelm I.

Kaiser Wilhelm II.

Wilhelm von Oranien

H. Wilson

H. Wimmer: Marmorbüste Hans Carossas

Wimperg

Willstätter, Richard, Chemiker, *1872, †1942; untersuchte Alkaloide, Enzyme, Chlorophylle u. a.; Nobelpreis 1915.

Wilms, Dorothee, Politikerin (CDU), *1929; 1982-87 Bundesmin. für Bildung und Wissenschaft, seither Bundesmin. für innerdt. Beziehungen.

Wilna, litauisch **Vilnius,** Hptst. der Litauischen SSR, 579000 Ew.; an der schiffbaren Wilia; Wirtschafts- und Kulturmittelpunkt des Landes. – Seit 1387 Hptst. des Groß-Fstt. Litauen, 1387 Bischofssitz, seit 1795 russ. Gouvernementstadt. 1918 wurde in W. der unabhängige litauische Staat ausgerufen. W. kam 1920 an Polen und wurde 1940 Hptst. der Litauischen SSR.

Wilseder Berg, höchster Teil der Lüneburger Heide, 169 m hoch.

Wilson [wɪlsn], **1)** Charles T. R., schott. Physiker, *1869, †1959; Erfinder der → Nebelkammer, Nobelpreis 1927. **2)** Harold, Sir (seit 1976), brit. Politiker (Labour Party), *1916; 1947-51 Handelsmin., 1963-76 Führer der Partei, 1964-1970 und 1974-76 Premiermin. **3)** Kenneth, amerikan. Physiker, *1936; theoret. Arbeiten über Phasenumwandlungen; Nobelpreis 1982. **4)** Thomas Woodrow, 28. Präs. der USA (1913-21; Demokrat), *1856, †1924; veranlaßte 1917 den Eintritt der USA in den Krieg gegen die Mittelmächte, stellte 1918 das Friedensprogramm der → Vierzehn Punkte auf, konnte dieses aber auf der Pariser Friedenskonferenz 1919 nicht durchsetzen. → Versailler Vertrag, → Völkerbund.

Wimbledon [w'ɪmbldən], Teil des London Borough Merton, Villenviertel im SW von Greater London; Tennis- und Kricketturniere.

Wimmer, 1) Hans, Bildhauer, *1907; Bildnisköpfe, Tier-, Menschenfiguren. **2)** Maria, Schauspielerin, *1915; klass. Frauenrollen.

Wimpel der, dreieckige, lange, schmale Signal- oder Kommandofahne.

Wimperg, Wimberg, ▥ gotischer Ziergiebel über Portalen und Fenstern.

Wimpertierchen, Klasse der Urtiere, Einzeller, deren äußere Plasmaschicht verdickt und mit rhythm. schlagenden Wimpern besetzt ist. In ihrem Zellkörper sind versch. Plasmabezirke für bestimmte Aufgaben ausgestaltet: Zellmund, Zellschlund, Nahrungsbläschen zur Verdauung der Nahrung, pulsierendes Bläschen. Die W. leben in Süß- und Meerwasser und sind in Heuaufgüssen zu beobachten (Aufgußtierchen). W. sind: **Pantoffel-, Trompeten-, Glockentierchen.**

Wimpfen, Bad W., Stadt in Bad.-Württ., am Neckar; 6000 Ew.; Textil-Ind.; alte Reichsstadt.

Winchester [w'ɪntʃɪstə], Stadt in England, 30600 Ew.; normann.-got. Kathedrale.

Winckelmann, Johann Joachim, Archäologe, *1717, †1768, begr. die klass. Archäologie und neuere Kunstwissenschaft, »Geschichte der Kunst des Altertums«.

Winckler, Josef, Schriftst., *1881, †1966; »Der tolle Bomberg«.

Wind, Luftströmung, hervorgerufen durch Luftdruckgegensätze und Temperaturunterschiede. Auf der Nordhalbkugel wird der W. durch die Erddrehung nach rechts, auf der Südhalbkugel nach links abgelenkt. Der Wind weht aus dem barometrischen Hoch ins Tief, d. h. vom Kalten ins Warme. Im Gebirge und an Küsten kommt es zur Ausbildung von Windsystemen mit tägl. Periode (**Berg- und Talwind, Land- und Seewind).** Viele lokale Winde führen eigene Namen (Mistral, Bora). Große, länger anhaltende Windsysteme sind die Monsune und die Passate. Die Windstärke wurde früher in Graden der Beaufortskala (1806 von dem engl. Admiral F. Beaufort aufgestellt) von 0-12 angegeben, heute meist in m/sec oder Knoten (1,852 km/h).

Windstärken

Stärke	m/s	Benennung an Land	Benennung auf See
0	0,0- 0,2	Windstille	Kalme
1	0,3- 1,5	leiser Zug	leichte Brise
2	1,6- 3,3	leicht	
3	3,4- 5,4	schwach	
4	5,5- 7,9	mäßig	mäßige Brise
5	8,0-10,7	frisch	
6	10,8-13,8	stark	starker Wind
7	13,9-17,1	steif	(steife Brise)
8	17,2-20,7	stürmisch	stürmischer Wind
9	20,8-24,4	Sturm	
10	24,5-28,4	voller Sturm	Sturm
11	28,5-32,6	schwerer Sturm	
12	über 32,6	Orkan	Orkan

Windaus, Adolf, Chemiker, *1876, †1959; arbeitete über Cholesterin, Gallensäuren, Alkaloide und Vitamine; Nobelpreis 1928.

Windblütler, Blütenpflanzen, die durch Wind bestäubt werden.

Winde die, **1)** ⚘ Gatt. der Windengewächse mit Trichterblüten, windende Kräuter und Sträucher: die **Acker-W.,** ein liegendes und kletterndes, weiß bis rosa blühendes, ausdauerndes Ackerunkraut; die weiß blühende **Zaun-W.;** die **Dreifarbige W.,** eine blau-weiß-gelb blühende Zierpflanze aus Südeuropa. **2)** ⊙ Vorrichtung zum senkrechten Heben und zum Heranziehen von Lasten. Die Last kann bewegt werden z. B. durch eine Zahnstange mit Ritzel **(Zahnstangen-W.),** einen Druckölzylinder mit Kolben **(hydraul. W.),** ein auf eine Trommel aufwindbares Seil **(Seil-W.).**

Wind|ei, ⚲ Vogelei ohne Kalk in der Schale.

Windelband, Wilhelm, Philosoph, *1848, †1915; Neukantianer.

Windenergie, die Strömungsenergie des Windes (→ Windkraftwerk).

Winder [w'aɪndə, engl.] der, bei Photoapparaten dem autom. Filmtransport dienender Elektromotor.

Windhose, → Trombe.

Windhuk, Windhoek, Hptst. von Namibia, 96000 Ew.; 1655 m ü. M.

Windhund, schlanke, schnelle Hetz- und Jagdhunde, z. B. **Barsoi, Greyhound, Whippet.**

Windischgraetz, steir. Adelsgeschlecht, Reichsfürsten. **Alfred Fürst zu W.** unterdrückte als österr. Feldmarschall 1848 die Aufstände in Prag und Wien, 1849 in Ungarn.

Windkanal, Anlage zur Untersuchung der strömungstechn. Eigenschaften von Körpern (z. B. Flugzeug-, Schiffs-, Automodellen) in einem Luftstrom hoher Geschwindigkeit.

Windkraftwerk, Anlage zur Ausnutzung der Windströmung. An Stelle der **Windmühlen** werden bei Neuanlagen **Windturbinen** auf hohen Stahlgerüsten verwendet, z. B. beim größten dt. **Windpark** an der unteren Jade bei Wilhelmshaven (Inbetriebnahme: 1989).

Windmessung, Anemometrie die, Messung und Aufzeichnung von Windrichtung und -stärke (→ Windrichtungsanzeiger). Die Windgeschwindigkeit wird meist gemessen mit dem **Schalenkreuzanemometer,** einem mit hohlen Halbkugeln besetzten Windrad, dessen Umdrehungen entweder direkt gezählt oder über elektr. Kontakte fernübertragen werden.

Windpocken, Spitzpocken, ansteckende gutartige Infektionskrankheit der Kinder; Erreger ist ein Virus. Bei mäßigem Fieber entstehen am Körper rote Flecke mit kleinen, hellen, später trüb werdenden Bläschen, die nach wenigen Tagen eintrocknen. – Bettruhe, Puder. (BILD S. 987)

Windrichtung, Richtung, aus der der Wind weht.

Windrichtungsanzeiger, Geräte zur

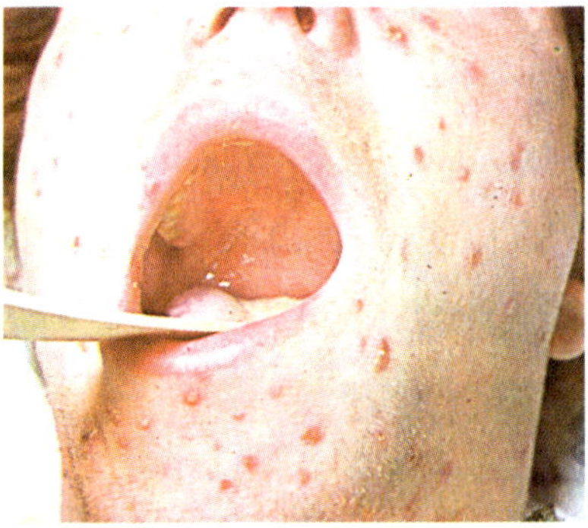

Windpocken

Messung und Anzeige der Richtung des Bodenwindes: Windfahne, sowie bes. auf Flugplätzen der → Windsack.

Windrose, 1) Scheibe, auf der die Himmelsrichtungen aufgezeichnet sind, bes. beim → Kompaß. **2)** Meteorologie: Einteilung der Windrichtungen in 8, 16, 32 oder 64 Striche.

Windsack, an einem vertikal aufgehängten drehbaren Ring befestigter konischer Sack, der Windrichtung und -stärke anzeigt.

Windschatten, Raum geringer Windgeschwindigkeit im Schutz eines Hindernisses.

Windskala, Schätzungsskala der Windstärke, bes. die von der Stärke des Seegangs ausgehende **Beaufortskala.**

Windsor [w'ınzə], **1)** amtl. **New W.,** [nj'u:-, engl.], Stadt in SO-England, an der Themse, mit rd. 30000 Ew.; das Schloß **Windsor Castle,** zeitweiliger Wohnsitz der engl. Königsfamilie. **2)** Stadt in Kanada, 192500 Ew.; Ind.: Kraftwagen-, Maschinenbau.

Windsor [w'ınzə], seit 1917 Name des engl. Königshauses (nach Schloß W.) Sachsen-Coburg-Gotha. **Herzog von W.,** → Eduard VIII.

Windspiel, zierl. Hunderasse.

Windsurfing [-sə:fıŋ, engl.], **Surfsailing** [s'ə:fseılıŋ], **Segelsurfen,** Segeln: Freizeit- und Wettkampfsport auf einem Brett (Surfbrett) mit bewegl. Segel, der aus Wellenreiten und Segeln entstanden ist.

Windthorst, Ludwig, *1812, †1891; hannoverscher Justizmin., seit 1871 Führer des Zentrums, Gegner Bismarcks, bes. im Kulturkampf.

Windward Islands [w'ındwəd'aıləndz], **Inseln über dem Winde,** ein Teil der Kleinen Antillen.

Winfrid, eigtl. Name des → Bonifatius.

Wingert der, Weingarten, Weinberg.

Winkel der, △ Neigung zweier Geraden zueinander. Ihr Schnittpunkt heiß **Scheitel,** die Geraden **Schenkel.** Ein voller Kreis ist ein **Voll.-W.** Man teilt ihn in 360° (Grad, früher Altgrad) zu je 60′ (Minuten) zu je 60″ (Sekunden) oder in 400 Gon (früher Neugrad) ein. Ein halber Kreis heißt **gestreckter W.** (180°), ein Viertelkreis **rechter W.** (90°). Ein **spitzer W.** ist kleiner, ein **stumpfer W.** größer als 90°, ein **überstumpfer W.** größer als 180°. Wird ein Schenkel über den Scheitel hinaus verlängert, so entstehen **Neben-W.,** verlängert man beide Schenkel, so erhält man 2 Paare von **Scheitel-W.** (α_1 und α_2; β_1 und β_2). Zum Messen von W. benutzt man den **W.-Messer.** In mathemat. Beziehungen galt der Voll-W. als Einheit des ebenen W.; SI-Einheit ist Radiant (rad). Ein Radiant ist gleich dem ebenen Winkel, der als Zentriwinkel eines Kreises vom Halbmesser 1 m aus dem Kreis einen Bogen der Länge 1 m herausschneidet. 1 Vollwinkel = 2π rad = 360° = 400 gon.

Winkelfunktionen, trigonometrische Funktionen, die Seitenverhältnisse im rechtwinkligen Dreieck in Abhängigkeit von der Größe eines spitzen Winkels:
Sinus = Gegenkathete : Hypotenuse,
Kosinus = Ankathete : Hypotenuse,
Tangens = Gegenkathete : Ankathete,
Kotangens = Ankathete : Gegenkathete
($\sin\alpha = \frac{a}{c}$; $\cos\alpha = \frac{b}{c}$; $\tan\alpha = \frac{a}{b}$; $\cot\alpha = \frac{b}{a}$).

Winkelgeschwindigkeit, der im Bogenmaß gemessene Kreisbogen, der von einem Punkt eines rotierenden Körpers in 1 s zurückgelegt wird.

Winkelhaken, Winkelschiene, in der der Setzer die Lettern zu Zeilen reiht.

Winkelprisma, Vermessungskunde: drei-, vier- oder fünfkantiges Glasprisma zum Angeben fester Winkel.

Winkelried, Arnold, sagenhafter Nationalheld der Schweiz aus Unterwalden, der nach der Überlieferung durch seinen Opfertod 1386 den Sieg bei → Sempach entschied.

Winnipeg, Hptst. der Prov. Manitoba, Kanada, 594500 Ew.; 2 Univ.; Mühlenwerke, Fleischind. Der **Winnipegsee** ist 24390 km² groß, 27 m tief.

Winniza, Stadt in der Ukrain. SSR, 375000 Ew.; Mittelpunkt der Zuckerproduktion der UdSSR.

Winrich von Kniprode, †1382, Hochmeister des Dt. Ordens 1351-82.

Winsen (Luhe), Stadt in Ndsachs., 27300 Ew.; Schloß (Wasserburg, 16. Jh.); Ind.

Winter, auf der nördl. Erdhälfte die Zeit v. 22. 12. bis 21. 3., auf der südl. vom 22. 6. bis 23. 9.

Winter, Fritz, Maler, *1905, †1976; Schüler am Bauhaus, malte abstrakte Bilder.

Winterberg, Stadt im Hochsauerlandkr., NRW, 13500 Ew.; Kurort und Wintersportplatz.

Wintergrün, Pyrola, Gatt. kleiner, immergrüner, weiß bis rot blühender Pflanzen.

Winterling der, südeurop. fettkrautiges Hahnenfußgewächs, das aus der Knolle im Vorfrühling die gelbe Blüte treibt.

Winterschlaf, viele Wochen oder Monate anhaltender Schlaf bei manchen Säugetieren (z. B. Fledermäusen, Igeln, Murmeltieren, Schläfern), die zum Überdauern der ungünstigen Jahreszeit ein frostsicheres Versteck aufsuchen. Während des W. ist der Herzschlag verlangsamt, Atmung, Stoffwechsel stark herabgesetzt.

Winterschulen, Schulen, an denen nur im Winter unterrichtet wird, z. B. landwirtschaftl. W.

Wintersport, umfaßt alpinen und nord. Skilauf, Skispringen, Biathlon, Bob- und Rennschlittensport, Skeleton, Skibob, Eisschnellauf, Eishockey, Eiskunstlauf, Eistanz, Eisschießen, Eissegeln, Skikjöring, Curling u. a.

Winterthur, Stadt im Kt. Zürich, Schweiz, 85400 Ew.; spätgot. Laurenzenkirche; Technikum; Maschinen-, Fahrzeugbau.

Winzer der, Weinbauer.

Wipper der, Einrichtung zum schnellen Entladen von Wagen, bes. in Bergwerken.

Wirbel der, **1)** drehende Bewegung eines Gases (→ Luftwirbel) oder einer Flüssigkeit. **2)** ♡ Teil der → Wirbelsäule. **3)** bei Saiteninstrumenten: drehbarer Holz-, Metallstift, um den die Saite gewunden ist. **4)** ♩ rasches Trommelschlagen.

Wirbellose Mz., **Evertebraten,** alle Tiere ohne Wirbelsäule. Ggs.: Wirbeltiere.

Wirbelsäule, Rückgrat, Knochensäule, die die Grundlage des Rumpfes und des Halses bildet. Sie ist beim Menschen leicht S-förmig gebogen, trägt den Schädel und besteht

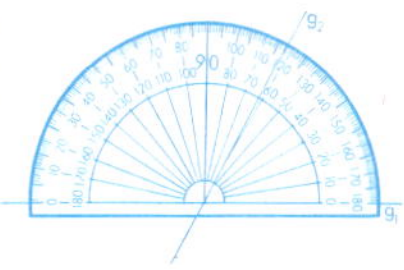

Winkel: W.-Messer, angelegt an einen W., der von den Schenkeln g_1 und g_2 eingeschlossen wird

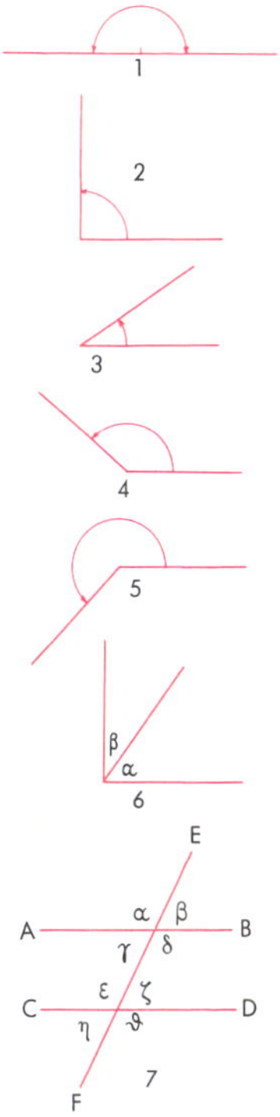

Winkel: 1 gestreckter, **2** rechter, **3** spitzer, **4** stumpfer, **5** überstumpfer Winkel, **6** α und β Komplementwinkel, **7** Winkel an geschnittenen Parallelen: α und β Nebenwinkel, α und δ Scheitelwinkel, α und ε Gegenwinkel oder korrespondierende Winkel, α und δ Wechselwinkel, α und η entgegengesetzte Winkel, α und ζ konjugierte Winkel

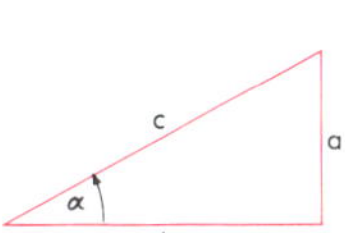

Winkelfunktionen

aus 34 Wirbeln: 7 Hals-, 12 Brust- und 5 Lendenwirbel, die durch Bänder und Gelenke miteinander verbunden sind, und je 5 Kreuzbein- und Steißbeinwirbel, die zum Kreuz- und Steißbein verwachsen sind. (BILD Skelett)

Die Wirbel bestehen aus einem walzenförm. Wirbelkörper, einem spangenart. Knochenbogen (Wirbelbogen), den zur Seite gelegenen Quer- und Gelenkfortsätzen und dem nach hinten zu liegenden Dornfortsatz. Zw. je 2 Wirbeln liegt eine polsterartige Zwischenwirbelscheibe (Bandscheibe). Die W. schließt in dem von den Wirbelkörpern und -bögen begrenzten Hohlraum, dem **Wirbelkanal**, das → Rückenmark ein. **W.-Verkrümmungen:** nach der Seite **(Skoliose)**, nach vorn **(hohler Rücken, Lordose)** und, gewöhnlich im oberen Teil der W., nach hinten **(Höcker, Bukkel, Kyphose)**; sie beruhen auf fehlerhafter Körperhaltung, Rachitis, tuberkulöser Entzündung der Wirbelknochen usw.

Wirbelschicht, durch ein strömendes Trägermedium (Gas, Flüssigkeit) aufgelockertes, fließfähiges Gemenge aus feinkörnigen Feststoffteilchen; sehr guter Stoff- und Wärmeaustausch. W.-Verfahren haben große Bedeutung in der (chem.) Verfahrenstechnik.

Wirbelstrom, der durch ein magnet. Wechselfeld in einem elektr. Leiter induzierte Strom.

Wirbelsturm, heftige Luftwirbel, bes. im Gebiet der Wendekreise: die westind. W. (Hurrikan, Tornado) und die ostasiat. Taifune.

Wirbeltiere Mz., **Vertebraten,** 🙠 höchst entwickelter Stamm des Tierreichs. Der zweiseitig symmetr. gebaute Körper wird durch eine Wirbelsäule gestützt. Die 4 paarigen Gliedmaßen der Vierfüßer (**Tetrapoda;** Lurche, Kriechtiere, Vögel, Säugetiere) zeigen einen grundsätzlich anderen Skelettbau als die Flossen der Fische; zumeist sind sie als Schreitbeine ausgebildet; sie können aber auch zu Greif- (z. B. Affen, Mensch), Grab- (Maulwurf), Flug- (Vogel, Fledermaus) oder Schwimmgliedmaßen (Wal) umgebildet sein. Nervensystem (Rückenmark, Gehirn) und Sinnesorgane sind hoch entwickelt. Zu den W. gehören die Klassen: **Fische, Lurche (Amphibien), Kriechtiere (Reptilien), Vögel, Säugetiere.**

Wirkerei die, Herstellung von Wirk- und Strickwaren (Unterwäsche, Strümpfe, Pullover), bei denen sich die Fäden nicht wie bei den Geweben rechtwinklig verkreuzen, sondern in maschenförm. Fadenschleifen verschlingen.

Wirklichkeitsform, Indikativ [lat.] der, Aussageform des → Zeitworts.

Wirkung die, ⊠ das Produkt aus Arbeit (Energie) und Zeit, gemessen z. B. in J · s.

Wirkungsgrad, Verhältnis der nutzbar gemachten Arbeit einer Maschine oder eines Gerätes zur aufgewendeten Arbeit.

Wirkungsquantum, → Plancksches Wirkungsquantum.

Wirkungsquerschnitt, ⊠ scheinbarer Querschnitt, den ein Teilchen einem auftreffenden anderen Teilchen bietet; Maß für die Wahrscheinlichkeit bestimmter Reaktionen.

Wirsing der, **Welschkohl,** Kopfkohl mit kraus gewellten, locker schließenden Blättern.

Wirt, 1) Gastwirt, Gastgeber. **2)** 🙠 ⚘ Lebewesen, das von einem → Schmarotzer bewohnt wird **(Wirtspflanze, Wirtstier).**

Wirtschaft die, alle Einrichtungen und Tätigkeiten zur Befriedigung der Bedürfnisse des Menschen an Gütern. Den unbegrenzten Bedürfnissen steht die naturgegebene Knappheit der Mittel gegenüber; durch das Wirtschaften werden die notwendigen Güter und Leistungen mit geringstmögl. Aufwand an Mitteln bereitgestellt. Die W. umfaßt Urproduktion (Landwirtschaft, Bergbau), gewerbl. W. (Handwerk, Industrie), Handel, Verkehrswesen, Versicherungen, Banken u. a. Sie wird von den W.-Wissenschaften erforscht (→ Marktwirtschaft, → Planwirtschaft).

wirtschaftliches Wachstum, Expansion einer Volkswirtschaft auf Grund wachsender Bevölkerung, techn. Fortschritte und hoher Investitionen. Maßstab des w. W. ist der jährl. Zuwachs des Sozialprodukts.

Wirtschaftsabkommen, Vereinbarung zw. 2 oder mehreren Staaten über wirtschaftl. Fragen. Die zweiseitigen **Handelsverträge (Handelsabkommen)** dienen vornehmlich dem Warenaustausch. Nach dem 2. Weltkrieg haben die mehrseitigen W. an Bedeutung gewonnen. Beispiele sind das → GATT, die Abkommen im Rahmen der → OEEC und der → OECD, das → Europäische Währungssystem, die → Europäische Wirtschaftsgemeinschaft, das → Comecon u. a. Das Abkommen über die → Montanunion ist in der Hauptsache gleichfalls ein W.

Wirtschaftskrieg, staatl. Zwangsmaßnahmen gegen die Wirtschaft eines anderen Staates, im Frieden durch Mittel der Handelspolitik (Zollerhöhungen, Ein- und Ausfuhrverbote usw.), im Kriege durch militär. Maßnahmen zur See und zu Lande, Beschlagnahme feindl. Eigentums, Sabotage oder Untergrabung des Geldwertes.

Wirtschaftskriminalität, Sammelbez. für strafrechtlich zu verfolgende Handlungen im wirtschaftl. Bereich (Konkursdelikte, Steuerdelikte, Subventionserschleichung, betrüger. Firmengründung, Kreditbetrug u. a.).

Wirtschafts|ordnung, Ordnung des Wirtschaftsablaufes eines Staates; sie hängt von dessen polit. und rechtl. Ordnung ab. Typen: → Marktwirtschaft (freie Wirtschaft), Zentralverwaltungswirtschaft (→ Planwirtschaft).

Wirtschaftsplan, jeder Plan über die beabsichtigte Erzeugung, die voraussichtl. Einnahmen und Ausgaben u. dgl. Die **betriebl. W.** gliedern sich in Produktions-, Finanz-, Absatzplan u. a.; **staatl. W.** enthalten meist Vorschriften über die Entwicklung einzelner Wirtschaftszweige. In totalitären Staaten bilden die meist mehrjährigen W. die Grundlage des gesamten Wirtschaftslebens.

Wirtschaftspolitik, alle Maßnahmen, das Wirtschaftsleben nach allgemeinwirtschaftl. Erfordernissen und Zielen zu gestalten; Träger der W. sind der Staat und die Selbstverwaltungsorgane der Wirtschaft. Ziel ist die Steigerung der wirtschaftl. Leistungsfähigkeit und des Lebensstandards. Einzelziele der modernen W. sind u. a. Vollbeschäftigung, Stabilität des Geldwerts, gerechte Einkommensverteilung, Gleichgewicht der Zahlungsbilanz, Stetigkeit des wirtschaftl. Wachstums. Die W. steht in engem Zusammenhang mit der Finanz- und Sozialpolitik.

Wirtschaftsprüfer, öffentl. bestellter Wirtschaftstreuhänder; prüft Bilanzen, bes. der Aktiengesellschaften **(Abschlußprüfer).**

Wirtschaftsrecht, allg. das Recht des Wirtschaftslebens, also das Vermögensrecht des BGB, Handels-, Wertpapier-, Schiffahrts-, Versicherungsrecht, der gewerbl. Rechtsschutz und Teile des Verwaltungsrechts; i. e. S. das **Recht der Wirtschaftslenkung,** also der Sicherung, Beeinflussung und Steuerung des Wirtschaftsablaufs durch den Staat. – Das **Wirtschaftsstrafrecht** soll das staatl. Recht auf wirtschaftl. Gebiet sichern. In der Bundesrep. Dtl. gilt das Wirtschaftsstrafges. i. d. F. v. 3. 6. 1975.

Wirtschafts|union, der übernat. Zusammenschluß mehrerer Staaten mit gemeinsamen Organen zur Regelung wirtschaftl. Fragen, z. B. der EG.

Wirtschafts-, Währungs- und Sozialunion, durch Staatsvertrag (unterzeichnet 18.5.1990) zum 2.7.1990 geschaffenes gemeinsames Wirtschafts- und Währungsgebiet der beiden dt. Staaten. Die Dt. Dem. Rep. übernahm die DM als Währungseinheit, ersetzte die Planwirtschaft durch die freie Marktwirtschaft und orientierte sich an der sonstigen Sozial- und Arbeitsgesetzgebung der Bundesrep. Dtl. Bei der Währungsumstellung wurden pro Person 4000.- Mark im Verhältnis 1:1 umgetauscht, bei Rentnern betrug der Betrag 6000.- Mark und bei Kindern 2000.- Mark; überschießende Guthaben wurden 1:2 umgetauscht. Sonderregelungen galten für die Vermögenswerte der ehem. SED (PDS), der ehem. Blockparteien und Massenorganisationen.

Wirtschaftswissenschaften, → Volkswirtschaftslehre, → Betriebswirtschaftslehre, → Finanzwissenschaft, → Statistik.

Wirtschaftswunder, Schlagwort für den schnellen und nachhaltigen wirtschaftl. Aufstieg der Bundesrep. Dtl.; später auch auf andere Staaten angewendet.

Wisby, → Visby.

Wischnewski, Hans-Jürgen, Politiker (SPD), *1922; 1966-68 Bundesmin. für wirtschaftl. Zusammenarbeit, 1968-71 Bundesgeschäftsführer der SPD, 1976-79 und 1982 Staatsmin. im Bundeskanzleramt, 1979-82 Stellv. Vors. der SPD.

Wischnu, ind. Gott, → Vishnu.

Wisconsin, **1)** linker Nebenfluß des oberen Mississippi, 692 km lang. **2)** Abk. **Wis.,** Staat im N der USA, zw. Michigansee und oberem Mississippi, 145438 km², 4,8 Mio. Ew.; Hptst.: Madison, größte Stadt: Milwaukee. Getreide- und Gemüsebau, Viehwirtschaft. Maschinen- und Fahrzeugbau, Metall-, Nahrungsmittel- u.a. Ind. ⊕ S. 494.

Wisent der, -s/-e, braunes Wildrind, lebte einst wild in den Wäldern Europas.

Wismar, Hafenstadt im Bez. Rostock, an der Ostsee, 58000 Ew.; Backsteinbauten aus dem MA., reiche Hansestadt, Werften, Nahrungsmittelind. 1648-1803 schwedisch.

Wismut das, **Bi,** chem. Element, rötlichweißes, sprödes Metall; Ordnungszahl 83, D 9,7 g/cm³. W. findet sich frei in Granit, Gneis, auf Gängen, gebunden in W.-Erzen. Gewinnung durch Ausschmelzen des Gesteins oder Rösten des Sulfids und Reduktion des Oxids. Verwendung meist in Legierungen mit niedrigem Schmelzpunkt (für Weichlote und Schmelzsicherungen), W.-Oxid für opt. Gläser, W.-Nitrat als Röntgenkontrastmittel u.a.

Wissenschaft, Inbegriff dessen, was überlieferter Bestand des Wissens einer Zeit ist sowie v.a. der Prozeß methodisch betriebener Forschung und Lehre als Darstellung der Ergebnisse und Methoden der Forschung mit dem Ziel, fachl. Wissen zu vermitteln und zu wissenschaftl. Denken zu erziehen. Die W. beginnt mit dem Sammeln, Ordnen und Beschreiben ihres Materials. Weitere Schritte sind die Bildung von **Hypothesen** und **Theorien.** Sie müssen sich am Material bestätigen (Verifikation) oder bei Widerlegung (Falsifikation) durch neue ersetzt werden. Die Zusammenfassung wissenschaftl. Einzelergebnisse zu einer Ganzheit ist das System. Die W. ist dem Ziel nach entweder **theoret.** (»reine«) **W.** oder **angewandte** (»prakt.«) **W.** und wird traditionell in Natur- und Geistes-W. geschieden.

wissenschaftliche Gesellschaften, Vereinigungen von Forschern und wissenschaftlich Interessierten, z.B. die → Max-Planck-Gesellschaft zur Förderung der Wissenschaften e.V.

Wissenschaftskolleg zu Berlin, 1980 im Rahmen einer vom Land Berlin errichteten Stiftung unter Mitwirkung der Max-Planck-Gesellschaft und des Stifterverbands für die Dt. Wiss. gegr. Einrichtung zur Förderung internat. Spitzenforscher und des wissenschaftl. Nachwuchses; 1981 eröffnet.

Wissenschaftsrat, 1957 gebildetes Gremium zur Abstimmung der Maßnahmen für die Förderung der Wissenschaft in der Bundesrep. Dtl.

Wissenschafts|theorie, engl. **philosophy of science** [fɪl'ɔsəfɪ ɔv s'aɪəns], philosoph. Grundlagendisziplin, die die Methoden der Bildung, Bewährung und Anwendung wissenschaftl. Theorien und Begriffe beurteilt und begründet. Als allg. W. stellt sie bes. Kriterien dafür auf, wann ein (Natur-)Gesetz oder eine Theorie als widerspruchsfrei, als bewiesen (verifiziert), bewährt oder widerlegt (falsifiziert) gilt und worin ihr Erfahrensgehalt besteht; die spezielle W. beschäftigt sich mit den besonderen Bedingungen spezieller Wissenschaftsbereiche (z.B. Gesellschaftswiss., Geisteswiss.). Wesentl. Beiträge lieferte v.a. die analyt. W. (→ Kritischer Rationalismus).

Wissens|soziologie, in den 20er Jahren, hauptsächlich von M. Scheler und K. Mannheim gegr. Spezialgebiet der Soziologie, das den Einfluß gesellschaftl. Faktoren auf Bewußtseinsinhalte und Denkformen untersucht.

Wissmann, Hermann v., Afrikaforscher, *1853, †1905; durchquerte Mittelafrika, erforschte das Kasaigebiet.

Wistari|e, Glyzine, Schmetterlingsblütlergatt., Zierstrauch ist die bis 20 m lange **Chines. W.** mit Blütentrauben.

Witebsk, Gebiets-Hptst. in der Weißruss. SSR, 340000 Ew.; Maschinen- u.a. Ind.

Witt, Jan de, niederländ. Staatsmann, *1625, †1672; zwang durch ein Bündnis mit England und Schweden 1668 Ludwig XIV., auf die Eroberung der span. Niederlande zu verzichten.

Witte, Emanuel de, holländ. Maler, *1617, †1692; Bilder holländ. Kirchenräume.

Wittekind, → Widukind.

Wittelsbacher, dt. Herrschergeschlecht, nach der Burg **Wittelsbach** bei Aichach (Oberbayern). Die W. erhielten 1180 das Hzgt. Bayern, 1214 die Rheinpfalz; sie teilten sich in eine bayer. (→ Bayern, Geschichte) und pfälz. Hauptlinie (→ Pfalz, Geschichte). Die pfälz. W. erbten 1777 auch Bayern (1806-1918 Könige).

Witten, Industriestadt in NRW, an der Ruhr, 106400 Ew.; Stahl-, Maschinenbau, opt., chem. u.a. Ind.

Wittenberg, Lutherstadt W., Krst. im Bez. Halle, an der Elbe (Hafen), 53800 Ew.; Ind.; Lutherstätten: Augusteum mit Wohnung Luthers, Stadtkirche, kurfürstl. Schloß mit der Schloßkirche, an deren Tür Luther am 31.10. 1517 seine 95 Thesen anschlug; Grabstätten Luthers und Melanchthons. – W. war Sitz der askan. Herzöge von Sachsen-W., deren Erben 1422 die Wettiner wurden, und kam 1815 an Preußen. Die 1502 gegr. Univ. wurde durch Luther und Melanchthon der Mittelpunkt der Reformation (1817 mit Halle vereinigt).

Wittenberge, Industriestadt im Bez. Schwerin, 30300 Ew.; Hafen an der Elbe, Bahnknoten; Textil-, Maschinen-, Ölind.

Witterung die, **1)** Wetter. **2)** ♉ tier. Geruchssinn.

Wittgenstein, Ludwig, österr. Philosoph, *1889, †1951; befaßte sich mit Positivismus und Sprachphilosophie.

Wittig, Georg, Chemiker, *1897, †1987; Forschungen u.a. auf dem Gebiet der metallorgan. und der Sauerstoffverbindungen (Wittig-Reaktion). Nobelpreis 1979.

Wittum das, -s/″-er, im dt. MA. eine Zuwendung des Ehemannes an die Frau zur Versorgung als Witwe.

Witwatersrand [vət-], Höhenzug in

Transvaal, Südafrika; reiche Goldlager, Uranförderung.

Witwenrente, Hinterbliebenenrente für die Witwe in der gesetzl. Renten- und Unfallversicherung; oder für den Witwer, wenn die Frau den Mann unterhalten hat **(Witwerrente).**

Witwenvögel, Unterfam. afrikan. Webervögel; Balzkleid der Männchen mit langen Schwanzfedern.

Witz, Konrad, Maler, * um 1400, † um 1445; realist. Erfassung von Mensch und Raum.

Witzleben, Erwin von, Generalfeldmarschall, * 1881, † (hingerichtet) 1944; war im 2. Weltkrieg Führer einer Heeresgruppe an der Westfront; beteiligt am Attentat auf Hitler (20. 7. 1944).

Wjatka die, Fluß in der UdSSR, Nebenfluß der Kama, 1314 km lang.

w. L., ⊕ Abk. für westl. → Länge.

Wladimir, Stadt in der Russ. SFSR, 336 000 Ew.; W. war im 12.-14. Jh. polit., relig. und kultureller Mittelpunkt Rußlands; alte Bauwerke; Ind.

Wladimir, Fürsten von Kiew: **1) W. I., der Heilige** (980-1015), führte das grch.-orthodoxe Christentum ein. **2) W. II. Monomach** (1113 bis 25), vereinigte den größten Teil Rußlands.

Wladiwostok, größte Hafenstadt der UdSSR am Pazif. Ozean, 627 000 Ew.; Kultur-, Handels- und Industriemittelpunkt; Endpunkt der Transsibir. Bahn; Univ.

Wlassow, Andrej, sowjet. General, * 1901, † (hingerichtet) 1946; organisierte in dt. Kriegsgefangenschaft seit 1942 die antibolschewist. **W.-Armee** aus sowjet. Kriegsgefangenen; setzte 2 Divisionen 1945 im Prager Aufstand gegen die UdSSR ein; geriet in amerikan. Gefangenschaft; wurde an die UdSSR ausgeliefert.

Włocławek [vłɔtsł'avɛk], Stadt in der poln. Wwschaft W., auf dem linken Weichselufer, 119 000 Ew.; got. Kathedrale; Ind.

Wobbelung die, im Fernsehen eine geringfügige Ablenkung der Bildstrahlen zum Verwischen der Zeilen.

Wochenbett, Kindbett, die auf die Geburt folgende Zeit von etwa 6-8 Wochen, in der sich die Gebärmutter wieder zu normaler Größe zurückbildet und das Stillen in Gang kommt. Zur Stärkung der überdehnten Bauchdecken ist **W.-Gymnastik** wichtig.

Wochenbettfieber, Kindbettfieber, Puerperalfieber, Infektion der Geburtswunden durch Bakterien, tritt bei guter **Wochenbett-Hygiene** nur noch selten auf und hat durch die Anwendung der Antibiotika an Gefährlichkeit verloren.

Wochenfest, das jüd. Pfingstfest (Mai/Juni), zur Erinnerung an die Gesetzgebung am Sinai.

Wodan [nd.], **Wotan, Wuotan** [ahd.], german. Gott; er hieß bei den skandinav. Völkern **Odin.** Er ist der Gott des Windes, der Toten, des Krieges und Führer der Wilden Jagd.

Wodka [russ. »Wässerchen«] der, wasserheller Trinkbranntwein aus Kartoffeln oder Getreide; bes. in Rußland und Polen verbreitet.

Wodu, Wudu, Voodoo [vud'u, engl.] der, magisch-relig. Geheimkult der Nachfahren afrikan. Sklaven in Haiti, in dem sich afrikan. relig. Vorstellungen mit christl. und westind. Elementen vermischt haben; Geisterglaube; Tanz, Ekstase.

Woëvre [vwa:vr], Ebene östl. von Verdun.

Wöhler, Friedrich, Chemiker, * 1800, † 1882, entdeckte Aluminium, Yttrium; stellte den Harnstoff als erste organ. Verbindung synthetisch her.

wohlerworbene Rechte, ⚖ Rechte, in die der Staat nicht ohne gesetzl. Ermächtigung und Entschädigung eingreifen darf.

Wohlfahrtsstaat, 1) Polizeistaat des Absolutismus. **2)** Staat, der die soziale Sicherung seiner Bürger in den Vordergrund stellt. Während der soziale Rechtsstaat versucht, Sicherheit und Freiheit gleichgeordnet zu verbinden, läuft der W. **(Versorgungsstaat)** Gefahr, die persönl. Verantwortung einzuschränken.

Wohmann, Gabriele, Schriftst., * 1932, beschreibt kritisch das Alltagsleben. Romane: »Ernste Absicht«; »Jetzt oder nie«. Erzählungen: »Ländl. Fest«; »Paarlauf« u. a. Hör- und Fernsehspiele.

Wohnbevölkerung, ortsansässige Bewohner einer Gemeinde (am Zähltag Ortsanwesende, ohne vorübergehend Anwesende, mit vorübergehend Abwesenden).

Wohndichte, statist. Maß für die Belegung von Wohnungen (Bewohner je Wohnung, je Wohnraum, je m^2 Wohnraum).

Wohngeld, staatl. Zuschuß zu den Aufwendungen für Wohnraum, um soziale Härten zu vermeiden und angemessenen Wohnraum zu sichern; gestaffelt nach Einkommen und Zahl der Familienmitgl.

Wohngemeinschaft, gemeinsame Nutzung von Wohnräumen bei Kostenteilung durch eine Mehrzahl nicht verwandter Personen.

Wohnhaus, Gebäude, das Menschen als Wohnstätte dient. Formen: Ein- und Mehrfamilienhaus, Eigenheim, Miethaus, frei stehendes und Reihenhaus. Das Eigenheim wird meist als frei stehendes W., auch als Reihenhaus errichtet, das Mehrfamilienhaus als Mietshaus oder im Wohnungseigentum.

Wohnmobil, → Wohnwagen.

Wohnsitz, Domizil, Ort der ständigen Niederlassung einer Person (§§ 7 ff. BGB). Das ehel. Kind teilt den W. der Eltern (oder des Elternteils, der es in den persönl. Angelegenheiten vertritt), das nichteheliche den der Mutter. Der W. kann gleichzeitig an mehreren Orten bestehen **(Haupt-W.** und **Neben-W.).**

Wohnstraßen, Straßen in verkehrsberuhigten Wohnbereichen, auf denen Fußgänger und Autofahrer gleichberechtigt sind (Regelung seit 1. 8. 1980).

Wohnung, selbständige Wohneinheit innerhalb des Wohnhauses. Die **Wohnfläche** setzt sich zusammen aus den Flächen sämtlicher Räume hinter dem Wohnungsabschluß.

Wohnungs|amt, städt. Behörde zur Erfassung und Verteilung des Wohnraums.

Wohnungsbau. Der W. gehört zu den wichtigsten wirtschaftl. und sozialen Leistungen in der Bundesrep. Dtl. Vom gesamten Bauvolumen (1980) in Höhe von 259,2 Mrd. DM entfielen 122 Mrd. DM (47%) auf den W. Die Bauherren bei Wohngebäuden waren (1979): private Haushalte: 76,1%, Gemeinnützige Wohnungsunternehmen: 5,2%, andere Wohnungsunternehmen: 13,7%, sonstige Unternehmen: 4,9% und öffentliche Bauherren.

Wohnungswirtschaft, der wirtschaftl. Sektor, der die Erstellung, Verwaltung, Vermietung und Betreuung von Wohnungen betreibt. Die **Wohnungszwangswirtschaft** umfaßt die Wohnraumbewirtschaftung, das öffentl. Mietpreisrecht und nach verbreiteter Auffassung auch den Mieterschutz; in der Bundesrep. Dtl. 1946 eingeführt. Das Abbaugesetz (1960) ordnete die stufenweise Überführung des Wohnungswesens in die soziale Marktwirtschaft an.

Wohnwagen, 1) Wagen mit Wohn-, Schlafraum, Kücheneinrichtung, für Schausteller u. a. **2) Caravan,** meist einachsiger Kraftwagenanhänger mit Wohn-, Koch-, Schlafeinrichtung. Das **Wohn-** oder **Reisemobil** besteht aus Wohn- und Triebeinheit auf gemeinsamem Fahrgestell.

Woilach [russ. »Filz«] der, wollene Pferdedecke.

Woityla [vɔjt'ɪła], Karol, Papst, →Johannes Paul II.

Woiwode [slaw. »Heerführer«] der, in Polen der Oberpräs. einer **Woiwodschaft** (Provinz).

Wojnowitsch, Wladimir Nikolajewitsch, russ. Schriftsteller, *1932; krit., z.T. satirische Prosa über sowjet. Gegenwartsprobleme.

Wojwodina, autonome Prov. der Rep. Serbien, Jugoslawien, an der unteren Theiß, 21 506 km², 2,1 Mio. Ew.; Hptst.: Novi Sad.

Wolf der, **1)** graugelb gefärbtes Raubtier der Fam. Hunde, in Wäldern, Steppen und Gebirgen Asiens und Nordamerikas, früher in Europa weit verbreitet. Der **Polar-W.** ist weiß. Der W. raubt seine Beute durch eine Hetzjagd, vereinigt sich oft mit vielen W. zu einer Meute. **2)** ♡ →Hautwolf. **3)** ⊙ Maschine zum Reinigen, Reißen, Mischen, Auflockern von Wolle und Reißspinnstoffen durch Reißen, Schlagen; zum Zerkleinern von Fleisch u.a.

Wolf, 1) Christa, Schriftstellerin, *1929; Romane (»Der geteilte Himmel«; »Kindheitsmuster« u.a.), Erzählung »Kassandra«. **2)** Friedrich, Schriftst., *1888, †1953; emigrierte 1933; Erzählungen und Dramen. **3)** Friedrich August, Altphilologe, *1759, †1824; beschäftigte sich mit der Entstehung der Homerischen Gedichte. **4)** Hugo, Komponist, *1860, †1903; Meister des Liedes (Gedichte von Mörike, Eichendorff, Goethe u.a.). Oper »Der Corregidor«, Orchester-, Kammermusik.

Wolfe [wʊlf], Thomas, amerikan. Schriftst., *1900, †1938; Romane »Schau heimwärts, Engel«, »Von Zeit und Strom«.

Wölfel, Ursula, Schriftstellerin, *1922; Kinderliteratur (»Siebenundzwanzig Suppengeschichten«).

Wolfen, Stadt im Bez. Halle bei Bitterfeld, 32 600 Ew.; photochem. und Farbenind.

Wolfenbüttel, Krst. in Ndsachs., nördl. vom Harz, 48 700 Ew.; viele gut erhaltene Fachwerkhäuser aus dem 17. Jh., Schloß; Herzog-August-Bücherei, an der Leibniz und Lessing als Bibliothekare tätig waren; Konserven-, Maschinen-, chem. u.a. Ind. – Bis 1753 Wohnsitz der Herzöge von Braunschweig.

Wolff, Christian Frhr. v., Philosoph, *1679, †1754, bildete ein System des Rationalismus aus; hielt als erster mathemat. Fachvorlesung in dt. Sprache.

Wolf-Ferrari, Ermanno, dt.-ital. Komponist, *1876, †1948; Opern (»Susannes Geheimnis« u.a.), Chor-, Kammermusik.

Wölfflin, Heinrich, schweizer. Kunsthistoriker, *1864, †1945; bahnbrechend durch seine auf die Form gerichtete Kunstbetrachtung.

Wolfram das, **W**, chem. Element, sehr hartes, graues Schwermetall; Ordnungszahl 74, D 18,1 g/cm³, Schmelzpunkt um 3400 °C. W. findet sich nur in Verbindungen; es wird bes. zur Herstellung der Glühfäden benutzt, außerdem als Stahlveredler (Schnelldrehstahl). Die Kohlenstoffverbindungen des W., die **W.-Carbide,** dienen als Ersatz für Diamanten an Bohrwerkzeugen (→Widia).

Wolfram von Eschenbach, mhd. Dichter, *um 1170, †um 1220; sein Epos »Parzival« ist der erste dt. Entwicklungsroman, in dem sich weltl. Rittertum und geistl. Streben durchdringen. Das lyr. Epos »Titurel« und die Legendendichtung »Willehalm« blieben Bruchstück.

Wolf-Rayet-Sterne [-raj'ɛ-, nach den frz. Astronomen C. J. E. Wolf, *1827, †1918, und G. A. P. Rayet, *1839, †1906], seltene Sterne sehr hoher Temperatur und Leuchtkraft.

Wolfsburg, Stadt in Ndsachs., am Mittellandkanal, 122 000 Ew.; Volkswagenwerk.

Wolfshund, 1) Irischer W., ein Windhund. **2)** U Dt. Schäferhund.

Wolfskehl, Karl, *1869, †1948, zum George-Kreis gehörender Dichter und Übersetzer.

Wolfsmilch, Gatt. kraut- bis baumförmiger Pflanzen mit giftigem Milchsaft und eigenartigen Scheinblüten (Teilblütenständen) in doldigem Gesamtblütenstand. Zugehörig: **Zypressen-W.,** auf Triften; **Garten-W.** und **Sonnen-W.,** Unkräuter. Von afrikan. und mexikan. Arten gewinnt man Kautschuk; auch Zierpflanzen, z.B. **Medusenhaupt.**

Wolfsmilchschwärmer, Nachtschmetterling, Raupe auf Wolfsmilcharten. (BILD Schmetterlinge)

Wolfsrachen, →Gaumen.

Wolfs|spinnen, Spinnen, die ihre Beute im Lauf erjagen; so die Tarantel.

Wolga die, größter Strom Europas, in der UdSSR, entspringt in den Waldai-Höhen und mündet nach 3530 km in einem 150 km breiten Delta in das Kasp. Meer. Etwa 3500 km sind schiffbar, Kanalverbindungen mit Moskau, der Ostsee, dem Weißen und dem Schwarzen Meer. Die W. ist bei Rybinsk, Gorkij, Tscheboksary, Kuibyschew, Wolgograd gestaut.

Wolgadeutsche, die seit Katharina II. (1763) in der Kirgisensteppe an der Wolga angesiedelten west- und süddt. Bauern, 1940 fast 400 000; 1924 bis 1941 in der **Wolgadeutschen Republik** (ASSR innerhalb der Russ. SFSR, Hptst. Engels) bei Saratow zusammengefaßt; im 2. Weltkrieg nach Sibirien umgesiedelt.

Wolgemut, Michael, Maler, Holzschnittzeichner, *1434, †1519; Lehrer Dürers.

Wolgograd, bis 1925 **Zarizyn,** bis 1961 **Stalingrad,** Stadt in der Russ. SFSR, rechts der Wolga, 997 000 Ew.; Eisen-, Stahl-, Erdölind., Walz-, Traktoren-, Kraftfahrzeugwerke. Nach schweren Zerstörungen im 2. Weltkrieg moderner Wiederaufbau. Im N von W. Stausee (Großkraftwerk). – Im 2. Weltkrieg war Stalingrad schwer umkämpft. Die dt. 6. Armee eroberte weite Teile Stalingrads, wurde jedoch später von russ. Truppen eingeschlossen. Ein aussichtsreicher Ausbruch der rd. 330 000 Mann unter Gen.F. →Paulus wurde von Hitler untersagt. Der größte Teil der Truppen wurde aufgerieben, der Rest (90 000 Mann) kapitulierte am 31. 1./2. 2. 1943.

Wolhynien, histor. Landschaft in der nordwestl. Ukraine, im Flußgebiet des oberen Pripet und Bug. Im S guter Getreideboden; Viehzucht. Kohlenbergbau. – 1569 kam W. mit Litauen an Polen, 1795 an Rußland. 1921-39 war W. wieder polnisch.

Wolhynisches Fieber, →Fünftagefieber.

Wolken entstehen durch Verdichtung der Luftfeuchtigkeit bei Abkühlung unter den Taupunkt. Hauptformen der W.: Haufen- oder Quell-W. (**Kumulus,** meist in 600-2000 m Höhe), Schicht-W. (**Stratus,** meist unter 600 m Höhe; **Altostratus,** zw. 2500 und 6000 m Höhe), Haufenschicht-W. (**Stratokumulus,** unter 2500 m Höhe; **Altokumulus,** 2500-6000 m Höhe), Regen-W. (**Nimbus, Nimbostratus,** unter 600 bis über 6000 m Höhe), Gewitter-W. (**Kumulonimbus),** Feder-W. (**Zirrus,** Eis-W. über 6000 m Höhe), Schäfchen-W. (**Zirrokumulus,** hohe Eis-W.), Schleier-W. (**Zirrostratus,** Eis-W. in 8-13 km Höhe). (FARBTAFEL S. 992)

Wolkenkratzer, das Hochhaus.

Wolläuse Mz., Pflanzenläuse, z.T. mit wollartigen Wachsausscheidungen.

Wollbaum, trop. Malvengewächs, →Kapok.

Wolle die, tier. Haare, die sich infolge ihrer Länge, Kräuselung und Feinheit zum Verspinnen eignen (Schaf, Ziege, Kamel, Lama, Kaninchen); bes. die **Schaf-W.** Bei der Schafschur bleibt die W. als ein zusammenhängendes Wollkleid **(Vlies)** erhalten. In den Spinnereien werden die Vliese auseinandergerissen, sortiert und gewaschen; aus dem Waschwasser wird das **Wollfett** gewonnen. Die saubere W. wird durch Krempeln, Strecken und Kämmen

Wolf 1)

H. Wolf

Wolfe

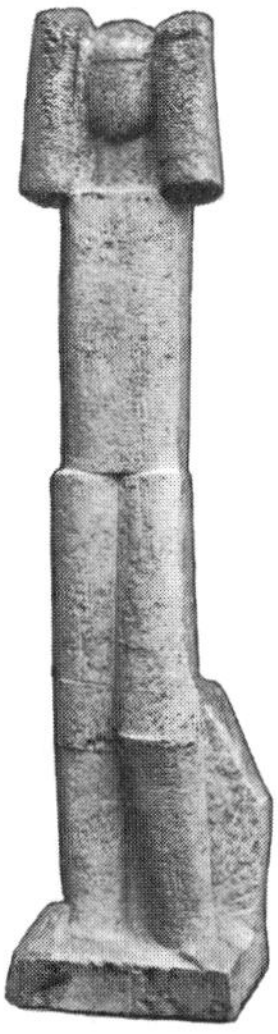

Wotruba: Stehende Figur, Stein

1, 2

3, 4

5, 6

7, 8

1 Flache Haufenwolken (Schönwetterwolken). **2** Aufgetürmte Haufenwolken (regendrohend). **3** Abziehende Gewitterwolke und Schichtwolkenfelder (dunkel). **4** Schauerwolken, Regenbogen. **5** Gewitterschauer mit Böenwolke. **6** Schicht- und Haufenwolken nach Regen. **7** Hohe Haufenschichtwolken gegen Sonnenuntergang. **8** Hohe Schleierwolken

(→ Kammgarn, → Streichgarn) für die Spinnerei zubereitet. W. besteht aus Horn; beim Verbrennen entwickelt sich ein brenzliger Geruch am Ende der Faser ein aufgeblähtes Kohlekügelchen (Probe gegenüber Baumwolle).

Wollgras, Riedgräser, auf Moorboden; weiße, seidenhaarige Ährchen (Hexenbesen).

Wollhandkrabbe, taschenkrebsähnl. Krebstier, Männchen mit dichtbehaarten Scheren, aus China eingeschleppt, seit 1910 auch in dt. Binnengewässern; sehr schädl. Fischräuber.

Wollin, poln. **Wolin,** Insel vor der Odermündung, 248 km², schließt mit Usedom das Stettiner Haff von der Ostsee ab. Auf W. Seebad Misdroy und die Stadt W.

Wologda, Stadt in der Russ. SFSR, 273 000 Ew.; Maschinen-, Holz- u. a. Ind.

Wols, eigtl. Wolfgang **Schulze,** abstrakter Maler, *1913, †1951, Hauptmeister des → Tachismus.

Wolsey [w'ulsı], Thomas, engl. Staatsmann, *1472, †1530, Kardinal, Kanzler Heinrichs VIII.

Wölsungensaga, erzählt die Heldenlieder der Edda in Prosa (Island, 13. Jh.).

Wolter-Teleskop [nach dem Physiker H. Wolter, *1911, †1978] das, ein mit Röntgendetektor ausgestattetes Teleskop; Einsatz auf dem 1990 ausgesetzten Satelliten Rosat zur Kartierung von Röntgenquellen im Weltall.

Wolverhampton [w'ulvəhæmptn], Stadt in Mittelengland, 253 000 Ew.; Kunstakademie, TH; Eisen-, Maschinen- u. a. Ind.

Wolzogen, 1) Ernst Frhr. v., *1855, †1934; humorist. Gesellschaftsromane, Gründer des »Überbrettl« (literar. Kabarett). **2)** Karoline Freifrau v., geb. v. Lengefeld, Schriftstellerin, *1763, †1847; »Schillers Leben«.

Wombat der, plumpes, etwa bibergroßes austral. Beuteltier, nachtaktiv, tagsüber in selbstgegrabenen Erdhöhlen.

Women's Army Corps [w'ımınz 'ɑ:mı kɔ:], Abk. **WAC,** weibl. Hilfskorps der Streitkräfte der USA, bei Stäben aller Teilstreitkräfte eingesetzt.

Women's Lib [w'ımınz-, engl.], Kurzwort für **Women's Liberation Movement** [-lıbər'eıʃn m'u:vmənt], in den USA Ende der sechziger Jahre entstandene militante Frauenbewegung, kämpft gegen die gewohnheitsmäßige Zuweisung geschlechtsspezif. Rollen und Überlegenheitsansprüche der Männer.

Wondratschek, Wolf, Schriftst., *1943; experimentelle, sozial-krit. Prosa; Lyrik: »Männer und Frauen«; Hörspiele.

Woodsches Metall [wud-, engl.], Metalllegierung aus 50% Wismut, 25% Blei, je 12,5% Zinn und Cadmium, schmilzt bei 60,5 °C.

Woolf [wulf], Virginia, engl. Erzählerin, *1882, † (Selbstmord) 1941; Romane: »Mrs. Dalloway«, »Die Fahrt zum Leuchtturm«, »Die Jahre«.

Worcester [w'ustə], **1)** Stadt in England, am Severn, 74 100 Ew.; Ind.: Porzellan, Leder, Maschinen, W.-Soße. **2)** Stadt in Massachusetts, USA, 162 000 Ew.; Univ.; Industrie.

Worcestersoße [w'ustə-, engl.], pikante Würzsoße aus Worcestershire in England.

Wordsworth [w'ə:dzwə:θ], William, *1770, †1850, führender Dichter der engl. Romantik.

Wörishofen, Bad W., Stadt im bayer. RegBez. Schwaben, 13 000 Ew.; Kneipp-Kurort.

Workuta, Stadt in der ASSR der Komi, 101 000 Ew.; Berg-, Kraftwerke, Maschinen- u. a. Ind.; mit Hilfe von Kriegs- u. a. Gefangenen erbaut.

World Wildlife Fund [wə:ld w'aıldlaıf fʌnd], Abk. **WWF,** internat. Organisation zur Erhaltung der natürl. Umwelt, gegr. 1961 (Sitz: Morges, Schweiz).

Worms, Stadt in Rheinl.-Pf., am Rhein (Hafen), 72 000 Ew.; roman. Dom St. Peter, got. Liebfrauenkirche; Leder-, Maschinen-, Nahrungsmittel- u. a. Ind.; Weinbau. – W. war eine Römerstadt und alter Bischofssitz, im 5. Jh. Hptst. der Burgunder am Rhein (Nibelungensage); das **Wormser Konkordat** 1122 beendete den → Investiturstreit; seit dem 13. Jh. war W. Reichsstadt; **Wormser Reichstage** 1495 (Ewiger Landfriede) und 1521 (Reichsacht über Luther).

Wörner, Manfred, Politiker (CDU), *1934; 1982-88 Bundesverteidigungs-Min., seither Gen.-Sekr. der NATO.

Woronesch, Stadt in der Russ. SFSR, am W.-Fluß, 796 000 Ew.; Univ.; chem. u. a. Ind.

Woroschilow, Kliment Jefremowitsch, sowjet. Politiker, Marschall der UdSSR, *1881, †1969; 1953-60 Staatsoberhaupt.

Woroschilowgrad, vor 1935 und 1958-70 **Lugansk,** Gebiets-Hptst. in der Ukrain. SSR, im Donezgebiet, 514 000 Ew.; Hochschulen, Steinkohlenbergbau, Schwerind.

Worpswede, Gem. in Ndsachs., 8300 Ew., am Teufelsmoor, bei Bremen; seit 1889 Künstlerkolonie (Fritz Mackensen, O. und Paula Modersohn).

Worringer, Wilhelm, Kunsthistoriker, *1881, †1965; »Abstraktion und Einfühlung«.

Wort, der kleinste selbständige sprachl. Bedeutungsträger.

Wortbildung, Verfahren der Vermehrung des Wortschatzes durch Ableitung oder Zusammensetzung.

Wortblindheit, Wort|taubheit, die Unfähigkeit, gesehene (»Schriftblindheit«, **Alexie**) oder gehörte Worte zu verstehen; Werkzeugstörung des Gehirns.

Wörterbuch, alphabet. Verzeichnis von Wörtern mit Worterklärungen und/oder sprachl. Angaben oder Übersetzungen.

Wortfeld, sprachl. Bedeutungsfeld. Die Bedeutung eines Wortes wird durch alle Wörter eingegrenzt, die zum gleichen W. gehören (z. B. »lau« durch »kalt«, »warm«, »heiß«).

Wörther See, der größte See Kärntens, 18,8 km², bis 86 m tief; Badeorte.

Worthing [w'ə:ðıŋ], Seebad an der Südküste Englands, westl. von Brighton, 92 000 Ew.

Wosnessenskij, Andrej, russ. Lyriker, *1933.

Wotan, → Wodan.

Wotjaken, Udmurten, finno-ugr. Volk an der unteren Wjatka (→ Udmurten).

Wotruba, Fritz, österr. Bildhauer, *1907, †1975; blockhafte Steinfiguren. (BILD S. 991)

Wouk [wəuk], Herman, amerikan. Schriftst., *1915; Romane: »Die Caine war ihr Schicksal«, »Der Krieg«, Forts.: »Weltsturm« u. a.

Wouwerman [w'ɔuwərman], Philips, niederländ. Maler, *1619, †1668; Landschaften mit Reiterschlachten u. a. Staffage.

Wrack das, unbrauchbar gewordenes Schiff u. a.

Wrangel, Wrangell, dt.-balt. Adelsgeschlecht, verzweigte sich auch nach Schweden, Rußland, Preußen. **1)** Carl Gustav, Graf von Salmis, schwed. Feldherr im 30jährigen Krieg, *1613, †1676, führte auch 1675 das schwed. Heer gegen Brandenburg. **2)** Friedrich H. E. Graf, volkstüml. preuß. GFM, *1784, †1877; 1848 und 1864 Oberbefehlshaber gegen Dänemark. **3) Wrangell,** Peter Nikolajewitsch Baron von, russ. General, *1878, †1928, befehligte im Bürgerkrieg 1920 die antibolschewist. »weiße« Südarmee.

Würmer: 1 Saugwurm, Männchen 1,5 cm lang. **2** Sternwurm, 7,5 cm lang. **3** Strudelwurm, bis 3 cm lang. **4** Hakenwurm, Männchen 10 mm, Weibchen 13 mm lang. **5** Sandpier, bis 22 cm lang. **6** Blutegel, bis 15 cm lang. **7** Roter Regenwurm, 20-35 cm lang.

Wundt

Wurzel 1): 1 Hauptmit Seitenwurzel, **2** rübenförmige W., **3** Neben-W. eines Grases, **4** W.-Knollen, **5** W.-Haare, **6** W.-Haube

Wrangel|insel, Insel vor N-Sibirien, UdSSR, 7300 km² groß; 1867 entdeckt.
Wren [ren], Sir Christopher, engl. Baumeister, *1632, †1723, Hauptmeister des engl. klassizist. Barocks: St.-Pauls-Kathedrale in London.
Wright [wraɪt], **1)** Frank Lloyd, führender moderner amerikan. Architekt, *1869, †1959; material- und zweckorientierte Bauten (Guggenheim-Museum, New York). **2)** Wilbur, *1867, †1912, und Orville, *1871, †1948, amerikan. Flugtechniker; erste Motorflüge 1903 und 1904 mit selbstgebautem Flugzeug.
Wucher der, Ausbeutung anderer durch Fordern unverhältnismäßig hoher Vermögensvorteile: **Kredit-W. (Zins-W.)** und **Sach-W. (Geschäfts-W.),** daneben **Leistungs-W.** Wucherische Rechtsgeschäfte sind nichtig und strafbar.
Wucherblume, → Chrysanthemum.
Wucherung die, ♧ ♘ ♡ vermehrtes Zellenwachstum. Bei **krankhafter W.** entstehen z. B. Pflanzengallen, Geschwülste.
Wuchsstoffe, ♧ ♘ chem. wirkende Stoffe, die das Wachstum beeinflussen, z. B. im Pflanzenreich **Auxin** u. a. Phytohormone.
Wuhan, Hptst. der chines. Prov. Hubei, 3,3 Mio. Ew.; Univ., Schwer-, Textilind.; Jangtsekiangbrücke; eine der bedeutendsten Industrie- und Handelsstädte Chinas.
Wühlmäuse, plumpe Nager mit kurzem Schwanz: echte **Wasserratte,** schadet durch Zerwühlen der Dämme; **W., Schermaus,** schadet durch Wurzelbenagen; **Feldmaus,** schadet Feldfrüchten und Baumsaaten; **Lemming** und **Bisamratte.**
Wuhsi, Wusih, amtl. **Wuxi,** Stadt in der chines. Prov. Kiangsu, etwa 825 000 Ew.; vielfältige Ind.
Wuhu, Stadt in der chines. Prov. Anhwei, 300 000 Ew.; Reiszentrum, Stahlwerk.
Wulfila, Ulfilas, *um 311, †383, westgot. Missionar, 341 Bischof unter den Westgoten auf dem Balkan, übersetzte die Bibel ins Gotische, z. T. erhalten im **Codex argenteus.**
Wullenwever, Jürgen, *um 1492, †(hingerichtet) 1537; war 1533-35 als entschiedener Protestant und Gegner der Patrizierherrschaft Bürgermeister von Lübeck, suchte vergeblich die Vormachtstellung Lübecks in der Ostsee wiederherzustellen.
Wulstling, Gatt. der weißsporigen Blätterpilze; eßbar sind Kaiserling und Perlpilz; giftig sind Fliegen- und Pantherpilz; tödlich giftig die Arten des Knollenblätterpilz.
Wunde die, Verletzung, bei der Gewebe gewaltsam getrennt wurden; heilt durch Verklebung der Wundflächen oder durch Bildung von Fleischwärzchen und → Narbe. **Wundfieber** entsteht durch Verunreinigung mit Bakterien **(Wundinfektion).**
Wunder das, Vorgang, der dem naturgesetzl. Lauf der Dinge widerspricht; alle Religionen erleben im W. das Wirken Gottes.
Wunderblume, Mirabilis, Gatt. zweikeimblättriger Stauden des wärmeren Amerikas mit längl. Blättern und mehrfarbigen, z. T. nur eine Nacht blühenden Trichterblüten; gut zu Kreuzungsversuchen geeignet.
Wunderhorn, Des Knaben W., Samml. alter dt. Volkslieder, hg. v. A. v. Arnim und C. Brentano (1806-08).
Wunderlich, Fritz, Opern- und Konzertsänger (lyr. Tenor), *1930, †1966.
Wundklee, weißfilziger Schmetterlingsblütler mit gelben Blütenköpfen; Futterpflanze; blutstillendes Volksheilmittel.
Wundrose, grch. **Erysipel,** durch Streptokokken erregte, beschränkt ansteckende Entzündung in den Lymphspalten der Haut: Fieber; örtlich (bes. **Gesichts-, Kopf-, Fuß-, Unterschenkel-Rose**) brennende, glänzende Hautrötungen, die Blasen bilden.
Wundstarrkrampf, Wundinfektion, die oft zum Tode führt **(Tetanus).** Der Erreger, der **Tetanusbazillus,** findet sich in Erde, Heu usw.; er bildet das Gift **Tetanotoxin.** Verunreinigung auch kleinster Wunden führt zum W. (Anspannung der Muskulatur mit Rückwärtsbeugung des Kopfes; Krämpfen; Atembehinderung). Vorbeugung: Schutzimpfung; bei frisch Verletzten: Einspritzen von **Tetanusschutzserum.**
Wundt, Wilhelm, Philosoph, Psychologe, *1832, †1920; Begründer der experimentellen Psychologie; »Völkerpsychologie«.
Wünsche, Kurt, Politiker (BFD), *1929; 1965-72 stellv. Vors. des Ministerrates und Justiz-Min. der Dt. Dem. Rep., April bis August 1990 dort Justiz-Min.
Wünschelrute, Instrument der Rutengänger, gegabelter Haselnußzweig oder gebogener Draht, mit beiden Händen in Spannung gehalten, soll an Stellen, wo Wasser oder Bodenschätze in der Erde sind, ausschlagen.
Wunstorf, Stadt in Ndsachs., westl. von Hannover, 37 300 Ew.; keram., Stein- u. a. Ind.
Wupper die, Nebenfluß des Rheins im Bergischen Land, mit Industrieorten, 105 km.
Wuppertal, Industriestadt in NRW, an der Wupper, 372 500 Ew., 1929 aus Elberfeld, Barmen, Vohwinkel u. a. Gem. gebildet; Gesamthochschule; Metall-, Textil- u. a. Ind.; Schwebebahn.
Würenlingen, Gem. im Kt. Aargau, Schweiz, 2600 Ew.; Institut für Reaktorforschung mit 2 Experimentalreaktoren; Zementind., Stahlbauwerk.
Wurf der, **1)** ⊠ Bewegung eines Körpers, dem eine bestimmte Anfangsgeschwindigkeit erteilt wurde, unter dem Einfluß der Schwerkraft. **2)** ♘ das Gebären und die Jungen der Säugetiere. **3)** ♆ Wildschweinrüssel.
Würfel der, **Kubus** der, regelmäßiger Hexaeder: von 6 Quadraten begrenzter Körper.
Wurftaubenschießen, sportl. Schützenwettbewerbe mit Schrotgewehren auf tellerartige Scheiben **(Wurftauben),** die von **Wurftaubenanlagen** in die Luft geschleudert werden.
Würger, ♘ Singvögel, die ihre Beute bei Nahrungsüberfluß als Vorrat auf Dornen spießen; z. B. der langschwänzige, hellgrau-weiße **Raub-W.,** der **Rotkopf-W.,** der **Neuntöter.**
Wurm die, linker Nebenfluß der Rur im Bez. Aachen; im **W.-Tal** Kohlenbergbau.
Wurm der, ♘ → Würmer.
Wurm, Theophil, evang. Theologe; *1868, †1953; 1933-49 Landesbischof von Württemberg, Wortführer der Bekennenden Kirche im Kampf gegen den Nationalsozialismus.
Würmer Mz., **Vermes,** artenreiche nichtsystemat. Gruppe des Tierreichs. Die W. sind wirbellose, zweiseitig symmetr. Tiere, meist von langgestreckter Körperform, im übrigen äußerst vielgestaltig. Viele W. sind Schmarotzer. (BILDER S. 993)
Wurmfarn, Farnkraut, dessen Wurzelstock Mittel gegen Eingeweidewürmer ist. → Schildfarn.
Wurmfortsatz, Appendix, → Blinddarm.
Wurmkrankheiten, grch. **Helminthiasen,** Erkrankungen durch schmarotzende Eingeweidewürmer, z. B. Bandwurm, Madenwurm, Spulwurm, Trichine. Übertragung durch Wurmeier meist bei der Nahrungsaufnahme.
Würmsee, Starnberger See, → Starnberg.
Würselen, Stadt in NRW, im N von Aachen, 33 500 Ew.; Nähmaschinen- u. a. Ind.
Wurt [nd.] die, künstl. Hügel in den Marschen, worauf das Gehöft gebaut wird.
Württemberg, bis 1945 dt. Land zw. Schwäbisch-Fränkischem Schichtstufenland, Schwarzwald und Bodensee, 19 508 km² mit (1939) 2,9 Mio. Ew.; Hptst. war Stuttgart.

Ⓖ Die Grafen von W. (Stammburg Wirtenberg bei Untertürkheim) erscheinen im 12. Jh. im stauf. Hzgt. Schwaben. Sie erweiterten ihr Gebiet erheblich und wurden 1495 Herzöge. Ulrich wurde 1519 vom Schwäb. Bund vertrieben, und W. fiel an Österreich, bis Ulrich 1534 wieder eingesetzt wurde; darauf Einführung der Reformation. Herzog Friedrich II., seit 1806 König Friedrich I., konnte durch seinen Anschluß an Napoleon 1803-10 sein Gebiet ums Doppelte vergrößern; er hob 1805 die alte landständ. Verfassung auf. Wilhelm I. verlieh 1819 eine neue liberale Verfassung. 1918 wurde W. Freistaat. 1945 wurde der S W.s mit Hohenzollern, der N mit N-Baden vereinigt. 1952 ging ganz W. in → Baden-Württemberg auf.

Würzburg, Hptst. des RegBez. Unterfranken, Bayern, am Main, 127 500 Ew.; barockes Stadtbild; Kirchen, Residenz (1719-44, B. Neumann); Käppele (Wallfahrtsort); Festung Marienberg; Bischofssitz; Univ.; Weinbau. – Das Bistum W. wurde 741 von Bonifatius gegr.; die Bischöfe erwarben große Besitzungen im Mainland und nannten sich im 11./12. Jh. »Herzöge zu Franken«. Das Bistum wurde 1802 mit Bayern vereinigt.

Wurzel die, **1)** ⚘ strangförmiger Pflanzenteil, der die Pflanze im Boden verankert und ihr Wasser mit Nährstoffen zuleitet, i. Ggs. zum Sproß stets ohne Blätter. An fortwachsenden Enden hat sie eine schützende **W.-Haube;** an feinsten Verästelungen **(W.-Fasern)** schlauchförmige Zellfortsätze **(W.-Haare),** die die Stoffaufnahme vollziehen. W. von oberird. Ursprung sind die **Luft-W. (Stütz-** und **Stelz-W., Kletter-** oder **Haft-W.).** W. zum Aufspeichern von Nahrungsstoffen sind die **Rübe** und **W.-Knolle.** Von der W. sind zu unterscheiden: der → Wurzelstock, unterird. Ausläufer, Knollen daran, Zwiebeln. (BILD S. 994)

2) △ die Zahl a, die man beim Zerlegen einer Zahl b in n gleichgroße Faktoren erhält ($a = \sqrt[n]{b}$). Z. B. ist 5 die zweite W. oder **Quadrat-W.** aus 25 ($5 = \sqrt[2]{25}$), weil $25 = 5 \cdot 5$; 4 ist die dritte W. oder **Kubik-W.** aus 64 ($4 = \sqrt[3]{64}$), weil $64 = 4 \cdot 4 \cdot 4$. Die zerlegte Zahl b (25; 64) heißt **Radikand,** die Anzahl der Faktoren n (2; 3) **W.-Exponent,** das Aufsuchen oder Ziehen der W. heißt **radizieren.**

3) Ⓢ der einer ganzen Wortfamilie gemeinsame Wortteil, an dem die Grundbedeutung haftet, z. B. **geb**-en, **Gab**-e, er-**gieb**-ig, **Gif**-t usw.

Wurzelbrand, Keimlingskrankheit vieler Nutzpflanzen durch Schmarotzerpilze; Wurzelhals und Hauptwurzel verfaulen oder verschrumpfen.

Wurzelfüßer, Rhizopoden Mz., einfach gebaute Einzeller (Urtiere) mit veränderl. Körperform. Ihr Protoplasmakörper sendet wurzelförmige Fortsätze (Scheinfüßchen, Pseudopodien) aus, die Nahrungsteilchen umfließen oder der Fortbewegung dienen. **Wechseltierchen** (Amöben), nackt oder beschalt; **Sonnentierchen** (Heliozoen), kugelig mit fadenförmigen Pseudopodien; **Strahlentierchen** (Radiolarien) mit zierl. Kieselgerüst; **Foraminiferen.**

Wurzelhaut, W.-Entzündung, → Zähne.

Wurzelkropf, warzige Geschwulst an Wurzel und Wurzelhals vieler Kulturpflanzen, durch Bakterien verursacht.

Wurzelstock, grch. **Rhizom** das, der ausdauernde unter oder dicht über der Bodenoberfläche wachsende Sproßteil einer Staude.

Wusih, chines. Stadt, → Wuhsi.

Wust, Peter, kath. Philosoph, *1884, †1940; Neuscholastiker.

Wüste, Landschaft mit geringem oder ganz fehlendem Pflanzenwuchs. Es gibt **Kälte-** (Eis- und Hochgebirgs-) und **Trocken-** oder **Heißwüsten.** Letztere sind die W. i. e. S., in denen die Verdunstung die Niederschläge überwiegt. Sie begleiten die Äquatorialzone in den Roßbreiten zw. 20° und 30° nördl. und südl. Breite, verschieben sich im Inneren Asiens bis zu 45° Breite. Geringe Bevölkerung, hohe Tagestemperaturen und starke nächtl. Ausstrahlung (große tägl. Temperaturschwankungen) kennzeichnen das Klima der W. Seltene Regenfälle (oft wolkenbruchartig) lassen schuttbeladene reißende Gewässer entstehen, die tiefe Schluchten bilden und meist in abflußlosen Wannen enden. Nach der Bedeckung mit Verwitterungsstoffen unterscheidet man: **Sand-** (in der Sahara: Erg), **Kies-** oder **Geröllwüsten** (Serir, Reg), **Felswüsten** (Hammada; **Gebirgswüsten**), **Mergel-** oder **Staubwüsten, Lehmwüsten** (Takyr). Tier- und Pflanzenwelt sind artenarm und den extremen Bedingungen angepaßt. Die W. sind verkehrsfeindlich und nur dünn besiedelt (Oasen); durch Bodenschätze (Erdöl, Uran u. a.) wirtschaftspolitisch bedeutend. Die randl. Übergangsgebiete sind Halbwüsten, Trockensavannen (Heimat von Viehzuchtnomaden). Das seit langem beobachtete Ausweiten der W. (Sahara 10 000 km^2 jährlich), verursacht im wesentlichen durch menschl. Eingriffe in das ökolog. Gefüge der Randgebiete (z. B. → Sahel), soll durch nat. und internat. Maßnahmen verhindert werden.

Würzburg: Blick zur Festung Marienberg

Wüstung die, verlassene Siedlung (Orts-W.) oder aufgegebene, einst landwirtschaftlich genutzte Fläche (Flur-W., wüste Marken).

Wutach die, rechter Nebenfluß des Rheins, vom Schwarzwald, mündet bei Waldshut.

Wycliffe, Wiclif, John, engl. Reformator, * um 1330, †1384, trat gegen die Verderbnis der Geistlichkeit auf, forderte eine reine christl. Lehre und eine von Rom unabhängige Volkskirche; veranstaltete eine engl. Bibelübersetzung. Das Konzil von Konstanz erklärte ihn 1415 zum Ketzer.

Wyk auf Föhr, Nordseebad auf der Insel Föhr (Schleswig-Holstein), 5900 Ew.

Wyoming [waɪ'əumɪŋ], Abk. **Wyo.,** einer der Kordillerenstaaten der USA, 253 597 km^2, rd. 507 000 Ew.; Hptst.: Cheyenne. Im NW liegt der Yellowstone- und Grand Teton-Nationalpark. Ackerbau ist nur bei künstl. Bewässerung möglich; Schafzucht; ⚒ auf Erdöl, Erdgas, Kohle, Uran u. a. Fremdenverkehr. ⊕ S. 494

Wyschinskij, Andrej J., sowjet. Politiker, *1883, †1954; war 1935-39 Generalstaatsanwalt (polit. Schauprozesse), 1949-53 Außenminister.

Wyspiański, Stanisław, Dramatiker, Maler der poln. Neuromantik, *1869, †1907.

Wyszyński, Stefan, Kardinal, Primas von Polen, *1901, †1981; 1953 amtsenthoben, in einem Kloster interniert, 1956 wieder eingesetzt.

Wytschegda die, rechter Nebenfluß der Dwina, UdSSR, 960 km lang, 690 km schiffbar.

X

Xenophon (Marmorbüste, Ende 4. Jh. v. Chr.)

x, X, 1) 24. Buchstabe des dt. Abc. **2)** röm. Zahl: X = 10. **3)** △ x eine Unbekannte.

Xanten, Stadt in NRW, am Niederrhein, 16 000 Ew. – Nördlich des röm. Standlagers **Vetera Castra** entwickelte sich die Siedlung Colonia Ulpia Traiana (mit Amphitheater). Ihr Ostteil wurde ausgegraben und ist heute (teilweise wieder aufgebaut) ein »Archäolog. Park«. Der Name X. stammt vom lateinischen »ad Sanctos« (zu den Heiligen). Im Nibelungenlied Heimat Siegfrieds. Durch den Vertrag von X. (1614, Bestätigung 1666) fielen Kleve, Mark, Ravensberg an Brandenburg-Preußen.

Xanthippe, Frau des Sokrates, wurde zu Unrecht zum Inbegriff des zänk. Eheweibs.

Xanthogensäure, ⊃ Ester der Thiolthionkohlensäure. Ihr Salz **Natrium-Cellulose-Xanthogenat** ist für die Herstellung von Viskose-Reyon wichtig.

Xanthom [grch.] das, gutartige Neubildung der Haut in Form von gelbl. Knoten, in denen Lipoide abgelagert werden.

Xanthophyll [grch.] das, ⊃ gelber Pflanzenfarbstoff; verursacht Blattgelbfärbung.

X-Beine, ♡ Abknickung der Unterschenkel (gegenüber den Oberschenkeln) nach außen; infolge Rachitis oder zu starker Belastung der Knochen bei Jugendlichen.

X-Chromosom, Geschlechtschromosom, → Vererbung.

Xe, chem. Symbol für Xenon.

Xenakis, Iannis (Yannis), frz. Komponist grch. Herkunft, *1922; der seriellen Musik nahestehende Orchesterwerke, Kammermusik, Elektron. Musik.

Yamswurzel: Knolle der Japan. Y.

Xeni|en [grch.], Ez. die **Xeni|e,** -, **1)** im Altertum Gastgeschenke, die Freunde untereinander austauschten, später auch die, die der Gastgeber nach der Mahlzeit verteilen ließ. **2)** Titel der von Goethe und Schiller gemeinsam verfaßten Sinnsprüche gegen zeitgenöss. Schriftsteller.

Xenobiotika Mz., Bez. für Stoffe, die von Organismen nicht auf- oder abgebaut werden können, z. B. die radioaktiven Elemente.

Xenon das, **Xe,** chem. Element, Edelgas, Ordnungszahl 54, kommt mit 0,000008 Vol.-% in der Luft vor. Verwendung zur Füllung von Glühlampen und Leuchtröhren.

Xenonlampe, mit Xenon unter Hochdruck gefüllte Gasentladungslampe, gibt das beste tageslichtähnl. Licht für Farbmusterungen, Färbereien, Druckereien, Farbfilmaufnahmen usw.; **Xenon-Langbogenlampen** für Flutlichtbeleuchtung.

Xenophanes von Kolophon, grch. Philosoph, Dichter, gründete um 540 v. Chr. die Eleatische Schule.

Xenophon, grch. Schriftst., * um 430, † um 354 v. Chr., führte 401 v. Chr. den Rückzug der 10 000 grch. Söldner des Kyros nach Trapezunt; beschrieb ihn in der »Anabasis«. Geschichtl. und philosoph. Schriften.

Xerophyten [grch.] Mz., ⚘ an trockene Standorte angepaßte Pflanzen: Steppen-, Wüsten-, Salzpflanzen und bes. die → Sukkulenten.

Xerose [grch.] die, **Augendarre,** Entartung der Bindehaut des Auges, wobei die befallenen Stellen trocken und fettglänzend erscheinen; entsteht durch Vitamin-A-Mangel.

Yeats

Xerxes, König der Perser, * um 519, †465 v. Chr., zog 480 v. Chr. nach Griechenland, wurde bei Salamis besiegt.

Xhosa, Xosa [k'o:sa], Bantuvolk im S der Rep. Südafrika, rd. 4 Mio. Menschen, zu den Nguni gehörig.

Ximénes de Cisneros [xim'enεs ðε θisn'εrɔs], Francisco, *1436, †1517; Franziskaner, 1492 Beichtvater Isabellas von Kastilien, 1507 Kardinal und Großinquisitor, veranlaßte die Vertreibung der Mauren aus Spanien.

Xingú [ʃiŋg'u:] der, südl. Nebenfluß des Amazonas in Südamerika, 2100 km lang.

X-mas, engl. für Christmas, Weihnachten.

XP [grch. Ch R], das → Christusmonogramm.

X-Strahlen, die → Röntgenstrahlen.

Xylographie die, ✤ Holzschneidekunst.

Xylole, Dimethylbenzole, im Steinkohlenteer enthaltene Kohlenwasserstoffe, als Lösungs- und Antiklopfmittel verwendet.

Xylophon [grch.] das, ♩ Schlaginstrument aus tonleitermäßig abgestimmten Holzschlägeln, die mit 2 Holzklöppeln geschlagen werden.

Xylose [grch.] die, ⊃ Zuckerart: Holzzucker.

Y

y, Y, 1) Ypsilon, 25. Buchstabe des dt. Abc. **2)** △ y die 2. unbekannte Größe. **3)** Y chem. Symbol für Yttrium.

Yacht [jɔt, engl.], **Jacht** [niederländ. »Jagdboot«] die, -/-en, Sport- und Vergnügungsboot. **Segel-Y.:** die Schwert-Y., bei offener Bauart **Jolle,** mit Kajüte **Jollenkreuzer** genannt, für Binnengewässer, hat einen flachen Boden, von dem in Kielrichtung eine Platte aus Metall oder Holz, das Schwert, senkrecht nach unten ragt. Es läßt sich einziehen. Für offene See: **Kiel-Y., Kielschwertjacht; Dampf-Y.** und **Motor-Y.** meist nur Stützbesegelung. Nach dem Verwendungszweck unterscheidet man: die **Renn-Y.,** vorwiegend für Regatten, die **Kreuzer-Y.** für Fahrtensegeln.

Yak, Jak [tibet.], **Grunzochse,** Rind in Tibet; Last-, Reit- und Milchtier.

Yale University [jeil-], in New Haven, Connecticut, private Univ., gegr. 1701.

Yalu, Jalu, korean. **Amnokgang,** Grenzfluß zw. Korea und der Mandschurei.

Yamoussoukro ['jamusukro], designierte (seit 1983) Hpst. von Elfenbeinküste.

Yamswurzel [chines.], Knollenpflanzen. **1) Dioscorea,** artenreiche einkeimblättrige Pflanzengatt. in warmen Erdgebieten, größtenteils Kletterstauden. Die stärkereichen Knollen geben Nahrungsmittel, in Südafrika z. B. **Schildkrötenpflanze (Elefantenfuß)** mit bis 300 kg schwerer Knolle (Hottentottenbrot). **2) Yamsbohne,** gartenbohnenähnl. amerikan. Schlingpflanze, wegen ihrer kopfgroßen Wurzelknollen in Südamerika und Asien Gartenpflanze.

Yangon, seit 1989 amtl. Name von Rangun.

Yankee [j'æŋkı, engl.] der, Spitzname für den Nordamerikaner, bes. den Neuengländer.

Yaoundé [ja:und'e], Hptst. der Rep. Kamerun, 583 000 Ew.; Univ.; Industrie.

Yap Islands [ja:p 'ailəndz], Inselgruppe der Karolinen, 122 km², 8500 Ew. (Mikronesier). Hauptort: Yap Town auf der Insel Yap. Die Y. I. gehören seit 1946 zum US-Treuhandgebiet Mikronesien.

Yard [ja:d, engl.] das, Abk. **yd.** Längenmaß in USA, = 91,44 cm.

Yarmouth [j'a:məθ], → Great Yarmouth.

Yb, chem. Symbol für Ytterbium.

Ybbs an der Donau, Stadt in NÖ, 6600 Ew.; hat Donau-Großkraftwerk, Stahlwerk u. a. Ind.; Stadtmauer.

Yeats [jeıts], William Butler, irischer Dichter, *1865, †1939; Führer der »kelt. Renaissance«, deutete in seinen lyr.-phantast. Dramen die irische Vorzeit symbolisch aus. Nobelpreis 1923.

Yellowstone [j'eləʊstəʊn, engl.] der, schiffbarer Nebenfluß des Missouri in N-Amerika. In seinem Quellgebiet liegt der **Y.-Nationalpark,** ein Naturschutzgebiet von 8992 km^2, mit dem **Y.-See,** dem **Y.-Cañon,** heißen Quellen, Geysiren.

Yentai, Hafenstadt in der chines. Prov. Schantung, 150 000 Ew.; Obstbau; Eisenbahn.

Yeoman [j'əʊmən, engl.], im mittelalterl. England urspr. der Gemeinfreie, später Pächter, kleiner Grundbesitzer.

Yepes, Narciso, span. Gitarrist, *1927.

Yerby [j'ə:bi], Frank Garvin, afroamerikan. Schriftst., *1916; Abenteuerromane (»Louisiana-Fieber«; »Das Haus der Jarrets«; »Ausgelöscht« u. a.).

Yersin [jɛrs'ɛ̃], Alexandre John Emile, schweizer. Tropenarzt, *1863, †1943, entdeckte, gleichzeitig mit dem japan. Bakteriologen S. Kitasato (*1853, †1931), den Erreger der Pest **(Yersinia pestis),** entwickelte ein Serum zu ihrer Behandlung.

Yggdrasill, german. Sage: die Weltesche, deren Zweige sich über die Welt erstrecken.

Yinchuan, Hptst. von Ningxia, China, 383 000 Ew.; Woll- u. a. Ind., Flugplatz.

Yin Yang [chin. »dunkel« und »hell«], kosmolog. Begriffe der chines. Philosophie; Yang ist das männl. Prinzip (Himmel, Stärke), Yin das weibl. (Erde).

Ylang-Ylang-Öl, äther. Blütenöl vom **Ylang-Ylang-Baum** (Réunion, Komoren, Madagaskar), Rohstoff der Feinparfümerie.

Ylem ['aɪləm, engl.], die Urmaterie, → Urknall.

YMCA, → Christlicher Verein junger Männer.

Ymir, german. Göttersage: der Urriese, aus dem die Welt geschaffen wurde.

Yoga, → Joga.

Yohimbin das, Alkaloid aus der Rinde eines westafrikan. Baumes, gefäßerweiternd, blutdrucksenkend; gilt als Aphrodisiakum.

Yokohama, Jokohama, Hptst. der Prov. Kanagawa, Japan, 2,992 Mio. Ew.; bedeutendster Handelshafen Japans; Universitäten; Werften, Maschinenbau.

Yokosuka, Jokosuka, japan. Marinehafen an der W-Küste der Tokio-Bucht; 427 000 Ew.; Werften, Maschinenbau.

Yonkers [j'ɔŋkəz], Wohnvorstadt von New York, USA, am Hudson, 204 000 Ew.

Yorck von Wartenburg, 1) Ludwig Graf, preuß. Feldmarschall, *1759, †1830, befehligte im russ. Feldzug 1812 das Hilfskorps für Napoleon, schloß beim Rückzug am 30. 12. mit den Russen den Neutralitätsvertrag von Tauroggen, der die preuß. Erhebung gegen Napoleon einleitet. **2)** Peter Graf, *1904; Mitgr. des → Kreisauer Kreises; am 8. 8. 1944 hingerichtet.

York [jɔ:k], **1)** Stadt in O-England, 99 800 Ew.; normann.-got. Kathedrale; Ind. **2)** Halbinsel in NO-Australien (Queensland).

York [jɔ:k], Herzogstitel einer Nebenlinie des engl. Königshauses Plantagenet, → Rosenkriege. Später meist Titel der 2. Königssöhne.

Yorktown [j'ɔ:ktaʊn], Ort im Staat Virginia, USA. 19. 10. 1781 Kapitulation der Briten vor G. Washington, entschied den amerikan. Unabhängigkeitskrieg.

Yoruba, Joruba, Landschaft und alter Negerstaat im SW von Nigeria, besiedelt vom Volk der Y. (11 Mio.).

Yosemite-Tal [jəus'ɛmɪtɪ-], tief eingeschnittenes Felsental in der kaliforn. Sierra Nevada, mit Wasserfällen, seit 1864 Nationalpark (3079 km^2).

Young [jʌŋ], **1)** Edward, engl. Dichter, *1683, †1765, beeinflußte mit seinen »Nachtgedanken« die dt. Dichtung der Empfindsamkeit (18. Jh.). **2)** Owen D., amerikan. Wirtschaftsführer. *1874, †1962; als Präs. (1929) der internat. Kommission zur Regelung der → Reparationen arbeitete er den Y.-Plan aus. **3)** Thomas, engl. Physiker, *1773, †1829, Arzt, erklärte die Interferenz des Lichts, stellte die Dreifarbentheorie des Sehens auf.

Young Men's Christian Association [jʌŋ menz kr'ɪstjən əsəʊsɪ'eɪʃən], **YMCA,** → Christliche Vereine junger Männer (→ YWCA).

Youngplan [j'ʌŋ-], Plan des Amerikaners Owen D. → Young zur Regelung der dt. Reparationen nach dem 1. Weltkrieg, löste 1930 den → Dawesplan ab. Die dt. Zahlungen sollten bis 1988 andauern, bis 1965/66 ansteigen, dann fallen. Der Y. war praktisch nur bis 1931, formal bis 1932 in Kraft.

Youngstown [j'ʌŋstaʊn], Stadt in Ohio, USA, 132 200 Ew.; Kohlen- und Erdgasgebiet.

Yourcenar [jursn'a:r], Marguerite, frz. Schriftstellerin, *1903, †1987; geschichtl. Roman »Ich zähmte die Wölfin« u. a. Seit 1980 Mitgl. der Académie française (als erste Frau).

Yo-Yo [jo:jo:], altes, wohl chines. Geschicklichkeitsspiel mit Holzspule und Faden.

Ypern, fläm. **Ieper** ['i:pɛr], frz. **Ypres** [i:prə], Stadt in Westflandern, Belgien, 21 200 Ew.; blühende Handelsstadt des späten MA. Im 1. Weltkrieg völlig zerstört, wurde Y. im alten Stil wiederaufgebaut; got. Tuchhalle, Renaissancerathaus, St.-Martins-Kathedrale; Textilind.

Yin Yang

Ypsilanti, Alexander, grch. Freiheitskämpfer, *1792, †1828; 1821 erfolgloser Aufstand gegen die Türken.

Ypsilon-Teilchen, ein 1977 entdecktes relativ langlebiges Elementarteilchen, das dem Bindungszustand eines fünften → Quarks mit seinen Antiteilchen entspricht.

Ysop der, halbstrauchiger Lippenblütler Südeuropas, ein bläulich blühendes Würzkraut.

Yssel, Ysselmeer, → Ijssel, → Ijsselmeer.

Ytterbium, Yb, chem. Element aus der Gruppe der Lanthanoiden.

L. Yorck von Wartenburg

Yttrium, Y, chem. Element, den Lanthanoiden nahestehendes seltenes Metall. Verwendung in Farbfernseh-Bildröhren, in der Lasertechnik, für Speicherelemente u. a.

Yüan, 1278-1368 Mongolendynastie in China.

Yucatán, Halbinsel in Zentralamerika, zw. Golf von Campeche und Golf von Honduras, von Kuba durch die **Y.-Straße** getrennt. BEVÖLKERUNG: Maya-Indianer, Mestizen, im O Neger. Y. gehört zu Mexiko, Guatemala und Belize. In der vorkolumbian. Zeit war Y. das Gebiet der Maya-Hochkultur.

Yucca [indian.] die, Liliengewächse, bes. in Zentralamerika; spitze, starre Blätter (Fasern zu Tauen, Bürsten), weißl. Blütenrispe.

Yucca filamentosa

Yukawa Hideki, japan. Physiker, *1907, †1981; sagte 1935 die π-Mesonen theoretisch voraus; Nobelpreis 1949.

Yukon [j'u:kɔn], **1)** der, **Y. River,** 3700 km langer Strom in Alaska, mündet in das Beringmeer. **2) Y. Territory** [- t'erɪtrɪ], kanad. Territorium, im NW des Landes, 536 324 km^2, 20 000 Ew.; Verwaltungssitz ist Whitehorse. Y. besteht meist aus Tundra. Bergbau (Blei, Silber, Kupfer, Zink); Pelztierfang. Die Waschgoldlager am Klondyke sind nahezu erschöpft.

Yünnan, amtl. **Yunnan,** Prov. im SW Chinas, 435 000 km^2, rd. 35 Mio. Ew.; Ackerbau, Viehzucht, Zinnbergbau.

Yverdon [ivɛrd'ɔ̃], dt. **Iferten,** Stadt im schweizer. Kt. Waadt, 20 500 Ew.; Ind. Das alte Schloß war 1805-25 Erziehungsanstalt Pestalozzis.

YWCA, Abk. für Young Women's Christian Association, christl. Verein junger Frauen.

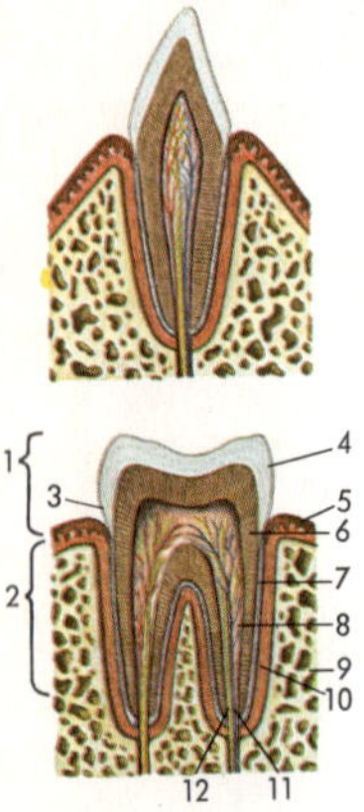

Zähne: Schnittbild eines Schneide-Z. (oben) und Backen-Z. (unten); **1** Z.-Krone, **2** Z.-Wurzel, **3** Z.-Hals, **4** Z.-Schmelz, **5** Z.-Fleisch, **6** Z.-Bein, **7** Z.-Zement, **8** Z.-Mark, **9** Kieferknochen, **10** Wurzelhaut, **11** Blutgefäß, **12** Nerv

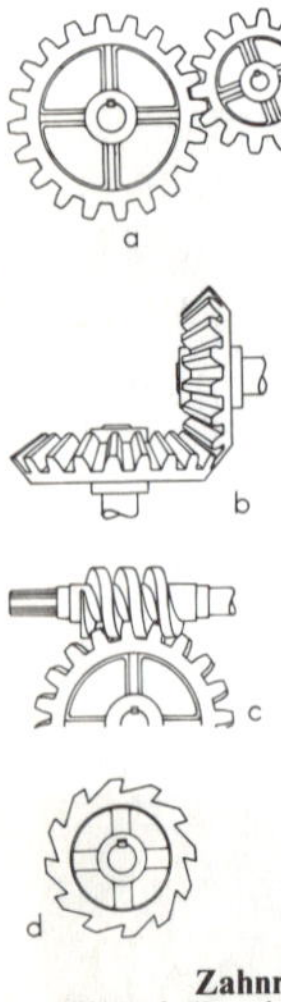

Zahnrad: a Stirn-, b Kegelrad, c Schneckengetriebe, d Sperrad

Zaire

Z

z, Z, 1) letzter, 26. Buchstabe des dt. Abc. **2)** △ **z,** die 3. unbekannte Größe.

Zaanstad [z'a:nstat], Stadt in Nordholland, an der Zaan, 126000 Ew.; Ind. und Handel.

Zacharias, 1) Sacharja, israelit. Prophet, um 520 v. Chr., von ihm stammt das Buch Sacharja im A. T. **2)** Vater Johannes' d. T.

Zadar [z-], ital. **Zara,** Hafenstadt und Seebad an der dalmatin. Küste, Jugoslawien, 43200 Ew.

Zadek, Peter, Regisseur, *1926, 1972-75 Intendant in Bochum, 1985-89 in Hamburg; inszenierte u. a. in Berlin und Wien.

Zadkine [frz. zadk'in], Ossip, russ. Bildhauer in Paris, *1890, †1967; ging vom Kubismus aus.

Zagazig, Stadt im östl. Nildelta, Ägypten, 202000 Ew.; Baumwoll-, Getreidehandel, Textilind.

Zagreb [z-], dt. **Agram,** Hptst. Kroatiens, Jugoslawien, 566100 Ew.; alte Bauwerke; Univ., Hochschulen, Mustermessen; Ind.: Leder, Textil, Holz, Papier, elektr. Motoren.

Zahl die, Grundbegriff der Mathematik. Durch Zählen erhält man die **natürl. Z.** 1, 2, 3,... Die Subtraktion kann die **Null** und die **negative Z.** ergeben; die Division führt zu den Brüchen, die zus. mit den ganzen Z. **rationale Z.** heißen. Durch Auflösung algebraischer Gleichungen kommt man zu den **algebraischen Z.,** zu denen außer den rationalen Z. auch die Wurzeln gehören (z. B. $\sqrt{2}$). Nicht mehr als Wurzeln algebraischer Gleichungen darstellbar sind die **transzendenten Z.,** wie z. B. die Z. e (Basis der natürl. Logarithmen), die Z. π (Kreis-Z., Ludolfsche Z.). Algebraische und transzendente Z. bilden zusammen die **irrationalen Z.,** rationale und irrationale zusammen die **reellen Z.** Ferner → komplexe Zahlen.

Zahlensymbolik, bei allen Völkern verbreitete Anschauung, daß best. Zahlen tiefere sinnbildl. Bedeutung zukomme.

Zahlensystem das, aus einer festgelegten Anzahl von Ziffern bestehendes System zur Darstellung von Zahlen, z. B.. Dezimalsystem (10 Ziffern) oder in der Datenverarbeitung Dualsystem (2 Ziffern) oder Hexagesimalsystem (16 Ziffern).

Zahlentheorie, Lehre von den rationalen Zahlen, Zweig der reinen Mathematik.

Zähler der, **1)** △ Zahl über dem Bruchstrich. **2)** Gerät zum Ermitteln des Verbrauchs **(Elektrizitäts-Z., Gasmesser, Wasser-Z.),** zurückgelegter Strecken **(Kilometer-Z., Schritt-Z.),** von Längen, Umdrehungen **(Tachometer)** u. a.

Zählrohr, Geiger-Müller-Zählrohr, Geigerzähler, Gerät zum Nachweis und zur Zählung von ionisierenden Teilchen oder Strahlen (Alpha-, Beta-, Gamma-, Höhenstrahlen); verwendet in der → Kernphysik, bei Anwendung radioaktiver Indikatoren u. a.

Zahlung die, Übertragung des Eigentums an Geld, meist zur Schuldentilgung **(Barzahlung):** sie hat im Zweifel am Wohnsitz oder Sitz der gewerbl. Niederlassung des Gläubigers zu erfolgen (BGB, § 270). → Wechsel, → Scheck.

Zahlungs|abkommen, Vereinbarung über Art und Verfahren der gegenseitigen Verrechnung im internat. Handelsverkehr.

Zahlungsbilanz, bilanzmäßige Gegenüberstellung aller Zahlungen, die in einem best. Zeitraum (gewöhnlich ein Jahr) zw. In- und Ausländern fällig geworden sind.

Zahlungs|einstellung, ⚖ Unfähigkeit, fällige Verpflichtungen zu erfüllen (auch **Zahlungsunfähigkeit**); führt i. d. R. zu Konkurs oder Vergleichsverfahren.

Zahlungsverkehr, Gesamtheit der Zahlungen im Wirtschafts- und Rechtsverkehr. Im baren Z. werden Zahlungsmittel persönlich übergeben, im **bargeldlosen** erfolgen Überweisungen vom Konto des Zahlenden auf das Konto des Zahlungsempfängers (Giroverkehr), oder der Zahlungsempfänger erhält ein Geldersatzmittel (Wechsel, Scheck, Anweisung).

Zahlwörter, lat. **Numeralia, 1) Grund-, Kardinalzahlen,** lat. Cardinalia, z. B. eins, zwei. **2) Ordnungszahlen,** lat. Ordinalia, z. B. erster, zweiter. **3) Wiederholungs-** und **Vervielfältigungszahlen,** z. B. einmal, zweimal; dreifach, vierfach. **4) Teilungs-** oder **Bruchzahlen,** z. B. ein Drittel, ein Viertel. **5) unbest. Zahlangaben,** z. B. viele, wenige, manche, alle usw.

Zahn, Ernst, schweizer. Erzähler, *1867, †1952; Novellen, Romane.

Zahn|arme Mz., niedere Säugetiere mit rückgebildetem Gebiß, leben in S-Amerika. Ameisenbär, Faultier, Gürteltier, Schuppentier, Erdferkel.

Zahn|arzt, Facharzt für Zahnkrankheiten; Universitätsstudium, Approbation.

Zähne, knochige Mundteile zum Fassen und Zerkleinern der Nahrung. Zahnähnl. Gebilde sind schon bei niederen Tieren vorhanden (Seeigel, Schnecken usw.). Die Z. der Säugetiere sitzen auf den Kiefern. Sie bleiben entweder für das ganze Leben oder werden gewechselt **(Zahnwechsel).** Bei den Säugetieren mit Zahnwechsel wird das Jugendgebiß **(Milch-Z., Milchgebiß)** durch das **Dauergebiß** verdrängt. Die Milch-Z. **(Zahnen)** brechen zwischen dem 6. Monat und 3. Jahr durch, die bleibenden Z. erscheinen vom 5. bis 6. Lebensjahr an.

Teile des Z.: die **Krone** ragt aus dem Zahnfleisch hervor, die **Wurzel** steckt im Zahnfach (in der Alveole) des Kiefers und wird hier von der **Wurzelhaut** festgehalten, der **Hals** ist der vom Zahnfleisch umgebene Teil zw. beiden. Hauptbestandteile des Z. sind **Zahnbein,** eine Abart des Knochengewebes; **Schmelz,** eine porzellanartige glänzende Masse über der Krone und dem Hals; **Zement,** eine knochenartige Masse als Überzug der Wurzel. Im Innern der Z. findet sich die **Zahnhöhle** mit einem gefäß- und nervenreichen Bindegewebe **(Pulpa).**

Einteilung der Z.: **Schneide-Z.,** mit platter, meißelförmiger Krone und einfacher Wurzel, vorn in der Mitte der Kiefer; **Eck-Z.,** zu beiden Seiten der Schneide-Z., mit spitzer Krone und einfacher Wurzel; **Backen-Z. (Prämolaren)** mit zweihöckrigen Kronen und **Mahl-Z. (Molaren)** mit 4-5höckriger Krone. Der erwachsene Mensch hat 32 Z.: jederseits oben und unten 2 Schneide-Z., 1 Eckzahn, 2 Backen-Z. und 3 Mahl-Z. Der hinterste Mahlzahn **(Weisheits-Z.)** bricht meist erst nach dem 17. Jahr oder gar nicht durch.

Zahnkrankheiten. Am häufigsten ist die **Zahnfäule** oder **Zahnkaries,** eine allmähl. Zerstörung des Zahnbeins nach Zerstörung des Schmelzes. Gelangt die Fäulnis in die Nähe der Pulpa, so entstehen heftige Schmerzen **(Zahnweh, Zahnreißen).** Die meist vorhandene Eiterbildung **(Zahngeschwür, Zahnabszeß),** und die damit verbundene Wurzelhautentzündung verursacht Schmerzen beim Zubeißen und führt zur Schwellung von Zahnfleisch und Gesicht; vielfach ist Ziehen des Z. erforderlich. Oft entsteht ein Eitergang von der Zahnwurzel nach außen **(Zahnfistel).** Die Ablagerung von **Zahnstein,** einem Niederschlag von Kalksalzen aus dem Speichel, kann zu Paradentose führen und bewirkt Lockerung und schließlich Ausfallen der sonst ganz gesunden Z. **Zahnersatz,** fabrikmäßig hergestellt aus Porzellan, Gold usw., wird meist an einer **Gaumenplatte** aus Gold, nichtrostendem Stahl oder vulkanisiertem Kautschuk im Mund befestigt oder einzeln als **Stiftzahn** in eine gesunde Wurzel eingesetzt; stehen neben den Lücken noch gesunde Z., so werden die Ersatz-Z. an einer **Brücke (Zahnbrücke)** befestigt.

Zahnkarpfen, kleine farbenprächtige Knochenfische; in Aquarien, z.B. Schwertträger.

Zahnrad, Maschinenteil zur Übertragung von Drehbewegungen von einer Welle auf eine zweite, wobei stets 2 Räder mit ihren Zähnen ineinandergreifen. Je nachdem, ob die Wellen parallel sind, sich schneiden oder kreuzen, verwendet man **Stirn-, Kegel-, Schrauben-Z.,** für große Übersetzungen **Schneckengetriebe.** (BILD S. 998)

Zahnradbahn, Bergbahn. Ein vom Triebwagen angetriebenes Zahnrad greift in eine zw. den Schienen angebrachte Zahnstange und bewirkt die Fortbewegung.

Zahntechniker, vollhandwerkl. Lehrberuf; Aufgabengebiet: Zahnersatztechnik.

Zähringer, süddt. Fürstengeschlecht, nach Burg **Zähringen** bei Freiburg i. Br. benannt. Die ältere Linie der Herzöge von Zähringen, die 1218 ausstarb, gründete die Städte Freiburg i. Br., Freiburg i. Ü. und Bern. Eine jüngere Linie sind die Markgrafen; spätere Großherzöge von Baden.

Zaire [z-], Rep. in Zentralafrika, 2,3 Mio. km^2, 33,46 Mio. Ew. (⅔ Bantu); Hptst.: Kinshasa; Amtssprache: Französisch. Staatsoberhaupt der Präs. – Z. umfaßt das von Gebirgsschwellen umgebene Kongobecken, im S das Katanga-Hochland. Meist feuchtheißes Tropenklima. Im Innern Urwald, nach SO Savanne. Die landwirtschaftl. Erzeugung (Maniok, Mais, Baumwolle u. a.) deckt kaum den Eigenbedarf. Für den Export werden angebaut Kaffee, Tee, Kautschuk. Reiche Bodenschätze (bes. in Shaba): Diamanten, Kupfer, Mangan, Zink, Kobalt, Zinn, Gold, Uran, Germanium u. a.; Hüttenwerke, chem., Getränke-, Textil- u. a. Ind. Ausfuhr: Bergbauprodukte, Kaffee, Kautschuk. Haupthandelspartner: EG-Länder. Bed. Binnenschiffahrt. Seehäfen: Matadi, Boma (am unteren Kongo); internat. Flughäfen: Kinshasa, Lubumbashi. ⊕ S. 482.

Ⓖ Die im Auftrage Leopolds II. von Belgien 1881-85 durch Stanley erworbenen Gebiete im Kongobecken wurden auf Grund der Kongo-Akte (Berlin 1884/85) als unabhängiger Kongostaat unter der Souveränität Leopolds II. anerkannt. 1908 belg. Kolonie **(Belgisch-Kongo),** am 30. 6. 1960 unabhängig. Seitdem kam es zu Truppenmeutereien und blutigen Auseinandersetzungen. Die Spannungen verschärften sich nach Loslösung der Prov. Katanga (1960). 1963 zwangen UN-Truppen Katanga (M. Tschombé) zur Unterwerfung. 1964 wurde M. Tschombé MinPräs. des Gesamtstaates. Durch einen Staatsstreich 1965 machte sich J. D. Mobutu (seit 1971 Mobutu Sese Seko) zum Staatspräs. und führte ein Einparteiensystem ein. Im Zuge einer Kampagne für »Afrikan. Authentizität« wurden zu Beginn der 70er Jahre alle Spuren der Kolonialzeit (christl. Vornamen, nichtafrikan. geograph. Namen) beseitigt, der Staatsname in »Zaire« geändert. (BILD S. 998)

Zakopạne [z-], Kurort und Wintersportplatz am N-Rand der Hohen Tatra, Polen, 30000 Ew.

Zạkynthos [z-], eine der grch. Ionischen Inseln.

Zama, antiker Ort in N-Afrika; Schlacht bei Z. 202 v. Chr., Sieg Scipios über Hannibal.

Zambo [z'ambɔ, span.], weibl. **Zamba,** Mischling von Neger und Indianer.

Zamboạnga [z-], Hptst. der Philippinen-Insel Mindanao, 344000 Ew.; Ausfuhrhafen.

Zande [z-], **Azạnde, Niạm-Niạm,** Gruppe sudansprachiger Stämme in Zentralafrika, über 2 Mio. Menschen.

Zander, barschartiger Süßwasser-Speisefisch.

Zange die, Greifwerkzeug.

Zangengeburt, ♡ Entbindung mit der Geburtszange.

Zankapfel, → Eris.

Zanọni|e die, Kürbisgewächse, Klettersträucher des Malaiischen Archipels.

Zäpfchen das, **1)** Teil des weichen Gaumens. **2) Stuhl-Z., Suppositọrium,** zäpfchenförmige arzneihaltige Masse zur Einführung in den Mastdarm.

Zapfen der, **1)** bei Achsen und Wellen die Teile, mit denen sie im Lager laufen. **2)** Holzverbindung. **3)** ⚘ Blüten- und Fruchtstand, dessen Achse und Tragblätter später verholzen; bes. bei Nadelhölzern. **4)** ♡ Sinneszellen im → Auge.

Zapfenstreich, ⁖ militär. Signal zur Ruhe in den Quartieren.

Zapọnlack, hochwertiger Nitrocelluloselack, bes. für Metalloberflächen.

Zapotẹken, auch **Tzapotẹken,** altes Kulturvolk in Mexiko; die Blütezeit ihrer Kultur lag im 3.-8. Jh. n. Chr. (→ Mitla, → Monte Alban). Ihre Sprache ist dem Mixtekischen verwandt.

Zar [von lat. Caesar] der, slaw. Herrschertitel, angenommen 919 von dem bulgar. Fürsten Simeon, 1346 von dem serb. Fürsten Stefan Dusan, 1547 von dem russ. Großfürsten Iwan IV., 1908 von dem bulgar. Fürsten Ferdinand. **Zarẹwitsch,** Zarensohn; **Zarẹwna,** Zarentochter. **Zarịza,** Zarin.

Zarathụstra, grch. **Zoroạster,** Reformator der altpers. Religion, vor dem 5. Jh. v. Chr.; das **Awesta** ist die Samml. der relig. Texte der Anhänger Z.s. Für Z. ist das Leben ein ständiger Kampf zw. Gut und Böse, Wahrheit und Lüge, Licht und Finsternis (Dualismus). Der lichte Gott Ahura Masda oder Ormuzd mit seinen guten Geistern kämpft gegen den finsteren Herrscher Ahriman mit seinen bösen Geistern. Aufgabe des Menschen ist, Ahura Masda in seinem schweren Kampf beizustehen. Z.s Lehre war zu den Zeiten der Achämeniden und Sassaniden herrschende Religion der Perser (→ Parsen).

Zarge die, **1)** rahmenartige Einfassung an Fenstern und Türen. **2)** Seitenwände von Schachteln. **3)** bei Streichinstrumenten mit flachem Schallkörper dessen Seitenwände.

Zarlịno, Gioseffo, ital. Musiktheoretiker, *1517, †1590, schuf mit der Unterscheidung von Dur und Moll die Grundlage der modernen Harmonielehre.

Zäsụr [lat.] die, Einschnitt; in der antiken Metrik diejenige Stelle im Vers, an der regelmäßig ein Wort schließt, in der dt. Metrik die stets an gleicher Stelle liegende Pause. Wechselt die Pause frei, spricht man von Einschnitt oder Fuge.

Zauber der, geheimnisvolle Verfahren, die im Glauben der Naturvölker oder im Volksglauben Wirkungen auf Lebewesen, Naturvorgänge, Geister, Götter auszuüben vermögen; → Magie. Es gibt Wetter-Z., Fruchtbarkeits-Z., Vernichtungs-Z., Liebes-Z., Heil-Z., Jagd-Z. u. a. Mittel des Z. sind **Z.-Handlung** und **Z.-Spruch.**

Zaum der, Vorrichtung zum Lenken und Führen von Zug- und Reitpferden, besteht aus Lederzeug und dem Gebiß (Trense, Kandare). (BILD S. 1000)

Zauner, Franz Anton v., *1746, †1822; führender klassizist. Bildhauer in Wien.

Zaunkönig, kleiner bräunl. Singvogel mit kurzem, steil aufrichtbarem Schwanz. 9 cm lang; baut ein Kuppelnest am Boden. (BILD S. 1000)

Zaunrebe, Wilder Wein u. a. Kletterpflanzen.

Zaunrübe, Gichtrübe, rankende stau-

Zange

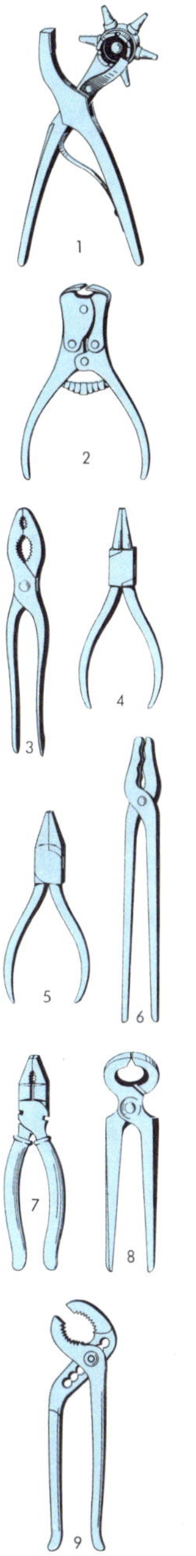

Zange: 1 Revolver-Z. **2** Hebelvorschneider. **3** Gasrohr-Z. **4** Rund-Z. **5** Flach-Z. **6** Schmiede-Z. **7** Kombinations-Z. **8** Beiß-Z. **9** Rohr- und Wasserpumpen-Z.

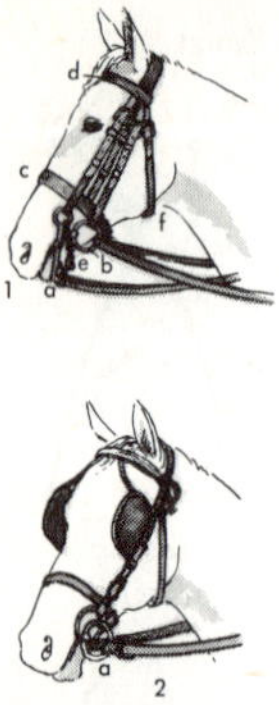

Zaum: 1 Kandarenzäumung mit engl. Reithalfter, a Kandare, b Unterlagtrense, c Reithalfter, d Stirnriemen, e Kinnkette, f Kehlriemen. **2** Trensenzäumung für Wagenpferde, a Doppelringtrense

dige Kürbisgewächse, mit rübenförmiger Wurzel, giftig: **Schwarzbeerige** und **Rotbeerige Z.**

z. B., Abk. für zum **B**eispiel.

z. D., Abk. für zur **D**isposition.

ZDF, Abk. für →Zweites Deutsches Fernsehen.

Zebaoth [hebr., Mz. von saba »Heer«], Heerscharen; **Jahwe Z.,** »Gott der Heerscharen«.

Zebedäus, der Vater der Apostel Jakobus und Johannes.

Zebra das, gestreiftes Wildpferd Afrikas.

Zebrastreifen, durch weiße Querstreifen auf der Fahrbahn markierter Überweg mit Vorrang der Fußgänger.

Zebu der, **Buckelrind,** Nutztier S-Asiens, O-Afrikas, mit Hörnern und Fetthöcker.

Zeche [mhd. »Reihenfolge«] die, **1)** Bergwerk. **2)** Wirtshausrechnung. **Zechprellerei** wird als →Betrug bestraft.

Zechine [ital.] die, venezian. Goldmünze, 1284 zuerst geprägt, auch als →Dukaten bezeichnet.

Zechstein, ⊕ obere Abteilung des Perm.

Zecken Mz., Milben, deren Weibchen an Säugetieren und Vögeln Blut saugen **(Holzbock).** Durch Betupfen mit Öl lassen sie sich entfernen. Überträger von Krankheiten.

Zedent [lat.] der, ⚖ →Zession.

Zeder [grch. kedros] die, **1)** Gatt. immergrüner Nadelbäume (Fam. Kieferngewächse). Die **Echte Z.** oder **Libanon-Z.** wächst im Taurus, Libanon, auf Zypern; Schwesterarten im Atlas, Himalaya; Zierbäume. **2)** andere Nadelhölzer, z. B. →Wacholder, →Lebensbaum. **Zedernholzöl,** flüchtiges Öl u. a. aus dem Holz der Echten Z.; zu Riechstoffen, Seifen.

Zaunkönig

zedieren [lat.], abtreten, →Zession.

Zedrach [arab.] der, Pflanzengatt. im trop. Afrika, in S-Asien, Japan, Polynesien. **Ind.** oder **Pers. Flieder,** mit Rispen violetter, fliederähnl., duftender Blüten; verwandt die **Zedrelen,** deren trop. Arten leichtes Holz liefern.

Zeebrugge [z'e:bryxə], fläm. für **Seebrügge,** Seehafen und Seebad in W-Flandern, Belgien; mit Brügge durch einen Seekanal verbunden.

Zeeman [z'e:-], Pieter, niederländ. Physiker, *1865, †1943, entdeckte den **Z.-Effekt:** die Aufspaltung von Spektrallinien in 2 oder mehrere Linien durch ein Magnetfeld; Nobelpreis 1902.

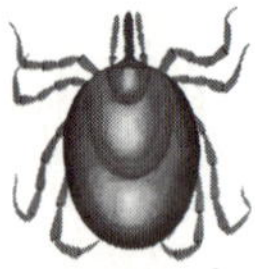

Zecke (Holzbock)

Zeffirelli, Franco, ital. Regisseur, *1923, bekann v. a. als Opernregisseur.

Zehen Mz., Endglieder des Fußes bei Mensch und Wirbeltieren. Einhufer (Pferde) haben eine hufumgebene Z., die meisten Wiederkäuer haben 2, die Vielhufer 3-5. Die Z. tragen Hufe, Nägel oder Krallen, sind bei manchen Tieren durch Flug- oder Schwimmhäute verbunden. Viele Säugetiere gehen nur auf Z. **(Z.-Gänger).**

Zehner-Klub, seit 1962 Gremium der Notenbank-Gouverneure von 10 Industriestaaten zur Wahrung der Währungsstabilität. Mitgl.: Belgien, Bundesrep. Dtl., Frankreich, Großbritannien, Niederlande, Italien, Schweden, USA, Kanada, Japan; assoziiertes Mitgl. ist die Schweiz. Der Z. wurde 1972 durch Einbeziehung von Entwicklungsländern zu einem »Zwanzigerklub« erweitert.

Zehnersystem, △ das →Dezimalsystem.

Zehn Gebote, grch. **Dekalog** der, nach 2. Mos. 20, die am Sinai von Gott dem Moses auf 2 steinernen Tafeln gegebenen Gebote.

Zeder 1): Zweigstück mit Zapfen

Zehnkampf, ↗ Wettkampf aus 10 Übungen (in 2 Tagen je 5 Ü.); der **leichtathlet. Z.** für Männer umfaßt Laufen über 100, 400, 1500 m, 110-m-Hürdenlauf, Hochsprung, Weitsprung, Stabhochsprung, Diskus-, Speerwurf, Kugelstoßen, der **turner. Z.** je eine Kür- und 2 Pflichtübungen am Reck, Barren und Pferd und eine Freiübung.

Riesen-Zebus

Zehnt [von zehn] der, früher Abgabe eines best. Teils, urspr. des 10. Teils des Ertrags (Getreide, Vieh usw.) an die Kirche oder an den Grundherren.

Zehntland, Dekumatland, das im 1. Jh. n. Chr. von den Römern, im 3. Jh. von den Alemannen besetzte Gebiet zw. Oberrhein und →Limes.

Zeichenerkennung, Datenverarbeitung: Zuordnung der vom **Zeichenleser (Klarschriftleser, Lesemaschine)** gelesenen Zeichen zu einem der Maschine eingegebenen Zeichenvorrat. Die Zeichen müssen vom Menschen und der Maschine gelesen werden können.

Zeichenrolle, beim Patentamt geführtes Register der →Warenzeichen.

Zeichenschutz, →Warenzeichen.

Zeichensprache, Mitteilung durch Zeichen, entweder Ersatz der Wortsprache (Gebärden der Taubstummen, Trommelsprache der Naturvölker) oder selbständige Z. (z. B. die frühere Flaggensprache der Marine, Winkersprache des Heeres).

Zeichnung, 1) künstler. Darstellung meist auf Papier (früher auf Pergament), die sich im Unterschied zur Malerei meist auf Linien und Schwarzweißmittel beschränkt, als Kunstgattung mit formalem Eigenwert unmittelbar mit der Hand gezeichnet **(Hand-Z.).** Zeichenmittel sind Stifte, Feder und Pinsel. Zu den Stiften gehören: →Silberstift, Bleigriffel (vom MA. bis ins 19. Jh.), Bleistift (Graphit, seit Anfang des 19. Jh.), Kohle (Holzkohle), versch. Arten von Kreiden, Rötel, Pastellstifte. Für Feder und Pinsel verwendete flüssige Zeichenmittel sind: Gallustinte, Bister, chines. Tusche, Sepia, Deckweiß, Aquarellfarben u. a. Farbige und farbig grundierte Papiere ermöglichen die Heraushebung von Lichtern mit Deckweiß. – Zu den Z. i. w. S. gehören auch Ritzzeichnungen (bes. aus vorgeschichtl. Zeit, in Stein, Knochen, Elfenbein) und Gravierungen in Metall (etrusk. Spiegel u. a.). Hauptwerke antiker Zeichenkunst sind die grch. Vasenmalereien, Pinsel- und Ritzzeichnung zugleich. Aus dem MA. erhalten sind Feder-Z. in Handschriften und Bau-Z. Seit der Renaissance diente die Z. meist der Vorarbeit für die Ausführung eines Kunstwerks (Skizze, Entwurf, Studie, Karton), doch gewann sie bereits bei A. Dürer und dann bes. bei Rembrandt selbständige Bedeutung. Seitdem wurden Z. in zunehmendem Maß um ihrer selbst willen geschaffen. **2)** die unterschriftl. Verpflichtung zum Kauf von neu ausgegebenen Effekten; bei der Z. wird der **Z.-Schein** ausgestellt (bei Aktienausgabe in doppelter Ausführung).

Zeidlerei die, Bienenzucht.

Zeilenfrequenz, Zeilenzahl, →Fernsehen.

Zeilensprungverfahren, Fernsehen: zur Verminderung des Flimmerns wird das Bild so abgetastet, daß immer eine Zeile übersprungen wird, die Zeilen also kammartig ineinandergreifen.

Zeisig der, zierl., spitzschnäbeliger Finkenvogel, z. B.: **Erlen-Z.;** nährt sich bes. von Erlensamen; **Leinfink,** bräunlich, Stirn rot, Brust rosa. (BILD S. 1001)

Zeiss, Carl, *1816, †1888, gründete 1846 in Jena eine feinmechanisch-opt. Werkstätte (bes. Mikroskope), die 1889 von E. Abbe in die → Zeiss-Stiftung eingebracht wurde.

Zeiss-Stiftung, Carl Z.-S., Heidenheim (bis 1949 in Jena); 1889 von Ernst → Abbe errichtet. 1919 brachte F. O. Schott seine Anteile am Jenaer Glaswerk Schott & Gen. ein. Beteiligungen: Zeiss Ikon AG, Carl Zeiss, Oberkochen (Unternehmen der feinmechan. und opt. Ind.), Jenaer Glaswerk Schott & Gen. (seit 1981 Schott Glaswerke) u. a. 1948 wurden die in der Dt. Dem. Rep. gelegenen Vermögenswerte entschädigungslos enteignet; dort besteht der **VEB Carl Zeiss.** Eine Vereinigung beider Firmen wurde 1990 beschlossen.

Zeist [zɛjst], Gem. der Prov. Utrecht, Niederlande, 61 500 Ew.; hat eine Herrnhuter Brüdergemeine.

Zeit die, ⊠ Abfolge des Geschehens, die wir als Vergangenheit, Gegenwart und Zukunft, am Entstehen und Vergehen der Dinge erfahren. Die SI-Einheit der Z. ist die → Sekunde (Einheitenzeichen: s). Im bürgerl. Leben wird die Z. nach dem scheinbaren Lauf der Sonne um die Erde **(Sonnen-Z.)** und dem Lauf der Erde um die Sonne (→ Jahr) bestimmt. Zur Zeitmessung dienen Uhren, die durch astronom. Beobachtungen laufend kontrolliert und korrigiert werden. Wegen des etwas ungleichmäßigen Laufes der Sonne in der Ekliptik muß die **wahre Sonnen-Z.** durch die **Z.-Gleichung** zur **mittleren Sonnen-Z.** korrigiert werden. Für das prakt. Leben ist die Erde in durchschnittl. 15° breite Z.-Zonen eingeteilt, die einen Z.-Unterschied von jeweils 1 Stunde haben. Für Dtl. und die übrigen mitteleurop. Länder gilt die Z. des 15. Längengrades östl. von Greenwich, die **mitteleurop. Z. (MEZ);** östlich und westlich davon gelten die **osteurop. (OEZ)** und die **westeurop. Z. (WEZ). Welt-Z.** ist die mittlere Sonnen-Z. von Greenwich. (→ Sommerzeit)

Zeit|alter, größerer Zeitabschnitt, der eine best. Entwicklungsstufe der Menschheitsgeschichte darstellt. → Ära, → Epoche.

Zeit|arbeit, Übernahme einer Arbeit für begrenzte Zeit, vermittelt durch Arbeitsamt und private Z.-Unternehmen.

Zeitblom, Bartholomäus, Maler, *um 1450, †1518; schwäb. Meister der Spätgotik.

Zeitdehner, → Film.

Zeitdilatation [lat.], Verzögerung des Zeitablaufs in einem physikal. System, das gegenüber dem System des Beobachters rasch bewegt ist; Erscheinung, die erst bei Relativgeschwindigkeiten nahe der Lichtgeschwindigkeit merklich wird; beruht auf den Ges. der Relativitätstheorie.

Zeitfahren, Radrennen, bei dem die Rennfahrer in gleichen Zeitabständen einzeln starten.

Zeitgeist, sich in allen Erscheinungen eines Zeitalters offenbarende Gleichartigkeit der geistigen Haltung, des Stils, der Lebensform und Ideen.

zeitgenössische Kunst, → moderne Kunst.

Zeitgeschäft, Termingeschäft, → Termin.

Zeitgeschichte, Teil der Geschichte, den die gegenwärtig lebenden Generationen miterlebt haben, sowie seine wissenschaftl. Behandlung; in der dt. Zeitgeschichtsforschung die polit. Entwicklung seit 1917/18.

Zeitkarten, Fahrkarten für eine begrenzte Zeit zu ermäßigten Preisen, zur beliebig häufigen Fahrt zw. zwei Orten.

Zeitlohn, → Lohn.

Zeitlupe die, svw. Zeitdehner (→ Film).

Zeitmaß, Tempo, ♩ Zeitdauer der Notenwerte; Geschwindigkeit, in der ein Musikstück vorzutragen ist.

Zeitnehmer, 1) derjenige, der im Betrieb die Zeitstudien durchführt. **2)** ↗ Kampfrichter, die die erzielten Zeiten messen.

Zeitraffer, → Film.

Zeitrechnung, → Chronologie, → Kalender.

Zeitschrift, regelmäßig erscheinende Druckschrift unterhaltenden, allgemeinbildenden, fachl. oder werbenden Inhaltes; meist in Heftform.

Zeitsinn, innere Uhr, angeborene Fähigkeit bei Mensch und Tier, Zeitintervalle ohne mechan. Zeitgeber zu erfassen.

Zeitstudi|e, in Betrieben Beobachtung und planmäßige Festlegung der Zeiten eines Bearbeitungsvorganges zur Ermittlung einer Normalarbeitszeit je Arbeitsvorgang als Grundlage für die Entlohnung, zur Berechnung der Selbstkosten u. a.

Zeit|takt, Telefon: Einteilung der Sprechzeit für eine Gebühreneinheit, abhängig von Entfernungszone, Wochentag und Tageszeit, seit 1980 auch für Ortsgespräche als 8-min-Takt; technisch bedingt ist es möglich, daß davon nur 7 min 30 s des 1. Taktes für das Gespräch zur Verfügung stehen.

Zeitung die, regelmäßig, meist täglich, erscheinende Druckschrift mit Nachrichten und Meinungen, Unterhaltungs- und Anzeigenteil (Tages-Z.). Die **Redaktion** (Schriftleitung) gestaltet den geistigen Inhalt (redaktioneller Teil) und das graph. Bild der Z. Die Nachricht in Wort und Bild aus allen Teilen des öffentl. Lebens wird durch → Nachrichtenagenturen oder von eigenen Mitarbeitern **(Reporter, Berichterstatter, Korrespondent)** geliefert. Die Nachrichten werden in Artikeln (**Leitartikel, Kommentaren, Glossen** usw.) verarbeitet und verwertet (→ Presse, → Pressefreiheit, → Presserecht). Der Anzeigenteil nimmt gegen Bezahlung Mitteilungen und Bekanntmachungen privater Art auf. Gedruckt wird die Z. meist auf schnellaufenden Rotationsmaschinen, die mit Apparaten zum Schneiden, Falzen und z. T. Heften ausgestattet sind. Der Z.-Verlag hat die wirtschaftl. und techn. Leitung.

Zeitungs|ente, falsche Meldung.

Zeitwort, Tätigkeitswort, lat. **Verbum** das, Wortart, die als Prädikat des Satzes auftritt. Beugung (Konjugation) heißt die Veränderung nach Person, Zahl (Numerus), Zeit (Tempus), Handlungsart (Genus: Tatform oder Aktiv, Leideform oder Passiv) und Aussageweise (Modus: Wirklichkeitsform oder Indikativ, Möglichkeitsform oder Konjunktiv, Befehlsform oder Imperativ).

Zeitz, Stadt im Bez. Halle, 44 100 Ew.; Burg, spätgot. Schloßkirche; Eisen-, Textil- u. a. Ind.

Zeitzeichen, von Sendestationen zu best. Zeiten ausgesandte Zeichen, zum Einregulieren der Uhren.

zelebrieren [lat.], feiern; Messe lesen.

Zelinograd, Hptst. des Gebiets Z., Kasach. SSR, 269 000 Ew.; Landmaschinenbau, Nahrungsmittel- u. a. Ind.

Zell am See, Stadt in Salzburg, Österreich, 8000 Ew.; 758 m ü. M.; Fremdenverkehr.

Zelle [aus lat.] die, **1)** kleiner Raum, z. B. Klosterzelle. **2)** Element einer Akkumulatorenbatterie. **3)** ♡ ♘ ⚘ lebender Baubestandteil des Körpers der vielzelligen Lebewesen (»Z.-Staat«) oder selbständig bei den einzelligen Bakterien, Tieren und Pflanzen. Alle Z. haben einen **Zellleib (Zellplasma,** → Zytoplasma) mit versch. Bestandteilen und einen **Zellkern.** Die Z. ist durch Membranen, die miteinander verbunden sind und aus Eiweiß- und Lipoidmolekülen bestehen, in einzelne Reaktionsräume unterteilt. Der Zellkern wird von einer membranartigen **Kernhülle** umschlossen, die von Poren durchbrochen wird. Im Zellkern befinden sich die → Chromosomen, in deren

Zeisig

Zeiss

Zeitblom: Geburt Christi (Heerberger Altar)

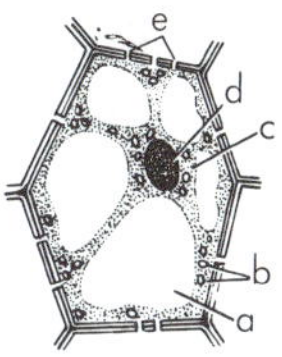

Zelle, a Vakuolen, b Plastiden, c Protoplasma, d Kern, e Tüpfel

Desoxyribonucleinsäure (DNS) (→ Nucleinsäuren) die genet. Information gespeichert ist. An den genetisch aktiven Chromosomenorten wird Ribonucleinsäure (RNS) gebildet, die in das Zytoplasma wandert, um dort an den **Ribosomen** die für den Zellstoffwechsel nötige Eiweißsynthese (Produktion von → Enzymen) einzuleiten. Die Ribosomen sitzen größtenteils dem bes. in aktiven Zellen stark entwickelten inneren **Membransystem (endoplasmat. Retikulum, ER)** auf.

Im Zytoplasma liegen meist in Vielzahl kleine Funktionseinheiten, die **Zellorganellen.** Die **Mitochondrien** sind die »Kraftwerke« der Z. **Golgi-Körper** (Dictyosomen, bes. in Drüsenzellen) bilden Sekrete. Die **Lysosomen** enthalten zahlreiche abbauende Enzyme, die bei der Zelldegeneration frei werden und für rasche Auflösung der Zellstrukturen sorgen. Pflanzl. Z. besitzen außerdem der → Photosynthese dienende, → Chlorophyll enthaltende **Chloroplasten** oder deren Abkömmlinge (nicht bei Pilzen) und eine der Zellmembran außen aufsitzende **Zellwand** (meist aus Cellulose). Der mittlere Querdurchmesser einer Z. beträgt 0,001 bis 0,1 mm; faserförmige Z. (pflanzl. Bastfasern, tier. Nervenfasern u.a.) können mehrere Meter lang werden. Die Z. vermehren sich durch **Zellteilung,** verbunden mit einer → Kernteilung.

Zeller, Carl, Operettenkomponist, *1842, †1898; »Der Vogelhändler«, »Der Obersteiger«.

Zellgewebsentzündung, durch Eiterbakterien erregte, meist von kleinen Hautverletzungen ausgehende Entzündung des Bindegewebes **(Bindegewebsentzündung, Phlegmone).** Behandlung: Antibiotika, Ruhigstellung, ggf. operativ.

Zellglas, ☜ Folien aus Hydratcellulose. Die bekannteste Marke ist das **Cellophan.**

Zellhorn, das → Celluloid.

Zellstoff, ☜ lockerer Stoff aus chemisch reiner Cellulose, wird aus Holz **(Holz-Z.)** oder Stroh **(Stroh-Z.)** hergestellt, die zum großen Teil aus Cellulose bestehen. Beim **Natronverfahren** werden Holzschnitzel oder kleingeschnittenes Stroh mit Natronlauge, beim **Sulfitverfahren** mit einer Lösung von Calciumhydrogensulfit (→ schweflige Säure) gekocht. Aus Z. werden Papier, Kunstseide, Zellwoll, Zellglas, Nitrocellulose u.a. hergestellt.

Zelltherapie, Behandlungsmethode, bei der lebende Zellen aus tier. embryonalen Geweben, meist vom Kalb, in den menschl. Körper eingespritzt werden (→ Niehans).

Zellularpathologie, von → Virchow begründete Lehre, daß alles Krankhafte von Veränderungen der Zellen ausgeht.

Zellwolle, auf Cellulosebasis nach dem Viskoseverfahren hergestellte Textilfaser. Z. wird als endloser Kabelstrang ersponnen, auf Stapel geschnitten und zu Garn versponnen.

Zelot [grch. »Eiferer«] der, **1)** Mitgl. einer römerfeindl. Partei der Juden zur Zeit Jesu. **2)** blinder Eiferer, bes. in Glaubenssachen.

Zelt das, Unterkunft, hergestellt aus Fellen, Leder, Rinde, wasserdichtem Stoff mit Hilfe von Stangen und Befestigungsmitteln. Bei Jäger- und Hirtenvölkern ist es oft Wohnhütte. Das zentral- und hochasiat. Nomadenzelt ist die → Jurte. Leicht aufschlagbare Z. dienen militär. und Sportzwecken.

Zelter, Karl Friedrich, Musiker, *1758, †1832; Freund Goethes, Gründer der ersten Liedertafel; Lieder und Männerchöre.

Zement der, **1)** pulverförmiger Stoff, der mit Wasser gemischt sowohl an der Luft wie auch unter Wasser erhärtet (abbindet). Die Rohstoffe Kalkstein und Ton oder auch Mergel werden fein gemahlen, gemischt und in Drehöfen bis zur Sinterung gebrannt. Der entstandene Klinker wird in Kugelmühlen staubfein gemahlen. Z. dient als Bindemittel zur Herstellung von **Z.-Mörtel** und **Beton. 2)** Bestandteil der → Zähne und Zahnfüllung.

Zentralafrikan. Republik

Zementit, ☜ im weißen Roheisen enthaltenes sehr hartes Eisencarbid.

Zen, Zen-Buddhismus, von dem ind. Patriarchen Bodhidharma (japan. Daruma) begr. Zweig des Buddhismus, kam im 13. Jh. nach Japan, nahm japan. Gepräge an und beeinflußte das japan. Geistesleben entscheidend. Wesentlich ist die Übung der Selbstversenkung, die zu intuitiver Erleuchtung führt.

Zenerdioden, von C. Zener entwickelte Kristalldioden, bei denen der Sperrstrom bei einer best. Sperrspannung lawinenartig ansteigt. Z. dienen zur Spannungsbegrenzung, → Stabilisierung.

Zenit [arab.] der, ☆ → Himmel.

Zenobia, Septimia, Fürstin von Palmyra, 267-272 n. Chr.; von Aurelian 272 besiegt.

Zenon, grch. Philosophen. **1) Z. der Eleate,** aus Elea, Schüler des Parmenides, *490, †430 v. Chr. **2) Z. der Jüngere,** Stifter der → Stoa, aus Zypern, * um 336, †264 v. Chr.

zensieren, prüfen, beurteilen.

Zensor [lat.] der, **1)** Beamter im alten Rom für die Schätzung des Vermögens der Bürger, sittenrichterl. Entscheidungen u.a. **2)** Prüfer, der die → Zensur ausübt.

Zensur [lat.] die, **1)** Schule: Leistungsnote. **2)** altes Rom: Amt der Zensoren. **3)** kath. Kirchenrecht: die Kirchenstrafen zur Zurückführung zum kirchl. Gehorsam. **4)** staatl. Überwachung des geistigen Lebens (Presse, Rundfunk, Film usw.), um die Publizistik i. S. der Staatsführung zu beeinflussen, bes. in autoritären Staaten.

Zensus der, **1)** Volkszählung. **2)** Schätzung der Bürger nach dem Vermögen.

Zent [lat. centena »Hundertschaft«] die, **1)** altgerman. Recht: Unterabteilung des Gaues, unter einem **Z.-Grafen. 2)** Gerichtsbezirk.

Zentaur der, **1)** ☆ südl. Sternbild mit 2 Sternen 1. Größe. **2) Kentaur,** grch. Fabelwesen, halb Pferd, halb Mensch (BILD Fabeltiere).

Zentenarium [lat.] das, **Zentenarfeier,** Jahrhundertfeier.

zentesimal [lat.], hundertteilig. **Zentesimalwaage,** eine Brückenwaage.

zenti... [von lat. centum, »hundert«], bei Maßen und Gewichten: Hundertstel.

Zentifolie [lat.] die, eine → Rose.

Zentimeterwelle, für Radar und Richtfunk verwendete elektromagnet. Wellen mit 1-10 cm Wellenlänge.

Zentner der, Gewichtseinheit. 1 Z. = 100 Pfund = 50 kg. 1 **Doppel-Z. (dz)** = 100 kg.

zentral [lat.], **1)** innerste, mittelste, im Mittelpunkt liegend. **2)** wichtigste, haupt...

Zentral|afrikanische Republik, Rep. in Äquatorialafrika, 622984 km², rd. 2,8 Mio. Ew.; Hptst.: Bangui; Amtssprache: Französisch. Leicht gewelltes, etwa 650 m hohes Savannenland nördlich des Ubangi. Anbau von Hirse, Maniok, Erdnüssen, Baumwolle, Kaffee; Viehzucht, Holzgewinnung; ⚒ Diamanten. Ausfuhr: Diamanten, landwirtschaftl. Erzeugnisse. Haupthandelspartner: Frankreich. Internat. Flughafen: Bangui. – 1910-58 als Ubangi-Schari Teil von Frz.-Äquatorialafrika, dann autonome Rep., seit 1960 unabhängig. Präs. und MinPräs. J. B. Bokassa, der sich selbst 1977 zum Kaiser gekrönt hatte, wurde 1979 gestürzt. 1981 übernahm das Militär die Macht. Staatspräs.: Gen. A. Kolingba (seit 1981). ⊕ S. 482.

Zentral|afrikanischer Graben, tekton. Einbruch im W O-Afrikas.

Zentral|amerika, die zw. N- und S-Amerika gelegenen Teile Amerikas, bestehend aus der schmalen Festlandbrücke zw. der Landenge von Tehuantepec und der kolumbian. N-Grenze. ⊕ S. 484/485.

ZENTRALAMERIKA, STAATL. GLIEDERUNG	1000 km²	Mio. Ew.
Belize	23,0	0,2
Costa Rica	50,9	2,8
El Salvador	21,4	5,1
Guatemala	108,9	8,6
Honduras	112,1	4,8
Nicaragua	128,8	3,6
Panama	75,6	2,3

Der Festlandsteil ist überwiegend Gebirgsland, z.T. mit mehreren parallelen Ketten. Viele Vulkane. Das atlant. Küstentiefland ist heiß, feucht, die Hochebenen gemäßigt, trokkener. BEVÖLKERUNG. Indianer, Mestizen, Weiße, Neger, Mulatten. Erzeugnisse: Kaffee, Zucker, Baumwolle, Edelhölzer, Mais, Reis, Bananen, Kakao, Tabak, Kautschuk. STAATLICH gehören zu Z. das südl. Mexiko, Guatemala, El Salvador, Honduras, Nicaragua, Costa Rica, Panama, Belize und N-Kolumbien. Aus statist. Gründen werden die Anteile Mexikos und Kolumbiens ausgenommen.

Zentral|asien, Mittelasien, Innerasien, abflußlose Hochländer in Innerasien, zw. Himalaya im S, den südl. Randgebirgen Sibiriens im N, Chingangebirge im O und Pamir im W.

Zentralbank, Notenbank (→Banken). Neben der Ausgabe von Banknoten befaßt sie sich mit der Geld-, Kredit- und Währungspolitik. Z. der Bundesrep. Dtl. ist die Dt. Bundesbank.

Zentralbau, ein auf seine (häufig überkuppelte) Mitte bezogener Rundbau; bes. in der byzantin. (Hagia Sophia in Istanbul), russ., islam. Kunst.

Zentralbewegung, Bewegung eines Körpers unter dem Einfluß einer stets auf den gleichen Punkt gerichteten Kraft **(Zentralkraft),** z.B. die beschleunigte Kreisbewegung eines an einem Faden befestigten Steins. Dabei übt der Stein dauernd einen nach außen gerichteten Zug aus, die **Zentrifugal-** oder **Fliehkraft.** Diese ist um so größer, je größer die bewegte Masse oder ihre Geschwindigkeit ist. Ihr entgegen wirkt im Faden die **Zentripetalkraft,** die den Stein am Fortfliegen hindert. Beide Kräfte müssen einander gleich sein. Eine Zentralbewegung ist die Bewegung der Planeten um die Sonne.

Zentrale die, **1)** Hauptgeschäftsstelle, Mittelpunkt. **2)** ⚡ Sammelschalter, Vermittlung.

Zentraleinheit, eine aus Steuer-, Rechen- und Speicherwerk bestehende Baugruppe eines Computers (→Rechenanlage).

Zentralheizung, Sammelheizung, Beheizung eines Gebäudes von einer Heizstelle aus. Bei der **Warmwasserheizung** wird Wasser von 50-90 °C durch die Heizkörper geleitet, bei der **Dampfheizung** Wasserdampf; bei der **Luftheizung** gefilterte, erwärmte Luft.

Zentralisation die, Zusammenfassung von Angelegenheiten an zentraler Stelle; bes. ein System der Staatsverwaltung, bei dem alle staatl. Tätigkeit zentral geleitet wird.

Zentralismus der, Staatsform, bei dem die Reg. von einem zentralen Punkt erfolgt, ohne Autonomie für einzelne Teile. Ggs.: Föderalismus.

Zentralkomitee, ZK, in den kommunist. Parteien die Führungsspitze.

Zentralkraft, →Zentralbewegung.

Zentralmassiv, Zentralplateau, frz. **Massif Central** [mas'if sãtr'al], Landschaft in Mittel- und S-Frankreich, in der Mitte (Auvergne) von vulkan. Ergüssen überlagert (Puy de Sancy 1886 m), im O (Cevennen) steil abfallend, nach W sich allmählich abdachend; reich an Kohle.

Zentralnervensystem, →Nervensystem.

Zentralrat der Juden in Deutschland, Spitzenorganisation der jüd. Gemeinden und Einrichtungen in Dtl.; Sitz: Düsseldorf.

Zentralstelle für die Vergabe von Studi|enplätzen, Einrichtung, die eine gerechte und nachprüfbare Handhabung der Hochschulzulassung ermöglichen soll. Sitz: Dortmund.

Zentralverwaltungswirtschaft, die →Planwirtschaft.

zentrieren, auf die Mitte einstellen, bes. eine Linse so fassen oder anschleifen, daß mechan. und opt. Achse zusammenfallen.

Zentrifugalkraft, →Zentralbewegung.

Zentrifuge [lat.] die, **Trennschleuder,** Maschine zum Trennen von Feststoffen und Flüssigkeiten sowie von Flüssigkeiten versch. D durch Fliehkraft, z.B. Milchschleuder (trennt Rahm und Magermilch).

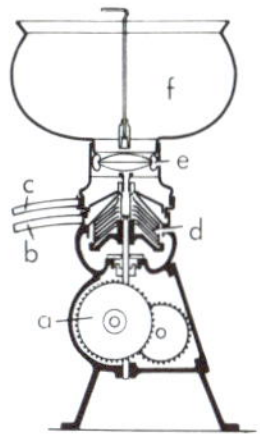

Zentrifuge: Milchschleuder, a Antrieb, b Magermilch, c Rahm, d Schleudertrommel, e Schwimmer, f Vorratsbehälter

Zentripetalkraft, →Zentralbewegung.

Zentrum [lat.] das, -s/...tren, **1)** Mitte, Mittelpunkt, z.B. beim Kreis. **2) Zentrumspartei,** 1870 gegr. kath. polit. Partei der Mitte mit einer Wählerschaft, die den überwiegenden Teil des kath. Dtl. von weit rechts bis in die Arbeiterschaft hinein umfaßte; im →Kulturkampf in starker Gegnerschaft gegen Bismarck und die Liberalen. In der Weimarer Rep. war das Z. in allen Reichsregierungen von entscheidendem Einfluß. Führer: Windthorst, Lieber, Erzberger, dann Wirth, Marx, Brüning. Die ehem. Führer der Z.-Partei gründeten 1945 die Christlich-Demokrat. Union (CDU).

Zenturi|e die, →Centurio.

Zeolithe Mz., ⚘ Natrium-Aluminium-Silicate, die wie →Permutite ihre Natriumionen gegen Calcium- und Magnesiumionen austauschen können, z.B. als Ionenaustauscher bei der Wasserenthärtung.

Zephanja, israel. Prophet im 7.Jh. v.Chr.; nach ihm ist das **Buch Z.** im A.T. benannt.

Zephir, Zephyr [grch.-lat.] der, **1)** sanfter Wind, bes. Westwind. **2)** feinfädiges Baumwollgewebe in Leinwandbindung.

Zeppelin, Ferdinand Graf von, *1838, †1917, begr. 1898 eine AG. zur Förderung der Motorluftschiffahrt, baute das erste brauchbare →Luftschiff.

v. Zeppelin

Zepter [grch.] das, Herrscherstab.

Zerberus der, grch. Sage: der dreiköpfige Wachhund vor dem Hades.

Zerealien [Gaben der Ceres], Feldfrüchte.

zerebral [lat.], ♡ das Gehirn betreffend.

Zeremonie, auch **Zeremoni|e** [lat.] die, herkömml. Förmlichkeit, die bei geistl. und feierl. weltl. Handlungen beobachtet wird; Vorschriften für die Z. sind im **Zeremoniell** festgelegt, das der **Zeremonienmeister** überwacht.

Zeresin das, gereinigtes, gebleichtes Erdwachs für Kerzen, Bohnerwachs u.a.

Zerevis [lat.] das, **Cerevis,** student. Verbindungen: kleine bestickte Mütze ohne Schirm.

Zerhacker der, **1) Vibrator,** mechan. Polwechsler zum Erzeugen einer Wechselspannung aus einer Gleichspannung. **2)** Gerät zum Zerhacken einer Strahlung in Strahlungsstöße, z.B. eine umlaufende Blende **(Chopper).**

Zerka, Zarka, Stadt in Jordanien, 390000 Ew.; wichtigster Industriestandort des Landes mit Zementwerken, Erdölraffinerie.

Zermatt, Kurort im schweizer. Kt. Wallis, am Matterhorn, 1605 m ü.M.; Zahnradbahn, Seilbahnen, Skilifte. (BILD S. 1004)

zéro [z'e:ro, frz.], Null (bes. im Roulett).

Zero [z'e:ro, frz. »Null«], Künstlergruppe (seit 1957) mit O. Piene, G. Uecker, H. Mack und P. Brüning, die eine neue Darstellung des Raumes durch Rasterbilder, Demonstrationen mit Licht und bewegl. Objekten (z.B. Nagelscheiben) sucht.

Żeromski, Stefan, poln. Schriftst., *1864, †1925; Hauptvertreter der poln. Prosa.

Zermatt mit Matterhorn

Zeus und Ganymed

Ziborium 1) (dt., 14. Jh.)

Ziegenbart

Zerstäuber, Gerät zum feinen Verteilen von Flüssigkeiten, meist mit Hilfe einer Düse.

Zerstörer der, leichtes, schwachgepanzertes, schnelles Kriegsschiff mit 4-8 Geschützen und 3-10 Torpedorohren.

Zerstrahlung, beim Zusammenstoßen eines Elementarteilchens mit seinem Antiteilchen auftretende, völlige Umwandlung der Masse in elektromagnet. Strahlungsenergie.

Zertifikat das, **1)** amtl. Bescheinigung, bes. Ursprungszeugnis. **2)** ausgegebener Schuldschein, Anteilscheine an Kapitalanlagegesellschaften.

Zervelatwurst, geräucherte Wurst aus Schweinefleisch, Rindfleisch, Speck.

Zesen, Philipp v., Schriftst., *1619, †1689; Schäferromane.

Zession [lat.] die, ⚖ die → Abtretung einer Forderung. Der Abtretende, der alte Gläubiger, ist der **Zedent,** der neue Gläubiger der **Zessionar.** Zeitw.: **zedieren.**

Zetkin, Clara, geb. **Eißner,** Politikerin (KPD), *1857, †1933, Lehrerin, 1920-33 MdR, 1932 Alterspräsidentin.

Zeugdruck, Bedrucken von Geweben mit farbigen Mustern. Gebräuchlichste Art ist der **Aufdruck,** bei dem die Farbe direkt auf das Gewebe aufgetragen wird. Beim **Ätzdruck** wird auf das vorgefärbte Gewebe Ätzfarbe aufgedruckt, die an den bedruckten Stellen die Grundfarbe zerstört. Beim **Reservage-** oder **Reservedruck** wird eine Schutzschicht aufgedruckt, die die Annahme von Farbe beim nachfolgenden Färben verhindert.

Zeuge der, ⚖ **1)** Person, deren Hinzuziehung bei best. Rechtshandlungen (Eheschließung, Errichtung eines öffentl. Testaments usw.) gesetzlich vorgeschrieben ist. **2)** Person, die in einem Gerichtsverfahren über von ihr wahrgenommene tatsächl. Vorgänge aussagen soll (§§ 373 ff. ZPO; §§ 48 ff. StPO). Der geladene Z. hat die Pflicht, vor Gericht zu erscheinen, auszusagen und die Aussage gegebenenfalls zu beschwören **(Zeugnispflicht);** Verletzung dieser Pflichten zieht Ordnungsstrafen (Geldstrafe oder Haft) nach sich. **Zeugnisverweigerungsrecht** haben nur best. nahe Angehörige der Prozeßparteien (Verlobte, Ehegatten, Verwandte in gerader Linie und in der Seitenlinie bis zum 3. Grad), daneben Geistliche und andere Personen mit Geheimhaltungspflicht (→ Berufsgeheimnis).

Zeugen Jehovas, früher **Ernste Bibelforscher,** von C. T. Russell (*1852, †1916) gegr. relig. Gemeinschaft, die die Aufrichtung eines Gottesreiches erwartet; Hauptsitz: Brooklyn (N.Y.). Sie verwerfen die Lehren von ewiger Verdammnis, Unsterblichkeit der Seele, göttl. Dreieinigkeit und lehnen den Wehrdienst ab.

Zeugnis das, Arbeitsrecht: schriftl. Bescheinigung des Arbeitgebers über Art und Dauer des Arbeitsverhältnisses und, auf Verlangen des Beschäftigten, auch über Führung und Leistungen. Für schuldhaft falsche Z. haftet der Aussteller. Das Z. kann erst bei Beendigung des Dienstverhältnisses oder nachträgl. verlangt werden; Erteilung eines **Zwischen-Z.** ist schon vorher möglich.

Zeugung die, → Fortpflanzung.

Zeus, höchster grch. Gott, Sohn des Kronos und der Rhea, Gemahl der Hera, König der Götter und Vater der Menschen; der Blitz war seine Waffe, der Adler sein Tier.

Zeuxis, grch. Maler um 400 v. Chr.; vervollkommnete die illusionist. Schattenmalerei.

Zeyer, Julius, tschech. Schriftsteller, *1841, †1901; führend in der tschech. Neuromantik.

z. H., Abk. für zu Händen.

Zibbe die, weibl. Kaninchen, Schaf u. a.

Zibebe [arab.] die, große span. Rosine.

Zibeline die, Streichgarn- oder Kammgarngewebe; Nachahmung des Zobelfells.

Zibet [arab.] der, Ausscheidung der **Zibetkatze,** einer → Schleichkatze. Alkohol. **Z.-Tinktur** wird in der Parfümerie verwandt.

Zibetbaum, Indischer Z., indisch-malaiischer Baum; die kopfgroße, stachelige Frucht ist wohlschmeckend, aber übelriechend **(Stinkfrucht).**

Ziborium [lat. »Speisebehälter«] das, kath. Kirche: **1)** Kelch zur Aufbewahrung der Hostien. **2)** Tabernakel.

Zichorie [grch.-lat.], **Wegwarte, 1)** himmelblau blühende Korbblütlerstaude mit sparrigem, bis meterhohem Kraut und bitterer Pfahlwurzel, aus deren im Dunkeln getriebenen Blattsprossen Chicoree gewonnen wird. **2)** geröstete Wurzel der Wegwarte; Kaffee-Ersatz.

Zick, 1) Januarius, Maler, *1730, †1797; Sohn von 2); Deckenfresken der Klosterkirche Wiblingen bei Ulm. **2)** Johann, Maler, *1702, †1762; Fresken im Schloß zu Bruchsal (im 2. Weltkrieg zerstört, teilweise rekonstruiert), im Gartensaal der Würzburger Residenz.

Zider [frz.] der, Apfelwein, Obstmost.

Ziegel [von lat. tegula] der, **Backstein,** aus Lehm, Ton und Sand geformter und gebrannter künstl. Stein, zum Mauern und zur Dachdeckung. Die Rohstoffe werden gemahlen, gepreßt, zerschnitten, an der Luft vorgetrocknet und schwach, mittel oder scharf gebrannt. (→ Schamotte)

Ziegen Mz., wiederkäuende Paarzeher mit stark entwickelten Hörnern. Das männl. Tier **(Bock)** besitzt Kinnbart und unter dem Schwanz gelegene Duftdrüsen. Wildlebende Z. treten in Gebirgen in Rudeln auf; sie sind vorzügl. Springer und Kletterer. **Bezoar-Z.** (Westasien), **Schrauben-Z.** (Himalaya), **Tur** (Kaukasus), der **Alpensteinbock** (Mitteleuropa) ist braungrau. Die **Haus-Z.** wird wegen der Milch (fett- und eiweißreicher als Kuhmilch), des Fleisches und des Felles gehalten. Das weibl. Tier, die **Geiß** oder Ziege, wirft im Frühjahr 1-4 Junge **(Zicklein, Kitzlein). Kaschmir-** und **Angora-Z.** liefern wertvolle Wolle.

Ziegenbart, zu den Keulenpilzen gehörige eßbare Pilze von korallenart. Aussehen. In Wäldern häufig der **Gelbe Z.** oder **Hahnenkamm,** außerdem **Zitronengelber Z.** und **Krause Glucke.**

Ziegenlippe, steinpilzart. Röhrenpilz, eßbar.

Ziegenmelker, → Nachtschwalben.

Ziegenpeter, der → Mumps.

Ziegler, 1) Karl, Chemiker, *1898, †1973; 1963 Nobelpreis (mit G. Natta) für die Entwicklung katalyt. Verfahren zur Kunststoffherstellung. **2)** Klara, Schauspielerin, *1844, †1909; »Klara-Ziegler-Stiftung«, Theatermuseum zum Besten ehemal. Bühnenangehöriger, München. 3) Leopold, Philosoph, *1881, †1958; kulturphilosoph. Schriften: »Gestaltwandel der Götter« u. a.

Ziehen das, spanloses Kaltumformungsverfahren (für Draht, Gefäße u. a.), bei dem die Formgebung durch äußere Zugkräfte bewirkt wird.

Ziehharmonika, Musikinstrument, Blasebalg mit stählernen → Zungen und Tasten. Der Luftstrom wird durch Auseinanderziehen und Zusammendrücken erzeugt, jede der Tasten gibt 2 Töne (je einen bei Zug und Druck). Abarten: Akkordeon, Bandoneon, Konzertina.

Ziehrer, Karl Michael, österr. Operettenkomponist, *1843, †1922; Wiener Volksmusik.

ziehschleifen, honen, Verfahren der spanenden Formung, bei dem das Werkzeug hin- und hergehende, das Werkstück Drehbewegungen ausführt; ermöglicht genaue Maßhaltigkeit und große Oberflächengüte.

Ziel das, **1)** Zahlungsfrist. **2)** Marke, die zur Ermittlung des Siegers erreicht werden muß.

Zielfernrohr, Aufsatzfernrohr für Gewehre.

Zielphotographie, Zielfilm, techn. Einrichtung (Kameraaufnahmen), bes. zur Ermittlung der genauen Reihenfolge der einlaufenden Sportler, Pferde oder Fahrzeuge in sportl. Wettbewerben.

Ziemer der, **1)** Rücken von Hirsch, Reh, Wildschwein. **2)** **Ochsenziemer,** männl. Glied des Ochsen, getrocknet als Stock verwendet.

Zierfische, lebhaft gefärbte und zierlich gestaltete Fische, die in Aquarien gehalten und gezüchtet werden. Einheim. Z.: **Stichling, Bitterling.** Ausländ. Z.: **Goldfische, Labyrinthfische, Zahnkarpfen, Maulbrüter, Segelflosser, Schwertträger.**

Ziersträucher, laubabwerfende, wintergrüne oder immergrüne Holzgewächse von besonderem Schmuckwert in Blüte, Frucht, Blatt, Bezweigung oder Wuchs. (BILDER S. 1006)

Ziesel, den Murmeltieren eng verwandte Nagetiergatt. O- und SO-Europas.

Ziest der, Lippenblütlergatt.; **Dt. Z.,** graufilzig, hellrot blühend, auf magerem Grasboden; ostasiat. **Knollen-Z.,** Knollengemüse; südeurop. **Samtblatt, Woll-Z.,** weißfilzige Gartenpflanze.

Zieten, Hans Joachim v., Husarengeneral Friedrichs d. Gr., *1699, †1786; entschied mehrere Schlachten des Siebenjähr. Krieges.

Ziffern [arab.] Mz., im 10. Jh. durch arab. Vermittlung aus Indien übernommene Zahlzeichen.

Zigarette [span.-frz.] die, Genußmittel aus feingeschnittenem Tabak in Stangenform, umgeben mit einer Papierhülle; wurde um 1812 in Dtl. eingeführt; **Zigarettenind.** entwickelte sich etwa 50 Jahre später.

Zigarillo [span.] der oder das, kleine Zigarre.

Zigarre [span.] die, Genußmittel aus stabförmig gewickelten Blättern von Tabak; Bestandteile sind Einlage, Umblatt und Deckblatt. Die erste dt. Zigarrenfabrik entstand 1788 in Hamburg.

Zigeuner Mz., Wandervolk, das außer in O- und SO-Asien überall anzutreffen ist, hauptsächl. in Europa (über 3 Mio.). Der Typus der Z. weist nach Indien als Ursprungsland; sie sind meist von mittlerem Wuchs, schlank, gelbbraun, schwarzhaarig, mit breitem Gesicht.

Zikaden, Zirpen Mz., Schnabelkerfe mit sprungfähigen Hinterbeinen, als Pflanzensauger z. T. sehr schädlich. Die **Schaum-Z.** lebt als Larve in ausgeschiedenen Schaumklümpchen (Kuckucksspeichel) an Wiesengräsern. Die meisten Z. leben in warmen Ländern, z. B. die **Manna-Z., Eschen-Z., Siebzehnjährige Z.** Die **Sing-Z.** lebt in den Mittelmeerländern; das Männchen erzeugt Schrilltöne.

Zikkurat die, in der sumer., babyl., assyr. Baukunst turmartiger Tempelbau, über einer Terrassenanlage in Stufen ansteigend.

Zilcher, Hermann, Komponist, *1881, †1948; Chorwerke, Sinfonien, Lieder u. a.

Zili|en, Cili|en, Wimpern, fadenförm. Organelle (z. B. von → Geißeltierchen, → Wimpertierchen), die der Fortbewegung oder dem Heranstrudeln von Nahrung dienen.

Zille, Zülle [slaw.] die, Flußkahn.

Zille, Heinrich, Zeichner, *1858, †1929; zeichnete mit Humor die Menschen der Berliner Armutsviertel.

Zillertal, rechtes Seitental des Inntals, in den **Zillertaler Alpen,** dem W-Teil der Tauern; Viehzucht, Holzarbeit, Fremdenverkehr. Hauptort: Mayrhofen.

Zillich, Heinrich, Schriftst., *1898; Schicksalsroman »Zwischen Grenzen und Zeiten«.

Zillig, Winfried, Komponist, *1905, †1963; Opern, Orchesterwerke, Kammermusik, Lieder, Chorwerke, Film-, Hörspielmusik u. a.

Zilpzalp der, Singvogel, ein → Laubsänger.

Zimbabwe [zɪmb'a:bwɪ, engl.], → Simbabwe.

Zimbel [grch.] die, → Cymbal.

Zimbelkraut, → Leinkraut.

Zimier [frz.] das, Helmschmuck.

Zimljansker Stausee, zur Energiegewinnung und Bewässerung angelegter Stausee im unteren Don, UdSSR, 2700 km^2, 24 Mrd. m^3.

Zimmer, Friedrich, evang. Theologe, *1855, †1919; wirkte für lebensprakt. Erziehung in Töchterheimen (Mathilde-Zimmer-Stiftung).

Zimmerlinde, Sparmanni|e, südafrikan., lindenart. Strauch mit großen, herzförm. Blättern und weißen Blütendolden; Zimmerpflanze.

Zimmermann, 1) Bernd Alois, Komponist, *1918, †1970; Opern (»Die Soldaten«), Orchesterwerke, Konzerte. **2)** Dominikus, Baumeister, *1685, †1766; führend im bayer. Spätbarock und Rokoko: Wallfahrtskirche Steinhausen, → Wies. **3)** Friedrich, Politiker (CSU), *1925; 1982-89 Bundesmin. des Innern, 1989-90 für Verkehr. **4)** Johann Baptist, Maler, Stukkateur, Bruder von 2), *1680, †1758; Fresken in Kirchen und Schlössern. **5)** Mac, Maler, *1912; surrealist. Darstellungen.

Zimmertanne, Topfpflanze, → Araukarie.

Zimmerung die, Berg- und Tunnelbau: Ausbau der Hohlräume mit hölzernem Stempel und Brettern zur Sicherung gegen Einsturz.

Zimt [malaiisch »süßes Holz«] der, Gewürz zu Süßspeisen, Backwaren u. a.; in der Heilkunde Magenmittel. **Z.-Baum,** 8-9 m hoher Baum, bes. in O-Indien, Sri Lanka. Die Innenrinde (Bast) junger Stämme gibt die besten Z.-Sorten und **Z.-Öl.** Weniger guten Z. liefert der **Kassien-Zimtbaum** (Chines. Z.-Baum).

Zinerari|e die, → Cineraria.

Zingst, Seebad auf → Darß-Zingst.

Zingulum [lat. »Gürtel«] das, kath. Kirche: **1)** Schnur zur Gürtung der → Albe. **2)** schärpenartiger Talargürtel.

Zink das, **Zn,** chem. Element, bläulichweiß glänzendes, sprödes Metall; Ordnungszahl 30, D 7,13 g/cm^3, Schmelzpunkt 419,5 °C, Siedepunkt 907 °C. Z. ist ein unedles Metall, das sich in Säuren unter Wasserstoffentwicklung löst; an der Luft ist es ziemlich beständig, da es sich mit einer dünnen Schutzschicht aus Z.-Oxid oder bas. Z.-Carbonat überzieht. In der Natur findet es sich als **Z.-Blende** (ZnS), **Z.-Spat** (Galmei) und **Kieselzinkerz.** Gewonnen wird das Z. durch Reduktion des Oxids mit Kohle bei etwa 950-1100 °C im Muffelofen, aus dem das Z. dampfförmig entweicht; in Schamottevorlagen wird der Z.-Dampf dann wieder kondensiert. Das Roh-Z. wird durch Umschmel-

Zikade: Larve der Wiesenschaumzikade mit Schaumnest

Zille: »Ach wat – müde – tragen – dir ärgert bloß, det ick dir habe loofen jelernt!«

v. Zieten

Kerrie, Ranunkelstrauch

Flieder

Goldregen
Ziersträucher

Zinnie

zen oder durch Elektrolyse gereinigt. Z. wird zur Herstellung von Blechen, Haushaltsgeräten, Trockenelementen u.ä. verwendet; Bestandteil vieler Legierungen (Messing); mit Z. überzogene Metallgegenstände **(Verzinken)** werden vor Korrosion geschützt. VERBINDUNGEN: **Z.-Oxid,** ZnO, weißes Pulver, entsteht beim Verbrennen von Z.; Malerfarbe **(Z.-Weiß),** zu Salben und Streupudern. **Z.-Sulfid,** ZnS, wichtiger Bestandteil von Leuchtfarben und Leuchtschirmen, bildet im Gemisch mit Bariumsulfat die Malerfarbe **Lithopone.**

Zinkerzeugung (1987; in 1000 t)

Kanada	1500	Mexiko	283
UdSSR[1])	950	Spanien	266
Australien	754	USA	233
Peru	593	VR Korea	220
VR China[2])	344	**Welt**	**7183**

[1]) Schätzung [2]) ohne Taiwan

Zinken der, **1)** ♩ altes Blasinstrument aus Horn oder Holz; **Zinkenisten,** die Stadtpfeifer. **2)** G Zeichen geheimer Verständigung; auch Zeichen an den von Falschspielern zurechtgemachten **(gezinkten)** Karten.

Zinksalbe, weiße Wundsalbe.

Zinn das, **Sn,** chem. Element, silberglänzendes, dehnbares Metall, das sich zu Stanniol auswalzen läßt; Ordnungszahl 50, D 7,29 g/cm³, Schmelzpunkt 231,9 °C. Z. ist an der Luft und gegen verdünnte Säuren ziemlich beständig, bei Temperaturen unter 13 °C verwandelt es sich allmählich in eine graue, pulvrige, nichtmetall. Modifikation **(Z.-Pest).** Z. findet sich hauptsächlich als **Z.-Stein,** SnO_2, und wird daraus durch Reduktion mit Kohle gewonnen. Es dient zur Herstellung von Weißblech und anderen verzinnten Gebrauchsgegenständen. Die wichtigsten Z.-Legierungen sind **Weichlot** und **Bronze.** Vor Erfindung des Porzellans war Geschirr meist aus Z.

Hüttenproduktion von Zinn (1987; in 1000 t)

Malaysia	30	Bolivien	8
Brasilien	29	Peru	5
VR China[1])[2])	28	Großbritannien	4
Indonesien	26	Dt. Dem. Rep.	3
UdSSR[1])	15	Zaire	2
Thailand	15	**Welt**	**185**

[1]) Schätzung [2]) ohne Taiwan

Zinne die, Mauerkrönung mit Einschnitten; bes. auf der mittelalterl. → Burg. (BILDER S. 1007)

Zinni|e die, mexikan. Korbblütler, sommerl. Gartenzierpflanzen.

Zinnober der, HgS, wichtigstes Quecksilbererz; Fundorte bei Almadén (Spanien), Idria (Jugoslawien).

Zins [von lat. census »Abgabe«] der, -es/-en, **1)** früher: Abgabe an den Grundherren. **2)** Miete, Pacht. **3)** Preis für leihweise Überlassung von Kapital, bes. für Inanspruchnahme von Kredit (Geld-Z.). Die Höhe des Z. wird durch den **Z.-Fuß,** meist in % des Kapitals für ein Jahr, ausgedrückt. Berechnung:

$$\text{Zinsen} = \frac{K\,(\text{Kapital}) \times p\,(\text{Zinsfuß}) \times t\,(\text{Zinstage})}{100 \times 360}$$

oder (umgeformt zur Zinsformel) = $\frac{K \times t}{100}$ (Zinszahl): $\frac{360}{p}$ (Zinsdivisor).

Der **Zinseszins** entsteht, wenn die jährl. Z. eines Kapitals diesem zugeschlagen und mit ihm weiterverzinst werden. Zinseszinsformel: $K = c \times q^n$ (dabei c = Anfangskapital, n = die Anzahl der Jahre, $q = 1 + \frac{p\,(\text{Zinsfuß})}{100}$). Hieraus folgt, daß eine in n Jahren fällige Schuld K den heutigen Wert (Barwert) $c = \frac{K}{q^n} = K\left(\frac{1}{q^n}\right)$ hat. Diese Berechnung des Barwertes heißt **Diskontierung;** q ist der Verzinsungs- oder Aufzinsungsfaktor, $\frac{1}{q}$ der Abzinsungs- oder Diskontierungsfaktor.

⚖ Verpflichtung zur Zahlung von Z. beruht auf Vertrag oder auf gesetzl. Bestimmung. In der Bundesrep. Dtl. ist der regelmäßige Z.-Satz 4% (§ 246 BGB), bei beiderseitigen Handelsgeschäften 5% (§ 352 HGB).

Im Bankwesen ist **Soll-Z. (Aktiv-Z.)** das Entgelt, das der Kunde für die Krediteinräumung entrichten muß, als **Haben-Z. (Passiv-Z.)** die Vergütung, die die Bank für Einlagen gewährt.

Zinzendorf, Nikolaus Ludwig Graf v., Stifter der → Brüdergemeine, *1700, †1760; Vertreter des Pietismus; siedelte Böhmische Brüder auf seinen Gütern an; relig. Dichtungen.

Ziolkowski, Konstantin Eduardowitsch, russ. Physiker und Raketenforscher, *1857, †1935; entwarf die Flüssigkeitsrakete.

Zion, Sion, 1) SO-Hügel Jerusalems, später nördlicher gelegener Tempelberg. **2)** B das auserwählte Volk.

Zionismus, jüd. nat.-relig. Bewegung, von T. Herzl (»Der Judenstaat«, 1896) neu belebt. Der 1. Zionistenkongreß 1897 forderte »für das jüd. Volk die Schaffung einer öffentlich-rechtlich gesicherten Heimstätte in Palästina«. Mit der Balfour-Erklärung von 1917 begann die Verwirklichung dieser Forderung, die 1948 mit dem Abzug der brit. Truppen nach Erlöschen des brit. Palästinamandats und durch die feierl. Proklamation des Staates → Israel ihren Abschluß fand. Der Z. war auch um die Neubelebung der hebr. Sprache und Kultur bemüht. Über die Z.-Resolution der UNO → Israel. **Zionist** der, Anhänger des Z.

Zipperlein das, → Gicht.

Zips die, slowak. **Spiš** [spiʃ], Landschaft und ehem. dt. Sprachinsel in der Slowakei, am SO-Fuß der Hohen Tatra. Die etwa 36000 Dt., **Zipser Sachsen** (im 12./13. Jh. eingewandert), wurden 1946 ausgewiesen.

Zirbeldrüse, grch. **Epiphyse,** Drüse mit innerer Sekretion im Zwischenhirn, deren Hauptfunktionen über das Hormon Melatonin vermittelt werden. Neben bekannten Wirkungen (Hemmung der Geschlechtsorgane vor der Pubertät beim Menschen, Aufhellung der Haut bei Amphibien) nimmt man heute an, daß die Z. eine innere Uhr darstellt, die auf das Tageslicht abgestimmt ist und auf die der biolog. Tagesrhythmus (24-Stunden-Rhythmus) eingestellt ist.

Zirbelkiefer, Zirbe, Arve, Kiefer mit eßbarem Samen **(Zirbelnuß);** in mittlerer Höhe in den Alpen, Karpaten und in Sibirien. (BILD S. 1007)

zirka, circa, etwa, ungefähr.

Zirkel [lat.] der, △ Gerät zum Zeichnen von Kreisen und zum Abtragen von Strecken.

Zirkelschluß, ein → Circulus vitiosus.

Zirkon [lat.] der, $ZrSiO_4$, **Zirkoniumsilicat,** gelbrotes bis braunes Mineral; Schmuckstein **(Hyazinth).** (BILD S. 1007)

Zirkonium [lat.] das, **Zr,** chem. Element, seltenes, stahlgraues Metall; Ordnungszahl 40, D 6,52 g/cm³, Schmelzpunkt 1855 °C. Findet sich in der Natur hauptsächlich als Silicat (Zirkon) und Oxid (**Z.-Dioxid,** ZrO_2), das wegen hohen Schmelzpunktes (2700 °C) und chem. Widerstandsfähigkeit zur Herstellung von Laboratoriumsgeräten für hohe Temperaturen dient. Weitere Verwendung als Hüllmaterial für Kernbrennstoffe, als Gettermaterial in Vakuumröhren u.a.

Zirkular [lat.] das, Rundschreiben, **Z.-**

Note, gleichlautende Schriftstücke, die eine Regierung zur Kenntnisnahme fremden Regierungen sendet.

Zirkulation [lat.] die, Kreislauf, Umlauf.

zirkum... [lat.], um ... herum gelegen.

Zirkumflex [lat.] der, Lautzeichen, Akzent (ˆ, grch. ˜).

zirkumpolar [lat.], in der Umgebung eines Pols befindl. **Zirkumpolarsterne,** Sterne, die für einen Beobachtungsort nicht untergehen.

Zirkus [lat. »Kreis«] der, -/...sse, **1)** Schaustätte oder -zelt für Kunstreiter, Tiervorführungen usw. **2)** Altertum: längl. Bahn für **zirzens. Spiele** mit Pferde- und Wagenrennen, Tier- und Gladiatorenkämpfen.

Zirpen, Lauterzeugung bei Grillen, Heuschrecken, Zikaden, zum Anlocken der Weibchen. Das Z. entsteht durch Aneinanderreiben von bes. ausgebildeten Teilen des Chitinpanzers. Die **Zirpe,** eine Zikade.

Zirrhose die, Verhärtung, Schrumpfung oder Wucherung von Organen, am häufigsten als Leberzirrhose (→ Leber).

Zirrus [lat.] der, -/...ren, **1)** Locke, Ranke. **2)** die → Federwolke, → Wolken.

zis..., cis..., diesseits (→ cis).

Zis|alpinische Republik, 1797 von Napoleon Bonaparte in Oberitalien geschaffener frz. Vasallenstaat, Hptst.: Mailand; seit 1802 **Ital. Rep.;** 1805-14 Teil des Kgr. Italien.

ziselieren [frz.], Glas- oder Metallgegenstände mit Zeichnungen verzieren.

Zisleithani|en [Reichshälfte diesseits der Leitha], 1867-1918 Bez. für den österr. Teil Österreich-Ungarns (→ Transleithanien).

Ziste, Ciste [grch.-lat.] die, altitalisches Bronzegefäß, am bekanntesten die **Ficoron. Z.;** auch kleine etrusk. Aschenurnen.

Zisterne [lat.] die, unterird. Sammelbehälter für Regenwasser.

Zisterzienser Mz., nach dem frz. Kloster Cîteaux benannter Reformorden der Benediktiner, gegr. 1098 von Robert v. Molesme; nach Bernhard von Clairvaux, durch den seit 1112 der Orden einen mächtigen Aufschwung erlebte, auch **Bernhardiner** genannt. Tracht: weißer Talar, schwarzes Skapulier.

Zist|rose, mit dem Sonnenröschen verwandte Strauchgatt. am Mittelmeer (bes. in der Macchie) und in Vorderasien, mit wildrosenähnl. roten oder weißen Blüten. Einige Arten sondern ein seit dem Altertum als Heil- und Räuchermittel verwendetes Harz ab, das **La(b)danum.** (BILD S. 1008)

Zita, letzte Kaiserin von Österreich und Königin von Ungarn, aus dem Hause Bourbon-Parma, Gemahlin des ehem. Kaisers Karl I. von Österreich, *1892, †1989.

Zitadelle [frz.] die, starke Befestigung am Rande älterer Festungen.

Zitat [lat.] das, wörtlich angeführte Stelle aus einem Schriftwerk. **Zitation** die, Vorladung. **zitieren, 1)** herbeirufen, vorladen. **2)** eine Stelle aus einem Buch anführen.

Zither [von grch. kithara] die, ♩ Saiteninstrument aus länglich geformtem, flachem Resonanzkasten, Griffbrett mit 5 oder 7 Melodiesaiten, die mit einem Ring geschlagen **(Schlag-Z.),** und 24-37 Begleitsaiten, die mit den Fingern gezupft werden. Abart: **Streich-Z.**

Zitrin der, gelber Bergkristall.

Zitronat das, **Sukkade,** Backgewürz: unreife, eingezuckerte Fruchtschale der Z.-Zitrone.

Zitrone [ital.] die, eine Frucht → Citrus. (BILD S. 1008)

Zitronenfalter, zu den Weißlingen gehörender gelber Tagfalter (BILD Schmetterlinge).

Zitronenöl, äther. Öl der Zitronenschalen, als Gewürz und zu Riechmitteln verwendet.

Zitronensäure, organ. Säure, die sich in allen lebenden Zellen, bes. Zitronen, Orangen, Stachel-, Johannis- und Preiselbeeren findet; wird zur Bereitung von Getränken, Bonbons u.a. verwendet. Die Salze der Z. heißen **Citrate.**

Zittau, Krst. im Bez. Dresden, in der Lausitz, 39900 Ew.; Mittelpunkt der Oberlausitzer Textilind.; Baumwollspinnerei, Metallwaren, Kraftfahrzeuge, Elektrotechnik.

Zitterfische, → elektrische Fische.

Zittergras, zierl. ausdauerndes Gras trokkener Wiesen Europas und des gemäßigten Asiens.

Zittern das, unwillkürl., rasch aufeinanderfolgende Bewegungen bes. der Finger, des Kopfes und Rumpfes; Folge von seel. Erregungen, Anstrengungen, Schwäche, auch bei Altersschwäche, Gehirnkrankheiten usw.

Zitwer [arab.] der, Ingwergewächs mit kampferähnlich riechendem Wurzelstück **(Z.-Wurzel),** der als Gewürz verwendet wird.

Zitzen Mz., die vorspringenden Ausgänge der Milchdrüsen bei Säugetieren; Brustwarzen.

Ziu, altgerman. Name des Gottes Tyr.

zivil [lat.], **1)** bürgerlich; privatrechtlich. **2)** maßvoll. **Zivil** das, **1)** Bürgerstand. **2)** bürgerl. Tracht. **Zivilist** der, Bürger, Nichtsoldat.

Zivildienst, vor 1973 **ziviler Ersatzdienst,** der bei → Kriegsdienstverweigerung an Stelle des Wehrdienstes zu leistende Dienst in Krankenhäusern, Altersheimen u.a. (20 Monate).

Zivilehe, die durch → Ziviltrauung geschlossene Ehe.

Zivilgesetzbuch, Abk. **ZGB,** Zusammenfassung des bürgerl. Rechts in Gesetzbüchern. In der Bundesrep. Dtl. gilt das → Bürgerliche Gesetzbuch, in der Dt. Dem. Rep. das ZGB.

Zivilisation [lat.] die, Kultur (so im westeurop. Sprachgebrauch); in Dtl. meist Gesittung, verfeinerte Lebensweise. **Z.-Krankheiten,** Krankheiten, die mit fortschreitender Z. immer stärker hervortreten, z.B. Zahnkaries, Paradentose, Magengeschwüre, Kreislaufstörungen, Managerkrankheit u.a.

Zivilliste, in monarch. Staaten die dem Staatsoberhaupt nach Verf. oder Ges. zukommende, aus den Mitteln des Staatshaushalts bewilligte jährl. Geldrente.

Zivilprozeß, ⚖ Gerichtsverfahren zur Feststellung und Durchsetzung privater Rechte; beruht auf dem Gerichtsverfassungsgesetz (GVG) v. 27. 1. 1877 und der Z.-Ordnung (ZPO) v. 30. 1. 1877 i.d.F. v. 12. 9. 1950. Wichtige Grundsätze des Z. sind die Mündlichkeit, Unmittelbarkeit, Öffentlichkeit des Verfahrens, die Verhandlungs- und Dispositionsmaxime (die Partei bestimmt den Tatsachenstoff und verfügt über den Klageanspruch), freie Beweiswürdigung. Der Z. beginnt mit der Klageerhebung bei dem zuständigen Gericht 1. Instanz (Amts- oder Landgericht). Das Gericht beraumt daraufhin einen Verhandlungstermin an. Bei Ausbleiben einer Partei findet das → Versäumnisverfahren statt. Sonst entscheidet das Gericht nach mündl. Verhandlung und nötigenfalls nach Beweiserhebung durch Urteil. Gegen das Urteil ist unter best. Voraussetzungen → Berufung oder → Revision zulässig. Nicht mehr mit Rechtsmitteln angreifbare Urteile sind rechtskräftig. Aus diesen und aus den für vorläufig vollstreckbar erklärten Urteilen kann die → Zwangsvollstreckung wegen des zuerkannten Anspruchs betrieben werden. Einer mittellosen Partei kann das → Armenrecht bewilligt werden. Bes. Arten des Z. sind: → Mahnverfahren, Ehe-, Wechselprozeß u.a.

Zivilrecht, das → bürgerliche Recht.

Zivilschutz, früher **Luftschutz,** für den Verteidigungsfall vorgesehenen Maßnahmen zum Schutze von Leben, Eigentum und Gesundheit der Zivilbev. gegen Angriffe aus der Luft und zur Beseitigung der Notstände nach Luftangriffen. In der Bundesrep. Dtl. ist der Z.

Römische Zinnen

Kielbogen-Zinnen (indisch-islamisch)

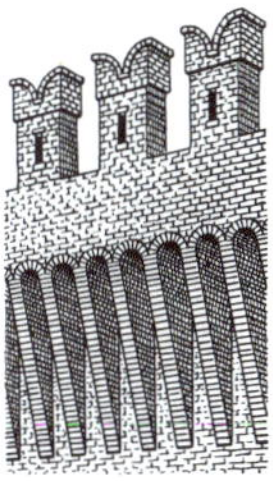

Schwalbenschwanz-Zinnen (Ghibellinenzinnen)

Zinnen am Gürzenich in Köln

Zinne

Zirkon

Zirbelkiefer: Zweig mit Zapfen und weibl. Blütenständen, oben links männl. Blütenstände

Zistrose

Zitrone

Zorn: Mädchen mit Pelz (Radierung)

Aufgabe des Bundes (Bundesamt für zivilen Bevölkerungsschutz).

Zivilstand, 1) Gesamtheit der im bürgerl. Berufsleben stehenden Personen. **2)** Rechtsfähigkeit (status civilis) im bürgerl. Recht. I. e. S. → Personenstand.

Ziviltrauung, Eheschließung vor dem staatl. Beamten. In Dtl. darf die kirchl. Eheschließung, von Notfällen abgesehen, erst nach der standesamtl. erfolgen.

Žižka (Ziska) von Trocnov [ʒ'iʃka, trɔtsnɔf], Jan, Führer der Hussiten, †1424.

ZK, Abk. für → Zentralkomitee.

Złoty [sł'ɔty] der, -s/-s, poln. Währungseinheit.

Zn, chem. Symbol für Zink.

Zobel der, Marder mit wertvollem Pelz.

Zodiakallicht, Tierkreislicht, kegelförmiger Lichtschimmer, der zur Zeit der Frühlings-Tagundnachtgleiche am westl. Himmel nach Sonnenuntergang, zur Zeit der Herbst-Tagundnachtgleiche am östl. Himmel vor Sonnenaufgang sichtbar ist und nahezu in den Tierkreis fällt. Das Z. entsteht durch kosm. Staubmassen, die sich etwa in der Erdbahnebene um die Sonne bewegen.

Zodiakus [grch.] der, → Tierkreis.

Zola [zol'a], Emile, frz. Schriftst., *1840, †1902; Hauptvertreter des frz. → Naturalismus; wollte in seinen Romanen beweiskräftige Dokumente für zeitgenöss. wissenschaftl. Theorien liefern. Romanreihe »Die Rougon-Macquart« (20 Bde.).

Zölestin [lat.], **Cölestin,** der, $SrSO_4$, Strontiumsulfat, farbloses Mineral.

Zölibat [lat.] der und das, Ehelosigkeit; bes. die der kath. Geistlichkeit. Seit 1074 strenge Durchführung der alten Z.-Vorschriften. Die Reformatoren, Altkatholiken u. a. verwerfen den Z. In den Ostkirchen besteht Z.-Pflicht nur für Mönche und Bischöfe.

Zoll [ahd., zu mlat.-grch.] der, -(e)s/″-e, Warenverkehrsteuer, die an der Staatsgrenze (Grenz-Z.) erhoben wird.

Der Z. dient der Erzielung von Staatseinnahmen (Finanz-Z.) oder dem Schutz einheim. Erzeugnisse (Schutz-Z.). Unterschieden werden: a) nach der Richtung der Warenbewegung Einfuhr-, Ausfuhr- und Durchfuhr-Z. Heute haben nur **Einfuhr-Z.** Bedeutung (z. B. die **Ausgleichs-Z.,** die die billigeren Gestehungskosten best. Güter aus dem Ausland ausgleichen sollen), an Stelle der Durchfuhr-Z. bestehen **Z.-Kontrollen** (Warenverschluß); Ausfuhr-Z. haben an Bedeutung verloren. b) nach dem Zweck der Z.-Erhebung **Finanz-** und **Schutz-Z.;** Finanz-Z. bei der Einfuhr haben den Charakter von Verbrauchsteuern, Retorsions-Z. (Kampf-, Vergeltungs-Z.) sind erhöhte Schutz-Z., denen die Erzeugnisse eines best. Landes unterworfen werden, weil dort beispielsweise eigene Waren zoll- oder handelspolitisch diskriminiert werden. Wenden 2 Staaten gegeneinander Kampf-Z. an, so spricht man von einem **Z.-Krieg.** c) nach der Bemessungsgrundlage **spezif. Z.** (Gewichts-, Stück-Z.) und heute vorherrschende **Wert-Z.,** die in einem best. Prozent vom Wert (ad valorem) der Waren erhoben werden und sich so den Güteunterschieden der Waren und der Preisbewegung anpassen. d) nach der Anwendung **Einheits-Z.,** die allg. gelten, und **Differential-Z.** (nach Art und Herkunftsland der Waren abgestuft, z. B. Präferenz-Z.). Die Z. werden erhoben bei Eintritt in das Z.-Gebiet.

Zola (Gemälde von Manet)

Zoll [germ.] der, **1)** früheres dt. Längenmaß, 1/10 oder 1/12 von einem Fuß, schwankt zw. 2,2 und 3 cm. **2)** angloamerikan. Längenmaß (inch) = 2,54 cm.

Zollverein, Deutscher Z., wirtschaftspolit. Verein der dt. Einzelstaaten unter Führung Preußens, gegründet am 1. 1. 1834; zuletzt erfolgte 1888 der Zollanschluß Hamburgs und Bremens. Der Z. hat die spätere polit. Einigung im Dt. Reich von 1871 vorbereitet.

Zone [grch. »Gürtel«] die, **1)** ⊕ Erdgürtel, von 2 Parallelkreisen eingeschlossener Streifen der Erdoberfläche. **2)** Post, Eisenbahn, Entfernungsstufe für die Berechnung von Gebühren und Fahrpreisen. **3) Z.-Grenze,** urspr. Demarkationslinien zw. den 4 Besatzungszonen in Dtl. nach dem 2. Weltkrieg; während sie zw. den West-Z. 1948 aufgehoben wurden, blieb die Z.-Grenze zw. ihnen und der sowjet. Besatzungszone Dtl.s bestehen und wurde mit der Bildung zweier dt. Staaten zur Grenze zw. der Bundesrep. Dtl. und der Dt. Dem. Rep.

Zonenschmelzverfahren, Züchtungsverfahren für hochreine Silicium-Einkristalle für die Halbleiterfertigung.

Zonguldak [z-], **Songuldak,** Prov.-Hptst. und Hafen in der Türkei, am Schwarzen Meer, 119000 Ew.; Steinkohlenbergbau.

Zoo [grch.], Abk. für → Zoologischer Garten. **Zoologie** die, die → Tierkunde. **Zoologe** der, Forscher auf dem Gebiet der Zoologie.

Zoologischer Garten, Zoo, Tiergarten, Tierpark, Anlage, in der lebende heim. und ausländ. Wildtiere in Käfigen oder Freigehegen dauernd zur Schau gestellt und wissenschaftlich beobachtet, auch gezüchtet werden.

Zoomobjektiv [z'u:m-], → Vario-Objektiv.

Zoon politikon [grch. »geselliges Lebewesen«] das, Bez. des Menschen bei Aristoteles.

Zopf der, **1)** weibl. Haartracht. **2)** männl. Haartracht, im 18. Jh. **3)** Sinnbild geistloser Rückständigkeit und überholter Ansichten.

Zopfstil, 🏛 Stilstufe bes. der dt. Kunst im Übergang vom Rokoko zum Klassizismus, soweit in ihr das Bürgerliche, Lehrhafte, Nüchterne der Aufklärungszeit hervortritt.

Zoppot, poln. **Sopot,** Stadt in der poln. Wwschaft Gdańsk, Ostseebad an der W-Seite der Danziger Bucht, 51000 Ew.

Zorn [sorn], Anders, schwed. Maler, Radierer, Bildhauer, *1860, †1920; Impressionist.

Zoroaster, → Zarathustra.

Zoster, → Herpes.

Zote die, unanständiger Witz, unsaubere Redensart.

ZPO, Abk. für **Z**ivil**p**rozeß**o**rdnung.

Zr, chem. Symbol für Zirkonium.

Zrenjanin, dt. **Großbetschkerek,** Stadt in Serbien, Jugoslawien, 81000 Ew., an der Bega; G. war bis 1945 dt. Kulturzentrum des Banats.

z. S., Abk. für zur See.

Zschokke, Heinrich, schweizer. Schriftst., *1771, †1848; Räuberromane, Erz.

Zsigmondy [ʒ'ig-], Richard, Kolloidchemiker, *1865, †1929; konstruierte (mit Siedentopf) das Ultramikroskop; Nobelpreis 1925.

z. T., Abk. für zum Teil.

Zuạven Mz., **1)** Berberstamm Algeriens. **2)** seit 1831 aus diesen von Frankreich gebildete Fußtruppen; 1963 aufgelöst.

Zubringer, 1) Straßen von und zu den Autobahnen. **2)** Buslinien, Schnellbahnstrecken, die Kerngebiete von Großstädten mit außerhalbliegenden Punkten von überregionaler Verkehrsbedeutung (z. B. Flughäfen) verbinden.

Zubuße, Geldzuschuß; bes. die Zuzahlung der Gewerken an die bergrechtl. → Gewerkschaft bei Kapitalbedarf.

Zuçalli, Baumeisterfamilie aus Graubünden. Enrico Z., *1642, †1724, vollendete die von Barelli begonnene Theatinerkirche in München, baute Schloß Nymphenburg aus, schuf die Anlage von Schloß Schleißheim, leitete den Umbau von Kloster Ettal. Sein Neffe Gasparo Z., *1667 (?), †1717, war seit 1689 Hofbaumeister in Salzburg.

Zuccari, Federigo, ital. Maler, *1540 (?), †1609, malte in Anlehnung an seinen Bruder Taddeo, *1529, †1566, Altarbilder, Fresken.

Zucchini [tsukk'i:ni, ital.] Mz., buschige, nicht rankende Kürbisvarietät mit grünen bis gelben, längl. Früchten.

Zucht die, **1)** Erziehung, bes. zu Pünktlichkeit und Gehorsam. **2)** -/en, Paarung und Heranziehen von Vieh oder Nutzpflanzen unter menschl. Leitung; genauer: Züchtung, Aufzucht, Anzucht (→ Zuchtwahl). **3)** bei der Züchtung vom Züchter geleiteter und erzielter Vieh- oder Nutzpflanzenbestand.

Zuchthausstrafe, war in der Bundesrep. Dtl. die schwerste Strafart, wurde 1969 durch das Strafrechtsreform-Ges. aufgehoben, ging in der einheitl. → Freiheitsstrafe auf.

Zuchtmittel, → Jugendstrafrecht.

Zuchtwahl. 1) Natürl. Z. findet nach → Darwin von selbst im Kampf ums Dasein statt (Auslese). **2) künstl. Z., Züchtung** (Tier- und Pflanzenzüchtung), bewußte Auswahl von Tieren und Pflanzen best. Eigenschaften zur Zucht. Durch Fortpflanzung dieser ausgewählten Lebewesen und durch Kreuzung versch. Rassen züchtet man Nutztiere und -pflanzen mit best., z. T. neuen, erwünschten Eigenschaften, z. B. ertragreiche Getreidesorten, Milchkühe mit hoher Milchleistung.

Zucker der, allg. bestimmte Kohlenhydrate, Aldehyde und Ketone mehrwert. Alkohole, i. e. S. die **Saccharose,** die bes. aus dem Saft des Zuckerrohrs **(Rohr-Z.)** und der Zuckerrübe **(Rüben-Z.)** gewonnen wird. Die wichtigsten Z.-Sorten sind → **Traubenzucker** und → **Fruchtzucker,** beide haben die chem. Summenformel $C_6H_{12}O_6$. Z. bildet große, glasklare Kristalle, die bei 160 °C zu einer klaren Flüssigkeit schmelzen, die bei etwa 200 °C in den braungefärbten **Karamel** übergeht. Gesättigte Z.-Lösung wird von Hefen und anderen Mikroorganismen nicht verändert, daher wird Z. zum Haltbarmachen von Früchten verwendet; verdünnte Z.-Lösung wird von Hefe zu Alkohol vergoren. Z. dreht die Ebene des polarisierten Lichts (→ Polarisation) nach rechts, hierauf beruht eine Methode der Z.-Gehaltsbestimmung einer Lösung; durch verdünnte Säuren wird Z. in ein Gemisch von Trauben- und Frucht-Z., den **Invert-Z.,** gespalten, der die Ebene des polarisierten Lichts nach links dreht (→ Inversion). Natürl. Invert-Z. enthält der Honig. GEWINNUNG: Der Z.-Saft aus **Z.-Rüben** oder **Z.-Rohr** wird von Fremdbestandteilen (Säuren, Eiweiß- und Farbstoffen) befreit und die Lösung eingedampft. Der auskristallisierende Roh-Z. ist durch beigemengten, nicht kristallisierenden Sirup braungelb gefärbt. Zur Reinigung wird er raffiniert, d. h. nochmals gelöst, gewaschen und eingedampft. ❻ Um 300 n. Chr. wurde die Herstellung des Rohr-Z. in Indien bekannt, 1573 entstanden die ersten Z.-Raffinerien in Dtl. 1747 entdeckte der Chemiker Marggraf den Z.-Gehalt der Runkelrübe, 1801 wurde in Schlesien von F. C. Achard die erste Rübenzuckerfabrik gegründet.

Zuckererzeugung (1988; 1000 t Rohzuckerwert)

aus Zuckerrohr		aus Zuckerrüben	
Land	1000 t	Land	1000 t
Brasilien	259761	UdSSR	87800
Indien	196723	Frankreich	28606
Kuba	73700	USA	22493
China	54580	Bundesrep. Dtl.	18590
Mexiko	41500	Polen	14069
Pakistan[1]	35000	Italien	13428
Australien	27697	China	13290
USA	27530	Türkei	11000
Thailand	27191	Spanien	9056
Kolumbien	24560	Großbr. u. Nordirl.	8500
Welt	**988209**	**Welt**	**294690**

[1]) Ohne Angaben für Jammu und Kaschmir.

Zuckerhut, kegelförmiger Felsberg bei Rio de Janeiro, 395 m hoch.

Zuckerkrankheit, Diabẹtes mellịtus, Stoffwechselkrankheit; der Körper ist teilweise unfähig, den in der Nahrung aufgenommenen Zucker und die Stärke zu verwerten. Ursache: Ungenügende Bildung von Insulin durch die Bauchspeicheldrüse. Z. ist gefährlich durch drohende Säurevergiftung infolge ungenügenden Abbaus der Fette. Der Zuckergehalt des Blutes ist erhöht; im Harn wird Zukker ausgeschieden. Anzeichen: Durst, reichl. Harnabsonderung, Heißhunger, dauernde Mattigkeit und Gewichtsabnahme. Behandlung: überwachte Einschränkung von Zucker, Mehl, Stärke, Fett in der Nahrung; in schweren Fällen Behandlung mit Insulin.

Zuckerpalme, Palmart in O-Indien und Indonesien, liefert Fasern und eine Art Zucker.

Zuckerrohr, schilfähnl. Sumpfgras in trop. und subtrop. Gebieten, mit knotigen Stengeln, bis 7 m hoch, bis 7 cm dick; das Stengelmark enthält 13-20% Rohrzucker. Der Zukker aus Z. ist für Europa größtenteils durch den Zucker aus → Zuckerrüben verdrängt.

Zuckerrübe, erzüchtete weißliche, weißfleischige Runkelrübe; im Saft, der 90-96% ausmacht, sind etwa 15% Rohzucker enthalten. Gewinnung: → Zucker.

Zuckersäure, ⊃ organ. Säure, die bei der Oxidation von Traubenzucker entsteht.

Zuckmayer, Carl, Dramatiker, Schriftst., *1896, †1977; bühnenwirksame Stücke: »Der fröhliche Weinberg«, »Der Hauptmann von Köpenick«, »Des Teufels General« u. a.; Autobiographie »Als wär's ein Stück von mir«.

Zuckmayer

Zufall der, Ereignisse außerhalb einer best. oder jeder erkennbaren Gesetzlichkeit.

Zug, 1) Kt. der Schweiz (seit 1352), zw. Vierwaldstätter See und Zürichsee; fruchtbare Hochebene; 239 km², 83 200 Ew. **2)** Hptst. von 1), 21 600 Ew., am Zuger See.

Zug, in der Festigkeitslehre die Materialbeanspruchung durch gegensinnig wirkende, auseinanderstrebende Kräfte.

Zugabe, bei Käufen kostenfreie Mitlieferung von Gebrauchsgegenständen **(Geschenkwerbung);** in Dtl. sind unentgeltl. Z. verboten. Ausnahme: geringwertige Reklamegegenstände (z. B. Kalender mit Firmenzeichen).

Zugbeeinflussung, selbsttätiges Auslösen der Bremsen bei Zügen durch mechan., elektr. oder elektrisch-opt. Vorrichtungen, wenn ein Haltesignal nicht beachtet wird.

Zügel, Heinrich v., Maler, *1850, †1941; realist. Tierbilder.

Zuger See, See am N-Rand der Schweizer Alpen, 38,5 km² groß, bis 198 m tief.

Zugewandter Ort, Schweiz: bis 1798 Stadt oder Territorium, die der Eidgenossenschaft nur in lockerer Form verbunden waren.

Zugewinngemeinschaft, → Ehe.

Zug 1)

Zupfinstrumente

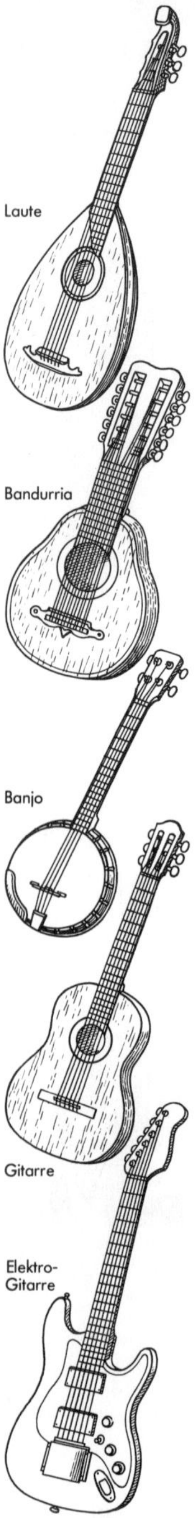

Zugfestigkeit, → Festigkeit.

Zugfunk, Zugtelephonie, drahtloser Fernsprechdienst zw. fahrenden Eisenbahnzügen und öffentl. Fernsprechnetz.

Zugmaschine, Trecker, Traktor, Schlepper, motorgetriebenes Rad- oder Raupenfahrzeug, bes. zur Fortbewegung auf unwegsamen Gelände.

Zugpflaster, ableitend wirkendes Pflaster mit hautreizenden Mitteln.

Zugriffszeit, die Zeitspanne, die für das Lesen oder Schreiben eines Speicherinhaltes notwendig ist, liegt bei modernen Computern im Nanosekundenbereich.

Zugspitze, höchster Gipfel der dt. Alpen, im Wettersteingebirge, 2963 m hoch; Wetterwarte; Seilbahn vom Eibsee und von Ehrwald (Tirol), elektr. Bergbahn von Garmisch aus.

Zugverband, ein → Streckverband.

Zugvögel, Vögel, die im Winter ihre Brutheimat verlassen und weite Wanderungen vornehmen, z. B. Schwalben, Störche, Kraniche u. a. (→ Vogelzug).

Zuhälter der, -s/-, jemand, der eine Person, die der Prostitution nachgeht, ausbeutet oder seines Vermögensvorteils wegen eine Person bei der Ausübung der Prostitution überwacht usw. und im Hinblick darauf Beziehungen zu ihr unterhält. Die Zuhälterei wird nach § 181a StGB mit Freiheitsstrafe von 6 Monaten bis zu 5 Jahren bestraft.

Zuidersee [z'œydər-], → Ijsselmeer.

Zukunft die, lat. **Futurum** das, Form des Zeitworts.

Zulu, Sulu, große Bantu-Völkerschaft in S-Afrika, erwuchs aus einer Sippe, deren Häuptling Tschaka (1787-1828) einen Staat gründete. 1879 von den Engländern unterworfen; heute Bauern und Viehzüchter. Die Z. erhielten Landstücke als Reservate zugewiesen, die das Bantu-Heimatland Kwa Zulu bilden.

Zumsteeg, Johann Rudolf, Komponist, *1760, †1802; Opern, Singspiele, Melodramen.

Zündblättchen, Doppelblättchen aus Papier, dazwischen Mischung von Kaliumchlorat und rotem Phosphor: Kinderspielzeug.

Zunder der, leicht brennbare, filzartige Masse, getrockneter Fruchtkörper des Feuerschwamms.

Zünder der, ⁂ Vorrichtung zur Einleitung der Zündung meist von Explosivstoffen. Es gibt: 1) **Aufschlag-Z.,** die beim Auftreffen, 2) **Zeit-Z.,** die nach einer best. Zeit zünden, 3) **Doppel-Z.,** auf beides einstellbar.

Zündholz, Streichholz, Holz-, Wachs- oder Papierstäbchen, das an der Kuppe eine Zündmasse trägt, die sich beim Reiben an einer rauhen Fläche entzündet. Die **Schwefelhölzer** (Cooper, 1825) hatten eine Kuppe aus weißem Phosphor, Kaliumchlorat und Schwefel. Die **Sicherheits-Z.** (Böttger, 1848) tragen eine ungiftige Zündmasse, die sich nur an einer Reibfläche, die roten Phosphor und Antimonsulfid enthält, entzünden läßt.

Zündhütchen, Metallkapsel (Sprengkapsel) mit Zündsätzen.

Zündkerze, in den Zylinderkopf von Ottomotoren eingeschraubte Vorrichtung, die das Luft-Kraftstoff-Gemisch zündet, indem zw. der Mittel- und Außenelektrode ein Funke überspringt (Zündspannung bis über 20 kV).

Zündnadelgewehr, erstes brauchbares Hinterladergewehr, von Dreyse 1838 konstruiert.

Zündschnur, Mittel zur Zündung von Sprengkapseln. **Schwarzpulver-Z.** werden durch Umspinnen und Teeren eines Schwarzpulverstranges hergestellt; detonierende **Spreng-Z.** für sehr hohe Zündgeschwindigkeiten bestehen aus umsponnenem und mit Kunstharz ummanteltem Nitropentaerythrit.

Zündung, bei Verbrennungsmotoren sowohl die Entzündung des Kraftstoff-Luft-Gemisches als auch die Zündanlage der Ottomotoren. Bei der heute üblichen **Hochspannungs-Z.** springt ein Zündfunke an den Elektroden einer → Zündkerze über. Die Hochspannung wird mit einem → Unterbrecher in der Sekundärwicklung einer Induktionsspule erzeugt und gelangt bei Mehrzylinder-Motoren über den Verteiler (umlaufender Kontakt) an die Zündkerzen. Bei der **Transistor-Z.** übernimmt ein Transistor die Aufgabe des Unterbrechers. Bei **Batterie-Z.** wird der Primärstrom einer Akkumulatorenbatterie entnommen, bei **Magnet-Z.** wird er in einem Generator mit permanenten Magneten erzeugt.

Zündwilligkeit, Eigenschaft der Dieselkraftstoffe; unmittelbar nach Einspritzen in die Luftladung des Zylinders muß die Verbrennung einsetzen. Der zulässige **Zündverzug** bei raschlaufenden Dieselmotoren beträgt 0,001 s. Maß für die Z. ist die → Cetanzahl.

Zunft die, fachgenossenschaftl. Verband von Handwerkern einer Stadt, meist mit Zwangsmitgliedschaft **(Z.-Zwang).** Die Z. entstanden im 12. Jh. Gegen den Widerstand der Patrizier errangen sie Anteil an der Stadtherrschaft. Die Z. gewährten ihren Mitgl. wirtschaftl. Schutz und überwachten ihre Leistungen. Ihr Recht war in den **Z.-Rollen** niedergelegt. Im Laufe der Zeit bildeten sich besondere **Z.-Bräuche** heraus. 1868 verloren die Z. im Norddt. Bund ihre Rechte durch Einführung der Gewerbefreiheit.

Zunge die, **1)** starkes, sehr bewegl., von Schleimhaut überzogenes, muskulöses Organ am Boden der Mundhöhle; wird zum Schmekken, Kauen, Schlucken und Sprechen benötigt. Am rückwärtigen Teil der Z. sitzen die Geschmacksknospen. Bei vielen Krankheiten ist das Aussehen der Z. charakteristisch verändert, z. B. **belegte Z.** bei Verdauungsstörungen; **entzündete Z.** bei perniziöser Anämie; **Himbeer-Z.** bei Scharlach. **2)** ♩ bei Blasinstrumenten biegsames Plättchen, das durch seine Schwingungen den Ton erzeugt.

Zungenreden, Glossolalie die, unverständl. Reden im Zustand relig. Verzückung.

Zünsler der, mottenähnl. Kleinschmetterlinge, ihre Räupchen z. T. schädlich: **Mehl-, Kakao-. Bienenmotte.**

Zupfinstrumente Mz., ♩ Musikinstrumente, deren Saiten gezupft werden: Harfe, Mandoline, Laute, Gitarre, Zither u. a. (Weitere BILDER S. 1011)

Zurbarán [θurßar'an], Francisco de, span. Maler, *1598, † nach 1664; bed. Barockmeister, Hofmaler Philipps IV.

Zurechnungsfähigkeit, ⚖ Strafrecht, Fähigkeit, das Unerlaubte einer Tat einzusehen und nach dieser Einsicht zu handeln (Schuldfähigkeit, Verantwortlichkeit); ihr Fehlen schließt die Schuld und damit eine Bestrafung aus. **Nicht zurechnungsfähig** sind Personen, deren Bewußtsein z. Z. der Tat gestört war (z. B. Hypnose, Dämmerzustand, Volltrunkenheit) oder die geisteskrank oder geistesschwach sind (§ 21 StGB). Auch Kinder bis zu 14 Jahren und best. Jugendliche bis zu 18 Jahren sind strafrechtl. noch nicht verantwortlich (§§ 1, 3 Jugendgerichtsges.). Erheblich verminderte Z. kann die Strafe mildern. Bei **fehlender** oder **verminderter** Z. wird die Unterbringung des Täters in eine Heil- oder Pflegeanstalt angeordnet, wenn die öffentl. Sicherheit es erfordert (§§ 63 ff StGB).

Zurechnungszeit, Rentenversicherung: Zeit zw. Eintritt des Versicherungsfalls und Vollendung des 55. Lebensjahres.

Zürgelbaum, versch. Ulmengewächse, der **Südl. Z.** gibt Holz für Bildhauerwerke, Flöten, Peitschen, Stöcke.

Zürich, 1) Kt. der Schweiz, 1729 km², 1,14 Mio. Ew.; hügeliges Alpenvorland beiderseits des Zürichsees. Metallwarenind. (BILD S. 1012)

2) Hptst. von 1), 351 500 Ew. Z. hat alte Kirchen, Landesmus., Univ. (1832 gegr.), TH, Musikhochschule. Seiden-, Textil-, graph. u. a. Ind.; bed. Handelsplatz; Flughafen; Fremdenverkehr. – Z. wurde 1218 Reichsstadt, schloß sich 1351 der Eidgenossenschaft an, erwarb ein größeres Landgebiet. Von hier ging 1519 die schweizer. Reformation aus (Zwingli). Im **Zürcher Frieden** 1859 trat das von Napoleon III. und Piemont-Sardinien besiegte Österreich die Lombardei ab. (BILD S. 1012)

Zürichsee, in der N-Schweiz, in den Kt. Zürich, Sankt Gallen und Schwyz, 406 m ü. M., 90 km² groß, 40 km lang, bis 4 km breit; wird durch die Limmat zur Aare entwässert. Seine Ufer sind fruchtbar (Wein, Obst) und dicht besiedelt. Im See die Insel **Ufenau.**

Zurückbehaltungsrecht, ⚖ Recht des Schuldners, mit der eigenen Leistung zurückzuhalten, solange sein aus demselben rechtl. Verhältnis erwachsener fälliger Gegenanspruch von dem Gläubiger nicht erfüllt wird (§ 273 BGB; §§ 369ff. HGB).

zusammenziehende Mittel, Adstringentia Mz., ♡ Mittel, die oberflächl. Verdichtung der Gewebe erzeugen und deren Absonderungen vermindern. Sie bilden unlös. Eiweißverbindungen und wirken daher wie eine Art Schutzdecke gegen chem., bakterielle und mechan. Entzündungsreize.

Zusatzversicherung, 1) Krankenversicherung: freiwillige zusätzl. Versicherung zu einer Pflicht- oder freiwilligen Versicherung. **2)** Rentenversicherung: zusätzl. pflichtgemäße Versicherung bes. von Angestellten und Arbeitern des öffentl. Dienstes (Versorgungsanstalt); auch freiwillige Höherversicherung.

Zuschlag, 1) Zusatz, bes. Preiserhöhung. **2)** ⚖ Annahme des Höchstgebots bei Versteigerungen. Bei freiwilligen Versteigerungen kommt der Vertrag erst durch Z. zustande (§ 156 BGB). Bei der → Zwangsversteigerung von Grundstücken wird der Z. durch Beschluß des Vollstreckungsgerichtes erteilt (§§ 74ff. ZwangsverstGes.).

Zuschlagstoffe, Materialien, die dem Bindemittel bei der Beton- und Mörtelherstellung zugesetzt werden, z. B. Kies, Sand.

Zuständigkeit, Kompetenz die, einem Verfassungsorgan, einer Verwaltungsbehörde oder einem Gericht zustehender Geschäftsbereich. Im Gerichtsverfahren ist die sachl. Z. von der örtl. Z., dem → Gerichtsstand, zu unterscheiden.

Zustandsdiagrammm, graph. Darstellung des Zusammenhangs von Zustandsgrößen thermodynam. Systeme.

Zustellung, ⚖ beurkundete Übergabe eines Schriftstücks in gesetzl. vorgeschriebener Form zur Erleichterung des Nachweises der Zeit und Art der Übergabe. Zugestellt wird i. d. R. durch Gerichtsvollzieher oder Postbeamte.

Zwangs|anleihe, Anleihe, die der Staat zwangsweise einem best. Kreis der Steuerpflichtigen auferlegt.

Zwangs|arbeit, schwere Freiheitsstrafe (z. B. in Großbritannien); in totalitären Staaten auch polit. Machtmittel, z. B. in der UdSSR. In Dtl. gehört Z. zum Strafvollzug.

Zwangsgeld, Geldauflage als Zwangsmittel der Polizeibehörde zur Durchsetzung polizeil. Verfügungen. Bei Uneinbringlichkeit kann **Ersatzzwangshaft** angeordnet werden.

Zwangshypothek, auf gerichtl. Verfügung eingetragene Hypothek zur Sicherung von Forderungen.

Zwangsjacke, vorn geschlossene Jacke mit sehr langen Ärmeln ohne Öffnung, deren Enden auf dem Rücken zusammengebunden wurden; wurde bei Tobsüchtigen angewendet. Ü Sinnbild der Unterdrückung.

Zwangskurs, obrigkeitl. Verordnung, wonach Banknoten (auch Metallgeld) von jedem Staatsbürger zu einem best. Nennwert in Zahlung genommen werden müssen.

Zwangslizenz, Erteilung der Befugnis zur Benutzung einer Erfindung durch das Patentamt, wenn sich der Patentinhaber weigert, die Benutzung zu gestatten; Voraussetzung ist u. a. öffentl. Interesse und angemessene Vergütung.

Zwangsvergleich, ⚖ im Konkurs- oder Vergleichsverfahren ein auf Vorschlag des Gemeinschuldners oder Vergleichsschuldners von der Mehrheit der nicht bevorrechtigten Gläubiger mit dem Schuldner abgeschlossener Vergleich, dem nach gerichtl. Bestätigung auch die übrigen nicht bevorrechtigten Gläubiger unterworfen sind (§§ 173ff. KO).

Zwangsversteigerung, ⚖ öffentl. Versteigerung gepfändeter Sachen zur Durchführung einer Zwangsvollstreckung (§§ 814ff. ZPO); i. e. S. nur die Z. von Grundstücken und eingetragenen Schiffen **(Subhastation).** Zuständig ist das Amtsgericht. Bei der Z. wird nur ein Gebot zugelassen, durch das die dem Anspruch des betreibenden Gläubigers vorgehenden Rechte sowie die Kosten des Verfahrens gedeckt werden **(geringstes Gebot).** Das Gericht erteilt dem Meistbietenden den → Zuschlag. Mit dem Zuschlag wird der Ersteher Eigentümer des Grundstückes (Gesetz über die Z. und Zwangsverwaltung - ZVG - vom 24. 3. 1897 i. d. F. v. 1979). – Die Z. dient ferner zur Auflösung einer Gemeinschaft an Grundstücken bei Uneinigkeit der Beteiligten über die Auseinandersetzung (§§ 180 ff. ZVG).

Zwangsverwaltung, Sequestration die, ⚖ Form der Zwangsvollstreckung in ein Grundstück: die Verwaltung und Benutzung des Grundstücks wird durch richterl. Anordnung dem Schuldner entzogen und einem **Zwangsverwalter** (Sequester) anvertraut, der den oder die Gläubiger aus den Grundstückserträgen zu befriedigen hat (§§ 146ff. ZVG).

Zwangsvollstreckung, Exekution, ⚖ zwangsmäßige Durchsetzung eines privatrechtl. Anspruchs auf Antrag des Gläubigers durch staatl. Organe (Amtsgericht als Vollstreckungsgericht, Gerichtsvollzieher) auf Grund eines Vollstreckungstitels (→ Vollstrekkung; §§ 704ff. ZPO). A. Die Z. in das **bewegl. Vermögen.** Sie erstreckt sich 1) auf **körperl. Sachen** des Schuldners, die durch den Gerichtsvollzieher gepfändet und durch öffentl. Versteigerung zur Befriedigung des Gläubigers verwertet werden; 2) auf **Forderungen** des Schuldners: das Vollstreckungsgericht pfändet sie durch Beschluß beim → Drittschuldner und überweist sie dem Gläubiger zur Einziehung oder anstatt einer Zahlung (Pfändungs- und Überweisungsbeschluß, → Pfändung). B. In das **unbewegl. Vermögen** des Schuldners kann durch Eintragung einer Zwangshypothek auf ein Grundstück des Schuldners oder durch → Zwangsverwaltung oder → Zwangsversteigerung vollstreckt werden. C. Z. zur **Erwirkung der Herausgabe von Sachen und zur Erwirkung von Handlungen oder Unterlassungen.** Hat der Schuldner eine bewegl. Sache herauszugeben, so ist sie vom Gerichtsvollzieher wegzunehmen und dem Gläubiger zu übergeben. Erfüllt der Gläubiger die Vornahme einer vertretbaren Handlung nicht, so ist nach Ermächtigung durch das Prozeßgericht die Handlung auf Kosten des Schuldners vorzunehmen. Wird dagegen eine Handlung betroffen, die nicht von einem Dritten vorgenommen werden kann, so ist der Schuldner auf Antrag von dem Prozeßgericht zur Vornahme der Handlung durch Geldstrafen oder Haft anzuhalten.

Zwangsvorstellungen, ♡ Gedanken, die unverscheuchbar und quälend ins Bewußtsein drängen; Teil einer **Zwangsneurose.** Z. können zu **Zwangshandlungen** führen.

Zwangswirtschaft, Wirtschaftsform, bei der der Staat oder eine andere öffentl. Körper-

Zupfinstrumente

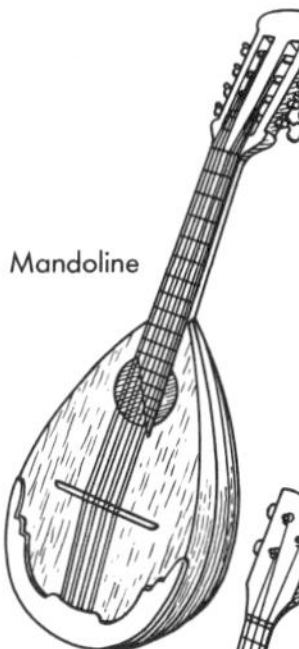

Mandoline

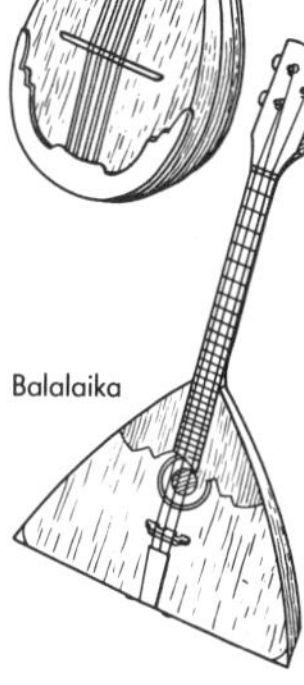

Balalaika

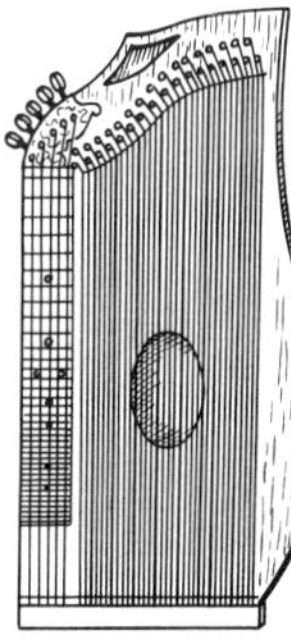

Zither

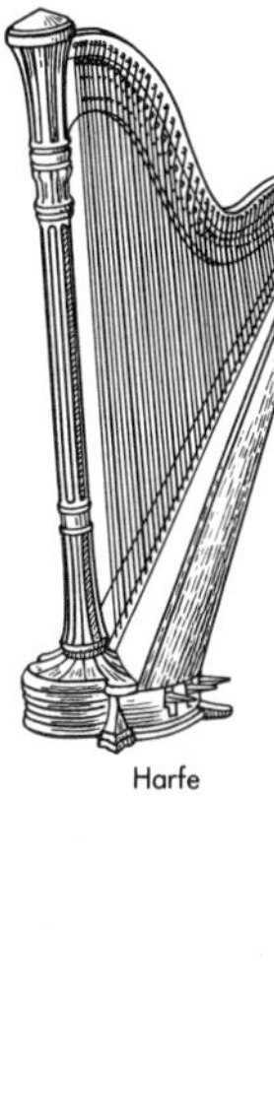

Harfe

Zürich 2): Blick über die Limmat zum Großmünster

schaft Erzeugung und Verteilung zwangsweise geregelt.

Zwanzigerklub, → Zehnerklub.

Zwanzigster Juli, → Widerstandsbewegung.

Zürich 1)

Zweck der, Ziel, Sinn eines Tuns. (Ph) vorgestellter und gewollter Zustand, der durch Einschaltung von Zwischengliedern herbeigeführt wird; setzt ein bewußt handelndes Wesen voraus **(Z.-Tätigkeit).** Davon scharf zu trennen ist die naturhafte **Z.-Mäßigkeit,** die durch die Naturgesetze bewirkt wird.

Zweckverband, Vereinigung von Gemeinden zu best. Zwecken (Wegebau, Schulunterhaltung u. a.).

Zweiblatt, Orchideengatt. der nördl. gemäßigten Zone, darunter das **Große Z.** mit einem Paar eiförmig-derber Blätter und einer lockeren Traube grünlicher Blüten.

Zweibrücken, Stadt in Rheinl.-Pf., im Westrich, 33000 Ew.; Maschinen-, Schuh-, Holz- und Textilind.

Zweibund, 1) 1879 abgeschlossenes, gegen Rußland gerichtetes Verteidigungsbündnis zw. Dt. Reich und Österreich-Ungarn (1882 durch Beitritt Italiens zum → Dreibund erweitert). **2)** dem Dreibund entgegengestelltes frz.-russ. Bündnis von 1891/94.

Zweier der, Boot für 2 Ruderer mit oder ohne Steuermann, → Rudern.

Zweifelderwirtschaft, alte Form der Bodennutzung mit Einteilung der Ackerflur in 2 Teile (abwechselnd Getreide und Brache oder Sommer- und Wintergetreideanbau).

S. Zweig

Zweiflügler, Insektenordn., mit zu Schwingkölbchen rückgebildeten Hinterflügeln und mit saugenden oder stechenden Mundteilen; Entwicklung mit vollkommener Verwandlung. Mücken, Schnaken, Fliegen, Bremsen.

Zweig, 1) Arnold, Schriftst., *1887, †1968; scharfer Zeit- und Sozialkritiker; Kriegsroman »Der Streit um den Sergeanten Grischa«. **2)** Stefan, österr. Schriftst., *1881, † (Selbstmord) 1942; Gedichte, Novellen, Dramen, Lebensbeschreibungen.

Zweihänder, langes Schwert der Fußtruppen im 15. und 16. Jh., z. B. der Flamberg.

zweihäusig nennt man getrenntgeschlechtige Blütenpflanzen, bei denen männl. und weibl. Blüten nicht auf derselben Pflanze vorkommen, z. B. Weide, Brennessel. (→ einhäusig, → Blüte)

Zweispitz

Zweikammersystem, Zweiteilung des Parlaments in **Erste** und **Zweite Kammer.** Die eine Kammer ist die in allg. Wahlen gewählte Vertretung des Gesamtvolkes. Die andere (meist die Erste) ist entweder als konservatives Gegengewicht gedacht, die Mitgliedschaft beruht dann überwiegend auf Geburt (hoher Adel) oder auf dem Amt (hohe Geistlichkeit u. a.) oder auf Ernennung durch den Monarchen, so heute noch das brit. Oberhaus, früher das preuß. Herrenhaus; oder die Kammer ist gleichfalls unmittelbar oder mittelbar gewählt und vertritt in den Bundesstaaten das föderative Element (so der österr. Bundesrat, der schweizer. Ständerat, der amerikan. Senat), oder in Einheitsstaaten die Provinzen, Gemeinden usw. (so der frz. Senat); oder sie ist eine Vertretung der sozialen, wirtschaftl., kulturellen u. a. Körperschaften des Landes (so der Bayer. Senat). Sie verfügen heute vielfach nur über ein aufschiebendes → Veto.

Zweikampf, verabredeter Kampf zweier Personen mit tödl. Waffen (z. B. Säbeln, Pistolen) nach vereinbarten oder hergebrachten Regeln, z. B. zur Austragung eines Ehrenhandels **(Duell).** Der Z. ist nach den Vorschriften über Tötung und Körperverletzung strafbar.

Zweikomponentenkleber, lösemittelfreie Klebstoffe, die durch Mischen des Klebharzes mit dem Härter sehr feste Verbindungen ergeben.

Zweikreisbremse, Trennung von Bremsanlagen in Kraftwagen in 2 voneinander unabhängige Bremskreise, um die Sicherheit zu erhöhen. Bei Ausfall des einen Bremskreises bremst noch der andere Bremskreis.

Zwei-plus-vier-Gespräche, seit März 1990 (Aufnahme von Expertengesprächen) geführte Verhandlungen der beiden dt. Staaten mit den Siegermächten des Zweiten Weltkriegs über den Prozeß der dt. Einigung.

Zweischwerterlehre, auf Luk. 22,36-38 beruhende mittelalterl. Anschauung über das Verhältnis zw. Staat und Kirche; danach besitzt die Kirche das geistl. wie das weltl. Schwert, überträgt aber das weltl. (weltl. Gewalt) den Fürsten, die es nach ihrer Weisung führen sollen.

Zweispitz, Hut mit einer an 2 Seiten hochgeklappten Krempe.

Zweitaktverfahren, Arbeitsweise der Zweitaktmotoren, bei der die 4 Takte des → Viertaktverfahrens auf 2 Takte gleich 1 Kurbelwellenumdrehung zusammengedrängt werden. 1. Takt: Der Zylinder ist mit Gemisch gefüllt, das der nach oben gehende Kolben verdichtet. Zugleich saugt der Kolben Gemisch in das Kurbelgehäuse. 2. Takt: Kurz vor dem oberen Totpunkt wird das Gemisch entzündet, und die Verbrennungsgase treiben den Kolben arbeitsleistend abwärts; dabei wird gleichzeitig das im Kurbelgehäuse befindl. Gemisch vorverdichtet. Der abwärtsgleitende Kolben gibt zunächst den Auslaßschlitz frei, so daß die verbrannten Gase ins Freie entweichen können, und kurz danach den Überströmschlitz, durch den das vorverdichtete Gemisch aus dem Kurbelgehäuse in den Zylinder strömt. Dabei werden die Restgase ausgespült und der Zylinder mit Frischgas gefüllt. (FARBTAFEL Verbrennungsmotor)

Zweiter Bildungsweg, Einrichtungen des berufl. Bildungswesens, die zur Fach- oder Hochschulreife führen (i. Ggs. zum Bildungsweg über die höheren Schulen); bes. die Institute zur Erlangung der Hochschulreife (Kolleg). (→ Dritter Bildungsweg)

Zweites Deutsches Fernsehen, ZDF, Anstalt öffentl. Rechts, gegr. 1961, Sitz Mainz; strahlt seit 1963 ein 2. Fernsehprogramm für die Bundesrep. Dtl. aus.

Zwerchfell, Diaphragma thoracis, kuppelförmig nach oben gewölbte muskulöse Scheidewand zw. Brust- und Bauchhöhle. Das Z. vergrößert durch seine unwillkürl. Zusammenziehungen beim Einatmen die Brusthöhle.

Zwerg der, **1)** ♡ ♘ ♧ Lebewesen von unternormaler Körpergröße. Beim Menschen kann **Z.-Wuchs** (Männer bis 150 cm, Frauen unter 138 cm) als Erbmerkmal best. Rassen auftreten, z. B. bei den Pygmiden. Krankhafter Z.-Wuchs kann auf Wachstumsstörungen oder

Zwingli, Gemälde von H. Asper, 1549

Fehlleistungen innersekretor. Drüsen beruhen und u. a. zu verkürzten Gliedmaßen führen. Die **echten Z.** mit normalen Verhältnissen im Körperbau sind krankhafte, nicht fortpflanzungsfähige Hemmungsmißbildungen (unter 1 m groß), z. B. Liliputaner. – Z.-Formen bei Tieren treten auf als Ergebnisse der Haustierzucht, bei Pflanzen bes. als Zierpflanzen. **2)** Volksglauben: Erdgeister von kleiner Gestalt; Wichtel-, Erd-, Heinzelmännchen, Hollen.

Zwergpalme, Fächerpalme, am Mittelmeer, einzige wilde europ. Palme, buschartig. Die Blätter dienen für Besen, Hüte, zum Dachdecken; die Fasern zu Polstern, Seilen u. a.

Zwetsche, Zwetschge die, eine → Pflaume.

Zwịckau, Krst. im Bez. Karl-Marx-Stadt, Industriestadt an der Zwickauer Mulde, 121 000 Ew.; Steinkohlenbergbau mit Nebenindustrien, Maschinen-, Kraftfahrzeug-, keram. Ind.

Zwickel der, 🏛 dreieckiges Flächenstück, bes. zw. einem Bogen und seiner rechteckigen Umrahmung.

Zwieback der, aus dem Einback durch nochmaliges Rösten hergestelltes Gebäck aus Weizenmehl, Milch, Butter, Zucker.

Zwiebel die, **1)** Speicherorgan, meist unterird. Kurzsproß (Z.-Scheibe) versch. Pflanzen, bes. der Liliengewächse, der abwärts Wurzeln treibt und nach oben fleischige, nährstoffreiche Blätter (Z.-Schuppen) trägt, die einander schalenförmig umschließen. Zw. den Blättern treiben neue Knospen aus. Z.-Gewächse sind bes. in steppenhaft trockenen Gebieten heimisch. **2) Z., Küchen-Z.,** Lauchart, deren Z. als Würze und Gemüse verwendet wird. Ferner → Schalotte.

Zwiebelhaube, Turmbedachung in Gestalt einer Zwiebel.

Zwiebelmuster, zwiebelähnl. Pflanzenornament, bes. in der Fayence- und Porzellanmalerei seit dem 18. Jh.

Zwiefalten, Gem. in Bad.-Württ., am S-Rand der Schwäb. Alb, 2700 Ew. Die Klosterkirche der Benediktinerabtei ist ein Hauptwerk des Spätbarocks (1741-1753 erbaut).

Zwiesel, Stadt in Niederbayern, Luftkurort im Bayer. Wald, 10 200 Ew.; barocke Bergkirche, Fachschule für Glas-Industrie.

Zwillich, Zwilch der, → Drell.

Zwillinge [zu zwei] Mz., **1)** bei Mensch und Tieren 2 gleichzeitig im Mutterleib sich entwikkelnde und kurz nacheinander geborene Früchte. Beim Menschen kommt auf etwa 85 Geburten eine Z.-Geburt. Z. können aus 2 gleichzeitig befruchteten Eiern **(zweieiige Z.)** entstehen oder aus einer von einem Samenfaden befruchteten Eizelle, die sich später in 2 gleiche Keimlinge teilt **(eineiige Z.).** Da die letzteren erbgleich sind, kann die **Z.-Forschung** die Erblichkeit von menschl. Eigenschaften und die Anteile von Erbanlage und Umweltwirkung für die einzelnen Merkmale feststellen. **2)** ☆ nördl. Sternbild mit Kastor und Pollux; 3. Zeichen des Tierkreises.

Zwinger der, **1)** Umgang zw. der äußeren und inneren Ringmauer einer mittelalterl. Burg (freier Platz der Vorburg). Der Z. in → Dresden hat seinen Namen vom ehem. Z.-Garten, in dem er erbaut war. **2)** eingezäunter Auslauf für Hunde, Bären.

Zwingli, Ulrich, neben Calvin der Gründer der → reformierten Kirche, *1484, † (gefallen) 1531; trat unter dem Einfluß der Schriften von Erasmus und Luther als Humanist und Weltpriester in Zürich für die Reformation ein, die 1523 eingeführt wurde. In vielen war Z. radikaler als Luther (Abschaffung von Orgel, Kirchengesang, Altären u. a.); er geriet mit diesem bes. wegen der Abendmahlslehre in Streit (Marburger Religionsgespräch 1529).

Zwischen|ahn, Bad Z., Gem. in Ndsachs., Moorheilbad, 23 700 Ew.; Bauernhausmus. Wurstwaren, Textilien.

Zwischenbuchhandel, Buchhandel, der zw. Verlagen und Sortiments-, Antiquariats-, Versandbuchhandel usw. vermittelt.

Zwischenfrequenz, in Überlagerungsempfängern die Frequenz, in die die empfangenen Frequenzen durch Mischung mit der Oszillatorfrequenz in der Mischstufe umgewandelt werden. (→ Rundfunk)

Zwischenfrucht, Nutzpflanzen, die zeitlich oder räumlich zw. den eigentl. Nutzpflanzen gezogen werden **(Zwischenkultur),** bes. Futterpflanzen (Winterraps, -rübsen, Futterroggen, Zottelwicke mit Roggen); auch Zweitfrucht nach überwinternden Futterpflanzen oder Stoppelsaat.

Zwischenhandel, Handel zw. Erzeugern und Weiterverarbeitern (Produktionsverbindungshandel), auch zw. versch. Ländern **(Transithandel).**

Zwischenkieferknochen, Knochenstück der Wirbeltiere zw. den beiden Oberkieferbeinen. Der Z. des Menschen, der früh mit den Oberkieferknochen verwächst, wurde von Goethe beschrieben.

Zwischenlager, Zwischenlagerung, Bez. für einen Teil der nuklearen Entsorgung. Bis zur Wiederaufbereitung bleiben bei der **Trockenlagerung** die Brennelemente im Transportbehälter, bei **Naßlagerung** werden sie in ein Lagerbecken gestellt.

Zwischenmeister, → Faktor 2).

Zwischenstromland, → Mesopotamien.

Zwitter, Hermaphrodịt, Lebewesen, das sowohl männl. als auch weibl. Geschlechtsorgane hat. Z. befruchten sich selten selbst (Bandwurm); meist wechselseitig (Weinbergschnecke). Fast alle Blütenpflanzen sind Z.

Zwitterblüte, → Blüte.

Zwölfapostellehre, grch. **Didachẹ,** älteste erhaltene christl. Kirchenordnung, aus der ersten Hälfte des 2. Jh., mit Katechismus.

Zwölffingerdarm, Teil des Dünndarms (→ Darm). **Z.-Geschwür, Ulcus duodẹni,** meist dicht hinter dem Magenausgang sitzend; Behandlung wie beim Magengeschwür.

Zwölfflächner, das → Dodekaeder (BILD Körper).

Zwölfkampf, Olỵmpischer Z., Mehrkampf für Herren im Kunstturnen aus je 6 Pflicht- und Kürübungen am Barren, Reck, an den Ringen, im Pferdsprung, am Seitpferd und im Bodenturnen.

Zwölfnächte, Nächte zw. 25. 12. und 6. 1., Zeit des altgerm. Julfestes, in der Wodan mit der Wilden Jagd umzog; gelten als → Lostage.

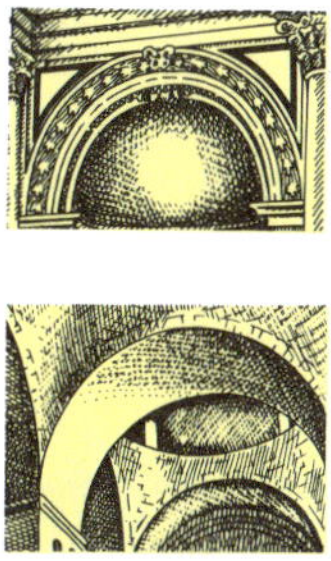

Zwickel: oben Bogen-Z., unten Hänge-Z.

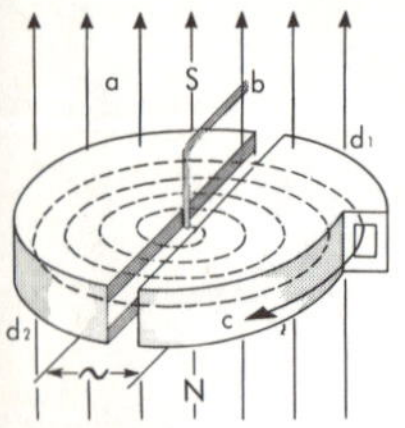

Zyklotron, a Magnetfeld, b Ionenquelle, c beschleunigtes Ion, d_1 Elektrode, d_2 Elektrode, N Nordpol, S Südpol

Zwölftafelgesetz, verlorene, älteste Aufzeichnung des röm. Rechts auf ehernen 12 Tafeln, angeblich um 450 v. Chr. abgefaßt.

Zwölftonmusik, Dodekaphonie, eine Kompositionsweise, die, von der chromat. Tonleiter ausgehend, jeden der 12 Halbtöne als gleichwertig betrachtet. Ausgangspunkt der Zwölftonkomposition bildet eine gewählte Folge von 12 Tönen, die »Reihe«. Die Reihe erscheint in 48 grundsätzlich gleichberechtigten Gestalten: einer Normalgestalt, der umgekehrten und der rückläufigen Gestalt (Krebs) und der umgekehrten rückläufigen Gestalt (Krebs der Umkehrung), die jeweils auf die 12 versch. Stufen transponiert werden können. Damit wird die überkommene Ordnung des Tonstoffes durch die Dur- und Molltonarten (Tonalität) aufgegeben und eine Neuordnung auf der Grundlage der atonalen Musik erreicht. Z. schrieb erstmals A. Schönberg, der sie seit etwa 1921 verwendete. Weitere Vertreter waren u. a. Schönbergs Schüler A. Berg, A. v. Webern. Die Z. erfuhr viele Abwandlungen. Ihr Grundprinzip, das der Reihung, wurde auch auf die Elemente Tonhöhe, Tondauer, Klangfarbe u. a. übertragen (→ serielle Musik).

Zwolle, Stadt in den Niederlanden, 82 000 Ew.; Mittelpunkt eines Wasserstraßennetzes; Bauwerke der Renaissancezeit; Handel, Ind.

Zypern

Zyane die, Kornblume (→ Flockenblume).

Zyanose [grch.] die, → Blausucht.

zygomorph, zweiseitig-symmetrisch (Blüte).

Zygote [grch.] die, Ursprungszelle eines Lebewesens, entsteht bei der Befruchtung aus der Verschmelzung der beiden Kerne der männl. und der weibl. Keimzelle.

zyklisch [zu Zyklus], kreisartig, regelmäßig wiederkehrend.

zyklische Verbindungen, ringförmige Verbindungen, ⚗ organ. Verbindungen, deren Atome ringförmig miteinander verbunden sind; z. B. Benzol, Naphthalin, Pyridin und deren Derivate.

Zykloide [grch.] die, **Radlinie,** Kurve, die ein Punkt eines Kreises beschreibt, wenn dieser Kreis auf einer Geraden rollt.

zyklometrische Funktionen erhält man als Umkehrung der → Winkelfunktionen.

Zyklon [grch.] der, **1)** → Luftwirbel; **Zyklone, Depression, barometr. Minimum,** Gebiet mit niedrigem Luftdruck. **2)** Gerät zum Abscheiden fester Stoffe aus Gasen oder aus Flüssigkeiten.

Zyklotron das, ⊠ Gerät zur Beschleunigung elektr. geladener Teilchen (Ionen). Sie werden durch ein starkes Magnetfeld gezwungen, sich auf kreisförmigen Bahnen in der Mittelebene zweier D-förmiger Elektroden (Duanten, D's) d_1 und d_2 in einem hochevakuierten Gefäß zu bewegen. Diese sind abwechselnd positiv-negativ und negativ-positiv in einem solchen Takt, daß ein Ion jeweils beim Übertritt von einer zur anderen Elektrode beschleunigt wird. Kommt das Ion schließlich in die Nähe des Randes, so wird es durch eine Ablenkelektrode abgelenkt und tritt tangential aus. Mit einem Z. können Protonen, Deuteronen und Alphateilchen bis zu etwa 40 Mio. Elektronenvolt beschleunigt werden; das **Synchro-Z.,** das nach einem ähnl. Prinzip arbeitet, vermag die Teilchen auf Energien bis zu etwa 1000 Mio. Elektronenvolt zu beschleunigen. (→ Synchrotron)

Zyklus [grch.] der, -/...klen, **1)** Kreis, Folge; Reihe (z. B. von Schriften). **2)** Wiederkehr, Kreislauf. **3)** die → Menstruation.

Zypresse: Echte Z.

Zylinder [grch.] der, **1)** △ Körper mit 2 ebenen, deckungsgleichen Endflächen und einer Mantelfläche. Beim **Kreis-Z.** sind die Endflächen Kreise. **2)** ⊙ langgestreckter Hohlkörper von kreisförmigem Querschnitt, in dem sich bei Kolbenmaschinen ein Kolben bewegt. **3)** hoher Hut aus Filz, Plüsch oder Seide. **Z.-Projektion,** → Kartennetzentwurf.

Zyniker [von grch. kyon »Hund«] der, **1)** → Kyniker. **2)** Ü Spötter ohne Scheu und Ehrfurcht. **Zynismus, zynisch,** → Kyniker.

Zypergras, Gatt. der Riedgräser, z. B. **Papyrusstaude** und **eßbares Z.**

Zypern, nach Sizilien und Sardinien drittgrößte Insel des Mittelmeeres, nahe der Südküste Kleinasiens, Rep., 9251 km², 675 000 Ew.; Hptst.: Nikosia; Amtssprachen: Griechisch und Türkisch. Präsidialverf. Gebirgig, im Innern die Ebene Messaria. BEVÖLKERUNG: Rd. 80% Griechen (Orthodoxe), 18% Türken (Muslime). Erzeugnisse: Getreide, Wein, Oliven, Südfrüchte, Gemüse; Schaf- und Ziegenzucht; Forstwirtschaft. ⚒ auf Eisen- und Kupferpyrite, Asbest, Gips, Chrom u. a. – Im Altertum wurde Z. von Griechen und Phönikern besiedelt und stand unter wechselnder Herrschaft; seit 58 v. Chr. in röm., später in byzantin. Besitz. 1193 wurde Z. Lehen eines frz. Adelsgeschlechts, kam 1489 an Venedig, 1571 an die Türken, 1878 unter brit. Kontrolle, wurde 1925 brit. Kronkolonie. Die grch. Bevölkerung forderte die Vereinigung mit Griechenland (Enosis) und leistete seit 1950 Widerstand gegen die brit. Besatzung; brit. Vergeltungsmaßnahmen folgten (→ Makarios). 1960 wurde Z. unabhängige Rep. (Präsident: der Grieche Makarios, Vizepräsident: der Türke Kütschük). 1963 kam es wegen der von Makarios geplanten Verfassungsänderung zu Unruhen zw. den beiden Bevölkerungsteilen. Die von grch. Offizieren geführte zypr. Nationalgarde stürzte 1974 Präs. Makarios. Bis zu seiner Rückkehr 1975 übernahm G. Klerides das Amt des Staatspräs. Türk. Streitkräfte eroberten den nördl. Teil der Insel und vertrieben die grch.-zypriot. Bev. 1975 wurde der Föderative Türkisch-zypriot. Staat proklamiert; er umfaßt etwa 35% des Gesamtstaates. Staatspräs.: R. Denktasch. Der Griechisch-zypriot. Teil wird geführt von Präs. G. Vasiliou (seit 1988); sein Anspruch auf Anerkennung als Präs. des Gesamtstaates wird von der Türkei nicht anerkannt; Lösungsversuche des Z.-Problems blieben bislang erfolglos. ⊕ S. 487.

Zypresse die, **1)** Nadelholzgatt., immergrüne Bäume und Sträucher mit schuppenförmigen, meist dachziegelartig anliegenden Blättern und kleinen, fast kugeligen Zapfen. Die **Echte Z.,** 20-50 m hoch, bildet in vorderasiat. und nordafrikan. Gebirgen stellenweise Wälder. Sie ist seit dem Altertum Trauer- und Tempelbaum. **2)** versch. andere Pflanzen ähnl. Gestalt: **Sumpf-Z.,** ferner **Kryptomerie** und **Lebensbaum.**

Zyste [grch.] die, ♡ überwiegend gutartige Geschwulst, die aus einem geschlossenen Sack mit flüssigem, schleimigem oder breiigem Inhalt besteht. Entfernung meist operativ.

Zystitis [grch.] die, der Blasenkatarrh.

Zystoskop [grch.] das, Blasenspiegel, Instrument zum Besichtigen der Harnblase von innen; wird durch die Harnröhre eingeführt.

zyto.... [grch. kytos »Hohlraum«], auf die Zelle bezüglich, zell...

zytogen [grch.], aus der Zelle gebildet.

Zytologie [grch.] die, Zellenlehre.

Zytoplasma das, ♧ ♤ ♡ in den Zellen aller Lebewesen enthaltenes eiweißhaltiges Stoffgemisch, das sich in eine äußere gleichförmige Schicht (Ektoplasma) und eine innere, Körnchen (z. B. Mitochondrien, Chromatophoren, Fettkügelchen) aufweisende Schicht (Entoplasma) gliedert. Z. und Zellkern sind die Träger des Lebens.

Zytostatika, Mitosegifte, Arzneimittel, die die Zellteilung entarteter Gewebe hemmen, z. B. **Lost** (zur Krebsbehandlung); **Urethan, Myleran** (gegen chron. Leukämien).

z. Z., z. Zt., Abk. für zur Zeit.

HINWEISE FÜR DEN BENUTZER

Reihenfolge und Schreibweise der Stichwörter. Die Stichwörter folgen einander nach dem Abc. Für das Einordnen gelten alle **fett** gedruckten Buchstaben, auch wenn das Stichwort aus mehreren Wörtern besteht. Die Umlaute ä, ö, ü werden behandelt wie die einfachen Buchstaben a, o, u; also folgen z. B. aufeinander: **Bockkäfer, Böcklin, Bocksbart.** Ae, oe, ue, auch wenn sie wie ä, ö, ü gesprochen werden, werden wie getrennte Buchstaben behandelt; z. B. folgen aufeinander: **Modus, Moeller van den Bruck, Mofa** oder **Jodrell Bank, Joel, Joffre.** Auch die Doppellaute ai, au, äu, ei, eu werden getrennt alphabetisiert. Getrennte Aussparache zusammenstehender Buchstaben wird in Zweifelsfällen durch senkrechten Strich | angezeigt, z. B. **Bi|ennale.** Wörter, die man unter **C** vermißt, suche man unter **K** oder **Tsch** oder **Z,** bei **Dsch** vermißte Wörter unter **Tsch,** bei **J** vermißte unter **Dsch** oder **I,** bei **Y** vermißte unter **J**; ebenso im umgekehrten Fall. Abgeleitete und zusammengesetzte Wörter werden oft beim Grundwort behandelt. – Bei Stichwörtern mit zwei Formen oder Schreibungen ist die erste die gebräuchlichere. – Zusammengesetzte geograph. Namen werden so eingeordnet: Zusammensetzungen

a) mit »Bad« unter dem Ortsnamen (z. B. Bad Schwalbach unter Schwalbach, Bad);

b) mit »Sankt« (und den fremdsprachigen Entsprechungen Saint, San, São) jeweils unter S ...;

c) mit fremdsprachlichen Artikeln gewöhnlich unter dem Anfangsbuchstaben des Artikels (z. B. El-Alamein, Los Angeles, Le Havre, Den Haag), sofern diese Zusammensetzung geläufig ist;

d) mit geograph. Begriffen (z. B. Kap, Mount, Rio, Sierra) unter dem Eigennamen (z. B. Everest, Mount). Ist ein solcher geograph. Begriff jedoch Bestandteil des Namens (z. B. Kap der Guten Hoffnung), so ist das Stichwort unter dem entsprechenden Begriff zu finden; das gleiche gilt, wenn die Zusammensetzung sprachlich enger zusammengehört oder geläufiger ist (z. B. Sierra Nevada, Rio Grande, Monte Rosa).

Von dieser Regelung gibt es Ausnahmen. Grundsatz der redaktionellen Bearbeitung ist es, die Texte möglichst dort zu bringen, wo der Leser sie erfahrungsgemäß am ehesten sucht.

BETONUNG UND AUSSPRACHE

Wo beim Stichwort Zweifel über die Betonung auftreten können, ist diese durch einen Punkt unter dem betonten Laut angegeben, z. B. **Otranto.** Die Aussprache fremdsprachiger Wörter und Namen wird nach internat. Lautschrift bezeichnet, z. B. **Marseille** [-s'ɛj].

a = helles a: m*a*tt
ɑ = dunkles a: w*a*r
ã = nasales a: frz. Fr*a*nce
ʌ = dumpfes a: engl. b*u*t
ɣ = geriebenes *g*
ç = ch-Laut wie in dt. i*ch*
x = ch-Laut wie in dt. Ba*ch*
æ = breites ä: engl. h*a*t
ɛ = offenes e: f*e*tt
e = geschlossenes e: B*ee*t
ə = dumpfes e: all*e*
ɛ̃ = nasales e: frz. bass*in*
i = geschlossenes i: W*ie*se
ɪ = offenes i: b*i*n

ĩ = nasales i: portugies. *I*nfante
ʎ = mouilliertes l: ital. deg*l*i
ł = dunkles l: poln. Stanis*ł*aw
ŋ = dt. ng-Laut: la*ng*e
ɲ = nj-Laut: Champa*gn*er
ɔ = offenes o: K*o*pf
o = geschlossenes o: S*o*hn
ɔ̃ = nasales o: frz. sal*on*
œ = offenes ö: H*ö*lle
ø = geschlossenes ö: H*ö*hle
œ̃ = nasales ö: frz. *un*
s = stimmloses s: wa*s*

z = stimmhaftes s: lei*s*e
ʃ = stimmloses sch: Ta*sch*e
ʒ = stimmhaftes sch: frz. Eta*g*e
θ = stimmloses th: engl. *th*ing
ð = stimmhaftes th: engl. *th*e
u = geschlossenes u: K*u*h
ʊ = offenes u: b*u*nt
ũ = nasales u: portugies. At*um*
v = deutsches stimmhaftes w: *W*ald

w = halbvokalisches w: engl. *w*ell
β = halboffener Reibe. laut b: span. Ca*b*imas
y = ü: R*ü*be
ɥ = konsonantisches y: frz. S*u*isse
: bezeichnet Länge des vorhergehenden Vokals
' bezeichnet Betonung und steht vor dem *Vokal* der betonten Silbe

b, d, f, g, h, j, k, l, m, n, p, r, t geben etwa den deutschen Lautwert wieder.

HERKUNFT DER WÖRTER (ETYMOLOGIE)

Die Herkunftsangaben stehen in eckiger Klammer hinter dem Stichwort. Sie sind für Laien bestimmt und vermeiden gelehrte Einzelheiten. Fremdwörter werden durch Angabe der Herkunftssprache gekennzeichnet: **Anima** [lat.]. Wo die wörtliche deutsche Entsprechung des fremden Begriffs von Bedeutung ist, wird sie angegeben: **allons!** [al'ɔ̃, frz. »gehen wir!«]. – **Geschlecht und Zahl.** der, die, das stehen hinter dem Stichwort oder der eckigen Klammer, z. B. **Aa** die; Ez. bedeutet Einzahl, Mz. Mehrzahl. – Die **Beugung** ist angegeben, wenn sie zweifelhaft sein kann, und zwar durch die Endung des Genitiv der Einzahl und des Nominativ der Mehrzahl, z. B. **Akzidens** [lat.] das, -/...denzien.

ZEICHEN FÜR WISSENSGEBIETE ODER SPRACHSCHICHTEN

Zeichen. Der **Verweisungspfeil** (→) fordert auf, das dahinterstehende Wort nachzuschlagen. Weitere im Text verwendete Zeichen:

- Bauwesen
- ⚒ Bergbau, Hüttenwesen, Lagerstättenkunde
- Chemie
- Pädagogik
- Geowissenschaften
- Militärwesen, Soldatensprache
- ✈ Luftfahrt
- Wirtschaft, Handel
- Kraftfahrzeug, Kraftverkehr
- Physik
- △ Mathematik
- Rechtswesen
- Nachrichtentechnik
- Schiffahrt, Seemannssprache, Segelsport
- Psychologie
- ☆ Astronomie
- Geschichte
- Weidmannssprache
- ⊙ Technik
- Verkehrswesen
- Wappenkunde
- Zoologie, Viehzucht
- Sprachwissenschaft
- ♡ Medizin
- Sport
- Philosophie
- Buch, Buchherstellung
- veralteter Ausdruck
- Musik
- Elektrizität, Elektrotechnik
- Botanik
- ‡ Forstwesen, Holzwirtschaft
- ⚭ verheiratet
- B Begriff aus der Bibel
- G Gaunersprache
- K Kanzleistil
- D dichterischer Ausdruck
- U Umgangssprache
- Ü übertragene Bedeutung
- V vulgärer Ausdruck
- M Mundartwort

ABKÜRZUNGEN

Endungen oder Wortteile werden zur Raumersparnis weggelassen, wo sie ohne Schwierigkeit ergänzt werden können, z. B. geistl. für geistlich(e); physikal. für physikalisch(e).

Abg. . . . . Abgeordneter
ABGB . . . . . Allgemeines Bürgerliches Gesetzbuch (Österr.)
Abk. . . . . Abkürzung
AG . . . . Aktiengesellschaft
ahd. . . . . althochdeutsch
allg. . . . . allgemein
Art. . . . . Artikel
ASSR . . . . . . Autonome Sozialistische Sowjetrepublik
a. St. . . . . alten Stils
A.T. . . . . Altes Testament
Auton. Geb. . Autonomes Gebiet
Bad.-Württ. . Baden-Württemberg
Bd., Bde. . . . Band, Bände
bed. . . . . bedeutend

begr. .... begründet(e)
Beitr. ...... Beitrag, Beiträge
Bek. .... Bekanntmachung
bes. .... besonders
best. .... bestimmt
Bev. .... Bevölkerung
Bez. .... Bezirk; Bezeichnung
BGB .... Bürgerliches Gesetzbuch
BRT .... Bruttoregistertonne
bto., Btto. ... brutto
Bundesrep.
Dtl. ...... Bundesrepublik Deutschland

Chr. .... Christus
ČSSR ...... Tschechoslowakei
Cty. .... County

D .... Dichte
d. Ä. .... der (die) Ältere
Dep. .... Departamento
Dép. .... Département
dgl. .... dergleichen, desgleichen
d. Gr. ...... der Große
d. h. .... das heißt
Distr. ...... Distrikt
d. J. .... der (die) Jüngere
DM .... Deutsche Mark
dt. .... deutsch
Dt. Dem.
Rep. ..... Deutsche Demokratische Republik
Dtl. .... Deutschland

ebd. .... ebenda
EG .... Europäische Gemeinschaft
ehem. ...... ehemalig; ehemals
eigtl. .... eigentlich
Eigw. ...... Eigenschaftswort
Einl. .... Einleitung
Enc., Enz. .. Enzyklopädie
Erz. .... Erzählung(en)
EStG .... Einkommensteuergesetz
e.V. .... eingetragener Verein
evang. ...... evangelisch
Ew. .... Einwohner
Ez. .... Einzahl

f., ff. .... folgende (Seiten)
Fam. .... Familie
FM .... Feldmarschall
Frhr. .... Freiherr
frz. .... französisch
Fstt. .... Fürstentum

Gatt. .... Gattung
gegr. .... gegründet
Gem. ...... Gemeinde
gen. .... genannt
Gen. .... General
Gen.-Gouv. . Generalgouverneur, Generalgouvernement
Gen.-Sekr. .. Generalsekretär
Ger. .... Gericht
Ges. .... Gesetz
Gesch. ..... Geschichte
GewO ..... Gewerbeordnung
GFM ...... Generalfeldmarschall
Gfsch. ..... Grafschaft
GG .... Grundgesetz
ggf. .... gegebenenfalls
Ggs. .... Gegensatz
Ghzgt. ..... Großherzogtum
Gouv. ...... Gouverneur, Gouvernement
grch. .... griechisch
GVG .... Gerichtsverfassungsgesetz

h .... Stunde
H. .... Höhe
Hb. .... Handbuch
hd. .... hochdeutsch
hebr. .... hebräisch
Hg. .... Herausgeber(in)
HGB ...... Handelsgesetzbuch
hg. v. ...... herausgegeben von
hl., Hl. ..... heilig; Heilige(r)
Hptst. ...... Hauptstadt
Hptw. ..... Hauptwort
HW .... Hauptwerk(e)

Hwb. .... Handwörterbuch
Hzgt. .... Herzogtum

i. a. .... im allgemeinen
i. d. F. v. ..... in der Fassung vom
i. d. R. ...... in der Regel
i. e. S. .... im engeren Sinn
i. J. .... im Jahre
Ind. .... Industrie
i. R. .... im Ruhestand
i. S. .... im Sinn
ital. .... italienisch
i. V. .... in Vertretung
i. w. S. ...... im weiteren Sinn

Jahrtsd. .... Jahrtausend
Jb. .... Jahrbuch
Jh. .... Jahrhundert
jr. .... junior; der Jüngere

Kap. .... Kapitel, Kapital
kath. .... katholisch
Kgr. .... Königreich
Kl. .... Klasse
KO .... Konkursordnung
Kr .... Kreis
Krst. .... Kreisstadt
Kt. .... Kanton
Kw. .... Kurzwort

lat. .... lateinisch
Lb. .... Lehrbuch
LdGer. ..... Landgericht
Lex. .... Lexikon
li. .... linker
Lit. .... Literatur
Lw. .... Lehnwort

M .... Mark
MA. .... Mittelalter
magy. ...... magyarisch
max. .... maximal
md. .... mitteldeutsch
MdB .... Mitglied des Bundestags
MdL .... Mitglied des Landtags
MdR .... Mitglied des Reichstags
Metrop.Area Metropolitan Area
Metrop.Cty. . Metropolitan County
mhd. ...... mittelhochdeutsch
min .... Minute
min. .... minimal
Min. .... Minister
MinPräs. ... Ministerpräsident
Mio. .... Million(en)
Mitgl. ...... Mitglied
Mitt. .... Mitteilung(en)
mlat. .... mittellateinisch
mnd. .... mittelniederdeutsch
Mrd. .... Milliarde(n)
Mus. .... Museum
Mz. .... Mehrzahl

n. .... nach
N .... Nord(en)
nat. .... national
nat.-soz. .... nationalsozialistisch
n. Br. ...... nördliche(r) Breite
n. Chr. ...... nach Christi Geburt
nd. .... niederdeutsch
Ndsachs. ... Niedersachsen
ngrch. ..... neugriechisch
nhd. .... neuhochdeutsch
nlat. .... neulateinisch
NN .... Normal Null
NO .... Nordost(en)
NÖ .... Niederösterreich
NRT ...... Nettoregistertonne
NRW ...... Nordrhein-Westfalen
n. St. ...... neuen Stils
N.T. .... Neues Testament
NW .... Nordwest(en)

O .... Ost(en)
ö. L. .... östliche(r) Länge
OÖ .... Oberösterreich
OR .... Obligationenrecht
Ordn. ...... Ordnung
orth. .... orthodox

Pf. .... Pfennig
PH .... Pädagogische Hochschule

Pkm .... Personenkilometer
Präs. .... Präsident
Prof. .... Professor
prot. .... protestantisch
Prov. ...... Provinz

rd. .... rund
re .... rechter
ref. .... reformiert
Reg. .... Regierung
RegBez. .... Regierungsbezirk
RegPräs. .... Regierungspräsident
Rep. .... Republik
Rheinl.-Pf. .. Rheinland-Pfalz
RM .... Reichsmark
Russ.SFSR . Russische Sozialistische Föderative Sowjetrepublik

s. .... Sekunde
S .... Süd(en)
S. .... Seite
s. Br. .... südliche(r) Breite
Schleswg.
Holst. .... Schleswig-Holstein
Schmelz-P. .. Schmelzpunkt
Schriftst. ... Schriftsteller
Siede-P. .... Siedepunkt
SO .... Südost(en)
SSR .... Sozialistische Sowjetrepublik
stellv. ...... stellvertretende(r)
Stellv. ...... Stellvertreter(in)
StGB .... Strafgesetzbuch
StPO .... Strafprozeßordnung
svw. .... soviel wie
SW .... Südwest(en)

t .... Tonne
TH .... Technische Hochschule
tkm .... Tonnenkilometer
Tl., Tle. ..... Teil(e)
TU .... Technische Universität

u. a. .... und andere, unter anderem
u. ä. .... und ähnlich(e)
UdSSR .... Sowjetunion
u. d. T. ..... unter dem Titel
ü. M., u. M. .. über (unter) dem Meeresspiegel
Univ. ...... Universität
u. ö. .... und öfter
urspr. ...... ursprünglich
USA .... Vereinigte Staaten
usf.; usw. ... und so fort; und so weiter
u. U. .... unter Umständen
u. v. a. ...... und viele(s) andere

v. a. .... vor allem
v. Chr. ..... vor Christi Geburt
Verf. .... Verfassung, Verfasser
versch. ..... verschieden(e)
Verw. ...... Verwaltung
VerwBez. ... Verwaltungsbezirk
Vfg. v. ..... Verfügung vom
vgl. .... vergleiche
v. H. .... vom Hundert
VO .... Verordnung
Vors. ...... Vorsitzender
VR .... Volksrepublik
v. T. .... vom Tausend

W .... West(en)
Wb. .... Wörterbuch
Wiss. .... Wissenschaft
w. L. .... westliche(r) Länge
WO .... Wechselordnung
Wwschaft ... Woiwodschaft

Z- .... Zentral-
z. B. .... zum Beispiel
Zeitw. ..... Zeitwort
ZGB .... Zivilgesetzbuch
ZK .... Zentralkomitee
ZPO .... Zivilprozeßordnung
z. T. .... zum Teil
Ztschr. ..... Zeitschrift
zus. .... zusammen
zw. .... zwischen
z. Z. .... zur Zeit